hat er g…
hier da…
actually…
started…
mit an…
gentlich; (≈ *by the way*) übrigens; **as you said before, and ~ you were quite right** wie Sie schon sagten, und eigentlich hatten Sie völlig recht; **~ you were quite right, it was a bad idea** Sie hatten übrigens völlig recht, es war eine schlechte Idee; **I'm going soon, tomorrow ~** ich gehe bald, nämlich morgen **3.** (≈ *truly*) tatsächlich; **if you ~ own an apartment** wenn Sie tatsächlich eine Wohnung besitzen; **oh, you're ~ in/ready!** oh, du bist sogar da/fertig!; **I haven't ~ started yet** ich habe noch nicht angefangen; **as for ~ doing it** wenn es dann daran geht, es auch zu tun
actuary *n* INSUR Aktuar(in) *m(f)*
acumen *n* **business** ~ Geschäftssinn *m*
acupuncture *n* Akupunktur *f*
acute *adj* **1.** akut; *embarrassment* riesig **2.** *eyesight* scharf; *hearing* fein **3.** MAT *angle* spitz **4.** LING ~ **accent** Akut *m* **acutely** *adv* akut; *feel* intensiv; *embarrassed, sensitive* äußerst; **to be ~ aware of sth** sich (*dat*) einer Sache (*gen*) genau bewusst sein
AD *abbr of* **Anno Domini** n. Chr., A.D.
ad *n abbr of* **advertisement** Anzeige *f*
adage *n* Sprichwort *nt*
Adam *n* ~'s **apple** Adamsapfel *m*; **I don't know him from ~** (*infml*) ich habe keine Ahnung, wer er ist (*infml*)
adamant *adj* hart; *refusal* hartnäckig; **to be ~** unnachgiebig sein; **he was ~ about going** er bestand hartnäckig darauf zu gehen **adamantly** *adv* hartnäckig; **to be ~ opposed to sth** etw scharf ablehnen
adapt I *v/t* anpassen (*to* +*dat*); *machine* umstellen (*to, for* auf +*acc*); *vehicle, building* umbauen (*to, for* für); *text* bearbeiten (*for* für); ~**ed from the Spanish** aus dem Spanischen übertragen und bearbeitet **II** *v/i* sich anpassen (*to* +*dat*) **adaptability** *n* Anpassungsfähigkeit *f* **adaptable** *adj* anpassungsfähig **adaptation** *n* (*of book etc*) Bearbeitung *f* **adapter** *n* ELEC Adapter *m* **adaptor** *n* = **adapter**
ADD *abbr of* **attention deficit disorder** ADS

in headword appears blue

The swung dash replaces the headword in phrases

Translation appears in normal type

Part of speech labels

Explanatory material given in *italics*

Gender labels

Phrases and other expressions comprising more than one element given in **bold italics**

Roman numerals used to differentiate parts of speech

Cross-reference to another headword

Abbreviations, acronyms and their meanings entered as part of the overall alphabetical order

Langenscheidt

Standard German Dictionary

German – English
English – German

edited by the
Langenscheidt editorial staff

Langenscheidt

Berlin · Munich · Vienna · Zurich
London · Madrid · New York · Warsaw

Project management:
Dr. Wolfgang Walther

Lexicographical work:
Horst Kopleck, Dr. Helen Galloway

This dictionary uses the new German spelling system
valid as of 2006.

This dictionary has been created with the help of dictionary
databases owned by HarperCollins Publishers Ltd.

© 2011 Langenscheidt KG, Berlin and Munich
Printed in Germany

Contents

Preface

This dictionary has undergone a thorough process of revision. As well as the addition of new words, all of the existing entries have been checked for relevance. In total, this dictionary contains about 130,000 references, all of which have been tailored to the needs of English-speaking users. For example, labelling in English has been provided on the English-German side of the dictionary and information regarding phonetics and stress for the German headwords on the German-English side.

The editorial team has aimed above all to create an up-to-date and extremely user-friendly dictionary.

The core of the dictionary is made up of English and German words which reflect general present-day usage. However, new and up-to-date terminology from such important fields as information technology, politics and society, culture, medicine and sport has also been added. Great attention has similarly been paid to colloquial and idiomatic expressions since these are the elements which bring a language to life. Geographical names and important abbreviations have also been included.

Detailed grammatical information as well as field, semantic and register labels enable the user to understand and employ the headwords more accurately and to distinguish between the translations in a reliable way.

This dictionary uses the new German spelling system according to the official rules and DUDEN recommendations.

How to use this dictionary

Where do I find what I am looking for?

This dictionary contains about 130,000 references which are listed **in alphabetical order**. The only exceptions to this strict rule are **phrasal verbs**, which appear directly under the simple verb form. This means, for example, that **keep at, keep away, keep back, keep down, keep from, keep in, keep off, keep on** etc. are all listed directly under **keep**. The entry for the word **keeper** follows the phrasal verbs, although strictly speaking it ought to come alphabetically between **keep down** and **keep from**.

The letters **ä, ö** and **ü** are treated on the same basis as **a, o** and **u**. Thus the entry for **trällern**, for example, comes between **Traktor** and **Tram**.

For the **pronunciation** of German words, see the table on pages 11-12.

How do I find what I am looking for?

Each headword entry is divided up in the following way:

I Roman numerals are used to differentiate parts of speech (transitive, intransitive or reflexive verb, noun, adjective, adverb etc.);

2. Arabic numerals are used to differentiate between the different senses of a word;

; semicolons are used to differentiate nuances of meaning and also appear before a *phrase*;

, commas are used to differentiate between the various translations of a word which are synonymous and interchangeable.

Superscript numbers are used to distinguish between words which are spelled the same but which are completely different in meaning (homonyms).

> **rocket**[1] **I** *n* Rakete *f* **II** *v/i* (*prices*) hoch-
> schießen
> **rocket**[2] *n* cook Rucola *m*

What can I find under each entry?

Look at the following entry:

> **ablehnen** *sep* **I** *v/t* to decline, to refuse;
> *Angebot, Bewerber, Stelle* to turn down,
> to reject; PARL *Gesetzentwurf* to throw
> out; **jede Form von Gewalt ~** to be
> against any form of violence **II** *v/i* to de-
> cline, to refuse; **eine ~de Antwort** a neg-
> ative answer **Ablehnung** *f* ⟨-, **-en**⟩ **1.** re-
> fusal; (*von Antrag, Bewerber etc*) rejec-
> tion **2.** (≈ *Missbilligung*) disapproval

This example will serve to illustrate the main elements, which
are itemised and explained below:

ạblehnen	Each **headword** is written out in full and appears in **blue bold type**. The blue dot under the **a** in **ablehnen** means that the **a** is a short stressed vowel.
sep	means that the word is *separable*. For example, you would therefore say 'Du lenkst mich ab.' and <u>not</u> ~~'Du ablenkst mich.'~~ *sep* appears in front of the Roman numerals and therefore relates to both **I** and **II**.
I	Roman numerals differentiate between different parts of speech or verb forms.
v/t	The transitive verb is treated first. Transitive verbs are verbs which are followed by an object in the accusative case.
to decline, to refuse	This sense of **ablehnen** is generally translated as 'to decline' or 'to refuse'.
Angebot, Bewerber, Stelle	'to turn down' or 'to reject' are the appropriate translations when **ablehnen** is used with the objects *Angebot, Bewerber* or *Stelle*.
to turn down, to reject	are alternative translations which appear separated by a comma.
PARL *Gesetzentwurf*	**ablehnen** is translated by the following when it is used in the parliamentary sense, e.g. relating to a *Gesetzentwurf*.
to throw out	is the translation.
jede Form von Gewalt ~	is a common phrase which is translated as a whole. The tilde ~ replaces the headword **ablehnen**.
to be against any form of violence	is the translation of the previous **phrase**.
II	Roman numerals differentiate between different parts of speech or verb forms.

v/i	This is where the intransitive verb is dealt with. This is a verb which is <u>not</u> followed by an object in the accusative case.
to decline, to refuse	is the translation. 'sie lehnte ab' would be translated as 'she declined' or 'she refused'.
eine ⁓de Antwort	*eine ablehnende Antwort* is another typical phrase. Here the tilde ⁓ replaces the part of the word which directly corresponds with the headword **ablehnen**.
a negative answer	is the translation of this phrase.
Ablehnung	is another headword which appears in the same section as **ablehnen** because it is semantically related to **ablehnen**.
f	**Ablehnung** is feminine – it is <u>die</u> **Ablehnung**.
⟨*-, -en*⟩	The genitive of **Ablehnung** does not have an ending – it is (der Zeitpunkt) der *Ablehnung*. The plural of **Ablehnung** is *Ablehnungen*.
1.	signifies the first sense of **Ablehnung**.
refusal	The general translation of **Ablehnung** is 'refusal'. General translations do not have indicators in brackets to specify their usage.
(*von Antrag, Be-werber etc*)	If **Ablehnung** is used with reference to an *Antrag*, a *Bewerber etc*, it is translated by 'rejection'.
rejection	is the correct translation of **Ablehnung** when it is used with reference to an *Antrag* or a *Bewerber*.
2.	signifies the second sense of **Ablehnung**.
(≈ *Missbilligung*)	When **Ablehnung** means *Missbilligung*, it is translated as 'disapproval'.
disapproval	is the translation of **Ablehnung**.

What do the italics mean?

The individual senses of the headword may also contain additional information which appears in both English and German. It is sometimes given in brackets and is written *in italics*. For example, synonyms (similar words), which appear in brackets, or possible subjects or objects are added to illustrate the *range of usage* of a particular translation. After the translation of a verb you will often find the appropriate English preposition given in *italics* followed by its German equivalent in normal type and the case label for the German preposition in *simple italics*. This is the case on both sides of the dictionary.

> **inform I** *v/t* informieren *(about* über
> +*acc*); ***to ~ sb of sth*** jdn über etw infor-
> mieren; *I am pleased to ~ you that ...*

Italics are also used to provide grammatical information, as well
as to clarify the meaning and use of a word for which there is
no direct translation:

> **Ei̲nspänner** *m* ⟨**-s, -**⟩ **1.** one-horse car-
> riage **2.** *(Aus) black coffee served in a
> glass with whipped cream*

What are cross-references?

The cross-reference arrow → has several different functions.
One of these is to refer the user from one headword to another
which is identical in meaning but has a different spelling. The
headword which the user is cross-referred to is dealt with in
greater detail and includes the translation(s) and other information. Sometimes on the German-English side of the dictionary
the arrow cross-refers the user from headwords given in the old
spelling to those in the new spelling (**Stengel** → ***Stängel***). If
the headword being cross-referred to appears as the next entry
in the headword list then an equals sign = is sometimes used instead of the cross-reference arrow →.

How does the dictionary distinguish between the different registers of a word?

The following register labels *infml* = informal; *sl* = slang; *vulg* =
vulgar; *elev* = elevated style; *form* = formal; *liter* = literary are
used to refer to headwords and phrases in the source language
and also to the corresponding translations. Register labels which
appear at the beginning of an entry, a sense or a subsense refer
to all phrases and senses within that entry. Register labels which
occur within an entry only refer to the sense (Arabic numerals)
or subsense in which they appear. As far as possible, a translation is selected which matches the register of the headword or
phrase in the source language. If the register is neutral, no register label is used.

What type of grammatical information can I find in this dictionary?

All German **nouns** have gender labels. Where a German translation consists of an adjective plus a noun, the adjective is given in the indefinite form which shows the gender. Therefore no gender is given for the noun.

> **high court** *n* oberstes Gericht

Nouns presented like this **Angestellte(r)** *m/f(m)* can either be masculine or feminine and take the same ending as adjectives.

> **Angestellte(r)** *m/f(m)* = der Angestellte
> ein Angestellter
> die Angestellte
> eine Angestellte

Where relevant, the feminine forms are shown for all German nouns. Where the feminine noun is formed by adding '-in' to the masculine, '-in' is given in brackets and the gender is marked *m(f)*.

> **teacher** *n* Lehrer(in) *m(f)*

Irregular **plural forms**, as well as the **genitive forms**, are given after the relevant nouns.

> **Meise** ['maizə] *f* ⟨**-, -n**⟩ tit

Adjectives presented like this **letzte(r, s)** do not exist in an undeclined form and are only used attributively.

> der letzte Versuch, ein letzter Versuch
> die letzte Stunde, eine letzte Stunde
> das letzte Versprechen, ein letztes Versprechen

Information on German **irregular verbs** (*essen – aß – gegessen*) and irregular comparative and superlative adjectival forms (*kalt – kälter – kälteste(r, s)*) is given under the corresponding headword. Furthermore, a list of the **German irregular verbs** which appear in the dictionary can be found in the appendix.

What do the other symbols and abbreviations mean?

You can find a guide to the symbols, register labels and abbreviations used in the dictionary at the very back of the book.

Notes on the pronunciation of German words

German headwords which are difficult to pronounce are provided with phonetics on the German-English side of the dictionary. A dot under a vowel in a German headword indicates that this vowel has a short stress. A dash indicates a long stress, and a dash is also used when the stress falls on a diphthong.

Phonetic symbols

	symbol	example	as in / resembles / remarks
vowels	[a]	matt	*French* **a** in carte
	[aː]	Wagen	father
	[ɐ]	Vater	lies somewhere between the *English* [ə] and [ʌ]
	[ã]	Chanson	*French* **an** in chanson or **en** in ensemble
	[ãː]	Chance	*French* **an** in chance or **em** in ensemble
	[e]	Etage	egg
	[eː]	edel, Fee, Fehler	long **e**, close to the *English* gay, but with no concluding **y** sound
	[ɛ]	ändern, Geld	fair
	[ɛː]	zählen	long [ɛ], close to the *English* bear
	[ə]	mache	above
	[ɪ]	mit	pit, awfully
	[i]	Vitamin	short, otherwise like [iː]
	[iː]	Ziel	peat
	[o]	Modell	short, otherwise like [oː]
	[oː]	Boot	long, resembles *English* aw in law, but more closed than this
	[õ]	Fondue	short nasalized **o**
	[ɔ]	Most	*English* **o** in got
	[ø]	ökologisch	short, otherwise like [øː]
	[øː]	böse	long, resembles *French* eu in trieu**e**
	[œ]	Hölle	short, more open than [øː]
	[u]	Musik	short, otherwise like [uː]
	[uː]	gut	pool
	[ʊ]	Mutter	put
	[y]	Physik	short, otherwise like [yː]
	[yː]	Düse	*French* **u** in muse
	[ʏ]	Sünde	short, more open than [yː]

	symbol	example	as in / resembles / remarks
diphthongs	[ai]	weit, Haifisch	*English* **i** in while
	[au]	Haus	*English* **ou** in house
	[ɔy]	neun, äußerst	falling diphthong consisting of [ɔ] and [y], similar to the *English* [ɔɪ] in boy, coin

	symbol	example	as in / resembles / remarks
consonants	[b]	**B**all	**b**all
	[ç]	mi**ch**	voiceless palatal fricative, resembles **h**uman in a **h**uman being
	[f]	**f**ern	**f**ield
	[g]	**g**ern	**g**ood
	[h]	**H**and	**h**and
	[j]	**j**a, Mi**ll**ion	**y**et, mi**ll**ion
	[k]	**K**ind	**k**ind, cat**ch**
	[l]	**l**inks, Pu**l**t	**l**eft, litt**l**e
	[m]	**m**att	**m**at
	[n]	**N**est	**n**est
	[ŋ]	la**ng**	lo**ng**
	[p]	**P**aar	**p**ut
	[r]	**r**ennen	**r**un
	[s]	fa**s**t, fa**ss**en	**s**it
	[ʃ]	**Ch**ef, **St**ein, **Sch**lag	**sh**all
	[t]	**T**afel	**t**ab
	[v]	**w**er	**v**ery
	[x]	Lo**ch**	the *Scottish* **ch** in lo**ch**
	[ks]	fi**x**	bo**x**
	[s]	**s**ingen	pod**s**, **z**ip
	[ts]	**Z**ahn	*English* **ts** in bi**ts**
	[ʒ]	**g**enieren	mea**s**ure

	symbol	meaning	symbol	meaning
other symbols	[']	main stress	-	long vowel or diphthong in headword
	[ˌ]	secondary stress	ǀ	glottal stop
	·	short vowel in headword		

The German alphabet

a [aː], b [beː], c [tseː], d [deː], e [eː], f [ɛf], g [geː], h [haː], i [iː], j [jɔt], k [kaː], l [ɛl], m [ɛm], n [ɛn], o [oː], p [peː], q [kuː], r [ɛr], s [ɛs], t [teː], u [uː], v [fau], w [veː], x [ɪks], y ['ʏpsilɔn], z [tsɛt]

German – English

A

A, a [aː] *nt* ⟨-, - *or* (*inf*) **-s, -s**⟩ A, a; *das A und (das) O* (*fig*) the be-all and end-all; (*eines Wissensgebietes*) the basics *pl*; *von A bis Z* (*fig infml*) from A to Z; *wer A sagt, muss auch B sagen* (*prov*) in for a penny, in for a pound (*esp Br prov*)

A *abbr of* **Austria**

à [a] *prep esp* COMM at

@ [ɛt] IT *abbr of* **at** @

Aal [aːl] *m* ⟨-(e)s, -e⟩ eel

aalglatt (*pej*) **I** *adj* slippery (as an eel), slick **II** *adv* slickly

Aargau ['aːɐɡau] *m* ⟨-s⟩ *der* ~ Aargau

Aas [aːs] *nt* ⟨-es, -e [-zə]⟩ **1.** (≈ *Tierleiche*) carrion, rotting carcass **2.** *pl* **Äser** ['ɛːzɐ] (*infml* ≈ *Luder*) bugger (*Br infml*), jerk (*sl*); *kein* ~ not a single soul **Aasgeier** *m* vulture

ab [ap] **I** *adv* off, away; THEAT exit *sg*, exeunt *pl*; *die nächste Straße rechts ab* the next street on the right; *ab Hamburg* after Hamburg; *München ab 12.20 Uhr* RAIL leaving Munich 12.20; *ab wann?* from when?, as of when?; *ab nach Hause* go home; *ab und zu or* (*N Ger*) *an* now and again, now and then **II** *prep* +*dat* (*räumlich*) from; (*zeitlich*) from, as of, as from; *Kinder ab 14 Jahren* children from (the age of) 14 up; *ab Werk* COMM ex works; *ab sofort* as of now

abändern *v/t sep* to alter (*in* +*acc* to); *Gesetzentwurf* to amend (*in* +*acc* to); *Strafe, Urteil* to revise (*in* +*acc* to)

abarbeiten *sep* **I** *v/t Schuld* to work off; *Vertragszeit* to work **II** *v/r* to slave (away); → *abgearbeitet*

Abart *f* variety (*auch* BIOL) **abartig** *adj* abnormal, unnatural; (≈ *widersinnig*) perverse; *das tut* ~ *weh* that hurts like hell (*infml*)

Abbau *m, no pl* **1.** (≈ *Förderung*) (*über Tage*) quarrying; (*unter Tage*) mining **2.** (≈ *Demontage*) dismantling **3.** CHEM decomposition; (*im Körper*) breakdown **4.** (≈ *Verringerung*) reduction (+*gen* of) **abbaubar** *adj* CHEM degradable; *biologisch* ~ biodegradable **abbauen** *sep* **I** *v/t* **1.** (≈ *fördern*) (*über Tage*) to quarry; (*unter Tage*) to mine **2.** (≈ *demontieren*) to dismantle; *Kulissen, Zelt* to take down **3.** CHEM to break down **4.** (≈ *verringern*) to cut back **II** *v/i* (*Patient*) to deteriorate

abbeißen *v/t sep irr* to bite off

abbekommen *past part* **abbekommen** *v/t sep irr* (≈ *erhalten*) to get; *etwas* ~ to get some (of it); (≈ *beschädigt werden*) to get damaged; (≈ *verletzt werden*) to get hurt; *sein(en) Teil* ~ (*lit, fig*) to get one's fair share

abberufen *past part* **abberufen** *v/t sep irr* to recall

abbestellen *past part* **abbestellt** *v/t sep* to cancel

abbezahlen *past part* **abbezahlt** *v/t sep* to pay off

abbiegen *v/i aux sein* to turn off (*in* +*acc* into); (*Straße*) to veer **Abbiegespur** *f* MOT filter (*Br*) *or* turning (*US*) lane

Abbild *nt* (≈ *Nachahmung, Kopie*) copy; (≈ *Spiegelbild*) reflection **abbilden** *v/t sep* (*lit, fig*) to depict, to portray **Abbildung** *f* (≈ *das Abbilden*) depiction, portrayal; (≈ *Illustration*) illustration

abbinden *sep irr v/t* **1.** (≈ *abmachen*) to undo, to untie **2.** MED *Arm, Bein etc* to ligature

Abbitte *f* apology; (*bei jdm wegen etw*) ~ *tun or leisten* to make *or* offer one's apologies (to sb for sth)

abblasen *v/t sep irr* (*infml* ≈ *absagen*) to call off

abblättern *v/i sep aux sein* to flake (off)

abblenden *sep* **I** *v/t* AUTO to dip (*Br*), to dim (*esp US*) **II** *v/i* AUTO to dip (*Br*) *or* dim (*esp US*) one's headlights **Abblendlicht** *nt* AUTO dipped (*Br*) *or* dimmed (*esp US*) headlights *pl*

abblitzen *v/i sep aux sein* (*infml*) to be sent packing (*bei* by) (*infml*); *jdn* ~ *lassen* to send sb packing (*infml*)

abblocken *sep* **I** *v/t* (SPORTS, *fig*) to block; *Gegner* to stall **II** *v/i* to stall

abbrechen *sep irr* **I** *v/t* to break off; *Zelt* to take down; (≈ *niederreißen*) to demolish; IT *Operation* to abort; *Veranstaltung, Verfahren* to stop; *Streik, Suche, Mission* to call off; *Schwangerschaft* to terminate; *die Schule* ~ to stop going to school; *sich* (*dat*) *einen* ~ (*infml*) (≈ *Umstände machen*) to make a fuss about it; (≈ *sich sehr anstrengen*) to go to a lot of bother **II** *v/i aux sein* to break off; IT to abort

abbrennen *v/t & v/i sep irr* (*v/i: aux sein*) to burn down; *Feuerwerk, Rakete* to let off; → **abgebrannt**

abbringen *v/t sep irr jdn davon* ~, *etw zu tun* to stop sb (from) doing sth; *sich von etw* ~ *lassen* to be dissuaded from sth

abbröckeln *v/i sep aux sein* to crumble away; (*fig*) to fall off

Abbruch *m, no pl* (≈ *das Niederreißen*) demolition; (*von Schwangerschaft*) termination; (*von Beziehungen, Reise*) breaking off; (*von Veranstaltung*) stopping **abbruchreif** *adj* only fit for demolition

abbuchen *v/t sep* to debit (*von* to, *against*) **Abbuchung** *f* debit; (*durch Dauerauftrag*) (payment by) standing order **Abbuchungsauftrag** *m* direct debit

abbürsten *v/t sep* to brush; *Staub* to brush off (*von etw* sth)

abbüßen *v/t sep Strafe* to serve

Abc [abeˈtseː, aːbeːˈtseː] *nt* ⟨-, -⟩ (*lit, fig*) ABC **Abc-Schütze** *m*, **Abc-Schützin** *f* (*hum*) school-beginner

abdanken *v/i sep* to resign; (*König etc*) to abdicate **Abdankung** *f* ⟨-, -en⟩ (≈ *Thronverzicht*) abdication; (≈ *Rücktritt*) resignation

abdecken *v/t sep* to cover; *Dach* to take off; *Haus* to take the roof off; *Tisch* to clear **Abdeckstift** *m* (*Kosmetik*) concealer, blemish stick

abdichten *v/t sep* (≈ *isolieren*) to insulate; *Loch, Leck, Rohr* to seal (up)

abdrängen *v/t sep* to push away (*von* from)

abdrehen *sep* **I** *v/t Gas, Wasser, Hahn* to turn off **II** *v/i aux sein or haben* (≈ *Richtung ändern*) to change course

abdriften *v/i sep aux sein* (*fig*) to drift off

Abdruck[1] *m, pl* **-drücke** imprint, impression; (≈ *Fingerabdruck, Fußabdruck*) print

Abdruck[2] *m, pl* **-drucke** (≈ *Nachdruck*) reprint **abdrucken** *v/t sep* to print

abdrücken *sep* **I** *v/t* **1.** *Gewehr* to fire **2.** *Vene* to constrict **II** *v/i* to pull *or* squeeze the trigger **III** *v/r* to leave an imprint *or* impression

abdunkeln *v/t sep Lampe* to dim; *Zimmer, Farbe* to darken

abduschen *v/t sep* to give a shower; *sich* ~ to have *or* take a shower

Abend [ˈaːbnt] *m* ⟨-s, -e [-də]⟩ evening; *am* ~ in the evening; (≈ *jeden Abend*) in the evening(s); *heute/gestern/morgen/Mittwoch* ~ this/yesterday/tomorrow/Wednesday evening, tonight/last night/tomorrow night/Wednesday night; *guten* ~ good evening; *zu* ~ *essen* to have supper *or* dinner; *es ist noch nicht aller Tage* ~ it's early days still *or* yet; *man soll den Tag nicht vor dem* ~ *loben* (*prov*) don't count your chickens before they're hatched (*prov*) **Abendbrot** *nt* supper, tea (*Scot, N Engl*) **Abenddämmerung** *f* dusk, twilight **Abendessen** *nt* supper, evening meal **abendfüllend** *adj Film, Stück* full-length **Abendgesellschaft** *f* soirée **Abendkasse** *f* THEAT box office **Abendkleid** *nt* evening dress *or* gown **Abendland** *nt, no pl* (*elev*) West **abendländisch** [ˈaːbntlɛndɪʃ] (*elev*) *adj* western, occidental (*liter*) **abendlich** [ˈaːbntlɪç] *adj no pred* evening *attr* **Abendmahl** *nt* ECCL Communion, Lord's Supper; *das* (*Letzte*) ~ the Last Supper **Abendprogramm** *nt* RADIO, TV evening('s) programmes *pl* (*Br*) *or* programs *pl* (*US*) **Abendrot** *nt* sunset **abends** [ˈaːbnts] *adv* in the evening; (≈ *jeden Abend*) in the evening(s); *spät* ~ late in the evening **Abendstunde** *f* evening (hour) **Abendvorstellung** *f* evening performance; (*Film auch*) evening showing **Abendzeitung** *f* evening paper

Abenteuer [ˈaːbntɔyɐ] *nt* ⟨-s, -⟩ adventure **Abenteuerin** [ˈaːbntɔyɐrɪn] *f* ⟨-, -nen⟩ adventuress **abenteuerlich** [ˈaːbntɔyɐlɪç] **I** *adj* adventurous; *Erzählung* fantastic; (*infml*) *Preis* outrageous; *Argument* ludicrous **II** *adv klingen, sich anhören* bizarre; *gekleidet* bizarrely **Abenteuerlust** *f* thirst for adventure **Abenteuerspielplatz** *m* adventure playground **Abenteuerurlaub** *m* adventure holiday (*esp Br*) *or* vacation (*US*) **Abenteurer** [ˈaːbntɔyrɐ] *m* ⟨-s, -⟩ adventurer

aber [ˈaːbɐ] **I** *cj* but; ~ *dennoch or trotz-*

dem but still; *oder* ~ or else; ~ *ja!* oh, yes!; (≈ *sicher*) but of course; ~ *nein!* oh, no!; (≈ *selbstverständlich nicht*) of course not!; ~, ~! now, now!; *das ist* ~ *schrecklich!* but that's awful!; *das ist* ~ *heiß/schön!* that's really hot/nice **II** *adv* (*liter*) ~ *und* ~*mals* again and again, time and again; → **Abertausend** **Aber** ['aːbɐ] *nt* ⟨*-s, -* or (*inf*) *-s*⟩ but; *die Sache hat ein* ~ there's just one problem or snag

Aberglaube(n) *m* superstition; (*fig also*) myth **abergläubisch** ['aːbɐɡlɔybɪʃ] *adj* superstitious

aberkennen *past part* **aberkannt** *v/t sep* or (*rare*) *insep irr* **jdm etw** ~ to deprive or strip sb of sth

abermals ['aːbɐmaːls] *adj* (*elev*) once again or more

Abertausend *num* thousands upon thousands of; *Tausend und* ~ thousands and or upon thousands

Abf. *abbr of* **Abfahrt** departure, dep.

abfahren *sep irr aux sein* **I** *v/i* **1.** (*Bus, Zug, Auto, Reisende*) to leave; (SKI ≈ *zu Tal fahren*) to ski down **2.** (*infml*) *auf jdn/etw* ~ to be into sb/sth (*infml*) **II** *v/t* **1.** *aux sein* or *haben* Strecke (≈ *bereisen*) to cover, to do (*infml*); (≈ *überprüfen*) to go over **2.** (≈ *abnutzen*) Schienen, Reifen to wear out; (≈ *benutzen*) Fahrkarte to use **Abfahrt** *f* **1.** (*von Zug, Bus etc*) departure **2.** (SKI ≈ *Talfahrt*) descent; (≈ *Abfahrtsstrecke*) (ski) run **3.** (*infml* ≈ *Autobahnabfahrt*) exit **Abfahrtslauf** *m* SKI downhill **Abfahrtsläufer(in)** *m/(f)* SKI downhill racer or skier **Abfahrtszeit** *f* departure time

Abfall *m* **1.** (≈ *Müll*) refuse; (≈ *Hausabfall*) rubbish (*Br*), garbage (*US*); (≈ *Rückstand*) waste *no pl* **2.** *no pl* (≈ *Rückgang*) drop (+*gen* in); (≈ *Verschlechterung*) deterioration **Abfallbeseitigung** *f* refuse or garbage (*US*) or trash (*US*) disposal **Abfalleimer** *m* rubbish bin (*Br*), garbage can (*US*) **abfallen** *v/i sep irr aux sein* **1.** (≈ *herunterfallen*) to fall or drop off **2.** (*Gelände*) to fall or drop away; (*Druck, Temperatur*) to fall, to drop **3.** (*fig* ≈ *übrig bleiben*) to be left (over) **4.** (≈ *schlechter werden*) to fall or drop off **5.** *alle Unsicherheit/Furcht fiel von ihm ab* all his uncertainty/fear left him; *vom Glauben* ~ to break with the faith; *wie viel fällt bei dem Ge-*

schäft für mich ab? (*infml*) how much do I get out of the deal?

abfällig **I** *adj* Bemerkung, Kritik disparaging, derisive; Urteil adverse **II** *adv* *über jdn* ~ *reden* or *sprechen* to be disparaging of or about sb

Abfallprodukt *nt* waste product; (*von Forschung*) by-product, spin-off **Abfallverwertung** *f* waste utilization

abfälschen *v/t & v/i sep* SPORTS to deflect

abfangen *v/t sep irr* Flugzeug, Funkspruch, Brief, Ball to intercept; Menschen to catch (*infml*); Schlag to block **Abfangjäger** *m* MIL interceptor

abfärben *v/i sep* **1.** (*Wäsche*) to run **2.** (*fig*) *auf jdn* ~ to rub off on sb

abfassen *v/t sep* (≈ *verfassen*) to write

abfedern *sep* **I** *v/t* Sprung, Stoß to cushion; (*fig*) Krise, Verluste to cushion the impact of **II** *v/i* to absorb the shock; *er ist* or *hat gut/schlecht abgefedert* SPORTS he landed smoothly/hard

abfertigen *sep v/t* **1.** Pakete, Waren to prepare for dispatch; Gepäck to clear (in) **2.** (≈ *bedienen*) Kunden, Antragsteller, Patienten to attend to; (*infml*: SPORTS) Gegner to deal with; *jdn kurz* or *schroff* ~ (*infml*) to snub sb **3.** (≈ *kontrollieren*) Waren, Reisende to clear **Abfertigung** *f* (*von Paketen, Waren*) getting ready for dispatch; (*von Gepäck*) checking; (*von Kunden*) service; (*von Antragstellern*) dealing with; *die* ~ *an der Grenze* customs clearance **Abfertigungsschalter** *m* dispatch counter; (*im Flughafen*) check-in desk

abfeuern *v/t sep* to fire

abfinden *sep irr* **I** *v/t* to pay off; (≈ *entschädigen*) to compensate **II** *v/r sich mit jdm/etw* ~ to come to terms with sb/sth; *er konnte sich nie damit* ~, *dass* ... he could never accept the fact that ... **Abfindung** ['apfɪndʊŋ] *f* ⟨*-, -en*⟩ **1.** (*von Gläubigern*) paying off; (≈ *Entschädigung*) compensation **2.** (≈ *Summe*) payment; (≈ *Entschädigung*) compensation *no pl*; (*bei Entlassung*) severance pay

abflauen ['apflauən] *v/i sep aux sein* (*Wind*) to drop, to die down; (*Empörung, Interesse*) to fade; (*Börsenkurse*) to fall, to drop; (*Geschäfte*) to fall or drop off

abfliegen *sep irr* **I** *v/i aux sein* AVIAT to take off (*nach* for) **II** *v/t* Gelände to fly over

abfließen v/i sep irr aux sein (≈ wegfließen) to drain or run away; (Verkehr) to flow away

Abflug m takeoff **Abflughalle** f departure lounge **Abflugzeit** m departure time

Abfluss m **1.** (≈ Abfließen) draining away **2.** (≈ Abflussstelle) drain **3.** (≈ Abflussrohr) drainpipe

Abfolge f (elev) sequence, succession

abfordern v/t sep **jdm etw ~** to demand sth from sb

Abfrage f IT query **abfragen** v/t sep **1.** IT Information to call up; Datenbank to query, to interrogate **2.** esp SCHOOL **jdn** or **jdm etw ~** to question sb on sth

abfressen v/t sep irr Blätter, Gras to eat

abfrieren sep irr **I** v/i aux sein to get frostbitten; **abgefroren sein** (Körperteil) to be frostbitten **II** v/t **sich** (dat) **einen ~** (sl) to freeze to death (infml)

Abfuhr ['apfuːɐ] f ⟨-, -en⟩ **1.** no pl (≈ Abtransport) removal **2.** (infml ≈ Zurückweisung) snub, rebuff; **jdm eine ~ erteilen** to snub or rebuff sb **abführen** sep **I** v/t **1.** (≈ wegführen) to take away **2.** Betrag to pay (an +acc to) **II** v/i **1.** **der Weg führt hier (von der Straße) ab** the path leaves the road here; **das würde vom Thema ~** that would take us off the subject **2.** (≈ den Darm anregen) to have a laxative effect **Abführmittel** nt laxative

abfüllen v/t sep (in Flaschen) to bottle; Flasche to fill

Abgabe f **1.** no pl (≈ Abliefern) handing or giving in; (von Gepäck) depositing **2.** no pl (≈ Verkauf) sale **3.** no pl (von Wärme etc) giving off, emission **4.** no pl (von Schuss, Salve) firing **5.** (≈ Steuer) tax; (≈ soziale Abgabe) contribution **6.** no pl (von Erklärung etc) giving; (von Stimme) casting **7.** (SPORTS ≈ Abspiel) pass **Abgabetermin** m closing date

Abgang m, pl **-gänge 1.** no pl (≈ Absendung) dispatch **2.** no pl (aus einem Amt, von Schule) leaving; **seit seinem ~ von der Schule** since he left school **3.** no pl (THEAT, fig) exit **4.** (MED ≈ Ausscheidung) passing

abgängig ['apgɛŋɪç] adj (Aus ≈ vermisst) missing (aus from)

Abgas nt exhaust no pl, exhaust fumes pl **abgasfrei** adj exhaust-free **Abgas(sonder)untersuchung** f AUTO emissions test

abgearbeitet adj (≈ verbraucht) work-worn; (≈ erschöpft) worn out; → **abarbeiten**

abgeben sep irr **I** v/t **1.** (≈ abliefern) hand or give in; (≈ hinterlassen) to leave; (≈ übergeben) to hand over, to deliver; (≈ weggeben) to give away; (≈ verkaufen) to sell **2.** (≈ abtreten) Posten to relinquish (an +acc to) **3.** SPORTS Punkte, Rang to concede; (≈ abspielen) to pass **4.** (≈ ausströmen) Wärme, Sauerstoff to give off, to emit **5.** (≈ abfeuern) Schuss, Salve to fire **6.** (≈ äußern) Erklärung to give; Stimme to cast **7.** (≈ verkörpern) to make; **er würde einen guten Schauspieler ~** he would make a good actor **II** v/r **sich mit jdm/etw ~** (≈ sich beschäftigen) to concern oneself with sb/sth

abgebrannt adj pred (infml ≈ pleite) broke (infml); → **abbrennen**

abgebrüht ['apgəbryːt] adj (infml) callous

abgedroschen ['apgədrɔʃn] adj (infml) hackneyed (Br), well-worn

abgegriffen ['apgəgrɪfn] adj (well-)worn

abgehackt ['apgəhakt] adj Sprechweise clipped; → **abhacken**

abgehärtet ['apgəhɛrtət] adj tough, hardy; (fig) hardened; → **abhärten**

abgehen sep irr aux sein **I** v/i **1.** (≈ abfahren) to leave, to depart (nach for) **2.** (THEAT ≈ abtreten) to exit; **von der Schule ~** to leave school **3.** (≈ sich lösen) to come off **4.** (≈ abgesondert werden) to pass out; (Fötus) to be aborted **5.** (≈ abgesandt werden) to be sent or dispatched **6.** (infml ≈ fehlen) **jdm geht Verständnis/Taktgefühl ab** sb lacks understanding/tact **7.** (≈ abgezogen werden) (vom Preis) to be taken off; (von Verdienst) to be deducted; **davon gehen 5% ab** 5% is taken off that **8.** (≈ abzweigen) to branch off **9.** (≈ abweichen) **von einem Plan/einer Forderung ~** to give up or drop a plan/demand **10.** (≈ verlaufen) to go; **gut/glatt/friedlich ~** to go well/smoothly/peacefully; **es ging nicht ohne Streit ab** there was an argument **II** v/t (≈ entlanggehen) to go or walk along; MIL to patrol

abgekämpft ['apgəkɛmpft] adj exhausted, worn-out

abgekartet ['apgəkartət] adj **ein ~es Spiel** a fix (infml)

abgeklärt ['apgəklɛːɐt] *adj Mensch* worldly-wise; *Urteil* well-considered; *Sicht* detached; → **abklären**

abgelegen *adj* (≈ *entfernt*) *Dorf, Land* remote; (≈ *einsam*) isolated; → **abliegen**

abgelten *v/t sep irr Ansprüche* to satisfy

abgemacht ['apgəmaxt] **I** *int* OK, that's settled; (*bei Kauf*) it's a deal, done **II** *adj* **eine ~e Sache** a fix (*infml*); → **abmachen**

abgemagert ['apgəmaːgɐt] *adj* (≈ *sehr dünn*) thin; (≈ *ausgemergelt*) emaciated; → **abmagern**

abgeneigt *adj* averse *pred* (+*dat* to); **ich wäre gar nicht ~** (*infml*) actually I wouldn't mind

abgenutzt ['apgənʊtst] *adj Möbel, Teppich* worn; *Reifen* worn-down; → **abnutzen**

Abgeordnete(r) ['apgə|ɔrdnətə] *m/f(m)* *decl as adj* (elected) representative; (*von Nationalversammlung*) member of parliament

Abgesandte(r) ['apgəzantə] *m/f(m)* *decl as adj* envoy

abgeschieden ['apgəʃiːdn] *adj* (*elev* ≈ *einsam*) secluded; **~ wohnen** to live in seclusion **Abgeschiedenheit** *f* ⟨-, *no pl*⟩ seclusion

abgeschlafft ['apgəʃlaft] *adj* (*infml* ≈ *erschöpft*) exhausted; → **abschlaffen**

abgeschlagen ['apgəʃlaːgn] *adj* (≈ *zurück*) behind; **weit ~ liegen** to be way behind; → **abschlagen**

abgeschlossen *adj* (*attr* ≈ *geschlossen*) *Wohnung* self-contained; *Grundstück, Hof* enclosed; → **abschließen**

abgeschmackt ['apgəʃmakt] *adj* outrageous; *Witz* corny

abgesehen ['apgəzeːən] **I** *past part of* **absehen**; **es auf jdn ~ haben** to have it in for sb (*infml*); (≈ *interessiert sein*) to have one's eye on sb **II** *adv* **~ von jdn/etw** apart from sb/sth

abgespannt *adj* weary, tired

abgestanden *adj Luft, Wasser* stale; *Bier, Limonade etc* flat; → **abstehen**

abgestorben ['apgəʃtɔrbn] *adj Glieder* numb; *Pflanze, Ast, Gewebe* dead; → **absterben**

abgestumpft ['apgəʃtʊmpft] *adj Mensch* insensitive; *Gefühle, Gewissen* dulled; → **abstumpfen**

abgetan *adj pred* (≈ *erledigt*) finished *or* done with; → **abtun**

abgetragen *adj* worn; **~e Kleider** old clothes; → **abtragen**

abgewinnen *v/t sep irr jdm etw ~* (*lit*) to win sth from sb; **einer Sache etwas/nichts ~ können** (*fig*) to be able to see some/no attraction in sth; **dem Meer Land ~** to reclaim land from the sea

abgewirtschaftet ['apgəvɪrtʃaftət] *adj* (*pej*) rotten; *Firma* run-down; → **abwirtschaften**

abgewogen *adj Urteil, Worte* balanced; → **abwägen**

abgewöhnen *v/t sep jdm etw ~* to cure sb of sth; *das Rauchen, Trinken* to get sb to give up sth; **sich** (*dat*) **etw ~** to give sth up

abgießen *v/t sep irr Flüssigkeit* to pour off *or* away; *Kartoffeln, Gemüse* to strain

Abglanz *m* reflection (*also fig*)

abgleichen *v/t sep irr* to coordinate; *Dateien, Einträge* to compare

abgleiten *v/i sep irr aux sein* (*elev*) (≈ *abrutschen*) to slip; (*Gedanken*) to wander; (FIN: *Kurs*) to drop, to fall

abgöttisch ['apgœtɪʃ] *adj* **~e Liebe** blind adoration; **jdn ~ lieben/verehren** to idolize sb

abgrenzen *sep v/t Grundstück, Gelände* to fence off; (*fig*) to delimit (*gegen, von* from) **Abgrenzung** *f* ⟨-, -*en*, *no pl*⟩ (*von Gelände*) fencing off; (*fig*) delimitation

Abgrund *m* precipice; (≈ *Schlucht, fig*) abyss; **sich am Rande ~es befinden** (*fig*) to be on the brink (of disaster)

abgründig ['apgrʏndɪç] **I** *adj Humor, Ironie* cryptic **II** *adv lächeln* cryptically

abgrundtief **I** *adj Hass, Verachtung* profound **II** *adv hassen, verachten* profoundly

abgucken *v/t sep & v/i sep* to copy; **jdm etw ~** to copy sth from sb

abhaben *v/t sep irr* (*infml*) **1.** (≈ *abgenommen haben*) *Brille, Hut* to have off **2.** (≈ *abbekommen*) to have

abhacken *v/t sep* to hack off; → **abgehackt**

abhaken *v/t sep* (≈ *markieren*) to tick (*Br*) *or* check (*esp US*) off; (*fig*) to cross off

abhalten *v/t sep irr* **1.** (≈ *hindern*) to stop, to prevent; (≈ *fernhalten*) to keep off; **lass dich nicht ~!** don't let me/us *etc* stop you **2.** (≈ *veranstalten*) to hold

abhandeln *v/t sep* **1.** *Thema* to treat, to

deal with **2.** (≈ *abkaufen*) *jdm etw ~* to do *or* strike a deal with sb for sth

abhandenkommen [ap'handnkɔmən] *v/i sep irr* to get lost; *jdm ist etw abhandengekommen* sb has lost sth

Abhandlung *f* treatise, discourse (*über* +*acc* (up)on)

Abhang *m* slope

abhängen *sep* **I** *v/t* **1.** *Bild* to take down; (*gut*) *abgehangen Fleisch* well-hung **2.** (*infml* ≈ *hinter sich lassen*) *jdn* to shake off (*infml*) **II** *v/i irr aux haben or* (*S Ger, Aus*) *sein von etw ~* to depend (up)on sth; *das hängt ganz davon ab* it all depends

abhängig ['apheŋɪç] *adj* **1.** (≈ *bedingt durch*) dependent; *etw von etw ~ machen* to make sth conditional (up)on sth **2.** (≈ *angewiesen auf*) dependent (*von* on); *~ Beschäftigte(r)* employee **3.** GRAM *Satz* subordinate; *Rede* indirect

Abhängigkeit *f* ⟨-, -en⟩ **1.** *no pl* (≈ *Bedingtheit*) dependency *no pl* (*von* on) **2.** (*euph* ≈ *Sucht*) dependence (*von* on)

abhärten *sep* **I** *v/t* to toughen up **II** *v/r sich gegen etw ~* to toughen oneself against sth; → *abgehärtet* **Abhärtung** *f* toughening up; (*fig*) hardening

abhauen *sep* **I** *past part* **abgehauen** *v/i aux sein* (*infml*) to clear out; *hau ab!* get lost! (*infml*) **II** *v/t, pret* **hieb** *or* (*inf*) **haute ab**, *past part* **abgehauen** to chop *or* cut off

abheben *sep irr* **I** *v/t* (≈ *anheben*) to lift (up), to raise; (≈ *abnehmen*) to take off; *Telefonhörer* to pick up; *Geld* to withdraw **II** *v/i* **1.** (*Flugzeug*) to take off; (*Rakete*) to lift off **2.** (≈ *ans Telefon gehen*) to answer **3.** CARDS to cut **III** *v/r sich gegen jdn/etw ~* to stand out against sb/sth **Abhebung** *f* ⟨-, -en⟩ (*von Geld*) withdrawal

abheften *v/t sep Rechnungen* to file away

abhelfen *v/i +dat sep irr* to remedy

abhetzen *v/r sep* to wear *or* tire oneself out

Abhilfe *f, no pl* remedy, cure; *~ schaffen* to take remedial action

abholen *v/t sep* to collect (*bei* from); *Fundsache* to claim (*bei* from); *etw ~ lassen* to have sth collected

abholzen *v/t sep Wald* to clear; *Baumreihe* to fell

abhorchen *v/t sep* to sound, to listen to; *Brust auch, Patienten* to auscultate (*form*)

abhören *v/t sep* **1.** (*also v/i* ≈ *überwachen*) *Raum, Gespräch* to bug; (≈ *mithören*) to listen in on; *Telefon* to tap; *abgehört werden* (*infml*) to be bugged **2.** MED to sound **3.** (SCHOOL ≈ *abfragen*) *kannst du mir mal Vokabeln ~?* can you test my vocabulary? **Abhörgerät** *nt* bugging device **abhörsicher** *adj Raum* bug-proof; *Telefon* tap-proof

Abi ['abi] *nt* ⟨-s, -s⟩ (SCHOOL *infml*) *abbr of* **Abitur** Abi*tur* [abi'tuːɐ] *nt* ⟨-s, (*rare*) -e⟩ school-leaving exam and university entrance qualification, ≈ A levels *pl* (*Br*), ≈ Highers *pl* (*Scot*), ≈ high-school diploma (*US*) **Abiturient** [abitu'riɛnt] *m* ⟨-en, -en⟩, **Abiturientin** [-'riɛntɪn] *f* ⟨-, -nen⟩ person who is doing/has done the *Abitur* **Abiturzeugnis** *nt certificate for having passed the Abitur*, ≈ A level (*Br*) *or* Highers (*Scot*) certificate, ≈ high-school diploma (*US*)

Abk. *abbr of* **Abkürzung** abbreviation, abbr

abkapseln ['apkapsln] *v/r sep* (*fig*) to shut *or* cut oneself off

abkassieren *past part* **abkassiert** *sep v/i* (≈ *großes Geld machen*) to make a killing (*infml*); *darf ich mal (bei Ihnen) ~?* could I ask you to pay now?

abkaufen *v/t sep jdm etw ~* to buy sth from *or* off (*infml*) sb; (*infml* ≈ *glauben*) to buy sth (*infml*)

abkehren *sep* **I** *v/t* (*elev* ≈ *abwenden*) *Blick, Gesicht* to turn away **II** *v/r* (*fig*) to turn away (*von* from); (*von einer Politik*) to give up

abklappern *v/t sep* (*infml*) *Läden, Gegend, Straße* to scour, to comb (*nach* for)

abklären *sep v/t Angelegenheit* to clear up, to clarify; → *abgeklärt*

Abklatsch *m* (*fig pej*) poor imitation *or* copy

abklemmen *v/t sep* to clamp

abklingen *v/i sep irr aux sein* **1.** (≈ *leiser werden*) to die *or* fade away **2.** (≈ *nachlassen*) to abate

abklopfen *v/t sep* **1.** (≈ *herunterklopfen*) to knock off; *Teppich, Polstermöbel* to beat **2.** (≈ *beklopfen*) to tap; MED to sound

abknabbern *v/t sep* (*infml*) to nibble off; *Knochen* to gnaw at

abknallen *v/t sep* (*infml*) to shoot down (*infml*)

ạbknicken *sep* **I** *v/t* (≈ *abbrechen*) to break *or* snap off; (≈ *einknicken*) to break **II** *v/i aux sein* (≈ *abzweigen*) to fork *or* branch off; ⁓*de Vorfahrt* priority for traffic turning left / right

ạbknöpfen *v/t sep* **1.** (≈ *abnehmen*) to unbutton **2.** (*infml* ≈ *ablisten*) *jdm etw* ⁓ to get sth off sb

ạbknutschen *v/t sep* (*infml*) to canoodle (*Br infml*) *or* cuddle with

ạbkochen *v/t sep* to boil; (≈ *keimfrei machen*) to sterilize (by boiling)

ạbkommandieren *past part* **ạbkommandiert** *v/t sep* (MIL, *zu anderer Einheit*) to post; (*zu bestimmtem Dienst*) to detail (*zu* for)

ạbkommen *v/i sep irr aux sein* **1. von etw** ⁓ (≈ *abweichen*) to leave sth; (≈ *abirren*) to wander off sth; **vom Kurs** ⁓ to deviate from one's course; (**vom Thema**) ⁓ to digress **2.** (≈ *aufgeben*) **von etw** ⁓ to give sth up; **von einer Meinung** ⁓ to revise one's opinion

Ạbkommen ['apkɔmən] *nt* ⟨**-s, -**⟩ agreement (*auch* POL)

ạbkömmlich ['apkœmlɪç] *adj* available; **nicht** ⁓ **sein** to be unavailable

ạbkönnen *v/t sep irr* (*infml* ≈ *mögen*) **das kann ich überhaupt nicht ab** I can't stand *or* abide it; **ich kann ihn einfach nicht ab** I just can't stand *or* abide him

ạbkoppeln *v/t sep* RAIL to uncouple; *Raumfähre* to undock

ạbkratzen *sep* **I** *v/t Schmutz etc* to scratch off; (*mit einem Werkzeug*) to scrape off **II** *v/i aux sein* (*infml* ≈ *sterben*) to kick the bucket (*infml*)

ạbkühlen *sep* **I** *v/i aux sein* to cool down; (*fig*) (*Freundschaft etc*) to cool off **II** *v/r* to cool down *or* off; (*Wetter*) to become cool(er); (*fig*) to cool **Ạbkühlung** *f* cooling

ạbkupfern ['apkʊpfɐn] *v/t sep* (*infml*) to crib (*infml*)

ạbkürzen *v/t sep* (≈ *verkürzen*) to cut short; *Verfahren* to shorten; (≈ *verkürzt schreiben*) *Namen* to abbreviate; **den Weg** ⁓ to take a short cut **Ạbkürzung** *f* **1.** (*Weg*) short cut **2.** (*von Wort*) abbreviation **Ạbkürzungsverzeichnis** *nt* list of abbreviations

ạbladen *sep irr v/t Last, Wagen* to unload; *Schutt* to dump; (*fig infml*) *Kummer, Ärger* to vent (*bei jdm* on sb) **Ạbladeplatz** *m* unloading area; (*für Schrott, Müll etc*) dump

Ạblage *f* **1.** (≈ *Gestell*) place to put sth; (≈ *Ablagekorb*) filing tray **2.** (≈ *Aktenordnung*) filing **3.** (*Swiss*) = **Annahmestelle, Zweigstelle**

ạblagern *sep* **I** *v/t* **1.** (≈ *anhäufen*) to deposit **2.** (≈ *deponieren*) to leave, to store; **abgelagert** *Wein* mature; *Holz, Tabak* seasoned **II** *v/r* to be deposited

ạblassen *v/t sep irr* **1.** *Wasser, Luft* to let out; *Dampf* to let off **2.** *Teich, Schwimmbecken* to drain, to empty **3.** (≈ *ermäßigen*) to knock off (*infml*)

Ạblauf *m* **1.** (≈ *Abfluss*) drain; (≈ *Ablaufstelle*) outlet **2.** (≈ *Verlauf*) course; (*von Empfang, Staatsbesuch*) order of events (+*gen* in) **3.** (*von Frist etc*) expiry **4.** (*von Zeitraum*) passing; **nach** ⁓ **von 4 Stunden** after 4 hours (have / had gone by *or* passed) **ạblaufen** *sep irr* **I** *v/t* **1.** (≈ *abnützen*) *Schuhsohlen, Schuhe* to wear out; *Absätze* to wear down **2.** *aux sein or haben* (≈ *entlanglaufen*) *Strecke* to go *or* walk over; *Stadt, Straßen, Geschäfte* to comb, to scour **II** *v/i aux sein* **1.** (*Flüssigkeit*) to drain *or* run away *or* off **2.** (≈ *vonstattengehen*) to go off; **wie ist das bei der Prüfung abgelaufen?** how did the exam go (off)? **3.** (*Pass, Visum, Frist etc*) to expire

ạblecken *v/t sep* to lick; *Blut, Marmelade* to lick off

ạblegen *sep* **I** *v/t* **1.** (≈ *niederlegen*) to put down; ZOOL *Eier* to lay **2.** (≈ *abheften*) to file (away); IT *Daten* to store **3.** (≈ *ausziehen*) to take off **4.** (≈ *aufgeben*) to lose; *schlechte Gewohnheit* to give up **5.** (≈ *ableisten, machen*) *Schwur, Eid* to swear; *Gelübde, Geständnis* to make; *Prüfung* to take, to sit; (*erfolgreich*) to pass **6.** CARDS to discard **II** *v/i* **1.** (≈ *abfahren*: *Schiff*) to cast off **2.** (≈ *Garderobe ablegen*) to take one's things off

ạblehnen *sep* **I** *v/t* to decline, to refuse; *Angebot, Bewerber, Stelle* to turn down, to reject; PARL *Gesetzentwurf* to throw out; **jede Form von Gewalt** ⁓ to be against any form of violence **II** *v/i* to decline, to refuse; **eine** ⁓ **de Antwort** a negative answer **Ạblehnung** *f* ⟨**-, -en**⟩ **1.** refusal; (*von Antrag, Bewerber etc*) rejection **2.** (≈ *Missbilligung*) disapproval

ạbleiten *sep* **I** *v/t* **1.** (≈ *herleiten*) to derive; (≈ *logisch folgern*) to deduce (*aus* from) **2.** *Bach, Fluss* to divert **Ạbleitung** *f* **1.** *no* *pl* (≈ *das Herleiten*) derivation; (≈ *Folgerung*) deduction **2.** (≈ *Wort*, MAT) derivative

ablenken *sep* **I** *v/t* **1.** (≈ *ab-, wegleiten*) to deflect (*auch* PHYS); *Katastrophe* to avert **2.** (≈ *zerstreuen*) to distract **3.** (≈ *abbringen*) to divert; *Verdacht* to avert **II** *v/i* **1.** (≈ *ausweichen*) (**vom Thema**) ~ to change the subject **2.** (≈ *zerstreuen*) to create a distraction **III** *v/r* to take one's mind off things **Ablenkung** *f* (≈ *Zerstreuung*) diversion; (≈ *Störung*) distraction **Ablenkungsmanöver** *nt* diversionary tactic

ablesen *v/t sep irr* **1.** (*also v/i*) to read; *Barometerstand* to take **2.** (≈ *erkennen*) to see; *das konnte man ihr vom Gesicht* ~ it was written all over her face; *jdm jeden Wunsch an or von den Augen* ~ to anticipate sb's every wish

abliefern *v/t sep* (*bei einer Person*) to hand over (*bei* to); (*bei einer Dienststelle*) to hand in (*bei* to)

abliegen *v/i sep irr* (≈ *entfernt sein*) to be at a distance; *das Haus liegt weit ab* the house is a long way off *or* away; → *abgelegen*

Ablöse ['aplø:zə] *f* ⟨-, -n⟩ (≈ *Ablösungssumme*) transfer fee **ablösen** *sep* **I** *v/t* **1.** (≈ *abmachen*) to take off; (≈ *tilgen*) *Schuld, Hypothek* to pay off, to redeem **2.** (≈ *ersetzen*) *Wache* to relieve; *Kollegen* to take over from **II** *v/r* **1.** (≈ *abgehen*) to come off **2.** (*a.* **einander ablösen**) to take turns **Ablösesumme** *f* SPORTS transfer fee **Ablösung** *f* **1.** (*von Hypothek, Schuld*) paying off, redemption **2.** (≈ *Wache*) relief; (≈ *Entlassung*) replacement; *er kam als* ~ he came as a replacement

ABM [a:be:'|ɛm] *abbr of* **Arbeitsbeschaffungsmaßnahme**

abmachen *v/t sep* **1.** (*infml* ≈ *entfernen*) to take off **2.** (≈ *vereinbaren*) to agree (on); → **abgemacht Abmachung** ['apmaxʊŋ] *f* ⟨-, -en⟩ agreement

abmagern ['apma:gɐn] *v/i sep aux sein* to get thinner, to lose weight; → **abgemagert Abmagerungskur** *f* diet; *eine* ~ *machen* to be on a diet

abmahnen *v/t sep* (*form*) to caution **Abmahnung** *f* (*form*) caution

abmalen *v/t sep* (≈ *abzeichnen*) to paint

Abmarsch *m* departure **abmarschbereit** *adj* ready to move off **abmarschieren**

past part abmarschiert *v/i sep aux sein* to move off

abmelden *sep* **I** *v/t* **1.** *Zeitungen etc* to cancel; *Telefon* to have disconnected; *sein Auto* ~ to take one's car off the road **2.** (*infml*) **abgemeldet sein** SPORTS to be outclassed; *er/sie ist bei mir abgemeldet* I don't want anything to do with him/her **II** *v/r* **sich bei jdm** ~ to tell sb that one is leaving; *sich bei einem Verein* ~ to cancel one's membership of a club **Abmeldung** *f* (*von Zeitungen etc*) cancellation; (*von Telefon*) disconnection; (*beim Einwohnermeldeamt*) cancellation of one's registration

abmessen *v/t sep irr* to measure **Abmessung** *f usu pl* measurement; (≈ *Ausmaß*) dimension

abmontieren *past part* **abmontiert** *v/t sep* *Räder, Teile* to take off (*von etw* sth)

abmühen *v/r sep* to struggle (away)

abnabeln ['apna:bln] *sep* **I** *v/t* **ein Kind** ~ to cut a baby's umbilical cord **II** *v/r* to cut oneself loose

abnagen *v/t sep* to gnaw off; *Knochen* to gnaw

Abnäher ['apnɛ:ɐ] *m* ⟨-s, -⟩ dart

Abnahme ['apna:mə] *f* ⟨-, -n⟩ **1.** (≈ *Wegnahme*) removal **2.** (≈ *Verringerung*) decrease (+*gen* in) **3.** (*von Neubau, Fahrzeug etc*) inspection **4.** COMM purchase; *gute* ~ *finden* to sell well **abnehmbar** *adj* removable, detachable **abnehmen** *sep irr* **I** *v/t* **1.** (≈ *herunternehmen*) to take off, to remove; *Hörer* to pick up; *Vorhang, Bild, Wäsche* to take down; *Bart* to take *or* shave off; (≈ *amputieren*) to amputate; CARDS *Karte* to take from the pile **2.** (≈ *an sich nehmen*) *jdm etw* ~ to take sth from sb; (*fig*) *Arbeit, Sorgen* to relieve sb of sth; *jdm die Beichte* ~ to hear confession from sb **3.** (≈ *wegnehmen*) to take away (*jdm* from sb); (≈ *rauben, abgewinnen*) to take (*jdm* off sb) **4.** (≈ *begutachten*) to inspect; (≈ *abhalten*) *Prüfung* to hold **5.** (≈ *abkaufen*) to buy (+*dat* from, off) **6.** *Fingerabdrücke* to take **7.** (*fig infml* ≈ *glauben*) to buy (*infml*); *dieses Märchen nimmt dir keiner ab!* (*infml*) nobody will buy that tale! (*infml*) **II** *v/i* **1.** (≈ *sich verringern*) to decrease; (*Aufmerksamkeit*) to flag; (*Mond*) to wane; (*an Gewicht*) ~ to lose weight **2.** TEL to answer **Abnehmer** *m* ⟨-s, -⟩, **Abneh-**

merin f ⟨**-, -nen**⟩ COMM buyer, customer; **viele/wenige ~ finden** to sell well / badly
Abneigung f dislike (*gegen* of); (≈ *Widerstreben*) aversion (*gegen* to)
abnicken *v/t sep* (*infml*) **etw ~** to nod sth through
abnorm [ap'nɔrm], **abnormal** ['apnɔrmaːl, apnɔr'maːl] **I** *adj* abnormal **II** *adv* abnormally
abnutzen, (*esp S Ger, Aus, Swiss*) **abnützen** *v/t & v/r sep* to wear out; → **abgenutzt Abnutzung** f, (*esp S Ger, Aus, Swiss*) **Abnützung** f ⟨**-, -en**⟩ wear (and tear)
Abo ['abo] *nt* ⟨**-s, -s**⟩ (*infml*) *abbr of* **Abonnement Abonnement** [abɔnə'mãː, (*Swiss*) abɔnə'mɛnt, abɔn'maː] *nt* ⟨**-s, -s** *or* (*Sw*) **-e**⟩ subscription; THEAT season ticket **Abonnent** [abɔ'nɛnt] *m* ⟨**-en, -en**⟩, **Abonnentin** [-'nɛntɪn] f ⟨**-, -nen**⟩ (*von Zeitung, Fernsehsender*) subscriber; THEAT season-ticket holder **abonnieren** [abɔ'niːrən] *past part* **abonniert** *v/t* to subscribe to; THEAT to have a season ticket for
abordnen *v/t sep* to delegate **Abordnung** f delegation
abpacken *v/t sep* to pack
abpassen *v/t sep* **1.** (≈ *abwarten*) *Gelegenheit, Zeitpunkt* to wait for; (≈ *ergreifen*) to seize **2.** (≈ *auf jdn warten*) to catch; (≈ *jdm auflauern*) to waylay
abpfeifen *sep v/t irr v/t* SPORTS **das Spiel ~** to blow the whistle for the end of the game **Abpfiff** *m* SPORTS final whistle
abprallen *v/i sep aux sein* (*Ball*) to bounce off; (*Kugel*) to ricochet (off); **an jdm ~** (*fig*) to make no impression on sb; (*Beleidigungen*) to bounce off sb
abputzen *v/t sep* to clean; **sich** (*dat*) **die Nase/den Mund/die Hände ~** to wipe one's nose / mouth / hands
abrackern *v/r sep* (*infml*) to struggle; **sich für jdn ~** to slave away for sb
abrasieren *past part* **abrasiert** *v/t sep* to shave off
abraten *v/t & v/i sep irr* **jdm (von) etw ~** to advise sb against sth
abräumen *sep* **I** *v/t Geschirr, Frühstück* to clear up *or* away; **den Tisch ~** to clear the table **II** *v/i* **1.** (≈ *den Tisch abräumen*) to clear up **2.** (*infml* ≈ *sich bereichern, erfolgreich sein*) to clean up
abreagieren *past part* **abreagiert** *sep* **I** *v/t Spannung, Wut* to work off **II** *v/r* to work

it off
abrechnen *sep* **I** *v/i* **1.** (≈ *Kasse machen*) to cash up **2.** **mit jdm ~** to settle up with sb; (*fig*) to settle the score with sb **II** *v/t* (≈ *abziehen*) to deduct **Abrechnung** f **1.** (≈ *Aufstellung*) statement (*über* +acc for); (≈ *Rechnung*) bill, invoice; (*fig* ≈ *Rache*) revenge **2.** (≈ *Abzug*) deduction
Abreise f departure (*nach* for) **abreisen** *v/i sep aux sein* to leave (*nach* for) **Abreisetag** *m* day of departure
abreißen *sep irr* **I** *v/t* to tear *or* rip off; *Plakat* to tear *or* rip down; *Gebäude* to pull down **II** *v/i aux sein* to tear *or* come off; (*fig* ≈ *unterbrochen werden*) to break off
abrichten *v/t sep* (≈ *dressieren*) to train
abriegeln ['apriːgln] *v/t sep Tür* to bolt; *Straße, Gebiet* to seal *or* cordon off
abringen *v/t sep irr* **jdm etw ~** to wring sth out of sb; **sich** (*dat*) **ein Lächeln ~** to force a smile
Abriss *m* **1.** (≈ *Abbruch*) demolition **2.** (≈ *Übersicht*) outline, summary
Abruf *m* **sich auf ~ bereithalten** to be ready to be called (for); **etw auf ~ bestellen/kaufen** COMM to order / buy sth (to be delivered) on call **abrufbar** *adj* **1.** IT *Daten* retrievable **2.** FIN ready on call **3.** (*fig*) accessible **abrufen** *v/t sep irr* **1.** COMM to request delivery of **2.** *Daten, Informationen* to call up, to retrieve
abrunden *v/t sep* (*lit, fig*) to round off; **eine Zahl nach oben/unten ~** to round a number up / down
abrupt [ap'rʊpt, a'brʊpt] **I** *adj* abrupt **II** *adv* abruptly
abrüsten *sep v/t & v/i* MIL, POL to disarm **Abrüstung** f, *no pl* MIL, POL disarmament
abrutschen *v/i sep aux sein* (≈ *abgleiten*) to slip; (*nach unten*) to slip down; (*Wagen*) to skid; (*Leistungen*) to go downhill
ABS [aːbeː'ɛs] *nt* ⟨**-, no pl**⟩ AUTO *abbr of* **Antiblockiersystem** ABS
Abs. *abbr of* **Absatz, Absender**
absacken *v/i sep aux sein* (≈ *sinken*) to sink; (*Flugzeug, Blutdruck*) to drop, to fall; (*infml* ≈ *verkommen*) to go to pot (*infml*)
Absage f refusal; **jdm/einer Sache eine ~ erteilen** to reject sb / sth **absagen** *sep* **I** *v/t Veranstaltung, Besuch* to cancel **II** *v/i* to cry off (*Br*), to cancel; **jdm ~** to tell sb that one can't come

absägen v/t sep 1. (≈ abtrennen) to saw off 2. (fig infml) to chuck or sling out (infml)

absahnen ['apzaːnən] sep (fig infml) I v/t Geld to rake in II v/i (in Bezug auf Geld) to clean up (infml)

Absatz m 1. (≈ Abschnitt) paragraph; JUR section 2. (≈ Schuhabsatz) heel 3. (≈ Verkauf) sales pl **Absatzgebiet** nt sales area **Absatzlage** f sales situation **Absatzmarkt** m market **Absatzrückgang** m decline or decrease in sales **Absatzsteigerung** f increase in sales

absaugen v/t sep to suck out or off; Teppich, Sofa to hoover® (Br), to vacuum

abschaben v/t sep to scrape off

abschaffen sep v/t 1. Gesetz, Regelung to abolish 2. (≈ nicht länger halten) to get rid of; Auto etc to give up **Abschaffung** f (von Gesetz, Regelung) abolition

abschalten sep I v/t to switch off II v/i (fig) to unwind

abschätzen v/t sep to assess **abschätzig** ['apʃɛtsɪç] I adj disparaging II adv disparagingly; **sich ~ über jdn äußern** to make disparaging remarks about sb

abschauen v/t sep (S Ger, Aus, Swiss) to copy; **etw bei** or **von jdm ~** to copy sth from sb

Abschaum m, no pl scum

Abscheu m ⟨-(e)s⟩ or f -, no pl⟩ repulsion (vor +dat at); **vor jdm/etw ~ haben** or **empfinden** to loathe or detest sb/sth **abscheulich** [ap'ʃɔylɪç] I adj atrocious, loathsome; (infml) awful, terrible (infml) II adv behandeln, zurichten atrociously; **das tut ~ weh** it hurts terribly

abschicken v/t sep to send

abschieben v/t sep irr 1. (≈ ausweisen) to deport 2. (fig) Verantwortung, Schuld to push or shift (auf +acc onto) **Abschiebung** f (≈ Ausweisung) deportation

Abschied ['apʃiːt] m ⟨-(e)s, -e [-də]⟩ farewell, parting; **von jdm/etw ~ nehmen** to say goodbye to sb/sth; **beim ~ meinte er, ...** as he was leaving he said ... **Abschiedsbrief** m farewell letter **Abschiedsgeschenk** nt (für Kollegen etc) leaving present; (für Freund) going-away present

abschießen v/t sep irr to fire; Pfeil to shoot (off); Rakete to launch; Flugzeug, Pilot to shoot down

Abschirmdienst m MIL counterespionage service **abschirmen** ['apʃɪrmən]

sep I v/t to shield II v/r to shield oneself (gegen from)

abschlachten v/t sep to slaughter

abschlaffen ['apʃlafn] v/i sep aux sein (infml) to flag; → **abgeschlafft**

Abschlag m 1. (≈ Preisnachlass) reduction; (≈ Abzug) deduction 2. (≈ Zahlung) part payment (auf +acc of) 3. GOLF tee-off **abschlagen** v/t sep irr 1. (mit Hammer etc) to knock off; (≈ herunterschlagen) to knock down 2. (≈ ablehnen) to refuse; **jdm etw ~** to refuse sb sth 3. (also v/i, GOLF) to tee off; → **abgeschlagen** **abschlägig** ['apʃlɛːgɪç] I adj negative; **~er Bescheid** rejection; (bei Sozialamt, Kredit etc) refusal II adv jdn/etw ~ **bescheiden** (form) to turn sb/sth down **Abschlag(s)zahlung** f part payment

abschleifen sep irr v/t to grind down; Holz, Holzboden to sand (down)

Abschleppdienst m breakdown or recovery service **abschleppen** sep v/t 1. Fahrzeug, Schiff to tow; (Behörde) to tow away 2. (infml) Menschen to drag along; (≈ aufgabeln) to pick up (infml) **Abschleppseil** nt towrope

abschließbar adj (≈ verschließbar) lockable **abschließen** sep irr I v/t 1. (≈ zuschließen) to lock 2. (≈ beenden) to bring to a close; Kursus to complete; **sein Studium ~** to graduate 3. (≈ vereinbaren) Geschäft, Vertrag to conclude; Versicherung to take out; Wette to place 4. (COMM ≈ abrechnen) Bücher to balance; Konto to settle; → **abgeschlossen** II v/i 1. (≈ zuschließen) to lock up 2. (≈ Schluss machen) to finish, to end; **mit der Vergangenheit ~** to break with the past **abschließend** I adj concluding II adv in conclusion **Abschluss** m 1. (≈ Beendigung) end; UNIV degree; **zum ~ möchte ich ...** finally or to conclude I would like ...; **etw zum ~ bringen** to finish sth 2. no pl (≈ Vereinbarung) conclusion; (von Wette) placing; (von Versicherung) taking out 3. no pl (COMM, der Bücher) balancing; (von Konto) settlement **Abschlussball** m (von Tanzkurs) final ball **Abschlussprüfung** f (SCHOOL, UNIV) final exam **Abschlusszeugnis** nt SCHOOL leaving certificate (Br), diploma (US)

abschmecken sep v/t (≈ kosten) to taste; (≈ würzen) to season

abschmieren sep v/t TECH Auto to lubricate

abschminken *sep* **I** *v/t* **1.** *Gesicht, Haut* to remove the make-up from **2.** (*infml* ≈ *aufgeben*) **sich** (*dat*) **etw** ~ to get sth out of one's head **II** *v/r* to take off *or* remove one's make-up

abschnallen *v/i* (*sl* ≈ *nicht mehr folgen können*) to give up

abschneiden *sep irr* **I** *v/t* (*lit, fig*) to cut off; *jdm die Rede or das Wort* ~ to cut sb short **II** *v/i* **bei etw gut/schlecht** ~ (*infml*) to come off well/badly in sth

Abschnitt *m* section; MAT segment; MIL sector, zone; (≈ *Zeitabschnitt*) period; (≈ *Kontrollabschnitt*) counterfoil

abschöpfen *v/t sep* to skim off; (*fig*) *Kaufkraft* to absorb; *den Gewinn* ~ to siphon off the profits

abschotten ['apʃɔtn] *v/r sich gegen etw* ~ (*fig*) to cut oneself off from sth

abschrauben *v/t sep* to unscrew

abschrecken *sep* **I** *v/t* **1.** (≈ *fernhalten*) to deter, to put off; (≈ *verjagen*) to scare off **2.** COOK to rinse with cold water **II** *v/i* (*Strafe*) to act as a deterrent **abschreckend** *adj* (≈ *warnend*) deterrent; *ein* ~*es Beispiel* a warning **Abschreckung** ['apʃrɛkʊŋ] *f* ⟨-, -en⟩ MIL deterrence **Abschreckungsmittel** *nt* deterrent **Abschreckungswaffe** *f* deterrent weapon

abschreiben *sep irr* **I** *v/t* **1.** (≈ *kopieren*) to copy out; (≈ *plagiieren*, SCHOOL) to copy (*bei, von* from) **2.** COMM to deduct; (≈ *im Wert mindern*) to depreciate **3.** (≈ *verloren geben*) to write off; *er ist bei mir abgeschrieben* I'm through *or* finished with him **II** *v/i* SCHOOL to copy **Abschreibung** *f* COMM deduction; (≈ *Wertverminderung*) depreciation **Abschrift** *f* copy

abschrubben *v/t sep* (*infml*) *Rücken, Kleid, Fußboden* to scrub (down)

abschuften *v/r sep* (*infml*) to slog one's guts out (*infml*)

abschürfen *v/t sep* to graze **Abschürfung** *f* ⟨-, -en⟩ (≈ *Wunde*) graze

Abschuss *m* firing; (*von Pfeil*) shooting; (*von Rakete*) launch(ing); *jdn zum* ~ *freigeben* (*fig*) to throw sb to the wolves **abschüssig** ['apʃʏsɪç] *adj* sloping **Abschussliste** *f* (*infml*) *jdn auf die* ~ *setzen* to put sb on the hit list (*infml*)

abschwächen *sep* **I** *v/t* to weaken; *Behauptung, Formulierung, Kontrast* to tone down; *Stoß, Eindruck* to soften

II *v/r* to drop *or* fall off; (METEO: *Hoch, Tief*) to disperse; (ST EX: *Kurse*) to weaken **Abschwächung** *f* weakening; (*von Behauptung, Formulierung*) toning down; (*von Eindruck*) softening; (METEO: *von Hoch, Tief*) dispersal

abschweifen *v/i sep aux sein* to stray; *er schweifte vom Thema ab* he wandered off the subject

abschwellen *v/i sep irr aux sein* to go down; (*Lärm*) to die away

abschwören *v/i sep irr* to renounce (+*dat* sth); *dem Alkohol* ~ (*infml*) to give up drinking

Abschwung *m* COMM downward trend

absegnen *v/t sep* (*infml*) *Vorschlag, Plan* to give one's blessing to

absehbar *adj* foreseeable; *in* ~*er/auf* ~*e Zeit* in/for the foreseeable future **absehen** *sep irr* **I** *v/t* (≈ *voraussehen*) to foresee; *das Ende lässt sich noch nicht* ~ the end is not yet in sight **II** *v/i* *davon* ~, *etw zu tun* to refrain from doing sth; → **abgesehen**

abseilen ['apzailən] *sep v/r* (*Bergsteiger*) to abseil (down) (*Br*), to rappel (*US*); (*fig infml*) to skedaddle (*infml*)

abseits ['apzaits] **I** *adv* to one side; SPORTS offside **II** *prep* +*gen* away from; ~ *des Weges* off the beaten track **Abseits** ['apzaits] *nt* ⟨-, -⟩ SPORTS offside; *im* ~ *stehen* to be offside; *ins politische* ~ *geraten* to end up on the political scrapheap **abseitshalten** *v/r sep irr* (*fig*) to keep to oneself **abseitsliegen** *v/i sep irr* to be out of the way **abseitsstehen** *v/i sep irr* (*fig*) to be on the outside; SPORTS to be offside

absenden *v/t sep* to send **Absender** *m* ⟨-s, -⟩, **Absenderin** *f* ⟨-, -nen⟩ sender

Absenz [ap'zɛnts] *f* ⟨-, -en⟩ (SCHOOL: *Aus, Swiss*) absence

abservieren *past part* **abserviert** *sep v/t* (*infml*) *jdn* ~ to get rid of sb; (SPORTS *sl* ≈ *besiegen*) to thrash sb (*infml*)

absetzbar *adj Ware* saleable; *steuerlich* ~ tax-deductible **absetzen** *sep* **I** *v/t* **1.** (≈ *abnehmen*) to take off, to remove; (≈ *hinstellen*) to set *or* put down **2.** (≈ *aussteigen lassen*) to drop **3.** *Theaterstück, Oper* to take off; *Versammlung, Termin* to cancel **4.** (≈ *entlassen*) to dismiss; *König, Kaiser* to depose **5.** MED *Medikament, Tabletten* to come off; *Behandlung* to discontinue **6.** COMM *Waren* to sell; *sich gut ~ lassen* to sell well **7.** (≈ *abziehen*) to deduct; *das kann man* (*von der Steuer*) ~ that is tax-deductible **II** *v/r* (*infml* ≈ *weggehen*) to get *or* clear out (*aus of*) (*infml*); *sich nach Brasilien* ~ to clear of to Brazil (*infml*) **Absetzung** *f* ⟨-, -en⟩ **1.** (≈ *Entlassung*) dismissal; (*von König*) deposition **2.** (*von Theaterstück etc*) withdrawal; (*von Termin etc*) cancellation

absichern *sep* **I** *v/t* to safeguard; *Bauplatz* to make safe; (≈ *schützen*) to protect **II** *v/r* (≈ *sich schützen*) to protect oneself; (≈ *sich versichern*) to cover oneself

Absicht *f* ⟨-, -en⟩ (≈ *Vorsatz*) intention; (≈ *Zweck*) purpose; JUR intent; *die ~ haben, etw zu tun* to intend to do sth; *das war doch keine ~!* (*infml*) it wasn't deliberate *or* intentional **absichtlich I** *adj* deliberate **II** *adv* deliberately **Absichtserklärung** *f* declaration of intent

absinken *v/i sep irr aux sein* to fall; (*Boden*) to subside

absitzen *sep irr* **I** *v/t* (≈ *verbringen*) *Zeit* to sit out; (≈ *verbüßen*) *Strafe* to serve **II** *v/i aux sein* (*vom Pferd*) ~ to dismount (from a horse)

absolut [apzo'luːt] **I** *adj* absolute **II** *adv* absolutely; *ich sehe ~ nicht ein, warum ...* I just don't understand why ...

Absolvent [apzɔl'vɛnt] *m* ⟨-en, -en⟩, **Absolventin** [-'vɛntɪn] *f* ⟨-, -nen⟩ UNIV graduate; *die ~en eines Lehrgangs* the students who have completed a course **absolvieren** [apzɔl'viːrən] *past part* **absolviert** *v/t insep* (≈ *durchlaufen*) *Studium, Probezeit* to complete; *Schule* to finish, to graduate from (*US*); *Prüfung* to pass

absonderlich *adj* peculiar, strange **absondern** *sep* **I** *v/t* **1.** to separate; (≈ *isolieren*) to isolate **2.** (≈ *ausscheiden*) to secrete **II** *v/r* (*Mensch*) to cut oneself off **Absonderung** *f* ⟨-, -en⟩ separation; (≈ *Isolierung*) isolation; (≈ *Ausscheidung*) secretion

absorbieren [apzɔr'biːrən] *past part* **absorbiert** *v/t insep* to absorb

abspalten *v/t & v/r sep* to split off; CHEM to separate (off)

Abspann ['apʃpan] *m* ⟨-s, -e⟩ TV, FILM final credits *pl*

absparen *v/t sep sich* (*dat*) *etw vom Munde* ~ to scrimp and save for sth

abspecken ['apʃpɛkn] *sep* (*infml*) **I** *v/t* to shed **II** *v/i* to lose weight

abspeichern *v/t sep Daten* to save, to store (away)

abspeisen *v/t sep jdn mit etw* ~ to fob sb off with sth (*esp Br*)

abspenstig ['apʃpɛnstɪç] *adj jdm jdn/ etw ~ machen* to lure sb/sth away from sb; *jdm die Freundin ~ machen* to steal sb's girlfriend (*infml*)

absperren *sep v/t* **1.** (≈ *abriegeln*) to block *or* close off **2.** (≈ *abdrehen*) *Wasser, Strom, Gas etc* to turn *or* shut off **3.** (≈ *verschließen*) to lock **Absperrung** *f* (≈ *Sperre*) barrier; (≈ *Kordon*) cordon

abspielen *sep* **I** *v/t* to play; SPORTS *Ball* to pass **II** *v/r* (≈ *sich ereignen*) to happen; (≈ *stattfinden*) to take place

absplittern *v/i sep aux sein* (*Farbe*) to drip off; (*fig: Gruppe*) to break away

Absprache *f* arrangement **absprechen** *sep irr* **I** *v/t* **1.** *jdm etw* ~ *Recht* to deny *or* refuse sb sth; *Begabung* to deny *or* dispute sb's sth **2.** (≈ *verabreden*) *Termin* to arrange **II** *v/r sich mit jdm* ~ to make an arrangement with sb; *die beiden hatten sich vorher abgesprochen* they had agreed on what to do/say *etc* in advance

abspringen *v/i sep irr aux sein* **1.** to jump down (*von* from); AVIAT to jump (*von* from); (*bei Gefahr*) to bale out **2.** (≈ *sich lösen*) to come off **3.** (*fig infml* ≈ *sich zurückziehen*) to get out **Absprung** *m* jump (*auch* AVIAT)

abspülen *sep* **I** *v/t* to rinse; *Fett etc* to rinse off **II** *v/i* to wash the dishes

abstammen *v/i sep no past part* to be descended (*von* from); LING to be derived (*von* from) **Abstammung** *f* ⟨-, -en⟩ descent; LING origin, derivation

Abstand *m* distance; (≈ *Zeitabstand*) interval; (≈ *Punkteabstand*) gap; *mit ~* by far; *~ halten* to keep one's distance; *mit großem ~ führen/gewinnen* to lead/ win by a wide margin; *davon ~ nehmen, etw zu tun* to refrain from doing sth

abstatten ['apʃtatn] *v/t sep* (*form*) *jdm einen Besuch ~* to pay sb a visit

abstauben *v/t & v/i sep* **1.** *Möbel etc* to dust **2.** (*infml*) (≈ *wegnehmen*) to pick up

abstechen *sep irr v/t ein Tier* ~ to cut an animal's throat; *jdn ~* (*infml*) to knife sb (*infml*)

Abstecher ['apʃtɛçɐ] *m* ⟨-s, -⟩ (≈ *Aus-*

flug) excursion, trip
abstecken *v/t sep* **1.** *Gelände* to mark out; (*fig*) to work out **2.** *Kleid, Naht* to pin
abstehen *v/i sep irr* (≈ *entfernt stehen*) to stand away; **~de Ohren** ears that stick out; → **abgestanden**
Absteige *f* (*infml*) cheap hotel **absteigen** *v/i sep irr aux sein* **1.** (≈ *heruntersteigen*) to get off (*von etw* sth) **2.** (≈ *abwärtsgehen*) to make one's way down; (*esp Bergsteiger*) to climb down; **auf dem ~den Ast sein** (*infml*) to be going downhill **3.** (*dated*, SPORTS: *Mannschaft*) to be relegated **Absteiger** *m* SPORTS relegated team
abstellen *sep v/t* **1.** (≈ *hinstellen*) to put down **2.** (≈ *unterbringen*) to put; (AUTO ≈ *parken*) to park **3.** (≈ *ausrichten auf*) *etw auf jdn/etw ~* to gear sth to sb/sth **4.** (≈ *abdrehen*) to turn off; *Geräte, Licht* to switch or turn off; *Gas, Strom* to cut off; *Telefon* to disconnect **5.** (≈ *unterbinden*) *Mangel, Unsitte etc* to bring to an end **Abstellgleis** *nt* siding; *jdn aufs ~ schieben* (*fig*) to push or cast sb aside **Abstellkammer** *f* boxroom
abstempeln *v/t sep* to stamp; *Post* to postmark
absterben *v/i sep irr aux sein* to die; (*fig*) (*Gefühle*) to die; *mir sind die Zehen abgestorben* my toes have gone numb; → **abgestorben**
Abstieg ['apʃtiːk] *m* ⟨-(*e*)*s*, -*e* [-gə]⟩ descent; (≈ *Niedergang*) decline; *vom ~ bedroht* SPORTS threatened by relegation
abstimmen *sep* **I** *v/i* to take a vote; *über etw* (*acc*) *~ lassen* to put sth to the vote **II** *v/t Farben, Kleidung* to match (*auf* +*acc* with); *Termine* to coordinate (*auf* +*acc* with); (*aufeinander*) *abgestimmt Pläne, Strategien* mutually agreed **III** *v/r sich ~* to come to an agreement **Abstimmung** *f* **1.** (≈ *Stimmabgabe*) vote; *eine ~ durchführen or vornehmen* to take a vote **2.** (*von Terminen*) coordination
abstinent [apsti'nɛnt] *adj* teetotal **Abstinenz** [apsti'nɛnts] *f* ⟨-, *no pl*⟩ abstinence
Abstoß *m* FTBL goal kick **abstoßen** *sep irr* **I** *v/t* **1.** (≈ *wegstoßen*) *Boot* to push off or out; (≈ *abschlagen*) *Ecken* to knock off **2.** (≈ *zurückstoßen*) to repel; COMM *Ware, Aktien* to sell off; MED *Organ* to re-

ject; (*fig* ≈ *anwidern*) to repulse, to repel; *dieser Stoff stößt Wasser ab* this material is water-repellent **II** *v/r* PHYS to repel; *die beiden Pole stoßen sich ab* the two poles repel each other **abstoßend** *adj* repulsive; *~ aussehen/riechen* to look/smell repulsive **Abstoßung** *f* ⟨-, -*en*⟩ PHYS repulsion; (MED: *von Organ*) rejection
abstottern *v/t sep* (*infml*) to pay off
abstrahieren [apstra'hiːrən] *past part* **abstrahiert** *v/t & v/i insep* to abstract (*aus* from)
abstrahlen *v/t sep* to emit
abstrakt [ap'strakt] *adj* abstract **Abstraktion** [apstrak'tsioːn] *f* ⟨-, -*en*⟩ abstraction
abstreifen *v/t sep Schuhe, Füße* to wipe; *Schmutz* to wipe off; *Kleidung, Schmuck* to take off; *Haut* to cast, to shed; (*fig*) *Gewohnheit, Fehler* to get rid of
abstreiten *v/t sep irr* (≈ *leugnen*) to deny
Abstrich *m* **1.** (≈ *Kürzung*) cutback; *~e machen* to cut back (*an* +*dat* on) **2.** MED swab; (≈ *Gebärmutterabstrich*) smear
abstrus [ap'struːs] (*elev*) *adj* abstruse
abstufen *v/t sep Gelände* to terrace; *Farben* to shade; *Gehälter, Steuern, Preise* to grade
abstumpfen ['apʃtʊmpfn] *sep* **I** *v/i aux sein* (*fig: Geschmack etc*) to become dulled **II** *v/t Menschen, Sinne* to deaden; *Gewissen, Urteilsvermögen* to dull; → **abgestumpft**
Absturz *m* crash; (*sozial*) ruin; (*von Politiker etc*) downfall; IT crash **abstürzen** *v/i sep aux sein* **1.** (*Flugzeug*) to crash; (*Bergsteiger*) to fall **2.** (*infml: sozial*) to go to ruin **3.** (*sl* ≈ *betrunken werden*) to go on a bender [*Br infml*], to go on a binge (*infml*) **4.** IT to crash
abstützen *sep* **I** *v/t* to support (*also fig*) **II** *v/r* to support oneself
absuchen *v/t sep* to search
absurd [ap'zʊrt] *adj* absurd **Absurdität** [apzʊrdi'tɛːt] *f* ⟨-, -*en*⟩ absurdity
Abt [apt] *m* ⟨-(*e*)*s*, ⸚*e* ['ɛptə]⟩ abbot
abtanzen *v/i sep aux haben* (*infml*) to dance one's socks off (*infml*)
abtasten *v/t sep* to feel; ELEC to scan
abtauchen *v/i sep aux sein* **1.** (*U-Boot*) to dive **2.** (*infml*) to go underground
abtauen *sep* **I** *v/t* to thaw out; *Kühl-*

schrank to defrost **II** *v/i aux sein* to thaw
Abtei [ap'tai] *f* ⟨-, -en⟩ abbey
Abteil [ap'tail, 'ap-] *nt* compartment **abteilen** *v/t sep* (≈ *einteilen*) to divide up
Abteilung [ap'tailʊŋ] *f* department; (*in Krankenhaus*) section; MIL unit, section **Abteilungsleiter(in)** *m/(f)* head of department
Äbtissin [ɛp'tɪsɪn] *f* ⟨-, -nen⟩ abbess
abtragen *v/t sep irr* **1.** (*also v/i*) *Geschirr, Speisen* to clear away **2.** *Boden, Gelände* to level **3.** *Kleider, Schuhe* to wear out; → **abgetragen abträglich** ['aptrɛːklɪç] *adj Bemerkung, Kritik etc* unfavourable (*Br*), unfavorable (*US*); *einer Sache* (*dat*) ~ *sein* to be detrimental *or* harmful to sth
Abtransport *m* transportation **abtransportieren** *past part* **abtransportiert** *v/t sep Waren* to transport; *Personen* to take away
abtreiben *sep irr* **I** *v/t Kind* to abort **II** *v/i* **1.** *aux sein* (*vom Kurs*) ~ to be carried off course **2.** (≈ *Abort vornehmen lassen*) to have an abortion **Abtreibung** ['aptraibʊŋ] *f* ⟨-, -en⟩ abortion **Abtreibungsbefürworter(in)** *m/(f)* pro-abortionist **Abtreibungsgegner(in)** *m/(f)* anti-abortionist, pro-lifer (*infml*) **Abtreibungsklinik** *f* abortion clinic
abtrennen *v/t sep* **1.** (≈ *lostrennen*) to detach; *Knöpfe, Besatz etc* to remove; *Bein, Finger etc* (*durch Unfall*) to sever **2.** (≈ *abteilen*) to separate off
abtreten *sep irr* **I** *v/t* **1.** (≈ *überlassen* (*jdm to sb*)) *Rechte, Summe* to transfer (*jdm to sb*) **2.** *Teppich* to wear; *sich* (*dat*) *die Füße or Schuhe* ~ to wipe one's feet **II** *v/i aux sein* THEAT to go off (stage); MIL to dismiss; (*infml* ≈ *zurücktreten*) to resign **Abtretung** *f* ⟨-, -en⟩ transfer (*an +acc* to)
abtrocknen *sep v/t & v/i* to dry
abtrünnig ['aptrʏnɪç] *adj* renegade; (≈ *rebellisch*) rebel
abtun *v/t sep irr* (*fig* ≈ *beiseiteschieben*) to dismiss; *etw kurz* ~ to brush sth aside; → **abgetan**
abtupfen *v/t sep Tränen, Blut* to dab away; *Wunde* to swab
abverlangen *past part* **abverlangt** *v/t sep* = **abfordern**
abwägen ['apvɛːɡn] *pret* **wog ab** [voːk ap], *past part* **abgewogen** ['apɡəvoːɡn] *v/t sep irr Worte* to weigh;

→ **abgewogen**
abwählen *v/t sep* to vote out (of office); SCHOOL *Fach* to give up
abwälzen *v/t sep Schuld, Verantwortung* to shift (*auf +acc* onto); *Arbeit* to unload (*auf +acc* onto); *Kosten* to pass on (*auf +acc* to)
abwandern *v/i sep aux sein* to move (away) (*aus* from); (*Kapital*) to be transferred (*aus* out of)
Abwärme *f* waste heat
Abwart ['apvart] *m* ⟨-(e)s, -e⟩, **Abwartin** [-tɪn] *f* ⟨-, -nen⟩ (*Swiss*) concierge, caretaker
abwarten *sep* **I** *v/t* to wait for; *das Gewitter* ~ to wait till the storm is over; *das bleibt abzuwarten* that remains to be seen **II** *v/i* to wait; *eine ~de Haltung einnehmen* to adopt a policy of wait-and-see
abwärts ['apvɛrts] *adv* down; *den Fluss/Berg* ~ down the river/mountain **abwärtsgehen** *v/i impers sep irr aux sein* (*fig*) *mit ihm/dem Land geht es abwärts* he/the country is going downhill **Abwärtstrend** *m* downwards trend
Abwasch ['apvaʃ] *m* ⟨-s, no pl⟩ *den* ~ *machen* to wash the dishes; *... dann kannst du das auch machen, das ist* (*dann*) *ein* ~ (*infml*) ... then you could do that as well and kill two birds with one stone **abwaschbar** *adj Tapete* washable **abwaschen** *sep irr* **I** *v/t Gesicht, Geschirr* to wash; *Farbe, Schmutz* to wash off **II** *v/i* to wash the dishes
Abwasser *nt, pl* **-wässer** sewage *no pl* **Abwasserkanal** *m* sewer
abwechseln *v/i & v/r sep* to alternate; *sich mit jdm* ~ to take turns with sb **abwechselnd** *adv* alternately; *er war* ~ *fröhlich und traurig* he alternated between being happy and sad **Abwechslung** ['apvɛkslʊŋ] *f* ⟨-, -en⟩ change; (≈ *Zerstreuung*) diversion; *zur* ~ for a change **abwechslungsreich** *adj* varied
Abweg ['apveːk] *m* (*fig*) *auf* ~*e geraten or kommen* to go astray **abwegig** ['apveːɡɪç] *adj* absurd
Abwehr *f, no pl* **1.** BIOL, PSYCH, MED, SPORTS defence (*Br*), defense (*US*); *der* ~ *von etw dienen* to give protection against sth **2.** (≈ *Spionageabwehr*) counterintelligence (service) **abwehren** *sep* **I** *v/t Gegner* to fend off; *Angriff, Feind* to repulse; *Flugzeug, Rakete* to repel; *Ball*

to clear; *Schlag* to parry; *Gefahr, Krise* to avert **II** *v/i* SPORTS to clear; (*Torwart*) to save **Abwehrkräfte** *f* PHYSIOL (the body's) defences *pl* (*Br*) *or* defenses *pl* (*US*) **Abwehrmechanismus** *m* PSYCH defence (*Br*) *or* defense (*US*) mechanism **Abwehrrakete** *f* anti-aircraft missile **Abwehrspieler(in)** *m/(f)* defender **Abwehrstoff** *m* BIOL antibody

abweichen *v/i sep irr aux sein* (≈ *sich unterscheiden*) to differ; **vom Kurs ~** to deviate *or* depart from one's course; **vom Thema ~** to digress **Abweichler** ['apvaiçlɐ] *m* ⟨**-s, -**⟩, **Abweichlerin** [-ə-rɪn] *f* ⟨**-, -nen**⟩ deviant **Abweichung** ['apvaiçʊŋ] *f* ⟨**-, -en**⟩ (*von Kurs etc*) deviation; (≈ *Unterschied*) difference

abweisen *v/t sep irr* to turn down; (≈ *wegschicken*) to turn away; JUR *Klage* to dismiss **abweisend I** *adj Ton, Blick, Mensch* cold **II** *adv* negatively

abwenden *sep regular or irr* **I** *v/t* **1.** (≈ *verhindern*) to avert **2.** (≈ *zur Seite wenden*) to turn away **II** *v/r* to turn away

abwerben *v/t sep irr* to woo away (+*dat* from)

abwerfen *sep irr* **I** *v/t* to throw off; *Reiter* to throw; *Bomben, Flugblätter etc* to drop; *Geweih, Blätter, Nadeln* to shed; CARDS to throw away; SPORTS *Ball, Speer* to throw; COMM *Gewinn, Zinsen* to yield **II** *v/i* FTBL to throw

abwerten *sep v/t* to devalue; *Ideale, Sprache, Kultur* to debase **abwertend** *adj* derogatory, pejorative **Abwertung** *f* devaluation; (*fig*) debasement

abwesend ['apvɛːznt] *adj* absent; *Blick* absent-minded; **die Abwesenden** the absentees **Abwesenheit** ['apvɛːznhait] *f* ⟨**-, -en**⟩ absence; **durch ~ glänzen** (*iron*) to be conspicuous by one's absence **Abwesenheitsnotiz** *f* (*in E-Mail*) out-of-office reply

abwickeln *v/t sep* **1.** (≈ *abspulen*) to unwind; *Verband* to take off **2.** (*fig* ≈ *erledigen*) to deal with; *Geschäft* to conclude; (COMM ≈ *liquidieren*) to wind up **Abwicklung** ['apvɪklʊŋ] *f* ⟨**-, -en**⟩ (≈ *Erledigung*) completion, conclusion; (COMM ≈ *Liquidation*) winding up

abwiegen *v/t sep irr* to weigh out **abwimmeln** *v/t sep* (*infml*) *jdn* to get rid of (*infml*)

abwinken *v/i sep* (*infml*) (*abwehrend*) to wave it / him *etc* aside; (*fig* ≈ *ablehnen*) to

say no

abwirtschaften *v/i sep* (*infml*) to go downhill; → **abgewirtschaftet**

abwischen *v/t sep* to wipe off *or* away; *Hände, Nase etc* to wipe; *Augen, Tränen* to dry

Abwurf *m* throwing off; (*von Bomben etc*) dropping; **ein ~ vom Tor** a goal throw

abwürgen *v/t sep* (*infml*) to scotch; *Motor* to stall

abzahlen *v/t sep* to pay off

abzählen *sep v/t* to count

Abzahlung *f* **1.** repayment **2.** (≈ *Ratenzahlung*) hire purchase (*Br*), HP (*Br*), installment plan (*US*)

Abzeichen *nt* badge; MIL insignia *pl*

abzeichnen *sep* **I** *v/t* **1.** (≈ *abmalen*) to draw **2.** (≈ *signieren*) to initial **II** *v/r* (≈ *sichtbar sein*) to stand out; (*fig*) (≈ *deutlich werden*) to emerge; (≈ *drohend bevorstehen*) to loom

abziehen *sep irr* **I** *v/t* **1.** *Tier* to skin; *Fell, Haut* to remove **2.** *Bett* to strip; *Bettzeug* to strip off **3.** *Schlüssel* to take out **4.** (≈ *zurückziehen*) *Truppen, Kapital* to withdraw **5.** (≈ *subtrahieren*) *Zahlen* to take away; *Steuern* to deduct; **2 Euro vom Preis ~** to take 2 euros off the price **6.** (TYPO ≈ *vervielfältigen*) to run off; PHOT *Bilder* to make prints of **II** *v/i* **1.** *aux sein* (*Rauch, Dampf*) to escape; (*Sturmtief etc*) to move away **2.** *aux sein* (*Soldaten*) to pull out (*aus* of); **zieh ab!** (*infml*) beat it! (*infml*)

abzielen *v/i sep* **auf etw** (*acc*) **~** (*Mensch*) to aim at sth; (*in Rede*) to get at sth

abzischen *v/i sep aux sein* (*infml* ≈ *abhauen*) to beat it (*infml*)

abzocken *v/t sep* (*infml*) *jdn ~* to rip sb off (*infml*)

Abzug ['aptsuːk] *m* **1.** *no pl* (*von Truppen, Kapital etc*) withdrawal **2.** (*usu pl*: *vom Lohn etc*) deduction; (≈ *Rabatt*) discount; **ohne ~** COMM net terms only **3.** TYPO copy; (≈ *Korrekturfahne*) proof; PHOT print **4.** (*am Gewehr*) trigger **abzüglich** ['aptsyːklɪç] *prep* +*gen* COMM minus, less **Abzugshaube** *f* extractor hood

abzweigen ['aptsvaign] *sep* **I** *v/i aux sein* to branch off **II** *v/t* (*infml*) to put on one side **Abzweigung** *f* ⟨**-, -en**⟩ turn-off; (≈ *Gabelung*) fork

ach [ax] *int* oh; **~ nein!** oh no!; (*über-*

rascht) no!, really!; **~ nein, ausgerechnet der!** well, well, him of all people; **~ so!** I see!, aha!; (≈ *ja richtig*) of course!; **~ was** *or* **wo!** of course not **Ach** [ax] *nt* **mit ~ und Krach** (*infml*) by the skin of one's teeth (*infml*)

Achat [a'xa:t] *m* ⟨**-(e)s, -e**⟩ agate

Achillesferse [a'xɪlɛs,fɛrzə] *f* Achilles heel **Achillessehne** *f* Achilles tendon

Achse ['aksə] *f* ⟨**-, -n**⟩ axis; TECH axle; **auf** (**der**) **~ sein** (*infml*) to be out (and about)

Achsel ['aksl] *f* ⟨**-, -n**⟩ shoulder; **die ~n** *or* **mit den ~n zucken** to shrug (one's shoulders) **Achselhöhle** *f* armpit **Achselzucken** *nt* ⟨**-s, no pl**⟩ shrug **achselzuckend** *adv* **er stand ~ da** he stood there shrugging his shoulders

Achsenbruch *m* broken axle **Achsenkreuz** *nt* MAT coordinate system

acht [axt] *num* eight; **in ~ Tagen** in a week('s time); **heute/morgen in ~ Tagen** a week today/tomorrow; **heute vor ~ Tagen war ich ...** a week ago today I was ...; → **vier**

Acht[1] [axt] *f* ⟨**-, -en**⟩ eight

Acht[2] *f* **sich in ~ nehmen** to be careful, to take care; **etw außer ~ lassen** to leave sth out of consideration; **~ geben**; → **achtgeben**

achtbar *adj* Gesinnung, Person worthy; *Firma* reputable; *Platzierung* respectable

Achteck *nt* octagon **achteckig** *adj* octagonal, eight-sided **Achtel** ['axtl] *nt* ⟨**-s, -**⟩ eighth; → **Viertel**[1] **Achtelfinale** *nt round before the quarterfinal*; **ein Platz im ~** a place in the last sixteen **Achtelnote** *f* quaver

achten ['axtn] **I** *v/t* to respect **II** *v/i* **auf etw** (*acc*) **~** to pay attention to sth; **auf die Kinder ~** to keep an eye on the children; **darauf ~, dass ...** to be careful that ...

ächten ['ɛçtn] *v/t* HIST to outlaw; (*fig*) to ostracize

achtenswert ['axtnsve:ɐt] *adj* worthy

Achter ['axtɐ] *m* ⟨**-s, -**⟩ (*Rudern*) eight **achte(r, s)** ['axtə] *adj* eighth; → **vierte(r, s)** **Achterbahn** *f* roller coaster

achtgeben *v/i sep irr* to take care (*auf +acc* of); (≈ *aufmerksam sein*) to pay attention (*auf +acc* to)

achthundert ['axt'hundɐt] *num* eight hundred

achtlos I *adj* careless, thoughtless **II** *adv*

durchblättern casually; *wegwerfen* thoughtlessly; *sich verhalten* carelessly

Achtstundentag *m* eight-hour day **achttägig** *adj* week-long

Achtung ['axtʊŋ] *f* ⟨**-, no pl**⟩ **1.** (≈ *Vorsicht*) **~!** watch *or* look out!; (MIL: *Befehl*) attention!; **~, ~!** (your) attention please!; **„Achtung Stufe!"** "mind the step"; **~, fertig, los!** ready, steady *or* get set, go! **2.** (≈ *Wertschätzung*) respect (*vor +dat* for); **sich** (*dat*) **~ verschaffen** to make oneself respected; **alle ~!** good for you/him *etc*! **Achtungserfolg** *m* succès d'estime

achtzehn ['axtse:n] *num* eighteen **achtzig** ['axtsɪç] *num* eighty; **auf ~ sein** (*infml*) to be livid; → **vierzig**

ächzen ['ɛçtsn] *v/i* to groan (*vor +dat* with)

Acker ['akɐ] *m* ⟨**-s, ⸚** ['ɛkɐ]⟩ (≈ *Feld*) field **Ackerbau** *m, no pl* agriculture, arable farming; **~ betreiben** to farm the land; **~ und Viehzucht** farming **Ackergaul** *m* (*pej*) farm horse, old nag (*pej*) **Ackerland** *nt* arable land **ackern** ['akɐn] *v/i* (*infml*) to slog away (*infml*)

a conto [a 'kɔnto] *adv* COMM on account

Acryl [a'kry:l] *nt* ⟨**-s, no pl**⟩ acrylic **Acrylglas** *nt* acrylic glass

Actionfilm ['ɛkʃən-] *m* action film

a. D. [a:'de:] *abbr of* **außer Dienst** ret(d)

ad absurdum [at ap'zʊrdʊm] *adv* **~ führen** to reduce to absurdity

ADAC [a:de:|a:'tse:] ⟨**-, no pl**⟩ *abbr of* **Allgemeiner Deutscher Automobil-Club** ≈ AA (*Br*), ≈ AAA (*US*)

ad acta [at 'akta] *adv* **etw ~ legen** (*fig*) *Frage, Problem* to consider sth closed

Adamsapfel *m* (*infml*) Adam's apple

Adapter [a'daptɐ] *m* ⟨**-s, -**⟩ adapter, adaptor

adäquat [adɛ'kva:t, at|ɛ'kva:t] **I** *adj* adequate; *Stellung, Verhalten* suitable **II** *adv* adequately

addieren [a'di:rən] *past part* **addiert** *v/i* to add **Addition** [adi'tsio:n] *f* ⟨**-, -en**⟩ addition

Adel ['a:dl] *m* ⟨**-s, no pl**⟩ nobility **adeln** ['a:dln] *v/t* to ennoble; (≈ *den Titel „Sir" verleihen*) to knight **Adelstitel** *m* title

Ader ['a:dɐ] *f* ⟨**-, -n**⟩ BOT, GEOL vein; PHYSIOL blood vessel; **eine/keine ~ für etw haben** to have feeling/no feeling for sth **Aderlass** [-las] *m* ⟨**-es, Ader-**

lässe [-lɛsə]⟩ blood-letting
ad hoc [at 'hɔk, at 'hoːk] *adv* (*elev*) ad hoc

Adjektiv ['atjɛktiːf] *nt* ⟨*-s, -e* [-və]⟩ adjective **adjektivisch** ['atjɛktiːvɪʃ, atjɛk'tiːvɪʃ] **I** *adj* adjectival **II** *adv* adjectivally

Adjutant [atju'tant] *m* ⟨*-en, -en*⟩, **Adjutantin** [-'tantɪn] *f* ⟨*-, -nen*⟩ adjutant; (*von General*) aide(-de-camp)

Adler ['aːdlɐ] *m* ⟨*-s, -*⟩ eagle **Adlerauge** *nt* (*fig*) eagle eye; **~n haben** to have eyes like a hawk **Adlernase** *f* aquiline nose

adlig ['aːdlɪç] *adj* **~ sein** to be of noble birth **Adlige(r)** ['aːdlɪgə] *m/f(m)* *decl as adj* nobleman/-woman

Admiral [atmi'raːl] *m* ⟨*-s, -e or* **Admiräle** [-'rɛːlə]⟩, **Admiralin** [-'raːlɪn] *f* ⟨*-, -nen*⟩ admiral

adoptieren [adɔp'tiːrən] *past part* **adoptiert** *v/t* to adopt **Adoption** [adɔp'tsioːn] *f* ⟨*-, -en*⟩ adoption **Adoptiveltern** *pl* adoptive parents *pl* **Adoptivkind** *nt* adopted child

Adrenalin [adrena'liːn] *nt* ⟨*-s, no pl*⟩ adrenalin **Adrenalinschub** *m* surge of adrenalin **Adrenalinstoß** *m* surge of adrenalin

Adressat [adrɛ'saːt] *m* ⟨*-en, -en*⟩, **Adressatin** [-'saːtɪn] *f* ⟨*-, -nen*⟩ (*elev*) addressee **Adressbuch** *nt* directory; (*privat*) address book **Adresse** [a'drɛsə] *f* ⟨*-, -n*⟩ address; **da sind Sie bei mir an der falschen ~** (*infml*) you've come to the wrong person **Adressenverwaltung** *f* IT address filing system **Adressenverzeichnis** *nt* IT address list **adressieren** [adrɛ'siːrən] *past part* **adressiert** *v/t* to address (*an +acc* to)

Adria ['aːdria] *f* ⟨*-*⟩ Adriatic (Sea)

Advent [at'vɛnt] *m* ⟨*-s, -e*⟩ Advent; **erster/vierter ~** first/fourth Sunday in Advent **Adventskalender** *m* Advent calendar **Adventskranz** *m* Advent wreath

Adverb [at'vɛrp] *nt* ⟨*-s,* **Adverbien** [-biən]⟩ adverb **adverbial** [atvɛr'biaːl] **I** *adj* adverbial **II** *adv* adverbially

Advokat [atvo'kaːt] *m* ⟨*-en, -en*⟩, **Advokatin** [-'kaːtɪn] *f* ⟨*-, -nen*⟩ (*Swiss*) lawyer

Aerobic [ɛ'roːbɪk] *nt* ⟨*-(s), no pl*⟩ aerobics *sg*

aerodynamisch [aerody'naːmɪʃ] **I** *adj* aerodynamic **II** *adv* aerodynamically

Affäre [a'fɛːrə] *f* ⟨*-, -n*⟩ affair; **sich aus der ~ ziehen** (*infml*) to get (oneself) out of it (*infml*)

Affe ['afə] *m* ⟨*-n, -n*⟩ **1.** monkey; (≈ *Menschenaffe*) ape **2.** (*sl* ≈ *Kerl*) clown (*infml*); **ein eingebildeter ~** a conceited ass (*infml*)

Affekt [a'fɛkt] *m* ⟨*-(e)s, -e*⟩ emotion; **im ~ handeln** to act in the heat of the moment **Affekthandlung** *f* act committed under the influence of emotion **affektiert** [afɛk'tiːɐt] (*pej*) **I** *adj* affected **II** *adv* affectedly **Affektiertheit** *f* ⟨*-, -en*⟩ affectation

affenartig *adj* **mit ~er Geschwindigkeit** (*infml*) like greased lightning (*infml*) **Affenhitze** *f* (*infml*) sweltering heat (*infml*) **Affenliebe** *f* blind adoration (*zu* of) **Affentempo** *nt* (*infml*) breakneck (*Br*) *or* neck-breaking (*US*) speed (*infml*) **Affentheater** *nt* (*infml*) carry-on (*infml*), fuss **Affenzahn** *m* (*infml*) → **Affentempo affig** ['afɪç] (*infml*) *adj* (≈ *eitel*) stuck-up (*infml*); (≈ *geziert*) affected; (≈ *lächerlich*) ridiculous **Äffin** ['ɛfɪn] *f* ⟨*-, -nen*⟩ female monkey; (≈ *Menschenäffin*) female ape

Afghane [af'gaːnə] *m* ⟨*-n, -n*⟩, **Afghanin** [-'gaːnɪn] *f* ⟨*-, -nen*⟩ Afghan **afghanisch** [af'gaːnɪʃ] *adj* Afghan **Afghanistan** [af'gaːnɪstaːn, -tan] *nt* ⟨*-s*⟩ Afghanistan

Afrika ['aːfrika, 'afrika] *nt* ⟨*-s*⟩ Africa **Afrikaner** [afri'kaːnɐ] *m* ⟨*-s, -*⟩, **Afrikanerin** [-ərɪn] *f* ⟨*-, -nen*⟩ African **afrikanisch** [afri'kaːnɪʃ] *adj* African

After ['aftɐ] *m* ⟨*-s, -*⟩ (*form*) anus

Aftershave ['aːftɐʃeːv] *nt* ⟨*-(s), -s*⟩ aftershave

AG [aːˈgeː] *f* ⟨*-, -s*⟩ *abbr of* **Aktiengesellschaft** ≈ plc (*Br*), ≈ corp. (*US*), ≈ inc. (*US*)

Ägäis [ɛ'gɛːɪs] *f* ⟨*-*⟩ Aegean (Sea) **ägäisch** [ɛ'gɛːɪʃ] *adj* Aegean

Agave [a'gaːvə] *f* ⟨*-, -n*⟩ agave

Agent [a'gɛnt] *m* ⟨*-en, -en*⟩, **Agentin** [a-'gɛntɪn] *f* ⟨*-, -nen*⟩ agent; (≈ *Spion*) secret agent **Agentur** [agɛn'tuːɐ] *f* ⟨*-, -en*⟩ agency

Aggregat [agre'gaːt] *nt* ⟨*-(e)s, -e*⟩ GEOL aggregate; TECH unit, set of machines **Aggregatzustand** *m* state

Aggression [agrɛ'sioːn] *f* ⟨*-, -en*⟩ aggression (*gegen* towards) **aggressiv** [agrɛ-'siːf] **I** *adj* aggressive **II** *adv* aggressively **Aggressivität** [agrɛsivi'tɛːt] *f* ⟨*-, -en*⟩ aggressivity **Aggressor** [a'grɛsoːɐ] *m*

⟨**-s, -**⟩, **Aggressorin** [-'soːrɪn] *f* ⟨**-, -nen**⟩ aggressor

agieren [a'giːrən] *past part* **agiert** *v/i* to act

Agitation [agita'tsioːn] *f* ⟨**-, -en**⟩ POL agitation **agitatorisch** [agita'toːrɪʃ] POL *adj* agitational; *Rede, Inhalt* inflammatory; **sich ~ betätigen** to be an agitator **agitieren** [agi'tiːrən] *past part* **agitiert** *v/i* to agitate

Agrarpolitik *f* agricultural policy

Ägypten [ɛ'gʏptn] *nt* ⟨**-s**⟩ Egypt **Ägypter** [ɛ'gʏptɐ] *m* ⟨**-s, -**⟩, **Ägypterin** [-ərɪn] *f* ⟨**-, -nen**⟩ Egyptian **ägyptisch** [ɛ'gʏptɪʃ] *adj* Egyptian

aha [a'haː, a'ha] *int* aha; (*verstehend auch*) I see **Aha-Effekt** [a'haː-, a'ha-] *m* aha effect **Aha-Erlebnis** [a'haː-, a-'ha-] *nt* sudden insight

ahnden ['aːndn] *v/t Übertretung, Verstoß* to punish

ähneln ['ɛːnln] *v/i* +*dat* to resemble; **sich** *or* **einander** (*elev*) **~** to be alike *or* similar

ahnen ['aːnən] *v/t* to foresee; *Gefahr, Tod* to have a premonition of; (≈ *vermuten*) to suspect; (≈ *erraten*) to guess; **das kann ich doch nicht ~!** I couldn't be expected to know that!; **nichts Böses ~** to be unsuspecting; **(ach), du ahnst es nicht!** (*infml*) would you believe it! (*infml*)

Ahnenforschung *f* genealogy **Ahnengalerie** *f* ancestral portrait gallery

ähnlich ['ɛːnlɪç] **I** *adj* similar (+*dat* to); **~ wie er/sie** like him/her; **~ wie vor 10 Jahren** as 10 years ago; **sie sind sich ~** they are similar *or* alike; (*etwas*) **Ähnliches** something similar **II** *adv* **~ kompliziert/intelligent** just as complicated/intelligent; **ich denke ~** I feel the same way (about it); **jdm ~ sehen** to resemble sb; **das sieht ihm (ganz) ~!** (*infml*) that's just like him! **III** *prep* +*dat* similar to, like **Ähnlichkeit** *f* ⟨**-, -en**⟩ similarity (*mit* to)

Ahnung ['aːnʊŋ] *f* ⟨**-, -en**⟩ **1.** (≈ *Vorgefühl*) presentiment; (*düster*) premonition **2.** (≈ *Vorstellung, Wissen*) idea; (≈ *Vermutung*) suspicion, hunch; **eine ~ von etw vermitteln** to give an idea of sth; **keine ~!** (*infml*) no idea! (*infml*); **hast du eine~, wo er sein könnte?** have you any idea where he could be? **ahnungslos I** *adj* (≈ *nichts ahnend*) unsuspecting; (≈ *unwissend*) clueless (*infml*)

II *adv* unsuspectingly

Ahorn ['aːhɔrn] *m* ⟨**-s, -e**⟩ maple

Ähre ['ɛːrə] *f* ⟨**-, -n**⟩ (≈ *Getreideähre*) ear

Aids [eːds] *nt* ⟨**-, *no pl**⟩ Aids **aidskrank** *adj* suffering from Aids **Aidskranke(r)** *m/f(m) decl as adj* Aids sufferer **Aidstest** *m* Aids test

Aikido [ai'kiːdo] *nt* ⟨**-s, *no pl**⟩ aikido

Airbag ['ɛːɐbɛg] *m* ⟨**-s, -s**⟩ AUTO airbag

Akademie [akade'miː] *f* ⟨**-, -n** [-'miːən]⟩ academy; (≈ *Fachschule*) college, school **Akademiker** [aka'deːmikɐ] *m* ⟨**-s, -**⟩, **Akademikerin** [-ərɪn] *f* ⟨**-, -nen**⟩ (≈ *Hochschulabsolvent*) (university) graduate; (≈ *Universitätslehrkraft*) academic **akademisch** [aka'deːmɪʃ] *adj* academic; **die ~e Jugend** (the) students *pl*; **~ gebildet sein** to have (had) a university education

Akazie [a'kaːtsiə] *f* ⟨**-, -n**⟩ acacia

akklimatisieren [aklimati'ziːrən] *past part* **akklimatisiert** *v/r* to become acclimatized (*in* +*dat* to)

Akkord [a'kɔrt] *m* ⟨**-(e)s, -e** [-də]⟩ **1.** MUS chord **2.** (≈ *Stücklohn*) piece rate; **im ~ arbeiten** to do piecework **Akkordarbeit** *f* piecework **Akkordarbeiter(in)** *m/f(f)* pieceworker

Akkordeon [a'kɔrdeɔn] *nt* ⟨**-s, -s**⟩ accordion

Akkordlohn *m* piece wages *pl*, piece rate

akkreditieren [akredi'tiːrən] *past part* **akkreditiert** *v/t Botschafter, Journalisten* to accredit (*bei* to, at) **Akkreditiv** [akredi'tiːf] *nt* ⟨**-s, -e** [-və]⟩ FIN letter of credit

Akku ['aku] *m* ⟨**-s, -s**⟩ (*infml*) abbr of **Akkumulator Akkumulator** [akumu-'laːtoːɐ] *m* ⟨**-s, Akkumulatoren** [-'toːrən]⟩ accumulator **akkumulieren** [akumu'liːrən] *past part* **akkumuliert** *v/t, v/i, v/r* to accumulate

akkurat [aku'raːt] **I** *adj* precise **II** *adv* precisely, exactly

Akkusativ ['akuzatiːf] *m* ⟨**-s, -e** [-və]⟩ accusative **Akkusativobjekt** *nt* accusative object

Akne ['aknə] *f* ⟨**-, -n**⟩ acne

Akontozahlung [a'kɔnto-] *f* payment on account

Akribie [akri'biː] *f* ⟨**-, *no pl**⟩ meticulousness **akribisch** [a'kriːbɪʃ] (*elev*) **I** *adj* meticulous, precise **II** *adv* meticulously

Akrobat [akro'baːt] *m* ⟨**-en, -en**⟩, **Akrobatin** [-'baːtɪn] *f* ⟨**-, -nen**⟩ acrobat **akro-**

b**a**tisch [akro'baːtɪʃ] *adj* acrobatic
Akronym [akro'nyːm] *nt* ⟨**-s, -e**⟩ acronym
Akt [akt] *m* ⟨**-(e)s, -e**⟩ **1.** act; (≈ *Zeremonie*) ceremony **2.** (ART ≈ *Aktbild*) nude **3.** (≈ *Geschlechtsakt*) sexual act **Aktbild** *nt* nude (picture *or* portrait)
Akte ['aktə] *f* ⟨**-, -n**⟩ file; *etw zu den ⁓n legen* to file sth away; (*fig*) *Fall etc* to drop sth **Aktendeckel** *m* folder **Aktenkoffer** *m* attaché case **aktenkundig** *adj* on record; *⁓ werden* to be put on record **Aktenmappe** *f* (≈ *Tasche*) briefcase; (≈ *Umschlag*) folder, file **Aktennotiz** *f* memo(randum) **Aktenordner** *m* file **Aktenschrank** *m* filing cabinet **Aktentasche** *f* briefcase **Aktenzeichen** *nt* reference
Aktfoto *nt* nude (photograph)
Aktie ['aktsiə] *f* ⟨**-, -n**⟩ share; *die ⁓n fallen/steigen* share prices are falling/rising; *wie stehen die ⁓n?* (*hum infml*) how are things? **Aktienfonds** *m* equity fund **Aktiengesellschaft** *f* ≈ public limited company (*Br*), ≈ corporation (*US*) **Aktienindex** *m* FIN share index **Aktienkapital** *nt* share capital **Aktienkurs** *m* share price **Aktienmarkt** *m* stock market
Aktion [ak'tsioːn] *f* ⟨**-, -en**⟩ action; (≈ *Kampagne*) campaign; (≈ *Werbeaktion*) promotion; *in ⁓ treten* to go into action **Aktionär** [aktsio'nɛːɐ] *m* ⟨**-s, -e**⟩, **Aktionärin** [-'nɛːrɪn] *f* ⟨**-, -nen**⟩ shareholder, stockholder (*esp US*)
Aktionsradius *m* AVIAT, NAUT range, radius; (*fig* ≈ *Wirkungsbereich*) scope (for action)
aktiv [ak'tiːf, 'aktiːf] **I** *adj* active; ECON *Bilanz* positive **II** *adv* actively; *sich ⁓ an etw* (*dat*) *beteiligen* to take an active part in sth **Aktiv** ['aktiːf] *nt* ⟨**-s,** (*rare*) **-e** [-və]⟩ GRAM active **Aktiva** [ak'tiːva] *pl* assets *pl* **aktivieren** [akti'viːrən] *past part* **aktiviert** *v/t* SCI to activate; (*fig*) *Mitarbeiter* to get moving **Aktivist** [akti-'vɪst] *m* ⟨**-en, -en**⟩, **Aktivistin** [-'vɪstɪn] *f* ⟨**-, -nen**⟩ activist **Aktivität** [aktivi'tɛːt] *f* ⟨**-, -en**⟩ activity **Aktivkohlefilter** *f* activated carbon filter **Aktivposten** *m* (*lit, fig*) asset **Aktivurlaub** *m* activity holiday (*esp Br*) *or* vacation (*US*)
Aktmodell *nt* nude model **Aktstudie** *f* nude study
aktualisieren [aktuali'ziːrən] *past part* **aktualisiert** *v/t* to make topical; *Datei* to update **Aktualität** [aktuali'tɛːt] *f* ⟨**-, -en**⟩ topicality **aktuell** [ak'tuɛl] *adj* *Thema* topical; *Problem, Theorie* current; *Mode, Stil* latest *attr*; *von ⁓er Bedeutung* of relevance to the present situation; *eine ⁓e Sendung* a current affairs programme (*Br*) *or* program (*US*)
Akupressur [akuprɛ'suːɐ] *f* ⟨**-, -en**⟩ acupressure **akupunktieren** [akupuŋk-'tiːrən] *past part* **akupunktiert** *v/t* to acupuncture **Akupunktur** [akupuŋk'tuːɐ] *f* ⟨**-, -en**⟩ acupuncture
Akustik [a'kustɪk] *f* ⟨**-, *no pl*⟩ (*von Gebäude etc*) acoustics *pl* **akustisch** [a-'kustɪʃ] **I** *adj* acoustic **II** *adv* acoustically; *ich habe dich rein ⁓ nicht verstanden* I simply didn't catch what you said (properly)
akut [a'kuːt] **I** *adj* (MED, *fig*) acute **II** *adv* acutely
AKW [aːkaː'veː] *nt* ⟨**-s, -s**⟩ *abbr of* **Atomkraftwerk**
Akzent [ak'tsɛnt] *m* ⟨**-(e)s, -e**⟩ accent; (≈ *Betonung, fig also*) stress; *den ⁓ auf etw* (*acc*) *legen* to stress sth **akzentfrei** *adj, adv* without any *or* an accent
akzeptabel [aktsɛp'taːbl] *adj* acceptable **Akzeptanz** [aktsɛp'tants] *f* ⟨**-, *no pl*⟩ acceptance **akzeptieren** [aktsɛp'tiːrən] *past part* **akzeptiert** *v/t* to accept
Alabaster [ala'bastɐ] *m* ⟨**-s, -**⟩ alabaster
Alarm [a'larm] *m* ⟨**-(e)s, -e**⟩ alarm; *⁓ schlagen* to give *or* raise *or* sound the alarm **Alarmanlage** *f* alarm system **Alarmbereitschaft** *f* alert; *in ⁓ sein or stehen* to be on the alert **alarmieren** [alar'miːrən] *past part* **alarmiert** *v/t* Polizei etc to alert; (*fig* ≈ *beunruhigen*) to alarm; *⁓d* (*fig*) alarming **Alarmstufe** *f* alert stage **Alarmzustand** *m* alert; *im ⁓ sein* to be on the alert
Alaska [a'laska] *nt* ⟨**-s**⟩ Alaska
Albaner [al'baːnɐ] *m* ⟨**-s, -**⟩, **Albanerin** [-ərɪn] *f* ⟨**-, -nen**⟩ Albanian **Albanien** [al'baːniən] *nt* ⟨**-s**⟩ Albania **albanisch** [al'baːnɪʃ] *adj* Albanian
albern ['albɐn] **I** *adj* silly, stupid; *⁓es Zeug* (silly) nonsense **II** *adv klingen* silly; *sich ⁓ benehmen* to act silly **III** *v/i* to fool around **Albernheit** *f* ⟨**-, -en**⟩ **1.** *no pl* (≈ *albernes Wesen*) silliness **2.** (≈ *Tat*) silly prank; (≈ *Bemerkung*) inanity
Albtraum *m* nightmare
Album ['albʊm] *nt* ⟨**-s, Alben** ['albn]⟩ album

Alge ['algə] *f* ⟨**-, -n**⟩ alga

Algebra ['algebra] *f* ⟨**-**, *no pl*⟩ algebra **algebraisch** [alge'braːɪʃ] *adj* algebraic(al)

Algenteppich *m* algae slick

Algerien [al'geːriən] *nt* ⟨**-s**⟩ Algeria **Algerier** [al'geːriɐ] *m* ⟨**-s, -**⟩, **Algerierin** [-iərɪn] *f* ⟨**-, -nen**⟩ Algerian **algerisch** [al'geːrɪʃ] *adj* Algerian

alias ['aːlias] *adv* alias, also *or* otherwise known as

Alibi ['aːlibi] *nt* ⟨**-s, -s**⟩ (JUR, *fig*) alibi **Alibifrau** *f* token woman **Alibifunktion** *f* ~ **haben** (*fig*) to be used as an alibi

Alimente [ali'mɛntə] *pl* maintenance *sg*

alkalisch [al'kaːlɪʃ] *adj* alkaline

Alki ['alki] *m* ⟨**-s, -s**⟩ (*sl*) alkie (*infml*)

Alkohol ['alkohoːl, alko'hoːl] *m* ⟨**-s, -e**⟩ alcohol; **unter** ~ **stehen** to be under the influence (of alcohol *or* drink) **alkoholabhängig** *adj* alcohol-dependent; ~ **sein** to be an alcoholic **alkoholarm** *adj* low in alcohol (content) **Alkoholeinfluss** *m* influence of alcohol *or* drink **alkoholfrei** *adj* nonalcoholic **Alkoholgehalt** *m* alcohol(ic) content **Alkoholgenuss** *m* consumption of alcohol **alkoholhaltig** *adj* alcoholic **Alkoholiker** [alko'hoːlikɐ] *m* ⟨**-s, -**⟩, **Alkoholikerin** [-ərɪn] *f* ⟨**-, -nen**⟩ alcoholic **alkoholisch** [alko'hoːlɪʃ] *adj* alcoholic **alkoholisiert** [alkoholi'ziːɐt] *adj* (≈ *betrunken*) inebriated **Alkoholismus** [alkoho'lɪsmʊs] *m* ⟨**-**, *no pl*⟩ alcoholism **Alkoholkonsum** [-kɔnzuːm] *m* consumption of alcohol **Alkoholkontrolle** *f* roadside breath test **alkoholkrank** *adj* alcoholic; ~ **sein** to be an alcoholic **Alkoholmissbrauch** *m* alcohol abuse **Alkoholspiegel** *m jds* ~ the level of alcohol in sb's blood **alkoholsüchtig** *adj* addicted to alcohol **Alkoholsünder(in)** *m/f* ⟨*infml*⟩ drunk(en) driver **Alkoholtest** *m* breath test **Alkoholverbot** *nt* ban on alcohol **Alkoholvergiftung** *f* alcohol(ic) poisoning

All [al] *nt* ⟨**-s**, *no pl*⟩ SCI, SPACE space *no art*

allabendlich *adj* (which takes place) every evening; **der** ~**e Spaziergang** the regular evening walk

alle ['alə] **I** *pron* → **aller(r, s) II** *adv* (*infml*) all gone; **die Milch ist** ~ there's no milk left; **etw/jdn** ~ **machen** (*infml*) to finish sth/sb off **alledem** [alə'deːm] *pron* **trotz** ~ in spite of all that

Allee [a'leː] *f* ⟨**-, -n** [-'leːən]⟩ avenue

Allegorie [alego'riː] *f* ⟨**-, -n** [-'riːən]⟩ allegory

allein [a'lain] **I** *adj pred* alone; (≈ *einsam*) lonely; **von** ~ by oneself/itself; **auf sich** (*acc*) ~ **angewiesen sein** to be left to cope on one's own **II** *adv* (≈ *nur*) alone; ~ **schon der Gedanke** the very *or* mere thought …; → **alleinerziehend**, **alleinstehend Alleinerbe** *m*, **Alleinerbin** *f* sole heir **alleinerziehend** *adj* **Mutter**, **Vater** single **Alleinerziehende(r)** [-|ɛɐtsiːəndə] *m/f(m)* decl as adj single parent **Alleingang** *m*, *pl* **-gänge etw im** ~ **machen** to do sth on one's own **alleinig** [a'lainɪç] *adj attr* sole, only **Alleinsein** *nt* being on one's own *no def art*, solitude; (≈ *Einsamkeit*) loneliness **alleinstehend** *adj* living alone *or* on one's own **Alleinstehende(r)** [-ʃteːəndə] *m/f(m)* decl as adj single person **Alleinunterhalter(in)** *m/f(f)* solo entertainer **Alleinverdiener(in)** *m/f(f)* sole (wage) earner

allemal [a'lemaːl] *adv* every *or* each time; (≈ *ohne Schwierigkeit*) without any problem; → **Mal²**

allenfalls ['alən'fals, 'alənfals] *adv* (≈ *nötigenfalls*) if need be; (≈ *höchstens*) at most; (≈ *bestenfalls*) at best

aller- ['alɐ] *in cpds with sup* (*zur Verstärkung*) by far

alle(r, s) ['alə] **I** *indef pr* **1.** *attr* all; ~ **Anwesenden/Beteiligten/Betroffenen** all those present/taking part/affected; **trotz** ~**r Mühe** in spite of every effort; **ohne** ~**n Grund** for no reason at all **2. alles** *sg* everything; **das** ~**s** all that; ~**s Schöne** everything beautiful; **(ich wünsche dir)** ~**s Gute** (I wish you) all the best; ~**s in** ~**m** all in all; **trotz** ~**m** in spite of everything; **über** ~**s** above all else; (≈ *mehr als alles andere*) more than anything else; **vor** ~**m** above all; **das ist** ~**s** that's all, that's it (*infml*); **das ist** ~**s andere als** … that's anything but …; **was soll das** ~**s?** what's all this supposed to mean?; **was er (nicht)** ~**s weiß/kann!** the things he knows/can do! **3. alle** *pl* all; **die haben mir** ~ **nicht gefallen** I didn't like any of them; ~ **beide** both of them; **sie kamen** ~ all of them came; ~ **fünf Minuten** every five minutes **II** *adv* → **alle**

allerbeste(r, s) ['alɐ'bɛstə] *adj* very best; **der/die/das Allerbeste** the best of all **al-**

lerdings ['alɐ'dɪŋs] *adv* (*einschränkend*) though; *~!* (most) certainly! **allerste(r, s)** ['alɐ'|ɛːɐstə] *adj* very first **Allergen** [alɛr'geːn] *nt* ⟨*-s, -e*⟩ MED allergen **Allergie** [alɛr'giː] *f* ⟨*-, -n* [-'giːən]⟩ MED allergy; (*fig*) aversion (*gegen* to); *eine ~ gegen etw haben* to be allergic to sth (*also fig hum*) **Allergiker** [a'lɛrgikɐ] *m* ⟨*-s, -*⟩, **Allergikerin** [-ərɪn] *f* ⟨*-, -nen*⟩ person suffering from an allergy **allergisch** [a'lɛrgɪʃ] **I** *adj* (MED, *fig*) allergic (*gegen* to) **II** *adv* *auf etw* (*acc*) *~ reagieren* to have an allergic reaction to sth **allerhand** ['alɐ'hant] *adj inv* all kinds of things; *das ist ~!* (*zustimmend*) that's quite something!; *das ist ja* or *doch ~!* (*empört*) that's too much! **Allerheiligen** ['alɐ'hailɪgn] *nt* ⟨*-s*⟩ All Saints' Day **allerhöchstens** ['alɐ'høːçstns] *adv* at the very most **allerlei** ['alɐ'lai] *adj inv* all sorts or kinds of **allerletzte(r, s)** ['alɐ'lɛtstə] *adj* very last; (*≈ allerneueste*) very latest; *der/das ist (ja) das Allerletzte* (*infml*) he's/it's the absolute end! (*infml*) **allerliebste(r, s)** ['alɐ'liːpstə] *adj* (*≈ Lieblings-*) most favourite *attr* (*Br*) or favorite *attr* (*US*) **allermeiste(r, s)** ['alɐ'maistə] *adj* most ... of all **allerneueste(r, s)** ['alɐ'nɔyəstə] *adj* very latest **Allerseelen** ['alɐ'zeːlən] *nt* ⟨*-s*⟩ All Souls' Day **allerseits** ['alɐ'zaits] *adv* on all sides; *guten Abend ~!* good evening everybody **Allerwelts-** ['alɐ'vɛlts] *in cpds* (*≈ Durchschnitts-*) ordinary; (*≈ nichtssagend*) general **allerwenigste(r, s)** ['alɐ'veːnɪçstə] *adj* least ... of all; (*pl*) fewest of all, fewest ... of all **alles** ['aləs] *indef pr* → *alle(r, s)* **allesamt** ['alə'zamt] *adv* all (of them/us *etc*), to a man **Alleskleber** [-kleːbɐ] *m* ⟨*-s, -*⟩ all-purpose adhesive or glue **Allesschneider** *m* food-slicer **allgegenwärtig** [al'geːgnvɛrtɪç] *adj* omnipresent **allgemein** ['algə'main] **I** *adj* general; *Feiertag* public; *Regelungen, Wahlrecht* universal; *Wehrpflicht* compulsory; *im Allgemeinen* in general, generally; *im ~en Interesse* in the common interest; *von ~em Interesse* of general interest **II** *adv* generally; (*≈ ausnahmslos von allen*) universally; *es ist ~ bekannt* it's common knowledge; *~ verständlich* generally intelligible; *~ verbreitet* wide-

spread; *~ zugänglich* open to all; → *allgemeinbildend* **Allgemeinarzt** *m*, **Allgemeinärztin** *f* ≈ general or (*US*) family practitioner **Allgemeinbefinden** *nt* general condition **allgemeinbildend** *adj* providing (a) general education **Allgemeinbildung** *f* general education **Allgemeingut** *nt, no pl* (*fig*) common property **Allgemeinheit** *f* ⟨*-, -en, no pl*⟩ (*≈ Öffentlichkeit*) general public **Allgemeinmedizin** *f* general medicine **Allgemeinmediziner(in)** *m*/(*f*) MED ≈ general practitioner, ≈ GP, ≈ family practitioner (*US*) **allgemeinverständlich** *adj* → *allgemein* **Allgemeinwissen** *nt* general knowledge **Allgemeinwohl** *nt* public welfare **Allheilmittel** [al'hailmɪtl] *nt* cure-all **Allianz** [a'liants] *f* ⟨*-, -en*⟩ **1.** alliance **2.** (*≈ NATO*) Alliance **Alligator** [ali'gaːtoːɐ] *m* ⟨*-s*, **Alligatoren** [-'toːrən]⟩ alligator **alliiert** [ali'iːɐt] *adj attr* allied; (*im 2. Weltkrieg*) Allied **Alliierte(r)** [ali'iːɐtə] *m*/*f(m) decl as adj* ally **alljährlich** ['al'jɛːɐlɪç] **I** *adj* annual, yearly **II** *adv* annually, yearly **Allmacht** ['almaxt] *f* (*esp von Gott*) omnipotence **allmächtig** [al'mɛçtɪç] *adj* all-powerful; *Gott auch* almighty **allmählich** [al'mɛːlɪç] **I** *adj attr* gradual **II** *adv* gradually; *es wird ~ Zeit* (*infml*) it's about time **allmonatlich** ['al'moːnatlɪç] *adj, adv* monthly **Allradantrieb** ['alraːt-] *m* AUTO four-wheel drive **Allround-** ['ɔːl'raund] *in cpds* all-round (*Br*), all-around (*US*) **allseitig** ['alzaitɪç] *adj* (*≈ allgemein*) general; (*≈ ausnahmslos*) universal **allseits** ['alzaits] *adv* (*≈ überall*) everywhere; (*≈ in jeder Beziehung*) in every respect; *~ beliebt/unbeliebt* universally popular/unpopular **Alltag** ['altaːk] *m* (*fig*) *im ~* in everyday life **alltäglich** ['al'tɛːklɪç, 'altɛːklɪç, al-'tɛːklɪç] *adj* daily; (*≈ üblich*) ordinary; *es ist ganz ~* it's nothing unusual **Alltags-** ['altaːks-] *in cpds* everyday **Allüren** [a'lyːrən] *pl* (*≈ geziertes Verhalten*) affectations *pl*; (*eines Stars etc*) airs and graces *pl* **allwissend** ['al'vɪsnt] *adj* omniscient **allwöchentlich** ['al'vœçntlɪç] *adj* weekly **II** *adv* every week

allzu ['altsuː] *adv* all too; **~ viele Fehler** far too many mistakes; **~ früh** far too early; **~ sehr** too much; *mögen* all too much; *sich ärgern, enttäuscht sein* too; **~ viel** too much; **~ viel ist ungesund** (*prov*) you can have too much of a good thing (*prov*)

Allzweckreiniger *m* multipurpose cleaner

Alm [alm] *f* ⟨**-, -en**⟩ alpine pasture

Almosen ['almoːzn] *nt* ⟨**-s, -**⟩ **1.** (*elev* ≈ *Spende*) alms *pl* (*old*) **2.** (≈ *geringer Lohn*) pittance

Alp [alp] *f* ⟨**-, -en**⟩ (≈ *Alm*) alpine pasture

Alpen ['alpn] *pl* Alps *pl* **Alpenland** *nt* alpine country **Alpenrose** *f* Alpine rose *or* rhododendron **Alpenvorland** *nt* foothills *pl* of the Alps

Alphabet [alfa'beːt] *nt* ⟨**-(e)s, -e**⟩ alphabet **alphabetisch** [alfa'beːtɪʃ] **I** *adj* alphabetical **II** *adv* alphabetically **alphanumerisch** [alfanu'meːrɪʃ] *adj* alphanumeric

alpin [al'piːn] *adj* alpine (*auch* SKI) **Alpinist** [alpi'nɪst] *m* ⟨**-en, -en**⟩, **Alpinistin** [-'nɪstɪn] *f* ⟨**-, -nen**⟩ alpinist

Alptraum *m* → **Albtraum**

als [als] *cj* **1.** (*nach comp*) than; **ich kam später~ er** I came later than he (did) *or* him **2.** (*bei Vergleichen*) **so ... ~ ...** as ... as ...; **so viel/so weit ~ möglich** as much/far as possible; **eher or lieber ... ~** rather ... than; **alles andere ~** anything but **3.** **~ ob ich das nicht wüsste!** as if I didn't know! **4.** *damals*, **~** (in the days) when; **gerade, ~** just as **5.** **~ Beweis** as proof; **~ Antwort/Warnung** as an answer/a warning; **~ Kind/Mädchen** *etc* as a child/girl *etc*

also ['alzo] **I** *cj* (≈ *folglich*) so, therefore **II** *adv* so; **~ doch** so ... after all; **du machst es ~?** so you'll do it then? **III** *int* well; **~ doch!** so he/they *etc* did!; **na ~!** there you are!, you see?; **~ gut** *or* **schön** well all right then; **~ so was!** well (I never)!

Alsterwasser ['alstɐ-] *nt, pl* **-wässer** (*N Ger*) shandy (*Br*), radler (*US*), beer and lemonade

alt [alt] *adj, comp* **~er** ['ɛltɐ], *sup* **~este(r, s)** ['ɛltəstə] **1.** old; *Mythos, Griechen* ancient; *Sprachen* classical; **das ~e Rom** ancient Rome; **Alt und Jung** (everybody) old and young; **ein drei Jahre ~es Kind** a three-year-old child; **wie ~**

bist du? how old are you?; **hier werde ich nicht ~** (*infml*) this isn't my scene (*infml*); **in ~er Freundschaft, Dein ...** yours as ever ...; **~ aussehen** (*infml* ≈ *dumm dastehen*) to look stupid **2.** (≈ *dieselbe, gewohnt*) same old

Alt¹ [alt] *m* ⟨**-s, -e**⟩ MUS alto

Alt² *nt* ⟨**-s, -**⟩ (≈ *Bier*) top-fermented German dark beer

Altar [al'taːɐ] *m* ⟨**-s, Altäre** [-'tɛːrə]⟩ altar

altbacken [-bakn] *adj* **1.** stale **2.** (*fig*) old-fashioned **Altbau** *m, pl* **-bauten** old building **Altbauwohnung** *f* flat (*Br*) *or* apartment in an old building **Altbundeskanzler(in)** *m*/(*f*) former German/Austrian Chancellor **altdeutsch** *adj* old German **Alte** ['altə] *f decl as adj* (≈ *alte Frau*) old woman; (*infml* ≈ *Vorgesetzte*) boss **Alteisen** *nt* scrap metal **altenglisch** *adj* old English **Altenheim** *nt* old people's home **Altenhilfe** *f* old people's welfare **Altenpfleger(in)** *m*/(*f*) old people's nurse **Alte(r)** ['altə] *m decl as adj* (≈ *alter Mann*) old man; (*infml* ≈ *Vorgesetzter*) boss; **die ~n** (≈ *Eltern*) the folk(s) *pl* (*infml*) **Alter** ['altɐ] *nt* ⟨**-s, -**⟩ age; **im ~** in one's old age; **in deinem ~** at your age; **er ist in deinem ~** he's your age; **im ~ von 18 Jahren** at the age of 18 **älter** ['ɛltɐ] *adj* older; (≈ *nicht ganz jung*) elderly; **die ~en Herrschaften** the older members of the party **altern** ['altɐn] *v/i aux sein or* (*rare*) *haben* to age; (*Wein*) to mature; **~d** ageing

alternativ [altɐna'tiːf] *adj* alternative **Alternative** [altɐna'tiːvə] *f* ⟨**-n, -n**⟩ alternative **Alternativmedizin** *f* alternative medicine

altersbedingt *adj* age-related **Altersbeschwerden** *pl* complaints *pl* of old age **Alterserscheinung** *f* sign of old age **Altersgenosse** *m*, **Altersgenossin** *f* contemporary **Altersgrenze** *f* age limit; (≈ *Rentenalter*) retirement age **Altersgründe** *pl* **aus ~n** for reasons of age **Altersgruppe** *f* age group **Altersheim** *nt* old people's home **Altersklasse** *f* age group **Altersrente** *f* old age pension **altersschwach** *adj* Mensch old and infirm; *Auto, Möbel etc* decrepit **Altersschwäche** *f* (*von Mensch*) infirmity **Altersteilzeit** *f* semi-retirement **Altersunterschied** *m* age difference **Altersversorgung** *f* provision for (one's) old age; **betriebliche ~** ≈ company pension scheme **Altersvorsorge** *f* old-age provision

Altertum ['altɐtuːm] *nt* ⟨**-s**, *no pl*⟩ antiquity *no art* **altertümlich** ['altɐtyːmlɪç] *adj* (≈ *aus dem Altertum*) ancient; (≈ *veraltet*) antiquated

Ältestenrat *m* council of elders **älteste(r, s)** ['ɛltəstə] *adj* oldest

Altglas *nt*, *no pl* waste glass **Altglascontainer** *m* bottle bank **altgriechisch** *adj* ancient Greek **althergebracht** *adj* traditional; *Tradition* long-established **althochdeutsch** *adj* Old High German

Altistin [-'tɪstɪn] *f* ⟨**-**, **-nen**⟩ MUS alto

altjüngferlich [alt'jʏŋfɐlɪç] *adj* oldmaidish, spinsterish **Altkanzler(in)** *m*/(*f*) former chancellor **altklug** *adj* precocious **Altlast** *f usu pl* (*Ökologie*) dangerous waste (*accumulated over the years*); (≈ *Fläche*) contaminated area; (*fig*) burden, inherited problem **Altmaterial** *nt* scrap **Altmetall** *nt* scrap metal **altmodisch** *adj* old-fashioned **Altöl** *nt* used oil **Altpapier** *nt* wastepaper **Altsein** *nt* being old *no art* **Altstadt** *f* old town

Altstimme *f* MUS alto

Alt-Taste *f* IT Alt key

Altweibersommer *m* Indian summer

Aludose *f* aluminium (*Br*) *or* aluminum (*US*) can, tin can **Alufolie** *f* tin *or* kitchen foil **Aluminium** [alu'miːnium] *nt* ⟨**-s**, *no pl*⟩ aluminium (*Br*), aluminum (*US*)

Alzheimerkrankheit *f* Alzheimer's (disease)

am [am] *prep* **er war am tapfersten** he was (the) bravest; **am seltsamsten war ...** the strangest thing was ...; (*als Zeitangabe*) on; **am letzten Sonntag** last Sunday; **am 8. Mai** on the eighth of May; **am Morgen/Abend** in the morning/evening

Amaryllis [ama'rʏlɪs] *f* ⟨**-**, **Amaryllen** [-lən]⟩ amaryllis

Amateur [ama'tøːɐ] *m* ⟨**-s**, **-e**⟩, **Amateurin** [-'tøːrɪn] *f* ⟨**-**, **-nen**⟩ amateur **amateurhaft** [ama'tøːɐ-] *adj* amateurish

Ambiente [am'biɛntə] *nt* ⟨**-**, *no pl*⟩ (*elev*) ambience

Ambition [ambi'tsioːn] *f* ⟨**-**, **-en**⟩ ambition; **~en auf etw** (*acc*) **haben** to have ambitions of getting sth

ambivalent [ambiva'lɛnt] *adj* ambivalent

Amboss ['ambɔs] *m* ⟨**-es**, **-e**⟩ anvil

ambulant [ambu'lant] **I** *adj* MED outpatient *attr*; **~e Patienten** outpatients **II** *adv* **~ behandelt werden** (*Patient*) to be treated as an outpatient **Ambulanz** [ambu'lants] *f* ⟨**-**, **-en**⟩ **1.** (≈ *Klinikstation*) outpatient department **2.** (≈ *Ambulanzwagen*) ambulance

Ameise ['aːmaizə] *f* ⟨**-**, **-n**⟩ ant **Ameisenbär** *m* anteater; (*größer*) giant anteater **Ameisenhaufen** *m* anthill

amen ['aːmən] *int* amen **Amen** ['aːmən] *nt* ⟨**-s**, **-**⟩ amen; **das ist so sicher wie das ~ in der Kirche** (*prov*) you can bet your bottom dollar on that (*infml*)

Amerikaner [ameri'kaːnɐ] *m* ⟨**-s**, **-**⟩, **Amerikanerin** [-ərɪn] *f* ⟨**-**, **-nen**⟩ American **amerikanisch** [ameri'kaːnɪʃ] *adj* American **Amerikanismus** [amerika-'nɪsmʊs] *m* ⟨**-**, **Amerikanismen** [-mən]⟩ Americanism

Ami ['ami] *m* ⟨**-s**, **-s**⟩ (*infml*) Yank (*infml*)

Aminosäure [a'miːno-] *f* amino acid

Ammann ['aman] *m*, *pl* **-männer** (*Swiss*) mayor

Ammenmärchen *nt* fairy tale *or* story

Amnestie [amnɛs'tiː] *f* ⟨**-**, **-n** [-'tiːən]⟩ amnesty **amnestieren** [amnɛs'tiːrən] *past part* **amnestiert** *v/t* to grant an amnesty to

Amöbe [a'møːbə] *f* ⟨**-**, **-n**⟩ amoeba

Amok ['aːmɔk, a'mɔk] *m* **~ laufen** to run amok (*esp Br*) *or* amuck; **~ fahren** to drive like a madman *or* lunatic **Amokfahrt** *f* mad *or* crazy ride **Amokschütze** *m* crazed gunman

amortisieren [amɔrti'ziːrən] *past part* **amortisiert** *v/r* to pay for itself

Ampel ['ampl] *f* ⟨**-**, **-n**⟩ (≈ *Verkehrsampel*) (traffic) lights *pl* **Ampelanlage** *f* (set of) traffic lights *pl* **Ampelphase** *f* traffic light sequence

Amphetamin [amfeta'miːn] *nt* ⟨**-s**, **-e**⟩ amphetamine

Amphibie [am'fiːbiə] *f* ⟨**-**, **-n**⟩ ZOOL amphibian **Amphibienfahrzeug** *nt* amphibious vehicle

Ampulle [am'pʊlə] *f* ⟨**-**, **-n**⟩ (≈ *Behälter*) ampoule

Amputation [amputa'tsioːn] *f* ⟨**-**, **-en**⟩ amputation **amputieren** [ampu'tiːrən] *past part* **amputiert** *v/t* to amputate **Amputierte(r)** [ampu'tiːɐtə] *m*/*f*(*m*) *decl as adj* amputee

Amsel ['amzl] *f* ⟨**-**, **-n**⟩ blackbird

Amt [amt] *nt* ⟨**-(e)s**, **⸚er** ['ɛmtɐ]⟩ **1.** (≈

Stelle) post (*Br*), position; (*öffentlich*) office; **von ~s wegen** (≈ *aufgrund von jds Beruf*) because of one's job **2.** (≈ *Aufgabe*) duty, task **3.** (≈ *Behörde*) office; **zum zuständigen ~ gehen** to go to the relevant authority; **von ~s wegen** (≈ *auf behördliche Anordnung hin*) officially **amtieren** [am'tiːrən] *past part* **amtiert** *v/i* to be in office; **~d** incumbent; **der ~de Weltmeister** the reigning world champion; **er amtiert als Bürgermeister** he is acting mayor **amtlich** ['amtlɪç] *adj* official; **~es Kennzeichen** registration (number), license number (*US*) **Amtsantritt** *m* assumption of office **Amtsblatt** *nt* gazette **Amtsdauer** *f* term of office **Amtsgeheimnis** *nt* (≈ *geheime Sache*) official secret; (≈ *Schweigepflicht*) official secrecy **Amtsgericht** *nt* ≈ county (*Br*) or district (*US*) court **Amtshandlung** *f* official duty; **seine erste ~ bestand darin, ...** the first thing he did in office was ... **Amtshilfe** *f* cooperation between authorities **Amtsmissbrauch** *m* abuse of one's position **Amtsperiode** *f* term of office **Amtsrichter(in)** *m/(f)* ≈ county (*Br*) or district (*US*) court judge **Amtsschimmel** *m* (*hum*) officialdom **Amtsvorgänger(in)** *m/(f)* predecessor (in office) **Amtsweg** *m* official channels *pl*; **den ~ beschreiten** to go through the official channels **Amtszeit** *f* period of office **Amulett** [amu'lɛt] *nt* ⟨-(e)s, -e⟩ amulet, charm **amüsant** [amy'zant] **I** *adj* amusing **II** *adv* amusingly **amüsieren** [amy'ziːrən] *past part* **amüsiert** **I** *v/t* to amuse; **was amüsiert dich denn so?** what do you find so amusing *or* funny? **II** *v/r* to enjoy oneself; **sich über etw** (*acc*) **~** to find sth funny; (*unfreundlich*) to make fun of sth; **amüsiert euch gut** have fun **Amüsierviertel** *nt* nightclub district

an [an] **I** *prep* +*dat* **1.** (*räumlich: wo?*) at; (≈ *an etw dran*) on; **an der Tür/Wand** on the door/wall; **Frankfurt an der Oder** Frankfurt on (the) Oder; **zu nahe an etw stehen** to be too near to sth; **unten am Fluss** down by the river; **Haus an Haus** one house after the other; **an etw vorbeigehen** to go past sth **2.** (*zeitlich*) on; **an diesem Abend** (on) that evening; **am Tag zuvor** the day before, the previous day; → **am 3.** (*fig*) **was ha-**

ben Sie an Weinen da? what wines do you have?; **unübertroffen an Qualität** unsurpassed in quality; **es ist an ihm, etwas zu tun** it's up to him to do something **II** *prep* +*acc* **1.** (*räumlich: wohin?*) to; **etw an die Wand/Tafel schreiben** to write sth on the wall/blackboard; **er ging ans Fenster** he went (over) to the window; **bis an mein Lebensende** to the end of my days **2.** (*fig*) **ich habe eine Bitte/Frage an Sie** I have a request to make of you/a question to ask you; **an** (**und für**) **sich** actually **III** *adv* **1.** (≈ *ungefähr*) **an** (**die**) **hundert** about a hundred **2.** (*Ankunftszeit*) **Frankfurt an: 18.30 Uhr** arriving Frankfurt 18.30 **3.** **von heute an** from today onwards **4.** (*infml* ≈ *angeschaltet, angezogen*) on; **Licht an!** lights on!; **ohne etwas an** with nothing on

Anabolikum [ana'boːlikʊm] *nt* ⟨-s, **Anabolika** [-ka]⟩ anabolic steroid **anal** [a'naːl] *adj* PSYCH, ANAT anal **analog** [ana'loːk] **I** *adj* **1.** analogous (+*dat, zu* to) **2.** TEL analogue (*Br*), analog (*US*) **3.** IT analog **II** *adv* TEL, IT in analogue (*Br*) *or* analog format **Analogie** [analo'giː] *f* ⟨-, **-n** [-'giːən]⟩ analogy **Analphabet** [an|alfa'beːt, 'an-] *m* ⟨-en, -en⟩, **Analphabetin** [-'beːtɪn] *f* ⟨-, -nen⟩ illiterate (person) **Analphabetismus** [an|alfabe'tɪsmʊs] *m* ⟨-, *no pl*⟩ illiteracy

Analverkehr *m* anal intercourse **Analyse** [ana'lyːzə] *f* ⟨-, **-n**⟩ analysis (*auch* PSYCH) **analysieren** [analy'ziːrən] *past part* **analysiert** *v/t* to analyze **Analyst** [ana'lyst] *m* ⟨-en, -en⟩, **Analystin** [-'lystɪn] *f* ⟨-, -nen⟩ ST EX investment analyst **Analytiker** [ana'lyːtikɐ] *m* ⟨-s, -⟩, **Analytikerin** [-ərɪn] *f* ⟨-, -nen⟩ analyst; (≈ *analytisch Denkender*) analytical thinker **analytisch** [ana'lyːtɪʃ] *adj* analytical

Anämie [anɛ'miː] *f* ⟨-, **-n** [-'miːən]⟩ anaemia (*Br*), anemia (*US*) **Ananas** ['ananas] *f* ⟨-, *-or* **-se**⟩ pineapple **Anarchie** [anar'çiː] *f* ⟨-, **-n** [-'çiːən]⟩ anarchy **Anarchismus** [anar'çɪsmʊs] *m* ⟨-, *no pl*⟩ anarchism **Anarchist** [anar'çɪst] *m* ⟨-en, -en⟩, **Anarchistin** [-'çɪstɪn] *f* ⟨-, -nen⟩ anarchist **anarchistisch** [anar'çɪstɪʃ] *adj* anarchistic **Anästhesie** [an|ɛste'ziː] *f* ⟨-, **-n** [-'ziːən]⟩ anaesthesia (*Br*), anesthesia (*US*) **An-**

ästhesist [an|ɛste'zɪst] *m* ⟨*-en, -en*⟩, **Anästhesistin** [-'zɪstɪn] *f* ⟨*-, -nen*⟩ anaesthetist (*Br*), anesthesiologist (*US*)

Anatomie [anato'mi:] *f* ⟨*-, -n* [-'mi:ən]⟩ anatomy **anatomisch** [ana'to:mɪʃ] *adj* anatomical

anbahnen *sep* **I** *v/t* to initiate **II** *v/r* (≈ *sich andeuten*) to be in the offing; (*Unangenehmes*) to be looming

Anbau[1] *m, no pl* (≈ *Anpflanzung*) cultivation

Anbau[2] *m, pl -bauten* (≈ *Nebengebäude*) extension **anbauen** *sep v/t* **1.** to cultivate; (≈ *anpflanzen*) to plant **2.** BUILD to add, to build on **Anbaufläche** *f* (area of) cultivable land; (≈ *bebaute Ackerfläche*) area under cultivation **Anbaugebiet** *nt* cultivable area **Anbaumöbel** *pl* unit furniture **Anbauschrank** *m* cupboard unit

anbehalten *past part* **anbehalten** *v/t sep irr* to keep on

anbei [an'bai, 'anbai] *adv* (*form*) enclosed; ~ **schicken wir Ihnen ...** please find enclosed ...

anbeißen *sep irr* **I** *v/i* (*Fisch*) to bite; (*fig*) to take the bait **II** *v/t Apfel etc* to bite into; *ein angebissener Apfel* a half-eaten apple; *sie sieht zum Anbeißen aus* (*infml*) she looks good enough to eat

anbeten *v/t sep* to worship **Anbetung** ['anbe:tʊŋ] *f* ⟨*-, (rare) -en*⟩ worship

Anbetracht *m in ~* (+*gen*) in consideration *or* view of

anbiedern ['anbi:dɐn] *v/r sep* (*pej*) *sich* (*bei jdm*) ~ to try to get pally (with sb) (*infml*)

anbieten *sep irr* **I** *v/t* to offer **II** *v/r* (*Mensch*) to offer one's services; (*Gelegenheit*) to present itself **Anbieter(in)** *m/(f)* supplier

anbinden *v/t sep irr* (≈ *festbinden*) to tie (up) (*an +Dat od Akk to*); *jdn ~* (*fig*) to tie sb down; → *angebunden*

Anblick *m* sight; *beim ersten ~* at first sight; *beim ~ des Hundes* when he *etc* saw the dog **anblicken** *v/t sep* to look at

anblinzeln *v/t sep* **1.** (≈ *blinzelnd ansehen*) to squint at **2.** (≈ *zublinzeln*) to wink at

anbraten *v/t sep irr* to brown; *Steak etc* to sear

anbrechen *sep irr* **I** *v/t Packung, Flasche etc* to open; *Vorrat* to broach; *Ersparnisse* to break into; → *angebrochen* **II**

v/i aux sein (*Epoche etc*) to dawn; (*Nacht*) to fall; (*Jahreszeit*) to begin

anbrennen *v/i sep irr aux sein* (*Essen*) to get burned; (*Stoff*) to get scorched; *nichts ~ lassen* (*infml*) (≈ *keine Zeit verschwenden*) to be quick; (≈ *sich nichts entgehen lassen*) not to miss out on anything; → *angebrannt*

anbringen *v/t sep irr* **1.** (≈ *befestigen*) to fix, to fasten (*an +dat* (on)to); (≈ *aufstellen, aufhängen*) to put up **2.** (≈ *äußern*) to make (*bei* to); *Kenntnisse, Wissen* to display; *Argument* to use; → *angebracht* **3.** (≈ *hierherbringen*) to bring (with one)

Anbruch *m, no pl* (*elev* ≈ *Anfang*) beginning; (*von Zeitalter, Epoche*) dawn(ing)

anbrüllen *sep v/t* (*infml: Mensch*) to shout *or* bellow at

Andacht ['andaxt] *f* ⟨*-, -en*⟩ (≈ *Gottesdienst*) prayers *pl* **andächtig** ['andɛçtɪç] **I** *adj* **1.** (*im Gebet*) in prayer **2.** (≈ *versunken*) rapt **II** *adv* (≈ *inbrünstig*) raptly

andauern *v/i sep* to continue; (≈ *anhalten*) to last **andauernd I** *adj* (≈ *ständig*) continuous; (≈ *anhaltend*) continual **II** *adv* constantly

Anden ['andn] *pl* Andes *pl*

Andenken ['andɛŋkn] *nt* ⟨*-s, -*⟩ **1.** *no pl* memory; *zum ~ an jdn* in memory of sb **2.** (≈ *Reiseandenken*) souvenir (*an +acc* of); (≈ *Erinnerungsstück*) memento (*an +acc* from)

anderenfalls *adv* otherwise **andere(r, s)** ['andərə] **I** *indef pr* (*adjektivisch*) **1.** different; (≈ *weiterer*) other; *das machen wir ein ~s Mal* we'll do that another time; *er ist ein ~r Mensch geworden* he is a changed *or* different man **2.** (≈ *folgend*) next, following **II** *indef pr* **1.** (≈ *Ding*) *ein ~r* a different one; (≈ *noch einer*) another one; *etwas ~s* something else; (*jedes, in Fragen*) anything else; *alle ~n* all the others; *ja, das ist etwas ~s* yes, that's a different matter; *das ist etwas ganz ~s* that's something quite different; *nichts ~s* nothing else; *nichts ~s als ...* nothing but ...; *es blieb mir nichts ~s übrig, als selbst hinzugehen* I had no alternative but to go myself; *alles ~* (≈ *alle anderen Dinge*) everything else; *alles ~ als zufrieden* anything but pleased; *unter ~m* among other things; *von einem Tag zum ~n* overnight; *eines*

besser als das ~ each one better than the next **2.** (≈ *Person*) **ein ~r/eine ~** a different person; (≈ *noch einer*) another person; **es war kein ~r als ...** it was none other than ...; **niemand ~s** no-one else; **jemand ~s** (*S Ger*) somebody else; (*jeder, in Fragen*) anybody else; **die ~n** the others; **einer nach dem ~n** one after the other **andererseits** *adv* on the other hand **andermal** ['andɐ'maːl] *adv* **ein ~** some other time

ändern ['ɛndɐn] **I** *v/t* to change; *Kleidungsstück* to alter; **das ist nicht zu ~** nothing can be done about it; **das ändert nichts an der Tatsache, dass ...** that doesn't alter the fact that ... **II** *v/r* to change; **wenn sich das nicht ändert ...** if things don't improve ...

anders ['andɐs] *adv* **1.** (≈ *sonst*) else; **jemand ~** somebody else; (*jeder, in Fragen*) anybody else; **niemand ~** nobody else **2.** (≈ *verschieden*) differently; (≈ *andersartig*) different (*als* to); **~ denkend = andersdenkend**; **~ als jd aussehen** to look different from sb; **~ ausgedrückt** in other words; **sie ist ~ geworden** she has changed; **es geht nicht ~** there's no other way; **ich kann nicht ~** (≈ *kann es nicht lassen*) I can't help it; (≈ *muss leider*) I have no choice; **es sich** (*dat*) **~ überlegen** to change one's mind **andersartig** *adj no comp* different **andersdenkend** *adj attr* of a different opinion **Andersdenkende(r)** [-dɛŋkɛndə] *m/f(m) decl as adj* person of a different opinion; (≈ *Dissident*) dissident, dissenter **andersgeartet** *adj* **~ sein als jd** to be different from *or* to sb **andersgläubig** *adj* **~ sein** to have a different faith **andersherum** *adv* the other way (a)round **anderslautend** *adj attr* contrary **anderswo** *adv* elsewhere **anderswohin** *adv* elsewhere

anderthalb ['andɐt'halp] *num* one and a half; **~ Stunden** an hour and a half **Änderung** ['ɛndərʊŋ] *f* ⟨-, -en⟩ change; (*an Kleidungsstück, Gebäude*) alteration (*an* +*dat* to) **Änderungsvorschlag** *m* **einen ~ machen** to suggest a change *or* an alteration

anderweitig ['andɐ'vaɪtɪç] **I** *adj attr* other **II** *adv* (≈ *anders*) otherwise; (≈ *an anderer Stelle*) elsewhere; **~ vergeben/besetzt werden** to be given to/filled by someone else

andeuten *sep* **I** *v/t* (≈ *zu verstehen geben*) to hint, to intimate (*jdm etw* sth to sb); (≈ *kurz erwähnen*) *Problem* to mention briefly **II** *v/r* to be indicated; (*Gewitter*) to be looming **Andeutung** *f* (≈ *Anspielung, Anzeichen*) hint; (≈ *flüchtiger Hinweis*) brief mention; **eine ~ machen** to drop a hint **andeutungsweise** *adv* by way of a hint; **jdm ~ zu verstehen geben, dass ...** to hint to sb that ...

Andorra [an'dɔra] *nt* ⟨-s⟩ Andorra

Andrang *m, no pl* (≈ *Gedränge*) crowd, crush; (*von Blut*) rush

andrehen *v/t sep* **1.** (≈ *anstellen*) to turn on **2.** (*infml*) **jdm etw ~** to palm sth off on sb

androhen *v/t sep* to threaten (*jdm etw* sb with sth) **Androhung** *f* threat; **unter ~** JUR under penalty (*von*, +*gen* of)

anecken ['an|ɛkn] *v/i sep aux sein* (*infml*) (**bei jdm/allen**) **~** to rub sb/everyone up the wrong way

aneignen *v/t sep* **sich** (*dat*) **etw ~** (≈ *etw erwerben*) to acquire sth; (≈ *etw wegnehmen*) to appropriate sth; (≈ *sich mit etw vertraut machen*) to learn sth

aneinander [an|aɪ'nandɐ] *adv* **~ denken** to think of each other; **sich ~ gewöhnen** to get used to each other; **~ vorbeigehen** to go past each other; **die Häuser stehen zu dicht ~** the houses are built too close together **aneinandergeraten** *v/i sep irr aux sein* to come to blows (*mit* with); (≈ *streiten*) to have words (*mit* with) **aneinandergrenzen** *v/i sep* to border on each other **aneinanderreihen** *sep v/t* to string together

Anekdote [anɛk'doːtə] *f* ⟨-, -n⟩ anecdote **anekeln** *v/t sep* to disgust; → **angeekelt**

Anemone [ane'moːnə] *f* ⟨-, -n⟩ anemone **anerkannt** ['an|ɛɐkant] *adj* recognized; *Experte* acknowledged **anerkennen** *past part* **anerkannt** *v/t sep or insep irr* *Staat, König, Rekord* to recognize; *Vaterschaft* to acknowledge; *Leistung, Bemühung* to appreciate; *Meinung* to respect; (≈ *loben*) to praise **anerkennenswert** *adj* commendable **Anerkennung** *f* recognition; (*von Vaterschaft*) acknowledgement; (≈ *Würdigung*) appreciation; (*von Meinung*) respect; (≈ *Lob*) praise

anfahren *sep irr* **I** *v/i aux sein* (≈ *losfahren*) to start (up) **II** *v/t* **1.** (≈ *ansteuern*) *Ort, Hafen* to stop *or* call at **2.** *Passanten,*

Baum etc to hit; (*fig: ausschelten*) to shout at **Anfahrt** *f* (≈ *Weg, Zeit*) journey; (≈ *Zufahrt*) approach; (≈ *Einfahrt*) drive

Anfall *m* attack; (≈ *Wutanfall, epileptischer Anfall*) fit; **einen ~ haben/bekommen** to have a fit **anfallen** *sep irr* **I** *v/t* (≈ *überfallen*) to attack **II** *v/i aux sein* (≈ *sich ergeben*) to arise; (*Zinsen*) to accrue; (≈ *sich anhäufen*) to accumulate **anfällig** *adj* delicate; *Motor, Maschine* temperamental; **für etw ~ sein** to be susceptible to sth

Anfang ['anfaŋ] *m* ⟨**-(e)s, Anfänge** [-fɛŋə]⟩ (≈ *Beginn*) beginning, start; (≈ *Ursprung*) beginnings *pl*, origin; **zu** *or* **am ~** to start with; (≈ *anfänglich*) at first; **~ fünfzig** in one's early fifties; **~ Juni/1998** *etc* at the beginning of June/1998 *etc*; **von ~ an** (right) from the beginning *or* start; **von ~ bis Ende** from start to finish; **den ~ machen** to start *or* begin; (≈ *den ersten Schritt tun*) to make the first move **anfangen** *sep irr* **I** *v/t* **1.** (≈ *beginnen*) to start **2.** (≈ *anstellen, machen*) to do; **damit kann ich nichts ~** (≈ *nützt mir nichts*) that's no good to me; (≈ *verstehe ich nicht*) it doesn't mean a thing to me; **mit dir ist heute (aber) gar nichts anzufangen!** you're no fun at all today! **II** *v/i* to begin, to start; **wer fängt an?** who's going to start *or* begin? **du hast angefangen!** you started it!; **es fing zu regnen an** it started raining *or* to rain; **mit etw ~** to start sth **Anfänger(in)** *m/(f)* beginner; AUTO learner; (*infml* ≈ *Nichtskönner*) amateur (*pej*) **Anfängerkurs** *m* beginners' course **anfänglich** ['anfɛŋlɪç] **I** *adj attr* initial **II** *adv* at first, initially **anfangs** ['anfaŋs] *adv* at first, initially **Anfangs-** *in cpds* initial **Anfangsbuchstabe** *m* first letter; **kleine/große ~n** small/large *or* capital initials **Anfangsgehalt** *nt* initial *or* starting salary **Anfangsstadium** *nt* initial stage **Anfangszeit** *f* starting time **anfassen** *sep* **I** *v/t* **1.** (≈ *berühren*) to touch **2.** (≈ *bei der Hand nehmen*) **jdn ~** to take sb's hand; **angefasst gehen** to walk holding hands **3.** (*fig*) (≈ *anpacken*) *Problem* to tackle; (≈ *behandeln*) *Menschen* to treat **II** *v/i* **1.** (≈ *berühren*) to feel; **nicht ~!** don't touch! **2.** (≈ *mithelfen*) **mit ~** to lend a hand **3.** (*fig*) **zum Anfassen** accessible

anfauchen *v/t sep* (*Katze*) to spit at; (*fig infml*) to snap at

anfechtbar *adj* contestable; (*moralisch*) questionable (*form*) **anfechten** *v/t sep irr* (≈ *nicht anerkennen*) to contest; *Urteil, Entscheidung* to appeal against **Anfechtung** ['anfɛçtʊŋ] *f* ⟨**-, -en**⟩ **1.** (≈ *das Nichtanerkennen*) contesting; (*von Urteil, Entscheidung*) appeal (+*gen* against) **2.** (≈ *Versuchung*) temptation

anfeinden ['anfaɪndn] *v/t sep* to treat with hostility **Anfeindung** *f* ⟨**-, -en**⟩ hostility

anfertigen *v/t sep* to make; *Schriftstück* to draw up; *Hausaufgaben, Protokoll* to do **Anfertigung** *f* making; (*von Schriftstück*) drawing up; (*von Protokoll, Hausaufgaben*) doing

anfeuchten ['anfɔyçtn] *v/t sep* to moisten

anfeuern *v/t sep* (*fig* ≈ *ermutigen*) to spur on

anflehen *v/t sep* to implore (*um* for)

anfliegen *sep irr* **I** *v/i aux sein* (*a.* **angeflogen kommen**) (*Flugzeug*) to come in to land; (*Vogel, Geschoss*) to come flying up **II** *v/t* (*Flugzeug*) to approach; **diese Fluggesellschaft fliegt Bali an** this airline flies to Bali **Anflug** *m* **1.** (≈ *das Heranfliegen*) approach; **wir befinden uns im ~ auf Paris** we are now approaching Paris **2.** (≈ *Spur*) trace

anfordern *v/t sep* to request, to ask for **Anforderung** *f* **1.** (≈ *Anspruch*) requirement; (≈ *Belastung*) demand; **hohe/zu hohe ~en stellen** to demand a lot/too much (*an* +*acc* of) **2.** *no pl* (≈ *das Anfordern*) request (+*gen, von* for)

Anfrage *f auch* IT inquiry; PARL question **anfragen** *v/i sep* to ask (*bei jdm* sb)

anfreunden ['anfrɔyndn] *v/r sep* to become friends; **sich mit etw ~** (*fig*) to get to like sth

anfügen *v/t sep* to add

anfühlen *v/t & v/r sep* to feel

anführen *v/t sep* **1.** (≈ *vorangehen, befehligen*) to lead **2.** (≈ *zitieren*) to quote; *Einzelheiten, Grund, Beweis* to give; *Umstand* to cite **3.** **jdn ~** (*infml*) to have sb on (*infml*) **Anführer(in)** *m/(f)* (≈ *Führer*) leader; (*pej* ≈ *Anstifter*) ringleader **Anführungsstrich** *m*, **Anführungszeichen** *nt* quotation mark, inverted comma

Angabe ['anga:-] *f* **1.** *usu pl* (≈ *Aussage*) statement; (≈ *Zahl, Detail*) detail; **~n über etw** (*acc*) **machen** to give details about sth; *laut* **~n** (+*gen*) according to; *nach Ihren eigenen* **~n** by your own account; *nach* **~n** *des Zeugen* according to (the testimony of) the witness **2.** (≈ *Nennung*) giving; *wir bitten um* **~** *der Einzelheiten/Preise* please give details/prices **3.** *no pl* (*infml* ≈ *Prahlerei*) showing off **4.** (SPORTS ≈ *Aufschlag*) service, serve

angaffen ['anga-] *v/t sep* (*pej*) to gape at

angeben ['ange:-] *sep irr* **I** *v/t* **1.** (≈ *nennen*) to give; (≈ *erklären*) to explain; (*beim Zoll*) to declare; (≈ *anzeigen*) *Preis, Temperatur etc* to indicate; (≈ *aussagen*) to state; (≈ *behaupten*) to maintain **2.** (≈ *bestimmen*) *Tempo, Kurs* to set **II** *v/i* (≈ *prahlen*) to show off **Angeber(in)** ['ange:-] *m/f* (*f*) (≈ *Prahler*) show-off **Angeberei** [ange:bə'rai] *f* ⟨-, -en⟩ (*infml*) **1.** *no pl* (≈ *Prahlerei*) showing off (*mit* about) **2.** *usu pl* (≈ *Äußerung*) boast **angeberisch** ['ange:bərɪʃ] *adj Reden* boastful; *Aussehen, Benehmen, Tonfall* pretentious **angeblich** ['ange:plɪç] **I** *adj attr* alleged **II** *adv* supposedly, allegedly; *er ist* **~** *Musiker* he says he's a musician

angeboren ['angə-] *adj* innate; (MED, *fig infml*) congenital (*bei* to)

Angebot ['angə-] *nt* offer; COMM, FIN supply (*an* +*dat, von* of); *im* **~** (*preisgünstig*) on special offer; **~** *und Nachfrage* supply and demand

angebracht ['angəbraxt] *adj* appropriate; (≈ *sinnvoll*) reasonable; → **anbringen**

angebrannt ['angə-] *adj* burned; → **anbrennen**

angebrochen ['angə-] *adj Packung, Flasche* open(ed); → **anbrechen**

angebunden ['angə-] *adj kurz* **~** *sein* (*infml*) to be abrupt *or* curt; → **anbinden**

angeekelt ['angə|e:klt] *adv* in disgust; → **anekeln**

angegossen ['angəgɔsn] *adv wie* **~** *sitzen or passen* to fit like a glove

angegraut ['angəgraut] *adj* grey (*Br*), gray (*US*)

angegriffen ['angəgrɪfn] *adj Gesundheit* weakened; *Mensch, Aussehen* frail; (≈ *erschöpft*) exhausted; → **angreifen**

angehaucht ['angəhauxt] *adj* **links/ rechts** **~** *sein* to have *or* show left-/right-wing tendencies; → **anhauchen**

angeheitert ['angəhait ɐt] *adj* tipsy

angehen ['ange:-] *sep irr* **I** *v/i aux sein* **1.** (*infml* ≈ *beginnen*) to start; (*Feuer*) to start burning; (*Radio, Licht*) to come on **2.** (≈ *entgegentreten*) *gegen jdn/ etw* **~** to fight sb/sth **II** *v/t* **1.** *aux haben or* (*S Ger*) *sein* (≈ *anpacken*) to tackle; *Gegner* to attack **2.** *aux sein* (≈ *betreffen*) to concern; *was mich angeht* for my part; *was geht das ihn an?* (*infml*) what's that got to do with him? **III** *v/i impers aux sein das geht nicht an* that's not on **angehend** *adj Musiker etc* budding; *Lehrer, Vater* prospective

angehören ['angə-] *past part* **angehört** *v/i* +*dat sep* to belong to **Angehörige(r)** ['angəhø:rɪgə] *m/f(m) decl as adj* **1.** (≈ *Mitglied*) member **2.** (≈ *Familienangehörige*) relative; *der nächste* **~** the next of kin

Angeklagte(r) ['angəkla:ktə] *m/f(m) decl as adj* accused, defendant

angeknackst ['angəknakst] *adj Wirbel* damaged; (*infml*) *Selbstbewusstsein* weakened; → **anknacksen**

Angel ['aŋl] *f* ⟨-, -n⟩ **1.** (≈ *Türangel*) hinge; *die Welt aus den* **~n** *heben* (*fig*) to turn the world upside down **2.** (≈ *Fischfanggerät*) (fishing) rod and line (*Br*), fishing pole (*US*)

Angelegenheit ['angə-] *f* matter; (*politisch, persönlich*) affair; *sich um seine eigenen* **~en** *kümmern* to mind one's own business; *in einer dienstlichen* **~** on official business

angelernt ['angə-] *adj Arbeiter* semi-skilled; → **anlernen**

Angelhaken *m* fish-hook **angeln** ['aŋln] **I** *v/i* to fish **II** *v/t Fisch* to fish for; (≈ *fangen*) to catch; *sich* (*dat*) *einen Mann* **~** (*infml*) to catch (oneself) a man (*infml*) **Angelpunkt** *m* crucial *or* central point; (≈ *Frage*) key *or* central issue **Angelrute** *f* fishing rod

Angelsachse ['aŋl-] *m*, **Angelsächsin** *f* Anglo-Saxon **angelsächsisch** *adj* Anglo-Saxon

Angelschnur *f* fishing line

angemessen ['angə-] **I** *adj* appropriate (+*dat* to, for); (≈ *adäquat*) adequate (+*dat* for); *Preis* reasonable **II** *adv* ap-

propriately
angenehm ['angə-] *adj* pleasant; **~e Reise!** have a pleasant journey; **(sehr) ~!** *(form)* delighted (to meet you)
angenommen ['angənɔmən] **I** *adj* assumed; *Kind* adopted **II** *cj* assuming; → **annehmen**
angeregt ['angəre:kt] **I** *adj* animated **II** *adv* **sie unterhielten sich ~** they had an animated conversation; → **anregen**
angeschlagen ['angəʃla:gn] *adj* (*infml*) shattered (*infml*); *Gesundheit* poor (*infml*); *Ruf* tarnished; → **anschlagen**
angeschrieben ['angəʃri:bn] *adj* (*infml*) **bei jdm gut/schlecht ~ sein** to be in sb's good/bad books; → **anschreiben**
angesehen ['angəze:ən] *adj* respected; → **ansehen**
angesichts ['angəzɪçts] *prep* +*gen* in the face of; (≈ *im Hinblick auf*) in view of
angespannt ['angəʃpant] **I** *adj* *Nerven* strained; *Aufmerksamkeit* close; *politische Lage* tense **II** *adv* *zuhören* attentively; → **anspannen**
angestellt ['angəʃtɛlt] *adj pred* **~ sein** to be an employee (*bei* of); → **anstellen**
Angestelltenverhältnis *nt* **im ~** in non-temporary employment **Angestellte(r)** ['angəʃtɛltə] *m/f(m)* *decl as adj* (salaried) employee
angestrengt ['angəʃtrɛŋt] **I** *adj* *Gesicht* strained **II** *adv* *diskutieren, nachdenken* carefully; → **anstrengen**
angetan ['angəta:n] *adj pred* **von jdm/etw ~ sein** to be taken with sb/sth; **es jdm ~ haben** to have made quite an impression on sb; → **antun**
angetrunken ['angətrʊŋkn] *adj* inebriated; → **antrinken**
angewiesen ['angəvi:zn] *adj* **auf jdn/etw ~ sein** to be dependent on sb/sth; **auf sich selbst ~ sein** to have to fend for oneself; → **anweisen**
angewöhnen ['angə-] *past part* **angewöhnt** *v/t sep* **jdm etw ~** to get sb used to sth; **sich** (*dat*) **etw ~** to get into the habit of sth **Angewohnheit** ['angə-] *f* habit
Angina [aŋ'gi:na] *f* ⟨-, *Anginen* [-nən]⟩ MED tonsillitis; **~ Pectoris** angina (pectoris)
angleichen ['angl-] *sep irr* **I** *v/t* to bring into line (+*dat, an* +*acc* with) **II** *v/r* to grow closer together
Angler ['aŋlɐ] *m* ⟨-s, -⟩, **Anglerin** [-ərɪn] *f*

⟨-, -nen⟩ angler (*esp Br*), fisherman
Anglikaner [aŋli'ka:nɐ] *m* ⟨-s, -⟩, **Anglikanerin** [aŋli'ka:nɛin] [-ərɪn] *f* ⟨-, -nen⟩ Anglican **anglikanisch** [aŋli-'ka:nɪʃ] *adj* Anglican
Anglist [aŋ'glɪst] *m* ⟨-, -en, -en⟩, **Anglistin** [-'glɪstɪn] *f* ⟨-, -nen⟩ Anglicist; (≈ *Student*) student of English **Anglistik** [aŋ-'glɪstɪk] *f* ⟨-, *no pl*⟩ English (language and literature) **Anglizismus** [aŋgli-'tsɪsmʊs] *m* ⟨-, **Anglizismen** [-mən]⟩ anglicism
anglotzen ['angl-] *v/t sep* (*infml*) to gawk at (*infml*)
Angola [aŋ'go:la] *nt* ⟨-s⟩ Angola
angreifbar *adj* open to attack **angreifen** ['angr-] *sep irr* **I** *v/t* **1.** to attack **2.** (≈ *schwächen*) *Organismus* to weaken; *Gesundheit* to affect; (≈ *ermüden, anstrengen*) to strain; → **angegriffen 3.** (*Aus* ≈ *anfassen*) to touch **II** *v/i* (MIL, SPORTS, *fig*) to attack **Angreifer** ['angraifɐ] *m* ⟨-s, -⟩, **Angreiferin** [-ərɪn] *f* ⟨-, -nen⟩ attacker (*auch* SPORTS, *fig*)
angrenzen ['angr-] *v/i sep* **an etw** (*acc*) **~** to border on sth **angrenzend** *adj attr* adjacent (*an* +*acc* to)
Angriff ['angr-] *m* attack (*gegen, auf* +*acc* on); **etw in ~ nehmen** to tackle sth **Angriffsfläche** *f* target; **eine ~ bieten** to present a target **Angriffskrieg** *m* war of aggression **angriffslustig** *adj* aggressive **Angriffswaffe** *f* offensive weapon
angrinsen ['angr-] *v/t sep* to grin at
angst [aŋst] *adj pred* **ihr wurde ~ (und bange)** she became worried *or* anxious **Angst** [aŋst] *f* ⟨-, ⸚*e* ['ɛŋstə]⟩ (≈ *innere Unruhe*) anxiety (*um* about); (≈ *Sorge*) worry (*um* about); (≈ *Furcht*) fear (*um* for, *vor* +*dat* of); (**vor jdm/etw**) **~ haben** to be afraid *or* scared (of sb/sth); **~ um jdn/etw haben** to be worried *or* anxious about sb/sth; **~ bekommen** *or* **kriegen** to get scared; (≈ *erschrecken*) to take fright; **das machte ihm ~** that worried him; **aus ~, etw zu tun** for fear of doing sth; **keine ~!** don't be afraid; **jdm ~ machen** to scare sb; **jdn in ~ und Schrecken versetzen** to terrify sb; **in tausend Ängsten schweben** to be terribly worried *or* anxious **Angsthase** *m* (*infml*) scaredy-cat (*infml*) **ängstigen** ['ɛŋstɪɡn] **I** *v/t* to frighten **II** *v/r* to be afraid; (≈ *sich sorgen*) to worry **ängstlich** ['ɛŋstlɪç] **I** *adj* (≈ *verängstigt*) anx-

ious; (≈ *schüchtern*) timid **II** *adv* ~ *darauf bedacht sein, etw zu tun* to be at pains to do sth **Ängstlichkeit** *f* ⟨-, *no pl*⟩ anxiety; (≈ *Schüchternheit*) timidity **Angstschrei** *m* cry of fear **Angstschweiß** *m mir brach der* ~ *aus* I broke out in a cold sweat **Angstzustand** *m* state of panic; *Angstzustände bekommen* to get into a state of panic

angucken ['angʊ-] *v/t sep* (*infml*) to look at

anhaben *v/t sep irr* **1.** (≈ *angezogen haben*) to have on, to wear **2.** (≈ *zuleide tun*) *jdm etwas* ~ *wollen* to want to harm sb; *die Kälte kann mir nichts* ~ the cold doesn't bother me

anhalten *sep irr* **I** *v/i* **1.** (≈ *stehen bleiben*) to stop **2.** (≈ *fortdauern*) to last **3.** (≈ *werben*) *um die Hand eines Mädchens* ~ to ask for a girl's hand in marriage **II** *v/t* **1.** (≈ *stoppen*) to stop **2.** (≈ *anleiten*) to urge, to encourage **anhaltend** *adj* continuous **Anhalter(in)** *m*/(*f*) hitchhiker; *per* ~ *fahren* to hitchhike **Anhaltspunkt** *m* (≈ *Vermutung*) clue (*für* about); (*für Verdacht*) grounds *pl*

anhand [an'hant], **an Hand** *prep* +*gen* ~ *eines Beispiels* with an example; ~ *dieses Berichts* from this report

Anhang *m* **1.** (≈ *Nachtrag*) appendix **2.** (*von E-Mail*) attachment; *im* ~ *finden Sie ...* please find attached ... **3.** *no pl* (≈ *Gefolgschaft*) following; (≈ *Angehörige*) family **anhängen** *sep* **I** *v/t* **1.** (≈ *ankuppeln*) to attach (*an* +*acc* -to); RAIL to couple on (*an* +*acc* -to); (*fig* ≈ *anfügen*) to add (+*dat, an* +*acc* to) **2.** (*infml*) *jdm etw* ~ (≈ *nachsagen, anlasten*) to blame sth on sb; *Verdacht, Schuld* to pin sth on sb **II** *v/r* (*fig*) to tag along (+*dat, an* +*acc* with) **Anhänger** *m* **1.** (≈ *Wagen*) trailer **2.** (≈ *Schmuckstück*) pendant **3.** (*Kofferanhänger etc*) label **Anhänger** *m* ⟨-s, -⟩, **Anhängerin** *f* ⟨-, -nen⟩ supporter **anhänglich** ['anhɛŋlɪç] *adj mein Sohn/ Hund ist sehr* ~ my son/dog is very attached to me **Anhängsel** ['anhɛŋzl] *nt* ⟨-s, -⟩ (≈ *Überflüssiges, Mensch*) appendage (*an* +*dat* to)

anhauchen *v/t sep* to breathe on; → *angehaucht*

anhauen *v/t sep* (*infml* ≈ *ansprechen*) to accost (*um* for)

anhäufen *sep* **I** *v/t* to accumulate; *Vorräte, Geld* to hoard **II** *v/r* to accumulate

anheben *v/t sep irr* (≈ *erhöhen*) to raise

anheizen *v/t sep* **1.** *Ofen* to light **2.** (*fig infml*) *Wirtschaft* to stimulate; *Inflation* to fuel

anheuern *v/t & v/i sep* (NAUT, *fig*) to sign on *or* up

Anhieb *m auf* ~ (*infml*) straight *or* right away; *das kann ich nicht auf* ~ *sagen* I can't say offhand

anhimmeln ['anhɪmln] *v/t sep* (*infml*) to worship

Anhöhe *f* hill

anhören *sep* **I** *v/t* to hear; *Konzert* to listen to; *sich* (*dat*) *etw* ~ to listen to sth; *ich kann das nicht mehr mit* ~ I can't listen to that any longer; *das hört man ihm aber nicht an!* you can't tell that from hearing him speak **II** *v/r* (≈ *klingen*) to sound; *das hört sich ja gut an* (*infml*) that sounds good **Anhörung** ['anhøːrʊŋ] *f* ⟨-, -en⟩ hearing

animalisch [ani'maːlɪʃ] *adj* animal; (*pej also*) bestial

Animation [anima'tsioːn] *f* ⟨-, -en⟩ FILM animation **Animierdame** *f* nightclub hostess **animieren** [ani'miːrən] *past part animiert* *v/t* (≈ *anregen*) to encourage

Animosität [animozi'tɛːt] *f* ⟨-, -en⟩ hostility (*gegen* towards)

Anis [a'niːs, (*S Ger, Aus*) 'aːnɪs] *m* ⟨-(es), -e⟩ (≈ *Gewürz*) aniseed

Ank. *abbr of* **Ankunft** *sep*

ankämpfen ['ankɛ-] *v/i sep gegen etw* ~ to fight sth; *gegen jdn* ~ to fight (against) sb

Ankauf ['ankauf] *m* purchase

Anker ['ankɐ] *m* ⟨-s, -⟩ anchor; *vor* ~ *gehen* to drop anchor; *vor* ~ *liegen* to lie at anchor **ankern** ['ankɐn] *v/i* (≈ *Anker werfen*) to anchor; (≈ *vor Anker liegen*) to be anchored

anketten ['ankɛ-] *v/t sep* to chain up (*an* +*acc or dat* to)

Anklage ['ankl-] *f* **1.** JUR charge; (≈ *Anklagevertretung*) prosecution; *gegen jdn* ~ *erheben* to bring *or* prefer charges against sb; (*wegen etw*) *unter* ~ *stehen* to have been charged (with sth) **2.** (*fig* ≈ *Beschuldigung*) accusation **Anklagebank** *f, pl -bänke* dock; *auf der* ~ (*sitzen*) (to be) in the dock **anklagen** ['ankl-] *v/t sep* **1.** JUR to charge; *jdn wegen etw* ~ to charge sb with sth **2.** (*fig*) *jdn* ~, *etw getan zu haben* to accuse sb of having done sth **anklagend I** *adj* Ton accusing **II** *adv* reproachfully **Anklage-punkt** *m* charge **Ankläger(in)** ['ankl-] *m*/(*f*) JUR prosecutor **Anklageschrift** *f* indictment **Anklagevertreter(in)** *m*/(*f*) counsel for the prosecution

Anklang ['ankl-] *m*, *no pl* (≈ *Beifall*) approval; **~** (*bei jdm*) **finden** to meet with (sb's) approval; **keinen ~ finden** to be badly received

ankleben ['ankl-] *sep v*/*t* to stick up (*an +acc or dat on*)

Ankleidekabine *f* changing cubicle

anklicken ['ankl-] *v*/*t* IT to click on

anklopfen ['ankl-] *v*/*i sep* to knock (*an +acc or dat at, on*)

anknabbern ['ankn-] *v*/*t sep* (*infml*) to nibble (at)

anknacksen ['anknaksn] *v*/*t sep* (*infml*) **1.** *Knochen* to crack; *Fuß, Gelenk etc* to crack a bone in **2.** (*fig*) *Gesundheit* to affect; → **angeknackst**

anknüpfen ['ankn-] *sep* **I** *v*/*t* to tie on (*an +acc or dat* -to); *Beziehungen* to establish; *Gespräch* to start up **II** *v*/*i an etw* (*acc*) **~** to take sth up

ankommen ['anko-] *sep irr aux sein* **I** *v*/*i* **1.** (≈ *eintreffen*) to arrive **2.** (≈ *Anklang finden*) to go down well; (*Mode*) to catch on; **mit deinem dummen Gerede kommst du bei ihm nicht an!** you won't get anywhere with him with your stupid talk! **3.** (≈ *sich durchsetzen*) **gegen etw ~** *gegen Gewohnheit, Sucht etc* to be able to fight sth; **gegen jdn ~** to be able to cope with sb **II** *v*/*i impers* **1.** **es kommt darauf an, dass wir ...** what matters is that we ...; **auf eine halbe Stunde kommt es jetzt nicht mehr an** it doesn't matter about the odd half-hour; **darauf soll es mir nicht ~** that's not the problem; **es kommt darauf an it** (all) depends; **es käme auf einen Versuch an** we'd have to give it a try **2.** (*infml*) **es darauf ~ lassen** to take a chance; **lassen wir's darauf ~** let's chance it

ankoppeln ['anko-] *v*/*t sep* to hitch up (*an +acc to*), to couple on (*an +acc* -to); SPACE to link up (*an +acc with, to*)

ankotzen ['anko-] *v*/*t sep* (*sl* ≈ *anwidern*) to make sick (*infml*)

ankratzen ['ankr-] *v*/*t sep* to scratch; (*fig*) *jds Ruf etc* to damage

ankreiden ['ankraidn] *v*/*t sep* (*fig*) **jdm etw ~** to hold sth against sb

ankreuzen ['ankr-] *v*/*t sep Stelle, Fehler,*

Antwort to put a cross beside

ankündigen ['anky-] *v*/*t sep* to announce; (*in Zeitung etc*) to advertise **Ankündigung** *f* announcement

Ankunft ['ankʊnft] *f* ⟨-, **Ankünfte** [-kʏnftə]⟩ arrival **Ankunftshalle** *f* arrivals lounge **Ankunftszeit** *f* time of arrival

ankurbeln ['ankʊ-] *v*/*t sep Maschine* to wind up; (*fig*) *Konjunktur* to reflate

Anl. *abbr of* **Anlage** encl.

anlächeln *v*/*t sep* to smile at

anlachen *v*/*t sep* to smile at; **sich** (*dat*) **jdn ~** (*infml*) to pick sb up (*infml*)

Anlage *f* **1.** (≈ *Fabrikanlage*) plant **2.** (≈ *Parkanlage*) (public) park **3.** (≈ *Einrichtung*) installation(s *pl*); (≈ *sanitäre Anlagen*) sanitary installations *pl* (*form*); (≈ *Sportanlage etc*) facilities *pl* **4.** (*infml* ≈ *Stereoanlage*) (stereo) system *or* equipment; (≈ *EDV-Anlage*) system **5.** *usu pl* (≈ *Veranlagung*) talent (*zu* for); (≈ *Neigung*) tendency (*zu* to) **6.** (≈ *Beilage zu einem Schreiben*) enclosure; **in der ~ erhalten Sie ...** please find enclosed ... **Anlageberater(in)** *m*/(*f*) investment advisor **Anlagekapital** *nt* investment capital **Anlagevermögen** *nt* fixed assets *pl*

Anlass ['anlas] *m* ⟨-es, **Anlässe** [-lɛsə]⟩ **1.** (≈ *Veranlassung*) (immediate) cause (*zu* for); **welchen ~ hatte er, das zu tun?** what prompted him to do that?; **es besteht ~ zur Hoffnung** there is reason for hope; **etw zum ~ nehmen, zu ...** to use sth as an opportunity to ...; **beim geringsten ~** for the slightest reason; **bei jedem ~** at every opportunity **2.** (≈ *Gelegenheit*) occasion; **aus gegebenem ~** in view of the occasion **anlassen** *sep irr* **I** *v*/*t* **1.** *Motor, Wagen* to start (up) **2.** (*infml*) *Schuhe, Mantel* to keep on; *Licht* to leave on **II** *v*/*r* **sich gut/schlecht ~** to get off to a good/bad start **Anlasser** ['anlasɐ] *m* ⟨-s, -⟩ AUTO starter **anlässlich** ['anlɛslɪç] *prep +gen* on the occasion of

anlasten *v*/*t sep* **jdm etw ~** to blame sb for sth

Anlauf *m* **1.** SPORTS run-up; **mit ~** with a run-up; **ohne ~** from standing; **~ nehmen** to take a run-up **2.** (*fig* ≈ *Versuch*) attempt, try **anlaufen** *sep irr* **I** *v*/*i aux sein* **1.** (≈ *beginnen*) to begin, to start; (*Film*) to open **2.** (*Brille, Spiegel etc*) to mist up; (*Metall*) to tarnish; **rot/**

blau ~ to turn *or* go red/blue **II** *v/t* NAUT *Hafen etc* to put into **Anlaufphase** *f* initial stage **Anlaufstelle** *f* shelter, refuge
anläuten *v/t & v/i sep* (*dial ≈ anrufen*) *jdn or bei jdm* ~ to call *or* phone sb
anlegen *sep* **I** *v/t* **1.** *Leiter* to put up (*an +acc* against); *Lineal* to position; *das Gewehr* ~ to raise the gun to one's shoulder **2.** *Kartei, Akte* to start; *Vorräte* to lay in; *Garten, Bericht* to lay out; *Liste, Plan* to draw up **3.** *Geld, Kapital* to invest **4.** *es darauf* ~, *dass* ... to be determined that ... **II** *v/i* NAUT to berth, to dock **III** *v/r* **sich mit jdm** ~ to pick a fight with sb **Anlegeplatz** *m* berth **Anleger** ['anleːgɐ] *m* ⟨*-s, -*⟩, **Anlegerin** [-ərɪn] *f* ⟨*-, -nen*⟩ FIN investor **Anlegestelle** *f* mooring
anlehnen *sep* **I** *v/t* to lean *or* rest (*an +acc* against); *angelehnt sein* (*Tür, Fenster*) to be ajar **II** *v/r* (*lit*) to lean (*an +acc* against); **sich an etw** (*acc*) ~ (*fig*) to follow sth **Anlehnung** *f* ⟨*-, -en*⟩ (*≈ Imitation*) **in** ~ **an jdn/etw** following sb/sth
anleiern *v/t sep* (*infml*) to get going
Anleihe *f* FIN loan
anleinen ['anlaɪnən] *v/t sep* **den Hund** ~ to put the dog on the lead (*esp Br*) *or* leash
anleiten *v/t sep* to teach; *jdn zu etw* ~ to teach sb sth **Anleitung** *f* instructions *pl*; **unter der** ~ **seines Vaters** under his father's guidance
anlernen *v/t sep* to train; → **angelernt**
anlesen *v/t sep irr* **1.** *Buch, Aufsatz* to begin *or* start reading **2.** (*≈ aneignen*) **sich** (*dat*) **etw** ~ to learn sth by reading
anliefern *v/t sep* to deliver
anliegen *v/i sep irr* **1.** (*≈ anstehen*) to be on **2.** (*Kleidung*) to fit tightly (*an etw* (*dat*) sth) **Anliegen** ['anliːgn] *nt* ⟨*-s, -*⟩ (*≈ Bitte*) request **Anlieger** ['anliːgɐ] *m* ⟨*-s, -*⟩, **Anliegerin** [-ərɪn] *f* ⟨*-, -nen*⟩ neighbour (*Br*), neighbor (*US*); (*≈ Anwohner*) (local) resident; ~ *frei* residents only **Anliegerstaat** *m* **die** ~**en des Schwarzen Meers** the countries bordering (on) the Black Sea **Anliegerverkehr** *m* (local) residents' vehicles *pl*
anlocken *v/t sep* to attract
anlügen *v/t sep irr* to lie to
anmachen *v/t sep* **1.** (*infml ≈ befestigen*) to put up (*an +acc or dat* on) **2.** *Salat* to dress **3.** *Radio, Licht etc* to put *or* turn on; *Feuer* to light **4.** (*infml ≈ anspre-*

chen) to chat up (*Br infml*), to put the moves on (*US infml*); (*≈ scharfmachen*) to turn on (*infml*); (*sl ≈ belästigen*) to harass; **mach mich nicht an** leave me alone
anmalen *sep* **I** *v/t* to paint **II** *v/r* (*pej ≈ schminken*) to paint one's face
anmaßen ['anmaːsn] *v/t sep* **sich** (*dat*) **etw** ~ *Recht* to claim sth (for oneself); *Macht* to assume sth; **sich** (*dat*) ~, **etw zu tun** to presume to do sth **anmaßend** *adj* presumptuous **Anmaßung** *f* ⟨*-, -en*⟩ **es ist eine** ~ **zu meinen,** ... it is presumptuous to maintain that ...
Anmeldeformular *nt* application form **Anmeldefrist** *f* registration period **anmelden** *sep* **I** *v/t* **1.** *Besuch* to announce **2.** (*bei Schule, Kurs etc*) to enrol (*Br*), to enroll (*US*) (*bei* at, *zu* for) **3.** *Patent* to apply for; *Wohnsitz, Auto* to register (*bei* at); *Fernseher* to get a licence (*Br*) *or* license (*US*) for **4.** (*≈ vormerken lassen*) to make an appointment for **5.** *Ansprüche* to declare; *Zweifel* to register; *Wünsche* to make known **II** *v/r* **1.** (*Besucher*) to announce one's arrival; **sich bei jdm** ~ to tell sb one is coming **2.** (*an Schule, zu Kurs etc*) to enrol (*Br*) *or* enroll (*US*) (oneself) (*an +dat* at, *zu* for); **sich polizeilich** ~ to register with the police **Anmeldung** *f* **1.** (*von Besuch*) announcement; (*an Schule, zu Kurs etc*) enrolment (*Br*), enrollment (*US*) (*an +dat* at, *zu* for); (*bei Einwohnermeldeamt*) registration; **nur nach vorheriger** ~ by appointment only **2.** (*von Patent*) application (*von,* +*gen* for); (*von Auto*) registration
anmerken *v/t sep* (*≈ sagen*) to say; (*≈ anstreichen*) to mark; (*als Fußnote*) to note; *jdm seine Verlegenheit etc* ~ to notice sb's embarrassment *etc*; **sich** (*dat*) **etw** ~ **lassen** to let sth show; **man merkt ihm nicht an, dass** ... you can't tell that he ... **Anmerkung** ['anmɛrkʊŋ] *f* ⟨*-, -en*⟩ (*≈ Erläuterung*) note; (*≈ Fußnote*) (foot)note
Anmut ['anmuːt] *f* ⟨*-, no pl*⟩ grace; (*≈ Schönheit*) beauty **anmuten** *sep v/i* **es mutet sonderbar an** it seems curious **anmutig** *adj* (*elev*) graceful; (*≈ hübsch*) lovely
annähen *v/t sep* to sew on (*an +acc or dat* -to)
annähern *sep* **I** *v/t* to bring closer (+*dat,*

an +acc to) **II** *v/r* (≈ *sich angleichen*) to come closer (+*dat*, *an* +*acc* to) **annähernd I** *adj* (≈ *ungefähr*) approximate, rough **II** *adv* (≈ *etwa*) roughly; (≈ *fast*) almost; **nicht ~ so viel** not nearly *or* nothing like as much **Annäherung** *f* (*von Standpunkten*) convergence (+*dat*, *an* +*acc* with) **Annäherungsversuch** *m* overtures *pl*

Annahme ['annaːmə] *f* ⟨-, -n⟩ **1.** (≈ *Vermutung*) assumption; **in der ~, dass ...** on the assumption that ...; **gehe ich recht in der ~, dass ...?** am I right in assuming that ...? **2.** (≈ *das Annehmen*) acceptance; (*von Arbeit*) acceptance; (*von Angebot*) taking up; (≈ *Billigung*) approval; (*von Gesetz*) passing; (*von Resolution*) adoption **Annahmeschluss** *m* closing date **Annahmestelle** *f* (*für Pakete*) counter; (*für Wetten, Lotto, Toto etc*) place where bets *etc* are accepted

Annalen [aˈnaːlən] *pl* annals *pl*; **in die ~ eingehen** (*fig*) to go down in the annals *or* in history

annehmbar *adj* acceptable; (≈ *nicht schlecht*) reasonable **annehmen** *sep irr* **I** *v/t* **1.** (≈ *entgegennehmen, akzeptieren*) to accept; *Arbeit* to take on **2.** (≈ *billigen*) to approve; *Gesetz* to pass; *Resolution* to adopt **3.** (≈ *sich aneignen*) to adopt; *Gestalt, Namen* to take on; **ein angenommener Name** an assumed name; **jdn an Kindes statt ~** to adopt sb **4.** (≈ *voraussetzen*) to assume; **wir wollen ~, dass ...** let us assume that ...; → **angenommen 5.** SPORTS to take **II** *v/r* **sich jds ~** to look after sb; **sich einer Sache** (*gen*) **~** to see to a matter **Annehmlichkeit** *f* ⟨-, -en⟩ (≈ *Bequemlichkeit*) convenience **Annehmlichkeiten** *pl* comforts *pl*

annektieren [anɛkˈtiːrən] *past part* **annektiert** *v/t* to annex

anno ['ano] *adv* in (the year); **~ dazumal** in those days

Annonce [aˈnõːsə] *f* ⟨-, -n⟩ advertisement **annoncieren** [anõˈsiːrən, anɔŋˈsiːrən] *past part* **annonciert** *v/t & v/i* to advertise

annullieren [anʊˈliːrən] *past part* **annulliert** *v/t* JUR to annul

Anode [aˈnoːdə] *f* ⟨-, -n⟩ anode

anöden ['anøːdn] *v/t sep* (*infml*) to bore stiff (*infml*)

Anomalie [anomaˈliː] *f* ⟨-, -n [-ˈliːən]⟩

anomaly

anonym [anoˈnyːm] *adj* anonymous **Anonymität** [anonymiˈtɛːt] *f* ⟨-, *no pl*⟩ anonymity

Anorak ['anorak] *m* ⟨-s, -s⟩ anorak

anordnen *v/t sep* **1.** (≈ *befehlen*) to order **2.** (≈ *aufstellen*) to arrange **Anordnung** *f* **1.** (≈ *Befehl*) order; **auf ~ des Arztes** on doctor's orders **2.** (≈ *Aufstellung*) arrangement

Anorexie [anorɛˈksiː] *f* ⟨-, -n [-ˈksiːən]⟩ anorexia (nervosa)

anorganisch ['anˌɔrɡaːnɪʃ, anˌɔrˈɡaːnɪʃ] *adj* CHEM inorganic

anpacken *sep* (*infml*) **I** *v/t* **1.** (≈ *anfassen*) to grab (hold of) **2.** *Problem, Thema* to tackle **II** *v/i* (≈ *helfen*) to lend a hand

anpassen *sep* **I** *v/t* (≈ *angleichen*) **einer Sache** (*dat*) **~** to bring sth into line with sth **II** *v/r* to adapt (oneself) (+*dat* to); (*gesellschaftlich*) to conform **Anpassung** *f* ⟨-, -en⟩ adaptation (*an* +*Akk* to); (*an Gesellschaft*) conformity (*an* +*Akk* to) **anpassungsfähig** *adj* adaptable **Anpassungsschwierigkeiten** *pl* difficulties *pl* in adapting

anpeilen *v/t sep* (≈ *ansteuern*) to steer *or* head for; (*mit Funk etc*) to take a bearing on; **etw ~** (*fig infml*) to set *or* have one's sights on sth

anpfeifen *sep irr v/t* SPORTS **das Spiel ~** to start the game (by blowing one's whistle) **Anpfiff** *m* **1.** SPORTS (starting) whistle; (FTBL ≈ *Spielbeginn*) kickoff **2.** (*infml*) bawling out (*infml*)

anpflanzen *v/t sep* to plant; (≈ *anbauen*) to grow

anpöbeln *v/t sep* (*infml*) to be rude to

anprangern ['anpraŋɐn] *v/t sep* to denounce

anpreisen *v/t sep irr* to extol (*jdm etw* sth to sb)

Anprobe *f* fitting **anprobieren** *past part* **anprobiert** *v/t sep* **I** *v/t* to try on **II** *v/i* **kann ich mal ~?** can I try this / it *etc* on?

anpumpen *v/t sep* (*infml*) **jdn um 50 Euro ~** to borrow 50 euros from sb

Anrainer ['anrainɐ] *m* ⟨-s, -⟩, **Anrainerin** [-ərɪn] *f* ⟨-, -nen⟩ neighbour (*Br*), neighbor (*US*)

anrechnen *v/t sep* (≈ *in Rechnung stellen*) to charge for (*jdm* sb); **jdm etw hoch ~** to think highly of sb for sth; **jdm etw als Fehler ~** (*Lehrer*) to count sth as a mistake for sb; (*fig*) to consider sth as a fault on sb's part; **ich rechne es ihr als Verdienst an, dass ...** I think it is greatly to her credit that ...

Anrecht *nt* (≈ *Anspruch*) right; **ein ~ auf etw** (*acc*) **haben** *or* **besitzen** to be entitled to sth

Anrede *f* form of address **anreden** *sep v/t* to address

anregen *v/t sep* **1.** (≈ *ermuntern*) to prompt (*zu* to) **2.** (≈ *vorschlagen*) *Verbesserung* to propose **3.** (≈ *beleben*) to stimulate; *Appetit* to sharpen; → **angeregt anregend** *adj* stimulating; **ein ~es Mittel** a stimulant; **~ wirken** to have a stimulating effect **Anregung** *f* **1.** (≈ *Vorschlag*) idea; **auf ~ von** *or* +*gen* at *or* on the suggestion of **2.** (≈ *Belebung*) stimulation

anreichern ['anraiçən] *sep v/t* to enrich; (≈ *vergrößern*) *Sammlung* to increase; **hoch angereichertes Uran** high enriched uranium

Anreise *f* (≈ *Anfahrt*) journey there / here **anreisen** *v/i sep aux sein* (≈ *eintreffen*) to come **Anreisetag** *m* day of arrival

anreißen *v/t sep irr* **1.** (≈ *einreißen*) to tear, to rip **2.** (≈ *kurz zur Sprache bringen*) to touch on

Anreiz *m* incentive

anrempeln *v/t sep* (*absichtlich*) to jostle

anrennen *v/i sep irr aux sein* **gegen etw ~** *gegen Wind etc* to run against sth; (*fig* ≈ *bekämpfen*) to fight against sth; **angerannt kommen** (*infml*) to come running

Anrichte ['anrıçtə] *f* ⟨-, -n⟩ (≈ *Schrank*) dresser; (≈ *Büfett*) sideboard **anrichten** *v/t sep* **1.** *Speisen* to prepare; *Salat* to dress; **es ist angerichtet** (*form*) dinner *etc* is served (*form*) **2.** (*fig*) *Schaden, Unheil* to bring about

anrüchig ['anrvçıç] *adj Geschäfte, Lokal* disreputable

anrücken *v/i sep aux sein* (*Truppen*) to advance; (*Polizei etc*) to move in

Anruf *m* TEL (phone) call **Anrufbeantworter** [-bə|antvərtɐ] *m* ⟨-s, -⟩ answering machine **anrufen** *sep irr* I *v/t* **1.** TEL to phone, to call; **kann man Sie ~?** (≈ *haben Sie Telefon?*) are you on the phone? **2.** (*fig* ≈ *appellieren an*) to appeal to II *v/i* (≈ *telefonieren*) to phone; **bei jdm ~** to phone sb; **ins Ausland ~** to phone abroad **Anrufer** ['anruːfɐ] *m* ⟨-s, -⟩, **Anruferin** [-ərɪn] *f* ⟨-, -nen⟩ caller

anrühren *v/t sep* **1.** to touch; (*fig*) *Thema*

to touch upon **2.** (≈ *mischen*) *Farben* to mix; *Sauce* to blend

ans [ans] = **an das**

Ansage *f* announcement; CARDS bid; **eine ~ auf dem Anrufbeantworter** an answerphone message **ansagen** *sep v/t* **1.** (≈ *ankündigen*) to announce; **jdm den Kampf ~** to declare war on sb **2.** CARDS to bid **3.** (*infml*) **angesagt sein** (≈ *erforderlich sein*) to be called for; (≈ *auf dem Programm stehen*) to be the order of the day **Ansager** ['anzaːgɐ] *m* ⟨-s, -⟩, **Ansagerin** [-ərɪn] *f* ⟨-, -nen⟩ RADIO *etc* announcer

ansammeln *sep* I *v/t* (≈ *anhäufen*) to accumulate; *Reichtümer* to amass; *Vorräte* to build up II *v/r* **1.** (≈ *sich versammeln*) to gather **2.** (≈ *sich aufhäufen*) to accumulate; (*Staub*) to collect; (*fig: Wut*) to build up **Ansammlung** *f* (≈ *Auflauf*) gathering

ansässig ['anzɛsıç] *adj* (*form*) resident; **sich in London ~ machen** to settle in London

Ansatz *m* **1.** (*von Hals etc*) base **2.** (≈ *Anzeichen*) first sign(s *pl*); (≈ *Versuch*) attempt (*zu etw* at sth); **Ansätze zeigen, etw zu tun** to show signs of doing sth; **die ersten Ansätze** the initial stages; **im ~** basically **Ansatzpunkt** *m* starting point

ansaugen *v/t sep* to suck *or* draw in

anschaffen *sep* I *v/t* (**sich** *dat*) **etw ~** to get oneself sth; (≈ *kaufen*) to buy sth; **sich** (*dat*) **Kinder ~** (*infml*) to have children II *v/i* (*sl: durch Prostitution*) **~ gehen** to be on the game (*infml*) **Anschaffung** *f* acquisition; (*gekaufter Gegenstand*) purchase, buy **Anschaffungskosten** *pl* cost *sg* of purchase **Anschaffungspreis** *m* purchase price

anschalten *v/t sep* to switch on

anschauen *v/t sep* = **ansehen anschaulich** ['anʃaulıç] I *adj* clear; (≈ *lebendig*) vivid; *Beispiel* concrete II *adv* clearly; (≈ *lebendig*) vividly **Anschauung** ['anʃauʊŋ] *f* ⟨-, -en⟩ (≈ *Meinung*) opinion **Anschauungsmaterial** *nt* illustrative material

Anschein *m* appearance; (≈ *Eindruck*) impression; **dem ~ nach** apparently; **den ~ erwecken, als ...** to give the impression that ...; **es hat den ~, als ob ...** it appears that ... **anscheinend** I *adv* apparently II *adj* apparent

anschieben v/t sep irr Fahrzeug to push
anschießen sep irr v/t (≈ verletzen) to
shoot (and wound)
Anschiss m ⟨-es, -e⟩ (infml) bollocking
(Br sl), ass-kicking (US sl)
Anschlag m 1. (≈ Plakat) poster 2. (≈
Überfall) attack (auf +acc on); (≈ Attentat) attempt on sb's life; **einen ~ auf jdn
verüben** to make an attempt on sb's life;
einem ~ zum Opfer fallen to be assassi-
nated 3. (≈ Kostenanschlag) estimate;
(bei Dateneingabe) touch; **200 Anschlä-
ge in der Minute** ≈ 40 words per minute
4. TECH stop; **etw bis zum ~ drehen** to
turn sth as far as it will go **anschlagen**
sep irr I v/t 1. (≈ befestigen) to fix on (an
+acc to); Plakat to put up (an +acc on) 2.
Taste to strike; **eine schnellere Gangart
~** (fig) to speed up 3. (≈ beschädigen)
Geschirr to chip; **sich** (dat) **den Kopf**
etc **~** to knock one's head etc; → **angeschlagen II** v/i 1. (Welle) to beat (an
+acc against) 2. (beim Schwimmen) to
touch 3. (Hund) to give a bark 4. (≈ wirken: Arznei etc) to take effect 5. (infml ≈
dick machen) **bei jdm ~** to make sb put
on weight
anschleichen sep irr v/r **sich an jdn/etw
~** to creep up on sb/sth
anschleppen v/t sep (infml) (≈ mitbringen) to bring along
anschließen sep irr I v/t 1. (≈ verbinden)
to connect; (in Steckdose) to plug in 2.
(fig ≈ hinzufügen) to add; **angeschlossen** Organisation etc associated (dat
with) II v/r **sich jdm** or **an jdn ~** (≈ folgen) to follow sb; (≈ zugesellen) to join
sb; (≈ beipflichten) to side with sb; **an
den Vortrag schloss sich ein Film an**
the lecture was followed by a film III
v/i **an etw** (acc) **~** to follow sth **anschließend I** adv afterwards **II** adj following
Anschluss m 1. (≈ Verbindung) connection; **den ~ verpassen** RAIL etc to miss
one's connection; (fig) to miss the boat
or bus; **~ bekommen** TEL to get through;
kein ~ unter dieser Nummer TEL number unobtainable (Br), this number is
not in service (US) 2. **im ~ an** (+acc)
(≈ nach) subsequent to, following 3.
(fig) (≈ Kontakt) contact (an +acc with);
~ finden to make friends (an +acc with);
er sucht ~ he wants to make friends **Anschlussflug** m connecting flight **An-
schlusszug** m RAIL connection

anschmiegen v/r sep **sich an jdn/etw ~**
(Kind, Hund) to snuggle up to sb/sth
anschmiegsam ['anʃmiːkzaːm] adj Wesen affectionate; Material smooth
anschnallen sep I v/r AUTO, AVIAT to fasten one's seat belt; **bitte ~!** fasten your
seat belts, please! II v/t Skier to clip
on **Anschnallpflicht** f, no pl mandatory
wearing of seat belts
anschnauzen v/t sep (infml) to yell at
anschneiden v/t sep irr 1. Brot etc to
(start to) cut 2. (fig) Thema to touch
on 3. AUTO Kurve to cut; SPORTS Ball
to cut
anschrauben v/t sep to screw on (an +acc
-to)
anschreiben sep irr I v/t 1. Behörde etc to
write to; → **angeschrieben** 2. (infml ≈ in
Rechnung stellen) to chalk up (infml) II
v/i (infml) **sie lässt immer ~** she always
buys on tick (Br infml) or on credit
anschreien v/t sep irr to shout or yell at
Anschrift f address
Anschuldigung f ⟨-, -en⟩ accusation
anschwärzen v/t sep (fig infml) **jdn ~** to
blacken sb's name (bei with); (≈ denunzieren) to run sb down (bei to)
anschweigen v/t sep irr **sich gegenseitig ~** to say nothing to each other
anschwellen v/i sep irr aux sein to swell
(up); (Lärm) to rise
anschwemmen sep v/t to wash up
anschwindeln v/t sep (infml) **jdn ~** to tell
sb fibs (infml)
ansehen v/t sep irr 1. (≈ betrachten) to
look at; **sieh mal einer an!** (infml) well,
I never! (infml) 2. (fig) to regard (als, für
as); **ich sehe es als meine Pflicht an** I
consider it to be my duty; → **angesehen**
3. (sich dat) **etw ~** (≈ besichtigen) to
(have a) look at sth; Fernsehsendung
to watch sth; Film, Stück, Sportveranstaltung to see sth 4. **das sieht man
ihm an** he looks it; **das sieht man
ihm nicht an** he doesn't look it; **man
sieht ihm sein Alter nicht an** he doesn't
look his age; **jeder konnte ihm sein
Glück ~** everyone could see that he
was happy 5. **etw** (mit) **~** to watch sth;
ich kann das nicht länger mit ~ I can't
stand it any more **Ansehen** nt ⟨-s, no pl⟩
(≈ guter Ruf) (good) reputation; **großes ~ genießen** to enjoy a good reputation; **an ~ verlieren** to lose credit or
standing **ansehnlich** ['anzeːnlıç] adj

(≈ *beträchtlich*) considerable; *Leistung* impressive

anseilen ['anzailən] *v/t sep* **jdn/sich** ~ to rope sb/oneself up

ansetzen *sep* **I** *v/t* **1.** (≈ *anfügen*) to attach (*an* +*acc* to) **2.** (≈ *in Stellung bringen*) to place in position; *das Glas* ~ to raise the glass to one's lips; *an welcher Stelle muss man den Wagenheber* ~*?* where should the jack be put? **3.** (≈ *festlegen*) *Kosten, Termin* to fix; (≈ *veranschlagen*) *Zeitspanne* to estimate **4.** (≈ *einsetzen*) **jdn auf jdn/etw** ~ to put sb on(to) sb/sth; *Hunde (auf jdn/jds Spur)* ~ to put dogs on sb/sb's trail **5.** *Fett* ~ to put on weight; *Rost* ~ to get rusty **6.** (COOK ≈ *vorbereiten*) to prepare **II** *v/i* (≈ *beginnen*) to start, to begin; *zur Landung* ~ AVIAT to come in to land; *zum Sprung/Start* ~ to get ready to jump/ start

Ansicht *f* ⟨-, -en⟩ **1.** view **2.** (≈ *das Prüfen*) inspection; *zur* ~ COMM for (your/our *etc*) inspection **3.** (≈ *Meinung*) opinion, view; *meiner* ~ *nach* in my opinion *or* view; *ich bin der* ~*, dass* ... I am of the opinion that ...; *ich bin ganz Ihrer* ~ I entirely agree with you **Ansichts-(post)karte** *f* picture postcard **Ansichtssache** *f* **das ist** ~ that is a matter of opinion

ansiedeln *sep* **I** *v/t* to settle; *Tierart* to introduce; *Industrie* to establish **II** *v/r* to settle; (*Industrie etc*) to get established

ansonsten [an'zɔnstn] *adv* otherwise

anspannen *v/t sep* **1.** (≈ *straffer spannen*) to tighten; *Muskeln* to tense **2.** (≈ *anstrengen*) to strain, to tax; *alle seine Kräfte* ~ to exert all one's energy; → *angespannt* **Anspannung** *f* (*fig*) strain

Anspiel *nt* SPORTS start of play **anspielen** *sep* **I** *v/t* SPORTS to play the ball *etc* to; *Spieler* to pass to **II** *v/i* **1.** (≈ *Spiel beginnen*) to start; FTBL to kick off; CARDS to lead; CHESS to open **2.** *auf jdn/etw* ~ to allude to sb/sth **Anspielung** ['anʃpiːluŋ] *f* ⟨-, -en⟩ allusion (*auf* +*acc* to); (*böse*) insinuation (*auf* +*acc* regarding)

anspitzen *v/t sep* *Bleistift etc* to sharpen

Ansporn *m, no pl* incentive **anspornen** *v/t sep* to spur (on)

Ansprache *f* address; *eine* ~ *halten* to give an address **ansprechbar** *adj* approachable; (≈ *gut gelaunt*) amenable;

Patient responsive; *er ist zurzeit nicht* ~ no-one can talk to him just now **ansprechen** *sep irr* **I** *v/t* **1.** (≈ *anreden*) to speak to; (≈ *mit Titel, Vornamen etc*) to address; *damit sind Sie alle angesprochen* this is directed at all of you **2.** (≈ *gefallen*) to appeal to **3.** (≈ *erwähnen*) to mention **II** *v/i* **1.** (≈ *reagieren*) to respond (*auf* +*Akk* to) **2.** (≈ *Anklang finden*) to go down well **ansprechend** *adj* (≈ *reizvoll*) attractive; (≈ *angenehm*) pleasant **Ansprechpartner(in)** *m/(f)* contact

anspringen *sep irr* **I** *v/t* (≈ *anfallen*) to jump; (*Raubtier*) to pounce (up)on; (*Hund*) to jump up at **II** *v/i aux sein* (*Motor*) to start

Anspruch *m* **1.** claim; (≈ *Recht*) right (*auf* +*acc* to); ~ *auf etw* (*acc*) *haben* to be entitled to sth; ~ *auf Schadenersatz erheben* to make a claim for damages; *hohe Ansprüche stellen* to be very demanding **2.** *etw in* ~ *nehmen Recht* to claim sth; *jds Hilfe, Dienste* to enlist sth; *Zeit, Kräfte* to take up sth; *jdn völlig in* ~ *nehmen* to take up all of sb's time **anspruchslos** *adj* undemanding; (*geistig*) lowbrow; ~ *leben* to lead a modest life **anspruchsvoll** *adj* demanding; (≈ *wählerisch*) discriminating; *Geschmack* highbrow; (≈ *kultiviert*) sophisticated

anspucken *v/t sep* to spit at *or* on **anstacheln** *v/t sep* to spur (on)

Anstalt ['anʃtalt] *f* ⟨-, -en⟩ **1.** institution; (≈ *Institut*) institute; *eine* ~ *öffentlichen Rechts* a public institution **2.** ~*en/keine* ~*en machen, etw zu tun* to make a/no move to do sth

Anstand *m, no pl* (≈ *Schicklichkeit*) decency, propriety; (≈ *Manieren*) (good) manners *pl* **anständig I** *adj* decent; (≈ *ehrbar*) respectable; (*infml* ≈ *beträchtlich*) sizeable; *eine* ~*e Tracht Prügel* (*infml*) a good hiding **II** *adv* decently; *sich* ~ *benehmen* to behave oneself; *jdn* ~ *bezahlen* (*infml*) to pay sb well; ~ *essen/ausschlafen* (*infml*) to have a decent meal/sleep **Anstandsbesuch** *m* formal call; (*aus Pflichtgefühl*) duty visit **anstandshalber** *adv* out of politeness **anstandslos** *adv* without difficulty

anstarren *v/t sep* to stare at

anstatt [an'ʃtat] **I** *prep* +*gen* instead of **II** *cj* ~ *zu arbeiten* instead of working

anstechen *v/t sep irr* *Fass* to tap

anstecken *sep* **I** *v/t* **1.** (≈ *befestigen*) to pin on; *Ring* to put on **2.** (≈ *anzünden*) to light **3.** (MED, *fig*) to infect; *ich will dich nicht* ~ I don't want to give it to you **II** *v/r* **sich** (*mit etw*) ~ to catch sth (*bei* from) **III** *v/i* (MED, *fig*) to be infectious **ansteckend** *adj* (MED, *fig*) infectious **Ansteckung** ['anʃtɛkʊŋ] *f* ⟨-, -en⟩ MED infection **Ansteckungsgefahr** *f* risk of infection

anstehen *v/i sep irr aux haben or* (S Ger, Aus, Sw) *sein* **1.** (*in Schlange*) to queue (up) (*Br*), to stand in line (*nach* for) **2.** (*Verhandlungspunkt*) to be on the agenda; ~ **die Probleme** problems facing us/them *etc*

ansteigen *v/i sep irr aux sein* to rise **anstelle** [an'ʃtɛlə] *prep +gen* instead of, in place of

anstellen *sep* **I** *v/t* **1.** (≈ *anlehnen*) to lean (*an +acc* against) **2.** (≈ *beschäftigen*) to employ; → **angestellt 3.** (≈ *anmachen*) to turn on; (≈ *in Gang setzen*) to start **4.** *Vermutung, Vergleich* to make **5.** (≈ *machen*) to do **6.** (*infml* ≈ *Unfug treiben*) to get up to; *was hast du da wieder angestellt?* what have you been up to now? **II** *v/r* **1.** (≈ *Schlange stehen*) to queue (up) (*Br*), to stand in line **2.** (*infml*) *sich dumm/ungeschickt* ~ to be stupid/clumsy; *stell dich nicht so an!* don't make such a fuss!; (≈ *sich dumm anstellen*) don't act so stupid! **Anstellung** *f* employment **Anstellungsverhältnis** *nt* **im** ~ **sein** to be under contract

Anstieg ['anʃtiːk] *m* ⟨-(e)s, -e [-gə]⟩ (≈ *Aufstieg*) ascent; (*von Temperatur, Kosten*) rise (+gen in)

anstiften *v/t sep* (≈ *anzetteln*) to instigate; *jdn zu etw* ~ to incite sb to (do) sth **Anstifter(in)** *m(f)* instigator (+gen, zu of); (≈ *Anführer*) ringleader

anstimmen *sep v/t* **1.** (*singen*) to begin singing; (*Kapelle*) to strike up **2.** (*fig*) *ein Geschrei/Proteste etc* ~ to start crying/protesting *etc*

Anstoß *m* **1.** *den* (*ersten*) ~ *zu etw geben* to initiate sth; *jdm den* ~ *geben, etw zu tun* to induce sb to do sth **2.** SPORTS kickoff **3.** (≈ *Ärgernis*) annoyance (*für* to); ~ *erregen* to cause offence (*Br*) *or* offense (*US*) (*bei* to); *ein Stein des* ~ *es* a bone of contention **anstoßen** *sep irr* **I** *v/i* **1.** *aux sein an etw* (*acc*) ~ to bump into

sth **2.** (*mit den Gläsern*) ~ to clink glasses; *auf jdn/etw* ~ to drink to sb/sth **3.** SPORTS to kick off **II** *v/t jdn* to knock (into); (≈ *in Bewegung setzen*) to give a push; *sich* (*dat*) *den Kopf/Fuß etc* ~ to bang one's head/foot *etc* **Anstößer** ['anʃtøːsɐ] *m* ⟨-s, -⟩, **Anstößerin** [-ərɪn] *f* ⟨-, -nen⟩ (*Swiss* ≈ *Anwohner*) (local) resident **anstößig** ['anʃtøːsɪç] **I** *adj* offensive; *Kleidung* indecent **II** *adv* offensively; *gekleidet* shockingly

anstrahlen *v/t sep* to floodlight; (*im Theater*) to spotlight; (≈ *strahlend ansehen*) to beam at

anstreben *v/t sep* to strive for

anstreichen *v/t sep irr* **1.** (*mit Farbe etc*) to paint **2.** (≈ *markieren*) to mark; (*jdm*) *etw als Fehler* ~ to mark sth wrong (for sb) **Anstreicher** ['anʃtraiçɐ] *m* ⟨-s, -⟩, **Anstreicherin** [-ərɪn] *f* ⟨-, -nen⟩ (house) painter

anstrengen ['anʃtrɛŋən] *sep* **I** *v/t* **1.** *Augen* to strain; *Muskel, Gehirn* to exert; *jdn* to tire out; → **angestrengt 2.** JUR *eine Klage/einen Prozess* ~ to institute proceedings **II** *v/r* to make an effort **anstrengend** *adj* (*körperlich*) strenuous; (*geistig*) demanding; (≈ *erschöpfend*) exhausting **Anstrengung** *f* ⟨-, -en⟩ effort; (≈ *Strapaze*) strain; *große* ~ *en machen* to make every effort; *mit äußerster/letzter* ~ with very great/one last effort

Anstrich *m* painting; *ein zweiter* ~ a second coat of paint

Ansturm *m* onslaught; (≈ *Andrang*) rush **Antagonismus** [antago'nɪsmʊs] *m* ⟨-, **Antagonismen** [-mən]⟩ antagonism

antanzen *v/i sep aux sein* (*fig infml*) to turn up (*infml*)

Antarktis [ant'|arktɪs] *f, no pl* Antarctic **antarktisch** [ant'|arktɪʃ] *adj* antarctic

antasten *v/t sep* **1.** *Ehre, Würde* to offend; *Rechte* to infringe **2.** (≈ *berühren*) to touch

Anteil *m* **1.** *auch* FIN share **2.** (≈ *Beteiligung*) ~ *an etw* (*dat*) *haben* (≈ *beitragen*) to make a contribution to sth **3.** (≈ *Teilnahme*) sympathy (*an +dat* with); *an etw* (*dat*) ~ *nehmen an Leid etc* to be deeply sympathetic over sth; *an Freude etc* to share in sth **4.** (≈ *Interesse*) interest (*an +dat* in); *regen* ~ *an etw* (*dat*) *nehmen* to take a lively interest in sth **anteilig, anteilmäßig** *adv* proportionately

Anteilnahme [-naːmə] f ⟨-, no pl⟩ (≈ *Beileid*) sympathy (*an +dat* with) **Anteilschein** m FIN share certificate **Anteilseigner** [-aignɐ] m ⟨-s, -⟩, **Anteilseignerin** [-ərɪn] f ⟨-, -nen⟩ FIN shareholder

Antenne [an'tɛnə] f ⟨-, -n⟩ RADIO aerial; ZOOL feeler **Antennenkabel** nt aerial *or* antenna (*esp US*) cable *or* lead

Anthrax ['antraks] nt ⟨-, no pl⟩ BIOL anthrax

Anthropologe [antropo'loːgə] m ⟨-n, -n⟩, **Anthropologin** [-'loːgɪn] f ⟨-, -nen⟩ anthropologist

Antialkoholiker(in) m/(f) teetota(l)ler **antiautoritär** adj anti-authoritarian **Antibabypille** f (*infml*) contraceptive pill **Antibiotikum** [anti'bioːtikʊm] nt ⟨-s, **Antibiotika** [-ka]⟩ antibiotic **Antiblocker(brems)system** [antiblɔ'kiːɐ-] nt AUTO antilock braking system **Antidepressivum** [antideprɛ'siːvʊm] nt ⟨-s, **Antidepressiva** [-va]⟩ antidepressant **Antifaschismus** m antifascism **Antifaschist(in)** m/(f) antifascist **antifaschistisch** adj antifascist **Antihistamin** nt antihistamine

antik [an'tiːk] adj **1.** HIST ancient **2.** (COMM, *infml*) antique **Antike** [an'tiːkə] f ⟨-, no pl⟩ antiquity; *die Kunst der ~* the art of the ancient world

Antikörper m MED antibody

Antillen [an'tɪlən] pl *die ~* the Antilles

Antilope [anti'loːpə] f ⟨-, -n⟩ antelope

Antipathie [antipa'tiː] f ⟨-, -n [-'tiːən]⟩ antipathy (*gegen* to)

Antipode [anti'poːdə] m ⟨-n, -n⟩ antipodean

Antiquar [anti'kvaːɐ] m ⟨-s, -e⟩, **Antiquarin** [-'kvaːrɪn] f ⟨-, -nen⟩ antiquarian *or* (*von moderneren Büchern*) second-hand bookseller **Antiquariat** [antikva'riaːt] nt ⟨-(e)s, -e⟩ (≈ *Laden*) antiquarian *or* (*modernerer Bücher*) second-hand bookshop; *modernes ~* remainder bookshop **antiquarisch** [anti-'kvaːrɪʃ] adj antiquarian; (*von moderneren Büchern*) second-hand **antiquiert** [anti'kviːɐt] adj (*pej*) antiquated **Antiquität** [antikvi'tɛːt] f ⟨-, -en⟩ usu pl antique **Antiquitätenhändler(in)** m/(f) antique dealer

Antisemit(in) m/(f) antisemite **antisemitisch** adj anti-Semitic **Antisemitismus** [antizemi'tɪsmʊs] m ⟨-, no pl⟩ antisemitism **antiseptisch** adj antiseptic **anti-**

statisch adj antistatic **Antiterror-** in *cpds* antiterrorist **Antithese** f antithesis **Antivirenprogramm** [anti'viːrən-] nt IT anti-virus program, virus checker

antörnen ['antœrnən] sep (sl) **I** v/t to turn on (*infml*) **II** v/i *das törnt an* it turns you on (*infml*)

Antrag ['antraːk] m ⟨-(e)s, **Anträge** [-trɛːgə]⟩ **1.** application; (≈ *Gesuch*) request; *einen ~ auf etw* (acc) *stellen* to make an application for sth; *auf ~ +gen* at the request of **2.** JUR petition; (≈ *Forderung bei Gericht*) claim; *einen ~ auf etw* (acc) *stellen* to file a petition / claim for sth **3.** PARL motion **4.** (≈ *Heiratsantrag*) *jdm einen ~ machen* to propose (marriage) to sb **Antragsformular** nt application form **Antragsteller** [-ʃtɛlɐ] m ⟨-s, -⟩, **Antragstellerin** [-ərɪn] f ⟨-, -nen⟩ claimant

antreffen v/t sep irr to find

antreiben sep irr v/t to drive; (*fig*) to urge

antreten sep irr **I** v/t Reise, Strafe to begin; Stellung to take up; Erbe to come into; *den Beweis ~, dass ...* to prove that ...; *seine Amtszeit ~* to take office **II** v/i aux sein **1.** (≈ *sich aufstellen*) to line up **2.** (≈ *erscheinen*) to assemble; (*zum Dienst*) to report **3.** (*zum Wettkampf*) to compete

Antrieb m **1.** impetus no pl; (*innerer*) drive; *jdm ~ geben, etw zu tun* to give sb the impetus to do sth; *aus eigenem ~* on one's own initiative **2.** (≈ *Triebkraft*) drive; *Auto mit elektrischem ~* electrically powered car **Antriebsaggregat** nt TECH drive unit **Antriebsschwäche** f MED lack of drive **Antriebswelle** f drive shaft

antrinken v/t sep irr (*infml*) to start drinking; *sich* (dat) *einen ~* to get (oneself) drunk; *sich* (dat) *Mut ~* to give oneself Dutch courage; → *angetrunken*

Antritt m, no pl (≈ *Beginn*) beginning; *bei ~ der Reise* when beginning one's journey; *nach ~ der Stellung / des Amtes* after taking up the position / assuming office **Antrittsbesuch** m esp POL (formal) first visit

antun v/t sep irr *jdm etw ~* (≈ *erweisen*) to do sth for sb; (≈ *zufügen*) to do sth to sb; *sich* (dat) *etwas ~* (*euph*) to do away with oneself; *tu mir das nicht an!* don't do this to me!; → *angetan*

Antwerpen [ant'vɛrpn] nt GEOG Antwerp

Antwort ['antvɔrt] f ⟨-, -en⟩ 1. answer; *etw zur ~ bekommen* to receive sth as a response 2. (≈ *Reaktion*) response; *als ~ auf etw* (acc) in response to sth **antworten** ['antvɔrtn] v/i 1. to answer, to reply; *auf etw* (acc) ~ to answer sth, to reply to sth; *jdm auf eine Frage ~* to reply to *or* answer sb's question; *mit Ja/Nein ~* to answer yes/no 2. (≈ *reagieren*) to respond **Antwortschein** m (international) reply coupon

anvertrauen *past part* **anvertraut** *sep* I v/t *jdm etw ~* to entrust sth to sb; (≈ *vertraulich erzählen*) to confide sth to sb II v/r *sich jdm ~* (≈ *sich mitteilen*) to confide in sb; (≈ *sich in jds Schutz begeben*) to entrust oneself to sb

anwachsen v/i sep irr aux sein 1. (≈ *festwachsen*) to grow on; (*Pflanze etc*) to take root 2. (≈ *zunehmen*) to increase (*auf +acc* to)

Anwalt ['anvalt] m ⟨-(e)s, **Anwälte** [-vɛltə]⟩, **Anwältin** [-vɛltɪn] f ⟨-, -nen⟩ 1.; → **Rechtsanwalt** 2. (*fig* ≈ *Fürsprecher*) advocate **Anwaltskammer** f *professional association of lawyers*, ≈ Law Society (*Br*) **Anwaltskosten** pl legal expenses pl **Anwaltspraxis** f legal practice

Anwandlung f (≈ *Laune*) mood; *aus einer ~ heraus* on (an) impulse; *in einer ~ von Freigebigkeit etc* in a fit of generosity etc

anwärmen v/t sep to warm up

Anwärter(in) m/(f) (≈ *Kandidat*) candidate (*auf +acc* for); SPORTS contender (*auf +acc* for) **Anwartschaft** ['anvartʃaft] f ⟨-, no pl⟩ candidature; SPORTS contention

anweisen v/t sep irr 1. (≈ *befehlen*) to instruct 2. (≈ *zuweisen*) to allocate; *jdm einen Platz ~* to show sb to a seat 3. *Geld* to transfer; → **angewiesen** **Anweisung** f 1. FIN payment; (*auf Konto etc*) transfer 2. (≈ *Anordnung*) instruction; *~ haben, etw zu tun* to have instructions to do sth 3. (≈ *Zuweisung*) allocation

anwendbar adj *Theorie, Regel* applicable (*auf +acc* to); *das ist in der Praxis nicht ~* that is not practicable **anwenden** v/t sep auch irr *Methode, Gewalt* to use (*auf +acc* on); *Theorie, Regel* to apply (*auf +acc* to) **Anwender** ['anvɛndɐ] m ⟨-s, -⟩, **Anwenderin** [-ə-rɪn] f ⟨-, -nen⟩ IT user **Anwendung** f 1. (≈ *Gebrauch*) use (*auf +acc* on) 2.

(*von Theorie, Regel*) application (*auf +acc* to) 3. IT application

anwerben v/t sep irr to recruit (*für* to)

anwerfen v/t sep irr TECH to start up

Anwesen nt (*elev*) estate

anwesend ['anveːznt] adj present **Anwesende(r)** ['anveːzndə] m/f(m) decl as adj *die ~n* those present; *alle ~n* all those present; *~ ausgenommen* present company excepted **Anwesenheit** ['anveːznhait] f ⟨-, no pl⟩ presence; *in ~ +gen or von* in the presence of **Anwesenheitskontrolle** f (≈ *Namensaufruf*) roll call **Anwesenheitsliste** f attendance list

anwidern ['anviːdɐn] v/t sep *jdn ~* to make sb feel sick

Anwohner ['anvoːnɐ] m ⟨-s, -⟩, **Anwohnerin** [-ərɪn] f ⟨-, -nen⟩ resident

Anzahl f, no pl number

anzahlen v/t sep *100 Euro ~* to pay 100 euros as a deposit **Anzahlung** f deposit (*für, auf +acc* on); *eine ~ machen* to pay a deposit

anzapfen v/t sep *Fass* to broach; *Telefon, elektrische Leitung* to tap

Anzeichen nt sign; *alle ~ deuten darauf hin, dass ...* all the signs are that ...

Anzeige ['antsaigə] f ⟨-, -n⟩ 1. (*bei Behörde*) report (*wegen* of); *gegen jdn ~ erstatten* to report sb to the authorities 2. (*in Zeitung*) notice; (≈ *Reklame*) advertisement **anzeigen** v/t sep 1. (≈ *angeben*) to show 2. (≈ *bekannt geben*) to announce; *Richtung* to indicate 3. IT to display 4. *jdn ~* (*bei der Polizei*) to report sb (to the police) **Anzeigenblatt** nt advertiser, freesheet **Anzeigenteil** m advertisement section **Anzeiger** m TECH indicator **Anzeigetafel** f indicator board; SPORTS scoreboard

anzetteln ['antsɛtln] v/t sep to instigate

anziehen sep irr I v/t 1. *Kleidung* to put on; *sich* (*dat*) *etw ~* to put sth on; *angezogen* dressed 2. (≈ *straffen*) to pull (tight); *Bremse* to put on; *Schraube* to tighten 3. (*Magnet, fig*) to attract; *sich von etw angezogen fühlen* to feel drawn by sth II v/i (≈ *beschleunigen*) to accelerate; (FIN: *Preise, Aktien*) to rise III v/r 1. (≈ *sich kleiden*) to get dressed 2. (*fig, Gegensätze*) to attract **anziehend** adj (≈ *ansprechend*) attractive **Anziehung** f, no pl attraction **Anziehungskraft** f PHYS force of attraction; (*fig*) attraction **Anziehungspunkt** m (≈ At-traktion) centre (Br) or center (US) of attraction

Anzug m **1.** (≈ Herrenanzug) suit **2.** im ~ **sein** to be coming; MIL to be advancing; (fig) (Gewitter, Gefahr) to be imminent

anzüglich ['antsyːklɪç] adj suggestive; ~ **werden** to start making suggestive remarks

anzünden v/t sep Feuer to light; **das Haus** etc ~ to set fire to the house etc **Anzünder** m lighter

anzweifeln v/t sep to question

Aorta [a'ɔrta] f ⟨-, **Aorten** [-tn]⟩ aorta

apart [a'part] **I** adj distinctive **II** adv (≈ chic) stylishly

Apartheid [a'paːɐthait] f ⟨-, no pl⟩ apartheid

Apartment [a'partmənt] nt ⟨-s, -s⟩ flat (Br), apartment **Apartmenthaus** nt block of flats (Br), apartment house (esp US) **Apartmentwohnung** f flat (Br), apartment

Apathie [apa'tiː] f ⟨-, -n [-'tiːən]⟩ apathy; (von Patienten) listlessness **apathisch** [a'paːtɪʃ] **I** adj apathetic **II** adv apathetically

aper ['aːpɐ] adj (Swiss, Aus, S Ger) snowless

Aperitif [aperi'tiːf] m ⟨-s, -s or -e⟩ aperitif

Apfel ['apfl] m ⟨-s, ⸚ ['ɛpfl]⟩ apple; **in den sauren ~ beißen** (fig infml) to bite the bullet **Apfelbaum** m apple tree **Apfelkuchen** m apple cake **Apfelmus** nt apple purée or (als Beilage) sauce **Apfelsaft** m apple juice **Apfelsine** [apfl'ziːnə] f ⟨-, -n⟩ orange **Apfelstrudel** m apple strudel **Apfeltasche** f apple turnover **Apfelwein** m cider

Aphorismus [afo'rɪsmʊs] m ⟨-, **Aphorismen** [-mən]⟩ aphorism

Apokalypse [apoka'lʏpsə] f ⟨-, -n⟩ apocalypse

Apostel [a'pɔstl] m ⟨-s, -⟩ apostle **Apostelbrief** m epistle **Apostelgeschichte** f Acts of the Apostles pl

Apostroph [apo'stroːf] m ⟨-s, -e⟩ apostrophe

Apotheke [apo'teːkə] f ⟨-, -n⟩ (dispensing) chemist's (Br), pharmacy **apothekenpflichtig** [-pflɪçtɪç] adj available only at a chemist's shop (Br) or pharmacy **Apotheker** [apo'teːkɐ] m ⟨-s, -⟩, **Apothekerin** [-ərɪn] f ⟨-, -nen⟩ pharmacist,

(dispensing) chemist (Br)

Apparat [apa'raːt] m ⟨-(e)s, -e⟩ **1.** apparatus no pl, appliance; (≈ Gerät) gadget **2.** (≈ Radio) radio; (≈ Fernseher) set; (≈ Rasierapparat) razor; (≈ Fotoapparat) camera **3.** (≈ Telefon) (tele)phone; (≈ Anschluss) extension; **am ~** on the phone; (als Antwort) speaking; **bleiben Sie am ~!** hold the line **Apparatur** [apara'tuːɐ] f ⟨-, -en⟩ apparatus no pl

Appartement [apartə'mãː] nt ⟨-s, -s⟩ **1.** (≈ Wohnung) flat (Br), apartment **2.** (≈ Zimmerflucht) suite

Appell [a'pɛl] m ⟨-s, -e⟩ **1.** (≈ Aufruf) appeal (an +acc to, zu for) **2.** MIL roll call **appellieren** [apɛ'liːrən] past part **appelliert** v/i to appeal (an +acc to)

Appenzell [apn'tsɛl, 'apntsɛl] nt ⟨-s⟩ Appenzell

Appetit [ape'tiːt] m ⟨-(e)s, no pl⟩ appetite; ~ **auf etw** (acc) **haben** to feel like sth; **guten ~!** enjoy your meal; **jdm den ~ verderben** to spoil sb's appetite **appetitanregend** adj Speise etc appetizing; ~ **wirken** to stimulate the appetite **appetitlich** [ape'tiːtlɪç] adj (≈ lecker) appetizing; (fig) Mädchen, Anblick attractive **Appetitlosigkeit** f ⟨-, no pl⟩ lack of appetite **Appetitzügler** [-tsyːglɐ] m ⟨-s, -⟩ appetite suppressant

applaudieren [aplau'diːrən] past part **applaudiert** v/i to applaud **Applaus** [a-'plaus] m ⟨-es [-zəs]⟩ no pl applause

apportieren [apɔr'tiːrən] past part **apportiert** v/t & v/i to retrieve

Approbation [aproba'tsioːn] f ⟨-, -en⟩ (von Arzt) certificate (enabling a doctor to practise) **approbiert** [apro'biːɐt] adj Arzt registered

Aprikose [apri'koːzə] f ⟨-, -n⟩ apricot

April [a'prɪl] m ⟨-(s), -e⟩ April; ~, ~! April fool!; **jdn in den ~ schicken** to make an April fool of sb; → **März Aprilscherz** m April fool's trick **Aprilwetter** nt April weather

apropos [apro'poː] adv by the way; ~ **Afrika** talking about Africa

Aquädukt [akvɛ'dʊkt] nt ⟨-(e)s, -e⟩ aqueduct **Aquajogging** ['akvadʒɔgɪŋ] nt aquajogging **Aquamarin** [akvama'riːn] nt ⟨-s, -e⟩ aquamarine **Aquaplaning** [akva'plaːnɪŋ] nt ⟨-s, no pl⟩ AUTO aquaplaning **Aquarell** [akva'rɛl] nt ⟨-s, -e⟩ watercolour (Br) or watercolor (US) (painting) **Aquarellfarbe** f watercolour

(*Br*), watercolor (*US*) **Aquarium** [a-'kvaːriʊm] *nt* ⟨**-s, Aquarien** [-riən]⟩ aquarium

Äquator[ɛ'kvaːtoːɐ] *m* ⟨**-s,** *no pl*⟩ equator

Äquivalent [ɛkviva'lɛnt] *nt* ⟨**-s, -e**⟩ equivalent

Ära['ɛːra] *f* ⟨**-, Ären** ['ɛːrən]⟩ era

Araber['arabɐ, 'aːrabɐ, a'raːbɐ] *m* ⟨**-s, -**⟩ (≈ *Pferd*) Arab **Araber**['arabɐ, 'aːrabɐ, a'raːbɐ] *m* ⟨**-s, -**⟩, **Araberin**[-ərɪn] *f* ⟨**-, -nen**⟩ Arab **Arabien**[a'raːbiən] *nt* ⟨**-s**⟩ Arabia **arabisch** [a'raːbɪʃ] *adj* Arab; *Ziffer, Sprache* Arabic

Arbeit ['arbait] *f* ⟨**-, -en**⟩ **1.** work; POL, ECON labour (*Br*), labor (*US*); *Tag der* **~** Labo(u)r Day; *bei der* **~** *mit Kindern* when working with children; **~ sparend** labour-saving (*Br*), labor-saving (*US*); *viel* **~ machen** to work (*jdm* for sb); *an* or *bei der* **~ sein** to be working; *sich an die* **~ machen** to get down to work; *etw ist in* **~** work on sth is in progress **2.** *no pl* (≈ *Mühe*) trouble; *jdm* **~ machen** to put sb to trouble **3.** (≈ *Berufstätigkeit*) work *no indef art*; (≈ *Arbeitsverhältnis*) employment; (≈ *Position*) job; *ohne* **~ sein** to be out of work; *zur* **~ gehen** (*infml*) to go to work **4.** (≈ *Produkt*) work; (*Prüfungsarbeit, wissenschaftlich*) paper **arbeiten** ['arbaitn] **I** *v/i* to work; *er arbeitet für zwei* (*infml*) he does the work of two; *die Anlage arbeitet elektrisch/mit Kohle* the plant runs *or* operates on electricity/coal; **~ gehen** (≈ *zur Arbeit gehen*) to go to work **II** *v/r sich krank/müde* **~** to make oneself ill/tire oneself out with work; *sich zu Tode* **~** to work oneself to death; *sich an die Spitze* **~** (*fig*) to work one's way (up) to the top **Arbeiter**['arbaitɐ] *m* ⟨**-s, -**⟩, **Arbeiterin** [-ərɪn] *f* ⟨**-, -nen**⟩ worker; (*im Gegensatz zum Angestellten*) blue-collar worker; (*auf Bau, Bauernhof*) labourer (*Br*), laborer (*US*) **Arbeiterbewegung** *f* labour (*Br*) *or* labor (*US*) movement **Arbeiterklasse** *f* working class(es *pl*) **Arbeiterschaft**['arbaitɐʃaft] *f* ⟨**-, -en**⟩ workforce **Arbeiterviertel** *nt* working-class area **Arbeitgeber(in)***m/(f)* employer **Arbeitgeberanteil***m* employer's contribution **Arbeitgeberverband***m* employers' federation **Arbeitnehmer** *m* ⟨**-s, -**⟩, **Arbeitnehmerin** *f* ⟨**-, -nen**⟩ employee **Arbeit-**

nehmeranteil *m* employee's contribution **Arbeitnehmerschaft** ['arbaitneːmɐʃaft] *f* ⟨**-, -en**⟩ employees *pl* **Arbeitnehmervertreter(in)***m/(f)* employees' representative **Arbeitsablauf** *m* work routine; (*von Fabrik*) production *no art* **Arbeitsagentur***f* (State) Department of Employment **arbeitsam** ['arbaitzaːm] *adj* industrious **Arbeitsamt***nt* job centre (*Br*), unemployment office (*US*) **Arbeitsaufwand***m* **mit geringem/großem** **~** with little/a lot of work **Arbeitsbeginn***m* start of work **Arbeitsbeschaffungsmaßnahme***f* ADMIN job creation scheme **Arbeitsbeschaffungsprogramm** *nt* job creation scheme *or* program (*US*) **Arbeitseifer** *m* enthusiasm for one's work **Arbeitseinstellung***f* (≈ *Arbeitsauffassung*) attitude to work **Arbeitserlaubnis***f*(≈ *Bescheinigung*) work permit **Arbeitsessen***nt* (*mittags*) working lunch; (*abends*) working dinner **arbeitsfähig***adj* *Person* able to work; (≈ *gesund*) fit for work; *Regierung etc* viable **Arbeitsfläche***f* work surface **Arbeitsgang** *m, pl* **-gänge** (≈ *Arbeitsablauf*) work routine; (*von Fabrik*) production *no art* **Arbeitsgebiet***nt* field of work **Arbeitsgemeinschaft** *f* team; SCHOOL, UNIV study group; (*in Namen*) association **Arbeitsgericht** *nt* industrial tribunal (*Br*), labor court (*US*) **Arbeitsgruppe** *f* team **arbeitsintensiv** *adj* labour-intensive (*Br*), labor-intensive (*US*) **Arbeitskampf***m* industrial action **Arbeitskleidung***f* working clothes *pl* **Arbeitsklima***nt* work(ing) atmosphere **Arbeitskollege***m*, **Arbeitskollegin***f* colleague **Arbeitskraft 1.** *no pl* capacity for work **2.** (≈ *Arbeiter*) worker **Arbeitskräfte** *pl* workforce **Arbeitskreis***m* team; SCHOOL, UNIV study group **Arbeitsleistung** *f* (*quantitativ*) output, performance; (*qualitativ*) performance **Arbeitslohn***m* wages*pl*, earnings *pl* **arbeitslos** *adj* *Mensch* unemployed **Arbeitslosengeld** *nt* earnings--related unemployment benefit **Arbeitslosenhilfe***f* unemployment benefit **Arbeitslosenquote** *f* rate of unemployment **Arbeitslosenunterstützung** *f* (*dated*) unemployment benefit, dole (money) (*Br infml*) **Arbeitslosenversicherung***f* ≈ National Insurance (*Br*), ≈ social insurance (*US*) **Arbeitslose(r)**

['arbaitslo:zə] *m/f(m) decl as adj* unemployed person/man/woman *etc*; *die ~n* the unemployed **Arbeitslosigkeit** *f* ⟨-, *no pl*⟩ unemployment **Arbeitsmangel** *m* lack of work **Arbeitsmarkt** *m* labour (*Br*) *or* labor (*US*) market **Arbeitsmoral** *f* work ethic **Arbeitsniederlegung** *f* walkout **arbeitsparend** *adj* → **Arbeit Arbeitsplatz** *m* **1.** (≈ *Arbeitsstätte*) workplace; *am ~* at work **2.** (*in Fabrik*) work station; (*in Büro*) workspace **3.** (≈ *Stelle*) job; *freie Arbeitsplätze* vacancies **Arbeitsplatzabbau** *m* job cuts *pl* **Arbeitsplatzsicherung** *f* safeguarding of jobs **Arbeitsplatzteilung** *f* job sharing **Arbeitsproduktivität** *f* labour (*Br*) *or* labor (*US*) efficiency **Arbeitsprozess** *m* work process **Arbeitsraum** *m* workroom; (*für geistige Arbeit*) study **Arbeitsrecht** *nt* industrial law **arbeitsscheu** *adj* workshy **Arbeitsschutzvorschriften** *pl* health and safety regulations *pl* **Arbeitssitzung** *f* working session **Arbeitsspeicher** *m* IT main memory **Arbeitsstelle** *f* **1.** place of work **2.** (≈ *Stellung*) job **Arbeitsstunde** *f* man-hour **Arbeitssuche** *f auf~ sein* to be looking for work *or* a job **Arbeitstag** *m* working day **Arbeitsteilung** *f* division of labour (*Br*) *or* labor (*US*) **Arbeitstempo** *nt* rate of work **Arbeitstier** *nt* (*fig infml*) workaholic (*infml*) **Arbeitsuchende(r)** [-zu:xndə] *m/f(m) decl as adj* person/man/woman *etc* looking for work *or* a job **arbeitsunfähig** *adj* unable to work; (≈ *krank*) unfit for work **Arbeitsunfall** *m* industrial accident **Arbeitsverbot** *nt* prohibition from employment; *er wurde mit ~ belegt* he has been banned from working **Arbeitsverhältnis** *nt* **1.** employee-employer relationship; *ein ~ eingehen* to enter employment **2. Arbeitsverhältnisse** *pl* working conditions *pl* **Arbeitsvermittlung** *f* (≈ *Amt*) employment exchange; (*privat*) employment agency **Arbeitsvertrag** *m* contract of employment **Arbeitsweise** *f* (≈ *Praxis*) working method; (*von Maschine*) mode of operation **Arbeitszeit** *f* working hours *pl*; *eine wöchentliche ~ von 35 Stunden* a working week of 35 hours **Arbeitszeitmodell** *nt* working hours model *or* scheme **Arbeitszeitverkürzung** *f* reduction in working hours **Arbeitszeugnis** *nt* reference from one's

employer **Arbeitszimmer** *nt* study
Archäologe [arçɛo'lo:gə] *m* ⟨-*n*, -*n*⟩, **Archäologin** [-'lo:gɪn] *f* ⟨-, -*nen*⟩ archaeologist (*Br*), archeologist (*US*) **Archäologie** [arçɛolo'gi:] *f* ⟨-, *no pl*⟩ archaeology (*Br*), archeology (*US*) **archäologisch** [arçɛo'lo:gɪʃ] *adj* archaeological (*Br*), archeological (*US*)
Arche ['arçə] *f* ⟨-, -*n*⟩ *die ~ Noah* Noah's Ark
Archipel [arçi'pe:l] *m* ⟨-*s*, -*e*⟩ archipelago
Architekt [arçi'tɛkt] *m* ⟨-*en*, -*en*⟩, **Architektin** [-'tɛktɪn] *f* ⟨-, -*nen*⟩ (*lit*, *fig*) architect **architektonisch** [arçitɛk'to:nɪʃ] *adj* architectural **Architektur** [arçitɛk'tu:ɐ] *f* ⟨-, -*en*⟩ architecture
Archiv [ar'çi:f] *nt* ⟨-*s*, -*e* [-və]⟩ archives *pl* **Archivbild** *nt* photo from the archives **archivieren** [arçi'vi:rən] *past part* **archiviert** *v/t* to archive
Areal [are'a:l] *nt* ⟨-*s*, -*e*⟩ area
Arena [a're:na] *f* ⟨-, **Arenen** [-nən]⟩ arena; (≈ *Zirkusarena*, *Stierkampfarena*) ring
arg [ark] **I** *adj*, *comp* ⸚*er* ['ɛrgɐ], *sup* ⸚*ste(r, s)* ['ɛrkstə] (≈ *schlimm*) bad; *Verlust* terrible; *Enttäuschung* bitter; *sein ärgster Feind* his worst enemy; *etw liegt im Argen* sth is at sixes and sevens **II** *adv*, *comp* ⸚*er*, *sup* *am* ⸚*sten* (≈ *schlimm*) badly; *es zu ~ treiben* to go too far
Argentinien [argɛn'ti:niən] *nt* ⟨-*s*⟩ Argentina **Argentinier** [argɛn'ti:niɐ] *m* ⟨-*s*, -⟩, **Argentinierin** [-iərɪn] *f* ⟨-, -*nen*⟩ Argentine, Argentinian **argentinisch** [argɛn'ti:nɪʃ] *adj* Argentine, Argentinian
Ärger ['ɛrgɐ] *m* ⟨-*s*, *no pl*⟩ **1.** annoyance; (*stärker*) anger; *zu jds ~* to sb's annoyance **2.** (≈ *Unannehmlichkeiten*) trouble; (≈ *Sorgen*) worry; *jdm ~ machen or bereiten* to cause sb a lot of trouble; *~ bekommen or kriegen* (*infml*) to get into trouble; *es gibt ~* (*infml*) there'll be trouble **ärgerlich** ['ɛrgɐlɪç] *adj* **1.** (≈ *verärgert*) annoyed; *Tonfall* angry **2.** (≈ *unangenehm*) annoying **ärgern** ['ɛrgɐn] **I** *v/t* (≈ *ärgerlich machen*) to annoy; (*stärker*) to make angry **II** *v/r* (≈ *ärgerlich sein/werden*) to be/get annoyed; (*stärker*) to be/get angry (*über jdn/etw* with sb/about sth) **Ärgernis** ['ɛrgɐnɪs] *nt* ⟨-*ses*, -*se*, *no pl*⟩ (≈ *Anstoß*) offence

(*Br*), offense (*US*); **~ erregen** to cause offence (*Br*) *or* offense (*US*); **wegen Erregung öffentlichen ~ses angeklagt werden** to be charged with offending public decency

arglistig ['arklıstıç] **I** *adj* cunning, crafty; (≈ *böswillig*) malicious; **~e Täuschung** fraud **II** *adv* cunningly, craftily; (≈ *böswillig*) maliciously

Argument [argu'mɛnt] *nt* ⟨**-(e)s, -e**⟩ argument **argumentieren** [argumɛn-'tiːrən] *past part* **argumentiert** *v/i* to argue

Argwohn ['arkvoːn] *m* ⟨**-s**, *no pl*⟩ suspicion **argwöhnisch** ['arkvøːnıʃ] **I** *adj* suspicious **II** *adv* suspiciously

Arie ['aːriə] *f* ⟨**-, -n**⟩ MUS aria

Arier ['aːriɐ] *m* ⟨**-s, -**⟩, **Arierin** [-iərın] *f* ⟨**-, -nen**⟩ Aryan

Aristokrat [arısto'kraːt] *m* ⟨**-en, -en**⟩, **Aristokratin** [-'kraːtın] *f* ⟨**-, -nen**⟩ aristocrat **Aristokratie** [arıstokra'tiː] *f* ⟨**-, -n** [-'tiːən]⟩ aristocracy **aristokratisch** [arısto'kraːtıʃ] *adj* aristocratic

Arithmetik [arıt'meːtık] *f* ⟨**-**, *no pl*⟩ arithmetic **arithmetisch** [arıt'meːtıʃ] *adj* arithmetic

Arktis ['arktıs] *f* ⟨**-**, *no pl*⟩ Arctic **arktisch** ['arktıʃ] *adj* arctic

arm [arm] *adj*, *comp* **=er** ['ɛrmɐ], *sup* **=ste(r, s)** ['ɛrmstə] poor; **die Armen** the poor *pl*; **~ an etw** (*dat*) **sein** to be somewhat lacking in sth; **~ an Vitaminen** low in vitamins; **um 10 Euro ärmer sein** to be 10 euros poorer; **~ dran sein** (*infml*) to have a hard time of it

Arm [arm] *m* ⟨**-(e)s, -e**⟩ (ANAT, TECH, *fig*) arm; (*von Fluss, Baum*) branch; (≈ *Ärmel*) sleeve; **jdn in die ~e nehmen** to take sb in one's arms; **sich in den ~en liegen** to lie in each other's arms; **jdn auf den ~ nehmen** (*fig infml*) to pull sb's leg (*infml*); **jdm unter die ~e greifen** (*fig*) to help sb out; **mit offenen ~en** with open arms

Armaturenbrett *nt* instrument panel; AUTO dashboard

Armband [-bant] *nt*, *pl* **-bänder** bracelet; (*von Uhr*) (watch)strap **Armbanduhr** *f* wristwatch **Armbinde** *f* armband; MED sling **Armbruch** *m* MED broken *or* fractured arm

Armee [ar'meː] *f* ⟨**-, -n** [-'meːən]⟩ (MIL, *fig*) army; (≈ *Gesamtheit der Streitkräfte*) (armed) forces *pl*

Ärmel ['ɛrml] *m* ⟨**-s, -**⟩ sleeve; **etw aus dem ~ schütteln** to produce sth just like that **Ärmelkanal** *m* (English) Channel **ärmellos** *adj* sleeveless

Armenien [ar'meːniən] *nt* ⟨**-s**⟩ Armenia

Armenviertel *nt* poor district

Armgelenk *nt* elbow joint **Armlehne** *f* armrest **Armleuchter** *m* **1.** chandelier **2.** (*pej infml*) twerp (*infml*)

ärmlich ['ɛrmlıç] **I** *adj* poor; *Kleidung* shabby; **aus ~en Verhältnissen** from a poor family **II** *adv* poorly; **~ leben** to live in poor conditions

Armreif *m* bangle

armselig *adj* miserable; (≈ *jämmerlich*) pathetic; **für ~e zwei Euro** for two paltry euros **Armut** ['armuːt] *f* ⟨**-**, *no pl*⟩ poverty **Armutsgrenze** *f*, *no pl* poverty line **Armutszeugnis** *nt* (*fig*) **jdm/sich (selbst) ein ~ ausstellen** to show sb's/one's (own) shortcomings

armvoll *m* ⟨**-, -**⟩ armful; **zwei ~ Holz** two armfuls of wood

Aroma [a'roːma] *nt* ⟨**-s, Aromen** *or* **-s**⟩ **1.** (≈ *Geruch*) aroma **2.** (≈ *Geschmack*) flavour (*Br*), flavor (*US*) **Aromatherapie** *f* MED aromatherapy **aromatisch** [aro'maːtıʃ] *adj* **1.** (≈ *wohlriechend*) aromatic **2.** (≈ *wohlschmeckend*) savoury (*Br*), savory (*US*)

Arrangement [arãʒə'mãː] *nt* ⟨**-s, -s**⟩ arrangement **arrangieren** [arã'ʒiːrən] *past part* **arrangiert** *v/t & v/i* to arrange (*jdm für sb*) **II** *v/r* **sich mit jdm ~** to come to an arrangement with sb

Arrest [a'rɛst] *m* ⟨**-(e)s, -s**⟩ detention

arrogant [aro'gant] **I** *adj* arrogant **II** *adv* arrogantly **Arroganz** [aro'gants] *f* ⟨**-**, *no pl*⟩ arrogance

Arsch [arʃ, aːɐʃ] *m* ⟨**-(e)s, =e** ['ɛrʃə, 'ɛːɐʃə]⟩ **1.** (*vulg*) arse (*Br sl*), ass (*US sl*); **jdm** *or* **jdn in den ~ treten** to give sb a kick up the arse (*Br sl*) *or* ass (*US sl*); **leck mich am ~!** (≈ *lass mich in Ruhe*) fuck off! (*vulg*); (≈ *verdammt noch mal*) bugger! (*Br sl*), fuck it! (*vulg*); (*sl*: *überrascht*) fuck me! (*vulg*); **jdm in den ~ kriechen** (*infml*) to lick sb's arse (*Br sl*) *or* ass (*US sl*); **am ~ der Welt** (*infml*) in the back of beyond; **im** *or* **am ~ sein** (*sl*) to be screwed up (*sl*) **2.** (*sl* ≈ *Mensch*) bastard (*sl*) **arschkalt** *adj* (*infml*) bloody (*Br infml*) *or* damn (*infml*) cold **Arschkriecher(in)** *m/(f)* (*vulg*) ass-kisser (*sl*) **Arschloch** *nt* *(vulg)* **1.** *(lit)* arsehole *(Br sl)*, asshole *(US sl)* **2.** = **Arsch** 2

Arsen [ar'zeːn] *nt* ⟨**-s**, *no pl*⟩ arsenic

Arsenal [arze'naːl] *nt* ⟨**-s**, **-e**⟩ *(lit, fig)* arsenal

Art [aːɐt] *f* ⟨**-**, **-en**⟩ **1.** kind, sort; *diese ~ Leute/Buch* that kind *or* sort of person/book; *aus der ~ schlagen* not to take after anyone in the family **2.** BIOL species **3.** *(≈ Methode)* way; *auf diese ~ und Weise* in this way **4.** *(≈ Wesen)* nature; *das ist eigentlich nicht seine ~* it's not like him; *nach bayrischer ~* Bavarian style **5.** *(≈ Benehmen)* behaviour *(Br)*, behavior *(US)*; *das ist doch keine ~!* that's no way to behave! **Artenreichtum** *m* BIOL diversity of species **Artenschutz** *m* protection of species

Arterie [ar'teːriə] *f* ⟨**-**, **-n**⟩ artery **Arteriosklerose** [arterioskle'roːzə] *f* arteriosclerosis

Artgenosse *m*, **Artgenossin** *f* *(≈ Tier/Pflanze)* animal/plant of the same species; *(≈ Mensch)* person of the same type **artgerecht** *adj* appropriate to the species

Arthritis [ar'triːtɪs] *f* ⟨**-**, **Arthritiden** [artri'tiːdn]⟩ arthritis **Arthrose** [ar'troːzə] *f* ⟨**-**, **-n**⟩ arthrosis

artig ['aːɐtɪç] *adj* Kind, Hund *etc* good; *sei schön ~* be good!

Artikel [ar'tiːkl, -'tɪkl] *m* ⟨**-s**, **-**⟩ article

artikulieren [artiku'liːrən] *past part* **artikuliert** I *v/t & v/i* to articulate II *v/r* to express oneself

Artillerie ['artɪləri-, artɪlə'riː] *f* ⟨**-**, **-n** [-'riːən]⟩ artillery

Artischocke [arti'ʃɔkə] *f* ⟨**-**, **-n**⟩ (globe) artichoke

Artist [ar'tɪst] *m* ⟨**-en**, **-en**⟩, **Artistin** [ar'tɪstɪn] *f* ⟨**-**, **-nen**⟩ (circus *or* *(im Varieté* variety) performer **artistisch** [ar'tɪstɪʃ] *adj* *eine ~e Glanzleistung* (*in Zirkus*) a miraculous feat of circus artistry

artverwandt *adj* of the same type; BIOL species-related

Arznei [aːɐts'nai, arts'nai] *f* ⟨**-**, **-en**⟩ medicine **Arzneimittel** *nt* drug **Arzneimittelmissbrauch** *m* drug abuse

Arzt [aːɐtst, artst] *m* ⟨**-es**, **=e** ['ɛːɐtstə, 'ɛrtstə]⟩, **Ärztin** ['ɛːɐtstɪn, 'ɛrtstɪn] *f* ⟨**-**, **-nen**⟩ doctor; *(≈ Facharzt)* specialist; *praktischer ~* general practitioner, GP **Ärzteschaft** ['ɛːɐtstəʃaft, 'ɛrtstə-] *f* ⟨**-**, **-en**⟩ medical profession **Arzthel-**

fer(in) *m/(f)* (doctor's) receptionist **Ärztin** *f* → **Arzt** **Arztkosten** *pl* doctor's *or* medical fees *pl* **ärztlich** ['ɛːɐtstlɪç, 'ɛrtst-] I *adj* medical II *adv* beraten, untersuchen medically; *er ließ sich ~ behandeln* he went to a doctor for treatment **Arztpraxis** *f* doctor's practice **Arzttermin** *m* doctor's appointment **Arztwahl** *f* choice of doctor

As [as] *nt* ⟨**-es**, **-e**⟩; → **Ass**

Asbest [as'bɛst] *nt* ⟨**-(e)s**, *no pl*⟩ asbestos **asbestfrei** *adj* free from *or* of asbestos, asbestos-free **asbesthaltig** *adj* containing asbestos *pred* **Asbestose** [asbɛs'toːzə] *f* ⟨**-**, **-n**⟩ asbestosis

Asche ['aʃə] *f* ⟨**-**, **-n**⟩ ashes *pl*; *(von Zigarette, Vulkan)* ash **Aschenbahn** *f* cinder track **Aschenbecher** *m* ashtray **Aschenplatz** *m* FTBL cinder pitch; TENNIS clay court **Aschenputtel** [-pʊtl] *nt* ⟨**-s**, **-n**⟩ Cinderella **Aschermittwoch** [aʃɐ'mɪtvɔx] *m* Ash Wednesday

ASCII-Code *m* ASCII code **ASCII-Datei** *f* ASCII file

aseptisch [a'zɛptɪʃ] I *adj* aseptic II *adv* aseptically

Aserbaidschan [azɛrbai'dʒaːn] *nt* ⟨**-s**⟩ Azerbaijan

Asiat [a'ziaːt] *m* ⟨**-en**, **-en**⟩, **Asiatin** [a-'ziaːtɪn] *f* ⟨**-**, **-nen**⟩ Asian **asiatisch** [a-'ziaːtɪʃ] *adj* Asian, Asiatic **Asien** ['aːziən] *nt* ⟨**-s**⟩ Asia

Asket [as'keːt] *m* ⟨**-en**, **-en**⟩, **Asketin** [-ərɪn] *f* ⟨**-**, **-nen**⟩ ascetic **asketisch** [as-'keːtɪʃ] I *adj* ascetic II *adv* ascetically

Askorbinsäure [askɔr'biːn-] *f* ascorbic acid

asozial ['azotsiaːl, azo'tsiaːl] I *adj* asocial II *adv* asocially **Asoziale(r)** ['azotsiaːlə] *m/f(m) decl as adj (pej)* antisocial person/man/woman *etc*

Aspekt [as'pɛkt] *m* ⟨**-(e)s**, **-e**⟩ aspect

Asphalt [as'falt, 'asfalt] *m* ⟨**-(e)s**, **-e**⟩ asphalt **asphaltieren** [asfal'tiːrən] *past part* **asphaltiert** *v/t* to asphalt

Aspik [as'piːk, as'pɪk] *m or* *(Aus)* *nt* ⟨**-s**, **-e**⟩ aspic

Ass [as] *nt* ⟨**-es**, **-e**⟩ ace

Assessor [a'sɛsoːɐ] *m* ⟨**-s**, **Assessoren** [-'soːrən]⟩, **Assessorin** [-'soːrɪn] *f* ⟨**-**, **-nen**⟩ graduate civil servant who has completed his/her traineeship

Assistent [asɪs'tɛnt] *m* ⟨**-en**, **-en**⟩, **Assistentin** [-'tɛntɪn] *f* ⟨**-**, **-nen**⟩ assistant **Assistenzarzt** *m*, **Assistenzärztin** *f* junior doctor (*Br*), intern (*US*) **assistieren** [asıs'ti:rən] *past part* **assistiert** *v/i* to assist (*jdm* sb)

Assoziation [asotsia'tsio:n] *f* ⟨*-*, *-en*⟩ association **assoziieren** [asotsi'si:rən] *past part* **assoziiert** (*elev*) *v/t* to associate **assoziiert** [asotsi'i:rət] *adj* associated; *Mitgliedschaft* associate

Ast [ast] *m* ⟨*-(e)s*, *⸚e* ['ɛstə]⟩ branch

Aster ['astə] *f* ⟨*-*, *-n*⟩ aster

Astgabel *f* fork (of a branch)

Ästhet [ɛs'te:t] *m* ⟨*-en*, *-en*⟩, **Ästhetin** [ɛs'te:tın] *f* ⟨*-*, *-nen*⟩ aesthete **ästhetisch** [ɛs'te:tıʃ] *adj* aesthetic

Asthma ['astma] *nt* ⟨*-s*, *no pl*⟩ asthma **Asthmatiker** [ast'ma:tike] *m* ⟨*-s*, *-*⟩, **Asthmatikerin** [-ərın] *f* ⟨*-*, *-nen*⟩ asthmatic **asthmatisch** [ast'ma:tıʃ] *adj* asthmatic

astrein *adj* **1.** (*fig infml*) (≈ *moralisch einwandfrei*) above board; (≈ *echt*) genuine **2.** (*dated sl* ≈ *prima*) fantastic (*infml*)

Astrologe [astro'lo:gə] *m* ⟨*-n*, *-n*⟩, **Astrologin** [-'lo:gın] *f* ⟨*-*, *-nen*⟩ astrologer **Astrologie** [astrolo'gi:] *f* ⟨*-*, *no pl*⟩ astrology **astrologisch** [astro'lo:gıʃ] *adj* astrological **Astronaut** [astro'naut] *m* ⟨*-en*, *-en*⟩, **Astronautin** [-'nautın] *f* ⟨*-*, *-nen*⟩ astronaut **Astronomie** [astrono'mi:] *f* ⟨*-*, *no pl*⟩ astronomy **astronomisch** [astro'no:mıʃ] *adj* astronomical **Astrophysik** *f* astrophysics *sg*

ASU ['a:zu] *f* ⟨*-*, *no pl*⟩ *abbr of* **Abgassonderuntersuchung**

Asyl [a'zy:l] *nt* ⟨*-s*, *-e*⟩ (≈ *politisches Asyl*) (political) asylum *no art*; *jdm* **~ gewähren** to grant sb (political) asylum **Asylant** [azy'lant] *m* ⟨*-en*, *-en*⟩, **Asylantin** [-'lantın] *f* ⟨*-*, *-nen*⟩ (*often pej*) asylum seeker **Asylantenwohnheim** *nt* (*often pej*) hostel for asylum seekers **Asylbewerber(in)** *m/(f)* asylum seeker **Asylpolitik** *f* policy on asylum **Asylrecht** *nt* POL right of (political) asylum **Asylsuchende(r)** [-zu:xndə] *m/f(m)* *decl as adj* asylum seeker

asymmetrisch ['azyme:trıʃ, azy-'me:trıʃ] *adj* asymmetric(al)

Atelier [ate'lie:, atə'lie:] *nt* ⟨*-s*, *-s*⟩ studio

Atem ['a:təm] *m* ⟨*-s*, *no pl*⟩ (≈ *Atemluft*) breath; **~ holen** (*lit*) to take a breath; (*fig*) to get one's breath back; **den ~ anhalten** to hold one's breath; **außer ~ sein** to be out of breath; **wieder zu ~ kommen** to get one's breath back; *jdn*

in ~ halten to keep sb in suspense; *das verschlug mir den* **~** that took my breath away **atemberaubend** **I** *adj* breathtaking **II** *adv* breathtakingly **Atembeschwerden** *pl* trouble *sg* in breathing **Atemgerät** *nt* breathing apparatus; MED respirator **atemlos** *adj* (*lit*, *fig*) breathless **Atemnot** *f* difficulty in breathing **Atempause** *f* (*fig*) breathing space **Atemschutzmaske** *f* breathing mask **Atemstillstand** *m* respiratory standstill, apnoea (*Br*), apnea (*US*) **Atemübung** *f* MED breathing exercise **Atemwege** *pl* ANAT respiratory tracts *pl* **Atemzug** *m* breath; *in einem/im selben* **~** (*fig*) in one/the same breath

Atheismus [ate'ısmʊs] *m* ⟨*-*, *no pl*⟩ atheism **Atheist** [ate'ıst] *m* ⟨*-en*, *-en*⟩, **Atheistin** [-'ıstın] *f* ⟨*-*, *-nen*⟩ atheist **atheistisch** [ate'ıstıʃ] *adj* atheist(ic)

Athen [a'te:n] *nt* ⟨*-s*⟩ Athens

Äther ['ɛ:tɐ] *m* ⟨*-s*, *no pl*⟩ ether; RADIO air **ätherisch** [ɛ'te:rıʃ] *adj* CHEM essential

Äthiopien [ɛ'tio:piən] *nt* ⟨*-s*⟩ Ethiopia **äthiopisch** [ɛ'tio:pıʃ] *adj* Ethiopian

Athlet [at'le:t] *m* ⟨*-en*, *-en*⟩, **Athletin** [at-'le:tın] *f* ⟨*-*, *-nen*⟩ athlete **Athletik** [at-'le:tık] *f* ⟨*-*, *no pl*⟩ athletics *sg* **athletisch** [at'le:tıʃ] *adj* athletic

Atlantik [at'lantık] *m* ⟨*-s*⟩ Atlantic **atlantisch** [at'lantıʃ] *adj* Atlantic; *der Atlantische Ozean* the Atlantic Ocean **Atlas** ['atlas] *m* ⟨*-or* *-ses*, *-se or* **Atlanten** [at'lantn]⟩ atlas

atmen ['a:tmən] *v/t* & *v/i* to breathe

Atmosphäre [atmo'sfɛ:rə] *f* (PHYS, *fig*) atmosphere **atmosphärisch** [atmo-'sfɛ:rıʃ] *adj* atmospheric; **~e Störungen** atmospherics *pl*

Atmung ['a:tmʊŋ] *f* ⟨*-*, *no pl*⟩ breathing; MED respiration **atmungsaktiv** *adj* *Material*, *Stoff* breathable **Atmungsorgane** *pl* respiratory organs *pl*

Ätna ['ɛ:tna] *m* ⟨*-*⟩ GEOG Mount Etna

Atoll [a'tɔl] *nt* ⟨*-s*, *-e*⟩ atoll

Atom [a'to:m] *nt* ⟨*-s*, *-e*⟩ atom **Atomantrieb** *m* *ein U-Boot mit* **~** a nuclear-powered submarine **atomar** [ato'ma:ɐ] **I** *adj* atomic; *Drohung* nuclear **II** *adv* **~ angetrieben** nuclear-powered **Atomausstieg** *m*, *no pl* abandonment of nuclear energy **Atombombe** *f* atomic *or* atom (*esp Br*) bomb **atombombensicher** *adj* nuclear blast-proof **Atombunker** *m* nuclear blast-proof bunker **Atom-**

energie f nuclear energy **Atomforscher(in)** m/(f) nuclear scientist **Atomforschung** f nuclear research **atomgetrieben** [-gɔtri:bn] adj nuclear-powered **Atomgewicht** nt atomic weight **atomisieren** [atomi'zi:rən] past part **atomisiert** v/t to atomize **Atomkern** m atomic nucleus **Atomkraft** f nuclear power or energy **Atomkraftgegner(in)** m/(f) anti-nuclear (power) protester **Atomkraftwerk** nt nuclear power station **Atomkrieg** m nuclear war **Atommacht** f nuclear power **Atommüll** m nuclear waste **Atommülltransport** m transport of nuclear or radioactive waste **Atomphysik** f nuclear physics sg **Atomreaktor** m nuclear reactor **Atomspaltung** f nuclear fission **Atomsperrvertrag** m nuclear weapons nonproliferation treaty **Atomsprengkopf** m nuclear warhead **Atomstopp** m nuclear ban **Atomstrom** m (infml) electricity generated by nuclear power **Atomtest** m nuclear test **Atomteststoppabkommen** nt nuclear test ban treaty **Atom-U-Boot** nt nuclear submarine **Atomversuch** m nuclear test **Atomwaffe** f nuclear weapon **atomwaffenfrei** adj nuclear-free **Atomwaffensperrvertrag** m nuclear weapons nonproliferation treaty

Atrium ['a:triʊm] nt ⟨-s, **Atrien** [-riən]⟩ ARCH, ANAT atrium

ätsch [ɛ:tʃ] int (infml) ha-ha

Attacke [a'takə] f ⟨-, -n⟩ attack **attackieren** [ata'ki:rən] past part **attackiert** v/t to attack

Attentat ['atnta:t, atɛn'ta:t] nt ⟨-(e)s, -e⟩ assassination; (≈ Attentatsversuch) assassination attempt; **ein ~ auf jdn verüben** to assassinate sb; (bei gescheitertem Versuch) to make an attempt on sb's life **Attentäter(in)** m/(f) assassin

Attest [a'tɛst] nt ⟨-(e)s, -e⟩ certificate **attestieren** [atɛs'ti:rən] past part **attestiert** v/t (form) to certify

Attraktion [atrak'tsio:n] f ⟨-, -en⟩ attraction **attraktiv** [atrak'ti:f] adj attractive **Attraktivität** [atraktivi'tɛ:t] f ⟨-, no pl⟩ attractiveness

Attrappe [a'trapə] f ⟨-, -n⟩ dummy

Attribut [atri'bu:t] nt ⟨-(e)s, -e⟩ attribute **attributiv** [atribu'ti:f] adj GRAM attributive

atypisch ['aty:pɪʃ, a'ty:pɪʃ] adj (elev) atypical

At-Zeichen ['ɛt-] nt At sign

ätzen ['ɛtsn] v/t & v/i (Säure) to corrode **ätzend** adj **1.** (lit) Säure corrosive; MED caustic **2.** Geruch pungent; Rauch choking; Spott, Kritik caustic **3.** (infml ≈ furchtbar) lousy (infml)

au [au] int ow, ouch

Aubergine [obɛr'ʒi:nə] f ⟨-, -n⟩ aubergine, eggplant (esp US)

auch [aux] adv **1.** (≈ gleichfalls) also, too; **das ist~ möglich** that's also possible; **ja, das ~** yes, that too; **~ gut** that's OK too; **du ~?** you too?; **~ nicht** not … either; **das ist ~ nicht richtig** that's not right either; **er kommt — ich~** he's coming — so am I or me too; **er kommt nicht — ich ~ nicht** he's not coming — nor or neither am I; **~ das noch!** that's all I needed!; **du siehst müde aus — das bin ich ~** you look tired — (so) I am **2.** (≈ sogar) even; **ohne ~ nur zu fragen** without even asking **3.** (emph) **so was Ärgerliches aber ~!** it's really too annoying!; **wozu ~?** whatever for? **4.** (≈ auch immer) **wie dem ~ sei** be that as it may; **was er ~ sagen mag** whatever he might say

Audienz [au'diɛnts] f ⟨-, -en⟩ audience

Audio-CD ['audio-] f audio disc or CD **Audioguide** ['audiogaɪd] m ⟨-s, -s⟩ audio guide **Audio-Kassette** ['audio-] f audio cassette **audiovisuell** [audiovi-'zuɛl] **I** adj audiovisual **II** adv audiovisually; gestalten using audiovisual aids

Auditorium [audi'to:riʊm] nt ⟨-s, **Auditorien** [-riən]⟩ **1.** (≈ Hörsaal) lecture hall; **~ maximum** UNIV main lecture hall **2.** (≈ Zuhörerschaft) audience

Auerhahn ['aue-] m, pl **Auerhähne** or (Hunt) **-en** capercaillie

auf [auf] **I** prep +dat on; **~ einem Stuhl sitzen** to sit on a chair; **~ den Orkneyinseln** in the Orkney Islands; **~ See** at sea; **~ der Bank** at the bank; **mein Geld ist ~ der Bank** my money is in the bank; **~ der Straße** on or in the street; **etw ~ dem Klavier spielen** to play sth on the piano; **~ einem Ohr taub sein** to be deaf in one ear; **was hat es damit ~ sich?** what does it mean? **II** prep +acc **1.** (Ort) on; **etw ~ etw stellen** to put sth on(to) sth; **er ist ~ die Orkneyinseln gefahren** he has gone to the Orkney Islands; **~ sein Zimmer/die Post gehen** to go to one's room / the post office; **~ eine Party/eine Hochzeit gehen** to go to a party / wedding **2.** (Zeit)

~ *drei Tage* for three days; ~ *morgen/ bald!* see you tomorrow/soon! **3.** (≈ *für*) ~ *10 km* for 10 km; ~ *eine Tasse Kaffee* for a cup of coffee **4.** (≈ *pro*) ~ *jeden kamen zwei Flaschen Bier* there were two bottles of beer (for) each **5.** ~ *ein glückliches Gelingen!* here's to a great success!; ~ *deine Gesundheit!* (your very) good health!; ~ *seinen Vorschlag/seine Bitte (hin)* at his suggestion/request **III** *adv* **1.** (≈ *offen*) open; → *auf sein*; *Mund* ~*!* open your mouth! **2.** *Helm* ~*!* helmets on!; ~ *nach Chicago!* let's go to Chicago; ~ *gehts!* let's go!; ~ *und ab* up and down; *sie ist* ~ *und davon* she has disappeared

Auf [auf] *nt inv das* ~ *und Ab* the up and down; (*fig*) the ups and downs

aufarbeiten *v/t sep* **1.** (≈ *erneuern*) to do up; *Möbel etc* to recondition **2.** *Vergangenheit* to reappraise **3.** (≈ *erledigen*) *Korrespondenz* to catch up with **4.** PHYS *Brennelemente* to reprocess

aufatmen *v/i sep* to breathe a sigh of relief; *ein Aufatmen* a sigh of relief

aufbacken *v/t sep* to crisp up

aufbahren ['aufba:rən] *v/t sep Sarg* to lay on the bier; *Leiche* to lay out

Aufbau *m, pl* **-bauten 1.** *no pl* (≈ *das Aufbauen*) construction; (*von Netzwerk, System*) setting up; *der* ~ *Ost* the rebuilding of East Germany **2.** (≈ *Aufgebautes*) top; (*von Auto, Lkw*) body **3.** *no pl* (≈ *Struktur*) structure **aufbauen** *sep* **I** *v/t* **1.** (≈ *errichten*) to put up; *Verbindung, System* to set up **2.** (*fig* ≈ *gestalten*) *Geschäft* to build up; *Zerstörtes* to rebuild; *Plan* to construct; *sich* (*dat*) *eine* (*neue*) *Existenz* ~ to build (up) a new life for oneself **3.** (*fig*) *Star, Politiker* to promote; *Beziehung* to build; *jdn/etw zu etw* ~ to build sb/sth up into sth **4.** (≈ *strukturieren*) to construct; *Aufsatz, Rede, Organisation* to structure **II** *v/i* (≈ *sich gründen*) to be based *or* founded (*auf* +*dat or acc* on) **III** *v/r* **1.** (*infml* ≈ *sich postieren*) to take up position; *sich vor jdm drohend* ~ to plant oneself in front of sb (*infml*) **2.** (≈ *bestehen aus*) *sich aus etw* ~ to be composed of sth **Aufbauhilfe** *f* development(al) aid *or* assistance

aufbäumen ['aufbɔymən] *v/r sep* (*Tier*) to rear; *sich gegen jdn/etw* ~ (*fig*) to rebel *or* revolt against sb/sth

aufbauschen *v/t & v/r sep* to blow out;

(*fig*) to blow up

Aufbaustudium *nt* UNIV course of further study

aufbegehren *past part* **aufbegehrt** *v/i sep* (*elev*) to revolt (*gegen* against)

aufbehalten *past part* **aufbehalten** *v/t sep irr Hut, Brille etc* to keep on

aufbekommen *past part* **aufbekommen** *v/t sep irr* (*infml*) **1.** (≈ *öffnen*) to get open **2.** *Aufgabe* to get as homework

aufbereiten *past part* **aufbereitet** *v/t sep* to process; *Daten* to edit; *Text etc* to work up **Aufbereitung** *f* ⟨*-, -en*⟩ processing; (*von Daten*) editing; (*von Texten*) working up

aufbessern *v/t sep* to improve

aufbewahren *past part* **aufbewahrt** *v/t sep* to keep **Aufbewahrung** *f* (≈ *das Aufbewahren*) keeping; (*von Lebensmitteln*) storage; *jdm etw zur* ~ *übergeben* to give sth to sb for safekeeping

aufbieten *v/t sep irr Menschen, Mittel* to muster; *Kräfte, Fähigkeiten* to summon (up); *Militär, Polizei* to call in **Aufbietung** *f* ⟨*-, no pl*⟩ *unter or bei* ~ *aller Kräfte ...* summoning (up) all his/her *etc* strength ...

aufbinden *v/t sep irr* **1.** (≈ *öffnen*) *Schuh etc* to undo **2.** *lass dir doch so etwas nicht* ~ (*fig*) don't fall for that

aufblähen *sep* **I** *v/t* (*fig*) to inflate **II** *v/r* to blow out; MED to become swollen

aufblasbar *adj* inflatable **aufblasen** *sep irr* **I** *v/t Ballon* to blow up **II** *v/r* (*fig pej*) to puff oneself up; → *aufgeblasen*

aufbleiben *v/i sep irr aux sein* **1.** (≈ *nicht schlafen gehen*) to stay up **2.** (≈ *geöffnet bleiben*) to stay open

aufblenden *sep* **I** *v/i* PHOT to open up the lens; FILM to fade in; AUTO to turn the headlights on full (beam) **II** *v/t* AUTO *Scheinwerfer* to turn on full (beam)

aufblicken *v/i sep* to look up; *zu jdm/etw* ~ to look up to sb/sth

aufblitzen *v/i sep* **1.** (*Licht, Augen*) to flash **2.** *aux sein* (*fig*) (*Emotion*) to flare up

aufblühen *v/i sep aux sein* **1.** (*Blume*) to bloom **2.** (*fig*) (*Mensch*) to blossom out; *das ließ die Stadt* ~ it allowed the town to flourish

aufbocken *v/t sep Auto* to jack up

aufbrauchen *v/t sep* to use up

aufbrausen *v/i sep aux sein* **1.** (*Brandung etc*) to surge; (*fig: Beifall, Jubel*) to

break out **2.** (*fig: Mensch*) to flare up
aufbrausend *adj* irascible
aufbrechen *sep irr* **I** *v/t* to break open; *Auto* to break into; *Asphalt, Oberfläche* to break up **II** *v/i aux sein* **1.** (≈ *sich öffnen*) to break up; (*Knospen, Wunde*) to open **2.** (≈ *sich auf den Weg machen*) to set off
aufbringen *v/t sep irr* **1.** (≈ *beschaffen*) to find **2.** (≈ *erzürnen*) to make angry; *jdn gegen jdn/etw* ~ to set sb against sb/sth; → **aufgebracht**
Aufbruch *m, no pl* departure; *das Zeichen zum* ~ *geben* to give the signal to set off **Aufbruch(s)stimmung** *f hier herrscht schon* ~ (*bei Party etc*) it's (all) breaking up
aufbrühen *v/t sep* to brew up
aufbürden *v/t sep* (*elev*) *jdm etw* ~ (*lit*) to load sth onto sb; (*fig*) to encumber sb with sth
aufdecken *sep v/t* to uncover; *Spielkarten* to show; *Verbrechen* to expose; *Schwäche* to lay bare
aufdonnern *v/r sep* (*pej infml*) to get tarted up (*Br pej infml*), to deck oneself out (*US infml*); → **aufgedonnert**
aufdrängen *sep* **I** *v/t jdm etw* ~ to impose *or* force sth on sb **II** *v/r* to impose; *dieser Gedanke drängte sich mir auf* **I** couldn't help thinking that
aufdrehen *sep* **I** *v/t Wasser etc* to turn on; *Ventil* to open; *Lautstärke* to turn up **II** *v/i* (*infml*) (≈ *beschleunigen*) to put one's foot down hard; (*fig* ≈ *loslegen*) to get going; → **aufgedreht**
aufdringlich *adj Mensch* pushy (*infml*); *Farbe* loud; *Geruch* overpowering
Aufdruck *m, pl* **-drucke** (≈ *Aufgedrucktes*) imprint **aufdrucken** *v/t sep etw auf etw* (*acc*) ~ to print sth on sth
aufdrücken *v/t sep* **1.** *etw auf etw acc* ~ to press sth on sth; (≈ *aufdrucken*) to stamp sth on sth **2.** (≈ *öffnen*) *Tür etc* to push open
aufeinander [auf|ai'nandɐ] *adv* on (top of) each other; ~ *zufahren* to drive toward(s) each other **Aufeinanderfolge** *f, no pl* sequence; *in schneller* ~ in quick succession **aufeinanderfolgen** *v/i sep aux sein* to follow each other; ~*d* (*zeitlich*) successive **aufeinandertreffen** *v/i sep irr aux sein* (*Gruppen etc*) to meet; (*Meinungen*) to clash
Aufenthalt ['auf|ɛnthalt] *m* stay; *esp* RAIL

stop; (*bei Anschluss*) wait; *der Zug hat 20 Minuten* ~ the train stops for 20 minutes; *wie lange haben wir* ~? how long do we stop for? **Aufenthaltserlaubnis** *f* residence permit **Aufenthaltsort** *m, pl* **-orte** whereabouts *sg or pl*; JUR abode, residence **Aufenthaltsraum** *m* day room; (*auf Flughafen*) lounge
auferlegen *past part* **auferlegt** *v/t sep or insep* (*elev*) to impose (*jdm on sb*)
auferstehen *past part* **auferstanden** *v/i sep or insep irr aux sein* to rise from the dead; *Christus ist auferstanden* Christ is (a)risen **Auferstehung** ['auf|ɛɐʃteːʊŋ] *f* ‹-, -en› resurrection
aufessen *sep irr v/t* to eat up
auffädeln *v/t sep* to thread *or* string (together)
auffahren *sep irr* **I** *v/i aux sein* **1.** (≈ *aufprallen*) *auf jdn/etw* ~ to run into sb/sth **2.** (≈ *näher heranfahren*) to drive up; *zu dicht* ~ to drive too close behind (the car in front) **3.** (≈ *aufschrecken*) to start; *aus dem Schlaf* ~ to awake with a start **II** *v/t* (*infml*) *Getränke etc* to serve up; *Speisen, Argumente* to dish up (*infml*) **Auffahrt** *f* (≈ *Zufahrt*) approach (road); (*bei Haus etc*) drive; (≈ *Rampe*) ramp **Auffahrunfall** *m* (*von zwei Autos*) collision; (*von mehreren Autos*) pile-up
auffallen *sep irr v/i aux sein* (≈ *sich abheben*) to stand out; (≈ *unangenehm auffallen*) to attract attention; *angenehm/unangenehm* ~ to make a good/bad impression; *so etwas fällt doch nicht auf* that will never be noticed; *das muss dir doch aufgefallen sein!* surely you must have noticed (it)! **auffallend I** *adj* noticeable; *Ähnlichkeit, Kleider* striking **II** *adv* noticeably; *schön* strikingly; *stimmt* ~! (*hum*) too true! **auffällig I** *adj* conspicuous; *Kleidung* striking **II** *adv* conspicuously; *sich* ~ *verhalten* to get oneself noticed
auffangen *v/t sep irr* to catch; *Aufprall etc* to cushion; *Verluste* to offset **Auffanglager** *nt* reception camp
auffassen *sep* **I** *v/t* (≈ *interpretieren*) to interpret; *etw falsch/richtig* ~ to take sth the wrong way/in the right way **II** *v/i* to understand **Auffassung** *f* (≈ *Meinung*) opinion; (≈ *Begriff*) conception; *nach meiner* ~ in my opinion **Auffassungsgabe** *f* *er hat eine leichte or schnelle* ~ he is quick on the uptake

auffindbar *adj* **es ist nicht ~** it can't be found; **es ist schwer ~** it's hard to find

auffinden *v/t sep irr* to find

auffischen *v/t sep* to fish up; (*infml*) *Schiffbrüchige* to fish out

aufflackern *v/i sep aux sein* to flare up

aufflammen *v/i sep aux sein* (*Feuer, Unruhen etc*) to flare up

auffliegen *v/i sep irr aux sein* **1.** (≈ *hochfliegen*) to fly up; (≈ *sich öffnen*) to fly open **2.** (*fig infml, Rauschgiftring*) to be busted (*infml*); **eine Konferenz ~ lassen** to break up a meeting

auffordern *v/t sep* to ask; (≈ *zum Tanz bitten*) to ask to dance **Aufforderung** *f* request; (*nachdrücklicher*) demand; (≈ *Einladung*) invitation

aufforsten *v/t sep Gebiet* to reafforest; *Wald* to retimber

auffressen *sep irr v/t* to eat up; **er wird dich deswegen nicht gleich ~** (*infml*) he's not going to eat you (*infml*)

auffrischen *sep* **I** *v/t* to freshen (up); (*fig*) *Erinnerungen* to refresh; *Kenntnisse* to polish up; *persönliche Beziehungen* to renew **II** *v/i aux sein or haben* (*Wind*) to freshen **Auffrischungskurs** *m* refresher course

aufführen *sep* **I** *v/t* **1.** *Drama, Oper* to stage; *Musikwerk* to perform **2.** (≈ *auflisten*) to list; **einzeln ~** to itemize **II** *v/r* to behave **Aufführung** *f* (*von Drama, Oper*) staging; (≈ *Vorstellung*) performance

auffüllen *v/t sep* **1.** (≈ *vollständig füllen*) to fill up; (≈ *nachfüllen*) to top up **2.** (≈ *ergänzen*) *Vorräte* to replenish

Aufgabe *f* **1.** (≈ *Arbeit, Pflicht*) job, task; **sich** (*dat*) **etw zur ~ machen** to make sth one's business **2.** (≈ *Funktion*) purpose **3.** (*esp SCHOOL, zur Übung*) exercise; (*usu pl* ≈ *Hausaufgabe*) homework *no pl* **4.** (*von Koffer, Gepäck*) registering; AVIAT checking (in); (*von Anzeige*) placing *no pl* **5.** MIL *etc* surrender **6.** (*von Geschäft*) giving up

aufgabeln *v/t sep* (*fig infml*) *jdn* to pick up (*infml*)

Aufgabenbereich *m* area of responsibility

Aufgang *m, pl* **-gänge 1.** (*von Sonne, Mond*) rising **2.** (≈ *Treppenaufgang*) stairs *pl*

aufgeben *sep irr* **I** *v/t* **1.** *Hausaufgaben* to give; *Problem* to pose (*jdm for sb*) **2.**

Koffer, Gepäck to register; *Fluggepäck* to check in; *Brief, Paket* to post (*Br*), to mail (*esp US*); *Anzeige, Bestellung* to place **3.** *Kampf, Hoffnung etc* to give up **II** *v/i* (≈ *sich geschlagen geben*) to give up *or* in; MIL to surrender

aufgeblasen ['aufgəblaːzn] *adj* (*fig*) self-important; → *aufblasen*

Aufgebot *nt* **1.** **das ~ bestellen** to give notice of one's intended marriage; ECCL to post the banns **2.** (≈ *Ansammlung*) (*von Menschen*) contingent; (*von Material etc*) array

aufgebracht ['aufgəbraxt] *adj* outraged; → *aufbringen*

aufgedonnert ['aufgədɔnɐt] *adj* (*pej infml*) tarted-up (*Br pej infml*), decked-out (*US infml*); → *aufdonnern*

aufgedreht ['aufgədreːt] *adj* (*infml*) in high spirits; → *aufdrehen*

aufgedunsen *adj* bloated

aufgehen *v/i sep irr aux sein* **1.** (*Sonne, Mond*) to come up **2.** (≈ *sich öffnen*) to open; (*Knopf etc*) to come undone **3.** COOK to rise **4.** (≈ *klar werden*) **jdm geht etw auf** sth dawns on sb **5.** (MAT: *Rechnung etc*) to work out **6.** (≈ *seine Erfüllung finden*) **in etw** (*dat*) **~** to be taken up with sth

aufgehoben ['aufgəhoːbn] *adj* (**bei jdm**) **gut/schlecht ~ sein** to be/not to be in good hands (with sb); → *aufheben*

aufgeklärt ['aufgəklɛːrt] *adj* enlightened; **~ sein** (*sexualkundlich*) to know the facts of life; → *aufklären*

aufgekratzt ['aufgəkratst] *adj* (*infml*) in high spirits; → *aufkratzen*

aufgelegt ['aufgəleːkt] *adj* **gut/schlecht** *etc* **~** in a good/bad *etc* mood; (**dazu**) **~ sein, etw zu tun** to feel like doing sth; → *auflegen*

aufgelöst ['aufgələːst] *adj* (≈ *außer sich*) distraught; (≈ *bestürzt*) upset; **in Tränen ~** in tears; → *auflösen*

aufgeregt ['aufgəreːkt] **I** *adj* (≈ *erregt*) excited; (≈ *nervös*) nervous **II** *adv* excitedly; → *aufregen*

aufgeschlossen ['aufgəʃlɔsn] *adj* (≈ *nicht engstirnig*) open-minded; (≈ *empfänglich*) open (*für, gegenüber* to); → *aufschließen* **Aufgeschlossenheit** *f* ⟨-, *no pl*⟩ open-mindedness; (≈ *Empfänglichkeit*) openness (*für, gegenüber* to)

aufgeschmissen ['aufgəʃmɪsn] *adj pred*

(*infml*) stuck (*infml*)

aufgeweckt ['aufgəvɛkt] *adj* bright; → **aufwecken**

aufgewühlt ['aufgəvy:lt] *adj* (*elev*) agitated; *Wasser, Meer* turbulent; → **aufwühlen**

aufgießen *v/t sep irr Kaffee, Tee* to make

aufgliedern *sep* I *v/t* to split up II *v/r* to break down (*in* +*acc* into)

aufgraben *v/t sep irr* to dig up

aufgreifen *v/t sep irr* 1. (≈ *festnehmen*) to pick up 2. *Thema, Gedanken* to take up

aufgrund [auf'grʊnt] *prep* +*gen* on the basis of; ~ *einer Verwechslung* because of a mistake

Aufguss *m* brew, infusion; (*fig pej*) rehash **Aufgussbeutel** *m* (≈ *Teebeutel*) tea bag

aufhaben *sep irr* I *v/t* 1. *Hut, Brille* to have on 2. (SCHOOL: *als Hausaufgabe*) *etw* ~ to have sth (to do) II *v/i* (*Laden etc*) to be open

aufhalsen ['aufhalzn] *v/t sep* (*infml*) *jdm/sich etw* ~ to land sb/oneself with sth (*infml*)

aufhalten *sep irr* I *v/t* 1. to stop; (≈ *verlangsamen*) to hold up; (≈ *stören*) to hold back (*bei* from); *ich will dich nicht länger* ~ I don't want to hold you back any longer 2. (*infml* ≈ *offen halten*) to keep open; *die Hand* ~ to hold one's hand out II *v/r* 1. (≈ *an einem Ort bleiben*) to stay 2. (*bei der Arbeit etc*) to take a long time (*bei* over) 3. (≈ *sich befassen*) *sich bei etw* ~ to dwell on sth

aufhängen *sep* I *v/t* 1. *Kleidung, Bild* to hang up; AUTO *Rad* to suspend 2. (≈ *töten*) to hang (*an* +*dat* from) II *v/r* (≈ *sich töten*) to hang oneself (*an* +*dat* from) **Aufhängung** ['aufhɛŋʊŋ] *f* ⟨-, -en⟩ TECH suspension

aufhäufen *v/t & v/r sep* to accumulate

aufheben *sep irr* I *v/t* 1. (*vom Boden*) to pick up 2. (≈ *nicht wegwerfen*) to keep; → **aufgehoben** 3. (≈ *ungültig machen*) to abolish; *Vertrag* to cancel; *Urteil* to quash; *Verlobung* to break off 4. (≈ *beenden*) *Blockade* to lift 5. (≈ *ausgleichen*) to offset II *v/r* (≈ *sich ausgleichen*) to offset each other **Aufheben** *nt* ⟨-*s, no pl*⟩ fuss; *viel* ~(*s*) *machen* to make a lot of fuss (*von, um* about) **Aufhebung** *f* 1. (≈ *Abschaffung*) abolition; (*von Vertrag*) cancellation; (*von Urteil*) quashing; (*von Verlobung*) breaking off 2.

(≈ *Beendigung*) (*von Blockade etc*) lifting

aufheitern ['aufhaitɐn] *sep* I *v/t jdn* to cheer up II *v/r* (*Himmel*) to clear; (*Wetter*) to clear up

aufhellen ['aufhɛlən] *sep* I *v/t* to brighten (up); *Haare* to lighten; (*fig* ≈ *klären*) to shed light upon II *v/r* to brighten (up)

aufhetzen *v/t sep* to stir up; *jdn zu etw* ~ to incite sb to (do) sth

aufheulen *v/i sep* to howl (*vor* with); (*Sirene*) to (start to) wail; (*Motor, Menge*) to (give a) roar

aufholen *sep* I *v/t* to make up; *Versäumtes* ~ to make up for lost time II *v/i* to catch up

aufhorchen *v/i sep* to sit up (and take notice)

aufhören *v/i sep* to stop; (*bei Arbeitsstelle*) to finish; *hör doch endlich auf!* (will you) stop it!; *mit etw* ~ to stop sth

aufkaufen *v/t sep* to buy up

aufklappen *sep v/t* to open up; *Klappe* to lift up; *Verdeck* to fold back

aufklaren ['aufkla:rən] *sep v/i* (*Wetter*) to brighten (up); (*Himmel*) to clear

aufklären *sep* I *v/t* 1. to clear up; *Verbrechen, Rätsel* to solve 2. *jdn* to enlighten; *Kinder* ~ (*sexualkundlich*) to tell children the facts of life; *jdn über etw* (*acc*) ~ to inform sb about sth; → **aufgeklärt** II *v/r* (*Irrtum etc*) to resolve itself; (*Himmel*) to clear **Aufklärung** *f* 1. PHIL *die* ~ the Enlightenment 2. (*von Missverständnis*) clearing up; (*von Verbrechen, Rätsel*) solution 3. (*sexuelle*) ~ (*in Schulen*) sex education 4. MIL reconnaissance **Aufklärungsfilm** *m* sex education film **Aufklärungsflugzeug** *nt* reconnaissance plane; (*klein*) scout (plane) **Aufklärungsquote** *f* (*in Kriminalstatistik*) percentage of cases solved **Aufklärungssatellit** *m* spy satellite

aufkleben *v/t sep* to stick on **Aufkleber** [-kle:bɐ] *m* ⟨-*s, -*⟩ sticker

aufknöpfen *v/t sep* (≈ *öffnen*) to unbutton, to undo; *aufgeknöpft Hemd* unbuttoned

aufkochen *sep* I *v/t* to bring to the (*Br*) or a (*US*) boil; (≈ *erneut kochen lassen*) to boil up again II *v/i aux sein etw* ~ *lassen* to bring sth to the (*Br*) or a (*US*) boil

aufkommen *v/i sep irr aux sein* 1. (≈ *entstehen*) to arise; (*Wind*) to get up; (*Mode etc*) to appear (on the scene); *etw* ~ *las-*

sen *(fig)* *Zweifel, Kritik* to give rise to sth **2.** ~ **für** (≈ *Kosten tragen*) to bear the costs of; (≈ *Haftung tragen*) to be liable for; **für den Schaden** ~ to pay for the damage **3.** (≈ *auftreffen*) to land *(auf +dat* on) **Aufkommen** *nt* ‹*-s, -*› **1.** *no pl* (≈ *das Auftreten*) appearance **2.** *(von Steuern)* revenue *(aus, +gen* from)

aufkratzen *sep v/t* to scratch; *Wunde* to scratch open; → *aufgekratzt*

aufkreuzen *v/i sep aux sein (infml* ≈ *erscheinen*) to show up *(infml)*

aufkriegen *v/t sep (infml)* = *aufbekommen*

auflachen *v/i sep* to (give a) laugh

Aufladegerät *nt* → *Ladegerät* **aufladen** *sep irr* **I** *v/t* **1.** *etw* **(auf etw** *acc*) ~ to load sth on(to) sth; *jdm/sich etw* ~ *(fig)* to saddle sb/oneself with sth **2.** *(elektrisch)* to charge; (≈ *neu aufladen)* to recharge; *Geldkarte* to reload; *Karte von Prepaidhandy* to top up **II** *v/r (Batterie etc)* to be charged; *(neu)* to be recharged

Auflage *f* **1.** (≈ *Ausgabe)* edition; *(von Zeitung)* circulation **2.** *(von Bedingung)* condition; *jdm etw zur* ~ **machen** to impose sth on sb as a condition **Auflage(n)höhe** *f (von Buch)* number of copies published; *(von Zeitung)* circulation

auflassen *v/t sep irr (infml* ≈ *offen lassen)* to leave open; (≈ *aufbehalten)* *Hut* to keep on; *das Kind länger* ~ to let the child stay up (longer)

auflauern *v/i +dat sep* to lie in wait for

Auflauf *m* **1.** (≈ *Menschenauflauf)* crowd **2.** COOK (baked) pudding **auflaufen** *v/i sep irr aux sein* **1.** *(Schiff)* to run aground; *jdn* ~ **lassen** to drop sb in it *(infml)* **2.** (≈ *aufprallen)* **auf jdn/etw** ~ to run into sb/sth **Auflaufform** *f* COOK ovenproof dish

aufleben *v/i sep aux sein* to revive; (≈ *munter werden)* to liven up; *Erinnerungen wieder* ~ **lassen** to revive memories

auflegen *sep* **I** *v/t* **1.** *Tischdecke, CD* to put on; *Gedeck* to lay; *Hörer* to replace **2.** (≈ *herausgeben)* *Buch* to bring out **3.** FIN *Aktien* to issue; *Fonds* to set up **4.**; → *aufgelegt* **II** *v/i* (≈ *Telefonhörer auflegen)* to hang up

auflehnen *v/r sep* **sich gegen jdn/etw** ~ to rebel against sb/sth

auflesen *v/t sep irr* to pick up

aufleuchten *v/i sep aux sein or haben* to light up

aufliegen *sep irr v/i* (≈ *auf etw sein)* to lie on top; *(Hörer)* to be on

auflisten ['auflɪstn] *v/t sep* to list

auflockern *sep* **I** *v/t* **1.** *Boden* to loosen (up); *die Muskeln* ~ to loosen up (one's muscles) **2.** (≈ *abwechslungsreicher machen)* to make less monotonous **3.** (≈ *entspannen)* *Verhältnis, Atmosphäre* to ease; **in aufgelockerter Stimmung** in a relaxed mood **II** *v/r* **1.** SPORTS to limber up **2.** *(Bewölkung)* to disperse

auflodern *v/i sep aux sein* to flare up; (≈ *lodernd brennen)* to blaze

auflösen *sep* **I** *v/t* **1.** *(in Flüssigkeit)* to dissolve; → *aufgelöst* **2.** *Widerspruch* to clear up; *Rätsel* to solve **3.** *Wolken, Versammlung* to disperse **4.** (≈ *aufheben)* to dissolve *(auch* PARL*)*; *Einheit, Gruppe* to disband; *Firma* to wind up; *Verlobung* to break off; *Konto* to close; *Haushalt* to break up **II** *v/r* **1.** *(in Flüssigkeit)* to dissolve **2.** (≈ *sich zerstreuen)* to disperse **3.** *(Firma)* to cease trading; (≈ *sich formell auflösen: esp* PARL*)* to dissolve **4.** **sich in etw** *(acc)* ~ (≈ *verwandeln)* to turn into sth **Auflösung** *f* **1.** *(in Bestandteile)* resolution; *(von Firma)* winding up; *(von Parlament)* dissolution **2.** (≈ *Lösung)* *(von Problem etc)* resolution; *(von Rätsel)* solution *(+gen, von* to) **3.** (PHOT, *von Bildschirm)* resolution

aufmachen *sep* **I** *v/t* **1.** (≈ *öffnen)* to open; (≈ *lösen)* to undo; *Haar* to loosen **2.** (≈ *eröffnen, gründen)* to open (up) **3.** **der Prozess wurde groß aufgemacht** the trial was given a big spread **II** *v/i* (≈ *Tür öffnen)* to open up **III** *v/r* (≈ *aufbrechen)* to set out **Aufmacher** *m* PRESS lead **Aufmachung** ['aufmaxʊŋ] *f* ‹*-, -en*› **1.** (≈ *Kleidung)* turnout; **in großer** ~ in full dress **2.** (≈ *Gestaltung)* presentation; *(von Seite, Zeitschrift)* layout

aufmarschieren *past part* **aufmarschiert** *v/i sep aux sein* (≈ *heranmarschieren)* to march up; (≈ *vorbeimarschieren)* to march past

aufmerksam ['aufmɛrkzaːm] **I** *adj* **1.** *Zuhörer, Schüler* attentive; (≈ *scharf beobachtend)* observant; *jdn auf etw* *(acc)* ~ **machen** to draw sb's attention to sth; **auf jdn/etw** ~ **werden** to become aware of sb/sth **2.** (≈ *zuvorkommend)* attentive; **(das ist) sehr** ~ **von Ihnen** (that's) most kind of you **II** *adv* *zusehen* carefully; *zuhören* attentively **Aufmerksam-**

keit *f* ⟨**-, -en**⟩ **1.** *no pl* attention; **das ist meiner ~ entgangen** that escaped my notice **2.** *no pl* (≈ *Zuvorkommenheit*) attentiveness **3.** (≈ *Geschenk*) **kleine ~en** little gifts

aufmischen *v/t sep* (*infml*) (≈ *in Unruhe versetzen*) to stir up; (≈ *verprügeln*) to beat up

aufmöbeln ['aʊfmøːbln] *v/t sep* (*infml*) *Gegenstand* to do up (*infml*)

aufmuntern ['aʊfmʊntɐn] *v/t sep* (≈ *aufheitern*) to cheer up; (≈ *beleben*) to liven up; **ein ~des Lächeln** an encouraging smile **Aufmunterung** *f* ⟨**-, -en**, *no pl*⟩ cheering up; (≈ *Belebung*) livening up

aufmüpfig ['aʊfmʏpfɪç] *adj* (*infml*) rebellious

aufnähen *v/t sep* to sew on (*auf +acc* -to)

Aufnahme ['aʊfnaːmə] *f* ⟨**-, -n**⟩ **1.** (≈ *Empfang*) reception; **die ~ ins Krankenhaus** admission (in)to hospital **2.** (*in Verein*) admission (*in +acc* to) **3.** *no pl* (*von Kapital*) raising **4.** *no pl* (*von Protokoll*) taking down **5.** *no pl* (*von Gespräch etc*) start; (*von Tätigkeit*) taking up; (*von Beziehung*) establishment **6.** *no pl* (≈ *das Filmen*) filming, shooting (*infml*); **Achtung, ~!** action! **7.** (≈ *Fotografie*) photo(graph); (*auf Tonband*) recording **aufnahmefähig** *adj* **für etw ~ sein** to be able to take sth in **Aufnahmegebühr** *f* enrolment (*Br*) *or* enrollment (*US*) fee; (*in Verein*) admission fee **Aufnahmeprüfung** *f* entrance examination **aufnehmen** *v/t sep irr* **1.** (*vom Boden*) to pick up; (≈ *heben*) to lift up **2.** (≈ *empfangen*) to receive **3.** (≈ *unterbringen*) to take (in); (≈ *fassen*) to take **4.** (*in Verein, Schule etc*) to admit (*in +acc* to) **5.** (≈ *absorbieren*) to absorb; **etw in sich** (*dat*) **~** to take sth in **6.** (≈ *beginnen*) to begin; *Tätigkeit, Studium* to take up; *Beziehung* to establish **7.** *Kapital* to borrow; *Kredit* to take out **8.** *Protokoll* to take down **9.** (≈ *fotografieren*) to take (a photo(graph) of); (≈ *filmen*) to film, to shoot (*infml*); (*auf Tonband*) to record **10. es mit jdm nicht ~ können** to be no match for sb

aufnötigen *v/t sep* **jdm etw ~** to force sth on sb

aufopfern *v/r sep* to sacrifice oneself **aufopfernd** *adj Mensch* self-sacrificing; *Liebe, Arbeit* devoted

aufpäppeln *v/t sep* (*infml*) (*mit Nahrung*) to feed up

aufpassen *v/i sep* **1.** (≈ *beaufsichtigen*) **auf jdn/etw ~** to keep an eye on sb/ sth **2.** (≈ *achtgeben*) to pay attention; **pass auf!** look, watch; (≈ *Vorsicht*) watch out **Aufpasser** ['aʊfpasɐ] *m* ⟨**-s, -**⟩, **Aufpasserin** [-ərɪn] *f* ⟨**-, -nen**⟩ (*pej* ≈ *Spitzel*) spy (*pej*); (*für VIP etc*) minder; (≈ *Wächter*) guard

aufplatzen *v/i sep aux sein* to burst open; (*Wunde*) to open up

aufplustern *sep v/r* (*Vogel*) to puff itself up; (*Mensch*) to puff oneself up

aufpolieren *past part* **aufpoliert** *v/t sep* to polish up

aufpoppen ['aʊfpɔpn] *v/i sep* IT *Popup--Fenster etc* to pop up

Aufprall *m* impact **aufprallen** *v/i sep aux sein* **auf etw** (*acc*) **~** to strike sth; (*Fahrzeug*) to collide with sth

Aufpreis *m* extra charge; **gegen ~** for an extra charge

aufpumpen *v/t sep Reifen, Ballon* to inflate; *Fahrrad* to pump up the tyres (*Br*) *or* tires (*US*) of

aufputschen *sep v/t* **1.** (≈ *aufwiegeln*) to rouse; *Gefühle* to stir up **2.** (*durch Reizmittel*) to stimulate; **~de Mittel** stimulants **Aufputschmittel** *nt* stimulant

aufraffen *v/r sep* **sich zu etw ~** (*infml*) to rouse oneself to do sth

aufragen *v/i sep aux sein or haben* to rise

aufräumen *sep* **I** *v/t* to tidy up; **aufgeräumt** *Zimmer* tidy **II** *v/i* **mit etw ~** to do away with sth

aufrechnen *v/t sep* **1. jdm etw ~** to charge sth to sb *or* to sb's account **2. etw gegen etw ~** to offset sth against sth

aufrecht ['aʊfrɛçt] **I** *adj* upright **II** *adv* upright; **~ sitzen** to sit up(right) **aufrechterhalten** *past part* **aufrechterhalten** *v/t sep irr* to maintain **Aufrechterhaltung** *f* maintenance; (*von Kontakten*) keeping up

aufregen *sep* **I** *v/t* (≈ *ärgerlich machen*) to annoy; (≈ *nervös machen*) to make nervous; (≈ *beunruhigen*) to agitate; (≈ *erregen*) to excite **II** *v/r* to get worked up (*infml*) (*über +acc* about); → **aufgeregt aufregend** *adj* exciting **Aufregung** *f* excitement *no pl*; (≈ *Beunruhigung*) agitation *no pl*; **nur keine ~!** don't get excited; **jdn in ~ versetzen** to get sb in a state (*infml*)

aufreiben *sep irr v/t* **1.** (≈ *wund reiben*)

Haut etc to chafe **2.** (*fig ≈ zermürben*) to wear down **aufreibend** *adj* (*fig*) wearing; (*stärker*) stressful

aufreihen *sep* **I** *v/t* (*in Linie*) to line up; *Perlen* to string **II** *v/r* to line up

aufreißen *sep irr* **I** *v/t* **1.** (*≈ aufbrechen*) to tear open; *Straße* to tear up **2.** *Tür, Fenster* to fling open; *Augen, Mund* to open wide **3.** (*infml*) *Mädchen* to pick up (*infml*) **II** *v/i aux sein* (*Naht*) to split; (*Wunde*) to tear open; (*Wolkendecke*) to break up

aufreizen *v/t sep* **1.** (*≈ herausfordern*) to provoke **2.** (*≈ erregen*) to excite **aufreizend** *adj* provocative

aufrichten *sep* **I** *v/t* **1.** *Gegenstand* to set upright; *Oberkörper* to raise (up) **2.** (*fig: moralisch*) to lift **II** *v/r* (*≈ gerade stehen*) to stand up (straight); **sich im Bett ~** to sit up in bed **aufrichtig I** *adj* sincere (*zu, gegen* towards) **II** *adv* sincerely; *hassen* truly **Aufrichtigkeit** *f* sincerity (*zu, gegen* towards)

aufrollen *v/t sep* **1.** (*≈ zusammenrollen*) to roll up; *Kabel* to wind up **2.** (*≈ entrollen*) to unroll; *Fahne* to unfurl; *Kabel* to unwind **3.** (*fig*) **einen Fall/Prozess wieder ~** to reopen a case / trial

aufrücken *v/i sep aux sein* to move up; (*≈ befördert werden*) to be promoted

Aufruf *m* appeal (*an +acc* to); **einen ~ an jdn richten** to appeal to sb; **letzter ~ für Flug LH 1615** last call for flight LH 1615 **aufrufen** *sep irr* **I** *v/t* **1.** to call **2.** (*≈ auffordern*) **jdn ~, etw zu tun** to appeal to sb to do sth; **Arbeiter zum Streik ~** to call upon workers to strike **3.** *JUR Zeugen* to summon **II** *v/i* **zum Streik ~** to call for a strike

Aufruhr ['aufruːɐ] *m* ⟨**-(e)s, -e**⟩ **1.** (*≈ Auflehnung*) rebellion **2.** (*≈ Erregung*) turmoil; **jdn in ~ versetzen** to throw sb into turmoil **Aufrührer** ['aufryːrɐ] *m* ⟨**-s, -**⟩, **Aufrührerin** [-ərɪn] *f* ⟨**-, -nen**⟩ rabble-rouser **aufrührerisch** ['aufryːrərɪʃ] *adj* **1.** (*≈ aufwiegelnd*) *Rede* rabble-rousing **2.** *attr* (*≈ in Aufruhr*) rebellious; (*≈ meuternd*) mutinous

aufrunden *v/t sep* to round up (*auf +acc* to)

aufrüsten *v/t sep* **1.** (*also v/i*, MIL) to arm; **ein Land atomar ~** to give a country nuclear arms; **wieder ~** to rearm **2.** TECH *Gerät, Computer* to upgrade **Aufrüstung** *f* MIL arming

aufrütteln *v/t sep* to rouse (*aus* from)

aufs [aufs] = **auf das**

aufsagen *v/t sep Gedicht etc* to recite

aufsammeln *v/t sep* to pick up

aufsässig ['aufzɛsɪç] *adj* rebellious

Aufsatz *m* **1.** essay **2.** (*≈ oberer Teil*) top part

aufsaugen *v/t sep irr or regular Flüssigkeit* to soak up; (*fig*) to absorb; **etw mit dem Staubsauger ~** to vacuum sth up

aufschichten *v/t sep* to stack

aufschieben *v/t sep irr Fenster, Tür* to slide open; (*fig ≈ verschieben*) to put off

Aufschlag *m* **1.** (*≈ das Aufschlagen*) impact; (*≈ Geräusch*) crash **2.** TENNIS *etc* serve; **wer hat ~?** whose serve is it? **3.** (*≈ Preisaufschlag*) surcharge **4.** (*≈ Ärmelaufschlag*) cuff **aufschlagen** *sep irr* **I** *v/i* **1.** *aux sein* (*≈ auftreffen*) **auf etw** (*dat*) **~** to hit sth **2.** *aux haben or* (*rare*) *sein* (*Preise*) to go up (*um* by) **3.** TENNIS *etc* to serve **II** *v/t* **1.** (*≈ öffnen*) to crack; *Eis* to crack a hole in; **jdm / sich den Kopf ~** to crack open sb's / one's head **2.** (*≈ aufklappen*) to open; *Bett* to turn back; *Kragen etc* to turn up; **schlagt Seite 111 auf** open your books at page 111 **3.** (*≈ aufbauen*) *Zelt* to pitch, to put up; (*Nacht*)*lager* to set up **4.** COMM **10% auf etw** (*acc*) **~** to put 10% on sth

aufschließen *sep irr* **I** *v/t* (*≈ öffnen*) to unlock **II** *v/i* **1.** (*≈ öffnen*) (*jdm*) **~** to unlock the door (for sb) **2.** (*≈ heranrücken*) to close up; SPORTS to catch up (*zu* with); → **aufgeschlossen**

aufschlitzen *v/t sep* to rip (open)

Aufschluss *m* (*≈ Aufklärung*) information *no pl*; **~ über etw** (*acc*) **verlangen** to demand an explanation of sth

aufschlüsseln ['aufʃlʏsln] *v/t sep* to break down (*nach* into); (*≈ klassifizieren*) to classify (*nach* according to)

aufschlussreich *adj* informative

aufschnappen *sep v/t* to catch; (*infml*) *Wort etc* to pick up

aufschneiden *sep irr* **I** *v/t* **1.** to cut open; *Braten* to carve; MED *Geschwür* to lance **2.** (*≈ in Scheiben schneiden*) to slice **II** *v/i* (*infml ≈ prahlen*) to boast **Aufschneider(in)** *m/(f)* (*infml*) boaster **Aufschnitt** *m, no pl* (assorted) sliced cold meat

aufschnüren *v/t sep* (*≈ lösen*) to untie

aufschrauben *v/t sep* to unscrew; *Flasche etc* to take the top off

aufschrecken sep pret **schreckte auf**, past part **aufgeschreckt I** v/t to startle; **jdn aus dem Schlaf ~** to rouse sb from sleep **II** v/i, pret also **schrak auf** aux sein to be startled; **aus dem Schlaf ~** to wake up with a start

Aufschrei m yell; (schriller Aufschrei) scream

aufschreiben v/t sep irr **etw ~** to write sth down; **sich** (dat) **etw ~** to make a note of sth

aufschreien v/i sep irr to yell out; (schrill) to scream out

Aufschrift f (≈ Beschriftung) inscription; (≈ Etikett) label

Aufschub m (≈ Verzögerung) delay; (≈ Vertagung) postponement

aufschürfen v/t sep **sich** (dat) **die Haut/ das Knie ~** to graze oneself/one's knee

aufschütten v/t sep **1.** Flüssigkeit to pour on; **Kaffee ~** to make coffee **2.** (≈ nachfüllen) Kohle to put on (the fire)

aufschwatzen v/t sep (infml) **jdm etw ~** to talk sb into taking sth

Aufschwung m **1.** (≈ Antrieb) lift; (der Wirtschaft etc) upturn (+gen in); **das gab ihr (einen) neuen ~** that gave her a lift **2.** (Turnen) swing-up

aufsehen v/i sep irr to look up **Aufsehen** nt ⟨**-s**, no pl⟩ **~ erregend** sensational; **großes ~ erregen** to cause a sensation; **ohne großes ~** without any fuss **aufsehenerregend** adj sensational **Aufseher** [-zeːɐ] m ⟨**-s**, **-**⟩, **Aufseherin** [-ərɪn] f ⟨**-**, **-nen**⟩ supervisor; (bei Prüfung) invigilator; (≈ Gefängnisaufseher) warder (Br), guard (US)

auf sein v/i irr aux sein **1.** (≈ aufgestanden) to be up **2.** (≈ geöffnet) to be open

aufseiten [auf'zaitn] prep +gen on the part of

aufsetzen sep **I** v/t **1.** (≈ auf etw setzen) to put on; Fuß to put down; (fig) Lächeln, Miene etc to put on **2.** (≈ aufrichten) Kranken etc to sit up **3.** (≈ verfassen) to draft **II** v/r to sit up **III** v/i (Flugzeug) to touch down

aufseufzen v/i sep (tief/laut) **~** to heave a (deep/loud) sigh

Aufsicht ['aufzɪçt] f ⟨**-**, **-en**⟩ **1.** no pl (≈ Überwachung) supervision (über +acc of); (≈ Obhut) charge; **~ über jdn/etw führen** to be in charge of sb/sth; **bei einer Prüfung ~ führen** to invigilate an exam **2.** (≈ Aufseher) supervisor **Auf-**sichtsbehörde f supervisory authority **Aufsichtsrat**[1] m (supervisory) board; **im ~ einer Firma sitzen** to be on the board of a firm

Aufsichtsrat[2] m, **Aufsichtsrätin** f member of the board

aufsitzen v/i sep irr **1.** aux sein (auf Fahrzeug) to get on; **aufs Pferd ~** to mount the horse **2.** aux sein (infml ≈ hereinfallen) **jdm/einer Sache ~** to be taken in by sb/sth

aufspalten v/t & v/r sep to split

aufsparen v/t sep to save (up)

aufsperren v/t sep **1.** (infml ≈ aufreißen) Tür, Schnabel to open wide; **die Ohren ~** to prick up one's ears **2.** (S Ger, Aus ≈ aufschließen) Tür etc to unlock

aufspielen v/r sep (infml ≈ sich wichtigtun) to give oneself airs; **sich als Boss ~** to play the boss

aufspießen v/t sep to spear; (mit Hörnern) to gore; Fleisch (mit Spieß) to skewer; (mit Gabel) to prong

aufsprechen v/t sep irr (TEL: auf Anrufbeantworter) to record

aufspringen v/i sep irr aux sein **1.** to jump up; **auf etw** (acc) **~** to jump onto sth **2.** (≈ sich öffnen: Tür) to burst open; (≈ platzen) to burst; (Haut, Lippen etc) to crack

aufspüren v/t sep to track down

aufstacheln v/t sep to spur (on)

aufstampfen v/i sep to stamp; **mit dem Fuß ~** to stamp one's foot

Aufstand m rebellion **Aufständische(r)** ['aufʃtɛndɪʃə] m/f(m) decl as adj rebel

aufstapeln v/t sep to stack up

aufstauen sep **I** v/t Wasser to dam; **etw in sich** (dat) **~** (fig) to bottle sth up inside (oneself) **II** v/r to accumulate; (fig: Ärger) to become bottled up

aufstehen v/i sep irr aux sein **1.** (≈ sich erheben) to get up **2.** (infml ≈ offen sein) to be open

aufsteigen v/i sep irr aux sein **1.** (auf Berg, Leiter) to climb (up); (Vogel) to soar (up); (Flugzeug) to climb; (Nebel, Gefühl) to rise; **auf ein Fahrrad/Motorrad ~** to get on(to) a bicycle/motorbike; **auf ein Pferd ~** to mount a horse **2.** (fig: im Rang etc) to rise (zu to); SPORTS to be promoted (in +acc to) **Aufsteiger** ['aufʃtaigɐ] m ⟨**-s**, **-**⟩, **Aufsteigerin** [-ərɪn] f ⟨**-**, **-nen**⟩ (SPORTS, in höhere Liga) promoted team; (sozialer) **~** social climber

aufstellen *sep* **I** *v/t* **1.** (≈ *aufbauen*) to put up (*auf* +*dat* on); *Zelt* to pitch; *Maschine* to install **2.** (*fig* ≈ *zusammenstellen*) *Truppe* to raise; SPORTS *Mannschaft* to draw up **3.** (≈ *benennen*) *Kandidaten* to nominate **4.** (≈ *erzielen*) *Rekord* to set (up) **5.** *Forderung* to put forward; *Liste* to make **II** *v/r* to stand; (*hintereinander*) to line up; *sich im Karree/Kreis etc* ~ to form a square / circle *etc* **Aufstellung** *f* **1.** (≈ *das Aufstellen*) putting up; (*von Zelt*) pitching; (*von Maschine*) installation **2.** *no pl* (*von Truppen*) raising; (*von Mannschaft*) drawing up **3.** *no pl* (*von Kandidaten*) nominating; (*von Rekord*) setting **4.** *no pl* (*von Forderung*) putting forward; (*von Liste*) drawing up **5.** (≈ *Liste*) list; (≈ *Tabelle*) table; (≈ *Inventar*) inventory **6.** (≈ *Mannschaft*) line-up (*infml*), team

Aufstieg ['aufʃtiːk] *m* ⟨-(e)s, -e [-gə]⟩ **1.** *no pl* (*auf Berg, von Flugzeug*) climb **2.** (*fig*) rise; (*beruflich, politisch, sozial*) advancement; SPORTS rise; (*in höhere Liga*) promotion (*in* +*acc* to) **3.** (≈ *Weg*) way up (*auf etw* (*acc*) sth) **Aufstiegschance** *f* prospect of promotion **Aufstiegsrunde** *f* SPORTS qualifying round

aufstocken *v/t sep* **1.** *Haus* to build another storey (*Br*) or story (*US*) onto **2.** *Kapital* to increase (*um* by)

aufstoßen *sep irr* **I** *v/t* (≈ *öffnen*) to push open **II** *v/i* **1.** *aux sein auf etw* (*acc*) ~ to hit (on *or* against) sth **2.** *aux haben* (≈ *rülpsen*) to burp **3.** *aux sein or haben* *Radieschen stoßen mir auf* radishes repeat on me

aufstrebend *adj* (*fig*) *Land, Volk* aspiring; *Volkswirtschaft* rising

Aufstrich *m* (*auf Brot*) spread

aufstützen *sep* **I** *v/t Kranken etc* to prop up **II** *v/r* to support oneself

aufsuchen *v/t sep Bekannten* to call on; *Arzt, Ort, Toilette* to go to

auftakeln *v/t sep* NAUT to rig up; *sich* ~ (*pej infml*) to tart oneself up (*Br pej infml*), to do oneself up (*esp US infml*)

Auftakt *m* (≈ *Beginn*) start; *den* ~ *von or zu etw bilden* to mark the beginning of sth

auftanken *v/t & v/i sep* to fill up; AVIAT to refuel

auftauchen *v/i sep aux sein* **1.** (*aus dem Wasser*) to surface **2.** (*fig*) to appear; (*Zweifel, Problem*) to arise **3.** (*sich zeigen*) to turn up

auftauen *v/t* & *v/i sep* (*v/i: aux sein*) to thaw

aufteilen *v/t sep* **1.** (≈ *aufgliedern*) to divide up (*in* +*acc* into) **2.** (≈ *verteilen*) to share out

auftischen ['auftɪʃn] *v/t sep* to serve up; *jdm Lügen etc* ~ (*infml*) to tell sb a lot of lies *etc*

Auftrag ['auftraːk] *m* ⟨-(e)s, **Aufträge** [-trɛːgə]⟩ **1.** *no pl* (≈ *Anweisung*) orders *pl*; (≈ *zugeteilte Arbeit*) job; JUR brief; *jdm den* ~ *geben, etw zu tun* to instruct sb to do sth; *in jds* ~ (*dat*) (≈ *für jdn*) on sb's behalf; (≈ *auf jds Anweisung*) on sb's instructions **2.** COMM order (*über* +*acc* for); *etw in* ~ *geben* to order sth (*bei* from) **auftragen** *sep irr* **I** *v/t* **1.** (≈ *servieren*) to serve **2.** *Farbe, Schminke* to apply (*auf* +*acc* to) **3.** *jdm etw* ~ to instruct sb to do sth **II** *v/i* (≈ *übertreiben*) *dick or stark* ~ (*infml*) to lay it on thick (*infml*) **Auftraggeber(in)** *m/(f)* client; (*von Firma*) customer **Auftragnehmer** *m* ⟨-s, -⟩, **Auftragnehmerin** *f* ⟨-, -nen⟩ COMM firm accepting the order; BUILD contractor **Auftragsbestätigung** *f* confirmation of order **Auftragsbuch** *nt usu pl* order book **Auftragseingang** *m* *bei* ~ on receipt of order **auftragsgemäß** *adj, adv* as instructed; COMM as per order **Auftragslage** *f* order situation

auftreffen *v/i sep aux sein auf etw* (*dat or acc*) ~ to hit sth

auftreiben *v/t sep irr* (*infml*) (≈ *beschaffen*) to get hold of; (≈ *ausfindig machen*) to find

auftrennen *v/t sep* to undo

auftreten *sep irr* **I** *v/i aux sein* **1.** (*lit*) to tread **2.** (≈ *erscheinen*) to appear; *als Zeuge/Kläger* ~ to appear as a witness/as plaintiff; *er tritt zum ersten Mal in Köln auf* he is appearing in Cologne for the first time; *gegen jdn/etw* ~ to stand up against sb/sth **3.** (*fig* ≈ *eintreten*) to occur; (*Schwierigkeiten etc*) to arise **4.** (≈ *sich benehmen*) to behave **5.** (≈ *handeln*) to act; *als Vermittler* ~ to act as (an) intermediary **II** *v/t Tür etc* to kick open **Auftreten** *nt* ⟨-s, *no pl*⟩ **1.** (≈ *Erscheinen*) appearance **2.** (≈ *Benehmen*) manner

Auftrieb *m* **1.** *no pl* PHYS buoyancy (force); AVIAT lift **2.** *no pl* (*fig*) (≈ *Aufschwung*) impetus; *das wird ihm* ~ *geben* that will give him a lift

Auftritt m **1.** (≈ *Erscheinen*) entrance **2.** (THEAT ≈ *Szene*) scene

auftrumpfen v/i sep to be full of oneself (*infml*); **~d sagte er ... ...**, he crowed

auftun sep irr **I** v/t **1.** (*infml* ≈ *ausfindig machen*) to find **2.** (≈ *öffnen*) to open **3.** (*infml* ≈ *servieren*) **jdm etw ~** to help sb to sth **II** v/r to open up; (*Möglichkeiten, Probleme*) to arise

auftürmen sep **I** v/t to pile up **II** v/r (*Gebirge etc*) to tower up; (*Schwierigkeiten*) to mount up

aufwachen v/i sep aux sein to wake up

aufwachsen v/i sep irr aux sein to grow up

aufwallen v/i sep aux sein to bubble up; COOK to boil up; (*Leidenschaft etc*) to surge up

Aufwand ['aufvant] m ⟨-(e)s [-dəs] no pl **1.** (*von Geld*) expenditure (*an* +dat of); **ein großer ~ (an Zeit/Energie/ Geld)** a lot of time/energy/money **2.** (≈ *Luxus*) extravagance; (**großen**) **~ trei- ben** to be (very) extravagant **aufwändig** adj, adv = **aufwendig Aufwandsent- schädigung** f expense allowance

aufwärmen sep **I** v/t to heat up; (*infml* ≈ *wieder erwähnen*) to drag up (*infml*) **II** v/r to warm oneself up; SPORTS to warm up

aufwärts ['aufvɛrts] adv up, upward(s); **mit seinen Leistungen geht es ~** he's doing better **Aufwärtstrend** m upward trend

Aufwasch ['aufvaʃ] m ⟨-(e)s, no pl⟩ (*dial*) = **Abwasch aufwaschen** sep irr (*dial*) **I** v/t Geschirr to wash **II** v/i to wash the dishes

aufwecken v/t sep to wake (up); (*fig*) to rouse; → **aufgeweckt**

aufweichen sep **I** v/t to make soft; *Dok- trin, Gesetz* to water down **II** v/i aux sein to get soft

aufweisen v/t sep irr to show; **etw aufzu- weisen haben** to have sth to show for oneself

aufwenden v/t sep irr or regular to use; *Zeit, Energie* to expend; *Mühe* to take; *Geld* to spend

aufwendig ['aufvɛndɪç] **I** adj (≈ *teuer*) costly; (≈ *üppig*) lavish **II** adv extrava- gantly **Aufwendung** f (≈ *Ausgaben*) **Aufwendungen** pl expenditure

aufwerfen sep irr v/t Frage, Verdacht to raise

aufwerten v/t sep **1.** (*also* v/i) *Währung* to revalue **2.** (*fig*) to increase the value of **Aufwertung** f (*von Währung*) revalua- tion; (*fig*) increase in value

aufwickeln v/t sep (≈ *aufrollen*) to roll up

auf Wiedersehen [auf 'viːdəzeːən] int goodbye

aufwiegeln ['aufviːgln] v/t sep to stir up; **jdn zum Streik ~** to incite sb to strike

aufwiegen v/t sep irr (*fig*) to offset

Aufwind m AVIAT upcurrent; METEO up- wind; **einer Sache** (dat) **~ geben** (*fig*) to give sth impetus

aufwirbeln sep v/t to swirl up; *Staub auch* to raise; (**viel**) **Staub ~** (*fig*) to cause a (big) stir

aufwischen v/t sep *Wasser etc* to wipe up; *Fußboden* to wipe

aufwühlen v/t sep (*lit*) *Erde, Meer* to churn (up); *Leidenschaften* to rouse; → **aufgewühlt**

aufzählen v/t sep to list **Aufzählung** f list

aufzehren v/t sep (*fig*) to exhaust

aufzeichnen v/t sep **1.** *Plan etc* to draw **2.** (≈ *notieren*, RADIO, TV) to record **Auf- zeichnung** f **1.** *usu pl* (≈ *Notiz*) note; (≈ *Niederschrift*) record **2.** (≈ *Filmauf- zeichnung etc*) recording

aufzeigen v/t sep to show

aufziehen sep irr **I** v/t **1.** (≈ *hochziehen*) to pull up; *Flagge, Segel* to hoist **2.** (≈ *öff- nen*) *Reißverschluss* to undo; *Schublade* to (pull) open; *Gardinen* to draw (back) **3.** (≈ *aufspannen*) *Foto etc* to mount; *Saite, Reifen* to fit **4.** (≈ *spannen*) *Uhr etc* to wind up **5.** *Kind* to bring up; *Tier* to rear **6.** (≈ *verspotten*) **jdn ~** (*infml*) to tease sb (*mit* about) **II** v/i aux sein (*dunkle Wolke*) to come up; (*Gewitter*) to gather **Aufzucht** f, no pl rearing

Aufzug m **1.** (≈ *Fahrstuhl*) lift (*Br*), eleva- tor (*US*) **2.** THEAT act **3.** no pl (pej infml ≈ *Kleidung*) get-up (*infml*)

aufzwingen sep irr v/t **jdm etw ~** to force sth on sb

Augapfel m eyeball; **jdn/etw wie seinen ~ hüten** to cherish sb/sth like life itself

Auge ['augə] gen **Auges**, pl **Augen** nt **1.** eye; **gute/schlechte ~n haben** to have good/bad eyesight; **er hatte nur ~n für sie** he only had eyes for her; **ein ~ auf jdn/etw (geworfen) haben** to have one's eye on sb/sth; **da blieb kein ~ tro- cken** (*hum: vor Lachen*) everyone laughed till they cried; *große ~n machen* to be wide-eyed; *jdm schöne or verliebte ~n machen* to make eyes at sb; *jdm die ~n öffnen* (*fig*) to open sb's eyes; *so weit das ~ reicht* as far as the eye can see; *ein ~ riskieren* (*hum*) to have a peep (*infml*); *die ~n vor etw* (*dat*) *verschließen* to close one's eyes to sth; *ein ~ or beide ~n zudrücken* (*infml*) to turn a blind eye; *ich habe kein ~ zugetan* I didn't sleep a wink **2.** (*mit Präposition*) *geh mir aus den ~n!* get out of my sight!; *sie ließen ihn nicht aus den ~n* they didn't let him out of their sight; *jdn im ~ behalten* (≈ *beobachten*) to keep an eye on sb; *dem Tod ins ~ sehen* to look death in the eye; *etw ins ~ fassen* to contemplate sth; *das springt or fällt einem gleich ins ~* it strikes one immediately; *das kann leicht ins ~ gehen* (*fig infml*) it might easily go wrong; *in den ~n der Öffentlichkeit* in the eyes of the public; *etw mit eigenen ~n gesehen haben* to have seen sth with one's own eyes; *mit bloßem or nacktem ~* with the naked eye; *jdm etw vor ~n führen* (*fig*) to make sb aware of sth; *vor aller ~* in front of everybody **3.** (≈ *Knospenansatz*) eye **4.** (≈ *Fettauge*) little globule of fat

Augenarzt *m*, **Augenärztin** *f* ophthalmologist **Augenbinde** *f* (≈ *Augenklappe*) eye patch **Augenblick** *m* moment; *alle ~e* constantly; *jeden ~* any minute; *einen ~, bitte* one moment please!; *im ~* at the moment; *im selben ~ ...* at that moment ...; *im letzten ~* at the last moment; *im ersten ~* for a moment **augenblicklich** ['augnblɪklɪç, augn'blɪklɪç] **I** *adj* **1.** (≈ *sofortig*) immediate **2.** (≈ *gegenwärtig*) present **3.** (≈ *vorübergehend*) temporary **II** *adv* **1.** (≈ *sofort*) immediately **2.** (≈ *zurzeit*) at the moment **Augenbraue** *f* eyebrow **Augenfarbe** *f* colour (*Br*) or color (*US*) of eyes **Augenheilkunde** *f* ophthalmology **Augenhöhe** *f in ~* at eye level **Augenklappe** *f* **1.** eye patch **2.** (*für Pferde*) blinker, blinder (*US*) **Augenleiden** *nt* eye complaint **Augenlicht** *nt, no pl* (eye)sight **Augenlid** *nt* eyelid **Augenmaß** *nt, no pl* eye; *ein ~ für etw haben* (*fig*) to have an eye for sth **Augenmerk** [-mɛrk] *nt* ⟨*-s, no pl*⟩ (≈ *Aufmerksamkeit*) attention; *sein ~ auf etw* (*acc*) *lenken or richten* to direct

sb's/one's attention to sth **Augenschein** *m, no pl* **1.** (≈ *Anschein*) appearance; *dem ~ nach* by all appearances **2.** *jdn/ etw in ~ nehmen* to look closely at sb/ sth **augenscheinlich** ['augnʃainlıç, augn'ʃainlıç] *adv* obviously **Augentropfen** *pl* eye drops *pl* **Augenweide** *f, no pl* feast for the eyes **Augenwischerei** [-vɪʃə'rai] *f* ⟨*-, -en*⟩ (*fig*) eyewash **Augenzeuge** *m*, **Augenzeugin** *f* eyewitness (*bei* to) **Augenzeugenbericht** *m* eyewitness account **Augenwinkern** *nt* ⟨*-s, no pl*⟩ winking **augenzwinkernd** *adv* with a wink

August [au'gʊst] *m* ⟨*-(e)s or -, -e*⟩ August; → *März*

Auktion [auk'tsio:n] *f* ⟨*-, -en*⟩ auction **Auktionator** [auktsio'na:to:ɐ] *m* ⟨*-s, Auktionatoren* [-'to:rən]⟩, **Auktionatorin** [-'to:rɪn] *f* ⟨*-, -nen*⟩ auctioneer **Auktionshaus** *nt* auction house

Aula ['aula] *f* ⟨*-, Aulen* [-lən]⟩ SCHOOL, UNIV *etc* (assembly) hall

Au-pair-Mädchen *nt* au pair (girl); *als ~ arbeiten* to work (as an) au pair **Au-pair-Stelle** *f* au pair job

aus [aus] **I** *prep +dat* **1.** (*Herkunft*) from; *~ guter Familie* from a good family **2.** (*Ursache*) out of; *~ Hass/Gehorsam/Mitleid* out of hatred/obedience/sympathy; *~ Furcht vor/Liebe zu* for fear/ love of; *~ Spaß* for a laugh (*infml*); *~ Versehen* by mistake **3.** (*zeitlich*) from; *~ dem Barock* from the Baroque period **4.** (≈ *beschaffen aus*) (made out) of **5.** *einen anständigen Menschen ~ jdm machen* to make sb into a decent person; *was ist ~ ihm/dieser Sache geworden?* what has become of him/ this?; *~ der Mode* out of fashion **II** *adv* → *aus sein* **1.** SPORTS out **2.** (*infml* ≈ *zu Ende*) over; *~ jetzt!* that's enough! **3.** (*an Geräten*) off; *Licht ~!* lights out! **4.** *vom Fenster ~* from the window; *von München ~* from Munich; *von sich ~* of one's own accord; *von ihm ~* as far as he's concerned

Aus [aus] *nt* ⟨*-, -*⟩ **1.** *no pl ins ~ gehen* to go out of play; *ins politische ~ geraten* to end up in the political wilderness **2.** (≈ *Ende*) end

ausarbeiten *sep v/t* to work out; (≈ *formulieren*) to formulate

ausarten *v/i sep aux sein* (*Party etc*) to get out of control; *~ in* (+*acc*) *or zu* to degenerate into

ausatmen v/t & v/i sep to breathe out, to exhale

ausbaden v/t sep (fig infml) to take the rap for (infml)

ausbalancieren past part **ausbalanciert** sep (lit, fig) to balance (out)

Ausbau m, no pl (≈ das Ausbauen) removal; (≈ Erweiterung) extension (zu into); (≈ Umbau) conversion (zu (in)to); (≈ Festigung: von Position) consolidation **ausbauen** v/t sep 1. (≈ herausmontieren) to remove (aus from) 2. (≈ erweitern) to extend (zu into); (≈ umbauen) to convert (zu (in)to); (≈ festigen) Position to consolidate **ausbaufähig** adj Geschäft, Markt expandable; Beziehungen that can be built up **Ausbaustrecke** f MOT section of improved road; „**Ende der ~**" ≈ "road narrows"

ausbedingen past part **ausbedungen** v/t sep irr **sich** (dat) **etw ~** to make sth a condition; **sich** (dat) **das Recht ~, etw zu tun** to reserve the right to do sth

ausbessern v/t sep to repair; Fehler to correct

ausbeulen v/t sep **ausgebeult** Kleidung baggy; Hut battered; TECH to beat out

Ausbeute f (≈ Gewinn) profit; (≈ Ertrag einer Grube etc) yield (an +dat in); (fig) result(s pl); (≈ Einnahmen) proceeds pl **ausbeuten** ['ausbɔytn] v/t sep to exploit **Ausbeuter** ['ausbɔytɐ] m ⟨-s, -⟩, **Ausbeuterin** [-ərɪn] f ⟨-, -nen⟩ exploiter **Ausbeutung** f ⟨-, -en⟩ exploitation

ausbezahlen past part **ausbezahlt** v/t sep Geld to pay out; Arbeitnehmer to pay off; (≈ abfinden) Erben etc to buy out

ausbilden sep **I** v/t to train; (akademisch) to educate **II** v/r **sich in etw** (dat) **~** to train in sth; (≈ studieren) to study sth **Ausbilder** ['ausbɪldɐ] m ⟨-s, -⟩, **Ausbilderin** [-ərɪn] f ⟨-, -nen⟩ instructor **Ausbildung** f training; (akademisch) education **Ausbildungsbeihilfe** f (education) grant **Ausbildungsgang** m, pl **-gänge** training **Ausbildungsplatz** m place to train; (≈ Stelle) training vacancy **Ausbildungszeit** f period of training

ausblasen v/t sep irr to blow out

ausbleiben v/i sep irr aux sein (≈ fortbleiben) to stay out; (Schneefall) to fail to appear; (Erwartung) to fail to materialize; **es konnte nicht ~, dass ...** it was inevitable that ... **Ausbleiben** nt ⟨-s, no

pl⟩ (≈ Fehlen) absence; (≈ das Nichterscheinen) nonappearance; **bei ~ der Periode** if your period doesn't come

Ausblick m 1. view (auf +acc of) 2. (fig) prospect, outlook (auf +acc for)

ausbooten ['ausbo:tn] v/t sep (infml) jdn to kick or boot out (infml)

ausbrechen sep irr **I** v/i aux sein 1. (Krieg, Feuer) to break out; (Gewalt, Unruhen, Jubel) to erupt; **in Gelächter/Tränen ~** to burst out laughing/into tears; **in Schweiß ~** to break out in a sweat; **aus dem Gefängnis ~** to escape from prison 2. (Vulkan) to erupt **II** v/t to break off; **sich** (dat) **einen Zahn ~** to break a tooth

ausbreiten sep **I** v/t to spread; Arme to stretch out; (≈ ausstellen) to display **II** v/r (≈ sich verbreiten) to spread; (≈ sich erstrecken) to extend; (infml ≈ sich breitmachen) to spread oneself out; **sich über etw** (acc) **~** (fig) to dwell on sth **Ausbreitung** ['ausbraitʊŋ] f ⟨-, -en⟩ spreading

ausbrennen v/i sep irr aux sein (≈ zu Ende brennen) to burn out; **ausgebrannt** Brennstab spent; → **ausgebrannt**

Ausbruch m 1. escape 2. (≈ Beginn) outbreak; (von Vulkan) eruption 3. (fig) outburst

ausbrüten v/t sep to hatch; (fig infml) Plan etc to cook up (infml)

ausbuddeln v/t sep (infml) to dig up (also fig infml)

ausbügeln v/t sep to iron out

ausbürgern ['ausbyrgɐn] v/t sep to expatriate **Ausbürgerung** ['ausbyrgərʊŋ] f ⟨-, -en⟩ expatriation

ausbürsten v/t sep to brush out (aus of); Anzug to brush

auschecken ['austʃɛkn] v/i sep (Flug, Hotel etc) to check out (aus of)

Ausdauer f, no pl stamina; (im Ertragen) endurance; (≈ Beharrlichkeit) persistence **ausdauernd** adj Mensch with stamina; (im Ertragen) with endurance; (≈ beharrlich) tenacious; (≈ hartnäckig) persistent

ausdehnen sep **I** v/t (≈ vergrößern) to expand; (≈ dehnen) to stretch **II** v/r 1. (≈ größer werden) to expand; (durch Dehnen) to stretch; (≈ sich erstrecken) to extend (bis as far as) 2. (fig) to extend (über +acc over); → **ausgedehnt Ausdehnung** f 1. (≈ das Vergrößern) expansion; (*fig, zeitlich*) extension **2.** (≈ *Umfang*) expanse

ausdenken *v/t sep irr* **sich** (*dat*) **etw ~** (≈ *erfinden*) to think sth up; *Überraschung* to plan sth; (≈ *sich vorstellen*) to imagine sth; *das ist nicht auszudenken* (≈ *unvorstellbar*) it's inconceivable; (≈ *zu schrecklich etc*) it doesn't bear thinking about

ausdiskutieren *past part* **ausdiskutiert** *v/t sep Thema* to discuss fully

ausdörren *sep v/t* to dry up; *Kehle* to parch

Ausdruck[1] *m, pl* **-drücke** *no pl* (≈ *Gesichtsausdruck, Wort*) expression; (≈ *Fachausdruck,* MAT) term; *etw zum ~ bringen* to express sth

Ausdruck[2] *m, pl* **-drucke** (*von Computer etc*) printout **ausdrucken** *v/t sep* IT to print out

ausdrücken *sep* I *v/t* **1.** (≈ *zum Ausdruck bringen*) to express (*jdm* to sb); *anders ausgedrückt* in other words; *einfach ausgedrückt* put simply **2.** *Frucht, Schwamm* to squeeze out; *Tube, Pickel* to squeeze; *Zigarette* to stub out II *v/r* (*Mensch*) to express oneself **ausdrücklich** ['ausdrʏklɪç, aus'drʏklɪç] I *adj attr Wunsch* express II *adv* expressly; (≈ *besonders*) particularly **ausdruckslos** *adj* inexpressive **ausdrucksvoll** *adj* expressive **Ausdrucksweise** *f* way of expressing oneself

Ausdünstung ['ausdʏnstʊŋ] *f* ⟨**-, -en**⟩ (≈ *Geruch*) fume; (*von Tier*) scent; (*von Mensch*) smell

auseinander [aus|ai'nandɐ] *adv* apart; *weit ~* far apart; *Augen, Beine etc* wide apart; *Meinungen* very different **auseinanderbrechen** *v/i sep irr aux sein* to break up **auseinanderfalten** *v/t sep* to unfold **auseinandergehen** *v/i sep irr aux sein* **1.** to part; (*Menge*) to disperse; (*Versammlung, Ehe etc*) to break up **2.** (*fig: Ansichten etc*) to differ **3.** (*infml* ≈ *dick werden*) to get fat **auseinanderhalten** *v/t sep irr* to keep apart; (≈ *unterscheiden*) to tell apart **auseinanderleben** *v/r sep* to drift apart **auseinandernehmen** *v/t sep irr* to take apart; (*kritisch*) to tear to pieces **auseinanderschreiben** *v/t sep irr Wörter* to write as two words **auseinandersetzen** *sep* I *v/t* **1.** *zwei Kinder ~* to separate two children; *sich ~* to sit apart **2.** (*fig*) to explain

(*jdm* to sb) II *v/r* **sich mit etw ~** (≈ *sich befassen*) to have a good look at sth; *sich kritisch mit etw ~* to have a critical look at sth **Auseinandersetzung** [aus|ai-'nandɐtsʊŋ] *f* ⟨**-, -en**⟩ **1.** (≈ *Diskussion*) discussion (*über* +acc about, on); (≈ *Streit*) argument **2.** (≈ *das Befassen*) examination (*mit of*)

auserwählen *past part* **auserwählt** *v/t sep* (*elev*) to choose **auserwählt** *adj* (*elev*) chosen; (≈ *ausgesucht*) select

ausfahrbar *adj* extendable; *Antenne, Fahrgestell, Klinge* retractable **ausfahren** *sep irr v/t* **1.** (*im Kinderwagen, Rollstuhl*) to take for a walk; (*im Auto*) to take for a drive **2.** (≈ *ausliefern*) *Waren* to deliver **3.** (≈ *abnutzen*) *Weg* to wear out **4.** *ein Auto etc* (*voll*) **~** to drive a car etc at full speed **5.** TECH to extend; *Fahrgestell etc* to lower **Ausfahrt** *f* **1.** (≈ *Spazierfahrt*) drive, ride **2.** (≈ *Autobahnausfahrt*) exit; *„Ausfahrt frei halten"* "keep clear"

Ausfall *m* **1.** (≈ *Verlust,* MIL) loss; TECH, MED failure; (*von Motor*) breakdown; *bei ~ des Stroms ...* in case of a power failure ... **2.** *no pl* (*von Sitzung etc*) cancellation **ausfallen** *v/i sep irr aux sein* **1.** (≈ *herausfallen*) to fall out; *mir fallen die Haare aus* my hair is falling out **2.** (≈ *nicht stattfinden*) to be cancelled (*Br*) *or* canceled (*US*) **3.** (≈ *nicht funktionieren*) to fail; (*von Motor*) to break down **4.** *gut/schlecht etc ~* to turn out well/ badly etc **5.**; → *ausgefallen* **ausfallend** *adj* abusive; *~ werden* to become abusive

ausfechten *v/t sep irr* (*fig*) to fight (out)

ausfertigen *v/t sep Dokument* to draw up; *Rechnung* to make out; *Pass* to issue **Ausfertigung** *f* (*form*) **1.** *no pl* (*von Dokument*) drawing up; (*von Rechnung*) making out; (*von Pass*) issuing **2.** (≈ *Abschrift*) copy; *in doppelter/dreifacher ~* in duplicate/triplicate

ausfindig *adj* *~ machen* to find

ausfliegen *sep irr* I *v/i aux sein* (*aus Gebiet etc*) to fly out (*aus* of); *ausgeflogen sein* (*fig infml*) to be out II *v/t* AVIAT *Verwundete etc* to evacuate (by air) (*aus* from)

ausfließen *v/i sep irr aux sein* (≈ *herausfließen*) to flow out (*aus* of)

ausflippen ['ausflɪpn] *v/i sep aux sein* (*infml*) to freak out (*infml*); → *ausge-*

flippt

Ausflucht ['ausfluxt] *f* ⟨-, **Ausflüchte** [-flʏçtə]⟩ excuse

Ausflug *m* trip, excursion; (≈ *Schulausflug*) outing **Ausflugsdampfer** *m* pleasure steamer

Ausfluss *m* **1.** (≈ *das Herausfließen*) outflow **2.** (≈ *Ausflussstelle*) outlet **3.** MED discharge

ausforschen *v/t sep* (≈ *erforschen*) to investigate

ausfragen *v/t sep* to question (*nach* about); (*strenger*) to interrogate

ausfransen *v/t & v/i sep* (*v/i: aux sein*) to fray

ausfressen *v/t sep irr* (*infml* ≈ *anstellen*) *etwas* ~ to do something wrong; **was hat er denn wieder ausgefressen?** what's he (gone and) done now? (*infml*)

Ausfuhr ['ausfuːɐ] *f* ⟨-, **-en**, *no pl*⟩ (≈ *das Ausführen*) export; (≈ *Ausfuhrhandel*) exports *pl* **ausführbar** *adj* Plan feasible; **schwer** ~ difficult to carry out **Ausfuhrbestimmungen** *pl* export regulations *pl* **ausführen** *v/t sep* **1.** (*ins Theater etc*) to take out; *Hund* to take for a walk **2.** (≈ *durchführen*) to carry out; SPORTS *Freistoß etc* to take **3.** (≈ *erklären*) to explain **4.** COMM *Waren* to export **Ausfuhrgenehmigung** *f* COMM export licence (*Br*) *or* license (*US*) **Ausfuhrgüter** *pl* export goods *pl* **Ausfuhrhandel** *m* export trade **Ausfuhrland** *nt* exporting country **ausführlich** ['ausfyːɐlɪç, (*Aus*) aus'fyːɐlɪç] **I** *adj* detailed **II** *adv* in detail **Ausfuhrsperre** *f* export ban **Ausführung** *f* **1.** *no pl* (≈ *Durchführung*) carrying out; (*von Freistoß*) taking **2.** (≈ *Erklärung*) explanation **3.** (*von Waren*) design; (≈ *Qualität*) quality; (≈ *Modell*) model

ausfüllen *v/t sep* to fill; *Platz* to take up; *Formular* to fill in (*Br*) *or* out; *jdn* (**voll** *or* **ganz**) ~ (≈ *befriedigen*) to satisfy sb (completely); **ein ausgefülltes Leben** a full life

Ausgabe *f* **1.** *no pl* (≈ *Austeilung*) distribution; (*von Dokumenten etc*) issuing; (*von Essen*) serving **2.** (*von Buch, Zeitung, Sendung*) edition; (*von Aktien*) issue **3.** (≈ *Ausführung*) version **4. Ausgaben** *pl* (≈ *Kosten*) expenses *pl*

Ausgang *m*, *pl* **-gänge** **1.** (≈ *Weg nach draußen*) exit (+*gen*, *von* from); AVIAT gate **2.** ~ **haben** to have the day off **3.**

no pl (≈ *Ende*) end; (*von Roman, Film*) ending; (≈ *Ergebnis*) outcome; **ein Unfall mit tödlichem** ~ a fatal accident **Ausgangsbasis** *f* starting point **Ausgangsposition** *f* initial position **Ausgangspunkt** *m* starting point **Ausgangssperre** *f* ban on going out; (*esp bei Belagerungszustand*) curfew

ausgeben *sep irr v/t* **1.** (≈ *austeilen*) to distribute; (≈ *aushändigen*) to issue; *Essen* to serve **2.** *Geld* to spend (*für* on); **eine Runde** ~ to stand a round (*infml*); **ich gebe heute Abend einen aus** (*infml*) it's my treat this evening **3. sich als jd/etw** ~ to pass oneself off as sb / sth

ausgebrannt *adj* (*fig*) burned-out (*infml*); → **ausbrennen**

ausgebucht ['ausɡəbuːxt] *adj* booked up

ausgedehnt ['ausɡədeːnt] *adj* extensive; (*zeitlich*) lengthy; *Spaziergang* long; → **ausdehnen**

ausgefallen ['ausɡəfalən] *adj* (≈ *ungewöhnlich*) unusual; (≈ *übertrieben*) extravagant; → **ausfallen**

ausgeflippt ['ausɡəflɪpt] *adj* (*infml*) freaky (*infml*); → **ausflippen**

ausgefuchst ['ausɡəfʊkst] *adj* (*infml*) clever; (≈ *listig*) crafty (*infml*)

ausgeglichen ['ausɡəɡlɪçn] *adj* balanced; *Spiel, Klima* even; → **ausgleichen** **Ausgeglichenheit** *f* ⟨-, *no pl*⟩ balance

ausgehen *sep irr aux sein v/i* **1.** (≈ *weggehen*) to go out; **er geht selten aus** he doesn't go out much **2.** (≈ *herrühren*) to come (*von* from); **gehen wir einmal davon aus, dass ...** let us assume that ... **3.** *esp* SPORTS to end; (≈ *ausfallen*) to turn out; **gut/schlecht** ~ to turn out well / badly; (*Film etc*) to end happily/unhappily; (*Abend, Spiel*) to end well / badly; **straffrei** ~ to receive no punishment; **leer** ~ (*infml*) to come away empty-handed **4.** (≈ *zu Ende sein: Vorräte etc*) to run out; **mir ging die Geduld aus** I lost (my) patience; **mir ging das Geld aus** I ran out of money **ausgehend** *adj attr* **1. im** ~**en Mittelalter** toward(s) the end of the Middle Ages; **das** ~**e 20. Jahrhundert** the end of the 20th century **2. die** ~**e Post** the outgoing mail **ausgehungert** ['ausɡəhʊŋɐt] *adj* starved **ausgekocht** ['ausɡəkɔxt] *adj* (*pej infml*) (≈ *durchtrieben*) cunning; → **ausko-**

chen

ausgelassen['ausgəlasn] **I** *adj* (≈ *heiter*) lively; *Stimmung* happy; (≈ *wild*) *Kinder* boisterous **II** *adv* wildly; → **auslassen**

ausgelastet ['ausgəlastət] *adj Mensch* fully occupied; *Maschine, Anlage* working to capacity; → **auslasten**

ausgemacht *adj* **1.** (≈ *abgemacht*) agreed; *es ist eine ~e Sache, dass ...* it is agreed that ... **2.** *attr* (*infml* ≈ *vollkommen*) complete; → **ausmachen**

ausgenommen ['ausgənɔmən] *cj* except; *täglich ~ sonntags* daily except for Sundays; → **ausnehmen**

ausgeprägt ['ausgəprɛːkt] *adj* distinctive; *Interesse* marked

ausgerechnet ['ausgərɛçnət] *adv ~ du* you of all people; *~ heute* today of all days; → **ausrechnen**

ausgeschlossen*adj pred* (≈ *unmöglich*) impossible; (≈ *nicht infrage kommend*) out of the question; *es ist nicht ~, dass ...* it's just possible that ...; → **ausschließen**

ausgeschnitten['ausgəʃnɪtn] *adj Bluse, Kleid* low-cut; → **ausschneiden**

ausgespielt['ausgəʃpiːlt] *adj ~ haben* to be finished; → **ausspielen**

ausgesprochen ['ausgəʃprɔxn] **I** *adj Schönheit, Qualität, Vorliebe* definite; *Ähnlichkeit* marked; *~es Pech haben* to be really unlucky **II** *adv* really; → **aussprechen**

ausgestorben['ausgəʃtɔrbn] *adj Tierart* extinct; *der Park war wie ~* the park was deserted; → **aussterben**

ausgesucht I *adj* (≈ *erlesen*) select **II** *adv* (≈ *überaus, sehr*) extremely; → **aussuchen**

ausgewachsen*adj* fully grown; *Skandal* huge

ausgewogen *adj* balanced; *Maß* equal **Ausgewogenheit** *f* balance

ausgezeichnet I *adj* excellent **II** *adv* excellently; *es geht mir ~* I'm feeling marvellous (*Br*) *or* marvelous (*US*); → **auszeichnen**

ausgiebig ['ausgiːbɪç] **I** *adj Mahlzeit etc* substantial; *Gebrauch* extensive **II** *adv ~ frühstücken* to have a substantial breakfast; *~ schlafen* to have a (good) long sleep

ausgießen *v/t sep irr* (*aus einem Behälter*) to pour out; *Behälter* to empty

Ausgleich ['ausglaiç] *m* ⟨-(e)s, (rare) -e⟩ (≈ *Gleichgewicht*) balance; (*von Konto*) balancing; (*von Verlust*) compensation; *zum or als ~ für etw* in order to compensate for sth; *er treibt zum ~ Sport* he does sport for exercise **ausgleichen** *sep irr* **I** *v/t Unterschiede* to even out; *Konto* to balance; *Verlust, Fehler* to make good; *Mangel* to compensate for; *~de Gerechtigkeit* poetic justice; → **ausgeglichen II** *v/i* sports to equalize **III** *v/r* to balance out **Ausgleichssport** *m* keep-fit activity; *als ~* to keep fit **Ausgleichstor** *nt*, **Ausgleichstreffer** *m* equalizer (*Br*), tying goal (*US*)

ausgraben *v/t sep irr* to dig up; *Grube, Loch* to dig out; *Altertümer* to excavate **Ausgrabung** *f* excavation

ausgrenzen *v/t sep* to exclude

Ausguss *m* (≈ *Becken*) sink; (≈ *Abfluss*) drain

aushaben *sep irr v/t* (*infml*) *Buch, Essen etc* to have finished; (≈ *ausgezogen haben*) to have taken off

aushaken *sep v/i* (*infml*) *es hat bei ihm ausgehakt* something in him snapped (*infml*)

aushalten *sep irr v/t* **1.** (≈ *ertragen können*) to bear; *Druck* to stand; *hier lässt es sich ~* this is not a bad place; *das ist nicht auszuhalten* it's unbearable; *er hält viel aus* he can take a lot **2.** (*infml*) *sich von jdm ~ lassen* to be kept by sb

aushandeln *v/t sep* to negotiate

aushändigen ['aushɛndɪgn] *v/t sep jdm etw ~* to hand sth over to sb

Aushang *m* notice **aushängen** *sep* **I** *v/t* **1.** (≈ *bekannt machen*) to put up **2.** *Tür* to unhinge **II** *v/i irr am Schwarzen Brett ~* to be on the notice (*Br*) *or* bulletin (*US*) board **Aushängeschild** *nt, pl* **-schilder** sign; (*fig* ≈ *Reklame*) advertisement

ausharren *v/i sep* (*elev*) to wait

aushebeln ['aushe:bln] *v/t sep* (*fig*) *Gesetz etc* to annul, to cancel

ausheben *v/t sep irr* **1.** *Tür etc* to take off its hinges **2.** *Graben, Grab* to dig **3.** (*fig*) *Diebesnest* to raid

aushecken ['ausheken] *v/t sep* (*infml*) *Plan* to cook up (*infml*)

ausheilen *sep v/i aux sein* (*Krankheit*) to be cured; (*Organ, Wunde*) to heal

aushelfen *v/i sep irr* to help out (*jdm sb*) **Aushilfe***f* **1.** help **2.** (*Mensch*) temporary worker; (*esp im Büro*) temp (*infml*)

Aushilfsjob *m* temporary job; (*im Büro*) temping job **Aushilfskraft** *f* temporary worker; (*esp im Büro*) temp (*infml*)
aushilfsweise *adv* on a temporary basis
aushöhlen ['aushøːlən] *v/t sep* to hollow out; *Ufer, Steilküste* to erode
ausholen *v/i sep* (*zum Schlag*) to raise one's hand/arm *etc*; (*zum Wurf*) to reach back; **weit ~** (*fig: Redner*) to go far afield; **zum Gegenschlag ~** to prepare for a counterattack
aushorchen *v/t sep* (*infml*) to sound out
auskennen *v/r sep irr* (*an einem Ort*) to know one's way around; (*auf einem Gebiet*) to know a lot (*auf or in +dat* about)
ausklammern *v/t sep Problem* to leave aside
ausklappbar *adj* folding **ausklappen** *v/t sep* to open out
ausklingen *v/i sep irr aux sein* (*Lied*) to finish; (*Abend, Feier etc*) to end (*in +dat* with)
ausklopfen *v/t sep Teppich* to beat; *Pfeife* to knock out
auskochen *v/t sep* **1.** COOK *Knochen* to boil **2.** MED *Instrumente* to sterilize (*in boiling water*); → **ausgekocht**
auskommen *v/i sep irr aux sein* **1.** (≈ *genügend haben*) to get by (*mit* on); **ohne jdn/etw ~** to manage without sb/sth **2.** **mit jdm** (*gut*) **~** to get on (well) with sb **Auskommen** *nt* ⟨*-s, no pl*⟩ (≈ *Einkommen*) livelihood; **sein ~ haben/finden** to get by; **mit ihr ist kein ~** she's impossible to get on with
auskosten *v/t sep* (≈ *genießen*) to make the most of; *Leben* to enjoy to the full
auskratzen *v/t sep* to scrape out
auskugeln *v/t sep sich* (*dat*) **den Arm/die Schulter ~** to dislocate one's arm/shoulder
auskühlen *v/i sep aux sein* to cool down; (*Körper, Menschen*) to chill through
auskundschaften *v/t sep Weg, Lage* to find out; *Versteck* to spy out
Auskunft ['auskʊnft] *f* ⟨*-, Auskünfte* [-kʏnftə]⟩ **1.** (≈ *Mitteilung*) information *no pl*; **jdm eine ~ erteilen** to give sb some information **2.** (≈ *Schalter*) information desk; TEL directory enquiries *no art* **Auskunftsbüro** *nt* enquiry *or* information office
auskurieren *past part* **auskuriert** *sep* (*infml*) *v/t* to cure
auslachen *v/t sep jdn* to laugh at

ausladen *sep irr v/t* **1.** *Ware, Ladung* to unload **2.** (*infml*) *jdn* **~** to tell sb not to come **ausladend** *adj Dach* projecting; *Bewegung* sweeping
Auslage *f* **1.** (*von Waren*) display; (≈ *Schaufenster*) (shop) window; (≈ *Schaukasten*) showcase **2.** *usu pl* expense
Ausland *nt, no pl* foreign countries *pl*; **ins/im ~** abroad; **aus dem** *or* **vom ~** from abroad; **Handel mit dem ~** foreign trade **Ausländer** ['auslɛndɐ] *m* ⟨*-s, -*⟩, **Ausländerin** [-ərɪn] *f* ⟨*-, -nen*⟩ foreigner; ADMIN, JUR alien **Ausländerbehörde** *f* ≈ immigration authority **ausländerfeindlich I** *adj* xenophobic; *Anschlag* on foreigners **II** *adv* **~ motivierte Straftaten** crimes with a racist motive **Ausländerfeindlichkeit** *f* xenophobia **Ausländergesetz** *nt* JUR law on immigrants **Ausländerpolitik** *f* policy on immigrants **ausländisch** ['auslɛndɪʃ] *adj attr* foreign **Auslandsaufenthalt** *m* stay abroad **Auslandseinsatz** *m* (*von Soldaten, Journalisten etc*) deployment abroad **Auslandsgespräch** *nt* international call **Auslandskorrespondent(in)** *m/(f)* foreign correspondent **Auslandsreise** *f* journey *or* trip abroad **Auslandsschutzbrief** *m* international travel cover **Auslandsvertretung** *f* agency abroad; (*von Firma*) foreign branch
auslassen *sep irr I v/t* **1.** (≈ *weglassen*) to leave out; (≈ *versäumen*) *Chance* to miss **2.** (≈ *abreagieren*) to vent (*an +dat* on) **3.** *Butter, Fett* to melt; *Speck* to render (down) **4.**; → **ausgelassen II** *v/r* to talk (*über +acc* about) **Auslassung** *f* ⟨*-, -en*⟩ (≈ *Weglassen*) omission
auslasten *v/t sep* **1.** *Maschine* to make full use of **2.** *jdn* to occupy fully; → **ausgelastet**
Auslauf *m, no pl* (≈ *Bewegung*) exercise; (*für Kinder*) room to run about **auslaufen** *sep irr v/i aux sein* **1.** (*Flüssigkeit*) to run out (*aus* of); (≈ *undicht sein*) to leak **2.** (*Schiff*) to sail **3.** (*Modell, Serie*) to be discontinued **4.** (*Farbe, Stoff*) to run **Ausläufer** *m* **1.** (METEO, *von Hoch*) ridge; (*von Tief*) trough **2.** (≈ *Vorberge*) foothill *usu pl* **Auslaufmodell** *nt* discontinued model
ausleben *sep v/r* (*Mensch*) to live it up
auslecken *v/t sep* to lick out
ausleeren *v/t sep* to empty
auslegen *v/t sep* **1.** (≈ *ausbreiten*) to lay

out; *Waren etc* to display; *Kabel, Minen* to lay **2.** (≈ *bedecken*) to cover; (≈ *auskleiden*) to line; **den Boden (mit Teppichen)** ~ to carpet the floor **3.** (≈ *deuten*) to interpret **4.** *Geld* to lend; **sie hat die 5 Euro ausgelegt** she paid the 5 euros **Ausleger** ['auslɛːgɐ] *m* ⟨**-s, -**⟩ (*von Kran etc*) jib, boom **Auslegung** ['ausleːgʊŋ] *f* ⟨**-, -en**⟩ (≈ *Deutung*) interpretation

ausleiern *sep v/i aux sein* to wear out
ausleihen *v/t sep irr* (≈ *verleihen*) to lend (*jdm, an jdn* to sb); (≈ *von jdm leihen*) to borrow; **sich** (*dat*) **etw** ~ to borrow sth (*bei, von* from)

auslernen *v/i sep* **man lernt nie aus** (*prov*) you live and learn (*prov*)
Auslese *f* **1.** *no pl* (≈ *Auswahl*) selection **2.** (≈ *Elite*) **die** ~ the élite **3.** (≈ *Wein*) high-quality wine made from selected grapes **auslesen** *sep irr* **I** *v/t* **1.** (≈ *auswählen*) to select **2.** *Buch etc* to finish reading **II** *v/i* (≈ *zu Ende lesen*) to finish reading

ausliefern *v/t sep* **1.** *Waren* to deliver **2.** *jdn* to hand over (*an +acc* to); (*an anderen Staat*) to extradite (*an +acc* to); **sich der Polizei** ~ to give oneself up to the police; **jdm ausgeliefert sein** to be at sb's mercy **Auslieferung** *f* **1.** (*von Ware*) delivery **2.** (*von Menschen*) handing over; (*von Gefangenen*) extradition **Auslieferungsantrag** *m* JUR application for extradition

ausliegen *v/i sep irr* (*Waren*) to be displayed; (*Zeitschriften, Liste etc*) to be available (to the public)
auslöffeln *v/t sep Teller* to empty; **etw** ~ **müssen** (*infml*) to have to take the consequences of sth
ausloggen ['auslɔgn] *v/r* IT to log out
auslöschen *v/t sep Feuer, Licht* to extinguish; *Erinnerung* to blot out
auslosen *v/t sep* to draw lots for; *Gewinner* to draw
auslösen *v/t sep Alarm, Reaktion* to trigger; *Bombe* to release; (*fig*) *Wirkung* to produce; *Begeisterung* to arouse **Auslöser** ['ausløːzɐ] *m* ⟨**-s, -**⟩ trigger; (*für Bombe*) release button; PHOT shutter release
Auslosung ['auslozʊŋ] *f* ⟨**-, -en**⟩ draw
ausloten *v/t sep* (*fig*) to plumb; **die Sache muss ich doch mal** ~ (*infml*) I'll have to try to get to the bottom of the matter

ausmachen *v/t sep* **1.** *Feuer, Kerze* to put out; *Licht, Radio* to turn off **2.** (≈ *sichten*) to make out; (≈ *ausfindig machen*) to locate **3.** (≈ *vereinbaren*) to agree; **einen Termin** ~ to agree (on) a time; → **ausgemacht 4.** (≈ *betragen*) to come to **5.** (≈ *bedeuten*) **viel** ~ to make a big difference; **das macht nichts aus** that doesn't matter **6.** (≈ *stören*) to matter (*jdm* to); **macht es Ihnen etwas aus, wenn ...?** would you mind if ...?
ausmalen *v/t sep* **sich** (*dat*) **etw** ~ to imagine sth
Ausmaß *nt* (*von Fläche*) size; (*von Katastrophe, Liebe*) extent; **ein Verlust in diesem** ~ a loss on this scale; **erschreckende** ~**e annehmen** to assume alarming proportions
ausmergeln ['ausmɛrgln] *v/t sep Körper etc* to emaciate; *Boden* to exhaust
ausmerzen ['ausmɛrtsn] *v/t sep* to eradicate
ausmessen *v/t sep irr* to measure (out)
ausmisten *v/t sep Stall* to muck out (*Br*), to clear (*US*); (*fig infml*) *Zimmer etc* to clean out
ausmustern *v/t sep Fahrzeug etc* to take out of service; (MIL ≈ *entlassen*) to discharge
Ausnahme ['ausnaːmə] *f* ⟨**-, -n**⟩ exception; **mit** ~ **von** *or* +*gen* with the exception of; **ohne** ~ without exception **Ausnahmefall** *m* exceptional case **Ausnahmezustand** *m* POL **den** ~ **verhängen** to declare a state of emergency **ausnahmslos** *adv* without exception **ausnahmsweise** *adv* **darf ich das machen?** — ~ may I do that? — just this once **ausnehmen** *v/t sep irr* **1.** *Fisch* to gut; *Geflügel* to draw **2.** (≈ *ausschließen*) *jdn* to make an exception of; (≈ *befreien*) to exempt; → **ausgenommen 3.** (*infml: finanziell*) *jdn* to fleece (*infml*)
ausnüchtern ['ausnʏçtɐn] *v/t, v/i, v/r sep* to sober up **Ausnüchterungszelle** *f* drying-out cell
ausnutzen *v/t sep* to use; (≈ *ausbeuten*) to exploit; *Gelegenheit* to make the most of **Ausnutzung** *f* ⟨**-**, *no pl*⟩ use; (≈ *Ausbeutung*) exploitation
auspacken *sep* **I** *v/t & v/i Koffer* to unpack; *Geschenk* to unwrap **II** *v/i* (*infml*) (≈ *alles sagen*) to talk (*infml*)
auspeitschen *v/t sep* to whip
auspfeifen *v/t sep irr* to boo at

ausplaudern *v/t sep* to let out

ausplündern *v/t sep Dorf etc* to pillage

ausposaunen *past part* **ausposaunt** *v/t sep* (*infml*) to broadcast (*infml*)

auspressen *v/t sep Zitrone etc* to squeeze

ausprobieren *past part* **ausprobiert** *v/t sep* to try out

Auspuff *m*, *pl* **-puffe** exhaust

auspumpen *v/t sep* (≈ *leeren*) to pump out

Ausputzer ['ausputsɐ] *m* ⟨**-s, -**⟩, **Ausputzerin** [-ərɪn] *f* ⟨**-, -nen**⟩ FTBL sweeper

ausquartieren ['auskvartiːrən] *past part* **ausquartiert** *v/t sep* to move out

ausquetschen *v/t sep Saft etc* to squeeze out; (*infml* ≈ *ausfragen*) to grill (*infml*)

ausradieren *past part* **ausradiert** *v/t sep* to rub out; (*fig* ≈ *vernichten*) to wipe out

ausrangieren *past part* **ausrangiert** *v/t sep* (*infml*) *Kleider* to throw out; *Maschine, Auto* to scrap

ausrasten *sep v/i aux sein* (*hum infml* ≈ *zornig werden*) to do one's nut (*Br infml*)

ausrauben *v/t sep* to rob

ausräuchern *v/t sep Zimmer* to fumigate; *Tiere, Bande* to smoke out

ausräumen *v/t sep* to clear out; *Möbel* to move out; (*fig*) *Missverständnisse* to clear up

ausrechnen *v/t sep* to work out; **sich** (*dat*) **große Chancen** ~ to reckon that one has a good chance; → **ausgerechnet**

Ausrede *f* excuse **ausreden** *sep* **I** *v/i* to finish speaking **II** *v/t jdm etw* ~ to talk sb out of sth

ausreichen *v/i sep* to be sufficient **ausreichend** **I** *adj* sufficient; SCHOOL satisfactory **II** *adv* sufficiently

Ausreise *f bei der* ~ on leaving the country **ausreisen** *v/i sep aux sein* to leave (the country); **nach Frankreich** ~ to go to France

ausreißen *sep irr* **I** *v/t Haare, Blatt* to tear out; *Unkraut, Zahn* to pull out **II** *v/i aux sein* (*infml* ≈ *davonlaufen*) to run away **Ausreißer** ['ausraisɐ] *m* ⟨**-s, -**⟩, **Ausreißerin** [-ərɪn] *f* ⟨**-, -nen**⟩ (*infml*) runaway

ausreiten *v/i sep irr aux sein* to go for a ride

ausrenken ['ausrɛŋkn] *v/t sep* to dislocate; **sich/jdm den Arm** ~ to dislocate one's s/sb's arm

ausrichten *sep v/t* **1.** (≈ *aufstellen*) to line up **2.** (≈ *veranstalten*) to organize **3.** (≈ *erreichen*) to achieve; **ich konnte bei ihr nichts** ~ I couldn't get anywhere with her **4.** (≈ *übermitteln*) to tell; **kann ich etwas** ~? can I give him/her *etc* a message?

Ausritt *m* ride (out)

ausrollen *v/t sep Teig, Teppich* to roll out; *Kabel* to run out

ausrotten ['ausrɔtn] *v/t sep* to wipe out; *Ideen* to stamp out

ausrücken *sep v/i aux sein* **1.** MIL to move out; (*Polizei, Feuerwehr*) to turn out **2.** (*infml* ≈ *ausreißen*) to make off

Ausruf *m* cry **ausrufen** *v/t sep irr* to exclaim; (≈ *verkünden*) to call out; *Streik* to call; **jdn zum** *or* **als König** ~ to proclaim sb king; **jdn** ~ (**lassen**) (*über Lautsprecher etc*) to put out a call for sb; (*im Hotel*) to page sb **Ausrufezeichen** *nt* exclamation mark (*Br*), exclamation point (*US*)

ausruhen *v/i* & *v/r sep* to rest; (*Mensch*) to have a rest

ausrüsten *v/t sep* to equip; *Fahrzeug, Schiff* to fit out **Ausrüstung** *f* equipment; (≈ *esp Kleidung*) outfit

ausrutschen *v/i sep aux sein* to slip **Ausrutscher** ['ausrotʃɐ] *m* ⟨**-s, -**⟩ (*infml*) slip; (≈ *schlechte Leistung*) slip-up

Aussaat *f* **1.** *no pl* (≈ *das Säen*) sowing **2.** (≈ *Saat*) seed **aussäen** *v/t sep* to sow

Aussage *f* statement; (*eines Beschuldigten, Angeklagten*) statement; (≈ *Zeugenaussage*) testimony; **hier steht** ~ **gegen** ~ it's one person's word against another's; **nach** ~ **seines Chefs** according to his boss **aussagen** *sep* **I** *v/t* to say (*über* +*acc* about); (≈ *behaupten*) to state **II** *v/i* JUR to give evidence; **unter Eid** ~ to give evidence under oath

Aussätzige(r) ['ausɛtsɪgə] *m/f(m) decl as adj* leper

aussaugen *v/t sep* to suck out

ausschaben *v/t sep* to scrape out; MED to curette

ausschaffen *v/t sep* (*Swiss form*) to deport

ausschalten *v/t sep* **1.** (≈ *abstellen*) to switch off **2.** (*fig*) to eliminate

Ausschank *m* ⟨**-(e)s, Ausschänke** [-ʃɛŋkə]⟩ (≈ *Schankraum*) bar, pub (*Br*); (≈ *Schanktisch*) bar

Ausschau *f, no pl* ~ **halten** to look out **ausschauen** *v/i sep* **1.** (*elev*) to look out (*nach* for) **2.** (*dial*) = **aussehen**

ausscheiden *sep irr* **I** *v/t* (≈ *aussondern*) to take out; PHYSIOL to excrete **II** *v/i aux sein* (*aus einem Amt*) to retire (*aus* from); (*aus Klub, Firma*) to leave (*aus etw* sth); SPORTS to be eliminated; **das/er scheidet aus** that/he has to be ruled out **Ausscheidung** *f* **1.** *no pl* PHYSIOL excretion **2.** SPORTS elimination **Ausscheidungskampf** *m* SPORTS preliminary (round)

ausschenken *v/t & v/i sep* to pour (out); (*am Ausschank*) to serve

ausscheren *v/i sep aux sein* (*zum Überholen*) to pull out; (*fig*) to step out of line

ausschiffen *sep* **I** *v/t* to disembark; *Ladung, Waren* to unload **II** *v/r* to disembark

ausschildern *v/t sep* to signpost

ausschlachten *v/t sep* **1.** *Tier, Beute* to dress **2.** (*fig*) *Fahrzeuge, Maschinen etc* to cannibalize **3.** (*fig infml* ≈ *ausnutzen*) to exploit

ausschlafen *sep irr* **I** *v/t Rausch etc* to sleep off **II** *v/i & v/r* to have a good sleep

Ausschlag *m* **1.** MED rash; (*einen*) ~ **bekommen** to come out in *or* get a rash **2.** (*von Zeiger etc*) swing; (*von Kompassnadel*) deflection; **den** ~ **geben** (*fig*) to be the decisive factor **ausschlagen** *sep irr* **I** *v/t* **1.** *jdm die Zähne* ~ to knock sb's teeth out **2.** (≈ *verkleiden*) to line **3.** (≈ *ablehnen*) to turn down **II** *v/i* **1.** *aux sein or haben* (*Baum, Strauch*) to start to bud **2.** (*Pferd*) to kick **3.** *aux sein or haben* (*Zeiger, Nadel*) to swing; (*Kompassnadel*) to be deflected **ausschlaggebend** *adj* decisive

ausschließen *v/t sep irr* **1.** (≈ *aussperren*) to lock out **2.** (≈ *entfernen*) to exclude; (*aus Gemeinschaft*) to expel; SPORTS to disqualify; **die Öffentlichkeit** ~ JUR to exclude the public; → **ausgeschlossen ausschließlich** ['ausʃliːslɪç, 'ausˈʃl-, ausˈʃl-] **I** *adj attr* exclusive; *Rechte auch* sole **II** *adv* exclusively **Ausschluss** *m* (≈ *Entfernung*) exclusion; (*aus Gemeinschaft*) expulsion; SPORTS disqualification; **unter** ~ **der Öffentlichkeit stattfinden** to be closed to the public

ausschmücken *v/t sep* to decorate; (*fig*) *Erzählung* to embellish

ausschneiden *v/t sep irr* **1.** to cut out **2.** IT to cut; ~ **und einfügen** to cut and paste; → **ausgeschnitten Ausschnitt** *m* **1.** (≈ *Zeitungsausschnitt*) cutting **2.** (≈ *Kleidausschnitt*) neck; **ein tiefer** ~ a low neckline **3.** (*aus einem Bild*) detail; (*aus einem Film*) clip

ausschöpfen *v/t sep* **1.** *Wasser etc* to ladle out (*aus* of); (*aus Boot*) to bale out (*aus* of) **2.** (*fig*) to exhaust

ausschreiben *v/t sep irr* **1.** to write out; *Rechnung etc* to make out **2.** (≈ *bekannt machen*) to announce; *Wahlen* to call; *Stellen* to advertise; *Projekt* to invite tenders for

Ausschreitung *f* ⟨-, **-en**⟩ *usu pl* riot, rioting *no pl*

Ausschuss *m* **1.** *no pl* COMM rejects *pl*; (*fig infml*) trash **2.** (≈ *Komitee*) committee **Ausschusssitzung** *f* committee meeting **Ausschussware** *f* COMM rejects *pl*

ausschütteln *v/t sep* to shake out

ausschütten *sep irr* **I** *v/t* **1.** (≈ *auskippen*) to tip out; *Eimer* to empty; **jdm sein Herz** ~ (*fig*) to pour out one's heart to sb **2.** (≈ *verschütten*) to spill **3.** FIN *Dividende etc* to distribute **II** *v/r sich* (**vor Lachen**) ~ (*infml*) to split one's sides laughing

ausschweifend *adj Leben* dissipated; *Fantasie* wild **Ausschweifung** *f* (≈ *Maßlosigkeit*) excess; (*in Lebensweise*) dissipation

ausschweigen *v/r sep irr* to remain silent

aussehen *v/i sep irr* to look; **gut** ~ to look good; (*hübsch*) to be good looking; (*gesund*) to look well; **es sieht nach Regen aus** it looks like rain; **wie siehst du denn (bloß) aus?** just look at you!; **es soll nach etwas** ~ it's got to look good; **es sieht so aus, als ob ...** it looks as if ...; **so siehst du (gerade) aus!** (*infml*) that's what you think! **Aussehen** *nt* ⟨**-s**, *no pl*⟩ appearance

aus sein *irr aux sein* **I** *v/i* (*infml*) **1.** (*Schule*) to have finished; (*Krieg, Stück*) to have ended; (*Feuer, Ofen*) to be out; (*Radio, Fernseher etc*) to be off **2.** **auf etw** (*acc*) ~ to be (only) after sth; **auf jdn** ~ to be after sb (*infml*) **II** *v/i impers* **es ist aus** (**und vorbei**) **zwischen uns** it's (all) over between us; **es ist aus mit ihm** he is finished

außen ['ausn] *adv* außen ~ **sieht es gut aus** on the outside it looks good; **nach** ~ **hin** (*fig*) outwardly; ~ **stehend** *Beobachter etc* outside *attr* **Außenantenne** *f* outdoor aerial (*Br*) *or* antenna (*esp US*) **Außenaufnahme** *f* outdoor shot **Außen-**

bahn *f* outside lane **Außenbezirk** *m* outlying district **Außenbordmotor** *m* outboard motor **Außendienst** *m* **im ~ sein** to work outside the office **Außenhandel** *m* foreign trade **Außenminister(in)** *m/(f)* foreign secretary (*Br*), secretary of state (*US*) **Außenministerium** *nt* Foreign Office (*Br*), State Department (*US*) **Außenpolitik** *f* (*Gebiet*) foreign politics *sg*; (*bestimmte*) foreign policy **außenpolitisch** *adj* Debatte on foreign affairs; ~e Angelegenheiten foreign affairs **Außenseite** *f* outside **Außenseiter** ['ausnzaɪtɐ] *m* ⟨-s, -⟩, **Außenseiterin** [-ərɪn] *f* ⟨-, -nen⟩ SPORTS outsider **Außenspiegel** *m* AUTO outside mirror **Außenstände** *pl esp* COMM outstanding debts *pl* **außenstehend** *adj* → **außen** **Außenstelle** *f* branch **Außenstürmer(in)** *m/(f)* FTBL wing **Außentemperatur** *f* outside temperature **Außenwand** *f* outer wall **Außenwelt** *f* outside world **Außenwirtschaft** *f* foreign trade **außer** ['ausɐ] **I** *prep* +dat *or* (rare) +gen **1.** (räumlich) out of; ~ sich (dat) sein to be beside oneself **2.** (≈ ausgenommen) except (for); (≈ abgesehen von) apart from **3.** (≈ zusätzlich zu) in addition to **II** *cj* except; ~ wenn ... except when... **außerdem** ['ausɐde:m, ausɐ'de:m] *adv* besides; (≈ dazu) in addition **äußere(r, s)** ['ɔysərə] *adj* outer; Schein, Eindruck outward **Äußere(s)** ['ɔysərə] *nt decl as adj* exterior **außergerichtlich** *adj*, *adv* out of court **außergewöhnlich** **I** *adj* unusual **II** *adv* (≈ sehr) extremely **außerhalb** ['ausɐhalp] **I** *prep* +gen outside; ~ der Stadt outside the town **II** *adv* (≈ außen) outside; (≈ außerhalb der Stadt) out of town; von ~ from outside/out of town **außerirdisch** *adj* extraterrestrial **Außerirdische(r)** ['ausɐ|ɪrdɪʃə] *m/f(m)* decl as adj extraterrestrial **äußerlich** ['ɔysɐlɪç] **I** *adj* **1.** external; „nur zur ~en Anwendung!" for external use only **2.** (fig ≈ oberflächlich) superficial **II** *adv* externally; rein ~ betrachtet on the face of it **Äußerlichkeit** *f* ⟨-, -en⟩ (fig) triviality; (≈ Oberflächlichkeit) superficiality **äußern** ['ɔysɐn] **I** *v/t* (≈ sagen) to say; Wunsch etc to express; Kritik to voice; seine Meinung ~ to give one's opinion **II** *v/r* (Mensch) to speak; (Krankheit) to show itself; ich will mich dazu nicht ~ I don't want to say anything about that

außerordentlich ['ausɐ|ɔrdntlɪç] **I** *adj* extraordinary; (≈ ungewöhnlich) remarkable; **Außerordentliches leisten** to achieve some remarkable things **II** *adv* (≈ sehr) exceptionally **außerparlamentarisch** *adj* extraparliamentary **außerplanmäßig** *adj* unscheduled; *Defizit* unplanned **außersinnlich** *adj* ~e Wahrnehmung extrasensory perception **äußerst** ['ɔysɐst] *adv* extremely **außerstande** [ausɐ'ʃtandə, 'ausɐʃtandə] *adv* (≈ unfähig) incapable; (≈ nicht in der Lage) unable **äußerste(r, s)** ['ɔysɐstə] *adj* (räumlich) furthest; Schicht outermost; Norden etc extreme; (zeitlich) latest possible; (fig) utmost; mein ~s Angebot my final offer; im ~n Falle if the worst comes to the worst; mit ~r Kraft with all one's strength; von ~r Dringlichkeit of (the) utmost urgency **Äußerste(s)** ['ɔysɐstə] *nt decl as adj* bis zum ~n gehen to go to extremes; er hat sein ~s gegeben he gave his all; ich bin auf das ~ gefasst I'm prepared for the worst **Äußerung** ['ɔysərʊŋ] *f* ⟨-, -en⟩ (≈ Bemerkung) remark

aussetzen *sep* **I** *v/t* **1.** Kind, Haustier to abandon; Pflanzen to plant out; NAUT Boot to lower **2.** jdm/einer Sache ausgesetzt sein (≈ ausgeliefert) to be at the mercy of sb/sth **3.** Belohnung to offer; auf jds Kopf (acc) 1000 Dollar ~ to put 1,000 dollars on sb's head **4.** (≈ unterbrechen) to interrupt; Prozess to adjourn; Zahlung to break off **5.** an jdm/etw etwas auszusetzen haben to find fault with sb/sth; daran ist nichts auszusetzen there is nothing wrong with it **II** *v/i* (≈ aufhören) to stop; (bei Spiel) to sit out; (≈ versagen) to give out; mit etw ~ to stop sth

Aussicht *f* ⟨-, -en⟩ **1.** (≈ Blick) view (auf +acc of); ein Zimmer mit ~ auf den Park a room overlooking the park **2.** (fig) prospect (auf +acc of); etw in ~ haben to have good prospects of sth; jdm etw in ~ stellen to promise sb sth **aussichtslos** *adj* hopeless; (≈ zwecklos) pointless; eine ~e Sache a lost cause **Aussichtsplattform** *f* viewing *or* observation platform *or* deck **aussichtsreich** *adj* promising; Stellung with good prospects **Aussichtsturm** *m* observation *or* lookout tower

Aussiedler(in) *m/(f)* (≈ *Auswanderer*) emigrant

aussitzen *v/t sep irr Problem* to sit out

aussöhnen ['aus*zø:nen*] *sep v/r* **sich mit jdm/etw ~** to become reconciled with sb/to sth **Aussöhnung** *f* ⟨-, -**en**⟩ reconciliation

aussondern *v/t sep* (≈ *auslesen*) to select; *Schlechtes* to pick out

aussortieren *past part* **aussortiert** *v/t sep* to sort out

ausspannen *sep* **I** *v/t* **1.** (≈ *ausschirren*) to unharness **2.** (*fig infml*) **jdm die Freundin** *etc* **~** to steal sb's girlfriend *etc* **II** *v/i* (≈ *sich erholen*) to have a break

aussparen *v/t sep* (*fig*) to omit

aussperren *v/t sep* to lock out **Aussperrung** *f* IND lockout

ausspielen *sep* **I** *v/t* **1.** *Karte* to play; (*am Spielanfang*) to lead with **2.** (*fig*) **jdn gegen jdn ~** to play sb off against sb **II** *v/i* CARDS to play a card; (*als Erster*) to lead; → **ausgespielt**

Aussprache *f* **1.** pronunciation; (≈ *Akzent*) accent **2.** (≈ *Meinungsaustausch*) discussion; (≈ *Gespräch*) talk **aussprechen** *sep irr* **I** *v/t Wort, Urteil etc* to pronounce; *Scheidung* to grant **II** *v/r* **sich mit jdm (über etw** *acc*) **~** to have a talk with sb (about sth); **sich gegen etw ~** to declare oneself against sth **III** *v/i* (≈ *zu Ende sprechen*) to finish (speaking); → **ausgesprochen Ausspruch** *m* remark; (≈ *geflügeltes Wort*) saying

ausspucken *sep* **I** *v/t* to spit out **II** *v/i* to spit

ausspülen *v/t sep* to rinse (out)

ausstaffieren ['aus*ʃtafi:rən*] *past part* **ausstaffiert** *v/t sep* (*infml*) to equip; *jdn* to rig out

Ausstand *m* **1.** (≈ *Streik*) strike; **im ~ sein** to be on strike; **in den ~ treten** to (go on) strike **2. seinen ~ geben** to throw a leaving party

ausstatten ['aus*ʃtatn*] *v/t sep* to equip; (≈ *versorgen*) to provide; (≈ *möblieren*) to furnish **Ausstattung** *f* ⟨-, -**en**⟩ equipment; (*von Zimmer etc*) furnishings *pl*; THEAT décor and costumes *pl*

ausstechen *v/t sep irr* **1.** *Pflanzen* to dig up; *Plätzchen* to cut out **2.** *Augen* (*esp als Strafe*) to gouge out **3.** (*fig* ≈ *übertreffen*) to outdo

ausstehen *sep irr* **I** *v/t* (≈ *ertragen*) to endure; *Angst* to go through; **ich kann ihn nicht ~** I can't bear him **II** *v/i* (≈ *fällig sein*) to be due; (*Antwort*) to be still to come; (*Entscheidung*) to be still to be taken

aussteigen *v/i sep irr aux sein* to get out (*aus* of); (*fig: aus Gesellschaft*) to opt out **Aussteiger** ['aus*ʃtaigɐ*] *m* ⟨-**s**, -⟩, **Aussteigerin** [-ərɪn] *f* ⟨-, -**nen**⟩ (*aus Gesellschaft*) person who opts out; (*aus Terroristenszene, Sekte*) dropout

ausstellen *sep* **I** *v/t* **1.** (≈ *zur Schau stellen*) to display; (*in Museum etc*) to exhibit **2.** (≈ *behördlich ausgeben*) to issue; **eine Rechnung über 500 Euro ~** to make out a bill for 500 euros **3.** (≈ *ausschalten*) to turn off **II** *v/i* to exhibit **Aussteller** ['aus*ʃtɛlɐ*] *m* ⟨-**s**, -⟩, **Ausstellerin** [-ərɪn] *f* ⟨-, -**nen**⟩ **1.** (*auf Messe*) exhibitor **2.** (*von Dokument*) issuer **Ausstellung** *f* **1.** (≈ *Messe*) exhibition; (≈ *Blumenausstellung etc*) show **2.** *no pl* (*von Rezept, Rechnung*) making out; (*behördlich*) issuing **Ausstellungsdatum** *nt* date of issue **Ausstellungsgelände** *nt* exhibition site **Ausstellungshalle** *f* exhibition hall **Ausstellungsstück** *nt* exhibit

ausstempeln *v/i sep* (*bei Arbeitsende*) to clock out *or* off

aussterben *v/i sep irr aux sein* to die out; → **ausgestorben Aussterben** *nt* extinction; **im ~ begriffen** dying out

Aussteuer *f* dowry

Ausstieg ['aus*ʃti:k*] *m* ⟨-**(e)s**, -**e** [-gə]⟩ **1.** *no pl* (*aus Bus, Zug etc*) getting off; (*fig: aus Gesellschaft*) opting out (*aus* of); **der ~ aus der Kernenergie** abandoning nuclear energy **2.** (*a.* **Ausstiegluke**) escape hatch

ausstopfen *v/t sep* to stuff

Ausstoß *m* (≈ *Produktion*) output **ausstoßen** *v/t sep irr* **1.** (≈ *äußern*) to utter; *Schrei* to give; *Seufzer* to heave **2.** (≈ *ausschließen*) to expel (*aus* from); **jdn aus der Gesellschaft ~** to banish sb from society **3.** (≈ *herausstoßen*) to eject; *Gas etc* to give off; (≈ *herstellen*) to turn out

ausstrahlen *v/t sep* to radiate; RADIO, TV to broadcast **Ausstrahlung** *f* radiation; (RADIO, TV) broadcast(ing); (*von Mensch*) charisma

ausstrecken *sep* **I** *v/t* to extend (*nach* towards) **II** *v/r* to stretch (oneself) out

ausstreichen *v/t sep irr Geschriebenes* to cross out

ausströmen v/i sep aux sein (≈ herausfließen) to stream out (aus of); (≈ entweichen) to escape (aus from)

aussuchen v/t sep (≈ auswählen) to choose; → **ausgesucht**

Austausch m exchange; (≈ Ersatz) replacement; SPORTS substitution; **im ~ für** or **gegen** in exchange for **austauschbar** adj exchangeable **austauschen** v/t sep to exchange (gegen for); (≈ ersetzen) to replace (gegen with) **Austauschmotor** m replacement engine **Austauschstudent(in)** m/(f) exchange student

austeilen v/t sep to distribute (unter +dat, an +acc among); Spielkarten to deal (out); Prügel to administer

Auster ['auste] f ⟨-, -n⟩ oyster **Austernbank** f, pl **-bänke** oyster bed

austesten ['austɛstn] v/t sep to test; IT Programm etc to debug

austoben sep v/r (Mensch) to let off steam; (≈ sich müde machen) to tire oneself out

austragen sep irr I v/t 1. Wettkampf etc to hold; **einen Streit mit jdm ~** to have it out with sb 2. Post etc to deliver 3. **ein Kind ~** to carry a child (through) to full term II v/r to sign out **Austragungsort** m, pl **-orte** SPORTS venue

Australien [aus'tra:liən] nt ⟨-s⟩ Australia **Australier** [aus'tra:liɐ] m ⟨-s, -⟩, **Australierin** [-iərɪn] f ⟨-, -nen⟩ Australian **australisch** [aus'tra:lɪʃ] adj Australian

austreiben sep irr v/t (≈ vertreiben) to drive out; Teufel etc to exorcise

austreten sep irr I v/i aux sein 1. (≈ herauskommen) to come out (aus of); (Gas etc) to escape (aus from, through) 2. (≈ ausscheiden) to leave (aus etw sth) 3. (≈ zur Toilette gehen) to go to the toilet (esp Br) II v/t Spur, Feuer etc to tread out; Schuhe to wear out of shape

austricksen v/t sep (infml) to trick

austrinken v/t sep & v/i sep irr to finish

Austritt m 1. no pl (von Flüssigkeit) outflow; (≈ das Entweichen) escape 2. (≈ das Ausscheiden) leaving no art (aus etc sth)

austrocknen sep I v/i aux sein to dry out; (Fluss etc) to dry up II v/t (≈ trockenlegen) Sumpf to drain

austüfteln v/t sep (infml) to work out

ausüben v/t sep 1. Beruf to practise (Br),

to practice (US); Funktion to perform; Amt to hold 2. Druck, Einfluss to exert (auf +acc on); Macht to exercise; **einen Reiz auf jdn ~** to have an attraction for sb

ausufern ['aus|u:fɐn] v/i sep aux sein (fig) to get out of hand

Ausverkauf m (clearance) sale; **etw im ~ kaufen** to buy sth at the sale(s) **ausverkauft** ['ausfɛɐkauft] adj sold out; **vor ~em Haus spielen** to play to a full house

Auswahl f selection (an +dat of); (≈ Wahl) choice; SPORTS representative team; **drei Bewerber stehen zur ~** there are three applicants to choose from; **eine ~ treffen** to make a selection **auswählen** v/t sep to select (unter +dat from among); **sich** (dat) **etw ~** to select sth (for oneself)

Auswanderer m, **Auswanderin** f emigrant **auswandern** v/i sep aux sein to emigrate (nach, in +acc to) **Auswanderung** f emigration

auswärtig ['ausvɛrtɪç] adj attr 1. (≈ nicht ansässig) nonlocal 2. POL foreign; **der ~e Dienst** the foreign service; **das Auswärtige Amt** the Foreign Office (Br), the State Department (US) **auswärts** ['ausvɛrts] adv 1. (≈ nach außen) outwards 2. (≈ außerhalb der Stadt) out of town; SPORTS away; **~ essen** to eat out **Auswärtsniederlage** f SPORTS away defeat **Auswärtssieg** m SPORTS away win or victory **Auswärtsspiel** nt SPORTS away (game)

auswechseln v/t sep to change; (esp gegenseitig) to exchange; (≈ ersetzen) to replace; SPORTS to substitute (gegen for); **sie ist wie ausgewechselt** she's a different person **Auswechselspieler(in)** m/(f) substitute **Auswechs(e)lung** ['ausvɛks(ə)lʊŋ] f ⟨-, -en⟩ exchange; (≈ Ersatz) replacement; SPORTS substitution

Ausweg m way out; **der letzte ~** a last resort **ausweglos** adj (fig) hopeless

ausweichen v/i sep irr aux sein to get out of the way (+dat of); (≈ Platz machen) to make way (+dat for); **einer Sache** (dat) **~** (lit) to avoid sth; (fig) to evade sth; **eine ~de Antwort** an evasive answer **Ausweichmanöver** nt evasive action or manoeuvre (Br) or maneuver (US)

ausweinen sep I v/r to have a (good) cry; **sich bei jdm ~** to have a cry on sb's shoulder **II** v/t *sich (dat) die Augen ~* to cry one's eyes *or* heart out (*nach* over) **Ausweis** ['ausvais] *m* ⟨*-es, -e* [-zə]⟩ card; (≈ *Personalausweis*) identity card; *~, bitte* your papers please **ausweisen** *sep irr* **I** v/t (*aus dem Lande*) to expel **II** v/r (*mit Ausweis*) to identify oneself; *können Sie sich ~?* do you have any means of identification? **Ausweiskontrolle** *f* identity check **Ausweispapiere** *pl* identity papers *pl* **Ausweisung** *f* expulsion

ausweiten *sep* **I** v/t to widen; (*fig*) to expand (*zu* into) **II** v/r to widen; (*fig*) to expand (*zu* into); (≈ *sich verbreiten*) to spread

auswendig *adv* by heart; *etw ~ können/ lernen* to know/learn sth (off) by heart

auswerfen v/t *sep irr* Anker, Netz to cast; Lava, Asche to throw out

auswerten v/t *sep* (≈ *bewerten*) to evaluate; (≈ *analysieren*) to analyse **Auswertung** *f* (≈ *Bewertung*) evaluation; (≈ *Analyse*) analysis

auswickeln v/t *sep* to unwrap

auswirken v/r *sep* to have an effect (*auf* +acc on); *sich günstig/negativ ~* to have a favourable (*Br*) *or* favorable (*US*)/negative effect **Auswirkung** *f* (≈ *Folge*) consequence; (≈ *Wirkung*) effect

auswischen v/t *sep* to wipe out; *jdm eins ~* (*infml, aus Rache*) to get back at sb

auswringen v/t *sep irr* to wring out

Auswuchs ['ausvu:ks] *m* ⟨*-es, Auswüchse* [-vy:ksə]⟩ (out)growth; (*fig*) product

auswuchten v/t *sep* Räder to balance

auszahlen *sep* **I** v/t Geld etc to pay out; Gläubiger to pay off; Miterben to buy out **II** v/r (≈ *sich lohnen*) to pay (off)

auszählen *sep* v/t Stimmen to count (up); (*Boxen*) to count out

Auszahlung *f* (*von Geld*) paying out; (*von Gläubiger*) paying off

Auszählung *f* (*von Stimmen etc*) counting (up)

auszeichnen *sep* **I** v/t **1.** Waren to label **2.** (≈ *ehren*) to honour (*Br*), to honor (*US*); *jdn mit einem Orden ~* to decorate sb (with a medal) **3.** (≈ *hervorheben*) to distinguish **II** v/r to stand out (*durch* due to); → *ausgezeichnet* **Auszeichnung** *f* **1.** (*von Waren*) labelling (*Br*), labeling (*US*); (*mit Preisschild*) pricing **2.** (≈ *Ehrung*) honour (*Br*), honor (*US*); (≈ *Or-*

den) decoration; (≈ *Preis*) award; *mit ~ bestehen* to pass with distinction

ausziehen *sep irr* **I** v/t **1.** Kleider, Schuhe to take off; *jdn* to undress; *sich (dat) etw ~* to take off sth **2.** (≈ *herausziehen*) to pull out **II** v/r to undress **III** v/i *aux sein* (*aus einer Wohnung*) to move (*aus* out of); *auf Abenteuer ~* to set off in search of adventure

Auszubildende(r) ['austsubɪldndə] *m/f(m) decl as adj* trainee

Auszug *m* **1.** (≈ *das Weggehen*) departure; (*zeremoniell*) procession; (*aus der Wohnung*) move **2.** (≈ *Ausschnitt*) excerpt; (*aus Buch*) extract; (≈ *Kontoauszug*) statement **auszugsweise** *adv* in extracts

autark [au'tark] *adj* self-sufficient; ECON autarkic

authentisch [au'tɛntɪʃ] *adj* authentic

Autismus [au'tɪsmʊs] *m* ⟨*-, no pl*⟩ autism **Autist** [au'tɪst] *m* ⟨*-en, -en*⟩, **Autistin** [-ərɪn] *f* ⟨*-, -nen*⟩ autistic child/person **autistisch** [au'tɪstɪʃ] **I** *adj* autistic **II** *adv* autistically

Auto ['auto] *nt* ⟨*-s, -s*⟩ car; *~ fahren* (*selbst*) to drive (a car); *mit dem ~ fahren* to go by car **Autoabgase** *pl* MOT car emissions *pl* **Autoatlas** *m* road atlas **Autobahn** *f* motorway (*Br*), interstate (highway *or* freeway) (*US*); (*esp in Deutschland*) autobahn **Autobahnauffahrt** *f* motorway *etc* access road, freeway on-ramp (*US*) **Autobahnausfahrt** *f* motorway *etc* exit **Autobahndreieck** *nt* motorway *etc* merging point **Autobahngebühr** *f* toll **Autobahnkreuz** *nt* motorway *etc* intersection **Autobahnraststätte** *f* motorway service area (*Br*), rest area (*US*) **Autobiografie** *f* autobiography **autobiografisch I** *adj* autobiographical **II** *adv* autobiographically **Autobombe** *f* car bomb **Autobus** *m* bus; (≈ *Reiseomnibus*) coach (*Br*), bus **Autodidakt** [autodi'dakt] *m* ⟨*-en, -en*⟩, **Autodidaktin** [-'daktɪn] *f* ⟨*-, -nen*⟩ self-educated person **autodidaktisch** [autodi'daktɪʃ] *adj* self-taught *no adv* **Autodieb(in)** *m/(f)* car thief **Autodiebstahl** *m* car theft **Autofähre** *f* car ferry **Autofahren** *nt* ⟨*-s, no pl*⟩ driving (a car); (*als Mitfahrer*) driving in a car **Autofahrer(in)** *m/(f)* (car) driver **autofrei** *adj* car-free **Autofriedhof** *m* (*infml*) car dump **autogen** [auto'ge:n] *adj* autogenous; **~es Training** PSYCH relaxation through self-hypnosis **Autogramm** [auto'gram] *nt, pl* **-gramme** autograph **Autohändler(in)** *m/(f)* car *or* automobile (*US*) dealer **Autoimmunerkrankung** *f* MED autoimmune disease **Autokino** *nt* drive-in cinema (*Br*), drive-in movie theater (*US*) **Automat** [auto-'maːt] *m* ⟨**-en, -en**⟩ machine; (≈ *Verkaufsautomat*) vending machine; (≈ *Roboter*) robot; (≈ *Spielautomat*) slot machine

Automatik¹ [auto'maːtɪk] *m* ⟨**-s, -s**⟩ AUTO automatic

Automatik² *f* ⟨**-, -en**⟩ **1.** automatic mechanism **2.** (≈ *Gesamtanlage*) automatic system; AUTO automatic transmission **Automatikwagen** *m* automatic **automatisch** [auto'maːtɪʃ] **I** *adj* automatic **II** *adv* automatically

Automechaniker(in) *m/(f)* car mechanic **Automobilausstellung** *f* motor show **Automobilindustrie** *f* automotive industry **autonom** [auto'noːm] *adj* autonomous **Autonome(r)** [auto'noːmə] *m/f(m) decl as adj* POL independent **Autonomie** [autono'miː] *f* ⟨**-, -n** [-'miːən]⟩ autonomy (*also fig*) **Autonummer** *f* (car) number **Autopilot** *m* AVIAT autopilot

Autopsie [autɔ'psiː] *f* ⟨**-, -n** [-'psiːən]⟩ MED autopsy

Autor ['autoːɐ] *m* ⟨**-s, Autoren** [au-'toːrən]⟩ author

Autoradio *nt* car radio **Autoreifen** *m* car tyre (*Br*) *or* tire (*US*) **Autorennen** *nt* (motor) race **Autoreverse-Funktion** ['autoriːvɐɐs-, 'autoriːvœrs-] *f* auto-reverse (function)

Autorin [au'toːrɪn] *f* ⟨**-, -nen**⟩ author, authoress

autoritär [autori'tɛːɐ] **I** *adj* authoritarian **II** *adv* in an authoritarian manner **Autorität** [autori'tɛːt] *f* ⟨**-, -en**⟩ authority

Autoschlange *f* queue (*Br*) *or* line of cars **Autoschlosser(in)** *m/(f)* panel beater **Autoschlüssel** *m* car key **Autoskooter** ['autoskuːtɐ] *m* ⟨**-s, -**⟩ bumper car **Autosport** *m* motor sport **Autostopp** *m* hitchhiking **Autostrich** *m* (*infml*) prostitution *to car drivers* **Autostunde** *f* hour's drive **Autounfall** *m* car accident **Autoverleih** *m*, **Autovermietung** *f* car hire (*esp Br*) *or* rental (*esp US*); (≈ *Firma*) car hire (*esp Br*) *or* rental (*esp US*) firm **Autoversicherung** *f* car insurance **Autowaschanlage** *f* car wash **Autowerkstatt** *f* garage, car repair shop (*US*)

Auwald *m* riverside woods *pl or* forest **Avantgarde** [a'vãːɡardə, avã'ɡardə] *f* (*elev*) (ART) avant-garde; POL vanguard **avantgardistisch** [avãɡar'dɪstɪʃ, avant-] *adj* avant-garde

Aversion [avɛr'zioːn] *f* ⟨**-, -en**⟩ aversion (*gegen* to)

Avocado [avo'kaːdo] *f* ⟨**-, -s**⟩ avocado

Axt [akst] *f* ⟨**-, ⸚e** ['ɛkstə]⟩ axe (*Br*), ax (*US*)

Ayatollah [aja'tɔla] *m* ⟨**-s, -s**⟩ ayatollah **Azalee** [atsa'leːə] *f* ⟨**-, -n**⟩ azalea **Azoren** [a'tsoːrən] *pl* GEOG Azores *pl* **Azorenhoch** *nt* METEO high over the Azores

Azteke [ats'teːkə] *m* ⟨**-n, -n**⟩, **Aztekin** [-'teːkɪn] *f* ⟨**-, -nen**⟩ Aztec

Azubi [a'tsuːbiː, 'a(ː)tsubi] *m* ⟨**-, -s** *or f* **-, -s**⟩ *abbr of* **Auszubildende(r)**

B

B, b [beː] *nt* ⟨**-, -**⟩ B, b

Baby ['beːbi] *nt* ⟨**-s, -s**⟩ baby **Babyausstattung** *f* layette **Babyjahr** *nt* maternity leave (*for one year*) **Babyklappe** ['beːbi-] *f* anonymous drop-off point *for unwanted babies*

Babynahrung *f* baby food

Babypause *f* (*der Mutter*) maternity leave; (*des Vaters*) paternity leave; **eine ~ einlegen** to take *or* go on maternity / paternity leave

babysitten ['beːbizɪtn̩] *v/i insep* to babysit

Babysitter ['beːbizɪtɐ] *m* ⟨**-s, -**⟩, **Babysitterin** [-ərɪn] *f* ⟨**-, -nen**⟩ babysitter

Babytragetasche *f* carrycot (*Br*), traveling baby bed (*US*)

Bach [bax] *m* ⟨**-(e)s, ⸚e** ['bɛçə]⟩ stream; **den ~ heruntergehen** (*infml*: *Firma etc*) to go down the tubes (*infml*)

Backblech *nt* baking tray (*Br*), baking pan (*US*)

Backbord *nt, no pl* NAUT port (side) **backbord(s)** ['bakbɔrt(s)] *adv* NAUT on the port side

Backe ['bakə] *f* ⟨*-, -n*⟩ **1.** (≈ *Wange*) cheek **2.** (*infml* ≈ *Hinterbacke*) buttock

backen ['bakn] *pret* **backte** *or* (*old*) **buk** ['baktə, bu:k], *past part* **gebacken** [gə-'bakn] **I** *v/t* to bake; **gebackener Fisch** fried fish; (*im Ofen*) baked fish **II** *v/i* to bake

Backenzahn *m* molar

Bäcker ['bɛkɐ] *m* ⟨*-s, -*⟩, **Bäckerin** [-ərɪn] *f* ⟨*-, -nen*⟩ baker; **zum ~ gehen** to go to the baker's **Bäckerei** [bɛkə'rai] *f* ⟨*-, -en*⟩ **1.** (≈ *Bäckerladen*) baker's (shop); (≈ *Backstube*) bakery **2.** (≈ *Gewerbe*) baking trade **backfertig** *adj* oven-ready **Backfett** *nt* cooking fat **Backform** *f* baking tin (*Br*) *or* pan (*US*) **Backhähnchen** *nt*, **Backhendl** *nt* (*S Ger, Aus*) roast chicken **Backmischung** *f* cake mix **Backobst** *nt* dried fruit **Backofen** *m* oven **Backpflaume** *f* prune **Backpulver** *nt* baking powder **Backrohr** *nt* (*Aus* ≈ *Backofen*) oven

Backslash ['bɛkslɛʃ] *m* ⟨*-s, -s*⟩ IT backslash

Backstein *m* brick **Backwaren** *pl* bread, cakes and pastries *pl*

Bad [ba:t] *nt* ⟨*-(e)s, ⁀er* ['bɛ:dɐ]⟩ **1.** bath; (*im Meer etc*) swim; **ein ~ nehmen** to have a bath **2.** (≈ *Badezimmer*) bathroom; **Zimmer mit ~** room with (private) bath **3.** (≈ *Schwimmbad*) (swimming) pool **4.** (≈ *Heilbad*) spa **Badeanzug** *m* swimsuit, bathing suit (*esp US*) **Badehose** *f* (swimming *or* bathing) trunks *pl* **Badekappe** *f* swimming cap **Bademantel** *m* bathrobe, dressing gown (*Br*) **Bademeister(in)** *m/(f)* (*im Schwimmbad*) (pool) attendant **baden** ['ba:dn] **I** *v/i* (*in der Badewanne*) to have a bath; (*im Meer, Schwimmbad etc*) to swim; **warm/kalt ~** to have a hot/cold bath; **~ gehen** to go swimming; (*infml*) to come a cropper (*infml*) **II** *v/t* **1.** *Kind etc* to bath (*Br*), to bathe (*US*); **in Schweiß gebadet** bathed in sweat **2.** *Augen, Wunde etc* to bathe

Baden-Württemberg ['ba:dn'vʏrtəmbɛrk] *nt* ⟨*-s*⟩ Baden-Württemberg

Badeort *m, pl* **-orte** (≈ *Kurort*) spa; (≈ *Seebad*) (seaside) resort **Badesachen** *pl* swimming gear **Badesalz** *nt* bath salts *pl* **Badeschaum** *m* bubble bath **Badetuch** *nt, pl* **-tücher** bath towel **Badewanne** *f* bath(tub) **Badewasser** *nt, no pl* bath water **Badezeug** *nt, no pl* swimming gear **Badezimmer** *nt* bathroom

Badminton ['bɛtmɪntən] *nt* ⟨*-, no pl*⟩ badminton

baff [baf] *adj pred* (*infml*) **~ sein** to be flabbergasted

BAföG ['ba:føk] *nt* ⟨*-, no pl*⟩ *abbr of* **Bundesausbildungsförderungsgesetz** *student financial assistance scheme*; **er kriegt ~** he gets a grant

Bagatelle [baga'tɛlə] *f* ⟨*-, -n*⟩ trifle **Bagatellsache** *f* JUR petty case **Bagatellschaden** *m* minor damage

Bagger ['bagɐ] *m* ⟨*-s, -*⟩ excavator **baggern** ['bagɐn] **I** *v/t* & *v/i* *Graben* to excavate **II** *v/i* (*sl* ≈ *anmachen*) to pick up (*infml*) **Baggersee** *m* artificial lake in quarry *etc*

Baguette [ba'gɛt] *nt* ⟨*-s, -s or f -, -n*⟩ baguette

Bahamas [ba'ha:mas] *pl* Bahamas *pl*

Bahn [ba:n] *f* ⟨*-, -en*⟩ **1.** (≈ *Weg*) path; (≈ *Fahrbahn*) carriageway; **~ frei!** make way!; **die ~ ist frei** (*fig*) the way is clear; **von der rechten ~ abkommen** (*fig*) to stray from the straight and narrow; **jdn aus der ~ werfen** (*fig*) to shatter sb **2.** (≈ *Eisenbahn*) railway (*Br*), railroad (*US*); (≈ *Zug*) train; (≈ *Straßenbahn*) tram (*esp Br*), streetcar (*US*); **mit der** *or* **per ~** by train *or* rail/tram (*esp Br*) *or* streetcar (*US*) **3.** SPORTS track; (*in Schwimmbecken*) pool; (≈ *Kegelbahn*) (bowling) alley **4.** PHYS, ASTRON orbit; (≈ *Geschossbahn*) trajectory **5.** (≈ *Stoffbahn, Tapetenbahn*) length **Bahnarbeiter(in)** *m/(f)* rail worker, railroader (*US*) **bahnbrechend** *adj* pioneering **BahnCard®** [-ka:ɐd] *f* ⟨*-, -s*⟩ ≈ railcard **bahnen** ['ba:nən] *v/t* *Pfad* to clear; **jdm einen Weg ~** to clear a way for sb; (*fig*) to pave the way for sb **Bahnfahrt** *f* rail journey **Bahnfracht** *f* rail freight **Bahnhof** *m* (railway (*Br*) *or* railroad (*US*)) station; **auf dem ~** at the station; **ich verstehe nur ~** (*hum infml*) it's as clear as mud (to me) (*Br infml*) **Bahnhofshalle** *f* (station) concourse; **in der ~** in the station **Bahnhofsmission** *f charitable organization for helping needy passengers*

bahnlagernd adj, adv COMM **etw ~ schicken** to send sth to be picked up at the station (esp Br) **Bahnlinie** f (railway (Br) or railroad (US)) line **Bahnpolizei** f railway (Br) or railroad (US) police **Bahnsteig** [-ʃtaik] m ⟨-(e)s, -e [-gə]⟩ platform **Bahnübergang** m level (Br) or grade (US) crossing **Bahnverbindung** f train service

Bahrain [ba'rain, bax'rain] nt ⟨-s⟩ Bahrain

Bahre ['ba:rə] f ⟨-, -n⟩ (≈ Krankenbahre) stretcher; (≈ Totenbahre) bier

Baiser [bɛ'ze:] nt ⟨-s, -s⟩ meringue

Baisse ['bɛːs(ə)] f ⟨-, -n⟩ ST EX FIN; (plötzliche) slump

Bakterie [bak'te:riə] f ⟨-, -n⟩ usu pl germ; **~n** pl bacteria pl **bakteriologisch** [bakterio'lo:gɪʃ] adj bacteriological; **Krieg** biological

Balance [ba'lãːs(ə)] f ⟨-, -n⟩ balance **Balanceakt** [ba'lãːs(ə)-] m balancing act **balancieren** [balã'si:rən] past part **balanciert** v/t & v/i aux sein to balance

bald [balt] adv, comp **eher** ['be:ldɐ], sup **am ehesten 1.** soon; **~ darauf** soon afterwards; **möglichst ~** as soon as possible; **bis ~!** see you soon **2.** (≈ fast) almost

Baldachin ['baldaxiːn, balda'xiːn] m ⟨-s, -e⟩ canopy

baldig ['baldɪç] adj attr no comp quick; **Antwort** early **baldmöglichst** adv as soon as possible

Baldrian ['baldriaːn] m ⟨-s, -e⟩ valerian

Balearen [bale'a:rən] pl **die ~** the Balearic Islands pl

Balg¹ [balk] m ⟨-(e)s, -e ['bɛlgə]⟩ (≈ Tierhaut) pelt

Balg² m or nt ⟨-(e)s, -er ['bɛlgɐ]⟩ (pej infml ≈ Kind) brat (pej infml)

balgen ['balgn] v/r to scrap (um over) **Balgerei** [balgə'rai] f ⟨-, -en⟩ scrap

Balkan ['balka:n] m ⟨-s⟩ **der ~** the Balkans pl; **auf dem ~** in the Balkans **Balkanländer** pl Balkan States

Balken ['balkn] m ⟨-s, -⟩ **1.** beam; (≈ Querbalken) joist **2.** (≈ Strich) bar **3.** (an Waage) beam **Balkendiagramm** nt bar chart

Balkon [bal'kɔŋ, bal'ko:n] m ⟨-s, -s or (bei dt. Aussprache) -e⟩ balcony

Ball¹ [bal] m ⟨-(e)s, -e ['bɛlə]⟩ ball; **am ~ bleiben** (lit) to keep (possession of) the ball; (fig) to stay on the ball

Ball² m ⟨-(e)s, -e ['bɛlə]⟩ (≈ Tanzfest) ball

Ballade [ba'la:də] f ⟨-, -n⟩ ballad

Ballast ['balast, ba'last] m ⟨-(e)s, (rare) -e⟩ ballast; (fig) burden **Ballaststoffe** pl MED roughage sg

ballen ['balən] **I** v/t **Faust** to clench; **Lehm etc** to press (into a ball); → **geballt II** v/r (Menschenmenge) to crowd; (Wolken) to gather; (Verkehr) to build up

Ballen ['balən] m ⟨-s, -⟩ **1.** bale **2.** ANAT ball

Ballerina [balə'ri:na] f ⟨-, **Ballerinen** [-'ri:nən]⟩ ballerina

ballern ['balɐn] v/i (infml) to shoot; **gegen die Tür ~** to hammer on the door

Ballett [ba'lɛt] nt ⟨-(e)s, -e⟩ ballet **Balletttänzer(in)** m/(f) ballet dancer

Ballistik [ba'lɪstɪk] f ⟨-, no pl⟩ ballistics sg **ballistisch** [ba'lɪstɪʃ] adj ballistic

Balljunge m TENNIS ball boy **Ballkleid** nt ball dress **Ballmädchen** nt (Tennis) ball girl

Ballon [ba'lɔŋ, ba'lo:n, ba'lõ:] m ⟨-s, -s or (bei dt. Aussprache) -e⟩ balloon

Ballsaal m ballroom **Ballspiel** nt ball game

Ballungsgebiet nt, **Ballungsraum** m conurbation

Ballwechsel m SPORTS rally

Balsam ['balza:m] m ⟨-s, -e⟩ balsam; (fig) balm

Baltikum ['baltikʊm] nt ⟨-s⟩ **das ~** the Baltic States pl **baltisch** ['baltɪʃ] adj Baltic attr

Balz [balts] f ⟨-, -en⟩ courtship display; (≈ Paarungszeit) mating season **balzen** ['baltsn] v/i to perform the courtship display

Bambus ['bambʊs] m ⟨-ses or -, -se⟩ bamboo **Bambusrohr** nt bamboo cane **Bambussprossen** pl bamboo shoots pl

Bammel ['baml] m ⟨-s, no pl⟩ (infml) **(einen) ~ vor jdm/etw haben** to be scared of sb/sth

banal [ba'naːl] adj banal **Banalität** [banali'tɛːt] f ⟨-, -en⟩ **1.** no pl banality **2.** usu pl (Äußerung) platitude

Banane [ba'na:nə] f ⟨-, -n⟩ banana **Bananenrepublik** f (POL pej) banana republic **Bananenschale** f banana skin

Banause [ba'nauzə] m ⟨-n, -n⟩, **Banausin** [-'nauzɪn] f ⟨-, -nen⟩ (pej) peasant (infml)

Band¹ [bant] nt ⟨-(e)s, -er ['bɛndɐ]⟩ **1.** (≈ Seidenband etc) ribbon; (≈ Maßband,

Zielband) tape; (≈ *Haarband*) band **2.** (≈ *Tonband*) tape; *etw auf ~ aufnehmen* to tape sth **3.** (≈ *Fließband*) conveyor belt; (≈ *Montageband*) assembly line; *am laufenden ~* (*fig*) nonstop **4.** RADIO wavelength **5.** ANAT *usu pl* ligament

Band² *m* ⟨-(e)s, ⁼e* ['bɛndə]⟩ (≈ *Buchband*) volume; *das spricht Bände* that speaks volumes

Band³ [bɛnt] *f* ⟨-, -s⟩ MUS band

Bandage [ban'daːʒə] *f* ⟨-, -n⟩ bandage; *mit harten ~n kämpfen* (*fig infml*) to fight with no holds barred **bandagieren** [banda'ʒiːrən] *past part* **bandagiert** *v/t* to bandage (up)

Bandbreite *f* **1.** RADIO waveband **2.** (*fig*) range

Bande¹ ['bandə] *f* ⟨-, -n⟩ gang; (*infml* ≈ *Gruppe*) bunch (*infml*)

Bande² *f* ⟨-, -n⟩ SPORTS barrier; (*Billard*) cushion

Bänderriss *m* torn ligament **Bänderzerrung** *f* pulled ligament

bändigen ['bɛndɪɡn] *v/t* (≈ *zähmen*) to tame; (≈ *niederhalten*) to subdue; (≈ *zügeln*) to control; *Naturgewalten* to harness

Bandit [ban'diːt] *m* ⟨-en, -en⟩, **Banditin** [-'diːtɪn] *f* ⟨-, -nen⟩ bandit; *einarmiger ~* one-armed bandit

Bandmaß *nt* tape measure **Bandnudeln** *pl* ribbon noodles *pl* **Bandscheibe** *f* ANAT (intervertebral) disc **Bandscheibenschaden** *m* slipped disc **Bandwurm** *m* tapeworm

bang(e) [baŋ] *adj, comp* **-er** *or* ⁼er ['bɛŋɐ], *sup* **-ste(r, s)** *or* ⁼**ste(r, s)** ['bɛŋstə] *pred* (≈ *ängstlich*) scared; *Augenblicke auch* anxious **Bange** ['baŋə] *f* ⟨-, *no pl*⟩ (*esp N Ger*) *jdm ~ machen* to scare sb; *nur keine ~!* (*infml*) don't worry **bangen** ['baŋən] *v/i* to worry (*um* about); *um jds Leben ~* to fear for sb's life

Bangladesch [baŋla'dɛʃ] *nt* ⟨-s⟩ Bangladesh

Banjo ['banjo, 'bɛndʒo, 'bandʒo] *nt* ⟨-s, -s⟩ banjo

Bank¹ [baŋk] *f* ⟨-, ⁼e ['bɛŋkə]⟩ (≈ *Sitzbank*) bench; (≈ *Kirchenbank*) pew; (≈ *Parlamentsbank*) bench; (*alle*) *durch die ~* (*weg*) (*infml*) the whole lot (of them) (*infml*); *etw auf die lange ~ schieben* (*infml*) to put sth off

Bank² *f* ⟨-, -en⟩ FIN bank; *Geld auf der ~*

(liegen) *haben* to have money in the bank; *die ~ sprengen* to break the bank **Bankautomat** *m* cash dispenser (*Br*), ATM

Bankdrücken *nt* SPORTS bench press

Bänkelsänger *m* ballad singer

Banker ['bɛŋkɐ] *m* ⟨-s, -⟩, **Bankerin** [-ə-rɪn] *f* ⟨-, -nen⟩ (*infml*) banker

Bankett¹ [ban'kɛt] *nt* ⟨-(e)s, -e⟩ (≈ *Festessen*) banquet

Bankett² *nt* ⟨-(e)s, -e⟩, **Bankette** [ban-'kɛtə] *f* ⟨-, -n⟩ (*an Straßen*) verge (*Br*), shoulder (*US*); (*an Autobahnen*) (hard) shoulder; *„Bankette nicht befahrbar"* "soft verges (*Br*) or shoulder (*US*)"

Bankfach *nt* **1.** (≈ *Beruf*) banking **2.** (≈ *Schließfach*) safety-deposit box **Bankgebühr** *f* bank charge **Bankgeheimnis** *nt* confidentiality in banking **Bankhalter(in)** *m/(f)* (*bei Glücksspielen*) banker **Bankier** [baŋ'kieː] *m* ⟨-s, -s⟩ banker **Bankkarte** *f* bank card **Bankkauffrau** *f*, **Bankkaufmann** *m* (qualified) bank clerk **Bankkonto** *nt* bank account **Bankleitzahl** *f* (bank) sort code (*Br*) **Banknote** *f* banknote, bill (*US*) **Bankomat** [baŋko'maːt] *m* ⟨-en, -en⟩ (*Aus*) cash machine, ATM **Bankraub** *m* bank robbery **Bankräuber(in)** *m/(f)* bank robber

bankrott [baŋ'krɔt] *adj* bankrupt; *Mensch, Politik* discredited **Bankrott** [baŋ'krɔt] *m* ⟨-(e)s, -e⟩ bankruptcy; (*fig*) breakdown; *~ machen* to go bankrupt **bankrottgehen** *v/i sep* to go bankrupt

Banküberfall *m* bank raid **Bankverbindung** *f* banking arrangements *pl*; *geben Sie bitte Ihre ~ an* please give your account details **Bankwesen** *nt* *das ~* banking

Bann [ban] *m* ⟨-(e)s, -e⟩ **1.** *no pl* spell; *im ~ eines Menschen stehen* to be under sb's spell **2.** (HIST ≈ *Kirchenbann*) excommunication **bannen** ['banən] *v/t* **1.** (*elev* ≈ *bezaubern*) to bewitch **2.** *böse Geister* to exorcize; *Gefahr* to avert

Banner ['banɐ] *nt* ⟨-s, -⟩ banner (*auch* INTERNET)

Bantamgewicht *nt* bantamweight

Baptist [bap'tɪst] *m* ⟨-en, -en⟩, **Baptistin** [-'tɪstɪn] *f* ⟨-, -nen⟩ Baptist

bar [baːɐ] *adj no comp* **1.** cash; *~es Geld* cash; (*in*) *~ bezahlen* to pay (in) cash; *etw für ~e Münze nehmen* (*fig*) to take sth at face value **2.** *attr* (≈ *rein*) *Unsinn* *auch* utter

Bar[baːɐ] *f* ⟨-, -*s*⟩ **1.** (≈ *Nachtlokal*) nightclub **2.** (≈ *Theke*) bar

Bär[bɛːɐ] *m* ⟨-en, -en⟩ bear; *der Große/ Kleine ~* ASTRON Ursa Major/Minor, the Big/Little Dipper; *jdm einen ~en aufbinden* (*infml*) to have (*Br*) *or* put (*US*) sb on (*infml*)

Baracke [ba'rakə] *f* ⟨-, -n⟩ shack

Barbar[bar'baːɐ] *m* ⟨-en, -en⟩, **Barbarin** [-'baːrɪn] *f* ⟨-, -nen⟩ (*pej*) barbarian **Barbarei**[barba'rai] *f* ⟨-, -en⟩ (*pej*) **1.** (≈ *Unmenschlichkeit*) barbarity **2.** *no pl*: (≈ *Kulturlosigkeit*) barbarism **barbarisch** [bar'baːrɪʃ] **I** *adj* (*pej*) (≈ *unmenschlich*) barbarous; (≈ *ungebildet*) barbaric **II** *adv* **~** *quälen* brutally

Barbestand *m* COMM cash; (*in Buchführung*) cash in hand

Barbiturat [barbitu'raːt] *nt* ⟨-s, -e⟩ barbiturate

Barcode['baːɐkoːt] *m* barcode **Bardame** *f* barmaid **Bareinzahlung** *f* cash deposit

Bärenhunger *m* (*infml*) *einen ~ haben* to be famished **bärenstark** *adj* **1.** strapping **2.** (*infml*) terrific

barfuß ['baːɐfuːs], **barfüßig** barefooted

Bargeld *nt* cash **bargeldlos I** *adj* cashless; *~er Zahlungsverkehr* payment by money transfer **II** *adv* without using cash **Barhocker** *m* (bar) stool

bärig ['bɛːrɪç] (*Aus infml*) **I** *adj* tremendous **II** *adv* tremendously

Bariton ['baːritɔn] *m* ⟨-s, -e [-toːnə]⟩ baritone

Barkeeper['baːɐkiːpɐ] *m* ⟨-s, -⟩ barman, bartender

Barkode ['baːɐkoːt] *m* barcode

Bärlauch['bɛːɐlaux] *m* ⟨-s, -e⟩ BOT, COOK bear's garlic

barmherzig [barm'hɛrtsɪç] *adj* merciful; (≈ *mitfühlend*) compassionate **Barmherzigkeit** *f* ⟨-, *no pl*⟩ mercy, mercifulness; (≈ *Mitgefühl*) compassion

Barmixer *m* barman

barock[ba'rɔk] *adj* baroque; *Einfälle* bizarre **Barock** [ba'rɔk] *nt or m* ⟨-(s), *no pl*⟩ baroque

Barometer[baro'meːtɐ] *nt* ⟨-s, -⟩ barometer **Barometerstand** *m* barometer reading

Baron[ba'roːn] *m* ⟨-s, -e⟩ baron **Baronin** [ba'roːnɪn] *f* ⟨-, -nen⟩ baroness

Barren['barən] *m* ⟨-s, -⟩ **1.** (≈ *Metallbarren*) bar; (≈ *esp Goldbarren*) ingot **2.**

SPORTS parallel bars *pl*

Barreserve *f* FIN cash reserve

Barriere [ba'rieːrə] *f* ⟨-, -n⟩ barrier

Barrikade[bari'kaːdə] *f* ⟨-, -n⟩ barricade; *auf die ~n gehen* to go to the barricades

barsch [barʃ] **I** *adj* brusque **II** *adv* brusquely

Barsch[barʃ] *m* ⟨-(e)s, -e⟩ bass; (≈ *Flussbarsch*) perch

Barscheck *m* uncrossed cheque (*Br*), open check (*US*)

Bart [baːɐt] *m* ⟨-(e)s, ⸚e ['bɛːɐtə]⟩ **1.** beard; (*von Katze, Robbe etc*) whiskers *pl*; *sich* (*dat*) *einen ~ wachsen or stehen lassen* to grow a beard **2.** (*fig infml*) *jdm um den ~ gehen* to butter sb up (*infml*); *der Witz hat einen ~* that's an old chestnut **3.** (≈ *Schlüsselbart*) bit **bärtig**['bɛːɐtɪç] *adj* bearded **Bartstoppeln** *pl* stubble *sg*

Barverkauf *m* cash sales *pl*; *ein ~* a cash sale **Barvermögen** *nt* liquid assets *pl* **Barzahlung** *f* payment in cash; (*Verkauf*) *nur gegen ~* cash (sales) only

Basar [ba'zaːɐ] *m* ⟨-s, -e⟩ bazaar; *auf dem ~* in the bazaar

Base *f* ⟨-, -n⟩ CHEM base

Baseballmütze ['beːsbɔl-] *f* baseball cap **Baseballschläger** ['beːsbɔl-] *m* baseball bat

Basel ['baːzl] *nt* ⟨-s⟩ Basle, Basel

basieren[ba'ziːrən] *past part* **basiert I** *v/i* to be based (*auf +dat* on) **II** *v/t* to base (*auf +acc* on)

Basilika[ba'ziːlika] *f* ⟨-, *Basiliken* [-kn]⟩ basilica

Basilikum [ba'ziːlikʊm] *nt* ⟨-s, *no pl*⟩ basil

Basis['baːzɪs] *f* ⟨-, *Basen* ['baːzn]⟩ basis; *auf breiter ~* on a broad basis; *die ~* (*infml*) the grass roots (level) **Basisdemokratie** *f* grass-roots democracy **Basislager** *nt* base camp **Basisstation** *f* TEL base station

Baskenland *nt* Basque region **Baskenmütze** *f* beret

Basketball ['baːskət-, 'baskət-] *m* ⟨-s, *no pl*⟩ basketball

baskisch ['baskɪʃ] *adj* Basque

Bass[bas] *m* ⟨-es, ⸚e ['bɛsə]⟩ bass **Bassgitarre** *f* bass guitar

Bassin [ba'sɛ̃ː] *nt* ⟨-s, -s⟩ (≈ *Schwimmbassin*) pool

Bassist[ba'sɪst] *m* ⟨-en, -en⟩ (≈ *Sänger*) bass (singer) **Bassist** [ba'sɪst] *m* ⟨-en,

-en〉, **Bassistin** [-'sɪstɪn] *f* 〈-, -nen〉 (*im Orchester etc*) bass player **Bassschlüssel** *m* bass clef **Bassstimme** *f* bass (voice); (≈ *Partie*) bass (part)

Bast [bast] *m* 〈-(e)s, (rare) -e〉 (*zum Binden, Flechten*) raffia; BOT bast

basta ['basta] *int* (**und damit**) **~!** (and) that's that

Bastard ['bastart] *m* 〈-(e)s, -e [-də]〉 **1.** (*pej*) bastard **2.** (BIOL ≈ *Kreuzung*) (≈ *Pflanze*) hybrid; (≈ *Tier*) cross(breed)

Bastelei [bastə'lai] *f* 〈-, -en〉 (*infml*) handicraft **basteln** ['bastln] **I** *v/i* **1.** (*als Hobby*) to make things with one's hands; (≈ *Handwerksarbeiten herstellen*) to do handicrafts; **sie kann gut ~** she is good with her hands **2. an etw** (*dat*) **~** to make sth; (≈ *herumbasteln*) to mess around with sth **II** *v/t* to make **Basteln** *nt* 〈-*s, no pl*〉 handicrafts *pl*

Bastion [bas'tioːn] *f* 〈-, -en〉 bastion

Bastler ['bastlɐ] *m* 〈-*s*, -〉, **Bastlerin** [-ə-rɪn] *f* 〈-, -nen〉 (*von Möbeln etc*) do--it-yourselfer; **ein guter ~ sein** to be good with one's hands

Bataillon [batal'joːn] *nt* 〈-*s, -e*〉 (MIL, *fig*) battalion

Batik ['baːtɪk] *f* 〈-, -en *or m* -*s, -en*〉 batik

Batist [ba'tɪst] *m* 〈-(e)s, -e〉 batiste

Batterie [batə'riː] *f* 〈-, -n [-'riːən]〉 battery **batteriebetrieben** [-bətriːbn] *adj* battery-powered

Bau [bau] *m* **1.** 〈-(e)s, *no pl*〉 (≈ *das Bauen*) building; **sich im ~ befinden** to be under construction; **mit dem ~ beginnen** to begin building **2.** 〈-(e)s, *no pl*〉 (≈ *Aufbau*) structure **3.** 〈-*s, no pl*〉 (≈ *Baustelle*) building site; **auf dem ~ arbeiten** to work on a building site **4.** 〈-(e)s, -ten [-tn]〉 (≈ *Gebäude*) building; (≈ *Bauwerk*) construction **5.** 〈-(e)s, -e〉 (≈ *Erdhöhle*) burrow; (≈ *Fuchsbau*) den; (≈ *Dachsbau*) set(t) **Bauarbeiten** *pl* building work *sg*; (≈ *Straßenbau*) roadworks *pl* (*Br*), road construction (*US*) **Bauarbeiter(in)** *m/(f)* building worker **Baubranche** *f* building trade

Bauch [baux] *m* 〈-(e)s, **Bäuche** ['bɔyçə]〉 **1.** (*von Mensch*) stomach; ANAT abdomen; (*von Tier*) belly; (≈ *Fettbauch*) paunch; **ihm tat der ~ weh** he had stomach ache; **sich** (*dat*) **den ~ vollschlagen** (*infml*) to stuff oneself (*infml*); **ein voller ~ studiert nicht gern** (*prov*) you can't study on a full stomach; **einen di-**

cken ~ haben (*sl* ≈ *schwanger sein*) to have a bun in the oven (*infml*); **etw aus dem ~ heraus entscheiden** to decide sth according to (a gut) instinct; **mit etw auf den ~ fallen** (*infml*) to fall flat on one's face with sth (*infml*) **2.** (≈ *Wölbung, Hohlraum*) belly **Bauchansatz** *m* beginning(s) of a paunch **Bauchfell** *nt* ANAT peritoneum **Bauchfellentzündung** *f* peritonitis **bauchfrei** *adj* **~es Shirt** *or* **Top** crop(ped) top **Bauchgrimmen** [-grɪmən] *nt* 〈-*s, no pl*〉 (*infml*) tummy ache (*infml*) **Bauchhöhle** *f* abdominal cavity **Bauchhöhlenschwangerschaft** *f* ectopic pregnancy **bauchig** ['bauxɪç] *adj* **Gefäß** bulbous **Bauchlandung** *f* (*infml*) (AVIAT) belly landing; (*bei Sprung ins Wasser*) belly flop (*infml*) **Bauchmuskel** *m* stomach muscle **Bauchmuskulatur** *f* stomach muscles *pl* **Bauchnabel** *m* navel, bellybutton (*infml*) **Bauchpressen** *pl* SPORTS crunches *pl* **Bauchredner(in)** *m/(f)* ventriloquist **Bauchschmerzen** *pl* stomach ache; (*fig*) anguish; **jdm ~ bereiten** (*fig*) to cause sb major problems **Bauchspeicheldrüse** *f* pancreas **Bauchtanz** *m* belly dancing; (*einzelner Tanz*) belly dance **Bauchtänzerin** *f* belly dancer **Bauchweh** [-veː] *nt* 〈-*s, no pl*〉 stomach ache

Baudenkmal *nt* historical monument **Baud-Rate** ['baut-, 'boːt-] *f* IT baud rate **bauen** ['bauən] **I** *v/t* **1.** to build; **sich** (*dat*) **ein Haus ~** to build oneself a house; → **gebaut 2.** (*infml* ≈ *verursachen*) **Unfall** to cause **II** *v/i* **1.** to build; **wir haben neu gebaut** we built a new house; **hier wird viel gebaut** there is a lot of building going on around here **2.** (≈ *vertrauen*) **auf jdn/etw ~** to rely on sb/sth

Bauer[1] ['bauɐ] *m* 〈-*n or* (*rare*) -*s, -n*〉 **1.** *Landwirt*) farmer; (*pej*) (*country*) bumpkin **2.** CHESS pawn; CARDS jack, knave

Bauer[2] *nt or m* 〈-*s*, -〉 (≈ *Käfig*) (bird-)cage

Bäuerin ['bɔyərɪn] *f* 〈-, -nen〉 **1.** (≈ *Frau des Bauern*) farmer's wife **2.** (≈ *Landwirtin*) farmer **bäuerlich** ['bɔyɐlɪç] *adj* rural; (≈ *ländlich*) country *attr* **Bauernbrot** *nt* coarse rye bread **Bauernfänger(in)** *m/(f)* (*infml*) con man/woman (*infml*) **Bauernhof** *m* farm **Bauernregel** *f* country saying **Bauersfrau** *f* farmer's

wife
baufällig adj dilapidated; Decke unsound **Baufälligkeit**f dilapidation **Baufirma**f building contractor **Baugenehmigung**f planning and building permission **Baugewerbe**nt building and construction trade **Bauherr(in)**m/(f) client (for whom sth is being built) **Bauholz**nt building timber **Bauindustrie**f building and construction industry **Bauingenieur(in)**m/(f) civil engineer **Baujahr**nt year of construction; (von Auto) year of manufacture; VW~ 98 1998 VW **Baukasten**m building kit **Baukastensystem**nt TECH modular construction system **Bauklotz**m (building) brick **Bauland** nt building land; (für Stadtplanung) development area **Bauleiter(in)** m/(f) (building) site manager **baulich** ['baulɪç] **I** adj structural; in gutem/ schlechtem ~em Zustand structurally sound/unsound **II** adv structurally **Baulücke**f empty site

Baum[baum] m ⟨-(e)s, Bäume['bɔymə]⟩ tree; auf dem ~ in the tree

Baumarkt m property market; (≈ Geschäft für Heimwerker) DIY superstore **Baumaterial**nt building material **baumeln**['baumln] v/i to dangle (an +dat from)

Baumgrenzef tree line **baumhoch** adj tree-high **Baumkrone**f treetop **baumlos** adj treeless **Baumschere** f (tree) pruning shears pl **Baumschule** f tree nursery **Baumstamm** m tree trunk **Baumwolle** f cotton; ein Hemd aus ~ a cotton shirt **baumwollen**adj attr cotton

Bauplanm building plan; (BIOL: genetischer, biologischer etc) blueprint **Bauplatz** m site (for building) **Baupolizei** f building control department (Br), Board of Works (US) **Bausatz**m kit

Bausch [bauʃ] m ⟨-es, Bäusche or -e ['bɔyʃə]⟩ (≈ Wattebausch) ball; in ~ und Bogen lock, stock and barrel **bauschen**['bauʃn] **I** v/r **1.** (≈ sich aufblähen) to billow (out) **2.** (Kleidungsstück) to puff out **II** v/t Segel, Vorhänge to fill, to swell **bauschig** ['bauʃɪç] adj Rock, Vorhänge full; Watte fluffy

bausparenv/i sep usu inf to save with a building society (Br) or building and loan association (US) **Bausparer(in)** m/(f) saver with a building society

(Br) or building and loan association (US) **Bausparkasse**f building society (Br), building and loan association (US) **Bausparvertrag** m savings contract with a building society (Br) or building and loan association (US)

Bausteinm stone; (Spielzeug) brick; (≈ elektronischer Baustein) chip; (fig ≈ Bestandteil) building block; TECH module **Baustelle**f building site; (bei Straßenbau) roadworks pl (Br), road construction (US) **Baustil**m architectural style **Baustoff** m building material **Baustopp**m einen ~ verordnen to impose a halt on building (projects) **Bausubstanz**f fabric; die ~ ist gut the house is structurally sound **Bauteil**nt (≈ Bauelement) component **Bauunternehmer(in)**m/(f) building contractor **Bauweise**f type of construction; (≈ Stil) style **Bauwerk**nt construction; (≈ Gebäude auch) edifice **Bauwirtschaft** f building and construction industry **Bauzaun**m hoarding, fence

Bayer ['baiɐ] m ⟨-n, -n⟩, **Bayerin** ['baiərɪn] f ⟨-, -nen⟩ Bavarian **bay(e)risch** ['baiərɪʃ] adj Bavarian **Bayern** ['baiɐn] nt ⟨-s⟩ Bavaria

Bazi['ba:tsi] m ⟨-, -⟩ (Aus infml) rascal **Bazille**[ba'tsɪlə] f ⟨-, -n⟩ (infml ≈ Bazillus) bacillus; (≈ Krankheitserreger) germ **Bazillenträger(in)**m/(f) carrier **beabsichtigen**[bə'apzɪçtɪgn] past part **beabsichtigt** v/t to intend; das hatte ich nicht beabsichtigt I didn't mean it to happen; die beabsichtigte Wirkung the desired effect

beachtenpast part **beachtet** v/t **1.** (≈ befolgen) to heed; Vorschrift, Verkehrszeichen to comply with; Regel to follow **2.** (≈ berücksichtigen) es ist zu ~, dass... it should be taken into consideration that ... **3.** jdn nicht ~ to ignore sb; von der Öffentlichkeit kaum beachtet scarcely noticed by the public **beachtenswert** [bə'axtnsveːɐt] adj remarkable **beachtlich** [bə'axtlɪç] adj considerable; Erfolg notable; Talent remarkable; Ereignis significant **Beachtung f 1.** (von Vorschrift, Verkehrszeichen) compliance (+gen with) **2.** (≈ Berücksichtigung) consideration **3.** jdm/einer Sache ~ schenken to pay attention to sb/sth; jdm keine ~ schenken to ignore sb

Beamer['biːmɐ] m ⟨-s, -⟩ TECH, OPT digital *or* LCD projector

Beamtenapparat *m* bureaucracy **Beamtenschaft** [bə'|amtnʃaft] *f* ⟨-, *no pl*⟩ civil servants *pl* **Beamtenverhältnis** *nt im ~ stehen* to be a civil servant **Beamte(r)** [bə'|amtə] *m decl as adj*, **Beamtin** [bə'|amtɪn] *f* ⟨-, **-nen**⟩ official; (≈ *Staatsbeamte*) civil servant; (≈ *Zollbeamte*) official; (≈ *Polizeibeamte*) officer

beängstigen *past part* **beängstigt** *v/t* (*elev*) to alarm, to scare **beängstigend** *adj* alarming

beanspruchen [bə'|anʃpruxn] *past part* **beansprucht** *v/t* **1.** (≈ *fordern*) to claim **2.** (≈ *erfordern*) to demand; *Aufmerksamkeit* to demand; (≈ *benötigen*) to need **3.** (≈ *ausnützen*) to use; *jds Hilfe* to ask for **4.** *ihr Beruf beansprucht sie ganz* her job is extremely demanding

beanstanden [bə'|anʃtandn] *past part* **beanstandet** *v/t* to query; *er hat an allem etwas zu ~* he has complaints about everything **Beanstandung** *f* ⟨-, **-en**⟩ complaint (+*gen* about); *zu ~en Anlass geben* (*form*) to give cause for complaint

beantragen [bə'|antra:gn] *past part* **beantragt** *v/t* to apply for (*bei* to); JUR *Strafe* to demand; (≈ *vorschlagen*: *in Debatte etc*) to move

beantworten *past part* **beantwortet** *v/t* to answer; *jdm eine Frage ~* to answer sb's question **Beantwortung** [bə'|antvɔrtʊŋ] *f* ⟨-, **-en**⟩ answer (+*Gen* to); (*von Anfrage, Brief auch*) reply (+*Gen* to)

bearbeiten *past part* **bearbeitet** *v/t* **1.** (≈ *behandeln*) to work on; *Stein, Holz* to work **2.** (≈ *sich befassen mit*) to deal with; *Fall* to handle **3.** (≈ *redigieren*) to edit; (≈ *neu bearbeiten*) to revise; *Musikstück* to arrange **4.** (*infml* ≈ *einreden auf*) *jdn* to work on **Bearbeitung** [bə'|arbaitʊŋ] *f* ⟨-, **-en**⟩ **1.** (≈ *Behandlung*) working (on); (*von Stein, Holz*) dressing **2.** (*von Antrag etc*) dealing with; (*von Fall*) handling **3.** (≈ *Redigieren*) editing; (≈ *Neubearbeitung*) revising; (*von Musik*) arrangement; (≈ *bearbeitete Ausgabe etc*) edition; revision; arrangement **Bearbeitungsgebühr** *f* handling charge

beatmen *past part* **beatmet** *v/t jdn künstlich ~* to keep sb breathing artificially **Beatmung** *f* ⟨-, **-en**⟩ artificial respiration

beaufsichtigen [bə'|aufzɪçtɪgn] *past part* **beaufsichtigt** *v/t* to supervise; *Kind* to look after

beauftragen [bə'|auftra:gn] *past part* **beauftragt** *v/t* **1.** (≈ *heranziehen*) to engage; *Firma* to hire; *Architekten* to commission **2.** (≈ *anweisen*) *wir sind beauftragt, das zu tun* we have been instructed to do that **Beauftragte(r)** [bə'|auftra:ktə] *m/f(m) decl as adj* representative

bebauen *past part* **bebaut** *v/t* **1.** *Grundstück* to develop **2.** AGR to cultivate; *Land* to farm

beben ['be:bn] *v/i* to shake **Beben** ['be:bn] *nt* ⟨-s, -⟩ (≈ *Zittern*) shaking; (≈ *Erdbeben*) earthquake

bebildern [bə'bɪldɐn] *past part* **bebildert** *v/t* to illustrate

Becher ['bɛçɐ] *m* ⟨-s, -⟩ cup; (≈ *esp aus Porzellan, mit Henkel*) mug; (≈ *Joghurtbecher etc*) carton; (≈ *Eisbecher*) tub

Becken ['bɛkn] *nt* ⟨-s, -⟩ **1.** basin; (≈ *Abwaschbecken*) sink; (≈ *Schwimmbecken*) pool; (≈ *Fischbecken*) pond **2.** ANAT pelvis; *ein breites ~* broad hips **3.** MUS cymbal

bedacht [bə'daxt] *adj* **1.** (≈ *überlegt*) prudent **2.** *auf etw* (*acc*) *~ sein* to be concerned about sth; → **bedenken Bedacht** [bə'daxt] *m* ⟨-s, *no pl*⟩ (*elev*) *mit ~* (≈ *vorsichtig*) prudently; (≈ *absichtlich*) deliberately **bedächtig** [bə'dɛçtɪç] *adj* deliberate; (≈ *besonnen*) thoughtful

bedanken *past part* **bedankt** *v/r* to say thank you; *sich bei jdm (für etw) ~* to thank sb (for sth); *ich bedanke mich herzlich* thank you very much; *dafür or für dergleichen wird er sich ~* (*iron infml*) he'll just love that (*iron*)

Bedarf [bə'darf] *m* ⟨-(e)s, -e, *no pl*⟩ **1.** (≈ *Bedürfnis*) need (*an* +*dat* for); *bei ~* as required; *alles für den häuslichen ~* all household requirements; *an etw* (*dat*) *~ haben* to need sth; *danke, kein ~* (*iron infml*) no thank you **2.** (COMM ≈ *Nachfrage*) demand (*an* +*dat* for); (*je*) *nach ~* according to demand **Bedarfsgüter** *pl* consumer goods *pl* **Bedarfshaltestelle** *f* request (bus) stop

bedauerlich [bə'dauɐlɪç] *adj* regrettable **bedauerlicherweise** *adv* regrettably **bedauern** [bə'dauɐn] *past part* **bedauert** *v/t* **1.** to regret; *wir ~, Ihnen mitteilen zu müssen, ...* we regret to have to in-

form you ...; (*ich*) *bedau(e)re!* I am sorry
2. (≈ *bemitleiden*) to feel sorry for; *sie
ist zu ~* one *or* you should feel sorry
for her **Bedauern** [bə'dauən] *nt* ⟨*-s,
no pl*⟩ regret; (*sehr*) *zu meinem ~*
(much) to my regret; *mit ~ habe ich ...*
it is with regret that I ... **bedauernswert**
adj Mensch pitiful; *Zustand* deplorable
bedecken *past part* **bedeckt I** *v/t* (≈ *zudecken*) to cover **II** *v/r* (*Himmel*) to become overcast **bedeckt** [bə'dɛkt] *adj* 1.
(≈ *bewölkt*) overcast 2. *sich ~ halten*
(*fig*) to keep a low profile
bedenken *past part* **bedacht** [bə'daxt] *irr
v/t* 1. (≈ *überlegen*) to consider; *wenn
man es recht bedenkt, ...* if you think
about it properly ... 2. (≈ *in Betracht ziehen*) to take into consideration; *ich gebe zu ~, dass ...* I would ask you to consider that ... 3. (*in Testament*) to remember; → *bedacht* **Bedenken** [bə'dɛŋkn]
nt ⟨*-s, -*⟩ *usu pl* (≈ *Zweifel*) doubt; *~ haben* to have one's doubts (*bei* about);
ihm kommen ~ he is having second
thoughts **bedenkenlos I** *adj* 1. 2. (≈
skrupellos) heedless of others; (≈ *unüberlegt*) thoughtless **II** *adv* (≈ *ohne Zögern*) unhesitatingly; (≈ *skrupellos*) unscrupulously; *etw ~ tun* (≈ *unüberlegt*)
to do sth without thinking **bedenkens-
wert** *adj* worth thinking about **bedenklich** [bə'dɛŋklɪç] **I** *adj* 1. (≈ *zweifelhaft*)
dubious 2. (≈ *besorgniserregend*) alarming; *Gesundheitszustand* serious 3. (≈
besorgt) apprehensive **II** *adv ~ zunehmen* to rise alarmingly; *jdn ~ stimmen*
to make sb (feel) apprehensive **Bedenk-
zeit** *f jdm zwei Tage ~ geben* to give sb
two days to think about it
bedeuten *past part* **bedeutet** *v/t* to mean;
MAT, LING to stand for; *was soll das ~?*
what does that mean?; *das hat nichts
zu ~* it doesn't mean anything; (≈ *macht
nichts aus*) it doesn't matter; *Geld bedeutet mir nichts* money means noth-
ing to me **bedeutend I** *adj* 1. (≈ *wichtig*)
important 2. (≈ *groß*) *Summe, Erfolg*
considerable **II** *adv* (≈ *beträchtlich*) considerably **bedeutsam** [bə'dɔytzaːm] *adj*
1. (≈ *wichtig*) important; (≈ *folgenschwer*) significant (*für* for) 2. (≈ *vielsagend*) meaningful **Bedeutung** *f* 1. (≈
Sinn) meaning 2. (≈ *Wichtigkeit*) importance; (≈ *Tragweite*) significance; *von ~
sein* to be important; *ohne ~* of no im-

portance; *an ~ gewinnen/verlieren* to
gain/lose in importance **bedeutungslos**
adj 1. (≈ *unwichtig*) insignificant 2. (≈
nichts besagend) meaningless **bedeutungsvoll** *adj* = **bedeutsam**
bedienen *past part* **bedient I** *v/t* 1. (*Verkäufer*) to serve; (*Kellner*) to wait on;
werden Sie schon bedient? are you being served?; *damit sind Sie sehr gut bedient* that should serve you very well;
ich bin bedient! (*infml*) I've had enough
2. (≈ *handhaben*) to operate; *Telefon* to
answer **II** *v/i* (*in Geschäft, bei Tisch*) to
serve **III** *v/r* (*bei Tisch*) *bitte ~ Sie sich*
please help yourself **Bedienung** [bə-
'diːnʊŋ] *f* ⟨*-, -en, no pl*⟩ (*in Restaurant
etc*) service; (*von Maschinen*) operation;
kommt denn hier keine ~? isn't anyone
serving here? **Bedienungsanleitung** *f*
operating instructions *pl* **bedienungs-
freundlich** *adj* user-friendly
bedingen *past part* **bedingt** *v/t* (≈ *bewirken*) to cause; (≈ *notwendig machen*) to
necessitate; PSYCH, PHYSIOL to condition; *sich gegenseitig ~* to be mutually
dependent **bedingt** [bə'dɪŋt] **I** *adj* 1. (≈
eingeschränkt) limited 2. (≈ *an Bedingung geknüpft*) *Straferlass* conditional
II *adv* (≈ *eingeschränkt*) partly; *~ tauglich* MIL fit for limited duties; (*nur*) *~ gelten* to be (only) partly valid **Bedingung**
[bə'dɪŋʊŋ] *f* ⟨*-, -en*⟩ 1. (≈ *Voraussetzung*) condition; *unter der ~, dass ...*
on condition that ...; *unter keiner ~* under no circumstances; *etw zur ~ machen*
to make sth a condition 2. *zu günstigen
~en* COMM on favourable (*Br*) *or* favorable (*US*) terms 3. **Bedingungen** *pl* (≈
Umstände) conditions *pl* **bedingungslos I** *adj Kapitulation* unconditional;
Gehorsam unquestioning **II** *adv* uncon-
ditionally **Bedingungssatz** *m* conditional clause
bedrängen *past part* **bedrängt** *v/t Feind*
to attack; (≈ *belästigen*) to plague;
Schuldner to press (for payment); *Passanten, Mädchen* to pester; (≈ *bedrücken: Sorgen*) to beset; (≈ *heimsuchen*)
to haunt
bedrohen *past part* **bedroht** *v/t* to threat-
en; (≈ *gefährden*) to endanger; *vom
Aussterben bedroht* in danger of becoming extinct **bedrohlich** [bə'droːlɪç]
I *adj* (≈ *gefährlich*) alarming; (≈ *Unheil
verkündend*) menacing **II** *adv* danger-

ously; *sich ~ verschlechtern* to deteriorate alarmingly **Bedrohung** *f* threat (+*gen* to)

bedrucken *past part* **bedruckt** *v/t* to print on; *bedruckter Stoff* printed fabric

bedrücken *past part* **bedrückt** *v/t* to depress; *was bedrückt dich?* what is (weighing) on your mind? **bedrückend** *adj* Anblick, Nachrichten depressing; *Not* pressing

bedürfen *past part* **bedurft** *v/i* +*gen irr* (*elev*) to need; *das bedarf keiner weiteren Erklärung* there's no need for any further explanation **Bedürfnis** [bə-'dʏrfnɪs] *nt* ‹-ses, -se› need *no pl*: (≈ *Bedarf auch*) necessity; (*form* ≈ *Anliegen*) wish; *es war ihm ein ~, ...* it was his wish to ... **bedürftig** [bə'dʏrftɪç] *adj* needy; *einer Sache* (*gen*) *~ sein* (*elev*) to be in need of sth

Beefsteak ['biːfsteːk] *nt* steak

beeiden [bə'|aidn] *past part* **beeidet** *v/t* Aussage to swear to **beeidigen** [bə-'|aidɪgn] *past part* **beeidigt** *v/t* 1. (≈ *beeiden*) to swear to **2.** (JUR ≈ *vereidigen*) to swear in; *beeidigte Dolmetscherin* sworn interpreter

beeilen *past part* **beeilt** *v/r* to hurry (up)

beeindrucken [bə'|aindrʊkn] *past part* **beeindruckt** *v/t* to impress **beeindruckend** *adj* impressive

beeinflussen [bə'|ainflʊsn] *past part* **beeinflusst** *v/t* to influence; *er ist schwer zu ~* he is hard to influence **Beeinflussung** *f* ‹-, -en› influencing; (≈ *Einfluss*) influence (*durch* of)

beeinträchtigen [bə'|aintrɛçtɪgn] *past part* **beeinträchtigt** *v/t* 1. (≈ *stören*) Rundfunkempfang to interfere with 2. (≈ *schädigen*) to damage; Gesundheit to impair; Appetit, Wert to reduce 3. (≈ *einschränken*) Freiheit to restrict **Beeinträchtigung** *f* ‹-, -en› 1. (*von Rundfunkempfang*) interference (+*gen* with) 2. (*von Appetit*) reduction (+*gen* of, in); (*von Gesundheit, Leistung*) impairment

beenden *past part* **beendet** *v/t* to end; Arbeit etc to finish; IT Anwendung to close; Studium to complete; *etw vorzeitig ~* to cut sth short **Beendigung** [bə'|ɛndɪgʊŋ] *f* ‹-, *no pl*› ending; (≈ *Ende*) end; (≈ *Fertigstellung*) completion; (≈ *Schluss*) conclusion

beengen [bə'|ɛŋən] *past part* **beengt** *v/t*

(*lit*) Bewegung to restrict; (*fig*) to stifle, to inhibit **beengt** [bə'ɛŋt] **I** *adj* cramped, confined **II** *adv ~ wohnen* to live in cramped conditions

beerben *past part* **beerbt** *v/t jdn ~* to inherit sb's estate

beerdigen [bə'|eːɐdɪgn] *past part* **beerdigt** *v/t* to bury **Beerdigung** *f* ‹-, -en› burial; (≈ *Beerdigungsfeier*) funeral

Beere ['beːrə] *f* ‹-, -n› berry; (≈ *Weinbeere*) grape **Beerenauslese** *f* (≈ *Wein*) wine made from specially selected grapes

Beet [beːt] *nt* ‹-(e)s, -e› (≈ *Blumenbeet*) bed; (≈ *Gemüsebeet*) patch

befähigen [bə'fɛːɪgn] *past part* **befähigt** *v/t* to enable; (*Ausbildung*) to qualify **Befähigung** *f* ‹-, *no pl*› (*durch Ausbildung*) qualifications *pl*; (≈ *Können, Eignung*) capability

befahrbar *adj* Weg passable; Fluss navigable; *nicht ~ sein* (*Straße*) to be closed (to traffic)

befahren[1] [bə'faːrən] *past part* **befahren** *v/t irr* Straße to use; *diese Straße wird stark/wenig ~* this road is used a lot/isn't used much

befahren[2] *adj eine stark/wenig ~e Straße etc* a much/little used road *etc*

befallen [bə'falən] *past part* **befallen** *v/t irr* (≈ *infizieren*) to affect; (*Schädlinge*) to infest; (*Angst*) to grip

befangen [bə'faŋən] *adj* 1. Mensch diffident; Stille awkward 2. (*esp* JUR ≈ *voreingenommen*) prejudiced; *jdn als ~ ablehnen* JUR to object to sb on grounds of suspected bias **Befangenheit** *f* ‹-, *no pl*› 1. (≈ *Verlegenheit*) diffidence 2. (≈ *Voreingenommenheit*) bias, prejudice

befassen *past part* **befasst** *v/r sich mit jdm/etw ~* to deal with sb/sth

Befehl [bə'feːl] *m* ‹-(e)s, -e› 1. (≈ *Anordnung*) order (*an* +*acc* to, *von* from); IT command; *er gab (uns) den ~, ...* he ordered us to ...; *auf seinen ~ (hin)* on his orders; *~ ausgeführt!* mission accomplished; *~ ist ~* orders are orders; *dein Wunsch ist mir ~* (*hum*) your wish is my command 2. (≈ *Befehlsgewalt*) command **befehlen** [bə'feːlən] *pret* **befahl** [bə'faːl] *past part* **befohlen** [bə-'foːlən] **I** *v/t* to order **II** *v/i* (≈ *Befehle erteilen*) to give orders **befehligen** [bə-'feːlɪgn] *past part* **befehligt** *v/t* MIL to command **Befehlshaber** [-haːbɐ] *m* ‹-s, -›, **Befehlshaberin** [-ərɪn] *f* ‹-,

-nen⟩ commander **Befehlston** *m, no pl* peremptory tone **Befehlsverweigerung** *f* MIL refusal to obey orders

befestigen *past part* **befestigt** *v/t* **1.** (≈ *anbringen*) to fasten (*an* +*Dat* to); *etw an der Wand/Tür* ~ to attach sth to the wall/door **2.** *Böschung* to reinforce; *Straße* to make up **Befestigung** *f* **1.** fastening **2.** MIL fortification

befeuchten [bə'fɔʏçtn] *past part* **befeuchtet** *v/t* to moisten

befinden *past part* **befunden** [bə'fʊndn] *irr* **I** *v/r* (≈ *sein*) to be; *sich auf Reisen* ~ to be away **II** *v/t* (*form* ≈ *erachten*) to deem (*form*); *etw für nötig* ~ to deem sth (to be) necessary; *jdn für schuldig* ~ to find sb guilty **III** *v/i* (*elev* ≈ *entscheiden*) to decide; *über etw* ~ to pass judgement on sth **Befinden** [bə'fɪndn] *nt* ⟨*-s, no pl*⟩ (state of) health; (*eines Kranken*) condition **befindlich** [bə'fɪntlɪç] *adj usu attr* (*form: an einem Ort*) situated; (*in Behälter*) contained; *alle in der Bibliothek* ~*en Bücher* all the books in the library

beflecken [bɛ'flɛkn] *past part* **befleckt** *v/t* **1.** (*lit*) to stain **2.** (*fig elev*) *Ruf, Ehre* to cast a slur on

beflügeln [bə'flyːgln] *past part* **beflügelt** *v/t* (*elev*) to inspire; *der Gedanke an Erfolg beflügelte ihn* the thought of success spurred him on

befolgen *past part* **befolgt** *v/t* *Befehl etc* to obey; *Regel* to follow; *Ratschlag* to take **Befolgung** [bə'fɔlgʊŋ] *f* ⟨*-, no pl*⟩ compliance (+*gen* with); (*von Regel*) following; (*von Ratschlag*) taking; ~ *der Vorschriften* obeying the rules

befördern *past part* **befördert** *v/t* **1.** *Waren* to transport; *Personen* to carry; *Post* to handle **2.** (*dienstlich*) to promote; *er wurde zum Major befördert* he was promoted to (the rank of) major **Beförderung** *f* **1.** (≈ *Transport*) transportation; (*von Personen*) carriage; (*von Post*) handling **2.** (*beruflich*) promotion

befrachten [bə'fraxtn] *past part* **befrachtet** *v/t* to load

befragen *past part* **befragt** *v/t* **1.** to question (*über* +*acc, zu, nach* about); *auf Befragen* when questioned **2.** (≈ *um Stellungnahme bitten*) to consult (*über* +*acc, nach* about) **Befragung** [bə'fraːgʊŋ] *f* ⟨*-, -en*⟩ **1.** (≈ *das Befragen*) questioning **2.** (*von Fachmann*) consul-

tation (+*gen* with *or* of) **3.** (≈ *Umfrage*) survey

befreien *past part* **befreit** **I** *v/t* **1.** to free; *Volk, Land* to liberate; *Gefangenen, Tier* to set free **2.** (*von Militärdienst, Steuern*) to exempt **3.** (≈ *erlösen: von Schmerz etc*) to release **4.** (*von Ungeziefer etc*) to rid (*von* of) **II** *v/r* to free oneself; (≈ *entkommen*) to escape (*von, aus* from) **Befreier** [bə'fraiɐ] *m* ⟨*-s, -*⟩, **Befreierin** [-ərɪn] *f* ⟨*-, -nen*⟩ liberator **befreit** [bə'frait] *adv* ~ **aufatmen** to breathe a sigh of relief **Befreiung** [bə'fraiʊŋ] *f* ⟨*-, -en*⟩ **1.** freeing; (*von Volk, Land*) liberation; (*von Gefangenen, Tieren*) setting free **2.** (*von Militärdienst, Steuern*) exemption **Befreiungsbewegung** *f* liberation movement **Befreiungsfront** *f* liberation front **Befreiungskampf** *m* struggle for liberation **Befreiungskrieg** *m* war of liberation **Befreiungsorganisation** *f* liberation organization

befremden [bə'frɛmdn] *past part* **befremdet** *v/t* to disconcert; *es befremdet mich, dass ...* I'm rather taken aback that ... **Befremden** [bə'frɛmdn] *nt* ⟨*-s, no pl*⟩ disconcertment

befreunden [bə'frɔʏndn] *past part* **befreundet** *v/r* **1.** (≈ *sich anfreunden*) to make *or* become friends **2.** (*fig*) *sich mit etw* ~ to get used to sth **befreundet** [bə'frɔʏndət] *adj* *wir/sie sind schon lange (miteinander)* ~ we/they have been friends for a long time; *gut or eng* ~ *sein* to be good *or* close friends; *ein uns* ~*er Staat* a friendly nation

befriedigen [bə'friːdɪgn] *past part* **befriedigt** **I** *v/t* to satisfy; *er ist leicht/schwer zu* ~ he's easily/not easily satisfied **II** *v/r sich (selbst)* ~ to masturbate **befriedigend** **I** *adj* satisfactory; (*als Schulnote*) fair **II** *adv* satisfactorily **befriedigt** [bə'friːdɪçt] **I** *adj* satisfied **II** *adv* with satisfaction **Befriedigung** *f* ⟨*-, -en*⟩ satisfaction; *zur* ~ *deiner Neugier ...* to satisfy your curiosity ...

befristen [bə'frɪstn] *past part* **befristet** *v/t* to limit (*auf* +*acc* to); *Projekt* to put a time limit on **befristet** [bə'frɪstət] *adj Genehmigung* restricted (*auf* +*acc* to); *Anstellung* temporary; *auf zwei Jahre* ~ *sein* (*Visum etc*) to be valid for two years **Befristung** *f* ⟨*-, -en*⟩ limitation (*auf* +*acc* to)

befruchten *past part* **befruchtet** *v/t* **1.** (*lit*) *Eizelle* to fertilize; *Blüte* to pollinate; **künstlich ~** to inseminate artificially **2.** (*fig ≈ geistig anregen*) to stimulate **Befruchtung** [bəˈfrʊxtʊŋ] *f* ⟨-, **-en**⟩ fertilization; (*von Blüte*) pollination; **künstliche ~** artificial insemination

Befugnis [bəˈfuːknɪs] *f* ⟨-, **-se**⟩ (*form*) authority *no pl*; (≈ *Erlaubnis*) authorization *no pl* **befugt** [bəˈfuːkt] *adj* (*form*) **~ sein(, etw zu tun)** to have the authority (to do sth)

Befund *m* results *pl*; **ohne ~** MED (results) negative

befürchten *past part* **befürchtet** *v/t* to fear; **es ist or steht zu ~, dass ...** it is (to be) feared that ... **Befürchtung** [bə-ˈfʏrçtʊŋ] *f* ⟨-, **-en**⟩ fear *usu pl*

befürworten [bəˈfyːɐvɔrtn] *past part* **befürwortet** *v/t* to approve **Befürworter** [bəˈfyːɐvɔrtɐ] *m* ⟨-s, -⟩, **Befürworterin** [-ərɪn] *f* ⟨-, **-nen**⟩ supporter

begabt [bəˈgaːpt] *adj* talented; **für etw ~ sein** to be talented at sth **Begabung** *f* ⟨-, **-en**⟩ (≈ *Anlage*) talent; (*geistig, musisch*) gift; **er hat ~ zum Lehrer** he has a gift for teaching

Begattung *f* ⟨-, **-en**⟩ *esp* ZOOL mating, copulation

begeben *past part* **begeben** *irr v/r* **sich nach Hause ~** to make one's way home; **sich auf eine Reise ~** to undertake a journey; **sich an die Arbeit ~** to commence work; **sich in Gefahr ~** to expose oneself to danger **Begebenheit** [bə-ˈgeːbnhait] *f* ⟨-, **-en**⟩ occurrence, event

begegnen [bəˈgeːgnən] *past part* **begegnet** *v/i +dat aux sein* **1.** (≈ *treffen*) to meet; **sich** *or* **einander** (*elev*) **~** to meet **2.** (≈ *stoßen auf*) **einer Sache** (*dat*) **~** to encounter sth **3.** (≈ *widerfahren*) **jdm ist etw begegnet** sth has happened to sb **Begegnung** *f* ⟨-, **-en**⟩ **1.** (≈ *Treffen*) meeting **2.** SPORTS encounter, match

begehbar *adj Weg* passable; *Schrank, Skulptur* walk-in *attr* **begehen** *past part* **begangen** *v/t irr* **1.** (≈ *verüben*) to commit; *Fehler* to make; **einen Mord an jdm ~** to murder sb; **eine Dummheit ~** to do something stupid **2.** (≈ *entlanggehen*) *Weg* to use **3.** (*elev ≈ feiern*) to celebrate

begehren [bəˈgeːrən] *past part* **begehrt** *v/t* (*elev*) to desire **begehrenswert** *adj* desirable **begehrt** [bəˈgeːɐt] *adj* much sought-after; *Ferienziel* popular

begeistern *past part* **begeistert** **I** *v/t jdn* to fill with enthusiasm; (≈ *inspirieren*) to inspire **II** *v/r* to be enthusiastic (*an +dat, für* about) **begeistert** [bəˈgaistɐt] **I** *adj* enthusiastic (*von* about) **II** *adv* enthusiastically **Begeisterung** [bəˈgaistərʊŋ] *f* ⟨-, *no pl*⟩ enthusiasm (*über +acc* about, *für* for); **in ~ geraten** to become enthusiastic

Begierde [bəˈgiːɐdə] *f* ⟨-, **-n**⟩ (*elev*) desire (*nach* for); (≈ *Sehnsucht*) longing, yearning **begierig** [bəˈgiːrɪç] **I** *adj* (≈ *voll Verlangen*) greedy; (≈ *gespannt*) eager; **auf etw** (*acc*) **~ sein** to be eager for sth **II** *adv* (≈ *verlangend*) greedily; (≈ *gespannt*) eagerly

begießen *past part* **begossen** [bəˈgɔsn] *v/t irr* **1.** (*mit Wasser*) to pour water on; *Blumen, Beet* to water **2.** (*fig infml*) *Ereignis* to celebrate; **das muss begossen werden!** that calls for a drink!

Beginn [bəˈgɪn] *m* ⟨-(**e**)**s**, *no pl*⟩ beginning; **zu ~** at the beginning **beginnen** [bəˈgɪnən] *pret* **begann** [bəˈgan], *past part* **begonnen** [bəˈgɔnən] **I** *v/i* to start; **mit der Arbeit ~** to start work; **es beginnt zu regnen** it's starting to rain **II** *v/t* to start, to begin

beglaubigen [bəˈglaubɪgn] *past part* **beglaubigt** *v/t Testament, Unterschrift* to witness; *Zeugnisabschrift* to authenticate; *Echtheit* to attest (to); **etw notariell ~ lassen** to have sth witnessed *etc* by a notary **Beglaubigung** *f* ⟨-, **-en**⟩ (*von Testament, Unterschrift*) witnessing; (*von Zeugnisabschrift*) authentication; (*von Echtheit*) attestation **Beglaubigungsschreiben** *nt* credentials *pl*

begleichen *past part* **beglichen** [bə-ˈglɪçn] *v/t irr* (*lit ≈ bezahlen*) to settle; (*fig*) *Schuld* to pay (off)

Begleitbrief *m* covering letter (*Br*), cover letter (*US*) **begleiten** *past part* **begleitet** *v/t* to accompany **Begleiter** [bəˈglaitɐ] *m* ⟨-s, -⟩, **Begleiterin** [-ərɪn] *f* ⟨-, **-nen**⟩ companion; (*zum Schutz*) escort; MUS accompanist **Begleiterscheinung** *f* concomitant (*form*); MED side effect **Begleitperson** *f* escort **Begleitschreiben** *nt* covering letter (*Br*), cover letter (*US*) **Begleitumstände** *pl* attendant circumstances *pl* **Begleitung** [bəˈglaitʊŋ] *f* ⟨-, **-en**⟩ **1.** *no pl* company; **in ~ seines Vaters** accompanied by his father; **ich bin in ~ hier** I'm with someone; **ohne ~** unaccompanied **2.** MUS accompaniment

beglücken *past part* **beglückt** *v/t jdn* ~ to make sb happy; **beglückt lächeln** to smile happily **beglückwünschen** [bə-'glʏkvʏnʃn] *past part* **beglückwünscht** *v/t* to congratulate (*zu* on)

begnadigen [bə'gnaːdɪgn] *past part* **begnadigt** *v/t* to reprieve; (≈ *Strafe erlassen*) to pardon **Begnadigung** *f* ⟨*-, -en*⟩ reprieve; (≈ *Straferlass*) pardon

begnügen [bə'gnyːgn] *past part* **begnügt** *v/r* **sich mit etw** ~ to be content with sth

Begonie [be'goːniə] *f* ⟨*-, -n*⟩ begonia

begraben *past part* **begraben** *v/t irr* **1.** to bury **2.** *Hoffnung* to abandon; *Streit* to end **Begräbnis** [bə'grɛːpnɪs] *nt* ⟨*-ses, -se*⟩ burial; (≈ *Begräbnisfeier*) funeral

begradigen [bə'graːdɪgn] *past part* **begradigt** *v/t* to straighten

begreifen *past part* **begriffen** [bə'grɪfn] *irr* **I** *v/t* **1.** (≈ *verstehen*) to understand; ~, **dass** ... (≈ *einsehen*) to realize that ...; **hast du mich begriffen?** did you understand what I said?; **es ist kaum zu** ~ it's almost incomprehensible **2.** (≈ *auffassen*) to view, to see **II** *v/i* to understand; **leicht/schwer** ~ to be quick/slow on the uptake; → **begriffen begreiflich** [bə'graiflɪç] *adj* understandable; **ich habe ihm das** ~ **gemacht** I've made it clear to him **begreiflicherweise** *adv* understandably

begrenzen *past part* **begrenzt** *v/t* to restrict (*auf* +acc to) **begrenzt** [bə-'grɛntst] **I** *adj* (≈ *beschränkt*) restricted; (≈ *geistig beschränkt*) limited; **eine genau ~e Aufgabe** a clearly defined task **II** *adv* (*zeitlich*) for a limited time **Begrenzung** [bə'grɛntsʊŋ] *f* ⟨*-, -en*⟩ **1.** (≈ *das Begrenzen*) (*von Gebiet, Straße etc*) demarcation; (*von Geschwindigkeit, Redezeit*) restriction **2.** (≈ *Grenze*) boundary

Begriff *m* **1.** (≈ *Bedeutungsgehalt*) concept; (≈ *Terminus*) term; **sein Name ist mir ein/kein** ~ his name means something/doesn't mean anything to me **2.** (≈ *Vorstellung*) idea; **sich** (*dat*) **einen** ~ **von etw machen** to imagine sth; **du machst dir keinen** ~ (**davon**) (*infml*) you've no idea (about it) (*infml*); **für meine** ~**e** in my opinion **3.** **im** ~ **sein, etw zu tun** to be on the point of doing sth **4.** **schwer/schnell von** ~ **sein** (*infml*) to

be slow/quick on the uptake **begriffen** *adj* **in etw** (*dat*) ~ **sein** (*form*) to be in the process of doing sth; → **begreifen begriffsstutzig** *adj* (*infml*) thick (*infml*)

begründen *past part* **begründet** *v/t* **1.** (≈ *Gründe anführen für*) to give reasons for; (*rechtfertigend*) to justify; *Verdacht* to substantiate **2.** (≈ *gründen*) to establish **begründet** [bə'grʏndət] *adj* well-founded; (≈ *berechtigt*) justified; **es besteht** ~**e Hoffnung, dass** ... there is reason to hope that ... **Begründung** *f* **1.** grounds *pl* (*für, +gen* for); **etwas zur** *or* **als** ~ **sagen** to say something in explanation **2.** (≈ *Gründung*) establishment

begrünen *past part* **begrünt** *v/t Hinterhöfe, Plätze* to green up

begrüßen *past part* **begrüßt** *v/t* **1.** to greet; **jdn herzlich** ~ to give sb a hearty welcome **2.** (≈ *gut finden*) to welcome **begrüßenswert** *adj* welcome; **es wäre** ~, **wenn** ... it would be desirable if ... **Begrüßung** [bə'gryːsʊŋ] *f* ⟨*-, -en*⟩ greeting; (*der Gäste*) welcoming; (≈ *Zeremonie*) welcome

begünstigen [bə'gʏnstɪgn] *past part* **begünstigt** *v/t* to favour (*Br*), to favor (*US*); *Wachstum* to encourage **Begünstigte**(r) [bə'gʏnstɪçtə] *m/f(m) decl as adj* beneficiary **Begünstigung** *f* ⟨*-, -en*⟩ **1.** JUR aiding and abetting **2.** (≈ *Bevorzugung*) preferential treatment **3.** (≈ *Förderung*) favouring (*Br*), favoring (*US*); (*von Wachstum*) encouragement

begutachten *past part* **begutachtet** *v/t* to give expert advice about; *Kunstwerk, Stipendiaten* to examine; *Leistung* to judge; **etw** ~ **lassen** to get expert advice about sth

behaart [bə'haːɐt] *adj* hairy **Behaarung** [bə'haːrʊŋ] *f* ⟨*-, -en*⟩ hairs *pl*

behäbig [bə'hɛːbɪç] *adj* (*von Mensch*) portly; (*fig*) *Sprache, Ton* complacent

behagen [bə'haːgn] *past part* **behagt** *v/i* **er behagt ihr nicht** she doesn't like him **Behagen** [bə'haːgn] *nt* ⟨*-s, no pl*⟩ contentment; **mit sichtlichem** ~ with obvious pleasure **behaglich** [bə'haːklɪç] **I** *adj* cosy; (≈ *bequem*) comfortable; (≈ *zufrieden*) contented **II** *adv* (≈ *gemütlich*) comfortably; (≈ *genussvoll*) contentedly **Behaglichkeit** *f* ⟨*-, no pl*⟩ cosiness; (≈ *Bequemlichkeit*) comfort; (≈ *Zufriedenheit*) contentment

behalten *past part* **behalten** *v/t irr* **1.** to

keep; *jdn bei sich* ~ to keep sb with one; *etw für sich* ~ to keep sth to oneself **2.** (≈ *nicht vergessen*) to remember **Behälter** [bə'hɛltɐ] *m* ⟨*-s, -*⟩ container

behandeln *past part* **behandelt** *v/t* to treat; (≈ *verfahren mit*) to handle; *Thema, Problem* to deal with **Behandlung**f treatment; (*von Angelegenheit*) handling; *bei wem sind Sie in* ~*?* who's treating you?

beharren[bə'harən] *past part* **beharrt** *v/i* (≈ *hartnäckig sein*) to insist (*auf +dat* on); (≈ *nicht aufgeben*) to persist (*bei* in) **beharrlich**[bə'harlıç] **I** *adj* (≈ *hartnäckig*) insistent; (≈ *ausdauernd*) persistent **II** *adv* (≈ *hartnäckig*) insistently; (≈ *ausdauernd*) persistently **Beharrlich-keit**f⟨*-, no pl*⟩ (≈ *Hartnäckigkeit*) insistence; (≈ *Ausdauer*) persistence

behaupten [bə'hauptn] *past part* **behauptet I** *v/t* **1.** (≈ *sagen*) to claim; *steif und fest* ~ to insist; *es wird behauptet, dass* ... it is said that ... **2.** *Recht* to maintain; *Meinung* to assert **II** *v/r* to assert oneself; (*bei Diskussion*) to hold one's own **Behauptung** f ⟨*-, -en*⟩ claim; (≈ *esp unerwiesene Behauptung*) assertion **Behausung**[bə'hauzʊŋ] f⟨*-, -en*⟩ dwelling

beheben *past part* **behoben** [bə'hoːbn] *v/t irr* (≈ *beseitigen*) to remove; *Mängel* to rectify; *Schaden* to repair; *Störung* to clear

beheizbar *adj* heatable; *Heckscheibe* heated **beheizen** *past part* **beheizt** *v/t* to heat

Behelf[bə'hɛlf] *m* ⟨*-(e)s, -e*⟩ (≈ *Ersatz*) substitute; (≈ *Notlösung*) makeshift **behelfen**past part **beholfen** [bə'hɔlfn] *v/r irr* to manage; *er weiß sich allein nicht zu* ~ he can't manage alone **behelfsmäßig I** *adj* makeshift **II** *adv* temporarily; *etw* ~ *reparieren* to make makeshift repairs to sth

behelligen [bə'hɛlɪɡn] *past part* **behelligt** *v/t* to bother

beherbergen[bə'hɛrbɛrɡn] *past part* **beherbergt** *v/t* to house; *Gäste* to accommodate

beherrschenpast part **beherrscht I** *v/t* **1.** (≈ *herrschen über*) to rule **2.** (*fig*) *Stadtbild, Markt* to dominate **3.** (≈ *zügeln*) to control **4.** (≈ *gut können*) to master **II** *v/r* to control oneself; *ich kann mich* ~*!* (*iron infml*) not likely! (*infml*) be-

herrscht [bə'hɛrʃt] *adj* (*fig*) self-controlled **Beherrschung**[bə'hɛrʃʊŋ] f ⟨*-, no pl*⟩ control; (≈ *Selbstbeherrschung*) self-control; (*des Markts*) domination; *die* ~ *verlieren* to lose one's temper **beherzigen** [bə'hɛrtsıɡn] *past part* **beherzigt** *v/t* to heed

behilflich [bə'hılflıç] *adj* helpful; *jdm* (*bei etw*) ~ *sein* to help sb (with sth)

behindernpast part **behindert** *v/t* to hinder; *Sicht* to impede; (*bei Sport, im Verkehr*) to obstruct **behindert** *adj* disabled; *geistig/körperlich* ~ mentally/physically handicapped **Behindertenausweis**m disabled person card or ID **behindertengerecht** *adj* *etw* ~ *gestalten* to design sth to fit the needs of the disabled **Behindertenolympiade** f Paralympics *pl* **Behinderte(r)** [bə-'hındɐtə] *m/f(m)* *decl as adj* disabled person; *die* ~n disabled people **Behinderung**f hindrance; (*im Sport, Verkehr*) obstruction; (*körperlich*) handicap

Behörde [bə'høːɐdə] f ⟨*-, -n*⟩ authority *usu pl*; *die* ~n the authorities

behütenpast part **behütet** *v/t* to look after **behutsam**[bə'huːtzaːm] **I** *adj* cautious; (≈ *zart*) gentle **II** *adv* carefully; *streicheln* gently

bei [bai] *prep* +*dat* **1.** (*Nähe*) near; *ich stand/saß* ~ *ihm* I stood/sat beside him; *ich bleibe* ~ *den Kindern* I'll stay with the children **2.** (*Aufenthalt*) at; *ich war* ~ *meiner Tante* I was at my aunt's; *er wohnt* ~ *seinen Eltern* he lives with his parents; ~ *Müller* (*auf Briefen*) care of *or* c/o Müller; ~ *uns zu Hause* (*im Haus*) at our house; *jdm arbeiten*to work for sb; *er ist or arbeitet* ~ *der Post*he works for the post office; ~*m Friseur*at the hairdresser's; *hast du Geld* ~ *dir?* have you any money with you? **3.** (*Teilnahme*) at; ~ *einer Hochzeit sein* to be at a wedding **4.** (*Zeit*) ~ *meiner Ankunft*on my arrival; ~*m Erscheinen der Königin* when the queen appeared; ~ *Nacht* by night **5.** (*Umstand*) ~ *Kerzenlicht essen* to eat by candlelight; ~ *offenem Fenster schlafen* to sleep with the window open; ~ *zehn Grad unter null* when it's ten degrees below zero **6.** (*Bedingung*) in case of; ~ *Feuer Scheibe einschlagen* in case of fire break glass **7.** (*Grund*) with; ~ *seinem Talent* with his talent; ~ *solcher Hitze* when it's as

hot as this **8.** (*Einschränkung*) in spite
of, despite; **~m besten Willen** with the
best will in the world

beibehalten *past part* **beibehalten** *v/t sep
irr* to keep; *Richtung* to keep to; *Gewohnheit* to keep up

beibringen *v/t sep irr* **1.** *jdm etw ~* (≈ *mitteilen*) to break sth to sb; (≈ *unterweisen
in*) to teach sb sth; (≈ *zufügen*) to inflict
sth on sb **2.** (≈ *herbeischaffen*) to produce; *Beweis, Beleg etc* to supply

Beichte ['baiçtə] *f* ⟨**-, -n**⟩ confession
beichten ['baiçtn] *v/t & v/i* to confess
(*jdm etw* sth to sb) **Beichtgeheimnis**
nt seal of confession *or* of the confessional **Beichtstuhl** *m* confessional

beide ['baidə] *pron* both; *alle ~n Teller*
both plates; *seine ~n Brüder* both his
brothers; *ihr ~*(n) the two of you; *wer
von uns ~n* which of us (two); *alle ~* both
(of them) **beiderlei** ['baidɐlai] *adj attr
inv* both **beiderseitig** ['baidɐzaitɪç]
adj on both sides; (≈ *gegenseitig*) *Abkommen etc* bilateral; *Einverständnis
etc* mutual **beiderseits** ['baidɐ'zaits] **I**
adv on both sides **II** *prep +gen* on both
sides of **beidhändig** *adj* (≈ *gleich geschickt*) ambidextrous; (≈ *mit beiden
Händen zugleich*) two-handed

beidrehen *v/i sep* NAUT to heave to
beidseitig ['baitzaitɪç] *adj* (≈ *auf beiden
Seiten*) on both sides; (≈ *gegenseitig*)
mutual

beieinander [bai|ai'nandɐ] *adv* together
beieinander sein *v/i irr aux sein* (*infml*)
(*gesundheitlich*) to be in good shape
(*infml*); (*geistig*) to be all there (*infml*)

Beifahrer(in) *m*/(*f*) AUTO (front-seat) passenger; SPORTS co-driver **Beifahrerair-
bag** *m* AUTO passenger airbag **Beifahrersitz** *m* passenger seat

Beifall *m, no pl* (≈ *Zustimmung*) approval; (≈ *das Händeklatschen*) applause; *~
spenden* to applaud **beifällig I** *adj* approving; *~e Worte* words of approval
II *adv* approvingly; *er nickte ~ mit
dem Kopf* he nodded his head in approval **Beifallsruf** *m* cheer **Beifallssturm** *m* storm of applause

beifügen *v/t sep* (≈ *mitschicken*) to enclose (+*dat* with)

Beigabe *f* addition; (≈ *Beilage*) side dish;
(COMM ≈ *Zugabe*) free gift

beige [be:ʃ, 'be:ʒə, 'be:ʒə] *adj* beige
beigeben *sep irr* **I** *v/t* to add (+*dat* to) **II**

v/i klein ~ (*infml*) to give in

Beigeschmack *m* aftertaste; (*fig: von
Worten*) flavour (*Br*), flavor (*US*)

Beihilfe *f* **1.** financial assistance *no indef
art*; (≈ *Zuschuss*) allowance; (≈ *Studien-
beihilfe*) grant; (≈ *Subvention*) subsidy
2. JUR abetment; *wegen ~ zum Mord* because of acting as an accessory to the
murder

Beijing [bei'dʒɪŋ] *nt* ⟨**-s**⟩ Beijing, Peking
beikommen *v/i sep irr aux sein jdm ~* (≈
zu fassen bekommen) to get hold of sb;
einer Sache (*dat*) *~* (≈ *bewältigen*) to
deal with sth

Beil [bail] *nt* ⟨**-(e)s, -e**⟩ axe (*Br*), ax (*US*);
(*kleiner*) hatchet

Beilage *f* **1.** (≈ *Gedrucktes*) insert; (≈ *Bei-
heft*) supplement **2.** COOK side dish; (≈
Gemüsebeilage) vegetables *pl*; (≈ *Salat-
beilage*) side salad

beiläufig I *adj* casual **II** *adv erwähnen* in
passing

beilegen *v/t sep* **1.** (≈ *hinzulegen*) to insert
(+*dat* in); (*einem Brief, Paket*) to enclose
(+*dat* with, in) **2.** (≈ *schlichten*) to settle
Beilegung ['baile:gʊŋ] *f* ⟨**-, -en**⟩ settlement

beileibe [bai'laibə] *adv ~ nicht!* certainly
not; *~ kein ...* by no means a ...

Beileid *nt* condolence(s), sympathy; *jdm
sein ~ aussprechen* to offer sb one's
condolences **Beileidsbekundung** *f* expression of sympathy **Beileidskarte** *f*
condolence card

beiliegen *v/i sep irr* to be enclosed (+*dat*
with, in); (*einer Zeitschrift etc*) to be in-
serted (+*dat* in) **beiliegend** *adj, adv* enclosed; *~ senden wir Ihnen ...* please
find enclosed ...

beim [baim] = *bei dem*
beimengen *v/t sep* to add (+*dat* to)
beimessen *v/t sep irr jdm/einer Sache
Bedeutung ~* to attach importance to
sb/sth

Bein [bain] *nt* ⟨**-(e)s, -e**⟩ leg; *sich kaum
auf den ~en halten können* to be hardly
able to stay on one's feet; *jdm ein ~ stellen* to trip sb up; *auf den ~en sein* (≈ *in
Bewegung*) to be on one's feet; (≈ *unterwegs*) to be out and about; *jdm ~e machen* (*infml*) (≈ *antreiben*) to make sb
get a move on (*infml*); (≈ *wegjagen*) to
make sb clear off (*infml*); *mit einem ~
im Gefängnis stehen* to be likely to
end up in jail; *auf eigenen ~en stehen*

(*fig*) to be able to stand on one's own two feet; **wieder auf die ~e kommen** (*fig*) to get back on one's feet again; **etw auf die ~e stellen** (*fig*) to get sth off the ground

beinah(e) [ˈbaina:, ˈbaiˈna:] *adv* almost

Beinbruch *m* fracture of the leg; **das ist kein ~** (*fig infml*) it could be worse (*infml*) **Beinfreiheit** *f, no pl* legroom

beinhalten [bəˈʔɪnhaltn] *past part* **beinhaltet** *v/t insep* to comprise

Beinpresse *f* leg press

Beipackzettel *m* instruction leaflet

beipflichten *v/i sep* **jdm/einer Sache** (**in etw** (*dat*)) ~ to agree with sb/sth (on sth)

Beiried [ˈbairiːt] *nt* (*Aus* ≈ *Rostbraten*) ≈ roast

beirren [bəˈʔɪrən] *past part* **beirrt** *v/t* to disconcert; **sich nicht in etw** (*dat*) ~ **lassen** not to let oneself be swayed in sth; **er lässt sich nicht ~** he won't be put off

beisammen [baiˈzamən] *adv* together **beisammenbleiben** *v/i sep irr aux sein* to stay *or* remain together **Beisammensein** *nt* get-together

Beischlaf *m* JUR sexual intercourse

Beisein *nt* presence; **in jds ~** in sb's presence; **ohne jds ~** without sb being present

beiseite [baiˈzaitə] *adv* aside; **Spaß ~!** joking aside! **beiseitelegen** *v/t sep* to put aside; (≈ *weglegen*) to put away **beiseiteschaffen** *v/t sep* **jdn/etw beiseite schaffen** to get rid of sb/hide sth away

Beisel [ˈbaizl] *nt* ⟨**-s, -n**⟩ (*Aus infml*) bar

beisetzen *v/t sep* to bury **Beisetzung** [ˈbaizɛtsʊŋ] *f* ⟨**-, -en**⟩ funeral

Beispiel *nt* example; **zum ~** for example; **jdm ein ~ geben** to set sb an example; **sich** (*dat*) **ein ~ an jdm nehmen** to take a leaf out of sb's book; **mit gutem ~ vorangehen** to set a good example **beispielhaft I** *adj* exemplary **II** *adv* exemplarily **beispiellos** *adj* unprecedented; (≈ *unerhört*) outrageous **beispielsweise** *adv* for example

beißen [ˈbaisn] *pret* **biss** [bɪs], *past part* **gebissen** [gəˈbɪsn] **I** *v/t & v/i* to bite; (≈ *brennen*) to sting; **er wird dich schon nicht ~** (*fig*) he won't bite you; **etwas zu ~** (*infml* ≈ *essen*) something to eat; **an etw** (*dat*) **zu ~ haben** (*fig*) to have sth to chew over on **II** *v/r* (*Farben*) to clash **beißend** *adj* biting; *Bemerkung* cutting; *Geruch* pungent; *Ironie* bitter **Beißzan-**

ge [ˈbais-] *f* (pair of) pincers *pl*; (*pej infml*) shrew

Beistand *m, no pl* (≈ *Hilfe*) help; (≈ *Unterstützung*) support; **jdm ~ leisten** to give sb help; to lend sb one's support **beistehen** *v/i sep irr* **jdm ~** to stand by sb

Beistelltisch *m* occasional table

beisteuern *v/t sep* to contribute

Beitrag [ˈbaitraːk] *m* ⟨**-(e)s, ⸚e** [-trɛːgə]⟩ contribution; (≈ *Versicherungsbeitrag*) premium; (≈ *Mitgliedsbeitrag*) fee (*Br*), dues *pl*; **einen ~ zu etw leisten** to make a contribution to sth **beitragen** *v/t & v/i sep irr* to contribute (*zu* to) **Beitragserhöhung** *f* increase in contributions **beitragsfrei** *adj* noncontributory; *Person* not liable to pay contributions **beitragspflichtig** [-pflɪçtɪç] *adj* ~ **sein** (*Mensch*) to have to pay contributions **Beitragszahler(in)** *m/(f)* contributor

beitreten *v/i +dat sep irr aux sein* to join; *einem Vertrag* to accede to **Beitritt** *m* joining (*zu* sth); (*zu einem Vertrag*) accession (*zu* to); **seinen ~ erklären** to become a member

Beize [ˈbaitsə] *f* ⟨**-, -n**⟩ (≈ *Beizmittel*) corrosive fluid; (≈ *Holzbeize*) stain; (*zum Gerben*) lye; COOK marinade

beizeiten [baiˈtsaitn] *adv* in good time

beizen [ˈbaitsn] *v/t Holz* to stain; *Häute* to bate; COOK to marinate

bejahen [bəˈjaːən] *past part* **bejaht** *v/t & v/i* to answer in the affirmative; (≈ *gutheißen*) to approve of **bejahend I** *adj* positive **II** *adv* affirmatively

bejubeln *past part* **bejubelt** *v/t* to cheer; *Ereignis* to rejoice at

bekämpfen *past part* **bekämpft** *v/t* to fight; *Ungeziefer* to control **Bekämpfung** [bəˈkɛmpfʊŋ] *f* ⟨**-**, (*rare*) **-en**⟩ fight (*von*, +gen against); (*von Ungeziefer*) controlling; **zur ~ der Terroristen** to fight the terrorists

bekannt [bəˈkant] *adj* well-known (*wegen* for); **die ~eren Spieler** the better-known players; **er ist ~ dafür, dass er seine Schulden nicht bezahlt** he is well-known for not paying his debts; **das ist mir ~** I know about that; **sie ist mir ~** I know her; **jdn mit etw ~ machen** *mit Aufgabe etc* to show sb how to do sth; *mit Gebiet, Fach etc* to introduce sb to sth; **sich mit etw ~ machen** to familiarize oneself with sth; → **bekennen** **Bekanntenkreis** *m* circle of acquaintances **Bekannte(r)**[bə'kantə] *m/f(m) decl as adj* friend; (≈ *entfernter Bekannter*) acquaintance **Bekanntgabe** *f* announcement; (*in Zeitung etc*) publication **bekannt geben** *v/t irr* to announce; (*in Zeitung etc*) to publish **bekanntlich** [bə'kantlɪç] *adv* ~ **gibt es** ... it is known that there are ... **bekannt machen** *v/t* to announce; (≈ *der Allgemeinheit mitteilen*) to publicize; → *bekannt* **Bekanntmachung**[bə'kantmaxʊŋ] *f* ⟨-, -en⟩ announcement; (≈ *Veröffentlichung*) publicizing **Bekanntschaft** [bə'kantʃaft] *f* ⟨-, -en⟩ acquaintance; *jds* ~ *machen* to make sb's acquaintance; *mit etw* ~ *machen* to come into contact with sth; *bei näherer* ~ on closer acquaintance; *meine ganze* ~ all my acquaintances **bekannt werden** *v/i irr aux sein* to become known; (*Geheimnis*) to leak out

bekehren *past part* **bekehrt** *v/t* to convert (*zu* to) **Bekehrung**[bə'ke:rʊŋ] *f* ⟨-, -en⟩ conversion

bekennen *past part* **bekannt**[bə'kant] *irr* **I** *v/t* to confess; *Wahrheit* to admit **II** *v/r* *sich* (*als or für*) *schuldig* ~ to admit *or* confess one's guilt; *sich zum Christentum* ~ to profess Christianity; *sich zu jdm/etw* ~ to declare one's support for sb/sth **Bekennerbrief** *m*, **Bekennerschreiben** *nt* letter claiming responsibility **Bekenntnis** [bə'kentnɪs] *nt* ⟨-ses, -se⟩ **1.** (≈ *Geständnis*) confession (*zu* of); *sein* ~ *zum Sozialismus* his declared belief in socialism **2.** (REL ≈ *Konfession*) denomination

beklagen *past part* **beklagt** **I** *v/t* to lament; *Tod, Verlust* to mourn; *Menschenleben sind nicht zu* ~ there are no casualties **II** *v/r* to complain (*über +acc, wegen* about) **beklagenswert** *adj* *Mensch* pitiful; *Zustand* lamentable; *Vorfall* regrettable **Beklagte(r)** [bə'kla:ktə] *m/f(m) decl as adj* JUR defendant

beklauen *past part* **beklaut** *v/t* (*infml*) *jdn* to rob

bekleben *past part* **beklebt** *v/t* *etw* (*mit Plakaten etc*) ~ to stick posters *etc* on(to) sth

bekleckern *past part* **bekleckert** (*infml*) **I** *v/t* to stain **II** *v/r* *sich* (*mit Saft etc*) ~ to spill juice *etc* all down *or* over oneself; *er hat sich nicht gerade mit Ruhm bekleckert* (*infml*) he didn't exactly cover

himself with glory

bekleiden[bə'klaidət] *adj* dressed (*mit* in) **Bekleidung** *f* (≈ *Kleider*) clothes *pl*; (≈ *Aufmachung*) dress

beklemmen *past part* **beklemmt** *v/t* (*fig*) to oppress **beklemmend** *adj* (≈ *beengend*) constricting; (≈ *beängstigend*) oppressive **Beklemmung**[bə'klɛmʊŋ] *f* ⟨-, -en⟩ *usu pl* feeling of oppressiveness; (≈ *Gefühl der Angst*) feeling of apprehension **beklommen** [bə'klɔmən] *adj* apprehensive; *Schweigen* uneasy

bekloppt [bə'klɔpt] *adj* (*infml*) *Mensch* mad (*infml*)

beknackt [bə'knakt] (*sl*) *adj* *Mensch, Idee* stupid

beknien *past part* **bekniet** *v/t* (*infml*) *jdn* to beg

bekommen *past part* **bekommen** *irr* **I** *v/t* to get; *ein Kind, Besuch* to have; *ein Jahr Gefängnis* ~ to be given one year in prison; *ich bekomme bitte ein Glas Wein* I'll have a glass of wine, please; *was* ~ *Sie dafür?* how much is that?; *was* ~ *Sie von mir?* how much do I owe you?; *jdn dazu* ~, *etw zu tun* to get sb to do sth; *Heimweh* ~ to get homesick; *Hunger/Durst* ~ to get hungry/thirsty; *Angst* ~ to get afraid; *es mit jdm zu tun* ~ to get into trouble with sb; *etw geschenkt* ~ to be given sth (as a present); *Lust* ~, *etw zu tun* to feel like doing sth; *es mit der Angst/Wut* ~ to become afraid/angry; *Ärger* ~ to get into trouble **II** *v/i aux sein +dat* (≈ *zuträglich sein*) *jdm* (*gut*) ~ to do sb good; (*Essen*) to agree with sb; *jdm nicht or schlecht* ~ not to do sb any good; (*Essen*) not to agree with sb; *wohl bekomms!* your health! **bekömmlich** [bə-'kœmlɪç] *adj Speisen* (easily) digestible; *Luft, Klima* beneficial

bekräftigen *past part* **bekräftigt** *v/t* to confirm; *Vorschlag* to back up

bekriegen *past part* **bekriegt** *v/t* to wage war on; (*fig*) to fight

bekümmern *past part* **bekümmert** *v/t* to worry **bekümmert** [bə'kʏmɐt] *adj* worried (*über +acc* about)

bekunden *past part* **bekundet** *v/t* to show; (JUR ≈ *bezeugen*) to testify to

belächeln *past part* **belächelt** *v/t* to smile at

beladen [bə'la:dn] *past part* **beladen** *irr*

v/t Schiff, Zug to load (up); (*fig: mit Sorgen etc*) *jdn* to burden

Belag [bə'laːk] *m* ⟨-(e)s, ⸚e [-'lɛːgə]⟩ coating; (≈ *Schicht*) layer; (*auf Zahn*) film; (*auf Pizza, Brot*) topping; (*auf Tortenboden, zwischen zwei Brotscheiben*) filling; (≈ *Zungenbelag*) fur; (≈ *Fußbodenbelag*) covering; (≈ *Straßenbelag*) surface

belagern *past part* **belagert** *v/t* to besiege **Belagerung** *f* siege **Belagerungszustand** *m* state of siege

belämmert [bə'lɛmɐt] *adj* (≈ *betreten*) sheepish; (≈ *niedergeschlagen*) miserable

Belang [bə'laŋ] *m* ⟨-(e)s, -e⟩ importance; **von/ohne ~ (für jdn/etw) sein** to be of importance /of no importance (to sb/ for *or* to sth); **~e** interests **belangen** *past part* **belangt** *v/t* JUR to prosecute (*wegen* for); (*wegen Beleidigung*) to sue **belanglos** *adj* inconsequential; *das ist für das Ergebnis ~* that is irrelevant to the result **Belanglosigkeit** *f* ⟨-, -en⟩ triviality

belassen *past part* **belassen** *v/t irr* to leave; **wir wollen es dabei ~** let's leave it at that

belastbar *adj* **1. bis zu 50 Tonnen ~ sein** to have a load-bearing capacity of 50 tons; **weiter waren seine Nerven nicht ~** his nerves could take no more **2.** (≈ *beanspruchbar*, MED) resilient **3. wie hoch ist mein Konto ~?** what is the limit on my account?; **der Etat ist nicht unbegrenzt ~** the budget is not unlimited **Belastbarkeit** [bə'lastbaːɐkait] *f* ⟨-, -en⟩ **1.** (*von Brücke, Aufzug*) load-bearing capacity **2.** (*von Menschen, Nerven*) ability to cope with stress **belasten** *past part* **belastet I** *v/t* **1.** (*lit*) (*mit Gewicht*) to put weight on; (*mit Last*) to load; **etw mit 50 Tonnen ~** to put a 50 ton load on sth **2.** (*fig*) *jdn mit etw ~ mit Arbeit* to load sb with sth; *mit Sorgen* to burden sb with sth; *jdn ~* (≈ *anstrengen*) to put a strain on sb; *Schuld etc* to weigh upon sb's mind; *jds Gewissen ~* to weigh upon sb's conscience **3.** (≈ *beanspruchen*) *Stromnetz etc* to put pressure on; *Atmosphäre* to pollute; MED to put a strain on; *Nerven* to strain; *Steuerzahler* to burden **4.** JUR *Angeklagten* to incriminate; **~des Material** incriminating evidence **5.** FIN *Konto* to charge; (*steuerlich*) *jdn* to bur-

den; *das Konto mit einem Betrag ~* to debit a sum from the account; *jdn mit den Kosten ~* to charge the costs to sb **II** *v/r* **1. sich mit etw ~** *mit Arbeit* to take sth on; *mit Verantwortung* to take sth upon oneself; *mit Sorgen* to burden oneself with sth **2.** JUR to incriminate oneself

belästigen [bə'lɛstɪgn] *past part* **belästigt** *v/t* to bother; (≈ *zudringlich werden*) to pester; (*körperlich*) to molest **Belästigung** *f* ⟨-, -en⟩ annoyance; (≈ *Zudringlichkeit*) pestering; *etw als eine ~ empfinden* to find sth a nuisance; *sexuelle ~* sexual harassment

Belastung [bə'lastʊŋ] *f* ⟨-, -en⟩ **1.** (≈ *Last, Gewicht*) weight; (*in Fahrzeug, Fahrstuhl etc*) load; *maximale ~ des Fahrstuhls* maximum load of the lift **2.** (*fig*) (≈ *Anstrengung*) strain; (≈ *Last, Bürde*) burden **3.** (≈ *Beeinträchtigung*) pressure (*+gen* on); (*von Atmosphäre*) pollution (*+gen* of); (*von Kreislauf, Magen*) strain (*+gen* on) **4.** JUR incrimination **5.** (FIN, *von Konto*) charge (*+gen* on); (*steuerlich*) burden (*+gen* on) **Belastungsmaterial** *nt* JUR incriminating evidence **Belastungsprobe** *f* endurance test **Belastungszeuge** *m*, **Belastungszeugin** *f* JUR witness for the prosecution

belaufen *past part* **belaufen** *v/r irr* **sich auf etw** (*acc*) **~** to come to sth

belauschen *past part* **belauscht** *v/t* to eavesdrop on

beleben *past part* **belebt** *v/t* **1.** (≈ *anregen*) to liven up; *Absatz, Konjunktur* to stimulate **2.** (≈ *lebendiger gestalten*) to brighten up **belebend** *adj* invigorating **belebt** [bə'leːpt] *adj Straße, Stadt etc* busy

Beleg [bə'leːk] *m* ⟨-(e)s, -e [-gə]⟩ **1.** (≈ *Beweis*) piece of evidence; (≈ *Quellennachweis*) reference **2.** (≈ *Quittung*) receipt **belegen** *past part* **belegt** *v/t* **1.** (≈ *bedecken*) to cover; *Brote, Tortenboden* to fill; *etw mit Fliesen/Teppich ~* to tile / carpet sth **2.** (≈ *besetzen*) *Wohnung, Hotelbett* to occupy; UNIV *Fach* to take; *Vorlesung* to enrol (*Br*) *or* enroll (*US*) for; *den fünften Platz ~* to take fifth place **3.** (≈ *beweisen*) to verify **Belegschaft** [bə-'leːkʃaft] *f* ⟨-, -en⟩ (≈ *Beschäftigte*) staff; (*esp in Fabriken etc*) workforce **belegt** [bə'leːkt] *adj Zunge* furred; *Stimme* hoarse; *Bett, Wohnung* occupied; *~e Brote* open (*Br*) *or* open-faced (*US*) sandwiches

belehren *past part* **belehrt** *v/t* to teach; (≈ *aufklären*) to inform (*über* +acc of); *jdn eines anderen* ~ to teach sb otherwise **Belehrung** [bə'le:rʊŋ] *f* ⟨-, -en⟩ explanation, lecture (*infml*)

beleidigen [bə'laidɪɡn] *past part* **beleidigt** *v/t jdn* to insult; (*Anblick etc*) to offend; (JUR, *mündlich*) to slander; (*schriftlich*) to libel **beleidigend** *adj* insulting; *Anblick etc* offending; (JUR, *mündlich*) slanderous; (*schriftlich*) libellous (*Br*), libelous (*US*) **beleidigt** [bə'laidɪçt] **I** *adj* insulted; (≈ *gekränkt*) offended; *Miene* hurt; *jetzt ist er* ~ now he's in a huff (*infml*) **II** *adv* in a huff (*infml*), offended **Beleidigung** *f* ⟨-, -en⟩ insult; (JUR, *mündliche*) slander; (*schriftliche*) libel

belesen [bə'le:zn] *adj* well-read

beleuchten *past part* **beleuchtet** *v/t* to light up; *Straße, Bühne etc* to light; (*fig* ≈ *betrachten*) to examine **Beleuchtung** [bə'lɔyçtʊŋ] *f* ⟨-, -en⟩ **1.** (≈ *das Beleuchten*) lighting; (≈ *das Bestrahlen*) illumination **2.** (≈ *Licht*) light; (≈ *Lichter*) lights *pl*

Belgien ['bɛlɡiən] *nt* ⟨-s⟩ Belgium **Belgier** ['bɛlɡiɐ] *m* ⟨-s, -⟩, **Belgierin** [-iərɪn] *f* ⟨-, -nen⟩ Belgian **belgisch** ['bɛlɡɪʃ] *adj* Belgian

Belgrad ['bɛlɡraːt] *nt* ⟨-s⟩ Belgrade

belichten *past part* **belichtet** *v/t* PHOT to expose **Belichtung** *f* PHOT exposure **Belichtungsmesser** *m* ⟨-s, -⟩ light meter

Belieben [bə'liːbn] *nt* ⟨-s, no pl⟩ *nach* ~ any way you *etc* want (to); *das steht or liegt in Ihrem* ~ that is up to you **beliebig** [bə'liːbɪç] **I** *adj* any; (*irgend*)*eine*/*jede* ~*e Zahl* any number at all *or* you like; *jeder Beliebige* anyone at all; *in* ~*er Reihenfolge* in any order whatever **II** *adv* as you *etc* like; *Sie können* ~ *lange bleiben* you can stay as long as you like **beliebt** [bə'liːpt] *adj* popular (*bei* with); *sich bei jdm* ~ *machen* to make oneself popular with sb **Beliebtheit** *f* ⟨-, no pl⟩ popularity

beliefern *past part* **beliefert** *v/t* to supply

bellen ['bɛlən] *v/i* to bark

Belletristik [bɛle'trɪstɪk] *f* ⟨-, no pl⟩ fiction and poetry

belobigen [bə'loːbɪɡn] *past part* **belobigt** *v/t* to commend **Belobigung** *f* ⟨-, -en⟩ (*form*) commendation

belohnen *past part* **belohnt** *v/t* to reward **Belohnung** [bə'loːnʊŋ] *f* ⟨-, -en⟩ reward; *zur or als* ~ (*für*) as a reward (for)

belügen *past part* **belogen** [bə'loːɡn] *v/t irr* to lie to; *sich selbst* ~ to deceive oneself

belustigen [bə'lʊstɪɡn] *past part* **belustigt I** *v/t* to amuse **II** *v/r* (*elev*) *sich über jdn/etw* ~ to make fun of sb/sth **belustigt** [bə'lʊstɪçt] **I** *adj* amused **II** *adv* in amusement

bemächtigen [bə'mɛçtɪɡn] *past part* **bemächtigt** *v/r* (*elev*) *sich eines Menschen/einer Sache* ~ to seize hold of sb/sth

bemalen *past part* **bemalt** *v/t* to paint **Bemalung** [bə'maːlʊŋ] *f* ⟨-, -en⟩ painting

bemängeln [bə'mɛŋln] *past part* **bemängelt** *v/t* to find fault with

bemannen [bə'manən] *past part* **bemannt** *v/t U-Boot, Raumschiff* to man **Bemannung** *f* ⟨-, -en⟩ manning

bemerkbar *adj* noticeable; *sich* ~ *machen* (≈ *sich zeigen*) to become noticeable; (≈ *auf sich aufmerksam machen*) to draw attention to oneself **bemerken** *past part* **bemerkt** *v/t* **1.** (≈ *wahrnehmen*) to notice **2.** (≈ *äußern*) to remark (*zu* on); *er hatte einiges zu* ~ he had quite a few comments to make **bemerkenswert I** *adj* remarkable **II** *adv* remarkably **Bemerkung** [bə'mɛrkʊŋ] *f* ⟨-, -en⟩ remark (*zu* on)

bemessen *past part* **bemessen** *irr v/t* (≈ *zuteilen*) to allocate; (≈ *einteilen*) to calculate; *reichlich* ~ generous; *meine Zeit ist knapp* ~ my time is limited

bemitleiden [bə'mɪtlaidn] *past part* **bemitleidet** *v/t* to pity; *er ist zu* ~ he is to be pitied

bemühen [bə'myːən] *past part* **bemüht I** *v/t* to bother; *jdn zu sich* ~ to call in sb **II** *v/r* (≈ *sich Mühe geben*) to try hard; *sich um jdn* ~ (*um Kranken etc*) to look after sb; (*um jds Gunst*) to court sb; *bitte* ~ *Sie sich nicht* please don't trouble yourself; *sich zu jdm* ~ to go to sb **bemüht** [bə'myːt] *adj* ~ *sein, etw zu tun* to try hard to do sth **Bemühung** *f* ⟨-, -en⟩ effort

bemuttern [bə'mʊtɐn] *past part* **bemuttert** *v/t* to mother

benachbart [bə'naxbaːɐt] *adj* neighbouring *attr* (*Br*), neighboring *attr* (*US*)

benachrichtigen [bə'naːxrɪçtɪɡn] *past part* **benachrichtigt** *v/t* to inform (*von* of) Benachrichtigung *f* ⟨-, *-en*⟩ (≈ *Nachricht*) notification; COMM advice note

benachteiligen [bə'na:xtailɪgn] *past part* **benachteiligt** *v/t* to put at a disadvantage; (*wegen Rasse, Glauben etc*) to discriminate against; **benachteiligt sein** to be at a disadvantage Benachteiligung *f* ⟨-, *-en*⟩ (*wegen Rasse, Glauben*) discrimination (+*gen* against)

benebeln [bə'ne:bln] *past part* **benebelt** *v/t* (*infml*) jdn *or* jds Sinne ~ to make sb's head swim; **benebelt sein** to be feeling dazed *or* (*von Alkohol*) woozy (*infml*)

Benefizspiel *nt* benefit match Benefizvorstellung *f* charity performance

benehmen *past part* **benommen** [bə-'nɔmən] *v/r irr* to behave; **benimm dich!** behave yourself!; **sich schlecht ~** to misbehave; → **benommen** Benehmen [bə'ne:mən] *nt* ⟨-s, *no pl*⟩ behaviour (*Br*), behavior (*US*); **kein ~ haben** to have no manners

beneiden *past part* **beneidet** *v/t* to envy; **jdn um etw ~** to envy sb sth; **er ist nicht zu ~** I don't envy him beneidenswert [bə'naidnsve:rt] *adj* enviable

Beneluxländer ['be:neluks-, bene'luks-] *pl* Benelux countries *pl*

benennen *past part* **benannt** [bə'nant] *v/t irr* to name

Bengel ['beŋl] *m* ⟨-s, -(s)⟩ boy; (≈ *frecher Junge*) rascal

Benimm [bə'nɪm] *m* ⟨-s, *no pl*⟩ (*infml*) manners *pl*

benommen [bə'nɔmən] *adj* dazed; → **benehmen** Benommenheit *f* ⟨-, *no pl*⟩ daze

benoten [bə'no:tn] *past part* **benotet** *v/t* to mark (*Br*), to grade (*esp US*)

benötigen *past part* **benötigt** *v/t* to need

Benotung *f* ⟨-, *-en*⟩ mark (*Br*), grade (*esp US*); (≈ *das Benoten*) marking (*Br*), grading (*esp US*)

benutzbar *adj* usable benutzen *past part* **benutzt** *v/t* to use Benutzer *m* ⟨-s, -⟩, Benutzerin *f* ⟨-, *-nen*⟩ user benutzerfreundlich I *adj* user-friendly II *adv* etw ~ gestalten to make sth user-friendly Benutzerfreundlichkeit *f* user--friendliness Benutzerhandbuch *nt* user's guide Benutzeroberfläche *f* IT user interface Benutzung *f* ⟨-, *-en*⟩ use Benutzungsgebühr *f* charge

Benzin [bɛn'tsi:n] *nt* ⟨-s, *-e*⟩ (*für Auto*) petrol (*Br*), gas (*US*); (≈ *Reinigungsbenzin*) benzine; (≈ *Feuerzeugbenzin*) lighter fuel Benzinfeuerzeug *nt* petrol lighter (*Br*), gasoline lighter (*US*) Benzinkanister *m* petrol can (*Br*), gasoline can (*US*) Benzinpumpe *f* AUTO fuel pump; (*an Tankstellen*) petrol pump (*Br*), gasoline pump (*US*) Benzinuhr *f* fuel gauge Benzinverbrauch *m* fuel consumption

beobachten [bə'|o:baxtn] *past part* **beobachtet** *v/t* to observe; **etw an jdm ~** to notice sth in sb; **jdn ~ lassen** (*Polizei etc*) to put sb under surveillance Beobachter [bə'|o:baxtɐ] *m* ⟨-s, -⟩, Beobachterin [-ərɪn] *f* ⟨-, *-nen*⟩ observer Beobachtung *f* ⟨-, *-en*⟩ observation; (*polizeilich*) surveillance Beobachtungsgabe *f* talent for observation

bepflanzen *past part* **bepflanzt** *v/t* to plant Bepflanzung *f* (≈ *das Bepflanzen*) planting; (≈ *Pflanzen*) plants *pl*

bequatschen [bə'kvatʃn] *past part* **bequatscht** *v/t* (*infml*) **1.** etw to talk over **2.** (≈ *überreden*) jdn to persuade

bequem [bə'kve:m] I *adj* (≈ *angenehm*) comfortable; (≈ *leicht, mühelos*) easy; **es ~ haben** to have an easy time of it; **es sich** (*dat*) **~ machen** to make oneself comfortable II *adv* (≈ *leicht*) easily; (≈ *angenehm*) comfortably Bequemlichkeit *f* ⟨-, *-en*, *no pl*⟩ (≈ *Behaglichkeit*) comfort

beraten *past part* **beraten** *irr* I *v/t* jdn ~ to advise sb; **jdn gut / schlecht ~** to give sb good / bad advice II *v/r* (≈ *sich besprechen*) to discuss; **sich mit jdm ~** to consult (with) sb (*über +acc* about) beratend *adj* advisory; **~es Gespräch** consultation Berater [bə'ra:tɐ] *m* ⟨-s, -⟩, Beraterin [-ərɪn] *f* ⟨-, *-nen*⟩ adviser Beratertätigkeit *f* consultancy work Beratervertrag *m* consultancy contract Beratung [bə'ra:tʊŋ] *f* ⟨-, *-en*⟩ **1.** advice; (*bei Rechtsanwalt etc*) consultation **2.** (≈ *Besprechung*) discussion Beratungsgespräch *nt* consultation

berauben *past part* **beraubt** *v/t* to rob; **jdn einer Sache** (*gen*) **~** to rob sb of sth; *seiner Freiheit* to deprive sb of sth

berauschen *past part* **berauscht** I *v/t* to intoxicate II *v/r* **sich an etw** (*dat*) **~** *an Wein, Drogen* to become intoxicated with sth; *an Geschwindigkeit* to be exhilarated by sth **berauschend** *adj* intoxicating; *das war nicht sehr ~* (*iron*) that wasn't very enthralling

berechenbar *adj* Kosten calculable; *Verhalten etc* predictable **berechnen** *past part* **berechnet** *v/t* 1. (≈ *ausrechnen*) to calculate; (≈ *schätzen*) to estimate 2. (≈ *in Rechnung stellen*) to charge; *das ~ wir Ihnen nicht* we will not charge you for it **berechnend** *adj* (*pej*) calculating **Berechnung** *f* 1. (≈ *das Berechnen*) calculation; (≈ *Schätzung*) estimation 2. (*pej*) *aus ~ handeln* to act in a calculating manner

berechtigen [bə'rɛçtɪgn] *past part* **berechtigt** *v/t* & *v/i* to entitle; (*jdn*) *zu etw ~* to entitle sb to sth; *das berechtigt zu der Annahme, dass ...* this justifies the assumption that ... **berechtigt** [bə'rɛçtɪçt] *adj* justifiable; *Frage, Anspruch* legitimate; *~ sein, etw zu tun* to be entitled to do sth **Berechtigung** *f* ⟨-, *-en*⟩ (≈ *Befugnis*) entitlement; (≈ *Recht*) right

bereden *past part* **beredet** I *v/t* 1. (≈ *besprechen*) to discuss 2. (≈ *überreden*) *jdn zu etw ~* to talk sb into sth II *v/r* *sich mit jdm über etw* (*acc*) *~* to talk sth over with sb

Bereich [bə'raiç] *m* ⟨-(*e*)*s*, *-e*⟩ 1. area 2. (≈ *Einflussbereich*) sphere; (≈ *Sektor*) sector; *im ~ des Möglichen liegen* to be within the realms of possibility

bereichern [bə'raiçɐn] *past part* **bereichert** I *v/t* to enrich; (≈ *vergrößern*) to enlarge II *v/r* to make a lot of money (*an +dat* out of) **Bereicherung** *f* ⟨-, *-en*⟩ enrichment; (≈ *Vergrößerung*) enlargement

Bereifung [bə'raifʊŋ] *f* ⟨-, *-en*⟩ AUTO set of tyres (*Br*) *or* tires (*US*)

bereinigen *past part* **bereinigt** *v/t* to clear up **bereinigt** [bə'rainɪçt] *adj* Statistik adjusted

bereisen *past part* **bereist** *v/t* *ein Land* to travel around; COMM *Gebiet* to travel

bereit [bə'rait] *adj usu pred* 1. (≈ *fertig*) ready 2. (≈ *willens*) willing; *zu Verhandlungen ~ sein* to be prepared to negotiate; *~ sein, etw zu tun* to be willing to do sth; *sich ~ erklären, etw zu tun* to agree to do sth **bereiten** [bə'raitn] *past part* **bereitet** *v/t* 1. (≈ *zubereiten*) to prepare 2. (≈ *verursachen*) to cause; *Freude, Kopfschmerzen* to give; *das bereitet*

mir Schwierigkeiten it causes me difficulties **bereithaben** *v/t sep irr* *eine Antwort/Ausrede ~* to have an answer/excuse ready **bereithalten** *sep irr* I *v/t* *Fahrkarten etc* to have ready; *Überraschung* to have in store II *v/r* *sich ~* to be ready **bereitlegen** *v/t sep* to lay out ready **bereitliegen** *v/i sep irr* to be ready **bereit machen** *v/t sep* to get ready **bereits** [bə'raits] *adv* already; *~ damals/damals, als ...* even then/when ... **Bereitschaft** [bə'raitʃaft] *f* ⟨-, *-en*, *no pl*⟩ readiness; *in ~ sein* to be ready; (*Polizei, Soldaten etc*) to be on stand-by; (*Arzt*) to be on call *or* (*im Krankenhaus*) on duty **Bereitschaftsdienst** *m* emergency service **Bereitschaftspolizei** *f* riot police **bereitstehen** *v/i sep irr* to be ready; (*Truppen*) to stand by **bereitstellen** *v/t sep* to get ready; *Material, Fahrzeug* to supply **Bereitstellung** *f* preparation; (*von Auto, Material*) supply **bereitwillig** I *adj* willing; (≈ *eifrig*) eager II *adv* willingly **Bereitwilligkeit** *f* willingness; (≈ *Eifer*) eagerness

bereuen *past part* **bereut** *v/t* to regret; *Schuld, Sünden* to repent of; *das wirst du noch ~!* you will be sorry (for that)!

Berg [bɛrk] *m* ⟨-(*e*)*s*, *-e* [-gə]⟩ hill; (*größer*) mountain; *mit etw hinterm ~ halten* (*fig*) to keep sth to oneself; *über den ~ sein* (*infml*) to be out of the woods; *über alle ~e sein* (*infml*) to be long gone; *da stehen einem ja die Haare zu ~e* it's enough to make your hair stand on end **bergab** [bɛrk'|ap] *adv* downhill; *es geht mit ihm ~* (*fig*) he is going downhill **Bergarbeiter(in)** *m/f* miner **bergauf(wärts)** [bɛrk'|auf(vɛrts)] *adv* uphill; *es geht wieder ~* (*fig*) things are looking up **Bergbahn** *f* mountain railway; (≈ *Seilbahn*) funicular *or* cable railway **Bergbau** *m*, *no pl* mining

bergen ['bɛrgn] *pret* **barg** [bark], *past part* **geborgen** [gə'bɔrgn] *v/t* 1. (≈ *retten*) *Menschen* to save; *Leichen* to recover; *Ladung, Fahrzeug* to salvage 2. (*elev* ≈ *enthalten*) to hold; → **geborgen**

Bergführer(in) *m/f* mountain guide **Berghütte** *f* mountain hut **bergig** ['bɛrgɪç] *adj* hilly; (≈ *mit hohen Bergen*) mountainous **Bergkamm** *m* mountain crest **Bergkette** *f* mountain range **Bergmann** *m*, *pl* **-leute** miner **Bergnot** *f in ~*

sein/geraten to be in/get into difficulties while climbing **Bergrücken** *m* mountain ridge **bergsteigen** *v/i sep irr aux sein or haben, inf past part only* to go mountaineering; **(das) Bergsteigen** mountaineering **Bergsteiger** [-ʃtaigɐ] *m* ⟨**-s, -**⟩, **Bergsteigerin**[-ərɪn] *f* ⟨**-, -nen**⟩ mountaineer **Bergtour** *f* trip round the mountains **Berg-und-Tal--Bahn** *f* roller coaster

Bergung *f* ⟨**-, -en**⟩ (*von Menschen*) rescue; (*von Leiche*) recovery; (*von Ladung, Fahrzeug*) salvage **Bergungsarbeit** *f* rescue work **Bergungstrupp** *m* rescue team

Bergwacht *f* mountain rescue service **Bergwand** *f* mountain face **Bergwanderung** *f* walk in the mountains **Bergwelt** *f* mountains *pl* **Bergwerk** *nt* mine

Bericht [bə'rɪçt] *m* ⟨**-(e)s, -e**⟩ report (*über +acc* about, on); **der ~ eines Augenzeugen** an eyewitness account; **(über etw** *acc*) **~ erstatten** to report (on sth) **berichten** *past part* **berichtet** *v/i* to report; **jdm über etw** (*acc*) **~** (*≈ erzählen*) to tell sb about sth; **gibt es Neues zu ~?** has anything new happened?; **sie hat bestimmt viel(es) zu ~** she is sure to have a lot to tell us **Berichterstatter**[bə'rɪçt|ɛɐʃtatɐ] *m* ⟨**-s, -**⟩, **Berichterstatterin** [-ərɪn] *f* ⟨**-, -nen**⟩ reporter; (*≈ Korrespondent*) correspondent **Berichterstattung** *f* reporting

berichtigen [bə'rɪçtɪɡn] *past part* **berichtigt** *v/t* to correct **Berichtigung** *f* ⟨**-, -en**⟩ correction

beriechen *past part* **berochen** [bə'rɔxn] *v/t irr* to sniff at, to smell

berieseln *past part* **berieselt** *v/t* **1.** (*mit Flüssigkeit*) to spray with water *etc*; (*durch Sprinkleranlage*) to sprinkle **2.** (*fig infml*) **von etw berieselt werden** (*fig*) to be exposed to a constant stream of sth **Berieselungsanlage** *f* sprinkler (system)

Beringstraße['be:rɪŋ-] *f* Bering Strait(s *pl*)

Berlin [bɛr'li:n] *nt* ⟨**-s**⟩ Berlin

Berliner[1][bɛr'li:nɐ] *adj attr* Berlin

Berliner[2][bɛr'li:nɐ] *m* ⟨**-s, -**⟩ (*a.* **Berliner Pfannkuchen**) doughnut (*Br*), donut (*US*)

Bermudadreieck [bɛr'mu:da-] *nt* Bermuda triangle **Bermudainseln** [bɛr'mu:da-] *pl* Bermuda *sg, no def art* **Ber-**

mudashorts [bɛr'mu:da-] *pl* Bermuda shorts *pl*

Bern [bɛrn] *nt* ⟨**-s**⟩ Bern(e)

Bernhardiner [bɛrnhar'di:nɐ] *m* ⟨**-s, -**⟩ Saint Bernard (dog)

Bernstein ['bɛrnʃtain] *m, no pl* amber

bersten ['bɛrstn] *pret* **barst** [barst], *past part* **geborsten** [gə'bɔrstn] *v/i aux sein* (*elev*) to crack; (*≈ zerbrechen*) to break; (*fig: vor Wut etc*) to burst (*vor* with)

berüchtigt[bə'rʏçtɪçt] *adj* notorious

berücksichtigen [bə'rʏkzɪçtɪɡn] *past part* **berücksichtigt** *v/t* to take into account; *Antrag, Bewerber* to consider **Berücksichtigung** *f* ⟨**-, -en**⟩ consideration; **unter ~ der Tatsache, dass ...** in view of the fact that ...

Beruf [bə'ru:f] *m* (*≈ Tätigkeit*) occupation; (*akademisch*) profession; (*handwerklicher*) trade; (*≈ Stellung*) job; **was sind Sie von ~?** what do you do for a living?; **von ~s wegen** on account of one's job

berufen[1][bə'ru:fn] *past part* **berufen** *irr* **I** *v/t* **1.** (*≈ ernennen*) to appoint **2.** (*infml*) **ich will es nicht ~, aber ...** I don't want to tempt fate, but ... **II** *v/r* **sich auf jdn/ etw ~** to refer to sb/sth

berufen[2]*adj* **1.** (*≈ befähigt*) *Kritiker* competent; **von ~er Seite** from an authoritative source **2.** (*≈ ausersehen*) **zu etw ~ sein** to have a vocation for sth

beruflich [bə'ru:flɪç] **I** *adj* professional; **meine ~en Probleme** my problems at work **II** *adv* professionally; **er ist ~ viel unterwegs** he is away a lot on business; **was machen Sie ~?** what do you do for a living? **Berufsausbildung** *f* training; (*für Handwerk*) vocational training **Berufsaussichten** *pl* job prospects *pl* **Berufsberater(in)** *m/(f)* careers adviser **Berufsberatung** *f* careers guidance **Berufserfahrung** *f* (professional) experience **Berufsfachschule** *f* training college (*attended full-time*) **Berufsfeuerwehr** *f* fire service **Berufsgeheimnis** *nt* professional secret **Berufskrankheit** *f* occupational disease **Berufsleben** *nt* working life; **im ~ stehen** to be working **Berufsrisiko** *nt* occupational hazard **Berufsschule** *f* vocational school, ≈ technical college (*Br*) **Berufssoldat(in)** *m/(f)* professional soldier **Berufsspieler(in)***m/(f)* professional player **berufstätig***adj* working; **~ sein** to be working, to work **Berufstätige(r)** [-tɛːtɪgə] *m/f(m) decl as adj* working person **Berufstätigkeit** *f* occupation **berufsunfähig** *adj* occupationally disabled **Berufsverbot** *nt jdm~ erteilen* to ban sb from a profession **Berufsverkehr** *m* commuter traffic

Berufung [bə'ruːfʊŋ] *f ⟨-, -en⟩* **1.** JUR appeal; *~ einlegen* to appeal (*bei* to) **2.** (*in ein Amt etc*) appointment (*auf* or *an* +acc to) **3.** (≈ *innerer Auftrag*) vocation **4.** (*form*) *unter ~ auf etw* (*acc*) with reference to sth

beruhen *past part* **beruht** *v/i* to be based (*auf* +dat on); *etw auf sich ~ lassen* to let sth rest

beruhigen [bə'ruːɪgn] *past part* **beruhigt** **I** *v/t* to calm (down); (≈ *trösten*) to comfort; *~d* (*körperlich*) soothing; (≈ *tröstlich*) reassuring; *~d wirken* to have a calming effect **II** *v/r* to calm down; (*Verkehr*) to subside; (*Meer*) to become calm; (*Sturm!*) to die down; *beruhige dich doch!* calm down! **Beruhigung** *f ⟨-, no pl⟩* (≈ *das Beruhigen*) calming (down); (≈ *das Trösten*) comforting; *zu Ihrer ~ kann ich sagen ...* you'll be reassured to know that ... **Beruhigungsmittel** *nt* sedative **Beruhigungsspritze** *f* sedative (injection) **Beruhigungstablette** *f* tranquillizer (*Br*), tranquilizer (*US*), downer (*infml*)

berühmt [bə'ryːmt] *adj* famous; *für etw~ sein* to be famous for sth **berühmt-berüchtigt** *adj* notorious **Berühmtheit** *f ⟨-, -en⟩* **1.** fame; *~ erlangen* to become famous **2.** (≈ *Mensch*) celebrity

berühren *past part* **berührt** **I** *v/t* **1.** to touch; *Thema, Punkt* to touch on; *Berühren verboten* do not touch **2.** (≈ *seelisch bewegen*) to move; (≈ *auf jdn wirken*) to affect; (≈ *betreffen*) to concern; *das berührt mich gar nicht!* that's nothing to do with me **II** *v/r* to touch **Berührung** *f ⟨-, -en⟩* touch; (≈ *menschlicher Kontakt*) contact; (≈ *Erwähnung*) mention; *mit jdm/etw in ~ kommen* to come into contact with sb/sth **Berührungsangst** *f usu pl* reservation (*mit* about)

besagen *past part* **besagt** *v/t* to say; (≈ *bedeuten*) to mean; *das besagt nichts* that does not mean anything **besagt** [bə'zaːkt] *adj attr* (*form*) said (*form*)

besänftigen [bə'zɛnftɪgn] *past part* **besänftigt** *v/t* to calm down; *Erregung* to

soothe **Besänftigung** *f ⟨-, -en⟩* calming (down); (*von Erregung*) soothing

Besatzer [bə'zatsɐ] *m ⟨-s, -⟩* occupying forces *pl* **Besatzung** *f* **1.** (≈ *Mannschaft*) crew **2.** (≈ *Besatzungsarmee*) occupying army **Besatzungsmacht** *f* occupying power

besaufen *past part* **besoffen** [bə'zɔfn] *v/r irr* (*infml*) to get plastered (*infml*); → **besoffen Besäufnis** [bə'zɔyfnɪs] *nt ⟨-ses, -se⟩* (*infml*) booze-up (*infml*)

beschädigen *past part* **beschädigt** *v/t* to damage **Beschädigung** [bə'ʃɛːdɪgʊŋ] *f ⟨-, -en⟩* damage (*von* to)

beschaffen[1] [bə'ʃafn] *past part* **beschafft** *v/t* to get (hold of); *jdm etw ~* to get (hold of) sth for sb

beschaffen[2] *adj* (*form*) *mit jdm/damit ist es gut/schlecht ~* sb/it is in a good/bad way; *so ~ sein wie ...* to be the same as ... **Beschaffenheit** *f ⟨-, no pl⟩* composition; (*körperlich*) constitution; (*seelisch*) nature

Beschaffung *f, no pl* obtaining

beschäftigen [bə'ʃɛftɪgn] *past part* **beschäftigt** **I** *v/r sich mit etw ~* to occupy oneself with sth; (≈ *sich befassen*) to deal with sth; *sich mit jdm ~* to devote one's attention to sb **II** *v/t* **1.** (≈ *innerlich beschäftigen*) *jdn ~* to be on sb's mind **2.** (≈ *anstellen*) to employ **3.** (≈ *eine Tätigkeit geben*) to occupy; *jdn mit etw ~* to give sb sth to do **beschäftigt** [bə'ʃɛftɪçt] *adj* **1.** busy; *mit seinen Problemen ~ sein* to be preoccupied with one's problems **2.** (≈ *angestellt*) employed (*bei* by, at) **Beschäftigte(r)** [bə'ʃɛftɪçtə] *m/f(m) decl as adj* employee **Beschäftigung** *f ⟨-, -en⟩* **1.** (≈ *berufliche Arbeit*) work *no indef art*, job; (≈ *Anstellung*) employment; *einer ~ nachgehen* (*form*) to be employed; *ohne ~ sein* to be unemployed **2.** (≈ *Tätigkeit*) activity **beschäftigungslos** *adj* unoccupied; (≈ *arbeitslos*) unemployed **Beschäftigungstherapie** *f* occupational therapy

beschämen *past part* **beschämt** *v/t* to shame; *es beschämt mich, zu sagen ...* I feel ashamed to have to say ...; *beschämt* ashamed **beschämend** *adj* (≈ *schändlich*) shameful; (≈ *demütigend*) humiliating **Beschämung** [bə'ʃɛːmʊŋ] *f ⟨-, (rare) -en⟩* shame

beschatten [bə'ʃatn] *past part* **beschattet** *v/t* (≈ *überwachen*) to tail; *jdn ~ las-*

sen to have sb tailed **Beschattung** *f* ⟨**-, -en**⟩ tailing

beschaulich [bə'ʃaʊlɪç] *adj Leben, Abend* quiet; *Charakter* pensive

Bescheid [bə'ʃait] *m* ⟨**-(e)s, -e** [-də]⟩ **1.** (≈ *Auskunft*) information; (≈ *Nachricht*) notification; (≈ *Entscheidung*) decision; **ich warte noch auf ~** I am still waiting to hear; **jdm ~ sagen** to let sb know; **jdm ordentlich ~ sagen** (*infml*) to tell sb where to get off (*infml*) **2. ~ wissen** to know; **ich weiß hier nicht ~** I don't know about things around here; **er weiß gut ~** he is well informed

bescheiden [bə'ʃaidn] **I** *adj* modest; **in ~en Verhältnissen leben** to live modestly **II** *adv leben* modestly **Bescheidenheit** *f* ⟨**-, no pl**⟩ modesty; **falsche ~** false modesty

bescheinigen [bə'ʃainɪgn] *past part* **bescheinigt** *v/t* to certify; *Empfang* to confirm; **können Sie mir ~, dass ...** can you give me written confirmation that ...; **hiermit wird bescheinigt, dass ...** this is to certify that ... **Bescheinigung** *f* ⟨**-, -en**⟩ certification; (≈ *Schriftstück*) certificate

bescheißen *past part* **beschissen** [bə-'ʃɪsn] *v/t & v/i irr* (*infml*) to cheat; → **beschissen**

beschenken *past part* **beschenkt** *v/t jdn* to give presents/a present to; **jdn mit etw ~** to give sb sth (as a present)

Bescherung [bə'ʃeːruŋ] *f* ⟨**-, -en**⟩ **1.** (≈ *Feier*) giving out of Christmas presents **2.** (*iron infml*) **das ist ja eine schöne ~!** this is a nice mess; **da haben wir die ~!** what did I tell you!

bescheuert [bə'ʃɔyɐt] (*infml*) *adj* stupid

beschichten *past part* **beschichtet** *v/t* TECH to coat; **PVC-beschichtet** PVC-coated

beschießen *past part* **beschossen** [bə-'ʃɔsn] *v/t irr* to shoot at; (*mit Geschützen*) to bombard

beschildern *past part* **beschildert** *v/t* to put a sign *or* notice on; (*mit Schildchen*) to label; (*mit Verkehrsschildern*) to signpost **Beschilderung** *f* ⟨**-, -en**⟩ (*mit Schildchen*) labelling (*Br*), labeling (*US*); (*mit Verkehrsschildern*) signposting; (≈ *Schildchen*) labels *pl*; (≈ *Verkehrsschilder*) signposts *pl*

beschimpfen *past part* **beschimpft** *v/t jdn* to swear at, to abuse; **jdn als Nazi**

~ to accuse sb of being a Nazi **Beschimpfung** *f* ⟨**-, -en**⟩ (≈ *Schimpfwort*) insult

Beschiss [bə'ʃɪs] *m* ⟨**-es, -e**⟩ (*infml*) rip-off (*infml*); **das ist ~** it's a swindle **beschissen** [bə'ʃɪsn] (*infml*) **I** *adj* lousy (*infml*), shitty (*infml*) **II** *adv* **das schmeckt ~** that tastes lousy (*infml*); **mir gehts ~** I feel shitty (*sl*); → **bescheißen**

Beschlag *m* **1.** (*an Koffer, Truhe*) (ornamental) fitting; (*an Tür, Möbelstück*) (ornamental) mounting; (*von Pferd*) shoes *pl* **2.** (*auf Metall*) tarnish; (*auf Glas, Spiegel etc*) condensation **3. jdn/ etw mit ~ belegen, jdn/etw in ~ nehmen** to monopolize sb/sth

beschlagen¹ *past part* **beschlagen** *irr* **I** *v/t Truhe, Möbel, Tür* to put (metal) fittings on; *Huftier* to shoe **II** *v/i & v/r* (*Brille, Glas*) to get steamed up; (*Silber etc*) to tarnish

beschlagen² *adj* (≈ *erfahren*) well-versed; **in etw** (*dat*) (**gut**) **~ sein** to be well-versed in sth

beschlagnahmen [bə'ʃlaːknaːmən] *past part* **beschlagnahmt** *v/t* (≈ *konfiszieren*) to confiscate; *Vermögen, Drogen* to seize; *Kraftfahrzeug* to impound

beschleunigen [bə'ʃlɔynɪgn] *past part* **beschleunigt** *v/t, v/i, v/r* to accelerate **Beschleunigung** *f* ⟨**-, -en**⟩ acceleration

beschließen *past part* **beschlossen** [bə-'ʃlɔsn] *irr* **I** *v/t* **1.** (≈ *Entschluss fassen*) to decide on; *Gesetz* to pass; **~, etw zu tun** to decide to do sth **2.** (≈ *beenden*) to end **II** *v/i* **über etw** (*acc*) **~** to decide on sth **beschlossen** [bə'ʃlɔsn] *adj* decided; **das ist ~e Sache** that's settled **Beschluss** *m* (≈ *Entschluss*) decision; **einen ~ fassen** to pass a resolution; **auf ~ des Gerichts** by order of the court **beschlussfähig** *adj* **~ sein** to have a quorum **beschlussunfähig** *adj* **~ sein** not to have a quorum

beschmieren *past part* **beschmiert I** *v/t* **1. Brot mit Butter ~** to butter bread **2.** *Kleidung, Wand* to smear **II** *v/r* to get (all) dirty

beschmutzen *past part* **beschmutzt** *v/t* to (make *or* get) dirty; (*fig*) *Ruf, Namen* to sully; *Ehre* to stain

beschneiden *past part* **beschnitten** [bə-'ʃnɪtn] *v/t irr* **1.** (≈ *stutzen*) to trim; *Bäume* to prune; *Flügel* to clip **2.** MED,

REL to circumcise **3.** (*fig* ≈ *beschränken*) to curtail **Beschneidung** [bə'ʃnaidʊŋ] *f* ⟨-, -en⟩

beschnüffeln *past part* **beschnüffelt I** *v/t* to sniff at; (≈ *bespitzeln*) to spy out **II** *v/r* (*Hunde*) to have a sniff at each other; (*fig*) to size each other up

beschnuppern *past part* **beschnuppert** *v/t & v/r* = **beschnüffeln**

beschönigen [bə'ʃøːnɪɡn] *past part* **beschönigt** *v/t* to gloss over

beschränken [bə'ʃrɛŋkn] *past part* **beschränkt I** *v/t* to limit, to restrict (*auf +Akk* to) **II** *v/r* (≈ *sich einschränken*) to restrict oneself

beschrankt [bə'ʃraŋkt] *adj Bahnübergang* with gates

beschränkt [bə'ʃrɛŋkt] **I** *adj* limited; **wir sind finanziell ~** we have only a limited amount of money **II** *adv* ~ **leben** to live on a limited income; **~ wohnen** to live in cramped conditions **Beschränkung** *f* ⟨-, -en⟩ restriction (*auf +acc* to); **jdm ~en auferlegen** to impose restrictions on sb

beschreiben *past part* **beschrieben** [bə'ʃriːbn] *v/t irr* **1.** (≈ *darstellen*) to describe; **nicht zu ~** indescribable **2.** (≈ *vollschreiben*) to write on **Beschreibung** *f* description

beschreiten *past part* **beschritten** [bə'ʃrɪtn] *v/t irr* (*fig*) to follow

beschriften [bə'ʃrɪftn] *past part* **beschriftet** *v/t* to write on; *Grabstein* to inscribe; (*mit Aufschrift*) to label; *Umschlag* to address **Beschriftung** *f* ⟨-, -en⟩ (≈ *Aufschrift*) writing; (*auf Grabstein*) inscription; (≈ *Etikett*) label

beschuldigen [bə'ʃʊldɪɡn] *past part* **beschuldigt** *v/t* to accuse **Beschuldigung** *f* ⟨-, -en⟩ accusation; *esp* JUR charge

beschummeln *past part* **beschummelt** *v/t & v/i* (*infml*) to cheat

Beschuss *m* ⟨-es, *no pl*⟩ MIL fire; **jdn/ etw unter ~ nehmen** MIL to (start to) bombard *or* shell sb/sth; (*fig*) to attack sb/sth; **unter ~ geraten** (MIL, *fig*) to come under fire

beschützen *past part* **beschützt** *v/t* to protect (*vor +dat* from) **Beschützer** [bə-'ʃʏtsɐ] *m* ⟨-s, -⟩, **Beschützerin** [-ərɪn] *f* ⟨-, -nen⟩ protector

beschwatzen *past part* **beschwatzt** *v/t* (*infml*) **1.** (≈ *überreden*) to talk over; **sich zu etw ~ lassen** to get talked into sth **2.** (≈ *bereden*) to chat about

Beschwerde [bə'ʃveːɐdə] *f* ⟨-, -n⟩ **1.** (≈ *Klage*) complaint; JUR appeal **2.** (≈ *Leiden*) **Beschwerden** *pl* trouble; **das macht mir immer noch ~n** it's still giving me trouble **beschweren** [bə-'ʃveːrən] *past part* **beschwert I** *v/t* (*mit Gewicht*) to weigh(t) down; (*fig* ≈ *belasten*) to weigh on **II** *v/r* (≈ *sich beklagen*) to complain **beschwerlich** [bə-'ʃveːɐlɪç] *adj* arduous

beschwichtigen [bə'ʃvɪçtɪɡn] *past part* **beschwichtigt** *v/t* to appease

beschwindeln *past part* **beschwindelt** *v/t* (*infml* ≈ *belügen*) **jdn ~** to tell sb a lie *or* a fib (*infml*)

beschwingt [bə'ʃvɪŋt] *adj* elated; *Musik* vibrant

beschwipst [bə'ʃvɪpst] *adj* (*infml*) tipsy

beschwören *past part* **beschworen** [bə-'ʃvøːrən] *v/t irr* **1.** (≈ *beeiden*) to swear to **2.** (≈ *anflehen*) to implore, to beseech **3.** (≈ *erscheinen lassen*) to conjure up; *Schlangen* to charm

besehen *past part* **besehen** *irr v/t* (*a.* **sich** *dat* **besehen**) to take a look at

beseitigen [bə'zaitɪɡn] *past part* **beseitigt** *v/t* **1.** (≈ *entfernen*) to remove; *Abfall, Schnee* to clear (away); *Atommüll* to dispose of; *Fehler* to eliminate; *Missstände* to do away with **2.** (*euph* ≈ *umbringen*) to get rid of **Beseitigung** *f* ⟨-, *no pl*⟩ (≈ *das Entfernen*) removal; (*von Abfall, Schnee*) clearing (away); (*von Atommüll*) disposal; (*von Fehlern*) elimination; (*von Missständen*) doing away with

Besen ['beːzn] *m* ⟨-s, -⟩ broom; **ich fresse einen ~, wenn das stimmt** (*infml*) if that's right, I'll eat my hat (*infml*); **neue ~ kehren gut** (*prov*) a new broom sweeps clean (*prov*) **besenrein** *adv* **eine Wohnung ~ verlassen** to leave an apartment in a clean and tidy condition (for the next tenant) **Besenschrank** *m* broom cupboard **Besenstiel** *m* broomstick

besessen [bə'zɛsn] *adj* (*von bösen Geistern*) possessed (*von* by); (*von einer Idee etc*) obsessed (*von* with); **wie ~** like a thing possessed; → **besitzen Besessenheit** *f* ⟨-, *no pl*⟩ (*mit Idee etc*) obsession

besetzen *past part* **besetzt** *v/t* **1.** (≈ *belegen*) to occupy; (≈ *reservieren*) to reserve; (≈ *füllen*) *Plätze* to fill; **ist dieser Platz besetzt?** is this place taken? **2.**

THEAT *Rolle* to cast; *eine Stelle etc neu ~* to find a new person to fill a job **3.** *esp* MIL to occupy; *(Hausbesetzer)* to squat in **besetzt** [bə'zɛtst] *adj Telefon* engaged *(Br)*, busy *(esp US)*; *WC* occupied, engaged; *Abteil, Tisch* taken; *Gebiet* occupied; *(voll) Bus etc* full (up) **Besetztzeichen** *nt* TEL engaged *(Br)* or busy *(esp US)* tone **Besetzung** [bə-'zɛtsʊŋ] *f* ⟨-, -en⟩ **1.** (≈ *das Besetzen*) *(von Stelle)* filling; *(von Rolle)* casting; (THEAT ≈ *Schauspieler)* cast; (SPORTS ≈ *Mannschaft)* team, side; *zweite ~* THEAT understudy **2.** (MIL, *durch Hausbesetzer)* occupation

besichtigen [bə'zɪçtɪgn] *past part* **besichtigt** *v/t Kirche, Stadt* to visit; *Betrieb* to have a look (a)round; *(zur Prüfung) Haus* to view **Besichtigung** *f* ⟨-, -en⟩ *(von Sehenswürdigkeiten)* sightseeing tour; *(von Museum, Kirche, Betrieb)* tour; *(zur Prüfung) (von Haus)* viewing **besiedeln** *past part* **besiedelt** *v/t* to settle; (≈ *kolonisieren)* to colonize; *dicht/dünn besiedelt* densely/thinly populated **Besied(e)lung** [bə'ziːdəlʊŋ] *f* ⟨-, -en⟩ settlement; (≈ *Kolonisierung)* colonization

besiegen *past part* **besiegt** *v/t* (≈ *schlagen)* to defeat; (≈ *überwinden)* to overcome

besinnen *past part* **besonnen** [bə'zɔnən] *v/r irr* (≈ *überlegen)* to reflect; (≈ *erinnern)* to remember; *(auf jdn/etw sb/sth)*; *sich anders or eines anderen ~* to change one's mind; *ohne langes Besinnen* without a moment's thought; → **besonnen Besinnlich** *adj* contemplative; *Texte, Worte* reflective **Besinnlichkeit** *f* reflection **Besinnung** [bə'zɪnʊŋ] *f* ⟨-, no pl⟩ **1.** (≈ *Bewusstsein)* consciousness; *bei/ohne ~* to be conscious/unconscious; *die ~ verlieren* to lose consciousness; *wieder zur ~ kommen* to regain consciousness; *(fig)* to come to one's senses; *jdn zur ~ bringen* to bring sb to his senses **2.** (≈ *das Nachdenken)* reflection **besinnungslos** *adj* unconscious; *(fig) Wut* blind

Besitz [bə'zɪts] *m, no pl* **1.** (≈ *das Besitzen)* possession; *im ~ von etw sein* to be in possession of sth; *etw in ~ nehmen* to take possession of sth; *von etw ~ ergreifen* to seize possession of sth **2.** (≈ *Eigentum)* property; (≈ *Landgut)* estate

besitzanzeigend *adj* GRAM possessive **besitzen** *past part* **besessen** [bə'zɛsn] *v/t irr* to possess; *Wertpapiere, grüne Augen* to have; → **besessen Besitzer** [bə-'zɪtsɐ] *m* ⟨-s, -⟩, **Besitzerin** [-ərɪn] *f* ⟨-, -nen⟩ owner; *(von Führerschein etc)* holder; *den ~ wechseln* to change hands

besoffen [bə'zɔfn] *adj (infml)* smashed *(infml)*; → **besaufen Besoffene(r)** [bə-'zɔfnə] *m/f(m) decl as adj (infml)* drunk **besohlen** *past part* **besohlt** *v/t* to sole; (≈ *neu besohlen)* to resole

Besoldung [bə'zɔldʊŋ] *f* ⟨-, -en⟩ pay **besondere(r, s)** [bə'zɔndərə] *adj* special; (≈ *bestimmt)* particular; (≈ *hervorragend)* exceptional; *ohne ~ Begeisterung* without any particular enthusiasm; *in diesem ~n Fall* in this particular case **Besondere(s)** [bə'zɔndərə] *nt decl as adj etwas/nichts ~s* something/nothing special; *er möchte etwas ~s sein* he thinks he's something special; *im ~n (vor allem)* in particular **Besonderheit** [bə'zɔndəhait] *f* ⟨-, -en⟩ unusual quality; (≈ *besondere Eigenschaft)* peculiarity **besonders** [bə'zɔndɐs] *adv gut, teuer etc* particularly; (≈ *speziell)* anfertigen etc specially; *das Essen/der Film war nicht ~ (infml)* the food/film was nothing special; *wie gehts dir? — nicht ~ (infml)* how are you? — not too hot *(infml)*

besonnen [bə'zɔnən] **I** *adj* level-headed **II** *adv* in a careful and thoughtful manner; → **besinnen Besonnenheit** *f* ⟨-, no pl⟩ level-headedness

besorgen *past part* **besorgt** *v/t* **1.** (≈ *beschaffen)* to get; *jdm/sich etw ~* to get sth for sb/oneself **2.** (≈ *erledigen)* to see to **Besorgnis** [bə'zɔrknɪs] *f* ⟨-, -se⟩ anxiety, worry; *~ erregend = besorgniserregend* **besorgniserregend I** *adj* alarming **II** *adv* alarmingly **besorgt** [bə'zɔrkt] **I** *adj* anxious *(wegen* about); *um jdn/etw ~ sein* to be concerned about sb/sth **II** *adv* anxiously **Besorgung** [bə'zɔrgʊŋ] *f* ⟨-, -en⟩ **1.** (≈ *das Kaufen)* purchase **2.** (≈ *Einkauf)* errand; *~en machen* to do some shopping **bespielen** *past part* **bespielt** *v/t Tonband* to record on

bespitzeln *past part* **bespitzelt** *v/t* to spy on

besprechen *past part* **besprochen** [bə-

'ʃprɔxn] *irr v/t* (≈ *über etw sprechen*) to discuss; (≈ *rezensieren*) to review; **wie besprochen** as arranged **Besprechung** [bəˈʃprɛçʊŋ] *f* ‹-, **-en**› **1.** (≈ *Unterredung*) discussion; (≈ *Konferenz*) meeting **2.** (≈ *Rezension*) review **Besprechungsraum** *m* meeting room

bespritzen *past part* **bespritzt** *v/t* to spray; (≈ *beschmutzen*) to splash

besser [ˈbɛsɐ] **I** *adj* better; **du willst wohl etwas Besseres sein!** (*infml*) I suppose you think you're better than other people; **~ werden** to improve; **das ist auch ~ so** it's better that way; **das wäre noch ~** (*iron*) no way; **jdn eines Besseren belehren** to teach sb otherwise **II** *adv* **1.** better; **~ ist ~** (it is) better to be on the safe side; **umso ~!** (*infml*) so much the better!; **~ (gesagt)** or rather; **sie will immer alles ~ wissen** she always thinks she knows better; **es ~ haben** to have a better life **2.** (≈ *lieber*) **das solltest du ~ nicht tun** you had better not do that; **du tätest ~ daran ...** you would do better to ... **besser gehen** *v/i impers irr aux sein* **es geht jdm besser** sb is feeling better; **jetzt gehts der Firma wieder besser** the firm is doing better again now **bessergestellt** *adj* better-off **bessern** [ˈbɛsɐn] **I** *v/t* (≈ *besser machen*) to improve **II** *v/r* to mend one's ways **Besserung** [ˈbɛsərʊŋ] *f* ‹-, *no pl*› improvement; (≈ *Genesung*) recovery; **(ich wünsche dir) gute ~!** I hope you get better soon; **auf dem Wege der ~ sein** to be getting better **Besserverdienende(r)** [-vɛɐdiːnəndə] *m/f(m) decl as adj* **die ~n** *pl* those earning more or on higher incomes **Besserwisser** [ˈbɛsɐvɪsɐ] *m* ‹-s, -›, **Besserwisserin** [-ərɪn] *f* ‹-, **-nen**› (*infml*) know-all (*Br infml*), know-it-all (*US infml*) **besserwisserisch** [ˈbɛsɐvɪsərɪʃ] (*infml*) *adj* know(-it)-all *attr*

Bestand *m* **1.** (≈ *Fortdauer*) continued existence; **von ~ sein**, **~ haben** to be permanent **2.** (≈ *vorhandene Menge*) stock (*an +dat* of); **~ aufnehmen** to take stock **beständig** [bəˈʃtɛndɪç] **I** *adj* **1.** *attr* constant; *Wetter* settled **2.** (≈ *widerstandsfähig*) resistant (*gegen* to); (≈ *dauerhaft*) lasting **II** *adv* **1.** (≈ *dauernd*) constantly **2.** (≈ *gleichbleibend*) consistently **Beständigkeit** *f* ‹-, *no pl*› **1.** (≈ *gleichbleibende Qualität*) constant standard; (*von*

Wetter) settledness **2.** (≈ *Widerstandsfähigkeit*) resistance; (≈ *Dauerhaftigkeit*) durability **Bestandsaufnahme** *f* stocktaking **Bestandteil** *m* component; (*fig*) integral part; **etw in seine ~e zerlegen** to take sth to pieces

bestärken *past part* **bestärkt** *v/t* to confirm; **jdn in seinem Wunsch ~** to make sb's desire stronger

bestätigen [bəˈʃtɛːtɪɡn] *past part* **bestätigt** **I** *v/t* to confirm; JUR *Urteil* to uphold; COMM *Empfang, Brief* to acknowledge (receipt of); **hiermit wird bestätigt, dass ...** this is to certify that ... **II** *v/r* to be confirmed, to be proved true **Bestätigung** *f* ‹-, **-en**› confirmation; (JUR: *von Urteil*) upholding; (≈ *Beurkundung*) certification

bestatten [bəˈʃtatn] *past part* **bestattet** *v/t* to bury **Bestattung** *f* ‹-, **-en**› burial; (≈ *Feuerbestattung*) cremation; (≈ *Feier*) funeral **Bestattungsunternehmen** *nt* undertaker's, mortician's (*US*)

bestäuben *past part* **bestäubt** *v/t* to dust; BOT to pollinate **Bestäubung** [bəˈʃtɔybʊŋ] *f* ‹-, **-en**› dusting; BOT pollination

bestaunen *past part* **bestaunt** *v/t* to gaze at in admiration

beste; → **beste(r, s)**

bestechen *past part* **bestochen** [bəˈʃtɔxn] *irr* **I** *v/t* **1.** (*mit Geld etc*) to bribe; **ich lasse mich nicht ~** I'm not open to bribery **2.** (≈ *beeindrucken*) to captivate **II** *v/i* (≈ *Eindruck machen*) to be impressive (*durch* because of) **bestechend** **I** *adj* *Schönheit, Eindruck* captivating; *Angebot* tempting **II** *adv* (≈ *beeindruckend*) impressively **bestechlich** [bəˈʃtɛçlɪç] *adj* bribable, corruptible **Bestechlichkeit** *f* ‹-, *no pl*› corruptibility **Bestechung** [bəˈʃtɛçʊŋ] *f* ‹-, **-en**› bribery **Bestechungsgeld** *nt usu pl* bribe

Besteck [bəˈʃtɛk] *nt* ‹-(e)s, -e› **1.** (≈ *Essbesteck*) knives and forks *pl*; **ein silbernes ~** a set of silver cutlery (*Br*) or flatware (*US*) **2.** **chirurgisches ~** (set of) surgical instruments

bestehen *past part* **bestanden** [bəˈʃtandn] *irr* **I** *v/t* **1.** *Examen, Probe* to pass **2.** (≈ *durchstehen*) *Schicksalsschläge* to withstand; *Gefahr* to overcome **II** *v/i* **1.** (≈ *existieren*) to exist; **~ bleiben** (*Frage, Hoffnung etc*) to remain; **es besteht die Aussicht, dass ...** there is a prospect that ... **2.** (≈ *Bestand haben*) to continue to exist **3.** (≈ *sich zusammensetzen*) to consist (*aus* of); **in etw** (*dat*) **~** to consist in sth; (*Aufgabe*) to involve sth **4. auf etw** (*dat*) **~** to insist on sth; **ich bestehe darauf** I insist **Bestehen** *nt* ⟨**-s,** *no pl*⟩ **1.** (≈ *Vorhandensein, Dauer*) existence; **seit ~ der Firma** ever since the firm came into existence **2.** (≈ *Beharren*) insistence (*auf* +*dat* on) **3.** (*von Prüfung*) passing **bestehen bleiben** *v/i irr aux sein* to last; (*Hoffnung*) to remain **bestehend** *adj* existing; *Preise* current

bestehlen *past part* **bestohlen** [bə-ˈʃtoːlən] *v/t irr* to rob; **jdn um etw ~** to rob sb of sth

besteigen *past part* **bestiegen** [bə-ˈʃtiːgn] *v/t irr Berg, Turm, Leiter* to climb (up); *Fahrrad, Pferd* to get on(to); *Bus, Flugzeug* to get on; *Schiff* to go aboard; *Thron* to ascend

bestellen *past part* **bestellt** I *v/t* **1.** (≈ *anfordern, in Restaurant*) to order; **sich** (*dat*) **etw ~** to order sth **2.** (≈ *reservieren*) to book **3.** (≈ *ausrichten*) **bestell ihm (von mir), dass ...** tell him (from me) that ...; **soll ich irgendetwas ~?** can I take a message?; **er hat nichts zu ~** he doesn't have any say here **4.** (≈ *kommen lassen*) *jdn* to send for, to summon; **ich bin um** *or* **für 10 Uhr bestellt** I have an appointment for *or* at 10 o'clock **5.** (*fig*) **es ist schlecht um ihn bestellt** he is in a bad way; **damit ist es schlecht bestellt** that's rather difficult II *v/i* to order **Besteller** [bəˈʃtɛlɐ] *m* ⟨**-s, -**⟩, **Bestellerin** [-ərɪn] *f* ⟨**-, -nen**⟩ customer **Bestellkarte** *f* order form **Bestellnummer** *f* order number **Bestellschein** *m* order form **Bestellung** *f* **1.** (≈ *Anforderung*) order **2.** (≈ *Nachricht*) message **Bestellzettel** *m* order form

bestenfalls [ˈbɛstnfals] *adv* at best **bestens** [ˈbɛstns] *adv* (≈ *sehr gut*) very well; **sie lässt ~ grüßen** she sends her best regards **beste(r, s)** [ˈbɛstə] I *adj* **1.** *attr* best; **im ~n Fall** at (the) best; **im ~n Alter** in the prime of (one's) life; **mit (den) ~n Wünschen** with best wishes; **in ~n Händen** in the best of hands **2. der/die/das Beste** the best; **ich will nur dein Bestes** I've your best interests at heart; **sein Bestes tun** to do one's best; **wir wollen das Beste hoffen** let's hope for the best;

das Beste wäre, wir ... the best thing would be for us to ...; **es steht nicht zum Besten** it does not look too promising; **etw zum Besten geben** (≈ *erzählen*) to tell sth II *adv* **am ~n** best; **am ~n gehe ich jetzt** I'd best be going now

besteuern *past part* **besteuert** *v/t* to tax **Besteuerung** *f* taxation; (≈ *Steuersatz*) tax

Bestform *f esp* SPORTS top form **bestialisch** [bɛsˈtiaːlɪʃ] I *adj* bestial; (*infml*) awful II *adv* (*infml*) terribly; *stinken, zurichten* dreadfully **Bestie** [ˈbɛstiə] *f* ⟨**-, -n**⟩ beast; (*fig*) animal

bestimmen *past part* **bestimmt** I *v/t* **1.** (≈ *festsetzen*) to determine; **sie will immer alles ~** she always wants to decide the way things are to be done **2.** (≈ *prägen*) *Landschaft* to characterize; (≈ *beeinflussen*) *Preis, Anzahl* to determine **3.** (≈ *vorsehen*) to intend, to mean (*für* for); **wir waren füreinander bestimmt** we were meant for each other II *v/i* **1.** (≈ *entscheiden*) to decide (*über* +*acc* on); **du hast hier nicht zu ~** you don't make the decisions here **2.** (≈ *verfügen*) **er kann über sein Geld allein ~** it is up to him what he does with his money **bestimmt** [bəˈʃtɪmt] I *adj* **1.** (≈ *gewiss*) certain; (≈ *speziell*) particular; *Preis, Tag* fixed; GRAM *Artikel* definite; **suchen Sie etwas Bestimmtes?** are you looking for anything in particular? **2.** (≈ *entschieden*) firm, decisive II *adv* **1.** (≈ *sicher*) definitely; **ich weiß ganz ~, dass ...** I know for sure that ...; **er schafft es ~ nicht** he definitely won't manage it **2.** (≈ *wahrscheinlich*) no doubt; **das hat er ~ verloren** he's bound to have lost it **Bestimmtheit** *f* ⟨**-,** *no pl*⟩ (≈ *Sicherheit*) certainty; **ich kann mit ~ sagen, dass ...** I can say definitely that ... **Bestimmung** *f* **1.** (≈ *Vorschrift*) regulation **2.** *no pl* (≈ *Zweck*) purpose **3.** (≈ *Schicksal*) destiny **Bestimmungshafen** *m* (port of) destination **Bestimmungsland** *nt* (country of) destination

Bestleistung *f esp* SPORTS best performance; **seine persönliche ~** his personal best **bestmöglich** *adj no pred* best possible; **wir haben unser Bestmögliches getan** we did our (level (*Br*)) best

bestrafen *past part* **bestraft** *v/t* to punish; JUR *jdn* to sentence (*mit* to); SPORTS *Spieler, Foul* to penalize **Bestrafung** *f* ⟨**-,**

-en⟩ punishment; JUR sentencing; SPORTS penalization

bestrahlen *past part* **bestrahlt** *v/t* to shine on; MED to give radiotherapy to; *Lebensmittel* to irradiate **Bestrahlung** *f* MED radiotherapy; (≈ *von Lebensmitteln*) irradiation

Bestreben *nt* endeavour (*Br*), endeavor (*US*) **bestrebt** [bə'ʃtreːpt] *adj* **~ sein, etw zu tun** to endeavour (*Br*) *or* endeavor (*US*) to do sth **Bestrebung** *f usu pl* endeavour (*Br*), endeavor (*US*), effort

bestreichen *past part* **bestrichen** [bə-'ʃtrɪçn̩] *v/t irr* (*mit Salbe, Flüssigkeit*) to spread; (*mit Butter*) to butter; (*mit Farbe*) to paint; **etw mit Butter/Salbe ~** to spread butter/ointment on sth

bestreiken *past part* **bestreikt** *v/t* to boycott; **bestreikt** strikebound

bestreitbar *adj* disputable, contestable **bestreiten** *past part* **bestritten** [bə-'ʃtrɪtn̩] *v/t irr* **1.** (≈ *abstreiten*) to dispute; (≈ *leugnen*) to deny **2.** (≈ *finanzieren*) to pay for; *Kosten* to carry

bestreuen *past part* **bestreut** *v/t* to cover (*mit* with); COOK to sprinkle

Bestseller ['bɛstzɛlɐ] *m* ⟨*-s, -*⟩ bestseller **Bestsellerautor(in)** *m/(f)* bestselling author **Bestsellerliste** *f* bestseller list

bestücken [bə'ʃtʏkn̩] *past part* **bestückt** *v/t* to fit, to equip; MIL to arm; *Lager* to stock

bestürmen *past part* **bestürmt** *v/t* to storm; (*mit Fragen, Bitten*) to bombard; (*mit Briefen, Anrufen*) to inundate

bestürzen *past part* **bestürzt** *v/t* to shake **bestürzend I** *adj* alarming **II** *adv* hoch, *niedrig* alarmingly **bestürzt** [bə'ʃtʏrtst] **I** *adj* filled with consternation **II** *adv* in consternation **Bestürzung** [bə-'ʃtʏrtsʊŋ] *f* ⟨*-, no pl*⟩ consternation

Bestzeit *f esp* SPORTS best time

Besuch [bə'zuːx] *m* ⟨*-(e)s, -e*⟩ **1.** visit; (*von Schule, Veranstaltung*) attendance (*+gen* at); **bei jdm auf** *or* **zu ~ sein** to be visiting sb; **jdm einen ~ abstatten** to pay sb a visit **2.** (≈ *Besucher*) visitor; visitors *pl*; **er bekommt viel ~** he has a lot of visitors **besuchen** *past part* **besucht** *v/t jdn* to visit; *Schule, Gottesdienst* to attend; *Kino, Theater* to go to **Besucher** *m* ⟨*-s, -*⟩, **Besucherin** [-ərɪn] *f* ⟨*-, -nen*⟩ visitor; (*von Kino, Theater*) patron (*form*) **Besuchszeit** *f* visiting time **besucht** [bə'zuːxt] *adj* **gut/schlecht ~ sein** to

be well/badly attended

Betablocker ['beːtablɔkɐ] *m* ⟨*-s, -*⟩ MED beta-blocker

betagt [bə'taːkt] *adj* (*elev*) aged

betanken *past part* **betankt** *v/t Fahrzeug* to fill up; *Flugzeug* to refuel

betasten *past part* **betastet** *v/t* to feel

betätigen *past part* **betätigt I** *v/t Muskeln, Gehirn* to activate; *Bremse* to apply; *Hebel* to operate; *Taste* to press; *Schalter* to turn on **II** *v/r* to busy oneself; (*körperlich*) to get some exercise; **sich politisch ~** to be active in politics; **sich sportlich ~** to do sport; **sich geistig und körperlich ~** to stay active in body and mind **Betätigung** [bə'tɛːtɪɡʊŋ] *f* ⟨*-, -en*⟩ **1.** (≈ *Tätigkeit*) activity **2.** (≈ *Aktivierung*) operation; (*von Muskel, Gehirn*) activation; (*von Bremsen*) applying; (*von Knopf*) pressing; (*von Schalter*) turning on

betäuben [bə'tɔybn̩] *past part* **betäubt** *v/t Körperteil* to (be)numb; *Nerv* to deaden; *Schmerzen* to kill; (*durch Narkose*) to anaesthetize; **ein ~der Duft** an overpowering smell **Betäubung** *f* ⟨*-, -en*⟩ **1.** (≈ *das Betäuben*) (be)numbing; (*von Nerv, Schmerz*) deadening; (*von Schmerzen*) killing; (*durch Narkose*) anaesthetization **2.** (≈ *Narkose*) anaesthetic; **örtliche** *or* **lokale ~** local anaesthetic **Betäubungsmittel** *nt* anaesthetic; (≈ *Droge*) narcotic **Betäubungsmittelgesetz** *nt law concerning drug abuse, narcotics law* (*US*)

Bete ['beːtə] *f* ⟨*-, (rare) -n*⟩ beet; **Rote ~** beetroot

beteiligen [bə'tailɪɡn̩] *past part* **beteiligt** *v/r* to participate (*an* +*dat* in) **beteiligt** [bə'tailɪçt] *adj* **an etw** (*dat*) **~ sein/ werden** to be involved in sth; (*finanziell*) to have a share in sth; *am Gewinn* to have a slice of sth **Beteiligte(r)** [bə-'tailɪçtə] *m/f(m) decl as adj* person involved; (≈ *Teilhaber*) partner; JUR party; **an alle ~n** to all concerned **Beteiligung** *f* ⟨*-, -en*⟩ (≈ *Teilnahme*) (*an* +*Dat* in) participation; (*finanziell*) share; (*an Unfall*) involvement

beten ['beːtn̩] *v/i* to pray

beteuern [bə'tɔyɐn] *past part* **beteuert** *v/t* to declare; *Unschuld* to protest **Beteuerung** *f* declaration; (*von Unschuld*) protestation

betiteln *past part* **betitelt** *v/t* to entitle

Beton [be'tɔŋ, be'tõː, (*esp Aus*) be'toːn] *m* ⟨**-s**, (*rare*) **-s**⟩ concrete

betonen *past part* betont *v*/*t* 1. (≈ *hervorheben*) to emphasize; → betont 2. LING to stress

betonieren [beto'niːrən] *past part* betoniert *v*/*t* (*lit*) to concrete Betonklotz *m* (*pej*) concrete block Betonmischmaschine *f* concrete mixer

betont [bə'toːnt] I *adj* Höflichkeit emphatic; Kühle, Sachlichkeit pointed II *adv* knapp, kühl pointedly; sich ~ einfach kleiden to dress with marked simplicity; → betonen Betonung *f* ⟨**-**, **-en**⟩ 1. *no pl* emphasis 2. (≈ *Akzent*) stress

betören [bə'tøːrən] *past part* betört *v*/*t* to bewitch, to beguile

Betracht [bə'traxt] *m* ⟨**-(e)s**, *no pl*⟩ etw außer ~ lassen to leave sth out of consideration; in ~ kommen to be considered; nicht in ~ kommen to be out of the question; etw in ~ ziehen to take sth into consideration betrachten *past part* betrachtet *v*/*t* to look at; bei näherem Betrachten on closer examination; als jdn/etw ~ (≈ *halten für*) to regard as sb/sth Betrachter [bə'traxtɐ] *m* ⟨**-s**, **-**⟩, Betrachterin [-ərɪn] *f* ⟨**-**, **-nen**⟩ observer beträchtlich [bə'trɛçtlɪç] I *adj* considerable II *adv* considerably Betrachtung [bə'traxtʊŋ] *f* ⟨**-**, **-en**⟩ (≈ *das Betrachten*) contemplation; bei näherer ~ on closer examination

Betrag [bə'traːk] *m* ⟨**-(e)s**, **ᵁe** [-'trɛːgə]⟩ amount betragen *past part* betragen *irr* I *v*/*t* to be II *v*/*r* to behave Betragen *nt* ⟨**-s**, *no pl*⟩ behaviour (*Br*), behavior (*US*)

betrauen *past part* betraut *v*/*t* jdn mit etw ~ to entrust sb with sth

betrauern *past part* betrauert *v*/*t* to mourn

Betreff [bə'trɛf] *m* ⟨**-(e)s**, **-e**⟩ (*form*) ~: Ihr Schreiben vom ... re your letter of ... betreffen *past part* betroffen [bə'trɔfn] *v*/*t* *irr* (≈ *angehen*) to concern; was mich betrifft ... as far as I'm concerned ...; betrifft re; → betroffen betreffend *adj attr* (≈ *erwähnt*) in question; (≈ *zuständig*) relevant Betreffzeile *f* (*in E-Mail etc*) subject line

betreiben *past part* betrieben [bə'triːbn] *v*/*t* *irr* Gewerbe to carry on; Geschäft to conduct; Sport to do; Studium to pursue; auf jds Betreiben (*acc*) hin at sb's instigation Betreiber(in) *m*/*(f)* operating authority

betreten¹ [bə'treːtn] *past part* betreten *v*/*t* *irr* (≈ *hineingehen in*) to enter; Rasen, Spielfeld etc to walk on; „Betreten verboten!" "keep off"

betreten² I *adj* embarrassed II *adv* with embarrassment

betreuen [bə'trɔyən] *past part* betreut *v*/*t* to look after; betreutes Wohnen assisted living Betreuer [bə'trɔyɐ] *m* ⟨**-s**, **-**⟩, Betreuerin [-ərɪn] *f* ⟨**-**, **-nen**⟩ person who is in charge of *or* looking after sb; (≈ *Kinderbetreuer*) child minder (*Br*), babysitter (*US*); (*von alten Leuten, Kranken*) nurse Betreuung *f* ⟨**-**, **-en**⟩ looking after; (*von Patienten etc*) care

Betrieb *m* 1. (≈ *Firma*) business; (≈ *Fabrik*) factory, works *sg or pl* 2. (≈ *Tätigkeit*) work; (*von Maschine, Fabrik*) operation; außer ~ out of order; die Maschinen sind in ~ the machines are running; eine Maschine in ~ setzen to start a machine up 3. (≈ *Betriebsamkeit*) bustle; in den Geschäften herrscht großer ~ the shops are very busy betriebsam [bə'triːpzaːm] *adj* busy, bustling *no adv* Betriebsamkeit *f* ⟨**-**, *no pl*⟩ bustle Betriebsangehörige(r) *m*/*f(m) decl as adj* employee Betriebsanleitung *f*, Betriebsanweisung *f* operating instructions *pl*; (≈ *Handbuch*) operating *or* user's manual Betriebsausflug *m* (annual) works (*Br*) *or* company (*esp US*) outing betriebsbereit *adj* operational betriebsblind *adj* blind to the shortcomings of one's (own) company Betriebsergebnis *nt* FIN trading result Betriebsferien *pl* (annual) holiday (*esp Br*), vacation close-down (*US*) Betriebsgeheimnis *nt* trade secret Betriebsklima *nt* atmosphere at work Betriebskosten *pl* (*von Firma etc*) overheads *pl*; (*von Maschine*) running costs *pl* Betriebsleiter(in) *m*/*(f)* (works *or* factory) manager Betriebsleitung *f* management

Betriebsrat¹ *m* (≈ *Gremium*) works *or* factory committee

Betriebsrat² *m*, Betriebsrätin *f* works *or* factory committee member Betriebsstörung *f* breakdown Betriebssystem *nt* IT operating system Betriebsunfall *m* industrial accident; (*hum infml*) accident Betriebsversammlung *f* company meeting **Betriebswirt(in)** *m/(f)* management expert **Betriebswirtschaft** *f*, *no pl* business management

betrinken *past part* **betrunken** [bə-'troŋkn] *v/r irr* to get drunk; → **betrunken**

betroffen [bə'trɔfn] **I** *adj* **1.** affected (*von* by) **2.** (≈ *bestürzt*) sad **II** *adv* (≈ *bestürzt*) in consternation; (≈ *betrübt*) in dismay; → **betreffen Betroffene(r)** [bə'trɔfnə] *m/f(m) decl as adj* person affected **Betroffenheit** *f* ⟨-, *no pl*⟩ sadness

betrüben *past part* **betrübt** *v/t* to sadden, to distress **betrüblich** [bə'try:plɪç] **I** *adj* sad, distressing; *Zustände* deplorable **II** *adv* **die Lage sieht ~ aus** things look bad **betrübt** [bə'try:pt] *adj* saddened

Betrug [bə'tru:k] *m* ⟨-(e)s, *no pl*⟩ deceit, deception; JUR fraud **betrügen** [bə-'try:gn] *pret* **betrog** [bə'tro:k], *past part* **betrogen** [bə'tro:gn] **I** *v/t* to deceive; *Freund, Ehepartner* to be unfaithful to; JUR to defraud; **jdn um etw ~** to cheat sb out of sth; JUR to defraud sb of sth; **sie betrügt mich mit meinem besten Freund** she is having an affair with my best friend **II** *v/r* to deceive oneself **Betrüger** [bə'try:gɐ] *m* ⟨-s, -⟩, **Betrügerin** [-ərɪn] *f* ⟨-, -nen⟩ (*beim Spiel*) cheat; (*geschäftlich*) swindler; JUR defrauder **betrügerisch** [bə'try:gərɪʃ] *adj* deceitful; JUR fraudulent; **in ~er Absicht** with intent to defraud

betrunken [bə'troŋkn] *adj* drunk *no adv*, drunken *attr*; → **betrinken Betrunkene(r)** [bə'troŋknə] *m/f(m) decl as adj* drunk **Betrunkenheit** *f* ⟨-, *no pl*⟩ drunkenness

Bett [bɛt] *nt* ⟨-(e)s, -en⟩ bed; **das ~ machen** to make the bed; **im ~** in bed; **ins** *or* **zu ~ gehen** to go to bed; **jdn ins** *or* **zu ~ bringen** to put sb to bed **Bettbezug** *m* duvet cover **Bettcouch** *f* bed settee (*Br*), pullout couch (*US*) **Bettdecke** *f* blanket; (*gesteppt*) quilt

Bettelei [bɛtə'lai] *f* ⟨-, -en⟩ begging **betteln** ['bɛtln] *v/i* to beg

Bettflasche *f* (*Aus*) hot-water bottle **Bettgestell** *nt* bedstead **bettlägerig** [-lɛːgərɪç] *adj* bedridden **Bettlaken** *nt* sheet

Bettler ['bɛtlɐ] *m* ⟨-s, -⟩, **Bettlerin** [-ərɪn] *f* ⟨-, -nen⟩ beggar

Bettnässer ['bɛtnɛsɐ] *m* ⟨-s, -⟩, **Bettnässerin** [-ərɪn] *f* ⟨-, -nen⟩ bed-wetter **Bett-**

ruhe *f* confinement to bed, bed rest; **der Arzt hat ~ verordnet** the doctor ordered him *etc* to stay in bed **Betttuch** *nt*, *pl* **-tücher** sheet **Bettvorleger** *m* bedside rug **Bettwäsche** *f* bed linen **Bettzeug** *nt*, *pl* bedding

betucht [bə'tu:xt] *adj* (*infml*) well-to-do

betupfen *past part* **betupft** *v/t* to dab; MED to swab

Beuge ['bɔygə] *f* ⟨-, -n⟩ bend **beugen** ['bɔygn] **I** *v/t* **1.** (≈ *krümmen*) to bend; **das Recht ~** to pervert the course of justice; **von Kummer gebeugt** bowed down with grief; → **gebeugt 2.** GRAM to decline; *Verb* to conjugate **II** *v/r* to bend; (*fig*) to submit (+*dat* to); **sich aus dem Fenster ~** to lean out of the window

Beule ['bɔylə] *f* ⟨-, -n⟩ (*von Stoß etc*) bump; (≈ *Delle*) dent

beunruhigen [bə'|ʊnru:ɪgn] *past part* **beunruhigt I** *v/t* to worry; **es ist ~d** it's worrying **II** *v/r* to worry (oneself) (*über* +*acc*, *um*, *wegen* about) **Beunruhigung** *f* ⟨-, -en⟩ concern, disquiet

beurkunden [bə'|u:ɐkʊndn] *past part* **beurkundet** *v/t* to certify; *Vertrag* to record

beurlauben *past part* **beurlaubt** *v/t* to give leave (of absence); **beurlaubt sein** to be on leave; (≈ *suspendiert sein*) to have been relieved of one's duties **Beurlaubung** [bə'u:ɐlaubʊŋ] *f* ⟨-, -en⟩ leave (of absence); **seine ~ vom Dienst** (≈ *Suspendierung*) his being relieved of his duties

beurteilen *past part* **beurteilt** *v/t* to judge (*nach* by, from); **etw falsch ~** to misjudge sth; **du kannst das doch gar nicht ~** you are not in a position to judge **Beurteilung** *f* (≈ *das Beurteilen*) judging; (≈ *Urteil*) assessment

Beute ['bɔytə] *f* ⟨-, *no pl*⟩ (≈ *Kriegsbeute*) spoils *pl*; (≈ *Diebesbeute*) haul; (*von Raubtieren etc*) prey; (≈ *Jagdbeute*) **Beutel** ['bɔytl] *m* ⟨-s, -⟩ (≈ *Behälter*) bag; (≈ *Tragetasche*) carrier bag; ZOOL pouch **Beuteltier** *nt* marsupial

bevölkern [bə'fœlkɐn] *past part* **bevölkert** *v/t* (≈ *bewohnen*) to inhabit; (≈ *besiedeln*) to populate; **schwach/stark bevölkert** sparsely/densely populated **Bevölkerung** *f* ⟨-, -en⟩ population **Bevölkerungsexplosion** *f* population explosion **Bevölkerungsschicht** *f* social

Beweis

class
bevollmächtigen [bə'fɔlmɛçtɪgn] *past part* **bevollmächtigt** *v/t* to authorize (*zu etw* to do sth) **Bevollmächtigte(r)** [bə'fɔlmɛçtɪçtə] *m/f(m) decl as adj* authorized representative
bevor [bə'foːɐ] *cj* before; **~ Sie (nicht) die Rechnung bezahlt haben** until you pay the bill **bevormunden** [bə'foːɐmʊndn] *past part* **bevormundet** *v/t jdn* **~** to make sb's decisions for him/her) **bevorstehen** *v/i sep irr* to be imminent; (*Winter etc*) to approach; **jdm ~** to be in store for sb **bevorstehend** *adj* forthcoming; *Gefahr, Krise* imminent; *Winter* approaching **bevorzugen** [bə'foːɐtsuːgn] *past part* **bevorzugt** *v/t* to prefer; (≈ *begünstigen*) to favour (*Br*), to favor (*US*) **bevorzugt** [bə'foːɐtsuːkt] **I** *adj* preferred; *Behandlung* preferential; (≈ *privilegiert*) privileged **II** *adv jdn* **~ abfertigen/bedienen** *etc* to give sb preferential treatment **Bevorzugung** *f* ⟨-, -en⟩ preference (+*gen* for); (≈ *vorrangige Behandlung*) preferential treatment (*bei* in)
bewachen *past part* **bewacht** *v/t* to guard **Bewachung** [bə'vaxʊŋ] *f* ⟨-, -en⟩ guarding; (≈ *Wachmannschaft*) guard
bewaffnen *past part* **bewaffnet** **I** *v/t* to arm **II** *v/r* to arm oneself **Bewaffnung** [bə'vafnʊŋ] *f* ⟨-, -en⟩ **1.** *no pl* (≈ *das Bewaffnen*) arming **2.** (≈ *Waffen*) weapons *pl*
bewahren *past part* **bewahrt** *v/t* **1.** (≈ *beschützen*) to protect (*vor* +*dat* from) **2.** *jdn/etw in guter Erinnerung* **~** to have happy memories of sb/sth **3.** (≈ *beibehalten*) to keep
bewähren *past part* **bewährt** *v/r* (*Mensch*) to prove oneself; (*Gerät etc*) to prove its worth; (*Methode, Fleiß*) to pay off
bewahrheiten [bə'vaːɐhaitn] *past part* **bewahrheitet** *v/r* to prove (to be) well-founded; (*Prophezeiung*) to come true
bewährt [bə'vɛːɐt] *adj* proven; *Rezept* tried and tested; **seit Langem ~** well-established **Bewährung** *f* JUR probation; **eine Strafe zur ~ aussetzen** to impose a suspended sentence; **ein Jahr Gefängnis mit ~** a suspended sentence of one year; **er hat noch ~** he is still on probation **Bewährungsfrist** *f* JUR probation (-ary) period **Bewährungshelfer(in)**

m/(f) probation officer **Bewährungsprobe** *f* test; **etw einer ~** (*dat*) **unterziehen** to put sth to the test **Bewährungsstrafe** *f* JUR suspended sentence
bewältigen [be'vɛltɪgn] *past part* **bewältigt** *v/t Problem* to cope with; *Strecke* to manage; *Erlebnis etc* to get over **Bewältigung** *f* ⟨-, *no pl*⟩ **die ~ der Probleme** coping with the problems; **die ~ eines Erlebnisses** getting over an experience
bewandert [bə'vandɛt] *adj* experienced; **in etw** (*dat*) **~ sein** to be familiar with *or* well-versed in sth
Bewandtnis [bə'vantnɪs] *f* ⟨-, -se⟩ reason; **damit hat es** *or* **das hat eine andere ~** there's another reason for that
bewässern *past part* **bewässert** *v/t* to irrigate; (*mit Sprühanlage*) to water **Bewässerungssystem** *nt* irrigation system
bewegen¹ [bə'veːgn] *past part* **bewegt** **I** *v/t* **1.** to move; **~d** moving **2.** (≈ *bewirken, ändern*) to change **II** *v/r* **1.** to move **2.** (≈ *Bewegung haben*) to get some exercise **3.** (*fig* ≈ *variieren, schwanken*) to vary (*zwischen* between) **4.** (≈ *sich ändern*) to change
bewegen² *pret* **bewog** [bə'voːk], *past part* **bewogen** [bə'voːgn] *v/t* **jdn zu etw ~** to persuade sb to do sth **Beweggrund** *m* motive **beweglich** [bə'veːklɪç] *adj* movable; (≈ *wendig*) agile; *Fahrzeug* manoeuvrable (*Br*), maneuverable (*US*) **bewegt** [bə'veːkt] *adj* **1.** *Wasser, See* choppy; *Zeiten, Leben* eventful **2.** *Stimme, Worte* emotional **Bewegung** [bə'veːgʊŋ] *f* ⟨-, -en⟩ **1.** movement; **keine ~!** freeze! (*infml*); **in ~ sein** (*Fahrzeug*) to be moving; (*Menge*) to mill around; **sich in ~ setzen** to start moving; **etw in ~ setzen** *or* **bringen** to set sth in motion **2.** (≈ *körperliche Bewegung*) exercise **3.** (≈ *Entwicklung*) progress **4.** (≈ *Ergriffenheit*) emotion **5.** POL, ART *etc* movement **Bewegungsfreiheit** *f* freedom of movement; (*fig*) freedom of action **bewegungslos** **I** *adj* motionless **II** *adv* without moving; *liegen, sitzen, stehen* motionless **bewegungsunfähig** *adj* unable to move
beweinen *past part* **beweint** *v/t* to mourn (for)
Beweis [bə'vais] *m* ⟨-es, -e [-zə]⟩ proof (*für* of); (≈ *Zeugnis*) evidence *no pl*; **ein eindeutiger ~** clear evidence; **etw unter**

~ stellen to prove sth **Beweisaufnahme** f JUR hearing of evidence **beweisbar** adj provable **beweisen** past part **bewiesen** [bə'vi:zn] irr v/t **1.** (≈ nachweisen) to prove **2.** (≈ erkennen lassen) to show **Beweisführung** f JUR presentation of one's case; (≈ Argumentation) line of argument **Beweislage** f JUR body of evidence **Beweismaterial** nt (body of) evidence **Beweisstück** nt exhibit

bewenden v/t +impers **es bei** or **mit etw ~ lassen** to be content with sth

bewerben past part **beworben** [bə'vɔrbn] irr v/r to apply (um for; **sich bei einer Firma ~** to apply to a firm (for a job) **Bewerber** m ⟨-s, -⟩, **Bewerberin** [-ərɪn] f ⟨-, -nen⟩ applicant **Bewerbung** f application **Bewerbungsgespräch** nt (job) interview **Bewerbungsschreiben** nt (letter of) application **Bewerbungsunterlagen** pl application documents pl

bewerfen past part **beworfen** [bə'vɔrfn] v/t irr **jdn/etw mit etw ~** to throw sth at sb/sth

bewerkstelligen [bə'vɛrkʃtɛlɪgn] past part **bewerkstelligt** v/t to manage

bewerten bewertet v/t jdn to judge; Schularbeit to assess; Gegenstand to value; **etw zu hoch/niedrig ~** to overvalue/ undervalue sth **Bewertung** f judgement/ (von Schularbeit) assessment; (von Gegenstand) valuation

bewilligen [bə'vɪlɪgn] past part **bewilligt** v/t to allow; Etat etc to approve; Stipendium to award **Bewilligung** f ⟨-, -en⟩ allowing; (von Etat) approval; (von Stipendium) awarding

bewirken past part **bewirkt** v/t (≈ verursachen) to cause; **~, dass etw passiert** to cause sth to happen

bewirten [bə'vɪrtn] past part **bewirtet** v/t **jdn ~** to feed sb; (bei offiziellem Besuch etc) to entertain sb

bewirtschaften past part **bewirtschaftet** v/t **1.** Betrieb etc to manage **2.** Land to farm **Bewirtschaftung** [bə'vɪrtʃaftʊŋ] f ⟨-, -en⟩ **1.** (von Betrieb) management **2.** (von Land) farming

Bewirtung f ⟨-, -en⟩ (≈ das Bewirten) hospitality; (im Hotel) (food and) service

bewohnbar adj habitable **bewohnen** past part **bewohnt** v/t to live in; (Volk) to inhabit **Bewohner** [bə'vo:nɐ] m ⟨-s, -⟩, **Bewohnerin** [-ərɪn] f ⟨-, -nen⟩ (von

Land, Gebiet) inhabitant; (von Haus etc) occupier **bewohnt** [bə'vo:nt] adj inhabited

bewölken [bə'vœlkn] past part **bewölkt** v/r to cloud over; **bewölkt** cloudy **Bewölkung** f ⟨-, -en⟩ (≈ das Bewölken) clouding over; **wechselnde ~** METEO variable amounts of cloud

Bewunderer [bə'vʊndərɐ] m ⟨-s, -⟩, **Bewunderin** [bə'vʊndərɪn] f ⟨-, -nen⟩ admirer **bewundern** past part **bewundert** v/t to admire (wegen for); **~d** admiring **bewundernswert I** adj admirable **II** adv admirably **Bewunderung** [bə'vʊndərʊŋ] f ⟨-, (rare) -en⟩ admiration

bewusst [bə'vʊst] **I** adj **1.** conscious; **sich** (dat) **einer Sache** (gen) **~ sein/werden** to be/become aware of sth; **es wurde ihm allmählich ~, dass ...** he gradually realized (that) ... **2.** attr (≈ willentlich) deliberate **3.** attr (≈ besagt) in question **II** adv consciously; (≈ willentlich) deliberately **bewusstlos I** adj unconscious **II** adv **jdn ~ schlagen** to beat sb unconscious or senseless **Bewusstlosigkeit** f ⟨-, no pl⟩ unconsciousness; **bis zur ~** (infml) ad nauseam **Bewusstsein** nt consciousness; **etw kommt jdm zu(m) ~** sb becomes aware of sth; **im ~, dass ...** in the knowledge that ...; **das ~ verlieren/wiedererlangen** to lose/regain consciousness; **bei ~ sein** to be conscious; **zu(m) ~ kommen** to regain consciousness; **bei vollem ~** fully conscious

bezahlen past part **bezahlt I** v/t to pay; Leistung, Schaden to pay for; **er hat seinen Fehler mit dem Leben bezahlt** he paid for his mistake with his life **II** v/i to pay **Bezahlfernsehen** nt pay TV **bezahlt** [bə'tsa:lt] adj paid; **sich ~ machen** to be worth it **Bezahlung** f payment; (≈ Lohn, Gehalt) pay; **gegen ~** for payment

bezaubern past part **bezaubert** v/t (fig) to charm **bezaubernd** adj enchanting

bezeichnen past part **bezeichnet** v/t (≈ kennzeichnen) to mark; (≈ genau beschreiben) to describe; **ich weiß nicht, wie man das bezeichnet** I don't know what that's called **bezeichnend** adj (für of) characteristic **Bezeichnung** f **1.** (≈ Kennzeichnung) marking; (≈ Beschreibung) description **2.** (≈ Ausdruck) expression

bezeugen past part **bezeugt** v/t to testify to; **~, dass ...** to testify that ...

bezichtigen [bə'tsɪçtɪgn] *past part* **bezichtigt** *v/t* to accuse; *jdn einer Sache* (*gen*) **~** to accuse sb of sth

beziehen *past part* **bezogen** [bə'tso:gn] *irr* **I** *v/t* **1.** *Polster* to (re)cover; *Kissen* to put a cover on; *die Betten frisch ~* to change the beds **2.** (≈ *einziehen in*) *Wohnung* to move into **3.** *Posten, Stellung* to take up **4.** (≈ *erhalten*) to get **5.** (≈ *in Beziehung setzen*) *etw auf jdn/etw ~* to apply sth to sb/sth **II** *v/r* **1.** (*Himmel*) to cloud over **2.** (≈ *sich berufen*) *sich auf jdn/etw ~* to refer to sb/sth **Beziehung** *f* **1.** (≈ *Verhältnis*) relationship **2.** *usu pl* (≈ *Kontakt*) relations *pl*; *diplomatische ~en* diplomatic relations; *menschliche ~en* human relations; *seine ~en spielen lassen* to pull strings; *~en haben* to have connections **3.** (≈ *Zusammenhang*) connection (*zu* with); *etw zu etw in ~ setzen* to relate sth to sth; *in keiner ~ zueinander stehen* to have no connection **4.** (≈ *Hinsicht*) *in einer/keiner ~* in one/no respect; *in jeder ~* in every respect **Beziehungskiste** *f* (*infml*) relationship **beziehungsweise** *cj* **1.** (≈ *oder aber*) or **2.** (≈ *im anderen Fall*) and ... respectively **3.** (≈ *genauer gesagt*) or rather

beziffern [bə'tsɪfɐn] *past part* **beziffert I** *v/t* (≈ *mit Ziffern versehen*) to number; (≈ *angeben*) to estimate (*auf +acc, mit* at) **II** *v/r* **sich ~ auf** (+*acc*) (*Verluste, Gewinn*) to amount to; (*Teilnehmer*) to number

Bezirk [bə'tsɪrk] *m* (*-(e)s, -e*) (≈ *Gebiet*) district; (*von Stadt*) ≈ district; (*von Land*) ≈ region

Bezug *m* **1.** (*für Kissen etc*) cover; (*für Kopfkissen*) pillowcase **2.** (≈ *Erwerb: von Waren etc*) buying **3.** *Bezüge pl* (≈ *Einkünfte*) income **4.** (≈ *Zusammenhang*) = *Beziehung 3* **5.** (*form* ≈ *Berufung*) reference; *~ nehmen auf* (+*acc*) to make reference to; *mit or unter ~ auf* (+*acc*) with reference to **6.** (≈ *Hinsicht*) *in ~ auf* (+*acc*) regarding **bezüglich** [bə'tsy:klɪç] *prep* +*gen* (*form*) regarding, re (COMM) **Bezugnahme** [-na:mə] *f* (*-, -n*) (*form*) reference; *unter ~ auf* (+*acc*) with reference to **bezugsfertig** *adj Haus etc* ready to move into **Bezugsperson** *f* **die wichtigste ~ des Kleinkindes** the person to whom the small child relates most closely

bezuschussen [bə'tsu:ʃʊsn] *past part* **bezuschusst** *v/t* to subsidize

bezwecken [bə'tsvɛkn] *past part* **bezweckt** *v/t* to aim at; *etw mit etw ~* (*Mensch*) to intend sth by sth

bezweifeln *past part* **bezweifelt** *v/t* to doubt; *das ist nicht zu ~* that's beyond question

bezwingen *past part* **bezwungen** [bə'tsvʊŋən] *v/t irr* to conquer; SPORTS to beat; *Strecke* to do

BfA [be:|ɛf'|a:] *f* (*-*) *abbr of* **Bundesagentur für Arbeit**

BH [be:'ha:] *m* (*-(s), -(s)*) *abbr of* **Büstenhalter** bra

Biathlon ['bi:atlɔn] *nt* (*-s, -s*) SPORTS biathlon

Bibel ['bi:bl] *f* (*-, -n*) (*lit*) Bible; (*fig*) bible **bibelfest** *adj* well versed in the Bible **Bibeli** ['bi:bəli] *nt* (*-s, -e*) (*Swiss*) (≈ *Pickel*) spot; (≈ *Mitesser*) blackhead **Bibelwort** *nt, pl* **-worte** biblical saying **Biber** ['bi:bɐ] *m* (*-s, -*) beaver **Biberbetttuch** *nt* flannelette sheet (*esp Br*) **Biberpelz** *m* beaver (fur)

Bibliografie [bibliogra'fi:] *f* (*-, -n* [-'fi:ən]) bibliography **Bibliothek** [biblio'te:k] *f* (*-, -en*) library **Bibliothekar** [bibliote'ka:ɐ] *m* (*-s, -e*), **Bibliothekarin** [-'ka:rɪn] *f* (*-, -nen*) librarian

biblisch ['bi:blɪʃ] *adj* biblical; *ein ~es Alter* a great age

Bidet [bi'de:] *nt* (*-s, -s*) bidet

bieder ['bi:dɐ] *adj* **1.** (≈ *rechtschaffen*) honest **2.** (*pej*) conventional

biegen ['bi:gn] *pret* **bog** [bo:k], *past part* **gebogen** [gə'bo:gn] **I** *v/t* to bend; *Glieder* to flex; *auf Biegen und Brechen* (*infml*) by hook or by crook (*infml*) **II** *v/i aux sein* (*Wagen*) to turn **III** *v/r* to bend; *sich vor Lachen ~* (*fig*) to double up with laughter **biegsam** ['bi:kza:m] *adj* flexible; *Glieder, Körper* supple; (*fig*) pliable **Biegung** *f* (*-, -en*) bend

Biene ['bi:nə] *f* (*-, -n*) bee **Bienenhaus** *nt* apiary **Bienenhonig** *m* real honey **Bienenkönigin** *f* queen bee **Bienenschwarm** *m* swarm (of bees) **Bienenstich** *m* COOK cake coated with sugar and almonds and filled with custard or cream **Bienenstock** *m* (bee)hive **Bienenvolk** *nt* bee colony **Bienenwachs** *nt* beeswax

Bier [bi:ɐ] *nt* (*-(e)s, -e*) beer; *zwei ~, bitte!* two beers, please; *dunkles/helles ~*

dark / light beer; **~ vom Fass** draught (*Br*) *or* draft (*US*) beer; **das ist mein** *etc* **~** (*fig infml*) that's my *etc* business **Bierbauch** *m* (*infml*) beer belly (*infml*) **Bierdeckel** *m* beer mat (*Br*) *or* coaster (*US*) **Bierdose** *f* beer can **Bierfass** *nt* keg **Bierflasche** *f* beer bottle **Biergarten** *m* beer garden **Bierglas** *nt* beer glass **Bierkeller** *m* (≈ *Lager*) beer cellar; (≈ *Gaststätte auch*) bierkeller **Bierkrug** *m* tankard (*esp Br*); (*aus Steingut*) (beer) stein **Bierwurst** *f* ham sausage **Bierzelt** *nt* beer tent

Biest [biːst] *nt* ⟨**-(e)s, -er** ['biːstɐ]⟩ (*pej infml*) **1.** (≈ *Tier*) creature; (≈ *Insekt*) bug **2.** (≈ *Mensch*) (little) wretch; (≈ *Frau*) bitch (*sl*)

bieten ['biːtn] *pret* **bot** [boːt], *past part* **geboten** [gə'boːtn] **I** *v/t* **1.** (≈ *anbieten*) to offer (*jdm etw* sb sth, sth to sb); (*bei Auktion*) to bid; **diese Stadt hat nichts zu ~** this town has nothing to offer **2.** (≈ *haben*) to have; *Problem* to present **3.** (≈ *darbieten*) *Anblick, Bild* to present; *Film* to show **4.** (≈ *zumuten*) **sich** (*dat*) **etw ~ lassen** to stand for sth; → **geboten II** *v/i* CARDS to bid **III** *v/r* (*Gelegenheit, Anblick etc*) to present itself (*jdm* to sb) **Bieter** ['biːtɐ] *m* ⟨**-s, -**⟩, **Bieterin** [-ərɪn] *f* ⟨**-, -nen**⟩ bidder

Bigamie [biga'miː] *f* ⟨**-, -n** [-'miːən]⟩ bigamy

Biker ['baikɐ] *m* ⟨**-s, -**⟩, **Bikerin** ['baikərɪn] *f* ⟨**-, -nen**⟩ (*infml*) biker **Bikini** [bi'kiːni] *m* ⟨**-s, -s**⟩ bikini **bikonvex** [bikɔn'vɛks] *adj* biconvex **Bilanz** [bi'lants] *f* ⟨**-, -en**⟩ **1.** (COMM ≈ *Lage*) balance; (≈ *Abrechnung*) balance sheet; **eine ~ aufstellen** to draw up a balance sheet; **~ machen** (*fig infml*) to check one's finances **2.** (*fig* ≈ *Ergebnis*) end result; (**die**) **~ ziehen** to take stock (*aus* of) **Bilanzbuchhalter(in)** *m/(f)* company accountant (*who balances end-of-year accounts*) **Bilanzgewinn** *m* COMM, FIN declared profit **bilanzieren** [bilan'tsiːrən] *past part* **bilanziert** *v/t* & *v/i* to balance; (*fig*) to assess **Bilanzverlust** *m* COMM, FIN accumulated loss **Bilanzwert** *m* COMM, FIN book value **bilateral** ['biːlateraːl, bilate'raːl] *adj* bilateral

Bild [bɪlt] *nt* ⟨**-(e)s, -er** ['bɪldɐ]⟩ **1.** picture; (≈ *Fotografie* ≈ *Zeichnung*) drawing; (≈ *Gemälde*) painting; **ein ~ machen** to

take a photo; **ein ~ des Elends** a picture of misery **2.** (≈ *Abbild*) image **3.** (≈ *Erscheinungsbild*) character; **das äußere ~ der Stadt** the appearance of the town **4.** (*fig* ≈ *Vorstellung*) image, picture; **im ~e sein** to be in the picture (*über* +acc about); **jdn ins ~ setzen** to put sb in the picture (*über* +acc about); **sich** (*dat*) **von jdm/etw ein ~ machen** to get an idea of sb/sth **Bildausfall** *m* TV loss of vision **Bildband** *m*, *pl* **-bände** illustrated book, coffee-table book

bilden ['bɪldn] **I** *v/t* **1.** to form; *Körper, Figur* to shape; **sich** (*dat*) **ein Urteil ~** to form a judgement **2.** (≈ *ausmachen*) *Gefahr etc* to constitute; **die Teile ~ ein Ganzes** the parts make up a whole **3.** (≈ *erziehen*) to educate **II** *v/r* **1.** (≈ *entstehen*) to form **2.** (≈ *lernen*) to educate oneself; → **gebildet II** *v/i* to be educational **bildend** *adj* **die ~e Kunst** art; **die ~en Künste** the fine arts

Bilderbuch *nt* picture book **Bilderbuch-** *in cpds* (*fig*) perfect **Bilderrahmen** *m* picture frame **Bilderrätsel** *nt* picture puzzle **Bildfläche** *f* (*fig infml*) **auf der ~ erscheinen** to appear on the scene; **von der ~ verschwinden** to disappear (from the scene) **bildhaft I** *adj* pictorial; *Beschreibung, Sprache* vivid **II** *adv* vividly **Bildhauer** *m* ⟨**-s, -**⟩, **Bildhauerin** [-ərɪn] *f* ⟨**-, -nen**⟩ sculptor **Bildhauerei** [bɪlthauə'rai] *f* ⟨**-, no pl**⟩ sculpture **bildhübsch** *adj* *Mädchen* (as) pretty as a picture; *Kleid, Garten etc* really lovely **bildlich** ['bɪltlɪç] **I** *adj* pictorial; *Ausdruck etc* metaphorical **II** *adv* pictorially; *verwenden* metaphorically **Bildqualität** *f* TV, FILM picture quality **Bildschirm** *m* TV, IT screen **Bildschirmarbeit** *f*, *no pl* screen work **Bildschirmschoner** [-ʃoːnɐ] *m* ⟨**-s, -**⟩ IT screen saver **Bildschirmtext** *m* Viewdata® *sg*, Prestel® **bildschön** *adj* beautiful **Bildstörung** *f* TV interference (on the picture) **Bildung** ['bɪldʊŋ] *f* ⟨**-, -en**⟩ **1.** (≈ *Erziehung*) education; (≈ *Kultur*) culture; **höhere ~** higher education; **~ haben** to be educated; **zur ~ des Passivs** to form the passive **2.** *no pl* (≈ *Entstehung: von Rost etc*) formation **Bildungsgang** *m, pl* **-gänge** school (and university) career **Bildungsgrad** *m* level of education **Bildungslücke** *f* gap in one's education **Bildungspolitik** *f* education policy **Bildungspolitiker(in)** *m/(f)* *politician with responsibility for education policy* **Bildungsreform** *f* educational reform **Bildungsstufe** *f* level of education **Bildungsurlaub** *m* educational holiday (*esp Br*) *or* vacation (*US*) **Bildungsweg** *m* **jds ~** the course of sb's education; **auf dem zweiten ~** through night school **Bildungswesen** *nt* education system

Billard ['bɪljart] *nt* ⟨**-s, -e**[-də]⟩ *or* (*Aus*) **-s**⟩ (≈ *Spiel*) billiards *sg* **Billardkugel** *f* billiard ball **Billardtisch** *m* billiard table

Billett [bɪl'jɛt] *nt* ⟨**-(e)s, -e** *or* **-s**⟩ (*Swiss*) **1.** (≈ *Fahrschein, Eintrittskarte*) ticket **2.** (*Swiss*) = **Führerschein**

Billiarde [bɪl'liardə] *f* ⟨**-, -n**⟩ million billion (*Br*), thousand trillion (*US*)

billig ['bɪlɪç] *adj* cheap; *Preis* low; **~ abzugeben** going cheap; **~ davonkommen** (*infml*) to get off lightly **Billiganbieter(in)** *m/(f)* supplier of cheap goods **Billigangebot** *nt* cut-price offer

billigen ['bɪlɪgn] *v/t* to approve

Billigflagge *f* NAUT flag of convenience **Billigflieger** *m* low-cost airline **Billigflug** *m* cheap flight **Billigjob** *m* low-paid job **Billiglohnland** *nt* low-wage country **Billigung** *f* ⟨**-, -en**⟩ approval; **jds ~ finden** to meet with sb's approval

Billion [bɪ'lio:n] *f* ⟨**-, -en**⟩ thousand billion (*Br*), trillion (*US*)

bimmeln ['bɪmln] *v/i* (*infml*) to ring

Bimsstein *m* pumice stone

binär [bi'nɛːɐ] *adj* binary **Binärcode** *m* binary code

Binde ['bɪndə] *f* ⟨**-, -n**⟩ **1.** MED bandage; (≈ *Schlinge*) sling **2.** (≈ *Armbinde*) armband; (≈ *Augenbinde*) blindfold **3.** (≈ *Monatsbinde*) (sanitary) towel *or* (*esp US*) napkin **Bindegewebe** *nt* ANAT connective tissue **Bindeglied** *nt* connecting link **Bindehaut** *f* ANAT conjunctiva **Bindehautentzündung** *f* conjunctivitis **binden** ['bɪndn] *pret* **band** [bant], *past part* **gebunden** [gə'bʊndn] **I** *v/t* **1.** (≈ *zusammenbinden*) to tie; (≈ *festbinden*) to bind **2.** *Strauß, Kranz* to make up; *Knoten etc* to tie **3.** (≈ *zubinden*) *Schal* to tie; *Krawatte* to knot **4.** (*fig*) *Menschen* to tie;

Geldmittel to tie up; (*Versprechen, Vertrag, Eid etc*) to bind; **mir sind die Hände gebunden** (*fig*) my hands are tied; → **gebunden 5.** *Farbe, Soße* to bind **II** *v/i* (*Mehl, Zement, Soße etc*) to bind; (*Klebstoff*) to bond; (*fig: Erlebnisse*) to create a bond **III** *v/r* (≈ *sich verpflichten*) to commit oneself (**an** +*acc* to) **bindend** *adj* binding (*für* on); *Zusage* definite **Bindestrich** *m* hyphen **Bindfaden** *m* string; **ein** (**Stück**) **~** a piece of string; **es regnet Bindfäden** (*infml*) it's sheeting down (*Br infml*), it's coming down in buckets (*US infml*) **Bindung** ['bɪndʊŋ] *f* ⟨**-, -en**⟩ **1.** (≈ *Beziehung*) relationship (**an** +*acc* with); (≈ *Verbundenheit*) tie, bond (**an** +*acc* with); (≈ *Verpflichtung*) commitment (**an** +*acc* to) **2.** (≈ *Skibindung*) binding **Bindungsangst** *f usu pl* fear of commitment *no pl*

Bingo ['bɪŋgo] *nt* ⟨**-(s)**, *no pl*⟩ bingo

binnen ['bɪnən] *prep* +*dat or* (*elev*) +*gen* (*form*) within; **~ Kurzem** shortly **Binnengewässer** *nt* inland water **Binnenhafen** *m* river port **Binnenhandel** *m* domestic trade **Binnenmarkt** *m* home market; **der europäische ~** the European Single Market **Binnenschifffahrt** *f* inland navigation **Binnenwährung** *f* internal currency

Binse ['bɪnzə] *f* ⟨**-, -n**⟩ *usu pl* rush; **in die ~n gehen** (*fig infml* ≈ *misslingen*) to be a washout (*infml*) **Binsenweisheit** *f* truism

Bio ['bi:o] *f* ⟨**-**, *no pl*⟩ (SCHOOL *infml*) biol (*infml*), bio (*esp US infml*) **Bioabfall** *m* biological waste **bioaktiv** [bio|ak'ti:f, 'bi:o-] *adj* *Waschmittel* biological **Biobauer** *m*, **Biobäuerin** *f* organic farmer; **Gemüse vom ~n** organic vegetables *pl* **Biochemie** [bioçe'mi:] *f* biochemistry **biochemisch I** *adj* biochemical **II** *adv* biochemically **Biodiesel** ['bi:o-] *m* biodiesel **biodynamisch** [biody'na:mɪʃ] **I** *adj* biodynamic **II** *adv* biodynamically **Biogas** ['bi:o-] *nt* methane gas

Biograf [bio'gra:f] *m* ⟨**-en, -en**⟩, **Biografin** [-'gra:fɪn] *f* ⟨**-, -nen**⟩ biographer **Biografie** [biogra'fi:] *f* ⟨**-, -n** [-'fi:ən]⟩ biography **biografisch** [bio'gra:fɪʃ] **I** *adj* biographical **II** *adv* biographically

Biokost *f*, *no pl* organic food **Bioladen** ['bi:o-] *m* wholefood shop **Biologe** [bio-'lo:gə] *m* ⟨**-n, -n**⟩, **Biologin** [-'lo:gɪn] *f* ⟨**-, -nen**⟩ biologist **Biologie** [biolo'gi:]

f ⟨-, *no pl*⟩ biology **biologisch** [bio-'lo:gɪʃ] **I** *adj* biological; *Anbau* organic **II** *adv* biologically; *anbauen* organically **Biomasse** ['bi:o-] *f, no pl* CHEM organic substances *pl* **Biomüll** ['bi:o-] *m* organic waste **Biophysik** [biofy'zi:k, 'bi:o-] *f* biophysics *sg*

Biopsie [biɔ'psi:] *f* ⟨-, *-n* [-'psi:ən]⟩ MED biopsy

Biorhythmus ['bi:o-] *m* biorhythm **Biosphäre** [bio'sfɛːrə, 'bi:o-] *f, no pl* biosphere **Biotechnik** [bio'tɛçnɪk, 'bi:o-] *f* biotechnology **biotechnisch** [bio-'tɛçnɪʃ, 'bi:o-] *adj* biotechnological **Bioterrorismus** *m* bioterrorism **Biotonne** ['bi:o-] *f* organic waste bin **Biotop** [bio-'to:p] *nt* ⟨-s, -e⟩ biotope

Birke ['bɪrkə] *f* ⟨-, *-n*⟩ birch

Birma ['bɪrma] *nt* ⟨-s⟩ Burma **birmanisch** [bɪr'ma:nɪʃ] *adj* Burmese

Birnbaum *m* (*Baum*) pear tree; (*Holz*) pear wood **Birne** ['bɪrnə] *f* ⟨-, *-n*⟩ **1.** pear **2.** (≈ *Glühlampe*) (light) bulb

bis [bɪs] **I** *prep* +*acc* **1.** (*zeitlich*) until; (≈ *bis spätestens*) by; ~ *zu diesem Zeitpunkt* up to this time; *Montag* ~ *Freitag* Monday to *or* through (*US*) Friday; ~ *einschließlich 5. Mai* up to and including 5th May; ~ *bald/später/morgen!* see you soon/later/tomorrow!; ~ *wann bleibt ihr hier?* how long are you staying here?; ~ *wann ist das fertig?* when will that be finished?; ~ *wann können Sie das machen?* when can you do it by?; ~ *auf Weiteres* until further notice; ~ *dahin or dann muss die Arbeit fertig sein* the work must be finished by then; ~ *dann!* see you then!; *von ... ~ ...* from ... to *or* through (*US*) ...; (*mit Uhrzeiten*) from ... till ... **2.** (*räumlich*) to; ~ *an unsere Mauer* up to our wall; ~ *wo/wohin?* how far?; ~ *dort or dorthin or dahin* (to) there; ~ *hierher* this far **3.** *Kinder* ~ *sechs Jahre* children up to the age of six **4.** *es sind alle gekommen,* ~ *auf Sandra* they all came, except Sandra **II** *cj* **1.** to; *zehn* ~ *zwanzig Stück* ten to twenty; *bewölkt* ~ *bedeckt* cloudy or overcast **2.** (*zeitlich*) until, till; *ich warte noch,* ~ *es dunkel wird* I'll wait until it gets dark; ~ *das einer merkt!* it'll be ages before anyone realizes (*infml*)

Bischof ['bɪʃɔf, 'bɪʃoːf] *m* ⟨-s, ⸚e ['bɪʃœfə, 'bɪʃøː]fə]⟩, **Bischöfin** ['bɪʃœfɪn, 'bɪʃøː]fɪn] *f* ⟨-, *-nen*⟩ bishop

bischöflich ['bɪʃœflɪç, 'bɪʃøː]flɪç] *adj* episcopal

Biscuit [bɪs'kuiːt] *nt or m* ⟨-(e)s, -s⟩ (*Swiss* ≈ *Keks*) biscuit (*Br*), cookie (*US*)

bisexuell [bizɛ'ksuɛl, 'bi:-] *adj* bisexual

bisher [bɪs'heːɐ] *adv* until now; (≈ *und immer noch*) up to now; (≈ *nicht* not until now **bisherig** [bɪs'heːrɪç] *adj attr* (≈ *vorherig*) previous; (≈ *momentan*) present

Biskaya [bɪs'ka:ja] *f* ⟨-⟩ *die* ~ (the) Biscay; *Golf von* ~ Bay of Biscay

Biskuit [bɪs'kviːt, bɪs'kuiːt] *nt or m* ⟨-(e)s, -s *or* -e⟩ (*fatless*) sponge **Biskuitgebäck** *nt* sponge cake/cakes **Biskuitteig** *m* sponge mixture

bislang [bɪs'laŋ] *adv* = *bisher*

Biss [bɪs] *m* ⟨-es, -e⟩ bite; (*fig*) vigour (*Br*), vigor (*US*); ~ *haben* (*infml*) to have punch

bisschen ['bɪsçən] **I** *adj inv* *ein* ~ *Geld/Liebe* a bit of money/love; *kein* ~ ... not one (little) bit; *das* ~ *Geld* that little bit of money **II** *adv* *ein* ~ a bit, a little; *ein* ~ *wenig* not very much; *ein* ~ *viel* a bit much

Bissen ['bɪsn] *m* ⟨-s, -⟩ mouthful; (≈ *Imbiss*) bite (to eat) **bissfest** *adj* firm; *Nudeln* al dente **bissig** ['bɪsɪç] *adj* **1.** vicious; *„Vorsicht,* ~*er Hund"* "beware of the dog" **2.** (≈ ⸚*bellaunig*) waspish **Bisswunde** *f* bite

Bistro ['bɪstro, bɪs'tro:] *nt* ⟨-s, -s⟩ bistro

Bistum ['bɪstu:m] *nt* ⟨-s, ⸚er [-ty:mɐ]⟩ diocese

Bit [bɪt] *nt* ⟨-(s), -(s)⟩ IT bit

bitte ['bɪtə] *int* **1.** please; ~ *nicht!* no, please!, please don't!; *ja* ~? yes?; *aber* ~*!* please do; *na* ~*!* there you are! **2.** (*Dank erwidernd*) ~ *sehr or schön* you're welcome, not at all (*Br*) **3.** (*nachfragend*) (*wie*) ~? (I beg your) pardon? (*also iron*) **Bitte** ['bɪtə] *f* ⟨-, *-n*⟩ request; (*inständig*) plea; *auf seine* ~ *hin* at his request; *ich habe eine große* ~ *an dich* I have a (great) favour (*Br*) or favor (*US*) to ask you **bitten** ['bɪtn] *pret* **bat** [ba:t], *past part* **gebeten** [gə'be:tn] **I** *v/t* **1.** *jdn* to ask; (*inständig*) to beg; *jdn um etw* ~ to ask/beg sb for sth; *aber ich bitte dich!* not at all; *wenn ich* ~ *darf* (*form*) if you wouldn't mind; *ich muss doch (sehr)* ~*!* well I must say! **2.** (≈ *bestellen*) *jdn zu sich* ~ to ask sb to come and see one **II** *v/i* **1.** (≈ *eine Bitte äußern*) to ask; (*inständig*) to plead, to beg; *um etw* ~ to ask (for) *or* request sth; (*inständig*) to plead for sth **2.** (≈ *einladen*) **ich lasse ~** he / she can come in now

bitter ['bɪtɐ] **I** *adj* bitter; *Schokolade* plain; (*fig*) *Wahrheit, Lehre, Verlust* painful; *Zeit, Schicksal* hard; *Unrecht* grievous; *Ernst, Feind* deadly; *Spott* cruel; *bis zum ~en Ende* to the bitter end **II** *adv* (≈ *sehr*) *bereuen* bitterly; *bezahlen, büßen* dearly; *etw ~ nötig haben* to be in dire need of sth **bitterböse I** *adj* furious **II** *adv* furiously **bitterernst** *adj Situation etc* extremely serious **bitterkalt** *adj* bitterly cold

Biwak ['biːvak] *nt* ⟨**-s, -s** *or* **-e**⟩ bivouac

bizarr [bi'tsar] **I** *adj* bizarre **II** *adv* bizarrely

Bizeps ['biːtsɛps] *m* ⟨**-(es), -e**⟩ biceps

blabla [bla'blaː] *int* (*infml*) blah blah blah (*infml*)

Black-out *nt or m* ⟨**-(s), -s**⟩ blackout

blähen ['blɛːən] **I** *v/t & v/r* to swell; *Nüstern* to flare **II** *v/i* to cause flatulence *or* wind **Blähung** *f* ⟨**-, -en**⟩ *usu pl* MED wind *no pl*

blamabel [bla'maːbl] *adj* shameful **Blamage** [bla'maːʒə] *f* ⟨**-, -n**⟩ disgrace **blamieren** [bla'miːrən] *past part* **blamiert I** *v/t* to disgrace **II** *v/r* to make a fool of oneself; (*durch Benehmen*) to disgrace oneself

blanchieren [blãˈʃiːrən] *past part* **blanchiert** *v/t* COOK to blanch

blank [blaŋk] **I** *adj* **1.** shiny **2.** (≈ *nackt*) bare; (*infml* ≈ *ohne Geld*) broke **3.** (≈ *rein*) pure; *Hohn* utter **II** *adv* *scheuern, polieren* till it shines; **~ poliert** brightly polished

Blankoscheck *m* blank cheque (*Br*) *or* check (*US*) **Blankovollmacht** *f* carte blanche

Bläschen ['blɛːsçən] *nt* ⟨**-s, -**⟩ MED small blister **Blase** ['blaːzə] *f* ⟨**-, -n**⟩ **1.** (≈ *Seifenblase, Luftblase*) bubble; (≈ *Sprechblase*) balloon; **~n ziehen** (*Farbe*) to blister **2.** MED blister **3.** ANAT bladder **Blasebalg** *m* (pair of) bellows **blasen** ['blaːzn] *pret* **blies** [bliːs], *past part* **geblasen** [ɡə'blaːzn] **I** *v/i* to blow **II** *v/t Melodie, Posaune etc* to play **Blasenentzündung** *f* cystitis **Blasenleiden** *nt* bladder trouble *no art* **Bläser** ['blɛːzɐ] *m* ⟨**-s, -**⟩, **Bläserin** [-ərɪn] *f* ⟨**-, -nen**⟩ MUS wind player; **die ~** the wind (section)

blasiert [bla'ziːɐt] *adj* (*pej elev*) blasé

Blasiertheit *f* ⟨**-, -en**⟩ (*pej elev*) blasé attitude

Blasinstrument *nt* wind instrument **Blaskapelle** *f* brass band **Blasmusik** *f* brass band music

blass [blas] *adj* **1.** *Haut, Licht* pale; **~ vor Neid werden** to go green with envy **2.** (*fig*) faint; **ich habe keinen ~en Schimmer** (*infml*) I haven't a clue (*infml*) **Blässe** ['blɛsə] *f* ⟨**-, -n**⟩ paleness; (*von Haut*) pallor

Blatt [blat] *nt* ⟨**-(e)s, ~er** ['blɛtɐ]⟩ **1.** BOT leaf **2.** (*Papier etc*) sheet; **ein ~ Papier** a sheet of paper **3.** (≈ *Seite*) page; **das steht auf einem anderen ~** (*fig*) that's another story; **vom ~ singen/spielen** to sight-read **4.** (≈ *Zeitung*) paper **5.** (*von Messer, Ruder*) blade **6.** CARDS hand; **das ~ hat sich gewendet** (*fig*) the tables have been turned **blättern** ['blɛtɐn] *v/i* **in etw** (*dat*) **~** to leaf *or* (*schnell*) flick through sth **Blätterteig** *m* puff pastry **Blattgemüse** *nt* greens *pl*, leaf vegetables *pl* (*form*) **Blattgold** *nt* gold leaf **Blattgrün** *nt* chlorophyll **Blattlaus** *f* greenfly **Blattsalat** *m* green salad **Blattspinat** *m* leaf spinach **Blattwerk** *nt, no pl* foliage

blau [blau] *adj* **1.** blue; *Forelle etc* **~** COOK trout *etc* au bleu; **ein ~es Auge** (*infml*) a black eye; **mit einem ~en Auge davonkommen** (*fig*) to get off lightly; **ein ~er Brief** SCHOOL *letter informing parents that their child must repeat a year*; (*von Hauswirt*) notice to quit; **ein ~er Fleck** a bruise **2.** *usu pred* (*infml* ≈ *betrunken*) drunk **Blau** [blau] *nt* ⟨**-s, -** *or* (*inf*) **-s**⟩ blue **blauäugig** [-ɔygɪç] *adj* blue-eyed; (*fig*) naïve **Blaubeere** *f* bilberry, blueberry (*esp US*) **blaublütig** *adj* blue-blooded **Blaue(s)** ['blauə] *nt decl as adj* **1.** **das ~ vom Himmel** (*herunter*) **lügen** (*infml*) to tell a pack of lies **2.** (*ohne Ziel*) **ins ~ hinein** (*infml*) at random; **eine Fahrt ins ~** a mystery tour **blaugrün** *adj* blue-green **Blauhelm(soldat)** *m* UN soldier, blue helmet **Blaukraut** *nt* (*S Ger, Aus*) red cabbage **bläulich** ['blɔylɪç] *adj* bluish **Blaulicht** *nt* (*von Polizei etc*) flashing blue light; **mit ~** with its blue light flashing **blaumachen** *sep* (*infml*) **I** *v/i* to skip work **II** *v/t* **den Freitag ~** to skip work on Friday **Blaumeise** *f* bluetit **Blaupause** *f* blueprint **Blausäure** *f* prussic acid **Blauwal**

m blue whale
Blazer ['bleːzɐ] *m* ⟨**-s, -**⟩, **Blazerjacke** *f* blazer
Blech [blɛç] *nt* ⟨**-(e)s, -e**⟩ **1.** *no pl* (sheet) metal **2.** (≈ *Blechstück*) metal plate **3.** (≈ *Backblech*) baking sheet **4.** *no pl* (*infml* ≈ *Unsinn*) rubbish *no art* (*infml*) **Blechdose** *f* tin container; (*esp für Konserven*) tin (*Br*), can **blechen** ['blɛçn] *v/t & v/i* (*infml*) to cough up (*infml*) **Blechinstrument** *nt* brass instrument **Blechschaden** *m* damage to the bodywork **Blechtrommel** *f* tin drum
Blei [blai] *nt* ⟨**-(e)s, -e**⟩ **1.** *no pl* lead **2.** (≈ *Lot*) plumb
Bleibe ['blaibə] *f* ⟨**-, -n**⟩ **eine/keine ~ haben** to have somewhere / nowhere to stay **bleiben** ['blaibn] *pret* **blieb** [bliːp], *past part* **geblieben** [ɡə'bliːbn] *v/i aux sein* **1.** to stay; **unbeantwortet ~** to be left unanswered; **ruhig/still ~** to keep calm / quiet; **wach ~** to stay awake; **sitzen ~** to remain seated; **wo bleibt er so lange?** (*infml*) where has he got to?; **das bleibt unter uns** that's (just) between ourselves **2.** (≈ *übrig bleiben*) to be left; **es blieb keine andere Wahl** there was no other choice; **und wo bleibe ich?** and what about me?; **sieh zu, wo du bleibst!** you're on your own! (*infml*) **bleibend** *adj Erinnerung etc* lasting; *Schaden* permanent **bleiben lassen** *past part* **bleiben lassen** *v/t irr* (*infml* ≈ *unterlassen*) **etw ~** to give sth a miss (*infml*); **das wirst du ganz schön ~** you'll do nothing of the sort!
bleich [blaiç] *adj* pale **bleichen** ['blaiçn] *v/t* to bleach **Bleichgesicht** *nt* paleface **Bleichmittel** *nt* bleach
bleiern ['blaiɐn] *adj* (≈ *aus Blei*) lead; (*fig*) leaden **bleifrei** *adj Benzin etc* unleaded **bleihaltig** *adj* containing lead; *Benzin etc* leaded **Bleikristall** *nt* lead crystal **Bleistift** *m* pencil; (*zum Malen*) crayon **Bleistiftabsatz** *m* stiletto heel **Bleistiftspitzer** *m* pencil sharpener **Bleivergiftung** *f* lead poisoning
Blende ['blɛndə] *f* ⟨**-, -n**⟩ **1.** (≈ *Lichtschutz*) shade, screen; AUTO (sun) visor; (*an Fenster*) blind **2.** (PHOT ≈ *Öffnung*) aperture **blenden** ['blɛndn] **I** *v/t* to dazzle; (≈ *blind machen*) to blind **II** *v/i* (*Licht*) to be dazzling; **~d weiß** dazzling white **blendend I** *adj* splendid; *Stimmung* sparkling **II** *adv* splendidly; **es**

geht mir ~ I feel wonderful **blendfrei** *adj* dazzle-free (*esp Br*) **Blendschutz** *m* (≈ *Vorrichtung*) antidazzle (*Br*) *or* antiglare (*US*) device
Blick [blɪk] *m* ⟨**-(e)s, -e**⟩ **1.** look; (≈ *flüchtiger Blick*) glance; **auf den ersten ~** at first glance; **Liebe auf den ersten ~** love at first sight; **mit einem ~** at a glance; **~e miteinander wechseln** to exchange glances; **einen ~ auf etw** (*acc*) **tun** *or* **werfen** to throw a glance at sth **2.** (≈ *Ausblick*) view; **ein Zimmer mit ~ auf den Park** a room overlooking the park; **etw aus dem ~ verlieren** to lose sight of sth **3.** (≈ *Verständnis*) (*einen* (*guten*) ~ *für etw haben*) to have an eye *or* a good eye for sth **blicken** ['blɪkn] *v/i* to look (*auf* +*Akk* at); (*flüchtig*) to glance (*auf* +*Akk* at); **sich ~ lassen** to put in an appearance; **lass dich hier ja nicht mehr ~!** don't show your face here again!
Blickkontakt *m* eye contact **Blickpunkt** *m* **im ~ der Öffentlichkeit stehen** to be in the public eye **Blickwinkel** *m* angle of vision; (*fig*) viewpoint
blind [blɪnt] **I** *adj* **1.** blind (*für* to); *Alarm* false; **~ für etw sein** (*fig*) to be blind to sth; **~ geboren** blind from birth; **ein ~er Passagier** a stowaway **2.** (≈ *getrübt*) dull; *Spiegel* clouded **II** *adv* **1.** (≈ *wahllos*) at random **2.** (≈ *ohne zu überlegen*) blindly **3.** (≈ *ohne zu sehen*) **~ landen** AVIAT to make a blind landing **Blindbewerbung** *f* unsolicited *or* speculative application **Blinddarm** *m* appendix **Blinddarmentzündung** *f* appendicitis **Blindenhund** *m* guide dog **Blindenschrift** *f* braille **Blinde(r)** ['blɪndə] *m/f(m) decl as adj* blind person / man / woman *etc*; **die ~n** the blind; **das sieht doch ein ~r** (*hum infml*) any fool can see that **Blindflug** *m* blind flight **Blindgänger** *m* ⟨**-s, -**⟩ MIL dud (shot) **Blindheit** *f* ⟨**-, *no pl*⟩** blindness; **mit ~ geschlagen sein** (*fig*) to be blind **Blindlandung** *f* blind landing **blindlings** ['blɪntlɪŋs] *adv* blindly **Blindschleiche** [-ʃlaiçə] *f* ⟨**-, -n**⟩ slowworm **blindwütig** *adj* in a blind rage
blinken ['blɪŋkn] *v/i* (≈ *funkeln*) to gleam; (*Leuchtturm*) to flash; AUTO to indicate **Blinker** ['blɪŋkɐ] *m* ⟨**-s, -**⟩ AUTO indicator (*esp Br*), turn signal (*US*) **Blinklicht** *nt* flashing light; (*infml* ≈ *Blinkleuchte*) indicator (*esp Br*), turn

signal (*US*) **Blinkzeichen** *nt* signal
blinzeln ['blɪntsln] *v/i* to blink; (≈ *zwinkern*) to wink; (*geblendet*) to squint
Blitz [blɪts] *m* ⟨*-es, -e*⟩ **1.** lightning *no pl, no indef art*; (≈ *Blitzstrahl*) flash of lightning; *vom ~ getroffen werden* to be struck by lightning; *wie vom ~ getroffen* (*fig*) thunderstruck; *wie ein ~ aus heiterem Himmel* (*fig*) like a bolt from the blue; *wie der ~* (*infml*) like lightning **2.** (PHOT *infml*) flash **Blitzableiter** *m* lightning conductor **blitzartig I** *adj* lightning *attr* **II** *adv reagieren* like lightning; *verschwinden* in a flash **Blitzbesuch** *m* (*infml*) flying *or* lightning visit **blitzen** ['blɪtsn] *v/i impers* **es blitzt** there is lightning **II** *v/i* (≈ *strahlen*) to flash; (*Gold, Zähne*) to sparkle; *vor Sauberkeit ~* to be sparkling clean **III** *v/t* (*infml: in Radarfalle*) to flash **Blitzkrieg** *m* blitzkrieg **Blitzlicht** *nt* PHOT flash(light) **blitzsauber** *adj* spick and span **Blitzschlag** *m* flash of lightning; *vom ~ getroffen* struck by lightning **blitzschnell I** *adj* lightning *attr* **II** *adv* like lightning; *verschwinden* in a flash **Blitzstrahl** *m* flash of lightning

Block [blɔk] *m* ⟨*-(e)s, -s or ⸚e* ['blœkə]⟩ **1.** block. **2.** (≈ *Papierblock*) pad; (*von Fahrkarten*) book **3.** (POL ≈ *Staatenblock*) bloc **Blockade** [blɔ'kaːdə] *f* ⟨*-, -n*⟩ (≈ *Absperrung*) blockade **Blockbuchstabe** *m* block capital **Blockflöte** *f* recorder **blockfrei** *adj* nonaligned **Blockhaus** *nt* log cabin **Blockhütte** *f* log cabin **blockieren** [blɔ'kiːrən] *past part* **blockiert** *v/t* (≈ *sperren*) to block; *Verkehr* to obstruct; *Rad, Lenkung* to lock **II** *v/i* to jam; (*Bremsen, Rad etc*) to lock **Blockschrift** *f* block capitals *pl* **blöd** [bløːt] (*infml*) **I** *adj* (≈ *dumm*) stupid; *Wetter* terrible **II** *adv* (≈ *dumm*) stupidly; *~ fragen* to ask stupid questions **Blödelei** [bløːdəˈlai] *f* ⟨*-, -en*⟩ (*infml*) (≈ *Albernheit*) messing around (*infml*); (≈ *dumme Streiche*) pranks *pl* **blödeln** ['bløːdln] *v/i* (*infml*) (≈ *Witze machen*) to make jokes **Blödheit** *f* ⟨*-, -en*⟩ (≈ *Dummheit*) stupidity **Blödmann** *m, pl* **-männer** (*infml*) stupid fool (*infml*) **Blödsinn** *m, no pl* (≈ *Unsinn*) nonsense; (≈ *Unfug*) stupid tricks *pl*; *~ machen* to mess around **blödsinnig** *adj* (≈ *dumm*) stupid, idiotic **Blog** [blɔk] *nt or m* ⟨*-s, -s*⟩ INTERNET blog

blöken ['bløːkn] *v/i* (*Schaf*) to bleat
blond [blɔnt] *adj Frau* blonde; *Mann* blond, fair(-haired) **blondieren** [blɔnˈdiːrən] *past part* **blondiert** *v/t* to bleach **Blondine** [blɔnˈdiːnə] *f* ⟨*-, -n*⟩ blonde
bloß [bloːs] **I** *adj* **1.** (≈ *unbedeckt*) bare; *mit ~en Füßen* barefoot **2.** *attr* (≈ *alleinig*) mere; *Neid* sheer; *Gedanke, Anblick* very **II** *adv* only; *wie kann so etwas ~ geschehen?* how on earth can something like that happen?; *geh mir ~ aus dem Weg* just get out of my way **Blöße** ['bløːsə] *f* ⟨*-, -n*⟩ (*elev*) bareness; (≈ *Nacktheit*) nakedness; *sich* (*dat*) *eine ~ geben* (*fig*) to show one's ignorance **bloßstellen** *sep v/t jdn* to show up; *Betrüger* to expose
Blouson [bluˈzõː] *m or nt* ⟨*-(s), -s*⟩ bomber jacket
Bluejeans ['bluːdʒiːns] *pl* (*pair of*) (blue) jeans *pl*
blühen ['blyːən] *v/i* (*Blume*) to (be in) bloom; (*Bäume*) to (be in) blossom; (*fig* ≈ *gedeihen*) to flourish, to thrive; *das kann mir auch noch ~* (*infml*) that may happen to me too **blühend** *adj* blossoming; (*fig*) *Aussehen* radiant; *Geschäft, Stadt* flourishing, thriving; *Fantasie* vivid; *Unsinn* absolute; *~e Landschaften* green pastures
Blume ['bluːmə] *f* ⟨*-, -n*⟩ **1.** flower **2.** (*von Wein*) bouquet **Blumenerde** *f* potting compost **Blumengeschäft** *nt* florist's **Blumenhändler(in)** *m/(f)* florist **Blumenkohl** *m, no pl* cauliflower **blumenreich** *adj* (*fig*) *Stil etc* flowery **Blumenstrauß** *m, pl* **-sträuße** bouquet *or* bunch of flowers **Blumentopf** *m* flowerpot **Blumenzwiebel** *f* bulb **blumig** ['bluːmɪç] *adj* flowery
Bluse ['bluːzə] *f* ⟨*-, -n*⟩ blouse
Blut [bluːt] *nt* ⟨*-(e)s, no pl*⟩ blood; *er kann kein ~ sehen* he can't stand the sight of blood; *böses ~* bad blood; *blaues ~ haben* (≈ *adelig sein*) to have blue blood; *etw im ~ haben* to have sth in one's blood; *(nur) ruhig ~* keep your shirt on (*infml*); *jdn bis aufs ~ reizen* (*infml*) to make sb's blood boil; *frisches ~* (*fig*) new blood; *~ und Wasser schwitzen* (*infml*) to sweat blood; *~ stillend* = *blutstillend* **Blutalkohol(gehalt)** *m* blood alcohol level **blutarm** *adj* anaemic (*Br*), anemic (*US*) **Blutarmut** *f* anaemia (*Br*), anemia (*US*) **Blutbad**

nt bloodbath **Blutbank** *f, pl* -*banken* blood bank **Blutbild** *nt* blood count **Blutdruck** *m, no pl* blood pressure **blutdrucksenkend** *adj Mittel* antihypertensive

Blüte ['bly:tə] *f* ⟨-, -*n*⟩ **1.** (*von Blume*) flower, bloom; (*von Baum*) blossom; *in* (*voller*) ~ *stehen* to be in (full) bloom; (*Bäume*) to be in (full) blossom; (*Kultur, Geschäft*) to be flourishing **2.** (*infml* ≈ *gefälschte Note*) dud (*infml*)

Blutegel *m* leech **bluten** ['blu:tn] *v/i* to bleed (*an* +*dat, aus* from); *mir blutet das Herz* my heart bleeds

Blütenblatt *nt* petal **Blütenstaub** *m* pollen

Bluter ['blu:te] *m* ⟨-*s*, -⟩ MED haemophiliac (*Br*), hemophiliac (*US*) **Bluterguss** ['blu:t|ɛɐgus] *m* haematoma (*Br tech*), hematoma (*US tech*); (≈ *blauer Fleck*) bruise **Bluterkrankheit** ['blu:te-] *f* haemophilia (*Br*), hemophilia (*US*)

Blütezeit *f* (*fig*) heyday

Blutfleck *m* bloodstain **Blutgefäß** *nt* blood vessel **Blutgerinnsel** *nt* blood clot **Blutgruppe** *f* blood group **blutig** ['blu:tɪç] *adj* **1.** bloody **2.** (*infml*) *Anfänger* absolute; *Ernst* unrelenting **blutjung** *adj* very young **Blutkonserve** *f* unit of stored blood **Blutkörperchen** [-kœrpɐçən] *nt* ⟨-*s*, -⟩ blood corpuscle **Blutkreislauf** *m* blood circulation **Blutorange** *f* blood orange **Blutplasma** *nt* blood plasma **Blutprobe** *f* blood test; (≈ *entnommenes Blut*) blood sample **blutrünstig** [-rʏnstɪç] *adj* bloodthirsty **Blutsauger** *m* ⟨-*s*, -⟩, **Blutsaugerin** *f* ⟨-, -*nen*⟩ bloodsucker **Blutsbruder** *m* blood brother **Blutsenkung** *f* MED sedimentation of the blood **Blutspende** *f* blood donation **Blutspender(in)** *m/(f)* blood donor **Blutspur** *f* trail of blood; ~*en* traces of blood **blutstillend** **I** *adj* styptic **II** *adv* ~ *wirken* to have a styptic effect **Blutstropfen** *m* drop of blood **blutsverwandt** *adj* related by blood **Blutsverwandte(r)** *m/f(m) decl as adj* blood relation **Bluttat** *f* bloody deed **Bluttransfusion** *f* blood transfusion **Blutübertragung** *f* blood transfusion **Blutung** ['blu:tʊŋ] *f* ⟨-, -*en*⟩ bleeding *no pl*; (*starke*) haemorrhage (*Br*), hemorrhage (*US*); (*monatliche*) period **blutunterlaufen** *adj* suffused with blood; *Augen* bloodshot **Blutvergießen** *nt*

⟨-*s, no pl*⟩ bloodshed *no indef art* **Blutvergiftung** *f* blood poisoning *no indef art* **Blutverlust** *m* loss of blood **Blutwurst** *f* blood sausage **Blutzucker** *m* blood sugar **Blutzuckerspiegel** *m* blood sugar level

BLZ [be:|ɛl'tsɛt] *f* ⟨-, -*s*⟩ *abbr of* **Bankleitzahl**

BMX-Rad [be:|ɛm'|ɪks-] *nt* BMX bike

Bö [bø:] *f* ⟨-, -*en* ['bø:ən]⟩ gust (of wind); (*stärker, mit Regen*) squall

Bob [bɔp] *m* ⟨-*s*, -*s*⟩ bob(sleigh) (*Br*), bobsled

Bock¹ [bɔk] *m* ⟨-(*e*)*s*, ⸚*e* ['bœkə]⟩ **1.** buck; (≈ *Schafsbock*) ram; (≈ *Ziegenbock*) billy goat; *sturer* ~ (*infml*) stubborn old devil (*infml*) **2.** (≈ *Gestell*) stand; (≈ *Sägebock*) sawhorse **3.** (*sl* ≈ *Lust, Spaß*) *null* ~*!* I don't feel like it; ~ *auf etw* (*acc*) *haben* to fancy sth (*esp Br infml*); ~ *haben, etw zu tun* to fancy doing sth (*esp Br infml*)

Bock² *nt or m* ⟨-*s*, -⟩ bock (beer) (*type of strong beer*)

bocken ['bɔkn] *v/i* **1.** (*Pferd*) to refuse **2.** (*infml* ≈ *trotzen*) to act up (*infml*) **bockig** ['bɔkɪç] *adj* (*infml*) awkward **Bockmist** *m* (*infml*) (≈ *dummes Gerede*) bullshit (*sl*); ~ *machen* to make a big blunder (*infml*) **Bockshorn** *nt* *sich von jdm ins* ~ *jagen lassen* to let sb upset one **Bockspringen** *nt* ⟨-*s, no pl*⟩ leapfrog; SPORTS vaulting **Bockwurst** *f* bockwurst (*type of sausage*)

Boden ['bo:dn] *m* ⟨-*s*, ⸚ ['bø:dn]⟩ **1.** (≈ *Erde*) ground; (≈ *Fußboden*) floor; (≈ *Grundbesitz*) land; *auf spanischem* ~ on Spanish soil; *festen* ~ *unter den Füßen haben* to be on firm ground; *am* ~ *zerstört sein* (*infml*) to be devastated; (*an*) ~ *gewinnen/verlieren* (*fig*) to gain/lose ground; *etw aus dem* ~ *stampfen* (*fig*) to conjure sth up out of nothing; *auf fruchtbaren* ~ *fallen* (*fig*) to fall on fertile ground; *auf dem* ~ *der Tatsachen bleiben* to stick to the facts **2.** (*von Behälter*) bottom **3.** (≈ *Dachboden*) loft **Bodenbelag** *m* floor covering **Bodenfrost** *m* ground frost **bodengestützt** [-gəʃtʏtst] *adj* *Flugkörper* ground-launched **Bodenhaftung** *f* AUTO road holding *no indef art* **Bodenhaltung** *f* AGR "*aus* ~" "free-range" **Bodenkontrolle** *f* SPACE ground control **bodenlos** *adj* bottomless; (*infml*

≈ *unerhört*) incredible **Bodennebel** *m* ground mist **Bodenpersonal** *nt* AVIAT ground personnel *pl* **Bodenschätze** *pl* mineral resources *pl* **Bodensee** *m* **der** **~** Lake Constance **bodenständig** *adj* (≈ *lang ansässig*) long-established; (*fig* ≈ *unkompliziert*) down-to-earth **Bodenturnen** *nt* floor exercises *pl*

Body ['bɔdɪ] *m* ⟨-s, -s⟩ body **Bodybuilding** ['bɔdibɪldɪŋ] *nt* ⟨-s, *no pl*⟩ bodybuilding; **~ machen** to do bodybuilding exercises **Bodyguard** ['bɔdigaːɐt] *m* ⟨-s, -s⟩ (≈ *Leibwächter*) bodyguard

Bogen ['boːgn] *m* ⟨-s, - *or* ¨ ['bøːgn]⟩ **1.** (≈ *gekrümmte Linie*) curve; (≈ *Kurve*) bend; (MAT arc; MUS, SKI turn; **einen ~ machen** (*Fluss etc*) to curve; **einen großen ~ um jdn/etw machen** (≈ *meiden*) to keep well clear of sb/sth **2.** ARCH arch **3.** (≈ *Waffe, Geigenbogen*) bow; **den ~ überspannen** (*fig*) to go too far **4.** (≈ *Papierbogen*) sheet (of paper) **Bogengang** *m*, *pl* **-gänge** ARCH arcade **Bogenschießen** *nt* ⟨-s, *no pl*⟩ archery **Bogenschütze** *m*, **Bogenschützin** *f* archer

Bohle ['boːlə] *f* ⟨-, -n⟩ (thick) board; RAIL sleeper

Böhmen ['bøːmən] *nt* ⟨-s⟩ Bohemia **böhmisch** ['bøːmɪʃ] *adj* Bohemian; **das sind für mich ~e Dörfer** (*infml*) that's all Greek to me (*infml*)

Bohne ['boːnə] *f* ⟨-, -n⟩ bean; **dicke/ grüne/weiße ~n** broad/green *or* French *or* runner/haricot (*Br*) *or* string *or* navy (*US*) beans; **nicht die ~** (*infml*) not one little bit **Bohneneintopf** *m* bean stew **Bohnenkaffee** *m* real coffee; **gemahlener ~** ground coffee **Bohnenstange** *f* bean support; (*fig infml*) beanpole (*infml*)

bohren ['boːrən] **I** *v/t* to bore; (*mit Bohrer*) to drill **II** *v/i* **1.** to drill (*nach* for); **in der Nase ~** to pick one's nose **2.** (*fig*) (≈ *drängen*) to keep on; (*Schmerz, Zweifel etc*) to gnaw **III** *v/r* **sich in/durch etw** (*acc*) to bore its way into/through sth **bohrend** *adj* (*fig*) *Blick* piercing; *Schmerz, Zweifel* gnawing; *Frage* probing **Bohrer** ['boːrɐ] *m* ⟨-s, -⟩ drill **Bohrinsel** *f* drilling rig **Bohrloch** *nt* borehole; (*in Holz, Metall etc*) drill hole **Bohrmaschine** *f* drill **Bohrturm** *m* derrick **Bohrung** *f* ⟨-, -en⟩ **1.** (≈ *das Bohren*) boring; (*mit Bohrer*) drilling **2.** (≈ *Loch*) bore(hole); (*in Holz, Metall etc*) drill hole

böig ['bøːɪç] *adj* gusty; (*stärker, mit Regen*) squally

Boiler ['bɔylɐ] *m* ⟨-s, -⟩ (hot-water) tank **Boje** ['boːjə] *f* ⟨-, -n⟩ buoy

Bolivien [bo'liːviən] *nt* ⟨-s⟩ Bolivia

Bolzen ['bɔltsn] *m* ⟨-s, -⟩ TECH pin; (≈ *Geschoss*) bolt

Bolzplatz *m* piece of ground where children play football

bombardieren [bɔmbar'diːrən] *past part* **bombardiert** *v/t* to bomb; (*fig*) to bombard **Bombardierung** *f* ⟨-, -en⟩ bombing; (*fig*) bombardment

bombastisch [bɔm'bastɪʃ] **I** *adj Sprache* bombastic; *Aufwand* ostentatious **II** *adv* (≈ *schwülstig*) bombastically; (≈ *pompös*) ostentatiously

Bombe ['bɔmbə] *f* ⟨-, -n⟩ bomb; **wie eine ~ einschlagen** to come as a (real) bombshell **Bombenalarm** *m* bomb scare **Bombenangriff** *m* bomb attack **Bombenattentat** *nt* bomb attempt **Bombendrohung** *f* bomb threat *or* scare **Bombenerfolg** *m* (*infml*) smash hit (*infml*) **Bombengeschäft** *nt* (*infml*) **ein ~ machen** to do a roaring trade (*infml*) (*mit* in) **Bombenleger** [-leːgɐ] *m* ⟨-s, -⟩, **Bombenlegerin** [-ərɪn] *f* ⟨-, -nen⟩ bomber **bombensicher** *adj* **1.** MIL bombproof **2.** (*infml*) dead certain (*infml*) **Bombenteppich** *m* **einen ~ legen** to blanket-bomb an/the area **Bombentrichter** *m* bomb crater **Bomberjacke** *f* bomber jacket

Bon [bɔŋ, bõː] *m* ⟨-s, -s⟩ voucher, coupon; (≈ *Kassenzettel*) receipt

Bonbon [bɔŋ'bɔŋ, bõː'bõː] *nt or m* ⟨-s, -s⟩ sweet (*Br*), candy (*US*)

Bond [bɔnt] *m* ⟨-s, -s⟩ FIN bond; **festverzinsliche ~s** *pl* fixed-income bonds *pl* **Bondmarkt** *m* FIN bond market

Bonus ['boːnʊs] *m* ⟨- *or* -ses, - *or* -se⟩ bonus

Bonze ['bɔntsə] *m* ⟨-n, -n⟩ (*pej*) bigwig (*infml*)

Boom [buːm] *m* ⟨-s, -s⟩ boom **boomen** ['buːmən] *v/i* to boom

Boot [boːt] *nt* ⟨-(e)s, -e⟩ boat; **~ fahren** to go boating; **wir sitzen alle in einem ~** (*fig*) we're all in the same boat **Bootsfahrt** *f* boat trip **Bootsflüchtlinge** *pl* boat people **Bootsverleih** *m* boat hire business

Bord[1] [bɔrt] *m* ⟨-(e)s [-dəs]⟩ *no pl* **an ~** on

board; *alle Mann an ~!* all aboard!; *an ~ gehen* to go on board; *Mann über ~!* man overboard!; *über ~ werfen* to throw overboard

Bord[2] *nt* ⟨-(e)s, -e⟩ (≈ *Wandbrett*) shelf

Bordbuch *nt* log(book) **Bordcomputer** *m* on-board computer

Bordell [bɔr'dɛl] *nt* ⟨-s, -e⟩ brothel

Bordfunker(in) *m/(f)* NAUT, AVIAT radio operator **Bordkante** *f* kerb (*Br*), curb (*US*) **Bordkarte** *f* boarding pass **Bordstein** *m* kerb (*Br*), curb (*US*)

borgen ['bɔrgn] *v/t & v/i* **1.** (≈ *erhalten*) to borrow (*von* from) **2.** (≈ *geben*) to lend (*jdm etw* sb sth, sth to sb)

Borke ['bɔrkə] *f* ⟨-, -n⟩ bark

borniert [bɔr'niːrt] *adj* bigoted

Börse ['bœrzə, 'bøːrzə] *f* ⟨-, -n⟩ (≈ *Wertpapierhandel*) stock exchange; (*Ort*) stock exchange; *an die ~ gehen* to be floated on the stock exchange **Börsenaufsicht** *f* (*Behörde*) stock market regulator **Börsenbericht** *m* stock market report **Börsengang** *m*, *pl* -*gänge* stock market flotation **Börsengeschäft** *nt* (≈ *Wertpapierhandel*) stockbroking; (≈ *Transaktion*) stock market transaction **Börsenkrach** *m* stock market crash **Börsenkurs** *m* stock market price **Börsenmakler(in)** *m/(f)* stockbroker **Börsenspekulation** *f* speculation on the stock market **Börsentendenz** *f* stock market trend **Börsenverkehr** *m* stock market dealings *pl* **Börsianer** [bœr'ziaːnɐ] *m* ⟨-s, -⟩, **Börsianerin** [-ərɪn] *f* ⟨-, -nen⟩ (*infml*) (≈ *Makler*) broker; (≈ *Spekulant*) speculator

Borste ['bɔrstə] *f* ⟨-, -n⟩ bristle **borstig** ['bɔrstɪç] *adj* bristly; (*fig*) snappish

Borte ['bɔrtə] *f* ⟨-, -n⟩ braid trimming

bösartig *adj* Mensch, Wesen malicious; *Tier* vicious; MED *Geschwür* malignant

Böschung ['bœʃʊŋ] *f* ⟨-, -en⟩ embankment; (*von Fluss*) bank

böse ['bøːzə] **I** *adj* **1.** bad; (*infml* ≈ *unartig*) naughty; *Überraschung* nasty; *das war keine ~ Absicht* there was no harm intended; *~ Folgen* dire consequences **2.** (≈ *verärgert*) angry (+*dat*, *auf* +*acc*, *mit* with) **II** *adv* nastily; *verprügeln* badly; *es sieht ~ aus* it looks bad **Böse(r)** ['bøːzə] *m/f(m) decl as adj* wicked *or* evil person; FILM, THEAT villain, baddy (*infml*) **Böse(s)** ['bøːzə] *nt decl as adj* evil; (≈ *Schaden, Leid*) harm; *ich habe*

mir gar nichts ~s dabei gedacht I didn't mean any harm **Bösewicht** ['bøːzəvɪçt] *m* ⟨-(e)s, -e *or* -er⟩ (*hum*) villain **boshaft** ['boːshaft] **I** *adj* malicious **II** *adv* grinsen maliciously **Bosheit** ['boːshait] *f* ⟨-, -en⟩ malice; (*Bemerkung*) malicious remark

Bosnien ['bɔsniən] *nt* ⟨-s⟩ Bosnia; *~ und Herzegowina* Bosnia-Herzegovina **Bosnier** ['bɔsniɐ] *m* ⟨-s, -⟩, **Bosnierin** [-ərɪn] *f* ⟨-, -nen⟩ ⟨-s, -⟩ Bosnian **bosnisch** ['bɔsnɪʃ] *adj* Bosnian

Bosporus ['bɔsporʊs] *m* ⟨-⟩ *der ~* the Bosporus

Boss [bɔs] *m* ⟨-es, -e⟩ (*infml*) boss (*infml*)

böswillig I *adj* malicious; *in ~er Absicht* with malicious intent **II** *adv* maliciously **botanisch** [bo'taːnɪʃ] *adj* botanic

Bote ['boːtə] *m* ⟨-n, -n⟩, **Botin** ['boːtɪn] *f* ⟨-, -nen⟩ messenger; (≈ *Kurier*) courier **Botschaft** ['boːtʃaft] *f* ⟨-, -en⟩ **1.** (≈ *Mitteilung*) message; (≈ *Neuigkeit*) (piece of) news **2.** (POL ≈ *Vertretung*) embassy **Botschafter** ['boːtʃaftɐ] *m* ⟨-s, -⟩, **Botschafterin** [-ərɪn] *f* ⟨-, -nen⟩ ambassador

Botsuana [bɔt'suaːna] *nt* ⟨-s⟩ Botswana **Bottich** ['bɔtɪç] *m* ⟨-(e)s, -e⟩ tub **Botulismus** [botu'lɪsmʊs] *m* ⟨-, *no pl*⟩ MED botulism

Bougainvillea [bugɛ̃'vɪlea] *f* ⟨-, **Bougainvilleen** [-leən]⟩ BOT bougainvillea

Bouillon [bʊl'jɔn, bʊl'jõː, (*Aus*) bu'joːr] *f* ⟨-, -s⟩ bouillon **Bouillonwürfel** *m* bouillon cube

Boulevard [bulə'vaːɐ, bul'vaːɐ] *m* ⟨-s, -s⟩ boulevard **Boulevardblatt** *nt* (*infml*) tabloid (*also pej*) **Boulevardpresse** *f* (*infml*) popular press **Boulevardtheater** *nt* light theatre (*Br*) *or* theater (*US*) **Boulevardzeitung** *f* popular daily (*Br*), tabloid (*also pej*)

Boutique [bu'tiːk] *f* ⟨-, -n⟩ boutique

Bowle ['boːlə] *f* ⟨-, -n⟩ (≈ *Getränk*) punch **Bowling** ['boːlɪŋ] *nt* ⟨-s, -s⟩ (tenpin) bowling **Bowlingkugel** *f* bowl

Box [bɔks] *f* ⟨-, -en⟩ **1.** (≈ *abgeteilter Raum*) compartment; (*für Pferde*) box; (*in Großgarage*) (partitioned-off) parking place; (*für Rennwagen*) pit **2.** (≈ *Behälter*) box **3.** (≈ *Lautsprecherbox*) speaker (unit)

boxen ['bɔksn] **I** *v/i* SPORTS to box; *gegen jdn ~* to fight sb **II** *v/t* (≈ *schlagen*) to punch; **sich nach oben ~** (fig infml) to fight one's way up **Boxen** nt ⟨**-s**, no pl⟩ SPORTS boxing

Boxenstopp m pit stop

Boxer ['bɔksɐ] m ⟨**-s, -**⟩ (≈ Hund) boxer

Boxer ['bɔksɐ] m ⟨**-s, -**⟩, **Boxerin** [-ərɪn] f ⟨**-, -nen**⟩ (≈ Sportler) boxer **Boxershorts** pl boxer shorts pl **Boxhandschuh** m boxing glove **Boxkampf** m fight, bout **Boxring** m boxing ring

Boygroup ['bɔygruːp] f ⟨**-, -s**⟩ boy band, boy group (esp US)

Boykott [bɔy'kɔt] m ⟨**-(e)s, -e** or **-s**⟩ boycott **boykottieren** [bɔykɔ'tiːrən] past part **boykottiert** v/t to boycott

Brachland ['brax-] nt fallow (land) **brachliegen** v/i sep irr to lie fallow; (fig) to be left unexploited

Branche ['brãːʃə] f ⟨**-, -n**⟩ (≈ Fach) field; (≈ Gewerbe) trade; (≈ Geschäftszweig) area of business; (≈ Wirtschaftszweig) (branch of) industry **Branchenbuch** nt classified directory, Yellow Pages® sg **Branchenführer(in)** m/(f) market leader **Branchenverzeichnis** nt classified directory, Yellow Pages® sg

Brand [brant] m ⟨**-(e)s**, ⸚e ['brɛndə]⟩ **1.** (≈ Feuer) fire; **in ~ geraten** to catch fire; **etw in ~ setzen** or **stecken** to set fire to sth; **einen ~ legen** to set a fire **2.** (fig infml ≈ großer Durst) raging thirst **Brandblase** f (burn) blister **Brandbombe** f firebomb, incendiary device

branden ['brandn] v/i to surge (also fig); **an** or **gegen etw** (acc) **~** to break against sth

Brandenburg ['brandnbʊrk] nt ⟨**-s**⟩ Brandenburg

Brandfleck m burn **Brandgefahr** f danger of fire **Brandherd** m source of the fire; (fig) source **brandmarken** ['brantmarkn] v/t insep to brand; (fig) to denounce **brandneu** adj (infml) brand-new **Brandschutz** m protection against fire **Brandstifter(in)** m/(f) fire raiser (esp Br), arsonist (esp JUR) **Brandstiftung** f arson

Brandung ['brandʊŋ] f ⟨**-, -en**⟩ surf

Brandwunde f burn; (durch Flüssigkeit) scald **Brandzeichen** nt brand

Branntwein m spirits pl **Branntweinbrennerei** f distillery **Branntweinsteuer** f tax on spirits

Brasilianer [brazi'liaːnɐ] m ⟨**-s, -**⟩, **Brasilianerin** [-ərɪn] f ⟨**-, -nen**⟩ Brazilian **brasilianisch** [brazi'liaːnɪʃ] adj Brazilian **Brasilien** [bra'ziːliən] nt ⟨**-s**⟩ Brazil

Bratapfel m baked apple **braten** ['braːtn] pret **briet** [briːt], past part **gebraten** [gə-'braːtn] **I** v/t & v/i to roast; (im Ofen) to bake; (in der Pfanne) to fry **II** v/i (infml: in der Sonne) to roast (infml) **Braten** ['braːtn] m ⟨**-s, -**⟩ ≈ pot roast meat no indef art, no pl; (im Ofen gebraten) joint (Br), roast; **kalter ~** cold meat; **den ~ riechen** (infml) to smell a rat (infml) **Bratensoße** f gravy **bratfertig** adj oven-ready **Bratfisch** m fried fish **Brathähnchen** nt, (Aus, S Ger) **Brathendl** nt roast chicken **Brathering** m fried herring (sold cold) **Brathuhn** nt roast chicken; (≈ Huhn zum Braten) roasting chicken **Bratkartoffeln** pl sauté potatoes pl **Bratofen** m oven **Bratpfanne** f frying pan **Bratröhre** f oven **Bratrost** m grill

Bratsche ['braːtʃə] f ⟨**-, -n**⟩ viola

Bratspieß m skewer; (≈ Teil des Grills) spit; (≈ Gericht) kebab **Bratwurst** f, **Bratwürstchen** nt (fried) sausage

Brauch [braux] m ⟨**-(e)s, Bräuche** ['brɔyçə]⟩ custom, tradition; **etw ist ~** sth is traditional

brauchbar adj (≈ benutzbar) useable; Plan workable; (≈ nützlich) useful **brauchen** ['brauxn] **I** v/t **1.** (≈ nötig haben) to need (für, zu for); **Zeit ~** to need time; **wie lange braucht man, um ...?** how long does it take to ...? **2.** (infml ≈ nützlich finden) **das könnte ich ~** I could do with that **3.** (≈ benutzen, infml ≈ verbrauchen) to use; → **gebraucht II** aux to need; **du brauchst das nicht tun** you don't have or need to do that **Brauchtum** ['brauxtuːm] nt ⟨**-s**, (rare) **-tümer** [-tyːmɐ]⟩ customs pl, traditions pl

Braue ['brauə] f ⟨**-, -n**⟩ (eye)brow

brauen ['brauən] v/t Bier to brew **Brauer** ['brauɐ] m ⟨**-s, -**⟩, **Brauerin** [-ərɪn] f ⟨**-, -nen**⟩ brewer **Brauerei** [brauə'rai] f ⟨**-, -en**⟩ brewery

braun [braun] adj brown; **~ gebrannt** (sun)tanned **Bräune** ['brɔynə] f ⟨**-, no pl**⟩ (≈ braune Färbung) brown(ness); (von Sonne) (sun)tan **bräunen** ['brɔynən] **I** v/t COOK to brown; (Sonne etc) to tan **II** v/i **sich in der Sonne ~ lassen** to get a (sun)tan **braungebrannt** adj attr; → **braun braunhaarig** adj brown-haired; Frau auch brunette **Braunkohle**

_f_ brown coal **bräunlich** [ˈbrɔynlɪç] _adj_ brownish

Braunschweig [ˈbraunʃvaik] _nt_ ⟨_-s_⟩ Brunswick

Brause [ˈbrauzə] _f_ ⟨-, -n⟩ 1. (≈ _Dusche_) shower 2. (_an Gießkanne_) rose 3. (≈ _Getränk_) pop; (≈ _Limonade_) (fizzy) lemonade; (≈ _Brausepulver_) sherbet **brausen** [ˈbrauzn] _v/i_ 1. (≈ _tosen_) to roar; (_Beifall_) to thunder 2. _aux sein_ (≈ _rasen_) to race 3. (_auch vr_ ≈ _duschen_) to (have a) shower **Brausepulver** _nt_ sherbet **Brausetablette** _f_ effervescent tablet

Braut [braut] _f_ ⟨-, **Bräute** [ˈbrɔytə]⟩ 1. bride 2. (_sl_ ≈ _Frau_) bird (_esp Br infml_), chick (_esp US infml_) **Bräutigam** [ˈbrɔytɪgam, ˈbrɔytɪgam] _m_ ⟨-s, -e⟩ (bride)groom **Brautjungfer** _f_ bridesmaid **Brautkleid** _nt_ wedding dress **Brautpaar** _nt_ bride and (bride)groom

brav [braːf] I _adj_ 1. (≈ _gehorsam_) good; **sei schön ~!** be a good boy/girl 2. (≈ _bieder_) plain II _adv_ **~ seine Pflicht tun** to do one's duty without complaining

bravo [ˈbraːvo] _int_ well done; (_für Künstler_) bravo **Bravoruf** _m_ cheer

BRD [beːʔɛrˈdeː] _f_ ⟨-⟩ _abbr of_ **Bundesrepublik Deutschland** FRG

Break [breːk] _nt or m_ ⟨-s, -s⟩ TENNIS break

Brechbohnen _pl_ French beans _pl_ **Brecheisen** _nt_ crowbar **brechen** [ˈbrɛçn] _pret_ **brach** [braːx], _past part_ **gebrochen** [gəˈbrɔxn] I _v/t_ 1. to break; _Widerstand_ to overcome; _Licht_ to refract; **sich/jdm den Arm ~** to break one's/sb's arm 2. (≈ _erbrechen_) to bring up II _v/i_ 1. _aux sein_ to break; **mir bricht das Herz** it breaks my heart; **~ voll sein** to be full to bursting 2. **mit jdm/etw ~** to break with sb/sth 3. (≈ _sich erbrechen_) to be sick III _v/r_ (_Wellen_) to break; (_Lichtstrahl_) to be refracted **Brechmittel** _nt_ emetic; **er/das ist das reinste ~ (für mich)** he/it makes me feel sick **Brechreiz** _m_ nausea **Brechstange** _f_ crowbar

Brei [brai] _m_ ⟨-(e)s, -e⟩ mush, paste; (≈ _Haferbrei_) porridge; (≈ _Grießbrei_) semolina; **jdn zu ~ schlagen** (_infml_) to beat sb to a pulp (_infml_); **um den heißen ~ herumreden** (_infml_) to beat about (_Br_) or around the bush (_infml_)

breit [brait] I _adj_ broad; _Publikum, Angebot_ wide; **die ~e Masse** the masses _pl_; **die ~e Öffentlichkeit** the public at large II _adv_ **~ gebaut** sturdily built; **ein ~ gefächertes Angebot** a wide range **Breitbandkabel** _nt_ broadband cable **Breitband(kommunikations)netz** _nt_ TEL broadband (communications) network **breitbeinig** _adv_ with one's legs apart **Breite** [ˈbraitə] _f_ ⟨-, -n⟩ 1. breadth; (_esp bei Maßangaben_) width; (_von Angebot_) breadth; **in die ~ gehen** (_infml_ ≈ _dick werden_) to put on weight 2. GEOG latitude; **in südlichere ~n fahren** (_infml_) to travel to more southerly climes; **20° nördlicher ~** 20° north **breiten** [ˈbraitn] _v/t & v/r_ to spread **Breitengrad** _m_ (degree of) latitude **Breitenkreis** _m_ parallel **Breitensport** _m_ popular sport **breitgefächert** [-gəfɛçɐt] _adj_ → **breit breitmachen** _v/r sep_ (_infml: Mensch_) to make oneself at home; (_Gefühl etc_) to spread; **mach dich doch nicht so breit!** don't take up so much room **breitschlagen** _v/t sep irr_ (_infml_) **jdn (zu etw) ~** to talk sb round (_Br_) or around (_US_) (to sth); **sich ~ lassen** to let oneself be talked round (_Br_) or around (_US_) **breitschult(e)rig** _adj_ broad-shouldered **Breitseite** _f_ (NAUT, _fig_) broadside **breitspurig** [-ʃpuːrɪç] I _adj_ Bahn broad-gauge _attr_; _Straße_ wide-laned II _adv_ (_fig_) **~ reden** to speak in a showy manner **breittreten** _v/t sep irr_ (_infml_) to go on about (_infml_)

Bremsbelag _m_ brake lining **Bremse**[1] [ˈbrɛmzə] _f_ ⟨-, -n⟩ (_bei Fahrzeugen_) brake

Bremse[2] _f_ ⟨-, -n⟩ (≈ _Insekt_) horsefly **bremsen** [ˈbrɛmzn] I _v/i_ 1. to brake 2. (_infml_ ≈ _zurückstecken_) **mit etw ~** to cut down (on) sth II _v/t_ 1. _Fahrzeug_ to brake 2. (_fig_) to restrict; _Entwicklung_ to slow down; **er ist nicht zu ~** (_infml_) there's no stopping him **Bremsflüssigkeit** _f_ brake fluid **Bremskraft** _f_ braking power **Bremskraftverstärker** _m_ servo brake **Bremslicht** _nt_ brake light **Bremspedal** _nt_ brake pedal **Bremsspur** _f_ skid mark _usu pl_ **Bremsung** _f_ ⟨-, -en⟩ braking **Bremsweg** _m_ braking distance

brennbar _adj_ inflammable **Brennelement** _nt_ fuel element **brennen** [ˈbrɛnən] _pret_ **brannte** [ˈbrantə], _past part_ **gebrannt** [gəˈbrant] I _v/i_ to burn; (_Glühbirne etc_) to be on; (_Zigarette_) to be alight; (_Stich_) to sting; **in den Augen**

~ to sting the eyes; *das Licht~ lassen* to leave the light on; *es brennt!* fire, fire!; *wo brennts denn?* (*infml*) what's the panic?; *darauf~, etw zu tun* to be dying to do sth **II** *v/t* to burn; *Branntwein* to distil (*Br*), to distill (*US*); *Kaffee* to roast; *Ton* to fire; *eine CD ~* to burn a CD **brennend I** *adj* burning; *Zigarette* lighted **II** *adv* (*infml* ≈ *sehr*) terribly; *interessieren* really **Brenner** ['brɛnɐ] *m* ⟨*-s, -*⟩ TECH burner; (*für CDs*) CD burner **Brennerei** [brɛnə'raɪ] *f* ⟨*-, -en*⟩ distillery **Brennholz** *nt* firewood **Brennnessel** *f* stinging nettle **Brennofen** *m* kiln **Brennpunkt** *m* MAT, OPT focus; *im ~ des Interesses stehen* to be the focal point **Brennstab** *m* fuel rod **Brennstoff** *m* fuel **Brennstoffzelle** *f* fuel cell

brenzlig ['brɛntslɪç] *adj* (*infml*) *Situation* precarious; *die Sache wurde ihm zu ~* things got too hot for him (*infml*)

Bretagne [bre'tanjə] *f* ⟨*-*⟩ *die ~* Brittany

Brett [brɛt] *nt* ⟨*-(e)s, -er* ['brɛtɐ]⟩ **1.** board; (≈ *Regalbrett*) shelf; *Schwarzes ~* notice board (*Br*), bulletin board (*US*) *ich habe heute ein ~ vor dem Kopf* (*infml*) I can't think straight today **2.** (*fig*) *Bretter pl* (≈ *Bühne*) stage, boards *pl*; (*Skier*) planks *pl* (*infml*) **brettern** ['brɛtɐn] *v/i aux sein* (*infml*) to race (along) **Bretterzaun** *m* wooden fence **Brettspiel** *nt* board game

Brezel ['bre:tsl] *f* ⟨*-, -n*⟩ pretzel

Brief [bri:f] *m* ⟨*-(e)s, -e*⟩ letter; BIBLE epistle **Briefbombe** *f* letter bomb

briefen [bri:fn] *v/t* (≈ *informieren*) to brief

Brieffreund(in) *m*/(*f*) pen friend **Briefkasten** *m* (*am Haus*) letter box (*Br*), mailbox (*US*); (*der Post*) postbox (*Br*), mailbox (*US*); *elektronischer ~* IT electronic mailbox **Briefkopf** *m* letterhead **brieflich** ['bri:flɪç] *adj, adv* by letter **Briefmarke** *f* stamp **Briefmarkensammler(in)** *m*/(*f*) stamp collector **Briefmarkensammlung** *f* stamp collection **Brieföffner** *m* letter opener **Briefpapier** *nt* writing paper **Brieftasche** *f* **1.** wallet, billfold (*US*) **2.** (*Aus* ≈ *Geldbörse*) purse (*Br*), wallet (*US*) **Brieftaube** *f* carrier pigeon **Briefträger** *m* postman (*Br*), mailman (*US*) **Briefträgerin** *f* postwoman (*Br*), mailwoman (*US*) **Briefumschlag** *m* envelope **Briefwaage** *f* letter scales *pl* **Briefwahl** *f* postal vote

Briefwechsel *m* correspondence

Brigade [bri'ga:də] *f* ⟨*-, -n*⟩ MIL brigade

Brikett [bri'kɛt] *nt* ⟨*-s, -s* or (*rare*) *-e*⟩ briquette

brillant [brɪl'jant] **I** *adj* brilliant **II** *adv* brilliantly **Brillant** [brɪl'jant] *m* ⟨*-en, -en*⟩ diamond **Brillantring** *m* diamond ring

Brille ['brɪlə] *f* ⟨*-, -n*⟩ **1.** OPT glasses *pl*; (≈ *Schutzbrille*) goggles *pl*; *eine ~* a pair of glasses; *eine ~ tragen* to wear glasses **2.** (≈ *Klosettbrille*) (toilet) seat **Brillenetui** *nt* glasses case **Brillenglas** *nt* lens

bringen ['brɪŋən] *pret* **brachte** ['braxtə], *past part* **gebracht** [gə'braxt] *v/t* **1.** (≈ *herbringen*) to bring; *etw (dat) etw ~ lassen* to have sth brought to one; *etw an sich* (*acc*) *~* to acquire sth **2.** (≈ *woanders hinbringen*) to take; *jdn nach Hause ~* to take sb home; *etw hinter sich* (*acc*) *~* to get sth over and done with **3.** (≈ *einbringen*) *Gewinn* to bring in, to make; (*jdm*) *Glück/Unglück ~* to bring (sb) luck/bad luck; *das bringt nichts* (*infml*) it's pointless **4.** *jdn zum Lachen/Weinen ~* to make sb laugh/cry; *jdn dazu ~, etw zu tun* to get sb to do sth **5.** (*Zeitung*) to print; (≈ *senden*) *Bericht etc* to broadcast; (≈ *aufführen*) *Stück* to do **6.** (*sl* ≈ *schaffen, leisten*) *das bringt er nicht* he's not up to it; *das Auto bringt 180 km/h* (*infml*) the car can do 180 km/h; *der Motor bringts nicht mehr* the engine has had it (*infml*) **7.** *es zu etwas/nichts ~* to get somewhere/nowhere; *er hat es bis zum Direktor gebracht* he made it to director; *jdn um etw ~* to do sb out of sth; *das bringt mich noch um den Verstand* it's driving me crazy

brisant [bri'zant] *adj* explosive **Brisanz** [bri'zants] *f* ⟨*-, -en*⟩ (*fig*) explosive nature; *ein Thema von äußerster ~* an extremely explosive subject

Brise ['bri:zə] *f* ⟨*-, -n*⟩ breeze

Brite ['brɪtə, 'bri:tə] *m* ⟨*-n, -n*⟩, **Britin** ['brɪtɪn, 'bri:tɪn] *f* ⟨*-, -nen*⟩ Briton, Brit (*infml*); *er ist ~* he is British; *die ~n* the British **britisch** ['brɪtɪʃ, 'bri:tɪʃ] *adj* British; *die Britischen Inseln* the British Isles

bröckelig ['brœkəlɪç] *adj* crumbly **bröckeln** ['brœkln] *v/i aux sein* (*Haus, Fassade*) to crumble; (*Preise, Kurse*) to tumble **Brocken** ['brɔkn] *m* ⟨*-s, -*⟩ lump, chunk; (*infml: Person*) lump (*infml*); **ein paar ~ Spanisch** a smattering of Spanish; **ein harter ~** (≈ *Person*) a tough cookie (*infml*); (≈ *Sache*) a tough nut to crack

brodeln ['broːdln] *v/i* to bubble; (*Dämpfe*) to swirl; **es brodelt** (*fig*) there is seething unrest

Brokat [bro'kaːt] *m* ⟨-(e)s, -e⟩ brocade

Broker ['broːkɐ] *m* ⟨-s, -⟩, **Brokerin** [-ə-rɪn] *f* ⟨-, -nen⟩ ST EX (stock)broker

Brokkoli ['brɔkoli] *pl* broccoli *sg*

Brom [broːm] *nt* ⟨-s, *no pl*⟩ bromine

Brombeere ['brɔm-] *f* blackberry, bramble

Bronchialkatarrh *m* bronchial catarrh **Bronchie** ['brɔnçiə] *f* ⟨-, -n⟩ *usu pl* bronchial tube **Bronchitis** [brɔn'çiːtɪs] *f* ⟨-, **Bronchitiden** [-çi'tiːdn]⟩ bronchitis

Bronze ['brõːsə] *f* ⟨-, -n⟩ bronze **Bronzemedaille** ['brõːsə-] *f* bronze medal **Bronzezeit** ['brõːsə-] *f, no pl* Bronze Age

Brosche ['brɔʃə] *f* ⟨-, -n⟩ brooch **Broschüre** [brɔ'ʃyːrə] *f* ⟨-, -n⟩ brochure

Brösel ['brøːzl] *m* ⟨-s, -⟩ crumb

Brot [broːt] *nt* ⟨-(e)s, -e⟩ bread; (≈ *Laib*) loaf (of bread); (≈ *Scheibe*) slice (of bread); (≈ *Butterbrot*) slice of bread and butter *no art, no pl*; (≈ *Stulle*) sandwich; **belegte ~e** open (*Br*) *or* open-face (*US*) sandwiches **Brotbelag** *m* topping (*for bread*) **Brötchen** ['brøːtçən] *nt* ⟨-s, -⟩ roll; (**sich** *dat*) **seine ~ verdienen** (*infml*) to earn one's living **Brotkorb** *m* bread basket **Brotmesser** *nt* bread knife **Brotrinde** *f* crust **Brotzeit** *f* (*S Ger ≈ Pause*) tea break (*Br*), snack break (*US*)

browsen ['brauzn] *v/i* IT to browse **Browser** ['brauzɐ] *m* ⟨-s, -⟩ IT browser

Bruch [brux] *m* ⟨-(e)s, ⸚e ['brʏçə]⟩ **1.** (≈ *Bruchstelle*) break; (*in Porzellan etc*) crack; **zu ~ gehen** to get broken **2.** (*fig*) (*von Vertrag, Eid etc*) breaking; (*mit Vergangenheit, Partei*) break; (*des Vertrauens*) breach; **in die Brüche gehen** (*Ehe, Freundschaft*) to break up **3.** MED fracture; (≈ *Eingeweidebruch*) hernia **4.** MAT fraction **5.** (*sl ≈ Einbruch*) break-in **Bruchbude** *f* (*pej*) hovel **brüchig** ['brʏçɪç] *adj Material, Knochen* brittle; *Mauerwerk* crumbling; (*fig*) *Stimme* cracked **Bruchlandung** *f* crash-landing; **eine ~ machen** to crash-land **Bruchrechnung** *f* fractions

sg or pl **Bruchschaden** *m* COMM breakage **Bruchstelle** *f* break **Bruchstrich** *m* MAT line (of a fraction) **Bruchstück** *nt* fragment **bruchstückhaft I** *adj* fragmentary **II** *adv* in a fragmentary way **Bruchteil** *m* fraction; **im ~ einer Sekunde** in a split second

Brücke ['brʏkə] *f* ⟨-, -n⟩ **1.** bridge; **alle ~n hinter sich** (*dat*) **abbrechen** (*fig*) to burn one's bridges **2.** (≈ *Zahnbrücke*) bridge **3.** (≈ *Teppich*) rug **Brückenkopf** *m* bridgehead **Brückentag** *m* extra day off (*taken between two public holidays or a public holiday and a weekend*)

Bruder ['bruːdɐ] *m* ⟨-s, ⸚ ['brʏːdɐ]⟩ **1.** brother; **unter Brüdern** (*infml*) between friends **2.** (≈ *Mönch*) friar, brother **3.** (*infml ≈ Mann*) guy (*infml*) **brüderlich** ['brʏːdɐlɪç] **I** *adj* fraternal **II** *adv* like brothers; **~ teilen** to share and share alike **Brüderschaft** ['brʏːdɐʃaft] *f* ⟨-, -en⟩ (≈ *Freundschaft*) close friendship; **mit jdm ~ trinken** to agree over a drink to use the familiar "du"

Brühe ['brʏːə] *f* ⟨-, -n⟩ (≈ *Suppe*) (clear) soup; (*als Suppengrundlage*) stock; (*pej*) (≈ *schmutzige Flüssigkeit*) sludge; (≈ *Getränk*) muck (*infml*) **brühwarm** *adv* (*infml*) **er hat das sofort ~ weitererzählt** he promptly went away and spread it around **Brühwürfel** *m* stock cube

brüllen ['brʏlən] **I** *v/i* to shout, to roar; (*pej ≈ laut weinen*) to bawl; **er brüllte vor Schmerzen** he screamed with pain; **vor Lachen ~** to roar with laughter; **das ist zum Brüllen** (*infml*) it's a scream (*infml*) **II** *v/t* to shout, to roar **Brüller** ['brʏlɐ] (*infml*) **ein ~ sein** (*Witz, Film etc*) to be a scream (*infml*) *or* hoot (*infml*); (*Schlager*) to be brilliant *or* wicked (*Br sl*)

brummen ['brʊmən] **I** *v/i* **1.** (*Insekt*) to buzz; (*Motor*) to drone; **mir brummt der Kopf** my head is throbbing **2.** (*Wirtschaft, Geschäft*) to boom **II** *v/t* (≈ *brummeln*) to mumble, to mutter **Brummer** ['brʊmɐ] *m* ⟨-s, -⟩ (≈ *Schmeißfliege*) bluebottle **Brummi** ['brʊmi] *m* ⟨-s, -s⟩ (*infml ≈ Lastwagen*) lorry (*Br*), truck **brummig** ['brʊmɪç] *adj* grumpy **Brummschädel** *m* (*infml*) thick head (*infml*)

Brunch [brantʃ, branʃ] *m* ⟨-(e)s, -(e)s *or* -e⟩ brunch

brünett [brʏ'nɛt] *adj* dark(-haired); **sie**

ist ~ she is (a) brunette

Brunft [brʊnft] *f* ⟨**-**, **=e** ['brʏnftə]⟩ HUNT rut **Brunftschrei** *m* mating call

Brunnen ['brʊnən] *m* ⟨**-s**, **-**⟩ well; (≈ *Springbrunnen*) fountain **Brunnenkresse** *f* watercress **Brunnenschacht** *m* well shaft

brünstig ['brʏnstɪç] *adj männliches Tier* rutting; *weibliches Tier* on (*Br*) *or* in (*esp US*) heat

brüsk [brʏsk] **I** *adj* brusque, abrupt **II** *adv* brusquely, abruptly **brüskieren** [brʏs-'kiːrən] *past part* **brüskiert** *v/t* to snub

Brüssel ['brʏsl] *nt* ⟨**-s**⟩ Brussels

Brust [brʊst] *f* ⟨**-**, **=e** ['brʏstə]⟩ **1.** (≈ *Körperteil*) chest; *sich* (*dat*) *jdn zur* ~ *nehmen* to have a word with sb; *schwach auf der* ~ *sein* (*infml*) to have a weak chest **2.** (≈ *weibliche Brust*) breast; *einem Kind die* ~ *geben* to breast-feed a baby **3.** COOK breast **Brustbein** *nt* ANAT breastbone **Brustbeutel** *m* money bag (*worn around the neck*) **Brustdrüse** *f* mammary gland **brüsten** ['brʏstn] *v/r* to boast (*mit* about) **Brustfell** *nt* ANAT pleura **Brustfellentzündung** *f* pleurisy **Brustkasten** *m* (*infml*), **Brustkorb** *m* ANAT thorax **Brustkrebs** *m* breast cancer **Brustschwimmen** *nt* breaststroke **Bruststück** *nt* COOK breast **Brustton** *m*, *pl* **-töne** *im* ~ *der Überzeugung* in a tone of utter conviction **Brustumfang** *m* chest measurement; (*von Frau*) bust measurement **Brüstung** ['brʏstʊŋ] *f* ⟨**-**, **-en**⟩ parapet; (≈ *Fensterbrüstung*) breast **Brustwarze** *f* nipple **Brustweite** *f* chest measurement; (*von Frau*) bust measurement

Brut [bruːt] *f* ⟨**-**, **-en**⟩ **1.** *no pl* (≈ *das Brüten*) incubating **2.** (≈ *die Jungen*) brood; (*pej*) mob (*infml*)

brutal [bru'taːl] **I** *adj* brutal **II** *adv* *zuschlagen* brutally; *behandeln* cruelly **Brutalität** [brutali'tɛːt] *f* ⟨**-**, **-en**⟩ brutality; (≈ *Gewalttat*) act of brutality

brüten ['bryːtn] *v/i* to incubate; (*fig*) to ponder (*über* +*dat* over); *~de Hitze* stifling heat **Brüter** ['bryːtɐ] *m* ⟨**-s**, **-**⟩ TECH breeder (reactor); *Schneller* ~ fast-breeder (reactor) **Brutkasten** *m* MED incubator **Brutstätte** *f* breeding ground (+*gen* for)

brutto ['brʊto] *adv* gross **Bruttoeinkommen** *nt* gross income **Bruttogehalt** *nt* gross salary **Bruttogewicht** *nt* gross weight **Bruttolohn** *m* gross wage(s *pl*) **Bruttoregistertonne** *f* register ton **Bruttosozialprodukt** *nt* gross national product, GNP

Brutzeit *f* incubation (period)

brutzeln ['brʊtsln] (*infml*) *v/i* to sizzle (away)

BSE [beː|ɛs'|eː] *abbr of* **Bovine Spongiforme Enzephalopathie** BSE

Bub [buːp] *m* ⟨**-en**, **-en** [-bn]⟩ (*S Ger, Aus, Swiss*) boy **Bube** ['buːbə] *m* ⟨**-n**, **-n**⟩ CARDS jack

Buch [buːx] *nt* ⟨**-(e)s**, **=er** ['byːçɐ]⟩ **1.** book; *er redet wie ein* ~ (*infml*) he never stops talking; *ein Tor, wie es im* ~ *steht* a textbook goal **2.** *usu pl* COMM books *pl*; *über etw* (*acc*) ~ *führen* to keep a record of sth **Buchbesprechung** *f* book review **Buchdruck** *m*, *no pl* letterpress (printing) **Buchdrucker(in)** *m*/(*f*) printer **Buchdruckerei** *f* (≈ *Betrieb*) printing works *sg or pl*; (≈ *Handwerk*) printing

Buche ['buːxə] *f* ⟨**-**, **-n**⟩ (≈ *Baum*) beech (tree); (≈ *Holz*) beech(wood)

buchen ['buːxn] *v/t* **1.** COMM to enter; *etw als Erfolg* ~ to put sth down as a success **2.** (≈ *vorbestellen*) to book

Bücherbrett *nt* bookshelf **Bücherei** [byːçə'rai] *f* ⟨**-**, **-en**⟩ (lending) library **Bücherregal** *nt* bookshelf **Bücherschrank** *m* bookcase **Bücherwand** *f* wall of book shelves; (*als Möbelstück*) (large) set of book shelves **Bücherwurm** *m* (*also hum*) bookworm

Buchfink *m* chaffinch

Buchführung *f* book-keeping, accounting **Buchhalter(in)** *m*/(*f*) book-keeper **Buchhaltung** *f* **1.** book-keeping, accounting **2.** (*Abteilung einer Firma*) accounts department **Buchhandel** *m* book trade; *im* ~ *erhältlich* available in bookshops **Buchhändler(in)** *m*/(*f*) bookseller **Buchhandlung** *f* bookshop, bookstore (*US*) **Buchladen** *m* bookshop, bookstore (*US*) **Buchmacher(in)** *m*/(*f*) bookmaker, bookie (*infml*) **Buchmesse** *f* book fair **Buchprüfer(in)** *m*/(*f*) auditor **Buchprüfung** *f* audit **Buchrücken** *m* spine

Buchse ['bʊksə] *f* ⟨**-**, **-n**⟩ ELEC socket; (TECH, *von Zylinder*) liner; (*von Lager*) bush

Büchse ['bʏksə] *f* ⟨**-**, **-n**⟩ **1.** tin; (≈ *Konservenbüchse*) can; (≈ *Sammelbüchse*) collecting box **2.** (≈ *Gewehr*) rifle, (shot)gun

Buchstabe ['buːxʃtaːbə] *m* ⟨**-n(s), -n**⟩ letter; **kleiner ~** small letter; **großer ~** capital (letter) **buchstabieren** [buːxʃtaˈbiːrən] *past part* **buchstabiert** *v/t* to spell **buchstäblich** ['buːxʃtɛːplɪç] **I** *adj* literal **II** *adv* literally **Buchstütze** *f* book end

Bucht [buxt] *f* ⟨**-, -en**⟩ (*im Meer*) bay; (*kleiner*) cove

Buchtitel *m* (book) title **Buchumschlag** *m* dust jacket **Buchung** ['buːxʊŋ] *f* ⟨**-, -en**⟩ COMM entry; (≈ *Reservierung*) booking **Buchweizen** *m* buckwheat **Buchwert** *m* COMM book value

Buckel ['bʊkl] *m* ⟨**-s, -**⟩ hump(back), hunchback; (*infml* ≈ *Rücken*) back; **ei-nen ~ machen** (*Katze*) to arch its back; (*Mensch*) to hunch one's shoulders; **sei-ne 80 Jahre auf dem ~ haben** (*infml*) to be 80 (years old) **buckelig** ['bʊkəlɪç] *adj* hunchbacked, humpbacked

bücken ['bʏkn] *v/r* to bend (down); **sich nach etw ~** to bend down to pick sth up; → **gebückt**

bucklig ['bʊklɪç] *adj etc* = **buckelig**

Bückling ['bʏklɪŋ] *m* ⟨**-s, -e**⟩ COOK smoked herring

buddeln ['bʊdln] *v/i* (*infml*) to dig

Buddhismus [bʊˈdɪsmʊs] *m* ⟨**-, no pl**⟩ Buddhism **Buddhist** [bʊˈdɪst] *m* ⟨**-en, -en**⟩, **Buddhistin** [-ˈdɪstɪn] *f* ⟨**-, -nen**⟩ Buddhist **buddhistisch** [bʊˈdɪstɪʃ] *adj* Buddhist(ic)

Bude ['buːdə] *f* ⟨**-, -n**⟩ **1.** (≈ *Bretterbau*) hut; (≈ *Baubude*) (workmen's) hut; (≈ *Verkaufsbude*) stall; (≈ *Zeitungsbude*) kiosk **2.** (*pej infml* ≈ *Lokal etc*) dump (*infml*) **3.** (*infml*) (≈ *Zimmer*) room; (≈ *Wohnung*) pad (*infml*)

Budget [byˈdʒeː] *nt* ⟨**-s, -s**⟩ budget

Büfett [byˈfɛt] *nt* ⟨**-(e)s, -e** *or* **-s**⟩ **1.** (≈ *Ge-schirrschrank*) sideboard **2. kaltes ~** cold buffet

Büffel ['bʏfl] *m* ⟨**-s, -**⟩ buffalo **büffeln** ['bʏfln] (*infml*) **I** *v/i* to cram (*infml*) **II** *v/t Lernstoff* to swot up (*Br infml*), to bone up on (*US infml*)

Bug [buːk] *m* ⟨**-(e)s,** ⸚**e** *or* **-e** ['byːgə, 'buːgə]⟩ (≈ *Schiffsbug*) bow *usu pl*; (≈ *Flugzeugbug*) nose

Bügel ['byːgl] *m* ⟨**-s, -**⟩ **1.** (≈ *Kleiderbü-gel*) (coat) hanger **2.** (≈ *Steigbügel*) stir-rup **3.** (≈ *Brillenbügel*) side piece **Bü-gelbrett** *nt* ironing board **Bügeleisen**

nt iron **Bügelfalte** *f* crease in one's trou-sers (*esp Br*) *or* pants (*esp US*) **bügelfrei** *adj* noniron **bügeln** ['byːgln] *v/t* & *v/i Wäsche* to iron; *Hose* to press

Buggy ['bagi] *m* ⟨**-s, -s**⟩ buggy

bugsieren [bʊkˈsiːrən] *past part* **bug-siert** *v/t* (*infml*) *Möbelstück etc* to ma-noeuvre (*Br*), to maneuver (*US*); **jdn aus dem Zimmer ~** to steer sb out of the room

buh [buː] *int* boo **buhen** ['buːən] *v/i* (*infml*) to boo

buhlen ['buːlən] *v/i* (*pej*) **um jdn/jds Gunst ~** to woo sb/sb's favour (*Br*) *or* fa-vor (*US*)

Buhmann ['buːman] *m, pl* **-männer** (*infml*) bogeyman (*infml*)

Bühne ['byːnə] *f* ⟨**-, -n**⟩ **1.** stage; **über die ~ gehen** (*fig infml*) to go off; **hinter der ~** behind the scenes **2.** (≈ *Theater*) the-atre (*Br*), theater (*US*) **Bühnenanwei-sung** *f* stage direction **Bühnenautor(in)** *m/(f)* playwright **Bühnenbearbeitung** *f* stage adaptation **Bühnenbild** *nt* (stage) set **Bühnenbildner** [-bɪltnɐ] *m* ⟨**-s, -**⟩, **Bühnenbildnerin** [-ərɪn] *f* ⟨**-, -nen**⟩ set designer **bühnenreif** *adj* ready for the stage

Buhruf *m* boo

Bulette [buˈlɛtə] *f* ⟨**-, -n**⟩ (*dial*) meat ball; **ran an die ~n** (*infml*) go right ahead!

Bulgare [bʊlˈɡaːrə] *m* ⟨**-n, -n**⟩, **Bulgarin** [-ˈɡaːrɪn] *f* ⟨**-, -nen**⟩ Bulgarian **Bulgari-en** [bʊlˈɡaːriən] *nt* ⟨**-s**⟩ Bulgaria **bulga-risch** [bʊlˈɡaːrɪʃ] *adj* Bulgarian

Bulimie [buliˈmiː] *f* ⟨**-, no pl**⟩ MED bulimia

Bullauge ['bʊl-] *nt* NAUT porthole **Bull-dogge** ['bʊl-] *f* bulldog **Bulldozer** ['bʊldoːzɐ] *m* ⟨**-s, -**⟩ bulldozer

Bulle ['bʊlə] *m* ⟨**-n, -n**⟩ **1.** bull **2.** (*pej sl* ≈ *Polizist*) cop (*infml*)

Bulletin [bʊlˈtɛ̃ː] *nt* ⟨**-s, -s**⟩ bulletin

bullig ['bʊlɪç] *adj* (*infml*) beefy (*infml*)

Bumerang ['buːməraŋ, 'bʊməraŋ] *m* ⟨**-s, -s** *or* **-e**⟩ (*lit, fig*) boomerang

Bummel ['bʊml] *m* ⟨**-s, -**⟩ stroll; (*durch Lokale*) tour (*durch* of); **einen ~ ma-chen** to go for a stroll **Bummelant** [bʊməˈlant] *m* ⟨**-en, -en**⟩, **Bummelan-tin** [-ˈlantɪn] *f* ⟨**-, -nen**⟩ (*infml*) **1.** (≈ *Trödler*) dawdler **2.** (≈ *Faulenzer*) loafer (*infml*) **bummeln** ['bʊmln] *v/i* **1.** *aux sein* (≈ *spazieren gehen*) to stroll **2.** (≈ *trö-deln*) to dawdle **3.** (≈ *faulenzen*) to fritter one's time away **Bummelstreik** *m* go-

slow **Bummelzug** *m* (*infml*) slow train
Bums [bʊms] *m* ⟨**-es, -e**⟩ (*infml* ≈ *Schlag*) bang, thump **bumsen** ['bʊmzn] **I** *v/i impers* (*infml* ≈ *dröhnen*) **..., dass es bumste** ... with a bang; **es hat gebumst** (*von Fahrzeugen*) there's been a crash **II** *v/i* **1.** (≈ *schlagen*) to thump **2.** *aux sein* (≈ *prallen, stoßen*) to bump, to bang **3.** (*infml* ≈ *koitieren*) to do it (*infml*)

Bund[1] [bʊnt] *m* ⟨**-(e)s, ⁻e** ['bʏndə]⟩ **1.** (≈ *Vereinigung*) bond; (≈ *Bündnis*) alliance; **den ~ der Ehe eingehen** to enter (into) the bond of marriage; **den ~ fürs Leben schließen** to take the marriage vows **2.** (≈ *Organisation*) association; (≈ *Staatenbund*) league, alliance **3.** POL **~ und Länder** the Federal Government and the/its Länder **4.** (*infml* ≈ *Bundeswehr*) **der~** the army **5.** (*an Kleidern*) waistband

Bund[2] *nt* ⟨**-(e)s, -e** ['bʊndə]⟩ bundle; (*von Radieschen, Spargel etc*) bunch

Bündel ['bʏndl] *nt* ⟨**-s, -**⟩ bundle, sheaf; (*von Banknoten*) wad; (*von Karotten etc*) bunch **bündeln** ['bʏndln] *v/t Zeitungen etc* to bundle up

Bundesagentur *f* **~ für Arbeit** (State) Department of Employment **Bundesanstalt** *f* **~ für Arbeit** Federal Institute of Labour (*Br*) *or* Labor (*US*) **Bundesausbildungsförderungsgesetz** *nt* *law regarding grants for higher education* **Bundesbank** *f, no pl* (*Ger*) Federal bank **Bundesbehörde** *f* Federal authority **Bundesbürger(in)** *m/f(f)* (*Ger*) German, citizen of Germany **bundesdeutsch** *adj* German **Bundesebene** *f* **auf~** at a national level **bundeseinheitlich** **I** *adj* Federal, national **II** *adv* nationally; **etw ~ regeln** to regulate sth at national level **Bundesgebiet** *nt* (*Ger*) Federal territory **Bundesgenosse** *m*, **Bundesgenossin** *f* ally **Bundesgerichtshof** *m, no pl* (*Ger*) Federal Supreme Court **Bundesgeschäftsführer(in)** *m/f(f)* (*von Partei, Verein*) general secretary **Bundesgrenzschutz** *m* (*Ger*) Federal Border Guard **Bundeshauptstadt** *f* Federal capital **Bundesheer** *nt* (*Aus*) services *pl*, army **Bundeskanzler(in)** *m/f(f)* **1.** (*Ger, Aus*) Chancellor **2.** (*Swiss*) Head of the Federal Chancellery **Bundesland** *nt* state; **die neuen Bundesländer** the former East German

states; **die alten Bundesländer** the former West German states **Bundesliga** *f* (*Ger* SPORTS) national league **Bundesminister(in)** *m/f(f)* (*Ger, Aus*) Federal Minister **Bundesmittel** *pl* Federal funds *pl* **Bundesnachrichtendienst** *m* (*Ger*) Federal Intelligence Service **Bundespräsident(in)** *m/f(f)* (*Ger, Aus*) (Federal) President; (*Swiss*) President of the Federal Council **Bundesrat**[1] *m* (*Ger*) Bundesrat, *upper house of the German Parliament*; (*Swiss*) Council of Ministers **Bundesrat**[2] *m*, **Bundesrätin** *f* (*Swiss*) Minister of State **Bundesregierung** *f* (*Ger, Aus*) Federal Government **Bundesrepublik** *f* Federal Republic; **~ Deutschland** Federal Republic of Germany **Bundesstaat** *m* federal state **Bundestag** *m, no pl* (*Ger*) Bundestag, *lower house of the German Parliament* **Bundestagsabgeordnete(r)** *m/f(m)* *decl as adj* member of the Bundestag **Bundestagsfraktion** *f* group *or* faction in the Bundestag **Bundestagspräsident(in)** *m/f(f)* President of the Bundestag **Bundestrainer(in)** *m/f(f)* (*Ger* SPORTS) national coach **Bundesverdienstkreuz** *nt* (*Ger*) order of the Federal Republic of Germany, ≈ OBE (*Br*) **Bundesverfassungsgericht** *nt* (*Ger*) Federal Constitutional Court **Bundesversammlung** *f* **1.** (*Ger, Aus*) Federal Convention **2.** (*Swiss*) Federal Assembly **Bundeswehr** *f, no pl* (*Ger*) services *pl*, army **bundesweit** *adj, adv* nationwide

Bundfaltenhose *f* pleated trousers *pl* (*esp Br*) *or* pants *pl* (*esp US*)

bündig ['bʏndɪç] *adj* **1.** (≈ *kurz, bestimmt*) succinct **2.** (≈ *in gleicher Ebene*) flush *pred*, level

Bündnis ['bʏntnɪs] *nt* ⟨**-ses, -se**⟩ alliance; (≈ *Nato*) (NATO) Alliance; **~ für Arbeit** *informal alliance between employers and unions to help create jobs*, alliance for jobs **Bündnispartner** *m* POL ally

Bundweite *f* waist measurement

Bungalow ['bʊŋgalo] *m* ⟨**-s, -s**⟩ bungalow

Bungee-Jumping ['bandʒi-] *nt* bungee jumping

Bunker ['bʊŋkɐ] *m* ⟨**-s, -**⟩ MIL, GOLF bunker; (≈ *Luftschutzbunker*) air-raid shelter

Bunsenbrenner ['bʊnzn-] *m* Bunsen

burner
bunt [bʊnt] **I** *adj* **1.** (≈ *farbig*) coloured (*Br*), colored (*US*); (≈ *mehrfarbig*) colo(u)rful; (≈ *vielfarbig*) multicolo(u)red **2.** (*fig* ≈ *abwechslungsreich*) varied; *ein ~er Abend* a social; (RADIO, TV) a variety programme (*Br*) or program (*US*) **II** *adv* **1.** (≈ *farbig*) colourfully (*Br*), colorfully (*US*); *bemalt* in bright colo(u)rs; *~ gemischt Programm* varied; *Team* diverse **2.** (≈ *ungeordnet*) *es geht~ durcheinander* it's all a complete mess **3.** (*infml* ≈ *wild*) *jetzt wird es mir zu ~* I've had enough of this; *es zu ~ treiben* to overstep the mark **Buntstift** *m* coloured (*Br*) or colored (*US*) pencil **Buntwäsche** *f* coloureds *pl* (*Br*), coloreds *pl* (*US*)
Bürde ['bʏrdə] *f* ⟨-, -n⟩ (*elev*) load, weight; (*fig*) burden
Burg [bʊrk] *f* ⟨-, -en [-gn]⟩ castle
Bürge ['bʏrgə] *m* ⟨-n, -n⟩, **Bürgin** ['bʏrgɪn] *f* ⟨-, -nen⟩ guarantor **bürgen** ['bʏrgn] *v/i* **für etw ~** to guarantee sth; **für jdn ~** FIN to stand surety for sb; (*fig*) to vouch for sb
Bürger ['bʏrgɐ] *m* ⟨-s, -⟩, **Bürgerin** [-ərɪn] *f* ⟨-, -nen⟩ citizen; **die ~ von Ulm** the townsfolk of Ulm **Bürgerinitiative** *f* citizens' action group **Bürgerkrieg** *m* civil war **bürgerkriegsähnlich** *adj* **~e Zustände** civil war conditions **bürgerlich** ['bʏrgɐlɪç] *adj* **1.** *attr Ehe, Recht etc* civil; *Pflicht* civic; *Bürgerliches Gesetzbuch* Civil Code **2.** (≈ *dem Bürgerstand angehörend*) middle-class **Bürgerliche(r)** ['bʏrgɐlɪçə] *m/f(m) decl as adj* commoner **Bürgermeister(in)** *m/f* mayor **Bürgernähe** *f* populism **Bürgerpflicht** *f* civic duty **Bürgerrecht** *nt usu pl* civil rights *pl*; *jdm die ~e aberkennen* to strip sb of his/her civil rights **Bürgerrechtler** [-rɛçtlɐ] *m* ⟨-s, -⟩, **Bürgerrechtlerin** [-ərɪn] *f* ⟨-, -nen⟩ civil rights campaigner **Bürgerrechtsbewegung** *f* civil rights movement **Bürgerschaft** ['bʏrgɐʃaft] *f* ⟨-, -en⟩ citizens *pl* **Bürgersteig** [-ʃtaik] *m* ⟨-(e)s, -e [-gə]⟩ pavement (*Br*), sidewalk (*US*) **Bürgertum** ['bʏrgɐtuːm] *nt* ⟨-s, *no pl*⟩ HIST bourgeoisie (HIST)
Bürgin *f* → **Bürge** **Bürgschaft** ['bʏrkʃaft] *f* ⟨-, -en⟩ (JUR, *gegenüber Gläubigern*) surety; (≈ *Haftungssumme*) penalty; *~ für jdn leisten* to act as guarantor for sb

Burgund [bʊr'gʊnt] *nt* ⟨-s⟩ Burgundy **burgunderrot** *adj* burgundy (red)
Burma ['bʊrma] *nt* ⟨-s⟩ Burma **burmesisch** [bʊr'meːzɪʃ] *adj* Burmese
Büro [by'roː] *nt* ⟨-s, -s⟩ office **Büroangestellte(r)** *m/f(m) decl as adj* office worker **Büroarbeit** *f* office work **Büroartikel** *m* item of office equipment; (*pl*) office supplies *pl* **Bürobedarf** *m* office supplies *pl* **Bürogebäude** *nt* office building **Bürokauffrau** *f*, **Bürokaufmann** *m* office administrator **Büroklammer** *f* paper clip **Bürokraft** *f* (office) clerk **Bürokrat** [byro'kraːt] *m* ⟨-en, -en⟩, **Bürokratin** [-'kraːtɪn] *f* ⟨-, -nen⟩ bureaucrat **Bürokratie** [byrokra'tiː] *f* ⟨-, *no pl*⟩ bureaucracy **bürokratisch** [byro'kraːtɪʃ] **I** *adj* bureaucratic **II** *adv* bureaucratically **Büromaterial** *nt* office supplies *pl*; (≈ *Schreibwaren*) stationery *no pl* **Büromöbel** *pl* office furniture **Büroschluss** *m* **nach ~** after office hours **Bürostunden** *pl* office hours *pl* **Bürozeit** *f* office hours *pl*
Bursche ['bʊrʃə] *m* ⟨-n, -n⟩ (*infml* Kerl) fellow; *ein übler ~* a shady character **Burschenschaft** ['bʊrʃnʃaft] *f* ⟨-, -en⟩ student fraternity **burschikos** [bʊrʃi'koːs] *adj* **1.** (≈ *jungenhaft*) (tom)boyish **2.** (≈ *unbekümmert*) casual
Bürste ['bʏrstə] *f* ⟨-, -n⟩ brush **bürsten** ['bʏrstn] *v/t* to brush **Bürstenhaarschnitt** *m* crew cut
Bus¹ [bʊs] *m* ⟨-ses, -se⟩ bus
Bus² *m* ⟨-, -se⟩ IT bus
Busbahnhof *m* bus station
Busch [bʊʃ] *m* ⟨-(e)s, ⸚e ['bʏʃə]⟩ bush; *etwas ist im ~* (*infml*) there's something up; *mit etw hinter dem ~ halten* (*infml*) to keep sth quiet **Büschel** ['bʏʃl] *nt* ⟨-s, -⟩ (*von Gras, Haaren*) tuft; (*von Heu, Stroh*) bundle **Buschfeuer** *nt* (*lit*) bush fire; *sich wie ein ~ ausbreiten* to spread like wildfire **buschig** ['bʊʃɪç] *adj* bushy **Buschmann** *m, pl* **-männer** or **-leute** bushman **Buschmesser** *nt* machete **Buschwerk** *nt* bushes *pl*
Busen ['buːzn] *m* ⟨-s, -⟩ (*von Frau*) bust **Busenfreund(in)** *m/f* (*iron*) bosom friend
Busfahrer(in) *m/f* bus driver **Busfahrt** *f* bus ride **Bushaltestelle** *f* bus stop **Buslinie** *f* bus route
Bussard ['bʊsart] *m* ⟨-s, -e [-də]⟩ buzzard

Buße ['buːsə] *f* ⟨-, -n⟩ **1.** (REL ≈ *Reue*) repentance; (≈ *Bußauflage*) penance; ~ **tun** to do penance **2.** (JUR ≈ *Schadenersatz*) damages *pl*; (≈ *Geldstrafe*) fine; *jdn zu einer* ~ *verurteilen* to fine sb **büßen** ['buːsln], **bussen** ['buːsn] *v/t & v/i* (S *Ger, Aus*) to kiss **büßen** ['byːsn] **I** *v/t* to pay for; *Sünden* to atone for; *das wirst du mir* ~ I'll make you pay for that **II** *v/i* *für etw* ~ to atone for sth; *für Leichtsinn etc* to pay for sth **busserln** ['busəln] *v/t & v/i* (*Aus*) to kiss **Bußgeld** *nt* fine **Bußgeldbescheid** *m* notice of payment due (*for traffic violation etc*) **Bußgeldverfahren** *nt* fining system

Bussi ['busi] *nt* ⟨-s, -s⟩ (S *Ger infml*) kiss

Busspur *f* bus lane

Buß- und Bettag *m* day of prayer and repentance

Büste ['bystə] *f* ⟨-, -n⟩ bust; (≈ *Schneiderbüste*) tailor's dummy **Büstenhalter** *m* bra

Busverbindung *f* bus connection

Butan(gas) [bu'taːn] *nt* ⟨-s, -e⟩ butane (gas)

Butt [but] *m* ⟨-(e)s, -e⟩ flounder, butt

Bütten(papier) ['bytn-] *nt* ⟨-s, *no pl*⟩ handmade paper (*with deckle edge*)

Butter ['butɐ] *f* ⟨-, *no pl*⟩ butter; *alles (ist) in* ~ (*infml*) everything is hunky-dory (*infml*) **Butterblume** *f* buttercup **Butterbrot** *nt* (slice of) bread and butter *no art, no pl*; (*infml* ≈ *Sandwich*) sandwich **Butterbrotpapier** *nt* greaseproof paper **Butterdose** *f* butter dish

Butterfly(stil) ['batɐflai-] *m* ⟨-s, *no pl*⟩ butterfly (stroke)

Butterkeks *m* ≈ rich tea biscuit (*Br*), ≈ butter cookie (*US*) **Buttermilch** *f* buttermilk **buttern** ['butɐn] *v/t* **1.** *Brot* to butter **2.** (*infml* ≈ *investieren*) to put (*in +acc* into) **butterweich** **I** *adj* *Frucht, Landung* beautifully soft; (SPORTS *infml*) gentle **II** *adv* *landen* softly

Bypass ['baipas] *m* ⟨-(es), -es *or* Bypässe⟩ [-pɛsə] MED bypass **Bypass-Operation** ['baipas-] *f* bypass operation

Byte ['bait] *nt* ⟨-s, -s⟩ byte

bzgl. *abbr of* **bezüglich**

bzw. *abbr of* **beziehungsweise**

C

C, c [tseː] *nt* ⟨-, -⟩ C, c

ca. *abbr of* **circa** approx

Cabrio ['kabrio] *nt* ⟨-s, -s⟩ (AUTO *infml*) convertible

Café [ka'feː] *nt* ⟨-s, -s⟩ café

Cafeteria [kafetə'riːa] *f* ⟨-, -s⟩ cafeteria

Caipirinha [kaipi'rɪnja] *m* ⟨-s, -s⟩ caipirinha

Callboy *m* male prostitute **Callcenter** *nt* call centre (*Br*) *or* center (*US*) **Callgirl** *nt* ⟨-s, -s⟩ call girl

Camcorder ['kamkɔrdɐ] *m* ⟨-s, -⟩ camcorder

Camembert ['kamɛmbeːɐ, kamã'bɛːɐ] *m* ⟨-s, -s⟩ Camembert

Camion ['kamioː] *m* ⟨-s, -s⟩ (*Swiss*) lorry (*Br*), truck

campen ['kɛmpn] *v/i* to camp **Camper** ['kɛmpɐ] *m* ⟨-s, -⟩, **Camperin** ['kɛmpərɪn] *f* ⟨-, -nen⟩ camper **Camping** ['kɛmpɪŋ] *nt* ⟨-s, *no pl*⟩ camping *no art* **Campingartikel** *pl* camping equipment *sg* **Campingbus** *m* camper **Campinggas** *nt* camping gas **Camping-platz** *m* camp site

Campus ['kampus] *m* ⟨-, *no pl*⟩ UNIV campus

canceln ['kɛnsəln] *v/t* *Flug, Buchung* to cancel

Cannabis ['kanabɪs] *m* ⟨-, *no pl*⟩ cannabis

Cape [keːp] *nt* ⟨-s, -s⟩ cape

Capuccino [kapu'tʃiːno] *m* ⟨-s, -s⟩ cappuccino

Caravan ['ka(ː)ravan, kara'vaːn] *m* ⟨-s, -s⟩ caravan (*Br*), trailer (*US*)

Cargo ['kargo] *m* ⟨-s, -s⟩ cargo

Carport ['kaːɐpɔrt] *m* ⟨-s, -s⟩ carport

Cartoon [kar'tuːn] *m or nt* ⟨-(s), -s⟩ cartoon

Cashewnuss ['kɛʃu-] *f* cashew (nut)

Cäsium ['tsɛːziʊm] *nt* ⟨-s, *no pl*⟩ caesium (*Br*), cesium (*US*)

Casting ['kaːstɪŋ] *nt* ⟨-s, -s⟩ (*für Filmrolle etc*) casting session

Castor® ['kastoːɐ] *m* ⟨-s, -⟩ spent fuel rod container

catchen ['kɛtʃn] *v/i* to do catch *or* all-in

(*esp Br*) wrestling **Catcher** ['kɛtʃɐ] *m* ⟨**-s**, **-**⟩, **Catcherin** ['kɛtʃərɪn] *f* ⟨**-**, **-nen**⟩ catch(-as-catch-can) wrestler, all-in wrestler (*esp Br*)

Cayennepfeffer [ka'jɛn-] *m* cayenne (pepper)

CB-Funk [tseː'beː-] *m*, *no pl* Citizens' Band, CB (radio)

CD [tseː'deː] *f* ⟨**-**, **-s**⟩ *abbr of* **Compact Disc** CD **CD-Brenner** *m* CD burner **CD-Laufwerk** *nt* CD drive **CD-Player** [-pleːɐ] *nt* CD player **CD-ROM** [tseː'deː-'rɔm] *f* ⟨**-**, **-s**⟩ CD-ROM **CD-Spieler** *m* CD player

CDU [tseː'deː-'uː] *f* ⟨**-**⟩ *abbr of* **Christlich- -Demokratische Union** Christian Democratic Union

C-Dur *nt* MUS C major

Cellist [tʃɛ'lɪst] *m* ⟨**-en**, **-en**⟩, **Cellistin** [-'lɪstɪn] *f* ⟨**-**, **-nen**⟩ cellist **Cello** ['tʃɛlo] *nt* ⟨**-s**, **-s** *or* **Celli** ['tʃɛli]⟩ cello **Cellophanpapier** *nt* (*infml*) cellophane® (paper)

Celsius ['tsɛlziʊs] *no art inv* Celsius, centigrade

Cembalo ['tʃɛmbalo] *nt* ⟨**-s**, **-s**⟩ cembalo

Cent [(t)sɛnt] *m* ⟨**-(s)**, **-(s)**⟩ cent

Center ['sɛntɐ] *nt* ⟨**-s**, **-**⟩ (≈ *Einkaufscenter*) shopping centre (*Br*) *or* center (*US*)

Chalet ['ʃaleː] *nt* ⟨**-s**, **-s**⟩ chalet

Chamäleon [ka'mɛːleɔn] *nt* ⟨**-s**, **-s**⟩ (*lit*, *fig*) chameleon

Champagner [ʃam'panjɐ] *m* ⟨**-s**, **-**⟩ champagne

Champignon ['ʃampɪnjɔŋ, 'ʃãːpɪnjõː] *m* ⟨**-s**, **-s**⟩ mushroom

Chance ['ʃãːsə, (*Aus*) ʃãːs] *f* ⟨**-**, **-n**⟩ **1.** chance; (*bei Wetten*) odds *pl*; **keine ~ haben** not to stand a chance; **die ~n stehen nicht schlecht, dass...** there's a good chance that... **2.** (≈ *Aussichten*) **Chancen** *pl* prospects *pl*; **im Beruf ~n haben** to have good career prospects; (**bei jdm**) **~n haben** (*infml*) to stand a chance (with sb) **Chancengleichheit** *f* equal opportunities *pl*

Chanson [ʃã'sõː] *nt* ⟨**-s**, **-s**⟩ (political/ satirical) song **Chansonnier** [ʃãsɔ'nieː] *m* ⟨**-s**, **-s**⟩ singer of political/satirical songs

Chaos ['kaːɔs] *nt* ⟨**-**, *no pl*⟩ chaos; **ein einziges ~ sein** to be in utter chaos **Chaot** [ka'oːt] *m* ⟨**-en**, **-en**⟩, **Chaotin** [ka'oːtɪn] *f* ⟨**-**, **-nen**⟩ (POL *pej*) anarchist (*pej*); (≈ *unordentlicher Mensch*) scatterbrain

chaotisch [ka'oːtɪʃ] *adj* chaotic; **~e Zustände** a state of (utter) chaos; **es geht ~ zu** there is utter chaos

Charakter [ka'raktɐ] *m* ⟨**-s**, **-e** [-'teːrə]⟩ character; **er ist ein Mann von ~** he is a man of character; **der vertrauliche ~ dieses Gespräches** the confidential nature of this conversation **Charakterdarsteller(in)** *m(f)* character actor/actress **Charaktereigenschaft** *f* character trait **charakterfest** *adj* of strong character **charakterisieren** [karakteri'ziːrən] *past part* **charakterisiert** *v/t* to characterize **Charakteristik** [karakte'rɪstɪk] *f* ⟨**-**, **-en**⟩ description; (≈ *typische Eigenschaften*) characteristics *pl* **charakteristisch** [karakte'rɪstɪʃ] *adj* characteristic (*für* of) **charakterlich** [ka'raktɐlɪç] **I** *adj* **~e Stärke** strength of character; **~e Mängel** character defects **II** *adv* in character; **sie hat sich ~ sehr verändert** her character has changed a lot **charakterlos** *adj* **1.** (≈ *niederträchtig*) unprincipled **2.** (≈ *ohne Prägung*) characterless **Charakterschauspieler(in)** *m(f)* character actor/actress **Charakterschwäche** *f* weakness of character **Charakterstärke** *f* strength of character **Charakterzug** *m* characteristic

Charge ['ʃarʒə] *f* ⟨**-**, **-n**⟩ **1.** (MIL, *fig* ≈ *Dienstgrad*, *Person*) rank; **die unteren ~n** the lower ranks **2.** THEAT minor character part

Charisma ['çaːrɪsma, 'çarɪsma, ça-'rɪsma] *nt* ⟨**-s**, **Charismen** *or* **Charismata** [-mən, -mata]⟩ (REL, *fig*) charisma **charismatisch** [çarɪs'maːtɪʃ] *adj* charismatic

charmant [ʃar'mant] **I** *adj* charming **II** *adv* charmingly **Charme** [ʃarm] *m* ⟨**-s**, *no pl*⟩ charm

Charta ['karta] *f* ⟨**-**, **-s**⟩ charter; **Magna ~** Magna Carta

Charterflug *m* charter flight **Chartermaschine** *f* charter plane **chartern** ['tʃartɐn] *v/t* to charter

Chassis [ʃa'siː] *nt* ⟨**-**, **-** [-iː(s), -iːs]⟩ chassis

Chat [tʃɛt] *m* ⟨**-s**, **-s**⟩ (INTERNET *infml*) chat **Chatforum** *nt* chat(room) forum **Chatroom** [-ruːm] *m* ⟨**-s**, **-s**⟩ chatroom **chatten** ['tʃɛtn] *v/i* (INTERNET *infml*) to chat

Chauffeur [ʃɔ'føːɐ] *m* ⟨**-s**, **-e**⟩, **Chauffeurin** [-'føːrɪn] *f* ⟨**-**, **-nen**⟩ chauffeur

Chauvi ['ʃoːvi] m ⟨**-s, -s**⟩ (*infml*) male chauvinist pig (*pej infml*) **Chauvinismus** [ʃovi'nɪsmʊs] m ⟨**-, Chauvinismen** [-mən]⟩ chauvinism; (≈ *männlicher Chauvinismus*) male chauvinism **Chauvinist** [ʃovi'nɪst] m ⟨**-en, -en**⟩ (≈ *männlicher Chauvinist*) male chauvinist (pig) **chauvinistisch** [ʃovi'nɪstɪʃ] adj **1.** POL chauvinist(ic) **2.** (≈ *männlich-chauvinistisch*) male chauvinist(ic)

checken ['tʃɛkn] v/t **1.** (≈ *überprüfen*) to check **2.** (*infml* ≈ *verstehen*) to get (*infml*) **3.** (*infml* ≈ *merken*) to catch on to (*infml*) **Check-in** ['tʃɛkɪn] nt ⟨**-s, -s**⟩ check-in **Checkliste** f check list **Check-up** ['tʃɛkap] m or nt ⟨**-(s), -s**⟩ MED checkup

Chef [ʃef, (*Aus*) ʃeːf] m ⟨**-s, -s**⟩ boss; (*von Bande, Delegation etc*) leader; (*von Organisation*) head; (*der Polizei*) chief **Chefarzt** m, **Chefärztin** f senior consultant **Chefin** ['ʃefɪn, (*Aus*) 'ʃeːfɪn] f ⟨**-, -nen**⟩ boss; (*von Delegation etc*) head **Chefkoch** m, **Chefköchin** f chef **Chefredakteur(in)** m/(f) editor in chief; (*einer Zeitung*) editor **Chefsache** f **das ist ~** it's a matter for the boss **Chefsekretär(in)** m/(f) personal assistant

Chemie [çe'miː, (*esp S Ger*) ke'miː] f ⟨**-**, *no pl*⟩ chemistry **Chemiefaser** f synthetic fibre (*Br*) *or* fiber (*US*) **Chemikalie** [çemi'kaːliə, (*esp S Ger*) ke-] f ⟨**-, -n**⟩ *usu pl* chemical **Chemiker** ['çeːmikɐ, (*esp S Ger*) 'keː-] m ⟨**-s, -**⟩, **Chemikerin** [-ərɪn] f ⟨**-, -nen**⟩ chemist **chemisch** ['çeːmɪʃ] ['keː-] **I** adj chemical **II** adv chemically; **etw ~ reinigen** to dry-clean sth **Chemotherapie** f chemotherapy

chic [ʃɪk] adj smart; *Kleidung* chic; (*infml* ≈ *prima*) great **Chic** [ʃɪk] m ⟨**-s**, *no pl*⟩ style

Chicorée ['ʃikore, ʃiko'reː] f ⟨**-** *or* m **-s**, *no pl*⟩ chicory

Chiffre ['ʃɪfɐ, 'ʃɪfrə] f ⟨**-, -n**⟩ (*in Zeitung*) box number **Chiffreanzeige** f advertisement with a box number **chiffrieren** [ʃi-'friːrən] *past part* **chiffriert** v/t & v/i to encipher; **chiffriert** coded

Chile ['tʃiːle, 'çiːlə] nt ⟨**-s**⟩ Chile **Chilene** [tʃi'leːnə, çi'leːnə] m ⟨**-n, -n**⟩, **Chilenin** [-'leːnɪn] f ⟨**-, -nen**⟩ Chilean **chilenisch** [tʃi'leːnɪʃ, çi'leːnɪʃ] adj Chilean

Chili ['tʃiːli] m ⟨**-s**, *no pl*⟩ chil(l)i (pepper)

China ['çiːna, (*esp S Ger*) 'kiːna] nt ⟨**-s**⟩

China Chinakohl m Chinese cabbage **Chinarestaurant** nt Chinese restaurant **Chinese** [çi'neːzə, (*esp S Ger*) ki-] ⟨**-n, -n**⟩ m, **Chinesin** f Chinese **chinesisch** [çi'neːzɪʃ, (*esp S Ger*) ki-] adj Chinese; **die Chinesische Mauer** the Great Wall of China

Chinin [çi'niːn] nt ⟨**-s**, *no pl*⟩ quinine

Chip [tʃɪp] m ⟨**-s, -s**⟩ **1.** (*usu pl* ≈ *Kartoffelchip*) (potato) crisp (*Br*), potato chip (*US*) **2.** IT chip **Chipkarte** f smart card

Chirurg [çi'rʊrk] m ⟨**-en, -en** [-gn]⟩, **Chirurgin** [çi'rʊrgɪn] f ⟨**-, -nen**⟩ surgeon **Chirurgie** [çirʊr'giː] f ⟨**-, -n** [-'giːən]⟩ surgery; **er liegt in der ~** he's in surgery **chirurgisch** [çi'rʊrgɪʃ] **I** adj surgical; **ein ~er Eingriff** surgery **II** adv surgically

Chlor [kloːɐ] nt ⟨**-s**, *no pl*⟩ chlorine **chlorfrei** adj chlorine-free **Chloroform** [-'fɔrm] nt ⟨**-s**, *no pl*⟩ chloroform **Chlorophyll** [-'fyl] nt ⟨**-s**, *no pl*⟩ chlorophyll

Cholera ['koːlera] f ⟨**-**, *no pl*⟩ cholera **Choleriker** [ko'leːrikɐ] m ⟨**-s, -**⟩, **Cholerikerin** [-ərɪn] f ⟨**-, -nen**⟩ choleric person; (*fig*) irascible person **cholerisch** [ko'leːrɪʃ] adj choleric

Cholesterin [çolɛstə'riːn, ko-] nt ⟨**-s**, *no pl*⟩ cholesterol **Cholesterinspiegel** m cholesterol level

Chor [koːɐ] m ⟨**-(e)s**, **=e** ['køːrə]⟩ **1.** (≈ *Sängerchor*) choir; **im ~** in chorus **2.** THEAT chorus **3.** (ARCH ≈ *Altarraum*) chancel

Choreograf [-'graf] m ⟨**-en, -en**⟩, **Choreografin** [-'grafɪn] f ⟨**-, -nen**⟩ choreographer **Choreografie** [-'graːfiː] f ⟨**-, -n** [-'fiːən]⟩ choreography

Chorknabe m choirboy

Christ [krɪst] m ⟨**-en, -en**⟩, **Christin** ['krɪstɪn] f ⟨**-, -nen**⟩ Christian **Christbaum** ['krɪst-] m Christmas tree **Christbaumschmuck** m Christmas tree decorations pl **Christdemokrat(in)** m/(f) Christian Democrat **Christentum** ['krɪstntuːm] nt ⟨**-s**, *no pl*⟩ Christianity **Christkind** nt, *no pl* baby Jesus; (*das Geschenke bringt*) ≈ Father Christmas **Christkindl** [-kɪndl] nt ⟨**-s, -(n)**⟩ (*dial*) **1.** = **Christkind 2.** (*esp Aus* ≈ *Geschenk*) Christmas present **christlich** ['krɪstlɪç] **I** adj Christian **II** adv like *or* as a Christian; **~ handeln** to act like a Christian **Christus** ['krɪstʊs] m, *gen* **Christi** ['krɪsti], *dat* **-** *or* (*form*) **Christo** ['krɪsto], *acc* **-** *or* (*form*) **Christum**

['krɪstʊm] Christ; **vor Christi Geburt** before Christ, BC; **nach Christi Geburt** AD, Anno Domini; **Christi Himmelfahrt** the Ascension of Christ; (≈ *Himmelsfahrtstag*) Ascension Day

Chrom [kroːm] *nt* ⟨-s, *no pl*⟩ chrome; CHEM chromium

Chromosom [kromoˈzoːm] *nt* ⟨-s, -en⟩ chromosome

Chronik [ˈkroːnɪk] *f* ⟨-, -en⟩ chronicle **chronisch** [ˈkroːnɪʃ] **I** *adj* chronic **II** *adv* chronically **chronologisch** [kronoˈloːɡɪʃ] **I** *adj* chronological **II** *adv* chronologically

Chrysantheme [kryzanˈteːmə] *f* ⟨-, -n⟩ chrysanthemum

circa [ˈtsɪrka] *adv* about

City [ˈsɪti] *f* ⟨-, -s⟩ city centre (*Br*) *or* center (*US*)

clean [kliːn] *adj pred* (*infml*) clean (*infml*)

Clematis [kleˈmaːtɪs, ˈkleːmatɪs] *f* ⟨-, -⟩ BOT clematis

clever [ˈklɛvɐ] **I** *adj* clever; (≈ *raffiniert*) sharp; (≈ *gerissen*) crafty **II** *adv* (≈ *raffiniert*) sharply; (≈ *gerissen*) craftily **Cleverness** [ˈklɛvɐnɛs] *f* ⟨-, *no pl*⟩ cleverness; (≈ *Raffiniertheit*) sharpness; (≈ *Gerissenheit*) craftiness

Clinch [klɪntʃ] *m* ⟨-(e)s, *no pl*⟩ (BOXING, *fig*) clinch; **mit jdm im ~ liegen** (*fig*) to be at loggerheads with sb

Clique [ˈklɪkə] *f* ⟨-, -n⟩ **1.** (≈ *Freundeskreis*) group, set; **Thomas und seine ~** Thomas and his set **2.** (*pej*) clique

Clou [kluː] *m* ⟨-s, -s⟩ (*von Geschichte*) (whole) point; (*von Show*) highlight; (≈ *Witz*) real laugh (*infml*)

Clown [klaun] *m* ⟨-s, -s⟩ clown; **den ~ spielen** to clown around

Club [klʊp] *m* ⟨-s, -s⟩; → **Klub**

Cockpit [ˈkɔkpɪt] *nt* ⟨-s, -s⟩ cockpit

Cocktail [ˈkɔkteːl] *m* ⟨-s, -s⟩ (≈ *Getränk*, *fig*) cocktail; (≈ *Empfang*) reception **Cocktailkleid** *nt* cocktail dress **Cocktailparty** *f* cocktail party **Cocktailtomate** *f* cherry tomato

Code [koːt] *m* ⟨-s, -s⟩ code **codieren** [koˈdiːrən] *past part* **codiert** *v/t* to (en)code **Codierung** *f* ⟨-, -en⟩ (en)coding

Cognac® [ˈkɔnjak] *m* ⟨-s, -s⟩ cognac

Coiffeur [koaˈføːɐ] *m* ⟨-s, -e⟩, **Coiffeuse** [-ˈføːzə] *f* ⟨-, -n⟩ (*Swiss*) hairdresser

Cola [ˈkoːla] *f or* (*Swiss*) *nt* ⟨-, -s⟩ (*infml*) Coke® (*infml*) **Coladose** *f* Coke® can

Collage [kɔˈlaːʒə] *f* ⟨-, -n⟩ collage

Collier [kɔˈlieː] *nt* ⟨-s, -s⟩ necklet

Comic [ˈkɔmɪk] *m* ⟨-s, -s⟩ comic strip

Compact Disc [kɔmˈpakt ˈdɪsk] *f* ⟨-, -s⟩, **Compact Disk** *f* ⟨-, -s⟩ compact disc

Computer [kɔmˈpjuːtɐ] *m* ⟨-s, -⟩ computer; **per ~** by computer **Computerarbeitsplatz** *m* computer work station **computergesteuert** [-ɡəʃtɔyɐt] *adj* controlled by computer **computergestützt** [-ɡəʃtʏtst] *adj* computer-based; **~es Design** computer-aided design **Computergrafik** *f* computer graphics *pl* **computerisieren** [kɔmpjutəriˈziːrən] *past part* **computerisiert** *v/t* to computerize **computerlesbar** *adj* machine-readable **Computerprogramm** *nt* computer program **Computersatz** *m* computer typesetting **Computerspiel** *nt* computer game **Computersprache** *f* computer language **computerunterstützt** *adj* Fertigung, Kontrolle computer-aided

Conférencier [kõferãˈsieː] *m* ⟨-s, -s⟩ compère

Container [kɔnˈteːnɐ] *m* ⟨-s, -⟩ container; (≈ *Bauschuttcontainer*) skip; (≈ *Wohncontainer*) prefabricated hut **Containerbahnhof** *m* container depot **Containerhafen** *m* container port **Containerschiff** *nt* container ship

Contergankind *nt* (*infml*) thalidomide child

Cookie [ˈkʊki] *nt* ⟨-s, -s⟩ IT cookie

cool [kuːl] *adj* (*infml*) cool (*infml*); **die Party war ~** the party was (real) cool (*infml*)

Copyright [ˈkɔpirait] *nt* ⟨-s, -s⟩ copyright **Copyshop** [ˈkɔpiʃɔp] *m* ⟨-s, -s⟩ copy shop

Cord [kɔrt] *m* ⟨-s, -e [-də]⟩ *or* -s⟩ TEX cord, corduroy **Cordhose** *f* corduroy trousers *pl* (*esp Br*) *or* pants *pl* (*esp US*), cords *pl* (*infml*) **Cordjacke** *f* cord(uroy) jacket **Cordjeans** *f or pl* cord(uroy) jeans *pl*

Corner [ˈkɔːrnɐ] *m* ⟨-s, -⟩ (*Aus, Swiss* SPORTS) corner

Cornichon [kɔrniˈʃõː] *nt* ⟨-s, -s⟩ gherkin

Corps [koːr] *nt* ⟨-, -⟩ = **Korps**

Costa Rica [ˈkɔsta ˈriːka] *nt* ⟨-s⟩ Costa Rica

Côte d'Ivoire [koːtdiˈvoaːɐ] *f* ⟨-⟩ Côte d'Ivoire

Couch [kautʃ] *f* ⟨-, -s *or* -en *or* (*Sw*) *m* ⟨-s,

-(e)s⟩ couch **Couchgarnitur** f three--piece suite **Couchtisch** m coffee table
Coup [kuː] m ⟨-*s*, -*s*⟩ coup; *einen ~ landen* to pull off a coup (*infml*)
Coupon [ku'põː] m ⟨-*s*, -*s*⟩ **1.** (≈ *Zettel*) coupon **2.** FIN (*interest*) coupon
Cousin [ku'zɛ̃ː] m ⟨-*s*, -*s*⟩, **Cousine** [ku-'ziːnə] f ⟨-, -*n*⟩ cousin
Couvert [ku'veːɐ, ku'vɛːɐ] nt ⟨-*s*, -*s*⟩ (*esp Swiss*) envelope
Cowboy ['kaubɔy] m cowboy
Crack nt ⟨-, *no pl*⟩ (≈ *Droge*) crack
Cracker ['krɛkɐ] m ⟨-*s*, -(*s*)⟩ (≈ *Keks*) cracker
Crash [kruʃ] m ⟨-*s*, -*s*⟩ (*infml* ≈ *Unfall*, IT) crash **Crashkurs** m crash course **Crashtest** m AUTO crash test
Creme [kreːm, krɛːm] f ⟨-, -*s*⟩ cream **Cremetorte** f cream gateau **cremig** ['kreːmɪç] **I** *adj* creamy **II** *adv* like cream; *rühren* until creamy
Creutzfeldt-Jakob-Krankheit [krɔytsfɛlt'jakɔp-] f Creutzfeldt-Jakob disease
Crew [kruː] f ⟨-, -*s*⟩ crew
Croissant [kroa'sãː] nt ⟨-*s*, -*s*⟩ croissant
Cromargan® [kromar'gaːn] nt ⟨-*s*, *no pl*⟩ stainless steel
Croupier [kru'pieː] m ⟨-*s*, -*s*⟩ croupier
Crux [krʊks] f ⟨-, *no pl*⟩ = **Krux**
C-Schlüssel ['tseː-] m alto clef
CSU [tseː|ɛs'|uː] f ⟨-⟩ *abbr of* **Christlich--Soziale Union** Christian Social Union
Curry ['kari] m *or* nt ⟨-*s*, -*s*⟩ curry **Currywurst** ['kari-] f curried sausage
Cursor ['kɔːɐsɐ, 'kœːɐsɐ] m ⟨-*s*, -*s*⟩ IT cursor **Cursortaste** ['kɔːɐsɐ-, 'kœːɐsɐ-] f cursor key
Cutter ['katɐ] m ⟨-*s*, -⟩, **Cutterin** ['katərɪn] f ⟨-, -*nen*⟩ editor
CVJM [tseːfaujɔt'|ɛm] m ⟨-*s*⟩ *abbr of* **Christlicher Verein Junger Männer** YMCA
Cyberspace ['saibɐspeːs] m ⟨-, *no pl*⟩ cyberspace

D

D, d [deː] nt ⟨-, -⟩ D, d
da [daː] **I** *adv* **1.** (*örtlich*) (≈ *dort*) there; (≈ *hier*) here; *hier und da, da und dort* here and there; *die Frau da* that woman (over) there; *da bin ich* here I am; *da bist du ja!* there you are!; *da kommt er ja* here he comes; *wir sind gleich da* we'll soon be there; *da hast du dein Geld!* (there you are,) there's your money; *da, nimm schon!* here, take it! **2.** (*zeitlich* ≈ *dann, damals*) then; *da siehst du, was du angerichtet hast* now see what you've done **3.** (*infml* ≈ *in diesem Fall*) there; *da haben wir aber Glück gehabt!* we were lucky there!; *was gibts denn da zu lachen?* what's funny about that?; *da kann man nur lachen* you can't help laughing; *da fragt man sich (doch), ob ...* it makes you wonder if ...; *da fällt mir gerade ein ...* it's just occurred to me ... **II** *cj* (≈ *weil*) as, since
dabei [da'bai, (*emph*) 'daːbai] *adv* **1.** (*örtlich*) with it; *ein Häuschen mit einem Garten ~* a little house with a garden (attached to it); *nahe ~* nearby **2.** (≈ *gleich-*
zeitig) at the same time; *er aß weiter und blätterte ~ in dem Buch* he went on eating, leafing through the book at the same time **3.** (≈ *außerdem*) as well; *sie ist schön und ~ auch noch klug* she's pretty, and clever as well **4.** (*während man etw tut*) in the process; *ertappen* at it; *die ~ entstehenden Kosten* the expenses arising from this/that **5.** (≈ *in dieser Angelegenheit*) *das Schwierigste ~* the most difficult part of it; *wichtig ~ ist ...* the important thing here *or* about it is ...; *~ kann man viel Geld verdienen* there's a lot of money in that **6.** (*einräumend* ≈ *doch*) (and) yet; *er hat mich geschlagen, ~ hatte ich gar nichts gemacht* he hit me and I hadn't even done anything **7.** *ich bleibe ~* I'm not changing my mind; *lassen wir es ~* let's leave it at that!; *was ist schon ~?* so what? (*infml*), what of it? (*infml*); *ich finde gar nichts ~* I don't see any harm in it; *was hast du dir denn ~ gedacht?* what were you thinking of? da**beibleiben** v/i sep irr aux sein to stay with it; → *dabei* 7 dab**eihaben** v/t sep

irr (*infml*) to have with one **dabei sein** *v/i irr aux sein* **1.** (≈ *anwesend sein*) to be there (*bei* at); (≈ *mitmachen*) to be involved (*bei* in); **ich bin dabei!** count me in! **2.** (≈ *im Begriff sein*) ~, **etw zu tun** to be just doing sth

dableiben *v/i sep irr aux sein* to stay (on) **Dach** [dax] *nt* ⟨*-(e)s, ⁻er* ['dɛçɐ]⟩ **1.** roof; **mit jdm unter einem ~ wohnen** to live under the same roof as sb; **unter ~ und Fach sein** (≈ *abgeschlossen*) to be all wrapped up **2.** (*fig infml*) **jdm eins aufs ~ geben** (≈ *schlagen*) to smash sb on the head (*infml*); (≈ *ausschimpfen*) to give sb a (good) talking-to **Dachboden** *m* attic; (*von Scheune*) loft **Dachfenster** *nt* skylight **Dachfirst** *m* ridge of the roof **Dachgarten** *m* roof garden **Dachgepäckträger** *m* AUTO roof rack **Dachgeschoss** *nt*, **Dachgeschoß** (*Aus*) *nt* attic storey (*Br*) *or* story (*US*); (≈ *oberster Stock*) top floor **Dachgiebel** *m* gable **Dachluke** *f* skylight **Dachpappe** *f* roofing paper **Dachrinne** *f* gutter

Dachs [daks] *m* ⟨*-es, -e*⟩ ZOOL badger **Dachschaden** *m* (*infml*) **einen** (**kleinen**) ~ **haben** to have a slate loose (*infml*) **Dachterrasse** *f* roof terrace **Dachverband** *m* umbrella organization **Dachwohnung** *f* attic apartment **Dachziegel** *m* roofing tile

Dackel ['dakl] *m* ⟨*-s, -*⟩ dachshund **dadurch** [da'dʊrç, (*emph*) 'da:dʊrç] *adv* **1.** (*örtlich*) through there **2.** (*kausal* ≈ *auf diese Weise*) in this / that way; ~, **dass er das tat, hat er ...** (≈ *durch diesen Umstand, diese Tat*) by doing that he ...; (≈ *deswegen, weil*) because he did that he ... **dafür** [da'fy:ɐ, (*emph*) 'da:fy:ɐ] *adv* **1.** for that / it; **der Grund ~ ist, dass ...** the reason for that is (that) ...; ~ **stimmen** to vote for it **2.** (*als Ersatz*) instead; (*bei Tausch*) in exchange; (*als Gegenleistung*) in return; ..., **ich mache dir ~ deine Hausaufgaben** ... and I'll do your homework in return; ~, **dass er erst drei Jahre ist, ist er sehr klug** considering that he's only three he's very clever **3.** **er interessiert sich nicht ~** he's not interested in that / it; **ein Beispiel ~ wäre ...** an example of that would be ... **dafürkönnen** *v/t irr* **er kann nichts dafür, dass es kaputtgegangen ist** it's not his fault that it broke

dag (*Aus*) *abbr of* **Dekagramm** **dagegen** [da'ge:gn, (*emph*) 'da:ge:gn] **I** *adv* **1.** against it; ~ **sein** to be against it; **etwas ~ haben** to object; ~ **lässt sich nichts machen** nothing can be done about it **2.** (≈ *verglichen damit*) in comparison **II** *cj* (≈ *im Gegensatz dazu*) on the other hand **dagegenhalten** *v/t sep irr* (≈ *vergleichen*) to compare it / them with **dagegensprechen** *v/i sep irr* to be against it; **was spricht dagegen?** what is there against it?

daheim [da'haim] *adv* (*esp S Ger, Aus, Swiss*) at home; **bei uns ~** back home (where I/we come from) **Daheim** *nt*, *no pl* (*esp S Ger, Aus, Swiss*) home **daher** [da'he:ɐ, (*emph*) 'da:he:ɐ] **I** *adv* **1.** (≈ *von dort*) from there; **von ~** from there **2.** (≈ *durch diesen Umstand*) that is why; ~ **weiß ich das** that's how I know that; ~ **kommt es, dass ...** that is (the reason) why ... **II** *cj* (≈ *deshalb*) that is why **dahergelaufen** *adj* **jeder ~e Kerl** any Tom, Dick or Harry **daherreden** *sep* **I** *v/i* **red doch nicht so (dumm) daher!** don't talk such nonsense! **II** *v/t* **was er alles daherredet** the things he comes out with! (*infml*)

dahin [da'hɪn, (*emph*) 'da:hɪn] **I** *adv* **1.** (*räumlich*) there; (≈ *hierhin*) here; **bis ~** as far as there, up to that point; **bis ~ dauert es noch zwei Stunden** it'll take us another two hours to get there **2.** (*fig ≈ so weit*) ~ **kommen** to come to that; **es ist ~ gekommen, dass ...** things have got to the stage where ... **3.** (≈ *in dem Sinne*) **er äußerte sich ~ gehend, dass ...** he said something to the effect that ... **4.** (*zeitlich*) then **II** *adj pred* ~ **sein** to have gone; **das Auto ist ~** (*hum infml*) the car has had it (*infml*) **dahingegen** [dahɪn'ge:gn] *adv* on the other hand **dahingestellt** [-gəʃtɛlt] *adj* ~ **sein lassen, ob ...** to leave it open whether ...; **es bleibt** *or* **sei ~, ob ...** it is an open question whether ...

dahinten [da'hɪntn, (*emph*) 'da:hɪntn] *adv* over there; (*hinter Sprecher*) back there

dahinter [da'hɪntɐ, (*emph*) 'da:hɪntɐ] *adv* behind (it / that / him *etc*); **was sich wohl ~ verbirgt?** I wonder what's behind that? **dahinter klemmen** *v/r* (*infml*) to get one's finger out (*infml*) **dahinter kommen** *v/i irr aux sein* (*infml*) to find out; (≈ *langsam verstehen*) to get it (*infml*) **dahinter stecken** *v/i* (*infml*) to be behind it / that

dahinvegetieren *past part* **dahinvegetiert** *v/i sep* to vegetate

Dahlie ['daːliə] *f* ⟨**-, -n**⟩ dahlia

dalassen *v/t sep irr* to leave (here / there)

daliegen *v/i sep irr* to lie there

dalli ['dali] *adv* (*infml*) **~, ~!** on the double! (*infml*)

Dalmatiner [dalmaˈtiːnɐ] *m* ⟨**-s, -**⟩ (*Hund*) dalmatian

damalig ['daːmaːlıç] *adj attr* at that time

damals ['daːmaːls] *adv* at that time; **seit ~** since then

Damast [daˈmast] *m* ⟨**-(e)s, -e**⟩ damask

Dame ['daːmə] *f* ⟨**-, -n**⟩ **1.** lady; **meine ~n und Herren!** ladies and gentlemen!; „**Damen**" (≈ *Toilette*) "Ladies"; **Hundertmeterstaffel der ~n** women's hundred metre (*Br*) *or* meter (*US*) relay **2.** (*Spiel*) draughts *sg* (*Br*), checkers *sg* (*US*); (≈ *Doppelstein*) king; CHESS, CARDS queen **Damebrett** *nt* draughtboard (*Br*), checkerboard (*US*) **Damenbart** *m* facial hair **Damenbinde** *f* sanitary towel (*Br*) *or* napkin (*US*) **Damendoppel** *nt* TENNIS *etc* ladies' doubles *sg* **Dameneinzel** *nt* TENNIS *etc* ladies' singles *sg* **damenhaft** **I** *adj* ladylike **II** *adv* in a ladylike way **Damenmannschaft** *m* SPORTS women's team **Damenschneider(in)** *m*/(*f*) dressmaker **Damentoilette** *f* (≈ *WC*) ladies' toilet *or* restroom (*US*) **Damenwahl** *f* ladies' choice **Damespiel** *nt* draughts *sg* (*Br*), checkers *sg* (*US*)

damit [daˈmıt, (*emph*) 'daːmıt] **I** *adv* **1.** with it / that; **was will er ~?** what does he want with that?; **was soll ich ~?** what am I meant to do with that?; **ist Ihre Frage ~ beantwortet?** does that answer your question?; **weißt du, was er ~ meint?** do you know what he means by that?; **wie wäre es ~?** how about it?; **das / er hat gar nichts ~ zu tun** that / he has nothing to do with it; **was willst du ~ sagen?** what's that supposed to mean?; **weg ~!** away with it; **Schluss ~!** that's enough (of that)! **2. ~ kommen wir zum Ende des Programms** that brings us to the end of our programmes (*Br*) *or* programs (*US*) **II** *cj* so that; **~ er nicht fällt** so that he does not fall

dämlich ['dɛːmlıç] (*infml*) **I** *adj* stupid **II**
adv stupidly; **~ fragen** to ask dumb questions (*infml*)

Damm [dam] *m* ⟨**-(e)s, ¨e** ['dɛmə]⟩ **1.** (≈ *Deich*) dyke (*Br*), dike (*esp US*); (≈ *Staudamm*) dam; (≈ *Uferdamm, Bahndamm*) embankment; (*fig*) barrier **2.** (*fig infml*) **wieder auf dem ~ sein** to be back to normal; **nicht recht auf dem ~ sein** not to be up to the mark (*infml*) **dämmen** ['dɛmən] *v/t* TECH *Wärme* to keep in; *Schall* to absorb

dämmerig ['dɛmərıç] *adj Licht* dim; *Zimmer* gloomy **Dämmerlicht** *nt* twilight; (≈ *Halbdunkel*) half-light **dämmern** ['dɛmɐn] **I** *v/i* **1.** **2.** (≈ *im Halbschlaf sein*) to doze **II** *v/i impers* **es dämmert** (*morgens*) dawn is breaking; (*abends*) dusk is falling; **es dämmerte ihm, dass ...** (*infml*) he began to realize that ... **Dämmerung** ['dɛmərʊŋ] *f* ⟨**-, -en**⟩ twilight; (≈ *Halbdunkel*) half-light **Dämmung** ['dɛmʊŋ] *f* ⟨**-, -en**⟩ insulation **Dämon** ['dɛːmɔn] *m* ⟨**-s, Dämonen** [dɛ-'moːnən]⟩ demon **dämonisch** [dɛ-'moːnıʃ] *adj* demonic

Dampf [dampf] *m* ⟨**-(e)s, ¨e** ['dɛmpfə]⟩ vapour (*Br*), vapor (*US*); (≈ *Wasserdampf*) steam; **~ ablassen** to let off steam; **jdm ~ machen** (*infml*) to make sb get a move on (*infml*) **Dampfbad** *nt* steam bath **Dampfbügeleisen** *nt* steam iron **dampfen** ['dampfn] *v/i* to steam **dämpfen** ['dɛmpfn] *v/t* **1.** (≈ *abschwächen*) to muffle; *Farbe* to mute; *Licht* to lower; *Stimmung* to dampen; *Aufprall* to deaden; → **gedämpft 2.** COOK to steam

Dampfer ['dampfɐ] *m* ⟨**-s, -**⟩ steamer; **auf dem falschen ~ sein** *or* **sitzen** (*fig infml*) to have got the wrong idea

Dämpfer ['dɛmpfɐ] *m* ⟨**-s, -**⟩ **einer Sache** (*dat*) **einen ~ aufsetzen** (*infml*) to put a damper on sth (*infml*)

Dampfkochtopf *m* pressure cooker **Dampflok** *f* (*infml*) steam engine **Dampfmaschine** *f* steam(-driven) engine **Dampfreiniger** *m* (*für Teppiche etc*) steam cleaner **Dampfschiff** *nt* steamship **Dampfwalze** *f* steamroller

danach [daˈnaːx, (*emph*) 'daːnaːx] *adv* **1.** (*zeitlich*) after that / it; **zehn Minuten ~** ten minutes later **2.** (*örtlich*) behind (that / it / him / them *etc* **3.** (≈ *dementsprechend*) accordingly; (≈ *laut diesem*) according to that; (≈ *im Einklang damit*) in accordance with that/it; **sie sieht nicht ~ aus** she doesn't look (like) it; **~ zu urteilen** judging by that; **mir war nicht ~ (zumute)** I didn't feel like it **4. sie sehnte sich ~** she longed for that/it; **~ kann man nicht gehen** you can't go by that

Däne ['dɛːnə] *m* ⟨**-n, -n**⟩ Dane

daneben [da'neːbn, (*emph*) 'daːneːbn] *adv* **1.** (*räumlich*) next to him/her/that/it *etc*; **wir wohnen im Haus ~** we live in the house next door **2.** (≈ *verglichen damit*) in comparison **3.** (≈ *außerdem*) besides that; (≈ *gleichzeitig*) at the same time **danebenbenehmen** *past part* **danebenbenommen** *v/r sep irr* (*infml*) to make an exhibition of oneself **danebengehen** *v/i sep irr aux sein* **1.** (*Schuss etc*) to miss **2.** (*infml* ≈ *scheitern*) to go wrong **danebengreifen** *v/i sep irr* **1.** (*beim Fangen*) to miss **2.** (*fig infml: mit Schätzung etc*) to be wide of the mark; **im Ton ~** to strike the wrong note; **im Ausdruck ~** to put things the wrong way **danebenhalten** *v/t sep irr* **jdn/etw ~** to compare him/her/it *etc* with sb/sth **danebenliegen** *v/i sep irr* (*infml* ≈ *sich irren*) to be quite wrong **danebensein** *v/i irr aux sein* (*infml* ≈ *sich nicht wohlfühlen*) not to feel up to it (*infml*) **danebentreffen** *v/i sep irr* to miss

Dänemark ['dɛːnəmark] *nt* ⟨**-s**⟩ Denmark **Dänin** ['dɛːnɪn] *f* ⟨**-, -nen**⟩ Dane **dänisch** ['dɛːnɪʃ] *adj* Danish

dank [daŋk] *prep +gen or +dat* thanks to **Dank** [daŋk] *m* ⟨**-(e)s**⟩ (*ausgedrückt*) thanks *pl*; (≈ *Gefühl der Dankbarkeit*) gratitude; **vielen ~** thank you very much; **als ~ für seine Dienste** in grateful recognition of his service; **zum ~ (dafür)** as a way of saying thank you **dankbar** *adj* **1.** (≈ *dankerfüllt*) grateful; (≈ *erleichtert*) thankful; *Publikum* appreciative; **jdm ~ sein** to be grateful to sb (*für* for); **sich ~ zeigen** to show one's gratitude (*gegenüber* to); **ich wäre dir ~, wenn du ...** I would appreciate it if you ... **2.** (≈ *lohnend*) *Aufgabe, Rolle* rewarding **Dankbarkeit** ['daŋkbaːrkait] *f* ⟨**-, no pl**⟩ gratitude **danke** ['daŋkə] *int* **1.** thank you, thanks (*infml*); (*ablehnend*) no thank you; **nein, ~** no thank you; **~ schön or sehr** thanks very much (*infml*); **~ vielmals** many thanks; (*iron*) thanks a million (*infml*) **2.** (*infml*) **mir**

gehts ~ I'm OK (*infml*) **danken** ['daŋkn] **I** *v/i* **jdm ~** to thank sb (*für* for); **nichts zu ~** don't mention it; **na, ich danke** (*iron*) no thank you; **etw ~d annehmen/ablehnen** to accept/decline sth with thanks **II** *v/t* (≈ *dankbar sein für*) **man wird es dir nicht ~** you won't be thanked for it **dankenswert** *adj Bemühung* commendable; *Hilfe* kind; (≈ *lohnenswert*) *Aufgabe* rewarding **Dankeschön** *nt* ⟨**-s, no pl**⟩ thank you **Dankschreiben** *nt* letter of thanks

dann [dan] *adv* **1.** then; **~ und wann** now and then; **gerade ~, wenn ...** just when ... **2.** then; **wenn ..., ~** if ..., (then); **erst ~, wenn ...** only when ...; **~ eben nicht** well, in that case (there's no more to be said); **also ~ bis morgen** see you tomorrow then **3.** (≈ *außerdem*) **~ ... noch** on top of that ...

daran [da'ran, (*emph*) 'daːran] *adv* **1.** (*räumlich*) on it/that; *lehnen, stellen* against it/that; *legen* next to it/that; *befestigen* to it/that; **nahe or dicht ~** right up against it/that; **nahe ~ sein, etw zu tun** to be on the point of doing sth; **~ vorbei** past it/that **2.** (*zeitlich*) **im Anschluss ~, ~ anschließend** following that/this **3.** **ich zweifle nicht ~** I don't doubt it; **wird sich etwas ~ ändern?** will that change at all?; **~ sieht man, wie ...** there you (can) see how ...; **das Beste etc ~** the best *etc* thing about it; **es ist nichts ~** (≈ *ist nicht fundiert*) there's nothing in it; (≈ *ist nichts Besonderes*) it's nothing special; → **dran darangehen** *v/i sep irr aux sein* **~, etw zu tun** to set about doing sth **daranmachen** *v/r sep* (*infml*) to get down to it; **sich ~, etw zu tun** to set about doing sth **daransetzen** *sep v/t* **seine ganzen Kräfte ~, etw zu tun** to spare no effort to do sth

darauf [da'rauf, (*emph*) 'daːrauf] *adv* **1.** (*räumlich*) on it/that/them *etc* **2.** (*Reihenfolge*) after that; **~ folgte ...** that was followed by ...; **~ folgend** *Tag etc* following; *Wagen etc* behind *pred*; **am Tag ~** the next day **3.** (≈ *infolgedessen*) because of that; **~ antworten** to answer that; **eine Antwort ~** an answer to that; **~ steht die Todesstrafe** that carries the death penalty; **~ freuen wir uns schon** we're looking forward to it already **darauffolgend** *adj attr*; → **darauf** 2 **daraufhin** [darauf'hɪn, (*emph*) 'daːraufhɪn] *adv* **1.** (≈ *deshalb*) as a result (of that / this); (≈ *danach*) after that **2.** (≈ *im Hinblick darauf*) with regard to that / this

daraus [da'raus, *(emph)* 'da:raus] *adv* **1.** (*räumlich*) out of that / it / them **2.** **~ kann man Wein herstellen** you can make wine from that; **~ ergibt sich/folgt, dass** ... it follows from that that ...

darbieten ['da:ɐ-] *v/t sep irr* (*elev*) **1.** (≈ *vorführen*) to perform **2.** (≈ *anbieten*) to offer; *Speisen* to serve **Darbietung** ['da:ɐbi:tʊŋ] *f* ⟨-, -en⟩ performance

darin [da'rɪn, *(emph)* 'da:rɪn] *adv* **1.** (*räumlich*) in there **2.** (≈ *in dieser Beziehung*) in that respect; **~ ist er ganz groß** (*infml*) he's very good at that; **der Unterschied liegt ~, dass** ... the difference is that ...

darlegen ['da:ɐ-] *v/t sep* to explain (*jdm* to sb) **Darlegung** ['da:ɐle:gʊŋ] *f* ⟨-, -en⟩ explanation

Darlehen ['da:ɐle:ən] *nt* ⟨-s, -⟩ loan **Darlehensgeber(in)** *m/(f)* lender **Darlehensnehmer** *m* ⟨-s, -⟩, **Darlehensnehmerin** [-ərɪn] *f* ⟨-, -nen⟩ borrower

Darm [darm] *m* ⟨-(e)s, ⁓e ['dɛrmə]⟩ intestine(s *pl*), bowel(s *pl*); (*für Wurst*) (sausage) skin; (*für Saiten etc*) gut **Darmausgang** *m* anus **Darmgrippe** *f* gastric flu **Darmkrebs** *m* cancer of the intestine **Darmleiden** *nt* intestinal trouble *no art* **Darmsaite** *f* gut string **Darmspiegelung** *f* enteroscopy; (*des Dickdarms*) colonoscopy

darstellen ['da:ɐ-] *v/t sep* **1.** (≈ *abbilden*) to show; THEAT to portray; (≈ *beschreiben*) to describe; **die ~den Künste** (*der Theater*) the dramatic arts; (≈ *Malerei, Plastik*) the visual arts; **sie stellt nichts dar** (*fig*) she doesn't have much of an air about her **2.** (≈ *bedeuten*) to constitute **Darsteller** ['da:ɐʃtɛlɐ] *m* ⟨-s, -⟩ THEAT actor; **der ~ des Hamlet** the actor playing Hamlet **Darstellerin** ['da:ɐʃtɛlərɪn] *f* ⟨-, -nen⟩ THEAT actress **darstellerisch** ['da:ɐʃtɛlərɪʃ] *adj* dramatic; **eine ~e Höchstleistung** a magnificent piece of acting **Darstellung** ['da:ɐ-] *f* portrayal; (*durch Diagramm etc*) representation; (≈ *Beschreibung*) description; (≈ *Bericht*) account

darüber [da'ry:bɐ, *(emph)* 'da:ry:bɐ] *adv* **1.** (*räumlich*) over that / it / them; **~ hinweg sein** (*fig*) to have got over it; **~ hinaus** apart from this / that **2.** (≈ *deswe-*

gen) about that / it; **wir wollen nicht ~ streiten, ob** ... we don't want to argue about whether ... **3.** (≈ *mehr*) **21 Jahre und ~** 21 years and above; **~ hinaus** over and above that **darüber liegen** *v/i irr* (*fig*) to be higher **darüber stehen** *v/i irr* (*fig*) to be above such things

darum [da:'rʊm, *(emph)* 'da:rʊm] *adv* **1.** (*räumlich*) (a)round that / it / him / her / them **2.** **es geht ~, dass** ... the thing is that ...; **~ geht es gar nicht** that isn't the point; **~ geht es mir** that's my point; **~ geht es mir nicht** that's not the point for me **3.** (≈ *deshalb*) that's why, because ...; **ach ~!** so that's why!; **warum willst du nicht mitkommen? — ~!** (*infml*) why don't you want to come? — (just) 'cos! (*infml*)

darunter [da'rʊntɐ, *(emph)* 'da:rʊntɐ] *adv* **1.** (*räumlich*) under that / it / them **2.** (≈ *weniger*) under that; **Leute im Alter von 35 Jahren und ~** people aged 35 and under **3.** (≈ *dabei*) among them **4.** **was verstehen Sie ~?** what do you understand by that / it?; → **drunter**

das [das]; → **der**

da sein *v/i irr aux sein* to be there; **ist Post für mich da?** is there any mail for me?; **war der Briefträger schon da?** has the postman (*Br*) or mailman (*US*) been yet?; **voll ~** (*infml*) to be all there (*infml*); **so etwas ist noch nie da gewesen** it's quite unprecedented

Dasein *nt* existence **Daseinsberechtigung** *f* right to exist

dasitzen *v/i sep irr aux haben or sein* to sit there; **ohne Hilfe ~** (*infml*) to be left without any help

dasjenige ['dasje:nɪgə] *dem pron* → **derjenige**

dass [das] *cj* that; **das kommt daher, ~** ... that comes because ...; **das liegt daran, ~** ... that is because ...

dasselbe [das'zɛlbə] *dem pron* → **derselbe**

dastehen *v/i sep irr aux haben or sein* **1.** (≈ *da sein*) to stand there; **steh nicht so dumm da!** don't just stand there looking stupid **2.** (*fig*) **gut/schlecht ~** to be in a good/bad position; **allein ~** to be on one's own; **jetzt stehe ich ohne Mittel da** now I'm left with no money

Date [de:t] *nt* ⟨-(s), -s⟩ (*infml* ≈ *Verabredung, Person*) date; **ein ~ haben** to go out on a date

Datei[da'tai] *f*⟨-, -*en*⟩ ɪᴛ file **Dateimanager** *m* file manager **Dateiname** *m* file name **Dateiverwaltung** *f* file management

Daten ['da:tn] *pl* ɪᴛ data *sg* **Datenaustausch** *m* data exchange **Datenautobahn** *f* information highway **Datenbank** *f, pl* -**banken** database; (≈ *Zentralstelle*) data bank **Datenbestand** *m* database **Dateneingabe** *f* data input **Datenerfassung** *f* data capture **Datenkompressionsprogramm** *nt* data compression program **Datenmissbrauch** *m* misuse of data **Datennetz** *nt* data network **Datensatz** *m* record **Datenschutz** *m* data protection **Datenschutzbeauftragte(r)** *m/f(m)* *decl as adj* data protection official **Datenschützer** [-ʃytsɐ] *m* ⟨-*s*, -⟩, **Datenschützerin** [-ərɪn] *f*⟨-, -*nen*⟩ data protectionist **Datenspeicher** *m* data memory; (≈ *Speichermedium*) data storage medium **Datenträger** *m* data carrier **Datenübertragung** *f* data transmission **Datenverarbeitung** *f* data processing

datieren [da'ti:rən] *past part* **datiert** *v/t* & *v/i* to date (*aus* from)

Dativ ['da:ti:f] *m* ⟨-*s*, -*e* [-və]⟩ ɢʀᴀᴍ dative (case) **Dativobjekt** *nt* ɢʀᴀᴍ indirect object

dato *adv* **bis ~** (COMM, *infml*) to date

Dattel ['datl] *f*⟨-, -*n*⟩ date

Datum ['da:tʊm] *nt* ⟨-*s*, **Daten** ['da:tn]⟩ date; *was für ein ~ haben wir heute?* what is the date today?; *das heutige ~* today's date; *~ des Poststempels* date as postmark; *ein Nachschlagewerk neueren/älteren ~s* a recent / an old reference work

Dauer ['daʊɐ] *f*⟨-, *no pl*⟩ (≈ *das Andauern*) duration; (≈ *Zeitspanne*) period; (≈ *Länge: einer Sendung etc*) length; *für die ~ eines Monats* for a period of one month; *von ~ sein* to be long-lasting; *keine ~ haben* to be short-lived; *von langer ~ sein* to last a long time; *auf die ~* in the long term; *auf ~* permanently **Dauerarbeitslose(r)** *m/f(m)* *decl as adj* **die ~n** the long-term unemployed **Dauerarbeitslosigkeit** *f* long-term unemployment **Dauerauftrag** *m* FIN standing order **Dauerbelastung** *f* continual pressure *no indef art*; (*von Maschine*) constant load **Dauerbetrieb** *m* continuous operation **Dauerbrenner** *m* (*infml*)

(≈ *Dauererfolg*) long runner; (≈ *Dauerthema*) long-running issue **Dauerfrost** *m* freeze-up **Dauergast** *m* permanent guest; (≈ *häufiger Gast*) regular visitor **dauerhaft I** *adj Zustand* permanent; *Bündnis, Frieden* lasting *attr*, long-lasting **II** *adv* (≈ *für immer*) permanently **Dauerkarte** *f* season ticket **Dauerlauf** *m* SPORTS jog; (≈ *das Laufen*) jogging **Dauerlutscher** *m* lollipop **dauern** ['daʊɐn] *v/i* **1.** (≈ *andauern*) to last **2.** (≈ *Zeit benötigen*) to take a while; *das dauert noch* (*infml*) it'll be a while yet; *das dauert mir zu lange* it takes too long for me **dauernd I** *adj Frieden, Regelung* lasting; *Wohnsitz* permanent; (≈ *fortwährend*) constant **II** *adv* **etw ~ tun** to keep doing sth **Dauerparker** [-parkɐ] *m*⟨-*s*, -⟩, **Dauerparkerin** [-ərɪn] *f*⟨-, -*nen*⟩ long-stay (*Br*) *or* long-term (*US*) parker **Dauerregen** *m* continuous rain **Dauerstellung** *f* permanent position **Dauerstress** *m* **im ~ sein** to be in a state of permanent stress **Dauerthema** *nt* long-running issue **Dauerwelle** *f* perm **Dauerwurst** *f* German salami **Dauerzustand** *m* permanent state of affairs

Daumen ['daʊmən] *m* ⟨-*s*, -⟩ thumb; *am ~ lutschen* to suck one's thumb; *jdm die ~ drücken* to keep one's fingers crossed for sb **Daumenlutscher(in)** *m/(f)* thumb-sucker **Daumennagel** *m* thumbnail **Daumenregister** *nt* thumb index

Daune ['daʊnə] *f*⟨-, -*n*⟩ down feather; **~n** down *sg* **Daunendecke** *f* (down-filled) duvet (*Br*) *or* quilt

davon [da'fɔn, (*emph*) 'da:fɔn] *adv* **1.** (*räumlich*) from there **2.** (*fig*) *es unterscheidet sich ~* it differs from it; *... und ~ kommt das hohe Fieber* ... and that's where the high temperature comes from; *das kommt ~!* that's what you get; *~ stirbst du nicht* it won't kill you; *was habe ICH denn ~?* what do I get out of it? **3.** *~ betroffen werden or sein* to be affected by that / it / them; *nehmen Sie doch noch etwas ~!* do have some more! **4.** (≈ *darüber*) *hören, sprechen* about that / it / them; *verstehen, halten* of that / it / them; *genug ~!* enough of this!; *nichts ~ halten* not to think much of it; *ich halte viel ~* I think it is quite good **davonfahren** *v/i sep irr aux sein* (*Fahrer, Fahrzeug*) to drive away;

(*Zug*) to pull away **davonfliegen** *v/i sep irr aux sein* to fly away **davonjagen** *v/t sep* to chase off *or* away **davonkommen** *v/i sep irr aux sein* (≈ *entkommen*) to get away; (≈ *nicht bestraft werden*) to get away with it; **mit dem Schrecken/ dem Leben** ~ to escape with no more than a shock/with one's life; **mit einer Geldstrafe** ~ to get off with a fine **davonlassen** *v/t sep irr* **die Hände** *or* **Finger** ~ (*infml*) to leave it/them well alone **davonlaufen** *v/i sep irr aux sein* (≈ *weglaufen*) to run away (*jdm/vor jdm* from sb); (≈ *verlassen*) to walk out (*jdm* on sb) **davonmachen** *v/r sep* to make off **davontragen** *v/t sep irr* Sieg, Ruhm to win; Schaden, Verletzung to suffer
davor [da'fo:ɐ, (*emph*) 'da:fo:ɐ] *adv* **1.** (*räumlich*) in front (of that/it/them) **2.** (*zeitlich*) before that **3. ich habe Angst ~, das zu tun** I'm afraid of doing that; **ich warne Sie ~!** I warn you! **davor stehen** *v/i irr aux haben or sein* to stand in front of it/them **davor stellen** *v/r* to stand in front of it/them
DAX®, Dax [daks] *m* ⟨-, *no pl*⟩ *abbr of* **Deutscher Aktienindex** DAX index
dazu [da'tsu:, (*emph*) 'da:tsu:] *adv* **1.** (≈ *dabei, damit*) with it; **noch ~** as well, too **2.** (≈ *dahin*) to that/it; **er ist auf dem besten Wege ~** he's well on the way to it; **wie konnte es nur ~ kommen?** how could that happen?; **wie komme ich ~?** (*empört*) why on earth should I?; **... aber ich bin nicht ~ gekommen** ... but I didn't get (a)round to it **3.** (≈ *dafür, zu diesem Zweck*) for that/it; **ich habe ihm ~ geraten** I advised him to (do that); **~ bereit sein, etw zu tun** to be prepared to do sth; **~ gehört viel Geld** that takes a lot of money; **~ ist er da** that's what he's there for **4.** (≈ *darüber, zum Thema*) about that/it; **was sagst du ~?** what do you say to that? **5. im Gegensatz ~** in contrast to that; **im Vergleich ~** in comparison with that **dazugehören** *past part* **dazugehört** *v/i sep* to belong (to it/us *etc*); (≈ *eingeschlossen sein*) to be included (in it/them); **das gehört mit dazu** it's all part of it; **es gehört schon einiges dazu** that takes a lot **dazugehörig** *adj attr* which goes/go with it/them **dazulernen** *v/t sep* **viel/nichts ~** to learn a lot more/nothing new; **man kann immer was ~** there's always

something to learn **dazusetzen** *sep v/r* to join him/us *etc* **dazutun** *v/t sep irr* (*infml*) to add **Dazutun** *nt* **ohne dein ~** without your doing/saying anything **dazuverdienen** *v/t & v/i sep* to earn something extra
dazwischen [da'tsvɪʃn, (*emph*) 'da:tsvɪʃn] *adv* (*räumlich, zeitlich*) in between **dazwischenkommen** *v/i sep irr aux sein* (≈ *störend erscheinen*) to get in the way; **... wenn nichts dazwischenkommt!** ... if all goes well; **mir ist leider etwas dazwischengekommen** something has come up **dazwischenreden** *v/i sep* (≈ *unterbrechen*) to interrupt (*jdm* sb)
DB [de:'be:] *f* ⟨-⟩ *abbr of* **Deutsche Bahn** *German Railways*
DDR [de:de:'|ɛr] *f* ⟨-⟩ HIST *abbr of* **Deutsche Demokratische Republik** GDR
deaktivieren *past part* **deaktiviert** *v/t* IT to disable; Kontrollkästchen to uncheck
Deal [di:l] *m* ⟨-s, -s⟩ (*infml*) deal **dealen** ['di:lən] (*infml*) **I** *v/i* **mit etw ~** to deal in sth **II** *v/t* to deal in; Drogen to push **Dealer** ['di:lɐ] *m* ⟨-s, -⟩, **Dealerin** ['di:lərɪn] *f* ⟨-, -nen⟩ (drug) dealer
Debakel [de'ba:kl] *nt* ⟨-s, -⟩ debacle **Debatte** [de'batə] *f* ⟨-, -n⟩ debate; **etw zur ~ stellen** to put sth up for discussion *or* (PARL) debate; **das steht hier nicht zur ~** that's not the issue **debattieren** [deba-'ti:rən] *past part* **debattiert** *v/t & v/i* to debate; **über etw** (*acc*) ~ to discuss sth
Debet ['de:bɛt] *nt* ⟨-s, -s⟩ FIN debits *pl* **Debetseite** *f* FIN debit side
debil [de'bi:l] *adj* MED feeble-minded **debitieren** [debi'ti:rən] *past part* **debitiert** *v/t* FIN to debit
Debüt [de'by:] *nt* ⟨-s, -s⟩ debut; **sein ~ als etw geben** to make one's debut as sth
dechiffrieren [deʃɪ'fri:rən] *past part* **dechiffriert** *v/t* to decode
Deck [dɛk] *nt* ⟨-(e)s, -s⟩ deck; **alle Mann an ~!** all hands on deck!
Deckbett *nt* feather quilt **Deckchen** ['dɛkçən] *nt* ⟨-s, -⟩ mat; (*auf Tablett*) tray cloth; (≈ *Tortendeckchen*) doily **Decke** ['dɛkə] *f* ⟨-, -n⟩ **1.** cloth; (≈ *Wolldecke*) blanket; (*kleiner*) rug; (≈ *Steppdecke*) quilt; (≈ *Bettdecke*) cover; **mit jdm unter einer ~ stecken** (*fig*) to be in league with sb **2.** (≈ *Zimmerdecke*) ceiling; **an die ~ gehen** (*infml*) to hit the roof

(infml); **mir fällt die ~ auf den Kopf** *(fig infml)* I don't like my own company **Deckel** ['dɛkl] *m* ⟨**-s, -**⟩ lid; *(von Flasche)* top; **jdm eins auf den ~ geben** *(infml)* *(≈ schlagen)* to hit sb on the head; *(≈ ausschimpfen)* to give sb a (good) talking-to *(infml)*

decken ['dɛkn] **I** *v/t* **1.** *(≈ zudecken)* to cover; **ein Dach mit Ziegeln ~** to roof a building with tiles; → **gedeckt 2.** *Tisch, Tafel* to set **3.** *(≈ schützen)* to cover; FTBL *Spieler* to mark; *Komplizen* to cover up for **4.** *Kosten, Bedarf* to cover, to meet; **mein Bedarf ist gedeckt** *(fig infml)* I've had enough (to last me some time) **5.** (COMM, FIN *≈ absichern)* *Scheck* to cover; *Defizit* to offset **II** *v/i* to cover; (FTBL *≈ Spieler decken)* to mark **III** *v/r* *(Interessen, Begriffe)* to coincide; *(Aussagen)* to correspond; *(MAT: Figur)* to be congruent **Deckenfluter** ['dɛknfluːtɐ] *m* ⟨**-s, -**⟩ torchiere (lamp) **Deckfarbe** *f* opaque watercolour *(Br)* or watercolor *(US)* **Deckmantel** *m (fig)* mask; **unter dem ~ von ...** under the guise of ... **Deckname** *m* assumed name; MIL code name **Deckung** ['dɛkʊŋ] *f* ⟨**-, (rare) -en**⟩ **1.** *(≈ Schutz)* cover; FTBL, CHESS defence *(Br)*, defense *(US)*; *(Boxen, Fechten)* guard; **in ~ gehen** to take cover; **jdm ~ geben** to cover sb **2.** (COMM, FIN, *von Scheck)* cover; *(von Darlehen)* security; **zur ~ seiner Schulden** to cover his debts; **eine ~ der Nachfrage ist unmöglich** demand cannot possibly be met **3.** *(≈ Übereinstimmung)* congruence **deckungsgleich** *adj* MAT congruent; **~ sein** *(fig)* to coincide; *(Aussagen)* to agree **Deckweiß** *nt* opaque white

Decoder [de'koːdɐ] *m* ⟨**-s, -**⟩ decoder **decodieren** [deko'diːrən] *past part* **decodiert** *v/t* to decode

de facto [de 'fakto] *adv* de facto

Defätismus [defɛ'tɪsmʊs] *m* ⟨**-, no pl**⟩ defeatism

defekt [de'fɛkt] *adj Gerät etc* faulty; *Gen* defective **Defekt** [de'fɛkt] *m* ⟨**-(e)s, -e**⟩ fault; **geistiger ~** mental deficiency

defensiv [defɛn'ziːf] **I** *adj* defensive; *Fahrweise* non-aggressive **II** *adv* defensively **Defensive** [defɛn'ziːvə] *f* ⟨**-, (rare) -n**⟩ defensive; **in der ~ bleiben** to remain on the defensive

definierbar *adj* definable; **schwer/leicht ~** hard/easy to define **definieren** [defi-

'niːrən] *past part* **definiert** *v/t* to define **Definition** [defini'tsĭoːn] *f* ⟨**-, -en**⟩ definition **definitiv** [defini'tiːf] **I** *adj* definite **II** *adv* *(≈ bestimmt)* definitely

Defizit ['deːfitsɪt] *nt* ⟨**-s, -e**⟩ *(≈ Fehlbetrag)* deficit; *(≈ Mangel)* deficiency *(an +dat of)*

Deflation [defla'tsĭoːn] *f* ⟨**-, -en**⟩ ECON deflation

Deformation [defɔrma'tsĭoːn] *f* deformation; *(≈ Missbildung)* deformity **deformieren** [defɔr'miːrən] *past part* **deformiert** *v/t* to deform

Defroster [de'frɔstɐ] *m* ⟨**-s, -**⟩ AUTO heated windscreen *(Br)*, defroster *(US)*

deftig ['dɛftɪç] *adj Mahlzeit* substantial; *Humor* ribald; *Lüge* huge; *Ohrfeige* cracking *(infml)*; *Preis* extortionate

Degen ['deːgn] *m* ⟨**-s, -**⟩ rapier; SPORTS épée

Degeneration [degenera'tsĭoːn] *f* degeneration

degenerieren [degene'riːrən] *past part* **degeneriert** *v/i aux sein* to degenerate *(zu* into*)* **degeneriert** [degene'riːɐt] *adj* degenerate

degradieren [degra'diːrən] *past part* **degradiert** *v/t* MIL to demote *(zu* to*)*; *(fig ≈ herabwürdigen)* to degrade **Degradierung** *f* ⟨**-, -en**⟩ MIL demotion *(zu* to*)*; *(fig)* degradation

dehnbar *adj* elastic; *(fig)* flexible **dehnen** ['deːnən] *v/t* & *v/r* to stretch; *Laut* to lengthen **Dehnung** *f* ⟨**-, -en**⟩ stretching; *(von Laut)* lengthening

dehydrieren [dehy'driːrən] *past part* **dehydriert** *v/t* CHEM to dehydrate

Deich [daɪç] *m* ⟨**-(e)s, -e**⟩ dyke *(Br)*, dike *(esp US)*

Deichsel ['daɪksl] *f* ⟨**-, -n**⟩ shaft, whiffletree *(US)* **deichseln** ['daɪksln] *v/t* *(infml)* to wangle *(infml)*

dein [daɪn] *poss pr* your; **herzliche Grüße, Deine Elke** with best wishes, yours or *(herzlicher)* love Elke **deiner** ['daɪnɐ] *pers pr* of you; **wir werden ~ gedenken** we will remember you **deine(r, s)** ['daɪnə] *poss pr (substantivisch)* yours; **der/die/das Deine** *(elev)* yours; **die Deinen** *(elev)* your family, your people; **das Deine** *(elev ≈ Besitz)* what is yours **deinerseits** ['daɪnɐ'zaits] *adv* *(≈ auf deiner Seite)* for your part; *(≈ von deiner Seite)* on your part **deinesgleichen** ['daɪnəs'glaɪçn] *pron inv* people like you **deinetwegen** ['dainət've:gn] *adv* (≈ *wegen dir*) because of you; (≈ *dir zuliebe*) for your sake **deinetwillen** ['dainət'vilən] *adv* **um ~** for your sake

deinstallieren *past part* **deinstalliert** *v/t Programm* to uninstall

Deka ['dɛka] *nt* ⟨-(s), -⟩ (*Aus*) = **Dekagramm**

dekadent [deka'dɛnt] *adj* decadent **Dekadenz** [deka'dɛnts] *f* ⟨-, *no pl*⟩ decadence

Dekagramm ['deka-, 'dɛka-] *nt* decagram(me)

Dekan [de'ka:n] *m* ⟨-s, -e⟩, **Dekanin** [-ka:nɪn] *f* ⟨-, -nen⟩ UNIV, ECCL dean **Dekanat** [deka'na:t] *nt* ⟨-(e)s, -e⟩ (≈ *Amtssitz*) (UNIV) office of the dean; ECCL deanery

Deklaration [deklara'tsio:n] *f* ⟨-, -en⟩ declaration **deklarieren** [dekla'ri:rən] *past part* **deklariert** *v/t* to declare

Deklination [deklina'tsio:n] *f* ⟨-, -en⟩ GRAM declension **deklinierbar** *adj* GRAM declinable **deklinieren** [dekli'ni:rən] *past part* **dekliniert** *v/t* GRAM to decline

dekodieren [deko'di:rən] *past part* **dekodiert** *v/t* to decode

Dekolleté [dekɔl'te:] *nt* ⟨-s, -s⟩, **Dekolletee** *nt* ⟨-s, -s⟩ low-cut neckline **dekolletiert** [dekɔl'ti:ɐt] *adj Kleid* low-cut

dekomprimieren [dekɔmpri'mi:rən] *past part* **dekomprimiert** *v/t* IT to decompress

dekontaminieren [dekɔntami'ni:rən] *past part* **dekontaminiert** *v/t* to decontaminate

Dekor [de'ko:ɐ] *m or nt* ⟨-s, -s or -e⟩ decoration; (≈ *Muster*) pattern **Dekorateur** [dekora'tø:ɐ] *m* ⟨-s, -e⟩, **Dekorateurin** [-'tø:rɪn] *f* ⟨-, -nen⟩ (≈ *Schaufensterdekorateur*) window-dresser; (*von Innenräumen*) interior designer **Dekoration** [dekora'tsio:n] *f* ⟨-, -en⟩ **1.** *no pl* (≈ *das Ausschmücken*) decorating **2.** (≈ *Einrichtung*) décor *no pl*; (≈ *Fensterdekoration*) window-dressing; **zur ~ dienen** to be decorative **dekorativ** [dekora'ti:f] **I** *adj* decorative **II** *adv* decoratively dekorieren [deko'ri:rən] *past part* **dekoriert** *v/t* to decorate; *Schaufenster* to dress **Dekostoff** ['deko-] *m* furnishing fabric

Dekret [de'kre:t] *nt* ⟨-(e)s, -e⟩ decree

Delegation [delega'tsio:n] *f* ⟨-, -en⟩ delegation **delegieren** [dele'gi:rən] *past part* **delegiert** *v/t* to delegate (*an +acc* to) **Delegierte(r)** [dele'gi:ɐtə] *m/f(m) decl as adj* delegate

Delfin¹ [dɛl'fi:n] *m* ⟨-s, -e⟩ ZOOL dolphin **Delfin**² *nt* ⟨-s, *no pl*⟩ (≈ *Delfinschwimmen*) butterfly (stroke)

delikat [deli'ka:t] *adj* **1.** (≈ *wohlschmeckend*) exquisite **2.** (≈ *behutsam, heikel*) delicate **Delikatesse** [delika'tɛsə] *f* ⟨-, -n⟩ (≈ *Leckerbissen, fig*) delicacy **Delikatessengeschäft** *nt* delicatessen **Delikatesssenf** *m* (top-)quality mustard

Delikt [de'lɪkt] *nt* ⟨-(e)s, -e⟩ JUR offence (*Br*), offense (*US*)

Delinquent [delɪn'kvɛnt] *m* ⟨-en, -en⟩, **Delinquentin** [-'kvɛntɪn] *f* ⟨-, -nen⟩ (*elev*) offender

Delirium [de'li:rium] *nt* ⟨-s, **Delirien** [-riən]⟩ delirium; **im ~ sein** to be delirious; **~ tremens** the DT's

Delle ['dɛlə] *f* ⟨-, -n⟩ (*infml*) dent

Delphin [dɛl'fi:n] = **Delfin**

Delta ['dɛlta] *nt* ⟨-s, -s *or* **Delten** ['dɛltn]⟩ GEOG delta

dem [de:m] **I** *def art* to the; **wenn ~ so ist** if that is the way it is; **wie ~ auch sei** be that as it may **II** *dem pron attr* to that **III** *rel pr* to whom, that *or* who(m) ... to; (*von Sachen*) to which, which *or* that ... to

Demagoge [dema'go:gə] *m* ⟨-n, -n⟩, **Demagogin** [-'go:gɪn] *f* ⟨-, -nen⟩ demagogue **Demagogie** [demago'gi:] *f* ⟨-, -n [-'gi:ən]⟩ demagoguery **demagogisch** [dema'go:gɪʃ] *adj Rede etc* demagogic

demaskieren [demas'ki:rən] *past part* **demaskiert** *v/t* to unmask, to expose; **jdn als etw ~** to expose sb as sth

Dementi [de'mɛnti] *nt* ⟨-s, -s⟩ denial **dementieren** [demɛn'ti:rən] *past part* **dementiert** **I** *v/t* to deny **II** *v/i* to deny it **dementsprechend** ['de:m|ɛnt'ʃprɛçnt] **I** *adv* correspondingly; (≈ *demnach*) accordingly **II** *adj* appropriate; *Gehalt* commensurate

Demenz [de'mɛnts] *f* ⟨-, -en⟩ MED dementia

demnach ['de:mna:x] *adv* therefore; (≈ *dementsprechend*) accordingly **demnächst** ['de:mnɛ:çst, de:m'nɛ:çst] *adv* soon

Demo ['de:mo] *f* ⟨-, -s⟩ (*infml*) demo (*infml*) **Demodiskette** ['de:mo-] *f* IT demo disk **Demografie** [demogra'fi:] *f* ⟨-, -n [-'fi:ən]⟩ demography **demografisch**

[demo'grafɪʃ] *adj* demographic **Demokrat** [demo'kra:t] *m* ⟨**-en, -en**⟩, **Demokratin** [-'kra:tɪn] *f* ⟨**-, -nen**⟩ democrat; (*US* POL) Democrat **Demokratie** [demokra'ti:] *f* ⟨**-, -n** [-'ti:ən]⟩ democracy **demokratisch** [demo'kra:tɪʃ] **I** *adj* democratic **II** *adv* democratically **demolieren** [demo'li:rən] *past part* **demoliert** *v/t* to wreck

Demonstrant [demɔn'strant] *m* ⟨**-en, -en**⟩, **Demonstrantin** [-'strantɪn] *f* ⟨**-, -nen**⟩ demonstrator **Demonstration** [demɔnstra'tsio:n] *f* ⟨**-, -en**⟩ demonstration **Demonstrationsverbot** *nt* ban on demonstrations **demonstrativ** [demɔnstra'ti:f] **I** *adj* demonstrative; *Beifall* acclamatory; *Protest* pointed **II** *adv* pointedly; **~ Beifall spenden** to make a point of applauding **Demonstrativpronomen** *nt* demonstrative pronoun **demonstrieren** [demɔn'stri:rən] *past part* **demonstriert** *v/t & v/i* to demonstrate

Demontage [demɔn'ta:ʒə] *f* dismantling **demontieren** [demɔn'ti:rən] *past part* **demontiert** *v/t* to dismantle; *Räder* to take off

demoralisieren [demorali'zi:rən] *past part* **demoralisiert** *v/t* (≈ *entmutigen*) to demoralize

Demoskopie [demosko'pi:] *f* ⟨**-, no pl**⟩ (public) opinion research **demoskopisch** [demo'sko:pɪʃ] *adj Daten, Erkenntnisse* opinion poll *attr*; **~es Institut** (public) opinion research institute; **eine ~e Untersuchung** a (public) opinion poll

Demut ['de:mu:t] *f* ⟨**-, no pl**⟩ humility **demütig** ['de:my:tɪç] **I** *adj* humble **II** *adv* humbly **demütigen** ['de:my:tɪgn] *v/t* to humiliate **Demütigung** *f* ⟨**-, -en**⟩ humiliation; **jdm eine ~ zufügen** to humiliate sb

demzufolge ['de:mtsu'fɔlgə] *adv* therefore

Den Haag [de:n'ha:k] *nt* ⟨**-s**⟩ The Hague

Denkanstoß *m* something to start one thinking; **jdm Denkanstöße geben** to give sb something to think about **Denkaufgabe** *f* brain-teaser **denkbar I** *adj* conceivable; **es ist durchaus ~, dass er kommt** it's very possible that he'll come **II** *adv* extremely; (≈ *ziemlich*) rather; **den ~ schlechtesten Eindruck machen** to make the worst possible im-

pression **denken** ['dɛŋkən] *pret* **dachte** ['daxtə], *past part* **gedacht** [gə'daxt] **I** *v/i* **1.** to think; **das gibt einem zu ~** it makes you think; **solange ich ~ kann** (for) as long as I can remember; **wo ~ Sie hin!** what an idea!; **wie ~ Sie darüber?** what do you think about it?; **ich denke genauso** I think the same (way); **ich denke schon** I think so; **ich denke nicht** I don't think so **2. ~ an** to think of *or* about; **das Erste, woran ich dachte** the first thing I thought of; **daran ist gar nicht zu ~** that's (quite) out of the question; **ich denke nicht daran!** no way! (*infml*); **denk daran!** don't forget! **II** *v/t* to think; **sagen was man denkt** to say what one thinks; **was denkst du jetzt?** what are you thinking (about)?; **für jdn/etw gedacht sein** (≈ *vorgesehen*) to be intended for sb/sth; **so war das nicht gedacht** that wasn't what I/he *etc* had in mind; **wer hätte das (von ihr) gedacht!** who'd have thought it of (her)!; **ich habe mir nichts Böses dabei gedacht** I meant no harm (by it); **das kann ich mir~** I can imagine; **das habe ich mir gleich gedacht** I thought that from the first; **das habe ich mir gedacht** I thought so; **ich denke mir mein Teil** I have my own thoughts on the matter; **sie denkt sich nichts dabei** she thinks nothing of it; → **gedacht Denken** *nt* ⟨**-s, no pl**⟩ (≈ *Gedankenwelt*) thought; (≈ *Denkweise*) thinking **Denker** ['dɛŋkɐ] *m* ⟨**-s, -**⟩, **Denkerin** [-ərɪn] *f* ⟨**-, -nen**⟩ thinker **Denkfähigkeit** *f* ability to think **denkfaul** *adj* (mentally) lazy; **sei nicht so ~!** get your brain working! **Denkfehler** *m* flaw in the/one's reasoning **Denkmal** ['dɛŋkma:l] *nt* ⟨**-s, -e** (*liter*) *or* **¨er** [-'mɛ:lɐ]⟩ (≈ *Gedenkstätte*) monument (*für* to); (≈ *Standbild*) statue **denkmalgeschützt** *adj Gebäude, Monument* listed; *Baum etc* protected; **das ist ein ~es Haus** this house is a listed building **Denkmal(s)pflege** *f* preservation of historical monuments **Denkmal(s)schutz** *m* **unter ~ stehen** to be classified as a historical monument **Denkmodell** *nt* (≈ *Entwurf*) plan for further discussion **Denkpause** *f* break, adjournment; **eine ~ einlegen** to have a break to think things over **Denkprozess** *m* thought-process **Denkschrift** *f* memo (*infml*) **Denkvermögen** *nt* capacity for thought **denkwürdig** *adj* memorable **Denkzettel** *m* (*infml*) warning; **jdm einen ~ verpassen** to give sb a warning

denn [dɛn] **I** *cj* **1.** (*kausal*) because **2.** (*elev: vergleichend*) than; **schöner ~ je** more beautiful than ever **3.** (*konzessiv*) **es sei ~, (dass)** unless **II** *adv* (*verstärkend*) **wann/wo ~?** when/where?; **warum ~ nicht?** why not?; **was soll das ~?** what's all this then?

dennoch ['dɛnɔx] *adv* nevertheless

Dental(laut) [dɛn'ta:l-] *m* ⟨**-s, -e**⟩ LING dental

Denunziant [denʊn'tsiant] *m* ⟨**-en, -en**⟩, **Denunziantin** [-'tsiantɪn] *f* ⟨**-, -nen**⟩ (*pej*) informer **denunzieren** [denʊn'tsi:rən] *past part* **denunziert** *v/t* to denounce

Deo ['de:o] *nt* ⟨**-(s), -s**⟩ *abbr of* **Deodorant Deodorant** [de|odo'rant] *nt* ⟨**-s, -s** *or* **-e**⟩ deodorant **Deoroller** *m* roll-on (deodorant) **Deospray** *nt* or *m* deodorant spray

Departement [departə'mãː] *nt* ⟨**-s, -s**⟩ (*esp Swiss*) department

deplatziert [depla'tsiːɐt] *adj* out of place

Deponie [depo'niː] *f* ⟨**-, -n** [-'niːən]⟩ dump **deponieren** [depo'niːrən] *past part* **deponiert** *v/t* (*elev*) to deposit

Deportation [depɔrta'tsioːn] *f* ⟨**-, -en**⟩ deportation **deportieren** [depɔr'tiːrən] *past part* **deportiert** *v/t* to deport **Deportierte(r)** [depɔr'tiːɐtə] *m/f(m)* *decl as adj* deportee

Depot [de'poː] *nt* ⟨**-s, -s**⟩ **1.** depot; (≈ *Wertpapierdepot*) depository; (≈ *Schließfach*) safety deposit box **2.** (*Swiss* ≈ *Pfand*) deposit

Depp [dɛp] *m* ⟨**-en** *or* **-s, -e(n)**⟩ (*pej*) twit (*infml*)

Depression [deprɛ'sioːn] *f* depression; **~en haben** to suffer from depression **depressiv** [deprɛ'siːf] *adj* depressive; ECON depressed

deprimieren [depri'miːrən] *past part* **deprimiert** *v/t* to depress **deprimierend** *adj* depressing **deprimiert** [depri'miːɐt] *adj* depressed

der [deːɐ], **die** [diː], **das** [das] *pl* **die I** *def art*, *gen* **des, der, des,** *pl* **der,** *dat* **dem, der, dem,** *pl* **den,** *acc* **den, die, das,** *pl* **die** the; **der/die Arme!** the poor man/woman *or* girl; **die Engländer** the English *pl*; **der Hans** (*infml*) Hans; **der**

Rhein the Rhine; **er nimmt den Hut ab** he takes his hat off; **der und der Wissenschaftler** such and such a scientist **II** *dem pron*, *gen* **dessen** *or* (*old*) **des, deren, dessen,** *pl* **deren,** *dat* **dem, der, dem,** *pl* **denen,** *acc* **den, die, das,** *pl* **die** (*substantivisch*) he/she/it; (*pl*) those, them (*infml*); **der/die war es** it was him/her; **der/die mit der großen Nase** the one *or* him/her (*infml*) with the big nose; **der und schwimmen?** him, swimming?; **der/die da** (*von Menschen*) he/she, that man/woman *etc*; (*von Gegenständen*) that (one); **die hier/da** *pl* these/those; **die so etwas tun, ...** those who do that sort of thing ... **III** *rel pr decl as* **dem pr** (*Mensch*) who, that; (*Gegenstand, Tier*) which, that

derart ['deːɐ|aːɐt] *adv* (*Art und Weise*) in such a way; **er hat sich ~ benommen, dass ...** he behaved so badly that ...; **ein ~ unzuverlässiger Mensch** such an unreliable person **derartig** ['deːɐ|aːɐtɪç] **I** *adj* such; (*etwas*) **Derartiges** something like that **II** *adv* = **derart**

derb [dɛrp] *adj* **1.** (≈ *kräftig*) strong **2.** (≈ *grob*) coarse; *Sprache* crude

Derby ['dɛrbi] *nt* ⟨**-s, -s**⟩ horse race for three-year-olds, derby (*US*)

deregulieren [deregu'liːrən] *past part* **dereguliert** *v/t* ECON to deregulate

deren ['deːrən] *rel pr* **1.** (*sing*) whose **2.** (*pl*) whose, of whom; (*von Sachen*) of which **derentwegen** ['deːrənt've:gn] *adv* because of whom; (*von Sachen*) because of which

dergleichen ['deːɐ'glaiçn] *dem pron inv* **1.** (*adjektivisch*) of that kind; **~ Dinge** things of that kind **2.** (*substantivisch*) that sort of thing; **nichts ~** nothing of that kind

Derivat [deri'vaːt] *nt* ⟨**-(e)s, -e**⟩ derivative

derjenige ['deːɐjeːnɪgə], **diejenige, dasjenige** *of* **diejenigen** *dem pron* (*substantivisch*) the one; (*pl*) those

dermaßen ['deːɐ'maːsn] *adv* (*mit adj*) so; (*mit vb*) so much; **ein ~ dummer Kerl** such a stupid fellow

Dermatologe [dɛrmato'loːgə] *m* ⟨**-en, -en**⟩, **Dermatologin** [-'loːgɪn] *f* ⟨**-, -nen**⟩ dermatologist **Dermatologie** [dɛrmatolo'giː] *f* ⟨**-, no pl**⟩ dermatology

derselbe [deːɐ'zɛlbə], **dieselbe, dasselbe** *pl* **dieselben** *dem pron* the same;

noch mal dasselbe, bitte! (*infml*) same again, please; **ein und ~ Mensch** one and the same person

derzeit['de:ɐ'tsait] *adv* (≈ *jetzt*) at present **derzeitig** ['de:ɐ'tsaitıç] *adj attr* (≈ *jetzig*) present, current

Desaster [de'zastɐ] *nt* ⟨**-s, -**⟩ disaster

Deserteur[dezɛr'tø:ɐ] *m*⟨**-s, -e**⟩, **Deserteurin**[-'tø:rɪn] *f*⟨**-, -nen**⟩ deserter **desertieren**[dezɛr'ti:rən] *past part* **desertiert** *v/i aux sein or* (*rare*) *haben* to desert

desgleichen ['dɛs'glaiçn] *adv* (≈ *ebenso*) likewise

deshalb['dɛs'halp] *adv, cj* therefore; (≈ *aus diesem Grunde*) because of that; **~ bin ich hergekommen** that is what I came here for; **~ also!** so that's why!; **~ frage ich ja** that's exactly why I'm asking

Design[di'zain] *nt* ⟨**-s, -s**⟩ design **designen** [di'zainən] *past part* **designt** [di-'zaint] *v/t* to design **Designer**[di'zainɐ] *m* ⟨**-s, -**⟩, **Designerin** [di'zainərɪn] *f*⟨**-, -nen**⟩ designer **Designerdroge** *f* designer drug **Designermöbel***pl* designer furniture *sg* **Designermode** *f* designer fashion

designiert [dezɪ'gni:ɐt] *adj attr* **der ~e Vorsitzende** the chairman elect

Desinfektion [dɛs|ɪnfɛk'tsio:n, dezɪ-] *f* disinfection **Desinfektionsmittel***nt* disinfectant **desinfizieren** [dɛs|ɪnfi-'tsi:rən, dezɪ-] *past part* **desinfiziert** *v/t Zimmer, Bett etc* to disinfect; *Spritze, Gefäß etc* to sterilize

Desinformation [dɛs|ɪnfɔrma'tsio:n, dezɪ-] *f* POL disinformation *no pl*

Desinteresse [dɛs|ɪntə'rɛsə, dezɪ-] *nt* lack of interest (*an +dat* in) **desinteressiert** [dɛs|ɪntərɛ'si:ɐt, dezɪ-] *adj* uninterested; *Gesicht* bored

deskriptiv [dɛskrɪp'ti:f] *adj* descriptive

Desktop-Publishing ['dɛsktɔp'pablɪʃɪŋ] *nt* ⟨**-, no pl**⟩ desktop publishing

desolat [dezo'la:t] *adj* (*elev*) desolate; *Zustand* desperate

Despot [dɛs'po:t] *m* ⟨**-en, -en**⟩, **Despotin** [-'po:tɪn] *f*⟨**-, -nen**⟩ despot **despotisch** [dɛs'po:tɪʃ] *adj* despotic

dessen ['dɛsn] *rel pr* whose; (*von Sachen*) of which, which ... of

Dessert [dɛ'se:ɐ] *nt* ⟨**-s, -s**⟩ dessert

Dessin [dɛ'sɛ̃:] *nt* ⟨**-s, -s**⟩ TEX pattern

destabilisieren [destabili'zi:rən, -ʃt-]

destabilisiert *v/t* to destabilize **Destabilisierung** *f* ⟨**-, -en**⟩ destabilization

destillieren[dɛstɪ'li:rən] *past part* **destilliert** *v/t* to distil (*Br*), to distill (*US*)

desto ['dɛsto] *cj* **~ mehr/besser** all the more/better; **~ schneller** all the faster; **→ je**

destruktiv [dɛstrʊk'ti:f] *adj* destructive

deswegen ['dɛs've:gn] *adv* = **deshalb**

Detail [de'tai, de'ta:j] *nt* ⟨**-s, -s**⟩ detail; **ins ~ gehen** to go into detail(s); **im ~** in detail; **bis ins kleinste ~** (right) down to the last detail **Detailfrage** *f* question of detail **detailgenau, detailgetreu** *adj* accurate in every detail **detailliert**[detai-'ji:ɐt] **I** *adj* detailed **II** *adv* in detail; **~er** in greater detail

Detektiv[detɛk'ti:f] *m* ⟨**-s, -e** [-və]⟩, **Detektivin** [-'ti:vɪn] *f*⟨**-, -nen**⟩ private investigator **Detektivroman** *m* detective novel **Detektor** [de'tɛkto:ɐ] *m* ⟨**-s, Detektoren** [-'to:rən]⟩ TECH detector

Detonation[detona'tsio:n] *f*⟨**-, -en**⟩ explosion **detonieren** [deto'ni:rən] *past part* **detoniert** *v/i aux sein* to explode

Deut['dɔyt] *m* **um keinen ~** not one iota

deuten['dɔytn] **I** *v/t* (≈ *auslegen*) to interpret; **etw falsch ~** to misinterpret sth **II** *v/i* (**mit dem Finger**) **auf etw** (*acc*) **~** to point (one's finger) at sth; **alles deutet darauf, dass ...** all the indications are that ... **deutlich** ['dɔytlıç] **I** *adj* clear; **~ werden** to make oneself clear; **das war ~!** (≈ *taktlos*) that was clear enough; **muss ich ~er werden?** have I not made myself clear enough? **II** *adv* clearly; **~ sehen/hören** easy to see/hear; **jdm ~ zu verstehen geben, dass ...** to make it clear to sb that ... **Deutlichkeit** *f* ⟨**-, no pl**⟩ clarity; **etw mit aller ~ sagen** to make sth perfectly clear

deutsch[dɔytʃ] *adj* German; **mit jdm ~ reden** (*fig infml: deutlich*) to speak bluntly with sb **Deutsch** [dɔytʃ] *nt* ⟨**-(s)**, *dat* **-, no pl**⟩ German; **~ sprechend** German-speaking; **sich auf ~ unterhalten** to speak (in) German; **auf gut ~** (**gesagt**) (*fig infml*) in plain English; **deutsch-englisch** *adj* POL Anglo-German; LING German-English **Deutsche(r)**['dɔytʃə] *m/f(m) decl as adj* **er ist ~r** he is (a) German; **die ~n** the Germans **deutschfeindlich** *adj* anti-German **deutschfreundlich** *adj* pro-German Deutschland ['dɔytʃlant] *nt* ⟨*-s*⟩ Germany Deutschlehrer(in) *m*/(*f*) German teacher deutschsprachig *adj Bevölkerung, Gebiete* German-speaking; *Zeitung* German language; *Literatur* German Deutschstunde *f* German lesson Deutschunterricht *m* German lessons *pl*; (≈ *das Unterrichten*) teaching German

Deutung ['dɔytʊŋ] *f* ⟨*-, -en*⟩ interpretation

Devise [de'vi:zə] *f* ⟨*-, -n*⟩ **1.** (≈ *Wahlspruch*) motto **2.** FIN Devisen *pl* foreign exchange Devisenbestimmungen *pl* foreign exchange control regulations *pl* Devisenbörse *f* foreign exchange market Devisengeschäft *nt* foreign exchange dealing Devisenhandel *m* foreign exchange dealings *pl* Devisenhändler(in) *m*/(*f*) foreign exchange dealer Devisenkurs *m* exchange rate

Dezember [de'tsɛmbɐ] *m* ⟨*-(s)*, *-*⟩ December; → **März**

dezent [de'tsɛnt] **I** *adj* discreet; *Kleidung* subtle; *Einrichtung* refined **II** *adv* andeuten discreetly

dezentral [detsɛn'tra:l] **I** *adj* decentralized **II** *adv* verwalten decentrally Dezentralisierung *f* decentralization

Dezernat [detsɐr'na:t] *nt* ⟨*-(e)s, -e*⟩ ADMIN department

Dezibel ['de:tsibɛl, -'bɛl] *nt* ⟨*-s, -*⟩ decibel Dezigramm *nt* decigram(me) Deziliter *m or nt* decilitre (*Br*), deciliter (*US*) dezimal [detsi'ma:l] *adj* decimal Dezimalbruch *m* decimal fraction Dezimalstelle *f* decimal place Dezimalsystem *nt* decimal system Dezimalzahl *f* decimal number Dezimeter [detsi'me:tɐ, 'de:tsime:tɐ] *m or nt* decimetre (*Br*), decimeter (*US*) dezimieren [detsi'mi:rən] *past part* dezimiert *v/t* to decimate

d. h. *abbr of* **das heißt** i.e.

Dia ['di:a] *nt* ⟨*-s, -s*⟩ PHOT slide

Diabetes [dia'be:tɛs] *m* ⟨*-, no pl*⟩ diabetes Diabetiker [dia'be:tikɐ] *m* ⟨*-s, -*⟩, Diabetikerin [-ərɪn] *f* ⟨*-, -nen*⟩ diabetic diabetisch [dia'be:tɪʃ] *adj* diabetic

Diagnose [dia'gno:zə] *f* ⟨*-, -n*⟩ diagnosis; *eine* ~ *stellen* to make a diagnosis diagnostisch [dia'gnɔstɪʃ] *adj* diagnostic diagnostizieren [diagnɔsti'tsi:rən] *past part* **diagnostiziert** *v/t & v/i* (MED, *fig*) to diagnose

diagonal [diago'na:l] **I** *adj* diagonal **II** *adv* diagonally Diagonale [diago'na:lə] *f* ⟨*-, -n*⟩ diagonal

Diagramm *nt, pl* **-gramme** diagram

Dialekt [dia'lɛkt] *m* ⟨*-(e)s, -e*⟩ dialect Dialektik [dia'lɛktɪk] *f* ⟨*-, no pl*⟩ PHIL dialectics *sg or pl* dialektisch [dia'lɛktɪʃ] *adj* PHIL dialectic(al)

Dialog [dia'lo:k] *m* ⟨*-(e)s, -e* [-gə]⟩ dialogue (*Br*), dialog (*US*)

Dialyse [dia'ly:zə] *f* ⟨*-, -n*⟩ MED dialysis Dialysegerät [dia'ly:zə-] *nt* dialysis machine

Diamant [dia'mant] *m* ⟨*-en, -en*⟩ diamond diamanten [dia'mantn] *adj attr* diamond; ~*e Hochzeit* diamond wedding

diametral [diame'tra:l] **I** *adj* diametral; (*fig*) **II** *adv* ~ *entgegengesetzt sein* to be diametrically opposite

Diaphragma [dia'fragma] *nt* ⟨*-s, Diaphragmen* [-mən]⟩ TECH, MED diaphragm

Diapositiv *nt* slide Diaprojektor *m* slide projector Diarahmen *m* slide frame

Diät [di'ɛ:t] *f* ⟨*-, -en*⟩ MED diet; ~ *kochen* to cook according to a diet; ~ *halten* to keep to a diet; *jdn auf* ~ *setzen* (*infml*) to put sb on a diet Diätassistent(in) *m*/(*f*) dietician

Diäten *pl* PARL parliamentary allowance

Diätkost *f* dietary foods *pl*

Diavortrag *m* slide presentation

dich [dɪç] **I** *pers pr acc of du* you **II** *refl pr* yourself; *wie fühlst du* ~? how do you feel?

dicht [dɪçt] **I** *adj* **1.** *Haar, Hecke* thick; *Wald, Gewühl* dense; *Verkehr* heavy; *Gewebe* close; *in* ~*er Folge* in rapid succession **2.** (≈ *wasserdicht*) watertight; (≈ *luftdicht*) airtight; ~ *machen* to seal; *er ist nicht ganz* ~ (*infml*) he's nuts (*infml*) **II** *adv* **1.** (≈ *nahe*) closely; (~ *an*) ~ *stehen* to stand close together **2.** (≈ *sehr stark*) *bevölkert* densely; ~ *behaart* very hairy; ~ *bewölkt* heavily overcast; ~ *gedrängt* closely packed; *Programm* packed **3.** ~ *an/bei* close to; ~ *dahinter* right behind; ~ *daneben* close beside it; ~ *hintereinander* close(ly) behind one another Dichte ['dɪçtə] *f* ⟨*-, -n, no pl*⟩ **1.** (*von Haar, Hecke*) thickness; (*von Verkehr*) heaviness **2.** PHYS density

dichten ['dɪçtn] **I** *v/t* to write **II** *v/i* to write poems/a poem Dichter ['dɪçtɐ] *m* ⟨*-s, -*⟩,

Dichterin [-ərın] *f* ⟨-, -nen⟩ poet; (≈ *Schriftsteller*) writer **dichterisch** ['dıçtərıʃ] *adj* poetic; (≈ *schriftstellerisch*) literary; **~e Freiheit** poetic licence (*Br*) *or* license (*US*)

dichtgedrängt *adj attr*; → **dicht dichthalten** *v/i sep irr* (*infml*) to keep one's mouth shut (*infml*) **Dichtkunst** *f* art of poetry; (≈ *Schriftstellerei*) creative writing **dichtmachen** *v/t & v/i sep* (*infml*) Fabrik, Betrieb etc to close down; (**den Laden**) **~** to shut up shop (and go home) (*infml*)

Dichtung¹ ['dıçtʊŋ] *f* ⟨-, -en⟩ **1.** *no pl* (≈ *Dichtkunst*) literature; (*in Versform*) poetry; **~ und Wahrheit** (*fig*) fact and fiction **2.** (≈ *Dichtwerk*) poem; literary work

Dichtung² *f* ⟨-, -en⟩ TECH seal; (*in Wasserhahn etc*) washer **Dichtungsring** *m* seal; (*in Wasserhahn*) washer

dick [dık] **I** *adj* **1.** thick; Mensch, Buch, Brieftasche fat; **3 m ~e Wände** walls 3 metres (*Br*) *or* meters (*US*) thick; **~ machen** (Speisen) to be fattening; **~ werden** (Mensch ≈ *zunehmen*) to get fat; **durch ~ und dünn** through thick and thin **2.** (*infml*) Fehler big; **das ist ein ~es Lob** that's high praise; **das ist ein ~er Hund** (*infml* ≈ *unerhört*) that's a bit much (*infml*) **3.** (≈ *geschwollen*) swollen **4.** (*infml* ≈ *herzlich*) Freundschaft close **II** *adv* **1.** (≈ *reichlich*) thickly; **etw ~ mit Butter bestreichen** to spread butter thickly on sth; **er hat es ~(e)** (*infml* ≈ *hat es satt*) he's had enough of it; (≈ *hat viel*) he's got enough and to spare **2.** (*infml* ≈ *eng*) **mit jdm ~ befreundet sein** to be thick with sb (*infml*) **dickbäuchig** [-bɔyçıç] *adj* Mensch potbellied **Dickdarm** *m* ANAT colon **Dicke** ['dıkə] *f* ⟨-, -n⟩ **1.** (≈ *Stärke*, *Durchmesser*) thickness **2.** (*von Menschen*, *Körperteilen*) fatness **Dicke(r)** ['dıkə] *m/f(m) decl as adj* (*infml*) fatso (*infml*) **Dickerchen** ['dıkɐçən] *nt* ⟨-s, -⟩ (*infml*) chubby **dickfellig** [-fɛlıç] *adj* (*infml*) thick-skinned **dickflüssig** *adj* thick, viscous (TECH) **Dickhäuter** [-hɔytɐ] *m* ⟨-s, -⟩ pachyderm; (*fig*) thick-skinned person **Dickicht** ['dıkıçt] *nt* ⟨-(e)s, -e⟩ (≈ *Gebüsch*) thicket; (*fig*) jungle **Dickkopf** *m* **1.** (≈ *Starrsinn*) obstinacy; **einen ~ haben** to be obstinate **2.** (≈ *Mensch*) mule (*infml*) **dickköpfig**

adj (*fig*) stubborn **Dickköpfigkeit** *f* ⟨-, no pl⟩ stubbornness **dicklich** ['dıklıç] *adj* plump **Dickmilch** *f* COOK sour milk **Dickschädel** *m* (*infml*) = **Dickkopf**

Didaktik [di'daktık] *f* ⟨-, -en⟩ didactics *sg* (*form*), teaching methods *pl* **didaktisch** [di'daktıʃ] **I** *adj* didactic **II** *adv* didactically

die [di:]; → **der**

Dieb [di:p] *m* ⟨-(e)s, -e [-bə]⟩, **Diebin** ['di:bın] *f* ⟨-, -nen⟩ thief; **haltet den ~!** stop thief! **Diebesbande** *f* gang of thieves **Diebesgut** *nt*, *no pl* stolen property **diebisch** ['di:bıʃ] *adj* **1.** thieving *attr* **2.** (*infml*) Freude mischievous **Diebstahl** ['di:pʃta:l] *m* ⟨-(e)s, ~e [-ʃtɛːlə]⟩ theft; **bewaffneter ~** armed robbery; **geistiger ~** plagiarism **Diebstahlsicherung** *f* AUTO antitheft device

diejenige ['di:je:nıgə] *dem pron* → **derjenige**

Diele ['di:lə] *f* ⟨-, -n⟩ **1.** (≈ *Fußbodenbrett*) floorboard **2.** (≈ *Vorraum*) hall

dienen ['di:nən] *v/i* to serve (*jdm/einer Sache* sb/sth); (≈ *Militärdienst leisten*) to do (one's) military service; **als/zu etw ~** to serve as/for sth; **es dient einem guten Zweck** it serves a useful purpose; **damit kann ich leider nicht ~** I'm afraid I can't help you there; **damit ist mir wenig gedient** that's no use to me **Diener** ['di:nɐ] *m* ⟨-s, -⟩ **1.** (≈ *Mensch*) servant **2.** (*infml* ≈ *Verbeugung*) bow **Dienerin** ['di:nərın] *f* ⟨-, -nen⟩ maid **dienlich** ['di:nlıç] *adj* useful; **jdm/einer Sache ~ sein** to be of use *or* help to sb/sth **Dienst** [di:nst] *m* ⟨-(e)s, -e⟩ service; **diplomatischer/öffentlicher ~** diplomatic/civil service; **den ~ quittieren**, **aus dem ~ (aus)scheiden** to resign one's post; MIL to leave the service; **~ mit der Waffe** MIL armed service; **~ haben** (*Arzt etc*) to be on duty; (*Apotheke*) to be open; **~ habend = diensthabend**; **außer ~ sein** to be off duty; **~ nach Vorschrift** work to rule; **sich in den ~ der Sache stellen** to embrace the cause; **jdm einen schlechten ~ erweisen** to do sb a bad turn; **jdm gute ~e leisten** to serve sb well; **~ am Kunden** customer service

Dienstag ['di:nsta:k] *m* Tuesday; **am ~** on Tuesday; **hast du ~ Zeit?** have you time on Tuesday?; **jeden ~** every Tuesday; **ab nächsten ~** from next Tuesday;

~ in einer Woche a week on Tuesday; **~ vor einer Woche** a week (ago) last Tuesday **Dienstagabend** *m* Tuesday evening **dienstagabends** *adv* on Tuesday evenings **Dienstagmorgen** *m* Tuesday morning **Dienstagnachmittag** *m* Tuesday afternoon **dienstags** ['diːnstaːks] *adv* on Tuesdays; **~ abends** on Tuesday evenings

Dienstalter *nt* length of service **dienstbeflissen** *adj* zealous **dienstbereit** *adj Apotheke* open *pred*; *Arzt* on call *pred* **Dienstbote** *m*, **Dienstbotin** *f* servant **dienstfrei** *adj* free; **~er Tag** day off, free day; **~ haben** to have a day off **Dienstgeheimnis** *nt* official secret **Dienstgrad** *m* (MIL ≈ *Rangstufe*) rank **diensthabend** *adj attr Arzt, Offizier etc* duty *attr*, on duty **Diensttherr(in)** *m/(f)* employer **Dienstleister** [-laistɐ] *m* ⟨**-s, -**⟩ (≈ *Firma*) service company **Dienstleistung** *f* service **Dienstleistungsbetrieb** *m* service company **Dienstleistungsgewerbe** *nt* services trade **dienstlich** ['diːnstlɪç] **I** *adj Angelegenheiten* business *attr*; *Schreiben* official **II** *adv* on business **Dienstmädchen** *nt* maid **Dienstplan** *m* duty roster **Dienstreise** *f* business trip **Dienstschluss** *m* end of work; *nach* **~** after work **Dienststelle** *f* ADMIN department **Dienststunden** *pl* working hours *pl* **diensttauglich** *adj* MIL fit for duty **diensttuend** [-tuənt] *adj Arzt* duty *attr*, on duty **Dienstwagen** *m* company car **Dienstweg** *m* **den ~ einhalten** to go through the proper channels *pl*

dies [diːs] *dem pron inv* this; (*pl*) these; **~ sind** these are; **~ und das** this and that **diesbezüglich** (*form*) *adj* regarding this **diese** ['diːzl] *dem pron* → **dieser**

Diesel ['diːzl] *m* ⟨**-s, -**⟩ (*infml*) diesel **dieselbe** [diːˈzɛlbə] *dem pron* → **derselbe**

Dieselmotor *m* diesel engine **Dieselöl** *nt* diesel oil

dieser ['diːzɐ], **diese**, **dieses** *pl* **diese** *dem pron* this; (*pl*) these; **diese(r, s) hier** this (one); **diese(r, s) da** that (one); **diese und jene** this and that; **~ und jener** this person and that; **am 5. dieses Monats** on the 5th of this month; (*nur*) **dieses eine Mal** just this / that once

diesig ['diːzɪç] *adj Wetter, Luft* hazy

diesjährig *adj attr* this year's **diesmal** *adv* this time **diesseits** ['diːsːzaits] *prep +gen* on this side of

Dietrich ['diːtrɪç] *m* ⟨**-s, -e**⟩ skeleton key **diffamieren** [dɪfaˈmiːrən] *past part* **diffamiert** *v/t* to defame **Diffamierung** *f* ⟨**-, -en**⟩ (≈ *das Diffamieren*) defamation (of character); (≈ *Bemerkung etc*) defamatory statement

Differential [dɪfərɛnˈtsiaːl] *nt* ⟨**-s, -e**⟩ = **Differenzial**

Differenz [dɪfəˈrɛnts] *f* ⟨**-, -en**⟩ **1.** difference **2.** *usu pl* (≈ *Meinungsverschiedenheit*) difference (of opinion) **Differenzial** [dɪfərɛnˈtsiaːl] *nt* ⟨**-s, -e**⟩ MAT, AUTO differential **differenzieren** [dɪfərɛnˈtsiːrən] *past part* **differenziert** *v/i* to make distinctions (*bei* in); (≈ *den Unterschied verstehen*) to differentiate (*bei* in) **differenziert** [dɪfərɛnˈtsiːɐt] *adv gestalten* in a sophisticated manner; *ich sehe das etwas ~er* I think it's a bit more complex than that

diffus [dɪˈfuːs] *adj Gedanken* confused; *Rechtslage* unclear

digital [digiˈtaːl] **I** *adj* digital **II** *adv* digitally **Digitalfernsehen** *nt* digital television **digitalisieren** [digitaliˈziːrən] *past part* **digitalisiert** *v/t* to digitalize **Digitalisierung** *f* ⟨**-, -en**⟩ digitalization **Digitalkamera** *f* digital camera **Digitalrechner** *m* IT digital calculator **Digitaltechnik** *f* IT digital technology **Digitaluhr** *f* digital clock; (≈ *Armbanduhr*) digital watch

Diktat [dɪkˈtaːt] *nt* ⟨**-(e)s, -e**⟩ dictation; *ein* **~ schreiben** SCHOOL to do (a) dictation; *etw nach* **~ schreiben** to write sth from dictation **Diktator** [dɪkˈtaːtoːɐ] *m* ⟨**-s, Diktatoren** [-ˈtoːrən]⟩, **Diktatorin** [-ˈtoːrɪn] *f* ⟨**-, -nen**⟩ dictator **diktatorisch** [dɪktaˈtoːrɪʃ] *adj* dictatorial **Diktatur** [dɪktaˈtuːɐ] *f* ⟨**-, -en**⟩ dictatorship **diktieren** [dɪkˈtiːrən] *past part* **diktiert** *v/t* to dictate

Dilemma [diˈlɛma] *nt* ⟨**-s, -s** or (*geh*) **-ta** [-ta]⟩ dilemma

Dilettant [dilɛˈtant] *m* ⟨**-en, -en**⟩, **Dilettantin** [-ˈtantɪn] *f* ⟨**-, -nen**⟩ amateur **dilettantisch** [dilɛˈtantɪʃ] **I** *adj* amateurish **II** *adv* amateurishly

Dill [dɪl] *m* ⟨**-(e)s, -e**⟩ BOT, COOK dill **Dimension** [dimɛnˈzioːn] *f* ⟨**-, -en**⟩ dimension

Dimmer ['dɪmɐ] *m* ⟨**-s, -**⟩ dimmer

(switch)

DIN® [dɪn, diːn] f ⟨-, no pl⟩ abbr of **Deutsche Industrie-Norm** German Industrial Standard; ~ **A4** A4

Ding [dɪŋ] nt ⟨-(e)s, -e or (inf) -er⟩ 1. thing; **guter ~e sein** (elev) to be in good spirits; **berufliche ~e** professional matters; **so wie die ~e liegen** as things are; **vor allen ~en** above all (things) 2. (infml) **das ist ein ~!** now there's a thing! (infml); **ein tolles ~!** (infml); **das war vielleicht ein ~** (infml) that was quite something (infml) Dings [dɪŋs] nt ⟨-, no pl⟩, Dingsbums ['dɪŋsbʊms] nt ⟨-, no pl⟩ (infml) (≈ Sache) whatsit (infml)

Dinkel ['dɪŋkl] m ⟨-s, -⟩ вот spelt

Dinosaurier [dino-] m dinosaur

Diode [di'oːdə] f ⟨-, -n⟩ diode

Dioxid [diˌɔ'ksiːt] nt ⟨-s, -e[-də]⟩ dioxide

Diözese [diø'tseːzə] f ⟨-, -n⟩ diocese

Diphtherie [dɪftə'riː] f ⟨-, -n [-'riːən]⟩ diphtheria

Diphthong [dɪf'tɔŋ] m ⟨-s, -e⟩ diphthong

Diplom [di'ploːm] nt ⟨-s, -e⟩ diploma Diplomarbeit f dissertation (submitted for a diploma)

Diplomat [diplo'maːt] m ⟨-en, -en⟩, Diplomatin [-'maːtɪn] f ⟨-, -nen⟩ diplomat Diplomatie [diploma'tiː] f ⟨-, no pl⟩ diplomacy diplomatisch [diplo'maːtɪʃ] (POL, fig) I adj diplomatic II adv diplomatically; **sie hat sich nicht sehr ~ verhalten** she wasn't very diplomatic

diplomiert [diplo'miːɐt] adj qualified Diplom-Ingenieur(in) m/(f) qualified engineer Diplom-Kauffrau f, Diplom-Kaufmann m business school graduate

DIP-Schalter ['dɪp-] m IT dip switch

dir [diːɐ] pers pr dat of **du** to you

direkt [di'rɛkt] I adj 1. direct; **eine ~e Verbindung** (mit Zug) a through train; (mit Flugzeug) a direct flight 2. (≈ genau) Antwort, Auskunft clear II adv 1. (≈ unmittelbar) directly; ~ **von/zu** straight from/to; ~ **neben/unter** right next to/under; ~ **übertragen** or **senden** to transmit live 2. (≈ unverblümt) bluntly; **jdm etw ~ ins Gesicht sagen** to tell sb sth (straight) to his face 3. (infml ≈ geradezu) really; **nicht ~** not exactly Direktflug m direct flight

Direktion [dirɛk'tsioːn] f ⟨-, -en⟩ (≈ Leitung) management

Direktive f ⟨-, -n⟩ (elev) directive Direktkandidat(in) m(f) POL candidate seeking a direct mandate

Direktmandat nt POL direct mandate

Direktor [di'rɛktoːɐ] m ⟨-s, Direktoren [-'toːrən]⟩, Direktorin [-'toːrɪn] f ⟨-, -nen⟩ director; (von Schule) headmaster/-mistress (esp Br), principal (esp US) Direktorium [dirɛk'toːriʊm] nt ⟨-s, Direktorien [-riən]⟩ board of directors

Direktübertragung f (RADIO, TV) live transmission Direktverbindung f RAIL through train; AVIAT direct flight Direktvertrieb m direct marketing

Dirigent [diri'gɛnt] m ⟨-en, -en⟩, Dirigentin [-'gɛntɪn] f ⟨-, -nen⟩ MUS conductor dirigieren [diri'giːrən] past part dirigiert v/t 1. (also v/i, MUS) to conduct 2. (≈ leiten) Verkehr etc to direct

Dirndl ['dɪrndl] nt ⟨-s, -⟩ 1. (a. Dirndlkleid) dirndl 2. (Aus ≈ Mädchen) girl

Dirne ['dɪrnə] f ⟨-, -n⟩ prostitute

Discjockey ['dɪskdʒɔke] m ⟨-s, -s⟩ disc jockey Disco ['dɪsko] f ⟨-, -s⟩ disco

Discountladen m discount shop

Diskette [dɪs'kɛtə] f ⟨-, -n⟩ disk Diskettenlaufwerk nt disk drive

Diskjockey m = **Discjockey** Disko f = **Disco**

Diskont [dɪs'kɔnt] m ⟨-s, -e⟩ FIN discount diskontieren [dɪskɔn'tiːrən] past part **diskontiert** v/t FIN to discount Diskontsatz m FIN discount rate (Br), bank rate (US)

Diskothek [dɪsko'teːk] f ⟨-, -en⟩ (≈ Tanzbar) discotheque

diskreditieren [dɪs-] past part **diskreditiert** v/t (elev) to discredit

Diskrepanz [dɪskre'pants] f ⟨-, -en⟩ discrepancy

diskret [dɪs'kreːt] I adj discreet; (≈ vertraulich) confidential II adv discreetly Diskretion [dɪskre'tsioːn] f ⟨-, no pl⟩ discretion; (≈ vertrauliche Behandlung) confidentiality; ~ **üben** to be discreet

diskriminieren [dɪskrimi'niːrən] past part **diskriminiert** v/t to discriminate against diskriminierend adj discriminatory Diskriminierung f ⟨-, -en⟩ discrimination

Diskurs [dɪs'kʊrs] m (elev) discourse

Diskus ['dɪskʊs] m ⟨-, -se or Disken ['dɪskn]⟩ discus

Diskussion [dɪsku'sioːn] f ⟨-, -en⟩ discussion; **zur~ stehen** to be under discussion **Diskussionsbedarf** m need for discussion **Diskussionsleiter(in)** m/(f) moderator **Diskussionsrunde** f round of discussions; (≈ *Personen*) discussion group **Diskussionsteilnehmer(in)** m/(f) participant (in a discussion)

Diskuswerfen nt ⟨**-s**, no pl⟩ throwing the discus **Diskuswerfer(in)** m/(f) discus thrower

diskutabel [dɪsku'taːbl] adj worth discussing **diskutieren** [dɪsku'tiːrən] past part **diskutiert** v/t & v/i to discuss; **über etw** (acc) ~ to discuss sth; **darüber lässt sich** ~ that's debatable

disponieren [dɪspo'niːrən] past part **disponiert** v/i (elev) **1.** (≈ *verfügen*) **über jdn** ~ to command sb's services (form); **über etw** ~ **können** (≈ *zur Verfügung haben*) to have sth at one's disposal **2.** (≈ *planen*) to make arrangements or plans **Disposition** [dɪs-] f (elev) **zur~ stehen** to be up for consideration

Disput [dɪs'puːt] m ⟨**-(e)s**, **-e**⟩ (elev) dispute

Disqualifikation [dɪs-] f disqualification **disqualifizieren** [dɪs-] past part **disqualifiziert** v/t to disqualify

dissen ['dɪsn] (sl) v/t to slag off (Br infml), to diss (esp US infml)

Dissertation [dɪsɛrta'tsɪoːn] f ⟨**-**, **-en**⟩ dissertation; (≈ *Doktorarbeit*) (doctoral) thesis

Dissident [dɪsi'dɛnt] m ⟨**-en**, **-en**⟩, **Dissidentin** [-'dɛntɪn] f ⟨**-**, **-nen**⟩ dissident

Dissonanz [dɪso'nants] f ⟨**-**, **-en**⟩ MUS dissonance; (fig) (note) of discord

Distanz [dɪs'tants] f ⟨**-**, **-en**⟩ distance; (≈ *Zurückhaltung*) reserve; ~ **halten** or **wahren** to keep one's distance; **auf~ gehen** (fig) to distance oneself **distanzieren** [dɪstan'tsiːrən] past part **distanziert** v/r **sich von jdm/etw** ~ to distance oneself from sb/sth **distanziert** [dɪstan'tsiːɐt] **I** adj Verhalten distant **II** adv ~ **wirken** to seem distant

Distel ['dɪstl] f ⟨**-**, **-n**⟩ thistle

Disziplin [dɪstsi'pliːn] f ⟨**-**, **-en**⟩ discipline; ~ **halten** (Klasse) to behave in a disciplined manner **disziplinarisch** [dɪstsipli'naːrɪʃ] **I** adj disciplinary **II** adv jdn ~ **bestrafen** to take disciplinary action against sb **Disziplinarstrafe** f punishment **Disziplinarverfahren** nt disciplinary proceedings pl **disziplinie-**

ren [dɪstsipli'niːrən] past part **diszipliniert** v/t to discipline **diszipliniert** [dɪstsipli'niːɐt] **I** adj disciplined **II** adv in a disciplined manner **disziplinlos** adj undisciplined **Disziplinlosigkeit** f ⟨**-**, **-en**⟩ lack no pl of discipline

dito ['diːto] adv (COMM, hum) ditto

Diva ['diːva] f ⟨**-**, **-s** or **Diven** ['diːvn]⟩ star **Divergenz** [dɪvɛr'gɛnts] f ⟨**-**, **-en**, no pl⟩ divergence **divergieren** [dɪvɛr'giːrən] past part **divergiert** v/i to diverge

divers [di'vɛrs] adj attr various; **„Diverses"** "miscellaneous" **diversifizieren** [dɪvɛrzifi'tsiːrən] past part **diversifiziert** v/t & v/i to diversify

Dividende [divi'dɛndə] f ⟨**-**, **-n**⟩ FIN dividend **dividieren** [divi'diːrən] past part **dividiert** v/t & v/i to divide (durch by)

Division [divi'zioːn] f ⟨**-**, **-en**⟩ MAT, MIL division

DNS [deːʔɛn'ʔɛs] f ⟨**-**⟩ abbr of **Desoxyribonukleinsäure** DNA **DNS-Code** m DNA code

doch [dɔx] **I** cj (≈ *aber*) but; **und** ~ **hat er es getan** but he still did it **II** adv **1.** (≈ *trotzdem*) anyway; **du weißt es ja** ~ **besser** you always know better than I do anyway; **und** ~, ... and yet ...; **ja** ~! of course!; **nein** ~! of course not!; **also** ~! so it IS/so he DID! etc **2.** (als bejahende Antwort) yes I do/it does etc; **hat es dir nicht gefallen? —** (~,) **!** didn't you like it? — (oh) yes I did! **3. komm** ~ do come; **lass ihn** ~! just leave him!; **nicht** ~! don't (do that)!; **du hast** ~ **nicht etwa ...?** you haven't ..., have you?; **hier ist es** ~ **ganz nett** it's actually quite nice here; **Sie wissen** ~, **wie das so ist** (well,) you know how it is, don't you?

Docht [dɔxt] m ⟨**-(e)s**, **-e**⟩ wick

Dock [dɔk] nt ⟨**-s**, **-s** or **-e**⟩ dock

Dogge ['dɔgə] f ⟨**-**, **-n**⟩ mastiff; **Deutsche** ~ Great Dane

Dogma ['dɔgma] nt ⟨**-s**, **Dogmen** [-mən]⟩ dogma **Dogmatiker** [dɔ'gmaːtikɐ] m ⟨**-s**, **-**⟩, **Dogmatikerin** [-ərɪn] f ⟨**-**, **-nen**⟩ dogmatist **dogmatisch** [dɔ'gmaːtɪʃ] adj dogmatic

Dohle ['doːlə] f ⟨**-**, **-n**⟩ ORN jackdaw

Doktor ['dɔktoːɐ] m ⟨**-s**, **Doktoren** [-'toːrən]⟩, **Doktorin** [-'toːrɪn, 'dɔktorɪn] f ⟨**-**, **-nen**⟩ (≈ *Arzt*) doctor; **sie ist** ~ she has a doctorate; **seinen** ~ **machen** to do a doctorate **Doktorand** [dɔkto'rant] m ⟨**-en**, **-en** [-dn]⟩, **Dokto-**

randin [-'randɪn] f ⟨-, **-nen**⟩ graduate student studying for a doctorate **Doktorarbeit** f doctoral or PhD thesis **Doktorprüfung** f examination for a/one's doctorate **Doktortitel** m doctorate **Doktorvater** m UNIV supervisor

Doktrin [dɔk'tri:n] f ⟨-, **-en**⟩ doctrine

Dokument [doku'mɛnt] nt ⟨-(e)s, -e⟩ document; (fig ≈ Zeugnis) record **Dokumentarfilm** m documentary (film) **dokumentarisch** [dokumɛn'ta:rɪʃ] I adj documentary II adv etw ~ **festhalten** to document sth **Dokumentation** [dokumɛnta'tsio:n] f ⟨-, **-en**⟩ documentation **dokumentieren** [dokumɛn-'ti:rən] past part **dokumentiert** v/t to document **Dokumentvorlage** f IT template

Dolch [dɔlç] m ⟨-(e)s, -e⟩ dagger **Dolchstoß** (esp fig) m stab (also fig)

Dole ['do:lə] f (Swiss ≈ Gully) drain

Dollar ['dɔlar] m ⟨-(s), -s or (nach Zahlenangaben) -⟩ dollar; **hundert** ~ a hundred dollars **Dollarkurs** m dollar rate **Dollarzeichen** nt dollar sign

dolmetschen ['dɔlmɛtʃn] v/t & v/i to interpret; **jdm** or **für jdn** ~ to interpret for sb **Dolmetscher** ['dɔlmɛtʃɐ] m ⟨-s, -⟩, **Dolmetscherin** [-ərɪn] f ⟨-, **-nen**⟩ interpreter

Dolomiten [dolo'mi:tn] pl GEOG **die** ~ the Dolomites pl

Dom [do:m] m ⟨-(e)s, -e⟩ cathedral

Domäne [do'mɛ:nə] f ⟨-, **-n**⟩ domain

dominant [domi'nant] adj dominant **dominieren** [domi'ni:rən] past part **dominiert** I v/i to be (pre)dominant; (Mensch) to dominate II v/t to dominate **dominierend** adj dominating

dominikanisch [domini'ka:nɪʃ] adj GEOG **die Dominikanische Republik** the Dominican Republic

Domino nt ⟨-s, -s⟩ (≈ Spiel) dominoes sg **Dominoeffekt** m domino effect **Dominospiel** nt dominoes sg **Dominostein** m domino

Domizil [domi'tsi:l] nt ⟨-s, -e⟩ domicile (form)

Dompfaff ['do:mpfaf] m ⟨-en or -s, -en⟩ ORN bullfinch

Dompteur [dɔmp'tø:ɐ] m ⟨-s, -e⟩, **Dompteurin** [-'tørɪn] f ⟨-, **-nen**⟩ trainer; (von Raubtieren) tamer

Donau ['do:nau] f ⟨-⟩ **die** ~ the (river) Danube

Döner ['dø:nɐ] m ⟨-s, -⟩ doner kebab

Donner ['dɔnɐ] m ⟨-s, (rare) -⟩ thunder no indef art, no pl; (≈ Donnerschlag) clap of thunder; **wie vom** ~ **gerührt** (fig infml) thunderstruck **donnern** ['dɔnɐn] I v/i impers to thunder; **es donnerte in der Ferne** there was (the sound of) thunder in the distance II v/i aux haben or (bei Bewegung) sein to thunder; **gegen etw** ~ (≈ prallen) to crash into sth **donnernd** adj (fig) thunderous **Donnerschlag** m clap of thunder

Donnerstag ['dɔnɐsta:k] m Thursday; → **Dienstag donnerstags** ['dɔnɐsta:ks] adv on Thursdays

Donnerwetter nt (fig infml ≈ Schelte) row; ~**!** (infml: anerkennend) my word!; (**zum**) ~**!** (infml: zornig) damn (it)! (infml)

doof [do:f] (infml) adj dumb (infml); ~ **fragen** to ask a dumb question **Doofmann** m, pl **-männer** (infml) blockhead (infml)

dopen ['dɔpn, 'do:pn] SPORTS I v/t to dope II v/i & v/r to take drugs; → **gedopt Doping** ['dɔpɪŋ, 'do:pɪŋ] nt ⟨-s, -s⟩ SPORTS drug-taking; (bei Pferden) doping **Dopingkontrolle** f SPORTS drug(s) test **Dopingtest** m SPORTS drug(s) test **Dopingverdacht** m SPORTS **bei ihm besteht** ~ he is suspected of having taken drugs

Doppel ['dɔpl] nt ⟨-s, -⟩ **1.** (≈ Duplikat) duplicate (copy) **2.** TENNIS etc doubles sg **Doppelagent(in)** m/(f) double agent **Doppelbett** nt double bed; (≈ zwei Betten) twin beds pl **Doppeldecker** [-dɛkɐ] m ⟨-s, -⟩ **1.** AVIAT biplane **2.** (a. **Doppeldeckerbus**) double-decker (bus) **doppeldeutig** [-dɔytɪç] adj ambiguous **Doppeldeutigkeit** f ⟨-, **-en**⟩ ambiguity **Doppelfehler** m TENNIS double fault **Doppelfenster** nt ~ **haben** to have double glazing **Doppelfunktion** f dual function **Doppelgänger** [-gɛŋɐ] m ⟨-s, -⟩, **Doppelgängerin** [-ərɪn] f ⟨-, **-nen**⟩ double **Doppelhaus** nt semi (Br infml), duplex (house) (US) **Doppelhaushälfte** f semidetached house (Br), duplex (house) (US) **Doppelkinn** nt double chin **Doppelklick** m IT double click (auf +acc on) **doppelklicken** v/i sep IT to double-click (auf +acc on) **Doppelleben** nt double life **Doppelmoral** f double (moral) standard(s pl) **Doppelmord** m double murder **Doppelname** m (≈ Nachna-

me) double-barrelled (*Br*) *or* double--barrelled (*US*) name **Doppelpack** *m* twin pack **Doppelpass** *m* **1.** FTBL one--two **2.** (*für doppelte Staatsbürgerschaft*) second passport **Doppelpunkt** *m* colon **Doppelrolle** *f* THEAT double role; (*fig*) dual capacity **doppelseitig** [-zaitɪç] *adj* two-sided; *Lungenentzündung* double; *~e Anzeige* double page spread; *~e Lähmung* diplegia **Doppelsieg** *m* double victory **Doppelspiel** *nt* **1.** TENNIS (game of) doubles *sg* **2.** (*fig*) double game **Doppelstecker** *m* two-way adaptor **doppelstöckig** *adj Haus* two-storey (*Br*), two-story (*US*); *Bus* double-decker *attr*; *ein ~es Bett* bunk beds *pl* **Doppelstunde** *f esp* SCHOOL double period **doppelt** ['dɔplt] **I** *adj* double; *Staatsbürgerschaft* dual; *die ~e Freude* double the pleasure; *~e Moral* double standards *pl*; *ein ~es Spiel spielen or treiben* to play a double game **II** *adv* double; (≈ *zweimal*) twice; *~ so schön* twice as nice; *die Karte habe ich ~* I have two of these cards; *~ gemoppelt* (*infml*) saying the same thing twice over; *~ und dreifach sich entschuldigen* profusely; *prüfen* thoroughly; *(genäht) hält besser* (*prov*) ≈ better safe than sorry (*prov*) **Doppelte(s)** ['dɔpltə] *nt decl as adj* double; *um das ~ größer* twice as large; *das ~ bezahlen* to pay twice as much **Doppelverdiener(in)** *m*/(*f*) person with two incomes; (*pl* ≈ *Paar*) double-income couple **Doppelzentner** *m* 100 kilos **Doppelzimmer** *nt* double room

Dorf [dɔrf] *nt* ⟨ *-(e)s, ⸚er* ['dœrfʋ]⟩ village; *auf dem ~(e)* (≈ *auf dem Land*) in the country **Dorfbewohner(in)** *m*/(*f*) villager **Dörfchen** ['dœrfçən] *nt* ⟨*-s, -*⟩ small village **dörflich** ['dœrflɪç] *adj* village *attr*; (≈ *ländlich*) rural **Dorfplatz** *m* village square **Dorftrottel** *m* (*infml*) village idiot

Dorn [dɔrn] *m* ⟨ *-(e)s, -en or* (*inf*) *-e or ⸚er* ['dœrnʋ]⟩ **1.** (BOT, *fig*) thorn; *das ist mir ein ~ im Auge* (*fig*) that is a thorn in my side (*esp Br*) **2.** *pl* ⟨*-e*⟩ (≈ *Sporn*) spike; (*von Schnalle*) tongue **Dornenhecke** *f* thorn(y) hedge **dornenreich** *adj* thorny; (*fig*) fraught with difficulty **dornig** ['dɔrnɪç] *adj* thorny **Dornröschen** [-'røːsçən] *nt* Sleeping Beauty

dörren ['dœrən] *v/t & v/i* (*v/i: aux sein*) to

dry **Dörrfleisch** *nt* dried meat **Dörrobst** *nt* dried fruit

Dorsch [dɔrʃ] *m* ⟨*-(e)s, -e*⟩ (≈ *Kabeljau*) cod(fish)

dort [dɔrt] *adv* there; *~ zu Lande = dortzulande* **dortbehalten** *past part* **dortbehalten** *v/t sep irr* to keep there **dortbleiben** *v/i sep irr aux sein* to stay there **dorther** ['dɔrt'heːɐ, dɔrt'heːɐ, (*emph*) 'dɔrtheːɐ] *adv von ~* from there **dorthin** ['dɔrt'hɪn, dɔrt'hɪn, (*emph*) 'dɔrthɪn] *adv* there **dorthinaus** ['dɔrthɪ'naus, dɔrthɪ'naus, (*emph*) 'dɔrthɪnaus] *adv frech bis ~* (*infml*) really cheeky (*Br*) *or* fresh (*US infml*) **dortig** ['dɔrtɪç] *adj* there (*nachgestellt*) **dortzulande** ['dɔrttsulandə] *adv* in that country

Dose ['doːzə] *f* ⟨*-, -n*⟩ **1.** (≈ *Blechdose*) tin; (≈ *Konservendose, Bierdose*) can; (*für Schmuck, aus Holz*) box; *in ~n* (*Konserven*) canned **2.** ELEC socket

dösen ['døːzn] *v/i* (*infml*) to doze

Dosenbier *nt* canned beer **Dosenmilch** *f* canned *or* tinned (*Br*) milk, condensed milk **Dosenöffner** *m* can-opener **Dosenpfand** *nt* deposit on drink cans

dosieren [do'ziːrən] *past part* **dosiert** *v/t Arznei* to measure into doses; *Menge* to measure out **Dosierung** *f*⟨*-, -en*⟩ (≈ *Dosis*) dose **Dosis** ['doːzɪs] *f* ⟨*-, Dosen* ['doːzn]⟩ dose; *in kleinen Dosen* in small doses

Dossier [dɔ'sieː] *nt* ⟨*-s, -s*⟩ dossier

Dotcom ['dɔtkɔm] *f*⟨*-, -s*⟩ (COMM *sl* ≈ *Internetfirma*) dotcom

dotieren [do'tiːrən] *past part* **dotiert** *v/t Posten* to remunerate (*mit* with); *Preis* to endow (*mit* with); *eine gut dotierte Stellung* a remunerative position **Dotierung** *f*⟨*-, -en*⟩ endowment; (*von Posten*) remuneration

Dotter ['dɔtɐ] *m or nt* ⟨*-s, -*⟩ yolk **dottergelb** *adj* golden yellow

doubeln ['duːbln] **I** *v/t jdn* to stand in for; *Szene* to shoot with a stand-in **II** *v/i* to stand in; (≈ *als Double arbeiten*) to work as a stand-in **Double** ['duːbl] *nt* ⟨*-s, -s*⟩ FILM *etc* stand-in

down [daun] *adj pred* (*infml*) *~ sein* to be (feeling) down

downloaden ['daunloːdn] *v/t & v/i* IT to download

Downsyndrom ['daun-] *nt, no pl* MED Down's syndrome; *ein Kind mit ~* a Down's (syndrome) child

Dozent [do'tsɛnt] *m* ⟨**-en, -en**⟩, **Dozentin** [-'tsɛntɪn] *f* ⟨**-, -nen**⟩ lecturer (*für* in), (*assistant*) professor (*US*) (*für* of)

Drache ['draxə] *m* ⟨**-n, -n**⟩ MYTH dragon **Drachen** ['draxn] *m* ⟨**-s, -**⟩ **1.** (≈ *Papierdrachen*) kite; (SPORTS ≈ *Fluggerät*) hang-glider; **einen ~ steigen lassen** to fly a kite **2.** (*pej infml*) dragon (*infml*) **Drachenfliegen** *nt* ⟨**-s, no pl**⟩ SPORTS hang-gliding **Drachenflieger(in)** *m/(f)* SPORTS hang-glider

Dragee [dra'ʒeː] *nt* ⟨**-s, -s**⟩, **Dragée** [dra'ʒeː] *nt* ⟨**-s, -s**⟩ dragee; (≈ *Bonbon*) sugar-coated chocolate sweet

Draht [draːt] *m* ⟨**-(e)s, ⸚e** ['drɛːtə]⟩ wire; **auf ~ sein** (*infml*) to be on the ball (*infml*) **Drahtbürste** *f* wire brush **Drahtgitter** *nt* wire netting **Drahthaardackel** *m* wire-haired dachshund **drahtig** ['draːtɪç] *adj Haar, Mensch* wiry **drahtlos** *adj* wireless; *Telefon* cordless **Drahtschere** *f* wire cutters *pl* **Drahtseil** *nt* wire cable; **Nerven wie ~e** (*infml*) nerves of steel **Drahtseilakt** *m* balancing act **Drahtseilbahn** *f* cable railway **Drahtzaun** *m* wire fence **Drahtzieher** [-tsiːɐ] *m* ⟨**-s, -**⟩, **Drahtzieherin** [-ərɪn] *f* ⟨**-, -nen**⟩ (*fig*) wirepuller (*esp US*)

drakonisch [dra'koːnɪʃ] *adj* Draconian **drall** [dral] *adj Mädchen, Arme* strapping; *Busen* ample

Drall [dral] *m* ⟨**-(e)s, -e**⟩ (*von Kugel, Ball*) spin; **einen ~ nach links haben** (*Auto*) to pull to the left

Drama ['draːma] *nt* ⟨**-s, Dramen** [-mən]⟩ drama **Dramatik** [dra'maːtɪk] *f* ⟨**-, no pl**⟩ drama **Dramatiker** [dra'maːtikɐ] *m* ⟨**-s, -**⟩, **Dramatikerin** [-ərɪn] *f* ⟨**-, -nen**⟩ dramatist **dramatisch** [dra'maːtɪʃ] **I** *adj* dramatic **II** *adv* dramatically **dramatisieren** [dramati'ziːrən] *past part* **dramatisiert** *v/t* to dramatize **Dramaturg** [drama'tʊrk] *m* ⟨**-en, -en** [-gn]⟩, **Dramaturgin** [-'tʊrgɪn] *f* ⟨**-, -nen**⟩ literary manager **dramaturgisch** [drama'tʊrgɪʃ] *adj* dramatic

dran [dran] *adv* (*infml*) **1.** (≈ *an der Reihe*) **jetzt bist du ~** it's your turn now; (**wenn er erwischt wird,**) **dann ist er ~** (if he gets caught) he'll be for it (*infml*) **2.** **schlecht ~ sein** to be in a bad way; **gut ~ sein** to be well off; (*gesundheitlich*) to be well; **früh / spät ~ sein** to be early / late; **an den Gerüchten ist nichts ~** there's nothing in those rumours; →

daran dranbleiben *v/i sep irr aux sein* (*infml*: *am Apparat*) to hang on; **an der Arbeit ~** to stick at one's work

Drang [draŋ] *m* ⟨**-(e)s, ⸚e** ['drɛŋə]⟩ (≈ *Antrieb*) urge, impulse; (≈ *Sehnsucht*) yearning (*nach* for)

drangeben *v/t sep irr* (*infml* ≈ *opfern*) to give up

Drängelei [drɛŋə'lai] *f* ⟨**-, -en**⟩ (*infml*) pushing; (*im Verkehr*) jostling; (≈ *Bettelei*) pestering **drängeln** ['drɛŋln] (*infml*) **I** *v/i* to push; (*im Verkehr*) to jostle **II** *v/t & v/i* (≈ *betteln*) to pester **III** *v/r* **sich nach vorne** *etc* **~** to push one's way to the front *etc* **drängen** ['drɛŋən] **I** *v/i* to press; **darauf ~, eine Antwort zu erhalten, auf Antwort ~** to press for an answer; **darauf ~, dass etw getan wird** to press for sth to be done; **die Zeit drängt** time is pressing; **es drängt nicht** it's not pressing **II** *v/t* **1.** to push **2.** (≈ *auffordern*) to urge **III** *v/r* (*Menge*) to throng; **sich nach vorn ~** to push one's way to the front; → **gedrängt Drängen** *nt* ⟨**-s, no pl**⟩ urging; (≈ *Bitten*) requests *pl* **drängend** *adj* pressing **Drängler** *m* ⟨**-s, -**⟩, **Dränglerin** [-ərɪn] *f* ⟨**-, -nen**⟩ AUTO tailgater **drangsalieren** [draŋza'liːrən] *past part* **drangsaliert** *v/t* (≈ *plagen*) to pester; (≈ *unterdrücken*) to oppress

dranhalten *sep irr v/r* (*infml* ≈ *sich beeilen*) to get a move on (*infml*) **drankommen** *v/i sep irr aux sein* (*infml* ≈ *an die Reihe kommen*) to have one's turn **drankriegen** *v/t sep* (*infml*) **jdn ~** to get sb (*infml*) **drannehmen** *v/t sep irr* (*infml*) *Schüler* to ask

drapieren [dra'piːrən] *past part* **drapiert** *v/t* to drape

drastisch ['drastɪʃ] **I** *adj* (≈ *derb*) drastic; (≈ *deutlich*) graphic **II** *adv* (≈ *energisch*) **kürzen** drastically; (≈ *deutlich*) explicitly; **~ vorgehen** to take drastic measures; **sich ~ ausdrücken** to use strong language

drauf [drauf] *adv* (*infml*) **~ und dran sein, etw zu tun** to be on the verge of doing sth; → **darauf, drauf sein Draufgänger** [-gɛŋɐ] *m* ⟨**-s, -**⟩, **Draufgängerin** [-ərɪn] *f* ⟨**-, -nen**⟩ daredevil; *Mann*: *bei Frauen*: predator **draufgängerisch** [-gɛŋərɪʃ] *adj* daring; (*negativ*) reckless **draufgehen** *v/i sep irr aux sein* (*infml*) (≈ *sterben*) to bite the dust (*infml*); (*Geld*) to disappear **draufha-ben** *v/t sep irr* (*infml*) *Sprüche* to come out with; **zeigen, was man draufhat** to show what one is made of; **schwer was ~** (*sl*) to know one's stuff (*infml*) **drauf-kriegen** *v/t sep* (*infml*) **eins ~** to be told off; (≈ *geschlagen werden*) to be given a smack; (≈ *besiegt werden*) to be given a thrashing (*infml*) **drauflegen** *sep* (*infml*) **I** *v/t* **20 Euro ~** to lay out an extra 20 euros **II** *v/i* (≈ *mehr bezahlen*) to pay more **drauflos** [drauf'lo:s] *adv* (**nur**) **immer feste** *or* **munter ~!** (just) keep at it! **drauflosgehen** *v/i sep irr aux sein* (*infml*) (*auf ein Ziel*) to make straight for it; (*ohne Ziel*) to set off **drauflosre-den** *v/i sep* (*infml*) to talk away **drauf-losschlagen** *v/i sep irr* (*infml*) to hit out **draufmachen** *v/t sep* (*infml*) **einen ~** to make a night of it (*infml*) **drauf sein** *v/i irr aux sein* (*infml*) **schlecht / gut ~** to be in a bad / good mood **draufsetzen** *v/t sep* (*fig infml*) **eins** *or* **einen ~** to go one step further **draufzahlen** *v/t & v/i sep* (*infml*) → **drauflegen**

draußen ['drausn] *adv* outside; **~ auf dem Lande / im Garten** out in the country / in the garden; **nach ~** outside

Drechselbank *f*, *pl* **-bänke** wood(turn-ing) lathe **drechseln** ['drɛksln] *v/t* to turn (*on a wood lathe*) **Drechslerei** [drɛkslə'rai] *f* ⟨-, **-en**⟩ (≈ *Werkstatt*) (wood)turner's workshop

Dreck [drɛk] *m* ⟨**-(e)s**, *no pl*⟩ dirt; (*esp ekelhaft*) filth; (*fig* ≈ *Schund*) rubbish; **mit ~ und Speck** (≈ *ungewaschen*) unwashed; **jdn wie den letzten ~ behan-deln** (*infml*) to treat sb like dirt; **der letz-te ~ sein** (*infml*: *Mensch*) to be the low-est of the low; **~ am Stecken haben** (*fig*) to have a skeleton in the cupboard; **etw in den ~ ziehen** (*fig*) to drag sth through the mud; **sich einen ~ um jdn / etw küm-mern** *or* **scheren** not to give a damn about sb / sth (*infml*) **Dreckarbeit** *f* (*infml*) dirty work **Dreckfinger** *pl* (*infml*) dirty fingers *pl* **dreckig** ['drɛkɪç] **I** *adj* dirty; (*stärker*) filthy **II** *adv*; (*finanziell*) I'm badly off **Dreck-loch** *nt* (*pej*) hole (*infml*) **Drecksack** *m* (*pej infml*) dirty bastard (*sl*) **Dreck-sau** *f* (*vulg*) filthy swine (*infml*) **Dreck-schwein** *nt* (*infml*) dirty pig (*infml*) **Dreckskerl** *m* (*infml*) dirty swine

(*infml*) **Dreckspatz** *m* (*infml*) (≈ *Kind*) grubby kid

Dreh [dre:] *m* ⟨**-s**, **-s** *or* **-e**⟩ (≈ *List*) dodge; (≈ *Kunstgriff*) trick; **den ~ her-aushaben, etw zu tun** to have got the knack of doing sth **Dreharbeiten** *pl* FILM shooting *sg* **Drehbank** *f*, *pl* **-bänke** lathe **Drehbuch** *nt* FILM (film) script **Dreh-buchautor(in)** *m/(f)* scriptwriter **dre-hen** ['dre:ən] **I** *v/t* to turn; *Zigaretten* to roll; *Film* to shoot; (*infml* ≈ *schaffen*) to fix (*infml*); **ein Ding ~** (*sl*) to play a prank; (*Verbrecher*) to pull a job (*infml*); **wie man es auch dreht und wendet** no matter how you look at it **II** *v/i* to turn; (*Wind*) to change; **an etw** (*dat*) **~** to turn sth; **daran ist nichts zu ~** (*fig*) there are no two ways about it **III** *v/r* **1.** to turn (*um* about); (*sehr schnell: Kreisel*) to spin; (*Wind*) to change; **sich um etw ~** to re-volve around sth; **mir dreht sich alles im Kopf** my head is spinning; **sich ~ und winden** (*fig*) to twist and turn **2.** (≈ *betreffen*) **sich um etw ~** to concern sth; (*um zentrale Frage*) to centre (*Br*) or center (*US*) on sth; **es dreht sich dar-um, dass ...** the point is that ... **Dreher** ['dre:ɐ] *m* ⟨**-s**, **-**⟩, **Dreherin** [-ərɪn] *f* ⟨**-nen**⟩ lathe operator **Dreherlaubnis** *f* FILM filming permission **Drehkreuz** *nt* turnstile **Drehmoment** *nt* torque **Dreh-orgel** *f* barrel organ **Drehort** *m*, *pl* **-orte** FILM location **Drehschalter** *m* rotary switch **Drehscheibe** *f* **1.** RAIL turntable **2.** (≈ *Töpferscheibe*) potter's wheel **Drehstrom** *m* three-phase current **Drehstuhl** *m* swivel chair **Drehtag** *m* FILM day of shooting **Drehtür** *f* revolving door **Drehung** ['dre:ʊŋ] *f* ⟨**-**, **-en**⟩ turn; **eine ~ um 180°** a 180° turn **Drehzahl** *f* number of revolutions; (*pro Minute*) revs *pl* per minute **Drehzahlmesser** *m* ⟨**-s**, **-**⟩ rev counter

drei [drai] *num* three; **aller guten Dinge sind ~!** (*prov*) all good things come in threes!; (*nach zwei missglückten Versu-chen*) third time lucky!; **sie sieht aus, als ob sie nicht bis ~ zählen könnte** (*infml*) she looks pretty empty-headed; → **vier Drei** [drai] *f* ⟨**-**, **-en**⟩ three **drei-beinig** *adj* three-legged **Dreibettzim-mer** *nt* three-bed room **Drei-D-** [drai-'de:] *in cpds* 3-D **dreidimensional** *adj* three-dimensional **Dreieck** ['drai|ɛk] *nt* triangle **dreieckig** *adj* triangular **Drei-**

ecksverhältnis *nt* (eternal) triangle **Dreieinigkeit** *f* Trinity **Dreierkonferenz** *f* TEL three-way calling **Dreierpack** *nt* three-pack **dreifach** ['draifax] **I** *adj* triple; *die ~e Menge* three times the amount **II** *adv* three times; → *vierfach* **Dreifache(s)** ['draifaxə] *nt decl as adj das ~* three times as much; *auf das ~ steigen* to treble **dreifarbig** *adj* three--coloured (*Br*), three-colored (*US*) **Dreifuß** *m* tripod **Dreigangschaltung** *f* three-speed gear **dreihundert** ['drai'hʊndɐt] *num* three hundred **Dreikäsehoch** [drai'kɛːzəhoːx] *m* ⟨*-s, -s*⟩ (*infml*) tiny tot (*infml*) **Dreiklang** *m* MUS triad **Dreikönigsfest** *nt* (feast of) Epiphany **dreimal** ['draimaːl] *adv* three times **Dreimeterbrett** *nt* three-metre (*Br*) or three-meter (*US*) board **dreinblicken** *v/i sep traurig etc ~* to look sad *etc* **dreinreden** *v/i sep* (*infml*) (≈ *dazwischenreden*) to interrupt **Dreirad** *nt* tricycle **Dreisatz** *m* MAT rule of three **Dreisprung** *m* triple jump **dreispurig** [-ʃpuːrɪç] *adj* MOT *Fahrbahn* three-lane *attr* **dreißig** ['draisɪç] *num* thirty; → *vierzig* **dreißigjährig** *adj* (≈ *dreißig Jahre alt*) thirty years old, thirty-year-old *attr* **dreist** [draist] *adj* bold **dreistellig** *adj* three-digit *attr*, with three digits **Dreistigkeit** ['draistɪçkait] *f* ⟨*-, -en, no pl*⟩ boldness **dreistufig** *adj Rakete* three-stage *attr*, with three stages **Dreitagebart** *m* designer stubble **dreitägig** *adj* three-day *attr*, three-day-long **dreiteilig** *adj Kostüm etc* three-piece *attr* **drei viertel** ['drai 'fɪrtl] *adj, adv* → *viertel*; → *Viertel[1]* **Dreiviertel** ['drai'fɪrtl] *nt* three--quarters **Dreivierteljahr** *nt* nine months *pl* **Dreiviertelstunde** *f* three-quarters of an hour *no indef art* **Dreivierteltakt** [-'fɪrtl-] *m* three-four time **Dreiweg-** *in cpds* ELEC three-way **Dreiwegekatalysator** *m* AUTO three-way catalytic converter **dreiwöchig** [-vœçɪç] *adj attr* three-week **dreizehn** ['draitseːn] *num* thirteen; *jetzt schlägts aber ~* (*infml*) that's a bit much; → *vierzehn* **Dreizimmerwohnung** *f* three-room flat (*Br*) or apartment **Dresche** ['drɛʃə] *f* ⟨*-, no pl*⟩ (*infml*) thrashing **dreschen** ['drɛʃn] *pret*

drosch [drɔʃ], *past part* **gedroschen** [gə'drɔʃn] *v/t* **1.** *Korn* to thresh; (*infml*) *Phrasen* to bandy; *Skat~* (*infml*) to play skat **2.** (*infml* ≈ *prügeln*) to thrash **Dress** [drɛs] *m* ⟨*-es, -e,* or (*Aus*) *f -, -en*⟩ SPORTS (sports) kit; (*für Fußball auch*) strip **dressieren** [drɛ'siːrən] *past part* **dressiert** *v/t* to train; *zu etw dressiert sein* to be trained to do sth **Dressing** ['drɛsɪŋ] *nt* ⟨*-s, -s*⟩ COOK dressing **Dressman** ['drɛsmən] *m* ⟨*-s, Dressmen*⟩ male model **Dressur** [drɛ'suːɐ] *f* ⟨*-, -en*⟩ training; (*für Dressurreiten*) dressage **dribbeln** ['drɪbln] *v/i* to dribble **driften** ['drɪftn] *v/i aux sein* to drift **Drill** [drɪl] *m* ⟨*-(e)s, no pl*⟩ drill **Drillbohrer** *m* drill drill **drillen** ['drɪlən] *v/t & v/i* to drill; *auf etw (acc) gedrillt sein* (*fig infml*) to be practised (*Br*) or practiced (*US*) at doing sth **Drilling** ['drɪlɪŋ] *m* ⟨*-s, -e*⟩ triplet **drin** [drɪn] *adv* **1.** (*infml*) = *darin* **2.** (≈ *innen drin*) in it; *er/es ist da ~* he/it is in there **3.** (*infml*) *bis jetzt ist noch alles ~* everything is still quite open; *das ist doch nicht ~* (≈ *geht nicht*) that's not on (*infml*) **dringen** ['drɪŋən] *pret* **drang** [draŋ], *past part* **gedrungen** [gə'drʊŋən] *v/i* **1.** *aux sein* to penetrate; (*fig: Nachricht*) to get through (*an or in +acc* to); *an or in die Öffentlichkeit ~* to leak out **2.** *auf etw* (*acc*) *~* to insist on sth **dringend** ['drɪŋənt] **I** *adj* (≈ *eilig*) urgent; (≈ *nachdrücklich*) strong; *Gründe* compelling **II** *adv* (≈ *unbedingt*) urgently; *warnen, empfehlen* strongly; *~ notwendig* urgently needed; *~ verdächtig* strongly suspected **dringlich** ['drɪŋlɪç] *adj* urgent **Dringlichkeit** *f* ⟨*-, no pl*⟩ urgency **Dringlichkeitsstufe** *f* priority; *~ 1* top priority **Drink** [drɪŋk] *m* ⟨*-s, -s*⟩ drink **drinnen** ['drɪnən] *adv* inside; *hier/dort ~* in here/there **drinstecken** *v/i sep* (*infml*) to be(contained); *da steckt eine Menge Geld/Arbeit etc drin* a lot of money/work *etc* has gone into it; *er steckt bis über die Ohren drin* he's up to his ears in it **dritt** [drɪt] *adv wir kommen zu ~* three of us are coming together **Drittel** ['drɪtl] *nt* ⟨*-s, -*⟩ third; → *Viertel[1]* **dritteln** ['drɪtln] *v/t* to divide into three (parts) **drittens** ['drɪtns] *adv* thirdly **Dritte(r)** ['drɪtə] *m/f(m) decl as adj* third person/man/ woman *etc*; (≈ *Unbeteiligter*) third party **dritte(r, s)** ['drɪtə] *adj* third; **Menschen ~r Klasse** third-class citizens; → **vierte(r, s)** **Dritte-Welt**-*in cpds* Third World **drittgrößte(r, s)** *adj* third-biggest **dritthöchste(r, s)** *adj* third-highest **drittklassig** *adj* third-rate (*pej*), third-class **drittletzte(r, s)** *adj* third from last **Drittmittel** *pl* FIN external funds *pl* **drittrangig** [-raŋɪç] *adj* third-rate **Droge** ['droːgə] *f* ⟨-, -n⟩ drug **drogenabhängig** *adj* addicted to drugs; **er ist ~** he's a drug addict **Drogenabhängige(r)** *m/f(m) decl as adj* drug addict **Drogenabhängigkeit** *f* drug addiction *no art* **Drogenbekämpfung** *f* fight against drugs **Drogenberatung** *f*, **Drogenberatungsstelle** *f* drugs advice centre (*Br*) *or* center (*US*) **Drogenfahnder** [-faːndɐ] *m* ⟨-s, -⟩, **Drogenfahnderin** [-ərɪn] *f* ⟨-, -nen⟩ drugs squad officer (*Br*), narcotics officer (*US*) **Drogenhandel** *m* drug trade **Drogenhändler(in)** *m/(f)* drug trafficker *or* dealer **Drogenkonsum** [-kɔnzuːm] *m* drug consumption **Drogenmissbrauch** *m* drug abuse *no art* **Drogensucht** *f* drug addiction **drogensüchtig** *adj* addicted to drugs; **er ist ~** he's a drug addict **Drogensüchtige(r)** *m/f(m) decl as adj* drug addict **Drogenszene** *f* drugs scene **Drogentote(r)** *m/f(m) decl as adj* **200 ~ pro Jahr** 200 drug deaths per year **Drogerie** [drogə'riː] *f* ⟨-, -n [-'riːən]⟩ chemist's (shop) (*nondispensing*), drugstore (*US*) **Drogist** [dro'gɪst] *m* ⟨-en, -en⟩, **Drogistin** [-'gɪstɪn] *f* ⟨-, -nen⟩ chemist, druggist (*US*)

Drohbrief *m* threatening letter **drohen** ['droːən] *v/t* to threaten (*jdm* sb); (*Streik, Krieg*) to be looming; (*jdm*) **mit etw ~** to threaten (sb with) sth; **jdm droht etw** sb is being threatened by sth; **es droht Gefahr** there is the threat of danger; **das Schiff drohte zu sinken** the ship was in danger of sinking **drohend** *adj* threatening; *Gefahr, Krieg* imminent **Drohne** [droːnə] *f* ⟨-, -n⟩ **1.** drone; (*fig pej also*) parasite **2.** MIL drone **dröhnen** ['drøːnən] *v/i* **1.** (*Motor, Straßenlärm*) to roar; (*Donner*) to rumble; (*Lautsprecher, Stimme*) to boom **2.**

(*Raum etc*) to resound; **mir dröhnt der Kopf** my head is ringing **dröhnend** *adj Lärm, Applaus* resounding; *Stimme* booming

Drohung ['droːʊŋ] *f* ⟨-, -en⟩ threat **drollig** ['drɔlɪç] *adj* **1.** funny **2.** (≈ *seltsam*) odd

Dromedar [drome'daːɐ, 'droː-] *nt* ⟨-s, -e⟩ dromedary

Drops [drɔps] *m or nt* ⟨-, -*or* -e⟩ fruit drop **Drossel** ['drɔsl] *f* ⟨-, -n⟩ ORN thrush **drosseln** ['drɔsln] *v/t Motor* to throttle; *Heizung* to turn down; *Strom* to reduce; *Tempo, Produktion etc* to cut down

drüben ['dryːbn] *adv* over there; (≈ *auf der anderen Seite*) on the other side; **nach ~** over there; **von ~** from over there

Druck¹ [drʊk] *m* ⟨-(e)s, ⸚e* ['drʏkə]⟩ pressure; **unter ~ stehen** to be under pressure; **jdn unter ~ setzen** (*fig*) to put pressure on sb; **~ machen** (*infml*) to put the pressure on (*infml*); **durch einen ~ auf den Knopf** by pressing the button **Druck²** *m* ⟨-(e)s, -e⟩ (≈ *das Drucken*) printing; (≈ *Schriftart, Kunstdruck*) print; **das Buch ist im ~** the book is being printed; **etw in ~ geben** to send sth to be printed

Druckausgleich *m* pressure balance **Druckbuchstabe** *m* printed character; **in ~n schreiben** to print

Drückeberger ['drʏkəbɛrgɐ] *m* ⟨-s, -⟩, **Drückebergerin** [-ərɪn] *f* ⟨-, -nen⟩ (*pej infml*) shirker; (≈ *Feigling*) coward **drucken** ['drʊkn] *v/t & v/i* to print; → **gedruckt**

drücken ['drʏkn] **I** *v/t* **1.** to press; *Obst* to squeeze; **jdn ~** (≈ *umarmen*) to hug sb; **jdn zur Seite ~** to push sb aside **2.** (*Schuhe etc*) to pinch; **jdn im Magen ~** (*Essen*) to lie heavily on sb's stomach **3.** (≈ *verringern*) to force down; *Leistung, Niveau* to lower; (*infml*) *Stimmung* to dampen **II** *v/i* to press; (*Schuhe etc*) to pinch; **„bitte ~"** "push"; **auf die Stimmung ~** to dampen one's mood; → **gedrückt III** *v/r* (≈ *sich quetschen*) to squeeze; (*Schutz suchend*) to huddle; (≈ *kneifen*) to shirk; (*vor Militärdienst*) to dodge; **sich vor etw** (*dat*) **~** to shirk sth; **sich (um etw) ~** to get out of sth **drückend** *adj Last, Steuern* heavy; *Probleme* serious; *Hitze, Atmosphäre* oppressive

Drucker ['drʊkɐ] *m* ⟨-s, -⟩ printer

Drücker ['drʏkɐ] *m* ⟨*-s, -*⟩ (≈ *Knopf*) (push) button; (*von Klingel*) push; **am ~ sein** *or* **sitzen** (*fig infml*) to be in a key position; **auf den letzten ~** (*fig infml*) at the last minute

Druckerei [drʊkə'raɪ] *f* ⟨*-, -en*⟩ printing works *pl*; (≈ *Firma*) printer's **Druckerschwärze** *f* printer's ink **Druckfehler** *m* misprint, typographical error **Druckkabine** *f* pressurized cabin **Druckknopf** *m* **1.** SEWING press stud **2.** TECH push button **Druckluft** *f* compressed air **Druckluftbremse** *f* air brake **Druckmesser** *m* ⟨*-s, -*⟩ pressure gauge **Druckmittel** *nt* (*fig*) means of exerting pressure **druckreif** *adj* ready for printing, passed for press; (*fig*) polished **Drucksache** *f* POST business letter; (≈ *Werbematerial*) circular; (*als Portoklasse*) printed matter **Druckschrift** *f* **in ~ schreiben** to print **Druckstelle** *f* (*auf Pfirsich, Haut*) bruise **Drucktaste** *f* push button **Druckverband** *m* MED pressure bandage **Druckverlust** *m* TECH loss of pressure **Druckwasserreaktor** *m* pressurized water reactor **Druckwelle** *f* shock wave

drum [drʊm] *adv* (*infml*) (a)round; **~ (he)rum** all (a)round; **mit allem Drum und Dran** with all the bits and pieces (*infml*); *Mahlzeit* with all the trimmings *pl*; → **darum**

drunter ['drʊntɐ] *adv* under(neath); **~ und drüber** upside down; **es ging alles ~ und drüber** everything was upside down; → **darunter**

Drüse ['dry:zə] *f* ⟨*-, -n*⟩ gland **Drüsenfieber** *nt* glandular fever

Dschungel *m* ['dʒʊŋl] *m* ⟨*-s, -*⟩ jungle **Dschungelkrieg** *m* jungle warfare

Dschunke ['dʒʊŋkə] *f* ⟨*-, -n*⟩ NAUT junk

DTP [de:te:'pe:] *nt*, *abbr of* **Desktop-Publishing** DTP

du [du:] *pers pr, gen* **deiner**, *dat* **dir**, *acc* **dich** you; **mit jdm auf Du und Du stehen** to be pals with sb; **mit jdm per du sein** to be on familiar terms with sb; **du bist es** it's you; **du Glücklicher!** lucky you; **du Idiot!** you idiot

dual [du'a:l] *adj* dual **Dualsystem** *nt* MAT binary system

Dübel ['dy:bl] *m* ⟨*-s, -*⟩ Rawlplug®; (≈ *Holzdübel*) dowel

dubios [du'bio:s] *adj* (*elev*) dubious

Dublette [du'blɛtə] *f* ⟨*-, -n*⟩ duplicate

ducken ['dʊkn] *v/r* to duck; (*fig pej*) to

cringe **Duckmäuser** ['dʊkmɔyzɐ] *m* ⟨*-s, -*⟩, **Duckmäuserin** [-ərɪn] *f* ⟨*-, -nen*⟩ (*pej*) moral coward

Dudelsack *m* bagpipes *pl*

Duell [du'ɛl] *nt* ⟨*-s, -e*⟩ duel (*um* over); **jdn zum ~ (heraus)fordern** to challenge sb to a duel **Duellant** [duɛ'lant] *m* ⟨*-en, -en*⟩, **Duellantin** [-'lantɪn] *f* ⟨*-, -nen*⟩ dueller **duellieren** [due'li:rən] *past part* **duelliert** *v/r* to (fight a) duel

Duett [du'ɛt] *nt* ⟨*-(e)s, -e*⟩ (MUS, *fig*) duet; **im ~ singen** to sing a duet

Duft [dʊft] *m* ⟨*-(e)s, ⁻e* ['dʏftə]⟩ smell **dufte** ['dʊftə] *adj, adv* (*dated infml*) great (*infml*) **duften** ['dʊftn] *v/i* to smell; **nach etw ~** to smell of sth **duftend** *adj attr Parfüm, Blumen etc* fragrant **duftig** ['dʊftɪç] *adj Kleid, Stoff* gossamery **Duftkissen** *nt* scented sachet **Duftmarke** *f* scent mark **Duftnote** *f* (*von Parfüm*) scent; (*von Mensch*) smell **Duftstoff** *m* scent; (*für Parfüm etc*) fragrance

dulden ['dʊldn] *v/t* to tolerate; **ich dulde das nicht** I won't tolerate that; **etw stillschweigend ~** to connive at sth **duldsam** ['dʊltza:m] **I** *adj* tolerant (*gegenüber* of; ≈ *geduldig*) forbearing **II** *adv* tolerantly; (≈ *geduldig*) with forbearance **Duldsamkeit** *f* ⟨*-, no pl*⟩ tolerance; (≈ *Geduld*) forbearance **Duldung** *f* ⟨*-, (rare) -en*⟩ toleration

dumm [dʊm] **I** *adj, comp* ⁻**er** ['dʏmɐ], *sup* ⁻**ste(r, s)** ['dʏmstə] **1.** stupid; **~es Zeug (reden)** (to talk) nonsense; **jdn für ~ verkaufen** (*infml*) to think sb is stupid; **das ist gar nicht (so) ~** that's not a bad idea; **jetzt wirds mir zu ~** I've had enough **2.** (≈ *ärgerlich*) annoying; **es ist zu ~, dass er nicht kommen kann** it's too bad that he can't come; **so etwas Dummes** what a nuisance **II** *adv, comp* ⁻**er**, *sup am* ⁻**sten sich ~ anstellen** to behave stupidly; **sich ~ stellen** to act stupid; **~ fragen** to ask a silly question; **sich ~ und dämlich reden** (*infml*) to talk till one is blue in the face (*infml*); **jdm ~ kommen** to get funny with sb (*infml*); **das ist ~ gelaufen** (*infml*) that hasn't gone to plan; **~ gelaufen!** (*infml*) that's life! **Dumme(r)** ['dʊmə] *m/f(m) decl as adj* (*infml*) fool; **der/die ~ sein** to be left to carry the can (*infml*) **dummerweise** *adv* unfortunately; (≈ *aus Dummheit*) stupidly **Dummheit** *f* ⟨*-, -en*⟩ **1.** *no pl* stupidity **2.** (≈ *dumme Handlung*) stupid thing; **mach**

bloß keine ~en! just don't do anything stupid **Dummkopf** *m* (*infml*) idiot

dumpf [dʊmpf] *adj* **1.** *Ton* muffled **2.** *Geruch etc* musty **3.** *Gefühl, Erinnerung* vague; *Schmerz* dull; (≈ *bedrückend*) gloomy **4.** (≈ *stumpfsinnig*) dull **Dumpfbacke** *f* (*sl*) nerd (*infml*)

Dumpingpreis ['dampɪŋ-] *m* giveaway price

Düne ['dy:nə] *f* ⟨-, **-n**⟩ (sand) dune

Dung [dʊŋ] *m* ⟨**-(e)s**, *no pl*⟩ dung **Düngemittel** *nt* fertilizer **düngen** ['dʏŋən] *v/t* to fertilize **Dünger** ['dʏŋɐ] *m* ⟨**-s**, **-**⟩ fertilizer

dunkel ['dʊŋkl] *I adj* **1.** dark; *im Dunkeln* in the dark; *im Dunkeln tappen* (*fig*) to grope (about) in the dark **2.** (≈ *tief*) *Stimme, Ton* deep **3.** (*pej* ≈ *zwielichtig*) shady (*infml*) **II** *adv* (≈ *in dunklen Farben*) in dark colours (*Br*) *or* colors (*US*); *~ gefärbt sein* to be a dark colo(u)r; *sich ~ erinnern* to remember vaguely **Dunkel** ['dʊŋkl] *nt* ⟨**-s**, *no pl*⟩ darkness **Dünkel** ['dʏŋkl] *m* ⟨**-s**, *no pl*⟩ (*pej elev*) conceit

dunkelblau *adj* dark blue **dunkelblond** *adj* light brown **dunkelbraun** *adj* dark brown **dunkelgrau** *adj* dark grey (*Br*), dark gray (*US*) **dunkelgrün** *adj* dark green **dunkelhaarig** *adj* dark-haired **dunkelhäutig** *adj* dark-skinned **Dunkelheit** *f* ⟨-, *no pl*⟩ darkness; *bei Einbruch der ~* at nightfall **Dunkelkammer** *f* PHOT darkroom **dunkelrot** *adj* dark red **Dunkelziffer** *f* estimated number of unreported/undetected cases

dünn [dʏn] *I adj* thin; *Kaffee, Tee* weak; *Strümpfe* fine; *sich ~ machen* (*hum*) to breathe in; → **dünnmachen II** *adv* bevölkert sparsely; *~ gesät* (*fig*) few and far between **Dünndarm** *m* small intestine **Dünne** ['dʏnə] *f* ⟨-, *no pl*⟩ thinness **dünnflüssig** *adj* thin; *Honig* runny **dünnhäutig** *adj* thin-skinned **dünnmachen** *v/r sep* (*infml* ≈ *weglaufen*) to make oneself scarce **Dünnpfiff** *m* (*infml*) the runs (*infml*) **Dünnsäure** *f* dilute acid

Dunst [dʊnst] *m* ⟨**-(e)s**, **–e** ['dʏnstə]⟩ (≈ *leichter Nebel*) haze; (≈ *Dampf*) steam; *jdm blauen ~ vormachen* (*infml*) to throw dust in sb's eyes **Dunstabzugshaube** *f* extractor hood (*over a cooker*) **dünsten** ['dʏnstn] *v/t* to steam; *Obst* to stew **Dunstglocke** *f*, **Dunsthaube** *f* (≈

Nebel) haze; (≈ *Smog*) pall of smog **dunstig** ['dʊnstɪç] *adj* hazy **Dunstkreis** *m* atmosphere; (*von Mensch*) society **Dunstwolke** *f* cloud of smog

Duo ['du:o] *nt* ⟨**-s**, **-s**⟩ duo

Duplikat [dupli'ka:t] *nt* ⟨**-(e)s**, **-e**⟩ duplicate (copy) **duplizieren** [dupli'tsi:rən] *past part* **dupliziert** *v/t* (*elev*) to duplicate

Dur [du:ɐ] *nt* ⟨**-**, *no pl*⟩ MUS major; *in G-~* in G major

durch [dʊrç] *I prep +acc* **1.** through; *~ den Fluss waten* to wade across the river; *~ die ganze Welt reisen* to travel all over the world **2.** (≈ *mittels*) by; *Tod ~ Ertrinken* death by drowning; *Tod ~ Herzschlag etc* death from a heart attack *etc*; *neun (geteilt) ~ drei* nine divided by three; *~ Zufall* by chance **3.** (≈ *aufgrund*) due to **II** *adv* **1.** (≈ *hindurch*) through; *es ist 4 Uhr ~* it's gone 4 o'clock; *~ und ~* through and through; *überzeugt* completely; *~ und ~ nass* wet through **2.** (COOK *infml*) *Steak* well-done

durcharbeiten *sep* **I** *v/t Buch, Stoff etc* to work through **II** *v/i* to work through **III** *v/r* *sich durch etw ~* to work one's way through sth

durchatmen *v/i sep* to take deep breaths

durchaus [dʊrç'|aus, 'dʊrç|aus, 'dʊrç|aus] *adv* **1.** (*bekräftigend*) quite; *korrekt, möglich* perfectly; *passen* perfectly well; *ich hätte ~ Zeit* I would have time; *es ist ~ anzunehmen, dass sie kommt* it's highly likely that she'll be coming **2.** *~ nicht* (*als Verstärkung*) by no means; (*als Antwort*) not at all; (*stärker*) absolutely not; *das ist ~ kein Witz* that's no joke at all

durchbeißen *sep irr* **I** *v/t* (*in zwei Teile*) to bite through **II** *v/r* (*infml*) to struggle through; (*mit Erfolg*) to win through

durchbekommen *past part* **durchbekommen** *v/t sep irr* (*infml*) to get through

durchblättern ['dʊrçblɛtɐn] *v/t sep Buch etc* to leaf through

Durchblick *m* (≈ *Ausblick*) view (*auf +acc* of); (*fig infml* ≈ *Überblick*) knowledge; *den ~ haben* (*infml*) to know what's what (*infml*) **durchblicken** *v/i sep* **1.** (*lit*) to look through **2.** (*fig*) *etw ~ lassen* to hint at sth **3.** (*fig infml* ≈ *verstehen*) to understand; *blickst du da durch?* do you get it? (*infml*)

durchbluten *past part* **durchblutet** *v/t insep* to supply with blood **Durchblutung** *f* circulation (of the blood) (+*gen* to) **Durchblutungsstörung** *f* circulatory disturbance

durchbohren [dʊrç'boːrən] *past part* **durchbohrt** *v/t insep Wand, Brett* to drill through; (*Kugel*) to go through; **jdn mit Blicken ~** (*fig*) to look piercingly at sb; (*hasserfüllt*) to look daggers at sb **durchbohrend** *adj* piercing

durchboxen *sep* (*fig infml*) *v/r* to fight one's way through

durchbraten *v/t & v/i sep irr* to cook through; → **durchgebraten**

durchbrechen[1] ['dʊrçbreçn] *sep irr* **I** *v/t* (*in zwei Teile*) to break (in two) **II** *v/i aux sein* (*in zwei Teile*) to break (in two)

durchbrechen[2] [dʊrç'breçn] *past part* **durchbrochen** *v/t insep irr Schallmauer* (*fig*) to break; *Mauer etc* to break through

durchbrennen *v/i sep irr aux sein* (*Sicherung, Glühbirne*) to blow; (*infml ≈ davonlaufen*) to run away

durchbringen *sep irr* **I** *v/t* **1.** (*durch Prüfung*) to get through; (*durch Krankheit*) to pull through; (*≈ für Unterhalt sorgen*) to provide for **2.** *Geld* to get through **II** *v/r* to get by

Durchbruch *m* **1.** (*von Blinddarm etc*) perforation; **zum ~ kommen** (*fig*) (*Gewohnheit etc*) to assert itself; (*Natur*) to reveal itself **2.** (*fig*) breakthrough; **jdm zum ~ verhelfen** to help sb on the road to success **3.** (*≈ Öffnung*) opening

durchdacht [dʊrç'daxt] *adj* **gut/ schlecht ~** well/badly thought-out **durchdenken** [dʊrç'deŋkn] *past part* **durchdacht** [dʊrç'daxt] *v/t sep irr* to think through

durchdiskutieren *past part* **durchdiskutiert** *v/t sep* to talk through

durchdrehen *sep* **I** *v/t Fleisch etc* to mince **II** *v/i* (*infml: nervlich*) to crack up (*infml*); **ganz durchgedreht sein** (*infml*) to be really uptight (*infml*)

durchdringen[1] ['dʊrçdrɪŋən] *v/i sep irr aux sein* **1.** (*≈ hindurchkommen*) to penetrate; (*Sonne*) to come through; **bis zu jdm ~** (*fig*) to get as far as sb **2.** (*≈ sich durchsetzen*) to get through; **zu jdm ~** to get through to sb

durchdringen[2] [dʊrç'drɪŋən] *past part*

durchdrungen [dʊrç'drʊŋən] *v/t insep irr Materie, Dunkelheit etc* to penetrate; (*Gefühl, Idee*) to pervade; → **durchdrungen**

durchdringend ['dʊrçdrɪŋənt] *adj* piercing; *Geruch* pungent

durchdrücken *v/t sep* **1.** (*fig*) *Reformen etc* to push through **2.** *Knie, Ellbogen etc* to straighten

durchdrungen [dʊrç'drʊŋən] *adj pred* imbued (*von* with); → **durchdringen**[2]

durcheinander [dʊrçai'nandɐ] **I** *adv* mixed up **II** *adj pred* **~ sein** (*infml*) (*Mensch*) to be confused; (*≈ aufgeregt*) to be in a state (*infml*); (*Zimmer, Papier*) to be in a mess **Durcheinander** [dʊrçai'nandɐ, 'dʊrçainandɐ] *nt* ⟨**-s**, *no pl*⟩ (*≈ Unordnung*) mess; (*≈ Wirrwarr*) confusion **durcheinanderbringen** *v/t sep irr* to muddle up; (*≈ verwirren*) *jdn* to confuse **durcheinanderessen** *v/t sep irr* **alles ~** to eat indiscriminately **durcheinandergeraten** *v/i sep irr aux sein* to get mixed up **durcheinanderreden** *v/i sep* to all speak at once **durcheinandertrinken** *v/t sep irr* **alles ~** to drink indiscriminately **durcheinanderwerfen** *v/t sep irr* (*fig infml ≈ verwechseln*) to mix up

durchfahren[1] ['dʊrçfaːrən] *v/i sep irr aux sein* **1.** to go through **2.** (*≈ nicht anhalten*) to go straight through; **die Nacht ~** to travel through the night

durchfahren[2] [dʊrç'faːrən] *past part* **durchfahren** *v/t insep irr* to travel through; (*fig: Schreck etc*) to shoot through **Durchfahrt** *f* **1.** (*≈ Durchreise*) way through; **auf der ~ sein** to be passing through **2.** (*≈ Passage*) thoroughfare

Durchfall *m* MED diarrhoea *no art* (*Br*), diarrhea *no art* (*US*) **durchfallen** *v/i sep irr aux sein* **1.** to fall through **2.** (*infml ≈ nicht bestehen*) to fail; **jdn ~ lassen** to fail sb; **beim Publikum ~** to be a flop with the public **Durchfallquote** *f* SCHOOL *etc* failure rate

durchfeiern *v/i sep* to stay up all night celebrating

durchfinden *v/i & v/r sep irr* to find one's way through (*durch etw* sth); **ich finde (mich) hier nicht mehr durch** (*fig*) I am simply lost

durchfliegen[1] ['dʊrçfliːgn] *v/i sep irr aux sein* **1.** (*mit Flugzeug*) to fly through; (*ohne Landung*) to fly nonstop **2.** (*infml:*

durch Prüfung) to fail (*durch etw, in etw dat* (in) sth)

durchfliegen² [dʊrç'fliːgn] *past part* **durchflogen** [dʊrç'floːgn] *v/t insep irr Luft, Wolken* to fly through; *Strecke* to cover; (≈ *flüchtig lesen*) to skim through

durchfließen *v/i sep irr aux sein* to flow through

durchfluten [dʊrç'fluːtn] *past part* **durchflutet** *v/t insep* (*elev*) (*Fluss*) to flow through; (*fig*) (*Licht, Sonne*) to flood; (*Wärme, Gefühl*) to flow *or* flood through

durchforschen *past part* **durchforscht** *v/t insep Gegend* to search

durchforsten [dʊrç'fɔrstn] *past part* **durchforstet** *v/t insep Wald* to thin out; (*fig*) *Bücher* to go through

durchfragen *v/r sep* to ask one's way

Durchfuhr ['dʊrçfuːɐ] *f* ⟨-, **-en**⟩ transit

durchführbar *adj* feasible **Durchführbarkeit** ['dʊrçfyːɐbaːɐkait] *f* ⟨-, *no pl*⟩ feasibility

durchführen *sep* I *v/t* **1.** (≈ *durchleiten*) to lead through; *jdn durch ein Haus* ~ to show sb (a)round a house **2.** (≈ *verwirklichen*) to carry out; *Gesetz* to implement; *Test, Kurs* to run; *Reise* to undertake; *Wahl, Prüfung* to hold II *v/i* to lead through; *unter etw* (*dat*) ~ to go under sth **Durchführung** *f* (≈ *das Verwirklichen*) carrying out; (*von Gesetz*) implementation; (*von Reise*) undertaking; (*von Kurs, Test*) running; (*von Wahl, Prüfung*) holding

durchfüttern *v/t sep* (*infml*) to feed

Durchgabe *f* announcement; (*telefonisch*) message

Durchgang *m, pl* **-gänge 1.** (≈ *Weg*) way; (*schmal*) passage(way); ~ *verboten!* no right of way **2.** (*bei Arbeit*, PARL) stage **3.** (*von Wahl, Sport*) round; (*beim Rennen*) heat **durchgängig I** *adj* universal **II** *adv* generally **Durchgangslager** *nt* transit camp **Durchgangsstraße** *f* through road **Durchgangsverkehr** *m* MOT through traffic

durchgeben *v/t sep irr* **1.** (≈ *durchreichen*) to pass through **2.** RADIO, TV *Nachricht* to announce; *jdm etw telefonisch* ~ to let sb know sth by telephone

durchgebraten *adj Fleisch etc* well-done *attr*, well done *pred*; → **durchbraten**

durchgefroren *adj Mensch* frozen stiff

durchgehen *sep irr aux sein* I *v/i* **1.** to go

through; *bitte* ~*!* (*im Bus*) move right down (the bus) please! **2.** (≈ *toleriert werden*) to be tolerated; *jdm etw* ~ *lassen* to let sb get away with sth **3.** (*Pferd etc*) to bolt; (*infml* ≈ *sich davonmachen*) to run off; *seine Frau ist ihm durchgegangen* his wife has run off and left him **4.** *mit jdm* ~ (*Temperament, Nerven*) to get the better of sb II *v/t also aux haben* (≈ *durchsprechen etc*) to go through **durchgehend I** *adj Straße* straight; *Zug* direct II *adv* throughout; ~ *geöffnet* open 24 hours

durchgeschwitzt [-gəʃvɪtst] *adj Mensch* bathed in sweat; *Kleidung* soaked in sweat

durchgreifen *v/i sep irr* (*fig*) to resort to drastic measures **durchgreifend** *adj Maßnahme* drastic; (≈ *weitreichend*) *Änderung* far-reaching

durchhalten *sep irr* I *v/t* (≈ *durchstehen*) *Kampf etc* to survive; *Streik* to see through; *Belastung* to (with)stand; SPORTS *Strecke* to stay; *Tempo* to keep up II *v/i* to stick it out (*infml*); *eisern* ~ to hold out grimly **Durchhalteparole** *f* rallying call **Durchhaltevermögen** *nt, no pl* staying power

durchhängen *v/i sep irr aux haben or sein* to sag; (*fig infml*) (≈ *deprimiert sein*) to be down (in the mouth) (*infml*) **Durchhänger** *m* (*infml* ≈ *schlechte Phase*) bad patch

durchhauen *v/t sep irr or* (*inf*) *regular* (≈ *spalten*) to split

durchkämmen ['dʊrçkɛmən] *v/t sep* (≈ *absuchen*) to comb (through)

durchkämpfen *sep v/r* to fight one's way through; (*fig*) to struggle through

durchkommen *v/i sep irr aux sein* **1.** to get through; (*Sonne etc*) to come through; (*Charakterzug*) to show through **2.** (≈ *durchfahren*) to come through **3.** (≈ *überleben*) to come through; *mit etw* ~ *mit Forderungen etc* to succeed with sth; *damit kommt er bei mir nicht durch* he won't get away with that with me

durchkreuzen [dʊrç'krɔytsn] *past part* **durchkreuzt** *v/t insep* (*fig*) *Pläne etc* to thwart

durchkriechen *v/i sep irr aux sein* to crawl through

durchladen *v/t & v/i sep irr Gewehr* to reload

Durchlass ['dʊrçlas] *m* ⟨*-es, Durch-*
lässe [-lɛsə]⟩ (≈ *Durchgang*) passage;
(*für Wasser*) duct **durchlassen** *v/t sep*
irr (≈ *passieren lassen*) to allow through;
Licht, Wasser etc to let through **durch-**
lässig *adj Material* permeable; (≈ *po-*
rös) porous; *Grenze* open; *eine ⹁e Stelle*
(*fig*) a leak
Durchlauf *m* **1.** (≈ *das Durchlaufen*) flow
2. (TV, IT) run **3.** SPORTS heat
durchlaufen[1] ['dʊrçlaufn] **I** *v/t*
Sohlen to wear through **II** *v/i aux sein*
(*Flüssigkeit*) to run through
durchlaufen[2] [dʊrç'laufn] *past part*
durchlaufen *v/t insep irr Gebiet* to run
through; *Strecke* to cover; *Lehrzeit,*
Schule to pass *or* go through; *es durch-*
lief mich heiß I felt hot all over
durchlaufend ['dʊrçlaufnt] *adj* continu-
ous **Durchlauferhitzer**[-|ɛrhɪtsɐ] *m* ⟨*-s,*
-⟩ continuous-flow water heater
durchleben[dʊrç'le:bn] *past part* **durch-**
lebt *v/t insep* to go through
durchleiten *v/t sep* to lead through
durchlesen *v/t sep irr* to read through
durchleuchten [dʊrç'lɔyçtn] *past part*
durchleuchtet *v/t insep Patienten* to
X-ray; (*fig*) *Angelegenheit etc* to investigate
durchliegen *sep irr v/t Matratze, Bett* to
wear down (in the middle)
durchlöchern [dʊrç'lœçɐn] *past part*
durchlöchert *v/t insep* to make holes
in; (*fig*) to undermine completely
durchlüften *v/t & v/i sep* to air thoroughly
durchmachen *sep* **I** *v/t* **1.** (≈ *erdulden*) to
go through; *Krankheit* to have; *Operati-*
on, Entwicklung to undergo; *sie hat viel*
durchgemacht she has been through a
lot **2.** (*infml*) *eine ganze Nacht ⹁* (≈
durchfeiern) to make a night of it (*infml*)
II *v/i* (*infml* ≈ *durchfeiern*) to keep going
all night
Durchmarsch *m* march(ing) through
durchmarschieren *past part* **durchmar-**
schiert *v/i sep aux sein* to march through
Durchmesser *m* ⟨*-s, -*⟩ diameter
durchmogeln *v/r sep* (*infml*) to wangle
one's way through (*infml*)
durchmüssen *v/i sep irr* (*infml*) to have
to go through
durchnässen [dʊrç'nɛsn] *past part*
durchnässt *v/t insep* to soak; *völlig*
durchnässt soaking wet

durchnehmen *v/t sep irr* SCHOOL to do
(*infml*)
durchnummerieren *past part* **durch-**
nummeriert *v/t sep* to number consecutively
durchpeitschen *v/t sep* to flog; (*fig*) to
rush through
durchqueren [dʊrç'kveːrən] *past part*
durchquert *v/t insep* to cross
durchrasseln *v/i sep aux sein* (*infml*) to
flunk (*infml*)
durchrechnen *v/t sep* to calculate
durchregnen *v/i impers sep* **1.** (≈ *durch-*
kommen) *hier regnet es durch* the rain
is coming through here **2.** *es hat die*
Nacht durchgeregnet it rained all night
long
Durchreiche ['dʊrçraiçə] *f* ⟨*-, -n*⟩ (serving) hatch, pass-through (*US*)
Durchreise *f* journey through; *auf der ⹁*
sein to be passing through **durchreisen**
[dʊrç'raizn] *past part* **durchreist** *v/t*
insep to travel through
durchreißen *sep v/t irr & v/i* to tear in two
durchringen *v/r sep irr sich zu einem*
Entschluss ⹁ to force oneself to make
a decision; *sich dazu ⹁, etw zu tun* to
bring oneself to do sth
durchrosten *v/i sep aux sein* to rust
through
durchrutschen *v/i sep aux sein* to slip
through
durchrütteln *v/t sep* to shake about
Durchsage *f* message; (*im Radio*) announcement **durchsagen** *v/t sep* =
durchgeben 2
durchsägen *v/t sep* to saw through
Durchsatz *m* IND, IT throughput
durchschaubar [dʊrç'ʃaubaːɐ] *adj* (*fig*)
Hintergründe, Plan clear; *eine leicht ⹁e*
Lüge a lie that is easy to see through;
schwer ⹁er Mensch inscrutable person
durchschauen *past part* **durchschaut**
v/t insep jdn, Spiel to see through; *Sach-*
lage to see clearly; *du bist durch-*
schaut! I've / we've seen through you
durchscheinen *v/i sep irr* to shine
through **durchscheinend**
['dʊrçʃainənt] *adj* transparent
durchscheuern *v/t & v/r sep* to wear
through
durchschieben *sep irr v/t* to push
through
durchschießen [dʊrç'ʃiːsn] *past part*
durchschossen [dʊrç'ʃɔsn] *v/t insep*

irr (*mit Kugeln*) to shoot through; **ein Gedanke durchschoss mich** a thought flashed through my mind

durchschimmern *v/i sep* to shimmer through

durchschlafen *v/i sep irr* to sleep through

Durchschlag *m* **1.** (≈ *Kopie*) carbon (copy) **2.** (≈ *Küchengerät*) sieve **durchschlagen** *sep irr* **I** *v/t* **etw** ~ (≈ *entzweischlagen*) to chop through sth; **cook** to sieve sth **II** *v/i* **1.** *aux sein* (≈ *durchkommen*) to come through; **bei ihm schlägt der Vater durch** you can see his father in him **2.** *aux sein* (≈ *Wirkung haben*) to catch on; **auf etw** (*acc*) ~ to make one's /its mark on sth; **auf jdn** ~ to rub off on sb **III** *v/r* to fight one's way through **durchschlagend** ['dʊrçʃlaːgnt] *adj Sieg, Erfolg* sweeping; *Maßnahmen* effective; *Argument, Beweis* conclusive; **eine** ~**e Wirkung haben** to be totally effective **Durchschlagpapier** *nt* copy paper; (≈ *Kohlepapier*) carbon paper **Durchschlagskraft** *f* (*von Geschoss*) penetration; (*fig*) (*von Argument*) decisiveness, conclusiveness

durchschleusen *v/t sep* (≈ *durchschmuggeln*) to smuggle through; **ein Schiff** ~ to pass a ship through a lock

durchschlüpfen *v/i sep aux sein* to slip through

durchschmuggeln *v/t sep* to smuggle through

durchschneiden *v/t sep irr* to cut through; **etw mitten** ~ to cut sth in two **Durchschnitt** *m* average; **im** ~ on average; **im** ~ **100 km/h fahren** to average 100 kmph; **über/unter dem** ~ above/below average **durchschnittlich** ['dʊrçʃnɪtlɪç] **I** *adj* average **II** *adv* on (an) average; ~ **begabt/groß** *etc* of average ability/height *etc* **Durchschnittswert** *m* average value **Durchschrift** *f* (carbon) copy

durchschwimmen [dʊrç'ʃvɪmən] *past part* **durchschwommen** [dʊrç'ʃvɔmən] *v/t insep irr* to swim through; *Strecke* to swim

durchsehen *sep irr* **I** *v/i* (≈ *hindurchschauen*) to look through **II** *v/t* **1.** (≈ *überprüfen*) **etw** ~ to look sth through **2.** (*durch etw hindurch*) to see through

durchsetzen[1] ['dʊrçzɛtsn] *sep* **I** *v/t Maßnahmen, Plan* to carry through; *Forde-*

rung to push through; *Ziel* to achieve; **etw bei jdm** ~ to get sb to agree to sth; **seinen Willen** (**bei jdm**) ~ to get one's (own) way (with sb) **II** *v/r* **1.** (*Mensch*) to assert oneself; (*Partei etc*) to win through; **sich mit etw** ~ to be successful with sth **2.** (*Neuheit*) to be (generally) accepted

durchsetzen[2] [dʊrç'zɛtsn] *past part* **durchsetzt** *v/t insep* **etw mit etw** ~ to intersperse sth with sth **Durchsetzung** ['dʊrçzɛtsʊŋ] *f* ⟨-, *no pl*⟩ (*von Maßnahmen, Plan*) carrying through; (*von Forderung*) pushing through; (*von Ziel*) achievement **Durchsetzungsvermögen** *nt, no pl* ability to assert oneself

Durchseuchung [dʊrç'zɔʏçʊŋ] *f* ⟨-, -en⟩ spread of infection

Durchsicht *f* examination; **bei** ~ **der Bücher** on checking the books **durchsichtig** [-zɪçtɪç] *adj* transparent

durchsickern *v/i sep aux sein* to trickle through; (*fig*) to leak out; **Informationen** ~ **lassen** to leak information

durchspielen *v/t sep Szene* to play through; *Rolle* to act through; (*fig*) to go through

durchsprechen *sep irr v/t Problem* to talk over

durchstarten *sep* **I** *v/i* (auto: *beim Anfahren*) to rev up **II** *v/t Motor, Auto* to rev (up)

durchstechen *v/t sep irr Ohren* to pierce

durchstecken *v/t sep* to put through

durchstehen ['dʊrçʃteːən] *sep v/t irr Zeit, Prüfung* to get through; *Krankheit* to pull through; *Qualen* to (with)stand; *Situation* to get through

durchstellen *v/t sep* to put through

durchstieren ['dʊrçʃtiːrən] *v/t sep* (*Swiss* ≈ *durchdrücken*) to push through

durchstöbern [dʊrç'ʃtøːbɐn] *past part* **durchstöbert** *v/t insep* to rummage through (*nach for*)

durchstoßen[1] [dʊrç'ʃtoːsn] *past part* **durchstoßen** *v/t insep irr* to break through

durchstoßen[2] ['dʊrçʃtoːsn] *sep irr v/t* **etw** (**durch etw**) ~ to push sth through (sth)

durchstreichen *v/t sep irr* to cross out

durchstreifen [dʊrç'ʃtraɪfn] *past part* **durchstreift** *v/t insep* (*elev*) to roam *or* wander through

durchsuchen *past part* **durchsucht** *v/t insep* to search (*nach* for) **Durchsuchung** *f* ⟨-, -en⟩ search **Durchsuchungsbefehl** *m* search warrant

durchtrainieren *past part* **durchtrainiert** *sep v/t* to get fit; (*gut*) **durchtrainiert** *Sportler* completely fit

durchtrennen ['dʊrçtrɛnən] *v/t sep Stoff* to tear (through); (≈ *schneiden*) to cut (through); *Nerv, Sehne* to sever

durchtreten *sep irr* **I** *v/t Pedal* to step on **II** *v/i* (AUTO ≈ *Gas geben*) to step on the accelerator; (*Radfahrer*) to pedal (hard)

durchtrieben [dʊrç'triːbn] *adj* cunning

durchwachsen [dʊrç'vaksn] *adj* **1.** *Speck* streaky; *Schinken* with fat running through (it) **2.** *pred* (*hum infml* ≈ *mittelmäßig*) so-so (*infml*)

Durchwahl *f* TEL direct dialling **durchwählen** *v/i sep* to dial direct; **nach London ~** to dial London direct **Durchwahlnummer** *f* dialling code (*Br*), dial code (*US*); (*in Firma*) extension

durchwandern *past part* **durchwandert** *v/t insep Gegend* to walk through

durchweg ['dʊrçvɛk, dʊrç'vɛk] *adv* (≈ *ausnahmslos*) without exception; (≈ *in jeder Hinsicht*) in every respect

durchweichen *sep v/t Kleidung, jdn* to soak; *Boden, Karton* to make soggy

durchwühlen [dʊrç'vyːlən] *past part* **durchwühlt** *insep v/t* to rummage through

durchziehen[1] ['dʊrçtsiːən] *sep irr* **I** *v/t* **1.** to pull through **2.** (*infml* ≈ *erledigen*) to get through **II** *v/i aux sein* (≈ *durchkommen*) to pass through; (*Truppe*) to march through **III** *v/r* to run through (*durch etw* sth)

durchziehen[2] [dʊrç'tsiːən] *past part* **durchzogen** [dʊrç'tsoːgn] *v/t insep irr* (≈ *durchwandern*) to pass through; (*fig: Thema*) to run through; (*Geruch*) to fill

durchzucken [dʊrç'tsʊkn] *past part* **durchzuckt** *v/t insep* (*Blitz*) to flash across; (*fig: Gedanke*) to flash through

Durchzug *m, no pl* (≈ *Luftzug*) draught (*Br*), draft (*US*); **~ machen** (*zur Lüftung*) to get the air moving

durchzwängen *sep v/r* to force one's way through

dürfen ['dʏrfn] *pret* **durfte** ['dʊrftə], *past part* **gedurft** *or* (*bei modal aux vb*) **dürfen** [gə'dʊrft, 'dʏrfn] *v/i, modal aux* **1.** *etw tun* **~** to be allowed to do sth; **darf ich? — ja, Sie ~** may I? — yes, you may; **hier darf man nicht rauchen** smoking is prohibited here; **die Kinder ~ hier nicht spielen** the children aren't allowed to play here; **das darf doch nicht wahr sein!** that can't be true! **2.** **darf ich Sie bitten, das zu tun?** could I ask you to do that?; **was darf es sein?** can I help you?; (*vom Gastgeber gesagt*) what can I get you?; **ich darf wohl sagen, dass ...** I think I can say that ...; **man darf doch wohl fragen** one can ask, surely?; **das dürfte Emil sein** that must be Emil; **das dürfte reichen** that should be enough

dürftig ['dʏrftɪç] **I** *adj* **1.** (≈ *ärmlich*) wretched; *Essen* meagre (*Br*), meager (*US*) **2.** (*pej* ≈ *unzureichend*) *Kenntnisse* sketchy; *Ersatz* poor *attr*; *Bekleidung* skimpy **II** *adv* (≈ *kümmerlich*) *beleuchtet* poorly; *gekleidet* scantily

dürr [dʏr] *adj* **1.** (≈ *trocken*) dry; *Boden* arid **2.** (*pej* ≈ *mager*) scrawny **3.** (*fig* ≈ *knapp*) *Auskunft* meagre (*Br*), meager (*US*) **Dürre** ['dʏrə] *f* ⟨-, -n⟩ drought **Dürreperiode** *f* (period of) drought; (*fig*) barren period

Durst [dʊrst] *m* ⟨-(e)s, no pl⟩ thirst (*nach* for); **~ haben** to be thirsty; **~ bekommen** to get thirsty; **das macht ~** that makes you thirsty; **ein Glas über den ~ getrunken haben** (*infml*) to have had one too many (*infml*) **dürsten** ['dʏrstn] *v/t & v/i impers* (*elev*) **es dürstet ihn nach ...** he thirsts for ... **durstig** ['dʊrstɪç] *adj* thirsty **durstlöschend** *adj* thirst-quenching **Durststrecke** *f* hard times *pl*

Durtonleiter *f* major scale

Dusche ['dʊʃə] *f* ⟨-, -n⟩ shower; **unter der ~ sein** *or* **stehen** to be in the shower **duschen** ['dʊʃn] *v/i & v/r* to have a shower; **(sich) kalt ~** to have a cold shower **Duschgel** *nt* shower gel **Duschkabine** *f* shower (cubicle) **Duschvorhang** *m* shower curtain

Düse ['dyːzə] *f* ⟨-, -n⟩ nozzle

Dusel ['duːzl] *m* ⟨-s, no pl⟩ (*infml* ≈ *Glück*) luck; **~ haben** to be lucky

düsen ['dyːzn] *v/i aux sein* (*infml*) to dash; (*mit Flugzeug*) to jet **Düsenantrieb** *m* jet propulsion **Düsenflugzeug** *nt* jet **Düsenjäger** *m* MIL jet fighter **Düsentriebwerk** *nt* jet power-unit

Dussel ['dʊsl] *m* ⟨-s, -⟩ (*infml*) dope

(*infml*) **duss(e)lig** ['dʊslɪç] (*infml*) *adj* stupid; **sich ~ verdienen** to make a killing (*infml*); **sich ~ arbeiten** to work like a horse

düster ['dy:stɐ] *adj* gloomy; *Miene, Stimmung* dark

Dutzend ['dʊtsnt] *nt* ⟨-s, -e [-də]⟩ dozen; **zwei/drei ~** two/three dozen; **~(e) Mal** dozens of times **dutzendfach** *adv* in dozens of ways **Dutzendware** *f* (*pej*) **~n** (cheap) mass-produced goods **dutzendweise** *adv* by the dozen

duzen ['du:tsn] *v/t* to address with the familiar "du"-form; **wir ~ uns** we use "du" (to each other)

DVD [de:fau'de:] *f* ⟨-, -s⟩ *abbr of Digital Versatile Disc* DVD **DVD-Brenner** *m* DVD recorder *or* writer **DVD-Player**
[de:fau'de:pleːɐ] *m* ⟨-s, -⟩ DVD player **DVD-Rekorder, DVD-Recorder** *m* DVD recorder **DVD-Spieler** *m* DVD player

Dynamik [dy'na:mɪk] *f* ⟨-, *no pl*⟩ PHYS dynamics *sg*; (*fig*) dynamism **Dynamiker** [dy'na:mikɐ] *m* ⟨-s, -⟩, **Dynamikerin** [-ərɪn] *f* ⟨-, -nen⟩ go-getter **dynamisch** [dy'na:mɪʃ] **I** *adj* dynamic; *Renten* ≈ index-linked **II** *adv* (≈ *schwungvoll*) dynamically

Dynamit [dyna'mi:t] *nt* ⟨-s, *no pl*⟩ dynamite

Dynamo [dy'na:mo, 'dy:namo] *m/(f)* ⟨-s, -s⟩ dynamo

Dynastie [dynas'ti:] *f* ⟨-, -n [-'ti:ən]⟩ dynasty

D-Zug ['de:-] *m* express train

E

E, e [eː] *nt* ⟨-, -⟩ E, e

Ebbe ['ɛbə] *f* ⟨-, -n⟩ low tide; **~ und Flut** the tides; **es ist ~** it's low tide; **in meinem Geldbeutel ist ~** my finances are at a pretty low ebb at the moment

eben ['e:bn] **I** *adj* (≈ *glatt*) smooth; (≈ *gleichmäßig*) even; (≈ *gleich hoch*) level; (≈ *flach*) flat **II** *adv* **1.** (≈ *soeben*) just; **ich gehe ~ zur Bank** I'll just pop to (*Br*) *or* by (*US*) the bank (*infml*) **2.** (*na*) **~!** exactly!; **das ist es ja ~!** that's just it!; **nicht ~ billig/viel** not exactly cheap/a lot *etc*; **das reicht so ~ aus** it's only just enough **3.** (≈ *nun einmal, einfach*) just; **dann bleibst du ~ zu Hause** then you'll just have to stay at home **Ebenbild** *nt* image; **dein ~** the image of you; **das genaue ~ seines Vaters** the spitting image of his father **ebenbürtig** ['e:bnbyrtɪç] *adj* (≈ *gleichwertig*) equal; *Gegner* evenly matched; **jdm an Kraft ~ sein** to be sb's equal in strength; **wir sind einander ~** we are equal(s) **Ebene** ['e:bənə] *f* ⟨-, -n⟩ (≈ *Tiefebene*) plain; (≈ *Hochebene*) plateau; MAT, PHYS plane; (*fig*) level; **auf höchster ~** (*fig*) at the highest level **ebenerdig** *adj* at ground level **ebenfalls** *adv* likewise; (*bei Verneinungen*) either; **danke, ~!** thank you, the same to you! **Ebenholz** *nt* ebony **ebenso** ['e:bnzo:] *adv* (≈ *genauso*) just as; (≈
auch, ebenfalls) as well; **ich mag sie ~ gern** I like her just as much; **~ gut** (just) as well; **~ oft** just as often; **~ sehr** just as much

Eber ['e:bɐ] *m* ⟨-s, -⟩ boar

Eberesche *f* rowan

ebnen ['e:bnən] *v/t* to level (off); **jdm den Weg ~** (*fig*) to smooth the way for sb

Echo ['ɛço] *nt* ⟨-s, -s⟩ echo; **ein lebhaftes ~ finden** (*fig*) to meet with a lively *or* positive response (*bei* from) **Echolot** ['ɛçolo:t] *nt* NAUT echo sounder; AVIAT sonic altimeter

Echse ['ɛksə] *f* ⟨-, -n⟩ ZOOL lizard

echt [ɛçt] **I** *adj, adv* real; *Unterschrift, Geldschein* genuine; **das Gemälde war nicht ~** the painting was a forgery; **ein ~er Bayer** a real Bavarian **II** *adv* **1.** (≈ *typisch*) typically **2.** (*infml* ≈ *wirklich*) really; **der spinnt doch ~** he must be out of his mind **echtgolden** *adj* Ring real gold *pred* **Echtheit** *f* ⟨-, *no pl*⟩ genuineness **echtsilbern** *adj* Ring real silver *pred* **Echtzeit** *f* IT real time

Eckball *m* SPORTS corner; **einen ~ geben** to give a corner **Eckbank** *f*, *pl* -bänke corner seat **Eckdaten** *pl* key figures *pl* **Ecke** ['ɛkə] *f* ⟨-, -n⟩ **1.** corner; (≈ *Kante*) edge; **Kantstraße ~ Goethestraße** at the corner of Kantstraße and Goethestraße; **er wohnt gleich um die**

~ he lives just (a)round the corner; **an allen ~n und Enden sparen** to pinch and scrape (*infml*); **jdn um die ~ bringen** (*infml*) to bump sb off (*infml*); **~n und Kanten** (*fig*) rough edges **2.** (*infml*) (≈ *Gegend*) corner; (*von Stadt*) area; **eine ganze ~ entfernt** quite a (long) way away **Eckfahne** *f* SPORTS corner flag **eckig**['ɛkɪç] *adj* angular; *Tisch, Klammer* square; (≈ *spitz*) sharp **-eckig** *adj suf* (*fünf- und mehreckig*) -cornered **Ecklohn** *m* basic rate of pay **Eckpfeiler** *m* corner pillar; (*fig*) cornerstone **Eckpfosten** *m* corner post **Eckstoß** *m* SPORTS corner **Eckzahn** *m* canine tooth **Eckzins** *m* FIN base rate

E-Commerce['iːkɔmɛrs] *m* ⟨-⟩ e-commerce

Economyklasse[i'kɔnəmɪ-] *f* economy class

Ecstasy['ɛkstəzi] *nt* ⟨-, *no pl*⟩ (≈ *Droge*) ecstasy

Ecuador[ekua'doːɐ] *nt* ⟨-*s*⟩ Ecuador **Edamer (Käse)**['eːdamɐ] *m* ⟨-*s*, -⟩ Edam (cheese)

edel['eːdl] *adj* noble; (≈ *hochwertig*) precious; *Speisen, Wein* fine **Edelgas** *nt* rare gas **Edelkitsch** *m* (*iron*) pretentious rubbish **Edelmetall** *nt* precious metal **Edelstahl** *m* high-grade steel **Edelstein** *m* precious stone **Edelweiß**['eːdlvais] *nt* ⟨-(*es*), -*e*⟩ edelweiss

editieren[edi'tiːrən] *past part* **editiert** *v/t* to edit **Editor** ['eːditoːɐ] *m* ⟨-*s*, -*en* [-'toːrən]⟩ IT editor

Edutainment[edu'teːnmənt] *nt* ⟨-*s*, *no pl*⟩ edutainment

EDV [eːdeˈfau] *f* ⟨-⟩ *abbr of* **elektronische Datenverarbeitung** EDP **EDV-Anlage** *f* EDP system

EEG[eːˈeːɡeː] *nt* ⟨-, -*s*⟩ *abbr of* **Elektroenzephalogramm** EEG

Efeu['eːfɔy] *m* ⟨-*s*, *no pl*⟩ ivy

Effeff[ɛfˈɛf, ˈɛfˈɛf, ˈɛfɛf] *nt* ⟨-, *no pl*⟩ (*infml*) **etw aus dem ~ können** to be able to do sth standing on one's head (*infml*); **etw aus dem ~ kennen** to know sth inside out

Effekt[ɛˈfɛkt] *m* ⟨-(*e*)*s*, -*e*⟩ effect **Effekten**[ɛˈfɛktn] *pl* FIN stocks and bonds *pl* **Effektenbörse** *f* stock exchange **Effektenhandel** *m* stock dealing **Effektenmakler(in)** *m*/(*f*) stockbroker **Effektenmarkt** *m* stock market **Effekthascherei** [-haʃəˈrai] *f* ⟨-, -*en*⟩ (*infml*) cheap showmanship **effektiv**[ɛfɛkˈtiːf] **I** *adj* effective; (≈ *tatsächlich*) actual **II** *adv* (≈ *bestimmt*) actually **Effektivität** [ɛfɛktiviˈtɛːt] *f* ⟨-, *no pl*⟩ effectiveness **Effektivlohn** *m* actual wage **effektvoll** *adj* effective

effizient[ɛfiˈtsiɛnt] **I** *adj* efficient **II** *adv* efficiently **Effizienz** [ɛfiˈtsiɛnts] *f* ⟨-, -*en*⟩ efficiency

EG[eːˈɡeː] *f* ⟨-⟩ *abbr of* **Europäische Gemeinschaft** EC

egal[eˈɡaːl] *adj, adv pred* **das ist ~** that doesn't matter; **das ist mir ganz ~** it's all the same to me; (≈ *es kümmert mich nicht*) I don't care; **~ ob/wo/wie** no matter whether/where/how; **ihm ist alles ~** he doesn't care about anything

Egel['eːɡl] *m* ⟨-*s*, -⟩ ZOOL leech

Egge['ɛɡə] *f* ⟨-, -*n*⟩ AGR harrow

Ego['eːɡo] *nt* ⟨-*s*, -*s*⟩ PSYCH ego **Egoismus** [eɡoˈɪsmʊs] *m* ⟨-, **Egoismen** [-mən]⟩ ego(t)ism **Egoist** [eɡoˈɪst] *m* ⟨-*en*, -*en*⟩, **Egoistin** [-ˈɪstɪn] *f* ⟨-, -*nen*⟩ egoist **egoistisch** [eɡoˈɪstɪʃ] **I** *adj* ego(t)istical **II** *adv* ego(t)istically

Egotrip ['eːɡo-] *m* (*infml*) ego trip (*infml*) **egozentrisch** [eɡoˈtsɛntrɪʃ] *adj* egocentric

eh[eː] **I** *int* hey **II** *cj* = **ehe III** *adv* **1.** (≈ *früher, damals*) **seit eh und je** for ages (*infml*); **wie eh und je** just as before **2.** (≈ *sowieso*) anyway

ehe['eːə] *cj* (≈ *bevor*) before

Ehe['eːə] *f* ⟨-, -*n*⟩ marriage; **er versprach ihr die ~** he promised to marry her; **eine glückliche ~ führen** to have a happy marriage; **die ~ brechen** (*form*) to commit adultery; **sie hat drei Kinder aus erster ~** she has three children from her first marriage; **~ ohne Trauschein** common-law marriage **eheähnlich** *adj* (*form*) **in einer ~en Gemeinschaft leben** to cohabit (*form*) **Eheberater(in)** *m*/(*f*) marriage guidance counsellor (*Br*) *or* counselor (*US*) **Eheberatung** *f* (≈ *Stelle*) marriage guidance council **Ehebett** *nt* marital bed **ehebrechen** *v/i inf only* to commit adultery **Ehebrecher** *m* adulterer **Ehebrecherin**[-brɛçərɪn] *f* ⟨-, -*nen*⟩ adulteress **Ehebruch** *m* adultery **Ehefrau** *f* wife **Ehekrach** *m* marital row **Ehekrise** *f* marital crisis **Eheleute** *pl* (*form*) married couple **ehelich** ['eːəlɪç] *adj* marital; *Kind* legitimate

ehemalig ['eːəmaːlɪç] *adj attr* former; *ein ~er Häftling* an ex-convict; *mein Ehemaliger/meine Ehemalige* (*hum infml*) my ex (*infml*) **ehemals** ['eːəmals] *adv* (*form*) formerly

Ehemann *m, pl* -**männer** husband **Ehepaar** *nt* (married) couple **Ehepartner(in)** *m/(f)* (≈ *Ehemann*) husband; (≈ *Ehefrau*) wife; *beide ~* both partners (in the marriage)

eher ['eːɐ] *adv* **1.** (≈ *früher*) earlier; *je ~, desto lieber* the sooner the better **2.** (≈ *lieber*) rather; (≈ *wahrscheinlicher*) more likely; (≈ *leichter*) more easily; *alles ~ als das!* anything but that!; *umso ~, als* (all) the more because **3.** (≈ *vielmehr*) more; *er ist ~ faul als dumm* he's more lazy than stupid

Ehering *m* wedding ring **Eheschließung** *f* marriage ceremony **Ehestand** *m, no pl* matrimony

eheste(r, s) ['eːəstə] *adv* **am** ~**n** (≈ *am liebsten*) best of all; (≈ *am wahrscheinlichsten*) most likely; (≈ *am leichtesten*) the easiest; (≈ *zuerst*) first

Ehestreit *m* marital row **Ehevertrag** *m* prenuptial agreement

ehrbar *adj* (≈ *achtenswert*) respectable; (≈ *ehrenhaft*) honourable (*Br*), honorable (*US*); *Beruf* reputable **Ehre** ['eːrə] *f* ⟨-, -n⟩ honour (*Br*), honor (*US*); *jdm ~ machen* to do sb credit; *sich* (*dat*) *etw zur ~ anrechnen* to count sth an hono(u)r; *mit wem habe ich die ~?* (*iron, form*) with whom do I have the pleasure of speaking? (*form*); *es ist mir eine besondere ~, ...* (*form*) it is a great hono(u)r for me ...; *zu ~n* (+*gen*) in hono(u)r of **ehren** ['eːrən] *v/t* to honour (*Br*), to honor (*US*); *etw ehrt jdn* sth does sb credit; *Ihr Vertrauen ehrt mich* I am hono(u)red by your trust **Ehrenamt** *nt* honorary office **ehrenamtlich I** *adj* honorary; *Helfer, Tätigkeit* voluntary **II** *adv* in an honorary capacity **Ehrenbürger(in)** *m/(f)* honorary citizen; *er wurde zum ~ der Stadt ernannt* he was given the freedom of the city **Ehrendoktor(in)** *m/(f)* honorary doctor **Ehrengast** *m* guest of honour (*Br*) *or* honor (*US*) **ehrenhaft** *adj* honourable (*Br*), honorable (*US*) **Ehrenmal** *nt, pl* -**male** *or* -**mäler** memorial **Ehrenmann** *m, pl* -**männer** man of honour (*Br*) *or* honor (*US*) **Ehrenmitglied** *nt* honorary member **Ehrenplatz** *m* place of honour (*Br*) *or* honor (*US*) **Ehrenrechte** *pl* JUR civil rights *pl*; *bürgerliche ~* civil rights **Ehrenrettung** *f, no pl* retrieval of one's honour (*Br*) *or* honor (*US*) **Ehrenrunde** *f* SPORTS lap of honour (*Br*) *or* honor (*US*) **Ehrensache** *f* matter of honour (*Br*) *or* honor (*US*) **Ehrentitel** *m* honorary title **Ehrenwache** *f* guard of honour (*Br*) *or* honor (*US*) **ehrenwert** *adj* honourable (*Br*), honorable (*US*) **Ehrenwort** *nt, pl* -**worte** word of honour (*Br*) *or* honor (*US*); (*großes*) ~*!* (*infml*) cross my heart (and hope to die)! (*infml*) **ehrerbietig** ['eːɐ|ɛɐbiːtɪç] *adj* respectful, deferential **Ehrfurcht** *f* great respect (*vor +dat* for); (≈ *fromme Scheu*) reverence (*vor +dat* for); *vor jdm ~ haben* to respect/revere sb; ~ *gebietend* awe-inspiring **ehrfürchtig** [-fʏrçtɪç] *adj* reverent; *Distanz* respectful **Ehrgefühl** *nt* sense of honour (*Br*) *or* honor (*US*) **Ehrgeiz** *m* ambition **ehrgeizig** *adj* ambitious

ehrlich ['eːɐlɪç] **I** *adj* honest; *Absicht* sincere; ~ *währt am längsten* (*prov*) honesty is the best policy (*prov*) **II** *adv* **1.** ~ *verdientes Geld* hard-earned money; ~ *teilen* to share fairly; ~ *gesagt* ... quite frankly ...; *er meint es ~ mit uns* he is being honest with us **2.** (≈ *wirklich*) honestly; *ich bin ~ begeistert* I'm really thrilled; ~*!* honestly! **Ehrlichkeit** *f* ⟨-, no pl⟩ honesty; (*von Absicht*) sincerity **ehrlos** *adj* dishonourable (*Br*), dishonorable (*US*) **Ehrung** ['eːrʊŋ] *f* ⟨-, -en⟩ honour (*Br*), honor (*US*) **ehrwürdig** ['eːɐvʏrdɪç] *adj* venerable

Ei [ai] *nt* ⟨-(e)s, -er⟩ **1.** egg; *jdn wie ein rohes Ei behandeln* (*fig*) to handle sb with kid gloves; *wie auf Eiern gehen* (*infml*) to step gingerly; *sie gleichen sich wie ein Ei dem anderen* they are as alike as two peas (in a pod) **2.** (*sl*) (≈ *Hoden*) **Eier** *pl* balls *pl* (*sl*)

Eibe ['aibə] *f* ⟨-, -n⟩ BOT yew **Eiche** ['aiçə] *f* ⟨-, -n⟩ oak **Eichel** ['aiçl] *f* ⟨-, -n⟩ **1.** BOT acorn **2.** ANAT glans **Eichelhäher** *m* jay **eichen** *v/t* to calibrate **Eichenlaub** *nt* oak leaves *pl* **Eichhörnchen** *nt, nt* ⟨-s, -⟩ squirrel **Eichstrich** *m* official calibration; (*an Gläsern*) line measure **Eichung** ['aiçʊŋ] *f* ⟨-, -en⟩ calibration **Eid** [ait] *m* ⟨-(e)s, -e [-də]⟩ oath; *einen ~*

ablegen or schwören to take *or* swear an oath; *unter ~* under oath
Eidechse ['aidɛksə] *f* ZOOL lizard
eidesstattlich I *adj* **eine ~e Erklärung abgeben** to make a declaration in lieu of an oath **II** *adv* **etw ~ erklären** to declare sth in lieu of an oath **Eidgenosse** ['ait-] *m*, **Eidgenossin** *f* confederate; (≈ *Schweizer Eidgenosse*) Swiss citizen **Eidgenossenschaft** *f* confederation; **Schweizerische ~** Swiss Confederation **eidgenössisch** [-gənœsɪʃ] *adj* confederate; (≈ *schweizerisch*) Swiss **eidlich** ['aitlɪç] **I** *adj* **~e Erklärung** declaration under oath **II** *adv* under oath

Eidotter *m or nt* egg yolk **Eierbecher** *m* eggcup **Eierkocher** *m* egg boiler **Eierkopf** *m* (*hum infml* ≈ *Intellektueller*) egghead (*infml*), boffin (*esp Br infml*) **Eierlaufen** *nt* ⟨*-s, no pl*⟩ egg and spoon race **Eierlikör** *m* advocaat **Eierlöffel** *m* eggspoon **eiern** ['aiɐn] *v/i* (*infml*) to wobble **Eierschale** *f* eggshell **eierschalenfarben** [-farbn] *adj* off-white **Eierschwamm** *m*, **Eierschwammerl** *nt* ⟨*-s, -*⟩ (*Aus, Swiss* ≈ *Pfifferling*) chanterelle **Eierspeise** *f* egg dish **Eierstock** *m* ANAT ovary **Eieruhr** *f* egg timer

Eifer ['aifɐ] *m* ⟨*-s, no pl*⟩ (≈ *Begeisterung*) enthusiasm; (≈ *Eifrigkeit*) eagerness; **mit ~** enthusiastically; **im ~ des Gefechts** (*fig infml*) in the heat of the moment **Eifersucht** *f* jealousy (*auf +acc* of); **aus/vor ~** out of/for jealousy **eifersüchtig** *adj* jealous (*auf +acc* of)
eiförmig *adj* egg-shaped
eifrig ['aifrɪç] **I** *adj* eager; *Leser, Sammler* keen **II** *adv* üben religiously; *an die Arbeit gehen* enthusiastically; **~ bemüht sein** to make a sincere effort

Eigelb *nt* ⟨*-s, -e or* (*bei Zahlenangabe*) *-*⟩ egg yolk
eigen ['aign] *adj* **1.** own; (≈ *selbstständig*) separate; *Zimmer mit ~em Eingang* room with its own entrance; **sich** (*dat*) **etw zu ~ machen** to adopt sth; (≈ *zur Gewohnheit machen*) to make a habit of sth **2.** (≈ *typisch*) typical; **das ist ihm ~** that is typical of him **3.** (≈ *seltsam*) strange **4.** (≈ *übergenau*) fussy; **in Gelddingen ist er sehr ~** he is very particular about money matters **Eigenart** *f* (≈ *Besonderheit*) peculiarity; (≈ *Eigenschaft*) characteristic **eigenartig I** *adj* peculiar **II** *adv* peculiarly; **~ aussehen** to look

strange **eigenartigerweise** *adv* strangely *or* oddly enough **Eigenbedarf** *m* (*von Mensch*) personal use; (*von Staat*) domestic requirements *pl* **Eigenbeteiligung** *f* INSUR own share, excess (*Br*) **Eigenbrötler** ['aignbrøːtlɐ] *m* ⟨*-s, -*⟩, **Eigenbrötlerin** [-ərɪn] *f* ⟨*-, -nen*⟩ (*infml*) loner; (≈ *komischer Kauz*) queer fish (*infml*) **Eigengewicht** *nt* (*von Lkw etc*) unladen weight; COMM net weight; SCI dead weight **eigenhändig I** *adj* Brief, Unterschrift etc in one's own hand; *Übergabe* personal **II** *adv* oneself **Eigenheim** *nt* one's own home **Eigenheit** ['aignhait] *f* ⟨*-, -en*⟩ = **Eigenart Eigeninitiative** *f* initiative of one's own **Eigenkapital** *nt* (*von Person*) personal capital; (*von Firma*) company capital **Eigenleben** *nt, no pl* one's own life **eigenmächtig I** *adj* (≈ *selbstherrlich*) high-handed; (≈ *eigenverantwortlich*) taken/done *etc* on one's own authority; (≈ *unbefugt*) unauthorized **II** *adv* high-handedly; (entirely) on one's own authority; without any authorization **Eigenname** *m* proper name **Eigennutz** [-nʊts] *m* ⟨*-es, no pl*⟩ self-interest **eigennützig** [-nʏtsɪç] *adj* selfish **eigens** ['aigns] *adv* (especially **Eigenschaft** ['aignʃaft] *f* ⟨*-, -en*⟩ (≈ *Attribut*) quality; CHEM, PHYS etc property; (≈ *Merkmal*) characteristic; (≈ *Funktion*) capacity **Eigenschaftswort** *nt, pl* **-wörter** adjective **Eigensinn** *m, no pl* stubbornness **eigensinnig** *adj* stubborn **eigenständig** *adj* original; (≈ *unabhängig*) independent **Eigenständigkeit** [-ʃtendɪçkait] *f* ⟨*-, no pl*⟩ originality; (≈ *Unabhängigkeit*) independence

eigentlich ['aigntlɪç] **I** *adj* (≈ *wirklich, tatsächlich*) real; *Wert true*; **im ~en Sinne des Wortes ...** in the original meaning of the word ... **II** *adv* actually; (≈ *tatsächlich, wirklich*) really; **was willst du ~ hier?** what do you want here anyway?; **~ müsstest du das wissen** you should really know that

Eigentor *nt* (SPORTS, *fig*) own goal; **ein ~ schießen** to score an own goal **Eigentum** ['aigntuːm] *nt* ⟨*-s, no pl*⟩ property **Eigentümer** ['aigntyːmɐ] *m* ⟨*-s, -*⟩, **Eigentümerin** [-ərɪn] *f* ⟨*-, -nen*⟩ owner **eigentümlich** ['aigntyːmlɪç] *adj* (≈ *sonderbar, seltsam*) strange **Eigentümlichkeit** *f* ⟨*-, -en*⟩ **1.** (≈ *Besonderheit*) characteristic **2.** (≈ *Eigenheit*) peculiarity **Eigentumsdelikt** *nt* JUR *offence against property* **Eigentumsrecht** *nt* right of ownership **Eigentumsverhältnisse** *pl* distribution *sg* of property **Eigentumswohnung** *f* owner-occupied flat (*Br*), ≈ condominium (*US*) **eigenverantwortlich I** *adj* autonomous **II** *adv* on one's own authority **Eigenverantwortung** *f* autonomy; *in ~ entscheiden etc* on one's own responsibility **eigenwillig** *adj* with a mind of one's own; (≈ *eigensinnig*) self-willed; (≈ *unkonventionell*) unconventional

eignen ['aignən] *v/r* to be suitable (*für, zu* for, *als* as); *er würde sich nicht zum Lehrer ~* he wouldn't make a good teacher; → *geeignet* **Eignung** ['aignʊŋ] *f* ⟨-, -en⟩ suitability; (≈ *Befähigung*) aptitude **Eignungstest** *m* aptitude test

Eilauftrag *m* rush order **Eilbote** *m*, **Eilbotin** *f* messenger; *per* or *durch ~n* express **Eilbrief** *m* express letter **Eile** ['ailə] *f* ⟨-, *no pl*⟩ hurry; *in ~ sein* to be in a hurry; *damit hat es keine ~* it's not urgent; *in der ~* in the hurry; *nur keine ~!* don't rush!

Eileiter *m* ANAT Fallopian tube

eilen ['ailən] **I** *v/i* **1.** *aux sein* to rush, to hurry; *eile mit Weile* (*prov*) more haste less speed (*prov*) **2.** (≈ *dringlich sein*) to be urgent; *eilt!* (*auf Briefen etc*) urgent **II** *v/i impers es eilt* it's urgent **eilends** ['ailənts] *adv* hurriedly **eilig** ['ailɪç] *adj* **1.** (≈ *schnell*) hurried; *es ~ haben* to be in a hurry **2.** (≈ *dringend*) urgent **Eilpaket** *nt* express parcel **Eilsendung** *f* express delivery; *~en* *pl* express mail **Eiltempo** *nt* *etw im ~ machen* to do sth in a real rush

Eimer ['aimɐ] *m* ⟨-s, -⟩ bucket; (≈ *Mülleimer*) (rubbish) bin (*Br*), garbage can (*US*); *ein ~* (*voll*) *Wasser* a bucket(ful) of water; *im ~ sein* (*infml*) to be up the spout (*Br infml*), to be down the drain (*US infml*) **eimerweise** *adv* by the bucket(ful)

ein[1] [ain] *adv* (*an Geräten*) *Ein/Aus* on/off; *~ und aus gehen* to come and go

ein[2], **eine**, **ein I** *num* one; *~ Uhr* one (o'clock); *~ für alle Mal* once and for all; *~ und derselbe* one and the same; *er ist ihr Ein und Alles* he means everything to her; → *eins* **II** *indef art* a; (*vor*

Vokalen) an; → *eine*(*r, s*)

Einakter ['ain|aktɐ] *m* ⟨-s, -⟩ THEAT one-act play

einander [ai'nandɐ] *pron* one another

einarbeiten *sep* **I** *v/r* to get used to the work **II** *v/t* **1.** *jdn* to train **2.** (≈ *einfügen*) to incorporate

einäschern ['ain|ɛʃɐn] *v/t sep Leichnam* to cremate **Einäscherung** *f* ⟨-, -en⟩ (*von Leichnam*) cremation

einatmen *v/t & v/i sep* to breathe in

einäugig *adj* one-eyed

Einbahnstraße *f* one-way street

einbalsamieren *past part* **einbalsamiert** *v/t sep* to embalm

Einband *m, pl* **-bände** book cover

einbändig *adj* one-volume *attr*, in one volume

Einbau *m, pl* **-bauten** *no pl* (≈ *das Einbauen*) installation **einbauen** *v/t sep* to install; (*infml* ≈ *einfügen*) *Zitat etc* to work in; *eingebaut* built-in **Einbauküche** *f* (fully-)fitted kitchen **Einbaumöbel** *pl* fitted furniture **Einbauschrank** *m* fitted cupboard

einbegriffen ['ainbəgrɪfn] *adj* included

einbehalten *past part* **einbehalten** *v/t sep irr* to keep back

einberufen *past part* **einberufen** *v/t sep irr Parlament* to summon; *Versammlung* to convene; MIL to call up, to draft (*US*) **Einberufung** *f* **1.** (*einer Versammlung*) convention; (*des Parlaments*) summoning **2.** MIL conscription **Einberufungsbescheid** *m*, **Einberufungsbefehl** *m* MIL call-up or draft (*US*) papers *pl*

einbetonieren *past part* **einbetoniert** *v/t sep* to cement in (*in +acc* -to)

einbetten *v/t sep* to embed (*in +acc* in); → *eingebettet*

Einbettzimmer *nt* single room

einbeziehen *past part* **einbezogen** *v/t sep irr* to include (*in +acc* in)

einbiegen *sep irr v/i aux sein* to turn (off) (*in +acc* into); *du musst hier links ~* you have to turn (off to the) left here

einbilden *v/t sep* **1.** (≈ *sich vorstellen*) *sich* (*dat*) *etw ~* to imagine sth; *das bildest du dir nur ein* that's just your imagination; *bilde dir* (*doch*) *nichts ein!* don't kid yourself! (*infml*); *was bildest du dir eigentlich ein?* what's got (*Br*) or gotten (*US*) into you? **2.** (≈ *stolz sein*) *sich (dat) viel auf etw (acc)* ~ to be conceited about sth; *darauf können Sie sich etwas ~!* that's something to be proud of!; *darauf brauchst du dir nichts einzubilden!* that's nothing to be proud of; → *eingebildet* Einbildung *f* **1.** (≈ *Vorstellung*) imagination; (≈ *irrige Vorstellung*) illusion; *das ist alles nur ~* it's all in the mind **2.** (≈ *Dünkel*) conceit Einbildungskraft *f, no pl* (powers *pl* of) imagination

einbinden *v/t sep irr Buch* to bind; (*fig* ≈ *einbeziehen*) to integrate

einbläuen ['ainblɔyən] *v/t sep* (*infml*) *jdm etw* ~ (*durch Schläge*) to beat sth into sb; (≈ *einschärfen*) to drum sth into sb

einblenden *sep* FILM, TV, RADIO *v/t* to insert; (*allmählich*) to fade in

Einblick *m* (*fig* ≈ *Kenntnis*) insight; ~ *in etw* (*acc*) *gewinnen* to gain an insight into sth

einbrechen *sep irr* **I** *v/t Tür, Wand etc* to break down **II** *v/i* **1.** *aux sein* (≈ *einstürzen*) to fall in **2.** *aux sein or haben* (≈ *Einbruch verüben*) to break in; *bei mir ist eingebrochen worden* I've had a break-in **3.** *aux sein* (*Nacht*) to fall; (*Winter*) to set in Einbrecher *m* ⟨*-s, -*⟩, Einbrecherin [-ərɪn] *f* ⟨*-, -nen*⟩ burglar

einbringen *v/t sep irr* **1.** PARL *Gesetz* to introduce **2.** (≈ *Ertrag bringen*) *Geld, Nutzen* to bring in; *Ruhm* to bring; *Zinsen* to earn; *das bringt nichts ein* (*fig*) it's not worth it **3.** (≈ *beteiligen*) *sich in etw* (*acc*) ~ to play a part in sth

einbrocken ['ainbrɔkn] *v/t sep jdm/sich etwas* ~ (*infml*) to land sb/oneself in it (*infml*)

Einbruch *m* **1.** (≈ *Einbruchdiebstahl*) burglary (*in +acc* in); *der* ~ *in die Bank* the bank break-in **2.** (*von Wasser*) penetration **3.** ~ *der Kurse/der Konjunktur* FIN stock exchange/economic crash **4.** (*der Nacht*) fall; (*des Winters*) onset; *bei* ~ *der Nacht/Dämmerung* at nightfall/dusk einbruchsicher *adj* burglar-proof

einbürgern ['ainbʏrgɛn] *sep* **I** *v/t Person* to naturalize **II** *v/r* (*Brauch, Fremdwort*) to become established Einbürgerung *f* ⟨*-, -en*⟩ (*von Menschen*) naturalization

Einbuße *f* loss (*an +dat* to) einbüßen *sep* **I** *v/t* to lose; (*durch eigene Schuld*) to forfeit **II** *v/i an Klarheit* (*dat*) ~ to lose some of its clarity

einchecken *v/t & v/i sep* to check in (*an +dat* at)

eincremen ['ainkreːmən] *v/t sep* to put cream on

eindämmen *v/t sep Fluss* to dam; (*fig* ≈ *vermindern*) to check; (≈ *im Zaum halten*) to contain

eindecken *sep* **I** *v/r sich* (*mit etw*) ~ to stock up (with sth) **II** *v/t* (*infml* ≈ *überhäufen*) to inundate; *mit Arbeit eingedeckt sein* to be snowed under with work

eindeutig ['aindɔytɪç] **I** *adj* clear; (≈ *nicht zweideutig*) unambiguous; *Witz* explicit **II** *adv* (≈ *klar*) clearly; (≈ *unmissverständlich*) unambiguously Eindeutigkeit *f* ⟨*-, no pl*⟩ clearness; (≈ *Unzweideutigkeit*) unambiguity

eindeutschen ['aindɔytʃn] *v/t sep* to Germanize

eindimensional *adj* one-dimensional

eindösen *v/i sep aux sein* (*infml*) to doze off

eindringen *v/i sep irr aux sein* **1.** (≈ *einbrechen*) *in etw* (*acc*) ~ to force one's way into sth **2.** (≈ *hineindringen*) *in etw* (*acc*) ~ to go into sth **3.** (≈ *bestürmen*) *auf jdn* ~ to go for sb (*mit* with); (*mit Fragen, Bitten etc*) to besiege sb eindringlich **I** *adj* (≈ *nachdrücklich*) insistent; *Schilderung* vivid **II** *adv warnen* urgently Eindringling ['aindrɪŋlɪŋ] *m* ⟨*-s, -e*⟩ intruder

Eindruck *m, pl* *-drücke* impression; *den* ~ *erwecken, als ob or dass* ... to give the impression that ...; *ich habe den* ~, *dass* ... I have the impression that ...; *großen* ~ *auf jdn machen* to make a great impression on sb; *er will* ~ (*bei ihr*) *machen* he's out to impress (her) eindrücken *sep v/t Fenster* to break; *Tür, Mauer* to push down; (≈ *einbeulen*) to dent eindrucksvoll *adj* impressive

eine ['ainə]; → *ein²*; → *eine(r, s)*

einebnen *v/t sep* to level

eineiig ['ain|aiɪç] *adj Zwillinge* identical

eineinhalb ['ain|ain'halp] *num* one and a half; → *anderthalb*

Eineltern(teil)familie *f* single-parent family

einengen ['ain|ɛŋən] *v/t sep* (*lit*) to constrict; (*fig*) *Begriff, Freiheit* to restrict; *jdn in seiner Freiheit* ~ to curb sb's freedom

Einer ['ainɐ] *m* ⟨*-s, -*⟩ **1.** MAT unit **2.** (≈ *Ru-*

derboot) single scull

eine(r, s) ['ainə] *indef pr* **1.** one; (≈ *jemand*) somebody; *und das soll ~r glauben!* (*infml*) and we're/you're meant to believe that! **2.** ~**s** (*a.* **eins**) one thing; ~**s sag ich dir** I'll tell you one thing

einerlei ['ainɐ'lai] *adj inv pred* (≈ *gleichgültig*) all the same; *das ist mir ganz ~* it's all the same to me **Einerlei** ['ainɐ'lai] *nt* ⟨*-s, no pl*⟩ monotony

einerseits ['ainɐzaits] *adv ~ ... andererseits ...* on the one hand ... on the other hand ...

einfach ['ainfax] **I** *adj* simple; *Fahrkarte, Fahrt* one-way, single (*Br*); *Essen* plain; *das ist nicht so ~ zu verstehen* that is not so easy to understand **II** *adv* **1.** (≈ *schlicht*) simply **2.** (≈ *nicht doppelt*) once **3.** (*verstärkend* ≈ *geradezu*) simply **4.** (≈ *ohne Weiteres*) just **Einfachheit** *f* ⟨*-, no pl*⟩ simplicity; *der ~ halber* for the sake of simplicity

einfädeln *sep* **I** *v/t* **1.** *Nadel, Faden* to thread (*in +acc* through) **2.** (*infml*) *Intrige, Plan etc* to set up (*infml*) **II** *v/r sich in eine Verkehrskolonne ~* to filter into a stream of traffic

einfahren *sep irr* **I** *v/i aux sein* (*Zug, Schiff*) to come in (*in +acc* -to) **II** *v/t* **1.** *Fahrgestell* to retract **2.** (≈ *gewöhnen*) to break in; *Wagen* to run in (*Br*), to break in (*US*) **3.** *Gewinne, Verluste* to make **Einfahrt** *f* **1.** *no pl* (≈ *das Einfahren*) entry (*in +acc* to); *Vorsicht bei (der) ~ des Zuges!* stand well back, the train is arriving **2.** (≈ *Eingang*) entrance; (≈ *Toreinfahrt*) entry; *„Einfahrt freihalten"* "keep clear"

Einfall *m* **1.** (≈ *Gedanke*) idea **2.** MIL invasion (*in +acc* of) **einfallen** *v/i sep irr aux sein* **1.** (*Gedanke*) *jdm ~* to occur to sb; *jetzt fällt mir ein, wie/warum ...* I've just thought of how/why ...; *das fällt mir nicht im Traum ein!* I wouldn't dream of it!; *sich* (*dat*) *etw ~ lassen* to think of sth; *was fällt Ihnen ein!* what are you thinking of! **2.** (≈ *in Erinnerung kommen*) *jdm ~* to come to sb; *es fällt mir jetzt nicht ein* I can't think of it at the moment **3.** (≈ *einstürzen*) to collapse; → *eingefallen* **4.** (≈ *eindringen*) *in ein Land ~* to invade a country **5.** (*Lichtstrahlen*) to fall **6.** (≈ *mitreden*) to join in **einfallslos** *adj* unimaginative **Einfallslosigkeit** *f* ⟨*-, no pl*⟩ unimagina-

tiveness **einfallsreich** *adj* imaginative **Einfallsreichtum** *m, no pl* imaginativeness **Einfallswinkel** *m* PHYS angle of incidence

einfältig ['ainfɛltɪç] *adj* (≈ *arglos*) simple; (≈ *dumm*) simple(-minded) **Einfaltspinsel** ['ainfalts-] *m* (*infml*) simpleton

Einfamilienhaus *nt* single-family house

einfangen *v/t sep irr* to catch, to capture

einfarbig *adj* all one colour (*Br*) *or* color (*US*)

einfassen *v/t sep* *Beet, Grab* to border; *Kleid* to trim

einfetten *v/t sep* to grease; *Haut, Gesicht* to rub cream into

einfinden *v/r sep irr* to come; (≈ *eintreffen*) to arrive

einflechten *v/t sep irr* (*fig: ins Gespräch etc*) to introduce (*in +acc* in, into); *darf ich kurz ~, dass ...* I would just like to say that ...

einfliegen *sep irr* **I** *v/t* **1.** *Flugzeug* to test-fly **2.** *Proviant, Truppen* to fly in (*in +acc* -to) **II** *v/i aux sein* to fly in (*in +acc* -to)

einfließen *v/i sep irr aux sein* to flow in; *er ließ nebenbei ~, dass ...* he let it drop that ...

einflößen *v/t sep* *jdm etw ~* *Medizin* to give sb sth; *Mut etc* to instil (*Br*) *or* instill (*US*) sth into sb

Einflugschneise *f* AVIAT approach path

Einfluss *m* influence; *unter dem ~ von jdm/etw* under the influence of sb/ sth; *~ auf jdn ausüben* to exert an influence on sb; *darauf habe ich keinen ~* I can't influence that **Einflussbereich** *m* sphere of influence **Einflussnahme** [-naːmə] *f* ⟨*-, (rare) -n*⟩ exertion of influence **einflussreich** *adj* influential

einförmig *adj* uniform; (≈ *eintönig*) monotonous

einfrieren *sep irr* **I** *v/i aux sein* to freeze; (*Wasserleitung*) to freeze up **II** *v/t* to freeze; POL *Beziehungen* to suspend

einfügen *sep* **I** *v/t* to fit (*in +acc* into); IT to insert (*in +acc* in) **II** *v/r* to fit in (*in +acc* -to); (≈ *sich anpassen*) to adapt (*in +acc* to) **Einfügetaste** *f* IT insert key

einfühlen *v/r sep* *sich in jdn ~* to empathize with sb; *sich in etw* (*acc*) *~* to understand sth **einfühlsam** ['ainfyːlzaːm] **I** *adj* sensitive **II** *adv* sensitively **Einfühlungsvermögen** *nt, no pl* capacity for understanding, empathy

Einfuhr['ainfuːɐ] f⟨-, -en⟩ import; (≈ das Einführen) importing **Einfuhrartikel** m import **Einfuhrbeschränkung** f import restriction **einführen** sep v/t **1.** (≈ hineinstecken) to insert (in +acc into) **2.** (≈ bekannt machen) to introduce (in +acc into); COMM Firma, Artikel to establish; **jdn in sein Amt ~** to install sb (in office) **3.** (als Neuerung) to introduce **4.** COMM Waren to import **Einfuhrgenehmigung** f import permit **Einfuhrland** nt importing country **Einfuhrlizenz** f import licence (Br) or license (US) **Einführung** f introduction (in +acc to) **Einführungskurs** m UNIV etc introductory course **Einführungspreis** m introductory price **Einfuhrverbot** nt ban on imports

einfüllen v/t sep to pour in; **etw in Flaschen ~** to put sth into bottles, to bottle sth

Eingabe f **1.** (form ≈ Gesuch) petition (an +acc to) **2.** IT input **Eingabetaste** f IT enter key

Eingang m, pl **-gänge 1.** entrance (in +acc to); (≈ Zutritt, Aufnahme) entry; „**kein ~**!" "no entrance" **2.** (COMM ≈ Wareneingang) delivery; (≈ Erhalt) receipt; **den ~ or die Eingänge bearbeiten** to deal with the incoming mail **eingängig** adj Melodie, Spruch catchy **eingangs** ['aingaŋs] adv at the start **Eingangsdatum** nt date of receipt **Eingangsstempel** m COMM receipt stamp

eingeben v/t sep irr **1.** (≈ verabreichen) to give **2.** IT Text, Befehl to enter

eingebettet [-gəbɛtət] adj embedded; → **einbetten**

eingebildet adj **1.** (≈ hochmütig) conceited **2.** (≈ imaginär) imaginary; → **einbilden**

eingeboren adj (≈ einheimisch) native **Eingeborene(r)** ['aingəboːrənə] m/f(m) decl as adj native

Eingebung ['aingeːbʊŋ] f ⟨-, -en⟩ inspiration

eingefallen adj Wangen hollow; Augen deep-set; → **einfallen**

eingefleischt [-gəflaiʃt] adj attr (≈ überzeugt) confirmed; (≈ unverbesserlich) dyed-in-the-wool; **~er Junggeselle** (hum) confirmed bachelor

eingehen sep irr aux sein **I** v/i **1.** (Briefe, Waren etc) to arrive; (Spenden, Bewerbungen) to come in; **~de Post/Waren** incoming mail/goods; **eingegangene**

Post/Spenden mail/donations received **2.** (≈ sterben: Tiere, Pflanze) to die (an +dat of); (infml: Firma etc) to fold **3.** **auf etw** (acc) **~** auf Frage, Punkt etc to go into sth; **auf jdn/etw ~** (≈ sich widmen) to give (one's) time and attention to sb/sth; **auf einen Vorschlag/Plan ~** (≈ zustimmen) to agree to a suggestion/plan **II** v/t (≈ abmachen) to enter into; Risiko to take; Wette to make **eingehend I** adj (≈ ausführlich) detailed; (≈ gründlich) thorough; Untersuchungen in-depth attr **II** adv (≈ ausführlich) in detail; (≈ gründlich) thoroughly

Eingemachte(s) [ˈaingəmaxtə] nt decl as adj bottled fruit/vegetables; (≈ Marmelade) preserves pl; **ans ~ gehen** (fig infml) to dig deep into one's reserves

eingemeinden ['aingəmaindn] past part **eingemeindet** v/t sep to incorporate (in +acc, nach into)

eingenommen ['aingənɔmən] adj **für jdn/etw ~ sein** to be taken with sb/ sth; **gegen jdn/etw ~ sein** to be prejudiced against sb/sth; → **einnehmen**

eingeschlossen [-gəʃlɔsn] adj **1.** (≈ umgeben) Grundstück, Haus etc enclosed **2.** (≈ umzingelt) surrounded, encircled **3.** **im Preis ~** included in the price; → **einschließen**

eingeschnappt [-gəʃnapt] adj (infml) cross; **~ sein** to be in a huff; → **einschnappen**

eingeschränkt [-gəʃrɛŋkt] adj (≈ eingeengt) restricted; **in ~en Verhältnissen leben** to live in straitened circumstances; → **einschränken**

eingeschrieben [-gəʃriːbn] adj Brief registered; → **einschreiben**

eingespielt [-gəʃpiːlt] adj **aufeinander ~ sein** to be used to one another; → **einspielen**

Eingeständnis nt admission, confession **eingestehen** past part **eingestanden** v/t sep irr to admit

eingestellt ['aingəʃtɛlt] adj **links/rechts ~ sein** to have leanings to the left/right; **ich bin im Moment nicht auf Besuch ~** I'm not prepared for visitors; → **einstellen**

eingetragen [-gətraːgn] adj Warenzeichen, Verein registered; → **eintragen**

Eingeweide ['aingəvaidə] nt ⟨-s, -⟩ usu pl entrails pl **Eingeweidebruch** m MED hernia

eingewöhnen *past part* **eingewöhnt** *v/r sep* to settle down (*in +dat* in)

eingießen *v/t sep irr* (≈ *einschenken*) to pour (out)

eingleisig I *adj* single-track **II** *adv* **er denkt sehr ~** he's completely single--minded

eingliedern *sep* **I** *v/t Firma, Gebiet* to incorporate (*+dat* into, with); *jdn* to integrate (*in +acc* into) **II** *v/r* to fit in (*in +acc* -to, in) **Eingliederung** *f (von Firma, Gebiet)* incorporation; (*von Behinderten, Straffälligen*) integration

eingraben *sep irr* **I** *v/t Pfahl, Pflanze* to dig in (*in +acc* -to) **II** *v/r* to dig oneself in (*auch* MIL)

eingravieren *past part* **eingraviert** *v/t sep* to engrave (*in +acc* in)

eingreifen *v/i sep irr* (≈ *einschreiten*, MIL) to intervene; **in jds Rechte** (*acc*) **~** to intrude (up)on sb's rights; **Eingreifen** intervention **Eingreiftruppe** *f* strike force

eingrenzen *v/t sep* (*lit*) to enclose; (*fig*) *Problem* to delimit

Eingriff *m* **1.** MED operation **2.** (≈ *Übergriff*) intervention

Einhalt *m, no pl* **jdm/einer Sache ~ gebieten** to stop sb/sth **einhalten** *sep irr v/t* (≈ *beachten*) to keep; *Spielregeln* to follow; *Diät, Vertrag* to keep to; *Verpflichtungen* to carry out **Einhaltung** *f* (≈ *Beachtung*) keeping (*+gen* of); (*von Spielregeln*) following (*+gen* of); (*von Diät, Vertrag*) keeping (*+gen* to); (*von Verpflichtungen*) carrying out (*+gen* of)

einhämmern *sep v/t* **jdm etw ~** (*fig*) to hammer *or* drum sth into sb

einhandeln *v/t sep* to trade (*gegen, für* for); **sich** (*dat*) **etw ~** (*infml*) to get sth

einhändig *adj* one-handed

einhängen *sep* **I** *v/t Tür* to hang **II** *v/r* **sich bei jdm ~** to slip one's arm through sb's

einheimisch ['ainhaimɪʃ] *adj Mensch, Tier, Pflanze* native; *Industrie* local **Einheimische(r)** ['ainhaimɪʃə] *m/f(m) decl as adj* local

einheimsen ['ainhaimzn] *v/t sep* (*infml*) to collect

Einheit ['ainhait] *f ⟨-, -en⟩* **1.** (*von Land etc*) unity; **eine geschlossene ~ bilden** to form an integrated whole; **die (deutsche) ~** (German) unity **2.** (MIL, SCI, TEL) unit **einheitlich** ['ainhaitlɪç] **I** *adj* (≈

gleich) the same, uniform; (≈ *in sich geschlossen*) unified **II** *adv* uniformly; **~ gekleidet** dressed alike **Einheitlichkeit** *f ⟨-, no pl⟩* (≈ *Gleichheit*) uniformity; (≈ *innere Geschlossenheit*) unity **Einheitsbrei** *m (pej infml)* **es ist so ein ~** it's all so samey (*infml*) **Einheitspreis** *m* standard price

einheizen *sep v/i* **jdm (tüchtig) ~** (*infml*) (≈ *die Meinung sagen*) to haul sb over the coals; (≈ *zu schaffen machen*) to make things hot for sb

einhellig ['ainhelɪç] **I** *adj* unanimous **II** *adv* unanimously

einher- *pref* (≈ *entlang*) along; (≈ *hin und her*) up and down **einhergehen** *v/i sep irr aux sein* **mit etw ~** (*fig*) to be accompanied by sth

einholen *v/t sep* **1.** (≈ *einziehen*) *Boot, Netz* to pull in; *Fahne, Segel* to lower **2.** *Erlaubnis* to obtain; **bei jdm Rat ~** to obtain advice from sb **3.** (≈ *erreichen*) *Laufenden* to catch up; *Vorsprung* to make up **4.** (*also v/i, dial*) = **einkaufen**

Einhorn *nt* unicorn

einhüllen *sep v/t* to wrap (up); **in Nebel eingehüllt** shrouded in mist

einhundert ['ain'hʊndɐt] *num (form)* = **hundert**

einig ['ainɪç] *adj* **1.** (≈ *geeint*) united **2.** (≈ *einer Meinung*) agreed; **sich** (*dat*) **über etw** (*acc*) **~ werden** to agree on sth **einigen** ['ainɪgn] **I** *v/t* to unite **II** *v/r* to reach (an) agreement (*über +acc* about); **sich auf einen Kompromiss ~** to agree to a compromise

einige(r, s) ['ainɪgə] *indef pr* **1.** *sg* (≈ *etwas*) some; (≈ *ziemlich viel*) (quite) some; **nach ~r Zeit** after a while; **das wird ~s kosten** that will cost something; **dazu gehört schon ~r Mut** that takes some courage **2.** *pl* some; (≈ *mehrere*) several; (≈ *ein paar*) a few, some; **~ Mal(e)** a few times; **an ~n Stellen** in some places; **in ~n Tagen** in a few days **einigermaßen** ['ainɪgɐ'maːsn] *adv* (≈ *ziemlich*) rather; (*vor adj*) fairly; (≈ *ungefähr*) to some extent; **wie gehts dir? — ~** how are you? — all right

Einigkeit *f ⟨-, no pl⟩* (≈ *Eintracht*) unity; (≈ *Übereinstimmung*) agreement; **in diesem Punkt herrschte ~** there was agreement on this point **Einigung** *f ⟨-, -en⟩* **1.** POL unification **2.** (≈ *Übereinstimmung*) agreement; (JUR ≈ *Vergleich*)

settlement; *über etw (acc)* **~** *erzielen* to come to an agreement on sth

einjagen *v/t sep* **jdm einen Schrecken ~** to give sb a fright

einjährig *adj* one-year-old; *Pflanze* annual; *Amtszeit, Studium* one-year *attr*

einkalkulieren *past part* **einkalkuliert** *v/t sep* to reckon with; *Kosten* to include

Einkauf *m* **1.** purchase; **Einkäufe machen** to go shopping; **sie packte ihre Einkäufe aus** she unpacked her shopping **2.** *no pl* (COMM ≈ *Abteilung*) buying (department) **einkaufen** *sep* **I** *v/t* to buy **II** *v/i* to shop; COMM to buy; **~ gehen** to go shopping **Einkäufer(in)** *m/(f)* COMM buyer **Einkaufsabteilung** *f* purchasing department **Einkaufsbummel** *m* **einen ~ machen** to go on a shopping spree **Einkaufskorb** *m* shopping basket **Einkaufsliste** *f* shopping list **Einkaufstasche** *f* shopping bag **Einkaufswagen** *m* shopping trolley (*Br*) *or* cart (*US*) **Einkaufszentrum** *nt* shopping centre (*Br*) *or* center (*US*) **Einkaufszettel** *m* shopping list

einkehren *v/i sep aux sein* **1.** (*in Gasthof*) to stop off (*in +dat* at) **2.** (*Ruhe*) to come (*bei* to)

einkeilen *v/t sep* to hem in

einkerben *v/t sep* to notch; (≈ *schnitzen*) to cut **Einkerbung** *f* notch

einkesseln ['ainkɛsln] *v/t sep* to encircle

einklagen *v/t sep Schulden* to sue for (the recovery of)

einklammern *v/t sep* to put in brackets

Einklang *m* **1.** MUS unison **2.** (*fig*) harmony; **in ~ bringen** to bring into line; **im ~ mit etw stehen** to be in accord with sth

einkleiden *v/t sep Soldaten* to fit out (with a new uniform); **sich neu ~** to buy oneself a new wardrobe

einklemmen *v/t sep* (≈ *quetschen*) to jam; *Finger etc* to catch

einkochen *sep v/t Gemüse* to preserve; *Marmelade* to make

Einkommen ['ainkɔmən] *nt* ⟨**-s, -**⟩ income **Einkommensgrenze** *f* income limit **Einkommensklasse** *f* income bracket **einkommensschwach** *adj* low-income *attr* **einkommensstark** *adj* high-income *attr* **Einkommen(s)steuer** *f* income tax **Einkommen(s)steuerbescheid** *m* income tax assessment **Einkommen(s)steuererklärung** *f* income tax return

einkreisen *v/t sep* to surround; (*fig*) *Problem* to consider from all sides; POL to isolate

Einkünfte ['ainkʏnftə] *pl* income *sg*

einladen *v/t sep irr* **1.** *Waren* to load (*in +acc* into) **2.** *jdn* to invite; **jdn zu einer Party ~** to invite sb to a party; **jdn ins Kino ~** to ask sb to the cinema; **lass mal, ich lade dich ein** come on, this one's on me **einladend** *adj* inviting; *Speisen* appetizing **Einladung** *f* invitation

Einlage *f* **1.** (≈ *Zahneinlage*) temporary filling **2.** (≈ *Schuheinlage*) insole; (*zum Stützen*) (arch) support **3.** (≈ *Zwischenspiel*) interlude **4.** (FIN ≈ *Kapitaleinlage*) investment

einlagern *v/t sep* to store

Einlass ['ainlas] *m* ⟨**-es, ⸚e** [-lɛsə]⟩ *no pl* (≈ *Zutritt*) admission; **jdm ~ gewähren** to admit sb; **sich** (*dat*) **~ in etw** (*acc*) **verschaffen** to gain entry to sth **einlassen** *sep irr* **I** *v/t* **1.** (≈ *eintreten lassen*) to let in **2.** (≈ *einlaufen lassen*) *Wasser* to run (*in +acc* into) **II** *v/r* **sich auf etw** (*acc*) **~** to get involved in sth; **sich auf einen Kompromiss ~** to agree to a compromise; **darauf lasse ich mich nicht ein!** I don't want anything to do with it; **da habe ich mich aber auf etwas eingelassen!** I've let myself in for something there!; **sich mit jdm ~** (*pej*) to get involved with sb

Einlauf *m* **1.** *no pl* (SPORTS: *am Ziel*) finish **2.** MED enema **einlaufen** *sep irr* **I** *v/i aux sein* **1.** (≈ *hineinlaufen*) to come in (*in +acc* -to); (*durchs Ziel*) to finish **2.** (*Wasser*) to run in (*in +acc* -to) **3.** (*Stoff*) to shrink **II** *v/t Schuhe* to wear in **III** *v/r* SPORTS to warm up

einläuten *v/t sep* to ring in; SPORTS *Runde* to sound the bell for

einleben *v/r sep* to settle down (*in or an +dat* in)

Einlegearbeit *f* inlay work *no pl* **einlegen** *v/t sep* **1.** (*in Holz etc*) to inlay **2.** (≈ *hineintun*) to insert (*in +acc* in); *Film* to load (*in +acc* into) **3.** AUTO *Gang* to engage **4.** *Protest* to register; **ein gutes Wort für jdn ~** to put in a good word for sb (*bei* with) **5.** COOK *Heringe, Gurken etc* to pickle **Einlegesohle** *f* insole

einleiten *sep v/t* **1.** (≈ *in Gang setzen*) to initiate; *Schritte* to introduce; JUR *Verfahren* to institute; MED *Geburt* to induce **2.** (≈ *beginnen*) to start **3.** *Abwässer etc* to discharge (*in +acc* into) **einleitend I** *adj* introductory **II** *adv* **er sagte ~, dass ...** he said by way of introduction that ... **Einleitung** f **1.** (≈ *Vorwort*) introduction **2.** (≈ *das Einleiten*) initiation; (*von Schritten*) introduction; (*von Verfahren*) institution; (*von Geburt*) induction **3.** (*von Abwässern*) discharge (*in +acc* into)

einlenken *v/i sep* (≈ *nachgeben*) to yield

einlesen *sep irr* **I** *v/r* **sich in ein Gebiet** *etc* **~** to get into a subject *etc* **II** *v/t Daten* to read in (*in +acc* -to)

einleuchten *v/i sep* to be clear (*jdm* to sb); **das will mir nicht ~** I just don't understand that **einleuchtend** *adj* reasonable

einliefern *v/t sep Waren* to deliver; **jdn ins Krankenhaus ~** to admit sb to hospital **Einlieferung** f (*ins Krankenhaus*) admission (*in +acc* to); (*ins Gefängnis*) committal (*in +acc* to) **Einlieferungsschein** m certificate of posting (*Br*) or mailing (*esp US*)

Einliegerwohnung f granny annexe (*Br*) or flat (*Br*), in-law apartment (*US*)

einloggen ['aɪnlɔgn] *v/r* IT to log in

einlösen *v/t sep Pfand* to redeem; *Scheck* to cash (in); (*fig*) *Versprechen* to keep

einmachen *v/t sep Obst* to preserve **Einmachglas** nt bottling jar

einmal ['aɪnmaːl] *adv* **1.** (≈ *ein einziges Mal*) once; (≈ *erstens*) first of all, for a start; **~ sagt er dies, ~ das** sometimes he says one thing, sometimes another; **auf ~** (≈ *plötzlich*) suddenly; (≈ *zugleich*) at once; **~ und nie wieder** once and never again; **noch ~** again; **noch ~ so groß wie** as big again as; **~ ist keinmal** (*prov*) one mustn't count **2.** (≈ *früher*) once; (≈ *in Zukunft*) one day; **waren Sie schon ~ in Rom?** have you ever been to Rome?; **es war ~ ...** once upon a time there was ...; **besuchen Sie mich doch ~!** come and visit me some time! **3.** **nicht ~** not even; **auch ~** also, too; **wieder ~** again; **die Frauen sind nun ~ so** that's the way women are **Einmaleins** [aɪnmaːl'|aɪns] nt ⟨-, *no pl*⟩ (multiplication) tables pl; (*fig*) ABC, basics pl; **das kleine/große ~** (multiplication) tables up to/over ten **Einmalhandtuch** nt disposable towel **einmalig** ['aɪnmaːlɪç], (*emph*) 'aɪn'maːlɪç] *adj* **1.** *Gelegenheit*

unique **2.** (≈ *nur einmal erforderlich*) single; *Zahlung* one-off *attr* **3.** (*infml* ≈ *hervorragend*) fantastic

Einmarsch m (*in ein Land*) invasion (*in +acc* of) **einmarschieren** *past part* **einmarschiert** *v/i sep aux sein* to march in (*in +acc* -to)

Einmeterbrett [aɪn'meːtɐ-] nt one-metre (*Br*) or one-meter (*US*) (diving) board

einmischen *v/r sep* to interfere (*in +acc* in) **Einmischung** f interference (*in +acc* in)

einmotorig *adj Flugzeug* single-engine(d)

einmotten ['aɪnmɔtn] *v/t sep* to mothball

einmünden *v/i sep aux sein* (*Fluss*) to flow in (*in +acc* -to); (*Straße*) to run in (*in +acc* -to); **in etw** (*acc*) **~** (*fig*) to end up in sth

einmütig ['aɪnmyːtɪç] **I** *adj* unanimous **II** *adv* unanimously **Einmütigkeit** f ⟨-, *no pl*⟩ unanimity

Einnahme ['aɪnaːmə] f ⟨-, *-n*⟩ **1.** MIL seizure **2.** (≈ *Ertrag*) receipt **Einnahmen** pl income sg; (≈ *Geschäftseinnahmen*) takings pl; (*eines Staates*) revenue sg; **~n und Ausgaben** income and expenditure **Einnahmequelle** f source of income; (*eines Staates*) source of revenue **einnehmen** *v/t sep irr* **1.** *Geld* to take; (*Freiberufler*) to earn; *Steuern* to collect **2.** (MIL ≈ *erobern*) to take **3.** *Platz etc* to take (up) **4.** *Mahlzeit, Arznei* to take **5.** **jdn gegen sich ~** to set sb against oneself; → **eingenommen**

einnicken *v/i sep aux sein* (*infml*) to doze or nod off

einnisten *v/r sep* (*lit*) to nest; (*fig*) to park oneself (*bei* on)

einölen *v/t sep* to oil

einordnen *sep* **I** *v/t* **1.** *Bücher etc* to (put in) order; *Akten* to file **2.** (≈ *klassifizieren*) to classify **II** *v/r* **1.** (*in Gemeinschaft etc*) to fit in (*in +acc* -to) **2.** AUTO **sich links/rechts ~** to get into the left/right lane

einpacken *sep* **I** *v/t* **1.** (≈ *einwickeln*) to wrap (up) (*in +acc* in) **2.** (≈ *hineintun*) to pack (*in +acc* in) **II** *v/i* to pack; **dann können wir ~** (*infml*) in that case we may as well pack it all in (*infml*)

einparken *v/t & v/i sep* (**in eine Parklücke**) **~** to get into a parking space

einpassen *v/t sep* to fit in (*in +acc* -to)

Einpeitscher ['aɪnpaɪtʃɐ] m ⟨-s, -⟩, **Ein-**

peitscherin [-ərɪn] *f* ⟨-, **-nen**⟩ POL whip (*Br*), floor leader (*US*)

einpendeln *v/r sep* (*fig*) to settle down

einpennen *v/i sep aux sein* (*sl*) to drop off (*infml*)

Einpersonenhaushalt *m* single-person household

einpflanzen *v/t sep* to plant (*in +dat* in); MED to implant (*jdm* in(to) sb)

einphasig *adj* single-phase

einplanen *v/t sep* to plan (on); *Verluste to* allow for

einpolig ['aɪnpoːlɪç] *adj* single-pole

einprägen *sep* I *v/t Inschrift* to stamp; **sich** (*dat*) **etw ~** to remember sth; (≈ *auswendig lernen*) to memorize sth II *v/r* **sich jdm ~** to make an impression on sb **einprägsam** ['aɪnprɛːkzaːm] *adj* catchy

einprogrammieren *past part* **einprogrammiert** *v/t sep Daten* to feed in

einprügeln *sep v/i* (*infml*) **auf jdn ~** to lay into sb

einquartieren ['aɪnkvartiːrən] *past part* **einquartiert** *sep* I *v/t* to quarter II *v/r* to be quartered (*bei* with); (*Gäste*) to stop (*bei* with) (*infml*)

einquetschen *v/t sep* = **einklemmen**

Einrad *nt* unicycle

einrahmen *v/t sep* to frame

einrasten *v/t & v/i sep* (*v/i: aux sein*) to engage

einräumen *v/t sep* **1.** *Wäsche, Bücher etc* to put away; *Wohnung, Zimmer* to arrange **2.** (≈ *zugestehen*) to concede; *Recht* to give

einrechnen *v/t sep* to include

einreden *sep* I *v/t* **jdm etw ~** to talk sb into believing sth; **er will mir ~, dass ...** he wants me to believe that ...; **das redest du dir nur ein!** you're only imagining it II *v/i* **auf jdn ~** to keep on and on at sb

einreiben *v/t sep irr* **er rieb sich** (*dat*) **das Gesicht mit Creme ein** he rubbed cream into his face

einreichen *v/t sep Antrag* to submit (*bei* to); JUR *Klage* to file

einreihen *sep v/r* **sich in etw** (*acc*) **~** to join sth **Einreiher** ['aɪnraɪɐ] *m* ⟨-s, -⟩ (≈ *Anzug*) single-breasted suit

Einreise *f* entry (*in +acc* into, to); **bei der ~ in die Schweiz** when entering Switzerland **Einreisegenehmigung** *f* entry permit **einreisen** *v/i sep aux sein* to enter the country **Einreiseverbot** *nt* refusal of entry; **~ haben** to have been refused entry **Einreisevisum** *nt* entry visa

einreißen *sep irr* I *v/t* **1.** *Papier, Stoff* to tear **2.** *Gebäude, Zaun* to tear down II *v/i aux sein* (*Papier*) to tear; (*fig infml: Unsitte etc*) to catch on (*infml*)

einreiten *sep irr v/t Pferd* to break in

einrenken ['aɪnrɛŋkn] *sep* I *v/t Gelenk* to put back in place; (*fig infml*) to sort out II *v/r* (*fig infml*) to sort itself out

einrichten *sep* I *v/t* **1.** (≈ *möblieren*) to furnish; (≈ *ausstatten*) to fit out **2.** (≈ *eröffnen*) to set up; *Konto* to open **3.** (*fig* ≈ *arrangieren*) to arrange; **das lässt sich ~** that can be arranged; **auf Tourismus eingerichtet sein** to be geared to tourism II *v/r* **1.** (≈ *sich möblieren*) **sich ~** to furnish one's house / one's flat (*Br*) *or* apartment **2.** (≈ *sich einstellen*) **sich auf etw** (*acc*) **~** to prepare oneself for sth **Einrichtung** *f* **1.** (≈ *Wohnungseinrichtung*) furnishings *pl*; (≈ *Geschäftseinrichtung etc*) fittings *pl*; (≈ *Laboreinrichtung etc*) equipment *no pl* **2.** (≈ *Eröffnung*) setting-up; (*von Konto*) opening **3.** (*behördlich*) institution; (≈ *Schwimmbäder, Transportmittel etc*) facility **Einrichtungsgegenstand** *m* item of furniture; (≈ *Geschäftseinrichtung*) fixture

einrollen *v/r sep* to roll up

einrosten *v/i sep aux sein* to rust up; (*fig: Glieder*) to stiffen up

einrücken *sep* I *v/t Zeile* to indent II *v/i aux sein* MIL **1.** (*in ein Land*) to move in (*in +acc* -to) **2.** (≈ *eingezogen werden*) to report for duty

einrühren *v/t sep* to stir in (*in +acc* -to)

eins [aɪns] *num* one; **~ zu ~** SPORTS one all; **~ mit jdm sein** to be one with sb; (≈ *übereinstimmen*) to be in agreement with sb; **das ist doch alles ~** (*infml*) it's all one; **~ a** (*infml*) A 1 (*infml*), first-rate (*infml*); → **ein²**; → **eine(r, s)**; → **vier Eins** [aɪns] *f* ⟨-, **-en**⟩ one; SCHOOL *auch* A; **eine ~ schreiben/bekommen** to get an A *or* a one

einsacken *v/t sep* **1.** (≈ *in Säcke füllen*) to put in sacks **2.** (*infml*) (≈ *erbeuten*) to grab (*infml*); *Geld* to rake in (*infml*)

einsam ['aɪnzaːm] I *adj* **1.** (≈ *allein*) lonely; (≈ *einzeln*) solitary **2.** (≈ *abgelegen*) *Haus, Insel* secluded **3.** (*infml*) **~e Klasse** *or* **Spitze** absolutely fantastic (*infml*) II *adv* **1.** (≈ *allein*) lonely **2.** (≈ *abgele-*

gen) isolated; **~ liegen** to be secluded
Einsamkeit *f* ‹-, *no pl*› (≈ *Verlassenheit*) loneliness; (≈ *das Einzelnsein*) solitariness; **er liebt die ~** he likes solitude

einsammeln *v/t sep* to collect (in)

Einsatz *m* **1.** (≈ *Einsatzteil*) inset **2.** (≈ *Spieleinsatz*) stake; **den ~ erhöhen** to raise the stakes **3.** MUS entry **4.** (≈ *Verwendung*) use; *esp* MIL deployment; **im ~** in use; **unter ~ aller Kräfte** by making a supreme effort **5.** (≈ *Aktion*) operation; **im ~** in action **6.** (≈ *Hingabe*) commitment; **etw unter ~ seines Lebens tun** to risk one's life to do sth **Einsatzbefehl** *m* order to go into action **einsatzbereit** *adj* ready for use; MIL ready for action; *Rakete etc* operational **Einsatzleiter(in)** *m/(f)* head of operations **Einsatzort** *m* place of action; (*von Diplomat etc*) posting **Einsatzwagen** *m* (*von Polizei*) police car; (*von Feuerwehr*) fire engine

einscannen *v/t sep* to scan in

einschalten *sep* **I** *v/t* **1.** *Licht, Radio, Gerät* to switch on; *Sender* to tune in to **2.** *jdn ~* to call sb in **II** *v/r* to intervene; (≈ *teilnehmen*) to join in **Einschaltquote** *f* (RADIO, TV) viewing figures *pl*

einschärfen *v/t sep* **jdm etw ~** to impress sth (up)on sb

einschätzen *v/t sep* to assess; **falsch ~** to misjudge; **wie ich die Lage einschätze** as I see the situation **Einschätzung** *f* assessment; **nach meiner ~** in my estimation

einschenken *v/t sep* to pour (out)

einschicken *v/t sep* to send in (**an** +*acc* to)

einschieben *v/t sep irr* (≈ *einfügen*) to put in; **eine Pause ~** to have a break

einschießen *sep irr* **I** *v/t* **1.** (≈ *zertrümmern*) *Fenster* to shoot in; (*mit Ball etc*) to smash (in) **2.** *Fußball* to kick in **II** *v/i* SPORTS to score; **er schoss zum 1:0 ein** he scored to make it 1-0

einschiffen *sep v/r* to embark

einschlafen *v/i sep irr aux sein* to fall asleep; (*Bein, Arm*) to go to sleep; (*euph* ≈ *sterben*) to pass away; (*fig: Gewohnheit*) to peter out; **ich kann nicht ~** I can't get to sleep **einschläfern** ['aɪnʃlɛːfən] *v/t sep* **1.** (≈ *zum Schlafen bringen*) to send to sleep **2.** (≈ *narkotisieren*) to give a soporific **3.** (≈ *töten*) *Tier* to put down **einschläfernd** *adj* so-

porific; (≈ *langweilig*) monotonous

Einschlag *m* **1.** (*von Geschoss*) impact; (*von Blitz*) striking **2.** (AUTO: *des Lenkrads*) lock **3.** **einen südländischen ~ haben** to have more than a hint of the Mediterranean about it/him *etc* **einschlagen** *sep irr* **I** *v/t* **1.** *Nagel* to hammer in; *Pfahl* to drive in **2.** (≈ *zertrümmern*) to smash (in); *Tür* to smash down; *Zähne* to knock out; **mit eingeschlagenem Schädel** with one's head bashed in (*infml*) **3.** (≈ *einwickeln*) *Ware* to wrap up **4.** AUTO *Räder* to turn **5.** *Weg* to take; *Kurs* (*lit*) to follow; (*fig*) to pursue **II** *v/i* (**in etw** *acc*) ~ (*Geschoss, Blitz*) to strike (sth); **auf jdn/etw ~** to hit out at sb/sth; **gut ~** (*infml*) to be a big hit (*infml*) **einschlägig** ['aɪnʃlɛːgɪç] **I** *adj* appropriate **II** *adv* **er ist ~ vorbestraft** JUR he has a previous conviction for a similar offence (*Br*) *or* offense (*US*)

einschleichen *v/r sep irr* to creep in (**in** +*acc* -to); **sich in jds Vertrauen ~** (*fig*) to worm one's way into sb's confidence

einschleusen *v/t sep* to smuggle in (**in** +*acc, nach* -to)

einschließen *v/t sep irr* **1.** (≈ *wegschließen*) to lock up (**in** +*acc* in) **2.** (≈ *umgeben*) to surround **3.** (*fig* ≈ *beinhalten*) to include; → **eingeschlossen einschließlich** ['aɪnʃliːslɪç] **I** *prep* +*gen* including **II** *adv* **vom 1. bis ~ 31. Oktober** from 1st to 31st October inclusive

einschmeicheln *v/r sep* **sich bei jdm ~** to ingratiate oneself with sb; **~de Stimme** silky voice

einschmieren *v/t sep* (*mit Fett*) to grease; (*mit Öl*) to oil; (*mit Creme*) to put cream on

einschmuggeln *v/t sep* to smuggle in (**in** +*acc* -to)

einschnappen *v/i sep aux sein* **1.** (*Schloss, Tür*) to click shut **2.** (*infml* ≈ *beleidigt sein*) to go into a huff (*infml*); → **eingeschnappt**

einschneiden *sep irr v/t Stoff, Papier* to cut **einschneidend** *adj* (*fig*) drastic; *Folgen* far-reaching

einschneien *v/i sep aux sein* **eingeschneit sein** to be snowed up

Einschnitt *m* cut; MED incision; (≈ *Zäsur*) break; (*im Leben*) decisive point

einschränken ['aɪnʃrɛŋkn] *sep* **I** *v/t* to reduce; *Recht* to restrict; *Wünsche* to moderate; *Behauptung* to qualify; **~d**

möchte ich sagen, dass ... I'd like to qualify that by saying ...; *das Rauchen* ~ to cut down on smoking **II** *v/r* (≈ *sparen*) to economize; → *eingeschränkt* **Einschränkung** *f* ⟨-, -en⟩ reduction; (*von Recht*) restriction; (*von Behauptung*) qualification; (≈ *Vorbehalt*) reservation

einschreiben *v/r sep irr* (*in Verein etc*) to enrol (*Br*), to enroll (*US*); UNIV to register; → *eingeschrieben* **Einschreiben** *nt* recorded delivery (*Br*) *or* certified (*US*) letter/parcel (*Br*) *or* package; *per* ~ *schicken* to send recorded delivery (*Br*) *or* certified mail (*US*) **Einschreibung** *f* enrolment (*Br*), enrollment (*US*); UNIV registration

einschreiten *v/i sep irr aux sein* to take action (*gegen* against); (≈ *dazwischentreten*) to intervene **Einschreiten** *nt* ⟨-s, no pl⟩ intervention

Einschub *m* insertion

einschüchtern ['aɪnʃʏçtɐn] *v/t sep* to intimidate **Einschüchterung** *f* ⟨-, -en⟩ intimidation

einschulen *v/t sep* **eingeschult werden** (*Kind*) to start school

Einschuss *m* (≈ *Einschussstelle*) bullet hole

einschweißen *v/t sep* TECH to weld in (*in* +acc -to); *Buch* to shrink-wrap

einschwenken *v/i sep aux sein* **links** ~ MIL to wheel left; *auf etw* (*acc*) ~ (*fig*) to fall in with sth

einschwören *v/t sep irr* **jdn auf etw** (*acc*) ~ to swear sb to sth

einsehbar *adj* (≈ *verständlich*) understandable **einsehen** *sep irr* **I** *v/t* to see; *das sehe ich nicht ein* I don't see why; *es ist nicht einzusehen, warum ...* it is incomprehensible why ... **II** *v/i* **1.** *in etw* (*acc*) ~ to see sth **2.** (≈ *prüfen*) to look (*in* +acc at) **Einsehen** *nt* **ein** ~ **haben** to have some understanding (*mit, für* for); to have some reason

einseifen ['aɪnzaɪfn] *v/t sep* to soap; (*infml* ≈ *betrügen*) to con (*infml*)

einseitig ['aɪnzaɪtɪç] **I** *adj* **1.** on one side; JUR, POL unilateral; *~e Lähmung* paralysis of one side of the body **2.** *Zuneigung, Ausbildung* one-sided; *Bericht* biased; *Ernährung* unbalanced **II** *adv* **1.** (≈ *auf einer Seite*) on one side **2.** (≈ *unausgewogen*) *sich* ~ *ernähren* to have an unbalanced diet; *etw* ~ *schildern* to por-

tray sth one-sidedly

einsenden *v/t sep irr* to send in (*an* +acc to) **Einsender(in)** *m/(f)* sender; (*bei Preisausschreiben*) competitor **Einsendeschluss** *m* closing date **Einsendung** *f, no pl* (*≈ das Einsenden*) submission

Einser ['aɪnzɐ] *m* ⟨-s, -⟩ (*esp S Ger infml*) (SCHOOL) A (grade), one

einsetzen *sep* **I** *v/t* **1.** (≈ *einfügen*) to put in (*in* +acc -to) **2.** (≈ *ernennen*) to appoint; *Ausschuss* to set up; *Erben* to name **3.** (≈ *verwenden*) to use; *Truppen, Polizei* to deploy; *Sonderzüge* to put on **4.** (*beim Glücksspiel*) to stake **II** *v/i* (≈ *beginnen*) to start; MUS to come in **III** *v/r sich* (*voll*) ~ to show (complete) commitment (*in* +dat to); *sich für jdn* ~ to fight for sb; *sich für etw* ~ to support sth

Einsicht *f* **1.** (*in Akten, Bücher*) ~ *in etw* (*acc*) *nehmen* to take a look at sth; *sie legte ihm die Akte zur* ~ *vor* she gave him the file to look at **2.** (≈ *Vernunft*) sense; (≈ *Erkenntnis*) insight; (≈ *Verständnis*) understanding; *zur* ~ *kommen* to come to one's senses; *jdn zur* ~ *bringen* to bring sb to his/her senses **einsichtig** ['aɪnzɪçtɪç] *adj* (≈ *vernünftig*) reasonable; (≈ *verständnisvoll*) understanding **Einsichtnahme** [-naːmə] *f* ⟨-, -n⟩ (*form*) inspection

Einsiedler(in) *m/(f)* hermit

einsilbig *adj* **1.** monosyllabic **2.** (*fig*) *Mensch* uncommunicative

einsinken *v/i sep irr aux sein* to sink in (*in* +acc or dat -to); (*Boden etc*) to subside

einsitzen *v/i sep irr* (*form*) to serve a prison sentence

einspannen *v/t sep* **1.** (*in Schraubstock*) to clamp in (*in* +acc -to) **2.** *Pferde* to harness **3.** (*fig* ≈ *arbeiten lassen*) to rope in (*für etw* to do sth)

Einspänner *m* ⟨-s, -⟩ **1.** one-horse carriage **2.** (*Aus*) black coffee served in a glass with whipped cream

einsparen *v/t sep* to save; *Posten* to dispense with **Einsparung** *f* ⟨-, -en⟩ economy; (≈ *das Einsparen*) saving (*von* of); (*von Posten*) elimination

einspeisen *v/t sep* to feed in (*in* +acc -to)

einsperren *v/t sep* to lock in (*in* +acc or dat -to); (*ins Gefängnis*) to lock up

einspielen *sep* **I** *v/r* MUS, SPORTS to warm up; (*Regelung*) to work out; *sich aufeinander* ~ to become attuned to one another; → *eingespielt* **II** *v/t* FILM, THEAT to bring in; *Kosten* to recover

Einsprache *f* (*Swiss*) = **Einspruch**

einsprachig *adj* monolingual

einspringen *v/i sep irr aux sein* (*infml* ≈ *aushelfen*) to stand in; (*mit Geld etc*) to help out

einspritzen *v/t sep* AUTO, MED to inject **Einspritzmotor** *m* AUTO fuel injection engine

Einspruch *m* objection (*auch* JUR); **~ einlegen** ADMIN to file an objection; **gegen etw ~ erheben** to object to sth; **~ abgelehnt!** JUR objection overruled!

einspurig [-ʃpuːrɪç] *adj* RAIL single-track; AUTO single-lane

einst [ainst] *adv* **1.** (≈ *früher*) once **2.** (*elev* ≈ *in Zukunft*) one day

einstampfen *v/t sep Papier* to pulp

Einstand *m* **1. er hat seinen ~ gegeben** he celebrated starting his new job **2.** (*Tennis*) deuce

einstecken *v/t sep* **1.** (≈ *in etw stecken*) to put in (*in +acc* -to); *Gerät* to plug in **2.** (*in die Tasche etc*) (*sich dat*) **etw ~** to take sth; **ich habe kein Geld eingesteckt** I haven't any money on me **3.** (*infml*) *Kritik etc* to take; *Beleidigung* to swallow; *Geld, Profit* to pocket (*infml*)

einstehen *v/i sep irr aux sein* **für jdn ~** (≈ *sich verbürgen*) to vouch for sb; **für etw ~** (≈ *Ersatz leisten*) to make good sth

Einsteigekarte *f* AVIAT boarding pass **einsteigen** *v/i sep irr aux sein* **1.** (*in ein Fahrzeug etc*) to get in (*in +acc* -to); (*in Bus*) to get on (*in +acc* -to); **~!** RAIL *etc* all aboard! **2.** (*in ein Haus etc*) to climb in (*in +acc* -to) **3.** (*infml*) **in die Politik ~** to go into politics **Einsteiger** [ˈainʃtaɪɡɐ] *m* ⟨**-s, -**⟩, **Einsteigerin** [-ə-rɪn] *f* ⟨**-, -nen**⟩ (*infml*) beginner; **ein Modell für PC~** an entry-level PC

einstellbar *adj* adjustable **einstellen** *sep* **I** *v/t* **1.** (≈ *hineinstellen*) to put in **2.** (≈ *anstellen*) *Arbeitskräfte* to take on **3.** (≈ *beenden*) to stop; *Suche* to call off; MIL *Feuer* to cease; JUR *Verfahren* to abandon; **die Arbeit ~** (*Kommission etc*) to stop work; (≈ *in den Ausstand treten*) to withdraw one's labour (*Br*) *or* labor (*US*) **4.** (≈ *regulieren*) to adjust (*auf +acc* to); *Wecker* to set (*auf +acc* for); *Radio* to tune (in) (*auf +acc* to) **5.** SPORTS *Rekord* to equal **II** *v/r* **1.** (*Besucher etc, Folgen*) to appear; (*Fieber, Regen*) to set in **2. sich auf jdn/etw ~** (≈ *sich rich-*

ten nach) to adapt oneself to sb/sth; (≈ *sich vorbereiten auf*) to prepare oneself for sb/sth; → **eingestellt**

einstellig [-ʃtɛlɪç] *adj Zahl* single-digit

Einstellung *f* **1.** (≈ *Anstellung*) employment **2.** (≈ *Beendigung*) stopping; MIL *cessation*; JUR abandonment **3.** (≈ *Regulierung*) adjustment; (*von Wecker*) setting; (*von Radio*) tuning (in); (FILM ≈ *Szene*) take **4.** (≈ *Gesinnung*) attitude; (*politisch etc*) views *pl*; **das ist doch keine ~!** what kind of attitude is that! **Einstellungsgespräch** *nt* interview **Einstellungsstopp** *m* halt in recruitment

einstempeln *v/i sep* (*bei Arbeitsantritt*) to clock in *or* on

Einstieg [ˈainʃtiːk] *m* ⟨**-(e)s, -e** [-ɡə]⟩ **1.** *no pl* (≈ *das Einsteigen*) getting in; (*in Bus*) getting on **2.** (*von Bahn, von Bus*) door **Einstiegsdroge** *f* starter drug

einstig [ˈainstɪç] *adj attr* former

einstimmen *v/i sep* (*in ein Lied*) to join in; (*fig* ≈ *zustimmen*) to agree (*in +acc* to)

einstimmig *adj* **1.** *Lied* for one voice **2.** (≈ *einmütig*) unanimous **Einstimmigkeit** *f* ⟨**-, -en**⟩ unanimity

einstöckig *adj Haus* one-storey (*Br*), one-story (*US*)

einstöpseln *v/t sep* ELEC to plug in (*in +acc* -to)

einstreichen *v/t sep irr* (*infml*) *Geld, Gewinn* to pocket (*infml*)

einstreuen *v/t sep* to sprinkle in (*in +acc* -to); (*fig*) *Bemerkung etc* to slip in (*in +acc* -to)

einströmen *v/i sep aux sein* to pour in (*in +acc* -to); **~de Kaltluft** a stream of cold air

einstudieren *past part* **einstudiert** *v/t sep Lied, Theaterstück* to rehearse

einstufen *v/t sep* to classify **einstufig** *adj* single-stage **Einstufung** *f* classification

einstündig [ˈainstʏndɪç] *adj attr* one-hour

einstürmen *v/i sep aux sein* **auf jdn ~** MIL to storm sb; (*fig*) to assail sb; **mit Fragen auf jdn ~** to bombard sb with questions **Einsturz** *m* collapse **einstürzen** *v/i sep aux sein* to collapse; **auf jdn ~** (*fig*) to overwhelm sb **Einsturzgefahr** *f* danger of collapse

einstweilen [ˈainstˈvailən] *adv* in the meantime; (≈ *vorläufig*) temporarily

einstweilig ['ainst'vailɪç] *adj attr* temporary; **~e Verfügung** JUR temporary injunction

eintägig *adj attr* one-day **Eintagsfliege** *f* ZOOL mayfly; (*fig*) nine-day wonder

eintauchen *sep* **I** *v/t* to dip (*in +acc* in, into); (*völlig*) to immerse (*in +acc* in) **II** *v/i aux sein* (*Schwimmer*) to dive in; (*U-Boot*) to dive

eintauschen *v/t sep* to exchange (*gegen, für* for)

eintausend ['ain'tauznt] *num* (*form*) = **tausend**

einteilen *v/t sep* **1.** (≈ *aufteilen*) to divide (up) (*in +acc* into); *Zeit, Arbeit* to plan (out); *Geld* to budget **2.** (≈ *dienstlich verpflichten*) to detail (*zu* for)

einteilig *adj* Badeanzug one-piece *attr*

Einteilung *f* **1.** (≈ *das Aufteilen*) division; (*von Zeit, Arbeit*) planning; (*von Geld*) budgeting **2.** (≈ *dienstliche Verpflichtung*) assignment

eintippen *v/t sep* to type in (*in +acc* -to)

eintönig ['aintø:nɪç] **I** *adj* monotonous **II** *adv* monotonously **Eintönigkeit** *f* ⟨-, *no pl*⟩ monotony

Eintopf *m* stew

Eintracht *f*, *no pl* harmony **einträchtig I** *adj* peaceable **II** *adv* peaceably

Eintrag ['aintra:k] *m* ⟨-(e)s, ⸚e [-trɛ:gə]⟩ (*schriftlich*) entry (*in +acc* in) **eintragen** *sep irr* **I** *v/t* to enter; (≈ *amtlich registrieren*) to register; *jdm Hass ~* to bring sb hatred; → **eingetragen II** *v/r* to sign; (≈ *sich vormerken lassen*) to put one's name down; *er trug sich ins Gästebuch ein* he signed the visitors' book **einträglich** ['aintrɛ:klɪç] *adj* profitable **Eintragung** ['aintra:gʊŋ] *f* ⟨-, -en⟩ entry (*in +acc* in)

eintreffen *v/i sep irr aux sein* **1.** (≈ *ankommen*) to arrive **2.** (*fig* ≈ *Wirklichkeit werden*) to come true

eintreiben *v/t sep irr* to collect; *Schulden* to recover

eintreten *sep irr* **I** *v/i* **1.** *aux sein* (*ins Zimmer etc*) to go/come in (*in +acc* -to); (*in Verein etc*) to join (*in etw* (*acc*) sth); *in eine Firma ~* to join a firm; *in Verhandlungen ~* (*form*) to enter into negotiations; *bitte treten Sie ein!* (*form*) (please) do come in **2.** *auf jdn ~* to kick sb **3.** *aux sein* (≈ *sich ereignen*) (*Tod*) to occur; (*Zeitpunkt*) to come; *bei Eintreten der Dunkelheit* at nightfall; *es ist ei-*

ne Besserung eingetreten there has been an improvement **4.** *aux sein* **für** *jdn/etw ~* to stand up for sb/sth **II** *v/t* (≈ *zertrümmern*) to kick in

eintrichtern ['aintrɪçtɐn] (*infml*) *jdm etw ~* to drum sth into sb

Eintritt *m* **1.** (≈ *das Eintreten*) entry (*in +acc* (in)to); (*in Verein etc*) joining (*in +acc* of); *seit seinem ~ in die Armee* since joining the army **2.** (≈ *Eintrittsgeld*) admission (*in +acc* to); *~ frei!* admission free; „*Eintritt verboten*" "no admittance" **3.** (*von Winter*) onset; *der ~ des Todes* the moment when death occurs **Eintrittsgeld** *nt* entrance money **Eintrittskarte** *f* ticket (of admission) **Eintrittspreis** *m* admission charge

eintrüben *v/r sep* METEO to cloud over

eintrudeln *v/i sep aux sein* (*infml*) to drift in (*infml*)

einüben *v/t sep* to practise (*Br*), to practice (*US*); *Rolle etc* to rehearse

einverleiben ['ainfɛɐlaibn] *past part* **einverleibt** *v/t sep and insep* Gebiet, Land to annex (*dat* to)

Einvernahme *f* ⟨-, -n⟩ (*esp Aus, Swiss*) = **Vernehmung** **einvernehmen** *past part* **einvernommen** *v/t insep irr* (JUR: *esp Aus, Swiss*) = **vernehmen Einvernehmen** *nt* ⟨-s, -⟩ (≈ *Eintracht*) harmony; *in beiderseitigem ~* by mutual agreement **einvernehmlich** (*form*) **I** *adj* Regelung, Lösung consensual **II** *adv* consensually

einverstanden ['ainfɛɐʃtandn] *adj* **~!** agreed!; *~ sein* to agree; *mit jdm/etw ~ sein* to agree with sb/sth; (≈ *übereinstimmen*) to agree with sb/sth **Einverständnis** *nt* agreement; (≈ *Zustimmung*) consent; *in gegenseitigem ~* by mutual consent

Einwahl *f* (TEL: *ins Internet*) dial-up **einwählen** *sep v/r* TEL to dial in (*in +acc* -to); *sich in ein Telefonnetz ~* to dial into a telephone network; *sich ins Internet ~* to log onto the Internet **Einwahlknoten** *m* TEL, IT point of presence, POP

Einwand ['ainvant] *m* ⟨-(e)s, ⸚e [-vɛndə]⟩ objection; *einen ~ erheben* (*form*) to raise an objection

Einwanderer *m*, **Einwanderin** *f* immigrant **einwandern** *v/i sep aux sein* to immigrate **Einwanderung** *f* immigration (*nach, in +acc* to) **Einwanderungsland** *nt* immigration country

einwandfrei I *adj* 1. (≈ *ohne Fehler*) perfect; *Benehmen* impeccable 2. (≈ *unzweifelhaft*) indisputable II *adv* 1. (≈ *fehlerlos*) perfectly; *sich verhalten* impeccably 2. *etw ~ beweisen* to prove sth beyond doubt; *es steht ~ fest, dass* ... it is quite indisputable that ...

einwärts ['ainvɛrts] *adv* inwards

einwechseln *v/t sep Geld* to change (*in* +acc, *gegen* into)

Einwegflasche *f* non-returnable bottle **Einwegpfand** *nt* deposit on drink cans and disposable bottles **Einwegspritze** *f* disposable syringe

einweichen *v/t sep* to soak

einweihen *v/t sep* 1. (≈ *eröffnen*) to open (officially); (*fig*) to christen 2. *jdn in etw* (*acc*) *~* to initiate sb into sth; *er ist eingeweiht* he knows all about it **Einweihung** ['ainvaiʊŋ] *f* ⟨-, -en⟩ (official) opening

einweisen *v/t sep irr* 1. (*in Krankenhaus etc*) to admit (*in* +acc to) 2. (≈ *in Arbeit unterweisen*) *jdn ~* to introduce sb to his/her job 3. AUTO to guide in (*in* +acc -to) **Einweisung** *f* 1. (*in Krankenhaus etc*) admission (*in* +acc in) 2. *die ~ der neuen Mitarbeiter* introducing new employees to their jobs

einwenden *v/t sep irr* *nichts gegen etw einzuwenden haben* to have no objection to sth; *dagegen lässt sich ~, dass* ... one objection to this is that ...

einwerfen *sep irr v/t* 1. *Fensterscheibe etc* to break 2. SPORTS *Ball* to throw in 3. *Brief* to post (*Br*), to mail (*esp US*); *Münze* to insert 4. (*fig*) *Bemerkung* to make; *er warf ein, dass* ... he made the point that ...

einwickeln *v/t sep* 1. (≈ *einpacken*) to wrap (up) 2. (*infml* ≈ *überlisten*) to fool (*infml*); (*durch Schmeicheleien*) to butter up (*infml*)

einwilligen ['ainvɪlɪgn] *v/i sep* to consent (*in* +acc to) **Einwilligung** *f* ⟨-, -en⟩ consent (*in* +acc to)

einwirken *v/i sep auf jdn/etw ~* to have an effect on sb/sth; (≈ *beeinflussen*) to influence sb/sth; *etw ~ lassen* MED to let sth work in **Einwirkung** *f* influence; *unter (der) ~ von Drogen etc* under the influence of drugs *etc*

einwöchig [-vœçɪç] *adj* one-week *attr*

Einwohner ['ainvoːnɐ] *m* ⟨-s, -⟩, **Einwohnerin** [-ərɪn] *f* ⟨-, -nen⟩ inhabitant

Einwohnermeldeamt *nt* residents' registration office; *sich beim ~ (an)melden* ≈ to register with the police **Einwohnerschaft** ['ainvoːnɐʃaft] *f* ⟨-, (*rare*) -en⟩ population **Einwohnerzahl** *f* population

Einwurf *m* 1. (*von Münze*) insertion; (*von Brief*) posting (*Br*), mailing (*esp US*) 2. SPORTS throw-in 3. (≈ *Schlitz*) slot 4. (*fig*) interjection; (≈ *Einwand*) objection

Einzahl *f* singular

einzahlen *v/t sep* to pay in; *Geld auf ein Konto ~* to pay money into an account **Einzahlung** *f* payment

einzäunen ['aintsɔynən] *v/t sep* to fence in

einzeichnen *v/t sep* to draw in; *ist der Ort eingezeichnet?* is the place marked?

Einzel ['aintsl] *nt* ⟨-s, -⟩ TENNIS singles *sg* **Einzelbeispiel** *nt* isolated *or* one-off example **Einzelbett** *nt* single bed **Einzelfall** *m* individual case; (≈ *Sonderfall*) isolated case **Einzelgänger** [-gɛŋɐ] *m* ⟨-s, -⟩, **Einzelgängerin** [-ərɪn] *f* ⟨-, -nen⟩ loner **Einzelhaft** *f* solitary confinement **Einzelhandel** *m* retail trade **Einzelhandelsgeschäft** *nt* retail shop **Einzelhandelspreis** *m* retail price **Einzelhändler(in)** *m/(f)* retailer, retail trader **Einzelhaus** *nt* detached house (*Br*), self-contained house (*US*) **Einzelheit** ['aintslhait] *f* ⟨-, -en⟩ detail; *auf ~en eingehen* to go into detail(s); *etw in allen ~en schildern* to describe sth in great detail **Einzelkämpfer(in)** *m/(f)* 1. MIL, SPORTS single *or* solo combatant 2. (*fig*) lone wolf, loner **Einzelkind** *nt* only child

Einzeller ['aintsɛlɐ] *m* ⟨-s, -⟩ BIOL single-cell(ed) *or* unicellular organism **einzellig** [-tsɛlɪç] *adj* single-cell(ed) *attr*

einzeln ['aintsln] I *adj* 1. individual; (≈ *getrennt*) separate 2. (≈ *alleinstehend*) *Haus* single; *~ stehend* solitary 3. (≈ *einige*) some; METEO *Schauer* scattered II *adv* (≈ *separat*) separately; (≈ *nicht zusammen*) individually; *wir kamen ~* we came separately **Einzelne(r)** ['aintslnə] *m/f(m) decl as adj* **ein ~r** an individual **Einzelne(s)** ['aintslnə] *nt decl as adj* **~s** some; *jedes ~* each one; *etw im ~n besprechen* to discuss sth in detail; *bis ins ~* right down to the last detail **Einzelperson** *f* single person **Einzelpreis** *m* price, unit price (COMM) **Ein-**

zelstück*nt ein schönes ~* a beautiful piece; *~e verkaufen wir nicht* we don't sell them singly Einzelteil*nt* individual part; *etw in seine ~e zerlegen* to take sth to pieces Einzelzelle*f* single cell Einzelzimmer*nt* single room

einziehen*sep irr* **I** *v/t* **1.** *Gummiband* to thread; (*Kopiergerät*) *Papier* to take in **2.** (≈ *zurückziehen*) *Krallen, Antenne* to retract; *Bauch* to pull in; *Periskop* to lower; *den Kopf ~* to duck (one's head) **3.** MIL *Personen* to conscript, to draft (*US*); *Fahrzeuge etc* to requisition **4.** (≈ *kassieren*) *Steuern* to collect; (*fig*) *Erkundigungen* to make (*über +acc* about) **5.** (≈ *aus dem Verkehr ziehen*) *Banknoten* to withdraw (from circulation); *Führerschein* to take away **II** *v/i aux sein* **1.** (*in Wohnung, Haus*) to move in; *ins Parlament ~* (*Abgeordneter*) to take one's seat (in parliament) **2.** (≈ *einkehren*) to come (*in +dat* to); *Ruhe und Ordnung zogen wieder ein* law and order returned

einzig['aintsɪç] **I** *adj* **1.** *attr* only; *ich sehe nur eine ~e Möglichkeit* I can see only one (single) possibility; *kein~es Mal* not once; *das Einzige* the only thing **2.** *pred* (≈ *einzigartig*) unique; *es ist~ in seiner Art* it is quite unique **II** *adv* (≈ *allein*) only; *die~ mögliche Lösung* the only possible solution; *~ und allein* solely; *~ und allein deshalb hat er gewonnen* he owes his victory solely to that einzigartig *adj* unique; *die Landschaft war ~ schön* the scenery was astoundingly beautiful Einzige(r)['aintsɪgə] *m/f(m) decl as adj der/die ~* the only one; *kein ~r wusste es* not a single person knew Einzimmerwohnung *f* one-room flat (*Br*) *or* apartment

Einzug*m* **1.** (*in Haus etc*) move (*in +acc* into) **2.** (≈ *Einmarsch*) entry (*in +acc* into) **3.** (*von Steuern*) collection Einzugsbereich*m* catchment area (*Br*), service area (*US*) Einzugsermächtigung*f* FIN direct debit instruction Einzugsverfahren*nt* FIN direct debit

Eis[ais] *nt* ⟨*-es, -*⟩ **1.** *no pl* ice; *zu ~ gefrieren* to freeze; *das ~ brechen* (*fig*) to break the ice; *etw auf ~ legen* (*fig infml*) to put sth on ice **2.** (≈ *Speiseeis*) ice (cream); *~ am Stiel* ice(d) lolly (*Br*), Popsicle® (*US*); → *eislaufen* Eisbahn*f* ice rink Eisbär*m* polar bear Eisbecher

m sundae Eisbein *nt* COOK knuckle of pork (*boiled and served with sauerkraut*) Eisberg *m* iceberg Eisbergsalat*m* iceberg lettuce Eisbeutel*m* ice pack Eischnee['ai-] *m* COOK beaten white of egg

Eiscreme *f* ice (cream) Eisdiele *f* ice--cream parlour (*Br*) *or* parlor (*US*) Eisen['aizn] *nt* ⟨*-s, -, no pl*⟩ iron; *~ verarbeitend* iron-processing; *zum alten ~ gehören* (*fig*) to be on the scrap heap; *man muss das ~ schmieden, solange es heiß ist* (*prov*) one must strike while the iron is hot (*prov*) Eisenbahn*f* railway (*Br*), railroad (*US*); (*infml* ≈ *Zug*) train Eisenbahner[-ba:nɐ] *m* ⟨*-s, -*⟩, Eisenbahnerin[-ərɪn] *f* ⟨*-, -nen*⟩ railway employee (*Br*), railroader (*US*) Eisenbahnnetz *nt* railway (*Br*) *or* railroad (*US*) network Eisenbahnschiene*f* railway (*Br*) *or* railroad (*US*) track Eisenbahnstrecke*f* railway line (*Br*), railroad (*US*) Eisenbahnüberführung*f* (railway (*Br*) *or* railroad (*US*)) footbridge Eisenbahnunterführung *f* railway (*Br*) *or* railroad (*US*) underpass Eisenbahnwagen*m* railway carriage (*Br*), railroad car (*US*) Eisenerz*nt* iron ore eisenhaltig *adj das Wasser ist~* the water contains iron Eisenhütte*f* ironworks *pl or sg* Eisenindustrie*f* iron industry Eisenmangel*m* iron deficiency Eisenoxid*nt* ferric oxide Eisenspäne*pl* iron filings *pl* Eisenträger*m* iron girder Eisenwaren *pl* hardware *sg* Eisenwarenhandlung*f* hardware store Eisenzeit*f, no pl* HIST Iron Age eisern['aizɐn] **I** *adj* **1.** *attr* iron; *~e Gesundheit* iron constitution; *in etw* (*dat*) *~ sein/bleiben* to be/remain resolute about sth **2.** *attr* (≈ *unantastbar*) *Reserve* emergency **II** *adv* resolutely; *er schwieg~* he remained resolutely silent Eiseskälte*f* icy cold Eisfach*nt* freezer compartment eisfrei *adj* ice-free *attr*, free of ice *pred* eisgekühlt *adj* chilled Eisglätte*f* black ice Eishockey *nt* ice hockey, hockey (*US*) eisig ['aizɪç] **I** *adj Lächeln, Empfang* frosty **II** *adv* (≈ *abweisend*) icily; *~ lächeln* to give a frosty smile Eiskaffee*m* iced coffee eiskalt**I** *adj* **1.** icy-cold **2.** (*fig*) icy; (≈ *kalt und berechnend*) cold-blooded; (≈ *dreist*) cool **II** *adv* **1.** = *eisig* **2.** (≈ *kalt und berechnend*) cold-blooded Eiskappe*f* icecap Eiskunstlauf*m* figure skating **Eiskunstläufer(in)** *m*/(*f*) figure skater **Eislauf** *m* ice-skating **eislaufen** *v*/*i sep irr aux sein* to ice-skate **Eisläufer(in)** *m*/(*f*) ice-skater **Eismeer** *nt* polar sea; *Nördliches/Südliches* ~ Arctic/Antarctic Ocean **Eispickel** *m* ice axe (*Br*)

Eisprung ['ai-] *m* PHYSIOL ovulation *no art*

Eisrevue *f* ice show **Eisriegel** *m* ice--cream bar **Eisschießen** *nt* ⟨*-s, no pl*⟩ curling **Eisschnelllauf** *m* speed skating **Eisscholle** *f* ice floe **Eisschrank** *m* refrigerator **Eis(sport)stadion** *nt* ice rink **Eistanz** *m* ice-dancing **Eisteem** iced tea **Eisverkäufer(in)** *m*/(*f*) ice-cream seller; (*Mann auch*) ice-cream man (*infml*) **Eiswein** *m* sweet wine made from grapes which have been exposed to frost **Eiswürfel** *m* ice cube **Eiszapfen** *m* icicle **Eiszeit** *f* Ice Age

eitel ['aitl] *adj Mensch* vain **Eitelkeit** *f* ⟨*-, -en*⟩ (*von Mensch*) vanity

Eiter ['aitɐ] *m* ⟨*-s, no pl*⟩ pus **Eiterbeule** *f* boil; (*fig*) canker **eiterig** ['aitərɪç] *adj Ausfluss* purulent; *Wunde* festering **eitern** ['aitɐn] *v*/*i* to fester

Eiweiß ['aivais] *nt* ⟨*-es, -e or -*⟩ (egg) white; CHEM protein **eiweißarm** *adj* low in protein; *~e Kost* a low-protein diet **Eiweißmangel** *m* protein deficiency **eiweißreich** *adj* rich in protein; *~e Ernährung* high-protein diet

Eizelle *f* BIOL egg cell

Ejakulation [ejakula'tsioːn] *f* ⟨*-, -en*⟩ ejaculation

Ekel[1] ['eːkl] *m* ⟨*-s, no pl*⟩ disgust; (≈ *Übelkeit*) nausea; ~ *erregend* disgusting; *diese Heuchelei ist mir ein* ~ I find this hypocrisy nauseating

Ekel[2] *nt* ⟨*-s, -*⟩ (*infml*) obnoxious person **ekelerregend** *adj* disgusting **ekelhaft**, **ekelig** ['eːkəlɪç] *adj, adv* disgusting **ekeln** ['eːkln] **I** *v*/*t +impers* **es ekelt mich vor diesem Geruch** this smell is disgusting **II** *v*/*r* to be *or* feel disgusted; *sich vor etw* (*dat*) ~ to find sth disgusting

EKG [eːkaːˈgeː] *nt* ⟨*-s, -s*⟩ *abbr of* *Elektrokardiogramm* ECG

Eklat [eˈklaː] *m* ⟨*-s, -s*⟩ (*elev*) (≈ *Aufsehen*) sensation, stir; (≈ *Zusammenstoß*) row; *mit großem* ~ causing a great stir *or* sensation **eklatant** [ekla'tant] *adj Fall* sensational; *Verletzung* flagrant

Ekstase [ɛkˈstaːzə, ɛksˈtaːzə] *f* ⟨*-, -n*⟩ ec-

stasy; *in* ~ *geraten* to go into ecstasies

Ekzem [ɛkˈtseːm] *nt* ⟨*-s, -e*⟩ MED eczema

Elan [eˈlaːn, eˈlãː] *m* ⟨*-s, no pl*⟩ zest

Elast(h)an [elasˈtaːn] *f* elastane **elastisch** [eˈlastɪʃ] *adj* elastic; *Binde* elasticated **Elastizität** [elastitsiˈtɛːt] *f* ⟨*-, (rare) -en*⟩ elasticity

Elch [ɛlç] *m* ⟨*-(e)s, -e*⟩ elk, moose (*esp US*) **Elchtest** *m* (*infml*) (AUTO) high--speed swerve (*to test a car's roadholding*); (*fig* ≈ *entscheidender Test*) make--or-break test

Eldorado [ɛldoˈraːdo] *nt* ⟨*-s, -s*⟩ eldorado

Elefant [eleˈfant] *m* ⟨*-en, -en*⟩ elephant; *wie ein* ~ *im Porzellanladen* (*infml*) like a bull in a china shop (*prov*) **Elefantenbaby** *nt* (*infml*) baby elephant (*also fig hum*) **Elefantenhochzeit** *f* (COMM *infml*) mega-merger (*infml*)

elegant [eleˈgant] **I** *adj* elegant **II** *adv* elegantly **Eleganz** [eleˈgants] *f* ⟨*-, no pl*⟩ elegance

elektrifizieren [elɛktrifiˈtsiːrən] *past part* **elektrifiziert** *v*/*t* to electrify **Elektrifizierung** *f* ⟨*-, -en*⟩ electrification **Elektrik** [eˈlɛktrɪk] *f* ⟨*-, -en*⟩ (≈ *Anlagen*) electrical equipment **Elektriker** [eˈlɛktrikɐ] *m* ⟨*-s, -*⟩, **Elektrikerin** [-ərɪn] *f* ⟨*-, -nen*⟩ electrician **elektrisch** [eˈlɛktrɪʃ] **I** *adj* electric; *Entladung, Feld* electrical; *~e Geräte* electrical appliances; *~er Strom* electric current; *der ~e Stuhl* the electric chair **II** *adv* electrically; *kochen, heizen* with electricity **elektrisieren** [elɛktriˈziːrən] *past part* **elektrisiert** *v*/*t* to electrify **Elektrizität** [elɛktritsiˈtɛːt] *f* ⟨*-, no pl*⟩ electricity **Elektrizitätswerk** *nt* (electric) power station **Elektroantrieb** *m* electric drive **Elektroartikel** *m* electrical appliance **Elektroauto** *nt* electric car **Elektrobohrer** *m* electric *or* power drill **Elektrode** [elɛkˈtroːdə] *f* ⟨*-, -n*⟩ electrode **Elektroenzephalogramm** [elɛktroˌɛtsefaloˈgram] *nt* MED electroencephalogram, EEG **Elektrogerät** *nt* electrical appliance **Elektroherd** *m* electric cooker **Elektroingenieur(in)** *m*/(*f*) electrical engineer **Elektrokardiogramm** [elɛktrokardioˈgram] *nt* MED electrocardiogram, ECG **Elektrolyse** [elɛktroˈlyːzə] *f* ⟨*-, -n*⟩ electrolysis **Elektromagnet** [elɛktromaˈgneːt, eˈlɛktro-] *m* electromagnet **elektromagnetisch** [elɛktroma'gne:tɪʃ, e'lɛktro-] *adj* electromagnetic **Elektromotor** *m* electric motor **Elektron** ['e:lɛktrɔn, e'lɛktrɔn, elɛk'tro:n] *nt* ⟨*-s, -en* [elɛk'tro:nən]⟩ electron **Elektronenblitzgerät** *nt* PHOT electronic flash **Elektronenmikroskop** *nt* electron microscope **Elektronik** [elɛk'tro:nɪk] *f* ⟨*-, -en*⟩ electronics *sg*; (≈ *elektronische Teile*) electronics *pl* **elektronisch** [elɛk'tro:nɪʃ] **I** *adj* electronic; *~er Briefkasten* electronic mailbox **II** *adv* *~ gesteuert* electronically controlled **Elektroofen** *m* (≈ *Heizofen*) electric heater **Elektrorasierer** [-razi:rɐ] *m* ⟨*-s, -*⟩ electric shaver **Elektroschock** *m* MED electric shock **Elektroschockbehandlung** *f* electric shock treatment **elektrostatisch** [elɛktro-'ʃta:tɪʃ] **I** *adj* electrostatic **II** *adv* electrostatically **Elektrotechnik** [elɛktro-'tɛçnɪk, e'lɛktro-] *f* electrical engineering **Elektrotechniker(in)** [elɛktro-'tɛçnikɐ, e'lɛktro-, -ərɪn] *m/(f)* electrician; (≈ *Ingenieur*) electrical engineer **Elektrotherapie** [elɛktrotera'pi:, e'lɛktro-] *f* MED electrotherapy

Element [ele'mɛnt] *nt* ⟨*-(e)s, -e*⟩ element; ELEC cell, battery; *kriminelle ~e* (*pej*) criminal elements; *in seinem ~ sein* to be in one's element **elementar** [elemɛn'ta:ɐ] *adj* elementary; (≈ *naturhaft*) *Trieb* elemental **Elementarteilchen** *nt* PHYS elementary particle

elend ['e:lɛnt] **I** *adj* (≈ *jämmerlich*, *pej* ≈ *gemein*) wretched; *mir ist ganz ~* I feel really awful (*infml*); *mir wird ganz ~, wenn ich daran denke* I feel quite ill when I think about it **II** *adv* (≈ *schlecht*) wretchedly; *sich ~ fühlen* to feel awful (*infml*) **Elend** ['e:lɛnt] *nt* ⟨*-(e)s* [-dəs]⟩ *no pl* (≈ *Unglück*, *Not*) misery; (≈ *Armut*) poverty; *ein Bild des ~s* a picture of misery; *jdn/sich (selbst) ins ~ stürzen* to plunge sb/oneself into misery/poverty; *es ist ein ~ mit ihm* (*infml*) he makes you want to weep (*infml*) **elendig(lich)** ['e:lɛndɪk(lɪç), (*emph*) e:-'lɛndɪk(lɪç)] *adv* (*elev*) miserably; *~ zugrunde gehen* to come to a wretched end **Elendsviertel** *nt* slums *pl*

elf *num* eleven; → *vier* **Elf**¹ [ɛlf] *f* ⟨*-, -en*⟩ SPORTS team, eleven **Elf**² [ɛlf] *m* ⟨*-en, -en*⟩, **Elfe** ['ɛlfə] *f* ⟨*-, -n*⟩ elf **Elfenbein** ['ɛlfnbain] *nt* ivory **elfenbei-**

nern **I** *adj* ivory **II** *adv* ivory-like **elfenbeinfarben** [-farbn] *adj* ivory-coloured (*Br*), ivory-colored (*US*) **Elfenbeinturm** *m* (*fig*) ivory tower

Elfmeter [ɛlf'me:tɐ] *m* FTBL penalty (kick); *einen ~ schießen* to take a penalty **Elfmeterschießen** *nt* ⟨*-s, -*⟩ FTBL penalty shoot-out; *durch ~ entschieden* decided on penalties

eliminieren [elimi'ni:rən] *past part* **eliminiert** *v/t* to eliminate

elitär [eli'tɛ:ɐ] **I** *adj* elitist **II** *adv* in an elitist fashion **Elite** [e'li:tə] *f* ⟨*-, -n*⟩ elite **Elitetruppe** *f* MIL elite troops *pl*

Elixier [elɪ'ksi:ɐ] *nt* ⟨*-s, -e*⟩ tonic

Ellbogen ['ɛlboːgn] *m* = **Ellenbogen** **Elle** ['ɛlə] *f* ⟨*-, -n*⟩ ANAT ulna (*tech*) **Ellenbogen** ['ɛlənboːgn] *m* elbow; *die ~ gebrauchen* (*fig*) to use one's elbows **Ellenbogenfreiheit** *f* (*fig*) elbow room **Ellenbogengesellschaft** *f* dog-eat-dog society **ellenlang** *adj* (*fig infml*) incredibly long (*infml*)

Ellipse [ɛ'lɪpsə] *f* ⟨*-, -n*⟩ MAT ellipse **elliptisch** [ɛ'lɪptɪʃ] *adj* MAT elliptic(al)

eloquent [elo'kvɛnt] (*elev*) **I** *adj* eloquent **II** *adv* eloquently

El Salvador [el'zalvadoːɐ] *nt* ⟨*-s*⟩ El Salvador

Elsass ['ɛlzas] *nt* ⟨*-or -es*⟩ *das ~* Alsace **elsässisch** ['ɛlzɛsɪʃ] *adj* Alsatian **Elsass-Lothringen** ['ɛlzas'loːtrɪŋən] *nt* Alsace-Lorraine

Elster ['ɛlstɐ] *f* ⟨*-, -n*⟩ magpie; *eine diebische ~ sein* (*fig*) to be a thief

elterlich ['ɛltɐlɪç] *adj* parental **Eltern** ['ɛltɐn] *pl* parents *pl*; *nicht von schlechten ~ sein* (*infml*) to be quite something (*infml*) **Elternabend** *m* SCHOOL parents' evening **Elternbeirat** *m* ≈ PTA, parent-teacher association **Elternhaus** *nt* (parental) home; *aus gutem ~ stammen* to come from a good home **elternlos** *adj* orphaned **II** *adv* *~ aufwachsen* to grow up an orphan **Elternschaft** ['ɛltɐnʃaft] *f* ⟨*-, -en*⟩ parents *pl* **Elternsprechtag** *m* open day (for parents) **Elternteil** *m* parent **Elternzeit** *f* (extended) parental leave

Email [e'mai, e'ma:j] *nt* ⟨*-s, -s*⟩ enamel **E-Mail** ['iːmeːl] *f* ⟨*-, -s*⟩ IT E-mail, e-mail **E-Mail-Adresse** ['iːmeːl-] *f* IT E-mail *or* e-mail address

Emanze [e'mantsə] *f* ⟨*-, -n*⟩ (*usu pej*) women's libber (*infml*) **Emanzipation** [emantsipa'tsio:n] *f* ⟨*-, -en*⟩ emancipation **emanzipatorisch** [emantsipa-'to:rɪʃ] *adj* emancipatory **emanzipieren** [emantsi'pi:rən] *past part* **emanzipiert I** *v/t* to emancipate **II** *v/r* to emancipate oneself

Embargo [ɛm'bargo] *nt* ⟨*-s, -s*⟩ embargo

Embolie [ɛmbo'li:] *f* ⟨*-, -n* [-'li:ən]⟩ MED embolism

Embryo ['ɛmbryo] *m* (*Aus also nt*) ⟨*-s, -s or -nen* [-'o:nən]⟩ embryo **embryonal** [ɛmbryo'na:l] *adj attr* (BIOL, *fig*) embryonic

emeritieren [emeri'ti:rən] *past part* **emeritiert** *v/t* UNIV **emeritierter Professor** emeritus professor

Emigrant [emi'grant] *m* ⟨*-en, -en*⟩, **Emigrantin** [-'grantɪn] *f* ⟨*-, -nen*⟩ emigrant **Emigration** [emigra'tsio:n] *f* ⟨*-, -en*⟩ emigration; **in die ~ gehen** to emigrate **emigrieren** [emi'gri:rən] *past part* **emigriert** *v/i aux sein* to emigrate

eminent [emi'nɛnt] (*elev*) **I** *adj Person* eminent; **von ~er Bedeutung** of the utmost significance **II** *adv* eminently; **~ wichtig** of the utmost importance

Emirat [emi'ra:t] *nt* ⟨*-(e)s, -e*⟩ emirate

Emission [emi'sio:n] *f* **1.** FIN issue **2.** PHYS emission

Emmentaler ['ɛmənta:lɐ] *m* ⟨*-s, -*⟩ (≈ *Käse*) Emment(h)aler

Emoticon [e'mo:tikɔn] *nt* ⟨*-s, -s*⟩ IT, E-MAIL emoticon **Emotion** [emo-'tsio:n] *f* ⟨*-, -en*⟩ emotion **emotional** [emotsio'na:l] **I** *adj* emotional; *Ausdrucksweise* emotive **II** *adv* emotionally **emotionalisieren** [emotsionali'zi:rən] *past part* **emotionalisiert** *v/t* to emotionalize **Emotionalität** *f* ⟨*-, no pl*⟩ emotionality **emotionell** [emotsio'nɛl] *adj* = **emotional** **emotionsfrei** *adj, adv* = **emotionslos** **emotionsgeladen** *adj* emotionally charged **emotionslos I** *adj* unemotional **II** *adv* unemotionally

Empfang [ɛm'pfaŋ] *m* ⟨*-(e)s, ̈-e* [ɛm-'pfɛŋə]⟩ reception; (*von Brief, Ware etc*) receipt; **einen ~ geben** to give or hold a reception; **etw in ~ nehmen** to receive sth; COMM to take delivery of sth; (*zahlbar*) **nach/bei ~** (payable) on receipt (of) **empfangen** [ɛm'pfaŋən] *pret* **empfing** [ɛm'pfɪŋ], *past part* **empfangen** *v/t* to receive; (≈ *begrüßen*) to greet;

(*herzlich*) to welcome **Empfänger** [ɛm-'pfɛŋɐ] *m* ⟨*-s, -*⟩ RADIO receiver **Empfänger** [ɛm'pfɛŋɐ] *m* ⟨*-s, -*⟩, **Empfängerin** [-ərɪn] *f* ⟨*-, -nen*⟩ recipient; (≈ *Adressat*) addressee **empfänglich** [ɛm-'pfɛŋlɪç] *adj* (≈ *aufnahmebereit*) receptive (*für* to); (≈ *anfällig*) susceptible (*für* to) **Empfängnis** [ɛm'pfɛŋnɪs] *f* ⟨*-, -se*⟩ conception **empfängnisverhütend** *adj* contraceptive; **~e Mittel** *pl* contraceptives *pl* **Empfängnisverhütung** *f* contraception **Empfangsbereich** *m* (RADIO, TV) reception area **Empfangsbescheinigung** *f* (acknowledgment of) receipt **Empfangschef(in)** *m/(f)* (*von Hotel*) head porter **Empfangsdame** *f* receptionist

empfehlen [ɛm'pfe:lən] *pret* **empfahl** [ɛm'pfa:l], *past part* **empfohlen** [ɛm-'pfo:lən] **I** *v/t* to recommend; (*jdm*) **etw/jdn ~** to recommend sth/sb (to sb); → **empfohlen II** *v/r* **es empfiehlt sich, das zu tun** it is advisable to do that **empfehlenswert** *adj* to be recommended **Empfehlung** *f* ⟨*-, -en*⟩ recommendation; (≈ *Referenz*) reference; **auf ~ von** on the recommendation of **Empfehlungsschreiben** *nt* letter of recommendation

empfinden [ɛm'pfɪndn] *pret* **empfand** [ɛm'pfant], *past part* **empfunden** [ɛm-'pfʊndn] *v/t* to feel; **etw als kränkend ~** to find sth insulting; **viel/nichts für jdn ~** to feel a lot/nothing for sb **Empfinden** [ɛm'pfɪndn] *nt* ⟨*-s, no pl*⟩ feeling; **meinem ~ nach** to my mind **empfindlich** [ɛm'pfɪntlɪç] **I** *adj* **1.** sensitive; *Gesundheit, Stoff* delicate; (≈ *leicht reizbar*) touchy (*infml*); **~e Stelle** sensitive spot; **gegen etw ~ sein** to be sensitive to sth **2.** (≈ *spürbar*) *Verlust, Strafe, Niederlage* severe **II 1.** *adv* (≈ *sensibel*) sensitively; **~ reagieren** to be sensitive (*auf +acc* to) **2.** (≈ *spürbar*) severely; **deine Kritik hat ihn ~ getroffen** your criticism cut him to the quick (*esp Br*) *or* bone (*US*); **es ist ~ kalt** it is bitterly cold **Empfindlichkeit** *f* ⟨*-, -en*⟩ sensitivity; (*von Gesundheit, Stoff*) delicateness; (≈ *leichte Reizbarkeit*) touchiness (*infml*) **empfindsam** [ɛm'pfɪntza:m] *adj Mensch, Seele, Musik* sensitive; (≈ *gefühlvoll*) sentimental **Empfindung** [ɛm-'pfɪndʊŋ] *f* ⟨*-, -en*⟩ feeling

empfohlen *adj* recommended; → **emp-**

fehlen

emphatisch [ɛmˈfaːtɪʃ] (*elev*) **I** *adj* emphatic **II** *adv* emphatically

Empiriker [ɛmˈpiːrikɐ] *m* ⟨**-s, -**⟩, **Empirikerin** [-ərɪn] *f* ⟨**-, -nen**⟩ empiricist **empirisch** [ɛmˈpiːrɪʃ] *adj* empirical

Empore [ɛmˈpoːrə] *f* ⟨**-, -n**⟩ ARCH gallery

empören [ɛmˈpøːrən] *past part* **empört I** *v/t* to fill with indignation; (*stärker*) to incense; → **empört II** *v/r* to be indignant (*über +acc* at); (*stärker*) to be incensed (*über +acc* at) **empörend** *adj* outrageous

emporkommen *v/i sep irr aux sein* (*elev*) to rise (up); (*fig*) (≈ *aufkommen*) to come to the fore **Emporkömmling** [ɛmˈpoːrækœmlɪŋ] *m* ⟨**-s, -e**⟩ (*pej*) upstart **emporragen** *v/i sep aux haben or sein* (*elev*) to tower (*über +acc* above)

empört [ɛmˈpøːɐt] **I** *adj* outraged (*über +acc* at) **II** *adv* indignantly; → **empören** **Empörung** [ɛmˈpøːrʊŋ] *f* ⟨**-, no pl**⟩ (≈ *Entrüstung*) indignation (*über +acc* at)

emsig [ˈɛmzɪç] **I** *adj* busy; (≈ *eifrig*) eager **II** *adv* busily; (≈ *eifrig*) eagerly

Emu [ˈeːmu] *m* ⟨**-s, -s**⟩ emu

Emulsion [emʊlˈzioːn] *f* ⟨**-, -en**⟩ emulsion

E-Musik [ˈeː-] *f* serious music

Endabnehmer(in) *m/(f)* end buyer **Endabrechnung** *f* final account **Endbenutzer(in)** *m/(f)* end user **Endbetrag** *m* final amount **Ende** [ˈɛndə] *nt* ⟨**-s, -n**⟩ end; (≈ *Ausgang*) outcome; (≈ *eines Films etc*) ending; **~ Mai/der Woche** at the end of May/the week; **~ der Zwanzigerjahre** in the late twenties; **er ist ~ vierzig** he is in his late forties; **das ~ vom Lied** the final outcome; **Probleme ohne ~** endless problems; **letzten ~s** when all is said and done; (≈ *am Ende*) in the end; **damit muss es jetzt ein ~ haben** this must stop now; **das nimmt gar kein ~** (*infml*) there's no end to it; **ein böses ~ nehmen** to come to a bad end; **... und kein ~** ... without end; **es ist noch ein gutes or ganzes ~** (*infml*) there's still quite a way to go (yet); **am ~** at the end; (≈ *schließlich*) in the end; (*infml* ≈ *möglicherweise*) perhaps; **am ~ sein** (*fig*) to be at the end of one's tether (*Br*) or rope (*US*); **mit etw am ~ sein** to have reached the end of sth; (*Vorrat*) to have run out of sth; **meine Geduld ist am ~** my patience is at an end; **zu ~ fin-**

ished; **etw zu ~ bringen** or **führen** to finish (off) sth; **zu ~ gehen** to come to an end; (*Vorräte*) to run out; **~ gut, alles gut** (*prov*) all's well that ends well (*prov*) **Endeffekt** *m* **im ~** (*infml*) in the end **enden** [ˈɛndn] *v/i* to end; **es endete damit, dass ...** the outcome was that ...; **er endete im Gefängnis** he ended up in prison; **wie wird das noch mit ihm ~?** what will become of him?; **das wird böse ~!** no good will come of it! **Endergebnis** *nt* final result **Endgehalt** *nt* final salary **Endgerät** *nt* TEL *etc* terminal **endgültig I** *adj* final; *Antwort* definite **II** *adv* finally; **damit ist die Sache ~ entschieden** that settles the matter once and for all; **sie haben sich jetzt ~ getrennt** they've separated for good **Endgültigkeit** *f, no pl* finality **Endhaltestelle** *f* terminus, final stop (*US*)

Endivie [ɛnˈdiːviə] *f* ⟨**-, -n**⟩ endive

Endlager *nt* (*für Atommüll etc*) permanent (waste) disposal site **endlagern** *v/t insep Atommüll etc* to dispose of permanently **endlich** [ˈɛntlɪç] **I** *adv* finally; **na ~!** at (long) last!; **hör ~ damit auf!** will you stop that!; **~ kam er doch** he eventually came after all **II** *adj* MAT finite **endlos I** *adj* endless **II** *adv* forever; **ich musste ~ lange warten** I had to wait for ages (*infml*)

endogen [ɛndoˈgeːn] *adj* endogenous **Endoskop** [ɛndoˈskoːp] *nt* ⟨**-s, -e**⟩ MED endoscope **Endoskopie** [ɛndoskoˈpiː] *f* ⟨**-, -n** [-ˈpiːən]⟩ MED endoscopy

Endphase *f* final stage(s *pl*) **Endprodukt** *nt* end product **Endrunde** *f* SPORTS finals *pl* **Endsilbe** *f* final syllable **Endspiel** *nt* SPORTS final; CHESS end game **Endspurt** *m* (SPORTS, *fig*) final spurt **Endstadium** *nt* final *or* (MED) terminal stage **Endstation** *f* RAIL *etc* terminus, terminal; (*fig*) end of the line **Endung** [ˈɛndʊŋ] *f* ⟨**-, -en**⟩ GRAM ending **Endverbraucher(in)** *m/(f)* end user

Energie [enɛrˈgiː] *f* ⟨**-, -n** [-ˈgiːən]⟩ energy; **~ sparend** energy-saving; **mit aller** *or* **ganzer ~** with all one's energy **Energiebedarf** *m* energy requirement **energiebewusst** *adj* energy-conscious **Energieeinsparung** *f* energy saving **energiegeladen** *adj* full of energy **Energiekrise** *f* energy crisis **energielos** *adj* lacking in energy **Energielosigkeit** *f* ⟨**-, no pl**⟩ lack of energy **Energiepolitik** *f* energy policy

Energiequelle *f* energy source **energiesparend** *adj* energy-saving **Energieverbrauch** *m* energy consumption **Energieverschwendung** *f* waste of energy **Energieversorgung** *f* supply of energy **Energiewirtschaft** *f* (≈ *Wirtschaftszweig*) energy industry

energisch [e'nɛrgɪʃ] **I** *adj* (≈ *voller Energie*) energetic; *Maßnahmen* firm; *Worte* strong; **~ werden** to assert oneself **II** *adv* dementieren strongly; *verteidigen* vigorously; **~ durchgreifen** to take firm action

eng [ɛŋ] **I** *adj* **1.** narrow; *Kleidung* tight; *im ~eren Sinne* in the narrow sense **2.** (≈ *nah, dicht*) close; *eine Feier im ~sten Kreise* a small party for close friends **II** *adv* **~ anliegend** tight(-fitting); **~ zusammengedrängt sein** to be crowded together; **~ beschrieben** closely written; **~ nebeneinander** close together; **~ befreundet sein** to be close friends; *das darfst du nicht so ~ sehen* (*fig infml*) don't take it so seriously

Engagement [ãgaʒə'mãː] *nt* ⟨**-s, -s**⟩ **1.** THEAT engagement **2.** (≈ *politisches Engagement*) commitment (*für* to) **engagieren** [ãga'ʒiːrən] *past part* **engagiert I** *v/t* to engage **II** *v/r* to be / become committed (*für* to) **engagiert** [ãga'ʒiːrt] *adj* committed

enganliegend *adj attr*; → **eng**

Enge ['ɛŋə] *f* ⟨**-, -n**⟩ **1.** *no pl* (*von Straße etc*) narrowness; (*von Kleid etc*) tightness **2.** (≈ *Meerenge*) strait; (≈ *Engpass*) pass; *jdn in die ~ treiben* (*fig*) to drive sb into a corner

Engel ['ɛŋl] *m* ⟨**-s, -**⟩ angel **Engelsgeduld** *f sie hat eine ~* she has the patience of a saint

England ['ɛŋlant] *nt* ⟨**-s**⟩ England **Engländer** ['ɛŋlɛndɐ] *m* ⟨**-s, -**⟩ **1.** Englishman; English boy; *die ~ pl* the English, the Brits (*infml*); *er ist ~* he's English **2.** TECH monkey wrench **Engländerin** ['ɛŋlɛndərɪn] *f* ⟨**-, -nen**⟩ Englishwoman; English girl **englisch** ['ɛŋlɪʃ] *adj* English; *Steak* rare; → **deutsch Englisch(e)** ['ɛŋlɪʃ] *nt* English; → **Deutsch Englischlehrer(in)** *m*/(*f*) English teacher **englischsprachig** *adj Gebiet* English-speaking; *Zeitung* English-language *attr* **Englischunterricht** *m* **1.** English lessons *pl* **2.** (*das Unterrichten*) teaching of English; (*Privatunterricht*) English language

tuition

engmaschig [-maʃɪç] *adj* close-meshed; (*fig*) close **Engpass** *m* (narrow) pass; (*fig*) bottleneck

en gros [ã 'gro] *adv* wholesale; (*fig*) en masse

engstirnig ['ɛŋʃtɪrnɪç] *adj* narrow-minded **Engstirnigkeit** *f* narrow-mindedness

Enkel ['ɛŋkl] *m* ⟨**-s, -**⟩ grandson **Enkelin** ['ɛŋkəlɪn] *f* ⟨**-, -nen**⟩ granddaughter

Enklave [ɛn'klaːvə] *f* ⟨**-, -n**⟩ enclave

en masse [ã 'mas] *adv* en masse

enorm [e'nɔrm] **I** *adj* (≈ *riesig*) enormous; (*infml* ≈ *herrlich, kolossal*) tremendous; (*infml*) **II** *adv* (≈ *riesig*) enormously; (*infml* ≈ *herrlich, kolossal*) tremendously

en passant [ã pa'sã] *adv* en passant

Ensemble [ã'sãːbl] *nt* ⟨**-s, -s**⟩ ensemble; (≈ *Besetzung*) cast

entarten [ɛnt'|artn] *past part* **entartet** *v/i aux sein* to degenerate (*zu* into) **entartet** [ɛnt'|artət] *adj* degenerate

entbehren [ɛnt'beːrən] *past part* **entbehrt** *v/t* (≈ *vermissen*) to miss; (≈ *zur Verfügung stellen*) to spare; (≈ *verzichten*) to do without; *wir können ihn heute nicht ~* we cannot spare him / it today **entbehrlich** [ɛnt'beːrlɪç] *adj* dispensable **Entbehrung** *f* ⟨**-, -en**⟩ privation

entbinden [ɛnt'bɪndn] *past part* **entbunden** [ɛnt'bʊndn] *irr* **I** *v/t* **1.** *Frau* to deliver; *sie ist von einem Sohn entbunden worden* she has given birth to a son **2.** (≈ *befreien*) to release (*von* from) **II** *v/i* (*Frau*) to give birth **Entbindung** *f* delivery; (*von Amt etc*) release **Entbindungsklinik** *f* maternity clinic **Entbindungsstation** *f* maternity ward

entblöden [ɛnt'bløːdn] *past part* **entblödet** *v/r* (*elev*) *sich nicht ~, etw zu tun* to have the effrontery to do sth

entblößen [ɛnt'bløːsn] *past part* **entblößt** *v/t* (*form*) *Körperteil* to bare; (*fig*) *sein Innenleben* to lay bare

entdecken [ɛnt'dɛkn] *past part* **entdeckt** *v/t* (≈ *finden*) to discover; (*in der Ferne, einer Menge*) to spot **Entdecker** [ɛnt'dɛkɐ] *m* ⟨**-s, -**⟩, **Entdeckerin** [-ərɪn] *f* ⟨**-, -nen**⟩ discoverer **Entdeckung** *f* discovery

Ente ['ɛntə] *f* ⟨**-, -n**⟩ duck; (PRESS *infml*) canard

entehren [ɛnt'|eːrən] *past part* **entehrt** *v/t* to dishonour (*Br*), to dishonor (*US*); (≈

entwürdigen) to degrade; **~d** degrading
enteignen[ɛnt'|aignən] *past part* **enteig-
net** *v/t* to expropriate; *Besitzer* to dispossess **Enteignung** *f* expropriation;
(*von Besitzer*) dispossession
enteisen [ɛnt'|aizn] *past part* **enteist** *v/t*
to de-ice; *Kühlschrank* to defrost
Entenbraten*m* roast duck **Entenei**[-|ai]
nt duck's egg
Entente [ā'tā:t(ə)] *f* ⟨-, -n⟩ POL entente
enterben[ɛnt'|ɛrbn] *past part* **enterbt** *v/t*
to disinherit
Enterich['ɛntərɪç] *m* ⟨-s, -e⟩ drake
entern ['ɛntɐn] *v/t* (≈ *stürmen*) *Schiff,
Haus* to storm
Entertainer[ɛntɐ'te:nɐ] *m* ⟨-s, -⟩, **Enter-
tainerin** [-ərin] *f* ⟨-, -nen⟩ entertainer
Enter-Taste ['ɛntɐ-] *f* IT enter key
entfallen [ɛnt'falən] *past part* **entfallen**
v/i irr aux sein to fall **1.** (*fig: aus dem Gedächtnis*) *jdm* ~ to slip sb's mind **2.** (≈ *wegfallen*) to be dropped **3. auf jdn/etw** ~
(*Geld, Kosten*) to be allotted to sb/sth
entfalten[ɛnt'faltn] *past part* **entfaltet I**
v/t to unfold; (*fig*) *Kräfte, Begabung* to
develop; *Plan* to set out **II** *v/r* (*Blüte*) to
open; (*fig*) to develop; **hier kann ich
mich nicht ~** I can't make full use of
my abilities here **Entfaltung** *f* ⟨-, -en⟩
unfolding; (≈ *Entwicklung*) development; (*eines Planes*) setting out; **zur ~
kommen** to develop
entfernen[ɛnt'fɛrnən] *past part* **entfernt
I** *v/t* to remove (*von, aus* from); IT to delete; *jdn aus der Schule* ~ to expel sb
from school **II** *v/r* **1. sich (von** or *aus
etw) ~* to go away (from sth); **sich von
seinem Posten ~** to leave one's post
2. (*fig: von jdm*) to become estranged;
(*von Thema*) to digress **entfernt** [ɛnt-
'fɛrnt] **I** *adj* *Ort, Verwandter* distant;
(≈ *abgelegen*) remote; (≈ *gering*) *Ähnlichkeit* vague; **10 km~ von** 10 km (away)
from; **das Haus liegt 2 km ~** the house is
2 km away **II** *adv* remotely; **~ verwandt**
distantly related; **nicht im Entferntesten!** not in the slightest! **Entfernung** *f*
⟨-, -en⟩ **1.** distance; *aus kurzer ~ (schießen*) (to fire) at *or* from close range; *in
acht Kilometer(n)* ~ eight kilometers
(*Br*) *or* kilometers (*US*) away **2.** (≈
das Entfernen) removal **Entfernungs-
messer***m* ⟨-s, -⟩ MIL, PHOT rangefinder
entfesseln [ɛnt'fɛsln] *past part* **entfesselt** *v/t* (*fig*) to unleash **entfesselt**[ɛnt-

'fɛslt] *adj* unleashed; *Leidenschaft* unbridled; *Naturgewalten* raging
entfetten[ɛnt'fɛtn] *past part* **entfettet** *v/t*
to remove the grease from
entflammbar *adj* inflammable **entflam-
men** [ɛnt'flamən] *past part* **entflammt
I** *v/t* (*fig*) to (a)rouse; *Begeisterung* to
fire **II** *v/i aux sein* to burst into flames;
(*fig*) (*Zorn, Streit*) to flare up
entflechten [ɛnt'flɛçtn] *past part* **ent-
flochten** [ɛnt'flɔxtn] *v/t irr Konzern,
Kartell etc* to break up
entfliehen [ɛnt'fli:ən] *past part* **entflo-
hen** [ɛnt'flo:ən] *v/i irr aux sein* to escape
(*+dat or aus* from)
entfremden [ɛnt'frɛmdn] *past part* **entfremdet I** *v/t* to alienate **II** *v/r* to become
alienated (*dat* from) **Entfremdung** *f* ⟨-,
-en⟩ estrangement; SOCIOL alienation
entfrosten[ɛnt'frɔstn] *past part* **entfros-
tet** *v/t* to defrost **Entfroster**[ɛnt'frɔstɐ]
m ⟨-s, -⟩ defroster
entführen[ɛnt'fy:rən] *past part* **entführt**
v/t jdn to kidnap; *Flugzeug* to hijack
Entführer(in) *m(f)* kidnapper; (*von
Flugzeug*) hijacker **Entführung** *f* kidnapping; (*von Flugzeug*) hijacking
entgegen[ɛnt'ge:gn] **I** *prep* *+dat* contrary to; **~ allen Erwartungen** contrary to
all expectation(s) **II** *adv* (*elev*) **neuen
Abenteuern ~!** on to new adventures!
entgegenbringen *v/t sep irr* **jdm etw ~**
(*fig*) *Freundschaft etc* to show sth for
sb **entgegengehen** *v/i +dat sep irr aux
sein* to go toward(s); *dem Ende ~* (*Leben, Krieg*) to draw to a close; *seinem
Untergang ~* to be heading for disaster
entgegengesetzt *adj* opposite; *einander ~e Interessen/Meinungen etc* opposing interests / views *etc*; → **entgegensetzen entgegenhalten** *v/t +dat sep irr*
jdm etw ~ (*lit*) to hold sth out toward(s)
sb; *einer Sache~, dass ...* (*fig*) to object
to sth that ... **entgegenkommen***v/i +dat
sep irr aux sein* to come toward(s); (*fig*)
to accommodate; *jdm auf halbem We-
ge~* to meet sb halfway; *das kommt unseren Plänen sehr entgegen* that fits in
very well with our plans **Entgegenkommen***nt* (≈ *Gefälligkeit*) kindness; (≈ *Zugeständnis*) concession **entgegenkommend** *adj* **1.** *Fahrzeug* oncoming **2.**
(*fig*) obliging **entgegenlaufen** *v/i +dat
sep irr aux sein* to run toward(s) **entgegennehmen***v/t sep irr* (≈ *empfangen*) to

receive; (≈ *annehmen*) to accept **entgegensehen** *v/i sep irr* (*fig*) *einer Sache* (*dat*) **~** to await sth; (*freudig*) to look forward to sth; *einer Sache* **~** *müssen* to have to face sth **entgegensetzen** *v/t* +*dat sep etw einer Sache* **~** to set sth against sth; *dem habe ich entgegenzusetzen, dass* ... against that I'd like to say that ...; → *entgegengesetzt* **entgegenstellen** *sep* **I** *v/t* +*dat* = **entgegensetzen II** *v/r* +*dat sich jdm/einer Sache* **~** to oppose sb/sth **entgegentreten** *v/i* +*dat sep irr aux sein* to step up to; *einer Politik* to oppose; *Behauptungen* to counter; *einer Gefahr* to take steps against **entgegenwirken** *v/i* +*dat sep* to counteract

entgegnen [ɛnt'geːgnən] *past part* **entgegnet** *v/t & v/i* to reply; (*kurz, barsch*) to retort (*auf* +*acc* to) **Entgegnung** *f*⟨-, -en⟩ reply

entgehen [ɛnt'geːən] *past part* **entgangen** [ɛnt'gaŋən] *v/i* +*dat irr aux sein* **1.** (≈ *entkommen*) *Verfolgern* to elude; *dem Schicksal, der Gefahr, Strafe* to escape **2.** (*fig* ≈ *nicht bemerkt werden*) *dieser Fehler ist mir entgangen* I failed to notice this mistake; *ihr entgeht nichts* she doesn't miss a thing; *sich* (*dat*) *etw* **~** *lassen* to miss sth

entgeistert [ɛnt'gaɪstɐt] *adj* thunderstruck

Entgelt [ɛnt'gɛlt] *nt* ⟨-(e)s, -e⟩ (*form*) **1.** (≈ *Bezahlung*) remuneration (*form*); (≈ *Anerkennung*) reward **2.** (≈ *Gebühr*) fee

entgiften [ɛnt'gɪftn] *past part* **entgiftet** *v/t* to decontaminate; MED to detoxicate

entgleisen [ɛnt'glaɪzn] *past part* **entgleist** *v/i aux sein* **1.** RAIL to be derailed **2.** (*fig: Mensch*) to misbehave **Entgleisung** *f*⟨-, -en⟩ derailment; (*fig*) faux pas

entgleiten [ɛnt'glaɪtn] *past part* **entglitten** [ɛnt'glɪtn] *v/i* +*dat irr aux sein* to slip; *jdm* **~** to slip from sb's grasp; (*fig*) to slip away from sb

entgräten [ɛnt'grɛːtn] *past part* **entgrätet** *v/t Fisch* to fillet

enthaaren [ɛnt'haːrən] *past part* **enthaart** *v/t* to remove unwanted hair from **Enthaarungsmittel** *nt* depilatory

enthalten [ɛnt'haltn] *past part* **enthalten** *irr* **I** *v/t* to contain; **~** *sein in* (+*dat*) to be included in **II** *v/r sich einer Sache* (*gen*) **~** (*elev*) to abstain from sth; *sich*

(*der Stimme*) **~** to abstain

enthaltsam [ɛnt'haltzaːm] **I** *adj* abstemious; (*sexuell*) chaste **II** *adv* **~** *leben* to be abstinent; (≈ *sexuell*) to be celibate **Enthaltsamkeit** *f*⟨-, *no pl*⟩ abstinence; (*sexuell*) chastity **Enthaltung** *f* abstinence; (≈ *Stimmenthaltung*) abstention

enthärten [ɛnt'hɛrtn] *past part* **enthärtet** *v/t Wasser* to soften

enthaupten [ɛnt'haʊptn] *past part* **enthauptet** *v/t* to decapitate **Enthauptung** *f*⟨-, -en⟩ decapitation

entheben [ɛnt'heːbn] *past part* **enthoben** [ɛnt'hoːbn] *v/t irr jdn einer Sache* (*gen*) **~** to relieve sb of sth

enthemmen [ɛnt'hɛmən] *past part* **enthemmt** *v/t & v/i jdn* **~** to make sb lose his inhibitions

enthüllen [ɛnt'hʏlən] *past part* **enthüllt** *v/t* to uncover; *Denkmal* to unveil; *Geheimnis* to reveal **Enthüllung** *f*⟨-, -en⟩ uncovering; (*von Denkmal*) unveiling **Enthüllungsjournalismus** *m* investigative journalism

Enthusiasmus [ɛntu'ziasmʊs] *m* ⟨-, *no pl*⟩ enthusiasm **enthusiastisch** [ɛntu'ziastɪʃ] **I** *adj* enthusiastic **II** *adv* enthusiastically

entjungfern [ɛnt'jʊŋfɐn] *past part* **entjungfert** *v/t* to deflower

entkalken [ɛnt'kalkn] *past part* **entkalkt** *v/t* to decalcify

entkernen [ɛnt'kɛrnən] *past part* **entkernt** *v/t Kernobst* to core; *Steinobst* to stone

entkoffeiniert [ɛntkɔfei'niːɐt] *adj* decaffeinated

entkommen [ɛnt'kɔmən] *past part* **entkommen** *v/i irr aux sein* to escape (+*dat, aus* from) **Entkommen** *nt* escape

entkorken [ɛnt'kɔrkn] *past part* **entkorkt** *v/t Flasche* to uncork

entkräften [ɛnt'krɛftn] *past part* **entkräftet** *v/t* to weaken; (≈ *erschöpfen*) to exhaust; (*fig* ≈ *widerlegen*) to refute **Entkräftung** *f*⟨-, -en⟩ weakening; (≈ *Erschöpfung*) exhaustion; (*fig* ≈ *Widerlegung*) refutation

entkrampfen [ɛnt'krampfn] *past part* **entkrampft** *v/t* (*fig*) to relax; *Lage* to ease

entladen [ɛnt'laːdn] *past part* **entladen** *irr* **I** *v/t* to unload; *Batterie etc* to discharge **II** *v/r* (*Gewitter*) to break; (*Schusswaffe*) to go off; (*Batterie etc*)

to discharge; (*fig: Emotion*) to vent itself
entlang [ɛnt'laŋ] **I** *prep* +*acc or* +*dat or*
(*rare*) +*gen* along; **den Fluss ~** along
the river **II** *adv* along; **hier ~** this way
entlanggehen *v/t & v/i sep irr aux sein*
to walk along
entlarven [ɛnt'larfn] *past part* **entlarvt** *v/t*
(*fig*) *Spion* to unmask; *Betrug etc* to uncover
entlassen [ɛnt'lasn] *past part* **entlassen**
v/t irr (≈ *kündigen*) to dismiss; (*aus dem
Krankenhaus*) to discharge; (*aus dem
Gefängnis*) to release **Entlassung** *f* ⟨**-,
-en**⟩ dismissal; (*aus dem Krankenhaus*)
discharge; (*aus dem Gefängnis*) release
entlasten [ɛnt'lastn] *past part* **entlastet**
v/t to relieve; *Verkehr* to ease; JUR *Angeklagten* to exonerate; COMM *Vorstand* to
approve the activities of **Entlastung** *f* ⟨**-,
-en**⟩ relief; JUR exoneration; (COMM: *von
Vorstand*) approval; **zu seiner ~ führte
der Angeklagte an, dass ...** in his defence (*Br*) *or* defense (*US*) the defendant stated that ... **Entlastungsmaterial**
nt JUR evidence for the defence (*Br*)
or defense (*US*) **Entlastungszeuge** *m*,
Entlastungszeugin *f* JUR witness for
the defence (*Br*) *or* defense (*US*) **Ent-
lastungszug** *m* relief train
Entlaubung *f* ⟨**-, -en**⟩ defoliation **Entlau-
bungsmittel** *nt* defoliant
entlaufen [ɛnt'laufn] *past part* **entlaufen**
v/i irr aux sein to run away (+*dat, von*
from); **ein ~es Kind** a runaway child;
ein ~er Sträfling an escaped convict;
„**Hund ~**" "dog missing"
entledigen [ɛnt'le:dɪgn] *past part* **entle-
digt** *v/r* (*form*) **sich jds/einer Sache ~**
to rid oneself of sb / sth; **sich seiner Kleidung ~** to remove one's clothes
entleeren [ɛnt'le:rən] *past part* **entleert**
v/t to empty **Entleerung** *f* emptying
entlegen [ɛnt'le:gn] *adj* out-of-the-way
entlehnen [ɛnt'le:nən] *past part* **entlehnt**
v/t (*fig*) to borrow (+*dat, von* from)
Entlein ['ɛntlaɪn] *nt* ⟨**-s, -**⟩ duckling
entlocken [ɛnt'lɔkn] *past part* **entlockt**
*v/t jdm/einer Sache etw ~** to elicit sth
from sb / sth
entlohnen [ɛnt'lo:nən] *past part* **ent-
lohnt** *v/t* to pay; (*fig*) to reward **Entloh-
nung** *f* ⟨**-, -en**⟩ pay(ment); (*fig*) reward
entlüften [ɛnt'lʏftn] *past part* **entlüftet**
v/t to ventilate; *Bremsen, Heizung* to
bleed **Entlüftung** *f* ventilation; (*von*

Bremsen, Heizung) bleeding
entmachten [ɛnt'maxtn] *past part* **ent-
machtet** *v/t* to deprive of power **Ent-
machtung** *f* ⟨**-, -en**⟩ deprivation of power
entmilitarisieren [ɛntmilitari'zi:rən]
past part **entmilitarisiert** *v/t* to demilitarize **Entmilitarisierung** *f* ⟨**-, -en**⟩ demilitarization
entmündigen [ɛnt'mʏndɪgn] *past part*
entmündigt *v/t* JUR to (legally) incapacitate **Entmündigung** *f* ⟨**-, -en**⟩ (*legal*)
incapacitation
entmutigen [ɛnt'mu:tɪgn] *past part* **entmutigt** *v/t* to discourage; **sich nicht ~
lassen** not to be discouraged **Entmutigung** *f* ⟨**-, -en**⟩ discouragement
Entnahme [ɛnt'na:mə] *f* ⟨**-, -n**⟩ (*form*) removal; (*von Blut*) extraction; (*von
Geld*) withdrawal **entnehmen** [ɛnt-
'ne:mən] *past part* **entnommen** [ɛnt-
'nɔmən] *v/t irr* to take (from); (*fig* ≈ *erkennen*) to gather (from)
entnerven [ɛnt'nɛrfn] *past part* **entnervt**
v/t to unnerve; **~d** unnerving; (≈ *nervtötend*) nerve-racking
entpolitisieren [ɛntpoliti'zi:rən] *past
part* **entpolitisiert** *v/t* to depoliticize
entpuppen [ɛnt'pʊpn] *past part* **ent-
puppt** *v/r* **sich als Betrüger** *etc* **~** to turn
out to be a cheat *etc*
entrahmen [ɛnt'ra:mən] *past part* **ent-
rahmt** *v/t* *Milch* to skim
enträtseln [ɛnt'rɛ:tsln] *past part* **enträt-
selt** *v/t* to solve; *Sinn* to work out; *Schrift*
to decipher
entrechten [ɛnt'rɛçtn] *past part* **entrech-
tet** *v/t jdn ~* to deprive sb of his rights
entreißen [ɛnt'raɪsn] *past part* **entrissen**
[ɛnt'rɪsn] *v/t irr jdm etw ~* to snatch sth
(away) from sb
entrichten [ɛnt'rɪçtn] *past part* **entrich-
tet** *v/t* (*form*) to pay
entriegeln [ɛnt'ri:gln] *past part* **entrie-
gelt** *v/t* to unbolt; IT *etc Tastatur* to unlock
entrinnen [ɛnt'rɪnən] *past part* **entron-
nen** [ɛnt'rɔnən] *v/i* +*dat irr aux sein*
(*elev*) to escape from; **es gibt kein Entrinnen** there is no escape
entrosten [ɛnt'rɔstn] *past part* **entrostet**
v/t to derust **Entroster** [ɛnt'rɔstɐ] *m* ⟨**-s,
-**⟩ deruster
entrückt [ɛnt'rʏkt] *adj* (*elev*) (≈ *verzückt*)
enraptured; (≈ *versunken*) lost in rever-

ie
entrümpeln [ɛnt'rʏmpln] *past part* **ent-rümpelt** *v/t* to clear out
entrüsten [ɛnt'rʏstn] *past part* **entrüstet** **I** *v/t* to outrage **II** *v/r* **sich ~ über** (+*acc*) to be outraged at **entrüstet** [ɛnt'rʏstət] **I** *adj* outraged **II** *adv* indignantly, outraged **Entrüstung** *f* indignation
entsaften [ɛnt'zaftn] *past part* **entsaftet** *v/t* to extract the juice from **Entsafter** [ɛnt'zaftɐ] *m* ⟨**-s, -**⟩ juice extractor
entsalzen [ɛnt'zaltsn] *past part* **entsalzt** *v/t irr* to desalinate
entschädigen [ɛnt'ʃɛːdɪɡn] *past part* **entschädigt** *v/t* (*für* for) to compensate; (*für Dienste etc*) to reward; (*esp mit Geld*) to remunerate; (≈ *Kosten erstatten*) to reimburse **Entschädigung** *f* ⟨**-, -en**⟩ compensation; (*für Dienste*) reward; (*mit Geld*) remuneration; (≈ *Kostenerstattung*) reimbursement
entschärfen [ɛnt'ʃɛrfn] *past part* **entschärft** *v/t* *Bombe, Krise* to defuse; *Argument* to neutralize
Entscheid [ɛnt'ʃait] *m* ⟨**-(e)s, -e** [-də]⟩ (*Swiss form*) = **Entscheidung entscheiden** [ɛnt'ʃaidn] *pret* **entschied** [ɛnt'ʃiːt], *past part* **entschieden** [ɛnt'ʃiːdn] **I** *v/t* to decide; *das Spiel ist entschieden* the game has been decided; *den Kampf für sich ~* to secure victory in the struggle; *es ist noch nichts entschieden* nothing has been decided (as) yet; → **entschieden II** *v/i* (*über* +*acc*) to decide (on); *darüber habe ich nicht zu ~* that is not for me to decide **III** *v/r* (*Mensch*) to decide; (*Angelegenheit*) to be decided; *sich für jdn/etw ~* to decide in favour (*Br*) *or* favor (*US*) of sb/sth; *sich gegen jdn/etw ~* to decide against sb/sth **entscheidend I** *adj* decisive; *die ~e Stimme* (*bei Wahlen etc*) the deciding vote; *das Entscheidende* the decisive factor **II** *adv* schlagen, schwächen decisively **Entscheidung** *f* decision **Entscheidungsfreiheit** *f* freedom to decide **Entscheidungskampf** *m* decisive encounter; *SPORTS* deciding round/game *etc* **Entscheidungsträger(in)** *m/(f)* decision-maker **entscheiden** [ɛnt'ʃiːdn] **I** *past part of* **entscheiden II** *adj* **1.** (≈ *entschlossen*) determined; *Befürworter* staunch; *Ablehnung* firm **2.** *no pred* (≈ *eindeutig*) decided **III** *adv* **1.** (≈ *strikt*) ablehnen firmly;

bekämpfen resolutely; zurückweisen staunchly **2.** (≈ *eindeutig*) definitely; *das geht ~ zu weit* that's definitely going too far **Entschiedenheit** *f* ⟨**-, -en**⟩ (≈ *Entschlossenheit*) determination; *etw mit aller ~ dementieren* to deny sth categorically
entschlacken [ɛnt'ʃlakn] *past part* **entschlackt** *v/t* METAL to remove the slag from; MED *Körper* to purify
entschließen [ɛnt'ʃliːsn] *pret* **entschloss** [ɛnt'ʃlɔs], *past part* **entschlossen** [ɛnt'ʃlɔsn] *v/r* to decide (*für, zu* on); *sich anders ~* to change one's mind; *zu allem entschlossen sein* to be ready for anything; → **entschlossen Entschließung** *f* resolution **entschlossen** [ɛnt'ʃlɔsn] **I** *past part of* **entschließen II** *adj* determined; *ich bin fest ~* I am absolutely determined **III** *adv* resolutely; *kurz ~* without further ado **Entschlossenheit** *f* ⟨**-, no pl**⟩ determination **Entschluss** *m* (≈ *Entscheidung*) decision; *seinen ~ ändern* to change one's mind
entschlüsseln [ɛnt'ʃlʏsln] *past part* **entschlüsselt** *v/t* to decipher
entschlussfreudig *adj* decisive **Entschlusskraft** *f* decisiveness
entschuldbar [ɛnt'ʃʊltbaːɐ] *adj* excusable
entschulden [ɛnt'ʃʊldn] *past part* **entschuldet** *v/t* to free of debt
entschuldigen [ɛnt'ʃʊldɪɡn] *past part* **entschuldigt I** *v/t* to excuse; *das lässt sich nicht ~!* that is inexcusable!; *einen Schüler ~ lassen* or *~* to ask for a pupil to be excused; *ich bitte mich zu ~* I ask to be excused **II** *v/i* *~ Sie (bitte)!* (do *or* please) excuse me!, sorry!; (*bei Bitte, Frage etc*) excuse me (please), pardon me (*US*) **III** *v/r* *sich (bei jdm) ~* (≈ *um Verzeihung bitten*) to apologize (to sb); (≈ *sich abmelden*) to excuse oneself **Entschuldigung** *f* ⟨**-, -en**⟩ (≈ *Grund*) excuse; (≈ *Bitte um Entschuldigung*) apology; (SCHOOL ≈ *Brief*) note; *~!* excuse me!; *zu seiner ~ sagte er...* he said in his defence (*Br*) *or* defense (*US*) that ...; (*jdn*) *um ~ bitten* to apologize (to sb)
Entschwefelungsanlage *f* desulphurization plant
entschwinden [ɛnt'ʃvɪndn] *past part* **entschwunden** [ɛnt'ʃvʊndn] *v/i irr aux sein* to vanish (+*dat* from, *in* +*acc* into)
entsetzen [ɛnt'zɛtsn] *past part* **entsetzt I**

v/t to horrify **II** *v/r* **sich über jdn/etw ~** to be horrified at or by sb/sth; → **entsetzt** Ents**e̱**tzen [ɛnt'zɛtsn] *nt* ⟨**-s**, *no pl*⟩ horror; (≈ *Erschrecken*) terror; **mit ~ sehen, dass ...** to be horrified/terrified to see that ... Ents**e̱**tzensschrei *m* cry of horror **entsetzlich** [ɛnt'zɛtslɪç] **I** *adj* dreadful **II** *adv* **1.** (≈ *schrecklich*) dreadfully **2.** (*infml* ≈ *sehr*) awfully ents**e̱**tzt [ɛnt'zɛtst] **I** *adj* horrified (*über* +*acc* at, by) **II** *adv* in horror; **jdn ~ anstarren** to give sb a horrified look; → **entsetzen**

entse̱**uchen** [ɛnt'zɔyçn] *past part* **entseucht** *v/t* to decontaminate Ents**e̱**uchung *f* ⟨**-**, **-en**⟩ decontamination

entsi̱**chern** [ɛnt'zɪçɐn] *past part* **entsi̱chert** *v/t* **eine Pistole ~** to release the safety catch of a pistol

entsi̱**nnen** [ɛnt'zɪnən] *past part* **entso̱nnen** [ɛnt'zɔnən] *v/r irr* to remember (*einer Sache* (*gen*), *an etw* (*acc*) sth; **wenn ich mich recht entsinne** if my memory serves me correctly

entso̱rgen [ɛnt'zɔrgn] *past part* **entso̱rgt** *v/t* Abfälle etc to dispose of Entso̱rgung *f* ⟨**-**, **-en**⟩ waste disposal

entspa̱**nnen** [ɛnt'ʃpanən] *past part* **entspa̱nnt I** *v/t* to relax; (*fig*) Lage to ease (up) **II** *v/r* to relax; (≈ *ausruhen*) to rest; (*Lage etc*) to ease **entspannt** [ɛnt'ʃpant] *adj* relaxed Entspa̱nnung *f* relaxation; (*von Lage*, FIN: *an der Börse*) easing (-up); POL easing of tension (+*gen* in), détente Entspa̱nnungspolitik *f* policy of détente Entspa̱nnungsübungen *pl* MED *etc* relaxation exercises *pl*

entspre̱**chen** [ɛnt'ʃprɛçn] *past part* **entspro̱chen** [ɛnt'ʃprɔxn] *v/i* +*dat irr* to correspond to; *der Wahrheit* to be in accordance with; *Anforderungen* to fulfil (*Br*), to fulfill (*US*); *Erwartungen* to live up to; *einer Bitte etc* to meet entspre̱chend **I** *adj* corresponding; (≈ *zuständig*) relevant; (≈ *angemessen*) appropriate **II** *adv* accordingly; (≈ *ähnlich*, *gleich*) correspondingly; **er wurde ~ bestraft** he was suitably punished **III** *prep* +*dat* in accordance with; **er wird seiner Leistung ~ bezahlt** he is paid according to output Entspre̱chung *f* ⟨**-**, **-en**⟩ (≈ *Äquivalent*) equivalent; (≈ *Gegenstück*) counterpart

entspri̱**ngen** [ɛnt'ʃprɪŋən] *past part* **entspru̱ngen** [ɛnt'ʃprʊŋən] *v/i irr aux sein*

(*Fluss*) to rise; (≈ *sich herleiten von*, +*dat*) to arise from

entsta̱**mmen** [ɛnt'ʃtamən] *past part* **entsta̱mmt** *v/i* +*dat aux sein* to come from

entste̱**hen** [ɛnt'ʃteːən] *past part* **entsta̱nden** [ɛnt'ʃtandn] *v/i irr aux sein* to come into being; (≈ *seinen Ursprung haben*) to originate; (≈ *sich entwickeln*) to arise (*aus*, *durch* from); **im Entstehen begriffen sein** to be emerging Entstehen *nt* ⟨**-s**, *no pl*⟩, Entst**e̱**hung *f* ⟨**-**, **-en**⟩ (≈ *das Werden*) genesis; (≈ *das Hervorkommen*) emergence; (≈ *Ursprung*) origin

entste̱**inen** [ɛnt'ʃtainən] *past part* **entste̱int** *v/t* to stone

entste̱**llen** [ɛnt'ʃtɛlən] *past part* **entstellt** *v/t* (≈ *verunstalten*) Gesicht to disfigure; (≈ *verzerren*) to distort

entstö̱**ren** [ɛnt'ʃtøːrən] *past part* **entstö̱rt** *v/t* Radio, Telefon to free from interference

entta̱**rnen** [ɛnt'tarnən] *past part* **enttarnt** *v/t* Spion to blow the cover of (*infml*); (*fig* ≈ *entlarven*) to expose Entta̱rnung *f* exposure

enttä̱**uschen** [ɛnt'tɔyʃn] *past part* **enttäuscht I** *v/t* to disappoint; **enttäuscht sein über** (+*acc*)/**von** to be disappointed at/by or in **II** *v/i* **unsere Mannschaft hat sehr enttäuscht** our team were very disappointing Enttä̱uschung *f* disappointment

entthro̱**nen** [ɛnt'troːnən] *past part* **entthro̱nt** *v/t* to dethrone

entvö̱**lkern** [ɛnt'vœlkɐn] *past part* **entvö̱lkert** *v/t* to depopulate

entwa̱**ffnen** [ɛnt'vafnən] *past part* **entwa̱ffnet** *v/t* to disarm **entwaffnend** *adj* (*fig*) disarming

entwa̱**rnen** [ɛnt'varnən] *past part* **entwa̱rnt** *v/i* to sound the all-clear Entwa̱rnung *f* sounding of the all-clear; (≈ *Signal*) all-clear

entwä̱**ssern** [ɛnt'vɛsɐn] *past part* **entwä̱ssert** *v/t* Keller to drain; Gewebe, Körper to dehydrate Entwä̱sserung *f* drainage; CHEM dehydration Entwä̱sserungsanlage *f* drainage system

entweder [ˈɛntveːdɐ, ɛntˈveːdɐ] *cj* **~ ... oder ...** either ... or ...; **~ oder!** yes or no

entwe̱**ichen** [ɛnt'vaiçn] *past part* **entwi̱chen** [ɛnt'vɪçn] *v/i irr aux sein* to escape (+*dat*, *aus* from)

entwe̱**nden** [ɛnt'vɛndn] *past part* **ent-**

wendet *v/t (form)* **jdm etw/etw aus etw**
~ to steal from sb/sth
entwerfen [ɛnt'vɛrfn] *past part* **entwor-**
fen [ɛnt'vɔrfn] *v/t irr* **1.** (≈ *gestalten*)
to sketch; *Modell etc* to design **2.** (≈ *aus-*
arbeiten) *Gesetz* to draft; *Plan* to devise
3. *(fig)* (≈ *darstellen*) *Bild* to depict
entwerten [ɛnt'veːɐtn] *past part* **entwer-**
tet *v/t* **1.** (≈ *im Wert mindern*) to devalue
2. *Briefmarke, Fahrschein* to cancel **Ent-**
werter [ɛnt'veːɐtɐ] *m* ⟨**-s, -**⟩ (ticket)-
-cancelling *(Br) or* (ticket-)canceling
(US) machine
entwickeln [ɛnt'vɪkln] *past part* **entwi-**
ckelt I *v/t* to develop; *Mut, Energie* to
show **II** *v/r* to develop *(zu* into); *sie*
hat sich ganz schön entwickelt (infml)
she's turned out really nicely **Entwickler**
[ɛnt'vɪklɐ] *m* ⟨**-s, -**⟩ PHOT developer **Ent-**
wicklung *f* ⟨**-, -en**⟩ development; PHOT
developing; *das Flugzeug ist noch in*
der ~ the plane is still in the development stage **Entwicklungsdienst** *m* voluntary service overseas *(Br)*, VSO *(Br)*,
Peace Corps *(US)* **entwicklungsfähig**
adj capable of development **Entwick-**
lungshelfer(in) *m/(f)* VSO worker
(Br), Peace Corps worker *(US)* **Ent-**
wicklungshilfe *f* foreign aid **Entwick-**
lungskosten *pl* development costs *pl*
Entwicklungsland *nt* developing country **Entwicklungsstadium** *nt*, **Entwick-**
lungsstufe *f* stage of development; *(der*
Menschheit etc) evolutionary stage **Ent-**
wicklungszeit *f* period of development;
BIOL, PSYCH developmental period; PHOT
developing time
entwirren [ɛnt'vɪrən] *past part* **entwirrt**
v/t to untangle
entwischen [ɛnt'vɪʃn] *past part* **ent-**
wischt *v/i aux sein (infml)* to get away
(+dat, aus from)
entwöhnen [ɛnt'vøːnən] *past part* **ent-**
wöhnt *v/t* to wean *(+dat, von* from)
entwürdigen [ɛnt'vʏrdɪgn] *past part* **ent-**
würdigt *v/t* to degrade **entwürdigend**
adj degrading **Entwürdigung** *f* degradation
Entwurf *m* **1.** (≈ *Skizze, Abriss*) outline;
(≈ *Design*) design; (ARCH, *fig*) blueprint
2. *(von Plan, Gesetz etc)* draft (version);
(PARL ≈ *Gesetzentwurf*) bill
entwurzeln [ɛnt'vʊrtsln] *past part* **ent-**
wurzelt *v/t* to uproot
entziehen [ɛnt'tsiːən] *past part* **entzo-**

gen [ɛnt'tsoːgn] *irr* **I** *v/t* to withdraw
(+dat from); CHEM to extract; **jdm die**
Rente *etc* ~ to stop sb's pension *etc*;
dem Redner das Wort ~ to ask the
speaker to stop **II** *v/r* **sich jdm/einer Sa-**
che ~ to evade sb/sth; **sich seiner Ver-**
antwortung ~ to shirk one's responsibilities; **sich den** *or* **jds Blicken** ~ to be hidden from sight **Entziehung** *f* withdrawal
Entziehungskur *f (für Drogenabhängi-*
ge) cure for drug addiction; *(für Alkoho-*
liker) cure for alcoholism
entziffern [ɛnt'tsɪfɐn] *past part* **entziffert**
v/t to decipher; *Geheimschrift, DNS-*
-Struktur to decode
entzücken [ɛnt'tsʏkn] *past part* **entzückt**
v/t to delight **Entzücken** [ɛnt'tsʏkn] *nt*
⟨**-s, no pl**⟩ delight; **in** ~ **geraten** to go into raptures **entzückend** *adj* delightful
Entzug *m, no pl* withdrawal; **er ist auf** ~
(MED *infml*) *(Drogenabhängiger)* he is
being treated for drug addiction; *(Alko-*
holiker) he is being dried out *(infml)*
Entzugserscheinung *f* withdrawal
symptom
entzünden [ɛnt'tsʏndn] *past part* **ent-**
zündet I *v/t Feuer* to light; *(fig)* *Streit*
etc to spark off; *Hass* to inflame **II** *v/r*
1. (≈ *zu brennen anfangen*) to catch fire,
to ignite *(esp* SCI, TECH); *(fig)* *(Streit)* to
be sparked off; *(Hass)* to be inflamed
2. MED to become inflamed; **entzündet**
inflamed **entzündlich** [ɛnt'tsʏntlɪç] *adj*
Gase inflammable **Entzündung** *f* MED
inflammation **entzündungshemmend**
adj anti-inflammatory **Entzündungs-**
herd *m* focus of inflammation
entzwei [ɛnt'tsvai] *adj pred* in two
(pieces); (≈ *kaputt*) broken **entzweibre-**
chen *v/t & v/i sep irr (v/i: aux sein)* to
break in two **entzweien** [ɛnt'tsvaiən]
past part **entzweit I** *v/t* to turn against
each other **II** *v/r* **sich (mit jdm)** ~ to fall
out (with sb)
Enzephalogramm [ɛntsefalo'gram] *nt*,
pl **-gramme** MED encephalogram
Enzian ['ɛntsiaːn] *m* ⟨**-s, -e**⟩ gentian
Enzyklopädie [ɛntsyklopɛ'diː] *f* ⟨**-, -n**
[-'diːən]⟩ encyclop(a)edia **enzyklopä-**
disch [ɛntsyklo'pɛːdɪʃ] *adj* encyclo-
p(a)edic
Enzym [ɛn'tsyːm] *nt* ⟨**-s, -e**⟩ enzyme
Epidemie [epide'miː] *f* ⟨**-, -n** [-'miːən]⟩
epidemic **Epidemiologe** [epidemio-
'loːgə] *m* ⟨**-n, -n**⟩, **Epidemiologin**

[-'lo:gɪn] *f* ⟨**-, -nen**⟩ epidemiologist **epidemisch** [epi'de:mɪʃ] *adj* epidemic

Epik ['e:pɪk] *f* ⟨**-**, *no pl*⟩ epic poetry **Epiker** ['e:pɪkɐ] *m* ⟨**-s**, **-**⟩, **Epikerin** [-ərɪn] *f* ⟨**-, -nen**⟩ epic poet

Epilation [epila'tsio:n] *f* ⟨**-, -en**⟩ hair removal, epilation

Epilepsie [epilɛ'psi:] *f* ⟨**-, -n** [-'psi:ən]⟩ epilepsy **Epileptiker** [epi'lɛptikɐ] *m* ⟨**-s**, **-**⟩, **Epileptikerin** [-ərɪn] *f* ⟨**-, -nen**⟩ epileptic **epileptisch** [epi'lɛptɪʃ] *adj* epileptic

epilieren [epi'li:rən] *v/t* to epilate **Epiliergerät** [epi'li:ɐ-] *nt* epilator

Epilog [epi'lo:k] *m* ⟨**-s, -e** [-gə]⟩ epilogue

episch ['e:pɪʃ] *adj* (*lit, fig*) epic

Episode [epi'zo:də] *f* ⟨**-, -n**⟩ episode

Epizentrum [epi'tsɛntrʊm] *nt* epicentre (*Br*), epicenter (*US*)

epochal [epɔ'xa:l] *adj* epochal **Epoche** [e'pɔxə] *f* ⟨**-, -n**⟩ epoch **epochemachend** *adj* epoch-making

Epos ['e:pɔs] *nt* ⟨**-, Epen** ['e:pn]⟩ epic (poem)

er [e:ɐ] *pers pr, gen* **seiner,** *dat* **ihm,** *acc* **ihn** he; (*von Dingen*) it; **wenn ich er wäre** if I were him; **er ist es** it's him

erachten [ɛɐ'|axtn] *past part* **erachtet** *v/t* (*elev*) **jdn/etw für** *or* **als etw ~** to consider sb/sth (to be) sth **Erachten** [ɛɐ'|axtn] *nt* ⟨**-s**, *no pl*⟩ **meines ~s** in my opinion

erarbeiten [ɛɐ'|arbaitn] *past part* **erarbeitet** *v/t* Vermögen *etc* to work for; *Wissen etc* to acquire **Erarbeitung** [ɛɐ'|arbaitʊŋ] *f* ⟨**-, -en**⟩ *usu sg* (*von Wissen*) acquisition

Erbanlage *f usu pl* hereditary factor(s *pl*) **erbarmen** [ɛɐ'barmən] *past part* **erbarmt** **I** *v/t jdn ~* to arouse sb's pity; *das ist zum Erbarmen* it's pitiful **II** *v/r +gen* to have pity (on) **Erbarmen** [ɛɐ'barmən] *nt* ⟨**-s**, *no pl*⟩ (≈ *Mitleid*) pity (*mit* on); (≈ *Gnade*) mercy (*mit* on); *kein ~ kennen* to show no mercy **erbarmenswert** *adj* pitiable **erbärmlich** [ɛɐ'bɛrmlɪç] **I** *adj* wretched **II** *adv* *sich verhalten* abominably; (*infml* ≈ *furchtbar*) *frieren, wehtun* terribly **erbarmungslos** **I** *adj* pitiless **II** *adv* pitilessly

erbauen [ɛɐ'bauən] *past part* **erbaut** *v/t* **1.** (≈ *errichten*) to build **2.** (*fig* ≈ *seelisch bereichern*) to uplift; *wir waren von der Nachricht nicht gerade erbaut* (*infml*) we weren't exactly delighted by the news **Erbauer** [ɛɐ'bauɐ] *m* ⟨**-s,**

-⟩, **Erbauerin** [-ərɪn] *f* ⟨**-, -nen**⟩ builder

Erbe[1] ['ɛrbə] *m* ⟨**-n, -n**⟩ heir; *jdn zum ~n einsetzen* to appoint sb as one's heir **Erbe**[2] *nt* ⟨**-s**, *no pl*⟩ inheritance; (*fig*) heritage **erben** ['ɛrbn] *v/t* to inherit (*von* from) **Erbengemeinschaft** *f* community of heirs

erbetteln [ɛɐ'bɛtln] *past part* **erbettelt** *v/t* to get by begging

erbeuten [ɛɐ'bɔytn] *past part* **erbeutet** *v/t* (*Tier*) to carry off; (*Dieb*) to get away with; (*im Krieg*) to capture

Erbfaktor *m* BIOL (hereditary) factor **Erbfolge** *f* (line of) succession **Erbgut** *nt, no pl* BIOL genetic make-up **Erbin** ['ɛrbɪn] *f* ⟨**-, -nen**⟩ heiress; → **Erbe**[1]

erbitten [ɛɐ'bɪtn] *past part* **erbeten** [ɛɐ'be:tn] *v/t irr* to ask for

erbittert [ɛɐ'bɪtɐt] **I** *adj* Widerstand, Gegner bitter **II** *adv* bitterly

Erbkrankheit ['ɛrp-] *f* hereditary disease **erblassen** [ɛɐ'blasn] *past part* **erblasst** *v/i aux sein* to (turn) pale

Erblasser ['ɛrplasɐ] *m* ⟨**-s, -**⟩, **Erblasserin** [-ərɪn] *f* ⟨**-, -nen**⟩ person who leaves an inheritance **Erblast** *f* negative inheritance *or* heritage; (≈ *Probleme*) inherited problems *pl* **erblich** ['ɛrplɪç] *adj* hereditary; *etw ist ~ bedingt* sth is an inherited condition

erblicken [ɛɐ'blɪkn] *past part* **erblickt** *v/t* (*elev*) to see; (≈ *erspähen*) to spot **erblinden** [ɛɐ'blɪndn] *past part* **erblindet** *v/i aux sein* to go blind **Erblindung** *f* ⟨**-, -en**⟩ loss of sight

erblühen [ɛɐ'bly:ən] *past part* **erblüht** *v/i aux sein* (*elev*) to bloom

Erbmasse *f* estate; BIOL genetic make-up **Erbonkel** *m* (*infml*) rich uncle

erbosen [ɛɐ'bo:zn] *past part* **erbost** (*elev*) **I** *v/t* **erbost sein über** (*+acc*) to be infuriated at **II** *v/r* **sich ~ über** (*+acc*) to become furious *or* infuriated about

erbrechen [ɛɐ'brɛçn] *past part* **erbrochen** [ɛɐ'brɔxn] *v/t, v/i, v/r irr* (**sich**) ~ MED to vomit; *etw bis zum Erbrechen tun* (*fig*) to do sth ad nauseam **erbringen** [ɛɐ'brɪŋən] *past part* **erbracht** [ɛɐ'braxt] *v/t irr* to produce

Erbrochene(s) [ɛɐ'brɔxənə] *nt decl as adj, no pl* vomit

Erbschaft ['ɛrpʃaft] *f* ⟨**-, -en**⟩ inheritance; *eine ~ machen* or *antreten* to come into an inheritance **Erbschafts-**

steuer f death duties pl, inheritance tax (Br) **Erbse**['ɛrpsə] f ⟨-, -n⟩ pea **Erbsensuppe** f pea soup

Erbstück nt heirloom **Erbtante** f (infml) rich aunt **Erbteil** nt or m JUR (portion of an / the) inheritance

Erdachse['eːɐt-] f earth's axis

erdacht[ɛɐ'daxt] adj Geschichte made--up

Erdanziehung f, no pl gravitational pull of the earth **Erdapfel** m (esp Aus) potato **Erdatmosphäre** f earth's atmosphere **Erdbahn** f earth's orbit **Erdbeben** nt earthquake **Erdbebengebiet** nt earthquake area **erdbebensicher** adj Gebäude etc earthquake-proof **Erdbeere** f strawberry **Erdbestattung** f burial **Erdbewohner(in)** m/(f) inhabitant of the earth **Erdboden** m ground; **etw dem ~ gleichmachen** to raze sth to the ground; **vom ~ verschwinden** to disappear of the face of the earth **Erde**['eːɐdə] f ⟨-, -n⟩ **1.** (≈ Welt) earth, world; **auf der ganzen ~** all over the world **2.** (≈ Boden) ground; **unter der ~** underground; **über der ~** above ground **3.** (≈ Erdreich) soil, earth (auch CHEM) **4.** (ELEC ≈ Erdung) earth, ground (US) **erden**['eːɐdn] v/t ELEC to earth, to ground (US)

erdenklich[ɛɐ'dɛŋklɪç] adj attr conceivable; **alles Erdenkliche tun** to do everything conceivable

Erderwärmung f global warming **Erdgas** nt natural gas **Erdgeschichte** f geological history **Erdgeschoss** nt, **Erdgeschoß** (Aus) nt ground floor, first floor (US)

erdichten[ɛɐ'dɪçtn] past part **erdichtet** v/t to invent

erdig['eːɐdɪç] adj earthy **Erdinnere(s)** ['eːɐt|ɪnərə] nt decl as adj bowels pl of the earth **Erdkreis** m globe **Erdkrümmung** f curvature of the earth **Erdkugel** f globe **Erdkunde** f geography **Erdleitung** f ELEC earth or ground (US) (connection); (≈ Kabel) underground wire **Erdnuss** f peanut **Erdnussbutter** f peanut butter **Erdoberfläche** f surface of the earth **Erdöl**['eːɐt|øːl] nt (mineral) oil; **~ exportierend** oil-exporting

erdolchen[ɛɐ'dɔlçn] past part **erdolcht** v/t to stab (to death)

Erdölleitung f oil pipeline **Erdreich** nt soil

erdreisten[ɛɐ'draistn] past part **erdreistet** v/r sich ~, etw zu tun to have the audacity to do sth

erdrosseln[ɛɐ'drɔsln] past part **erdrosselt** v/t to strangle

erdrücken[ɛɐ'drʏkn] past part **erdrückt** v/t to crush (to death); (fig ≈ überwältigen) to overwhelm

Erdrutsch m landslide **Erdrutschsieg** m landslide (victory) **Erdschicht** f layer (of the earth) **Erdstoß** m (seismic) shock **Erdteil** m continent

erdulden[ɛɐ'dʊldn] past part **erduldet** v/t to suffer

Erdumdrehung f rotation of the earth **Erdumkreisung** f (durch Satelliten) orbit(ing) of the earth **Erdumlaufbahn** f earth orbit **Erdumrundung** f (durch Satelliten) orbit(ing) of the earth **Erdung** ['eːɐdʊŋ] f ⟨-, -en⟩ ELEC earth(ing), ground(ing) (US)

ereifern[ɛɐ'|aifɐn] past part **ereifert** v/r to get excited (über +acc about)

ereignen[ɛɐ'|aignən] past part **ereignet** v/r to occur **Ereignis** [ɛɐ'|aignɪs] nt ⟨-ses, -se⟩ event, occurrence; (≈ Vorfall) incident; (besonderes) occasion **ereignislos** adj uneventful **ereignisreich** adj eventful

Erektion [erɛk'tsioːn] f ⟨-, -en⟩ PHYSIOL erection

erfahren[1][ɛɐ'faːrən] past part **erfahren** irr **I** v/t **1.** Nachricht etc to find out; (≈ hören) to hear (von about, of) **2.** (≈ erleben) to experience **II** v/i to hear (von about, of)

erfahren[2][ɛɐ'faːrən] adj experienced **Erfahrung** f ⟨-, -en⟩ experience; **nach meiner ~** in my experience; **~en sammeln** to gain experience; **etw in ~ bringen** to learn sth; **ich habe die ~ gemacht, dass ...** I have found that ...; **mit dieser neuen Maschine haben wir nur gute ~en gemacht** we have found this new machine (to be) completely satisfactory; **durch ~ wird man klug** (prov) one learns by experience **Erfahrungsaustausch** m POL exchange of experiences **erfahrungsgemäß** adv ~ ist es ... experience shows ...

erfassen[ɛɐ'fasn] past part **erfasst** v/t **1.** (≈ mitreißen: Auto, Strömung) to catch; **Angst erfasste sie** she was seized by fear **2.** (≈ begreifen) to grasp **3.** (≈ registrieren) to record, to register; Daten to capture **Erfassung** f registration, re-

cording; (*von Daten*) capture
erfinden [ɛɐ̯'fɪndn] *past part* **erfunden**
[ɛɐ̯'fʊndn] *v/t irr* to invent; **das hat
sie glatt erfunden** she made it all up **Erfinder(in)** *m/(f)* inventor **erfinderisch**
[ɛɐ̯'fɪndərɪʃ] *adj* inventive **Erfindung** *f*
⟨-, -en⟩ invention **erfindungsreich** *adj*
= **erfinderisch Erfindungsreichtum**
m ingenuity

Erfolg [ɛɐ̯'fɔlk] *m* ⟨-(e)s, -e [-gə]⟩ success; (≈ *Ergebnis, Folge*) result; **mit ~**
successfully; **ohne ~** unsuccessfully; **viel
~!** good luck!; **~ haben** to be successful;
keinen ~ haben to be unsuccessful; **~
versprechend** promising; **ein voller ~**
a great success

erfolgen [ɛɐ̯'fɔlgn] *past part* **erfolgt** *v/i
aux sein* (*form* ≈ *sich ergeben*) to result;
(≈ *stattfinden*) to take place; **nach erfolgter Zahlung** after payment has been
made

erfolglos I *adj* unsuccessful **II** *adv* unsuccessfully **Erfolglosigkeit** *f* ⟨-, *no pl*⟩ lack
of success **erfolgreich I** *adj* successful **II**
adv successfully **Erfolgsaussicht** *f* prospect of success **Erfolgserlebnis** *nt* feeling of success **Erfolgskurs** *m* **auf ~ liegen** to be on course for success **Erfolgsquote** *f* success rate **Erfolgsrezept** *nt*
recipe for success **erfolgversprechend**
adj → **Erfolg**

erforderlich [ɛɐ̯'fɔrdɐlɪç] *adj* necessary;
unbedingt ~ (absolutely) essential **erfordern** [ɛɐ̯'fɔrdɐn] *past part* **erfordert**
v/t to require **Erfordernis** [ɛɐ̯'fɔrdɐnɪs]
nt ⟨-ses, -se⟩ requirement

erforschen [ɛɐ̯'fɔrʃn] *past part* **erforscht**
v/t to explore; *Thema etc* to research **Erforschung** *f* (*von Thema*) researching

erfragen [ɛɐ̯'fraːgn] *past part* **erfragt** *v/t*
Weg to ask; *Einzelheiten etc* to obtain

erfreuen [ɛɐ̯'frɔyən] *past part* **erfreut I** *v/t*
to please; **über jdn/etw erfreut sein** to
be pleased about sb/sth **II** *v/r* **sich an
etw** (*dat*) **~** to enjoy sth **erfreulich** [ɛɐ̯-
'frɔylɪç] *adj* pleasant; *Besserung etc* welcome; (≈ *befriedigend*) gratifying **erfreulicherweise** *adv* happily

erfrieren [ɛɐ̯'friːrən] *past part* **erfroren**
[ɛɐ̯'froːrən] **I** *v/i irr aux sein* to freeze
to death; (*Pflanzen*) to be killed by frost;
erfrorene Glieder frostbitten limbs **II**
v/t sich (*dat*) **die Füße ~** to suffer frostbite in one's feet **Erfrierung** *f* ⟨-, -en⟩
usu pl frostbite *no pl*

erfrischen [ɛɐ̯'frɪʃn] *past part* **erfrischt I**
v/t to refresh **II** *v/i* to be refreshing **III** *v/r*
to refresh oneself; (≈ *sich waschen*) to
freshen up **erfrischend I** *adj* refreshing
II *adv* refreshingly **Erfrischung** *f* ⟨-,
-en⟩ refreshment **Erfrischungsgetränk**
nt refreshment **Erfrischungsraum** *m*
cafeteria **Erfrischungstuch** *nt, pl -tücher* refreshing towel

erfüllen [ɛɐ̯'fʏlən] *past part* **erfüllt I** *v/t*
Raum etc to fill; **Hass erfüllte ihn** he was
filled with hate; **ein erfülltes Leben** a
full life **2.** (≈ *einhalten*) to fulfil (*Br*),
to fulfill (*US*); *Soll* to achieve; *Zweck*
to serve **II** *v/r* (*Wunsch*) to be fulfilled
Erfüllung *f* fulfilment (*Br*), fulfillment
(*US*); **in ~ gehen** to be fulfilled

ergänzen [ɛɐ̯'gɛntsn] *past part* **ergänzt**
v/t to supplement; (≈ *vervollständigen*)
to complete; **seine Sammlung ~** to
add to one's collection; **einander** *or*
sich ~ to complement one another **Ergänzung** *f* ⟨-, -en⟩ **1.** (≈ *das Ergänzen*)
supplementing; (≈ *Vervollständigung*)
completion **2.** (≈ *Zusatz: zu Buch etc*)
supplement

Ergänzungsspieler(in) *m/(f)* FTBL
squad player

ergattern [ɛɐ̯'gatɐn] *past part* **ergattert**
v/t (*infml*) to get hold of

ergeben[1] [ɛɐ̯'geːbn] *past part* **ergeben**
irr **I** *v/t* to yield; (≈ *zum Ergebnis haben*)
to result in; *Betrag, Summe* to amount to
II *v/r* **1.** (≈ *kapitulieren*) to surrender
(+*dat* to) **2.** (≈ *sich hingeben*) **sich einer
Sache** (*dat*) **~** to give oneself up to sth **3.**
(≈ *folgen*) to result (*aus* from) **4.** (≈ *sich
herausstellen*) to come to light

ergeben[2] [ɛɐ̯'geːbn] *adj* (≈ *treu*) devoted; (≈ *demütig*) humble

Ergebnis [ɛɐ̯'geːpnɪs] *nt* ⟨-ses, -se⟩ result; **zu einem ~ kommen** to come to
a conclusion **ergebnislos I** *adj* unsuccessful **II** *adv* **~ bleiben** to come to nothing

ergehen [ɛɐ̯'geːən] *past part* **ergangen**
[ɛɐ̯'gaŋən] *irr* **I** *v/i aux sein* **1.** (*form* ≈
erlassen werden) to go out; (*Einladung*)
to be sent **2.** (≈ *erdulden*) **etw über sich**
(*acc*) **~ lassen** to let sth wash over one
(*Br*), to let sth roll off one's back (*US*)
II *v/i impers aux sein* **es ist ihm
schlecht/gut ergangen** he fared badly/well **III** *v/r* (*fig*) **sich in etw** (*dat*) **~**
to indulge in sth

ergiebig [ɛɐ'giːbɪç] *adj* productive; *Geschäft* lucrative; (≈ *sparsam im Verbrauch*) economical

ergo ['ɛrgo] *cj* therefore

ergonomisch [ɛrgo'noːmɪʃ] **I** *adj* ergonomic **II** *adv* ergonomically

ergötzen [ɛɐ'gœtsn] *past part* **ergötzt** *v/r* **sich an etw** (*dat*) ~ to take delight in sth

ergreifen [ɛɐ'graifn] *past part* **ergriffen** [ɛɐ'grɪfn] *v/t irr* **1.** (≈ *packen*) to seize **2.** (*fig*) *Gelegenheit, Macht* to seize; *Beruf* to take up; *Maßnahmen* to take; *von Furcht ergriffen werden* to be seized with fear **ergreifend** *adj* (*fig*) touching (*also iron*) **ergriffen** [ɛɐ'grɪfn] *adj* (*fig*) moved **Ergriffenheit** *f* ⟨-, *no pl*⟩ emotion

ergründen [ɛɐ'gryndn] *past part* **ergründet** *v/t Sinn etc* to fathom; *Ursache* to discover

Erguss *m* effusion; (≈ *Samenerguss*) ejaculation; (*fig*) outpouring

erhaben [ɛɐ'haːbn] **I** *adj* **1.** *Druck* embossed **2.** (*fig*) *Stil* lofty; *Anblick* sublime **3.** (≈ *überlegen*) superior; *über etw* (*acc*) ~ *sein* (*sein*) (to be) above sth **II** *adv* ~ *lächeln* to smile in a superior way

Erhalt *m, no pl* receipt **erhalten** [ɛɐ'haltn] *past part* **erhalten** *v/t irr* **1.** (≈ *bekommen*) to get **2.** (≈ *bewahren*) *Gebäude, Natur* to preserve; *jdn am Leben* ~ to keep sb alive; *er hat sich* (*dat*) *seinen Optimismus* ~ he kept up his optimism; *gut* ~ well preserved (*also hum infml*) **II** *v/r* (*Brauch etc*) to be preserved, to remain **erhältlich** [ɛɐ'hɛltlɪç] *adj* available; *schwer* ~ hard to come by **Erhaltung** *f* ⟨-, -en⟩ (≈ *Bewahrung*) preservation

erhängen [ɛɐ'hɛŋən] *past part* **erhängt** *v/t* to hang

erhärten [ɛɐ'hɛrtn] *past part* **erhärtet** **I** *v/t* to harden **II** *v/r* (*fig: Verdacht*) to harden

erhaschen [ɛɐ'haʃn] *past part* **erhascht** *v/t* to catch

erheben [ɛɐ'heːbn] *past part* **erhoben** [ɛɐ'hoːbn] *irr* **I** *v/t* **1.** (≈ *hochheben*) to raise; *den Blick* ~ to look up **2.** *Gebühren* to charge **II** *v/r* to rise; (*Wind etc*) to arise; (≈ *sich auflehnen*) to rise (up) (in revolt); *sich über andere* ~ to place oneself above others **erhebend** *adj* elevating; (≈ *erbaulich*) edifying **erheblich** [ɛɐ'heːplɪç] **I** *adj* considerable; (≈ *relevant*) relevant **II** *adv* considerably; *ver-*

letzen severely **Erhebung** *f* **1.** (≈ *Bodenerhebung*) elevation **2.** (≈ *Aufstand*) uprising **3.** (*von Gebühren*) levying **4.** (≈ *Umfrage*) survey; ~*en machen über* (+*acc*) to make inquiries about *or* into

erheitern [ɛɐ'haitɐn] *past part* **erheitert** *v/t* to cheer (up) **Erheiterung** *f* ⟨-, -en⟩ amusement; *zur allgemeinen* ~ to the general amusement

erhellen [ɛɐ'hɛlən] *past part* **erhellt** **I** *v/t* to light up; *Geheimnis* to shed light on **II** *v/r* to brighten

erhitzen [ɛɐ'hɪtsn] *past part* **erhitzt** **I** *v/t* to heat (up) (*auf* +*acc* to); *die Gemüter* ~ to inflame passions **II** *v/r* to get hot; (*fig* ≈ *sich erregen*) to become heated (*an* +*dat* over); *die Gemüter erhitzten sich* feelings were running high

erhoffen [ɛɐ'hɔfn] *past part* **erhofft** *v/t* to hope for; *sich* (*dat*) *etw* ~ to hope for sth (*von* from)

erhöhen [ɛɐ'høːən] *past part* **erhöht** **I** *v/t* to raise; *Produktion* to increase; *Wirkung* to heighten; *Spannung* to increase; *erhöhte Temperatur haben* to have a temperature **II** *v/r* to rise, to increase **Erhöhung** *f* ⟨-, -en⟩ **1.** (≈ *das Erhöhen*) raising; (*von Preis, Produktion*) increase; (*von Wirkung*) heightening; (*von Spannung*) intensification **2.** (≈ *Lohnerhöhung*) rise (*Br*), raise (*US*)

erholen [ɛɐ'hoːlən] *past part* **erholt** *v/r* to recover (*von* from); *du siehst sehr erholt aus* you look very rested **erholsam** [ɛɐ'hoːlzaːm] *adj* restful **Erholung** *f* ⟨-, *no pl*⟩ recovery; (≈ *Entspannung*) relaxation; *sie braucht dringend* ~ she badly needs a break **erholungsbedürftig** *adj* in need of a rest **Erholungsgebiet** *nt* recreation area **Erholungspause** *f* break

erhören [ɛɐ'høːrən] *past part* **erhört** *v/t* to hear

erigiert [eri'giːɐt] *adj* erect

Erika ['eːrika] *f* ⟨-, **Eriken** [-kn]⟩ BOT heather

erinnern [ɛɐ'ʔɪnɐn] *past part* **erinnert** **I** *v/t jdn an etw* (*acc*) ~ to remind sb of sth **II** *v/r sich an jdn/etw* ~ to remember sb/sth; *soviel ich mich* ~ *kann* as far as I remember **III** *v/i* ~ *an* (+*acc*) to be reminiscent of **Erinnerung** *f* ⟨-, -en⟩ memory; (≈ *Andenken*) memento; *zur* ~ *an* (+*acc*) in memory of; (*an Ereignis*) in commemoration of; *jdn in guter* ~ *be-*

halten to have pleasant memories of sb **Erinnerungen** *pl* LIT memoirs *pl*; **~en austauschen** to reminisce **Erinnerungsstück** *nt* keepsake (*an* +*acc* from)

erkalten [ɛɐ̯'kaltn] *past part* **erkaltet** *v/i aux sein* to cool (down *or* off), to go cold

erkälten [ɛɐ̯'kɛltn] *past part* **erkältet** *v/r* to catch a cold **erkältet** [ɛɐ̯'kɛltət] *adj* (*stark*) **~ sein** to have a (bad) cold **Erkältung** *f* ‹-, -en› cold

erkämpfen [ɛɐ̯'kɛmpfn] *past part* **erkämpft** *v/t* to win; **sich** (*dat*) **etw ~** to win sth; **hart erkämpft** hard-won

erkennbar *adj* recognizable; (≈ *sichtbar*) visible **erkennen** [ɛɐ̯'kɛnən] *past part* **erkannt** [ɛɐ̯'kant] *irr I v/t* to recognize (*an* +*dat* by); (≈ *wahrnehmen*) to see; **jdn für schuldig ~** JUR to find sb guilty; **jdm zu ~ geben, dass ...** to give sb to understand that ...; **sich zu ~ geben** to reveal oneself (*als* to be); **~ lassen** to show **II** *v/i* **~ auf** (+*acc*) JUR *auf Freispruch* to grant; *auf Strafe* to impose; SPORTS *auf Freistoß etc* to award **erkenntlich** [ɛɐ̯'kɛntlɪç] *adj* **sich** (**für etw**) **~ zeigen** to show one's gratitude (for sth) **Erkenntnis** [ɛɐ̯'kɛntnɪs] *f* (≈ *Wissen*) knowledge *no pl*; (≈ *das Erkennen*) recognition; (≈ *Einsicht*) insight; **zu der ~ gelangen, dass ...** to come to the realization that ... **Erkennung** *f* recognition **Erkennungsdienst** *m* police records department **erkennungsdienstlich** *adv* **jdn ~ behandeln** to fingerprint and photograph sb **Erkennungszeichen** *nt* identification; (MIL ≈ *Abzeichen*) badge

Erker ['ɛrkɐ] *m* ‹-s, -› bay **Erkerfenster** *nt* bay window

erklärbar *adj* explicable, explainable; **schwer ~** hard to explain; **nicht ~** inexplicable **erklären** [ɛɐ̯'klɛːrən] *past part* **erklärt I** *v/t* **1.** (≈ *erläutern*) to explain (*jdm etw* sth to sb); **ich kann mir nicht ~, warum ...** I can't understand why ... **2.** (≈ *äußern*) to declare (*als* to be); *Rücktritt* to announce; **einem Staat den Krieg ~** to declare war on a country; **jdn für schuldig ~** to pronounce sb guilty **II** *v/r* (*Sache*) to be explained; **sich für/gegen jdn ~** to declare oneself for/against sb; → **erklärt erklärend** *adj* explanatory **erklärlich** [ɛɐ̯'klɛːʳlɪç] *adj* **1.** = **erklärbar 2.** (≈ *verständlich*) understandable **erklärt** [ɛɐ̯'klɛːɐ̯t] *adj attr* professed; → **erklären erklärtermaßen** [ɛɐ̯-

'klɛːɐ̯'maːsn], **erklärterweise** [ɛɐ̯-'klɛːɐ̯'waisə] *adv* avowedly **Erklärung** *f* **1.** explanation **2.** (≈ *Mitteilung*) declaration; **eine ~ abgeben** to make a statement **erklärungsbedürftig** *adj* in need of (an) explanation **Erklärungsversuch** *m* attempted explanation

erklettern [ɛɐ̯'klɛtᵊn] *past part* **erklettert** *v/t* to climb

erklingen [ɛɐ̯'klɪŋən] *past part* **erklungen** [ɛɐ̯'kluŋən] *v/i irr aux sein* (*elev*) to ring out

erkranken [ɛɐ̯'kraŋkn] *past part* **erkrankt** *v/i aux sein* (≈ *krank werden*) to be taken ill (*Br*), to get sick (*esp US*) (*an* +*dat* with); (*Organ, Pflanze, Tier*) to become diseased (*an* +*dat* with); **erkrankt sein** (≈ *krank sein*) to be ill/diseased **Erkrankung** *f* ‹-, -en› illness; (*von Organ, Pflanze, Tier*) disease

erkunden [ɛɐ̯'kundn] *past part* **erkundet** *v/t esp* MIL to reconnoitre (*Br*), to reconnoiter (*US*); (≈ *feststellen*) to find out **erkundigen** [ɛɐ̯'kundɪgn] *past part* **erkundigt** *v/r* **sich ~** to inquire; **sich nach jdm ~** to ask after (*Br*) or about sb; **sich bei jdm** (**nach etw**) **~** to ask sb (about sth); **ich werde mich ~** I'll find out **Erkundigung** *f* ‹-, -en› inquiry **Erkundung** *f* ‹-, -en› MIL reconnaissance

erlahmen [ɛɐ̯'laːmən] *past part* **erlahmt** *v/i aux sein* to tire; (*fig: Eifer*) to flag **erlangen** [ɛɐ̯'laŋən] *past part* **erlangt** *v/t* to achieve

Erlass [ɛɐ̯'las] *m* ‹-es, -e *or* (*Aus*) ⸚e [--'lɛsə]› **1.** (≈ *Verfügung*) decree; (*der Regierung*) enactment **2.** (≈ *das Erlassen*) remission **erlassen** [ɛɐ̯'lasn] *past part* **erlassen** *v/t irr* **1.** *Verfügung* to pass; *Gesetz* to enact **2.** *Strafe, Schulden etc* to remit; *Gebühren* to waive; **jdm etw ~** *Schulden etc* to release sb from sth

erlauben [ɛɐ̯'laubn] *past part* **erlaubt** *v/t* **1.** (≈ *gestatten*) to allow; **jdm etw ~** to allow sb (to do) sth; **es ist mir nicht erlaubt** I am not allowed; **~ Sie?** (*form*) may I?; **~ Sie mal!** do you mind!; **soweit es meine Zeit erlaubt** (*form*) time permitting **2. sich** (*dat*) **etw ~** (≈ *sich gönnen*) to allow oneself sth; (≈ *sich leisten*) to afford sth; **sich** (*dat*) **Frechheiten ~** to take liberties; **was ~ Sie sich** (**eigentlich**)**!** how dare you! **Erlaubnis** [ɛɐ̯-'laupnɪs] *f* ‹-, (*rare*) -se› permission; (≈ *Schriftstück*) permit

erläutern [ɛɐˈlɔytɐn] *past part* **erläutert** *v/t* to explain; *etw anhand von Beispielen ~* to illustrate sth with examples **Erläuterung** *f* ⟨-, -en⟩ explanation

Erle [ˈɛrlə] *f* ⟨-, -n⟩ alder

erleben [ɛɐˈleːbn] *past part* **erlebt** *v/t* to experience; *schwere Zeiten, Sturm* to go through; *Niederlage* to suffer; *im Ausland habe ich viel erlebt* I had an eventful time abroad; *etwas Angenehmes etc ~* to have a pleasant *etc* experience; *das werde ich nicht mehr ~* I won't live to see that; *sie möchte mal etwas ~* she wants to have a good time; *na, der kann was ~!* (*infml*) he's going to be (in) for it! (*infml*) **Erlebnis** [ɛɐˈleːpnɪs] *nt* ⟨-ses, -se⟩ experience; (≈ *Abenteuer*) adventure **erlebnisreich** *adj* eventful

erledigen [ɛɐˈleːdɪɡn] *past part* **erledigt I** *v/t* **1.** *Angelegenheit* to deal with; *Auftrag* to carry out; (≈ *beenden*) *Arbeit* to finish off; *Sache* to settle; *ich habe noch einiges zu ~* I've still got a few things to do; *er ist für mich erledigt* I'm finished with him; *das ist (damit) erledigt* that's settled; *schon erledigt!* I've already done it **2.** (*infml*) (≈ *ermüden*) to wear out; (*infml*) (≈ *k.o. schlagen*) to knock out **II** *v/r das hat sich erledigt* that's all settled; *sich von selbst ~* to take care of itself **erledigt** [ɛɐˈleːdɪçt] *adj* (*infml*) (≈ *erschöpft*) shattered (*Br infml*), all in (*infml*); (≈ *ruiniert*) finished **Erledigung** *f* ⟨-, -en⟩ (*einer Sache*) settlement; *einige ~en in der Stadt* a few things to do in town; *die ~ meiner Korrespondenz* dealing with my correspondence

erlegen [ɛɐˈleːɡn] *past part* **erlegt** *v/t Wild* to shoot

erleichtern [ɛɐˈlaɪçtɐn] *past part* **erleichtert** *v/t* to make easier; (*fig* ≈ *beruhigen, lindern*) to relieve; *Gewissen* to unburden; *jdm etw ~* to make sth easier for sb; *jdn um etw ~* (*hum*) to relieve sb of sth; *erleichtert aufatmen* to breathe a sigh of relief **Erleichterung** *f* ⟨-, -en⟩ (≈ *Beruhigung*) relief

erleiden [ɛɐˈlaɪdn] *past part* **erlitten** [ɛɐˈlɪtn] *v/t irr* to suffer

erlernen [ɛɐˈlɛrnən] *past part* **erlernt** *v/t* to learn

erlesen [ɛɐˈleːzn] *adj* exquisite; *ein ~er Kreis* a select circle

erleuchten [ɛɐˈlɔyçtn] *past part* **erleuchtet** *v/t* to light (up), to illuminate; (*fig*) to enlighten; *hell erleuchtet* brightly lit **Erleuchtung** *f* ⟨-, -en⟩ (≈ *Eingebung*) inspiration

erliegen [ɛɐˈliːɡn] *past part* **erlegen** *v/i* +*dat irr aux sein* (*lit, fig*) to succumb to; *einem Irrtum* to be the victim of; *zum Erliegen kommen* to come to a standstill

erlogen [ɛɐˈloːɡn] *adj* not true *pred*; (≈ *erfunden*) made-up *attr*, made up *pred*; *das ist erstunken und ~* (*infml*) that's a rotten lie (*infml*)

Erlös [ɛɐˈløːs] *m* ⟨-es, -e [-zə]⟩ proceeds *pl*

erlöschen [ɛɐˈlœʃn] *pret* **erlosch** [ɛɐˈlɔʃ], *past part* **erloschen** [ɛɐˈlɔʃn] *v/i aux sein* (*Feuer*) to go out; (*Gefühle*) to die; (*Vulkan*) to become extinct; (*Garantie*) to expire

erlösen [ɛɐˈløːzn] *past part* **erlöst** *v/t* (≈ *retten*) to save (*aus, von* from); REL to redeem **Erlösung** *f* release; (≈ *Erleichterung*) relief; REL redemption

ermächtigen [ɛɐˈmɛçtɪɡn] *past part* **ermächtigt** *v/t* to authorize **ermächtigt** [ɛɐˈmɛçtɪçt] *adj* authorized **Ermächtigung** [ɛɐˈmɛçtɪɡʊŋ] *f* ⟨-, -en⟩ authorization

ermahnen [ɛɐˈmaːnən] *past part* **ermahnt** *v/t* to admonish; (*warnend*) to warn; JUR to caution **Ermahnung** *f* admonition; (*warnend*) warning; JUR caution

Ermangelung [ɛɐˈmaŋəlʊŋ] *f* ⟨-, *no pl*⟩ (*elev*) *in ~* +*gen* because of the lack of

ermäßigen [ɛɐˈmɛːsɪɡn] *past part* **ermäßigt** *v/t* to reduce **ermäßigt** [ɛɐˈmɛːsɪçt] *adj* reduced; *zu ~en Preisen* at reduced prices **Ermäßigung** *f* ⟨-, -en⟩ reduction

ermessen [ɛɐˈmɛsn] *past part* **ermessen** *v/t irr* (≈ *einschätzen*) to gauge; (≈ *begreifen können*) to appreciate **Ermessen** [ɛɐˈmɛsn] *nt* ⟨-s, *no pl*⟩ (≈ *Urteil*) judgement; (≈ *Gutdünken*) discretion; *nach meinem ~* in my estimation; *nach menschlichem ~* as far as anyone can judge **Ermessensfrage** *f* matter of discretion

ermitteln [ɛɐˈmɪtln] *past part* **ermittelt I** *v/t* to determine, to ascertain; *Person* to trace; *Tatsache* to establish **II** *v/i* to investigate; *gegen jdn ~* to investigate sb **Ermittler** *m* ⟨-s, -⟩, **Ermittlerin** [-ərɪn] *f*

⟨**-, -nen**⟩ investigator **Ermittlung** f ⟨**-,
-en**⟩ *esp* JUR investigation; **~en anstellen** to make inquiries (*über +acc* about)
Ermittlungsverfahren *nt* JUR preliminary proceedings *pl*

ermöglichen [ɛɐ̯'møːklɪçn] *past part* **er-
möglicht** *v/t* to facilitate; **jdm etw ~** to
make sth possible for sb

ermorden [ɛɐ̯'mɔrdn] *past part* **ermordet**
v/t to murder; (*esp aus politischen Gründen*) to assassinate **Ermordung** f ⟨**-, -en**⟩
murder; (*esp politisch*) assassination

ermüden [ɛɐ̯'myːdn] *past part* **ermüdet**
v/t & v/i to tire **ermüdend** *adj* tiring **Ermüdung** f ⟨**-,** (*rare*) **-en**⟩ fatigue

ermuntern [ɛɐ̯'mʊntɐn] *past part* **ermun-
tert** *v/t* (≈ *ermutigen*) to encourage (*jdn
zu etw* sb to do sth)

ermutigen [ɛɐ̯'muːtɪɡn] *past part* **ermu-
tigt** *v/t* (≈ *ermuntern*) to encourage **Ermutigung** f ⟨**-, -en**⟩ encouragement

ernähren [ɛɐ̯'nɛːrən] *past part* **ernährt** **I**
v/t to feed; (≈ *unterhalten*) to support;
gut ernährt well-nourished **II** *v/r* to
eat; **sich gesund ~** to have a healthy diet; **sich von etw ~** to live on sth **Ernäh-
rer** [ɛɐ̯'nɛːrɐ] *m* ⟨**-s, -**⟩, **Ernährerin** [-ə-
rɪn] f ⟨**-, -nen**⟩ breadwinner **Ernährung**
f ⟨**-,** *no pl*⟩ (≈ *das Ernähren*) feeding; (≈
Nahrung) food; **falsche ~** the wrong diet
ernährungsbewusst *adj* nutrition-con-
scious

ernennen [ɛɐ̯'nɛnən] *past part* **ernannt**
[ɛɐ̯'nant] *v/t irr* to appoint **Ernennung**
f appointment (*zu* as)

erneuerbar *adj* renewable **erneuern** [ɛɐ̯-
'nɔyɐn] *past part* **erneuert** *v/t* to renew;
(≈ *auswechseln*) *Öl* to change; *Maschinenteile* to replace **Erneuerung** f renewal; (≈ *Auswechslung*) (*von Öl*) changing; (*von Maschinenteil*) replacement
erneuerungsbedürftig *adj* in need of
renewal; *Maschinenteil* in need of replacement **erneut** [ɛɐ̯'nɔyt] **I** *adj attr* renewed **II** *adv* (once) again

erniedrigen [ɛɐ̯'niːdrɪɡn] *past part* **er-
niedrigt** *v/t* (≈ *demütigen*) to humiliate;
(≈ *herabsetzen*) to degrade **Erniedrigung** f ⟨**-, -en**⟩ humiliation; (≈ *Herabsetzung*) degradation; MUS flattening

ernst [ɛrnst] **I** *adj* serious; (≈ *ernsthaft*)
Mensch earnest; (≈ *feierlich*) solemn;
~e Absichten haben (*infml*) to have
honourable (*Br*) or honorable (*US*) intentions; **es ist nichts Ernstes** it's noth-

ing serious **II** *adv* **es** (**mit etw**) **~ meinen**
to be serious (about sth); **~ gemeint** serious; **jdn/etw ~ nehmen** to take sb / sth
seriously **Ernst** *m* ⟨**-(e)s,** *no pl*⟩ seriousness; (≈ *Ernsthaftigkeit*) earnestness;
im ~ seriously; **allen ~es** quite seriously;
das kann doch nicht dein ~ sein! you
can't be serious!; **mit etw ~ machen** to
put sth into action; **damit wird es jetzt
~** now it's serious **Ernstfall** *m* **im ~** in case
of emergency **ernstgemeint** [-ɡəmaint]
adj attr; → **ernst ernsthaft I** *adj* serious
II *adv* seriously **Ernsthaftigkeit**
['ɛrnsthaftɪçkait] f ⟨**-,** *no pl*⟩ seriousness
ernstlich ['ɛrnstlɪç] **I** *adj* serious **II** *adv* **~
besorgt um** seriously concerned about

Ernte ['ɛrntə] f ⟨**-, -n**⟩ **1.** (≈ *das Ernten*)
harvest(ing) **2.** (≈ *Ertrag*) harvest (*an
+dat* of); (*von Äpfeln*, *fig*) crop **Ernte-
(dank)fest** *nt* harvest festival **ernten**
['ɛrntn] *v/t Getreide* to harvest; *Äpfel*
to pick; (*fig*) to reap; *Undank*, *Spott* to
get **Erntezeit** f harvest (time)

ernüchtern [ɛɐ̯'nʏçtɐn] *past part* **er-
nüchtert** *v/t* (*fig*) to bring down to earth;
~d sobering **Ernüchterung** f ⟨**-, -en**⟩
(*fig*) disillusionment

Eroberer [ɛɐ̯'|oːbərɐ] *m* ⟨**-s, -**⟩, **Eroberin**
[-ərɪn] f ⟨**-, -nen**⟩ conqueror **erobern**
[ɛɐ̯'|oːbɐn] *past part* **erobert** *v/t* to con-
quer; (*fig*) *Sympathie etc* to win **Eroberung** f ⟨**-, -en**⟩ conquest; **eine ~ machen**
(*fig infml*) to make a conquest

eröffnen [ɛɐ̯'|œfnən] *past part* **eröffnet**
v/t **1.** (≈ *beginnen*) to open **2.** (*hum*)
jdm etw ~ to disclose sth to sb **Eröffnung** f **1.** (≈ *Beginn*) opening; (*von Konkursverfahren*) institution **2.** (*hum*) disclosure; **jdm eine ~ machen** to disclose
sth to sb **Eröffnungsfeier** f opening ceremony **Eröffnungsrede** f opening
speech *or* address

erogen [ero'ɡeːn] *adj* erogenous

erörtern [ɛɐ̯'|œrtɐn] *past part* **erörtert** *v/t*
to discuss (in detail)

Erosion [ero'zioːn] f ⟨**-, -en**⟩ erosion

Erotik [e'roːtɪk] f ⟨**-,** *no pl*⟩ eroticism **erotisch** [e'roːtɪʃ] *adj* erotic

erpicht [ɛɐ̯'pɪçt] *adj* **auf etw** (*acc*) **~ sein**
to be keen (*Br*) or bent (*US*) on sth

erpressbar *adj* **~ sein** to be susceptible to
blackmail **erpressen** [ɛɐ̯'prɛsn] *past
part* **erpresst** *v/t Geld etc* to extort
(*von* from); *jdn* to blackmail **Erpresser**
[ɛɐ̯'prɛsɐ] *m* ⟨**-s, -**⟩, **Erpresserin** [-ərɪn]

f ⟨-, **-nen**⟩ blackmailer **Erpressung** *f* ⟨-, **-en**⟩ *(von Geld)* extortion; *(eines Menschen)* blackmail

erproben [ɛɐ'proːbn] *past part* **erprobt** *v/t* to test **erprobt** *adj* tried and tested; *(≈ erfahren)* experienced **Erprobung** [ɛɐ'proːbʊŋ] *f* ⟨-, **-en**⟩ *usu sg* testing

erraten [ɛɐ'raːtn] *past part* **erraten** *v/t irr* to guess

erregbar *adj* excitable **erregen** [ɛɐ'reːgn] *past part* **erregt I** *v/t* **1.** to excite; *(≈ erzürnen)* to infuriate **2.** *(≈ hervorrufen)* to arouse; *Aufsehen, Heiterkeit* to cause; *Aufmerksamkeit* to attract **II** *v/r* to get excited *(über +acc* about); *(≈ sich ärgern)* to get annoyed *(über +acc* at) **Erreger** [ɛɐ'reːgɐ] *m* ⟨-**s**, -⟩ MED cause; *(≈ Bazillus etc)* pathogene *(tech)* **Erregung** *f* **1.** *no pl (≈ Erzeugung)* arousing; *(von Aufsehen, Heiterkeit)* causing **2.** *(≈ Zustand)* excitement; *(≈ Wut)* rage; **in ~ geraten** to get excited / into a rage

erreichbar *adj* reachable; *(≈ nicht weit)* within reach; *Ziel* attainable; **zu Fuß ~** within walking distance; **sind Sie zu Hause ~?** can I get in touch with you at home? **erreichen** [ɛɐ'raiçn] *past part* **erreicht** *v/t* to reach; *Zug* to catch; *Absicht* to achieve; *(≈ einholen)* to catch up with; **wann kann ich Sie morgen ~?** when can I get in touch with you tomorrow?; **wir haben nichts erreicht** we achieved nothing

errichten [ɛɐ'rɪçtn] *past part* **errichtet** *v/t* to put up; *(fig ≈ gründen)* to establish

erringen [ɛɐ'rɪŋən] *past part* **errungen** [ɛɐ'rʊŋən] *v/t irr* to gain; **ein hart errungener Sieg** a hard-won victory

erröten [ɛɐ'røːtn] *past part* **errötet** *v/i aux sein* to flush; *(esp aus Verlegenheit)* to blush

Errungenschaft [ɛɐ'rʊŋənʃaft] *f* ⟨-, **-en**⟩ achievement

Ersatz [ɛɐ'zats] *m, no pl* substitute; *(für Altes)* replacement; **als ~ für jdn einspringen** to stand in for sb **Ersatzbank** *f, pl* **-bänke** SPORTS substitutes' bench **Ersatzdienst** *m* MIL alternative service **Ersatzdroge** *f* substitute drug **Ersatzkasse** *f* state health insurance scheme **ersatzlos I** *adj* **~e Streichung** *(von Stelle)* abolition **II** *adv* **etw ~ streichen** *Stelle* to abolish sth **Ersatzreifen** *m* AUTO spare tyre *(Br) or* tire *(US)* **Ersatzspieler(in)** *m/(f)* SPORTS substitute **Ersatzteil**

nt spare (part)

ersaufen [ɛɐ'zaufn] *past part* **ersoffen** [ɛɐ'zɔfn] *v/i aux sein (infml) (≈ ertrinken)* to drown; *(≈ überschwemmt werden,* AUTO) to be flooded **ersäufen** [ɛɐ'zɔyfn] *past part* **ersäuft** *v/t* to drown

erschaffen [ɛɐ'ʃafn] *pret* **erschuf** [ɛɐ-'ʃuːf]*, past part* **erschaffen** *v/t* to create **Erschaffung** *f* creation

erscheinen [ɛɐ'ʃainən] *past part* **erschienen** [ɛɐ'ʃiːnən] *v/i irr aux sein* to appear; *(Buch)* to come out; **es erscheint (mir) wünschenswert** it seems desirable (to me) **Erscheinen** [ɛɐ-'ʃainən] *nt* ⟨-**s**, *no pl*⟩ appearance; *(von Buch)* publication **Erscheinung** *f* ⟨-, **-en**⟩ **1.** *no pl (≈ das Erscheinen)* appearance; **in ~ treten** *(Merkmale)* to appear; *(Gefühle)* to show themselves **2.** *(≈ Alterserscheinung)* symptom **3.** *(≈ Gestalt)* figure; **seiner äußeren ~ nach** judging by his appearance **4.** *(≈ Geistererscheinung)* apparition **Erscheinungsform** *f* manifestation

erschießen [ɛɐ'ʃiːsn] *past part* **erschossen** [ɛɐ'ʃɔsn] *irr* **I** *v/t* to shoot (dead) **II** *v/r* to shoot oneself; → **erschossen Erschießung** *f* ⟨-, **-en**⟩ shooting; *(*JUR: *als Todesstrafe)* execution; **Tod durch ~** JUR death by firing squad **Erschießungskommando** *nt* firing squad

erschlaffen [ɛɐ'ʃlafn] *past part* **erschlafft** *v/i aux sein (≈ ermüden)* to tire; *(≈ schlaff werden)* to go limp; *(Interesse, Eifer)* to wane

erschlagen¹ [ɛɐ'ʃlaːgn] *past part* **erschlagen** *v/t irr* to kill; **vom Blitz ~ werden** to be struck (dead) by lightning

erschlagen² [ɛɐ'ʃlaːgn] *adj* **~ sein** *(infml) (≈ todmüde)* to be worn out

erschließen [ɛɐ'ʃliːsn] *past part* **erschlossen** [ɛɐ'ʃlɔsn] *v/t irr Gebiet, Absatzmarkt* to develop

erschöpfen [ɛɐ'ʃœpfn] *past part* **erschöpft** *v/t* to exhaust **erschöpfend I** *adj* **1.** *(≈ ermüdend)* exhausting **2.** *(≈ ausführlich)* exhaustive **II** *adv* exhaustively **Erschöpfung** *f* exhaustion; **bis zur ~ arbeiten** to work to the point of exhaustion **Erschöpfungszustand** *m* state of exhaustion *no pl*

erschossen [ɛɐ'ʃɔsn] *adj (infml)* **(völlig) ~ sein** to be dead beat *(Br infml)*, to be beat *(esp US infml)*; → **erschießen**

erschrecken [ɛɐ'ʃrɛkn] **I** *pret* **er-**

schreckte, *past part* **erschreckt** *v/t* to frighten; (≈ *bestürzen*) to startle **II** *pret* **erschreckte** *or* **erschrak** [ɛɐ'ʃrɛktə, ɛɐ-'ʃraːk], *past part* **erschreckt** *or* **erschrocken** [ɛɐ'ʃrɛkt, ɛɐ'ʃrɔkn] *v/i & v/r* to be frightened (*vor* +*dat* by); (≈ *bestürzt sein*) to be startled **erschreckend** *adj* alarming; **~ aussehen** to look dreadful **erschrocken** [ɛɐ'ʃrɔkn] *adj* frightened; (≈ *bestürzt*) startled

erschüttern [ɛɐ'ʃʏtɐn] *past part* **erschüttert** *v/t* Gebäude, Vertrauen *etc* to shake; **jdn in seinem Glauben ~** to shake sb's faith; **über etw** (*acc*) **erschüttert sein** to be shattered by sth (*infml*); **ihn kann nichts ~** he always keeps his cool (*infml*) **erschütternd** *adj* shattering (*infml*) **Erschütterung** *f* ⟨**-, -en**⟩ (*des Bodens etc*) tremor; (≈ *seelische Ergriffenheit*) emotion

erschweren [ɛɐ'ʃveːrən] *past part* **erschwert** *v/t* to make more difficult; **es kommt noch ~d hinzu, dass ...** to compound matters, ...

erschwinglich [ɛɐ'ʃvɪŋlɪç] *adj* **das Haus ist für uns nicht ~** the house is not within our means

ersehen [ɛɐ'zeːən] *past part* **ersehen** *v/t irr* (*form*) **etw aus etw ~** to see sth from sth

ersehnt [ɛɐ'zeːnt] *adj* longed-for

ersetzbar *adj* replaceable **ersetzen** [ɛɐ-'zɛtsn] *past part* **ersetzt** *v/t* to replace

ersichtlich [ɛɐ'zɪçtlɪç] *adj* obvious; **ohne ~en Grund** for no apparent reason

ersinnen [ɛɐ'zɪnən] *past part* **ersonnen** [ɛɐ'zɔnən] *v/t irr* to devise; (≈ *erfinden*) to invent

ersparen [ɛɐ'ʃpaːrən] *past part* **erspart** *v/t* Kosten, Zeit to save; **jdm/sich etw ~** to spare sb/oneself sth; **ihr blieb auch nichts erspart** she was spared nothing; **das Ersparte** the savings *pl* **Ersparnis** [ɛɐ'ʃpaːɐnɪs] *f* ⟨**-, -se** *or* (*Aus*) *nt* **-ses, -se**⟩ *no pl* (*an Zeit etc*) saving (*an* +*dat* of) **2.** *usu pl* savings *pl*

erst [eːɐst] *adv* **1.** first; (≈ *anfänglich*) at first; **mach ~ (ein)mal die Arbeit fertig** finish your work first **2.** (≈ *bloß*) only; (≈ *nicht früher als*) not until; **eben** *or* **gerade ~** just; **~ gestern** only yesterday; **~ jetzt** only just; **~ morgen** not until *or* before tomorrow; **~ später** not until later; **~ wenn** only if *or* when, not until **3.** **da fange ich ~ gar nicht an** I simply won't

(bother to) begin; **das macht es ~ recht schlimm** that makes it even worse

erstarren [ɛɐ'ʃtarən] *past part* **erstarrt** *v/i aux sein* (*Finger*) to grow stiff; (*Flüssigkeit*) to solidify; (*Zement etc*) to set; (*Blut, Fett etc*) to congeal; (*fig*) (*Blut*) to run cold; (*Lächeln*) to freeze; (*vor Schrecken etc*) to be paralyzed (*vor* +*dat* with)

erstatten [ɛɐ'ʃtatn] *past part* **erstattet** *v/t* **1.** Unkosten to refund **2.** (*form*) (**Straf-**)**Anzeige gegen jdn ~** to report sb; **Bericht ~** to (give a) report (*über* +*acc* on) **Erstattung** *f* ⟨**-, no pl**⟩ (*von Unkosten*) refund

Erstaufführung *f* THEAT first performance, premiere

erstaunen [ɛɐ'ʃtaunən] *past part* **erstaunt** *v/t & v/i* to astonish **Erstaunen** [ɛɐ'ʃtaunən] *nt* astonishment **erstaunlich** [ɛɐ'ʃtaunlɪç] **I** *adj* astonishing **II** *adv* astonishingly **erstaunt** [ɛɐ'ʃtaunt] **I** *adj* astonished (*über* +*acc* about) **II** *adv* in astonishment

Erstausgabe *f* first edition **erstbeste(r, s)** ['eːɐst'bɛstə] *adj attr* **er hat das ~ Auto gekauft** he bought the first car he saw **erstechen** [ɛɐ'ʃtɛçn] *past part* **erstochen** [ɛɐ'ʃtɔxn] *v/t* to stab to death **erstehen** [ɛɐ'ʃteːən] *irr v/t* (*infml* ≈ *kaufen*) to buy

ersteigen [ɛɐ'ʃtaign] *past part* **erstiegen** [ɛɐ'ʃtiːgn] *v/t irr* to climb

ersteigern [ɛɐ'ʃtaign] *past part* **ersteigert** *v/t* to buy at an auction

erstellen [ɛɐ'ʃtɛlən] *past part* **erstellt** *v/t* **1.** (≈ *bauen*) to construct **2.** Liste *etc* to draw up

erstens ['eːɐstns] *adv* first(ly) **Erste(r)** ['eːɐstə(r)] *m/f(m) decl as adj* first; **die drei ~n** the first three; **der ~ des Monats** the first (day) of the month; **vom nächsten ~n an** as of the first of next month; **er kam als ~r** he was the first to come **erste(r, s)** ['eːɐstə] *adj* first; **~r Stock**, **~ Etage** first floor, second floor (*US*); **zum ~n Mal** for the first time; **~ Qualität** top quality; **Erste Hilfe** first aid; **an ~r Stelle** in the first place; **in ~r Linie** first and foremost; → **vierte(r, s)** **Erste(s)** ['eːɐstə(s)] *m/f(m) decl as adj* **das ~** the first thing; **als ~s** first of all

ersticken [ɛɐ'ʃtɪkn] *past part* **erstickt** **I** *v/t* jdn to suffocate; Feuer to smother;

erweisen

Geräusche to stifle; *Aufruhr etc* to suppress **II** *v/i aux sein* to suffocate; (*Feuer*) to die; *an einer Gräte* ~ to choke (to death) on a fish bone; *in der Arbeit* ~ (*infml*) to be up to one's neck in work (*infml*) **Erstickung** *f* ⟨-, *no pl*⟩ suffocation

erstklassig I *adj* first-class **II** *adv spielen* excellently; ~ *schmecken* to taste excellent **Erstkläss(l)er** ['eːɐstklɛs(l)ɐ] *m* ⟨*-s, -*⟩, **Erstkläss(l)erin** [-ərin] *f* ⟨*-, -nen*⟩ first-year pupil (*Br*), first-grader (*US*) **erstmalig** ['eːɐstmaːlɪç] **I** *adj* first **II** *adv* for the first time **erstmals** ['eːɐstmals] *adv* for the first time

erstreben [ɛɐˈʃtreːbn] *past part* **erstrebt** *v/t* to strive for **erstrebenswert** *adj* desirable

erstrecken [ɛɐˈʃtrɛkn] *past part* **erstreckt** *v/r* to extend (*auf, über +acc* over)

Erstschlag *m* (*mit Atomwaffen*) first strike **Erstsemester** *nt* first-year student **Erststimme** *f* first vote

ersuchen [ɛɐˈzuːxn] *past part* **ersucht** *v/t* (*form*) to request (*jdm um etw* sth of sb)

ertappen [ɛɐˈtapn] *past part* **ertappt** *v/t* to catch; *ich habe ihn dabei ertappt* I caught him at it

erteilen [ɛɐˈtailən] *past part* **erteilt** *v/t* to give; *Lizenz* to issue; *Unterricht* ~ to teach

ertönen [ɛɐˈtøːnən] *past part* **ertönt** *v/i aux sein* (*elev*) to sound

Ertrag [ɛɐˈtraːk] *m* ⟨*-(e)s, -e* [-ˈtrɛːgə]⟩ (*von Acker*) yield; (≈ *Einnahmen*) proceeds *pl*; ~ *abwerfen* to bring in a return **ertragen** [ɛɐˈtraːgn] *past part* **ertragen** *v/t irr* to bear; *das ist nicht mehr zu* ~ it's unbearable **erträglich** [ɛɐˈtrɛːklɪç] *adj* bearable

ertränken [ɛɐˈtrɛŋkn] *past part* **ertränkt** *v/t* to drown

erträumen [ɛɐˈtrɔymən] *past part* **erträumt** *v/t* to dream of; *sich* (*dat*) *etw* ~ to dream of sth

ertrinken [ɛɐˈtrɪŋkn] *past part* **ertrunken** [ɛɐˈtrʊŋkn] *v/i irr aux sein* to drown **Ertrinken** [ɛɐˈtrɪŋkn] *nt* ⟨*-s, no pl*⟩ drowning

erübrigen [ɛɐˈyːbrɪgn] *past part* **erübrigt I** *v/t Zeit, Geld* to spare **II** *v/r* to be superfluous

eruieren [eruˈiːrən] *past part* **eruiert** *v/t* (*form*) *Sachverhalt* to investigate

erwachen [ɛɐˈvaxn] *past part* **erwacht** *v/i aux sein* to awake; (*aus Ohnmacht etc*) to come to (*aus* from); (*fig: Gefühle*) to be aroused; *ein böses Erwachen* (*fig*) a rude awakening

erwachsen [ɛɐˈvaksn] *past part* **erwachsen I** *v/i irr aux sein* (*elev*) to arise; (*Vorteil, Kosten etc*) to result **II** *adj* grown-up, adult **Erwachsenenbildung** *f* adult education **Erwachsene(r)** [ɛɐˈvaksənə] *m/f(m) decl as adj* adult

erwägen [ɛɐˈvɛːgn] *past part* **erwogen** [ɛɐˈvoːgn] *v/t irr* to consider **Erwägung** *f* ⟨*-, -en*⟩ consideration; *etw in* ~ *ziehen* to consider sth

erwähnen [ɛɐˈvɛːnən] *past part* **erwähnt** *v/t* to mention **erwähnenswert** *adj* worth mentioning **Erwähnung** *f* ⟨*-, -en*⟩ mention (+*gen* of)

erwärmen [ɛɐˈvɛrmən] *past part* **erwärmt I** *v/t* to warm **II** *v/r* to warm up; *sich für jdn/etw* ~ (*fig*) to take to sb/sth **Erwärmung** *f* ⟨*-, -en*⟩ warming; *globale* ~ global warming

erwarten [ɛɐˈvartn] *past part* **erwartet** *v/t Gäste, Ereignis* to expect; *etw von jdm/etw* ~ to expect sth from *or* of sb/sth; *ein Kind* ~ to be expecting a child; *das war zu* ~ that was to be expected; *sie kann den Sommer kaum noch* ~ she can hardly wait for the summer; *es steht zu* ~, *dass ...* (*form*) it is to be expected that ... **Erwartung** *f* expectation; (≈ *Ungeduld*) anticipation; *den* ~*en gerecht werden* to come up to expectations; (≈ *Voraussetzung erfüllen*) to meet the requirements; *hinter den* ~*en zurückbleiben* not to come up to expectations **erwartungsgemäß** *adv* as expected **Erwartungshaltung** *f* expectations *pl* **erwartungsvoll** *adj* expectant

erwecken [ɛɐˈvɛkn] *past part* **erweckt** *v/t* (*fig*) *Hoffnungen, Zweifel* to raise; *Erinnerungen* to bring back

erweichen [ɛɐˈvaiçn] *past part* **erweicht** *v/t* to soften; *jds Herz* ~ to touch sb's heart; *sich nicht* ~ *lassen* to be unmoved

erweisen [ɛɐˈvaizn] *past part* **erwiesen** [ɛɐˈviːzn] *irr* **I** *v/t* **1.** (≈ *nachweisen*) to prove; *eine erwiesene Tatsache* a proven fact **2.** *jdm einen Dienst* ~ to do sb a service **II** *v/r sich als etw* ~ to prove to be sth; *es hat sich erwiesen, dass ...* it turned out that ...

erweitern [ɛɐ'vaitɐn] *past part* **erweitert**
v/t & v/r to widen; *Geschäft* to expand;
MED to dilate; *(fig) Kenntnisse etc* to
broaden **Erweiterung** *f* ⟨-, -en⟩ widen-
ing; *(von Geschäft)* expansion; MED dila-
tion; *(fig) (von Kenntnissen etc)* broad-
ening
Erwerb [ɛɐ'vɛrp] *m* ⟨-(e)s, -e [-bə]⟩ *no pl*
acquisition; *(≈ Kauf)* purchase **erwerben** [ɛɐ'vɛrbn] *past part* **erworben** [ɛɐ-
'vɔrbn] *v/t irr* to acquire; *Titel, Pokal* to
earn; *Titel, Pokal* to win; *(käuflich)* to
purchase; *er hat sich (dat) große Verdienste um die Firma erworben* he
has done great service for the firm **er-
werbsfähig** *adj (form)* capable of gainful employment **Erwerbsleben** *nt* working life **erwerbslos** *adj = arbeitslos* **erwerbstätig** *adj (gainfully) employed* **Er-
werbstätige(r)** *m/f(m) decl as adj* person in gainful employment **Erwerbstä-
tigkeit** *f* gainful employment **erwerbs-
unfähig** *adj (form)* incapable of gainful
employment **Erwerbung** *f* acquisition
erwidern [ɛɐ'viːdɐn] *past part* **erwidert**
v/t **1.** *(≈ antworten)* to reply *(auf +acc
to)*; *auf meine Frage erwiderte sie,
dass ...* in reply to my question, she said
that ... **2.** *Feuer, Besuch* to return **Erwi-
derung** *f* ⟨-, -en⟩ *(≈ Antwort)* reply
erwirtschaften [ɛɐ'vɪrtʃaftn] *past part*
erwirtschaftet *v/t Gewinne ~* to make
profits
erwischen [ɛɐ'vɪʃn] *past part* **erwischt**
v/t (infml) *(≈ erreichen, ertappen)* to
catch; *jdn beim Stehlen ~* to catch sb
stealing; *du darfst dich nicht ~ lassen*
you mustn't get caught; *ihn hats erwischt!* *(verliebt)* he's got it bad *(infml)*;
(krank) he's got it; *(gestorben)* he's had
it *(infml)*
erwünscht [ɛɐ'vʏnʃt] *adj Wirkung etc*
desired; *Eigenschaft* desirable; *du bist
hier nicht ~!* you're not welcome here!
erwürgen [ɛɐ'vʏrgn] *past part* **erwürgt**
v/t to strangle
Erz [eːɐts, ɛrts] *nt* ⟨-es, -e⟩ ore
erzählen [ɛɐ'tsɛːlən] *past part* **erzählt** I
v/t **1.** to tell; *jdm etw ~* to tell sth to
sb; *man erzählt sich, dass ...* people
say that ...; *erzähl mal, was/wie ...* tell
me / us what / how ...; *das kannst du einem anderen ~* *(infml)* tell that to the
marines *(infml)* **2.** LIT to narrate; *~de
Dichtung* narrative fiction II *v/i* **1.** to tell

(von about); *er kann gut ~* he's a good
storyteller **2.** LIT to narrate **Erzähler** *m*
⟨-s, -⟩, **Erzählerin** [-ərɪn] *f* ⟨-, -nen⟩ narrator; *(≈ Geschichtenerzähler)* storyteller; *(≈ Schriftsteller)* narrative writer **Erzählung** *f* LIT story; *(≈ Schilderung)* account
Erzbergwerk *nt* ore mine **Erzbischof** *m*
archbishop **Erzengel** *m* archangel
erzeugen [ɛɐ'tsɔygn] *past part* **erzeugt**
v/t CHEM, ELEC, PHYS to generate; COMM
Produkt to manufacture; *Wein etc* to
produce; *(fig ≈ bewirken)* to cause **Er-
zeuger** [ɛɐ'tsɔygɐ] *m* ⟨-s, -⟩, **Erzeuge-
rin** [-ərɪn] *f* ⟨-, -nen⟩ COMM manufacturer; *(von Naturprodukten)* producer **Er-
zeugerland** *nt* country of origin **Erzeu-
gerpreis** *m* manufacturer's price **Erzeugnis** *nt* product; AGR produce *no
indef art, no pl* **Erzeugung** *f* CHEM, ELEC,
PHYS generation
Erzfeind(in) *m/(f)* arch-enemy **Erzher-
zog** *m* archduke
erziehbar *adj Kind* educable; *Tier* train-
able; *schwer ~ Kind* difficult; *Hund* difficult to train **erziehen** [ɛɐ'tsiːən] *past
part* **erzogen** [ɛɐ'tsoːgn] *v/t irr Kind*
to bring up; *Tier* to train; *(≈ ausbilden)*
to educate; *ein gut/schlecht erzoge-
nes Kind* a well-brought-up/badly-
-brought-up child **Erzieher** [ɛɐ'tsiːɐ] *m*
⟨-s, -⟩, **Erzieherin** [-ərɪn] *f* ⟨-, -nen⟩ ed-
ucator; *(in Kindergarten)* nursery school
teacher **erzieherisch** [ɛɐ'tsiːərɪʃ] *adj*
educational **Erziehung** *f, no pl* upbringing; *(≈ Ausbildung)* education; *(≈ das
Erziehen)* bringing up; *(von Tieren)*
training; *(≈ Manieren)* (good) breeding
Erziehungsberatung *f* educational
guidance **erziehungsberechtigt** *adj*
having parental authority **Erziehungs-
berechtigte(r)** [-bərɛçtɪçtə] *m/f(m)*
decl as adj parent or (legal) guardian **Er-
ziehungsgeld** *nt ≈* child benefit **Erzie-
hungsurlaub** *m* parental leave **Erzie-
hungswissenschaft** *f* education
erzielen [ɛɐ'tsiːlən] *past part* **erzielt** *v/t*
Erfolg, Ergebnis to achieve; *Einigung*
to reach; *Gewinn* to make; *Preis* to
fetch; SPORTS *Tor, Punkte* to score; *Rekord* to set
erzkonservativ *adj* ultraconservative
erzürnen [ɛɐ'tsʏrnən] *past part* **erzürnt**
v/t (elev) to anger
erzwingen [ɛɐ'tsvɪŋən] *past part* **er-**

zwungen [ɛɐˈtsvʊŋən] *v/t irr* to force; (*gerichtlich*) to enforce

es [ɛs] *pers pr, gen* **seiner**, *dat* **ihm**, *acc* **es** it; (*auf männliches Wesen bezogen*) (*nom*) he; (*acc*) him; (*auf weibliches Wesen bezogen*) (*nom*) she; (*acc*) her; **es ist kalt/8 Uhr/Sonntag** it's cold/8 o'clock/Sunday; **ich hoffe es** I hope so; **es gefällt mir** I like it; **es klopft** there's a knock (at the door); **es regnet** it's raining; **es geschah ein Unglück** there was an accident; **es gibt viel Arbeit** there's a lot of work; **es kamen viele Leute** a lot of people came

Escape-Taste [esˈkeːp-] *f* IT escape key

Esche [ˈɛʃə] *f* ⟨**-, -n**⟩ ash-tree; (≈ *Holz*) ash

Esel [ˈeːzl] *m* ⟨**-s, -**⟩ donkey; (*infml* ≈ *Dummkopf*) (silly) ass; **ich ~!** silly (old) me!; **störrisch wie ein ~** as stubborn as a mule **Eselsbrücke** *f* (≈ *Gedächtnishilfe*) mnemonic **Eselsohr** *nt* (*fig*) dog-ear

Eskalation [ɛskalaˈtsioːn] *f* ⟨**-, -en**⟩ escalation **eskalieren** [ɛskaˈliːrən] *past part* **eskaliert** *v/t & v/i* to escalate

Eskapade [ɛskaˈpaːdə] *f* ⟨**-, -n**⟩ (*fig*) escapade

Eskimo [ˈɛskimo] *m* ⟨**-s, -s**⟩ Eskimo

Eskorte [ɛsˈkɔrtə] *f* ⟨**-, -n**⟩ MIL escort **eskortieren** [ɛskɔrˈtiːrən] *past part* **eskortiert** *v/t* to escort

Esoterik [ezoˈteːrɪk] *f* ⟨**-, no pl**⟩ esotericism **Esoteriker** [ezoˈteːrɪkɐ] *m* ⟨**-s, -**⟩, **Esoterikerin** [-ərɪn] *f* ⟨**-, -nen**⟩ esoteric **esoterisch** [ezoˈteːrɪʃ] *adj* esoteric

Espe [ˈɛspə] *f* ⟨**-, -n**⟩ aspen **Espenlaub** *nt* **zittern wie ~** to shake like a leaf

Esperanto [ɛspeˈranto] *nt* ⟨**-s, no pl**⟩ Esperanto

Espresso [ɛsˈprɛso] *m* ⟨**-(s), -s** or **Espressi** [-si]⟩ espresso

Esprit [ɛsˈpriː] *m* ⟨**-s, no pl**⟩ wit; **ein Mann mit ~** a witty man

Essay [ˈɛse, ɛˈseː] *m or nt* ⟨**-s, -s**⟩ LIT essay

essbar *adj* edible; **nicht ~** inedible **Essecke** *f* eating area **essen** [ˈɛsn] *pret* **aß** [aːs], *past part* **gegessen** [gəˈgɛsn] *v/t & v/i* to eat; **das isst es sich gut** the food is good there; **warm/kalt ~** to have a hot/cold meal; **sich satt ~** to eat one's fill; **~ Sie gern Äpfel?** do you like apples?; **beim Essen sein** to be in the middle of eating; **~ gehen** (*auswärts*) to eat

out; **das Thema ist schon lange gegessen** (*fig infml*) the subject is dead and buried **Essen** [ˈɛsn] *nt* ⟨**-s, -**⟩ (≈ *Mahlzeit*) meal; (≈ *Nahrung*) food; (≈ *Küche*) cooking; (≈ *Mittagessen*) lunch; (≈ *Abendessen*) dinner; **das ~ kochen** (*infml*) to cook the meal; **jdn zum ~ einladen** to invite sb for a meal **Essen(s)marke** *f* meal voucher (*Br*) or ticket (*US*) **Essen(s)zeit** *f* mealtime

essentiell [ɛsɛnˈtsiɛl] *adj* = **essenziell**

Essenz [ɛˈsɛnts] *f* ⟨**-, -en**⟩ essence **essenziell** [ɛsɛnˈtsiɛl] *adj* essential

Essig [ˈɛsɪç] *m* ⟨**-s, -e** [-gə]⟩ vinegar **Essiggurke** *f* (pickled) gherkin **Essigsäure** *f* acetic acid

Esskastanie *f* sweet chestnut **Esslöffel** *m* (*für Suppe*) soup spoon; (*in Rezept*) tablespoon **Essstäbchen** *pl* chopsticks *pl* **Essstörung** *f usu pl* eating disorder **Esstisch** *m* dining table **Esszimmer** *nt* dining room

Establishment [isˈtɛblɪʃmənt] *nt* ⟨**-s, -s**⟩ SOCIOL, PRESS establishment

Estland [ˈeːstlant, ˈɛst-] *nt* ⟨**-s**⟩ Est(h)onia

Estragon [ˈɛstragɔn] *m* ⟨**-s, no pl**⟩ tarragon

Estrich [ˈɛstrɪç] *m* ⟨**-s, -e**⟩ **1.** stone floor **2.** (*Swiss* ≈ *Dachboden*) attic

etablieren [etaˈbliːrən] *past part* **etabliert** *v/r* to establish oneself **etabliert** [etaˈbliːɐt] *adj* established **Etablissement** [etablɪsəˈmãː] *nt* ⟨**-s, -s**⟩ establishment

Etage [eˈtaːʒə] *f* ⟨**-, -n**⟩ floor; **in** or **auf der 2. ~** on the 2nd or 3rd (*US*) floor **Etagenbett** *nt* bunk bed **Etagenheizung** *f* heating system which covers one floor of a building

Etappe [eˈtapə] *f* ⟨**-, -n**⟩ stage **Etappensieg** *m* SPORTS stage win **etappenweise** *adv* stage by stage

Etat [eˈtaː] *m* ⟨**-s, -s**⟩ budget **Etatjahr** *nt* financial year **etatmäßig** *adj* ADMIN budgetary **Etatposten** *m* item in the budget

etepetete [eːtəpeˈteːtə] *adj pred* (*infml*) fussy

Ethik [ˈeːtɪk] *f* ⟨**-, -en**⟩ ethics *pl*; (≈ *Fach*) ethics *sg* **Ethikkommission** *f* ethics committee **Ethikunterricht** *m* SCHOOL (teaching of) ethics **ethisch** [ˈeːtɪʃ] *adj* ethical

ethnisch [ˈɛtnɪʃ] *adj* ethnic; **~e Säube-**

rung ethnic cleansing **Ethnologe** [ɛtno-'lo:gə] *m* ⟨*-n, -n*⟩, **Ethnologin** [-'lo:gɪn] *f* ⟨*-, -nen*⟩ ethnologist **Ethnologie** [ɛtnolo'gi:] *f* ⟨*-, -n* [-'gi:ən]⟩ ethnology

Ethos ['e:tɔs] *nt* ⟨*-, no pl*⟩ ethos; (≈ *Berufsethos*) professional ethics *pl*

Etikett [eti'kɛt] *nt* ⟨*(e)s, -e*⟩ label **Etikette** [eti'kɛtə] *f* ⟨*-, -n*⟩ etiquette **etikettieren** [etikɛ'ti:rən] *past part* **etikettiert** *v/t* to label

etliche(r, s) ['ɛtlɪçə] *indef pr* **1.** *sg attr* quite a lot of; **~ Mal** quite a few times **2.** etliche *pl* quite a few **3.** etliches *sg* (*substantivisch*) quite a lot

Etüde [e'ty:də] *f* ⟨*-, -n*⟩ MUS étude

Etui [ɛt'vi:, e'tyi:] *nt* ⟨*-s, -s*⟩ case

etwa ['ɛtva] *adv* **1.** (≈ *ungefähr*) about; **~ so** more or less like this **2.** (≈ *zum Beispiel*) for instance **3. soll das ~ heißen, dass ...?** is that supposed to mean ...?; **willst du ~ schon gehen?** (surely) you don't want to go already!; **sind Sie ~ nicht einverstanden?** do you mean to say that you don't agree?; **ist das ~ wahr?** (surely) it's not true! **etwaig** ['ɛtvaɪç, ɛt'va:ɪç] *adj attr* possible; **bei ~en Beschwerden** in the event of (any) complaints

etwas ['ɛtvas] *indef pr* **1.** (*substantivisch*) something; (*fragend, verneinend*) anything; (*Teil einer Menge*) some; any; **kannst du mir ~ (davon) leihen?** can you lend me some (of it)?; **~ anderes** something else; **aus ihm wird nie ~** (*infml*) he'll never become anything; **da ist ~ Wahres dran** there is some truth in that **2.** (*adjektivisch*) some; **~ Salz?** some salt?; **~ Nettes** something nice **Etwas** ['ɛtvas] *nt* ⟨*-, no pl*⟩ something; **das gewisse ~** that certain something

Etymologie [etymolo'gi:] *f* ⟨*-, -n* [-'gi:ən]⟩ etymology **etymologisch** [etymo'lo:gɪʃ] *adj* etymological

Et-Zeichen ['ɛt-] *nt* ampersand

EU [e:'|u:] *f* ⟨*-*⟩ *abbr of* **Europäische Union** EU

euch [ɔyç] *pers pr dat, acc of* **ihr** you; (*refl*) yourselves; **ein Freund von ~** a friend of yours; **setzt ~!** sit (yourselves (*infml*)) down!

Eucharistie [ɔyçarɪs'ti:] *f* ⟨*-, -n* [-'ti:ən]⟩ ECCL Eucharist

euer ['ɔyɐ] *poss pr* your; **viele Grüße, Euer Hans** best wishes, yours, Hans; **das sind eure Bücher** those are your books

euere(r, s) ['ɔyɐrə] *poss pr* = **eure(r, s)**

Eukalyptus [ɔyka'lʏptʊs] *m* ⟨*-, Eukalypten* [-tn]⟩ (≈ *Baum*) eucalyptus (tree); (≈ *Öl*) eucalyptus oil

EU-Konvent [e:'|u:-] *m* European Convention

Eule ['ɔylə] *f* ⟨*-, -n*⟩ owl

Eunuch [ɔy'nu:x] *m* ⟨*-en, -en*⟩ eunuch

euphemistisch [ɔyfe'mɪstɪʃ] **I** *adj* euphemistic **II** *adv* euphemistically

Euphorie [ɔyfo'ri:] *f* ⟨*-, -n* [-'ri:ən]⟩ euphoria **euphorisch** [ɔy'fo:rɪʃ] *adj* euphoric

EUR *abbr of* **Euro** EUR, euro

eure(r, s) ['ɔyrə] *poss pr* **1.** (*substantivisch*) yours; **der/die/das ~** *or* **Eure** (*elev*) yours; **tut ihr das ~** *or* **Eure** (*elev*) you do your bit (*Br*) *or* part (*US*) **2.** (*adjektivisch*) → **euer eurerseits** ['ɔyrɐ'zaits] *adv* for your part **euresgleichen** ['ɔyrəs'glaiçn] *pron inv* people like you **euretwegen** ['ɔyrət've:gn] *adv* (≈ *wegen euch*) because of you **euretwillen** ['ɔyrət'vɪlən] *adv* **um ~** for your sake

Euro ['ɔyro] *m* ⟨*-, -*⟩ (≈ *Währung*) euro; **das kostet zehn ~** that's ten euros; **mit jedem ~ rechnen müssen** to have to count every penny **Euro-City-Zug** [-'sɪtɪ-] *m* European Inter-City train **Eurokrat** [ɔyro'kra:t] *m* ⟨*-en, -en*⟩, **Eurokratin** [-'kra:tɪn] *f* ⟨*-, -nen*⟩ Eurocrat **Euroland** *nt* **1.** *no pl* (*infml* ≈ *Eurozone*) Euroland (*infml*) **2.** ⟨*(e)s, ⸚er*⟩ (≈ *EU-Mitgliedsstaat*) euro country **Euronorm** *f* European standard **Europa** [ɔy'ro:pa] *nt* ⟨*-s*⟩ Europe **Europacup** [-kap] *m* European cup **Europäer** [ɔyro'pɛ:ɐ] *m* ⟨*-s, -*⟩, **Europäerin** [-ə-rɪn] *f* ⟨*-, -nen*⟩ European **europäisch** [ɔyro'pɛ:ɪʃ] *adj* European; **Europäischer Gerichtshof** European Court of Justice; **Europäische Union** European Union; **Europäische Zentralbank** European Central Bank **Europameister(in)** *m/(f)* SPORTS European champion; (≈ *Team, Land*) European champions *pl* **Europameisterschaft** *f* European championship **Europaparlament** *nt* European Parliament **Europapokal** *m* SPORTS European cup **Europapolitik** *f* policy toward(s) Europe **Europarat** *m* Council of Europe **europaweit** **I** *adj* Europe-wide **II** *adv* throughout Europe

Eurovision *f, no pl* Eurovision **Eurowäh-**

rung f eurocurrency **Eurozeichen** nt euro symbol **Eurozone** f euro zone

Euter ['ɔytɐ] nt ⟨**-s, -**⟩ udder

Euthanasie [ɔytana'zi:] f ⟨**-,** no pl⟩ euthanasia

evakuieren [evaku'i:rən] past part **evakuiert** v/t to evacuate **Evakuierung** f ⟨**-, -en**⟩ evacuation

evangelisch [evaŋ'ge:lɪʃ] adj Protestant **Evangelist** [evaŋge'lɪst] m ⟨**-en, -en**⟩, **Evangelistin** [-'lɪstɪn] f ⟨**-, -nen**⟩ evangelist **Evangelium** [evaŋ'ge:liʊm] nt ⟨**-s, Evangelien** [-liən]⟩ Gospel; (fig) gospel

Eventualität [evɛntuali'tɛ:t] f ⟨**-, -en**⟩ eventuality **eventuell** [evɛn'tuɛl] **I** adj attr possible **II** adv possibly; **~ rufe ich Sie später an** I may possibly call you later

Evolution [evolu'tsio:n] f ⟨**-, -en**⟩ evolution

ewig ['e:vɪç] **I** adj eternal; Eis, Schnee perpetual; (infml) Nörgelei etc never-ending **II** adv for ever; **auf ~** for ever; **das dauert ja ~, bis ...** it'll take ages until ... (infml) **Ewigkeit** ['e:vɪçkait] f ⟨**-, -en**⟩ eternity; (infml) ages; **bis in alle ~** for ever; **es dauert eine ~, bis ...** (infml) it'll take absolutely ages until ... (infml)

Ex [ɛks] m or f ⟨**-, -**⟩ (infml) ex (infml)

exakt [ɛ'ksakt] **I** adj exact **II** adv exactly; **~ arbeiten** to work accurately **Exaktheit** f ⟨**-,** no pl⟩ exactness

Examen [ɛ'ksa:mən] nt ⟨**-s,** -or **Examina** [-mina]⟩ exam; UNIV final examinations pl; **~ machen** to do one's exams or finals

exekutieren [ɛkseku'ti:rən] past part **exekutiert** v/t to execute **Exekution** [ɛkseku'tsio:n] f ⟨**-, -en**⟩ execution **Exekutive** [ɛkseku'ti:və] f ⟨**-, -n**⟩, **Exekutivgewalt** f executive

Exempel [ɛ'ksɛmpl] nt ⟨**-s, -**⟩ (elev) **die Probe aufs ~ machen** to put it to the test

Exemplar [ɛksɛm'pla:ɐ] nt ⟨**-s, -e**⟩ specimen; (≈ Buchexemplar, Zeitschriftenexemplar) copy **exemplarisch** [ɛksɛm'pla:rɪʃ] adj exemplary; **jdn ~ bestrafen** to punish sb as an example (to others)

exerzieren [ɛksɛr'tsi:rən] past part **exerziert** v/t & v/i to drill

Exfrau f ex-wife **Exfreund(in)** m/(f) ex-boyfriend / girlfriend

Exhibitionist [ɛkshibitsio'nɪst] m ⟨**-en, -en**⟩, **Exhibitionistin** [-'nɪstɪn] f ⟨**-, -nen**⟩ exhibitionist

Exil [ɛ'ksi:l] nt ⟨**-s, -e**⟩ exile; **im ~ leben** to live in exile

existent [ɛksɪs'tɛnt] adj (elev) existing **Existenz** [ɛksɪs'tɛnts] f ⟨**-, -en**⟩ existence; (≈ Auskommen) livelihood; **eine gescheiterte ~** (infml) a failure; **sich eine (neue) ~ aufbauen** to make a (new) life for oneself **Existenzangst** f PHIL angst; (wirtschaftlich) fear for one's livelihood **Existenzberechtigung** f right to exist **Existenzgrundlage** f basis of one's livelihood **Existenzgründung** f **1.** establishing one's livelihood; ECON founding of a new business **2.** (ECON ≈ neu gegründete Firma) start-up (business) **Existenzialismus** [ɛksɪstɛntsia'lɪsmʊs] m ⟨**-,** no pl⟩ existentialism **Existenzialist** [ɛksɪstɛntsia'lɪst] m ⟨**-en, -en**⟩, **Existenzialistin** [-'lɪstɪn] f ⟨**-, -nen**⟩ existentialist **existenziell** [ɛksɪstɛn'tsiɛl] adj (elev) existential; **von ~er Bedeutung** of vital significance **Existenzkampf** m struggle for survival **Existenzminimum** nt subsistence level; (≈ Lohn) minimal living wage **existieren** [ɛksɪs'ti:rən] past part **existiert** v/i to exist

exklusiv [ɛksklu'zi:f] adj exclusive **exklusive** [ɛksklu'zi:və] prep +gen excluding **Exklusivität** [ɛkskluzivi'tɛ:t] f ⟨**-,** no pl⟩ exclusiveness

Exkrement [ɛkskre'mɛnt] nt ⟨**-(e)s, -e**⟩ usu pl (elev) excrement no pl

Exkursion [ɛkskʊr'zio:n] f ⟨**-, -en**⟩ (study) trip

Exmann m ex-husband

Exmatrikulation [ɛksmatrikula'tsio:n] f ⟨**-, -en**⟩ UNIV being taken off the university register **exmatrikulieren** [ɛksmatriku'li:rən] past part **exmatrikuliert** v/t UNIV to take off the university register

Exodus ['ɛksodʊs] m ⟨**-**⟩ (BIBLE, fig) exodus

Exorzist [ɛksɔr'tsɪst] m ⟨**-en, -en**⟩, **Exorzistin** [-'tsɪstɪn] f ⟨**-, -nen**⟩ exorcist

Exot [ɛ'kso:t] m ⟨**-en, -en**⟩, **Exote** [ɛ-'kso:tə] m ⟨**-n, -n**⟩, **Exotin** [ɛ'kso:tɪn] f ⟨**-, -nen**⟩ exotic animal / plant etc; (Mensch) exotic foreigner **exotisch** [ɛ-'kso:tɪʃ] adj exotic

Expander [ɛks'pandɐ] m ⟨**-s, -**⟩ SPORTS chest expander **expandieren** [ɛkspan'di:rən] past part **expandiert** v/i to expand **Expansion** [ɛkspan'zio:n] f ⟨**-, -en**⟩ PHYS, POL expansion

Expedition [ɛkspedi'tsio:n] f ⟨-, -en⟩ expedition

Experiment [ɛksperi'mɛnt] nt ⟨-(e)s, -e⟩ experiment; **~e machen** to carry out experiments **Experimentalfilm** m experimental film **experimentell** [ɛksperimɛn'tɛl] adj experimental **experimentieren** [ɛksperimɛn'ti:rən] past part **experimentiert** v/i to experiment (mit with)

Experte [ɛks'pɛrtə] m ⟨-n, -n⟩, **Expertin** [-'pɛrtɪn] f ⟨-, -nen⟩ expert (für in) **Expertenkommission** f think tank **Expertenmeinung** f expert opinion

explizit [ɛkspli'tsi:t] (elev) **I** adj explicit **II** adv explicitly

explodieren [ɛksplo'di:rən] past part **explodiert** v/i aux sein to explode **Explosion** [ɛksplo'zio:n] f ⟨-, -en⟩ explosion; **etw zur ~ bringen** to detonate sth **explosionsartig I** adj explosive; **Wachstum** phenomenal **II** adv **das Gerücht verbreitete sich ~** the rumour (Br) or rumor (US) spread like wildfire **Explosionsgefahr** f danger of explosion **explosiv** [ɛksplo'zi:f] adj explosive

Exponent [ɛkspo'nɛnt] m ⟨-en, -en⟩ MAT exponent

exponieren [ɛkspo'ni:rən] past part **exponiert** v/t to expose

Export [ɛks'pɔrt] m ⟨-(e)s, -e⟩ export (an +dat of); (≈ Exportwaren) exports pl **Exportabteilung** f export department **Exportartikel** m export **Exporteur** [ɛkspɔr'tø:ɐ] m ⟨-s, -e⟩, **Exporteurin** [-'tø:rɪn] f ⟨-, -nen⟩ exporter **Exportgeschäft** nt export business **Exporthandel** m export business **exportieren** past part **exportiert** v/t & v/i to export **Exportkauffrau** f, **Exportkaufmann** m exporter **Exportware** f export **Exportzoll** m export duty

Expressgut nt express goods pl

Expressionismus [ɛkspresio'nɪsmʊs] m ⟨-, no pl⟩ expressionism **Expressionist** [ɛkspresio'nɪst] m ⟨-en, -en⟩, **Expres-**sionistin [-'nɪstɪn] f ⟨-, -nen⟩ expressionist **expressionistisch** [ɛkspresio-'nɪstɪʃ] adj expressionist no adv, expressionistic **expressiv** [ɛkspre'si:f] adj expressive

extern [ɛks'tɛrn] adj external **Externgespräch** nt TEL external call

extra ['ɛkstra] **I** adj inv (infml) extra **II** adv (e)specially; (≈ gesondert) separately; (≈ zusätzlich) extra; (infml ≈ absichtlich) on purpose **Extra** ['ɛkstra] nt ⟨-s, -s⟩ extra

extrahieren [ɛkstra'hi:rən] past part **extrahiert** v/t to extract **Extrakt** [ɛks'trakt] m ⟨-(e)s, -e⟩ extract

Extratour f (fig infml) special favour (Br) or favor (US) **extravagant** [ɛkstrava'gant] **I** adj extravagant **II** adv extravagantly **Extravaganz** [ɛkstrava'gants] f ⟨-, -en⟩ extravagance **extravertiert** [ɛkstraver'ti:ɐt] adj PSYCH extrovert **Extrawurst** f (infml) **jdm eine ~ braten** to make an exception for sb

extrem [ɛks'tre:m] **I** adj extreme **II** adv extremely; **sich verbessern, sich verschlechtern** radically **Extrem** [ɛks'tre:m] nt ⟨-s, -e⟩ extreme **Extremfall** m extreme (case) **Extremismus** m ⟨-, **Extremismen**⟩ extremism **Extremist** [ɛkstre'mɪst] m ⟨-en, -en⟩, **Extremistin** [-'mɪstɪn] f ⟨-, -nen⟩ extremist **extremistisch** [ɛkstre'mɪstɪʃ] adj extremist **Extremität** [ɛkstremi'tɛ:t] f ⟨-, -en⟩ extremity **Extremsituation** f extreme situation **Extremsport** m extreme sport **extrovertiert** [ɛkstrover'ti:ɐt] adj PSYCH extrovert

Exzellenz [ɛkstsɛ'lɛnts] f ⟨-, -en⟩ Excellency

exzentrisch [ɛks'tsɛntrɪʃ] adj eccentric **Exzess** [ɛks'tsɛs] m ⟨-es, -e⟩ excess; **bis zum ~** excessively **exzessiv** [ɛkstsɛ'si:f] adj excessive

Eyeliner ['ailaine] m ⟨-s, -⟩ eyeliner

EZB [e:tsɛt'be:] f, abbr of **Europäische Zentralbank** ECB

F

F, f [ɛf] *nt* ⟨-, -⟩ F, f

Fabel ['faːbl] *f* ⟨-, -n⟩ fable **fabelhaft I** *adj* splendid **II** *adv* splendidly **Fabeltier** *nt* mythical creature **Fabelwesen** *nt* mythical creature

Fabrik [faˈbriːk] *f* ⟨-, -en⟩ factory **Fabrik-anlage** *f* factory premises *pl* **Fabrikant** [fabriˈkant] *m* ⟨-en, -en⟩, **Fabrikantin** [-ˈkantɪn] *f* ⟨-, -nen⟩ (≈ *Fabrikbesitzer*) industrialist; *f* (≈ *Hersteller*) manufacturer **Fabrikat** [fabriˈkaːt] *nt* ⟨-(e)s, -e⟩ (≈ *Marke*) make; (≈ *Produkt*) product; (≈ *Ausführung*) model **Fabrikation** [fabrikaˈtsi̯oːn] *f* ⟨-, -en⟩ manufacture **Fabrikationsfehler** *m* manufacturing fault **Fabrikgelände** *nt* factory site **Fabrikverkauf** *m* (≈ *Center*) factory outlet **fabrizieren** [fabriˈtsiːrən] *past part* **fabriziert** *v/t* (*infml*) to make; *Alibi, Lügen* to concoct

Facette [faˈsɛtə] *f* ⟨-, -n⟩ facet **facetten-artig** *adj* facet(t)ed **Facettenauge** *nt* compound eye

Fach [fax] *nt* ⟨-(e)s, ⸚er ['fɛçɐ]⟩ **1.** compartment; (*in Regal etc*) shelf; (*für Briefe etc*) pigeonhole **2.** (≈ *Sachgebiet*) subject; (≈ *Gebiet*) field; (≈ *Handwerk*) trade; *ein Mann vom ⸚* an expert **Facharbeiter(in)** *m/(f)* skilled worker **Facharzt** *m*, **Fachärztin** *f* specialist (*für in*) **fachärztlich** *adj* specialist *attr*; *Behandlung* by a specialist **Fachausdruck** *m* technical term **Fachbereich** *m* (≈ *Fachgebiet*) (special) field; UNIV faculty **Fachbuch** *nt* reference book **Fachbuchhandlung** *f* specialist bookshop

Fächer ['fɛçɐ] *m* ⟨-s, -⟩ fan; (*fig*) range **fächerförmig I** *adj* fan-shaped **II** *adv* like a fan **fächern** ['fɛçɐn] **I** *v/t* to fan (out); (*fig*) to diversify; **gefächert** diverse **II** *v/r* to fan out

Fachfrau *f* expert **Fachgebiet** *nt* (special) field **fachgerecht I** *adj* expert; *Ausbildung* specialist *attr* **II** *adv* expertly **Fachgeschäft** *nt* specialist shop, specialty store (*US*) **Fachhandel** *m* specialist shops *pl*, specialty stores *pl* (*US*) **Fachhochschule** *f* higher education institution **Fachidiot(in)** *m/(f)* (*infml*) person who can think of nothing but his/her

subject **Fachjargon** *m* technical jargon **Fachkenntnisse** *pl* specialized knowledge

Fachkraft *f* qualified employee **Fachkräftemangel** *m* lack of qualified personnel

Fachkreise *pl* **in ⸚n** among experts **fachkundig I** *adj* informed; (≈ *fachmännisch*) proficient **II** *adv* **jdn ⸚ beraten** to give sb informed advice

Fachlehrer(in) *m/(f)* specialist subject teacher

fachlich ['faxlɪç] *adj* technical; *Ausbildung* specialist *attr*; (≈ *beruflich*) professional

Fachliteratur *f* specialist literature

Fachmann *m, pl* **-leute** *or* (*rare*) **-männer** expert

fachmännisch [-mɛnɪʃ] **I** *adj* expert **II** *adv* expertly; **⸚ ausgeführt** expertly done

Fachoberschule *f* College of Further Education

Fachrichtung *f* subject area

Fachschule *f* technical college

fachsimpeln ['faxzɪmpln] *v/i insep* (*infml*) to talk shop

Fachsprache *f* technical terminology

Fachwelt *f* experts *pl*

Fachwerkhaus *nt* half-timbered house

Fachwissen *nt* (specialized) knowledge of the/one's subject

Fachwort *nt, pl* **-wörter** specialist term

Fachwörterbuch *nt* specialist dictionary

Fachzeitschrift *f* specialist journal; (*für Berufe*) trade journal

Fackel ['fakl] *f* ⟨-, -n⟩ torch **fackeln** ['fakln] *v/i* (*infml*) **nicht lange gefackelt!** no shillyshallying! (*esp Br infml*)

fad [faːt] *adj pred* (*esp Aus, Swiss*) = **fade**

fade ['faːdə] **I** *adj* **1.** *Geschmack* insipid; *Essen* tasteless **2.** (*fig* ≈ *langweilig*) dull **II** *adv* **⸚ schmecken** to have not much of a taste

Faden ['faːdn] *m* ⟨-s, ⸚ ['fɛːdn]⟩ thread; (*an Marionetten*) string; MED stitch; **den ⸚ verlieren** (*fig*) to lose the thread; **er hält alle Fäden (fest) in der Hand** he holds the reins; **keinen guten ⸚ an jdm/etw lassen** (*infml*) to tear sb/sth to shreds (*infml*) **Fadenkreuz** *nt* cross-hair **Fadennudeln** *pl* vermicelli *pl* **fadenscheinig** [-ʃainiç] *adj* (*lit*) threadbare; (*fig*) *Argument* flimsy; *Ausrede* transparent

fadisieren [fadi'ziːrən] *past part* **fadisiert** *v/r* (*Aus*) = **langweilen**

Fagott [fa'ɡɔt] *nt* ⟨-(e)s, -e⟩ bassoon

fähig ['fɛːɪç] *adj* **1.** (≈ *tüchtig*) capable **2.** *pred* (**dazu**) ~ **sein**, *etw zu tun* to be capable of doing sth; **zu allem ~ sein** to be capable of anything **Fähigkeit** *f* ⟨-, -en⟩ (≈ *Begabung*) ability; (≈ *praktisches Können*) skill; **die ~ haben**, *etw zu tun* to be capable of doing sth

fahl [faːl] *adj* pale **Fahlheit** *f* ⟨-, *no pl*⟩ paleness

fahnden ['faːndn] *v/i* to search (*nach* for) **Fahnder** ['faːndɐ] *m* ⟨-s, -⟩, **Fahnderin** [-ərɪn] *f* ⟨-, -nen⟩ investigator **Fahndung** *f* ⟨-, -en⟩ search

Fahne ['faːnə] *f* ⟨-, -n⟩ **1.** flag; **etw auf seine ~ schreiben** (*fig*) to take up the cause of sth; **mit fliegenden ~n untergehen** to go down with all flags flying **2.** (*infml*) **eine ~ haben** to reek of alcohol **3.** TYPO galley (proof) **Fahnenflucht** *f* desertion **Fahnenmast** *m*, **Fahnenstange** *f* flagpole

Fahrausweis *m* ticket **Fahrbahn** *f* roadway; (≈ *Fahrspur*) lane **fahrbar** *adj* mobile; **~er Untersatz** (*hum*) wheels *pl* (*hum*)

Fähre ['fɛːrə] *f* ⟨-, -n⟩ ferry

Fahreigenschaft *f usu pl* handling characteristic; **der Wagen hat hervorragende ~en** the car handles excellently

fahren ['faːrən] *pret* **fuhr** [fuːɐ], *past part* **gefahren** [ɡə'faːrən] **I** *v/i* **1.** (≈ *sich fortbewegen*) *aux sein* to go; (*Autofahrer*) to drive; (*Zweiradfahrer*) to ride; (*Schiff*) to sail; **mit dem Auto/Zug ~** to go by car/train; **mit dem Rad ~** to cycle; **mit dem Aufzug ~** to take the lift (*Br*), to ride the elevator (*US*); **links/rechts ~** to drive on the left/right; **zweiter Klasse ~** to travel second class; **gegen einen Baum ~** to drive into a tree; **der Wagen fährt sehr ruhig** the car is very quiet **2.** (≈ *verkehren*) *aux sein* **~ da keine Züge?** don't any trains go there?; **der Bus fährt alle fünf Minuten** there's a bus every five minutes **3.** **was ist (denn) in dich gefahren?** what's got into you?; (*mit jdm*) **gut ~** to get on well (with sb);

(**bei etw**) **gut/schlecht ~** to do well/badly (with sth) **4.** (≈ *streichen*) *aux sein or haben* **jdm/sich durchs Haar ~** to run one's fingers through sb's/one's hair **II** *v/t* **1.** *aux haben* *Auto, Bus, Zug etc* to drive; *Fahrrad, Motorrad* to ride **2.** (≈ *benutzen*: *Straße, Strecke etc*) *aux sein* to take; **ich fahre lieber Autobahn** I prefer (driving on) motorways (*Br*) *or* freeways (*US*) **3.** (≈ *befördern*) *aux haben* to take; (≈ *hierherfahren*) to bring; *Personen* to drive; **ich fahre dich nach Hause** I'll take you home **4.** *Geschwindigkeit aux sein* to do; **in der Stadt darf man nur Tempo 50 ~** in town the speed limit is 50 km/h **III** *v/r* **mit diesem Wagen fährt es sich gut** it's good driving this car; **der neue Wagen fährt sich gut** the new car is nice to drive **fahrend** *adj* itinerant; *Zug, Auto* in motion

Fahrenheit ['faːrənhait] *no art* Fahrenheit

Fahrer ['faːrɐ] *m* ⟨-s, -⟩, **Fahrerin** [-ərɪn] *f* ⟨-, -nen⟩ driver **Fahrerei** [faːrə'rai] *f* ⟨-, -en⟩ driving **Fahrerflucht** *f* hit-and-run driving; **~ begehen** to fail to stop after causing an accident **fahrerflüchtig** *adj* (*form*) hit-and-run *attr* **Fahrerhaus** *nt* (driver's) cab **Fahrerlaubnis** *f* (*form*) driving licence (*Br*), driver's license (*US*) **Fahrersitz** *m* driver's seat **Fahrgast** *m* passenger **Fahrgeld** *nt* fare **Fahrgemeinschaft** *f* carpool **Fahrgestell** *nt* AUTO chassis; AVIAT undercarriage (*esp Br*)

fahrig ['faːrɪç] *adj* nervous; (≈ *unkonzentriert*) distracted

Fahrkarte *f* ticket **Fahrkartenautomat** *m* ticket machine **Fahrkartenkontrolle** *f* ticket inspection **Fahrkartenschalter** *m* ticket office **fahrlässig** ['faːrlɛsɪç] **I** *adj* negligent (*auch* JUR) **II** *adv* negligently; **~ handeln** to be guilty of negligence **Fahrlässigkeit** *f* ⟨-, -en⟩ negligence (*auch* JUR) **Fahrlehrer(in)** *m/f(f)* driving instructor **Fahrplan** *m* timetable (*esp Br*), schedule (*US*); (*fig*) schedule **fahrplanmäßig I** *adj* scheduled *attr*, *pred* **II** *adv verkehren* on schedule; **es verlief alles ~** everything went according to schedule **Fahrpreis** *m* fare **Fahrpreisermäßigung** *f* fare reduction **Fahrprüfung** *f* driving test **Fahrrad** *nt* bike (*infml*) **Fahrradfahrer(in)** *m/f(f)* cyclist **Fahrradtaxi** *nt* cycle cab **Fahrradweg**

m cycle path **Fahrrinne** *f* NAUT shipping channel **Fahrschein** *m* ticket **Fahrscheinautomat** *m* ticket machine **Fahrschule** *f* driving school **Fahrschüler(in)** *m/(f)* (*bei Fahrschule*) learner (driver) (*Br*), student (driver) (*US*) **Fahrschullehrer(in)** *m/(f)* driving instructor **Fahrstuhl** *m* lift (*Br*), elevator (*US*) **Fahrstunde** *f* driving lesson **Fahrt** [faːɐt] *f* ⟨-, -en⟩ **1.** journey; *nach zwei Stunden ~* after travelling (*Br*) *or* traveling (*US*) for two hours; *gute ~!* safe journey! **2.** *jdn in ~ bringen* to get sb going; *in ~ kommen* to get going **3.** (≈ *Ausflug*) trip; *eine ~ machen* to go on a trip **4.** NAUT voyage; (≈ *Überfahrt*) crossing **Fahrtdauer** *f* time for the journey

Fährte ['fɛːɐtə] *f* ⟨-, -n⟩ tracks *pl*; (≈ *Witterung*) scent; (≈ *Spuren*) trail; *auf der richtigen/falschen ~ sein* (*fig*) to be on the right/wrong track

Fahrtenbuch *nt* (≈ *Kontrollbuch*) driver's log **Fahrtenschreiber** *m* tachograph (*Br*), trip recorder **Fahrtkosten** *pl* travelling (*Br*) *or* traveling (*US*) expenses *pl* **Fahrtrichtung** *f* direction of travel; *entgegen der ~* facing backwards; *in ~* facing the front **Fahrtrichtungsanzeiger** *m* AUTO indicator (*Br*), turn signal (*US*) **fahrtüchtig** *adj* fit to drive; *Wagen etc* roadworthy **Fahrtüchtigkeit** *f* fitness to drive; (*von Wagen etc*) roadworthiness **Fahrtunterbrechung** *f* break in the journey **Fahrtwind** *m* airstream **Fahrverbot** *nt* driving ban; *jdn mit ~ belegen* to ban sb from driving **Fahrwasser** *nt*, *no pl* **1.** NAUT shipping channel **2.** (*fig*) *in ein gefährliches ~ geraten* to get onto dangerous ground **Fahrweise** *f* *seine ~* his driving **Fahrwerk** *nt* AVIAT undercarriage (*esp Br*); AUTO chassis **Fahrzeit** *f* = *Fahrtdauer* **Fahrzeug** *nt*, *pl* **-zeuge** vehicle; (≈ *Luftfahrzeug*) aircraft; (≈ *Wasserfahrzeug*) vessel **Fahrzeugbrief** *m* registration document **Fahrzeughalter(in)** *m/(f)* keeper of the vehicle **Fahrzeugpapiere** *pl* vehicle documents *pl* **Fahrzeugpark** *m* (*form*) fleet

Faible ['fɛːbl] *nt* ⟨-s, -s⟩ (*elev*) liking

fair [fɛːɐ] **I** *adj* fair (*gegen* to) **II** *adv* fairly **Fairness** ['fɛːɐnɛs] *f* ⟨-, *no pl*⟩ fairness

Fäkalien [fɛˈkaːliən] *pl* faeces *pl* (*Br*), feces *pl* (*US*)

Fakir ['faːkiːɐ] *m* ⟨-s, -e⟩ fakir

Fakt [fakt] *nt or m* ⟨-(e)s, -en⟩ fact **faktisch** ['faktɪʃ] **I** *adj attr* actual **II** *adv* in actual fact **Faktor** ['faktoːɐ] *m* ⟨-s, Faktoren** [-'toːrən]⟩ factor

Fakultät [fakʊlˈtɛːt] *f* ⟨-, -en⟩ UNIV faculty **fakultativ** [fakʊltaˈtiːf] *adj* (*elev*) optional

Falke ['falkə] *m* ⟨-n, -n⟩ falcon; (*fig*) hawk

Fall[^1] [fal] *m* ⟨-(e)s, ≈ e* ['fɛlə]⟩ (≈ *das Fallen*) fall; (*fig*) (*von Regierung*) downfall; *zu ~ kommen* (*lit elev*) to fall; *über die Affäre ist er zu ~ gekommen* (*fig*) the affair was his downfall; *zu ~ bringen* (*lit elev*) to trip up; (*fig*) *Menschen* to cause the downfall of; *Regierung* to bring down

Fall[^2] *m* ⟨-(e)s, ≈ e* ['fɛlə]⟩ **1.** (≈ *Umstand*) *gesetzt den ~* assuming (that); *für den ~, dass ich ...* in case I ...; *für alle Fälle* just in case; *auf jeden ~* at any rate; *auf keinen ~* on no account; *auf alle Fälle* in any case; *für solche Fälle* for such occasions; *im günstigsten/schlimmsten ~(e)* at best/worst **2.** (≈ *Sachverhalt*, JUR, MED, GRAM) case; *klarer ~!* (*infml*) you bet! (*infml*); *ein hoffnungsloser ~* a hopeless case; *der erste/zweite/dritte/vierte ~* the nominative/genitive/dative/accusative case

Falle ['falə] *f* ⟨-, -n⟩ **1.** trap; *~n legen or stellen* to set traps; *jdm in die ~ gehen* to walk *or* fall into sb's trap; *in der ~ sitzen* to be trapped **2.** (*infml* ≈ *Bett*) bed

fallen ['falən] *pret* **fiel** [fiːl], *past part* **gefallen** [gəˈfalən] *v/i aux sein* **1.** (≈ *hinabfallen, umfallen*) to fall; (*Gegenstand*) to drop; *etw ~ lassen* to drop sth; *über etw (acc) ~* to trip over sth; *durch eine Prüfung etc ~* to fail an exam etc; → *fallen lassen* **2.** (≈ *sinken*) to drop; *im Kurs ~* to go down **3.** to fall; *gefallen* killed in action **4.** (*Weihnachten, Datum etc*) to fall (*auf +acc* on) **5.** (*Entscheidung*) to be made; (*Urteil*) to be passed; (*Schuss*) to be fired; (SPORTS: *Tor*) to be scored **6.** (≈ *sein*) *das fällt ihm leicht/schwer* he finds that easy/difficult

fällen ['fɛlən] *v/t* **1.** (≈ *umschlagen*) to fell **2.** (*fig*) *Entscheidung* to make; *Urteil* to pass

fallen lassen *past part* **fallen lassen** *or* (*rare*) **fallen gelassen** *v/t irr* **1.** (≈ *aufgeben*) *Plan* to drop **2.** (≈ *äußern*) *Bemerkung* to let drop; → *fallen*

fällig ['fɛlɪç] *adj* due *pred*; **längst ~** long overdue; **~ werden** to become due **Fallobst** ['fal|o:pst] *nt* windfalls *pl* **Fallrückzieher** *m* FTBL overhead kick **falls** [fals] *cj* (≈ *wenn*) if; (≈ *für den Fall, dass*) in case; **~ möglich** if possible **Fallschirm** *m* parachute **Fallschirmjäger(in)** *m/(f)* MIL paratrooper **Fallschirmspringen** *nt* parachuting **Fallschirmspringer(in)** *m/(f)* parachutist **Fallstrick** *m* (*fig*) trap **Fallstudie** *f* case study **Falltür** *f* trapdoor

falsch [falʃ] **I** *adj* **1.** wrong; **wahr oder ~** true or false; **~er Alarm** false alarm; **Sie sind hier ~** you're in the wrong place **2.** (≈ *unecht*) *Zähne etc* false; *Pass etc* forged; *Geld* counterfeit **3.** **eine ~e Schlange** (*infml*) a snake-in-the-grass; **ein ~es Spiel (mit jdm)** treiben to play (sb) false **II** *adv* (≈ *nicht richtig*) wrongly; **alles ~ machen** to do everything wrong; **jdn ~ verstehen** to misunderstand sb; **jdn ~ informieren** to misinform sb; **die Uhr geht ~** the clock is wrong; **~ spielen** MUS to play off key; **~ verbunden sein** to have the wrong number; → **falschliegen**; → **falschspielen** **Falschaussage** *f* JUR (*uneidliche*) **~** false statement **fälschen** ['fɛlʃn] *v/t* to forge; COMM *Bücher* to falsify; **gefälscht** forged **Fälscher** ['fɛlʃɐ] *m* ⟨**-s**, **-**⟩, **Fälscherin** [-ərɪn] *f* ⟨**-**, **-nen**⟩ forger **Falschfahrer(in)** *m/(f)* ghost-driver (*esp US infml*), *person driving the wrong way on the motorway* **Falschgeld** *nt* counterfeit money **fälschlich** ['fɛlʃlɪç] **I** *adj* false **II** *adv* wrongly, falsely **fälschlicherweise** ['fɛlʃlɪçɐ'vaizə] *adv* wrongly, falsely **falschliegen** *v/i sep irr* (*infml*) to be wrong (*bei, in* +*dat* about, *mit* in) **Falschmeldung** *f* PRESS false report **Falschparker** [-parkɐ] *m* ⟨**-s**, **-**⟩, **Falschparkerin** [-ərɪn] *m* ⟨**-**, **-nen**⟩ parking offender **falschspielen** *v/i sep* CARDS *etc* to cheat **Falschspieler(in)** *m/(f)* CARDS cheat; (*professionell*) cardsharp(er) **Fälschung** ['fɛlʃʊŋ] *f* ⟨**-**, **-en**⟩ forgery **fälschungssicher** *adj* forgery-proof; **Fahrtenschreiber** tamper-proof **Faltblatt** *nt* leaflet **Faltboot** *nt* collapsible boat **Falte** ['faltə] *f* ⟨**-**, **-n**⟩ **1.** (*in Stoff, Papier*) fold; (≈ *Bügelfalte*) crease **2.** (*in Haut*) wrinkle **falten** ['faltn] *v/t* & *v/r* to fold **Faltenrock** *m* pleated skirt **Falter** ['faltɐ] *m* ⟨**-s**, **-**⟩ (≈ *Tagfalter*) butterfly;

(≈ *Nachtfalter*) moth **faltig** ['faltɪç] *adj* (≈ *zerknittert*) creased; *Gesicht, Stirn, Haut* wrinkled **Faltkarte** *f* folding map **Falz** [falts] *m* ⟨**-es**, **-e**⟩ (≈ *Kniff, Faltlinie*) fold

familiär [fami'liɛ:ɐ] *adj* **1.** family *attr* **2.** (≈ *zwanglos*) informal; (≈ *freundschaftlich*) close **Familie** [fa'mi:liə] *f* ⟨**-**, **-n**⟩ family; **~ Müller** the Müller family; **eine ~ gründen** to start a family; **~ haben** (*infml*) to have a family; **es liegt in der ~** it runs in the family; **zur ~ gehören** to be one of the family **Familienangehörige(r)** *m/f(m) decl as adj* family member **Familienangelegenheit** *m* family matter; **dringende ~en** urgent family business *no pl* **Familienbetrieb** *m* family business **Familienfest** *nt* family party **Familienkreis** *m* family circle **Familienmitglied** *nt* member of the family **Familienname** *m* surname, family name (*US*) **Familienpackung** *f* family(-size) pack **Familienplanung** *f* family planning **Familienstand** *m* marital status **Familienunternehmen** *nt* family business **Familienvater** *m* father (of a family) **Familienverhältnisse** *pl* family background *sg*

Fan [fɛn] *m* ⟨**-s**, **-s**⟩ fan; FTBL *auch* supporter **Fanatiker** [fa'na:tikɐ] *m* ⟨**-s**, **-**⟩, **Fanatikerin** [-ərɪn] *f* ⟨**-**, **-nen**⟩ fanatic **fanatisch** [fa'na:tɪʃ] **I** *adj* fanatical **II** *adv* fanatically **Fanatismus** [fana'tɪsmʊs] *m* ⟨**-**, *no pl*⟩ fanaticism

Fanfare [fan'fa:rə] *f* ⟨**-**, **-n**⟩ MUS fanfare

Fang [faŋ] *m* ⟨**-(e)s**, **~e** ['fɛŋə]⟩ **1.** *no pl* (≈ *das Fangen*) hunting; (≈ *Fischen*) fishing **2.** *no pl* (≈ *Beute*) catch; **einen guten ~ machen** to make a good catch **3.** *usu pl* (HUNT) (≈ *Kralle*) talon; (≈ *Reißzahn*) fang **Fangarm** *m* ZOOL tentacle **Fangemeinde** ['fɛn-] *f* fan club *or* community

fangen ['faŋən] *pret* **fing** [fɪŋ], *past part* **gefangen** [gə'faŋən] **I** *v/t* to catch **II** *v/i* to catch **III** *v/r* **1.** (*in einer Falle*) to get caught **2.** (≈ *das Gleichgewicht wiederfinden*) to steady oneself; (*seelisch*) to get on an even keel again **Fänger** ['fɛŋɐ] *m* ⟨**-s**, **-**⟩, **Fängerin** [-ərɪn] *f* ⟨**-**, **-nen**⟩ SPORTS catcher **Fangfrage** *f* trick question **Fangquote** *f* (fishing) quota **Fangschaltung** *f* TEL interception circuit

Fanklub ['fɛn-] *m* fan club

Fantasie [fanta'zi:] *f* ⟨-, -*n* [-'zi:ən]⟩ **1.** *no pl* (≈ *Einbildung*) imagination; *seiner ~ freien Lauf lassen* to give free rein to one's imagination **2.** *usu pl* (≈ *Trugbild*) fantasy **fantasielos** *adj* lacking in imagination **fantasiereich** *adj*, *adv* = *fantasievoll* **fantasieren** [fanta'zi:rən] *past part* **fantasiert I** *v/i* to fantasize (*von* about); MED to be delirious **II** *v/t Geschichte* to dream up **fantasievoll I** *adj* highly imaginative **II** *adv reden, antworten* imaginatively **Fantast** [fan'tast] *m* ⟨-*en*, -*en*⟩, **Fantastin** [-'tastɪn] *f* ⟨-, -*nen*⟩ dreamer, visionary **fantastisch** [fan'tastɪʃ] **I** *adj* fantastic **II** *adv* fantastically; *~ klingen* to sound fantastic **Fantasyfilm** ['fɛntəzi-] *m* fantasy film

Farbaufnahme *f* colo(u)r photo(graph) **Farbbild** *nt* PHOT colo(u)r photo(graph) **Farbdisplay** *nt* IT colo(u)r display **Farbdruck** *m*, *pl* -*drucke* colo(u)r print **Farbdrucker** *m* colo(u)r printer **Farbe** ['farbə] *f* ⟨-, -*n*⟩ **1.** colour (*Br*), color (*US*); *in ~* in colo(u)r **2.** (≈ *Malerfarbe*) paint; (≈ *Druckfarbe*) ink **3.** CARDS suit; *~ bekennen* (*fig*) to nail one's colo(u)rs to the mast **farbecht** *adj* colourfast (*Br*), colorfast (*US*) **färben** ['fɛrbn] **I** *v/t* to colour (*Br*), to color (*US*); *Stoff, Haar* to dye; → *gefärbt* **II** *v/r* to change colo(u)r; *sich grün/blau etc ~* to turn green/blue *etc* **farbenblind** *adj* colo(u)r-blind **Farbenblindheit** *f* colo(u)r-blindness **farbenfreudig, farbenfroh** *adj* colo(u)rful **farbenprächtig** *adj* gloriously colo(u)rful **Farbfernsehen** *nt* colo(u)r television **Farbfernsehgerät** *nt* colo(u)r television (set) **Farbfilm** *m* colo(u)r film **Farbfoto** *nt* colo(u)r photo(graph) **farbig** ['farbɪç] **I** *adj* coloured (*Br*), colored (*US*); (*fig*) *Schilderung* vivid **II** *adv* (≈ *in Farbe*) in a colo(u)r **Farbige(r)** ['farbɪɡə] *m/f(m)* decl as adj coloured (*Br*) or colored (*US*) man/woman/person *etc*; *die ~n* colo(u)red people *pl* **Farbkasten** *m* paintbox **Farbkombination** *f* colo(u)r combination; (≈ *Farbzusammenstellung*) colo(u)r scheme **Farbkopierer** *m* colo(u)r copier **farblich** ['farplɪç] *adj* colo(u)r *attr* **farblos** *adj* colo(u)rless **Farbstift** *m* colo(u)red pen; (≈ *Buntstift*) crayon, colo(u)red pencil **Farbstoff** *m* (≈ *Lebensmittelfarbstoff*) (artificial) colo(u)ring; (≈ *Hautfarbstoff*) pigment;

(*für Textilien etc*) dye **Farbton** *m*, *pl* -*töne* shade, hue; (≈ *Tönung*) tint **Färbung** ['fɛrbʊŋ] *f* ⟨-, -*en*⟩ colouring (*Br*), coloring (*US*); (≈ *Tönung*) tinge; (*fig*) slant **Farce** ['farsə] *f* ⟨-, -*n*⟩ **1.** (THEAT, *fig*) farce **2.** COOK stuffing **Farm** [farm] *f* ⟨-, -*en*⟩ farm **Farmer** ['farmɐ] *m* ⟨-*s*, -⟩, **Farmerin** [-ərɪn] *f* ⟨-, -*nen*⟩ farmer **Farn** [farn] *m* ⟨-(*e*)*s*, -*e*⟩, **Farnkraut** *nt* fern **Fasan** [fa'za:n] *m* ⟨-*s*, -*e* or -*en*⟩ pheasant **faschieren** [fa'ʃi:rən] *past part* **faschiert** *v/t* (*Aus* COOK) to mince; *Faschiertes nt* mince **Fasching** ['faʃɪŋ] *m* ⟨-*s*, -*e* or -*s*⟩ carnival **Faschingszeit** *f* carnival period **Faschismus** [fa'ʃɪsmʊs] *m* ⟨-, *no pl*⟩ fascism **Faschist** [fa'ʃɪst] *m* ⟨-*en*, -*en*⟩, **Faschistin** [-'ʃɪstɪn] *f* ⟨-, -*nen*⟩ fascist **faschistisch** [fa'ʃɪstɪʃ] *adj* fascist **faseln** ['fa:zln] *v/i* (*pej*) to drivel (*infml*) **Faser** ['fa:zɐ] *f* ⟨-, -*n*⟩ fibre (*Br*), fiber (*US*) **faserig** ['fa:zərɪç] *adj* fibrous; *Fleisch, Spargel* stringy (*pej*) **fasern** ['fa:zɐn] *v/i* to fray **Faserschreiber** *m* (≈ *Stift*) felt-tip pen

Fass [fas] *nt* ⟨-*es*, **-*er*** ['fɛsɐ]⟩ barrel; (≈ *kleines Bierfass*) keg; (*zum Gären, Einlegen*) vat; (*für Öl, Benzin, Chemikalien*) drum; *vom ~ Bier* on draught (*Br*) or draft (*US*); *ein ~ ohne Boden* (*fig*) a bottomless pit; *das schlägt dem ~ den Boden aus* (*infml*) that beats everything! **Fassade** [fa'sa:də] *f* ⟨-, -*n*⟩ façade **fassbar** ['fasba:ɐ] *adj* comprehensible; *das ist doch nicht ~!* that's incomprehensible! **Fassbier** *nt* draught (*Br*) or draft (*US*) beer **Fässchen** ['fɛsçən] *nt* ⟨-*s*, -⟩ cask **fassen** ['fasn] **I** *v/t* **1.** (≈ *ergreifen*) to take hold of; (*kräftig*) to grab; (≈ *festnehmen*) *Einbrecher etc* to apprehend (*form*); *jdn beim* or *am Arm ~* to take / grab sb by the arm; *fass!* seize! **2.** (*fig*) *Entschluss* to make; *Mut* to take; *den Vorsatz ~, etw zu tun* to make a resolution to do sth **3.** (≈ *begreifen*) to grasp; *es ist nicht zu ~* it's unbelievable **4.** (≈ *enthalten*) to hold **5.** (≈ *einfassen*) *Edelsteine* to set; *Bild* to frame; *in Worte ~* to put into words **II** *v/i* **1.** (≈ *nicht abrutschen*) to grip; (*Zahnrad*) to bite **2.** (≈ *greifen*) *an/in etw* (*acc*) ~ to feel sth; (≈ *berühren*) to touch sth **III** *v/r* (≈ *sich beherrschen*) to compose oneself; → *gefasst*

Fassette *etc* [fa'sɛtɛ] *f* ⟨-, -n⟩ = **Facette** *etc*

Fasson [fa'sõ:] *f* ⟨-, -s⟩ (*von Kleidung*) style; (*von Frisur*) shape; *aus der ~ geraten* (*lit*) to go out of shape

Fassung ['fasʊŋ] *f* ⟨-, -en⟩ **1.** (*von Juwelen*) setting; (*von Bild*) frame; ELEC holder **2.** (≈ *Bearbeitung, Wortlaut*) version **3.** *no pl* (≈ *Besonnenheit*) composure; *die ~ bewahren* to maintain one's composure; *die ~ verlieren* to lose one's composure; *jdn aus der ~ bringen* to throw sb (*infml*) **fassungslos I** *adj* stunned **II** *adv* in bewilderment **Fassungsvermögen** *nt* capacity

fast [fast] *adv* almost; *~ nie* hardly ever; *~ nichts* hardly anything

fasten ['fastn] *v/i* to fast **Fastenzeit** *f* period of fasting; ECCL Lent

Fast Food [fa:st'fu:d] *nt* ⟨-, *no pl*⟩ fast food

Fastnacht ['fastnaxt] *f*, *no pl* (≈ *Fasching*) Shrovetide carnival **Fasttag** *m* day of fasting

Faszination [fastsina'tsio:n] *f* ⟨-, -en⟩ fascination **faszinieren** [fastsi'ni:rən] *past part* **fasziniert** *v/t & v/i* to fascinate (*an +dat* about); *~d* fascinating

fatal [fa'ta:l] *adj* (*elev*) (≈ *verhängnisvoll*) fatal; (≈ *peinlich*) embarrassing

Fata Morgana ['fa:ta mɔr'ga:na] *f* ⟨- -, - -s *or* Morganen [mɔr'ga:nən]⟩ mirage

fauchen ['fauxn] *v/t & v/i* to hiss

faul [faul] *adj* **1.** (≈ *verfault*) bad; *Lebensmittel* off *pred* (*Br*), bad *pred*; *Eier, Obst, Holz* rotten; *Geschmack, Geruch, Wasser* foul **2.** (≈ *verdächtig*) fishy (*infml*), suspicious; *Ausrede* flimsy; *Kompromiss* uneasy; *hier ist etwas ~* (*infml*) there's something fishy here (*infml*) **3.** (≈ *träge*) lazy **faulen** ['faulən] *v/i* aux sein or haben to rot; (*Zahn*) to decay; (*Lebensmittel*) to go bad **faulenzen** ['faulɛntsn] *v/i* to laze around **Faulenzer** ['faulɛntsɐ] *m* ⟨-s, -⟩, **Faulenzerin** [-ərɪn] *f* ⟨-, -nen⟩ layabout **Faulheit** *f* ⟨-, *no pl*⟩ laziness **faulig** ['faulɪç] *adj* going bad; *Wasser* stale; *Geruch, Geschmack* foul **Fäulnis** ['fɔylnɪs] *f* ⟨-, *no pl*⟩ rot; (*von Zahn*) decay **fäulniserregend** *adj* putrefactive **Faulpelz** *m* (*infml*) lazybones *sg* (*infml*) **Faultier**

nt sloth; (*infml* ≈ *Mensch*) lazybones *sg* (*infml*)

Fauna ['fauna] *f* ⟨-, Faunen ['faunən]⟩ fauna

Faust [faust] *f* ⟨-, Fäuste ['fɔystə]⟩ fist; *die (Hand zur) ~ ballen* to clench one's fist; *das passt wie die ~ aufs Auge* (≈ *passt nicht*) it's all wrong; (≈ *passt gut*) it's just the thing (*infml*); *auf eigene ~* (*fig*) on one's own initiative; *reisen* under one's own steam **Fäustchen** ['fɔystçən] *nt* ⟨-s, -⟩ *sich* (*dat*) *ins ~ lachen* to laugh up (*Br*) or in (*US*) one's sleeve **faustdick** (*infml*) **I** *adj* *eine ~e Lüge* a whopping (great) lie (*infml*) **II** *adv* *er hat es ~ hinter den Ohren* he's a sly one (*infml*); *~ auftragen* to lay it on thick (*infml*) **faustgroß** *adj* the size of a fist **Fausthandschuh** *m* mitt(en) **Faustregel** *f* rule of thumb **Faustschlag** *m* punch

Fauteuil [fo'tœj] *nt* ⟨-s, -s⟩ (*Aus* ≈ *Sessel*) armchair

favorisieren [favori'zi:rən] *past part* **favorisiert** *v/t* to favour (*Br*), to favor (*US*) **Favorit** [favo'ri:t] *m* ⟨-en, -en⟩, **Favoritin** [-'ri:tɪn] *f* ⟨-, -nen⟩ favourite (*Br*), favorite (*US*)

Fax [faks] *nt* ⟨-, -e⟩ fax **Faxabruf** *m* fax polling **faxen** ['faksn] *v/t* to fax

Faxen ['faksn] *pl* (*infml* ≈ *Alberei*) fooling around; *~ machen* to fool around

Faxgerät *nt* fax machine **Faxnummer** *f* fax number

Fazit ['fa:tsɪt] *nt* ⟨-s, -s *or* -e⟩ *das ~ war ...* on balance the result was ...; *das ~ ziehen* to take stock

FCKW [ɛftse:ka:'ve:] *m* ⟨-s, -s⟩ *abbr of* **Fluorchlorkohlenwasserstoff** CFC **FCKW-frei** [ɛftse:ka:'ve:-] *adj* CFC-free

Feber ['fe:bɐ] *m* ⟨-s, -⟩ (*Aus*) February; → *März* **Februar** ['fe:brua:ɐ] *m* ⟨-(s), -e⟩ February; → *März*

fechten ['fɛçtn] *pret* **focht** [fɔxt], *past part* **gefochten** [gə'fɔxtn] *v/i* SPORTS to fence; (*elev* ≈ *kämpfen*) to fight **Fechter** ['fɛçtɐ] *m* ⟨-s, -⟩, **Fechterin** [-ərɪn] *f* ⟨-, -nen⟩ fencer **Fechtsport** *m* fencing

Feder ['fe:dɐ] *f* ⟨-, -n⟩ **1.** feather; (≈ *lange Hutfeder*) plume; *~n lassen müssen* (*infml*) not to escape unscathed; *raus aus den ~n!* (*infml*) rise and shine! (*infml*) **2.** TECH spring **Federball** *m* (≈ *Ball*) shuttlecock; (≈ *Spiel*) badminton

Federbett *nt* continental quilt **federführend** *adj Behörde* etc in overall charge *(für od)* **Federgewicht** *nt* SPORTS featherweight (class) **Federhalter** *m* (dip) pen; *(≈ Füllfederhalter)* (fountain) pen **federleicht** *adj* light as a feather **Federlesen** *nt* ⟨**-s**, *no pl*⟩ **nicht viel ~s mit jdm/etw machen** to make short work of sb/sth **Federmäppchen** *nt* pencil case **federn** ['feːdɐn] **I** *v/i* **1.** *(Eigenschaft)* to be springy **2.** *(≈ zurückfedern)* to spring back; *(Springer, Turner)* to bounce **II** *v/t* to spring; *Auto* to fit with suspension **Federung** ['feːdərʊŋ] *f* ⟨**-**, **-en**⟩ springs *pl*; AUTO *auch* suspension **Federvieh** *nt* poultry **Federweiße(r)** *m decl as adj (dial)* new wine

Fee [feː] *f* ⟨**-**, **-n** ['feːən]⟩ fairy
Feedback ['fiːdbɛk] *nt* ⟨**-s**, **-s**⟩, **Feedback** *nt* ⟨**-s**, **-s**⟩ feedback
Fegefeuer ['feːgə-] *nt* **das ~** purgatory
fegen ['feːgn̩] **I** *v/t* to sweep; *(≈ auffegen)* to sweep up **II** *v/i* **1.** *(≈ ausfegen)* to sweep (up) **2.** *aux sein (infml ≈ jagen)* to sweep
fehl [feːl] *adj* **~ am Platz(e)** out of place **Fehlanzeige** *f (infml)* dead loss *(infml)*; **~!** wrong! **fehlbar** *adj* fallible; *(Swiss)* guilty **Fehlbesetzung** *f* miscasting **Fehlbestand** *m* deficiency **Fehlbetrag** *m (form)* deficit **Fehldiagnose** *f* wrong diagnosis **Fehleinschätzung** *f* misjudgement **fehlen** ['feːlən] **I** *v/i* **1.** *(≈ mangeln)* to be lacking; *(≈ nicht vorhanden sein)* to be missing; *(in der Schule etc)* to be absent *(in +dat* from); *etwas fehlt* there's something missing; *jdm fehlt etw* sb lacks sth; *(≈ wird schmerzlich vermisst)* sb misses sth; *mir ~ 20 Cent am Fahrgeld* I'm 20 cents short for my fare; *mir ~ die Worte* words fail me; *der/das hat mir gerade noch gefehlt! (infml)* he / that was all I needed *(iron)* **2.** *(≈ los sein)* **fehlt dir (et)was?** is something the matter (with you)? **II** *v/i impers* **es fehlt etw** *or* **an etw** *(dat)* there is a lack of sth; *(völlig)* there is no sth; *es fehlt jdm an etw (dat)* sb lacks sth; *wo fehlt es?* what's the trouble? *es fehlte nicht viel und ich hätte ihn verprügelt* I almost hit him **III** *v/t* **weit gefehlt!** *(fig)* you're way out! *(infml)*; *(ganz im Gegenteil)* far from it! **Fehlentscheidung** *f* wrong decision **Fehlentwicklung** *f* mistake; **~en vermeiden** to stop

things taking a wrong turn **Fehler** ['feːlɐ] *m* ⟨**-s**, **-**⟩ **1.** mistake; SPORTS fault; **einen ~ machen** to make a mistake **2.** *(≈ Mangel)* fault; *das ist nicht mein ~* that's not my fault **fehlerfrei** *adj* perfect; *Rechnung* correct **fehlerhaft** *adj* MECH, TECH faulty; *Ware* substandard; *Messung, Rechnung* incorrect **fehlerlos** *adj* = **fehlerfrei Fehlermeldung** *f* IT error message **Fehlerquelle** *f* cause of the fault; *(in Statistik)* source of error **Fehlerquote** *f* error rate **Fehlersuche** *f* troubleshooting **Fehlgeburt** *f* miscarriage **Fehlgriff** *m* mistake; **einen ~ tun** to make a mistake **Fehlkonstruktion** *f* bad design; *der Stuhl ist eine ~* this chair is badly designed **Fehlleistung** *f* slip, mistake; *freudsche ~* Freudian slip **Fehlschlag** *m (fig)* failure **fehlschlagen** *v/i sep irr aux sein* to go wrong **Fehlschluss** *m* false conclusion **Fehlstart** *m* false start **Fehltritt** *m (fig) (≈ Vergehen)* slip; *(≈ Affäre)* indiscretion **Fehlurteil** *nt* miscarriage of justice **Fehlverhalten** *nt* inappropriate behaviour *(Br) or* behavior *(US)* **Fehlzeiten** *pl* working hours *pl* lost **Fehlzündung** *f* misfiring *no pl*; *eine ~* a backfire

Feier ['faɪɐ] *f* ⟨**-**, **-n**⟩ celebration; *(≈ Party)* party; *(≈ Zeremonie)* ceremony; *zur ~ des Tages* in honour *(Br) or* honor *(US)* of the occasion **Feierabend** *m (≈ Arbeitsschluss)* finishing time; **~ machen** to finish work; *nach ~* after work; *schönen ~!* have a nice evening! **feierlich** ['faɪɐlɪç] *adj (≈ ernsthaft)* solemn; *(≈ festlich)* festive; *(≈ förmlich)* ceremonial **Feierlichkeit** *f* ⟨**-**, **-en**⟩ *usu pl (≈ Veranstaltungen)* celebrations *pl* **feiern** ['faɪɐn] **I** *v/t* **1.** *Party* to celebrate; *Party* to hold; *das muss gefeiert werden!* that calls for a celebration **2.** *(≈ umjubeln)* to fête; → *gefeiert* **II** *v/i (≈ eine Feier abhalten)* to celebrate **Feierstunde** *f* ceremony **Feiertag** *m* holiday
feige ['faɪɡə] *adj* cowardly
Feige ['faɪɡə] *f* ⟨**-**, **-n**⟩ fig **Feigenbaum** *m* fig tree **Feigenblatt** *nt* fig leaf **Feigheit** *f* ⟨**-**, *no pl*⟩ cowardice **Feigling** ['faɪklɪŋ] *m* ⟨**-s**, **-e**⟩ coward
Feile ['faɪlə] *f* ⟨**-**, **-n**⟩ file **feilen** ['faɪlən] *v/t & v/i* to file
feilschen ['faɪlʃn̩] *v/i (pej)* to haggle *(um* over)
fein [faɪn] **I** *adj* **1.** *(≈ nicht grob)* fine; *Hu-*

mor delicate; *Unterschied* subtle **2.** (≈ *erlesen*) excellent; *Geschmack* delicate; (≈ *prima*) great (*infml*); (*iron*) fine; **vom Feinsten sein** to be first-rate **3.** (≈ *scharf*) *Gehör, Gefühl* acute **4.** (≈ *vornehm*) refined; **dazu ist sie sich** (*dat*) **zu ~** that's beneath her **II** *adv* **1.** (≈ *nicht grob*) finely **2.** (≈ *gut*) ~ **säuberlich** (nice and) neat **3.** (≈ *elegant*) **sie hat sich ~ gemacht** she's all dolled up (*infml*)

Feind [faint] *m* ⟨**-(e)s, -e** [-də]⟩, **Feindin** ['faindin] *f* ⟨**-, -nen**⟩ enemy; **sich** (*dat*) **~e schaffen** to make enemies **Feindbild** *nt* concept of an/the enemy **feindlich** ['faintlıç] **I** *adj* **1.** MIL enemy **2.** (≈ *feindselig*) hostile **II** *adv* **jdm ~ gegenüberstehen** to be hostile to sb **Feindschaft** ['faintʃaft] *f* ⟨**-, -en**⟩ hostility **feindselig** *adj* hostile **Feindseligkeit** *f* ⟨**-, -en**⟩ hostility

feinfühlig [-fy:lıç] *adj* sensitive; (≈ *taktvoll*) tactful **Feingefühl** *nt, no pl* sensitivity; (≈ *Takt*) tact(fulness) **Feingold** *nt* refined gold **Feinheit** *f* ⟨**-, -en**⟩ **1.** (≈ *Zartheit*) fineness **2.** (≈ *Erlesenheit*) excellence **3.** (≈ *Schärfe*) keenness **4.** (≈ *Vornehmheit*) refinement **5. Feinheiten** *pl* niceties *pl*; (≈ *Nuancen*) subtleties *pl* **Feinkostgeschäft** *nt* delicatessen **Feinmechanik** *f* precision engineering **Feinschmecker** [-ʃmɛkɐ] *m* ⟨**-s, -**⟩, **Feinschmeckerin** [-ərın] *f* ⟨**-, -nen**⟩ gourmet; (*fig*) connoisseur **Feinsilber** *nt* refined silver **Feinstaub** *m* fine dust, fine particulates *pl* (*tech*) **Feinwäsche** *f* delicates *pl* **Feinwaschmittel** *nt* mild(-action) detergent

feist [faist] *adj* fat

Feld [fɛlt] *nt* ⟨**-(e)s, -er** [-dɐ]⟩ field; (*auf Spielbrett*) square; (*an Zielscheibe*) ring; **gegen jdn/etw zu ~e ziehen** (*fig*) to crusade against sb/sth; **das ~ räumen** (*fig*) to bow out **Feldarbeit** *f* AGR work in the fields; SCI, SOCIOL fieldwork **Feldflasche** *f* canteen (MIL), water bottle **Feldforschung** *f* field work *or* research **Feldhase** *m* European hare **Feldherr(in)** *m*/*f*⟨**-**⟩ commander **Feldmaus** *f* field mouse **Feldsalat** *m* lamb's lettuce **Feldstecher** [-ʃtɛçɐ] *m* ⟨**-s, -**⟩ (pair of) binoculars **Feldversuch** *m* field test **Feld-Wald--und-Wiesen-** *in cpds* (*infml*) run-of-the-mill **Feldwebel** ['fɛltve:bl] *m* ⟨**-s, -**⟩, **Feldwebelin** [-bəlın] *f* ⟨**-, -nen**⟩ sergeant **Feldweg** *m* track across the fields

Feldzug *m* campaign

Felge ['fɛlgə] *f*⟨**-, -n**⟩ **1.** TECH (wheel) rim **2.** SPORTS circle **Felgenbremse** *f* calliper brake

Fell [fɛl] *nt* ⟨**-(e)s, -e**⟩ **1.** fur; (*von Schaf*) fleece; (*von toten Tieren*) skin **2.** (*fig infml* ≈ *Menschenhaut*) skin; **ein dickes ~ haben** to be thick-skinned; **jdm das ~ über die Ohren ziehen** to pull the wool over sb's eyes

Fels [fɛls] *m* ⟨**-en, -en** [fɛlzn]⟩ rock; (≈ *Klippe*) cliff **Felsblock** *m, pl* **-blöcke** boulder **Felsen** ['fɛlzn] *m* ⟨**-s, -**⟩ rock; (≈ *Klippe*) cliff **felsenfest** **I** *adj* firm **II** *adv* ~ **überzeugt sein** to be absolutely convinced **felsig** ['fɛlzıç] *adj* rocky **Felsspalte** *f* crevice **Felswand** *f* rock face

feminin [femi'ni:n] *adj* feminine **Feminismus** ['femi'nısmus] *m* ⟨**-, Feminismen** [-mən]⟩ feminism **Feminist** [femi'nıst] *m* ⟨**-en, -en**⟩, **Feministin** [-'nıstın] *f* ⟨**-, -nen**⟩ feminist **feministisch** [femi'nıstıʃ] *adj* feminist; ~ **orientiert sein** to have feminist tendencies

Fenchel ['fɛnçl] *m* ⟨**-s, no pl**⟩ fennel **Fenster** ['fɛnstɐ] *nt* ⟨**-s, -**⟩ window (*auch* IT); **weg vom ~** (*infml*) out of the game (*infml*), finished **Fensterbank** *f, pl* **-bänke**, **Fensterbrett** *nt* windowsill, window ledge **Fensterglas** *nt* window glass **Fensterladen** *m* shutter **Fensterleder** *nt* chamois *or* shammy (leather) **fensterln** ['fɛnstɐln] *v/i* (*S Ger, Aus*) to climb through one's sweetheart's bedroom window **Fensterplatz** *m* window seat **Fensterputzer** [-putsɐ] *m* ⟨**-s, -**⟩, **Fensterputzerin** [-ərın] *f* ⟨**-, -nen**⟩ window cleaner **Fensterrahmen** *m* window frame **Fensterscheibe** *f* window pane **Fensterumschlag** *m* window envelope

Ferien ['fe:rɪən] *pl* holidays *pl* (*Br*), vacation *sg* (*US*, UNIV); (≈ *Parlamentsferien*, JUR) recess *sg*; **die großen ~** the summer holidays (*esp Br*), the long vacation (*US*, UNIV); ~ **machen** to have *or* take a holiday (*esp Br*) *or* vacation (*US*); **in die ~ fahren** to go on holiday (*esp Br*) *or* vacation (*US*) **Feriendorf** *nt* holiday village **Ferienhaus** *nt* holiday home **Ferienlager** *nt* holiday (*esp Br*) *or* vacation (*US*) camp **Ferienort** *m, pl* **-orte** holiday (*esp Br*) *or* vacation (*US*) resort **Ferienwohnung** *f* holiday flat (*Br*), vacation apartment (*US*) **Ferienzeit** *f* holiday period

Ferkel ['fɛrkl] *nt* ⟨**-s, -**⟩ piglet; *(fig) (unsauber)* pig, mucky pup *(Br infml)*; *(unanständig)* dirty pig *(infml)*

Fermentation [fɛrmɛnta'tsioːn] *f* ⟨**-, -en**⟩ fermentation **fermentieren** [fɛrmɛn'tiːrən] *past part* **fermentiert** *v/t* to ferment

fern [fɛrn] **I** *adj* **1.** *(räumlich)* distant, far-away; **~ von hier** far away from here; **der Ferne Osten** the Far East **2.** *(zeitlich entfernt)* far-off; **in nicht(all)zu~er Zeit** in the not-too-distant future **II** *prep* +*gen* far (away) from **fernab** [fɛrn'|ap] *adv* far away **Fernabfrage** *f* TEL remote control facility **Fernbedienung** *f* remote control **fernbleiben** *v/i sep irr aux sein* to stay away (+*dat, von* from) **Fernbleiben** *nt* ⟨**-s**, *no pl*⟩ absence (*von* from); (≈ *Nichtteilnahme*) non-attendance **Fernblick** *m* good view **Ferne** ['fɛrnə] *f* ⟨**-, -n**⟩ **1.** *(räumlich)* distance; **in der ~** in the distance; **aus der ~** from a distance **2.** (≈ *Zukunft*) future; **in weiter ~ liegen** to be a long time off **ferner** ['fɛrnɐ] **I** *adj* further **II** *adv* further; **unter ~ liefen rangieren** *(infml)* to be among the also-rans **Fernfahrer(in)** *m/(f)* long-distance lorry *(Br)* or truck driver, trucker *(US)* **Fernflug** *m* long-distance or long-haul flight **Ferngespräch** *nt* trunk *(Br)* or long-distance call **ferngesteuert** [-gəʃtɔyɐt] *adj* remote-controlled **Fernglas** *nt* (pair of) binoculars *pl* **fernhalten** *v/t & v/r irr* to keep away **Fernlaster** *m* long-distance lorry *(Br)* or truck **Fernlastverkehr** *m* long-distance goods traffic **Fernlicht** *nt* AUTO full *or* high *(esp US)* beam **fernliegen** *v/i irr (fig)* **(jdm)** **~** to be far from sb's mind; **es liegt mir fern, das zu tun** far be it from me to do that **Fernmeldesatellit** *m* communications satellite **Fernmeldetechnik** *f* telecommunications engineering; (≈ *Telefontechnik*) telephone engineering **fernmündlich** *(form)* **I** *adj* telephone *attr* **II** *adv* by telephone **Fernost** ['fɛrn'|ɔst] *no art* **aus/in/nach ~** from/in/to the Far East **Fernreise** *f* long-haul journey **Fernrohr** *nt* telescope **Fernschreiben** *nt* telex

Fernsehansager(in) *m/(f)* television announcer **Fernsehansprache** *f* television speech **Fernsehantenne** *f* televi-

sion *or* TV aerial *or* antenna **Fernsehapparat** *m* television *or* TV set **fernsehen** *v/i sep irr* to watch television *or* TV **Fernsehen** *nt* ⟨**-s**, *no pl*⟩ television, TV, telly *(Br infml)*; **vom ~ übertragen werden** to be televised; **im ~** on television *etc* **Fernseher** [-zeːɐ] *m* ⟨**-s, -**⟩ *(infml)* ≈ *Gerät*) television, TV, telly *(Br infml)* **Fernseher** [-zeːɐ] *m* ⟨**-s, -**⟩, **Fernseherin** [-ərɪn] *f* ⟨**-, -nen**⟩ *(infml* ≈ *Zuschauer)* (television) viewer **Fernsehgebühr** *f* television *or* TV licence fee *(Br)* **Fernsehgerät** *nt* television *or* TV set **Fernsehkamera** *f* television *or* TV camera **Fernsehprogramm** *nt* **1.** (≈ *Sendung*) programme *(Br)*, program *(US)* **2.** (≈ *Fernsehzeitschrift*) (television) program(me) guide, TV guide **Fernsehpublikum** *nt* viewers *pl*, viewing public **Fernsehsatellit** *m* TV satellite **Fernsehsender** *m* television transmitter **Fernsehsendung** *f* television programme *(Br)* or program *(US)* **Fernsehspiel** *nt* television play **Fernsehteilnehmer(in)** *m/(f)* *(form)* television viewer **Fernsehübertragung** *f* television broadcast **Fernsehwerbung** *f* television advertising **Fernsehzeitschrift** *f* TV guide **Fernsehzuschauer(in)** *m/(f)* (television) viewer

Fernsicht *f* clear view **Fernsprechnetz** *nt* telephone system **Fernsprechverkehr** *m* telephone traffic **fernstehen** *v/i irr* **jdm/einer Sache ~** to have no connection with sb/sth **Fernsteuerung** *f* remote control **Fernstraße** *f* trunk *or* major road, highway *(US)* **Fernstudium** *nt* correspondence degree course *(with radio, TV etc)*, ≈ Open University course *(Br)* **Ferntourismus** *m* long-haul tourism **Fernverkehr** *m* long-distance traffic **Fernwärme** *f* district heating *(tech)* **Fernweh** [-veː] *nt* ⟨**-s**, *no pl*⟩ wanderlust **Fernziel** *nt* long-term goal

Ferse ['fɛrzə] *f* ⟨**-, -n**⟩ heel; **jdm (dicht) auf den ~n sein** to be hard *or* close on sb's heels

fertig ['fɛrtɪç] **I** *adj* **1.** (≈ *vollendet*) finished; (≈ *ausgebildet*) qualified; (≈ *reif*) *Mensch, Charakter* mature; **mit der Ausbildung ~ sein** to have completed one's training **2.** (≈ *zu Ende*) finished; **mit etw ~ sein** to have finished sth; **mit jdm ~ sein** *(fig)* to be finished with sb; **mit jdm/etw ~ werden** to cope with sb/sth **3.** (≈ *bereit*) ready **4.** (*infml*) (≈ *erschöpft*) shattered (*Br infml*), all in (*infml*); (≈ *ruiniert*) finished; (≈ *erstaunt*) knocked for six (*Br infml*) or for a loop (*US infml*); **mit den Nerven ~ sein** to be at the end of one's tether (*Br*) or rope (*US*) **II** *adv* **etw ~ kaufen** to buy sth ready-made; *Essen* to buy sth ready-prepared; **~ ausgebildet** fully qualified **Fertigbau** *m* BUILD *pl* **-bauten** prefabricated building, prefab **fertig bringen, fertigbringen** *v/t irr* (≈ *vollenden*) to get done **fertigbringen** *v/t sep irr* (≈ *imstande sein*) to manage; (*iron*) to be capable of **fertigen** ['fɛrtɪɡn] *v/t* (*form*) to manufacture **Fertiggericht** *nt* ready--to-serve meal **Fertighaus** *nt* prefabricated house

Fertigkeit *f* ⟨-, -en⟩ skill

fertig machen, fertigmachen *v/t* **1.** (≈ *vollenden*) to finish **2.** (≈ *bereit machen*) to get ready; **sich ~** to get ready **fertigmachen** *v/t* (*infml*) **jdn ~** (≈ *erledigen*) to do for sb; (≈ *ermüden*) to take it out of sb; (≈ *deprimieren*) to get sb down; (≈ *abkanzeln*) to lay into sb (*infml*) **fertigstellen, fertig stellen** *v/t* to complete **Fertigstellung** *f* completion **Fertigung** ['fɛrtɪɡʊŋ] *f* ⟨-, -en⟩ production **Fertigungskosten** *pl* production costs *pl*

fesch [fɛʃ] *adj* **1.** (*esp Aus: infml*) (≈ *modisch*) smart; (≈ *hübsch*) attractive **2.** (*Aus* ≈ *nett*) nice; **sei ~!** (≈ *sei brav*) be good

Fessel ['fɛsl] *f* ⟨-, -n⟩ fetter, shackle; (≈ *Kette*) chain **fesseln** ['fɛsln] *v/t* **1.** to tie (up), to bind; (*mit Handschellen*) to handcuff; (*mit Ketten*) to chain (up); **jdn ans Bett ~** (*fig*) to confine sb to (his/her) bed **2.** (≈ *faszinieren*) to grip **fesselnd** *adj* gripping

fest [fɛst] **I** *adj* **1.** (≈ *hart*) solid **2.** (≈ *stabil*) solid; *Schuhe* tough, sturdy, COMM, FIN stable **3.** (≈ *entschlossen*) firm; *Plan* firm, definite; **eine ~e Meinung von etw haben** to have definite views on sth **4.** (≈ *nicht locker*) tight; *Griff* firm; (*fig*) *Schlaf* sound **5.** (≈ *ständig*) regular; *Freund(in)* steady; *Stellung, Mitarbeiter* permanent **II** *adv* **1.** (≈ *kräftig*) anpacken firmly; *drücken* tightly **2.** (≈ *nicht locker*) *anziehen, schließen* tight; **die Handbremse ~ anziehen** to put the handbrake on firmly; **er hat schon ~ geschlafen** he was sound asleep **3.** *verspre-*

chen faithfully; *zusagen* definitely; **~ entschlossen sein** to be absolutely determined **4.** (≈ *dauerhaft*) permanently; **~ befreundet sein** to be good friends; **~ angestellt** employed on a regular basis; **Geld ~ anlegen** to tie up money

Fest [fɛst] *nt* ⟨-(e)s, -e⟩ **1.** (≈ *Feier*) celebration; (≈ *Party*) party **2.** (*kirchlich*) feast, festival; (≈ *Weihnachtsfest*) Christmas; **frohes ~!** Merry or Happy (*esp Br*) Christmas! **Festakt** *m* ceremony

festangestellt *adj* → **fest**

Festbeleuchtung *f* festive lighting or lights *pl*; (*infml: im Haus*) blazing lights *pl*

festbinden *v/t sep irr* to tie up; **jdn/etw an etw** (*dat*) **~** to tie sb/sth to sth

Festessen *nt* banquet

festfahren *v/r sep irr* (*fig*) to get bogged down **festfressen** *v/r sep irr* to seize up **Festgeld** *nt* FIN time deposit **festhalten** *sep irr* **I** *v/t* **1.** (*mit den Händen*) to hold on to **2.** (≈ *inhaftieren*) to hold, to detain **3.** *etw schriftlich ~* to record sth **II** *v/i an etw* (*dat*) **~** to hold or stick (*infml*) to sth **III** *v/r* to hold on (*an +dat* to); **halt dich fest!** (*lit*) hold tight! **festhängen** *v/i sep irr aux haben or sein* to be stuck (*an +dat* on, *in +dat* in)

festigen ['fɛstɪɡn] **I** *v/t* to strengthen; → **gefestigt II** *v/r* to become stronger **Festiger** ['fɛstɪɡɐ] *m* ⟨-s, -⟩ setting lotion **Festigkeit** ['fɛstɪçkait] *f* ⟨-, *no pl*⟩ (*von Material*) strength; (*fig*) steadfastness **Festigung** ['fɛstɪɡʊŋ] *f* ⟨-, -en⟩ strengthening

Festival ['fɛstɪvəl, 'fɛstɪval] *nt* ⟨-s, -s⟩ festival

festklammern *sep* **I** *v/t* to clip on (*an +dat* to) **II** *v/r* to cling (*an +dat* to) **festklemmen** *sep v/t* to wedge fast; (*mit Klammer*) to clip on **Festkörper** *m* PHYS solid **Festland** *nt* (*nicht Insel*) mainland; (*nicht Meer*) dry land **festlegen** *sep* **I** *v/t* **1.** (≈ *festsetzen*) to fix (*auf +acc, bei* for); *Regelung, Arbeitszeiten* to lay down **2.** **jdn auf etw** (*acc*) **~** to tie sb (down) to sth **II** *v/r* **1.** (≈ *sich verpflichten*) to commit oneself (*auf +acc* to) **2.** (≈ *sich entschließen*) to decide (*auf +acc* on)

festlich ['fɛstlɪç] **I** *adj* festive; (≈ *feierlich*) solemn **II** *adv geschmückt* festively; **etw ~ begehen** to celebrate sth

fẹstliegen v/i sep irr **1.** (≈ festgesetzt sein) to have been fixed **2.** (≈ nicht weiterkönnen) to be stuck **fẹstmachen** sep v/t **1.** (≈ befestigen) to fix on (an +dat -to); (≈ festbinden) to fasten (an +dat (on)to); NAUT to moor **2.** (≈ vereinbaren) to arrange **fẹstnageln** v/t sep **1.** Gegenstand to nail (down/up/on) **2.** (fig infml) jdn to tie down (auf +acc to) **Fẹstnahme** [-naːmə] f ⟨-, -n⟩ arrest **fẹstnehmen** v/t sep irr to arrest; **vorläufig ~** to take into custody; **Sie sind festgenommen** you are under arrest **Fẹstnetz** nt TEL fixed-line network; (a. **Festnetzanschluss**) landline **Fẹstplatte** f IT hard disk **Fẹstplattenlaufwerk** nt hard disk drive **Fẹstpreis** m COMM fixed price

Fẹstrede f speech **Fẹstredner(in)** m/(f) (main) speaker **Fẹstsaal** m hall; (≈ Speisesaal) banqueting hall; (≈ Tanzsaal) ballroom

fẹstschrauben v/t sep to screw (in/on/down/up) tight

fẹstsetzen sep **I** v/t **1.** (≈ bestimmen) to fix (bei, auf +acc at) **2.** (≈ inhaftieren) to detain **II** v/r (Staub, Schmutz) to collect; (Rost) to get a foothold **Fẹstsetzung** f ⟨-, -en⟩ **1.** fixing; (von Frist) setting **2.** (≈ Inhaftierung) detention

fẹstsitzen v/i sep irr (≈ klemmen, haften) to be stuck

Fẹstspeicher m IT read-only memory, ROM

Fẹstspiele pl festival sg

fẹststehen v/i sep irr (≈ sicher sein) to be certain; (≈ unveränderlich sein) to be definite; **so viel steht fest** this or so much is certain **fẹststehend** adj attr (≈ bestimmt) definite; Redewendung set; Brauch (well-)established **fẹststellen** v/t sep **1.** MECH to lock (fast) **2.** (≈ ermitteln) to ascertain, to find out; Personalien, Sachverhalt to establish; Schaden to assess **3.** (≈ erkennen) to tell (an +dat from); Fehler, Unterschied to find, to detect; (≈ bemerken) to discover **4.** (≈ aussprechen) to stress, to emphasize **Fẹststelltaste** f (von Tastatur) caps lock **Fẹststellung** f **1.** (≈ Ermittlung) ascertainment; (von Personalien, Sachverhalt) establishment; (von Schaden) assessment **2.** (≈ Erkenntnis) conclusion **3.** (≈ Wahrnehmung) observation; **die ~ machen, dass ...** to realize that ... **4.**

(≈ Bemerkung) remark, comment

Fẹsttag m **1.** (≈ Ehrentag) special or red-letter day **2.** (≈ Feiertag) holiday, feast (day) (ECCL)

Fẹstung ['fɛstʊŋ] f ⟨-, -en⟩ fortress **fẹstverzinslich** adj fixed-interest attr **Fẹstwertspeicher** m IT read-only memory

Fẹstwoche f festival week **Fẹstzelt** nt carnival marquee

fẹstziehen v/t sep irr to pull tight; Schraube to tighten (up) **Fẹstzins** m fixed interest

Fẹstzug m carnival procession

Fete ['feːtə] f ⟨-, -n⟩ party

Fetisch ['feːtɪʃ] m ⟨-(e)s, -e⟩ fetish **Fetischismus** [fetɪˈʃɪsmʊs] m ⟨-, no pl⟩ fetishism **Fetischist** [fetɪˈʃɪst] m ⟨-en, -en⟩, **Fetischistin** [-ˈʃɪstɪn] f ⟨-, -nen⟩ fetishist

fẹtt [fɛt] **I** adj **1.** Speisen fatty **2.** (≈ dick) fat; TYPO bold **3.** (≈ üppig) Beute, Gewinn fat **II** adv **1.** ~ essen to eat fatty food **2.** ~ gedruckt TYPO in bold(face) **Fẹtt** [fɛt] nt ⟨-(e)s, -e⟩ fat; (zum Schmieren) grease; **tierische/pflanzliche ~e** animal/vegetable fats; ~ **ansetzen** to get fat; **sein ~ bekommen** (infml) to get what is coming to one (infml) **Fẹttabsaugung** [-apzaʊɡʊŋ] f ⟨-, -en⟩ MED liposuction **fẹttarm I** adj Speisen low-fat **II** adv ~ **essen** to eat foods which are low in fat **Fẹttauge** nt globule of fat **Fẹttbauch** m paunch **Fẹttcreme** f skin cream with oil **Fẹttdruck** m, no pl TYPO bold type **fẹtten** ['fɛtn] v/t to grease **Fẹttfilm** m greasy film **Fẹttfleck** m grease spot, greasy mark **fẹttfrei** adj fat-free; Milch non-fat; Kost non-fatty **fẹttgedruckt** adj attr; → **fett Fẹttgehalt** m fat content **fẹtthaltig** adj fatty **fẹttig** ['fɛtɪç] adj greasy **fẹttleibig** [-laɪbɪç] adj (elev) obese, corpulent **Fẹttleibigkeit** f ⟨-, no pl⟩ (elev) obesity, corpulence **fẹttlos** adj fat-free **Fẹttnäpfchen** [-nɛpfçən] nt ⟨-s, -⟩ (infml) **ins ~ treten** to put one's foot in it (bei jdm with sb) **Fẹttpolster** nt (hum infml) padding no pl **Fẹttsack** m (infml) fatso (infml) **Fẹttschicht** f layer of fat **Fẹttsucht** f, no pl MED obesity **fẹttsüchtig** adj MED obese **Fẹttwanst** [-vanst] m ⟨-(e)s, ⸚e [-vɛnstə]⟩ (pej) potbelly; (≈ Mensch) fatso (infml) **Fẹttzelle** f PHYSIOL fat cell, adipose cell (tech)

Fetzen ['fɛtsn̩] *m* ⟨**-s, -**⟩ *(abgerissen)* shred; (≈ *Stofffetzen, Papierfetzen*) scrap; (≈ *Kleidung*) rag; ..., *dass die ~ fliegen* (*infml*) ... like crazy (*infml*)

feucht [fɔyçt] *adj* damp; (≈ *schlüpfrig*) moist; (≈ *feuchtheiß*) *Klima* humid; *Hände* sweaty; *Tinte, Farbe* wet **feucht-fröhlich** *adj* (*hum*) merry, convivial **feuchtheiß** *adj* hot and damp, muggy **Feuchtigkeit** ['fɔyçtɪçkait] *f* ⟨**-, no pl**⟩ **1.** dampness; (*von Klima*) humidity **2.** (≈ *Flüssigkeit*) moisture; (≈ *Luftfeuchtigkeit*) humidity **Feuchtigkeitscreme** *f* moisturizer, moisturizing cream

feudal [fɔy'daːl] *adj* **1.** POL, HIST feudal **2.** (*infml* ≈ *prächtig*) plush (*infml*); *Mahlzeit* lavish **Feudalherrschaft** *f* feudalism **Feudalismus** [fɔyda'lɪsmʊs] *m* ⟨**-, no pl**⟩ feudalism **feudalistisch** [fɔyda-'lɪstɪʃ] *adj* feudalistic

Feuer ['fɔyɐ] *nt* ⟨**-s, -**⟩ **1.** fire; *~!* fire!; *~ legen* to start a fire; *~ fangen* to catch fire; *~ frei!* open fire!; *das ~ einstellen* to cease firing; *mit dem ~ spielen* (*fig*) to play with fire **2.** (≈ *Funkfeuer*) beacon; (*von Leuchtturm*) light **3.** (*für Zigarette etc*) light; *haben Sie ~?* do you have a light? **4.** (≈ *Schwung*) passion; *~ und Flamme sein* (*infml*) to be very enthusiastic (*für* about) **Feueralarm** *m* fire alarm **feuerbeständig** *adj* fire-resistant **Feuerbestattung** *f* cremation **Feuereifer** *m* zeal; *mit ~ diskutieren* to discuss with zest **feuerfest** *adj* fireproof; *Geschirr* heat-resistant **Feuergefahr** *f* fire hazard *or* risk **feuergefährlich** *adj* (highly) (in)flammable *or* combustible **Feuergefecht** *nt* gun fight, shoot-out (*infml*) **Feuerleiter** *f* (*am Haus*) fire escape **Feuerlöscher** [-lœʃɐ] *m* ⟨**-s, -**⟩ fire extinguisher **Feuermelder** [-mɛldɐ] *m* ⟨**-s, -**⟩ fire alarm **feuern** ['fɔyɐn] *v/t* **1.** *Ofen* to light **2.** (*infml*) (≈ *werfen*) to fling (*infml*); FTBL *Ball* to slam (*infml*) **3.** (*infml* ≈ *entlassen*) to fire (*infml*), to sack (*infml*) **Feuerpause** *f* break in the firing; (*vereinbart*) ceasefire **Feuerprobe** *f* (*fig*) *die ~ bestehen* to pass the (acid) test; *das war seine ~* that was the acid test for him **feuerrot** *adj* fiery red **Feuerschutz** *m* **1.** (≈ *Vorbeugung*) fire prevention **2.** (MIL ≈ *Deckung*) covering fire **Feuerstein** *m* flint **Feuerstelle** *f* campfire site; (≈ *Herd*) fireplace **Feuertaufe** *f* baptism of fire **Feuertreppe** *f* fire

escape **Feuertür** *f* fire door **Feuerwache** *f* fire station **Feuerwaffe** *f* firearm **Feuerwechsel** *m* exchange of fire **Feuerwehr** *f* fire brigade (*Br*), fire department (*US*); *~ spielen* (*fig* ≈ *Schlimmes verhindern*) to act as a troubleshooter **Feuerwehrauto** *nt* fire engine **Feuerwehrleute** *pl* firemen *pl*, firefighters *pl* **Feuerwehrmann** *m*, *pl* **-leute** *or* **-männer** fireman **Feuerwerk** *nt* fireworks *pl*; (*fig*) cavalcade **Feuerwerkskörper** *m* firework **Feuerzange** *f* fire tongs *pl* **Feuerzangenbowle** *f* red wine punch **Feuerzeug** *nt*, *pl* **-zeuge** (cigarette) lighter

Feuilleton [fœjə'tõː, 'fœjətõ] *nt* ⟨**-s, -s**⟩ PRESS feature section

feurig ['fɔyrɪç] *adj* fiery

Fiaker ['fiakɐ] *m* ⟨**-s, -**⟩ (*Aus*) **1.** (≈ *Kutsche*) (hackney) cab **2.** (≈ *Kutscher*) cab driver, cabby (*infml*)

Fiasko ['fiasko] *nt* ⟨**-s, -s**⟩ (*infml*) fiasco

Fibel ['fiːbl̩] *f* ⟨**-, -n**⟩ SCHOOL primer

Fiber ['fiːbɐ] *f* ⟨**-, -n**⟩ fibre (*Br*), fiber (*US*)

Fichte ['fɪçtə] *f* ⟨**-, -n**⟩ BOT spruce **Fichtenzapfen** *m* spruce cone

ficken ['fɪkn̩] *v/t & v/i* (*vulg*) to fuck (*vulg*); *mit jdm ~* to fuck sb (*vulg*)

fidel [fi'deːl] *adj* jolly, merry

Fieber ['fiːbɐ] *nt* ⟨**-s, (*rare*) -**⟩ temperature; (*sehr hoch*) fever; *~ haben* to have a temperature; *to be feverish*; (*jdm*) *das ~ messen* to take sb's temperature **Fieberanfall** *m* bout of fever **fieberfrei** *adj* free of fever **fieberhaft I** *adj* feverish **II** *adv* feverishly **Fieberkurve** *f* temperature curve **Fiebermittel** *nt* anti-fever drug **fiebern** ['fiːbɐn] *v/i* **1.** (*Kranker*) to have a temperature; (*schwer*) to be feverish **2.** (*fig*) *nach etw ~* to long feverishly for sth; *vor Erregung ~* to be in a fever of excitement **fiebersenkend** *adj* fever-reducing **Fieberthermometer** *nt* (clinical) thermometer

Fiedel ['fiːdl̩] *f* ⟨**-, -n**⟩ fiddle

fies [fiːs] (*infml*) **I** *adj* nasty, horrible **II** *adv* (≈ *gemein*) in a nasty way; *~ aussehen* to look horrible **Fiesling** ['fiːslɪŋ] *m* ⟨**-s, -e**⟩ (*infml*) bastard (*sl*)

Figur [fi'guːɐ] *f* ⟨**-, -en**⟩ **1.** figure; (*infml* ≈ *Mensch*) character; *auf seine ~ achten* to watch one's figure **2.** (≈ *Romanfigur etc*) character **figurativ** [figura'tiːf] **I** *adj* figurative **II** *adv* figuratively **figürlich**

[fi'gy:rəlıç] *adj* figurative

Fiktion [fɪk'tsio:n] *f* ⟨-, -en⟩ fiction **fiktiv** [fɪk'ti:f] *adj* fictitious

Filet [fi'le:] *nt* ⟨-s, -s⟩ COOK fillet; (≈ *Rinderfilet*) fillet steak; (*zum Braten*) piece of sirloin *or* tenderloin (*US*) **filetieren** [file'ti:rən] *past part* **filetiert** *v/t* to fillet **Filetstück** *nt* COOK piece of sirloin *or* tenderloin (*US*)

Filiale [fi'lia:lə] *f* ⟨-, -n⟩ branch **Filialleiter(in)** *m/(f)* branch manager / manageress

Film [fɪlm] *m* ⟨-(e)s, -e⟩ film; (≈ *Spielfilm auch*) movie (*esp US*); **in einen ~ gehen** to go and see a film; **zum ~ gehen** to go into films *or* movies (*esp US*) **Filmaufnahme** *f* (*Einzelszene*) shot, take; **~n** *pl* shooting **Filmbericht** *m* film report **Filmemacher(in)** *m/(f)* film-maker, movie-maker (*esp US*) **filmen** ['fɪlmən] *v/t & v/i* to film **Filmfestival** *nt*, **Filmfestspiele** *pl* film festival **Filmgeschäft** *nt* film industry, movie industry (*esp US*) **filmisch** ['fɪlmɪʃ] *adj* cinematic **II** *adv* cinematically **Filmkamera** *f* film *or* movie (*esp US*) camera **Filmkritik** *f* (≈ *Artikel*) film *or* movie (*esp US*) review **Filmkunst** *f* cinematic art **Filmmusik** *f* film music, movie soundtrack (*esp US*) **Filmpreis** *m* film *or* movie (*esp US*) award **Filmproduzent(in)** *m/(f)* film *or* movie (*esp US*) producer **Filmregisseur(in)** *m/(f)* film *or* movie (*esp US*) director **Filmriss** *m* (*fig infml*) mental blackout (*infml*) **Filmschauspieler** *m* film *or* movie (*esp US*) actor **Filmschauspielerin** *f* film *or* movie (*esp US*) actress **Filmstar** *m* filmstar, movie star (*esp US*) **Filmstudio** *nt* film *or* movie (*esp US*) studio **Filmverleih** *m* film *or* movie (*esp US*) distributors *pl*

Filter ['fɪltɐ] *nt or m* ⟨-s, -⟩ filter; *eine Zigarette mit ~* a (filter-)tipped cigarette **Filterkaffee** *m* filter *or* drip (*US*) coffee **filtern** ['fɪltɐn] *v/t & v/i* to filter **Filterpapier** *nt* filter paper **Filtertüte** *f* filter bag **Filterung** ['fɪltərʊŋ] *f* ⟨-, -en⟩ filtering **Filterzigarette** *f* tipped *or* filter(-tipped) cigarette

Filtrat [fɪl'tra:t] *nt* ⟨-(e)s, -e⟩ filtrate **filtrieren** [fɪl'tri:rən] *past part* **filtriert** *v/t* to filter

Filz [fɪlts] *m* ⟨-es, -e⟩ **1.** TEX felt; *grüner ~* green baize **2.** (*infml*) (≈ *Korruption*) corruption; (POL *pej*) sleaze (*infml*) **fil-**

zen ['fɪltsn] **I** *v/i* TEX to felt, to go felty **II** *v/t* (*infml*) (≈ *durchsuchen*) to search; (≈ *berauben*) to do over (*infml*) **Filzhut** *m* felt hat **Filzokratie** [fɪltsokra'ti:] *f* ⟨-, -n [-'ti:ən]⟩ (POL *pej*) web of patronage and nepotism, spoils system (*US*) **Filzpantoffel** *m* (carpet) slipper **Filzschreiber**, **Filzstift** *m* felt(-tip) pen, felt-tip

Fimmel ['fɪml] *m* ⟨-s, -⟩ (*infml*) **1.** (≈ *Tick*) mania **2.** (≈ *Spleen*) obsession (*mit about*)

Finale [fi'na:lə] *nt* ⟨-s, -s *or* -⟩ MUS finale; SPORTS final, finals *pl* **Finalgegner** *m* SPORTS opponent in the final

Finanzamt *nt* tax office **Finanzbeamte(r)** *m decl as adj*, **Finanzbeamtin** *f* tax official **Finanzbehörde** *f* tax authority **Finanzbuchhalter(in)** *m/(f)* financial accountant **Finanzen** [fi'nantsn] *pl* finances *pl* **finanziell** [finan'tsiɛl] **I** *adj* financial **II** *adv* financially **finanzierbar** *adj es ist nicht ~* it cannot be funded **finanzieren** [finan'tsi:rən] *past part* **finanziert** *v/t* to finance, to fund **Finanzierung** *f* ⟨-, -en⟩ financing **Finanzierungsgesellschaft** *f* finance company **Finanzjahr** *nt* financial year **finanzkräftig** *adj* financially strong **Finanzkrise** *f* financial crisis **Finanzlage** *f* financial situation **Finanzmärkte** *pl* financial *or* finance markets *pl* **Finanzminister(in)** *m/(f)* ≈ Chancellor of the Exchequer (*Br*), ≈ Treasury Secretary (*US*), finance minister **Finanzministerium** *nt* Ministry of Finance, Treasury (*Br*), Treasury Department (*US*) **Finanzpolitik** *f* financial policy; (≈ *Wissenschaft, Disziplin*) politics of finance **finanzschwach** *adj* financially weak **finanzstark** *adj* financially strong **Finanzwelt** *f* financial world **Finanzwesen** *nt, no pl* financial system

finden ['fɪndn] *pret* **fand** [fant], *past part* **gefunden** [gə'fʊndn] **I** *v/t* **1.** to find; *es ließ sich niemand ~* there was nobody to be found; *etwas an jdm ~* to see something in sb; *nichts dabei ~* to think nothing of it; → **gefunden 2.** (≈ *betrachten*) to think; *es kalt ~* to find it cold; *etw gut ~* to think (that) sth is good; *jdn nett ~* to think (that) sb is nice; *wie findest du das?* what do you think? **II** *v/i* **er findet nicht nach Hause** he can't find his *or* the way home; *zu sich selbst ~* to sort oneself out **III** *v/t & v/i* (≈ *meinen*) to think; **~ Sie (das)?** do you think so?; **ich finde (das) nicht** I don't think so **IV** v/r **1.** (≈ *zum Vorschein kommen*) to be found; **das wird sich (alles) ~** it will (all) turn up; (≈ *sich herausstellen*) it'll all come out (*infml*) **2.** (*Mensch* ≈ *zu sich finden*) to sort oneself out **3.** (≈ *sich treffen*) (*lit*) to find each other; (*fig*) to meet **Finder**['fɪndɐ] *m* ⟨**-s, -**⟩, **Finderin** [-ərɪn] *f* ⟨**-, -nen**⟩ finder **Finderlohn** *m* reward for the finder **findig** ['fɪndɪç] *adj* resourceful

Finesse[fi'nɛsə] *f* ⟨**-, -n**⟩ (≈ *Feinheit*) refinement *no pl*: (≈ *Kunstfertigkeit*) finesse; **mit allen ~n** with every refinement

Finger['fɪŋɐ] *m* ⟨**-s, -**⟩ finger; **mit ~n auf jdn zeigen** (*fig*) to look askance at sb; **jdm eins auf die ~ geben** to give sb a rap across the knuckles; (**nimm**/**lass die**) **~ weg!** (get/keep your) hands off!; **er hat überall seine ~ drin** (*infml*) he has a finger in every pie (*infml*); **die ~ von jdm/etw lassen** (*infml*) to keep away from sb/sth; **sich** (*dat*) **an etw** (*dat*) **die ~ verbrennen** to get one's fingers burned in sth; **jdm (scharf) auf die ~ sehen** to keep an eye *or* a close eye on sb; **sich** (*dat*) **etw aus den ~n saugen** to dream sth up; **keinen ~ krumm machen** (*infml*) not to lift a finger (*infml*); **jdn um den kleinen ~ wickeln** to twist sb (a)round one's little finger **Fingerabdruck** *m* fingerprint; **genetischer ~** genetic fingerprint **Fingerfertigkeit** *f* dexterity **Fingerfood** *nt* ⟨**-(s)**, *no pl*⟩, **Finger-Food**['fɪŋɐfuːt] *nt* ⟨**-(s)**, *no pl*⟩ finger food **Fingergelenk** *nt* finger joint **Fingerhakeln** [-haːkəln] *nt* ⟨**-s**, *no pl*⟩ finger-wrestling **Fingerhandschuh** *m* glove **Fingerhut** *m* **1.** SEWING thimble **2.** BOT foxglove **Fingerkuppe** *f* fingertip **fingern**['fɪŋɐn] **I** v/i *an or* **mit etw** (*dat*) **~** to fiddle with sth; **nach etw ~** to fumble (around) for sth **II** v/t (≈ *manipulieren*) to fiddle (*infml*) **Fingernagel** *m* fingernail **Fingerspitze** *f* fingertip, tip of one's finger **Fingerspitzengefühl** *nt*, *no pl* (≈ *Einfühlungsgabe*) instinctive feel; (*im Umgang mit Menschen*) tact and sensitivity **Fingerzeig** [-tsaɪk] *m* ⟨**-s, -e** [-gə]⟩ hint; **etw als ~ Gottes/des Schicksals empfinden** to regard sth as a sign from God/as meant **fingieren**[fɪŋ'giːrən] *past part* **fingiert** v/t (≈ *vortäuschen*) to fake; (≈ *erdichten*) to fabricate **fingiert**[fɪŋ'giːɐt] *adj* (≈ *vorgetäuscht*) bogus; (≈ *erfunden*) fictitious

Finish['fɪnɪʃ] *nt* ⟨**-s, -s**⟩ **1.** (≈ *Endverarbeitung*) finish **2.** (SPORTS ≈ *Endspurt*) final spurt

finit[fi'niːt] *adj* GRAM finite

Fink[fɪŋk] *m* ⟨**-en, -en**⟩ finch

Finne[1]['fɪnə] *f* ⟨**-, -n**⟩ (≈ *Rückenflosse*) fin

Finne[2] *m* ⟨**-n, -n**⟩ Finn, Finnish man/boy **Finnin**['fɪnɪn] *f* ⟨**-, -nen**⟩ Finn, Finnish woman/girl **finnisch**['fɪnɪʃ] *adj* Finnish **Finnland**['fɪnlant] *nt* ⟨**-s**⟩ Finland **Finnwal**['fɪnvaːl] *m* finback

finster['fɪnstɐ] **I** *adj* **1.** dark; **im Finstern** in the dark **2.** (≈ *dubios*) shady **3.** (≈ *mürrisch, düster*) grim **4.** (≈ *unheimlich*) sinister **II** *adv* (≈ *mürrisch*) grimly; **es sieht ~ aus** (*fig*) things look bleak **Finsternis**['fɪnstɐnɪs] *f* ⟨**-, -se**⟩ **1.** darkness **2.** ASTRON eclipse

Firewall['faɪɐwɔːl] *f* ⟨**-, -s**⟩ IT firewall

Firlefanz ['fɪrləfants] *m* ⟨**-es**, *no pl*⟩ (*infml*) **1.** (≈ *Kram*) frippery **2.** (≈ *Albernheit*) clowning *or* fooling around

firm[fɪrm] *adj pred* **in einem Fachgebiet ~ sein** to have a sound knowledge of an area

Firma ['fɪrma] *f* ⟨**-, Firmen** ['fɪrmən]⟩ company, firm; (≈ *Kleinbetrieb*) business

Firmament [fɪrma'mɛnt] *nt* ⟨**-s**, *no pl*⟩ (*liter*) heavens *pl* (*liter*)

Firmenchef(in) *m*/(*f*) head of the company, (company) president (*esp US*) **Firmeninhaber(in)** *m*/(*f*) owner of the company **Firmenleitung** *f* (company) management **Firmenname** *m* company name **Firmenregister** *nt* register of companies **Firmensitz** *m* company headquarters *sg or pl* **Firmenstempel** *m* company stamp **Firmenwagen** *m* company car **Firmenzeichen** *nt* trademark **firmieren** [fɪr'miːrən] *past part* **firmiert** v/i **als** *or* **mit ... ~** (COMM, *fig*) to trade under the name of ...

Firmung *f* ⟨**-, -en**⟩ REL confirmation

Firn[fɪrn] *m* ⟨**-(e)s, -e**⟩ névé, firn

Firnis['fɪrnɪs] *m* ⟨**-ses, -se**⟩ (≈ *Ölfirnis*) oil; (≈ *Lackfirnis*) varnish

First [fɪrst] *m* ⟨**-(e)s, -e**⟩ (≈ *Dachfirst*) (roof) ridge

Fis [fɪs] *nt* ⟨**-, -**⟩, **fis** [fɪs] *nt* ⟨**-, -**⟩ MUS F sharp

Fisch [fɪʃ] m ⟨-(e)s, -e⟩ 1. fish; **~e/drei ~e fangen** to catch fish/three fish(es); **ein großer** or **dicker ~** (fig infml) a big fish; **ein kleiner ~** one of the small fry; **weder ~ noch Fleisch** neither fish nor fowl 2. ASTROL Pisces; **ein ~ sein** to be Pisces or a Piscean **fischarm** adj Gewässer low in fish **Fischbecken** nt fishpond **Fischbestand** m fish population **fischen** ['fɪʃn] v/t & v/i to fish; **(auf) Heringe ~** to fish for herring **Fischer** ['fɪʃɐ] m ⟨-s, -⟩, **Fischerin** [-ərɪn] f ⟨-, -nen⟩ fisherman/-woman **Fischerboot** nt fishing boat **Fischerdorf** nt fishing village **Fischerei** [fɪʃə'raɪ] f ⟨-, -en⟩ 1. (≈ das Fangen) fishing 2. (≈ Fischereigewerbe) fishing industry **Fischereigrenze** f fishing limit **Fischereihafen** m fishing port **Fischernetz** nt fishing net **Fischfang** m, no pl **vom ~ leben** to live by fishing **Fischfarm** f fish farm **Fischfilet** nt fish fillet **Fischfrikadelle** f fishcake **Fischfutter** nt fish food **Fischgeschäft** nt fishmonger's (shop) (Br), fish shop (Br) or dealer (US) **Fischgräte** f fish bone **Fischgrätenmuster** nt herringbone (pattern) **Fischhändler(in)** m/(f) fishmonger (Br), fish dealer (US) **Fischkutter** m fishing cutter **Fischmarkt** m fish market **Fischmehl** nt fish meal **Fischotter** m otter **fischreich** adj Gewässer rich in fish **Fischstäbchen** nt fish finger (Br), fish stick (US) **Fischsterben** nt death of fish **Fischsuppe** f COOK fish soup **Fischwirtschaft** f fishing industry **Fischzucht** f fish-farming

fiskalisch [fɪs'kaːlɪʃ] adj fiscal **Fiskus** ['fɪskʊs] m ⟨-, -se or **Fisken** ['fɪskn]⟩ (fig ≈ Staat) Treasury

Fisolen [fi'zoːlən] pl (Aus) green beans pl

Fistelstimme f falsetto (voice)

fit [fɪt] adj fit; **sich ~ halten/machen** to keep/get fit **Fitness** ['fɪtnɛs] f ⟨-, no pl⟩ physical fitness **Fitnesscenter** nt fitness centre (Br) or center (US) **Fitnesslehrer(in)** m/(f), **Fitnesstrainer(in)** m/(f) fitness instructor

Fittich ['fɪtɪç] m ⟨-(e)s, -e⟩ **jdn unter seine ~e nehmen** (hum) to take sb under one's wing (fig)

fix [fɪks] **I** adj 1. (infml) (≈ flink) quick; (≈ intelligent) bright, smart 2. (infml) **~ und fertig sein** (≈ nervös) to be at the end of one's tether (Br) or rope (US); (≈ er-schöpft) to be done in (infml), to be all in (infml); (emotional) to be shattered 3. (≈ feststehend) fixed; **~e Idee** obsession, idée fixe **II** adv (infml ≈ schnell) quickly; **das geht ganz ~** that won't take long at all

fixen ['fɪksn] v/i (infml ≈ Drogen spritzen) to fix (infml), to shoot (up) (infml) **Fixer** ['fɪksɐ] m ⟨-s, -⟩, **Fixerin** [-ərɪn] f ⟨-, -nen⟩ (infml) junkie (infml) **Fixerstube** f (infml) junkies' centre (Br) or center (US, infml)

fixieren [fɪ'ksiːrən] past part **fixiert** v/t 1. (≈ anstarren) **jdn/etw (mit seinen Augen) ~** to fix one's eyes on sb/sth 2. (≈ festlegen) to specify, to define; Gehälter etc to set (auf +acc for); (≈ schriftlich niederlegen) to record; **er ist zu stark auf seine Mutter fixiert** PSYCH he has a mother fixation **Fixierung** f ⟨-, -en⟩ PSYCH fixation

Fixing ['fɪksɪŋ] nt ⟨-s, no pl⟩ FIN fixing **Fixkosten** pl fixed costs pl

Fixpunkt m fixed point

Fixstern m fixed star

Fjord [fjɔrt] m ⟨-(e)s, -e [-də]⟩ fiord

FKK [ɛfkaː'kaː] no art ⟨-⟩ abbr of **Freikörperkultur**; **~-Anhänger(in) sein** to be a nudist or naturist **FKK-Strand** [ɛfkaː-'kaː-] m nudist beach

flach [flax] **I** adj 1. flat; Abhang gentle; **auf dem ~en Land** in the middle of the country 2. (≈ untief, oberflächlich) shallow **II** adv **~ atmen** to take shallow breaths; **sich ~ hinlegen** to lie down **Flachbau** m, pl -bauten low building **Flachbildschirm** m TV flat screen **flachbrüstig** [-brʏstɪç] adj flat-chested **Flachdach** nt flat roof

Fläche ['flɛçə] f ⟨-, -n⟩ area; (≈ Oberfläche) surface **Flächenbrand** m extensive fire **flächendeckend** adj extensive **Flächeninhalt** m area **Flächenmaß** nt unit of square measure

flachfallen v/i sep irr aux sein (infml) not to come off; (Regelung) to end **Flachheit** f ⟨-, -en⟩ flatness; (≈ Oberflächlichkeit) shallowness **Flachland** nt lowland; (≈ Tiefland) plains pl **Flachmann** m, pl -männer (infml) hip flask

Flachs [flaks] m ⟨-es, no pl⟩ 1. BOT, TEX flax 2. (infml ≈ Witzelei) kidding (infml); (≈ Bemerkung) joke **flachsen** ['flaksn] v/i (infml) to kid around (infml)

flackern ['flakɐn] v/i to flicker
Fladen ['flaːdn] m ⟨-s, -⟩ **1.** COOK round flat dough-cake **2.** (infml ≈ Kuhfladen) cowpat (Br), cow dung **Fladenbrot** nt unleavened bread
Flädlisuppe ['flɛːdli-] f (Swiss) pancake soup
Flagge ['flagə] f ⟨-, -n⟩ flag **flaggen** ['flagn] v/i to fly flags/a flag **Flaggschiff** ['flak-] nt flagship
Flair [flɛːɐ] nt or (rare) m ⟨-s, no pl⟩ (elev) aura; (esp Swiss ≈ Gespür) flair
Flak [flak] f ⟨-, -(s)⟩ **1.** anti-aircraft gun **2.** (≈ Einheit) anti-aircraft unit
Flakon [fla'kõː] nt or m ⟨-s, -s⟩ bottle, flacon
flambieren [flam'biːrən] past part **flambiert** v/t COOK to flambé
Flamingo [fla'mɪŋgo] m ⟨-s, -s⟩ flamingo
flämisch ['flɛːmɪʃ] adj Flemish
Flamme ['flamə] f ⟨-, -n⟩ flame; **in ~n aufgehen** to go up in flames; **in (hellen) ~n stehen** to be ablaze; **etw auf kleiner ~ kochen** to cook sth on a low flame **Flammenmeer** nt sea of flames **Flammenwerfer** m flame-thrower
Flanell [fla'nɛl] m ⟨-s, -e⟩ flannel
Flanke ['flaŋkə] f ⟨-, -n⟩ **1.** flank; (von Bus etc) side **2.** SPORTS flank-vault; FTBL cross **flanken** ['flaŋkn] v/i FTBL to centre (Br), to center (US) **flankieren** [flaŋ'kiːrən] past part **flankiert** v/t to flank; **~de Maßnahmen** supporting measures
Flansch [flanʃ] m ⟨-(e)s, -e⟩ flange
flapsig ['flapsɪç] adj (infml) Benehmen cheeky (Br), fresh (US); Bemerkung offhand
Fläschchen ['flɛʃçən] nt ⟨-s, -⟩ bottle **Flasche** ['flaʃə] f ⟨-, -n⟩ **1.** bottle; **mit der ~ aufziehen** to bottle-feed; **eine ~ Wein/Bier** etc a bottle of wine/beer etc; **aus der ~ trinken** to drink (straight) out of or from the bottle **2.** (infml ≈ Versager) complete loser (infml) **Flaschenbier** nt bottled beer **flaschengrün** adj bottle-green **Flaschenhals** m neck of a bottle; (fig) bottleneck **Flaschenkind** nt bottle-fed baby **Flaschenöffner** m bottle opener **Flaschenpfand** nt deposit on bottles **Flaschenpost** f message in a/the bottle **Flaschenwein** m bottled wine **Flaschenzug** m block and tackle
flatterhaft adj fickle **flattern** ['flatɐn] v/i bei Richtungsangabe aux sein to flutter;

(Fahne, Segel) to flap; (Haar) to stream
flau [flau] adj **1.** Wind slack **2.** Geschmack insipid; Stimmung flat **3.** (≈ übel) queasy; (vor Hunger) faint; **mir ist ~ (im Magen)** I feel queasy **4.** COMM Markt slack
Flaum [flaum] m ⟨-(e)s, no pl⟩ (≈ Flaumfedern, auf Obst) down
flauschig ['flauʃɪç] adj fleecy; (≈ weich) soft
Flausen ['flauzn] pl (infml) (≈ Unsinn) nonsense; (≈ Illusionen) fancy ideas pl (infml)
Flaute ['flautə] f ⟨-, -n⟩ **1.** METEO calm **2.** (fig) (COMM) lull, slack period
Flechte ['flɛçtə] f ⟨-, -n⟩ BOT, MED lichen **flechten** ['flɛçtn] pret **flocht** [flɔxt], past part **geflochten** [gə'flɔxtn] v/t Haar to plait (Br), to braid (esp US); Kranz, Korb to weave; Seil to make
Fleck [flɛk] m ⟨-(e)s, -e or -en⟩ **1.** (≈ Schmutzfleck) stain **2.** (≈ Farbfleck) splotch; (auf Obst) blemish **3.** (≈ Stelle) spot, place; **sich nicht vom ~ rühren** not to move or budge (infml); **nicht vom ~ kommen** not to get any further; **vom ~ weg** right away **Fleckchen** ['flɛkçən] nt ⟨-s, -⟩ **ein schönes ~ (Erde)** a lovely little spot **fleckenlos** adj spotless **Fleckentferner** m [-|ɛntfɛrnɐ] m ⟨-s, -⟩ stain-remover **fleckig** ['flɛkɪç] adj marked; Obst blemished
Fledermaus ['fleːdɐ-] f bat
Flegel ['fleːgl] m ⟨-s, -⟩ **1.** (≈ Lümmel) lout, yob (Br infml); (≈ Kind) brat (infml) **2.** (≈ Dreschflegel) flail **Flegelalter** nt awkward adolescent phase **flegelhaft** adj uncouth **flegeln** ['fleːgln] v/r to loll, to sprawl
flehen ['fleːən] v/i (elev) to plead (um for, zu with) **flehentlich** ['fleːəntlɪç] **I** adj imploring, pleading **II** adv imploringly, pleadingly; **jdn ~ bitten** to plead with sb
Fleisch [flaiʃ] nt ⟨-(e)s, no pl⟩ **1.** (≈ Gewebe) flesh; **sich (dat or acc) ins eigene ~ schneiden** to cut off one's nose to spite one's face; **sein eigen ~ und Blut** (elev) his own flesh and blood; **jdm in ~ und Blut übergehen** to become second nature to sb **2.** (≈ Nahrungsmittel) meat; (≈ Fruchtfleisch) flesh; **~ fressend = fleischfressend**; **~ verarbeitend** meat-processing **Fleischbrühe** f (≈ Gericht) bouillon; (≈ Fond) meat stock **Fleischer** ['flaiʃɐ] m ⟨-s, -⟩, **Fleischerin** [-ərɪn] f ⟨-, -nen⟩ butcher **Fleischerei**

[flaiʃə'rai] f ⟨-, -en⟩ butcher's (shop) (Br), butcher (shop) (US) **fleischfarben** [-farbn] flesh-coloured (Br), flesh-colored (US) **fleischfressend** adj carnivorous; **Fleisch fressende Tiere** carnivores, carnivorous animals **Fleischhauer(in)** m/(f) (Aus) butcher **Fleischhauerei** f (Aus) = **Fleischerei fleischig** ['flaiʃiç] adj fleshy **Fleischkäse** m meat loaf **Fleischkloß** m meatball **Fleischküchle** [-ky:çlə] nt (S Ger), **Fleischlaiberl** [-laibɐl] nt (Aus) (≈ Frikadelle) meatball **fleischlich** ['flaiʃliç] adj attr Speisen, Kost meat **fleischlos I** adj (≈ ohne Fleisch) meatless; Kost, Ernährung vegetarian **II** adv **~ essen** to eat no meat **Fleischpflanzerl** [-pflantsɐl] nt ⟨-s, -n⟩ (S Ger ≈ Frikadelle) meatball **Fleischsalat** m diced meat salad with mayonnaise **Fleischtomate** f beef tomato **Fleischvergiftung** f food poisoning (from meat) **Fleischwolf** m mincer (Br), meat grinder (esp US); **jdn durch den ~ drehen** (infml) to put sb through the mill **Fleischwunde** f flesh wound **Fleischwurst** f pork sausage

Fleiß [flais] m ⟨-(e)s, no pl⟩ diligence; (≈ Beharrlichkeit) application; (als Charaktereigenschaft) industriousness; **mit ~ kann es jeder zu etwas bringen** anybody can succeed if they work hard; **mit ~ bei der Sache sein** to work hard; **ohne ~ kein Preis** (prov) no pain, no gain **fleißig** ['flaisiç] **I** adj **1.** (≈ arbeitsam) hard-working no adv, industrious **2.** (≈ Fleiß zeigend) diligent, painstaking **II** adv **~ studieren/arbeiten** to study/work hard

flektieren [flɛk'tiːrən] past part **flektiert** v/t to inflect (form); Substantiv, Adjektiv to decline; Verb to conjugate

flennen ['flɛnən] v/i (pej infml) to blub (-ber) (infml)

fletschen ['flɛtʃn] v/t **die Zähne ~** to bare one's teeth

flexibel [flɛ'ksiːbl] **I** adj flexible **II** adv flexibly **Flexibilität** [flɛksibili'tɛːt] f ⟨-, no pl⟩ flexibility

Flexion [flɛ'ksioːn] f ⟨-, -en⟩ GRAM inflection

flicken ['flɪkn] v/t to mend; (mit Flicken) to patch **Flicken** ['flɪkn] m ⟨-s, -⟩ patch **Flickenteppich** m rag rug **Flickwerk** nt **die Reform war reinstes ~** the reform had been carried out piecemeal **Flickzeug** nt, pl **-zeuge** SEWING sewing kit;

(für Reifen) (puncture) repair kit **Flieder** ['fliːdɐ] m ⟨-s, -⟩ lilac

Fliege ['fliːgə] f ⟨-, -n⟩ **1.** fly; **wie die ~n** like flies; **er tut keiner ~ etwas zuleide** (fig) he wouldn't hurt a fly; **zwei ~n mit einer Klappe schlagen** (prov) to kill two birds with one stone (prov); **die ~ machen** (sl) to beat it (infml) **2.** (≈ Schlips) bow tie **fliegen** ['fliːgn] pret **flog** [floːk], past part **geflogen** [gə-'floːgn] **I** v/i aux sein **1.** to fly; **die Zeit fliegt** time flies; **auf jdn/etw ~** (infml) to be crazy about sb/sth (infml) **2.** (infml) **von der Leiter ~** to fall off the ladder; **durchs Examen ~** to fail or flunk (infml) one's exam; **aus der Firma ~** to get the sack (infml); **von der Schule ~** to be chucked out of school (infml) **3.** **geflogen kommen** to come flying; **in den Papierkorb ~** to go into the wastepaper basket **II** v/t to fly **fliegend** adj attr flying; **~er Händler** travelling (Br) or traveling (US) hawker; **~er Teppich** flying carpet; **~e Hitze** hot flushes pl (Br) or flashes pl (US) **Fliegenfänger** m (≈ Klebestreifen) flypaper **Fliegengewicht** nt flyweight **Fliegengitter** nt fly screen **Fliegenklatsche** [-klatʃə] f ⟨-, -n⟩ fly swat **Fliegenpilz** m fly agaric **Flieger** ['fliːgɐ] m ⟨-s, -⟩ **1.** (≈ Pilot) airman; (MIL: Rang) aircraftman (Br), airman basic (US) **2.** (infml ≈ Flugzeug) plane **Fliegeralarm** m MIL air-raid warning **Fliegerangriff** m MIL air raid **Fliegerin** ['fliːgərɪn] f ⟨-, -nen⟩ (≈ Pilotin) airwoman **Fliegerjacke** f bomber jacket

fliehen ['fliːən] pret **floh** [floː], past part **geflohen** [gə'floːən] v/i aux sein to flee (vor +dat from); (≈ entkommen) to escape (aus from); **vor jdm ~** to flee from sb; **aus dem Lande ~** to flee the country **fliehend** adj Kinn receding; Stirn sloping **Fliese** ['fliːzə] f ⟨-, -n⟩ tile; **~n legen** to lay tiles **Fliesenleger** [-leːgɐ] m ⟨-s, -⟩, **Fliesenlegerin** [-ərɪn] f ⟨-, -nen⟩ tiler

Fließband nt, pl **-bänder** conveyor belt; (als Einrichtung) assembly or production line; **am ~ arbeiten** to work on the assembly or production line **fließen** ['fliːsn] pret **floss** [flɔs], past part **geflossen** [gə'flɔsn] v/i aux sein to flow; (Tränen) to run; **es ist genug Blut geflossen** enough blood has been shed **fließend I** adj flowing; Leitungswasser running; Verkehr moving; Rede, Spra-

che fluent; *Grenze, Übergang* fluid **II** *adv* **sprechen** fluently **Fließheck** *nt* fast-back

flimmerfrei *adj* OPT, PHOT flicker-free

flimmern ['flɪmɐn] *v/i* to shimmer; FILM, TV to flicker

flink [flɪŋk] **I** *adj* (≈ *geschickt*) nimble; (≈ *schnell*) quick **II** *adv* **arbeiten** quickly; **springen** nimbly; ***ein bisschen ~!*** (*infml*) get a move on! (*infml*)

Flinte ['flɪntə] *f* ⟨-, -n⟩ (≈ *Schrotflinte*) shotgun; ***die ~ ins Korn werfen*** (*fig*) to throw in the towel

Flipchart ['flɪptʃaːɐt]

Flip-Chart *f* flip chart

Flipper ['flɪpɐ] *m* ⟨-s, -⟩ pinball machine

flippern ['flɪpɐn] *v/i* to play pinball

Flirt [flɪrt, flœːɐt, flœɐt] *m* ⟨-s, -s⟩ (≈ *Flirten*) flirtation **flirten** ['flɪrtn, 'flœːɐtn, 'flœɐtn] *v/i* to flirt

Flittchen ['flɪtçən] *nt* ⟨-s, -⟩ (*pej infml*) slut

Flitterwochen ['flɪtɐ-] *pl* honeymoon *sg*; ***in die ~ fahren/in den ~ sein*** to go/be on one's honeymoon

flitzen ['flɪtsn] *v/i aux sein* (*infml*) **1.** (≈ *sich schnell bewegen*) to dash **2.** (≈ *nackt rennen*) to streak; (*das*) *Flitzen* streaking

floaten ['floːtn] *v/t & v/i* FIN to float; ***~ (lassen)*** to float

Flocke ['flɔkə] *f* ⟨-, -n⟩ flake; (≈ *Schaumflocke*) blob (of foam); (≈ *Staubflocke*) ball (of fluff) **flockig** ['flɔkɪç] *adj* (*lit*) fluffy; (*fig*) lively

Floh [floː] *m* ⟨-(e)s, -̈e ['fløːə]⟩ ZOOL flea; ***jdm einen ~ ins Ohr setzen*** (*infml*) to put an idea into sb's head; ***die Flöhe husten hören*** (*infml*) to imagine things **Flohmarkt** *m* flea market **Flohzirkus** *m* flea circus

Flop [flɔp] *m* ⟨-s, -s⟩ flop (*infml*)

Flora ['floːra] *f* ⟨-, *Floren* ['floːrən]⟩ flora

Florenz [flo'rɛnts] *nt* ⟨-' *or* -ens⟩ Florence

Florett [flo'rɛt] *nt* ⟨-(e)s, -e⟩ (≈ *Waffe*) foil

florieren [flo'riːrən] *past part* **floriert** *v/i* to flourish **Florist** [flo'rɪst] *m* ⟨-en, -en⟩, **Floristin** [-'rɪstɪn] *f* ⟨-, -nen⟩ florist

Floskel ['flɔskl] *f* ⟨-, -n⟩ set phrase **floskelhaft** *adj Stil, Rede* cliché-ridden; *Ausdrucksweise* stereotyped

Floß [floːs] *nt* ⟨-es, -̈e ['fløːsə]⟩ raft

Flosse ['flɔsə] *f* ⟨-, -n⟩ **1.** (≈ *Fischflosse*) fin; (≈ *Walflosse, Robbenflosse, Taucherflosse*) flipper **2.** (AVIAT, NAUT ≈ *Leitwerk*) fin

Floßfahrt *f* raft trip

Flöte ['fløːtə] *f* ⟨-, -n⟩ **1.** pipe; (≈ *Querflöte, Orgelflöte*) flute; (≈ *Blockflöte*) recorder **2.** (≈ *Kelchglas*) flute glass **flöten** ['fløːtn] **I** *v/i* MUS to play the flute; (≈ *Blockflöte spielen*) to play the recorder **II** *v/t & v/i* (*Vogel, fig infml*) to warble **flöten gehen** *v/i aux sein* (*infml*) to go to the dogs (*infml*) **Flötenkessel** *m* whistling kettle **Flötist** [fløˈtɪst] *m* ⟨-en, -en⟩, **Flötistin** [-ˈtɪstɪn] *f* ⟨-, -nen⟩ piper; (*von Querflöte*) flautist

flott [flɔt] **I** *adj* **1.** (≈ *zügig*) *Fahrt* quick; *Tempo* brisk; *Bedienung* speedy (*infml*); (≈ *schwungvoll*) *Musik* lively **2.** (≈ *chic*) smart **3.** *pred* ***wieder ~ sein*** (*Schiff*) to be afloat again; (*Mensch: finanziell*) to be in funds again; (*Unternehmen*) to be back on its feet **II** *adv* **1.** (≈ *zügig*) quickly, speedily; ***ich komme ~ voran*** I'm making speedy progress **2.** (≈ *chic*) stylishly

Flotte ['flɔtə] *f* ⟨-, -n⟩ NAUT, AVIAT fleet **Flottenstützpunkt** *m* naval base

Flöz [fløːts] *nt* ⟨-es, -e⟩ MIN seam

Fluch [fluːx] *m* ⟨-(e)s, -̈e ['flyːçə]⟩ curse **fluchen** ['fluːxn] *v/i* to curse (and swear); ***auf*** *or* ***über jdn/etw ~*** to curse sb/sth

Flucht [flʊxt] *f* ⟨-, -en⟩ **1.** flight (*vor* +*dat* from); ***die ~ ergreifen*** to take flight; ***auf der ~ sein*** to be fleeing; (*Gesetzesbrecher*) to be on the run; ***jdm zur ~ verhelfen*** to help sb to escape **2.** (≈ *Häuserflucht*) row; (≈ *Fluchtlinie*) alignment **fluchtartig I** *adj* hasty, hurried **II** *adv* hastily, hurriedly **Fluchtauto** *nt* escape car; (*von Gesetzesbrecher*) getaway car **flüchten** ['flʏçtn] *v/i aux sein* (≈ *davonlaufen*) to flee (*vor* +*dat* from); ***vor der Wirklichkeit ~*** to escape reality; ***sich in (den) Alkohol ~*** to take refuge in alcohol; ***sich in Ausreden ~*** to resort to excuses **Fluchtfahrzeug** *nt* escape vehicle; (*von Gesetzesbrecher*) getaway vehicle **Fluchtgefahr** *f* risk of escape, risk of an escape attempt **Fluchthelfer(in)** *m/(f)* escape helper **flüchtig** ['flʏçtɪç] **I** *adj* **1.** (≈ *geflüchtet*) fugitive; ***~ sein*** to be still at large **2.** (≈ *kurz*) fleeting, brief; *Gruß* brief **3.** (≈ *oberflächlich*) cursory, sketchy **II** *adv* **1.** (≈ *kurz*) fleetingly, briefly; ~ **erwähnen** to mention in passing **2.** (≈ *oberflächlich*) cursorily, superficially; **etw ~ lesen** to skim through sth; **jdn ~ kennen** to have met sb briefly **Flüchtigkeitsfehler** *m* careless mistake **Flüchtling** ['flʏçtlɪŋ] *m* ⟨*-s, -e*⟩ refugee**Flüchtlingslager** *nt* refugee camp**Fluchtversuch** *m* escape attempt *or* bid**Fluchtweg** *m* escape route

Flug [fluːk] *m* ⟨*-(e)s, ⸚e* ['flyːgə]⟩ flight; **im ~(e)** in the air; **wie im ~(e)** (*fig*) in a flash**Flugabwehr** *f* air defence (*Br*) *or* defense (*US*) **Flugabwehrrakete** *f* anti-aircraft missile**Flugangst** *f* fear of flying **Flugbahn** *f* flight path; (≈ *Kreisbahn*) orbit **Flugbegleiter(in)** *m*/(*f*) flight attendant **flugbereit** *adj* ready for takeoff**Flugblatt** *nt* leaflet **Flugdatenschreiber** *m* flight recorder **Flugdauer** *f* flying time

Flügel ['flyːgl] *m* ⟨*-s, -*⟩ **1.** wing; (*von Hubschrauber, Ventilator*) blade; (≈ *Fensterflügel*) casement (*form*), side; (≈ *Lungenflügel*) lung; (≈ *Nasenflügel*) nostril; **einem Vogel/jdm die ~ stutzen** to clip a bird's/sb's wings **2.** (≈ *Konzertflügel*) grand piano, grand (*infml*)**Flügelhorn** *nt* MUS flugelhorn**Flügelkampf** *m* POL factional dispute **Flügelspanne** *f* wing span**Flügelstürmer** *m* SPORTS wing forward**Flügeltür** *f* leaved door (*form*); (*mit zwei Flügeln*) double door

Flugente *f* COOK muscovy duck**Fluggast** *m* (airline) passenger

flügge ['flʏgə] *adj* fully-fledged; ~ **werden** (*lit*) to be able to fly; (*fig*) to leave the nest

Fluggepäck *nt* baggage **Fluggesellschaft** *f* airline (company) **Flughafen** *m* airport; **auf dem ~** at the airport**Flughafenbus** *m* airport bus **Flughafensteuer** *f* airport tax**Flughöhe** *f* AVIAT altitude**Flugkapitän(in)** *m*/(*f*) captain (of an/the aircraft)**Flugkörper** *m* flying object **Fluglärm** *m* aircraft noise **Fluglehrer(in)** *m*/(*f*) flying instructor**Fluglinie** *f* (≈ *Fluggesellschaft*) airline (company) **Fluglotse** *m*, **Fluglotsin** *f* air-traffic *or* flight controller **Flugmeile** *f* air mile **Flugnummer** *f* flight number **Flugobjekt** *nt* **ein unbekanntes ~** an unidentified flying object**Flugpersonal** *nt* flight personnel *pl*/**Flugplan** *m* flight schedule **Flugplatz** *m* airfield; (*größer*) airport

Flugpreis *m* air fare **Flugreise** *f* flight **Flugrettungsdienst** *m* air rescue service **Flugroute** *f* air route **Flugschein** *m* **1.** pilot's licence (*Br*) *or* license (*US*) **2.** (≈ *Flugticket*) plane *or* air ticket **Flugschreiber** *m* flight recorder **Flugschrift** *f* pamphlet **Flugschüler(in)** *m*/(*f*) trainee pilot **Flugsicherheit** *f* air safety **Flugsicherung** *f* air traffic control **Flugsimulator** *m* flight simulator **Flugsteig** [-ʃtaik] *m* ⟨*-(e)s, -e* [-gə]⟩ gate **Flugstunde** *f* **1.** flying hour; **zehn ~n entfernt** ten hours away by air **2.** (≈ *Unterricht*) flying lesson **flugtauglich** *adj* Pilot fit to fly; *Flugzeug* airworthy **Flugticket** *nt* plane ticket **flugtüchtig** *adj* airworthy**fluguntauglich** *adj* Pilot unfit to fly; *Flugzeug* not airworthy **Flugunterbrechung** *f* stop**fluguntüchtig** *adj* not airworthy**Flugverbindung** *f* air connection**Flugverbot** *nt* flying ban **Flugverkehr** *m* air traffic**Flugzeit** *f* flying time**Flugzeug** *nt, pl* **-zeuge** aircraft, (aero)plane (*Br*), (air)plane (*US*); **mit dem ~** by air *or* plane**Flugzeugabsturz** *m* plane crash**Flugzeugbesatzung** *f* air crew, plane crew **Flugzeugentführer(in)** *m*/(*f*) (aircraft) hijacker, skyjacker **Flugzeugentführung** *f* (aircraft) hijacking, skyjacking **Flugzeughalle** *f* (aircraft) hangar**Flugzeugträger** *m* aircraft carrier**Flugzeugunglück** *nt* plane crash**Flugziel** *nt* destination

Fluidum ['fluːidʊm] *nt* ⟨*-s, Fluida* [-da]⟩ (*fig*) aura; (*von Städten, Orten*) atmosphere

Fluktuation [flʊktuaˈtsɪoːn] *f* ⟨*-, -en*⟩ fluctuation (+*gen* in) **fluktuieren** [flʊktuˈiːrən] *past part* **fluktuiert** *v/i* fluctuate

Flunder ['flʊndɐ] *f* ⟨*-, -n*⟩ flounder

flunkern ['flʊŋkɐn] (*infml*) **I** *v/i* to tell stories **II** *v/t* to make up

Fluor ['fluːoːɐ] *nt* ⟨*-s, no pl*⟩ fluorine; (≈ *Fluorverbindung*) fluoride **Fluorchlorkohlenwasserstoff** *m* chlorofluorocarbon**fluoreszieren** [fluɔresˈtsiːrən] *past part* **fluoresziert** *v/i* to be luminous

Flur [fluːɐ] *m* ⟨*-(e)s, -e*⟩ corridor; (≈ *Hausflur*) hall**Flurschaden** *m* damage to an agricultural area; (*fig*) damage

Fluse ['fluːzə] *f* ⟨*-, -n*⟩ bit of fluff; (≈ *Wollfluse*) bobble

Fluss [flʊs] *m* ⟨*-es, ⸚e* ['flʏsə]⟩ **1.** (≈ *Gewässer*) river; **am ~** by the river **2.** (≈ *Ver-*

lauf) flow; ***etw kommt in*** ~ sth gets underway; ***im*** ~ ***sein*** (≈ *sich verändern*) to be in a state of flux **flussab(wärts)** [flʊs'|ap(vɛrts)] *adv* downstream, downriver **flussaufwärts** [flʊs-'|aufvɛrts] *adv* upstream, upriver **Flussbett** *nt* riverbed **Flüsschen** ['flʏsçən] *nt* ⟨**-s, -**⟩ little river **Flussdiagramm***nt* flow chart *or* diagram **flüssig** ['flʏsɪç] **I** *adj* **1.** (≈ *nicht fest*) liquid; *Honig, Lack* runny; (≈ *geschmolzen*) *Metall* molten **2.** (≈ *fließend*) *Stil, Spiel* fluid **3.** (≈ *verfügbar*) *Geld* available; ***ich bin im Moment nicht*** ~ (*infml*) I'm out of funds at the moment **II** *adv* **1.** ~ ***ernährt werden*** to be fed on liquids **2.** (≈ *fließend*) fluently; ~ ***lesen/ schreiben*** to read/write fluently **Flüssiggas** *nt* liquid gas **Flüssigkeit** *f* ⟨**-, -en**⟩ **1.** (≈ *flüssiger Stoff*) liquid **2.** *no pl* (*von Metall etc*) liquidity; (*von Geldern*) availability; (*von Stil*) fluidity **Flüssigkristall***m* liquid crystal **Flüssigkristallanzeige** *f* liquid-crystal display **Flüssigseife** *f* liquid soap **Flusskrebs** *m* crayfish (*Br*), crawfish (*US*) **Flusslauf***m* course of a/the river **Flussmündung***f* river mouth; (*von Gezeitenfluss*) estuary **Flusspferd***nt* hippopotamus **flüstern** ['flʏstɐn] *v/t & v/i* to whisper **Flüsterpropaganda** *f* underground rumours (*Br*) *or* rumors (*US*) *pl*

Flut [fluːt] *f* ⟨**-, -en**⟩ **1.** (≈ *ansteigender Wasserstand*) incoming *or* flood tide; (≈ *angestiegener Wasserstand*) high tide; ***die*** ~ ***geht zurück*** the tide has turned *or* started to go out **2.** *usu pl* (≈ *Wassermasse*) waters *pl* **3.** (*fig* ≈ *Menge*) flood **Flutkatastrophe***f* flood disaster **Flutlicht***nt* floodlight **Flutwelle***f* tidal wave

Föderalismus [følera'lɪsmʊs] *m* ⟨**-**, *no pl*⟩ federalism **föderalistisch** [følera-'lɪstɪʃ] *adj* federalist **Föderation** [følera'tsioːn] *f* ⟨**-, -en**⟩ federation **föderativ** [følera'tiːf] *adj* federal

Fohlen ['foːlən] *nt* ⟨**-s, -**⟩ foal

Föhn [føːn] *m* ⟨**-(e)s, -e**⟩ **1.** (≈ *Wind*) foehn, föhn **2.** (≈ *Haartrockner*) hairdryer **föhnen** ['føːnən] *v/t* to dry **Föhre** ['føːrə] *f* ⟨**-, -n**⟩ Scots pine (tree)

Folge ['fɔlɡə] *f* ⟨**-, -n**⟩ **1.** (≈ *Reihenfolge*) order; (≈ *Aufeinanderfolge*) succession; MAT sequence; (≈ *Fortsetzung*) instalment (*Br*), installment (*US*); TV, RADIO episode; (≈ *Serie*) series **2.** (≈ *Ergebnis*)

consequence; (≈ *unmittelbare Folge*) result; (≈ *Auswirkung*) effect; ***als*** ~ ***davon*** as a result (of that); ***dies hatte zur*** ~, ***dass...*** the consequence *or* result of this was that ...; ***an den*** ~**n** ***eines Unfalls sterben*** to die as a result of an accident **3.** (*form*) ***einem Befehl*** ~ ***leisten*** to comply with an order **Folgeerscheinung***f* result, consequence **Folgekosten** *pl* subsequent costs *pl* **folgen** ['fɔlɡn] *v/i aux sein* to follow; ***auf etw*** (*acc*) ~ to follow sth, to come after sth; ~ ***Sie mir* (*bitte*)!** come with me please; ***wie folgt*** as follows; ***können Sie mir*** ~**?** (≈ *verstehen*) do you follow (me)?; ***was folgt daraus für die Zukunft?*** what are the consequences of this for the future? **folgend***adj* following; **Folgendes** the following; ***im Folgenden*** in the following; ***es handelt sich um Folgendes*** it's like this; (*schriftlich*) it concerns the following **folgendermaßen** ['fɔlɡndɐ'maːsn] *adv* like this **folgenlos***adj* without consequences; (≈ *wirkungslos*) ineffective **folgenreich***adj* (≈ *bedeutsam*) momentous; (≈ *folgenschwer*) serious **folgenschwer** *adj* serious **folgerichtig** *adj* (logically) consistent **folgern** ['fɔlɡɐn] *v/t* to conclude **Folgerung** ['fɔlɡərʊŋ] *f* ⟨**-, -en**⟩ conclusion **Folgeschaden** *m* consequential damages **Folgezeit** *f* following period, period following **folglich** ['fɔlklɪç] *adv, cj* consequently, therefore **folgsam** ['fɔlkzaːm] *adj* obedient

Folie ['foːliə] *f* ⟨**-, -n**⟩ (≈ *Plastikfolie*) film; (*für Projektor*) transparency; (≈ *Metallfolie*, COOK) foil **Folienkartoffel** *f* COOK jacket (*Br*) *or* baked potato (*baked in foil*) **Folienschreiber** *m* marker pen (*for overhead projector transparencies*)

Folklore [fɔlk'loːrə, 'fɔlkloːrə] *f* ⟨**-**, *no pl*⟩ folklore; (≈ *Volksmusik*) folk music **folkloristisch** [fɔlklo'rɪstɪʃ] *adj* folkloric; ~**e Musik** folk music

Folsäure ['foːl-] *f*, *no pl* CHEM folic acid

Folter ['fɔltɐ] *f* ⟨**-, -n**⟩ torture; ***jdn auf die*** ~ ***spannen*** (*fig*) to keep sb on tenterhooks **Folterbank***f, pl* **-bänke** rack **Folterer** ['fɔltərɐ] *m* ⟨**-s, -**⟩, **Folterin** [-ərɪn] *f* ⟨**-, -nen**⟩ torturer **Folterinstrument***nt* instrument of torture **Folterkammer***f* torture chamber **foltern** ['fɔltɐn] **I** *v/t* to torture **II** *v/i* to use torture **Folterung** ['fɔltərʊŋ] *f* ⟨**-, -en**⟩ torture **Folterwerkzeug***nt* instrument of torture

Fon [foːn] *nt* ⟨*-s, -s*⟩ phon

Fön® [føːn] *m* ⟨*-(e)s, -e*⟩ hairdryer

Fond [fõː] *m* ⟨*-s, -s*⟩ **1.** (*elev* ≈ *Wagenfond*) back, rear **2.** (COOK ≈ *Fleischsaft*) meat juices *pl*

Fonds [fõː] *m* ⟨*-, -*⟩ **1.** (≈ *Geldreserve*) fund **2.** (FIN ≈ *Schuldverschreibung*) government bond

Fondue [fõ'dyː] *nt* ⟨*-s, -s or*⟩ *f* ⟨*-, -s*⟩ fondue

fönen ['føːnən] *v/t* → **föhnen**

Fono- ['foːno-, foːno-] = **Phono-**

Fontäne [fɔn'tɛːnə] *f* ⟨*-, -n*⟩ jet; (*elev* ≈ *Springbrunnen*) fountain

foppen ['fɔpn] *v/t* (*infml*) *jdn*~ to pull sb's leg (*infml*)

forcieren [fɔr'siːrən] *past part* **forciert** *v/t* to push; *Tempo* to force; *Produktion* to push *or* force up **forciert** [fɔr'siːɐt] *adj* forced

Förderband *nt, pl* **-bänder** conveyor belt

Förderer ['fœrdərə] *m* ⟨*-s, -*⟩, **Förderin** [-ərɪn] *f* ⟨*-, -nen*⟩ sponsor; (≈ *Gönner*) patron **Förderkorb** *m* mine cage **Förderkurs** *m* SCHOOL special classes *pl* **förderlich** ['fœrdəlɪç] *adj* beneficial (+*dat* to) **Fördermittel** *pl* aid *sg*

fordern ['fɔrdɐn] *v/t* **1.** (≈ *verlangen*) to demand **2.** (*fig* ≈ *kosten*) *Opfer* to claim **3.** (≈ *herausfordern*) to challenge

fördern ['fœrdɐn] *v/t* **1.** (≈ *unterstützen*) to support; (≈ *propagieren*) to promote; (*finanziell*) *Projekt* to sponsor; *jds Talent* to encourage, to foster; *Verdauung* to aid; *Appetit* to stimulate **2.** (≈ *steigern*) *Wachstum* to promote; *Umsatz* to boost, to increase **3.** *Bodenschätze* to extract; *Kohle, Erz* to mine **Förderturm** *m* MIN winding tower; (*auf Bohrstelle*) derrick

Forderung ['fɔrdərʊŋ] *f* ⟨*-, -en*⟩ **1.** (≈ *Verlangen*) demand (*nach* for); ~**en an jdn stellen** to make demands on sb **2.** (COMM ≈ *Anspruch*) claim (*an* +*acc, gegen* on, against) **3.** (≈ *Herausforderung*) challenge

Förderung ['fœrdərʊŋ] *f* ⟨*-, -en*⟩ **1.** (≈ *Unterstützung*) support; (*finanziell*) sponsorship; (*von Talent*) encouragement, fostering; (*von Verdauung*) aid (*gen* to) **2.** (*infml* ≈ *Förderungsbetrag*) grant **3.** (≈ *Gewinnung*) extraction

Forelle [fo'rɛlə] *f* ⟨*-, -n*⟩ trout

forensisch [fo'rɛnzɪʃ] *adj* forensic

Form [fɔrm] *f* ⟨*-, -en*⟩ **1.** form; (≈ *Gestalt, Umriss*) shape; **in** ~ **eines Dreiecks** in the shape of a triangle; **aus der** ~ **geraten** to lose its shape; **feste** ~ **annehmen** (*fig*) to take shape **2. Formen** *pl* (≈ *Umgangsformen*) manners *pl*; **die** ~ **wahren** to observe the proprieties; **in aller** ~ formally **3.** (≈ *Kondition*) form; **in** ~ **bleiben** to keep (oneself) fit *or* in condition; (*Sportler*) to keep in form **4.** (≈ *Gießform*) mould (*Br*), mold (*US*); (≈ *Kuchenform, Backform*) baking tin (*Br*) *or* pan (*US*) **formal** [fɔr'maːl] **I** *adj* formal **II** *adv* formally

Formaldehyd ['fɔrm|aldehyːt, fɔrm|alde'hyːt] *m* ⟨*-s, no pl*⟩ formaldehyde

Formalie [fɔr'maːliə] *f* ⟨*-, -n*⟩ *usu pl* formality **formalistisch** [fɔrma'lɪstɪʃ] *adj* formalistic **Formalität** [fɔrmali'tɛːt] *f* ⟨*-, -en*⟩ formality

Format [fɔr'maːt] *nt* ⟨*-(e)s, -e*⟩ **1.** size; (*von Zeitung, Buch*) format; **im** ~ **DIN A4** in A4 format **2.** (≈ *Rang*) stature **3.** (*fig* ≈ *Niveau*) class (*infml*), quality **formatieren** [fɔrma'tiːrən] *past part* **formatiert** *v/t* & *v/i* IT to format **Formatierung** *f* ⟨*-, -en*⟩ IT formatting **Formation** [fɔrma'tsioːn] *f* ⟨*-, -en*⟩ formation; (≈ *Gruppe*) group **Formatvorlage** *f* IT style (sheet)

Formblatt *nt* form

Formel ['fɔrml] *f* ⟨*-, -n*⟩ formula; (*von Eid etc*) wording; (≈ *Floskel*) set phrase **Formel-1-Rennen** [fɔrml'|ains-] *nt* Formula-1 race

formell [fɔr'mɛl] **I** *adj* formal **II** *adv* (≈ *offiziell*) formally, officially

formen ['fɔrmən] *v/t* to form, to shape; *Eisen* to mould (*Br*), to mold (*US*) **Formfehler** *m* irregularity **formgerecht** *adj* correct, proper **formieren** [fɔr'miːrən] *past part* **formiert** *v/r* to form up **förmlich** ['fœrmlɪç] **I** *adj* **1.** (≈ *formell*) formal **2.** (≈ *regelrecht*) positive **II** *adv* **1.** (≈ *formell*) formally **2.** (≈ *regelrecht*) positively **Förmlichkeit** *f* ⟨*-, -en*⟩ **1.** *no pl* (*von Benehmen*) formality **2.** *usu pl* (≈ *Äußerlichkeit*) social convention **formlos** *adj* **1.** (≈ *ohne Form*) shapeless **2.** (≈ *zwanglos*) informal, casual **3.** ADMIN *Antrag* unaccompanied by a form/any forms **Formsache** *f* matter of form **formschön** *adj* elegant, elegantly proportioned **Formschwäche** *f* poor form; ~**n zeigen** to be on poor form

Formtief_nt_ loss of form; **sich in einem ~ befinden** to be badly off form
Formular [fɔrmu'laːɐ] _nt_ ⟨**-s, -e**⟩ form **formulieren**[fɔrmu'liːrən] _past part_ **formuliert** _v/t_ to phrase, to formulate **Formulierung**_f_ ⟨**-, -en**⟩ wording, formulation
Formung ['fɔrmʊŋ] _f_ ⟨**-, -en**, _no pl_⟩ (≈ _Formen_) forming, shaping; (_von Eisen_) moulding (_Br_), molding (_US_) **formvollendet** _adj_ perfect; _Gedicht_ perfectly structured
forsch[fɔrʃ] I _adj_ brash II _adv_ brashly **forschen** [fɔrʃn] _v/i_ **1.** (≈ _suchen_) to search (_nach_ for) **2.** (≈ _Forschung betreiben_) to research; **über etw** (_acc_) **~** to research into sth **forschend** I _adj_ _Blick_ searching II _adv_ searchingly; **jdn ~ ansehen** to give sb a searching look **Forscher**['fɔrʃɐ] _m_ ⟨**-s, -**⟩, **Forscherin**[-ə-rɪn] _f_ ⟨**-, -nen**⟩ **1.** researcher; (_in Naturwissenschaften_) research scientist **2.** (≈ _Forschungsreisender_) explorer
Forschheit_f_ ⟨**-, -en**⟩ brashness
Forschung ['fɔrʃʊŋ] _f_ ⟨**-, -en**⟩ research _no pl_; **~ und Lehre** research and teaching; **~ und Entwicklung** research and development, R&D **Forschungsauftrag** _m_ research assignment **Forschungsgebiet**_nt_ field of research **Forschungsprojekt** _nt_ research project **Forschungsreise** _f_ expedition **Forschungsreisende(r)** _m/f(m)_ _decl as adj_ explorer **Forschungssatellit** _m_ research satellite **Forschungszentrum** _nt_ research centre (_Br_) or center (_US_)
Forst[fɔrst] _m_ ⟨**-(e)s, -e(n)**⟩ forest **Forstamt**_nt_ forestry office **Förster**['fœrstɐ] _m_ ⟨**-s, -**⟩, **Försterin**[-ərɪn] _f_ ⟨**-, -nen**⟩ forest warden **Forsthaus**_nt_ forester's lodge **Forstrevier** _nt_ forestry district **Forstschaden**_m_ forest damage _no pl_ **Forstwirtschaft**_f_ forestry
Forsythie[fɔr'zyːtsiə, (_Aus_) fɔr'zyːtiə] _f_ ⟨**-, -n**⟩ forsythia
fort[fɔrt] _adv_ **1.** (≈ _weg_) away; (≈ _verschwunden_) gone; **es war plötzlich ~** it suddenly disappeared; **er ist ~** he has left _or_ gone; **von zu Hause ~** away from home **2.** (≈ _weiter_) on; **und so ~** and so on, and so forth; **das ging immer so weiter und so ~ und so ~** (_infml_) that went on and on and on; **in einem ~** incessantly
Fort[foːɐ] _nt_ ⟨**-s, -s**⟩ fort

Fortbestand_m_, _no pl_ continuance; (_von Institution_) continued existence; (_von Gattung etc_) survival **fortbestehen**_past part_ **fortbestanden** _v/i sep irr_ to continue; (_Institution_) to continue in existence **fortbewegen**_past part_ **fortbewegt** _sep_ I _v/t_ to move away II _v/r_ to move **Fortbewegung**_f_, _no pl_ locomotion **Fortbewegungsmittel**_nt_ means _sg_ of locomotion **fortbilden**_v/t sep_ **jdn/sich ~** to continue sb's/one's education **Fortbildung** _f_, _no pl_ further education; **berufliche ~** further vocational training **Fortbildungskurs** _m_ in-service training course **fortbleiben**_v/i sep irr aux sein_ to stay away **Fortbleiben**_nt_ ⟨**-s**, _no pl_⟩ absence **Fortdauer**_f_ continuation **fortdauern**_v/i sep_ to continue **fortdauernd** I _adj_ continuing II _adv_ constantly, continuously **fortfahren**_sep v/i_ **1.** _aux sein_ (≈ _abfahren_) to leave, to go **2.** _aux haben or sein_ (≈ _weitermachen_) to continue; **~, etw zu tun** to continue doing sth _or_ to do sth **fortfallen** _v/i sep irr aux sein_ to cease to exist, to be discontinued; (≈ _abgeschafft werden_) to be abolished **fortführen**_v/t sep_ (≈ _fortsetzen_) to continue, to carry on **Fortführung**_f_ continuation **Fortgang**_m, no pl_ (≈ _Verlauf_) progress; **seinen ~ nehmen** to progress **fortgehen**_v/i sep aux sein_ (≈ _weggehen_) to leave **fortgeschritten**_adj_ advanced **Fortgeschrittene(r)** ['fɔrtgəʃrɪtnə] _m/f(m)_ _decl as adj_ advanced student **fortgesetzt**_adj_ continual, constant; _Betrug_ repeated; → **fortsetzen** **fortjagen** _v/t sep Menschen_ to throw out (_aus_, _von_ of); _Tier, Kinder_ to chase out (_aus_, _von_ of) **fortlaufen** _v/i sep irr aux sein_ to run away **fortlaufend** I _adj Handlung_ ongoing; _Zahlungen_ regular; (≈ _andauernd_) continual II _adv_ (≈ _andauernd_) continually; **~ nummeriert** _Geldscheine_ serially numbered; _Seiten_ consecutively numbered **fortpflanzen** _v/r sep_ **1.** (≈ _sich vermehren_) to reproduce; (_Schall, Wellen_) to travel; (_Gerücht_) to spread **Fortpflanzung**_f, no pl_ reproduction; (_von Pflanzen_) propagation **Fortpflanzungsorgan** _nt_ reproductive organ **Fortpflanzungstrieb** _m_ reproductive instinct **fortrennen** _v/i sep irr aux sein_ to race off _or_ away **Fortsatz**_m_ ANAT process **fortschaffen** _v/t sep_ to remove **fortschreiten**_v/i sep irr aux sein_ to progress; (≈ _weitergehen_) to continue **fort-**

schreitend adj progressive; *Alter* advancing **Fortschritt** m advance; *esp* POL progress *no pl*; **gute ~e machen** to make good progress; **~e in der Medizin** advances in medicine; **dem ~ dienen** to further progress **fortschrittlich** ['fɔrtʃrɪtlɪç] I adj progressive II adv progressively **fortschrittsfeindlich** adj anti-progressive **fortsetzen** sep I v/t to continue; → **fortgesetzt** II v/r (*zeitlich*) to continue; (*räumlich*) to extend

Fortsetzung ['fɔrtzɛtsʊŋ] f ⟨-, -en⟩ 1. *no pl* (≈ *das Fortsetzen*) continuation 2. RADIO, TV episode; (*eines Romans*) instalment (*Br*), installment (*US*); „**Fortsetzung folgt**" "to be continued"

Fortsetzungsroman m serialized novel **fortwährend** I adj no pred constant, continual II adv constantly, continually

Forum ['fo:rʊm] nt ⟨-s, Foren ['fo:rən]⟩ forum

fossil [fɔ'si:l] adj attr fossilized; *Brennstoff* fossil attr **Fossil** [fɔ'si:l] nt ⟨-s, -ien [-liən]⟩ fossil

Foto ['fo:to] nt ⟨-s, -s⟩ photo(graph); **ein ~ machen** to take a photo(graph) **Fotoalbum** nt photograph album **Fotoapparat** m camera **Fotoautomat** m (*für Passfotos*) photo booth **Fotofinish** nt SPORTS photo finish **fotogen** [foto'ge:n] adj photogenic **Fotograf** [foto'gra:f] m ⟨-en, -en⟩, **Fotografin** [-'gra:fɪn] f ⟨-, -nen⟩ photographer **Fotografie** [fotogra'fi:] f ⟨-, -n [-'fi:ən]⟩ photography; (≈ *Bild*) photo(graph) **fotografieren** [fotogra'fi:rən] past part **fotografiert** I v/t to photograph II v/i to take photos or photographs **fotografisch** [foto'gra:fɪʃ] I adj photographic II adv photographically **Fotohandy** nt camera phone **Fotokopie** f photocopy **fotokopieren** [fotoko'pi:rən] past part **fotokopiert** v/t insep to photocopy **Fotokopierer** m photocopier **Fotolabor** nt photo lab **Fotomodell** nt photographic model **Fotomontage** f photomontage **Fotosynthese** f → **Photosynthese** **Fototermin** m photo call

Fötus ['fø:tʊs] m ⟨-or -ses, Föten or -se⟩ foetus (*Br*), fetus (*US*)

fotzen ['fɔtsn] v/t (*Aus* ≈ *ohrfeigen*) **jdn ~** to give sb a smack on the ear

Foul [faul] nt ⟨-s, -s⟩ SPORTS foul **Foulelfmeter** ['faul-] m FTBL penalty (kick) **foulen** ['faulən] v/t & v/i SPORTS to foul

Foulspiel ['faul-] nt SPORTS foul play

Foyer [foa'je:] nt ⟨-s, -s⟩ foyer

FPÖ [ɛf'pe:'ø:] f ⟨-⟩ abbr of **Freiheitliche Partei Österreichs**

Fracht [fraxt] f ⟨-, -en⟩ freight *no pl* **Frachtbrief** m consignment note, waybill **Frachter** ['fraxtɐ] m ⟨-s, -⟩ freighter **Frachtflugzeug** nt cargo or freight plane **frachtfrei** adj, adv carriage paid or free **Frachtgut** nt (ordinary) freight *no pl* **Frachtkosten** pl freight charges pl **Frachtraum** m hold; (≈ *Ladefähigkeit*) cargo space **Frachtschiff** nt cargo ship, freighter **Frachtverkehr** m goods traffic

Frack [frak] m ⟨-(e)s, -s⟩ or ⸰e ['frɛkə]⟩ tails pl, tail coat

Frage ['fra:gə] f ⟨-, -n⟩ question; **jdm eine ~ stellen** to ask sb a question; **sind noch ~n?** are there any further questions?; **das steht außer ~** there's no question or doubt about it; **ohne ~** without question or doubt; **eine ~ des Geldes** a question or matter of money; **in ~ kommen/stellen**; → **infrage** **Fragebogen** m questionnaire; (≈ *Formular*) form **fragen** ['fra:gn] I v/t & v/i to ask; **nach jdm ~** to ask after sb; (*in Hotel etc*) to ask for sb; **nach dem Weg ~** to ask the way; **er fragte nicht danach, ob ...** he didn't bother or care whether ...; **wegen etw ~** to ask about sth; **frag nicht so dumm!** don't ask silly questions; **du fragst zu viel** you ask too many questions; **da fragst du mich zu viel** (*infml*) I really couldn't say; **man wird ja wohl noch ~ dürfen** (*infml*) I was only asking (*infml*); **wenn ich (mal) ~ darf** if I may or might ask; **ohne lange zu ~** without asking a lot of questions; → **gefragt** II v/r to wonder; **das frage ich mich** I wonder; **es fragt sich, ob ...** it's debatable or questionable whether or if ...; **ich frage mich, wie/wo ...** I'd like to know how/ where ... **fragend** I adj Blick questioning II adv **jdn ~ ansehen** to give sb a questioning look **Fragerei** [fra:gə'rai] f ⟨-, -en⟩ questions pl **Fragesatz** m GRAM interrogative sentence; (≈ *Nebensatz*) interrogative clause **Fragestellung** f **das ist eine falsche ~** the question is wrongly formulated **Fragestunde** f PARL question time *no art* (*Br*) **Fragewort** nt, pl **-wörter** interrogative (particle) **Fragezeichen** nt question mark **fraglich**

['fra:klɪç] adj **1.** (≈ zweifelhaft) uncertain; (≈ fragwürdig) doubtful, questionable **2.** attr (≈ betreffend) in question; Angelegenheit under discussion **fraglos** adv undoubtedly, unquestionably

Fragment [fra'mɛnt] nt ⟨-(e)s, -e⟩ fragment **fragmentarisch** [fragmɛn'ta:rɪʃ] adj fragmentary

fragwürdig adj dubious **Fragwürdigkeit** f ⟨-, -en⟩ dubious nature

Fraktion [frak'tsi̯o:n] f ⟨-, -en⟩ **1.** POL ≈ parliamentary or congressional (US) party; (≈ Sondergruppe) group, faction **2.** CHEM fraction **Fraktionsführer(in)** m/f(f) party whip, floor leader (US) **fraktionslos** adj Abgeordneter independent **Fraktionssitzung** f party meeting **Fraktionsvorsitzende(r)** m/f(m) decl as adj party whip, floor leader (US) **Fraktionszwang** m requirement to vote in accordance with party policy

Fraktur [frak'tu:ɐ] f ⟨-, -en⟩ **1.** TYPO Gothic print; (mit jdm) ~ reden (infml) to be blunt (with sb) **2.** MED fracture

Franken[1] ['fraŋkn] nt ⟨-s⟩ Franconia

Franken[2] m ⟨-s, -⟩ (Schweizer) ~ (Swiss) franc

frankieren [fraŋ'ki:rən] past part **frankiert** v/t to stamp; (mit Maschine) to frank

franko ['fraŋko] adv COMM carriage paid

Frankreich ['fraŋkraiç] nt ⟨-s⟩ France

Franse ['franzə] f ⟨-, -n⟩ (lose) (loose) thread **fransen** ['franzn] v/i to fray (out)

Franzose [fran'tso:zə] m ⟨-n, -n⟩ Frenchman/French boy; die ~n the French **Französin** [fran'tsø:zɪn] f ⟨-, -nen⟩ Frenchwoman/French girl **französisch** [fran'tsø:zɪʃ] adj French; die ~e Schweiz French-speaking Switzerland; ~es Bett double bed; → deutsch

Fräse ['frɛ:zə] f ⟨-, -n⟩ (≈ Werkzeug) milling cutter; (für Holz) moulding (Br) or molding (US) cutter **fräsen** ['frɛ:zn] v/t to mill; Holz to mould (Br), to mold (US)

Fraß [fra:s] m ⟨-es, -e⟩ food; (pej infml) muck (infml) no indef art; jdn den Kritikern zum ~ vorwerfen to throw sb to the critics

Fratze ['fratsə] f ⟨-, -n⟩ **1.** grotesque face **2.** (≈ Grimasse) grimace; (infml ≈ Gesicht) face

Frau [frau] f ⟨-, -en⟩ **1.** woman **2.** (≈ Ehefrau) wife **3.** (≈ Anrede) madam; (mit Namen) Mrs; (für eine unverheiratete Frau) Miss, Ms **Frauenarzt** m, **Frauenärztin** f gynaecologist (Br), gynecologist (US) **Frauenberuf** m career for women **Frauenbewegung** f women's (auch HIST) or feminist movement **Frauenfeind** m misogynist **frauenfeindlich** adj anti-women pred **Frauenhaus** nt women's refuge **Frauenheilkunde** f gynaecology (Br), gynecology (US) **Frauenheld** m lady-killer **Frauenkrankheit** f, **Frauenleiden** nt gynaecological (Br) or gynecological (US) disorder **Frauenquote** f quota for women **Frauenrechtler(in)** m/f ⟨-s, -⟩, **Frauenrechtlerin** [-ɔrɪn] f ⟨-, -nen⟩ feminist **Frauenzeitschrift** f women's magazine

Fräulein ['frɔylain] nt ⟨-s, - or (inf) -s⟩ (dated) **1.** young lady **2.** (≈ Anrede) Miss **3.** (≈ Verkäuferin) assistant; (≈ Kellnerin) waitress; ~! Miss! **fräulich** ['frɔylɪç] adj feminine; (≈ reif) womanly no adv

Freak [fri:k] m ⟨-s, -s⟩ (infml) freak (infml) **freakig** ['fri:kɪç] adj (infml) freaky (infml)

frech [frɛç] I adj **1.** (≈ unverschämt) cheeky (esp Br), fresh (esp US); Lüge bare-faced no adv **2.** (≈ herausfordernd) Kleidung, Texte etc saucy (infml) II adv lachen impudently; anlügen brazenly **Frechdachs** m (infml) cheeky monkey (Br), smart aleck **Frechheit** f ⟨-, -en, no pl⟩ impudence; die ~ haben or besitzen, ... zu ... to have the cheek (esp Br) or impudence to ...

Fregatte [fre'gatə] f ⟨-, -n⟩ frigate

frei [frai] I adj **1.** free; ~ von etw free of sth; die Straße ~ machen to clear the road; ich bin so ~ (form) may I?; jdm ~e Hand lassen to give sb free rein; aus ~en Stücken of one's own free will; ~er Zutritt unrestricted access **2.** ~er Beruf independent profession; ~er Mitarbeiter freelancer; ~e Wirtschaft private enterprise; Mittwoch ist ~ Wednesday is a holiday; Eintritt ~ admission free **3.** (≈ unbesetzt) Zimmer, Toilette vacant; ist dieser Platz noch ~? is anyone sitting here?, is this seat free?; „frei" (an Taxi) "for hire"; (an Toilettentür) "vacant"; „Zimmer ~" "vacancies"; haben Sie noch etwas ~? (in Hotel) do you have any vacancies?; einen Platz für jdn ~ lassen to keep a seat for sb II adv **1.** (≈ *ungehindert*) freely; *sprechen* openly; ~ *beweglich* free-moving; ~ *erfunden* purely fictional; *der Verbrecher läuft immer noch ~ herum* the criminal is still at large; ~ *laufend Hunde, Katzen* feral; *Huhn* free-range; *Eier von ~ laufenden Hühnern* free-range eggs; ~ *stehen* (*Haus*) to stand by itself; (≈ *leer stehen*) to stand empty; *ein ~ stehendes Gebäude* a free-standing building; ~ *nach* based on **2.** (≈ *ohne Hilfsmittel*) unaided, without help; ~ *sprechen* to speak without notes **Freibad** *nt* open-air (swimming) pool **freibekommen** *past part* **freibekommen** *v/t sep irr* **1.** (≈ *befreien*) *jdn ~* to get sb freed *or* released **2.** *einen Tag ~* to get a day off **Freiberufler** [-bəru:flɐ] *m* ⟨*-s, -*⟩, **Freiberuflerin** [-ərɪn] *f* ⟨*-, -nen*⟩ freelancer **freiberuflich I** *adj* freelance **II** *adv* ~ *arbeiten* to work freelance **Freibetrag** *m* tax allowance **Freibier** *nt* free beer **Freiburg** ['fraibʊrk] *nt* ⟨*-s*⟩ (*in der Schweiz: Kanton, Stadt*) Fribourg **Freier** ['fraiɐ] *m* ⟨*-s, -*⟩ (*infml: von Dirne*) (prostitute's) client, john (*US infml*) **Freie(s)** ['fraiə] *nt decl as adj im ~n* in the open (air); *im ~n übernachten* to sleep out in the open **Freiexemplar** *nt* free copy **Freigabe** *f* release; (*von Wechselkursen*) lifting of control (+*gen* on); (*von Straße, Strecke*) opening **Freigang** *m, pl -gänge* (*von Strafgefangenen*) day release **freigeben** *sep irr* **I** *v/t* to release (*an* +*acc* to); *Wechselkurse* to decontrol; *Straße, Strecke, Flugbahn* to open; *Film* to pass; *jdm den Weg ~* to let sb past *or* by **II** *v/i jdm ~* to give sb a holiday (*Br*), to give sb vacation (*US*); *jdm zwei Tage ~* to give sb two days off **freigebig** ['fraige:bɪç] *adj* generous **Freigebigkeit** *f* ⟨*-, no pl*⟩ generosity **Freigepäck** *nt* baggage allowance **Freigrenze** *f* (*bei Steuer*) tax exemption limit **freihaben** *v/i sep irr* to have a holiday (*Br*), to have vacation (*US*); *ich habe heute frei* I have today off **Freihafen** *m* free port **frei halten** *irr v/t* **1.** (≈ *nicht besetzen*) to keep free **2.** (≈ *reservieren*) to keep **Freihandelszone** *f* free trade area **freihändig** *adj, adv Zeichnung* freehand; *Radfahren* (with) no hands **Freiheit** ['fraihait] *f* ⟨*-, -en*⟩ freedom *no pl*; (≈ *persönliche Freiheit als politisches Ideal*) liberty; *in ~* (*dat*) *sein* to be free; *in ~ leben* (*Tier*) to

live in the wild; *dichterische ~* poetic licence (*Br*) *or* license (*US*); *sich* (*dat*) *zu viele ~en erlauben* to take too many liberties **freiheitlich** ['fraihaitlɪç] *adj* liberal; *Demokratie* free; *die ~-demokratische Grundordnung* the free democratic constitutional structure **Freiheitsberaubung** *f* ⟨*-, -en*⟩ JUR wrongful deprivation of personal liberty **Freiheitsbewegung** *f* liberation movement **Freiheitsentzug** *m* imprisonment **Freiheitskampf** *m* fight for freedom **Freiheitskämpfer(in)** *m/(f)* freedom fighter **Freiheitsstatue** *f* Statue of Liberty **Freiheitsstrafe** *f* prison sentence **freiheraus** [fraihɛ'raus] *adv* candidly, frankly **Freikarte** *f* free *or* complimentary ticket **freikaufen** *v/t sep jdn/sich ~* to buy sb's/one's freedom **Freiklettern** *nt* ⟨*-s, no pl*⟩ free climbing **freikommen** *v/i sep irr aux sein* (≈ *entkommen*) to get out (*aus* of) **Freikörperkultur** *f, no pl* nudism, naturism **Freilandhaltung** *f, no pl Eier/Hühner aus ~* free-range eggs/chickens **freilassen** *v/t sep irr* to set free, to free **Freilassung** *f* ⟨*-, -en*⟩ release **freilegen** *v/t sep* to expose; *Ruinen* to uncover; (*fig*) to lay bare **freilich** ['frailɪç] *adv* **1.** (≈ *allerdings*) admittedly **2.** (≈ *selbstverständlich*) of course **Freilichtbühne** *f* open-air theatre (*Br*) *or* theater (*US*) **frei machen** *v/r* **1.** (≈ *freie Zeit einplanen*) to arrange to be free **2.** (≈ *sich entkleiden*) to take one's clothes off **freimachen** *v/t sep Brief* to stamp **Freimaurer** *m* Mason, Freemason **Freimaurerloge** *f* Masonic Lodge **Freimut** *m, no pl* frankness **freimütig** ['fraimy:tɪç] **I** *adj* frank **II** *adv* frankly **freinehmen** *v/t sep irr einen Tag ~* to take a day off **Freiraum** *m* (*fig*) freedom *no art, no pl* (*zu* for) **freischaffend** *adj attr* freelance **Freischaffende(r)** [-ʃafndə] *m/f(m) decl as adj* freelancer **freischalten** *v/t sep* TEL *Leitung* to clear; *Handy* to connect, to enable **Freischärler** [-ʃɛ:rlɐ] *m* ⟨*-s, -*⟩, **Freischärlerin** [-ərɪn] *f* ⟨*-, -nen*⟩ guerrilla **freischwimmen** *v/r sep irr* SPORTS *to pass a test by swimming for 15 minutes* **freisetzen** *v/t sep* to release; (*euph*) *Arbeitskräfte* to make redundant; (*vorübergehend*) to lay off **freispielen** *sep* SPORTS **I** *v/r* to get into space **II** *v/t jdn ~* to play sb clear, to create space for sb **Freisprech-**

anlage f hands-free (headset); (im Auto) hands-free (car kit) **freisprechen** v/t sep irr Angeklagten to acquit; **jdn von einer Schuld ~** JUR to find sb not guilty; **jdn von einem Verdacht ~** to clear sb of suspicion **Freispruch** m acquittal **Freistaat** m free state **freistehen** v/i sep irr (≈ überlassen sein) **es steht jdm frei, etw zu tun** sb is free or at liberty to do sth; **das steht Ihnen völlig frei** that is completely up to you; → **frei freistellen** v/t sep (≈ anheimstellen) **jdm etw ~** to leave sth (up) to sb **Freistil** m freestyle **Freistoß** m FTBL free kick (für to, for) **Freistunde** f free hour; SCHOOL free period

Freitag ['fraitaːk] m Friday; → **Dienstag freitags** ['fraitaːks] adv on Fridays, on a Friday

Freitod m suicide; **den ~ wählen** to decide to put an end to one's life **Freitreppe** f (flight of) steps (+gen leading up to) **Freiumschlag** m stamped addressed envelope, s.a.e. **Freiwild** nt (fig) fair game **freiwillig I** adj voluntary; (≈ freigestellt) Unterricht optional **II** adv voluntarily; **sich ~ melden** to volunteer (zu, für for) **Freiwillige(r)** [-vɪlɪɡə] m/f(m) decl as adj volunteer **Freiwilligkeit** f voluntary nature, voluntariness **Freizeichen** nt TEL ringing tone **Freizeit** f spare or leisure time **Freizeitangebot** nt leisure activity **Freizeitausgleich** m time off in lieu (Br), time off instead of pay (US) **Freizeitbeschäftigung** f leisure pursuit or activity **Freizeitdroge** f recreational drug **Freizeitgestaltung** f organization of one's leisure time **Freizeitpark** m amusement park **Freizeitverhalten** nt recreational behaviour (Br) or behavior (US), recreational patterns pl **freizügig I** adj **1.** (≈ reichlich) liberal **II** adv **1.** (in moralischer Hinsicht) permissive **II** adv **1.** (≈ reichlich) freely, liberally **2.** (≈ moralisch locker) **~ gekleidet** provocatively dressed **Freizügigkeit** [-tsyːɡɪçkait] f ⟨-, no pl⟩ **1.** (≈ Großzügigkeit) liberality **2.** (in moralischer Hinsicht) permissiveness **3.** (≈ Beweglichkeit) freedom of movement

fremd [frɛmt] adj **1.** (≈ andern gehörig) someone else's; Bank, Firma different; **ohne ~e Hilfe** without help from anyone else/outside; **~es Eigentum** someone else's property **2.** (≈ fremdländisch) for-

eign **3.** (≈ andersartig, unvertraut) strange; **jdm ~ sein** (≈ unbekannt) to be unknown to sb; (≈ unverständlich) to be alien to sb; **ich bin hier ~** I'm a stranger here; **sich** or **einander** (dat) **~ werden** to grow apart; **sich ~ fühlen** to feel like a stranger; **~ tun** to be reserved **Fremdarbeiter(in)** m/f(f) (usu pej) foreign worker **fremdartig** adj strange; (≈ exotisch) exotic **fremdenfeindlich** adj hostile to strangers; (≈ ausländerfeindlich) hostile to foreigners, xenophobic **Fremdenfeindlichkeit** f xenophobia **Fremdenführer(in)** m/f(f) (tourist) guide **Fremdenhass** m xenophobia **Fremdenlegion** f Foreign Legion **Fremdenverkehr** m tourism no def art **Fremdenverkehrsamt** nt tourist office **Fremde(r)** ['frɛmdə] m/f(m) decl as adj (≈ Unbekannter) stranger; (≈ Ausländer) foreigner; (≈ Tourist) visitor **fremdgehen** v/i sep irr aux sein (infml) to be unfaithful **Fremdkörper** m foreign body; (fig) alien element **Fremdsprache** f foreign language **Fremdsprachenkorrespondent(in)** m/f(f), **Fremdsprachensekretär(in)** m/f(f) bilingual secretary **Fremdsprachenunterricht** m language teaching **fremdsprachig** adj in a foreign language **fremdsprachlich** adj foreign; **~er Unterricht** language teaching **Fremdwort** nt, pl **-wörter** borrowed or foreign word

frenetisch [fre'neːtɪʃ] **I** adj frenetic, frenzied; Beifall wild **II** adv wildly **frequentieren** [frekvɛn'tiːrən] past part **frequentiert** v/t (elev) to frequent **Frequenz** [fre'kvɛnts] f ⟨-, -en⟩ **1.** (≈ Häufigkeit) frequency; MED (pulse) rate **2.** (≈ Stärke) numbers pl; (≈ Verkehrsdichte) volume of traffic **Frequenzbereich** m RADIO frequency range

Fressalien [frɛ'saːliən] pl (infml) grub sg (sl) **Fresse** ['frɛsə] f ⟨-, -n⟩ (vulg) (≈ Mund) trap (infml), gob (infml); (≈ Gesicht) mug (infml); **die ~ halten** to shut one's trap (infml) **fressen** ['frɛsn] pret **fraß** [fraːs], past part **gefressen** [ɡə-'frɛsn] **I** v/t to feed, to eat; (sl: Menschen) to eat; (gierig) to guzzle (infml) **II** v/t **1.** to eat; (≈ sich ernähren von) to feed or live on; (sl ≈ gierig essen) to guzzle (infml) **2.** Kilometer ~ to burn up the kilometres (Br) or kilometers (US); **ich habe dich zum Fressen gern**

(infml) you're good enough to eat *(infml)*; **jdn/etw gefressen haben** *(infml)* to have had one's fill of sb/sth **3.** (≈ *verbrauchen*) to eat *or* gobble up; *Zeit* to take up **III** *v/r* (≈ *sich bohren*) to eat one's way *(in +acc* into, *durch* through) **Fressen** *nt* ⟨**-s**, *no pl*⟩ food; *(sl)* grub *(sl)*; *(sl* ≈ *Schmaus)* blow-out *(infml)* **Fresssucht** *f (infml)* gluttony; *(krankhaft)* craving for food

Frettchen ['frɛtçən] *nt* ⟨**-s**, **-**⟩ ferret

Freude ['frɔʏdə] *f* ⟨**-**, **-n**, *no pl*⟩ pleasure; *(innig)* joy *(über +acc* at); **~ an etw** *(dat)* **haben** to get *or* derive pleasure from sth; **~ am Leben haben** to enjoy life; **vor ~** with joy; **es ist mir eine ~, zu ...** it's a real pleasure for me to ...; **jdm ~ ma- chen** to give sb pleasure; **jdm eine ~ ma- chen** to make sb happy; **zu meiner gro- ßen ~** to my great delight; **aus ~ an der Sache** for the love of it **Freudenfest** *nt* celebration **Freudensprung** *m* **einen ~ machen** to jump for joy **freudestrah- lend** *adj, adv* beaming with delight **freu- dig** ['frɔʏdɪç] **I** *adj* **1.** (≈ *froh gestimmt)* joyful; (≈ *begeistert)* enthusiastic **2.** (≈ *beglückend)* happy; **eine ~e Nachricht** some good news; **ein ~es Ereignis** *(euph)* a happy event *(euph)* **II** *adv* hap- pily, joyfully; **~ überrascht sein** to be pleasantly surprised **freuen** ['frɔʏən] **I** *v/r* **1.** (≈ *froh sein)* to be glad *or* pleased *(über +acc* about); **sich riesig ~** *(infml)* to be delighted *(über +acc* about); **sich für jdn ~** to be glad *or* pleased for sb **2. sich auf jdn/etw ~** to look forward to seeing sb/to sth **II** *v/t +impers* to please; **es freut mich, dass ...** I'm pleased *or* glad that ...; **das freut mich** I'm really pleased

Freund [frɔʏnt] *m* ⟨**-(e)s**, **-e** [-də]⟩ **1.** friend; (≈ *Liebhaber)* boyfriend **2.** *(fig)* (≈ *Anhänger)* lover; **ein ~ der Kunst** an art-lover; **ich bin kein ~ von so etwas** I'm not one for that sort of thing **Freundeskreis** *m* circle of friends; **etw im engsten ~ feiern** to celebrate sth with one's closest friends **Freundin** ['frɔʏndɪn] *f* ⟨**-**, **-nen**⟩ **1.** friend; (≈ *Lieb- haberin)* girlfriend **2.** *(fig* ≈ *Anhängerin)* → **Freund** 2 **freundlich** ['frɔʏntlɪç] **I** *adj* **1.** (≈ *wohlgesinnt)* friendly *no adv*; **bitte recht ~!** say cheese! *(infml)*, smile please!; **mit ~en Grüßen** (with) best wishes **2.** (≈ *liebenswürdig)* kind *(zu*

to); **würden Sie bitte so ~ sein und das tun?** would you be so kind *or* good as to do that? **3.** (≈ *ansprechend)* *Ausse- hen, Wetter etc* pleasant; *Farben* cheer- ful **II** *adv* bitten, fragen nicely; **jdn ~ be- handeln** to be friendly toward(s) sb **freundlicherweise** ['frɔʏntlɪçɐ'vaizə] *adv* kindly **Freundlichkeit** *f* ⟨**-**, **-en**⟩ **1.** *no pl* (≈ *Wohlgesonnenheit)* friendli- ness; (≈ *Liebenswürdigkeit)* kindness **2.** (≈ *Gefälligkeit)* kindness, favour *(Br)*, favor *(US)*; (≈ *freundliche Bemer- kung)* kind remark **Freundschaft** ['frɔʏntʃaft] *f* ⟨**-**, **-en**⟩ friendship; **mit jdm ~ schließen** to make *or* become friends with sb; **da hört die ~ auf** *(infml)* friendship doesn't go that far **freund- schaftlich** ['frɔʏntʃaftlɪç] **I** *adj* friendly *no adv* **II** *adv* **jdm ~ verbunden sein** to be friends with sb; **jdm ~ gesinnt sein** to feel friendly toward(s) sb **Freund- schaftspreis** *m* (special) price for a friend **Freundschaftsspiel** *nt* SPORTS friendly game *or* match, friendly *(infml)*

Frieden ['fri:dn] *m* ⟨**-s**, **-**⟩ peace; **im ~** in peacetime; **~ schließen** to make one's peace; POL to conclude *(form)* or make peace; **sozialer ~** social harmony; **jdn in ~ lassen** to leave sb in peace; **um des lieben ~s willen** *(infml)* for the sake of peace and quiet **Friedensappell** *m* call for peace **Friedensbewegung** *f* peace movement **Friedensinitiative** *f* peace initiative **Friedenskonferenz** *f* peace conference **Friedensnobelpreis** *m* Nobel peace prize **Friedenstaube** *f* dove of peace **Friedensstruppen** *pl* peacekeeping forces *pl* **Friedensver- handlungen** *pl* peace negotiations *pl* **Friedensvertrag** *m* peace treaty **fried- fertig** ['fri:tfɛrtɪç] *adj Mensch* peacea- ble **Friedhof** ['fri:tho:f] *m* (≈ *Kirchhof)* graveyard; (≈ *Stadtfriedhof etc)* ceme- tery **friedlich** ['fri:tlɪç] **I** *adj* peaceful; (≈ *friedfertig)* *Mensch* peaceable **II** *adv* (≈ *in Frieden)* peacefully; **~ sterben** to die peacefully **friedliebend** *adj* peace-loving

frieren ['fri:rən] *pret* **fror** [fro:ɐ], *past part* **gefroren** [gə'fro:rən] **I** *v/i* **1.** *(auch vt impers* ≈ *sich kalt fühlen)* to be cold; **ich friere, mich friert** I'm cold **2.** *aux sein* (≈ *gefrieren)* to freeze **II** *v/i impers* **heute Nacht hat es gefroren** it was be- low freezing last night

Fries [friːs] *m* ⟨**-es, -e** [-zə]⟩ ARCH, TEX frieze

friesisch ['friːzɪʃ] *adj* Fri(e)sian; → **deutsch**

frigid [fri'giːt], **frigide** [fri'giːdə] *adj* frigid **Frigidität** [frigidi'tɛːt] *f* ⟨-, *no pl*⟩ frigidity

Frikadelle [frika'dɛlə] *f* ⟨-, -n⟩ COOK rissole

Frikassee [frika'seː] *nt* ⟨-s, -s⟩ COOK fricassee

Frisbee® ['frisbi] *nt* ⟨-, -s⟩ Frisbee®; ~ **spielen** to play Frisbee® **Frisbeescheibe** ['frisbi-] *f* Frisbee®

frisch [frɪʃ] **I** *adj* **1.** (≈ *neu*) fresh; *Kleidung* clean; (≈ *feucht*) *Farbe* wet; **~es Obst** fresh fruit; **~e Eier** new-laid (*Br*) *or* freshly-laid eggs; **sich ~ machen** to freshen up; **mit ~en Kräften** with renewed vigour (*Br*) *or* vigor (*US*); **~e Luft schöpfen** to get some fresh air **2.** (≈ *munter*) *Wesen, Art* bright, cheery; *Farbe* cheerful; *Gesichtsfarbe* fresh; **~ und munter sein** (*infml*) to be bright and lively **3.** (≈ *kühl*) cool, chilly; **es weht ein ~er Wind** (*lit*) there's a fresh wind **II** *adv* (≈ *neu*) freshly; **Bier ~ vom Fass** beer (straight) from the tap; **~ gestrichen** newly *or* freshly painted; (*auf Schild*) wet paint; **~ gebacken** (*infml*) *Ehepaar* newly-wed; *Diplom-Ingenieur etc* newly-qualified; **das Bett ~ beziehen** to change the bed **Frische** ['frɪʃə] *f* ⟨-, *no pl*⟩ (*von Wesen*) brightness, cheeriness; (*von Farbe*) cheerfulness; (≈ *gesundes Aussehen*) freshness; **in alter ~** (*infml*) as always **Frischei** *nt* new-laid (*Br*) *or* freshly-laid egg **Frischfisch** *m* fresh fish **Frischfleisch** *nt* fresh meat **Frischhaltefolie** *f* clingfilm **Frischkäse** *m* cream cheese **Frischluft** *f* fresh air **Frischmilch** *f* fresh milk **Frischzelle** *f* MED live cell **Frischzellentherapie** *f* MED cellular *or* live-cell therapy

Friseur [fri'zøːɐ] *m* ⟨-s, -e⟩, **Friseurin** [fri'zøːʁɪn] [-'zøːrɪn] *f* ⟨-, -nen⟩ hairdresser; (≈ *Geschäft*) hairdresser's **Friseursalon** [fri'zøːɐ-] *m* hairdressing salon **Friseuse** [fri'zøːzə] *f* ⟨-, -n⟩ (female) hairdresser **frisieren** [fri'ziːrən] *past part* **frisiert I** *v/t* **1.** (≈ *kämmen*) **jdn ~** to do sb's hair **2.** (*infml* ≈ *abändern*) *Abrechnung* to fiddle; *Bericht* to doctor (*infml*); **die Bilanzen ~** to cook the books (*infml*) **3.** (*infml*) *Auto, Motor*

to soup up (*infml*) **II** *v/r* to do one's hair

Frist [frɪst] *f* ⟨-, -en⟩ **1.** (≈ *Zeitraum*) period; **innerhalb kürzester ~** without delay **2.** (≈ *Zeitpunkt*) deadline (*zu* for); (*bei Rechnung*) last date for payment **3.** (≈ *Aufschub*) extension, period of grace **fristen** ['frɪstn] *v/t* **sein Leben** *or* **Dasein ~** to eke out an existence **fristgemäß, fristgerecht** *adj, adv* within the period stipulated; **fristgerecht kündigen** to give proper notice **fristlos** *adj, adv* without notice

Frisur [fri'zuːɐ] *f* ⟨-, -en⟩ hairstyle

Frittatensuppe [fri'taːtn-] *f* (*Aus*) pancake soup

Fritten ['frɪtn] *pl* (*infml*) chips *pl* (*Br*), fries *pl* (*esp US infml*) **Frittenbude** *f* (*infml*) chip shop (*Br*), ≈ hotdog stand **Fritteuse** [fri'tøːzə] *f* ⟨-, -n⟩ chip pan (*Br*), deep-fat fryer **frittieren** [fri'tiːrən] *past part* **frittiert** *v/t* to (deep-)fry

frivol [fri'voːl] *adj* (≈ *leichtfertig*) frivolous; (≈ *anzüglich*) *Witz, Bemerkung* suggestive **Frivolität** [frivoli'tɛːt] *f* ⟨-, -en⟩ **1.** *no pl* (≈ *Leichtfertigkeit*) frivolity **2.** (≈ *Bemerkung*) risqué remark

froh [froː] *adj* happy; (≈ *dankbar, erfreut*) glad, pleased; (*darüber*) **~ sein, dass ...** to be glad *or* pleased that ... **fröhlich** ['frøːlɪç] **I** *adj* happy, cheerful **II** *adv* (≈ *unbekümmert*) merrily **Fröhlichkeit** *f* ⟨-, *no pl*⟩ happiness; (≈ *gesellige Stimmung*) merriment

fromm [frɔm] *adj, comp* **~er** *or* **-er** ['frœmɐ], *sup* **~ste(r, s)** ['frœmstə] (≈ *gläubig*) religious; (≈ *scheinheilig*) pious, sanctimonious; **das ist ja wohl nur ein ~er Wunsch** that's just a pious dream

frönen ['frøːnən] *v/i* +*dat* (*elev*) to indulge in

Fronleichnam [froːn'laiçnaːm] *no art* ⟨-(e)s, *no pl*⟩ (the Feast of) Corpus Christi

Front [frɔnt] *f* ⟨-, -en⟩ front; **~ gegen jdn/ etw machen** to make a stand against sb/ sth **frontal** [frɔn'taːl] **I** *adj no pred Angriff* frontal; *Zusammenstoß* head-on **II** *adv angreifen* MIL from the front; (*fig*) head-on; *zusammenstoßen* head-on **Frontalzusammenstoß** *m* head-on collision **Frontantrieb** *m* AUTO front-wheel drive **Frontlader** [-laːdɐ] *m* ⟨-s, -⟩ (≈ *Waschmaschine*) front loader

Frosch [frɔʃ] *m* ⟨-(e)s, **~e** ['frœʃə]⟩ frog;

(≈ *Feuerwerkskörper*) (fire)cracker; **einen~ in der Kehle haben** (*infml*) to have a frog in one's throat **Froschlaich** *m* frogspawn **Froschmann** *m*, *pl* **-männer** frogman **Froschschenkel** *m* frog's leg

Frost [frɔst] *m* ⟨**-(e)s**, **¨e** ['frœstə]⟩ frost; **~ vertragen (können)** to be able to stand (the) frost **frostbeständig** *adj* frost-resistant **Frostbeule** *f* chilblain **frösteln** ['frœstln] **I** *v/i* to shiver **II** *v/t* +*impers* **es fröstelte mich** I shivered **frostig** ['frɔstɪç] **I** *adj* frosty **II** *adv* **jdn ~ empfangen** to give sb a frosty reception **Frostschaden** *m* frost damage **Frostschutzmittel** *nt* AUTO antifreeze

Frottee [frɔ'te:] *nt or m* ⟨**-s**, **-s**⟩ terry towelling (*Br*), terry-cloth toweling (*US*) **Frotteehandtuch** *nt* (terry) towel (*Br*), terry-cloth towel (*US*) **frottieren** [frɔ'ti:rən] *past part* **frottiert** *v/t Haut* to rub; *jdn*, *sich* to rub down

Frucht [frʊxt] *f* ⟨**-**, **¨e** ['frʏçtə]⟩ fruit *no pl*: (≈ *Getreide*) crops *pl*; **Früchte** (≈ *Obst*) fruit *sg*; **Früchte tragen** to bear fruit **fruchtbar** *adj* **1.** fertile **2.** (*fig* ≈ *viel schaffend*) prolific **3.** (*fig* ≈ *nutzbringend*) fruitful **Fruchtbarkeit** ['frʊxtba:ɐkait] *f* ⟨**-**, *no pl*⟩ **1.** fertility **2.** (*fig* ≈ *Nutzen*) fruitfulness **Fruchtbecher** *m* fruit sundae; BOT cupule (*tech*), cup **fruchten** ['frʊxtn] *v/i* to bear fruit; **nichts ~** to be fruitless **Früchtetee** *m* fruit tea **fruchtig** ['frʊxtɪç] *adj* fruity **Fruchtkapsel** *f* BOT capsule **fruchtlos** *adj* (*fig*) fruitless **Fruchtsaft** *m* fruit juice **Fruchtwasser** *nt*, *no pl* PHYSIOL amniotic fluid **Fruchtzucker** *m* fructose

früh [fry:] **I** *adj* early; **am ~en Morgen** early in the morning, in the early morning; **der ~e Goethe** the young Goethe **II** *adv* **1.** early; (≈ *in jungen Jahren*) young; (*in Entwicklung*) early on; **von ~ auf** from an early age; **von ~ bis spät** from morning till night; **zu ~ starten** to start too soon **2.** **morgen ~** tomorrow morning; **heute ~** this morning **Frühaufsteher** [-|auf ʃte:ɐ] *m* ⟨**-s**, **-**⟩, **Frühaufsteherin** [-ərɪn] *f* ⟨**-**, **-nen**⟩ early riser, early bird (*infml*) **früher** ['fry:ɐ] **I** *adj* **1.** earlier **2.** (≈ *ehemalig*) former; (≈ *vorherig*) *Besitzer* previous **II** *adv* earlier; **~ oder später** sooner or later; **ich habe ihn ~ mal gekannt** I used to know him; **~ war alles besser** things were better in the old days; **genau wie ~** just as it/he

etc used to be; **Erinnerungen an ~** memories of times gone by; **ich kenne ihn von ~** I've known him some time; **meine Freunde von ~** my old friends **Früherkennung** *f* MED early diagnosis **frühestens** ['fry:əstns] *adv* at the earliest **früheste(r, s)** ['fry:əstə] *adj* earliest **Frühgeburt** *f* premature birth; (≈ *Kind*) premature baby **Frühjahr** *nt* spring **Frühjahrsmüdigkeit** *f* springtime lethargy **Frühjahrsputz** *m* spring-cleaning **Frühling** ['fry:lɪŋ] *m* ⟨**-s**, **-e**⟩ spring; **im ~** in spring **Frühlingsanfang** *m* first day of spring **frühlingshaft** *adj* springlike **Frühlingsrolle** *f* COOK spring roll **Frühlingszwiebel** *f* spring onion (*Br*), green onion (*US*) **frühmorgens** *adv* early in the morning **Frühnebel** *m* early morning mist **frühreif** *adj* precocious **Frührentner(in)** *m*/(*f*) person who has retired early **Frühschicht** *f* early shift **Frühschoppen** [-ʃɔpn] *m* ⟨**-s**, **-**⟩ morning or (*mittags*) lunchtime drinking **Frühsport** *m* early morning exercise **Frühstück** *nt* ⟨**-s**, **-e**⟩ breakfast; **was isst du zum ~?** what do you have for breakfast? **frühstücken** ['fry:ʃtʏkn] *insep* **I** *v/i* to have breakfast, to breakfast **II** *v/t* to breakfast on **Frühstücksfernsehen** *nt* breakfast television **Frühstückspause** *f* morning *or* coffee break **Frühwarnsystem** *nt* early warning system **frühzeitig** *adj*, *adv* early

Frust [frʊst] *m* ⟨**-(e)s**, *no pl*⟩ (*infml*) frustration *no art* **Frustessen** *nt* (*infml*) comfort eating **Frustkauf** *m* (*infml*) retail therapy *no pl* (*infml*) **Frustration** [frʊstra'tsio:n] *f* ⟨**-**, **-en**⟩ frustration **frustrieren** [frʊs'tri:rən] *past part* **frustriert** *v/t* to frustrate

Fuchs [fʊks] *m* ⟨**-es**, **¨e** ['fʏksə]⟩ **1.** (≈ *Tier*) fox; **er ist ein schlauer ~** (*infml*) he's a cunning old devil (*infml*) *or* fox (*infml*) **2.** (≈ *Pferd*) chestnut **Fuchsbau** *m*, *pl* **-baue** fox's den **fuchsen** ['fʊksn] *v/t* (*infml*) to annoy **Fuchsie** ['fʊksiə] *f* ⟨**-**, **-n**⟩ BOT fuchsia **fuchsig** ['fʊksɪç] *adj* (*infml* ≈ *wütend*) mad (*infml*) **Füchsin** ['fʏksɪn] *f* ⟨**-**, **-nen**⟩ vixen **Fuchsjagd** *f* fox-hunting; (≈ *einzelne Jagd*) fox hunt **Fuchspelz** *m* fox fur **fuchsrot** *adj* *Fell* red; *Pferd* chestnut; *Haar* ginger **Fuchsschwanz** *m* **1.** fox's tail **2.** (TECH ≈ *Säge*) handsaw **fuchsteufelswild** *adj* (*infml*) hopping mad (*infml*)

Fuchtel ['fʊxtl] *f* ⟨**-, -n**⟩ (*fig infml*) **unter jds** (*dat*) **~** under sb's thumb **fuchteln** ['fʊxtln] *v/i* (*infml*) (**mit den Händen**) **~** to wave one's hands about (*infml*)

Fudschijama [fudʒi'jaːma] *m* ⟨**-s**⟩ Fujiyama

Fug [fuːk] *m* (*elev*) **mit ~ und Recht** with complete justification

Fuge ['fuːgə] *f* ⟨**-, -n**⟩ **1.** joint; (≈ *Ritze*) gap, crack; **die Welt ist aus den ~n geraten** (*elev*) the world is out of joint (*liter*) **2.** MUS fugue **fugen** ['fuːgn] *v/t* to joint

fügen ['fyːgn] **I** *v/t* (≈ *einfügen*) to put, to place; **der Zufall fügte es, dass …** fate decreed that … **II** *v/r* (≈ *sich unterordnen*) to be obedient, to obey; **sich dem Schicksal ~** to accept one's fate **fügsam** ['fyːkzaːm] *adj* obedient **Fügung** ['fyːgʊŋ] *f* ⟨**-, -en**⟩ (≈ *Bestimmung*) chance, stroke of fate; **eine glückliche ~** a stroke of good fortune

fühlbar *adj* (≈ *spürbar*) perceptible; (≈ *beträchtlich*) marked **fühlen** ['fyːlən] **I** *v/t & v/i* to feel; *Puls* to take **II** *v/r* to feel; **sich verantwortlich ~** to feel responsible; **wie ~ Sie sich?** how are you feeling?, how do you feel? **Fühler** ['fyːlɐ] *m* ⟨**-s, -**⟩ ZOOL feeler, antenna; **seine ~ ausstrecken** (*fig infml*) to put out feelers (*nach* towards) **Fühlung** ['fyːlʊŋ] *f* ⟨**-, -en**⟩ contact; **mit jdm in ~ bleiben** to remain *or* stay in contact *or* touch with sb

Fuhre ['fuːrə] *f* ⟨**-, -n**⟩ (≈ *Ladung*) load **führen** ['fyːrən] **I** *v/t* **1.** (≈ *geleiten*) to take; (≈ *vorangehen, -fahren*) to lead; **er führte uns durch das Schloss** he showed us (a)round the castle **2.** (≈ *leiten*) *Betrieb etc* to run; *Gruppe etc* to lead, to head **3.** **was führt Sie zu mir?** (*form*) what brings you to me?; **ein Land ins Chaos ~** to reduce a country to chaos **4.** *Kraftfahrzeug* to drive; *Flugzeug* to fly; *Kran* to operate **5.** (≈ *transportieren*) to carry; (≈ *haben*) *Namen, Titel* to have **6.** (≈ *im Angebot haben*) to stock **II** *v/i* **1.** (≈ *in Führung liegen*) to lead; **die Mannschaft führt mit 10 Punkten Vorsprung** the team has a lead *of or* is leading by 10 points **2.** (≈ *verlaufen*) *Straße* to go; (*Kabel etc*) to run; (*Spur*) to lead **3.** (≈ *als Ergebnis haben*) **zu etw ~** to lead to sth, to result in sth; **das führt zu nichts** that will come to nothing füh-

rend *adj* leading *attr* **Führer** ['fyːrɐ] *m* ⟨**-s, -**⟩ (≈ *Buch*) guide **Führer** ['fyːrɐ] *m* ⟨**-s, -**⟩, **Führerin** [-ərɪn] *f* ⟨**-, -nen**⟩ **1.** (≈ *Leiter*) leader; (≈ *Oberhaupt*) head **2.** (≈ *Fremdenführer*) guide **3.** (*form* ≈ *Lenker*) driver; (*von Flugzeug*) pilot; (*von Kran*) operator **Führerausweis** *m* (*Swiss*) = **Führerschein Führerhaus** *nt* cab **Führerschein** *m* (*für Auto*) driving licence (*Br*), driver's license (*US*); **den ~ machen** AUTO to learn to drive; (≈ *die Prüfung ablegen*) to take one's (driving) test; **jdm den ~ entziehen** to disqualify sb from driving

Fuhrpark *m* fleet (of vehicles)

Führung ['fyːrʊŋ] *f* ⟨**-, -en**⟩ **1.** *no pl* guidance, direction; (*von Partei, Expedition etc*) leadership; MIL command; (*eines Unternehmens etc*) management **2.** *no pl* (≈ *die Führer*) leaders *pl*, leadership *sg*; MIL commanders *pl*; (*eines Unternehmens etc*) directors *pl* **3.** (≈ *Besichtigung*) guided tour (*durch* of) **4.** *no pl* (≈ *Vorsprung*) lead; **in ~ gehen/liegen** to go into/be in the lead **5.** *no pl* (≈ *Betragen*) conduct **6.** MECH guide, guideway **Führungsaufgabe** *f* executive duty **Führungskraft** *f* executive **Führungsriege** *f* leadership; (*von Firma*) management team **Führungsschwäche** *f* weak leadership **Führungsspitze** *f* (*eines Unternehmens etc*) top management **Führungsstärke** *f* strong leadership **Führungsstil** *m* style of leadership; COMM *auch* management style **Führungszeugnis** *nt* → **polizeilich**

Fuhrunternehmen *nt* haulage business **Fuhrunternehmer(in)** *m/(f)* haulier (*Br*), haulage contractor **Fuhrwerk** *nt* wagon; (≈ *Pferdefuhrwerk*) horse and cart

Fülle ['fʏlə] *f* ⟨**-**, *no pl*⟩ **1.** (≈ *Körpermasse*) portliness **2.** (≈ *Stärke*) fullness; **eine ~ von Fragen** a whole host of questions; **in ~** in abundance **füllen** ['fʏlən] **I** *v/t* to fill; COOK to stuff; **etw in Flaschen ~** to bottle sth; **etw in Säcke ~** to put sth into sacks; → **gefüllt II** *v/r* to fill up **Füller** ['fʏlɐ] *m* ⟨**-s, -**⟩, **Füllfederhalter** *m* fountain pen **füllig** ['fʏlɪç] *adj* *Mensch* portly; *Figur* generous **Füllung** ['fʏlʊŋ] *f* ⟨**-, -en**⟩ filling; (≈ *Fleischfüllung etc*) stuffing; (*von Pralinen*) centre (*Br*), center (*US*) **Füllwort** *nt*, *pl* **-wörter** filler (word)

fummeln ['fʊmln] *v/i* (*infml*) to fiddle; (≈ *hantieren*) to fumble; (*erotisch*) to pet, to grope (*infml*)

Fund [fʊnt] *m* ⟨-(e)**s**, -e[-də]⟩ find; (≈ *das Entdecken*) discovery; **einen ~ machen** to make a find

Fundament [fʊnda'mɛnt] *nt* ⟨-(e)**s**, -e⟩ foundation (*usu pl*) **fundamental** [fʊndamɛn'taːl] **I** *adj* fundamental **II** *adv* fundamentally **Fundamentalismus** [fʊndamɛnta'lɪsmʊs] *m* ⟨-, *no pl*⟩ fundamentalism **Fundamentalist** [fʊndamɛnta'lɪst] *m* ⟨-**en**, -**en**⟩, **Fundamentalistin** [-'lɪstɪn] *f* ⟨-, -**nen**⟩ fundamentalist **fundamentalistisch** [fʊndamɛnta'lɪstɪʃ] *adj* fundamentalist

Fundbüro *nt* lost property office (*Br*), lost and found (*US*) **Fundgrube** *f* (*fig*) treasure trove

fundieren [fʊn'diːrən] *past part* **fundiert** *v/t* (*fig*) to back up **fundiert** [fʊn'diːɐt] *adj* sound; **schlecht ~** unsound

fündig ['fʏndɪç] *adj* ~ **werden** (*fig*) to strike it lucky **Fundort** *m*, *pl* **-orte der ~ von etw** (the place) where sth was found **Fundstelle** *f* = **Fundort**

fünf [fʏnf] *num* five; **seine ~ Sinne beieinanderhaben** to have all one's wits about one; → **vier Fünf** [fʏnf] *f* ⟨-, -**en**⟩ five **Fünfeck** *nt* pentagon **fünfeckig** *adj* pentagonal, five-cornered **fünffach** ['fʏnffax] *adj* fivefold; → **fach Fünfgangschaltung** *f* five-speed gears *pl* **fünfhundert** ['fʏnf'hʊndɐt] *num* five hundred **Fünfjahresplan** *m* five-year plan **fünfjährig** *adj* Amtszeit *etc* five-year; *Kind* five-year-old; → **vierjährig Fünfkampf** *m* SPORTS pentathlon **Fünfling** ['fʏnflɪŋ] *m* ⟨-**s**, -e⟩ quintuplet **fünfmal** ['fʏnfmaːl] *adv* five times **Fünfprozentklausel** *f* five-percent rule **fünftägig** *adj* five-day *attr* **fünftausend** ['fʏnf'tauznt] *num* five thousand **Fünftel** ['fʏnftl] *nt* ⟨-**s**, -⟩ fifth; → **Viertel**¹ **fünftens** ['fʏnftns] *adv* fifth(ly) **fünfte(r, s)** ['fʏnftə] *adj* fifth; → **vierte(r, s) fünfzehn** ['fʏnftseːn] *num* fifteen **fünfzig** ['fʏnftsɪç] *num* fifty; → **vierzig Fünfziger** ['fʏnftsɪɡɐ] *m* ⟨-**s**, -⟩ (*infml*) (≈ *Fünfzigeuroschein*) fifty-euro note (*Br*) or bill (*US*); (≈ *Fünfzigcentstück*) fifty-cent piece **fünfzigjährig** *adj* Person fifty-year-old *attr*

fungieren [fʊŋ'ɡiːrən] *past part* **fungiert** *v/i* to function (*als* as a)

Funk [fʊŋk] *m* ⟨-**s**, *no pl*⟩ radio; **per ~** by radio

Fünkchen ['fʏŋkçən] *nt* ⟨-**s**, -⟩ **ein ~ Wahrheit** a grain of truth **Funke** ['fʊŋkə] *m* ⟨-**ns**, -**n**⟩ **1.** spark; **~n sprühen** to spark, to emit sparks; **arbeiten, dass die ~n fliegen** or **sprühen** (*infml*) to work like crazy (*infml*) **2.** (*von Hoffnung*) gleam, glimmer **funkeln** ['fʊŋkln] *v/i* to sparkle; (*Augen*) to twinkle; (*vor Zorn*) to glitter **funkelnagelneu** ['fʊŋkl'naːɡl'nɔy] *adj* (*infml*) brand-new

funken ['fʊŋkn] **I** *v/t* Signal to radio; **SOS ~** to send out an SOS **II** *v/i impers* **endlich hat es bei ihm gefunkt** (*infml*) it finally clicked (with him) (*infml*)

Funken ['fʊŋkn] *m* ⟨-**s**, -⟩ = **Funke**

Funker ['fʊŋkɐ] *m* ⟨-**s**, -⟩, **Funkerin** [-ə-rɪn] *f* ⟨-, -**nen**⟩ radio or wireless operator **Funkgerät** *nt* (≈ *Sprechfunkgerät*) radio set, walkie-talkie **Funkhaus** *nt* broadcasting centre (*Br*) or center (*US*) **Funkkontakt** *m* radio contact **Funkloch** *nt* TEL dead spot **Funkruf** *m* TEL (radio) paging **Funksprechgerät** *nt* radio telephone; (*tragbar*) walkie-talkie **Funksprechverkehr** *m* radiotelephony **Funkspruch** *m* (≈ *Mitteilung*) radio message **Funkstation** *f* radio station **Funkstille** *f* radio silence; (*fig*) silence **Funkstreife** *f* police radio patrol **Funktelefon** *nt* radio telephone

Funktion [fʊŋk'tsioːn] *f* ⟨-, -**en**⟩ function *no pl*: (≈ *Tätigkeit*) functioning; (≈ *Amt*) office; (≈ *Stellung*) position; **in ~ sein** to be in operation **Funktionär** [fʊŋktsio'nɛːɐ] *m* ⟨-**s**, -e⟩, **Funktionärin** [-'nɛːrɪn] *f* ⟨-, -**nen**⟩ functionary **funktionell** [fʊŋktsio'nɛl] *adj* functional **funktionieren** [fʊŋktsio'niːrən] *past part* **funktioniert** *v/i* to work **funktionsfähig** *adj* able to work; *Maschine* in working order **Funktionsleiste** *f* IT toolbar **Funktionsstörung** *f* MED malfunction **Funktionstaste** *f* IT function key

Funkturm *m* radio tower **Funkuhr** *f* radio-controlled clock **Funkverbindung** *f* radio contact **Funkverkehr** *m* radio communication or traffic

für [fyːɐ] *prep +acc* for; **~ mich** for me; (≈ *meiner Ansicht nach*) in my opinion or view; **~ zwei arbeiten** (*fig*) to do the work of two people; **~ einen Deutschen ...** for a German ...; **sich ~ etw entschei-**

den to decide in favo(u)r of sth; **das hat was~ sich** it's not a bad thing; **~ jdn einspringen** to stand in for sb; **Tag ~ Tag** day after day; **Schritt ~ Schritt** step by step; **etw ~ sich behalten** to keep sth to oneself Für['fy:ɐ] nt das~ und Wider the pros and cons pl

Furche ['furçə] f ⟨-, -n⟩ furrow; (≈ Wagenspur) rut

Furcht[furçt] f ⟨-, no pl⟩ fear; aus ~ vor jdm/etw for fear of sb/sth; ~ vor jdm/etw haben to fear sb/sth; jdm ~ einflößen to frighten or scare sb; ~ erregend terrifying furchtbarI adj terrible, awful; ich habe einen~en Hunger I'm terribly hungry (infml) II adv terribly (infml), awfully (infml) fürchten ['fyrçtn] I v/t jdn/etw ~ to be afraid of sb/sth, to fear sb/sth; das Schlimmste ~ to fear the worst; → gefürchtet II v/r to be afraid (vor +dat of) III v/i um jds Leben ~ to fear for sb's life; zum Fürchten aussehen to look frightening or terrifying; jdn das Fürchten lehren to put the fear of God into sb fürchterlich ['fyrçtɐlɪç] adj, adv = furchtbar furcherregend adj terrifying furchtlos adj fearless Furchtlosigkeit f ⟨-, no pl⟩ fearlessness furchtsam ['furçtza:m] adj timorous füreinander[fy:ɐlai'nandɐ] adv for each other, for one another

Furie ['fu:riə] f ⟨-, -n⟩ MYTH fury; (fig) hellcat (esp Br), termagant furios [fu-'rio:s] adj high-energy, dynamic

Furnier [fur'ni:ɐ] nt ⟨-s, -e⟩ veneer

Furore [fu'ro:rə] f ⟨- or nt -s, no pl⟩ sensation; ~ machen (infml) to cause a sensation

Fürsorge f, no pl 1. (≈ Betreuung) care; (≈ Sozialfürsorge) welfare 2. (infml ≈ Sozialamt) welfare services pl 3. (infml ≈ Sozialunterstützung) social security (Br), welfare (US); von der ~ leben to live on social security (Br) or welfare (US) fürsorglich ['fy:ɐzɔrklɪç] adj caring Fürsprache f recommendation; auf ~ von jdm on sb's recommendation Fürsprecher(in) m/(f) advocate

Fürst [fyrst] m ⟨-en, -en⟩ prince; (≈ Herrscher) ruler Fürstentum ['fyrstntu:m] nt ⟨-s, -tümer [-ty:mɐ]⟩ principality fürstlich ['fyrstlɪç] I adj princely no adv II adv jdn ~ bewirten to entertain sb right royally; jdn~ belohnen to reward sb handsomely; ~ leben to

live like a king or lord

Furunkel [fu'rʊŋkl] nt or m ⟨-s, -⟩ boil

Fürwort nt, pl -wörter GRAM pronoun

Furz[furts] m ⟨-(e)s, ⁻e ['fyrtsə]⟩ (infml) fart (infml) furzen['furtsn] v/i (infml) to fart (infml)

Fusel ['fu:zl] m ⟨-s, -⟩ (pej) rotgut (infml), hooch (esp US infml)

Fusion [fu'zio:n] f ⟨-, -en⟩ amalgamation; (von Unternehmen) merger; (von Atomkernen, Zellen) fusion fusionieren [fuzio'ni:rən] past part fusioniert v/t & v/i to amalgamate; (Unternehmen) to merge

Fuß[fu:s] m⟨-es, ⁻e['fy:sə]⟩ 1. foot; zu~ on or by foot; er ist gut/schlecht zu~ he is steady/not so steady on his feet; das Publikum lag ihr zu Füßen she had the audience at her feet; kalte Füße bekommen to get cold feet; bei ~! heel!; jdn mit Füßen treten (fig) to walk all over sb; etw mit Füßen treten (fig) to treat sth with contempt; (festen) ~ fassen to gain a foothold; (sich niederlassen) to settle down; auf eigenen Füßen stehen (fig) to stand on one's own two feet; jdn auf freien ~ setzen to release sb, to set sb free 2. (von Gegenstand) base; (≈ Tisch-, Stuhlbein) leg; auf schwachen Füßen stehen to be built on sand 3. POETRY foot 4. pl - (Längenmaß) foot; 12 ~ lang 12 foot or feet long Fußabdruck m footprint Fußangel f (lit) mantrap; (fig) catch, trap Fußbad nt foot bath Fußballm 1. no pl: (≈ Fußballspiel) football (esp Br), soccer 2. (≈ Ball) football (esp Br), soccer ball Fußballer[-balɐ] m ⟨-s, -⟩, Fußballerin [-ə-rɪn] f ⟨-, -nen⟩ (infml) footballer (esp Br), soccer player Fußball-Länderspiel nt international football (esp Br) or soccer match Fußballmannschaft f football (esp Br) or soccer team Fußballplatz m football pitch (esp Br), soccer field (US) Fußballspieler(in) m/(f) football (esp Br) or soccer player Fußballstadion nt football (esp Br) or soccer (US) stadium Fußballstar nt football (esp Br) or soccer star Fußballverein m football (esp Br) or soccer club Fußballweltmeisterm World Cup holders pl Fußballweltmeisterschaft f World Cup Fußboden m floor Fußbodenbelag m floor covering Fußbodenheizung f (under)floor heating Fußbremse f foot brake

Fussel ['fʊsl] f ⟨-, -n or m -s, -⟩ fluff no pl; **ein(e)** ~ a bit of fluff **fusseln** ['fʊsln] v/i to give off fluff

fußen ['fuːsn] v/i to rest (auf +dat on)

Fußende nt (von Bett) foot **Fußfessel** f ~n pl shackles pl; **elektronische** ~ electronic tag **Fußgänger** [-gɛŋɐ] m ⟨-s, -⟩, **Fußgängerin** [-ərɪn] f ⟨-, -nen⟩ pedestrian **Fußgängerüberweg** m pedestrian crossing (Br), crosswalk (US) **Fußgängerunterführung** f underpass, pedestrian subway (Br) **Fußgängerzone** f pedestrian precinct or zone **Fußgelenk** nt ankle **Fußmarsch** m walk; MIL march **Fußmatte** f doormat **Fußnote** f footnote **Fußpflege** f chiropody **Fußpfleger(in)** m/(f) chiropodist **Fußpilz** m MED athlete's foot **Fußsohle** f sole of the foot **Fußspur** f footprint **Fußstapfe** f, **Fußstapfen** m footprint; **in jds** (acc) ~**n treten** (fig) to follow in sb's footsteps **Fußstütze** f footrest **Fußtritt** m footstep; (≈

Stoß) kick; **einen** ~ **bekommen** (fig) to be kicked out (infml) **Fußweg** m **1.** (≈ Pfad) footpath **2.** (≈ Entfernung) **es sind nur 15 Minuten** ~ it's only 15 minutes' walk

Futter ['fʊtɐ] nt ⟨-s, -⟩ **1.** no pl (animal) food or feed; (esp für Kühe, Pferde etc) fodder **2.** (≈ Kleiderfutter) lining

Futteral [fʊtə'raːl] nt ⟨-s, -e⟩ case **füttern** ['fʊtɐn] (hum infml) **I** v/i to stuff oneself (infml) **II** v/t to scoff (Br infml), to scarf or chow (US infml) **füttern** ['fʏtɐn] v/t **1.** to feed; **„Füttern verboten"** "do not feed the animals" **2.** Kleidungsstück to line **Futternapf** m bowl **Futterneid** m (fig) green-eyed monster (hum), jealousy **Fütterung** ['fʏtərʊŋ] f ⟨-, -en⟩ feeding

Futur [fu'tuːɐ] nt ⟨-(e)s, -e⟩ GRAM future (tense) **futuristisch** [futu'rɪstɪʃ] adj (≈ zukunftsweisend) futuristic **Futurologie** [futurolo'giː] f ⟨-, no pl⟩ futurology

G

G, g [geː] nt ⟨-, -⟩ G, g

Gabe ['gaːbə] f ⟨-, -n⟩ (≈ Begabung) gift

Gabel ['gaːbl] f ⟨-, -n⟩ fork; (≈ Heugabel, Mistgabel) pitchfork; TEL rest, cradle **gabeln** ['gaːbln] v/r to fork **Gabelstapler** [-ʃtaːplɐ] m ⟨-s, -⟩ fork-lift truck **Gabelung** f ⟨-, -en⟩ fork

Gabentisch m table for Christmas or birthday presents

Gabun [ga'buːn] nt ⟨-s⟩ Gabon

gackern ['gakɐn] v/i to cackle

gaffen ['gafn] v/i to gape (nach at) **Gaffer** ['gafɐ] m ⟨-s, -⟩, **Gafferin** [-ərɪn] f ⟨-, -nen⟩ gaper

Gag [gɛ(ː)k] m ⟨-s, -s⟩ (≈ Filmgag) gag; (≈ Werbegag) gimmick; (≈ Witz) joke; (infml ≈ Spaß) laugh

Gage ['gaːʒə] f ⟨-, -n⟩ esp THEAT fee; (≈ regelmäßige Gage) salary

gähnen ['gɛːnən] v/i to yawn; ~**de Leere** total emptiness; **ein** ~**des Loch** a gaping hole

Gala ['gala, 'gaːla] f ⟨-, -s⟩ formal or evening or gala dress; MIL full or ceremonial or gala dress **Galaabend** m gala evening **Galaempfang** m formal reception

galaktisch [ga'laktɪʃ] adj galactic

galant [ga'lant] (dated) **I** adj gallant **II** adv gallantly

Galauniform f MIL full dress uniform **Galavorstellung** f THEAT gala performance

Galaxis [ga'laksɪs] f ⟨-, **Galaxien**⟩ ASTRON galaxy; (≈ Milchstraße) Galaxy, Milky Way

Galeere [ga'leːrə] f ⟨-, -n⟩ galley

Galerie [galə'riː] f ⟨-, -n [-'riːən]⟩ gallery; **auf der** ~ in the gallery

Galgen ['galgn] m ⟨-s, -⟩ gallows pl, gibbet; FILM boom **Galgenfrist** f (infml) reprieve **Galgenhumor** m gallows humour (Br) or humor (US)

Galionsfigur f figurehead

gälisch ['gɛːlɪʃ] adj Gaelic

Galle ['galə] f ⟨-, -n⟩ (ANAT ≈ Organ) gall bladder; (≈ Flüssigkeit) bile; BOT, VET gall; (fig ≈ Bosheit) virulence; **bitter wie** ~ bitter as gall; **jdm kommt die** ~ **hoch** sb's blood begins to boil **Gallenblase** f gall bladder **Gallenkolik** f gallstone colic **Gallenstein** m gallstone

Gallier ['galiɐ] m ⟨-s, -⟩, **Gallierin** [-iərɪn] f ⟨-, -nen⟩ Gaul **gallisch** ['galɪʃ] adj Gallic

Gallone [ga'lo:nə] *f* ⟨**-, -n**⟩ gallon

Galopp [ga'lɔp] *m* ⟨**-s, -s** *or* **-e**⟩ gallop; *im ~* (*lit*) at a gallop; (*fig*) at top speed; *langsamer ~* canter **galoppieren** [galɔ-'piːrən] *past part* **galoppiert** *v/i aux haben or sein* to gallop; *~de Inflation* galloping inflation

Gamasche [ga'maʃə] *f* ⟨**-, -n**⟩ gaiter; (≈ *Wickelgamasche*) puttee

Gambe ['gambə] *f* ⟨**-, -n**⟩ viola da gamba

Gameboy® ['geːmbɔy] *m* ⟨**-(s), -s**⟩ Gameboy® **Gameshow** ['geːmʃoː] *f* game show

Gammastrahlen ['gama-] *pl* gamma rays *pl*

gammelig ['gaməlɪç] *adj* (*infml*) *Lebensmittel* old; *Kleidung* tatty (*infml*) **gammeln** ['gamln] *v/i* (*infml*) to loaf around (*infml*) **Gammler** ['gamlɐ] *m* ⟨**-s, -**⟩, **Gammlerin** [-ərɪn] *f* ⟨**-, -nen**⟩ long-haired layabout (*Br*) *or* bum (*infml*)

Gamsbart *m, m* tuft of hair from a chamois worn as a hat decoration, shaving brush (*hum infml*) **Gamsbock** *m, m* chamois buck **Gämse** ['gɛmzə] *f* ⟨**-, -n**⟩ chamois

gang [gaŋ] *adj* **~ und gäbe sein** to be quite usual

Gang [gaŋ] *m* ⟨**-(e)s,** ⸚**e** ['gɛŋə]⟩ **1.** *no pl*: (≈ *Gangart*) walk, gait **2.** (≈ *Besorgung*) errand; (≈ *Spaziergang*) walk; *einen ~ zur Bank machen* to pay a visit to the bank **3.** *no pl* (≈ *Ablauf*) course; *der ~ der Ereignisse/der Dinge* the course of events/things; *seinen* (*gewohnten*) *~ gehen* (*fig*) to run its usual course; *etw in ~ bringen or setzen* to get *or* set sth going; *etw in ~ halten* to keep sth going; *in ~ kommen* to get going; *in ~ sein* to be going; (*fig*) to be under way; *in vollem ~* in full swing; *es ist etwas im ~(e)* (*infml*) something's up (*infml*) **4.** (≈ *Arbeitsgang*) operation; (*eines Essens*) course; *ein Essen mit vier Gängen* a four-course meal **5.** (≈ *Verbindungsgang*) passage(way); (*in Gebäuden*) corridor; (≈ *Hausflur*) hallway; (*zwischen Sitzreihen*) aisle **6.** MECH gear; *den ersten ~ einlegen* to engage first (gear); *in die Gänge kommen* (*fig*) to get started *or* going **Gangart** *f* walk; (*von Pferd*) gait, pace; *eine harte ~* (*fig*) a tough stance *or* line **gangbar** *adj* (*lit*) *Weg, Brücke etc* passable; (*fig*) *Lösung, Weg* practicable

gängeln ['gɛŋln] *v/t* (*fig*) *jdn ~* to treat sb like a child; (*Mutter*) to keep sb tied to one's apron strings

gängig ['gɛŋɪç] *adj* (≈ *üblich*) common; (≈ *aktuell*) current

Gangschaltung *f* gears *pl*

Gangster ['gɛŋstɐ, 'gaŋstɐ] *m* ⟨**-s, -**⟩ gangster **Gangsterbande** ['gɛŋstɐ-, 'gaŋstɐ-] *f* gang of criminals **Gangstermethoden** ['gɛŋstɐ-, 'gaŋstɐ-] *pl* strong-arm tactics *pl*

Gangway ['gɛŋweː] *f* ⟨**-, -s**⟩ NAUT gangway; AVIAT steps *pl*

Ganove [ga'noːvə] *m* ⟨**-n, -n**⟩ (*infml*) crook; (*hum* ≈ *listiger Kerl*) sly old fox

Gans [gans] *f* ⟨**-,** ⸚**e** ['gɛnzə]⟩ goose; *wie die Gänse schnattern* to cackle away **Gänseblümchen** [-blyːmçən] *nt* ⟨**-s, -**⟩ daisy **Gänsebraten** *m* roast goose **Gänsefüßchen** [-fyːsçən] *pl* (*infml*) inverted commas *pl* (*Br*), quotation marks *pl* **Gänsehaut** *f* (*fig*) goose pimples *pl or* flesh (*Br*), goose bumps *pl*; *eine ~ bekommen or kriegen* (*infml*) to get goose pimples *etc* **Gänseleberpastete** *f* pâté de foie gras, goose-liver pâté **Gänsemarsch** *m im ~* in single *or* Indian file **Gänserich** ['gɛnzərɪç] *m* ⟨**-s, -e**⟩ gander

ganz [gants] **I** *adj* **1.** whole, entire; (≈ *vollständig*) complete; *~ England/London* the whole of England/London (*Br*), all (of) England/London; *die ~e Zeit* all the time, the whole time; *sein ~es Geld* all his money; *seine ~e Kraft* all his strength; *ein ~er Mann* a real man; *im* (*Großen und*) *Ganzen* on the whole **2.** (*infml* ≈ *unbeschädigt*) intact; *etw wieder ~ machen* to mend sth **II** *adv* (≈ *völlig*) quite; (≈ *vollständig*) completely; (≈ *ziemlich*) quite; (≈ *sehr*) really; (≈ *genau*) exactly, just; *~ hinten/vorn* right at the back/front; *nicht ~* not quite; *~ gewiss!* most certainly, absolutely; *ein ~ billiger Trick* a really cheap trick; *~ allein* all alone; *~ wie Sie meinen* just as you think (best); *~ und gar* completely, utterly; *~ und gar nicht* not at all; *ein ~ klein wenig* just a little *or* tiny bit; *das mag ich ~ besonders gerne* I'm particularly *or* especially fond of that **Ganze(s)** ['gantsə] *nt decl as adj* whole; *etw als ~s sehen* to see sth as a whole; *das ~ kostet ...* altogether it costs ...; *aufs ~ gehen* (*infml*) to go all out; *es geht ums ~* everything's at stake

Ganzheit f ⟨-, (rare) **-en**⟩ (≈ Einheit) unity; (≈ Vollständigkeit) entirety; **in seiner** ~ in its entirety **ganzheitlich** ['gantshaitlɪç] adj (≈ umfassend einheitlich) integral; Lernen integrated; Medizin holistic **ganzjährig** adj, adv all (the) year round **gänzlich** ['gɛntslɪç] adv completely, totally **ganzseitig** [-zaitɪç] adj Anzeige etc full-page **ganztägig** adj all-day; Arbeit, Stelle full-time; ~ **geöffnet** open all day **ganztags** ['gantstaːks] adv arbeiten full-time **Ganztagsbeschäftigung** f full-time occupation **Ganztagsschule** f all-day school

gar [gaːɐ] **I** adv ~ **keines** none at all or whatsoever; ~ **nichts** nothing at all or whatsoever; ~ **nicht schlecht** not bad at all **II** adj Speise done pred, cooked

Garage [ga'raːʒə] f ⟨-, -n⟩ garage

Garant [ga'rant] m ⟨-en, -en⟩, **Garantin** [-'rantɪn] f ⟨-, -nen⟩ guarantor **Garantie** [garan'tiː] f ⟨-, -n [-'tiːən]⟩ guarantee; (auf Auto) warranty; **die Uhr hat ein Jahr** ~ the watch is guaranteed for a year; **unter** ~ under guarantee **garantieren** [garan'tiːrən] past part **garantiert I** v/t to guarantee (jdm etw sb sth) **II** v/i to give a guarantee; **für etw** ~ to guarantee sth **garantiert** [garan'tiːɐt] adv guaranteed; (infml) I bet (infml); **er kommt** ~ **nicht** I bet he won't come (infml) **Garantieschein** m guarantee, certificate of guarantee (form); (für Auto) warranty

Garbe ['garbə] f ⟨-, -n⟩ (≈ Korngarbe) sheaf

Garde ['gardə] f ⟨-, -n⟩ guard; **die alte/junge** ~ (fig) the old/young guard

Garderobe [gardə'roːbə] f ⟨-, -n⟩ **1.** (≈ Kleiderbestand) wardrobe (Br) **2.** (≈ Kleiderablage) hall stand; (im Theater, Kino etc) cloakroom (Br), checkroom (US) **3.** (THEAT ≈ Umkleideraum) dressing room **Garderobenfrau** f cloakroom (Br) or checkroom (US) attendant **Garderobenmarke** f cloakroom (Br) or checkroom (US) ticket **Garderobenständer** m hat stand (Br), hat tree (US)

Gardine [gar'diːnə] f ⟨-, -n⟩ curtain (Br), drape (US); (≈ Scheibengardine) net (Br) or café (US) curtain **Gardinenpredigt** f (infml) talking-to; **jdm eine** ~ **halten** to give sb a talking-to **Gardinenstange** f curtain rail; (zum Ziehen) curtain rod

garen ['gaːrən] COOK v/t & v/i to cook; (auf kleiner Flamme) to simmer

gären ['gɛːrən] pret **gor** or **gärte**, past part **gegoren** or **gegärt** v/i aux haben or sein to ferment; **in ihm gärt es** he is in a state of inner turmoil

Garn [garn] nt ⟨-(e)s, -e⟩ thread; **ein** ~ **spinnen** (fig) to spin a yarn

Garnele [gar'neːlə] f ⟨-, -n⟩ ZOOL prawn; (≈ Granat) shrimp

garnieren [gar'niːrən] past part **garniert** v/t to decorate; Gericht Reden etc to garnish

Garnison [garni'zoːn] f ⟨-, -en⟩ MIL garrison

Garnitur [garni'tuːɐ] f ⟨-, -en⟩ **1.** (≈ Satz) set; **die erste** ~ (fig) the pick of the bunch; **erste/zweite** ~ **sein** to be first-rate or first-class/second-rate **2.** (≈ Besatz) trimming

Garten ['gartn] m ⟨-s, ⸚ ['gɛrtn]⟩ garden; (≈ Obstgarten) orchard; **botanischer** ~ botanic(al) gardens pl **Gartenarbeit** f gardening no pl **Gartenbau** m, no pl horticulture **Gartengerät** nt gardening tool or implement **Gartenhaus** nt summer house **Gartenlokal** nt beer garden; (≈ Restaurant) garden café **Gartenmöbel** pl garden furniture **Gartenschere** f secateurs pl (Br), pruning shears pl; (≈ Heckenschere) shears pl **Gartenzaun** m garden fence **Gartenzwerg** m garden gnome **Gärtner** ['gɛrtnɐ] m ⟨-s, -⟩, **Gärtnerin** [-ərɪn] f ⟨-, -nen⟩ gardener **Gärtnerei** [gɛrtnə'rai] f ⟨-, -en⟩ **1.** market garden (Br), truck farm (US) **2.** no pl (≈ Gartenarbeit) gardening **gärtnern** ['gɛrtnɐn] v/i to garden

Gärung ['gɛːrʊŋ] f ⟨-, -en⟩ fermentation

Garzeit ['gaːɐ-] f cooking time

Gas [gaːs] nt ⟨-es, -e [-zə]⟩ gas; (AUTO ≈ Gaspedal) accelerator, gas pedal (esp US); ~ **geben** AUTO to accelerate; (auf höhere Touren bringen) to rev up **Gasbehälter** m gas holder, gasometer **Gasexplosion** f gas explosion **Gasfeuerzeug** nt gas lighter **Gasflasche** f bottle of gas, gas canister **gasförmig** adj gaseous, gasiform **Gashahn** m gas tap **Gasheizung** f gas (central) heating **Gasherd** m gas cooker **Gaskammer** f gas chamber **Gaskocher** m camping stove **Gasleitung** f (≈ Rohr) gas pipe; (≈ Hauptrohr) gas main **Gasmann** m, pl **-männer**

gasman **Gasmaske** f gas mask **Gasometer** [gazo'me:tɐ] m gasometer **Gaspedal** nt AUTO accelerator (pedal), gas pedal (esp US) **Gasrohr** nt gas pipe; (≈ Hauptrohr) gas main

Gasse ['gasə] f ⟨-, -n⟩ lane; (≈ Durchgang) alley(way) **Gassenjunge** m (pej) street urchin **Gassi** ['gasi] adv (infml) ~ **gehen** to go walkies (Br infml), to go for a walk

Gast [gast] m ⟨-es, ⸚e['gɛstə]⟩ guest; (≈ Tourist) visitor; (in einer Gaststätte) customer; **wir haben heute Abend Gäste** we're having company this evening; **bei jdm zu ~ sein** to be sb's guest(s) **Gastarbeiter(in)** m/(f) (often pej) immigrant or foreign worker **Gastdozent(in)** m/(f) visiting or guest lecturer **Gästebett** nt spare or guest bed **Gästebuch** nt visitors' book **Gästehandtuch** nt guest towel **Gästehaus** nt guest house **Gästeliste** f guest list **Gäste-WC** nt guest toilet **Gästezimmer** nt guest or spare room **gastfreundlich** adj hospitable **Gastfreundlichkeit** f ⟨-, no pl⟩, **Gastfreundschaft** f ⟨-, no pl⟩ hospitality **gastgebend** adj attr Land, Theater host attr; Mannschaft home attr **Gastgeber** m host **Gastgeberin** f hostess **Gasthaus** nt, **Gasthof** m inn **Gasthörer(in)** m/(f) UNIV observer, auditor (US) **gastieren** [gas'ti:rən] past part **gastiert** v/i to guest **Gastland** nt host country **gastlich** ['gastlɪç] adj hospitable **Gastlichkeit** f ⟨-, no pl⟩ hospitality **Gastrecht** nt right to hospitality

Gastritis [gas'tri:tɪs] f ⟨-, **Gastritiden** [-'ti:dn]⟩ gastritis

Gastronom [gastro'no:m] m ⟨-en, -en⟩, **Gastronomin** [-'no:mɪn] f ⟨-, -nen⟩ (≈ Gastwirt) restaurateur; (≈ Koch) cuisinier, cordon bleu cook (esp Br) **Gastronomie** [gastrono'mi:] f ⟨-, no pl⟩ (form ≈ Gaststättengewerbe) catering trade; (elev ≈ Kochkunst) gastronomy **gastronomisch** [gastro'no:mɪʃ] adj gastronomic

Gastspiel nt THEAT guest performance; SPORTS away match **Gaststätte** f (≈ Restaurant) restaurant; (≈ Trinklokal) (Br), bar **Gaststättengewerbe** nt catering trade **Gaststube** f lounge

Gasturbine f gas turbine

Gastwirt m (Besitzer) restaurant owner or proprietor; (Pächter) restaurant manager; (von Kneipe) landlord **Gastwirtin** f (Besitzerin) restaurant owner or proprietress; (Pächterin) restaurant manageress; (von Kneipe) landlady **Gastwirtschaft** f = **Gaststätte**

Gasuhr f gas meter **Gasvergiftung** f gas poisoning **Gasversorgung** f (≈ System) gas supply (+gen to) **Gaswerk** nt gasworks sg or pl **Gaszähler** m gas meter

Gatte ['gatə] m ⟨-n, -n⟩ (form) husband, spouse (form)

Gatter ['gatɐ] nt ⟨-s, -⟩ (≈ Tür) gate; (≈ Zaun) fence; (≈ Rost) grating, grid

Gattin ['gatɪn] f ⟨-, -nen⟩ (form) wife, spouse (form)

Gattung ['gatʊŋ] f ⟨-, -en⟩ BIOL genus; LIT, MUS, ART genre; (fig ≈ Sorte) type, kind **Gattungsbegriff** m generic concept

GAU [gau] m ⟨-(s)⟩ abbr of **größter anzunehmender Unfall** MCA, maximum credible accident; (fig infml) worst-case scenario

Gaudi ['gaudi] nt ⟨-s or (S Ger, Aus) f -, no pl⟩ (infml) fun

Gaukler ['gauklɐ] m ⟨-s, -⟩, **Gauklerin** [-ərɪn] f ⟨-, -nen⟩ (liter) travelling (Br) or traveling (US) entertainer; (fig) storyteller

Gaul [gaul] m ⟨-(e)s, **Gäule** ['gɔylə]⟩ (pej) nag, hack

Gaumen ['gaumən] m ⟨-s, -⟩ palate

Gauner ['gaunɐ] m ⟨-s, -⟩ rogue, scoundrel; (≈ Betrüger) crook; (infml ≈ gerissener Kerl) cunning devil (infml) **Gaunerin** ['gaunərɪn] f ⟨-, -nen⟩ rascal; (≈ Betrügerin) crook **Gaunersprache** f underworld jargon

Gazastreifen ['ga:za:-] m Gaza Strip

Gaze ['ga:zə] f ⟨-, -n⟩ gauze

Gazelle [ga'tsɛlə] f ⟨-, -n⟩ gazelle

geartet [gə'a:ɐtət] adj **gutmütig ~ sein** to be good-natured; **freundlich ~ sein** to have a friendly nature

Geäst [gə'ɛst] nt ⟨-(e)s, no pl⟩ branches pl

Gebäck [gə'bɛk] nt ⟨-(e)s, -e⟩ (≈ Kekse) biscuits pl (Br), cookies pl (US); (≈ süße Teilchen) pastries pl

Gebälk [gə'bɛlk] nt ⟨-(e)s, -e⟩ timbers pl

geballt [gə'balt] adj (≈ konzentriert) concentrated; **die Probleme treten jetzt ~ auf** the problems are piling up now; → **ballen**

Gebärde [gə'bɛːɐdə] f ⟨-, -n⟩ gesture geb<u>ä</u>rden [gə'bɛːɐdn] *past part* geb<u>ä</u>rdet *v/r* to behave Geb<u>ä</u>rdensprache *f* gestures *pl*; (≈ *Zeichensprache*) sign language

Geb<u>a</u>ren [gə'baːrən] *nt* ⟨*-s, no pl*⟩ behaviour (*Br*), behavior (*US*); (COMM ≈ *Geschäftsgebaren*) conduct

geb<u>ä</u>ren [gə'bɛːrən] *pres* geb<u>ä</u>rt *or* (*geh*) geb<u>ie</u>rt [gə'biːɐt], *pret* geb<u>a</u>r [gə'baːɐ], *past part* geb<u>o</u>ren [gə'boːrən] **I** *v/t* to give birth to; geb<u>o</u>ren werden to be born; wo sind Sie geboren? where were you born?; → geb<u>o</u>ren **II** *v/i* to give birth Geb<u>ä</u>rmutter *f*, *pl* -mütter ANAT womb, uterus Geb<u>ä</u>rmutterhals *m* cervix Geb<u>ä</u>rmutterkrebs *m* cervical cancer

Geb<u>a</u>rung *f* ⟨*-, -en*⟩ (*Aus* COMM ≈ *Geschäftsgebaren*) conduct

Geb<u>äu</u>de [gə'bɔydə] *nt* ⟨*-s, -*⟩ building; (*fig* ≈ *Gefüge*) structure Geb<u>äu</u>dekomplex *m* building complex

geb<u>au</u>t [gə'baut] *adj* built; gut ~ sein to be well-built; → bauen

Geb<u>e</u>ll [gə'bɛl] *nt* ⟨*-s, no pl*⟩ barking

geb<u>e</u>n ['geːbn] *pret* gab [gaːp], *past part* geg<u>e</u>ben [gə'geːbn] **I** *v/t* **1.** to give; was darf ich Ihnen ~? what can I get you?; ~ Sie mir bitte zwei Flaschen Bier I'd like two bottles of beer, please; ~ Sie mir bitte Herrn Lang TEL can I speak to Mr Lang please?; ich gäbe viel darum, zu ... I'd give a lot to ...; gibs ihm (tüchtig)! (*infml*) let him have it! (*infml*); das Buch hat mir viel gegeben I got a lot out of the book; → gegeben **2.** (≈ *übergeben*) ein Auto in Reparatur ~ to have a car repaired; ein Kind in Pflege ~ to put a child in care **3.** (≈ *veranstalten*) Konzert, Fest to give; was wird heute im Theater gegeben? what's on at the theatre (*Br*) or theater (*US*) today? **4.** (≈ *unterrichten*) to teach; er gibt Nachhilfeunterricht he does tutoring **5.** viel/nicht viel auf etw (*acc*) ~ to set great/little store by sth; ich gebe nicht viel auf seinen Rat I don't think much of his advice; etw von sich ~ Laut, Worte, Flüche to utter; Meinung to express **II** *v/i* **1.** CARDS to deal; wer gibt? whose turn is it to deal? **2.** (SPORTS ≈ *Aufschlag haben*) to serve **III** *v/i impers* es gibt there is; (+*pl*) there are; gibt es einen Gott? is there a God?; es wird noch Ärger ~ there'll be trouble (yet); was gibts

zum Mittagessen? what's for lunch?; es gibt gleich Mittagessen! it's nearly time for lunch!; was gibts? what's the matter?, what is it?; das gibts doch nicht! I don't believe it!; das hat es ja noch nie gegeben! it's unbelievable!; so was gibts bei uns nicht! (*infml*) that's just not on! (*infml*); gleich gibts was! (*infml*) there's going to be trouble! **IV** *v/r* sich ~ (≈ *nachlassen, Regen*) to ease off; (*Schmerzen*) to ease; (*Begeisterung*) to cool; (*freches Benehmen*) to lessen; (≈ *sich erledigen*) to sort itself out; (≈ *aufhören*) to stop; das wird sich schon ~ it'll all work out; nach außen gab er sich heiter outwardly he seemed quite cheerful Geb<u>e</u>r ['geːbɐ] *m* ⟨*-s, -*⟩, Geb<u>e</u>rin [-ərɪn] *f* ⟨*-, -nen*⟩ giver; CARDS dealer

Geb<u>e</u>t [gə'beːt] *nt* ⟨*-(e)s, -e*⟩ prayer; jdn ins ~ nehmen (*fig*) to take sb to task; (*iron: bei Polizeiverhör etc*) to put pressure on sb Geb<u>e</u>tbuch *nt* prayer book

geb<u>eu</u>gt [gə'bɔykt] *adj* Haltung stooped; Kopf bowed; → beugen

Geb<u>ie</u>t [gə'biːt] *nt* ⟨*-(e)s, -e*⟩ **1.** area, region; (≈ *Staatsgebiet*) territory **2.** (*fig* ≈ *Fach*) field; (≈ *Teilgebiet*) branch; auf diesem ~ in this field geb<u>ie</u>ten [gə-'biːtn] *pret* geb<u>o</u>t [gə'boːt], *past part* geb<u>o</u>ten [gə'boːtn] (*elev*) **I** *v/t* (≈ *verlangen*) to demand; jdm etw ~ to command sb to do sth **II** *v/i* über etw (*acc*) ~ über Geld etc to have sth at one's disposal; → geboten Geb<u>ie</u>tsanspruch *m* territorial claim geb<u>ie</u>tsweise *adv* in some areas

Geb<u>i</u>lde [gə'bɪldə] *nt* ⟨*-s, -*⟩ (≈ *Ding*) thing; (≈ *Gegenstand*) object; (≈ *Bauwerk*) construction

geb<u>i</u>ldet [gə'bɪldət] *adj* educated; (≈ *gelehrt*) learned; (≈ *kultiviert*) cultured; → bilden

Geb<u>i</u>nde [gə'bɪndə] *nt* ⟨*-s, -*⟩ (≈ *Blumengebinde*) arrangement; (≈ *Blumenkranz*) wreath

Geb<u>i</u>rge [gə'bɪrgə] *nt* ⟨*-s, -*⟩ mountains *pl*, mountain range geb<u>i</u>rgig [gə'bɪrgɪç] *adj* mountainous Geb<u>i</u>rgskette *f* mountain range Geb<u>i</u>rgslandschaft *f* (≈ *Gegend*) mountainous region; (≈ *Ausblick*) mountain scenery Geb<u>i</u>rgszug *m* mountain range

Geb<u>i</u>ss [gə'bɪs] *nt* ⟨*-es, -e*⟩ (≈ *die Zähne*) (set of) teeth *pl*; (≈ *künstliches Gebiss*) dentures *pl*

Gebläse [gə'blɛːzə] *nt* ⟨-s, -⟩ blower

geblümt [gə'blyːmt] *adj* flowered

Geblüt [gə'blyːt] *nt* ⟨-(e)s, *no pl*⟩ (*elev*) (≈ *Abstammung*) descent; (*fig* ≈ *Blut*) blood; **von edlem ~** of noble blood

gebongt [gə'bɔŋt] *adj* (*infml*) **das ist ~** okey-doke (*infml*)

geboren [gə'boːrən] *adj* born; **er ist blind ~** he was born blind; **~er Engländer sein** to be English by birth; **er ist der ~e Erfinder** he's a born inventor; **Hanna Schmidt ~e Müller** Hanna Schmidt, née Müller

geborgen [gə'bɔrgn] *adj* **sich ~ fühlen** to feel secure **Geborgenheit** *f* ⟨-, *no pl*⟩ security

Gebot [gə'boːt] *nt* ⟨-(e)s, -e⟩ **1.** (≈ *Gesetz*) law; (≈ *Vorschrift*) rule; BIBLE commandment **2.** (*elev* ≈ *Erfordernis*) requirement; **das ~ der Stunde** the needs of the moment **3.** (COMM: *bei Auktionen*) bid **geboten** [gə'boːtn] *adj* (*elev*) (≈ *ratsam*) advisable; (≈ *notwendig*) necessary; (≈ *dringend geboten*) imperative; → **bieten, gebieten Gebotsschild** *nt*, *pl* **-schilder** sign giving orders

gebrannt [gə'brant] *adj* **~e Mandeln** *pl* burnt (*Br*) *or* baked (*US*) almonds *pl*; **~er Ton** fired clay; **~es Kind scheut das Feuer** (*prov*) once bitten, twice shy (*prov*)

Gebrauch [gə'braux] *m* ⟨-(e)s, **Gebräuche** [gə'brɔʏçə]⟩ (≈ *Benutzung*) use; (*eines Wortes*) usage; (≈ *Anwendung*) application; (≈ *Brauch*) custom; **von etw ~ machen** to make use of sth; **in ~ sein** to be in use **gebrauchen** [gə'brauxn] *past part* **gebraucht** *v/t* (≈ *benutzen*) to use; (≈ *anwenden*) to apply; **sich zu etw ~ lassen** to be useful for sth; (≈ *missbrauchen*) to be used as sth; **nicht mehr zu ~ sein** to be useless; **er/das ist zu nichts zu ~** he's/that's absolutely useless; **das kann ich gut ~** I can really use that; **ich könnte ein neues Kleid ~** I could use a new dress **gebräuchlich** [gə'brɔʏçlıç] *adj* (≈ *verbreitet*) common; (≈ *gewöhnlich*) usual, customary **Gebrauchsanweisung** *f* (*für Arznei*) directions *pl*; (*für Geräte etc*) instructions *pl* (*for use*) **Gebrauchsartikel** *m* article for everyday use; (*pl: esp* COMM) basic consumer goods *pl* **Gebrauchsgegenstand** *m* commodity; (≈ *Werkzeug, Küchengerät*) utensil **Ge-**

brauchsgut *nt usu pl* consumer item **Gebrauchsmuster** *nt* registered pattern *or* design **gebraucht** [gə'brauxt] **I** *adj* second-hand; *Verpackung* used **II** *adv* **etw ~ kaufen** to buy sth second-hand; → **brauchen Gebrauchtwagen** *m* used *or* second-hand car **Gebrauchtwagenhändler(in)** *m/(f)* used *or* second-hand car dealer

gebräunt [gə'brɔʏnt] *adj* (≈ *braun gebrannt*) (sun-)tanned; → **bräunen**

Gebrechen [gə'brɛçn] *nt* ⟨-s, -⟩ (*elev*) affliction **gebrechlich** [gə'brɛçlıç] *adj* frail; (≈ *altersschwach*) infirm **gebrochen** [gə'brɔxn] **I** *adj* broken; **~e Zahl** MAT fraction; **mit ~em Herzen** broken-hearted **II** *adv* **~ Deutsch sprechen** to speak broken German

Gebrüder [gə'bryːdɐ] *pl* COMM Brothers *pl*; **~ Müller** Müller Brothers

Gebrüll [gə'brʏl] *nt* ⟨-(e)s, *no pl*⟩ (*von Löwe*) roar; (*von Mensch*) yelling

gebückt [gə'bʏkt] **I** *adj* **eine ~e Haltung** a stoop **II** *adv* **~ gehen** to stoop; → **bücken**

Gebühr [gə'byːɐ] *f* ⟨-, **-en**⟩ **1.** charge; (≈ *Postgebühr*) postage *no pl*; (≈ *Studiengebühr*) fees *pl*; (≈ *Vermittlungsgebühr*) commission; (≈ *Straßenbenutzungsgebühr*) toll; **~en erheben** to make a charge; **~ (be)zahlt Empfänger** postage to be paid by addressee **2.** (≈ *Angemessenheit*) **nach ~** suitably, properly; **über ~** excessively **gebühren** [gə'byːrən] *past part* **gebührt** (*elev*) **I** *v/i* **das gebührt ihm** (≈ *steht ihm zu*) it is his (just) due; (≈ *gehört sich für ihn*) it befits him **II** *v/r* to be proper; **wie es sich gebührt** as is proper **gebührend I** *adj* (≈ *verdient*) due; (≈ *angemessen*) suitable; (≈ *geziemend*) proper **II** *adv* duly, suitably; **etw ~ feiern** to celebrate sth in a fitting manner **Gebühreneinheit** *f* TEL (tariff) unit **Gebührenerhöhung** *f* increase in charges **gebührenfrei I** *adj* free of charge; *Telefonnummer* Freefone® (*Br*), toll-free (*US*) **II** *adv* free of charge **Gebührenordnung** *f* scale of charges **gebührenpflichtig** [-pflıçtıç] **I** *adj* subject to a charge; *Autobahnbenutzung* subject to a toll; **~e Verwarnung** JUR fine; **~e Autobahn** toll road (*Br*), turnpike (*US*) **II** *adv* **jdn ~ verwarnen** to fine sb

gebunden [gə'bʊndn] *adj* tied (*an* +*acc* to); (*durch Verpflichtungen etc*) tied down; *Kapital* tied up; LING, PHYS, CHEM bound; *Buch* cased, hardback; *Wärme* latent; MUS legato; *vertraglich ~ sein* to be bound by contract

Geburt [gə'buːɐt] *f* ⟨-, -en⟩ birth; *von ~* by birth; *von ~ an* from birth; *bei der ~ sterben* (*Mutter*) to die in childbirth; (*Kind*) to die at birth; *das war eine schwere ~!* (*fig infml*) that took some doing (*infml*) **Geburtendefizit** *nt* birth deficit **Geburtenkontrolle** *f*, **Geburtenregelung** *f* birth control **Geburtenrate** *f* birthrate **Geburtenrückgang** *m* drop in the birthrate **geburtenschwach** *adj Jahrgang* with a low birthrate **geburtenstark** *adj Jahrgang* with a high birthrate **Geburtenüberschuss** *m* excess of births over deaths **Geburtenziffer** *f* birthrate **gebürtig** [gə'bʏrtɪç] *adj* ~*er Londoner sein* to have been born in London **Geburtsanzeige** *f* birth announcement **Geburtsdatum** *nt* date of birth **Geburtshaus** *nt das ~ Kleists* the house where Kleist was born **Geburtshelfer(in)** *m/(f)* (MED ≈ *Arzt*) obstetrician; (≈ *Hebamme*) midwife **Geburtsjahr** *nt* year of birth **Geburtsname** *m* birth name; (*von Frau auch*) maiden name **Geburtsort** *m*, *pl* **-orte** birthplace **Geburtstag** *m* birthday; (*auf Formularen*) date of birth; *jdm zum ~ gratulieren* to wish sb (a) happy birthday; *heute habe ich ~* it's my birthday today **Geburtstagsfeier** *f* birthday party **Geburtstagskind** *nt* birthday boy/girl **Geburtsurkunde** *f* birth certificate

Gebüsch [gə'bʏʃ] *nt* ⟨-(e)s, -e⟩ bushes *pl*; (≈ *Unterholz*) undergrowth, brush

gedacht [gə'daxt] *adj Linie, Fall* imaginary **Gedächtnis** [gə'dɛçtnɪs] *nt* ⟨-ses, -se⟩ memory; *etw aus dem ~ hersagen* to recite sth from memory; *jdm im ~ bleiben* to stick in sb's mind; *etw im ~ behalten* to remember sth **Gedächtnislücke** *f* gap in one's memory **Gedächtnisschwund** *m* amnesia

gedämpft [gə'dɛmpft] *adj* **1.** (≈ *vermindert*) *Geräusch* muffled; *Farben, Stimmung* muted; *Optimismus* cautious; *Licht, Freude* subdued; *mit ~er Stimme* in a low voice **2.** COOK steamed; → *dämpfen*

Gedanke [gə'daŋkə] *m* ⟨-ns, -n⟩ thought (*über* +acc on, about); (≈ *Idee, Plan*) idea; (≈ *Konzept*) concept; *der bloße*

~ an ... the mere thought of ...; *in ~n vertieft sein* to be deep in thought; *jdn auf andere ~n bringen* to take sb's mind off things; *sich* (*dat*) *über etw* (*acc*) *~n machen* to think about sth; (≈ *sich sorgen*) to worry about sth; *etw ganz in ~n* (*dat*) *tun* to do sth (quite) without thinking; *jds ~n lesen* to read sb's mind *or* thoughts; *auf dumme ~n kommen* (*infml*) to get up to mischief; *mit dem ~n spielen, etw zu tun* to toy with the idea of doing sth **Gedankenaustausch** *m* POL exchange of ideas **gedankenlos** *adj* (≈ *unüberlegt*) unthinking; (≈ *zerstreut*) absent-minded; (≈ *rücksichtslos*) thoughtless **Gedankenlosigkeit** *f* ⟨-, -en⟩ (≈ *Unüberlegtheit*) lack of thought; (≈ *Zerstreutheit*) absent-mindedness; (≈ *Rücksichtslosigkeit*) thoughtlessness **Gedankenspiel** *nt* intellectual game; (*als psychologische Taktik*) mind game **Gedankenstrich** *m* dash **Gedankenübertragung** *f* telepathy **gedanklich** [gə'daŋklɪç] *adj* intellectual; (≈ *vorgestellt*) imaginary

Gedeck [gə'dɛk] *nt* ⟨-(e)s, -e⟩ **1.** (≈ *Tischgedeck*) cover; *ein ~ auflegen* to lay (*Br*) *or* set a place **2.** (≈ *Menü*) set meal, table d'hôte **3.** (*im Nachtklub*) cover charge **gedeckt** [gə'dɛkt] *adj Farben* muted; *Tisch* set *or* laid (*Br*) for a meal; → *decken*

Gedeih [gə'dai] *m auf ~ und Verderb* for better or (for) worse **gedeihen** [gə'daiən] *pret* **gedieh** [gə'diː], *past part* **gediehen** [gə'diːən] *v/i aux sein* to thrive; (*elev* ≈ *sich entwickeln*) to develop; (*fig* ≈ *vorankommen*) to make progress

gedenken [gə'dɛŋkn] *pret* **gedachte** [gə'daxtə], *past part* **gedacht** [gə'daxt] *v/i* +*gen irr* **1.** (*elev*) ≈ *denken an*) to remember **2.** (≈ *feiern*) to commemorate **Gedenken** [gə'dɛŋkn] *nt* ⟨-s, *no pl*⟩ memory (*an* +acc of); *zum* *or* *im ~ an jdn* in memory of sb **Gedenkfeier** *f* commemoration **Gedenkminute** *f* minute's silence **Gedenkmünze** *f* commemorative coin **Gedenkstätte** *f* memorial **Gedenkstunde** *f* hour of commemoration **Gedenktafel** *f* plaque **Gedenktag** *m* commemoration day

Gedicht [gə'dɪçt] *nt* ⟨-(e)s, -e⟩ poem; *der Nachtisch ist ein ~* (*infml*) the dessert is sheer poetry **Gedichtband** *pl* **-bände** *m* book of poems *or* poetry

gediegen [gə'diːgn] *adj* **1.** *Metall* pure **2.** (*von guter Qualität*) high-quality; (≈ *geschmackvoll*) tasteful; (≈ *rechtschaffen*) upright; *Kenntnisse* sound

gedopt [gə'ndɔpt] *adj* **er war ~** he had taken drugs; → **dopen**

Gedränge [gə'drɛŋə] *nt* ⟨**-s**, *no pl*⟩ (≈ *Menschenmenge*) crowd, crush; (≈ *Drängeln*) jostling; RUGBY scrum(mage); **ins ~ kommen** (*fig*) to get into a fix (*infml*) **Gedrängel** [gə'drɛŋl] *nt* ⟨**-s**, *no pl*⟩ (*infml*) (≈ *Drängeln*) shoving (*infml*) **gedrängt** [gə'drɛŋt] **I** *adj* packed; (*fig*) *Stil* terse **II** *adv* **~ voll** packed full; **~ stehen** to be crowded together; → **drängen**

gedruckt [gə'drʊkt] *adj* printed; **lügen wie ~** (*infml*) to lie right, left and centre (*Br infml*) *or* center (*US infml*); → **drucken**

gedrückt [gə'drʏkt] *adj* *Stimmung* depressed; **~er Stimmung sein** to feel depressed; → **drücken**

gedrungen [gə'drʊŋən] *adj* *Gestalt* stocky

Geduld [gə'dʊlt] *f* ⟨**-**, *no pl*⟩ patience; **mit jdm/etw ~ haben** to be patient with sb/sth; **ich verliere die ~** my patience is wearing thin **gedulden** [gə'dʊldn] *past part* **geduldet** *v/r* to be patient **geduldig** [gə'dʊldɪç] **I** *adj* patient **II** *adv* patiently **Geduldsprobe** *f* **das war eine harte ~** it was enough to try anyone's patience

geehrt [gə'|eːɐt] *adj* honoured (*Br*), honored (*US*); **sehr ~e Damen und Herren** Ladies and Gentlemen; (*in Briefen*) Dear Sir or Madam; → **ehren**

geeignet [gə'|aignət] *adj* (≈ *passend*) suitable; (≈ *richtig*) right; **er ist zu dieser Arbeit nicht ~** he's not suited to this work; **er wäre zum Lehrer gut ~** he would make a good teacher; → **eignen**

Gefahr [gə'faːɐ] *f* ⟨**-**, **-en**⟩ **1.** danger (*für* to, for); (≈ *Bedrohung*) threat (*für* to, for); **in ~ sein** to be in danger; (≈ *bedroht*) to be threatened; **außer ~** out of danger; **sich einer ~ aussetzen** to put oneself in danger **2.** (≈ *Risiko*) risk (*für* to, for); **auf eigene ~** at one's own risk *or* (*stärker*) peril; **auf die ~ hin, etw zu tun** at the risk of doing sth; **~ laufen, etw zu tun** to run the risk of doing sth **gefährden** [gə'fɛːɐdn] *past part* **gefährdet** *v/t* to endanger; (≈ *bedrohen*) to threaten; (≈ *aufs Spiel setzen*) to put

at risk **gefährdet** [gə'fɛːɐdət] *adj* *Tierart* endangered; *Ehe, Bevölkerungsgruppe, Gebiet* at risk *pred* **Gefährdung** *f* ⟨**-**, **-en**⟩ **1.** (≈ *das Gefährden*) endangering; (≈ *das Riskieren*) risking **2.** (≈ *Gefahr*) danger (+*gen* to) **Gefahrenherd** *m* danger area **Gefahrenzulage** *f* danger money **gefährlich** [gə'fɛːɐlɪç] **I** *adj* dangerous **II** *adv* dangerously **Gefährlichkeit** *f* ⟨**-**, *no pl*⟩ dangerousness **gefahrlos I** *adj* safe; (≈ *harmlos*) harmless **II** *adv* safely; (≈ *harmlos*) harmlessly

Gefährte [gə'fɛːɐtə] *m* ⟨**-n**, **-n**⟩, **Gefährtin** [gə'fɛːɐtɪn] *f* ⟨**-**, **-nen**⟩ (*elev*) companion

Gefälle [gə'fɛlə] *nt* ⟨**-s**, **-**⟩ **1.** (*von Fluss*) drop, fall; (*von Land, Straße*) slope; (≈ *Neigungsgrad*) gradient; **ein ~ von 10%** a gradient of 10% **2.** (*fig* ≈ *Unterschied*) difference; **das Nord-Süd-~** the North-South divide

gefallen [gə'falən] *pret* **gefiel** [gə'fiːl], *past part* **gefallen** [gə'falən] *v/i* to please (*jdm* sb); **es gefällt mir (gut)** I like it (very much *or* a lot); **das gefällt mir gar nicht** I don't like it at all; **das gefällt mir schon besser** (*infml*) that's more like it (*infml*); **er gefällt mir gar nicht** (*infml*: *gesundheitlich*) I don't like the look of him (*infml*); **sich** (*dat*) **etw ~ lassen** (≈ *dulden*) to put up with sth

Gefallen¹ [gə'falən] *nt* ⟨**-s**, *no pl*⟩ (*elev*) pleasure; **an etw** (*dat*) **~ finden** to get pleasure from sth

Gefallen² *m* ⟨**-s**, **-**⟩ favour (*Br*), favor (*US*); **jdn um einen ~ bitten** to ask sb a favo(u)r; **jdm einen ~ tun** to do sb a favo(u)r

Gefallene(r) [gə'falənə] *m/f(m) decl as adj* soldier killed in action

gefällig [gə'fɛlɪç] *adj* **1.** (≈ *hilfsbereit*) obliging; **jdm ~ sein** to oblige sb **2.** (≈ *ansprechend*) pleasing; (≈ *freundlich*) pleasant **3.** **Zigarette ~?** (*form*) would you care for a cigarette? **Gefälligkeit** *f* **1.** (≈ *Gefallen*) favour (*Br*), favor (*US*); **jdm eine ~ erweisen** to do sb a favo(u)r **2.** *no pl* **etw aus ~ tun** to do sth out of the kindness of one's heart **gefälligst** [gə'fɛlɪçst] *adv* (*infml*) kindly; **sei ~ still!** kindly keep your mouth shut! (*infml*)

Gefangenenlager *nt* prison camp **Gefangene(r)** [gə'faŋənə] *m/f(m) decl as adj* captive; (≈ *Sträfling, fig*) prisoner

gefangen halten v/t irr to hold prisoner; Geiseln to hold; Tiere to keep in captivity; (fig) to captivate **Gefangennahme** [-naːmə] f ⟨-, -n⟩ capture; (≈ Verhaftung) arrest **gefangen nehmen** v/t irr to take captive; (≈ verhaften) to arrest; MIL to take prisoner; (fig) to captivate **Gefangenschaft** [gə'faŋənʃaft] f ⟨-, -en⟩ captivity; **in ~ geraten** to be taken prisoner **Gefängnis** [gə'fɛŋnɪs] nt ⟨-ses, -se⟩ prison, jail; (≈ Gefängnisstrafe) imprisonment; **zwei Jahre ~ bekommen** to get two years in prison **Gefängnisstrafe** f prison sentence; **eine ~ von zehn Jahren** ten years' imprisonment **Gefängniswärter(in)** m/(f) warder (Br), prison officer or guard **Gefängniszelle** f prison cell

gefärbt [gə'fɛrpt] adj dyed; Lebensmittel artificially coloured (Br) or colored (US); **konservativ ~ sein** to have a conservative bias; → **färben**

Gefasel [gə'faːzl] nt ⟨-s, no pl⟩ (pej) drivel (infml)

Gefäß [gə'fɛːs] nt ⟨-es, -e⟩ vessel (auch ANAT, BOT); (≈ Behälter) receptacle

gefasst [gə'fast] **I** adj (≈ ruhig) composed, calm; Stimme calm; **sich auf etw** (acc) ~ **machen** to prepare oneself for sth; **er kann sich auf etwas ~ machen** (infml) I'll give him something to think about (infml) **II** adv (≈ beherrscht) calmly; → **fassen**

Gefecht [gə'fɛçt] nt ⟨-(e)s, -e⟩ battle; **jdn außer ~ setzen** to put sb out of action; **im Eifer des ~s** (fig) in the heat of the moment; (≈ einsatzfähig) (fully) operational **Gefechtskopf** m warhead

gefeiert [gə'faiɐt] adj celebrated; → **feiern**

gefeit [gə'fait] adj **gegen etw ~ sein** to be immune to sth

gefestigt [gə'fɛstɪçt] adj established; Charakter steady; → **festigen**

Gefieder [gə'fiːdɐ] nt ⟨-s, -⟩ plumage **gefiedert** [gə'fiːdɐt] adj feathered; Blatt pinnate

Geflecht [gə'flɛçt] nt ⟨-(e)s, -e⟩ network; (≈ Gewebe) weave; (≈ Rohrgeflecht) wickerwork

gefleckt [gə'flɛkt] adj spotted; Vogel speckled; Haut blotchy

Geflügel [gə'flyːgl] nt ⟨-s, no pl⟩ poultry no pl **Geflügelfleisch** nt poultry **Geflü-**

gelschere f poultry shears pl **geflügelt** [gə'flyːglt] adj winged; **~e Worte** standard quotations **Geflügelzucht** f poultry farming

Geflüster [gə'flʏstɐ] nt ⟨-s, no pl⟩ whispering

Gefolge [gə'fɔlgə] nt ⟨-s, -⟩ retinue, entourage; (≈ Trauergefolge) cortege; (fig) wake; **im ~** in the wake (+gen of) **Gefolgschaft** [gə'fɔlkʃaft] f ⟨-, -en⟩ **1.** (≈ die Anhänger) following **2.** (≈ Treue) allegiance **Gefolgsmann** m, pl **-leute** or **-männer** follower

gefragt [gə'fraːkt] adj Waren, Sänger etc in demand pred; → **fragen**

gefräßig [gə'frɛːsɪç] adj gluttonous; (fig elev) voracious **Gefräßigkeit** f ⟨-, no pl⟩ gluttony; (fig elev) voracity

Gefreite(r) [gə'fraitə] m/f(m) decl as adj MIL private; AVIAT aircraftman first class (Br), airman first class (US)

gefreut [gə'frɔyt] adj (Swiss ≈ angenehm) pleasant

Gefrierbeutel m freezer bag **gefrieren** past part **gefroren** v/i irr aux sein to freeze **Gefrierfach** nt freezer compartment, icebox (esp US) **gefriergetrocknet** [-gətrɔknət] adj freeze-dried **Gefrierkost** f frozen food **Gefrierpunkt** m freezing point; (von Thermometer) zero; **auf dem ~ stehen** to be at freezing point/zero **Gefrierschrank** m (upright) freezer **Gefriertruhe** f freezer

Gefüge [gə'fyːgə] nt ⟨-s, -⟩ structure **gefügig** [gə'fyːgɪç] adj (≈ willfährig) submissive; (≈ gehorsam) obedient; **jdn ~ machen** to make sb bend to one's will

Gefühl [gə'fyːl] nt ⟨-(e)s, -e⟩ feeling; (≈ Emotionalität) sentiment; **etw im ~ haben** to have a feel for sth; **ich habe das ~, dass ...** I have the feeling that ...; **jds ~e verletzen** to hurt sb's feelings; **ein ~ für Gerechtigkeit** a sense of justice **gefühllos** adj insensitive; (≈ mitleidlos) callous; Glieder numb **Gefühllosigkeit** f ⟨-, -en⟩ insensitivity; (≈ Mitleidlosigkeit) callousness; (von Gliedern) numbness **gefühlsarm** adj unemotional **Gefühlsausbruch** m emotional outburst **gefühlsbedingt** adj emotional **gefühlsbetont** adj emotional **Gefühlsduselei** [-duːzə'lai] f ⟨-, -en⟩ (pej) mawkishness **Gefühlslage** f emotional state **Gefühlsleben** nt emotional life **gefühlsmäßig** **I**

adj instinctive **II** *adv* instinctively **Gefühlsmensch** *m* emotional person **Gefühlssache** *f* matter of feeling **gefühlvoll I** *adj* **1.** (≈ *empfindsam*) sensitive; (≈ *ausdrucksvoll*) expressive **2.** (≈ *liebevoll*) loving **II** *adv* with feeling; (≈ *ausdrucksvoll*) expressively

gefüllt [gəˈfʏlt] *adj Paprikaschoten etc* stuffed; *Brieftasche* full; *~e Pralinen* chocolates with soft centres (*Br*), candies with soft centers (*US*); → **füllen**

gefunden [gəˈfʊndn] *adj das war ein~es Fressen für ihn* that was handing it to him on a plate

gefürchtet [gəˈfʏrçtət] *adj* dreaded *usu attr*; → **fürchten**

gegeben [gəˈgeːbn] *adj* given; *bei der ~en Situation* given this situation; *etw als ~ voraussetzen* to assume sth; *zu ~er Zeit* in due course **gegebenenfalls** [gəˈgeːbnənˈfals] *adv* should the situation arise; (≈ *wenn nötig*) if need be; (≈ *eventuell*) possibly; ADMIN if applicable **Gegebenheit** [gəˈgeːbnhaɪt] *f* ⟨*-, -en*⟩ *usu pl* (actual) fact; (≈ *Realität*) actuality; (≈ *Zustand*) condition; *sich mit den~en abfinden* to come to terms with the facts as they are

gegen [ˈgeːgn] *prep +acc* **1.** (≈ *wider*) against; *X~ Y* SPORTS, JUR X versus Y; *haben Sie ein Mittel~ Schnupfen?* do you have anything for colds?; *etwas/nichts ~ jdn/etw haben* to have something/nothing against sb/sth **2.** (≈ *in Richtung auf*) towards, toward (*US*); (≈ *nach*) to; *~ einen Baum rennen* to run into a tree **3.** (≈ *ungefähr*) round about, around; *~5 Uhr* around 5 o'clock **4.** (≈ *gegenüber*) towards, to; *sie ist immer fair~ mich gewesen* she's always been fair to me **5.** (≈ *im Austausch für*) for; *~ bar* for cash; *~ Quittung* against a receipt **6.** (≈ *verglichen mit*) compared with **Gegenangebot** *nt* counteroffer **Gegenangriff** *m* counterattack **Gegenanzeige** *f* MED contraindication **Gegenargument** *nt* counterargument **Gegenbeispiel** *nt* counterexample **Gegenbeweis** *m* counterevidence *no indef art, no pl*; *den~ zu etw antreten* to produce evidence to counter sth

Gegend [ˈgeːgnt] *f* ⟨*-, -en* [*-dn*]⟩ area; (≈ *geografisches Gebiet*) region; *hier in der ~* (a)round here

Gegendarstellung *f* reply

gegeneinander [geːgn|aiˈnandɐ] *adv* against each other *or* one another **gegeneinanderprallen** *v/i aux sein* to collide **gegeneinanderstellen** *v/t* (*fig*) to compare

Gegenfahrbahn *f* oncoming lane **Gegenfrage** *f* counterquestion **Gegengewicht** *nt* counterbalance **Gegengift** *nt* antidote (*gegen* to) **Gegenkandidat(in)** *m/(f)* rival candidate **Gegenleistung** *f* service in return; *als ~ für etw* in return for sth **Gegenlicht** *nt bei ~ Auto fahren* to drive with the light in one's eyes; *etw bei or im ~ aufnehmen* PHOT to take a backlit photo(graph) of sth **Gegenliebe** *f* (*fig* ≈ *Zustimmung*) approval **Gegenmaßnahme** *f* countermeasure **Gegenmittel** *nt* MED antidote (*gegen* to) **Gegenoffensive** *f* counteroffensive **Gegenpol** *m* counterpole; (*fig*) antithesis (*zu* of, to) **Gegenprobe** *f* crosscheck **Gegenrichtung** *f* opposite direction

Gegensatz *m* contrast; (≈ *Gegenteil*) opposite; (≈ *Unvereinbarkeit*) conflict; *Gegensätze* (≈ *Meinungsverschiedenheiten*) differences *pl*; *im ~ zu* unlike, in contrast to; *einen krassen ~ zu etw bilden* to contrast sharply with sth; *im ~ zu etw stehen* to conflict with sth **gegensätzlich** [ˈgeːgnzɛtslɪç] **I** *adj* (≈ *konträr*) contrasting; (≈ *widersprüchlich*) opposing; (≈ *unterschiedlich*) different; (≈ *unvereinbar*) conflicting **II** *adv* *sie verhalten sich völlig ~* they behave in totally different ways

Gegenschlag *m* MIL reprisal; (*fig*) retaliation *no pl*; *zum ~ ausholen* to prepare to retaliate **Gegenseite** *f* other side **gegenseitig** [ˈgeːgnzaɪtɪç] **I** *adj* mutual **II** *adv* each other, one another; *sich ~ ausschließen* to be mutually exclusive **Gegenseitigkeit** *f* ⟨*-, no pl*⟩ mutuality; *ein Vertrag auf ~* a reciprocal treaty; *das beruht auf ~* the feeling is mutual **Gegenspieler(in)** *m/(f)* opponent; LIT antagonist **Gegensprechanlage** *f* (two--way) intercom

Gegenstand *m* (≈ *Ding*) object, thing; (ECON ≈ *Artikel*) article; (≈ *Thema*) subject; *des Gespötts* object of ridicule **gegenständlich** [ˈgeːgnʃtɛntlɪç] *adj* concrete; ART representational; (≈ *anschaulich*) graphic(al) **gegenstandslos** *adj* (≈ *überflüssig*) redundant, unnecessary; (≈ *grundlos*) unfounded; (≈ *hinfäl-*

lig) irrelevant; ART abstract

gegensteuern *v/i sep* AUTO to steer in the opposite direction; *(fig)* to take counter-measures **Gegenstimme** *f* PARL vote against; *der Antrag wurde ohne ~n angenommen* the motion was carried unanimously **Gegenstück** *nt* opposite; (≈ *passendes Gegenstück*) counterpart **Gegenteil** *nt, no pl* opposite *(von* of*)*; *im ~!* on the contrary!; *ganz im ~* quite the reverse; *ins ~ umschlagen* to swing to the other extreme **gegenteilig I** *adj Ansicht, Wirkung* opposite, contrary; *eine ~e Meinung* a contrary opinion **II** *adv sich ~ entscheiden* to come to a different decision

Gegentor *nt (esp* FTBL, SPORTS*) ein ~ hinnehmen müssen* to concede a goal; *ein ~ erzielen* to score

gegenüber [ge:gn'|y:bɐ] **I** *prep +dat* **1.** *(örtlich)* opposite; *er saß mir genau ~* he sat directly opposite me **2.** (≈ *zu*) to; (≈ *in Bezug auf*) with regard to, as regards; (≈ *angesichts, vor*) in the face of; (≈ *im Vergleich zu*) compared with; *mir ~ hat er das nicht geäußert* he didn't say that to me **II** *adv* opposite; *der Park ~* the park opposite **Gegenüber** [ge:gn'|y:bɐ] *nt* ⟨**-s, -**⟩ *(bei Kampf)* opponent; *(bei Diskussion)* opposite number; *mein ~ am Tisch* the person (sitting) opposite me at (the) table **gegenüberliegen** *v/i +dat sep irr* to be opposite, to face; *sich (dat) ~* to face each other **gegenüberliegend** *adj attr* opposite **gegenübersehen** *v/r +dat sep irr sich einer Aufgabe ~* to be faced with a task **gegenüberstehen** *v/i +dat sep irr* to be opposite, to face; *jdm* to stand opposite; *jdm feindlich ~* to have a hostile attitude toward(s) sb **gegenüberstellen** *v/t sep* (≈ *konfrontieren mit*) to confront (*+dat* with); *(fig* ≈ *vergleichen)* to compare (*+dat* with) **Gegenüberstellung** *f* confrontation; *(fig* ≈ *Vergleich)* comparison **gegenübertreten** *v/i sep irr aux sein jdm ~* to face sb

Gegenverkehr *m* oncoming traffic **Gegenvorschlag** *m* counterproposal

Gegenwart ['ge:gnvart] *f* ⟨**-, no pl**⟩ **1.** present; *die Literatur der ~* contemporary literature **2.** (≈ *Anwesenheit*) presence; *in ~ +gen* in the presence of **gegenwärtig** ['ge:gnvɛrtɪç, ge:gn'vɛrtɪç] **I** *adj* **1.** *attr* (≈ *jetzig*) present; *der ~e*

Preis the current price **2.** *(elev* ≈ *anwesend)* present **II** *adv* (≈ *augenblicklich)* at present **gegenwartsnah** *adj* relevant (to the present)

Gegenwehr *f* resistance **Gegenwert** *m* equivalent **Gegenwind** *m* headwind **gegenzeichnen** *v/t sep* to countersign **Gegenzug** *m* countermove; *im ~ zu etw* as a countermove to sth

gegliedert [gə'gli:dɐt] *adj* jointed; *(fig)* structured; (≈ *organisiert)* organized; → **gliedern**

Gegner ['ge:gnɐ] *m* ⟨**-s, -**⟩, **Gegnerin** [-ərɪn] *f* ⟨**-, -nen**⟩ opponent; (≈ *Rivale*) rival; (≈ *Feind)* enemy; *ein ~ der Todesstrafe sein* to be against capital punishment **gegnerisch** ['ge:gnərɪʃ] *adj attr* opposing; *(MIL* ≈ *feindlich)* enemy *attr*

Gehabe [gə'ha:bə] *nt* ⟨**-s, no pl**⟩ *(infml)* affected behaviour *(Br)* or behavior *(US)*

Gehackte(s) [gə'haktə] *nt decl as adj* mince *(Br),* ground meat *(US)*

Gehalt[1] [gə'halt] *m* ⟨**-(e)s, -e**⟩ **1.** (≈ *Anteil)* content **2.** *(fig)* (≈ *Inhalt)* content; (≈ *Substanz)* substance

Gehalt[2] *nt or (Aus) m* ⟨**-(e)s, ⸚er** [gə-'hɛltɐ]⟩ salary **gehalten** [gə'haltn] *adj ~ sein, etw zu tun (form)* to be required to do sth **gehaltlos** *adj (fig)* empty; (≈ *oberflächlich)* shallow

Gehaltsabrechnung *f* salary statement **Gehaltsanspruch** *m* salary claim **Gehaltsempfänger(in)** *m/(f)* salary-earner; *~ sein* to receive a salary **Gehaltserhöhung** *f* salary increase; *(regelmäßig)* increment **Gehaltsforderung** *f* salary claim **Gehaltsfortzahlung** *f* continued payment of salary **Gehaltsliste** *f* payroll **Gehaltszulage** *f* (≈ *Gehaltserhöhung)* salary increase; (≈ *Extrazulage)* salary bonus

gehaltvoll *adj Speise* nourishing; *(fig)* rich in content

gehandicapt [gə'hɛndikɛpt] *adj* handicapped *(durch* by*)*

geharnischt [gə'ha:rnɪʃt] *adj Brief, Abfuhr etc* strong; *Antwort* sharp, sharply--worded

gehässig [gə'hɛsɪç] **I** *adj* spiteful **II** *adv* spitefully **Gehässigkeit** *f* ⟨**-, -en**⟩ spite (-fulness); *jdm ~en sagen* to be spiteful to sb

gehäuft [gə'hɔyft] **I** *adj Löffel* heaped **II**

adv in large numbers; → *häufen*

Gehäuse [gə'hɔyzə] *nt* ⟨**-s, -**⟩ **1.** (*von Gerät*) case; (≈ *Lautsprechergehäuse*) box; (≈ *Radiogehäuse*) cabinet **2.** (≈ *Schneckengehäuse*) shell **3.** (≈ *Obstgehäuse*) core

gehbehindert ['ge:bəhɪndɐt] *adj* unable to walk properly **Gehbehinderte(r)** ['ge:bəhɪndɐtə] *m/f(m)* decl as adj person who has difficulty walking

Gehbock *m* walking frame

Gehege [gə'he:gə] *nt* ⟨**-s, -**⟩ reserve; (*im Zoo*) enclosure; (≈ *Wildgehege*) preserve; *jdm ins ~ kommen* (*fig infml*) to get under sb's feet (*infml*)

geheim [gə'haim] **I** *adj* secret; *seine ~sten Gedanken* his innermost thoughts; *streng ~* top secret; *im Geheimen* in secret, secretly **II** *adv* secretly; *~ abstimmen* to vote by secret ballot **Geheimagent(in)** *m/(f)* secret agent **Geheimakte** *f* classified document **Geheimdienst** *m* secret service **Geheimfach** *nt* secret compartment; (≈ *Schublade*) secret drawer **geheim halten** *v/t irr* **etw (vor jdm) ~** to keep sth a secret (from sb) **Geheimhaltung** *f, no pl* secrecy **Geheimkonto** *nt* private *or* secret account **Geheimnis** [gə'haimnɪs] *nt* ⟨**-ses, -se**⟩ secret; (*rätselhaft*) mystery; *ein offenes ~* an open secret **Geheimniskrämerei** [-krɛːmə'rai] *f* ⟨**-, -en**⟩ (*infml*) secretiveness **Geheimnisträger(in)** *m/(f)* bearer of secrets **geheimnisvoll** *adj* mysterious; *~ tun* to be mysterious **Geheimnummer** *f* secret number (*auch* TEL); (≈ *PIN*) PIN (number) **Geheimpolizei** *f* secret police **Geheimtipp** *m* (personal) tip **Geheimtür** *f* secret door **Geheimzahl** *f* PIN (number)

gehemmt [gə'hɛmt] *adj Mensch* inhibited; *Benehmen* self-conscious; → *hemmen*

gehen ['ge:ən] *aux sein pret* **ging** [gɪŋ], *past part* **gegangen** [gə'gaŋən] **I** *v/i* **1.** to go; *~ wir!* let's go!; *schwimmen/tanzen ~* to go swimming/dancing; *schlafen ~* to go to bed **2.** (≈ *zu Fuß gehen*) to walk; *das Kind lernt ~* the baby is learning to walk; *am Stock ~* to walk with a stick; *er ging im Zimmer auf und ab* he walked up and down the room **3.** (*mit Präposition*) *er ging an den Tisch* he went to the table; *sie gingen auf den Berg* they went up the moun-

tain; *sie ging auf die Straße* she went out into the street; *das Fenster geht auf den Hof* the window overlooks the yard; *diese Tür geht auf den Balkon* this door leads onto the balcony; *das Bier geht auf mich* (*infml*) the beer's on me; *sie ging aus dem Zimmer* she went out of the room; *er ging bis zur Straße* he went as far as the street; *das geht gegen meine Überzeugung* it's against my principles; *geh mal in die Küche* go into the kitchen; *in die Industrie/Politik ~* to go into industry/politics; *in diesen Saal ~ 300 Leute* this hall holds 300 people; *in die Tausende ~* to run into (the) thousands; *in sich* (*acc*) *~* to stop and think; *mit jdm ~* to go with sb; (≈ *befreundet sein*) to go out with sb; *er ging nach München* he went to Munich; *über die Straße ~* to cross the road; *nichts geht über* (+*acc*) ... there's nothing to beat ...; *unter Menschen ~* to mix with people; *zur Post ~* to go to the post office; *zur Schule ~* to go to school; *zum Militär ~* to join the army; *zum Theater ~* to go on the stage **4.** (≈ *funktionieren*) to work; (*Auto, Uhr*) to go; *die Uhr geht falsch/richtig* the clock is wrong/right; *so geht das* this is the way to do it **5.** (≈ *florieren, Geschäft*) to do well; (≈ *verkauft werden*) to sell; *wie ~ die Geschäfte?* how's business? **6.** (≈ *dauern*) to go on; *wie lange geht das denn noch?* how much longer is it going to go on? **7.** (≈ *aufgehen, Hefeteig*) to rise **8.** (≈ *betreffen*) *das Buch ging um ...* the book was about ...; *die Wette geht um 100 Euro* the bet is for 100 euros **9.** (≈ *möglich, gut sein*) to be all right, to be OK (*infml*); *Montag geht* Monday's all right; *das geht doch nicht* that's not on (*Br*) *or* not OK (*infml*) **II** *v/t* **er ging eine Meile** he walked a mile; *ich gehe immer diesen Weg* I always go this way **III** *v/i impers* **1.** (≈ *ergehen*) *wie geht es Ihnen?* how are you?; (*zu Patient*) how are you feeling?; *wie gehts?* how are things?; (*bei Arbeit etc*) how's it going?; *danke, es geht* (*infml*) all right *or* not too bad (*infml*), thanks; *es geht ihm gut/schlecht* he's fine/not well; *sonst gehts dir gut?* (*iron*) are you sure you're feeling all right? (*iron*); *mir ist es genauso gegangen* it was just the same for me; *lass*

es dir gut ~ take care of yourself **2.** (≈ *möglich sein*) **es geht** it is possible; (≈ *funktioniert*) it works; **geht es?** (*ohne Hilfe*) can you manage?; **es geht nicht** (≈ *ist nicht möglich*) it's impossible; (≈ *kommt nicht infrage*) it's not on; **so geht es nicht** that's not the way to do it; (*entrüstet*) it just won't do; **morgen geht es nicht** tomorrow's no good **3. es geht das Gerücht** the rumour (*Br*) or rumor (*US*) is going (a)round; **es geht auf 9 Uhr** it is approaching 9 o'clock; **worum gehts denn?** what's it about?; **es geht um Leben und Tod** it's a matter of life and death; **es geht um meinen Ruf** my reputation is at stake; **darum geht es mir nicht** (≈ *habe ich nicht gemeint*) that's not my point; (≈ *spielt keine Rolle für mich*) that doesn't matter to me; **wenn es nach mir ginge ...** if it were or was up to me ... **Gehen** nt ⟨**-s**, *no pl*⟩ walking **gehen lassen** past part **gehen lassen** or (*rare*) **gehen gelassen** irr v/r (≈ *sich nicht beherrschen*) to lose control of oneself **Geher** [ˈgeːɐ] m ⟨**-s**, **-**⟩, **Geherin** [-ərɪn] f ⟨**-**, **-nen**⟩ SPORTS walker

gehetzt [ɡəˈhɛtst] adj harassed; → *hetzen*

geheuer [ɡəˈhɔyɐ] adj **nicht ~** (≈ *beängstigend*) scary (*infml*); (≈ *spukhaft*) eerie, creepy (*infml*); (≈ *verdächtig*) dubious; (≈ *unwohl*) uneasy; **mir ist es hier nicht ~** this place gives me the creeps (*infml*) **Geheul** [ɡəˈhɔyl] nt ⟨**-(e)s**, *no pl*⟩ howling **Gehhilfe** f ⟨**-**, **-n**⟩ (*Gestell etc*) walking aid

Gehilfe [ɡəˈhɪlfə] m ⟨**-n**, **-n**⟩, **Gehilfin** [-ˈhɪlfɪn] f ⟨**-**, **-nen**⟩ **1.** (≈ *kaufmännischer Gehilfe*) trainee **2.** JUR accomplice **Gehirn** [ɡəˈhɪrn] nt ⟨**-(e)s**, **-e**⟩ brain; (≈ *Geist*) mind **Gehirnblutung** f brain haemorrhage (*Br*) or hemorrhage (*US*) **Gehirnerschütterung** f concussion **Gehirnhautentzündung** f MED meningitis **Gehirnschlag** m stroke **Gehirnschwund** m atrophy of the brain **Gehirntod** m MED brain death **Gehirntumor** m MED brain tumour (*Br*) or tumor (*US*) **Gehirnwäsche** f brainwashing no pl; **jdn einer ~ unterziehen** to brainwash sb

gehoben [ɡəˈhoːbn] adj *Sprache* elevated; (≈ *anspruchsvoll*) sophisticated; *Stellung* senior; *Stimmung* elated; **~er**

Dienst professional and executive levels of the civil service

Gehöft [ɡəˈhœft, ɡəˈhøːft] nt ⟨**-(e)s**, **-e**⟩ farm[stead]

Gehör [ɡəˈhøːɐ] nt ⟨**-(e)s**, **-e**⟩ **1.** (≈ *Hörvermögen*) hearing; MUS ear; **nach dem ~ singen/spielen** to sing/play by ear; **absolutes ~** perfect pitch **2. jdm kein ~ schenken** not to listen to sb; **sich** (*dat*) **~ verschaffen** to obtain a hearing; (≈ *Aufmerksamkeit*) to gain attention

gehorchen [ɡəˈhɔrçn] past part **gehorcht** v/i to obey (*jdm* sb)

gehören [ɡəˈhøːrən] past part **gehört** **I** v/i **1. jdm ~** (≈ *jds Eigentum sein*) to belong to sb, to be sb's; **das Haus gehört ihm** he owns the house; **das gehört nicht hierher** (*Gegenstand*) it doesn't go here; (*Vorschlag*) it is irrelevant here; **das gehört nicht zum Thema** that is off the point; **er gehört ins Bett** he should be in bed **2. ~ zu** (≈ *zählen zu*) to be amongst, to be one of; (≈ *Bestandteil sein von*) to be part of; (≈ *Mitglied sein von*) to belong to; **zur Familie ~** to be one of the family; **dazu gehört Mut** that takes courage; **dazu gehört nicht viel** it doesn't take much **II** v/r to be (right and) proper; **das gehört sich einfach nicht** that's just not done

gehörig [ɡəˈhøːrɪç] **I** adj **1.** (*elev*) **jdm/zu etw ~** belonging to sb/sth **2.** attr (≈ *gebührend*) proper; (≈ *beträchtlich*) good attr; **eine ~e Tracht Prügel** a good thrashing **II** adv (*infml* ≈ *ordentlich*) ausschimpfen severely; **jdn ~ verprügeln** to give sb a good beating; **da hast du dich ~ getäuscht!** you're badly mistaken

gehörlos adj (*form*) deaf **Gehörlose(r)** [ɡəˈhøːrloːzə] m/f(m) decl as adj (*form*) deaf person

gehorsam [ɡəˈhoːrzaːm] **I** adj obedient **II** adv obediently **Gehorsam** [ɡəˈhoːrzaːm] m ⟨**-s**, *no pl*⟩ obedience; **jdm den ~ verweigern** to refuse to obey sb

Gehörsinn m sense of hearing **Gehörsturz** m (temporary) loss of hearing **Gehsteig** [-ʃtaɪk] m ⟨**-(e)s**, **-e** [-ɡə]⟩ pavement (*Br*), sidewalk (*US*) **Gehversuch** m attempt at walking **Gehwagen** m walking frame **Gehweg** m footpath **Geier** [ˈɡaɪɐ] m ⟨**-s**, **-**⟩ vulture; **weiß der ~!** (*infml*) God knows!

geifern ['gaifɐn] *v/i* **gegen jdn/etw ~** to revile sb/sth

Geige ['gaigə] *f* ⟨-, -n⟩ violin, fiddle (*infml*); **die erste/zweite ~ spielen** (*lit*) to play first/second violin; (*fig*) to call the tune/play second fiddle **geigen** ['gaign] *v/i* to play the violin, to (play the) fiddle (*infml*) **II** *v/t Lied* to play on a/the violin *or* fiddle (*infml*) **Geigenbauer** *m, pl* -, **Geigenbauerin** *f, pl* **-nen** violin-maker **Geigenbogen** *m* violin bow **Geigenkasten** *m* violin case **Geiger** ['gaigɐ] *m* ⟨-s, -⟩, **Geigerin** [-ə-rɪn] *f* ⟨-, -nen⟩ violinist, fiddler (*infml*) **Geigerzähler** *m* Geiger counter

geil [gail] **I** *adj* **1.** horny; (*pej* ≈ *lüstern*) lecherous; **auf jdn ~ sein** to be lusting after sb **2.** (*sl* ≈ *prima*) brilliant (*infml*), wicked (*sl*) **II** *adv* (*sl* ≈ *prima*) *spielen, tanzen* brilliantly; **~ aussehen** to look cool (*infml*)

Geisel ['gaizl] *f* ⟨-, -n⟩ hostage; **jdn als ~ nehmen** to take sb hostage; **~n stellen** to produce hostages **Geiseldrama** *nt* hostage crisis **Geiselnahme** [-na:mə] *f* ⟨-, -n⟩ hostage-taking **Geiselnehmer** *m* ⟨-s, -⟩, **Geiselnehmerin** [-ərɪn] *f* ⟨-, -nen⟩ hostage-taker

Geiß [gais] *f* ⟨-, -en⟩ (*S Ger, Aus, Swiss* ≈ *Ziege*) (nanny-)goat **Geißbock** *m* (*S Ger, Aus, Swiss* ≈ *Ziegenbock*) billy goat **Geißel** ['gaisl] *f* ⟨-, -n⟩ scourge; (≈ *Peitsche*) whip **geißeln** ['gaisln] *v/t* **1.** (≈ *peitschen*) to whip **2.** (*fig* ≈ *anprangern*) to castigate

Geist [gaist] *m* ⟨-(e)s, -er⟩ **1.** (REL ≈ *Seele*) spirit; (≈ *Gespenst*) ghost; **~ und Körper** mind and body; **seinen ~ aufgeben** to give up the ghost; **der Heilige ~** the Holy Ghost *or* Spirit; **gute/böse ~er** good/evil spirits; **von allen guten ~ern verlassen sein** (*infml*) to have taken leave of one's senses (*infml*); **jdm auf den ~ gehen** (*infml*) to get on sb's nerves **2.** *no pl*: (≈ *Intellekt*) intellect, mind; (*fig* ≈ *Denker, Genie*) mind; **das geht über meinen ~** (*infml*) that's beyond me (*infml*); **hier scheiden sich die ~er** this is the parting of the ways **3.** *no pl* (≈ *Wesen, Sinn, Gesinnung*) spirit; **in jds** (*dat*) **~ handeln** to act in the spirit of sb **4.** *no pl* (≈ *Vorstellung*) mind; **etw im ~(e) vor sich** (*dat*) **sehen** to see sth in one's mind's eye; **im ~e bin ich bei euch** I am with you in spirit **Geisterbahn** *f* ghost train **Geis-**

terfahrer(in) *m/(f)* (*infml*) ghost-driver (*US infml*), *person driving the wrong way on the motorway* **geisterhaft** *adj* ghostly *no adv*; (≈ *übernatürlich*) supernatural **Geisterhand** *f* **wie von ~** as if by magic **Geisterhaus** *nt* (≈ *Spukhaus*) haunted house **Geisterstadt** *f* ghost town **Geisterstunde** *f* witching hour **geistesabwesend I** *adj* absent-minded **II** *adv* absent-mindedly; **jdn ~ ansehen** to give sb an absent-minded look **Geistesabwesenheit** *f* absent-mindedness **Geistesblitz** *m* brainwave (*Br*), brainstorm (*US*) **Geistesgegenwart** *f* presence of mind **geistesgegenwärtig I** *adj* quick-witted **II** *adv* quick-wittedly **geistesgestört** *adj* mentally disturbed *or* (*stärker*) deranged **Geistesgestörte(r)** *m/f(m) decl as adj* mentally disturbed *or* deranged person **geisteskrank** *adj* mentally ill **Geisteskranke(r)** *m/f(m) decl as adj* mentally ill person **Geisteskrankheit** *f* mental illness; (≈ *Wahnsinn*) insanity **Geisteswissenschaft** *f* arts subject; **die ~en** the arts; (*als Studium*) the humanities **Geisteswissenschaftler(in)** *m/(f)* arts scholar; (≈ *Student*) arts student **geisteswissenschaftlich** *adj Fach, Fakultät* arts *attr* **Geisteszustand** *m* mental condition; **jdn auf seinen ~ untersuchen** to give sb a psychiatric examination **geistig** ['gaistɪç] **I** *adj* **1.** (≈ *unkörperlich*) spiritual **2.** (≈ *intellektuell*) intellectual; PSYCH mental; **~er Diebstahl** plagiarism *no pl*; **~es Eigentum** intellectual property **3.** (≈ *imaginär*) **etw vor seinem ~en Auge sehen** to see sth in one's mind's eye **II** *adv* (≈ *intellektuell*) intellectually; MED mentally; **~ behindert/zurückgeblieben** mentally handicapped/retarded **geistlich** ['gaistlɪç] *adj* spiritual; (≈ *religiös*) religious; (≈ *kirchlich*) ecclesiastical **Geistliche** ['gaistlɪçə] *f decl as adj* woman priest; (*von Freikirchen*) woman minister **Geistliche(r)** ['gaistlɪçə] *m decl as adj* clergyman; (≈ *Priester*) priest; (≈ *Pastor, von Freikirchen*) minister **Geistlichkeit** *f* ⟨-, *no pl*⟩ clergy; (≈ *Priester*) priesthood **geistlos** *adj* (≈ *dumm*) stupid; (≈ *einfallslos*) unimaginative; (≈ *trivial*) inane **Geistlosigkeit** *f* ⟨-, -en⟩ **1.** *no pl* (≈ *Dummheit*) stupidity; (≈ *Einfallslosigkeit*) unimaginativeness; (≈

Trivialität) inanity **2.** (≈ *geistlose Äuße-rung)* inane remark **geistreich** *adj* (≈ *witzig)* witty; (≈ *klug)* intelligent; (≈ *einfallsreich)* ingenious; (≈ *schlagfertig)* quick-witted **geisttötend** *adj* soul-destroying

Geiz [gaits] *m* ⟨*-es, no pl*⟩ meanness *(esp Br)*, stinginess *(infml)* **geizen** ['gaitsn] *v/i* to be mean *(esp Br) or* stingy *(infml)*; *(mit Worten, Zeit)* to be sparing; *mit etw ~* to be mean *etc* with sth **Geizhals** *m* miser **geizig** ['gaitsɪç] *adj* mean *(esp Br)*, stingy *(infml)* **Geizkragen** *m (infml)* skinflint

Gejammer [gə'jamɐ] *nt* ⟨*-s, no pl*⟩ moaning (and groaning)

Gekicher [gə'kɪçɐ] *nt* ⟨*-s, no pl*⟩ giggling; *(spöttisch)* sniggering, snickering

Gekläff [gə'klɛf] *nt* ⟨*-(e)s, no pl*⟩ yapping *(also fig pej)*

Geklapper [gə'klapɐ] *nt* ⟨*-s, no pl*⟩ clatter(ing)

Geklirr [gə'klɪr] *nt* ⟨*-(e)s, no pl*⟩ clinking; *(von Fensterscheiben)* rattling

geknickt [gə'knɪkt] *adj (infml)* dejected; → **knicken**

gekonnt [gə'kɔnt] **I** *adj* masterly **II** *adv* in a masterly fashion

Gekritzel [gə'krɪtsl] *nt* ⟨*-s, no pl*⟩ scribbling, scrawling

gekühlt [gə'ky:lt] **I** *adj Getränke* chilled **II** *adv etw ~ servieren* to serve sth chilled; → **kühlen**

gekünstelt [gə'kʏnstlt] **I** *adj* artificial **II** *adv* affectedly; *er spricht sehr ~* his speech is very affected

Gel [ge:l] *nt* ⟨*-s, -e*⟩ gel

Gelaber [gə'la:bɐ] *nt* ⟨*-s, no pl*⟩ *(infml)* jabbering *(infml)*, prattling *(infml)*

Gelächter [gə'lɛçtɐ] *nt* ⟨*-s, -*⟩ laughter; *in ~ ausbrechen* to burst into laughter

geladen [gə'la:dn] *adj* loaded; (PHYS, *fig) Atmosphäre* charged; *(infml* ≈ *wütend)* (hopping *(infml)*) mad; *mit Spannung ~* charged with tension

Gelage [gə'la:gə] *nt* ⟨*-s, -*⟩ feast, banquet; (≈ *Zechgelage)* carouse

gelagert [gə'la:gɐt] *adj ähnlich ~* similar; *in anders ~en Fällen* in different cases; *anders ~ sein* to be different; → **lagern**

gelähmt [gə'lɛ:mt] *adj* paralysed; *er ist an beiden Beinen ~* he is paralysed in both legs; *vor Angst wie ~ sein* to be petrified

Gelände [gə'lɛndə] *nt* ⟨*-s, -*⟩ **1.** (≈ *Land)*

open country; (MIL ≈ *Terrain)* ground; *offenes ~* open country; *schwieriges ~* difficult terrain **2.** (≈ *Gebiet)* area **3.** (≈ *Schulgelände etc)* grounds *pl*; (≈ *Baugelände)* site **Geländefahrzeug** *nt* cross--country vehicle **geländegängig** *adj Fahrzeug* suitable for cross-country driving

Geländer [gə'lɛndɐ] *nt* ⟨*-s, -*⟩ railing(s *pl)*; (≈ *Treppengeländer)* banister(s *pl)*

Geländewagen *m* cross-country vehicle

gelangen [gə'laŋən] *past part* **gelangt** *v/i aux sein an/auf etw (acc)/zu etw ~* to reach sth; (≈ *erwerben)* to acquire sth; *zum Ziel ~* to reach one's goal; *in jds Besitz (acc) ~* to come into sb's possession; *in die falschen Hände ~* to fall into the wrong hands; *zu Ruhm ~* to acquire fame; *an die Macht ~* to come to power

gelangweilt [gə'laŋvailt] **I** *adj* bored **II** *adv die Zuschauer saßen ~ da* the audience sat there looking bored; → **langweilen**

gelassen [gə'lasn] **I** *adj* calm **II** *adv* calmly **Gelassenheit** *f* ⟨*-, no pl*⟩ calmness

Gelatine [ʒela'ti:nə] *f* ⟨*-, no pl*⟩ gelatine

geläufig [gə'lɔyfɪç] *adj* (≈ *üblich)* common; (≈ *vertraut)* familiar; *das ist mir nicht ~* I'm not familiar with that **Geläufigkeit** *f* ⟨*-, no pl*⟩ (≈ *Häufigkeit)* frequency; (≈ *Leichtigkeit)* ease

gelaunt [gə'launt] *adj pred gut/schlecht ~* in a good/bad mood; *wie ist er ~?* what sort of mood is he in?

gelb [gɛlp] *adj* yellow; *(bei Verkehrsampel)* amber; *Gelbe Karte* FTBL yellow card; *die Gelben Seiten*® the Yellow Pages®; *~ vor Neid* green with envy **Gelb** [gɛlp] *nt* ⟨*-s, - or (inf) -s*⟩ yellow; *(von Verkehrsampel)* amber; *die Ampel stand auf ~* the lights were (at) amber **Gelbe(s)** ['gɛlbə] *nt decl as adj (vom Ei)* yolk; *das ist nicht gerade das ~ vom Ei (infml)* it's not exactly brilliant **gelblich** ['gɛlplɪç] *adj* yellowish; *Gesichtsfarbe* sallow **Gelbsucht** *f* jaundice **gelbsüchtig** *adj* jaundiced

Geld [gɛlt] *nt* ⟨*-(e)s, -er* [-dɐ]⟩ **1.** *no pl* money; *bares ~* cash; *zu ~ machen* to sell off; *Aktien* to cash in; *(mit etw) ~ machen (infml)* to make money (from sth); *um ~ spielen* to play for money; *im ~ schwimmen (infml)* to be rolling in it *(infml)*; *er hat ~ wie Heu (infml)*

he's got stacks of money (*infml*); **mit ~ um sich werfen** (*infml*) to chuck one's money around (*infml*); **sie/das ist nicht mit ~ zu bezahlen** (*infml*) she/that is priceless **2. Gelder** *pl* (≈ *Geldsummen*) money; **öffentliche ~er** public funds *pl* **Geldangelegenheit** *f* financial matter **Geldanlage** *f* (financial) investment **Geldautomat** *m* cash machine, ATM **Geldbetrag** *m* amount *or* sum (of money) **Geldbeutel** *m* wallet, billfold (*US*) **Geldbörse** *f* wallet, billfold (*US*); (*für Münzen*) purse (*Br*), wallet (*US*) **Geldbuße** *f* JUR fine; **eine hohe ~** a heavy fine **Geldeinwurf** *m* (≈ *Schlitz*) slot **Geldentwertung** *f* (≈ *Inflation*) currency depreciation; (≈ *Abwertung*) currency devaluation **Geldgeber(in)** *m/(f)* financial backer; (*esp* RADIO, TV) sponsor **Geldgeschäft** *nt* financial transaction **Geldgeschenk** *nt* gift of money **Geldgier** *f* avarice **geldgierig** *adj* avaricious **Geldinstitut** *nt* financial institution **Geldmangel** *m* lack of money **Geldmarkt** *m* money market **Geldmenge** *f* money supply **Geldmittel** *pl* funds *pl* **Geldnot** *f* (≈ *Geldmangel*) lack of money; (≈ *Geldschwierigkeiten*) financial difficulties *pl* **Geldpolitik** *f* financial policy **Geldquelle** *f* source of income **Geldschein** *m* banknote (*esp Br*), bill (*US*) **Geldschrank** *m* safe **Geldsorgen** *pl* financial or money worries *pl* **Geldspende** *f* donation **Geldspielautomat** *m* slot machine **Geldstrafe** *f* fine; **jdn zu einer ~ verurteilen** to fine sb **Geldstück** *nt* coin **Geldverlegenheit** *f* financial embarrassment *no pl*; **in ~ sein** to be short of money **Geldverschwendung** *f* waste of money **Geldwaschanlage** *f* money-laundering outfit **Geldwäsche** *f* money laundering **Geldwechsel** *m* exchange of money; „**Geldwechsel**" "bureau de change" (*Br*), "exchange counter" (*US*) **Geldwert** *m* cash value; (FIN ≈ *Kaufkraft*) (currency) value

Gelee [ʒe'le:] *m or nt* ⟨**-s, -s**⟩ jelly

gelegen [gə'le:gn] **I** *adj* **1.** (≈ *befindlich*) *Haus, Ort* situated **2.** (≈ *passend*) opportune; **zu ~er Zeit** at a convenient time **3.** *pred* (≈ *wichtig*) **mir ist viel daran ~** it matters a great deal to me **II** *adv* **es kommt mir sehr ~** it comes just at the right time **Gelegenheit** [gə'le:gnhait] *f* ⟨**-, -en**⟩ **1.** opportunity; **bei passender**

~ when the opportunity arises; **bei der ersten** (**besten**) **~** at the first opportunity **2.** (≈ *Anlass*) occasion; **bei dieser ~** on this occasion **Gelegenheitsarbeit** *f* casual work *no pl* **Gelegenheitsarbeiter(in)** *m/(f)* casual labourer (*Br*) *or* laborer (*US*) **Gelegenheitsjob** *m* casual job **Gelegenheitskauf** *m* bargain **gelegentlich** [gə'le:gntlɪç] **I** *adj attr* occasional **II** *adv* (≈ *manchmal*) occasionally; (≈ *bei Gelegenheit*) some time (or other)

gelehrig [gə'le:rɪç] *adj* quick and eager to learn **gelehrt** [gə'le:ɐt] *adj Mensch* learned, erudite; → **lehren Gelehrte(r)** [gə'le:ɐtə] *m/f(m) decl as adj* scholar

Geleise [gə'laizə] *nt* ⟨**-s, -**⟩ (*elev, Aus*) = **Gleis**

Geleit [gə'lait] *nt* ⟨**(e)s, -e**⟩ MIL, NAUT escort; **freies** *or* **sicheres ~** safe-conduct; **jdm das ~ geben** to escort sb **Geleitschutz** *m* escort

Gelenk [gə'lɛŋk] *nt* ⟨**(e)s, -e**⟩ joint; (≈ *Kettengelenk*) link **Gelenkbus** *m* articulated bus **Gelenkentzündung** *f* arthritis **gelenkig** [gə'lɛŋkɪç] *adj* agile; (≈ *geschmeidig*) supple **Gelenkigkeit** *f* ⟨**-, no pl**⟩ agility; (≈ *Geschmeidigkeit*) suppleness

gelernt [gə'lɛrnt] *adj* trained; *Arbeiter* skilled; → **lernen**

geliebt *adj* dear; → **lieben Geliebte** [gə'li:ptə] *f decl as adj* sweetheart; (≈ *Mätresse*) mistress **Geliebte(r)** [gə'li:ptə] *m decl as adj* sweetheart; (≈ *Liebhaber*) lover

geliefert [gə'li:fɐt] *adj* **~ sein** (*infml*) to have had it (*infml*); **jetzt sind wir ~** that's the end (*infml*); → **liefern**

gelieren [ʒe'li:rən] *past part* **geliert** *v/i* to gel **Geliermittel** *nt* gelling agent **Gelierzucker** *m* preserving sugar

gelinde [gə'lɪndə] *adv* **~ gesagt** to put it mildly

gelingen [gə'lɪŋən] *pret* **gelang** [gə'laŋ], *past part* **gelungen** [gə'lʊŋən] *v/i aux sein* (≈ *glücken*) to succeed; (≈ *erfolgreich sein*) to be successful; **es gelang ihm, das zu tun** he succeeded in doing it; **es gelang ihm nicht, das zu tun** he failed to do it; **das Bild ist ihr gut gelungen** her picture turned out well; → **gelungen Gelingen** [gə'lɪŋən] *nt* ⟨**-s, no pl**⟩ (≈ *Glück*) success

gellend *adj* piercing

geloben [gə'lo:bn] *past part* **gelobt** *v/t*

(elev) to vow; **das Gelobte Land** BIBLE the Promised Land **Gelöbnis** [gə-'løːpnɪs] *nt* ⟨**-ses, -se**⟩ *(elev)* vow; **ein ~ ablegen** to take a vow

gelt [gɛlt] *int (S Ger, Aus)* right

gelten ['gɛltn] *pret* **galt** [galt], *past part* **gegolten** [gə'gɔltn] **I** *v/i* **1.** (≈ *gültig sein*) to be valid; *(Gesetz)* to be in force; **die Wette gilt!** the bet's on!; **was ich sage, gilt!** what I say goes!; **das gilt nicht!** that doesn't count!; (≈ *ist nicht erlaubt*) that's not allowed! **2.** (+*dat* ≈ *bestimmt sein für*) to be meant for **3.** (≈ *zutreffen*) **das Gleiche gilt auch für ihn** the same goes for him too **4. ~ als** *(rare)* to be regarded as; **es gilt als sicher, dass ...** it seems certain that ...; **~ lassen** to accept; **das lasse ich ~!** I accept that! **II** *v/t & v/i impers (elev)* **es gilt, ... zu ...** it is necessary to ... **III** *v/t* (≈ *wert sein*) to be worth

geltend *adj attr* Preise, Tarife current; *Gesetz* in force; *Meinung etc* prevailing; **~ machen** *(form)* to assert; **~es Recht sein** to be the law of the land **Geltung** ['gɛltʊŋ] *f* ⟨**-, -en**⟩ (≈ *Gültigkeit*) validity; (≈ *Wert*) value, worth; (≈ *Einfluss*) influence; (≈ *Ansehen*) prestige; **an ~ verlieren** to lose prestige; **einer Sache** *(dat)* **~ verschaffen** to enforce sth; **zur ~ kommen** to show to advantage; *(durch Kontrast)* to be set off **Geltungsbedürfnis** *nt, no pl* need for admiration **geltungsbedürftig** *adj* desperate for admiration **Geltungsdauer** *f (einer Fahrkarte etc)* period of validity

Gelübde [gə'lʏpdə] *nt* ⟨**-s, -**⟩ vow

gelungen [gə'lʊŋən] *adj attr* **1.** (≈ *geglückt*) successful **2.** *(infml ≈ drollig)* priceless *(infml)*; → **gelingen**

Gelüst [gə'lʏst] *nt* ⟨**-(e)s, -e**⟩ desire; (≈ *Sucht*) craving *(auf +acc, nach for)*

gemächlich [gə'mɛːçlɪç] **I** *adj* leisurely; *Mensch* unhurried **II** *adv* leisurely

gemacht [gə'maxt] *adj* made; **für etw ~ sein** to be made for sth; **ein ~er Mann sein** to be made; → **machen**

Gemahl [gə'maːl] *m* ⟨**-s, -e**⟩ *(form)* spouse *(old, form)*, husband **Gemahlin** [gə'maːlɪn] *f* ⟨**-, -nen**⟩ *(form)* spouse *(old, form)*, wife

Gemälde [gə'mɛːldə] *nt* ⟨**-s, -**⟩ painting **Gemäldegalerie** *f* picture gallery

gemäß [gə'mɛːs] **I** *prep* +*dat* in accordance with; **~ § 209** under § 209 **II** *adj* appropriate (+*dat* to)

gemäßigt [gə'mɛːsɪçt] *adj* moderate; *Klima* temperate; → **mäßigen**

Gemäuer [gə'mɔyɐ] *nt* ⟨**-s, -**⟩ *(elev)* walls *pl*; (≈ *Ruine*) ruins *pl*

gemein [gə'main] **I** *adj* **1.** *pred no comp* (≈ *gemeinsam*) **etw ~ mit jdm/etw haben** to have sth in common with sb/sth; **nichts mit jdm ~ haben wollen** to want nothing to do with sb; **das ist beiden ~** it is common to both of them **2.** *attr no comp* (≈ *üblich*) common; **das ~e Volk** the common people **3.** (≈ *niederträchtig*) mean; *Lüge* contemptible; **das war ~ von dir!** that was mean of you **II** *adv behandeln* meanly; *betrügen* despicably; **das hat ~ wehgetan** it hurt terribly

Gemeinde [gə'maində] *f* ⟨**-, -n**⟩ **1.** (≈ *Kommune*) municipality; (≈ *Gemeindebewohner*) community **2.** (≈ *Pfarrgemeinde*) parish; *(beim Gottesdienst)* congregation

Gemeinderat[1] *m* local council **Gemeinderat**[2] *m*, **Gemeinderätin** *f* local councillor *(Br)*, councilman/-woman *(US)* **Gemeindewahl** *f* local election **gemeingefährlich** *adj* dangerous to the public; **ein ~er Verbrecher** a dangerous criminal **Gemeingut** *nt, no pl* common property

Gemeinheit *f* ⟨**-, -en**⟩ **1.** *no pl* (≈ *Niedertracht*) nastiness **2.** (≈ *Tat*) dirty trick; **das war eine ~** (≈ *Bemerkung*) that was a mean thing to say

gemeinhin [gə'mainhɪn] *adv* generally **Gemeinkosten** *pl* overheads *pl* **gemeinnützig** *adj* of benefit to the public *pred*; (≈ *wohltätig*) charitable **Gemeinplatz** *m* commonplace **gemeinsam** [gə-'mainzaːm] **I** *adj* common; *Konto, Nutzung* joint; *Freund* mutual; **sie haben vieles ~** they have a great deal in common; **der Gemeinsame Markt** the Common Market; **mit jdm ~e Sache machen** to make common cause with sb **II** *adv* together; **etw ~ haben** to have sth in common **Gemeinsamkeit** *f* ⟨**-, -en**⟩ (≈ *gemeinsame Interessen etc*) common ground *no pl* **Gemeinschaft** [gə-'mainʃaft] *f* ⟨**-, -en**⟩ (≈ *Gruppe*) group; **in ~ mit** jointly *or* together with **gemeinschaftlich** [gə-'mainʃaftlɪç] *adj* = **gemeinsam** **Gemeinschaftsantenne** *f* block *or* party aerial *(Br)* or antenna *(esp US)* **Gemein-**

schaftsarbeit f teamwork **Gemein-schaftskunde** f social studies pl **Gemeinschaftspraxis** f joint practice **Gemeinschaftsproduktion** f RADIO, TV, FILM co-production **Gemeinschafts-währung** f common or single currency; (in EU) single European currency **Gemeinsinn** m, no pl public spirit **Gemein-wesen** nt community; (≈ Staat) polity **Gemeinwohl** nt public welfare; **das dient dem ~** it is in the public interest

Gemenge [gə'mɛŋə] nt ⟨-s, -⟩ (≈ Gewühl) bustle

Gemetzel [gə'mɛtsl] nt ⟨-s, -⟩ bloodbath **gemieden;** → **meiden**

Gemisch [gə'mɪʃ] nt ⟨-(e)s, -e⟩ mixture (aus of) **gemischt** [gə'mɪʃt] adj mixed; **mit ~en Gefühlen** with mixed feelings; **~es Doppel** SPORTS mixed doubles pl; → **mischen**

Gemse ['gɛmzə] f ⟨-, -n⟩; → **Gämse**

Gemurmel [gə'mʊrml] nt ⟨-s, no pl⟩ murmuring

Gemüse [gə'my:zə] nt ⟨-s, (rare) -⟩ vegetables pl; **ein ~** a vegetable **Gemüse-(an)bau** m, no pl vegetable-growing **Gemüsebanane** f plantain **Gemüsebeilage** f vegetables pl **Gemüsebrühe** f vegetable broth; (≈ Brühwürfel) vegetable stock **Gemüseeintopf** m vegetable stew **Gemüsegarten** m vegetable or kitchen garden **Gemüsehändler(in)** m/(f) greengrocer (esp Br), vegetable salesman/saleswoman (US) **Gemüsesuppe** f vegetable soup **Gemüsezwiebel** f Spanish onion

gemustert [gə'mʊstɐt] adj patterned; → **mustern**

Gemüt [gə'my:t] nt ⟨-(e)s, -er⟩ (≈ Geist) mind; (≈ Charakter) nature, disposition; (≈ Seele) soul; (≈ Gefühl) feeling; **sich** (dat) **etw zu ~e führen** (hum infml) Glas Wein, Speise, Buch etc to indulge in sth **gemütlich** [gə'my:tlɪç] **I** adj **1.** (≈ behaglich) comfortable; (≈ freundlich) friendly no adv; (≈ zwanglos) informal; Beisammensein etc cosy (Br), cozy (US); **wir verbrachten einen ~en Abend** we spent a very pleasant evening **2.** Mensch pleasant; (≈ gelassen) easy-going no adv **3.** (≈ gemächlich) leisurely **II** adv **1.** (≈ behaglich) leisurely; einrichten comfortably; **es sich ~ machen** to make oneself comfortable **2.** (≈ gemächlich) leisurely **Gemütlichkeit** f ⟨-, no pl⟩

1. (≈ Behaglichkeit) comfort; (≈ Freundlichkeit) friendliness; (≈ Zwanglosigkeit) informality; (≈ Intimität) cosiness (Br), coziness (US) **2.** (von Mensch) pleasantness; (≈ Gelassenheit) easy-going nature **3.** (≈ Gemächlichkeit) leisureliness; **in aller ~** at one's leisure **Gemütsart** f disposition, nature **Gemüts-bewegung** f emotion **gemütskrank** adj emotionally disturbed **Gemüts-krankheit** f emotional disorder **Gemütslage** f mood; **je nach ~** as the mood takes me/him etc **Gemütsmensch** m good-natured, phlegmatic person **Gemütsruhe** f calmness; **in aller ~** (infml) (as) cool as a cucumber (infml); (≈ gemächlich) at a leisurely pace; (≈ aufreizend langsam) as if there were all the time in the world **Gemütszustand** m frame or state of mind

Gen [ge:n] nt ⟨-s, -e⟩ gene **Gen-** in cpds genetic; (≈ genmanipuliert) genetically modified or engineered

genau [gə'nau] **I** adj exact; **Genaueres** further details pl; **man weiß nichts Genaues über ihn** no-one knows anything definite about him **II** adv **~!** (infml) exactly!, precisely!; **~ dasselbe** just or exactly the same; **~ in der Mitte** right in the middle; **etw ~ wissen** to know sth for certain; **etw ~ nehmen** to take sth seriously; **~ genommen** strictly speaking; **er nimmt es sehr ~** he's very particular (mit etw about sth); **~estens, aufs Genaueste** (right) down to the last (little) detail; **~ entgegengesetzt** diametrically opposed **Genauigkeit** f ⟨-, no pl⟩ (≈ Exaktheit) exactness; (≈ Richtigkeit) accuracy; (≈ Präzision) precision; (≈ Sorgfalt) meticulousness **genauso** [gə-'nauzo:] adv (vor Adjektiv) just as; (alleinstehend) just or exactly the same

Genbank f, pl **-banken** gene bank

Gendarm [ʒan'darm, ʒã'darm] m ⟨-en, -en⟩ (Aus) policeman

Gendatei f DNA profile

genehm [gə'ne:m] adj (elev) acceptable **genehmigen** [gə'ne:mɪɡn] past part **ge-nehmigt** v/t to approve; (≈ erlauben) to sanction; Aufenthalt to authorize; (≈ zugestehen) to grant; **sich** (dat) **etw ~** to indulge in sth **Genehmigung** f ⟨-, -en⟩ (≈ Erlaubnis) approval; (≈ Lizenz) licence (Br), license (US); (≈ Berechtigungsschein) permit; **mit freundlicher**

~ von by kind permission of

geneigt [gəˈnaikt] *adj (elev) Publikum* willing; **~ sein, etw zu tun** to be inclined to do sth; → **neigen**

General [genəˈraːl] *m* ⟨-(e)s, -e *or* ⁝e [-ˈrɛːlə]⟩, **Generalin** [-ˈraːlɪn] *f* ⟨-, -nen⟩ general **Generalamnestie** *f* general amnesty **Generaldirektor(in)** *m/(f)* chairman/-woman, president (*US*), CEO **Generalleutnant** *m* MIL lieutenant-general (*Br*), lieutenant general (*US*); AVIAT air marshal (*Br*), lieutenant general (*US*) **Generalmajor(in)** *m/(f)* MIL major-general (*Br*), major general (*US*); AVIAT air vice marshal (*Br*), major general (*US*) **Generalprobe** *f* (THEAT, *fig*) dress rehearsal; MUS final rehearsal **Generalsekretär(in)** *m/(f)* secretary-general **Generalstab** *m* general staff **generalstabsmäßig** *adv planen* with military precision **Generalstreik** *m* general strike **generalüberholen** *past part* **generalüberholt** *v/t inf, past part only* **etw ~** to give sth a general overhaul **Generalvertretung** *f* sole agency

Generation [genəraˈtsioːn] *f* ⟨-, -en⟩ generation **Generationenvertrag** *m* ECON *system whereby old people receive a pension from contributions being made by current working population* **Generationskonflikt** *m* generation gap

Generator [genəˈraːtoːɐ] *m* ⟨-s, **Generatoren** [-ˈtoːrən]⟩ generator

generell [genəˈrɛl] **I** *adj* general **II** *adv* in general; (≈ *normalerweise*) normally

generieren [genəˈriːrən] *past part* **generiert** *v/t* to generate

genesen [gəˈneːzn] *pret* **genas** [gəˈnaːs], *past part* **genesen** [gəˈneːzn] *v/i aux sein* (*elev*) to convalesce **Genesung** [gəˈneːzʊŋ] *f* ⟨-, (*rare*) -en⟩ convalescence

Genetik [geˈneːtɪk] *f* ⟨-, *no pl*⟩ genetics *sg* **Genetiker** [geˈneːtikɐ] *m* ⟨-s, -⟩, **Genetikerin** [-ərɪn] *f* ⟨-, -nen⟩ geneticist **genetisch** [geˈneːtɪʃ] **I** *adj* genetic; *Vater* biological **II** *adv* genetically

Genf [gɛnf] *nt* ⟨-s⟩ Geneva **Genfer** [ˈgɛnfɐ] *adj attr* Genevan; **der ~ See** Lake Geneva; **~ Konvention** Geneva Convention

Genfood *nt* GM foods *pl* **Genforscher(in)** *m/(f)* genetic researcher **Genforschung** *f* genetic research

genial [geˈniaːl] *adj* brilliant; (≈ *erfinderisch*) ingenious; **ein ~es Werk** a work of

genius; **das war eine ~e Idee** that idea was a stroke of genius **Genialität** [genialiˈtɛːt] *f* ⟨-, *no pl*⟩ genius; (*von Idee, Lösung etc*) brilliance; (≈ *Erfindungsreichtum*) ingenuity

Genick [gəˈnɪk] *nt* ⟨-(e)s, -e⟩ neck; **sich** (*dat*) **das ~ brechen** to break one's neck; (*fig*) to kill oneself **Genickschuss** *m* shot in the neck

Genie [ʒeˈniː] *nt* ⟨-s, -s⟩ genius

genieren [ʒeˈniːrən] *past part* **geniert I** *v/r* to be embarrassed; **~ Sie sich nicht!** don't be shy!; **ich geniere mich, das zu sagen** I don't like to say it **II** *v/t jdn ~** (≈ *peinlich berühren*) to embarrass sb; **das geniert mich wenig!** that doesn't bother me

genießbar *adj* (≈ *essbar*) edible; (≈ *trinkbar*) drinkable **genießen** [gəˈniːsn] *pret* **genoss** [gəˈnɔs] *past part* **genossen** [gəˈnɔsn] *v/t* **1.** (≈ *sich erfreuen an*) to enjoy; **er ist heute nicht zu ~** (*infml*) he is unbearable today **2.** (≈ *essen*) to eat; (≈ *trinken*) to drink; **kaum zu ~** scarcely edible **Genießer** [gəˈniːsɐ] *m* ⟨-s, -⟩, **Genießerin** [-ərɪn] *f* ⟨-, -nen⟩ connoisseur; (≈ *Feinschmecker*) gourmet

Genitalbereich *m* genital area **Genitalien** [geniˈtaːliən] *pl* genitals *pl*, genitalia *pl* (*form*)

Genitiv [ˈgeːnitiːf] *m* ⟨-s, -e [-və]⟩ genitive; **im ~** in the genitive

Genmais *m* GM maize **Genmanipulation** *f* genetic manipulation **genmanipuliert** [-manipuliˈɐt] *adj* genetically engineered or modified

Genom [geˈnoːm] *nt* ⟨-s, -e⟩ genome

Genosse [gəˈnɔsə] *m* ⟨-n, -n⟩, **Genossin** [-ˈnɔsɪn] *f* ⟨-, -nen⟩ comrade; (*pej* ≈ *Kumpan*) pal (*infml*) **Genossenschaft** [gəˈnɔsnʃaft] *f* ⟨-, -en⟩ cooperative **genossenschaftlich** [-ʃaftlɪç] *adj* cooperative

genötigt [gəˈnøːtɪçt] *adj* **sich ~ sehen, etw zu tun** to feel (oneself) obliged to do sth

Genozid [genoˈtsiːt] *m or nt* ⟨-(e)s, -e *or* -ien [-də, -diən]⟩ (*elev*) genocide

Genre [ˈʒãːrə] *nt* ⟨-s, -s⟩ genre

Gentechnik *f* genetic engineering **gentechnikfrei** *adj Lebensmittel etc* GM-free **gentechnisch I** *adj Fortschritte etc* in genetic engineering **II** *adv manipulieren* genetically; *produzieren* by means of genetic engineering; **~ verän-**

derte Organismen genetically manipulated organisms **Gentest** m DNA test **Gentherapie** f gene therapy

Genua ['ge:nua] nt ⟨**-s**⟩ Genoa

genug [gə'nu:k] adv enough; **~ davon** enough of that; **(von etw) ~ haben** to have enough (of sth); (≈ einer Sache überdrüssig sein) to have had enough (of sth) **Genüge** [gə'ny:gə] f ⟨-, no pl⟩ **zur ~** enough **genügen** [gə'ny:gn] past part **genügt** v/i **1.** (≈ ausreichen) to be enough or sufficient (+dat for); **das genügt (mir)** that's enough or sufficient (for me) **2.** (+dat) den Anforderungen to satisfy; jds Wünschen to fulfil (Br), to fulfill (US) **genügend I** adj **1.** inv (≈ ausreichend) enough, sufficient **2.** (≈ befriedigend) satisfactory **II** adv (≈ reichlich) enough **genügsam** [gə'ny:kza:m] **I** adj undemanding **II** adv leben modestly; **sich ~ ernähren** to have a simple diet **Genugtuung** [gə'nu:ktuʊŋ] f ⟨-, (rare) **-en**⟩ satisfaction (über +acc at); **ich hörte mit ~, dass ...** it gave me great satisfaction to hear that ...

Genus ['ge:nʊs, 'gɛnʊs] nt ⟨-, **Genera** ['ge:nera, 'gɛnera]⟩ BIOL genus; GRAM gender

Genuss [gə'nʊs] m ⟨**-es**, **⸚e** [gə'nysə]⟩ **1.** no pl (≈ das Zusichnehmen) consumption; (von Drogen) use; (von Tabak) smoking; **nach dem ~ der Pilze** after eating the mushrooms **2.** (≈ Vergnügen) pleasure; **etw mit ~ essen** to eat sth with relish **3.** no pl (≈ Nutznießung) **in den ~ von etw kommen** to enjoy sth; von Rente etc to be in receipt of sth **genüsslich** [gə'nyslɪç] adv with pleasure **Genussmittel** nt semi-luxury foods and tobacco **genusssüchtig** adj pleasure-seeking

Geografie, Geographie [geogra'fi:] f ⟨-, no pl⟩ geography **geografisch, geographisch** [geo'gra:fɪʃ] adj no pred geographic(al)

Geologe [geo'lo:gə] m ⟨**-n**, **-n**⟩, **Geologin** [-'lo:gɪn] f ⟨-, **-nen**⟩ geologist **Geologie** [geolo'gi:] f ⟨-, no pl⟩ geology **geologisch** [geo'lo:gɪʃ] adj no pred geological

Geometrie [geome'tri:] f ⟨-, no pl⟩ geometry **geometrisch** [geo'me:trɪʃ] adj geometric

Geophysik f geophysics sg

geopolitisch adj no pred geopolitical

geordnet [gə'|ɔrdnət] adj Zustände well--ordered; **in ~en Verhältnissen leben** to live a well-ordered life; → **ordnen**

Gepäck [gə'pɛk] nt ⟨**-(e)s**, no pl⟩ luggage no pl (Br), baggage no pl **Gepäckabfertigung** f (≈ Vorgang) (am Bahnhof) luggage etc processing; (am Flughafen) checking-in of luggage etc; (≈ Stelle) (am Bahnhof) luggage etc office; (am Flughafen) luggage etc check-in **Gepäckannahme** f (≈ Vorgang) checking-in of luggage (Br) etc; (a. **Gepäckannahmestelle**) (am Bahnhof) (zur Beförderung) luggage (Br) or baggage office; (zur Aufbewahrung) left-luggage office (Br), baggage checkroom (US); (am Flughafen) luggage etc check-in **Gepäckaufbewahrung** f (a. **Gepäckaufbewahrungsstelle**) left-luggage office (Br), baggage checkroom (US) **Gepäckausgabe** f (a. **Gepäckausgabestelle**) (am Bahnhof) luggage etc office; (am Flughafen) luggage etc reclaim **Gepäckkontrolle** f luggage etc control or check **Gepäcknetz** nt luggage etc rack **Gepäckschein** m luggage etc ticket **Gepäckstück** nt piece or item of luggage etc **Gepäckträger** m (am Fahrrad) carrier **Gepäckträger(in)** m/(f) porter (Br), baggage handler (Br) or carrier

Gepard ['ge:part] m ⟨**-s**, **-e** [-də]⟩ cheetah

gepfeffert [gə'pfɛfɐt] adj (infml) (≈ hoch) Preise steep; (≈ schwierig) Fragen tough; (≈ hart) Kritik biting; → **pfeffern**

gepflegt [gə'pfle:kt] **I** adj **1.** (≈ nicht vernachlässigt) well-looked-after; Äußeres well-groomed; → **pflegen 2.** (≈ kultiviert) civilized; Atmosphäre sophisticated; Sprache, Stil cultured; Umgangsformen refined; (≈ angenehm) Abend pleasant **3.** (≈ erstklassig) Speisen, Weine excellent **II** adv (≈ kultiviert) **sich ~ unterhalten** to have a civilized conversation; **sehr ~ wohnen** to live in style

Gepflogenheit [gə'pflo:gnhait] f ⟨-, **-en**⟩ (elev) (≈ Gewohnheit) habit; (≈ Verfahrensweise) practice; (≈ Brauch) custom, tradition

Geplänkel [gə'plɛŋkl] nt ⟨**-s**, -⟩ skirmish; (fig) squabble

Geplapper [gə'plapɐ] nt ⟨**-s**, no pl⟩ babbling

Gepolter [gə'pɔltɐ] nt ⟨**-s**, no pl⟩ (≈ Krach) din; (an Tür etc) banging

gepunktet [gə'pʊŋktət] adj Linie dotted;

Stoff, Kleid spotted

gequält [gə'kvɛːlt] *adj Lächeln* forced; *Miene* pained; *Stimme* strained; → **quälen**

Gequassel [gə'kvasl] *nt ⟨-s, no pl⟩* (*pej infml*) chattering

gerade [gə'raːdə] **I** *adj* straight; *Zahl* even; (≈ *aufrecht*) *Haltung* upright **II** *adv* **1.** just; *wo Sie ~ da sind* just while you're here; *er wollte ~ aufstehen* he was just about to get up; *~ erst* only just; *~ noch* only just; *~ noch zur rechten Zeit* just in time; *~ deshalb* that's just why; *das ist es ja ~!* that's just it! **2.** (≈ *speziell*) especially; *~, weil ...* just because ...; *sie ist nicht ~ eine Schönheit* she's not exactly a beauty; *warum ~ das?* why that of all things?; *warum ~ heute?* why today of all days?; *warum ~ ich?* why me of all people? **Gerade** [gə'raːdə] *f ⟨-n, -n⟩* **1.** MAT straight line **2.** (SPORTS, *von Rennbahn*) straight; (*Boxen*) straight left/right **geradeaus** [gəraːdə'|aus] *adv* straight ahead **geradeheraus** [gəraːdəhɛ'raus] *adv* (*infml*) frankly; *~ gesagt* quite frankly

gerädert [gə'rɛːdɐt] *adj* (*infml*) *sich wie ~ fühlen* to be *or* feel (absolutely) whacked (*infml*)

geradestehen *v/i sep irr aux haben or sein* **für** *jdn/etw ~* (*fig*) to be answerable for sb/sth **geradezu** [gəraːdə'tsuː, gəraːdə'tsuː] *adv* (≈ *beinahe*) virtually; (≈ *wirklich*) really; *das ist ja ~ lächerlich!* that is absolutely ridiculous! **geradlinig** [-liːnɪç] *adj* straight; *Entwicklung etc* linear

gerammelt [gə'ramlt] *adv ~ voll* (*infml*) chock-a-block (*infml*); → **rammeln**

Gerangel [gə'raŋl] *nt ⟨-s, no pl⟩* (≈ *Balgerei*) scrapping; (*fig ≈ zäher Kampf*) wrangling

Geranie [ge'raːniə] *f ⟨-, -n⟩* geranium

Gerät [gə'rɛːt] *nt ⟨-(e)s, -e⟩* piece of equipment; (≈ *Vorrichtung*) device; (≈ *Apparat*) gadget; (≈ *elektrisches Gerät*) appliance; (≈ *Radiogerät, Fernsehgerät, Telefon*) set; (≈ *Messgerät*) instrument; (≈ *Werkzeug*) tool; (≈ *Turngerät*) piece of apparatus

geraten [gə'raːtn] *pret* **geriet** [gə'riːt], *past part* **geraten** [gə'raːtn] *v/i aux sein* **1.** *an jdn ~* to come across sb; *an etw* (*acc*) *~* to come by sth; *an den Richtigen/Falschen ~* to come to the right/

wrong person; *in Bewegung ~* to begin to move; *ins Stocken ~* to come to a halt; *in Brand ~* to catch fire; *in Angst/Schwierigkeiten ~* to get scared/into difficulties; *aus der Form ~* to lose one's shape **2.** (≈ *sich entwickeln*) to turn out; *ihm gerät einfach alles* everything he does turns out well!; *nach jdm ~* to take after sb

Geräteschuppen *m* tool shed **Geräteturnen** *nt* apparatus gymnastics *no pl*

Geratewohl *nt aufs ~* on the off-chance; (*auswählen etc*) at random

geraum [gə'raum] *adj attr vor ~er Zeit* some time ago; *seit ~er Zeit* for some time **geräumig** [gə'rɔymɪç] *adj* spacious, roomy

Geräusch [gə'rɔyʃ] *nt ⟨-(e)s, -e⟩* sound; (*esp unangenehm*) noise **geräuscharm** *adj* quiet **geräuschlos** **I** *adj* silent **II** *adv* silently, without a sound **Geräuschpegel** *m* sound level **geräuschvoll** **I** *adj* (≈ *laut*) loud; (≈ *lärmend*) noisy **II** *adv* (≈ *laut*) loudly; (≈ *lärmend*) noisily

gerben ['gɛrbn] *v/t* to tan

Gerbera ['gɛrbera] *f ⟨-, -(s)⟩* BOT gerbera

gerecht [gə'rɛçt] **I** *adj* just; *~ gegen jdn sein* to be fair or just to sb; *jdm/einer Sache ~ werden* to do justice to sb/sth **II** *adv* fairly; (≈ *rechtgemäß*) justly **gerechterweise** [gə'rɛçtɐ'vaizə] *adv* to be fair **gerechtfertigt** [gə'rɛçtfɛrtɪçt] *adj* justified **Gerechtigkeit** [gə'rɛçtɪçkait] *f ⟨-, no pl⟩* justice; (≈ *Unparteilichkeit*) fairness

Gerede [gə'reːdə] *nt ⟨-s, no pl⟩* talk; (≈ *Klatsch*) gossip(ing); *ins ~ kommen* to get oneself talked about

geregelt [gə'reːglt] *adj* regular; *Leben* well-ordered; → **regeln**

gereizt [gə'raitst] *adj* (≈ *verärgert*) irritated; (≈ *reizbar*) irritable, touchy; (≈ *nervös*) edgy; → **reizen Gereiztheit** *f ⟨-, no pl⟩* (≈ *Verärgertheit*) irritation; (≈ *Reizbarkeit*) irritability, touchiness; (≈ *Nervosität*) edginess

Geriatrie [geria'triː] *f ⟨-, no pl⟩* geriatrics *sg*

Gericht[1] [gə'rɪçt] *nt ⟨-(e)s, -e⟩* (≈ *Speise*) dish

Gericht[2] *nt ⟨-(e)s, -e⟩* **1.** (≈ *Behörde*) court (of justice); (≈ *Gebäude*) court (-house), law courts *pl*; (≈ *die Richter*) court, bench; *vor ~ aussagen* to testify in court; *vor ~ stehen* to stand trial; *mit*

etw vor ~ gehen to take legal action about sth **2.** *das Jüngste* ~ the Last Judgement; *über jdn zu ~ sitzen* (*fig*) to sit in judgement on sb; *mit jdm* (*scharf*) *ins ~ gehen* (*fig*) to judge sb harshly **gerichtlich** [gə'rɪçtlɪç] **I** *adj attr* judicial; *~e Schritte gegen jdn einleiten* to initiate legal proceedings against sb **II** *adv* ~ *gegen jdn vorgehen* to take legal action against sb; *~ angeordnet* ordered by the courts **Gerichtsbarkeit** [gə'rɪçtsbaːɐ̯kait] *f* ⟨*-, -en*⟩ jurisdiction **Gerichtsbeschluss** *m* court decision **Gerichtshof** *m* court (of justice), law court; *Oberster ~* Supreme Court (of Justice) **Gerichtskosten** *pl* court costs *pl* **Gerichtsmedizin** *f* forensic medicine **Gerichtsmediziner(in)** *m*/(*f*) forensic doctor **Gerichtssaal** *m* courtroom **Gerichtsschreiber(in)** *m*/(*f*) clerk of the court (*Br*), registrar (*US*) **Gerichtsstand** *m* (*form*) court of jurisdiction **Gerichtsverfahren** *nt* court or legal proceedings *pl* **Gerichtsverhandlung** *f* trial; (*zivil*) hearing **Gerichtsvollzieher** [-fɔltsiːɐ̯] *m* ⟨*-s, -*⟩, **Gerichtsvollzieherin** [-ərɪn] *f* ⟨*-, -nen*⟩ bailiff **Gerichtsweg** *m auf dem ~* through the courts

gering [gə'rɪŋ] **I** *adj* **1.** (≈ *niedrig*) low; *Menge, Vorrat, Betrag, Entfernung* small; *Wert* little *attr*; (≈ *kurz*) *Zeit, Entfernung* short **2.** (≈ *unerheblich*) slight; *Chance* slim; *Rolle* minor; *das ist meine ~ste Sorge* that's the least of my worries; *nicht das Geringste* nothing at all; *nicht im Geringsten* not in the least or slightest **3.** (≈ *unzulänglich*) *Kenntnisse* poor **II** *adv* (≈ *abschätzig*) ~ *von jdm sprechen* to speak badly of sb **geringfügig** [-fyːgɪç] **I** *adj* (≈ *unwichtig*) insignificant; *Unterschied* slight; *Verletzung* minor; *Betrag* small; *~e Beschäftigung* part-time employment **II** *adv* slightly **gering schätzen** *v/t* (≈ *verachten*) to think little of; *Erfolg, menschliches Leben* to place little value on; (≈ *missachten*) *Gefahr* to disregard **geringschätzig** [-ʃɛtsɪç] **I** *adj* contemptuous **II** *adv* contemptuously **Geringschätzung** *f, no pl* (≈ *Ablehnung*) disdain; (≈ *schlechte Meinung*) low opinion (*für, +gen* of)

gerinnen [gə'rɪnən] *pret* **gerann** [gə'ran], *past part* **geronnen** [gə'rɔnən] *v/i aux sein* to coagulate; (*Blut*) to clot; (*Milch*) to curdle **Gerinnsel** [gə'rɪnzl] *nt* ⟨*-s, -*⟩ (≈ *Blutgerinnsel*) clot **Gerinnung** *f* ⟨*-, -en*⟩ coagulation

Gerippe [gə'rɪpə] *nt* ⟨*-s, -*⟩ skeleton **gerippt** [gə'rɪpt] *adj* ribbed *no adv* **gerissen** [gə'rɪsn] *adj* cunning **Gerissenheit** *f* ⟨*-, no pl*⟩ cunning

Germ [gɛrm] *m or f* ⟨*-, no pl*⟩ (*Aus*) baker's yeast

Germane [gɛr'maːnə] *m* ⟨*-n, -n*⟩, **Germanin** [-'maːnɪn] *f* ⟨*-, -nen*⟩ Teuton **germanisch** [gɛr'maːnɪʃ] *adj* Germanic **Germanist** [gɛrma'nɪst] *m* ⟨*-en, -en*⟩, **Germanistin** [-'nɪstɪn] *f* ⟨*-, -nen*⟩ Germanist **Germanistik** [gɛrma'nɪstɪk] *f* ⟨*-, no pl*⟩ German (studies *pl*)

Germknödel *m* (*S Ger, Aus*) doughnut (*Br*), donut (*US*)

gern [gɛrn], **gerne** ['gɛrnə] *adv, comp* **lieber**, *sup* **am liebsten** (≈ *freudig*) with pleasure; (≈ *bereitwillig*) with pleasure, willingly; (*aber*) *~!* of course!; *ja, ~!* (yes) please; *kommst du mit? — ja, ~* are you coming too? — yes, I'd like to; ~ *geschehen!* you're welcome! (*esp US*), not at all!; *etw ~ tun* to like doing sth *or* to do sth (*esp US*); *etw ~ sehen* to like sth; *das wird nicht ~ gesehen* that's frowned (up)on; *ein ~ gesehener Gast* a welcome visitor; *das glaube ich ~* I can well believe it; *ich hätte* or *möchte ~ ...* I would like ...; *wie hätten Sies (denn) ~?* how would you like it?; → **gernhaben** **Gernegroß** ['gɛrnəgroːs] *m* ⟨*-, -e*⟩ (*hum*) *er war schon immer ein kleiner ~* he always did like to act big (*infml*) **gernhaben** *v/t sep irr* to like; *er kann mich mal ~!* (*infml*) he can go to hell! (*infml*), screw him (*sl*)

Geröll [gə'rœl] *nt* ⟨*-(e)s, -e*⟩ detritus *no pl*; (*im Gebirge*) scree *no pl*; (*größeres*) boulders *pl*

Gerste ['gɛrstə] *f* ⟨*-, -n*⟩ barley **Gerstenkorn** *nt, pl* **-körner** **1.** barleycorn **2.** MED stye

Gerte ['gɛrtə] *f* ⟨*-, -n*⟩ switch **gertenschlank** *adj* slim and willowy

Geruch [gə'rʊx] *m* ⟨*-(e)s, ≈e* [gə'rʏçə]⟩ smell, odour (*Br*), odor (*US*) (*nach* of); (*unangenehm*) stench (*nach* of); (≈ *Duft*) fragrance, perfume (*nach* of) **geruchlos** *adj* odourless (*Br*), odorless (*US*) **geruchsempfindlich** *adj* sensitive to smell **Geruchsnerv** *m* olfactory nerve **Geruchssinn** *m, no pl* sense of smell

Gerücht [gə'rʏçt] *nt* ⟨**-(e)s, -e**⟩ rumour (*Br*), rumor (*US*); **es geht das ~, dass ...** there's a rumo(u)r (going (a)round) that ...

geruhsam [gə'ruːzaːm] **I** *adj* peaceful; *Spaziergang etc* leisurely **II** *adv* leisurely

Gerümpel [gə'rʏmpl] *nt* ⟨**-s, no pl**⟩ junk

Gerundium [ge'rʊndiʊm] *nt* ⟨**-s, Gerundien** [-diːən]⟩ gerund

Gerüst [gə'rʏst] *nt* ⟨**-(e)s, -e**⟩ scaffolding *no pl*; (≈ *Gestell*) trestle; (*fig* ≈ *Gerippe*) framework (*zu* of)

gerüttelt [gə'rʏtlt] **I** *adj* **ein ~es Maß von** *or* **an etw** (*dat*) a fair amount of sth **II** *adv* **~ voll** jam-packed (*infml*)

gesalzen [gə'zaltsn] *adj* (*fig infml*) *Preis* steep

gesammelt [gə'zamlt] *adj Kraft* collective; *Werke* collected; → **sammeln**

gesamt [gə'zamt] *adj attr* whole, entire; **die ~en Kosten** the total costs **Gesamtausgabe** *f* complete edition **Gesamtbetrag** *m* total (amount) **Gesamteindruck** *m* general impression **Gesamteinkommen** *nt* total income **Gesamtergebnis** *nt* overall result **Gesamtheit** *f* ⟨**-, no pl**⟩ totality; **die ~ der ...** all the ...; (*die Summe*) the totality of ...; **die ~ (der Bevölkerung)** the population (as a whole) **Gesamthochschule** *f* ≈ polytechnic (*Br*), ≈ college **Gesamtkosten** *pl* total costs *pl* **Gesamtnote** *f* SCHOOL overall mark (*Br*) *or* grade (*US*) **Gesamtschule** *f* comprehensive school **Gesamtsumme** *f* total amount **Gesamtwerk** *nt* complete works *pl* **Gesamtwert** *m* total value **Gesamtwertung** *f* SPORTS overall placings *pl* **Gesamtzahl** *f* total number

Gesandte(r) [gə'zantə] *m decl as adj*, **Gesandtin** [gə'zantɪn] *f* ⟨**-, -nen**⟩ envoy, legate **Gesandtschaft** [gə'zantʃaft] *f* ⟨**-, -en**⟩ legation

Gesang [gə'zaŋ] *m* ⟨**-(e)s, ⸚e** [gə'zɛŋə]⟩ **1.** (≈ *Lied*) song **2.** *no pl* (≈ *das Singen*) singing **Gesangbuch** *nt* ECCL hymnbook

Gesäß [gə'zɛːs] *nt* ⟨**-es, -e**⟩ seat, bottom **Gesäßbacke** *f* buttock, cheek **Gesäßtasche** *f* back pocket

Geschäft [gə'ʃɛft] *nt* ⟨**-(e)s, -e**⟩ **1.** (≈ *Gewerbe, Handel*) business *no pl*; (≈ *Geschäftsabschluss*) (business) deal *or* transaction; **~ ist ~** business is business; **wie geht das ~?** how's business?; **mit**

jdm ~e machen to do business with sb; **ein gutes/schlechtes ~ machen** to make a good/bad deal; **dabei hat er ein ~ gemacht** he made a profit by it **2.** (≈ *Firma*) business; (≈ *Laden*) shop (*Br*), store; (*infml* ≈ *Büro*) office; **im ~** at work, in the office; (≈ *im Laden*) in the shop **Geschäftemacher(in)** *m*/(*f*) (*pej*) profiteer **geschäftig** [gə'ʃɛftɪç] *adj* (≈ *betriebsam*) busy; **~es Treiben** hustle and bustle **Geschäftigkeit** *f* ⟨**-, no pl**⟩ busyness; (≈ *geschäftiges Treiben*) (hustle and) bustle **geschäftlich** [gə'ʃɛftlɪç] **I** *adj* business *attr* **II** *adv* (≈ *in Geschäften*) on business; (≈ *wegen Geschäften*) because of business; **sie hat morgen ~ in Berlin zu tun** she has to be in Berlin on business tomorrow; **~ verreist** away on business **Geschäftsabschluss** *m* business deal **Geschäftsadresse** *f* business address **Geschäftsbedingungen** *pl* terms *pl* of business **Geschäftsbereich** *m* PARL responsibilities *pl*; **Minister ohne ~** minister without portfolio **Geschäftsbericht** *m* report; (*einer Gesellschaft*) company report **Geschäftsbeziehungen** *pl* business connections *pl* (*zu* with) **Geschäftsessen** *nt* business lunch/dinner **geschäftsfähig** *adj* JUR capable of contracting (*form*), competent (*form*) **Geschäftsfähigkeit** *f* JUR (legal) competence **Geschäftsfrau** *f* businesswoman **Geschäftsfreund(in)** *m*/(*f*) business associate **geschäftsführend** *adj attr* executive; (≈ *stellvertretend*) acting **Geschäftsführer(in)** *m*/(*f*) (*von Laden*) manager/manageress; (*von Unternehmen*) managing director, CEO; (*von Verein*) secretary **Geschäftsführung** *f* management **Geschäftsinhaber(in)** *m*/(*f*) owner (of a business); (*von Laden, Restaurant*) proprietor/proprietress **Geschäftsjahr** *nt* financial year **Geschäftskosten** *pl* business expenses *pl*; **das geht alles auf ~** it's all on expenses **Geschäftslage** *f* (≈ *Wirtschaftslage*) business situation **Geschäftsleitung** *f* management **Geschäftsmann** *m*, *pl* **-leute** businessman **geschäftsmäßig** *adj, adv* businesslike **Geschäftsordnung** *f* standing orders *pl*; **eine Frage zur ~** a question on a point of order **Geschäftspartner(in)** *m*/(*f*) business partner; (≈ *Geschäftsfreund*) business associate **Geschäftsreise** f business trip; **auf ~ sein** to be on a business trip geschäftsschädigend adj bad for business **Geschäftsschädigung** f ⟨-, -en⟩ conduct no art injurious to the interests of the company (form) **Geschäftsschluss** m close of business; (von Läden) closing time; **nach ~** out of office or working hours / after closing time **Geschäftssitz** m place of business **Geschäftsstelle** f offices pl **Geschäftsstraße** f shopping street **Geschäftsstunden** pl office or working hours pl; (von Läden) opening hours pl geschäftstüchtig adj business-minded **Geschäftsverbindung** f business connection **Geschäftsverkehr** m business no art **Geschäftszeiten** pl business hours pl; (von Büros) office hours pl

geschehen [gə'ʃeːən] pret **geschah** [gə'ʃaː], past part **geschehen** [gə'ʃeːən] v/i aux sein to happen (jdm to sb); **es wird ihm nichts ~** nothing will happen to him; **das geschieht ihm (ganz) recht** it serves him right; **er wusste nicht, wie ihm geschah** he didn't know what was going on; **was soll mit ihm/damit ~?** what is to be done with him/it?; **es muss etwas ~** something must be done **Geschehen** [gə'ʃeːən] nt ⟨-s,⟩ (rare) ⟨-⟩ events pl **Geschehnis** [gə'ʃeːnɪs] nt ⟨-ses, -se⟩ (elev) event

gescheit [gə'ʃait] adj clever; Mensch, Idee bright; (≈ vernünftig) sensible

Geschenk [gə'ʃɛŋk] nt ⟨-(e)s, -e⟩ present, gift; **jdm ein ~ machen** to give sb a present; **jdm etw zum ~ machen** to give sb sth (as a present); **ein ~ seiner Mutter** a present from his mother **Geschenkartikel** m gift **Geschenkgutschein** m gift voucher **Geschenkpackung** f gift pack or box **Geschenkpapier** nt wrapping paper; **etw in ~ einwickeln** to giftwrap sth

Geschichte [gə'ʃɪçtə] f ⟨-, -n⟩ 1. no pl (≈ Historie) history; **~ machen** to make history 2. (≈ Erzählung) story; **~n erzählen** to tell stories 3. (infml ≈ Sache) affair, business no pl; **die ganze ~** the whole business; **eine schöne ~!** (iron) a fine how-do-you-do! (infml) geschichtlich [gə'ʃɪçtlɪç] I adj (≈ historisch) historical; (≈ bedeutungsvoll) historic II adv historically **Geschichtsbuch** nt history book **Geschichtsforscher(in)** m/(f)

historian **Geschichtskenntnis** f knowledge of history no pl **Geschichtslehrer(in)** m/(f) history teacher **Geschichtsschreibung** f historiography geschichtsträchtig adj Ort, Stadt steeped in history; Ereignis historic **Geschichtsunterricht** f history lessons pl **Geschick¹** [gə'ʃɪk] nt ⟨-(e)s, -e⟩ (elev) (≈ Schicksal) fate

Geschick² nt ⟨-s, no pl⟩ (≈ Geschicklichkeit) skill **Geschicklichkeit** [gə'ʃɪklɪçkait] f ⟨-, no pl⟩ skill, skilfulness (Br), skillfulness (US); (≈ Beweglichkeit) agility geschickt [gə'ʃɪkt] I adj skilful (Br), skillful (US); (≈ beweglich) agile II adv (≈ clever) cleverly; **~ agieren** to be clever **Geschicktheit** f ⟨-, no pl⟩ = **Geschicklichkeit**

geschieden [gə'ʃiːdn] adj divorced

Geschirr [gə'ʃɪr] nt ⟨-(e)s, -e⟩ 1. no pl crockery (Br), tableware; (≈ Küchengeschirr) pots and pans pl, kitchenware; (≈ Teller etc) china; (zu einer Mahlzeit benutzt) dishes pl; **(das) ~ (ab)spülen** to wash up 2. (von Zugtieren) harness **Geschirrschrank** m china cupboard (Br) or cabinet (US) **Geschirrspülen** nt ⟨-s, no pl⟩ washing-up **Geschirrspüler** m, **Geschirrspülmaschine** f dishwasher **Geschirrspülmittel** nt washing-up liquid (Br), dishwashing liquid (US) **Geschirrtuch** nt, pl **-tücher** tea towel (Br), dishtowel (US)

Geschlecht [gə'ʃlɛçt] nt ⟨-(e)s, -er⟩ sex; GRAM gender; **das andere ~** the opposite sex geschlechtlich [gə'ʃlɛçtlɪç] I adj sexual II adv mit jdm ~ verkehren to have sexual intercourse with sb **Geschlechtsakt** m sex(ual) act **Geschlechtsgenosse** m, **Geschlechtsgenossin** f person of the same sex; **jds ~n** those or people of the same sex as sb **Geschlechtshormon** nt sex hormone geschlechtskrank adj suffering from a sexually transmitted disease **Geschlechtskrankheit** f sexually transmitted disease **Geschlechtsleben** nt sex life geschlechtslos adj asexual (auch BIOL), sexless **Geschlechtsmerkmal** nt sex(ual) characteristic **Geschlechtsorgan** nt sex(ual) organ geschlechtsreif adj sexually mature **Geschlechtsteil** nt genitals pl **Geschlechtstrieb** m sex (-ual) drive **Geschlechtsumwandlung** f sex change **Geschlechtsverkehr** m sexual intercourse **Geschlechtswort** *nt*, *pl* **-wörter** GRAM article

geschliffen [gə'ʃlɪfn] *adj Manieren, Ausdrucksweise* polished

geschlossen [gə'ʃlɔsn] **I** *adj* closed; (≈ *vereint*) united, unified; **in sich** (*dat*) **~** self-contained; *Systeme* closed; **ein ~es Ganzes** a unified whole; **~e Gesellschaft** closed society; (≈ *Fest*) private party **II** *adv* **~ für etw sein/stimmen** to be/vote unanimously in favour (*Br*) or favor (*US*) of sth; **~ hinter jdm stehen** to stand solidly behind sb **Geschlossenheit** *f* ⟨-, *no pl*⟩ unity

Geschmack [gə'ʃmak] *m* ⟨-(e)s, ⸚e or (*hum, inf*) ⸚er [gə'ʃmɛkə, gə'ʃmɛkɐ]⟩ taste *no pl*: (≈ *Geschmackssinn*) sense of taste; **je nach ~** to one's own taste; **an etw** (*dat*) **~ finden** to acquire a taste for sth; **auf den ~ kommen** to acquire a taste for it; **sie hat einen guten ~** (*fig*) she has good taste; **für meinen ~** for my taste; **das ist nicht nach meinem ~** that's not to my taste; **über ~ lässt sich (nicht) streiten** (*prov*) there's no accounting for taste(s) (*prov*) **geschmacklich** [gə'ʃmaklɪç] *adj* as regards taste **geschmacklos** *adj* tasteless **Geschmacklosigkeit** *f* ⟨-, -en⟩ **1.** *no pl* tastelessness, lack of taste **2.** (≈ *Bemerkung*) remark in bad taste; **das ist eine ~!** that is the most appalling bad taste! **Geschmacksfrage** *f* question of (good) taste **Geschmacksrichtung** *f* taste **Geschmackssache** *f* matter of taste; **das ist ~** it's (all) a matter of taste **Geschmackssinn** *m, no pl* sense of taste **Geschmacksverirrung** *f* **unter ~ leiden** (*iron*) to have no taste **Geschmacksverstärker** *m* CHEM, COOK flavour (*Br*) or flavor (*US*) enhancer **geschmackvoll I** *adj* tasteful **II** *adv* tastefully

geschmeidig [gə'ʃmaidɪç] *adj Leder, Haut, Bewegung* supple; *Fell* sleek; *Handtuch, Haar* soft

Geschnatter [gə'ʃnatɐ] *nt* ⟨-s, *no pl*⟩ (*lit*) cackle, cackling; (*fig*) jabber, jabbering **Geschöpf** [gə'ʃœpf] *nt* ⟨-(e)s, -e⟩ (≈ *Lebewesen*) creature

Geschoss¹ [gə'ʃɔs] *nt* ⟨-es, -e⟩ projectile (*form*); (≈ *Rakete etc auch*) missile **Geschoss²** *nt* ⟨-es, -e⟩, **Geschoß²** (*Aus*) *nt* ⟨-es, -e⟩ (≈ *Stockwerk*) floor, storey (*Br*), story (*US*)

Geschrei [gə'ʃrai] *nt* ⟨-s, *no pl*⟩ shouts *pl*, shouting; (*von Babys, Popfans*) screams *pl*, screaming; **viel ~ um etw machen** to make a big fuss about sth

Geschütz [gə'ʃʏts] *nt* ⟨-es, -e⟩ gun; **schweres ~** heavy artillery; **schweres ~ auffahren** (*fig*) to bring up one's big guns

geschützt [gə'ʃʏtst] *adj Winkel, Ecke* sheltered; *Pflanze, Tier* protected; → **schützen**

Geschwader [gə'ʃvaːdɐ] *nt* ⟨-s, -⟩ squadron

Geschwafel [gə'ʃvaːfl] *nt* ⟨-s, *no pl*⟩ (*infml*) waffle (*Br infml*), blather (*infml*)

Geschwätz [gə'ʃvɛts] *nt* ⟨-es, *no pl*⟩ (*pej*) prattle; (≈ *Klatsch*) gossip **geschwätzig** [gə'ʃvɛtsɪç] *adj* garrulous; (≈ *klatschsüchtig*) gossipy **Geschwätzigkeit** *f* ⟨-, *no pl*⟩ garrulousness; (≈ *Klatschsucht*) constant gossiping

geschweige [gə'ʃvaigə] *cj* **~ (denn)** let alone, never mind

Geschwindigkeit [gə'ʃvɪndɪçkait] *f* ⟨-, -en⟩ speed; **mit einer ~ von ...** at a speed of ...; **mit höchster ~** at top speed **Geschwindigkeitsbegrenzung** *f* ⟨-, -en⟩, **Geschwindigkeitsbeschränkung** *f* speed limit **Geschwindigkeitsüberschreitung** [-ǀyːbɐʃraitʊŋ] *f* ⟨-, -en⟩ speeding

Geschwister [gə'ʃvɪstɐ] *pl* brothers and sisters *pl*, siblings *pl*; **haben Sie noch ~?** do you have any brothers or sisters? **geschwisterlich** [gə'ʃvɪstɐlɪç] **I** *adj* brotherly/sisterly **II** *adv* in a brotherly/sisterly way **Geschwisterpaar** *nt* brother and sister *pl*

geschwollen [gə'ʃvɔlən] (*pej*) **I** *adj* pompous **II** *adv* pompously

Geschworenenbank *f, pl* **-bänke** jury box; (≈ *die Geschworenen*) jury **Geschworenengericht** *nt* = **Schwurgericht** **Geschworene(r)** [gə'ʃvoːrənə] *m/f(m) decl as adj* juror; **die ~n** the jury *sg or pl*

Geschwulst [gə'ʃvʊlst] *f* ⟨-, ⸚e [gə-'ʃvʏlstə]⟩ growth

geschwungen *adj* curved; **~e Klammer** TYPO curly bracket

Geschwür [gə'ʃvyːɐ] *nt* ⟨-s, -e⟩ ulcer; (≈ *Furunkel*) boil

gesegnet [gə'zeːgnət] *adj* (*elev*) **mit etw ~ sein** to be blessed with sth

Geselchte(s) [gə'zɛlçtə] *nt decl as adj* (*S*

Ger, Aus) salted and smoked meat
Geselle [gə'zɛlə] *m* ⟨**-n, -n**⟩ (≈ *Handwerksgeselle*) journeyman **gesellen** [gə-'zɛlən] *past part* **gesellt** *v/r* **sich zu jdm ~** to join sb **gesellig** [gə'zɛlıç] *adj* sociable; *Tier* gregarious; **~es Beisammensein** social gathering **Geselligkeit** *f* ⟨**-, -en,** *no pl*⟩ sociability, conviviality; *(von Tieren)* gregariousness; **die ~ lieben** to be sociable **Gesellin** [gə'zɛlın] *f* ⟨**-, -nen**⟩ (≈ *Handwerksgesellin*) journeyman
Gesellschaft [gə'zɛlʃaft] *f* ⟨**-, -en**⟩ **1.** SOCIOL society; **die ~ verändern** to change society **2.** (≈ *Vereinigung*) society; COMM company **3.** (≈ *Abendgesellschaft*) party; **eine erlesene ~** a select group of people **4.** (≈ *Begleitung*) company; **da befindest du dich in guter ~** then you're in good company; **jdm ~ leisten** to keep sb company **Gesellschafter** [gə'zɛlʃaftɐ] *m* ⟨**-s, -**⟩, **Gesellschafterin** [-ərın] *f* ⟨**-, -nen**⟩ (COMM ≈ *Teilhaber*) shareholder; (≈ *Partner*) partner **gesellschaftlich** [gə'zɛlʃaftlıç] *adj* social **Gesellschaftsanzug** *m* formal dress **gesellschaftsfähig** *adj* socially acceptable **Gesellschaftsform** *f* social system **Gesellschaftsordnung** *f* social system **gesellschaftspolitisch** *adj* sociopolitical **Gesellschaftsschicht** *f* social stratum **Gesellschaftsspiel** *nt* party game **Gesellschaftssystem** *nt* social system **Gesellschaftstanz** *m* ballroom dance
gesettelt *adj* (*sl* ≈ *sesshaft, etabliert*) settled
Gesetz [gə'zɛts] *nt* ⟨**-es, -e**⟩ law; (≈ *Gesetzbuch*) statute book; (PARL ≈ *Vorlage*) bill; (*nach Verabschiedung*) act; **nach dem ~** under the law (*über +acc* on); **vor dem ~** in (the eyes of the) law; **ein ungeschriebenes ~** an unwritten rule **Gesetzblatt** *nt* law gazette **Gesetzbuch** *nt* statute book **Gesetzentwurf** *m* (draft) bill **Gesetzesänderung** *f* change in the law **Gesetzesbrecher** *m* ⟨**-s, -**⟩, **Gesetzesbrecherin** [-ərın] *f* ⟨**-, -nen**⟩ law-breaker **Gesetzeskraft** *f* the force of law; **~ erlangen** to become law; **~ haben** to be law **Gesetzeslage** *f* legal position **gesetzestreu** *adj* *Person* law-abiding **gesetzgebend** *adj attr* legislative; **die ~e Gewalt** the legislature **Gesetzgeber** *m* legislative body **Gesetzgebung** [-geː-

buŋ] *f* ⟨**-, -en**⟩ legislation *no pl* **gesetzlich** [gə'zɛtslıç] **I** *adj* *Verpflichtung* legal; *Feiertag* statutory **II** *adv* legally **gesetzlos** *adj* lawless **gesetzmäßig** *adj* (≈ *gesetzlich*) legal; (≈ *rechtmäßig*) lawful **gesetzt** [gə'zɛtst] **I** *adj* (≈ *reif*) sedate, sober; **ein Herr im ~en Alter** a man of mature years; → **setzen II** *cj* **~ den Fall, ...** assuming (that) ...
gesetzwidrig I *adj* illegal; (*unrechtmäßig*) unlawful **II** *adv* illegally; (≈ *unrechtmäßig*) unlawfully
gesichert [gə'zıçɐt] *adj* *Existenz* secure; *Fakten* definite; → **sichern**
Gesicht [gə'zıçt] *nt* ⟨**-(e)s, -er**⟩ face; **ein trauriges/wütendes ~ machen** to look sad/angry; **ein langes ~ machen** to make a long face; **jdm ins ~ sehen** to look sb in the face; **den Tatsachen ins ~ sehen** to face facts; **jdm etw ins ~ sagen** to tell sb sth to his face; **sein wahres ~ zeigen** to show (oneself in) one's true colours (*Br*) *or* colors (*US*); **jdm wie aus dem ~ geschnitten sein** to be the spitting image of sb; **das ~ verlieren** to lose face; **das ~ wahren** to save face; **das gibt der Sache ein neues ~** that puts a different complexion on the matter *or* on things; **etw aus dem ~ verlieren** to lose sight of sth; **jdn/etw zu ~ bekommen** to set eyes on sb/sth **Gesichtsausdruck** *m* (facial) expression **Gesichtscreme** *f* face cream **Gesichtsfarbe** *f* complexion **Gesichtskreis** *m* **1.** (*dated*) (≈ *Umkreis*) field of vision; **jdn aus dem ~ verlieren** to lose sight of sb **2.** (*fig*) horizons *pl*, outlook **Gesichtsmaske** *f* face mask **Gesichtsmuskel** *m* facial muscle **Gesichtspackung** *f* face pack **Gesichtspunkt** *m* (≈ *Betrachtungsweise*) point of view, standpoint; (≈ *Einzelheit*) point **Gesichtsverlust** *m* loss of face **Gesichtszüge** *pl* features *pl*
Gesindel [gə'zındl] *nt* ⟨**-s,** *no pl*⟩ (*pej*) riffraff *pl*
gesinnt [gə'zınt] *adj usu pred* **jdm freundlich/feindlich ~ sein** to be friendly/hostile to(wards) sb; **sozial ~ sein** to be socially minded **Gesinnung** [gə'zınʊŋ] *f* ⟨**-, -en**⟩ (≈ *Charakter*) cast of mind; (≈ *Ansichten*) views *pl*, way of thinking; **eine liberale ~** liberal-mindedness; **seiner ~ treu bleiben** to remain loyal to one's basic convictions **Gesinnungsgenosse** *m*, **Gesinnungs-**

genossin *f* like-minded person **gesinnungslos** [gə'zɪtət] (*pej*) *adj* unprincipled **Gesinnungswandel** *m*, **Gesinnungswechsel** *m* conversion

gesittet [gə'zɪtət] *adj* **1.** (≈ *wohlerzogen*) well-mannered **2.** (≈ *kultiviert*) civilized

Gesöff [gə'zœf] *nt* ⟨**-(e)s, -e**⟩ (*infml*) muck (*infml*)

gesondert [gə'zɔndɐt] **I** *adj* separate **II** *adv* separately

gesonnen [gə'zɔnən] *adj* ~ **sein, etw zu tun** to be of a mind to do sth

gespalten [gə'ʃpaltn] *adj Bewusstsein* split; *Zunge* forked; *Gesellschaft* divided; **die Meinungen sind** ~ opinions are divided

Gespann [gə'ʃpan] *nt* ⟨**-(e)s, -e**⟩ **1.** (≈ *Zugtiere*) team **2.** (≈ *Pferdegespann*) horse and cart; **ein gutes** ~ **abgeben** to make a good team **gespannt** [gə'ʃpant] **I** *adj* **1.** *Seil* taut **2.** (*fig*) tense; (≈ *neugierig*) curious; **ich bin** ~, **wie er darauf reagiert** I wonder how he'll react to that; **da bin ich aber** ~**!** I'm looking forward to that; (*iron*) (oh really?) that I'd like to see! **II** *adv* intently; ~ **zuhören/zusehen** to be engrossed with what's going on; → **spannen Gespanntheit** *f* ⟨**-, no pl**⟩ tension; (≈ *Neugierde*) eager anticipation

Gespenst [gə'ʃpɛnst] *nt* ⟨**-(e)s, -er**⟩ ghost; (*fig* ≈ *Gefahr*) spectre (*Br*), specter (*US*) **gespensterhaft** *adj* ghostly *no adv*; (*fig*) eerie, eery **gespenstisch** [gə'ʃpɛnstɪʃ] *adj, adv* **1.** = **gespensterhaft 2.** (*fig* ≈ *bizarr, unheimlich*) eerie, eery

gespielt [gə'ʃpiːlt] *adj* feigned

Gespött [gə'ʃpœt] *nt* ⟨**-(e)s, no pl**⟩ mockery; (≈ *Gegenstand des Spotts*) laughing stock; **zum** ~ **werden** to become a laughing stock

Gespräch [gə'ʃprɛːç] *nt* ⟨**-(e)s, -e**⟩ **1.** (≈ *Unterhaltung*) conversation; (≈ *Diskussion*) discussion; (≈ *Dialog*) dialogue (*Br*), dialog (*US*); ~**e** POL talks; **das** ~ **auf etw** (*acc*) **bringen** to steer the conversation *etc* (a)round to sth; **im** ~ **sein** to be being talked about; **mit jdm ins** ~ **kommen** to get into conversation with sb; (*fig*) to establish a dialogue (*Br*) or dialog (*US*) with sb **2.** (TEL ≈ *Anruf*) (telephone) call; **ein** ~ **für dich** a call for you **gesprächig** [gə'ʃprɛːçɪç] *adj* talkative; (≈ *mitteilsam*) communicative **gesprächsbereit** *adj esp* POL ready to talk

Gesprächsbereitschaft *f esp* POL readiness to talk **Gesprächsgegenstand** *m* topic **Gesprächsguthaben** *nt* (TEL: *von Prepaidhandy*) credit minutes *pl* **Gesprächspartner(in)** *m/(f)* interlocutor (*form*); **mein** ~ **bei den Verhandlungen** my opposite number at the talks; **wer war dein** ~**?** who did you talk with? **Gesprächsrunde** *f* discussion(s *pl*); POL round of talks **Gesprächsstoff** *m* topics *pl*

gespreizt [gə'ʃpraitst] *adj* (*fig*) affected; → **spreizen**

gesprenkelt [gə'ʃprɛŋklt] *adj* speckled; → **sprenkeln**

Gespür [gə'ʃpyːɐ] *nt* ⟨**-s, no pl**⟩ feel(ing)

Gestalt [gə'ʃtalt] *f* ⟨**-, -en**⟩ **1.** form; **in** ~ **von** (*fig*) in the form of; (*feste*) ~ **annehmen** to take shape **2.** (≈ *Wuchs*) build **3.** (≈ *Person*) figure; (*pej* ≈ *Mensch*) character **gestalten** [gə'ʃtaltn] *past part* **gestaltet I** *v/t Text, Wohnung* to lay out; *Programm, Abend* to arrange; *Freizeit* to organize; *Zukunft, Gesellschaft, Politik* to shape **II** *v/r* (≈ *werden*) to become; (≈ *sich entwickeln*) to turn (*zu* into); **sich schwierig** ~ (*Verhandlungen etc*) to run into difficulties **gestalterisch** [gə'ʃtaltərɪʃ] *adj* creative **Gestaltung** *f* ⟨**-, -en**⟩ (≈ *das Gestalten*) shaping, forming (*zu* into); (*von Wohnung*) layout; (*von Abend, Programm*) arrangement; (*von Freizeit*) structuring

gestanden *adj attr Fachmann etc* experienced; **ein** ~ **er Mann** a mature and experienced man **geständig** [gə'ʃtɛndɪç] *adj* ~ **sein** to have confessed **Geständnis** [gə'ʃtɛntnɪs] *nt* ⟨**-ses, -se**⟩ confession; **ein** ~ **ablegen** to make a confession; **jdm ein** ~ **machen** to make a confession to sb

Gestank [gə'ʃtaŋk] *m* ⟨**-(e)s, no pl**⟩ stink

gestatten [gə'ʃtatn] *past part* **gestattet I** *v/t* to allow; **jdm etw** ~ to allow sb sth **II** *v/i* ~ **Sie, dass ich …?** may I …?, would you mind if I …?; **wenn Sie** ~ … with your permission …

Geste ['gɛstə, 'geːstə] *f* ⟨**-, -n**⟩ gesture

Gesteck [gə'ʃtɛk] *nt* ⟨**-(e)s, -e**⟩ flower arrangement

gestehen [gə'ʃteːən] *pret* **gestand** [gə'ʃtant], *past part* **gestanden** [gə'ʃtandn] *v/t & v/i* to confess (*jdm etw* sth to sb); **offen gestanden** … to be frank …

Gestein [gə'ʃtain] *nt* ⟨**-(e)s, -e**⟩ rock(s *pl*); (≈ *Schicht*) rock stratum

Gestell [gə'ʃtɛl] nt ⟨-(e)s, -e⟩ stand; (≈ Regal) shelf; (≈ Ablage) rack; (≈ Rahmen, Brillengestell) frame; (auf Böcken) trestle

gestelzt [gə'ʃtɛltst] adj stilted

gestern ['gɛstɐn] adv yesterday; **~ Abend** yesterday evening; (spät) last night; **die Zeitung von ~** yesterday's paper; **er ist nicht von ~** (infml) he wasn't born yesterday

Gestik ['gɛstɪk, 'geːstɪk] f ⟨-, no pl⟩ gestures pl **gestikulieren** [gɛstiku'liːrən] past part **gestikuliert** v/i to gesticulate

gestimmt [gə'ʃtɪmt] adj **froh~** in a cheerful mood; → **stimmen**

Gestirn [gə'ʃtɪrn] nt ⟨-(e)s, -e⟩ heavenly body

Gestöber [gə'ʃtøːbɐ] nt ⟨-s, -⟩ (leicht) snow flurry; (stark) snowstorm

gestochen [gə'ʃtɔxn̩] I adj Handschrift clear, neat II adv **~ scharfe Fotos** needle-sharp photographs; **wie ~ schreiben** to write clearly

gestohlen [gə'ʃtoːlən] adj **der/das kann mir ~ bleiben** (infml) he/it can go hang (infml)

gestört [gə'ʃtøːɐt] adj disturbed; **geistig ~ sein** to be (mentally) disturbed; → **stören**

Gestotter [gə'ʃtɔtɐ] nt ⟨-s, no pl⟩ stuttering, stammering

gestreift [gə'ʃtraift] adj striped; → **streifen**

gestrichen [gə'ʃtrɪçn̩] I adj **ein ~er Teelöffel voll** a level teaspoon(ful) II adv **~ voll** level; (≈ sehr voll) full to the brim

gestrig ['gɛstrɪç] adj attr yesterday's; **unser ~es Gespräch** our conversation (of) yesterday

Gestrüpp [gə'ʃtrʏp] nt ⟨-(e)s, -e⟩ undergrowth; (fig) jungle

gestuft [gə'ʃtuːft] adj (≈ in Stufen) terraced; Haarschnitt layered; (zeitlich) staggered; → **stufen**

Gestüt [gə'ʃtyːt] nt ⟨-(e)s, -e⟩ stud

Gesuch [gə'zuːx] nt ⟨-(e)s, -e⟩ petition (auf +acc, um for); (≈ Antrag) application (auf +acc, um for) **gesucht** [gə'zuːxt] adj (≈ begehrt) sought after; **sehr ~** (very) much sought after; → **suchen**

gesund [gə'zʊnt] I adj, comp **-er** or **~er** [gə'zʏndɐ], sup **-este(r, s)** or **~este(r, s)** [gə'zʏndəstə] healthy; **wieder~ werden** to get better; **Äpfel sind ~** apples are good for you; **bleib~!** look after yourself II adv, comp **~er** or **-er**, sup **am ~esten** or **-esten ~ leben** to have a healthy lifestyle; **sich ~ ernähren** to have a healthy diet; **~ essen** to eat healthily; **jdn ~ pflegen** to nurse sb back to health **Gesundheit** f ⟨-, no pl⟩ health; (≈ Zuträglichkeit) healthiness; **bei guter ~** in good health; **~!** bless you; **auf Ihre ~!** your (very good) health **gesundheitlich** [gə-'zʊnthaitlɪç] I adj **~e Schäden** damage to one's health; **sein ~er Zustand** (the state of) his health; **aus ~en Gründen** for health reasons II adv **wie geht es Ihnen ~?** how is your health? **Gesundheitsamt** nt public health department **Gesundheitsapostel** m (iron) health freak (infml) **gesundheitsbewusst** adj health-conscious **Gesundheitsdienst** m health service **Gesundheitsfarm** f health farm **gesundheitshalber** adv for health reasons **Gesundheitsminister(in)** m/(f) health minister, Health Secretary (Br), Secretary of Health (US) **Gesundheitspolitik** f health policy **gesundheitsschädlich** adj unhealthy **Gesundheitswesen** nt, no pl health service **Gesundheitszeugnis** nt certificate of health **Gesundheitszustand** m, no pl state of health **gesundschreiben** v/t sep irr **jdn ~** to certify sb (as) fit **gesundschrumpfen** sep I v/t (fig) to streamline II v/r to be streamlined **gesundstoßen** v/r sep irr (sl) to line one's pockets (infml) **Gesundung** [gə'zʊndʊŋ] f ⟨-, no pl⟩ recovery; (≈ Genesung) convalescence, recuperation

getan [gə'taːn] adj **nach ~er Arbeit** when the day's work is done

getigert [gə'tiːgɐt] adj (mit Streifen) striped; **~e Katze** tabby (cat)

getönt [ge'tøːnt] adj Glas, Brille tinted; → **tönen²**

Getöse [gə'tøːzə] nt ⟨-s, no pl⟩ din; (von Auto, Beifall etc) roar

Getränk [gə'trɛŋk] nt ⟨-(e)s, -e⟩ drink **Getränkeautomat** m drinks (Br) or beverage (US) machine **Getränkekarte** f (in Café) list of beverages; (in Restaurant) wine list **Getränkemarkt** m drinks cash-and-carry (Br), beverage store (US)

getrauen [gə'trauən] past part **getraut** v/r to dare; **getraust du dich das?** (infml) do you dare do that?

Getreide [gə'traidə] *nt* ⟨**-s, -**⟩ grain **Getreide(an)bau** *m*, *no pl* cultivation of grain *or* cereals **Getreideflocke** *f usu pl* cereal **Getreidesilo** *nt or m*, **Getreidespeicher** *m* silo

getrennt [gə'trɛnt] **I** *adj* separate **II** *adv* ~ **wohnen** not to live together; ~ **leben** to live apart; → **trennen**

getreu [gə'trɔy] **I** *adj* (≈ *entsprechend*) faithful, true *no adv* **II** *prep* +*dat* true to

Getriebe [gə'triːbə] *nt* ⟨**-s, -**⟩ **1.** TECH gears *pl*; (≈ *Getriebekasten*) gearbox **2.** (≈ *lebhaftes Treiben*) bustle **Getriebeschaden** *m* gearbox trouble *no indef art*

getrost [gə'troːst] *adv* confidently; *du kannst dich* ~ *auf ihn verlassen* you need have no fears about relying on him

getrübt [gə'tryːpt] *adj* *ein* ~ *es Verhältnis zu jdm haben* to have an unhappy relationship with sb; → **trüben**

Getto ['gɛto] *nt* ⟨**-s, -s**⟩ ghetto **Gettoblaster** [-blaːstɐ] *m* ⟨**-s, -**⟩ (*infml*) ghetto blaster (*infml*), boom box (*esp US infml*)

Getue [gə'tuːə] *nt* ⟨**-s**, *no pl*⟩ (*pej*) to-do (*infml*)

geübt [gə'|yːpt] *adj Auge, Ohr* practised (*Br*), practiced (*US*); *Fahrer etc* proficient; ~ *sein* to be experienced; → **üben**

Gewächs [gə'vɛks] *nt* ⟨**-es, -e**⟩ **1.** (≈ *Pflanze*) plant **2.** MED growth **gewachsen** [gə'vaksn] *adj* **1.** (≈ *von allein entstanden*) evolved **2.** *jdm* ~ *sein* to be a match for sb; *einer Sache* (*dat*) ~ *sein* to be up to sth **Gewächshaus** *nt* greenhouse; (≈ *Treibhaus*) hothouse

gewagt [gə'vaːkt] *adj* **1.** (≈ *kühn*) daring; (≈ *gefährlich*) risky **2.** (≈ *anzüglich*) risqué; → **wagen**

gewählt [gə'vɛːlt] **I** *adj Sprache* elegant **II** *adv sich* ~ *ausdrücken* to express oneself elegantly; → **wählen**

Gewähr [gə'vɛːɐ] *f* ⟨**-**, *no pl*⟩ guarantee; *keine* ~ *für etw bieten* to offer no guarantee for sth; *die Angabe erfolgt ohne* ~ this information is supplied without liability; *für etw* ~ *leisten* to guarantee sth **gewähren** [gə'vɛːrən] *past part* **gewährt** *v/t* to grant; *Rabatt, Schutz* to give; *jdn* ~ *lassen* (*elev*) not to stop sb **gewährleisten** [gə'vɛːɐlaistn] *past part* **gewährleistet** *v/t insep* (≈ *sicherstellen*) to ensure (*jdm etw* sb sth); (≈ *garantieren*) to guarantee (*jdm etw* sb sth)

Gewahrsam [gə'vaːɐzaːm] *m* ⟨**-s**, *no pl*⟩ **1.** (≈ *Verwahrung*) safekeeping; *etw in* ~ **nehmen** to take sth into safekeeping **2.** (≈ *Haft*) custody

Gewährung *f*, *no pl* granting; (*von Rabatt*) giving; (*von Schutz*) affording

Gewalt [gə'valt] *f* ⟨**-**, **-en**⟩ **1.** (≈ *Macht*) power; *die gesetzgebende/richterliche* ~ the legislature/judiciary; *elterliche* ~ parental authority; *jdn/etw in seine* ~ *bringen* to bring sb/sth under one's control; *jdn in seiner* ~ *haben* to have sb in one's power; *jdn in seine* ~ (*dat*) *sein or stehen* to be in sb's power; *die* ~ *über etw* (*acc*) *verlieren* to lose control of sth **2.** *no pl* (≈ *Zwang, Heftigkeit*) force; (≈ *Gewalttätigkeit*) violence; ~ *anwenden* to use force; *höhere* ~ acts/an act of God; *mit* ~ by force; *mit aller* ~ (*infml*) for all one is worth **Gewaltakt** *m* act of violence **Gewaltanwendung** *f* use of force **gewaltbereit** *adj* ready to use violence **Gewaltenteilung** *f* separation of powers **gewaltfrei** *adj*, *adv* = **gewaltlos** **Gewaltherrschaft** *f*, *no pl* tyranny **gewaltig** [gə'valtɪç] **I** *adj* **1.** (≈ *heftig*) *Sturm etc* violent **2.** (≈ *riesig*) colossal; *Anblick* tremendous; *Stimme* powerful; *Summe* huge **II** *adv* (*infml* ≈ *sehr*) enormously; *sich* ~ *irren* to be very much mistaken **gewaltlos I** *adj* non-violent **II** *adv* (≈ *ohne Gewaltanwendung*) without violence **Gewaltlosigkeit** *f* ⟨**-**, *no pl*⟩ non-violence **gewaltsam** [gə'valtzaːm] **I** *adj* forcible; *Tod* violent **II** *adv* forcibly, by force **Gewalttat** *f* act of violence **Gewalttäter(in)** *m*/(*f*) violent criminal **gewalttätig** *adj* violent **Gewalttätigkeit** *f*, *no pl*: (≈ *Handlung*) act of violence **Gewaltverbrechen** *nt* crime of violence

Gewand [gə'vant] *nt* ⟨**-(e)s**, **⸚er** [gə-'vɛndɐ]⟩ **1.** (*elev* ≈ *Kleidungsstück*) garment; (*weites, langes*) robe, gown **2.** (*Aus* ≈ *Kleidung*) clothes *pl*

gewandt [gə'vant] **I** *adj* skilful (*Br*), skillful (*US*); (*körperlich*) nimble; (≈ *geschickt*) deft; *Auftreten, Stil* elegant **II** *adv* elegantly

Gewässer [gə'vɛsɐ] *nt* ⟨**-s, -**⟩ stretch of water

Gewebe [gə'veːbə] *nt* ⟨**-s, -**⟩ (≈ *Stoff*) fabric, material; (≈ *Gewebeart*) weave; BIOL tissue; (*fig*) web **Gewebeprobe** *f* MED tissue sample

Gewehr [gə'veːɐ] *nt* ⟨**-(e)s, -e**⟩ (≈ *Flinte*) rifle; (≈ *Schrotbüchse*) shotgun **Ge-**

wehrlauf *m* (*von Flinte*) rifle barrel;
(*von Schrotbüchse*) barrel of a shotgun
Geweih [gə'vai] *nt* ⟨-(e)s, -e⟩ antlers *pl*;
das ~ the antlers
Gewerbe [gə'vɛrbə] *nt* ⟨-s, -⟩ trade; **ein ~
ausüben** to practise (*Br*) *or* practice
(*US*) a trade **Gewerbeaufsicht** *f* ≈
health and safety control **Gewerbebe-
trieb** *m* commercial enterprise **Gewerbegebiet** *nt* industrial area; (*eigens angelegt*) trading estate (*esp Br*) **Gewerbe-
schein** *m* trading licence (*Br*) *or* license
(*US*) **Gewerbesteuer** *f* trade tax **Gewer-
betreibende(r)** [-traibndə] *m/f(m)* decl
as adj trader **gewerblich** [gə'vɛrplɪç] **I**
adj commercial; *Genossenschaft* trade
attr; (≈ *industriell*) industrial **II** *adv* **~
genutzt** used for commercial purposes
gewerbsmäßig I *adj* professional **II**
adv professionally, for gain
Gewerkschaft [gə'vɛrkʃaft] *f* ⟨-, -en⟩
(trade *or* trades *or* labor (*US*)) union
Gewerkschafter [gə'vɛrkʃaftɐ] *m* ⟨-s,
-⟩, **Gewerkschafterin** [-ərɪn] *f* ⟨-,
-nen⟩ trade *or* labor (*US*) unionist **ge-
werkschaftlich** [gə'vɛrkʃaftlɪç] **I** *adj*
(trade *or* labor (*US*)) union *attr*; **~er Vertrauensmann** (*im Betrieb*) shop steward
(*esp Br*) **II** *adv* **~ organisierter Arbeiter**
union member; **~ tätig sein** to be active
in the union **Gewerkschaftsbund** *m, pl*
-bünde federation of trade *or* labor
(*US*) unions, ≈ Trades Union Congress
(*Br*), ≈ Federation of Labor (*US*) **Ge-
werkschaftsführer(in)** *m/(f)* (trade *or*
labor (*US*)) union leader
Gewicht [gə'vɪçt] *nt* ⟨-(e)s, -e⟩ weight;
dieser Stein hat ein ~ von 100 kg this
rock weighs 100 kg; *spezifisches ~* specific gravity; **~ haben** (*lit*) to be heavy;
(*fig*) to carry weight; **ins ~ fallen** to be
crucial; **nicht ins ~ fallen** to be of no
consequence; *auf etw* (acc) **~ legen** to
set (great) store by sth **gewichten** [gə-
'vɪçtn] *past part* **gewichtet** *v/t* STATISTICS
to weight; (*fig*) to evaluate **Gewichtheben** *nt* ⟨-s, no pl⟩ SPORTS weightlifting
Gewichtheber [-he:bɐ] *m* ⟨-s, -⟩, **Ge-
wichtheberin** [-ərɪn] *f* ⟨-, -nen⟩ weight-
lifter **gewichtig** [gə'vɪçtɪç] *adj* (*fig*)
weighty **Gewichtsklasse** *f* SPORTS
weight (category) **Gewichtsverlust** *m*
weight loss **Gewichtszunahme** *f* increase in weight
gewieft [gə'vi:ft] *adj* (*infml*) crafty (*in*

+dat at)
gewillt [gə'vɪlt] *adj* **~ sein, etw zu tun** to
be willing to do sth
Gewimmel [gə'vɪml] *nt* ⟨-s, no pl⟩
swarm; (≈ *Menge*) crush
Gewinde [gə'vɪndə] *nt* ⟨-s, -⟩ TECH thread
Gewinn [gə'vɪn] *m* ⟨-(e)s, -e⟩ **1.** (≈ *Ertrag*) profit; **~ abwerfen** *or* **bringen** to
make a profit; **~ bringend = gewinnbringend**; *etw mit ~ verkaufen* to sell
sth at a profit **2.** (≈ *Preis*) prize; (*bei Wetten*) winnings *pl* **3.** *no pl* (*fig* ≈ *Vorteil*)
gain **Gewinnanteil** *m* COMM dividend
Gewinnausschüttung *f* ⟨-, -en⟩ prize
draw **Gewinnbeteiligung** *f* **1.** IND profit-sharing **2.** (≈ *Dividende*) dividend **gewinnbringend I** *adj* (*lit, fig*) profitable
II *adv* profitably; **~ wirtschaften** to
make a profit **Gewinnchance** *f* chance
of winning; **~n** (*beim Wetten*) odds **gewinnen** [gə'vɪnən] *pret* **gewann** [gə-
'van], *past part* **gewonnen** [gə'vɔnən]
I *v/t* **1.** to win; *jdn (für etw)* **~** to win sb
over (to sth); *Zeit* **~** to gain time; *was
ist damit gewonnen?* what good is
that? **2.** (≈ *erzeugen*) to produce, to obtain; *Erze etc* to mine, to extract; (*aus
Altmaterial*) to reclaim **II** *v/i* **1.** (≈ *Sieger
sein*) to win (*bei, in +dat* at) **2.** (≈ *profitieren*) to gain; *an Bedeutung ~* to gain
(in) importance; *an Geschwindigkeit ~*
to pick up *or* gain speed **gewinnend** *adj*
(*fig*) winning, winsome **Gewinner** [gə-
'vɪnɐ] *m* ⟨-s, -⟩, **Gewinnerin** [-ərɪn] *f*
⟨-, -nen⟩ winner **Gewinnmaximierung**
f maximization of profit(s) **Gewinnschwelle** *f* ECON breakeven point **Gewinnspanne** *f* profit margin **Gewinn-
spiel** *nt* competition; TV game show **Gewinnung** [gə'vɪnʊŋ] *f* ⟨-, (*rare*) -en⟩
(*von Kohle, Öl*) extraction; (*von Energie, Plutonium*) production **Gewinnwarnung** *f* COMM profit warning **Ge-
winnzahl** *f* winning number **Gewinnzo-
ne** *f* **in der ~ sein** to be in profit; *in die ~
kommen* to move into profit
Gewirr [gə'vɪr] *nt* ⟨-(e)s, no pl⟩ tangle;
(*fig* ≈ *Durcheinander*) jumble; (*von
Straßen*) maze
gewiss [gə'vɪs] **I** *adj* certain (*+gen* of);
ich bin dessen ~ (*elev*) I'm certain of
it; *nichts Gewisses* nothing certain;
in ~em Maße to some *or* a certain extent
II *adv* (*elev*) certainly; *eins ist (ganz) ~*
one thing is certain; *(ja) ~!* certainly, sure

(*esp US*); (*aber*) ~ (*doch*)! (but) of course

Gewissen [gə'vɪsn] *nt* ⟨**-s**, *no pl*⟩ conscience; *ein schlechtes* ~ a guilty conscience; *jdn/etw auf dem* ~ *haben* to have sb/sth on one's conscience; *jdm ins* ~ *reden* to have a serious talk with sb **gewissenhaft** **I** *adj* conscientious **II** *adv* conscientiously **Gewissenhaftigkeit** [gə'vɪsnhaftɪçkait] *f* ⟨**-**, *no pl*⟩ conscientiousness **gewissenlos** *adj* unscrupulous; (≈ *verantwortungslos*) irresponsible **Gewissenlosigkeit** *f* ⟨**-**, *no pl*⟩ unscrupulousness; (≈ *Verantwortungslosigkeit*) irresponsibility **Gewissensbisse** *pl* pangs *pl* of conscience; ~ *bekommen* to get a guilty conscience **Gewissensentscheidung** *f* question of conscience **Gewissensfrage** *f* matter of conscience **Gewissenskonflikt** *m* moral conflict

gewissermaßen [gə'vɪsɐ'maːsn] *adv* (≈ *sozusagen*) so to speak **Gewissheit** *f* ⟨**-**, **-en**⟩ certainty; *mit* ~ with certainty

Gewitter [gə'vɪtɐ] *nt* ⟨**-s**, **-**⟩ thunderstorm; (*fig*) storm **Gewitterfront** *f* METEO storm front **gewittern** [gə'vɪtɐn] *past part* **gewittert** *v/i impers* **es gewittert** it's thundering **Gewitterschauer** *m* thundery shower **Gewitterwolke** *f* thundercloud; (*fig infml*) storm cloud **gewittrig** [gə'vɪtrɪç] *adj* thundery

gewitzt [gə'vɪtst] *adj* crafty, cunning

gewogen *adj* (*elev*) well-disposed (+*dat* towards)

gewöhnen [gə'vøːnən] *past part* **gewöhnt** **I** *v/t* **jdn an etw** (*acc*) ~ to accustom sb to sth; *an jdn/etw gewöhnt sein* to be used to sb/sth; *daran gewöhnt sein, etw zu tun* to be used to doing sth; *das bin ich gewöhnt* I'm used to it **II** *v/r* **sich an jdn/etw** ~ to get used to sb/sth **Gewohnheit** [gə'voːnhait] *f* ⟨**-**, **-en**⟩ habit; *aus* (*lauter*) ~ from (sheer) force of habit; *die* ~ *haben, etw zu tun* to have a habit of doing sth; *sich* (*dat*) *etw zur* ~ *machen* to make a habit of sth **gewohnheitsmäßig** *adj* habitual **Gewohnheitsmensch** *m* creature of habit **Gewohnheitssache** *f* question of habit **Gewohnheitstäter(in)** *m/(f)* habitual *or* persistent offender **Gewohnheitstier** *nt* **der Mensch ist ein** ~ (*infml*) man is a creature of habit **gewöhnlich** [gə'vøːnlɪç] **I** *adj* **1.** attr (≈

üblich) usual; (≈ *normal*) normal; (≈ *durchschnittlich*) ordinary; (≈ *alltäglich*) everyday **2.** (*pej* ≈ *ordinär*) common **II** *adv* normally; *wie* ~ as usual **gewohnt** [gə'voːnt] *adj* usual; *etw* ~ *sein* to be used to sth **Gewöhnung** [gə-'vøːnʊŋ] *f* ⟨**-**, *no pl*⟩ (≈ *das Sichgewöhnen*) habituation (*an* +*acc* to); (≈ *das Angewöhnen*) training (*an* +*acc* in); (≈ *Sucht*) habit, addiction **gewöhnungsbedürftig** *adj* **die neue Software ist** ~ the new software takes some time to get used to

Gewölbe [gə'vœlbə] *nt* ⟨**-s**, **-**⟩ vault **gewölbt** [gə'vœlpt] *adj* Stirn domed; *Decke* vaulted; → **wölben**

gewollt [gə'vɔlt] *adj* **1.** (≈ *gekünstelt*) forced **2.** (≈ *erwünscht*) desired; → **wollen²**

Gewühl [gə'vyːl] *nt* ⟨**-(e)s**, *no pl*⟩ (≈ *Gedränge*) crowd, throng; (≈ *Verkehrsgewühl*) chaos, snarl-up (*Br infml*)

gewunden [gə'vʊndn] *adj* Weg, Fluss etc winding; *Erklärung* tortuous

Gewürz [gə'vʏrts] *nt* ⟨**-es**, **-e**⟩ spice; (≈ *Pfeffer, Salz*) condiment **Gewürzbord** *nt* spice rack **Gewürzgurke** *f* pickled gherkin **Gewürzmischung** *f* mixed herbs *pl*; (≈ *Gewürzsalz*) herbal salt **Gewürznelke** *f* clove

Geysir ['gaizɪr] *m* ⟨**-s**, **-e**⟩ geyser

gezackt [gə'tsakt] *adj* Fels jagged; → **zacken**

gezahnt [gə'tsaːnt], **gezähnt** [gə'tsɛːnt] *adj auch* BOT serrated; TECH cogged; *Briefmarke* perforated

gezeichnet [gə'tsaiçnət] *adj* marked; *vom Tode* ~ *sein* to have the mark of death on one; → **zeichnen**

Gezeiten [gə'tsaitn] *pl* tides *pl* **Gezeitenkraftwerk** *nt* tidal power plant **Gezeitenwechsel** *m* turn of the tide

gezielt [gə'tsiːlt] **I** *adj* purposeful; *Schuss* well-aimed; *Frage, Maßnahme etc* specific; *Indiskretion* deliberate **II** *adv* vorgehen directly; *planen* specifically; ~ *schießen* to shoot to kill; *er hat sehr* ~ *gefragt* he asked very specific questions; → **zielen**

geziert [gə'tsiːɐt] **I** *adj* affected **II** *adv* affectedly; → **zieren**

gezwungen [gə'tsvʊŋən] **I** *adj* (≈ *nicht entspannt*) forced; *Atmosphäre* strained; *Stil, Benehmen* stiff **II** *adv* stiffly; ~ *lachen* to give a forced *or* strained laugh **gezwungenermaßen** [gə-'tsvʊŋənɐ'maːsn] *adv* of necessity; *etw ~ tun* to be forced to do sth

Ghana ['gaːna] *nt* ⟨**-s**⟩ Ghana

Ghetto ['gɛto] *nt* ⟨**-s, -s**⟩ ghetto

Gicht [gɪçt] *f* ⟨**-, -en**, *no pl*⟩ MED, BOT gout

Giebel ['giːbl] *m* ⟨**-s, -**⟩ gable **Giebeldach** *nt* gabled roof

Gier [giːɐ] *f* ⟨**-**, *no pl*⟩ greed *(nach* for) **gierig** ['giːrɪç] **I** *adj* greedy; *(nach Geld)* avaricious; *~ nach etw sein* to be greedy for sth **II** *adv* greedily

gießen ['giːsn] *pret* **goss** [gɔs] *past part* **gegossen** [gə'gɔsn] **I** *v/t* **1.** *Flüssigkeit* to pour; *Pflanzen* to water **2.** *Glas* to found *(zu* (in)to); *Metall* to cast *(zu* into) **II** *v/i impers* to pour; *es gießt in Strömen* it's pouring down **Gießerei** [giːsə-'rai] *f* ⟨**-, -en**⟩ (≈ *Werkstatt)* foundry **Gießkanne** *f* watering can

Gift [gɪft] *nt* ⟨**-(e)s, -e**⟩ poison; (≈ *Bakteriengift)* toxin; *(fig* ≈ *Bosheit)* venom; *darauf kannst du ~ nehmen* *(infml)* you can bet your life on that *(infml)* **Giftfass** *nt* toxic waste drum **giftfrei** *adj* non-toxic **Giftgas** *nt* poison gas **Giftgaswolke** *f* cloud of poison gas **giftgrün** *adj* bilious green **giftig** ['gɪftɪç] *adj* **1.** (≈ *Gift enthaltend)* poisonous; *Chemikalien* toxic **2.** *(fig)* (≈ *boshaft, hasserfüllt)* venomous **Giftmischer** [-mɪʃɐ] *m* ⟨**-s, -**⟩, **Giftmischerin** [-ərɪn] *f* ⟨**-, -nen**⟩ *(fig)* troublemaker, stirrer *(infml);* (*hum* ≈ *Apotheker)* chemist **Giftmord** *m* poisoning **Giftmüll** *m* toxic waste **Giftpilz** *m* poisonous toadstool **Giftschlange** *f* poisonous snake **Giftstoff** *m* poisonous substance **Giftzahn** *m* fang

Gigabyte ['giga-] *nt* IT gigabyte

Gigant [gi'gant] *m* ⟨**-en, -en**⟩, **Gigantin** [-'gantɪn] *f* ⟨**-, -en**⟩ giant **gigantisch** [gi-'gantɪʃ] *adj* gigantic

Gilde ['gɪldə] *f* ⟨**-, -n**⟩ guild

Gin [dʒɪn] *m* ⟨**-s, -s**⟩ gin; *~ Tonic* gin and tonic

Ginseng ['gɪnzɛŋ, 'ʒɪnzɛŋ] *m* ⟨**-s, -s**⟩ BOT ginseng **Ginsengwurzel** ['gɪnzɛŋ-, 'ʒɪnzɛŋ-] *f* BOT ginseng root

Ginster ['gɪnstɐ] *m* ⟨**-s, -**⟩ BOT broom; (≈ *Stechginster)* gorse

Gipfel ['gɪpfl] *m* ⟨**-s, -**⟩ **1.** (≈ *Bergspitze)* peak **2.** *(fig* ≈ *Höhepunkt)* height; *das ist der ~!* *(infml)* that's the limit **3.** (≈ *Gipfelkonferenz)* summit **Gipfelkonferenz** *f* POL summit conference **gipfeln**

['gɪpfln] *v/i* to culminate *(in* +*dat* in) **Gipfelpunkt** *m* *(lit)* zenith; *(fig)* high point **Gipfeltreffen** *nt* POL summit (meeting)

Gips [gɪps] *m* ⟨**-es, -e**⟩ plaster **Gipsabdruck** *m* plaster cast **Gipsbein** *nt* *(infml)* leg in a cast **Gipsverband** *m* MED plaster cast

Giraffe [gi'rafə] *f* ⟨**-, -n**⟩ giraffe

Girlande [gɪr'landə] *f* ⟨**-, -n**⟩ garland *(aus* of)

Girokonto *nt* current account **Giroverkehr** *m* giro system; (≈ *Girogeschäft)* giro transfer (business)

Gischt [gɪʃt] *m* ⟨**-(e)s, -e** *or f* **-, -en**⟩ spray

Gitarre [gi'tarə] *f* ⟨**-, -n**⟩ guitar **Gitarrist** [gita'rɪst] *m* ⟨**-en, -en**⟩, **Gitarristin** [-'rɪstɪn] *f* ⟨**-, -nen**⟩ guitarist

Gitter ['gɪtɐ] *nt* ⟨**-s, -**⟩ bars *pl;* *(vor Türen, Schaufenstern)* grille; *(für Gewächse etc)* lattice, trellis; (≈ *feines Drahtgitter)* (wire-)mesh; ELEC, GEOG grid; *hinter ~n* *(fig infml)* behind bars **Gitterfenster** *nt* barred window **Gitternetz** *nt* GEOG grid **Gitterrost** *m* grid, grating **Gitterstab** *m* bar

Glace ['glasə] *f* ⟨**-, -n**⟩ *(Swiss)* ice (cream) **Glacéhandschuh** *m* kid glove; *jdn mit ~en anfassen* *(fig)* to handle sb with kid gloves

Gladiator [gla'diaːtoːɐ] *m* ⟨**-s, Gladiatoren** [-'toːrən]⟩ gladiator

Gladiole [gla'dioːlə] *f* ⟨**-, -n**⟩ BOT gladiolus

glamourös [glamu'røːs] *adj* glamorous

Glanz [glants] *m* ⟨**-es**, *no pl*⟩ gleam; (≈ *Funkeln)* sparkle, glitter; *(von Haaren, Seide)* sheen; *(von Farbe)* gloss; *(fig, von Ruhm, Erfolg)* glory; (≈ *Pracht)* splendour *(Br)*, splendor *(US)* **Glanzabzug** *m* PHOT glossy print **glänzen** ['glɛntsn] *v/i* to shine; (≈ *glitzern)* to glisten; (≈ *funkeln)* to sparkle **glänzend** **I** *adj* shining; (≈ *strahlend)* radiant; (≈ *blendend)* dazzling; (≈ *glitzernd)* glistening; (≈ *funkelnd)* sparkling, glittering; *Papier* glossy, shiny; *(fig)* brilliant; (≈ *erstklassig)* marvellous *(Br)*, marvelous *(US)* **II** *adv* (≈ *sehr gut)* brilliantly; *wir haben uns ~ amüsiert* we had a great time *(infml)*; *mir geht es ~* I'm just fine **Glanzlack** *m* gloss (paint) **Glanzleistung** *f* brilliant achievement **Glanzlicht** *nt* (ART, *fig)* highlight **glanzlos** *adj* dull; *Lack, Oberfläche* matt **Glanznum-**

mer *f* big number, pièce de résistance **Glanzpapier** *nt* glossy paper **Glanzstück** *nt* pièce de résistance **glanzvoll** *adj* (*fig*) brilliant; (≈ *prachtvoll*) glittering **Glanzzeit** *f* heyday

Glas [glaːs] *nt* ⟨*-es*, *⸚er* ['glɛːzɐ]⟩ ⟨*or* (*als Maßangabe*) *-*⟩ **1.** glass; (≈ *Konservenglas*) jar **2.** (≈ *Brillenglas*) lens *sg* **Glasbläser(in)** *m*/(*f*) glass-blower **Glascontainer** *m* bottle bank **Glaser** ['glaːzɐ] *m* ⟨*-s*, *-*⟩, **Glaserin** [-ərɪn] *f* ⟨*-*, *-nen*⟩ glazier **Glaserei** [glaːzə'rai] *f* ⟨*-*, *-en*⟩ (≈ *Werkstatt*) glazier's workshop **gläsern** ['glɛːzɐn] *adj* glass; (*fig* ≈ *durchschaubar*) transparent **Glasfaser** *f* fibreglass (*Br*), fiberglass (*US*) **Glasfaserkabel** *nt* optical fibre (*Br*) *or* fiber (*US*) cable **Glasfiber** *f* glass fibre (*Br*) *or* fiber (*US*) **Glasfiberstab** *m* SPORTS glass fibre (*Br*) *or* fiber (*US*) pole **Glashaus** *nt* **wer** (**selbst**) **im** *~* **sitzt, soll nicht mit Steinen werfen** (*prov*) people who live in glass houses shouldn't throw stones (*prov*) **glasieren** [gla'ziːrən] *past part* **glasiert** *v*/*t* to glaze; *Kuchen* (*Br*), to frost (*esp US*) **glasig** ['glaːzɪç] *adj Blick* glassy; COOK *Kartoffeln* waxy; *Speck, Zwiebeln* transparent **Glaskeramikkochfeld** *nt* glass hob **glasklar** *adj* (*lit*) clear as glass; (*fig*) crystal-clear **Glasmalerei** *f* glass painting **Glasnudel** *f* fine Chinese noodle **Glasperle** *f* glass bead **Glasreiniger** *m* (≈ *Reinigungsmittel*) glass cleaner **Glasscheibe** *f* sheet of glass; (*von Fenster*) pane of glass **Glasscherbe** *f* fragment of glass; *~n* broken glass **Glassplitter** *m* splinter of glass **Glasur** [glaˈzuːɐ] *f* ⟨*-*, *-en*⟩ glaze; METAL enamel; (≈ *Zuckerguss*) icing (*Br*), frosting (*esp US*)

glatt [glat] **I** *adj*, *comp* **-er** *or* *⸚er* ['glɛtɐ], *sup* **-este(r, s)** *or* *⸚este(r, s)* ['glɛtəstə] **1.** (≈ *eben*) smooth; *Haar* straight; MED *Bruch* clean; *Stoff* (≈ *faltenlos*) uncreased **2.** (≈ *schlüpfrig*) slippery **3.** (*fig*) *Landung, Ablauf* smooth **II** *adv*, *comp* **-er** *or* *⸚er*, *sup* **am -esten** *or* *⸚esten* **1.** (≈ *eben*) *bügeln, hobeln* (till) smooth; *polieren* highly; *~ rasiert* Mann, Kinn clean-shaven **2.** (≈ *problemlos*) smoothly **3.** (*infml* ≈ *einfach*) completely; *leugnen, ablehnen* flatly; *vergessen* clean; **das ist doch** *~* **gelogen** that's a downright lie **Glätte** ['glɛtə] *f* ⟨*-*, *no pl*⟩ **1.** (≈ *Ebenheit*) smoothness **2.** (≈

Schlüpfrigkeit) slipperiness **Glatteis** *nt* ice; *„Vorsicht ~!"* "danger, black ice"; *jdn aufs ~ führen* (*fig*) to take sb for a ride **Glatteisgefahr** *f* danger of black ice **glätten** ['glɛtn] **I** *v*/*t* (≈ *glatt machen*) to smooth out; (*esp Swiss* ≈ *bügeln*) to iron; (*fig* ≈ *stilistisch glätten*) to polish up **II** *v*/*r* to smooth out; (*Meer, fig*) to subside **glattgehen** *v*/*i irr aux sein* to go smoothly **glattweg** ['glatvɛk] *adv* (*infml*) simply, just like that (*infml*)

Glatze ['glatsə] *f* ⟨*-*, *-n*⟩ bald head; **eine** *~* **bekommen/haben** to go/be bald **Glatzkopf** *m* bald head; (*infml* ≈ *Mann mit Glatze*) baldie (*infml*) **glatzköpfig** *adj* bald(-headed)

Glaube ['glaubə] *m* ⟨*-ns, no pl*⟩ faith (*an +acc* in); (≈ *Überzeugung*) belief (*an +acc* in); **in gutem** *~n* in good faith; **den** *~n* **an jdn/etw verlieren** to lose faith in sb/sth; **jdm** *~n* **schenken** to believe sb **glauben** ['glaubn] *v*/*t* & *v*/*i* to believe (*an +acc* in); (≈ *meinen, vermuten*) to think; **jdm** *~* to believe sb; **das glaube ich dir gerne/nicht** I quite/don't believe you; **d(a)ran** *~* **müssen** (*infml* ≈ *sterben*) to cop it (*Br infml*), to bite the dust (*US infml*); **das glaubst du doch selbst nicht!** you can't be serious; **wers glaubt, wird selig** (*iron*) a likely story (*iron*); **wer hätte das je geglaubt!** who would have thought it?; **es ist nicht** *or* **kaum zu** *~* it's unbelievable; **ich glaube, ja** I think so; **ich glaube, nein** I don't think so **Glaubensbekenntnis** *nt* creed **Glaubensfreiheit** *f* freedom of worship, religious freedom **Glaubensgemeinschaft** *f* religious sect; (*christliche auch*) denomination **Glaubensrichtung** *f* (religious) persuasion, religious orientation **glaubhaft** **I** *adj* credible; (≈ *einleuchtend*) plausible; (**jdm**) **etw** *~* **machen** to substantiate sth (to sb) **II** *adv* credibly **gläubig** ['glɔybɪç] *adj Katholik etc* devout **Gläubige(r)** ['glɔybɪgə] *m*/*f*(*m*) *decl as adj* believer; **die** *~n* the faithful **Gläubiger** ['glɔybɪgɐ] *m* ⟨*-s*, *-*⟩, **Gläubigerin** ['glɔybɪgərɪn] *f* ⟨*-*, *-nen*⟩ COMM creditor **glaubwürdig** *adj* credible **Glaubwürdigkeit** *f* ⟨*-*, *no pl*⟩ credibility

gleich [glaiç] **I** *adj* **1.** (≈ *identisch*) same; **der/die/das** *~e* **... wie** the same ... as; **es ist genau das Gleiche** it's exactly the same; **es ist mir** (**alles** *or* **ganz**) *~* it's all the same to me; **Gleiches mit Gleichem vergelten** to pay sb back in kind; **ganz ~ wer/was** etc no matter who/what etc **2.** (≈ gleichwertig) equal; **zu ~en Teilen** in equal parts; **zwei mal zwei (ist) ~ vier** two twos are four; **jdm (an etw** dat) **~ sein** to be sb's equal (in sth) **II** adv **1.** (≈ ohne Unterschied) equally; (≈ auf gleiche Weise) alike, the same; **~ gekleidet** dressed alike; **sie sind ~ groß/alt** they are the same size/age **2.** (räumlich) right, just; **~ hinter dem Haus** just behind the house **3.** (zeitlich ≈ sofort) immediately; (≈ bald) in a minute; **ich komme ~** I'm just coming; **ich komme ~ wieder** I'll be right back; **es muss nicht ~ sein** there's no hurry; **es ist ~ drei Uhr** it's almost three o'clock; **~ danach** straight afterwards; **das habe ich mir ~ gedacht** I thought that straight away; **warum nicht ~ so?** why didn't you say/do that in the first place?; **wann machst du das? — ~!** when are you going to do it? — right away; **bis ~!** see you later! **gleichaltrig** adj (of) the same age **gleichartig I** adj of the same kind (+dat as); (≈ ähnlich) similar (+dat to) **II** adv in the same way; similarly **gleichauf** ['glaiç'|auf] adv esp SPORTS equal **gleichbedeutend** adj synonymous (mit with); (≈ so gut wie) tantamount (mit to) **Gleichbehandlung** f equal treatment **gleichberechtigt** adj **~ sein** to have equal rights **Gleichberechtigung** f equal rights sg or pl, equality (+gen for) **gleich bleiben** v/i irr aux sein to stay the same; **das bleibt sich gleich** it doesn't matter **gleichbleibend** adj Kurs constant; Temperatur steady; **~ gute Qualität** consistent(ly) good quality **gleichen** ['glaiçn] pret **glich** [glɪç], past part **geglichen** [gə-'glɪçn] v/i **jdm/einer Sache ~** to be like sb/sth; **sich ~** to be alike; **jdm an Schönheit ~** to equal sb in beauty **gleichermaßen** ['glaiçɐ'maːsn] adv equally **gleichfalls** adv (≈ ebenfalls) likewise; (≈ auch) also; **danke ~!** thank you, (and) the same to you **gleichfarbig** adj (of) the same colour (Br) or color (US) **gleichförmig** adj uniform **Gleichförmigkeit** ['glaiçfœrmıçkait] f ⟨-, no pl⟩ uniformity **gleichgeschlechtlich** adj **1.** (≈ homosexuell) homosexual **2.** BIOL, ZOOL of the same sex, same-sex

attr; BOT homogamous **Gleichgewicht** nt, no pl (lit) balance; (≈ seelisches Gleichgewicht) equilibrium; **das ~ verlieren, aus dem ~ kommen** to lose one's balance or equilibrium (also fig); **jdn aus dem ~ bringen** to throw sb off balance; **das ~ der Kräfte** the balance of power **Gleichgewichtsstörung** f impaired balance **gleichgültig** adj indifferent (gegen to, towards); (≈ uninteressiert) apathetic (gegenüber, gegen towards); (≈ unwesentlich) unimportant; **~, was er tut** no matter what he does; **es ist mir ~, was er tut** I don't care what he does **Gleichgültigkeit** f indifference (gegen to, towards) **Gleichheit** f ⟨-, -en, no pl⟩ (≈ gleiche Stellung) equality; (≈ Übereinstimmung) correspondence **Gleichheitszeichen** nt MAT equals sign **gleichkommen** v/i +dat sep irr aux sein **1.** (≈ die gleiche Leistung etc erreichen) to equal (an +dat for), to match (an +dat for, in) **2.** (≈ gleichbedeutend sein mit) to amount to **gleichlautend** adj identical **gleichmäßig I** adj regular; Proportionen symmetrical **II** adv **1.** (≈ regelmäßig) regularly **2.** (≈ in gleicher Stärke) evenly **Gleichmäßigkeit** f regularity; (von Proportionen) symmetry **Gleichmut** m equanimity, serenity, composure **gleichmütig** [-myːtıç] adj serene, composed; Stimme calm **gleichnamig** [-naːmıç] adj of the same name **Gleichnis** ['glaiçnıs] nt ⟨-ses, -se⟩ LIT simile; (≈ Allegorie) allegory; BIBLE parable **gleichrangig** [-ranıç] adj Beamte etc equal in rank (mit to); Probleme etc equally important **Gleichrichter** m ELEC rectifier **gleichsam** ['glaiçzaːm] adv (elev) as it were **Gleichschritt** m, no pl MIL marching in step; **im ~, marsch!** forward march! **gleichseitig** [-zaitıç] adj Dreieck equilateral **gleichsetzen** v/t sep (≈ als dasselbe ansehen) to equate (mit with); (≈ als gleichwertig ansehen) to treat as equivalent (mit to) **Gleichsetzung** f ⟨-, -en⟩ **die ~ der Arbeiter mit den Angestellten** treating workers as equivalent to office employees **Gleichstand** m, no pl SPORTS **den ~ erzielen** to draw level **gleichstellen** v/t sep **1.** (rechtlich etc) to treat as equal **2.** = **gleichsetzen Gleichstellung** f (rechtlich etc) equality (+gen of, for), equal status (+gen of, for) **Gleichstrom** m

ELEC direct current, DC **gleichtun** *v/t* +*impers sep irr es jdm ~* to equal sb **Gleichung** ['glaiçʊŋ] *f* ⟨*-, -en*⟩ equation **gleichwertig** [-veːɐtɪç] *adj* of the same value; *Leistung, Qualität* equal (+*dat* to); *Gegner* evenly matched **gleichzeitig** **I** *adj* simultaneous **II** *adv* at the same time **gleichziehen** *v/i sep irr* (*infml*) to catch up (*mit* with)

Gleis [glais] *nt* ⟨*-es, -e* [-zə]⟩ RAIL line, track, rails *pl*; (≈ *einzelne Schiene*) rail; (≈ *Bahnsteig*) platform; (*fig*) rut; ~ *6* platform *or* track (*US*) 6; *aus dem ~ kommen* (*fig*) to go off the rails (*Br infml*), to get off the track (*US infml*)

gleiten ['glaitn] *pret* **glitt** [glɪt], *past part* **geglitten** [gə'glɪtn] *v/i aux sein* to glide; (*Hand*) to slide; *ein Lächeln glitt über ihr Gesicht* a smile flickered across her face; *sein Auge über etw* (*acc*) ~ *lassen* to cast an eye over sth **gleitend** *adj* ~*e Löhne or Lohnskala* sliding wage scale; ~*e Arbeitszeit* flex(i)time; ~*er Übergang* gradual transition **Gleitflug** *m* glide **Gleitflugzeug** *nt* glider **Gleitklausel** *f* COMM escalator clause **Gleitkomma** *nt* floating point **Gleitmittel** *nt* MED lubricant **Gleitschirm** *m* paraglider **Gleitschirmfliegen** *nt* ⟨*-s, no pl*⟩ paragliding **Gleitschirmflieger(in)** *m/(f)* paraglider **Gleitsegeln** *nt, no pl* hang-gliding **Gleitsegler** *m* (*Fluggerät*) hang-glider **Gleitsegler(in)** *m/(f)* hang-glider **Gleitsichtbrille** *f* varifocals *pl* **Gleitsichtgläser** *pl* varifocals *pl*, multifocals *pl* **Gleittag** *m* flexiday **Gleitzeit** *f* flex(i)time

Gletscher ['glɛtʃɐ] *m* ⟨*-s, -*⟩ glacier **Gletscherspalte** *f* crevasse

Glied [gliːt] *nt* ⟨*-(e)s, -er* [-dɐ]⟩ **1.** (≈ *Körperteil*) limb; (≈ *Fingerglied, Zehenglied*) joint; *an allen ~ern zittern* to be shaking all over **2.** (≈ *Penis*) penis, organ **3.** (≈ *Kettenglied, fig*) link **gliedern** ['gliːdɐn] **I** *v/t* **1.** (≈ *ordnen*) to structure **2.** (≈ *unterteilen*) to (sub)divide (*in* +*acc* into); → **gegliedert II** *v/r* (≈ *zerfallen in*) *sich ~ in* (+*acc*) to (sub)divide into; (≈ *bestehen aus*) to consist of **Gliederreißen** *nt* ⟨*-s, no pl*⟩ rheumatic pains *pl* **Gliederung** ['gliːdərʊŋ] *f* ⟨*-, -en*⟩ (≈ *Aufbau*) structure; (≈ *Unterteilung, von Organisation*) subdivision **Gliedmaßen** *pl* limbs *pl* **Gliedstaat** *m* member *or* constituent state

glimmen ['glɪmən] *pret* **glomm** *or* (*rare*)

glimmte [glɔm, 'glɪmtə], *past part* **geglommen** *or* (*rare*) **geglimmt** [gə'glɔmən, gə'glɪmt] *v/i* to glow

Glimmer ['glɪmɐ] *m* ⟨*-s, -*⟩ MIN mica **Glimmstängel** *m* (*dated infml*) fag (*Br infml*), cigarette, butt (*US infml*)

glimpflich ['glɪmpflɪç] **I** *adj* (≈ *mild*) mild, light; *Folgen* negligible **II** *adv* bestrafen mildly; ~ *davonkommen* to get off lightly; *mit jdm ~ umgehen* to treat sb leniently; ~ *ablaufen* to pass (off) without serious consequences

glitschig ['glɪtʃɪç] *adj* (*infml*) slippy (*infml*)

glitzern ['glɪtsɐn] *v/i* to glitter; (*Stern auch*) to twinkle

global [glo'baːl] **I** *adj* **1.** (≈ *weltweit*) global; ~*e Erwärmung* global warming **2.** (≈ *pauschal*) general **II** *adv* (≈ *weltweit*) world-wide **globalisieren** [globali'ziːrən] *past part* **globalisiert** *v/t* to globalize **Globalisierung** *f* ⟨*-, no pl*⟩ globalization **Globalisierungsgegner(in)** *m/(f)* anti-globalization protester, anti-globalist **Globetrotter** ['gloːbɔtrɔtɐ, 'gloːptrɔtɐ] *m* ⟨*-s, -*⟩, **Globetrotterin** [-ərɪn] *f* ⟨*-, -nen*⟩ globetrotter **Globus** ['gloːbʊs] *m* ⟨*- or -ses, Globen or -se*⟩ globe

Glöckchen ['glœkçən] *nt* ⟨*-s, -*⟩ (little) bell **Glocke** ['glɔkə] *f* ⟨*-, -n*⟩ bell; *etw an die große ~ hängen* (*infml*) to shout sth from the rooftops **Glockenblume** *f* bellflower, campanula **glockenförmig** *adj* bell-shaped **Glockengeläut** *nt* (peal of) bells *pl* **Glockenschlag** *m* stroke (of a/the bell); *es ist mit dem ~ 6 Uhr* on the stroke it will be 6 o'clock; *auf den ~* on the stroke of eight/nine *etc*; (≈ *genau pünktlich*) on the dot **Glockenspiel** *nt* (*in Turm*) chimes *pl*; (≈ *Instrument*) glockenspiel **Glockenturm** *m* belfry **Glöckner** ['glœknɐ] *m* ⟨*-s, -*⟩, **Glöcknerin** [-ərɪn] *f* ⟨*-, -nen*⟩ bell-ringer

Gloria ['gloːria] *nt* ⟨*-s, -s*⟩ ECCL gloria, Gloria **glorifizieren** [glorifi'tsiːrən] *past part* **glorifiziert** *v/t* to glorify **glorios** [glo'rioːs] *adj* glorious **glorreich** ['gloːɐ-] **I** *adj* glorious **II** *adv* ~ *siegen* to have a glorious victory

Glossar [glɔ'saːɐ] *nt* ⟨*-s, -e*⟩ glossary **Glosse** ['glɔsə] *f* ⟨*-, -n*⟩ PRESS *etc* commentary **Glossen** *pl* (*infml*) snide *or* sneering comments

Glotzauge *nt* (*usu pl: infml*) goggle eye

(*infml*); **~n machen** to gawp **Glotze** ['glɔtsə] *f* ⟨-, -n⟩ (*infml* ≈ *Fernseher*) gogglebox (*Br infml*), boob tube (*US infml*) **glotzen** ['glɔtsn] *v/i* (*pej infml*) to gawp (*auf +acc* at)

Glück [glʏk] *nt* ⟨-(e)s, (*rare*) -e⟩ **1.** luck; **~/kein ~ haben** to be lucky/unlucky; **auf gut ~** (≈ *aufs Geratewohl*) on the off chance; (≈ *unvorbereitet*) trusting to luck; (≈ *wahllos*) at random; **ein ~, dass ...** it is/was lucky that ...; **du hast ~ im Unglück gehabt** it could have been a great deal worse (for you); **viel ~ (bei ...)!** good luck (with ...)!; **~ bei Frauen haben** to be successful with women; **jdm zum Geburtstag ~ wünschen** to wish sb (a) happy birthday; **zum ~** luckily; **mehr ~ als Verstand haben** to have more luck than brains; **sein ~ machen** to make one's fortune; **sein ~ versuchen** to try one's luck; **er kann von ~ sagen, dass ...** he can count himself lucky that ... **2.** (≈ *Freude*) happiness

Glucke ['glʊkə] *f* ⟨-, -n⟩ (≈ *Bruthenne*) broody hen; (*mit Jungen*) mother hen **glucken** ['glʊkn] *v/i* (≈ *brüten*) to brood; (≈ *brüten wollen*) to go broody; (*fig infml*) to sit around

glücken ['glʏkn] *v/i aux sein* to be a success; **ihm glückt alles/nichts** everything/nothing he does is a success; **geglückt** successful; *Überraschung* real; **es wollte nicht ~** it wouldn't go right

gluckern ['glʊkn] *v/i* to glug

glücklich ['glʏklɪç] **I** *adj* **1.** (≈ *erfolgreich*) lucky; **er kann sich ~ schätzen(, dass ...)** he can count himself lucky (that ...) **2.** (≈ *froh*) happy; **~ machen** to bring happiness; **jdn ~ machen** to make sb happy **II** *adv* **1.** (≈ *mit Glück*) by or through luck **2.** (≈ *froh*) happily **glücklicherweise** ['glʏklɪçɐˈvaɪzə] *adv* luckily **glücklos** *adj* hapless **Glücksbringer** [-brɪŋɐ] *m* ⟨-s, -⟩ lucky charm **glückselig** [glʏkˈzeːlɪç] *adj* blissfully happy, blissful **Glückseligkeit** *f* bliss **Glücksfall** *m* stroke of luck **Glücksfee** *f* (*fig hum*) good fairy, fairy godmother **Glücksgefühl** *nt* feeling of happiness **Glücksgöttin** *f* goddess of luck **Glückspilz** *m* lucky devil (*infml*) **Glückssache** *f* **das ist ~** it's a matter of luck **Glücksspiel** *nt* game of chance **Glücksspieler(in)** *m/(f)* gambler **Glückssträhne** *f* lucky streak; **eine ~ haben** to be on a

lucky streak **glückstrahlend** *adj* beaming with happiness **Glückstreffer** *m* stroke of luck; (*beim Schießen*, FTBL) fluke (*infml*) **Glückszahl** *f* lucky number **Glückwunsch** *m* congratulations *pl* (*zu* on); **herzlichen ~** congratulations; **herzlichen ~ zum Geburtstag!** happy birthday **Glückwunschkarte** *f* greetings card

Glühbirne *f* (electric) light bulb **glühen** ['glyːən] *v/i* to glow **glühend I** *adj* glowing; (≈ *heiß glühend*) Metall red-hot; *Hitze* blazing; (*fig* ≈ *leidenschaftlich*) ardent; *Hass* burning **II** *adv* **~ heiß** scorching; **jdn ~ verehren** to worship sb **Glühlampe** *f* (*form*) electric light bulb **Glühwein** *m* mulled wine, glogg (*US*) **Glühwürmchen** [-vʏrmçən] *nt* glow-worm; (*fliegend*) firefly

Glukose [glu'koːzə] *f* ⟨-, -n⟩ glucose

Glut [gluːt] *f* ⟨-, -en⟩ (≈ *glühende Masse, Kohle*) embers *pl*; (≈ *Tabaksglut*) burning ash; (≈ *Hitze*) heat

glutenfrei *adj Lebensmittel* gluten-free **glutenhaltig** *adj Lebensmittel* gluten-containing, containing gluten *pred* **Gluthitze** *f* sweltering heat

Glyzerin [glytseˈriːn] *nt* ⟨-s, *no pl*⟩ CHEM glycerin(e)

Gnade ['gnaːdə] *f* ⟨-, -n⟩ mercy; (≈ *Gunst*) favour (*Br*), favor (*US*); (≈ *Verzeihung*) pardon; **um ~ bitten** to ask for mercy; **~ vor Recht ergehen lassen** to temper justice with mercy **Gnadenbrot** *nt, no pl* **jdm das ~ geben** to keep sb in his/her old age **Gnadenfrist** *f* (temporary) reprieve; **eine ~ von 24 Stunden** a 24 hour(s') reprieve, 24 hours' grace **Gnadengesuch** *nt* plea for clemency **gnadenlos I** *adj* merciless **II** *adv* mercilessly **Gnadenstoß** *m* coup de grâce **gnädig** ['gnɛːdɪç] **I** *adj* (≈ *barmherzig*) merciful; (≈ *gunstvoll, herablassend*) gracious; *Strafe* lenient; **~e Frau** (*form*) madam, ma'am **II** *adv* (≈ *milde*) urteilen leniently; (≈ *herablassend*) lächeln graciously; **es ~ machen** to be lenient

Gnom [gnoːm] *m* ⟨-en, -en⟩ gnome **Gnu** [gnuː] *nt* ⟨-s, -s⟩ ZOOL gnu

Gobelin [gobə'lɛ̃ː] *m* ⟨-s, -s⟩ tapestry, Gobelin

Gokart ['goːkaːɐt] *m* ⟨-(s), -s⟩ go-cart

Gold [gɔlt] *nt* ⟨-(e)s [-dəs]⟩ *no pl* gold; **nicht mit ~ zu bezahlen sein** to be worth one's weight in gold; **es ist nicht alles ~,**

was glänzt (*prov*) all that glitters is not gold (*prov*) **Goldader** *f* vein of gold **Goldbarren** *m* gold ingot **Goldbarsch** *m* (≈ *Rotbarsch*) redfish **golden** ['gɔldn] **I** *adj attr* golden; (≈ *aus Gold*) gold; ***die ~e Mitte wählen*** to strike a happy medium; ***~e Hochzeit*** golden wedding (anniversary) **II** *adv* like gold **Goldfisch** *m* goldfish **goldgelb** *adj* golden brown **Goldgräber** [-grɛːbɐ] *m* ⟨**-s, -**⟩, **Goldgräberin** [-ərɪn] *f* ⟨**-, -nen**⟩ gold-digger **Goldgrube** *f* gold mine **Goldhamster** *m* (golden) hamster **goldig** ['gɔldɪç] *adj* (*fig infml*) sweet **Goldklumpen** *m* gold nugget **Goldküste** *f* GEOG Gold Coast **Goldmedaille** *f* gold medal **Goldmedaillengewinner(in)** *m*/(*f*) gold medallist (*Br*) *or* medalist (*US*) **Goldmine** *f* gold mine **Goldmünze** *f* gold coin **Goldpreis** *m* gold price **Goldrand** *m* gold edge **Goldrausch** *m* gold fever **Goldregen** *m* BOT laburnum **Goldreserve** *f* FIN gold reserves **pl goldrichtig** (*infml*) **I** *adj* absolutely right **II** *adv* exactly right; ***sich verhalten*** perfectly **Goldschmied(in)** *m*/(*f*) goldsmith **Goldschnitt** *m*, *no pl* gilt edging **Goldstück** *nt* piece of gold; (≈ *Münze*) gold coin; (*fig infml*) treasure **Goldsucher(in)** *m*/(*f*) gold-hunter **Goldwaage** *f* ***jedes Wort auf die ~ legen*** to weigh one's words **Goldwährung** *f* gold standard **Goldzahn** *m* gold tooth

Golf[1] [gɔlf] *m* ⟨**-(e)s, -e**⟩ (≈ *Meerbusen*) gulf; ***der (Persische) ~*** the (Persian) Gulf

Golf[2] *nt* ⟨**-s, *no pl***⟩ SPORTS golf **Golfer** ['gɔlfɐ] *m* ⟨**-s, -**⟩, **Golferin** [-ərɪn] *f* ⟨**-, -nen**⟩ (*infml*) golfer **Golfklub** *m* club

Golfkrieg *m* Gulf War

Golfplatz *m* golf course **Golfschläger** *m* golf club **Golfspiel** *nt* ***das ~*** golf **Golfspieler(in)** *m*/(*f*) golfer

Golfstaaten *pl* ***die ~*** the Gulf States *pl* **Golfstrom** *m*, *no pl* GEOG Gulf Stream **Gondel** ['gɔndl] *f* ⟨**-, -n**⟩ gondola

Gong [gɔŋ] *m* ⟨**-s, -s**⟩ gong; (*bei Boxkampf etc*) bell **gongen** ['gɔŋən] **I** *v/i impers* ***es hat gegongt*** the gong has gone *or* sounded **II** *v/i* to ring *or* sound the gong **Gongschlag** *m* stroke of the gong

gönnen ['gœnən] *v/t* ***jdm etw ~*** not to (be)grudge sb sth; ***jdm etw nicht ~*** to (be)grudge sb sth; ***sich*** (*dat*) ***etw ~*** to al-

low oneself sth; ***das sei ihm gegönnt*** I don't (be)grudge him that **Gönner** ['gœnɐ] *m* ⟨**-s, -**⟩, **Gönnerin** [-ərɪn] *f* ⟨**-, -nen**⟩ patron **gönnerhaft** (*pej*) **I** *adj* patronizing **II** *adv* patronizingly **Gönnermiene** *f* (*pej*) patronizing air

Gonorrhö(e) [gɔnɔˈrøː(ə)] *f* ⟨**-, -en** [-ˈrøːən]⟩ MED gonorrhoea (*Br*), gonorrhea (*US*)

Göre ['gøːrə] *f* ⟨**-, -n**⟩ (≈ *kleines Mädchen*) little miss

Gorgonzola [gɔrgɔnˈtsoːla] *m* ⟨**-s, -s**⟩ gorgonzola (cheese)

Gorilla [goˈrɪla] *m* ⟨**-s, -s**⟩ gorilla

Gosche ['gɔʃə] *f* ⟨**-, -n**⟩ (*pej*) gob (*sl*), mouth

Göschen ['gœʃn] *f* ⟨**-, -**⟩ (*S Ger, Aus: pej*) ≈ Gosche

Gosse ['gɔsə] *f* ⟨**-, -n**⟩ gutter; ***in der ~ landen*** to end up in the gutter

Gotik ['goːtɪk] *f* ⟨**-, *no pl***⟩ ART Gothic (style); (≈ *Epoche*) Gothic period **gotisch** ['goːtɪʃ] *adj* Gothic

Gott [gɔt] *m* ⟨**-es, ⸚er** ['gœtɐ]⟩ **1.** god; (*als Name*) God; ***der liebe ~*** the good Lord; ***er ist ihr ~*** she worships him like a god; ***ein Anblick*** *or* ***Bild für die Götter*** (*hum infml*) a sight for sore eyes; ***das wissen die Götter*** (*infml*) God (only) knows; ***er hat ~ weiß was erzählt*** (*infml*) he said God knows what (*infml*); ***ich bin weiß ~ nicht prüde, aber ...*** God knows I'm no prude but ...; ***dann mach es eben in ~es Namen*** just do it then; ***leider ~es*** unfortunately **2.** (*in Ausrufen*) ***grüß ~!*** (*esp S Ger, Aus*) hello, good morning / afternoon / evening; ***ach (du lieber) ~!*** (*infml*) oh Lord! (*infml*); ***mein ~!*** (my) God!; ***großer ~!*** good Lord!; ***um ~es willen!*** for God's sake!; ***~ sei Dank!*** thank God! **Götterspeise** *f* COOK jelly (*Br*), Jell-O® (*US*) **Gottesdienst** *m* ECCL service **Gotteshaus** *nt* place of worship **Gotteskrieger(in)** *m*/(*f*) religious terrorist **Gotteslästerer** [-lɛstərɐ] *m* ⟨**-s, -**⟩, **Gotteslästerin** [-ərɪn] *f* ⟨**-, -nen**⟩ blasphemer **gotteslästerlich** **I** *adj* blasphemous **II** *adv* blasphemously **Gotteslästerung** *f* ⟨**-, -en**⟩ blasphemy **Gottesmutter** *f*, *no pl* REL Mother of God **Gottheit** ['gɔthait] *f* ⟨**-, -en**⟩ **1.** *no pl* (≈ *Göttlichkeit*) divinity **2.** (*esp heidnisch*) deity **Göttin** ['gœtɪn] *f* ⟨**-, -nen**⟩ goddess **göttlich** ['gœtlɪç] *adj* divine **gottlob** [gɔtˈloːp] *int* thank God **gottlos** *adj* godless;

(≈ *verwerflich*) ungodly **Gottvater** *m, no pl* God the Father **gottverdammt** *adj attr* (*infml*) goddamn(ed) (*infml*) **gottverlassen** *adj* godforsaken **Gottvertrauen** *nt* faith in God

Götze ['gœtsə] *m* ⟨*-n, -n*⟩ idol **Götzenbild** *nt* idol, graven image (BIBLE)

Gourmet [gʊr'meː, -'meː] *m* ⟨*-s, -s*⟩ gourmet

Gouverneur [guvɛr'nøːɐ] *m* ⟨*-s, -e*⟩, **Gouverneurin** [-'nøːrɪn] *f* ⟨*-, -nen*⟩ governor

Grab [graːp] *nt* ⟨*-(e)s, ⸚er* ['grɛːbə]⟩ grave; (≈ *Gruft*) tomb; **er würde sich im ⁓e umdrehen, wenn ...** he would turn in his grave if ...; **du bringst mich noch ins ⁓!** you'll be the death of me yet (*infml*); **mit einem Bein im ⁓e stehen** (*fig*) to have one foot in the grave; **sich** (*dat*) **selbst sein eigenes ⁓ graben** (*fig*) to dig one's own grave

graben ['graːbn] *pret* **grub** [gruːp], *past part* **gegraben** [gə'graːbn] **I** *v/t* to dig **II** *v/i* to dig; **nach Gold/Erz ⁓** to dig for gold/ore **III** *v/r* **sich in etw** (*acc*) **⁓** (*Zähne, Krallen*) to sink into sth; **sich durch etw ⁓** to dig one's way through sth **Graben** ['graːbn] *m* ⟨*-s, ⸚* ['grɛːbn]⟩ ditch; MIL trench; (≈ *Burggraben*) moat **Grabenkrieg** *m* MIL trench warfare *no pl, no indef art*

Gräberfeld *nt* cemetery **Grabgewölbe** *nt* vault; (*von Kirche, Dom*) crypt **Grabinschrift** *f* epitaph **Grabkammer** *f* burial chamber **Grabmal** *nt*, *pl* **-mäler** *or* (*geh*) **-male** monument; (≈ *Grabstein*) gravestone **Grabrede** *f* funeral oration **Grabschändung** *f* defilement of graves **Grabstätte** *f* grave; (≈ *Gruft*) tomb **Grabstein** *m* gravestone

Grabung *f* ⟨*-, -en*⟩ ARCHEOL excavation **Gracht** [graxt] *f* ⟨*-, -en*⟩ canal

Grad [graːt] *m* ⟨*-(e)s, -e* [-də]⟩ (SCI, UNIV, *fig*) degree; MIL rank; **4 ⁓ Kälte** 4 degrees below freezing; **20 ⁓ Celsius** 20 (degrees) centigrade; **ein Verwandter zweiten/dritten ⁓es** a relative once/twice removed; **Verbrennungen ersten/zweiten ⁓es** MED first-/second-degree burns; **bis zu einem gewissen ⁓** up to a certain point; **in hohem ⁓** to a great extent; **im höchsten ⁓** extremely **Gradeinteilung** *f* calibration **Gradmesser** *m* ⟨*-s, -*⟩ (*fig*) gauge (+*gen, für* of) **graduell** [gra'dʊɛl] **I** *adj* (≈ *allmählich*) gradual; (≈ *gering*)

slight **II** *adv* (≈ *geringfügig*) slightly; (≈ *allmählich*) gradually **graduieren** [gradu'iːrən] *past part* **graduiert I** *v/t* **1.** (≈ *in Grade einteilen*) to calibrate **2.** UNIV **graduierter Ingenieur** engineering graduate **II** *v/i* UNIV to graduate **Graduierte(r)** [gradu'iːɐtə] *m/f(m)* decl as adj graduate

Graf [graːf] *m* ⟨*-en, -en*⟩ count; (*britischer Graf*) earl

Graffiti [gra'fiːti] *nt* ⟨*-s, -s*⟩ graffiti

Grafik ['graːfɪk] *f* ⟨*-, -en*⟩ **1.** no pl ART graphic arts *pl*; (≈ *Technik*) graphics *sg* **2.** (ART ≈ *Darstellung*) graphic; (≈ *Druck*) print; (≈ *Schaubild*) illustration; (≈ *technisches Schaubild*) diagram **Grafiker** ['graːfɪkɐ] *m* ⟨*-s, -*⟩, **Grafikerin** [-ərɪn] *f* ⟨*-, -nen*⟩ graphic artist; (≈ *Illustrator*) illustrator; (≈ *Gestalter*) (graphic) designer **grafikfähig** *adj* IT **⁓ sein** to be able to do graphics **Grafikkarte** *f* IT graphics card **Grafikmodus** *m* IT graphics mode

Gräfin ['grɛːfɪn] *f* ⟨*-, -nen*⟩ countess

grafisch ['graːfɪʃ] *adj* graphic

Grafit [gra'fiːt] *m* ⟨*-s, -e*⟩ graphite

Grafschaft ['graːfʃaft] *f* ⟨*-, -en*⟩ earldom; ADMIN county

Gram [graːm] *m* ⟨*-(e)s, no pl*⟩ (*elev*) grief, sorrow **grämen** ['grɛːmən] *v/r* **sich über jdn/etw ⁓** to grieve over sb/sth

Gramm [gram] *nt* ⟨*-s, -e* or (*nach Zahlenangabe*) -⟩ gram(me); **100 ⁓ Mehl** 100 gram(me)s of flour

Grammatik [gra'matɪk] *f* ⟨*-, -en*⟩ grammar **grammatikalisch** [gramatiˈkaːlɪʃ], **grammatisch** [gra'matɪʃ] **I** *adj* grammatical **II** *adv* grammatically

Grammel ['graml] *f* ⟨*-, -n*⟩ (*S Ger, Aus*) = **Griebe**

Grammofon [gramo'foːn] *nt* ⟨*-s, -e*⟩ gramophone

Granatapfel *m* pomegranate

Granate [gra'naːtə] *f* ⟨*-, -n*⟩ (MIL ≈ *Geschoss*) shell; (≈ *Handgranate*) grenade **Granatsplitter** *m* shell/grenade splinter **Granatwerfer** *m* mortar

grandios [gran'dioːs] *adj* magnificent; (*hum*) fantastic (*infml*)

Granit [gra'niːt] *m* ⟨*-s, -e*⟩ granite

Grant [grant] *m* ⟨*-, no pl*⟩ (*infml: S Ger, Aus*) **einen ⁓ haben** to be cross (*wegen* about, *auf jdn* at sb) **granteln** ['grantln] *v/i* (*infml: S Ger, Aus*) **1.** (≈ *schlechte Laune haben*) to be grumpy **2.** (≈ *me-*

ckern) to grumble **grantig** ['grantɪç] (*infml*) *adj* grumpy **Grantler** ['grantlɐ] *m* ⟨**-s, -**⟩, **Grantlerin** [-ərɪn] *f* ⟨**-, -nen**⟩ (*S Ger, Aus infml, Aus*) (old) grouch

Granulat [granu'la:t] *nt* ⟨**-(e)s, -e**⟩ granules *pl*

Grapefruit ['gre:pfru:t] *f* ⟨**-, -s**⟩ grapefruit **Grapefruitsaft** ['gre:pfru:tzaft] *nt* grapefruit juice

Graphik *etc* = **Grafik**

Gras [gra:s] *nt* ⟨**-es, ⸚er** ['grɛ:zɐ]⟩ grass; **ins ~ beißen** (*infml*) to bite the dust (*infml*); **das ~ wachsen hören** to be highly perceptive; (≈ *zu viel hineindeuten*) to read too much into things; **über etw** (*acc*) **~ wachsen lassen** (*fig*) to let the dust settle on sth **grasbedeckt** *adj* grassy **Grasbüschel** *nt* tuft of grass **grasen** ['gra:zn] *v/i* to graze **Grasfläche** *f* grassland; (≈ *Rasen*) patch of grass **grasgrün** *adj* grass-green **Grashalm** *m* blade of grass **Grashüpfer** *m* (*infml*) grasshopper **grasig** ['gra:zɪç] *adj* grassy **Grasnarbe** *f* turf **Grassamen** *m* grass seed

grassieren [gra'si:rən] *past part* **grassiert** *v/i* to be rife

grässlich ['grɛslɪç] **I** *adj* **1.** hideous **2.** (≈ *unangenehm*) dreadful; *Mensch* horrible **II** *adv* **1.** (≈ *schrecklich*) horribly **2.** (*infml* ≈ *äußerst*) dreadfully

Grat [gra:t] *m* ⟨**-(e)s, -e**⟩ (≈ *Berggrat*) ridge; (*von Knochen*) ARCH hip (*of roof*)

Gräte ['grɛ:tə] *f* ⟨**-, -n**⟩ (fish) bone

Gratifikation [gratifika'tsio:n] *f* ⟨**-, -en**⟩ bonus

gratinieren [grati'ni:rən] *past part* **gratiniert** *v/t* COOK to brown (the top of)

gratis ['gra:tɪs] *adv* free; COMM free (of charge) **Gratisprobe** *f* free sample

Grätsche ['grɛ:tʃə] *f* ⟨**-, -n**⟩ SPORTS straddle **grätschen** ['grɛ:tʃn] **I** *v/i aux sein* to do a straddle (vault) **II** *v/t Beine* to straddle

Gratulant [gratu'lant] *m* ⟨**-en, -en**⟩, **Gratulantin** [-'lantɪn] *f* ⟨**-, -nen**⟩ well-wisher **Gratulation** [gratula'tsio:n] *f* ⟨**-, -en**⟩ congratulations *pl* **gratulieren** [gratu-'li:rən] *past part* **gratuliert** *v/i jdm* (**zu einer Sache**) **~** to congratulate sb (on sth); **jdm zum Geburtstag ~** to wish sb many happy returns (of the day); (**ich**) **gratuliere!** congratulations!

Gratwanderung *f* (*lit*) ridge walk; (*fig*) tightrope walk

grau [grau] **I** *adj* grey (*Br*), gray (*US*); (≈ *trostlos*) gloomy; **~ werden** (*infml*) to go grey (*Br*) *or* gray (*US*); **er malte die Lage ~ in ~** (*fig*) he painted a gloomy picture of the situation; **der ~e Alltag** the daily grind **II** *adv* anstreichen grey (*Br*), gray (*US*); *sich kleiden* in grey (*Br*) *or* gray (*US*); **~ meliert** Haar greying (*Br*), graying (*US*) **Graubrot** *nt* bread made from more than one kind of flour

Graubünden [grau'byndn] *nt* ⟨**-s**⟩ GEOG the Grisons

Gräuel ['grɔyəl] *m* ⟨**-s, -**, *no pl*⟩ (≈ *Abscheu*) horror; (≈ *Gräueltat*) atrocity; **es ist mir ein ~** I loathe it; **es ist mir ein ~, das zu tun** I loathe doing that **Gräuelmärchen** *nt* horror story **Gräueltat** *f* atrocity

grauen *v/i impers* **es graut mir vor etw** (*dat*) I dread sth; **mir graut vor ihm** I'm terrified of him **Grauen** ['grauən] *nt* ⟨**-s**, *no pl*⟩ horror (*vor* +dat *of*) **grauenerregend** *adj* atrocious **grauenhaft**, **grauenvoll** *adj* atrocious; *Schmerz* terrible

grauhaarig *adj* grey-haired (*Br*), gray-haired (*US*)

gräulich[1] ['grɔylɪç] *adj* = **grässlich**

gräulich[2] *adj* (≈ *Farbe*) greyish (*Br*), grayish (*US*)

Graupel ['graupl] *f* ⟨**-, -n**⟩ (small) hailstone **graupelig** ['graupəlɪç] *adj Schauer* of soft hail

Graupen ['graupən] *pl* pearl barley *sg*

Graus [graus] *m* ⟨**-es** [-zəs]⟩ *no pl* horror **grausam** ['grauza:m] **I** *adj* **1.** (≈ *gefühllos*) cruel (*gegen, zu* to) **2.** (*infml*) terrible **II** *adv* **1.** (≈ *auf schreckliche Weise*) cruelly; **sich ~ für etw rächen** to take (a) cruel revenge for sth **2.** (*infml* ≈ *furchtbar*) terribly **Grausamkeit** *f* ⟨**-, -en**⟩ **1.** *no pl* cruelty **2.** (≈ *grausame Tat*) (act of) cruelty; (*stärker*) atrocity

Grauschleier *m* (*von Wäsche*) grey(ness) (*Br*), gray(ness) (*US*); (*fig*) veil

grausen ['grauzn] *v/i impers* **mir graust vor der Prüfung** I am dreading the exam **grausig** ['grauzɪç] *adj, adv* = **grauenhaft**

Grauton *m, pl* **-töne** grey colour (*Br*), gray color (*US*) **Grauwal** *m* grey (*Br*) *or* gray (*US*) whale **Grauzone** *f* (*fig*) grey (*Br*) *or* gray (*US*) area

Graveur [gra'vø:ɐ] *m* ⟨**-s, -e**⟩, **Graveurin**

[-'vøːrɪn] *f*⟨-, -nen⟩ engraver **gravieren** [gra'viːrən] *past part* **graviert** *v/t* to engrave **gravierend** *adj* serious **Gravierung** [gra'viːrʊŋ] *f*⟨-, -en⟩ engraving **Gravitation** [gravita'tsioːn] *f*⟨-, *no pl*⟩ gravitational pull **Gravur** [gra'vuːɐ] *f*⟨-, -en⟩ engraving

graziös [gra'tsiøːs] **I** *adj* graceful; (≈ *lieblich*) charming **II** *adv* gracefully

Greencard ['griːnkaːɐd] *f*⟨-, -s⟩, **Green Card** *f*⟨- -, - -s⟩ green card

greifbar *adj* (≈ *konkret*) tangible; (≈ *erhältlich*) available; ~ **nahe** within reach **greifen** ['graifn] *pret* **griff** [grɪf], *past part* **gegriffen** [gə'grɪfn] **I** *v/t* (≈ *packen*) to take hold of; (≈ *grapschen*) to seize, to grab; *diese Zahl ist zu hoch/zu niedrig gegriffen* (*fig*) this figure is too high/low; *zum Greifen nahe sein* (*Sieg*) to be within reach; *aus dem Leben gegriffen* taken from life **II** *v/i* **1.** (≈ *fassen*) *hinter sich* (*acc*) ~ to reach behind one; *um sich* ~ (*fig*) to spread; *in etw* (*acc*) ~ to put one's hand into sth; *zu etw* ~ *zu Pistole* to reach for sth; *zu Methoden* to turn to sth **2.** (≈ *einrasten*) to grip; (*fig*) (≈ *wirksam werden*) to take effect; (≈ *zum Ziel/Erfolg führen*) to achieve its ends; (≈ *zutreffen*) (*Gesetz*) to apply **Greifer** ['graifɐ] *m*⟨-s, -⟩ TECH grab **Greifvogel** *m* bird of prey **Greifzange** *f* (pair of) tongs *pl*

Greis [grais] *m*⟨-es, -e [-zə]⟩ old man **Greisenalter** *nt* extreme old age **greisenhaft** *adj* aged *attr* **Greisin** ['graizɪn] *f*⟨-, -nen⟩ old lady

grell [grɛl] **I** *adj* *Schrei, Ton* shrill; *Licht, Sonne* dazzling; *Farbe* garish **II** *adv* (≈ *sehr hell*) *scheinen* brightly; (≈ *schrill*) shrilly; ~ *erleuchtet* dazzlingly bright **Gremium** ['greːmiʊm] *nt*⟨-s, **Gremien** ['greːmiən]⟩ body; (≈ *Ausschuss*) committee

Grenzbereich *m* border zone; (*fig*) limits *pl*; *im* ~ *liegen* (*fig*) to lie at the limits **Grenzbewohner(in)** *m*(*f*) inhabitant of the/a border zone **Grenze** ['grɛntsə] *f*⟨-, -n⟩ border; (*zwischen Grundstücken*) boundary; (*fig: zwischen Begriffen*) boundary; (*fig* ≈ *Schranke*) limits *pl*; *die* ~ *zu Österreich* the Austrian border; *über die* ~ *gehen* to cross the border; (*bis*) *zur äußersten* ~ *gehen* (*fig*) to go as far as one can; *einer Sache* (*dat*) ~*n setzen* to set a limit

or limits to sth; *seine* ~*n kennen* to know one's limitations; *sich in* ~*n halten* (*fig*) to be limited; *die oberste/unterste* ~ (*fig*) the upper/lower limit **grenzen** ['grɛntsn] *v/i* **an etw** (*acc*) ~ to border on sth **grenzenlos** *adj* boundless **Grenzfall** *m* borderline case **Grenzfluss** *m* river forming a/the border *or* frontier **Grenzgänger** [-gɛŋɐ] *m*⟨-s, -⟩, **Grenzgängerin** [-ərɪn] *f*⟨-, -nen⟩ (≈ *Arbeiter*) international commuter (*across a local border*); (≈ *heimlicher Grenzgänger*) illegal border crosser **Grenzgebiet** *nt* border zone; (*fig*) border(ing) area **Grenzkonflikt** *m* border dispute **Grenzkontrolle** *f* border control **Grenzlinie** *f* border; SPORTS line **Grenzposten** *m* border guard **Grenzschutz** *m* **1.** *no pl* protection of the border(s) **2.** (≈ *Truppen*) border guard(s) **Grenzstadt** *f* border town **Grenzstein** *m* boundary stone **Grenzübergang** *m* (≈ *Stelle*) border crossing(-point) **grenzüberschreitend** *adj attr* COMM, JUR cross-border **Grenzübertritt** *m* crossing of the border **Grenzverkehr** *m* border traffic **Grenzverlauf** *m* boundary line (*between countries*) **Grenzwert** *m* limit **Grenzzwischenfall** *m* border incident

Greuel ['grɔyəl] *m*⟨-s, -⟩; → **Gräuel** **greulich** ['grɔylɪç] *adj*, *adv* → **gräulich**[1]

Griebe ['griːbə] *f*⟨-, -n⟩ ≈ crackling *no indef art, no pl* (*Br*), ≈ cracklings *pl* (*US*) **Grieche** ['griːçə] *m*⟨-n, -n⟩, **Griechin** ['griːçɪn] *f*⟨-, -nen⟩ Greek; *zum* ~*n gehen* to go to a/the Greek restaurant **Griechenland** ['griːçnlant] *nt*⟨-s⟩ Greece **griechisch** ['griːçɪʃ] *adj* Greek; ~-*römisch* Graeco-Roman, Greco-Roman (*esp US*); → **deutsch**

Griesgram ['griːsgraːm] *m*⟨-(e)s, -e⟩ grouch (*infml*) **griesgrämig** ['griːsgrɛːmɪç] *adj* grumpy

Grieß [griːs] *m*⟨-es, -e⟩ semolina **Grießbrei** *m* semolina **Grießklößchen** [-kløːsçən] *nt*⟨-s, -⟩ semolina dumpling **Grießnockerl** *nt*⟨-s, -(n)⟩ (*S Ger, Aus* COOK) semolina dumpling

Griff [grɪf] *m*⟨-(e)s, -e⟩ **1.** *der* ~ *nach etw* reaching for sth; *der* ~ *nach der Macht* the bid for power **2.** (≈ *Handgriff*) grip, grasp; (*beim Ringen*) hold; (*beim Turnen*) grip; *mit festem* ~ firmly; *jdn/etw im* ~ *haben* (*fig*) to have sb/sth under control; *jdn/etw in den* ~ *bekommen* *(fig)* to gain control of sb/sth; *(geistig)* to get a grasp of sth; **einen guten ~ tun** to make a wise choice **3.** (≈ *Stiel, Knauf*) handle; (≈ *Pistolengriff*) butt **griffbereit** *adj* handy; **etw ~ halten** to keep sth handy

Griffel ['grɪfl] *m* ⟨**-s, -**⟩ slate pencil; BOT style

griffig ['grɪfɪç] *adj Boden, Fahrbahn etc* that has a good grip; *Rad, Sohle, Profil* that grips well; *(fig) Slogan* pithy

Grill [grɪl] *m* ⟨**-s, -s**⟩ grill **Grillabend** *m* barbecue *or* BBQ night

Grille ['grɪlə] *f* ⟨**-, -n**⟩ ZOOL cricket

grillen ['grɪlən] *v/t & v/i* to grill **Grillfest**nt barbecue party **Grillkohle** *f* charcoal **Grillparty** *f* barbecue **Grillstube** *f* grillroom

Grimasse [gri'masə] *f* ⟨**-, -n**⟩ grimace; **~n schneiden** to grimace

grimmig ['grɪmɪç] **I** *adj* **1.** (≈ *zornig*) furious; *Gegner* fierce; *Miene, Humor* grim **2.** (≈ *heftig*) *Kälte, Spott etc* severe **II** *adv* furiously, grimly; **~ lächeln** to smile grimly

grinsen ['grɪnzn] *v/i* to grin **Grinsen** *nt* ⟨**-s, no pl**⟩ grin

grippal [grɪ'paːl] *adj* MED **~er Infekt** influenza infection **Grippe** ['grɪpə] *f* ⟨**-, -n**⟩ flu **grippekrank** *adj* down with *or* having the flu **Grippekranke(r)** *m/f(m)* decl as *adj* flu sufferer **Grippe(schutz)impfung** *f* influenza vaccination **Grippevirus** *nt or m* flu virus **Grippewelle** *f* wave of flu

Grips [grɪps] *m* ⟨**-es, -e**⟩ *(infml)* brains *pl* *(infml)*

grob [groːp] **I** *adj, comp* **⸚er** ['grøːbɐ], *sup* **⸚ste(r, s)** ['grøːpstə] **1.** (≈ *nicht fein*) coarse; *Arbeit* dirty *attr* **2.** (≈ *ungefähr*) rough; **in ~en Umrissen** roughly **3.** (≈ *schlimm, groß*) gross *(auch* JUR); **ein ~er Fehler** a bad mistake; **wir sind aus dem Gröbsten heraus** we're out of the woods (now); **~e Fahrlässigkeit** gross negligence **4.** (≈ *brutal, derb*) rough; *(fig ≈ derb) Antwort* rude; (≈ *unhöflich*) ill-mannered; **~ gegen jdn werden** to become offensive (towards sb) **II** *adv, comp* **⸚er**, *sup* **am ⸚sten 1.** (≈ *nicht fein*) coarsely **2.** (≈ *ungefähr*) **~ geschätzt** approximately, roughly; **etw ~ umreißen** to give a rough idea of sth **3.** (≈ *schlimm*) **~ fahrlässig handeln** to commit an act of gross negligence **4.** (≈ *brutal*) roughly; (≈ *unhöflich*) rudely **Grobheit** *f* ⟨**-, -en**⟩ **1.** (≈ *Be-*

schimpfung) foul language *no pl* **2.** *(von Material)* coarseness **Grobian** ['groːbiaːn] *m* ⟨**-(e)s, -e**⟩ brute **grobkörnig** *adj* coarse-grained **grobmaschig** [-maʃɪç] *adj* large-meshed; (≈ *grob gestrickt*) loose-knit *attr* **grobschlächtig** [-ʃlɛçtɪç] *adj* coarse; *Mensch* heavily built; *(fig)* unrefined

Grog [grɔk] *m* ⟨**-s, -s**⟩ grog

groggy ['grɔgi] *adj pred* *(infml ≈ erschöpft)* all-in *(infml)*

grölen ['grøːlən] *v/t & v/i* *(pej)* to bawl; **~de Menge** raucous crowd

Groll [grɔl] *m* ⟨**-(e)s, no pl**⟩ (≈ *Zorn*) anger; (≈ *Erbitterung*) resentment **grollen** ['grɔlən] *v/i* (*elev*) **1.** (≈ *dröhnen*) to rumble **2.** (≈ *böse sein*) **(jdm) ~** to be annoyed (with sb)

Grönland ['grøːnlant] *nt* ⟨**-s**⟩ Greenland

grooven ['gruːvn] *v/i* (MUS *sl*) **das groovt** it's grooving

Gros [groː] *nt* ⟨**-, -** [groːs]⟩ (≈ *Mehrzahl*) major part

Groschen ['grɔʃn] *m* ⟨**-s, -**⟩ **1.** (HIST, *Aus*) groschen **2.** *(fig)* penny, cent (*US*); **der ~ ist gefallen** *(hum infml)* the penny has dropped *(infml)* **Groschenroman** *m* *(pej)* cheap *or* dime-store (*US*) novel

groß [groːs] **I** *adj, comp* **~er** ['grøːsɐ], *sup* **⸚te(r, s)** ['grøːstə] **1.** big; *Fläche, Raum auch Packung etc* large; TYPO *Buchstabe* capital; **die Wiese ist 10 Hektar ~** the field measures 10 hectares; **~es Geld** notes *pl* (*Br*), bills *pl* (*US*); **im Großen und Ganzen** by and large **2.** (≈ *hochgewachsen*) tall; **wie ~ bist du?** how tall are you?; **du bist ~ geworden** you've grown **3.** (≈ *älter*) *Bruder, Schwester* big; **mit etw ~ geworden sein** to have grown up with sth **4.** (≈ *wichtig, bedeutend*) great; *Katastrophe* terrible; *Summe* large; *Geschwindigkeit* high; **er hat Großes geleistet** he has achieved great things; **~en Durst haben** to be very thirsty; **ich bin kein ~er Redner** *(infml)* I'm no great speaker; **jds ~e Stunde** sb's big moment; **eine größere Summe** a biggish sum; **~e Worte** big words **5.** *(in Eigennamen)* Great; **Friedrich der Große** Frederick the Great **II** *adv, comp* **~er**, *sup* **am ⸚ten 1. ~ gewachsen** tall; **~ gemustert** with a large print; **~ daherreden** *(infml)* to talk big *(infml)*; **~ einkaufen gehen** to go on a spending spree; **~ feiern** to have a big celebration; **~ auf-**

gemacht elaborately dressed; ~ *ange-legt* large-scale; ~ *und breit* (*fig infml*) at great length; *jdn* ~ *anblicken* to give sb a hard stare; ~ *in Mode sein* to be all the rage (*infml*); *ganz* ~ *rauskommen* (*infml*) to make the big time (*infml*) **Großabnehmer(in)** *m/(f)* COMM bulk purchaser **Großaktionär(in)** *m/(f)* major shareholder **großartig I** *adj* wonderful; *Erfolg* tremendous **II** *adv* wonderfully **Großaufnahme** *f* PHOT, FILM close-up **Großbaustelle** *f* construction site **Großbetrieb** *m* large concern **Großbildschirm** *m* large screen **Großbrand** *m* major *or* big fire **Großbritannien** [groːbriˈtaniən] *nt* (Great) Britain **Großbuchstabe** *m* capital (letter), upper case letter (TYPO) **Größe** [ˈgrøːsə] *f* ⟨-, -n⟩ **1. er hat** ~ **48** he takes *or* is size 48 **2.** *no pl* (≈ *Körpergröße*) height; MAT, PHYS quantity; *eine unbekannte* ~ an unknown quantity **3.** *no pl* (≈ *Ausmaß*) extent; (≈ *Bedeutsamkeit*) significance **4.** (≈ *bedeutender Mensch*) important figure **Großeinkauf** *m* bulk purchase **Großeinsatz** *m* ~ *der Feuerwehr/Polizei etc* large-scale operation by the fire brigade/police *etc* **Großeltern** *pl* grandparents *pl* **Großenkel** *m* great-grandchild; (≈ *Junge*) great-grandson **Großenkelin** *f* great-granddaughter **Größenordnung** *f* scale; (≈ *Größe*) magnitude; MAT order (of magnitude) **größenteils** [ˈgrøːsn̩taɪls] *adv* mostly **Größenunterschied** *m* difference in size; (*im Wuchs*) difference in height **Größenverhältnis** *nt* proportions *pl* (+*gen* between); (≈ *Maßstab*) scale; *im* ~ *1:100* on the scale 1:100 **Größenwahn(sinn)** *m* megalomania **größenwahnsinnig** *adj* megalomaniac(al) **Großfahndung** *f* large-scale manhunt **Großfamilie** *f* extended family **großflächig** *adj* extensive; *Gemälde, Muster etc* covering a large area **Großformat** *nt* large size **großformatig** [-fɔrmaːtɪç] *adj* large-size **großgewachsen** *adj* tall **Großgrundbesitzer(in)** *m/(f)* big landowner **Großhandel** *m* wholesale trade; *etw im* ~ *kaufen* to buy sth wholesale **Großhandelskaufmann** *m* wholesaler **Großhandelspreis** *m* wholesale price **Großhändler(in)** *m/(f)* wholesaler **Großhandlung** *f* wholesale business **großherzig** *adj* generous, magnanimous

Großherzog *m* grand duke **Großhirn** *nt* cerebrum **Grossist** [grɔˈsɪst] *m* ⟨-en, -en⟩, **Grossistin** [-ˈsɪstɪn] *f* ⟨-, -nen⟩ wholesaler **Großkapitalist(in)** *m/(f)* big capitalist **Großkaufmann** *m* wholesale merchant **großkotzig** [ˈgroːkɔtsɪç] (*pej infml*) *adj* swanky (*infml*) **Großküche** *f* canteen kitchen **Großkunde** *m*, **Großkundin** *f* COMM major client **Großkundgebung** *f* mass rally **Großmacht** *f* POL great power **Großmarkt** *m* hypermarket (*Br*), large supermarket **Großmaul** *nt* (*pej infml*) bigmouth (*infml*) **Großmut** *f* ⟨-, *no pl*⟩ magnanimity **großmütig** [-myːtɪç] **I** *adj* magnanimous **II** *adv* magnanimously **Großmutter** *f* grandmother **Großonkel** *m* great-uncle **Großraum** *m* (*einer Stadt*) *der* ~ *München* the Munich area **Großraumbüro** *nt* open-plan office **großräumig** [-rɔymɪç] **I** *adj* **1.** (≈ *mit großen Räumen*) with large rooms; ~ *sein* to have large rooms **2.** (≈ *mit viel Platz, geräumig*) roomy **3.** (≈ *über große Flächen*) extensive **II** *adv* **Ortskundige sollten den Bereich** ~ *umfahren* local drivers should find an alternative route well away from the area **Großrechner** *m* mainframe (computer) **Großreinemachen** [-raɪnəmaxn̩] *nt* ⟨-*s*, *no pl*⟩ ≈ spring-cleaning **groß schreiben** *v/t irr* **groß geschrieben werden** (*fig infml*) to be stressed **großschreiben** *v/t sep irr ein Wort* ~ to write a word with a capital/in capitals **Großschreibung** *f* capitalization **großsprecherisch** [-ʃprɛçərɪʃ] *adj* (*pej*) boastful **großspurig** [-ʃpuːrɪç] (*pej*) **I** *adj* flashy (*infml*) **II** *adv* ~ *reden* to speak flamboyantly; *sich* ~ *benehmen* to be flashy **Großstadt** *f* city **Großstädter(in)** *m/(f)* city dweller **großstädtisch** *adj* big-city *attr* **Großstadtmensch** *m* city dweller **Großtante** *f* great-aunt **Großtat** *f* great feat; *eine medizinische* ~ a great medical feat **Großteil** *m* large part; *zum* ~ in the main **größtenteils** [ˈgrøːstn̩taɪls] *adv* in the main **größte(r, s)** *sup*; → *groß* **größtmöglich** *adj* attr greatest possible **großtun** *sep irr* (*pej*) **I** *v/i or* **II** *v/r sich mit etw* ~ to boast about sth **Großvater** *m* grandfather **Großveranstaltung** *f* big event; (≈ *Großkundgebung*) mass rally **Großverdiener(in)** *m/(f)* big earner **Großwetterlage** *f* general weather situation; *die politische* ~ the general political climate **Großwild** *nt* big game **großziehen** *v/t sep irr* to raise; *Tier* to rear **großzügig I** *adj* generous; (≈ *weiträumig*) spacious **II** *adv* generously; (≈ *spendabel*) magnanimously; ~ *gerechnet* at a generous estimate **Großzügigkeit** [-tsy:gıçkait] *f* ⟨-, *no pl*⟩ generosity; (≈ *Weiträumigkeit*) spaciousness

grotesk [gro'tɛsk] *adj* grotesque

Grotte ['grɔtə] *f* ⟨-, -n⟩ (≈ *Höhle*) grotto

Grübchen ['gry:pçən] *nt* ⟨-s, -⟩ dimple

Grube ['gru:bə] *f* ⟨-, -n⟩ pit; (*klein*) hole; MIN mine

Grübelei [gry:bə'lai] *f* ⟨-, -en⟩ brooding *no pl* **grübeln** ['gry:bln] *v/i* to brood (*über* +acc about, over)

Grubenunglück *nt* mining accident *or* disaster

Grübler ['gry:blɐ] *m* ⟨-s, -⟩, **Grüblerin** [-ərın] *f* ⟨-, -nen⟩ brooder **grüblerisch** ['gry:blərıʃ] *adj* pensive

grüezi ['gry:ɛtsi] *int* (*Swiss*) hello, hi (*infml*)

Gruft [gruft] *f* ⟨-, ⸚e ['gryftə]⟩ tomb, vault; (*in Kirchen*) crypt **Grufti** ['grufti] *m* ⟨-s, -s⟩ **1.** (*infml* ≈ *älterer Mensch*) old fogey (*infml*) **2.** (*sl* ≈ *Okkultist*) ≈ goth

grün [gry:n] **I** *adj* green; ~*er Salat* lettuce; *ein* ~*er Junge* (*infml*) a greenhorn (*infml*); ~*es Licht (für etw) geben/haben* (*fig*) to give / have got the green light (for sth); *im* ~*en Bereich* (*fig*) all clear; *vom* ~*en Tisch aus* from a bureaucratic ivory tower; ~*e Minna* (*infml*) Black Maria (*Br infml*), paddy wagon (*US infml*); *Grüner Punkt* symbol for recyclable packaging; *die* ~*e Tonne* container for recyclable waste; ~*e Welle* phased traffic lights; *auf keinen* ~*en Zweig kommen* (*fig infml*) to get nowhere; *die beiden sind sich gar nicht* ~ (*infml*) there's no love lost between them **II** *adv* **gekleidet** (in) green; *streichen* green; *sich* ~ *und gelb ärgern* (*infml*) to be furious; *jdn* ~ *und blau schlagen* (*infml*) to beat sb black and blue **Grün** [gry:n] *nt* ⟨-s, - *or* (*inf*) -s⟩ green; (≈ *Grünflächen*) green spaces *pl*; *die Ampel steht auf* ~ the light is (at (*Br*)) green; *das ist dasselbe in* ~ (*infml*) it's (one and) the same (thing) **Grünanlage** *f* green space

Grund [grʊnt] *m* ⟨-(e)s, ⸚e ['grʏndə]⟩ **1.** *no pl* (≈ *Erdboden*) ground; ~ *und Boden* land; *in* ~ *und Boden* (*fig*) *sich blamieren, schämen* utterly; *verdammen* outright **2.** *no pl* (*von Gefäßen*) bottom; (≈ *Meeresgrund*) (sea)bed **3.** *no pl* (≈ *Fundament*) foundation(s *pl*); *von* ~ *auf* completely; *ändern* fundamentally; *neu gebaut* from scratch; *den* ~ *zu etw legen* to lay the foundations of *or* for sth; *einer Sache* (*dat*) *auf den* ~ *gehen* (*fig*) to get to the bottom of sth; *im* ~*e seines Herzens* in one's heart of hearts; *im* ~*e* (*genommen*) basically **4.** (≈ *Ursache*) reason; *aus gesundheitlichen etc Gründen* for health *etc* reasons; *einen* ~ *zum Feiern haben* to have good cause for (a) celebration; *jdm* ~ (*zu etw*) *geben* to give sb good reason (for sth); *aus diesem* ~ for this reason; *mit gutem* ~ with good reason; *aus Gründen* +gen for reasons of; *auf* ~ = *aufgrund*; *zu* ~ *e* = *zugrunde* **grundanständig** *adj* thoroughly decent **Grundanstrich** *m* first coat **Grundausbildung** *f* MIL basic training **Grundausstattung** *f* basic equipment **Grundbedeutung** *f* LING primary *or* basic meaning **Grundbegriff** *m* basic concept **Grundbesitz** *m* land **Grundbesitzer(in)** *m*/(*f*) landowner **Grundbuch** *nt* land register **grundehrlich** *adj* thoroughly honest **gründen** ['grʏndn] **I** *v/t* to found; *Argument etc* to base (*auf* +acc on); *Geschäft* to set up; *gegründet 1857* founded in 1857; *eine Familie* ~ to get married (and have a family) **II** *v/r sich auf etw* (*acc*) ~ to be based on sth **Gründer** ['grʏndɐ] *m* ⟨-s, -⟩, **Gründerin** [-ərın] *f* ⟨-, -nen⟩ founder **grundfalsch** *adj* utterly wrong **Grundfarbe** *f* primary colour (*Br*) *or* color (*US*) **Grundform** *f* basic form **Grundgebühr** *f* basic charge **Grundgedanke** *m* basic idea **Grundgesetz** *nt das* ~ the (German) Constitution

grundieren [grʊn'di:rən] *past part* **grundiert** *v/t* to undercoat **Grundierfarbe** *f* undercoat **Grundierung** *f* ⟨-, -en⟩ (≈ *Farbe*) undercoat **Grundkapital** *nt* share capital; (≈ *Anfangskapital*) initial capital **Grundkenntnisse** *pl* basic knowledge (*in* +dat of), basics *pl* **Grundkurs** *m* SCHOOL, UNIV basic course **Grundlage** *f* basis; *auf der* ~ *von* or +gen on the basis of; *jeder* ~ *entbehren* to be completely unfounded **grundlegend I** *adj* fundamental (*für* to); *Textbuch* standard **II** *adv* fundamentally

gründlich['gryntlɪç] **I** *adj* thorough; *Arbeit* painstaking **II** *adv* thoroughly; **jdm ~ die Meinung sagen** to give sb a real piece of one's mind; **da haben Sie sich ~ getäuscht** you're completely mistaken there
Gründlichkeitf⟨-, *no pl*⟩ thoroughness **Grundlinie**f MAT, SPORTS baseline **Grundlohn**m basic pay
grundlos I *adj* (*fig* ≈ *unbegründet*) unfounded **II** *adv* (*fig*) without reason **Grundmauer**f foundation wall
Grundnahrungsmittel *nt* basic food (-stuff)
Gründonnerstag [gry:n'dɔnɐstaːk] *m* Maundy Thursday
Grundprinzipnt basic principle **Grundrechenart**fbasic arithmetical operation **Grundrecht** *nt* basic *or* fundamental right **Grundregel**f basic rule; (*fürs Leben etc*) maxim **Grundriss**m (*von Gebäude*) ground *or* floor plan; (≈ *Abriss*) outline, sketch **Grundsatz**m principle **Grundsatzentscheidung**f decision of general principle **grundsätzlich** ['grʊntzɛtslɪç] **I** *adj* fundamental; *Verbot* absolute; *Frage* of principle **II** *adv* (≈ *im Prinzip*) in principle; (≈ *aus Prinzip*) on principle; **das ist~ verboten** it is absolutely forbidden **Grundschule** f primary (*Br*) *or* elementary school **Grundschüler(in)** m/(f) primary (*Br*) *or* elementary(-school) pupil **Grundstein** m foundation stone; **den ~ zu etw legen** (*fig*) to lay the foundations of *or* for sth **Grundsteuer**f (local) property tax **Grundstock**m basis, foundation **Grundstoff** m basic material; (≈ *Rohstoff*) raw material; CHEM element **Grundstück**nt plot (of land); (*bebaut*) property; (≈ *Anwesen*) estate **Grundstückspreis**m land price **Grundstudium**nt UNIV basic course **Grundstufe**f first stage; SCHOOL ≈ junior (*Br*) *or* grade (*US*) school **Grundton**m, *pl* -töne (MUS, *eines Akkords*) root; (*einer Tonleiter*) tonic keynote **Grundübel**nt basic *or* fundamental evil; (≈ *Nachteil*) basic problem **Gründung**f⟨-, *-en*⟩ founding; (*von Geschäft*) setting up; **die ~ einer Familie** getting married (and having a family) **grundverkehrt** *adj* completely wrong **grundverschieden** *adj* totally different **Grundwasser**nt, *no pl* ground water **Grundwasserspiegel**m water ta-

ble **Grundwehrdienst**m national (*Br*) *or* selective (*US*) service **Grundwissen** *nt* basic knowledge (*in +dat* of) **Grundwortschatz**m basic vocabulary **Grundzug**m essential feature
Grüne(r)['gry:nə] m/f(m) decl as adj POL Green; **die ~n** the Greens **Grüne(s)** ['gry:nə] nt decl as adj (≈ *Farbe*) green; (≈ *Gemüse*) greens pl; **ins~ fahren** to go to the country **Grünfläche**f green space **Grünfutter**nt green fodder **Grüngürtel** m green belt **Grünkohl** m (curly) kale **grünlich**['gry:nlɪç] *adj* greenish **Grünschnabel** m (*infml*) (little) whippersnapper (*infml*); (≈ *Neuling*) greenhorn (*infml*) **Grünspan** m, *no pl* verdigris **Grünspecht** m green woodpecker **Grünstreifen** m central reservation (*Br*), median (strip) (*US*, *Austral*); (*am Straßenrand*) grass verge **grunzen**['grʊntsn] *v/t & v/i* to grunt **Grünzeug**nt, *no pl* greens pl
Gruppe['grʊpə] f⟨-, *-n*⟩ group **Gruppenarbeit** f teamwork **Gruppenbild** *nt* group portrait **Gruppenführer(in)** m/(f) group leader; MIL squad leader **Gruppenreise** f group travel *no pl* **Gruppensex**m group sex **Gruppentherapie** f group therapy **Gruppenunterricht**m group learning **gruppenweise** *adv* in groups **gruppieren** [grʊ'piːrən] *past part* **gruppiert I** *v/t* to group **II** *v/r* to form a group/groups **Gruppierung** f⟨-, *-en*⟩ grouping; (≈ *Gruppe*) group; POL faction
Gruselfilm m horror film **gruselig** ['gru:zəlɪç] *adj* horrifying; *Geschichte*, *Film* spine-chilling **gruseln**['gru:zln] *v/t & v/i impers* **mich** *or* **mir gruselt auf Friedhöfen** cemeteries give me the creeps **II** *v/r* **sie gruselt sich vor Schlangen** snakes give her the creeps
Gruß [gru:s] *m* ⟨**-es**, **⸚e** ['gry:sə]⟩ **1.** greeting; (≈ *Grußgeste*, MIL) salute; **viele Grüße** best wishes (*an +acc* to); **sag ihm einen schönen ~** say hello to him (from me) **2.** (*als Briefformel*) **mit besten Grüßen** yours; **mit freundlichen Grüßen** (*bei Anrede Mr*/*Mrs*/*Miss X*) Yours sincerely, Yours truly (*esp US*); (*bei Anrede Sir(s)*/*Madam*) Yours faithfully, Yours truly (*esp US*) **grüßen** ['gry:sn] **I** *v/t* to greet; MIL to salute; **grüß dich!** (*infml*) hi! (*infml*); **Otto lässt dich (schön) ~** Otto sends his regards;

ich soll Sie von ihm ~ he sends his regards *etc*; *grüß deine Mutter von mir!* give my regards to your mother **II** *v/i* to say hello; MIL to salute; *Otto lässt* ~ Otto sends his regards; → **Gott** Grußformel *f* form of greeting; (*am Briefanfang*) salutation; (*am Briefende*) complimentary close Gruß**wort** *nt, pl* -**worte** greeting

Grütze ['grʏtsə] *f* ⟨-, -n⟩ **1.** (≈ *Brei*) gruel; *rote* ~ *type of red fruit jelly* **2.** *no pl* (*infml* ≈ *Verstand*) brains *pl* (*infml*)

gschamig ['kʃaːmɪç] *adj* (*Aus infml*) bashful

gucken ['gʊkn] **I** *v/i* (≈ *sehen*) to look (*zu* at); (≈ *hervorschauen*) to peep (*aus* out of); *lass mal* ~*!* let's have a look **II** *v/t* (*infml*) *Fernsehen* ~ to watch television **Guckloch** *nt* peephole

Guerilla ⟨-**(s)**, -**s**⟩ (≈ *Guerillakämpfer*) guerilla **Guerillakrieg** *m* guerilla war

Gugelhupf ['guːɡlhʊpf] *m* ⟨-**s**, -**e**⟩ (*S Ger, Aus*), **Gugelhopf** ['guːɡlhɔpf] *m* ⟨-**s**, -**e**⟩ (*Swiss*) (COOK) gugelhupf

Guillotine [gɪljoˈtiːnə, gijoˈtiːnə] *f* ⟨-, -**n**⟩ guillotine

Guinea [giˈneːa] *nt* ⟨-**s**⟩ GEOG Guinea

Gulasch ['guːlaʃ, ˈɡʊlaʃ] *nt or m* ⟨-**(e)s**, -**e** *or* -**s**⟩ goulash **Gulaschsuppe** *f* goulash soup

Gülle ['ɡʏlə] *f* ⟨-, *no pl*⟩ (*S Ger, Swiss*) liquid manure

Gully ['ɡʊli] *m or nt* ⟨-**s**, -**s**⟩ drain

gültig ['ɡʏltɪç] *adj* valid; ~ **werden** to become valid; (*Gesetz, Vertrag*) to come into force **Gültigkeit** *f* ⟨-, *no pl*⟩ validity; (*von Gesetz*) legal force

Gummi ['ɡʊmi] *nt or m* ⟨-**s**, -**s**⟩ (≈ *Material*) rubber; (≈ *Gummiarabikum*) gum; (≈ *Radiergummi*) rubber (*Br*), eraser; (≈ *Gummiband*) rubber band; (*in Kleidung etc*) elastic; (*infml* ≈ *Kondom*) rubber (*esp US infml*), Durex® **gummiartig** **I** *adj* rubbery **II** *adv* like rubber **Gummiband** *nt, pl* -**bänder** rubber band; (*in Kleidung*) elastic **Gummibärchen** [-bɛːɐçən] *nt* ⟨-**s**, -⟩ jelly baby (*Br*), gummi bear **Gummibaum** *m* rubber plant **Gummiboot** *nt* rubber dinghy **Gummierung** *f* ⟨-, -**en**⟩ (≈ *gummierte Fläche*) gum **Gummihandschuh** *m* rubber glove **Gummiknüppel** *m* rubber truncheon **Gummiparagraf, Gummiparagraph** *m* (*infml*) ambiguous clause **Gummireifen** *m* rubber tyre (*Br*) or tire

(*US*) **Gummisohle** *f* rubber sole **Gummistiefel** *m* rubber boot, wellington (boot) (*Br*) **Gummistrumpf** *m* elastic stocking **Gummizelle** *f* padded cell **Gummizug** *m* (piece of) elastic

Gunst [gʊnst] *f* ⟨-, *no pl*⟩ favour (*Br*), favor (*US*); *zu meinen/deinen* ~**en** in my / your favo(u)r; *zu* ~**en** = **zugunsten** **günstig** ['ɡʏnstɪç] **I** *adj* favourable (*Br*), favorable (*US*); (*zeitlich*) convenient; *bei* ~**er Witterung** weather permitting; *im* ~**sten Fall(e)** with luck **II** *adv* kaufen, verkaufen for a good price; *die Stadt liegt* ~ *(für)* the town is well situated (for) **günstigenfalls** *adv* at best **günstigstenfalls** *adv* at the very best **Günstling** ['ɡʏnstlɪŋ] *m* ⟨-**s**, -**e**⟩ (*pej*) favourite (*Br*), favorite (*US*)

Gurgel ['gʊrɡl] *f* ⟨-, -**n**⟩ throat; (≈ *Schlund*) gullet; *jdm die* ~ **zuschnüren** to strangle sb **gurgeln** ['gʊrɡln] *v/i* (≈ *den Rachen spülen*) to gargle

Gurke ['gʊrkə] *f* ⟨-, -**n**⟩ cucumber; (≈ *Essiggurke*) gherkin; *saure* ~**n** pickled gherkins **Gurkensalat** *m* cucumber salad

gurren ['gʊrən] *v/i* to coo

Gurt [gʊrt] *m* ⟨-**(e)s**, -**e**⟩ belt; (≈ *Riemen*) strap

Gürtel ['gʏrtl] *m* ⟨-**s**, -⟩ belt; (≈ *Absperrkette*) cordon; *den* ~ *enger schnallen* to tighten one's belt **Gürtellinie** *f* waist; *ein Schlag unter die* ~ (*lit*) a blow below the belt **Gürtelreifen** *m* radial (tyre (*Br*) or tire (*US*)) **Gürtelrose** *f* MED shingles *sg or pl* **Gürtelschnalle** *f* belt buckle **Gürteltasche** *f* belt bag **Gürteltier** *nt* armadillo

Gurtpflicht *f, no pl*, **Gurtzwang** *m, no pl* *es besteht* ~ the wearing of seat belts is compulsory

Guru ['guːru] *m* ⟨-**s**, -**s**⟩ guru

Guss [gʊs] *m* ⟨-**es**, ~**e** ['ɡʏsə]⟩ **1.** METAL *no pl*: (≈ *das Gießen*) casting; (≈ *Gussstück*) cast; *(wie) aus einem* ~ (*fig*) a unified whole **2.** (≈ *Strahl*) stream; (*infml* ≈ *Regenguss*) downpour **Gusseisen** *nt* cast iron **gusseisern** *adj* cast-iron **Gussform** *f* mould (*Br*), mold (*US*)

gut [guːt] **I** *adj, comp* **besser** ['bɛsɐ], *sup* **beste(r, s)** ['bɛstə] good; *das ist* ~ *gegen Husten* it's good for coughs; *wozu ist das* ~*?* (*infml*) what's that for?; *würden Sie so* ~ *sein und ...* would you be good enough to ...; *dafür ist er sich zu* ~

he wouldn't stoop to that sort of thing; **sind die Bilder ~ geworden?** did the pictures turn out all right?; **es wird alles wieder ~!** everything will be all right; **wie ~, dass ...** it's good that ...; **lass mal ~ sein!** (≈ *ist genug*) that's enough; (≈ *ist erledigt*) just leave it; **jetzt ist aber ~!** (*infml*) that's enough; **~e Besserung!** get well soon; **schon ~!** (it's) all right; **du bist ~!** (*infml*) you're a fine one! **II** *adv*, *comp* **besser**, *sup* **am besten** well; **~ schmecken/riechen** to taste/smell good; **du hast es ~!** you've got it made; **das kann ~ sein** that may well be; **so ~ wie nichts** next to nothing; **es dauert ~(e) drei Stunden** it lasts a good three hours; **~ aussehend** good-looking; **~ bezahlt** *Person, Job* highly-paid; **~ gehend** flourishing; **~ gelaunt** cheerful; **~ gemeint** well-meaning, well-meant; **~ verdienend** with a good salary; **~ und gern** easily; **machs ~!** (*infml*) cheers! (*Br*); (*stärker*) take care

Gut [guːt] *nt* ⟨-(e)s, ⇌er ['ɡyːtɐ]⟩ **1.** (≈ *Eigentum*) property; (≈ *Besitztum*) possession **2.** (≈ *Ware*) item; **Güter** goods **3.** (≈ *Landgut*) estate

Gutachten ['ɡuːtˌʔaxtn] *nt* ⟨-s, -⟩ report **Gutachter** ['ɡuːtˌʔaxtɐ] *m* ⟨-s, -⟩, **Gutachterin** [-ərɪn] *f* ⟨-, -nen⟩ expert; (JUR: *in Prozess*) expert witness **gutartig** *adj Kind, Hund etc* good-natured; *Geschwulst* benign **gutaussehend** *adj* → **gut gutbürgerlich** *adj* solid middle--class; *Küche* good plain **Gutdünken** ['ɡuːtˌdyŋkn] *nt* ⟨-s, *no pl*⟩ discretion; **nach ~** (*eigenem*) ~ as one sees fit

Güte ['ɡyːtə] *f* ⟨-, *no pl*⟩ **1.** goodness; **ein Vorschlag zur ~** a suggestion; **ach du liebe ~!** (*infml*) oh my goodness! **2.** (*einer Ware*) quality **Güteklasse** *f* COMM grade

Gutenachtkuss [ɡuːtə'naxt-] *m* goodnight kiss

Güterbahnhof *m* freight depot **Gütergemeinschaft** *f* JUR community of property **Gütertrennung** *f* JUR separation of property **Güterverkehr** *m* freight traffic **Güterwagen** *m* RAIL freight car **Güterzug** *m* freight train

Gute(s) ['ɡuːtə] *nt decl as adj* **~s tun** to do good; **alles ~!** all the best!; **des ~n zu viel tun** to overdo things; **das ~ daran** the good thing about it; **das ~ im Menschen** the good in man; **im ~n sich trennen** am-

icably

Gütesiegel *nt* COMM stamp of quality **Gütezeichen** *nt* mark of quality

gut gehen *irr aux sein* **I** *v/i impers* **es geht ihm gut** he is doing well; (≈ *er ist gesund*) he is well **II** *v/i* to go (off) well; **das ist noch einmal gut gegangen** it turned out all right; **das konnte ja nicht ~** it was bound to go wrong **gutgehend** *adj attr*; → **gut gutgläubig** *adj* trusting **Gutgläubigkeit** *f* trusting nature **Guthaben** ['ɡuːtˌhaːbn] *nt* ⟨-s, -⟩ (FIN ≈ *Bankguthaben*) credit **gutheißen** ['ɡuːtˌhaɪsn] *v/t sep irr* to approve of; (≈ *genehmigen*) to approve **gutherzig** *adj* kind-hearted

gütig ['ɡyːtɪç] *adj* kind; (≈ *edelmütig*) generous

gütlich ['ɡyːtlɪç] **I** *adj* amicable **II** *adv* amicably; **sich ~ einigen** to come to an amicable agreement

gutmachen *v/t sep Fehler* to put right; *Schaden* to make good **gutmütig** ['ɡuːtˌmyːtɪç] *adj* good-natured **Gutmütigkeit** *f* ⟨-, *no pl*⟩ good nature

Gutsbesitzer(in) *m/(f)* lord/lady of the manor; (*als Klasse*) landowner

Gutschein *m* voucher **gutschreiben** ['ɡuːtˌʃraɪbn] *v/t sep irr* to credit (+*dat* to) **Gutschrift** *f* (≈ *Bescheinigung*) credit note; (≈ *Betrag*) credit (item)

Gutsherr *m* squire **Gutsherrin** *f* lady of the manor **Gutshof** *m* estate **Gutsverwalter(in)** *m/(f)* steward

guttun *v/i irr jdm ~* to do sb good; **das tut gut** that's good **gutunterrichtet** *adj attr*; → **unterrichtet gutwillig** *adj* willing; (≈ *entgegenkommend*) obliging; (≈ *wohlwollend*) well-meaning **Gutwilligkeit** ['ɡuːtˌvɪlɪçkaɪt] *f* ⟨-, *no pl*⟩ willingness; (≈ *Entgegenkommen*) obliging ways *pl*; (≈ *Wohlwollen*) well-meaningness

GVO *abbr of* **genetisch veränderte Organismen** GMO

gymnasial [ɡʏmna'ziaːl] *adj attr* **die ~e Oberstufe** ≈ the sixth form (*Br*), ≈ the twelfth grade (*US*) **Gymnasiast** [ɡʏmna'ziast] *m* ⟨-en, -en⟩, **Gymnasiastin** [-'ziastɪn] *f* ⟨-, -nen⟩ ≈ grammar school pupil (*Br*), ≈ high school student (*US*) **Gymnasium** [ɡʏm'naːziʊm] *nt* ⟨-s, **Gymnasien** [-ziən]⟩ SCHOOL ≈ grammar school (*Br*), ≈ high school (*US*)

Gymnastik [ɡʏm'nastɪk] *f* ⟨-, *no pl*⟩ keep-fit exercises *pl*; (≈ *Turnen*) gym-

bility **2.** (TECH, PHYS, *von Reifen*) adhesion **Hafturlaub** *m* parole

Hagebutte ['ha:gəbʊtə] *f* ‹-, -n› rose hip

Hagel ['ha:gl] *m* ‹-s, *no pl*› hail; (*von Vorwürfen*) stream **Hagelkorn** *nt, pl* **-körner** hailstone **hageln** ['ha:gln] *v/i impers* **es hagelt** it's hailing

hager ['ha:gɐ] *adj* gaunt

Häher ['hɛ:ɐ] *m* ‹-s, -› jay

Hahn [ha:n] *m* ‹-(e)s, ⸚e ['hɛ:nə]› **1.** (≈ *Vogel*) cock; **~ im Korb sein** (≈ *Mann unter Frauen*) to be the cock of the walk; *danach kräht kein ~ mehr* (*infml*) no one cares two hoots about that any more (*infml*) **2.** *pl also* **-en** TECH tap, faucet (*US*) **3.** (≈ *Abzug*) trigger **Hähnchen** ['hɛ:nçən] *nt* ‹-s, -› chicken **Hahnenfuß** *m* BOT buttercup

Hai [hai] *m* ‹-(e)s, -e›, **Haifisch** *m* shark

Häkchen ['hɛ:kçən] *nt* ‹-s, -› **1.** SEWING (small) hook **2.** (≈ *Zeichen*) tick (*Br*), check (*US*); (*auf Buchstaben*) accent

Häkelarbeit *f* crochet (work) *no indef art*; (≈ *Gegenstand*) piece of crochet (work) **häkeln** ['hɛ:kln] *v/t & v/i* to crochet **Häkelnadel** *f* crochet hook

haken ['ha:kn] **I** *v/i* **es hakt** (*fig*) there are sticking points **II** *v/t* (≈ *befestigen*) to hook (*an +acc* to) **Haken** ['ha:kn] *m* ‹-s, -› **1.** hook; **~ und Öse** hook and eye **2.** (*infml* ≈ *Schwierigkeit*) snag; *die Sache hat einen ~* there's a snag **Hakenkreuz** *nt* swastika **Hakennase** *f* hooked nose

halb [halp] **I** *adj* **1.** half; **ein ~er Meter** half a metre (*Br*) *or* meter (*US*); **eine ~e Stunde** an hour; **auf ~em Wege, auf ~er Strecke** (*lit*) halfway; (*fig*) halfway through; **zum ~en Preis** (at) half price **2.** MUS **eine ~e Note** a minim (*Br*), a half-note (*US*); **ein ~er Ton** a semitone **3.** *inv* **~ zehn** half past nine; **um fünf Minuten nach ~** at twenty-five to; **~ Deutschland / London** half of Germany / London **4.** (≈ *stückhaft*) **~e Arbeit leisten** to do a bad job; **die ~e Wahrheit** part of the truth; **mit ~em Ohr** with half an ear; **keine ~en Sachen machen** not to do things by halves **5.** (*infml* ≈ *großer Teil*) **die ~e Stadt / Welt** half the town / world **II** *adv* half; **~ links** SPORTS (at) inside left; **~ rechts** SPORTS (at) inside right; **~ voll** half-full; **~ verdaut** half-digested; **~ so gut** half as good; **das ist ~ so schlimm** it's not as bad as all that;

(*Zukünftiges*) that won't be too bad; **~ fertig** half-finished; IND semi-finished; **~ tot** (*lit*) half dead; **~ lachend, ~ weinend** half laughing, half crying; **mit jdm ~e-~e machen** (*infml*) to go 50/50 with sb **halbamtlich** *adj* semi-official **halbautomatisch** *adj* semi-automatic **halbbitter** *adj* *Schokolade* semi-sweet **Halbblut** *nt* (≈ *Mensch*) half-caste; (≈ *Tier*) crossbreed **Halbblüter** [-blyːtɐ] *m* ‹-s, -› crossbreed **Halbbruder** *m* half-brother **Halbe** ['halbə] *f decl as adj* (*esp S Ger*) = **Halbe(r)** **Halbedelstein** *m* semi-precious stone **Halbe(r)** ['halbə] *m decl as adj* half a litre (*Br*) *or* liter (*US*) (of beer) **halbfertig** *adj attr*; → **halb halbfest** *adj attr* *Zustand, Materie* semi-solid **halbfett** *adj* **1.** TYPO secondary bold **2.** *Lebensmittel* medium-fat **Halbfinale** *nt* semi-final **Halbgott** *m* demigod **halbherzig** **I** *adj* half-hearted **II** *adv* half-heartedly **halbieren** [hal'biːrən] *past part* **halbiert** *v/t* to halve; (≈ *in zwei schneiden*) to cut in half; *eine Zahl ~* to divide a number by two **Halbinsel** *f* peninsula **Halbjahr** *nt* half-year, six months; *im ersten / zweiten ~* in the first / last six months of the year **Halbjahresbilanz** *f* half-yearly figures *pl* **Halbjahreszeugnis** *nt* SCHOOL half-yearly report **halbjährig** *adj attr* *Kind* six-month-old; *Lehrgang etc* six-month **halbjährlich** *adj* half-yearly, six-monthly **Halbkreis** *m* semicircle **Halbkugel** *f* hemisphere **halblang** *adj* *Kleid, Rock* mid-calf length; *nun mach mal ~!* (*infml*) now wait a minute! **Halbleiter** *m* PHYS semiconductor **halbmast** ['halpmast] *adv* at half-mast; **~ flaggen** to fly flags / a flag at half-mast **Halbmesser** *m* ‹-s, -› radius **Halbmond** *m* half-moon; (≈ *Symbol*) crescent; *bei ~* when there is a half-moon **halbnackt** *adj attr*; → **halb Halbpension** *f* half-board **Halbschatten** *m* half shadow **Halbschlaf** *m* light sleep; *im ~ sein* to be half asleep **Halbschuh** *m* shoe **Halbschwester** *f* half-sister **halbseiden** *adj* (*lit*) fifty per cent (*Br*) *or* percent (*US*) silk; (*fig*) *Dame* fast; (≈ *zweifelhaft*) dubious; **~es Milieu, ~e Kreise** demimonde **halbseitig** [-zaitçⱼ] **I** *adj* *Anzeige etc* half-page; **~e Lähmung** one-sided paralysis **II** *adv* **~ gelähmt** paralyzed on one side **Halbstarke(r)** *m decl as adj* young hoo-

ligan **halbstündig** [-ʃtʏndɪç] *adj attr*
half-hour *attr*, lasting half an hour **halbstündlich I** *adj* half-hourly **II** *adv* every
half an hour, half-hourly

halbtags ['halptaːks] *adv* (≈ *morgens*) in
the mornings; (≈ *nachmittags*) in the
afternoons; (*in Bezug auf Angestellte*)
part-time

Halbtagsbeschäftigung *f* half-day job

Halbtagskraft *f* worker employed for
half-days only

Halbton *m*, *pl* **-töne** MUS semitone

halbtrocken *adj Wein* medium-dry

halbvoll *adj attr*; → **halb**

halbwegs ['halpˈveːks] *adv* partly; *gut
reasonably*; *annehmbar* halfway

Halbwelt *f* demimonde

Halbwert(s)zeit *f* PHYS half-life

Halbwissen *nt* (*pej*) superficial knowledge

Halbzeit *f* (SPORTS) (≈ *Hälfte*) half; (≈
Pause) half-time

Halbzeitstand *m* half-time score

Halde ['haldə] *f* ⟨-, -n⟩ (MIN ≈ *Abbauhal-
de*) slag heap; (*fig*) mountain; *etw auf ~
legen Ware, Vorräte* to stockpile sth;
Pläne etc to shelve sth

Halfpipe ['haːfpaɪp] *f* ⟨-, -s⟩ SPORTS half-
-pipe

Hälfte ['hɛlftə] *f* ⟨-, -n⟩ **1.** half; *die ~ der
Kinder* half the children; *Rentner zah-
len die ~* pensioners pay half price; *um
die ~ mehr* half as much again; *um die ~
steigen* to increase by half; *um die ~
größer* half as big again; *es ist zur ~ fertig* it is half finished; *meine bessere ~*
(*hum infml*) my better half (*hum infml*)
2. (≈ *Mitte: einer Fläche*) middle; *auf der
~ des Weges* halfway

Halfter¹ ['halftɐ] *m or nt* ⟨-s, -⟩ (*für Tiere*)
halter

Halfter² *f* ⟨-, -n *or nt* -s, -⟩ (≈ *Pistolenhalf-
ter*) holster

Hall [hal] *m* ⟨-(e)s, -e⟩ echo

Halle ['halə] *f* ⟨-, -n⟩ hall; (≈ *Hotelhalle*)
lobby; (≈ *Sporthalle*) (sports) hall, gym
(-nasium); (≈ *Schwimmhalle*) indoor
swimming pool

halleluja [hale'luːja] *int* halleluja(h)

hallen ['halən] *v/i* to echo

Hallenbad *nt* indoor swimming pool **Hal-
lenturnier** *nt* SPORTS indoor tournament

hallo [ha'loː, 'halo] *int* hello

Halluzination [halutsinaˈtsioːn] *f* ⟨-,
-en⟩ hallucination **halluzinieren**

[halutsi'niːrən] *past part* **halluziniert**
v/i to hallucinate

Halm [halm] *m* ⟨-(e)s, -e⟩ stalk; (≈ *Grashalm*) blade of grass; (≈ *Strohhalm*)
straw

Halogen [halo'geːn] *nt* ⟨-s, -e⟩ halogen
Halogen(glüh)lampe *f* halogen lamp
Halogenscheinwerfer *m* halogen head-
lamp

Hals [hals] *m* ⟨-es, ̈e ['hɛlzə]⟩ **1.** neck;
jdm um den ~ fallen to fling one's arms
(a)round sb's neck; *sich jdm an den ~
werfen* (*fig infml*) to throw oneself at
sb; *sich* (*dat*) *den ~ brechen* (*infml*)
to break one's neck; *~ über Kopf* in a
rush; *jdn am ~ haben* (*infml*) to be
saddled with sb (*infml*) **2.** (≈ *Kehle*)
throat; *sie hat es am or im ~* (*infml*)
she has a sore throat; *aus vollem ~(e)*
at the top of one's voice; *aus vollem
~(e) lachen* to roar with laughter; *es
hängt mir zum ~ heraus* (*infml*) I'm sick
and tired of it; *sie hat es in den falschen ~ bekommen* (*infml* ≈ *falsch verstehen*) she took it wrongly; *er kann den
~ nicht voll* (*genug*) *kriegen* (*fig infml*)
he is never satisfied **Halsabschnei-
der(in)** *m/(f)* (*pej infml*) shark (*infml*)
Halsband *nt*, *pl* **-bänder** (≈ *Hundehalsband*) collar; (≈ *Schmuck*) necklace
halsbrecherisch ['halsbrɛçərɪʃ] *adj*
dangerous; *Tempo* breakneck **Halsent-
zündung** *f* sore throat **Halskette** *f* necklace **Hals-Nasen-Ohren-Arzt** *m*, **Hals-
-Nasen-Ohren-Ärztin** *f* ear, nose and
throat specialist **Halsschlagader** *f* ca-
rotid (artery) **Halsschmerzen** *pl* sore
throat *sg* **halsstarrig** [-ʃtarɪç] *adj* obstinate **Halstuch** *nt*, *pl* **-tücher** scarf **Hals-
und Beinbruch** *int* good luck **Halsweh**
[-veː] *nt* ⟨-s, *no pl*⟩ sore throat

halt¹ [halt] *int* stop

halt² *adv* (*dial*) → **eben** II3

Halt [halt] *m* ⟨-(e)s, -e⟩ **1.** (*für Festigkeit*)
hold; (≈ *Stütze*) support; *jdm/einer Sa-
che ~ geben* to support sb/sth; *keinen ~
haben* to have no hold/support; *ohne
inneren ~* insecure **2.** (*elev* ≈ *Anhalten*)
stop; *~ machen* = **haltmachen**

haltbar *adj* **1.** *~ sein* (*Lebensmittel*) to
keep (well); *etw ~ machen* to preserve
sth; *~ bis 6.11.* use by 6 Nov **2.** (≈ *widerstandsfähig*) durable; *Stoff* hard-wearing; *Beziehung* long-lasting **3.** *Behauptung* tenable; *Zustand, Lage* tolerable;

diese Position ist nicht mehr ~ this position can't be maintained any longer **4.** SPORTS stoppable **Haltbarkeit** ['haltbaːɐkait] *f ⟨-, no pl⟩* **1.** *(von Lebensmitteln) eine längere* ~ *haben* to keep longer **2.** (≈ *Widerstandsfähigkeit*) durability **3.** *(von Behauptung)* tenability **Haltbarkeitsdatum** *nt* best-before date, use-by date **Haltbarkeitsdauer** *f length of time for which food may be kept; eine kurze/lange* ~ *haben* to be/not to be perishable

Haltebucht *f* MOT lay-by, rest stop *(US)* **Haltegriff** *m* **1.** handle; *(in Bus)* strap; *(an Badewanne)* handrail **2.** SPORTS hold **halten** ['haltn] *pret* **hielt** [hiːlt], *past part* **gehalten** [gə'haltn] **I** *v/t* **1.** (≈ *festhalten*) to hold; *etw gegen das Licht* ~ to hold sth up to the light **2.** (≈ *tragen*) *die drei Pfeiler* ~ *die Brücke* the three piers support the bridge **3.** (≈ *aufhalten*) to hold; SPORTS to save; *die Wärme/Feuchtigkeit* ~ to retain heat / moisture; *ich konnte es gerade noch* ~ I just managed to grab hold of it; *haltet den Dieb!* stop thief!; *sie ist nicht zu* ~ *(fig)* there's no holding her back; *es hält mich hier nichts mehr* there's nothing to keep me here any more **4.** (≈ *behalten*) *Rekord* to hold; *Position* to hold (on to) **5.** (≈ *besitzen*) *Haustier* to keep; *Auto* to run; *sich* *(dat) eine Geliebte* ~ to keep a mistress **6.** (≈ *erfüllen*) to keep; *ein Versprechen* ~ to keep a promise **7.** (≈ *aufrechterhalten*) *Niveau* to keep up; *Tempo, Temperatur* to maintain; *Kurs* to keep to; *das Gleichgewicht* ~ to keep one's balance; *(mit jdm) Verbindung* ~ to keep in touch (with sb); *Abstand* ~*!* keep your distance!; *etw sauber* ~ to keep sth clean; *viel Sport hält schlank* doing a lot of sport keeps you slim **8.** (≈ *handhaben*) *das kannst du (so)* ~*, wie du willst* that's entirely up to you; *wir* ~ *es mit den Abrechnungen anders* we deal with invoices in a different way **9.** (≈ *veranstalten*) *Fest* to give; *Rede* to make; *Selbstgespräche* ~ to talk to oneself; *Unterricht* ~ to teach; *Mittagsschlaf* ~ to have an afternoon nap **10.** (≈ *einschätzen*) *jdn/etw für etw* ~ to think sb/sth sth; *etw für angebracht* ~ to think sth appropriate; *wofür* ~ *Sie mich?* what do you take me for?; *das halte ich nicht für möglich* I don't think that

is possible; *etw von jdm/etw* ~ to think sth of sb/sth; *nicht viel von jdm/etw* ~ not to think much of sb/sth; *ich halte nichts davon, das zu tun* I'm not in favour *(Br)* or favor *(US)* of (doing) that; *viel auf etw* *(acc)* ~ to consider sth very important **II** *v/i* **1.** (≈ *festhalten*) to hold; (≈ *haften bleiben*) to stick; SPORTS to make a save **2.** (≈ *haltbar sein*) to last; *(Konserven)* to keep; *(Frisur)* to hold; *(Stoff)* to be hard-wearing; *Rosen* ~ *länger, wenn* ... roses last longer if ... **3.** (≈ *anhalten*) to stop; *zum Halten bringen* to bring to a standstill; *auf sich* *(acc)* ~ (≈ *auf sein Äußeres achten*) to take a pride in oneself; (≈ *selbstbewusst sein*) to be self-confident; *an sich* *(acc)* ~ (≈ *sich beherrschen*) to control oneself; *zu jdm* ~ (≈ *beistehen*) to stand by sb **III** *v/r* **1.** (≈ *sich festhalten*) to hold on *(an +dat* to) **2.** *sich (nach) links* ~ to keep (to the) left; *sich nach Westen* ~ to keep going westwards; *ich halte mich an die alte Methode* I'll stick to the old method; *sich an ein Versprechen* ~ to keep a promise; *sich an die Tatsachen* ~ to keep to the facts **3.** (≈ *sich nicht verändern, Lebensmittel, Blumen*) to keep; *(Wetter)* to last; *(Geruch, Rauch)* to linger; *(Preise)* to hold **4.** (≈ *seine Position behaupten*) to hold on; *(in Kampf)* to hold out; *sich gut* ~ *(in Prüfung, Spiel etc)* to do well **5.** *sich an jdn* ~ (≈ *sich richten nach*) to follow sb; *ich halte mich lieber an den Wein* I'd rather stick to wine; *er hält sich für besonders klug* he thinks he's very clever **Halter** ['haltɐ] *m ⟨-s, -⟩* **1.** (≈ *Halterung*) holder **2.** *(≈ Sockenhalter)* garter; (≈ *Strumpfhalter, Hüfthalter*) suspender *(Br)* or garter *(US)* belt **Halter** ['haltɐ] *m ⟨-s, -⟩,* **Halterin** [-ərɪn] *f ⟨-, -nen⟩* JUR owner **Halterung** ['haltərʊŋ] *f ⟨-, -en⟩* mounting; *(für Regal etc)* support **Halteschild** *nt, pl* **-schilder** stop sign **Haltestelle** *f* stop **Halteverbot** *nt* (≈ *Stelle*) no-stopping zone; *hier ist* ~ there's no stopping here **Halteverbot(s)schild** *nt, pl* **-schilder** no-stopping sign **haltlos** *adj* (≈ *schwach*) insecure; (≈ *hemmungslos*) unrestrained; (≈ *unbegründet*) groundless **haltmachen** *v/i sep* to stop; *vor nichts* ~ *(fig)* to stop at nothing; *vor niemandem* ~ *(fig)* to spare no-one **Haltung** ['haltʊŋ] *f ⟨-, -en⟩* **1.** (≈ *Körperhal-*

tung) posture; (≈ *Stellung*) position; ~ **annehmen** *esp* MIL to stand to attention **2.** (*fig* ≈ *Einstellung*) attitude **3.** *no pl* (≈ *Beherrschtheit*) composure; ~ **bewahren** to keep one's composure **4.** *no pl* (*von Tieren, Fahrzeugen*) keeping

Halunke [ha'luŋkə] *m* ⟨**-n, -n**⟩ scoundrel; (*hum*) rascal

Hämatom [hɛma'toːm] *nt* ⟨**-s, -e**⟩ haematoma (*Br*), hematoma (*US*)

Hamburger ['hamburɡɐ] *m* ⟨**-s, -**⟩ COOK hamburger

hamburgisch ['hamburɡɪʃ] *adj* Hamburg *attr*

hämisch ['hɛːmɪʃ] **I** *adj* malicious **II** *adv* maliciously

Hammel ['haml] *m* ⟨**-s, -** *or* (*rare*) ⸚ ['hɛml]⟩ **1.** ZOOL wether **2.** *no pl* COOK mutton **Hammelfleisch** *nt* mutton **Hammelkeule** *f* COOK leg of mutton

Hammer ['hamɐ] *m* ⟨**-s, ⸚** ['hɛmɐ]⟩ hammer; **unter den ~ kommen** to come under the hammer **hämmern** ['hɛmɐn] **I** *v/i* to hammer; (*mit den Fäusten etc*) to pound **II** *v/t* to hammer; *Blech etc* to beat **Hammerwerfen** *nt* ⟨**-s,** *no pl*⟩ SPORTS hammer(-throwing) **Hammerwerfer(in)** *m/(f)* SPORTS hammer-thrower

Hammondorgel ['hɛmənd-] *f* electric organ

Hämoglobin [hɛmoglo'biːn] *nt* ⟨**-s,** *no pl*⟩ haemoglobin (*Br*), hemoglobin (*US*) **Hämophilie** [hɛmofi'liː] *f* ⟨**-, -n** [-'liːən]⟩ haemophilia (*Br*), hemophilia (*US*) **Hämorrhoiden** [hɛmɔro'iːdən] *pl*, **Hämorriden** [hɛmɔr'iːdən] *pl* piles *pl*, haemorrhoids *pl* (*Br*), hemorrhoids *pl* (*US*)

Hampelmann *m, pl* **-männer** jumping jack; **jdn zu einem ~ machen** (*infml*) to walk all over sb

Hamster ['hamstɐ] *m* ⟨**-s, -**⟩ hamster **Hamsterkauf** *m* panic buying *no pl*; **Hamsterkäufe machen** to buy in order to hoard; (*bei Knappheit*) to panic-buy **hamstern** ['hamstɐn] *v/t & v/i* (≈ *ansammeln*) to hoard

Hand [hant] *gen* **Hand,** *pl* **Hände** ['hɛndə] *f* **1.** hand; **jdm die ~ geben** to give sb one's hand; **Hände hoch!** (put your) hands up!; ~ **aufs Herz** hand on heart; ~ **breit** = **Handbreit 2.** SPORTS *no pl* (*infml* ≈ *Handspiel*) handball **3.** (*mit Adjektiv*) **ein Auto aus erster ~** a car which

has had one previous owner; **etw aus erster ~ wissen** to have first-hand knowledge of sth; **in festen Händen sein** (*fig*) to be spoken for; **bei etw eine glückliche ~ haben** to be lucky with sth; **in guten Händen sein** to be in good hands; **mit leeren Händen** empty-handed; **letzte ~ an etw** (*acc*) **legen** to put the finishing touches to sth; **linker ~, zur linken ~** on the left-hand side; **aus** *or* **von privater ~** privately; **das Geld mit vollen Händen ausgeben** to spend money hand over fist (*infml*); **aus zweiter ~** second hand **4.** (*mit Präposition*) **jdn an die** *or* **bei der ~ nehmen** to take sb by the hand; **an ~ von** *or* **+gen = anhand**; **das liegt auf der ~** (*infml*) that's obvious; **aus der ~ zeichnen** freehand; **jdm etw aus der ~ nehmen** to take sth from sb; **etw aus der ~ geben** to let sth out of one's hands; **mit etw schnell bei der ~ sein** (*infml*) to be ready with sth; ~ **in ~ hand** in hand; **etw in der ~ haben** to have sth; **etw gegen jdn in der ~ haben** to have sth on sb; **etw in die ~ nehmen** to pick sth up; (*fig*) to take sth in hand; (*bei etw) mit ~ anlegen** to lend a hand (with sth); **sich mit Händen und Füßen gegen etw wehren** to fight sth tooth and nail; **um jds ~ bitten** *or* **anhalten** to ask for sb's hand (in marriage); **unter der ~** (*fig*) on the quiet; **von ~ geschrieben** handwritten; **die Arbeit ging ihr leicht von der ~** she found the work easy; **etw lässt sich nicht von der ~ weisen** sth is undeniable; **von der ~ in den Mund leben** to live from hand to mouth; **zur ~ sein** to be at hand; **etw zur ~ haben** to have sth to hand; **jdm zur ~ gehen** to lend sb a (helping) hand; **zu Händen von jdm** for the attention of sb **5.** (*mit Verb*) **darauf gaben sie sich die ~** they shook hands on it; **eine ~ wäscht die andere** you scratch my back, I'll scratch yours; **die Hände über dem Kopf zusammenschlagen** to throw up one's hands in horror; **alle Hände voll zu tun haben** to have one's hands full; ~ **und Fuß haben** to make sense; **die ~ für jdn ins Feuer legen** to vouch for sb **Handarbeit** *f* **1.** work done by hand; (*Gegenstand*) handmade article; **etw in ~ herstellen** to produce sth by hand **2.** (≈ *Nähen, Sticken etc*) needlework *no pl*; **diese Tischdecke ist ~** this tablecloth is handmade

3. (*kunsthandwerklich*) handicraft *no pl*; **eine ~** a piece of handicraft work **Handball** *m*, *no pl* (≈ *Spiel*) handball **Handballer**[-balə] *m* ⟨**-s, -**⟩, **Handballerin** [-ərɪn] *f* ⟨**-, -nen**⟩ handball player **Handbetrieb** *m* hand operation; **mit ~** hand-operated **Handbewegung** *f* sweep of the hand; (≈ *Geste, Zeichen*) gesture **Handbohrer** *m* gimlet **Handbohrmaschine** *f* (hand) drill **Handbreit** *f* **eine ~** ≈ six inches **Handbremse** *f* handbrake (*Br*), parking brake (*US*) **Handbuch** *nt* handbook; (*technisch*) manual **Händchen** ['hɛntçən] *nt* ⟨**-s, -**⟩ **~ halten** (*infml*) to hold hands; **für etw ein ~ haben** (*infml*) to be good at sth **Händedruck** *m*, *pl* **-drücke** handshake

Handel ['handl] *m* ⟨**-s, no pl**⟩ **1.** (≈ *das Handeln*) trade; (*esp mit illegaler Ware*) traffic; **~ mit etw** trade in sth **2.** (≈ *Warenmarkt*) market; **im ~ sein** to be on the market; **etw aus dem ~ ziehen** to take sth off the market; (**mit jdm**) **~ (be)treiben** to trade (with sb); **~ treibend** trading **3.** (≈ *Abmachung*) deal

Handelfmeter *m* penalty for a handball **handeln** ['handln] **I** *v/i* **1.** (≈ *Handel treiben*) to trade; **er handelt mit Gemüse** he's in the vegetable trade; **er handelt mit Drogen** he traffics in drugs **2.** (≈ *feilschen*) to haggle (*um* over); **ich lasse schon mit mir ~** I'm open to persuasion; (*in Bezug auf Preis*) I'm open to offers **3.** (≈ *tätig werden*) to act **4.** (≈ *zum Thema haben*) **von etw ~, über etw** (*acc*) **~** to deal with sth **II** *v/r impers* **1. es handelt sich hier um ein Verbrechen** it's a crime we are dealing with here; **bei dem Festgenommenen handelt es sich um X** the person arrested is X **2.** (≈ *betreffen*) **sich um etw ~** to be about sth **III** *v/t* (≈ *verkaufen*) to sell (*für* at, for); (*an der Börse*) to quote (*mit* at) **Handeln** *nt* ⟨**-s, no pl**⟩ **1.** (≈ *Feilschen*) bargaining, haggling **2.** (≈ *das Handeltreiben*) trading **3.** (≈ *Verhalten*) behaviour (*Br*), behavior (*US*) **4.** (≈ *das Tätigwerden*) action **Handelsabkommen** *nt* trade agreement **Handelsbank** *f*, *pl* **-banken** merchant bank **Handelsbeziehungen** *pl* trade relations *pl* **Handelsbilanz** *f* balance of trade; **aktive/passive ~** balance of trade surplus/deficit **Handelsdefizit** *nt* trade deficit **handelseinig** *adj pred* **~ werden/sein** to agree terms **Handelsem-**

bargo *nt* trade embargo **Handelsflotte** *f* merchant fleet **Handelsgesellschaft** *f* commercial company **Handelsgesetz** *nt* commercial law **Handelsgut** *nt* commodity **Handelshafen** *m* trading port **Handelskammer** *f* chamber of commerce **Handelsklasse** *f* grade; **Heringe der ~ 1** grade 1 herring **Handelsmarine** *f* merchant navy **Handelsmarke** *f* trade name **Handelsname** *m* trade name **Handelsniederlassung** *f* branch (of a trading organization) **Handelspartner(in)** *m/(f)* trading partner **Handelspolitik** *f* trade policy **Handelsrecht** *nt* commercial law *no def art*, *no pl* **Handelsregister** *nt* register of companies **Handelsreisende(r)** *m/f(m) decl as adj* commercial traveller (*Br*) *or* traveler (*US*) **Handelsschiff** *nt* trading ship **Handelsschifffahrt** *f* merchant shipping *no def art* **Handelsschranke** *f usu pl* trade barrier **Handelsschule** *f* commercial school *or* college **Handelsspanne** *f* profit margin **handelsüblich** *adj* usual (in the trade *or* in commerce); *Ware* standard **Handelsverkehr** *m* trade **Handelsvertreter(in)** *m/(f)* commercial traveller (*Br*) *or* traveler (*US*) **Handelsvertretung** *f* trade mission **Handelsware** *f* commodity **Handelszentrum** *nt* trading centre (*Br*) *or* center (*US*) **Handelszweig** *m* branch **handeltreibend** *adj attr* trading

händeringend ['hɛndərɪŋənd] *adv* wringing one's hands; (*fig*) *um etw bitten* imploringly **Händetrockner** [-trɔknɐ] *m* ⟨**-s, -**⟩ hand drier **Handfeger** [-fe:gɐ] *m* ⟨**-s, -**⟩ hand brush **handfest** *adj* **1.** *Essen* substantial **2.** (*fig*) *Schlägerei* violent; *Skandal* huge; *Argument* well-founded; *Beweis* solid; *Lüge* flagrant, blatant **Handfeuerwaffe** *f* handgun **Handfläche** *f* palm (of the/one's hand) **Handfunkgerät** *nt* walkie-talkie **handgearbeitet** *adj* handmade **Handgelenk** *nt* wrist; **aus dem ~** (*fig infml*) (≈ *ohne Mühe*) effortlessly; (≈ *improvisiert*) off the cuff **handgemacht** *adj* handmade **Handgemenge** *nt* scuffle **Handgepäck** *nt* hand luggage *no pl or* baggage *no pl* **handgeschrieben** *adj* handwritten **handgestrickt** [-gəʃtrɪkt] *adj* hand-knitted; (*fig*) homespun **Handgranate** *f* hand grenade **handgreiflich** ['hantgraiflɪç] *adj* *Streit* violent; **~ wer-**

den to become violent **Handgreiflichkeit** *f* ‹-, -en› *usu pl* violence *no pl* **Handgriff** *m* **1.** (≈ *Bewegung*) movement; *keinen ~ tun* not to lift a finger; *mit einem ~ öffnen* with one flick of the wrist; *mit ein paar ~en* in next to no time **2.** (≈ *Gegenstand*) handle **Handhabe** ['hantha:bə] *f* (*fig*) *ich habe gegen ihn keine ~* I have no hold on him **handhaben** *v/t insep* to handle; *Gesetz* to implement **Handhabung** ['hantha:bʊŋ] *f* ‹-, -en› handling; (*von Gesetz*) implementation

Handheld ['hɛnthɛlt] *nt* **1.** IT handheld (computer) **2.** PHOT handheld camera **Handheld-PC** ['hɛnthɛlt-] *m* handheld PC

Handicap ['hɛndikɛp], **Handikap** ['hɛndikɛp] *nt* ‹-s, -s› handicap

Handkarren *m* handcart **Handkoffer** *m* (small) suitcase **Handkuss** *m* kiss on the hand; *mit ~* (*fig infml*) with pleasure **Handlanger** ['hantlaŋɐ] *m* ‹-s, -›, **Handlangerin** [-ərɪn] *f* ‹-, -nen› (*fig*) dogsbody (*Br infml*), drudge (*US*); (*pej* ≈ *Gehilfe*) henchman

Händler ['hɛndlɐ] *m* ‹-s, -›, **Händlerin** [-ərɪn] *f* ‹-, -nen› trader; (≈ *Autohändler*) dealer; (≈ *Ladenbesitzer*) shopkeeper (*Br*), store owner (*US*) **Händlerrabatt** *m* trade discount

handlich ['hantlɪç] *adj Gerät, Format* handy; *Gepäckstück* manageable; *Auto* manoeuvrable (*Br*), maneuverable (*US*)

Handlung ['handlʊŋ] *f* ‹-, -en› action; (≈ *Tat, Akt*) act; (≈ *Handlungsablauf*) plot; *der Ort der ~* the scene of the action **Handlungsbedarf** *m* need for action **Handlungsbevollmächtigte(r)** *m/f(m) decl as adj* authorized agent **handlungsfähig** *adj Regierung* capable of acting; JUR authorized to act; *eine ~e Mehrheit* a working majority **Handlungsfähigkeit** *f* (*von Regierung*) ability to act; JUR power to act **Handlungsspielraum** *m* scope (of action) **handlungsunfähig** *adj Regierung* incapable of acting; JUR without power to act **Handlungsvollmacht** *f* proxy **Handlungsweise** *f* conduct *no pl*

Handout, Hand-out ['hɛntaut] *nt* ‹-s, -s› handout **Handpflege** *f* care of one's hands **Handpuppe** *f* glove (*Br*) or hand (*US*) puppet **Handreichung** ['hantraiçʊŋ] *f* ‹-, -en› (≈ *Hilfe*) helping

hand *no pl* **Handrücken** *m* back of the / one's hand **Handschelle** *f usu pl* handcuff; *jdm ~n anlegen* to handcuff sb **Handschlag** *m* **1.** (≈ *Händedruck*) handshake; *per ~* with a handshake **2.** *keinen ~ tun* not to do a stroke (of work) **Handschrift** *f* **1.** handwriting; *etw trägt jds ~* (*fig*) sth bears sb's (trade)mark **2.** (≈ *Text*) manuscript **handschriftlich I** *adj* handwritten **II** *adv korrigieren* by hand **Handschuh** *m* glove; (≈ *Fausthandschuh*) mitten, mitt (*infml*) **Handschuhfach** *nt* AUTO glove compartment **Handspiel** *nt, no pl* SPORTS handball **Handstand** *m* SPORTS handstand **Handstreich** *m in* or *durch einen ~* in a surprise coup **Handtasche** *f* handbag (*Br*), purse (*US*) **Handtuch** *nt, pl -tücher* towel; *das ~ werfen* to throw in the towel **Handtuchautomat** *m* towel dispenser **Handtuchhalter** *m* towel rail (*Br*) or rack (*US*) **Handumdrehen** *nt* (*fig*) *im ~* in the twinkling of an eye **handverlesen** *adj Obst etc* hand-graded; (*fig*) hand-picked **Handwagen** *m* handcart **Handwaschbecken** *nt* wash-hand basin **Handwäsche** *f* washing by hand; (≈ *Wäschestücke*) hand wash

Handwerk *nt* trade; (≈ *Kunsthandwerk*) craft; *sein ~ verstehen* (*fig*) to know one's job; *jdm ins ~ pfuschen* (*fig*) to tread on sb's toes; *jdm das ~ legen* (*fig*) to put a stop to sb's game (*infml*) or to sb **Handwerker** ['hantvɛrkɐ] *m* ‹-s, -›, **Handwerkerin** [-ərɪn] *f* ‹-nen› tradesman/-woman, (skilled) manual worker; (≈ *Kunsthandwerker*) craftsman/-woman **handwerklich** ['hantvɛrklɪç] *adj Ausbildung* as a manual worker / craftsman / craftswoman; *~er Beruf* skilled trade; *~es Können* craftsmanship; *~e Fähigkeiten* manual skills **Handwerksberuf** *m* skilled trade **Handwerksbetrieb** *m* workshop **Handwerkskammer** *f* trade corporation **Handwerksmeister(in)** *m/f(f)* master craftsman/-woman **Handwerkszeug** *nt, no pl* tools *pl*; (*fig*) tools *pl* of the trade, equipment

Handwurzel *f* ANAT carpus **Handzettel** *m* handout, leaflet

Handy ['hɛndi] *nt* ‹-s, -s› TEL mobile (phone), cell phone (*US*) **Handynummer** ['hɛndi-] *f* TEL mobile (phone) number, cell phone number (*US*)

Handzeichen *nt* signal; (*bei Abstimmung*) show of hands

hanebüchen ['haːnəbyːçn] *adj* (*elev*) outrageous

Hanf [hanf] *m* ⟨**-(e)s**, *no pl*⟩ hemp

Hang [haŋ] *m* ⟨**-(e)s**, **-e** ['hɛŋə]⟩ **1.** (≈ *Abhang*) slope **2.** *no pl* (≈ *Neigung*) tendency

Hängebauch *m* drooping belly (*infml*) **Hängebrücke** *f* suspension bridge **Hängebrust** *f*, **Hängebusen** *m* (*pej*) sagging breasts *pl* **Hängematte** *f* hammock **hängen** ['hɛŋən] **I** *v/i*, *pret* **hing** [hɪŋ], *past part* **gehangen** [gə'haŋən] *aux* haben or (*S Ger, Aus, Sw*) sein **1.** to hang; *die Vorhänge ~ schief* the curtains don't hang straight; *ihre Haare ~ bis auf die Schultern* her hair comes down to her shoulders; *das Bild hängt an der Wand* the picture is hanging on the wall; *mit ~den Schultern* with drooping shoulders; *den Kopf ~ lassen* (*fig*) to be downcast; *eine Gefahr hängt über uns* danger is hanging over us **2.** (≈ *festhängen*) to be caught (*an +dat* on); (≈ *kleben*) to be stuck (*an +dat* to); *ihre Blicke hingen an dem Sänger* her eyes were fixed on the singer **3.** (≈ *sich aufhalten*, *infml*) to hang around (*infml*); *sie hängt ständig in Discos* she hangs around discos **4.** (*gefühlsmäßig*) *an jdm/etw ~* (≈ *lieben*) to love sb/sth; *ich hänge am Leben* I love life; *es hängt an ihm, ob ...* it depends on him whether ... **II** *v/t*, *pret* **hängte** or **hing**, *past part* **gehängt** or **gehangen** (≈ *aufhängen*, *henken*) to hang; *das Bild an die Wand ~* to hang the picture on the wall **III** *v/r* *sich an etw* (*acc*) *~* (≈ *sich festhalten*) to hang on to sth; (≈ *sich festsetzen*) to stick to sth; (*gefühlsmäßig*) to be fixated on sth; *sich an jdn ~* (≈ *anschließen*) to tag on to sb (*infml*); (*gefühlsmäßig*) to become attached to sb; (≈ *verfolgen*) to go after sb **Hängen** *nt* ⟨**-s**, *no pl*⟩ **mit ~ und Würgen** (*infml*) by the skin of one's teeth **hängen bleiben** *v/i irr aux sein* (≈ *sich verfangen*) to get caught (*an +dat* on); (≈ *nicht durch-*, *weiterkommen*) to not get through; (≈ *sich aufhalten*) to stay on; (≈ *haften bleiben*) to get stuck (*in*, *an +dat* on); *der Verdacht ist an ihm hängen geblieben* suspicion rested on him **hängen lassen** *past part* **hängen lassen** or (*rare*) **gelas-**

sen *irr* **I** *v/t* **1.** (≈ *vergessen*) to leave behind **2.** (*infml* ≈ *im Stich lassen*) to let down **II** *v/r* to let oneself go; *lass dich nicht so hängen!* don't let yourself go like this! **Hängeschrank** *m* wall cupboard

Hannover [ha'noːfɐ] *nt* ⟨**-s**⟩ Hanover

Hansaplast® [hanza'plast, 'hanza-] *nt* ⟨**-(e)s**, *no pl*⟩ (sticking) plaster

Hanse ['hanzə] *f* ⟨**-**, *no pl*⟩ HIST Hanseatic League **hanseatisch** [hanze'aːtɪʃ] *adj* Hanseatic

hänseln ['hɛnzln] *v/t* to tease

Hansestadt *f* Hansa or Hanseatic town **Hanswurst** [hans'vʊrst, 'hans-] *m* ⟨**-(e)s**, **-e** or (*hum*) **⸚e**⟩ clown

Hantel ['hantl] *f* ⟨**-**, **-n**⟩ SPORTS dumbbell

hantieren [han'tiːrən] *past part* **hantiert** *v/i* **1.** (≈ *arbeiten*) to be busy **2.** (≈ *umgehen mit*) *mit etw ~* to handle sth **3.** (≈ *herumhantieren*) to tinker about (*an +dat* with, on)

hapern ['haːpɐn] *v/i impers* (*infml*) *es hapert an etw* (*dat*) (≈ *fehlt*) there is a shortage of sth; *es hapert bei jdm mit etw* (≈ *fehlt*) sb is short of sth

Häppchen ['hɛpçən] *nt* ⟨**-s**, **-**⟩ morsel; (≈ *Appetithappen*) titbit (*Br*), tidbit (*US*) **häppchenweise** *adv* (*infml*) bit by bit **Happen** ['hapn] *m* ⟨**-s**, **-**⟩ (*infml*) mouthful; (≈ *kleine Mahlzeit*) bite **happig** ['hapɪç] *adj* (*infml*) steep (*infml*) **Happy End** ['hɛpɪ'ɛnt] *nt* ⟨**-s**, **-s**⟩, **Happyend** *nt* ⟨**-s**, **-s**⟩ happy ending

Harass ['haras] *m* ⟨**-es**, **-e**⟩ (*Swiss* ≈ *Kasten*, *Kiste*) crate

Härchen ['hɛːɐçən] *nt* ⟨**-s**, **-**⟩ little hair

Hardcover ['haːɐdkavɐ] *nt* ⟨**-s**, **-s**⟩, **Hard Cover** *nt* ⟨**-s**, **-s**⟩ hardcover **Hardliner** ['haːɐdlaɪnɐ] *m* ⟨**-s**, **-**⟩, **Hardlinerin** [-ə-rɪn] *f* ⟨**-**, **-nen**⟩ POL hardliner **Hardware** ['haːɐdwɛːɐ] *f* ⟨**-**, **-s**⟩ IT hardware

Harem ['haːrɛm] *m* ⟨**-s**, **-s**⟩ harem

Harfe ['harfə] *f* ⟨**-**, **-n**⟩ harp **Harfenist** [harfə'nɪst] *m* ⟨**-en**, **-en**⟩, **Harfenistin** [-'nɪstɪn] *f* ⟨**-**, **-nen**⟩ harpist

Harke ['harkə] *f* ⟨**-**, **-n**⟩ rake; *jdm zeigen, was eine ~ ist* (*fig infml*) to show sb what's what (*infml*) **harken** ['harkn] *v/t & v/i* to rake

harmlos *adj* harmless; *Kurve* easy **Harmlosigkeit** *f* ⟨**-**, *no pl*⟩ harmlessness

Harmonie [harmo'niː] *f* ⟨**-**, **-n** [-'niːən]⟩ harmony **harmonieren** [harmo'niːrən] *past part* **harmoniert** *v/i* to harmonize

Harmonika[har'moːnika] f ⟨-, -s or **Harmoniken**⟩ harmonica; (≈ *Ziehharmonika*) accordion **harmonisch** [har'moːnɪʃ] adj MUS harmonic; (≈ *wohlklingend*) harmonious; **~ verlaufen** to be harmonious; **sie leben ~ zusammen** they live together in harmony **harmonisieren** [harmoni'ziːrən] past part **harmonisiert** v/t to harmonize **Harmonisierung** f ⟨-, -en⟩ harmonization

Harn [harn] m ⟨-(e)s, -e⟩ urine; **~ lassen** to urinate **Harnblase** f bladder **Harnleiter** m ureter **Harnröhre** f urethra

Harpune [har'puːnə] f ⟨-, -n⟩ harpoon **harsch** [harʃ] adj (≈ *barsch*) harsh

hart [hart] I adj, comp **~er** ['hɛrtɐ], sup **~este(r, s)** ['hɛrtəstə] 1. hard; *Ei* hard-boiled 2. (≈ *scharf*) *Konturen, Formen* sharp; *Klang, Ton* harsh 3. (≈ *rau*) *Spiel* rough; (fig) *Getränke* strong; *Droge* hard; *Porno* hard-core 4. (≈ *streng, robust*) tough; *Strafe, Kritik* severe; **~ bleiben** to stand firm; **es geht ~ auf ~** it's a tough fight II adv, comp **~er**, sup am **~esten** hard; **~ gefroren** frozen solid *pred*; **~ gekocht** *Ei* hard-boiled; **~ klingen** (*Sprache*) to sound hard; (*Bemerkung*) to sound harsh; **etw trifft jdn ~** sth hits sb hard; **~ spielen** SPORTS to play rough; **~ durchgreifen** to take tough action; **jdn ~ anfassen** to be hard on sb; **das ist ~ an der Grenze der Legalität** that's on the very limits of legality; **~ am Wind** (**segeln**) NAUT (to sail) close to the wind **Härte** ['hɛrtə] f ⟨-, -n⟩ hardness; (*von Aufprall*) violence; (≈ *Härtegrad*) degree (of hardness); (*von Konturen, Formen*) sharpness; (*von Klang, Akzent*) harshness; (*von Spiel*) roughness no pl; (*von Währung*) stability; (*von Strafe, Kritik*) severity; **soziale ~n** social hardships; **das ist die ~** (*sl* ≈ *Zumutung*) that's a bit much (*infml*) **Härtefall** m case of hardship; (*infml* ≈ *Mensch*) hardship case **härten** ['hɛrtn] v/t to harden; *Stahl* to temper **Härtetest** m endurance test; (*fig*) acid test **Hartfaserplatte** f hardboard, fiberboard (*US*) **Hartgummi** m or nt hard rubber **hartherzig** adj hard-hearted **Hartherzigkeit** [-hɛrtsɪçkait] f ⟨-, no pl⟩ hard-heartedness **Hartholz** nt hardwood **hartnäckig** ['hartnɛkɪç] I adj stubborn; *Lügner, Husten* persistent II adv (≈ *beharrlich*) persistently; (≈ *stur*) stubbornly **Hartnä-**

-ckigkeit f ⟨-, no pl⟩ stubbornness; (≈ *Beharrlichkeit*) doggedness **Hartweizengrieß** m semolina

Harz[1] [haːɐts] nt ⟨-es, -e⟩ resin

Harz[2] m ⟨-es⟩ GEOG Harz Mountains pl **harzig** ['haːɐtsɪç] adj *Holz, Geschmack* resinous

Hasch [haʃ] nt ⟨-(s), no pl⟩ (infml) hash (infml)

Haschee [ha'ʃeː] nt ⟨-s, -s⟩ COOK hash **Häschen** ['hɛːsçən] nt ⟨-s, -⟩ 1. young hare 2. (infml ≈ *Kaninchen*) bunny (infml) 3. (≈ *Kosename*) sweetheart **Hascherl** ['haʃɐl] nt ⟨-s, -(n)⟩ (*Aus infml*) poor soul **Haschisch** ['haʃɪʃ] nt or m ⟨-(s), no pl⟩ hashish

Hase ['haːzə] m ⟨-n, -n⟩ hare; **falscher ~** COOK meat loaf; **sehen, wie der ~ läuft** (fig infml) to see which way the wind blows; **alter ~** (fig infml) old hand; **da liegt der ~ im Pfeffer** (infml) that's the crux of the matter

Haselnuss f hazelnut

Hasenpfeffer m COOK ≈ jugged hare **hasenrein** adj jd/etw ist nicht (**ganz**) **~** (infml) sb/sth is not (quite) above board **Hasenscharte** f MED harelip **Häsin** ['hɛːzɪn] f ⟨-, -nen⟩ female hare

Hass [has] m ⟨-es, no pl⟩ hatred (*auf* +acc, *gegen* of); **Liebe und ~** love and hate; **einen ~** (**auf jdn**) **haben** (infml) to be really sore (with sb) (infml) **hassen** ['hasn] v/t & v/i to hate **hassenswert** adj hateful **hässlich** ['hɛslɪç] adj 1. (≈ *scheußlich*) ugly 2. (≈ *gemein, unerfreulich*) nasty II adv 1. (≈ *gemein*) nastily 2. (≈ *nicht schön*) hideously **Hässlichkeit** f ⟨-, -en⟩ 1. no pl (≈ *Scheußlichkeit*) ugliness 2. (≈ *Gemeinheit*) nastiness **Hassliebe** f love-hate relationship (*für* with)

Hast [hast] f ⟨-, no pl⟩ haste **hasten** ['hastn] v/i aux sein (elev) to hasten (form) **hastig** ['hastɪç] I adj hasty II adv hastily; **nicht so ~!** not so fast!

hätscheln ['hɛtʃln] v/t (≈ *zu weich behandeln*) to pamper

hatschen ['haːtʃn] v/i aux sein (*Aus infml*) (≈ *mühsam gehen*) to trudge along; (≈ *hinken*) to hobble **hatschi** [ha'tʃiː, 'hatʃi] int atishoo (*Br*), achoo

Hattrick ['hɛttrɪk] m SPORTS hat-trick; (fig) masterstroke

Haube ['haubə] f ⟨-, -n⟩ **1.** (≈ Kopfbedeckung) bonnet; (von Krankenschwester etc) cap; **unter die ~ kommen** (hum) to get married **2.** (allgemein ≈ Bedeckung) cover; (≈ Trockenhaube) (hair) dryer, drying hood (US); (≈ Motorhaube) bonnet (Br), hood (US)

Hauch [haux] m ⟨-(e)s, -e⟩ **1.** (elev ≈ Atem) breath; (≈ Luftzug) breeze **2.** (≈ Andeutung) hint **hauchdünn** adj extremely thin; Scheiben wafer-thin; (fig) Mehrheit extremely narrow; Sieg extremely close **hauchen** ['hauxn] v/t & v/i to breathe

Haue ['hauə] f ⟨-, -n⟩ **1.** (S Ger, Aus) (≈ Pickel) pickaxe (Br), pickax (US); (≈ Gartenhacke) hoe **2.** no pl (infml ≈ Prügel) **~ kriegen** to get a good hiding (infml) **hauen** ['hauən] pret **haute** ['hautə], past part **gehauen** or (dial) **gehaut** [gə'hauən, gə'haut] **I** v/t **1.** pret also **hieb** [hi:p] (infml ≈ schlagen) to hit **2.** (≈ meißeln) Statue to carve **3.** (dial ≈ zerhacken) Holz to chop (up) **II** v/i, pret also **hieb** [hi:p] (infml ≈ schlagen) to hit; **jdm auf die Schulter ~** to slap sb on the shoulder **III** v/r (infml ≈ sich prügeln) to scrap **Hauer** ['hauɐ] m ⟨-s, -⟩ ZOOL tusk

Häufchen ['hɔyfçən] nt ⟨-s, -⟩ small heap; **ein ~ Unglück** a picture of misery **Haufen** ['haufn] m ⟨-s, -⟩ **1.** heap; **jdn/ein Tier über den ~ fahren etc** (infml) to knock sb/an animal down; **jdn über den ~ schießen** (infml) to shoot sb down; **etw** (acc) **über den ~ werfen** (infml) (≈ verwerfen) to throw or chuck (infml) sth out; (≈ durchkreuzen) to mess sth up (infml); **der Hund hat da einen ~ gemacht** the dog has made a mess there (infml) **2.** (infml ≈ große Menge) load (infml); **ein ~ Unsinn** a load of (old) rubbish (infml); **ein ~ Zeit** loads of time (infml); **ich hab noch einen ~ zu tun** I still have loads to do (infml) **3.** (≈ Schar) crowd **häufen** ['hɔyfn] **I** v/t to pile up; (≈ sammeln) to accumulate; → **gehäuft II** v/r (≈ sich ansammeln) to mount up; (≈ zahlreicher werden) to occur increasingly often **haufenweise** adv (≈ in Haufen) in heaps; **etw ~ haben** to have heaps of sth (infml) **Haufenwolke** f cumulus (cloud) **häufig** ['hɔyfɪç] **I** adj frequent **II** adv often **Häufigkeit** f ⟨-, -en⟩ frequency **Häufung**

['hɔyfʊŋ] f ⟨-, -en⟩ **1.** (fig ≈ das Anhäufen) accumulation **2.** (≈ das Sichhäufen) increasing number

Haupt [haupt] nt ⟨-(e)s, **Häupter** ['hɔyptɐ]⟩ head; **eine Reform an ~ und Gliedern** a total reform **Hauptaktionär(in)** m/(f) main shareholder **Hauptakzent** m **1.** LING primary accent or stress **2.** (fig) main emphasis **hauptamtlich I** adj full-time; **~e Tätigkeit** full-time office **II** adv (on a) full-time (basis); **~ tätig sein** to work full-time **Hauptanschluss** m TEL main extension **Hauptarbeit** f main (part of the) work **Hauptattraktion** f main attraction **Hauptaufgabe** f main or chief task **Hauptaugenmerk** f **sein ~ auf etw** (acc) **richten** to focus one's attention on sth **Hauptausgang** m main exit **Hauptbahnhof** m main station **hauptberuflich I** adj full-time; **~e Tätigkeit** main occupation **II** adv full-time; **~ tätig sein** to be employed full-time **Hauptbeschäftigung** f main occupation **Hauptbetrieb** m **1.** (≈ Zentralbetrieb) headquarters sg or pl **2.** (≈ geschäftigste Zeit) peak period; (≈ Hauptverkehrszeit) rush hour **Hauptbuch** nt COMM ledger **Hauptdarsteller** m leading man **Hauptdarstellerin** f leading lady **Haupteingang** m main entrance **Häuptelsalat** ['hɔyptl-] m (Aus) lettuce **Hauptfach** nt SCHOOL, UNIV main subject, major (US); **etw im ~ studieren** to study sth as one's main subject, to major in sth (US) **Hauptfeld** nt (bei Rennen) (main) pack **Hauptfeldwebel(in)** m/(f) sergeant major **Hauptfigur** f central figure **Hauptgericht** nt main course **Hauptgeschäftsstelle** f head office, headquarters sg or pl **Hauptgeschäftszeit** f peak (shopping) period **Hauptgewicht** nt (fig) main emphasis **Hauptgewinn** m first prize **Hauptgrund** m main or principal reason **Haupthahn** m mains cock, mains tap (Br) **Hauptlast** f main load, major part of the load; (fig) main burden **Hauptleitung** f mains pl **Häuptling** ['hɔyptlɪŋ] m ⟨-s, -e⟩ chief(tain); (fig, infml ≈ Boss) chief (infml) **Hauptmahlzeit** f main meal **Hauptmann** m, pl **-leute** MIL captain; AVIAT flight lieutenant (Br), captain (US) **Hauptmenü** nt IT main menu **Hauptmieter(in)** m/(f) main tenant **Hauptnahrungsmittel** nt staple food **Hauptperson** f central figure **Hauptpostamt** nt main post office **Hauptquartier** nt headquarters sg or pl **Hauptreisezeit** f peak travelling (Br) or traveling (US) time(s pl) **Hauptrolle** f FILM, THEAT leading role, lead; **die ~ spielen** (fig) to be all-important; (≈ wichtigste Person sein) to play the main role **Hauptsache** f main thing; **in der ~** in the main; **~, du bist glücklich** the main thing is that you're happy **hauptsächlich** I adv mainly II adj main **Hauptsaison** f peak season; **~ haben** to have its/their peak season **Hauptsatz** m (GRAM, übergeordnet) main clause **Hauptschlagader** f aorta **Hauptschulabschluss** m **den ~ haben** ≈ to have completed secondary school or junior high (school) (US) **Hauptschuldige(r)** m/f(m) decl as adj person mainly to blame or at fault, main offender (esp JUR) **Hauptschule** f ≈ secondary school, ≈ junior high (school) (US) **Hauptschüler(in)** m/(f) ≈ secondary school or junior high (school) (US) pupil **Hauptspeicher** m IT main memory **Hauptstadt** f capital (city) **hauptstädtisch** adj metropolitan **Hauptstraße** f main road; (im Stadtzentrum etc) main street **Hauptstudium** nt UNIV main course of (studies) **Hauptteil** m main part **Haupttreffer** m top prize, jackpot (infml) **Haupttribüne** f main stand **Hauptverkehrsstraße** f (in Stadt) main street; (≈ Durchgangsstraße) main thoroughfare **Hauptverkehrszeit** f peak traffic times pl; (in Stadt) rush hour **Hauptversammlung** f general meeting **Hauptwäsche** f, **Hauptwaschgang** m main wash **Hauptwohnsitz** m main place of residence **Hauptwort** nt, pl **-wörter** GRAM noun **Hauptzeuge** m, **Hauptzeugin** f principal witness

hau ruck ['hau 'rʊk] int heave-ho **Hauruckverfahren** nt **etw im ~ tun** to do sth in a great hurry

Haus [haus] gen **Haus**, pl **Häuser** ['hɔyzɐ] nt house; **mit jdm ~ an ~ wohnen** to live next door to sb; **~ und Hof verlieren** to lose the roof over one's head; **aus dem ~ sein** to be away from home; **außer ~ essen** to eat out; **im ~e meiner Schwester** at my sister's (house); **ins ~ stehen** (fig) to be on the way; **jdn nach ~e bringen** to take sb home; **bei jdm zu ~e** in sb's house;

bei uns zu ~e at home; **sich wie zu ~e fühlen** to feel at home; **fühl dich wie zu ~e!** make yourself at home!; **er ist nicht im ~e** (≈ in der Firma) he's not in; **ein Freund des ~es** a friend of the family; **aus gutem/bürgerlichem ~(e)** from a good/middle-class family; **von ~e aus** (≈ ursprünglich) originally; (≈ von Natur aus) naturally; **das ~ Windsor** the House of Windsor; **vor vollem ~ spielen** THEAT to play to a full house; **Hohes ~!** PARL ≈ honourable (Br) or honorable (US) members (of the House)! **Hausapotheke** f medicine cupboard **Hausarbeit** f **1.** housework no pl **2.** SCHOOL homework no indef art, no pl, piece of homework, assignment (esp US) **Hausarrest** m (im Internat) detention; JUR house arrest; **~ haben** to be in detention/under house arrest **Hausarzt** m, **Hausärztin** f GP; (von Anstalt) resident doctor **Hausaufgabe** f SCHOOL homework sg, no indef art; **seine ~n machen** to do one's homework **hausbacken** ['hausbakn] adj (fig) homespun, homely (US) **Hausbau** m, no pl (≈ das Bauen) building of a/the house **Hausbesetzer** [-bəzɛtsɐ] m ⟨-s, -⟩, **Hausbesetzerin** [-ərɪn] f ⟨-, -nen⟩ squatter **Hausbesetzung** f squatting **Hausbesitzer(in)** m/(f) house-owner; (≈ Hauswirt) landlord/landlady **Hausbesuch** m home visit **Hausbewohner(in)** m/(f) (house) occupant **Hausboot** nt houseboat **Häuschen** ['hɔysçən] nt ⟨-s, -⟩ (fig infml) **ganz aus dem ~ sein vor...** to be out of one's mind with ... (infml); **ganz aus dem ~ geraten** to go berserk (infml) **Hausdetektiv(in)** m/(f) house detective; (von Kaufhaus) store detective **Hauseigentümer(in)** m/(f) homeowner **Hauseingang** m (house) entrance **Häusel** ['hɔysl] nt ⟨-s, -⟩ (Aus infml ≈ Toilette) smallest room (Br hum infml), bathroom (US) **hausen** ['hauzn] v/i **1.** (≈ wohnen) to live **2.** (≈ wüten) (**übel** or **schlimm**) **~** to wreak havoc **Häuserblock** m, pl **-blocks** or (rare) **-blöcke** block (of houses) **Häuserflucht** f row of houses **Häuserreihe** f row of houses; (aneinandergebaut) terrace **Hausflur** m (entrance) hall, hallway **Hausfrau** f housewife **Hausfriedensbruch** m JUR trespass (in sb's house) **hausgemacht** adj home-made; (fig)

Problem etc of one's own making **Haus-gemeinschaft** *f* household (community) **Haushalt** ['haushalt] *m* ⟨**-(e)s, -e**⟩ **1.** household; (≈ *Haushaltsführung*) housekeeping; **den ~ führen** to run the household; **jdm den ~ führen** to keep house for sb **2.** (≈ *Etat*) budget **haushalten** ['haushaltn] *v/i sep irr* **mit etw ~** *mit Geld, Zeit* to be economical with sth **Haushälter** ['haushɛltɐ] *m* ⟨**-s, -**⟩, **Haushälterin** [-ərın] *f* ⟨**-, -nen**⟩ housekeeper **Haushaltsartikel** *m* household item **Haushaltsdebatte** *f* PARL budget debate **Haushaltsdefizit** *nt* POL budget deficit **Haushaltsentwurf** *m* POL draft budget, budget proposals *pl* **Haushaltsführung** *f* housekeeping **Haushaltsgeld** *nt* housekeeping money **Haushaltshilfe** *f* domestic *or* home help **Haushaltsjahr** *nt* POL, ECON financial year **Haushaltswaren** *pl* household goods *pl* **Haushaltungsvorstand** *m* (*form*) head of the household **Hausherr** *m* head of the household; (≈ *Gastgeber*, SPORTS) host **Hausherrin** *f* lady of the house; (≈ *Gastgeberin*) hostess **haushoch I** *adj* (as) high as a house/houses; (*fig*) *Sieg* crushing; **der haushohe Favorit** the hot favourite (*Br infml*) or favorite (*US infml*) **II** *adv* **~ gewinnen** to win hands down; **jdm ~ überlegen sein** to be head and shoulders above sb **hausieren** [hau'ziːrən] *past part* **hausiert** *v/i* to hawk (*mit etw* sth); **mit etw ~ gehen** (*fig*) *mit Plänen etc* to hawk sth about **Hausierer** [hau'ziːrɐ] *m* ⟨**-s, -**⟩, **Hausiererin** [-ərın] *f* ⟨**-, -nen**⟩ hawker, peddler **Hauskatze** *f* domestic cat **Hauskauf** *m* house-buying *no art*, house purchase **Häusl** [hɔysl] *nt* ⟨**-s, -**⟩ = **Häusel häuslich** ['hɔyslıç] *adj* domestic; *Pflege* home *attr*; (≈ *das Zuhause liebend*) home-loving **II** *adv* **sich ~ niederlassen** to make oneself at home; **sich ~ einrichten** to settle in **Häuslichkeit** *f* ⟨**-, no pl**⟩ domesticity **Hausmacherart** *f* **Wurst** *etc* **nach ~** home-made-style sausage *etc* **Hausmacherkost** *f* home cooking **Hausmann** *m, pl* **-männer** househusband **Hausmannskost** *f* plain cooking *or* fare; (*fig*) plain fare **Hausmeister** *m* caretaker **Hausmittel** *nt* household remedy **Hausmusik** *f* music at home, family music **Hausmüll** *m* domestic refuse **Hausnummer** *f* house number

Hausordnung *f* house rules *pl or* regulations *pl* **Hausputz** *m* house cleaning **Hausrat** *m, no pl* household equipment **Hausratversicherung** *f* (household) contents insurance **Haussammlung** *f* house-to-house *or* door-to-door collection **Hausschlüssel** *m* front-door key **Hausschuh** *m* slipper **Hausse** ['(h)oːs(ə)] *f* ⟨**-, -n**⟩ ECON boom (*an +dat* in) **Haussegen** *m* **bei ihnen hängt der ~ schief** (*hum*) they're a bit short on domestic bliss (*infml*) **Hausstand** *m* household; **einen ~ gründen** to set up house **Haussuchung** [-zuːxʊŋ] *f* ⟨**-, -en**⟩ house search **Haussuchungsbefehl** *m* search warrant **Haustier** *nt* pet **Haustür** *f* front door **Hausverbot** *nt* **jdm ~ erteilen** to ban sb from the house **Hausverwalter(in)** *m/(f)* (house) supervisor **Hausverwaltung** *f* property management **Hauswart** [-vart] *m* ⟨**-(e)s, -e**⟩, **Hauswartin** *f* ⟨**-, -nen**⟩ caretaker, janitor **Hauswirt** *m* landlord **Hauswirtin** *f* landlady **Hauswirtschaft** *f* **1.** (≈ *Haushaltsführung*) housekeeping **2.** SCHOOL home economics *sg* **Hauswurfsendung** *f* (house-to-house) circular **Haut** [haut] *f* ⟨**-, Häute** ['hɔytə]⟩ skin; (≈ *Schale von Obst etc*) peel; **nass bis auf die ~** soaked to the skin; **nur ~ und Knochen sein** to be nothing but skin and bone(s); **mit ~ und Haar(en)** (*infml*) completely; **in seiner ~ möchte ich nicht stecken** I wouldn't like to be in his shoes; **ihm ist nicht wohl in seiner ~** (*infml*) he feels uneasy; **sich auf die faule ~ legen** (*infml*) to sit back and do nothing **Hautarzt** *m*, **Hautärztin** *f* dermatologist **Hautausschlag** *m* (skin) rash **Häutchen** ['hɔytçən] *nt* ⟨**-s, -**⟩ (*auf Flüssigkeit*) skin; ANAT, BOT membrane; (*an Fingernägeln*) cuticle **häuten** ['hɔytn] **I** *v/t Tiere* to skin **II** *v/r* (*Tier*) to shed its skin **hauteng** *adj* skintight **Hautevolee** [(h)oːtvo'leː] *f* ⟨**-, no pl**⟩ upper crust **Hautfarbe** *f* skin colour (*Br*) *or* color (*US*) **hautfarben** [-farbn] *adj* flesh-coloured (*Br*), flesh-colored (*US*) **Hautkrankheit** *f* skin disease **Hautkrebs** *m* MED skin cancer **hautnah I** *adj* **1.** (≈ *sehr eng*, SPORTS) (very) close **2.** (*fig infml*) *Problem* that affects us/him *etc* directly; *Darstellung* deeply affecting **II** *adv* **~ in**

Kontakt mit jdm/etw kommen to come into (very) close contact with sb/sth; ***etw ~ erleben*** to experience sth at close quarters **Hautpflege** *f* skin care **hautschonend** *adj* kind to the skin **Hauttransplantation** *f* skin graft

Havarie [hava'riː] *f* ⟨-, -*n* [-'riːən]⟩ ⟨(≈ *Unfall*) accident; (≈ *Schaden*) damage *no indef art, no pl*

Hawaii [ha'vaii, ha'vai] *nt* ⟨-*s*⟩ Hawaii

Haxe [ˈhaksə] *f* ⟨-, -*n*⟩; → **Hachse**

H-Bombe [ˈhaː-] *f* H-bomb

he [heː] *int* hey; (*fragend*) eh

Hebamme [ˈheːp|amə, ˈheːbamə] *f* ⟨-, -*n*⟩ midwife

Hebebühne *f* hydraulic ramp

Hebel [ˈheːbl̩] *m* ⟨-*s*, -⟩ (≈ *Griff*) lever; (*fig*) leverage; ***alle ~ in Bewegung setzen*** (*infml*) to move heaven and earth; ***am längeren ~ sitzen*** (*infml*) to have the whip hand

heben [ˈheːbn̩] *pret* **hob** [hoːp], *past part* **gehoben** [ɡəˈhoːbn̩] **I** *v/t* **1.** to lift; ***er hebt gern einen*** (*infml*) he likes a drink; → **gehoben 2.** (≈ *verbessern*) to heighten; *Ertrag* to increase; *Stimmung* to improve; ***jds Stimmung ~*** to cheer sb up **II** *v/r* to rise; (*Nebel, Deckel*) to lift; ***da hob sich seine Stimmung*** that cheered him up **III** *v/i* SPORTS to do weightlifting

Heber [ˈheːbɐ] *m* ⟨-*s*, -⟩ TECH (hydraulic) jack

hebräisch [heˈbrɛːɪʃ] *adj* Hebrew

Hebriden [heˈbriːdn̩] *pl* **die ~** the Hebrides *pl*

Hebung [ˈheːbʊŋ] *f* ⟨-, -*en*⟩ **1.** (*von Schatz, Wrack etc*) recovery, raising **2.** *no pl* (*fig* ≈ *Verbesserung*) improvement

hecheln [ˈhɛçln̩] *v/i* (≈ *keuchen*) to pant

Hecht [hɛçt] *m* ⟨-(*e*)*s*, -*e*⟩ ZOOL pike; ***er ist (wie) ein ~ im Karpfenteich*** (*fig* ≈ *sorgt für Unruhe*) he's a stirrer (*infml*)

hechten [ˈhɛçtn̩] *v/i aux sein* (*infml*) to dive; (*beim Turnen*) to do a forward dive

Heck [hɛk] *nt* ⟨-(*e*)*s*, -*e*⟩ *pl also* -*s* NAUT stern; AVIAT tail; AUTO rear

Hecke [ˈhɛkə] *f* ⟨-, -*n*⟩ hedge **Heckenrose** *f* dog rose **Heckenschere** *f* hedge clippers *pl* **Heckenschütze** *m*, **Heckenschützin** *f* sniper

Heckklappe *f* AUTO tailgate **hecklastig** [-lastɪç] *adj* tail-heavy **Heckscheibe** *f* AUTO rear windscreen (*Br*) *or* windshield (*US*) **Heckscheibenheizung** *f* rear

windscreen (*Br*) *or* windshield (*US*) heater **Heckscheibenwischer** *m* rear windscreen (*Br*) *or* windshield (*US*) wiper **Hecktür** *f* AUTO tailgate

Heer [heːɐ] *nt* ⟨-(*e*)*s*, -*e*⟩ army

Hefe [ˈheːfə] *f* ⟨-, -*n*⟩ yeast **Hefegebäck** *nt* yeast-risen pastry **Hefeteig** *m* yeast dough

Heft¹ *nt* ⟨-(*e*)*s*, -*e*⟩ **1.** (≈ *Schreibheft*) exercise book **2.** (≈ *Zeitschrift*) magazine; (≈ *Comicheft*) comic; (≈ *Nummer*) issue

Heft² [hɛft] *nt* ⟨-(*e*)*s*, -*e*⟩ (*von Messer*) handle; (*von Schwert*) hilt; ***das ~ in der Hand haben*** (*fig*) to hold the reins; ***das ~ aus der Hand geben*** (*fig*) to hand over control

Heftchen [ˈhɛftçən] *nt* ⟨-*s*, -⟩ **1.** (*pej* ≈ *Comicheftchen*) rag (*pej infml*) **2.** (≈ *Briefmarkenheftchen*) book of stamps **heften** [ˈhɛftn̩] **I** *v/t* **1.** (≈ *nähen*) *Saum, Naht* to tack (up); *Buch* to sew; (≈ *klammern*) to clip (*an* +*acc* to); (*mit Heftmaschine*) to staple (*an* +*acc* to) **2.** (≈ *befestigen*) to pin, to fix **II** *v/r* **1.** (*Blick, Augen*) **sich auf jdn/etw ~** to fix onto sb/sth **2. sich an jdn ~** to latch on to sb; ***sich an jds Fersen ~*** (*fig*) (≈ *jdn verfolgen*) to dog sb's heels **Hefter** [ˈhɛftɐ] *m* ⟨-*s*, -⟩ **1.** (loose-leaf) file **2.** (≈ *Heftapparat*) stapler

heftig [ˈhɛftɪç] **I** *adj* (≈ *stark*) violent; *Fieber, Frost, Erkältung* severe; *Schmerz, Abneigung Sehnsucht* intense; *Widerstand* vehement; *Regen* heavy; *Wind, Ton* fierce; *Worte* violent; **~ werden** to fly into a passion **II** *adv regnen, zuschlagen* hard; *kritisieren* severely; *schütteln* vigorously; *schimpfen* vehemently; *verliebt* passionately; ***sich ~ streiten*** to have a violent argument **Heftigkeit** *f*, *no pl* (≈ *Stärke*) violence; (*von Frost*) severity; (*von Schmerz, Abneigung*) intensity; (*von Widerstand*) vehemence; (*von Wind*) ferocity; (*von Regen*) heaviness

Heftklammer *f* staple **Heftmaschine** *f* stapler **Heftpflaster** *nt* (sticking) plaster **Heftzwecke** *f* drawing pin (*Br*), thumb tack (*US*)

Hegemonie [hegemo'niː] *f* ⟨-, -*n* [-'niːən]⟩ hegemony

hegen [ˈheːɡn̩] *v/t* **1.** (≈ *pflegen*) to care for; ***jdn ~ und pflegen*** to lavish care and attention on sb **2.** *Hass, Verdacht* to harbour (*Br*), to harbor (*US*); *Miss-*

trauen to feel; *Zweifel* to entertain; *Wunsch* to cherish; **ich hege den starken Verdacht, dass ...** I have a strong suspicion that ...

Hehl [he:l] *nt or m* **kein** or **keinen ~ aus etw machen** to make no secret of sth

Hehler ['he:lɐ] *m* ⟨**-s, -**⟩, **Hehlerin** [-ərɪn] *f* ⟨**-, -nen**⟩ receiver (of stolen goods) **Hehlerei** [he:lə'raɪ] *f* ⟨**-, -en**⟩ receiving (stolen goods)

Heide[1] ['haɪdə] *f* ⟨**-, -n**⟩ moor; (≈ *Heideland*) moorland

Heide[2] ['haɪdə] *m* ⟨**-n, -n**⟩, **Heidin** ['haɪdɪn] *f* ⟨**-, -nen**⟩ heathen

Heidekraut *nt* heather **Heideland** *nt* moorland

Heidelbeere *f* bilberry, blueberry (*esp US*)

Heidenangst *f* **eine ~ vor etw** (*dat*) **haben** (*infml*) to be scared stiff of sth (*infml*) **Heidenlärm** *m* (*infml*) unholy din (*infml*) **Heidenspaß** *m* (*infml*) terrific fun

heidnisch ['haɪdnɪʃ] *adj* heathen

heikel ['haɪkl] *adj* **1.** (≈ *schwierig*) tricky **2.** (*dial, in Bezug aufs Essen*) fussy

heil [haɪl] **I** *adj* **1.** (≈ *unverletzt*) *Mensch* unhurt; *Glieder* unbroken; *Haut* undamaged; **wieder ~ werden** (≈ *wieder gesund*) to get better again; (*Wunde*) to heal up; (*Knochen*) to mend; **mit ~er Haut davonkommen** to escape unscathed **2.** (*infml* ≈ *ganz*) intact; **die ~e Welt** an ideal world **II** *adv* (≈ *unverletzt*) all in one piece **Heil** [haɪl] **I** *nt* ⟨**-s,** *no pl*⟩ **1.** (≈ *Wohlergehen*) wellbeing **2.** (ECCL, *fig*) salvation; **sein ~ in etw** (*dat*) **suchen** to seek one's salvation in sth **II** *int* **Ski ~!** good skiing!

Heiland ['haɪlant] *m* ⟨**-(e)s, -e** [-də]⟩ Saviour (*Br*), Savior (*US*)

Heilanstalt *f* nursing home; (*für Suchtoder Geisteskranke*) home **heilbar** *adj* curable

Heilbutt *m* halibut

heilen ['haɪlən] **I** *v/i aux sein* (*Wunde, Bruch*) to heal (up); (*Entzündung*) to clear up **II** *v/t Kranke* to cure; *Wunde* to heal; **jdn von etw ~** to cure sb of sth **heilfroh** *adj pred* (*infml*) really glad **heilig** ['haɪlɪç] *adj* **1.** holy; **jdm ~ sein** to be sacred to sb; **der ~e Augustinus** Saint Augustine; **Heiliger Abend** Christmas Eve; **der Heilige Geist** the Holy Spirit; **das Heilige Land** the Holy Land; **die Heilige Schrift** the Holy Scriptures *pl* **2.** (*fig* ≈ *ernst*) *Eid, Pflicht* sacred; **~e Kuh** sacred cow **Heiligabend** [haɪlɪç-'|a:bnt] *m* Christmas Eve **Heiligenschein** *m* halo **Heilige(r)** ['haɪlɪgə] *m*/*f(m) decl as adj* saint **Heiligkeit** *f* ⟨**-,** *no pl*⟩ holiness **heiligsprechen** *v/t irr* to canonize **Heiligtum** ['haɪlɪçtu:m] *nt* ⟨**-s, -tümer** [-ty:mɐ]⟩ (≈ *Stätte*) shrine; (≈ *Gegenstand*) (holy) relic; **jds ~ sein** (*infml*) to be sacrosanct to sb

Heilkraft *f* healing power **heilkräftig** *adj Pflanze, Tee* medicinal **Heilkraut** *nt usu pl* medicinal herb **heillos** *adj* unholy (*infml*); *Schreck* terrible, frightful; **die Partei war ~ zerstritten** the party was hopelessly divided **Heilmethode** *f* cure **Heilmittel** *nt* remedy; (≈ *Medikament*) medicine **Heilpflanze** *f* medicinal plant **Heilpraktiker** *m* ⟨**-s, -**⟩, **Heilpraktikerin** [-ərɪn] *f* ⟨**-, -nen**⟩ non-medical practitioner **heilsam** ['haɪlza:m] *adj* (*fig* ≈ *förderlich*) salutary **Heilsarmee** *f* Salvation Army **Heilung** ['haɪlʊŋ] *f* ⟨**-,** (*rare*) **-en**⟩ healing; (*von Kranken*) curing; (≈ *das Gesundwerden*) cure

heim [haɪm] *adv* home **Heim** [haɪm] *nt* ⟨**-(e)s, -e**⟩ home; (≈ *Obdachlosenheim*) hostel; (≈ *Studentenwohnheim*) hall of residence, dormitory (*US*) **Heimarbeit** *f* IND homework *no indef art*, outwork *no indef art* IND **Heimarbeiter(in)** *m*/(*f*) IND homeworker

Heimat ['haɪma:t] *f* ⟨**-, -en**⟩ home **Heimatanschrift** *f* home address **Heimatfilm** *m* sentimental film in idealized regional setting **Heimatkunde** *f* SCHOOL local history **Heimatland** *nt* native country **heimatlich** ['haɪma:tlɪç] *adj* native; *Bräuche* local; *Gefühle* nostalgic; *Klänge* of home **heimatlos** *adj* homeless **Heimatlose(r)** ['haɪma:tlo:zə] *m*/*f(m) decl as adj* homeless person; **die ~n** the homeless **Heimatmuseum** *nt* museum of local history **Heimatstadt** *f* home town **Heimatvertriebene(r)** *m*/*f(m) decl as adj* displaced person, expellee

Heimbewohner(in) *m*/(*f*) resident (of a/the home) **heimbringen** *v/t sep irr* (≈ *nach Hause bringen*) to bring home; (≈ *heimbegleiten*) to take home **Heimchen** ['haɪmçən] *nt* ⟨**-s, -**⟩ ZOOL house cricket; (**am Herd**) (*pej* ≈ *Hausfrau*) housewife **heimelig** ['haɪməlɪç] *adj* cosy (*Br*), cozy (*US*) **heimfahren** *v/t & v/i sep* *irr* (*v/i:aux sein*) to drive home **Heimfahrt** *f* journey home; NAUT voyage home **heimfinden** *v/i sep irr* to find one's way home **heimisch** ['haimɪʃ] *adj* **1.** (≈ *einheimisch*) indigenous (*in +acc* to); (≈ *national*) domestic; (≈ *regional*) regional **2.** (≈ *vertraut*) familiar; *sich ~ fühlen* to feel at home; *~ werden* to settle in (*an, in +dat* to) **Heimkehr** ['haimkeːɐ] *f* ‹-, *no pl*› homecoming **heimkehren** *v/i sep aux sein* to return home (*aus* from) **heimkommen** *v/i sep irr aux sein* to come home **Heimleiter(in)** *m/(f)* head of a/the home/hostel

heimlich ['haimlɪç] **I** *adj* secret; *Bewegungen* furtive **II** *adv* secretly; *lachen* inwardly; *sich ~ entfernen* to steal away; *~, still und leise* (*infml*) quietly, on the quiet **Heimlichkeit** *f* ‹-, *-en*› secrecy; (≈ *Geheimnis*) secret **Heimlichtuer** [-tuːɐ] *m* ‹-s, -›, **Heimlichtuerin** [-ərɪn] *f* ‹-, *-nen*› secretive person **Heimlichtuerei** *f* secretiveness

Heimniederlage *f* SPORTS home defeat **Heimreise** *f* journey home; NAUT voyage home **heimreisen** *v/i sep aux sein* to travel home **Heimservice** *m* home delivery service **Heimsieg** *m* SPORTS home win *or* victory **Heimspiel** *nt* SPORTS home match *or* game **heimsuchen** ['haimzuːxn] *v/t sep* to strike; (*für längere Zeit*) to plague; (*Krankheit*) to afflict; (*Schicksal*) to overtake; (*infml* ≈ *besuchen*) to descend on (*infml*); *von Krieg heimgesucht* war-torn **Heimtrainer** *m* exercise machine; (≈ *Fahrrad*) exercise bike

Heimtücke *f, no pl* insidiousness; (≈ *Boshaftigkeit*) maliciousness **heimtückisch** **I** *adj* insidious; (≈ *boshaft*) malicious **II** *adv* überfallen, verraten treacherously

Heimvorteil *m* (SPORTS, *fig*) home advantage **heimwärts** ['haimvɛrts] *adv* (≈ *nach Hause zu*) home; *~ ziehen* to go homewards **Heimweg** *m* way home; *sich auf den ~ machen* to set out for home **Heimweh** [-veː] *nt* ‹-s, *no pl*› homesickness *no art*; *~ haben* to be homesick (*nach* for) **Heimwerker** [-verkɐ] *m* ‹-s, -›, **Heimwerkerin** [-ərɪn] *f* ‹-, *-nen*› do-it-yourself *or* DIY enthusiast **heimzahlen** *v/t sep* *jdm etw ~* to pay sb back for sth

Heini ['haini] *m* ‹-s, -s› (*infml*) guy (*infml*); (≈ *Dummkopf*) fool

Heirat ['hairaːt] *f* ‹-, *-en*› marriage **heiraten** ['hairaːtn] **I** *v/t* to marry **II** *v/i* to get married **Heiratsantrag** *m* proposal (of marriage); *jdm einen ~ machen* to propose to sb **Heiratsanzeige** *f* (≈ *Bekanntgabe*) announcement of a forthcoming marriage **Heiratsschwindler(in)** *m/(f)* *person who makes a marriage proposal under false pretences* **Heiratsurkunde** *f* marriage certificate

heiser ['haizɐ] **II** *adv* *sich ~ schreien/reden* to shout/talk oneself hoarse **Heiserkeit** *f* ‹-, *no pl*› hoarseness

heiß [hais] **I** *adj* **1.** hot; *jdm ist/wird ~* sb is/is getting hot; *etw ~ machen* to heat sth up **2.** (≈ *heftig*) heated; *Wunsch* burning **3.** (≈ *aufreizend, gefährlich*) *jdn ~ machen* (*infml*) to turn sb on (*infml*); *ein ~es Eisen* a hot potato **4.** (*infml*) *~er Draht* hotline; *~e Spur* firm lead; *~ sein* (≈ *brünstig*) to be on heat **II** *adv* **1.** *etw ~ trinken* to drink sth hot; *~ baden* to have a hot bath; *~ duschen* to take a hot shower; *~ laufen* (*Motor*) to overheat; (*Telefonleitungen*) to buzz **2.** (≈ *heftig*) *~ ersehnt* much longed for; *~ geliebt* dearly beloved; *es ging ~ her* things got heated; *~ umkämpft* fiercely fought over; *Markt* fiercely contested; *~ umstritten* *Frage* hotly debated; *Künstler etc* highly controversial

heißen ['haisn] *pret* **hieß** [hiːs], *past part* **geheißen** [gə'haisn] **I** *v/t* (≈ *nennen*) to call; *jdn willkommen ~* to bid sb welcome **II** *v/i* **1.** to be called (*Br*) *or* named; *wie ~ Sie?* what are you called?, what's your name?; *ich heiße Müller* I'm called *or* my name is Müller; *wie heißt das?* what is that called? **2.** (≈ *bestimmte Bedeutung haben*) to mean; *was heißt „gut" auf Englisch?* what is the English (word) for "gut"?; *ich weiß, was es heißt, allein zu sein* I know what it means to be alone **3.** *das heißt* that is; (≈ *in anderen Worten*) that is to say **III** *v/i impers* **1.** *es heißt, dass ...* (≈ *es geht die Rede*) they say that ... **2.** (≈ *zu lesen sein*) *in der Bibel heißt es, dass ...* the Bible says that ...; *nun heißt es handeln* now it's time to act

heißgeliebt *adj* → **heiß** **Heißhunger** *m* ravenous appetite; *etw mit ~ essen* to eat sth ravenously **heißlaufen** *v/i sep irr aux sein*; → **heiß** **Heißluft** *f* hot air **Heißluftballon** *m* hot-air balloon **Heiß-**

luftherd *m* fan-assisted oven **heißumkämpft** [-|ʊmkɛmpft] *adj attr*; → **heiß**

heiter ['haitɐ] *adj* (≈ *fröhlich*) cheerful; (≈ *amüsant*) amusing; (≈ *hell, klar*) bright; *Wetter* fine; METEO fair; *das kann ja ~ werden!* (*iron*) that sounds great (*iron*); *aus ~em Himmel* (*fig*) out of the blue **Heiterkeit** *f* ⟨-, *no pl*⟩ (≈ *Fröhlichkeit*) cheerfulness; (≈ *heitere Stimmung*) merriment; *allgemeine ~ hervorrufen* to cause general amusement

heizen ['haitsn] **I** *v/i* (≈ *die Heizung anhaben*) to have the/one's heating on; *mit Strom etc ~* to use electricity *etc* for heating **II** *v/t* (≈ *warm machen*) to heat; (≈ *verbrennen*) to burn **Heizkessel** *m* boiler **Heizkissen** *nt* electric heat pad **Heizkörper** *m* (≈ *Gerät*) heater; (*von Zentralheizung*) radiator; (≈ *Element*) heating element **Heizkosten** *pl* heating costs *pl* **Heizkraft** *f* heating power **Heizlüfter** [-lyftɐ] *m* ⟨-s, -⟩ fan heater **Heizöl** *nt* fuel oil **Heizung** ['haitsʊŋ] *f* ⟨-, -en⟩ heating

Hektar [hɛk'taːɐ, 'hɛktaːɐ] *nt or m* ⟨-s, -e⟩ hectare

Hektik ['hɛktɪk] *f* ⟨-, *no pl*⟩ (≈ *Hast*) hectic rush; (*von Großstadt etc*) hustle and bustle; (*von Leben etc*) hectic pace; *nur keine ~* take it easy **hektisch** ['hɛktɪʃ] **I** *adj* hectic; *Arbeiten* frantic **II** *adv* hectically; *es geht ~ zu* things are hectic; *nur mal nicht so ~* take it easy

Hektoliter [hɛkto'liːtɐ, 'hɛkto-] *m or nt* hectolitre (*Br*), hectoliter (*US*)

Held [hɛlt] *m* ⟨-en, -en [-dn]⟩ hero **heldenhaft I** *adj* heroic **II** *adv* heroically **Heldenmut** *m* heroic courage **Heldentat** *f* heroic deed **Heldentum** ['hɛldntuːm] *nt* ⟨-s, *no pl*⟩ heroism **Heldin** ['hɛldɪn] *f* ⟨-, -nen⟩ heroine

helfen ['hɛlfn] *pret* **half** [half], *past part* **geholfen** [gə'hɔlfn] *v/i* to help (*jdm* sb); *jdm bei etw ~* to help sb with sth; *ihm ist nicht zu ~* he is beyond help; *ich kann mir nicht ~, ich muss es tun* I can't help doing it; *er weiß sich (dat) zu ~* he is very resourceful; *man muss sich (dat) nur zu ~ wissen* (*prov*) you just have to use your head; *er weiß sich (dat) nicht mehr zu ~* he is at his wits' end; *es hilft nichts* it's no use; *das hilft mir wenig* that's not much help to me; *was hilfts?* what's the use?; *diese Arznei hilft gegen Kopfweh* this medicine helps to relieve headaches

Helfer ['hɛlfɐ] *m* ⟨-s, -⟩. **Helferin** [-ərɪn] *f* ⟨-, -nen⟩ helper; (≈ *Mitarbeiter*) assistant; (*von Verbrecher*) accomplice; *ein ~ in der Not* a friend in need **Helfershelfer(in)** *m/(f)* accomplice

Helgoland ['hɛlgolant] *nt* ⟨-s⟩ Heligoland

Helikopter [heli'kɔptɐ] *m* ⟨-s, -⟩ helicopter

Helium ['heːliʊm] *nt* ⟨-s, *no pl*⟩ helium

hell [hɛl] **I** *adj* **1.** (*optisch*) light; *Licht* bright; *Kleidungsstück* light-coloured (*Br*), light-colored (*US*); *Haar, Teint* fair; *es wird ~* it's getting light; *~es Bier* ≈ lager (*esp Br*) **2.** (*akustisch*) *Ton* high(-pitched) **3.** (*infml* ≈ *klug*) *Junge* bright **4.** *attr* (≈ *stark, groß*) great; *Verzweiflung, Unsinn* sheer, utter; *Neid* pure; *seine ~e Freude an etw (dat) haben* to find great joy in sth **II** *adv* **1.** (≈ *licht*) brightly **2.** *von etw ~ begeistert sein* to be very enthusiastic about sth **hellauf** ['hɛl'|auf] *adv* completely; *~ begeistert sein* to be wildly enthusiastic **hellblau** *adj* light blue **hellblond** *adj* very fair, blonde **helle** ['hɛlə] *adj pred* (*infml*) bright

Heller ['hɛlɐ] *m* ⟨-s, -⟩ HIST heller; *das ist keinen ~ wert* that isn't worth a brass farthing (*Br*), that's worth nothing; *auf ~ und Pfennig* (down) to the penny (*esp Br*)

Helle(s) ['hɛlə] *nt decl as adj* (≈ *Bier*) ≈ lager (*esp Br*) **hellgrün** *adj* light green **hellhörig** *adj* ARCH poorly soundproofed; *~ sein* (*fig: Mensch*) to have sharp ears **Helligkeit** *f* ⟨-, *no pl*⟩ lightness; (*von Licht*) brightness; (*von Haar, Teint*) fairness **Helligkeitsregler** *m* brightness control **helllicht** ['hɛllɪçt] *adj* *am ~en Tage* in broad daylight **hellrot** *adj* bright red **hellsehen** *v/i inf only ~ können* to be clairvoyant **Hellseher** [-zeːɐ] *m* ⟨-s, -⟩. **Hellseherin** [-ərɪn] *f* ⟨-, -nen⟩ clairvoyant **hellwach** *adj* (*lit*) wide-awake; (*fig*) alert

Helm [hɛlm] *m* ⟨-(e)s, -e⟩ helmet

Hemd [hɛmt] *nt* ⟨-(e)s, -en [-dn]⟩ (≈ *Oberhemd*) shirt; (≈ *Unterhemd*) vest (*Br*), undershirt (*US*); *jdn bis aufs ~ ausziehen* (*fig infml*) to fleece sb (*infml*) **Hemdsärmel** *m* shirtsleeve; *in ~n* in one's shirtsleeves **hemdsärmelig** *adj* shirt-sleeved; (*fig infml*) casual

Hemisphäre [hemi'sfɛːrə] *f* hemisphere

hemmen ['hɛmən] *v/t Entwicklung* to hinder; (≈ *verlangsamen*) to slow down; *Wasserlauf* to stem; PSYCH to inhibit; → **gehemmt** Hemmnis ['hɛmnɪs] *nt* ⟨*-ses, -se*⟩ hindrance, impediment (*für* to) Hemmschuh *m* brake shoe; (*fig*) hindrance (*für* to) Hemmschwelle *f* inhibition level; *eine ~ überwinden* to overcome one's inhibitions Hemmung ['hɛmʊŋ] *f* ⟨*-, -en*⟩ **1.** PSYCH inhibition; (≈ *Bedenken*) scruple; *keine ~en kennen* to have no inhibitions; *nur keine ~en* don't feel inhibited **2.** (*von Entwicklung*) hindering hemmungslos **I** *adj* (≈ *rückhaltlos*) unrestrained; (≈ *skrupellos*) unscrupulous **II** *adv jubeln, weinen* without restraint; *sich hingeben* wantonly Hemmungslosigkeit *f* ⟨*-, -en*⟩ (≈ *Rückhaltlosigkeit*) lack *no pl* of restraint; (≈ *Skrupellosigkeit*) unscrupulousness *no pl*

Hendl ['hɛndl] *nt* ⟨*-s, -(n)*⟩ (*S Ger, Aus*) chicken

Hengst [hɛŋst] *m* ⟨*-(e)s, -e*⟩ stallion

Henkel ['hɛŋkl] *m* ⟨*-s, -*⟩ handle

Henker ['hɛŋkɐ] *m* ⟨*-s, -*⟩ hangman; (≈ *Scharfrichter*) executioner

Henna ['hɛna] *f* ⟨*-* or *nt* ⟨*-s*⟩, *no pl*⟩ henna

Henne ['hɛnə] *f* ⟨*-, -n*⟩ hen

Hepatitis [hepa'tiːtɪs] *f* ⟨*-, Hepatitiden* [-ti'tiːdn]⟩ hepatitis

her [heːɐ] *adv von der Kirche ~* from the church; *~ zu mir!* come here (to me); *von weit ~* from a long way off *or* away; *~ mit dem Geld!* hand over your money!; *~ damit!* give me that; *von der Idee ~* as for the idea; *vom finanziellen Standpunkt ~* from the financial point of view; *ich kenne ihn von früher ~* I know him from before

herab [hɛ'rap] *adv* down; *die Treppe ~* down the stairs herabblicken *v/i sep* to look down (*auf +acc* on) herablassen *sep irr* **I** *v/t* to let down **II** *v/r* to lower oneself; *sich zu etw ~* to deign to do sth herablassend **I** *adj* condescending **II** *adv* condescendingly herabmindern *v/t sep* (≈ *schlecht machen*) to belittle herabsehen *v/i sep irr* to look down (*auf +acc* on) herabsetzen *v/t sep* to reduce; *Niveau* to lower; *Fähigkeiten, jdn* to belittle; *zu stark herabgesetzten Preisen* at greatly reduced prices Herabsetzung [-zɛtsʊŋ] *f* ⟨*-, -en*⟩ reduction; (*von Niveau*) lowering; (*von Fä-

higkeiten*) belittling; (≈ *Kränkung*) slight herabsteigen *v/i sep irr aux sein* to descend herabwürdigen *sep* **I** *v/t* to belittle **II** *v/r* to degrade oneself Herabwürdigung *f* belittling, disparagement

Heraldik [he'raldɪk] *f* ⟨*-, no pl*⟩ heraldry

heran [hɛ'ran] *adv bis an etw* (*acc*) *~* close to sth, right by sth; (*mit Bewegungsverb*) right up to sth heranbilden *v/t sep* to train (up) heranführen *sep v/t jdn* to lead up; *jdn an etw* (*acc*) *~* to lead sb up to sth herangehen *v/i sep irr aux sein an jdn ~* (*lit*) to go up to sb; (*fig*) *an Gegner* to set about sb; *an etw ~* (*fig*) *an Problem, Aufgabe* to tackle *or* approach sth herankommen *v/i sep irr aux sein* **1.** (*räumlich, zeitlich*) to approach (*an etw* (*acc*) sth) **2.** (≈ *erreichen*) *an den Chef kommt man nicht heran* you can't get hold of the boss **3.** (≈ *grenzen an*) *an etw* (*acc*) *~* to verge on sth heranmachen *v/r sep* (*infml*) *sich an etw* (*acc*) *~* to get down to sth; *sich an jdn ~* to approach sb; *an Mädchen* to chat sb up (*esp Br infml*), to flirt with sb herannahen *v/i sep aux sein* (*elev*) to approach heranpirschen *v/r sep sich an jdn/etw ~* to stalk up on sb/sth heranreichen *v/i sep an jdn/etw ~* (*lit*) (*Mensch*) to reach sb/sth; (*Weg, Gelände etc*) to reach (up to) sth; (*fig* ≈ *sich messen können mit*) to come near sb/sth heranreifen *v/i sep aux sein* (*elev*) (*Obst*) to ripen; (*fig*) (*Jugendliche*) to mature; (*Plan, Entschluss, Idee*) to mature, to ripen heranrücken *v/i sep aux sein* (≈ *sich nähern*) to approach (*an etw* (*acc*) sth); (≈ *dicht aufrücken*) to move nearer (*an +acc* to) heranschleichen *v/i & v/r sep irr* to creep up (*an etw* (*acc*) to sth, *an jdn* on sb) herantragen *v/t sep irr etw an jdn ~* (*fig*) to take sth to sb, to go to sb with sth herantreten *v/i sep irr aux sein* (*lit*) to move up (*an +acc* to); *näher ~* to move nearer; *an jdn ~* (*fig*) to confront sb; *mit etw an jdn ~* (≈ *sich wenden an*) to approach sb with sth heranwachsen *v/i sep irr aux sein* (*elev*) to grow; (*Kind*) to grow up Heranwachsende(r) *m/f(m) decl as adj* JUR adolescent heranwagen *v/r sep sich an etw* (*acc*) *~* (*lit*) to venture near sth, to dare to go near sth; (*fig*) to venture to tackle sth heranziehen *sep irr v/t* **1.** (≈ *zu Hilfe holen*) to call in; *Literatur* to consult **2.** (≈ *einsetzen*) *Arbeitskräfte* to bring in

herauf [hɛˈrauf] **I** *adv* up; **von unten** ~ up from below **II** *prep* +*acc* up; **den Berg/ die Treppe** ~ up the mountain / stairs **heraufbeschwören** *past part* **heraufbeschworen** *v/t sep irr* **1.** (≈ *wachrufen*) to evoke **2.** (≈ *herbeiführen*) to cause **heraufbringen** *v/t sep irr* to bring up **heraufkommen** *v/i sep irr aux sein* to come up **heraufsetzen** *sep v/t Preise etc* to increase **heraufsteigen** *v/i sep irr aux sein* (≈ *heraufklettern*) to climb up **heraufziehen** *sep irr* **I** *v/t* to pull up **II** *v/i aux sein* (*Gewitter, Unheil etc*) to approach **heraus** [hɛˈraus] *adv* out; ~ **da!** (*infml*) get out of there!; ~ **mit ihm** (*infml*) get him out!; ~ **damit!** (*infml*) (≈ *gib her*) hand it over!; (≈ *heraus mit der Sprache!*) out with it! (*infml*); **zum Fenster** ~ out of the window **herausarbeiten** *sep v/t* (*aus Stein, Holz*) to carve (*aus* out of); (*fig*) to bring out **herausbekommen** *past part* **herausbekommen** *v/t sep irr* **1.** *Fleck, Nagel etc* to get out (*aus* of) **2.** *Ursache, Geheimnis* to find out (*aus jdm* from sb) **3.** *Wechselgeld* to get back **herausboxen** *v/t sep* (*infml*) *jdn* to bail out (*infml*) **herausbringen** *v/t sep irr* **1.** = **herausbekommen 2.** (*auf den Markt bringen*) to bring out; *jdn/etw ganz groß* ~ to launch sb/sth in a big way **3.** (≈ *hervorbringen*) *Worte* to utter **herausfahren** *sep irr* **I** *v/i aux sein* (*aus* of) to come out; (*Zug*) to pull out **II** *v/t* SPORTS *eine gute Zeit* ~ to make good time **herausfallen** *v/i sep irr* to fall out (*aus* of); (*fig, aus Liste etc*) to drop out (*aus* of) **herausfinden** *sep irr* **I** *v/t* to find out **II** *v/i & v/r* to find one's way out (*aus* of) **Herausforderer** [hɛˈrausfɔrdərə] *m* ⟨**-s, -**⟩, **Herausforderin** [-ərɪn] *f* ⟨**-, -nen**⟩ challenger **herausfordern** [hɛˈrausfɔrdɐn] *sep* **I** *v/t* to challenge (*zu* to); (≈ *provozieren*) to provoke (*zu etw* to do sth); *Kritik, Protest* to invite; *Gefahr* to court; *das Schicksal* ~ to tempt fate **II** *v/i zu etw* ~ (≈ *provozieren*) to invite sth **herausfordernd I** *adj* provocative; *Haltung, Blick* challenging **II** *adv* (≈ *aggressiv*) provocatively; (≈ *lockend*) invitingly **Herausforderung** *f* challenge; (≈ *Provokation*) provocation **Herausgabe** *f* **1.** (≈ *Rückgabe*) return **2.** (*von Buch etc*) publication **herausgeben** *sep irr* **I** *v/t* **1.** (≈ *zurückgeben*) to return, to hand back **2.** (≈ *veröffentlichen, erlassen*) to issue; *Buch, Zeitung* to publish; (≈ *bearbeiten*) to edit **3.** (≈ *Wechselgeld geben*) *Betrag* to give in or as change **II** *v/i* (≈ *Wechselgeld geben*) to give change (*auf* +*acc* for); **können Sie (mir)** ~? can you give me change? **Herausgeber(in)** *m/(f)* (≈ *Verleger*) publisher; (≈ *Redakteur*) editor **herausgehen** *v/i sep irr aux sein* (*aus* of) to go out; (*Fleck*) to come out; **aus sich** ~ (*fig*) to come out of one's shell (*fig*) **heraushaben** *v/t sep irr* (*infml* ≈ *begriffen haben*) to have got (*infml*); (≈ *gelöst haben*) to have solved **heraushalten** *sep irr* **I** *v/t* (≈ *nicht verwickeln*) to keep out (*aus* of) **II** *v/r* to keep out of it; **sich aus etw** ~ to keep out of sth **herausholen** *v/t sep* **1.** (*lit*) to get out (*aus* of) **2.** *Vorteil* to gain; *Vorsprung, Sieg* to achieve; *Gewinn* to make; *Herstellungskosten* to recoup; *alles aus sich* ~ to get the best from oneself **3.** (≈ *herauspauken*) to get off the hook (*infml*) **heraushören** *v/t sep* to hear; (≈ *fühlen*) to sense (*aus* in) **herauskommen** *v/i sep irr aux sein* **1.** to come out (*aus* of); **er kam aus dem Staunen nicht heraus** he couldn't get over his astonishment; **er kam aus dem Lachen nicht heraus** he couldn't stop laughing **2.** (*aus bestimmter Lage*) to get out (*aus* of); **aus seinen Schwierigkeiten** ~ to get over one's difficulties **3.** (≈ *auf den Markt kommen*) to come out; (*Gesetz*) to come into force; **ganz groß** ~ (*infml*) to make a big splash (*infml*) **4.** (≈ *Resultat haben*) **bei etw** ~ to come of sth; **und was soll dabei** ~? and what is that supposed to achieve?; **es kommt auf dasselbe heraus** it comes (down) to the same thing **herauskriegen** *v/t sep* (*infml*) = **herausbekommen herauslassen** *v/t sep irr* to let out (*aus* of) **herauslesen** *v/t sep irr* (≈ *erkennen*) to gather (*aus* from) **herauslocken** *v/t sep* (*aus* of) to entice out; *etw aus jdm* ~ to get sth out of sb; *jdn aus seiner Reserve* ~ to draw sb out of his shell **herausnehmbar** *adj* removable **herausnehmen** *v/t sep irr* **1.** (≈ *entfernen*) to take out (*aus* of); **sich** (*dat*) **die Mandeln** ~ **lassen** to have one's tonsils out **2.** (*infml* ≈ *sich erlauben*) **es sich** (*dat*) ~, **etw zu tun** to have the nerve to do sth (*infml*); **sich** (*dat*) **Freiheiten ~** to take liberties **herausragen** *v/i sep* = **hervorragen herausreden** *v/r sep* to talk one's way out of it (*infml*) **herausreißen** *v/t sep irr* **1.** (*lit*) (*aus* of) to tear out; *jdn aus etw ~ aus Umgebung* to tear sb away from sth; *aus Schlaf* to startle sb out of sth **2.** (*infml: aus Schwierigkeiten*) *jdn ~* to get sb out of it (*infml*) **herausrücken** *sep* **I** *v/t* (*infml ≈ hergeben*) *Geld* to cough up (*infml*); *Beute, Gegenstand* to hand over **II** *v/i aux sein* (*infml*) **1.** (*≈ hergeben*) **mit etw ~** *mit Geld* to cough sth up (*infml*); *mit Beute* to hand sth over **2.** (*≈ aussprechen*) **mit etw ~** to come out with sth; **mit der Sprache ~** to come out with it **herausrutschen** *v/i sep aux sein* to slip out (*aus* of); **das ist mir nur so herausgerutscht** it just slipped out somehow **herausschlagen** *v/t sep irr* **1.** (*lit*) to knock out (*aus* of) **2.** (*infml ≈ erreichen*) *Geld* to make; *Gewinn, Vorteil* to get; *Zeit* to gain **herausschneiden** *v/t sep irr* to cut out (*aus* of) **herausschreien** *v/t sep irr* to shout out **heraus sein** *v/i irr aux sein* (*infml*) to be out; (*≈ bekannt sein*) to be known; **aus dem Schlimmsten ~** to have got past the worst (part); (*bei Krise, Krankheit*) to be over the worst **herausspringen** *v/i sep irr aux sein* (*aus* of) **1.** (*lit*) to jump out **2.** (*≈ sich lösen*) to come out **3.** (*infml*) **dabei springt nichts heraus** there's nothing to be got out of it **herausstellen** *sep* **I** *v/t* **1.** (*lit*) to put outside **2.** (*fig ≈ hervorheben*) to emphasize; *jdn* to give prominence to **II** *v/r* (*Wahrheit*) to come to light; **sich als falsch ~** to prove (to be) wrong; **es stellte sich heraus, dass ...** it emerged that ... **heraussuchen** *v/t sep* to pick out **herauswachsen** *v/i sep irr aux sein* to grow out (*aus* of) **herauswagen** *v/r sep* to dare to come out (*aus* of) **herauswinden** *v/r sep irr* (*fig*) to wriggle out of it **herauswirtschaften** *v/t sep* to make (*aus* out of) **herausziehen** *sep irr v/t* to pull out (*aus* of) **herb** [hɛrp] *adj* **1.** *Geruch Geschmack* sharp; *Wein* dry **2.** *Enttäuschung etc* bit-

ter; *Wahrheit* cruel **3.** (*≈ streng*) *Züge, Gesicht* severe, harsh; *Art, Charakter* dour **4.** *Worte, Kritik* harsh **Herbarium** [hɛr'ba:riʊm] *nt* ⟨**-s, Herbarien**⟩ herbarium, herbary **herbei** [hɛɐ'bai] *adv* (*elev*) here **herbeieilen** *v/i sep aux sein* (*elev*) to hurry or rush over **herbeiführen** *v/t sep* (*≈ bewirken*) to bring about; (*≈ verursachen*) to cause **herbeischaffen** *v/t sep* to bring; *Geld* to get; *Beweise* to produce **herbeisehnen** *v/t sep* to long for **herbeiströmen** *v/i sep aux sein* (*elev*) to come in (their) crowds **herbeiwünschen** *v/t sep* (**sich** *dat*) **etw ~** to long for sth **herbekommen** *past part* **herbekommen** *v/t sep irr* (*infml*) to get **herbemühen** *past part* **herbemüht** *sep* (*elev*) **I** *v/t* *jdn ~* to trouble sb to come here **II** *v/r* to take the trouble to come here **Herberge** ['hɛrbɛrgə] *f* ⟨**-, -n**⟩ **1.** *no pl* (*≈ Unterkunft*) lodging *no indef art* **2.** (*≈ Jugendherberge*) (youth) hostel **Herbergsmutter** *f, pl* **-mütter**, **Herbergsvater** *m* (youth hostel) warden **herbestellen** *past part* **herbestellt** *v/t sep* to ask to come **Herbheit** *f* ⟨**-, no pl**⟩ **1.** (*von Geruch, Geschmack*) sharpness; (*von Wein*) dryness **2.** (*von Enttäuschung*) bitterness **3.** (*≈ Strenge*) (*von Gesicht, Zügen*) severity, harshness; (*von Art, Charakter*) dourness **4.** (*von Worten, Kritik*) harshness **Herbizid** [hɛrbi'tsi:t] *nt* ⟨**-(e)s, -e** [-də]⟩ herbicide **herbringen** *v/t sep irr* to bring (here); *→* **hergebracht Herbst** [hɛrpst] *m* ⟨**-(e)s, -e**⟩ autumn, fall (*US*); **im ~** in autumn, in the fall (*US*) **Herbstanfang** *m* beginning of autumn *or* fall (*US*) **Herbstferien** *pl* autumn holiday(s *pl*) (*esp Br*) *or* vacation (*US*) **herbstlich** ['hɛrpstlɪç] **I** *adj* autumn *attr*; (*≈ wie im Herbst*) autumnal; **das Wetter wird schon ~** autumn *or* fall (*US*) is in the air **II** *adv* **~ kühles Wetter** cool autumn *or* fall (*US*) weather **Herbstzeitlose** ['hɛrpsttsaitlo:zə] *f decl as adj* meadow saffron **Herd** [he:ɐt] *m* ⟨**-(e)s, -e** [-də]⟩ **1.** (*≈ Küchenherd*) cooker, stove **2.** MED focus; (GEOL: *von Erdbeben*) epicentre (*Br*), epicenter (*US*) **Herde** ['he:ɐdə] *f* ⟨**-, -n**⟩ (*lit*) herd; (*von*

Schafen, fig elev ≈ *Gemeinde*) flock **Herdentier** *nt* gregarious animal **Herdentrieb** *m* herd instinct

Herdplatte *f* (*von Elektroherd*) hotplate **herein** [hɛ'raɪn] *adv* in; **herein!** come in!; **hier** ~! in here!; **von** (**dr**)**außen** ~ from outside **hereinbekommen** *past part* **hereinbekommen** *v/t sep irr* (*infml*) *Waren* to get in; *Radiosender* to get; *Unkosten etc* to recover **hereinbitten** *v/t sep irr* to ask (to come) in **hereinbrechen** *v/i sep irr aux sein* (*Wasser, Flut*) to gush in; **über jdn/etw** ~ to descend upon sb/ sth **hereinbringen** *v/t sep irr* **1.** to bring in **2.** (*infml* ≈ *wettmachen*) to make good **hereinfahren** *v/t & v/i sep irr* to drive in **hereinfallen** *v/i sep irr aux sein* (*infml*) to fall for it (*infml*); (≈ *betrogen werden*) to be had (*infml*); (≈ *anführen*) to take sb by sb/sth **hereinführen** *v/t sep* to show in **hereinholen** *v/t sep* to bring in (*in* +acc -to) **hereinkommen** *v/i sep irr aux sein* to come in (*in* +acc -to) **hereinlassen** *v/t sep irr* to let in (*in* +acc -to) **hereinlegen** *v/t sep* (*infml*) **jdn** ~ (≈ *betrügen*) to take sb for a ride (*infml*); (≈ *anführen*) to take sb in **hereinplatzen** *v/i sep aux sein* (*infml*) to burst in (*in* +acc to) **hereinregnen** *v/i impers sep* **es regnet herein** the rain is coming in **hereinschneien** *sep v/i aux sein* (*infml*) to drop in (*infml*) **hereinströmen** *v/i sep aux sein* to pour in (*in* +acc -to)

herfahren *sep irr* **I** *v/i aux sein* to come *or* get here; **hinter jdm** ~ to drive *or* (*mit Rad*) ride (along) behind sb **II** *v/t* to drive here **Herfahrt** *f* journey here; **auf der** ~ on the way here **herfallen** *v/i sep irr aux sein* **über jdn** ~ to attack sb; (≈ *kritisieren*) to pull sb to pieces; **über etw** (*acc*) ~ *über Essbares etc* to pounce upon sth **herfinden** *v/i sep irr* to find one's way here **herführen** *v/t sep* **was führt Sie her?** what brings you here? **Hergang** *m*, *pl* (*rare*) **-gänge** course; **der** ~ **des Unfalls** the way the accident happened **hergeben** *sep irr* **I** *v/t* (≈ *weggeben*) to give away; (≈ *aushändigen*) to hand over; (≈ *zurückgeben*) to give back; **wenig** ~ (*infml*) not to be much use; **seinen Namen für etw** ~ to lend one's name to sth **II** *v/r* **sich zu** *or* **für etw** ~ to be (a) party to sth **hergebracht** *adj* (≈ *traditionell*) traditional; →

herbringen **hergehen** *sep irr aux sein* **I** *v/i* **neben jdm** ~ to walk (along) beside sb **II** *v/i impers* (*infml*) (≈ *zugehen*) **es ging heiß her** things got heated (*infml*); **hier geht es hoch her** there's plenty going on here **hergehören** *v/i sep* to belong here **hergehört** *v/i sep* *past part* **hergehört!** everybody listen (to me) **hergehören** *v/i sep* to belong here **herhaben** *v/t sep irr* (*infml*) **wo hat er das her?** where did he get that from? **herhalten** *sep v/i* to suffer (for it); **für etw** ~ to pay for sth; **als Entschuldigung für etw** ~ to be used as an excuse for sth **herholen** *v/t sep* (*infml*) to fetch; **weit hergeholt sein** (*fig*) to be far-fetched **herhören** *v/i sep* (*infml*) to listen; **alle mal** ~! everybody listen (to me)

Hering ['heːrɪŋ] *m* ⟨**-s, -e**⟩ **1.** herring **2.** (≈ *Zeltpflock*) (tent) peg

herkommen *v/i sep irr aux sein* to come here; (≈ *sich nähern*) to come; (≈ *herstammen*) to come from; **komm her!** come here!; **von jdm/etw** ~ (≈ *stammen*) to come from sb/sth **herkömmlich** ['heːrkœmlɪç] *adj* conventional **Herkunft** ['heːrkʊnft] *f* ⟨**-, ⸗e** [-kʏnftə]⟩ origin; (*soziale*) background; **er ist britischer** ~ (*gen*) he is of British descent **Herkunftsland** *nt* COMM country of origin **herlaufen** *v/i sep irr aux sein* to come running; **hinter jdm** ~ to run after sb **herleiten** *sep v/t* (≈ *folgern*) to derive (*aus* from) **hermachen** *sep* (*infml*) **I** *v/r* **sich über etw** (*acc*) ~ *über Arbeit, Essen* to get stuck into sth (*infml*); *über Eigentum* to pounce (up)on sth; **sich über jdn** ~ to lay into sb (*infml*) **II** *v/t* **viel** ~ to look impressive

Hermelin[1] [hɛrmə'liːn] *nt* ⟨**-s, -e**⟩ ZOOL ermine

Hermelin[2] *m* ⟨**-s, -e**⟩ (≈ *Pelz*) ermine **hermetisch** [hɛr'meːtɪʃ] **I** *adj* hermetic **II** *adv* ~ **abgeriegelt** completely sealed off

hernehmen *v/t sep irr* (≈ *beschaffen*) to get; **wo soll ich das ~?** where am I supposed to get that from?

Heroin [hero'iːn] *nt* ⟨**-s, no pl**⟩ heroin **heroinabhängig, heroinsüchtig** *adj* addicted to heroin **Heroinabhängige(r)**, **Heroinsüchtige(r)** *m/f(m) decl as adj* heroin addict

heroisch [he'roːɪʃ] (*elev*) **I** *adj* heroic **II** *adv* heroically

Herpes ['hɛrpɛs] *m* ⟨**-, no pl**⟩ MED herpes **Herr** [hɛr] *m* ⟨**-(e)n, -en**⟩ **1.** (≈ *Gebieter*) lord, master; (≈ *Herrscher*) ruler (*über*

+acc of); **sein eigener ~ sein** to be one's own master; **~ einer Sache** (gen) **werden** to get sth under control; **~ der Lage sein** to be master of the situation **2.** (≈ Gott) Lord **3.** (≈ Mann) gentleman; **4x100-m-Staffel der ~en** men's 4 x 100m relay; **„Herren"** (≈ Toilette) "gents" **4.** (vor Eigennamen) Mr; (**mein**) **~!** sir!; **~ Professor Schmidt** Professor Schmidt; **~ Doktor** doctor; **~ Präsident** Mr President; **sehr geehrter ~ Bell** (in Brief) Dear Mr Bell; **sehr geehrte ~en** (in Brief) Dear Sirs (Br), to whom it may concern (US) **Herrchen** ['hɛrçən] nt ⟨**-s, -**⟩ (infml: von Hund) master

Herreise f journey here
Herrenausstatter [-|ausʃtatɐ] m ⟨**-s, -**⟩, **Herrenausstatterin** [-ərɪn] f ⟨**-, -nen**⟩ gents' outfitter **Herrenbekleidung** f menswear **Herrendoppel** nt TENNIS etc men's doubles sg **Herreneinzel** nt TENNIS etc men's singles sg **Herrenfahrrad** nt man's bicycle or bike (infml) **Herrenfriseur(in)** m/(f) men's hairdresser, barber **herrenlos** adj abandoned; Hund etc stray **Herrenmode** f men's fashion **Herrenschneider(in)** m/(f) gentleman's tailor **Herrentoilette** f men's toilet or restroom (US), gents sg

Herrgott m **der ~** God, the Lord (God); **~ noch mal!** (infml) damn it all! (infml); **Herrgottsfrühe** f **in aller ~** (infml) at the crack of dawn

herrichten v/t sep **1.** (≈ vorbereiten) to get ready (+dat, für for); Tisch to set **2.** (≈ ausbessern) to do up (infml)

herrisch ['hɛrɪʃ] adj imperious

herrlich ['hɛrlɪç] **I** adj marvellous (Br), marvelous (US); Kleid gorgeous, lovely; **das ist ja ~** (iron) that's great **II** adv **wir haben uns ~ amüsiert** we had a marvel(l)ous time; **~ schmecken** to taste absolutely delicious **Herrlichkeit** f ⟨**-, -en**, no pl⟩ (≈ Pracht) magnificence

Herrschaft ['hɛrʃaft] f ⟨**-, -en**⟩ **1.** no pl (≈ Macht) power; (≈ Staatsgewalt) rule; **unter der ~** under the rule (+gen, von of) **2.** no pl (≈ Kontrolle) control **3. die ~en** (≈ Damen und Herren) the ladies and gentlemen; (**meine**) **~en!** ladies and gentlemen! **herrschaftlich** ['hɛrʃaftlɪç] adj (≈ vornehm) grand **herrschen** ['hɛrʃn] **I** v/i **1.** (≈ Macht haben) to rule; (König) to reign; (fig) (Mensch) to dominate **2.** (≈ vorherrschen) to prevail; (Betrieb-

samkeit) to be prevalent; (Nebel, Kälte) to be predominant; (Krankheit, Not) to be rampant; (Meinung) to predominate; **überall herrschte Freude** there was joy everywhere; **hier herrscht Ordnung** things are orderly (a)round here **II** v/i impers **es herrschte Schweigen** silence reigned; **es herrscht Ungewissheit darüber, ob ...** there is uncertainty about whether ... **herrschend** adj Partei, Klasse ruling; König reigning; Bedingungen prevailing; Mode current **Herrscher** ['hɛrʃɐ] m ⟨**-s, -**⟩. **Herrscherin** [-ərɪn] f ⟨**-, -nen**⟩ ruler **Herrschsucht** f, no pl domineeringness **herrschsüchtig** adj domineering

herrühren v/i sep **von etw ~** to be due to sth **hersagen** v/t sep to recite **hersehen** v/i sep irr (≈ hierhersehen) to look here; **hinter jdm ~** to follow sb with one's eyes **her sein** v/i irr aux sein **1.** (zeitlich) **das ist schon 5 Jahre her** that was 5 years ago **2. hinter jdm/etw ~** to be after sb/sth

herstellen v/t sep **1.** (≈ erzeugen) to produce; (esp industriell) to manufacture; **in Deutschland hergestellt** made in Germany **2.** (≈ zustande bringen) to establish; TEL Verbindung to make **Hersteller** ['heːɐʃtɛlɐ] m ⟨**-s, -**⟩. **Herstellerin** [-ərɪn] f ⟨**-, -nen**⟩ (≈ Produzent) manufacturer **Herstellung** f **1.** (≈ Erzeugung) production; (esp industriell) manufacture **2.** (≈ das Zustandebringen) establishment **Herstellungskosten** pl manufacturing costs pl **Herstellungsland** nt country of manufacture

Hertz [hɛrts] nt ⟨**-, -**⟩ PHYS, RADIO hertz
herüber [hɛˈryːbɐ] adv over here; (über Fluss, Grenze etc) across; **da ~** over/across there **herüberbringen** v/t sep irr to bring over/across (über etw (acc) sth) **herüberkommen** v/i sep irr aux sein to come over/across (über etw (acc) sth); (infml: zu Nachbarn) to pop round (Br infml), to call round **herübersehen** v/i sep irr to look over (über etw (acc) sth); **zu jdm ~** to look over/across to sb **herum** [hɛˈrom] adv **1. um ... ~** (a)round; **links/rechts ~** (a)round to the left/right; **oben/unten ~ fahren** to take the top/lower road **2.** (≈ ungefähr) **um ... ~** (Mengenangabe) about, around; (Zeitangabe) (at) about or around; → **herum sein herumalbern** v/i sep (infml) to fool

around **herumärgern** *v/r sep* (*infml*) **sich mit jdm/etw ~** to keep struggling with sb/sth **herumballern** *v/i sep* to fire in all directions *or* all over the place **herumbekommen** *past part* **herumbekommen** *v/t sep irr* (*infml*) jdn to talk round (*esp Br*) *or* around (*esp US*) **herumbringen** *v/t sep irr* (*infml*) Zeit to get through **herumdrehen** *sep* **I** *v/t* Schlüssel to turn; (≈ wenden) to turn (over) **II** *v/r* to turn (a)round; (*im Liegen*) to turn over **herumfahren** *sep irr* *v/i aux sein* **1.** (≈ umherfahren) to go *or* (*mit Auto*) drive (a)round; **in der Stadt ~** to go/drive (a)round the town **2.** (≈ um etw herumfahren) to go *or* (*mit Auto*) drive (a)round **herumführen** *sep* **I** *v/t* to lead (a)round (*um etw* sth); (*bei Besichtigung*) to show (a)round; **jdn in einer Stadt ~** to show sb (a)round a town **II** *v/i* **um etw ~** to go (a)round sth **herumgehen** *v/i sep irr aux sein* (*infml*) **1.** (≈ um etw herumgehen) to walk (a)round (*um etw* sth) **2.** (≈ ziellos umhergehen) to wander (a)round (*in etw* (*dat*) sth); **es ging ihm im Kopf herum** it went round and round in his head **3.** (≈ herumgereicht werden) to be passed (a)round; (≈ weitererzählt werden) to go (a)round (*in etw* (*dat*) sth); **etw ~ lassen** to circulate sth **4.** (*zeitlich* ≈ vorbeigehen) to pass **herumhängen** *v/i sep irr* (*infml*) **1.** (≈ sich lümmeln) to loll around **2.** (≈ ständig zu finden sein) to hang out (*infml*) **herumirren** *v/i sep aux sein* to wander (a)round **herumkommandieren** *past part* **herumkommandiert** *sep* (*infml*) *v/t* to order about **herumkommen** *v/i sep irr aux sein* (*infml*) **1.** (*um eine Ecke etc*) to come (a)round (*um etw* sth) **2.** (≈ herumkönnen) to get (a)round (*um etw* sth) **3.** (≈ vermeiden können) **um etw ~** to get out of sth; **wir kommen um die Tatsache nicht herum, dass ...** we cannot get away from the fact that ... **4.** (≈ reisen) to get (a)round (*in etw* (*dat*) sth) **herumkriegen** *v/t sep* (*infml*) = **herumbekommen herumlaufen** *v/i sep irr aux sein* (*infml*) to run (a)round (*um etw* sth); **so kannst du doch nicht ~** (*fig infml*) you can't go (a)round (looking) like that **herumliegen** *v/i sep irr* (*infml*) to lie (a)round (*um etw* sth) **herumlungern** *v/i sep aux haben or sein* (*infml*) to

hang (a)round **herumreden** *v/i sep* (*infml*) to talk away; **um etw ~** (*ausweichend*) to talk around sth **herumreichen** *v/t sep* (≈ herumgeben) to pass (a)round **herumreisen** *v/i sep aux sein* to travel (a)round **herumreiten** *v/i sep irr* (*fig infml*) **auf etw ~** to keep on about sth **herumschlagen** *v/r sep irr* (*infml*) **sich mit jdm ~** (*lit*) to fight with sb; (*fig*) to fight a running battle with sb; **sich mit etw ~** (*fig*) to keep struggling with sth **herumschreien** *v/i sep irr* (*infml*) to shout out loud **herum sein** *v/i sep aux sein* (*infml*) **1.** (≈ vorüber sein) to be past **2.** (≈ in jds Nähe sein) **um jdn ~** to be around sb **herumsprechen** *v/r sep irr* to get (a)round **herumstehen** *v/i sep irr aux haben or sein* **1.** (*Sachen*) to be lying around **2.** (*Menschen*) to stand (a)round (*um jdn/etw* sb/sth) **herumstöbern** *v/i sep* (*infml* ≈ suchen) to rummage around **herumstreiten** *v/r sep irr* to squabble **herumtreiben** *v/r sep irr* (*infml*) to hang (a)round (*in* +*dat* in) (*infml*) **Herumtreiber(in)** *m/(f)* (*pej*) tramp; (≈ Streuner) vagabond **herumwerfen** *sep* **I** *v/t* (≈ achtlos werfen) to throw around (*in etw* (*dat*) sth) **II** *v/i* (*infml*) **mit Geld etc ~** to throw one's money *etc* around **herumzeigen** *v/t sep* to show (a)round **herumziehen** *v/i sep irr aux sein* (≈ von Ort zu Ort ziehen) to move around **herunter** [hɛˈrʊntɐ] *adv* down; **~!** get down!; **da/hier ~** down there/here; **vom Berg ~** down the mountain; **bis ins Tal ~** down into the valley **herunterbekommen** *past part* **herunterbekommen** *v/t sep irr* = **herunterkriegen herunterdrücken** *v/t sep* Hebel, Pedal to press down **herunterfahren** *sep irr* **I** *v/i aux sein* to go down **II** *v/t* to bring down; IT to shut down **herunterfallen** *v/i sep irr aux sein* to fall down; **von etw ~** to fall off sth **heruntergehen** *v/i sep irr aux sein* to go down; **von etw ~** (*infml*) to get off sth; **auf etw** (*acc*) **~** (*Preise*) to go down to sth; (*Geschwindigkeit*) to slow down to sth; **mit den Preisen ~** to lower one's prices **heruntergekommen** *adj* Haus dilapidated; Stadt run-down; Mensch down-at-heel **herunterhandeln** *v/t sep* (*infml*) Preis to beat down; **jdn** (**auf etw** *acc*) **~** to knock sb down (to sth) **herunterhauen** *v/t sep irr* (*infml*) **jdm eine ~** to slap sb on the side of the head **herunterholen** *v/t sep* to fetch down; (*infml*) *Flugzeug* to bring down **herunterklappen** *v/t sep* to turn down; *Sitz* to fold down **herunterkommen** *v/i sep irr aux sein* **1.** to come down; (*infml* ≈ *herunterkönnen*) to get down **2.** (*fig infml* ≈ *verfallen*) (*Stadt, Firma*) to go downhill; (*Wirtschaft*) to go to rack and ruin; (*gesundheitlich*) to become run-down **3.** (*fig infml* ≈ *wegkommen*) **vom Alkohol** ~ to kick the habit (*infml*) **herunterkriegen** *v/t sep* (*infml*) to get down; (≈ *abmachen können*) to get off **herunterladen** *v/t sep irr* IT to download (*auf* +*acc* onto) **herunterleiern** [hɛˈrʊntɐlaɪɐn] *v/t sep* (*infml*) to reel off **heruntermachen** *v/t sep* (*infml*) **1.** (≈ *schlechtmachen*) to run down **2.** (≈ *zurechtweisen*) to tell off **herunterputzen** *v/t sep* (*infml*) **jdn** ~ to give sb an earful (*infml*) **herunterreichen** *sep* **I** *v/t* to pass down **II** *v/i* to reach down **herunterschrauben** *v/t sep* (*fig*) *Ansprüche* to lower **heruntersehen** *v/i sep irr* to look down; **auf jdn** ~ (*fig*) to look down on sb **herunter sein** *v/i sep irr aux sein* (*infml*) to be down; **mit den Nerven** ~ (*infml*) to be at the end of one's tether (*Br*) *or* rope (*US*) **herunterspielen** *v/t sep* (*infml* ≈ *verharmlosen*) to play down **herunterwirtschaften** *v/t sep* (*infml*) to bring to the brink of ruin **herunterziehen** *sep irr v/t* (≈ *nach unter ziehen*) to pull down

hervor [hɛɐˈfoːɐ] *adv* **aus etw** ~ out of sth; **hinter dem Tisch** ~ out from behind the table **hervorbringen** *v/t sep irr* (≈ *entstehen lassen*) to produce; *Worte* to utter **hervorgehen** *v/i sep irr aux sein* **1.** (≈ *sich ergeben*) to follow; **daraus geht hervor, dass ...** from this it follows that ... **2. als Sieger** ~ to emerge victorious; **aus etw** ~ to come out of sth **hervorheben** *v/t sep irr* to emphasize **hervorholen** *v/t sep* to bring out **hervorragen** *v/i sep* **1.** (*Felsen, Stein etc*) to jut out **2.** (*fig* ≈ *sich auszeichnen*) to stand out **hervorragend I** *adj* (*fig* ≈ *ausgezeichnet*) excellent **II** *adv* very well; **etw** ~ **beschreiben** to give an excellent description of sth; ~ **schmecken** to taste exquisite **hervorrufen** *v/t sep irr* (≈ *bewirken*) to cause; *Bewunderung* to arouse; *Eindruck* to create **hervorstechen** *v/i sep irr aux sein* to stand out **hervortreten**

v/i sep irr aux sein **1.** (≈ *heraustreten*) to step out, to emerge; (*Backenknochen*) to protrude; (*Adern*) to bulge **2.** (≈ *sichtbar werden*) to stand out; (*fig*) to become evident **hervortun** *v/r sep irr* to distinguish oneself; (*infml* ≈ *sich wichtigtun*) to show off (*mit etw* sth)

herwagen *v/r sep* to dare to come **Herweg** *m*, *no pl* way here; **auf dem** ~ on the way here

Herz [hɛrts] *gen* **Herzens**, *pl* **Herzen** *nt* heart; (≈ *Spielkartenfarbe*) hearts *pl*; **sein** ~ **schlug höher** his heart leapt; **im** ~**en der Stadt** in the heart of the city; **im Grund meines** ~**ens** in the heart of hearts; **ein** ~ **und eine Seele sein** to be the best of friends; **mit ganzem** ~**en** wholeheartedly; **jdm von ganzem** ~**en danken** to thank sb with all one's heart; **ein gutes** ~ **haben** (*fig*) to have a good heart; **schweren** ~**ens** with a heavy heart; **aus tiefstem** ~**en** from the bottom of one's heart; **es liegt mir am** ~**en** I am very concerned about it; **dieser Hund ist mir ans** ~ **gewachsen** I have become attached to this dog; **ich lege es dir ans** ~**, das zu tun** I would ask you particularly to do that; **etw auf dem** ~**en haben** to have sth on one's mind; **jdn auf** ~ **und Nieren prüfen** to examine sb very thoroughly; **er hat sie in sein** ~ **geschlossen** he has grown fond of her; **ohne** ~ heartless; **es wurde ihr leichter ums** ~ she felt relieved; **von** ~**en** with all one's heart; **etw von** ~**en gern tun** to love doing sth; **jdn von** ~**en gernhaben** to love sb dearly; **sich** (*dat*) **etw vom** ~**en reden** to get sth off one's chest; **sich** (*dat*) **etw zu** ~**en nehmen** to take sth to heart; **alles, was das** ~ **begehrt** everything one's heart desires; **jds** ~ **brechen** to break sb's heart; **hast du denn (gar) kein** ~**?** how can you be so heartless? **Herzanfall** *m* heart attack **Herzass** *nt* ace of hearts **Herzbeschwerden** *pl* heart trouble *sg* **Herzchirurg(in)** *m*/(*f*) heart surgeon

herzeigen *v/t sep* to show; **zeig (mal) her!** let's see

Herzensbrecher *m* ⟨**-s, -**⟩, **Herzensbrecherin** [-ərɪn] *f* ⟨**-, -nen**⟩ (*fig infml*) heartbreaker **herzensgut** *adj* good--hearted **Herzenslust** *f* **nach** ~ to one's heart's content **Herzenswunsch** *m* dearest wish **herzerfrischend** *adj* refreshing **herzergreifend** *adj* heart-rending **herzerweichend** [-ɛɐvaiçnt] *adj* heart-rending **Herzfehler** *m* heart defect **Herzflattern** *nt* ⟨-*s, no pl*⟩ palpitations *pl* (of the heart) **Herzflimmern** *nt* ⟨-*s, no pl*⟩ heart flutter **herzförmig** *adj* heart-shaped **Herzgegend** *f, no pl* cardiac region **herzhaft** *adj* **1.** (≈ *kräftig*) hearty; *Geschmack* strong **2.** (≈ *nahrhaft*) *Essen* substantial

herziehen *sep irr* **I** *v/t* **jdn/etw hinter sich** (*dat*) **~** to pull sb/sth (along) behind one **II** *v/i aux sein* **1. vor jdm ~** to march along in front of sb **2.** *also aux haben* **über jdn/etw ~** (*infml*) to knock sb/sth (*infml*)

herzig [ˈhɛrtsɪç] *adj* sweet **Herzinfarkt** *m* heart attack **Herzkammer** *f* ventricle **Herzklappe** *f* cardiac valve **Herzklappenfehler** *m* valvular heart defect **Herzklopfen** *nt* ⟨-*s, no pl*⟩ **ich hatte/bekam ~** my heart was/started pounding; **mit ~** with a pounding heart **herzkrank** *adj* **~ sein/werden** to have/get a heart condition **Herzkranzgefäß** *nt usu pl* coronary (blood) vessel **Herz-Kreislauf-Erkrankung** *f* cardiovascular disease *or* condition **herzlich** [ˈhɛrtslɪç] **I** *adj* *Empfang etc* warm; *Bitte* sincere; **mit ~en Grüßen** kind regards; **~en Dank!** many thanks; **~es Beileid!** you have my sincere sympathy **II** *adv* (≈ *freundlich*) warmly; *sich bedanken* sincerely; **jdm ~ gratulieren** to congratulate and wish sb all the best; **~ schlecht** pretty awful; **~ wenig** precious little; **~ gern!** with the greatest of pleasure! **Herzlichkeit** *f* ⟨-, *no pl*⟩ (*von Empfang*) warmth **herzlos** *adj* heartless **Herzlosigkeit** *f* ⟨-, *no pl*⟩ heartlessness *no pl* **Herz-Lungen-Maschine** *f* heart-lung machine **Herzmassage** *f* heart massage **Herzmittel** *nt* cardiac drug

Herzog [ˈhɛrtsoːk] *m* ⟨-*s*, ⸚*e or (rare)* -*e* [ˈhɛrsøːɡə, -tsoːɡə]⟩ duke **Herzogin** [ˈhɛrtsoːɡɪn] *f* ⟨-, -*nen*⟩ duchess **Herzogtum** [ˈhɛrtsoːktuːm] *nt* ⟨-*s*, -*tümer* [-tyːmɐ]⟩ duchy

Herzoperation *f* heart operation **Herzrhythmus** *m* heart rhythm **Herzrhythmusstörung** *f* palpitations *pl* **Herzschlag** *m* **1.** (*einzelner*) heartbeat **2.** (≈ *Herzstillstand*) heart failure *no indef art, no pl* **Herzschrittmacher** *m* pacemaker **Herzschwäche** *f* a weak heart **Herzstillstand** *m* cardiac arrest **Herz-**

stück *nt* (*fig elev*) heart **Herzversagen** *nt* heart failure **herzzerreißend** **I** *adj* heartbreaking **II** *adv* **~ weinen** to weep distressingly

Hesse [ˈhɛsə] *m* ⟨-*n, -n*⟩, **Hessin** [ˈhɛsɪn] *f* ⟨-, -*nen*⟩ Hessian **Hessen** [ˈhɛsn] *nt* ⟨-*s*⟩ Hesse **hessisch** [ˈhɛsɪʃ] *adj* Hessian

Hete [ˈheːtə] *f* ⟨-, -*n*⟩ (*sl* ≈ *Heterosexuelle(r)*) hetero (*infml*); **er ist eine ~** he's straight (*infml*)

hetero [ˈheːtero, ˈhɛtero, heˈteːro] *adj pred* (*infml*) hetero (*infml*), straight (*infml*) **heterogen** [hetroˈɡeːn] *adj* (*elev*) heterogeneous **Heterosexualität** [hetero-] *f* heterosexuality **heterosexuell** [hetero-] *adj* heterosexual **Heterosexuelle(r)** [heterozeˈksuɛlə] *m*/*f(m) decl as adj* heterosexual

Hetz [hɛts] *f* ⟨-, (*rare*) -*en*⟩ (*Aus infml*) laugh (*infml*); **aus** *or* **zur ~** for a laugh **Hetze** [ˈhɛtsə] *f* ⟨-, -*n*⟩ **1.** *no pl* (≈ *Hast*) (mad) rush **2.** *no pl* (*pej* ≈ *Aufreizung*) rabble-rousing propaganda **hetzen** [ˈhɛtsn] **I** *v/t* **1.** (≈ *jagen*) to hound; **die Hunde auf jdn/etw ~** to set the dogs on (-to) sb/sth **2.** (*infml* ≈ *antreiben*) to rush **II** *v/i* **1.** (≈ *sich beeilen*) to rush; **hetz nicht so** don't be in such a rush **2.** (*pej* ≈ *Hass schüren*) to agitate; **gegen jdn/etw ~** to stir up hatred against sb/sth; → **gehetzt Hetzjagd** *f* (*lit, fig*) hounding (*auf +acc* of) **Hetzkampagne** *f* malicious campaign

Heu [hɔy] *nt* ⟨-(*e*)*s, no pl*⟩ hay

Heuchelei [hɔyçəˈlai] *f* ⟨-, -*en*⟩ hypocrisy **heucheln** [ˈhɔyçln] **I** *v/i* to be a hypocrite **II** *v/t Mitleid etc* to feign **Heuchler** [ˈhɔyçlɐ] *m* ⟨-*s*, -⟩, **Heuchlerin** [-ərɪn] *f* ⟨-, -*nen*⟩ hypocrite **heuchlerisch** [ˈhɔyçlərɪʃ] *adj* hypocritical

heuer [ˈhɔyɐ] *adv* (*S Ger, Aus, Swiss*) this year

Heuer [ˈhɔyɐ] *f* ⟨-, -*n*⟩ NAUT pay **heuern** [ˈhɔyɐn] *v/t* to hire

heulen [ˈhɔylən] *v/i* **1.** (*infml* ≈ *weinen*) to bawl (*infml*), to wail; (*vor Schmerz*) to scream; (*vor Wut*) to howl; **es ist einfach zum Heulen** it's enough to make you weep **2.** (*Motor*) to roar; (*Tiere*) to howl; (*Sirene*) to wail **Heulsuse** [ˈhɔylzuːzə] *f* ⟨-, -*n*⟩ crybaby (*infml*)

heurig [ˈhɔyrɪç] *adj attr* (*S Ger, Aus*) this year's **Heurige(r)** [ˈhɔyrɪɡə] *m decl as adj* (*esp Aus*) new wine

Heuschnupfen *m* hay fever **Heuschrecke** ['hɔyʃrɛkə] *f* ⟨-, -n⟩ grasshopper; (*in heißen Ländern*) locust

heute ['hɔytə] *adv* today; ~ **Morgen** this morning; ~ **Abend** this evening, tonight; **bis ~** (≈ *bisher*) to this day; ~ **in einer Woche** a week today, today week; ~ **vor acht Tagen** a week ago today; **die Zeitung von ~** today's paper; **von ~ auf morgen** overnight; **die Frau von ~** today's women; **die Jugend von ~** the young people of today **heutig** ['hɔytɪç] *adj attr* today's; (≈ *gegenwärtig*) contemporary; **am ~en Abend** this evening; **unser ~es Schreiben** COMM our letter of today('s date); **bis zum ~en Tage** to date, to this day **heutzutage** ['hɔyttsuːtaːgə] *adv* nowadays

Hexe ['hɛksə] *f* ⟨-, -n⟩ witch; (*infml* ≈ *altes Weib*) old hag **hexen** ['hɛksn] *v/i* to practise (*Br*) *or* practice (*US*) witchcraft; **ich kann doch nicht ~** (*infml*) I can't work miracles **Hexenjagd** *f* witch-hunt **Hexenkessel** *m* (*fig*) pandemonium *no art* **Hexenmeister** *m* sorcerer **Hexenprozess** *m* witch trial **Hexenschuss** *m* MED lumbago **Hexenverfolgung** *f* witch-hunt **Hexerei** [hɛksə'rai] *f* ⟨-, -en⟩ witchcraft *no pl*; (*von Zaubertricks*) magic *no pl*

Hibiskus [hi'bɪskʊs] *m* ⟨-, **Hibisken** [-kn]⟩ hibiscus

Hickhack ['hɪkhak] *m or nt* ⟨-**s**, -**s**⟩ squabbling *no pl*

Hieb [hiːp] *m* ⟨-(**e**)**s**, -**e** [-bə]⟩ **1.** blow; **auf einen ~** (*infml*) in one go **2. Hiebe** *pl* (*dated* ≈ *Prügel*) hiding **3.** (*fig*) dig, cutting remark **hiebfest** *adj* **hieb- und stichfest** (*fig*) watertight

hier [hiːɐ] *adv* (*räumlich*) here; **das Haus ~** this house; **dieser ~** this one (here); ~ **entlang** along here; ~ **oben/unten** up/down here; ~ **spricht Dr. Müller** TEL this is Dr Müller (speaking); **von ~ aus** from here; ~ **und da** (*zeitlich*) (every) now and then; **das steht mir bis ~** (*infml*) I've had it up to here (with it) (*infml*) **hieran** ['hiːʁan, hiːʁ'an, (*emph*) 'hiːʁan] *adv* **wenn ich ~ denke** when I think of *or* about this; ~ **erkenne ich es** I recognize it by this

Hierarchie [hierar'çiː] *f* ⟨-, -n [-'çiːən]⟩ hierarchy **hierarchisch** [hie'rarçɪʃ] **I** *adj* hierarchic(al) **II** *adv* hierarchically **hierauf** ['hiːʁ'rauf, hiːʁ'rauf, (*emph*) 'hiːʁrauf] *adv* on this; (≈ *daraufhin*) hereupon **hieraus** ['hiːʁ'raus, hiːʁ'raus, (*emph*) 'hiːʁraus] *adv* out of this, from here; ~ **folgt, dass ...** from this it follows that ... **hierbei** ['hiːʁ'bai, hiːʁ'bai, (*emph*) 'hiːʁbai] *adv* **1.** (*lit* ≈ *währenddessen*) during this **2.** (*fig*) (≈ *bei dieser Gelegenheit*) on this occasion; (≈ *in diesem Zusammenhang*) in this connection **hierbleiben** *v/i sep irr aux sein* to stay here **hierdurch** ['hiːʁ'dʊrç, hiːʁ'dʊrç, (*emph*) 'hiːʁdʊrç] *adv* **1.** (*lit*) through here **2.** (*fig*) through this **hierfür** ['hiːʁ'fyːɐ, hiːʁ'fyːɐ, (*emph*) 'hiːʁfyːɐ] *adv* for this **hierher** ['hiːʁ'heːɐ, hiːʁ'heːɐ, (*emph*) 'hiːʁheːɐ] *adv* here; (**komm**) ~**!** come here; **bis ~** (*örtlich*) up to here; (*zeitlich*) up to now **hierherbringen** *v/t sep irr* to bring (over) here **hierher gehören** *v/i* to belong here; (*fig* ≈ *relevant sein*) to be relevant **hierhin** ['hiːʁ'hɪn, hiːʁ'hɪn, (*emph*) 'hiːʁhɪn] *adv* here **hierin** ['hiːʁrɪn, hiːʁ'rɪn, (*emph*) 'hiːʁrɪn] *adv* in this **hierlassen** *v/t sep irr* to leave here **hiermit** ['hiːʁ'mɪt, hiːʁ'mɪt, (*emph*) 'hiːʁmɪt] *adv* with this; ~ **erkläre ich ...** (*form*) I hereby declare ... (*form*); ~ **wird bescheinigt, dass ...** this is to certify that ...

Hieroglyphe [hiero'glyːfə] *f* ⟨-, -n⟩ hieroglyphic

Hiersein *nt* **während meines ~s** during my stay **hierüber** ['hiːʁ'ryːbɐ, hiːʁ'ryːbɐ, (*emph*) 'hiːʁryːbɐ] *adv* **1.** (*lit*) over this *or* here **2.** (*fig*) about this; ~ **ärgere ich mich** this makes me angry **hierum** ['hiːʁ'rʊm, hiːʁ'rʊm, (*emph*) 'hiːʁrʊm] *adv* **1.** (*lit*) (a)round this *or* here **2.** (*fig*) about this **hierunter** ['hiːʁ'rʊntɐ, hiːʁ'rʊntɐ, (*emph*) 'hiːʁrʊntɐ] *adv* **1.** (*lit*) under this *or* here **2.** (*fig*) by this *or* that; ~ **fallen auch die Sonntage** this includes Sundays **hiervon** ['hiːʁ'fɔn, hiːʁ'fɔn, (*emph*) 'hiːʁfɔn] *adv* (*lit*) from this; ~ **habe ich nichts gewusst** I knew nothing about this; ~ **abgesehen** apart from this **hierzu** ['hiːʁ'tsuː, hiːʁ'tsuː, (*emph*) 'hiːʁtsuː] *adv* **1.** (≈ *dafür*) for this **2.** (≈ *außerdem*) in addition to this; (≈ *zu diesem Punkt*) about this **hierzulande** ['hiːʁtsulandə] *adv* in these parts **hiesig** ['hiːzɪç] *adj attr* local; **meine ~en Verwandten** my relatives here **hieven** ['hiːfn, 'hiːvn] *v/t* to heave **Hi-Fi-Anlage** ['haifi-] *f* hi-fi system high [haɪ] *adj pred* (*infml*) high (*infml*) **Highlife** ['haɪlaɪf] *nt* ⟨**-s**, *no pl*⟩ High Life *nt* ⟨**-s**, *no pl*⟩ high life; **Highlife machen** (*infml*) to live it up (*infml*) **Highlight** ['haɪlaɪt] *nt* ⟨**-s**, **-s**⟩ highlight **highlighten** ['haɪlaɪtn] *v/t insep* ɪᴛ *Textpassagen etc* to highlight **High Society** ['haɪsoˈsaɪɪtɪ] *f* ⟨-, *no pl*⟩ high society **Hightech** [haɪˈtɛk] *nt* ⟨-, *no pl*⟩ high tech **Hightechindustrie** *f* high-tech industry **Hilfe** ['hɪlfə] *f* ⟨-, **-n**, *no pl*⟩ help; (*finanzielle*) aid, assistance; (*für Notleidende*) relief; **um ~ rufen** to call for help; **jdm zu ~ kommen** to come to sb's aid; **jdm ~ leisten** to help sb; **~ suchend** *Mensch* seeking help; *Blick* imploring; **ohne ~** (≈ *selbstständig*) unaided; **etw zu ~ nehmen** to use sth; **mit ~ = mithilfe Hilfefunktion** *f* ɪᴛ help function **Hilfeleistung** *f* assistance **Hilferuf** *m* call for help **Hilfestellung** *f* support **Hilfetaste** *f* ɪᴛ help key **hilflos I** *adj* helpless **II** *adv* helplessly **Hilflosigkeit** *f* ⟨-, *no pl*⟩ helplessness **hilfreich** *adj* helpful, useful **Hilfsaktion** *f* relief action **Hilfsarbeiter(in)** *m/(f)* labourer (*Br*), laborer (*US*); (*in Fabrik*) unskilled worker **hilfsbedürftig** *adj* in need of help; (≈ *Not leidend*) needy, in need *pred* **hilfsbereit** *adj* helpful, ready to help *pred* **Hilfsbereitschaft** *f* helpfulness, readiness to help **Hilfsdienst** *m* emergency service; (*bei Katastrophenfall*) (emergency) relief service **Hilfsfonds** *m* relief fund **Hilfskraft** *f* assistant; (≈ *Aushilfe*) temporary worker; **wissenschaftliche ~** research assistant **Hilfsmittel** *nt* aid **Hilfsorganisation** *f* relief organization **Hilfsprogramm** *nt* **1.** (*zur Hungerhilfe etc*) relief programme (*Br*) *or* program (*US*) **2.** ɪᴛ utility program **Hilfssheriff** [-ʃɛrɪf] *m* ⟨**-s**, **-s**⟩ deputy sheriff **Hilfsverb** *nt* auxiliary *or* helping (*US*) verb **Hilfswerk** *nt* relief organization

Himalaja [hi'ma:laja, hima'la:ja] *m* ⟨**-(s)**⟩ **der ~** the Himalayas *pl*

Himbeere ['hɪmbeːrə] *f* raspberry **Himbeergeist** *m*, *no pl* (white) raspberry brandy **Himbeersaft** *m* raspberry juice

Himmel ['hɪml] *m* ⟨**-s**,⟩ (*poet*) ⟨**-**⟩ **1.** sky; **am ~** in the sky; **jdn/etw in den ~ loben** to praise sb/sth to the skies **2.** (ʀᴇʟ ≈ *Himmelreich*) heaven; **im ~** in heaven; **in den ~ kommen** to go to heaven; **der ~ auf Erden** heaven on earth;

(*das*) **weiß der ~!** (*infml*) God (only) knows; **das schreit zum ~** it's a scandal; **es stinkt zum ~** (*infml*) it stinks to high heaven (*infml*); (**ach**) **du lieber ~!** (*infml*) good Heavens!; **um(s) ~s willen** (*infml*) for Heaven's sake (*infml*) **Himmelbett** *nt* four-poster (bed) **himmelblau** *adj* sky-blue **Himmelfahrt** *f* **1.** ʀᴇʟ **Christi ~** the Ascension of Christ; **Mariä ~** the Assumption of the Virgin Mary **2.** (*no art* ≈ *Feiertag*) Ascension Day **Himmelfahrtskommando** *nt* (ᴍɪʟ *infml*) suicide squad *or* (*Unternehmung*) mission **Himmelreich** *nt*, *no pl* ʀᴇʟ Kingdom of Heaven **himmelschreiend** *adj Unrecht* scandalous; *Verhältnisse* appalling **Himmelskörper** *m* heavenly body **Himmelsrichtung** *f* direction; **die vier ~en** the four points of the compass **himmelweit** (*fig infml*) **I** *adj* **ein ~er Unterschied** a world of difference **II** *adv* **~ voneinander entfernt** (*fig*) poles apart **himmlisch** ['hɪmlɪʃ] **I** *adj* heavenly **II** *adv schmecken* heavenly; *bequem* wonderfully; **~ schön** just heavenly

hin [hɪn] *adv* **1.** (*räumlich*) **bis zum Haus ~ up** to the house; **geh doch ~ zu ihr!** go to her; **nach außen ~** (*fig*) outwardly; **bis zu diesem Punkt ~** up to this point **2.** **~ und her** to and fro; (≈ *hin und zurück*) there and back; **etw ~ und her überlegen** to weigh sth up; **nach langem Hin und Her** eventually; **~ und zurück** there and back; **einmal London ~ und zurück** a return *or* round trip ticket (*esp US*) to London; **~ und wieder** (every) now and then **3.** (*zeitlich*) **noch weit ~** a long way off; **über die Jahre ~** over the years **4.** (*fig*) **auf meine Bitte ~** at my request; **auf meinen Anruf ~** on account of my phone call; **auf seinen Rat ~** on his advice; **etw auf etw** (*acc*) **~ prüfen** to check sth for sth; → **hin sein**

hinab [hɪ'nap] *adv*, *pref* = **hinunter**

hinarbeiten *v/i sep* **auf etw** (*acc*) **~ auf ein Ziel** to work toward(s) sth

hinauf [hɪ'nauf] *adv* up; **den Berg ~** up the mountain **hinaufarbeiten** *v/r sep* to work one's way up **hinaufblicken** *v/i sep* to look up **hinaufbringen** *v/t sep irr* to take up **hinaufgehen** *v/i sep irr aux sein* to go up **hinaufsteigen** *v/i sep irr aux sein* to climb up

hinaus [hɪ'naus] *adv* **1.** (*räumlich*) out; **~** (**mit dir**)! (get) out!; **aus dem** *or* **zum**

Fenster ~ out of the window **2.** (*zeitlich*) ***auf Jahre*** ~ for years to come **3.** (*fig*) ***über*** (+*acc*) ~ over and above; ***darüber*** ~ over and above this; → ***hinaus sein*** **hinausbegleiten** *past part* **hinausbegleitet** *v/t sep* to see out (*aus of*) **hinausfliegen** *sep irr v/i aux sein* (*aus of*) **1.** (≈ *fortfliegen*) to fly out **2.** (*infml* ≈ *hinausgeworfen werden*) to get kicked out (*infml*) **hinausgehen** *sep irr aux sein v/i* **1.** (≈ *nach draußen gehen*) to go out(side) **2.** ***auf etw*** (*acc*) ~ (*Tür, Zimmer*) to open onto sth **3.** (*fig* ≈ *überschreiten*) ***über etw*** (*acc*) ~ to go beyond sth; ***über seine Befugnisse*** ~ to overstep one's authority **hinauslaufen** *v/i sep irr aux sein* (*aus of*) **1.** (*lit*) to run out **2.** (*fig*) ***auf etw*** (*acc*) ~ to amount to sth; ***es läuft auf dasselbe hinaus*** it comes to the same thing **hinauslehnen** *v/r sep* to lean out (*aus of*); ***sich zum Fenster*** ~ to lean out of the window **hinausschmeißen** *v/t sep irr* (*infml*) to kick out (*infml*) (*aus of*) **hinaus sein** *v/i irr aux sein* (*fig*) ***über etw*** (*acc*) ~ to be past sth **hinaussteigen** *v/i sep irr aux sein* to climb out (*aus of*) **hinausstürmen** *v/i sep aux sein* to storm out (*aus of*) **hinausstürzen** *sep* (*aus of*) *v/i aux sein* (≈ *hinauseilen*) to rush out **hinauswachsen** *v/i sep irr aux sein* ***über etw*** (*acc*) ~ (*fig*) to outgrow sth; ***er wuchs über sich selbst hinaus*** he surpassed himself **hinauswagen** *v/r sep* to venture out (*aus of*) **hinauswerfen** *v/t sep irr* (*infml*) (≈ *entfernen*) to chuck out (*infml*) (*aus of*); ***das ist hinausgeworfenes Geld*** it's money down the drain **hinauswollen** *v/i sep* to want to go *or* get out (*aus of*); ***worauf willst du hinaus?*** (*fig*) what are you getting at?; ***hoch*** ~ to aim high **hinauszögern** *sep* **I** *v/t* to delay **II** *v/r* to be delayed **hinbekommen** *past part* **hinbekommen** *v/t sep irr* (*infml*) = **hinkriegen hinbiegen** *v/t sep irr* (*fig infml*) (≈ *in Ordnung bringen*) to arrange; (≈ *deichseln*) to wangle (*infml*); ***das werden wir schon*** ~ we'll sort it out somehow **Hinblick** *m* **im** ~ **auf** (+*acc*) (≈ *angesichts*) in view of; (≈ *mit Bezug auf*) with regard to **hinbringen** *v/t sep irr* **1.** *jdn, etw* to take there **2.** = **hinkriegen hindenken** *v/i sep irr* **wo denkst du hin?** whatever are you thinking of!

hinderlich ['hɪndəlɪç] *adj* ~ **sein** to be in

the way; ***einer Sache*** (*dat*) ~ **sein** to be a hindrance to sth **hindern** ['hɪndɐn] *v/t* **1.** *Fortschritte* to impede; *jdn* to hinder (*bei* in) **2.** (≈ *abhalten von*) to prevent (*an* +*dat* from), to stop **II** *v/i* (≈ *stören*) to be a hindrance (*bei* to) **Hindernis** ['hɪndɛnɪs] *nt* ⟨**-ses, -se**⟩ **1.** obstacle; (≈ *Behinderung*) hindrance; ***eine Reise mit*** ~**sen** a journey full of hitches **2.** (SPORTS ≈ *Hürde*) hurdle **Hindernislauf** *m* ATHLETICS, **Hindernisrennen** *nt* steeplechase **Hinderung** *f* ⟨**-, -en**⟩ **1.** (≈ *Behinderung*) hindrance **2.** (≈ *Störung*) obstruction **Hinderungsgrund** *m* obstacle **hindeuten** *v/i sep* to point (*auf* +*acc, zu* at)

Hindu ['hɪndu] *m* ⟨**-(s), -(s)**⟩ Hindu **Hinduismus** [hɪndu'ɪsmʊs] *m* ⟨**-, no pl**⟩ Hinduism **hinduistisch** [hɪndu'ɪstɪʃ] *adj* Hindu

hindurch [hɪn'dʊrç] *adv* through; ***dort*** ~ through there; ***mitten*** ~ straight through; ***das ganze Jahr*** ~ throughout the year; ***den ganzen Tag*** ~ all day (long)

hinein [hɪ'naɪn] *adv* in; ***da*** ~ in there; ***in etw*** (*acc*) ~ into sth; ***bis tief in die Nacht*** ~ far into the night **hineinbekommen** *past part* **hineinbekommen** *v/t sep irr* (*infml*) to get in (*in* +*acc* -to) **hineindenken** *v/r sep irr* ***sich in jdn*** ~ to put oneself in sb's position **hineingehen** *v/i sep irr aux sein* (≈ *hineinpassen*) to go in (*in* +*acc* -to); ***in den Bus gehen 50 Leute hinein*** the bus holds 50 people **hineingeraten** *past part* **hineingeraten** *v/i sep irr aux sein* **in etw** (*acc*) ~ to get into sth **hineingucken** *v/i sep* (*infml*) to look in (*in* +*acc* -to) **hineinklettern** *v/i sep aux sein* to climb in (*in* +*acc* -to) **hineinknien** *v/r sep* (*fig infml*) ***sich in etw*** (*acc*) ~ to get into sth (*infml*) **hineinkriegen** *v/t sep* (*infml*) to get in (*in* +*acc* -to) **hineinpassen** *v/i sep* **in etw** (*acc*) ~ to fit into sth; (*fig*) to fit in with sth **hineinplatzen** *v/i sep aux sein* (*fig infml*) to burst in (*in* +*acc* -to) **hineinreden** *v/i sep* (*lit* ≈ *unterbrechen*) to interrupt (*jdm* sb); ***jdm in seine Angelegenheiten*** ~ to meddle in sb's affairs **hineinregnen** *v/i impers sep* **es regnet** (**ins Zimmer**) **hinein** (the) rain is coming in(to) the room **hineinspielen** *v/i sep* (≈ *beeinflussen*) to have a part to play (*in* +*acc* in) **hineinstecken** *v/t sep* to put in (*in* +*acc* -to);

Geld/Arbeit etc *in etw* (acc) ~ to put money/some work etc into sth **hineinsteigern** v/r sep to get worked up; *sich in seine Wut* ~ to work oneself up into a rage **hineinströmen** v/i sep aux sein to flood in (*in* +acc -to) **hineinstürzen** sep **I** v/i aux sein to plunge in (*in* +acc -to); (≈ *hineineilen*) to rush in (*in* +acc -to) **II** v/r *sich in die Arbeit* ~ to throw oneself into one's work **hineinversetzen** past part **hineinversetzt** v/r sep *sich in jdn* or *in jds Lage* ~ to put oneself in sb's position **hineinziehen** sep irr v/t to pull in (*in* +acc -to); *jdn in einen Streit* ~ to drag sb into a quarrel

hinfahren sep irr **I** v/i aux sein to go there **II** v/t to drive there **Hinfahrt** f journey there; RAIL outward journey **hinfallen** v/i sep irr aux sein to fall (down) **hinfällig** adj **1.** *Mensch* frail **2.** (fig ≈ *ungültig*) invalid **hinfinden** v/i sep irr (infml) to find one's way there **hinfliegen** v/i sep irr aux sein to fly there **Hinflug** m outward flight **hinführen** sep **I** v/t *jdn zu etw* ~ (fig) to lead sb to sth **II** v/i to lead there; *wo soll das* ~? (fig) where is this leading to?

Hingabe f, no pl (fig) (≈ *Begeisterung*) dedication; (≈ *Selbstlosigkeit*) devotion; *mit* ~ *singen* to sing with abandon **hingeben** sep irr **I** v/t to give up; *Leben* to sacrifice **II** v/r *sich einer Sache* (dat) ~ *der Arbeit* to devote oneself to sth; *dem Laster, der Verzweiflung* to abandon oneself to sth; *sich einer Illusion* ~ to labour (Br) or labor (US) under an illusion **hingebungsvoll I** adj (≈ *selbstlos*) devoted; (≈ *begeistert*) abandoned **II** adv (≈ *selbstlos*) devotedly; (≈ *begeistert*) with abandon; *lauschen* raptly

hingegen [hɪnˈgeːgn] cj (elev) however **hingehen** v/i sep irr aux sein **1.** (≈ *dorthin gehen*) to go (there); *wo gehst du hin?* where are you going?; *wo geht es hin?* where does this go? **2.** (*Zeit*) to pass **3.** (fig ≈ *tragbar sein*) *das geht gerade noch hin* that will just about do **hingehören** past part **hingehört** v/i sep to belong; *wo gehört das hin?* where does this belong? **hingerissen I** adj enraptured; *hin- und hergerissen sein* to be torn (*zwischen* between) **II** adv with rapt attention; → **hinreißen Hingucker** [-gʊkɐ] m ⟨**-s, -**⟩ (infml) (≈ *Mensch*) looker (infml); (≈ *Sache*) eye-catcher

(infml) **hinhalten** v/t sep irr **1.** (≈ *entgegenstrecken*) to hold out (*jdm* to sb) **2.** (fig) jdn to put off **Hinhaltetaktik** f delaying tactics pl **hinhauen** sep irr (infml) **I** v/t **1.** (≈ *nachlässig machen*) to knock off (infml) **2.** (≈ *hinwerfen*) to slam down **II** v/i **1.** (≈ *zuschlagen*) to hit hard **2.** (≈ *gut gehen*) *es hat hingehauen* I/we etc just managed it; *das wird schon* ~ it will be OK (infml) **3.** (≈ *klappen*) to work **III** v/r (infml ≈ *sich schlafen legen*) to crash out (infml) **hinhören** v/i sep to listen

hinken [ˈhɪŋkn] v/i **1.** to limp **2.** (fig) (*Beispiel*) to be inappropriate; (*Vergleich*) to be misleading

hinknien v/i & v/r sep to kneel (down) **hinkommen** v/i sep irr aux sein **1.** (≈ *an einen Ort hinkommen*) (*da*) ~ to get there; *wie komme ich zu dir hin?* how do I get to your place? **2.** (≈ *an bestimmten Platz gehören*) to go; *wo kämen wir denn hin, wenn ...* (infml) where would we be if ... **3.** (infml ≈ *auskommen*) to manage; *wir kommen* (*damit*) *hin* we will manage **4.** (infml ≈ *stimmen*) to be right **hinkriegen** v/t sep (infml ≈ *fertigbringen*) to manage; *das hast du gut hingekriegt* you've made a nice job of it **hinlangen** v/i sep (infml ≈ *zupacken*) to grab him/her/it etc; (≈ *zuschlagen*) to take a (good) swipe (infml); (≈ *sich bedienen*) to help oneself to a lot **hinlänglich** [ˈhɪnlɛŋlɪç] **I** adj (≈ *ausreichend*) adequate **II** adv (≈ *ausreichend*) adequately; (≈ *zu Genüge*) sufficiently **hinlegen** sep **I** v/t **1.** (≈ *hintun*) to put down; *Zettel* to leave (*jdm* for sb); (infml ≈ *bezahlen müssen*) to fork out (infml) **2.** (infml ≈ *glänzend darbieten*) to perform **II** v/r to lie down **hinnehmen** v/t sep irr (≈ *ertragen*) to take; *Beleidigung* to swallow; *etw als selbstverständlich* ~ to take sth for granted **hinreichend I** adj (≈ *ausreichend*) adequate; (≈ *genug*) sufficient; (≈ *reichlich*) ample; *keine* ~*en Beweise* insufficient evidence **II** adv informieren adequately **Hinreise** f outward journey **hinreißen** v/t sep irr (fig) **1.** (≈ *begeistern*) to thrill; → **hingerissen 2.** (≈ *überwältigen*) jdn *zu etw* ~ to force sb into sth; *sich* ~ *lassen* to let oneself be carried away **hinreißend** adj fantastic; *Anblick* enchanting; *Schönheit* captivating **hinrichten**

v/t sep to execute **Hinrichtung***f* execution **hinschauen***v/i sep (dial)* = **hinsehen hinschmeißen***v/t sep irr (infml)* (≈ *hinwerfen*) to fling down *(infml)*; *(fig* ≈ *aufgeben) Arbeit etc* to chuck in *(infml)* **hinschreiben** *sep irr v/t* to write; (≈ *flüchtig niederschreiben*) to scribble down *(infml)* **hinsehen** *v/i sep irr* to look; **bei genauerem Hinsehen** on looking more carefully **hin sein** *v/i irr aux sein (infml)* **1.** (≈ *kaputt sein*) to have had it **2.** (≈ *erschöpft sein*) to be exhausted **3.** (≈ *verloren sein*) to be lost **4.** (≈ *begeistert sein*) **(von etw) hin (und weg) sein** to be mad about sth **hinsetzen** *sep* **I** *v/t* to put *or* set down; *Kind* to sit down **II** *v/r (lit)* to sit down **Hinsicht***f, no pl* **in dieser ~** in this respect; **in gewisser ~** in some respects; **in finanzieller ~** financially **hinsichtlich** ['hɪnzɪçtlɪç] *prep +gen* (≈ *bezüglich*) with regard to; (≈ *in Anbetracht*) in view of

Hinspiel*nt* SPORTS first leg **hinstellen***sep* **I** *v/t* **1.** (≈ *niederstellen*) to put down; *(an bestimmte Stelle)* to put **2.** (≈ *auslegen*) **jdn/etw als jdn/etw ~** (≈ *bezeichnen*) to make sb/sth out to be sb/sth **II** *v/r (Fahrer)* to park; **sich vor jdn** *or* **jdm ~** to stand in front of sb **hintanstellen** [hɪnt'|an-] *v/t sep* (≈ *zurückstellen*) to put last; (≈ *vernachlässigen*) to neglect **hinten**['hɪntn] *adv* **1.** behind; **von ~** from the back; **~ im Buch** at the back of the book; **sich ~ anstellen** to join the end of the queue *(Br) or* line *(US)*; **von ~ anfangen** to begin from the end; **~ im Auto/Bus** in the back of the car/bus; **ein Blick nach ~** a look behind; **nach ~** to the back; *fallen, ziehen* backwards; **das Auto da ~** the car back there **2.** *(fig)* **~ und vorn** *betrügen* left, right and centre *(Br) or* center *(US)*; **das stimmt ~ und vorn nicht** that is absolutely untrue; **das reicht ~ und vorn nicht** that's nowhere near enough **hintenherum** ['hɪntnhɛ'rʊm] *adv* (≈ *von der hinteren Seite*) from the back; (≈ *auf Umwegen*) in a roundabout way; (≈ *illegal*) under the counter **hinter**['hɪntɐ] *prep +dat or (mit Bewegungsverben) +acc* **1.** *(räumlich)* behind; **~ jdm/etw her** behind sb/sth; **~ etw** *(acc)* **kommen** *(fig* ≈ *herausfinden)* to get to

the bottom of sth; **sich ~ jdn stellen** *(lit)* to stand behind sb; *(fig)* to support sb; **jdn weit ~ sich** *(fig)* to leave sb far behind **2.** *(+dat* ≈ *nach)* after; **vier Kilometer ~ der Grenze** four kilometres *(Br) or* kilometers *(US)* beyond the border **3.** **etw ~ sich** *(dat)* **haben** (≈ *überstanden haben*) to have got sth over (and done) with; *Krankheit, Zeit* to have been through sth; **sie hat viel ~ sich** she has been through a lot; **das Schlimmste haben wir ~ uns** we are over the worst; **etw ~ sich** *(acc)* **bringen** to get sth over (and done) with; **das Schlimmste haben wir ~ uns** we are over the worst **Hinterachse***f* rear axle **Hinterausgang** *m* back exit **Hinterbänkler**[-bɛŋklɐ] *m* ⟨**-s, -**⟩, **Hinterbänklerin** [-ərɪn] *f* ⟨**-, -nen**⟩ (POL *pej*) backbencher **Hinterbein** *nt* hind leg; **sich auf die ~e stellen** *or* **setzen** *(fig infml* ≈ *sich anstrengen)* to pull one's socks up *(infml)* **Hinterbliebene(r)** [hɪntɐ-'bliːbə(ə)nə] *m/f(m) decl as adj* surviving dependent; **die ~n** the bereaved family **hintereinander** [hɪntɐ|ai'nandɐ] *adv (räumlich)* one behind the other; (≈ *in Reihenfolge*) one after the other; **~ hereinkommen** to come in one by one; **zwei Tage ~** two days running; **dreimal ~** three times in a row **Hintereingang***m* rear entrance **hintere(r, s)**['hɪntərə] *adj* back; *(von Gebäude auch)* rear; **die Hinteren** those at the back; **am ~n Ende** at the far end **hinterfragen** *past part* **hinterfragt** *v/t insep* to question **Hintergedanke** *m* ulterior motive **hintergehen** *past part* **hintergangen** *v/t insep irr* to deceive **Hintergrund** *m* background; **im ~** in the background; **im ~ bleiben/stehen** to stay/be in the background; **in den ~ treten** *(fig)* to be pushed into the background **hintergründig** ['hɪntɐɡrʏndɪç] *adj* cryptic **Hintergrundinformation***f usu pl* background information *no pl (über +acc* about, on) **Hintergrundprogramm** *nt* IT background program **Hinterhalt***m* ambush; **jdn aus dem ~ überfallen** to ambush sb; **im ~ lauern** *or* **liegen** to lie in wait *or (esp* MIL) ambush **hinterhältig**['hɪntɐhɛltɪç] **I** *adj* devious **II** *adv* in an underhand way, deviously **hinterher** [hɪntɐ'heːɐ, 'hɪntɐheːɐ] *adv (räumlich)* behind; *(zeitlich)* afterwards **hinterherfahren** *v/i sep irr aux sein* to drive behind *(jdm sb)* **hinterherlaufen** *v/i sep irr* *aux sein* to run behind (*jdm* sb); **jdm ~** (*fig infml*) to run after sb**hinterher sein** *v/i irr aux sein* (*infml*) (*lit ≈ verfolgen*) to be after (*jdm* sb); **~, dass ...** to see to it that ... **Hinterhof** *m* back yard **Hinterkopf** *m* back of one's head; **etw im ~ haben** (*infml*) to have sth in the back of one's mind **Hinterland** *nt* hinterland **hinterlassen** *past part* **hinterlassen** *v/t insep irr* to leave **Hinterlassenschaft** [hɪntɐˈlasnʃaft] *f* ⟨-, -en⟩ estate; (*fig*) legacy **hinterlegen** *past part* **hinterlegt** *v/t insep* **1.** (*≈ verwahren lassen*) to deposit **2.** (*≈ als Pfand hinterlegen*) to leave **Hinterlegung** [hɪntɐˈleːɡʊŋ] *f* ⟨-, -en⟩ deposit **Hinterlist** *f* **1.** (*≈ Tücke*) craftiness **2.** (*≈ Trick, List*) ruse **hinterlistig** **I** *adj* (*≈ tückisch*) crafty; (*≈ betrügerisch*) deceitful **II** *adv* (*≈ tückisch*) cunningly; (*≈ betrügerisch*) deceitfully **Hintermann** *m*, *pl* **-männer** person behind; (*≈ Auto*) car behind; **die Hintermänner des Skandals** the men behind the scandal **Hintern** [ˈhɪntɐn] *m* ⟨-s, -⟩ (*infml*) backside (*infml*); **sich auf den ~ setzen** (*≈ eifrig arbeiten*) to buckle down to work; **jdm in den ~ kriechen** to suck up to sb **Hinterrad** *nt* rear wheel **Hinterradantrieb** *m* rear wheel drive **hinterrücks** [ˈhɪntɐryks] *adv* from behind; (*fig ≈ heimtückisch*) behind sb's back **Hinterseite** *f* back **hinterste(r, s)** [ˈhɪntəstə] *adj* very back; (*≈ entlegenste*) remotest; **die Hintersten** those at the very back; **das ~ Ende** the very end *or* (*von Saal*) back **Hinterteil** *nt* (*infml*) backside (*infml*) **Hintertreffen** *nt* **im ~ sein** to be at a disadvantage; **ins ~ geraten** to fall behind **hintertreiben** *past part* **hintertrieben** *v/t insep irr* (*fig*) to foil; *Gesetz* to block **Hintertreppe** *f* back stairs *pl* **Hintertür** *f* back door; (*fig infml ≈ Ausweg*) loophole; **durch die ~** (*fig*) through the back door **hinterziehen** *past part* **hinterzogen** *v/t insep irr Steuern* to evade **Hinterziehung** *f* (*von Steuern*) evasion **Hinterzimmer** *nt* back room

hintreten *v/i sep irr aux sein* **vor jdn ~** to go up to sb **hintun** *v/t sep irr* (*infml*) to put; **ich weiß nicht, wo ich ihn ~ soll** (*fig*) I can't (quite) place him

hinüber [hɪˈnyːbɐ] *adv* over; (*über Grenze, Fluss auch*) across; **quer ~** right across; → **hinüber sein hinüberführen**

sep v/i (*≈ verlaufen: Straße, Brücke*) to go across (*über etw* (*acc*) sth) **hinübergehen** *v/i sep irr aux sein* to go across; (*zu jdm*) to go over (*über etw* (*acc*) sth) **hinüberretten** *sep v/t* to bring to safety; (*fig*) *Tradition* to keep alive **hinüber sein** *v/i irr aux sein* (*infml ≈ verdorben sein*) to be off; (*≈ kaputt, tot sein*) to have had it (*infml*); (*≈ ruiniert sein*) to be done for (*infml*) **hinüberwechseln** *v/i sep aux haben or sein* to change over (*zu, in* +*acc* to)

Hin- und Rückfahrt *f* return journey **Hin- und Rückflug** *m* return flight **Hin- und Rückweg** *m* round trip

hinunter [hɪˈnʊntɐ] *adv* down; **ins Tal ~** down into the valley **hinunterfließen** *v/i sep irr aux sein* to flow down **hinuntergehen** *v/i sep irr aux sein* to go down **hinunterschlucken** *v/t sep* to swallow (down) **hinunterstürzen** *sep* **I** *v/i aux sein* **1.** (*≈ hinunterfallen*) to tumble down **2.** (*≈ eilig hinunterlaufen*) to rush down **II** *v/t aux sein* to throw down **III** *v/r* to throw oneself down **hinunterwerfen** *v/t sep irr* to throw down

hinweg [hɪnˈvɛk] *adv* **1.** **über jdn/etw ~** over sb *or* sb's head/sth **2.** (*zeitlich*) **über eine Zeit ~** over a period of time **Hinweg** *m* way there; **auf dem ~** on the way there

hinweggehen *v/i sep irr aux sein* **über etw** (*acc*) **~** to pass over sth **hinwegkommen** *v/i sep irr aux sein* (*fig*) **über etw** (*acc*) **~** (*≈ verwinden*) to get over sth **hinwegsehen** *v/i sep irr* **über jdn/etw/~** (*lit*) to see over sb *or* sb's head/sth; (*fig*) (*≈ ignorieren*) to ignore sb/sth; (*≈ unbeachtet lassen*) to overlook sb/sth **hinwegsetzen** *v/r sep* (*fig*) **sich über etw** (*acc*) **~** (*≈ nicht beachten*) to disregard sth; (*≈ überwinden*) to overcome sth **hinwegtäuschen** *v/t sep* **jdn über etw** (*acc*) **~** to mislead sb about sth; **darüber ~, dass ...** to hide the fact that ...

Hinweis [ˈhɪnvais] *m* ⟨-es, -e [-zə]⟩ **1.** (*≈ Rat*) piece of advice; (*≈ Bemerkung*) comment; (*amtlich*) notice; **~e für den Benutzer** notes for the user **2.** (*≈ Anhaltspunkt*) indication; (*esp von Polizei*) clue **hinweisen** *sep irr* **I** *v/t* **jdn auf etw** (*acc*) **~** to point sth out to sb **II** *v/i* **auf jdn/etw ~** to point to sb/sth; (*≈ verweisen*) to refer to sb/sth; **darauf ~, dass ...** to point out that ... **Hinweisschild** *nt*, *pl* **-schil-**

der sign
hinwerfen *sep irr v/t* **1.** to throw down; (≈ *fallen lassen*) to drop; ***jdm etw ~*** to throw sth to sb; ***eine hingeworfene Bemerkung*** a casual remark **2.** (*infml* ≈ *aufgeben*) *Arbeit* to give up **hinwirken** *v/i sep* ***auf etw*** (*acc*) **~** to work toward(s) sth **hinwollen** *v/i sep* (*infml*) to want to go **hinziehen** *sep irr* **I** *v/t* **1.** (≈ *zu sich ziehen*) to draw (*zu* towards) **2.** (*fig* ≈ *in die Länge ziehen*) to draw out **II** *v/i aux sein* to move (*über +acc* across, *zu* towards) **III** *v/r* **1.** (≈ *lange dauern*) to drag on; (≈ *sich verzögern*) to be delayed **2.** (≈ *sich erstrecken*) to stretch **hinzielen** *v/i sep* ***auf etw*** (*acc*) **~** to aim at sth; (*Pläne etc*) to be aimed at sth
hinzu [hɪn'tsuː] *adv* ***~ kommt noch, dass ich ...*** moreover I ... **hinzufügen** *v/t sep* to add (*+dat* to); (≈ *beilegen*) to enclose **hinzukommen** *v/i sep irr aux sein* ***zu etw ~*** to be added to sth; ***es kommt noch hinzu, dass ...*** there is also the fact that ... **hinzutun** *v/t sep irr* (*infml*) to add **hinzuzählen** *v/t sep* to add **hinzuziehen** *v/t sep irr* to consult
Hiobsbotschaft *f* bad tidings *pl*
Hippie ['hɪpi] *m* ⟨**-s, -s**⟩ hippie
Hipsters ['hɪpstɐs] *pl* (≈ *Hüfthose*) hipsters *pl*, hiphuggers *pl* (*US*)
Hirn [hɪrn] *nt* ⟨**-(e)s, -e**⟩ **1.** ANAT brain **2.** (*infml*) (≈ *Kopf*) head; (≈ *Verstand*) brains *pl*, mind; ***sich*** (*dat*) ***das ~ zermartern*** to rack one's brain(s) **3.** COOK brains *pl* **Hirngespinst** [-gəʃpɪnst] *nt* ⟨**-(e)s, -e**⟩ fantasy **Hirnhaut** *f* ANAT meninges *pl* **Hirnhautentzündung** *f* MED meningitis **hirnlos** *adj* brainless **hirnrissig** *adj* hare-brained **Hirntod** *m* MED brain death **hirntot** *adj* braindead **Hirntumor** *m* brain tumour (*Br*) *or* tumor (*US*) **hirnverbrannt** [-vɛɐbrant] *adj* hare-brained
Hirsch [hɪrʃ] *m* ⟨**-es, -e**⟩ (≈ *Rothirsch*) red deer; (*männlich*) stag; COOK venison **Hirschjagd** *f* stag hunt **Hirschkalb** *nt* (male) fawn **Hirschkeule** *f* haunch of venison **Hirschkuh** *f* hind **Hirschleder** *nt* buckskin
Hirse ['hɪrzə] *f* ⟨**-, -n**⟩ millet
Hirt [hɪrt] *m* ⟨**-en, -en**⟩ herdsman; (≈ *Schafhirt*) shepherd **Hirtin** ['hɪrtɪn] *f* ⟨**-, -nen**⟩ herdswoman; (≈ *Schafhirtin*) shepherdess
hissen ['hɪsn] *v/t* to hoist
Histamin [hɪsta'miːn] *nt* ⟨**-s**, *no pl*⟩ histamine
Historiker [hɪs'toːrikɐ] *m* ⟨**-s, -**⟩, **Historikerin** [-ərɪn] *f* ⟨**-, -nen**⟩ historian **historisch** [hɪs'toːrɪʃ] **I** *adj* historical; *Gestalt, Ereignis* historic **II** *adv* historically; ***das ist ~ belegt*** there is historical evidence for this
Hit [hɪt] *m* ⟨**-s, -s**⟩ (MUS, IT, *fig infml*) hit **Hitliste** *f* charts *pl* **Hitparade** *f* hit parade; ***in der ~*** MUS in the charts
Hitze ['hɪtsə] *f* ⟨**-, -n**⟩ **1.** heat **2.** (*fig*) passion; ***in der ~ des Gefecht(e)s*** (*fig*) in the heat of the moment **hitzebeständig** *adj* heat-resistant **hitzeempfindlich** *adj* sensitive to heat **Hitzefrei** *nt* ***~ haben*** *to have time off from school on account of excessively hot weather* **Hitzeperiode** *f* hot spell **Hitze(schutz)schild** *m*, *pl* ***-schilde*** heat shield **Hitzewelle** *f* heat wave **hitzig** ['hɪtsɪç] *adj* (≈ *aufbrausend*) *Mensch* hot-headed; (≈ *leidenschaftlich*) passionate; ***~ werden*** (*Debatte*) to grow heated **Hitzschlag** *m* MED heatstroke
HIV-negativ *adj* HIV-negative **HIV-positiv** *adj* HIV-positive **HIV-Virus** [haː|iː-'fau-] *nt* HIV-virus
H-Milch ['haː-] *f* long-life milk
HNO-Arzt [haː|ɛn'|oː-] *m*, **HNO-Ärztin** *f* ENT specialist
Hobby ['hɔbi] *nt* ⟨**-s, -s**⟩ hobby **Hobbyfotograf(in)** *m/(f)* amateur photographer **Hobbyraum** *m* workroom
Hobel ['hoːbl] *m* ⟨**-s, -**⟩ TECH plane **Hobelbank** *f*, *pl* ***-bänke*** carpenter's *or* joiner's bench **hobeln** ['hoːbln] *v/t & v/i* TECH to plane; ***wo gehobelt wird, da fallen Späne*** (*prov*) you can't make an omelette without breaking eggs (*prov*) **Hobelspan** *m* shaving
hoch [hoːx] **I** *adj*, *attr* ***hohe(r, s)*** ['hoːə], *comp* ***höher*** ['høːɐ], *sup* ***⸗ste(r, s)*** ['høːçstə] high; *Baum, Mast* tall; *Summe* large; *Strafe* heavy; *Schaden* extensive; ***hohe Verluste*** heavy losses; ***in hohem Maße verdächtig*** highly suspicious; ***in hohem Maße gefährdet*** in grave danger; ***mit hoher Wahrscheinlichkeit*** in all probability; ***das hohe C*** MUS top C; ***das ist mir zu ~*** (*fig infml*) that's (well) above (*esp Br*) *or* over my head; ***ein hohes Tier*** (*fig infml*) a big fish (*infml*); ***das Hohe Haus*** PARL the House **II** *adv*, *comp* ***höher***, *sup* ***am***

ːsten 1. (≈ *oben*) high; **~ oben** high up; **zwei Treppen ~ wohnen** to live two floors up; **er sah zu uns ~** (*infml*) he looked up to us; MAT **7 ~ 3** 7 to the power of 3 **2.** (≈ *sehr*) *angesehen, entwickelt* highly; *zufrieden, erfreut* very; **~ beglückt = hochbeglückt 3. ~ begabt = hochbegabt; ~ empfindlich = hochempfindlich; ~ qualifiziert** highly qualified; **das rechne ich ihm ~ an** (I think) that is very much to his credit; **~ gewinnen** to win handsomely; **~ hinauswollen** to be ambitious; **wenn es ~ kommt** (*infml*) at (the) most; **~ schätzen** (≈ *verehren*) to respect highly; **~ verlieren** to lose heavily; **die Polizei rückte an, 50 Mann ~** (*infml*) the police arrived, 50 strong; **~!** cheers!; **~ und heilig versprechen** to promise faithfully **Hoch** [hoːx] *nt* ⟨**-s, -s**⟩ **1.** (≈ *Ruf*) **ein (dreifaches) ~ für** *or* **auf jdn ausbringen** to give three cheers for sb **2.** (METEO, *fig*) high **Hochachtung** *f* deep respect; **bei aller ~ vor jdm/etw** with (the greatest) respect for sb/sth **hochachtungsvoll** *adv* (*Briefschluss*) (*bei Anrede mit Sir/Madam*) yours faithfully (*Br*), sincerely yours (*US*); (*bei Anrede mit Namen*) yours sincerely (*Br*), sincerely yours (*US*) **Hochadel** *m* high nobility **hochaktuell** *adj* highly topical **Hochaltar** *m* high altar **hochanständig** *adj* very decent **hocharbeiten** *v/r sep* to work one's way up **hochauflösend** *adj* IT, TV high-resolution **Hochbahn** *f* elevated railway (*Br*) *or* railroad (*US*), el (*US infml*) **Hochbau** *m, no pl* structural engineering **hochbegabt** *adj attr* highly gifted *or* talented **Hochbegabte(r)** *m/f(m) decl as adj* gifted person *or* child **hochbeglückt** *adj attr* highly delighted **hochbetagt** *adj* aged *attr*, advanced in years **Hochbetrieb** *m* (*in Geschäft etc*) peak period; (≈ *Hochsaison*) high season **hochbringen** *v/t sep irr* (*infml*) **1.** (≈ *nach oben bringen*) to bring *or* take up **2.** (*infml* ≈ *hochheben können*) to (manage to) get up **Hochburg** *f* (*fig*) stronghold **hochdeutsch** *adj* standard *or* High German **Hochdeutsch(e)** *nt* standard *or* High German **Hochdruck** *m, no pl* METEO high pressure; MED high blood pressure; **mit ~ arbeiten** to work at full stretch **Hochdruckgebiet** *nt* METEO high-pressure area **Hochebene** *f* plateau **hochempfindlich** *adj* TECH highly sensitive; *Film* fast; *Stoff* very delicate **hochfahren** *sep irr* **I** *v/i aux sein* **1.** (≈ *nach oben fahren*) to go up; (*in Auto*) to drive *or* go up **2.** (*erschreckt*) to start (up) **II** *v/t* to take up; TECH to start up; *Computer* to boot up; (*fig*) *Produktion* to increase **hochfahrend** *adj* (≈ *überheblich*) arrogant **Hochfinanz** *f* high finance **hochfliegen** *v/i irr aux sein* to fly up; (≈ *in die Luft geschleudert werden*) to be thrown up **hochfliegend** *adj Pläne* ambitious **Hochform** *f* top form **Hochformat** *nt* vertical format **Hochfrequenz** *f* ELEC high frequency **Hochgarage** *f* multistorey car park (*Br*), multistory parking garage (*US*) **Hochgebirge** *nt* high mountains *pl* **hochgehen** *v/i sep irr aux sein* **1.** (≈ *hinaufgehen*) to go up **2.** (*infml* ≈ *explodieren*) to blow up; (*Bombe*) to go off; **etw ~ lassen** to blow sth up **3.** (*infml* ≈ *wütend werden*) to go through the roof **4.** (*infml* ≈ *gefasst werden*) to get nabbed (*infml*); **jdn ~ lassen** to bust sb (*infml*) **hochgeistig** *adj* highly intellectual **Hochgenuss** *m* special treat; (≈ *großes Vergnügen*) great pleasure **Hochgeschwindigkeitszug** *m* high-speed train **hochgesteckt** [-gəʃtɛkt] *adj* (*fig*) *Ziele* ambitious **hochgestellt** [-gəʃtɛlt] *adj attr Ziffer* superscript, superior **hochgestochen** *adj* (*pej infml*) highbrow; *Stil* pompous; (≈ *eingebildet*) stuck-up (*infml*) **hochgewachsen** *adj* tall **hochgezüchtet** [-gətsʏçtət] *adj* (*usu pej*) *Motor* souped-up (*infml*); *Tiere, Pflanzen* overbred **Hochglanz** *m* high polish *or* shine; PHOT gloss **Hochglanzpapier** *nt* high gloss paper **hochgradig** [-graːdɪç] **I** *adj no pred* extreme; (*infml*) *Unsinn etc* absolute, utter **II** *adv* extremely **hochhalten** *v/t sep irr* **1.** (≈ *in die Höhe halten*) to hold up **2.** (≈ *in Ehren halten*) to uphold **Hochhaus** *nt* high-rise building **hochheben** *v/t sep irr Hand, Arm* to lift, to raise; *Kind, Last* to lift up **hochinteressant** *adj* very *or* most interesting **hochkant** ['hoːxkant] *adv* **1.** (*lit*) on end; **~ stellen** to put on end **2.** (*fig infml: a.* **hochkantig**) **~ hinausfliegen** to be chucked out (*infml*) **hochkarätig** *adj* **1.** *Gold* high-carat **2.** (*fig*) top-class **hochklappen** *v/t sep Tisch, Stuhl* to fold up; *Sitz* to tip up; *Deckel* to lift (up) **hochkommen** *v/i/a sep irr* *aux sein* to come up; (≈ *aufstehen können*) to (manage to) get up; (*infml*: *beruflich*) to come up in the world **Hochkonjunktur** *f* boom **hochkonzentriert** *adj Säure* highly concentrated **hochkrempeln** *v/t sep* to roll up **hochkriegen** *v/t sep* (*infml*) = **hochbekommen hochladen** *v/t sep irr* IT to upload **Hochland** *nt* highland **hochleben** *v/i sep* **jdn ~ lassen** to give three cheers for sb; *er lebe hoch!* three cheers (for him)! **Hochleistung** *f* first-class performance **Hochleistungssport** *m* top-class sport **Hochleistungssportler(in)** *m/(f)* top athlete **hochmodern** [-modɛrn] *adj* very modern **Hochmoor** *nt* moor **Hochmut** *m* arrogance **hochmütig** ['hoːxmyːtɪç] *adj* arrogant **hochnäsig** ['hoːxnɛːzɪç] (*infml*) *adj* snooty (*infml*) **hochnehmen** *v/t sep irr* **1.** (≈ *heben*) to lift; *Kind, Hund* to pick *or* lift up **2.** (*infml* ≈ *necken*) **jdn ~** to pull sb's leg **3.** (*infml* ≈ *verhaften*) to pick up (*infml*) **Hochofen** *m* blast furnace **hochprozentig** *adj alkoholische Getränke* high-proof **hochqualifiziert** *adj attr*; → *hoch* **hochrechnen** *sep* **I** *v/t* to project **II** *v/i* to make a projection **Hochrechnung** *f* projection **Hochruf** *m* cheer **Hochsaison** *f* high season **hochschlagen** *sep irr v/t Kragen* to turn up **hochschnellen** *v/i sep aux sein* to leap up **Hochschulabschluss** *m* degree **Hochschulabsolvent(in)** *m/(f)* graduate **Hochschul(aus)bildung** *f* university education **Hochschule** *f* college; (≈ *Universität*) university; *Technische ~* technical college **Hochschüler(in)** *m/(f)* student **Hochschullehrer(in)** *m/(f)* college / university teacher, lecturer (*Br*) **hochschwanger** *adj* well advanced in pregnancy **Hochsee** *f* high sea **Hochseefischerei** *f* deep-sea fishing **Hochseeschifffahrt** *f* deep-sea shipping **hochsehen** *v/i sep irr* to look up **hochsensibel** *adj* highly sensitive **Hochsicherheitstrakt** *m* high-security wing **Hochsitz** *m* HUNT (raised) hide **Hochsommer** *m* midsummer *no art* **hochsommerlich** *adj* very summery **Hochspannung** *f* (ELEC, *fig*) high tension; *„Vorsicht ~"* "danger - high voltage" **Hochspannungsleitung** *f* high--tension line **Hochspannungsmast** *m* pylon **hochspielen** *v/t sep* (*fig*) to play up; *etw (künstlich) ~* to blow sth (up)

out of all proportion **Hochsprache** *f* standard language **hochspringen** *v/i sep irr aux sein* to jump up **Hochspringer(in)** *m/(f)* high jumper **Hochsprung** *m* (≈ *Disziplin*) high jump

höchst [høːçst] *adv* (≈ *überaus*) extremely, most **Höchstalter** [høːçst-] *nt* maximum age

Hochstapelei [hoːxʃtaːpəˈlai] *f* ⟨-, *-en*⟩ JUR fraud **Hochstapler** ['hoːxʃtaːplɐ] *m* ⟨-s, -⟩, **Hochstaplerin** [-ərɪn] *f* ⟨-, *-nen*⟩ confidence trickster

Höchstbetrag *m* maximum amount **höchstenfalls** ['høːçstnfals] *adv* at (the) most **höchstens** ['høːçstns] *adv* not more than; (≈ *bestenfalls*) at the most, at best **höchste(r, s)** ['høːçstə] **I** *adj* highest; *Baum, Mast* tallest; *Summe* largest; *Strafe* heaviest; *Not, Gefahr, Wichtigkeit* utmost, greatest; *im ~n Grade/Maße* extremely; *im ~n Fall(e)* at the most; *~ Zeit or Eisenbahn* (*infml*) high time; *aufs Höchste erfreut etc* highly *or* greatly *or* tremendously (*infml*) pleased *etc*; *die ~ Instanz* the supreme court of appeal **II** *adv am ~n* highest; *verehren* most (of all); *begabt* most; *besteuert* (the) most heavily **Höchstfall** *m im ~* (≈ *nicht mehr als*) not more than; (≈ *bestenfalls*) at the most, at best **Höchstform** *f* SPORTS top form **Höchstgebot** *nt* highest bid **Höchstgeschwindigkeit** *f* top *or* maximum speed; *zulässige ~* speed limit **Höchstgrenze** *f* upper limit **Höchstleistung** *f* best performance; (*bei Produktion*) maximum output **Höchstmaß** *nt* maximum amount (*an +dat* of) **höchstpersönlich** ['høːçstpɛrˈzøːnlɪç] *adv* personally **Höchstpreis** *m* top *or* maximum price **Höchststand** *m* highest level **Höchststrafe** *f* maximum penalty **Hochstuhl** *m* highchair

höchstwahrscheinlich ['høːçstvaːɐ̯ˈʃainlɪç] *adv* most probably *or* likely **Höchstwert** *m* maximum value **höchstzulässig** *adj attr* maximum (permissible)

Hochtechnologie *f* high technology **Hochtemperaturreaktor** *m* high temperature reactor **Hochtour** *f auf ~en arbeiten* (*Maschinen*) to run at full speed; (*Fabrik etc*) to work at full steam; *etw auf ~en bringen Motor* to rev sth up to full speed; *Produktion, Kampagne* to get sth into full swing **hochtourig**

[-tuːrɪç] **I** *adj Motor* high-revving **II** *adv*
~ **fahren** to drive at high revs **hochtrabend** (*pej*) *adj* pompous **hoch treiben**
v/t irr **1.** (≈ *hinauftreiben*) to drive up
2. (*fig*) *Preise, Kosten* to force up **Hoch-
und Tiefbau** *m, no pl* structural and civil
engineering **Hochverrat** *m* high treason
Hochwasser *nt, pl* **-wasser 1.** (≈ *von
Flut*) high tide **2.** (≈ *in Flüssen, Seen*)
high water; (≈ *Überschwemmung*)
flood; ~ **haben** (*Fluss*) to be in flood
hochwerfen *v/t sep irr* to throw up
hochwertig [-veːrtɪç] *adj* high-quality;
Nahrungsmittel highly nutritious **Hoch-
wild** *nt* big game **Hochzahl** *f* exponent
Hochzeit ['hɔxtsait] *f* ⟨-, **-en**⟩ wedding;
etw zur ~ **geschenkt bekommen** to
get sth as a wedding present; *silberne*
~ silver wedding (anniversary) **Hochzeitskleid** *nt* wedding dress **Hochzeits-
nacht** *f* wedding night **Hochzeitsreise** *f*
honeymoon **Hochzeitstag** *m* wedding
day; (≈ *Jahrestag*) wedding anniversary
hochziehen *sep irr* **I** *v/t* **1.** *Gegenstand* to
pull up **2.** (*infml* ≈ *bauen*) to throw up
(*infml*) **II** *v/r* to pull oneself up
Hocke ['hɔkə] *f* ⟨-, **-n**⟩ squatting position;
(≈ *Übung*) squat; *in die* ~ **gehen** to
squat (down) **hocken** ['hɔkn] *v/i* to
squat, to crouch; (*infml* ≈ *sitzen*) to sit
Hocker ['hɔkɐ] *m* ⟨**-s**, **-**⟩ (≈ *Stuhl*) stool;
jdn vom ~ **hauen** (*fig infml*) to bowl sb
over (*infml*)
Höcker ['hœkɐ] *m* ⟨**-s**, **-**⟩ hump; (*auf
Schnabel*) knob
Hockey ['hɔki, 'hɔke] *nt* ⟨**-s**, *no pl*⟩ hockey (*Br*), field hockey (*US*) **Hockeyschläger** *m* (field (*US*)) hockey stick
Hockeyspieler(in) *m/(f)* (field (*US*))
hockey player
Hoden ['hoːdn] *m* ⟨**-s**, **-**⟩ testicle **Hodensack** *m* scrotum
Hof [hoːf] *m* ⟨**-(e)s**, **⸚e** ['høːfə]⟩ **1.** (≈
Platz) yard; (≈ *Innenhof*) courtyard;
(≈ *Schulhof*) playground **2.** (≈ *Bauernhof*) farm **3.** (≈ *Fürstenhof*) court; ~ *halten* to hold court **4.** (*um Sonne, Mond*)
halo
hoffen ['hɔfn] **I** *v/i* to hope; *auf jdn* ~ to
set one's hopes on sb; *auf etw* (*acc*) ~ to
hope for sth; *ich will nicht* ~, *dass er
das macht* I hope he doesn't do that
II *v/t* to hope for; ~ *wir das Beste!* let's
hope for the best!; *ich hoffe es* I hope
so; *das will ich* (*doch wohl*) ~ I should

hope so; **hoffentlich** ['hɔfntlɪç] *adv*
hopefully; *hoffentlich!* I hope so; ~
nicht I/we hope not **Hoffnung**
['hɔfnʊŋ] *f* ⟨-, **-en**⟩ hope; *sich* (*dat*)
~*en machen* to have hopes; *sich* (*dat*)
keine ~*en machen* not to hold out
any hopes; *mach dir keine* ~(*en*)*!* I
wouldn't even think about it; *jdm* ~*en
machen* to raise sb's hopes; *jdm auf
etw* (*acc*) ~*en machen* to lead sb to expect sth; *die* ~ *aufgeben* to abandon
hope **hoffnungslos I** *adj* hopeless **II**
adv hopelessly **Hoffnungslosigkeit** *f*
⟨-, *no pl*⟩ hopelessness; (≈ *Verzweiflung*) despair **Hoffnungsschimmer** *m*
glimmer of hope **Hoffnungsträger(in)**
m/(f) person on whom hopes are pinned
hoffnungsvoll I *adj* hopeful; (≈ *viel versprechend*) promising **II** *adv* full of hope
Hofhund *m* watchdog
hofieren [ho'fiːrən] *past part* **hofiert** *v/t*
(*dated*) to court
höflich ['høːflɪç] **I** *adj* polite; (≈ *zuvorkommend*) courteous **II** *adv* politely
Höflichkeit *f* ⟨-, **-en**⟩ **1.** *no pl* politeness;
(≈ *Zuvorkommenheit*) courteousness **2.**
(≈ *höfliche Bemerkung*) compliment
Höflichkeitsbesuch *m* courtesy visit
hohe *adj* → **hoch**
Höhe ['høːə] *f* ⟨-, **-n**⟩ **1.** height; *an* ~ *gewinnen* AVIAT to gain height, to climb;
in einer ~ *von* at a height of; *in die* ~ *gehen* (*fig: Preise etc*) to go up **2.** (≈ *Anhöhe*) hill; (≈ *Gipfel*) top, summit; *sich
nicht auf der* ~ *fühlen* (*gesundheitlich*)
to feel below par; (*leistungsfähig*) not
to be up to scratch; *das ist doch die
~! (fig infml*) that's the limit! **3.** (≈ *Ausmaß, Größe*) level; (*von Summe, Ge-
winn, Verlust*) size, amount; (*von Schaden*) extent; *ein Betrag in* ~ *von* an
amount of; *bis zu einer* ~ *von* up to a
maximum of **4.** (MUS: *von Stimme*) pitch;
RADIO treble *no pl*
Hoheit ['hoːhait] *f* ⟨-, **-en**⟩ **1.** *no pl* (≈
Staatshoheit) sovereignty (*über +acc*
over) **2.** (*als Anrede*) Highness **hoheit-
lich** ['hoːhaitlɪç] *adj* sovereign **Hoheits-
gebiet** *nt* sovereign territory **Hoheits-
gewalt** *f* (national) jurisdiction **Ho-
heitsgewässer** *pl* territorial waters *pl*
Hoheitsrecht *nt usu pl* sovereign jurisdiction *or* rights *pl*
Höhenangst *f* fear of heights **Höhenflug**
m high-altitude flight; *geistiger* ~ intel-

lectual flight (of fancy) **Höhenkrankheit** f MED altitude sickness **Höhenlage** f altitude **Höhenmesser** m ⟨**-s**, **-**⟩ AVIAT altimeter **Höhensonne**® f (≈ Lampe) sunray lamp **Höhenunterschied** m difference in altitude **Höhenzug** m mountain range **Höhepunkt** m highest point; (von Tag, Leben) high spot; (von Veranstaltung) highlight; (von Karriere etc) height, peak; (eines Stücks ≈ Orgasmus) climax; **den ~ erreichen** to reach a or its / one's climax; (Krankheit) to reach or come to a crisis **höher** ['høːɐ] **I** adj higher; **~e Schule** secondary school, high school (esp US); **~e Gewalt** an act of God; **in ~em Maße** to a greater extent **II** adv higher; **ihre Herzen schlugen ~** their hearts beat faster

hohe(r, s) adj → **hoch**

höhergestellt adj attr higher, more senior or **höherschrauben** v/t sep (fig) to increase; Preise to force or push up **höherstufen** v/t sep Person to upgrade

hohl [hoːl] adj hollow; **in der ~en Hand** in the hollow of one's hand **Höhle** ['høːlə] f ⟨**-**, **-n**⟩ cave; (fig ≈ schlechte Wohnung) hovel **Höhlenbewohner(in)** m/(f) cave dweller, troglodyte **Höhlenforscher(in)** m/(f) cave explorer **Höhlenforschung** f speleology **Höhlenmensch** m caveman **Hohlheit** f ⟨**-**, no pl⟩ hollowness **Hohlkörper** m hollow body **Hohlkreuz** nt MED hollow back **Hohlmaß** nt measure of capacity **Hohlraum** m hollow space; BUILD cavity **Höhlung** ['høːlʊŋ] f ⟨**-**, **-en**⟩ hollow

Hohn [hoːn] m ⟨**-(e)s**, no pl⟩ scorn, derision; **nur ~ und Spott ernten** to get nothing but scorn and derision; **das ist der reine** or **reinste ~** it's an utter mockery **höhnen** ['høːnən] v/i to jeer, to sneer (über +acc at) **Hohngelächter** nt scornful or derisive laughter **höhnisch** ['høːnɪʃ] **I** adj scornful, sneering **II** adv scornfully; **~ grinsen** to sneer

Hokuspokus [hoːkʊs'poːkʊs] m ⟨**-**, no pl⟩ (≈ Zauberformel) hey presto; (fig ≈ Täuschung) hocus-pocus (infml)

Holdinggesellschaft f COMM holding company

holen ['hoːlən] v/t **1.** (≈ holen gehen) to fetch, to get; **jdn ~ lassen** to send for sb **2.** (≈ abholen) to fetch, to pick up **3.** (≈ kaufen) to get, to pick up (infml) **4.** (≈ sich zuziehen) Krankheit to catch,

to get; **sonst wirst du dir etwas ~** or you'll catch something; **sich** (dat) **eine Erkältung ~** to catch a cold **5.** **sich** (dat) **etw ~** to get (oneself) sth; **bei ihm ist nichts zu ~** (infml) you etc won't get anything out of him

Holland ['hɔlant] nt ⟨**-s**⟩ Holland, the Netherlands pl **Holländer** ['hɔlɛndɐ] m ⟨**-s**, **-**⟩ Dutchman; **die ~** the Dutch (people) pl **Holländerin** ['hɔlɛndərɪn] f ⟨**-**, **-nen**⟩ Dutchwoman, Dutch girl **holländisch** ['hɔlɛndɪʃ] adj Dutch

Hölle ['hœlə] f ⟨**-**, (rare) **-n**⟩ hell; **in der ~** in hell; **die ~ auf Erden** hell on earth; **zur ~ mit...** to hell with ... (infml); **in die ~ kommen** to go to hell; **ich werde ihm die ~ heiß machen** (infml) I'll give him hell (infml); **er machte ihr das Leben zur ~** he made her life (a) hell (infml) **Höllenangst** f (infml) terrible fear; **eine ~ haben** to be scared stiff (infml)

Holler ['hɔlɐ] m ⟨**-s**, **-**⟩ (Aus ≈ Holunderbeeren) elderberries pl

höllisch ['hœlɪʃ] **I** adj **1.** attr (≈ die Hölle betreffend) infernal, of hell **2.** (infml ≈ außerordentlich) dreadful, hellish (infml); **eine ~e Angst haben** to be scared stiff (infml) **II** adv (infml) like hell (infml), hellishly (infml)

Holm [hɔlm] m ⟨**-(e)s**, **-e**⟩ (von Barren) bar

Holocaust ['hoːlokaust, holo'kaust, 'hɔlɔkɔːst] m ⟨**-(s)**, **-(s)**⟩ holocaust

Holografie [hologra'fiː] f ⟨**-**, **-n** [-'fiːən]⟩ holography **Hologramm** [holo'gram] nt, pl **-gramme** hologram

holperig ['hɔlpərɪç] adj **1.** Weg bumpy **2.** Rede stumbling **holpern** ['hɔlpɐn] v/i to bump, to jolt

Holunder [ho'lʊndɐ] m ⟨**-s**, **-**⟩ elder; (≈ Früchte) elderberries pl **Holunderbeere** f elderberry

Holz [hɔlts] nt ⟨**-es**, **-̈er** ['hœltsɐ]⟩ wood; (esp zum Bauen) timber, lumber (esp US); **aus ~** made of wood, wooden; **~ fällen** to fell trees; **~ verarbeitend** wood-processing; **aus hartem** or **härterem ~ geschnitzt sein** (fig) to be made of stern or sterner stuff; **aus demselben ~ geschnitzt sein** (fig) to be cast in the same mould (Br) or mold (US) **Holzbearbeitung** f woodworking; (im Sägewerk) timber processing **Holzbein** nt wooden leg **Holzbläser(in)** m/(f) woodwind player **Holzboden** m (≈ *Fußboden*) wooden floor **hölzern** ['hœltsɐn] **I** adj wooden **II** adv (*fig*) woodenly, stiffly **Holzfäller** [-fɛlɐ] m ‹**-s, -**›, **Holzfällerin** [-ərɪn] f ‹**, -nen**› woodcutter, lumberjack (*esp US*) **Holzfaserplatte** f (wood) fibreboard (*Br*) or fiberboard (*US*) **holzfrei** adj *Papier* wood-free **Holzhacker(in)** m/(f) (*esp Aus*) woodcutter, lumberjack (*esp US*) **Holzhammer** m mallet; **jdm etw mit dem ~ beibringen** to hammer sth into sb (*infml*) **Holzhaus** nt wooden or timber house **holzig** ['hɔltsɪç] adj woody **Holzklotz** m block of wood, log **Holzkohle** f charcoal **Holzkopf** m (*fig infml*) blockhead (*infml*) **Holzschnitt** m wood engraving **Holzschnitzer(in)** m/(f) wood carver **Holzschuh** m wooden shoe, clog **Holzschutzmittel** nt wood preservative **Holzstich** m wood engraving **Holzstoß** m pile of wood **Holztäfelung** f wood(en) panelling (*Br*) or paneling (*US*) **Holzweg** m **auf dem ~ sein** (*fig infml*) to be on the wrong track (*infml*) **Holzwolle** f wood-wool **Holzwurm** m woodworm

Homebanking ['hoːmbɛŋkɪŋ] nt ‹**-**, *no pl*› home banking **Homepage** ['hoːmpeːdʒ] f ‹**-, -s**› (IT, *im Internet*) home page **Homeshopping** ['hoːmʃɔpɪŋ] nt home shopping **Hometrainer** ['hoːmtreːnɐ] m ‹**-s, -**› = **Heimtrainer**

Homo ['hoːmo] m ‹**-s, -s**› (*dated infml*) homo (*dated infml*), queer (*infml*) **Homo-Ehe**, **Homoehe** f (*infml*) gay marriage **homogen** [homoˈgeːn] adj homogeneous **homogenisieren** [homogeniˈziːrən] past part **homogenisiert** v/t to homogenize **Homöopath** [homøoˈpaːt] m ‹**-en, -en**›, **Homöopathin** [-ˈpaːtɪn] f ‹**, -nen**› homoeopath **Homöopathie** [homøopaˈtiː] f ‹**-, no pl**› homoeopathy **homöopathisch** [homøoˈpaːtɪʃ] adj homoeopathic

Homosexualität [homozɛksualiˈtɛːt] f homosexuality **homosexuell** [homozɛˈsuɛl] adj homosexual **Homosexuelle(r)** m/f(m) decl as adj homosexual

Honduras [hɔnˈduːras] nt ‹**-**› Honduras **Hongkong** ['hɔŋkɔŋ] nt ‹**-s**› Hong Kong **Honig** ['hoːnɪç] m ‹**-s**, *no pl*› honey **Honigbiene** f honeybee **Honigkuchen** m honey cake **Honiglecken** nt ‹**-s**, *no*

pl› (*fig*) **das ist kein ~** it's no picnic **Honigmelone** f honeydew melon **honigsüß** adj as sweet as honey; (*fig*) *Worte, Ton* honeyed; *Lächeln* sickly sweet

Honorar [honoˈraːɐ] nt ‹**-s, -e**› fee; (≈ *Autorenhonorar*) royalty **Honoratioren** [honoraˈtsioːrən] pl dignitaries pl **honorieren** [honoˈriːrən] past part **honoriert** v/t **1.** (≈ *bezahlen*) to pay; FIN *Wechsel, Scheck* to honour (*Br*), to honor (*US*), to meet **2.** (≈ *belohnen*) *Bemühungen* to reward

honoris causa [hoˈnoːrɪs ˈkauza] adv **Dr. ~** honorary doctor

Hooligan ['huːlɪgən] m ‹**-s, -s**› hooligan **Hopfen** ['hɔpfn̩] m ‹**-s, -**› BOT hop; (*beim Brauen*) hops pl; **bei** or **an ihm ist ~ und Malz verloren** (*infml*) he's a hopeless case

hopp [hɔp] int quick; **mach mal ein bisschen~!** (*infml*) chop, chop! (*infml*) **hoppeln** ['hɔpl̩n] v/i aux sein (*Hase*) to lollop **hoppla** ['hɔpla] int whoops, oops **hops** adj pred (*infml*) **~ sein** (≈ *verloren*) to be lost; (*Geld*) to be down the drain (*infml*) **hopsen** ['hɔpsn̩] v/i aux sein (*infml*) (≈ *hüpfen*) to hop; (≈ *springen*) to jump **hopsgehen** v/i sep irr aux sein (*infml* ≈ *verloren gehen*) to get lost; (*infml* ≈ *sterben*) to croak (*infml*) **hopsnehmen** v/t sep irr **jdn ~** (*infml* ≈ *verhaften*) to nab sb (*infml*)

hörbar adj audible **hörbehindert** adj partially deaf, with impaired hearing **Hörbuch** nt talking book

horchen ['hɔrçn̩] v/i to listen (+*dat, auf* +*acc* to); (*heimlich*) to eavesdrop **Horcher** ['hɔrçɐ] m ‹**-s, -**›, **Horcherin** [-ərɪn] f ‹**, -nen**› eavesdropper

Horde ['hɔrdə] f ‹**-, -n**› horde

hören ['høːrən] v/t & v/i **1.** to hear; **ich höre dich nicht** I can't hear you; **schwer ~** to be hard of hearing; **du hörst wohl schwer!** (*infml*) you must be deaf!; **hört, hört!** (*Zustimmung*) hear! hear!; **das lässt sich ~** (*fig*) that doesn't sound bad; **na ~ Sie mal!** wait a minute!; **von etw/jdm ~** to hear of sth/from sb; **Sie werden noch von mir ~** (*infml* ≈ *Drohung*) you'll be hearing from me; **nie gehört!** (*infml*) never heard of him/it etc; **nichts von sich ~ lassen** not to get in touch; **ich lasse von mir ~** I'll be in touch **2.** (≈ *sich nach etw richten*) to listen, to pay attention; (≈ *gehorchen*) to obey, to listen; *auf jdn/etw* ～ to listen to *or* heed sb/sth **Hörensagen***nt vom* ～ from *or* by hearsay **Hörer**['hø:rɐ] *m* ⟨*-s,* *-*⟩ TEL receiver **Hörer**['hø:rɐ] *m* ⟨*-s, -*⟩, **Hörerin**[-ərɪn]*f*⟨*-, -nen*⟩ RADIO listener; UNIV student (attending lectures) **Hörer-schaft**['hø:rɐʃaft]*f*⟨*-, (rare) -en*⟩ RADIO listeners *pl*, audience; UNIV number of students (attending a lecture) **Hörfehler** *m* MED hearing defect; *das war ein* ～ I/he *etc* misheard it **Hörgerät***nt*, **Hörhil-fe***f* hearing aid **hörgeschädigt***adj* partially deaf, with impaired hearing **hörig** ['hø:rɪç] *adj* dependent (+*dat* on); *jdm* (*sexuell*) ～ *sein* to be (sexually) dependent on sb **Hörigkeit***f*⟨*-, no pl*⟩ dependence; (*sexuell*) sexual dependence **Horizont**[hori'tsɔnt] *m* ⟨*-(e)s, -e*⟩ horizon; *am* ～ on the horizon; *das geht über meinen* ～ (*fig*) that is beyond me **horizontal** [horitsɔn'ta:l] **I** *adj* horizontal **II** *adv* horizontally **Horizontale** [horitsɔn'ta:lə] *f* ⟨*-(n), -n*⟩ MAT horizontal (line) **Hormon**[hɔr'mo:n] *nt* ⟨*-s, -e*⟩ hormone **hormonal** [hɔrmo'na:l] **I** *adj* hormone *attr*, hormonal **II** *adv* **behandeln** with hormones; *gesteuert* by hormones; ～ *bedingt sein* to be caused by hormones **Hormonbehandlung***f* hormone treatment

Hörmuschel*f* TEL earpiece **Horn** [hɔrn] *nt* ⟨*-(e)s,* ⁼*er* ['hœrnɐ]⟩ **1.** horn; *sich* (*dat*) *die Hörner abstoßen* (*infml*) to sow one's wild oats; *jdm Hörner aufsetzen* (*infml*) to cuckold sb **2.** MUS horn; MIL bugle; *ins gleiche* ～ *blasen* to chime in **Hornbrille** *f* horn--rimmed glasses *pl* **Hörnchen** ['hœrnçən]*nt*⟨*-s, -*⟩ **1.** (≈ *Gebäck*) croissant **2.** ZOOL squirrel **Hörnerv***m* auditory nerve **Hornhaut***f* callus; (*des Auges*) cornea **Hornisse**[hɔr'nɪsə] *f*⟨*-, -n*⟩ hornet **Hornist**[hɔr'nɪst] *m* ⟨*-en, -en*⟩, **Hornis-tin**[-'nɪstɪn]*f*⟨*-, -nen*⟩ horn player; MIL bugler **Horoskop**[horo'sko:p] *nt* ⟨*-s, -e*⟩ horoscope **horrend**[hɔ'rɛnt] *adj* horrendous **Hörrohr***nt* **1.** ear trumpet **2.** MED stethoscope

Horror['hɔro:ɐ] *m* ⟨*-s, no pl*⟩ horror (*vor* +*dat* of) **Horrorfilm***m* horror film **Hor-rorszenario***nt* horror scenario **Horror-**

trip*m* (*infml*) horror trip (*infml*) **Hörsaal** *m* UNIV lecture theatre (*Br*) *or* theater (*US*) **Hörspiel***nt* RADIO radio play

Horst[hɔrst] *m* ⟨*-(e)s, -e*⟩ (≈ *Nest*) nest; (≈ *Adlerhorst*) eyrie **Hörsturz***m* hearing loss **Hort** [hɔrt] *m* ⟨*-(e)s, -e*⟩ **1.** (*elev* ≈ *Zufluchtsstätte*) refuge, shelter; *ein* ～ *der Freiheit* a stronghold of liberty **2.** (≈ *Kinderhort*) ≈ after-school club (*Br*), ≈ after-school daycare (*US*) **horten** ['hɔrtn] *v/t* to hoard; *Rohstoffe etc* to stockpile **Hortensie** [hɔr'tɛnziə] *f* ⟨*-, -n*⟩ hydrangea **Hörweite** *f* hearing range; *in/außer* ～ within/out of hearing *or* earshot **Höschen**['hø:sçən] *nt*⟨*-s, -*⟩ (≈ *Unterhose*) (pair of) panties *pl* **Hose**['ho:zə]*f*⟨*-, -n*⟩ trousers *pl* (*esp Br*), pants *pl* (*esp US*); *eine* ～ a pair of trousers *etc*; *die* ～*n anhaben* (*fig infml*) to wear the trousers (*Br*) *or* pants (*infml*); *sich* (*dat*) *in die* ～*n machen* (*lit*) to dirty oneself; (*fig infml*) to shit oneself (*sl*); *in die* ～ *gehen* (*infml*) to be a complete flop (*infml*); *tote* ～ (*infml*) nothing doing (*infml*) **Hosenanzug** *m* trouser suit (*Br*), pantsuit (*US*) **Hosenbein***nt* trouser (*esp Br*) *or* pant (*esp US*) leg **Hosenboden** *m* seat (of trousers *esp Br*) *or* pants (*esp US*)); *sich auf den* ～ *setzen* (*infml*) (≈ *arbeiten*) to get stuck in (*infml*) **Hosenbund***m, pl* **-bünde** waistband **Hosenschlitz** *m* flies *pl*, fly **Hosentasche***f* trouser pocket (*Br*), pant(s) *or* trousers pocket (*US*) **Hosenträger***pl* (pair of) braces *pl* (*Br*) *or* suspenders *pl* (*US*)

Hospiz[hɔs'pi:ts] *nt* ⟨*-es, -e*⟩ hospice **Host**[hɔ:st] *m* ⟨*-s, -s*⟩ IT host **Hostess**['hɔstɛs, hɔs'tɛs] *f*⟨*-, -en*⟩ hostess **Hostie**['hɔstiə]*f*⟨*-, -n*⟩ ECCL host, consecrated wafer **Hotdog**['hɔt'dɔk] *nt or m* ⟨*-s, -s*⟩, **Hot Dog***nt or m* ⟨*-s, -s*⟩ COOK hot dog **Hotel**[ho'tɛl] *nt* ⟨*-s, -s*⟩ hotel **Hotelboy** *m* bellboy (*US*), bellhop (*US*) **Hotelfach** *nt, no pl* hotel management **Hotelfach-schule***f* college of hotel management **Hotelführer***m* hotel guide **Hotelportier** *m* hotel porter **Hotelzimmer** *nt* hotel room

Hotkey ['hɔtki:] m ⟨*-s, -s*⟩ IT hot key **Hotline** ['hɔtlain] f ⟨*-, -s*⟩ helpline
Hub [hu:p] m ⟨*-(e)s,* ⸚*e* ['hy:bə]⟩ TECH **1.** (≈ *Kolbenhub*) (piston) stroke **2.** (≈ *Leistung*) lifting *or* hoisting capacity
Hubbel ['hʊbl] m ⟨*-s, -*⟩ (*infml*) bump
hüben ['hy:bn] *adv* ~ *und drüben* on both sides
Hubraum m AUTO cubic capacity
hübsch [hypʃ] **I** *adj* pretty; *Geschenk* lovely, delightful; (*infml* ≈ *nett*) lovely, nice; *ein* ~*es Sümmchen* (*infml*) a tidy sum **II** *adv* **1.** (≈ *nett*) *einrichten, sich kleiden* nicely; ~ *aussehen* to look pretty **2.** (*infml*) ~ *artig* nice and good; *das wirst du* ~ *bleiben lassen!* don't you dare
Hubschrauber ['hu:pʃraubɐ] m ⟨*-s, -*⟩ helicopter **Hubschrauberlandeplatz** m heliport
Hucke ['hʊkə] f ⟨*-, -n*⟩ (*infml*) *jdm die* ~ *vollhauen* to give sb a good thrashing (*infml*); *jdm die* ~ *volllügen* to tell sb a pack of lies **huckepack** ['hʊkəpak] *adv* piggy-back **Huckepackverkehr** m RAIL piggy-back transport (*US*), motorail service
hudeln ['hu:dln] *v/i* (*esp S Ger, Aus: infml*) to work sloppily
Huf [hu:f] m ⟨*-(e)s, -e*⟩ hoof **Hufeisen** nt horseshoe **hufeisenförmig** *adj* horseshoe-shaped **Hüferl** ['hy:fɐl] nt ⟨*-s, -e*⟩ (*Aus* COOK: *von Rind*) haunch **Huflattich** m ⟨*-s, -e*⟩ BOT coltsfoot **Hufschmied(in)** m/(f) blacksmith
Hüftbein nt hipbone **Hüfte** ['hyftə] f ⟨*-, -n*⟩ hip; (*von Tieren*) haunch **Hüftgelenk** nt hip joint **Hüfthalter** m girdle **hüfthoch** *adj Pflanzen etc* waist-high; *Wasser etc* waist-deep; *wir standen* ~ *im Schlamm* we stood up to the waist in mud
Huftier nt hoofed animal
Hüftknochen m hipbone **Hüftleiden** nt hip trouble
Hügel ['hy:gl] m ⟨*-s, -*⟩ hill; (≈ *Erdhaufen*) mound **hügelig** ['hy:gəlɪç] *adj* hilly
Huhn [hu:n] nt ⟨*-(e)s,* ⸚*er* ['hy:nɐ]⟩ **1.** chicken; *da lachen ja die Hühner* (*infml*) what a joke **2.** (*fig infml*) *ein verrücktes* ~ a strange *or* odd character; *ein dummes* ~ a silly goose **Hühnchen** ['hy:nçən] nt ⟨*-s, -*⟩ (young) chicken, pullet; (≈ *Brathühnchen*) (roast) chicken; *mit jdm ein* ~ *zu rupfen haben*

(*infml*) to have a bone to pick with sb (*infml*) **Hühnerauge** nt MED corn **Hühnerbrust** f COOK chicken breast **Hühnerei** [-|ai] nt hen's egg **Hühnerfarm** f chicken farm **Hühnerfrikassee** [-frikase:] nt ⟨*-s, -s*⟩ chicken fricassee **Hühnerfutter** nt chicken feed **Hühnerhof** m chicken run **Hühnerklein** [-klain] nt ⟨*-s, no pl*⟩ COOK chicken trimmings pl **Hühnerleiter** f chicken ladder **Hühnerstall** m henhouse, chicken coop **Hühnerzucht** f chicken breeding *or* farming
hui [hui] *int* whoosh
huldigen ['hʊldɪgn] *v/i +dat* (*liter*) **1.** *einem Künstler, Lehrmeister etc* to pay homage to **2.** *einer Ansicht* to subscribe to; *einem Glauben etc* to embrace; *einem Laster* to indulge in **Huldigung** f ⟨*-, -en*⟩ (*liter* ≈ *Verehrung, Beifall*) homage; *jdm seine* ~ *darbringen* to pay homage to sb
Hülle ['hylə] f ⟨*-, -n*⟩ **1.** cover; (*für Ausweiskarten etc*) holder, case; *die sterbliche* ~ the mortal remains pl **2.** *in* ~ *und Fülle* in abundance; *Whisky/Frauen etc in* ~ *und Fülle* whisky/women etc galore
hüllen ['hylən] *v/t* (*elev*) to wrap; *in Dunkel gehüllt* shrouded in darkness; *sich in Schweigen* ~ to remain silent
Hülse ['hylzə] f ⟨*-, -n*⟩ **1.** (≈ *Schale*) hull, husk; (≈ *Schote*) pod **2.** (≈ *Etui, Kapsel*) case; (*von Geschoss*) case **Hülsenfrucht** f *usu pl* pulse
human [hu'ma:n] **I** *adj* humane **II** *adv* humanely **Humanismus** [huma'nɪsmʊs] m ⟨*-, no pl*⟩ humanism **Humanist** [huma'nɪst] m ⟨*-en, -en*⟩, **Humanistin** [-'nɪstɪn] f ⟨*-, -nen*⟩ humanist; (≈ *Altsprachler*) classicist **humanistisch** [huma'nɪstɪʃ] *adj* humanist(ic); (≈ *altsprachlich*) classical; ~*e Bildung* classical education **humanitär** [humani'tɛ:ɐ] *adj* humanitarian **Humanität** [humani'tɛ:t] f ⟨*-, no pl*⟩ humaneness, humanity **Humankapital** nt ECON human resources pl, human capital **Humanmedizin** f (human) medicine

Humbug ['hʊmbʊk] m ⟨*-s, no pl*⟩ (*infml*) humbug (*infml*)
Hummel ['hʊml] f ⟨*-, -n*⟩ bumblebee
Hummer ['hʊmɐ] m ⟨*-s, -*⟩ lobster
Humor [hu'mo:ɐ] m ⟨*-s,* (*rare*) *-e*⟩ humour (*Br*), humor (*US*); *er hat keinen* (*Sinn für*) ~ he has no sense of humo(u)r; *sie nahm die Bemerkung mit*

~ auf she took the remark in good humo(u)r **Humorist** [humo'rɪst] *m* ⟨**-en, -en**⟩, **Humoristin** [-'rɪstɪn] *f* ⟨**-, -nen**⟩ humorist; (≈ *Komiker*) comedian **humoristisch** [humo'rɪstɪʃ] *adj* humorous **humorlos** *adj* humourless (*Br*), humorless (*US*) **Humorlosigkeit** *f* ⟨**-**, *no pl*⟩ humourlessness (*Br*), humorlessness (*US*) **humorvoll I** *adj* humorous, amusing **II** *adv* humorously, amusingly

humpeln ['hʊmpln] *v/i aux sein* to hobble **Humpen** ['hʊmpn] *m* ⟨**-s, -**⟩ tankard, mug; (*aus Ton*) stein

Humus ['huːmʊs] *m* ⟨**-**, *no pl*⟩ humus **Humusboden** *m*, **Humuserde** *f* humus soil

Hund [hʊnt] *m* ⟨**-(e)s, -e** [-də]⟩ dog; (*esp Jagdhund*) hound; **junger ~** puppy, pup; **wie ~ und Katze leben** to live like cat and dog; **er ist bekannt wie ein bunter ~** (*infml*) everybody knows him; **da liegt der ~ begraben** (*infml*) (so) that's what is/was behind it all; (*Haken, Problem etc*) that's the problem; **er ist ein armer ~** he's a poor soul; **auf den ~ kommen** (*infml*) to go to the dogs (*infml*); **vor die ~e gehen** (*infml*) to go to the dogs (*infml*); (≈ *sterben*) to die; **du gemeiner ~** (*infml*) you rotten bastard (*sl*); **du gerissener ~** (*infml*) you crafty devil (*infml*); **kein ~** (*infml*) not a (damn (*infml*)) soul; **schlafende ~e soll man nicht wecken** (*prov*) let sleeping dogs lie (*prov*) **hundeelend** *adj* (*infml*) **mir ist ~** I feel lousy (*infml*) **Hundeführer(in)** *m/(f)* dog handler **Hundefutter** *nt* dog food **Hundehalsband** *nt* dog collar **Hundehalter(in)** *m/(f)* (*form*) dog owner **Hundehütte** *f* (dog) kennel **hundekalt** *adj* (*infml*) freezing cold **Hundekuchen** *m* dog biscuit **Hundeleine** *f* dog lead (*Br*) or leash **Hundemarke** *f* dog licence (*Br*) or license (*US*) disc, dog tag (*US*) **hundemüde** *adj pred adv* (*infml*) dog-tired **Hunderasse** *f* breed (of dog) **hundert** ['hʊndɐt] *num a* or one hundred **Hundert** *nt* ⟨**-s, -e**⟩ hundred; **~e von Menschen** hundreds of people; **zu ~en** by the hundred **Hunderter** ['hʊndɐtɐ] *m* ⟨**-s, -**⟩ **1.** (*von Zahl*) (the) hundred **2.** (≈ *Geldschein*) hundred (-euro/-pound/-dollar *etc*) note (*Br*) or bill (*US*) **hundertfach I** *adj* hundredfold **II** *adv* a hundred times **hundertjährig** *adj attr* (one-)hundred-year-old **hundertmal** *adv* a hundred times **Hundert-**

meterlauf *m* SPORTS **der/ein ~** the/a 100 metres (*Br*) or meters (*US*) *sg* **hundertpro** *adv* (*infml*) definitely; **bist du dir sicher? — ~** are you sure? — I'm positive **hundertprozentig I** *adj* (a *or* one) hundred per cent (*Br*) or percent (*US*); *Alkohol* pure **II** *adv* one hundred per cent (*Br*) or percent (*US*); **Sie haben ~ recht** you're absolutely right; **das weiß ich ~** that's a fact **hundertstel** ['hʊndɐtstl] *adj* hundredth; **eine ~ Sekunde** a hundredth of a second **Hundertstel** ['hʊndɐtstl] *nt* ⟨**-s, -**⟩ hundredth **Hundertstelsekunde** *f* hundredth of a second **hundertste(r, s)** ['hʊndɐtstə] *adj* hundredth **hunderttausend** *num* a *or* one hundred thousand

Hundesalon *m* dog parlour (*Br*) or parlor (*US*) **Hundeschlitten** *m* dog sled(ge) or sleigh **Hundeschnauze** *f* nose, snout **Hundestaffel** *f* dog branch **Hundesteuer** *f* dog licence (*Br*) or license (*US*) fee **Hündin** ['hʏndɪn] *f* ⟨**-, -nen**⟩ bitch **hündisch** ['hʏndɪʃ] *adj* (*fig*) sycophantic **hundsgemein** ['hʊntsɡə'maɪn] (*infml*) **I** *adj* shabby; (≈ *schwierig*) fiendishly difficult **II** *adv* **es tut ~ weh** it hurts like hell (*infml*) **Hundstage** ['hʊnts-] *pl* dog days *pl*

Hüne ['hyːnə] *m* ⟨**-n, -n**⟩ giant

Hunger ['hʊŋɐ] *m* ⟨**-s**, *no pl*⟩ hunger (*nach* for); (≈ *Hungersnot*) famine; (*nach Sonne etc*) yearning; **~ bekommen/haben** to get/be hungry; **~ auf etw** (*acc*) **haben** to feel like (eating) sth; **~ leiden** (*elev*) to go hungry, to starve; **ich sterbe vor ~** (*infml*) I'm starving (*infml*) **Hungerkur** *f* starvation diet **Hungerlohn** *m* starvation wages *pl*; (*fig also*) pittance **hungern** ['hʊŋɐn] **I** *v/i* **1.** (≈ *Hunger leiden*) to go hungry, to starve **2.** (≈ *fasten*) to go without food **II** *v/r* **sich zu Tode ~** to starve oneself to death **hungernd** *adj no comp* hungry, starving **Hungersnot** *f* famine **Hungerstreik** *m* hunger strike **Hungertod** *m* death from starvation; **den ~ sterben** to die of hunger *or* starvation **Hungertuch** *nt* **am ~ nagen** (*fig*) to be starving **hungrig** ['hʊŋrɪç] *adj* hungry (*nach* for); **~ nach etw** *or* **auf etw** (*acc*) **sein** to feel like (eating) sth

Hupe ['huːpə] *f* ⟨**-, -n**⟩ horn **hupen** ['huːpn] *v/i* to sound *or* hoot the horn

Hüpfburg ['hʏpf-] *f* bouncy castle® **hüp-**

fen ['hʏpfn] *v/i aux sein* to hop; *(Ball)* to bounce

Hupton *m, pl* **-töne** sound of a horn **Hupzeichen** *nt* AUTO hoot

Hürde ['hʏrdə] *f* ⟨-, -n⟩ hurdle; *eine ~ nehmen* to clear a hurdle **Hürdenlauf** *m* (≈ *Sportart*) hurdling; (≈ *Wettkampf*) hurdles *pl* or *sg* **Hürdenläufer(in)** *m/(f)* hurdler

Hure ['huːrə] *f* ⟨-, -n⟩ whore **Hurenbock** *m* (*vulg*) whoremonger **Hurensohn** *m* (*vulg*) bastard (*sl*), son of a bitch (*sl*)

hurra [hʊ'raː, 'hʊra] *int* hurray, hurrah **Hurraruf** *m* cheer

Hurrikan ['hʊrikan, 'harɪkən] *m* ⟨-s, -e or (bei engl. Aussprache) -s⟩ hurricane

husch [hʊʃ] *int* **1.** *(aufscheuchend)* shoo **2.** (≈ *schnell*) quick; *er macht seine Arbeit immer ~ ~* (*infml*) he always whizzes through his work **huschen** ['hʊʃn] *v/i aux sein* to dart; *(Lächeln)* to flash, to flit; *(Licht)* to flash

hüsteln ['hyːstln] *v/i* to cough slightly **husten** ['huːstn] **I** *v/i* to cough; *auf etw* (*acc*) *~* (*infml*) not to give a damn for sth (*infml*) **II** *v/t* to cough; *Blut* to cough (up); *denen werde ich was ~* (*infml*) I'll tell them where they can get off (*infml*) **Husten** ['huːstn] *m* ⟨-s, no pl⟩ cough; *~ haben* to have a cough **Hustenanfall** *m* coughing fit **Hustenbonbon** *m or nt* cough sweet (*Br*) or drop **Hustenmittel** *nt* cough medicine **Hustenreiz** *m* tickle in one's throat **Hustensaft** *m* cough syrup or mixture **hustenstillend** *adj* cough-relieving **Hustentropfen** *pl* cough drops *pl*

Hut[1] [huːt] *m* ⟨-(e)s, -e ['hyːtə]⟩ hat; *(von Pilz)* cap; *den ~ aufsetzen/abnehmen* to put on / take off one's hat; *~ ab!* I take my hat off to him/her etc; *das kannst du dir an den ~ stecken!* (*infml*) you can keep it (*infml*); *unter einen ~ bringen* to reconcile; *Termine* to fit in; *den or seinen ~ nehmen (müssen)* (*infml*) to (have to) go; *das ist doch ein alter ~!* (*infml*) that's old hat! (*infml*); *eins auf den ~ kriegen* (*infml*) to get an earful (*infml*); *damit habe ich nichts am ~* (*infml*) I don't want to have anything to do with that

Hut[2] *f* ⟨-, no pl⟩ **1.** (*elev*) *in meiner ~* in my keeping; *(Kinder)* in my care **2.** *auf der ~ sein* to be on one's guard (*vor* +*dat* against) **hüten** ['hyːtn] *I v/t* to look after,

to mind; *das Bett ~* to stay in bed **II** *v/r* to (be on one's) guard (*vor* +*dat* against); *ich werde mich ~!* not likely!; *ich werde mich ~, ihm das zu erzählen* there's no chance of me telling him that **Hüter** ['hyːtɐ] *m* ⟨-s, -⟩, **Hüterin** [-ərɪn] *f* ⟨-, -nen⟩ guardian, custodian; (≈ *Viehhüter*) herdsman; *die ~ der Ordnung* (*hum*) the custodians of the law

Hutgeschäft *nt* hat shop, hatter's (shop); *(für Damen auch)* milliner's (shop) **Hutmacher(in)** *m/(f)* hat maker **Hutschachtel** *f* hatbox

Hütte ['hʏtə] *f* ⟨-, -n⟩ hut; (*hum* ≈ *Haus*) humble abode; (≈ *Holzhütte, Blockhütte*) cabin **2.** (TECH ≈ *Hüttenwerk*) iron and steel works *pl* or *sg* **Hüttenindustrie** *f* iron and steel industry **Hüttenkäse** *m* cottage cheese

hutzelig ['hʊtsəlɪç] *adj Mensch* wizened **Hutzelmännchen** *nt* gnome

Hyäne ['hyɛːnə] *f* ⟨-, -n⟩ hyena; *(fig)* wildcat

Hyazinthe [hya'tsɪntə] *f* ⟨-, -n⟩ hyacinth

hybrid [hy'briːt] *adj* BIOL, LING hybrid **Hybride** [hy'briːdə] *f* ⟨-, -n or m -n, -n⟩ BIOL hybrid

Hydrant [hy'drant] *m* ⟨-en, -en⟩ hydrant **Hydrat** [hy'draːt] *nt* ⟨-(e)s, -e⟩ hydrate **Hydraulik** [hy'draulɪk] *f* ⟨-, no pl⟩ hydraulics *sg*; (≈ *Antrieb*) hydraulics *pl* **hydraulisch** [hy'draulɪʃ] **I** *adj* hydraulic **II** *adv* hydraulically **Hydrokultur** [hydro-, 'hyː/dro-] *f* BOT hydroponics *sg* **Hydrolyse** [hydro'lyːzə] *f* ⟨-, -n⟩ CHEM hydrolysis **Hydrotherapie** *f* MED hydrotherapy

Hygiene [hy'gieːnə] *f* ⟨-, no pl⟩ hygiene **hygienisch** [hy'gieːnɪʃ] **I** *adj* hygienic **II** *adv* hygienically

Hymne ['hʏmnə] *f* ⟨-, -n⟩ hymn; (≈ *Nationalhymne*) (national) anthem

Hype [haip] *m* ⟨-s, -s⟩ (≈ *Werbung, Täuschung*) hype *no pl*

hyperaktiv [hypɐ|ak'tiːf] *adj* hyperactive **Hyperbel** [hy'pɛrbl] *f* ⟨-, -n⟩ MAT hyperbola; *(Rhetorik)* hyperbole **Hyperlink** ['haipɐlɪŋk] *m or nt* ⟨-s, -s⟩ IT hyperlink **hypermodern** [hy'pɐ-] *adj* (*infml*) ultramodern **Hypertext** ['haipɐ-] *m, no pl* IT hypertext

Hypnose [hʏp'noːzə] *f* ⟨-, -n⟩ hypnosis; *unter ~ stehen* to be under hypnosis **hypnotisch** [hʏp'noːtɪʃ] *adj* hypnotic **Hypnotiseur** [hʏpnoti'zøːɐ] *m* ⟨-s, -e⟩, **Hypnotiseurin** [-'zøːrɪn] *f* ⟨-,

-nen⟩ hypnotist hypnotisieren [hʏpnotiˈtsiːrən] *past part* **hypnotisiert** *v/t* to hypnotize
Hypochonder [hypoˈxɔndɐ, hypɔ-] *m* ⟨**-s, -**⟩ hypochondriac
Hypotenuse [hypoteˈnuːzə] *f* ⟨**-, -n**⟩ MAT hypotenuse
Hypothek [hypoˈteːk] *f* ⟨**-, -en**⟩ mortgage; **eine ~ aufnehmen** to raise a mortgage; **etw mit einer ~ belasten** to mortgage sth **Hypothekenbank** *f*, *pl* **-banken** *bank specializing in mortgages* **Hypothekenbrief** *m* mortgage deed *or* certif-

icate **hypothekenfrei** *adj* unmortgaged **Hypothekenschuld** *f* mortgage debt **Hypothekenschuldner(in)** *m/(f)* mortgagor, mortgager **Hypothekenzinsen** *pl* mortgage interest
Hypothese [hypoˈteːzə] *f* hypothesis **hypothetisch** [hypoˈteːtɪʃ] **I** *adj* hypothetical **II** *adv* hypothetically
Hysterie [hʏsteˈriː] *f* ⟨**-, -n** [-ˈriːən]⟩ hysteria **hysterisch** [hʏsˈteːrɪʃ] *adj* hysterical; **einen ~en Anfall bekommen** (*fig*) to go into *or* have hysterics

I

I, i [iː] *nt* I, i
i [iː] *int* (*infml*) ugh (*infml*)
iberisch [iˈbeːrɪʃ] *adj* Iberian
ich [ɪç] *pers pr, gen* **meiner**, *dat* **mir**, *acc* **mich** I; **immer ~!** (it's) always me!; **~ Idiot!** what an idiot I am!; **wer hat den Schlüssel? — ~ nicht!** who's got the key? — not me!; **~ selbst** I myself; **wer hat gerufen? — ~!** who called? — (it was) me, I did!; **~ bins!** it's me! **Ich** [ɪç] *nt* ⟨**-(s), -(s)**⟩ self; PSYCH ego; **mein anderes** *or* **zweites ~** (≈ *selbst*) my other self; (≈ *andere Person*) my alter ego **Ichform** *f* first person
Icon [ˈaikn, ˈaikɔn] *nt* ⟨**-s, -s**⟩ IT icon
ideal [ideˈaːl] *adj* ideal **Ideal** [ideˈaːl] *nt* ⟨**-s, -e**⟩ ideal **idealerweise** [ideˈalɐˈvaizə] *adv* ideally **Idealfall** *m* ideal case; **im ~** ideally **idealisieren** [ideˈaliˈziːrən] *past part* **idealisiert** *v/t* to idealize **Idealismus** [ideaˈlɪsmʊs] *m* ⟨**-, no pl**⟩ idealism **Idealist** [ideaˈlɪst] *m* ⟨**-en, -en**⟩, **Idealistin** [-ˈlɪstɪn] *f* ⟨**-, -nen**⟩ idealist **idealistisch** [ideaˈlɪstɪʃ] *adj* idealistic **Idealvorstellung** *f* ideal
Idee [iˈdeː] *f* ⟨**-, -n** [iˈdeːən]⟩ **1.** idea; **wie kommst du denn auf DIE ~?** whatever gave you that idea?; **ich kam auf die ~, sie zu fragen** I hit on the idea of asking her **2.** (≈ *ein wenig*) shade, trifle; **eine ~ Salz** a hint of salt **ideell** [ideˈɛl] *adj* Wert, Ziele non-material; *Unterstützung* spiritual **ideenreich** *adj* (≈ *einfallsreich*) full of ideas; (≈ *fantasiereich*) imaginative, full of imagination
Identifikation [idɛntifikaˈtsioːn] *f* ⟨**-,**

-en⟩ identification **identifizieren** [idɛntifiˈtsiːrən] *past part* **identifiziert** **I** *v/t* to identify **II** *v/r* **sich ~ mit** to identify (oneself) with **Identifizierung** *f* ⟨**-, -en**⟩ identification
identisch [iˈdɛntɪʃ] *adj* identical (*mit* with) **Identität** [identiˈtɛːt] *f* ⟨**-, -en**⟩ identity **Identitätskrise** *f* identity crisis **Identitätsnachweis** *m* proof of identity
Ideologe [ideoˈloːgə] *m* ⟨**-n, -n**⟩, **Ideologin** [-ˈloːgɪn] *f* ⟨**-, -nen**⟩ ideologist **Ideologie** [ideoloˈgiː] *f* ⟨**-, -n** [-ˈgiːən]⟩ ideology **ideologisch** [ideoˈloːgɪʃ] **I** *adj* ideological **II** *adv* ideologically
Idiom [iˈdioːm] *nt* ⟨**-s, -e**⟩ idiom **idiomatisch** [idioˈmaːtɪʃ] **I** *adj* idiomatic **II** *adv* idiomatically
Idiot [iˈdioːt] *m* ⟨**-en, -en**⟩, **Idiotin** [iˈdioːtɪn] *f* ⟨**-, -nen**⟩ idiot **Idiotenhügel** *m* (*hum infml*) nursery *or* beginners' slope **idiotensicher** (*infml*) **I** *adj* foolproof *no adv* **II** *adv* **~ gestaltet sein** to be designed to be foolproof **Idiotie** [idioˈtiː] *f* ⟨**-, -n** [-ˈtiːən]⟩ idiocy; (*infml*) lunacy **idiotisch** [iˈdioːtɪʃ] *adj* idiotic
Idol [iˈdoːl] *nt* ⟨**-s, -e**⟩ idol
Idyll [iˈdʏl] *nt* ⟨**-s, -e**⟩ idyll; (≈ *Gegend*) idyllic place *or* spot **Idylle** [iˈdʏlə] *f* ⟨**-, -n**⟩ idyll **idyllisch** [iˈdʏlɪʃ] **I** *adj* idyllic **II** *adv* idyllically
Igel [ˈiːgl] *m* ⟨**-s, -**⟩ ZOOL hedgehog
igitt(igitt) [iˈgɪt(iˈgɪt)] *int* (*infml*) ugh! (*infml*)
Iglu [ˈiːglu] *m or nt* ⟨**-s, -s**⟩ igloo
ignorant [ɪgnoˈrant] *adj* ignorant **Ignoranz** [ɪgnoˈrants] *f* ⟨**-, no pl**⟩ ignorance

ignor**ieren** [ɪgnoˈriːrən] *past part* **igno-riert** *v/t* to ignore

ihm [iːm] *pers p dat of* **er**, **es** (*bei Personen*) to him; (*bei Tieren und Dingen*) to it; (*nach Präpositionen*) him/it; **ich gab es ~** I gave it (to) him; **ich gab ~ den Brief** I gave him the letter, I gave the letter to him; **ein Freund von ~** a friend of his, one of his friends

ihn [iːn] *pers pr acc of* **er** him; (*bei Tieren und Dingen*) it

ihnen [ˈiːnən] *pers pr dat of* **sie** to them; (*nach Präpositionen*) them; → **ihm**

Ihnen [ˈiːnən] *pers pr dat of* **Sie** to you; (*nach Präpositionen*) you; → **ihm**

ihr [iːɐ] **I** *pers pr* **1.** *gen* **euer**, *dat* **euch**, *acc* **euch** 2nd person pl nom you **2.** *dat of* **sie** (*bei Personen*) to her; (*bei Tieren und Dingen*) her/it; → **ihm II** *poss pr* **1.** (*einer Person*) her; (*eines Tiers*, *Dinges*) its **2.** (*von mehreren*) their

Ihr [iːɐ] *poss pr sg and pl* your; **~ Franz Müller** (*Briefschluss*) yours, Franz Müller

ihrerseits [ˈiːrɐˈzaɪts] *adv* (*bei einer Person*) for her part; (*bei mehreren*) for their part Ihrerseits [ˈiːrɐˈzaɪts] *adv* for your part ihresgleichen [ˈiːrəsˈɡlaɪçn] *pron inv* (*von einer Person*) people like her; (*von mehreren*) people like them Ihresgleichen [ˈiːrəsˈɡlaɪçn] *pron inv* people like you ihretwegen [ˈiːrətˈveːɡn], ihretwillen [ˈiːrətˈvɪlən] *adv* (*sing*) because of her; (*pl*) because of them Ihretwegen [ˈiːrətˈveːɡn], Ihretwillen [ˈiːrətˈvɪlən] *adv* because of you

Ikone [iˈkoːnə] *f* ⟨-, -n⟩ (*also fig*) icon

illegal [ɪleˈɡaːl, ˈɪl-] **I** *adj* illegal **II** *adv* illegally; **sich ~ betätigen** to engage in illegal activities Illegalität [ɪleɡaliˈtɛːt, ˈɪl-] *f* ⟨-, -en⟩ illegality illegitim [ɪleɡiˈtiːm, ˈɪl-] *adj* illegitimate

Illusion [ɪluˈzioːn] *f* ⟨-, -en⟩ illusion; **sich** (*dat*) **~en machen** to delude oneself; **darüber macht er sich keine ~en** he doesn't have any illusions about it illusorisch [ɪluˈzoːrɪʃ] *adj* illusory

Illustration [ɪlʊstraˈtsioːn] *f* ⟨-, -en⟩ illustration; **zur ~ von etw** as an illustration of sth illustrativ [ɪlʊstraˈtiːf] **I** *adj* (≈ *anschaulich*) illustrative **II** *adv* (≈ *anschaulich*) vividly illustrieren [ɪlʊsˈtriːrən] *past part* **illustriert** *v/t* to illustrate (*jdm etw* sth for sb) Illustrierte [ɪlʊs-

'triːɐtə] *f decl as adj* magazine

Iltis [ˈɪltɪs] *m* ⟨-es, -se⟩ polecat

im [ɪm] *prep* = **in dem**; **im Bett** in bed; **im letzten/nächsten Jahr** last/next year; **etw im Liegen tun** to do sth lying down

Image [ˈɪmɪtʃ] *nt* ⟨-(s), -s⟩ image Imagekampagne *f* image-building campaign Imagepflege *f* image building

imaginär [imaɡiˈnɛːɐ] *adj* imaginary

Imbiss [ˈɪmbɪs] *m* ⟨-es, -e⟩ snack Imbisshalle *f* snack bar Imbissstube *f* café; (*in Kaufhaus etc*) cafeteria

Imitation [imitaˈtsioːn] *f* ⟨-, -en⟩ imitation imitieren [imiˈtiːrən] *past part* **imitiert** *v/t* to imitate

Imker [ˈɪmkɐ] *m* ⟨-s, -⟩, Imkerin [-ərɪn] *f* ⟨-, -nen⟩ beekeeper Imkerei [ɪmkəˈraɪ] *f* ⟨-, *no pl*⟩ beekeeping

immateriell [ɪmateˈriɛl, ˈɪm-] *adj Vermögenswerte* immaterial

Immatrikulation [ɪmatrikulaˈtsioːn] *f* ⟨-, -en⟩ matriculation (*form*) immatrikulieren [ɪmatrikuˈliːrən] *past part* **immatrikuliert I** *v/t* to register (*at university*) (*an +dat* at) **II** *v/r* to matriculate (*form*)

immens [ɪˈmɛns] **I** *adj* immense, huge **II** *adv* immensely

immer [ˈɪmɐ] *adv* **1.** always; **schon ~** always; **für ~** for ever, for always; **~ diese Probleme!** all these problems!; **~, wenn ...** whenever ..., every time that ...; **~ geradeaus gehen** to keep going straight on; **~** (**schön**) **mit der Ruhe** (*infml*) take it easy; **noch ~** still; **~ noch nicht** still not (yet); **~ wieder** again and again; **etw ~ wieder tun** to keep on doing sth; **wie ~** as usual **2.** (+*comp*) **~ besser** better and better; **~ häufiger** more and more often; **~ mehr** more and more **3.** **wer** (**auch**) **~** whoever; **wie** (**auch**) **~** however; **wann** (**auch**) **~** whenever; **wo** (**auch**) **~** wherever; **was** (**auch**) **~** whatever immergrün [ˈɪmɐɡryːn] *adj attr* evergreen immerhin [ˈɪmɐˈhɪn] *adv* all the same, anyhow, at any rate; (≈ *wenigstens*) at least; (≈ *schließlich*) after all

Immigrant [imiˈɡrant] *m* ⟨-en, -en⟩, Immigrantin [-ˈɡrantɪn] *f* ⟨-, -nen⟩ immigrant Immigration [imiɡraˈtsioːn] *f* ⟨-, -en⟩ immigration immigrieren [imiˈɡriːrən] *past part* **immigriert** *v/i aux sein* to immigrate

Immissionsschutz *m* air pollution control

immobil [imoˈbiːl, ˈɪm-] *adj* immoveable

Immobilie [ɪmo'biːliə] *f* ⟨-, -n⟩ **1.** *eine~* a property **2. Immobilien** *pl* real estate *sg*; (*in Zeitungsannoncen*) property *sg* **Immobilienmakler(in)** *m/(f)* (real) estate agent (*Br*), Realtor® (*US*)

immun [ɪ'muːn] *adj* immune (*gegen* to) **immunisieren** [ɪmuni'ziːrən] *past part* **immunisiert** *v/t* (*form*) to immunize (*gegen* against) **Immunität** [ɪmuni'tɛːt] *f* ⟨-, (*rare*) -en⟩ immunity **Immunologe** [ɪmuno'loːgə] *m* ⟨-n, -n⟩, **Immunologin** [-'loːgɪn] *f* ⟨-, -nen⟩ immunologist **Immunschwäche** *f* immunodeficiency **Immunschwächekrankheit** *f* immune deficiency disease *or* syndrome **Immunsystem** *nt* immune system **Immuntherapie** *f* MED immunotherapy

Imperativ ['ɪmperatiːf] *m* ⟨-s, -e [-və]⟩ imperative

Imperfekt ['ɪmpɛrfɛkt] *nt* GRAM imperfect (tense)

Imperialismus [ɪmperia'lɪsmʊs] *m* ⟨-, no pl⟩ imperialism **imperialistisch** [ɪmperia'lɪstɪʃ] *adj* imperialistic **Imperium** [ɪm'peːrium] *nt* ⟨-s, **Imperien** [-riən]⟩ (≈ *Gebiet*) empire

impfen ['ɪmpfn] *v/t* to vaccinate **Impfpass** *m* vaccination card **Impfschein** *m* certificate of vaccination **Impfschutz** *m* protection given by vaccination **Impfstoff** *m* vaccine, serum **Impfung** *f* ⟨-, -en⟩ vaccination

Implantat [ɪmplan'taːt] *nt* ⟨-(e)s, -e⟩ implant **Implantation** [ɪmplanta'tsioːn] *f* ⟨-, -en⟩ MED implantation **implantieren** [ɪmplan'tiːrən] *past part* **implantiert** *v/t* to implant

implementieren [ɪmplemɛn'tiːrən] *past part* **implementiert** *v/t* (*elev*) to implement

Implikation *f* implication **implizieren** [ɪmpli'tsiːrən] *past part* **impliziert** *v/t* to imply **implizit** [ɪmpli'tsiːt] *adv* (*elev*) by implication

implodieren [ɪmplo'diːrən] *past part* **implodiert** *v/i aux sein* to implode **Implosion** [ɪmplo'zioːn] *f* ⟨-, -en⟩ implosion

imponieren [ɪmpo'niːrən] *past part* **imponiert** *v/i* to impress (*jdm* sb) **imponierend** *adj* impressive **Imponiergehabe** *nt* (*fig pej*) exhibitionism

Import [ɪm'pɔrt] *m* ⟨-(e)s, -e⟩ import **Importbeschränkung** *f* import quota **Importeur** [ɪmpɔr'tøːɐ] *m* ⟨-s, -e⟩, **Importeurin** [-'tøːrɪn] *f* ⟨-, -nen⟩ importer **importieren** [ɪmpɔr'tiːrən] *past part* **importiert** *v/t* to import **Importland** *nt* importing country **Importlizenz** *f* import licence (*Br*) *or* license (*US*) **Importzoll** *m* import duty *or* tariff

imposant [ɪmpo'zant] *adj* imposing; *Leistung* impressive

impotent ['ɪmpotɛnt, ɪmpo'tɛnt] *adj* impotent **Impotenz** ['ɪmpotɛnts, ɪmpo-'tɛnts] *f* ⟨-, no pl⟩ impotence

imprägnieren [ɪmprɛ'gniːrən] *past part* **imprägniert** *v/t* to impregnate; (≈ *wasserdicht machen*) to (water)proof

Impression [ɪmprɛ'sioːn] *f* impression (*über* +acc of) **Impressionismus** [ɪmpresio'nɪsmʊs] *m* ⟨-, no pl⟩ impressionism **Impressionist** [ɪmpresio'nɪst] *m* ⟨-en, -en⟩, **Impressionistin** [-'nɪstɪn] *f* ⟨-, -nen⟩ impressionist **impressionistisch** [ɪmpresio'nɪstɪʃ] *adj* impressionistic **Impressum** [ɪm'prɛsʊm] *nt* ⟨-s, **Impressen** [-sn]⟩ imprint

Improvisation [ɪmproviza'tsioːn] *f* ⟨-, -en⟩ improvisation **improvisieren** [ɪmprovi'ziːrən] *past part* **improvisiert** *v/t & v/i* to improvise

Impuls [ɪm'pʊls] *m* ⟨-es, -e⟩ impulse; *etw aus einem ~ heraus tun* to do sth on impulse **impulsiv** [ɪmpʊl'ziːf] **I** *adj* impulsive **II** *adv* impulsively

imstande [ɪm'ʃtandə] *adj pred* **~ sein, etw zu tun** (≈ *fähig*) to be capable of doing sth

in [ɪn] **I** *prep* **1.** (*räumlich*) (*wo?* +dat) in; (*wohin?* +acc) in, into; *in der Schweiz* in Switzerland; *in die Schweiz* to Switzerland; *in die Schule/Kirche gehen* to go to school/church; *er ist in der Schule/Kirche* he's at *or* in school/church; *er ging ins Konzert* he went to the concert **2.** (*zeitlich: wann?* +dat) in; *in diesem Jahr* (*laufendes Jahr*) this year; *heute in zwei Wochen* two weeks today **3.** *das ist in Englisch* it's in English; *ins Englische übersetzen* to translate into English; *sie hat es in sich* (*dat*) (*infml*) she's quite a girl; → *im* **II** *adj pred* (*infml*) *in sein* to be in (*infml*)

inaktiv *adj* inactive; *Mitglied* non-active **inakzeptabel** *adj* unacceptable

Inanspruchnahme [ɪn'|anʃprʊxnaːmə] *f* ⟨-, -n⟩ (*form*) **1.** (≈ *Beanspruchung*) demands *pl*, claims *pl* (+gen on) **2.** (*von Einrichtungen etc*) utilization

Inbegriff ['ɪnbəgrɪf] *m*, *no pl* perfect example, embodiment; **sie war der ~ der Schönheit** she was beauty personified **inbegriffen** ['ɪnbəɡrɪfn̩] *adj pred* included; **die Mehrwertsteuer ist im Preis ~** the price is inclusive of VAT

Inbetriebnahme [ɪnbə'tri:pna:mə] *f* ‹-, -n› commissioning; *(von Gebäude, U-Bahn etc)* inauguration

Inbrunst ['ɪnbrʊnst] *f, no pl* fervour *(Br)*, fervor *(US)* **inbrünstig** ['ɪnbrʏnstɪç] **I** *adj* fervent, ardent **II** *adv* fervently, ardently

Inbusschlüssel® ['ɪnbʊs-] *m* TECH Allen key®

indem [ɪn'de:m] *cj* **1.** (≈ *während*) while **2.** (≈ *dadurch, dass*) **~ man etw macht** by doing sth

Inder ['ɪndɐ] *m* ‹-s, -›,**Inderin** [-ərɪn] *f* ‹-, -nen› Indian; **zum ~ gehen** to go to an/the Indian restaurant

indessen [ɪn'dɛsn̩] *adv* **1.** *(zeitlich)* meanwhile, (in the) meantime **2.** *(adversativ)* however

Index ['ɪndɛks] *m* ‹-(es), -e or **Indizes** ['ɪndɪtse:s]› index **indexieren** [ɪndɛ'ksi:rən] *past part* **indexiert** *v/t & v/i* to index

Indianer [ɪn'dia:nɐ] *m* ‹-s, -›,**Indianerin** [-ərɪn] *f* ‹-, -nen› American Indian, Native American; *(in Western)* (Red) Indian**indianisch** [ɪn'dia:nɪʃ] *adj* American Indian, Native American; *(in Western)* (Red) Indian

Indien ['ɪndiən] *nt* ‹-s› India

Indikation [ɪndika'tsioːn] *f* ‹-, -en› MED indication **Indikativ** ['ɪndikatiːf] *m* ‹-s, -e [-və]› GRAM indicative **Indikator** [ɪndi'kaːtoːɐ] *m* ‹-s, **Indikatoren** [-'toːrən]› indicator

indirekt ['ɪndirɛkt, ɪndi'rɛkt] **I** *adj* indirect; **~e Rede** indirect *or* reported speech **II** *adv* indirectly

indisch ['ɪndɪʃ] *adj* Indian; **der Indische Ozean** the Indian Ocean

indiskret [ɪndɪs'kreːt, 'ɪn-] *adj* indiscreet **Indiskretion** [ɪndɪskre'tsioːn, 'ɪn-] *f* indiscretion

indiskutabel [ɪndɪsku'taːbl̩, 'ɪn-] *adj* out of the question

Individualismus [ɪndividua'lɪsmʊs] *m* ‹-, no pl› individualism **Individualist** [ɪndividua'lɪst] *m* ‹-en, -en›,**Individualistin** [-lɪstɪn] *f* ‹-, -nen› individualist **Individualität** [ɪndividuali'tɛːt] *f* ‹-, -en, no pl› individuality **Individualver-**

kehr [ɪndivi'dua:l-] *m* MOT private transport**individuell** [ɪndivi'dʊɛl] **I** *adj* individual **II** *adv* individually; **etw ~ gestalten** to give sth a personal note; **es ist ~ verschieden** it differs from person to person **Individuum** [ɪndi'viːduʊm] *nt* ‹-s, **Individuen** [-duən]› individual

Indiz [ɪn'diːts] *nt* ‹-es, -ien [-tsiən]› **1.** JUR clue; *(als Beweismittel)* piece of circumstantial evidence **2.** (≈ *Anzeichen*) sign *(für* of) **Indizienbeweis** *m* circumstantial evidence *no pl* **indizieren** [ɪndi'tsiːrən] *past part* **indiziert** *v/t* MED to indicate; IT to index

Indochina ['ɪndo'çiːna] *nt* Indochina **Indonesien** [ɪndo'neːziən] *nt* ‹-s› Indonesia **Indonesier** [ɪndo'neːziɐ] *m* ‹-s, -›,**Indonesierin** [-ərɪn] *f* ‹-, -nen› Indonesian **indonesisch** [ɪndo'neːzɪʃ] *adj* Indonesian

indossieren [ɪndɔ'siːrən] *past part* **indossiert** *v/t* COMM to endorse

industrialisieren [ɪndʊstriali'ziːrən] *past part* **industrialisiert** *v/t* to industrialize**Industrialisierung** *f* ‹-, -en› industrialization**Industrie** [ɪndʊs'triː] *f* ‹-, -n [-'triːən]› industry; **in der ~ arbeiten** to work in industry**Industrieabfälle** *pl* industrial waste**Industrieanlage** *f* industrial plant *or* works *pl* **Industriegebiet** *nt* industrial area; (≈ *Gewerbegebiet*) industrial estate **Industriegelände** *nt* industrial site **Industriegewerkschaft** *f* industrial union**Industriekauffrau** *f*,**Industriekaufmann** *m* industrial clerk**Industrieland** *nt* industrialized country **industriell** [ɪndʊstri'ɛl] **I** *adj* industrial **II** *adv* industrially **Industrielle(r)** [ɪndʊstri'ɛlə] *m/f(m) decl as adj* industrialist**Industriemüll** *m* industrial waste **Industriestaat** *m* industrial nation **Industriestadt** *f* industrial town **Industrie- und Handelskammer** *f* chamber of commerce**Industriezweig** *m* branch of industry

ineffektiv [ɪnɛfɛk'tiːf, 'ɪn-] *adj* ineffective, ineffectual

ineinander [ɪn|ai'nandɐ] *adv* sein, liegen etc in(side) one another *or* each other; **~ übergehen** to merge (into one another *or* each other); **sich ~ verlieben** to fall in love (with each other) **ineinanderfließen** *v/i sep irr aux sein* to merge**ineinandergreifen** *v/i sep irr (lit)* to interlock; *(fig: Ereignisse etc)* to overlap **ineinan-**

derschieben *v/t & v/r sep irr* to telescope

infam [ɪn'faːm] *adj* infamous

Infanterie [ɪnfantə'riː, 'ɪn-] *f* ⟨-, **-n** [-'riːən]⟩ infantry

infantil [ɪnfan'tiːl] *adj* infantile

Infarkt [ɪn'farkt] *m* ⟨-(e)s, **-e**⟩ MED infarct (*tech*); (≈ *Herzinfarkt*) coronary (thrombosis)

Infektion [ɪnfɛk'tsioːn] *f* ⟨-, **-en**⟩ infection **Infektionsgefahr** *f* danger of infection **Infektionsherd** *m* focus of infection **Infektionskrankheit** *f* infectious disease **Infektionsrisiko** *nt* risk of infection **infektiös** [ɪnfɛk'tsiøːs] *adj* infectious

Inferno [ɪn'fɛrno] *nt* ⟨-s, *no pl*⟩ inferno

Infinitiv ['ɪnfinitiːf] *m* ⟨-s, **-e** [-və]⟩ infinitive

infizieren [ɪnfi'tsiːrən] *past part* **infiziert** **I** *v/t* to infect **II** *v/r* to get infected (*bei* by)

in flagranti [ɪn fla'ɡranti] *adv* in the act

Inflation [ɪnfla'tsioːn] *f* ⟨-, **-en**⟩ inflation **inflationär** [ɪnflatsio'nɛːɐ] *adj* inflationary; (*fig*) over-extensive **Inflationsrate** *f* rate of inflation

inflexibel [ɪnflɛ'ksiːbl, 'ɪn-] *adj* inflexible

Info ['ɪnfo] *f* ⟨-, **-s**⟩ (*infml* ≈ *Information*) info (*infml*)

infolge [ɪn'fɔlɡə] *prep +gen* as a result of **infolgedessen** [ɪnfɔlɡə'dɛsn] *adv* consequently, as a result

Infomaterial *nt* (*infml*) info (*infml*) **Informant** [ɪnfɔr'mant] ⟨**-en, -en**⟩ *m* ⟨**-en, -en**⟩, **Informantin** [-ərɪn] *f* ⟨-, **-nen**⟩ (≈ *Denunziant*) informer **Informatik** [ɪnfɔr'maːtɪk] *f* ⟨-, *no pl*⟩ informatics *sg*; (≈ *Schulfach*) computer studies *pl* **Informatiker** [ɪnfɔr'maːtikɐ] *m* ⟨-s, -⟩, **Informatikerin** [-ərɪn] *f* ⟨-, **-nen**⟩ computer *or* information scientist

Information [ɪnfɔrma'tsioːn] *f* **1.** information *no pl* (*über +acc* about, on); **eine ~** (a piece of) information; **~en weitergeben** to pass on information; **zu Ihrer ~** for your information **2.** (≈ *Stelle*) information desk **Informationsaustausch** *m* exchange of information **Informationsgesellschaft** *f* information society **Informationsmaterial** *nt* information **Informationsquelle** *f* source of information **Informationsstand** *m* **1.** information stand **2.** *no pl* (≈ *Wissensstand*) level of information **Informationstechnik** *f* **Informationstechnologie** *f* information technology **Informationszentrum**

nt information centre (*Br*) *or* center (*US*) **informativ** [ɪnfɔrma'tiːf] *adj* informative

informell [ɪnfɔr'mɛl, 'ɪn-] **I** *adj* informal **II** *adv* informally

informieren [ɪnfɔr'miːrən] *past part* **informiert** **I** *v/t* to inform (*über +acc, von* about, of); **da bist du falsch informiert** you've been misinformed **II** *v/r* to find out, to inform oneself (*über +acc* about) **Infostand** ['ɪnfo-] *m* (*infml*) information stand **Infotainment** [ɪnfo-'teːnmənt] *nt* ⟨-s, *no pl*⟩ infotainment **Infotelefon** *nt* information line

infrage [ɪn'fraːɡə], **in Frage** *adv* **~ kommen** to be possible; **~ kommend** possible; **Bewerber** worth considering; **das kommt (überhaupt) nicht ~!** that's (quite) out of the question!; **etw ~ stellen** to question sth, to call sth into question

infrarot *adj* infrared **Infraschall** *m* infrasonic waves *pl* **Infrastruktur** *f* infrastructure

Infusion [ɪnfu'zioːn] *f* infusion

Ingenieur [ɪnʒe'nioːɐ] *m* ⟨-s, **-e**⟩, **Ingenieurin** [-'nioːrɪn] *f* ⟨-, **-nen**⟩ engineer **Ingwer** ['ɪŋvɐ] *m* ⟨-s, -⟩ ginger

Inhaber ['ɪnhaːbɐ] *m* ⟨-s, -⟩, **Inhaberin** [-ərɪn] *f* ⟨-, **-nen**⟩ owner; (*von Konto, Rekord*) holder; (*von Scheck, Pass*) bearer

inhaftieren [ɪnhaf'tiːrən] *past part* **inhaftiert** *v/t* to take into custody **Inhaftierung** *f* ⟨-, **-en**⟩ (≈ *das Inhaftieren*) arrest; (≈ *Haft*) imprisonment

inhalieren [ɪnha'liːrən] *past part* **inhaliert** *v/t & v/i* (MED, *infml*) to inhale

Inhalt *m* **1.** contents *pl* **2.** (MAT ≈ *Flächeninhalt*) area; (≈ *Rauminhalt*) volume **inhaltlich** ['ɪnhaltlɪç] *adj, adv* as regards content **Inhaltsangabe** *f* summary **inhaltslos** *adj* empty; *Buch, Vortrag* lacking in content **Inhaltsverzeichnis** *nt* list *or* table of contents

inhuman [ɪnhu'maːn, 'ɪn-] *adj* inhuman; (≈ *unbarmherzig*) inhumane

Initiale [ini'tsiaːlə] *f* ⟨-, **-n**⟩ (*elev*) initial **initiativ** [initsia'tiːf] *adj* **~ werden** to take the initiative **Initiative** [initsia'tiːvə] *f* ⟨-, **-n**⟩ initiative; **aus eigener ~** on one's own initiative; **die ~ ergreifen** to take the initiative; **auf jds ~** (*acc*) **hin** on sb's initiative **Initiator** [ini'tsiaːtoːɐ] ⟨-s, **Initiatoren**⟩ *m* ⟨-s, **-en**⟩, **Initiatorin**

[ini'tsia:to:ɐin] [-'to:rɪn] *f* ⟨-, **-nen**⟩ (*elev*) initiator **initiieren** [initsi'i:rən] *past part initiiert v/t* (*elev*) to initiate

Injektion [ɪnjɛk'tsio:n] *f* ⟨-, **-en**⟩ injection **Injektionsspritze** *f* hypodermic (syringe) **injizieren** [ɪnji'tsi:rən] *past part injiziert v/t* (*form*) to inject (*jdm etw* sb with sth)

Inkasso [ɪn'kaso] *nt* ⟨-s, -s *or* (*Aus*) **Inkassi** [-si]⟩ FIN collection

inklusive [ɪnklu'zi:və] *prep +gen* inclusive of

inkognito [ɪn'kɔgnito] *adv* incognito

inkompatibel [ɪnkɔmpa'ti:bl, 'ɪn-] *adj* incompatible

inkompetent [ɪnkɔmpe'tɛnt, 'ɪn-] *adj* incompetent **Inkompetenz** [ɪnkɔmpe'tɛnts, 'ɪn-] *f* incompetence

inkontinent ['ɪnkɔntinɛnt] *adj* MED incontinent **Inkontinenz** ['ɪnkɔntinɛnts] *f* ⟨-, **-en**⟩ MED incontinence

inkorrekt [ɪnkɔ'rɛkt, 'ɪn-] I *adj* incorrect II *adv* incorrectly; *gekleidet* inappropriately

Inkubationszeit *f* incubation period

Inland *nt, no pl* 1. (*als Staatsgebiet*) home; *im In- und Ausland* at home and abroad 2. (≈ *Inneres eines Landes*) inland; *im ∼* inland **inländisch** ['ɪnlɛndɪʃ] *adj* domestic; GEOG inland **Inlandsflug** *m* domestic *or* internal flight **Inlandsmarkt** *m* home *or* domestic market **Inlandsporto** *nt* inland postage

Inliner ['ɪnlainɐ] *pl* = **Inlineskates inlinern** ['ɪnlainɐn] *v/i* to inline-skate **Inlineskater** *m* ⟨-s, -⟩, **Inlineskaterin** *f* ⟨-, **-nen**⟩ in-line skater **Inlineskates** *pl* in-line skates *pl*

inmitten [ɪn'mɪtn] *prep +gen* in the middle *or* midst of

innehaben ['ɪnəha:bn] *v/t sep irr* (*form*) to hold **innehalten** ['ɪnəhaltn] *sep irr v/i* to pause

innen ['ɪnən] *adv* inside; *nach ∼* inwards; *von ∼* from (the) inside **Innenansicht** *f* interior view **Innenarchitekt(in)** *m/f* interior designer **Innenarchitektur** *f* interior design **Innenaufnahme** *f* indoor photo(graph); FILM indoor shot *or* take **Innenausstattung** *f* interior décor *no pl* **Innenbahn** *f* SPORTS inside lane **Innendienst** *m* office duty; *im ∼ sein* to work in the office **Inneneinrichtung** *f* (interior) furnishings *pl* **Innenfläche** *f* (≈ *innere Fläche*) inside; (*der Hand*) palm **Innenhof** *m* inner courtyard **Innenleben** *nt, no pl* (*infml: seelisch*) inner life **Innenminister(in)** *m/f* minister of the interior; (*in GB*) Home Secretary; (*in den USA*) Secretary of the Interior **Innenministerium** *nt* ministry of the interior; (*in GB*) Home Office; (*in den USA*) Department of the Interior **Innenpolitik** *f* domestic policy; (≈ *innere Angelegenheiten*) home *or* domestic affairs *pl* **innenpolitisch** *adj* domestic, internal; *Sprecher* on domestic policy **Innenraum** *m* 1. **Innenräume** inner rooms *pl* 2. *no pl* room inside; (*von Wagen*) interior **Innenseite** *f* inside **Innenspiegel** *m* AUTO interior mirror **Innenstadt** *f* town centre (*Br*) *or* center (*US*); (*einer Großstadt*) city centre (*Br*) *or* center (*US*) **Innentasche** *f* inside pocket **Innentemperatur** *f* inside temperature; (*in einem Gebäude*) indoor temperature **innerbetrieblich** *adj* in-house **Innereien** [ɪnə'raiən] *pl* innards *pl* **innere(r, s)** ['ɪnərə] *adj* inner; (≈ *im Körper befindlich, inländisch*) internal; *die ∼n Angelegenheiten eines Landes* the home *or* domestic affairs of a country; *im innersten Herzen* in one's heart of hearts; *vor meinem ∼n Auge* in my mind's eye **Innere(s)** ['ɪnərə] *nt decl as adj* inside; (*von Kirche, Wagen*) interior; (≈ *Mitte*) middle, centre (*Br*), center (*US*); *ins ∼ des Landes* into the heart of the country **innerhalb** ['ɪnɐhalp] I *prep +gen* 1. (*örtlich*) inside, within 2. (*zeitlich*) within II *adv* inside; (*eines Landes*) inland **innerlich** ['ɪnɐlɪç] I *adj* 1. (≈ *körperlich*) internal 2. (≈ *geistig, seelisch*) inward, inner *no adv* II *adv* 1. (≈ *im Körper*) internally 2. (≈ *gemütsmäßig*) inwardly, inside; *∼ lachen* to laugh inwardly *or* to oneself **innerparteilich** *adj* within the party **innerstädtisch** *adj* domestic, internal **innerstädtisch** *adj* urban, inner-city *attr* **innerste(r, s)** ['ɪnɐstə] *adj* innermost, inmost **Innerste(s)** ['ɪnɐstə] *nt decl as adj* (*lit*) innermost part, heart; (*fig*) heart; *bis ins ∼ getroffen* deeply hurt

innert ['ɪnɐt] *prep +gen or +dat* (*Swiss*) within, inside (of)

innewohnen ['ɪnə-] *v/i +dat sep* to be inherent in

innig ['ɪnɪç] I *adj Grüße, Beileid* heartfelt; *Freundschaft* intimate; *mein ∼ster*

Wunsch my dearest wish **II** *adv* deeply, profoundly; **jdn ~ lieben** to love sb dearly

Innovation [ɪnova'tsioːn] *f* ⟨-, -en⟩ innovation **innovativ** [ɪnova'tiːf] **I** *adj* innovative **II** *adv* innovatively

Innung ['ɪnʊŋ] *f* ⟨-, -en⟩ (trade) guild

inoffiziell [ɪn|ɔfi'tsiel, 'ɪn-] **I** *adj* unofficial **II** *adv* unofficially

inopportun [ɪn|ɔpɔr'tuːn, 'ɪn-] *adj* inopportune

in petto [ɪn 'pɛto]; → **petto**

in puncto [ɪn 'pʊŋkto]; → **puncto**

Input ['ɪnpʊt] *m or nt* ⟨-s, -s⟩ input

Inquisition [ɪnkvizi'tsioːn] *f* ⟨-, -en⟩ Inquisition

Insasse ['ɪnzasə] *m* ⟨-n, -n⟩, **Insassin** ['ɪnsasɪn] *f* ⟨-, -nen⟩ (*von Fahrzeug*) passenger; (*von Anstalt*) inmate

insbesondere [ɪnsbə'zɔndərə] *adv* particularly, in particular

Inschrift *f* inscription

Insekt [ɪn'zɛkt] *nt* ⟨-(e)s, -en⟩ insect **Insektenbekämpfungsmittel** *nt* insecticide **Insektenschutzmittel** *nt* insect repellent **Insektenspray** *nt* insect spray **Insektenstich** *m* insect bite; (*von Bienen, Wespen*) (insect) sting **Insektizid** [ɪnzɛkti'tsiːt] *nt* ⟨-s, -e [-də]⟩ (*form*) insecticide

Insel ['ɪnzl] *f* ⟨-, -n⟩ island; **die Britischen ~n** the British Isles **Inselbewohner(in)** *m(f)* islander **Inselgruppe** *f* group of islands **Inselstaat** *m* island state **Inselvolk** *nt* island nation *or* race *or* people **Inselwelt** *f* island world

Inserat [ɪnze'raːt] *nt* ⟨-(e)s, -e⟩ advertisement **Inserent** [ɪnze'rɛnt] *m* ⟨-en, -en⟩, **Inserentin** [-'rɛntɪn] *f* ⟨-, -nen⟩ advertiser **inserieren** [ɪnze'riːrən] *past part* **inseriert** *v/t & v/i* to advertise

insgeheim [ɪnsgə'haim, 'ɪns-] *adv* secretly

insgesamt [ɪnsgə'zamt, 'ɪns-] *adv* altogether; (≈ *im Großen und Ganzen*) all in all; **ein Verdienst von ~ 2.000 Euro** earnings totalling (*Br*) *or* totaling (*US*) 2,000 euros

Insider ['ɪnsaidɐ] *m* ⟨-s, -⟩, **Insiderin** [-ə-rɪn] *f* ⟨-, -nen⟩ insider **Insiderwissen** *nt* inside knowledge

insofern [ɪnzo'fɛrn, ɪn'zoːfɛrn, 'ɪn-] *adv* in this respect; **~ als** in so far as

insolvent [ɪnzɔl'vɛnt, 'ɪn-] *adj* COMM insolvent **Insolvenz** [ɪnzɔl'vɛnts, 'ɪn-] *f* ⟨-, -en⟩ COMM insolvency

insoweit [ɪnzo'vait, ɪnzoː'vait, 'ɪn-] *adv, cj* = **insofern**

in spe [ɪn 'speː] *adj* (*infml*) to be

Inspekteur [ɪnspɛk'tøːɐ] *m* ⟨-s, -e⟩, **Inspekteurin** [ɪnspɛk'tøːrɪn] [-'tøːrɪn] *f* ⟨-, -nen⟩ MIL Chief of Staff **Inspektion** [ɪnspɛk'tsioːn] *f* ⟨-, -en⟩ inspection; AUTO service **Inspektor** [ɪn'spɛktoːɐ] *m* ⟨-s, **Inspektoren** [-'toːrən]⟩, **Inspektorin** [-'toːrɪn] *f* ⟨-, -nen⟩ inspector

Inspiration [ɪnspira'tsioːn] *f* ⟨-, -en⟩ inspiration **inspirieren** [ɪnspi'riːrən] *past part* **inspiriert** *v/t* to inspire; **sich von etw ~ lassen** to get one's inspiration from sth

inspizieren [ɪnspi'tsiːrən] *past part* **inspiziert** *v/t* to inspect

instabil [ɪnsta'biːl, 'ɪn-] *adj* unstable **Instabilität** *f* instability

Installateur [ɪnstala'tøːɐ] *m* ⟨-s, -e⟩, **Installateurin** [-'tøːrɪn] *f* ⟨-, -nen⟩ plumber; (≈ *Elektroinstallateur*) electrician; (≈ *Gasinstallateur*) gas fitter **Installation** [ɪnstala'tsioːn] *f* ⟨-, -en⟩ installation **installieren** [ɪnsta'liːrən] *past part* **installiert** **I** *v/t* to install **II** *v/r* to install oneself

instand [ɪn'ʃtant] *adj* **etw ~ halten** to maintain sth; **etw ~ setzen** to get sth into working order **Instandhaltung** *f* maintenance **Instandsetzung** [ɪn-'ʃtantzɛtsʊŋ] *f* ⟨-, -en⟩ (*von Gerät*) overhaul; (*von Gebäude*) restoration; (≈ *Reparatur*) repair

Instanz [ɪn'ʃtants] *f* ⟨-, -en⟩ **1.** (≈ *Behörde*) authority **2.** JUR court; **Verhandlung in erster/letzter ~** first/final court case; **er ging durch alle ~en** he went through all the courts

Instinkt [ɪn'stɪŋkt] *m* ⟨-(e)s, -e⟩ instinct; **aus ~** instinctively **instinktiv** [ɪnstɪŋk-'tiːf] **I** *adj* instinctive **II** *adv* instinctively **instinktlos** *adj Bemerkung* insensitive

Institut [ɪnsti'tuːt] *nt* ⟨-(e)s, -e⟩ institute **Institution** [ɪnstitu'tsioːn] *f* ⟨-, -en⟩ institution **institutionell** [ɪnstitutsio'nɛl] *adj* institutional

instruieren [ɪnstru'iːrən] *past part* **instruiert** *v/t* to instruct; (*über Plan etc*) to brief **Instruktion** [ɪnstrʊk'tsioːn] *f* ⟨-, -en⟩ instruction

Instrument [ɪnstru'mɛnt] *nt* ⟨-(e)s, -e⟩ instrument **instrumental** [ɪnstrumen-'taːl] *adj* MUS instrumental **Instrumen-**

tarium [ɪnstrumɛn'taːriʊm] *nt* ⟨*-s, Instrumentarien*⟩ (*lit*) equipment, instruments *pl*; MUS instruments *pl*; (*fig*) apparatus **Instrumentenbrett** *nt* instrument panel **Instrumententafel** *f* control panel

Insuffizienz ['ɪnzʊfitsiɛnts] *f* ⟨*-, -en*⟩ insufficiency

Insulaner [ɪnzu'laːnɐ] *m* ⟨*-s, -*⟩, **Insulanerin** [-ərɪn] *f* ⟨*-, -en*⟩ (*usu hum*) islander

Insulin [ɪnzu'liːn] *nt* ⟨*-s, no pl*⟩ insulin

inszenieren [ɪnstse'niːrən] *past part* **inszeniert** *v/t* **1.** THEAT to direct; (RADIO, TV) to produce **2.** (*fig*) to stage-manage; *einen Streit ~* to start an argument **Inszenierung** *f* ⟨*-, -en*⟩ production

intakt [ɪn'takt] *adj* intact

integer [ɪn'teːgɐ] (*elev*) *adj ~ sein* to be full of integrity

integral [ɪnte'graːl] *adj attr* integral **Integral** [ɪnte'graːl] *nt* ⟨*-s, -e*⟩ integral **Integralrechnung** *f* integral calculus

Integration [ɪntegra'tsioːn] *f* ⟨*-, -en*⟩ integration **integrieren** [ɪnte'griːrən] *past part* **integriert** *v/t* to integrate; *integrierte Gesamtschule* ≈ comprehensive (school) (*Br*), ≈ high school (*US*) **Integrität** [ɪntegri'tɛːt] *f* ⟨*-, no pl*⟩ (*elev*) integrity

Intellekt [ɪntɛ'lɛkt] *m* ⟨*-(e)s, no pl*⟩ intellect **intellektuell** [ɪntɛlɛk'tuɛl] *adj* intellectual **Intellektuelle(r)** [ɪntɛlɛk'tuɛlə] *m/f(m) decl as adj* intellectual

intelligent [ɪntɛli'gɛnt] **I** *adj* intelligent **II** *adv* cleverly, ingeniously; *sich verhalten* intelligently **Intelligenz** [ɪntɛli'gɛnts] *f* ⟨*-, -en*⟩ intelligence; (≈ *Personengruppe*) intelligentsia *pl*; *künstliche ~* artificial intelligence **Intelligenzquotient** *m* intelligence quotient, IQ **Intelligenztest** *m* intelligence test

Intendant [ɪntɛn'dant] *m* ⟨*-en, -en*⟩, **Intendantin** [-'dantɪn] *f* ⟨*-, -nen*⟩ director; THEAT theatre (*Br*) *or* theater (*US*) manager

Intensität [ɪntɛnzi'tɛːt] *f* ⟨*-, (rare) -en*⟩ intensity **intensiv** [ɪntɛn'ziːf] **I** *adj* intensive; *Beziehungen* deep, very close; *Farbe, Geruch, Geschmack, Blick* intense **II** *adv jdn ~ beobachten* to watch sb intently; *sich ~ bemühen* to try hard; *~ nach etw schmecken* to taste strongly of sth **intensivieren** [ɪntɛnzi'viːrən] *past part* **intensiviert** *v/t* to intensify **In-**

tensivierung *f* ⟨*-, -en*⟩ intensification **Intensivkurs** *m* intensive course **Intensivstation** *f* intensive care unit

Intention [ɪntɛn'tsioːn] *f* ⟨*-, -en*⟩ intention, intent

interaktiv [ɪntɐaktiːf] **I** *adj* interactive **II** *adv* interactively; *~ gestaltet* designed for interactive use **Intercity(zug)** *m* intercity (train) **interdisziplinär** [ɪntɐdɪstsipliˈnɛːɐ] *adj* interdisciplinary

interessant [ɪntəreˈsant] **I** *adj* interesting; *zu diesem Preis ist das nicht ~ für uns* COMM we are not interested at that price **II** *adv ~ klingen* to sound interesting; *~ erzählen* to tell interesting stories **interessanterweise** [ɪntəreˈsantəˈvaizə] *adv* interestingly enough **Interesse** [ɪntəˈrɛsə] *nt* ⟨*-s, -n*⟩ interest; *~ an jdm/etw haben* to be interested in sb/sth; *im ~ +gen* in the interests of; *es liegt in Ihrem eigenen ~* it's in your own interest(s); *die ~ eines Staates wahrnehmen* to look after the interests of a state **interessehalber** *adv* out of interest **interesselos** *adj* indifferent **Interessengebiet** *nt* field of interest **Interessengemeinschaft** *f* group of people sharing interests; ECON syndicate **Interessent** [ɪntəreˈsɛnt] *m* ⟨*-en, -en*⟩, **Interessentin** [-ˈsɛntɪn] *f* ⟨*-, -nen*⟩ interested person *or* party (*form*); (≈ *Bewerber*) applicant **Interessenvertretung** *f* representation of interests; (≈ *Personen*) group representing one's interests **interessieren** [ɪntəreˈsiːrən] *past part* **interessiert I** *v/t* to interest (*für, an +dat* in); *das interessiert mich (gar) nicht!* I'm not (the least *or* slightest bit) interested **II** *v/r* to be interested (*für* in) **interessiert** [ɪntəreˈsiːrt] **I** *adj* interested (*an +dat* in); *vielseitig ~ sein* to have a wide range of interests; *politisch ~* interested in politics **II** *adv* with interest; *sich an etw* (*dat*) *~ zeigen* to show an interest in sth

Interface ['ɪntɐfeːs] *nt* ⟨*-, -s*⟩ IT interface

Interimsregierung *f* caretaker *or* provisional government

Interjektion [ɪntɐjɛk'tsioːn] *f* ⟨*-, -en*⟩ interjection **interkontinental** [ɪntɐkɔntinɛn'taːl] *adj* intercontinental **Interkontinentalrakete** [ɪntɐkɔntinɛn'taːl-] *f* intercontinental missile **interkulturell** *adj* intercultural **Intermezzo** [ɪntɐ'mɛtso] *nt* ⟨*-s, -s or Intermezzi*⟩

[-tsi]⟩ MUS intermezzo; (fig) interlude

intern[ɪn'tɛrn] **I** adj internal **II** adv internally

Internat[ɪntɐ'naːt] nt ⟨-(e)s, -e⟩ boarding school

international [ɪntɐnatsioˈnaːl] **I** adj international **II** adv internationally **Internationale**[ɪntɐnatsioˈnaːlə] f ⟨-, -n⟩ Internationale **internationalisieren** [ɪntɐnatsionaliˈziːrən] past part **internationalisiert** v/t to internationalize **Internationalisierung** f internationalization

Internatsschüler(in)m/(f) boarder

Internet['ɪntɐnɛt] nt ⟨-, no pl⟩ IT Internet; **im ~ surfen** to surf the Internet **Internetadresse** f Internet address **Internetanschluss** m Internet connection **Internetauktion** f online auction **Internetcafé**nt Internet café **Internethandel** m Internet trading, e-commerce **Internetnutzer(in)**m/(f) Internet user **Internetprovider** m Internet provider **Internetseite** f web page **Internetzugang** m, **Internetzugriff** m Internet access

internieren [ɪntɐˈniːrən] past part **interniert** v/t to intern **Internierung** f ⟨-, -en⟩ internment **Internierungslager** nt internment camp

Internist[ɪntɐˈnɪst] m ⟨-en, -en⟩, **Internistin**[-'nɪstɪn] f ⟨-, -nen⟩ internist

Interpol['ɪntɐpoːl] f ⟨-⟩ Interpol

Interpret[ɪntɐ'preːt] m ⟨-en, -en⟩, **Interpretin**[-'preːtɪn] f ⟨-, -nen⟩ interpreter (of music, art etc); **Lieder verschiedener ~en** songs by various singers **Interpretation**[ɪntɐpretaˈtsioːn] f ⟨-, -en⟩ interpretation **interpretieren** [ɪntɐpreˈtiːrən] past part **interpretiert** v/t to interpret

Interpunktion f punctuation

Interrogativpronomen [ɪntɐrogaˈtiːf-] nt interrogative pronoun

Intervall [ɪntɐ'val] nt ⟨-s, -e⟩ interval (auch MUS) **Intervallschaltung** f interval switch

intervenieren [ɪntɐveˈniːrən] past part **interveniert** v/i to intervene **Intervention** [ɪntɐvɛn'tsioːn] f ⟨-, -en⟩ intervention

Interview['ɪntɐvjuː, ɪntɐ'vjuː] nt ⟨-s, -s⟩ interview **interviewen** [ɪntɐ'vjuːən, 'ɪntɐ-] past part **interviewt** v/t to interview (jdn zu etw sb about sth) **Interviewer**['ɪntɐvjuːɐ, ɪntɐ'vjuːɐ] m ⟨-s, -⟩, **Interviewerin** ['ɪntɐvjuːɐ, ɪntɐ'vjuːɐɪn]

[-ərɪn] f ⟨-, -nen⟩ interviewer

intim[ɪn'tiːm] adj intimate; **ein ~er Kenner von etw sein** to have an intimate knowledge of sth **Intimbereich**m **1.** ANAT genital area **2.** (fig) = **Intimsphäre Intimität** [ɪntimiˈtɛːt] f ⟨-, -en⟩ intimacy; **~en austauschen** to kiss and pet **Intimpartner(in)**m/(f) (form) sexual partner **Intimsphäre** f private life; **jds ~ verletzen** to invade sb's privacy **Intimverkehr** m intimacy; **~ mit jdm haben** to be intimate with sb

intolerant [ɪntoleˈrant, 'ɪn-] adj intolerant **Intoleranz**[ɪntoleˈrants, 'ɪn-] f intolerance

Intranet['ɪntranɛt] nt ⟨-s, -s⟩ IT Intranet

intransitiv adj intransitive

intravenös[ɪntraveˈnøːs] adj intravenous

Intrigant[ɪntriˈgant] m ⟨-en, -en⟩, **Intrigantin**[-'gantɪn] f ⟨-, -nen⟩ schemer **Intrige**[ɪn'triːgə] f ⟨-, -n⟩ scheme **intrigieren**[ɪntriˈgiːrən] past part **intrigiert** v/i to intrigue, to scheme

introvertiert [ɪntrovɐˈtiːɐt] adj introverted

Intuition[ɪntuiˈtsioːn] f ⟨-, -en⟩ intuition **intuitiv**[ɪntuiˈtiːf] **I** adj intuitive **II** adv intuitively

intus['ɪntʊs] adj (infml) **etw ~ haben** (≈ wissen) to get or have got (Br) sth into one's head (infml); Essen, Alkohol to have sth down (infml) or inside one (infml)

Invalide[ɪnvaˈliːdə] m ⟨-n, -n⟩, **Invalidin** [-'liːdɪn] f ⟨-, -nen⟩ disabled person, invalid **Invalidität** [ɪnvalidiˈtɛːt] f ⟨-, no pl⟩ disability

Invasion[ɪnvaˈzioːn] f ⟨-, -en⟩ invasion **Inventar**[ɪnvɛn'taːɐ] nt ⟨-s, -e⟩ **1.** (≈ Verzeichnis) inventory; COMM assets and liabilities pl; **das ~ aufnehmen** to do the inventory **2.** (≈ Einrichtung) fittings pl (Br), equipment; (≈ Maschinen) equipment no pl, plant no pl; **er gehört schon zum ~** (fig) he's part of the furniture **Inventur**[ɪnvɛn'tuːɐ] f ⟨-, -en⟩ stocktaking; **~ machen** to stocktake

investieren [ɪnvɛsˈtiːrən] past part **investiert** v/t & v/i to invest **Investition** [ɪnvɛstiˈtsioːn] f ⟨-, -en⟩ investment **Investitionsgut** nt usu pl item of capital expenditure; **Investitionsgüter** capital goods pl **Investment** [ɪn'vɛstmənt] nt ⟨-s, -s⟩ investment **Investmentbank** f, pl **-banken** investment bank **Invest-**

mentfonds *m* investment fund **Investmentgesellschaft** *f* investment trust **Investor** [ɪn'vɛstoːɐ] *m* ⟨**-s, -en**⟩, **Investorin** [-toːrɪn] *f* ⟨**-, -nen**⟩ investor **In-vitro-Fertilisation** [ɪn-'viːtrofɛrtilizatsioːn] *f* ⟨**-, -en**⟩ in vitro fertilization **involvieren** [ɪnvɔl'viːrən] *v/t* to involve **inwendig** ['ɪnvɛndɪç] *adv* (*infml*) **jdn/ etw in- und auswendig kennen** to know sb/sth inside out **inwiefern** [ɪnvi'fɛrn], **inwieweit** [ɪnvi-'vait] *adv* (*im Satz*) to what extent; (*alleinstehend*) in what way **Inzest** ['ɪntsɛst] *m* ⟨**-(e)s, -e**⟩ incest *no pl* **inzestuös** [ɪntsɛstu'øːs] *adj* incestuous **Inzucht** *f* inbreeding **inzwischen** [ɪn'tsvɪʃn] *adv* (in the) meantime; meanwhile; **er hat sich ~ verändert** he's changed since (then) **Ion** [ioːn, 'iːɔn] *nt* ⟨**-s, -en** ['ioːnən]⟩ ion **i-Punkt** ['iː-] *m* dot on the i **Irak** [i'raːk, 'iːrak] *m* ⟨**-s**⟩ (**der**) **~** Iraq **Iraker** [i'raːkɐ] *m* ⟨**-s, -**⟩, **Irakerin** [-ərɪn] *f* ⟨**-, -nen**⟩ Iraqi **irakisch** [i'raːkɪʃ] *adj* Iraqi **Iran** [i'raːn] *m* ⟨**-s**⟩ (**der**) **~** Iran **Iraner** [i-'raːnɐ] *m* ⟨**-s, -**⟩, **Iranerin** [-ərɪn] *f* ⟨**-, -nen**⟩ Iranian **iranisch** [i'raːnɪʃ] *adj* Iranian **irdisch** ['ɪrdɪʃ] *adj* earthly *no adv* **Ire** ['iːrə] *m* ⟨**-n, -n**⟩ Irishman; Irish boy; **die ~n** the Irish **irgend** ['ɪrgnt] **I** *adv* at all; **wenn ~ möglich** if it's at all possible **II** *with indef pr* **~ so ein Tier** some animal **irgendein** ['ɪrgnt'ˈ|ain] *indef pr* some; (*fragend, verneinend*) any; **ich will nicht ~ Buch** I don't want just any (old (*infml*)) book; **haben Sie noch ~en Wunsch?** is there anything else you would like? **irgendeine(r, s)** ['ɪrgnt'ˈ|ainə] *indef pr* (*nominal*) (*bei Personen*) somebody, someone; (*bei Dingen*) something; (*fragend, verneinend*) anybody; anything **irgendetwas** ['ɪrgnt'ˈ|ɛtvas] *indef pr* something; (*fragend, verneinend*) anything **irgendjemand** ['ɪrgnt'jeːmant] *indef pr* somebody; (*fragend, verneinend*) anybody; **ich bin nicht ~** I'm not just anybody **irgendwann** ['ɪrgnt'van] *adv* some time **irgendwas** ['ɪrgnt'vas] *indef pr* (*infml*) → **irgendetwas irgendwelche(r, s)** ['ɪrgnt'vɛlçə] *indef pr* some; (*fragend, verneinend*) any **irgendwer**

['ɪrgnt'veːɐ] *indef pr* (*infml*) → **irgendjemand irgendwie** ['ɪrgnt'viː] *adv* somehow (or other); **ist es ~ möglich?** is it at all possible?; **kannst du dir das ~ vorstellen?** can you possibly imagine it? **irgendwo** ['ɪrgnt'voː] *adv* somewhere (or other), someplace (*esp US infml*); (*fragend, verneinend*) anywhere, any place (*esp US infml*) **irgendwoher** ['ɪrgntvo'heːɐ] *adv* from somewhere (or other), from someplace (*esp US infml*); (*fragend, verneinend*) from anywhere *or* any place (*esp US infml*) **irgendwohin** ['ɪrgntvo'hɪn] *adv* somewhere (or other), someplace (*esp US infml*); (*fragend, verneinend*) anywhere, any place (*esp US infml*) **Irin** ['iːrɪn] *f* ⟨**-, -nen**⟩ Irishwoman; Irish girl; **sie ist ~** she is Irish **Iris** ['iːrɪs] *f* ⟨**-, -** *or* (*Opt auch*) **Iriden** [i-'riːdn]⟩ iris **irisch** ['iːrɪʃ] *adj* Irish **Irland** ['ɪrlant] *nt* ⟨**-s**⟩ Ireland; (*≈ Republik Irland*) Eire **irländisch** ['ɪrlɛndɪʃ] *adj* Irish **Ironie** [iro'niː] *f* ⟨**-, (rare) -n** [-'niːən]⟩ irony **ironisch** [i'roːnɪʃ] **I** *adj* ironic, ironical **II** *adv* ironically **irrational** [ɪratsio'naːl, 'ɪr-] **I** *adj* irrational **II** *adv* irrationally **Irrationalität** [ɪratsionali'tɛːt, 'ɪr-] *f* irrationality **irre** ['ɪrə] **I** *adj* **1.** (*≈ geistesgestört*) mad; **~s Zeug reden** (*fig*) to say crazy things **2.** *pred* (*≈ verwirrt*) confused **3.** (*dated infml*) Party, Hut wild (*infml*) **II** *adv* (*dated infml ≈ sehr*) incredibly (*infml*); **~ gut** brilliant (*infml*) **Irre** ['ɪrə] *f* ⟨**-, no pl**⟩ **jdn in die ~ führen** to lead sb astray **irreal** ['ɪreaːl, ɪre'aːl] *adj* unreal **irreführen** *v/t sep* to mislead; **sich ~ lassen** to be misled **irreführend** *adj* misleading **irrelevant** [ɪrele'vant, 'ɪr-] *adj* irrelevant (*für* for, to) **irremachen** *v/t sep* to confuse, to muddle **irren** ['ɪrən] **I** *v/i* **1.** (*≈ sich täuschen*) to be mistaken *or* wrong; **Irren ist menschlich** (*prov*) to err is human (*prov*) **2.** *aux sein* (*≈ umherschweifen*) to wander **II** *v/r* to be mistaken *or* wrong; **sich in jdm ~** to be mistaken *or* wrong about sb; **wenn ich mich nicht irre ...** if I'm not mistaken ... **irreparabel** [ɪrepa'raːbl, 'ɪr-] *adj* irreparable

Irre(r) ['ɪrə] *m/f(m) decl as adj* lunatic
Irrfahrt *f* wandering **Irrgarten** *m* maze, labyrinth **Irrglaube(n)** *m* heresy; (≈ *irrige Ansicht*) mistaken belief **irrig** ['ɪrɪç] *adj* incorrect **irrigerweise** ['ɪrɪɡɐ'vaizə] *adv* wrongly
Irritation [ɪrita'tsioːn] *f* ⟨-, -en⟩ irritation **irritieren** [ɪri'tiːrən] *past part* **irritiert** *v/t* (≈ *verwirren*) to confuse; (≈ *ärgern*) to irritate
Irrsinn *m, no pl* madness **irrsinnig I** *adj* crazy, insane; (*infml* ≈ *stark*) terrific; **wie ein Irrsinniger** like a madman **II** *adv* like crazy (*infml*); **~ viel** a hell of a lot (*infml*) **Irrtum** ['ɪrtuːm] *m* ⟨-s, -tümer* [-tyːmɐ]⟩ mistake; **ein ~ von ihm** a mistake on his part; **im ~ sein** to be wrong; **~ vorbehalten!** COMM errors excepted **irrtümlich** ['ɪrtyːmlɪç] **I** *adj attr* erroneous **II** *adv* erroneously; (≈ *aus Versehen*) by mistake **irrtümlicherweise** ['ɪrtyːmlɪçɐ'vaizə] *adv* erroneously; (≈ *aus Versehen*) by mistake **Irrweg** *m* (*fig*) **auf dem ~ sein** to be on the wrong track; **auf ~e geraten** to go astray
Ischias ['ɪʃias, 'ɪsçias] *m or nt* ⟨-, *no pl*⟩ sciatica **Ischiasnerv** *m* sciatic nerve
ISDN-Anlage [iː|ɛsdeː'|ɛn-] *f* TEL ISDN connection **ISDN-Netz** [iː|ɛsdeː'|ɛn-] *nt* TEL ISDN network
Islam [ɪs'laːm, 'ɪslam] *m* ⟨-s, *no pl*⟩ Islam **islamisch** [ɪs'laːmɪʃ] *adj* Islamic **Islamisierung** [ɪslami'ziːrʊŋ] *f* ⟨-, -en⟩ Islamization

Island ['iːslant] *nt* ⟨-s⟩ Iceland **Isländer** ['iːslɛndɐ] *m* ⟨-s, -⟩, **Isländerin** [-ərɪn] *f* ⟨-, -nen⟩ Icelander **isländisch** ['iːslɛndɪʃ] *adj* Icelandic
Isolation [izola'tsioːn] *f* ⟨-, -en⟩ **1.** isolation **2.** ELEC *etc* insulation **Isolationshaft** *f* solitary confinement **Isolierband** *nt, pl* **-bänder** insulating tape, friction tape (*US*) **isolieren** [izo'liːrən] *past part* **isoliert I** *v/t* **1.** to isolate; **völlig isoliert leben** to live in complete isolation **2.** *elektrische Leitungen, Fenster* to insulate **II** *v/r* to isolate oneself **Isolierkanne** *f* Thermos® flask, vacuum flask **Isolierstation** *f* isolation ward **Isoliertheit** [izo-'liːɐthait] *f* ⟨-, -en⟩ isolatedness **Isolierung** *f* ⟨-, -en⟩ = **Isolation**
Isomatte ['iːzo-] *f* foam mattress
Isotop [izo'toːp] *nt* ⟨-s, -e⟩ isotope
Israel ['ɪsraeːl, 'ɪsraɛl] *nt* ⟨-s⟩ Israel **Israeli** [ɪsra'eːli] *m/f(m)* ⟨-(s), -(s)⟩ Israeli **israelisch** [ɪsra'eːlɪʃ] *adj* Israeli
Istbestand ['ɪst-] *m* (≈ *Geld*) cash in hand; (≈ *Waren*) actual stock **Iststand** *m* actual state *or* status
Italien [i'taːliən] *nt* ⟨-s⟩ Italy **Italiener** [ita'lieːnɐ] *m* ⟨-s, -⟩, **Italienerin** [-ərɪn] *f* ⟨-, -nen⟩ Italian; **zum ~ gehen** to go to an/the Italian restaurant **italienisch** [ita'lieːnɪʃ] *adj* Italian
i-Tüpfelchen ['iː-] *nt* dot (on the/an i); **bis aufs ~** (*fig*) (right) down to the last (little) detail

J

J, j [jɔt, (*Aus*) jeː] *nt* J, j
ja [jaː] *adv* yes; (*bei Trauung*) I do; **ich glaube ja** (yes,) I think so; **wenn ja** if so; **ich habe gekündigt — ja?** I've quit — really?; **ja, bitte?** yes?; **aber ja!** but of course; **ach ja!** oh yes; **sei ja vorsichtig!** be careful; **vergessen Sie es JA nicht!** don't forget, whatever you do!; **sie ist ja erst fünf** (after all) she's only five; **das ist ja richtig, aber ...** that's (certainly) right, but ...; **da kommt er ja** there he is; **das ist es ja** that's just it; **das sag ich ja!** that's just what I say; **Sie wissen ja, dass ...** as you know ...; **das ist ja fürchterlich** that's (just) terrible; **du**

rufst mich doch an, ja? you'll give me a call, won't you? **Ja** [jaː] *nt* ⟨-s, -(s)⟩ yes; **mit Ja antworten/stimmen** to answer/vote yes
Jacht [jaxt] *f* ⟨-, -en⟩ yacht
Jacke ['jakə] *f* ⟨-, -n⟩ jacket, coat (*esp US*); (≈ *Wolljacke*) cardigan; **das ist ~ wie Hose** (*infml*) it's six of one and half a dozen of the other (*infml*)
Jacketkrone ['dʒɛkɪt-] *f* jacket crown
Jackett [ʒa'kɛt] *nt* ⟨-s, -s⟩ jacket, coat (*esp US*)
Jackpot ['dʒɛkpɔt] *m* ⟨-s, -s⟩ (*im Lotto etc*) rollover jackpot
Jade ['jaːdə] *m or f* ⟨-, *no pl*⟩ jade

Jagd [jaːkt] *f* ⟨-, **-en** [-dn]⟩ hunt; (≈ *das Jagen*) hunting; (*fig*) chase (*nach* after); **auf die ~** (*nach etw*) **gehen** to go hunting (for sth); **die ~ nach Geld** the pursuit of money **Jagdgebiet** *nt* hunting ground **Jagdgewehr** *nt* hunting rifle **Jagdhund** *m* hunting dog **Jagdhütte** *f* hunting lodge **Jagdrevier** *nt* shoot **Jagdschein** *m* hunting licence (*Br*) *or* license (*US*) **Jagdschloss** *nt* hunting lodge **Jagdverbot** *nt* ban on hunting **Jagdwild** *nt* game **Jagdzeit** *f* hunting *or* shooting season **jagen** [ˈjaːgn] **I** *v/t* **1.** to hunt **2.** (≈ *hetzen*) to chase; **jdn in die Flucht ~** to put sb to flight; **jdn aus dem Haus ~** to drive sb out of the house; **mit diesem Essen kannst du mich ~** (*infml*) I wouldn't eat this if you paid me **II** *v/i* **1.** to hunt **2.** *aux sein* (≈ *rasen*) to race; **nach etw ~** to chase after sth **Jäger** [ˈjɛːgɐ] *m* ⟨**-s, -**⟩ **1.** hunter, huntsman **2.** (≈ *Jagdflugzeug*) fighter (plane) **Jägerei** [jɛːgəˈrai] *f* ⟨-, *no pl*⟩ hunting **Jägerin** [ˈjɛːgərɪn] *f* ⟨-, **-nen**⟩ huntress, huntswoman **Jägerschnitzel** *nt* veal or pork cutlet with mushrooms and peppers **Jaguar** [ˈjaːguaːɐ] *m* ⟨**-s, -e**⟩ jaguar **jäh** [jɛː] **I** *adj* **1.** (≈ *plötzlich*) sudden **2.** (≈ *steil*) sheer **II** *adv* **1.** (≈ *plötzlich*) suddenly; *enden* abruptly **2.** (≈ *steil*) steeply **Jahr** [jaːɐ] *nt* ⟨**-(e)s, -e**⟩ year; **ein halbes ~** six months *sg or pl*; **ein drei viertel ~** nine months *sg or pl*; **im ~(e) 1066** in (the year) 1066; **die sechziger ~e** the sixties *sg or pl*; **alle ~e** every year; **alle ~e wieder** year after year; **pro ~** a year; **noch nach ~en** years later; **nach ~ und Tag** after (many) years; **mit den ~en** over the years; **zwischen den ~en** (*infml*) between Christmas and New Year; **er ist zehn ~e** (*alt*) he is ten years old; **Personen über 18 ~e** people over (the age of) 18; **in die ~e kommen** (*infml*) to be getting on (in years); **in den besten ~en sein** to be in the prime of one's life; **mit den ~en** as one gets older **jahraus** [jaːɐˈ|aus] *adv* **~, jahrein** year in, year out **Jahrbuch** *nt* yearbook; (≈ *Kalender*) almanac **jahrelang** [ˈjaːrəlaŋ] **I** *adj attr* years of **II** *adv* for years **jähren** [ˈjɛːrən] *v/r* **heute jährt sich der Tag, an dem ...** it's a year ago today that ... **Jahresabschluss** *m* COMM annual accounts *pl* **Jahresanfang** *m*, **Jahresbeginn** *m* beginning of the year **Jahresbeitrag**

m annual subscription **Jahresbericht** *m* annual report **Jahresdurchschnitt** *m* annual *or* yearly average **Jahreseinkommen** *nt* annual income **Jahresende** *nt* end of the year **Jahreshauptversammlung** *f* COMM annual general meeting, AGM **Jahresring** *m* (*eines Baumes*) annual ring **Jahresrückblick** *m* review of the year's events **Jahrestag** *m* anniversary **Jahreswechsel** *m* new year **Jahreszahl** *f* date, year **Jahreszeit** *f* season **Jahrgang** *m*, *pl* **-gänge 1.** year; **er ist ~ 1980** he was born in 1980; **er ist mein ~** we were born in the same year **2.** (*von Wein*) vintage **Jahrhundert** [jaːɐˈhondɐt] *nt* century **jahrhundertealt** *adj* centuries-old **jahrhundertelang I** *adj* centuries of **II** *adv* for centuries **Jahrhundertwende** *f* turn of the century **jährlich** [ˈjɛːrlɪç] **I** *adj* annual, yearly **II** *adv* every year; COMM per annum; **zweimal ~** twice a year **Jahrmarkt** *m* (fun-)fair **Jahrtausend** [jaːɐˈtauznt] *nt* millennium **Jahrtausendwende** *f* millennium **Jahrzehnt** [jaːɐˈtseːnt] *nt* ⟨**-(e)s, -e**⟩ decade **jahrzehntelang** [jaːɐˈtseːntə-] **I** *adj* decades of; **eine ~e Entwicklung** a development lasting decades **II** *adv* for decades

Jähzorn *m* violent temper **jähzornig** *adj* irascible; (≈ *erregt*) furious

Jakobsmuschel *f* scallop

Jalousie [ʒaluˈziː] *f* ⟨-, **-n** [-ˈziːən]⟩ venetian blind

Jalta [ˈjalta] *nt* ⟨**-s**⟩ Yalta

Jamaika [jaˈmaika] *nt* ⟨**-s**⟩ Jamaica

Jammer [ˈjamɐ] *m* ⟨**-s**, *no pl*⟩ (≈ *Elend*) misery; **es wäre ein ~, wenn ...** (*infml*) it would be a crying shame if ... (*infml*) **Jammerlappen** *m* (*sl*) wet (*infml*) **jämmerlich** [ˈjɛmɐlɪç] **I** *adj* pitiful; (*infml*) *Entschuldigung etc* pathetic (*infml*); *Feigling* terrible **II** *adv* *sterben etc* pitifully; *versagen* miserably **jammern** [ˈjamɐn] *v/i* to wail (*über* +acc over) **jammerschade** *adj* **es ist ~** (*infml*) it's a terrible pity

Janker [ˈjaŋkɐ] *m* ⟨**-s, -**⟩ (*esp Aus*) Tyrolean jacket; (≈ *Strickjacke*) cardigan

Jänner [ˈjɛnɐ] *m* ⟨**-s, -**⟩ (*Aus, Swiss*) January

Januar [ˈjanuaːɐ] *m* ⟨**-(s), -e**⟩ January; → **März**

Japan [ˈjaːpan] *nt* ⟨**-s**⟩ Japan **Japaner** [jaˈpaːnɐ] *m* ⟨**-s, -**⟩, **Japanerin** [-ərɪn]

$f\langle$-, -nen$\rangle$ Japanese (man/woman) **japanisch** [ja'pa:nɪʃ] *adj* Japanese

japsen *v/i* (*infml*) to pant

Jargon [ʒar'gõ:] *m* $\langle$-s, -s$\rangle$ jargon

Jasager ['ja:za:gɐ] *m* $\langle$-s, -$\rangle$ yes man **Jasagerin** ['ja:za:gərɪn] *f* $\langle$-, -nen$\rangle$ yes woman

Jasmin [jas'mi:n] *m* $\langle$-s, -e$\rangle$ jasmine

Jastimme ['ja:-] *f* vote in favour (*Br*) or favor (*US*) (of)

jäten ['jɛ:tn] *v/t & v/i* to weed

Jauche ['jauxə] *f* $\langle$-, *no pl*$\rangle$ liquid manure **Jauchegrube** *f* cesspool; AGR liquid manure pit

jauchzen ['jauxtsn] *v/i* (*elev*) to rejoice (*liter*)

jaulen ['jaulən] *v/i* to howl; (*lit*) to yowl

Jause ['jauzə] *f* $\langle$-, -n$\rangle$ (*Aus*) break (for a snack); ($\approx$ *Proviant*) snack

jausnen ['jausnən] *v/i* (*Aus*) to stop for a snack; (*auf Arbeit*) to have a tea (*Br*) or coffee (*esp US*) break

Java ['ja:va] *nt* $\langle$-s$\rangle$ Java **javanisch** [ja-'va:nɪʃ] *adj* Javanese

jawohl [ja'vo:l] *adv, adv* yes; MIL yes, sir; NAUT aye, aye, sir

Jawort [ja'-] *nt, pl* **-worte** jdm das ~ *geben* to say yes to sb; (*bei Trauung*) to say "I do"

Jazz [dʒɛs, jats] *m* $\langle$-, *no pl*$\rangle$ jazz **Jazzband** ['dʒɛs-, 'jats-] *f* jazz band **Jazzkeller** ['dʒɛs-, 'jats-] *m* jazz club

je [je:] **I** *adv* **1.** ($\approx$ *jemals*) ever **2.** ($\approx$ *jeweils*) every, each; *für je drei Stück zahlst du einen Euro* you pay one euro for (every) three; *ich gebe euch je zwei Äpfel* I'll give you two apples each **II** *cj* **1.** *je eher, desto besser* the sooner the better; *je länger, je lieber* the longer the better **2.** *je nach* according to, depending on; *je nachdem* it all depends

Jeans [dʒi:nz] *pl* jeans *pl* **Jeansanzug** *m* denim suit **Jeanshose** ['dʒi:nz-] *f* = **Jeans Jeansjacke** ['dʒi:nz-] *f* denim jacket **Jeansstoff** *m* denim

jedenfalls ['je:dn'fals] *adv* in any case; ($\approx$ *zumindest*) at least

jede(r, s) ['je:də] *indef pr* **1.** (*adjektivisch*) ($\approx$ *einzeln*) each; (*esp von zweien*) either; ($\approx$ *jeder von allen*) every; ($\approx$ *jeder beliebige*) any; ~*s Mal* every time **2.** (*substantivisch*) ($\approx$ *einzeln*) each (one); ($\approx$ *jeder von allen*) everyone; ($\approx$ *jeder Beliebige*) anyone; ~*r von uns* each (one)/every one/any one of us; ~*r Zweite* every

other *or* second one; ~*r für sich* everyone for himself; *das kann* ~*r* anyone can do that; *das kann nicht* ~*r* not everyone can do that **jedermann** ['je:dɐman] *indef pr* everyone, everybody; ($\approx$ *jeder Beliebige auch*) anyone, anybody; *das ist nicht* ~*s Sache* it's not everyone's cup of tea (*infml*) **jederzeit** ['je:dɐ'tsait] *adv* at any time

jedoch [je'dɔx] *cj, adv* however

jegliche(r, s) ['je:klɪçə] *indef pr* (*adjektivisch*) any; (*substantivisch*) each (one)

jeher ['je:he:ɐ, 'je:'he:ɐ] *adv von or seit* ~ always

jein [jain] *adv* (*hum*) yes and no

jemals ['je:ma:ls] *adv* ever

jemand ['je:mant] *indef pr* somebody; (*bei Fragen, Negation*) anybody; ~ *Neues* somebody new; ~ *anders* somebody else

Jemen ['je:mən] *m* $\langle$-s$\rangle$ *der* ~ Yemen

jene(r, s) ['je:nə] *dem pron* (*elev*) **1.** (*adjektivisch*) that; (*pl*) those; *in* ~*r Zeit* at that time, in those times **2.** (*substantivisch*) that one; (*pl*) those (ones)

jenseits ['je:nzaits, 'jɛn-] **I** *prep* +*gen* on the other side of; *2 km* ~ *der Grenze* 2 kms beyond the border **II** *adv* ~ *von* on the other side of **Jenseits** ['je:nzaits, 'jɛn-] *nt* $\langle$-, *no pl*$\rangle$ hereafter, next world

Jesuit [je'zui:t] *m* $\langle$-en, -en$\rangle$ Jesuit

Jesus ['je:zʊs] *m, gen* **Jesu**, *dat -or* **Jesu** ['je:zu] *acc -or* **Jesum** ['je:zʊm] Jesus; ~ *Christus* Jesus Christ

Jet [dʒɛt] *m* $\langle$-(s), -s$\rangle$ (*infml*) jet **Jetlag** ['jʒɛtlɛg] *m* $\langle$-s, -s$\rangle$ jetlag

Jeton [ʒə'tõ:] *m* $\langle$-s, -s$\rangle$ chip

Jetset ['dʒɛtsɛt] *m* $\langle$-s, (*rare*) -s$\rangle$ (*infml*) jet set **jetten** ['dʒɛtn] *v/i aux sein* (*infml*) to jet (*infml*)

jetzig ['jɛtsɪç] *adj attr* present *attr*, current; *in der* ~*en Zeit* in present times

jetzt [jɛtst] *adv* now; *bis* ~ so far; ~ *gleich* right now; ~ *noch?* (what) now?; ~ *oder nie!* (it's) now or never!

Jetzt [jɛtst] *nt* $\langle$-, *no pl*$\rangle$ (*elev*) present

jeweilig ['je:vailɪç] *adj attr* respective; ($\approx$ *vorherrschend*) prevailing; *die* ~*e Regierung* the government of the day **jeweils** ['je:vails] *adv* at a time, at any one time; ($\approx$ *jedes Mal*) each time; ~ *am Monatsletzten* on the last day of each month

jiddisch ['jɪdɪʃ] *adj* Yiddish

Job[dʒɔp] *m* ⟨**-s, -s**⟩ (*infml*) job **jobben** ['dʒɔbn] *v/i* (*infml*) to work **Jobsharing** [-ˌʃɛːrɪŋ] *nt* ⟨**-s**, *no pl*⟩ job sharing **Jobsuche**['dʒɔp-] *f, no pl* job hunting; **auf~ sein** to be looking for a job

Joch[jɔx] *nt* ⟨**-(e)s, -e**⟩ yoke **Jochbein**nt cheekbone

Jockey['dʒɔki] *m* ⟨**-s, -s**⟩ jockey

Jod[joːt] *nt* ⟨**-(e)s** [-dəs]⟩ *no pl* iodine **jodeln**['joːdln] *v/t & v/i* to yodel **jodiert**[jo'diːɐt] *adj* **~es Speisesalz** iodized table salt **Jodsalz**nt iodized salt

Joga['joːga] *m or nt* ⟨**-(s)**, *no pl*⟩ yoga

joggen ['dʒɔgn] *v/i aux haben or* (*bei Richtungsangabe*) *sein* to jog **Jogger** ['dʒɔgɐ] *m* ⟨**-s, -**⟩, **Joggerin** [-ərɪn] *f* ⟨**-, -nen**⟩ jogger **Jogging** ['dʒɔgɪŋ] *nt* ⟨**-**, *no pl*⟩ jogging **Jogginganzug**m jogging suit

Jog(h)urt['joːgʊrt] *m or nt* ⟨**-(s), -(s)**⟩ yog(h)urt **Jog(h)urtbereiter** [-bəraitɐ] *m* ⟨**-s, -s**⟩ yog(h)urt maker

Johannisbeere *f* **Rote ~** redcurrant; **Schwarze ~** blackcurrant **Johanniskraut**nt, *no pl* St. John's wort

johlen['joːlən] *v/i* to howl

Joint [dʒɔynt] *m* ⟨**-s, -s**⟩ (*infml*) joint (*infml*)

Joint Venture[dʒɔynt 'vɛntʃə] *nt* ⟨**- -s, - -s**⟩ COMM joint venture

Jo-Jo [jo'jo, 'joː'joː] *nt* ⟨**-s, -s**⟩ yo-yo **Jo-Jo-Effekt**m yo-yo effect

Joker ['joːkɐ, 'dʒoːkɐ] *m* ⟨**-s, -**⟩ CARDS joker; (*fig*) trump card

Jongleur[ʒõ'gløːɐ, ʒɔŋ'løːɐ] *m* ⟨**-s, -e**⟩, **Jongleurin** [-'gløːrɪn, -'løːrɪn] *f* ⟨**-, -nen**⟩ juggler **jonglieren** [ʒõ'gliːrən, ʒɔŋ'liːrən] *past part* **jongliert** *v/i* (*lit, fig*) to juggle

Jordanien [jɔr'daːniən] *nt* ⟨**-s**⟩ Jordan **Jordanier**[jɔr'daːniɐ] *m* ⟨**-s, -**⟩, **Jordanierin** [-ərɪn] *f* ⟨**-, -nen**⟩ Jordanian (man/woman) **jordanisch** [jɔr'daːnɪʃ] *adj* Jordanian

Joule[dʒuːl] *nt* ⟨**-(s), -**⟩ joule

Journal [ʒʊr'naːl] *nt* ⟨**-s, -e**⟩ COMM daybook **Journalismus** [ʒʊrna'lɪsmʊs] *m* ⟨**-**, *no pl*⟩ journalism **Journalist**[ʒʊrna-'lɪst] *m* ⟨**-en, -en**⟩, **Journalistin** [-'lɪstɪn] *f* ⟨**-, -nen**⟩ journalist **journalistisch**[ʒʊrna'lɪstɪʃ] **I** *adj* journalistic **II** *adv* **~ arbeiten** to work as a journalist; **etw~ aufbereiten** to edit sth for journalistic purposes

jovial[jo'viaːl] **I** *adj* jovial **II** *adv* jovially

Jovialität[joviali'tɛːt] *f* ⟨**-**, *no pl*⟩ joviality

Joystick['dʒɔystɪk] *m* ⟨**-s, -s**⟩ IT joystick

Jubel['juːbl] *m* ⟨**-s**, *no pl*⟩ jubilation; (≈ *Jubelrufe*) cheering; **~, Trubel, Heiterkeit** laughter and merriment **jubeln** ['juːbln] *v/i* to cheer **Jubilar**[jubi'laːɐ] *m* ⟨**-s, -e**⟩, **Jubilarin** [-'laːrɪn] *f* ⟨**-, -nen**⟩ person celebrating an anniversary **Jubiläum**[jubi'lɛːʊm] *nt* ⟨**-s, Jubiläen** [-'lɛːən]⟩ jubilee; (≈ *Jahrestag*) anniversary **Jubiläumsfeier** *f* jubilee / anniversary celebrations *pl*

jucken[jʊkn] **I** *v/t & v/i* to itch; **es juckt mich am Rücken** my back itches; **es juckt mich, das zu tun** (*infml*) I'm itching to do it (*infml*); **das juckt mich doch nicht** (*infml*) I don't care **II** *v/r* (≈ *kratzen*) to scratch **Juckreiz**m itching

Jude['juːdə] *m* ⟨**-n, -n**⟩ Jew; **er ist ~** he is a Jew **judenfeindlich** *adj* anti-Semitic **Judentum** ['juːdntuːm] *nt* ⟨**-s**, *no pl*⟩ **1.** (≈ *Judaismus*) Judaism **2.** (≈ *Gesamtheit der Juden*) Jews *pl* **Judenverfolgung**f persecution of (the) Jews **Jüdin** ['jyːdɪn] *f* ⟨**-, -nen**⟩ Jew, Jewish woman **jüdisch**['jyːdɪʃ] *adj* Jewish

Judont ⟨**-s**, *no pl*⟩ judo

Jugend['juːgnt] *f* ⟨**-**, *no pl*⟩ youth; **von ~ an** or **auf** from one's youth; **die ~ von heute** young people *or* the youth of today **Jugendalter** *nt* adolescence **Jugendamt**nt youth welfare department **Jugendarbeit**f, *no pl* (≈ *Jugendfürsorge*) youth work **Jugendarbeitslosigkeit** f youth unemployment **Jugendarrest**m JUR detention **Jugendbande** f gang of youths **Jugendbuch**nt book for young people **jugendfrei** *adj* suitable for young people; **Film** U(-certificate) (*Br*), G (*US*) **Jugendfreund(in)** m/(f) friend of one's youth **jugendgefährdend**adj liable to corrupt the young **Jugendgericht**nt juvenile court **Jugendgruppe**f youth group **Jugendherberge** f youth hostel **Jugendherbergsausweis**m youth hostelling card (*Br*), youth hostel ID (*US*) **Jugendhilfe** f ADMIN help for young people **Jugendjahre**pl days *pl* of one's youth **Jugendklub** m youth club **Jugendkriminalität** f juvenile delinquency **jugendlich** ['juːgntlɪç] **I** adj (≈ *jung*) young; (≈ *jung wirkend*) youthful; **ein~er Täter**a young offender; **~er Leichtsinn** youthful frivolity **II** *adv* youthfully; *sich ~ geben* to appear youthful **Jugendliche(r)** ['juːɡntlɪçə] *m/f(m) decl as adj* adolescent; *(männlich auch)* youth **Jugendlichkeit** *f* ⟨-, *no pl*⟩ youthfulness **Jugendliebe** *f* **1.** young love **2.** (≈ *Geliebter*) love of one's youth **Jugendmannschaft** *f* youth team **Jugendpflege** *f* youth welfare **Jugendrecht** *nt* law relating to young persons **Jugendrichter(in)** *m/(f)* JUR magistrate *(in a juvenile court)* **Jugendschutz** *m* protection of children and young people **Jugendstil** *m, no pl* ART Art Nouveau **Jugendstrafe** *f* detention *no art* in a young offenders' *(Br)* or juvenile correction *(US)* institution **Jugendsünde** *f* youthful misdeed **Jugendtraum** *m* youthful dream **Jugendzeit** *f* youth, younger days *pl* **Jugendzentrum** *nt* youth centre *(Br)* or center *(US)*

Jugoslawien [jugo'slaːviən] *nt* ⟨-s⟩ HIST Yugoslavia **jugoslawisch** [jugo'slaːvɪʃ] *adj* HIST Yugoslav(ian)

Juli ['juːli] *m* ⟨-(s), -s⟩ July; → *März*

Jumbo(jet) ['jʊmbo(dʒɛt)] *m* jumbo (jet)

jung [jʊŋ] *adj, comp* **⁺er** ['jʏŋɐ], *sup* **⁺ste(r, s)** ['jʏŋstə] young; *Jung und Alt* (both) young and old; *von ~ auf* from one's youth; *~ aussehen* to look young; *~ sterben* to die young **Junge** ['jʊŋə] *m* ⟨-n, -n *or* (*dated inf*) -ns *or* (*inf*) *Jungs* [jʊŋs]⟩ boy; *Junge, Junge!* (*infml*) boy oh boy (*infml*); *alter ~* (*infml*) my old pal (*infml*) **jungenhaft** *adj* boyish **Jungenschule** *f* boys' school **Jungenstreich** *m* boyish prank **Junge(r)** *m/f(m) decl as adj* (*infml*) *die ~n* the young ones **jünger** ['jʏŋɐ] *adj* **1.** younger; *Holbein der Jüngere* Holbein the Younger **2.** *Geschichte etc* recent; *sie sieht ~ aus, als sie ist* she looks younger than she is, she doesn't look her age

Jünger ['jʏŋɐ] *m* ⟨-s, -⟩ (BIBLE, *fig*) disciple **Jüngerin** ['jʏŋərɪn] *f* ⟨-, *-nen*⟩ (*fig*) disciple

Junge(s) ['jʊŋə] *nt decl as adj* ZOOL young one; *(von Hund)* pup(py); *(von Katze)* kitten; *(von Wolf, Löwe, Bär)* cub; *(von Vogel)* young bird; *die ~n* the young **Jungfer** ['jʊŋfɐ] *f* ⟨-, *-n*⟩ *eine alte ~* an old maid **Jungfernfahrt** *f* maiden voyage **Jungfernflug** *m* maiden flight **Jungfernhäutchen** *nt* ANAT hymen (ANAT) **Jungfrau** *f* virgin; ASTRON,

ASTROL Virgo *no art*; *ich bin ~* I am a virgin; ASTROL I am (a) Virgo **jungfräulich** ['jʊŋfrɔylɪç] *adj* virgin **Jungfräulichkeit** *f* ⟨-, *no pl*⟩ virginity **Junggeselle** *m* bachelor **Junggesellenbude** *f* (*infml*) bachelor pad (*infml*) **Junggesellendasein** *nt* bachelor's life **Junggesellenzeit** *f* bachelor days *pl* **Junggesellin** *f* single woman **Junglehrer(in)** *m/(f)* student teacher **Jüngling** ['jʏŋlɪŋ] *m* ⟨-s, -e⟩ (*liter, hum*) youth **jüngste(r, s)** ['jʏŋstə] *adj* **1.** youngest **2.** *Werk, Ereignis* latest, (most) recent; *Zeit, Vergangenheit* recent; *in der ~n Zeit* recently; *das Jüngste Gericht* the Last Judgement; *der Jüngste Tag* Doomsday, the Day of Judgement; *sie ist auch nicht mehr die Jüngste* she's no (spring) chicken (*infml*) **Jungtier** *nt* young animal **Jungunternehmer(in)** *m/(f)* young entrepreneur, young businessman/-woman **Jungverheiratete(r)** [-fɛɐhairatətə] *m/f(m) decl as adj* newly-wed **Jungwähler(in)** *m/(f)* young voter

Juni ['juːni] *m* ⟨-(s), -s⟩ June; → *März*

junior ['juːnioːɐ] *adj Franz Schulz ~* Franz Schulz, Junior **Junior** ['juːnioːɐ] *m* ⟨-s, *Junioren* [juːˈnioːrən]⟩ **1.** junior **2.** (*a. Juniorchef*) son of the boss **Juniorchef** *m* boss's son, son of the boss **Juniorin** [juːˈnioːrɪn] *f* ⟨-, *-nen*⟩ SPORTS junior **Juniorpass** *m* RAIL ≈ young person's railcard *(Br)*, ≈ youth railroad pass *(US)*

Junkfood ['dʒaŋkfuːd] *nt* ⟨-s, -s⟩ (*infml*) junk food **Junkie** ['dʒaŋki] *m* ⟨-s, -s⟩ (*infml*) junkie (*infml*) **Junkmail** ['dʒaŋkmeːl] *f* junk mail

Junta ['xʊnta, 'jʊnta] *f* ⟨-, *Junten* [-tn]⟩ POL junta

Jupe [ʒyːp] *m* ⟨-s, -s⟩ (*Swiss*) skirt

Jura *no art* UNIV law

jurassisch [juˈrasɪʃ] *adj* GEOL Jurassic

Jurist [juˈrɪst] *m* ⟨-en, *-en*⟩, **Juristin** [-ˈrɪstɪn] *f* ⟨-, *-nen*⟩ jurist; (≈ *Student*) law student **Juristendeutsch** *nt* legalese (*pej*), legal jargon **juristisch** [juˈrɪstɪʃ] **I** *adj* legal; *die ~e Fakultät* the Faculty of Law **II** *adv* legally; *etw ~ betrachten* to consider the legal aspects of sth **Juror** ['juːroːɐ] *m* ⟨-s, *Juroren* [-ˈroːrən]⟩, **Jurorin** [-ˈroːrɪn] *f* ⟨-, *-nen*⟩ member of the jury **Jury** [ʒyˈriː, 'ʒyːri] *f* ⟨-, -s⟩ jury *sg or pl*

Jus [juːs] *nt* ⟨-, *no pl*⟩ (*esp Aus, Swiss*) = **Jura**

justieren [jʊsˈtiːrən] *past part* **justiert** *v/t* to adjust; TYPO, IT to justify **Justierung** *f* ⟨-, -en⟩ adjustment; TYPO, IT justification

Justiz [jʊsˈtiːts] *f* ⟨-, *no pl*⟩ (*als Prinzip*) justice; (*als Institution*) judiciary; (≈ *die Gerichte*) courts *pl* **Justizbeamte(r)** *m decl as adj*, **Justizbeamtin** *f* judicial officer **Justizbehörde** *f* legal authority **Justizirrtum** *m* miscarriage of justice, judicial error (*esp US*) **Justizminister(in)** *m/(f)* minister of justice, justice minister **Justizministerium** *nt* ministry

of justice, ≈ Department of Justice (*US*)

Jute [ˈjuːtə] *f* ⟨-, *no pl*⟩ jute

Juwel [juˈveːl] *m or nt* ⟨-s, -en⟩ jewel; **~en** (≈ *Schmuck*) jewellery (*Br*), jewelry (*US*) **Juwelier** [juveˈliːɐ] *m* ⟨-s, -e⟩, **Juwelierin** [-ˈliːrɪn] *f* ⟨-, -nen⟩ jeweller (*Br*), jeweler (*US*); (≈ *Geschäft*) jewel(l)er's (shop) **Juweliergeschäft** *nt* jeweller's (*Br*) or jeweler's (*US*) (shop)

Jux [jʊks] *m* ⟨-es, -e⟩ (*infml*) **etw aus ~ tun** to do sth as a joke; **sich** (*dat*) **einen ~ aus etw machen** to make a joke (out) of sth **juxen** [ˈjʊksn] *v/i* (*infml*) to joke

K

K, k [kaː] *nt* ⟨-, -⟩ K, k

Kabarett [kabaˈrɛt, ˈkabarɛt, -reː] *nt* ⟨-s, -e *or* -s⟩ cabaret; (≈ *Darbietung*) cabaret (show); **ein politisches ~** a satirical political revue **Kabarettist** [kabarɛˈtɪst] *m* ⟨-en, -en⟩, **Kabarettistin** [-ˈtɪstɪn] *f* ⟨-, -nen⟩ cabaret artist

kabbeln [ˈkabln] *v/i & v/r* (*infml*) to bicker

Kabel [ˈkaːbl] *nt* ⟨-s, -⟩ ELEC wire; (≈ *Telefonkabel*) cord; (≈ *Stromleitung*) cable **Kabelanschluss** *m* TV cable connection **Kabelfernsehen** *nt* cable television

Kabeljau [ˈkaːbljau] *m* ⟨-s, -e *or* -s⟩ cod

Kabelkanal *m* TV cable channel

Kabine [kaˈbiːnə] *f* ⟨-, -n⟩ (≈ *Umkleidekabine, Duschkabine*) cubicle; NAUT, AVIAT cabin

Kabinett [kabiˈnɛt] *nt* ⟨-s, -e⟩ POL cabinet **Kabinettsbeschluss** *m* cabinet decision **Kabinettsumbildung** *f* cabinet reshuffle

Kabis [ˈkaːbɪs] *m* ⟨-, *no pl*⟩ (*Swiss*) = **Kohl**

Kabrio(lett) [ˈkabrio(ˈlɛt)], (*Aus, S Ger*) kabrioˈleː] *nt* ⟨-s, -s⟩ AUTO convertible

Kachel [ˈkaxl] *f* ⟨-, -n⟩ (glazed) tile; **etw mit ~n auslegen** to tile sth **kacheln** [ˈkaxln] *v/t* to tile **Kachelofen** *m* tiled stove

Kacke [ˈkakə] *f* ⟨-, *no pl*⟩ (*vulg*) crap (*sl*), shit (*sl*); **so 'ne ~** shit (*sl*) **kacken** [ˈkakn] *v/i* (*vulg*) to crap (*sl*)

Kadaver [kaˈdaːvɐ] *m* ⟨-s, -⟩ carcass

Kader [ˈkaːdɐ] *m* ⟨-s, -⟩ MIL, POL cadre; SPORTS squad

Kadett [kaˈdɛt] *m* ⟨-en, -en⟩, **Kadettin** [-ɪn] *f* ⟨-, -nen⟩ MIL cadet

Kadi [ˈkaːdi] *m* ⟨-s, -s⟩ (*dated infml*) **jdn vor den ~ schleppen** to take sb to court

Kadmium [ˈkatmiʊm] *nt* ⟨-s, *no pl*⟩ cadmium

Käfer [ˈkɛːfɐ] *m* ⟨-s, -⟩ beetle

Kaff [kaf] *nt* ⟨-s, -s *or* -e⟩ (*infml*) dump (*infml*)

Kaffee [ˈkafe, kaˈfeː] *m* ⟨-s, -s⟩ coffee; **zwei ~, bitte!** two coffees, please; **~ kochen** to make coffee; **das ist kalter ~** (*infml*) that's old hat (*infml*); **~ und Kuchen** coffee and cakes, ≈ afternoon tea (*Br*) **Kaffeeautomat** *m* coffee machine or dispenser **Kaffeebohne** *f* coffee bean **Kaffeehaus** *nt* café **Kaffeekanne** *f* coffeepot **Kaffeeklatsch** *m, no pl* (*infml*) coffee klatsch (*US*), ≈ coffee morning (*Br*) **Kaffeelöffel** *m* coffee spoon **Kaffeemaschine** *f* coffee machine **Kaffeemühle** *f* coffee grinder **Kaffeepause** *f* coffee break **Kaffeesahne** *f* (coffee) cream **Kaffeesatz** *m* coffee grounds *pl* **Kaffeeservice** [-zɛrviːs] *nt* coffee set **Kaffeetasse** *f* coffee cup

Käfig [ˈkɛːfɪç] *m* ⟨-s, -e [-gə]⟩ cage

kahl [kaːl] *adj* bald; (≈ *kahl geschoren*) shaved; *Wand, Raum, Baum* bare; *Landschaft* barren; **eine ~e Stelle** a bald patch; **~ werden** (*Mensch*) to go bald; (*Baum*) to lose its leaves **Kahlheit** *f* ⟨-, *no pl*⟩ baldness; (*von Wand, Raum, Baum*) bareness; (*von Landschaft*) barrenness **Kahlkopf** *m* bald head; (≈

Mensch) bald person; **ein ~ sein** to be bald **kahlköpfig** *adj* baldheaded **Kahlschlag** *m* **1.** deforestation **2.** *(infml ≈ Abriss)* demolition

Kahn [ka:n] *m* ⟨-(e)s, ̈e ['kɛ:nə]⟩ **1.** (small) boat; *(≈ Stechkahn)* punt; **~ fahren** to go boating/punting **2.** *(≈ Lastschiff)* barge **Kahnfahrt** *f* row; *(in Stechkahn)* punt

Kai [kai] *m* ⟨-s, -e or -s⟩ quay **Kaimauer** *f* quay wall

Kairo ['kairo] *nt* ⟨-s⟩ Cairo

Kaiser ['kaizɐ] *m* ⟨-s, -⟩ emperor; **der deutsche ~** the Kaiser **Kaiserin** ['kaizərɪn] *f* ⟨-, -nen⟩ empress **Kaiserkrone** *f* imperial crown **kaiserlich** ['kaizɐlɪç] *adj* imperial **Kaiserreich** *nt* empire **Kaiserschmarren** *m*, **Kaiserschmarrn** [-ʃmarn] *m* ⟨-s, -⟩ *(S Ger, Aus)* sugared, cut-up pancake with raisins **Kaiserschnitt** *m* Caesarean (section)

Kajak ['ka:jak] *m or nt* ⟨-s, -s⟩ kayak **Kajakfahren** *nt* kayaking

Kajalstift *m* kohl eye pencil

Kajüte [ka'jy:tə] *f* ⟨-, -n⟩ cabin

Kakadu ['kakadu] *m* ⟨-s, -s⟩ cockatoo

Kakao [ka'ka:o, ka'kau] *m* ⟨-s, -s⟩ cocoa; **jdn durch den ~ ziehen** *(infml)* *(≈ veralbern)* to make fun of sb **Kakaobohne** *f* cocoa bean **Kakaopulver** *nt* cocoa powder

Kakerlak ['ka:kɐlak] *m* ⟨-s or -en, -en⟩, **Kakerlake** [kakɐ'la:kə] *f* ⟨-, -n⟩ cockroach

kaki ['ka:ki] *adj inv* khaki

Kaktee [kak'te:] *f* ⟨-, -n [-'te:ən]⟩, **Kaktus** ['kaktʊs] *m* ⟨-, **Kakteen** [-'te:ən]⟩ ⟨or (inf) -se⟩ cactus

Kalauer ['ka:lauɐ] *m* ⟨-s, -⟩ corny joke; *(≈ Wortspiel)* corny pun

Kalb [kalp] *nt* ⟨-(e)s, ̈er ['kɛlbɐ]⟩ calf **kalben** ['kalbn] *v/i* to calve **Kalbfleisch** *nt* veal **Kalbsbraten** *m* roast veal **Kalbsfell** *nt* *(≈ Fell)* calfskin **Kalbshaxe** *f* cook knuckle of veal **Kalbsleder** *nt* calfskin **Kalbsschnitzel** *nt* veal cutlet

Kaleidoskop [kalaido'sko:p] *nt* ⟨-s, -e⟩ kaleidoscope

Kalender [ka'lɛndɐ] *m* ⟨-s, -⟩ calendar; *(≈ Terminkalender)* diary **Kalenderjahr** *nt* calendar year

Kali ['ka:li] *nt* ⟨-s, -s⟩ potash

Kaliber [ka'li:bɐ] *nt* ⟨-s, -⟩ calibre *(Br)*, caliber *(US)*

Kalifornien [kali'fɔrniən] *nt* ⟨-s⟩ California

Kalium ['ka:liʊm] *nt* ⟨-s, *no pl*⟩ potassium

Kalk [kalk] *m* ⟨-(e)s, -e⟩ lime; *(zum Tünchen)* whitewash; ANAT calcium; **gebrannter ~** quicklime **Kalkboden** *m* chalky soil **kalken** ['kalkn] *v/t* *(≈ tünchen)* to whitewash **Kalkgrube** *f* lime pit **kalkhaltig** *adj Boden* chalky; *Wasser* hard **Kalkmangel** *m* MED calcium deficiency **Kalkstein** *m* limestone

Kalkulation [kalkula'tsio:n] *f* ⟨-, -en⟩ calculation **kalkulierbar** *adj* calculable **kalkulieren** [kalku'li:rən] *past part* **kalkuliert** *v/t* to calculate

Kalorie [kalo'ri:] *f* ⟨-, -n [-'ri:ən]⟩ calorie **kalorienarm I** *adj* low-calorie **II** *adv* **sich ~ ernähren** to have a low-calorie diet; **~ essen** to eat low-calorie food **kalorienreich** *adj* high-calorie; **sich ~ ernähren** to have a high-calorie diet

kalt [kalt] **I** *adj*, *comp* ̈er ['kɛltɐ], *sup* ̈este ['kɛltəstə] cold; **mir ist/wird ~** I am/I'm getting cold; **jdm die ~e Schulter zeigen** to give sb the cold shoulder; **~es Grausen überkam mich** my blood ran cold; **der Kalte Krieg** the Cold War **II** *adv*, *comp* ̈er, *sup* **am ̈esten ~ duschen** to take a cold shower; **etw ~ stellen** to put sth to chill; **~ gepresst** *Öl* cold-pressed; **da kann ich nur ~ lächeln** *(infml)* that makes me laugh; **jdn ~ erwischen** to shock sb **kaltbleiben** *v/i sep irr aux sein (fig)* to remain unmoved **Kaltblüter** [-bly:tɐ] *m* ⟨-s, -⟩ ZOOL cold-blooded animal **kaltblütig** [-bly:tɪç] **I** *adj (fig)* cold-blooded; *(≈ gelassen)* cool **II** *adv* cold-bloodedly **Kaltblütigkeit** *f* ⟨-, *no pl*⟩ *(fig)* cold-bloodedness; *(≈ Gelassenheit)* cool (-ness) **Kälte** ['kɛltə] *f* ⟨-, *no pl*⟩ **1.** *(von Wetter etc)* cold; *(≈ Kälteperiode)* cold spell; **fünf Grad ~** five degrees below freezing **2.** *(fig)* coldness, coolness **kältebeständig** *adj* cold-resistant **Kälteeinbruch** *m* (sudden) cold spell; *(für kurze Zeit)* cold snap **kälteempfindlich** *adj* sensitive to cold **Kältegefühl** *nt* feeling of cold(ness) **Kälteperiode** *f* cold spell **Kältetechnik** *f* refrigeration technology **Kältetod** *m* **den ~ sterben** to freeze to death **kälteunempfindlich** *adj* insensitive to cold **Kältewelle** *f* cold spell **Kaltfront** *f* METEO cold front **kalt-**

gepresst [-gəprɛst] *adj* → **kalt kaltherzig** *adj* cold-hearted **Kaltherzigkeit** [-hɛrtsɪçkait] *f* ⟨-, *no pl*⟩ cold-heartedness **kaltlassen** *v/t sep irr* (*fig*) **jdn** ~ to leave sb cold **Kaltluft** *f* METEO cold air **kaltmachen** *v/t sep* (*sl*) to do in (*infml*) **Kaltmiete** *f* rent exclusive of heating **kaltschnäuzig** [-ʃnɔytsɪç] (*infml*) **I** *adj* (≈ *gefühllos*) callous; (≈ *unverschämt*) insolent **II** *adv* (≈ *gefühllos*) callously; (≈ *unverschämt*) insolently **Kaltstart** *m* AUTO, IT cold start

Kalzium ['kaltsiʊm] *nt* ⟨-**s**, *no pl*⟩ calcium

Kambodscha [kam'bɔdʒa] *nt* ⟨-**s**⟩ Cambodia **Kambodschaner** [kambɔ-'dʒaːnɐ] *m* ⟨-**s**, -⟩, **Kambodschanerin** [-ərɪn] *f* ⟨-, -**nen**⟩ Cambodian (man/woman) **kambodschanisch** [kambɔ-'dʒaːnɪʃ] *adj* Cambodian

Kamel [ka'meːl] *nt* ⟨-**(e)s**, -**e**⟩ camel; **ich** ~**!** (*infml*) silly me!

Kamelle [ka'mɛlə] *f* ⟨-, -**n**⟩ *usu pl* (*infml*) **das sind doch alte** *or* **olle** ~**n** that's old hat (*infml*)

Kamera ['kaməra, 'kaːməra] *f* ⟨-, -**s**⟩ camera

Kamerad [kaməˈraːt] *m* ⟨-**en**, -**en** [-dn]⟩, **Kameradin** [-ˈraːdɪn] *f* ⟨-, -**nen**⟩ MIL *etc* comrade; (≈ *Gefährte*) companion **Kameradschaft** [kaməˈraːtʃaft] *f* ⟨-, -**en**⟩ camaraderie **kameradschaftlich** [kaməˈraːtʃaftlɪç] *adj* comradely

Kamerafrau *f* camerawoman **Kameraführung** *f* camera work **Kameramann** *m*, *pl* -**männer** cameraman

Kamerun ['kaməruːn] *nt* ⟨-**s**⟩ the Cameroons *pl*

Kamikaze [kami'kaːtsə, kami'kaːzə] *m* ⟨-, -⟩ kamikaze **Kamikazeflieger(in)** *m/f* kamikaze pilot

Kamille [ka'mɪlə] *f* ⟨-, -**n**⟩ camomile **Kamillentee** *m* camomile tea

Kamin [ka'miːn] *m or* (*dial*) *nt* ⟨-**s**, -**e**⟩ **1.** (≈ *Schornstein*) chimney; (≈ *Abzugsschacht*) flue **2.** (≈ *Feuerstelle*) fireplace; **wir saßen am** ~ we sat by *or* in front of the fire **Kaminsims** *m or nt* mantelpiece

Kamm [kam] *m* ⟨-**(e)s**, ⸚**e** ['kɛmə]⟩ **1.** comb; **alle/alles über einen** ~ **scheren** (*fig*) to lump everyone/everything together **2.** (≈ *Gebirgskamm*) crest **kämmen** ['kɛmən] **I** *v/t* to comb **II** *v/r* to comb one's hair

Kammer ['kamɐ] *f* ⟨-, -**n**⟩ **1.** PARL cham-

ber; (≈ *Ärztekammer etc*) professional association **2.** (≈ *Zimmer*) (small) room **Kammerdiener** *m* valet **Kammerjäger(in)** *m/f* (≈ *Schädlingsbekämpfer*) pest controller (*Br*), exterminator (*US*) **Kammermusik** *f* chamber music **Kammerorchester** *nt* chamber orchestra **Kammerzofe** *f* chambermaid

Kammgarn *nt* worsted **Kammmuschel** *f* scallop

Kampagne [kam'panjə] *f* ⟨-, -**n**⟩ campaign

Kampf [kampf] *m* ⟨-**(e)s**, ⸚**e** ['kɛmpfə]⟩ fight (*um* for); (MIL ≈ *Gefecht*) battle; (≈ *Boxkampf*) fight; **jdm/einer Sache den** ~ **ansagen** (*fig*) to declare war on sb/sth; **die Kämpfe einstellen** to stop fighting; **der** ~ **ums Dasein** the struggle for existence; **der** ~ **um die Macht** the battle for power; **ein** ~ **auf Leben und Tod** a fight to the death **Kampfabstimmung** *f* vote **Kampfansage** *f* declaration of war **Kampfanzug** *m* MIL *etc* battle dress *no art*, battle uniform **Kampfausbildung** *f* MIL combat training **kampfbereit** *adj* ready for battle **kämpfen** ['kɛmpfn] **I** *v/i* to fight (*um*, *für* for); **gegen etw** ~ to fight (against) sth; **mit dem Tode** ~ to fight for one's life; **mit den Tränen** ~ to fight back one's tears; **ich hatte mit schweren Problemen zu** ~ I had difficult problems to contend with; **ich habe lange mit mir** ~ **müssen, ehe** … I had a long battle with myself before … **II** *v/t* (*usu fig*) *Kampf* to fight **Kämpfer** ['kampfɐ] *m* ⟨-**s**, *no pl*⟩ camphor

Kämpfer ['kɛmpfɐ] *m* ⟨-**s**, -⟩, **Kämpferin** [-ərɪn] *f* ⟨-, -**nen**⟩ fighter **kämpferisch** ['kɛmpfərɪʃ] **I** *adj* aggressive **II** *adv* aggressively; **sich** ~ **einsetzen** to fight hard **Kampfflugzeug** *nt* fighter (plane) **Kampfgeist** *m*, *no pl* fighting spirit **Kampfhandlung** *f usu pl* clash *usu pl* **Kampfhubschrauber** *m* helicopter gunship **Kampfhund** *m* fighting dog **kampflos I** *adj* peaceful; *Sieg* uncontested **II** *adv* peacefully, without a fight; **sich** ~ **ergeben** to surrender without a fight **kampflustig** *adj* belligerent **Kampfrichter(in)** *m/f* SPORTS referee **Kampfsport** *m* martial art **Kampfstoff** *m* weapon **kampfunfähig** *adj* MIL unfit for action; *Boxer* unfit to fight; **einen Panzer** ~ **machen** to put a tank out of action

kampieren [kam'piːrən] *past part* **kampiert** *v/i* to camp (out)

Kanada ['kanada] *nt* ⟨*-s*⟩ Canada **Kanadier** [ka'naːdiɐ] *m* ⟨*-s, -*⟩ SPORTS Canadian canoe **Kanadier** [ka'naːdiɐ] *m* ⟨*-s, -*⟩, **Kanadierin** [-ərɪn] *f* ⟨*-, -nen*⟩ Canadian **kanadisch** [ka'naːdɪʃ] *adj* Canadian

Kanal [ka'naːl] *m* ⟨*-s, Kanäle* [ka'nɛːlə]⟩ **1.** (≈ *Schifffahrtsweg*) canal; (≈ *Wasserlauf*) channel; (*für Abwässer*) sewer **2.** RADIO, TV channel **Kanaldeckel** *m* drain cover **Kanalinseln** *pl* **die**~ (*im Ärmelkanal*) the Channel Islands *pl* **Kanalisation** [kanaliza'tsioːn] *f* ⟨*-, -en*⟩ **1.** (*für Abwässer*) sewerage system **2.** (*von Flusslauf*) canalization **kanalisieren** [kanali-'ziːrən] *past part* **kanalisiert** *v/t Fluss* to canalize; (*fig*) *Energie* to channel; *Gebiet* to install sewers in **Kanaltunnel** *m* Channel Tunnel

Kanarienvogel [ka'naːriən-] *m* canary **Kanarische Inseln** [ka'naːrɪʃ ə] *pl* Canary Islands *pl*

Kandare [kan'daːrə] *f* ⟨*-, -n*⟩ (curb) bit; *jdn an die* ~ *nehmen* (*fig*) to take sb in hand

Kandidat [kandi'daːt] *m* ⟨*-en, -en*⟩, **Kandidatin** [-'daːtɪn] *f* ⟨*-, -nen*⟩ candidate **Kandidatur** [kandida'tuːɐ] *f* ⟨*-, -en*⟩ candidacy **kandidieren** [kandi'diːrən] *past part* **kandidiert** *v/i* POL to stand, to run (*für* for); *für das Amt des Präsidenten* ~ to run for president

kandiert [kan'diːɐt] *adj Frucht* candied **Kandis(zucker)** ['kandɪs-] *m* ⟨*-, no pl*⟩ rock candy

Känguru ['kɛŋguru] *nt* ⟨*-s, -s*⟩ kangaroo

Kaninchen [ka'niːnçən] *nt* ⟨*-s, -*⟩ rabbit **Kaninchenstall** *m* rabbit hutch

Kanister [ka'nɪstɐ] *m* ⟨*-s, -*⟩ can; (≈ *Blechkanister*) jerry can

Kännchen ['kɛnçən] *nt* ⟨*-s, -*⟩ (*für Milch*) jug; (*für Kaffee*) pot; *ein* ~ *Kaffee* a pot of coffee **Kanne** ['kanə] *f* ⟨*-, -n*⟩ can; (≈ *Teekanne, Kaffeekanne*) pot; (≈ *Gießkanne*) watering can

Kannibale [kani'baːlə] *m* ⟨*-n, -n*⟩, **Kannibalin** [-'baːlɪn] *f* ⟨*-, -nen*⟩ cannibal **Kannibalismus** [kaniba'lɪsmʊs] *m* ⟨*-, no pl*⟩ cannibalism

Kanon ['kaːnɔn] *m* ⟨*-s, -s*⟩ canon

Kanone [ka'noːnə] *f* ⟨*-, -n*⟩ **1.** gun; HIST cannon; (*sl* ≈ *Pistole*) shooter (*infml*) **2.** (*fig infml* ≈ *Könner*) ace (*infml*) **3.**

(*infml*) *das ist unter aller* ~ that defies description

Kantate [kan'taːtə] *f* ⟨*-, -n*⟩ MUS cantata

Kante ['kantə] *f* ⟨*-, -n*⟩ edge; (≈ *Rand*) border; *Geld auf die hohe* ~ *legen* (*infml*) to put money away **kantig** ['kantɪç] *adj Holz* edged; *Gesicht* angular

Kantine [kan'tiːnə] *f* ⟨*-, -n*⟩ canteen **Kantinenessen** *nt* canteen food

Kanton [kan'toːn] *m* ⟨*-s, -e*⟩ canton **kantonal** [kanto'naːl] *adj* cantonal

Kanu ['kaːnu] *nt* ⟨*-s, -s*⟩ canoe

Kanüle [ka'nyːlə] *f* ⟨*-, -n*⟩ MED cannula

Kanute [ka'nuːtə] *m* ⟨*-n, -n*⟩, **Kanutin** [-'nuːtɪn] *f* ⟨*-, -nen*⟩ canoeist

Kanzel ['kantsl] *f* ⟨*-, -n*⟩ **1.** pulpit **2.** AVIAT cockpit

Kanzlei [kants'lai] *f* ⟨*-, -en*⟩ (≈ *Dienststelle*) office; (≈ *Büro eines Rechtsanwalts, Notars etc*) chambers *pl*

Kanzler ['kantslɐ] *m* ⟨*-s, -*⟩, **Kanzlerin** [-ərɪn] *f* ⟨*-, -nen*⟩ **1.** (≈ *Regierungschef*) chancellor **2.** UNIV vice chancellor **Kanzleramt** *nt* (≈ *Gebäude*) chancellery; (≈ *Posten*) chancellorship **Kanzlerkandidat(in)** *m/(f)* candidate for the position of chancellor

Kap [kap] *nt* ⟨*-s, -s*⟩ cape; ~ *der Guten Hoffnung* Cape of Good Hope; ~ *Hoorn* Cape Horn

Kapazität [kapatsi'tɛːt] *f* ⟨*-, -en*⟩ capacity; (*fig* ≈ *Experte*) expert

Kapelle [ka'pɛlə] *f* ⟨*-, -n*⟩ **1.** (≈ *kleine Kirche etc*) chapel **2.** MUS orchestra

Kaper ['kaːpɐ] *f* ⟨*-, -n*⟩ BOT, COOK caper

kapern ['kaːpɐn] *v/t* NAUT *Schiff* to seize; (≈ *mit Beschlag belegen*) to collar (*infml*)

kapieren [ka'piːrən] *past part* **kapiert** (*infml*) **I** *v/t* to get (*infml*) **II** *v/i* to get it (*infml*); *kapiert?* got it? (*infml*)

kapital [kapi'taːl] *adj* **1.** HUNT *Hirsch* royal **2.** (≈ *grundlegend*) *Missverständnis etc* major

Kapital [kapi'taːl] *nt* ⟨*-s, -e or -ien* [-liən]⟩ **1.** FIN capital *no pl*; (≈ *angelegtes Kapital*) capital investments *pl* **2.** (*fig*) asset; *aus etw* ~ *schlagen* to capitalize on sth **Kapitalanlage** *f* capital investment **Kapitalertrag(s)steuer** *f* capital gains tax **Kapitalflucht** *f* flight of capital **kapitalisieren** [kapitali'ziːrən] *past part* **kapitalisiert** *v/t* to capitalize **Kapitalisierung** *f* ⟨*-, -en*⟩ capitalization **Kapita-**

l**is**mus [kapita'lɪsmʊs] m ⟨-, no pl⟩ capitalism **Kapital**ist [kapita'lɪst] m ⟨-en, -en⟩, **Kapital**istin [-'lɪstɪn] f ⟨-, -nen⟩ capitalist **kapital**istisch [kapita'lɪstɪʃ] adj capitalist **kapital**kräftig adj financially strong **Kapital**markt m capital market **Kapital**verbrechen nt serious crime; (*mit Todesstrafe*) capital crime

Kapitän [kapi'tɛ:n] m ⟨-s, -e⟩, **Kapitän**in [-'tɛ:nɪn] f ⟨-, -nen⟩ captain **Kapitän**leutnant m lieutenant commander

Kapitel [ka'pɪtl] nt ⟨-s, -⟩ chapter; **das ist ein anderes ~** that's another story

Kapitell [kapi'tɛl] nt ⟨-s, -e⟩ capital

Kapitulation [kapitula'tsio:n] f ⟨-, -en⟩ capitulation (*vor +dat* to, in the face of) **kapitulieren** [kapitu'li:rən] past part **kapituliert** v/i (≈ *sich ergeben*) to surrender; (*fig* ≈ *aufgeben*) to give up (*vor +dat* in the face of)

Kaplan [ka'pla:n] m ⟨-s, **Kapläne** [ka'plɛ:nə]⟩ (*in Pfarrei*) curate

Kappe ['kapə] f ⟨-, -n⟩ cap; **das geht auf meine ~** (*infml*) (≈ *ich bezahle*) that's on me; (≈ *ich übernehme die Verantwortung*) that's my responsibility

kappen ['kapn] v/t NAUT *Leine* to cut; (*fig infml*) *Finanzmittel* to cut (back)

Käppi ['kɛpi] nt ⟨-s, -s⟩ cap

Kapriole [kapri'o:lə] f ⟨-, -n⟩ capriole; (*fig*) caper

Kapsel ['kapsl] f ⟨-, -n⟩ (≈ *Etui*) container; BOT, PHARM, SPACE *etc* capsule

kaputt [ka'pʊt] adj (*infml*) broken; (≈ *erschöpft*) *Mensch* shattered (*Br infml*); *Ehe* broken; *Gesundheit* ruined; *Nerven* shattered; *Firma* bust pred (*infml*); **mein ~es Bein** my bad leg; (*gebrochen*) my broken leg; **ein ~er Typ** a wreck (*infml*) **kaputt fahren** v/t irr (*infml*) (≈ *überfahren*) to run over; *Auto* to run into the ground; (*durch Unfall*) to smash (up) **kaputtgehen** v/i sep irr aux sein (*infml*) to break; (*Ehe*) to break up (*an +dat* because of); (*Gesundheit, Nerven*) to be ruined; (*Firma*) to go bust (*infml*); (*Kleidung*) to come to pieces **kaputtkriegen** v/t sep (*infml*) **das Auto ist nicht kaputtzukriegen** this car just goes on for ever **kaputtlachen** v/r sep (*infml*) to die laughing (*infml*) **kaputt machen kaputtmachen** sep (*infml*) **I** v/t to ruin; *Zerbrechliches* to break, to smash; (≈ *erschöpfen*) *jdn* to wear out **II** v/r **sich ~** (*fig*) to wear oneself out

Kapuze [ka'pu:tsə] f ⟨-, -n⟩ hood; (≈ *Mönchskapuze*) cowl **Kapuzen**jacke f hooded jacket **Kapuzen**pulli f hooded jumper *or* sweater

Karabiner [kara'bi:nɐ] m ⟨-s, -⟩ **1.** (≈ *Gewehr*) carbine **2.** (*a.* **Karabinerhaken**) karabiner

Karacho [ka'raxo] nt ⟨-s, no pl⟩ **mit ~** (*infml*) at full tilt

Karaffe [ka'rafə] f ⟨-, -n⟩ carafe; (*mit Stöpsel*) decanter

Karambolage [karambo'la:ʒə] f ⟨-, -n⟩ AUTO collision; (*Billard*) cannon

Karamell [kara'mɛl] m ⟨-s, no pl⟩ caramel no pl **Karamelle** [kara'mɛlə] f ⟨-, -n⟩ caramel (toffee)

Karaoke [kara'o:ke] nt ⟨-, no pl⟩ karaoke

Karat [ka'ra:t] nt ⟨-(e)s, -e or (bei Zahlenangabe) -⟩ carat

Karate nt ⟨-(s), no pl⟩ karate

Karawane [kara'va:nə] f ⟨-, -n⟩ caravan

Kardanwelle f prop(eller) shaft

Kardinal [kardi'na:l] m ⟨-s, **Kardinäle** [-'nɛ:lə]⟩ ECCL cardinal **Kardinal**fehler m cardinal error **Kardinal**frage f (*elev*) cardinal *or* crucial question **Kardinal**zahl f cardinal (number)

Kardiologe [kardio'lo:gə] m ⟨-n, -n⟩, **Kardiologin** [-'lo:gɪn] f ⟨-, -nen⟩ cardiologist **kardiologisch** [kardio'lo:gɪʃ] adj cardiological

Karenztag m unpaid day of sick leave **Karenzzeit** f waiting period

Karfiol [kar'fio:l] m ⟨-s, no pl⟩ (*Aus*) cauliflower

Karfreitag [ka:ɐ'fraita:k] m Good Friday

karg [kark] **I** adj **1.** (≈ *spärlich*) meagre (*Br*), meager (*US*); *Boden* barren **2.** (≈ *geizig*) mean, sparing **II** adv (≈ *knapp*) **~ ausfallen/bemessen sein** to be meagre (*Br*) *or* meager (*US*); **etw ~ bemessen** to be stingy with sth (*infml*) **Kargheit** ['karkhait] f ⟨-, no pl⟩ meagreness (*Br*), meagerness (*US*); (*von Boden*) barrenness (*US*) **kärglich** ['kɛrklɪç] adj meagre (*Br*), meager (*US*), sparse; *Mahl* frugal

Kargo ['kargo] m ⟨-s, -s⟩ cargo

Karibik [ka'ri:bɪk] f ⟨-⟩ **die ~** the Caribbean **karibisch** [ka'ri:bɪʃ] adj Caribbean; **die Karibischen Inseln** the Caribbean Islands

kariert [ka'ri:ɐt] adj *Stoff, Muster* checked, checkered (*esp US*); *Papier* squared

Karies ['kaːriɛs] f ⟨-, no pl⟩ caries

Karikatur [karika'tuːɐ] f ⟨-, -en⟩ caricature **Karikaturist** [karikatu'rɪst] m ⟨-en, -en⟩, **Karikaturistin** [-'rɪstɪn] f ⟨-, -nen⟩ cartoonist **karikieren** [kari-'kiːrən] past part **karikiert** v/t to caricature

karitativ [karita'tiːf] **I** adj charitable **II** adv ~ **tätig sein** to do charitable work

Karma ['karma] nt ⟨-s, no pl⟩ karma

Karneval ['karnəval] m ⟨-s, -e or -s⟩ carnival **Karnevalszug** m carnival procession

Kärnten ['kɛrntən] nt ⟨-s⟩ Carinthia

Karo ['kaːro] nt ⟨-s, -s⟩ **1.** (≈ Quadrat) square; (Muster) check **2.** (CARDS, einzelne Karte) diamond no pl (≈ Spielkartenfarbe) diamonds pl **Karoass** nt ace of diamonds **Karomuster** nt checked or checkered (esp US) pattern

Karosse [ka'rɔsə] f ⟨-, -n⟩ (fig ≈ großes Auto) limousine

Karosserie [karɔsə'riː] f ⟨-, -n [-'riːən]⟩ bodywork

Karotte [ka'rɔtə] f ⟨-, -n⟩ carrot

Karpfen ['karpfn] m ⟨-s, -⟩ carp

Karre ['karə] f ⟨-, -n⟩ **1.** = **Karren 2.** (infml ≈ klappriges Auto) (old) crate (infml)

Karree [ka'reː] nt ⟨-s, -s⟩ **1.** (≈ Viereck) rectangle; (≈ Quadrat) square **2.** (≈ Häuserblock) block; **einmal ums ~ gehen** to walk round the block

karren ['karən] v/t to cart **Karren** ['karən] m ⟨-s, -⟩ **1.** (≈ Wagen) cart; (esp für Baustelle) (wheel)barrow; **ein ~ voll Obst** a cartload of fruit **2.** (fig infml) **den ~ in den Dreck fahren** to get things in a mess; **den ~ wieder flottmachen** to get things sorted out

Karriere [ka'rieːrə] f ⟨-, -n⟩ (≈ Laufbahn) career; ~ **machen** to make a career for oneself **Karrierefrau** f career woman **Karriereleiter** f career ladder; **die ~ erklimmen** to rise up the ladder **Karrieremacher(in)** m/(f) careerist

Karte ['kartə] f ⟨-, -n⟩ card; (≈ Fahrkarte, Eintrittskarte) ticket; (≈ Landkarte) map; (≈ Speisekarte) menu; (≈ Weinkarte) wine list; (≈ Spielkarte) (playing) card; **alles auf eine ~ setzen** (fig) to put all one's eggs in one basket (prov); **gute ~n haben** to have a good hand; (fig) to be in a strong position

Kartei [kar'tai] f ⟨-, -en⟩ card index **Karteikarte** f index card **Karteikasten** m file-card box

Kartell [kar'tɛl] nt ⟨-s, -e⟩ **1.** COMM cartel **2.** (≈ Interessenvereinigung) alliance; (pej) cartel **Kartellamt** nt ≈ Monopolies and Mergers Commission (Br), antitrust commission (esp US)

Kartenhaus nt house of cards **Karteninhaber(in)** m/(f) cardholder **Kartenspiel** nt **1.** (≈ das Spielen) card-playing; (≈ ein Spiel) card game **2.** (≈ Karten) pack (of cards) **Kartentelefon** nt cardphone **Kartenverkauf** m sale of tickets; (≈ Stelle) box office **Kartenvorverkauf** m advance sale of tickets; (≈ Stelle) advance booking office

Kartoffel [kar'tɔfl] f ⟨-, -n⟩ potato; **jdn fallen lassen wie eine heiße ~** (infml) to drop sb like a hot potato **Kartoffelbrei** m mashed potatoes pl **Kartoffelchips** pl potato crisps pl (Br), potato chips pl (US) **Kartoffelgratin** [-gra'tɛ̃ː] nt COOK gratiné(e) potatoes pl **Kartoffelkäfer** m Colorado beetle **Kartoffelkloß** nt, **Kartoffelknödel** m (esp S Ger, Aus COOK) potato dumpling **Kartoffelpuffer** m fried grated potato cakes **Kartoffelpüree** nt mashed potatoes pl **Kartoffelsalat** m potato salad **Kartoffelschalen** pl (abgeschält) potato peel sg; COOK potato skins pl **Kartoffelschäler** [-ʃɛːlɐ] m ⟨-s, -⟩ potato peeler **Kartoffelstock** m (Swiss COOK) mashed potatoes pl **Kartoffelsuppe** f potato soup

Kartografie [kartogra'fiː] f ⟨-, no pl⟩ cartography

Karton [kar'tɔŋ, kar'tõː, kar'toːn] m ⟨-s, -s⟩ **1.** (≈ Pappe) cardboard **2.** (≈ Schachtel) cardboard box **kartonieren** [karto-'niːrən] past part **kartoniert** v/t Bücher to bind in board; **kartoniert** paperback

Karussell [karʊ'sɛl] nt ⟨-s, -s or -e⟩ merry-go-round, carousel; ~ **fahren** to have a ride on the merry-go-round etc

Karwoche ['kaːɐ-] f ECCL Holy Week

karzinogen [kartsino'geːn] MED adj carcinogenic **Karzinom** [kartsi'noːm] nt ⟨-s, -e⟩ MED carcinoma, malignant growth

Kasachstan [kazaxs'taːn] nt ⟨-s⟩ Kazakhstan

kaschieren [ka'ʃiːrən] past part **kaschiert** v/t (fig ≈ überdecken) to conceal **Kaschmir** m ⟨-s, -e⟩ TEX cashmere

Käse ['kɛːzə] m ⟨-s, -⟩ **1.** cheese **2.** (infml ≈ Unsinn) twaddle (infml) **Käseauflauf**

m COOK cheese soufflé **Käseblatt** *nt* (*infml*) local rag (*infml*) **Käsebrot** *nt* bread and cheese **Käsebrötchen** *nt* cheese roll **Käsegebäck** *nt* cheese savouries *pl* (*Br*) *or* savories *pl* (*US*) **Käseglocke** *f* cheese cover; (*fig*) dome **Käsekuchen** *m* cheesecake

Kaserne [ka'zɛrnə] *f* ⟨-, **-n**⟩ barracks *pl*

Käsestange *f* cheese straw (*Br*), cheese stick (*US*) **käseweiß** *adj* (*infml*) white (as a ghost) **käsig** ['kɛːzɪç] *adj* (*fig infml*) Haut pasty; (*vor Schreck*) pale

Kasino [ka'ziːno] *nt* ⟨-s, -s⟩ **1.** (≈ Spielbank) casino **2.** (≈ Offizierskasino) (officers') mess

Kaskoversicherung ['kasko-] *f* (AUTO ≈ Teilkaskoversicherung) ≈ third party, fire and theft insurance; (≈ Vollkaskoversicherung) fully comprehensive insurance

Kasper ['kaspɐ] *m* ⟨-s, -⟩ **1.** (*im Puppenspiel*) Punch (*esp Br*) **2.** (*infml*) clown (*infml*) **Kasperletheater** *nt* Punch and Judy (show) (*esp Br*), puppet show **Kaspisches Meer** ['kaspɪʃəs] *nt* Caspian Sea

Kassa ['kasa] *f* ⟨-, **Kassen** ['kasn]⟩ (*Aus*) = **Kasse Kassageschäft** *nt* COMM cash transaction; ST EX spot transaction

Kasse ['kasə] *f* ⟨-, **-n**⟩ **1.** (≈ Zahlstelle) cash desk (*Br*) *or* point, cash register (*US*); THEAT *etc* box office; (*in Bank*) bank counter; (*in Supermarkt*) checkout; **an der ~** (*in Geschäft*) at the desk (*esp Br*), at the (checkout) counter (*esp US*) **2.** (≈ Geldkasten) cash box; (*in Läden*) cash register; (*bei Spielen*) kitty; (*in einer Spielbank*) bank; **die ~n klingeln** the money is really rolling in **3.** (≈ Bargeld) cash; **gegen ~** for cash; **bei ~ sein** (*infml*) to be in the money (*infml*); **knapp bei ~ sein** (*infml*) to be short of cash; **jdn zur ~ bitten** to ask sb to pay up **4.** (*infml* ≈ Sparkasse) (savings) bank **5.** = **Krankenkasse**

Kasseler ['kasələ] *nt* ⟨-s, -⟩ lightly smoked pork loin

Kassenarzt *m*, **Kassenärztin** *f* ≈ National Health general practitioner (*Br*) **Kassenbeleg** *m* sales receipt *or* check (*US*) **Kassenbestand** *m* cash balance, cash in hand **Kassenbon** *m* sales slip **Kassenbrille** *f* (*pej infml*) NHS specs *pl* (*Br infml*), standard-issue glasses *pl* **Kassenpatient(in)** *m*/(*f*) ≈ National Health

patient (*Br*) **Kassenprüfung** *f* audit **Kassenschlager** *m* (*infml*) (THEAT *etc*) box-office hit; (*Ware*) big seller **Kassensturz** *m* **~ machen** to check one's finances; COMM to cash up (*Br*), to count up the earnings (*US*) **Kassenwart** [-vart] *m* ⟨**-s**, **-e**⟩, **Kassenwartin** [-vartɪn] *f* ⟨**-**, **-nen**⟩ treasurer **Kassenzettel** *m* sales slip

Kasserolle [kasə'rɔlə] *f* ⟨**-**, **-n**⟩ saucepan; (*mit Henkeln*) casserole

Kassette [ka'sɛtə] *f* ⟨**-**, **-n**⟩ **1.** (≈ Kästchen) case **2.** (*für Bücher*) slipcase; (≈ Tonbandkassette) cassette **Kassettendeck** *nt* cassette deck **Kassettenrekorder** *m* cassette recorder

kassieren [ka'siːrən] *past part* **kassiert I** *v/t* **1.** Gelder *etc* to collect (up); (*infml*) Abfindung, Finderlohn to pick up (*infml*) **2.** (*infml* ≈ wegnehmen) to take away **3.** (*infml* ≈ verhaften) to nab (*infml*) **II** *v/i* **bei jdm ~** to collect money from sb; **darf ich ~, bitte?** would you like to pay now? **Kassierer** [ka'siːrɐ] *m* ⟨**-s**, **-**⟩, **Kassiererin** [-ərɪn] *f* ⟨**-**, **-nen**⟩ cashier; (≈ Bankkassierer) clerk

Kastagnette [kastan'jɛtə] *f* ⟨**-**, **-n**⟩ castanet

Kastanie [kas'taːniə] *f* ⟨**-**, **-n**⟩ chestnut **Kastanienbaum** *m* chestnut tree **kastanienbraun** *adj* maroon; Pferd, Haar chestnut

Kästchen ['kɛstçən] *nt* ⟨**-s**, **-**⟩ **1.** (≈ kleiner Kasten) small box; (*für Schmuck*) casket **2.** (*auf kariertem Papier*) square

Kaste ['kastə] *f* ⟨**-**, **-n**⟩ caste

Kasten ['kastn] *m* ⟨**-s**, **≈** ['kɛstn]⟩ **1.** box; (≈ Kiste) crate; (≈ Truhe) chest; (*Aus* ≈ Schrank) cupboard; (≈ Briefkasten) postbox (*Br*), letter box (*Br*), mailbox (*US*) **2.** (*infml*) (≈ alter Wagen) crate (*infml*); (≈ Fernsehapparat *etc*) box (*infml*) **3.** (*infml*) **sie hat viel auf dem ~** she's brainy (*infml*)

Kastilien [kas'tiːliən] *nt* ⟨**-s**⟩ Castille

Kastration [kastra'tsioːn] *f* ⟨**-**, **-en**⟩ castration **kastrieren** [kas'triːrən] *past part* **kastriert** *v/t* (*lit, fig*) to castrate

Kasus ['kaːzʊs] *m* ⟨**-**, - ['kaːzuːs]⟩ GRAM case

Kat [kat] *m* ⟨**-s**, **-s**⟩ AUTO *abbr of* **Katalysator** cat

Katalog [kata'loːk] *m* ⟨**-(e)s**, **-e** [-gə]⟩ catalogue (*Br*), catalog (*US*)

Katalysator [kataly'zaːtoːɐ] *m* ⟨**-s**, **Kata-**

lysatoren [-'to:rən]〉 catalyst; AUTO catalytic converter **Katalysatorauto** *nt* car fitted with a catalytic converter

Katamaran [katama'ra:n] *m* 〈**-s, -e**〉 catamaran

Katapult [kata'pʊlt] *nt or m* 〈**-(e)s, -e**〉 catapult **katapultieren** [katapʊl'ti:rən] *past part* **katapultiert** *v/t* to catapult

Katarrh [ka'tar] *m* 〈**-s, -e**〉, **Katarr** *m* 〈**-s, -e**〉 catarrh

Katasteramt *nt* land registry

katastrophal [katastro'fa:l] **I** *adj* disastrous **II** *adv* disastrously; **sich ~ auswirken** to have catastrophic effects **Katastrophe** [katas'tro:fə] *f* 〈**-, -n**〉 disaster **Katastrophenabwehr** *f* disaster prevention **Katastrophenalarm** *m* emergency alert **Katastrophengebiet** *nt* disaster area **Katastrophenschutz** *m* disaster control; (*im Voraus*) disaster prevention

Kategorie [katego'ri:] *f* 〈**-, -n** [-'ri:ən]〉 category **kategorisch** [kate'go:rɪʃ] **I** *adj* categorical **II** *adv* categorically; **ich weigerte mich ~** I refused outright **kategorisieren** [kategori'zi:rən] *past part* **kategorisiert** *v/t* to categorize

Kater ['ka:tɐ] *m* 〈**-s, -**〉 **1.** tom(cat) **2.** (*nach Alkoholgenuss*) hangover **Katerstimmung** *f* depression

Kathedrale [kate'dra:lə] *f* 〈**-, -n**〉 cathedral

Katheter [ka'te:tɐ] *m* 〈**-s, -**〉 MED catheter

Kathode [ka'to:də] *f* 〈**-, -n**〉 PHYS cathode

Katholik [kato'li:k] *m* 〈**-en, -en**〉, **Katholikin** [-'li:kɪn] *f* 〈**-, -nen**〉 (Roman) Catholic **katholisch** [ka'to:lɪʃ] *adj* (Roman) Catholic **Katholizismus** [katoli'tsɪsmʊs] *m* 〈**-, no pl**〉 (Roman) Catholicism

katzbuckeln ['katsbʊkln] *v/i* (*pej infml*) to grovel **Kätzchen** ['kɛtsçən] *nt* 〈**-s, -**〉 **1.** kitten **2.** BOT catkin **Katze** ['katsə] *f* 〈**-, -n**〉 cat; **meine Arbeit war für die Katz** (*fig*) my work was a waste of time; **Katz und Maus mit jdm spielen** to play cat and mouse with sb; **wie die ~ um den heißen Brei herumschleichen** to beat about the bush; **die ~ im Sack kaufen** to buy a pig in a poke (*prov*) **Katzenjammer** *m* (*infml*) **1.** (≈ *Kater*) hangover **2.** (≈ *jämmerliche Stimmung*) depression, the blues *pl* (*infml*) **Katzenklo** *nt* (*infml*) cat litter tray (*Br*) or box (*US*) **Katzensprung** *m* (*infml*) stone's throw **Katzenstreu** *f* cat litter **Katzentür** *f* cat flap

Katz-und-Maus-Spiel *nt* cat-and-mouse game

Kauderwelsch ['kaʊdɐvɛlʃ] *nt* 〈**-(s)**, *no pl*〉 (*pej*) (≈ *Fachsprache*) jargon; (*unverständlich*) gibberish

kauen ['kaʊən] **I** *v/t* to chew; **Nägel** to bite **II** *v/i* to chew; **an etw** (*dat*) **~** to chew (on) sth; **an den Nägeln ~** to bite one's nails

kauern ['kaʊɐn] *v/i & v/r* to crouch (down); (*ängstlich*) to cower

Kauf [kauf] *m* 〈**-(e)s, Käufe** ['kɔyfə]〉 (≈ *das Kaufen*) buying *no pl*; (≈ *das Gekaufte*) buy; **das war ein günstiger ~** that was a good buy; **etw zum ~ anbieten** to offer sth for sale; **etw in ~ nehmen** (*fig*) to accept sth **Kaufangebot** *nt* ECON bid **kaufen** ['kaufn] **I** *v/t* **1.** (*a.* **sich** (*dat*) **kaufen**) to buy; **dafür kann ich mir nichts ~** (*iron*) what use is that to me! **2.** **sich** (*dat*) **jdn ~** (*infml*) to give sb a piece of one's mind (*infml*); (*tätlich*) to fix sb (*infml*) **II** *v/i* to buy; (≈ *Einkäufe machen*) to shop **Käufer** ['kɔyfɐ] *m* 〈**-s, -**〉, **Käuferin** [-ərɪn] *f* 〈**-, -nen**〉 buyer; (≈ *Kunde*) customer **Kauffrau** *f* businesswoman **Kaufhaus** *nt* department store **Kaufkraft** *f* (*von Geld*) purchasing power; (*vom Käufer*) spending power **kaufkräftig** *adj* **~e Kunden** customers with money to spend **käuflich** ['kɔyflɪç] **I** *adj* **1.** (≈ *zu kaufen*) for sale; **~e Liebe** (*elev*) prostitution; **Freundschaft ist nicht ~** friendship cannot be bought **2.** (*fig* ≈ *bestechlich*) venal; **ich bin nicht ~** you cannot buy me! **II** *adv* **etw ~ erwerben** (*form*) to purchase sth **Kaufmann** *m, pl* **-leute 1.** (≈ *Geschäftsmann*) businessman; (≈ *Händler*) trader **2.** (≈ *Einzelhandelskaufmann*) small shopkeeper, grocer; **zum ~ gehen** to go to the grocer's **kaufmännisch** [-mɛnɪʃ] **I** *adj* commercial; **~er Angestellter** office worker **II** *adv* **sie ist ~ tätig** she is a businesswoman **Kaufpreis** *m* purchase price **Kaufvertrag** *m* bill of sale **Kaufzwang** *m* obligation to buy; **ohne ~** without obligation

Kaugummi *m or nt* chewing gum

Kaukasus ['kaukazʊs] *m* 〈**-**〉 **der ~** (the) Caucasus

Kaulquappe ['kaul-] *f* tadpole

kaum [kaum] **I** *adv* (≈ *noch nicht einmal*) hardly, scarcely; **~ jemand** hardly anyone; **es ist ~ zu glauben, wie ...** it's hardly believable *or* to be believed how ...;

wohl ~, *ich glaube* ~ I hardly think so II *cj* hardly, scarcely; ~ *dass wir das Meer erreicht hatten ...* no sooner had we reached the sea than ...

kausal [kau'za:l] *adj* causal **Kausalität** [kauzali'tɛ:t] *f* ⟨-, -en⟩ causality **Kausalsatz** *m* causal clause **Kausalzusammenhang** *m* causal connection

Kaution [kau'tsio:n] *f* ⟨-, -en⟩ **1.** JUR bail; ~ *stellen* to stand bail; *gegen* ~ on bail **2.** COMM security **3.** (*für Miete*) deposit; *zwei Monatsmieten* ~ two months' deposit

Kautschuk ['kautʃʊk] *m* ⟨-s, -e⟩ (India) rubber

Kauz [kauts] *m* ⟨-es, Käuze ['kɔytsə]⟩ **1.** screech owl **2.** (≈ *Sonderling*) *ein komischer* ~ an odd bird **kauzig** ['kautsɪç] *adj* odd

Kavalier [kava'li:ɐ] *m* ⟨-s, -e⟩ (≈ *galanter Mann*) gentleman **Kavaliersdelikt** *nt* trivial offence (*Br*) *or* offense (*US*)

Kavallerie [kavalə'ri:] *f* ⟨-, -n [-'ri:ən]⟩ MIL cavalry

Kaviar ['ka:viar] *m* ⟨-s, -e⟩ caviar

Kebab [ke'ba:p, ke'bap] *m* ⟨-(s), -s⟩ kebab

keck [kɛk] *adj* (≈ *frech*) cheeky (*Br*), fresh (*US*) **Keckheit** *f* ⟨-, -en⟩ (≈ *Frechheit*) cheekiness (*Br*), impudence

Kefir ['ke:fɪr, 'ke:fi:ɐ] *m* ⟨-s, *no pl*⟩ kefir, milk product similar to yoghurt

Kegel ['ke:gl] *m* ⟨-s, -⟩ **1.** (≈ *Spielfigur*) skittle; (*bei Bowling*) pin **2.** (*Geometrie*) cone **Kegelbahn** *f* skittle alley; (*automatisch*) bowling alley **kegelförmig** I *adj* conical II *adv* conically **Kegelklub** *m* skittles club; (*für Bowling*) bowling club **Kegelkugel** *f* bowl **kegeln** ['ke:gln] *v/i* to play skittles; (*bei Bowling*) to play bowls

Kehle ['ke:lə] *f* ⟨-, -n⟩ (≈ *Gurgel*) throat; *er hat das in die falsche* ~ *bekommen* (*fig*) he took it the wrong way; *aus voller* ~ at the top of one's voice **Kehlkopf** *m* larynx **Kehlkopfentzündung** *f* laryngitis **Kehlkopfkrebs** *m* cancer of the throat **Kehllaut** *m* guttural (sound)

Kehrbesen *m* broom **Kehrblech** *nt* (*S Ger*) shovel

Kehre ['ke:rə] *f* ⟨-, -n⟩ **1.** (sharp) bend **2.** (≈ *Turnübung*) rear vault

kehren[1] ['ke:rən] I *v/t* **1.** (≈ *drehen*) to turn; *in sich* (*acc*) *gekehrt* (≈ *versunken*) pensive; (≈ *verschlossen*) intro-

spective **2.** (≈ *kümmern*) to bother; *was kehrt mich das?* what do I care about that? II *v/r* **1.** (≈ *sich drehen*) to turn **2.** (≈ *sich kümmern*) *er kehrt sich nicht daran, was die Leute sagen* he doesn't care what people say III *v/i* to turn (round); (*Wind*) to turn

kehren[2] *v/t* & *v/i* (*esp S Ger* ≈ *fegen*) to sweep **Kehricht** ['ke:rɪçt] *m or nt* ⟨-s, *no pl*⟩ **1.** (*old, form*) sweepings *pl* **2.** (*S Ger, Swiss* ≈ *Müll*) rubbish (*Br*), trash (*US*)

Kehrreim *m* chorus

Kehrschaufel *f* shovel

Kehrseite *f* (*von Münze*) reverse; (*fig* ≈ *Nachteil*) drawback; (*fig* ≈ *Schattenseite*) other side; *die* ~ *der Medaille* the other side of the coin **kehrtmachen** *v/i sep* to turn round; (≈ *zurückgehen*) to turn back; MIL to about-turn **Kehrtwende** *f*, **Kehrtwendung** *f* about-turn

keifen ['kaifn] *v/i* to bicker

Keil [kail] *m* ⟨-(e)s, -e⟩ wedge

Keile ['kailə] *pl* (*infml*) thrashing; ~ *bekommen* to get *or* to be given a thrashing **keilen** ['kailən] *v/r* (*dial infml* ≈ *sich prügeln*) to fight

Keiler ['kailɐ] *m* ⟨-s, -⟩ wild boar

Keilerei [kailə'rai] *f* ⟨-, -en⟩ (*infml*) punch-up (*infml*)

keilförmig I *adj* wedge-shaped II *adv* *sich* ~ *zuspitzen* to form a wedge **Keilriemen** *m* drive belt; AUTO fan belt

Keim [kaim] *m* ⟨-(e)s, -e⟩ **1.** (≈ *kleiner Trieb*) shoot **2.** (≈ *Embryo*, *fig*) embryo, germ; (≈ *Krankheitskeim*) germ; *etw im* ~ *ersticken* to nip sth in the bud **3.** (*fig*) seed *usu pl*; *den* ~ *zu etw legen* to sow the seeds of sth **keimen** ['kaimən] *v/i* **1.** (*Saat*) to germinate; (*Pflanzen*) to put out shoots **2.** (*Verdacht*) to be aroused **keimfrei** *adj* germ-free, free of germs *pred*; MED sterile; ~ *machen* to sterilize **Keimling** ['kaimlɪŋ] *m* ⟨-s, -e⟩ **1.** (≈ *Embryo*) embryo **2.** (≈ *Keimpflanze*) shoot **keimtötend** *adj* germicidal; ~*es Mittel* germicide **Keimzelle** *f* germ cell; (*fig*) nucleus

kein [kain], **keine** ['kainə], **kein** *indef pr* **1.** no; *ich sehe da* ~*en Unterschied* I don't see any difference; *sie hatte* ~*e Chance* she didn't have *a or* any chance; ~*e schlechte Idee* not a bad idea; ~ *bisschen* not a bit; ~ *einziges Mal* not a single time; *in* ~*ster Weise* not in the least

2. (≈ *nicht einmal*) less than; **~e Stunde/ drei Monate** less than an hour/three months; **~e 5 Euro** under 5 euros **keine(r, s)** ['kainə] *indef pr* (≈ *niemand*) nobody, no-one; (*von Gegenstand*) none; **es war ~r da** there was nobody there; (*Gegenstand*) there wasn't one there; **ich habe ~s** I haven't got one; **~r von uns** none of us; **~s der (beiden) Kinder** neither of the children **keinerlei** ['kainə'lai] *adj attr inv* no ... what(so)ever *or* at all; **dafür gibt es ~ Beweise** there is no proof of it what(so)ever **keinesfalls** ['kainəs'fals] *adv* under no circumstances; **das bedeutet jedoch ~, dass** ... however, in no way does this mean that ... **keineswegs** ['kainəs've:ks] *adv* not at all; (*als Antwort*) not in the least **keinmal** ['kainma:l] *adv* never once, not once **Keks** [ke:ks] *m* ⟨-es, -e *or* (Aus) *nt* -, -⟩ biscuit (*Br*), cookie (*US*); **jdm auf den ~ gehen** (*infml*) to get on sb's nerves **Kelch** [kɛlç] *m* ⟨-(e)s, -e⟩ **1.** (≈ *Trinkglas*) goblet; ECCL chalice **2.** BOT calyx **Kelchglas** *nt* goblet **Kelle** ['kɛlə] *f* ⟨-, -n⟩ **1.** (≈ *Suppenkelle etc*) ladle **2.** (≈ *Maurerkelle*) trowel **3.** (≈ *Signalstab*) signalling (*Br*) *or* signaling (*US*) disc **Keller** ['kɛlɐ] *m* ⟨-s, -⟩ cellar; (≈ *Geschoss*) basement; **im ~ sein** (fig) to be at rock-bottom **Kellerassel** *f* woodlouse **Kellerei** [kɛlə'rai] *f* ⟨-, -en⟩ (≈ *Weinkellerei*) wine producer's; (≈ *Lagerraum*) cellar(s *pl*) **Kellergeschoss** *nt*, **Kellergeschoß** (*Aus*) *nt* basement **Kellerlokal** *nt* cellar bar **Kellermeister(in)** *m(f)* vintner; (*in Kloster*) cellarer **Kellerwohnung** *f* basement flat (*Br*) *or* apartment **Kellner** ['kɛlnɐ] *m* ⟨-s, -⟩ waiter **Kellnerin** ['kɛlnərɪn] *f* ⟨-, -nen⟩ waitress **kellnern** ['kɛlnɐn] *v/i* (*infml*) to work as a waiter/waitress, to wait on tables (*US*) **Kelte** ['kɛltə] *m* ⟨-n, -n⟩, **Keltin** ['kɛltɪn] *f* ⟨-, -nen⟩ Celt **Kelter** ['kɛltɐ] *f* ⟨-, -n⟩ winepress; (≈ *Obstkelter*) press **keltern** ['kɛltɐn] *v/t* **Trauben, Wein** to press **keltisch** ['kɛltɪʃ] *adj* Celtic **Kenia** ['ke:nia] *nt* ⟨-s⟩ Kenya **kennen** ['kɛnən] *pret* **kannte** ['kantə], *past part* **gekannt** [gə'kant] *v/t* to know; **er kennt keine Müdigkeit** he never gets

tired; **so was ~ wir hier nicht!** we don't have that sort of thing here; **~ Sie sich schon?** do you know each other (already)?; **das ~ wir (schon)** (*iron*) we know all about that; **kennst du mich noch?** do you remember me?; **wie ich ihn kenne ...** if I know him (at all) ...; **da kennt er gar nichts** (*infml*) (≈ *hat keine Hemmungen*) he has no scruples whatsoever; (≈ *ihm ist alles egal*) he doesn't give a damn (*infml*) **kennenlernen** *v/t sep*, **kennen lernen** *v/t* to get to know; (≈ *zum ersten Mal treffen*) to meet; **sich ~** to get to know each other; to meet each other; **ich freue mich, Sie kennenzulernen** (*form*) (I am) pleased to meet you; **der soll mich noch ~** (*infml*) he'll have me to reckon with (*infml*) **Kenner** ['kɛnɐ] *m* ⟨-s, -⟩, **Kennerin** [-ərɪn] *f* ⟨-, -nen⟩ **1.** (≈ *Sachverständiger*) expert (*von*, +*gen* on *or* in), authority (*von*, +*gen* on) **2.** (≈ *Weinkenner etc*) connoisseur **Kennerblick** *m* expert's eye **kennerhaft** *adj* like a connoisseur; **mit ~em Blick** with the eye of an expert **Kennermiene** *f* **mit ~ betrachtete er ...** he looked at ... like a connoisseur **kenntlich** ['kɛntlɪç] *adj* (≈ *zu erkennen*) recognizable (*an* +*dat* by); (≈ *deutlich*) clear; **etw ~ machen** to identify sth (clearly) **Kenntnis** ['kɛntnɪs] *f* ⟨-, -se⟩ **1.** (≈ *Wissen*) knowledge *no pl*; **über ~se von etw verfügen** to know about sth **2.** *no pl* (*form*) **etw zur ~ nehmen** to note sth; **jdn von etw in ~ setzen** to inform sb about sth; **das entzieht sich meiner ~** I have no knowledge of it **Kenntnisnahme** [-na:mə] *f* ⟨-, *no pl*⟩ (*form*) **zur ~ an ...** for the attention of ... **Kennwort** *nt*, *pl* **-wörter** (≈ *Chiffre*) codename; (≈ *Losungswort*) password, codeword **Kennzeichen** *nt* **1.** AUTO number plate (*Br*), license plate (*US*); AVIAT markings *pl*; **amtliches ~** registration number (*Br*), license number (*US*) **2.** (≈ *Markierung*) mark; **unveränderliche~** distinguishing marks **3.** (≈ *Eigenart*) (typical) characteristic (*für*, +*gen* of); (*für Qualität*) hallmark; (≈ *Erkennungszeichen*) mark, sign **kennzeichnen** *v/t insep* **1.** (≈ *markieren*) to mark; (*durch Etikett*) to label **2.** (≈ *charakterisieren*) to characterize **Kennziffer** *f* (*code*) number; COMM reference number; (*bei Zeitungsinserat*) box number

kentern ['kɛntɐn] *v/i aux sein (Schiff)* to capsize

Keramik [ke'ra:mɪk] *f* ⟨-, -en⟩ **1.** *no pl* ART ceramics *pl*; *(als Gebrauchsgegenstände)* pottery **2.** *(≈ Kunstgegenstand)* ceramic; *(≈ Gebrauchsgegenstand)* piece of pottery **keramisch** [ke'ra:mɪʃ] *adj* ceramic

Kerbe ['kɛrbə] *f* ⟨-, -n⟩ notch; *(kleiner)* nick; *in dieselbe ~ hauen (fig infml)* to take the same line

Kerbel ['kɛrbl] *m* ⟨-s, *no pl*⟩ chervil

kerben ['kɛrbn] *v/t Inschrift, Namen* to carve **Kerbholz** *nt (fig infml)* **etwas auf dem ~ haben** to have done something wrong

Kerker ['kɛrkɐ] *m* ⟨-s, -⟩ **1.** HIST dungeon *(esp HIST)*, prison; *(≈ Strafe)* imprisonment **2.** *(Aus)* **= Zuchthaus**

Kerl [kɛrl] *m* ⟨-s, -e *or* -s⟩ *(infml)* guy *(infml)*; *(pej)* character; *du gemeiner ~!* you mean thing *(infml)*; *ein ganzer ~* a real man

Kern [kɛrn] *m* ⟨-(e)s, -e⟩ *(von Obst)* pip; *(von Steinobst)* stone; *(≈ Nusskern)* kernel; PHYS, BIOL nucleus; *(fig) (von Problem, Sache)* heart; *(von Gruppe)* core; *in ihr steckt ein guter ~* there's some good in her somewhere; *der harte ~ (fig)* the hard core **Kernarbeitszeit** *f* core time **Kernbrennstab** *m* nuclear fuel rod **Kernbrennstoff** *m* nuclear fuel **Kernenergie** *f* nuclear energy **Kernexplosion** *f* nuclear explosion **Kernfach** *nt* SCHOOL core subject **Kernfamilie** *f* SOCIOL nuclear family **Kernforscher(in)** *m/(f)* nuclear scientist **Kernforschung** *f* nuclear research **Kernfrage** *f* central issue **Kernfusion** *f* nuclear fusion **Kerngedanke** *m* central idea **Kerngehäuse** *nt* core **Kerngeschäft** *nt* ECON core (business) activity **kerngesund** *adj* completely fit; *(fig) Firma, Land* very healthy **kernig** ['kɛrnɪç] *adj (fig) Ausspruch* pithy; *(≈ urwüchsig)* earthy; *(≈ kraftvoll)* robust **Kernkraft** *f* ⟨-, *no pl*⟩ nuclear power **Kernkraftgegner(in)** *m/(f)* opponent of nuclear power **Kernkraftwerk** *nt* nuclear power station **kernlos** *adj* seedless **Kernobst** *nt* pomes *pl (tech)* **Kernphysik** *f* nuclear physics *sg* **Kernphysiker(in)** *m/(f)* nuclear physicist **Kernpunkt** *m* central point **Kernreaktor** *m* nuclear reactor **Kernschmelze** *f* meltdown **Kernseife** *f* washing soap

Kernspaltung *f* nuclear fission **Kernspin-Tomograf** ['kɛrnspɪn-] *m* MRI scanner **Kernspintomografie** *f* magnetic resonance imaging **Kernstück** *nt (fig)* centrepiece *(Br)*, centerpiece *(US)*; *(von Theorie etc)* crucial part **Kerntechnik** *f* nuclear technology **Kernwaffe** *f* nuclear weapon **kernwaffenfrei** *adj* nuclear-free **Kernwaffenversuch** *m* nuclear (weapons) test **Kernzeit** *f* core time

Kerosin [kero'zi:n] *nt* ⟨-s, -e⟩ kerosene

Kerze ['kɛrtsə] *f* ⟨-, -n⟩ **1.** candle **2.** AUTO plug **3.** *(Turnen)* shoulder-stand **kerzengerade** *adj* perfectly straight **Kerzenhalter** *m* candlestick **Kerzenleuchter** *m* candlestick **Kerzenlicht** *nt, no pl* candlelight **Kerzenständer** *m* candlestick; *(für mehrere Kerzen)* candelabra

Kescher ['kɛʃɐ] *m* ⟨-s, -⟩ fishing net; *(≈ Hamen)* landing net

kess [kɛs] *adj (≈ flott)* saucy; *(≈ vorwitzig)* cheeky *(Br)*, fresh *(US)*; *(≈ frech)* impudent

Kessel ['kɛsl] *m* ⟨-s, -⟩ **1.** *(≈ Teekessel)* kettle; *(≈ Kochkessel)* pot; *(für offenes Feuer)* cauldron; *(≈ Dampfkessel)* boiler **2.** MIL encircled area **Kesselpauke** *f* kettle drum **Kesselstein** *m* scale **Kesseltreiben** *nt (fig)* witch-hunt

Ketchup ['kɛtʃap] *m or nt* ⟨-(s), -s⟩, **Ketschup** ['kɛtʃap] *m or nt* ⟨-(s), -s⟩ ketchup

Kette ['kɛtə] *f* ⟨-, -n⟩ chain; *(fig)* line; *(von Unfällen etc)* string; *eine ~ von Ereignissen* a chain of events **ketten** ['kɛtn] *v/t* to chain *(an +acc* to); *sich an jdn/etw ~ (fig)* to tie oneself to sb/sth **Kettenbrief** *m* chain letter **Kettenfahrzeug** *nt* tracked vehicle **Kettenglied** *nt* (chain-)link **Kettenraucher(in)** *m/(f)* chain-smoker **Kettenreaktion** *f* chain reaction

Ketzer ['kɛtsɐ] *m* ⟨-s, -⟩, **Ketzerin** [-ərɪn] *f* ⟨-, -nen⟩ *(ECCL, fig)* heretic **Ketzerei** [kɛtsə'rai] *f* ⟨-, *no pl*⟩ heresy **ketzerisch** ['kɛtsərɪʃ] *adj* heretical

keuchen ['kɔyçn] *v/i (≈ schwer atmen)* to pant; *(Asthmatiker etc)* to wheeze **Keuchhusten** *m* whooping cough

Keule ['kɔylə] *f* ⟨-, -n⟩ club; SPORTS (Indian) club; COOK leg

keusch [kɔyʃ] *adj* chaste **Keuschheit** *f* ⟨-, *no pl*⟩ chastity **Keuschheitsgürtel** *m* chastity belt

Keyboard ['ki:bɔːɐd] *nt* ⟨-s, -s⟩ MUS keyboard **Keyboardspieler(in)** ['ki:bɔːɐ̯d-] *m/(f)* MUS keyboards player

Kfz [ka|ɛf'tsɛt] *nt* ⟨-(s), -(s)⟩ *(form) abbr of* **Kraftfahrzeug** motor vehicle **Kfz-Kennzeichen** [ka|ɛf'tsɛt-] *nt* (vehicle) registration **Kfz-Steuer** [ka|ɛf'tsɛt-] *f* motor vehicle tax, road tax *(Br)* **Kfz-Versicherung** [ka|ɛf'tsɛt-] *f* car insurance

khaki ['ka:ki] *adj inv* khaki

Kibbuz [kɪ'buːts] *m* ⟨-, *Kibbuzim* or -e [kɪbu'tsiːm]⟩ kibbutz

Kiberer ['ki:bərɐ] *m* ⟨-s, -⟩ *(Aus infml ≈ Polizist)* copper *(infml)*

Kichererbse *f* chickpea **kichern** ['kɪçɐn] *v/i* to giggle

Kick [kɪk] *m* ⟨-(s), -s⟩ *(fig infml ≈ Nervenkitzel)* kick *(infml)* **Kickboard®** ['kɪkboːɐ̯t] *nt* ⟨-s, -s⟩ micro-scooter **Kickboxen** *nt* kick boxing **kicken** ['kɪkn] *(*FTBL *infml)* **I** *v/t* to kick **II** *v/i* to play football *(Br) or* soccer **Kicker** ['kɪkɐ] *m* ⟨-s, -⟩, **Kickerin** [-ərɪn] *f* ⟨-, -nen⟩ *(*FTBL *infml)* player

Kid [kɪt] *nt* ⟨-s, -s⟩ *usu pl (infml ≈ Jugendlicher)* kid *(infml)*

kidnappen ['kɪtnɛpn] *v/t insep* to kidnap **Kidnapper** ['kɪtnɛpɐ] *m* ⟨-s, -⟩, **Kidnapperin** [-ərɪn] *f* ⟨-, -nen⟩ kidnapper

Kiebitz ['ki:bɪts] *m* ⟨-es, -e⟩ ORN lapwing; *(*CARDS *infml)* kibitzer

Kiefer¹ ['ki:fɐ] *f* ⟨-, -n⟩ pine (tree); *(≈ Holz)* pine(wood)

Kiefer² *m* ⟨-s, -⟩ jaw; *(≈ Kieferknochen)* jawbone **Kieferbruch** *m* broken *or* fractured jaw **Kieferchirurg(in)** *m/(f)* oral surgeon **Kieferhöhle** *f* ANAT maxillary sinus

Kiefernzapfen *m* pine cone

Kieferorthopäde *m*, **Kieferorthopädin** *f* orthodontist

Kieker ['ki:kɐ] *m* ⟨-s, -⟩ **jdn auf dem ~ haben** *(infml)* to have it in for sb *(infml)*

Kiel [ki:l] *m* ⟨-(e)s, -e⟩ *(≈ Schiffskiel)* keel **Kielwasser** *nt* wake; **in jds ~** *(dat)* **segeln** *(fig)* to follow in sb's wake

Kieme ['ki:mə] *f* ⟨-, -n⟩ gill

Kies [ki:s] *m* ⟨-es, -e⟩ gravel

Kiesel ['ki:zl] *m* ⟨-s, -⟩ pebble **Kieselerde** *f* silica **Kieselsäure** *f* CHEM silicic acid; *(≈ Siliziumdioxyd)* silica **Kieselstein** *m* pebble **Kieselstrand** *m* pebble beach

Kiesgrube *f* gravel pit

Kiez [ki:ts] *m* ⟨-es, -e⟩ *dial* **1.** *(≈ Stadtgegend)* district **2.** *(infml ≈ Bordellgegend)* red-light district

kiffen ['kɪfn] *v/i (infml)* to smoke pot *(infml)* **Kiffer** ['kɪfɐ] *m* ⟨-s, -⟩, **Kifferin** [-ərɪn] *f* ⟨-, -nen⟩ *(infml)* pot-smoker *(infml)*

killen ['kɪlən] *(sl)* **I** *v/t* to bump off *(infml)* **II** *v/i* to kill **Killer** ['kɪlɐ] *m* ⟨-s, -⟩, **Killerin** [-ərɪn] *f* ⟨-, -nen⟩ *(infml)* killer; *(gedungener)* hit man/woman **Killerspiel** *nt (infml)* killer game

Kilo ['ki:lo] *nt* ⟨-s, -s *or (bei Zahlenangabe)* -⟩ kilo **Kilobyte** *nt* kilobyte **Kilogramm** [kilo'gram] *nt* kilogram(me) **Kilohertz** [kilo'hɛrts, 'kilo-] *nt* kilohertz **Kilojoule** *nt* kilojoule **Kilokalorie** *f* kilocalorie **Kilometer** [kilo'meːtɐ] *m* kilometre *(Br)*, kilometer *(US)* **Kilometerbegrenzung** *f (bei Mietwagen)* mileage limit **Kilometergeld** *nt* mileage (allowance) **kilometerlang** **I** *adj* miles long **II** *adv* for miles (and miles) **Kilometerpauschale** *f* mileage allowance (against tax) **Kilometerstand** *m* mileage **Kilometerzähler** *m* mileage indicator **Kilowatt** [kilo'wat, 'kilo-] *nt* kilowatt **Kilowattstunde** *f* kilowatt hour

Kimme ['kɪmə] *f* ⟨-, -n⟩ *(von Gewehr)* back sight

Kimono ['ki:mono, ki'mo:no, 'kɪmono-] *m* ⟨-s, -s⟩ kimono

Kind [kɪnt] *nt* ⟨-(e)s, -er [-dɐ]⟩ child, kid *(infml)*; *(≈ Kleinkind)* baby; **ein ~ erwarten** to be expecting a baby; **ein ~ bekommen** to have a baby; **von ~ an** hat er ... since he was a child he has ...; **sich freuen wie ein ~** to be as pleased as Punch; **das weiß doch jedes ~!** any five-year-old would tell you that!; **mit ~ und Kegel** *(hum infml)* with the whole family; **das ~ mit dem Bade ausschütten** *(prov)* to throw out the baby with the bathwater *(prov)* **Kinderarbeit** *f* child labour *(Br) or* labor *(US)* **Kinderarzt** *m*, **Kinderärztin** *f* paediatrician *(Br)*, pediatrician *(US)* **Kinderbeihilfe** *f (Aus)* benefit paid for having children **Kinderbekleidung** *f* children's wear **Kinderbetreuung** *f* childcare **Kinderbett** *nt* cot **Kinderbuch** *nt* children's book **Kinderchor** *m* children's choir **Kinderdorf** *nt* children's village **Kinderei** [kɪndə'rai] *f* ⟨-, -en⟩ childishness *no pl* **Kindererziehung** *f* bringing up of children; *(durch Schule)* education of children **Kinderfahrkarte** *f* child's ticket **Kinderfahrrad** *nt* child's bicycle **kinder-**

feindlich *adj* anti-child; *eine ~e Gesellschaft* a society hostile to children **Kinderfernsehen** *nt* children's television **Kinderfest** *nt* children's party **Kinderfreibetrag** *m* child allowance **kinderfreundlich** [-hɔrt] *adj Mensch* fond of children; *Gesellschaft* child-orientated **Kindergarten** *m* ≈ nursery school, ≈ kindergarten **Kindergärtner(in)** *m/(f)* ≈ nursery-school teacher **Kindergeld** *nt benefit paid for having children* **Kinderheilkunde** *f* paediatrics *sg* (*Br*), pediatrics *sg* (*US*) **Kinderheim** *nt* children's home **Kinderheil**[-hɔrt] *m* ⟨-(e)s, -e⟩ day-nursery (*Br*), daycare centre (*Br*) *or* center (*US*) **Kinderkleidung** *f* children's clothes *pl* **Kinderkram** *m* (*infml*) kids' stuff (*infml*) **Kinderkrankheit** *f* childhood illness; (*fig*) teething troubles *pl* **Kinderkrippe** *f* = **Kinderhort** **Kinderlähmung** *f* polio **kinderleicht** I *adj* dead easy (*infml*) II *adv* easily **kinderlieb** *adj* fond of children **Kinderlied** *nt* nursery rhyme **kinderlos** *adj* childless **Kindermädchen** *f* nanny **Kindermord** *m* child murder; JUR infanticide **Kinderpfleger(in)** *m/(f)* paediatric (*Br*) *or* pediatric (*US*) nurse **Kinderpornografie** *f* child pornography **Kinderprostitution** *f* child prostitution **kinderreich** *adj* with many children; *Familie* large **Kinderreim** *m* nursery rhyme **Kinderschänder** [-ʃɛndɐ] *m* ⟨-s, -⟩, **Kinderschänderin** [-ərɪn] *f* ⟨-, -nen⟩ ⟨-s, -⟩ child molester **Kinderschar** *f* swarm of children **Kinderschuh** *m* child's shoe; *etw steckt noch in den ~en* (*fig*) sth is still in its infancy **Kinderschutz** *m* protection of children **Kinderschutzbund** *m*, *pl* **-bünde** child protection agency, ≈ NSPCC (*Br*) **kindersicher** I *adj* childproof II *adv* aufbewahren out of reach of children **Kindersicherung** *f* AUTO child lock **Kindersitz** *m* child's seat; (*im Auto*) child seat **Kinderspiel** *nt* children's game; (*fig*) child's play *no art* **Kinderspielplatz** *m* children's playground **Kinderspielzeug** *nt* (children's) toys *pl* **Kinderstation** *f* children's ward **Kindersterblichkeit** *f* infant mortality **Kinderstube** *f* (*fig*) upbringing **Kindertagesstätte** *f* day nursery (*Br*), daycare centre (*Br*) *or* center (*US*) **Kinderteller** *m* (*in Restaurant*) children's portion **Kindervers** *m* nursery rhyme **Kinderwagen**

m pram (*Br*), baby carriage (*US*); (≈ Sportwagen) pushchair (*Br*), (baby)-stroller (*esp US*) **Kinderzimmer** *nt* child's/children's room **Kindesalter** *nt* childhood **Kindesbeine** *pl von ~n an* from childhood **Kindesmissbrauch** *m*, **Kindesmisshandlung** *f* child abuse **kindgemäß** I *adj* suitable for children/a child II *adv* appropriately for children/a child **kindgerecht** *adj* suitable for children/a child **Kindheit** *f* ⟨-, -en⟩ childhood; (≈ früheste Kindheit) infancy **Kindheitstraum** *m* childhood dream **kindisch** ['kɪndɪʃ] (*pej*) I *adj* childish II *adv* childishly; *sich ~ über etw* (*acc*) *freuen* to be as pleased as Punch about sth **kindlich** ['kɪndlɪç] I *adj* childlike II *adv* like a child **Kindskopf** *m* (*infml*) big kid (*infml*) **Kindstod** *m plötzlicher ~* cot death (*Br*), crib death (*US*)

Kinetik [kiˈneːtɪk] *f* ⟨-, *no pl*⟩ kinetics *sg* **kinetisch** [kiˈneːtɪʃ] *adj* kinetic

Kinkerlitzchen ['kɪŋkəlɪtsçən] *pl* (*infml*) knick-knacks *pl* (*infml*)

Kinn [kɪn] *nt* ⟨-(e)s, -e⟩ chin **Kinnhaken** *m* hook to the chin **Kinnlade** [-laːdə] *f* ⟨-, -n⟩ jaw(-bone)

Kino ['kiːno] *nt* ⟨-s, -s⟩ cinema; *ins ~ gehen* to go to the cinema **Kinobesucher(in)** *m/(f)* cinemagoer (*Br*), moviegoer (*US*) **Kinocenter** ['-sɛntɐ] *nt* ⟨-s, -⟩ cinema complex **Kinogänger** [-gɛŋɐ] *m* ⟨-s, -⟩, **Kinogängerin** [-ərɪn] *f* ⟨-, -nen⟩ cinemagoer (*Br*), moviegoer (*US*) **Kinohit** *m* blockbuster

Kiosk ['kiːɔsk, kiɔsk] *m* ⟨-(e)s, -e⟩ kiosk **Kipferl** ['kɪpfɐl] *nt* ⟨-s, -n⟩ (*S Ger, Aus*) croissant

Kippe ['kɪpə] *f* ⟨-, -n⟩ **1.** SPORTS spring **2.** *auf der ~ stehen* (*Gegenstand*) to be balanced precariously; *es steht auf der ~, ob ...* (*fig*) it's touch and go whether ... **3.** (*infml*) (≈ Zigarettenstummel) cigarette stub; (≈ Zigarette) fag (*Br infml*), butt (*US infml*) **4.** (≈ Müllkippe) tip **kippen** ['kɪpn] I *v/t* **1.** *Behälter* to tilt; (*fig* ≈ umstoßen) *Urteil* to overturn; *Regierung* to topple **2.** (≈ schütten) to tip II *v/i aux sein* to tip over; (*Fahrzeug*) to overturn **Kippfenster** *nt* tilt window **Kippschalter** *m* toggle switch

Kirche ['kɪrçə] *f* ⟨-, -n⟩ church; *zur ~ gehen* to go to church; *die ~ im Dorf lassen* (*fig*) not to get carried away **Kirchenbank** *f*, *pl* **-bänke** (church) pew **Kir-**

Kirchendiener(in)

360

chenchor *m* church choir **Kirchendiener(in)** *m*/(*f*) sexton **Kirchenglocke** *f* church bell **Kirchenlied** *nt* hymn **Kirchenmaus** *f arm wie eine ~* poor as a church mouse **Kirchensteuer** *f* church tax **Kirchentag** *m* Church congress **Kirchgänger** [-gɛŋɐ] *m* ⟨-s, -⟩, **Kirchgängerin** [-ərɪn] *f* ⟨-, -nen⟩ churchgoer **Kirchhof** *m* churchyard; (≈ *Friedhof*) graveyard **kirchlich** [ˈkɪrçlɪç] *adj* church *attr*; *Zustimmung* by the church; *Gebot* ecclesiastical; *sich ~ trauen lassen* to get married in church **Kirchturm** *m* church steeple **Kirchturmspitze** *f* church spire **Kirchweih** [-vai] *f* ⟨-, -en⟩ fair

Kirgisien [kɪrˈgiːziən] *nt* ⟨-s⟩ Kirghizia **Kirmes** [ˈkɪrmɛs, ˈkɪrməs] *f* ⟨-, -sen⟩ (*dial*) fair

Kirschbaum *m* cherry tree; (≈ *Holz*) cherry (wood) **Kirsche** [ˈkɪrʃə] *f* ⟨-, -n⟩ cherry; *mit ihm ist nicht gut ~n essen* (*fig*) it's best not to tangle with him **Kirschkern** *m* cherry stone **Kirschkuchen** *m* cherry cake **Kirschlikör** *m* cherry brandy **kirschrot** *adj* cherry(-red) **Kirschtomate** *f* cherry tomato **Kirschtorte** *f* cherry gateau (*Br*) *or* cake (*US*); *Schwarzwälder ~* Black Forest gateau (*Br*) *or* cake (*US*) **Kirschwasser** *nt* kirsch

Kirtag [ˈkɪrtaːk] *m* (*Aus*) fair **Kissen** [ˈkɪsn] *nt* ⟨-s, -⟩ cushion; (≈ *Kopfkissen*) pillow **Kissenbezug** *m* cushion cover; (*von Kopfkissen*) pillow case **Kissenschlacht** *f* pillow fight

Kiste [ˈkɪstə] *f* ⟨-, -n⟩ **1.** box; (*für Wein etc*) case; (≈ *Lattenkiste*) crate; (≈ *Truhe*) chest **2.** (*infml*) (≈ *Auto*) crate (*infml*); (≈ *Fernsehen*) box (*infml*)

Kita [kiːta] *f* ⟨-, -s⟩; → **Kindertagesstätte** **Kitchenette** [kɪtʃəˈnɛt] *f* ⟨-, -s⟩ kitchenette

Kitsch [kɪtʃ] *m* ⟨-es, *no pl*⟩ kitsch **kitschig** [ˈkɪtʃɪç] *adj* kitschy

Kitt [kɪt] *m* ⟨-(e)s, -e⟩ (≈ *Fensterkitt*) putty; (*für Porzellan etc*) cement

Kittchen [ˈkɪtçən] *nt* ⟨-s, -⟩ (*infml*) clink (*infml*)

Kittel [ˈkɪtl] *m* ⟨-s, -⟩ **1.** (≈ *Arbeitskittel*) overall; (*von Arzt etc*) (white) coat **2.** (*Aus* ≈ *Damenrock*) skirt

kitten [ˈkɪtn] *v/t* to cement; *Fenster* to putty; (*fig*) to patch up

Kitz [kɪts] *nt* ⟨-es, -e⟩ (≈ *Rehkitz*) fawn;

(≈ *Ziegenkitz*) kid

Kitzel [ˈkɪtsl] *m* ⟨-s, -⟩ tickle; (*fig*) thrill **kitzelig** [ˈkɪtsəlɪç] *adj* ticklish **kitzeln** [ˈkɪtsln] *v/t & v/i* to tickle *v/t +impers es kitzelt mich, das zu tun* I'm itching to do it **Kitzler** [ˈkɪtslɐ] *m* ⟨-s, -⟩ ANAT clitoris

Kiwi[1] [ˈkiːvi] *f* ⟨-, -s⟩ (≈ *Frucht*) kiwi **Kiwi**[2] *m* ⟨-s, -s⟩ ORN kiwi

Klacks [klaks] *m* ⟨-es, -e⟩ (*infml*) **1.** (*von Kartoffelbrei, Sahne etc*) dollop (*infml*) **2.** (*fig*) *das ist ein ~* (≈ *einfach*) that's a piece of cake (*infml*); *500 Euro sind für ihn ein ~* 500 euros is peanuts to him (*infml*)

klaffen [ˈklafn] *v/i* to gape; *zwischen uns beiden klafft ein Abgrund* (*fig*) we are poles apart

kläffen [ˈklɛfn] *v/i* to yap

Klage [ˈklaːgə] *f* ⟨-, -n⟩ **1.** (≈ *Beschwerde*) complaint; *über jdn/etw ~ führen* to lodge a complaint about sb/sth; *~n (über jdn/etw) vorbringen* to make complaints (about sb/sth) **2.** (≈ *Äußerung von Trauer*) lament(ation) (*um, über +acc* for) **3.** JUR action; (≈ *Klageschrift*) charge; *eine ~ gegen jdn erheben* to institute proceedings against sb; *eine ~ auf etw* (*acc*) an action for sth **Klagelaut** *m* plaintive cry **Klagelied** *nt* lament **Klagemauer** *f* die *~* the Wailing Wall **klagen** [ˈklaːgn] I *v/i* **1.** (≈ *jammern*) to moan **2.** (≈ *trauern*) to lament (*um jdn/etw* sb/sth), to wail **3.** (≈ *sich beklagen*) to complain; *über etw* (*acc*) *~* to complain about sth; *ich kann nicht ~* (*infml*) mustn't grumble (*infml*) **4.** JUR to sue (*auf +acc* for) II *v/t jdm sein Leid ~* to pour out one's sorrow to sb **Kläger** [ˈklɛːgɐ] *m* ⟨-s, -⟩, **Klägerin** [-ərɪn] *f* ⟨-, -nen⟩ JUR plaintiff **Klageschrift** *f* JUR charge; (*bei Scheidung*) petition **kläglich** [ˈklɛːklɪç] I *adj* pitiful; *Niederlage* pathetic; *Rest* miserable II *adv scheitern* miserably; *betteln* pitifully; *~ versagen* to fail miserably **klaglos** *adv etw ~ hinnehmen* to accept sth without complaint

Klamauk [klaˈmauk] *m* ⟨-s, *no pl*⟩ (*infml*) (≈ *Alberei*) horseplay; *~ machen* (≈ *albern*) to fool about

klamm [klam] *adj* **1.** (≈ *steif vor Kälte*) numb **2.** (≈ *feucht*) damp

Klammer [ˈklamɐ] *f* ⟨-, -n⟩ **1.** (≈ *Wäscheklammer*) peg; (≈ *Hosenklammer*) clip;

(≈ *Büroklammer*) paperclip; (≈ *Heftklammer*) staple **2.** (≈ *Zahnklammer*) brace **3.** (*in Text*) bracket; **~ auf/zu** open/close brackets; **in ~n** in brackets; **runde/eckige/spitze ~n** round/square/pointed brackets; **geschweifte ~n** braces **Klammeraffe** *m* (TYPO, *infml*) at-sign, "@" **klammern** ['klamɐn] **I** *v/t Wäsche* to peg; *Papier etc* to staple; TECH to clamp **II** *v/r* **sich an jdn/etw ~** to cling to sb/sth

klammheimlich (*infml*) **I** *adj* clandestine **II** *adv* on the quiet

Klamotte [kla'mɔtə] *f* ⟨-, -n⟩ **1.** (*infml*) (≈ *Kleider*) **Klamotten** *pl sing sg* (*infml*) **2.** (*pej* ≈ *Theaterstück, Film*) rubbishy old play/film *etc*

Klang [klaŋ] *m* ⟨-(e)s, ⸚e ['klɛŋə]⟩ sound; (≈ *Tonqualität*) tone; **Klänge** *pl* (≈ *Musik*) sounds **Klangfarbe** *f* tone colour (*Br*) *or* color (*US*) **klanglos** *adj* toneless **klangtreu** *adj Wiedergabe* faithful; *Ton* true **Klangtreue** *f* fidelity **klangvoll** *adj Stimme* sonorous; *Melodie* tuneful; (*fig*) *Name* fine-sounding

Klappbett *nt* folding bed **Klappe** ['klapə] *f* ⟨-, -n⟩ **1.** flap; (*an Lastwagen*) tailgate; (*seitlich*) side-gate; (≈ *Klappdeckel*) (hinged) lid; FILM clapperboard **2.** (≈ *Hosenklappe, an Tasche*) flap; (≈ *Augenklappe*) patch **3.** (≈ *Fliegenklappe*) (fly) swat **4.** (≈ *Herzklappe*) valve **5.** (*infml* ≈ *Mund*) trap (*infml*); **die ~ halten** to shut one's trap (*infml*); **eine große ~ haben** to have a big mouth (*infml*) **klappen** ['klapn] **I** *v/t etw nach oben/unten ~** *Sitz, Bett* to fold sth up/down; *Kragen* to turn sth up/down; **etw nach vorn/hinten ~** *Sitz* to tip sth forward/back **II** *v/i* (*fig infml*) (≈ *gelingen*) to work; (≈ *gut gehen*) to work (out); **wenn das mal klappt** if that works out; **hat es mit dem Job geklappt?** did you get the job OK (*infml*)?; **mit dem Flug hat alles geklappt** the flight went all right **Klappentext** *m* TYPO blurb

Klapper ['klapɐ] *f* ⟨-, -n⟩ rattle **klappern** ['klapɐn] *v/i* to clatter; (*Fenster*) to rattle; **er klapperte vor Angst mit den Zähnen** his teeth were chattering with fear **Klapperschlange** *f* ZOOL rattlesnake; (*fig*) rattletrap

Klappfahrrad *nt* folding bicycle **Klapphandy** *nt* clamshell phone, flip phone (*esp US*) **Klappmesser** *nt* flick knife

(*Br*), switchblade (*US*) **Klapprad** *nt* folding bicycle *or* bike (*infml*)

klapprig ['klaprɪç] *adj* rickety; (*fig infml*) *Mensch* shaky

Klappsitz *m* folding seat **Klappstuhl** *m* folding chair **Klapptisch** *m* folding table

Klaps [klaps] *m* ⟨-es, -e⟩ (≈ *Schlag*) smack **Klapsmühle** *f* (*pej infml*) nut house (*infml*)

klar [klaːɐ] **I** *adj* clear; (≈ *fertig*) ready; **~ zum Einsatz** MIL ready for action; **ein ~er Fall von ...** (*infml*) a clear case of ...; **das ist doch ~!** (*infml*) of course!; **alles ~?** everything all right *or* OK? (*infml*); **jetzt ist** *or* **wird mir alles ~!** now I understand; **bei ~em Verstand sein** to be in full possession of one's faculties; **sich** (*dat*) **über etw** (*acc*) **im Klaren sein** to be aware of sth; **sich** (*dat*) **darüber im Klaren sein, dass ...** to realize that ... **II** *adv* clearly; **~ denkend** clear-thinking; **na ~!** (*infml*) of course!; **jdm etw ~ und deutlich sagen** to tell sb sth straight (*infml*); **~ auf der Hand liegen** to be perfectly obvious **Kläranlage** *f* sewage plant; (*von Fabrik*) purification plant **klären** ['klɛːrən] **I** *v/t* to clear; *Wasser* to purify; *Abwasser* to treat; *Sachlage* to clarify; *Frage* to settle **II** *v/i* SPORTS to clear (the ball) **III** *v/r* (*Wasser*) to clear; (*Wetter*) to clear up; (*Sachlage*) to become clear; (*Frage*) to be settled **Klare(r)** ['klaːrə] *m decl as adj* (*infml*) schnapps **klargehen** *v/i sep irr aux sein* (*infml*) to be OK (*infml*) **Klärgrube** *f* cesspit **Klarheit** *f* ⟨-, -en⟩ clarity; **sich** (*dat*) **~ über etw** (*acc*) **verschaffen** to get clear about sth; **über Sachlage** to clarify sth

Klarinette [klari'nɛtə] *f* ⟨-, -n⟩ clarinet **Klarinettist** [klarinɛ'tɪst] *m* ⟨-en, -en⟩, **Klarinettistin** [-'tɪstɪn] *f* ⟨-, -nen⟩ clarinettist

klarkommen *v/i sep irr aux sein* (*infml*) to manage; **mit jdm/etw ~** to be able to cope with sb/sth **klarmachen** *sep v/t* to make clear; *Schiff* to get ready; *Flugzeug* to clear; **jdm etw ~** to make sth clear to sb **Klärschlamm** *m* sludge **Klarsichtfolie** *f* clear film **Klarsichtpackung** *f* see-through pack **klarspülen** *v/t & v/i sep* to rinse **klarstellen** *v/t sep* (≈ *klären*) to clear up; (≈ *klarmachen*) to make clear **Klarstellung** *f* clarification **Klartext** *m* **im ~** (*fig infml*) in plain

English; *mit jdm ~ reden* (*fig infml*) to give sb a piece of one's mind **Klärung** ['klɛːrʊŋ] *f* ⟨-, -en⟩ purification; (*fig*) clarification **klar werden** *irr aux sein v/i jdm wird etw klar* sth becomes clear to sb; *sich* (*dat*) (*über etw acc*) ~ to get (sth) clear in one's mind **Klärwerk** *nt* sewage treatment works *pl*

klasse ['klasə] (*infml*) **I** *adj* great (*infml*) **II** *adv* brilliantly **Klasse** ['klasə] *f* ⟨-, -n⟩ class; (≈ *Spielklasse*) league; (≈ *Güteklasse*) grade; *ein Fahrschein zweiter* ~ a second-class ticket; *das ist große ~!* (*infml*) that's great! (*infml*) **Klassenarbeit** *f* (written) class test **Klassenbeste(r)** *mlf(m) decl as adj* best pupil (in the class) **Klassenbuch** *nt* (class-)register **Klassenfahrt** *f* SCHOOL class trip **Klassenkamerad(in)** *mlf* classmate **Klassenkampf** *m* class struggle **Klassenlehrer(in)** *mlf* class teacher **klassenlos** *adj Gesellschaft* classless **Klassensprecher(in)** *mlf* SCHOOL class representative, ≈ form captain (*Br*) **Klassentreffen** *nt* SCHOOL class reunion **Klassenunterschied** *m* class difference **Klassenzimmer** *nt* classroom **klassifizieren** [klasifi'tsiːrən] *past part* **klassifiziert** *v/t* to classify **Klassifizierung** *f* ⟨-, -en⟩ classification

Klassik ['klasɪk] *f* ⟨-, *no pl*⟩ classical period; (*infml* ≈ *klassische Musik / Literatur*) classical music / literature **Klassiker** ['klasɪkɐ] *m* ⟨-s, -⟩, **Klassikerin** [-ərɪn] *f* ⟨-, -nen⟩ classic; *ein ~ des Jazz* a jazz classic **klassisch** ['klasɪʃ] **I** *adj* **1.** (≈ *die Klassik betreffend*) classical **2.** (≈ *typisch, vorbildlich*) classic **II** *adv* classically **Klassizismus** [klasi'tsɪsmʊs] *m* ⟨-, *no pl*⟩ classicism **klassizistisch** [klasi'tsɪstɪʃ] *adj* classical

Klasslehrer(in) *mlf* (*S Ger, Aus*) = **Klassenlehrer(in)**

Klatsch [klatʃ] *m* ⟨-(e)s, -e⟩ **1.** (*Geräusch*) splash **2.** *no pl* (*pej infml* ≈ *Tratsch*) gossip **Klatschbase** *f* (*pej infml*) gossip **klatschen** ['klatʃn] **I** *v/i* **1.** (≈ *Geräusch machen*) to clap; *in die Hände* ~ to clap one's hands **2.** *aux sein* (≈ *aufschlagen*) to go smack; (*Flüssigkeiten*) to splash **3.** (*pej infml*) (≈ *tratschen*) to gossip **II** *v/t* **1.** (≈ *schlagen*) to clap; *jdm Beifall* ~ to applaud sb **2.** (≈ *knallen*) to smack; (≈ *werfen*) to throw **Klatschmohn** *m* (corn) poppy **klatschnass** *adj* (*infml*) sopping

wet (*infml*) **Klatschspalte** *f* (PRESS *infml*) gossip column

Klaue ['klauə] *f* ⟨-, -n⟩ claw; (≈ *Hand*) talons *pl* (*pej infml*); (≈ *Schrift*) scrawl (*pej*); *in den ~n der Verbrecher etc* in the clutches of the criminals *etc* **klauen** ['klauən] (*infml*) **I** *v/t* to pinch (*infml*) (*jdm etw* sth from sb) **II** *v/i* to steal

Klausel ['klauzl] *f* ⟨-, -n⟩ clause; (≈ *Vorbehalt*) proviso

Klaustrophobie [klaustrofo'biː] *f* ⟨-, -n [-'biːən]⟩ PSYCH claustrophobia

Klausur [klau'zuːɐ] *f* ⟨-, -en⟩ (UNIV: *a.* **Klausurarbeit**) exam

Klaviatur [klavia'tuːɐ] *f* ⟨-, -en⟩ keyboard

Klavier [kla'viːɐ] *nt* ⟨-s, -e⟩ piano; *~ spielen* to play the piano **Klavierbegleitung** *f* piano accompaniment **Klavierkonzert** *nt* (≈ *Musik*) piano concerto; (≈ *Vorstellung*) piano recital **Klavierlehrer(in)** *mlf* piano teacher **Klavierspieler(in)** *mlf* pianist **Klavierstimmer** [-ʃtɪmɐ] *m* ⟨-s, -⟩, **Klavierstimmerin** [-ərɪn] *f* ⟨-, -nen⟩ piano tuner **Klavierstunde** *f* piano lesson

Klebeband *nt, pl* **-bänder** adhesive tape **Klebefolie** *f* adhesive film; (*für Lebensmittel*) clingfilm **kleben** ['kleːbn] **I** *v/i* (≈ *festkleben*) to stick; *an etw* (*dat*) ~ (*lit*) to stick to sth **II** *v/t* to stick; *jdm eine* ~ (*infml*) to belt sb (one) (*infml*) **Kleber** ['kleːbɐ] *m* ⟨-s, -⟩ (*infml* ≈ *Klebstoff*) glue **Klebestift** *m* glue stick **klebrig** ['kleːbrɪç] *adj* sticky; (≈ *klebfähig*) adhesive **Klebstoff** *m* adhesive **Klebstreifen** *m* adhesive tape

kleckern ['klɛkɐn] **I** *v/t* to spill **II** *v/i* (≈ *Kleckse machen*) to make a mess; (≈ *tropfen*) to spill; *nicht ~, sondern klotzen* (*infml*) to do things in a big way (*infml*) **kleckerweise** ['klɛkɐvaizə] *adv* in dribs and drabs

Klecks [klɛks] *m* ⟨-es, -e⟩ (≈ *Tintenklecks*) (ink)blot; (≈ *Farbklecks*) blob; (≈ *Fleck*) stain **kleksen** ['klɛksn] *v/i* to make blots/a blot

Klee [kleː] *m* ⟨-s, *no pl*⟩ clover; *jdn über den grünen ~ loben* to praise sb to the skies **Kleeblatt** *nt* cloverleaf; **vierblättriges** ~ four-leaf clover

Kleid [klait] *nt* ⟨-(e)s, -er [-dɐ]⟩ **1.** (≈ *Damenkleid*) dress **2.** (≈ *Kleidung*) **Kleider** *pl* clothes *pl*, clothing *sg* (*esp* COMM); *~er machen Leute* (*prov*) fine feathers

make fine birds (*prov*) **kleiden** ['klaidn]
I *v/r* to dress; **gut gekleidet sein** to be
well dressed **II** *v/t* (*elev*) **1.** (≈ *mit Kleidern versehen*) to clothe, to dress; *etw
in schöne Worte* ~ to dress sth up in fancy words **2.** (≈ *jdm stehen*) **jdn** ~ to suit sb
Kleiderbügel *m* coat hanger **Kleiderbürste** *f* clothes brush **Kleiderhaken**
m coat hook **Kleiderschrank** *m* wardrobe **Kleidung** ['klaidʊŋ] *f* ⟨-, *no pl*⟩
clothes (*esp* COMM) **Kleidungsstück** *nt* garment
Kleie ['klaiə] *f* ⟨-, *no pl*⟩ bran
klein [klain] **I** *adj* small; *Finger* little; *die
Kleinen Antillen etc* the lesser Antilles
etc; *haben Sie es nicht* ~*er?* do you
not have anything smaller?; *ein* ~ *bisschen or wenig* a little (bit); *ein* ~*es Bier*
a small beer, ≈ half a pint (*Br*); ~*es Geld*
small change; *mein* ~*er Bruder* my little
brother; *als ich (noch)* ~ *war* when I was
little; *sich* ~ *machen* (≈ *sich bücken*) to
bend down low; *ganz* ~ *werden* (*infml*)
to look humiliated *or* deflated; *im Kleinen* in miniature; *bis ins Kleinste* right
down to the smallest detail; *von* ~ *an or
auf* (≈ *von Kindheit an*) from his childhood; *der* ~*e Mann* the man in the
street; *ein* ~*er Ganove* a petty crook;
sein Vater war (ein) ~*er Beamter* his father was a minor civil servant **II** *adv*
small; ~ *gedruckt* in small print; ~ *gemustert* small-patterned; ~ *kariert Stoff*
finely checked; ~ *anfangen* to start off in
a small way; ~ *beigeben* (*infml*) to give
in; *etw* ~ *halten Kosten* to keep sth down
Kleinaktionär(in) *m/(f)* small shareholder **Kleinanzeige** *f* classified advertisement **Kleinarbeit** *f* detailed work;
in mühseliger ~ with painstaking attention to detail **Kleinasien** *nt* Asia Minor
Kleinauto *nt* small car **Kleinbetrieb** *m*
small business **Kleinbildkamera** *f*
35mm camera **Kleinbuchstabe** *m* small
letter **Kleinbürger(in)** *m/(f)* petty bourgeois **kleinbürgerlich** *adj* lower middle-
-class **Kleinbus** *m* minibus **Kleine(r)**
['klainə] *m/f(m) decl as adj* little one
or child; (≈ *Junge*) little boy; (≈ *Mädchen*) little girl; (≈ *Säugling*) baby; *unser* ~*r* (≈ *Jüngster*) our youngest (child);
die Katze mit ihren ~*n* the cat with its
kittens *or* babies (*infml*) **Kleinfamilie** *f*
SOCIOL nuclear family **Kleingedruck-
te(s)** [-gədrʊktə] *nt decl as adj* small

print **Kleingeist** *m* (*pej*) small-minded
person **Kleingeld** *nt* (small) change;
das nötige ~ *haben* (*fig*) to have the
necessary wherewithal (*infml*) **Kleinge-
werbe** *nt* small business **Kleinhirn** *nt*
ANAT cerebellum **Kleinholz** *nt, no pl* firewood; ~ *aus jdm machen* (*infml*) to
make mincemeat out of sb (*infml*) **Kleinigkeit** ['klainɪçkait] *f* ⟨-, *-en*⟩ little *or*
small thing; (≈ *Bagatelle*) trifle; (≈ *Einzelheit*) minor detail; *eine* ~ *essen* to
have a bite to eat; *jdm eine* ~ *schenken*
to give sb a little something; *wegen jeder* ~ for the slightest reason; *das wird
eine* ~ *dauern* it will take a little while
kleinkariert *adj* (*fig*) small-time (*infml*);
~ *denken* to think small **Kleinkind** *nt*
small child, toddler (*infml*) **Kleinkram**
m (*infml*) odds and ends *pl*; (≈ *Triviali-
täten*) trivialities *pl* **kleinkriegen** *v/t sep*
(*infml*) (≈ *gefügig machen*) to bring into
line (*infml*); (*körperlich*) to tire out; *er
ist einfach nicht kleinzukriegen* he just
won't be beaten; *unser altes Auto ist
einfach nicht kleinzukriegen* our old
car just goes on for ever **Kleinkunst** *f*
cabaret **Kleinkunstbühne** *f* cabaret
kleinlaut I *adj* subdued, meek **II** *adv fragen* meekly; ~ *um Verzeihung bitten* to
apologize rather sheepishly **kleinlich**
['klainlɪç] *adj* petty; (≈ *knauserig*) mean
(*esp Br*), stingy (*infml*); (≈ *engstirnig*)
narrow-minded **klein machen** *v/t* **1.** (≈
zerkleinern) to chop up **2.** (*infml*) *Geld*
(≈ *wechseln*) to change **Kleinod**
['klain|o:t] *nt* ⟨-*(e)s, -ien or -e* [-'|o:diən,
-də]⟩ gem **klein schneiden** *v/t irr* to cut
up small **kleinschreiben** *v/t sep irr* **ein
Wort** ~ to write a word without a capital
Kleinstaat *m* small state **Kleinstadt** *f*
small town **kleinstädtisch** *adj* provincial (*pej*) **kleinstmöglich** *adj* smallest
possible **Kleintier** *nt* small animal **Klein-
tierpraxis** *f* small animal (veterinary)
practice **Kleinvieh** *nt* ~ *macht auch Mist*
(*prov*) every little helps **Kleinwagen** *m*
small car **kleinwüchsig** [-vy:ksɪç] *adj*
(*elev*) small
Kleister ['klaistɐ] *m* ⟨-*s, -*⟩ (≈ *Klebstoff*)
paste **kleistern** ['klaistɐn] *v/t* (≈ *kleben*)
to paste
Klementine [klemɛn'ti:nə] *f* ⟨-, *-n*⟩ clementine
Klemmbrett *nt* clipboard **Klemme**
['klɛmə] *f* ⟨-, *-n*⟩ **1.** (≈ *Haarklemme*,

für Papiere etc) clip; ELEC crocodile clip
2. *(fig infml)* **in der~ sitzen** *or* **sein** to be
in a jam *(infml)*; **jdm aus der~ helfen** to
help sb out of a jam *(infml)* **klemmen**
['klɛmən] **I** *v/t* Draht *etc* to clamp; **sich**
(dat) **den Finger in etw** *(dat)* **~** to catch
one's finger in sth; **sich** *(dat)* **etw unter**
den Arm~ to stick sth under one's arm **II**
v/r to catch oneself *(in +dat* in); **sich hin-**
ter etw *(acc)* **~** *(infml)* to get stuck into
sth *(infml)* **III** *v/i* (Tür, Schloss *etc*) to
stick **Klemmlampe** *f* clamp-on lamp
Klempner ['klɛmpnɐ] *m* ⟨**-s, -**⟩, **Klemp-**
nerin [-ərɪn] *f* ⟨**-, -nen**⟩ plumber **Klemp-**
nerei [klɛmpnə'raɪ] *f* ⟨**-, -en**⟩ *(≈ Werk-*
statt) plumber's workshop
Kleptomane [klɛpto'maːnə] *m* ⟨**-n, -n**⟩,
Kleptomanin [-'maːnɪn] *f* ⟨**-, -nen**⟩
kleptomaniac
Klerus ['kleːrʊs] *m* ⟨**-**, *no pl*⟩ clergy
Klette ['klɛtə] *f* ⟨**-, -n**⟩ BOT burdock; *(≈*
Blütenkopf) bur(r); **sich wie eine ~**
an jdn hängen to cling to sb like a limpet
Kletterer ['klɛtərɐ] *m* ⟨**-s, -**⟩, **Kletterin**
[-ərɪn] *f* ⟨**-, -nen**⟩ climber **Klettergerüst**
nt climbing frame **klettern** ['klɛtɐn] *v/i*
aux sein to climb; *(mühsam)* to clamber
Kletterpflanze *f* climbing plant **Kletter-**
rose *f* climbing rose **Kletterstange** *f*
climbing pole
Klettverschluss ['klɛt-] *m* Velcro® fastener
Klick [klɪk] *m* ⟨**-s, -s**⟩ IT click **klicken**
['klɪkn] *v/i* to click
Klient [kli'ɛnt] *m* ⟨**-en, -en**⟩, **Klientin**
[-'ɛntɪn] *f* ⟨**-, -nen**⟩ client **Klientel**
[kliɛn'teːl] *f* ⟨**-, -en**⟩ clients *pl*
Kliff [klɪf] *nt* ⟨**-(e)s, -e**⟩ cliff
Klima ['kliːma] *nt* ⟨**-s, -s** *or* **Klimate** [kli-
'maːtə]⟩ climate **Klimaanlage** *f* air conditioning (system); **mit~** air-conditioned
Klimaforscher(in) *m/(f)* climatologist
Klimagipfel *m* *(infml)* climate conference *or* summit **Klimakatastrophe** *f* climatic disaster **Klimaschutz** *m* climate
protection **Klimaschutzabkommen** *nt*
agreement on climate change **klima-**
tisch [kli'maːtɪʃ] *adj no pred* climatic;
~ bedingt sein *(Wachstum)* to be dependent on the climate; *(Krankheit)* to
be caused by climatic conditions **klima-**
tisieren [klimati'ziːrən] *past part* **klima-**
tisiert *v/t* to air-condition **Klimaverän-**
derung *f*, **Klimawechsel** *m* *(lit, fig)* climate change, change in the climate

Klimbim [klɪm'bɪm] *m* ⟨**-s**, *no pl*⟩ *(infml)*
odds and ends *pl*; *(≈ Umstände)* fuss
(and bother)
Klimmzug *m* SPORTS pull-up
klimpern ['klɪmpɐn] *v/i* to tinkle; *(≈*
stümperhaft klimpern) to plonk away
(infml)
Klinge ['klɪŋə] *f* ⟨**-, -n**⟩ blade
Klingel ['klɪŋl] *f* ⟨**-, -n**⟩ bell **Klingelbeutel**
m collection bag **Klingelknopf** *m* bell
button *or* push **klingeln** ['klɪŋln] *v/i* to
ring; **es hat geklingelt** *(Telefon)* the
phone just rang; *(an Tür)* somebody just
rang the doorbell **Klingelton** *m* TEL ring
tone, ringtone
klingen ['klɪŋən] *pret* **klang** [klaŋ], *past*
part **geklungen** [gə'klʊŋən] *v/i* to
sound; *(Glocke)* to ring; *(Glas)* to clink;
nach etw ~ to sound like sth
Klinik ['kliːnɪk] *f* ⟨**-, -en**⟩ clinic **Klinikum**
['kliːnɪkʊm] *nt* ⟨**-s, Klinika** *or* **Kliniken**
[-ka, -kn]⟩ UNIV medical centre *(Br)*
or center *(US)* **klinisch** ['kliːnɪʃ] *adj*
clinical; **~ tot** clinically dead
Klinke ['klɪŋkə] *f* ⟨**-, -n**⟩ *(≈ Türklinke)*
(door) handle
Klinker ['klɪŋkɐ] *m* ⟨**-s, -**⟩ *(≈ Ziegelstein)*
clinker brick
klipp [klɪp] *adv* **~ und klar** clearly, plainly;
(≈ offen) frankly
Klippe ['klɪpə] *f* ⟨**-, -n**⟩ *(≈ Felsklippe)*
cliff; *(im Meer)* rock; *(fig)* hurdle **Klip-**
penküste *f* rocky coast **klippenreich**
adj rocky
klirren ['klɪrən] *v/i* to clink; *(Fensterschei-*
ben) to rattle; *(Waffen)* to clash; *(Ketten)*
to jangle; **~de Kälte** crisp cold
Klischee [kli'ʃeː] *nt* ⟨**-s, -s**⟩ *(fig)* cliché
klischeehaft I *adj* *(fig)* stereotyped **II**
adv stereotypically **Klischeevorstel-**
lung *f* cliché, stereotype
Klitoris ['kliːtorɪs] *f* ⟨**-**, *- or* **Klitorides**
[kli'toːrideːs]⟩ clitoris
klitschnass *adj* *(infml)* drenched
klitzeklein ['klɪtsə'klaɪn] *adj* *(infml)* tiny
Klo [kloː] *nt* ⟨**-s, -s**⟩ *(infml)* loo *(Br*
infml), john *(US infml)*
Kloake [klo'aːkə] *f* ⟨**-, -n**⟩ sewer; *(fig)*
cesspool
klobig ['kloːbɪç] *adj* hefty *(infml)*, bulky;
Schuhe clumpy; *Benehmen* boorish
Klobrille *f* *(infml)* toilet *or* loo *(Br infml)*
seat **Klobürste** *f* *(infml)* toilet brush
Klon [kloːn] *m* ⟨**-s, -e**⟩ clone **klonen**
['kloːnən] *v/t & v/i* to clone

klönen ['klø:nən] *v/i* (*infml*) to (have a) chat

Klopapier *nt* (*infml*) toilet *or* loo (*Br infml*) paper

klopfen ['klɔpfn] **I** *v/t* to knock; *Fleisch, Teppich* to knock; (*Herz*) to beat; (*vor Aufregung*) to pound; (*Puls*) to throb; **es hat geklopft** there's someone knocking at the door **Klopfer** ['klɔpfɐ] *m* ⟨**-s, -**⟩ (≈ *Türklopfer*) (door) knocker; (≈ *Fleischklopfer*) (meat) mallet; (≈ *Teppichklopfer*) carpet beater

Klöppel ['klœpl] *m* ⟨**-s, -**⟩ (≈ *Glockenklöppel*) clapper; (≈ *Spitzenklöppel*) bobbin **klöppeln** ['klœpln] *v/i* to make (pillow) lace

Klops [klɔps] *m* ⟨**-es, -e**⟩ cook meatball

Kloschüssel *f* (*infml*) loo (*Br infml*) *or* toilet bowl, lavatory pan (*Br*) **Klosett** [klo'zɛt] *nt* ⟨**-s, -e** *or* **-s**⟩ toilet **Klosettbrille** *f* toilet seat **Klosettpapier** *nt* toilet paper

Kloß [klo:s] *m* ⟨**-es, ¨e** ['klø:sə]⟩ dumpling; (≈ *Fleischkloß*) meatball; (≈ *Bulette*) rissole; **einen ~ im Hals haben** (*fig*) to have a lump in one's throat

Kloster ['klo:stɐ] *nt* ⟨**-s, ¨** ['klø:stɐ]⟩ (≈ *Mönchskloster*) monastery; (≈ *Nonnenkloster*) convent

Klotz [klɔts] *m* ⟨**-es, ¨e** ['klœtsə]⟩ *or* (*inf*) **¨er** ['klœtsɐ]⟩ (≈ *Holzklotz*) block (of wood); (*pej* ≈ *Betonklotz*) concrete block; **jdm ein ~ am Bein sein** to be a hindrance to sb **Klötzchen** ['klœtsçən] *nt* ⟨**-s, -**⟩ (building) block **klotzen** ['klɔtsn] *v/i* (*sl*) (≈ *hart arbeiten*) to slog (away) (*infml*) **klotzig** ['klɔtsɪç] (*infml*) **I** *adj* huge **II** *adv* (≈ *klobig*) massively; **~ wirken** to seem bulky

Klub [klʊb] *m* ⟨**-s, -s**⟩ club **Klubhaus** *nt* clubhouse **Klubjacke** *f* blazer **Kluburlaub** *m* club holiday

Kluft [klʊft] *f* ⟨**-, ¨e** ['klʏftə]⟩ **1.** (≈ *Erdspalte*) cleft; (≈ *Abgrund*) chasm **2.** (*fig*) gulf, gap **3.** *no pl* (*infml* ≈ *Kleidung*) gear (*infml*)

klug [klu:k] *adj, comp* **¨er** ['kly:gɐ], *sup* **¨ste(r, s)** ['kly:kstə] clever; (≈ *vernünftig*) *Rat* wise, sound; *Überlegung* prudent; **ein ~er Kopf** a capable person; **ich werde daraus nicht ~** I cannot make head or tail (*Br*) *or* heads or tails (*US*) of it; **aus ihm werde ich nicht ~** I can't make him out; **der Klügere gibt nach** (*prov*) discretion is the better part of val-our (*Br*) *or* valor (*US, prov*) **klugerweise** ['klu:gɐ'vaizə] *adv* (very) wisely **Klugheit** *f* ⟨**-**, *no pl*⟩ cleverness; (≈ *Vernünftigkeit*: *von Rat*) wisdom, soundness **Klugscheißer** *m* ⟨**-s, -**⟩, **Klugscheißerin** [-ərɪn] *f* ⟨**-, -nen**⟩ (*infml*) smart aleck (*infml*), smart-ass (*esp US sl*)

klumpen ['klʊmpn] *v/i* (*Sauce*) to go lumpy **Klumpen** ['klʊmpn] *m* ⟨**-s, -**⟩ lump; (≈ *Blutklumpen*) clot; **~ bilden** (*Mehl etc*) to go lumpy; (*Blut*) to clot **Klumpfuß** *m* club foot **klumpig** ['klʊmpɪç] *adj* lumpy

Klüngel ['klʏŋl] *m* ⟨**-s, -**⟩ (*infml* ≈ *Clique*) clique **Klüngelwirtschaft** *f* (*infml*) nepotism *no pl*

knabbern ['knabɐn] *v/t & v/i* to nibble; **daran wirst du noch zu ~ haben** (*fig infml*) it will really give you something to think about

Knabe ['kna:bə] *m* ⟨**-n, -n**⟩ (*liter*) boy, lad (*esp Br infml*) **Knabenchor** *m* boys' choir **knabenhaft** *adj* boyish

Knackarsch ['knak-] *m* (*sl*) pert bum (*infml*), bubble butt (*US sl*) **Knäckebrot** ['knɛkə-] *nt* crispbread **knacken** ['knakn] **I** *v/t* **1.** *Nüsse* to crack **2.** (*infml*) *Auto* to break into; *Geldschrank Rätsel, Code* to crack; *Tabu* to break **II** *v/i* **1.** (≈ *brechen*) to crack, to snap; (*Holz* ≈ *knistern*) to crackle; **an etw** (*dat*) **zu ~ haben** (*infml*) to have sth to think about **2.** (*infml* ≈ *schlafen*) to sleep **Knacker** ['knakɐ] *m* ⟨**-s, -**⟩ **1.** ≈ *Knackwurst* **2.** (*pej infml*) **alter ~** old fog(e)y (*infml*) **Knacki** ['knaki] *m* ⟨**-s, -s**⟩ (*infml* ≈ *Knastbruder*) jailbird (*infml*) **knackig** ['knakɪç] *adj* crisp; *Salat, Gemüse* crunchy; (*infml*) *Mädchen* tasty (*infml*); *Figur* sexy **Knackpunkt** *m* (*infml*) crunch (*infml*) **Knacks** [knaks] *m* ⟨**-es, -e**⟩ **1.** crack **2.** (*infml*) **der Fernseher hat einen ~** there is something wrong with the television; **er hat einen ~ weg** he's a bit screwy (*infml*) **Knackwurst** *f* type of frankfurter

Knall [knal] *m* ⟨**-(e)s, -e**⟩ bang; (*mit Peitsche*) crack; (*bei Tür*) slam; **~ auf Fall** (*infml*) all of a sudden; **einen ~ haben** (*infml*) to be crazy (*infml*) **Knallbonbon** *nt* (Christmas) cracker **knallbunt** *adj* (*infml*) brightly coloured (*Br*) *or* colored (*US*) **knallen** ['knalən] **I** *v/i* **1.** (≈ *krachen*) to bang; (≈ *explodieren*) to explode; (*Schuss*) to ring out; (*Peitsche*) to crack; (*Tür etc*) to slam; **die Korken ~ lassen** (*fig*) to pop a cork **2.** (*infml: Sonne*) to beat down **II** *v/t* to bang; *Tür* to slam; *Peitsche* to crack; **jdm eine ~** (*infml*) to belt sb (one) (*infml*) **knalleng** *adj* (*infml*) skintight **Knaller** ['knalɐ] *m* ⟨**-s, -**⟩ (*infml*) **1.** (≈ *Knallkörper*) banger (*Br*), firecracker (*esp US*) **2.** (*fig* ≈ *Sensation*) sensation **Knallerbse** *f* toy torpedo **knallgelb** *adj* (*infml*) bright yellow **knallhart** (*infml*) **I** *adj* *Film* brutal; *Job, Wettbewerb* really tough; *Schlag* really hard **II** *adv* brutally **knallig** ['knalɪç] (*infml*) **I** *adj* *Farben* loud **II** *adv* ~ **gelb** gaudy yellow; ~ **bunt** gaudy **Knallkopf** *m* (*infml*) fathead (*infml*) **Knallkörper** *m* firecracker **knallrot** *adj* (*infml*) bright red **knallvoll** *adj* (*infml*) **1.** (≈ *total überfüllt*) jam-packed (*infml*) **2.** (≈ *völlig betrunken*) completely plastered (*infml*), paralytic (*Br infml*)

knapp [knap] **I** *adj* **1.** *Vorräte, Geld* scarce; *Gehalt* low **2.** *Mehrheit, Sieg* narrow; *Kleidungsstück etc* (≈ *eng*) tight; *Bikini* scanty **3.** (≈ *nicht ganz*) almost; **ein ~es Pfund Mehl** just under a pound of flour; **seit einem ~en Jahr** for almost a year **4.** (≈ *kurz und präzis*) *Stil, Worte* concise **5.** (≈ *gerade so eben*) just; **mit ~er Not** only just **II** *adv* **mein Geld/ meine Zeit ist ~ bemessen** I am short of money/time; **wir haben ~ verloren/ gewonnen** we only just lost/won; **aber nicht zu ~** (*infml*) and how!; ~ **zwei Wochen** not quite two weeks **Knappheit** *f* ⟨**-, no pl**⟩ shortage

knapsen ['knapsn] *v/i* (*infml*) to scrimp (*mit, an +dat* on); **an etw** (*dat*) **zu ~ haben** to have a rough time getting over sth **Knarre** ['knarə] *f* ⟨**-, -n**⟩ (*sl* ≈ *Gewehr*) shooter (*infml*) **knarren** ['knarən] *v/i* to creak

Knast *m* ⟨**-(e)s, ⸚e** *or* **-e** ['knɛstə]⟩ (*infml*) clink (*infml*), can (*US sl*) **knatschig** ['knaːtʃɪç] *adj* (*infml*) (≈ *verärgert*) miffed (*infml*); (≈ *schlecht gelaunt*) grumpy (*infml*) **knattern** ['knatɐn] *v/i* (*Motorrad*) to roar; (*Maschinengewehr*) to rattle **Knäuel** ['knɔyəl] *m or nt* ⟨**-s, -**⟩ ball; (*wirres*) tangle; (*von Menschen*) group **Knauf** [knauf] *m* ⟨**-(e)s, Knäufe** ['knɔyfə]⟩ (≈ *Türknauf*) knob; (*von Schwert etc*) pommel

Knauser ['knauzɐ] *m* ⟨**-s, -**⟩, **Knauserin** [-ərɪn] *f* ⟨**-, -nen**⟩ (*infml*) scrooge (*infml*) **Knauserei** [knauzə'rai] *f* ⟨**-, no pl**⟩ (*infml*) meanness (*esp Br*) **knauserig** ['knauzərɪç] *adj* (*infml*) mean (*esp Br*) **knausern** ['knauzɐn] *v/i* (*infml*) to be mean (*esp Br*) (*mit* with)

knautschen ['knautʃn] *v/t & v/i* (*infml*) to crumple (up) **Knautschzone** *f* AUTO crumple zone

Knebel ['kneːbl] *m* ⟨**-s, -**⟩ gag **knebeln** ['kneːbln] *v/t jdn, Presse* to gag **Knebelvertrag** *m* oppressive contract

Knecht [knɛçt] *m* ⟨**-(e)s, -e**⟩ servant; (*beim Bauern*) farm worker **Knechtschaft** ['knɛçtʃaft] *f* ⟨**-, -en**⟩ slavery

kneifen ['knaifn] *pret* **kniff** [knɪf], *past part* **gekniffen** [gə'knɪfn] **I** *v/t* to pinch; **jdn in den Arm ~** to pinch sb's arm **II** *v/i* **1.** (≈ *zwicken*) to pinch **2.** (*infml*) (≈ *ausweichen*) to back out (*vor +dat* of) **Kneifzange** *f* pliers *pl*; (*kleine*) pincers *pl*; **eine ~** (a pair of) pliers/pincers

Kneipe ['knaipə] *f* ⟨**-, -n**⟩ (*infml* ≈ *Lokal*) pub (*Br*), bar **Kneipenbummel** *m* pub crawl (*Br*), bar hop (*US*)

Knete ['kneːtə] *f* ⟨**-, no pl**⟩ (*dated sl* ≈ *Geld*) dough (*infml*) **kneten** ['kneːtn] *v/t Teig* to knead; *Ton* to work; (≈ *formen*) to form **Knetgummi** *m or nt* Plasticine® **Knetmasse** *f* modelling (*Br*) or modeling (*US*) clay

Knick [knɪk] *m* ⟨**-(e)s, -e** *or* **-s**⟩ **1.** (≈ *Falte*) crease; (≈ *Biegung*) (sharp) bend; **einen ~ machen** to bend sharply **2.** (*fig: in Karriere etc*) downturn **knicken** ['knɪkn] **I** *v/i aux sein* to snap **II** *v/t* to snap; *Papier* to fold; „**nicht ~!**‟ "do not bend *or* fold"; → **geknickt**

knickerig ['knɪkərɪç] *adj* (*infml*) stingy (*infml*) **Knickerigkeit** *f* ⟨**-, no pl**⟩ (*infml*) stinginess (*infml*)

Knicks [knɪks] *m* ⟨**-es, -e**⟩ bob; (*tiefer*) curts(e)y; **einen ~ machen** to curts(e)y (*vor +dat* to) **knicksen** ['knɪksn] *v/i* to curts(e)y (*vor +dat* to)

Knie [kniː] *nt* ⟨**-s, -**⟩ **1.** knee; **auf ~n** on one's knees; **jdn auf ~n bitten** to go down on bended knees to sb (and beg); **in die ~ gehen** to kneel; (*fig*) to be brought to one's knees; **jdn in die ~ zwingen** to bring sb to his/her knees; **jdn übers ~ legen** (*infml*) to put sb across one's knee; **etw übers ~ brechen** (*fig*) to rush (at) sth **2.** (≈ *Flussknie*) sharp bend; TECH elbow **Kniebeuge** f SPORTS knee bend; *in die ~ gehen* to bend one's knees **kniefrei** adj *Rock* above the knee **Kniegelenk** nt knee joint **Kniekehle** f back of the knee **knielang** adj knee-length [kniː, 'kniːən] **I** v/i to kneel; *im Knien* on one's knees, kneeling **II** v/r to kneel (down); *sich in die Arbeit ~ (fig)* to get down to one's work **Kniescheibe** f kneecap **Knieschoner** m, **Knieschützer** [-ʃʏtsɐ] m ⟨-s, -⟩ kneeguard **Kniestrumpf** m knee sock **knietief** adj knee-deep

Kniff [knɪf] m ⟨-(e)s, -e⟩ (infml) trick **knipsen** ['knɪpsn] **I** v/t **1.** *Fahrschein* to punch **2.** (PHOT infml) to snap (infml) **II** v/i (PHOT infml) to take pictures

Knirps [knɪrps] m ⟨-es, -e⟩ (≈ *Junge*) whippersnapper; (pej) squirt

knirschen ['knɪrʃn] v/i to crunch; (*Getriebe*) to grind; *mit den Zähnen ~* to grind one's teeth

knistern ['knɪstɐn] v/i (*Feuer*) to crackle; (*Papier, Seide*) to rustle

Knitterfalte f crease, wrinkle (esp US) **knitterfrei** adj *Stoff, Kleid* non-crease **knittern** ['knɪtɐn] v/t & v/i to crease

Knobelbecher m dice cup **knobeln** ['knoːbln] v/i **1.** (≈ *würfeln*) to play dice **2.** (≈ *nachdenken*) to puzzle (*an +dat* over)

Knoblauch ['knoːplaʊx, 'knoːblaʊx, 'knɔplaʊx, 'knɔblaʊx] m, no pl garlic **Knoblauchbrot** nt garlic bread **Knoblauchbutter** f garlic butter **Knoblauchpresse** f garlic press **Knoblauchzehe** f clove of garlic

Knöchel ['knœçl] m ⟨-s, -⟩ (≈ *Fußknöchel*) ankle; (≈ *Fingerknöchel*) knuckle

Knochen ['knɔxn] m ⟨-s, -⟩ bone; *er ist bis auf die ~ abgemagert* he is just (a bag of) skin and bones; *ihr steckt die Angst in den ~* (infml) she's scared stiff (infml); *der Schreck fuhr ihr in die ~* she was paralyzed with shock; *nass bis auf die ~* (infml) soaked to the skin **Knochenarbeit** f hard graft (infml) **Knochenbau** m, no pl bone structure **Knochenbruch** m fracture **Knochengerüst** nt skeleton **knochenhart** (infml) adj rock-hard; (fig) *Job, Kerl* really tough **Knochenmark** nt bone marrow **Knochenmehl** nt bone meal **knochentrocken** (infml) adj bone-dry (infml); (fig) *Humor etc* very dry **knöchern**

['knœçɐn] adj bone attr, of bone **knochig** ['knɔxɪç] adj bony

Knödel ['knøːdl] m ⟨-s, -⟩ dumpling

Knöllchen ['knœlçən] nt ⟨-s, -⟩ (infml ≈ *Strafzettel*) (parking) ticket **Knolle** ['knɔlə] f ⟨-, -n⟩ BOT nodule, tubercule; (*von Kartoffel*) tuber **Knollen** ['knɔlən] m ⟨-s, -⟩ (≈ *Klumpen*) lump

Knopf [knɔpf] m ⟨-(e)s, ⸚e ['knœpfə]⟩ button; (*an Tür*) knob **Knopfdruck** m, no pl *auf ~* at the touch of a button; (fig) at the flick of a switch **Knopfloch** nt buttonhole **Knopfzelle** f round cell battery

Knorpel ['knɔrpl] m ⟨-s, -⟩ ANAT, ZOOL cartilage; COOK gristle **knorpelig** ['knɔrpəlɪç] adj ANAT cartilaginous; *Fleisch* gristly

Knorren ['knɔrən] m ⟨-s, -⟩ (im Holz) knot **knorrig** ['knɔrɪç] adj *Baum* gnarled; *Holz* knotty

Knospe ['knɔspə] f ⟨-, -n⟩ bud; *~n treiben* to bud

knoten ['knoːtn] v/t *Seil etc* to (tie into a) knot **Knoten** ['knoːtn] m ⟨-s, -⟩ **1.** knot; (MED ≈ *Geschwulst*) lump; PHYS, BOT node; (fig ≈ *Verwicklung*) plot **2.** NAUT knot **3.** (≈ *Haarknoten*) bun **4.** = **Knotenpunkt Knotenpunkt** m (MOT, RAIL) junction; (fig) centre (Br), center (US) **Knöterich** ['knøːtərɪç] m ⟨-s, -e⟩ knotgrass **knotig** ['knoːtɪç] adj knotty, full of knots; *Äste, Hände* gnarled

Know-how ['noːhaʊ, noː'haʊ] nt ⟨-s, no pl⟩ know-how

Knubbel ['knʊbl] m ⟨-s, -⟩ (infml) lump **knuddelig** ['knʊdəlɪç] adj (infml ≈ *niedlich*) cuddly **knuddeln** ['knʊdln] v/t (dial) to kiss and cuddle

knüllen ['knʏlən] v/t to crumple **Knüller** ['knʏlɐ] m ⟨-s, -⟩ (infml) sensation; PRESS scoop

knüpfen ['knʏpfn] **I** v/t *Knoten* to tie; *Band* to, to tie (up); *Teppich* to knot; *Netz* to mesh; *Freundschaft* to form; *etw an etw* (acc) *~* (lit) to tie sth to sth; (fig) *Bedingungen* to attach to sth; *Hoffnungen* to pin on sth; *Kontakte ~* (*zu* or *mit*) to establish contact (with) **II** v/r *sich an etw* (acc) *~* to be linked to sth

Knüppel ['knʏpl] m ⟨-s, -⟩ **1.** (≈ *Stock*) stick; (≈ *Waffe*) cudgel, club; (≈ *Polizeiknüppel*) truncheon; *jdm (einen) ~ zwischen die Beine werfen* (fig) to put a

˚spoke in sb's wheel (*Br*) **2.** AVIAT joystick; AUTO gear stick (*Br*), gearshift (*US*) **knüppeln** ['knʏpln] **I** *v/i* to use one's truncheon **II** *v/t* to club

knurren ['knʊrən] *v/i* (*Hund etc*) to growl; (*wütend*) to snarl; (*Magen*) to rumble; (*fig* ≈ *sich beklagen*) to groan (*über +acc* about) **knurrig** ['knʊrɪç] *adj* grumpy

knuspern ['knʊspɐn] *v/t & v/i* to crunch; *etwas zum Knuspern* something to nibble **knusprig** ['knʊsprɪç] *adj* crisp; ~ *braun Hähnchen* crispy brown

knutschen ['knuːtʃn] (*infml*) **I** *v/t* to smooch with (*infml*) **II** *v/i & v/r* to smooch (*infml*) **Knutschfleck** *m* (*infml*) lovebite (*infml*)

k. o. [kaː'ˈoː] *adj pred* SPORTS knocked out; (*fig infml*) whacked (*infml*); *jdn ~ schlagen* to knock sb out **K. o.** [kaː'ˈoː] *m* ⟨-(s), -s⟩ knockout, K.O.; *Sieg durch ~* victory by a knockout

Koala(bär) *m* koala (bear)

koalieren [koaˈliːrən] *past part* **koaliert** *v/i esp* POL to form a coalition (*mit* with) **Koalition** [koaliˈtsioːn] *f* ⟨-, -en⟩ *esp* POL coalition **Koalitionsgespräch** *nt* coalition talks *pl* **Koalitionspartner(in)** *m/(f)* coalition partner

Kobalt ['koːbalt] *nt* ⟨-s, *no pl*⟩ cobalt **kobaltblau** *adj* cobalt blue **Kobold** ['koːbɔlt] *m* ⟨-(e)s, -e [-də]⟩ goblin

Kobra ['koːbra] *f* ⟨-, -s⟩ cobra **Koch** [kɔx] *m* ⟨-s, ⸚e ['kœçə]⟩, **Köchin** ['kœçɪn] *f* ⟨-, -nen⟩ cook; (*von Restaurant etc*) chef; *viele Köche verderben den Brei* (*prov*) too many cooks spoil the broth (*prov*) **Kochanleitung** *f* cooking instructions *pl* **Kochbeutel** *m* **Reis im ~** boil-in-the-bag rice **Kochbuch** *nt* cookery book **kochecht** *adj* TEX *Farbe* fast at 100°; *Wäsche etc* suitable for boiling **köcheln** ['kœçln] *v/i* to simmer **kochen** ['kɔxn] **I** *v/t* **1.** (*Flüssigkeit*) to boil; *etw zum Kochen bringen* to bring sth to the boil; *er kochte vor Wut* (*infml*) he was boiling with rage **2.** (≈ *Speisen zubereiten*) to cook; (≈ *als Koch fungieren*) to do the cooking; *er kocht gut* he's a good cook **II** *v/t* **1.** *Flüssigkeit, Wäsche* to boil; *etw auf kleiner Flamme ~* to simmer sth over a low heat **2.** (≈ *zubereiten*) *Essen* to cook; *Kaffee, Tee* to make **III** *v/i impers* (*fig*) to be boiling;

es kocht in ihr she is boiling with rage **kochend** *adj* boiling; ~ *heiß sein* to be boiling hot; (*Suppe etc*) to be piping hot **Kocher** ['kɔxɐ] *m* ⟨-s, -⟩ (≈ *Herd*) cooker; (≈ *Campingkocher*) (Primus®) stove

Köcher ['kœçɐ] *m* ⟨-s, -⟩ (*für Pfeile*) quiver

Kochfeld *nt* ceramic hob **kochfest** *adj* TEX = **kochecht Kochgelegenheit** *f* cooking facilities *pl* **Kochherd** *m* cooker **Köchin** *f* → **Koch Kochkunst** *f* culinary art **Kochlöffel** *m* cooking spoon **Kochnische** *f* kitchenette **Kochplatte** *f* (≈ *Herdplatte*) hotplate **Kochrezept** *nt* recipe **Kochsalz** *nt* CHEM sodium chloride; COOK cooking salt **Kochtopf** *m* (cooking) pot; (*mit Stiel*) saucepan **Kochwäsche** *f* washing that can be boiled

Kode [koːt, ˈkoːdə] *m* ⟨-s, -s⟩ code **Köder** ['køːdɐ] *m* ⟨-s, -⟩ bait **ködern** ['køːdɐn] *v/t* (*lit*) to lure; (*fig*) to tempt; *jdn für etw ~* to rope sb into sth (*infml*); *sich von jdm/etw nicht ~ lassen* not to be tempted by sb/sth

Kodex ['koːdɛks] *m* ⟨- *or* -es, -e *or* **Kodices** *or* **Kodizes** ['koːditseːs]⟩ codex; (*fig*) (moral) code

kodieren *etc* = **codieren** *etc*

Koeffizient [koɛfiˈtsiɛnt] *m* ⟨-en, -en⟩ coefficient

Koexistenz ['koːʔɛksɪstɛnts, koɛksɪsˈtɛnts] *f, no pl* coexistence

Koffein [kɔfeˈiːn] *nt* ⟨-s, *no pl*⟩ caffeine **koffeinfrei** *adj* decaffeinated **koffeinhaltig** *adj* caffeinated, containing caffeine

Koffer ['kɔfɐ] *m* ⟨-s, -⟩ (suit)case; (≈ *Schrankkoffer*) trunk; *die ~ packen* to pack one's bags **Kofferanhänger** *m* luggage label **Kofferkuli** *m* (luggage) trolley (*Br*), cart (*US*) **Kofferradio** *nt* portable radio **Kofferraum** *m* AUTO boot (*Br*), trunk (*US*); (≈ *Volumen*) luggage space

Kognak ['kɔnjak] *m* ⟨-s, -s *or* -e⟩ brandy **Kohl** [koːl] *m* ⟨-(e)s, -e⟩ **1.** cabbage; *das macht den ~ auch nicht fett* (*infml*) that's not much help **2.** (*infml* ≈ *Unsinn*) nonsense **Kohldampf** *m, no pl* (*infml*) ~ *haben* to be starving

Kohle ['koːlə] *f* ⟨-, -n⟩ **1.** coal; *glühende ~n* (*lit*) (glowing) embers; (*wie*) *auf* (*heißen*) *~n sitzen* to be like a cat on a hot tin roof; *die ~n aus dem Feuer holen*

(*fig*) to pull the chestnuts out of the fire **2.** (≈ *Verkohltes, Holzkohle*) charcoal **3.** TECH carbon **4.** (*infml* ≈ *Geld*) dough (*infml*) **Kohlefilter** *m* charcoal filter **Kohlehydrat** *nt* carbohydrate **Kohlekraftwerk** *nt* coal-fired power station **Kohlenbergwerk** *nt* coal mine **Kohlendioxid** *nt* carbon dioxide **Kohlenherd** *m* range **Kohlenmonoxid** *nt* carbon monoxide **Kohlenpott** *m* (*infml* ≈ *Ruhrgebiet*) Ruhr (basin *or* valley) **Kohlenrevier** *nt* coal-mining area **Kohlensäure** *f* **1.** CHEM carbonic acid **2.** (*in Getränken*) fizz (*infml*) **kohlensäurehaltig** *adj* Getränke carbonated **Kohlenstoff** *m* carbon **Kohlenwasserstoff** *m* hydrocarbon **Kohlepapier** *nt* carbon paper **Kohlestift** *m* ART piece of charcoal **Kohlezeichnung** *f* charcoal drawing

Kohlkopf *m* cabbage **Kohlmeise** *f* great tit **kohlrabenschwarz** *adj* Haar jet black; *Nacht* pitch-black **Kohlrabi** [koːlˈraːbi] *m* ⟨-(**s**), -⟩ kohlrabi **Kohlroulade** *f* COOK stuffed cabbage leaves *pl* **Kohlrübe** *f* BOT swede (*Br*), rutabaga (*US*) **Kohlsprosse** *f* (*Aus*) (Brussels) sprout **Kohlweißling** [-vaislɪŋ] *m* ⟨-**s**, -**e**⟩ cabbage white (butterfly)

Koitus [ˈkoːitʊs] *m* ⟨-, -*se or* -[ˈkoːituːs]⟩ coitus

Koje [ˈkoːjə] *f* ⟨-, -*n*⟩ *esp* NAUT bunk, berth; *sich in die ~ hauen* (*infml*) to hit the sack (*infml*)

Kojote [koˈjoːtə] *m* ⟨-*n*, -*n*⟩ coyote

Kokain [kokaˈiːn] *nt* ⟨-**s**, *no pl*⟩ cocaine **kokainsüchtig** *adj* addicted to cocaine

kokett [koˈkɛt] *adj* coquettish **Koketterie** [kokɛtəˈriː] *f* ⟨-, -*n* [-ˈriːən]⟩ coquetry **kokettieren** [kokɛˈtiːrən] *past part* **kokettiert** *v/i* to flirt

Kokon [koˈkõː] *m* ⟨-**s**, -**s**⟩ ZOOL cocoon

Kokosfett *nt* coconut oil **Kokosflocken** *pl* desiccated coconut **Kokosmilch** *f* coconut milk **Kokosnuss** *f* coconut **Kokospalme** *f* coconut palm *or* tree **Kokosraspeln** *pl* desiccated coconut

Koks¹ [koːks] *m* ⟨-**es**, -**e**⟩ coke

Koks² *m or nt* ⟨-**es**, *no pl*⟩ (*infml* ≈ *Kokain*) coke (*infml*)

Kolben [ˈkɔlbn] *m* ⟨-**s**, -⟩ **1.** (≈ *Gewehrkolben*) butt; (TECH ≈ *Pumpenkolben*) piston; (CHEM ≈ *Destillierkolben*) retort **2.** (≈ *Maiskolben*) cob **Kolbenfresser** *m* (*infml*) piston seizure **Kolbenhub** *m* AUTO piston stroke

Kolibakterien [ˈkoːli-] *pl* E.coli *pl*

Kolibri [ˈkoːlibri] *m* ⟨-**s**, -**s**⟩ humming bird

Kolik [ˈkoːlɪk] *f* ⟨-, -**en**⟩ colic

kollabieren [kɔlaˈbiːrən] *past part* **kollabiert** *v/i aux sein* to collapse

Kollaborateur [kɔlabaraˈtøːɐ](in) *m*/(*f*) POL collaborator **Kollaboration** [kɔlabaraˈtsioːn] *f* ⟨-, -**en**⟩ collaboration **kollaborieren** *past part* **kollaboriert** *v/i* to collaborate

Kollaps [ˈkɔlaps, kɔˈlaps] *m* ⟨-**es**, -**e**⟩ collapse; *einen ~ erleiden* to collapse

Kollateralschaden *m* collateral damage *no pl*

Kolleg [kɔˈleːk] *nt* ⟨-**s**, -**s** *or* -**ien** [-ɡiən]⟩ **1.** (UNIV ≈ *Vorlesung*) lecture **2.** SCHOOL college

Kollege [kɔˈleːɡə] *m* ⟨-*n*, -*n*⟩, **Kollegin** [-ˈleːɡɪn] *f* ⟨-, -**nen**⟩ colleague **kollegial** [kɔleˈɡiaːl] **I** *adj* das war nicht sehr ~ von ihm that wasn't what you would expect from a colleague **II** *adv* loyally; *sich ~ verhalten* to be a good colleague **Kollegium** [kɔˈleːɡiʊm] *nt* ⟨-**s**, **Kollegien** [-ɡiən]⟩ (≈ *Lehrerkollegium etc*) staff; (≈ *Ausschuss*) working party **Kollegmappe** *f* document case

Kollekte [kɔˈlɛktə] *f* ⟨-, -*n*⟩ ECCL collection **Kollektion** [kɔlɛkˈtsioːn] *f* ⟨-, -**en**⟩ collection; (*also* FASHION ≈ *Sortiment*) range **kollektiv** [kɔlɛkˈtiːf] **I** *adj* collective **II** *adv* collectively **Kollektiv** [kɔlɛkˈtiːf] *nt* ⟨-**s**, -**e** [-və]⟩ collective **Kollektivschuld** *f* collective guilt **Kollektor** [kɔˈlɛktoːɐ] *m* ⟨-**s**, **Kollektoren** [-ˈtoːrən]⟩ ELEC collector; (≈ *Sonnenkollektor*) solar collector

Koller [ˈkɔlɐ] *m* ⟨-**s**, -⟩ (*infml*) (≈ *Anfall*) funny mood; (≈ *Wutanfall*) rage; *einen ~ bekommen* to fly into a rage

kollidieren [kɔliˈdiːrən] *past part* **kollidiert** *v/i* (*elev*) *aux sein* (*Fahrzeuge*) to collide

Kollier [kɔˈlieː] *nt* ⟨-**s**, -**s**⟩ necklet

Kollision [kɔliˈzioːn] *f* ⟨-, -**en**⟩ (*elev*) (≈ *Zusammenstoß*) collision; (≈ *Streit*) conflict, clash **Kollisionskurs** *m* NAUT, AVIAT collision course; *auf ~ gehen* (*fig*) to be heading for trouble

Kollokation [kɔlokaˈtsioːn] *f* ⟨-, -**en**⟩ LING collocation

Kolloquium [kɔˈloːkviʊm, kɔˈlɔkviʊm] *nt* ⟨-**s**, **Kolloquien** [-kviən]⟩ colloquium

Köln [kœln] *nt* ⟨-**s**⟩ Cologne **Kölner**

['kœlnɐ] *adj attr* Cologne; *der ~ Dom* Cologne Cathedral **kölnisch** ['kœlnɪʃ] *adj* Cologne *attr*; *er spricht Kölnisch* he speaks (the) Cologne dialect **Kölnischwasser** *nt*, *no pl* eau de Cologne **Kolonialherrschaft** *f* colonial rule **Kolonialismus** [kolonia'lɪsmʊs] *m* ⟨-, *no pl*⟩ colonialism **Kolonialmacht** *f* colonial power **Kolonialzeit** *f* colonial times *pl* **Kolonie** [kolo'niː] *f* ⟨-, -*n* [-'niːən]⟩ colony; (≈ *Ferienkolonie*) camp **Kolonisation** [koloniza'tsi̯oːn] *f* ⟨-, *no pl*⟩ (*von Land*) colonization **kolonisieren** [koloni'ziːrən] *past part* **kolonisiert** *v/t* Land to colonize **Kolonne** [ko'lɔnə] *f* ⟨-, -*n*⟩ column; *esp* MIL convoy; (≈ *Arbeitskolonne*) gang; *~ fahren* to drive in (a) convoy **Koloratur** [kolora'tuːɐ] *f* ⟨-, -*en*⟩ coloratura

kolorieren [kolo'riːrən] *past part* **koloriert** *v/t* to colour (*Br*), to color (*US*) **Kolorit** [kolo'riːt] *nt* ⟨-(*e*)*s*, -*e*⟩ ART colouring (*Br*), coloring (*US*); MUS (tone) colour (*Br*) *or* color (*US*); (LIT, *fig*) atmosphere **Koloss** [ko'lɔs] *m* ⟨-*es*, -*e*⟩ colossus **kolossal** [kolɔ'saːl] **I** *adj* colossal; *Glück* tremendous; *Dummheit* crass **II** *adv* (*infml*) tremendously, enormously **Kolossalgemälde** *nt* (*infml*) spectacular painting **Kolosseum** [kolɔ'seːʊm] *nt* ⟨-*s*, *no pl*⟩ *das ~* the Colosseum **kölsch** [kœlʃ] *adj* = **kölnisch Kölsch** [kœlʃ] *nt* ⟨-, -⟩ **1.** (≈ *Bier*) ≈ (strong) lager **2.** (≈ *Dialekt*) *er spricht ~* he speaks (the) Cologne dialect **kolumbianisch** [kolum'biaːnɪʃ] *adj* Colombian **Kolumbien** [ko'lʊmbi̯ən] *nt* ⟨-*s*⟩ Colombia **Kolumne** [ko'lʊmnə] *f* ⟨-, -*n*⟩ TYPO, PRESS column **Koma** ['koːma] *nt* ⟨-*s*, -*s or* -*ta* [-ta]⟩ MED coma; *im ~ liegen* to be in a coma **Kombi** ['kɔmbi] *m* ⟨-*s*, -*s*⟩ AUTO estate (car) (*Br*), station wagon (*esp US*) **Kombination** [kɔmbina'tsi̯oːn] *f* ⟨-, -*en*⟩ **1.** combination; (SPORTS ≈ *Zusammenspiel*) concerted move, (piece of) teamwork; *nordische ~* SKI Nordic combination **2.** (≈ *Schlussfolgerung*) deduction **3.** (≈ *Kleidung*) suit, ensemble **Kombinationsgabe** *f* powers *pl* of deduction **kombinieren** [kɔmbi'niːrən] *past part* **kombiniert I** *v/t* to combine **II** *v/i* (≈ *fol-*

gern) to deduce; *ich kombiniere: ... I* conclude: ... **Kombiwagen** *m* estate (car) (*Br*), station wagon (*esp US*) **Kombizange** *f* combination pliers *pl* **Kombüse** [kɔm'byːzə] *f* ⟨-, -*n*⟩ NAUT galley **Komet** [ko'meːt] *m* ⟨-*en*, -*en*⟩ comet **kometenhaft** *adj* (*fig*) *Karriere* meteoric; *Aufschwung* rapid **Komfort** [kɔm'foːɐ] *m* ⟨-*s*, *no pl*⟩ (*von Hotel etc*) luxury; (*von Möbel etc*) comfort; (*von Wohnung*) amenities *pl*, mod cons *pl* (*Br infml*); *ein Auto mit allem ~* a luxury car **komfortabel** [kɔmfɔr'taːbl] **I** *adj* (≈ *mit Komfort ausgestattet*) luxurious, luxury *attr*; *Wohnung* well-appointed; (≈ *bequem*) *Sessel, Bett* comfortable; (≈ *praktisch*) *Bedienung* convenient **II** *adv* (≈ *bequem*) comfortably; (≈ *mit viel Komfort*) luxuriously **Komik** ['koːmɪk] *f* ⟨-, *no pl*⟩ (≈ *das Komische*) comic; (≈ *komische Wirkung*) comic effect **Komiker** ['koːmɪkɐ] *m* ⟨-*s*, -⟩, **Komikerin** [-ərɪn] *f* ⟨-, -*nen*⟩ comedian; (*fig also*) joker (*infml*); *Sie ~* you must be joking **komisch** ['koːmɪʃ] **I** *adj* funny; THEAT *Rolle, Oper* comic; *das Komische daran* the funny thing about it; *mir ist/wird so ~* (*infml*) I feel funny; *er war so ~ zu mir* he acted so strangely towards (*Br*) *or* toward (*US*) me **II** *adv* strangely; *riechen, schmecken, sich fühlen* strange; *jdm ~ vorkommen* to seem strange to sb **komischerweise** ['koːmɪʃɐ'vaɪzə] *adv* funnily enough **Komitee** [komi'teː] *nt* ⟨-*s*, -*s*⟩ committee **Komma** ['kɔma] *nt* ⟨-*s*, -*s or* -*ta* [-ta]⟩ comma; MAT decimal point; *fünf ~ drei* five point three **Kommandant** [kɔman'dant] *m* ⟨-*en*, -*en*⟩, **Kommandantin** [-'dantɪn] *f* ⟨-, -*nen*⟩ MIL commanding officer; NAUT captain **Kommandeur** [kɔman'døːɐ] *m* ⟨-*s*, -*e*⟩, **Kommandeurin** [-'døːrɪn] *f* ⟨-, -*nen*⟩ commander **kommandieren** [kɔman'diːrən] *past part* **kommandiert I** *v/t* **1.** (≈ *befehligen*) to command **2.** (≈ *befehlen*) *jdn an einen Ort ~* to order sb to a place; *sich von jdm ~ lassen* to let oneself be ordered about by sb **II** *v/i* **1.** (≈ *Befehlsgewalt haben*) to be in command; *~der General* commanding general **2.** (≈ *Befehle geben*) to command; *er kommandiert gern* he likes ordering people about

Kommanditgesellschaft [kɔman'di:t-] *f* COMM ≈ limited partnership
Kommando [kɔ'mando] *nt* ⟨**-s, -s**⟩ command; *der Hund gehorcht auf* **~** the dog obeys on command; *das* **~** *führen* to be in *or* have command (*über* +*acc* of) **Kommandobrücke** *f* NAUT bridge **Kommandokapsel** *f* SPACE command module **Kommandoraum** *m* control room

kommen ['kɔmən] *aux* sein *pret* **kam** [ka:m], *past part* **gekommen** [gə'kɔmən] **I** *v/i* **1.** to come; *ich komme (schon)* I'm (just) coming; *er wird gleich* **~** he'll be here right away; *wann soll der Zug* **~**? when's the train due?; *da kann ja jeder* **~** *und sagen ...* anybody could come along and say ...; *das Baby kam zu früh* the baby arrived early; *nach Hause* **~** (≈ *ankommen*) to get home; (≈ *zurückkehren*) to come home; *von der Arbeit* **~** to get home from work; *ins Gefängnis* **~** to go to prison; *in die Schule* **~** to start school **2.** (≈ *hingehören*) to go; *das Buch kommt ins oberste Fach* the book goes on the top shelf; *das kommt unter „Sonstiges"* that comes under "miscellaneous"; *das Lied kommt als Nächstes* that song is next; *ich komme zuerst an die Reihe* I'm first; *jetzt muss bald die Grenze* **~** we should soon be at the border; *das Schlimmste kommt noch* the worst is yet to come **3.** (≈ *gelangen*) to get; (*mit Hand etc*) to reach; *durch den Zoll* **~** to get through customs; *in das Alter* **~**, *wo ...* to reach the age when ... **4.** TV, RADIO, THEAT *etc* to be on; *was kommt im Fernsehen?* what's on TV? **5.** (≈ *geschehen, sich zutragen*) to happen; *egal, was kommt* whatever happens; *komme, was da wolle* come what may; *das musste ja so* **~** it had to happen; *das kommt davon, dass ...* that's because ...; *das kommt davon!* see what happens? **6.** (≈ *geraten*) *in Bewegung* **~** to start moving; *zum Stillstand* **~** to come to a halt *or* standstill **7.** (*infml* ≈ *einen Orgasmus haben*) to come (*sl*) **8.** (*mit Dativ*) *ihm kamen Zweifel* he started to have doubts; *jdm* **~** *die Tränen* tears come to sb's eyes; *mir kommt eine Idee* I've just had a thought; *du kommst mir gerade recht* (*iron*) you're just what I need; *das kommt mir gerade recht* that's just fine; *jdm frech* **~** to be cheeky

(*Br*) *or* fresh (*US*) to sb **9.** (*mit Verb*) *da kommt ein Vogel geflogen* there's a bird; *jdn besuchen* **~** to come and see sb; *jdn* **~** *sehen* to see sb coming; *ich habe es ja* **~** *sehen* I saw it coming; *jdn* **~** *lassen* to send for sb; *etw* **~** *lassen* Taxi to order sth **10.** (*mit Präposition*) *auf etw* (*acc*) **~** (≈ *sich erinnern*) to think of sth; *auf eine Idee* **~** to get an idea; *wie kommst du darauf?* what makes you think that?; *darauf bin ich nicht gekommen* I didn't think of that; *auf ihn lasse ich nichts* **~** (*infml*) I won't hear a word against him; *hinter etw* (*acc*) **~** (≈ *herausfinden*) to find sth out, to find sth out; *mit einer Frage* **~** to have a question; *damit kann ich ihm nicht* **~** (*mit Entschuldigung*) I can't give him that; (*mit Bitte*) I can't ask him that; *um etw* **~** (≈ *verlieren*) to lose sth; *um Essen, Schlaf* to go without sth; *zu etw* **~** (≈ *Zeit finden für*) to get round to sth; (≈ *erhalten*) to come by sth; (≈ *erben*) to come into sth; *zu einem Entschluss* **~** to come to a conclusion; *zu nichts* **~** (*zeitlich*) not to get (a)round to anything; (≈ *erreichen*) to achieve nothing; *zu sich* **~** (≈ *Bewusstsein wiedererlangen*) to come round; (≈ *aufwachen*) to come to one's senses **II** *v/i impers* **so weit kommt es (noch)** that'll be the day (*infml*); *ich wusste, dass es so* **~** *würde* I knew that would happen; *wie kommt es, dass du ...?* how come you ...? (*infml*); *es kam zum Streit* there was a quarrel; *und so kam es, dass ...* and that is how it came about that ... **Kommen** *nt* ⟨**-s**, *no pl*⟩ coming; *etw ist im* **~** sth is on the way in; *jd ist im* **~** sb is on his/her way up **kommend** *adj* coming; *Ereignisse* future; (*am*) **~** *en Montag* next Monday; *in den* **~** *en Jahren* in the years to come; *er ist der* **~** *e Mann in der Partei* he is the rising star in the party

Kommentar [kɔmɛn'ta:ɐ] *m* ⟨**-s, -e**⟩ comment; PRESS commentary; *kein* **~**! no comment **kommentarlos** [-loːs] *adv* without comment **Kommentator** [kɔmɛn'ta:toːɐ] *m* ⟨**-s, Kommentatoren** [-'toːrən]⟩, **Kommentatorin** [-'toːrɪn] *f* ⟨**-, -nen**⟩ commentator **kommentieren** [kɔmɛn'ti:rən] *past part* **kommentiert** *v/t* PRESS *etc* to comment on

Kommerz[kɔ'mɛrts] *m* ⟨*-es*, *no pl*⟩ (*pej*) commercialism; **nur auf ~ aus sein** to have purely commercial interests, to be out for profit **Kommerzialisierung** *f*⟨*-*, *-en*⟩ commercialization **kommerziell**[kɔmɛr'tsiɛl] **I** *adj* commercial **II** *adv* commercially

Kommilitone [kɔmili'to:nə] *m* ⟨*-n*, *-n*⟩, **Kommilitonin** [-'to:nɪn] *f* ⟨*-*, *-nen*⟩ fellow student

Kommissar[kɔmɪ'saːɐ] *m*⟨*-s*, *-e*⟩, **Kommissarin** [-'saːrɪn] *f* ⟨*-*, *-nen*⟩ ADMIN commissioner; (≈ *Polizeikommissar*) inspector

kommissarisch [kɔmɪ'saːrɪʃ] **I** *adj* temporary **II** *adv* temporarily

Kommission[kɔmɪ'sio:n] *f*⟨*-*, *-en*⟩ **1.** (≈ *Ausschuss*) committee; (*zur Untersuchung*) commission **2.** COMM commission; **etw in ~ nehmen** to take sth on commission

Kommode [kɔ'mo:də] *f* ⟨*-*, *-n*⟩ chest of drawers

kommunal[kɔmu'naːl] *adj* local; (≈ *städtisch*) municipal **Kommunalabgaben** *pl* local rates and taxes *pl* **Kommunalpolitik** *f* local government politics *sg or pl* **Kommunalpolitiker(in)** *m*/(*f*) local politician **Kommunalwahlen** *pl* local (government) elections *pl* **Kommune** [kɔ'mu:nə] *f*⟨*-*, *-n*⟩ **1.** local authority district **2.** (≈ *Wohngemeinschaft*) commune

Kommunikation [kɔmunika'tsio:n] *f* ⟨*-*, *-en*⟩ communication **Kommunikationsmittel** *nt* means *sg* of communication **Kommunikationsschwierigkeiten** *pl* communication difficulties *pl* **Kommunikationssystem** *nt* communications system **Kommunikationswissenschaften** *pl* communication studies *pl* **kommunikativ** [kɔmunika'tiːf] *adj* communicative **Kommunikee**[kɔmuni'keː] *nt* ⟨*-s*, *-s*⟩ communiqué

Kommunion[kɔmu'nio:n] *f*⟨*-*, *-en*⟩ ECCL (Holy) Communion

Kommuniqué[kɔmyni'keː, kɔmuni'keː] *nt* ⟨*-s*, *-s*⟩ communiqué

Kommunismus [kɔmu'nɪsmʊs] *m* ⟨*-*, *no pl*⟩ communism **Kommunist** [kɔmu'nɪst] *m*⟨*-en*, *-en*⟩, **Kommunistin**[-'nɪstɪn] *f*⟨*-*, *-nen*⟩ Communist **kommunistisch** [kɔmu'nɪstɪʃ] *adj* communist

kommunizieren [kɔmuni'tsiːrən] *past part* **kommuniziert** *v/i* to communicate **Komödiant** [komø'diant] *m* ⟨*-en*, *-en*⟩,

Komödiantin [-'diantɪn] *f* ⟨*-*, *-nen*⟩ **1.** (*old*) actor/actress **2.** (*fig*) play-actor **Komödie** [ko'mø:diə] *f*⟨*-*, *-n*⟩ comedy; **~ spielen** (*fig*) to put on an act

Kompagnon [kɔmpan'jõ:, 'kɔmpanjõ] *m* ⟨*-s*, *-s*⟩ COMM partner, associate; (*iron*) pal (*infml*)

kompakt [kɔm'pakt] *adj* compact **Kompaktkamera** *f* compact camera

Kompanie [kɔmpa'ni:] *f*⟨*-*, *-n* [-'ni:ən]⟩ MIL company

Komparativ ['kɔmparatiːf] *m* ⟨*-s*, *-e* [-və]⟩ GRAM comparative

Komparse[kɔm'parzə] *m*⟨*-n*, *-n*⟩, **Komparsin** [-'parzɪn] *f*⟨*-*, *-nen*⟩ FILM extra; THEAT supernumerary

Kompass['kɔmpas] *m*⟨*-es*, *-e*⟩ compass **Kompassnadel** *f* compass needle

kompatibel[kɔmpa'ti:bl] *adj* compatible **Kompatibilität** [kɔmpatibili'tɛ:t] *f* ⟨*-*, *-en*⟩ compatibility

Kompensation [kɔmpɛnza'tsio:n] *f* ⟨*-*, *-en*⟩ compensation **kompensieren** [kɔmpɛn'ziːrən] *past part* **kompensiert** *v/t* to compensate for

kompetent[kɔmpe'tɛnt] **I** *adj* competent **II** *adv* competently **Kompetenz** [kɔmpe'tɛnts] *f*⟨*-*, *-en*⟩ (area of) competence; **da hat er ganz eindeutig seine ~en überschritten** he has quite clearly exceeded his authority here **Kompetenzbereich** *m* area of competence **Kompetenzstreitigkeiten** *pl* dispute over respective areas of responsibility

komplementär [kɔmplemɛn'tɛ:ɐ] *adj* complementary **Komplementärfarbe** *f* complementary colour (*Br*) *or* color (*US*)

komplett[kɔm'plɛt] **I** *adj* complete **II** *adv* completely **komplettieren** [kɔmplɛ'tiːrən] *past part* **komplettiert** *v/t* (*elev*) to complete

komplex [kɔm'plɛks] *adj* complex **Komplex**[kɔm'plɛks] *m* ⟨*-es*, *-e*⟩ (≈ *Gebäudekomplex*, PSYCH) complex; (≈ *Themenkomplex*) issues **Komplexität** [kɔmplɛksi'tɛ:t] *f*⟨*-*, *no pl*⟩ complexity **Komplikation** [kɔmplika'tsio:n] *f* ⟨*-*, *-en*⟩ complication

Kompliment[kɔmpli'mɛnt] *nt* ⟨*-(e)s*, *-e*⟩ compliment; **jdm ~e machen** to compliment sb (*wegen* on)

Komplize [kɔm'pli:tsə] *m* ⟨*-n*, *-n*⟩, **Komplizin** [-'pli:tsɪn] *f*⟨*-*, *-nen*⟩ accomplice **komplizieren** [kɔmpli'tsiːrən] *past part*

kompliziert v/t to complicate **kompliziert** [kɔmpli'tsiːɐt] adj complicated; MED Bruch compound **Kompliziertheit** f ⟨-, no pl⟩ complexity

Komplott [kɔm'plɔt] nt ⟨-(e)s, -e⟩ plot, conspiracy; **ein ~ schmieden** to hatch a plot

Komponente [kɔmpo'nɛntə] f ⟨-, -n⟩ component

komponieren [kɔmpo'niːrən] past part **komponiert** v/t & v/i to compose **Komponist** [kɔmpo'nɪst] m ⟨-en, -en⟩, **Komponistin** [-'nɪstɪn] f ⟨-, -nen⟩ composer **Komposition** [kɔmpozi'tsioːn] f ⟨-, -en⟩ composition

Kompost [kɔm'pɔst, 'kɔmpɔst] m ⟨-(e)s, -e⟩ compost **kompostieren** [kɔmpɔs'tiːrən] past part **kompostiert** v/t to compost

Kompott [kɔm'pɔt] nt ⟨-(e)s, -e⟩ stewed fruit, compote

Kompresse [kɔm'prɛsə] f ⟨-, -n⟩ compress **Kompression** [kɔmprɛ'sioːn] f ⟨-, -en⟩ TECH compression **Kompressionsprogramm** nt IT compression program **Kompressor** [kɔm'prɛsoːɐ] m ⟨-s, **Kompressoren** [-'soːrən]⟩ compressor **komprimieren** [kɔmpri'miːrən] past part **komprimiert** v/t to compress; (fig) to condense

Kompromiss [kɔmpro'mɪs] m ⟨-es, -e⟩ compromise; **einen ~ schließen** to (make a) compromise **kompromissbereit** adj willing to compromise **Kompromissbereitschaft** f willingness to compromise **kompromissfähig** adj able to compromise **kompromisslos** adj uncompromising **Kompromissvorschlag** m compromise proposal **kompromittieren** [kɔmprɔmɪ'tiːrən] past part **kompromittiert** I v/t to compromise II v/r to compromise oneself

Kondensat [kɔndɛn'zaːt] nt ⟨-(e)s, -e⟩ condensate; (fig) distillation, condensation **Kondensation** [kɔndɛnza'tsioːn] f ⟨-, -en⟩ condensation **Kondensator** [kɔndɛn'zaːtoːɐ] m ⟨-s, **Kondensatoren** [-'toːrən]⟩ AUTO, CHEM condenser; ELEC auch capacitor **kondensieren** [kɔndɛn'ziːrən] past part **kondensiert** v/t & v/i to condense **Kondensmilch** f evaporated milk **Kondensstreifen** m AVIAT vapour (Br) or vapor (US) trail **Kondenswasser** nt condensation

Kondition [kɔndi'tsioːn] f ⟨-, -en⟩ condition; (≈ Durchhaltevermögen) stamina; **er hat überhaupt keine ~** he is completely unfit; (fig) he has absolutely no stamina **Konditionalsatz** m conditional clause **konditionieren** [kɔnditsio'niːrən] past part **konditioniert** v/t to condition **Konditionsschwäche** f lack no pl of fitness **konditionsstark** adj very fit **Konditionstraining** nt fitness training

Konditor [kɔn'diːtoːɐ] m ⟨-s, **Konditoren** [-'toːrən]⟩, **Konditorin** [-'toːrɪn] f ⟨-, -nen⟩ pastry cook (Br), confectioner (US) **Konditorei** f ⟨-, -en⟩ cake shop (Br), confectioner's shop (US); (mit Café) café

Kondolenzbuch nt book of condolence **Kondolenzschreiben** nt (≈ Kondolenzbrief) letter of condolence **kondolieren** [kɔndo'liːrən] past part **kondoliert** v/i (jdm) ~ to offer one's condolences (to sb)

Kondom [kɔn'doːm] m or nt ⟨-s, -e⟩ condom

Kondukteur [kɔndʊk'tøːɐ] m ⟨-s, -e⟩ (Swiss) conductor **Kondukteurin** [kɔndʊk'tøːrɪn] f ⟨-, -nen⟩ (Swiss) conductress

Konfekt [kɔn'fɛkt] nt ⟨-(e)s, -e⟩ confectionery

Konfektion [kɔnfɛk'tsioːn] f ⟨-, -en⟩ (≈ Bekleidung) ready-to-wear clothes pl or clothing (Br) **Konfektionsgröße** f (clothing) size **Konfektionsware** f ready-to-wear clothing

Konferenz [kɔnfe'rɛnts] f ⟨-, -en⟩ conference; (≈ Besprechung) meeting **Konferenzdolmetscher(in)** m/(f) conference interpreter **Konferenzraum** m conference room **Konferenzschaltung** f (RADIO, TV) (television / radio) linkup **Konferenzteilnehmer(in)** m/(f) person attending a conference / meeting **konferieren** [kɔnfe'riːrən] past part **konferiert** v/i to confer (über +acc on or about), to have or hold a conference (über +acc on or about)

Konfession [kɔnfe'sioːn] f ⟨-, -en⟩ (religious) denomination **konfessionell** [kɔnfɛsio'nɛl] adj denominational **konfessionslos** adj nondenominational **Konfessionsschule** f denominational school

Konfetti [kɔn'fɛti] nt ⟨-s, no pl⟩ confetti

Konfiguration [kɔnfigura'tsioːn] f ⟨-,

-en⟩ configuration **konfigurieren** [kɔnfiguˈriːrən] *past part* **konfiguriert** *v/t* to configure

Konfirmand [kɔnfɪrˈmant] *m* ⟨**-en, -en** [-dn]⟩, **Konfirmandin** [-ˈmandɪn] *f* ⟨**-, -nen**⟩ ECCL confirmand **Konfirmation** [kɔnfɪrmaˈtsioːn] *f* ⟨**-, -en**⟩ ECCL confirmation **konfirmieren** [kɔnfɪrˈmiːrən] *past part* **konfirmiert** *v/t* ECCL to confirm

Konfiserie [kõfizəˈriː] *f* ⟨**-, -n** [-ˈriːən]⟩ (*Swiss* ≈ *Konfekt*) confectionery

konfiszieren [kɔnfɪsˈtsiːrən] *past part* **konfisziert** *v/t* to confiscate

Konfitüre [kɔnfiˈtyːrə] *f* ⟨**-, -n**⟩ jam

Konflikt [kɔnˈflɪkt] *m* ⟨**-s, -e**⟩ conflict; **mit etw in ~ geraten** to come into conflict with sth **konfliktgeladen** *adj* conflict-ridden; *Situation* explosive **konfliktscheu** *adj* ~ **sein** to be afraid of conflict **Konfliktstoff** *m* cause for conflict

konform [kɔnˈfɔrm] **I** *adj* Ansichten etc concurring **II** *adv* **mit jdm/etw ~ gehen** to agree with sb/sth (*in* +*dat* about) **Konformismus** [kɔnfɔrˈmɪsmʊs] *m* ⟨**-, no pl**⟩ conformism **Konformist** [kɔnfɔrˈmɪst] *m* ⟨**-s, -**⟩, **Konformistin** [-ərɪn] *f* ⟨**-, -nen**⟩ (*pej*) conformist **konformistisch** [kɔnfɔrˈmɪstɪʃ] *adj* conformist, conforming

Konfrontation [kɔnfrɔntaˈtsioːn] *f* ⟨**-, -en**⟩ confrontation **Konfrontationskurs** *m* **auf ~ gehen** to be heading for a confrontation **konfrontieren** [kɔnfrɔnˈtiːrən] *past part* **konfrontiert** *v/t* to confront (*mit* with)

konfus [kɔnˈfuːs] *adj* confused **Konfusion** *f* ⟨**-, -en**⟩ confusion

Konglomerat [kɔnɡlomeˈraːt, kɔŋ-] *nt* ⟨**-(e)s, -e**⟩ (≈ *Ansammlung*) conglomeration

Kongo [ˈkɔŋɡo] *m* ⟨**-(s)**⟩ Congo **kongolesisch** [kɔŋɡoˈleːzɪʃ] *adj* Congolese

Kongress [kɔnˈɡrɛs, kɔŋ-] *m* ⟨**-es, -e**⟩ **1.** POL congress; (*fachlich*) convention **2.** (*in USA*) Congress **Kongresshalle** *f* congress *or* conference hall **Kongressteilnehmer(in)** *m/(f)* person attending a congress *or* conference **Kongresszentrum** *nt* congress *or* conference centre (*Br*) *or* center (*US*)

kongruent [kɔnɡruˈɛnt, kɔŋ-] *adj* MAT congruent; (*elev*) Ansichten concurring **Kongruenz** [kɔnɡruˈɛnts, kɔŋ-] *f* ⟨**-, -en**⟩ MAT congruence; (*elev: von Ansichten*) concurrence

Konifere [koniˈfeːrə] *f* ⟨**-, -n**⟩ conifer

König [ˈkøːnɪç] *m* ⟨**-s, -e** [-ɡə]⟩ king **Königin** [ˈkøːnɪɡɪn] *f* ⟨**-, -nen**⟩ *also* ZOOL queen **Königinmutter** *f, pl* **-mütter** queen mother **Königinpastete** *f* vol-au-vent **königlich** [ˈkøːnɪklɪç] **I** *adj* royal; *Gehalt* princely; **Seine Königliche Hoheit** His Royal Highness **II** *adv* **1.** (*infml*) **sich ~ amüsieren** to have the time of one's life (*infml*) **2.** (≈ *fürstlich*) *bewirten* like royalty; *belohnen* richly **Königreich** *nt* kingdom **Königshaus** *nt* royal dynasty **Königtum** [ˈkøːnɪçtuːm] *nt* ⟨**-s, -tümer** [-tyːmɐ]⟩ **1.** *no pl* kingship **2.** (≈ *Reich*) kingdom

Konjugation [kɔnjugaˈtsioːn] *f* ⟨**-, -en**⟩ conjugation **konjugieren** [kɔnjuˈɡiːrən] *past part* **konjugiert** *v/t* to conjugate

Konjunktion [kɔnjʊŋkˈtsioːn] *f* ⟨**-, -en**⟩ conjunction

Konjunktiv [ˈkɔnjʊŋktɪf] *m* ⟨**-s, -e** [-və]⟩ GRAM subjunctive **Konjunktivsatz** *m* GRAM subjunctive clause

Konjunktur [kɔnjʊŋkˈtuːɐ] *f* ⟨**-, -en**⟩ economic situation, economy; (≈ *Hochkonjunktur*) boom **Konjunkturabschwächung** *f*, **Konjunkturabschwung** *m* economic downturn **Konjunkturaufschwung** *m* economic upturn **konjunkturbedingt** *adj* influenced by *or* due to economic factors **Konjunkturbelebung** *f* business revival; (≈ *aktives Beleben der Konjunktur*) stimulation of the economy **konjunkturell** [kɔnjʊŋktuˈrɛl] **I** *adj* economic **II** *adv* economically; **~ bedingt** caused by economic factors **Konjunkturflaute** *f* economic slowdown **Konjunkturklima** *nt* economic *or* business climate **Konjunkturpolitik** *f* economic (stabilization) policy **Konjunkturrückgang** *m* slowdown in the economy **Konjunkturschwäche** *f* weakness in the economy

konkav [kɔnˈkaːf, kɔŋ-] *adj* concave

konkret [kɔnˈkreːt, kɔŋ-] *adj* concrete; **ich kann dir nichts Konkretes sagen** I can't tell you anything concrete; **drück dich etwas ~er aus** would you put that in rather more concrete terms **konkretisieren** [kɔnkretiˈziːrən, kɔŋ-] *past part* **konkretisiert** *v/t* to put in concrete form *or* terms

Konkubine [kɔnkuˈbiːnə, kɔŋ-] *f* ⟨**-, -n**⟩ concubine

Konkurrent [kɔnkʊˈrɛnt, kɔŋ-] *m* ⟨**-en,**

-en〉,**Konkurrentin** [-'rɛntɪn] *f*〈*-*, *-nen*〉 rival; COMM *auch* competitor **Konkurrenz** [kɔnkʊ'rɛnts, kɔŋ-] *f*〈*-*, *-en*〉 (≈ *Wettbewerb*) competition; (≈ *Konkurrenzbetrieb*) competitors *pl*; (≈ *Gesamtheit der Konkurrenten*) competition; *jdm ~ machen* to compete with sb; *zur ~ (über)gehen* to go over to the competition **konkurrenzfähig** *adj* competitive **Konkurrenzkampf** *m* competition **konkurrenzlos** *adj* without competition

konkurrieren [kɔnkʊ'riːrən, kɔŋ-] *past part* **konkurriert** *v/i* to compete

Konkurs [kɔn'kʊrs, kɔŋ-] *m*〈*-es*, *-e*〉 bankruptcy; *in ~ gehen* to go bankrupt; *~ machen* (*infml*) to go bust (*infml*) **Konkursmasse** *f* bankrupt's estate **Konkursverfahren** *nt* bankruptcy proceedings *pl* **Konkursverwalter(in)** *m*/(*f*) receiver; (*von Gläubigern bevollmächtigt*) trustee

können ['kœnən] *pret* **konnte** ['kɔntə], *past part* **gekonnt** *or* (*bei modal aux vb*) **können** [gə'kɔnt, 'kœnən] *v/t & v/i, modal aux* **1.** (≈ *vermögen*) to be able to; *ich kann das machen* I can do it, I am able to do it; *ich kann das nicht machen* I cannot *or* can't do it, I am not able to do it; *morgen kann ich nicht* I can't (manage) tomorrow; *das hättest du gleich sagen ~* you could have said that straight away; *ich kann nicht mehr* I can't go on; (*ertragen*) I can't take any more; (*essen*) I can't manage any more; *so schnell er konnte* as fast as he could *or* was able to **2.** (≈ *beherrschen*) *Sprache* to (be able to) speak; *Schach* to be able to play; *lesen, schwimmen etc* to be able to, to know how to; *was du alles kannst!* the things you can do!; *er kann gut Englisch* he speaks English well; *er kann nicht schwimmen* he can't swim; → **gekonnt 3.** (≈ *dürfen*) to be allowed to; *kann ich jetzt gehen?* can I go now?; *könnte ich ...?* could I ...?; *er kann mich (mal)* (*infml*) he can go to hell (*infml*) **4.** *Sie könnten recht haben* you could *or* might *or* may be right; *er kann jeden Augenblick kommen* he could *or* might *or* may come any minute; *das kann nicht sein* that can't be true; *es kann sein, dass er dabei war* he could *or* might *or* may have been there; *kann sein* maybe, could be;

ich kann nichts dafür it's not my fault **Können** *nt*〈*-s*, *no pl*〉 ability, skill **Könner** ['kœnɐ] *m*〈*-s*, *-*〉,**Könnerin** [-ərɪn] *f* 〈*-*, *-nen*〉 expert

Konsekutivsatz *m* consecutive clause **Konsens** [kɔn'zɛns] *m*〈*-es*, *-e* [-zə]〉 agreement

konsequent [kɔnze'kvɛnt] **I** *adj* consistent **II** *adv befolgen* strictly; *ablehnen* emphatically; *eintreten für* rigorously; *argumentieren* consistently; *~ handeln* to be consistent; *wir werden ~ durchgreifen* we will take rigorous action **konsequenterweise** *adv* to be consistent **Konsequenz** [kɔnze'kvɛnts] *f*〈*-*, *-en*〉 consequence; *die ~en tragen* to take the consequences; (*aus etw*) *die ~en ziehen* to come to the obvious conclusion

konservativ [kɔnzɛrva'tiːf, 'kɔnzɛrvatiːf] **I** *adj* conservative; (*Br* POL) Conservative, Tory **II** *adv* conservatively **Konservative(r)** [kɔnzɛrva'tiːvə] *m*/*f*(*m*) *decl as adj* conservative; (*Br* POL) Conservative, Tory

Konservatorium [kɔnzɛrva'toːriʊm] *nt* 〈*-s*, *Konservatorien* [-riən]〉 conservatory

Konserve [kɔn'zɛrvə] *f*〈*-*, *-n*〉 preserved food; (*in Dosen*) tinned (*Br*) *or* canned food; (≈ *Konservendose*) tin (*Br*), can; (MED ≈ *Blutkonserve etc*) stored blood *etc*; blood bottle; (≈ *Tonkonserve*) recorded music **Konservenbüchse** *f*,**Konservendose** *f* tin (*Br*), can **konservieren** [kɔnzɛr'viːrən] *past part* **konserviert** *v/t* to preserve **Konservierung** *f* 〈*-*, *no pl*〉 preservation **Konservierungsmittel** *nt* preservative

konsistent [kɔnzɪs'tɛnt] **I** *adj* **1.** (*fest*) *Masse* solid **2.** *Politik* consistent **II** *adv behaupten* consistently **Konsistenz** [kɔnzɪs'tɛnts] *f*〈*-*, *-en*〉 consistency; (*von Gewebe*) texture

konsolidieren [kɔnzoli'diːrən] *past part* **konsolidiert** *v/t & v/r* to consolidate **Konsolidierung** *f*〈*-*, *-en*〉 consolidation **Konsonant** [kɔnzo'nant] *m*〈*-en*, *-en*〉 consonant

Konsortium [kɔn'zɔrtsiʊm] *nt*〈*-s*, *Konsortien* [-tsiən]〉 COMM consortium

Konspiration [kɔnspira'tsioːn] *f*〈*-*, *-en*〉 conspiracy, plot **konspirativ** [kɔnspira'tiːf] *adj* conspiratorial; *~e Wohnung* safe house

konstant[kɔn'stant] I *adj* constant II *adv*
gut, hoch consistently **Konstante**[kɔn-
'stantə] *f* ⟨-⟨n⟩, -n⟩ constant
Konstellation[kɔnstɛla'tsioːn] *f* ⟨-, -en⟩
constellation
konstituieren [kɔnstitu'iːrən] *past part*
konstituiert *v/t* to constitute, to set
up; *~de Versammlung* constituent assembly **Konstituierung**[kɔnstitu'iːrʊŋ]
f ⟨-, -en⟩ (≈ *Gründung*) constitution
Konstitution [kɔnstitu'tsioːn] *f* ⟨-,
-en⟩ constitution **konstitutionell**
[kɔnstitutsio'nɛl] *adj* constitutional
konstruieren [kɔnstru'iːrən] *past part*
konstruiert *v/t* to construct; *ein kons-
truierter Fall* a hypothetical case **Kons-
trukteur** [kɔnstrʊk'tøːɐ] *m* ⟨-s, -e⟩,
Konstrukteurin[-'tøːrɪn] *f*⟨-, -nen⟩ designer **Konstruktion**[kɔnstrʊk'tsioːn] *f*
⟨-, -en⟩ construction **Konstruktionsbü-
ro**nt drawing office **Konstruktionsfeh-
ler** *m* (*im Entwurf*) design fault; (*im
Aufbau*) structural defect **konstruktiv**
[kɔnstrʊk'tiːf] I *adj* constructive II
adv constructively
Konsul ['kɔnzʊl] *m* ⟨-s, -n⟩, **Konsulin**
[-lɪn] *f* ⟨-, -nen⟩ consul **Konsulat**
[kɔnzu'laːt] *nt* ⟨-(e)s, -e⟩ consulate
Konsultation[kɔnzʊlta'tsioːn] *f* ⟨-, -en⟩
(*form*) consultation **konsultieren**
[kɔnzʊl'tiːrən] *past part* **konsultiert** *v/t*
(*form*) to consult
Konsum[kɔn'zuːm] *m* ⟨-s, *no pl*⟩ (≈ *Verbrauch*) consumption **Konsumartikel**
[kɔn'zuːm-] *m* consumer item **Konsu-
ment**[kɔnzu'mɛnt] *m* ⟨-en, -en⟩, **Konsu-
mentin**[-'mɛntɪn] *f*⟨-, -nen⟩ consumer **Konsumgesellschaft** *f* consumer society **Konsumgut** *nt usu pl* consumer
item; **Konsumgüter** *pl* consumer goods
pl **konsumieren** [kɔnzu'miːrən] *past
part* **konsumiert** *v/t* to consume **Kon-
sumverzicht**m non-consumption
Kontakt[kɔn'takt] *m* ⟨-(e)s, -e⟩ contact;
mit jdm/etw in ~ kommen to come into
contact with sb/sth; *mit jdm ~ aufnehmen* to get in contact *or* touch with sb
Kontaktadresse *f er hinterließ eine ~*
he left behind an address where he
could be contacted **Kontaktanzeige** *f*
personal ad **kontaktarm**adj *er ist ~* he
lacks contact with other people **Kon-
taktarmut** *f* lack of human contact **Kon-
taktfrau**f (≈ *Agentin*) contact **kontakt-
freudig**adj sociable, outgoing **Kontakt-**

linse *f* contact lens **Kontaktmangel** *m*
lack of contact **Kontaktmann** *m, pl*
-männer (≈ *Agent*) contact **Kontaktperson**f contact **kontaktscheu**adj shy
Kontamination [kɔntamina'tsioːn] *f* ⟨-,
-en⟩ contamination **kontaminieren**
[kɔntami'niːrən] *past part* **kontaminiert**
v/i to contaminate
Konter['kɔntɐ] *m* ⟨-s, -⟩ (*Boxen*) coun-
ter(punch); (*Ballspiele*) counterattack,
break **Konterangriff**m counterattack
Konterfei['kɔntɐfai, kɔntɐ'fai] *nt* ⟨-s, -s
or -e⟩ (*old, hum*) likeness, portrait
konterkarieren [kɔntɐka'riːrən] *past
part* **konterkariert** *v/t* to counteract;
Aussage to contradict **kontern**
['kɔntɐn] *v/t & v/i* to counter **Konterrevolution**f counter-revolution
Kontext['kɔntɛkst] *m* context
Kontinent ['kɔntinɛnt, kɔnti'nɛnt] *m*
⟨-(e)s, -e⟩ continent **kontinental**
[kɔntinɛn'taːl] *adj* continental **Kontinentaleuropa**nt the Continent
Kontingent[kɔntɪŋ'gɛnt] *nt* ⟨-(e)s, -e⟩
contingent; COMM quota, share
kontinuierlich[kɔntinu'iːrlɪç] I *adj* continuous II *adv* continuously **Kontinuität**
[kɔntinui'tɛːt] *f* ⟨-, *no pl*⟩ continuity
Konto['kɔnto] *nt* ⟨-s, **Konten** *or* **Konti**
['kɔntn, 'kɔnti]⟩ account; *auf meinem
~* in my account; *das geht auf mein ~*
(*infml*) (≈ *ich bin schuldig*) I am to
blame for this **Kontoauszug**m (bank)
statement **Kontobewegung** *f* transaction **kontoführend**adj *Bank* where an
account is held **Kontoführungsgebühr**
f bank charge **Kontoinhaber(in)**m/(*f*)
account holder **Kontokorrent**
['kɔntoko'rɛnt] *nt* ⟨-s, -e⟩ current account, cheque account (*Br*), checking
account (*US*) **Kontonummer**f account
number **Kontostand**m balance
kontra ['kɔntra] *prep +acc* against; JUR
versus **Kontra**['kɔntra] *nt*⟨-s, -s⟩ CARDS
double; *jdm ~ geben* (*fig*) to contradict
sb **Kontrabass**m double bass **Kontra-
hent**[kɔntra'hɛnt] *m* ⟨-en, -en⟩, **Kon-
trahentin**[-'hɛntɪn] *f* ⟨-, -nen⟩ (≈ *Geg-
ner*) adversary **Kontraindikation**[kɔntra-, 'kɔntra-] *f* MED contraindication
Kontraktion [kɔntrak'tsioːn] *f* ⟨-, -en⟩
MED contraction
kontraproduktivadj counterproductive
Kontrapunktm MUS counterpoint **konträr** [kɔn'trɛːɐ] *adj* (*elev*) *Meinungen*

contrary, opposite

Kontrast [kɔn'trast] *m* ⟨-(e)s, -e⟩ contrast **kontrastarm** *adj* ~ **sein** to be lacking in contrast **Kontrastbrei** *m* MED barium meal **kontrastieren** [kɔntras-'tiːrən] *past part* **kontrastiert** *v/i* to contrast **Kontrastmittel** *nt* MED contrast medium **Kontrastprogramm** *nt* alternative programme (*Br*) *or* program (*US*) **kontrastreich** *adj* ~ **sein** to be full of contrast

Kontrollabschnitt *m* COMM counterfoil, stub **Kontrolle** [kɔn'trɔlə] *f* ⟨-, -n⟩ **1.** control; **über etw die ~ verlieren** to lose control of sth; **jdn unter ~ haben** to have sb under control; **der Brand geriet außer ~** the fire got out of control **2.** (≈ *Nachprüfung*) check (+*gen* on); (≈ *Aufsicht*) supervision; **jdn/etw einer ~ unterziehen** to check sb/sth; **~n durchführen** to carry out checks **3.** (≈ *Stelle*) () checkpoint **Kontrolleur** [kɔntro'løːɐ] *m* ⟨-s, -e⟩, **Kontrolleurin** [-'løːrɪn] *f* ⟨-, -nen⟩ inspector **Kontrollgang** *m*, *pl* **-gänge** (inspection) round **kontrollierbar** *adj* controllable **kontrollieren** [kɔntro'liːrən] *past part* **kontrolliert** *v/t* **1.** to control **2.** (≈ *nachprüfen*) to check; (≈ *Aufsicht haben über*) to supervise; **jdn/etw nach etw ~** to check sb/sth for sth; **Gemüse aus kontrolliert biologischem Anbau** organically grown vegetables; **staatlich kontrolliert** state--controlled **Kontrolllampe** *f* pilot lamp; (AUTO: *für Ölstand*) warning light **Kontrollpunkt** *m* checkpoint **Kontrollturm** *m* control tower **Kontrollzentrum** *nt* control centre (*Br*) *or* center (*US*)

kontrovers [kɔntro'vɛrs] **I** *adj* controversial **II** *adv* (*etw*) ~ **diskutieren** to have a controversial discussion (about sth) **Kontroverse** [kɔntro'vɛrzə] *f* ⟨-, -n⟩ controversy

Kontur [kɔn'tuːɐ] *f* ⟨-, -en⟩ outline, contour; **~en annehmen** to take shape

Konvent [kɔn'vɛnt] *m* ⟨-(e)s, -e⟩ **1.** (≈ *Versammlung*) convention **2.** (≈ *Kloster*) convent; (≈ *Mönchskonvent*) monastery **Konvention** [kɔnvɛn'tsioːn] *f* ⟨-, -en⟩ convention **Konventionalstrafe** [kɔnvɛntsio'naːl-] *f* penalty (for breach of contract) **konventionell** [kɔnvɛntsio-'nɛl] **I** *adj* conventional **II** *adv* conventionally

Konvergenz [kɔnvɛr'gɛnts] *f* ⟨-, -en⟩ convergence

Konversation [kɔnvɛrza'tsioːn] *f* ⟨-, -en⟩ conversation **Konversationslexikon** *nt* encyclopaedia (*Br*), encyclopedia (*US*)

Konversion [kɔnvɛr'zioːn] *f* ⟨-, -en⟩ conversion **konvertieren** [kɔnvɛr'tiːrən] *past part* **konvertiert** *v/t* to convert (*in* +*acc* to)

konvex [kɔn'vɛks] **I** *adj* convex **II** *adv* convexly

Konvoi ['kɔnvɔy, kɔn'vɔy] *m* ⟨-s, -s⟩ convoy

Konzentrat [kɔntsɛn'traːt] *nt* ⟨-(e)s, -e⟩ concentrate **Konzentration** [kɔntsɛntra'tsioːn] *f* ⟨-, -en⟩ concentration (*auf* +*acc* on) **Konzentrationsfähigkeit** *f* powers *pl* of concentration **Konzentrationslager** *nt* concentration camp **Konzentrationsschwäche** *f* weak *or* poor concentration **konzentrieren** [kɔntsɛn'triːrən] *past part* **konzentriert** *v/t & v/r* to concentrate (*auf* +*acc* on) **konzentriert** [kɔntsɛn'triːt] **I** *adj* concentrated **II** *adv* **arbeiten** intently; **nachdenken** intensely **konzentrisch** [kɔn-'tsɛntrɪʃ] **I** *adj* concentric **II** *adv* concentrically

Konzept [kɔn'tsɛpt] *nt* ⟨-(e)s, -e⟩ (≈ *Rohentwurf*) draft; (≈ *Plan, Programm* ≈ *Plan*) plan; (≈ *Vorstellung*) concept; **jdn aus dem ~ bringen** to put sb off (*esp Br*); (*infml: aus dem Gleichgewicht*) to upset sb; **aus dem ~ geraten** to lose one's thread; **jdm das ~ verderben** to spoil sb's plans **Konzeption** [kɔntsɛp-'tsioːn] *f* ⟨-, -en⟩ **1.** MED conception **2.** (*elev*) (≈ *Gedankengang*) idea **Konzeptpapier** *nt* rough paper

Konzern [kɔn'tsɛrn] *m* ⟨-s, -e⟩ combine **Konzert** [kɔn'tsɛrt] *nt* ⟨-(e)s, -e⟩ concert **Konzerthalle** *f* concert hall **konzertiert** [kɔntsɛr'tiːɐt] *adj* **~e Aktion** FIN, POL concerted action **Konzertsaal** *m* concert hall, auditorium

Konzession [kɔntsɛ'sioːn] *f* ⟨-, -en⟩ **1.** (≈ *Gewerbeerlaubnis*) concession, licence (*Br*), license (*US*) **2.** (≈ *Zugeständnis*) concession (*an* +*acc* to) **Konzessivsatz** *m* GRAM concessive clause

Konzil [kɔn'tsiːl] *nt* ⟨-s, -e *or* -ien [-liən]⟩ council

konziliant [kɔntsi'liant] **I** *adj* (≈ *versöhnlich*) conciliatory; (≈ *entgegenkommend*) generous **II** *adv* **sich ~ geben**

to be conciliatory

konzipieren [kɔntsiˈpiːrən] *past part* **konzipiert** *v/t* to conceive

Kooperation [koǀoperaˈtsioːn] *f* ⟨-, -en⟩ cooperation **Kooperationspartner(in)** *m/(f)* cooperative partner, joint venture partner **kooperativ** [koǀoperaˈtiːf] **I** *adj* cooperative **II** *adv* cooperatively **Kooperative** [koǀoperaˈtiːvə] *f* ⟨-, -n⟩ ECON cooperative **kooperieren** [koǀopeˈriːrən] *past part* **kooperiert** *v/i* to cooperate

Koordinate [koǀɔrdiˈnaːtə] *f* ⟨-, -n⟩ MAT coordinate **Koordinatenkreuz** *nt*, **Koordinatensystem** *nt* coordinate system **Koordination** [koǀɔrdinaˈtsioːn] *f* ⟨-, -en⟩ coordination **Koordinator** [koǀɔrdiˈnaːtoːɐ] *m* ⟨-s, **Koordinatoren** [-ˈtoːrən]⟩, **Koordinatorin** [-ˈtoːrɪn] *f* ⟨-, -nen⟩ coordinator **koordinieren** [koǀɔrdiˈniːrən] *past part* **koordiniert** *v/t* to coordinate **Koordinierung** *f* ⟨-, -en⟩ coordination

Kopf [kɔpf] *gen* **Kopf(e)s**, *pl* **Köpfe** [ˈkœpfə] *m* ⟨-(e)s, ⸚e [ˈkœpfə]⟩ **1.** head; (≈ *Sinn*) head, mind; (≈ *Denker*) thinker; (≈ *leitende Persönlichkeit*; ≈ *Bandenführer*) brains *sg*; ~ **oder Zahl?** heads or tails?; ~ **hoch!** chin up!; **von** ~ **bis Fuß** from head to foot; **ein kluger** ~ an intelligent person; **die besten Köpfe** the best brains; **seinen eigenen** ~ **haben** (*infml*) to have a mind of one's own **2.** (*mit Präposition*) ~ **an** ~ SPORTS neck and neck; **jdm Beleidigungen an den** ~ **werfen** (*infml*) to hurl insults at sb; **sich** (*dat*) **an den** ~ **fassen** (*verständnislos*) to be left speechless; **auf dem** ~ **stehen** to stand on one's head; **sie ist nicht auf den** ~ **gefallen** she's no fool; **etw auf den** ~ **stellen** to turn sth upside down; **jdm etw auf den** ~ **zusagen** to tell sb sth to his/her face; **der Gedanke will mir nicht aus dem** ~ I can't get the thought out of my head; **sich** (*dat*) **etw aus dem** ~ **schlagen** to put sth out of one's mind; **sich** (*dat*) **etw durch den** ~ **gehen lassen** to think about sth; **etw im** ~ **haben** to have sth in one's head; **nichts als Fußball im** ~ **haben** to think of nothing but football; **andere Dinge im** ~ **haben** to have other things on one's mind; **er ist nicht ganz richtig im** ~ (*infml*) he is not quite right in the head (*infml*); **das hältst du ja im** ~ **nicht aus!** (*infml*) it's absolutely incredible! (*infml*) **es will mir nicht in den** ~ I can't figure it out; **sie hat es sich** (*dat*) **in den** ~ **gesetzt, das zu tun** she's dead set on doing it; **mit dem** ~ **durch die Wand wollen** (*infml*) to be hell-bent on getting one's own way(, regardless); **es muss ja nicht immer alles nach deinem** ~ **gehen** you can't have things your own way all the time; **5 Euro pro** ~ 5 euros each; **das Einkommen pro** ~ the per capita income; **jdm über den** ~ **wachsen** (*lit*) to outgrow sb; (*fig*) (*Sorgen etc*) to be more than sb can cope with; **ich war wie vor den** ~ **geschlagen** I was dumbfounded; (**jdm**) **zu** ~(**e**) **steigen** to go to sb's head **3.** (*mit Verb*) **einen kühlen** ~ **behalten** to keep a cool head; **seinen** ~ **durchsetzen** to get one's own way; **den** ~ **hängen lassen** (*fig*) to be despondent; **den** ~ **für jdn/etw hinhalten** (*infml*) to take the rap for sb/sth (*infml*); **für etw** ~ **und Kragen riskieren** to risk one's neck for sth; **ich weiß schon gar nicht mehr, wo mir der** ~ **steht** I don't know if I'm coming or going; **jdm den** ~ **verdrehen** to turn sb's head; **den** ~ **nicht verlieren** not to lose one's head; **jdm den** ~ **waschen** (*fig infml*) to give sb a telling-off; **sich** (*dat*) **über etw** (*acc*) **den** ~ **zerbrechen** to rack one's brains over sth **Kopf-an-Kopf-Rennen** *nt* neck-and-neck race **Kopfbahnhof** *m* terminal (station) **Kopfball** *m* FTBL header **Kopfballtor** *nt* FTBL headed goal **Kopfbedeckung** *f* headgear **Köpfchen** [ˈkœpfçən] *nt* ⟨-s, -⟩ ~ **haben** to be brainy (*infml*) **köpfen** [ˈkœpfn] *v/t* **1.** *jdn* to behead; (*hum*) *Flasche Wein* to crack (open); **ein Ei** ~ to cut the top off an egg **2.** FTBL to head **Kopfende** *nt* head **Kopfgeld** *nt* bounty (*on sb's head*) **Kopfgeldjäger** *m* bounty hunter **kopfgesteuert** *adj* *Person, Handeln etc* rational **Kopfhaut** *f* scalp **Kopfhörer** *m* headphone **Kopfjäger(in)** *m/(f)* head-hunter **Kopfkissen** *nt* pillow **Kopfkissenbezug** *m* pillow case *or* slip **kopflastig** [-lastɪç] *adj* top-heavy **Kopflaus** *f* head louse **Köpfler** [ˈkœpflɐ] *m* ⟨-s, -⟩ (*Aus* ≈ *Kopfsprung, Kopfball*) header **kopflos I** *adj* (*fig*) in a panic; (*lit*) headless **II** *adv* ~ **handeln/reagieren** to lose one's head **Kopfprämie** *f* reward **Kopfrechnen** *nt* mental arithmetic

Kopfsalat *m* lettuce **kopfscheu** *adj* timid, shy; **jdn ~ machen** to intimidate sb **Kopfschmerzen** *pl* headache; **~ haben** to have a headache; **sich** (*dat*) **wegen etw ~ machen** (*fig*) to worry about sth **Kopfschmerztablette** *f* headache tablet **Kopfschuss** *m* shot in the head **Kopfschütteln** *nt* ⟨**-s**, *no pl*⟩ **mit einem ~** with a shake of one's head **kopfschüttelnd** *adj*, *adv* shaking one's head **Kopfschutz** *m* (≈ *Kopfschützer*) headguard **Kopfsprung** *m* dive; **einen ~ machen** to dive (headfirst) **Kopfstand** *m* headstand; **einen ~ machen** to stand on one's head **Kopfsteinpflaster** *nt* cobblestones *pl* **Kopfsteuer** *f* poll tax **Kopfstütze** *f* headrest; AUTO head restraint **Kopftuch** *nt, pl* **-tücher** (head)scarf **kopfüber** *adv* headfirst **Kopfverletzung** *f* head injury **Kopfweh** [-veː] *nt* ⟨**-s**, *no pl*⟩ headache; **~ haben** to have a headache **Kopfwunde** *f* head wound **Kopfzerbrechen** *nt* ⟨**-s**, *no pl*⟩ **jdm ~ machen** to be a headache for sb (*infml*)

Kopie [koˈpiː, (*Aus*) ˈkoːpiə] *f* ⟨**-**, **-n** [-ˈpiːən, (*Aus*) -piən]⟩ copy; (≈ *Ablichtung*) photocopy; PHOT print; (*fig*) carbon copy **kopieren** [koˈpiːrən] *past part* **kopiert** *v/t* to copy; (≈ *nachahmen*) to imitate; (≈ *ablichten*) to photocopy **Kopierer** [koˈpiːrɐ] *m* ⟨**-s**, **-**⟩ copier **Kopiergerät** *nt* photocopier **Kopierstift** *m* indelible pencil

Kopilot(in) [ˈkoː-] *m/(f)* copilot **Koppel** *f* ⟨**-**, **-n**⟩ **1.** (≈ *Weide*) paddock **2.** (≈ *Pferdekoppel*) string **koppeln** [ˈkɔpln] *v/t* (≈ *verbinden*) to couple (*etw an etw acc* sth to sth); *Raumschiffe* to link up; *Ziele* to combine **Kopp(e)lung** [ˈkɔp(ə)lʊŋ] *f* ⟨**-**, **-en**⟩ (≈ *Verbindung*) coupling; (*von Raumschiffen*) linkup

Koproduktion [ˈkoː-] *f* coproduction **Koproduzent(in)** [ˈkoː-] *m/(f)* coproducer **Koralle** [koˈralə] *f* ⟨**-**, **-n**⟩ coral **Korallenriff** *nt* coral reef **korallenrot** *adj* coral(-red)

Koran [koˈraːn, ˈkoːraː(ː)n] *m* ⟨**-s**, *no pl*⟩ Koran **Koranschule** *f* Koranic school

Korb [kɔrp] *m* ⟨**-(e)s**, **̈e** [ˈkœrbə]⟩ **1.** basket **2.** (≈ *Korbgeflecht*) wicker **3.** (*infml*) **einen ~ bekommen** to be turned down; **jdm einen ~ geben** to turn sb down **Korbball** *m* basketball **Korbblütler** [-blyːtlɐ] *m* ⟨**-s**, **-**⟩ BOT composite (flow-

er) **Körbchen** [ˈkœrpçən] *nt* ⟨**-s**, **-**⟩ **1.** (*von Hund*) basket **2.** (*von Büstenhalter*) cup **Korbflasche** *f* demijohn **Korbmacher(in)** *m/(f)* basket maker **Korbsessel** *m* wicker(work) *or* basket(work) chair

Kord *etc* [kɔrt] *m* ⟨**-(e)s**, **-e** [-də]⟩ = **Cord** *etc*

Kordel [ˈkɔrdl] *f* ⟨**-**, **-n**⟩ cord **Kordhose** *f* corduroy trousers *pl* (*esp Br*) *or* pants *pl* (*esp US*), cords *pl* (*infml*) **Kordjacke** *f* cord(uroy) jacket **Kordjeans** *f or pl* cord(uroy) jeans *pl*

Korea [koˈreːa] *m* ⟨**-s**, **-**⟩ Korea **Koreaner** [koreˈaːnɐ] *m* ⟨**-s**, **-**⟩, **Koreanerin** [-ərɪn] *f* ⟨**-**, **-nen**⟩ Korean **koreanisch** [koreˈaːnɪʃ] *adj* Korean

Korfu [ˈkɔrfu, kɔrˈfuː] *nt* ⟨**-s**⟩ Corfu

Koriander [koˈriandɐ] *m* ⟨**-s**, *no pl*⟩ coriander

Korinthe [koˈrɪntə] *f* ⟨**-**, **-n**⟩ currant

Kork [kɔrk] *m* ⟨**-(e)s**, **-e**⟩ BOT cork **Korkeiche** *f* cork oak *or* tree **Korken** [ˈkɔrkn] *m* ⟨**-s**, **-**⟩ cork; (*aus Plastik*) stopper **Korkenzieher** [-tsiːɐ] *m* ⟨**-s**, **-**⟩ corkscrew **korkig** [ˈkɔrkɪç] *adj* corky

Kormoran [kɔrmoˈraːn] *m* ⟨**-s**, **-e**⟩ cormorant

Korn[1] [kɔrn] *nt* ⟨**-(e)s**, **̈er** [ˈkœrnɐ]⟩ **1.** (≈ *Samenkorn*) seed, grain; (≈ *Pfefferkorn*) corn; (≈ *Salzkorn, Sandkorn*, TECH) grain; (≈ *Hagelkorn*) stone **2.** *no pl* (≈ *Getreide*) grain, corn (*Br*)

Korn[2] *m* ⟨**-(e)s**, **-** *or* **-s**⟩ (≈ *Kornbranntwein*) corn schnapps

Korn[3] *nt* ⟨**-(e)s**, **-e**⟩ (*am Gewehr*) front sight, bead; **jdn aufs ~ nehmen** (*fig*) to start keeping tabs on sb

Kornblume *f* cornflower **Körnchen** [ˈkœrnçən] *nt* ⟨**-s**, **-**⟩ small grain, granule; **ein ~ Wahrheit** a grain of truth **Körnerfresser** *m* ⟨**-s**, **-**⟩, **Körnerfresserin** *f* ⟨**-**, **-nen**⟩ (*infml*) health food freak (*infml*) **Körnerfutter** *nt* grain *or* corn (*Br*) (for animal feeding) **Kornfeld** *nt* cornfield (*Br*), grain field **körnig** [ˈkœrnɪç] *adj* granular, grainy **Kornkammer** *f* granary

Körper [ˈkœrpɐ] *m* ⟨**-s**, **-**⟩ body; **~ und Geist** mind and body; **am ganzen ~ zittern** to tremble all over **Körperbau** *m*, *no pl* physique, build **körperbehindert** [-bəhɪndɐt] *adj* physically handicapped **Körperbehinderte(r)** *m/f(m)* decl as adj physically handicapped person **Körper-**

behinderung *f* (physical) disability *or* handicap **Körpergeruch** *m* body odour (*Br*) *or* odor (*US*), BO (*infml*) **Körpergewicht** *nt* weight **Körpergröße** *f* height **Körperhaltung** *f* posture, bearing **Körperkontakt** *m* physical *or* bodily contact **körperlich** ['kœrpɛlɪç] **I** *adj* physical; (≈ *stofflich*) material; **~e Arbeit** manual work **II** *adv* physically **Körperpflege** *f* personal hygiene **Körperschaft** ['kœrpɛʃaft] *f* ⟨-, -en⟩ corporation, (corporate) body; **gesetzgebende ~** legislative body **Körperschaft(s)steuer** *f* corporation tax **Körpersprache** *f* body language **Körperteil** *m* part of the body **Körpertemperatur** *f* body temperature **Körperverletzung** *f* JUR physical injury

Korporal [kɔrpo'raːl] *m* ⟨-s, -e *or* Korporäle [-'rɛːlə]⟩, **Korporalin** [-'raːlɪn] *f* ⟨-, -nen⟩ corporal **Korps** [koːɐ] *nt* ⟨-, - [koːɐ(s), koːɐs]⟩ MIL corps

korpulent [kɔrpu'lɛnt] *adj* corpulent **Korpus** *nt* ⟨-, **Korpora** ['kɔrpora]⟩ LING corpus

korrekt [kɔ'rɛkt] **I** *adj* correct; **politisch ~** politically correct **II** *adv* correctly; **gekleidet** appropriately; **darstellen** accurately **Korrektheit** *f* ⟨-, *no pl*⟩ correctness; **politische ~** political correctness **Korrektor** [kɔ'rɛktoːɐ] *m* ⟨-s, Korrektoren [-'toːrən]⟩, **Korrektorin** [-'toːrɪn] *f* ⟨-, -nen⟩ TYPO proofreader **Korrektur** [kɔrɛk'tuːɐ] *f* ⟨-, -en⟩ correction; TYPO proofreading; **~ lesen** to proofread (*bei etw* sth) **Korrekturfahne** *f* galley (proof) **Korrekturflüssigkeit** *f* correction fluid, White-Out® (*US*) **Korrekturzeichen** *nt* proofreader's mark **Korrespondent** [kɔrɛspɔn'dɛnt] *m* ⟨-en, -en⟩, **Korrespondentin** [-'dɛntɪn] *f* ⟨-, -nen⟩ correspondent **Korrespondenz** [kɔrɛspɔn'dɛnts] *f* ⟨-, -en⟩ correspondence **korrespondieren** [kɔrɛspɔn'diːrən] *past part* **korrespondiert** *v/i* to correspond

Korridor ['kɔridoːɐ] *m* ⟨-s, -e⟩ corridor; (≈ *Flur*) hall

korrigieren [kɔri'giːrən] *past part* **korrigiert** *v/t* to correct; **Meinung** to change **korrodieren** [kɔro'diːrən] *past part* **korrodiert** *v/t & v/i* to corrode **Korrosion** [kɔro'zioːn] *f* ⟨-, -en⟩ corrosion **korrosionsbeständig** *adj* corrosion-resistant **Korrosionsschutz** *m* corrosion prevention

korrumpieren [kɔrʊm'piːrən] *past part* **korrumpiert** *v/t* to corrupt **korrupt** [kɔ'rʊpt] *adj* corrupt **Korruptheit** *f* ⟨-, *no pl*⟩ corruptness **Korruption** [kɔrʊp'tsioːn] *f* ⟨-, *no pl*⟩ corruption

Korse ['kɔrzə] *m* ⟨-n, -n⟩, **Korsin** ['kɔrzɪn] *f* ⟨-, -nen⟩ Corsican **Korsett** [kɔr'zɛt] *nt* ⟨-s, -s *or* -e⟩ corset **Korsika** ['kɔrzika] *nt* ⟨-s⟩ Corsica **korsisch** ['kɔrzɪʃ] *adj* Corsican

Korso ['kɔrso] *m* ⟨-s, -s⟩ (≈ *Umzug*) parade, procession

Kortison [kɔrti'zoːn] *nt* ⟨-s, -e⟩ MED cortisone

Koryphäe [kory'fɛːə] *f* ⟨-, -n⟩ genius; (*auf einem Gebiet*) eminent authority **koscher** ['koːʃɐ] *adj* kosher

Kosename *m* pet name **Kosewort** *nt*, *pl* **-wörter** *or* **-worte** term of endearment **K.-o.-Sieg** [kaː'l|oː-] *m* knockout victory **Kosinus** ['koːzinʊs] *m* MAT cosine **Kosmetik** [kɔs'meːtɪk] *f* ⟨-, *no pl*⟩ beauty culture; (≈ *Kosmetika*, *fig*) cosmetics *pl* **Kosmetiker** [kɔs'meːtɪkɐ] *m* ⟨-s, -⟩, **Kosmetikerin** [-ərɪn] *f* ⟨-, -nen⟩ beautician, cosmetician **Kosmetikkoffer** *m* vanity case **Kosmetiksalon** beauty parlour (*Br*) *or* parlor (*US*) **Kosmetiktuch** *nt*, *pl* **-tücher** paper tissue **kosmetisch** [kɔs'meːtɪʃ] **I** *adj* cosmetic **II** *adv* **behandeln** cosmetically

kosmisch ['kɔsmɪʃ] *adj* cosmic **Kosmonaut** [kɔsmo'naʊt] *m* ⟨-en, -en⟩, **Kosmonautin** [-'naʊtɪn] *f* ⟨-, -nen⟩ cosmonaut **kosmopolitisch** [kɔsmopo'liːtɪʃ] *adj* cosmopolitan **Kosmos** ['kɔsmɔs] *m* ⟨-, *no pl*⟩ cosmos

Kosovare [kɔso'vaːrə] *m* ⟨-n, -n⟩ Kosovar **Kosovarin** [kɔso'vaːrɪn] *f* ⟨-, -nen⟩ Kosovar (woman/girl) **Kosovo** ['kɔsovo] *m* ⟨-s⟩ GEOG (*der*) **~** Kosovo **Kost** [kɔst] *f* ⟨-, *no pl*⟩ **1.** (≈ *Nahrung*) fare; **vegetarisch ~** vegetarian diet **2.** **~ und Logis** board and lodging **kostbar** *adj* (≈ *wertvoll*) valuable, precious; (≈ *luxuriös*) luxurious, sumptuous **Kostbarkeit** ['kɔstbaːɐkait] *f* ⟨-, -en⟩ (≈ *Gegenstand*) precious object; (≈ *Leckerbissen*) delicacy

kosten¹ ['kɔstn] *v/t* **1.** to cost; **was kostet das?** how much *or* what does it cost?; **koste es, was es wolle** whatever the cost; **jdn sein Leben/den Sieg ~** to cost sb his life/the victory **2.** (≈ *in Anspruch nehmen*) **Zeit, Geduld** etc to take

kosten² v/t & v/i (≈ *probieren*) to taste; **von etw ~** to taste *or* try sth **Kosten** ['kɔstn] pl cost(s); (≈ *Unkosten*) expenses pl; **die ~ tragen** to bear the cost(s pl); **auf ~ von** *or* +gen (fig) at the expense of; **auf seine ~ kommen** to cover one's expenses; (fig) to get one's money's worth **kostenbewusst** adj cost-conscious **Kostenbewusstsein** nt cost-consciousness, cost-awareness **Kostendämpfung**f ⟨-, -en⟩ curbing cost expansion **kostendeckend**I adj **~e Preise** prices that cover one's costs II adv cost-effectively; **~ arbeiten** to cover one's costs **Kostendeckung** f cost-effectiveness **kostengünstig** I adj economical II adv **produzieren** economically **kostenintensiv** adj ECON cost-intensive **kostenlos** adj, adv free (of charge) **Kosten-Nutzen-Analyse** f cost-benefit analysis **kostenpflichtig** [-pflıçtıç] adj liable to pay costs; **eine Klage ~ abweisen** to dismiss a case with costs **Kostenrechnung**f calculation of costs **Kostensenkung** f reduction in costs **kostensparend** adj cost-saving **Kostensteigerung** f increase in costs **Kostenstelle** f cost centre (Br) *or* center (US) **Kostenträger(in)** m/(f) **(der) ~ sein** to bear the cost **Kostenvoranschlag** m (costs) estimate

köstlich ['kœstlıç] I adj 1. *Wein, Speise* exquisite 2. (≈ *amüsant*) priceless II adv 1. (≈ *gut*) *schmecken* delicious 2. **sich ~ amüsieren** to have a great time **Köstlichkeit** f ⟨-, -en⟩ (≈ *köstliche Sache*) treat; **eine kulinarische ~** a culinary delicacy **Kostprobe** f (*von Wein, Käse etc*) taste; (fig) sample

kostspielig [-ʃpiːlıç] adj costly

Kostüm [kɔs'tyːm] nt ⟨-s, -e⟩ 1. THEAT costume 2. (≈ *Maskenkostüm*) fancy dress 3. (≈ *Damenkostüm*) suit **Kostümball** m fancy-dress ball **Kostümbildner** [-bıltnɐ] m ⟨-s, -⟩, **Kostümbildnerin** [-ərın] f ⟨-, -nen⟩ costume designer **kostümieren** [kɔsty'miːrən] past part **kostümiert** v/r to dress up **Kostümprobe** f THEAT dress rehearsal

Kot [koːt] m ⟨-(e)s, no pl⟩ (form) excrement

Kotelett ['kɔtlɛt, kɔt'lɛt] nt ⟨-(e)s, -s *or* (rare) -e⟩ chop

Kotelette [kotə'lɛtə] f ⟨-, -n⟩ usu pl sideburn

Köter ['køːtɐ] m ⟨-s, -⟩ (pej) damn dog (infml)

Kotflügel m AUTO wing

kotzen ['kɔtsn] v/i (sl) to throw up (infml), to puke (sl); **das ist zum Kotzen** it makes you sick **kotzübel** adj (infml) **mir ist ~** I feel like throwing up (infml)

Krabbe ['krabə] f ⟨-, -n⟩ (ZOOL, *klein*) shrimp; (*größer*) prawn

krabbeln ['krabln] v/i aux sein to crawl **Krabbencocktail** m prawn cocktail

Krach [krax] m ⟨-(e)s, ⁀e ['krɛçə]⟩ 1. no pl (≈ *Lärm*) noise, din; **~ machen** to make a noise *or* din 2. (infml ≈ *Streit*) row (infml) (*um* about); **mit jdm ~ haben** to have a row with sb (infml); **~ schlagen** to make a fuss **krachen** ['kraxn] I v/i 1. to crash; (*Holz*) to crack; (*Schuss*) to ring out; **gleich krachts** (infml) there's going to be trouble; **es hat gekracht** (infml: *Zusammenstoß*) there's been a crash 2. aux sein (infml) (≈ *brechen*) to break; (*Eis*) to crack II v/r (infml) to have a row (infml) **Kracher** ['kraxɐ] m ⟨-s, -⟩ banger (Br), firecracker (US) **Kracherl** ['kraxɐl] nt ⟨-s, -n⟩ (*Aus* ≈ *Limonade, Sprudel*) (fizzy) pop **Krachmacher(in)** m/(f) (lit) noisy person; (fig) troublemaker

krächzen ['krɛçtsn] v/i to croak

Kräcker ['krɛkɐ] m ⟨-s, -⟩ (≈ *Keks*) cracker

kraft [kraft] prep +gen (form) **~ meines Amtes** by virtue of my office

Kraft [kraft] f ⟨-, ⁀e ['krɛftə]⟩ 1. (*körperlich, sittlich*) strength no pl; (*geistig*) powers pl; (*von Stimme*) power; (≈ *Energie*) energy, energies pl; **die Kräfte (mit jdm) messen** to try one's strength (against sb); (fig) to pit oneself against sb; **mit letzter ~** with one's last ounce of strength; **das geht über meine Kräfte** it's too much for me; **ich bin am Ende meiner ~** I can't take any more; **mit aller ~** with all one's might; **aus eigener ~** by oneself; **nach (besten) Kräften** to the best of one's ability; **wieder zu Kräften kommen** to regain one's strength; **die treibende ~** (fig) the driving force; **volle ~ voraus!** NAUT full speed ahead 2. no pl (JUR ≈ *Geltung*) force; **in ~ sein/treten** to be in/come into force; **außer ~ sein** to be no longer in force 3. (≈ *Arbeitskraft*) employee, worker; (≈ *Haushaltskraft*) domestic help **Kraftakt** m strongman act; (*fig*) show of strength **Kraftanstrengung** *f* exertion **Kraftaufwand** *m* effort **Kraftausdruck** *m*, *pl* *-ausdrücke* swearword **Kraftbrühe** *f* beef tea **Kräfteverhältnis** *nt* POL balance of power; (*von Mannschaften etc*) relative strength **Kraftfahrer(in)** *m*/(*f*) (*form*) driver **Kraftfahrzeug** *nt* motor vehicle **Kraftfahrzeugbrief** *m* (vehicle) registration document **Kraftfahrzeugkennzeichen** *nt* (vehicle) registration **Kraftfahrzeugmechaniker(in)** *m*/(*f*) motor mechanic **Kraftfahrzeugschein** *m* (vehicle) registration document **Kraftfahrzeugsteuer** *f* motor vehicle tax, road tax (*Br*) **Kraftfahrzeugversicherung** *f* car insurance **Kraftfeld** *nt* PHYS force field **kräftig** ['krɛftɪç] **I** *adj* strong; *Pflanze* healthy; *Schlag* hard; *Händedruck* firm; *Essen* nourishing; *eine ~e Tracht Prügel* a good beating **II** *adv gebaut* strongly, powerfully; *zuschlagen*, *drücken* hard; *lachen* heartily; *fluchen* violently; *etw ~ schütteln* to give sth a good shake; *jdn ~ verprügeln* to give sb a thorough beating; *die Preise sind ~ gestiegen* prices have really gone up **kräftigen** ['krɛftɪgn] *v*/*t* to strengthen **kraftlos** *adj* (≈ *schwach*) weak; (≈ *machtlos*) powerless **Kraftlosigkeit** *f* ⟨-, *no pl*⟩ weakness **Kraftprobe** *f* test of strength **Kraftprotz** *m* (*infml*) muscle man (*infml*) **Kraftstoff** *m* fuel **Kraftstoffverbrauch** *m* fuel consumption **kraftstrotzend** *adj* vigorous **Krafttraining** *nt* power training **kraftvoll I** *adj* Stimme powerful **II** *adv* powerfully **Kraftwagen** *m* motor vehicle **Kraftwerk** *nt* power station

Kragen ['kra:gn] *m* ⟨-s, - *or* (*S Ger, Sw auch*) ⸚ [krɛ:gn]⟩ collar; *jdn beim ~ packen* to grab sb by the collar; (*fig infml*) to collar sb; *mir platzte der ~* (*infml*) I blew my top (*infml*); *jetzt gehts ihm an den ~* (*infml*) he's (in) for it now (*infml*) **Kragenweite** *f* (*lit*) collar size; *das ist nicht meine ~* (*fig infml*) that's not my cup of tea (*infml*)

Krähe ['krɛ:ə] *f* ⟨-, -n⟩ crow **krähen** ['krɛ:ən] *v*/*i* to crow **Krähenfüße** *pl* (*an den Augen*) crow's feet *pl*

Krake ['kra:kə] *m* ⟨-n, -n⟩ octopus; MYTH Kraken

krakeelen [kra'ke:lən] *past part* **krakeelt** *v*/*i* (*infml*) to make a racket (*infml*)

Krakel ['kra:kl] *m* ⟨-s, -⟩ (*infml*) scrawl, scribble **Krakelei** [krakə'lai] *f* ⟨-, -en⟩ (*infml*) scrawl, scribble **krak(e)lig** ['kra:k(ə)lɪç] *adj* scrawly **krakeln** ['kra:kln] *v*/*t & v*/*i* to scrawl, to scribble

Kralle ['kralə] *f* ⟨-s, -n⟩ claw; (≈ *Parkkralle*) wheel clamp (*Br*), Denver boot (*US*); *jdn/etw in seinen ~n haben* (*fig infml*) to have sb/sth in one's clutches **krallen** ['kralən] *v*/*r sich an jdn/etw ~* to cling to sb/sth

Kram [kra:m] *m* ⟨-(e)s, *no pl*⟩ (*infml*) (≈ *Gerümpel*) junk; (≈ *Zeug*) stuff (*infml*); (≈ *Angelegenheit*) business; *das passt mir nicht in den ~* it's a confounded nuisance **kramen** ['kra:mən] *v*/*i* (≈ *wühlen*) to rummage about (*in +dat* in, *nach* for) **II** *v*/*t etw aus etw ~* to fish sth out of sth **Kramladen** *m* (*pej infml*) junk shop

Krampf [krampf] *m* ⟨-(e)s, ⸚e ['krɛmpfə]⟩ **1.** (≈ *Zustand*) cramp; (*Zuckung*) spasm; (*wiederholt*) convulsion(*s pl*); (≈ *Anfall*, *Lachkrampf*) fit **2.** *no pl* (*infml*) (≈ *Getue*) palaver (*infml*); (≈ *Unsinn*) nonsense **Krampfader** *f* varicose vein **krampfartig I** *adj* convulsive **II** *adv* convulsively **krampfhaft I** *adj* Zuckung convulsive; (*infml* ≈ *verzweifelt*) desperate; *Lachen* forced *no adv* **II** *adv* *sich ~ bemühen* to try desperately hard; *sich ~ an etw* (*dat*) *festhalten* to cling desperately to sth **krampflösend** *adj* antispasmodic (*tech*)

Krampus ['krampus] *m* ⟨-⟩ (*Aus*) companion of St Nicholas

Kran [kra:n] *m* ⟨-(e)s, ⸚e ['krɛ:nə]⟩ ⟨*or* -e⟩ **1.** crane **2.** (*dial* ≈ *Hahn*) tap (*esp Br*), faucet (*US*) **Kranführer(in)** *m*/(*f*) crane driver *or* operator

Kranich ['kra:nɪç] *m* ⟨-s, -e⟩ ORN crane

krank [kraŋk] *adj*, *comp* ⸚**er** ['krɛŋkɐ], *sup* ⸚**ste(r, s)** ['krɛŋkstə] (≈ *nicht gesund*) ill *usu pred*, sick (*also fig*); (≈ *leidend*) invalid; *Organ* diseased; *Zahn*, *Bein* bad; *~ werden* to fall ill *or* sick; *schwer ~* seriously ill; *du machst mich ~!* (*infml*) you get on my nerves! (*infml*) **kränkeln** ['krɛŋkln] *v*/*i* to be ailing **kranken** ['kraŋkn] *v*/*i* to suffer (*an +dat* from) **kränken** ['krɛŋkn] *v*/*t jdn ~* to hurt sb('s feelings); *sie war sehr gekränkt* she was very hurt **Krankenbesuch** *m* visit (to a sick person); (*von Arzt*) (sick) call **Krankenbett** *nt* sickbed **Krankengeld** *nt* sickness benefit; (*von Firma*) sick pay **Krankengymnast** [-gymnast] *m* ⟨-en, -en⟩,

Krankengymnastin [-gɣmnastɪn] *f* ‹-, -nen› physiotherapist **Krankengymnastik** *f* physiotherapy **Krankenhaus** *nt* hospital **Krankenhausaufenthalt** *m* stay in hospital **krankenhausreif** *adj jdn ~ schlagen* to beat the hell out of sb (*infml*) **Krankenkasse** *f*, **Krankenkassa** (*Aus*) *f* medical insurance company **Krankenpflege** *f* nursing **Krankenpfleger** *m* orderly; (*mit Schwesternausbildung*) male nurse **Krankenschein** *m* medical insurance record card **Krankenschwester** *f* nurse **Krankenversicherung** *f* medical insurance **Krankenwagen** *m* ambulance **krankfeiern** *v/i sep* (*infml*) to take a sickie (*infml*) **krankhaft** *adj* **1.** diseased; *Aussehen* sickly **2.** (*seelisch*) pathological **Krankheit** *f* ‹-, -en› illness; (*von Pflanzen*) disease; *wegen ~* due to illness; *nach langer ~* after a long illness; *während/seit meiner ~* during/since my illness **Krankheitsbild** *nt* symptoms *pl* **Krankheitserreger** *m* pathogen **kranklachen** *v/r* (*infml*) to kill oneself (laughing) (*infml*) **kränklich** [ˈkrɛŋklɪç] *adj* sickly **krankmelden** *v/r sep* (*telefonisch*) to phone in sick; *esp* MIL to report sick **Krankmeldung** *f* notification of illness **krankschreiben** *v/t sep irr jdn ~* to give sb a medical certificate; *esp* MIL to put sb on the sick list **Kränkung** [ˈkrɛŋkʊŋ] *f* ‹-, -en› insult

Kranz [krants] *m* ‹-es, ⸚e [ˈkrɛntsə]› **1.** wreath **2.** (≈ *kreisförmig Angeordnetes*) ring, circle **Kränzchen** [ˈkrɛntsçən] *nt* ‹-s, -› (*fig* ≈ *Kaffeekränzchen*) coffee circle

Krapfen [ˈkrapfn] *m* ‹-s, -› (*dial* COOK) ≈ doughnut (*Br*), ≈ donut (*US*)

krass [kras] I *adj* **1.** (≈ *auffallend*) glaring; *Unterschied Fall* extreme; *Ungerechtigkeit, Lüge* blatant; *Außenseiter* rank **2.** (*sl* ≈ *toll*) wicked (*sl*) II *adv sich ausdrücken* crudely; *schildern* garishly; *kontrastieren* sharply; *~ gesagt* to put it bluntly

Krater [ˈkraːtɐ] *m* ‹-s, -› crater **Kraterlandschaft** *f* crater(ed) landscape

Kratzbürste *f* wire brush; (*infml*) prickly character **kratzbürstig** [-bɣrstɪç] *adj* (*infml*) prickly **Krätze** [ˈkrɛtsə] *f* ‹-, no pl› MED scabies **kratzen** [ˈkratsn] I *v/t* **1.** to scratch; (≈ *abkratzen*) to scrape (*von* off) **2.** (*infml* ≈ *stören*) to bother; *das kratzt mich nicht* (*infml*) I couldn't care less (about that) II *v/i* to scratch; *es kratzt (mir) im Hals* my throat feels rough; *an etw* (*dat*) *~* (*fig*) to scratch away at sth III *v/r* to scratch oneself **Kratzer** [ˈkratsɐ] *m* ‹-s, -› (≈ *Schramme*) scratch **kratzfest** *adj* non-scratch *attr*, scratchproof **kratzig** [ˈkratsɪç] *adj* (*infml*) scratchy (*infml*) **Kratzwunde** *f* scratch

Kraul [kraul] *nt* ‹-(s), no pl› (*Schwimmen*) crawl

kraulen[1] [ˈkraulən] *aux haben or sein* SWIMMING I *v/i* to do the crawl II *v/t er hat or ist 100 m gekrault* he did a 100m crawl

kraulen[2] *v/t* to fondle

kraus [kraus] *adj* crinkly; *Haar* frizzy; *Stirn* wrinkled; (*fig* ≈ *verworren*) muddled, confused **Krause** [ˈkrauzə] *f* ‹-, -n› **1.** (≈ *Halskrause*) ruff; (*an Ärmeln etc*) ruffle, frill **2.** (*infml* ≈ *Frisur*) frizzy hair **kräuseln** [ˈkrɔyzln] I *v/t Haar* to make frizzy; SEWING to gather; TEX to crimp; *Stirn* to knit; *Nase* to screw up; *Wasseroberfläche* to ruffle II *v/r* (*Haare*) to go frizzy; (*Stirn, Nase*) to wrinkle up **Krauskopf** *m* (≈ *Mensch*) curly-head **krausziehen** [ˈkrauszi:ən] *v/t sep irr die Stirn ~* to knit one's brow; (*missbilligend*) to frown

Kraut [kraut] *nt* ‹-(e)s, **Kräuter** [ˈkrɔytɐ]› **1.** herb; *dagegen ist kein ~ gewachsen* (*fig*) there is no remedy for that; *wie ~ und Rüben durcheinanderliegen* (*infml*) to lie (around) all over the place (*infml*) **2.** *no pl* (≈ *Sauerkraut*) sauerkraut; (*S Ger, Aus* ≈ (*Weiß*)*kohl*) cabbage **Kräuterbutter** *f* herb butter **Kräuteressig** *m* aromatic vinegar **Kräuterkäse** *m* herb cheese **Kräuterlikör** *m* herbal liqueur **Kräutertee** *m* herb(al) tea **Krautkopf** *m* (*S Ger, Aus*) cabbage **Krautsalat** *m* ≈ coleslaw **Krautwickel** *m* (*S Ger, Aus*: COOK) stuffed cabbage leaves *pl*

Krawall [kraˈval] *m* ‹-s, -e› (≈ *Aufruhr*) riot; (*infml*) (≈ *Lärm*) racket (*infml*); *~ machen* (*infml*) to make a racket (*infml*); (*a. Krawall schlagen* ≈ *sich beschweren*) to kick up a fuss **Krawallbruder** *m* (*infml*) hooligan; (≈ *Krakeeler*) rowdy (*infml*)

Krawatte [kraˈvatə] *f* ‹-, -n› tie, necktie (*esp US*)

kraxeln [ˈkraksln] *v/i aux sein* (*esp S Ger,*

Kreatin [krea'ti:n] *nt* ⟨-(*s*), *no pl*⟩ MED creatine
Kreation [krea'tsio:n] *f* ⟨-, -*en*⟩ FASHION *etc* creation **kreativ** [krea'ti:f] **I** *adj* creative **II** *adv* creatively; ~ **begabt** creative **Kreativität** [kreativi'tɛ:t] *f* ⟨-, *no pl*⟩ creativity **Kreatur** [krea'tu:ɐ] *f* ⟨-, -*en*⟩ **1.** creature **2.** *no pl* (≈ *alle Lebewesen*) **die** ~ all creation
Krebs [kre:ps] *m* ⟨-*es*, -*e*⟩ **1.** (≈ *Taschenkrebs*) crab; (≈ *Flusskrebs*) crayfish, crawfish (*US*); **rot wie ein** ~ red as a lobster **2.** ASTROL Cancer **3.** MED cancer; ~ **erregend** *or* **auslösend** carcinogenic **krebsen** ['kre:psn] *v/i* (*infml* ≈ *sich abmühen*) to struggle **krebserregend** *adj* carcinogenic **krebsfördernd** *adj* cancer-inducing; ~ **wirken** to increase the risk of (getting) cancer **Krebsforschung** *f* cancer research **Krebsgeschwür** *nt* MED cancerous ulcer; (*fig*) cancer **Krebsklinik** *f* cancer clinic **krebskrank** *adj* suffering from cancer; ~ **sein** to have cancer **Krebskranke(r)** *m/f(m) decl as adj* cancer victim; (≈ *Patient*) cancer patient **krebsrot** *adj* red as a lobster **Krebstiere** *pl* crustaceans *pl*, crustacea *pl* **Krebsvorsorgeuntersuchung** *f* cancer checkup
Kredit [kre'di:t] *m* ⟨-(*e*)*s*, -*e*⟩ credit; **auf** ~ on credit; ~ **haben** (*fig*) to have standing **Kreditanstalt** *f* credit institution **Kreditaufnahme** *f* borrowing **Kreditbrief** *m* letter of credit **kreditfähig** *adj* creditworthy **Kreditgeber(in)** *m/f(*)* creditor **Kreditgeschäft** *nt* credit transaction **Kredithai** *m* (*infml*) loan shark (*infml*) **kreditieren** [kredi'ti:rən] *past part* **kreditiert** *v/t* **jdm einen Betrag** ~ to credit sb with an amount **Kreditinstitut** *nt* bank **Kreditkarte** *f* credit card **Kreditlimit** *nt* credit limit **Kreditnehmer** *m* ⟨-*s*, -⟩, **Kreditnehmerin** *f* ⟨-, -*nen*⟩ borrower **Kreditpolitik** *f* lending policy **Kreditrahmen** *m* credit range **Kreditwirtschaft** *f, no pl* banking industry **kreditwürdig** *adj* creditworthy **Kreditwürdigkeit** *f* creditworthiness
Kreide ['kraidə] *f* ⟨-, -*n*⟩ chalk; **bei jdm in der** ~ **stehen** to be in debt to sb **kreidebleich** *adj* (as) white as a sheet **Kreidefelsen** *m* chalk cliff **kreideweiß** *adj* = **kreidebleich** **Kreidezeichnung** *f* chalk drawing

kreieren [kre'i:rən] *past part* **kreiert** *v/t* to create
Kreis [krais] *m* ⟨-*es*, -*e* [-zə]⟩ **1.** circle; (**weite**) ~ **ziehen** (*fig*) to have (wide) repercussions; **sich im** ~ **bewegen** (*fig*) to go (a)round in circles; **der** ~ **schließt sich** (*fig*) we've *etc* come full circle; **weite** ~ **e der Bevölkerung** wide sections of the population; **im** ~**e seiner Familie** with his family; **eine Feier im kleinen** ~**e** a celebration for a few close friends and relatives; **das kommt in den besten** ~**en vor** that happens even in the best of circles **2.** (ELEC ≈ *Stromkreis*) circuit **3.** (≈ *Stadtkreis, Landkreis*) district **Kreisbahn** *f* ASTRON, SPACE orbit **Kreisbewegung** *f* rotation, circular motion
kreischen ['kraiʃn] *v/i* to screech
Kreisdiagramm *nt* pie chart **Kreisel** ['kraizl] *m* ⟨-*s*, -⟩ (≈ *Spielzeug*) (spinning) top; (*infml: im Verkehr*) roundabout (*Br*), traffic circle (*US*), rotary (*US*) **kreisen** ['kraizn] *v/i aux sein or haben* to circle (*um* (a)round, *über* +*dat* over); (*Satellit, Planet*) to orbit (*um etw* sth); (*fig: Gedanken*) to revolve (*um* around); **die Arme** ~ **lassen** to swing one's arms around (in a circle) **kreisförmig I** *adj* circular **II** *adv* **sich** ~ **bewegen** to move in a circle; ~ **angelegt** arranged in a circle **Kreislauf** *m* circulation; (*der Natur*) cycle **Kreislaufkollaps** *m* circulatory collapse **Kreislaufstörungen** *pl* circulatory trouble *sg* **Kreissäge** *f* circular saw
Kreißsaal *m* delivery room
Kreisstadt *f* district town, ≈ county town (*Br*) **Kreisumfang** *m* circumference (of a/the circle) **Kreisverkehr** *m* roundabout (*Br*), traffic circle (*US*), rotary (*US*) **Kreiswehrersatzamt** *nt* district recruiting office
Krematorium [krema'to:riʊm] *nt* ⟨-*s*, **Krematorien** [-riən]⟩ crematorium
Krempe ['krɛmpə] *f* ⟨-, -*n*⟩ (≈ *Hutkrempe*) brim
Krempel ['krɛmpl] *m* ⟨-*s*, *no pl*⟩ (*infml*) (≈ *Sachen*) stuff (*infml*); (≈ *wertloses Zeug*) junk
Kren [kre:n] *m* ⟨-*s*, *no pl*⟩ (*Aus*) horseradish
krepieren [kre'pi:rən] *past part* **krepiert** *v/i aux sein* **1.** (≈ *platzen*) to explode **2.** (*infml*) (≈ *sterben*) to croak (it) (*infml*)
Krepp [krɛp] *m* ⟨-*s*, -*e* *or* -*s*⟩ crepe

Krepppapier nt crepe paper **Kreppsohle** f crepe sole

Kresse ['krɛsə] f ‹-, no pl› cress

Kreta ['kreːta] nt ‹-s› Crete **kretisch** ['kreːtɪʃ] adj Cretan

kreuz [krɔyts] adv ~ **und quer** all over; ~ **und quer durch die Gegend** all over the place **Kreuz** [krɔyts] nt ‹-es, -e› **1.** cross; (als Anhänger etc) crucifix; **es ist ein ~ mit ihm/damit** he's/it's an awful problem **2.** ANAT small of the back; **ich habe Schmerzen im ~** I've got (a) backache **3.** MUS sharp **4.** (≈ Autobahnkreuz) intersection **5.** (CARDS ≈ Farbe) clubs pl **Kreuzband** [-bant] nt, pl **-bänder** ANAT cruciate ligament **Kreuzbein** nt ANAT sacrum; (von Tieren) rump-bone **kreuzen** ['krɔytsn̩] **I** v/t to cross **II** v/r to cross; (Interessen) to clash; **die Briefe haben sich gekreuzt** the letters crossed in the post (Br) or mail **Kreuzer** ['krɔytsɐ] m ‹-s, -› NAUT cruiser **Kreuzfahrt** f NAUT cruise; **eine ~ machen** to go on a cruise **Kreuzfeuer** nt crossfire; **ins ~ (der Kritik) geraten** (fig) to come under fire (from all sides) **Kreuzgang** m, pl **-gänge** cloister **kreuzigen** ['krɔytsɪɡn̩] v/t to crucify **Kreuzigung** ['krɔytsɪɡʊŋ] f ‹-, -en› crucifixion **Kreuzkümmel** m cumin **Kreuzotter** f ZOOL adder, viper **Kreuzschlitzschraubenzieher** m Phillips® screwdriver **Kreuzschlüssel** m wheel brace **Kreuzung** ['krɔytsʊŋ] f ‹-, -en› **1.** (≈ Straßenkreuzung) crossroads sg **2.** (≈ das Kreuzen) crossing **3.** (≈ Rasse) hybrid; (≈ Tiere) cross, crossbreed **Kreuzverhör** nt cross-examination; **jdn ins ~ nehmen** to cross-examine sb **Kreuzweg** m crossroads sg **kreuzweise** adv crosswise; **du kannst mich ~!** (infml) (you can) get stuffed! (Br infml), you can kiss my ass! (US sl) **Kreuzworträtsel** nt crossword puzzle **Kreuzzug** m crusade

Krevette [kre'vɛtə] f ‹-, -n› shrimp

kribbelig ['krɪbəlɪç] adj (infml) edgy (infml) **kribbeln** ['krɪbln̩] **I** v/t (≈ kitzeln) to tickle; (≈ jucken) to make itch **II** v/i (≈ jucken) to itch; (≈ prickeln) to tingle; **es kribbelt mir in den Fingern, etw zu tun** (infml) I'm itching to do sth

kriechen ['kriːçn̩] pret **kroch** [krɔx], past part **gekrochen** [ɡə'krɔxn̩] v/i aux sein to creep, to crawl; (fig: Zeit) to creep by; (fig ≈ unterwürfig sein) to grovel

(vor +dat before), to crawl (vor +dat to); **auf allen vieren ~** to crawl on all fours **Kriecher(in)** m/f(f) (infml) groveller (Br), groveler (US), crawler (Br infml) **kriecherisch** ['kriːçərɪʃ] (infml) adj grovelling (Br), groveling (US) **Kriechspur** f crawler lane **Kriechtier** nt ZOOL reptile

Krieg [kriːk] m ‹-(e)s, -e› [-ɡə] war; **einer Partei etc den ~ erklären** (fig) to declare war on a party etc; **~ führen** (mit or gegen) to wage war (on); **~ führend** warring; **sich im ~ befinden** (mit) to be at war (with)

kriegen ['kriːɡn̩] v/t (infml) to get; Zug auch to catch; **sie kriegt ein Kind** she's going to have a baby; **dann kriege ich zu viel** then it gets too much for me

Krieger ['kriːɡɐ] m ‹-s, -›, **Kriegerin** [-ərɪn] f ‹-, -nen› warrior **Kriegerdenkmal** nt war memorial **kriegerisch** ['kriːɡərɪʃ] adj warlike no adv; Haltung belligerent; **~e Auseinandersetzung** military conflict **kriegführend** adj warring **Kriegführung** f warfare no art **Kriegsausbruch** m outbreak of war; **es kam zum ~** war broke out **kriegsbedingt** adj caused by (the) war **Kriegsbeginn** m start of the war **Kriegsbeil** nt tomahawk; **das ~ begraben** (fig) to bury the hatchet **Kriegsbemalung** f war paint **Kriegsberichterstatter(in)** m/f(f) war correspondent **Kriegsbeschädigte(r)** m/f(m) decl as adj war-disabled person **Kriegsdienst** m military service **Kriegsdienstverweigerer** [-fɛrvaigərɐ] m ‹-s, -›, **Kriegsdienstverweigerin** [-ərɪn] f ‹-, -nen› conscientious objector **Kriegsende** nt end of the war **Kriegserklärung** f declaration of war **Kriegsfall** m (eventuality of a) war; **dann träte der ~ ein** then war would break out **Kriegsfilm** m war film **Kriegsfreiwillige(r)** m/f(m) decl as adj (wartime) volunteer **Kriegsfuß** m (infml) mit jdm auf ~ **stehen** to be at odds with sb **Kriegsgebiet** nt war zone **Kriegsgefahr** f danger of war **Kriegsgefangene(r)** m/f(m) decl as adj prisoner of war, P.O.W. **Kriegsgefangenschaft** f captivity; **in ~ sein** to be a prisoner of war **Kriegsgegner(in)** m/f(f) opponent of a/the war; (≈ Pazifist) pacifist **Kriegsgericht** nt (wartime) court martial; **jdn vor ein ~ stellen** to court-martial sb **Kriegsherr(in)** m/f(f) warlord **Kriegskamerad(in)** *m/(f)* fellow soldier **Kriegsopfer** *nt* war victim **Kriegsrecht** *nt* conventions of war *pl*; MIL martial law **Kriegsschauplatz** *m* theatre (*Br*) *or* theater (*US*) of war **Kriegsschiff** *nt* warship **Kriegsspiel** *nt* war game **Kriegsspielzeug** *nt* war toy **Kriegstreiber** *m* ⟨**-s, -**⟩, **Kriegstreiberin** *f* ⟨**-, -nen**⟩ (*pej*) warmonger **Kriegsverbrechen** *nt* war crime **Kriegsverbrecher(in)** *m/(f)* war criminal **Kriegsversehrte(r)** *m/f(m)* decl as adj war-disabled person **Kriegszeit** *f* wartime; *in* ~*en* in times of war **Kriegszustand** *m* state of war; *im* ~ at war

Krim [krɪm] *f* ⟨**-**⟩ *die* ~ the Crimea

Krimi ['kriːmi] *m* ⟨**-s, -s**⟩ (*infml*) (*crime*) thriller; (*rätselhaft*) whodunnit (*infml*) **Kriminalfilm** *m* crime film, crime movie (*esp US*); (*rätselhaft*) murder mystery **kriminalisieren** [kriminali'ziːrən] *past part* **kriminalisiert** *v/t* to criminalize **Kriminalist** [krimina'lɪst] *m* ⟨**-en, -en**⟩, **Kriminalistin** [-'lɪstɪn] *f* ⟨**-, -nen**⟩ criminologist **Kriminalistik** [krimina'lɪstɪk] *f* ⟨**-, no pl**⟩ criminology **kriminalistisch** [krimina'lɪstɪʃ] *adj* criminological **Kriminalität** [kriminali'tɛːt] *f* ⟨**-, no pl**⟩ crime; (≈ *Ziffer*) crime rate **Kriminalkommissar(in)** *m/(f)* detective superintendent **Kriminalpolizei** *f* criminal investigation department **Kriminalpolizist(in)** *m/(f)* detective **Kriminalroman** *m* (crime) thriller **kriminell** [krimi'nɛl] *adj* criminal; ~ *werden* to become a criminal; ~*e Energie* criminal resolve **Kriminelle(r)** [krimi'nɛlə] *m/f(m)* decl as adj criminal

Krimskrams ['krɪmskrams] *m* ⟨**-es, no pl**⟩ (*infml*) odds and ends *pl*

Kringel ['krɪŋl] *m* ⟨**-s, -**⟩ (*der Schrift*) squiggle **kringelig** ['krɪŋəlɪç] *adj* crinkly

Kripo ['kriːpo, 'krɪpo] *f* ⟨**-, -s**⟩ (*infml*) *die* ~ the cops *pl* (*infml*)

Krippe ['krɪpə] *f* ⟨**-, -n**⟩ **1.** (≈ *Futterkrippe*) (hay)rack **2.** (≈ *Weihnachtskrippe*); crib, BIBLE crib, manger **3.** (≈ *Kinderhort*) crèche (*Br*), daycare centre (*Br*) *or* center (*US*) **Krippenspiel** *nt* nativity play **Krippentod** *m* cot death (*Br*), crib death (*US*)

Krise ['kriːzə] *f* ⟨**-, -n**⟩ crisis; *er hatte eine schwere* ~ he was going through a difficult crisis; *die* ~ *kriegen* (*infml*) to go crazy (*infml*) **kriseln** ['kriːzln] *v/i impers*

(*infml*) *es kriselt* trouble is brewing **krisenanfällig** *adj* crisis-prone **krisenfest** *adj* stable **Krisengebiet** *nt* crisis area **Krisenherd** *m* flash point, trouble spot **Krisenmanagement** *nt* crisis management **Krisenplan** *m* contingency plan **Krisenregion** *f* trouble spot **krisensicher** *adj* stable **Krisensituation** *f* crisis (situation) **Krisensitzung** *f* emergency session **Krisenstimmung** *f* crisis mood, mood of crisis

Kristall[1] [krɪs'tal] *m* ⟨**-s, -e**⟩ crystal

Kristall[2] *nt* ⟨**-s, no pl**⟩ (≈ *Kristallglas*) crystal (glass); (≈ *Kristallwaren*) crystalware **Kristallglas** *nt* crystal glass **kristallisieren** [krɪstali'ziːrən] *past part* **kristallisiert** *v/i* & *v/r* to crystallize **kristallklar** *adj* crystal-clear **Kristallleuchter** *m* crystal chandelier

Kriterium [kri'teːriʊm] *nt* ⟨**-s, Kriterien** [-riən]⟩ criterion

Kritik [kri'tiːk] *f* ⟨**-, -en**⟩ **1.** *no pl* criticism (*an +dat* of); *an jdm/etw* ~ *üben* to criticize sb/sth; *unter aller* ~ *sein* (*infml*) to be beneath contempt **2.** (≈ *Rezension*) review **Kritiker** ['kriːtikɐ] *m* ⟨**-s, -**⟩, **Kritikerin** [-ərɪn] *f* ⟨**-, -nen**⟩ critic **kritikfähig** *adj* able to criticize **kritiklos** *adj* uncritical; *etw* ~ *hinnehmen* to accept sth without criticism **Kritikpunkt** *m* point of criticism **kritisch** ['kriːtɪʃ] **I** *adj* critical **II** *adv* sich äußern critically; *die Lage* ~ *beurteilen* to make a critical appraisal of the situation; *jdm* ~ *gegenüberstehen* to be critical of sb **kritisieren** [kriti'ziːrən] *past part* **kritisiert** *v/t* & *v/i* to criticize **kritteln** ['krɪtln] *v/i* to find fault (*an +dat, über +acc* with)

Kritzelei [krɪtsə'lai] *f* ⟨**-, -en**⟩ scribble **kritzeln** ['krɪtsln] *v/t* & *v/i* to scribble, to scrawl

Kroate [kro'aːtə] *m* ⟨**-n, -n**⟩, **Kroatin** [-'aːtin] *f* ⟨**-, -nen**⟩ Croat, Croatian **Kroatien** [kro'aːtsiən] *nt* ⟨**-s**⟩ Croatia **kroatisch** [kro'aːtɪʃ] *adj* Croat, Croatian

Krokant [kro'kant] *m* ⟨**-s, no pl**⟩ COOK cracknel

Krokette [kro'kɛtə] *f* ⟨**-, -n**⟩ COOK croquette

Krokodil [kroko'diːl] *nt* ⟨**-s, -e**⟩ crocodile **Krokodilleder** *nt* crocodile skin **Krokodilstränen** *pl* crocodile tears *pl*

Krokus ['kroːkʊs] *m* ⟨**-, -** *or* **-se**⟩ crocus

Krone ['kroːnə] *f* ⟨**-, -n**⟩ **1.** crown; *die* ~ *der Schöpfung* the pride of creation;

das setzt doch allem die ~ auf (*infml*) that beats everything; *einen in der ~ haben* (*infml*) to be tipsy **2.** (≈ *Währungseinheit*) () crown; (*in Dänemark, Norwegen*) krone; (*in Schweden, Island*) krona **krönen** ['krøːnən] *v/t* to crown; *jdn zum König ~* to crown sb king; *von Erfolg gekrönt sein* to be crowned with success **Kronerbe** *m* heir to the crown **Kronerbin** *f* heiress to the crown **Kronjuwelen** *pl* crown jewels *pl* **Kronkolonie** *f* crown colony **Kronkorken** *m* crown cap **Kronleuchter** *m* chandelier **Kronprinz** *m* crown prince; (*in Großbritannien auch*) Prince of Wales **Kronprinzessin** *f* crown princess **Krönung** ['krøːnʊŋ] *f* ‹-, *-en*› coronation; (*fig, von Veranstaltung*) high point **Kronzeuge** ['kroːn-] *m*, **Kronzeugin** *f* JUR *als ~ auftreten* to turn King's/Queen's evidence (*Br*) *or* State's evidence (*US*); (≈ *Hauptzeuge sein*) to appear as principal witness

Kropf [krɔpf] *m* ‹-(e)s, ⸚e ['krœpfə]› **1.** (*von Vogel*) crop **2.** MED goitre (*Br*), goiter (*US*)

kross [krɔs] (*N Ger*) **I** *adj* crisp **II** *adv* backen, braten until crisp

Kröte ['krøːtə] *f* ‹-, *-n*› ZOOL toad

Krücke ['krʏkə] *f* ‹-, *-n*› crutch; *an ~n* (*dat*) *gehen* to walk on crutches

Krug [kruːk] *m* ‹-(e)s, ⸚e ['kryːgə]› (≈ *Milchkrug etc*) jug; (≈ *Bierkrug*) (beer) mug

Krümel ['kryːml] *m* ‹-s, -› (≈ *Brotkrümel etc*) crumb **krümelig** ['kryːməlɪç] *adj* crumbly **krümeln** ['kryːmln] *v/t & v/i* to crumble

krumm [krʊm] **I** *adj* **1.** crooked; *Beine* bandy; *Rücken* hunched; *etw ~ biegen* to bend sth; *sich ~ und schief lachen* (*infml*) to fall about laughing (*infml*) **2.** (*infml* ≈ *unehrlich*) *ein ~es Ding drehen* (*sl*) to do something crooked; *etw auf die ~e Tour versuchen* to try to wangle sth (*infml*) **II** *adv ~ stehen/sitzen* to slouch; *~ gehen* to walk with a stoop; *~ gewachsen* crooked; *keinen Finger ~ machen* (*infml*) not to lift a finger **krümmen** ['krʏmən] **I** *v/t* to bend; *gekrümmte Oberfläche* curved surface **II** *v/r* to bend; (*Fluss*) to wind; (*Straße*) to curve; *sich vor Schmerzen* (*dat*) *~* to double up with pain **krummlachen** *v/r sep* (*infml*) to double up with laughter **krummnehmen** *v/t sep irr* (*infml*)

(*jdm*) *etw ~* to take offence (*Br*) *or* offense (*US*) at sth **Krümmung** ['krʏmʊŋ] *f* ‹-, *-en*› (*von Weg, Fluss*) turn; MAT, MED curvature; OPT curvature

Krüppel ['krʏpl] *m* ‹-s, -› cripple; *jdn zum ~ machen* to cripple sb

Kruste ['krʊstə] *f* ‹-, *-n*› crust; (*von Schweinebraten*) crackling; (*von Braten*) crisped outside **Krustentier** *nt* crustacean **krustig** ['krʊstɪç] *adj* crusty

Krux [krʊks] *f* ‹-, *no pl*› (≈ *Schwierigkeit*) trouble, problem; *die ~ bei der Sache ist,* ... the trouble *or* problem (with that) is ...

Kruzifix ['kruːtsifɪks, krutsi'fɪks] *nt* ‹-es, -e› crucifix

kryptisch ['krʏptɪʃ] *adj* Bemerkung cryptic **Kryptogramm** *nt, pl* **-gramme** cryptogram

Kuba ['kuːba] *nt* ‹-s› Cuba **Kubaner** [ku-'baːnɐ] *m* ‹-s, -›, **Kubanerin** [-ərɪn] *f* ‹-, *-nen*› Cuban **kubanisch** [ku'baːnɪʃ] *adj* Cuban

Kübel ['kyːbl] *m* ‹-s, -› bucket; (*für Pflanzen*) tub; *es regnet wie aus ~n* it's bucketing down (*Br*), it's coming down in buckets (*US*) **Kübelpflanze** *f* container plant

Kubik [ku'biːk] *nt* ‹-, -› (AUTO *infml* ≈ *Hubraum*) cc **Kubikmeter** *m or nt* cubic metre (*Br*) *or* meter (*US*) **Kubikwurzel** *f* cube root **Kubikzahl** *f* cube number **Kubikzentimeter** *m or nt* cubic centimetre (*Br*) *or* centimeter (*US*) **kubisch** ['kuːbɪʃ] *adj* cubic(al) **Kubismus** [ku-'bɪsmʊs] *m* ‹-, *no pl*› ART cubism **Kubist** Cuban

Küche ['kʏçə] *f* ‹-, *-n*› **1.** kitchen; (*klein*) kitchenette **2.** (≈ *Kochkunst*) *chinesische ~* Chinese cooking **3.** (≈ *Speisen*) dishes *pl*, food; *warme/kalte ~* hot / cold food

Kuchen ['kuːxn] *m* ‹-s, -› cake; (*mit Obst gedeckt*) (fruit) flan **Küchenchef(in)** *m/(f)* chef **Kuchenform** *f* cake tin (*Br*) *or* pan (*US*) **Kuchengabel** *f* pastry fork **Küchengerät** *nt* kitchen utensil; (*elektrisch*) kitchen appliance **Küchenherd** *m* cooker (*Br*), range (*US*) **Küchenhilfe** *f* kitchen help **Küchenmaschine** *f* food processor **Küchenmesser** *nt* kitchen knife **Küchenpersonal** *nt* kitchen staff **Küchenschabe** *f* ZOOL cockroach **Küchenschrank** *m* (kitchen) cupboard

Kuchenteig *m* cake mixture; (≈ *Hefe-*

teig) dough **Kuchenteller** *m* cake plate **Küchentisch** *m* kitchen table **Küchentuch** *nt, pl* **-tücher** kitchen towel **Kuckuck**['kʊkʊk] *m* ⟨**-s, -e**⟩ **1.** cuckoo **2.** (*infml* ≈ *Siegel des Gerichtsvollziehers*) bailiff's seal (for distraint of goods) **3.** (*infml*) **zum ~ (noch mal)!** hell's bells! (*infml*); (*das*) **weiß der ~** heaven (only) knows (*infml*) **Kuckucksuhr** *f* cuckoo clock

Kuddelmuddel ['kʊdlmʊdl] *m or nt* ⟨**-s, no pl**⟩ (*infml*) muddle

Kufe ['ku:fə] *f* ⟨**-, -n**⟩ (*von Schlitten etc*) runner; (*von Flugzeug*) skid

Küfer ['ky:fɐ] *m* ⟨**-s, -**⟩, **Küferin** [-ərɪn] *f* ⟨**-, -nen**⟩ cellarman/-woman; (*S Ger, Swiss* ≈ *Böttcher*) cooper

Kugel ['ku:gl] *f* ⟨**-, -n**⟩ ball; (*geometrische Figur*) sphere; (≈ *Erdkugel*) globe; (≈ *Kegelkugel*) bowl; (≈ *Gewehrkugel*) bullet; (*für Luftgewehr*) pellet; (≈ *Kanonenkugel*) (cannon)ball; (SPORTS ≈ *Stoßkugel*) shot; **eine ruhige ~ schieben** (*infml*) to have a cushy number (*infml*) **Kugelblitz** *m* METEO ball lightning **kugelförmig** *adj* spherical **Kugelhagel** *m* hail of bullets **Kugelkopf** *m* golf ball **Kugellager** *nt* ball bearing **kugeln**['ku:gln] **I** *v/i aux sein* (≈ *rollen, fallen*) to roll **II** *v/r* to roll (around); **sich (vor Lachen) ~** (*infml*) to double up (laughing) **kugelrund** *adj* as round as a ball **Kugelschreiber** *m* ballpoint (pen), Biro® (*Br*) **kugelsicher** *adj* bullet-proof **Kugelstoßen** *nt* ⟨**-s, no pl**⟩ shot-putting **Kugelstoßer** [-ʃtoːsɐ] *m* ⟨**-s, -**⟩, **Kugelstoßerin** [-ərɪn] *f* ⟨**-, -nen**⟩ shot-putter

Kuh [ku:] *f* ⟨**-, ⸚e** ['ky:ə]⟩ cow; **heilige ~** sacred cow **Kuhdorf** *nt* (*pej infml*) one-horse town (*infml*) **Kuhfladen** *m* cowpat **Kuhglocke** *f* cowbell **Kuhhandel** *m* (*pej infml*) horse-trading *no pl* (*infml*) **Kuhhaut** *f* cowhide; **das geht auf keine ~** (*infml*) that is absolutely staggering

kühl [ky:l] **I** *adj* cool; **mir wird etwas ~** I'm getting rather chilly; **einen ~en Kopf bewahren** to keep a cool head **II** *adv* **etw ~ lagern** to store sth in a cool place; „**kühl servieren**" "serve chilled" **Kühlaggregat** *nt* refrigeration unit **Kühlanlage** *f* refrigeration plant **Kühlbecken** *nt* (*für Brennelemente*) cooling pond **Kühlbox** *f* cooler

Kuhle ['ku:lə] *f* ⟨**-, -n**⟩ (*N Ger*) hollow; (≈ *Grube*) pit

Kühle ['ky:lə] *f* ⟨**-, no pl**⟩ coolness **kühlen** ['ky:lən] **I** *v/t* to cool; (*auf Eis*) to chill; → **gekühlt II** *v/i* to be cooling **Kühler** ['ky:lɐ] *m* ⟨**-s, -**⟩ TECH cooler; AUTO radiator; (*infml* ≈ *Kühlerhaube*) bonnet (*Br*), hood (*US*) **Kühlerfigur** *f* AUTO radiator mascot (*Br*), hood ornament (*US*) **Kühlerhaube** *f* AUTO bonnet (*Br*), hood (*US*) **Kühlfach** *nt* freezer compartment (*Br*), deep freeze **Kühlhaus** *nt* cold storage depot **Kühlmittel** *nt* TECH coolant **Kühlraum** *m* cold storage room **Kühlschrank** *m* fridge (*Br*), refrigerator **Kühltasche** *f* cold bag **Kühltruhe** *f* (chest) freezer **Kühlturm** *m* TECH cooling tower **Kühlung** ['ky:lʊŋ] *f* ⟨**-, no pl**⟩ cooling; **zur ~ des Motors** to cool the engine **Kühlwasser** *nt* AUTO radiator water

Kuhmilch *f* cow's milk **Kuhmist** *m* cow dung

kühn [ky:n] **I** *adj* bold **II** *adv* boldly **Kühnheit** *f* ⟨**-, -en**, *no pl*⟩ boldness

k. u. k. ['ka:ʊnt'ka:] (*Aus* HIST) *abbr of* **kaiserlich und königlich** imperial and royal

Küken ['ky:kn] *nt* ⟨**-s, -**⟩ (≈ *Huhn*) chick; (*infml* ≈ *jüngste Person*) baby

Kukuruz ['kʊkurʊts, 'ku:kurʊts] *m* ⟨**-(es)**, *no pl*⟩ (*Aus*) maize, corn

kulant [ku'lant] **I** *adj* accommodating; **Bedingungen** fair **II** *adv* accommodatingly **Kulanz** [ku'lants] *f* ⟨**-, no pl**⟩ **aus ~** as a courtesy

Kuli ['ku:li] *m* ⟨**-s, -s**⟩ **1.** (≈ *Lastträger*) coolie **2.** (*infml* ≈ *Kugelschreiber*) ballpoint (pen), Biro® (*Br*)

kulinarisch [kuli'na:rɪʃ] *adj* culinary

Kulisse [ku'lɪsə] *f* ⟨**-, -n**⟩ scenery *no pl*; (*an den Seiten*) wing; (≈ *Hintergrund*) backdrop; **hinter den ~n** (*fig*) behind the scenes

kullern ['kʊlɐn] *v/t & v/i* (*infml*) to roll

Kult [kʊlt] *m* ⟨**-(e)s, -e**⟩ cult; (≈ *Verehrung*) worship; **einen ~ mit jdm/etw treiben** to make a cult out of sb/sth **Kultfigur** *f* cult figure **Kultfilm** *m* cult film **kultig** ['kʊltɪç] *adj* (*sl*) cult *attr*, culty (*sl*) **kultivieren** [kʊlti'vi:rən] *v/t* to cultivate **kultiviert** [kʊlti'vi:ɐt] **I** *adj* cultivated, refined **II** *adv* **speisen, sich einrichten** stylishly; **sich ausdrücken** in a refined manner **Kultstätte** *f* place of worship **Kultur** [kʊl-

'tu:ɐ] f ⟨-, -en⟩ **1.** *no pl* culture; *er hat keine ~* he is uncultured **2.** (≈ *Lebensform*) civilization **Kulturangebot** *nt* programme (*Br*) *or* program (*US*) of cultural events; *Münchens vielfältiges ~* Munich's rich and varied cultural life **Kulturbanause** *m*, **Kulturbanausin** *f* (*infml*) philistine **Kulturbetrieb** *m* (*infml*) culture industry **Kulturbeutel** *m* sponge *or* toilet bag (*Br*), washbag **kulturell** [kʊltuˈrɛl] **I** *adj* cultural **II** *adv* culturally **Kulturerbe** *nt* cultural heritage **Kulturgeschichte** *f* history of civilization **kulturgeschichtlich** *adj* historico-cultural **Kulturhauptstadt** *f* cultural capital **Kulturhoheit** *f* independence in matters of education and culture **Kulturkreis** *m* culture group *or* area **Kulturkritik** *f* critique of (our) culture **kulturlos** *adj* lacking culture **Kulturminister(in)** *m/(f)* minister of education and the arts **Kulturpflanze** *f* cultivated plant **Kulturpolitik** *f* cultural and educational policy **kulturpolitisch** *adj* politico-cultural **Kulturprogramm** *nt* cultural programme (*Br*) *or* program (*US*) **Kulturrevolution** *f* cultural revolution **Kulturschock** *m* culture shock **Kultursprache** *f* language of the civilized world **Kulturstätte** *f* place of cultural interest **Kulturvolk** *nt* civilized people *sg* **Kulturzentrum** *nt* **1.** (≈ *Stadt*) cultural centre (*Br*) *or* center (*US*) **2.** (≈ *Anlage*) arts centre (*Br*) *or* center (*US*) **Kultusminister(in)** *m/(f)* minister of education and the arts **Kultusministerium** *nt* ministry of education and the arts

Kümmel ['kyml] *m* ⟨-s, -⟩ **1.** *no pl* (≈ *Gewürz*) caraway (seed) **2.** (*infml* ≈ *Schnaps*) kümmel

Kummer ['kʊmɐ] *m* ⟨-s, *no pl*⟩ (≈ *Betrübtheit*) sorrow; (≈ *Ärger*) problems *pl*; *jdm ~ machen* to cause sb worry; *wir sind (an) ~ gewöhnt* (*infml*) it happens all the time **kümmerlich** ['kymɐlɪç] **I** *adj* **1.** (≈ *armselig*) miserable; *Lohn, Mahlzeit* paltry **2.** (≈ *schwächlich*) puny; *Vegetation* stunted **II** *adv sich entwickeln* poorly; *sich ~ ernähren* to live on a meagre (*Br*) *or* meager (*US*) diet **kümmern I** *v/t* to concern; *was kümmert mich das?* what's that to me? **II** *v/r sich um jdn/etw ~* to look after sb/sth; *sich darum ~, dass ...* to see to it that ...; *er kümmert sich nicht darum, was die*

Leute denken he doesn't care (about) what people think

Kumpan [kʊmˈpaːn] *m* ⟨-s, -e⟩, **Kumpanin** [-ɪn] *f* ⟨-, -nen⟩ (*dated infml*) pal (*infml*) **Kumpel** ['kʊmpl] *m* ⟨-s, - *or* (*inf*) -s *or* (*Aus*) -n⟩ **1.** (MIN ≈ *Bergmann*) miner **2.** (*infml* ≈ *Kamerad*) pal (*infml*) **kumpelhaft** [-haft] *adj* (*infml*) pally (*infml*)

kündbar *adj Vertrag* terminable; *Anleihe* redeemable; *Beamte sind nicht ohne Weiteres ~* civil servants cannot be dismissed just like that

Kunde ['kʊndə] *m* ⟨-n, -n⟩, **Kundin** [-dɪn] *f* ⟨-, -nen⟩ customer **Kundenberatung** *f* customer advisory service **Kundendienst** *m* customer service; (≈ *Abteilung*) service department **Kundenfang** *m* (*pej*) *auf ~ sein* to be touting for customers **Kundenkarte** *f* (*von Firma, Organisation*) charge card; (*von Kaufhaus etc*) (department (*US*)) store card; (*von Bank*) bank card **Kundenkreis** *m* customers *pl*, clientele **kundenorientiert** *adj* customer-oriented **Kundenservice** *m* customer service

Kundgebung ['kʊntgeːbʊŋ] *f* ⟨-, -en⟩ POL rally

kundig ['kʊndɪç] *adj* (*elev*) knowledgeable; (≈ *sachkundig*) expert

kündigen ['kʏndɪɡn] **I** *v/t Abonnement, Mitgliedschaft* to cancel; *jdm die Wohnung ~* to give sb notice to quit his/her flat (*Br*) *or* to vacate his/her apartment (*US*); *die Stellung ~* to hand in one's notice; *jdm die Stellung ~* to give sb his/her notice; *jdm die Freundschaft ~* to break off a friendship with sb **II** *v/i* (*Arbeitnehmer*) to hand in one's notice; (*Mieter*) to give in one's notice; *jdm ~* (*Arbeitgeber*) to give sb his/her notice; (*Vermieter*) to give sb notice to quit (*Br*) *or* to vacate his apartment (*US*) **Kündigung** ['kʏndɪɡʊŋ] *f* ⟨-, -en⟩ (≈ *Mitteilung*) (*von Vermieter*) notice to quit (*Br*) *or* to vacate one's apartment (*US*); (*von Mieter, Stellung*) notice; (*von Vertrag*) termination; (*von Mitgliedschaft, Abonnement*) (letter of) cancellation; *ich drohte (dem Chef) mit der ~* I threatened to hand in my notice (to my boss); *Vertrag mit vierteljährlicher ~* contract with three months' notice on either side **Kündigungsfrist** *f* period of notice **Kündigungsgrund** *m* grounds *pl* for giving notice **Kündigungsschreiben** *nt* written notice; *(von Arbeitgeber)* letter of dismissal **Kündigungsschutz** *m* protection against wrongful dismissal

Kundin *f* → *Kunde* **Kundschaft** ['kʊntʃaft] *f* ⟨-, *-en*⟩ customers *pl*

kundschaften ['kʊntʃaftn] *v/i insep* MIL to reconnoitre *(Br)*, to reconnoiter *(US)* **Kundschafter** ['kʊntʃaftɐ] *m* ⟨*-s*, *-*⟩, **Kundschafterin** [-ərɪn] *f* ⟨-, *-nen*⟩ spy; MIL scout **kundtun** ['kʊnttuːn] *v/t sep irr (elev)* to make known

künftig ['kʏnftɪç] **I** *adj* future; *meine ~e Frau* my wife-to-be **II** *adv* in future

Kungelei [kʊŋə'lai] *f* ⟨-, *-en*⟩ *(infml)* scheming

Kunst [kʊnst] *f* ⟨-, *ᵘe* ['kʏnstə]⟩ **1.** art; *die schönen Künste* fine art *sg*, the fine arts **2.** (≈ *Fertigkeit*) art, skill; *die ~ besteht darin, ...* the art is in ...; *ärztliche ~* medical skill; *das ist keine ~!* it's a piece of cake *(infml)*; *das ist die ganze ~* that's all there is to it **3.** *(infml) das ist eine brotlose ~* there's no money in that; *was macht die ~?* how are things?

Kunstakademie *f* art college **Kunstausstellung** *f* art exhibition **Kunstbanause** *m*, **Kunstbanausin** *f (pej)* philistine **Kunstdruck** *m*, *pl* **-drucke** art print **Kunstdünger** *m* chemical fertilizer **Kunstfaser** *f* synthetic fibre *(Br)* or fiber *(US)* **Kunstfehler** *m* professional error; *(weniger ernst)* slip **kunstfertig** *(elev)* **I** *adj* skilful *(Br)*, skillful *(US)* **II** *adv* skilfully *(Br)*, skillfully *(US)* **Kunstflug** *m* aerobatics *sg*, stunt flying **Kunstfreund(in)** *m/(f)* art lover **Kunstgegenstand** *m* objet d'art; *(Gemälde)* work of art **kunstgemäß**, **kunstgerecht I** *adj* (≈ *fachmännisch*) proficient **II** *adv* proficiently **Kunstgeschichte** *f* history of art **Kunstgewerbe** *nt* arts and crafts *pl* **kunstgewerblich** *adj ~e Gegenstände* craft objects **Kunstgriff** *m* trick **Kunsthandel** *m* art trade **Kunsthändler(in)** *m/(f)* art dealer **Kunsthandwerk** *nt* craft industry **Kunstherz** *nt* artificial heart **Kunsthistoriker(in)** *m/(f)* art historian **Kunsthochschule** *f* art college **Kunstleder** *nt* imitation leather **Künstler** ['kʏnstlɐ] *m* ⟨*-s*, *-*⟩, **Künstlerin** [-ərɪn] *f* ⟨-, *-nen*⟩ **1.** artist; (≈ *Unterhaltungskünstler*) artiste; *bildender ~* visual artist **2.** (≈ *Könner*) genius *(in +dat* at)

künstlerisch ['kʏnstlərɪʃ] **I** *adj* artistic **II** *adv* artistically **Künstlername** *m* pseudonym **Künstlerpech** *nt (infml)* hard luck **Künstlerviertel** *nt* artists' quarter **künstlich** ['kʏnstlɪç] **I** *adj* artificial; *Zähne, Fingernägel* false; *Faserstoffe* synthetic; *~e Intelligenz* artificial intelligence **II** *adv* **1.** artificially **2.** *jdn ~ ernähren* MED to feed sb artificially **Kunstliebhaber(in)** *m/(f)* art lover **Kunstmaler(in)** *m/(f)* artist, painter **Kunstpause** *f (als Spannungsmoment)* dramatic pause, pause for effect; *(iron: beim Stocken)* awkward pause **Kunstraub** *m* art theft **Kunstsammlung** *f* art collection **Kunstschätze** *pl* art treasures *pl* **Kunstseide** *f* artificial silk **Kunstspringen** *nt* diving **Kunststoff** *m* man-made material **Kunststoffflasche** *f* plastic bottle **Kunststück** *nt* trick; *das ist kein ~ (fig)* there's nothing to it; (≈ *keine große Leistung*) that's nothing to write home about **Kunstturnen** *nt* gymnastics *sg* **kunstvoll I** *adj* artistic; (≈ *kompliziert*) elaborate **II** *adv* elaborately **Kunstwerk** *nt* work of art

kunterbunt ['kʊntɐbʊnt] *adj Sammlung etc* motley *attr*; *Programm* varied; *Leben* chequered *(Br)*, checkered *(US)*; *~ durcheinander* all jumbled up

Kupfer ['kʊpfɐ] *nt* ⟨*-s*, *no pl*⟩ copper **Kupferdraht** *m* copper wire **Kupfergeld** *nt* coppers *pl* **kupferrot** *adj* copper-red **Kupferstich** *m* copperplate (engraving) **Kupon** [ku'põː] *m* ⟨*-s*, *-s*⟩ = *Coupon* **Kuppe** ['kʊpə] *f* ⟨-, *-n*⟩ (≈ *Bergkuppe*) (rounded) hilltop; (≈ *Fingerkuppe*) tip **Kuppel** ['kʊpl] *f* ⟨-, *-n*⟩ dome **Kuppelei** [kʊpə'lai] *f* ⟨-, *no pl*⟩ JUR procuring **kuppeln** ['kʊpln] **I** *v/t* = *koppeln* **II** *v/i* **1.** AUTO to operate the clutch **2.** *(infml* ≈ *Paare zusammenführen)* to match-make **Kuppler** ['kʊplɐ] *m* ⟨*-s*, *-*⟩, **Kupplerin** [-ərɪn] *f* ⟨-, *-nen*⟩ matchmaker *(+gen* for); JUR procurer/procuress **Kupplung** ['kʊplʊŋ] *f* ⟨-, *-en*⟩ **1.** TECH coupling; AUTO *etc* clutch **2.** (≈ *das Koppeln*) coupling **Kupplungspedal** *nt* clutch pedal

Kur [kuːɐ] *f* ⟨-, *-en*⟩ *(in Badeort)* (health) cure; (≈ *Haarkur etc*) treatment *no pl*; (≈ *Schlankheitskur*) diet; *in ~ fahren* to go to a spa; *eine ~ machen* to take a cure; (≈ *Schlankheitskur*) to diet **Kür** [kyːɐ] *f* ⟨-, *-en*⟩ SPORTS free section

Kuraufenthalt *m* stay at a spa **Kurbad** *nt* spa

Kurbel ['kʊrbl] *f* ⟨-, -n⟩ crank; (*an Rollläden etc*) winder **Kurbelwelle** *f* crankshaft

Kürbis ['kʏrbɪs] *m* ⟨-ses, -se⟩ pumpkin

Kurde ['kʊrdə] *m* ⟨-n, -n⟩, **Kurdin** [-dɪn] *f* ⟨-, -nen⟩ Kurd **kurdisch** ['kʊrdɪʃ] *adj* Kurdish **Kurdistan** ['kʊrdɪstaːn, 'kʊrdɪstan] *nt* ⟨-s⟩ Kurdistan

Kurfürst *m* Elector, electoral prince

Kurgast *m* (*Patient*) patient at a spa; (*Tourist*) visitor to a spa

Kurie ['kuːriə] *f* ⟨-, no pl⟩ ECCL Curia

Kurier [ku'riːɐ] *m* ⟨-s, -e⟩, **Kurierin** [-'riːrɪn] *f* ⟨-, -nen⟩ courier; HIST messenger **Kurierdienst** *m* courier service

kurieren [ku'riːrən] *past part* **kuriert** *v/t* to cure (*von* of)

kurios [ku'rioːs] *adj* (≈ *merkwürdig*) strange, curious **Kuriosität** [kuriozi'tɛːt] *f* ⟨-, -en⟩ 1. (*Gegenstand*) curio(sity) 2. (≈ *Eigenart*) peculiarity

Kurort *m* spa **Kurpark** *m* spa gardens *pl* **Kurpfuscher(in)** *m*/(*f*) (*pej infml*) quack (doctor)

Kurs [kʊrs] *m* ⟨-es, -e [-zə]⟩ 1. course; (POL ≈ *Richtung*) line; ~ **nehmen auf** (+*acc*) to set course for; **den ~ ändern** to change (one's) course 2. (FIN ≈ *Wechselkurs*) exchange rate; (≈ *Aktienkurs*) price; **zum ~ von** at the rate of(en); **hoch im ~ stehen** (*Aktien*) to be high; (*fig*) to be popular (*bei* with) 3. (≈ *Lehrgang*) course (*in* +*dat, für* in) **Kursänderung** *f* change of course **Kursanstieg** *m* ST EX rise in (market) prices **Kursbuch** *nt* RAIL (railway) timetable

Kürschner ['kʏrʃnɐ] *m* ⟨-s, -⟩, **Kürschnerin** [-ərɪn] *f* ⟨-, -nen⟩ furrier

Kurseinbruch *m* FIN sudden fall in prices **Kurseinbuße** *f* decrease in value **Kursentwicklung** *f* FIN price trend **Kurserholung** *f* FIN rally in prices **Kursgewinn** *m* profit (on the stock exchange market) **kursieren** [kʊr'ziːrən] *past part* **kursiert** *v/i aux haben or sein* to circulate **Kursindex** *m* ST EX stock exchange index **kursiv** [kʊr'ziːf] I *adj* italic II *adv* in italics **Kurskorrektur** *f* course correction **Kursleiter(in)** *m*/(*f*) course tutor (*esp Br*) **Kursnotierung** *f* quotation **Kursrückgang** *m* fall in prices **Kursschwankung** *f* fluctuation in exchange rates; ST EX fluctuation in market rates **Kursverlust**

m FIN loss (on the stock exchange) **Kurswagen** *m* RAIL through coach **Kurswechsel** *m* change of direction

Kurtaxe *f* visitors' tax (at spa)

Kurve ['kʊrvə, 'kʊrfə] *f* ⟨-, -n⟩ curve; (≈ *Straßenkurve*) bend; (*an Kreuzung*) corner; **die Straße macht eine ~** the road bends; **die ~ kratzen** (*infml* ≈ *schnell weggehen*) to make tracks (*infml*) **kurven** ['kʊrvn, 'kʊrfn] *v/i aux sein* to circle; **durch Italien ~** (*infml*) to drive around Italy **kurvenreich** *adj* Strecke winding; „**kurvenreiche Strecke**" "(series of) bends"

kurz [kʊrts] I *adj, comp* ¨**er** ['kʏrtsɐ], *sup* ¨**este(r, s)** ['kʏrtsəstə] short; *Blick, Folge* quick; **etw kürzer machen** to make sth shorter; **ich will es ~ machen** I'll make it brief; **den Kürzeren ziehen** (*fig infml*) to come off worst II *adv*, *comp* ¨**er**, *sup* **am** ¨**esten** 1. **eine Sache ~ abtun** to dismiss sth out of hand; **zu ~ kommen** to come off badly; ~ **entschlossen** without a moment's hesitation; ~ **gesagt** in a nutshell; **sich ~ fassen** to be brief; ~ **gefasst** concise; ~ **und bündig** concisely, tersely (*pej*); ~ **und gut** in a word; ~ **und schmerzlos** (*infml*) short and sweet; **etw ~ und klein hauen** to smash sth to pieces 2. (≈ *für eine kurze Zeit*) briefly; **ich bleibe nur ~** I'll only stay for a short while; **ich muss mal ~ weg** I'll just have to go for a moment; ~ **bevor/nachdem** shortly before/after; **über ~ oder lang** sooner or later; **(bis) vor Kurzem** (until) recently **Kurzarbeit** *f* short time **kurzarbeiten** *v/i sep* to be on short time **Kurzarbeiter(in)** *m*/(*f*) short-time worker **kurzärmelig** *adj* short-sleeved **kurzatmig** [-|aːtmɪç] *adj* MED short of breath **Kurzbericht** *m* brief report; (≈ *Zusammenfassung*) summary **Kurzbesuch** *m* brief *or* flying visit **Kürze** ['kʏrtsə] *f* ⟨-, -n, no pl⟩ shortness; (*fig*) (≈ *Bündigkeit*) brevity, conciseness; **in ~** (≈ *bald*) shortly; **in aller ~** very briefly; **in der ~ liegt die Würze** (*prov*) brevity is the soul of wit **Kürzel** ['kʏrtsl] *nt* ⟨-s, -⟩ (≈ *stenografisches Zeichen*) shorthand symbol; (≈ *Abkürzung*) abbreviation **kürzen** ['kʏrtsn] *v/t* to shorten; *Gehalt, Ausgaben etc* to cut (back) **Kürze(r)** ['kʊrtsə] *m decl as adj* (*infml*) 1. (≈ *Schnaps*) short 2. (≈ *Kurzschluss*) short (circuit) **kurzerhand**

['kʊrtsɐ'hant] *adv* without further ado; *entlassen* on the spot; *etw ~ ablehnen* to reject sth out of hand **kurzfassen** *v/r sep irr* to be brief **Kurzfassung** *f* abridged version **Kurzfilm** *m* short (film) **kurzfristig** [-frɪstɪç] I *adj* short-term; *Wettervorhersage* short-range II *adv* (≈ *auf kurze Sicht*) for the short term; (≈ *für kurze Zeit*) for a short time; *~ seine Pläne ändern* to change one's plans at short notice **Kurzgeschichte** *f* short story **Kurzhaardackel** *m* short-haired dachshund **kurzhaarig** *adj* short-haired **kurzhalten** *v/t sep irr jdn ~* to keep sb short **Kurzhantel** *f* dumbbell **Kurzinformation** *f* information summary *no pl*; (≈ *Blatt*) information sheet **kurzlebig** [-leːbɪç] *adj* short-lived **kürzlich** ['kʏrtslɪç] I *adv* recently; *erst ~* only or just recently II *adj* recent **Kurzmeldung** *f* newsflash **Kurznachricht** *f* **1.** (≈ *Information*) **Kurznachrichten** *pl* the news headlines *pl* **2.** (≈ *SMS*) text message **Kurzparker** [-parkɐ] *m* ⟨*-s, -*⟩ *„nur für ~*" "short-stay (*Br*) *or* short-term parking only" **Kurzparkzone** *f* short-stay (*Br*) *or* short-term parking zone **kurzschließen** *sep irr* I *v/t* to short-circuit II *v/r* (≈ *in Verbindung treten*) to get in contact (*mit* with) **Kurzschluss** *m* **1.** ELEC short circuit **2.** (*fig: a.* **Kurzschlusshandlung**) rash action **Kurzschlussreaktion** *f* knee-jerk reaction **kurzsichtig** [-zɪçtɪç] I *adj* short-sighted II *adv* short-sightedly **Kurzsichtigkeit** *f* ⟨*-, no pl*⟩ short-sightedness **Kurzstrecke** *m* short distance; (*in Laufwettbewerb*) sprint distance **Kurzstreckenflugzeug** *nt* short-haul aircraft **Kurzstreckenrakete** *f* short-range missile **Kurztrip** *m* (*infml*) short holiday **kurzum** [kʊrts'|ʊm, 'kʊrts'|ʊm] *adv* in short **Kürzung** ['kʏrtsʊŋ] *f* ⟨*-, -en*⟩ shortening; (*von Gehältern etc*) cut (+*gen* in) **Kurzurlaub** *m* short holiday (*esp Br*) *or* vacation (*US*); MIL short leave **Kurzwahl** *f* TEL one-touch dialling (*Br*) *or* dialing (*US*), speed dial **Kurzwahlspeicher** *m* TEL speed-dial number memory **Kurzwaren** *pl* haberdashery

(*Br*), notions *pl* (*US*) **kurzweilig** [-vailɪç] *adj* entertaining **Kurzwelle** *f* RADIO short wave **Kurzzeitgedächtnis** *nt* short-term memory **kurzzeitig** I *adj* (≈ *für kurze Zeit*) short, brief II *adv* for a short time, briefly **Kurzzeitspeicher** *m* short-term memory

kuschelig ['kʊʃəlɪç] (*infml*) *adj* cosy (*Br*), cozy (*US*) **kuscheln** ['kʊʃln] I *v/i* to cuddle (*mit* with) II *v/r sich an jdn ~* to snuggle up to sb; *sich in etw* (*acc*) *~* to snuggle up in sth **Kuschelrock** *m* (MUS *infml*) soft rock **Kuschelsex** *m* loving sex **Kuscheltier** *nt* cuddly toy

kuschen ['kʊʃn] *v/i* (*Hund etc*) to get down; (*fig*) to knuckle under

Kusine [ku'ziːnə] *f* ⟨*-, -n*⟩ cousin

Kuss [kʊs] *m* ⟨*-es, ⸚e* ['kʏsə]⟩ kiss **küssen** ['kʏsn] I *v/t* & *v/i* to kiss II *v/r* to kiss (each other) **Kusshand** *f jdm eine ~ zuwerfen* to blow sb a kiss

Küste ['kʏstə] *f* ⟨*-, -n*⟩ coast; (≈ *Ufer*) shore **Küstengebiet** *nt* coastal area **Küstengewässer** *pl* coastal waters *pl* **Küstenschifffahrt** *f* coastal shipping **Küstenwache** *f*, **Küstenwacht** *f* coastguard

Kutsche ['kʊtʃə] *f* ⟨*-, -n*⟩ coach; (*infml* ≈ *Auto*) jalopy (*infml*) **Kutscher** ['kʊtʃɐ] *m* ⟨*-s, -*⟩, **Kutscherin** [-ərɪn] *f* ⟨*-, -nen*⟩ coachman, driver **kutschieren** [kʊ'tʃiːrən] *past part* **kutschiert** I *v/i aux sein* to drive II *v/t* to drive; *jdn im Auto durch die Gegend ~* to drive sb around

Kutte ['kʊtə] *f* ⟨*-, -n*⟩ habit

Kuttel ['kʊtl] *f* ⟨*-, -n*⟩ *usu pl* (*S Ger, Aus, Swiss*) entrails *pl*

Kutter ['kʊtɐ] *m* ⟨*-s, -*⟩ NAUT cutter

Kuvert [ku'veːɐ, ku'veːɐ, ku'vɛrt] *nt* ⟨*-s, -s or (bei dt. Aussprache)* -(*e*)*s, -e*⟩ (≈ *Briefkuvert*) envelope

Kuwait [ku'vait, 'kuːvait] *nt* ⟨*-s*⟩ Kuwait **kuwaitisch** [ku'vaitɪʃ, 'kuːvaitɪʃ] *adj* Kuwaiti

Kybernetik [kybɐ'neːtɪk] *f* ⟨*-, no pl*⟩ cybernetics *sg* **kybernetisch** [kybɐ'neːtɪʃ] *adj* cybernetic

kyrillisch [ky'rɪlɪʃ] *adj* Cyrillic

L

L, I [ɛl] nt ⟨-, -⟩ L, l
Label ['leːbl] nt ⟨-s, -⟩ label
labern ['laːbɐn] (infml) **I** v/i to prattle (on or away) (infml) **II** v/t to talk
labil [la'biːl] adj unstable; Gesundheit delicate; Kreislauf poor **Labilität** [labili-'tɛːt] f ⟨-, no pl⟩ instability
Labor [la'boːɐ] nt ⟨-s, -s or -e⟩ laboratory **Laborant** [labo'rant] m ⟨-en, -en⟩, **Laborantin** [-'rantɪn] f ⟨-, -nen⟩ lab(oratory) technician
Labrador [labra'doːɐ] m ⟨-s, -e⟩ ZOOL labrador
Labyrinth [laby'rɪnt] nt ⟨-(e)s, -e⟩ labyrinth
Lachanfall m laughing fit
Lache¹ ['laxə, 'laːxə] f ⟨-, -n⟩ (≈ Pfütze) puddle
Lache² ['laxə] f ⟨-, -n⟩ (infml) laugh **lächeln** ['lɛçln] v/i to smile; freundlich ~ to give a friendly smile **Lächeln** nt ⟨-s, no pl⟩ smile **lachen** ['laxn] **I** v/i to laugh (über +acc at); jdn zum Lachen bringen to make sb laugh; zum Lachen sein (≈ lustig) to be hilarious; (≈ lächerlich) to be laughable; mir ist nicht zum Lachen (zumute) I'm in no laughing mood; dass ich nicht lache! (infml) don't make me laugh! (infml); du hast gut ~! it's all right for you to laugh! (infml); wer zuletzt lacht, lacht am besten (prov) he who laughs last, laughs longest (prov); ihm lachte das Glück fortune smiled on him **II** v/t da gibt es gar nichts zu ~ that's nothing to laugh about; was gibt es denn da zu ~? what's so funny about that?; er hat bei seiner Frau nichts zu ~ (infml) he has a hard time of it with his wife; das wäre doch gelacht it would be ridiculous **Lachen** nt ⟨-s, no pl⟩ laughter; (≈ Art des Lachens) laugh **Lacher** ['laxɐ] m ⟨-s, -⟩ **1.** die ~ auf seiner Seite haben to have the last laugh **2.** (infml ≈ Lache) laugh **Lacherfolg** m ein ~ sein to make everybody laugh **lächerlich** ['lɛçɐlɪç] adj **1.** ridiculous; (≈ komisch) comical; jdn/etw ~ machen to make sb/sth look silly; jdn/ sich ~ machen to make a fool of sb/ oneself; etw ins Lächerliche ziehen to

make fun of sth **2.** (≈ geringfügig) Anlass trivial; Preis ridiculously low **Lächerlichkeit** f ⟨-, -en⟩ **1.** no pl absurdity; jdn der ~ preisgeben to make a laughing stock of sb **2.** (≈ Geringfügigkeit) triviality **Lachgas** nt laughing gas **lachhaft** adj ridiculous **Lachkrampf** m einen ~ bekommen to go (off) into fits of laughter
Lachs [laks] m ⟨-es, -e⟩ salmon **lachsfarben** [-farbn] adj salmon pink **Lachsforelle** f salmon or sea trout **Lachsschinken** m smoked, rolled fillet of ham
Lack [lak] m ⟨-(e)s, -e⟩ varnish; (≈ Autolack) paint; (für Lackarbeiten) lacquer **Lackarbeit** f lacquerwork **Lackfarbe** f gloss paint **lackieren** [la'kiːrən] past part **lackiert** v/t & v/i Holz to varnish; Fingernägel auch to paint; Auto to spray **Lackierer** [la'kiːrɐ] m ⟨-s, -⟩, **Lackiererin** [-ərɪn] f ⟨-, -nen⟩ varnisher; (von Autos) sprayer **Lackiererei** [lakiːrə'rai] f ⟨-, -en⟩ (≈ Autolackiererei) paint shop **Lackierung** f ⟨-, -en⟩ (von Auto) paintwork; (≈ Holzlackierung) varnish; (für Lackarbeiten) lacquer **Lackleder** nt patent leather
Lackmuspapier ['lakmʊs-] nt litmus paper
ladbar adj IT loadable **Ladefläche** f load area **Ladegerät** nt battery charger **Ladehemmung** f das Gewehr hat ~ the gun is jammed
laden¹ ['laːdn] pret **lud** [luːt], past part **geladen** [gə'laːdn] v/t to load; (≈ wieder aufladen) Batterie, Akku to recharge; PHYS to charge; der Lkw hat zu viel geladen the lorry is overloaded; Verantwortung auf sich (acc) ~ to saddle oneself with responsibility; → **geladen II** v/i **1.** to load (up) **2.** PHYS to charge **laden²** pret **lud** [luːt], past part **geladen** [gə'laːdn] v/t **1.** (liter ≈ einladen) to invite; nur für geladene Gäste by invitation only **2.** (form: vor Gericht) to summon
Laden¹ ['laːdn] m ⟨-s, ⸚ ['lɛːdn]⟩ (≈ Geschäft) shop (esp Br), store (US); der ~ läuft (infml) business is good; den ~ schmeißen (infml) to run the show;

den (ganzen) ~ hinschmeißen (*infml*) to chuck the whole thing in (*infml*)

Laden² *m* ⟨**-s**, ⸚ *or* -⟩ (≈ *Fensterladen*) shutter

Ladendieb(in) *m/(f)* shoplifter **Ladendiebstahl** *m* shoplifting **Ladenhüter** *m* non-seller **Ladenkette** *f* chain of shops (*esp Br*) or stores **Ladenpreis** *m* shop (*esp Br*) or store (*US*) price **Ladenschluss** *m* **um fünf Uhr ist ~** the shops (*esp Br*) or stores (*US*) shut at five o'clock **Ladenschlusszeit** *f* (shop (*esp Br*) or store (*US*)) closing time **Ladentisch** *m* shop counter; **über den/unter dem ~** over/under the counter

Ladeplatz *m* loading bay **Laderampe** *f* loading ramp **Laderaum** *m* load room; AVIAT, NAUT hold

lädieren [lɛ'diːrən] *past part* **lädiert** *v/t* to damage; *Körperteil* to injure; **sein lädiertes Image** his tarnished image

Ladung ['laːdʊŋ] *f* ⟨-, **-en**⟩ **1.** load; (*von Sprengstoff*) charge; **eine geballte ~ von Schimpfwörtern** a whole torrent of abuse **2.** (≈ *Vorladung*) summons *sg*

Lage ['laːgə] *f* ⟨-, **-n**⟩ **1.** (≈ *geografische Lage*) situation; **in günstiger ~** well-situated; **eine gute/ruhige ~ haben** to be in a good/quiet location **2.** (≈ *Art des Liegens*) position **3.** (≈ *Situation*) situation; **in der ~ sein, etw zu tun** (*befähigt sein*) to be able to do sth; **dazu bin ich nicht in der ~** I'm not in a position to do that; **nach ~ der Dinge** as things stand **4.** (≈ *Schicht*) layer **5.** (≈ *Runde*) round **Lagebericht** *m*; MIL situation report

Lagenschwimmen *nt* SPORTS individual medley **Lagenstaffel** *f* SPORTS medley relay; (≈ *Mannschaft*) medley relay team

Lageplan *m* ground plan

Lager ['laːgɐ] *nt* ⟨**-s**, -⟩ **1.** (≈ *Unterkunft*) camp; **sein ~ aufschlagen** to set up camp **2.** (*fig*) (≈ *Partei*) camp; **ins andere ~ überwechseln** to change camps **3.** *pl also* **Läger** ['lɛːgɐ] (≈ *Vorratsraum*) store(room); (*von Laden*) stockroom; (≈ *Lagerhalle*) warehouse; **am ~ sein** to be in stock; **etw auf ~ haben** to have sth in stock; (*fig*) *Witz etc* to have sth on tap (*infml*) **4.** TECH bearing **Lagerfeuer** *nt* campfire **Lagergebühr** *f*, **Lagergeld** *nt* storage charge **Lagerhalle** *f* warehouse **Lagerhaus** *nt* warehouse **Lagerleben** *nt* camp life **Lagerleiter(in)**

m/(f) camp commander; (*in Ferienlager etc*) camp leader **lagern** ['laːgɐn] **I** *v/t* **1.** (≈ *aufbewahren*) to store; **kühl ~!** keep in a cool place **2.** (≈ *hinlegen*) *jdn* to lay down; *Bein etc* to rest; **das Bein hoch ~** to put one's leg up; → **gelagert II** *v/i* **1.** (*Waren etc*) to be stored **2.** (*Truppen etc*) to camp, to be encamped **Lagerraum** *m* storeroom; (*in Geschäft*) stockroom **Lagerstätte** *f* GEOL deposit **Lagerung** ['laːgərʊŋ] *f* ⟨-, **-en**⟩ storage

Lagune [la'guːnə] *f* ⟨-, **-n**⟩ lagoon

lahm [laːm] *adj* **1.** (≈ *gelähmt*) lame; **er ist auf dem linken Bein ~** he is lame in his left leg **2.** (*infml* ≈ *langweilig*) dreary; *Ausrede* lame; *Geschäftsgang* slow **Lahmarsch** *m* (*infml*) slowcoach (*Br infml*), slowpoke (*US infml*) **lahmarschig** [-|arʃɪç] *adj* (*infml*) bloody (*Br infml*) *or* damn (*infml*) slow **lahmen** ['laːmən] *v/i* to be lame (*auf +dat* in) **lähmen** ['lɛːmən] *v/t* to paralyze; *Verhandlungen, Verkehr* to hold up; → **gelähmt lahmlegen** *v/t sep* *Verkehr* to bring to a standstill; *Stromversorgung* to paralyze **Lähmung** ['lɛːmʊŋ] *f* ⟨-, **-en**⟩ (*lit*) paralysis; (*fig*) immobilization

Laib [laɪp] *m* ⟨**-(e)s**, **-e** [-bə]⟩ (*esp S Ger*) loaf

Laibchen ['laɪbçən] *nt* ⟨**-s**, -⟩, **Laiberl** ['laɪbɐl] *nt* ⟨**-s**, -⟩ (*Aus*) (≈ *Teiggebäck*) round loaf; (≈ *Fleischspeise*) ≈ (ham)burger

Laich [laɪç] *m* ⟨**-(e)s**, **-e**⟩ spawn **laichen** ['laɪçn] *v/i* to spawn

Laie ['laɪə] *m* ⟨**-n**, **-n**⟩ layman **Laiendarsteller(in)** *m/(f)* amateur actor/actress **laienhaft I** *adj* *Arbeit* amateurish **II** *adv spielen* amateurishly

Lakai [la'kai] *m* ⟨**-en**, **-en**⟩ lackey

Lake ['laːkə] *f* ⟨-, **-n**⟩ brine

Laken ['laːkn] *nt* ⟨**-s**, -⟩ sheet

lakonisch [la'koːnɪʃ] **I** *adj* laconic **II** *adv* laconically

Lakritz [la'krɪts] *m* ⟨**-es**, **-e**⟩ (*dial*), **Lakritze** [la'krɪtsə] *f* ⟨-, **-n**⟩ liquorice (*Br*), licorice

lallen ['lalən] *v/t & v/i* to babble

Lama¹ ['laːma] *nt* ⟨**-s**, **-s**⟩ ZOOL llama

Lama² *m* ⟨**-(s)**, **-s**⟩ REL lama

Lamelle [la'mɛlə] *f* ⟨-, **-n**⟩ **1.** BIOL lamella **2.** (*von Jalousien*) slat

lamentieren [lamɛn'tiːrən] *past part* **lamentiert** *v/i* to moan, to complain

Lametta [la'mɛta] *nt* ⟨**-s**, *no pl*⟩ lametta

Laminat [lami'naːt] nt ⟨-s, -e⟩ laminate
Lamm [lam] nt ⟨-(e)s, ̈-er ['lɛmɐ]⟩ lamb
Lammbraten m roast lamb **Lammfell** nt
lambskin **Lammfleisch** nt lamb **lammfromm** adj Miene innocent
Lampe ['lampə] f ⟨-, -n⟩ light; (≈ Stehlampe, Tischlampe) lamp; (≈ Glühlampe) bulb **Lampenfieber** nt stage fright
Lampenschirm m lampshade **Lampion**
[lam'piõː, lam'piɔŋ] m ⟨-s, -s⟩ Chinese
lantern
lancieren [lã'siːrən] past part **lanciert** v/t
Produkt to launch; Nachricht to put out
Land [lant] nt ⟨-(e)s, ̈-er ['lɛndɐ]⟩ **1.** (≈
Gelände, Festland) land; (≈ Landschaft)
country, landscape; **an ~ gehen** to go
ashore; **etw an ~ ziehen** to pull sth
ashore; **einen Auftrag an ~ ziehen**
(infml) to land an order; **~ in Sicht!** land
ahoy!; **bei uns zu ~e** in our country **2.** (≈
ländliches Gebiet) country; **auf dem ~(e)**
in the country **3.** (≈ Staat) country; (≈
Bundesland) (in BRD) Land, state; (in
Österreich) province **Landammann** m
(Swiss) highest official in a Swiss canton
Landarbeiter(in) m/(f) agricultural
worker **Landarzt** m, **Landärztin** f country doctor **Landbesitz** m landholding
Landbesitzer(in) m/(f) landowner
Landbevölkerung f rural population
Landeanflug m approach **Landebahn** f
runway **Landebrücke** f jetty **Landeerlaubnis** f permission to land **Landefähre** f SPACE landing module **landen**
['landn] **I** v/i aux sein to land; (infml)
(≈ enden) to land up; **weich ~** to make
a soft landing **II** v/t to land
Landenge f isthmus
Landepiste f landing strip **Landeplatz** m
(für Flugzeuge) landing strip; (für Schiffe) landing place **Landerecht** nt AVIAT
landing rights pl
Ländereien [lɛndə'raiən] pl estates pl
Länderkampf m SPORTS international
contest; (≈ Länderspiel) international
(match) **Länderspiel** nt international
(match) **Landesebene** f **auf ~** at state
level **Landesgrenze** f (von Staat) national boundary; (von Bundesland)
state or (Aus) provincial boundary **Landeshauptfrau** f, **Landeshauptmann** m
(Aus) head of the government of a province **Landesinnere(s)** nt decl as adj interior **Landeskunde** f knowledge of the/a
country **Landesregierung** f government of a Land; (Aus) provincial government **Landessprache** f national language **Landesteil** m region **landesüblich** adj customary **Landesverrat** m
treason **Landesverteidigung** f national
defence (Br) or defense (US) **Landeswährung** f national or local currency
Landeszentralbank f, pl -banken State
Central Bank
Landeverbot nt **~ erhalten** to be refused
permission to land
Landflucht f migration from the land
Landfriedensbruch m JUR breach of
the peace **Landgang** m, pl -gänge shore
leave **Landgericht** nt district court **landgestützt** [-gəʃtʏtst] adj Raketen land-based **Landgut** nt estate **Landhaus** nt
country house **Landkarte** f map **Landklima** nt continental climate **Landkreis**
m administrative district **ländläufig** **I**
adj popular; **entgegen der ~en Meinung** contrary to popular opinion **II**
adv commonly **Landleben** nt country
life **ländlich** ['lɛntlɪç] adj rural; Tanz
country attr, folk attr **Landluft** f country
air **Landmine** f land mine **Landplage** f
plague; (fig infml) pest
Landrat¹ m (Swiss) cantonal parliament
Landrat² m, **Landrätin** f (Ger) head of the
administration of a Landkreis
Landratte f (hum) landlubber **Landregen** m steady rain **Landschaft**
['lantʃaft] f ⟨-, -en⟩ scenery no pl; (≈
ländliche Gegend) countryside; (Gemälde, fig) landscape; **die politische ~**
the political scene **landschaftlich**
['lantʃaftlɪç] adj Schönheiten etc scenic;
Besonderheiten regional **Landschaftsbild** nt view; (Gemälde) landscape
(painting); (Fotografie) landscape (photograph) **Landschaftsgärtner(in)** m/(f)
landscape gardener **Landschaftsschutz** m protection of the countryside
Landschaftsschutzgebiet nt nature reserve **Landsitz** m country seat **Landsmann** m, pl **-leute**, **Landsmännin**
[-mɛnɪn] f ⟨-, -nen⟩ compatriot **Landstraße** f country road **Landstreicher**
[-ʃtraiçɐ] m ⟨-s, -⟩, **Landstreicherin**
[-ərɪn] f ⟨-, -nen⟩ (pej) tramp **Landstreitkräfte** pl land forces pl **Landstrich**
m area **Landtag** m Landtag (state parliament) **Landtagswahlen** pl German regional elections pl
Landung ['landʊŋ] f ⟨-, -en⟩ landing **Lan-**

dungsbrücke *f* jetty **Landungssteg** *m* landing stage

Landurlaub *m* shore leave **Landvermessung** *f* land surveying **Landweg** *m* **auf dem** ~ by land **Landwein** *m* homegrown wine **Landwirt(in)** *m*/(*f*) farmer **Landwirtschaft** *f* agriculture; (*Betrieb*) farm; ~ **betreiben** to farm **landwirtschaftlich** *adj* agricultural **Landzunge** *f* spit (of land), promontory

lang [laŋ] **I** *adj*, *comp* ⸚**er** ['lɛŋɐ], *sup* ⸚**ste(r, s)** ['lɛŋstə] **1.** long; **vor** ~**er Zeit** a long time ago **2.** (*infml* ≈ *groß*) *Mensch* tall **II** *adv*, *comp* ⸚**er**, *sup* **am** ⸚**sten der** ~ **erwartete Regen** the long-awaited rain; ~ **gehegt** *Wunsch* long-cherished; ~ **gestreckt** long; **zwei Stunden** ~ for two hours; **mein ganzes Leben** ~ all my life **langärmelig** *adj* long-sleeved **langatmig** [-|a:tmɪç] **I** *adj* long-winded **II** *adv* in a long-winded way **lange** ['laŋə] *adv*, *comp* ⸚**er** ['lɛŋɐ], *sup* **am längsten** ['lɛŋstn] **1.** (*zeitlich*) a long time; **wie** ~ **bist du schon hier?** how long have you been here (for)?; **es ist noch gar nicht** ~ **her, dass** ... it's not long since we ...; **je länger, je lieber** the more the better; (*zeitlich*) the longer the better **2.** (*infml* ≈ *längst*) **noch** ~ **nicht** not by any means **Länge** ['lɛŋə] *f* ⟨-, -*n*⟩ **1.** length; (*infml: von Mensch*) height; **eine** ~ **von 10 Metern haben** to be 10 metres (*Br*) *or* meters (*US*) long; **der** ~ **nach hinfallen** to fall flat; **in die** ~ **schießen** to shoot up; **etw in die** ~ **ziehen** to drag sth out (*infml*); **sich in die** ~ **ziehen** to go on and on; (*jdm*) **um** ~**n voraus sein** (*fig*) to be streets ahead (of sb) **2.** GEOG longitude **3.** (*in Buch*) long-drawn-out passage; (*in Film*) long-drawn-out scene **langen** ['laŋən] (*dial infml*) **I** *v*/*i* **1.** (≈ *sich erstrecken, greifen*) to reach (*nach* for, *in* +*acc* in, into) **2.** (≈ *fassen*) to touch (*an etw* (*acc*) sth) **3.** (≈ *ausreichen*) to be enough; **mir langt es** I've had enough; **das Geld langt nicht** there isn't enough money **II** *v*/*t* (≈ *reichen*) **jdm etw** ~ to give sb sth; **jdm eine** ~ to give sb a clip on the ear (*infml*) **Längengrad** *m* degree of longitude; (*a.* **Längenkreis**) meridian **Längenmaß** *nt* measure of length **längerfristig** [-frɪstɪç] **I** *adj* longer-term **II** *adv* in the longer term

Langeweile ['laŋəvailə, laŋə'vailə] *f*, *gen*

- *or* **langen Weile** ['laŋənvailə], *dat* - *or* **langer Weile** ['laŋɐvailə] *no pl* boredom; ~ **haben** to be bored

langfristig [-frɪstɪç] **I** *adj* long-term **II** *adv* in the long term **langgehen** *sep irr, aux sein* **I** *v*/*i* **1.** (*Weg etc*) **wo gehts hier lang?** where does this (road *etc*) go? **2.** **sie weiß, wo es langgeht** she knows what's what **II** *v*/*t* to go along **langgestreckt** *adj* long **langhaarig** *adj* long-haired **Langhantel** *f* barbell **langjährig** *adj* *Freundschaft, Gewohnheit* long-standing; *Erfahrung* many years of; *Mitarbeiter* of many years' standing **Langlauf** *m* SKI cross-country (skiing) **Langläufer(in)** *m*/(*f*) SKI cross-country skier **langlebig** [-le:bɪç] *adj* long-lasting; *Gerücht* persistent; *Mensch, Tier* long-lived **Langlebigkeit** ['lɛŋlɪç] *adj* long **Langmut** ['laŋmu:t] *f* ⟨-, *no pl*⟩ forbearance **langmütig** ['laŋmy:tɪç] *adj* forbearing **längs** [lɛŋs] **I** *adv* lengthways; ~ **gestreift** *Stoff* with lengthways stripes **II** *prep* +*gen* along; ~ **des Flusses** along the river **Längsachse** *f* longitudinal axis

langsam ['laŋza:m] **I** *adj* slow **II** *adv* slowly; ~, **aber sicher** slowly but surely; **es wird** ~ **Zeit, dass** ... it's high time that ...; **ich muss jetzt** ~ **gehen** I must be getting on my way; ~ **reicht es mir** I've just about had enough **Langsamkeit** *f* ⟨-, *no pl*⟩ slowness

Langschläfer [-ʃle:fɐ] *m* ⟨-**s**, -⟩, **Langschläferin** [-ərɪn] *f* ⟨-, -**nen**⟩ late-riser **längsgestreift** *adj* → **längs**

Langspielplatte *f* long-playing record **längst** [lɛŋst] *adv* (≈ *schon lange*) for a long time; (≈ *vor langer Zeit*) a long time ago; **als wir ankamen, war der Zug** ~ **weg** when we arrived the train had long since gone **längstens** ['lɛŋstns] *adv* **1.** (≈ *höchstens*) at the most **2.** (≈ *spätestens*) at the latest **längste(r, s)** ['lɛŋstə] *sup*; → **lang**

Langstreckenflugzeug *nt* long-range aircraft **Langstreckenlauf** *m* (*Disziplin*) long-distance running; (*Wettkampf*) long-distance race **Langstreckenrakete** *f* long-range missile

Languste [laŋ'gʊstə] *f* ⟨-, -*n*⟩ crayfish, crawfish (*US*)

langweilen ['laŋvailən] *insep* **I** *v*/*t* to bore **II** *v*/*r* to be bored; **sich zu Tode** ~ to be bored to death; → **gelangweilt** Langweiler ['laŋvailɐ] m ⟨-s, -⟩, **Langweilerin** [-ərın] f ⟨-, -nen⟩ bore; (≈ langsamer Mensch) slowcoach (Br infml), slowpoke (US infml) **langweilig** ['laŋvailıç] adj boring

Langwelle f long wave **langwierig** ['laŋviːrıç] I adj long II adv over a long period **Langzeitarbeitslose(r)** m/f(m) decl as adj **die ⁓n** the long-term unemployed **Langzeitarbeitslosigkeit** f long-term unemployment **Langzeitgedächtnis** nt long-term memory

Lanolin [lano'liːn] nt ⟨-s, no pl⟩ lanolin **Lanze** ['lantsə] f ⟨-, -n⟩ (≈ Waffe) lance **La Ola** [la'|oːla] f ⟨-, -s⟩, **La-Ola-Welle** [la-'|oːla] f SPORTS Mexican wave

Laos ['laːɔs] nt ⟨-'⟩ Laos **laotisch** [la-'oːtıʃ] adj Laotian

lapidar [lapi'daːɐ] I adj succinct II adv succinctly

Lappalie [la'paːliə] f ⟨-, -n⟩ trifle

Lappe ['lapə] m ⟨-n, -n⟩, **Lappin** ['lapın] f ⟨-, -nen⟩ Lapp, Lapplander

Lappen ['lapn] m ⟨-s, -⟩ (≈ Stück Stoff) cloth; (≈ Waschlappen) face cloth (Br), washcloth (US); **jdm durch die ⁓ gehen** (infml) to slip through sb's fingers

läppern ['lɛpɐn] v/r impers (infml) **es läppert sich** it (all) mounts up

läppisch ['lɛpıʃ] adj silly

Lappland ['laplant] nt ⟨-s⟩ Lapland

Lapsus ['lapsʊs] m ⟨-, - ['lapsuːs]⟩ mistake; (gesellschaftlich) faux pas

Laptop ['lɛptɔp] m ⟨-s, -s⟩ IT laptop

Lärche ['lɛrçə] f ⟨-, -n⟩ larch

Lärm [lɛrm] m ⟨-(e)s, no pl⟩ noise; (≈ Aufsehen) fuss; **⁓ schlagen** (fig) to kick up a fuss; **viel ⁓ um jdn/etw machen** to make a big fuss about sb/sth **Lärmbekämpfung** f noise abatement **Lärmbelästigung** f noise pollution **lärmen** ['lɛrmən] v/i to make a noise; **⁓d** noisy **Lärmschutz** m noise prevention **Lärmschutzwall** m, **Lärmschutzwand** f sound barrier

Larve ['larfə] f ⟨-, -n⟩ (≈ Tierlarve) larva

Lasagne [la'zanjə] pl lasagne sg

lasch [laʃ] (infml) I adj Gesetz, Kontrolle, Eltern lax; Vorgehen feeble II adv (≈ nicht streng) in a lax way; vorgehen feebly

Lasche ['laʃə] f ⟨-, -n⟩ (≈ Schlaufe) loop; (≈ Schuhlasche) tongue; TECH splicing plate

Laser ['leːzɐ] m ⟨-s, -⟩ laser **Laserchirur-**gie f laser surgery **Laserdrucker** m TYPO laser (printer) **Laserpistole** f laser gun; (bei Geschwindigkeitskontrollen) radar gun **Laserstrahl** m laser beam **Lasertechnik** f, no pl laser technology **Laserwaffe** f laser weapon

lasieren [la'ziːrən] past part **lasiert** v/t Bild, Holz to varnish; Glas to glaze

lassen ['lasn] pret **ließ** [liːs], past part **gelassen** [gə'lasn] I modal aux, past part **lassen** ... (≈ veranlassen) **etw tun ⁓** to have sth done; **jdm mitteilen ⁓, dass ...** to let sb know that ...; **er lässt Ihnen mitteilen, dass ...** he wants you to know that ...; **jdn rufen** or **kommen ⁓** to send for sb **2.** (≈ zulassen) **warum hast du das Licht brennen ⁓?** why did you leave the light on?; **jdn warten ⁓** to keep sb waiting **3.** (≈ erlauben) to let; **jdn etw sehen ⁓** to let sb see sth; **ich lasse mich nicht zwingen** I won't be coerced; **lass mich machen!** let me do it!; **lass das sein!** don't (do it)!; (≈ hör auf) stop it!; **das Fenster lässt sich leicht öffnen** the window opens easily; **das Wort lässt sich nicht übersetzen** the word can't be translated; **das lässt sich machen** that can be done; **daraus lässt sich schließen, dass ...** one can conclude from this that ... **4.** (im Imperativ) **lass uns gehen!** let's go!; **lass es dir gut gehen!** take care of yourself!; **lass ihn nur kommen!** just let him come! II v/t **1.** (≈ unterlassen) to stop; (≈ momentan aufhören) to leave; **lass das!** don't do it!; (≈ hör auf) stop that!; **⁓ wir das!** let's leave it!; **er kann das Trinken nicht ⁓** he can't stop drinking **2.** (≈ belassen) to leave; **jdn allein ⁓** to leave sb alone; **lass mich (los)!** let me go!; **lass mich (in Ruhe)!** leave me alone!; **das muss man ihr ⁓** (≈ zugestehen) you've got to give her that; **etw ⁓, wie es ist** to leave sth (just) as it is III v/i von jdm/etw (≈ ablassen) to give sb/sth up; **lass mal, ich mach das schon** leave it, I'll do it

lässig ['lɛsıç] I adj (≈ ungezwungen) casual; (≈ nachlässig) careless; (infml ≈ gekonnt) cool (infml) II adv (≈ ungezwungen) casually; (infml ≈ leicht) easily

Lasso ['laso] m or nt ⟨-s, -s⟩ lasso

Last [last] f ⟨-, -en⟩ **1.** load; (≈ Gewicht) weight **2.** (fig ≈ Bürde) burden; **jdm zur ⁓ fallen/werden** to be/become a burden on sb; **die ⁓ des Amtes** the weight of office; *jdm etw zur ~ legen* to accuse sb of sth; *das geht zu ~en der Sicherheit im Lande* that is detrimental to national security **3. Lasten** *pl* (≈ *Kosten*) costs; (*des Steuerzahlers*) charges **lasten** ['lastn] *v/i* to weigh heavily (*auf +dat* on); *auf ihm lastet die ganze Verantwortung* all the responsibility rests on him **Lastenaufzug** *m* hoist

Laster[1] ['lastɐ] *m* ⟨-s, -⟩ (*infml* ≈ *Lastwagen*) truck

Laster[2] *nt* ⟨-s, -⟩ (≈ *Untugend*) vice **lasterhaft** *adj* depraved **lästerlich** ['lɛstɐlɪç] *adj* malicious; (≈ *gotteslästerlich*) blasphemous **lästern** ['lɛstɐn] *v/i* to bitch (*infml*); *über jdn/etw ~* to bitch about sb/sth (*infml*)

lästig ['lɛstɪç] *adj* tiresome; *Husten etc* troublesome; *jdm ~ sein* to bother sb; *etw als ~ empfinden* to think sth is annoying

Lastkahn *m* barge **Lastkraftwagen** *m* (*form*) heavy goods vehicle **Last-Minute-Angebot** *nt* late deal **Last-Minute-Flug** *m* standby flight **Lastschiff** *nt* freighter **Lastschrift** *f* debit; (*Eintrag*) debit entry **Lastschriftverfahren** *nt* direct debit **Lastwagen** *m* truck **Lastwagenfahrer(in)** *m/(f)* truck driver **Lastzug** *m* truck-trailer (*US*), juggernaut (*Br infml*)

Lasur [la'zuːɐ] *f* ⟨-, -en⟩ (*auf Holz*) varnish; (*auf Glas*) glaze

Latein [la'tain] *nt* ⟨-s⟩ Latin; *mit seinem ~ am Ende sein* to be stumped (*infml*) **Lateinamerika** *nt* Latin America **Lateinamerikaner(in)** *m/(f)* Latin American **lateinamerikanisch** *adj* Latin-American **lateinisch** [la'tainɪʃ] *adj* Latin

latent [la'tɛnt] *adj* latent

Laterne [la'tɛrnə] *f* ⟨-, -n⟩ lantern; (≈ *Straßenlaterne*) streetlight **Laternenpfahl** *m* lamppost

Latino [la'tiːno] *m* ⟨-s, -s⟩ Latin American, Latino (*esp US*) **Latinum** [la'tiːnʊm] *nt* ⟨-s, no pl⟩ *kleines/großes ~* basic/advanced Latin exam

latschen ['laːtʃn] *v/i aux sein* (*infml*) to wander **Latschen** ['laːtʃn] *m* ⟨-s, -⟩ (*infml*) (≈ *Hausschuh*) slipper; (*pej* ≈ *Schuh*) worn-out shoe

Latte ['latə] *f* ⟨-, -n⟩ **1.** (≈ *schmales Brett*) slat **2.** SPORTS bar; FTBL (cross)bar **3.** (*infml* ≈ *Liste*) *eine (ganze) ~ von Vor-*

strafen a whole string of previous convictions **Lattenrost** *m* duckboards *pl*; (*in Bett*) slatted frame **Lattenschuss** *m* FTBL shot against the bar **Lattenzaun** *m* wooden fence

Latz [lats] *m* ⟨-es, ⸚e ['lɛtsə]⟩ ⟨*or (Aus)* -e⟩ (≈ *Lätzchen*) bib; (≈ *Hosenlatz*) (front) flap; *jdm eins vor den ~ knallen* (*infml*) to sock sb one (*infml*) **Lätzchen** ['lɛtsçən] *nt* ⟨-s, -⟩ bib **Latzhose** *f* (pair of) dungarees *pl* (*Br*) or overalls *pl* (*US*)

lau [lau] **I** *adj* **1.** (≈ *mild*) *Wind* mild **2.** (≈ *lauwarm*) tepid; (*fig*) lukewarm **II** *adv* (≈ *mild*) *wehen* gently

Laub [laup] *nt* ⟨-(e)s [-bəs]⟩ *no pl* leaves *pl* **Laubbaum** *m* deciduous tree

Laube ['laubə] *f* ⟨-, -n⟩ **1.** (≈ *Gartenhäuschen*) summerhouse **2.** (≈ *Gang*) arbour (*Br*), arbor (*US*), pergola

Laubfrosch *m* (European) tree frog **Laubsäge** *f* fret saw **Laubwald** *m* deciduous wood *or* (*größer*) forest

Lauch [laux] *m* ⟨-(e)s, -e⟩ (*esp S Ger* ≈ *Porree*) leek

Laudatio [lau'daːtsio] *f* ⟨-, **Laudationes** [lauda'tsioːneːs]⟩ eulogy

Lauer ['lauɐ] *f* ⟨-, *no pl*⟩ *auf der ~ sein* or *liegen* to lie in wait **lauern** ['lauɐn] *v/i* to lurk, to lie in wait (*auf +acc* for)

Lauf [lauf] *m* ⟨-(e)s, **Läufe** ['lɔyfə]⟩ **1.** (≈ *schneller Schritt*) run; SPORTS race **2.** (≈ *Verlauf*) course; *im ~e der Zeit* in the course of time; *seiner Fantasie freien ~ lassen* to give free rein to one's imagination; *den Dingen ihren ~ lassen* to let things take their course; *das ist der ~ der Dinge* that's the way things go **3.** (≈ *Gang, Arbeit*) running, operation **4.** (≈ *Flusslauf*) course **5.** (≈ *Gewehrlauf*) barrel **Laufbahn** *f* career **Laufband** *nt*, *pl* **-bänder** (*in Flughafen etc*) travelator (*Br*), moving sidewalk (*US*); (≈ *Sportgerät*) treadmill **laufen** ['laufn] *pret* **lief** [liːf], *past part* **gelaufen** [gə'laufn] **I** *v/i aux sein* **1.** (≈ *rennen*) to run; (*infml* ≈ *gehen*) to go; (≈ *zu Fuß gehen*) to walk; *das Laufen lernen* to learn to walk **2.** (≈ *fließen*) to run **3.** (*Wasserhahn*) to leak; (*Wunde*) to weep **4.** (≈ *in Betrieb sein*) to run; (*Uhr*) to go; (≈ *funktionieren*) to work; *ein Programm ~ lassen* IT to run a program **5.** (≈ *gezeigt werden, Film, Stück*) to be on; *etw läuft gut/schlecht* sth is going well/badly; *die Sache ist gelaufen* (*infml*) it's in the bag (*infml*) **II** *v/t* **1.** *aux haben or sein* SPORTS *Rekordzeit* to run; *Rekord* to set **2.** *aux sein* (≈ *zu Fuß gehen*) to walk; (*schnell*) to run **III** *v/r sich warm ~* to warm up; *sich müde ~* to tire oneself out **laufend I** *adj attr* (≈ *ständig*) regular; (≈ *regelmäßig*) *Monat, Jahr* current; *~e Nummer* serial number; (*von Konto*) number; *jdn auf dem Laufenden halten* to keep sb up-to-date *or* informed; *mit etw auf dem Laufenden sein* to be up-to-date on sth **II** *adv* continually **laufen lassen** *past part* **laufen lassen** *or* (*rare*) **laufen gelassen** *v/t irr* (*infml*) *jdn* ~ to let sb go **Läufer** ['lɔyfɐ] *m* ‹**-s, -**› **1.** CHESS bishop **2.** (*Teppich*) rug **Läufer** ['lɔyfɐ] *m* ‹**-s, -**›, **Läuferin** [-ərɪn] *f* ‹**-, -nen**› SPORTS runner **Lauferei** [laufə'rai] *f* ‹**-, -en**› (*infml*) running about *no pl* **Lauffeuer** *nt sich wie ein ~ verbreiten* to spread like wildfire **läufig** ['lɔyfɪç] *adj* in heat **Laufkundschaft** *f* occasional customers *pl* **Laufmasche** *f* ladder (*Br*), run **Laufpass** *m jdm den ~ geben* (*infml*) to give sb his marching orders (*infml*) **Laufschritt** *m* trot; *im ~* MIL at the double **Laufschuh** *m* (*infml*) walking shoe **Laufstall** *m* playpen; (*für Tiere*) pen **Laufsteg** *m* catwalk **Laufwerk** *nt* IT drive **Laufzeit** *f* **1.** (*von Vertrag*) term; (*von Kredit*) period **2.** (*von Maschine* ≈ *Betriebszeit*) running time

Lauge ['laugə] *f* ‹**-, -n**› CHEM lye; (≈ *Seifenlauge*) soapy water **Laugenbrezel** *f* pretzel stick

Lauheit ['lauhait] *f* ‹**-, no pl**› (*von Wind, Abend*) mildness

Laune ['launə] *f* ‹**-, -n**› **1.** (≈ *Stimmung*) mood; (*je*) *nach* (*Lust und*) ~ just as the mood takes one; *gute/schlechte ~ haben* to be in a good/bad mood **2.** (≈ *Grille, Einfall*) whim; *etw aus einer ~ heraus tun* to do sth on a whim **launenhaft, launisch** ['launɪʃ] *adj* moody; (≈ *unberechenbar*) capricious; *Wetter* changeable

Laus [laus] *f* ‹**-, Läuse** ['lɔyzə]› louse; *ihm ist* (*wohl*) *eine ~ über die Leber gelaufen* (*infml*) something's eating at him (*infml*)

Lauschangriff *m* bugging operation (*gegen* on) **lauschen** ['lauʃn] *v/i* **1.** (*elev*) to listen (+*dat, auf* +*acc* to) **2.** (≈ *heimlich zuhören*) to eavesdrop

lausen ['lauzn] *v/t* to delouse; *ich glaub, mich laust der Affe!* (*infml*) well I'll be blowed! (*Br infml*) **lausig** ['lauzɪç] (*infml*) **I** *adj* lousy (*infml*); *Kälte* freezing **II** *adv* awfully

laut[1] [laut] **I** *adj* loud; (≈ *lärmend*) noisy; *er wird immer gleich ~* he always gets obstreperous; *etw ~ werden lassen* (≈ *bekannt*) to make sth known **II** *adv* loudly; *~ auflachen* to laugh out loud; *~ nachdenken* to think aloud; *das kannst du aber ~ sagen* (*fig infml*) you can say that again

laut[2] *prep* +*gen or* +*dat* (*elev*) according to

Laut [laut] *m* ‹**-(e)s, -e**› sound **lauten** ['lautn] *v/i* to be; (*Rede*) to go; (*Schriftstück*) to read; *auf den Namen ... ~* (*Pass*) to be in the name of ...

läuten ['lɔytn] *v/t & v/i* to ring; (*Wecker*) to go (off); *es hat geläutet* the bell rang; *er hat davon* (*etwas*) *~ hören* (*infml*) he has heard something about it

lauter[1] ['lautɐ] *adj inv* (≈ *nur*) nothing but; *~ Unsinn* pure nonsense; *vor ~ Rauch kann man nichts sehen* you can't see anything for all the smoke **lauter**[2] *adj* (*elev* ≈ *aufrichtig*) honourable (*Br*), honorable (*US*); *~er Wettbewerb* fair competition

lauthals ['lauthals] *adv* at the top of one's voice **lautlos I** *adj* silent **II** *adv* silently **Lautmalerei** *f* onomatopoeia **lautmalerisch** *adj* onomatopoeic **Lautschrift** *f* phonetics (*pl*) **Lautsprecher** *m* (loud)speaker **Lautsprecheranlage** *f öffentliche ~* PA system **lautstark I** *adj* loud; *Protest* vociferous **II** *adv* loudly; *protestieren auch* vociferously **Lautstärke** *f* **1.** loudness **2.** RADIO, TV *etc* volume **Lautstärkeregler** *m* RADIO, TV volume control

lauwarm *adj* slightly warm; *Flüssigkeit* lukewarm; (*fig*) lukewarm

Lava ['laːva] *f* ‹**-, Laven** ['laːvn]› lava

Lavabo ['laːvabo] *nt* ‹**-(s), -s**› (*Swiss*) washbasin

Lavendel [la'vɛndl] *m* ‹**-s, -**› lavender

Lawine [la'viːnə] *f* ‹**-, -n**› avalanche **lawinenartig** *adj* like an avalanche; *~ anwachsen* to snowball **Lawinengefahr** *f* danger of avalanches **lawinensicher** *adv* gebaut to withstand avalanches **Lawinenwarnung** *f* avalanche warning

lax [laks] **I** *adj* lax **II** *adv* laxly **Laxheit** *f* ‹**-,**

no pl⟩ laxity

Layout *nt* ⟨**-s, -s**⟩, **Lay-out** ['leːǀaut] *nt* ⟨**-s, -s**⟩ layout **Layouter** ['leːǀautɐ] *m* ⟨**-s, -**⟩, **Layouterin** [-ərɪn] *f* ⟨**-, -nen**⟩ designer

Lazarett [latsaˈrɛt] *nt* ⟨**-(e)s, -e**⟩ (MIL, *in Kaserne etc*) sickbay; (≈ *Krankenhaus*) hospital

LCD-Anzeige *f* LCD display

Leadsänger(in) ['liːd-] *m/(f)* lead singer

leasen ['liːzn] *v/t* COMM to lease **Leasing** ['liːzɪŋ] *nt* ⟨**-s, -s**⟩ COMM leasing

leben ['leːbn] **I** *v/i* to live; (≈ *am Leben sein*) to be alive; *er lebt noch* he is still alive; *er lebt nicht mehr* he is no longer alive; *von etw* ~ to live on sth; *wie geht es dir? — man lebt (so)* (*infml*) how are you? — surviving; *genug zu* ~ *haben* to have enough to live on; ~ *und* ~ *lassen* to live and let live; *allein* ~ to live alone **II** *v/t* to live **Leben** ['leːbn] *nt* ⟨**-s, -**⟩ life; *das* ~ life; *am* ~ *bleiben* to stay alive; *solange ich am* ~ *bin* as long as I live; *jdm das* ~ *retten* to save sb's life; *es geht um* ~ *und Tod* it's a matter of life and death; *mit dem* ~ *davonkommen* to escape with one's life; *etw ins* ~ *rufen* to bring sth into being; *ums* ~ *kommen* to die; *sich* (*dat*) *das* ~ *nehmen* to take one's (own) life; *etw für sein* ~ *gern tun* to love doing sth; *ein* ~ *lang* one's whole life (long); *nie im* ~! never!; *ein Film nach dem* ~ a film from real life; *das* ~ *geht weiter* life goes on; ~ *in etw* (*acc*) *bringen* (*infml*) to liven sth up **lebend** *adj* live *attr*, alive *pred*; *Sprache* living **Lebendgewicht** *nt* live weight **lebendig** [leˈbɛndɪç] **I** *adj* **1.** (≈ *nicht tot*) live *attr*, alive *pred*; *Wesen* living; *bei ~em Leibe* alive **2.** (*fig* ≈ *lebhaft*) lively *no adv*; *Darstellung* vivid **II** *adv* (≈ *lebend*) alive; (*fig* ≈ *lebhaft*) vividly **Lebendigkeit** *f* ⟨**-**⟩ liveliness **Lebensabend** *m* old age **Lebensabschnitt** *m* phase *in or* of one's life **Lebensalter** *nt* age **Lebensarbeitszeit** *f* working life **Lebensart** *f, no pl* **1.** (≈ *Lebensweise*) way of life **2.** (≈ *Manieren*) manners *pl*; (≈ *Stil*) style **Lebensauffassung** *f* attitude to life **Lebensaufgabe** *f* life's work **Lebensbedingungen** *pl* living conditions *pl* **lebensbedrohend**, **lebensbedrohlich** *adj* life-threatening **Lebensberechtigung** *f* right to exist **Lebensbereich** *m* area of life **Lebensdau-**

er *f* life(span); (*von Maschine*) life **Lebensende** *nt* end (of sb's/one's life); *bis an ihr* ~ till the day she died **Lebenserfahrung** *f* experience of life **lebenserhaltend** *adj* life-preserving; *Geräte* life-support *attr* **Lebenserinnerungen** *pl* memoirs *pl* **Lebenserwartung** *f* life expectancy **lebensfähig** *adj* viable **Lebensfähigkeit** *f* viability **Lebensfreude** *f* joie de vivre **lebensfroh** *adj* merry **Lebensführung** *f* lifestyle **Lebensgefahr** *f* (mortal) danger; „**Lebensgefahr!**" "danger!"; *er schwebt in* ~ his life is in danger; (*Patient*) he is in a critical condition; *außer* ~ *sein* to be out of danger **lebensgefährlich I** *adj* highly dangerous; *Krankheit, Verletzung* critical **II** *adv verletzt* critically **Lebensgefährte** *m*, **Lebensgefährtin** *f* partner **Lebensgefühl** *nt, no pl* awareness of life, feeling of being alive; *ein ganz neues* ~ *haben* to feel (like) a different person **Lebensgemeinschaft** *f* long-term relationship; *eingetragene* ~ registered partnership **Lebensgeschichte** *f* life story, life history **lebensgroß** *adj, adv* life-size **Lebensgröße** *f* life-size; *etw in* ~ *malen* to paint sth life-size **Lebensgrundlage** *f* (basis for one's) livelihood **Lebenshaltung** *f* **1.** (≈ *Unterhaltskosten*) cost of living **2.** (≈ *Lebensführung*) lifestyle **Lebenshaltungsindex** *m* cost-of-living index **Lebenshaltungskosten** *pl* cost of living *sg* **Lebensjahr** *nt* year of (one's) life; *nach Vollendung des 18. ~es* on attaining the age of 18 **Lebenskraft** *f* vitality **Lebenslage** *f* situation **lebenslang** *adj Freundschaft* lifelong; *Haft* life *attr*, for life **lebenslänglich I** *adj Rente, Strafe* for life; *sie hat* ~ *bekommen* (*infml*) she got life (*infml*) **II** *adv* for life **Lebenslauf** *m* life; (*bei Bewerbungen*) curriculum vitae (*Br*), résumé (*US*) **Lebenslust** *f* zest for life **lebenslustig** *adj* in love with life **Lebensmittel** *pl* food *sg* **Lebensmittelchemie** *f* food chemistry **Lebensmittelgeschäft** *nt* grocer's (shop) **Lebensmittelvergiftung** *f* food poisoning **lebensmüde** *adj* weary of life; *ich bin doch nicht* ~! (*infml* ≈ *verrückt*) I'm not completely mad! (*infml*) **lebensnotwendig** *adj* essential **Lebenspartner(in)** *m/(f)* long-term partner **Lebenspartnerschaft** *f* long-term relationship; *eingetragene*

legen

~ registered *or* civil (*Br*) partnership **Lebensqualität** *f* quality of life **Lebensretter(in)** *m/(f)* rescuer **Lebensstandard** *m* standard of living **Lebensstil** *m* lifestyle **Lebensumstände** *pl* circumstances *pl* **lebensunfähig** *adj* Lebewesen, System nonviable **Lebensunterhalt** *m* **seinen ~ verdienen** to earn one's living; **für jds ~ sorgen** to support sb **lebensverlängernd** *adj* Maßnahme life-prolonging **Lebensversicherung** *f* life insurance **Lebenswandel** *m* way of life **Lebensweise** *f* way of life **Lebensweisheit** *f* maxim; (≈ *Lebenserfahrung*) wisdom **Lebenswerk** *nt* life's work **lebenswert** *adj* worth living **lebenswichtig** *adj* essential; *Organ* vital **Lebenswille** *m* will to live **Lebenszeichen** *nt* sign of life **Lebenszeit** *f* life(time); **auf ~** for life

Leber ['leːbɐ] *f* ⟨-, -n⟩ liver; **frei or frisch von der ~ weg reden** (*infml*) to speak out **Leberfleck** *m* mole **Leberkäse** *m*, *no pl* ≈ meat loaf **Leberknödel** *m* liver dumpling **Leberkrebs** *m* cancer of the liver **Leberpastete** *f* liver pâté **Lebertran** *m* cod-liver oil **Leberwurst** *f* liver sausage

Lebewesen *nt* living thing **Lebewohl** [leːbə'voːl] *nt* ⟨-s, *no pl*⟩ (*liter*) farewell (*liter*); **jdm ~ sagen** to bid sb farewell **lebhaft I** *adj* lively *no adv*; *Gespräch* animated; COMM Geschäfte, Nachfrage brisk; *Erinnerung* vivid; *Farbe* bright **II** *adv* reagieren strongly; **~ diskutieren** to have a lively discussion; **das Geschäft geht ~** business is brisk; **ich kann mir ~ vorstellen, dass ...** I can (very) well imagine that ... **Lebhaftigkeit** ['leːphaftɪçkait] *f* ⟨-, *no pl*⟩ liveliness; (*von Erinnerung*) vividness; (*von Farbe*) brightness

Lebkuchen *m* gingerbread

leblos *adj* lifeless; **~er Gegenstand** inanimate object **Lebzeiten** *pl* **zu jds ~** in sb's lifetime; (≈ *Zeit*) in sb's day

lechzen ['lɛçtsn] *v/i* to pant; **nach etw ~** to thirst for sth

leck [lɛk] *adj* leaky; **~ sein** to leak **Leck** [lɛk] *nt* ⟨-(e)s, -s⟩ leak

lecken¹ ['lɛkn] *v/i* (≈ *undicht sein*) to leak **lecken²** *v/t & v/i* to lick; **an jdm/etw ~** to lick sb/sth

lecker ['lɛkɐ] **I** *adj* Speisen delicious **II** *adv* zubereitet deliciously; **~ schmecken** to taste delicious **Leckerbissen** *m* (*Speise*) delicacy, titbit (*Br*), tidbit (*US*) **Leckerei** *f* ⟨-, -en⟩ **1.** (≈ *Leckerbissen*) delicacy, titbit (*Br*), tidbit (*US*) **2.** (≈ *Süßigkeit*) dainty

Leder ['leːdɐ] *nt* ⟨-s, -⟩ leather; **zäh wie ~** as tough as old boots (*Br infml*), as tough as shoe leather (*US*) **Ledergarnitur** *f* leather-upholstered suite **Lederhose** *f* leather trousers *pl* (*esp Br*) *or* pants *pl* (*esp US*); (*kurz*) lederhosen *pl* **Lederjacke** *f* leather jacket **Ledermantel** *m* leather coat **ledern** ['leːdɐn] *adj* **1.** leather **2.** (≈ *zäh*) leathery **Lederwaren** *pl* leather goods *pl*

ledig ['leːdɪç] *adj* (≈ *unverheiratet*) single **Ledige(r)** ['leːdɪgə] *m/f(m)* decl as adj single person

lediglich ['leːdɪklɪç] *adv* merely

leer [leːɐ] **I** *adj* empty; *Blick* blank; **mit ~en Händen** (*fig*) empty-handed **II** *adv* **etw ~ machen** to empty sth; (*wie*) **~ gefegt** Straßen deserted; **etw ~ trinken** to empty sth; **~ stehen** to stand empty; **~ stehend** empty **Leere** ['leːrə] *f* ⟨-, *no pl*⟩ emptiness **leeren** ['leːrən] *v/t & v/r* to empty **Leergewicht** *nt* unladen weight; (*von Behälter*) empty weight **Leergut** *nt* empties *pl* **Leerlauf** *m* AUTO neutral; (*von Fahrrad*) freewheel; **im ~ fahren** to coast **leerlaufen** *v/i sep irr aux sein* **1.** (*Fass etc*) to run dry **2.** (*Motor*) to idle; (*Maschine*) to run idle **Leertaste** *f* space-bar **Leerung** ['leːrʊŋ] *f* ⟨-, -en⟩ emptying; **nächste ~ 18 Uhr** (*an Briefkasten*) next collection (*Br*) *or* pickup (*US*) 6 p.m. **Leerzeichen** *nt* IT blank or space (character) **Leerzeile** *f* TYPO blank line; **zwei ~n lassen** to leave two lines free *or* blank, to leave two empty lines

legal [le'gaːl] **I** *adj* legal **II** *adv* legally **legalisieren** [legali'ziːrən] *past part* **legalisiert** *v/t* to legalize **Legalisierung** *f* legalization **Legalität** [legali'tɛːt] *f* ⟨-, *no pl*⟩ legality; (**etwas**) **außerhalb der ~** (*euph*) (slightly) outside the law

Legasthenie [legaste'niː] *f* ⟨-, -n [-'niːən]⟩ dyslexia **Legastheniker** [legas-'teːnikɐ] *m* ⟨-s, -⟩, **Legasthenikerin** [-ərɪn] *f* ⟨-, -nen⟩ dyslexic

Legebatterie *f* hen battery **Legehenne** *f* laying hen **legen** ['leːgn] **I** *v/t* **1.** (≈ *lagern*) to lay down; (*mit adv*) to lay **2.** (≈ *verlegen*) to lay; Bomben to plant; **Feuer ~** to start a fire **II** *v/t & v/i* (*Huhn*)

to lay **III** v/r **1.** (≈ *hinlegen*) to lie down (*auf +acc* on); **sich in die Sonne** ~ to lie in the sun; **sich auf die Seite** ~ to lie on one's side **2.** (≈ *abnehmen*) (*Lärm*) to die down; (*Rauch, Nebel*) to clear; (*Zorn, Nervosität*) to wear off

legendär [legɛn'dɛːɐ] *adj* legendary **Legende** [le'gɛndə] *f* ⟨-, -n⟩ legend

leger [le'ʒeːɐ, le'ʒɛːɐ] **I** *adj Kleidung, Ausdruck Typ* casual; *Atmosphäre* relaxed **II** *adv* casually; *sich ausdrücken* informally

Leggin(g)s ['lɛgɪŋs] *pl* leggings *pl*

legieren [le'giːrən] *past part* **legiert** v/t *Metall* to alloy **Legierung** [le'giːrʊŋ] *f* ⟨-, -en⟩ alloy; (*Verfahren*) alloying

Legion [le'gioːn] *f* ⟨-, -en⟩ legion **Legionär** [legio'nɛːɐ] *m* ⟨-s, -e⟩ legionary, legionnaire

Legislative [legɪsla'tiːvə] *f* ⟨-, -n⟩ legislature **Legislaturperiode** *f* parliamentary term (*Br*), legislative period (*US*)

legitim [legi'tiːm] *adj* legitimate **Legitimation** [legitima'tsioːn] *f* ⟨-, -en⟩ identification; (≈ *Berechtigung*) authorization **legitimieren** [legiti'miːrən] *past part* **legitimiert I** v/t to legitimize; (≈ *berechtigen*) to entitle; (≈ *Erlaubnis geben*) to authorize **II** v/r (≈ *sich ausweisen*) to identify oneself **Legitimierung** [legiti'miːrʊŋ] *f* legitimization; (≈ *Berechtigung*) justification **Legitimität** [legitimi'tɛːt] *f* ⟨-, *no pl*⟩ legitimacy

Leguan [le:gu'aːn, 'le:gua:n] *m* ⟨-s, -e⟩ iguana

Lehm [le:m] *m* ⟨-(e)s, -e⟩ loam; (≈ *Ton*) clay **Lehmboden** *m* clay soil **lehmig** ['le:mɪç] *adj* loamy; (≈ *tonartig*) claylike

Lehne ['le:nə] *f* ⟨-, -n⟩ (≈ *Armlehne*) arm(rest); (≈ *Rückenlehne*) back (rest) **lehnen** ['le:nən] **I** v/t & v/r to lean (*an +acc* against) **II** v/i to be leaning (*an +dat* against) **Lehnstuhl** *m* easy chair **Lehnwort** *nt*, *pl* **-wörter** LING loan word **Lehramt** *nt* **das** ~ the teaching profession; (≈ *Lehrerposten*) teaching post (*esp Br*) or position **Lehrauftrag** *m* UNIV **einen** ~ **für etw haben** to give lectures on sth **Lehrbeauftragte(r)** *m/f(m)* decl as adj UNIV ~ **für etw sein** to give lectures on sth **Lehrbuch** *nt* textbook **Lehre** ['le:rə] *f* ⟨-, -n⟩ **1.** (≈ *das Lehren*) teaching **2.** (*von Christus etc*) teachings *pl*; (≈ *Lehrmeinung*) doctrine **3.** (≈ *negative Erfahrung*) lesson; (*einer Fabel*) moral;

jdm eine ~ **erteilen** to teach sb a lesson; **lass dir das eine** ~ **sein** let that be a lesson to you! **4.** (≈ *Berufslehre*) apprenticeship; (*in nicht handwerklichem Beruf*) training; **eine** ~ **machen** to train; (*in Handwerk*) to do an apprenticeship **lehren** ['le:rən] v/t & v/i to teach; → **gelehrt Lehrer** ['le:rɐ] *m* ⟨-s, -⟩, **Lehrerin** [-ərɪn] *f* ⟨-, -nen⟩ teacher; (≈ *Fahrlehrer etc*) instructor/instructress **Lehrerausbildung** *f* teacher training **Lehrerkollegium** *nt* (teaching) staff **Lehrerzimmer** *nt* staff (*esp Br*) or teachers' room **Lehrfach** *nt* subject **Lehrgang** *m*, *pl* **-gänge** course (*für* in) **Lehrgeld** *nt* ~ **für etw zahlen müssen** (*fig*) to pay dearly for sth **Lehrjahr** *nt* year as an apprentice **Lehrkörper** *m* (*form*) teaching staff **Lehrkraft** *f* (*form*) teacher **Lehrling** ['le:rlɪŋ] *m* ⟨-s, -e⟩ apprentice; (*in nicht handwerklichem Beruf*) trainee **Lehrmeister(in)** *m/(f)* master **Lehrmethode** *f* teaching method **Lehrmittel** *nt* teaching aid **Lehrplan** *m* (teaching) curriculum; (*für ein Schuljahr*) syllabus **lehrreich** *adj* (≈ *informativ*) instructive; *Erfahrung* educational **Lehrsatz** *m* MAT, PHIL theorem; ECCL dogma **Lehrstelle** *f* position as an apprentice/a trainee **Lehrstoff** *m* subject; (*eines Jahres*) syllabus **Lehrstuhl** *m* UNIV chair (*für* of) **Lehrtochter** *f* (*Swiss*) apprentice **Lehrveranstaltung** *f* (UNIV ≈ *Vorlesung*) lecture; (≈ *Seminar*) seminar **Lehrzeit** *f* apprenticeship

Leib [laip] *m* ⟨-(e)s, -er [-bɐ]⟩ (≈ *Körper*) body; **mit** ~ **und Seele** heart and soul; *wünschen* with all one's heart; **mit** ~ **und Seele dabei sein** to put one's heart and soul into it; **etw am eigenen** ~**(e) erfahren** to experience sth for oneself; **am ganzen** ~**(e) zittern** to be shaking all over; **halt ihn mir vom** ~ keep him away from me **Leibchen** ['laipçən] *nt* ⟨-s, -⟩ (*Aus, Swiss*), **Leiberl** ['laibɐl] *nt* ⟨-s, -⟩ (*Aus*) (≈ *Unterhemd*) vest (*Br*), undershirt (*US*); (≈ *T-Shirt*) T-shirt; (≈ *Trikot*) shirt, jersey **Leibeskraft** *f* **aus Leibeskräften schreien** *etc* to shout *etc* with all one's might (and main) **Leibesübung** *f* ~**en** (*Schulfach*) physical education *no pl* **Leibgericht** *nt* favourite (*Br*) or favorite (*US*) meal **leibhaftig** [laip'haftɪç, 'laiphaftɪç] **I** *adj* personified; **die** ~**e Güte** *etc* goodness *etc* personified

II *adv* in person **leiblich** ['laipliç] *adj* **1.** (≈ *körperlich*) physical, bodily; **für das ~e Wohl sorgen** to take care of our / their *etc* bodily needs **2.** *Mutter, Vater* natural; *Kind* by birth; *Bruder, Schwester* full **Leibschmerzen** *pl* (*old, dial*) stomach pains *pl* **Leibwache** *f* bodyguard **Leibwächter(in)** *m/(f)* bodyguard **Leiche** ['laiçə] *f* ⟨-, -n⟩ corpse; **er geht über ~n** (*infml*) he'd stop at nothing; **nur über meine ~!** (*infml*) over my dead body! **Leichenbestatter(in)** *m/(f)* ⟨-s, -⟩ undertaker, mortician (*US*) **leichenblass** *adj* deathly pale **Leichenhalle** *f*, **Leichenhaus** *nt* mortuary **Leichenschau** *f* postmortem (examination) **Leichenschauhaus** *nt* morgue **Leichenstarre** *f* rigor mortis *no art* **Leichenwagen** *m* hearse **Leichnam** ['laiçnaːm] *m* ⟨-s, -e⟩ (*form*) body

leicht [laiçt] **I** *adj* (≈ *nicht schwer*) light; *Koffer* lightweight; (≈ *geringfügig*) slight; JUR *Vergehen etc* petty; (≈ *einfach*) easy; **mit ~er Hand** (*fig*) effortlessly; **mit dem werden wir (ein) ~es Spiel haben** he'll be no problem **II** *adv* **1.** (≈ *einfach*) easily; **es sich** (*dat*) (**bei etw**) **~ machen** not to make much of an effort (with sth); **man hats nicht ~** (*infml*) it's a hard life; **~ zu beantworten** easy to answer; **das ist ~er gesagt als getan** that's easier said than done; **du hast ~ reden** it's all very well for you; → **leicht machen** *etc* **2.** (≈ *schnell*) easily; **er wird ~ böse** *etc* he is quick to get angry *etc*; **~ zerbrechlich** very fragile; **~ verderblich** highly perishable; **das ist ~ möglich** that's quite possible; **~ entzündlich** *Brennstoff etc* highly (in)flammable; **das passiert mir so ~ nicht wieder** I won't let that happen again in a hurry (*infml*) **3.** (≈ *schwach*) *regnen* not hard; **~ bekleidet sein** to be scantily clad; **~ gekleidet sein** to be (dressed) in light clothes; **~ gewürzt / gesalzen** lightly seasoned / salted **Leichtathlet(in)** *m/(f)* (track and field) athlete **Leichtathletik** *f* (track and field) athletics *sg* **leichtfallen** *v/i sep irr aux sein* to be easy (*jdm* for sb) **leichtfertig I** *adj* thoughtless **II** *adv* thoughtlessly; **~ handeln** to act without thinking **Leichtfertigkeit** *f* thoughtlessness **Leichtgewicht** *nt* lightweight **leichtgläubig** *adj* credulous; (≈ *leicht zu täuschen*) gullible **Leichtgläu-**bigkeit *f* credulity; (≈ *Arglosigkeit*) gullibility **leichthin** ['laiçthin] *adv* lightly **Leichtigkeit** ['laiçtiçkait] *f* ⟨-, *no pl*⟩ **1.** (≈ *Mühelosigkeit*) ease; **mit ~** with no trouble (at all) **2.** (≈ *Unbekümmertheit*) light-heartedness **leichtlebig** [-leːbiç] *adj* happy-go-lucky **leicht machen** *v/t*, **leichtmachen** *v/t sep* (*jdm*) **etw ~** to make sth easy (for sb); **sich** (*dat*) **etw ~** to make things easy for oneself with sth; (≈ *nicht gewissenhaft sein*) to take it easy with sth **Leichtmetall** *nt* light metal **leichtnehmen** *v/t sep irr* **etw ~** (≈ *nicht ernsthaft behandeln*) to take sth lightly; (≈ *sich keine Sorgen machen*) not to worry about sth **Leichtsinn** *m* (≈ *unvorsichtige Haltung*) foolishness; (≈ *Sorglosigkeit*) thoughtlessness; **sträflicher ~** criminal negligence **leichtsinnig I** *adj* foolish; (≈ *unüberlegt*) thoughtless **II** *adv handeln* thoughtlessly; **~ mit etw umgehen** to be careless with sth **leichtverletzte(r)** *m/f(m) decl as adj* **die ~n** the slightly injured **Leichtwasserreaktor** *m* light water reactor

leid [lait] *adj pred* (≈ *überdrüssig*) **jdn/ etw ~ sein** to be tired of sb/sth **Leid** [lait] *nt* ⟨-(e)s⟩ [-dəs]⟩ *no pl* **1.** (≈ *Kummer*) sorrow, grief *no indef art*; (≈ *Schaden*) harm; **viel ~ erfahren** to suffer a great deal; **jdm sein ~ klagen** to tell sb one's troubles; **zu ~e = zuleide 2.** (*Swiss* ≈ *Begräbnis*) funeral **3.** (*Swiss* ≈ *Trauerkleidung*) mourning **leiden** ['laidn] *pret* **litt** [lit], *past part* **gelitten** [gə'litn] **I** *v/t* **1.** (≈ *ertragen müssen*) to suffer **2. jdn/ etw ~ können** to like sb/sth **II** *v/i* to suffer (*an* +*dat, unter* +*dat* from) **Leiden** ['laidn] *nt* ⟨-s, -⟩ **1.** suffering **2.** (≈ *Krankheit*) illness **leidend** *adj* (≈ *kränklich*) ailing; (*infml*) *Miene* long-suffering **Leidenschaft** ['laidnʃaft] *f* ⟨-, -en⟩ passion; **ich koche mit großer ~** cooking is a great passion of mine **leidenschaftlich** ['laidnʃaftliç] **I** *adj* passionate **II** *adv* passionately; **etw ~ gern tun** to be mad about doing sth (*infml*) **leidenschaftslos I** *adj* dispassionate **II** *adv* dispassionately **Leidensgefährte** *m*, **Leidensgefährtin** *f* fellow-sufferer **Leidensgeschichte** *f* tale of woe; **die ~ (Christi)** BIBLE Christ's Passion **Leidensweg** *m* life of suffering; **seinen ~ gehen** to bear one's cross **leider** ['laidɐ] *adv* unfortunately **leidgeprüft**

[-gəpryːft] *adj* sorely afflicted **leidig** ['laidɪç] *adj* tiresome **leidlich** ['laitlɪç] **I** *adj* reasonable **II** *adv* reasonably; **wie gehts? — danke, ~!** how are you? — not too bad, thanks **Leidtragende**(r) ['laittragndə] *m/f(m) decl as adj* **1.** (≈ *Hinterbliebener*) **die ~n** the bereaved **2.** (≈ *Benachteiligter*) **der/die ~** the one to suffer **leidtun** *v/i sep irr* **etw tut jdm leid** sb is sorry about *or* for sth; **tut mir leid!** (I'm) sorry!; **es tut uns leid, Ihnen mitteilen zu müssen ...** we regret to have to inform you ...; **er/sie tut mir leid** I'm sorry for him/her, I pity him/her; **das wird dir noch ~** you'll be sorry **Leierkasten** *m* barrel organ **Leierkastenfrau** *f*, **Leierkastenmann** *m, pl* **-männer** organ-grinder

Leiharbeit *f, no pl* subcontracted work **Leiharbeiter**(in) *m/(f)* subcontracted worker **Leihbibliothek** *f*, **Leihbücherei** *f* lending library **leihen** ['laiən] *pret* **lieh** [liː], *past part* **geliehen** [gə'liːən] *v/t* to lend; (≈ *entleihen*) to borrow; (≈ *mieten*) to hire **Leihgabe** *f* loan **Leihgebühr** *f* hire *or* rental charge; (*für Buch*) lending charge **Leihhaus** *nt* pawnshop **Leihmutter** *f, pl* **-mütter** surrogate mother **Leihwagen** *m* hire(d) car (*Br*), rental (car) (*US*) **leihweise** *adv* on loan

Leim [laim] *m* ⟨**-(e)s, -e**⟩ glue; **jdm auf den ~ gehen** *or* **kriechen** (*infml*) to be taken in by sb; **aus dem ~ gehen** (*infml*) (*Sache*) to fall apart **leimen** ['laimən] *v/t* (≈ *kleben*) to glue (together); **jdn ~** (*infml*) to take sb for a ride (*infml*); **der Geleimte** the mug (*infml*) **Lein** [lain] *m* ⟨**-(e)s, -e**⟩ flax **Leine** ['lainə] *f* ⟨**-, -n**⟩ cord; (≈ *Schnur*) string; (≈ *Angelleine, Wäscheleine*) line; (≈ *Hundeleine*) leash **leinen** ['lainən] *adj* linen; (*grob*) canvas; **Bucheinband** cloth **Leinen** ['lainən] *nt* ⟨**-s, -**⟩ linen; (*grob*) canvas; (*als Bucheinband*) cloth **Leinsamen** *m* linseed **Leinwand** *f* ⟨**-**, *no pl*⟩ canvas; (*für Dias*) screen **leise** ['laizə] **I** *adj* **1.** quiet; *Stimme* soft; **... sagte er mit ~r Stimme ...** he said in a low voice **2.** (≈ *gering*) slight; *Schlaf, Regen, Wind* light; **nicht die ~ste Ahnung haben** not to have the slightest idea **II** *adv* (≈ *nicht laut*) quietly; **das Radio** (*etwas*) **~r stellen** to turn the radio down (slightly); **sprich doch ~r!** keep your voice down a bit

Leiste ['laistə] *f* ⟨**-, -n**⟩ (≈ *Holzleiste etc*) strip (of wood *etc*); (≈ *Zierleiste*) trim; (≈ *Umrandung*) border **leisten** ['laistn] *v/t* **1.** (≈ *erreichen*) to achieve; *Arbeit* to do; (*Maschine*) to manage; (≈ *ableisten*) *Wehrdienst etc* to complete; **etwas ~** (*Mensch*) (≈ *arbeiten*) to do something; (≈ *vollbringen*) to achieve something; (*Maschine*) to be quite good; (*Auto, Motor etc*) to be quite powerful; **gute Arbeit ~** to do a good job; **jdm Hilfe ~** to give sb some help; **jdm gute Dienste ~** (*Gegenstand*) to serve sb well; (*Mensch*) to be useful to sb **2.** (≈ *sich erlauben*) **sich** (*dat*) **etw ~** to allow oneself sth; (≈ *sich gönnen*) to treat oneself to sth; **sich** (*dat*) **etw ~ können** (*finanziell*) to be able to afford sth; **er hat sich tolle Sachen geleistet** he got up to the craziest things **Leistenbruch** *m* MED hernia **Leistengegend** *f* groin **Leistung** ['laistʊŋ] *f* ⟨**-, -en**⟩ **1.** (≈ *Geleistetes*) performance; (*großartige, gute*) achievement; (≈ *Ergebnis*) result(s); (≈ *geleistete Arbeit*) work *no pl*; **eine große ~ vollbringen** to achieve a great success; **das ist keine besondere ~** that's nothing special; **seine schulischen ~en haben nachgelassen** his school work has deteriorated; **schwache ~!** that's not very good **2.** (≈ *Leistungsfähigkeit*) capacity; (*von Motor*) power **3.** (≈ *Zahlung*) payment **4.** (≈ *Dienstleistung*) service **Leistungsdruck** *m, no pl* pressure (to do well) **leistungsfähig** *adj* (≈ *konkurrenzfähig*) competitive; (≈ *produktiv*) efficient; *Motor* powerful; *Maschine* productive; FIN solvent **Leistungsfähigkeit** *f* (≈ *Konkurrenzfähigkeit*) competitiveness; (≈ *Produktivität*) efficiency; (*von Motor*) power(fulness); (*von Maschine*) capacity; FIN ability to pay, solvency; **das übersteigt meine ~** that's beyond my capabilities **leistungsgerecht** *adj Bezahlung* preformance-related **Leistungsgesellschaft** *f* meritocracy, achievement-orientated society (*pej*) **Leistungsgrenze** *f* upper limit **Leistungskontrolle** *f* SCHOOL, UNIV assessment; (*in der Fabrik*) productivity check **Leistungskurs** *m advanced course in specialist subjects* **leistungsorientiert** *adj*

Gesellschaft competitive; *Lohn* performance-related **Leistungsprämie** *f* productivity bonus **Leistungsprinzip** *nt* achievement principle **leistungsschwach** *adj* (≈ *nicht konkurrenzfähig*) uncompetitive; (≈ *nicht produktiv*) inefficient, unproductive; *Motor* low-powered; *Maschine* low-performance **Leistungssport** *m* competitive sport **leistungsstark** *adj* (≈ *konkurrenzfähig*) highly competitive; (≈ *produktiv*) highly efficient *or* productive; *Motor* very powerful; *Maschine* highly productive **Leistungssteigerung** *f* increase in performance **Leistungstest** *m* SCHOOL achievement test; TECH performance test **Leistungsträger(in)** *m/(f)* **1.** SPORTS key player **2.** (*von Sozialleistungen etc*) service provider **Leistungsvermögen** *nt* capabilities *pl* **Leistungszuschlag** *m* productivity bonus

Leitartikel *m* leader (*Br*), editorial **Leitartikler** [-|arti:klɐ, -|artɪklɐ] *m* ⟨**-s, -**⟩, **Leitartiklerin** [-ərɪn] *f* ⟨**-, -nen**⟩ leader writer (*Br*), editorial writer **Leitbild** *nt* model **leiten** ['laitn] *v/t* **1.** to lead; (*fig*) *Leser, Schüler etc* to guide; *Verkehr* to route; *Gas, Wasser* to conduct; (≈ *umleiten*) to divert **2.** (≈ *verantwortlich sein für*) to be in charge of; *Partei, Diskussion* to lead; (*als Vorsitzender*) to chair; *Theater, Orchester* to run **3.** PHYS *Wärme, Licht* to conduct **leitend** *adj* leading; *Idee* central; *Position* managerial; PHYS conductive; **~e(r) Angestellte(r)** executive

Leiter ['laitɐ] *f* ⟨**-, -n**⟩ ladder; (≈ *Stehleiter*) steps *pl*

Leiter *m* ⟨**-s, -**⟩, **Leiterin** [-ərɪn] *f* ⟨**-, -nen**⟩ leader; (*von Hotel, Geschäft*) manager / manageress; (≈ *Abteilungsleiter, in Firma*) head; (*von Schule*) head (*esp Br*), principal (*esp US*); (*von Orchester, Chor etc*) director **Leiterplatte** *f* IT circuit board **Leiterwagen** *m* handcart **Leitfaden** *m* (*Fachbuch*) introduction; (≈ *Gebrauchsanleitung*) manual **leitfähig** *adj* PHYS conductive **Leitfigur** *f* (≈ *Vorbild*) (role) model **Leitgedanke** *m* central idea **Leitidee** *f* central idea **Leitmotiv** *nt* (LIT, *fig*) leitmotif **Leitplanke** *f* crash barrier **Leitsatz** *m* basic principle **Leitspruch** *m* motto **Leitstelle** *f* headquarters *pl*; (≈ *Funkleitstelle*) control centre (*Br*) *or* center (*US*) **Leitung** ['laitʊŋ] *f*

⟨**-, -en**⟩ **1.** *no pl* (*von Menschen, Organisationen*) running; (*von Partei, Regierung*) leadership; (*von Betrieb*) management; (*von Schule*) headship (*esp Br*), principalship (*esp US*); **unter der ~ von jdm** MUS conducted by sb **2.** (≈ *die Leitenden*) leaders *pl*; (*eines Betriebes etc*) management *sg or pl* **3.** (*für Gas, Wasser bis zum Haus*) main; (*im Haus*) pipe; (≈ *Draht*) wire; (*dicker*) cable; (TEL ≈ *Verbindung*) line; **eine lange ~ haben** (*hum infml*) to be slow on the uptake **Leitungsmast** *m* ELEC (electricity) pylon **Leitungswasser** *nt* tap water **Leitwährung** *f* reserve currency **Leitwerk** *nt* AVIAT tail unit **Leitzins** *m* base rate

Lektion [lɛk'tsio:n] *f* ⟨**-, -en**⟩ lesson; **jdm eine ~ erteilen** (*fig*) to teach sb a lesson **Lektor** ['lɛktoːɐ] *m* ⟨**-s, Lektoren** [-'toːrən]⟩, **Lektorin** [-'toːrɪn] *f* ⟨**-, -nen**⟩ UNIV foreign language assistant; (≈ *Verlagslektor*) editor **Lektüre** [lɛk'tyːrə] *f* ⟨**-, -n, no pl**⟩: (≈ *das Lesen*) reading; (≈ *Lesestoff*) reading matter

Lemming ['lɛmɪŋ] *m* ⟨**-s, -e**⟩ lemming **Lende** ['lɛndə] *f* ⟨**-, -n**⟩ ANAT, COOK loin **Lendengegend** *f* lumbar region **Lendenschurz** *m* loincloth **Lendenstück** *nt* piece of loin **Lendenwirbel** *m* lumbar vertebra

lenkbar *adj* TECH steerable; *Rakete* guided **lenken** ['lɛŋkn] **I** *v/t* **1.** (≈ *leiten*) to direct; *Sprache, Presse etc* to influence **2.** (≈ *steuern*) *Auto etc* to steer **3.** (*fig*) *Schritte, Gedanken, Blick* to direct (*auf +acc* to); *jds Aufmerksamkeit, Blicke* to draw (*auf +acc* to); *Gespräch* to steer **II** *v/i* (≈ *steuern*) to steer **Lenker** ['lɛŋkɐ] *m* ⟨**-s, -**⟩ (≈ *Fahrradlenker etc*) handlebars *pl* **Lenkrad** *nt* (steering) wheel **Lenksäule** *f* steering column **Lenkstange** *f* (*von Fahrrad etc*) handlebars *pl* **Lenkung** ['lɛŋkʊŋ] *f* ⟨**-, -en**⟩ TECH steering

Lenz [lɛnts] *m* ⟨**-es, -e**⟩ (*liter* ≈ *Frühling*) spring(time)

Leopard [leo'part] *m* ⟨**-en, -en** [-dn]⟩ leopard

Lepra ['leːpra] *f* ⟨**-, no pl**⟩ leprosy

Lerche ['lɛrçə] *f* ⟨**-, -n**⟩ lark

lernbar *adj* learnable **lernbehindert** [-bəhɪndɐt] *adj* with learning difficulties **Lernbehinderte(r)** *m/f(m) decl as adj* child / person *etc* with learning difficulties **Lerneffekt** *m* pedagogical benefit **lernen** ['lɛrnən] **I** *v/t* to learn; **lesen/ schwimmen** *etc* ~ to learn to read/ swim *etc*; **jdn lieben/schätzen** ~ to come to love/appreciate sb; **das will gelernt sein** it's a question of practice; → **gelernt II** *v/i* to learn; (≈ *arbeiten*) to study; **von ihm kannst du noch (was)** ~**!** he could teach you a thing or two **Lernende** ['lɛrnəndə](r) *m/f(m)*, **Lerner** ['lɛrnɐ] *m* ⟨**-s, -**⟩, **Lernerin** [-ərɪn] *f* ⟨**-, -nen**⟩ learner **Lernerfolg** *m* learning success **lernfähig** *adj* capable of learning **Lernmittel** *pl* schoolbooks and equipment *pl* **Lernprogramm** *nt* (IT, *für Software*) tutorial program; (*didaktisches Programm*) learning program **Lernprozess** *m* learning process **lernwillig** *adj* willing to learn **Lernziel** *nt* learning goal

Lesart *f* version **lesbar I** *adj* (≈ *leserlich*) legible; IT readable **II** *adv* (≈ *leserlich*) legibly

Lesbe ['lɛsbə] *f* ⟨**-, -n**⟩ (*infml*) lesbian **Lesbierin** ['lɛsbiərɪn] *f* ⟨**-, -nen**⟩ lesbian **lesbisch** ['lɛsbɪʃ] *adj* lesbian

Lese ['le:zə] *f* ⟨**-, -n**⟩ (≈ *Ernte*) harvest

Lesebrille *f* reading glasses *pl* **Lesebuch** *nt* reader **Lesekopf** *m* IT read head **Leselampe** *f* reading lamp

lesen[1] ['le:zn] *pret* **las** [la:s], *past part* **gelesen** [gə'le:zn] *v/t & v/i* **1.** to read; **die Schrift ist kaum zu** ~ the writing is scarcely legible; **etw in jds Augen** (*dat*) ~ to see sth in sb's eyes **2.** UNIV to lecture

lesen[2] *pret* **las** [la:s], *past part* **gelesen** [gə'le:zn] *v/t Trauben, Beeren* to pick; *Ähren* to glean; *Erbsen etc* to sort

lesenswert *adj* worth reading **Leser** ['le:zɐ] *m* ⟨**-s, -**⟩, **Leserin** [-ərɪn] *f* ⟨**-, -nen**⟩ reader **Leseratte** *f* (*infml*) bookworm (*infml*) **Leserbrief** *m* (reader's) letter; „**Leserbriefe**" "letters to the editor" **leserlich** ['le:zɐlɪç] **I** *adj* legible **II** *adv* legibly **Leserschaft** ['le:zɐʃaft] *f* ⟨**-, -en**⟩ readership **Lesesaal** *m* reading room **Lesespeicher** *m* IT read-only memory, ROM **Lesezeichen** *nt* bookmark(er) **Lesung** ['le:zʊŋ] *f* ⟨**-, -en**⟩ reading

Lethargie [letar'gi:] *f* ⟨**-, -n** [-'gi:ən]⟩ lethargy

Lette ['lɛtə] *m* ⟨**-n, -n**⟩, **Lettin** ['lɛtɪn] *f* ⟨**-, -nen**⟩ Lett, Latvian **lettisch** ['lɛtɪʃ] *adj* Lettish, Latvian **Lettland** ['lɛtlant] *nt* ⟨**-s**⟩ Latvia

Letzt [lɛtst] *f zu guter* ~ in the end **letztendlich** ['lɛtst'|ɛntlɪç] *adv* at (long) last; (≈ *letzten Endes*) at the end of the day **Letzte(r)** ['lɛtstə] *m/f(m)* *decl as adj der* ~ *des Monats* the last (day) of the month; ~**(r) werden** to be last; **als** ~**(r) (an)kommen** to be the last to arrive; **er wäre der** ~**, dem ich ...** he would be the last person I'd ... **letzte(r, s)** ['lɛtstə] *adj* **1.** last; **auf dem** ~**n Platz liegen** to be (lying) last; **mein** ~**s Geld** the last of my money; **das** ~ **Mal** (the) last time; **zum** ~**n Mal** (for) the last time; **in** ~**r Zeit** recently; **der Letzte Wille** the last will and testament **2.** (≈ *neueste*) *Mode etc* latest **3.** (≈ *schlechtester*) **das ist der** ~ **Schund** *or* **Dreck** that's absolute trash; **jdn wie den** ~**n Dreck behandeln** to treat sb like dirt **Letzte(s)** ['lɛtstə] *nt decl as adj* last thing; **sein** ~**s (her)geben** to give one's all; **das ist ja das** ~**!** (*infml*) that really is the limit; **bis aufs** ~ completely, totally; **bis ins** ~ (right) down to the last detail **letztgenannt** *adj* last-named **letztlich** ['lɛtstlɪç] *adv* in the end; **das ist** ~ **egal** it comes down to the same thing in the end **letztmals** ['lɛtstma:ls] *adv* for the last time

Leuchtanzeige *f* illuminated display **Leuchtdiode** *f* light-emitting diode **Leuchte** ['lɔyçtə] *f* ⟨**-, -n**⟩ light; (*infml: Mensch*) genius **leuchten** ['lɔyçtn] *v/i* (*Licht*) to shine; (*Feuer, Zifferblatt*) to glow; (≈ *aufleuchten*) to flash; **mit einer Lampe in/auf etw** (*acc*) ~ to shine a lamp into/onto sth **leuchtend I** *adj* shining; *Farbe* bright; **etw in den** ~**sten Farben schildern** to paint sth in glowing colours (*Br*) *or* colors (*US*); **ein** ~**es Vorbild** a shining example **II** *adv rot, gelb* brightly **Leuchter** ['lɔyçtɐ] *m* ⟨**-s, -**⟩ (≈ *Kerzenleuchter*) candlestick; (≈ *Kronleuchter*) chandelier **Leuchtfarbe** *f* fluorescent colour (*Br*) *or* color (*US*); (≈ *Anstrichfarbe*) fluorescent paint **Leuchtfeuer** *nt* navigational light **Leuchtpistole** *f* flare pistol **Leuchtrakete** *f* signal rocket **Leuchtreklame** *f* neon sign **Leuchtstift** *m* highlighter **Leuchtturm** *m* lighthouse

leugnen ['lɔygnən] **I** *v/t* to deny; ~, **etw getan zu haben** to deny having done sth; **es ist nicht zu** ~, **dass ...** it cannot be denied that ... **II** *v/i* to deny everything

Leukämie [lɔykɛ'miː] *f* ⟨**-, -n** [-'miːən]⟩ leukaemia (*Br*), leukemia (*US*)

Leumund ['lɔymʊnt] *m* ⟨**-(e)s** [-dəs]⟩ *no pl* reputation, name **Leumundszeugnis** *nt* character reference

Leute ['lɔytə] *pl* people *pl*; **alle ~** everybody; **vor allen ~n** in front of everybody; **was sollen denn die ~ davon denken?** what will people think?; **etw unter die ~ bringen** (*infml*) *Gerücht* to spread sth around; *Geld* to spend sth; **dafür brauchen wir mehr ~** we need more people for that

Leutnant ['lɔytnant] *m* ⟨**-s, -s** *or* **-e**⟩ second lieutenant; (*bei der Luftwaffe*) pilot officer (*Br*), second lieutenant (*US*); **~ zur See** acting sublieutenant (*Br*), ensign (*US*)

Leviten [le'viːtn] *pl* **jdm die ~ lesen** (*infml*) to haul sb over the coals

lexikalisch [lɛksi'kaːlɪʃ] *adj* lexical **Lexikograf** [lɛksiko'graːf] *m* ⟨**-en, -en**⟩, **Lexikografin** [-'graːfɪn] *f* ⟨**-, -nen**⟩ lexicographer **Lexikon** ['lɛksikɔn] *nt* ⟨**-s, Lexika** [-ka]⟩ encyclopedia; (≈ *Wörterbuch*) dictionary, lexicon

Libanese [liba'neːzə] *m* ⟨**-n, -n**⟩, **Libanesin** [-'neːzɪn] *f* ⟨**-, -nen**⟩ Lebanese **libanesisch** [liba'neːzɪʃ] *adj* Lebanese **Libanon** ['liːbanɔn] *m* ⟨**-(s)**⟩ **der ~** the Lebanon

Libelle [li'bɛlə] *f* ⟨**-, -n**⟩ ZOOL dragonfly

liberal [libe'raːl] *adj* liberal **Liberale(r)** [libe'raːlə] *m*/*f(m)* *decl as adj* POL Liberal **liberalisieren** [liberali'ziːrən] *past part* **liberalisiert** *v/t* to liberalize **Liberalisierung** *f* ⟨**-, -en**⟩ liberalization

Liberia [li'beːria] *nt* ⟨**-s**⟩ GEOG Liberia

Libero ['liːbero] *m* ⟨**-s, -s**⟩ FTBL sweeper

Libido [li'biːdo, 'liːbido] *f* ⟨**-, *no pl***⟩ PSYCH libido

Libretto [li'brɛto] *nt* ⟨**-s, -s** *or* **Libretti** [-ti]⟩ libretto

Libyen ['liːbyən] *nt* ⟨**-s**⟩ Libya **Libyer** ['liːbyɐ] *m* ⟨**-s, -**⟩, **Libyerin** [-ərɪn] *f* ⟨**-, -nen**⟩ Libyan **libysch** ['liːbyʃ] *adj* Libyan

licht [lɪçt] *adj* **1.** (≈ *hell*) light **2.** *Wald, Haar* sparse **Licht** [lɪçt] *nt* ⟨**-(e)s, -er** *or* (*rare*) **-e**, *no pl*⟩ light; **~ machen** (≈ *anschalten*) to switch *or* put on a light; **etw gegen das ~ halten** to hold sth up to the light; **bei ~e besehen** (*fig*) in the cold light of day; **das ~ der Welt erblicken** (*elev*) to (first) see the light of

day; **etw ans ~ bringen** to bring sth out into the open; **ans ~ kommen** to come to light; **jdn hinters ~ führen** to pull the wool over sb's eyes; **ein schiefes/schlechtes ~ auf jdn/etw werfen** to show sb/sth in the wrong/a bad light **Lichtbild** *nt* (≈ *Dia*) slide; (*form* ≈ *Foto*) photograph **Lichtbildervortrag** *m* illustrated lecture **Lichtblick** *m* (*fig*) ray of hope **lichtdurchlässig** *adj* pervious to light; *Stoff* that lets the light through **lichtecht** *adj* non-fade **lichtempfindlich** *adj* sensitive to light **Lichtempfindlichkeit** *f* sensitivity to light; PHOT film speed

lichten¹ ['lɪçtn] **I** *v/t Wald* to thin (out) **II** *v/r* to thin (out); (*Nebel, Wolken*) to lift; (*Bestände*) to go down

lichten² *v/t Anker* to weigh

Lichterkette *f* (*an Weihnachtsbaum*) fairy lights *pl* **lichterloh** ['lɪçtɐ'loː] *adv* **~ brennen** (*lit*) to be ablaze **Lichtgeschwindigkeit** *f* the speed of light **Lichthupe** *f* AUTO flash of the headlights) **Lichtjahr** *nt* light year **Lichtmangel** *m* lack of light **Lichtmaschine** *f* (*für Gleichstrom*) dynamo; (*für Drehstrom*) alternator **Lichtquelle** *f* source of light **Lichtschalter** *m* light switch **Lichtschein** *m* gleam of light **lichtscheu** *adj* averse to light; (*fig*) *Gesindel* shady **Lichtschranke** *f* photoelectric barrier **Lichtschutzfaktor** *m* protection factor **Lichtstrahl** *m* ray of light; (*fig*) ray of sunshine **lichtundurchlässig** *adj* opaque **Lichtung** ['lɪçtʊŋ] *f* ⟨**-, -en**⟩ clearing **Lichtverhältnisse** *pl* lighting conditions *pl*

Lid [liːt] *nt* ⟨**-(e)s, -er** [-dɐ]⟩ eyelid **Lidschatten** *m* eye shadow **Lidstrich** *m* eyeliner

lieb [liːp] **I** *adj* **1.** (≈ *liebenswürdig, hilfsbereit*) kind; (≈ *nett, reizend*) nice; (≈ *niedlich*) sweet; (≈ *artig*) *Kind* good; **~e Grüße an deine Eltern** give my best wishes to your parents; **würdest du (bitte) so ~ sein und das Fenster aufmachen?** would you do me a favour (*Br*) *or* favor (*US*) and open the window?; **sich bei jdm ~ Kind machen** (*pej*) to suck up to sb (*infml*) **2.** (≈ *angenehm*) **es wäre mir ~, wenn ...** I'd like it if ...; **es wäre ihm ~er** he would prefer it; **~ lieber; → liebste(r, s) 3.** (≈ *geliebt, in Briefanrede*) dear; **der ~e Gott** the Good

Lord; **~er Gott** (*Anrede*) dear God *or* Lord; **(mein) Liebes** (my) love; **er ist mir ~ und teuer** he's very dear to me; **~ geworden** well-loved; **den ~en langen Tag** (*infml*) the whole livelong day; **das ~e Geld!** the money, the money!; **(ach) du ~ er Himmel!** (*infml*) good heavens *or* Lord! **4. ~ste(r, s)** favourite (*Br*), favorite (*US*); **sie ist mir die Liebste von allen** she is my favo(u)rite **II** *adv* **1.** (≈ *liebenswürdig*) danken, grüßen sweetly, nicely; **jdm ~ schreiben** to write a sweet letter to sb; **sich ~ um jdn kümmern** to be very kind to sb **2.** (≈ *artig*) nicely **liebäugeln** ['liːpˈ|ɔyɡln] *v/i insep* **mit etw ~** to have one's eye on sth **Liebe** ['liːbə] *f* ⟨-, -n⟩ **1.** love (*zu jdm, für jdn* for *or* of sb, *zu etw* of sth); **etw mit viel ~ tun** to do sth with loving care; **bei aller ~** with the best will in the world; **~ macht blind** (*prov*) love is blind (*prov*) **2.** (≈ *Sex*) sex; **eine Nacht der ~** a night of love **3.** (≈ *Geliebte(r)*) love, darling **Liebelei** [liːbəˈlaɪ] *f* ⟨-, -en⟩ (*infml*) flirtation, affair **lieben** ['liːbn] **I** *v/t* to love; (*als Liebesakt*) to make love (*jdn* to sb); **etw nicht ~** not to like sth; **sich ~** to love one another *or* each other; (*euph*) to make love; → **geliebt II** *v/i* to love **Liebende(r)** ['liːbndə] *m/f(m) decl as adj* lover **liebenswert** *adj* lovable **liebenswürdig** *adj* kind; (≈ *liebenswert*) charming **Liebenswürdigkeit** *f* ⟨-, -en⟩ (≈ *Höflichkeit*) politeness; (≈ *Freundlichkeit*) kindness **lieber** ['liːbə] *adv* (≈ *vorzugsweise*) rather, sooner; **das tue ich ~** I would *or* I'd rather do that; **ich trinke ~ Wein als Bier** I prefer wine to beer; **bleibe ~ im Bett** you had *or* you'd better stay in bed; **sollen wir gehen? — ~ nicht!** should we go? — better not **Liebe(r)** ['liːbə] *m/f(m) decl as adj* dear; **meine ~n** my dears **Liebesabenteuer** *nt* amorous adventure **Liebesbeziehung** *f* (sexual) relationship **Liebesbrief** *m* love letter **Liebeserklärung** *f* declaration of love **Liebesgeschichte** *f* LIT love story **Liebesheirat** *f* love match **Liebeskummer** *m* lovesickness; **~ haben** to be lovesick **Liebesleben** *nt* love life **Liebeslied** *nt* love song **Liebespaar** *nt* lovers *pl* **Liebesroman** *m* romantic novel **liebevoll** *adj* loving; *Umarmung* affectionate **II** *adv* lovingly; *umarmen* affectionately **lieb gewinnen**

v/t irr to grow fond of **liebgeworden** *adj attr*; → **liebhaben** *v/t irr* **liebhaben** *v/t sep irr* to love; (*weniger stark*) to be (very) fond of **Liebhaber** [-haːbɐ] *m* ⟨-s, -⟩, **Liebhaberin** [-ərɪn] *f* ⟨-, -nen⟩ **1.** lover **2.** (≈ *Interessent*) enthusiast; (≈ *Sammler*) collector; **ein ~ von etw** a lover of sth; **das ist ein Wein für ~** that is a wine for connoisseurs **Liebhaberei** [-haːbə-ˈraɪ] *f* ⟨-, -en⟩ (*fig* ≈ *Hobby*) hobby **liebkosen** [liːpˈkoːzn] *past part* **liebkost** *v/t insep* (*liter*) to caress, to fondle **Liebkosung** *f* ⟨-, -en⟩ (*liter*) caress **lieblich** ['liːplɪç] *adj* lovely, delightful; *Wein* sweet **Liebling** ['liːplɪŋ] *m* ⟨-s, -e⟩ darling; (≈ *bevorzugter Mensch*) favourite (*Br*), favorite (*US*) **Lieblings-** *in cpds* favourite (*Br*), favorite (*US*) **lieblos** *adj* *Eltern* unloving; *Behandlung* unkind; *Benehmen* inconsiderate **Liebschaft** ['liːpʃaft] *f* ⟨-, -en⟩ affair **Liebste(r)** ['liːpstə] *m/f(m) decl as adj* sweetheart **liebste(r, s)** ['liːpstə] *adv* **am ~ n** best; **am ~ n hätte ich ...** what I'd like most would be (to have) ...; **am ~ n gehe ich ins Kino** best of all I like going to the cinema; **das würde ich am ~ n tun** that's what I'd like to do best **Liechtenstein** ['lɪçtnʃtaɪn] *nt* ⟨-s⟩ Liechtenstein **Lied** [liːt] *nt* ⟨-(e)s, -er* [-dɐ]⟩ song; **es ist immer das alte ~** (*infml*) it's always the same old story (*infml*); **davon kann ich ein ~ singen** I could tell you a thing or two about that (*infml*) **Liederbuch** *nt* songbook **liederlich** ['liːdɐlɪç] **I** *adj* (≈ *schlampig*) slovenly *attr, pred*; (≈ *unmoralisch*) dissolute **II** *adv* (≈ *schlampig*) sloppily **Liedermacher(in)** *m/(f)* singer-songwriter **Lieferant** [lifəˈrant] *m* ⟨-en, -en⟩, **Lieferantin** [-ˈrantɪn] *f* ⟨-, -nen⟩ supplier; (≈ *Auslieferer*) deliveryman/-woman **lieferbar** *adj* (≈ *vorrätig*) available; **die Ware ist sofort ~** the article can be supplied/delivered at once **Lieferfirma** *f* supplier; (≈ *Zusteller*) delivery firm **Lieferfrist** *f* delivery period **liefern** ['liːfɐn] **I** *v/t* **1.** *Waren* to supply; (≈ *zustellen*) to deliver (*an +acc* to) **2.** *Beweise, Informationen* to provide; *Ergebnis* to produce; **jdm einen Vorwand ~** to give sb an excuse; → **geliefert II** *v/i* to supply; (≈ *zustellen*) to deliver **Lieferschein** *m* deliv-

ery note **Liefertermin** *m* delivery date
Lieferung ['liːfərʊŋ] *f* ⟨**-**, **-en**⟩ (≈ *Versand*) delivery; (≈ *Versorgung*) supply; **bei ~ zu bezahlen** payable on delivery **Liefervertrag** *m* contract of sale **Lieferwagen** *m* delivery van or truck (*US*); (*offen*) pick-up **Lieferzeit** *f* delivery period, lead time (COMM)

Liege ['liːgə] *f* ⟨**-**, **-n**⟩ couch; (≈ *Campingliege*) camp bed (*Br*), cot (*US*); (*für Garten*) lounger (*Br*), lounge chair (*US*)**liegen** ['liːgn] *pret* **lag** [laːg], *past part* **gelegen** [gə'leːgn] *aux haben or* (*S Ger, Aus, Sw*) *sein* *v/i* **1.** to lie; **im Bett/Krankenhaus ~** to be in bed/hospital; **die Stadt lag in dichtem Nebel** thick fog hung over the town; **der Schnee bleibt nicht ~** the snow isn't lying (*esp Br*) or sticking (*US*); **etw ~ lassen** to leave sth (there) **2.** (≈ *sich befinden*) to be; **die Preise ~ zwischen 60 und 80 Euro** the prices are between 60 and 80 euros; **so, wie die Dinge jetzt ~** as things stand at the moment; **damit liegst du (gold)richtig** (*infml*) you're (dead (*infml*)) right there; **nach Süden ~** to face south; **in Führung ~** to be in the lead; **die Verantwortung/Schuld dafür liegt bei ihm** the responsibility/blame for that lies with him; **das liegt ganz bei dir** that is completely up to you **3.** (≈ *passen*) **das liegt mir nicht** it doesn't suit me; (*Beruf*) it doesn't appeal to me **4.** **es liegt mir viel daran** (≈ *ist mir wichtig*) that matters a lot to me; **es liegt mir wenig/nichts daran** that doesn't mean much/at all to me; **es liegt mir viel an ihm** he is very important to me; **woran liegt es?** why is that?; **das liegt daran, dass ...** that is because ...**liegen bleiben** *v/i irr aux sein* **1.** (≈ *nicht aufstehen*) to remain lying (down); (*im Bett*) **~** to stay in bed **2.** (≈ *vergessen werden*) to get left behind **3.** (≈ *nicht ausgeführt werden*) not to get done **4.** (*Schnee*) to lie (*esp Br*), to stick (*US*)**liegen lassen** *past part* **liegen lassen** or (*rare*) **liegen gelassen** *v/t irr* (≈ *nicht erledigen*) to leave; (≈ *vergessen*) to leave (behind)**Liegerad** *nt* recumbent (bicycle)**Liegesitz** *m* reclining seat; (*auf Boot*) couchette**Liegestuhl** *m* (*mit Holzgestell*) deck chair; (*mit Metallgestell*) lounger (*Br*), lounge chair (*US*) **Liegestütz** [-stʏts] *m* ⟨**-es**, **-e**⟩ SPORTS press-up (*Br*), push-up (*US*)**Lie-**

gewagen *m* RAIL couchette coach (*Br*) or car (*esp US*)

Lift [lɪft] *m* ⟨**-(e)s**, **-e** *or* **-s**⟩ (≈ *Personenlift*) lift (*Br*), elevator (*esp US*); (≈ *Güterlift*) lift (*Br*), hoist**Liftboy** ['lɪftbɔy] *m* liftboy (*Br*), elevator boy (*US*) **liften** ['lɪftn] *v/t* to lift; **sich** (*dat*) **das Gesicht ~ lassen** to have a face-lift

Liga ['liːga] *f* ⟨**-**, **Ligen** [-gn]⟩ league **light** [lait] *adj pred inv* light; **Limo ~** diet lemonade, low-calorie lemonade

Likör [li'køːɐ] *m* ⟨**-s**, **-e**⟩ liqueur

lila ['liːla] *adj inv* purple

Lilie ['liːliə] *f* ⟨**-**, **-n**⟩ lily

Liliputaner [lilipu'taːnɐ] *m* ⟨**-s**, **-**⟩**,Liliputanerin** [-ərɪn] *f* ⟨**-**, **-nen**⟩ midget

Limette [li'mɛtə] *f* ⟨**-**, **-n**⟩ sweet lime

limitieren [limi'tiːrən] *past part* **limitiert** *v/t* to limit

Limonade [limo'naːdə] *f* ⟨**-**, **-n**⟩ lemonade

Limone [li'moːnə] *f* ⟨**-**, **-n**⟩ lime

Limousine [limu'ziːnə] *f* ⟨**-**, **-n**⟩ saloon (*Br*), sedan (*US*)

Linde ['lɪndə] *f* ⟨**-**, **-n**⟩ (≈ *Baum*) linden or lime (tree); (≈ *Holz*) limewood**Lindenblütentee** *m* lime blossom tea

lindern ['lɪndɐn] *v/t* to ease **Linderung** ['lɪndərʊŋ] *f* ⟨**-**, **-en**⟩ easing

lindgrün *adj* lime green

Lineal [line'aːl] *nt* ⟨**-s**, **-e**⟩ ruler

linear [line'aːɐ] *adj* linear

Linguist [lɪŋ'gʊɪst] *m* ⟨**-en**, **-en**⟩**,Linguistin** [-'gʊɪstɪn] *f* ⟨**-**, **-nen**⟩ linguist**Linguistik** [lɪŋ'gʊɪstɪk] *f* ⟨**-**, *no pl*⟩ linguistics *sg***linguistisch** [lɪŋ'gʊɪstɪʃ] *adj* linguistic

Linie ['liːniə] *f* ⟨**-**, **-n**⟩ **1.** line; **sich in einer ~ aufstellen** to line up; **auf der gleichen ~** along the same lines; **auf der ganzen ~** (*fig*) all along the line; **auf die (schlanke) ~ achten** to watch one's figure **2.** (≈ *Verkehrsverbindung*) route; **fahren Sie mit der ~ 2** take the (number) 2**Linienblatt** *nt* ruled (*esp Br*) or lined sheet (*placed under writing paper*)**Linienbus** *m* public service bus **Liniendienst** *m* regular service; AVIAT scheduled service **Linienflug** *m* scheduled flight **Linienmaschine** *f* **mit einer ~** on a scheduled flight **Linienrichter(in)** *m/(f)* linesman/-woman; TENNIS line judge**linientreu** *adj* **~ sein** to follow or toe the party line **liniieren** [li'niːrən] *past part* **liniiert**, **liniieren** [lini'iːrən] *past part* **liniiert** *v/t* to rule (*esp Br*) *or* draw lines on; **li-ni(i)ert** lined

link [lɪŋk] (*infml*) *adj Typ* underhanded, double-crossing; *Masche, Tour* dirty; **ein ganz ~er Hund** (*pej*) a nasty piece of work (*pej infml*)

Link [lɪŋk] *m* ⟨**-s, -s**⟩ INTERNET link

Linke ['lɪŋkə] *f decl as adj* **1.** (*Hand*) left hand; (*Seite*) left(-hand) side; (*Boxen*) left; **zur ~n** (*des Königs*) **saß** ... to the left (of the king) sat ... **2.** POL **die ~** the Left

linken ['lɪŋkn] *v/t* (*infml* ≈ *hereinlegen*) to con (*infml*)

Linke(r) ['lɪŋkə] *m/f(m) decl as adj* POL left-winger **linke(r, s)** ['lɪŋkə] *adj attr* left; *Rand, Spur etc* left(-hand); POL left-wing; **die ~ Seite** the left(-hand) side; (*von Stoff*) the wrong side; **zwei ~ Hände haben** (*infml*) to have two left hands (*infml*)

linkisch ['lɪŋkɪʃ] **I** *adj* clumsy **II** *adv* clumsily

links [lɪŋks] **I** *adv* **1.** on the left; *abbiegen* (to the) left; **nach ~** (to the) left; **von ~** from the left; **~ von etw** (to the *or* on the) left of sth; **~ von jdm** to *or* on sb's left; **weiter ~** further to the left; **jdn ~ liegen lassen** (*fig infml*) to ignore sb; **mit ~** (*infml*) just like that **2.** (≈ *verkehrt*) *tragen* wrong side out; **~ stricken** to purl **II** *prep* **+***gen* on *or* to the left of **Linksab-bieger** [-|apbiːɡɐ] *m* ⟨**-s, -**⟩ motorist / car *etc* turning left **Linksaußen** [-'|ausn] *m* ⟨**-, -**⟩ FTBL outside left **linksbündig I** *adj* TYPO ranged left **II** *adv* flush left **Links-extremist(in)** *m/f(f)* left-wing extremist **Linkshänder** [-hɛndɐ] *m* ⟨**-s, -**⟩, **Links-händerin** [-ǝrɪn] *f* ⟨**-, -nen**⟩ left-hander, left-handed person; **~ sein** to be left-handed **linkshändig** *adj, adv* left-handed **Linkskurve** *f* left-hand bend **linksra-dikal** *adj* POL radically left-wing **links-rheinisch** *adj, adv* to *or* on the left of the Rhine **Linksverkehr** *m, no pl* driving on the left *no def art*; **in Großbritan-nien ist~** they drive on the left in Britain

Linoleum [li'noːleʊm] *nt* ⟨**-s, no pl**⟩ lino-leum, lino **Linolschnitt** [li'noːl-] *m* ART linocut

Linse ['lɪnzə] *f* ⟨**-, -n**⟩ **1.** BOT, COOK lentil **2.** OPT lens

Lippe ['lɪpə] *f* ⟨**-, -n**⟩ lip; **das bringe ich nicht über die ~n** I can't bring myself to say it; **er brachte kein Wort über die ~n**

he couldn't say a word **Lippenbekennt-nis** *nt* lip service **Lippenstift** *m* lipstick

Liquidation [likvida'tsioːn] *f* ⟨**-, -en**⟩ **1.** liquidation **2.** (≈ *Rechnung*) account **li-quide** [li'kviːdə] *adj* ECON *Geld, Mittel* liquid; *Firma* solvent **liquidieren** [likvi-'diːrən] *past part* **liquidiert** *v/t* **1.** *Ge-schäft* to put into liquidation; *Betrag* to charge **2.** *Firma* to liquidate; *jdn* to eliminate

lispeln ['lɪspln] *v/t & v/i* to lisp; (≈ *flüs-tern*) to whisper

Lissabon ['lɪsabɔn, lɪsa'bɔn] *nt* ⟨**-s**⟩ Lis-bon

List [lɪst] *f* ⟨**-, -en**⟩ (≈ *Täuschung*) cun-ning; (≈ *trickreicher Plan*) ruse

Liste ['lɪstə] *f* ⟨**-, -n**⟩ list; (≈ *Wählerliste*) register **Listenpreis** *m* list price

listig ['lɪstɪç] **I** *adj* cunning **II** *adv* cun-ningly

Litauen ['liːtauən, 'lɪtauən] *nt* ⟨**-s**⟩ Lith-uania **litauisch** ['liːtauɪʃ, 'lɪtauɪʃ] *adj* Lithuanian

Liter ['liːtɐ, 'lɪtɐ] *m or nt* ⟨**-s, -**⟩ litre (*Br*), liter (*US*)

literarisch [lɪtə'raːrɪʃ] *adj* literary; **~ in-teressiert** interested in literature **Lite-raturangabe** *f* bibliographical refer-ence; **~n** (≈ *Bibliografie*) bibliography **Literaturgeschichte** *f* history of litera-ture **Literaturkritik** *f* literary criticism **Literaturkritiker(in)** *m/f(f)* literary critic **Literaturwissenschaft** *f* literary studies *pl* **Literaturwissenschaftler(in)** *m/f(f)* literature specialist

Literflasche *f* litre (*Br*) *or* liter (*US*) bot-tle **literweise** *adv* (*lit*) by the litre (*Br*) *or* liter (*US*)

Lithografie [litogra'fiː] *f* ⟨**-, -n** [-'fiːən]⟩ **1.** (*Verfahren*) lithography **2.** (*Druck*) lithograph

Litschi ['lɪtʃi] *f* ⟨**-, -s**⟩ lychee, litchi **Liturgie** [litʊr'giː] *f* ⟨**-, -n** [-'giːən]⟩ liturgy **Litze** ['lɪtsə] *f* ⟨**-, -n**⟩ braid; ELEC flex

live [laif] *adj pred, adv* (RADIO, TV) live **Livemittschnitt** ['laifmɪtʃnɪt] *m* live re-cording **Livemusik** [laif-] *f* live music **Livesendung** [laif-] *f* live broadcast **Liveübertragung** [laif-] *f* live transmis-sion

Lizenz [li'tsɛnts] *f* ⟨**-, -en**⟩ licence (*Br*), license (*US*); **etw in ~ herstellen** to man-ufacture sth under licence (*Br*) *or* license (*US*) **Lizenzausgabe** *f* licensed edition **Lizenzgeber(in)** *m*/(*f*) licenser; (*Behörde*) licensing authority **Lizenzgebühr** *f* licence (*Br*) *or* license (*US*) fee; (*im Verlagswesen*) royalty **Lizenzinhaber(in)** *m*/(*f*) licensee **Lizenznehmer** *m* ⟨**-s, -**⟩, **Lizenznehmerin** [-ərɪn] *f* ⟨**-, -nen**⟩ licensee

Lkw *m* ⟨**-(s), -(s)**⟩, **LKW** [ˈɛlkaːveː, ɛlkaːˈveː] *m* ⟨**-(s), -(s)**⟩ = **Lastkraftwagen** **Lkw-Fahrer** [ˈɛlkaːveː, ɛlkaːˈveː-](in) *m*/(*f*) lorry (*Br*) *or* truck (*US*) driver **Lkw-Maut** [ˈɛlkaːveː, ɛlkaːˈveː-] *f* lorry (*Br*) *or* truck (*US*) toll

Lob [loːp] *nt* ⟨**-(e)s** [-bəs]⟩ *no pl* praise; **(viel) ~ für etw bekommen** to be (highly) praised for sth

Lobby [ˈlɔbɪ] *f* ⟨**-, -s**⟩ lobby **Lobbyist** [lɔbiˈɪst] *m* ⟨**-en, -en**⟩, **Lobbyistin** [-ˈɪstɪn] *f* ⟨**-, -nen**⟩ lobbyist

loben [ˈloːbn] *v/t* to praise; **jdn/etw~d erwähnen** to commend sb/sth; **das lob ich mir** that's what I like (to see/hear *etc*) **lobenswert** *adj* laudable **löblich** [ˈløːplɪç] *adj* commendable **Loblied** *nt* song of praise; **ein~ auf jdn/etw anstimmen** *or* **singen** (*fig*) to sing sb's praises / the praises of sth **Lobrede** *f* eulogy; **eine ~ auf jdn halten** (*lit*) to make a speech in sb's honour (*Br*) *or* honor (*US*); (*fig*) to eulogize sb

Loch [lɔx] *nt* ⟨**-(e)s**, **⁻er** [ˈlœçɐ]⟩ hole; (*in Reifen*) puncture; (*fig infml* ≈ *elende Wohnung*) dump (*infml*); (*infml* ≈ *Gefängnis*) clink (*infml*); **jdm ein ~** *or* **Löcher in den Bauch fragen** (*infml*) to pester sb to death (with all one's questions) (*infml*); **ein großes ~ in jds (Geld)beutel** (*acc*) **reißen** (*infml*) to make a big hole in sb's pocket **lochen** [ˈlɔxn] *v/t* to punch holes/a hole in; (≈ *perforieren*) to perforate; *Fahrkarte* to punch **Locher** [ˈlɔxɐ] *m* ⟨**-s, -**⟩ (≈ *Gerät*) punch **löcherig** [ˈlœçərɪç] *adj* full of holes **löchern** [ˈlœçɐn] *v/t* (*infml*) to pester (to death) with questions (*infml*) **Lochkarte** *f* punch card **Lochstreifen** *m* (punched) paper tape **Lochung** [ˈlɔxʊŋ] *f* ⟨**-, -en**⟩ punching; (≈ *Perforation*) perforation

Locke [ˈlɔkə] *f* ⟨**-, -n**⟩ (*Haar*) curl; **~n haben** to have curly hair

locken[1] [ˈlɔkn] *v/t* & *v/r Haar* to curl; **gelockt** *Haar* curly; *Mensch* curly-haired **locken**[2] *v/t* **1.** *Tier* to lure **2.** *jdn* to tempt;

das Angebot lockt mich sehr I'm very tempted by the offer **lockend** *adj* tempting

Lockenkopf *m* curly hairstyle; (*Mensch*) curly-head **Lockenstab** *m* (electric) curling tongs *pl* (*Br*), (electric) curling iron (*US*) **Lockenwickler** [-vɪklɐ] *m* ⟨**-s, -**⟩ (hair) curler

locker [ˈlɔkɐ] **I** *adj* loose; *Kuchen* light; (≈ *nicht gespannt*) slack; *Haltung* relaxed; (*infml* ≈ *unkompliziert*) laid-back (*infml*); **eine ~e Hand haben** (*fig* ≈ *schnell zuschlagen*) to be quick to hit out **II** *adv* (≈ *nicht stramm*) loosely; **bei ihm sitzt das Messer ~** he'd pull a knife at the slightest excuse; **etw ~ sehen** to be relaxed about sth; **das mache ich ganz ~** (*infml*) I can do it just like that (*infml*) **lockerlassen** *v/i sep irr* (*infml*) **nicht ~** not to let up **lockermachen** *v/t sep* (*infml*) *Geld* to shell out (*infml*) **lockern** [ˈlɔkɐn] **I** *v/t* **1.** (≈ *locker machen*) to loosen; *Boden* to break up; *Griff* to relax; *Seil* to slacken **2.** (≈ *entspannen*) *Muskeln* to loosen up; (*fig*) *Vorschriften, Atmosphäre* to relax **II** *v/r* to work itself loose; (*Verkrampfung*) to ease off; (*Atmosphäre*) to become more relaxed **Lockerung** [ˈlɔkərʊŋ] *f* ⟨**-, -en**⟩ **1.** loosening; (*von Griff*) relaxation, loosening; (*von Seil*) slackening **2.** (*von Muskeln*) loosening up; (*von Atmosphäre*) relaxation **Lockerungsübung** *f* loosening-up exercise

lockig [ˈlɔkɪç] *adj Haar* curly

Lockmittel *nt* lure **Lockruf** *m* call **Lockung** [ˈlɔkʊŋ] *f* ⟨**-, -en**⟩ lure; (≈ *Versuchung*) temptation **Lockvogel** *m* decoy (bird); (*fig*) decoy **Lockvogelangebot** *nt* inducement

Lodenmantel *m* loden (coat)

lodern [ˈloːdɐn] *v/i* to blaze

Löffel [ˈlœfl] *m* ⟨**-s, -**⟩ spoon; (*als Maßangabe*) spoonful; **den ~ abgeben** (*infml*) to kick the bucket (*infml*); **ein paar hinter die ~ kriegen** (*infml*) to get a clip (a)round the ear **Löffelbagger** *m* excavator **Löffelbiskuit** *m or nt* sponge finger, ladyfinger (*US*) **löffeln** [ˈlœfln] *v/t* to spoon **löffelweise** *adv* by the spoonful

Logarithmentafel *f* log table **Logarithmus** [logaˈrɪtmʊs] ⟨**-, Logarithmen** [-mən]⟩ *m* logarithm, log

Logbuch *nt* log(book)

Loge ['lo:ʒə] f ⟨-, -n⟩ **1.** THEAT box **2.** (≈ *Freimaurerloge*) lodge

Logik ['lo:gɪk] f ⟨-, *no pl*⟩ logic **logisch** ['lo:gɪʃ] **I** *adj* logical; **gehst du auch hin?** — ~ are you going too? — of course **II** *adv* logically; ~ **denken** to think logically **logischerweise** ['lo:gɪʃɐ'vaizə] *adv* logically **Logistik** [lo'gɪstɪk] f ⟨-, *no pl*⟩ logistics *sg* **logistisch** [lo'gɪstɪʃ] *adj* logistic

Logo ['lo:go] nt ⟨-(s), -s⟩ (≈ *Firmenlogo*) logo

Logopäde [logo'pɛ:də] m ⟨-n, -n⟩, **Logopädin** [-'pɛ:dɪn] f ⟨-, -nen⟩ speech therapist **Logopädie** [logopɛ'di:] f ⟨-, *no pl*⟩ speech therapy

Lohn [lo:n] m ⟨-(e)s, ⁺e ['løːnə]⟩ **1.** wage(s *pl*), pay *no pl, no indef art*; **2% mehr ~ verlangen** to demand a 2% pay rise (*Br*) *or* pay raise (*US*) **2.** (*fig*) (≈ *Belohnung*) reward; (≈ *Strafe*) punishment; **als** *or* **zum ~ für ...** as a reward/punishment for ... **Lohnabhängige(r)** m/f(m) *decl as adj* wage earner **Lohnabschluss** m wage *or* pay agreement **Lohnarbeit** f labour (*Br*), labor (*US*) **Lohnausgleich** m **bei vollem ~** with full pay **Lohnbuchhalter(in)** m/(f) wages clerk (*Br*), pay clerk **Lohnbuchhaltung** f wages accounting; (≈ *Büro*) wages office (*Br*), pay(roll) office **Lohnbüro** nt wages office (*Br*), pay(-roll) office **Lohnempfänger(in)** m/(f) wage earner **lohnen** ['lo:nən] **I** v/i & v/r to be worth it *or* worthwhile; **es lohnt (sich), etw zu tun** it is worth (-while) doing sth; **die Mühe lohnt sich** it is worth the effort; **das lohnt sich nicht für mich** it's not worth my while **II** v/t **1.** (≈ *es wert sein*) to be worth **2.** (≈ *danken*) **jdm etw ~** to reward sb for sth **löhnen** ['løːnən] v/t & v/i (*infml*) to shell out (*infml*)

lohnend *adj* rewarding; (≈ *nutzbringend*) worthwhile; (≈ *einträglich*) profitable **lohnenswert** *adj* worthwhile **Lohnerhöhung** f (wage *or* pay) rise (*Br*), (wage *or* pay) raise (*US*) **Lohnforderung** f wage demand *or* claim **Lohnfortzahlung** f continued payment of wages **Lohngruppe** f wage group **Lohnkosten** *pl* wage costs *pl* (*Br*), labor costs *pl* (*US*) **Lohnkürzung** f wage *or* pay cut **Lohnliste** f payroll **Lohnnebenkosten** *pl* additional wage costs *pl* (*Br*) *or* labor

costs *pl* (*US*) **Lohnniveau** nt wage level **Lohnpolitik** f pay policy **Lohnrunde** f pay round **Lohnsteuer** f income tax (*paid on earned income*) **Lohnsteuerjahresausgleich** m annual adjustment of income tax **Lohnsteuerkarte** f (income) tax card **Lohnstreifen** m pay slip **Lohntüte** f pay packet **Lohnverzicht** m ~ **üben** to take a cut in wages *or* pay

Loipe ['lɔypə] f ⟨-, -n⟩ cross-country ski run

Lok [lɔk] f ⟨-, -s⟩ engine

lokal [lo'ka:l] *adj* (≈ *örtlich*) local **Lokal** [lo'ka:l] nt ⟨-s, -e⟩ (≈ *Gaststätte*) pub (*esp Br*), bar; (≈ *Restaurant*) restaurant **Lokalfernsehen** nt local television **lokalisieren** [lokali'zi:rən] *past part* **lokalisiert** v/t **1.** (≈ *Ort feststellen*) to locate **2.** MED to localize **Lokalkolorit** nt local colour (*Br*) *or* color (*US*) **Lokalmatador** m ⟨-s, -e⟩, **Lokalmatadorin** f ⟨-, -nen⟩ local hero/heroine **Lokalnachrichten** *pl* local news *sg* **Lokalpatriotismus** m local patriotism **Lokalsender** m local radio/TV station **Lokalteil** m local section **Lokaltermin** m JUR visit to the scene of the crime **Lokalverbot** nt ban; ~ **haben** to be barred from a pub (*esp Br*) *or* bar **Lokalzeitung** f local (news)paper

Lokführer(in) m/(f) engine driver **Lokomotive** [lokomo'ti:və, lokomi'ti:fə] f ⟨-, -n⟩ locomotive, (railway) engine **Lokomotivführer(in)** m/(f) engine driver

Lolli ['lɔli] m ⟨-(s), -s⟩ (*infml*) lollipop, lolly (*esp Br*)

Lombard ['lɔmbart] m *or* nt ⟨-(e)s, -e [-də]⟩ FIN loan on security **Lombardsatz** m rate for loans on security

London ['lɔndən] nt ⟨-s⟩ London **Londoner** ['lɔndənɐ] *adj attr* London

Lorbeer ['lɔrbeːɐ] m ⟨-s, -en⟩ **1.** (*lit: Gewächs*) laurel; (*als Gewürz*) bay leaf **2.** (*fig*) **sich auf seinen ~en ausruhen** (*infml*) to rest on one's laurels; **damit kannst du keine ~en ernten** that's no great achievement **Lorbeerblatt** nt bay leaf **Lorbeerkranz** m laurel wreath

Lore ['lo:rə] f ⟨-, -n⟩ RAIL truck; (≈ *Kipplore*) tipper

los [lo:s] **I** *adj pred* **1.** (≈ *nicht befestigt*) loose **2.** (≈ *frei*) **jdn/etw ~ sein** (*infml*) to be rid of sb/sth; **ich bin mein ganzes Geld ~** (*infml*) I'm cleaned out (*infml*) **3.** (*infml*) **es ist nichts ~** (≈ *geschieht*) there's nothing going on; **mit jdm ist**

nichts (mehr) ~ (*infml*) sb isn't up to much (any more); **was ist denn hier/da** ~**?** what's going on here/there (then)?; **was ist** ~**?** what's up?; **wo ist denn hier was** ~**?** where's the action here (*infml*) **II** *adv* **1.** (*Aufforderung*) ~**!** come on!; **nichts wie** ~**!** let's get going **2.** (≈ *weg*) **wir wollen früh** ~ we want to leave early

Los [loːs] *nt* ⟨**-es, -e** [-zə]⟩ **1.** (*für Entscheidung*) lot; (*in der Lotterie, auf Jahrmarkt etc*) ticket; **das große** ~ **gewinnen** *or* **ziehen** (*lit, fig*) to hit the jackpot; **etw durch das** ~ **entscheiden** to decide sth by drawing lots **2.** *no pl* (≈ *Schicksal*) lot

lösbar *adj* soluble

losbinden *v/t sep irr* to untie (*von* from)

losbrechen *sep irr* **I** *v/t* to break off **II** *v/i aux sein* (*Gelächter etc*) to break out; (*Sturm, Gewitter*) to break

Löschblatt *nt* sheet of blotting paper **löschen** [ˈlœʃn] **I** *v/t* **1.** *Feuer, Kerze* to put out; *Licht* to turn out *or* off; *Durst* to quench; *Tonband etc* to erase; IT *Speicher* to clear; *Festplatte* to wipe; *Daten, Information* to delete **2.** NAUT *Ladung* to unload **II** *v/i* (*Feuerwehr etc*) to put out a/the fire **Löschfahrzeug** *nt* fire engine **Löschmannschaft** *f* team of firefighters **Löschpapier** *nt* (piece of) blotting paper **Löschtaste** *f* IT delete key **Löschung** [ˈlœʃʊŋ] *f* ⟨**-, -en**⟩ **1.** (IT: *von Daten*) deletion **2.** (NAUT: *von Ladung*) unloading

lose [ˈloːzə] *adj* loose; *Seil* slack; **etw** ~ **verkaufen** to sell sth loose

Lösegeld *nt* ransom (money)

loseisen *sep* (*infml*) **I** *v/t* to get *or* prise away (*bei* from) **II** *v/r* to get away (*bei* from); (*von Verpflichtung etc*) to get out (*von* of)

losen [ˈloːzn] *v/i* to draw lots (*um* for)

lösen [ˈløːzn] **I** *v/t* **1.** (≈ *abtrennen*) to remove (*von* from); *Knoten, Fesseln* to undo; *Handbremse* to release; *Husten, Krampf* to ease; *Muskeln* to loosen up; (≈ *lockern*) to loosen **2.** (≈ *klären*) *Aufgabe, Problem* to solve; *Konflikt* to resolve **3.** (≈ *annullieren*) *Vertrag* to cancel; *Verlobung* to break off; *Ehe* to dissolve **4.** (≈ *kaufen*) *Karte* to buy **II** *v/r* **1.** (≈ *sich losmachen*) to detach oneself (*von* from); (≈ *sich ablösen*) to come off (*von etw* sth); (*Knoten*) to come undone; (*Schuss*) to go off; (*Husten,*

Krampf, Spannung) to ease; (*Atmosphäre*) to relax; (*Muskeln*) to loosen up; (≈ *sich lockern*) to (be)come loose; **sich von jdm** ~ to break away from sb (*auch* SPORTS) **2.** (≈ *sich aufklären*) to be solved **3.** (≈ *zergehen*) to dissolve

Losentscheid *m* drawing (of) lots; **durch Losentscheid** by drawing lots

losfahren *v/i sep irr aux sein* (≈ *abfahren*) to set off; (*Auto*) to drive off **losgehen** *v/i sep irr aux sein* **1.** (≈ *weggehen*) to set off; (*Schuss, Bombe etc*) to go off; (**mit dem Messer**) **auf jdn** ~ to go for sb (with a knife) **2.** (*infml* ≈ *anfangen*) to start; **gleich gehts los** it's just about to start; **jetzt gehts los!** here we go!; (*Vorstellung*) it's starting!; (*Rennen*) they're off! **loshaben** *v/t sep irr* (*infml*) **etwas/nichts** ~ to be pretty clever (*infml*)/pretty stupid (*infml*) **loskaufen** *sep v/t* to buy out; *Entführten* to ransom **loskommen** *v/i sep irr aux sein* to get away (*von* from); (≈ *sich befreien*) to free oneself; **von einer Sucht** ~ to get free of an addiction **loslachen** *v/i sep* to burst out laughing **loslassen** *v/t sep irr* to let go of; **der Gedanke lässt mich nicht mehr los** I can't get the thought out of my mind; **die Hunde auf jdn** ~ to put *or* set the dogs on(to) sb **loslegen** *v/i sep* (*infml*) to get going

löslich [ˈløːslɪç] *adj* soluble; ~**er Kaffee** instant coffee

loslösen *sep* **I** *v/t* to remove (*von* from); (≈ *lockern*) to loosen **II** *v/r* to detach oneself (*von* from); **sich von jdm** ~ to break away from sb **losmachen** *sep v/t* (≈ *befreien*) to free; (≈ *losbinden*) to untie

Losnummer *f* ticket number

losreißen *v/r sep irr* **sich** (**von etw**) ~ (*Hund etc*) to break loose (from sth); (*fig*) to tear oneself away (from sth) **lossagen** *v/r sep* **sich von etw** ~ to renounce sth; **sich von jdm** ~ to dissociate oneself from *or* break with sb **losschießen** *v/i sep irr* (≈ *zu schießen anfangen*) to open fire; **schieß los!** (*fig infml*) fire away! (*infml*) **losschlagen** *sep irr* **I** *v/i* to hit out; MIL to launch (one's) attack; **aufeinander** ~ to go for one another *or* each other **II** *v/t* (*infml* ≈ *verkaufen*) to get rid of **losschrauben** *v/t sep* to unscrew

Losung [ˈloːzʊŋ] *f* ⟨**-, -en**⟩ **1.** (≈ *Devise*) motto **2.** (≈ *Kennwort*) password

Lösung ['løːzʊŋ] f ⟨-, -en⟩ solution; (*eines Konfliktes*) resolving; (*einer Verlobung*) breaking off; (*einer Verbindung*) severance; (*einer Ehe*) dissolving **Lösungsmittel** nt solvent **Lösungswort** nt, pl **-wörter** answer

loswerden v/t sep irr aux sein to get rid of; *Geld* (*beim Spiel etc*) to lose; (≈ *ausgeben*) to spend **losziehen** v/i sep irr aux sein **1.** (≈ *aufbrechen*) to set out or off (*in +acc, nach* for) **2. gegen jdn/etw ~** (*infml*) to lay into sb/sth (*infml*)

Lot [loːt] nt ⟨-(e)s, -e⟩ (≈ *Senkblei*) plumb line; NAUT sounding line; MAT perpendicular; *die Sache ist wieder im ~* things have been straightened out

löten ['løːtn] v/t & v/i to solder

Lothringen ['loːtrɪŋən] nt ⟨-s⟩ Lorraine **lothringisch** ['loːtrɪŋɪʃ] adj of Lorraine, Lorraine

Lotion [loˈtsioːn] f ⟨-, -en⟩ lotion

Lötkolben m soldering iron **Lötlampe** f blowlamp **Lötmetall** nt solder

lotrecht adj perpendicular

Lotse ['loːtsə] m ⟨-n, -n⟩, **Lotsin** [-tsɪn] f ⟨-, -nen⟩ NAUT pilot; (≈ *Fluglotse*) air-traffic or flight controller; (*fig*) guide **lotsen** ['loːtsn] v/t to guide; *jdn irgendwohin ~* (*infml*) to drag sb somewhere (*infml*)

Lotterie [lɔtəˈriː] f ⟨-, -n [-ˈriːən]⟩ lottery; (≈ *Tombola*) raffle **Lotteriegewinn** m lottery/raffle prize or (*Geld*) winnings pl **Lotterielos** nt lottery/raffle ticket

Lotto ['lɔto] nt ⟨-s, -s⟩ lottery, ≈ National Lottery (*Br*); (*im*) ~ **spielen** to do (*Br*) or play the lottery **Lottogewinn** m lottery win; (*Geld*) lottery winnings pl **Lottoschein** m lottery coupon **Lottozahlen** pl winning lottery numbers pl

Löwe ['løːvə] m ⟨-n, -n⟩ lion; *der ~* ASTROL Leo; *~ sein* to be (a) Leo **Löwenanteil** m (*infml*) lion's share **Löwenmähne** f (*fig*) flowing mane **Löwenmaul** nt, **Löwenmäulchen** [-mɔylçən] nt ⟨-s, -⟩ snapdragon, antirrhinum **Löwenzahn** m dandelion **Löwin** ['løːvɪn] f ⟨-, -nen⟩ lioness

loyal [loaˈjaːl] **I** adj loyal **II** adv loyally; *sich jdm gegenüber ~ verhalten* to be loyal to(wards) sb **Loyalität** [loajaliˈtɛːt] f ⟨-, -en⟩ loyalty (*jdm gegenüber* to sb)

Luchs [lʊks] m ⟨-es, -e⟩ lynx; *Augen wie ein ~ haben* (*infml*) to have eyes like a hawk

Lücke ['lʏkə] f ⟨-, -n⟩ gap; (*auf Formularen etc*) space; *~n* (*im Wissen*) *haben* to have gaps in one's knowledge **Lückenbüßer** [-byːsɐ] m ⟨-s, -⟩, **Lückenbüßerin** [-ərɪn] f ⟨-, -nen⟩ (*infml*) stopgap **lückenhaft I** adj full of gaps; *Versorgung* deficient **II** adv **sich erinnern** vaguely; **informieren** sketchily **lückenlos I** adj complete; *Überwachung* thorough; *Kenntnisse* perfect **II** adv completely **Lückentest** m, **Lückentext** m SCHOOL completion test (*Br*), fill-in-the-gaps test

Luder ['luːdɐ] nt ⟨-s, -⟩ (*infml*) minx; *armes/dummes ~* poor/stupid creature

Luft [lʊft] f ⟨-, (*liter*) ⸚e ['lʏftə]⟩ **1.** air no pl; *dicke ~* (*infml*) a bad atmosphere; *an or in die/der (frischen) ~* in the fresh air; (*frische*) *~ schnappen* (*infml*) to get some fresh air; *die ~ ist rein* (*infml*) the coast is clear; *aus der ~* from the air; *die ~ ist raus* (*fig infml*) the fizz has gone; *jdn an die (frische) ~ setzen* (*infml*) to show sb the door; *etw in die ~ jagen* (*infml*) to blow sth up; *er geht gleich in die ~* (*fig*) he's about to blow his top; *es liegt etwas in der ~* there's something in the air; *in der ~ hängen* (*Sache*) to be (very much) up in the air; *die Behauptung ist aus der ~ gegriffen* this statement is (a) pure invention; *jdn wie ~ behandeln* to treat sb as though he/she just didn't exist; *er ist ~ für mich* I'm not speaking to him **2.** (≈ *Atem*) breath; *nach ~ schnappen* to gasp for breath; *die ~ anhalten* (*lit*) to hold one's breath; *nun halt mal die ~ an!* (*infml*) (≈ *rede nicht*) hold your tongue!; (≈ *übertreibe nicht*) come on! (*infml*); *keine ~ mehr kriegen* not to be able to breathe; *tief ~ holen* to take a deep breath; *mir blieb vor Schreck/ Schmerz die ~ weg* I was breathless with shock/pain; *seinem Herzen ~ machen* (*fig*) to get everything off one's chest; *seinem Zorn ~ machen* to give vent to one's anger **3.** (*fig* ≈ *Spielraum, Platz*) space, room **Luftabwehr** f MIL anti-aircraft defence (*Br*) or defense (*US*) **Luftabwehrrakete** f anti-aircraft missile **Luftangriff** m air raid (*auf +acc* on) **Luftaufnahme** f aerial photo(graph) **Luftballon** m balloon **Luftbild** nt aerial picture **Luftblase** f air bubble **Luftbrücke** f airlift **Lüftchen** ['lʏftçən] nt ⟨**-s, -**⟩ breeze **luftdicht I** adj airtight no adv **II** adv **die Ware ist~ verpackt** the article is in airtight packaging **Luftdruck** m, no pl air pressure **lüften** ['lʏftn] **I** v/t **1.** to air; (systematisch) to ventilate **2.** (≈ hochheben) to raise; **das Geheimnis war gelüftet** the secret was out **II** v/i (≈ Luft hereinlassen) to let some air in **Luftfahrt** f aeronautics sg; (mit Flugzeugen) aviation no art **Luftfahrtgesellschaft** f airline (company) **Luftfeuchtigkeit** f (atmospheric) humidity **Luftfilter** nt or m air filter **Luftflotte** f air fleet **Luftfracht** f air freight **Luftfrachtbrief** m air consignment note (Br) **luftgekühlt** adj air-cooled **luftgestützt** [-gə-ʃtʏtst] adj Flugkörper air-launched **luftgetrocknet** [-gətrɔknət] adj air-dried **Luftgewehr** nt air rifle, air gun **Lufthoheit** f air sovereignty **luftig** ['lʊftɪç] adj Zimmer airy; Kleidung light **Luftkampf** m air battle **Luftkissenboot** nt, **Luftkissenfahrzeug** nt hovercraft **Luftkrieg** m aerial warfare **Luftkühlung** f air-cooling **Luftkurort** m (climatic) health resort **Luftlandetruppe** f airborne troops pl **luftleer** adj (völlig) **~ sein** to be a vacuum; **~er Raum** vacuum **Luftlinie** f **200 km** etc **~** 200 km etc as the crow flies **Luftloch** nt air hole; AVIAT air pocket **Luftmatratze** f air bed (Br), Lilo® (Br), air mattress (esp US) **Luftpirat(in)** m/(f) (aircraft) hijacker, skyjacker (esp US) **Luftpolster** nt air cushion **Luftpost** f airmail; **mit ~** by airmail **Luftpumpe** f pneumatic pump; (für Fahrrad) (bicycle) pump **Luftraum** m airspace **Luftrettungsdienst** m air rescue service **Luftröhre** f ANAT windpipe, trachea **Luftschacht** m ventilation shaft **Luftschiff** nt airship **Luftschlacht** f air battle **Luftschlange** f (paper) streamer **Luftschloss** nt (fig) castle in the air **Luftschutzbunker** m, **Luftschutzkeller** m air-raid shelter **Luftspiegelung** f mirage **Luftsprung** m **vor Freude einen ~ machen** to jump for joy **Luftstreitkräfte** pl air force sg **Luftstrom** m stream of air **Luftstützpunkt** m air base **Lüftung** ['lʏftʊŋ] f ⟨-, -en⟩ airing; (systematisch) ventilation **Lüftungsschacht** m ventilation shaft **Luftveränderung** f change of air **Luftverkehr** m air traffic **Luftverschmutzung** f air pollution **Luftwaffe**

f MIL air force; **die (deutsche) ~** the Luftwaffe **Luftwaffenstützpunkt** m air--force base **Luftweg** m (≈ Flugweg) air route; (≈ Atemweg) respiratory tract; **etw auf dem ~ befördern** to transport sth by air **Luftzug** m (mild) breeze; (in Gebäude) draught (Br), draft (US)

Lüge ['ly:gə] f ⟨-, -n⟩ lie, falsehood; **das ist alles ~** that's all lies; **jdn/etw~n strafen** to give the lie to sb/sth **lügen** ['ly:gn] pret **log** [lo:k], past part **gelogen** [gə'lo:gn] **I** v/i to lie; **wie gedruckt ~** (infml) to lie like mad (infml) **II** v/t **das ist gelogen!** that's a lie! **Lügendetektor** m lie detector **Lügengeschichte** f pack of lies **Lügenmärchen** nt tall story **Lügner** ['ly:gnɐ] m ⟨**-s, -**⟩, **Lügnerin** [-ərɪn] f ⟨**-, -nen**⟩ liar **lügnerisch** ['ly:gnərɪʃ] adj Mensch, Worte untruthful

Luke ['lu:kə] f ⟨-, -n⟩ hatch; (≈ Dachluke) skylight

lukrativ [lukra'ti:f] adj lucrative

Lümmel ['lʏml] m ⟨**-s, -**⟩ (pej) oaf; **du ~, du** you rogue you **lümmelhaft** (pej) adj ill-mannered **lümmeln** ['lʏmln] v/r (infml) to sprawl; (≈ sich hinlümmeln) to flop down

Lump [lʊmp] m ⟨**-en, -en**⟩ (pej) rogue **lumpen** ['lʊmpn] v/t (infml) **sich nicht ~ lassen** to splash out (infml) **Lumpen** ['lʊmpn] m ⟨**-s, -**⟩ rag **Lumpenpack** nt (pej infml) riffraff pl (pej) **Lumpensammler** m (≈ Lumpenhändler) rag--and-bone man **lumpig** ['lʊmpɪç] adj **1.** Kleidung ragged, tattered **2.** Gesinnung, Tat shabby **3.** attr (infml ≈ geringfügig) measly (infml)

Lunchpaket ['lant ʃ-] nt lunchbox, packed lunch

Lunge ['lʊŋə] f ⟨-, -n⟩ lungs pl; (≈ Lungenflügel) lung; **sich** (dat) **die ~ aus dem Hals schreien** (infml) to yell till one is blue in the face (infml) **Lungenbraten** m (Aus) loin roast (Br), porterhouse (steak) **Lungenentzündung** f pneumonia **Lungenflügel** m lung **lungenkrank** adj **~ sein** to have a lung disease **Lungenkrebs** m lung cancer **Lungenzug** m deep drag (infml)

Lunte ['lʊntə] f ⟨-, -n⟩ **~ riechen** (≈ Verdacht schöpfen) to smell a rat (infml)

Lupe ['lu:pə] f ⟨-, -n⟩ magnifying glass; **jdn/etw unter die ~ nehmen** (infml ≈ prüfen) to examine sb/sth closely **lupen-**

reinadj flawless; *Englisch* perfect; **das Geschäft war nicht ganz ~** the deal wouldn't stand close scrutiny *or* wasn't quite all above board
Lupine[lu'pi:nə] *f* ⟨-, -n⟩ lupin
Lurch[lʊrç] *m* ⟨-(e)s, -e⟩ amphibian
Lust [lʊst] *f* ⟨-, ⁻e ['lʏstə]⟩ **1.** *no pl* (≈ *Freude*) pleasure, joy; **da kann einem die (ganze)** *or* **alle ~ vergehen, da vergeht einem die ganze ~** it puts you off; **jdm die ~ an etw** (*dat*) **nehmen** to take all the fun out of sth for sb **2.** *no pl* (≈ *Neigung*) inclination; **zu etw ~ haben** to feel like sth; **ich habe ~, das zu tun** I'd like to do that; (≈ *bin dazu aufgelegt*) I feel like doing that; **ich habe jetzt keine ~** I'm not in the mood just now; **hast du ~?** how about it?; **auf etw** (*acc*) **~ haben** to feel like sth; **ganz** *or* **je nach ~ und Laune** (*infml*) just depending on how I/you *etc* feel **3.** (≈ *sinnliche Begierde*) desire **lustbetont** *adj* pleasure-orientated; *Beziehung, Mensch* sensual
Lüsterklemme['lʏstɐ-] *f* ELEC connector
Lustgewinn *m* pleasure **lustig** ['lʊstɪç] *adj* (≈ *munter*) merry; (≈ *humorvoll*) funny, amusing; **das kann ja ~ werden!** (*iron*) that's going to be fun (*iron*); **sich über jdn/etw ~ machen** to make fun of sb/sth **Lustigkeit**f⟨-, *no pl*⟩ (≈ *Munterkeit*) merriness (*dated*); (*von Mensch*) joviality; (*von Geschichte*) funniness **Lüstling**['lʏstlɪŋ] *m*⟨-s, -e⟩ lecher **lust-**

losI *adj* unenthusiastic; FIN *Börse* slack II *adv* unenthusiastically **Lustmörder(in)** *m*/(*f*) sex killer **Lustobjekt** *nt* sex object **Lustprinzip**nt PSYCH pleasure principle **Lustspiel**nt comedy **lustvoll**I *adj* full of relish II *adv* with relish
lutschen['lʊtʃn] *v/t & v/i* to suck (*an etw* (*dat*) sth) **Lutscher**['lʊtʃɐ] *m* ⟨-s, -⟩ lollipop
Luxemburg ['lʊksmbʊrk] *nt* ⟨-s⟩ Luxembourg
luxuriös[lʊksu'riø:s] I *adj* luxurious; **ein ~es Leben** a life of luxury II *adv* luxuriously **Luxus**['lʊksʊs] *m* ⟨-, *no pl*⟩ luxury; (*pej* ≈ *Überfluss*) extravagance; **den ~ lieben** to love luxury **Luxusartikel** *m* luxury article; (*pl*) luxury goods *pl* **Luxusausführung**f de luxe model **Luxusdampfer**m luxury cruise ship **Luxushotel**nt luxury hotel **Luxusklasse**f, *no pl* **der ~** de luxe *attr*, luxury *attr*
Luzern [lu'tsɛrn] *nt* ⟨-s⟩ Lucerne
Lychee['lɪtʃi] *f* ⟨-, -s⟩ lychee, litchi
Lymphdrüse['lʏmf-] *f* lymph(atic) gland **Lymphe**['lʏmfə] *f*⟨-, -n⟩ lymph **Lymphknoten**['lʏmf-] *m* lymph node
lynchen['lʏnçn, 'lɪnçn] *v/t* (*lit*) to lynch; (*fig*) to kill **Lynchjustiz** *f* lynch law **Lynchmord** *m* lynching
Lyrik ['ly:rɪk] *f*⟨-, *no pl*⟩ lyric poetry *or* verse **Lyriker**['ly:rɪkɐ] *m*⟨-s, -⟩, **Lyrikerin** [-ərɪn] *f*⟨-, -nen⟩ lyric poet **lyrisch** ['ly:rɪʃ] I *adj* lyrical; *Dichtung* lyric II *adv* lyrically

M

M, m [ɛm] *nt* ⟨-, -⟩ M, m
M.A.[ɛm'|a:] UNIV *abbr of* **Magister Artium** MA, M.A. (*US*)
Machart *f* make; (≈ *Stil*) style **machbar** *adj* feasible **Machbarkeitsstudie**f feasibility study **Mache** ['maxə] *f* ⟨-, -n⟩ (*infml*) **1.** (≈ *Vortäuschung*) sham **2.** **etw in der ~ haben** (*infml*) to be working on sth; **in der ~ sein** (*infml*) to be in the making **machen**['maxn] I *v/t* **1.** (≈ *tun*) to do; **ich mache das schon** (≈ *bringe das in Ordnung*) I'll see to that; (≈ *erledige das*) I'll do that; **er macht, was er will** he does what he likes; **das lässt sich ~** that can be done; (**da ist**) **nichts**

zu~ (≈ *geht nicht*) (there's) nothing to be done; (≈ *kommt nicht infrage*) nothing doing; **das lässt er nicht mit sich ~** he won't stand for that; **was machst du da?** what are you doing (there)?; **was macht die Arbeit?** how's the work going?; **was macht dein Bruder (beruflich)?** what does your brother do (for a living)?; **was macht dein Bruder?** (≈ *wie geht es ihm?*) how's your brother doing?; **machs gut!** all the best!; → **gemacht 2.** (≈ *anfertigen*) to make; **aus Holz gemacht** made of wood; **sich/ jdm etw ~ lassen** to have sth made for oneself/sb **3.** (≈ *verursachen*) Schwie-

rigkeiten to make (*jdm* for sb); *Mühe, Schmerzen* to cause (*jdm* for sb); *jdm Angst ~* to make sb afraid; *jdm Hoffnung ~* to give sb hope; *mach, dass er gesund wird!* make him better!; *etw leer ~* to empty sth; *etw kürzer ~* to shorten sth; *jdn alt/jung ~* (≈ *aussehen lassen*) to make sb look old/young; *er macht es sich* (*dat*) *nicht leicht* he doesn't make it easy for himself **4.** (*infml* ≈ *ergeben*) to make; *Summe, Preis* to be; *drei und fünf macht acht* three and five makes eight; *was macht das (alles zusammen)?* how much is that altogether? **5.** (≈ *ordnen, säubern*) to do; *die Küche muss mal wieder gemacht werden* (≈ *gereinigt, gestrichen*) the kitchen needs doing again; *das Bett ~* to make the bed **6.** *etwas aus sich ~* to make something of oneself; *jdn/etw zu etw ~* (≈ *verwandeln in*) to turn sb/sth into sth; *jdn zum Wortführer ~* to make sb spokesman; *macht nichts!* it doesn't matter!; *der Regen macht mir nichts* I don't mind the rain; *die Kälte macht dem Motor nichts* the cold doesn't hurt the engine; *sich* (*dat*) *viel aus jdm/etw ~* to like sb/sth; *sich* (*dat*) *wenig aus jdm/ etw ~* not to be very keen on (*esp Br*) or thrilled with (*esp US*) sb/sth; *mach dir nichts draus!* don't let it bother you! **II** *v/i* **1.** *lass ihn nur ~* (≈ *hindre ihn nicht*) just let him do it; (≈ *verlass dich auf ihn*) just leave it to him; *lass mich mal ~* let me do it; (≈ *ich bringe das in Ordnung*) let me see to that; *das Kleid macht schlank* that dress makes you look slim **2.** (≈ *sich beeilen, infml*) to get a move on (*infml*); *ich mach ja schon!* I'm being as quick as I can!; *mach, dass du hier verschwindest!* (you just) get out of here! **3.** (*infml*) *jetzt macht sie auf große Dame* she's playing the grand lady now; *sie macht auf gebildet* she's doing her cultured bit (*infml*); *er macht in Politik* he's in politics **III** *v/r* **1.** (≈ *sich entwickeln*) to come on **2.** *sich an etw* (*acc*) *~* to get down to sth; *sich zum Fürsprecher ~* to make oneself spokesman; *sich bei jdm beliebt ~* (*infml*) to make oneself popular with sb **Machenschaften** ['maxnʃaftn] *pl* wheelings and dealings *pl*, machinations *pl* **Macher** ['maxɐ] *m* ⟨*-s, -*⟩, **Macherin** [-ərɪn] *f* ⟨*-, -nen*⟩ (*infml*) man/woman of action

Machete [ma'xeːtə, ma'tʃeːtə] *f* ⟨*-, -n*⟩ machete
Macho ['matʃo] *m* ⟨*-s, -s*⟩ macho (*infml*)
Macht [maxt] *f* ⟨*-, ⸚e* ['mɛçtə]⟩ *no pl* power; *die ~ der Gewohnheit* the force of habit; *alles, was in unserer ~ steht* everything (with)in our power; *mit aller ~* with all one's might; *die ~ ergreifen/ erringen* to seize/gain power; *an die ~ kommen* to come to power; *jdn an die ~ bringen* to bring sb to power; *an der ~ sein/bleiben* to be/remain in power; *die ~ übernehmen* to assume power **Machtapparat** *m* POL machinery of power **Machtbereich** *m* sphere of control **machtbesessen** *adj* power-crazed **Machtergreifung** *f* ⟨*-, -en*⟩ seizure of power **Machterhalt** *m* retention of power **Machthaber** [-haːbɐ] *m* ⟨*-s, -*⟩, **Machthaberin** [-ərɪn] *f* ⟨*-, -nen*⟩ ruler; (*pej*) dictator **mächtig I** *adj* (≈ *einflussreich*) powerful; (≈ *sehr groß*) mighty; (*infml* ≈ *enorm*) Hunger, Durst terrific (*infml*); *~e Angst haben* (*infml*) to be scared stiff (*infml*) **II** *adv* (*infml* ≈ *sehr*) terrifically (*infml*); *sich beeilen* like mad (*infml*); *sich ~ anstrengen* to make a terrific effort (*infml*); *darüber hat sie sich ~ geärgert* she got really angry about it **Machtkampf** *m* power struggle **machtlos** *adj* powerless; (≈ *hilflos*) helpless **Machtlosigkeit** *f* ⟨*-, no pl*⟩ powerlessness; (≈ *Hilflosigkeit*) helplessness **Machtmissbrauch** *m* abuse of power **Machtpolitik** *f* power politics *pl* **Machtprobe** *f* trial of strength **Machtübernahme** *f* takeover (*durch* by) **Machtverhältnisse** *pl* balance *sg* of power **Machtverlust** *m* loss of power **machtvoll** *adj* powerful **II** *adv* powerfully; *eingreifen* decisively **Machtwechsel** *m* changeover of power **Machtwort** *nt, pl* **-worte** *ein ~ sprechen* to exercise one's authority

Machwerk *nt* (*pej*) sorry effort; *das ist ein ~ des Teufels* that is the work of the devil
Macke ['makə] *f* ⟨*-, -n*⟩ (*infml*) **1.** (≈ *Tick, Knall*) quirk; *eine ~ haben* (*infml*) to be cracked (*infml*) **2.** (≈ *Fehler, Schadstelle*) fault
Mädchen ['mɛːtçən] *nt* ⟨*-s, -*⟩ girl; *ein ~ für alles* (*infml*) a dogsbody (*Br infml*), a gofer **mädchenhaft I** *adj* girlish **II** *adv* *aussehen* like a (young) girl **Mädchen-**

namem 1. (*Vorname*) girl's name 2. (*von verheirateter Frau*) maiden name
Made['ma:də] f ⟨-, -n⟩ maggot; *wie die ~ im Speck leben* (*infml*) to live in clover
Mädel['mɛ:dl] nt ⟨-s, -(s)⟩ (*dial*) lass (*dial*), girl
madig['ma:dɪç] adj maggoty
madigmachen v/t sep (*infml*) *jdm etw madig machen* to put sb off sth
Madl['ma:dl] nt ⟨-s, -n⟩ (*Aus*) lass (*dial*), girl; → **Mädchen**
Madonna [ma'dɔna] f ⟨-, **Madonnen** [-'dɔnən]⟩ Madonna
Mafia['mafia] f ⟨-, no pl⟩ Mafia **Mafioso** [ma'fio:zo] m ⟨-, **Mafiosi** [-zi]⟩ mafioso
Magazin[maga'tsi:n] nt ⟨-s, -e⟩ 1. (≈ *Lager*) storeroom; (≈ *Bibliotheksmagazin*) stockroom 2. (*am Gewehr*) magazine 3. (≈ *Zeitschrift*) magazine
Magd[ma:kt] f ⟨-, ⸚e['mɛ:kdə]⟩ (*old*) (≈ *Dienstmagd*) maid; (≈ *Landarbeiterin*) farm girl
Magen['ma:gn] m ⟨-s, ⸚ ['mɛ:gn]⟩⟨or -⟩ stomach; *auf nüchternen ~* on an empty stomach; *etw liegt jdm (schwer) im ~* (*infml*) sth lies heavily on sb's stomach; (*fig*) sth preys on sb's mind; *sich (dat) den ~ verderben* to get an upset stomach **Magenbeschwerden** pl stomach or tummy (*infml*) trouble sg **Magenbitter**m bitters pl **Magen-Darm-Katarrh**m gastroenteritis **Magengegend** f stomach region **Magengeschwür**nt stomach ulcer **Magengrube** f pit of the stomach **Magenkrampf** m stomach cramp **Magenkrebs** m cancer of the stomach **Magenleiden** nt stomach disorder **Magenschleimhaut** f stomach lining **Magenschleimhautentzündung**f gastritis **Magenschmerzen** pl stomachache sg **Magensonde** f stomach probe **Magenverstimmung**f upset stomach, stomach upset
mager['ma:gɐ] I adj 1. (≈ *fettarm*) *Fleisch* lean; *Kost* low-fat 2. (≈ *dünn*) thin, skinny (*infml*); (≈ *abgemagert*) emaciated; TYPO *Druck* roman 3. (≈ *dürftig*) meagre (*Br*), meager (*US*); *Ergebnis* poor II adv (≈ *fettarm*) *essen* to be on a low-fat diet; *~ kochen* to cook low-fat meals **Magermilch** f skimmed milk **Magerquark**[-kvark] m low-fat cottage cheese (*US*) or curd cheese **Magersucht** f MED anorexia **magersüchtig** adj MED anorexic

Magie [ma'gi:] f ⟨-, no pl⟩ magic **Magier** ['ma:giɐ] m ⟨-s, -e⟩, **Magierin** ['ma:giɛrɪn] [-ərɪn] f ⟨-, -nen⟩ magician **magisch** ['ma:gɪʃ] adj magic(al); *von jdm/etw ~ angezogen werden* to be attracted to sb/sth as if by magic
Magister [ma'gɪstɐ] m ⟨-s, -⟩ ~ (**Artium**) UNIV M.A., Master of Arts
Magistrat[magɪs'tra:t] m ⟨-(e)s, -e⟩ municipal authorities pl
Magnesium[ma'gne:ziʊm] nt ⟨-s, no pl⟩ magnesium
Magnet [ma'gne:t] m ⟨-s or -en, -e(n)⟩ magnet **Magnetbahn**f magnetic railway **Magnetband** m, pl -*bänder* magnetic tape **magnetisch**[ma'gne:tɪʃ] adj magnetic; *von etw ~ angezogen werden* (*fig*) to be drawn to sth like a magnet **Magnetismus** [magne'tɪsmʊs] m ⟨-, no pl⟩ magnetism **Magnetkarte** f magnetic card **Magnetnadel**f magnetic needle **Magnetstreifen** m magnetic strip
Magnolie [mag'no:liə] f ⟨-, -n⟩ magnolia
Mahagoni [maha'go:ni] nt ⟨-s, no pl⟩ mahogany
Mähdrescher m combine (harvester) **mähen**['mɛ:ən] v/t *Gras* to cut; *Getreide* to reap; *Rasen* to mow
Mahl [ma:l] nt ⟨-(e)s, -e or ⸚er['mɛ:lɐ]⟩ (*liter*) meal, repast (*form*); (≈ *Gastmahl*) banquet
mahlen['ma:lən] pret *mahlte* ['ma:ltə], past part *gemahlen* [gə'ma:lən] v/t & v/i to grind
Mahlzeit f meal; (*prost*) *~!* (*iron infml*) that's just great (*infml*)
Mahnbescheidm, **Mahnbrief** m reminder
Mähne ['mɛ:nə] f ⟨-, -n⟩ mane
mahnen['ma:nən] I v/t 1. (≈ *erinnern*) to remind (*wegen, an* +acc of); (*warnend*) to admonish (*wegen, an* +acc on account of) 2. (≈ *auffordern*) *jdn zur Eile/Geduld ~* to urge sb to hurry/be patient II v/i 1. (*wegen Schulden etc*) to send a reminder 2. *zur Eile/Geduld ~* to urge haste/patience **Mahnmal** nt memorial **Mahnschreiben** nt reminder **Mahnung** ['ma:nʊŋ] f ⟨-, -en⟩ 1. (≈ *Ermahnung*) exhortation; (*warnend*) admonition 2. (≈ *warnende Erinnerung* ≈ *Mahnbrief*) reminder **Mahnverfahren** nt collection proceedings pl
Mai [mai] m ⟨-(e)s or - or (*poet*) -en, -e⟩ May; *der Erste ~* May Day; → **März Mai-**

baum *m* maypole **Maifeiertag** *m* (*form*) May Day *no art* **Maiglöckchen** *nt* lily of the valley **Maikäfer** *m* cockchafer

Mail [meːl] *f* ⟨-, -s⟩ IT e-mail; *eine* ~ *an jdn schicken* to e-mail sb **Mailbox** ['meːlbɔks] *f* IT mailbox **mailen** ['meːln] *v/t & v/i* IT to e-mail **Mailing** ['meːlɪŋ, 'meɪlɪŋ] *nt* ⟨-s, -s⟩ mailing

Mais [mais] *m* ⟨-es, *no pl*⟩ maize, (Indian) corn (*esp US*) **Maisflocken** *pl* cornflakes *pl* **Maiskolben** *m* corn cob; (*Gericht*) corn on the cob **Maismehl** *nt* maize *or* corn (*esp US*) meal

Maisonette(-Wohnung) *f* maisonette, duplex (apartment) (*esp US*)

Majestät [majɛs'tɛːt] *f* ⟨-, -en⟩ (*Titel*) Majesty; *Seine/Ihre* ~ His/Her Majesty **majestätisch** [majɛs'tɛːtɪʃ] **I** *adj* majestic **II** *adv* majestically

Majo ['maːjo] *f* ⟨-, -s⟩ (*infml* ≈ *Mayonnaise*) mayo (*infml*) **Majonäse** [majo-'nɛːzə] *f* ⟨-, -n⟩ mayonnaise

Major [ma'joːɐ] *m* ⟨-s, -e⟩, **Majorin** [ma-'joːrɪn] *f* ⟨-, -nen⟩ MIL major

Majoran ['majoraːn, 'maːjoran] *m* ⟨-s, -e⟩ marjoram

Majorität [majori'tɛːt] *f* ⟨-, -en⟩ majority **makaber** [ma'kaːbɐ] *adj* macabre; *Witz, Geschichte* sick

Makel ['maːkl] *m* ⟨-s, -⟩ **1.** (≈ *Schandfleck*) stigma **2.** (≈ *Fehler*) blemish; (*von Charakter, bei Waren*) flaw **makellos I** *adj Reinheit* spotless; *Charakter* unimpeachable; *Figur* perfect; *Kleidung, Haare* immaculate; *Alibi* watertight; *Englisch, Deutsch* flawless **II** *adv rein* spotlessly; ~ *gekleidet sein* to be impeccably dressed; ~ *weiß* spotless white **mäkeln** ['mɛːkln] *v/i* (*infml* ≈ *nörgeln*) to carp (*an* +*dat* at)

Make-up [meːk'ʔap] *nt* ⟨-s, -s⟩ make-up

Makkaroni [maka'roːni] *pl* macaroni *sg*

Makler ['maːklɐ] *m* ⟨-s, -⟩, **Maklerin** [-ə-rɪn] *f* ⟨-, -nen⟩ broker; (≈ *Grundstücksmakler*) estate agent (*Br*), real-estate agent (*US*) **Maklergebühr** *f* brokerage

Makrele [ma'kreːlə] *f* ⟨-, -n⟩ mackerel

Makro ['makro] *nt* ⟨-s, -s⟩ IT macro **makrobiotisch** [-'bio:tɪʃ] *adj* macrobiotic **Makrokosmos** *m* macrocosm

mal[1] [maːl] *adv* MAT times; *zwei* ~ *zwei* MAT two times two

mal[2] *adv* (*infml*) = *einmal*

Mal[1] [maːl] *nt* ⟨-(e)s, -e *or* (*poet*) ⁼er ['mɛːlɐ]⟩ **1.** (≈ *Fleck*) mark **2.** SPORTS

base; (≈ *Malfeld*) touch

Mal[2] *nt* ⟨-(e)s, -e⟩ time; *nur das eine* ~ just (the) once; *das eine oder andere* ~ now and then *or* again; *kein einziges* ~ not once; *ein für alle* ~(e) once and for all; *das vorige* ~ the time before; *beim ersten* ~(e) the first time; *zum ersten/letzten etc* ~ for the first/last *etc* time; *zu wiederholten* ~*en* time and again; *von* ~ *zu* ~ each *or* every time; *für dieses* ~ for now; *mit einem* ~(e) all at once **Malaise** [ma'lɛːzə] *f or* (*Swiss*) *nt*⟩ ⟨-, -n⟩ malaise

Malaria [ma'laːria] *f* ⟨-, *no pl*⟩ malaria **Malaysia** [ma'laizia] *nt* ⟨-s⟩ Malaysia **malaysisch** [ma'laizɪʃ] *adj* Malaysian **Malediven** [male'diːvn] *pl* Maldives *pl*, Maldive Islands *pl*

malen ['maːlən] *v/t & v/i* to paint; (≈ *zeichnen*) to draw; *etw rosig/schwarz etc* ~ (*fig*) to paint a rosy/black *etc* picture of sth **Maler** ['maːlɐ] *m* ⟨-s, -⟩, **Malerin** [-ərɪn] *f* ⟨-, -nen⟩ painter; (≈ *Kunstmaler auch*) artist **Malerei** [maːlə-'rai] *f* ⟨-, -en⟩ **1.** *no pl*: (≈ *Malkunst*) art **2.** (≈ *Bild*) painting **Malerfarbe** *f* paint **malerisch** [ma'ləːrɪʃ] *adj* **1.** *Talent* as a painter **2.** (≈ *pittoresk*) picturesque **Malheur** [ma'løːɐ] *nt* ⟨-s, -s *or* -e⟩ mishap

Malkasten *m* paintbox

Mallorca [ma'jɔrka, ma'lɔrka] *nt* ⟨-s⟩ Majorca, Mallorca

malnehmen *v/t & v/i sep irr* to multiply (*mit* by)

Maloche [ma'lɔxə, ma'loːxə] *f* ⟨-, *no pl*⟩ (*infml*) hard work **malochen** [ma'lɔxn, ma'loːxn] *past part* **malocht** *v/i* (*infml*) to work hard

malträtieren [maltrɛ'tiːrən] *past part* **malträtiert** *v/t* to ill-treat, to maltreat

Malve ['malvə] *f* ⟨-, -n⟩ BOT mallow; (≈ *Stockrose*) hollyhock

Malz [malts] *nt* ⟨-es, *no pl*⟩ malt **Malzbier** *nt* malt beer, ≈ stout (*Br*) **Malzbonbon** *nt or m* malt lozenge **Malzkaffee** *m* coffee substitute made from barley malt

Mama ['mama] *f* ⟨-, -s⟩ (*infml*) mummy (*Br*), mommy (*US*)

Mammografie [mamogra'fiː] *f* ⟨-, -n [-'fiːən]⟩ mammography

Mammut ['mamʊt, 'mamuːt] *nt* ⟨-s, -s *or* -e⟩ mammoth **Mammutbaum** *m* sequoia, giant redwood **Mammutprogramm** *nt* huge programme (*Br*) *or* program (*US*); (*lange dauernd*) marathon

programme (*Br*) *or* program (*US*)
Mammutprozess *m* marathon trial
mampfen ['mampfn] *v/t* & *v/i* (*infml*) to munch

man [man] *indef pr, dat* **einem**, *acc* **einen**
1. you, one; (≈ *ich*) one; (≈ *wir*) we; **~ kann nie wissen** you *or* one can never tell; **das tut ~ nicht** that's not done **2.** (≈ *jemand*) somebody, someone; **~ hat mir erklärt, dass ...** it was explained to me that ... **3.** (≈ *die Leute*) they *pl*, **früher glaubte ~, dass ...** people used to believe that ...

Management ['mɛnɛdʒmənt] *nt* ⟨**-s, -s**⟩ management **managen** ['mɛnɛdʒn] *v/t* (*infml*) to manage **Manager** ['mɛnɛdʒɐ] *m* ⟨**-s, -**⟩, **Managerin** [-ərɪn] *f* ⟨**-, -nen**⟩ manager **Managertyp** *m* management *or* executive type

manch [manç] *indef pr* **1.** *inv* many a; **~ eine(r)** many a person **2.** (*adjektivisch*) **~e(r, s)** quite a few +*pl*, many a +*sg*; (*pl* ≈ *einige*) some +*pl*; **~er, der ...** many a person who ... **3.** (*substantivisch*) **~e(r)** a good many people *pl*; (*pl* ≈ *einige*) some (people); **~er lernts nie** some people never learn; **in ~em hat er recht** he's right about a lot of/some things **mancherlei** ['mançɐ'lai] *adj inv* (*adjektivisch*) various, a number of; (*substantivisch*) various things *pl*, a number of things **manchmal** ['mançmaːl] *adv* sometimes

Mandant [man'dant] *m* ⟨**-en, -en**⟩, **Mandantin** [-'dantɪn] *f* ⟨**-, -nen**⟩ JUR client
Mandarine [manda'riːnə] *f* ⟨**-, -n**⟩ mandarin (orange), tangerine
Mandat [man'daːt] *nt* ⟨**-(e)s, -e**⟩ mandate; (*von Anwalt*) brief; (PARL ≈ *Abgeordnetensitz*) seat; **sein ~ niederlegen** PARL to resign one's seat **Mandatar** [manda'taːɐ] *m* ⟨**-s, -e**⟩, **Mandatarin** [-rɪn] *f* ⟨**-, -nen**⟩ (*Aus*) member of parliament, representative
Mandel ['mandl] *f* ⟨**-, -n**⟩ **1.** almond **2.** ANAT tonsil **Mandelbaum** *m* almond tree **Mandelentzündung** *f* tonsillitis
Mandoline [mando'liːnə] *f* ⟨**-, -n**⟩ mandolin
Manege [ma'neːʒə] *f* ⟨**-, -n**⟩ ring, arena
Mangan [maŋ'gaːn] *nt* ⟨**-s**, *no pl*⟩ manganese
Mangel¹ ['maŋəl] *f* ⟨**-, -n**⟩ mangle; (≈ *Heißmangel*) rotary iron; **durch die ~ drehen** (*fig infml*) to put through it

(*infml*); **jdn in die ~ nehmen** (*fig infml*) to give sb a going-over (*infml*)
Mangel² *m* ⟨**-s**, **~** ['mɛŋl]⟩ **1.** (≈ *Fehler*) fault; (≈ *Unzulänglichkeit*) shortcoming; (≈ *Charaktermangel*) flaw **2.** *no pl* (≈ *das Fehlen*) lack (*an* +*dat* of); (≈ *Knappheit*) shortage (*an* +*dat* of); MED deficiency (*an* +*dat* of); **wegen ~s an Beweisen** for lack of evidence; **~ an etw** (*dat*) **haben** to lack sth **Mangelerscheinung** *f* MED deficiency symptom; **eine ~ sein** (*fig*) to be in short supply (*bei* with) **mangelhaft** I *adj* (≈ *schlecht*) poor; *Informationen, Interesse* insufficient; (≈ *fehlerhaft*) *Sprachkenntnisse, Ware* faulty; (*Schulnote*) poor II *adv* poorly; **er spricht nur ~ Englisch** he doesn't speak English very well **Mängelhaftung** *f* JUR liability for faults
mangeln¹ ['maŋln] *v/t Wäsche* to (put through the) mangle; (≈ *heiß mangeln*) to iron
mangeln² I *v/i impers* **es mangelt an etw** (*dat*) there is a lack of sth; **es mangelt jdm an etw** (*dat*) sb lacks sth; **~des Selbstvertrauen** *etc* a lack of self-confidence *etc* II *v/i* **etw mangelt jdm/einer Sache** sb/sth lacks sth **mangels** ['maŋls] *prep* +*gen* (*form*) for lack of **Mangelware** *f* scarce commodity; **~ sein** (*fig*) to be a rare thing; (*Ärzte, gute Lehrer etc*) not to grow on trees
Mango ['maŋgo] *f* ⟨**-, -s** *or* **-nen** [-'goːnən]⟩ mango
Manie [ma'niː] *f* ⟨**-, -n** [-'niːən]⟩ mania
Manier [ma'niːɐ] *f* ⟨**-, -en**⟩ **1.** *no pl* (≈ *Art und Weise*) manner; (*eines Künstlers etc*) style **2. Manieren** *pl* (≈ *Umgangsformen*) manners; **was sind das für ~en?** (*infml*) that's no way to behave **manierlich** [ma'niːɐlɪç] *adj* **1.** *Kind* well-mannered; *Benehmen* good **2.** (*infml* ≈ *einigermaßen gut*) reasonable
Manifest [mani'fɛst] *nt* ⟨**-(e)s, -e**⟩ manifesto
Maniküre [mani'kyːrə] *f* ⟨**-, -n**⟩ (≈ *Handpflege*) manicure **maniküren** [mani'kyːrən] *past part* **manikürt** *v/t* to manicure
Manipulation [manipula'tsioːn] *f* ⟨**-, -en**⟩ manipulation **manipulieren** [manipu'liːrən] *past part* **manipuliert** *v/t* to manipulate
manisch ['maːnɪʃ] *adj* manic; **~-depressiv** manic-depressive

Manko ['maŋko] *nt* ⟨*-s*, *-s*⟩ **1.** (COMM ≈ *Fehlbetrag*) deficit; ~ **machen** (*infml*: *bei Verkauf*) to make a loss **2.** (*fig* ≈ *Nachteil*) shortcoming

Mann [man] *m* ⟨*-(e)s*, *⸚er* ['mɛnɐ]⟩ **1.** man; *etw an den ~ bringen* (*infml*) to get rid of sth; *seinen ~ stehen* to hold one's own; *pro ~* per head; *ein Gespräch von ~ zu ~* a man-to-man talk **2.** (≈ *Ehemann*) husband; ~ *und Frau werden* to become man and wife **3.** (*infml*: *als Interjektion*) (my) God (*infml*); *mach schnell, ~!* hurry up, man!; ~, *oh ~!* oh boy! (*infml*) **Männchen** ['mɛnçən] *nt* ⟨*-s*, *-*⟩ **1.** little man; (≈ *Zwerg*) man(n)ikin; ~ *malen* ≈ to doodle **2.** BIOL male; (≈ *Vogelmännchen*) male, cock **3.** ~ *machen* (*Hund*) to (sit up and) beg **Manndeckung** *f* SPORTS man-to-man marking, one-on-one defense (*US*)

Mannequin [manə'kɛ̃ː, 'manəkɛ̃] *nt* ⟨*-s*, *-s*⟩ (fashion) model

Männerberuf *m* male profession **Männerchor** *m* male-voice choir **Männerfang** *m* *auf ~ ausgehen* to go looking for a man **Männerfreundschaft** *f* friendship between men **Männersache** *f* (*Angelegenheit*) man's business; (*Arbeit*) job for a man; *Fußball war früher ~* football used to be a male preserve **Mannesalter** *nt* manhood *no art*; *im besten ~ sein* to be in one's prime

mannigfach ['maniçfax] *adj attr* manifold **mannigfaltig** ['maniçfaltiç] *adj* diverse

männlich ['mɛnliç] *adj* male; *Wort, Auftreten* masculine **Männlichkeit** *f* ⟨*-, no pl*⟩ (*fig*) manliness; (*von Auftreten*) masculinity **Mannloch** *nt* TECH manhole **Mannschaft** ['manʃaft] *f* ⟨*-, -en*⟩ team; NAUT, AVIAT crew **Mannschaftsgeist** *m* team spirit **Mannschaftskapitän** *m* SPORTS (team) captain, skipper (*infml*) **Mannschaftsraum** *m* SPORTS team quarters *pl*; NAUT crew's quarters *pl* **mannshoch** *adj* as high as a man; *der Schnee liegt ~* the snow is six feet deep **mannstoll** *adj* man-mad (*esp Br infml*) **Mannweib** *nt* (*pej*) mannish woman

Manometer [mano'meːtɐ] *nt* ⟨*-s*, *-*⟩ TECH pressure gauge; ~*!* (*infml*) wow! (*infml*) **Manöver** [ma'nøːvɐ] *nt* ⟨*-s*, *-*⟩ manoeuvre (*Br*), maneuver (*US*) **Manöverkritik** *f* (*fig*) postmortem **manövrieren** [manø-

'vriːrən] *past part* **manövriert** *v/t* & *v/i* to manoeuvre (*Br*), to maneuver (*US*) **manövrierfähig** *adj* manoeuvrable (*Br*), maneuverable (*US*); (*fig*) flexible **manövrierunfähig** *adj* disabled

Mansarde [man'zaːrdə] *f* ⟨*-*, *-n*⟩ garret; (*Boden*) attic

Manschette [man'ʃɛtə] *f* ⟨*-*, *-n*⟩ **1.** (≈ *Ärmelaufschlag*) cuff **2.** ~*n haben* (*infml*) to be scared stupid (*infml*) **Manschettenknopf** *m* cufflink

Mantel ['mantl] *m* ⟨*-s*, *-*⟩ ['mɛntl]⟩ coat; (≈ *Umhang*) cloak **Manteltarifvertrag** *m* IND general agreement on conditions of employment

Mantra ['mantra] *nt* ⟨*-(s)*, *-s*⟩ mantra

manuell [ma'nuɛl] **I** *adj* manual **II** *adv* manually **Manuskript** [manu'skrɪpt] *nt* ⟨*-(e)s*, *-e*⟩ manuscript; RADIO, FILM, TV script

Mappe ['mapə] *f* ⟨*-*, *-n*⟩ (≈ *Aktenhefter*) file; (≈ *Aktentasche*) briefcase; (≈ *Schulmappe*) (school) bag; (≈ *Bleistiftmappe*) pencil case

Marathonlauf *m* marathon **Marathonläufer(in)** *m*/(*f*) marathon runner **Märchen** ['mɛːrçən] *nt* ⟨*-s*, *-s*⟩ fairy tale; (*infml*) tall story **Märchenbuch** *nt* book of fairy tales **Märchenerzähler(in)** *m*/(*f*) teller of fairy tales; (*fig*) storyteller **märchenhaft I** *adj* fairy-tale *attr*, fabulous; (*fig*) fabulous **II** *adv* reich fabulously; *singen* beautifully; ~ *schön* incredibly beautiful **Märchenprinz** *m* Prince Charming **Märchenprinzessin** *f* fairy-tale princess

Marder ['mardɐ] *m* ⟨*-s*, *-*⟩ marten

Margarine [marga'riːnə, (*Aus*) -'riːn] *f* ⟨*-*, *-n*⟩ margarine

Marge ['marʒə] *f* ⟨*-*, *-n*⟩ COMM margin

Mariä Himmelfahrt *f* Assumption **Marienkäfer** *m* ladybird (*Br*), ladybug (*US*)

Marihuana [mari'huaːna] *nt* ⟨*-s*, *no pl*⟩ marijuana

Marille [ma'rɪlə] *f* ⟨*-*, *-n*⟩ (*Aus*) apricot

Marinade [mari'naːdə] *f* ⟨*-*, *-n*⟩ COOK marinade

Marine [ma'riːnə] *f* ⟨*-*, *-n*⟩ navy **marineblau** *adj* navy-blue **Marineoffizier** *m* naval officer

marinieren [mari'niːrən] *past part* **mariniert** *v/t* Fisch, Fleisch to marinate

Marionette [mario'nɛtə] *f* ⟨*-*, *-n*⟩ marionette; (*fig*) puppet **Marionettenregierung** *f* puppet government **Marionet-**

tenspieler(in) *m/(f)* puppeteer **Mario-nettentheater** *nt* puppet theatre (*Br*) *or* theater (*US*)

maritim [mari'tiːm] *adj* maritime

Mark¹ [mark] *nt* ⟨-(e)s, *no pl*⟩ (≈ *Knochenmark*) marrow; (≈ *Fruchtfleisch*) purée; *bis ins ~* (*fig*) to the core; *es geht mir durch ~ und Bein* (*infml*) it goes right through me

Mark² *f* ⟨-, - *or* (*hum*) ≈er ['mɛrkɐ]⟩ HIST mark; *Deutsche ~* Deutschmark

markant [mar'kant] *adj* (≈ *ausgeprägt*) clear-cut; *Schriftzüge* clearly defined; *Persönlichkeit* striking

Marke ['markɐ] *f* ⟨-, -n⟩ **1.** (*bei Genussmitteln*) brand; (*bei Industriegütern*) make **2.** (≈ *Briefmarke*) stamp; (≈ *Essenmarke*) voucher; (≈ *Rabattmarke*) (trading) stamp; (≈ *Lebensmittelmarke*) coupon **3.** (≈ *Markenzeichen*) trademark **4.** (≈ *Rekordmarke*) record; (≈ *Wasserstandsmarke*) watermark; (≈ *Stand, Niveau*) level **Markenartikel** *m* proprietary article **Markenbutter** *f* nonblended butter, best quality butter **Markenname** *m* brand *or* proprietary name **Markenpiraterie** *f* brand name piracy **Markenschutz** *m* protection of trademarks **Markenware** *f* proprietary goods *pl*

Marker ['markɐ] *m* ⟨-s, -(s)⟩ (≈ *Markierstift*) highlighter

Marketing ['markɐtɪŋ] *nt* ⟨-s, *no pl*⟩ marketing

markieren [mar'kiːrən] *past part* **markiert** *v/t* to mark; (*infml* ≈ *vortäuschen*) to play; *den starken Mann ~* to play the strong man **Markierstift** *m* highlighter **Markierung** *f* ⟨-, -en⟩ marking; (≈ *Zeichen*) mark **markig** ['markɪç] *adj Spruch, Worte* pithy

Markise [mar'kiːzə] *f* ⟨-, -n⟩ awning

Markklößchen *nt* COOK bone marrow dumpling **Markknochen** *m* COOK marrowbone

Markt [markt] *m* ⟨-(e)s, ≈e ['mɛrktə]⟩ **1.** market; (≈ *Jahrmarkt*) fair; (≈ *Warenverkehr*) trade; *auf dem or am ~* on the market; *auf den ~ kommen* to come on the market **2.** (≈ *Marktplatz*) marketplace **Marktanalyse** *f* market analysis **Marktanteil** *m* market share **marktbeherrschend** *adj ~ sein* to control *or* dominate the market **Marktbude** *f* market stall **Marktchance** *f usu pl* sales opportunity **Marktforscher(in)** *m/(f)* mar-

ket researcher **Marktforschung** *f* market research **Marktfrau** *f* (woman) stallholder **Marktführer(in)** *m/(f)* market leader **marktgerecht** *adj* in line with *or* geared to market requirements **Markthalle** *f* covered market **Marktlage** *f* state of the market **Marktlücke** *f* gap in the market; *in eine ~ stoßen* to fill a gap in the market **Marktplatz** *m* market square **Marktsegment** *nt* market segment *or* sector **Marktstudie** *f* market survey **Markttag** *m* market day **marktüblich** *adj Preis* current; *zu ~en Konditionen* at usual market terms **Marktwert** *m* market value **Marktwirtschaft** *f* market economy

Marmelade [marmə'laːdə] *f* ⟨-, -n⟩ jam (*Br*), jelly (*US*)

Marmor ['marmoːɐ] *m* ⟨-s, -e⟩ marble **marmorieren** [marmo'riːrən] *past part* **marmoriert** *v/t* to marble **Marmorkuchen** *m* marble cake **marmorn** ['marmɔrn, 'marmoːɐn] *adj* marble

Marokkaner [maro'kaːnɐ] *m* ⟨-s, -⟩, **Marokkanerin** [-ərɪn] *f* ⟨-, -nen⟩ Moroccan **marokkanisch** [maro'kaːnɪʃ] *adj* Moroccan **Marokko** [ma'rɔko] *nt* ⟨-s⟩ Morocco

Marone¹ [ma'roːnə] *f* ⟨-, -n⟩, **Maroni** [ma'roːni] *f* ⟨-, -⟩ (sweet *or* Spanish) chestnut **Marone²** *f* ⟨-, -n⟩ (≈ *Pilz*) chestnut boletus

Marotte [ma'rɔtə] *f* ⟨-, -n⟩ quirk

Mars [mars] *m* ⟨-, *no pl*⟩ MYTH, ASTRON Mars

marsch [marʃ] *int* **1.** MIL march **2.** *~ ins Bett!* (*infml*) off to bed with you at the double! (*infml*) **Marsch** [marʃ] *m* ⟨-(e)s, ≈e ['mɛrʃə]⟩ march; (≈ *Wanderung*) hike; *einen ~ machen* to go on a march / hike; *jdm den ~ blasen* (*infml*) to give sb a rocket (*infml*) **Marschbefehl** *m* MIL marching orders *pl* **marschbereit** *adj* ready to move **Marschflugkörper** *m* cruise missile **Marschgepäck** *nt* pack **marschieren** [mar'ʃiːrən] *past part* **marschiert** *v/i aux sein* to march; (*fig*) to march off **Marschkolonne** *f* column **Marschmusik** *f* military marches *pl* **Marschrichtung** *f*, **Marschroute** *f* (*lit*) route of march; (*fig*) line of approach **Marschverpflegung** *f* rations *pl*; MIL field rations *pl*

martern ['martɐn] (*liter*) *v/t* to torture, to torment **Marterpfahl** *m* stake

Martinshorn *nt* siren

Märtyrer ['mɛrtyrɐ] *m* ⟨**-s, -**⟩,**Märtyrerin** [-ərɪn] *f* ⟨**-, -nen**⟩ martyr

Marxismus [mar'ksɪsmʊs] *m* ⟨**-, *no pl*⟩** Marxism **Marxist** [mar'ksɪst] *m* ⟨**-en, -en**⟩, **Marxistin** [-'ksɪstɪn] *f* ⟨**-, -nen**⟩ Marxist **marxistisch** [mar'ksɪstɪʃ] *adj* Marxist

März [mɛrts] *m* ⟨**-(es)** *or* (*poet*) **-en, -e**⟩ March; **im ~** in March; **im Monat ~** in the month of March; **heute ist der zweite ~** today is March the second *or* March second (*US*); (*geschrieben*) today is 2nd March *or* March 2nd; **Berlin, den 4. ~ 2006** (*in Brief*) Berlin, March 4th, 2006, Berlin, 4th March 2006; **am Mittwoch, dem** *or* **den 4. ~** on Wednesday the 4th of March; **im Laufe des ~** during March; **Anfang/Ende ~** at the beginning/end of March

Marzipan [martsi'paːn, 'martsipaːn] *nt* ⟨**-s, -e**⟩ marzipan

Masche ['maʃə] *f* ⟨**-, -n**⟩ **1.** (≈ *Strickmasche*) stitch; **die ~n eines Netzes** the mesh *sg* of a net; **durch die ~n des Gesetzes schlüpfen** to slip through a loophole in the law **2.** (*infml*) (≈ *Trick*) trick; (≈ *Eigenart*) fad; **die ~ raushaben** to know how to do it; **das ist seine neueste ~** that's his latest (fad *or* craze) **Maschendraht** *m* wire netting

Maschine [ma'ʃiːnə] *f* ⟨**-, -n**⟩ machine; (≈ *Motor*) engine; (≈ *Flugzeug*) plane; (≈ *Schreibmaschine*) typewriter; (*infml* ≈ *Motorrad*) bike; **etw in der ~ waschen** to machine-wash sth; **etw auf** *or* **mit der ~ schreiben** to type sth; **~ schreiben** to type **maschinell** [maʃi'nɛl] **I** *adj* Herstellung mechanical, machine *attr*; Anlage, Übersetzung machine *attr*; **II** *adv* mechanically **Maschinenbau** *m* mechanical engineering **Maschinenbauer** *m, pl* -, **Maschinenbauerin** *f, pl* **-nen**,**Maschinenbauingenieur(in)** mechanical engineer **Maschinenfabrik** *f* engineering works *sg or pl* **maschinengeschrieben** *adj* typewritten **Maschinengewehr** *nt* machine gun **maschinenlesbar** *adj* machine-readable **Maschinenöl** *nt* lubricating oil **Maschinenpark** *m* plant **Maschinenpistole** *f* submachine gun **Maschinenraum** *m* plant room; NAUT engine room**Maschinenschaden** *m* mechanical fault; AVIAT *etc* engine fault **Maschinenschlos-**

ser(in) *m/(f)* machine fitter **Maschinenstürmer** *m* Luddite

Maser ['maːzɐ] *f* ⟨**-, -n**⟩ vein **maserig** ['maːzərɪç] *adj* grained

Masern ['maːzɐn] *pl* measles *sg*; **die ~ haben** to have (the) measles

Maserung ['maːzərʊŋ] *f* ⟨**-, -en**⟩ grain

Maske ['maskə] *f* ⟨**-, -n**⟩ **1.** mask; **die ~ fallen lassen** (*fig*) to throw off one's mask **2.** (THEAT ≈ *Aufmachung*) make-up **Maskenball** *m* masked ball **Maskenbildner** [-bɪltnɐ] *m* ⟨**-s, -**⟩,**Maskenbildnerin** [-ərɪn] *f* ⟨**-, -nen**⟩ make-up artist **Maskerade** [maskə'raːdə] *f* ⟨**-, -n**⟩ costume**maskieren** [mas'kiːrən] *past part* **maskiert I** *v/t* **1.** (≈ *verkleiden*) to dress up **2.** (≈ *verbergen*) to disguise **II** *v/r* to dress up; (≈ *sich unkenntlich machen*) to disguise oneself **maskiert** [mas'kiːɐt] *adj* masked **Maskierung** *f* ⟨**-, -en**⟩ (≈ *Verkleidung*) fancy-dress costume; (*von Spion etc*) disguise **Maskottchen** [mas'kɔtçən] *nt* ⟨**-s, -**⟩ (lucky) mascot **maskulin** [masku'liːn] *adj* masculine **Maskulinum** ['maskuliːnʊm] *nt* ⟨**-s, Maskulina** [-na]⟩ masculine noun

Masochismus [mazo'xɪsmʊs] *m* ⟨**-, *no pl*⟩** masochism **Masochist** [mazo'xɪst] *m* ⟨**-en, -en**⟩, **Masochistin** [-'xɪstɪn] *f* ⟨**-, -nen**⟩ masochist **masochistisch** [mazo'xɪstɪʃ] *adj* masochistic

Maß[1] [maːs] *nt* ⟨**-es, -e**⟩ **1.** (≈ *Maßeinheit*) measure (für of); (≈ *Zollstock*) rule; (≈ *Bandmaß*) tape measure; **~e und Gewichte** weights and measures; **das ~ aller Dinge** (*fig*) the measure of all things; **mit zweierlei ~ messen** (*fig*) to operate a double standard; **das ~ ist voll** (*fig*) enough's enough; **in reichem ~(e)** abundantly **2.** (≈ *Abmessung*) measurement; **sich** (*dat*) **etw nach ~ anfertigen lassen** to have sth made to measure; **bei jdm ~ nehmen** to take sb's measurements; **Hemden nach ~** shirts made to measure, custom-made shirts **3.** (≈ *Ausmaß*) extent; **ein gewisses ~ an von ...** a certain degree of ...; **in hohem ~(e)** to a high degree; **in vollem ~e** fully; **in höchstem ~e** extremely **4.** (≈ *Mäßigung*) moderation; **~ halten** = **maßhalten**; **in** *or* **mit ~en** in moderation; **ohne ~ und Ziel** immoderately

Maß[2] *f* ⟨**-, -**⟩ (*S Ger, Aus*) litre (*Br*) *or* liter (*US*) (tankard) of beer

Massage [ma'saːʒə] *f* ⟨**-, -n**⟩ massage

Massageölnt massage oil **Massagesalon** m (euph) massage parlour (Br) or parlor (US)

Massaker[ma'saːkɐ] nt ⟨**-s, -**⟩ massacre **massakrieren** [masa'kriːrən] past part **massakriert** v/t (dated infml) to massacre

Maßangabe f measurement **Maßanzug** m made-to-measure or custom-made suit **Maßarbeit** f (infml) **das war ~** that was a neat bit of work

Masse['masə] f ⟨**-, -n**⟩ **1.** (≈ Stoff) mass; COOK mixture **2.** (≈ große Menge) heaps pl (infml); (von Besuchern etc) host; **die (breite) ~ der Bevölkerung** the bulk of the population; **eine ganze ~** (infml) a lot **3.** (≈ Menschenmenge) crowd **Maßeinheit** f unit of measurement

Massenandrang m crush **Massenarbeitslosigkeit** f mass unemployment **Massenartikel** m mass-produced article **Massendemonstration** f mass demonstration **Massenentlassung** f mass redundancy **Massenfabrikation** f, **Massenfertigung** f mass production **Massenflucht** f mass exodus **Massengrab** nt mass grave **massenhaft** adv on a huge scale; kommen, austreten in droves **Massenkarambolage** f pile-up (infml) **Massenmedien** pl mass media pl **Massenmord** m mass murder **Massenmörder(in)** m/(f) mass murderer **Massenproduktion** f mass production **Massenvernichtungswaffe** f weapon of mass destruction **Massenware** f mass-produced article **massenweise** adv = **massenhaft**

Masseur [ma'søːɐ] m ⟨**-s, -e**⟩ masseur **Masseurin** [ma'søːrɪn] f ⟨**-, -nen**⟩ masseuse **Masseuse** [ma'søːzə] f ⟨**-, -n**⟩ masseuse

Maßgabe f (form) stipulation; **mit der ~, dass ...** with the proviso that ..., on (the) condition that ...; **nach ~** (+gen) according to **maßgebend** adj Einfluss decisive; Meinung definitive; Fachmann authoritative; (≈ zuständig) competent **maßgeblich** I adj Einfluss decisive; Person leading; **~en Anteil an etw** (dat) **haben** to make a major contribution to sth **II** adv decisively; **~ an etw** (dat) **beteiligt sein** to play a substantial role in sth **maßgeschneidert** [-gə'ʃnaidɐt] adj Anzug made-to-measure, custom-made; (fig) Lösung, Produkte tailor-made **Maßhal-**

teappell m appeal for moderation **maßhalten** v/i sep irr to be moderate **massieren**[1] [ma'siːrən] past part **massiert** v/t Körper, Haut to massage **massieren**[2] past part **massiert** v/t Truppen to mass

massig ['masɪç] **I** adj massive, huge **II** adv (infml) **~ Arbeit/Geld** etc masses of work/money etc (infml)

mäßig ['mɛːsɪç] **I** adj (≈ bescheiden) moderate; Schulnote etc mediocre **II** adv (≈ nicht viel) moderately; **~ essen** to eat with moderation **mäßigen** ['mɛːsɪɡn] **I** v/t Anforderungen to moderate; Zorn to curb; **→ gemäßigt II** v/r to restrain oneself; **sich im Ton ~** to moderate one's tone **Mäßigung** f ⟨**-**, no pl⟩ restraint

massiv [ma'siːf] **I** adj **1.** (≈ stabil) solid **2.** (≈ heftig) Beleidigung gross; Drohung, Kritik serious; Anschuldigung severe; Protest strong **II** adv gebaut massively; protestieren strongly; verstärken greatly; behindern severely; **sich ~ verschlechtern** to deteriorate sharply **Massiv** [ma'siːf] nt ⟨**-s, -e** [-və]⟩ GEOL massif

Maßkrug m litre (Br) or liter (US) beer mug; (≈ Steinkrug) stein **maßlos I** adj extreme; (im Essen etc) immoderate **II** adv (≈ äußerst) extremely; übertreiben grossly; **er raucht/trinkt ~** he smokes/drinks to excess **Maßlosigkeit** f ⟨**-, -en**⟩ extremeness; (im Essen etc) lack of moderation **Maßnahme** [-naːmə] f ⟨**-, -n**⟩ measure; **~n gegen jdn/etw treffen** or **ergreifen** to take measures against sb/sth **maßregeln** v/t insep (≈ zurechtweisen) to reprimand, to rebuke; (≈ bestrafen) to discipline **Maßregelung** f (≈ Rüge) reprimand, rebuke; (von Beamten) disciplinary action **Maßschneider(in)** m/(f) bespoke or custom (US) tailor **Maßstab** m **1.** (≈ Kartenmaßstab, Ausmaß) scale; **im ~ 1:1000** on a scale of 1:1000; **Klimaverschiebungen im großen ~** large-scale climate changes **2.** (fig ≈ Kriterium) standard; **für jdn als ~ dienen** to serve as a model for sb **maßstab(s)gerecht** adj, adv (true) to scale **maßvoll I** adj moderate **II** adv moderately

Mast[1][mast] m ⟨**-(e)s, -en** or **-e**⟩ mast; (≈ Stange) pole; ELEC pylon

Mast[2] f ⟨**-, -en**⟩ (≈ das Mästen) fattening; (≈ Futter) feed **mästen** ['mɛstn] **I** v/t to fatten **II** v/r (infml) to stuff (infml) oneself

Masturbation [masturba'tsio:n] f ⟨-, -en⟩ masturbation **masturbieren** [mastur'bi:rən] past part **masturbiert** v/t & v/i to masturbate

Match [mɛtʃ] nt or (Swiss) m ⟨-(e)s, -e(s)⟩ match **Matchball** [mɛtʃ-] m TENNIS match point

Material [mate'ria:l] nt ⟨-s, -ien [-liən]⟩ material; (≈ Baumaterial, Gerät) materials pl **Materialfehler** m material defect **Materialismus** [materia'lɪsmʊs] m ⟨-, no pl⟩ materialism **Materialist** [materia-'lɪst] m ⟨-en, -en⟩, **Materialistin** [-'lɪs-tɪn] f ⟨-, -nen⟩ materialist **materialistisch** [materia'lɪstɪʃ] adj materialistic **Materialkosten** pl cost of materials sg **Materie** [ma'te:riə] f ⟨-, -n, no pl⟩ matter no art; (≈ Stoff, Thema) subject matter no indef art **materiell** [mate'riɛl] **I** adj material; (≈ gewinnsüchtig) materialistic **II** adv (≈ finanziell) financially; ~ **eingestellt sein** (pej) to be materialistic

Mathe ['matə] f ⟨-, no pl⟩ (SCHOOL infml) maths sg (Br infml), math (US infml) **Mathematik** [matema'ti:k] f ⟨-, no pl⟩ mathematics sg no art **Mathematiker** [mate'ma:tikɐ] m ⟨-s, -⟩, **Mathematikerin** [-ərɪn] f ⟨-, -nen⟩ mathematician **mathematisch** [mate'ma:tɪʃ] adj mathematical

Matinee [mati'ne:] f ⟨-, -n [-'ne:ən]⟩ matinée

Matratze [ma'tratsə] f ⟨-, -n⟩ mattress **Matriarchat** [matriar'ça:t] nt ⟨-(e)s, -e⟩ matriarchy

Matrix ['ma:trɪks] f ⟨**Matrizes** or **Matrices** or **Matrizen** [ma'tri:tse:s, ma-'tri:tsn]⟩ matrix

Matrose [ma'tro:zə] m ⟨-n, -n⟩, **Matrosin** [-'tro:zɪn] f sailor; (als Rang) ordinary seaman **Matrosenanzug** m sailor suit

Matsch [matʃ] m ⟨-(e)s, no pl⟩ (infml) mush; (≈ Schlamm) mud; (≈ Schneematsch) slush **matschig** ['matʃɪç] adj (infml) Obst mushy; Weg muddy; Schnee slushy

matt [mat] **I** adj **1.** (≈ schwach) Kranker weak; Glieder weary **2.** (≈ glanzlos) Metall, Farbe dull; Foto mat(t); (≈ trübe) Licht dim; Glühbirne pearl **3.** CHESS (check)mate; jdn ~ setzen to checkmate sb **II** adv **1.** (≈ schwach) weakly **2.** ~ **glänzend** dull **Matt** [mat] nt ⟨-s, -s⟩ CHESS

(check)mate

Matte[1] ['matə] f ⟨-, -n⟩ mat; auf der ~ stehen (infml ≈ bereit sein) to be there and ready for action

Matte[2] f ⟨-, -n⟩ (Swiss) alpine meadow

Mattheit f ⟨-, no pl⟩ (≈ Schwäche) weakness; (von Gliedern) weariness **Mattlack** m dull or mat(t) lacquer **Mattscheibe** f **1.** (infml ≈ Fernseher) telly (Br infml), tube (US infml) **2.** (infml) eine ~ haben/kriegen (≈ nicht klar denken können) to have / get a mental block

Matura [ma'tu:ra] f ⟨-, no pl⟩ (Aus, Swiss) → **Abitur Maturand** [matu'rant] m ⟨-en, -en [-dn]⟩, **Maturandin** [-'randɪn] f ⟨-, -nen⟩ (Swiss) → **Abiturient(in)**

maturieren [matu'ri:rən] past part **maturiert** v/i (Aus ≈ Abitur machen) to make one's school-leaving exam (Br), to graduate (from high school) (US)

Mätzchen ['mɛtsçən] nt ⟨-s, -⟩ (infml) antic; ~ **machen** to fool around (infml)

Mauer ['mauɐ] f ⟨-, -n⟩ wall **mauern** ['mauɐn] **I** v/i **1.** (≈ Maurerarbeit machen) to build, to lay bricks **2.** CARDS to hold back; (fig) to stonewall **II** v/t to build **Mauerwerk** nt (≈ Steinmauer) stonework; (≈ Ziegelmauer) brickwork

Maul [maul] nt ⟨-(e)s, Mäuler ['mɔylɐ]⟩ mouth; (infml: von Menschen) gob (Br infml), trap (esp US sl); ein großes ~ haben (infml) to be a bigmouth (infml); den Leuten aufs ~ schauen (infml) to listen to what people really say; halts ~! (vulg) shut your face (sl) **maulen** ['maulən] v/i (infml) to moan **Maulesel** m mule **maulfaul** adj (infml) uncommunicative **Maulheld(in)** m/(f) (pej) show-off **Maulkorb** m muzzle; jdm einen ~ umhängen to muzzle sb **Maultier** nt mule **Maul- und Klauenseuche** f VET foot-and-mouth disease (Br), hoof-and-mouth disease (US) **Maulwurf** ['maulvʊrf] m ⟨-(e)s, Maulwürfe [-vyr-fə]⟩ mole **Maulwurfshaufen** m molehill

Maurer ['maurɐ] m ⟨-s, -⟩, **Maurerin** [-ə-rɪn] f ⟨-, -nen⟩ bricklayer

Maus [maus] f ⟨-, Mäuse ['mɔyzə]⟩ mouse (auch IT); eine graue ~ (fig infml) a mouse (infml)

Mauschelei [mauʃə'lai] f ⟨-, -en⟩ (infml ≈ Korruption) swindle **mauscheln** ['mauʃln] v/t & v/i (≈ manipulieren) to fiddle (infml)

mäuschenstill ['mɔysçən'ʃtɪl] adj dead

quiet **Mausefalle** *f* mousetrap **Mause-loch** *nt* mousehole **mausen** ['mauzn] *v/i* to catch mice

Mauser ['mauzɐ] *f* ⟨-, *no pl*⟩ ORN moult (*Br*), molt (*US*); **in der ~ sein** to be moulting (*Br*) *or* molting (*US*) **mausern** ['mauzɐn] *v/r* ORN to moult (*Br*), to molt (*US*)

mausetot ['mauzəˈtoːt] *adj* (*infml*) stone-dead **Mausklick***m* IT mouse click; **per~** by clicking the mouse **Mausmatte** *f*, **Mauspad** [-pɛt] *nt* IT mouse mat *or* pad **Maustaste** *f* IT mouse button

Maut[maut] *f*⟨-, *-en*⟩ toll **Mautschranke** *f* toll barrier (*Br*), turnpike (*US*) **Maut-straße** *f* toll road, turnpike (*US*)

maximal[maksiˈmaːl] **I** *adj* maximum **II** *adv* (≈ *höchstens*) at most **Maxime**[maˈksiːmə] *f*⟨-, *-n*⟩ LIT, PHIL maxim **maximieren** [maksiˈmiːrən] *past part* **maximiert** *v/t* to maximize **Maximum** ['maksimʊm] *nt* ⟨-*s*, **Maxima** [-ma]⟩ maximum (*an +dat* of)

Mayonnaise [majɔˈnɛːzə] *f*⟨-, *-n*⟩ mayonnaise

Mazedonien [matseˈdoːniən] *nt* ⟨-*s*⟩ Macedonia

Mäzen [mɛˈtseːn] *m* ⟨-*s*, *-e*⟩, **Mäzenin** [-ˈtseːnɪn] *f*⟨-, *-nen*⟩ patron

Mechanik [meˈçaːnɪk] *f* ⟨-, *no pl*⟩ PHYS mechanics *sg* **Mechaniker**[meˈçaːnikɐ] *m* ⟨-*s*, -⟩, **Mechanikerin** [-ərɪn] *f* ⟨-, *-nen*⟩ mechanic **mechanisch** [meˈçaːnɪʃ] **I** *adj* mechanical **II** *adv* mechanically **Mechanismus** [meçaˈnɪsmʊs] *m* ⟨-, **Mechanismen** [-mən]⟩ mechanism

Meckerei [mɛkəˈrai] *f* ⟨-, *-en*⟩ (*infml*) grumbling **Meckerer** ['mɛkərɐ] *m* ⟨-*s*, -⟩, **Meckerin** [-ərɪn] *f* (*infml*) grumbler **meckern** ['mɛkɐn] *v/i* (*Ziege*) to bleat; (*infml: Mensch*) to moan; **über jdn/ etw**(*acc*) **~** (*infml*) to moan about sb/sth

Mecklenburg-Vorpommern ['meːklənbʊrkfoːɐpɔmɐn, 'mɛklənbʊrk-] *nt* Mecklenburg-West Pomerania

Medaille [meˈdaljə] *f*⟨-, *-n*⟩ medal **Medaillon**[medalˈjõː] *nt*⟨-*s*, *-s*⟩ **1.** (≈ *Bildchen*) medallion; (≈ *Schmuckkapsel*) locket **2.** COOK médaillon

Mediathek [mediaˈteːk] *f*⟨-, *-en*⟩ multimedia centre (*Br*) *or* center (*US*) **Medien** ['meːdiən] *pl* media *pl* **Medienberater(in)** *m*/(*f*) press adviser **Mediengesellschaft**ƒ media society **Medienland-**

schaftƒ, *no pl* media landscape **Medienpolitik** *f* (*mass*) media policy **medienwirksam I** *adj* **eine ~e Kampagne** a campaign geared toward(s) the media **II** *adv* **etw~ präsentieren** to gear sth toward(s) the media

Medikament[medikaˈmɛnt] *nt*⟨-(e)*s*, *-e*⟩ medicine **medikamentenabhängig** *adj* **~ sein** to be addicted to medical drugs **Medikamentenmissbrauch** *m* drug abuse

Mediothek [medioˈteːk] *f*⟨-, *-en*⟩ multimedia centre (*Br*) *or* center (*US*)

Meditation [meditaˈtsioːn] *f* ⟨-, *-en*⟩ meditation **meditieren** [mediˈtiːrən] *past part* **meditiert** *v/i* to meditate

Medium ['meːdiʊm] *nt* ⟨-*s*, **Medien** [-diən]⟩ medium

Medizin [mediˈtsiːn] *f*⟨-, *-en*⟩ medicine **Medizinball***m* SPORTS medicine ball **Mediziner** [mediˈtsiːnɐ] *m* ⟨-*s*, -⟩, **Medizinerin** [-ərɪn] *f* ⟨-, *-nen*⟩ doctor; UNIV medic (*infml*) **medizinisch** [mediˈtsiːnɪʃ] **I** *adj* **1.** (≈ *ärztlich*) medical; **~e Fakultät** faculty of medicine; **~-technische Assistentin, ~-technischer Assistent** medical technician **2.** *Kräuter, Bäder* medicinal; *Shampoo* medicated **II** *adv* medically; **jdn ~ behandeln** to treat sb (medically); **~ wirksame Kräuter** medicinal herbs **Medizinmann** *m*, *pl* **-männer** medicine man

Meer [meːɐ] *nt* ⟨-(e)*s*, *-e*⟩ sea; (≈ *Weltmeer*) ocean; **am ~(e)** by the sea; **ans ~ fahren** to go to the sea(side) **Meerbusen** *m* gulf, bay **Meerenge** *f* straits *pl*, strait **Meeresboden** *m* seabed **Meeresfisch** *m* saltwater fish **Meeresfrüchte** *pl* seafood *sg* **Meeresgrund** *m* seabed, bottom of the sea **Meeresklima** *nt* maritime climate **Meereskunde** *f* oceanography **Meeresspiegel** *m* sea level; **über/unter dem ~** above/below sea level **Meeresufer** *nt* coast **Meerjungfrau** *f* mermaid **Meerrettich** *m* horseradish **Meersalz** *nt* sea salt **Meerschweinchen** [-ʃvainçən] *nt* ⟨-*s*, -⟩ guinea pig **Meerwasser** *nt* sea water

Meeting ['miːtɪŋ] *nt* ⟨-*s*, *-s*⟩ meeting

Megabit*nt* megabit **Megabyte**[-ˈbait] *nt* megabyte **Megafon** [megaˈfoːn] *nt* ⟨-*s*,

-e⟩ megaphone **Megahertz** *nt* megahertz **Megahit** *m* huge *or* smash (*infml*) hit, megahit **Megaphon** *nt* = **Megafon Megatonne** *f* megaton **Megawatt** *nt* ⟨**-s, -**⟩ megawatt

Mehl [meːl] *nt* ⟨**-(e)s, -e**⟩ flour; (*gröber*) meal; (≈ *Pulver*) powder **mehlig** [ˈmeːlɪç] *adj Äpfel, Kartoffeln* mealy **Mehlschwitze** *f* COOK roux **Mehlspeise** *f* **1.** (≈ *Gericht*) flummery **2.** (*Aus*) (≈ *Nachspeise*) dessert; (≈ *Kuchen*) pastry **Mehltau** *m* BOT mildew

mehr [meːɐ] **I** *indef pr inv* more **II** *adv* **1.** more; *immer ~* more and more; *~ oder weniger* more or less **2.** *ich habe kein Geld ~* I haven't *or* I don't have any more money; *du bist doch kein Kind ~!* you're no longer a child!; *es besteht keine Hoffnung ~* there's no hope left; *kein Wort ~!* not another word!; *es war niemand ~ da* there was no-one left; *nicht ~* not any longer, no longer; *nicht ~ lange* not much longer; *nichts ~* nothing more; *nie ~* never again **Mehrarbeit** *f* extra work **Mehraufwand** *m* additional expenditure **Mehrausgabe** *f* additional expense(s *pl*) **mehrbändig** *adj* in several volumes **Mehrbedarf** *m* greater need (*an* +*dat* of, for); COMM increased demand (*an* +*dat* for) **Mehrbelastung** *f* excess load; (*fig*) additional burden **Mehrbereichsöl** *nt* AUTO multigrade oil **mehrdeutig** [-dɔytɪç] **I** *adj* ambiguous **II** *adv* ambiguously **Mehrdeutigkeit** *f* ⟨**-, -en**⟩ ambiguity **Mehreinnahme** *f* additional revenue **mehrere** [ˈmeːrərə] *indef pr* several **mehrfach** [ˈmeːɐfax] **I** *adj* multiple; (≈ *wiederholt*) repeated; *ein ~er Millionär* a multimillionaire **II** *adv* (≈ *öfter*) many times; (≈ *wiederholt*) repeatedly **Mehrfache(s)** [ˈmeːɐfaxə] *nt decl as adj das ~ or ein ~s des Kostenvoranschlags* several times the estimated cost **Mehrfachsteckdose** *f* ELEC multiple socket **Mehrfachstecker** *m* ELEC multiple adaptor **Mehrfahrtenkarte** *f* multi-journey ticket **Mehrfamilienhaus** *nt* house for several families **mehrfarbig** *adj* multicoloured (*Br*), multicolored (*US*) **Mehrheit** *f* ⟨**-, -en**, *no pl*⟩ majority; *die absolute ~* an absolute majority; *die ~ haben/gewinnen* to have/win *or* gain a majority; *mit zwei Stimmen ~* with a majority of two (votes) **mehrheitlich** [-haitlɪç] *adv wir sind ~ der An-*

sicht, dass ... the majority of us think(s) that ... **Mehrheitsbeschluss** *m* majority decision **mehrheitsfähig** *adj* capable of winning a majority **Mehrheitswahlrecht** *nt* first-past-the-post system **mehrjährig** *adj attr* of several years **Mehrkosten** *pl* additional costs *pl* **mehrmalig** [ˈmeːɐmaːlɪç] *adj attr* repeated **mehrmals** [ˈmeːɐmaːls] *adv* several times **Mehrparteiensystem** *nt* multiparty system **Mehrplatzrechner** *m* IT multi-user system **mehrsilbig** *adj* polysyllabic **mehrsprachig** *adj Person, Wörterbuch* multilingual; *~ aufwachsen* to grow up multilingual **mehrstellig** *adj attr Zahl, Betrag* multidigit **mehrstimmig** *adj* MUS for several voices; *~ singen* to sing in harmony **mehrstöckig** *adj* multistorey (*Br*), multistory (*US*) **mehrstufig** *adj* multistage **mehrstündig** [-ʃtʏndɪç] *adj attr Verhandlungen* lasting several hours **mehrtägig** *adj attr Konferenz* lasting several days; *nach ~er Abwesenheit* after several days' absence **Mehrverbrauch** *m* additional consumption **Mehrwegflasche** *f* returnable bottle **Mehrwegverpackung** *f* reusable packaging **Mehrwert** *m* ECON added value **Mehrwertsteuer** *f* value added tax **mehrwöchig** [-vœçɪç] *adj attr* lasting several weeks; *Abwesenheit* of several weeks **Mehrzahl** *f, no pl* **1.** GRAM plural **2.** (≈ *Mehrheit*) majority **Mehrzweckhalle** *f* multipurpose room

meiden [ˈmaidn] *pret* **mied** [miːt], *past part* **gemieden** [ɡəˈmiːdn] *v/t* to avoid **Meile** [ˈmailə] *f* ⟨**-, -n**⟩ mile **Meilenstein** *m* milestone **meilenweit** *adv* for miles; *~ entfernt* miles away

Meiler [ˈmailɐ] *m* ⟨**-s, -**⟩ (≈ *Kohlenmeiler*) charcoal kiln; (≈ *Atommeiler*) (atomic) pile

mein [main] *poss pr* my

Meineid [ˈmainʔait] *m* perjury *no indef art*; *einen ~ leisten* to perjure oneself

meinen [ˈmainən] **I** *v/t* (≈ *denken*) to think; *wie Sie ~!* as you wish; *wenn du meinst!* if you like **II** *v/t* **1.** (≈ *der Ansicht sein*) to think; *was ~ Sie dazu?* what do you think *or* say?; *~ Sie das im Ernst?* are you serious about that?; *das will ich ~!* I quite agree! **2.** (≈ *beabsichtigen*) to mean; (*infml ≈ sagen*) to say; *wie ~ Sie das?* what do you mean?; (*drohend*) (just) what do you mean by that?; *so war es nicht gemeint* it wasn't meant like that; *sie meint es gut* she means well

meine(r, s) ['mainə] *poss pr (substantivisch)* mine; *das Meine (elev)* mine; (≈ *Besitz)* what is mine; *die Meinen (elev* ≈ *Familie)* my people, my family **meinerseits** ['mainɐzaits] *adv* as far as I'm concerned; *ganz~!* the pleasure's (all) mine **meinesgleichen** ['mainəs'glaiçn] *pron inv* (≈ *meiner Art)* people like me *or* myself; (≈ *gleichrangig)* my own kind **meinetwegen** ['mainət've:gn] *adv* **1.** (≈ *wegen mir)* because of me; (≈ *mir zuliebe)* for my sake **2.** (≈ *von mir aus)* as far as I'm concerned; *~!* if you like **meinetwillen** ['mainət'vɪlən] *adv* *um~* (≈ *mir zuliebe)* for my sake; (≈ *wegen mir)* on my account **meins** [mains] *poss pr* mine

Meinung ['mainʊŋ] *f* ⟨-, *-en*⟩ opinion; *nach meiner ~, meiner ~ nach* in my opinion; *ich bin der ~, dass ...* I'm of the opinion that ...; *eine hohe ~ von jdm/etw haben* to think highly of sb/sth; *einer ~ sein* to share the same opinion; *ganz meine ~!* I completely agree!; *jdm die ~ sagen (infml)* to give sb a piece of one's mind *(infml)* **Meinungsaustausch** *m* exchange of views *(über* +*acc* on, about) **Meinungsbildung** *f* formation of opinion **Meinungsforscher(in)** *m/(f)* (opinion) pollster **Meinungsforschung** *f* (public) opinion polling **Meinungsfreiheit** *f* freedom of speech **Meinungsumfrage** *f* (public) opinion poll **Meinungsverschiedenheit** *f* difference of opinion

Meise ['maizə] *f* ⟨-, *-n*⟩ tit **Meißel** ['maisl] *m* ⟨-*s*, -⟩ chisel **meißeln** ['maisln] *v/t & v/i* to chisel **Meißener** ['maisənɐ] *adj ~ Porzellan* Dresden *or* Meissen china **meist** [maist] *adv* = *meistens* **meistbietend** *adj* highest bidding; *~ versteigern* to sell to the highest bidder **meisten** ['maistn] *am ~ adv* the most; *am ~ bekannt* best known **meistens** ['maistns] *adv* mostly

Meister ['maistɐ] *m* ⟨-*s*, -⟩ (≈ *Handwerksmeister)* master (craftsman); *(in Fabrik)* foreman; SPORTS champion; *(Mannschaft)* champions *pl*; *seinen ~ machen* to take one's master craftsman's diploma

meiste(r, s) ['maistə] *indef pr* **1.** *(adjektivisch) die ~n Leute* most people **2.** *(substantivisch) die ~n* most people; *die ~n (von ihnen)* most (of them); *das ~* most of it

Meisterbrief *m* master craftsman's diploma **meisterhaft** **I** *adj* masterly **II** *adv* brilliantly **Meisterin** ['maistərɪn] *f* ⟨-, *-nen*⟩ (≈ *Handwerksmeisterin)* master craftswoman; *(in Fabrik)* forewoman; SPORTS champion **Meisterleistung** *f* masterly performance; *(iron)* brilliant achievement **meistern** ['maistɐn] *v/t* to master; *Schwierigkeiten* to overcome **Meisterprüfung** *f* examination for master craftsman's diploma **Meisterschaft** ['maistɐʃaft] *f* ⟨-, *-en*⟩ **1.** SPORTS championship; *(Veranstaltung)* championships *pl* **2.** *no pl* (≈ *Können)* mastery **Meisterstück** *nt (von Handwerker)* work done to qualify as master craftsman; *(fig)* masterpiece; (≈ *geniale Tat)* master stroke **Meisterwerk** *nt* masterpiece

Meistgebot *nt* highest bid **meistgefragt** *adj attr* most in demand **meistgekauft** [-gəkauft] *adj attr* best-selling

Mekka ['mɛka] *nt* ⟨-*s*⟩ Mecca **Melancholie** [melaŋko'li:] *f* ⟨-, *-n* [-'li:ən]⟩ melancholy **melancholisch** [melaŋ'ko:lɪʃ] *adj* melancholy **Melange** [me'lãːʒə] *f* ⟨-, *-n*⟩ *(Aus* ≈ *Milchkaffee)* coffee with milk **Melanom** [mela'no:m] *nt* ⟨-*s*, *-e*⟩ MED melanoma **Melanzani** [melan'tsa:ni] *f* ⟨-, -⟩ *(Aus)* aubergine **Melasse** [me'lasə] *f* ⟨-, *-n*⟩ molasses

Meldeamt *nt* registration office **Meldebehörde** *f* registration authorities *pl* **Meldefrist** *f* registration period **melden** ['mɛldn] *v/t* **1.** (≈ *anzeigen, berichten) eine Geburt (der Behörde dat) ~* to notify the authorities of a birth; *wie soeben gemeldet wird* (RADIO, TV) according to reports just coming in; *(bei jdm) nichts zu ~ haben (infml)* to have no say **2.** (≈ *ankündigen)* to announce; *wen darf ich ~?* who(m) shall I say (is here)? **II** *v/r* **1.** (≈ *antreten)* to report *(zu* for); *sich zum Dienst ~* to report for work; *sich zu or für etw ~ esp* MIL to volunteer for sth; *(für Arbeitsplatz)* to apply for sth; *sich auf eine Anzeige ~* to answer an advertisement **2.** *(durch Handaufheben)* to put one's hand up **3.** *(esp* TEL ≈

antworten) to answer; *es meldet sich niemand* there's no answer **4.** (≈ *von sich hören lassen*) to get in touch (*bei* with); *melde dich wieder* keep in touch Meldepflicht *f* **1.** (*beim Ordnungsamt*) compulsory registration (*when moving house*); **polizeiliche ~** obligation to register with the police **2. ~ des Arztes** the doctor's obligation to notify the authorities (*of people with certain contagious diseases*) meldepflichtig [-pflɪçtɪç] *adj Krankheit* notifiable Meldung ['mɛldʊŋ] *f* ⟨**-, -en**⟩ **1.** (≈ *Mitteilung*) announcement **2.** PRESS, RADIO, TV report (*über +acc* on, about); **~en vom Sport** sports news *sg* **3.** (*dienstlich, bei Polizei*) report; (*eine*) **~ machen** to make a report

meliert [me'liːɐt] *adj Haar* greying (*Br*), graying (*US*)

melken ['mɛlkn] *pres* **melkt** [mɛlkt], *pret* **melkte** ['mɛlktə], *past part* **gemolken** [gə'mɔlkn] *v/t* **1.** *Kuh, Ziege etc* to milk **2.** (*fig infml*) to fleece (*infml*)

Melodie [melo'diː] *f* ⟨**-, -n** [-'diːən]⟩ melody melodiös [melo'diøːs] (*elev*) *adj* melodious melodisch [me'loːdɪʃ] *adj* melodic melodramatisch [melodra-'maːtɪʃ] *adj* melodramatic (*also fig*)

Melone [me'loːnə] *f* ⟨**-, -n**⟩ **1.** melon **2.** (*Hut*) bowler (*Br*), derby (*US*)

Membran(e) [mɛm'braːn(ə)] *f* ⟨**-, -en**⟩ **1.** ANAT membrane **2.** PHYS, TECH diaphragm

Memme ['mɛmə] *f* ⟨**-, -n**⟩ (*infml*) sissy (*infml*)

Memo ['meːmo] *nt* ⟨**-s, -s**⟩ memo Memoiren [me'moaːrən] *pl* memoirs *pl*

Menge ['mɛŋə] *f* ⟨**-, -n**⟩ **1.** (≈ *Quantum*) quantity **2.** (*infml*) **eine ~** a lot, lots (*infml*); **eine ~ Zeit/Häuser** a lot of time/houses; **jede ~** loads *pl* (*infml*); **eine ganze ~** quite a lot **3.** (≈ *Menschenmenge*) crowd; (*pej* ≈ *Pöbel*) mob **4.** MAT set

mengen ['mɛŋən] **I** *v/t* (*elev*) to mix (*unter +acc* with) **II** *v/r* to mingle (*unter +acc* with)

Mengenangabe *f* quantity Mengenlehre *f* MAT set theory Mengenrabatt *m* bulk discount

Menorca [me'nɔrka] *nt* ⟨**-s**⟩ Minorca

Mensa ['mɛnza] *f* ⟨**-, Mensen** [-zn]⟩ UNIV canteen, refectory (*Br*)

Mensch [mɛnʃ] *m* ⟨**-en, -en**⟩ **1.** (≈ *Per-*

son) person, man/woman; *es war kein ~ da* there was nobody there; *als ~* as a person; *das konnte kein ~ ahnen!* no-one (on earth) could have foreseen that! **2.** (*als Gattung*) *der ~* man; *die ~en* man *sg*, human beings *pl*; **~** (*infml*) to stay human; *ich bin auch nur ein ~!* I'm only human **3.** (≈ *die Menschheit*) *die ~en* mankind, man; *alle ~en* everyone **4.** (*infml: als Interjektion*) hey; *~, da habe ich mich aber getäuscht* boy, was I wrong! (*infml*) Menschenaffe *m* ape Menschenauflauf *m* crowd (of people) menschenfeindlich *adj Mensch* misanthropic; *Landschaft etc* inhospitable; *Politik, Gesellschaft* inhumane Menschenfresser *m* ⟨**-s, -**⟩, Menschenfresserin *f* ⟨**-, -nen**⟩ (*infml*) (≈ *Kannibale*) cannibal; (≈ *Raubtier*) man-eater menschenfreundlich *adj Mensch* philanthropic, benevolent; *Gegend* hospitable; *Politik, Gesellschaft* humane Menschenführung *f* leadership Menschengedenken *nt der kälteste Winter seit ~* the coldest winter in living memory Menschenhand *f* human hand; *von ~ geschaffen* fashioned by the hand of man Menschenhandel *m* slave trade JUR trafficking (in human beings) Menschenjagd *f eine ~* a manhunt Menschenkenner(in) *m/(f)* judge of character Menschenkenntnis *f, no pl* knowledge of human nature Menschenkette *f* human chain Menschenleben *nt* human life; *Verluste an ~* loss of human life menschenleer *adj* deserted Menschenmenge *f* crowd (of people) menschenmöglich *adj* humanly possible; *das Menschenmögliche tun* to do all that is humanly possible Menschenrecht *nt* human right menschenscheu *adj* afraid of people Menschenseele *f* human soul; *keine ~* (*fig*) not a (living) soul Menschenskind *int* heavens above menschenunwürdig **I** *adj* beneath human dignity; *Behausung* unfit for human habitation **II** *adv behandeln* inhumanely; *hausen, unterbringen* under inhuman conditions menschenverachtend *adj* inhuman Menschenverstand *m gesunder ~* common sense Menschenwürde *f* human dignity *no art* menschenwürdig **I** *adj Behandlung* humane; *Lebensbedingungen* fit for human beings; *Unterkunft* fit for human habitation **II** *adv behandeln* humanely; *wohnen* in decent conditions **Mensch-heit** *f* ⟨-, *no pl*⟩ *die* ~ mankind, humanity **menschlich** ['mɛnʃlɪç] **I** *adj* **1.** human **2.** (≈ *human*) *Behandlung etc* humane **II** *adv* **1.** (≈ *human*) humanely **2.** (*infml* ≈ *zivilisiert*) decently **Menschlichkeit** *f* ⟨-, *no pl*⟩ humanity *no art*; *aus reiner* ~ on purely humanitarian grounds; *Verbrechen gegen die* ~ crimes against humanity

Menstruation [mɛnstrua'tsioːn] *f* ⟨-, -en⟩ menstruation **menstruieren** [mɛnstruˈiːrən] *past part* **menstruiert** *v/i* to menstruate

Mentalität [mɛntaliˈtɛːt] *f* ⟨-, -en⟩ mentality

Menthol [mɛnˈtoːl] *nt* ⟨-s, -e⟩ menthol

Mentor ['mɛntoːɐ] *m* ⟨-s, -en⟩, **Mentorin** [-'toːrɪn] *f* ⟨-, -nen⟩ **1.** (*dated*) mentor **2.** SCHOOL ≈ tutor

Menü [meˈnyː] *nt* ⟨-s, -s⟩ **1.** (≈ *Tagesmenü*) set meal, table d'hôte (*form*) **2.** IT menu **Menübefehl** *m* IT menu command **menügesteuert** [-ɡəʃtɔyɐt] *adj* menu-driven **Menüleiste** *f* menu bar **Menüzeile** *f* menu line

Meridian [meriˈdiaːn] *m* ⟨-s, -e⟩ ASTRON, GEOG meridian

merkbar **I** *adj* (≈ *wahrnehmbar*) noticeable **II** *adv* noticeably **Merkblatt** *nt* leaflet **merken** ['mɛrkn] *v/t* **1.** (≈ *wahrnehmen*) to notice; (≈ *spüren*) to feel; (≈ *erkennen*) to realize; *davon habe ich nichts gemerkt* I didn't notice anything; *du merkst auch alles!* (*iron*) nothing escapes you, does it? **2.** (≈ *im Gedächtnis behalten*) to remember; *sich* (*dat*) *jdn/ etw* ~ to remember sb/sth; *das werde ich mir* ~*!* I won't forget that; *merk dir das!* mark my words! **merklich** ['mɛrklɪç] **I** *adj* noticeable **II** *adv* noticeably **Merkmal** ['mɛrkmaːl] *nt* ⟨-s, -e⟩ characteristic **Merkspruch** *m* mnemonic (*form*)

Merkur [mɛrˈkuːɐ] *m* ⟨-s, *no pl*⟩ ASTRON Mercury

merkwürdig ['mɛrkvʏrdɪç] **I** *adj* strange **II** *adv* strangely; ~ *riechen* to have a strange smell **Merkwürdigkeit** *f* ⟨-, -en⟩ **1.** *no pl* (≈ *Seltsamkeit*) strangeness **2.** (≈ *Eigentümlichkeit*) peculiarity **Merkzettel** *m* (reminder) note

messbar **I** *adj* measurable **II** *adv* measurably **Messbecher** *m* COOK measuring jug

Messdaten *pl* readings *pl*

Messe[1] ['mɛsə] *f* ⟨-, -n⟩ ECCL, MUS mass

Messe[2] *f* ⟨-, -n⟩ (trade) fair

Messe[3] *f* ⟨-, -n⟩ NAUT, MIL mess

Messegelände *nt* exhibition centre (*Br*) *or* center (*US*) **Messehalle** *f* fair pavilion

messen ['mɛsn] *pret* **maß** [maːs], *past part* **gemessen** [ɡəˈmɛsn] **I** *v/t* to measure; *jds Blutdruck* ~ to take sb's blood pressure; *er misst 1,90 m* he is 1.90 m tall; *seine Kräfte mit jdm* ~ to match one's strength against sb's **II** *v/i* to measure **III** *v/r* *sich mit jdm* ~ (*elev: im Wettkampf*) to compete with sb; *sich mit jdm/etw nicht* ~ *können* to be no match for sb/sth

Messer ['mɛsɐ] *nt* ⟨-s, -⟩ knife; *unters* ~ *kommen* (MED *infml*) to go under the knife; *jdm das* ~ *an die Kehle setzen* to hold a knife to sb's throat; *damit würden wir ihn ans* ~ *liefern* (*fig*) that would be putting his head on the block; *ein Kampf bis aufs* ~ (*fig*) a fight to the finish; *auf des* ~*s Schneide stehen* (*fig*) to be on a razor's edge **messerscharf** *adj* razor-sharp; *Folgerung* clear-cut **Messerstecherei** [-ʃtɛçəˈrai] *f* ⟨-, -en⟩ stabbing, knife fight

Messfühler *m* probe; METEO gauge **Messgerät** *nt* (*für Öl, Druck etc*) measuring instrument

Messias [mɛˈsiːas] *m* ⟨-, -se⟩ Messiah

Messing ['mɛsɪŋ] *nt* ⟨-s, *no pl*⟩ brass **Messingschild** *nt*, *pl* -schilder brass plate

Messinstrument *nt* gauge **Messlatte** *f* measuring stick; (*fig* ≈ *Maßstab*) threshold **Messstab** *m* (AUTO ≈ *Ölmessstab etc*) dipstick **Messtechnik** *f* measurement technology **Messtischblatt** *nt* ordnance survey map **Messung** ['mɛsʊŋ] *f* ⟨-, -en⟩ **1.** (≈ *das Messen*) measuring **2.** (≈ *Messergebnis*) measurement **Messwert** *m* measurement

Metall [meˈtal] *nt* ⟨-s, -e⟩ metal; ~ *verarbeitend* metal-processing *attr*, metal-working *attr* **Metallarbeiter(in)** *m/(f)* metalworker **metallen** [meˈtalən] **I** *adj* metal; (*elev*) *Klang, Stimme* metallic **II** *adv glänzen* metallically; ~ *klingen* to sound tinny **metallhaltig** *adj* metalliferous **metallic** [meˈtalɪk] *adj* metallic **Metallindustrie** *f*, *no pl* metal industry **Metallurgie** [metalʊrˈɡiː] *f* ⟨-, *no pl*⟩

metallurgy **metallverarbeitend** adj →
Metall/Metallverarbeitung f metal processing

Metamorphose [metamɔr'foːzə] f ⟨-, -n⟩ metamorphosis

Metapher [me'tafɐ] f ⟨-, -n⟩ metaphor

Metastase [meta'staːzə] f ⟨-, -n⟩ metastasis

Meteor [mete'oːɐ, 'meːteoːɐ] m or nt ⟨-s, -e[-'oːrə]⟩ meteor**Meteorit** [meteo'riːt] m ⟨-en, -en⟩ meteorite **Meteorologe** [meteoro'loːgə] m ⟨-n, -n⟩.**Meteorologin** [-'loːgɪn] f ⟨-, -nen⟩ meteorologist; (im Wetterdienst) weather forecaster **Meteorologie** [meteorolo'giː] f ⟨-, no pl⟩ meteorology **meteorologisch** [meteoro'loːgɪʃ] adj meteorological

Meter ['meːtɐ] m or nt ⟨-s, -⟩ metre (Br), meter (US)**meterhoch** adj metres (Br) or meters (US) high **meterlang** adj metres (Br) or meters (US) long**Metermaß** nt (≈ Bandmaß) tape measure**Meterware** f TEX piece goods **meterweise** adv by the metre (Br) or meter (US)

Methadon [meta'doːn] nt ⟨-s, no pl⟩ methadone

Methangas nt methane

Methode [me'toːdə] f ⟨-, -n⟩ 1. method 2. **Methoden** pl (≈ Sitten) behaviour (Br), behavior (US)**methodisch** [me'toːdɪʃ] I adj methodical II adv methodically

Methodist [meto'dɪst] m ⟨-en, -en⟩.**Methodistin** [-'dɪstɪn] f ⟨-, -nen⟩ Methodist

Methylalkohol [me'tyːl-] m methyl alcohol

Metier [me'tieː] nt ⟨-s, -s⟩ job, profession; **sich auf sein ~ verstehen** to be good at one's job

Metrik ['meːtrɪk] f ⟨-, -en⟩ POETRY, MUS metrics sg**metrisch** ['meːtrɪʃ] adj metric

Metronom [metro'noːm] nt ⟨-s, -e⟩ MUS metronome

Metropole [metro'poːlə] f ⟨-, -n⟩ (≈ Zentrum) centre (Br), center (US)

metrosexuell ['meːtrozɛksuɛl] adj metrosexual

Mettwurst ['mɛt-] f (smoked) pork / beef sausage

Metzelei [mɛtsə'lai] f ⟨-, -en⟩ butchery **metzeln** ['mɛtsln] v/t to slaughter**Metzger** ['mɛtsgɐ] m ⟨-s, -⟩.**Metzgerin** [-ə-rɪn] f ⟨-, -nen⟩ butcher **Metzgerei** [mɛtsgə'rai] f ⟨-, -en⟩ butcher's (shop)

Meute ['mɔytə] f ⟨-, -n⟩ pack (of hounds); (fig pej) mob**Meuterei** [mɔytə'rai] f ⟨-, -en⟩ mutiny **meutern** ['mɔytɐn] v/i to mutiny

Mexikaner [mɛksi'kaːnɐ] m ⟨-s, -⟩.**Mexikanerin** [-ərɪn] f ⟨-, -nen⟩ Mexican**mexikanisch** [mɛksi'kaːnɪʃ] adj Mexican **Mexiko** ['mɛksiko] nt ⟨-s⟩ Mexico

miau [mi'au] int miaow (Br), meow**miauen** [mi'auən] past part **miaut** v/i to meow

mich [mɪç] I pers pr me II refl pr myself

mick(e)rig ['mɪk(ə)rɪç] adj (infml) pathetic

Miederhöschen [-høːsçən] nt panty girdle**Miederwaren** pl corsetry sg

Mief [miːf] m ⟨-s, no pl⟩ (infml) fug; (muffig) stale air; (≈ Gestank) stink

Miene ['miːnə] f ⟨-, -n⟩ expression; **eine finstere ~ machen** to look grim

mies [miːs] (infml) I adj rotten (infml); Qualität poor II adv badly **Miesepeter** ['miːzəpeːtɐ] m ⟨-s, -⟩ (infml) grouch (infml) **mies machen** v/t (infml) to run down**Miesmacher(in)** m/(f) (infml) killjoy

Miesmuschel f mussel

Mietauto nt hire(d) car**Miete** ['miːtə] f ⟨-, -n⟩ (für Wohnung) rent; (für Gegenstände) rental; **zur ~ wohnen** to live in rented accommodation **mieten** ['miːtn] v/t to rent; Boot, Auto to rent, to hire (esp Br)**Mieter** ['miːtɐ] m ⟨-s, -⟩.**Mieterin** [-ərɪn] f ⟨-, -nen⟩ tenant; (≈ Untermieter) lodger**Mieterhöhung** f rent increase **Mieterschaft** ['miːtɐʃaft] f ⟨-, -en⟩ tenants pl **Mieterschutz** m rent control**mietfrei** adj, adv rent-free**Mietpreis** m rent; (für Sachen) rental (fee or rate (US))**Mietrückstände** pl rent arrears pl**Mietshaus** nt block of (rented) flats (Br), apartment house (US)**Mietverhältnis** nt tenancy **Mietvertrag** m lease; (von Auto) rental agreement **Mietwagen** m hire(d) car (Br), rental (car) (US)**Mietwohnung** f rented flat (Br) or apartment

Mieze ['miːtsə] f ⟨-, -n⟩ (infml ≈ Katze) pussy(-cat) (infml)

Migräne [mi'grɛːnə] f ⟨-, no pl⟩ migraine

Migrant [mi'grant] m ⟨-, -nen⟩.**Migrantin** [-ɪn] f ⟨-en, -en⟩ migrant**Migration** [migra'tsioːn] f ⟨-, -en⟩ migration

Mikrobe [mi'kroːbə] f ⟨-, -n⟩ microbe

Mikrochip m microchip**Mikroelektronik** f microelectronics sg **Mikrofaser** f microfibre (Br), microfiber (US)**Mikrofon**

Mikrokosmos

[mikro'fo:n, 'mi:krofo:n] *nt* ⟨**-s, -e**⟩ microphone **Mikrokosmos** *m* microcosm **Mikroorganismus** *m* microorganism **Mikrophon** *nt* = **Mikrofon Mikroprozessor** *m* microprocessor **Mikroskop** [mikro'sko:p] *nt* ⟨**-s, -e**⟩ microscope **mikroskopisch** [mikro'sko:pɪʃ] **I** *adj* microscopic **II** *adv* **etw ~ untersuchen** to examine sth under the microscope; **~ klein** (*fig*) microscopically small **Mikrowelle** *f* microwave **Mikrowellenherd** *m* microwave (oven)

Milbe ['mɪlbə] *f* ⟨**-, -n**⟩ mite **Milch** [mɪlç] *f* ⟨**-**, *no pl*⟩ milk **Milchdrüse** *f* mammary gland **Milchflasche** *f* milk bottle **Milchgeschäft** *nt* dairy **Milchglas** *nt* frosted glass **milchig** ['mɪlçɪç] *adj* milky; **~ trüb** opaque **Milchkaffee** *m* milky coffee **Milchkanne** *f* milk can; (*größer*) (milk) churn **Milchkuh** *f* milk cow **Milchladen** *m* dairy **Milchmädchenrechnung** *f* (*infml*) naïve fallacy **Milchmixgetränk** *nt* milk shake **Milchprodukt** *nt* milk product **Milchpulver** *nt* powdered milk **Milchreis** *m* round-grain rice; (*als Gericht*) rice pudding **Milchstraße** *f* Milky Way **Milchtüte** *f* milk carton **Milchzahn** *m* milk tooth

mild [mɪlt], **milde** ['mɪldə] **I** *adj* Wetter, Käse, Zigarette mild; (≈ *nachsichtig*) lenient **II** *adv* mildly; (≈ *nachsichtig*) leniently; **~e gesagt** to put it mildly; **~ schmecken** to taste mild **Milde** ['mɪldə] *f* ⟨**-**, *no pl*⟩ mildness; (≈ *Nachsichtigkeit*) leniency; **~ walten lassen** to be lenient **mildern** ['mɪldɐn] **I** *v/t* (*elev*) Schmerz to soothe; Kälte to alleviate; Angst to calm; Strafe, Urteil to mitigate; Konflikt, Problem to reduce; Ausdrucksweise to moderate; **~de Umstände** JUR mitigating circumstances **II** *v/r* (Wetter) to become milder; (Schmerz) to ease **Milderung** ['mɪldərʊŋ] *f* ⟨**-**, *no pl*⟩ (*von Schmerz*) easing, soothing; (*von Ausdruck, Strafe*) moderation

Milieu [mi'liø:] *nt* ⟨**-s, -s**⟩ (≈ *Umwelt*) environment; (≈ *Lokalkolorit*) atmosphere **milieugeschädigt** [-gəʃɛ:dɪçt], **milieugestört** *adj* maladjusted (*due to adverse social factors*)

militant [mili'tant] *adj* militant **Militanz** [mili'tants] *f* ⟨**-**, *no pl*⟩ militancy **Militär** [mili'tɛ:ɐ] *nt* ⟨**-s**, *no pl*⟩ military *pl*; **beim ~ sein** (*infml*) to be in the forces; **zum ~ gehen** to join the army **Militär-**

arzt *m*, **Militärärztin** *f* army doctor; (≈ *Offizier*) medical officer **Militärdienst** *m* military service; (*seinen*) **~ ableisten** to do national service **Militärgericht** *nt* military court **militärisch** [mili'tɛ:rɪʃ] *adj* military **Militarismus** [milita-'rɪsmʊs] *m* ⟨**-**, *no pl*⟩ militarism **militaristisch** [milita'rɪstɪʃ] *adj* militaristic **Military** ['mɪlɪtəri] *f* ⟨**-, -s**⟩ SPORTS three-day event **Militärzeit** *f* army days *pl* **Miliz** [mi'li:ts] *f* ⟨**-, -en**⟩ militia

Milliardär [mɪliar'dɛ:ɐ] *m* ⟨**-s, -e**⟩, **Milliardärin** [-'dɛ:rɪn] *f* ⟨**-, -nen**⟩ billionaire **Milliarde** [mɪ'liardə] *f* ⟨**-, -n**⟩ thousand millions (*Br*), billion (*US*)

Millibar *nt* millibar **Milligramm** *nt* milligram(me) **Milliliter** *m* millilitre (*Br*), milliliter (*US*) **Millimeter** *m or nt* millimetre (*Br*), millimeter (*US*) **Millimeterpapier** *nt* graph paper

Million [mɪ'lio:n] *f* ⟨**-, -en**⟩ million; **zwei ~en Einwohner** two million inhabitants; **~en Mal** a million times **Millionär** [mɪlio'nɛ:ɐ] *m* ⟨**-s, -e**⟩ millionaire **Millionärin** [mɪlio'nɛ:rɪn] *f* ⟨**-, -nen**⟩ millionairess **millionenfach** *adj* millionfold **Millionengeschäft** *nt* multi-million-pound/dollar *etc* industry **Millionenstadt** *f* town with over a million inhabitants **Millionstel** [mɪ'lio:nstl] *nt* ⟨**-s, -**⟩ millionth part

Milz [mɪlts] *f* ⟨**-, -en**⟩ spleen **Milzbrand** *m* MED, VET anthrax

mimen ['mi:mən] *v/t* **er mimt den Kranken** (*infml*) he's pretending to be sick **Mimose** [mi'mo:zə] *f* ⟨**-, -n**⟩ mimosa; **empfindlich wie eine ~ sein** to be oversensitive **mimosenhaft** *adj* (*fig*) oversensitive

Minarett [mina'rɛt] *nt* ⟨**-s, -e** *or* **-s**⟩ minaret

minder ['mɪndɐ] *adv* less; **mehr oder ~** more or less **minderbegabt** *adj* less gifted **Mindereinnahmen** *pl* decrease *sg* in receipts **mindere(r, s)** *adj attr* lesser; Güte, Qualität inferior **Minderheit** *f* ⟨**-, -en**⟩ minority **Minderheitsregierung** *f* minority government **minderjährig** [-jɛ:rɪç] *adj* who is (still) a minor **Minderjährige(r)** [-jɛ:rɪgə] *m/f(m) decl as adj* minor **Minderjährigkeit** [-jɛ:rɪçkait] *f* ⟨**-**, *no pl*⟩ minority **mindern** ['mɪndɐn] **I** *v/t* Ansehen to diminish; Rechte to erode; Vergnügen to lessen; Risiko, Chancen to reduce **II** *v/r* (Ansehen,

Wert) to diminish; (*Vergnügen*) to lessen Minderung['mɪndərʊŋ]*f*⟨-, -en⟩ (≈ *Herabsetzung*) diminishing *no indef art*; (*von Wert*) reduction (+*gen* in); (*von Vergnügen*) lessening minderwertig[-veːɐ-tɪç]*adj* inferior Minderwertigkeit*f* inferiority Minderwertigkeitskomplex *m* inferiority complex Minderzahl*f* minority; *in der ~ sein* to be in the minority Mindestalter *nt* minimum age mindestens['mɪndəstns]*adv* at least mindeste(r, s)['mɪndəstə]*adj attr* least, slightest; *nicht die ~ Angst* not the slightest trace of fear; *das Mindeste* the (very) least; *nicht im Mindesten* not in the least Mindestgebot *nt* (*bei Auktionen*) reserve price Mindestlohn*m* minimum wage Mindestmaß *nt* minimum

Mine['miːnə] *f* ⟨-, -n⟩ **1.** MIN, MIL mine **2.** (≈ *Bleistiftmine*) lead; (≈ *Kugelschreibermine*) refill Minenfeld *nt* MIL minefield Minensuchboot *nt* minesweeper Mineral[mine'raːl] *nt* ⟨-s, -e *or* -ien [-liən]⟩ **1.** mineral **2.** *no pl* (*Aus, Swiss*) mineral water Mineralbad *nt* mineral bath; (≈ *Ort*) spa; (≈ *Schwimmbad*) *swimming pool fed from a mineral spring* Mineralöl *nt* (mineral) oil Mineralquelle *f* mineral spring Mineralwasser*nt* mineral water

Mini['mɪni] *m* ⟨-s, -s⟩ (*infml* ≈ *Minirock*) mini Miniatur Miniatu:e] *f* ⟨-, -en⟩ miniature Minibar *f* (*im Hotel etc*) minibar Minibus*m* minibus Minidisc, Minidisk[-dɪsk] *f*⟨-, -s⟩ (≈ *Tonträger*) Minidisc®; IT minidisk Minigolf *nt* crazy golf (*Br*), putt-putt golf (*US*) Minijob*m* minijob minimal[mini'maːl] **I** *adj* minimal; *Gewinn, Chance* very small; *Gehalt* very low; *mit ~er Anstrengung* with a minimum of effort **II** *adv* (≈ *wenigstens*) at least minimieren[mini'miːrən] *past part* **minimiert** *v/t* to minimize Minimum ['miːnimʊm] *nt* ⟨-s, Minima [-ma]⟩ minimum (*an* +*dat* of) Minirock*m* miniskirt Minister [mi'nɪstɐ] *m* ⟨-s, -⟩, Ministerin [-ərɪn] *f* ⟨-, -nen⟩ POL minister (*Br*) (*für* of), secretary (*für* for) Ministerium [mɪnɪs'teːriʊm] *nt* ⟨-s, Ministerien [-riən]⟩ ministry (*Br*), department Ministerkonferenz *f* conference of ministers Ministerpräsident(in)*m*(*f*) prime minister; (*eines Bundeslandes*) leader of a Federal German state Ministerrat *m* council of ministers

Ministrant [mɪnɪs'trant] *m* ⟨-en, -en⟩, Ministrantin [-'trantɪn] *f*⟨-, -nen⟩ ECCL server

Minnesang *m* minnesong Minnesänger *m* ⟨-s, -⟩ minnesinger

minus['miːnʊs] **I** *prep* +*gen* minus **II** *adv* minus; *~ 10 Grad* minus 10 degrees; *~ machen* (*infml*) to make a loss Minus ['miːnʊs] *nt* ⟨-, -⟩ (≈ *Fehlbetrag*) deficit; (*auf Konto*) overdraft; (*fig* ≈ *Nachteil*) bad point Minuspol*m* negative pole Minuspunkt *m* minus point; *ein ~ für jdn sein* to count against sb Minustemperatur*f* temperature below freezing Minuszeichen *nt* minus sign

Minute[mi'nuːtə] *f*⟨-, -n⟩ minute; *auf die ~ (genau)* (right) on the dot; *in letzter ~* at the last minute minutenlang**I** *adj attr* several minutes of **II** *adv* for several minutes Minutenzeiger *m* minute hand minutiös[minu'tsiøːrs], minuziös[minu-'tsiøːs] (*elev*) **I** *adj* meticulous; *Fragen* detailed **II** *adv* meticulously; *erklären* in great detail

Minze ['mɪntsə] *f* ⟨-, -n⟩ BOT mint mir[miːɐ] *pers pr* to me; (*nach Präpositionen*) me; *ein Freund von ~* a friend of mine; *von ~ aus!* (*infml*) I don't mind; *du bist ~ vielleicht einer!* (*infml*) you're a right one, you are! (*infml*)

Mirabelle [mira'bɛlə] *f* ⟨-, -n⟩ mirabelle Mischbatterie *f* mixer tap Mischehe *f* mixed marriage mischen ['mɪʃn] **I** *v/t* to mix; *Karten* to shuffle; → *gemischt* **II** *v/r* (≈ *sich vermengen*) to mix; *sich unter jdn/etw ~* to mix with sb/sth; *sich in etw* (*acc*) *~* to meddle in sth **III** *v/i* CARDS to shuffle Mischgemüse*nt* mixed vegetables *pl* Mischling['mɪʃlɪŋ] *m* ⟨-s, -e⟩ **1.** (*Mensch*) mixed race person **2.** ZOOL half-breed Mischmasch ['mɪʃmaʃ] *m* ⟨-(e)s, -e⟩ (*infml*) mishmash (*aus* of) Mischmaschine *f* cement-mixer Mischpult *nt* (RADIO, TV) mixing desk; (*von Band*) sound mixer Mischung ['mɪʃʊŋ] *f*⟨-, -en⟩ **1.** (≈ *das Mischen*) mixing **2.** (≈ *Gemischtes*) mixture; (*von Tee etc*) blend Mischungsverhältnis *nt* ratio (of a mixture) Mischwald *m* mixed (deciduous and coniferous) woodland

miserabel[mizə'raːbl] (*infml*) **I** *adj* lousy (*infml*); *Gesundheit* miserable; *Gefühl* ghastly; *Benehmen* dreadful; *Qualität* poor **II** *adv* dreadfully; *~ schmecken*

Misere

to taste lousy (*infml*)**Misere** [mi'ze:rə] *f*
⟨-, -n⟩ (*von Wirtschaft etc*) plight; **jdn
aus einer ~ herausholen** to get sb out
of trouble
Mispel ['mɪspl] *f* ⟨-, -n⟩ medlar (tree)
missachten [mɪs-|axtn, 'mɪs-] *past part*
missachtet *v/t insep* **1.** (≈ *ignorieren*)
Warnung to ignore; *Gesetz* to flout **2.**
(≈ *gering schätzen*) *jdn* to despise**Missachtung** *f* **1.** (≈ *Ignorieren*) disregard
(*gen* for); (*von Gesetz*) flouting (*gen*
of) **2.** (≈ *Geringschätzung*) disrespect
(+*gen* for) **Missbildung** *f* deformity
missbilligen [mɪs'bɪlɪɡn] *past part*
missbilligt *v/t insep* to disapprove of
missbilligend I *adj* disapproving **II**
adv disapprovingly**Missbilligung** *f* disapproval **Missbrauch** ['mɪsbraux] *m*
abuse; (*von Notbremse, Kreditkarte*) improper use**missbrauchen** [mɪs'brauxn]
past part **missbraucht** *v/t insep* *Vertrau-
en* to abuse; (*elev* ≈ *vergewaltigen*) to assault; **jdn für or zu etw ~** to use sb for sth
missbräuchlich ['mɪsbrɔyçlɪç] **I** *adj* incorrect **II** *adv* incorrectly **missdeuten**
[mɪs'dɔytn] *past part* **missdeutet** *v/t
insep* to misinterpret
missen ['mɪsn] *v/t* (*elev*) to do without;
Erfahrung to miss
Misserfolg *m* failure **Missernte** *f* crop
failure**missfallen** [mɪs'falən] *past part*
missfallen *v/i +dat insep irr* to displease; **es missfällt mir, wie er ...** I dislike the way he ...**Missfallen** *nt* ⟨-s, no
pl⟩ displeasure (*über +acc* at)**Missfal-
lensäußerung** *f* expression of disapproval**Missfallenskundgebung** *f* demonstration of disapproval**missgebildet**
['mɪsɡəbɪldət] *adj* deformed **Missgeburt** *f* deformed person/animal; (*fig
infml*) failure**Missgeschick** *nt* mishap;
(≈ *Unglück*) misfortune **missglücken**
[mɪs'ɡlʏkn] *past part* **missglückt** *v/i
insep aux sein* to fail; **das ist ihr missglückt** she failed; **der Kuchen ist
(mir) missglückt** the cake didn't turn
out**missgönnen** [mɪs'ɡœnən] *past part*
missgönnt *v/t insep* **jdm etw ~** to (be)-
grudge sb sth**Missgriff** *m* mistake**Miss-
gunst** *f* enviousness (*gegenüber* of)
missgünstig I *adj* envious (*auf +acc*
of) **II** *adv* enviously**misshandeln** [mɪs-
'handln] *past part* **misshandelt** *v/t insep*
to ill-treat**Misshandlung** *f* ill-treatment
Mission [mɪ'sio:n] *f* ⟨-, -en⟩ mission; (≈

Gruppe) delegation **Missionar** [mɪsio-
'na:ɐ] *m* ⟨-s, -e⟩,**Missionarin** [-'na:rɪn]
f ⟨-, -nen⟩ missionary **missionarisch**
[mɪsio'na:rɪʃ] *adj* missionary
Missklang *m* discord **Misskredit** [-kre-
'di:t] *m, no pl* discredit; **jdn/etw in ~
bringen** to discredit sb/sth **misslich**
['mɪslɪç] *adj* (*elev*) *Lage* awkward**miss-
liebig** ['mɪsli:bɪç] *adj* unpopular**misslingen** [mɪs'lɪŋən] *pret* **misslang** [mɪs-
'laŋ], *past part* **misslungen** [mɪs'lʊŋən]
v/i insep aux sein = **missglücken**
missmutig ['mɪsmu:tɪç] *adj* sullen, morose;
(≈ *unzufrieden*) discontented; **Äußerung** disgruntled **II** *adv* sullenly, morosely; (≈ *unzufrieden*) discontentedly;
sagen disgruntledly
missraten[1] [mɪs'ra:tn] *past part* **missraten** *v/i insep irr aux sein* to go wrong;
(*Kind*) to become wayward; **der Kuchen ist (mir) ~** the cake didn't turn
out **missraten**[2] [mɪs'ra:tn] *adj* *Kind* wayward**Missstand** *m* disgrace *no pl*, deplorable state of affairs *no pl*; (≈ *Ungerechtigkeit*) abuse**Missstimmung** *f* **1.** (≈
Uneinigkeit) discord **2.** (≈ *Missmut*) ill
feeling *no indef art* **misstrauen** [mɪs-
'trauən] *past part* **misstraut** *v/i +dat
insep* to mistrust **Misstrauen**
['mɪstrauən] *nt* ⟨-s, no pl⟩ mistrust, distrust (*gegenüber* of); **einer Sache ~ entgegenbringen** to mistrust sth**Misstrauensantrag** *m* PARL motion of no confidence**Misstrauensvotum** *nt* PARL vote
of no confidence **misstrauisch**
['mɪstrauɪʃ] **I** *adj* mistrustful; (≈ *argwöhnisch*) suspicious **II** *adv* sceptically
(*Br*), skeptically (*US*) **Missverhältnis**
nt discrepancy **missverständlich**
['mɪsfɛɐʃtɛntlɪç] **I** *adj* unclear; **~e Aus-
drücke** expressions which could be misunderstood **II** *adv* unclearly; **ich habe
mich ~ ausgedrückt** I didn't express
myself clearly**Missverständnis** *nt* misunderstanding **missverstehen**
['mɪsfɛɐʃte:ən] *past part* **missverstanden** *v/t insep irr* to misunderstand; **Sie
dürfen mich nicht ~** please do not misunderstand me
Misswahl *f* beauty contest
Misswirtschaft *f* maladministration
Mist [mɪst] *m* ⟨-es, no pl⟩ (≈ *Kuhmist etc*)
dung; (≈ *Dünger*) manure; (*infml*) (≈
Unsinn) rubbish (*esp Br*); **~!** blast!
(*infml*); **da hat er ~ gebaut** he really

messed that up (*infml*); **mach keinen ~!** don't be a fool!

Mistel ['mɪstl] *f* ⟨-, -n⟩ mistletoe *no pl*

Mistgabel *f* pitchfork (*used for shifting manure*) **Misthaufen** *m* manure heap **Mistkäfer** *m* dung beetle **Mistkerl** *m* (*infml*) dirty *or* rotten pig (*infml*) **Mistkübel** *m* (*Aus*) dirty *or* rotten pig (*infml*), rubbish bin (*Br*), garbage can (*US*) **Miststück** *nt* (*infml*), **Mistvieh** *nt* (*infml*) (≈ *Mann*) bastard (*sl*); (≈ *Frau*) bitch (*sl*) **Mistwetter** *nt* (*infml*) lousy weather

mit [mɪt] **I** *prep +dat* with; **~ der Bahn/dem Bus** by train/bus; **~ Bleistift schreiben** to write in pencil; **~ dem nächsten Bus kommen** to come on the next bus; **~ achtzehn Jahren** at (the age of) eighteen; **~ 1 Sekunde Vorsprung gewinnen** to win by 1 second; **~ 80 km/h** at 80 km/h; **~ 4:2 gewinnen** to win 4-2; **du ~ deinen dummen Ideen** (*infml*) you and your stupid ideas **II** *adv* **er war ~ dabei** he went *or* came too; **er ist ~ der Beste der Gruppe** he is one of the best in the group; **etw ~ in Betracht ziehen** to consider sth as well

Mitarbeit *f* cooperation; **~ bei** *or* **an etw** (*dat*) work on sth; **unter ~ von** in collaboration with **mitarbeiten** *v/i sep* to cooperate (*bei* on); (*bei Projekt etc*) to collaborate; **an** *or* **bei etw ~** to work on sth **Mitarbeiter(in)** *m/(f)* (≈ *Betriebsangehöriger*) employee; (≈ *Kollege*) colleague; (*an Projekt etc*) collaborator; **freier ~** freelance **Mitarbeiterstab** *m* staff

mitbekommen *past part* **mitbekommen** *v/t sep irr* (*infml*) (≈ *verstehen*) to get (*infml*); (≈ *bemerken*) to realize; **hast du das noch nicht ~?** (≈ *erfahren*) you mean you didn't know that?

mitbenutzen *past part* **mitbenutzt** *v/t sep* to share (the use of)

Mitbesitzer(in) *m/(f)* co-owner

mitbestimmen *past part* **mitbestimmt** *sep v/i* to have a say (*bei* in) **Mitbestimmung** *f* co-determination, participation (*bei* in); **~ am Arbeitsplatz** worker participation

Mitbewerber(in) *m/(f)* (fellow) competitor; (*für Stelle*) (fellow) applicant **Mitbewohner(in)** *m/(f)* (fellow) occupant

mitbringen *v/t sep irr* **1.** *Geschenk etc* to bring; *Freund, Begleiter* to bring along; **jdm etw ~** to bring sth for sb; **jdm etw von** *or* **aus der Stadt ~** to bring sb sth back from town; **was sollen wir der Gastgeberin ~?** what should we take our hostess?; **etw in die Ehe ~** to have sth when one gets married **2.** (*fig*) *Befähigung etc* to have **Mitbringsel** ['mɪtbrɪŋzl] *nt* ⟨-s, -⟩ (*Geschenk*) small present; (*Andenken*) souvenir

Mitbürger(in) *m/(f)* fellow citizen

mitdürfen *v/i sep irr* **wir durften nicht mit** we weren't allowed to go along

miteinander [mɪt|ai'nandɐ] *adv* with each other; (≈ *gemeinsam*) together; **alle ~!** all together **Miteinander** [mɪt|ai-'nandɐ] *nt* ⟨-s, *no pl*⟩ cooperation

miterleben *past part* **miterlebt** *v/t sep* to experience; (*im Fernsehen*) to watch

Mitesser [-ɛsɐ] *m* ⟨-s, -⟩ blackhead

mitfahren *v/i sep irr aux sein* to go (with sb); **sie fährt mit** she is going too; (*mit jdm*) **~** to go with sb; **kann ich (mit Ihnen) ~?** can you give me a lift *or* a ride (*esp US*)? **Mitfahrer(in)** *m/(f)* fellow passenger **Mitfahrgelegenheit** *f* lift

mitfühlen *v/i sep* **mit jdm ~** to feel for sb **mitfühlend I** *adj* sympathetic **II** *adv* sympathetically

mitführen *v/t sep* *Papiere, Waffen etc* to carry (with one)

mitgeben *v/t sep irr* **jdm etw ~** to give sb sth to take with them

Mitgefühl *nt* sympathy

mitgehen *v/i sep irr aux sein* **1.** (≈ *mit anderen gehen*) to go too; **mit jdm ~** to go with sb; **gehen Sie mit?** are you going (too)? **2.** (*fig*: *Publikum etc*) to respond (favourably (*Br*) *or* favorably (*US*)) (*mit* to) **3.** (*infml*) **etw ~ lassen** to steal sth

Mitgift ['mɪtɡɪft] *f* ⟨-, -en⟩ dowry **Mitgiftjäger** *m* (*infml*) dowry-hunter (*Br*), fortune-hunter

Mitglied ['mɪtɡliːt] *nt* member (*+gen, bei, in +dat* of) **Mitgliederversammlung** *f* general meeting **Mitgliedsausweis** *m* membership card **Mitgliedsbeitrag** *m* membership fee, membership dues *pl* **Mitgliedschaft** ['mɪtɡliːtʃaft] *f* ⟨-, -en⟩ membership **Mitgliedsstaat** *m* member state

mithalten *v/i sep irr* (≈ *bei Tempo etc*) (*mit* with) to keep up; (*bei Versteigerung*) to stay in the bidding

mithelfen *v/i sep irr* to help **mithilfe, mit**

Hilfe [mɪt'hɪlfə] *prep* +*gen* with the help (+*gen* of) **Mithilfe** *f* assistance, aid

mithören *sep v/t* to listen to (too); *Gespräch* to overhear; (*heimlich*) to listen in on; **ich habe alles mitgehört** I heard everything

Mitinhaber(in) *m/(f)* joint owner

mitkommen *v/i sep irr aux sein* **1.** to come along (*mit* with); **kommst du auch mit?** are you coming too?; **ich kann nicht ~** I can't come **2.** (*infml*) (≈ *mithalten*) to keep up; (≈ *verstehen*) to follow; **da komme ich nicht mit** that's beyond me

mitkriegen *v/t sep* (*infml*) = **mitbekommen**

Mitläufer(in) *m/(f)* (POL, *pej*) fellow traveler (*Br*) *or* traveler (*US*)

Mitlaut *m* consonant

Mitleid *nt, no pl* pity (*mit* for); (≈ *Mitgefühl*) sympathy (*mit* with, for); **~ erregend** pitiful **Mitleidenschaft** *f* **jdn/etw in ~ ziehen** to affect sb/sth (detrimentally) **mitleiderregend** *adj* pitiful **mitleidig** ['mɪtlaɪdɪç] *adj* pitying; (≈ *mitfühlend*) sympathetic

mitmachen *v/t & v/i sep* **1.** (≈ *teilnehmen*) *Spiel* to join in; *Reise* to go on; *Kurs* to do; *Mode* to follow; *Wettbewerb* to take part in; (**bei**) **etw ~** to join in sth; **er macht alles mit** he always joins in (all the fun); **da mache ich nicht mit** (≈ *ohne mich*) count me out!; **das mache ich nicht mehr mit** (*infml*) I've had quite enough (of that) **2.** (≈ *erleben*) to live through; (≈ *erleiden*) to go through; **sie hat viel mitgemacht** she has been through a lot in her time

Mitmensch *m* fellow man *or* creature **mitmischen** *v/i sep* (*infml*) (≈ *sich beteiligen*) to be involved (*in* +*dat, bei* in)

mitnehmen *v/t sep irr* **1.** to take (with one); (≈ *ausleihen*) to borrow; (≈ *kaufen*) to take; **jdn (im Auto) ~** to give sb a lift *or* ride (*esp US*) **2.** (≈ *erschöpfen*) *jdn* to exhaust; **mitgenommen aussehen** to look the worse for wear **3.** (*infml*) *Sehenswürdigkeit* to take in

mitreden *sep* **I** *v/i* (≈ *mitbestimmen*) to have a say (*bei* in); **da kann er nicht ~** he wouldn't know anything about that **II** *v/t* **Sie haben hier nichts mitzureden** this is none of your concern

Mitreisende(r) *m/f(m) decl as adj* fellow passenger

mitreißen *v/t sep irr* (*Fluss, Lawine*) to sweep away; (*Fahrzeug*) to carry along; **sich ~ lassen** (*fig*) to allow oneself to be carried away **mitreißend** *adj Rhythmus, Enthusiasmus* infectious; *Reden, Musik* rousing; *Film, Fußballspiel* thrilling

mitsamt [mɪt'zamt] *prep* +*dat* together with

mitschicken *v/t sep* (*in Brief etc*) to enclose

mitschneiden *v/t sep irr* to record **Mitschnitt** *m* recording

mitschreiben *v/i sep irr* to take notes

Mitschuld *f* **ihn trifft eine ~** a share of the blame falls on him; (*an Verbrechen*) he is implicated (*an* +*dat* in) **mitschuldig** *adj* (*an Verbrechen*) implicated (*an* +*dat* in); (*an Unfall*) partly responsible (*an* +*dat* for) **Mitschuldige(r)** *m/f(m) decl as adj* accomplice; (≈ *Helfershelfer*) accessory

Mitschüler(in) *m/(f)* school-friend; (*in derselben Klasse*) classmate

mitsingen *sep irr* **I** *v/t* to join in (singing) **II** *v/i* to join in the singing

mitspielen *v/i sep* **1.** (≈ *auch spielen*) to play too; (*in Mannschaft etc*) to play (*bei* in); **in einem Film ~** to be in a film **2.** (*fig infml*) (≈ *mitmachen*) to play along (*infml*); (≈ *sich beteiligen*) to be involved in; **wenn das Wetter mitspielt** if the weather's OK (*infml*) **3.** (≈ *Schaden zufügen*) **er hat ihr übel** *or* **hart mitgespielt** he has treated her badly **Mitspieler(in)** *m/(f)* SPORTS player; THEAT member of the cast

Mitsprache *f* a say **Mitspracherecht** *nt* **jdm ein ~ einräumen** to allow *or* grant sb a say (*bei* in)

Mittag ['mɪtaːk] *m* ⟨-(e)s, -e⟩ **1.** midday; **gestern/heute ~** at midday yesterday/today; **zu ~ essen** to have lunch *or* dinner **2.** (*infml: Pause*) lunch hour, lunch-break; **~ machen** to take one's lunch hour *or* lunch-break **Mittagessen** *nt* lunch **mittags** *adv* at lunchtime; (*um*) **12 Uhr ~** at 12 noon, at 12 o'clock midday **Mittagspause** *f* lunch hour **Mittagsruhe** *f* period of quiet (after lunch) **Mittagsschlaf** *m* afternoon nap **Mittagszeit** *f* lunchtime; **in der ~** at lunchtime

Mittäter(in) *m/(f)* accomplice **Mittäterschaft** *f* complicity

Mitte ['mɪtə] *f* ⟨-, -n⟩ **1.** middle; (*von Kreis, Stadt*) centre (*Br*), center (*US*); **~ August** in the middle of August; **er**

ist~ *vierzig* he's in his mid-forties **2.** POL centre (*Br*), center (*US*); ***rechts/links von der~*** right/left of centre (*Br*) or center (*US*) **3.** (*von Gruppe*) ***einer aus unserer ~*** one of us; ***in unserer ~*** in our midst

mitteilen *sep v/t* ***jdm etw ~*** to tell sb sth; (≈ *bekannt geben*) to announce sth to sb **mitteilsam** ['mɪttailzaːm] *adj* communicative **Mitteilung** *f* (≈ *Bekanntgabe*) announcement; (≈ *Benachrichtigung*) notification; (*an Mitarbeiter etc*) memo **Mittel** ['mɪtl] *nt* ⟨**-s, -**⟩ **1.** (≈ *Durchschnitt*) average **2.** (≈ *Mittel zum Zweck, Transportmittel etc*) means *sg*; (≈ *Methode*) way; **~ *und Wege finden*** to find ways and means; **~ *zum Zweck*** a means to an end; ***als letztes*** or ***äußerstes ~*** as a last resort; ***ihm ist jedes~ recht*** he will do anything (to achieve his ends); ***etw mit allen ~n verhindern*** to do one's utmost to prevent sth **3.** *pl* (≈ *Geldmittel*) resources *pl* **4.** (≈ *Medizin*) medicine; (≈ *Putzmittel*) cleaning agent; ***welches ~ nimmst du?*** what do you use?; ***das beste ~ gegen etw*** the best cure for sth **Mittelalter** *nt* Middle Ages *pl* **mittelalterlich** [-|altəlɪç] *adj* medieval **Mittelamerika** *nt* Central America (and the Caribbean) **mittelamerikanisch** *adj* Central American **mittelbar I** *adj* indirect **II** *adv* indirectly **mitteldeutsch** *adj* GEOG, LING Central German **Mittelding** *nt* (≈ *Mischung*) cross (*zwischen +dat, aus* between) **Mitteleuropa** *nt* Central Europe **Mitteleuropäer(in)** *m/(f)* Central European **mitteleuropäisch** *adj* Central European; ***~e Zeit*** Central European Time **Mittelfeld** *nt* SPORTS midfield **Mittelfinger** *m* middle finger **mittelfristig** [-frɪstɪç] **I** *adj* Finanzplanung, Kredite medium-term **II** *adv* in the medium term **Mittelgebirge** *nt* low mountain range **Mittelgewicht** *nt* middleweight **mittelgroß** *adj* medium-sized **Mittelklasse** *f* **1.** COMM middle of the market; ***ein Wagen der ~*** a mid-range car **2.** SOCIOL middle classes *pl* **Mittelklassewagen** *m* mid-range car **Mittellinie** *f* centre (*Br*) or center (*US*) line **mittellos** *adj* without means; (≈ *arm*) impoverished **Mittelmaß** *nt* mediocrity *no art*; **~ *sein*** to be average **mittelmäßig I** *adj* mediocre **II** *adv* begabt, gebildet moderately; ausgestattet modestly **Mittelmäßigkeit** *f* mediocrity **Mit-**

telmeer *nt* Mediterranean (Sea) **Mittelmeerraum** *m* Mediterranean (region), Med (*infml*) **Mittelohrentzündung** *f* inflammation of the middle ear **Mittelpunkt** *m* centre (*Br*), center (*US*); (*fig: visuell*) focal point; ***er muss immer im~ stehen*** he always has to be the centre (*Br*) or center (*US*) of attention **mittels** ['mɪtls] *prep +gen* or *+dat* (*elev*) by means of **Mittelschicht** *f* SOCIOL middle class **Mittelschule** *f* (*Swiss* ≈ *Fachoberschule*) ≈ College of Further Education **Mittelsmann** *m, pl* **-männer** or **-leute** intermediary **Mittelstand** *m* middle classes *pl* **mittelständisch** [-ʃtɛndɪʃ] *adj* middle-class; *Betrieb* medium-sized **Mittelstreckenrakete** *f* intermediate-range or medium-range missile **Mittelstreifen** *m* central reservation (*Br*), median (strip) (*US*) **Mittelstufe** *f* SCHOOL middle school (*Br*), junior high (*US*) **Mittelstürmer(in)** *m/(f)* SPORTS centre-forward (*Br*), center-forward (*US*) **Mittelweg** *m* middle course; ***der goldene ~*** the happy medium; ***einen ~ gehen*** to steer a middle course **Mittelwelle** *f* RADIO medium wave(band) **mitten** ['mɪtn] *adv* **~ *an etw*** (*dat*)/***in etw*** (*dat*) (right) in the middle of sth; **~ *durch etw*** (right) through the middle of sth; **~ *in der Luft*** in mid-air; **~ *im Leben*** in the middle of life; **~ *unter uns*** (right) in our midst **mittendrin** [mɪtn'drɪn] *adv* (right) in the middle of it **mittendurch** [mɪtn'dʊrç] *adv* (right) through the middle **Mitternacht** *f* midnight *no art* **mitternächtlich** *adj attr* midnight **mittlere(r, s)** ['mɪtlərə] *adj attr* **1.** middle; ***der Mittlere Osten*** the Middle East **2.** (≈ *den Mittelwert bildend*) medium; (≈ *durchschnittlich*) average; MAT mean; (≈ *von mittlerer Größe*) *Betrieb* medium-sized; **~n *Alters*** middle-aged; **~ *Reife*** SCHOOL *first public examination in secondary school*, ≈ GCSEs *pl* (*Br*) **mittlerweile** ['mɪtlɐ'vailə] *adv* in the meantime **Mittsommer** ['mɪtzɔmɐ] *m* midsummer **Mittsommernacht** *f* Midsummer's Night **Mittwoch** ['mɪtvɔx] *m* ⟨**-s, -e**⟩ Wednesday; → ***Dienstag*** **mittwochs** ['mɪtvɔxs] *adv* on Wednesdays; → ***dienstags***

mitunter [mɪt'|ʊntɐ] *adv* from time to time

mitverantwortlich *adj* jointly responsible *pred* **Mitverantwortung** *f* share of the responsibility

mitverdienen *past part* **mitverdient** *v/i sep* to (go out to) work as well

mitwirken *v/i sep* to play a part (*an +dat, bei* in); (≈ *beteiligt sein*) to be involved (*an +dat, bei* in); (*Schauspieler, Diskussionsteilnehmer*) to take part (*an +dat, bei* in); (*in Film*) to appear (*an +dat* in) **Mitwirkende(r)** [-vɪrkndə] *m/f(m)* decl as adj participant (*an +dat, bei* in); (≈ *Mitspieler*) performer (*an +dat, bei* in); (≈ *Schauspieler*) actor (*an +dat, bei* in); **die ~n** THEAT the cast *pl* **Mitwirkung** *f* (≈ *Beteiligung*) involvement (*an +dat, bei* in); (*an Buch, Film*) collaboration (*an +dat, bei* on); (*an Projekt*) participation (*an +dat, bei* in); (*von Schauspieler*) appearance (*an +dat, bei* in); **unter ~ von** with the assistance of

Mitwisser [-vɪsɐ] *m* ⟨**-s, -**⟩, **Mitwisserin** [-ərɪn] *f* ⟨**-, -nen**⟩ JUR accessory (*+gen* to); **~ sein** to know about it

mitzählen *v/t & v/i sep* to count; *Betrag* to count in

Mix [mɪks] *m* ⟨**-, -e**⟩ mixture **Mixbecher** *m* (cocktail) shaker **mixen** ['mɪksn] *v/t* to mix **Mixer** [Mixer] *m* ⟨**-s, -**⟩ (≈ *Küchenmixer*) blender; (≈ *Rührmaschine*) mixer **Mixer** ['mɪksɐ] *m* ⟨**-s, -**⟩, **Mixerin** [-ərɪn] *f* ⟨**-, -nen**⟩ **1.** (≈ *Barmixer*) cocktail waiter/waitress **2.** FILM, RADIO, TV mixer **Mixtur** [mɪks'tuːɐ] *f* ⟨**-, -en**⟩ mixture

MMS [ɛm|ɛm'|ɛs] *m* ⟨**-, -**⟩ *abbr of* **Multimedia Messaging Service** MMS, picture messaging **MMS-Handy** [ɛm|ɛm'|ɛs-] *nt* TEL MMS-enabled mobile *or* cell phone (*US*)

Mob [mɔp] *m* ⟨**-s**, *no pl*⟩ (*pej*) mob **mobben** ['mɔbn] *v/t* to bully (at work) **Mobbing** ['mɔbɪŋ] *nt* ⟨**-s**, *no pl*⟩ workplace bullying

Möbel ['møːbl] *nt* ⟨**-s, -**⟩ (≈ *Möbelstück*) piece of furniture; **~** *pl* furniture *sg* **Möbelpacker** [-pakɐ] *m* ⟨**-s, -**⟩, **Möbelpackerin** [-ərɪn] *f* ⟨**-, -nen**⟩ furniture packer **Möbelschreiner(in)** *m/(f)* cabinet-maker **Möbelspedition** *f* removal firm (*Br*), moving company (*US*) **Möbelstück** *nt* piece of furniture **Möbelwagen** *m* removal van (*Br*), moving van (*US*)

mobil [mo'biːl] *adj* **1.** mobile; (≈ *mitnehmbar*) portable; **~ machen** MIL to mobilize **2.** (*infml* ≈ *munter*) lively **Mo-**

bilfunk *m* cellular radio **Mobilfunknetz** *nt* cellular network

Mobiliar [mobi'liaːɐ] *nt* ⟨**-s**, *no pl*⟩ furnishings *pl*

mobilisieren [mobili'ziːrən] *past part* **mobilisiert** *v/t* to mobilize; COMM *Kapital* to make liquid **Mobilität** [mobili'tɛːt] *f* ⟨**-**, *no pl*⟩ mobility **Mobilmachung** [mo'biːlmaxʊŋ] *f* ⟨**-, -en**⟩ MIL mobilization **Mobiltelefon** *nt* mobile phone

möblieren [mø'bliːrən] *past part* **möbliert** *v/t* to furnish; **neu ~** to refurnish; **möbliert wohnen** to live in furnished accommodation

Möchtegern- ['mœçtəgɐrn-] *in cpds* (*iron*) would-be

modal [mo'daːl] *adj* GRAM modal **Modalität** [modali'tɛːt] *f* ⟨**-, -en**⟩ *usu pl* (*von Vertrag etc*) arrangement; (*von Verfahren*) procedure **Modalverb** *nt* modal verb

Mode ['moːdə] *f* ⟨**-, -n**⟩ fashion; **~ sein** to be fashionable; **in ~/aus der ~ kommen** to come into/go out of fashion **modebewusst** *adj* fashion-conscious **Modedesigner(in)** *m/(f)* fashion designer **Modekrankheit** *f* fashionable complaint

Model ['mɔdl] *nt* ⟨**-s, -s**⟩ FASHION model **Modell** [mo'dɛl] *nt* ⟨**-s, -e**⟩ model; **zu etw ~ stehen** to be the model for sth; **jdm ~ stehen/sitzen** to sit for sb **Modelleisenbahn** *f* model railway (*esp Br*) *or* railroad (*US*); (*als Spielzeug*) train set **Modellflugzeug** *nt* model aeroplane (*Br*) *or* airplane (*US*) **modellieren** [modɛ'liːrən] *past part* **modelliert** *v/t & v/i* to model **modeln** ['mɔdln] *v/i* FASHION to model

Modem ['moːdɛm] *nt* ⟨**-s, -e**⟩ modem

Modenschau *f* fashion show

moderat [mode'raːt] **I** *adj* moderate, reasonable **II** *adv* moderately **Moderation** [modera'tsioːn] *f* ⟨**-, -en**⟩ (RADIO, TV) presentation **Moderator** [mode'raːtoːɐ] *m* ⟨**-s, Moderatoren** [-'toːrən]⟩, **Moderatorin** [-'toːrɪn] *f* ⟨**-, -nen**⟩ presenter **moderieren** [mode'riːrən] *past part* **moderiert** *v/t & v/i* (RADIO, TV) to present

moderig ['moːdərɪç] *adj Geruch* musty

modern[1] ['moːdɐn] *v/i aux sein or haben* to rot

modern[2] [mo'dɛrn] **I** *adj* modern *no adv*; (≈ *modisch*) fashionable; **~ werden** to come into fashion **II** *adv* sich kleiden fashionably; *denken* open-mindedly; **~**

wohnen to live in modern housing **Mo-derne** [mo'dɛrnə] *f* ⟨-, *no pl*⟩ (*elev*) modern age **modernisieren** [moderni-'ziːrən] *past part* **modernisiert** *v/t* to modernize **Modernisierung** *f* modernization **Modesalon** *m* fashion house **Modeschmuck** *m* costume jewellery (*Br*) *or* jewelry (*US*), **Modeschöpfer(in)** *m/(f)* fashion designer **Modewort** *nt, pl* **-wörter** in-word, buzz word **Modezeichner(in)** *m/(f)* fashion illustrator **Modezeitschrift** *f* fashion magazine

Modifikation [modifika'tsioːn] *f* ⟨-, -en⟩ modification **modifizieren** [modifi-'tsiːrən] *past part* **modifiziert** *v/t* to modify

modisch ['moːdɪʃ] **I** *adj* stylish **II** *adv* fashionably, stylishly **Modistin** [mo-'dɪstɪn] *f* ⟨-, -nen⟩ milliner

Modul [mo'duːl] *nt* ⟨-s, -e⟩ IT module **modular** [modu'laːɐ] **I** *adj* modular **II** *adv* of modules **Modulation** [modula'tsioːn] *f* ⟨-, -en⟩ modulation

Modus ['moːdʊs, 'mɔdʊs] *m* ⟨-, **Modi** ['moːdi, 'mɔdi]⟩ **1.** way; ~ **Vivendi** (*elev*) modus vivendi **2.** GRAM mood **3.** IT mode

Mofa ['moːfa] *nt* ⟨-s, -s⟩ small moped

mogeln ['moːgln] *v/i* to cheat **Mogelpackung** *f* misleading packaging; (*fig*) sham

mögen ['møːgn] *pret* **mochte** ['mɔxtə], *past part* **gemocht** [gə'mɔxt] **I** *v/t* to like; **sie mag das** (*gern*) she (really) likes that; **was möchten Sie, bitte?** what would you like?; (*Verkäufer*) what can I do for you? **II** *v/i* (≈ *etw tun mögen*) to like to; **ich mag nicht mehr** I've had enough; (≈ *bin am Ende*) I can't take any more; **ich möchte lieber in die Stadt** I would prefer to go into town **III** *past part* **mögen** *modal aux* **1.** (*Wunsch*) to like to +*inf*; **möchten Sie etwas essen?** would you like something to eat?; **wir möchten** (**gern**) **etwas trinken** we would like something to drink; **ich möchte dazu nichts sagen** I don't want to say anything about that **2.** (*einschränkend*) **man möchte meinen, dass …** you would think that …; **ich möchte fast sagen …** I would almost say … **3.** (*elev: Einräumung*) **es mag wohl sein, dass er recht hat, aber …** he may well be right, but …; **mag kommen was da will** come what may **4.** (*Vermutung*) **sie mag/mochte etwa zwan-**

zig sein she must be/have been about twenty

Mogler ['moːglɐ] *m* ⟨-s, -⟩, **Moglerin** [-ə-rɪn] *f* ⟨-, -nen⟩ cheat

möglich ['møːklɪç] *adj* **1.** possible; **alles Mögliche** everything you can think of; **er tat sein Möglichstes** he did his utmost; **so bald wie** ~ as soon as possible; **das ist doch nicht** ~**!** that's impossible **2.** (*attr* ≈ *eventuell*) *Kunden* potential, possible **möglicherweise** ['møːklɪçɐ'vaizə] *adv* possibly **Möglichkeit** *f* ⟨-, -en⟩ **1.** possibility; **es besteht die** ~**, dass …** there is a possibility that …; **ist denn das die** ~**?** it's impossible! **2.** (≈ *Aussicht*) chance; (≈ *Gelegenheit*) opportunity; **das Land der unbegrenzten** ~**en** the land of unlimited opportunity **möglichst** ['møːklɪçst] *adv* ~ **genau/schnell/oft** as accurately/quickly/often as possible

Mohammedaner [mohame'daːnɐ] *m* ⟨-s, -⟩, **Mohammedanerin** [-ərɪn] *f* ⟨-, -nen⟩ (*dated, often pej*) Mohammedan (*dated*) **mohammedanisch** [mohame-'daːnɪʃ] *adj* (*dated, often pej*) Mohammedan (*dated*)

Mohn [moːn] *m* ⟨-(e)s, -e⟩ poppy; (≈ *Mohnsamen*) poppy seed **Mohnblume** *f* poppy

Möhre ['møːrə] *f* ⟨-, -n⟩, **Mohrrübe** *f* carrot

mokieren [mo'kiːrən] *past part* **mokiert** *v/r* to sneer (*über* +*acc* at)

Mokka ['mɔka] *m* ⟨-s, -s⟩ mocha

Molch [mɔlç] *m* ⟨-(e)s, -e⟩ salamander; (≈ *Wassermolch*) newt

Molekül [mole'kyːl] *nt* ⟨-s, -e⟩ molecule **molekular** [moleku'laːɐ] *adj* molecular **Molke** ['mɔlkə] *f* ⟨-, *no pl*⟩ (*dial*) whey **Molkerei** [mɔlkə'rai] *f* ⟨-, -en⟩ dairy **Molkereibutter** *f* blended butter **Molkereiprodukt** *nt* dairy product

Moll [mɔl] *nt* ⟨-, -⟩ MUS minor (key); **a-**~ A minor

mollig ['mɔlɪç] (*infml*) *adj* **1.** cosy (*Br*), cozy (*US*); (≈ *warm, behaglich*) snug **2.** (≈ *rundlich*) plump

Molltonleiter *f* minor scale

Molotowcocktail ['moːlotɔf-] *m* Molotov cocktail

Moment[1] [mo'mɛnt] *m* ⟨-(e)s, -e⟩ moment; **jeden** ~ any time *or* minute; **einen** ~**, bitte** one moment please; ~ **mal!** just a minute!; **im** ~ at the moment

Moment² *nt* ⟨-(e)s, -e⟩ **1.** (≈ *Bestandteil*) element **2.** (≈ *Umstand*) fact; (≈ *Faktor*) factor **3.** PHYS momentum

momentan [momɛn'taːn] **I** *adj* **1.** (≈ *vorübergehend*) momentary **2.** (≈ *augenblicklich*) present *attr* **II** *adv* **1.** (≈ *vorübergehend*) for a moment **2.** (≈ *augenblicklich*) at the moment

Monarch [mo'narç] *m* ⟨-en, -en⟩, **Monarchin** [-'narçɪn] *f* ⟨-, -nen⟩ monarch **Monarchie** [monar'çiː] *f* ⟨-, -n [-'çiːən]⟩ monarchy

Monat ['moːnat] *m* ⟨-(e)s, -e⟩ month; *der ~ Mai* the month of May; *sie ist im sechsten ~ (schwanger)* she's five months pregnant; *was verdient er im ~?* how much does he earn a month?; *am 12. dieses ~s* on the 12th (of this month); *auf ~e hinaus* months ahead **monatelang I** *adj attr Verhandlungen, Kämpfe* which go on for months; *nach ~em Warten* after waiting for months; *mit ~er Verspätung* months late **II** *adv* for months **monatlich** ['moːnatlɪç] **I** *adj* monthly **II** *adv* every month **Monatsanfang** *m* beginning of the month **Monatsende** *nt* end of the month **Monatsgehalt** *nt* monthly salary **Monatskarte** *f* monthly season ticket **Monatsrate** *f* monthly instalment (*Br*) *or* installment (*US*)

Mönch [mœnç] *m* ⟨-(e)s, -e⟩ monk

Mond [moːnt] *m* ⟨-(e)s, -e [-də]⟩ moon; *auf dem ~ leben* (*infml*) to be behind the times

mondän [mɔn'dɛːn] *adj* chic

Mondaufgang *m* moonrise **Mondfinsternis** *f* eclipse of the moon, lunar eclipse **mondhell** *adj* moonlit **Mondlandefähre** *f* SPACE lunar module **Mondlandung** *f* moon landing **Mondlicht** *nt* moonlight **Mondschein** *m* moonlight **Mondsichel** *f* crescent moon **Mondsonde** *f* SPACE lunar probe **Mondumlaufbahn** *f* SPACE lunar orbit **Monduntergang** *f* moonset

monetär [mone'tɛːɐ] *adj* monetary **Monetarismus** [moneta'rɪsmʊs] *m* ⟨-, no pl⟩ ECON monetarism

Mongole [mɔŋ'goːlə] *m* ⟨-n, -n⟩, **Mongolin** [-'goːlɪn] *f* ⟨-, -nen⟩ Mongolian **Mongolei** [mɔŋgo'lai] *f* ⟨-⟩ *die ~* Mongolia; *die Innere/Äußere ~* Inner/Outer Mongolia **mongolisch** [mɔŋ'goːlɪʃ] *adj*

Mongolian **Mongolismus** [mɔŋgo-'lɪsmʊs] *m* ⟨-, no pl⟩ (*often pej*) mongolism **mongoloid** [mɔŋgolo'iːt] *adj* (*often pej*) Mongol; MED mongoloid

monieren [mo'niːrən] *past part* **moniert** *v/t* to complain about

Monitor ['moːnitoːɐ] *m* ⟨-s, -e *or* **Monitoren** [-'toːrən]⟩ monitor

monochrom [mono'kroːm] *adj* monochrome **monogam** [mono'gaːm] **I** *adj* monogamous **II** *adv* monogamously **Monogamie** [monoga'miː] *f* ⟨-, no pl⟩ monogamy **Monografie** [monogra'fiː] *f* ⟨-, -n [-'fiːən]⟩ monograph **Monogramm** [mono'gram] *nt*, *pl* **-gramme** monogram **Monolog** [mono'loːk] *m* ⟨-(e)s, -e [-gə]⟩ monologue; (≈ *Selbstgespräch*) soliloquy **Monopol** [mono'poːl] *nt* ⟨-s, -e⟩ monopoly (*auf +acc, für* on) **monopolisieren** [monopoli'ziːrən] *past part* **monopolisiert** *v/t* (*lit, fig*) to monopolize **Monopolstellung** *f* monopoly **monoton** [mono'toːn] **I** *adj* monotonous **II** *adv* monotonously **Monotonie** [monoto'niː] *f* ⟨-, -n [-'niːən]⟩ monotony

Monster ['mɔnstɐ], **Monstrum** ['mɔnstrʊm] *nt* ⟨-s, **Monstren** [-trən]⟩ (≈ *Ungeheuer*) monster; (*infml* ≈ *schweres Möbel*) hulking great piece of furniture (*infml*)

Monsun [mɔn'zuːn] *m* ⟨-s, -e⟩ monsoon

Montag ['moːntaːk] *m* Monday; → *Dienstag*

Montage [mɔn'taːʒə] *f* ⟨-, -n⟩ **1.** (TECH ≈ *Aufstellung*) installation; (*von Gerüst*) erection; (≈ *Zusammenbau*) assembly; *auf ~ (dat) sein* to be away on a job **2.** ART montage; FILM editing **Montageband** *nt*, *pl* **-bänder** assembly line **Montagehalle** *f* assembly shop

montags ['moːntaːks] *adv* on Mondays; → *dienstags*

Monteur [mɔn'tøːɐ] *m* ⟨-s, -e⟩, **Monteurin** [-'tøːrɪn] *f* ⟨-, -nen⟩ fitter **montieren** [mɔn'tiːrən] *past part* **montiert** *v/t* TECH to install; (≈ *zusammenbauen*) to assemble; (≈ *befestigen*) *Bauteil* to fit (*auf +acc, an +acc* to); *Dachantenne* to put up

Monument [monu'mɛnt] *nt* ⟨-(e)s, -e⟩ monument **monumental** [monumɛn-'taːl] *adj* monumental

Moor [moːɐ] *nt* ⟨-(e)s, -e⟩ bog; (≈ *Hochmoor*) moor **Moorbad** *nt* mud bath

Moorboden m marshy soil **Moorhuhn** nt grouse **moorig** ['moːrɪç] adj boggy

Moos [moːs] nt ⟨-es, -e⟩ moss

Moped ['moːpɛt, 'moːpeːt] nt ⟨-s, -s⟩ moped

Mopp [mɔp] m ⟨-s, -s⟩ mop

Mops [mɔps] m ⟨-es, ⸚e ['mœpsə]⟩ 1. (Hund) pug (dog) 2. **Möpse** pl (sl ≈ Busen) tits pl (sl)

Moral [mo'raːl] f ⟨-, no pl⟩ 1. (≈ Sittlichkeit) morals pl; **die ~ sinkt** moral standards are declining; **eine doppelte ~** double standards pl; **~ predigen** to moralize (jdm to sb) 2. (≈ Lehre) moral; **und die ~ von der Geschicht':** ... and the moral of this story is ... 3. (≈ Ethik) ethics pl 4. (≈ Disziplin) morale **moralisch** [mo'raːlɪʃ] I adj moral II adv morally **Moralist** [mora'lɪst] m ⟨-en, -en⟩, **Moralistin** [-'lɪstɪn] f ⟨-, -nen⟩ moralist **Moralpredigt** f sermon; **jdm eine ~ halten** to give sb a sermon

Moräne [mo'rɛːnə] f ⟨-, -n⟩ GEOL moraine **Morast** [mo'rast] m ⟨-(e)s, -e or **Moräste** [mo'rɛstə]⟩ mire

Moratorium [mora'toːriʊm] nt ⟨-s, **Moratorien** [-riən]⟩ moratorium

Morchel ['mɔrçl̩] f ⟨-, -n⟩ BOT morel

Mord [mɔrt] m ⟨-(e)s, -e [-də]⟩ murder, homicide (US) (an +dat of); (an Politiker etc) assassination (an +dat of) **Mordanschlag** m assassination attempt (auf +acc on); **einen ~ auf jdn verüben** to try to assassinate sb; (erfolgreich) to assassinate sb **Morddrohung** f murder or death threat **morden** ['mɔrdn̩] v/t & v/i (liter) to murder, to kill **Mörder** ['mœrdɐ] m ⟨-s, -⟩, **Mörderin** [-ərɪn] f ⟨-, -nen⟩ murderer (auch JUR), killer; (≈ Attentäter) assassin **mörderisch** ['mœrdərɪʃ] I adj (lit) Anschlag murderous; (fig) (≈ schrecklich) dreadful; Konkurrenzkampf cutthroat II adv (infml) (≈ entsetzlich) dreadfully; stinken like hell (infml); wehtun like crazy (infml) **Mordfall** m murder or homicide (US) (case) **Mordinstrument** nt murder weapon **Mordkommission** f murder squad, homicide squad (US) **Mordsgeld** nt (infml) fantastic amount of money **Mordskerl** m (infml) hell of a guy (infml) **mordsmäßig** (infml) adj incredible; **ich habe einen ~en Hunger!** I could eat a horse (infml) **Mordswut** f (infml) **eine ~ im Bauch haben** to be in a hell

of a temper (infml) **Mordverdacht** m suspicion of murder; **unter ~** (dat) **stehen** to be suspected of murder **Mordwaffe** f murder weapon

morgen ['mɔrgn̩] adv tomorrow; **~ früh/Abend** tomorrow morning/evening, a week (from) tomorrow; **~ um diese or dieselbe Zeit** this time tomorrow; **bis ~!** see you tomorrow

Morgen [1] ['mɔrgn̩] m ⟨-s, -⟩ morning; **am ~** in the morning; **gestern ~** yesterday morning; **heute ~** this morning; **guten ~!** good morning

Morgen [2] m ⟨-s, -⟩ MEASURE ≈ acre **Morgendämmerung** f dawn, daybreak **morgendlich** ['mɔrgntlɪç] I adj morning attr; **die ~e Stille** the quiet of the early morning II adv **es war ~ kühl** it was cool as it often is in the morning **Morgenessen** nt (Swiss ≈ Frühstück) breakfast **Morgengrauen** [-grauən] nt ⟨-s, -⟩ dawn **Morgenmantel** m dressing gown **Morgenrock** m housecoat **Morgenrot** nt ⟨-s, no pl⟩ sunrise; (fig) dawn(ing) **morgens** ['mɔrgns] adv in the morning; **(um) drei Uhr ~** at three o'clock in the morning; **von ~ bis abends** from morning to night **Morgenstunde** f morning hour; **bis in die frühen ~n** into the early hours **morgig** ['mɔrgɪç] adj attr tomorrow's; **der ~e Tag** tomorrow

Morphium ['mɔrfiʊm] nt ⟨-s, no pl⟩ morphine

morsch [mɔrʃ] adj rotten; Knochen brittle

Morsealphabet nt Morse (code); **im ~** in Morse (code) **Mörser** ['mœrzɐ] m ⟨-s, -⟩ mortar (auch MIL) **Morsezeichen** ['mɔrzə-] nt Morse signal **Mörtel** ['mœrtl̩] m ⟨-s, -⟩ (zum Mauern) mortar; (≈ Putz) stucco **Mosaik** [moza'iːk] nt ⟨-s, -e(n)⟩ (lit, fig) mosaic

Moschee [mɔ'ʃeː] f ⟨-, -n [-'ʃeːən]⟩ mosque

Moschus ['mɔʃʊs] m ⟨-, no pl⟩ musk **Mosel** ['moːzl̩] f ⟨-⟩ GEOG Moselle **mosern** ['moːzɐn] v/i (infml) to gripe (infml)

Moskau ['mɔskau] nt ⟨-s⟩ Moscow **Moskito** [mɔs'kiːto] m ⟨-s, -s⟩ mosquito **Moslem** ['mɔslɛm] m ⟨-s, -s⟩, **Moslemin** [mɔs'leːmɪn] f ⟨-, -nen⟩ Moslem **moslemisch** [mɔs'leːmɪʃ] adj attr Moslem

Most [mɔst] *m* ⟨-(e)s, -e, *no pl*⟩ (unfermented) fruit juice; (*für Wein*) must

Motel [mo'tɛl] *nt* ⟨-s, -s⟩ motel

Motiv [mo'tiːf] *nt* ⟨-s, -e [-və]⟩ **1.** motive; *aus welchem ~ heraus?* for what motive? **2.** ART, LIT subject; (≈ *Leitmotiv, MUS*) motif **Motivation** [motiva'tsioːn] *f* ⟨-, -en⟩ motivation **motivieren** [moti-'viːrən] *past part* **motiviert** *v/t* **1.** *Mitarbeiter* to motivate; *politisch motiviert* politically motivated **2.** (≈ *begründen*) *etw (jdm gegenüber) ~* to give (sb) reasons for sth

Motor ['moːtɔr, mo'toːɐ] *m* ⟨-s, -en [-'toːrən]⟩ motor; (*von Fahrzeug*) engine **Motorboot** *nt* motorboat **Motorenöl** *nt* engine oil **Motorhaube** *f* bonnet (*Br*), hood (*US*) **motorisieren** [motori-'ziːrən] *past part* **motorisiert** *v/t* to motorize **Motoröl** *nt* engine oil **Motorrad** ['moːtɔraːt, mo'toːɐaːt] *nt* motorbike **Motorradfahrer(in)** *m/(f)* motorcyclist **Motorsäge** *f* power saw **Motorschaden** *m* engine trouble *no pl* **Motorsport** *m* motor sport

Motte ['mɔtə] *f* ⟨-, -n⟩ moth **Mottenkugel** *f* mothball

Motto ['mɔto] *nt* ⟨-s, -s⟩ (≈ *Wahlspruch*) motto

motzen ['mɔtsn] *v/i* (*infml*) to beef (*infml*)

Mountainbike ['mauntɪnbaik] *nt* ⟨-s, -s⟩ mountain bike

Möwe ['møːvə] *f* ⟨-, -n⟩ seagull

MP3 [ɛmpeː'drai] *nt* ⟨-⟩ IT MP3 **MP3-Player** [ɛmpeː'drai,pleːɐ] *m* ⟨-s, -⟩ MP3 player

Mücke ['mʏkə] *f* ⟨-, -n⟩ (≈ *Insekt*) mosquito, midge (*Br*); *aus einer ~ einen Elefanten machen* (*infml*) to make a mountain out of a molehill

Mucken ['mʊkn] *pl* (*infml*) moods *pl*; (*seine*) ~ *haben* to be moody; (*Sache*) to be temperamental

Mückenstich *m* mosquito bite, midge bite (*Br*)

Mucks [mʊks] *m* ⟨-es, -e⟩ (*infml*) sound; *keinen ~ sagen* not to make a sound; *ohne einen ~* (≈ *widerspruchslos*) without a murmur **mucksmäuschenstill** [-mɔysçən-] *adj, adv* (*infml*) (as) quiet as a mouse

müde ['myːdə] **I** *adj* tired; *einer Sache* (*gen*) ~ *sein* to be tired of sth **II** *adv* **1.** (≈ *erschöpft*) *sich ~ reden* to tire oneself out talking **2.** (≈ *gelangweilt*) ~ *lächeln* to give a weary smile **Müdigkeit** ['myːdɪçkait] *f* ⟨-, *no pl*⟩ (≈ *Schlafbedürfnis*) tiredness; (≈ *Schläfrigkeit*) sleepiness; *nur keine ~ vorschützen!* (*infml*) don't (you) tell me you're tired

Muffe ['mʊfə] *f* ⟨-, -n⟩ TECH sleeve

Muffel ['mʊfl] *m* ⟨-s, -⟩ (*infml* ≈ *Mensch*) grouch (*infml*), griper (*infml*) **muffelig** ['mʊfəlɪç] (*infml*) *adj* grumpy **Muffensausen** ['mʊfnzauzn] *nt* (*infml*) ~ *kriegen/haben* to get/be scared stiff (*infml*) **muffig** ['mʊfɪç] *adj* **1.** *Geruch, Zimmer* musty **2.** (*infml*) *Gesicht* grumpy

Mühe ['myːə] *f* ⟨-, -n⟩ trouble; *nur mit ~* only just; *mit Müh und Not* (*infml*) with great difficulty; *mit jdm/etw seine ~ haben* to have a great deal of trouble with sb/sth; *er hat sich* (*dat*) *große ~ gegeben* he has taken a lot of trouble; *gib dir keine ~!* (≈ *hör auf!*) don't bother; *sich* (*dat*) *die ~ machen, etw zu tun* to take the trouble to do sth; *wenn es Ihnen keine ~ macht* if it isn't too much trouble; *verlorene ~* a waste of effort **mühelos I** *adj* effortless **II** *adv* effortlessly **mühevoll I** *adj* laborious; *Leben* arduous **II** *adv* with difficulty; ~ *verdientes Geld* hard-earned money

Mühle ['myːlə] *f* ⟨-, -n⟩ **1.** mill **2.** (*fig*) (≈ *Routine*) treadmill; *die ~n der Justiz* the wheels of justice **3.** (≈ *Mühlespiel*) nine men's morris (*esp Br*) **Mühlrad** *nt* millwheel **Mühlstein** *m* millstone

mühsam ['myːzaːm] **I** *adj* arduous **II** *adv* with difficulty; ~ *verdientes Geld* hard-earned money **mühselig** ['myːzeːlɪç] *adj* arduous

Mulch [mʊlç] *m* ⟨-(e)s, -e⟩ AGR mulch

Mulde ['mʊldə] *f* ⟨-, -n⟩ (≈ *Geländesenkung*) hollow

Mull [mʊl] *m* ⟨-(e)s, -e⟩ (≈ *Gewebe*) muslin; MED gauze

Müll [mʏl] *m* ⟨-(e)s, *no pl*⟩ rubbish, garbage (*esp US*); (≈ *Industriemüll*) waste **Müllabfuhr** *f* refuse *or* garbage (*US*) collection **Müllabladeplatz** *m* dump **Müllbeutel** *m* bin liner (*Br*), garbage bag (*US*)

Mullbinde *f* gauze bandage

Müllcontainer *m* rubbish skip, dumpster® (*US*) **Mülldeponie** *f* waste disposal site (*form*), sanitary (land)fill (*US form*) **Mülleimer** *m* rubbish bin (*Br*), garbage can (*US*) **Müllentsorgung** *f* waste disposal

Müller ['mʏlɐ] *m* ⟨**-s**, **-**⟩ miller

Müllkippe *f* rubbish *or* garbage (*US*) dump **Müllmann** *m, pl* **-männer** *or* **-leute** (*infml*) dustman (*Br*), garbage man (*US*) **Müllschlucker** *m* refuse chute **Mülltonne** *f* dustbin (*Br*), trash can (*US*) **Mülltrennung** *f* waste separation **Mülltüte** *f* bin liner (*Br*), trash-can liner (*US*) **Müllverbrennungsanlage** *f* incinerating plant **Müllverwertung** *f* refuse utilization **Müllwagen** *m* dust-cart (*Br*), garbage truck (*US*)

mulmig ['mʊlmɪç] *adj* (*infml* ≈ *bedenklich*) uncomfortable; **mir war ~ zumute** (*lit*) I felt queasy; (*fig*) I had butterflies (in my tummy) (*infml*)

Multi ['mʊlti] *m* ⟨**-s**, **-s**⟩ (*infml*) multinational (organization) **multikulturell** *adj* multicultural **multilateral** **I** *adj* multilateral **II** *adv* multilaterally **Multimedia** [mʊlti'me:dia] *pl* multimedia *pl* **multimediafähig** *adj* PC capable of multimedia **multimedial** [mʊltime'dia:l] *adj* multimedia *attr* **Multimillionär(in)** *m/(f)* multimillionaire **multinational** *adj* multinational **multipel** [mʊl'ti:pl] *adj* multiple; **multiple Sklerose** multiple sclerosis **Multiplex-Kino** *nt* multiplex (cinema) **Multiplikation** [mʊltiplika'tsi̯o:n] *f* ⟨**-**, **-en**⟩ multiplication

Multiplikator[1] [mʊltipli'ka:tɐ] *m* ⟨**-s**, **Multiplikatoren** [-'to:rən]⟩ MAT multiplier

Multiplikator[2] [mʊltipli'ka:tɐ] *m* ⟨**-s**, **-en**⟩, **Multiplikatorin** [-'to:rɪn] *f* ⟨**-**, **-nen**⟩ (*fig*) disseminator **multiplizieren** [mʊltipli'tsi:rən] *past part* **multipliziert** *v/t* to multiply (*mit* by) **Multivitaminsaft** *m* multivitamin juice

Mumie ['mu:mi̯ə] *f* ⟨**-**, **-n**⟩ mummy **mumifizieren** [mumifi'tsi:rən] *past part* **mumifiziert** *v/t* to mummify

Mumm [mʊm] *m* ⟨**-s**, *no pl*⟩ (*infml*) **1.** (≈ *Kraft*) strength **2.** (≈ *Mut*) guts *pl* (*infml*)

Mumps [mʊmps] *m or* (*inf*) *f* ⟨**-**, *no pl*⟩ (the) mumps *sg*

München ['mʏnçən] *nt* ⟨**-s**⟩ Munich

Mund [mʊnt] *m* ⟨**-(e)s**, **˵er** *or* (*rare*) **-e** *or* **˵e** ['mʏndɐ, -də, 'mʏndəl]⟩ mouth; **den ~ aufmachen** to open one's mouth; (*fig* ≈ *seine Meinung sagen*) to speak up; **jdm den ~ verbieten** to order sb to be quiet; **halt den ~!** shut up! (*infml*); **jdm den ~**

stopfen (*infml*) to shut sb up (*infml*); **in aller ˵e sein** to be on everyone's lips; **Sie nehmen mir das Wort aus dem ˵(e)** you've taken the (very) words out of my mouth; **sie ist nicht auf den ~ gefallen** (*infml*) she's never at a loss for words; **den ~ (zu) voll nehmen** (*infml*) to talk (too) big (*infml*) **Mundart** *f* dialect **mundartlich** ['mʊnt|a:ɐtlɪç] *adj* dialect(al)

Mündel ['mʏndl] *nt or* (*Jur*) *m* ⟨**-s**, **-**⟩ ward **mündelsicher** ST EX **I** *adj* ≈ gilt-edged *no adv* **II** *adv* anlegen in secure gilt-edged investments

münden ['mʏndn] *v/i aux* sein *or* haben (*Fluss*) to flow (*in +acc* into); (*Straße, Gang*) to lead (*in +acc, auf +acc* into)

mundfaul *adj* (*infml*) too lazy to say much **Mundgeruch** *m* bad breath **Mundharmonika** *f* mouth organ

mündig ['mʏndɪç] *adj* of age; (*fig*) mature; **~ werden** to come of age

mündlich ['mʏntlɪç] **I** *adj* verbal; *Prüfung, Leistung* oral; **˵e Verhandlung** JUR hearing **II** *adv* testen orally; *besprechen* personally; **alles Weitere ˵!** I'll tell you the rest when I see you **Mundpflege** *f* oral hygiene *no art* **Mundpropaganda** *f* verbal propaganda **Mundschutz** *m* mask (over one's mouth) **Mundstück** *nt* (*von Pfeife, Blasinstrument*) mouthpiece; (*von Zigarette*) tip **mundtot** *adj* (*infml*) **jdn ~ machen** to silence sb

Mündung ['mʏndʊŋ] *f* ⟨**-**, **-en**⟩ (*von Fluss, Rohr*) mouth; (≈ *Trichtermündung*) estuary; (≈ *Gewehrmündung*) muzzle

Mundwasser *nt* mouthwash **Mundwerk** *nt* (*infml*) **ein böses ~ haben** to have a vicious tongue (in one's head); **ein loses ~ haben** to have a big mouth (*infml*); **ein großes ~ haben** to talk big (*infml*) **Mundwinkel** *m* corner of one's mouth **Mund-zu-Mund-Beatmung** *f* mouth-to-mouth resuscitation

Munition [muni'tsi̯o:n] *f* ⟨**-**, **-en**⟩ ammunition

munkeln ['mʊŋkln] *v/t & v/i* **es wird gemunkelt, dass ...** it's rumoured (*Br*) *or* rumored (*US*) that ...

Münster ['mʏnstɐ] *nt* ⟨**-s**, **-**⟩ minster, cathedral

munter ['mʊntɐ] **I** *adj* **1.** (≈ *lebhaft*) lively *no adv*; *Farben* bright; (≈ *fröhlich*) cheerful; **~ werden** to liven up **2.** (≈ *wach*) awake **II** *adv* (≈ *unbekümmert*) blithely; **~ drauflosreden** to prattle away merrily **Munterkeit** f ⟨-, no pl⟩ (≈ *Lebhaftigkeit*) liveliness; (≈ *Fröhlichkeit*) cheerfulness **Muntermacher** m (MED infml) pick-me-up (*infml*)

Münzanstalt f mint **Münzautomat** m slot machine **Münze** ['mʏntsə] f ⟨-, -n⟩ **1.** (≈ *Geldstück*) coin **2.** (≈ *Münzanstalt*) mint **münzen** ['mʏntsn] v/t to mint; **das war auf ihn gemünzt** (*fig*) that was aimed at him **Münzfernsprecher** m (*form*) pay phone **Münzsammlung** f coin collection **Münzspielautomat** m slot machine **Münztankstelle** f coin-operated petrol (*Br*) *or* gas (*US*) station **Münztelefon** nt pay phone **Münzwechsler** [-vɛkslɐ] m ⟨-s, -⟩ change machine

mürbe ['mʏrbə] adj crumbly; (≈ *zerbröckelnd*) crumbling; *Holz* rotten; **jdn ~ machen** to wear sb down **Mürbeteig** m short(-crust) pastry

Murks [mʊrks] m ⟨-es, no pl⟩ (*infml*) **~ machen** to bungle things (*infml*); **das ist ~!** that's a botch-up (*infml*)

Murmel ['mʊrml] f ⟨-, -n⟩ marble **murmeln** ['mʊrmln] v/t & v/i to murmur; (*undeutlich*) to mumble **Murmeltier** nt marmot

murren ['mʊrən] v/i to grumble (*über +acc* about) **mürrisch** ['mʏrɪʃ] adj (≈ *abweisend*) sullen; (≈ *schlecht gelaunt*) grumpy

Mus [muːs] nt *or* m ⟨-es, -e⟩ mush; (≈ *Apfelmus*) puree

Muschel ['mʊʃl] f ⟨-, -n⟩ **1.** mussel (*auch* COOK); (*Schale*) shell **2.** (TEL ≈ *Sprechmuschel*) mouthpiece; (≈ *Hörmuschel*) ear piece

Muscleshirt nt ['maslʃœrt, -ʃøːɐt] muscle shirt

Museum [mu'zeːʊm] nt ⟨-s, **Museen** [-'zeːən]⟩ museum

Musical ['mjuːzikl] nt ⟨-s, -s⟩ musical **Musik** [mu'ziːk] f ⟨-, -en⟩ music; **die ~ lieben** to love music **musikalisch** [muzi'kaːlɪʃ] **I** adj musical **II** adv **begabt** musically **Musikant** [muzi'kant] m ⟨-en, -en⟩, **Musikantin** [-ɪn] f ⟨-, -nen⟩ musician **Musikautomat** m (≈ *Musikbox*) jukebox **Musikbegleitung** f musical accompaniment **Musikbox** f jukebox **Musiker** ['muːzikɐ] m ⟨-s, -⟩, **Musikerin** [-ərɪn] f ⟨-, -nen⟩ musician **Musikhochschule** f college of music **Musikinstrument** nt musical instrument **Musikka-**

pelle f band **Musikkassette** f music cassette **Musikliebhaber(in)** m/(f) music-lover **Musikrichtung** f kind of music, musical genre **Musiksaal** m music room **Musikschule** f music school **Musiksendung** f music programme (*Br*) *or* program (*US*) **Musikstück** nt piece of music **Musikstunde** f music lesson **Musikunterricht** m music lessons pl; SCHOOL music

musisch ['muːzɪʃ] **I** adj *Fächer* (fine) arts attr; *Begabung* for the arts; *Veranlagung* artistic **II** adv **~ begabt/interessiert** gifted / interested in the (fine) arts; **~ veranlagt** artistically inclined

musizieren [muzi'tsiːrən] past part **musiziert** v/i to play a musical instrument

Muskat [mʊs'kaːt, 'mʊskat] m ⟨-(e)s, -e⟩ nutmeg **Muskatnuss** f nutmeg

Muskel ['mʊskl] m ⟨-s, -n⟩ muscle; **seine ~n spielen lassen** to flex one's muscles **Muskelfaser** f muscle fibre (*Br*) *or* fiber (*US*) **Muskelkater** m aching muscles pl; **~ haben** to be stiff **Muskelkraft** f physical strength **Muskelkrampf** m muscle cramp no indef art **Muskelprotz** m (*infml*) muscleman **Muskelriss** m torn muscle **Muskelschwund** m muscular atrophy **Muskelzerrung** f pulled muscle **Muskulatur** [mʊskula'tuːɐ] f ⟨-, -en⟩ muscular system **muskulös** [mʊsku-'løːs] adj muscular; **~ gebaut sein** to have a muscular build

Müsli ['myːsli] nt ⟨-(s), -s⟩ muesli

Muslim ['mʊslɪm] m ⟨-s, -s⟩ Moslem **Muslime** [mʊs'liːmə] f ⟨-, -n⟩ Moslem **muslimisch** [mʊs'liːmɪʃ] adj ⟨-, -n⟩ Muslim

Muss [mʊs] nt ⟨-, no pl⟩ **es ist ein/kein ~** it's/it's not a must

Muße ['muːsə] f ⟨-, no pl⟩ leisure

Mussehe f (*infml*) shotgun wedding (*infml*) **müssen** ['mʏsn] **I** modal aux, pret **musste** ['mʊstə], past part **müssen** **1.** (*Zwang*) to have to; (*Notwendigkeit*) to need to; **muss er?** does he have to?; **ich muss jetzt gehen** I must be going now; **muss das (denn) sein?** is that (really) necessary?; **das musste (ja so) kommen** that had to happen **2.** (≈ *sollen*) **das müsstest du eigentlich wissen** you ought to know that, you should know that **3.** (*Vermutung*) **es muss geregnet haben** it must have rained; **er müsste schon da sein** he should be there by now; *so muss es gewesen sein* that's how it must have been **4.** (*Wunsch*) (*viel*) *Geld müsste man haben!* if only I were rich! **II** *v/i, pret muss-te* ['mʊstə], *past part gemusst* [gə-'mʊst] (*infml ≈ austreten müssen*) *ich muss mal* I need to go to the loo (*Br infml*) *or* bathroom (*esp US*)

Mußestunde f hour of leisure **müßig** ['myːsɪç] *adj* (*≈ untätig*) idle; *Leben of leisure*; (*≈ unnütz*) futile

Muster ['mʊstɐ] *nt* ⟨-**s**, -⟩ **1.** (*≈ Vorlage*) pattern; (*für Brief, Bewerbung etc*) specimen **2.** (*≈ Probestück*) sample; *~ ohne Wert* sample of no commercial value **3.** (*fig ≈ Vorbild*) model (*an +dat* of) **Musterbeispiel** *nt* classic example **Musterexemplar** *nt* fine specimen **mustergültig** *adj* exemplary; *sich ~ benehmen* to be a model of good behaviour (*Br*) *or* behavior (*US*) **musterhaft I** *adj* exemplary **II** *adv* exemplarily **mustern** ['mʊstɐn] *v/t* **1.** (*≈ betrachten*) to scrutinize; *jdn von oben bis unten ~* to look sb up and down **2.** (*MIL: für Wehrdienst*) *jdn ~* to give sb his/her medical **3.** TEX → **gemustert Musterpackung** f sample pack **Musterprozess** *m* test case **Musterschüler(in)** *m/(f)* model pupil; (*fig*) star pupil **Musterung** f ⟨-, -*en*⟩ **1.** (*≈ Muster*) pattern **2.** (*MIL, von Rekruten*) medical examination for military service

Mut [muːt] *m* ⟨-**(e)s**, *no pl*⟩ courage (*zu +dat* for); (*≈ Zuversicht*) heart; *~ fassen* to pluck up courage; *nur ~!* cheer up!; *den ~ verlieren* to lose heart; *wieder ~ bekommen* to take heart; *jdm ~ machen* to encourage sb; *mit dem ~ der Verzweiflung* with the courage born of desperation; *zu ~e = zumute*

Mutation [muta'tsioːn] f ⟨-, -*en*⟩ mutation **mutieren** [mu'tiːrən] *past part mutiert* *v/i* to mutate

mutig ['muːtɪç] **I** *adj* courageous **II** *adv* courageously **mutlos** *adj* (*≈ niedergeschlagen*) discouraged *no adv*, disheartened *no adv*; (*≈ bedrückt*) despondent, dejected **Mutlosigkeit** f ⟨-, *no pl*⟩ (*≈ Niedergeschlagenheit*) discouragement; (*≈ Bedrücktheit*) despondency, dejection

mutmaßen ['muːtmaːsn] *v/t & v/i insep* to conjecture **mutmaßlich** ['muːtmaːslɪç] *adj attr Vater* presumed; *Täter, Terrorist* suspected **Mutmaßung** [-

['muːtmaːsʊŋ] f ⟨-, -*en*⟩ conjecture **Mutprobe** f test of courage

Mutter[1] ['mʊtɐ] f ⟨-, = ['mʏtɐ]⟩ mother; *sie ist ~ von drei Kindern* she's a mother of three

Mutter[2] f ⟨-, -*n*⟩ TECH nut

Muttererde f topsoil **Muttergesellschaft** f COMM parent company **Muttergottes** [mʊtɐ'gɔtəs] f ⟨-, *no pl*⟩ Mother of God; (*Abbild*) Madonna **Mutterinstinkt** *m* maternal instinct **Mutterkuchen** *m* ANAT placenta **Mutterland** *nt* mother country **mütterlich** ['mʏtɐlɪç] **I** *adj* maternal; *die ~en Pflichten* one's duties as a mother **II** *adv* like a mother; *jdn ~ umsorgen* to mother sb **mütterlicherseits** *adv* on his/her *etc* mother's side; *sein Großvater ~* his maternal grandfather **Mutterliebe** f motherly love **Muttermal** *nt, pl* -*male* birthmark **Muttermilch** f mother's milk **Muttermund** *m* ANAT cervix **Mutterschaft** ['mʊtɐʃaft] f ⟨-, *no pl*⟩ motherhood; (*nach Entbindung*) maternity **Mutterschaftsgeld** *nt* maternity pay (*esp Br*) **Mutterschaftsurlaub** *m* maternity leave **Mutterschiff** *nt* SPACE mother ship **Mutterschutz** *m* legal protection of expectant and nursing mothers **mutterseelenallein** *adj, adv* all alone **Muttersöhnchen** [-zøːnçən] *nt* ⟨-**s**, -⟩ (*pej*) mummy's boy (*Br*), mommy's boy (*US*) **Muttersprache** f native language, mother tongue **Muttersprachler** [-ʃpraːxlɐ] *m* ⟨-**s**, -⟩, **Muttersprachlerin** [-ərɪn] f ⟨-, -*nen*⟩ native speaker **Muttertag** *m* Mother's Day **Mutterwitz** *m* natural wit **Mutti** ['mʊti] f ⟨-, -*s*⟩ (*infml*) mummy (*Br infml*), mommy (*US infml*)

mutwillig ['muːtvɪlɪç] **I** *adj* (*≈ böswillig*) malicious **II** *adv zerstören etc* wilfully

Mütze ['mʏtsə] f ⟨-, -*n*⟩ cap; (*≈ Pudelmütze*) hat

Myrrhe ['mʏrə] f ⟨-, -*n*⟩, **Myrre** ['mʏrə] f ⟨-, -*n*⟩ myrrh

mysteriös [mʏste'riøːs] **I** *adj* mysterious **II** *adv* mysteriously **Mystik** ['mʏstɪk] f ⟨-, *no pl*⟩ mysticism *no art* **mystisch** ['mʏstɪʃ] *adj* mystic(al); (*fig ≈ geheimnisvoll*) mysterious

mythisch ['myːtɪʃ] *adj* mythical **Mythologie** [mytolo'giː] f ⟨-, -*n* [-'giːən]⟩ mythology **mythologisch** [myto'loːgɪʃ] *adj* mythologic(al) **Mythos** ['myːtɔs] *m* ⟨-, **Mythen** ['myːtn]⟩ myth

N

N, n [ɛn] *nt* ⟨-, -⟩ N, n; **n-te** nth

na [na] *int* (*infml*) **na, kommst du mit?**
well, are you coming?; **na du?** hey,
you!; **na ja** well; **na gut** all right; **na also!, na eben!** (well,) there you are
(then)!; **na, endlich!** about time!; **na
(na)!** now, now!; **na warte!** just you wait!;
na so was! well, I never!; **na und?** so
what?

Nabe ['naːbə] *f* ⟨-, -n⟩ hub

Nabel ['naːbl] *m* ⟨-s, -⟩ ANAT navel; **der ~
der Welt** (*fig*) the hub of the universe
nabelfrei I *adj* **~es T-Shirt** crop top **II**
adv **~ gehen** to wear a crop top **Nabelschnur** *f* ANAT umbilical cord

nach [naːx] **I** *prep* +*dat* **1.** (*örtlich*) to; **ich
nahm den Zug ~ Mailand** (≈ *bis*) I took
the train to Milan; (≈ *in Richtung*) I took
the Milan train; **er ist schon ~ London
abgefahren** he has already left for London; **~ Osten** eastward(s); **~ links/
rechts** (to the) left/right; **~ hinten/
vorn** to the back/front **2.** (*zeitlich, Reihenfolge*) after; **fünf (Minuten) ~ drei**
five (minutes) past *or* after (*US*) three;
~ zehn Minuten war sie wieder da she
was back ten minutes later; **die dritte
Straße ~ dem Rathaus** the third road after the town hall; (*bitte*) **~ Ihnen!** after
you! **3.** (≈ *laut, entsprechend*) according
to; (≈ *im Einklang mit*) in accordance
with; **~ Artikel 142c** under article
142c; **etw ~ Gewicht kaufen** to buy sth
by weight; **die Uhr ~ dem Radio stellen**
to put a clock right by the radio; **ihrer
Sprache ~ (zu urteilen)** judging by her
language; **~ allem, was ich gehört habe**
from what I've heard **II** *adv* (*zeitlich*) **~
und ~** little by little; **~ wie vor** still

nachahmen ['naːxˌʔaːmən] *v/t sep* to imitate; (≈ *kopieren*) to copy **Nachahmung** ['naːxˌʔaːmʊŋ] *f* ⟨-, -en⟩ imitation;
(≈ *Kopie*) copy

Nachbar ['naxbaːɐ] *m* ⟨-n *or* -s, -n⟩,
Nachbarin [-rɪn] *f* ⟨-, -nen⟩ neighbour
(*Br*), neighbor (*US*) **Nachbarhaus** *nt*
house next door **Nachbarland** *nt* neighbouring (*Br*) *or* neighboring (*US*) country **nachbarlich** ['naxbaːɐlɪç] *adj* (≈
freundlich) neighbourly *no adv* (*Br*),

neighborly *no adv* (*US*); (≈ *benachbart*)
neighbo(u)ring *no adv* **Nachbarschaft**
['naxbaːɐʃaft] *f* ⟨-, *no pl*⟩ (≈ *Gegend*)
neighbourhood (*Br*), neighborhood
(*US*); (≈ *Nachbarn*) neighbo(u)rs *pl*;
(≈ *Nähe*) vicinity

Nachbeben *nt* aftershock

nachbehandeln *past part* **nachbehan-
delt** *v/t sep* MED **jdn ~** to give sb follow-up treatment **Nachbehandlung** *f*
MED follow-up treatment *no indef art*

nachbessern *sep* **I** *v/t* Lackierung to retouch; *Gesetz* to amend; *Angebot* to improve **II** *v/i* to make improvements
Nachbesserung *f* ⟨-, -en⟩ (*von Gesetz*)
amendment; **~en vornehmen** to make
improvements

nachbestellen *past part* **nachbestellt** *v/t
sep* to order some more; COMM to reorder
Nachbestellung *f* repeat order (*gen* for)

nachbeten *v/t sep* (*infml*) to repeat parrot-fashion

nachbezahlen *past part* **nachbezahlt** *sep*
v/t to pay; (*später*) to pay later; *Steuern*
~ to pay back-tax

Nachbildung *f* copy; (*exakt*) reproduction

nachdatieren *past part* **nachdatiert** *v/t
sep* to postdate

nachdem [naːxˈdeːm] *cj* **1.** (*zeitlich*) after
2. (*S Ger* ≈ *da, weil*) since

nachdenken *v/i sep irr* to think (*über
+acc* about); **denk mal scharf nach!**
think carefully! **Nachdenken** *nt*
thought; **nach langem ~** after (giving
the matter) considerable thought **nachdenklich** ['naːxdɛŋklɪç] *adj* Mensch,
Miene thoughtful; Worte thought-pro-
voking; **jdn ~ stimmen** *or* **machen** to
set sb thinking

Nachdruck *m, pl* **-drucke 1.** *no pl* (≈ *Betonung*) stress; **einer Sache** (*dat*) **~ verleihen** to lend weight to sth; **mit ~** vigorously; **etw mit ~ sagen** to say sth emphatically **2.** (≈ *das Nachgedruckte*) reprint **nachdrucken** *v/t sep* to reprint
nachdrücklich ['naːxdrʏklɪç] **I** *adj* emphatic **II** *adv* firmly; **jdn ~ warnen** to
give sb a firm warning

nacheifern *v/i sep* **jdm/einer Sache ~** to

emulate sb/sth

nacheinander [naːx|ai'nandɐ] *adv* one after another; **zweimal ~** twice in a row; **kurz ~** shortly after each other

nachempfinden *past part* **nachempfunden** *v/t sep irr Stimmung* to feel; (≈ *nachvollziehen*) to understand; **das kann ich ihr ~** I can understand how she feels

nacherzählen *past part* **nacherzählt** *v/t sep* to retell **Nacherzählung** *f* retelling; SCHOOL (story) reproduction

Nachfahr ['naːxfaːɐ] *m* ⟨**-en, -en**⟩, **Nachfahrin** [-faːrɪn] *f* ⟨**-, -nen**⟩ (*liter*) descendant

nachfahren *v/i sep irr aux sein* **jdm ~** to follow sb

nachfeiern *v/t & v/i sep* (≈ *später feiern*) to celebrate later

Nachfolge *f, no pl* succession; **jds ~ antreten** to succeed sb **nachfolgen** *v/i sep aux sein* **jdm ~** to follow sb; **jdm im Amt ~** to succeed sb in office **nachfolgend** *adj* following **Nachfolgeorganisation** *f* successor organization **Nachfolger** ['naːxfɔlgɐ] *m* ⟨**-s, -**⟩, **Nachfolgerin** [-ərɪn] *f* ⟨**-, -nen**⟩ (*im Amt etc*) successor

nachforschen *v/i sep* to try to find out; (*polizeilich etc*) to carry out an investigation (+*dat* into) **Nachforschung** *f* enquiry; (*polizeilich etc*) investigation; **~en anstellen** to make inquiries

Nachfrage *f* **1.** COMM demand (*nach, in* +*dat* for); **danach besteht keine ~** there is no demand for it **2.** (≈ *Erkundigung*) inquiry; **danke der ~** (*infml*) nice of you to ask **nachfragen** *v/i sep* to ask, to inquire

nachfühlen *v/t sep* = **nachempfinden**

nachfüllen *v/t sep leeres Glas etc* to refill; *halb leeres Glas* to top up (*Br*) *or* off (*US*)

nachgeben *sep irr v/i* **1.** (*Boden*) to give way (+*dat* to); (≈ *federn*) to give; (*fig*) (*Mensch*) to give in (+*dat* to) **2.** (COMM, *Preise, Kurse*) to drop

Nachgebühr *f* excess (postage)

nachgehen *v/i sep irr aux sein* **1.** (+*dat* ≈ *hinterhergehen*) to follow; **jdm** to go after **2.** (*Uhr*) to be slow **3.** (+*dat* ≈ *ausüben*) *Beruf* to practise (*Br*), to practice (*US*); *Studium, Interesse etc* to pursue; *Geschäften* to go about; **seiner Arbeit ~** to do one's job **4.** (+*dat* ≈ *erforschen*)

to investigate

nachgemacht *adj Gold, Leder etc* imitation; *Geld* counterfeit; → **nachmachen**

Nachgeschmack *m* aftertaste

nachgiebig ['naːxgiːbɪç] *adj Material* pliable; *Boden, Mensch, Haltung* soft; (≈ *entgegenkommend*) accommodating; **sie behandelt die Kinder zu ~** she's too soft with the children **Nachgiebigkeit** *f* ⟨**-, no pl**⟩ (*von Material*) pliability; (*von Boden, Mensch, Haltung*) softness; (≈ *Entgegenkommen*) compliance

nachhaken *v/i sep* (*infml*) to dig deeper **nachhallen** *v/i sep* to reverberate

nachhaltig ['naːxhaltɪç] **I** *adj* lasting; *Wachstum* sustained; **~e Nutzung** (*von Energie, Rohstoffen etc*) sustainable use **II** *adv* **1.** (≈ *mit langer Wirkung*) with lasting effect; **etw ~ beeinflussen** to have a profound effect on sth **2.** (≈ *ökologisch bewusst*) with a view to sustainability **Nachhaltigkeit** *f* ⟨**-, no pl**⟩ sustainability

nachhause [naːx'hauzə] *adv* home **Nachhauseweg** *m* way home

nachhelfen *v/i sep irr* to help; **jdm ~** to help sb; **sie hat ihrer Schönheit etwas nachgeholfen** she has given nature a helping hand; **jds Gedächtnis** (*dat*) **~** to jog sb's memory

nachher [naːx'heːɐ, 'naːx-] *adv* (≈ *danach*) afterwards; (≈ *später*) later; **bis ~** see you later!

Nachhilfe *f* SCHOOL private coaching *or* tuition *or* tutoring (*US*) **Nachhilfelehrer(in)** *m/(f)* private tutor **Nachhilfestunde** *f* private lesson **Nachhilfeunterricht** *m* private tuition *or* tutoring (*US*)

Nachhinein ['naːxhɪnain] *adv* **im ~** afterwards; (*rückblickend*) in retrospect

Nachholbedarf *m* **einen ~ an etw** (*dat*) **haben** to have a lot to catch up on in the way of sth **nachholen** *v/t sep* **1.** (≈ *aufholen*) *Versäumtes* to make up; **den Schulabschluss ~** to sit one's school exams as an adult **2. jdn ~** (≈ *nachkommen lassen*) to get sb to join one

nachjagen *v/i +dat sep aux sein* to chase (after)

nachkaufen *v/t sep* to buy later; **kann man diese Knöpfe auch ~?** is it possible to buy replacements for these buttons?

nachklingen *v/i sep irr aux sein* (*Ton, Echo*) to go on sounding; (*Worte, Erin-*

nerung) to linger

Nachkomme ['naːxkɔmə] *m* ⟨*-n, -n*⟩ descendant **nachkommen** *v/i sep irr aux sein* **1.** (≈ *später kommen*) to come (on) later; *jdm ~* to follow sb; *wir kommen gleich nach* we'll follow in just a couple of minutes **2.** (≈ *Schritt halten*) to keep up **3.** (*+dat* ≈ *erfüllen*) *seiner Pflicht* to carry out; *einer Anordnung, einem Wunsch* to comply with

Nachkriegsdeutschland *nt* post-war Germany

nachladen *v/t & v/i sep irr* to reload

Nachlass ['naːxlas] *m* ⟨*-es, -e or -lässe* [-lɛsə]⟩ **1.** (≈ *Preisnachlass*) discount (*auf +acc* on) **2.** (≈ *Erbschaft*) estate **nachlassen** *sep irr* **I** *v/t Preis, Summe* to reduce; *10% vom Preis ~* to give a 10% discount **II** *v/i* to decrease; (*Regen, Hitze*) to ease off; (*Leistung, Geschäfte*) to drop off; (*Preise*) to fall; *nicht ~!* keep it up!; *er hat in letzter Zeit sehr nachgelassen* he hasn't been nearly as good recently; *sobald die Kälte nachlässt* as soon as it gets a bit warmer **nachlässig** ['naːxlɛsɪç] **I** *adj* careless; (≈ *unachtsam*) thoughtless **II** *adv* carelessly; (≈ *unachtsam*) thoughtlessly **Nachlässigkeit** *f* ⟨*-, -en*⟩ carelessness; (≈ *Unachtsamkeit*) thoughtlessness

nachlaufen *v/i +dat sep irr aux sein jdm/ einer Sache ~* to run after sb/sth

nachlesen *v/t sep irr* (*in einem Buch*) to read; (≈ *nachschlagen*) to look up; (≈ *nachprüfen*) to check up; *man kann das in der Bibel ~* it says so in the Bible **nachliefern** *sep irr v/t* (≈ *später liefern*) to deliver at a later date; (*fig*) *Begründung etc* to give later; *könnten Sie noch 25 Stück ~?* could you deliver another 25? **nachlösen** *sep* **I** *v/i* to pay on the train; (*zur Weiterfahrt*) to pay the extra **II** *v/t Fahrkarte* to buy on the train

nachmachen *v/t sep* **1.** (≈ *nachahmen*) to copy; (≈ *nachäffen*) to mimic; *sie macht mir alles nach* she copies everything I do; *das soll erst mal einer ~!* I'd like to see anyone else do that! **2.** (≈ *fälschen*) to forge; (≈ *imitieren*) to copy; → *nachgemacht*

nachmessen *sep irr* **I** *v/t* to measure again; (≈ *prüfen*) to check **II** *v/i* to check **Nachmieter(in)** *m/(f)* next tenant; *wir müssen einen ~ finden* we have to find someone to take over the apartment *etc*

Nachmittag ['naːxmɪtaːk] *m* afternoon; *am ~* in the afternoon; *gestern/heute ~* yesterday/this afternoon **nachmittags** ['naːxmɪtaːks] *adv* in the afternoon; *dienstags ~* every Tuesday afternoon

Nachnahme ['naːxnaːmə] *f* ⟨*-, -n*⟩ cash or collect (*US*) on delivery, COD; *etw per ~ schicken* to send sth COD

Nachname *m* surname; *wie heißt du mit ~n?* what is your surname?

Nachporto *nt* excess (postage)

nachprüfbar *adj* verifiable **nachprüfen** *sep* **I** *v/t Tatsachen* to verify **II** *v/i* to check **Nachprüfung** *f* **1.** (*von Tatsachen*) check (*+gen* on) **2.** (≈ *nochmalige Prüfung*) re-examination; (*Termin*) resit

nachrechnen *v/t & v/i sep* to check

Nachrede *f üble ~* JUR defamation of character

nachreichen *v/t sep* to hand in later

nachreisen *v/i sep aux sein jdm ~* to follow sb

Nachricht ['naːxrɪçt] *f* ⟨*-, -en*⟩ (≈ *Mitteilung*) message; (≈ *Meldung*) (piece of) news *sg*; *die ~en* the news *sg*; *das sind aber schlechte ~en* that's bad news; *~ erhalten, dass ...* to receive (the) news that ...; *wir geben Ihnen ~* we'll let you know **Nachrichtenagentur** *f* news agency **Nachrichtendienst** *m* **1.** RADIO, TV news service **2.** POL, MIL intelligence (service) **Nachrichtenmagazin** *nt* news magazine **Nachrichtensender** *m* news station; TV *auch* news channel **Nachrichtensperre** *f* news blackout **Nachrichtensprecher(in)** *m/(f)* newsreader **Nachrichtentechnik** *f* telecommunications *sg*

nachrücken *v/i sep aux sein* to move up; (*auf Posten*) to succeed (*auf +acc* to); MIL to advance **Nachrücker** ['naːxrʏkɐ] *m* ⟨*-s, -*⟩, **Nachrückerin** [-ərɪn] *f* ⟨*-, -nen*⟩ successor

Nachruf *m* obituary **nachrufen** *v/t & v/i +dat sep irr* to shout after

nachrüsten *sep* **I** *v/i* MIL to deploy new arms; (≈ *modernisieren*) to modernize **II** *v/t Kraftwerk etc* to modernize **Nachrüstung** *f* **1.** MIL deployment of new arms **2.** TECH modernization

nachsagen *v/t sep* **1.** (≈ *wiederholen*) to repeat; *jdm alles ~* to repeat everything sb says **2.** (≈ *behaupten*) *jdm etw ~* to attribute sth to sb; *man kann ihr nichts ~* you can't say anything against her; *ihm* *wird nachgesagt, dass ...* it's said that he ...

Nachsaison *f* off season

nachsalzen *sep irr v/i* to add more salt

Nachsatz *m* (≈ *Nachschrift*) postscript; (≈ *Nachtrag*) afterthought

nachschauen *v/t & v/i sep* (*esp dial*) = **nachsehen**

nachschenken *v/t & v/i sep* *jdm etw ~* to top sb up (*Br*) *or* off (*US*) with sth

nachschicken *v/t sep* to forward

Nachschlag *m* (*infml*) second helping

nachschlagen *sep irr* **I** *v/t Zitat, Wort* to look up **II** *v/i* (*in Lexikon*) to look

Nachschlagewerk *nt* reference book

Nachschlüssel *m* duplicate key; (≈ *Dietrich*) skeleton key

Nachschub *m* MIL supplies *pl* (*an +dat* of); (*Material*) reinforcements *pl*

nachsehen *sep irr* **I** *v/i* **1.** *jdm ~* to follow sb with one's eyes; (≈ *hinterherschauen*) to gaze after sb/sth **2.** (≈ *gucken*) to look and see; (≈ *nachschlagen*) to (have a) look **II** *v/t* **1.** to (have a) look at; (≈ *prüfen*) to check; (≈ *nachschlagen*) to look up **2.** (≈ *verzeihen*) *jdm etw ~* to forgive sb (for) sth **Nachsehen** *nt das ~ haben* to be left standing; (≈ *nichts bekommen*) to be left empty-handed

nachsenden *v/t sep irr* to forward

Nachsicht ['naːxzɪçt] *f* ⟨-, *no pl*⟩ (≈ *Milde*) leniency; (≈ *Geduld*) forbearance; *er kennt keine ~* he knows no mercy; *~ üben* to be lenient; *mit jdm keine ~ haben* to make no allowances for sb **nachsichtig** ['naːxzɪçtɪç], **nachsichtsvoll** **I** *adj* (≈ *milde*) lenient; (≈ *geduldig*) forbearing (*gegen, mit* with) **II** *adv* leniently; *jdn ~ behandeln* to be lenient with sb

Nachsilbe *f* suffix

nachsitzen *v/i sep irr* SCHOOL *~ (müssen)* to be kept in; *jdn ~ lassen* to keep sb in

Nachsommer *m* Indian summer

Nachsorge *f* MED aftercare

Nachspann ['naːxʃpan] *m* ⟨-s, -e⟩ credits *pl*

Nachspeise *f* dessert; *als ~* for dessert

Nachspiel *nt* THEAT epilogue (*Br*), epilog (*US*); (*fig*) sequel; *das wird noch ein (unangenehmes) ~ haben* that will have (unpleasant) consequences; *ein gerichtliches ~ haben* to have legal repercussions **nachspielen** *sep* **I** *v/t* to play **II** *v/i* SPORTS to play stoppage time

(*Br*) *or* overtime (*US*); (*wegen Verletzungen*) to play injury time (*Br*) *or* injury overtime (*US*); *der Schiedsrichter ließ ~* the referee allowed stoppage time/injury time (*Br*), the referee allowed (injury) overtime (*US*) **Nachspielzeit** *f* SPORTS stoppage time; (*wegen Verletzungen*) injury time

nachspionieren *past part nachspioniert v/i sep* (*infml*) *jdm ~* to spy on sb

nachsprechen *v/t sep irr* to repeat; *jdm etw ~* to repeat sth after sb

nächstbeste(r, s) ['nɛːçst'bəstə] *adj attr der ~ Zug/Job* the first train/job that comes along

nachstehen *v/i sep irr keinem ~* to be second to none (*in +dat* in); *jdm in nichts ~* to be sb's equal in every way **nachstehend** **I** *adj attr* following; *im Nachstehenden* below, in the following **II** *adv* (≈ *weiter unten*) below

nachstellen *sep* **I** *v/t* **1.** (*TECH* ≈ *neu einstellen*) to adjust **2.** *eine Szene ~* to recreate a scene **II** *v/i jdm ~* to follow sb; (≈ *aufdringlich umwerben*) to pester sb

Nächstenliebe *f* brotherly love; (≈ *Barmherzigkeit*) compassion **nächstens** ['nɛːçstns] *adv* (≈ *das nächste Mal*) (the) next time; (≈ *bald einmal*) some time soon **Nächste(r)** ['nɛːçstə] *m/f(m) decl as adj* **1.** next one; *der ~, bitte* next please **2.** (*fig* ≈ *Mitmensch*) neighbour (*Br*), neighbor (*US*); *jeder ist sich selbst der ~* (*prov*) charity begins at home (*prov*) **nächste(r, s)** ['nɛːçstə] *adj* **1.** (≈ *nächstgelegen*) nearest; *in ~r Nähe* in the immediate vicinity; *aus ~r Nähe* from close by; *sehen, betrachten* at close quarters; *schießen* at close range **2.** (*zeitlich*) next; *~s Mal* next time; *am ~n Morgen/Tag(e)* (the) next morning/day; *bei ~r Gelegenheit* at the earliest opportunity; *in den ~n Jahren* in the next few years; *in ~r Zeit* some time soon **3.** *Angehörige* closest; *die ~n Verwandten* the immediate family; *der ~ Angehörige* the next of kin **Nächste(s)** ['nɛːçstə] *nt decl as adj das ~* the next thing; (≈ *das Erste*) the first thing; *als ~s* next/first **nächstgelegen** *adj attr* nearest **nächstliegend** ['nɛːçstliːgnt] *adj attr* (*lit*) nearest; (*fig*) most obvious; *das Nächstliegende* the most obvious thing (to do)

nachsuchen *v/i sep* (*form* ≈ *beantragen*)

um etw ~ to request sth (*bei jdm* of sb)
Nacht [naxt] *f* ⟨-, ∺*e* ['nɛçtə]⟩ night; **heute ~** tonight; (≈ *letzte Nacht*) last night; **in der ~** at night; **in der ~ zum Dienstag** during Monday night; **über ~** overnight; **die ~ zum Tage machen** to stay up all night (working *etc*); **eines ~s** one night; **letzte ~** last night; **die ganze ~ (lang)** all night long; **gute ~!** good night!; **bei ~ und Nebel** (*infml*) at dead of night **Nachtarbeit** *f* night-work **nachtblind** *adj* nightblind **Nachtcreme** *f* night cream **Nachtdienst** *m* (*von Person*) night duty; (*von Apotheke*) all-night service

Nachteil ['na:xtail] *m* ⟨-(e)s, -e⟩ disadvantage; **im ~ sein** to be at a disadvantage (*jdm gegenüber* with sb); **er hat sich zu seinem ~ verändert** he has changed for the worse; **das soll nicht Ihr ~ sein** you won't lose by it; **zu jds ~** to sb's disadvantage **nachteilig** ['na:xtailɪç] **I** *adj* (≈ *ungünstig*) disadvantageous; (≈ *schädlich*) detrimental **II** *adv* **behandeln** unfavourably (*Br*), unfavorably (*US*); **sich ~ auf etw** (*acc*) **auswirken** to have a detrimental effect on sth

nächtelang ['nɛçtəlaŋ] *adv* for nights (on end) **Nachtessen** *nt* (*S Ger, Swiss*) supper **Nachteule** *f* (*fig infml*) night owl **Nachtfalter** *m* moth **Nachtflug** *m* night flight **Nachtfrost** *m* night frost **Nachthemd** *nt* (*für Damen*) nightdress; (*für Herren*) nightshirt

Nachtigall ['naxtɪgal] *f* ⟨-, -en⟩ nightingale

Nachtisch *m* dessert

Nachtklub *m* night club **Nachtleben** *nt* night life **nächtlich** ['nɛçtlɪç] *adj attr* (≈ *jede Nacht*) nightly; **zu ~er Stunde** at a late hour **Nachtlokal** *nt* night club **Nachtmahl** *nt* (*S Ger, Aus*) supper **Nachtmensch** *m* night person **Nachtportier** *m* night porter **Nachtquartier** *nt* **ein ~** a place to sleep

Nachtrag ['na:xtra:k] *m* ⟨-(e)s, **Nachträge** [-trɛ:gə]⟩ postscript; (*zu einem Buch*) appendix **nachtragen** *v/t sep irr* **1.** **jdm etw ~** (*fig*) to hold sth against sb **2.** (≈ *hinzufügen*) to add **nachtragend** *adj* unforgiving; **er war nicht ~** he didn't bear a grudge **nachträglich** ['na:xtrɛ:klɪç] **I** *adj* (≈ *zusätzlich*) additional; (≈ *später*) later; (≈ *verspätet*) be-lated **II** *adv* (≈ *zusätzlich*) additionally; (≈ *später*) later; (≈ *verspätet*) belatedly **Nachtragshaushalt** *m* POL supplementary budget

nachtrauern *v/i* +*dat sep* to mourn **Nachtruhe** *f* night's rest **nachts** [naxts] *adv* at night; **dienstags ~** (on) Tuesday nights **Nachtschicht** *f* night shift **nachtschlafend** *adj* **bei** or **zu ~er Zeit** in the middle of the night **Nachtschwärmer(in)** *m*/(*f*) (*hum*) night owl **Nachtschwester** *f* night nurse **Nachtspeicherofen** *m* storage heater **nachtsüber** ['naxts|y:bɐ] *adv* by night **Nachttisch** *m* bedside table **Nachttischlampe** *f* bedside lamp **Nachttopf** *m* chamber pot **Nachttresor** *m* night safe (*Br*), night depository (*US*) **Nacht-und-Nebel-Aktion** *f* cloak-and-dagger operation **Nachtvogel** *m* nocturnal bird **Nachtwache** *f* night watch; (*im Krankenhaus*) night duty **Nachtwächter(in)** *m*/(*f*) (*in Betrieben etc*) night watchman **Nachtzeit** *f* night-time **Nachtzug** *m* night train

nachvollziehen *past part* **nachvollzogen** *v/t sep irr* to understand

Nachwahl *f* POL ≈ by-election **Nachwehen** *pl* after-pains *pl*; (*fig*) painful aftermath *sg*

Nachweis ['na:xvais] *m* ⟨-es, -e⟩ (≈ *Beweis*) proof (+*gen, für, über* +*acc* of); (≈ *Zeugnis*) certificate; **als** or **zum ~** as proof; **den ~ für etw erbringen** to furnish proof of sth **nachweisbar** *adj* (≈ *beweisbar*) provable; *Fehler* demonstrable; TECH, CHEM detectable **nachweisen** ['na:xvaizn] *v/t sep irr* (≈ *beweisen*) to prove; TECH, MED to detect; **die Polizei konnte ihm nichts ~** the police could not prove anything against him **nachweislich** ['na:xvaislɪç] **I** *adj* provable; *Fehler* demonstrable **II** *adv* *falsch* demonstrably; **er war ~ in London** it can be proved (*Br*) or proven that he was in London

Nachwelt *f* **die ~** posterity

nachwirken *v/i sep* to continue to have an effect **Nachwirkung** *f* aftereffect; (*fig*) consequence

Nachwort *nt, pl* **-worte** epilogue (*Br*), epilog (*US*)

Nachwuchs *m* **1.** (*fig* ≈ *junge Kräfte*) young people *pl*; **es mangelt an ~** there's a lack of young blood; **der wissenschaftliche ~** the new generation of academics **2.** (*hum* ≈ *Nachkommen*) offspring *pl*

n**a**chzahlen *v/t & v/i sep* to pay extra; (≈ *später zahlen*) to pay later

n**a**chzählen *v/t & v/i sep* to check

n**a**chzeichnen *v/t sep Linie, Umriss* to go over

n**a**chziehen *sep irr* **I** *v/t* **1.** *Linie, Umriss* to go over; *Lippen* to paint in; *Augenbrauen* to pencil in **2.** *Schraube* to tighten (up) **II** *v/i* **1.** *aux sein* (+*dat* ≈ *folgen*) to follow **2.** (*infml* ≈ *gleichtun*) to follow suit

N**a**chzügler ['naːxtsyːklɐ] *m* ⟨**-s**, **-**⟩, N**a**chzüglerin [-ərɪn] *f* ⟨**-**, **-nen**⟩ latecomer, late arrival (*also fig*)

N**a**cken ['nakn] *m* ⟨**-s**, **-**⟩ (nape of the) neck; *jdn im ~ haben* (*infml*) to have sb after one; *jdm im ~ sitzen* (*infml*) to breathe down sb's neck N**a**ckenrolle *f* bolster

n**a**ckt [nakt] **I** *adj* naked, nude (*esp* ART); *Haut, Wand Tatsachen, Zahlen* bare **II** *adv* *baden, schlafen* in the nude N**a**cktbaden *nt* ⟨**-s**, *no pl*⟩ nude bathing N**a**cktbadestrand *m* nudist beach N**a**cktheit *f* ⟨**-**, *no pl*⟩ nakedness; (≈ *Kahlheit*) bareness N**a**cktkultur *f* nudism N**a**cktschnecke *f* slug

N**a**del ['naːdl] *f* ⟨**-**, **-n**⟩ needle; (*von Plattenspieler*) stylus; (≈ *Stecknadel, Haarnadel*) pin; *nach einer ~ im Heuhaufen suchen* (*fig*) to look for a needle in a haystack N**a**delbaum *m* conifer N**a**deldrucker *m* dot-matrix printer n**a**deln ['naːdln] *v/i* (*Baum*) to shed (its needles) N**a**delöhr *nt* eye of a needle; (*fig*) narrow passage N**a**delstich *m* prick N**a**delstreifen *pl* pinstripes *pl* N**a**delstreifenanzug *m* pinstripe(d) suit N**a**delwald *m* coniferous forest

N**a**gel ['naːgl] *m* ⟨**-s**, **ü** ['nɛːgl]⟩ nail; *sich* (*dat*) *etw unter den ~ reißen* (*infml*) to swipe sth (*infml*); *etw an den ~ hängen* (*fig*) to chuck sth in (*infml*); *den ~ auf den Kopf treffen* (*fig*) to hit the nail on the head; *Nägel mit Köpfen machen* (*infml*) to do the job properly N**a**gelbürste *f* nailbrush N**a**gelfeile *f* nailfile N**a**gelhaut *f* cuticle N**a**gellack *m* nail varnish N**a**gellackentferner [-ɛntfɛrnɐ] *m* ⟨**-s**, **-**⟩ nail varnish remover n**a**geln ['naːgln] *v/t* to nail (*an +acc, auf +acc* (on)to) n**a**gelneu *adj* (*infml*) brand new N**a**gelprobe *f* (*fig*) acid test N**a**gel-

sch**e**re *f* (pair of) nail scissors *pl*

n**a**gen ['naːgn] **I** *v/i* to gnaw (*an +dat* at); (≈ *knabbern*) to nibble (*an +dat* at) **II** *v/t* to gnaw n**a**gend *adj Hunger* gnawing; *Zweifel* nagging N**a**ger ['naːgɐ] *m* ⟨**-s**, **-**⟩, N**a**getier *nt* rodent

n**a**h [naː] *adj*, *adv* = **nahe** N**a**haufnahme *f* PHOT close-up n**a**he ['naːə] **I** *adj*, *comp* **näher** ['nɛːɐ], *sup* **nächste(r, s)** ['nɛːçstə] **1.** near *pred*, close *pred*, nearby; *der Nahe Osten* the Middle East; *von Nahem* at close quarters **2.** (≈ *eng*) *Freund, Beziehung etc* close; ~ **Verwandte** close relatives **II** *adv*, *comp* **näher**, *sup* **am nächsten 1.** near, close; ~ **an** near to; ~ **beieinander** close together; ~ **liegend** (*fig*) = **naheliegend**; ~ **vor** right in front of; *von nah und fern* from near and far; *jdm zu ~ treten* (*fig*) to offend sb; ~ **bevorstehend** approaching **2.** (≈ *eng*) closely; ~ **verwandt** closely-related **III** *prep* +*dat* near (to), close to; *dem Wahnsinn ~ sein* to be on the verge of madness N**ä**he ['nɛːə] *f* ⟨**-**, *no pl*⟩ **1.** (*örtlich*) nearness, closeness; (≈ *Umgebung*) vicinity, neighbourhood (*Br*), neighborhood (*US*); *in unmittelbarer ~* (+*gen*) right next to; *aus der ~* from close to **2.** (*zeitlich, emotional etc*) closeness n**a**hebringen *v/t* +*dat sep irr* (*fig*) *jdm etw ~* to bring sth home to sb n**a**hegehen *v/i* +*dat sep irr aux sein* (*fig*) to upset n**a**hekommen *v/i* +*dat sep irr aux sein* (*fig*) *jdm/einer Sache ~* (≈ *fast gleichen*) to come close to sb/sth; *sich ~* to become close n**a**helegen *v/t sep* (*fig*) *jdm etw ~* to suggest sth to sb; *jdm ~, etw zu tun* to advise sb to do sth n**a**heliegen *v/i sep irr* (*fig*) to suggest itself; *der Verdacht liegt nahe, dass ...* it seems reasonable to suspect that ... n**a**heliegend *adj Gedanke, Lösung* which suggests itself; *Vermutung* natural n**a**hen ['naːən] *v/i & v/r aux sein* (*liter*) to approach (*jdm/einer Sache* sb/sth)

n**ä**hen ['nɛːən] **I** *v/t* to sew; *Kleid* to make; *Wunde* to stitch (up) **II** *v/i* to sew

n**ä**her ['nɛːɐ] **I** *adj* **1.** closer; *jdm/einer Sache ~* closer to sb/sth; *die ~e Umgebung* the immediate vicinity **2.** (≈ *genauer*) *Einzelheiten* further *attr* **II** *adv* **1.** closer; *bitte treten Sie ~* just step up! **2.** (≈ *genauer*) more closely; *besprechen* in more detail; *jdn/etw ~ kennenlernen* to get to know sb/sth better; *ich* *kenne ihn nicht* ~ I don't know him well **Nähere(s)**['nɛːərə] *nt decl as adj* details *pl*; ~ *s erfahren Sie von ...* further details from ... **Naherholungsgebiet** *nt* recreational area (*close to a town*) **näherkommen** *v/i sep irr aux sein* (*fig*) *jdm* ~ to get closer to sb **nähern** ['nɛːɐn] *v/r sich* (*jdm/einer Sache*) ~ to approach (sb/sth) **nahestehen** *v/i +dat sep irr* (*fig*) to be close to; POL to sympathize with; *sich* ~ to be close *nahezu* ['naːəˈtsuː] *adv* nearly

Nähgarn *nt* (sewing) thread
Nahkampf *m* MIL close combat
Nähkästchen *nt* sewing box; *aus dem* ~ *plaudern* (*infml*) to give away private details **Nähmaschine** *f* sewing machine **Nähnadel** *f* needle
Nahost [naːˈʔɔst] *m* *in/aus* ~ in/from the Middle East **nahöstlich** [naːˈʔœstlɪç] *adj attr* Middle East(ern)
Nährboden *m* (*lit*) fertile soil; (*fig*) breeding-ground **nähren** ['nɛːrən] (*elev*) **I** *v/t* to feed; (*fig* ≈ *haben*) Hoffnungen, Zweifel to nurture; *er sieht gut genährt aus* he looks well-fed **II** *v/r* to feed oneself; (*Tiere*) to feed **nährhaft** *adj* Kost nourishing **Nährstoff** *m usu pl* nutrient **Nahrung** ['naːrʊŋ] *f* ⟨-, *no pl*⟩ food; *geistige* ~ intellectual stimulation; *einer Sache* (*dat*) (*neue*) ~ *geben* to help to nourish sth **Nahrungsaufnahme** *f* eating, ingestion (of food) (*form*); *die* ~ *verweigern* to refuse food *or* sustenance **Nahrungskette** *f* BIOL food chain **Nahrungsmittel** *nt* food (-stuff) **Nahrungsquelle** *f* source of food **Nährwert** *m* nutritional value
Nähseide *f* silk thread
Naht [naːt] *f* ⟨-, ~ *e* ['nɛːtə]⟩ seam; MED stitches *pl*; *aus allen Nähten platzen* to be bursting at the seams **nahtlos** *adj* (*lit*) seamless; (*fig*) Übergang smooth; *sich* ~ *in etw* (*acc*) *einfügen* to fit right in with sth
Nahverkehr *m* local traffic; *der öffentliche* ~ local public transport **Nahverkehrsmittel** *pl* means *pl* of local transport **Nahverkehrszug** *m* local train **Nähzeug** *nt*, *pl* *-zeuge* sewing kit
naiv [naˈiːf] **I** *adj* naive **II** *adv* naively **Naivität** [naiviˈtɛːt] *f* ⟨-, *no pl*⟩ naivety
Name ['naːmə] *m* ⟨-*ns*, *-n*⟩ name; *dem* ~ *nach* by name; *auf jds* ~ *n* (*acc*) in sb's name; *er nannte seinen* ~ *n* he gave

his name; *einen* ~ *n haben* (*fig*) to have a name; *sich* (*dat*) (*mit etw*) *einen* ~ *n machen* to make a name for oneself (with sth); *die Sache beim* ~ *n nennen* (*fig*) to call a spade a spade; *im* ~ *n* (+*gen*) on behalf of; *im* ~ *n des Volkes* in the name of the people **namens** ['naːməns] *adv* (≈ *mit Namen*) by the name of, called **Namensschild** *nt*, *pl* **-schilder** nameplate **Namensschwester** *f* namesake **Namenstag** *m* Saint's day **Namensvetter** *m* namesake **namentlich** ['naːməntlɪç] **I** *adj* by name; ~ *e Abstimmung* roll call vote **II** *adv* **1.** (≈ *insbesondere*) (e)specially **2.** (≈ *mit Namen*) by name **namhaft** [adj] **1.** (≈ *bekannt*) famous; ~ *machen* (*form*) to identify **2.** (≈ *beträchtlich*) considerable **Namibia** [naˈmiːbia] *nt* ⟨-*s*⟩ Namibia **Namibier** [naˈmiːbiɐ] *m* ⟨-*s*, -⟩, **Namibierin** [-ərɪn] *f* ⟨-, *-nen*⟩ Namibian **namibisch** [naˈmiːbɪʃ] *adj* Namibian
nämlich ['nɛːmlɪç] *adv* (≈ *und zwar*) namely; (*geschrieben*) viz; (≈ *genauer gesagt*) to be exact
Nanotechnologie *f* nanotechnology **nanu** [naˈnuː] *int* well I never!; ~, *wer ist das denn?* hello (hello), who's this?
Napf [napf] *m* ⟨-*(e)s*, ~ *e* ['nɛpfə]⟩ bowl **Nappa(leder)** ['napa-] *nt* ⟨-*(s)*, -*s*⟩ nappa leather
Narbe ['narbə] *f* ⟨-, *-n*⟩ scar **narbig** ['narbɪç] *adj* scarred
Narkose [narˈkoːzə] *f* ⟨-, *-n*⟩ anaesthesia (*Br*), anesthesia (*US*); *unter* ~ under an(a)esthetic **Narkosearzt** *m*, **Narkoseärztin** *f* anaesthetist (*Br*), anesthesiologist (*US*) **narkotisch** [narˈkoːtɪʃ] *adj* narcotic **narkotisieren** [narkotiˈziːrən] *past part* **narkotisiert** *v/t* to drug
Narr [nar] *m* ⟨-*en*, *-en*⟩, **Närrin** ['nɛrɪn] *f* ⟨-, *-nen*⟩ fool; (≈ *Teilnehmer am Karneval*) carnival reveller (*Br*) *or* reveler (*US*); *jdn zum* ~ *en halten* to make a fool of sb **Narrenhaus** *nt* madhouse **narrensicher** *adj*, *adv* foolproof **Narrheit** *f* ⟨-, *-en*⟩ **1.** *no pl* folly **2.** (≈ *dumme Tat*) stupid thing to do **närrisch** ['nɛrɪʃ] *adj* foolish; (≈ *verrückt*) mad; *die* ~ *en Tage* Fasching and the period leading up to it; *ganz* ~ *auf jdn/etw sein* (*infml*) to be crazy about sb/sth (*infml*)
Narzisse [narˈtsɪsə] *f* ⟨-, *-n*⟩ narcissus **Narzissmus** [narˈtsɪsmʊs] *m* ⟨-, *no pl*⟩ narcissism **narzisstisch** [narˈtsɪstɪʃ]

adj narcissistic

nasal [na'za:l] *adj* nasal **Nasallaut** *m* nasal (sound)

naschen ['naʃn] **I** *v/i* to eat sweet things; **an etw** (*dat*) ~ to pinch (*Br*) *or* snitch (*esp US*) a bit of sth (*infml*) **II** *v/t* to nibble; **hast du was zum Naschen?** have you got something for my sweet tooth?

naschhaft *adj* fond of sweet things **Naschkatze** *f* (*infml*) guzzler (*infml*)

Nase ['na:zə] *f* ⟨-, -n⟩ nose; **sich** (*dat*) **die ~ putzen** (≈ *sich schnäuzen*) to blow one's nose; (**immer**) **der ~ nachgehen** (*infml*) to follow one's nose; **eine gute ~ für etw haben** (*infml*) to have a good nose for sth; **jdm etw unter die ~ reiben** (*infml*) to rub sb's nose in sth (*infml*); **die ~ rümpfen** to turn up one's nose (*über +acc* at); **jdm auf der ~ herumtanzen** (*infml*) to act up with sb (*infml*); **ich sah es ihm an der ~ an** (*infml*) I could see it written all over his face (*infml*); **der Zug fuhr ihm vor der ~ weg** (*infml*) he missed the train by seconds; **die ~ vollhaben** (*infml*) to be fed up (*infml*); **jdn an der ~ herumführen** to give sb the runaround (*infml*); (*als Scherz*) to pull sb's leg; **jdm etw auf die ~ binden** (*infml*) to tell sb all about sth **näselnd** *adj* Stimme, *Ton* nasal **Nasenbluten** *nt* ⟨-*s*, *no pl*⟩ ~ **haben** to have a nosebleed **Nasenflügel** *m* side of the nose **Nasenhöhle** *f* nasal cavity **Nasenloch** *nt* nostril **Nasenschleimhaut** *f* mucous membrane (of the nose) **Nasenspitze** *f* tip of the/sb's nose **Nasenspray** *m or nt* nasal spray **Nasentropfen** *pl* nose drops *pl* **naseweis** ['na:zəvaɪs] *adj* cheeky (*Br*), fresh (*US*); (≈ *vorlaut*) forward; (≈ *neugierig*) nosy (*infml*)

Nashorn ['na:shɔrn] *nt* rhinoceros

nass [nas] *adj*, *comp* **nasser** *or* **nässer** ['nɛsɐ], *sup* **nasseste(r, s)** *or* **nässeste(r, s)** wet; **etw ~ machen** to wet sth; **durch und durch ~** wet through **Nässe** ['nɛsə] *f* ⟨-, *no pl*⟩ wetness; „*vor~ schützen*"„keep dry"; **vor~ triefen** to be dripping wet **nässen** ['nɛsn] *v/i* (*Wunde*) to weep **nasskalt** *adj* cold and damp **Nassrasur** *f* **eine** ~ a wet shave **Nasszelle** *f* wet cell

Nastuch ['na:stu:x] *nt*, *pl* -**tücher** (*esp Swiss*) handkerchief

Natel® ['natel] *nt* ⟨-*s*, -*s*⟩ (*Swiss*) mobile (phone)

Nation [na'tsio:n] *f* ⟨-, -*en*⟩ nation **national** [natsio'na:l] *adj* national **Nationalelf** *f* national (football) team **Nationalfeiertag** *m* national holiday **Nationalflagge** *f* national flag **Nationalgericht** *nt* national dish **Nationalheld** *m* national hero **Nationalheldin** *f* national heroine **Nationalhymne** *f* national anthem **Nationalismus** [natsiona'lɪsmʊs] *m* ⟨-, *no pl*⟩ nationalism **Nationalist** [natsiona'lɪst] *m* ⟨-*en*, -*en*⟩, **Nationalistin** [-'lɪstɪn] *f* ⟨-, -*nen*⟩ nationalist **nationalistisch** [natsiona'lɪstɪʃ] *adj* nationalist, nationalistic (*usu pej*) **Nationalität** [natsionali'tɛ:t] *f* ⟨-, -*en*⟩ nationality **Nationalitätskennzeichen** *nt* nationality sticker *or* (*aus Metall*) plate **Nationalmannschaft** *f* national team **Nationalpark** *m* national park

Nationalrat[1] *m* (*Gremium*) (*Swiss*) National Council; (*Aus*) National Assembly

Nationalrat[2] *m*, **Nationalrätin** *f* (*Swiss*) member of the National Council, ≈ MP; (*Aus*) deputy of the National Assembly, ≈ MP **Nationalsozialismus** *m* National Socialism **Nationalsozialist(in)** *m*/(*f*) National Socialist **nationalsozialistisch** *adj* National Socialist **Nationalspieler(in)** *m*/(*f*) international (footballer *etc*)

NATO *f* ⟨-⟩, **Nato** ['na:to] *f* ⟨-⟩ **die ~** NATO

Natrium ['na:triʊm] *nt* ⟨-*s*, *no pl*⟩ sodium **Natron** ['na:trɔn] *nt* ⟨-*s*, *no pl*⟩ bicarbonate of soda

Natter ['natɐ] *f* ⟨-, -*n*⟩ adder; (*fig*) snake

Natur [na'tu:ɐ] *f* ⟨-, -*en*, *no pl*⟩ nature; **in der freien ~** in the open countryside; **sie sind von ~ so gewachsen** they grew that way naturally; **ich bin von ~ (aus) schüchtern** I am shy by nature; **sein Haar ist von ~ aus blond** his hair is naturally blond; **nach der ~ zeichnen/malen** to draw/paint from nature; **die menschliche ~** human nature; **es liegt in der ~ der Sache** it is in the nature of things; **das geht gegen meine ~** it goes against the grain **Naturalien** [natu'ra:liən] *pl* natural produce; **in ~ bezahlen** to pay in kind **naturalisieren** [naturali'zi:rən] *past part* **naturalisiert** *v/t* JUR to naturalize **Naturalismus** [natura'lɪsmʊs] *m* ⟨-, *no pl*⟩ naturalism **naturalistisch** [natura'lɪstɪʃ] *adj* naturalistic **naturbelassen** *adj Lebensmittel, Material* natural **Naturell** [natu'rɛl] *nt* ⟨**-s, -e**⟩ temperament **Naturereignis** *nt* (impressive) natural phenomenon **Naturfaser** *f* natural fibre (*Br*) *or* fiber (*US*) **Naturforscher(in)** *m/(f)* natural scientist **Naturfreund(in)** *m/(f)* nature-lover **naturgegeben** *adj* natural **naturgemäß** *adv* naturally **Naturgesetz** *nt* law of nature **naturgetreu** *adj Darstellung* lifelike; (≈ *in Lebensgröße*) life-size; *etw ~ wiedergeben* to reproduce sth true to life **Naturgewalt** *f usu pl* element **Naturheilkunde** *f* nature healing **Naturheilverfahren** *nt* natural cure **Naturkatastrophe** *f* natural disaster **Naturkost** *f* health food(s *pl*) **Naturkostladen** *m* health-food shop **Naturlandschaft** *f* natural landscape **natürlich** [na'tyːɐlɪç] **I** *adj* natural; *eines ~en Todes sterben* to die of natural causes **II** *adv* naturally; *~!* naturally!, of course! **Natürlichkeit** *f* ⟨-, *no pl*⟩ naturalness **Naturpark** *m* ≈ national park **Naturprodukt** *nt* natural product; *~e pl* natural produce *sg* **naturrein** *adj* natural **Naturschutz** *m* conservation; *unter (strengem) ~ stehen* (*Pflanze, Tier*) to be a protected species **Naturschützer** [-ʃytsɐ] *m* ⟨**-s, -**⟩, **Naturschützerin** [-ərɪn] *f* ⟨**-, -nen**⟩ conservationist **Naturschutzgebiet** *nt* conservation area **Naturtalent** *nt sie ist ein ~* she is a natural **naturtrüb** *adj Saft* (naturally) cloudy **naturverbunden** *adj* nature-loving **Naturvolk** *nt* primitive people **Naturwissenschaft** *f* natural sciences *pl*; (*Zweig*) natural science **Naturwissenschaftler(in)** *m/(f)* (natural) scientist **naturwissenschaftlich** **I** *adj* scientific **II** *adv* scientifically **Naturwunder** *nt* miracle of nature **Naturzustand** *m* natural state

nautisch ['nautɪʃ] *adj* navigational

Navelorange *f* navel orange

Navigation [naviga'tsioːn] *f* ⟨-, *no pl*⟩ navigation **Navigationsgerät** *nt* navigation system **Navigator** [navi'gaːtoːɐ] *f* ⟨**-s, Navigatoren** [-'toːrən]⟩, **Navigatorin** [-'toːrɪn] *f* ⟨**-, -nen**⟩ AVIAT navigator **navigieren** [navi'giːrən] *past part* **navigiert** *v/t & v/i* to navigate

Nazi ['naːtsi] *m* ⟨**-s, -s**⟩ Nazi **Naziregime** *nt* Nazi regime **Nazismus** [na'tsɪsmus] *m* ⟨-, **Nazismen** [-mən]⟩ (*pej* ≈ *Nationalsozialismus*) Nazism **nazistisch** [na-'tsɪstɪʃ] (*pej*) *adj* Nazi **Naziverbrechen** *nt* Nazi crime

Neandertaler [ne'andɐtaːlɐ] *m* ⟨**-s, -**⟩ Neanderthal man

Neapel [ne'aːpl] *nt* ⟨**-s**⟩ Naples

Nebel ['neːbl] *m* ⟨**-s, -**⟩ mist; (*dichter*) fog; (*fig*) mist, haze **Nebelbank** *f, pl* **-bänke** fog bank **nebelhaft** *adj* (*fig*) vague **Nebelhorn** *nt* NAUT foghorn **nebelig** ['neːbəlɪç] *adj* misty; (*bei dichterem Nebel*) foggy **Nebelleuchte** *f* AUTO rear fog light **Nebelscheinwerfer** *m* AUTO fog lamp **Nebelschlussleuchte** *f* AUTO rear fog light

neben ['neːbn] *prep* **1.** (*örtlich*) beside, next to; *er ging ~ ihr* he walked beside her **2.** (≈ *außer*) apart from, aside from (*esp US*); *~ anderen Dingen* along with *or* amongst other things **3.** (≈ *verglichen mit*) compared with **nebenamtlich** **I** *adj Tätigkeit* secondary **II** *adv* as a second job **nebenan** [neːbn'|an] *adv* next door **Nebenanschluss** *m* TEL extension **Nebenausgabe** *f* incidental expense; *~n* incidentals *pl* **Nebenausgang** *m* side exit **nebenbei** [neːbn'bai] *adv* **1.** (≈ *außerdem*) in addition **2.** (≈ *beiläufig*) incidentally; *~ bemerkt* by the way **Nebenbemerkung** *f* aside **Nebenberuf** *m* second job, sideline **nebenberuflich** **I** *adj* extra **II** *adv* as a second job **Nebenbeschäftigung** *f* (≈ *Zweitberuf*) second job, sideline **Nebenbuhler** *m* ⟨**-s, -**⟩, **Nebenbuhlerin** *f* ⟨**-, -nen**⟩ rival **Nebendarsteller(in)** *m/(f)* supporting actor/actress **Nebeneffekt** *m* side effect **nebeneinander** [neːbn|ai'nandɐ] *adv* **1.** (*räumlich*) side by side **2.** (*zeitlich*) simultaneously **nebeneinandersitzen** *v/i sep irr* to sit side by side **nebeneinanderstellen** *v/t sep* to place *or* put side by side; (*fig* ≈ *vergleichen*) to compare **Nebeneingang** *m* side entrance **Nebeneinkünfte** *pl*, **Nebeneinnahmen** *pl* additional income **Nebenerscheinung** *f* (*von Medikament*) side effect; (*von Tourismus etc*) knock-on effect **Nebenfach** *nt* SCHOOL, UNIV subsidiary (subject), minor (*US*) **Nebenfigur** *f* minor character **Nebenfluss** *m* tributary **Nebengebäude** *nt* (≈ *Zusatzgebäude*) annex, outbuilding; (≈ *Nachbargebäude*) neighbouring (*Br*) *or* neighboring (*US*) building **Nebengeräusch** *nt* RADIO, TEL interference **Nebenhaus** *nt* house next door

nebenher [ne:bn'he:ɐ] *adv* **1.** (≈ *zusätzlich*) in addition **2.** (≈ *gleichzeitig*) at the same time **Nebenjob** *m* (*infml*) second job, sideline **Nebenkosten** *pl* additional costs *pl* **Nebenprodukt** *nt* by-product **Nebenraum** *m* (*benachbart*) adjoining room **Nebenrolle** *f* supporting role; (*fig*) minor role **Nebensache** *f* minor matter; *das ist* (*für mich*) ~ that's not the point (as far as I'm concerned) **nebensächlich** *adj* minor, trivial **Nebensaison** *f* low season **Nebensatz** *m* GRAM subordinate clause **Nebenstelle** *f* TEL extension; COMM branch **Nebenstraße** *f* (*in der Stadt*) side street; (≈ *Landstraße*) minor road **Nebenverdienst** *m* secondary income **Nebenwirkung** *f* side effect **Nebenzimmer** *nt* next room

neblig ['ne:blɪç] *adj* = **nebelig**

nebulös [nebu'lø:s] *adj* vague

Necessaire [nesɛ'sɛ:ɐ] *nt* ⟨*-s, -s*⟩ (≈ *Kulturbeutel*) toilet bag (*Br*), washbag (*US*); (*zur Nagelpflege*) manicure case

necken ['nɛkn] *v/t* to tease **neckisch** ['nɛkɪʃ] *adj* (≈ *scherzhaft*) teasing; *Einfall* amusing; *Spielchen* mischievous

nee [ne:] *adv* (*infml*) no, nope (*infml*)

Neffe ['nɛfə] *m* ⟨*-n, -n*⟩ nephew

Negation [nega'tsio:n] *f* ⟨*-, -en*⟩ negation **negativ** ['ne:gati:f, nega'ti:f] **I** *adj* negative **II** *adv* (≈ *ablehnend*) antworten negatively; *ich beurteile seine Arbeit sehr* ~ I have a very negative view of his work; *die Untersuchung verlief* ~ the examination proved negative; *sich* ~ *auf etw* (*acc*) *auswirken* to be detrimental to sth **Negativ** ['ne:gati:f, nega'ti:f] *nt* ⟨*-s, -e* [-və]⟩ PHOT negative **Negativbeispiel** *nt* negative example **Negativliste** *f* **1.** black list **2.** PHARM drug exclusion list

Neger ['ne:gɐ] *m* ⟨*-s, -*⟩ (*usu pej*) Negro (*pej*) **Negerin** ['ne:gərɪn] *f* ⟨*-, -nen*⟩ (*usu pej*) Negro woman (*pej*) **Negerkuss** *m* chocolate marshmallow with biscuit base

negieren [ne'gi:rən] *past part* **negiert** *v/t* (≈ *verneinen*) *Satz* to negate; (≈ *bestreiten*) *Tatsache* to deny

Negligé [negli'ʒe:] *nt* ⟨*-s, -s*⟩, **Negligee** *nt* ⟨*-s, -s*⟩ negligee

nehmen ['ne:mən] *pret* **nahm** [na:m], *past part* **genommen** [gə'nɔmən] *v/t* & *v/i* to take; *Schmerz* to take away; (≈ *versperren*) *Blick, Sicht* to block; (≈ *berech-*

nen) to charge; (≈ *auswählen*) *Essen* to have; *etw an sich* (*acc*) ~ (≈ *aufbewahren*) to take care *or* charge of sth; (≈ *sich aneignen*) to take sth (for oneself); *jdm etw* ~ to take sth (away) from sb; *er ließ es sich* (*dat*) *nicht* ~, *mich persönlich hinauszubegleiten* he insisted on showing me out himself; *diesen Erfolg lasse ich mir nicht* ~ I won't be robbed of this success; *sie* ~ *sich* (*dat*) *nichts* (*infml*) one's as good as the other; ~ *Sie sich doch bitte!* please help yourself; *man nehme ...* COOK take ...; *sich* (*dat*) *einen Anwalt* ~ to get a lawyer; *wie viel* ~ *Sie dafür?* how much will you take for it?; *jdn zu sich* ~ to take sb in; *jdn* ~, *wie er ist* to take sb as he is; *etw auf sich* (*acc*) ~ to take sth upon oneself; *etw zu sich* ~ to take sth; *wie mans nimmt* (*infml*) depending on your point of view

Neid [nait] *m* ⟨*-(e)s* [-dəs]⟩ *no pl* envy (*auf +acc* of); *aus* ~ out of envy; *nur kein* ~! don't be envious!; *grün* (*und gelb*) *vor* ~ (*infml*) green with envy; *das muss ihm der* ~ *lassen* (*infml*) you have to say that much for him; *vor* ~ *platzen* (*infml*) to die of envy **neiden** ['naidn] *v/t* **jdm etw** ~ to envy sb (for) sth **neiderfüllt** [-|ɛɐfʏlt] *adj Blick* filled with envy **Neidhammel** *m* (*infml*) envious person **neidisch** ['naidɪʃ] **I** *adj* jealous, envious; *auf jdn/etw* ~ *sein* to be jealous of sb/sth **II** *adv* enviously **neidlos** **I** *adj* ungrudging, without envy **II** *adv* graciously

Neige ['naigə] *f* ⟨*-, -n, no pl*⟩ (*elev* ≈ *Ende*) *zur* ~ *gehen* to draw to an end **neigen** ['naign] **I** *v/t* (≈ *beugen*) *Kopf, Körper* to bend; (*zum Gruß*) to bow; (≈ *kippen*) *Glas* to tip **II** *v/r* to bend; (*Ebene*) to slope; (*Gebäude etc*) to lean; (*Schiff*) to list **III** *v/i* **zu etw** ~ to tend toward(s) sth; (≈ *für etw anfällig sein*) to be susceptible to sth; *zu der Ansicht* ~, *dass ...* to tend toward(s) the view that ...; → *geneigt* **Neigetechnik** *f, no pl* RAIL tilting technology **Neigung** ['naigʊŋ] *f* ⟨*-, -en*⟩ **1.** (≈ *Gefälle*) incline; (≈ *Schräglage*) tilt; (*von Schiff*) list **2.** (≈ *Tendenz*, MED ≈ *Anfälligkeit*) proneness, tendency; (≈ *Veranlagung*) leaning *usu pl*; (≈ *Hang, Lust*) inclination **3.** (≈ *Zuneigung*) affection

nein [nain] *adv* no; *da sage ich nicht Nein* I wouldn't say no to that; ~, *so*

was! well I never! **Nein** [nain] *nt* ⟨*-s, no pl*⟩ no; ***bei seinem ~ bleiben*** to stick to one's refusal

Nektar ['nɛktar] *m* ⟨*-s, no pl*⟩ nectar **Nektarine** [nɛkta'riːnə] *f* ⟨*-, -n*⟩ nectarine

Nelke ['nɛlkə] *f* ⟨*-, -n*⟩ **1.** pink; (*gefüllt*) carnation **2.** (*Gewürz*) clove

nennen ['nɛnən] *pret* **nannte** ['nantə], *past part* **genannt** [gə'nant] **I** *v/t* **1.** (≈ *bezeichnen*) to call; ***jdn nach jdm ~*** to name sb after (*Br*) *or* for (*US*) sb; ***das nennst du schön?*** you call that beautiful? **2.** (≈ *angeben*) to name; *Beispiel, Grund* to give; (≈ *erwähnen*) to mention **II** *v/r* to call oneself; ***und so was nennt sich Liebe*** (*infml*) and they call that love **nennenswert** *adj* considerable, not inconsiderable; ***nicht ~*** not worth mentioning **Nenner** ['nɛnɐ] *m* ⟨*-s, -*⟩ MAT denominator; ***kleinster gemeinsamer ~*** lowest common denominator; ***etw auf einen (gemeinsamen) ~ bringen*** to reduce sth to a common denominator **Nennung** ['nɛnʊŋ] *f* ⟨*-, -en*⟩ (≈ *das Nennen*) naming **Nennwert** *m* FIN nominal value; ***zum ~*** at par; ***über/unter dem ~*** above/below par

Neofaschismus *m* neo-fascism **Neon** ['neːɔn] *nt* ⟨*-s, no pl*⟩ neon **Neonazi** ['neːonaːtsi] *m* neo-Nazi **Neonlicht** *nt* neon light **Neonröhre** *f* neon tube

Neopren [neo'preːn]® *nt* ⟨*-s, no pl*⟩ neoprene®

neppen ['nɛpn] *v/t* (*infml*) to rip off (*infml*) **Nepplokal** *nt* (*infml*) clip joint (*infml*)

Nerv [nɛrf] *m* ⟨*-s or -en, -en*⟩ nerve; (*leicht*) ***die ~en verlieren*** to lose one's nerve easily; ***er hat trotz allem die ~en behalten*** in spite of everything he kept his cool (*infml*); ***die ~en sind (mit) ihm durchgegangen*** he lost his cool (*infml*); ***der hat (vielleicht) ~en!*** (*infml*) he's got a nerve! (*infml*); ***er hat ~en wie Drahtseile*** he has nerves of steel; ***es geht*** *or* ***fällt mir auf die ~en*** (*infml*) it gets on my nerves; ***das kostet ~en*** it's a strain on the nerves **nerven** ['nɛrfn] (*infml*) **I** *v/t* ***jdn (mit etw)*** ***~*** to get on sb's nerves (with sth); ***genervt sein*** (≈ *nervös sein*) to be worked up; (≈ *gereizt sein*) to be irritated **II** *v/i* ***das nervt*** it gets on your

nerves; ***du nervst!*** (*infml*) you're bugging me! (*infml*) **Nervenarzt** *m*, **Nervenärztin** *f* neurologist **nervenaufreibend** *adj* nerve-racking **Nervenbelastung** *f* strain on the nerves **Nervenbündel** *nt* (*fig infml*) bag of nerves (*infml*) **Nervengas** *nt* MIL nerve gas **Nervengift** *nt* neurotoxin **Nervenheilanstalt** *f* psychiatric hospital **Nervenheilkunde** *f* neurology **Nervenkitzel** *m* (*fig*) thrill **Nervenklinik** *f* psychiatric clinic **nervenkrank** *adj* (*geistig*) mentally ill; (*körperlich*) suffering from a nervous disease **Nervenkrankheit** *f* (*geistig*) mental illness; (*körperlich*) nervous disease **Nervenkrieg** *m* (*fig*) war of nerves **Nervenprobe** *f* trial **Nervensache** *f* (*infml*) question of nerves **Nervensäge** *f* (*infml*) pain (in the neck) (*infml*) **nervenstark** *adj* Mensch with strong nerves; ***er ist*** ***~*** he has strong nerves **Nervenstärke** *f* strong nerves *pl* **Nervensystem** *nt* nervous system **Nervenzentrum** *nt* (*fig*) nerve centre (*Br*) *or* center (*US*) **Nervenzusammenbruch** *m* nervous breakdown **nervig** ['nɛrfɪç, 'nɛrvɪç] *adj* (*infml* ≈ *irritierend*) irritating **nervlich** ['nɛrflɪç] *adj* Belastung nervous; ***~ bedingt*** nervous **nervös** [nɛr'vøːs] *adj* nervous; ***jdn ~ machen*** to make sb nervous; (≈ *ärgern*) to get on sb's nerves **Nervosität** [nɛrvozi'tɛːt] *f* ⟨*-, no pl*⟩ nervousness **nervtötend** ['nɛrf-] (*infml*) *adj* nerve-racking; *Arbeit* soul-destroying

Nerz [nɛrts] *m* ⟨*-es, -e*⟩ mink **Nerzmantel** *m* mink coat

Nessel ['nɛsl] *f* ⟨*-, -n*⟩ BOT nettle; ***sich in die ~n setzen*** (*infml*) to put oneself in a spot (*infml*)

Nessessär *nt* ⟨*-s, -s*⟩; → *Necessaire*

Nest [nɛst] *nt* ⟨*-(e)s, -er*⟩ **1.** nest; ***da hat er sich ins gemachte ~ gesetzt*** (*infml*) he's got it made (*infml*) **2.** (*fig infml* ≈ *Bett*) bed **3.** (*pej infml: Ort*) (*schäbig*) dump (*infml*); (*klein*) little place **Nestbeschmutzer** *m* ⟨*-s, -*⟩, **Nestbeschmutzerin** [-ərɪn] *f* ⟨*-, -nen*⟩ (*pej*) denigrator of one's family/country **Nesthäkchen** *nt* baby of the family **Nestwärme** *f* (*fig*) happy home life

Netiquette [nɛti'kɛt(ə)] *f* ⟨*-, no pl*⟩ INTERNET netiquette

nett [nɛt] **I** *adj* nice; ***sei so ~ und räum auf!*** would you mind clearing up?; ***~, dass Sie gekommen sind!*** nice of you to come **II** *adv* nicely, nice; *wir haben uns ~ unterhalten* we had a nice chat; *~ aussehen* to be nice-looking **netterweise** ['nɛtɐ'vaizə] *adv* kindly **Nettigkeit** ['nɛtɪçkait] *f* ⟨-, -en⟩ **1.** *no pl* (≈ *nette Art*) kindness **2. Nettigkeiten** *pl* (≈ *nette Worte*) kind words, nice things **netto** ['nɛto] *adv* COMM net **Nettoeinkommen** *nt* net income **Nettogehalt** *nt* net salary **Nettogewicht** *nt* net weight **Nettolohn** *m* take-home pay **Nettopreis** *m* net price **Nettoverdienst** *m* net income *sg*

Netz [nɛts] *nt* ⟨-es, -e⟩ **1.** net; (≈ *Spinnennetz*) web; (≈ *Gepäcknetz*) (luggage) rack; *ins ~ gehen* FTBL to go into the (back of the) net; *jdm ins ~ gehen* (*fig*) to fall into sb's trap **2.** (≈ *System*) network; (≈ *Stromnetz*) mains *sg or pl*; (≈ *Überlandnetz*) (national) grid; IT network; *das soziale ~* the social security net; *ans ~ gehen* (*Kraftwerk*) to be connected to the grid **3.** (≈ *Internet*) *das ~* the Net **Netzanschluss** *m* ELEC mains connection **Netzball** *m* TENNIS *etc* net ball **Netzbetreiber** *m* TEL network operator **Netzhaut** *f* retina **Netzhautentzündung** *f* retinitis **Netzhemd** *nt* string vest (*Br*), mesh undershirt (*US*) **Netzroller** *f* TENNIS, VOLLEYBALL *etc* net cord **Netzspannung** *f* mains voltage **Netzstecker** *m* mains plug **Netzstrümpfe** *pl* fishnet stockings *pl* **Netzteil** *nt* mains adaptor **Netzwerk** *nt* network **Netzzugang** *m* IT, TEL network access

neu [nɔy] *adj* new; (≈ *frisch gewaschen*) clean; *die ~(e)ste Mode* the latest fashion; *die ~esten Nachrichten* the latest news; *die ~eren Sprachen* modern languages; *ein ganz ~er Wagen* a brand-new car; *das ist mir ~!* that's new(s) to me; *seit ~(e)stem* recently; *aufs Neue* (*elev*) afresh, anew; *der/die Neue* the newcomer; *weißt du schon das Neu(e)ste?* have you heard the latest (news)?; *was gibts Neues?* (*infml*) what's new?; *von Neuem* (≈ *von vorn*) afresh; (≈ *wieder*) again **II** *adv ~ anfangen* to start all over (again); *sich/jdn ~ einkleiden* to buy oneself/sb a new set of clothes; *~ geschaffen* newly created; *Mitarbeiter ~ einstellen* to hire new employees; *~ bearbeiten* to revise; *ein Zimmer ~ einrichten* to refurnish a room; *~ ordnen* to reorganize; *die Rollen ~ be-*

setzen to recast the roles; *~ gewählt* newly elected; *~ eröffnet* newly-opened; *~ vermählt* newly married **Neuanfang** *m* new beginning **neuartig** *adj* new; *ein ~es Wörterbuch* a new type of dictionary **Neuauflage** *f* reprint; (*mit Verbesserungen*) new edition **Neubau** *m, pl* -bauten new house/building **Neubaugebiet** *nt* development area **Neubausiedlung** *f* new housing estate **Neubauwohnung** *f* newly-built apartment **Neubearbeitung** *f* revised edition; (≈ *das Neubearbeiten*) revision **Neubeginn** *m* new beginning(s *pl*) **Neuentdeckung** *f* rediscovery **Neuentwicklung** *f* new development **neuerdings** ['nɔyɐ'dɪŋs] *adv* recently **Neuerscheinung** *f* (*Buch*) new or recent publication; (*CD*) new release **Neuerung** ['nɔyərʊŋ] *f* ⟨-, -en⟩ innovation; (≈ *Reform*) reform **neuestens** ['nɔyəstns] *adv* lately **Neufundland** [nɔy'fʊntlant] *nt* ⟨-s⟩ Newfoundland **neugeboren** *adj* newborn; *sich wie ~ fühlen* to feel (like) a new man/woman **Neugeborene(s)** [-gəboːrənə] *nt decl as adj* newborn child **neugeschaffen** *adj attr*; → **neu**, **Neugier(de)** ['nɔygiːɐ(də)] *f* ⟨-, *no pl*⟩ curiosity (*auf +acc* about) **neugierig** ['nɔygiːərɪç] *adj* curious (*auf +acc* about); (*pej*) nosy (*infml*); (≈ *gespannt*) curious to know; *Blick* inquisitive; *jdn ~ machen* to excite *or* arouse sb's curiosity; *ich bin ~, ob* I wonder if **neugriechisch** *adj* Modern Greek **Neuguinea** [nɔygi'neːa] *nt* New Guinea **Neuheit** ['nɔyhait] *f* ⟨-, -en⟩ **1.** *no pl* (≈ *das Neusein*) novelty **2.** (≈ *neue Sache*) innovation, new thing/idea **Neuigkeit** ['nɔyɪçkait] *f* ⟨-, -en⟩ **1.** (piece of) news **2.** (≈ *das Neusein*) novelty **Neujahr** ['nɔyjaːɐ, nɔy'jaːɐ] *nt* New Year **Neujahrstag** *m* New Year's Day **Neuland** *nt, no pl* (*fig*) new ground; *~ betreten* to break new ground **neulich** ['nɔylɪç] *adv* recently; *~ abends* the other evening **Neuling** ['nɔylɪŋ] *m* ⟨-s, -e⟩ newcomer **neumodisch** (*pej*) *adj* new-fangled (*pej*); *sich ~ ausdrücken* to use new-fangled words **Neumond** *m* new moon

neun [nɔyn] *num* nine; *alle ~(e)! (beim Kegeln)* strike!; → *vier* **Neun** [nɔyn] *f* ⟨-, -en⟩ nine **neunhundert** ['nɔyn-'hʊndɐt] *num* nine hundred **neunmal**

['nɔynmaːl] *adv* nine times **Neuntel** ['nɔyntl] *nt* ⟨**-s, -**⟩ ninth; → **Viertel¹** **neuntens** ['nɔyntns] *adv* ninth(ly), in the ninth place **neunte(r, s)** ['nɔyntə] *adj* ninth; → **vierte(r, s) neunzehn** ['nɔyntseːn] *num* nineteen **neunzehnte(r, s)** ['nɔyntseːntə] *adj* nineteenth; → **vierte(r, s) neunzig** ['nɔyntsɪç] *num* ninety; → **vierzig Neunziger** ['nɔyntsɪgɐ] *m* ⟨**-s, -**⟩, **Neunzigerin** [-ər-ɪn] *f* ⟨**-, -nen**⟩ (*Mensch*) ninety-year-old **Neuordnung** *f* reorganization; (≈ *Reform*) reform **Neuphilologie** *f* modern languages *sg or pl*

Neuralgie [nɔyral'giː] *f* ⟨**-, -n** [-'giːən]⟩ neuralgia **neuralgisch** [nɔy'ralgɪʃ] *adj* neuralgic; **ein ⁓er Punkt** a trouble area **Neuregelung** *f* revision **neureich** *adj* nouveau riche **Neureiche(r)** *m*/*f*(*m*) *decl as adj* nouveau riche **Neurochirurgie** *f* neurosurgery **Neurologe** [nɔyro'loːgə] *m* ⟨**-n, -n**⟩, **Neurologin** [-'loːgɪn] *f* ⟨**-, -nen**⟩ neurologist **Neurologie** [nɔyrolo'giː] *f* ⟨**-, -n** [-'giːən]⟩ neurology **neurologisch** [nɔyro-'loːgɪʃ] *adj* neurological **Neurose** [nɔy-'roːzə] *f* ⟨**-, -n**⟩ neurosis **Neurotiker** [nɔy'roːtikɐ] *m* ⟨**-s, -**⟩, **Neurotikerin** [-ərɪn] *f* ⟨**-, -nen**⟩ neurotic **neurotisch** [nɔy'roːtɪʃ] *adj* neurotic

Neuschnee *m* fresh snow **Neuseeland** [nɔy'zeːlant] *nt* ⟨**-s**⟩ New Zealand **Neuseeländer** [nɔy'zeːlɛndɐ] *m* ⟨**-s, -**⟩, **Neuseeländerin** [-ərɪn] *f* ⟨**-, -nen**⟩ New Zealander **neuseeländisch** [nɔy-'zeːlɛndɪʃ] *adj* New Zealand **neusprachlich** *adj* modern language *attr*; **⁓es Gymnasium** ≈ grammar school (*Br*), ≈ high school (*esp US, Scot, stressing modern languages*) **Neustart** *m* IT restart, reboot

neutral [nɔy'traːl] *adj* neutral **neutralisieren** [nɔytrali'ziːrən] *past part* **neutralisiert** *v/t* to neutralize **Neutralität** [nɔytrali'tɛːt] *f* ⟨**-, no pl**⟩ neutrality **Neutron** ['nɔytrɔn] *nt* ⟨**-s, -en** [-'troː-nən]⟩ neutron **Neutronenbombe** *f* neutron bomb

Neutrum ['nɔytrʊm] *nt* ⟨**-s, Neutra** or **Neutren** [-tra, -trən]⟩ (GRAM, *fig*) neuter **neuvermählt** [-fɛɐmɛːlt] *adj* newly married **Neuwagen** *m* new car **Neuwahl** *f* POL new election; **es gab vorgezogene ⁓en** the elections were brought forward **Neuwert** *m* value when new **neuwertig**

adj as new **Neuzeit** *f* modern era, modern times *pl* **neuzeitlich** *adj* modern

nicht [nɪçt] *adv* not; **⁓ leitend** non-conducting; **⁓ rostend** rustproof; *Stahl* stainless; **⁓ amtlich** unofficial; **⁓ öffentlich** not open to the public, private; **er raucht ⁓** (*augenblicklich*) he isn't smoking; (*gewöhnlich*) he doesn't smoke; **⁓ (ein)mal** not even; **⁓ berühren!** do not touch; **⁓ rauchen!** no smoking; **⁓!** don't!, no!; **⁓ doch!** stop it!, don't!; **bitte ⁓!** please don't; **er kommt, ⁓ (wahr)?** he's coming, isn't he *or* is he not (*esp Br*)?; **er kommt ⁓, ⁓ wahr?** he isn't coming, is he?; **was ich ⁓ alles durchmachen muss!** the things I have to go through! **nichtamtlich** *adj* → **nicht** **Nichtangriffspakt** *m* non-aggression pact **Nichtbeachtung** *f* non-observance **Nichte** ['nɪçtə] *f* ⟨**-, -n**⟩ niece **Nichteinhaltung** *f* non-compliance (+*gen* with) **Nichteinmischung** *f* POL non-intervention **Nichtgefallen** *nt* **bei ⁓ (zurück)** if not satisfied (return) **nichtig** ['nɪçtɪç] *adj* **1.** (JUR ≈ *ungültig*) invalid; **etw für ⁓ erklären** to declare sth invalid **2.** (≈ *unbedeutend*) trifling; *Versuch* vain; *Drohung* empty **Nichtigkeit** *f* ⟨**-, -en**⟩ (JUR ≈ *Ungültigkeit*) invalidity **Nichtmitglied** *nt* non-member **nichtöffentlich** *adj attr*; → **nicht Nichtraucher(in)** *m*/*f*(*m*) non-smoker; **ich bin ⁓** I don't smoke **Nichtraucherzone** *f* no-smoking area **nichts** [nɪçts] *indef pr inv* nothing; **ich weiß ⁓** I know nothing, I don't know anything; **⁓ als** nothing but; **⁓ anderes als** not ... anything but *or* except; **⁓ ahnend** unsuspecting; **⁓ sagend** meaningless; **⁓ zu danken!** don't mention it; **das ist ⁓ für mich** that's not my thing (*infml*); **⁓ zu machen** nothing doing (*infml*); **ich weiß ⁓ Genaues** I don't know any details; **er ist zu ⁓ zu gebrauchen** he's useless **Nichts** [nɪçts] *nt* ⟨**-, no pl**⟩ PHIL nothingness; (≈ *Leere*) emptiness; (≈ *Kleinigkeit*) trifle; **vor dem ⁓ stehen** to be left with nothing **nichtsahnend** *adj* → **nichts** **Nichtschwimmer(in)** *m*/(*f*) non-swimmer **Nichtschwimmerbecken** *nt* pool for non-swimmers **nichtsdestotrotz** [nɪçtsdɛsto'trɔts] *adv* nonetheless **nichtsdestoweniger** [nɪçtsdɛsto-'veːnɪgɐ] *adv* nevertheless **Nichtsesshafte(r)** ['nɪçtzɛshaftə] *m*/*f*(*m*) *decl as* *adj* (*form*) person of no fixed abode (*form*) **Nichtskönner(in)** *m/(f)* washout (*infml*) **Nichtsnutz** ['nɪçtsnʊts] *m* ⟨*-es, -e*⟩ good-for-nothing **nichtsnutzig** ['nɪçtsnʊtsɪç] *adj* useless; (≈ *unartig*) good-for-nothing **nichtssagend** *adj* meaningless **nichtstaatlich** *adj* non--governmental **Nichtstuer** ['nɪçtstuːɐ] *m* ⟨*-s, -*⟩, **Nichtstuerin** [-ərɪn] *f* ⟨*-, -nen*⟩ idler, loafer **Nichtstun** ['nɪçtstuːn] *nt* idleness; (≈ *Muße*) leisure **Nichtverbreitung** *f* (*von Kernwaffen etc*) non-proliferation **Nichtvorhandensein** *nt* absence **Nichtwissen** *nt* ignorance (*um* about) **Nichtzutreffende(s)** [-tsuːtrɛfndə] *nt decl as adj* ~**s** (*bitte*) **streichen!** (please) delete as applicable **Nickel** ['nɪkl] *nt* ⟨*-s, no pl*⟩ nickel **Nickelbrille** *f* metal-rimmed glasses *pl* **nicken** ['nɪkn] *v/i* to nod; **mit dem Kopf ~** to nod one's head **Nickerchen** ['nɪkɐçən] *nt* ⟨*-s, -*⟩ (*infml*) snooze (*infml*) **Nidel** ['niːdl] *m or f* ⟨(*m*) **-s** *or* (*f*) **-**, *no pl*⟩ (*Swiss* ≈ *Sahne*) cream **nie** [niː] *adv* never; **~ und nimmer** never ever; **~ wieder** never again **nieder** ['niːdɐ] **I** *adj attr* **1.** *Instinkt, Motiv* low, base; *Arbeit* menial; *Kulturstufe* primitive **2.** (≈ *weniger bedeutend*) lower; *Geburt, Herkunft* lowly **II** *adv* down; **auf und ~** up and down; **~ mit dem Kaiser!** down with the Kaiser! **niederbrennen** *v/t & v/i sep irr* to burn down **niederbrüllen** *v/t sep Redner* to shout down **niederdeutsch** *adj* **1.** GEOG North German **2.** LING Low German **Niedergang** *m, pl* **-gänge** (*fig* ≈ *Verfall*) decline, fall **niedergehen** *v/i sep irr aux sein* to descend; (*Bomben, Regen*) to fall; (*Gewitter*) to break **niedergeschlagen** *adj* dejected; → **niederschlagen niederknien** *v/i sep aux sein* to kneel down **Niederlage** *f defeat* **Niederlande** ['niːdɐlandə] *pl* **die ~** the Netherlands *sg or pl* **Niederländer** ['niːdɐlɛndɐ] *m* ⟨*-s, -*⟩ Dutchman; **die ~** the Dutch **Niederländerin** ['niːdɐlɛndərɪn] *f* ⟨*-, -nen*⟩ Dutchwoman **niederländisch** ['niːdɐlɛndɪʃ] *adj* Dutch, Netherlands **niederlassen** *v/r sep irr* **1.** (≈ *sich setzen*) to sit down; (≈ *sich niederlegen*) to lie down; (*Vögel*) to land **2.** (≈ *Wohnsitz nehmen*) to settle (down); **sich als Arzt/Rechtsanwalt ~** to set up (a practice) as a doctor/law-

yer **Niederlassung** [-lasʊŋ] *f* ⟨*-, -en*⟩ **1.** *no pl* (≈ *das Niederlassen*) settling, settlement; (*eines Arztes etc*) establishment **2.** (≈ *Siedlung*) settlement **3.** COMM registered office; (≈ *Zweigstelle*) branch **niederlegen** *sep* **I** *v/t* **1.** (≈ *hinlegen*) to lay *or* put down; *Blumen* to lay; *Waffen* to lay down **2.** (≈ *aufgeben*) *Amt* to resign (from); **die Arbeit ~** (≈ *streiken*) to down tools **3.** (≈ *schriftlich festlegen*) to write down **II** *v/r* to lie down **Niederlegung** [-leːgʊŋ] *f* ⟨*-, -en*⟩ **1.** (*von Waffen*) laying down **2.** (*von Amt*) resignation (from) **niedermachen** *v/t sep* **1.** (≈ *töten*) to massacre **2.** (*fig* ≈ *heftig kritisieren*) to run down **Niederösterreich** *nt* Lower Austria **niederreißen** *v/t sep irr* to pull down; (*fig*) *Schranken* to tear down **Niederrhein** *m* Lower Rhine **niederrheinisch** *adj* lower Rhine **Niedersachsen** *nt* Lower Saxony **niedersächsisch** *adj* of Lower Saxony **Niederschlag** *m* METEO precipitation (*form*); CHEM precipitate; (≈ *Bodensatz*) sediment, dregs *pl*; **radioaktiver ~** (radioactive) fallout; **für morgen sind heftige Niederschläge gemeldet** tomorrow there will be heavy rain/hail/snow **niederschlagen** *sep irr* **I** *v/t jdn* to knock down; *Aufstand* to suppress; *Augen, Blick* to lower; → **niedergeschlagen II** *v/r* (*Flüssigkeit*) to condense; CHEM to precipitate; **sich in etw** (*dat*) **~** (*Erfahrungen etc*) to find expression in sth **niederschlagsreich** *adj Wetter* very rainy/snowy **niederschmettern** *v/t sep* to smash down; (*fig*) to shatter **niederschmetternd** *adj* shattering **niederschreiben** *v/t sep irr* to write down **Niederschrift** *f* notes *pl*; (≈ *Protokoll*) minutes *pl*; JUR record **Niederspannung** *f* ELEC low voltage **niederstechen** *v/t sep irr* to stab **Niedertracht** ['niːdɐtraxt] *f* ⟨*-, no pl*⟩ despicableness; (*als Rache*) malice; (≈ *niederträchtige Tat*) despicable act **niederträchtig** ['niːdɐtrɛçtɪç] *adj* despicable; (≈ *rachsüchtig*) malicious **Niederträchtigkeit** ['niːdɐtrɛçtɪçkaɪt] *f* ⟨*-, -en, no pl*⟩ = **Niedertracht niederwerfen** *sep irr* **I** *v/t* to throw down; *Aufstand* to suppress **II** *v/r* to throw oneself down

niedlich ['niːtlɪç] *adj* cute **niedrig** ['niːdrɪç] **I** *adj* low; *Herkunft, Geburt* low(ly) **II** *adv* low; **etw ~er berechnen** to charge less for sth; **etw ~ einstufen**

to give sth a low classification; **jdn ~ einschätzen** to have a low opinion of sb **Niedriglohn** m low wages pl **Niedriglohnland** nt low-wage country **Niedrigwasser** nt, pl **-wasser** NAUT low tide

niemals ['niːmaːls] adv never

niemand ['niːmant] indef pr nobody; ~ **anders kam** nobody else came; **herein kam ~ anders als der Kanzler selbst** in came none other than the Chancellor himself; **er hat es ~(em) gesagt** he hasn't told anyone, he has told no-one **Niemand** ['niːmant] m ⟨**-s**, no pl⟩ **er ist ein ~** he's a nobody **Niemandsland** nt no-man's-land

Niere ['niːrə] f ⟨**-**, **-n**⟩ kidney; **künstliche ~** kidney machine; **es geht mir an die ~n** (infml) it gets me down (infml) **Nierenbecken** nt pelvis of the kidney **Nierenentzündung** f nephritis (tech) **nierenförmig** adj kidney-shaped **Nierenkrankheit** f, **Nierenleiden** nt kidney disease **Nierenschale** f kidney dish **Nierenschützer** [-ʃtsɐ] m ⟨**-s**, **-**⟩ kidney belt **Nierenspender(in)** m/(f) kidney donor **Nierenstein** m kidney stone **Nierentransplantation** f kidney transplant

nieseln ['niːzln] v/i impers to drizzle **Nieselregen** m drizzle

niesen ['niːzn] v/i to sneeze **Niespulver** nt sneezing powder

Niet [niːt] m ⟨**-(e)s**, **-e** (spec)⟩, **Niete**[1] ['niːtə] f ⟨**-**, **-n**⟩ rivet; (auf Kleidung) stud **Niete**[2] f ⟨**-**, **-n**⟩ (≈ Los) blank; (infml ≈ Mensch) dead loss (infml) **nieten** ['niːtn] v/t to rivet **Nietenhose** f (pair of) studded jeans pl **niet- und nagelfest** ['niːt|ʊnt'naːglfɛst] adj (infml) nailed or screwed down

nigelnagelneu ['niːgl'naːgl'nɔy] adj (infml) brand spanking new (infml)

Nigeria [ni'geːria] nt ⟨**-s**⟩ Nigeria **nigerianisch** [nigeri'aːnɪʃ] adj Nigerian

Nihilismus [nihi'lɪsmʊs] m ⟨**-**, no pl⟩ nihilism **Nihilist** [nihi'lɪst] m ⟨**-en**, **-en**⟩, **Nihilistin** [-'lɪstɪn] f ⟨**-**, **-nen**⟩ nihilist **nihilistisch** [nihi'lɪstɪʃ] adj nihilistic

Nikolaus ['nɪkolaus, 'niːkolaus] m ⟨**-**, **-e** or (hum inf) **Nikoläuse** [-lɔyzə]⟩ St Nicholas; (≈ Nikolaustag) St Nicholas' Day

Nikotin [niko'tiːn] nt ⟨**-s**, no pl⟩ nicotine **nikotinarm** adj low-nicotine **nikotinfrei** adj nicotine-free **Nikotinpflaster** nt nicotine patch

Nil [niːl] m ⟨**-s**⟩ Nile **Nilpferd** nt hippopotamus

Nimbus ['nɪmbʊs] m ⟨**-**, **-se**⟩ (≈ Heiligenschein) halo; (fig) aura

Nimmersatt ['nɪmɐzat] m ⟨**-(e)s**, **-e**⟩ glutton; **ein ~ sein** to be insatiable **Nimmerwiedersehen** nt (infml) **auf ~!** I never want to see you again; **auf ~ verschwinden** to disappear never to be seen again

Nippel ['nɪpl] m ⟨**-s**, **-**⟩ **1.** TECH nipple **2.** (infml ≈ Brustwarze) nipple

nippen ['nɪpn] v/t & v/i **am** or **vom Wein ~** to sip (at) the wine

Nippes ['nɪpəs] pl ornaments pl, knick-knacks pl

nirgends ['nɪrgnts], **nirgendwo** ['nɪrgnt'voː] adv nowhere, not ... anywhere **nirgendwohin** ['nɪrgntvo'hɪn] adv nowhere, not ... anywhere

Nische ['niːʃə] f ⟨**-**, **-n**⟩ niche; (≈ Kochnische etc) recess

nisten ['nɪstn] v/i to nest **Nistkasten** m nest(ing) box **Nistplatz** m nesting place

Nitrat [ni'traːt] nt ⟨**-(e)s**, **-e**⟩ nitrate **Nitroglyzerin** nt nitroglycerine

Niveau [ni'voː] nt ⟨**-s**, **-s**⟩ level; **diese Schule hat ein hohes ~** this school has high standards; **unter ~** below par; **unter meinem ~** beneath me; **~/kein ~ haben** to be of a high/low standard; (Mensch) to be cultured/not at all cultured; **ein Hotel mit ~** a hotel with class **niveaulos** adj Film etc mediocre; Unterhaltung mindless

Nixe ['nɪksə] f ⟨**-**, **-n**⟩ water nymph

Nizza ['nɪtsa] nt ⟨**-s**⟩ Nice

N.N. abbr of **nomen nescio** N.N., name unkown

nobel ['noːbl] **I** adj (≈ edelmütig) noble; (infml) (≈ großzügig) lavish; (≈ elegant) posh (infml) **II** adv (≈ edelmütig) nobly; (≈ großzügig) generously; **~ wohnen** to live in posh surroundings **Nobelherberge** f (infml) posh hotel (infml)

Nobelpreis [no'bɛl-] m Nobel prize **Nobelpreisträger(in)** m/(f) Nobel prize-winner

Nobelviertel nt (infml, usu iron) posh or upmarket (US) area

noch [nɔx] **I** adv **1.** still; **~ nicht** not yet; **immer ~**, **~ immer** still; **~ nie** never; **ich möchte gerne ~ bleiben** I'd like to stay on longer; **das kann ~ passieren** that might still happen; **er wird ~ kommen** he'll come (yet); **ich habe ihn ~ vor zwei**

Tagen gesehen I saw him only two days ago; *er ist ~ am selben Tag gestorben* he died the very same day; *ich tue das ~ heute or heute ~* I'll do it today; *gerade ~* (only) just **2.** (≈ *außerdem, zusätzlich*) *wer war ~ da?* who else was there?; *(gibt es) ~ etwas?* (is there) anything else?; *~ etwas Fleisch* some more meat; *~ ein Bier* another beer; *~ einmal or mal* (once) again, once more **3.** (*bei Vergleichen*) even, still; *das ist ~ viel wichtiger als ...* that is far more important still than ...; *und wenn du auch ~ so bittest ...* however much you ask ... **II** *cj* (*weder ... noch ...*) nor **nochmalig** ['nɔxma:lɪç] *adj attr* renewed **nochmals** ['nɔxma:ls] *adv* again

Nockenwelle ['nɔkn-] *f* camshaft

Nockerl ['nɔkəl] *nt* ⟨*-s, -n*⟩ *usu pl* (*Aus* cook) dumpling; *Salzburger ~n* type *of sweet whipped pudding eaten hot*

Nomade [no'ma:də] *m* ⟨*-n, -n*⟩, **Nomadin** [no'ma:dɪn] *f* ⟨*-, -nen*⟩ nomad **Nomadenvolk** *nt* nomadic tribe *or* people **nomadisch** [no'ma:dɪʃ] *adj* nomadic

Nominallohn *m* nominal wages *pl*

Nominativ ['nominati:f] *m* ⟨*-s, -e* [-və]⟩ nominative **nominell** [nomi'nɛl] *adj, adv* in name only **nominieren** [nomi-'ni:rən] *past part* **nominiert** *v/t* to nominate **Nominierung** [nomi'ni:rʊŋ] *f* nomination

No-Name-Produkt ['no:ne:m-] *nt* ECON own-label *or* house-brand (*US*) product

Nonne ['nɔnə] *f* ⟨*-, -n*⟩ nun **Nonnenkloster** *nt* convent

Nonsens ['nɔnzɛns] *m* ⟨*-(es), no pl*⟩ nonsense

nonstop [nɔn'ʃtɔp, -'stɔp] *adv* non-stop **Nonstop-Flug** *m* **Nonstopflug** *m* non-stop flight

Noppe ['nɔpə] *f* ⟨*-, -n*⟩ (≈ *Gumminoppe*) nipple, knob

Nordafrika *nt* North Africa **Nordamerika** *nt* North America **Nordatlantik** *m* North Atlantic **Nordatlantikpakt** *m* North Atlantic Treaty **norddeutsch** *adj* North German **Norddeutschland** *nt* North(ern) Germany **Norden** ['nɔrdn] *m* ⟨*-s, no pl*⟩ north; (*von Land*) North; *aus dem ~* from the north; *im ~ des Landes* in the north of the country **Nordeuropa** *nt* Northern Europe **Nordic Walking** [ˌnɔrdɪk'wɔ:kɪŋ] *nt* Nordic Walking **nordirisch** *adj* Northern Irish

Nordirland *nt* Northern Ireland **nordisch** ['nɔrdɪʃ] *adj* Wälder northern; *Völker, Sprache* Nordic; SKI nordic; *~e Kombination* SKI nordic combined **Nordkap** *nt* North Cape **Nordkorea** *nt* North Korea **nördlich** ['nœrtlɪç] **I** *adj* northern; *Wind, Richtung* northerly *adv* (to the) north; *~ von Köln (gelegen)* north of Cologne **II** *prep +gen* (to the) north of **Nordlicht** *nt* northern lights *pl*, aurora borealis; (*fig hum: Mensch*) Northerner **Nordosten** *m* north-east; (*von Land*) North East **nordöstlich** **I** *adj* Gegend northeastern; *Wind* north-east(erly) **II** *adv* (to the) north-east **Nord-Ostsee-Kanal** *m* Kiel Canal **Nordpol** *m* North Pole **Nordrhein-Westfalen** ['nɔrtrainvest'fa:lən] *nt* North Rhine-Westphalia **Nordsee** ['nɔrtze:] *f* North Sea **Nord-Süd-Gefälle** ['nɔrt'zy:t-] *nt* north-south divide **Nordwand** *f* (*von Berg*) north face **nordwärts** ['nɔrtvɛrts] *adv* north (-wards) **Nordwesten** *m* north-west; (*von Land*) North West **nordwestlich** **I** *adj* Gegend north-western; *Wind* north-west(erly) **II** *adv* (to the) north-west **Nordwind** *m* north wind

Nörgelei [nœrgə'lai] *f* ⟨*-, -en*⟩ moaning; (≈ *Krittelei*) nit-picking (*infml*) **nörgeln** ['nœrgln] *v/i* to moan; (≈ *kritteln*) to niggle (*an +dat, über +acc* about) **Nörgler** ['nœrglɐ] *m* ⟨*-s, -*⟩, **Nörglerin** [-ərɪn] *f* ⟨*-, -nen*⟩ grumbler, moaner; (≈ *Krittler*) niggler, nit-picker (*infml*)

Norm [nɔrm] *f* ⟨*-, -en*⟩ norm; *die ~ sein* to be (considered) normal **normal** [nɔr-'ma:l] **I** *adj* normal; *Format, Maß* standard; *bist du noch ~?* (*infml*) have you gone mad? **II** *adv* normally; *er ist ~ groß* his height is normal; *benimm dich ganz ~* act naturally **Normalbenzin** *nt* regular (petrol (*Br*) or gas (*US*)) **Normalbürger(in)** *m*/(*f*) average citizen **normalerweise** [nɔr'ma:lɐ'vaizə] *adv* normally **Normalfall** *m* *im ~* normally, usually **Normalgewicht** *nt* normal weight; (*genormt*) standard weight **normalisieren** [nɔrmali'zi:rən] *past part* **normalisiert** **I** *v/t* to normalize **II** *v/r* to get back to normal **Normalisierung** *f* ⟨*-, -en*⟩ normalization **Normalität** [nɔrmali'tɛ:t] *f* ⟨*-, -en*⟩ normality **Normalverbraucher(in)** *m*/(*f*) average consumer; *Otto ~* (*infml*) the man in the street **Normal-**

zustand *m* normal state
['nɔrmən] *v/t* to standardize

Norwegen ['nɔrveːgn] *nt* ⟨-s⟩ Norway
Norweger ['nɔrveːgɐ] *m* ⟨-s, -⟩, **Norwegerin** [-ərɪn] *f* ⟨-, -nen⟩ Norwegian **norwegisch** ['nɔrveːgɪʃ] *adj* Norwegian

Nostalgie [nɔstalˈgiː] *f* ⟨-, no pl⟩ nostalgia **nostalgisch** [nɔsˈtalgɪʃ] *adj* nostalgic

Not [noːt] *f* ⟨-, ⸚e ['nøːtə]⟩ **1.** *no pl* (≈ *Elend*) need(iness), poverty; **aus ~** out of poverty; **~ leiden** to suffer deprivation; **~ leidend** *Bevölkerung, Land* impoverished; *Wirtschaft* ailing; **~ macht erfinderisch** (*prov*) necessity is the mother of invention (*prov*) **2.** (≈ *Bedrängnis*) distress *no pl*, affliction; (≈ *Problem*) problem; **in seiner ~** in his hour of need; **in ~ sein** to be in distress; **wenn ~ am Mann ist** in an emergency; **in höchster ~ sein** to be in dire straits **3.** *no pl* (≈ *Sorge, Mühe*) difficulty; **er hat seine liebe ~ mit ihr** he really has problems with her **4.** (≈ *Notwendigkeit*) necessity; **ohne ~** without good cause; **zur ~** if necessary; (≈ *gerade noch*) just about; **aus der ~ eine Tugend machen** to make a virtue (out) of necessity

Notar [noˈtaːɐ] *m* ⟨-s, -e⟩, **Notarin** [-ˈtaːrɪn] *f* ⟨-, -nen⟩ notary public **Notariat** [notaˈriaːt] *nt* ⟨-(e)s, -e⟩ notary's office **notariell** [notaˈriɛl] *JUR* **I** *adj* notarial **II** *adv* **~ beglaubigt** legally certified

Notarzt *m*, **Notärztin** *f* emergency doctor **Notaufnahme** *f* casualty (unit) (*Br*), emergency room (*US*) **Notausgang** *m* emergency exit **Notbehelf** *m* stopgap (measure) **Notbremse** *f* emergency brake; **die ~ ziehen** (*lit*) to pull the emergency brake; (*fig*) to put the brakes on **Notbremsung** *f* emergency stop **Notdienst** *m* **~ haben** (*Apotheke*) to be open 24 hours; (*Arzt etc*) to be on call **notdürftig** ['noːtdʏrftɪç] **I** *adj* (≈ *behelfsmäßig*) makeshift *no adv*; *Kleidung* scanty **II** *adv* **bekleidet** scantily; *reparieren* in a makeshift way; *versorgen* poorly

Note ['noːtə] *f* ⟨-, -n⟩ **1.** MUS, POL note **2.** SCHOOL, SPORTS mark **3.** (≈ *Banknote*) (bank)note, bill (*US*) **4.** *no pl* (≈ *Eigenart*) note; (*in Bezug auf Atmosphäre*) tone, character; (*in Bezug auf Einrichtung, Kleidung*) touch

Notebook ['noːtbʊk] *m or nt* ⟨-s, -s⟩ notebook (computer)

Notenbank *f*, *pl* **-banken** issuing bank **Notenblatt** *nt* sheet of music **Notendurchschnitt** *m* SCHOOL average mark *or* grade (*esp US*) **Notenständer** *m* music stand

Notepad ['noːtpɛθ] *nt* ⟨-s, -s⟩ IT notepad **Notfall** *m* emergency; **im ~** if necessary; **bei einem ~** in case of emergency **notfalls** ['noːtfals] *adv* if necessary **notgedrungen** ['noːtgədrʊŋən] *adv* of necessity; **ich muss mich ~ dazu bereit erklären** I'm forced to agree **Notgroschen** *m* nest egg

notieren [noˈtiːrən] *past part* **notiert I** *v/t & v/i* **1.** (≈ *Notizen machen*) to note down; **ich notiere (mir) den Namen** I'll make a note of the name **2.** (ST EX ≈ *festlegen*) to quote (*mit* at) **II** *v/i* (ST EX ≈ *wert sein*) to be quoted (*auf +acc* at) **Notierung** *f* ⟨-, -en⟩ ST EX quotation

nötig ['nøːtɪç] **I** *adj* necessary; **wenn ~** if necessary; **etw ~ haben** to need sth; **er hat das natürlich nicht ~** (*iron*) but, of course, he's different; **das habe ich nicht ~!** I don't need that; **das Nötigste** the (bare) necessities **II** *adv* (≈ *dringend*) **etwas ~ brauchen** to need something urgently **nötigen** ['nøːtign] *v/t* (≈ *zwingen*) to force, to compel; JUR to coerce; (≈ *auffordern*) to urge; **sich ~ lassen** to need prompting **Nötigung** ['nøːtɪgʊŋ] *f* ⟨-, -en⟩ (≈ *Zwang*) compulsion; JUR coercion; **sexuelle ~** sexual assault

Notiz [noˈtiːts] *f* ⟨-, -en⟩ **1.** (≈ *Vermerk*) note; (≈ *Zeitungsnotiz*) item; **sich** (*dat*) **~en machen** to make notes **2.** **~ nehmen von** to take notice of; **keine ~ nehmen von** to ignore **Notizblock** *m*, *pl* **-blöcke** notepad **Notizbuch** *nt* notebook

Notlage *f* crisis; (≈ *Elend*) plight **notlanden** ['noːtlandn] *pret* **notlandete**, *past part* **notgelandet** ['noːtgəlandət] *v/i aux sein* to make an emergency landing **Notlandung** *f* emergency landing **notleidend** *adj* → **Not Notlösung** *f* compromise solution; (*provisorisch*) temporary solution **Notlüge** *f* white lie **Notoperation** *f* emergency operation

notorisch [noˈtoːrɪʃ] *adj* **1.** (≈ *gewohnheitsmäßig*) habitual **2.** (≈ *allbekannt*) notorious

Notruf *m* (TEL, *Nummer*) emergency number **Notrufnummer** *f* emergency

number**Notrufsäule** f emergency telephone**Notrutsche** f AVIAT escape chute
notschlachten ['noːtʃlaxtn] pret **notschlachtete**, past part **notgeschlachtet** ['noːtgəʃlaxtət] v/t to put down**Notsitz** m foldaway or tip-up seat**Notstand** m crisis; POL state of emergency; JUR emergency; **den ~ ausrufen** to declare a state of emergency**Notstandsgebiet** nt (wirtschaftlich) deprived area; (bei Katastrophen) disaster area**Notstandsgesetze** pl POL emergency laws pl**Notstromaggregat** nt emergency power generator
Notunterkunft f emergency accommodation **Notwehr** ['noːtveːɐ] f, no pl self-defence (Br), self-defense (US); **in** or **aus ~** in self-defence (Br) or self-defense (US) **notwendig** ['noːtvɛndɪç, noːt'vɛndɪç] adj necessary; **ich habe alles Notwendige erledigt** I've done everything (that's) necessary **notwendigerweise** ['noːtvɛndɪgɐ'vaizə] adv of necessity, necessarily **Notwendigkeit** f ⟨-, -en⟩ necessity
Nougat ['nuːgat] m or nt ⟨-s, -s⟩ nougat
Novelle [no'vɛlə] f ⟨-, -n⟩ **1.** novella **2.** POL amendment
November [no'vɛmbɐ] m ⟨-(s), -⟩ November; → **März**
Novize [no'viːtsə] m ⟨-n, -n⟩ f ⟨-, -n⟩,**Novizin** [-'viːtsɪn] f ⟨-, -nen⟩ novice
Novum ['noːvʊm] nt ⟨-s, **Nova** [-va]⟩ novelty
NRW [ɛnɛr'veː] abbr of **Nordrhein-Westfalen**
NS-Verbrechen nt Nazi crime
Nu [nuː] m **im Nu** in no time
Nuance ['nyãːsə] f ⟨-, -n⟩ (≈ kleiner Unterschied) nuance; (≈ Kleinigkeit) shade; **um eine ~ zu laut** a shade too loud
Nubuk ['nʊbʊk, 'nuːbʊk] nt ⟨-(s), no pl⟩, **Nubukleder** nt nubuk
nüchtern ['nʏçtɐn] **I** adj **1.** (ohne Essen) **mit ~em/auf ~en Magen** with/on an empty stomach **2.** (≈ nicht betrunken) sober; **wieder ~ werden** to sober up **3.** (≈ sachlich, vernünftig) down-to-earth no adv, rational; Tatsachen bare, plain **II** adv (≈ sachlich) unemotionally
Nudel ['nuːdl] f ⟨-, -n⟩ usu pl **1.** (als Beilage) pasta no pl; (als Suppeneinlage) noodle **2.** (infml: Mensch) (dick) dumpling (infml); (komisch) character**Nudelsalat** m pasta salad

Nudist [nu'dɪst] m ⟨-en, -en⟩,**Nudistin** [-'dɪstɪn] f ⟨-, -nen⟩ nudist
Nugat ['nuːgat] m or nt ⟨-s, -s⟩ nougat
nuklear [nukle'aːɐ] adj attr nuclear
null [nʊl] num zero; (infml ≈ kein) zero (infml); TEL O (Br), zero; SPORTS nil; TENNIS love; **~ Komma eins** (nought) point one; **es steht ~ zu ~** there's no score; **das Spiel wurde ~ zu ~ beendet** the game was a goalless (Br) or no-score draw; **eins zu ~** one-nil; **~ und nichtig** JUR null and void; **Temperaturen unter ~ Komma** sub-zero temperatures; **in ~ Komma nichts** (infml) in less than no time**Null** [nʊl] f ⟨-, -en⟩ **1.** (Zahl) nought, naught (US), zero **2.** (infml: Mensch) dead loss (infml) **nullachtfünfzehn** [nʊl|axt-'fʏnftseːn] adj inv (infml) run-of-the-mill (infml) **Nulldiät** f starvation diet
Nulllösung f POL zero option**Nullnummer** f (von Zeitung etc) pilot**Nullpunkt** m zero; **auf den ~ sinken, den ~ erreichen** to hit rock-bottom **Nullrunde** f **in diesem Jahr gab es eine ~ für Beamte** there has been no pay increase this year for civil servants **Nullsummenspiel** nt zero-sum game **Nulltarif** m (für Verkehrsmittel) free travel; (≈ freier Eintritt) free admission; **zum ~** (hum) free of charge**Nullwachstum** nt POL zero growth
numerisch [nuː'meːrɪʃ] adj numeric(al)
Nummer ['nʊmɐ] f ⟨-, -n⟩ number; (≈ Größe) size; (infml: Mensch) character; (infml ≈ Koitus) screw (sl); **er hat or schiebt eine ruhige ~** (infml) he's onto a cushy number (infml); **auf ~ sicher gehen** (infml) to play (it) safe; **dieses Geschäft ist eine ~ zu groß für ihn** this business is out of his league**nummerieren** [nʊmə'riːrən] past part **nummeriert** v/t to number**Nummerierung** f ⟨-, -en⟩ numbering**Nummernblock** m (auf Tastatur) numeric keypad **Nummerngirl** [-gøːɐl] nt ⟨-s, -s⟩ ring card girl**Nummernkonto** nt FIN numbered account **Nummernschild** nt AUTO number plate (Br), license plate (US)**Nummernspeicher** m TEL memory
nun [nuːn] adv **1.** (≈ jetzt) now; **was ~?** what now?; **er will ~ mal nicht** he simply doesn't want to; **das ist ~ (ein)mal so** that's just the way things are; **~ ja** well yes; **~ gut** (well) all right; **~ erst recht!** just for that (I'll do it)! **2.** (Aufforde-

rung) come on **3.** (*bei Fragen*) well; **~?** well?

nur[nuːɐ] *adv* only; **alle, ~ ich nicht** everyone except me; **nicht ~ ..., sondern auch** not only ... but also; **alles, ~ das nicht!** anything but that!; **ich hab das ~ so gesagt** I was just talking; **was hat er ~?** what on earth is the matter with him? (*infml*); **wenn er ~ (erst) käme** if only he would come; **geh~!** just go; **~ zu!** go on; **Sie brauchen es ~ zu sagen** just say (the word)

Nürnberg['nʏrnbɛrk] *nt*⟨*-s*⟩ Nuremberg

nuscheln ['nʊʃln] *v/t & v/i* (*infml*) to mutter

Nuss[nʊs] *f*⟨*-, ¨e* ['nʏsə]⟩ **1.** nut; **eine harte ~ zu knacken haben** (*fig*) to have a tough nut to crack **2.** (*infml: Mensch*) **eine doofe ~** a stupid clown (*infml*) **Nussbaum** *m* (*Baum*) walnut tree; (*Holz*) walnut **Nussknacker** *m* nutcracker **Nussschale** *f* nutshell; (*fig: Boot*) cockleshell

Nüster['nyːstɐ] *f*⟨*-, -n*⟩ nostril

Nut[nuːt] *f*⟨*-, -en* (*spec*)⟩, **Nute**['nuːtə] *f* ⟨*-, -n*⟩ groove

Nutte['nʊtə] *f*⟨*-, -n*⟩ (*infml*) tart (*infml*) **nutzbar**[adj us(e)able; *Boden* productive; *Bodenschätze* exploitable; **~ machen** to make us(e)able; *Sonnenenergie* to harness; *Bodenschätze* to exploit **nutzbringend**I *adj* profitable **II** *adv* profitably; **etw ~ anwenden** to use sth profitably **nütze**['nʏtsə] *adj pred* **zu etw ~ sein** to be useful for sth; **zu nichts ~ sein** to be no use for anything **nutzen** ['nʊtsn] **I** *v/i* to be of use, to be useful

(*jdm zu etw* to sb for sth); **es nutzt nichts** it's no use; **da nutzt alles nichts** there's nothing to be done; **das nutzt (mir/dir) nichts** that won't help (me/you) **II** *v/t* to make use of, to use; *Gelegenheit* to take advantage of; *Bodenschätze, Energien* to use **Nutzen** ['nʊtsn] *m*⟨*-s, -*⟩ **1.** use; (≈ *Nützlichkeit*) usefulness; **jdm von ~ sein** to be useful to sb **2.** (≈ *Vorteil*) advantage, benefit; (≈ *Gewinn*) profit; **aus etw ~ ziehen** to reap the benefits of sth **nützen** ['nʏtsn] *v/t & v/i* = **nutzen Nutzer** ['nʊtsɐ] *m*⟨*-s, -*⟩, **Nutzerin**[-ərɪn] *f* ⟨*-, -nen*⟩ user **Nutzfahrzeug**nt farm/military *etc* vehicle; COMM commercial vehicle **Nutzfläche** *f* us(e)able floor space; **(landwirtschaftliche) ~** AGR (agriculturally) productive land **Nutzholz**nt (utilizable) timber **Nutzlast** *f* payload **nützlich**['nʏtslɪç] *adj* useful; **sich ~ machen** to make oneself useful **Nützlichkeit** *f* ⟨*-, no pl*⟩ usefulness **nutzlos**adj **1.** useless; (≈ *vergeblich*) futile attr, in vain pred **2.** (≈ *unnötig*) needless **Nutzlosigkeit** *f* ⟨*-, no pl*⟩ uselessness; (≈ *Vergeblichkeit*) futility **Nutznießer** ['nʊtsniːsɐ] *m* ⟨*-s, -*⟩, **Nutznießerin**[-ərɪn] *f*⟨*-, -nen*⟩ beneficiary; JUR usufructuary **Nutzung** ['nʊtsʊŋ] *f*⟨*-, -en*⟩ use; (≈ *das Ausnutzen*) exploitation; **jdm etw zur ~ überlassen** to give sb the use of sth

Nylon®['nailɔn] *nt* ⟨*-(s), no pl*⟩ nylon **Nymphe**['nʏmfə] *f*⟨*-, -n*⟩ MYTH nymph; (*fig*) sylph **Nymphomanin** [nʏmfo-'maːnɪn] *f*⟨*-, -nen*⟩ nymphomaniac

O

O, o[oː] *nt* ⟨*-, -*⟩ O, o **oint** oh

Oase[o'aːzə] *f*⟨*-, -n*⟩ oasis; (*fig*) haven **ob**[ɔp] *cj* **1.** (*indirekte Frage*) if, whether; **ob reich, ob arm** whether rich or poor; **ob er (wohl) morgen kommt?** I wonder if he'll come tomorrow? **2.** **und ob** (*infml*) you bet (*infml*); **als ob** as if; **(so) tun als ob** (*infml*) to pretend **Obacht**['oːbaxt] *f*⟨*-, no pl*⟩ **~ geben auf** (+*acc*) (≈ *aufmerken*) to pay attention to; (≈ *bewachen*) to keep an eye on

ÖBB *abbr of* **Österreichische Bundesbahnen** *Austrian Railways*

Obdach['ɔpdax] *nt, no pl* (*elev*) shelter **obdachlos**adj homeless; **~ werden** to be made homeless **Obdachlosenasyl** *nt* hostel for the homeless **Obdachlose(r)**['ɔpdaxloːzə] *m/f(m)* decl as adj homeless person; **die ~n** the homeless **Obdachlosigkeit** *f*⟨*-, no pl*⟩ homelessness

Obduktion[ɔpdʊk'tsioːn] *f*⟨*-, -en*⟩ postmortem (examination) **obduzieren**

[ɔpdu'tsiːrən] *past part* **obduziert** *v/t* to carry out a postmortem on

O-Beine ['oː-] *pl* (*infml*) bow legs *pl*
o-beinig ['oː-] *adj* bow-legged

Obelisk [obə'lɪsk] *m* ⟨**-en, -en**⟩ obelisk

oben ['oːbn] *adv* **1.** (≈ *am oberen Ende*) at the top; (*im Hause*) upstairs; (≈ *in der Höhe*) up; *rechts* ~ (*in der Ecke*) in the top right-hand corner; *der ist* ~ *nicht ganz richtig* (*infml*) he's not quite right up top (*infml*); ~ *ohne gehen* (*infml*) to be topless; *ganz* ~ right at the top; *hier/dort* ~ up here / there; *hoch* ~ high (up) above; ~ *auf dem Berg* on top of the mountain; ~ *am Himmel* up in the sky; ~ *im Norden* up (in the) north; *nach* ~ up, upwards; (*im Hause*) upstairs; *der Weg nach* ~ (*fig*) the road to the top; *von* ~ *bis unten* from top to bottom; (*von Mensch*) from top to toe; *jdn von* ~ *bis unten mustern* to look sb up and down; *jdn von* ~ *herab behandeln* to be condescending to sb; *weiter* ~ further up; *der Befehl kommt von* ~ it's orders from above **2.** (≈ *vorher*) above; *siehe* ~ see above; ~ *erwähnt* *attr* above-mentioned **Oben-**
-ohne- *in cpds* topless

Ober ['oːbɐ] *m* ⟨**-s, -**⟩ (≈ *Kellner*) waiter; **Herr** ~*!* waiter!

Oberarm *m* upper arm **Oberarzt** *m*, **Oberärztin** *f* senior physician; (≈ *Vertreter des Chefarztes*) assistant medical director **Oberaufsicht** *f* supervision; *die* ~ *führen* to be in *or* have overall control (*über* +*acc* of) **Oberbefehl** *m* MIL supreme command **Oberbegriff** *m* generic term **Oberbürgermeister** *m* Lord Mayor **Oberbürgermeisterin** *f* mayoress **Oberdeck** *nt* upper deck **obere(r, s)** ['oːbərə] *adj attr* upper; → *oberste(r, s)* **Oberfläche** *f* surface; TECH, MAT surface area; *an der* ~ *schwimmen* to float on the surface **oberflächlich** [-flɛçlɪç] **I** *adj* superficial; ~*e Verletzung* surface wound; *bei* ~*er Betrachtung* at a quick glance; *nach* ~*er Schätzung* at a rough estimate **II** *adv* superficially; *etw* (*nur*) ~ *kennen* to have (only) a superficial knowledge of sth **Obergeschoss** *nt*, **Obergeschoß** (*Aus*) *nt* upper floor; (*bei zwei Stockwerken*) top floor **Obergrenze** *f* upper limit **oberhalb** ['oːbɐhalp] **I** *prep* +*gen* above **II** *adv* above; *weiter* ~ further up **Oberhand** *f* (*fig*) upper hand; *die* ~

über jdn/etw gewinnen to gain the upper hand over sb/sth, to get the better of sb/sth **Oberhaupt** *nt* (≈ *Repräsentant*) head; (≈ *Anführer*) leader **Oberhaus** *nt* POL upper house; (*in GB*) House of Lords **Oberhemd** *nt* shirt

Oberin ['oːbərɪn] *f* ⟨**-, -nen**⟩ **1.** (*im Krankenhaus*) matron **2.** ECCL Mother Superior

oberirdisch *adj*, *adv* above ground **Oberkellnerin** *f* head waitress **Oberkiefer** *m* upper jaw **Oberkommando** *nt* (≈ *Oberbefehl*) Supreme Command **Oberkörper** *m* upper part of the body; *den* ~ *frei-machen* to strip to the waist **Oberlauf** *m* upper reaches *pl* **Oberleder** *nt* (leather) uppers *pl* **Oberleitung** *f* **1.** (≈ *Führung*) direction **2.** ELEC overhead cable **Oberlippe** *f* upper lip **oberrheinisch** *adj* upper Rhine

Obers ['oːbɐs] *nt* ⟨**-, no pl**⟩ (*Aus*) cream **Oberschenkel** *m* thigh **Oberschenkelhalsbruch** *m* femoral neck fracture **Oberschicht** *f* top layer; SOCIOL upper strata (of society) *pl* **Oberschwester** *f* senior nursing officer **Oberseite** *f* top (side) **Oberst** ['oːbɐst] *m* ⟨**-en, -e(n)**⟩ **1.** (*Heer*) colonel **2.** (*Luftwaffe*) group captain (*Br*), colonel (*US*) **Oberstaatsanwalt** *m*, **Oberstaatsanwältin** *f* public prosecutor, procurator fiscal (*Scot*), district attorney (*US*) **oberste(r, s)** ['oːbɐstə] *adj* **1.** *Stockwerk, Schicht* uppermost, very top **2.** *Gebot, Prinzip* supreme; *Dienstgrad* highest, most senior; *Oberster Gerichtshof* supreme court **Oberstufe** *f* upper school **Oberteil** *nt or m* upper part, top **Oberwasser** *nt* (*fig infml*) ~ *haben* to feel better **Oberweite** *f* bust measurement

obgleich [ɔp'glaiç] *cj* although

Obhut ['ɔphuːt] *f* ⟨**-, no pl**⟩ (*elev*) (≈ *Aufsicht*) care; (≈ *Verwahrung*) keeping; *jdn in* ~ *nehmen* to take care of sb; *unter jds* ~ (*dat*) *sein* to be in sb's care

obige(r, s) ['oːbɪgə] *adj attr* above

Objekt [ɔp'jɛkt] *nt* ⟨**-(e)s, -e**⟩ object; (COMM ≈ *Grundstück etc*) property; PHOT subject **objektiv** [ɔpjɛk'tiːf] **I** *adj* objective **II** *adv* objectively **Objektiv** [ɔpjɛk-'tiːf] *nt* ⟨**-s, -e** [-və]⟩ (object) lens **Objektivität** [ɔpjɛktivi'tɛːt] *f* ⟨**-, no pl**⟩ objectivity **Objektschutz** *m* protection of property **Objektträger** *m* slide

Oblate [o'blaːtə] *f* ⟨**-, -n**⟩ wafer; ECCL host

Obligation [obliga'tsio:n] *f* ⟨-, *-en*⟩ *also*
FIN obligation **obligatorisch** [obliga-
'to:rɪʃ] *adj* obligatory; *Fächer* compulsory
Oboe [o'bo:ə] *f* ⟨-, *-n*⟩ oboe **Oboist** [obo-
'ɪst] *m* ⟨-*en, -en*⟩, **Oboistin** [-'ɪstɪn] *f* ⟨-,
-nen⟩ oboist
Obrigkeit ['o:brɪçkait] *f* ⟨-, *-en*⟩ authority; *die* ~ the authorities *pl*
Observatorium [ɔpzɛrva'to:riʊm] *nt*
⟨-*s*, **Observatorien** [-riən]⟩ observatory
observieren [ɔpzɛr'vi:rən] *past part* **ob-
serviert** *v/t* (*form*) to observe
obskur [ɔps'ku:ɐ] *adj* obscure; (≈ *verdächtig*) suspect
Obst [o:pst] *nt* ⟨-(*e*)*s, no pl*⟩ fruit **Obst-
bau** *m, no pl* fruit-growing **Obstbaum**
m fruit tree **Obstgarten** *m* orchard
Obstkuchen *m* fruit flan; (*gedeckt*) fruit
tart **Obstler** ['o:pstlɐ] *m* ⟨-*s*, -⟩ (*dial*)
fruit schnapps
Obstruktion [ɔpstrʊk'tsio:n] *f* ⟨-, *-en*⟩
obstruction
Obstsaft *m* fruit juice **Obstsalat** *m* fruit
salad **Obsttorte** *f* fruit flan; (*gedeckt*)
fruit tart **Obstwasser** *nt, pl* -*wässer*
fruit schnapps
obszön [ɔps'tsø:n] *adj* obscene **Obszönität** [ɔpstsøni'tɛ:t] *f* ⟨-, *-en*⟩ obscenity
obwohl [ɔp'vo:l] *cj* although
Occasion [ɔkas'jõ:] *f* ⟨-, *-en*⟩ (*Swiss*) (≈
Gelegenheitskauf) (second-hand) bargain; (≈ *Gebrauchtwagen*) second-hand
car
Ochs [ɔks] *m* ⟨-*en, -en*⟩, **Ochse** ['ɔksə] *m*
⟨-*n, -n*⟩ 1. ox 2. (*infml* ≈ *Dummkopf*)
dope (*infml*) **Ochsenschwanzsuppe**
['ɔksn-] *f* oxtail soup
Ocker ['ɔkɐ] *m or nt* ⟨-*s*, -⟩ ochre (*Br*),
ocher (*US*)
Ode ['o:də] *f* ⟨-, *-n*⟩ ode
öde ['ø:də] *adj* 1. (≈ *verlassen*) deserted;
(≈ *unbewohnt*) desolate; (≈ *unbebaut*)
waste 2. (*fig* ≈ *fade*) dull; *Dasein* dreary;
(*infml* ≈ *langweilig*) grim (*infml*)
Ödem [ø'de:m] *nt* ⟨-*s, -e*⟩ oedema, ede-
ma
oder ['o:dɐ] *cj* or; ~ *so* (*am Satzende*) or
something; *so wars doch,* ~ (*etwa*)
nicht? that was what happened, wasn't
it?; *lassen wir es so,* ~*?* let's leave it at
that, OK?
Ödipuskomplex ['ø:dipʊs-] *m* Oedipus
complex
Ofen ['o:fn] *m* ⟨-*s*, ≈ ['ø:fn]⟩ 1. (≈ *Heiz-*

ofen) heater; (≈ *Kohleofen*) stove; *jetzt
ist der* ~ *aus* (*infml*) that's it (*infml*) 2.
(≈ *Herd, Backofen*) oven 3. TECH furnace; (≈ *Brennofen*) kiln **Ofenkartoffel**
f baked potato **Ofenrohr** *nt* stovepipe
offen ['ɔfn] I *adj* 1. open; *Flamme, Licht*
naked; *Haare* loose; *Rechnung* outstanding; ~*er Wein* wine by the carafe / glass; *auf* ~*er Strecke* (*Straße*) on
the open road; *Tag der* ~*en Tür* open
day; *ein* ~*es Wort mit jdm reden* to have
a frank talk with sb 2. (≈ *frei*) *Stelle* vacant; ~*e Stellen* vacancies II *adv* openly;
(≈ *freimütig*) candidly; (≈ *deutlich*)
clearly; ~ *gestanden or gesagt* quite
honestly; *seine Meinung* ~ *sagen* to
speak one's mind; *die Haare* ~ *tragen*
to wear one's hair loose *or* down **offenbar** I *adj* obvious; ~ *werden* to become
obvious II *adv* (≈ *vermutlich*) apparently; *da haben Sie sich* ~ *geirrt* you seem
to have made a mistake **offenbaren**
[ɔfn'ba:rən] *insep past part* **offenbart**
or (*old*) **geoffenbart** [ɔfn'ba:ɐt, gə|ɔfn-
'ba:ɐt] I *v/t* to reveal II *v/r* (≈ *erweisen*)
to show *or* reveal itself / oneself **Offenba-
rung** [ɔfn'ba:rʊŋ] *f* ⟨-, *-en*⟩ revelation
Offenbarungseid *m* JUR oath of disclosure; *den* ~ *leisten* (*lit*) to swear an oath
of disclosure; (*fig*) to admit defeat **offen
bleiben, offenbleiben** (*fig*) *v/i sep irr
aux sein* **alle offengebliebenen Probleme** all remaining problems **offen halten, offenhalten** (*fig*) *v/t sep irr* to keep
open **Offenheit** *f* ⟨-, *no pl*⟩ (*gegenüber*
about) openness, candour (*Br*), candor
(*US*); *in aller or schöner* ~ quite openly
offenkundig I *adj* obvious; *Beweise*
clear II *adv* blatantly **offen lassen, offenlassen** *v/t sep irr* to leave open **offen
legen, offenlegen** *v/t sep* (*fig*) to disclose **offensichtlich** ['ɔfnzɪçtlɪç, ɔfn'zɪçtlɪç] I *adj*
obvious II *adv* obviously
offensiv I *adj* offensive II *adv* offensively
Offensive *f* ⟨-, *-n*⟩ offensive; *in die* ~ *gehen* to take the offensive
offen stehen *v/i irr* (*Tür, Fenster*) to be
open **offenstehen** *v/i sep irr* (*fig*) 1.
(COMM: *Rechnung*) to be outstanding
2. *jdm* ~ (*fig* ≈ *zugänglich sein*) to be
open to sb; *es steht ihr offen, sich
uns anzuschließen* she's free to join us
öffentlich I *adj* public; *die* ~*e Meinung/
Moral* public opinion / morality; *die* ~*e
Ordnung* law and order; ~*es Recht*

JUR public law; **~e Schule** state school, public school (*US*); **der ~e Dienst** the civil service **II** *adv* publicly; **sich ~ äußern** to voice one's opinion in public; **etw~ bekannt machen** to make sth public **Öffentlichkeit** *f* ⟨-, *no pl*⟩ (≈ *Allgemeinheit*) (general) public; **in** *or* **vor aller ~** in public; **unter Ausschluss der ~** in secret *or* private; JUR in camera; **mit etw an die ~ treten** to bring sth to public attention; **im Licht der ~ stehen** to be in the public eye **Öffentlichkeitsarbeit** *f* public relations work **öffentlich-rechtlich** ['œfntlɪç'rɛçtlɪç] *adj attr* (under) public law; **~er Rundfunk** ≈ public-service broadcasting

Offerte [ɔ'fɛrtə] *f* ⟨-, -n⟩ COMM offer

offiziell [ɔfi'tsiɛl] **I** *adj* official **II** *adv* officially

Offizier [ɔfi'tsiːɐ] *m* ⟨-s, -e⟩, **Offizierin** [-'tsiːrɪn] *f* ⟨-, -nen⟩ officer

offline ['ɔflain] *adv* IT off line **Offlinebetrieb** ['ɔflain-] *m* IT off-line mode

öffnen ['œfnən] **I** *v/t & v/i* to open **II** *v/r* to open; (≈ *weiter werden*) to open out; **sich jdm ~** to confide in sb **Öffner** ['œfnɐ] *m* ⟨-s, -⟩ opener **Öffnung** ['œfnʊŋ] *f* ⟨-, -en⟩ opening **Öffnungszeiten** *pl* hours *pl* of business

Offsetdruck ['ɔfsɛt-] *m, pl* **-drucke** offset (printing)

oft [ɔft] *adv, comp* **~er** ['œftɐ], (*rare*) *sup* **am ~esten** ['œftəstn] often; (≈ *in kurzen Abständen*) frequently; **des Öfteren** quite often **öfter(s)** ['œftɐ(s)] *adv* (every) once in a while; (≈ *wiederholt*) from time to time

oh [oː] *int* oh

Ohm [oːm] *nt* ⟨-(s), -⟩ ohm

ohne ['oːnə] **I** *prep* +*acc* without; **~ mich!** count me out!; **er ist nicht ~** (*infml*) he's not bad (*infml*); **~ Mehrwertsteuer** excluding VAT; **ich hätte das ~ Weiteres getan** I'd have done it without a second thought; **er hat den Brief ~ Weiteres unterschrieben** he signed the letter just like that; **das lässt sich ~ Weiteres arrangieren** that can easily be arranged **II** *cj* **~ zu zögern** without hesitating **ohnegleichen** ['oːnə'glaiçn] *adj inv* unparalleled; **seine Frechheit ist ~** I've never known anybody have such a nerve **ohnehin** ['oːnə'hɪn] *adv* anyway; **es ist ~ schon spät** it's late enough as it is

Ohnmacht ['oːnmaxt] *f* ⟨-, -en⟩ **1.** MED faint; **in ~ fallen** to faint **2.** (≈ *Machtlosigkeit*) powerlessness **ohnmächtig** ['oːnmɛçtɪç] **I** *adj* **1.** (≈ *bewusstlos*) unconscious; **~ werden** to faint **2.** (≈ *machtlos*) powerless; **~e Wut** impotent rage **II** *adv* (≈ *hilflos*) helplessly; **~ zusehen** to look on helplessly

Ohr [oːɐ] *nt* ⟨-(e)s, -en⟩ ear; **auf taube/ offene ~en stoßen** to fall on deaf/ sympathetic ears; **ein offenes ~ für jdn haben** to be ready to listen to sb; **mir klingen die ~en** my ears are burning; **jdm die ~en volljammern** (*infml*) to keep (going) on at sb; **ganz ~ sein** (*hum*) to be all ears; **sich aufs ~ legen** *or* **hauen** (*infml*) to turn in (*infml*); **jdm die ~en lang ziehen** (*infml*) to tweak sb's ear(s); **ein paar hinter die ~en kriegen** (*infml*) to get a smack on the ear; **schreib es dir hinter die ~en** (*infml*) has it sunk in? (*infml*); **jdm** (**mit etw**) **in den ~en liegen** to badger sb (about sth); **jdn übers ~ hauen** to take sb for a ride (*infml*); **bis über beide ~en verliebt sein** to be head over heels in love; **viel um die ~en haben** (*infml*) to have a lot on (one's plate) (*infml*); **es ist mir zu ~en gekommen** it has come to my ears (*form*)

Öhr [øːɐ] *nt* ⟨-(e)s, -e⟩ eye

Ohrenarzt *m,* **Ohrenärztin** *f* ear specialist **ohrenbetäubend** *adj* (*fig*) deafening **Ohrensausen** *nt* ⟨-s, *no pl*⟩ MED buzzing in one's ears **Ohrenschmalz** *nt* earwax **Ohrenschmerzen** *pl* earache **Ohrenschützer** *pl* earmuffs *pl* **Ohrenzeuge** *m,* **Ohrenzeugin** *f* earwitness **Ohrfeige** ['oːɐfaigə] *f* ⟨-, -n⟩ slap (on *or* round (*Br*) the face); (*als Strafe*) smack on the ear; **eine ~ bekommen** to get a slap round (*Br*) *or* in (*US*) the face **ohrfeigen** ['oːɐfaign] *v/t insep* **jdn ~** to slap *or* hit sb; (*als Strafe*) to give sb a smack on the ear **Ohrläppchen** *nt* (ear)lobe **Ohrmuschel** *f* (outer) ear **Ohrring** *m* earring **Ohrstecker** *m* stud earring **Ohrstöpsel** *m* earplug **Ohrwurm** *m* ZOOL earwig; **der Schlager ist ein richtiger ~** (*infml*) that's a really catchy record (*infml*)

oje [o'jeː] *int* oh dear

Okkupation [ɔkupa'tsioːn] *f* ⟨-, -en⟩ occupation

Ökobauer *m* ⟨-n, -n⟩, **Ökobäuerin** *f* ⟨-, -nen⟩ (*infml*) ecologically-minded farmer **Ökoladen** *m* wholefood shop **Ökologe** [øko'lo:gə] *m* ‹*-n, -n*›, **Ökologin** [-'lo:gɪn] *f* ‹*-, -nen*› ecologist **Ökologie** [økolo'gi:] *f* ‹*-, no pl*› ecology **ökologisch** [øko'lo:gɪʃ] I *adj* ecological, environmental II *adv* ecologically; *anbauen* organically **Ökonom** [øko-'no:m] *m* ‹*-en, -en*›, **Ökonomin** [-ɪn] *f* ‹*-, -nen*› economist **Ökonomie** [økono-'mi:] *f* ‹*-, -n*› 1. economy 2. *no pl* (≈ *Wirtschaftswissenschaft*) economics *sg* **ökonomisch** [øko'no:mɪʃ] I *adj* 1. economic 2. (≈ *sparsam*) economic(al) II *adv* economically; **~ wirtschaften** to be economical **Ökopapier** *nt* recycled paper **Ökosiegel** *nt* eco-label **Ökosphäre** *f* ecosphere **Ökosteuer** *f* ecotax, green tax (*infml*) **Ökosystem** *nt* ecosystem

Oktaeder [ɔkta'|e:dɐ] *nt* ‹*-s, -*› octahedron

Oktanzahl [ɔk'ta:n-] *f* octane number

Oktave [ɔk'ta:və] *f* ‹*-, -n*› octave

Oktober [ɔk'to:bɐ] *m* ‹*-(s), -*› October; → *März* **Oktoberfest** *nt* Munich beer festival

ökumenisch [øku'me:nɪʃ] *adj* ecumenical

Öl [ø:l] *nt* ‹*-(e)s, -e*› oil; *in Öl malen* to paint in oils; *Öl auf die Wogen gießen* (*prov*) to pour oil on troubled waters **Ölbild** *nt* oil painting

Oldie ['o:ldi] *m* ‹*-s, -s*› (*infml* ≈ *Schlager*) (golden) oldie (*infml*) **Oldtimer** ['o:ldtaimɐ] *m* ‹*-s, -*› (≈ *Auto*) veteran car

Oleander [ole'andɐ] *m* ‹*-s, -*› oleander **Ölembargo** *nt* oil embargo **ölen** ['ø:lən] *v/t* to oil; *wie geölt* (*infml*) like clockwork (*infml*) **Ölexport** *m* oil exports *pl* **Ölfarbe** *f* oil-based paint; ART oil (paint *or* colour (*Br*) *or* color (*US*)) **Ölfeld** *nt* oil field **Ölfilm** *m* film of oil **Ölförderland** *nt* oil-producing country **Ölförderung** *f* oil production **Ölgemälde** *nt* oil painting **Ölheizung** *f* oil-fired central heating **ölig** ['ø:lɪç] *adj* oily

oliv [o'li:f] *adj pred* olive(-green) **Olive** [o'li:və] *f* ‹*-, -n*› olive **Olivenbaum** *m* olive tree **Olivenhain** *m* olive grove **Olivenöl** *nt* olive oil **olivgrün** *adj* olive--green

Ölkanne *f*, **Ölkännchen** *nt* oil can **Ölkrise** *f* oil crisis **Öllieferant(in)** *m/(f)* oil producer **Ölmessstab** *m* AUTO dipstick **Ölmühle** *f* oil mill **Ölofen** *m* oil heater **Öl-**

plattform *f* oil rig **Ölpreis** *m* oil price **Ölquelle** *f* oil well **Ölsardine** *f* sardine **Ölschicht** *f* layer of oil **Ölstand** *m* oil level **Ölstandsanzeiger** *m* oil pressure gauge **Öltanker** *m* oil tanker **Ölteppich** *m* oil slick **Ölverbrauch** *m* oil consumption **Ölvorkommen** *nt* oil deposit **Ölwanne** *f* AUTO sump (*Br*), oil pan (*US*) **Ölwechsel** *m* oil change

Olymp [o'lɪmp] *m* ‹*-s*› (*Berg*) Mount Olympus **Olympiade** [olʏm'pia:də] *f* ‹*-, -n*› (≈ *Olympische Spiele*) Olympic Games *pl* **Olympiamannschaft** *f* Olympic team **Olympiasieger(in)** *m/(f)* Olympic champion **Olympiastadion** *nt* Olympic stadium **Olympiateilnehmer(in)** *m/(f)* participant in the Olympic Games **olympisch** [o'lʏmpɪʃ] *adj* 1. (≈ *den Olymp betreffend*) Olympian (*also fig*) 2. (≈ *die Olympiade betreffend*) Olympic; *die Olympischen Spiele* the Olympic Games

Ölzeug *nt* oilskins *pl*

Oma ['o:ma] *f* ‹*-, -s*› (*infml*) granny (*infml*)

Ombudsfrau ['ɔmbʊts-] *f* ombudswoman **Ombudsmann** ['ɔmbʊts-] *m*, *pl* **-männer** ombudsman

Omelett [ɔm(ə)'lɛt] *nt* ‹*-(e)s, -e or -s*› omelette

Omen ['o:mən] *nt* ‹*-s, - or Omina* ['o:mina]› omen

ominös [omi'nø:s] (*elev*) I *adj* ominous, sinister II *adv* ominously

Omnibus ['ɔmnibʊs] *m* bus

onanieren [ona'ni:rən] *past part* **onaniert** *v/i* to masturbate

Onkel ['ɔŋkl] *m* ‹*-s, -*› uncle

Onkologe [ɔŋko'lo:gə] *m* ‹*-n, -n*›, **Onkologin** [-'lo:gɪn] *f* ‹*-, -nen*› oncologist **Onkologie** [ɔŋkolo'gi:] *f* ‹*-, no pl*› MED oncology

online ['ɔnlain] *adj pred* IT on line **Online--Anbieter** *m* on-line (service) provider **Onlinebanking** [-bɛŋkɪŋ] *nt* ‹*-s*› on-line *or* Internet banking **Onlinebetrieb** *m* on-line mode **Onlinedatenbank** *f*, *pl* **-banken** on-line database **Onlinedienst** *m*, **Onlineservice** [-zø:ɐvɪs, -zœrvɪs] *m* on-line service **Onlineshop** *f* on-line store

Opa ['o:pa] *m* ‹*-s, -s*› (*infml*) grandpa (*infml*); (*fig*) old grandpa (*infml*)

Opal [o'pa:l] *m* ‹*-s, -e*› opal

Open Air ['o:pn'ɛɐ] *nt* ‹*-s, -s*›, **Open-**

Air-Festival ['ɔːpnˈɛɐ̯-] *nt* open-air festival **Open-Air-Konzert** ['ɔːpnˈɛɐ̯-] *nt* open-air concert

Oper ['ɔːpɐ] *f* ⟨-, -n⟩ opera

Operation [opɐraˈtsi̯oːn] *f* ⟨-, -en⟩ operation **Operationssaal** *m* operating theatre (*Br*) *or* room (*US*) **Operationsschwester** *f* theatre sister (*Br*), operating room nurse (*US*) **operativ** [opɐraˈtiːf] **I** *adj* MED operative, surgical; MIL, ECON strategic, operational **II** *adv* MED surgically **Operator** ['ɔpɐreːtɐ, opɐ-'raːtoːɐ̯] *m* ⟨-s, -s, *or* (*bei dt. Aussprache*) **Operatoren** [-'toːrən]⟩, **Operatorin** [-'toːrɪn] *f* ⟨-, -nen⟩ (computer) operator

Operette [opɐˈrɛtə] *f* ⟨-, -n⟩ operetta

operieren [opɐˈriːrən] *past part* **operiert** **I** *v/t* to operate on; *jdn am Magen ~* to operate on sb's stomach **II** *v/i* to operate; *sich ~ lassen* to have an operation **Opernball** *m* opera ball **Opernführer** *m* (≈ *Buch*) opera guide **Opernglas** *nt* opera glasses *pl* **Opernhaus** *nt* opera house **Opernsänger(in)** *m/(f)* opera singer

Opfer ['ɔpfɐ] *nt* ⟨-s, -⟩ **1.** (≈ *Opfergabe*) sacrifice; *jdm etw als ~ darbringen* to offer sth as a sacrifice to sb; *ein ~ bringen* to make a sacrifice **2.** (≈ *Geschädigte*) victim; *jdm/einer Sache zum ~ fallen* to be (the) victim of sb/sth; *das Erdbeben forderte viele ~* the earthquake claimed many victims **opferbereit** *adj* ready *or* willing to make sacrifices **Opfergabe** *f* offering **opfern** ['ɔpfɐn] **I** *v/t* **1.** (≈ *als Opfer darbringen*) sacrifice **2.** (*fig* ≈ *aufgeben*) to give up **II** *v/i* to make a sacrifice **III** *v/r* **sich** *or* **sein Leben für jdn/etw ~** to sacrifice oneself *or* one's life for sb/sth **Opferstock** *m* offertory box **Opferung** ['ɔpfərʊŋ] *f* ⟨-, -en⟩ (≈ *das Opfern*) sacrifice

Opium ['oːpi̯ʊm] *nt* ⟨-s, *no pl*⟩ opium **Opiumhöhle** *f* opium den

Opponent [ɔpoˈnɛnt] *m* ⟨-en, -en⟩, **Opponentin** [-ˈnɛntɪn] *f* ⟨-, -nen⟩ opponent **opponieren** [ɔpoˈniːrən] *past part* **opponiert** *v/i* to oppose (*gegen jdn/etw* sb/sth)

opportun [ɔpɔrˈtuːn] *adj* (*elev*) opportune **Opportunismus** [ɔpɔrtuˈnɪsmʊs] *m* ⟨-, *no pl*⟩ opportunism **Opportunist** [ɔpɔrtuˈnɪst] *m* ⟨-en, -en⟩, **Opportunistin** [-ˈnɪstɪn] *f* ⟨-, -nen⟩ opportunist **opportunistisch** [ɔpɔrtuˈnɪstɪʃ] *adj* op-

portunistic, opportunist

Opposition [ɔpozi'tsi̯oːn] *f* ⟨-, -en⟩ opposition; *in die ~ gehen* POL to go into opposition **Oppositionsführer(in)** *m/(f)* POL opposition leader **Oppositionspartei** *f* POL opposition, opposition party

optieren [ɔpˈtiːrən] *past part* **optiert** *v/i* (*form*) *~ für* to opt for

Optik ['ɔptɪk] *f* ⟨-, -en⟩ **1.** *no pl* PHYS optics **2.** (≈ *Linsensystem*) lens system **3.** (≈ *Sehweise*) point of view; *das ist eine Frage der ~* (*fig*) it depends on your point of view **Optiker** ['ɔptɪkɐ] *m* ⟨-s, -⟩, **Optikerin** [-ərɪn] *f* ⟨-, -nen⟩ optician

optimal [ɔptiˈmaːl] **I** *adj* optimal, optimum *attr* **II** *adv* perfectly; *etw ~ nutzen* to put sth to the best possible use **optimieren** [ɔptiˈmiːrən] *past part* **optimiert** *v/t* to optimize **Optimismus** [ɔpti'mɪsmʊs] *m* ⟨-, *no pl*⟩ optimism **Optimist** [ɔptiˈmɪst] *m* ⟨-en, -en⟩, **Optimistin** [-ˈmɪstɪn] *f* ⟨-, -nen⟩ optimist **optimistisch** [ɔptiˈmɪstɪʃ] **I** *adj* optimistic **II** *adv* optimistically; *etw ~ sehen* to be optimistic about sth **Optimum** ['ɔptimʊm] *nt* ⟨-s, **Optima** [-ma]⟩ optimum

Option [ɔpˈtsi̯oːn] *f* ⟨-, -en⟩ option **Optionshandel** *m* options trading

optisch ['ɔptɪʃ] **I** *adj* visual; *~e Täuschung* optical illusion **II** *adv* (≈ *vom Eindruck her*) optically, visually

opulent [opuˈlɛnt] (*elev*) *adj* Kostüme, Geldsumme lavish; *Mahl* sumptuous

Opus ['oːpʊs, 'ɔpʊs] *nt* ⟨-, **Opera** ['oːpəra]⟩ work; MUS opus; (≈ *Gesamtwerk*) (complete) works *pl*

Orakel [o'raːkl] *nt* ⟨-s, -⟩ oracle **orakeln** [o'raːkln] *past part* **orakelt** *v/i* (*über die Zukunft*) to prophesy

oral [o'raːl] **I** *adj* oral **II** *adv* orally **Oralsex** *m* oral sex

orange [o'rãːʒə] *adj inv* orange **Orange** [o'rãːʒə] *f* ⟨-, -n⟩ (*Frucht*) orange **Orangeade** [orãˈʒaːdə] *f* ⟨-, -n⟩ orangeade (*esp Br*), orange juice **Orangeat** [orã-ˈʒaːt] *nt* ⟨-s, -e⟩ candied (orange) peel **Orangenhaut** *f*, *no pl* MED orange-peel skin **Orangensaft** *m* orange juice

Orang-Utan ['oːraŋ-|uːtan] *m* ⟨-s, -s⟩ orang-utan

Orchester [ɔrˈkɛstɐ, (*old*) ɔrˈçɛstɐ] *nt* ⟨-s, -⟩ orchestra **Orchestergraben** *m* orchestra pit

Orchidee [ɔrçiˈdeː(ə)] *f* ⟨**-, -n** [-ˈdeːən]⟩ orchid

Orden [ˈɔrdn] *m* ⟨**-s, -**⟩ **1.** (*Gemeinschaft*) (holy) order **2.** (≈ *Ehrenzeichen*) decoration; MIL medal; **einen ~ bekommen** to be decorated **Ordensbruder** *m* ECCL monk **Ordensschwester** *f* nun; (≈ *Krankenschwester*) (nursing) sister

ordentlich [ˈɔrdntlɪç] **I** *adj* **1.** *Mensch, Zimmer* tidy **2.** (≈ *ordnungsgemäß*) **~es Gericht** court of law; **~es Mitglied** full member **3.** (≈ *anständig*) respectable **4.** (*infml* ≈ *tüchtig*) **ein ~es Frühstück** a proper breakfast; **eine ~e Tracht Prügel** a proper hiding (*infml*) **5.** (≈ *annehmbar*) *Preis, Leistung* reasonable **II** *adv* **1.** (≈ *geordnet*) neatly **2.** (≈ *ordnungsgemäß*) *regeln* correctly; (≈ *anständig*) *sich benehmen* appropriately; *aufhängen* properly **3.** (*infml* ≈ *tüchtig*) **~ essen** to eat (really) well; **jdn ~ verprügeln** to give sb a real beating; **es hat ~ geregnet** it really rained; **~ Geld verdienen** to make a pile of money (*infml*)

Order [ˈɔrdɐ] *f* ⟨**-, -s** *or* **-n**⟩ order **ordern** [ˈɔrdɐn] *v/t* COMM to order

Ordinalzahl [ɔrdiˈnaːl-] *f* ordinal number **ordinär** [ɔrdiˈnɛːɐ] *adj* **1.** (≈ *gemein*) vulgar **2.** (≈ *alltäglich*) ordinary

Ordinariat [ɔrdinaˈriaːt] *nt* ⟨**-(e)s, -e**⟩ UNIV chair **Ordinarius** [ɔrdiˈnaːriʊs] *m* ⟨**-, Ordinarien** [-riən]⟩ UNIV professor (*für* of) **Ordination** [ɔrdinaˈtsioːn] *f* ⟨**-, -en**⟩ **1.** ECCL ordination **2.** (*Aus*) (≈ *Arztpraxis*) (doctor's) practice; (≈ *Sprechstunde*) consultation (hour), surgery (*Br*)

ordnen [ˈɔrdnən] *v/t Gedanken, Material* to organize; *Sammlung* to sort out; *Finanzen, Privatleben* to put in order; (≈ *sortieren*) to order; → **geordnet Ordner** [ˈɔrdnɐ] *m* ⟨**-s, -**⟩ (≈ *Aktenordner*) folder (*auch* IT) **Ordner** [ˈɔrdnɐ] *m* ⟨**-s, -**⟩, **Ordnerin** [-ərɪn] *f* ⟨**-, -nen**⟩ steward **Ordnung** [ˈɔrdnʊŋ] *f* ⟨**-, -en**⟩ order; **~ halten** to keep things tidy; **für ~ sorgen** to put things in order; **etw in ~ halten** to keep sth in order; **etw in ~ bringen** (≈ *reparieren*) to fix sth; (≈ *herrichten*) to put sth in order; (≈ *bereinigen*) to clear sth up; (**das ist**) **in ~!** (*infml*) (that's) OK (*infml*) **!**; **geht in ~** (*infml*) sure (*infml*); **der ist in ~** (*infml*) he's OK (*infml*); **da ist etwas nicht in ~** there's something wrong

there; **jdn zur ~ rufen** to call sb to order; **jdn zur ~ anhalten** to tell sb to be tidy; **~ muss sein!** we must have order!; **ich frage nur der ~ halber** I'm only asking as a matter of form; **das war ein Skandal erster ~** (*infml*) that was a scandal of first order **Ordnungsamt** *nt* ≈ town clerk's office **ordnungsgemäß** *I adj* according to the regulations, proper **II** *adv* correctly **ordnungshalber** *adv* as a matter of form **Ordnungshüter(in)** *m*/(*f*) (*hum*) custodian of the law (*hum*) **ordnungsliebend** *adj* tidy, tidy-minded **Ordnungsstrafe** *f* fine; **jdn mit einer ~ belegen** to fine sb **ordnungswidrig I** *adj* irregular; *Parken* illegal **II** *adv* *parken* illegally **Ordnungswidrigkeit** *f* infringement **Ordnungszahl** *f* MAT ordinal number

Oregano [oˈreːɡano] *m* ⟨**-, no pl**⟩ BOT oregano

Organ [ɔrˈɡaːn] *nt* ⟨**-s, -e**⟩ **1.** organ; (*infml* ≈ *Stimme*) voice **2. die ausführenden ~e** the executors **Organbank** *f, pl* **-banken** MED organ bank **Organentnahme** *f* MED organ removal **Organhandel** *m* trade in transplant organs

Organisation [ɔrɡanizaˈtsioːn] *f* ⟨**-, -en**⟩ organization **Organisationstalent** *nt* talent for organization; **er ist ein ~** he has a talent for organization **Organisator** [ɔrɡaniˈzaːtoːɐ] *m* ⟨**-s, Organisatoren** [-ˈtoːrən]⟩, **Organisatorin** [-ˈtoːrɪn] *f* ⟨**-, -nen**⟩ organizer **organisatorisch** [ɔrɡanizaˈtoːrɪʃ] *adj* organizational; **er ist ein ~es Talent** he has a talent for organization

organisch [ɔrˈɡaːnɪʃ] **I** *adj* organic; *Leiden* physical **II** *adv* MED organically; physically

organisieren [ɔrɡaniˈziːrən] *past part* **organisiert I** *v/t & v/i* to organize; **etw neu ~** to reorganize sth **II** *v/r* to organize

Organismus [ɔrɡaˈnɪsmʊs] *m* ⟨**-, Organismen** [-mən]⟩ organism

Organist [ɔrɡaˈnɪst] *m* ⟨**-en, -en**⟩, **Organistin** [-ɪn] *f* ⟨**-, -nen**⟩ MUS organist

Organizer [ˈɔrɡənaizɐ] *m* ⟨**-s -**⟩ IT organizer

Organspende *f* organ donation **Organspender(in)** *m*/(*f*) donor (*of an organ*) **Organspenderausweis** *m* donor card **Organverpflanzung** *f* transplant(ation) (*of organs*)

Orgasmus [ɔrˈɡasmʊs] *m* ⟨**-, Orgasmen**

[-mən]⟩ orgasm

Orgel ['ɔrgl] *f* ⟨-, -*n*⟩ MUS organ**Orgel-konzert** *nt* organ recital; (≈ *Werk*) organ concerto**Orgelmusik** *f* organ music

Orgie ['ɔrgiə] *f* ⟨-, -*n*⟩ orgy

Orient ['oːriɛnt, oˈriɛnt] *m* ⟨-*s*, *no pl*⟩ **1.** (*liter* ≈ *der Osten*) Orient **2.** (≈ *arabische Welt*) ≈ Middle East; *der Vordere* ~ the Near East**orientalisch** [oriɛnˈtaːlɪʃ] *adj* Middle Eastern

orientieren [oriɛnˈtiːrən] *past part* **orientiert** *I v/t* **1.** (≈ *unterrichten*) *jdn* ~ to put sb in the picture (*über* +acc about) **2.** (≈ *ausrichten*) to orientate (*nach, auf* +acc to, towards); *links orientiert sein* to tend to the left **II** *v/r* **1.** (≈ *sich unterrichten*) to inform oneself (*über* +acc about, on) **2.** (≈ *sich zurechtfinden*) to orientate oneself (*an* +dat, *nach* by) **3.** (≈ *sich ausrichten*) to be orientated (*nach, an* +dat towards); *sich nach Norden* ~ to bear north**Orientierung** *f* ⟨-, -*en*⟩ **1.** (≈ *Unterrichtung*) information; *zu Ihrer* ~ for your information **2.** (≈ *das Zurechtfinden, Ausrichtung*) orientation; *die* ~ *verlieren* to lose one's bearings**Orientierungssinn** *m, no pl* sense of direction **Orientierungsstufe** *f* SCHOOL *mixed ability class(es) intended to foster the particular talents of each pupil*

Orientteppich *m* Oriental carpet

Origano [oˈriːgano] *m* ⟨-, *no pl*⟩ BOT oregano

original [origiˈnaːl] *adj* original**Original** [origiˈnaːl] *nt* ⟨-*s*, -*e*⟩ **1.** original **2.** (*Mensch*) character**Originalfassung** *f* original (version); *in der englischen* ~ in the original English **originalgetreu** *adj* true to the original **Originalität** [originaliˈtɛːt] *f* ⟨-, *no pl*⟩ **1.** (≈ *Echtheit*) authenticity **2.** (≈ *Urtümlichkeit*) originality **Originalton** *m, pl* -*töne* (*im*) ~ *Merkel* (*fig*) in Merkel's own words**Originalverpackung** *f* original packaging

originell [origiˈnɛl] *adj Idee* original; (≈ *geistreich*) witty

Orkan [ɔrˈkaːn] *m* ⟨-(*e*)*s*, -*e*⟩ **1.** hurricane **2.** (*fig*) storm**orkanartig** *adj Wind* gale-force**Orkanstärke** *f* hurricane force**Orkantief** *nt* hurricane-force depression *or* cyclone *or* low

Ornament [ɔrnaˈmɛnt] *nt* ⟨-(*e*)*s*, -*e*⟩ decoration, ornament **ornamental** [ɔrnamɛnˈtaːl] *adj* ornamental

Ornithologe [ɔrnitoˈloːgə] *m* ⟨-*n*, -*n*⟩,

Ornithologin [-ˈloːgɪn] *f* ⟨-, -*nen*⟩ ornithologist

Ort¹ [ɔrt] *m* ⟨-(*e*)*s*, -*e*⟩ **1.** (≈ *Stelle*) place; ~ *der Handlung* THEAT scene of the action; *an* ~ *und Stelle* on the spot **2.** (≈ *Ortschaft*) place; (≈ *Dorf*) village; (≈ *Stadt*) town; *er ist im ganzen* ~ *bekannt* the whole village/town *etc* knows him; *das beste Hotel am* ~ the best hotel in town

Ort² *m* ⟨-(*e*)*s*, ⸚*er* ['œrtɐ]⟩ MIN coal face; *vor* ~ at the (coal) face; (*fig*) on the spot

Örtchen ['œrtçən] *nt* ⟨-*s*, -⟩ (≈ *kleiner Ort*) small place; *das* (*stille*) ~ (*infml*) the smallest room (*infml*)**orten** ['ɔrtn] *v/t* to locate

orthodox [ɔrtoˈdɔks] **I** *adj* orthodox **II** *adv* (≈ *starr*) *denken* conventionally

Orthografie [ɔrtograˈfiː] *f* ⟨-, -*n* [-ˈfiːən]⟩ orthography **orthografisch** [ɔrto-ˈgraːfɪʃ] **I** *adj* orthographic(al) **II** *adv* orthographically; *er schreibt nicht immer* ~ *richtig* his spelling is not always correct

Orthopäde [ɔrtoˈpɛːdə] *m* ⟨-*n*, -*n*⟩, **Orthopädin** [-ˈpɛːdɪn] *f* ⟨-, -*nen*⟩ orthopaedic (*Br*) *or* orthopedic (*US*) specialist**Orthopädie** [ɔrtopɛˈdiː] *f* ⟨-, *no pl*⟩ **1.** (≈ *Wissenschaft*) orthopaedics *pl* (*Br*), orthopedics *pl* (*US*) **2.** (*infml* ≈ *Abteilung*) orthopaedic (*Br*) *or* orthopedic (*US*) department**orthopädisch** [ɔrto-ˈpɛːdɪʃ] *adj* orthopaedic (*Br*), orthopedic (*US*)

örtlich ['œrtlɪç] **I** *adj* local **II** *adv* locally; *das ist* ~ *verschieden* it varies from place to place; *jdn* ~ *betäuben* to give sb a local anaesthetic (*Br*) *or* anesthetic (*US*)**Örtlichkeit** *f* ⟨-, -*en*⟩ locality; *sich mit den* ~*en vertraut machen* to get to know the place**Ortsausgang** *m* way out of the village/town**Ortschaft** ['ɔrtʃaft] *f* ⟨-, -*en*⟩ village; (*größer*) town; *geschlossene* ~ built-up area **Ortseingang** *m* way into the village/town**ortsfremd** *adj* non-local; *ich bin hier* ~ I'm a stranger here**ortsgebunden** *adj* local; (≈ *stationär*) stationary; *Person* tied to the locality**Ortsgespräch** *nt* TEL local call**ortskundig** *adj nehmen Sie sich einen* ~*en Führer* get a guide who knows his way around**Ortsname** *m* place name **Ortsnetz** *nt* TEL local (telephone) exchange area **Ortsnetzkennzahl** *f* TEL dialling code (*Br*), area code (*US*)**Orts-**

schild*nt* place name sign **ortsüblich***adj* local; **~e Mieten** standard local rents; **das ist hier ~** it is usual here **Ortsver-kehr***m* local traffic **Ortszeit***f* local time **Ortung** ['ɔrtʊŋ] *f* ⟨**-, -en**⟩ locating

öS *abbr of* **österreichischer Schilling** Austrian schilling

O-Saft['oː-] *m* (*infml*) orange juice, O-J (*US infml*)

Öse['øːzə] *f* ⟨**-, -n**⟩ loop; (*an Kleidung*) eye

Osmose[ɔs'moːzə] *f* ⟨**-, no pl**⟩ osmosis

Ossi['ɔsi] *m* ⟨**-s, -s**⟩ (*infml*) East German

Ost- *in cpds* East **Ostalgie** [ɔstal'giː] *f* (*infml*) nostalgia for the former GDR **ostdeutsch***adj* East German **Ostdeut-sche(r)***m/f(m) decl as adj* East German **Ostdeutschland***nt* GEOG East(ern) Germany **Osten**['ɔstn] *m* ⟨**-s, no pl**⟩ east; (*von Land*) East; **der Ferne ~** the Far East; **der Nahe** *or* **Mittlere ~** the Middle East; **aus dem ~** from the east; **im ~ des Landes** in the east of the country

Osteoporose[ɔsteopo'roːzə] *f* ⟨**-, no pl**⟩ MED osteoporosis

Osterei*nt* Easter egg **Osterferien***pl* Easter holidays *pl* **Osterfest***nt* Easter **Oster-glocke***f* daffodil **Osterhase***m* Easter bunny **österlich** ['øːstɐlɪç] *adj* Easter **Ostermontag**['oːstɐ'moːntaːk] *m* Easter Monday **Ostern** ['oːstɐn] *nt* ⟨**-, -**⟩ Easter; **frohe ~!** Happy Easter!; **zu ~** at Easter

Österreich ['øːstəraiç] *nt* ⟨**-s**⟩ Austria **Österreicher**['øːstəraiçɐ] *m* ⟨**-s, -**⟩, **Ös-terreicherin**[-ərɪn] *f* ⟨**-, -nen**⟩ Austrian **österreichisch** ['øːstəraiçɪʃ] *adj* Austrian

Ostersonntag['oːstɐ'zɔntaːk] *m* Easter Sunday

Osterweiterung ['ɔst-] *f* (*von NATO, EU*) eastward expansion

Osterwoche['oːstɐ-] *f* Easter week

Osteuropa*nt* East(ern) Europe **Osteu-ropäer(in)** *m/(f)* East(ern) European **osteuropäisch***adj* East(ern) European **östlich** ['œstlɪç] **I** *adj Richtung, Winde* easterly; *Gebiete* eastern **II** *adv* **~ von Hamburg** (to the) east of Hamburg **III** *prep* +*gen* (to the) east of **Ostpreußen**

nt East Prussia

Östrogen[œstro'geːn] *nt* ⟨**-s, -e**⟩ oestro-gen (*Br*), estrogen (*US*)

Ostsee['ɔstzeː] *f* **die ~** the Baltic (Sea) **ostwärts** [-vɛrts] *adv* eastwards **Ost-wind***m* east wind

Oszillograf[ɔstsilo'graːf] *m* ⟨**-en, -en**⟩ oscillograph

Otter[['ɔtɐ] *m* ⟨**-s, -**⟩ otter

Otter[2]*f* ⟨**-, -n**⟩ viper

outen['autn] (*infml*) **I** *v/t* (*als Homosexu-ellen*) to out (*infml*); (*als Trinker, Spitzel etc*) to expose **II** *v/r* (*als Homosexueller*) to come out (*infml*)

outsourcen['autsoːrsn] *v/t & v/i* ⟨*sep*⟩ to outsource **Outsourcing** ['autsɔːrsɪŋ] *nt* ⟨**-s, no pl**⟩ outsourcing **Ouvertüre**[uvɛr'tyːrə] *f* ⟨**-, -n**⟩ overture **oval**[o'vaːl] *adj* oval

Ovation [ova'tsioːn] *f* ⟨**-, -en**⟩ ovation (*für jdn/etw* for sb/sth); **stehende ~en** standing ovations

Overheadfolie *f* transparency **Over-headprojektor***m* overhead projector

ÖVP[øːfau'peː] *f* ⟨**-**⟩ *abbr of* **Österreichi-sche Volkspartei**

Ovulation[ovula'tsioːn] *f* ⟨**-, -en**⟩ ovula-tion

Oxid [ɔ'ksiːt] *nt* ⟨**-(e)s, -e**⟩, **Oxyd** [ɔ-'ksyːt] *nt* ⟨**-(e)s, -e** [-də]⟩ oxide **Oxida-tion**[ɔksida'tsioːn] *f* ⟨**-, -en**⟩, **Oxydati-on** [ɔksyda'tsioːn] *f* ⟨**-, -en**⟩ oxidation **oxidieren** [ɔksi'diːrən] *past part* **oxi-diert**, **oxydieren**[ɔksy'diːrən] *past part* **oxydiert** *v/t & v/i* to oxidize

Ozean ['oːtseaːn, otse'aːn] *m* ⟨**-s, -e**⟩ ocean **ozeanisch**[otse'aːnɪʃ] *adj Klima* oceanic **Ozeanografie** [otseanogra'fiː] *f* ⟨**-, no pl**⟩ oceanography

Ozelot['oːtselɔt, 'ɔtselɔt] *m* ⟨**-s, -e**⟩ oce-lot

Ozon[o'tsoːn] *nt or* (*inf*) *m* ⟨**-s, no pl**⟩ ozone

Ozonalarm *m* ozone warning **Ozonge-halt***m* ozone content **Ozonhülle***f* ozone layer **Ozonkonzentration***f* ozone con-centration **Ozonloch** *nt* hole in the ozone layer **Ozonschicht***f* ozone layer **Ozonschild** *m*, *no pl* ozone shield **Ozonwert***m* ozone level

P

P, p [peː] *nt* ⟨-, -⟩ P, p

paar [paːɐ] *adj inv* **ein ~** a few; (≈ *zwei oder drei auch*) a couple of; **ein ~ Mal(e)** a few times; a couple of times **Paar** [paːɐ] *nt* ⟨-s, -e⟩ pair; (≈ *Mann und Frau auch*) couple; **ein ~ Schuhe** a pair of shoes **paaren** ['paːrən] *v/r* (*Tiere*) to mate; (*fig*) to be combined **Paarhufer** [-huːfɐ] *m* ZOOL cloven-hoofed animal **Paarlauf** *m* pairs *pl* **Paarung** ['paːrʊŋ] *f* ⟨-, -en⟩ (≈ *Kopulation*) mating **paarweise** *adv* in pairs

Pacht [paxt] *f* ⟨-, -en⟩ lease; (*Entgelt*) rent; **etw zur ~ haben** to have sth on lease **pachten** ['paxtn] *v/t* to lease; **du hast das Sofa doch nicht für dich gepachtet** (*infml*) don't hog the sofa (*infml*) **Pächter** ['pɛçtɐ] *m* ⟨-s, -⟩, **Pächterin** [-ərɪn] *f* ⟨-, -nen⟩ tenant, leaseholder **Pachtvertrag** *m* lease

Pack[1] [pak] *m* ⟨-(e)s, -e *or* ⸚e ['pɛkə]⟩ (*von Zeitungen, Büchern*) stack; (*zusammengeschnürt*) bundle

Pack[2] *nt* ⟨-s, *no pl*⟩ (*pej*) rabble *pl* (*pej*)

Päckchen ['pɛkçən] *nt* ⟨-s, -⟩ package; POST small packet; (≈ *Packung*) packet, pack; **ein ~ Zigaretten** a packet *or* pack (*esp US*) of cigarettes **Packeis** *nt* pack ice **packen** ['pakn] **I** *v/t* **1.** *Koffer* to pack; *Paket* to make up; **Sachen in ein Paket ~** to make things up into a parcel **2.** (≈ *fassen*) to grab (hold of); (*Gefühle*) to grip; **von der Leidenschaft gepackt** in the grip of passion **3.** (*infml* ≈ *schaffen*) to manage; **du packst das schon** you'll manage it OK **II** *v/i* **1.** (≈ *den Koffer packen*) to pack **2.** (*fig* ≈ *mitreißen*) to thrill **III** *v/r* (*infml* ≈ *abhauen*) to clear out (*infml*) **Packen** ['pakn] *m* ⟨-s, -⟩ heap, stack; (*zusammengeschnürt*) bundle **packend** *adj* (≈ *mitreißend*) gripping, riveting **II** *adv* **der Roman ist ~ erzählt** the novel is *or* makes exciting reading **Packerl** ['pakɐl] *nt* ⟨-s, -n⟩ (*Aus* ≈ *Schachtel, Paket*) packet; (*für flüssige Lebensmittel*) carton **Packesel** *m* packmule; (*fig*) packhorse **Packpapier** *nt* brown paper **Packung** ['pakʊŋ] *f* ⟨-, -en⟩ **1.** (≈ *Schachtel*) packet; (*von Pralinen*) box; **eine ~ Zigaretten** a packet *or* pack

(*esp US*) of cigarettes **2.** MED compress; (*Kosmetik*) face pack **Packungsbeilage** *f* package insert; (*bei Medikamenten*) patient information leaflet

Pädagoge [pɛda'goːgə] *m* ⟨-n, -n⟩, **Pädagogin** [-'goːgɪn] *f* ⟨-, -nen⟩ educationalist **Pädagogik** [pɛda'goːgɪk] *f* ⟨-, *no pl*⟩ educational theory **pädagogisch** [pɛda'goːgɪʃ] **I** *adj* educational; **~e Hochschule** college of education; **seine ~en Fähigkeiten** his teaching ability **II** *adv* educationally; **~ falsch** wrong from an educational point of view

Paddel ['padl] *nt* ⟨-s, -⟩ paddle **Paddelboot** *nt* canoe **paddeln** ['padln] *v/i aux sein or haben* to paddle; (*als Sport*) to canoe

Pädiatrie [pɛdia'triː] *f* ⟨-, *no pl*⟩ paediatrics *sg* (*Br*), pediatrics *sg* (*US*) **Pädophile(r)** [pɛdo'fiːlə] *m/f(m) decl as adj* paedophile (*Br*), pedophile (*US*)

paffen ['pafn] (*infml*) **I** *v/i* **1.** (≈ *heftig rauchen*) to puff away **2.** (≈ *nicht inhalieren*) to puff **II** *v/t* to puff (away) at

Page ['paːʒə] *m* ⟨-n, -n⟩ (≈ *Hotelpage*) bellboy, bellhop (*US*) **Pagenkopf** *m* page-boy (hairstyle *or* haircut)

Paket [pa'keːt] *nt* ⟨-s, -e⟩ (≈ *Bündel*) pile; (*zusammengeschnürt*) bundle; (≈ *Packung*) packet; POST parcel; (*fig: von Angeboten*) package **Paketannahme** *f* parcels office; (≈ *Schalter*) parcels counter **Paketbombe** *f* parcel bomb **Paketkarte** *f* dispatch form **Paketpost** *f* parcel post **Paketschalter** *m* parcels counter **Paketschnur** *f* parcel string, twine

Pakistan ['paːkɪstaːn] *nt* ⟨-s⟩ Pakistan **Pakistaner** [pakɪs'taːnɐ] *m* ⟨-s, -⟩, **Pakistanerin** [-ərɪn] *f* ⟨-, -nen⟩, **Pakistani** [pakɪs'taːni] *m* ⟨-(s), -(s) *or* f -, -s⟩ Pakistani **pakistanisch** [pakɪs'taːnɪʃ] *adj* Pakistani

Pakt [pakt] *m* ⟨-(e)s, -e⟩ pact

Palais [pa'lɛː] *nt* ⟨-, -⟩ palace

Palast [pa'last] *m* ⟨-(e)s, **Paläste** [pa-'lɛstə]⟩ palace

Palästina [palɛ'stiːna] *nt* ⟨-s⟩ Palestine **Palästinenser** [palɛsti'nɛnzɐ] *m* ⟨-s, -⟩, **Palästinenserin** [-ərɪn] *f* ⟨-, -nen⟩

Palestinian **palästinensisch** [palɛsti-'nɛnzɪʃ] adj Palestinian

Palatschinke [pala'tʃɪŋkə] f ⟨-, -n⟩ (Aus) stuffed pancake

Palaver [pa'la:vɐ] nt ⟨-s, -⟩ palaver (infml) **palavern** [pa'la:vɛn] past part **palavert** v/i (infml) to palaver (infml)

Palette [pa'lɛtə] f ⟨-, -n⟩ 1. (Malerei) palette; (fig) range 2. (≈ Stapelplatte) pallet **paletti** [pa'lɛti] adv (infml) OK (infml)

Palisade [pali'za:də] f ⟨-, -n⟩ palisade

Palme ['palmə] f ⟨-, -n⟩ palm; jdn auf die ~ bringen (infml) to make sb see red (infml)

Palmsonntag m Palm Sunday

Palmtop ['pa:mtɔp] m ⟨-s, -s⟩ palmtop

Pampe ['pampə] f ⟨-, no pl⟩ paste; (pej) mush (infml)

Pampelmuse [pampl'mu:zə] f ⟨-, -n⟩ grapefruit

Pampers® ['pɛmpɐs] pl (disposable) nappies pl (Br) or diapers pl (US)

Pamphlet [pam'fle:t] nt ⟨-(e)s, -e⟩ lampoon

pampig ['pampɪç] (infml) adj 1. (≈ breiig) gooey (infml); Kartoffeln soggy 2. (≈ frech) stroppy (Br infml), bad-tempered; jdm ~ kommen to be stroppy (Br infml) or bad-tempered with sb

Panama ['panama, 'pa:nama] nt ⟨-s, -s⟩ Panama **Panamakanal** m, no pl Panama Canal

Panda ['panda] m ⟨-s, -s ['panda]⟩, **Pandabär** m panda

Pandemie [pande'mi:] f ⟨-, -n [-'mi:ən]⟩ MED pandemic

Paneel [pa'ne:l] nt ⟨-s, -e⟩ (form) (einzeln) panel; (≈ Täfelung) panelling (Br), paneling (US)

Panflöte ['pa:n-] f panpipes pl, Pan's pipes pl

panieren [pa'ni:rən] past part **paniert** v/t to bread **Paniermehl** nt breadcrumbs pl

Panik ['pa:nɪk] f ⟨-, -en⟩ panic; (eine) ~ brach aus panic broke out or spread; in ~ geraten to panic; jdn in ~ versetzen to throw sb into a state of panic; nur keine ~! don't panic! **Panikkauf** m COMM panic buying **Panikmache** f (infml) panicmongering (Br), inciting panic **Panikstimmung** f state of panic **panisch** ['pa:nɪʃ] I adj no pred panic-stricken; ~e Angst terror; sie hat ~e Angst vor Schlangen she's terrified of snakes II adv in panic, frantically; ~ reagieren

to panic

Panne ['panə] f ⟨-, -n⟩ 1. (≈ technische Störung) hitch (infml), breakdown; (≈ Reifenpanne) puncture, flat (tyre (Br) or tire (US)); mein Auto hatte eine ~ my car broke down 2. (fig infml) slip (bei etw with sth); mit jdm/etw eine ~ erleben to have (a bit of) trouble with sb/ sth; uns ist eine ~ passiert we've slipped up **Pannendienst** m, **Pannenhilfe** f breakdown service

Panorama [pano'ra:ma] nt ⟨-s, Panoramen [-mən]⟩ panorama

panschen ['panʃn] v/t to adulterate; (≈ verdünnen) to water down

Panther m ⟨-s, -⟩, **Panter** ['pantɐ] m ⟨-s, -⟩ panther

Pantoffel [pan'tɔfl] m ⟨-s, -n⟩ slipper; unterm ~ stehen (infml) to be henpecked (infml)

Pantomime¹ [panto'mi:mə] f ⟨-, -n⟩ mime

Pantomime² [panto'mi:mə] m ⟨-n, -n⟩, **Pantomimin** [-'mi:mɪn] f ⟨-, -nen⟩ mime **pantomimisch** [panto'mi:mɪʃ] adj, adv in mime

pantschen ['pantʃn] v/t & v/i = **panschen**

Panzer ['pantsɐ] m ⟨-s, -⟩ 1. MIL tank 2. (HIST ≈ Rüstung) armour no indef art (Br), armor no indef art (US), suit of armo(u)r 3. (von Schildkröte, Insekt) shell 4. (fig) shield **Panzerabwehr** f anti-tank defence (Br) or defense (US); (Truppe) anti-tank unit **Panzerfaust** f bazooka **Panzerglas** nt bulletproof glass **panzern** ['pantsɐn] v/t to armour-plate (Br), to armor-plate (US); **gepanzerte Fahrzeuge** armoured (Br) or armored (US) vehicles **Panzerschrank** m safe

Papa ['papa] m ⟨-s, -s⟩ (infml) daddy (infml)

Papagei [papa'gai, 'papagai] m ⟨-s, -en⟩ parrot **Papageientaucher** m puffin

Papamobil [papamo'bi:l] nt (infml) Popemobile (infml)

Paparazzo [papa'ratso] m ⟨-s, Paparazzi [-tsi]⟩ (infml) paparazzo

Papaya [pa'pa:ja] f ⟨-, -s⟩ papaya

Papier [pa'pi:ɐ] nt ⟨-s, -e⟩ 1. no pl paper; ein Blatt ~ a sheet of paper; etw zu ~ bringen to put sth down on paper 2. **Papiere** pl (identity) papers pl; (≈ Urkunden) documents pl; er hatte keine ~e bei sich he had no means of identification on him; **seine ~e bekommen** (≈ *entlassen werden*) to get one's cards **3.** (FIN ≈ *Wertpapier*) security **Papiereinzug** *m* paper feed **Papierfabrik** *f* paper mill **Papiergeld** *nt* paper money **Papierkorb** *m* (waste)paper basket **Papierkrieg** *m* (*infml*) **einen ~ (mit jdm) führen** to go through a lot of red tape (with sb) **Papiertaschentuch** *nt* paper hankie, tissue **Papiertiger** *m* (*fig*) paper tiger **Papiertonne** *f* paper recycling bin **Papiertüte** *f* paper bag **Papiervorschub** *m* paper feed **Papierwaren** *pl* stationery *no pl* **Papierwarengeschäft** *nt* stationer's (shop) **Papierzufuhr** *f* (*von Drucker*) paper tray

Pappbecher *m* paper cup **Pappdeckel** *m* (thin) cardboard **Pappe** ['papə] *f* ⟨-, -n⟩ (≈ *Pappdeckel*) cardboard; *dieser linke Haken war nicht von ~* (*infml*) that was a mean left hook

Pappel ['papl] *f* ⟨-, -n⟩ poplar

päppeln ['pɛpln] *v/t* (*infml*) to nourish

pappig ['papɪç] *adj* (*infml*) sticky; *Brot* doughy **Pappkarton** *m* (≈ *Schachtel*) cardboard box **Pappmaschee** ['papmaʃeː] *nt* ⟨-s, -s⟩ **Pappmaché** ['papmaʃeː] *nt* ⟨-s, -s⟩ papier-mâché **Pappschachtel** *f* cardboard box **Pappteller** *m* paper plate

Paprika ['paprika, 'paːprika] *m* ⟨-s, -(s), *no pl*⟩: (≈ *Gewürz*) paprika; (≈ *Paprikaschote*) pepper **Paprikaschote** *f* pepper; *gefüllte ~n* stuffed peppers

Papst [paːpst] *m* ⟨-(e)s, ⁓e ['pɛːpstə]⟩ pope **päpstlich** ['pɛːpstlɪç] *adj* papal

Papua ['paːpua, pa'puːa] *m* ⟨-(s), -(s) *or f* -, -s⟩ Papuan **Papua-Neuguinea** ['paːpuanɔygiˈneːa] *nt* ⟨-s⟩ Papua New Guinea

Parabel [pa'raːbl] *f* ⟨-, -n⟩ **1.** LIT parable **2.** MAT parabola

Parabolantenne *f* satellite dish **Parabolspiegel** *m* parabolic reflector

Parade [pa'raːdə] *f* ⟨-, -n⟩ parade **Paradebeispiel** *nt* prime example

Paradeiser [para'daizɐ] *m* ⟨-s, -⟩ (*Aus*) tomato

Paradies [para'diːs] *nt* ⟨-es, -e [-zə]⟩ paradise; *das ~ auf Erden* heaven on earth **paradiesisch** [para'diːzɪʃ] *adj* (*fig*) heavenly

paradox [para'dɔks] *adj* paradoxical **Paradox** [para'dɔks] *nt* ⟨-es, -e⟩ paradox **paradoxerweise** [para'dɔksɐ'vaizə]

adv paradoxically

Paraffin [para'fiːn] *nt* ⟨-s, -e⟩ (≈ *Paraffinöl*) (liquid) paraffin

Paragraf [para'graːf] *m* ⟨-en, -en⟩ JUR section; (≈ *Abschnitt*) paragraph

parallel [para'leːl] *adj* parallel; **~ schalten** ELEC to connect in parallel **Parallele** [para'leːlə] *f* ⟨-, -n⟩ (*lit*) parallel (line); (*fig*) parallel; *eine ~ zu etw ziehen* (*lit*) to draw a line parallel to sth; (*fig*) to draw a parallel to sth **Parallelogramm** [paralelo'gram] *nt* ⟨-s, -e⟩ parallelogram

Paralympics [para'lympɪks] *pl* Paralympics *pl* **Paralytiker** [para'lyːtikɐ] *m* ⟨-s, -⟩, **Paralytikerin** [-ərɪn] *f* ⟨-, -nen⟩ MED paralytic **paralytisch** [para'lyːtɪʃ] *adj* paralytic

Parameter [pa'raːmetɐ] *m* ⟨-s, -⟩ parameter

paramilitärisch ['paːra-] *adj* paramilitary

paranoid [parano'iːt] *adj* paranoid

Paranuss ['para-] *f* BOT Brazil nut

paraphieren [para'fiːrən] *past part* **paraphiert** *v/t* POL to initial

Parapsychologie ['paːra-] *f* parapsychology

Parasit [para'ziːt] *m* ⟨-en, -en⟩ (BIOL, *fig*) parasite **parasitär** [parazi'tɛːɐ], **parasitisch** [para'ziːtɪʃ] *adj* parasitic(al)

parat [pa'raːt] *adj* Antwort, Beispiel etc ready; *Werkzeug etc* handy; *halte dich ~* be ready; *er hatte immer eine Ausrede ~* he always had an excuse ready

Pärchen ['pɛːɐçən] *nt* ⟨-s, -⟩ (courting) couple **pärchenweise** *adv* in pairs

Parcours [par'kuːɐ] *m* ⟨-, - [-'kuːɐ(s), -'kuːɐs]⟩ SPORTS showjumping course; (*Sportart*) showjumping; (≈ *Rennstrecke*) course

pardon [par'dõː] *int* sorry **Pardon** [par'dõː] *m or nt* ⟨-s, *no pl*⟩ **1.** pardon; *jdn um ~ bitten* to ask sb's pardon **2.** (*infml*) *kein ~ kennen* to be ruthless

Parfüm [par'fyːm] *nt* ⟨-s, -e *or* -s⟩ perfume **parfümieren** [parfy'miːrən] *past part* **parfümiert** *v/t* to perfume

parieren [pa'riːrən] *past part* **pariert** I *v/t* (SPORTS, *fig*) to parry II *v/i* to obey; *aufs Wort ~* to jump to it

Pariser *m* ⟨-s, -⟩ **1.** Parisian **2.** (*infml* ≈ *Kondom*) French letter (*infml*) **Pariserin** [pa'riːzərɪn] *f* ⟨-, -nen⟩ Parisienne

Parität [pari'tɛːt] *f* ⟨-, -en⟩ parity **paritä-**

tisch [pari'tɛːtɪʃ] **I** adj equal; **~e Mitbestimmung** equal representation **II** adv
equally
Park [park] m ⟨**-s, -s**⟩ park
Parka ['parka] m ⟨**-(s), -s** or f -, **-s**⟩ parka
Parkanlage f park **Parkausweis** m parking permit **Parkbank** f, pl **-bänke** park
bench **Parkbucht** f parking bay **Park-
deck** nt parking level **parken** ['parkn]
v/t & v/i to park; **ein~des Auto** a parked
car; **„Parken verboten!"** "No Parking"
Parkett [par'kɛt] nt ⟨**-s, -e**⟩ **1.** (≈ Fußboden) parquet (flooring); **ein Zimmer mit
~ auslegen** to lay parquet (flooring) in a
room; **auf dem internationalen ~** in international circles **2.** (≈ Tanzfläche)
(dance) floor; **eine tolle Nummer aufs
~ legen** (infml) to put on a great show
3. THEAT stalls pl, parquet (US) **Parkett-
(fuß)boden** m parquet floor
Parkgebühr f parking fee **Parkhaus** nt
multi-storey (Br) or multi-story (US)
car park **parkieren** [par'kiːrən] past part
parkiert v/t & v/i (Swiss) = **parken**
parkinsonsche   Krankheit
['paːɛkɪnzənʃə-] f Parkinson's disease
Parkkralle f wheel clamp (Br), Denver
boot (US) **Parklicht** nt parking light
Parklücke f parking space **Parkplatz**
m car park, parking lot (esp US); (für
Einzelwagen) (parking) space (Br) or
spot (US) **Parkscheibe** f parking disc
Parkschein m car-parking ticket **Parkscheinautomat** m MOT ticket machine
(for parking) **Parksünder(in)** m/(f)
parking offender (Br), illegal parker
Parkuhr f parking meter **Parkverbot**
nt parking ban; **im~ stehen** to be parked
illegally **Parkwächter(in)** m/(f) (auf
Parkplatz) car-park attendant; (von Anlagen) park keeper
Parlament [parla'mɛnt] nt ⟨**-(e)s, -e**⟩ parliament **Parlamentarier** [parlamɛn-
'taːriɐ] m ⟨**-s, -**⟩, **Parlamentarierin** [-iə-
rɪn] f ⟨-, **-nen**⟩ parliamentarian **parlamentarisch** [parlamɛn'taːrɪʃ] adj parliamentary; **~ vertreten sein** to be represented in parliament **Parlamentsaus-
schuss** m parliamentary committee
Parlamentsbeschluss m vote of parliament **Parlamentsferien** pl recess **Parlamentsmitglied** nt member of parliament **Parlamentswahl** f usu pl parliamentary election(s pl)
Parmaschinken ['parma-] m Parma ham

Parmesan(käse) [parme'zaːn-] m ⟨**-s**,
no pl⟩ Parmesan (cheese)
Parodie [paro'diː] f ⟨-, **-n** [-'diːən]⟩ parody (auf +acc on, zu of) **parodieren**
[paro'diːrən] past part **parodiert** v/t to
parody
Parodontose [parodɔn'toːzə] f ⟨-, **-n**⟩
periodontosis (tech)
Parole [pa'roːlə] f ⟨-, **-n**⟩ **1.** MIL password
2. (fig ≈ Wahlspruch) motto; POL slogan
Paroli [pa'roːli] nt **jdm ~ bieten** (elev) to
defy sb
Parsing ['paːɛsɪŋ] nt ⟨**-s**⟩ IT parsing
Partei [par'tai] f ⟨-, **-en**⟩ **1.** POL, JUR party
2. (fig) **für jdn ~ ergreifen** to take sb's
side; **gegen jdn ~ ergreifen** to take sides
against sb **3.** (im Mietshaus) tenant **Par-
teibasis** f (party) rank and file, grass-
roots (members) pl **Parteibuch** nt party
membership book **Parteichef(in)** m/(f)
party leader **Parteiführer(in)** m/(f) party leader **Parteiführung** f leadership of
a party; (Vorstand) party leaders pl **Parteigenosse** m, **Parteigenossin** f party
member **parteiisch** [par'taiɪʃ] **I** adj biased (Br), biassed **II** adv **~ urteilen** to
be biased (in one's judgement) **Partei-
lichkeit** f ⟨-, no pl⟩ partiality **Parteilinie**
f party line **parteilos** adj Abgeordneter
independent **Parteilose(r)** [par-
'tailoːzə] m/f(m) decl as adj independent **Parteimitglied** nt party member
Parteinahme [-naːmə] f ⟨-, **-n**⟩ partisan-
ship **parteipolitisch** adj party political
Parteiprogramm nt (party) manifesto,
(party) program (US) **Parteitag** m party
conference or convention (esp US) **Par-
teivorsitzende(r)** m/f(m) decl as adj
party leader **Parteivorstand** m party executive
parterre [par'tɛr] adv on the ground (esp
Br) or first (US) floor **Parterre** [par-
'tɛr(ə)] nt ⟨**-s, -s**⟩ (von Gebäude)
ground floor (esp Br), first floor (US)
Partie [par'tiː] f ⟨-, **-n** [-'tiːən]⟩ **1.** (≈ Teil,
THEAT, MUS) part **2.** SPORTS game; **eine ~
Schach spielen** to play a game of chess;
eine gute/schlechte ~ liefern to give a
good/bad performance **3.** COMM lot **4.**
(infml) **eine gute ~ (für jdn) sein** to be
a good catch (for sb) (infml); **eine gute
~ machen** to marry (into) money **5. mit
von der ~ sein** to be in on it; **da bin ich
mit von der ~** count me in
partiell [par'tsiɛl] adj partial

Partikel [par'tiːkl, par'tɪkl] f ⟨-, -n⟩ GRAM, PHYS particle

Partisan [parti'zaːn] m ⟨-s or -en, -en⟩, **Partisanin** [-'zaːnɪn] f ⟨-, -nen⟩ partisan

Partitur [parti'tuːɐ] f ⟨-, -en [-'tuːrən]⟩ MUS score

Partizip [parti'tsiːp] nt ⟨-s, -ien [-piən]⟩ GRAM participle; **~ Präsens** present participle; **~ Perfekt** past participle

Partner ['partnɐ] m ⟨-s, -⟩, **Partnerin** [-ərɪn] f ⟨-, -nen⟩ partner **Partnerlook** [-lʊk] m matching clothes pl **Partnerschaft** ['partnɐʃaft] f ⟨-, -en⟩ partnership **partnerschaftlich** ['partnɐʃaftlɪç] **I** adj **~es Verhältnis** (relationship based on) partnership; **~e Zusammenarbeit** working together as partners **II** adv **~ zusammenarbeiten** to work in partnership **Partnerstadt** f twin town (Br), sister city (US) **Partnersuche** f finding the right partner; **auf ~ sein** to be looking for a partner **Partnervermittlung** f dating agency

Party ['paːɐti] f ⟨-, -s⟩ party; **auf einer ~** at a party; **auf eine ~ gehen** to go to a party **Partyraum** m party room **Partyservice** [-zøːɐvɪs, -zœrvɪs] m party catering service **Partyzelt** nt party tent, marquee

Parzelle [par'tsɛlə] f ⟨-, -n⟩ plot

Pascha ['paʃa] m ⟨-s, -s⟩ pasha

Pass [pas] m ⟨-es, ⸚e ['pɛsə]⟩ **1.** passport **2.** (im Gebirge etc) pass **3.** SPORTS pass

passabel [pa'saːbl] **I** adj passable **II** adv reasonably well; schmecken passable; **mir gehts ganz ~** I'm all right

Passage [pa'saːʒə] f ⟨-, -n⟩ passage; (≈ Ladenstraße) arcade

Passagier [pasa'ʒiːɐ] m ⟨-s, -e⟩, **Passagierin** [-'ʒiːrɪn] f ⟨-, -nen⟩ passenger **Passagierdampfer** m passenger steamer **Passagierflugzeug** nt passenger aircraft, airliner **Passagierliste** f passenger list

Passamt nt passport office

Passant [pa'sant] m ⟨-en, -en⟩, **Passantin** [-'santɪn] f ⟨-, -nen⟩ passer-by

Passat(wind) m trade wind

Passbild nt passport photo(graph) **Passbildautomat** m photo booth

passé [pa'seː], **passee** adj pred passé; **die Sache ist längst ~** that's all in the past

passen¹ [pasn] v/i **1.** to fit **2.** (≈ harmonieren) **zu etw ~** to go with sth; (im Ton) to match sth; **zu jdm ~** (Mensch) to suit sb; **das Rot passt da nicht** the red is all wrong there; **ins Bild ~** to fit the picture **3.** (≈ genehm sein) to suit; **er passt mir (einfach) nicht** I (just) don't like him; **Sonntag passt uns nicht/gut** Sunday is no good for us/suits us fine; **das passt mir gar nicht** (≈ gefällt mir nicht) I don't like that at all; **das könnte dir so ~!** (infml) you'd like that, wouldn't you?

passen² v/i (CARDS, fig) to pass; **(ich) passe!** (I) pass!

passend adj **1.** (in Größe, Form) **gut/schlecht ~** well-/ill-fitting **2.** (in Farbe, Stil) matching **3.** (≈ genehm) Zeit, Termin convenient **4.** (≈ angemessen) Benehmen, Kleidung suitable, appropriate; Wort right, proper; **bei jeder ~en und unpassenden Gelegenheit** at every opportunity, whether appropriate or not **5.** Geld exact; **haben Sie es ~?** have you got the right money?

Passepartout [paspar'tuː] m or nt ⟨-s, -s⟩ passe-partout

Passform f fit

Passfoto nt passport photo(graph)

passierbar adj Brücke passable; Fluss negotiable **passieren** [pa'siːrən] past part **passiert I** v/i aux sein **1.** (≈ sich ereignen) to happen (mit to); **was ist denn passiert?** what's the matter?; **es wird dir schon nichts ~** nothing is going to happen to you; **es ist ein Unfall passiert** there has been an accident; **so was ist mir noch nie passiert!** that's never happened to me before!; (empört) I've never known anything like it! **2.** (≈ durchgehen) to pass; (Gesetz) to be passed **II** v/t **1.** (≈ vorbeigehen an) to pass; **die Grenze ~** to cross (over) **2.** COOK to strain **Passierschein** m pass

Passion [pa'sioːn] f ⟨-, -en⟩ passion; (religiös) Passion **passioniert** [pasio'niːɐt] adj enthusiastic **Passionsfrucht** f passion fruit **Passionsspiel** nt Passion play

passiv ['pasiːf, pa'siːf] adj passive; **~es Mitglied** non-active member; **~es Rauchen** passive smoking **Passiv** ['pasiːf] nt ⟨-s, -e [-və]⟩ GRAM passive (voice) **Passiva** [pa'siːva] pl, **Passiven** [-vn] pl COMM liabilities pl **Passivität** [pasivi'tɛːt] f ⟨-, no pl⟩ passivity **Passivposten** m COMM debit entry **Passivrauchen** nt passive smoking

Passkontrolle f passport control; **~!**

(your) passports please! **Pạssstraße** *f* (mountain) pass

Pạssus ['pasʊs] *m* ⟨-, -['pasuːs]⟩ passage

Pạsswort *nt, pl* **-wörter** IT password

Pạsswortschutz *m* password protection

Pạste ['pastə] *f* ⟨-, -n⟩ paste

Pastẹll [pas'tɛl] *nt* ⟨-s, -e⟩ pastel **Pastẹllfarbe** *f* pastel (crayon); (*Farbton*) pastel (shade) **Pastẹllstift** *m* pastel (crayon) **Pastẹllton** *m, pl* **-töne** pastel shade

Pastẹtchen [pas'teːtçən] *nt* ⟨-s, -⟩ vol-au-vent **Pastete** [pas'teːtə] *f* ⟨-, -n⟩ 1. (≈ *Schüsselpastete*) pie 2. (≈ *Leberpastete etc*) pâté

pasteurisieren [pastøri'ziːrən] *past part* **pasteurisiert** *v/t* to pasteurize

Pastịlle [pa'stɪlə] *f* ⟨-, -n⟩ pastille

Pạstor ['pastoːɐ, pas'toːɐ] *m* ⟨-s, **Pastoren** [-'toːrən]⟩, **Pastorin** [-'toːrɪn] *f* ⟨-, -nen⟩; → *Pfarrer*

Pate ['paːtə] *m* ⟨-n, -n⟩ (≈ *Taufzeuge*) godfather; (≈ *Mafiaboss*) godfather; **bei etw ~ gestanden haben** (*fig*) to be the force behind sth **Patenkind** *nt* godchild **Patenonkel** *m* godfather **Patenschaft** ['paːtnʃaft] *f* ⟨-, -en⟩ godparenthood **Patensohn** *m* godson **Patenstadt** *f* twin(ned) town (*Br*), sister city (*US*)

patẹnt [pa'tɛnt] *adj* ingenious; **ein ~er Kerl** a great guy/girl (*infml*)

Patẹnt [pa'tɛnt] *nt* ⟨-(e)s, -e⟩ patent (*für etw* for sth, *auf etw* on sth); **etw zum ~ anmelden** to apply for a patent on *or* for sth **Patẹntamt** *nt* Patent Office

patentieren [patɛn'tiːrən] *past part* **patentiert** *v/t* to patent; **sich** (*dat*) **etw ~ lassen** to have sth patented **Patẹntlösung** *f* (*fig*) easy answer

Patẹntochter *f* goddaughter

Patẹntrezept *nt* (*fig*) = **Patẹntlösung** **Patẹntschutz** *m* protection by (letters) patent

Pater ['paːtɐ] *m* ⟨-s, - *or* **Patres** ['paːtreːs]⟩ ECCL Father

pathetisch [pa'teːtɪʃ] **I** *adj* emotional **II** *adv* dramatically

Pathologe [pato'loːgə] *m* ⟨-n, -n⟩, **Pathologin** [-'loːgɪn] *f* ⟨-, -nen⟩ pathologist **Pathologie** [patolo'giː] *f* ⟨-, -n [-'giːən]⟩ pathology **pathologisch** [patoloː'gɪʃ] (MED, *fig*) *adj* pathological **Pathos** ['paːtɔs] *nt* ⟨-, *no pl*⟩ emotive-

ness; **mit viel ~ in der Stimme** in a voice charged with emotion

Patience [pa'siãːs] *f* ⟨-, -n⟩ patience *no pl*; **~n legen** to play patience

Patient [pa'tsiɛnt] *m* ⟨-en, -en⟩, **Patientin** [-'tsiɛntɪn] *f* ⟨-, -nen⟩ patient

Patin ['paːtɪn] *f* ⟨-, -nen⟩ godmother

Patina ['paːtina] *f* ⟨-, *no pl*⟩ patina

Patriarch [patri'arç] *m* ⟨-en, -en⟩ patriarch **patriarchalisch** [patriar'çaːlɪʃ] *adj* patriarchal **Patriarchat** [patriar'çaːt] *nt* ⟨-(e)s, -e⟩ patriarchy

Patriot [patri'oːt] *m* ⟨-en, -en⟩, **Patriotin** [-'oːtɪn] *f* ⟨-, -nen⟩ patriot **patriotisch** [patri'oːtɪʃ] **I** *adj* patriotic **II** *adv reden, denken* patriotically **Patriotismus** [patrio'tɪsmʊs] *m* ⟨-, *no pl*⟩ patriotism

Patrone [pa'troːnə] *f* ⟨-, -n⟩ (MIL, *von Füller, von Drucker*) cartridge

Patrouille [pa'trʊljə] *f* ⟨-, -n⟩ patrol; (**auf**) **~ gehen** to patrol **patrouillieren** [patrʊl'jiːrən] *past part* **patrouilliert** *v/i* to patrol

Patsche ['patʃə] *f* ⟨-, -n⟩ (*infml*) **in der ~ sitzen** *or* **stecken** to be in a jam (*infml*); **jdm aus der ~ helfen** to get sb out of a jam (*infml*) **patschen** ['patʃn] *v/i* (*mit Flüssigkeit*) to splash **patschnass** ['patʃ'nas] *adj* (*infml*) soaking wet

Patt [pat] *nt* ⟨-s, -s⟩ stalemate

patzen ['patsn] *v/i* (*infml*) to slip up **Patzer** ['patsɐ] *m* ⟨-s, -⟩ (*infml* ≈ *Fehler*) slip **patzig** ['patsɪç] (*infml*) *adj* snotty (*infml*)

Pauke ['paukə] *f* ⟨-, -n⟩ MUS kettledrum; **mit ~n und Trompeten durchfallen** (*infml*) to fail miserably; **auf die ~ hauen** (*infml*) (≈ *angeben*) to brag; (≈ *feiern*) to paint the town red **pauken** ['paukn] **I** *v/i* (*infml* ≈ *lernen*) to swot (*Br infml*), to cram (*infml*) **II** *v/t* to study up on **Paukenschlag** *m* drum beat; **wie ein ~** (*fig*) like a thunderbolt **Pauker** ['paukɐ] *m* ⟨-s, -⟩, **Paukerin** [-ərɪn] *f* ⟨-, -nen⟩ 1. (*infml* ≈ *Paukenspieler*) timpanist 2. (SCHOOL, *infml* ≈ *Lehrer*) teacher **Paukerei** [paukə'rai] *f* ⟨-, -en⟩ (SCHOOL, *infml*) swotting (*Br infml*), cramming (*infml*) **Paukist** [pau'kɪst] *m* ⟨-en, -en⟩, **Paukistin** [-'kɪstɪn] *f* ⟨-, -nen⟩ timpanist

pausbäckig ['pausbɛkɪç] *adj* chubby-cheeked

pauschal [pau'ʃaːl] **I** *adj* **1.** (≈ *einheitlich*) flat-rate *attr only* **2.** (*fig*) *Urteil* sweeping

pellen

II *adv* **1.** (≈ *nicht spezifiziert*) at a flat rate; *die Gebühren werden ~ bezahlt* the charges are paid in a lump sum **2.** (≈ *nicht differenziert*) *abwerten* categorically **Pauschalbetrag** [pau'ʃa:l-] *m* lump sum; (≈ *Preis*) inclusive price **Pauschale** [pau'ʃa:lə] *f* ⟨-, -n⟩ (≈ *Einheitspreis*) flat rate; (≈ *vorläufig geschätzter Betrag*) estimated amount **Pauschalgebühr** [pau'ʃa:l-] *f* (≈ *Einheitsgebühr*) flat rate (charge) **Pauschalreise** *f* package holiday (*esp Br*) or tour **Pauschalsumme** *f* lump sum **Pauschaltarif** *m* flat rate **Pauschalurlaub** *m* package holiday **Pauschalurteil** *nt* sweeping statement **Pauschbetrag** ['pauʃ-] *m* flat rate **Pause** *f* ⟨-, -n⟩ (≈ *Unterbrechung*) break; (≈ *Rast*) rest; (≈ *das Innehalten*) pause; THEAT interval; SCHOOL break, recess (*US*); (*eine*) *~ machen* (≈ *sich entspannen*) to have a break; (≈ *rasten*) to rest; (≈ *innehalten*) to pause; *ohne ~ arbeiten* to work nonstop; *die große ~* SCHOOL (the) break (*Br*), recess (*US*); (*in Grundschule*) playtime **Pausenbrot** *nt* something to eat at break **Pausenclown** *m* (*infml*) *ich bin doch hier nicht der ~!* I'm not going to play the clown **Pausenfüller** *m* stopgap **pausenlos I** *adj* no *pred* nonstop **II** *adv* continuously; *er arbeitet ~* he works nonstop **pausieren** [pau'zi:rən] *past part* **pausiert** *v/i* to (take a) break

Pavian ['pa:via:n] *m* ⟨-s, -e⟩ baboon

Pavillon ['pavɪljõ:] *m* ⟨-s, -s⟩ pavilion

Pay-TV ['peːtiːviː] *nt* ⟨-s, no pl⟩ pay TV

Pazifik [pa'tsi:fɪk, 'pa:tsifɪk] *m* ⟨-s⟩ Pacific **pazifisch** [pa'tsi:fɪʃ] *adj* Pacific; *der Pazifische Ozean* the Pacific (Ocean) **Pazifismus** [patsi'fɪsmʊs] *m* ⟨-, no pl⟩ pacifism **Pazifist** [patsi'fɪst] *m* ⟨-en, -en⟩, **Pazifistin** [-'fɪstɪn] *f* ⟨-, -nen⟩ pacifist **pazifistisch** [patsi'fɪstɪʃ] *adj* pacifist

PC [peː'tseː] *m* ⟨-s, -s⟩ PC **PC-Benutzer** [peː'tseː-ĭin] *m/(f)* PC user

Pech [pɛç] *nt* ⟨-(e)s, -e⟩ **1.** (*Stoff*) pitch; *die beiden halten zusammen wie ~ und Schwefel* (*infml*) the two are as thick as thieves (*Br*) or are inseparable **2.** *no pl* (*infml* ≈ *Missgeschick*) bad luck; *bei etw ~ haben* to be unlucky in *or* with sth; *~ gehabt!* tough! (*infml*); *sie ist vom ~ verfolgt* bad luck follows her around **pech(raben)schwarz** *adj*

(*infml*) pitch-black; *Haar* jet-black **Pechsträhne** *f* (*infml*) run of bad luck **Pechvogel** *m* (*infml*) unlucky person

Pedal [pe'da:l] *nt* ⟨-s, -e⟩ pedal

Pedant [pe'dant] *m* ⟨-en, -en⟩, **Pedantin** [-'dantɪn] *f* ⟨-, -nen⟩ pedant **Pedanterie** [pedantə'ri:] *f* ⟨-, -n [-'ri:ən]⟩ pedantry **pedantisch** [pe'dantɪʃ] **I** *adj* pedantic **II** *adv* pedantically

Peddigrohr ['pɛdɪç-] *nt* cane

Pediküre [pedi'ky:rə] *f* ⟨-, -n⟩ **1.** *no pl* (≈ *Fußpflege*) pedicure **2.** (≈ *Fußpflegerin*) chiropodist

Peepshow ['pi:pʃoː] *f* peep show

Pegel ['pe:gl] *m* ⟨-s, -⟩ (*in Flüssen, Meer*) water depth gauge **Pegelstand** *m* water level

peilen ['pailən] *v/t Wassertiefe* to sound; *U-Boot, Sender* to get a fix on; (≈ *entdecken*) to detect; *die Lage ~* (*infml*) to see how the land lies; *über den Daumen gepeilt* (*infml*) at a rough estimate

peinigen ['painɪgn] *v/t* to torture; (*fig*) to torment **peinlich** ['painlɪç] **I** *adj* **1.** (≈ *unangenehm*) (painfully) embarrassing; *Überraschung* nasty; *es war ihm ~(, dass ...)* he was embarrassed (because ...); *es ist mir sehr ~, aber ich muss es Ihnen einmal sagen* I don't know how to put it, but you really ought to know; *das ist mir ja so ~* I feel awful about it **2.** (≈ *gewissenhaft*) meticulous; *Sparsamkeit* careful **II** *adv* **1.** (≈ *unangenehm*) *~ berührt sein* (*hum*) to be profoundly shocked (*iron*); *~ wirken* to be embarrassing **2.** (≈ *gründlich*) painstakingly; *sauber* meticulously; *der Koffer wurde ~ genau untersucht* the case was gone through very thoroughly **Peinlichkeit** *f* ⟨-, -en⟩ (≈ *Unangenehmheit*) awkwardness

Peitsche ['paitʃə] *f* ⟨-, -n⟩ whip **peitschen** ['paitʃn] *v/t & v/i* to whip; (*fig*) to lash

Pekinese [peki'ne:zə] *m* ⟨-n, -n⟩ pekinese

Pelargonie [pelar'go:niə] *f* ⟨-, -n⟩ BOT pelargonium

Pelikan ['pe:lika:n, peli'ka:n] *m* ⟨-s, -e⟩ pelican

Pelle ['pɛlə] *f* ⟨-, -n⟩ (*infml*) skin; (*abgeschält*) peel; *er geht mir nicht von der ~* (*infml*) he won't stop pestering me **pellen** ['pɛlən] (*infml*) **I** *v/t Kartoffeln, Wurst* to skin, to peel; *Ei* to take the shell off **II** v/r (*Körperhaut*) to peel **Pellkartoffeln** pl potatoes pl boiled in their jackets

Pelz [pɛlts] m ⟨*-es, -e*⟩ fur **pelzig** ['pɛltsɪç] adj furry **Pelzmantel** m fur coat **Pelztierzucht** f fur farming **Pelzwaren** pl furs pl

Penalty ['pɛnltɪ] m ⟨*-(s), -s*⟩ SPORTS penalty

Pendant [pã'dã:] nt ⟨*-s, -s*⟩ counterpart

Pendel ['pɛndl] nt ⟨*-s, -*⟩ pendulum **pendeln** ['pɛndln] v/i **1.** (≈ *schwingen*) to swing (to and fro) **2.** aux sein (*Zug, Fähre etc*) to shuttle; (*Mensch*) to commute **Pendeltür** f swing door **Pendelverkehr** m shuttle service; (≈ *Berufsverkehr*) commuter traffic **Pendler** ['pɛndlɐ] m ⟨*-s, -*⟩, **Pendlerin** [-ərɪn] f ⟨*-, -nen*⟩ commuter

penetrant [pene'trant] adj **1.** *Gestank* penetrating, overpowering; *das schmeckt ~ nach Knoblauch* you can't taste anything for garlic **2.** (*fig* ≈ *aufdringlich*) insistent; *ein ~er Kerl* a nuisance **Penetranz** [pene'trants] f ⟨*-, no pl*⟩ (*von Geruch*) pungency; (*fig* ≈ *Aufdringlichkeit*) pushiness **Penetration** [penetra'tsio:n] f ⟨*-, -en*⟩ penetration **penetrieren** [pene'tri:rən] past part **penetriert** v/t to penetrate

penibel [pe'ni:bl] adj (≈ *gründlich, genau*) precise

Penis ['pe:nɪs] m ⟨*-, -se or* **Penes** ['pe:ne:s]⟩ penis

Penizillin [penitsɪ'li:n] nt ⟨*-s, -e*⟩ penicillin

Pennbruder ['pɛn-] m (*infml*) tramp **Penne** ['pɛnə] f ⟨*-, -n*⟩ (SCHOOL *infml*) school **pennen** ['pɛnən] v/i (*infml* ≈ *schlafen*) to sleep **Penner** ['pɛnɐ] m ⟨*-s, -*⟩, **Pennerin** [-ərɪn] f ⟨*-, -nen*⟩ (*infml*) **1.** tramp, bum (*infml*) **2.** (≈ *Blödmann*) plonker (*infml*)

Pension [pã'zio:n, pã'sio:n, pɛn'zio:n] f ⟨*-, -en*⟩ **1.** (≈ *Fremdenheim*) guesthouse **2.** no pl (≈ *Verpflegung*) board; *halbe/volle ~* half/full board **3.** (≈ *Ruhegehalt*) pension **4.** no pl (≈ *Ruhestand*) retirement; *in ~ gehen* to retire; *in ~ sein* to be retired **Pensionär** [pãzio'nɛːɐ, pãsio'nɛːɐ, pɛnzio'nɛːɐ] m ⟨*-s, -e*⟩, **Pensionärin** [-'nɛːrɪn] f ⟨*-, -nen*⟩ (*Pension beziehend*) pensioner; (*im Ruhestand befindlich*) retired person **pensionieren** [pãzio'ni:rən, pãsio'ni:rən,

pɛnsio'ni:rən] past part **pensioniert** v/t to pension off; *sich ~ lassen* to retire **Pensionierung** f ⟨*-, -en*⟩ pensioning-off; (≈ *Ruhestand*) retirement **Pensionsalter** nt retirement age **Pensionsanspruch** m right to a pension **pensionsberechtigt** adj entitled to a pension **Pensionsgast** m paying guest

Pensum ['pɛnzʊm] nt ⟨*-s,* **Pensa** or **Pensen** [-za, -sn]⟩ workload; *tägliches ~* daily quota

Pentium® ['pɛntsiʊm] m ⟨*-(s), -s*⟩ IT Pentium® PC

Peperoni [pepe'ro:ni] pl chillies pl (*Br*), chilies pl

peppig ['pɛpɪç] (*infml*) adj *Musik, Show* lively

per [pɛr] prep (≈ *mittels, durch*) by; *mit jdm ~ du sein* (*infml*) to be on first-name terms with sb

Perestroika [peres'trɔyka] f ⟨*-, no pl*⟩ POL perestroika

perfekt [pɛr'fɛkt] **I** adj **1.** (≈ *vollkommen*) perfect **2.** pred (≈ *abgemacht*) settled; *etw ~ machen* to settle sth; *der Vertrag ist ~* the contract is all settled **II** adv (≈ *sehr gut*) perfectly; *~ Englisch sprechen* to speak perfect English **Perfekt** ['pɛrfɛkt] nt ⟨*-s, -e*⟩ perfect (tense) **Perfektion** [pɛrfɛk'tsio:n] f ⟨*-, no pl*⟩ perfection; *etw (bis) zur ~ entwickeln* Ausreden etc to get sth down to a fine art **perfektionieren** [pɛrfɛktsio'ni:rən] past part **perfektioniert** v/t to perfect **Perfektionist** [pɛrfɛktsio'nɪst] m ⟨*-en, -en*⟩, **Perfektionistin** [-'nɪstɪn] f ⟨*-, -nen*⟩ perfectionist

perforieren [pɛrfo'ri:rən] past part **perforiert** v/t to perforate

Pergament [pɛrga'mɛnt] nt ⟨*-(e)s, -e*⟩ **1.** parchment **2.** (a. **Pergamentpapier**) greaseproof paper

Pergola ['pɛrgola] f ⟨*-,* **Pergolen** [-lən]⟩ arbour (*Br*), arbor (*US*)

Periode [pe'rio:də] f ⟨*-, -n*⟩ period; ELEC cycle; *0,33 ~* 0.33 recurring **periodisch** [pe'rio:dɪʃ] **I** adj periodic(al); (≈ *regelmäßig*) regular **II** adv periodically

Peripherie [perife'ri:] f ⟨*-, -n* [-'ri:ən]⟩ periphery; (*von Stadt*) outskirts pl **Peripheriegerät** nt peripheral

Periskop [peri'sko:p] nt ⟨*-s, -e*⟩ periscope

Perle ['pɛrlə] f ⟨*-, -n*⟩ pearl; (≈ *Glasperle, Wasserperle, Schweißperle*) bead **perlen**

['pɛrlən] v/i (≈ sprudeln) to bubble; (Champagner) to fizz; (≈ fallen, rollen) to trickle; **der Schweiß perlte ihm von der Stirn** beads of sweat were running down his forehead **Perlenkette**f string of pearls **Perlentaucher(in)**m/(f) pearl diver **Perlhuhn**nt guinea fowl **Perlmutt** ['pɛrlmʊt, pɛrl'mʊt] nt ⟨-s, no pl⟩, **Perlmutter**['pɛrlmʊtɐ, pɛrl'mʊtɐ] f ⟨-no pl or nt -s, no pl⟩ mother-of-pearl **Perlwein**m sparkling wine

permanent [pɛrma'nɛnt] I adj permanent II adv constantly

perplex[pɛr'plɛks] adj dumbfounded

Perron ['pɛrõː] m ⟨-s, -s⟩ (Swiss RAIL) platform

Perser[1]['pɛrzɐ] m ⟨-s, -⟩ (infml) (≈ Teppich) Persian carpet; (≈ Brücke) Persian rug **Perser**[2]['pɛrzɐ] m ⟨-s, -⟩, **Perserin** [-ərɪn] f ⟨-, -nen⟩ Persian **Persianer** [pɛr'ziaːnɐ] m ⟨-s, -⟩ Persian lamb **Persilschein** [pɛr'ziːl-] m (hum infml) clean bill of health (infml); **jdm einen ~ ausstellen** (hum infml) to absolve sb of all responsibility

persisch ['pɛrzɪʃ] adj Persian; **Persischer Golf** Persian Gulf

Perso['pɛrzo] m ⟨-s, -s⟩ (infml: Personalausweis) ID card

Person[pɛr'zoːn] f ⟨-, -en⟩ person; LIT, THEAT character; **~en** people; **pro ~** per person; **ich für meine ~ ...** I for my part ...; **jdn zur ~ vernehmen** JUR to question sb concerning his identity; **Angaben zur ~ machen** to give one's personal details; **sie ist die Geduld in ~** she's patience personified; **das Verb steht in der ersten ~ Plural** the verb is in the first person plural **Personal**[pɛrzo'naːl] nt ⟨-s, no pl⟩ personnel **Personalabbau**m, no pl staff cuts pl **Personalabteilung**f personnel (department) **Personalausweis** m identity card **Personalbestand** m number of staff **Personalchef(in)** m/(f) personnel manager **Personal Computer**m personal computer **Personalkosten**pl personnel costs pl **Personalleiter(in)** m/(f) personnel manager **Personalplanung**f staff planning **Personalpronomen** nt personal pronoun **personell**[pɛrzo'nɛl] I adj staff attr, personnel attr; Konsequenzen for staff II adv **die Abteilung wird ~ aufgestockt** more staff will be taken on in the department **Personenaufzug** m (passenger)

lift (Br), elevator (US) **Personenbeschreibung** f (personal) description **personenbezogen** adj Daten personal **Personengesellschaft** f partnership **Personenkreis**m group of people **Personenkult** m personality cult **Personenschaden** m injury to persons; **es gab keine Personenschäden** no-one was injured **Personenschutz**m personal security **Personenverkehr**m passenger services pl **Personenwaage**f scales pl **Personenwagen**m AUTO car, automobile (US) **Personenzug**m (Gegensatz: Schnellzug) slow train; (Gegensatz: Güterzug) passenger train **personifizieren** [pɛrzonifi'tsiːrən] past part **personifiziert** v/t to personify **Personifizierung** f ⟨-, -en⟩ personification **persönlich** [pɛr'zøːnlɪç] I adj personal; Atmosphäre friendly; **~es Fürwort** personal pronoun II adv personally; (auf Briefen) private (and confidential); **etw ~ nehmen** to take sth personally **Persönlichkeit**f ⟨-, -en⟩ personality; **~en des öffentlichen Lebens** public figures

Perspektive[pɛrspɛk'tiːvə] f ⟨-, -n⟩ ART, OPT perspective; (≈ Blickpunkt) angle; (≈ Gesichtspunkt) point of view; (fig ≈ Zukunftsausblick) prospects pl; **das eröffnet ganz neue ~n für uns** that opens new horizons for us **perspektivisch** [pɛrspɛk'tiːvɪʃ] adj perspective attr; **die Zeichnung ist nicht ~** the drawing is not in perspective **perspektivlos**adj without prospects

Peru[pe'ruː] nt ⟨-s⟩ Peru **Peruaner**[pe-'ruːanɐ] m ⟨-s, -⟩, **Peruanerin**[-ərɪn] f ⟨-, -nen⟩ Peruvian **peruanisch** [pe-'ruːanɪʃ] adj Peruvian

Perücke[pe'rʏkə] f ⟨-, -n⟩ wig

pervers[pɛr'vɛrs] adj perverted **Perversion**[pɛrvɛr'zioːn] f ⟨-, -en⟩ perversion **Perversität**[pɛrvɛrzi'tɛːt] f ⟨-, -en⟩ perversion **pervertieren** [pɛrvɛr'tiːrən] past part **pervertiert** v/t to pervert

Pessar[pɛ'saːɐ] nt ⟨-s, -e⟩ pessary; (zur Empfängnisverhütung) diaphragm

Pessimismus[pɛsi'mɪsmʊs] m ⟨-, no pl⟩ pessimism **Pessimist** [pɛsi'mɪst] m ⟨-en, -en⟩, **Pessimistin**[-'mɪstɪn] f ⟨-, -nen⟩ pessimist **pessimistisch** [pɛsi-'mɪstɪʃ] adj pessimistic

Pest[pɛst] f ⟨-, no pl⟩ plague; **jdn/etw wie die ~ hassen** (infml) to loathe (and detest) sb/sth; **jdn wie die ~ mei-**

den (*infml*) to avoid sb like the plague; **wie die~ stinken** (*infml*) to stink to high heaven (*infml*)

Pestizid [pɛsti'tsiːt] *nt* ⟨-(e)s, -e [-də]⟩ pesticide

Petersilie [petɐ'ziːliə] *f* ⟨-, -n⟩ parsley

Petition [peti'tsioːn] *f* ⟨-, -en⟩ petition

Petrochemie [petroçe'miː, 'peːtro-] *f* petrochemistry **petrochemisch** *adj* petrochemical **Petrodollar** *m* petrodollar **Petroleum** [pe'troːleʊm] *nt* ⟨-s, *no pl*⟩ paraffin (oil) (*Br*), kerosene (*esp US*) **Petroleumlampe** *f* paraffin (*Br*) *or* kerosene (*esp US*) lamp

Petting ['pɛtɪŋ] *nt* ⟨-s, -s⟩ petting

petto ['pɛto] *adv* **etw in ~ haben** (*infml*) to have sth up one's sleeve (*infml*)

petzen ['pɛtsn̩] (*infml*) **I** *v/t* **der petzt alles** he always tells **II** *v/i* to tell (tales) (*bei* to) **Petzer** ['pɛtsɐ] *m* ⟨-s, -⟩, **Petzerin** [-ərɪn] *f* ⟨-, -nen⟩ (SCHOOL *infml*) snitch (*infml*)

Pfad [pfaːt] *m* ⟨-(e)s, -e [-də]⟩ *also* IT path **Pfadfinder** *m* (Boy) Scout **Pfadfinderin** *f* Girl Guide (*Br*), Girl Scout (*US*)

Pfahl [pfaːl] *m* ⟨-s, ⸚e ['pfɛːlə]⟩ post; (≈ *Brückenpfahl*) pile; (≈ *Marterpfahl*) stake **Pfahlbau** *m*, *pl* **-bauten** *no pl* (*Bauweise*) building on stilts

Pfalz [pfalts] *f* ⟨-, -en⟩ **1.** *no pl* (≈ *Rheinpfalz*) Rhineland *or* Lower Palatinate **2.** *no pl* (≈ *Oberpfalz*) Upper Palatinate **pfälzisch** ['pfɛltsɪʃ] *adj* Palatine

Pfand [pfant] *nt* ⟨-(e)s, ⸚er ['pfɛndə]⟩ security; (*beim Pfänderspiel*) forfeit; (≈ *Verpackungspfand*) deposit; **ich gebe mein Wort als ~** I pledge my word; **auf dem Glas ist ~** there's a deposit on the glass **pfändbar** *adj* JUR distrainable (*form*) **Pfandbrief** *m* (*von Bank, Regierung*) bond **pfänden** ['pfɛndn̩] *v/t* JUR to impound; *Konto, Gehalt* to seize; **jdn~** to impound some of sb's possessions **Pfänderspiel** *nt* (game of) forfeits **Pfandflasche** *f* returnable bottle **Pfandleihe** *f* (≈ *Pfandhaus*) pawnshop **Pfandleiher** [-laɪɐ] *m* ⟨-s, -⟩, **Pfandleiherin** [-ərɪn] *f* ⟨-, -nen⟩ pawnbroker **Pfandschein** *m* pawn ticket **Pfändung** ['pfɛndʊŋ] *f* ⟨-, -en⟩ seizure

Pfanne ['pfanə] *f* ⟨-, -n⟩ COOK pan; ANAT socket; **jdn in die~ hauen** (*infml*) to do the dirty on sb (*infml*); (≈ *vernichtend schlagen*) to wipe the floor with sb (*infml*); **etwas auf der ~ haben** (*infml*:

geistig) to have it up there (*infml*) **Pfannengericht** *nt* COOK fry-up **Pfannkuchen** *m* (≈ *Eierpfannkuchen*) pancake; (≈ *Berliner*) (jam) doughnut (*Br*) *or* donut (*US*)

Pfarrei [pfa'raɪ] *f* ⟨-, -en⟩ (≈ *Gemeinde*) parish **Pfarrer** ['pfarɐ] *m* ⟨-s, -⟩, **Pfarrerin** [-ərɪn] *f* ⟨-, -nen⟩ parish priest; (*von Freikirchen*) minister **Pfarrgemeinde** *f* parish **Pfarrkirche** *f* parish church

Pfau [pfau] *m* ⟨-(e)s *or* -en, -en, -s⟩ peacock

Pfeffer ['pfɛfɐ] *m* ⟨-s, -⟩ pepper **Pfeffergurke** *f* gherkin **Pfefferkorn** *nt*, *pl* **-körner** peppercorn **Pfefferkuchen** *m* gingerbread **Pfefferminz** ['pfɛfɐmɪnts, -'mɪnts] *nt* ⟨-es, -(e)⟩, **Pfefferminzbonbon** *nt or m* peppermint **Pfefferminze** ['pfɛfɐmɪntsə, -'mɪntsə] *f* ⟨-, *no pl*⟩ peppermint **Pfeffermühle** *f* pepper mill **pfeffern** ['pfɛfɐn] *v/t* **1.** COOK to season with pepper; (*fig*) to pepper; → **gepfeffert 2.** (*infml*) **jdm eine~** to clout sb one (*Br infml*) **Pfefferstreuer** *m* pepper pot

Pfeife ['pfaɪfə] *f* ⟨-, -n⟩ **1.** whistle; (≈ *Orgelpfeife*) pipe; **nach jds ~ tanzen** to dance to sb's tune **2.** (*zum Rauchen*) pipe **3.** (*infml* ≈ *Versager*) wash-out (*infml*) **pfeifen** ['pfaɪfn̩] *pret* **pfiff** [pfɪf], *past part* **gepfiffen** [gə'pfɪfn̩] **I** *v/i* to whistle; **ich pfeife auf seine Meinung** (*infml*) I couldn't care less about what he thinks **II** *v/t* to whistle; MUS to pipe; (SPORTS *infml*) *Spiel* to ref (*infml*); *Abseits, Foul* to give **Pfeifer** ['pfaɪfɐ] *m* ⟨-s, -⟩, **Pfeiferin** [-ərɪn] *f* ⟨-, -nen⟩ piper **Pfeifkessel** *m* whistling kettle **Pfeifkonzert** *nt* barrage *or* hail of catcalls *or* whistles

Pfeil [pfaɪl] *m* ⟨-s, -e⟩ arrow; (≈ *Wurfpfeil*) dart; **~ und Bogen** bow and arrow **Pfeiler** ['pfaɪlɐ] *m* ⟨-s, -⟩ pillar; (*von Hängebrücke*) pylon; (≈ *Stützpfeiler*) buttress

pfeilförmig *adj* V-shaped **pfeilgerade** *adj* as straight as a die; **eine ~ Linie** a dead straight line **Pfeilspitze** *f* arrowhead **Pfeiltaste** *f* IT arrow key

Pfennig ['pfɛnɪç] *m* ⟨-s, -e [-gə]⟩ ⟨*or* (*nach Zahlenangabe*) -⟩ HIST pfennig, one hundredth of a mark; **er hat keinen ~ (Geld)** he hasn't got a penny to his name; **es ist keinen ~ wert** (*fig*) it's not worth a thing *or* a red cent (*US*); **mit dem** *or* **jedem ~ rechnen müssen** (*fig*) to have to watch every penny **Pfen-**

nigabsatz *m* stiletto heel **Pfennigfuchser** [-fʊksɐ] *m* ⟨-**s**, -⟩, **Pfennigfuchserin** [-ərɪn] *f* ⟨-, -**nen**⟩ (*infml*) miser (*infml*)

Pferch [pfɛrç] *m* ⟨-**es**, -**e**⟩ fold **pferchen** ['pfɛrçn] *v/t* to cram

Pferd [pfeːɐt] *nt* ⟨-**(e)s**, -**e** [-də]⟩ horse; CHESS knight; **zu**~**(e)** on horseback; **aufs falsche ~ setzen** to back the wrong horse; **wie ein ~ arbeiten** *or* **schuften** (*infml*) to work like a Trojan; **keine zehn ~e brächten mich dahin** (*infml*) wild horses couldn't drag me there; **mit ihm kann man ~e stehlen** (*infml*) he's a great sport (*infml*); **er ist unser bestes~ im Stall** he's our best man **Pferdefliege** *f* horsefly **Pferdefuhrwerk** *nt* horse and cart **Pferdegebiss** *nt* horsey teeth **Pferdekoppel** *f* paddock **Pferderennbahn** *f* race course **Pferderennen** *nt* (*Sportart*) (horse) racing; (*einzelnes Rennen*) (horse) race **Pferdeschwanz** *m* horse's tail; (*Frisur*) ponytail **Pferdesport** *m* equestrian sport **Pferdestall** *m* stable **Pferdestärke** *f* horse power *no pl*, hp *abbr* **Pferdezucht** *f* horse breeding; (≈ *Gestüt*) stud farm

Pfiff [pfɪf] *m* ⟨-**s**, -**e**⟩ **1.** whistle **2.** (≈ *Reiz*) style; **der Soße fehlt noch der letzte ~** the sauce still needs that extra something; **eine Inneneinrichtung mit ~** a stylish interior

Pfifferling ['pfɪfɐlɪŋ] *m* ⟨-, -**e**⟩ chanterelle; **keinen ~ wert** (*infml*) not worth a thing

pfiffig ['pfɪfɪç] **I** *adj* smart **II** *adv* cleverly

Pfingsten ['pfɪŋstn] *nt* ⟨-, -⟩ Whitsun (*Br*), Pentecost **Pfingstmontag** *m* Whit Monday (*Br*), Pentecost Monday (*US*) **Pfingstrose** *f* peony **Pfingstsonntag** *m* Whit Sunday (*Br*), Pentecost **Pfingstwoche** *f* Whit week (*Br*), the week of the Pentecost holiday (*US*)

Pfirsich ['pfɪrzɪç] *m* ⟨-**s**, -**e**⟩ peach **Pfirsichblüte** *f* peach blossom

Pflanz [pflants] *m* ⟨-, *no pl*⟩ (*Aus infml* ≈ *Betrug*) con (*infml*) **Pflanze** ['pflantsə] *f* ⟨-, -**n**⟩ **1.** (≈ *Gewächs*) plant; **~n fressend** herbivorous **2.** (*infml: Mensch*) **sie ist eine seltsame ~** she is a strange fish (*infml*) **pflanzen** ['pflantsn] *v/t* **1.** to plant **2.** (*Aus infml* ≈ *auf den Arm nehmen*) **jdn ~** to take the mickey out of sb (*infml*) **Pflanzenfaser** *f* plant fibre (*Br*) *or* fiber (*US*) **Pflanzenfett** *nt* vegetable fat **pflanzenfressend** *adj attr* herbivo-

rous **Pflanzenfresser** *m* herbivore **Pflanzenkunde** *f*, **Pflanzenlehre** *f*, *no pl* botany **Pflanzenmargarine** *f* vegetable margarine **Pflanzenöl** *nt* vegetable oil **Pflanzenschutzmittel** *nt* pesticide **pflanzlich** ['pflantslɪç] **I** *adj* Fette, Nahrung vegetable *attr*; Organismen plant *attr* **II** *adv* **sich rein ~ ernähren** to eat no animal products; (*Tier*) to be a herbivore **Pflanzung** ['pflantsʊŋ] *f* ⟨-, -**en**⟩ (≈ *Plantage*) plantation

Pflaster ['pflastɐ] *nt* ⟨-**s**, -⟩ **1.** (≈ *Heftpflaster*) (sticking) plaster (*Br*), adhesive tape (*US*) **2.** (≈ *Straßenpflaster*) (road) surface; **ein gefährliches ~** (*infml*) a dangerous place **pflastern** ['pflastɐn] *v/t* Straße, Hof to surface; (*mit Steinplatten*) to pave; **eine Straße neu ~** to resurface a road **Pflasterstein** *m* paving stone

Pflaume ['pflaumə] *f* ⟨-, -**n**⟩ **1.** plum; **getrocknete ~** prune **2.** (*infml: Mensch*) dope (*infml*) **Pflaumenbaum** *m* plum tree **Pflaumenkuchen** *m* plum tart **Pflaumenmus** *nt* plum jam

Pflege ['pfleːgə] *f* ⟨-, *no pl*⟩ care; (*von Beziehungen*) cultivation; (*von Maschinen, Gebäuden*) maintenance; **jdn/etw in ~ nehmen** to look after sb/sth; **jdn/etw in ~ geben** to have sb/sth looked after; **ein Kind in ~ nehmen** to foster a child; **ein Kind in ~ geben** to have a child fostered; **der Garten braucht viel ~** the garden needs a lot of care and attention **pflegebedürftig** *adj* in need of care (and attention) **Pflegeberuf** *m* caring profession **Pflegedienst** *m* home nursing service **Pflegeeltern** *pl* foster parents *pl* **Pflegefall** *m* **sie ist ein ~** she needs constant care **Pflegegeld** *nt* (*für Pflegekinder*) boarding-out allowance; (*für Kranke*) attendance allowance **Pflegeheim** *nt* nursing home **Pflegekind** *nt* foster child **Pflegekosten** *pl* nursing fees *pl* **Pflegekostenversicherung** *f* private nursing insurance **pflegeleicht** *adj* easy-care **Pflegemutter** *f*, *pl* -**mütter** foster mother **pflegen** ['pfleːgn] **I** *v/t* to look after; Beziehungen to cultivate; Maschinen, Gebäude to maintain; → **gepflegt II** *v/i* (≈ *gewöhnlich tun*) to be in the habit (*zu* of); **sie pflegte zu sagen** she used to say; **wie man zu sagen pflegt** as they say **III** *v/r* (≈ *sein Äußeres pflegen*) to care about one's appearance **Pfleger**

['pfle:gɐ] m ⟨**-s, -**⟩ (im Krankenhaus) orderly; (voll qualifiziert) (male) nurse
Pflegerin['pfle:gərɪn] f ⟨**-, -nen**⟩ nurse
Pflegesohn m foster son **Pflegestation**
f nursing ward **Pflegetochter** f foster
daughter **Pflegevater** m foster father
Pflegeversicherung f nursing care insurance **pfleglich**['pfle:klɪç] **I** adj careful **II** adv behandeln carefully, with care
Pflicht[pflɪçt] f ⟨**-, -en**⟩ **1.** (≈ Verpflichtung) duty (zu to); **Rechte und ~en**
rights and responsibilities; **jdn in die ~
nehmen** to remind sb of his duty; **die
~ ruft** duty calls; **ich habe es mir zur
~ gemacht** I've taken it upon myself;
das ist ~ you have to do that, it's compulsory **2.** SPORTS compulsory section
pflichtbewusst adj conscientious
Pflichtbewusstsein nt sense of duty
Pflichterfüllung f fulfilment (Br) or fulfillment (US) of one's duty **Pflichtfach**
nt compulsory subject **Pflichtgefühl** nt
sense of duty **pflichtgemäß I** adj dutiful
II adv dutifully **Pflichtübung** f compulsory exercise **pflichtversichert** [-fɛɐzɪ-
çɐt] adj compulsorily insured **Pflicht-
versicherte(r)** m/f(m) decl as adj compulsorily insured person **Pflichtversi-
cherung** f compulsory insurance
Pflock [pflɔk] m ⟨**-(e)s, ⸚e** ['pflœkə]⟩
peg; (für Tiere) stake
pflücken ['pflʏkn] v/t to pick **Pflücker**
['pflʏkɐ] m ⟨**-s, -**⟩, **Pflückerin** [-ərɪn] f
⟨**-, -nen**⟩ picker
Pflug [pflu:k] m ⟨**-es, ⸚e** ['pfly:gə]⟩
plough (Br), plow (US) **pflügen**
['pfly:gn] v/t & v/i to plough (Br), to
plow (US)
Pforte ['pfɔrtə] f ⟨**-, -n**⟩ (≈ Tor) gate
Pförtner ['pfœrtnɐ] m ⟨**-s, -**⟩, **Pförtne-
rin** [-ərɪn] f ⟨**-, -nen**⟩ porter; (von Fabrik) gateman/-woman; (von Behörde)
doorman/-woman
Pfosten ['pfɔstn] m ⟨**-s, -**⟩ post; (≈ Fens-
terpfosten) (window) jamb; (≈ Türpfosten) doorpost; FTBL (goal)post
Pfote ['pfo:tə] f ⟨**-, -n**⟩ paw; **sich** (dat) **die
~n verbrennen** (infml) to burn one's fin-
gers
Pfropf [pfrɔpf] m ⟨**-(e)s, -e** or **⸚e**
['pfrœpfə]⟩ (≈ Stöpsel) stopper; (≈
Kork) cork; (von Fass) bung; (MED ≈
Blutpfropf) (blood) clot; (verstopfend)
blockage **pfropfen** ['pfrɔpfn] v/t **1.** Flasche to bung, to stop up **2.** (infml ≈ hi-

neinzwängen) to cram; **gepfropft voll**
jam-packed (infml) **Pfropfen**
['pfrɔpfn] m ⟨**-s, -**⟩ = **Pfropf**
pfui [pfui] int (Ekel) ugh; (zu Hunden)
oy; (Buhruf) boo; **~ Teufel** (infml) ugh
Pfund [pfʊnt] nt ⟨**-(e)s, -e** [-də]⟩ ⟨or
(nach Zahlenangabe) -⟩ **1.** (≈ Gewicht)
pound; **drei ~ Äpfel** three pounds of apples **2.** (≈ Währungseinheit) pound; **in ~**
in pounds **Pfundskerl** m (infml) great
guy (infml) **pfundweise** adv by the
pound
Pfusch [pfʊʃ] m ⟨**-(e)s**, no pl⟩ **1.** (infml) =
Pfuscherei 2. (Aus ≈ Schwarzarbeit)
moonlighting (infml) **pfuschen**
['pfʊʃn] v/i **1.** (≈ schlecht arbeiten) to
bungle; (≈ einen Fehler machen) to slip
up **2.** SCHOOL to cheat **3.** (Aus ≈ schwarzarbeiten) to moonlight (infml) **Pfuscher**
['pfʊʃɐ] m ⟨**-s, -**⟩ (infml), **Pfuscherin**
[-ərɪn] f ⟨**-, -nen**⟩ (infml) bungler **Pfuscherei** [pfʊʃə'rai] f ⟨**-, -en**⟩ (≈ das Pfuschen) bungling no pl; (≈ gepfuschte Arbeit) botch-up (infml)
Pfütze ['pfʏtsə] f ⟨**-, -n**⟩ puddle
Phallus ['falʊs] m ⟨**-, -se** or **Phalli**
['fali, 'falən]⟩ phallus **Phallussymbol** nt phallic symbol
Phänomen [fɛno'me:n] nt ⟨**-s, -e**⟩ phenomenon **phänomenal** [fɛnome'na:l] **I**
adj phenomenal **II** adv phenomenally
(well)
Phantasie [fanta'zi:] f ⟨**-, -n** [-'zi:ən]⟩ =
Fantasie phantastisch [fan'tastɪʃ] adj,
adv = **fantastisch**
Phantom [fan'to:m] nt ⟨**-s, -e**⟩ (≈ Trugbild) phantom **Phantombild** nt Identi-
kit® (picture), Photofit® (picture)
Pharmaindustrie f pharmaceuticals industry **Pharmakologe** [farmako'lo:gə]
m ⟨**-n, -n**⟩, **Pharmakologin** [-'lo:gɪn] f
⟨**-, -nen**⟩ pharmacologist **Pharmakologie** [farmakolo'gi:] f ⟨**-**, no pl⟩ pharmacology **pharmakologisch** [farmako-
'lo:gɪʃ] adj pharmacological **Pharmaunternehmen** nt pharmaceuticals company **Pharmazeut** [farma'tsɔyt] m ⟨**-en,
-en**⟩, **Pharmazeutin** [-'tsɔytɪn] f ⟨**-,
-nen**⟩ pharmacist, druggist (US) **pharmazeutisch** [farma'tsɔytɪʃ] adj pharmaceutical **Pharmazie** [farma'tsi:] f
⟨**-**, no pl⟩ pharmacy, pharmaceutics sg
Phase ['fa:zə] f ⟨**-, -n**⟩ phase
Philatelie [filate'li:] f ⟨**-**, no pl⟩ philately
Philatelist [filate'lɪst] m ⟨**-en, -en**⟩,

Philatelistin [-'lɪstɪn] *f* ‹-, **-nen**› philatelist

Philharmonie [fɪlharmo'ni:, fi:lharmo'ni:] *f* ‹-, **-n** [-'ni:ən]› (≈ *Orchester*) philharmonic (orchestra); (≈ *Konzertsaal*) philharmonic hall **Philharmoniker** [fɪlhar'mo:nikɐ, fi:lhar'mo:nikɐ] *m* ‹-**s**, -›, **Philharmonikerin** [-ərɪn] *f* ‹-, **-nen**› (≈ *Musiker*) member of a philharmonic orchestra

Philippinen [fɪlɪ'pi:nən] *pl* Philippines *pl* **philippinisch** [fɪlɪ'pi:nɪʃ] *adj* Filipino

Philologe [filo'lo:gə] *m* ‹-**n**, -**n**›, **Philologin** [-'lo:gɪn] *f* ‹-, **-nen**› philologist **Philologie** [filolo'gi:] *f* ‹-, *no pl*› philology **philologisch** [filo'lo:gɪʃ] *adj* philological

Philosoph [filo'zo:f] *m* ‹-**en**, -**en**›, **Philosophin** [-'zo:fɪn] *f* ‹-, **-nen**› philosopher **Philosophie** [filozo'fi:] *f* ‹-, **-n** [-'fi:ən]› philosophy **philosophieren** [filozo'fi:rən] *past part* **philosophiert** *v/i* to philosophize (*über* +*acc* about) **philosophisch** [filo'zo:fɪʃ] **I** *adj* philosophical **II** *adv* philosophically

Phlegma ['flɛgma] *nt* ‹-**s**, *no pl*› apathy **Phlegmatiker** [fle'gma:tikɐ] *m* ‹-**s**, -›, **Phlegmatikerin** [-ərɪn] *f* ‹-, **-nen**› apathetic person **phlegmatisch** [flɛ'gma:tɪʃ] **I** *adj* apathetic **II** *adv* apathetically

Phobie [fo'bi:] *f* ‹-, **-n** [-'bi:ən]› phobia (*vor* +*dat* about)

Phon [fo:n] *nt* ‹-**s**, -**s**› phon **Phonetik** [fo'ne:tɪk] *f* ‹-, *no pl*› phonetics *sg* **phonetisch** [fo'ne:tɪʃ] *adj* phonetic; **∼e Schrift** phonetic transcription **Phonotypist** [fonoty'pɪst] *m* ‹-**en**, -**en**›, **Phonotypistin** [-'pɪstɪn] *f* ‹-, **-nen**› audiotypist **Phonstärke** *f* decibel

Phosphat [fɔs'fa:t] *nt* ‹-**(e)s**, -**e**› phosphate **phosphatfrei** *adj* phosphate-free **phosphathaltig** *adj* containing phosphates **Phosphor** ['fɔsfɔɐ] *m* ‹-**s**, *no pl*› phosphorus **phosphoreszieren** [fɔsfores'tsi:rən] *past part* **phosphoresziert** *v/i* to phosphoresce

Photo ['fo:to] *nt* ‹-**s**, -**s**› = *Foto* **Photosynthese** [fotozyn'te:zə, 'fo:tozyntə:zə] *f* photosynthesis **Photozelle** *f* photoelectric cell

Phrase ['fra:zə] *f* ‹-, **-n**› phrase; (*pej*) empty phrase; **abgedroschene∼** cliché, hackneyed phrase (*Br*); **∼n dreschen** (*infml*) to churn out one cliché after another **Phrasendrescher** *m* ‹-**s**, -›, **Phrasendrescherin** *f* ‹-, **-nen**› (*pej*) windbag (*infml*) **phrasenhaft** *adj* empty, hollow

pH-Wert [pe:'ha:-] *m* pH value

Physik [fy'zi:k] *f* ‹-, *no pl*› physics *sg* **physikalisch** [fyzi'ka:lɪʃ] *adj* physical **II** *adv* physically **Physiker** ['fy:zikɐ] *m* ‹-**s**, -›, **Physikerin** [-ərɪn] *f* ‹-, **-nen**› physicist **Physiksaal** *m* physics lab **Physikum** ['fy:zikʊm] *nt* ‹-**s**, *no pl*› UNIV *preliminary examination in medicine* **physiologisch** [fyzio'lo:gɪʃ] **I** *adj* physiological **II** *adv* physiologically **Physiotherapeut(in)** [fyziotera'pɔyt] *m/(f)* physiotherapist **Physiotherapie** [fyziotera'pi:] *f* physiotherapy **physisch** ['fy:zɪʃ] **I** *adj* physical **II** *adv* physically

Pianist [pia'nɪst] *m* ‹-**en**, -**en**›, **Pianistin** [-'nɪstɪn] *f* ‹-, **-nen**› pianist

Piccolo ['pɪkolo] *m* ‹-**s**, -**s**› **1.** (*a.* **Piccoloflasche**) quarter bottle of champagne **2.** (MUS: *a.* **Piccoloflöte**) piccolo

picheln ['pɪçln] *v/i* (*infml*) to booze (*infml*)

Pichelsteiner ['pɪçlʃtainɐ] *m* ‹-**s**, *no pl*›, **Pichelsteiner Topf** *m*, *no pl* COOK meat and vegetable stew

Pick [pɪk] *m* ‹-**(e)s**, *no pl*› (*Aus* ≈ *Klebstoff*) glue

Pickel ['pɪkl] *m* ‹-**s**, -› **1.** spot **2.** (≈ *Spitzhacke*) pick(axe) (*Br*), pick(ax) (*US*); (≈ *Eispickel*) ice axe (*Br*), ice ax (*US*) **pick(e)lig** ['pɪk(ə)lɪç] *adj* spotty

picken ['pɪkn] *v/t* & *v/i* **1.** to peck (*nach* at) **2.** (*Aus* ≈ *kleben*) to stick

Pickerl ['pɪkɐl] *nt* ‹-**s**, -**n**› (*Aus*) **1.** (≈ *Aufkleber*) sticker **2.** (≈ *Autobahnvignette*) motorway (*Br*) *or* tollway (*US*) permit (*in the form of a windscreen sticker*)

Picknick ['pɪknɪk] *nt* ‹-**s**, -**s** *or* -**e**› picnic; **∼ machen** to have a picnic **picknicken** ['pɪknɪkn] *v/i* to (have a) picnic **Picknickkorb** *m* picnic basket; (*größer*) picnic hamper

picobello [pi:ko'bɛlo] *adv* (*infml*) **∼ gekleidet** immaculately dressed; **∼ sauber** absolutely spotless

Piefke ['pi:fkə] *m* ‹-**s**, -**s**› (*Aus pej* ≈ *Deutscher*) Kraut (*pej*)

pieken ['pi:kn] *v/t* & *v/i* (*infml*) to prick **piekfein** ['pi:k'fain] (*infml*) *adj* posh (*infml*); **∼ eingerichtet sein** to have classy furnishings

piepen ['pi:pn] *v/i* (*Vogel*) to cheep;

(*Maus*) to squeak; (*Funkgerät etc*) to bleep; **bei dir piepts wohl!** (*infml*) are you off your rocker? (*infml*); **es war zum Piepen!** (*infml*) it was a scream! (*infml*) **Piepser** ['piːpsɐ] *m* ⟨**-s, -**⟩ (*infml*, TEL) bleeper **Piepton** *m* bleep

Pier [piːɐ] *m* ⟨**-s, -s** *or* **-e**, *or* f ⟨**-, -s**⟩ jetty

piercen ['piːɐsn] *v/t* to pierce; **sich** (*dat*) **die Zunge ~ lassen** to get one's tongue pierced **Piercing** ['piːɐsɪŋ] *nt* ⟨**-s, s**⟩ **1.** *no pl* body piercing **2.** (*Körperschmuck*) piece of body jewellery (*Br*) *or* jewelry (*US*)

piesacken ['piːzakn] *v/t* (*infml* ≈ *quälen*) to torment

Pietät [pie'tɛːt] *f* ⟨**-**, *no pl*⟩ (≈ *Ehrfurcht*) reverence *no pl*; (≈ *Achtung*) respect **pietätlos** *adj* irreverent; (≈ *ohne Achtung*) lacking in respect

Pigment [pɪ'ɡmɛnt] *nt* ⟨**-(e)s, -e**⟩ pigment

Pik *nt* ⟨**-s, -**⟩ (CARDS) () *no pl* (*Farbe*) spades *pl*

pikant [pi'kant] *adj* piquant; **~ gewürzt** well-seasoned

Pike ['piːkə] *f* ⟨**-, -n**⟩ pike; **etw von der ~ auf lernen** (*fig*) to learn sth starting from the bottom

pikiert [pi'kiːɐt] (*infml*) *adj* put out; **sie machte ein ~es Gesicht** she looked put out

Pikkolo ['pɪkolo] *m* ⟨**-s, -s**⟩ = **Piccolo**

Piktogramm [pɪkto'ɡram] *nt, pl* **-gramme** pictogram

Pilates [pɪ'laːtɛs] *nt* ⟨**-**, *no pl*⟩ pilates

Pilger ['pɪlɡɐ] *m* ⟨**-s, -**⟩, **Pilgerin** [-ərɪn] *f* ⟨**-, -nen**⟩ pilgrim **Pilgerfahrt** *f* pilgrimage **pilgern** ['pɪlɡɐn] *v/i aux sein* to make a pilgrimage; (*infml* ≈ *gehen*) to make one's way

Pille ['pɪlə] *f* ⟨**-, -n**⟩ pill; **sie nimmt die ~** she's on the pill; **das war eine bittere ~ für ihn** (*fig*) that was a bitter pill for him (to swallow)

Pilot [pi'loːt] *m* ⟨**-en, -en**⟩, **Pilotin** [-'loːtɪn] *f* ⟨**-, -nen**⟩ pilot **Pilotfilm** *m* pilot film **Pilotprojekt** *nt* pilot scheme

Pils [pɪls] *nt* ⟨**-, -**⟩, **Pilsner** ['pɪlznɐ] *nt* ⟨**-s, -**⟩ Pils

Pilz [pɪlts] *m* ⟨**-es, -e**⟩ **1.** fungus; (*giftig*) toadstool; (*essbar*) mushroom; **~e sammeln** to go mushroom-picking; **wie ~e aus dem Boden schießen** to spring up like mushrooms **2.** (≈ *Hautpilz*) fungal skin infection **Pilzkrankheit** *f* fungal

disease **Pilzvergiftung** *f* fungus poisoning

Pin [pɪn] *m* ⟨**-s, -s**⟩ (*von Stecker*) pin

pingelig ['pɪŋəlɪç] *adj* (*infml*) finicky (*infml*)

Pinguin ['pɪŋɡuiːn] *m* ⟨**-s, -e**⟩ penguin

Pinie ['piːniə] *f* ⟨**-, -n**⟩ pine

pink [pɪŋk] *adj* shocking pink

Pinkel ['pɪŋkl] *m* ⟨**-s, -**⟩ (*infml*) **ein feiner ~** a swell, His Highness (*infml*) **pinkeln** ['pɪŋkln] *v/i* (*infml*) to pee (*infml*)

Pinnwand [pɪn-] *f* (notice) board

Pinscher ['pɪnʃɐ] *m* ⟨**-s, -**⟩ pinscher

Pinsel ['pɪnzl] *m* ⟨**-s, -**⟩ brush **pinseln** ['pɪnzln] *v/t & v/i* (*infml* ≈ *streichen*) to paint (*auch* MED); (*pej* ≈ *malen*) to daub

Pinzette [pɪn'tsɛtə] *f* ⟨**-, -n**⟩ (pair of) tweezers *pl*

Pionier [pio'niːɐ] *m* ⟨**-s, -e**⟩, **Pionierin** [-'niːərɪn] *f* ⟨**-, -nen**⟩ **1.** MIL sapper **2.** (*fig*) pioneer **Pionierarbeit** *f, no pl* pioneering work **Pioniergeist** *m, no pl* pioneering spirit

Pipeline ['paiplain] *f* ⟨**-, -s**⟩ pipeline

Pipette [pi'pɛtə] *f* ⟨**-, -n**⟩ pipette

Pipi [pi'piː] *nt or m* ⟨**-s, -s**⟩ (*baby talk*) wee(-wee) (*baby talk*); **~ machen** to do a wee(-wee)

Pirat [pi'raːt] *m* ⟨**-en, -en**⟩, **Piratin** [-'raːtɪn] *f* ⟨**-, -nen**⟩ pirate **Piratenschiff** *nt* pirate ship **Piratensender** *m* pirate radio station **Piraterie** [piratə'riː] *f* ⟨**-, -n** [-'riːən]⟩ (*lit, fig*) piracy

Pirsch [pɪrʃ] *f* ⟨**-, *no pl*⟩ stalk; **auf (die) ~ gehen** to go stalking

PISA-Studie ['piːza-] *f* SCHOOL PISA study

pissen ['pɪsn] *v/i* (*vulg*) to (take a) piss (*sl*); (*sl* ≈ *regnen*) to pour down (*infml*)

Pistazie [pɪs'taːtsiə] *f* ⟨**-, -n**⟩ pistachio

Piste ['pɪstə] *f* ⟨**-, -n**⟩ SKI piste; (≈ *Rennbahn*) track; AVIAT runway

Pistole [pɪs'toːlə] *f* ⟨**-, -n**⟩ pistol; **jdm die ~ auf die Brust setzen** (*fig*) to hold a pistol to sb's head; **wie aus der ~ geschossen** (*fig*) like a shot (*infml*)

Pit-Bull-Terrier ['pɪtbʊl-] *m* pit bull terrier

pittoresk [pɪto'rɛsk] *adj* picturesque

Pixel ['pɪksl] *nt* ⟨**-s, -s**⟩ IT pixel

Pizza ['pɪtsa] *f* ⟨**-, -s** *or* **Pizzen** ['pɪtsn]⟩ pizza **Pizzabäcker(in)** *m/(f)* pizza chef **Pizzagewürz** *nt* pizza spice **Pizzeria** [pɪtsa'riːa] *f* ⟨**-, -s** *or* **Pizzerien** [-'riːən]⟩

pizzeria

Pjöngjang[pjœŋ'jaŋ] *nt* ⟨-s⟩ Pyongyang

Pkw ['pe:ka:ve:, pe:ka:'ve:] *m* ⟨-s, -s⟩ car

Placebo[pla'tse:bo] *nt* ⟨-s, -s⟩ placebo

Plackerei [plakə'rai] *f* ⟨-, -en⟩ (*infml*) grind (*infml*)

plädieren [plɛ'di:rən] *past part* **plädiert** *v/i* to plead (*für, auf* +*acc* for) **Plädoyer** [plɛdoa'je:] *nt* ⟨-s, -s⟩ JUR summation (*US*), summing up; (*fig*) plea

Plafond [pla'fõ:] *m* ⟨-s, -s⟩ (*esp S Ger, Swiss: also fig*) ceiling

Plage['pla:gə] *f* ⟨-, -n⟩ **1.** plague **2.** (*fig* ≈ *Mühe*) nuisance; *sie hat ihre ~ mit ihm* he's a trial for her **plagen**['pla:gn] **I** *v/t* to plague; *ein geplagter Mann* a harassed man **II** *v/r* **1.** (≈ *leiden*) to be troubled (*mit* by) **2.** (≈ *sich abrackern*) to slave away (*infml*)

Plagiat[pla'gia:t] *nt* ⟨-(e)s, -e⟩ **1.** (≈ *geistiger Diebstahl*) plagiarism **2.** (*Buch, Film etc*) book / film etc resulting from plagiarism; *dieses Buch ist ein ~* this book is plagiarism **plagiieren** [plagi-'i:rən] *past part* **plagiiert** *v/t & v/i* to plagiarize

Plakat[pla'ka:t] *nt* ⟨-(e)s, -e⟩ (*an Litfaßsäulen etc*) poster; (*aus Pappe*) placard **plakatieren**[plaka'ti:rən] *past part* **plakatiert** *v/t* to placard; (*fig*) to broadcast **Plakatwerbung***f* poster advertising **Plakette**[pla'kɛtə] *f* ⟨-, -n⟩ (≈ *Abzeichen*) badge

Plan[1] [pla:n] *m* ⟨-(e)s, ⸚e ['plɛ:nə]⟩ **1.** plan; *wir haben den ~, ...* we're planning to ... **2.** (≈ *Stadtplan*) (street) map; (≈ *Bauplan*) plan; (≈ *Zeittafel*) schedule

Plan[2] *m* ⟨-(e)s, ⸚e ['plɛ:nə]⟩ *auf den ~ treten* (*fig*) to arrive or come on the scene; *jdn auf den ~ rufen* (*fig*) to bring sb into the arena

Plane ['pla:nə] *f* ⟨-, -n⟩ tarpaulin; (≈ *Schutzdach*) canopy

planen['pla:nən] *v/t & v/i* to plan **Planer** ['pla:nɐ] *m* ⟨-s, -⟩, **Planerin**[-ərın] *f* ⟨-, -nen⟩ planner

Planet[pla'ne:t] *m* ⟨-en, -en⟩ planet **planetarisch** [plane'ta:rıʃ] *adj* planetary **Planetarium**[plane'ta:riʊm] *nt* ⟨-s, **Planetarien** [-riən]⟩ planetarium

Planfeststellungsverfahren *nt* BUILD planning permission hearings *pl* **planieren** [pla'ni:rən] *past part* **planiert** *v/t Boden* to level (off); *Werkstück* to

planish **Planierraupe***f* bulldozer

Planke['plaŋkə] *f* ⟨-, -n⟩ plank; (≈ *Leitplanke*) crash barrier

Plänkelei [plɛŋkə'lai] *f* ⟨-, -en⟩ (*fig*) squabble **plänkeln** ['plɛŋkln] *v/i* (*fig*) to squabble

Plankton['plaŋktɔn] *nt* ⟨-s, *no pl*⟩ plankton

planlos I *adj* unmethodical; (≈ *ziellos*) random **II** *adv umherirren* aimlessly; *vorgehen* without any clear direction **Planlosigkeit***f* ⟨-, *no pl*⟩ lack of planning **planmäßig I** *adj* (≈ *wie geplant*) as planned; (≈ *pünktlich*) on schedule; *~e Ankunft /Abfahrt* scheduled time of arrival / departure **II** *adv* **1.** (≈ *systematisch*) systematically **2.** (≈ *fahrplanmäßig*) on schedule

Planschbecken *nt* paddling pool (*Br*), wading pool (*US*) **planschen** ['planʃn] *v/i* to splash around

Planspiel *nt* experimental game; MIL map exercise

Planstelle *f* post

Plantage[plan'ta:ʒə] *f* ⟨-, -n⟩ plantation

Planung ['pla:nʊŋ] *f* ⟨-, -en⟩ planning; *diese Straße ist noch in ~* this road is still being planned **Planwirtschaft** *f* planned economy

Plappermaul *nt* (*infml*) (≈ *Mund*) big mouth (*infml*); (≈ *Schwätzer*) windbag (*infml*) **plappern** ['plapən] *v/i* to chatter; (≈ *Geheimnis verraten*) to blab (*infml*)

plärren ['plɛrən] *v/t & v/i* (*infml* ≈ *weinen*) to howl; (*Radio*) to blare (out); (≈ *schreien*) to yell

Plasma ['plasma] *nt* ⟨-s, **Plasmen** [-mən]⟩ plasma

Plastik[1]['plastɪk] *nt* ⟨-s, *no pl*⟩ (≈ *Kunststoff*) plastic

Plastik[2]*f* ⟨-, -en⟩ (≈ *Skulptur*) sculpture **Plastikbeutel** *m* plastic bag **Plastikflasche***f* plastic bottle **Plastikfolie***f* plastic film **Plastikgeld** *nt* (*infml*) plastic money **Plastiksack** *m* (large) plastic bag **Plastiksprengstoff** *m* plastic explosive **Plastiktüte** *f* plastic bag **plastisch** ['plastɪʃ] **I** *adj* **1.** (≈ *dreidimensional*) three-dimensional, 3-D; (*fig: anschaulich*) vivid **2.** ART plastic; *die ~e Kunst* plastic art **3.** MED *Chirurgie* plastic **II** *adv* **1.** (*räumlich*) three-dimensionally **2.** (*fig: anschaulich*) *etw ~ schildern* to give a graphic description of sth; *das kann ich mir ~ vorstellen* I can just imagine it

Platane [pla'taːnə] $f \langle$ -, -n$\rangle$ plane tree
Plateau [pla'toː] $nt \langle$ -s, -s$\rangle$ 1. plateau 2.
(*von Schuh*) platform **Plateausohle**
[pla'toː-] f platform sole
Platin ['plaːtiːn, pla'tiːn] $nt \langle$ -s, *no pl*$\rangle$
platinum
Platine [pla'tiːnə] $f \langle$ -, -n$\rangle$ IT circuit board
platonisch [pla'toːnɪʃ] *adj* Platonic; (≈
nicht sexuell) platonic
platschen ['platʃn] *v/i* (*infml*) to splash
plätschern ['plɛtʃɐn] *v/i* (*Bach*) to babble; (*Brunnen*) to splash; (*Regen*) to patter
platt [plat] **I** *adj* **1.** (≈ *flach*) flat; **einen
Platten haben** (*infml*) to have a flat tyre
(*Br*) *or* tire (*US*) **2.** (*infml* ≈ *verblüfft*) ~
sein to be flabbergasted (*infml*) **II** *adv*
walzen flat; **etw ~ drücken** to press
sth flat **Platt** [plat] $nt \langle$ -(s), *no pl*$\rangle$ (*infml*)
Low German, Plattdeutsch **platt-
deutsch** *adj* Low German **Platte**
['platə] $f \langle$ -, -n$\rangle$ **1.** (≈ *Holzplatte*) piece
of wood, board; (*zur Wandverkleidung*)
panel; (≈ *Glasplatte / Metallplatte / Plas-
tikplatte*) piece of glass / metal / plastic;
(≈ *Steinplatte*) slab; (≈ *Kachel, Fliese*)
tile; (≈ *Grabplatte*) gravestone; (≈ *Herdplatte*) hotplate; (≈ *Tischplatte*) (table)
top; PHOT plate; (≈ *Gedenktafel*) plaque;
IT disk **2.** (≈ *Schallplatte*) record **3.**
(*infml*) (≈ *Glatze*) bald head **plätten**
['plɛtn] *v/t* (*dial*) to iron **Plattenlauf-
werk** nt IT disk drive **Plattensammlung**
f record collection **Plattenspieler** m record player **Plattenteller** m turntable
Plattfisch m flatfish **Plattform** f platform; (*fig* ≈ *Grundlage*) basis **Plattfuß**
m flat foot **Plattheit** $f \langle$ -, -en$\rangle$ **1.** *no pl*
(≈ *Flachheit*) flatness **2.** *usu pl* (≈ *Re-
densart etc*) platitude, cliché **Plättli**
['plɛtli] $nt \langle$ -, -$\rangle$ (*Swiss* ≈ *Fliese, Kachel*)
tile **plattmachen** *v/t sep* (*infml*) to level;
(≈ *töten*) to do in (*infml*)

Platz [plats] $m \langle$ -es, ⸚e ['plɛtsə]$\rangle$ **1.** (≈
freier Raum) room; **~ für jdn/etw schaf-
fen** to make room for sb/sth; **~ einnehmen** to take up room; **~ raubend =
platzraubend; ~ sparend = platzsparend; jdm den (ganzen) ~ wegnehmen**
to take up all the room; **jdm ~ machen** to
make room for sb; (≈ *vorbeigehen lassen*) to make way for sb (*also fig*); **~ machen** to get out of the way (*infml*); **mach
mal ein bisschen ~** make a bit of room

2. (≈ *Sitzplatz*) seat; **~ nehmen** to take a
seat; **ist hier noch ein ~ frei?** is it okay to
sit here?; **dieser ~ ist belegt** *or* **besetzt**
this seat's taken; **~!** (*zum Hund*) (lie)
down! **3.** (≈ *Stelle, Standort*) place;
das Buch steht nicht an seinem ~ the
book isn't in (its) place; **etw (wieder) an
seinen ~ stellen** to put sth (back) in (its)
place; **fehl** *or* **nicht am ~(e) sein** to be
out of place; **auf die Plätze, fertig,
los!** (*beim Sport*) on your marks, get
set, go!; **den ersten ~ einnehmen** (*fig*)
to take first place; **auf ~ zwei** in second
place **4.** (≈ *umbaute Fläche*) square **5.** (≈
Sportplatz) playing field; FTBL pitch; (≈
Tennisplatz) court; (≈ *Golfplatz*) (golf)
course; **einen Spieler vom ~ verweisen**
to send a player off (*Br*), to eject a player
(*US*); **auf gegnerischem ~** away; **auf eigenem ~** at home **6.** (≈ *Ort*) town, place;
das erste Hotel am ~(e) the best hotel in
town **Platzangst** f (*infml* ≈ *Beklemmung*) claustrophobia **Platzanweiser**
[-anvaizɐ] $m \langle$ -s, -$\rangle$ usher **Platzanweiserin** [-anvaizərɪn] $f \langle$ -, -nen$\rangle$ usherette
Plätzchen ['plɛtsçən] $nt \langle$ -s, -$\rangle$ (*Gebäck*)
biscuit (*Br*), cookie (*US*)
platzen ['platsn] *v/i aux sein* **1.** (≈ *aufreißen*) to burst; (*Naht, Haut*) to split; (≈
explodieren) to explode; (≈ *einen Riss
bekommen*) to crack; **mir ist unterwegs
ein Reifen geplatzt** I had a blowout on
the way (*infml*); **ins Zimmer ~** (*infml*) to
burst into the room; **jdm ins Haus ~**
(*infml*) to descend on sb; (**vor Wut/
Ungeduld**) **~** (*infml*) to be bursting (with
rage / impatience) **2.** (*infml* ≈ *scheitern*)
(*Plan, Vertrag*) to fall through; (*Freundschaft, Koalition*) to break up; (*Wechsel*)
to bounce (*infml*); **die Verlobung ist geplatzt** the engagement is (all) off; **etw ~
lassen** Plan, Vertrag to make sth fall
through; Verlobung to break sth off; Koalition to break sth up

Platzhalter m place marker **Platzhirsch**
m dominant male **platzieren** [pla-
'tsiːrən] *past part* **platziert** **I** *v/t* **1.** to
put, to place; TENNIS to seed **2.** (≈ *zielen*)
Ball to place; Schlag to land **II** *v/r* **1.**
(*infml* ≈ *sich setzen etc*) to plant oneself
(*infml*) **2.** SPORTS to be placed; **der Läufer konnte sich gut ~** the runner was
well-placed **Platzierung** f (*bei Rennen*)
order; TENNIS seeding; (≈ *Platz*) place
Platzkarte f RAIL seat reservation (tick-

et) **Pl̲a̲tzmangel** *m, no pl* shortage of space **Pl̲a̲tzpatrone** *f* blank (cartridge) **pl̲a̲tzraubend** *adj* space-consuming **Pl̲a̲tzregen** *m* cloudburst **pl̲a̲tzsparend** *adj* space-saving *attr; bauen, unterbringen* (in order) to save space **Pl̲a̲tzverweis** *m* sending-off (*Br*), ejection (*US*) **Pl̲a̲tzwart** [-vart] *m* ⟨**-s, -e**⟩, **Pl̲a̲tzwartin** [-vartɪn] *f* ⟨**-, -nen**⟩ SPORTS groundsman **Pl̲a̲tzwunde** *f* cut

Plauderei [plaudəˈraɪ] *f* ⟨**-, -en**⟩ chat **Pl̲a̲uderer** [ˈplaudərə] *m* ⟨**-s, -**⟩, **Pl̲a̲uderin** [-ərɪn] *f* ⟨**-, -nen**⟩ conversationalist **pl̲a̲udern** [ˈplaudɐn] *v/i* to chat (*über* +*acc, von* about); (≈ *verraten*) to talk

plausibel [plauˈziːbl] **I** *adj Erklärung* plausible **II** *adv* plausibly; *jdm etw* ~ *machen* to explain sth to sb

Play-back [ˈpleːbɛk] *nt* ⟨**-s, -s**⟩, **Playback** *nt* ⟨**-s, -s**⟩ (≈ *Band*) (*bei Musikaufnahme*) backing track; ~ *singen* to mime **Playboy** [ˈpleː-] *m* playboy **Playgirl** [ˈpleː-] *nt* playgirl

Plazenta [plaˈtsɛnta] *f* ⟨**-, -s** *or* **Plazenten** [-ˈtsɛntn] placenta

plazieren [plaˈtsiːrən] *v/t* → **platzieren**

Plebiszit [plebɪsˈtsiːt] *nt* ⟨**-(e)s, -e**⟩ plebiscite

pleite [ˈplaɪtə] *adj pred adv* (*infml*) *Mensch* broke (*infml*) **Pleite** [ˈplaɪtə] *f* ⟨**-, -n**⟩ (*infml*) bankruptcy; (*fig*) flop (*infml*); ~ *machen* to go bankrupt; ~ *gehen* to go bust **pleitegehen** *v/i sep irr aux sein* (*infml*) to go bust

Plenarsaal *m* chamber **Plenarsitzung** *f* plenary session **Plenum** [ˈpleːnʊm] *nt* ⟨**-s, Plena** [-na]⟩ plenum

Pleuelstange [ˈplɔyəl-] *f* connecting rod

Plissee [plɪˈseː] *nt* ⟨**-s, -s**⟩ pleats *pl* **Plisseerock** *m* pleated skirt **plissieren** [plɪˈsiːrən] *past part* **plissiert** *v/t* to pleat

Plombe [ˈplɔmbə] *f* ⟨**-, -n**⟩ **1.** (≈ *Siegel*) lead seal **2.** (≈ *Zahnplombe*) filling **plombieren** [plɔmˈbiːrən] *past part* **plombiert** *v/t* **1.** (≈ *versiegeln*) to seal **2.** *Zahn* to fill

Plotter [ˈplɔtɐ] *m* ⟨**-s, -**⟩ IT plotter

plötzlich [ˈplœtslɪç] **I** *adj* sudden **II** *adv* suddenly; *aber ein bisschen* ~! (*infml*) (and) make it snappy! (*infml*) **Plötzlichkeit** *f* ⟨**-, no pl**⟩ suddenness

plump [plʊmp] **I** *adj Figur* ungainly *no adv; Ausdruck* clumsy; *Benehmen* crass; *Lüge, Trick* obvious **II** *adv sich bewegen* awkwardly; *sich ausdrücken*

clumsily **Plumpheit** *f* ⟨**-, -en**⟩ (*von Figur*) ungainliness; (*von Ausdruck*) clumsiness; (*von Benehmen*) crassness; (*von Lüge, Trick*) obviousness

plumps [plʊmps] *int* bang; (*lauter*) crash **Plumps** [plʊmps] *m* ⟨**-es, -e**⟩ (*infml*) (≈ *Fall*) fall; (*Geräusch*) bump **plumpsen** [ˈplʊmpsn] *v/i aux sein* (*infml*) (≈ *fallen*) to tumble

plumpvertraulich *adj* overly chummy (*infml*)

Plunder [ˈplʊndɐ] *m* ⟨**-s, no pl**⟩ junk

Plünderer [ˈplʏndərə] *m* ⟨**-s, -**⟩, **Plünderin** [-ərɪn] *f* ⟨**-nen**⟩ looter, plunderer **plündern** [ˈplʏndɐn] *v/t & v/i* to loot; (≈ *ausrauben*) to raid **Plünderung** *f* ⟨**-, -en**⟩ looting

Plural [ˈpluːraːl] *m* ⟨**-s, -e**⟩ plural; *im* ~ *stehen* to be (in the) plural **Pluralismus** [pluraˈlɪsmʊs] *m* ⟨**-, no pl**⟩ pluralism **pluralistisch** [pluraˈlɪstɪʃ] *adj* pluralistic (*form*)

plus [plʊs] **I** *prep* +*gen* plus **II** *adv* plus; *bei* ~ *5 Grad* at 5 degrees (above freezing); ~ *minus 10* plus or minus 10 **Plus** [plʊs] *nt* ⟨**-, -**⟩ **1.** (≈ *Pluszeichen*) plus (sign) **2.** (*esp* COMM ≈ *Zuwachs*) increase; (≈ *Gewinn*) profit; (≈ *Überschuss*) surplus **3.** (*fig* ≈ *Vorteil*) advantage; *das ist ein* ~ *für dich* that's a point in your favour (*Br*) *or* favor (*US*)

Plüsch [plyʃ, plyːʃ] *m* ⟨**-(e)s, -e**⟩ plush **Plüschtier** *nt* ≈ soft toy

Pluspol *m* ELEC positive pole **Pluspunkt** *m* SPORTS point; (*fig*) advantage **Plusquamperfekt** [ˈpluskvampɛrfɛkt] *nt* pluperfect **Pluszeichen** *nt* plus sign

Pluto [ˈpluːto] *m* ⟨**-s**⟩ ASTRON Pluto

Plutonium [pluˈtoːniʊm] *nt* ⟨**-s, no pl**⟩ plutonium

Pneu [pnɔʏ] *m* ⟨**-s, -s**⟩ (*esp Swiss*) tyre (*Br*), tire (*US*) **pneumatisch** [pnɔʏˈmaːtɪʃ] **I** *adj* pneumatic **II** *adv* pneumatically

Po [po:] *m* ⟨**-s, -s**⟩ (*infml*) bottom

Pöbel [ˈpøːbl] *m* ⟨**-s, no pl**⟩ rabble **pöbelhaft** *adj* uncouth, vulgar **pöbeln** [ˈpøːbln] *v/i* to swear

pochen [ˈpɔxn] *v/i* to knock; (*Herz*) to pound; *auf etw* (*acc*) ~ (*fig*) to insist on sth

Pocke [ˈpɔkə] *f* ⟨**-, -n**⟩ **1.** pock **2. Pocken** *pl* smallpox **Pockennarbe** *f* pockmark **Pocken(schutz)impfung** *f* smallpox vaccination

Podest [po'dɛst] *nt or m* ⟨-(e)s, -e⟩ pedestal; (≈ *Podium*) platform

Podium ['po:diʊm] *nt* ⟨-s, *Podien* [-diən]⟩ platform; (*des Dirigenten*) podium **Podiumsdiskussion** *f* panel discussion

Poesie [poe'zi:] *f* ⟨-, -n* [-'zi:ən]⟩ poetry **Poesiealbum** *nt* autograph book **Poetik** [po'e:tɪk] *f* ⟨-, -en⟩ poetics *sg* **poetisch** [po'e:tɪʃ] **I** *adj* poetic **II** *adv* poetically

Pogrom [po'gro:m] *nt or m* ⟨-s, -e⟩ pogrom

Pointe ['poɛ̃:tə] *f* ⟨-, -n⟩ (*eines Witzes*) punch line; (*einer Geschichte*) point **pointiert** [poɛ̃'ti:ɐt] **I** *adj* pithy **II** *adv* pithily

Pokal [po'ka:l] *m* ⟨-s, -e⟩ (*zum Trinken*) goblet; SPORTS cup **Pokalfinale** *nt* cup final **Pokalrunde** *f* round (of the cup) **Pokalsieger(in)** *m(f)* cup winners *pl* **Pokalspiel** *nt* cup tie

Pökelfleisch *nt* salt meat **pökeln** ['pø:kln] *v/t Fleisch* to salt

Poker ['po:kɐ] *nt* ⟨-s, *no pl*⟩ poker **pokern** ['po:kɐn] *v/i* to play poker; (*fig*) to gamble; **hoch ~** (*fig*) to take a big risk

Pol [po:l] *m* ⟨-s, -e⟩ pole; **der ruhende ~** (*fig*) the calming influence **polar** [po-'la:ɐ] *adj* polar **Polareis** *nt* polar ice **polarisieren** [polari'zi:rən] *past part* **polarisiert** *v/t & v/r* to polarize **Polarisierung** *f* ⟨-, -en⟩ polarization **Polarkreis** *m nördlicher/südlicher ~* Arctic/Antarctic circle **Polarmeer** *nt Nördliches/Südliches ~* Arctic/Antarctic Ocean

Polaroidkamera® [polaro'i:t-, pola-'rɔyt-] *f* Polaroid® camera

Polarstern *m* Pole Star

Pole ['po:lə] *m* ⟨-n, -n⟩ Pole

Polemik [po'le:mɪk] *f* ⟨-, -en⟩ polemics *sg* (*gegen against*) **Polemiker** [po'le:mikɐ] *m* ⟨-s, -⟩, **Polemikerin** [-ərɪn] *f* ⟨-, -nen⟩ controversialist, polemicist **polemisch** [po'le:mɪʃ] *adj* polemic(al) **polemisieren** [polemi'zi:rən] *past part* **polemisiert** *v/i* to polemicize; **~ gegen** to inveigh against

Polen ['po:lən] *nt* ⟨-s⟩ Poland

Polenta [po'lɛnta] *f* ⟨-, -s or Polenten⟩ COOK polenta

Police [po'li:sə] *f* ⟨-, -n⟩ (insurance) policy

polieren [po'li:rən] *past part* **poliert** *v/t* to polish

Poliklinik ['po:li-] *f* clinic (*for outpatients only*)

Polin ['po:lɪn] *f* ⟨-, -nen⟩ Pole

Polio ['po:lio] *f* ⟨-, *no pl*⟩ polio

Politbüro *nt* Politburo

Politesse [poli'tɛsə] *f* ⟨-, -n⟩ (woman) traffic warden

Politik [poli'ti:k] *f* ⟨-, -en⟩ **1.** *no pl* politics *sg*; (≈ *politischer Standpunkt*) politics *pl*; **in die ~ gehen** to go into politics **2.** (≈ *bestimmte Politik*) policy; **eine ~ verfolgen** to pursue a policy **Politiker** [po-'li:tikɐ] *m* ⟨-s, -⟩, **Politikerin** [-ərɪn] *f* ⟨-, -nen⟩ politician **politisch** [po'li:tɪʃ] **I** *adj* political **II** *adv* politically; **sich ~ betätigen** to be involved in politics; **~ interessiert sein** to be interested in politics **politisieren** [politi'zi:rən] *past part* **politisiert I** *v/i* to politicize **II** *v/t* to politicize; *jdn* to make politically aware **Politologe** [polito'lo:gə] *m* ⟨-n, -n⟩, **Politologin** [-'lo:gɪn] *f* ⟨-, -nen⟩ political scientist **Politologie** [politolo'gi:] *f* ⟨-, *no pl*⟩ political science

Politur [poli'tu:ɐ] *f* ⟨-, -en⟩ polish

Polizei [poli'tsai] *f* ⟨-, -en⟩ police *pl*; **zur ~ gehen** to go to the police; **er ist bei der ~** he's in the police (force) **Polizeiaufgebot** *nt* police presence **Polizeiauto** *nt* police car **Polizeibeamte(r)** *m decl as adj*, **Polizeibeamtin** *f* police official; (≈ *Polizist*) police officer **Polizeidienststelle** *f* (*form*) police station **Polizeieinsatz** *m* police action or intervention **Polizeifunk** *m* police radio **Polizeikette** *f* police cordon **Polizeiknüppel** *m* truncheon **Polizeikontrolle** *f* police check; (≈ *Kontrollpunkt*) police checkpoint **polizeilich** [po'li'tsailıç] **I** *adj* police *attr*; **~es Führungszeugnis** certificate issued by the police, stating that the holder has no criminal record **II** *adv* ermittelt werden by the police; **~ überwacht werden** to be under police surveillance; **sie wird ~ gesucht** the police are looking for her; **sich ~ melden** to register with the police **Polizeirevier** *nt* **1.** (≈ *Polizeiwache*) police station **2.** (*Bezirk*) (police) district, precinct (*US*) **Polizeischutz** *m* police protection **Polizeistaat** *m* police state **Polizeistreife** *f* police patrol **Polizeistunde** *f* closing time **Polizeiwache** *f* police station **Polizist** [poli'tsɪst] ⟨-en, -en⟩ *m* policeman **Polizistin** [poli-'tsɪstɪn] *f* ⟨-, -nen⟩ policewoman

Pollen ['pɔlən] *m* ⟨-s, -⟩ pollen **Pollen-**

flug *m* pollen count **Pollenwarnung** *f* pollen warning

polnisch ['pɔlnɪʃ] *adj* Polish

Polo ['po:lo] *nt* ⟨*-s, -s*⟩ polo **Polohemd** *nt* sports shirt

Polster ['pɔlstɐ] *nt or (Aus) m* ⟨*-s, -*⟩ **1.** cushion; (≈ *Polsterung*) upholstery *no pl* **2.** (*fig*) (≈ *Fettpolster*) flab *no pl* (*infml*); (≈ *Reserve*) reserve **Polstergarnitur** *f* three-piece suite **Polstermöbel** *pl* upholstered furniture *sg* **polstern** ['pɔlstɐn] *v/t* to upholster; *Kleidung* to pad; *sie ist gut gepolstert* she's well-padded **Polstersessel** *m* armchair, easy chair **Polsterung** ['pɔlstərʊŋ] *f* ⟨*-, -en*⟩ (≈ *Polster*) upholstery

Polterabend *m* party on the eve of a wedding, at which old crockery is smashed to bring good luck **Poltergeist** *m* poltergeist **poltern** ['pɔltɐn] *v/i* **1.** (≈ *Krach machen*) to crash about; *es fiel ∼d zu Boden* it crashed to the floor **2.** (*infml* ≈ *schimpfen*) to rant (and rave) **3.** (*infml* ≈ *Polterabend feiern*) to celebrate on the eve of a wedding

Polyacryl [polya'kry:l] *nt* **1.** CHEM polyacrylics *sg* **2.** TEX acrylics *sg* **Polyamid**® [poly|a'mi:t] *nt* ⟨*-(e)s, -e* [-də]⟩ polyamide **Polyester** [poly|ˈɛstɐ] *m* ⟨*-s, -*⟩ polyester **polygam** [poly'ga:m] *adj* polygamous **Polygamie** [polyga'mi:] *f* ⟨*-, no pl*⟩ polygamy

Polynesien [poly'ne:ziən] *nt* ⟨*-s*⟩ Polynesia **polynesisch** [poly'ne:zɪʃ] *adj* Polynesian

Polyp [po'ly:p] *m* ⟨*-en, -en*⟩ **1.** ZOOL polyp **2.** MED *∼en* adenoids

Polytechnikum [poly'tɛçnikʊm] *nt* polytechnic

Pomade [po'ma:də] *f* ⟨*-, -n*⟩ hair cream

Pommern ['pɔmɐn] *nt* ⟨*-s*⟩ Pomerania

Pommes ['pɔməs] *pl* (*infml*) chips *pl* (*Br*), (French) fries *pl* **Pommesbude** *f* (*infml*) fast food stand **Pommes frites** [pɔm 'frit] *pl* chips *pl* (*Br*), French fries *pl*

Pomp [pɔmp] *m* ⟨*-(e)s, no pl*⟩ pomp **pompös** [pɔm'pø:s] **I** *adj* grandiose **II** *adv* grandiosely

Pontius ['pɔntsiʊs] *m von ∼ zu Pilatus* from one place to another

Pony[1] ['pɔni] *nt* ⟨*-s, -s*⟩ pony

Pony[2] *m* ⟨*-s, -s*⟩ (*Frisur*) fringe (*Br*), bangs *pl* (*US*)

Pool(billard) ['pu:l-] *nt* ⟨*-s, no pl*⟩ pool

Pop [pɔp] *m* ⟨*-s, no pl*⟩ MUS pop; ART pop art

Popcorn ['pɔpkɔ:n] *nt* ⟨*-s, no pl*⟩ popcorn

Popel ['po:pl] *m* ⟨*-s, -*⟩ (*infml*) (≈ *Nasenpopel*) bogey (*Br infml*), booger (*US infml*) **popelig** ['po:pəlɪç] (*infml*) *adj* **1.** (≈ *knauserig*) stingy (*infml*); *∼e zwei Euro* a lousy two euros (*infml*) **2.** (≈ *dürftig*) crummy (*infml*)

Popeline [popə'li:nə] *f* ⟨*-, -*⟩ poplin

popeln ['po:pln] *v/i* (*infml*) (*in der Nase*) *∼* to pick one's nose

Popgruppe *f* pop group **Popkonzert** *nt* pop concert **Popmusik** *f* pop music

Popo [po'po:] *m* ⟨*-s, -s*⟩ (*infml*) bottom

poppig ['pɔpɪç] (*infml*) *adj Kleidung* loud and trendy; *Farben* bright and cheerful **Popsänger(in)** *m*/(*f*) pop singer **Popstar** *m* pop star **Popszene** *f* pop scene

populär [popu'lɛ:ɐ] *adj* popular (*bei* with) **Popularität** [populari'tɛ:t] *f* ⟨*-, no pl*⟩ popularity **populistisch** [popu-'lɪstɪʃ] **I** *adj* populist **II** *adv* in a populist way

Pore ['po:rə] *f* ⟨*-, -n*⟩ pore

Porno ['pɔrno] *m* ⟨*-s, -s*⟩ (*infml*) porn (*infml*) **Pornofilm** *m* porn movie **Pornografie** [pɔrnogra'fi:] *f* ⟨*-, -n* [-'fi:ən]⟩ pornography **pornografisch** [pɔrno-'gra:fɪʃ] *adj* pornographic **Pornoheft** *nt* porn magazine

porös [po'rø:s] *adj* (≈ *durchlässig*) porous; (≈ *brüchig*) *Leder* perished

Porree ['pɔre] *m* ⟨*-s, -s*⟩ leek

Port *m* ⟨*-s, -s*⟩ IT port

Portal [pɔr'ta:l] *nt* ⟨*-s, -e*⟩ portal

Portemonnaie [pɔrtmɔ'ne:, pɔrtmɔ'nɛ:] *nt* ⟨*-s, -s*⟩ purse

Portier [pɔr'tie:] *m* ⟨*-s, -s*⟩ = **Pförtner**

Portion [pɔr'tsio:n] *f* ⟨*-, -en*⟩ (*beim Essen*) portion, helping; *eine halbe ∼* (*fig infml*) a half pint (*infml*); *er besitzt eine gehörige ∼ Mut* he's got a fair amount of courage

Portmonee [pɔrtmɔ'ne:, pɔrtmɔ'nɛ:] *nt* ⟨*-s, -s*⟩ purse

Porto ['pɔrto] *nt* ⟨*-s, -s or Porti* [-ti]⟩ postage *no pl* (*für* on, for) **portofrei** *adj, adv* postage paid **Portokasse** *f* ≈ petty cash (*for postal expenses*)

Porträt [pɔr'trɛ:, pɔr'trɛ:t] *nt* ⟨*-s, -s*⟩ portrait **porträtieren** [pɔrtrɛ'ti:rən] *past part* **porträtiert** *v/t* (*fig*) to portray; *jdn ∼*

to paint sb's portrait

Portugal ['pɔrtugal] *nt* ⟨**-s**⟩ Portugal **Portugiese** [pɔrtu'giːzə] *m* ⟨**-n, -n**⟩, **Portugiesin** [-'giːzɪn] *f* ⟨**-, -nen**⟩ Portuguese **portugiesisch** [pɔrtu'giːzɪʃ] *adj* Portuguese

Portwein ['pɔrt-] *m* port

Porzellan [pɔrtsɛ'laːn] *nt* ⟨**-s, -e**⟩ china

Posaune [po'zaunə] *f* ⟨**-, -n**⟩ trombone; *(fig)* trumpet **Posaunist** [pozau'nɪst] *m* ⟨**-en, -en**⟩, **Posaunistin** [-'nɪstɪn] *f* ⟨**-, -nen**⟩ trombonist

Pose ['poːzə] *f* ⟨**-, -n**⟩ pose **posieren** [po-'ziːrən] *past part* **posiert** *v/i* to pose **Position** [pozi'tsioːn] *f* ⟨**-, -en**⟩ position; (COMM ≈ *Posten einer Liste*) item **positionieren** [pozitsio'niːrən] *past part* **positioniert** *v/t* to position **Positionierung** *f* ⟨**-, -en**⟩ positioning

positiv ['poːzitiːf, pozi'tiːf] **I** *adj* positive; *eine ~e Antwort* an affirmative (answer) **II** *adv* positively; *~ denken* to think positively; *~ zu etw stehen* to be in favour *(Br)* or favor *(US)* of sth **Positur** [pozi'tuːɐ] *f* ⟨**-, -en**⟩ posture; *sich in ~ setzen/stellen* to take up a posture

Posse ['pɔsə] *f* ⟨**-, -n**⟩ farce

possessiv ['pɔsɛsiːf, pɔsɛ'siːf] *adj* possessive **Possessivpronomen** ['pɔsɛsiːf-, pɔsɛ'siːf-] *nt* possessive pronoun

possierlich [pɔ'siːɐlɪç] *adj* comical

Post [pɔst] *f* ⟨**-, -en**⟩ post *(Br)*, mail; *die ~®* the Post Office; *etw mit der ~ schicken* to send sth by mail; *mit gleicher ~* by the same post *(Br)*, in the same mail *(US)*; *mit getrennter ~* under separate cover **postalisch** [pɔs'taːlɪʃ] **I** *adj* postal **II** *adv* by mail *(Br)* **Postamt** *nt* post office **Postanschrift** *f* postal address **Postanweisung** *f* ≈ money order *(Br)* **Postausgang** *m* outgoing mail; INTERNET out mail **Postbank** *f* Post Office Savings Bank **Postbeamte(r)** *m decl as adj*, **Postbeamtin** *f* post office official **Postbote** *m* postman, mailman *(US)* **Postbotin** *f* postwoman, mailwoman *(US)* **Postdienst** *m* postal service, the mail *(US)* **Posteingang** *m* incoming mail

Posten ['pɔstn] *m* ⟨**-s, -**⟩ **1.** (≈ *Anstellung*) position **2.** (MIL ≈ *Wachmann*) guard; (≈ *Stelle*) post; *~ stehen* to stand guard **3.** *(fig) auf dem ~ sein* (≈ *aufpas-*

sen) to be awake; (≈ *gesund sein*) to be fit; *nicht ganz auf dem ~ sein* to be (a bit) under the weather **4.** (≈ *Streikposten*) picket **5.** (COMM ≈ *Warenmenge*) quantity **6.** (COMM: *im Etat*) item

Poster ['poːstɐ] *nt* ⟨**-s, -(s)**⟩ poster

Postfach *nt* PO box **Postfachnummer** *f* (PO *or* post office) box number **postfrisch** *adj Briefmarke* mint **Postgeheimnis** *nt* secrecy of the post *(Br)* or mail **Postgirokonto** *nt* Post Office Giro account *(Br)*, state-owned bank account *(US)* **Posthorn** *nt* post horn

posthum [pɔst'huːm, pɔs'tuːm] *adj, adv* = **postum**

postieren [pɔs'tiːrən] *past part* **postiert I** *v/t* to post, to station **II** *v/r* to position oneself

Postkarte *f* postcard **postlagernd** *adj, adv* poste restante *(Br)*, general delivery *(US)* **Postleitzahl** *f* post(al) code, Zip code *(US)* **Postler** ['pɔstlɐ] *m* ⟨**-s, -**⟩, **Postlerin** [-ərɪn] *f* ⟨**-, -nen**⟩, **Pöstler** ['pœstlɐ] *m* ⟨**-s, -**⟩, **Pöstlerin** [-ərɪn] *f* ⟨**-, -nen**⟩ *(Swiss infml)* post office worker

postmodern [pɔstmo'dɛrn] *adj* postmodern **Postomat** [pɔsto'maːt] *m* ⟨**-en, -en**⟩ *(Swiss)* cash machine, ATM **Postskript** [pɔst'skrɪpt] *nt* ⟨**-(e)s, -e**⟩ postscript, PS

Postsparbuch *nt* Post Office savings book **Poststempel** *m* postmark; *Datum des ~s* date as postmark

Postulat [pɔstu'laːt] *nt* ⟨**-(e)s, -e**⟩ (≈ *Annahme*) postulate **postulieren** [pɔstu-'liːrən] *past part* **postuliert** *v/t* to postulate

postum [pɔs'tuːm] **I** *adj* posthumous **II** *adv* posthumously

postwendend *adv* by return mail; *(fig)* straight away **Postwertzeichen** *nt* *(form)* postage stamp *(form)* **Postwurfsendung** *f* direct-mail advertising

potent [po'tɛnt] *adj* **1.** (*sexuell*) potent **2.** (≈ *stark*) *Gegner, Waffe* powerful **3.** (≈ *zahlungskräftig*) financially powerful **Potential** [potɛn'tsiaːl] *nt* ⟨**-s, -e**⟩ = **Potenzial** **potentiell** [potɛn'tsiɛl] *adj, adv* = **potenziell** **Potenz** [po'tɛnts] *f* ⟨**-, -en**⟩ **1.** MED potency; *(fig)* ability **2.** MAT power; *zweite ~* square; *dritte ~* cube **Potenzial** [potɛn'tsiaːl] *nt* ⟨**-s, -e**⟩ potential **potenziell I** *adj* potential **II** *adv* potentially

Potpourri ['pɔtpʊri] *nt* ⟨**-s, -s**⟩ potpourri (*aus +dat* of)

Pott [pɔt] *m* ⟨**-(e)s**, ¨**e** ['pœtə]⟩ (*infml*) pot; (≈ *Schiff*) ship **potthässlich** (*infml*) *adj* ugly as sin **Pottwal** *m* sperm whale

Poulet [puˈleː] *nt* ⟨**-s, -s**⟩ (*Swiss*) chicken

Powerfrau ['pauɐ-] *f* (*infml*) high-powered career woman

Powidl ['poːvidl] *m* ⟨**-**, *no pl*⟩ (*Aus* ≈ *Pflaumenmus*) plum jam

Präambel [prɛˈambl] *f* ⟨**-, -n**⟩ preamble (*+gen* to)

Pracht [praxt] *f* ⟨**-**, *no pl*⟩ splendour (*Br*), splendor (*US*); **es ist eine wahre ~** it's (really) fantastic **Prachtbau** *m, pl* **-bauten** magnificent building **Prachtexemplar** *nt* prime specimen; (*fig: Mensch*) fine specimen **prächtig** ['prɛçtɪç] **I** *adj* (≈ *prunkvoll*) splendid; (≈ *großartig*) marvellous (*esp Br*), marvelous (*US*) **II** *adv* **1.** (≈ *prunkvoll*) magnificently **2.** (≈ *großartig*) marvellously (*esp Br*), marvelously (*US*) **Prachtkerl** *m* (*infml*) great guy (*infml*) **Prachtstraße** *f* boulevard **Prachtstück** *nt* = **Prachtexemplar prachtvoll** *adj, adv* = **prächtig**

prädestinieren [prɛdɛstiˈniːrən] *past part* **prädestiniert** *v/t* to predestine (*für* for)

Prädikat [prɛdiˈkaːt] *nt* ⟨**-(e)s, -e**⟩ **1.** GRAM predicate **2.** (≈ *Bewertung*) **Wein mit ~** special quality wine **Prädikatswein** *m* top quality wine

Präfix [prɛˈfɪks, 'prɛːfɪks] *nt* ⟨**-es, -e**⟩ prefix

Prag [praːk] *nt* ⟨**-s**⟩ Prague

prägen ['prɛːgn] *v/t* **1.** *Münzen* to mint; *Leder, Papier, Metall* to emboss; (≈ *erfinden*) *Wörter* to coin **2.** (*fig* ≈ *formen*) *Charakter* to shape; (*Erfahrungen*) *jdn* to leave its/their mark on; **ein vom Leid geprägtes Gesicht** a face marked by suffering **3.** (≈ *kennzeichnen*) to characterize

PR-Agentur [peːˈ|ɛr-] *f* PR agency

Pragmatiker [praˈgmaːtikɐ] *m* ⟨**-s, -**⟩, **Pragmatikerin** [-ərɪn] *f* ⟨**-, -nen**⟩ pragmatist **pragmatisch** [praˈgmaːtɪʃ] **I** *adj* pragmatic **II** *adv* pragmatically

prägnant [prɛˈgnant] **I** *adj Worte* succinct; *Beispiel* striking **II** *adv* succinctly **Prägnanz** [prɛˈgnants] *f* ⟨**-**, *no pl*⟩ succinctness

Prägung ['prɛːgʊŋ] *f* ⟨**-, -en**⟩ **1.** (*auf Mün-*

zen) strike; (*auf Leder, Metall, Papier*) embossing **2.** (≈ *Eigenart*) character; **Kommunismus sowjetischer ~** soviet-style communism

prähistorisch *adj* prehistoric

prahlen ['praːlən] *v/i* to boast (*mit* about) **Prahlerei** [praːləˈrai] *f* ⟨**-, -en**⟩ (≈ *Großsprecherei*) boasting *no pl*; (≈ *das Zurschaustellen*) showing-off; **~en** boasts **prahlerisch** ['praːlərɪʃ] **I** *adj* (≈ *großsprecherisch*) boastful, bragging *attr*; (≈ *großtuerisch*) flashy (*infml*) **II** *adv* boastfully; **~ reden** to brag

Praktik ['praktɪk] *f* ⟨**-, -en**⟩ (≈ *Methode*) procedure; (*usu pl* ≈ *Kniff*) practice **praktikabel** [praktiˈkaːbl] *adj* practicable **Praktikant** [praktiˈkant] *m* ⟨**-en, -en**⟩, **Praktikantin** [-ˈkantɪn] *f* ⟨**-, -nen**⟩ *student doing a period of practical training* **Praktikum** ['praktikʊm] *nt* ⟨**-s, Praktika** [-ka]⟩ (*period of*) *practical training* **praktisch** ['praktɪʃ] **I** *adj* practical; **~er Arzt** general practitioner; **~es Beispiel** concrete example **II** *adv* (≈ *in der Praxis*) in practice; (≈ *so gut wie*) practically **praktizieren** [praktiˈtsiːrən] *past part* **praktiziert** *v/i* to practise (*Br*), to practice (*US*); **sie praktiziert als Ärztin** she is a practising (*Br*) or practicing (*US*) doctor

Praline [praˈliːnə] *f* ⟨**-, -n**⟩ chocolate, chocolate candy (*US*)

prall [pral] **I** *adj Sack, Brieftasche* bulging; *Segel* full; *Tomaten* firm; *Euter* swollen; *Brüste, Hintern* well-rounded; *Arme, Schenkel* big strong *attr*; *Sonne* blazing **II** *adv* **~ gefüllt** *Tasche, Kasse etc* full to bursting **Prall** [pral] *m* ⟨**-(e)s, -e**⟩ collision (*gegen* with) **prallen** ['pralən] *v/i aux sein* **gegen etw ~** to collide with sth; (*Ball*) to bounce against sth; **die Sonne prallte auf die Fenster** the sun beat down on the windows **prallvoll** *adj* full to bursting; *Brieftasche* bulging

Prämie ['prɛːmiə] *f* ⟨**-, -n**⟩ premium; (≈ *Belohnung*) bonus; (≈ *Preis*) prize **prämienbegünstigt** [-bəgʏnstɪçt] *adj* carrying a premium **prämieren** [prɛˈmiːrən] *past part* **prämiert** *v/t* (≈ *auszeichnen*) to give an award; (≈ *belohnen*) to give a bonus; **der prämierte Film** the award-winning film

Prämisse [prɛˈmɪsə] *f* ⟨**-, -n**⟩ premise

pränatal [prɛnaˈtaːl] *adj attr Diagnostik*

prenatal; *Untersuchung* antenatal, prenatal (*esp US*)

Pranger ['praŋɐ] *m* ⟨**-s**, **-**⟩ stocks *pl*; *jdn/ etw an den ~ stellen* (*fig*) to pillory sb/ sth

Pranke ['praŋkə] *f* ⟨**-**, **-n**⟩ paw

Präparat [prɛpa'raːt] *nt* ⟨-(**e**)**s**, **-e**⟩ preparation; (*für Mikroskop*) slide preparation **präparieren** [prɛpa'riːrən] *past part* **präpariert** *v/t* **1.** (≈ *konservieren*) to preserve; *Tier* to prepare **2.** (MED ≈ *zerlegen*) to dissect **3.** (*elev* ≈ *vorbereiten*) to prepare

Präposition [prɛpozi'tsioːn] *f* ⟨**-**, **-en**⟩ preposition

Prärie [prɛ'riː] *f* ⟨**-**, **-n** [-'riːən]⟩ prairie

Präsens ['prɛːzɛns] *nt* ⟨**-**, **Präsenzien** [prɛ'zɛntsiən]⟩ present (tense) **präsent** [prɛ'zɛnt] *adj* (≈ *anwesend*) present; (≈ *geistig rege*) alert; *etw ~ haben* to have sth at hand **präsentabel** [prɛzɛn'taːbl] *adj* presentable **Präsentation** [prɛzɛnta'tsioːn] *f* ⟨**-**, **-en**⟩ presentation **präsentieren** [prɛzɛn'tiːrən] *past part* **präsentiert** *v/t* to present; *jdm etw ~* to present sb with sth **Präsentkorb** *m* gift basket; (*mit Lebensmitteln*) (food) hamper **Präsenz** [prɛ'zɛnts] *f* ⟨**-**, *no pl*⟩ (*elev*) presence **Präsenzdiener(in)** *m/(f)* (*Aus*) conscript (*Br*), draftee (*US*) **Präsenzdienst** *m* (*Aus*) military service

Präservativ [prɛzɛrva'tiːf] *nt* ⟨**-s**, **-e** [-və]⟩ condom

Präsident [prɛzi'dɛnt] *m* ⟨**-en**, **-en**⟩, **Präsidentin** [-'dɛntɪn] *f* ⟨**-**, **-nen**⟩ president **Präsidentschaft** [prɛzi'dɛntʃaft] *f* ⟨**-**, **-en**⟩ presidency **Präsidentschaftskandidat(in)** *m/(f)* presidential candidate

Präsidium [prɛ'ziːdiʊm] *nt* ⟨**-s**, **Präsidien** [-diən]⟩ (≈ *Vorsitz*) presidency; (≈ *Führungsgruppe*) committee; (≈ *Polizeipräsidium*) (police) headquarters *pl*

prasseln ['prasln] *v/i* **1.** *aux sein* to clatter; (*Regen*) to drum; (*fig: Vorwürfe*) to rain down **2.** (*Feuer*) to crackle

prassen ['prasn] *v/i* (≈ *schlemmen*) to feast; (≈ *in Luxus leben*) to live the high life

Präteritum [prɛ'teːritʊm] *nt* ⟨**-s**, **Präterita** [-ta]⟩ preterite

Prävention [prɛvɛn'tsioːn] *f* ⟨**-**, **-en**⟩ prevention (*gegen* of) **präventiv** [prɛvɛn'tiːf] **I** *adj* prevent(at)ive **II** *adv* prevent(at)ively; *etw ~ bekämpfen* to use pre-

vent(at)ive measures against sth **Präventivkrieg** *m* prevent(at)ive war **Präventivmedizin** *f* prevent(at)ive medicine **Präventivschlag** *m* MIL pre-emptive strike

Praxis ['praksɪs] *f* ⟨**-**, **Praxen** ['praxn]⟩ **1.** *no pl* practice; (≈ *Erfahrung*) experience; *in der ~* in practice; *etw in die ~ umsetzen* to put sth into practice; *ein Beispiel aus der ~* an example from real life **2.** (*eines Arztes, Rechtsanwalts*) practice; (≈ *Behandlungsräume*) surgery (*Br*), doctor's office (*US*); (≈ *Anwaltsbüro*) office **3.** (≈ *Sprechstunde*) consultation (hour), surgery (*Br*) **Praxisgebühr** *f* MED practice (*Br*) *or* office (*US*) fee **praxisorientiert** [-|orienti:ɐt] *adj* Ausbildung practically orientated **Präzedenzfall** *m* precedent

präzis(e) [prɛ'tsiːz(ə)] **I** *adj* precise **II** *adv* precisely; *sie arbeitet sehr ~* her work is very precise **Präzision** [prɛtsi'zioːn] *f* ⟨**-**, *no pl*⟩ precision

predigen [prɛ'diːgn] **I** *v/t* REL to preach **II** *v/i* to give a sermon **Prediger** ['prɛːdɪgɐ] *m* ⟨**-s**, **-**⟩, **Predigerin** [-ərɪn] *f* ⟨**-**, **-nen**⟩ preacher **Predigt** ['prɛːdɪçt] *f* ⟨**-**, **-en**⟩ sermon

Preis [prais] *m* ⟨**-es**, **-e**⟩ **1.** price (*für* of); *etw unter ~ verkaufen* to sell sth off cheap; *zum halben ~* half-price; *um jeden ~* (*fig*) at all costs; *ich gehe um keinen ~ hier weg* (*fig*) I'm not leaving here at any price **2.** (*bei Wettbewerben*) prize; (≈ *Auszeichnung*) award **3.** (≈ *Belohnung*) reward; *einen ~ auf jds Kopf aussetzen* to put a price on sb's head **Preisabsprache** *f* price-fixing *no pl* **Preisänderung** *f* price change **Preisanstieg** *m* rise in prices **Preisausschreiben** *nt* competition **preisbewusst** *adj* price-conscious; *~ einkaufen* to shop around **Preisbindung** *f* price fixing

Preiselbeere ['praizl-] *f* cranberry

preisen ['praizn] *pret* **pries** [priːs], *past part* **gepriesen** [gə'priːzn] *v/t* (*elev*) to extol, to praise; *sich glücklich ~* to consider *or* count oneself lucky

Preisentwicklung *f* price trend **Preiserhöhung** *f* price increase **Preisfrage** *f* **1.** question of price **2.** (*beim Preisausschreiben*) prize question; (*infml* ≈ *schwierige Frage*) big question

preisgeben *v/t sep irr* (*elev*) **1.** (≈ *ausliefern*) to expose **2.** (≈ *aufgeben*) to aban-

don **3.** (≈ *verraten*) to betray
Preisgefällent price gap **Preisgefüge**nt price structure **preisgekrönt** [-gə-krø:nt] *adj* award-winning **Preisgericht** nt jury **preisgünstig** *adj* inexpensive; *etw ~ bekommen* to get sth at a low price **Preisklasse** f price range **Preiskrieg** m price war **Preislage** f price range; *in der mittleren ~* in the medium-priced range **Preis-Leistungs-Verhältnis** nt cost-effectiveness **preislich** ['praislıç] *adj* price *attr*, in price; *~ vergleichbar* similarly priced **Preisliste** f price list **Preisnachlass** m price reduction **Preisrichter(in)** m/(f) judge (*in a competition*) **Preisschild** nt price tag **Preissenkung** f price cut **Preissturz** m sudden drop in prices **Preisträger(in)** m/(f) prizewinner **Preistreiberei** [-traibə'rai] f ⟨-, -en⟩ forcing up of prices; (≈ *Wucher*) profiteering **Preisvergleich**m price comparison; *einen ~ machen* to shop around **Preisverleihung**f presentation (of prizes) **preiswert I** *adj* good value *pred*; *ein (sehr) ~es Angebot* a (real) bargain; *ein ~es Kleid* a dress which is good value (for money) **II** *adv* inexpensively

prekär [pre'kɛ:ɐ] *adj* (≈ *peinlich*) awkward; (≈ *schwierig*) precarious
prellen ['prɛlən] **I** v/t **1.** *Körperteil* to bruise; (≈ *anschlagen*) to hit **2.** (*fig infml* ≈ *betrügen*) to swindle **II** v/r to bruise oneself **Prellung** ['prɛlʊŋ] f ⟨-, -en⟩ bruise

Premier [prə'mie:, pre-] m ⟨-s, -s⟩ premier **Premiere** [prə'mie:rə, pre-, -'mie:rə] f ⟨-, -n⟩ premiere **Premierminister(in)** [prə'mie:-, pre-] m/(f) prime minister

Prepaidhandy ['pri:pe:d-] nt prepaid mobile (phone) (*Br*) *or* cell phone (*US*) **Prepaidkarte** ['pri:pe:d-] f (*im Handy*) prepaid card
preschen ['prɛʃn] v/i aux sein (*infml*) to tear

Presse ['prɛsə] f ⟨-, -n⟩ **1.** (≈ *Druckmaschine*) press; *frisch aus der ~* hot from the press **2.** (≈ *Zeitungen*) press; *eine gute/schlechte ~ haben* to get a good/bad press; *von der ~ sein* to be (a member of the) press **Presseagentur** f press agency **Presseausweis** m press card **Pressebericht** m press report **Presseerklärung** f statement to the

press; (*schriftlich*) press release **Pressefotograf(in)** m/(f) press photographer **Pressefreiheit** f freedom of the press **Pressekonferenz** f press conference **Pressemeldung**f press report **pressen** ['prɛsn] v/t to press; *Obst, Saft* to squeeze; (*fig* ≈ *zwingen*) to force (*in +acc, zu* into); *frisch gepresster Orangensaft* freshly squeezed orange juice **Pressesprecher(in)** m/(f) press officer

pressieren [prɛ'si:rən] *past part* **pressiert** (*S Ger, Aus, Swiss*) **I** v/i to be in a hurry **II** v/i impers *es pressiert* it's urgent

Pressluft f compressed air **Presslufthohrer** m pneumatic drill **Presslufthammer** m pneumatic hammer

Prestige [prɛs'ti:ʒə] nt ⟨-s, *no pl*⟩ prestige
Preuße ['prɔysə] m ⟨-n, -n⟩, **Preußin** [-sın] f ⟨-, -nen⟩ Prussian **Preußen** ['prɔysn] nt ⟨-s⟩ Prussia **preußisch** ['prɔysıʃ] *adj* Prussian

prickeln ['prıkln] v/i (≈ *kribbeln*) to tingle; (≈ *kitzeln*) to tickle **prickelnd**adj (≈ *kribbelnd*) tingling; (≈ *kitzelnd*) tickling; (*fig* ≈ *erregend*) *Gefühl* tingling
Priester ['pri:stɐ] m ⟨-s, -⟩ priest **Priesterin** ['pri:stərın] f ⟨-, -nen⟩ (woman) priest; HIST priestess **Priesterschaft** ['pri:stɐʃaft] f ⟨-, -en⟩ priesthood **Priesterweihe** f ordination (to the priesthood)

prima ['pri:ma] **I** *adj inv* **1.** (*infml*) fantastic (*infml*), great *no adv* (*infml*) **2.** COMM first-class **II** *adv* (*infml* ≈ *sehr gut*) fantastically **Primadonna** [prima'dɔna] f ⟨-, **Primadonnen** [-'dɔnən]⟩ prima donna **Primar** [pri'ma:ɐ] m ⟨-s, -e⟩, **Primarius** [pri'ma:riʊs] m ⟨-, **Primarien** [-ri-ən]⟩, **Primaria** [pri'ma:ria] f ⟨-, **Primariae** [-ri:]⟩ (*Aus* ≈ *Chefarzt*) senior consultant **primär** [pri'mɛ:ɐ] **I** *adj* primary **II** *adv* primarily **Primararzt** m, **Primarärztin** f (*Aus*) = **Primar Primärenergie** f primary energy **Primarschule** [pri-'ma:ɐ-] f (*Swiss*) primary *or* junior school **Primat** m ⟨-en, -en⟩ ZOOL primate
Primel ['pri:ml] f ⟨-, -n⟩ (≈ *Waldprimel*) (wild) primrose; (≈ *farbige Gartenprimel*) primula

primitiv [primi'ti:f] **I** *adj* primitive **II** *adv* primitively **Primitivität** [primitivi'tɛ:t] f ⟨-, -en⟩ primitiveness

Primzahl ['priːm-] f prime (number)
Printmedium ['prɪntmeːdiʊm] nt usu pl printed medium
Prinz [prɪnts] m ⟨-en, -en⟩ prince **Prinzessin** [prɪn'tsɛsɪn] f ⟨-, -nen⟩ princess **Prinzgemahl** m prince consort
Prinzip [prɪn'tsiːp] nt ⟨-s, -ien [-piən]⟩ ⟨or (rare) -e⟩ principle; **aus ~** on principle; **im ~** in principle; **er ist ein Mann mit ~ien** he is a man of principle **prinzipiell** [prɪntsi'piɛl] **I** adj (≈ im Prinzip) in principle; (≈ aus Prinzip) on principle **II** adv möglich theoretically; dafür/dagegen sein basically; **~ bin ich einverstanden** I agree in principle; **das tue ich ~ nicht** I won't do that on principle **Prinzipienfrage** f matter of principle **Prinzipienreiter(in)** m/(f) (pej) stickler for one's principles
Priorität [priori'tɛːt] f ⟨-, -en⟩ priority; **~en setzen** to establish one's priorities **Prioritätsaktie** f ST EX preference share
Prise ['priːzə] f ⟨-, -n⟩ **1.** (≈ kleine Menge) pinch; **eine ~ Salz** a pinch of salt; **eine ~ Humor** a touch of humour (Br) or humor (US) **2.** NAUT prize
Prisma ['prɪsma] nt ⟨-s, Prismen [-mən]⟩ prism
privat [pri'vaːt] **I** adj private; **aus ~er Hand** from private individuals **II** adv privately; **~ ist der Chef sehr freundlich** the boss is very friendly out(side) of work; **~ ist er ganz anders** he's quite different socially; **ich sagte es ihm ganz ~** I told him in private; **~ versichert sein** to be privately insured; **~ behandelt werden** to have private treatment **Privatadresse** f private or home address **Privatangelegenheit** f private matter **Privatbesitz** m private property; **viele Gemälde sind in ~** many paintings are privately owned **Privatdetektiv(in)** m/(f) private investigator **Privateigentum** nt private property **Privatfernsehen** nt commercial television **Privatgespräch** nt private conversation or talk; (am Telefon) private call **privatisieren** [privati'ziːrən] past part **privatisiert** v/t to privatize **Privatisierung** f ⟨-, -en⟩ privatization **Privatleben** nt private life **Privatpatient(in)** m/(f) private patient **Privatsache** f private matter; **das ist meine ~** that's my own business **Privatschule** f private school **Privatunterricht** m private tuition **Privatversi-**

cherung f private insurance **Privatwirtschaft** f private industry
Privileg [privi'leːk] nt ⟨-(e)s, -gien or -e [-giən, -gə]⟩ privilege **privilegieren** [privile'giːrən] past part **privilegiert** v/t to favour (Br), to favor (US); **steuerlich privilegiert sein** to enjoy tax privileges
pro [proː] prep per; **~ Tag/Stunde** a or per day/hour; **~ Jahr** a or per year; **~ Person** per person; **~ Stück** each **Pro** [proː] nt (das) **~ und (das) Kontra** the pros and cons pl
Probe ['proːbə] f ⟨-, -n⟩ **1.** (≈ Prüfung) test; **er ist auf ~ angestellt** he's employed for a probationary period; **ein Auto ~ fahren** to test-drive a car; **jdn/etw auf die ~ stellen** to put sb/sth to the test; **zur ~** to try out **2.** THEAT, MUS rehearsal **3.** (≈ Teststück, Beispiel) sample **Probebohrung** f test drill, probe **Probeexemplar** nt specimen (copy) **Probefahrt** f test drive **probehalber** adv for a test **Probejahr** nt probationary year **proben** ['proːbn] v/t & v/i to rehearse **Probenummer** f trial copy **Probestück** nt sample, specimen **probeweise** adv on a trial basis **Probezeit** f probationary or trial period **probieren** [pro'biːrən] past part **probiert I** v/t to try; **lass (es) mich mal ~!** let me have a try! (Br) **II** v/i **1.** (≈ versuchen) to try; **Probieren geht über Studieren** (prov) the proof of the pudding is in the eating (prov) **2.** (≈ kosten) to have a taste; **probier mal** try some
Problem [pro'bleːm] nt ⟨-s, -e⟩ problem **Problematik** [proble'maːtɪk] f ⟨-, -en⟩ **1.** (≈ Schwierigkeit) problem (+gen with) **2.** (≈ Fragwürdigkeit) problematic nature **problematisch** [proble'maːtɪʃ] adj problematic; (≈ fragwürdig) questionable **Problembewusstsein** nt appreciation of the difficulties **Problemkind** nt problem child **problemlos I** adj trouble-free, problem-free **II** adv without any problems; **~ ablaufen** to go smoothly
Produkt [pro'dʊkt] nt ⟨-(e)s, -e⟩ product; **landwirtschaftliche ~e** agricultural produce no pl; **ein ~ seiner Fantasie** a figment of his imagination **Produktion** [prodʊk'tsioːn] f ⟨-, -en⟩ production **Produktionsanlagen** pl production plant **Produktionskosten** pl production costs pl **Produktionsmittel** pl means of production pl **Produktionsrückgang** m

drop in production **Produktionsstätte** f production centre (Br) or center (US) **Produktionssteigerung** f increase in production **produktiv** [prodʊk'tiːf] adj productive **Produktivität** [prodʊktivi-'tɛːt] f ⟨-, -en⟩ productivity **Produktpalette** f product spectrum **Produzent** [produ'tsɛnt] m ⟨-en, -en⟩, **Produzentin** [-'tsɛntɪn] f ⟨-, -nen⟩ producer **produzieren** [produ'tsiːrən] past part **produziert** I v/t 1. (also v/i) to produce 2. (infml ≈ hervorbringen) Lärm to make; Entschuldigung to come up with (infml) II v/r (pej) to show off

profan [pro'faːn] adj (≈ weltlich) secular; (≈ gewöhnlich) mundane **Professionalität** [profɛsionali'tɛːt] f ⟨-, no pl⟩ professionalism **professionell** [profɛsio'nɛl] I adj professional II adv professionally **Professor** [pro'fɛsoːɐ] m ⟨-s, **Professoren** [-'soːrən]⟩, **Professorin** [-'soːrɪn] f ⟨-, -nen⟩ 1. (≈ Hochschulprofessor) professor 2. (Aus, S Ger ≈ Gymnasiallehrer) teacher **Professur** [profɛ'suːɐ] f ⟨-, -en⟩ chair (für in, of) **Profi** ['proːfi] m ⟨-s, -s⟩ (infml) pro (infml)

Profil [pro'fiːl] nt ⟨-s, -e⟩ 1. profile; (fig ≈ Ansehen) image; **im ~** in profile; **~ haben** (fig) to have a (distinctive) image 2. (von Reifen) tread **profilieren** [profi-'liːrən] past part **profiliert** v/r (≈ sich ein Image geben) to create a distinctive image for oneself; (≈ Besonderes leisten) to distinguish oneself **profiliert** [profi-'liːɐt] adj (fig ≈ scharf umrissen) clear-cut no adv; (fig ≈ hervorstechend) distinctive; **ein ~er Politiker** a politician who has made his mark **Profilneurose** f (hum) image neurosis **Profilsohle** f treaded sole

Profisport m professional sport (Br) or sports pl (US)

Profit [pro'fiːt, 'proːfɪt] m ⟨-(e)s, -e⟩ profit; **~ aus etw schlagen** (lit) to make a profit from sth; (fig) to profit from sth; **~ machen** to make a profit; **ohne/mit ~ arbeiten** to work unprofitably/profitably **profitabel** [profi'taːbl] adj profitable **profitieren** [profi'tiːrən] past part **profitiert** v/t & v/i to profit (von from, by); **dabei kann ich nur ~** I only stand to gain from it **Profitmaximierung** f maximization of profit(s)

pro forma [pro 'fɔrma] adv as a matter of form **Pro-forma-Rechnung** [pro-'fɔrma-] f pro forma invoice

profund [pro'fʊnt] (elev) adj profound, deep

Prognose [pro'gnoːzə] f ⟨-, -n⟩ prognosis; (≈ Wetterprognose) forecast **prognostizieren** [prognɔsti'tsiːrən] past part **prognostiziert** v/t to predict, to prognosticate (form)

Programm [pro'gram] nt ⟨-s, -e⟩ 1. programme (Br), program (US); (≈ Tagesordnung) agenda; (TV ≈ Sender) channel; (≈ Sendefolge) program(me)s pl; (≈ gedrucktes TV-Programm) TV guide; (≈ Sortiment) range; **auf dem ~ stehen** to be on the program(me)/agenda; **ein volles ~ haben** to have a full schedule 2. IT program **programmatisch** [progra'maːtɪʃ] adj programmatic **programmgemäß** adj, adv according to plan or programme (Br) or program (US) **Programmhinweis** m (RADIO, TV) programme (Br) or program (US) announcement **programmierbar** adj programmable **programmieren** [progra-'miːrən] past part **programmiert** v/t (also v/i) to programme (Br), to program (US); IT to program; (fig:) **auf etw** (acc) **programmiert sein** (fig) to be conditioned to sth **Programmierer** [progra-'miːɐ] m ⟨-s, -⟩, **Programmiererin** [-ə-rɪn] f ⟨-, -nen⟩ programmer (Br), programer (US) **Programmiersprache** f programming (Br) or programing (US) language **Programmierung** [progra'miːrʊŋ] f ⟨-, -en⟩ programming (Br), programing (US) **Programmkino** nt arts or repertory (US) cinema **Programmpunkt** m item on the agenda **Programmzeitschrift** f TV guide

Progression [progrɛ'sioːn] f ⟨-, -en⟩ progression **progressiv** [progrɛ'siːf] I adj progressive II adv (≈ fortschrittlich) progressively

Progymnasium ['proː-] nt (Swiss) secondary school (for pupils up to 16) **Projekt** [pro'jɛkt] nt ⟨-(e)s, -e⟩ project **projektieren** [projɛk'tiːrən] past part **projektiert** v/t (≈ entwerfen, planen) to project **Projektion** [projɛk'tsioːn] f ⟨-, -en⟩ projection **Projektleiter(in)** m/(f) project leader **Projektor** [pro'jɛktoːɐ] m ⟨-s, **Projektoren** [-'toːrən]⟩ projector **projizieren** [proji'tsiːrən] past part **projiziert** v/t to project

Proklamation [proklama'tsio:n] *f* ⟨-, -*en*⟩ proclamation **proklamieren** [prokla'mi:rən] *past part* **proklamiert** *v/t* to proclaim

Pro-Kopf-Einkommen *nt* per capita income **Pro-Kopf-Verbrauch** *m* per capita consumption

Prokura [pro'ku:ra] *f* ⟨-, **Prokuren** [-rən]⟩ *(form)* procuration *(form)* **Prokurist** [proku'rɪst] *m* ⟨-*en*, -*en*⟩, **Prokuristin** [-'rɪstɪn] *f* ⟨-, -*nen*⟩ holder of a general power of attorney

Prolet [pro'le:t] *m* ⟨-*en*, -*en*⟩, **Proletin** [-'le:tɪn] *f* ⟨-, -*nen*⟩ *(pej)* prole *(esp Br pej infml)* **Proletariat** [proleta'ria:t] *nt* ⟨-(e)s, *no pl*⟩ proletariat **Proletarier** [prole'ta:riɐ] *m* ⟨-*s*, -⟩, **Proletarierin** [-iərɪn] *f* ⟨-, -*nen*⟩ proletarian **proletarisch** [prole'ta:rɪʃ] *adj* proletarian **proletenhaft** *(pej) adj* plebeian *(pej)*

Prolog [pro'lo:k] *m* ⟨-(e)s, -e [-gə]⟩ prologue *(Br)*, prolog *(US)*

prolongieren [prolɔŋ'gi:rən] *past part* **prolongiert** *v/t* to prolong

Promenade [promə'na:də] *f* ⟨-, -*n*⟩ (≈ *Spazierweg*) promenade

Promi ['pro:mi] *m* ⟨-*s*, -*s or f* -, -*s*⟩ *(infml)* VIP

Promille [pro'mɪlə] *nt* ⟨-(s), -⟩ *(infml* ≈ *Alkoholspiegel)* alcohol level; **er hat zu viel ~ (im Blut)** he has too much alcohol in his blood **Promillegrenze** *f* legal (alcohol) limit

prominent [promi'nɛnt] *adj* prominent **Prominente(r)** [promi'nɛntə] *m/f(m) decl as adj* prominent figure, VIP **Prominenz** [promi'nɛnts] *f* ⟨-⟩ VIPs *pl*, prominent figures *pl*

promisk [pro'mɪsk] *adj* promiscuous **Promiskuität** [promɪskui'tɛ:t] *f* ⟨-, *no pl*⟩ promiscuity

Promotion [promo'tsio:n] *f* ⟨-, -*en*⟩ UNIV doctorate **promovieren** [promo'vi:rən] *past part* **promoviert** *v/i* to do a doctorate *(über +acc* in)

prompt [prɔmpt] **I** *adj* prompt **II** *adv* promptly

Pronomen [pro'no:mən] *nt* ⟨-*s*, - *or* **Pronomina** [-mina]⟩ pronoun

Propaganda [propa'ganda] *f* ⟨-, *no pl*⟩ propaganda **Propagandafeldzug** *m* propaganda campaign; (≈ *Werbefeldzug)* publicity campaign **propagandistisch** [propagan'dɪstɪʃ] *adj* propagandist(ic); **etw ~ ausnutzen** to use sth as

propaganda **propagieren** [propa-'gi:rən] *past part* **propagiert** *v/t* to propagate

Propangas *nt, no pl* propane gas

Propeller [pro'pɛlɐ] *m* ⟨-*s*, -⟩ propeller **Propellermaschine** *f* propeller-driven plane

Prophet [pro'fe:t] *m* ⟨-*en*, -*en*⟩ prophet **Prophetin** [pro'fe:tɪn] *f* ⟨-, -*nen*⟩ prophetess **prophetisch** [pro'fe:tɪʃ] *adj* prophetic **prophezeien** [profe'tsaiən] *past part* **prophezeit** *v/t* to prophesy **Prophezeiung** *f* ⟨-, -*en*⟩ prophecy

prophylaktisch [profy'laktɪʃ] **I** *adj* preventative **II** *adv* as a preventative measure **Prophylaxe** [profy'laksə] *f* ⟨-, -*n*⟩ prophylaxis

Proportion [propɔr'tsio:n] *f* ⟨-, -*en*⟩ proportion **proportional** [propɔrtsio'na:l] **I** *adj* proportional; **umgekehrt ~** MAT in inverse proportion **II** *adv* proportionally **Proportionalschrift** *f* proportionally spaced font **proportioniert** [propɔrtsio-'ni:ɐt] *adj* proportioned **Proporz** [pro-'pɔrts] *m* ⟨-*es*, -*e*⟩ proportional representation *no art*

Prorektor ['pro:rɛkto:ɐ, 'pro:'rɛkto:ɐ](**in**) *m/(f)* UNIV deputy vice chancellor

Prosa ['pro:za] *f* ⟨-, *no pl*⟩ prose **prosaisch** [pro'za:ɪʃ] **I** *adj* prosaic **II** *adv* (≈ *nüchtern)* prosaically

prosit ['pro:zɪt] *int* your health; **~ Neujahr!** Happy New Year! **Prosit** ['pro:zɪt] *nt* ⟨-*s*, -*s*⟩ toast; **auf jdn ein ~ ausbringen** to toast sb

Prospekt [pro'spɛkt] *m* ⟨-(e)s, -*e*⟩ (≈ *Reklameschrift)* brochure (+*gen* about); (≈ *Werbezettel)* leaflet; (≈ *Verzeichnis)* catalogue *(Br)*, catalog *(US)*

prost [pro:st] *int* cheers; **na denn ~!** *(iron infml)* that's just great *(infml)*; **~ Neujahr!** *(infml)* Happy New Year!

Prostata ['prɔstata] *f* ⟨-, *no pl*⟩ prostate gland

prostituieren [prostitu'i:rən] *past part* **prostituiert** *v/r* to prostitute oneself **Prostituierte(r)** [prostitu'i:ɐtə] *m/f(m) decl as adj* prostitute **Prostitution** [prostitu'tsio:n] *f* ⟨-, -*en*⟩ prostitution

Protagonist [protago'nɪst] *m* ⟨-*en*, -*en*⟩, **Protagonistin** [-ɪn] *f* ⟨-, -*nen*⟩ protagonist

Protein [prote'i:n] *nt* ⟨-*s*, -*e*⟩ protein **Protektion** [protɛk'tsio:n] *f* ⟨-, -*en*⟩ (≈

Schutz) protection; (≈ *Begünstigung*) patronage **Protektionismus** [protɛktsio'nɪsmʊs] *m* ⟨-, *no pl*⟩ ECON protectionism **protektionistisch** [protɛktsio'nɪstɪʃ] *adj* protectionist **Protektorat** [protɛkto'raːt] *nt* ⟨-(e)s, -e⟩ (≈ *Schirmherrschaft*) patronage; (≈ *Schutzgebiet*) protectorate

Protest [pro'tɛst] *m* ⟨-(e)s, -e⟩ protest; (**gegen etw**) **~ einlegen** to register a protest (about sth); **unter ~** protesting; (*gezwungen*) under protest **Protestant** [protɛs'tant] *m* ⟨-en, -en⟩, **Protestantin** [-'tantɪn] *f* ⟨-, -nen⟩ Protestant **protestantisch** [protɛs'tantɪʃ] *adj* Protestant **protestieren** [protɛs'tiːrən] *past part* **protestiert** *v/i* to protest **Protestkundgebung** *f* (protest) rally **Protestmarsch** *m* protest march **Protestwähler(in)** *m/(f)* protest voter

Prothese [pro'teːzə] *f* ⟨-, -n⟩ artificial limb *or* (*Gelenk*) joint; (≈ *Gebiss*) set of dentures

Protokoll [proto'kɔl] *nt* ⟨-s, -e⟩ **1.** (≈ *Niederschrift*) record; (≈ *Bericht*) report; (*von Sitzung*) minutes *pl*; (*bei Polizei*) statement; (*bei Gericht*) transcript; (**das**) **~ führen** (*bei Sitzung*) to take the minutes; **etw zu ~ geben** to have sth put on record; (*bei Polizei*) to say sth in one's statement; **etw zu ~ nehmen** to take sth down **2.** *no pl* (*diplomatisch*) protocol **3.** (≈ *Strafzettel*) ticket **protokollarisch** [protokɔ'laːrɪʃ] *adj* **1.** (≈ *protokolliert*) on record; (*in Sitzung*) minuted **2.** (≈ *zeremoniell*) **~e Vorschriften** rules of protocol **protokollieren** [protokɔ'liːrən] *past part* **protokolliert** **I** *v/i* (*bei Sitzung*) to take the minutes (down); (*bei Polizei*) to take a/the statement (down) **II** *v/t* to take down; *Sitzung* to minute; *Unfall, Verbrechen* to take (down) statements about; *Vorgang* to keep a record of

Proton ['proːtɔn] *nt* ⟨-s, **Protonen** [pro-'toːnən]⟩ proton

Prototyp ['proːtoty:p] *m* prototype

protzen ['prɔtsn] *v/i* (*infml*) to show off; **mit etw ~** to show sth off **protzig** ['prɔtsɪç] (*infml*) *adj* showy (*infml*)

Proviant [pro'viant] *m* ⟨-s, (*rare*) -e⟩ provisions *pl*; (≈ *Reiseproviant*) food for the journey

Provinz [pro'vɪnts] *f* ⟨-, -en⟩ province; (*im Gegensatz zur Stadt*) provinces *pl*

(*also pej*); **das ist finsterste ~** (*pej*) it's so provincial **provinziell** [provɪn'tsiɛl] *adj* provincial **Provinzler** [pro'vɪntslɐ] *m* ⟨-s, -⟩, **Provinzlerin** [pro'vɪntslərɪn] [-ərɪn] *f* ⟨-, -nen⟩ (*pej*) provincial **Provinznest** *nt* (*pej infml*) provincial backwater, hick town (*US infml*)

Provision [provi'zio:n] *f* ⟨-, -en⟩ commission; **auf ~** on commission **Provisionsbasis** *f*, *no pl* commission basis **provisorisch** [provi'zo:rɪʃ] **I** *adj* provisional; **~e Regierung** caretaker government; **Straßen mit ~em Belag** roads with a temporary surface **II** *adv* temporarily; **ich habe den Stuhl ~ repariert** I've fixed the chair up for the time being **Provisorium** [provi'zo:riʊm] *nt* ⟨-s, **Provisorien** [-riən]⟩ stopgap

Provokateur [provoka'tøːɐ] *m* ⟨-s, -e⟩, **Provokateurin** [provoka'tøːrɪn] [-'tøː-rɪn] *f* ⟨-, -nen⟩ troublemaker; POL agent provocateur **Provokation** [provoka-'tsio:n] *f* ⟨-, -en⟩ provocation **provozieren** [provo'tsiːrən] *past part* **provoziert** *v/t & v/i* to provoke

Prozedur [protse'duːɐ] *f* ⟨-, -en⟩ **1.** (≈ *Vorgang*) procedure **2.** (*pej*) carry-on (*infml*); **die ~ beim Zahnarzt** the ordeal at the dentist's

Prozent [pro'tsɛnt] *nt* ⟨-(e)s, -e *or*⟩ (*nach Zahlenangaben*) ⟨-⟩ per cent *no pl* (*Br*), percent *no pl* (*US*); **wie viel ~?** what percentage?; **zu zehn ~** at ten per cent (*Br*) *or* percent (*US*); **zu hohen ~en** at a high percentage; **~e bekommen** (≈ *Rabatt*) to get a discount **Prozentpunkt** *m* point **Prozentrechnung** *f* percentage calculation **Prozentsatz** *m* percentage **prozentual** [protsɛn'tua:l] **I** *adj* percentage *attr*; **~er Anteil** percentage **II** *adv* **sich an einem Geschäft ~ beteiligen** to have a percentage (share) in a business; **~ gut abschneiden** to get a good percentage **Prozentzeichen** *nt* percent sign

Prozess [pro'tsɛs] *m* ⟨-es, -e⟩ **1.** (≈ *Strafprozess*) trial (*wegen* for; *um* in the matter of); **einen ~ gewinnen/verlieren** to win/lose a case; **gegen jdn einen ~ anstrengen** to institute legal proceedings against sb; **jdm den ~ machen** (*infml*) to take sb to court; **mit jdm/etw kurzen ~ machen** (*fig infml*) to make short work of sb/sth (*infml*) **2.** (≈ *Vorgang*) process **prozessieren** [protsɛ'siːrən] *past part* **prozessiert** *v/i* to go to court; **gegen**

jdn ~ to bring an action against sb **Prozession** [protsɛ'sioːn] *f* ⟨-, **-en**⟩ procession **Prozesskosten** *pl* legal costs *pl* **Prozessor** [proˈtsɛsoːɐ] *m* ⟨-s, **Prozessoren** [-ˈsoːrən]⟩ IT processor

prüde [ˈpryːdə] *adj* prudish **Prüderie** [pryːdəˈriː] *f* ⟨-, *no pl*⟩ prudishness

prüfen [ˈpryːfn] *v/t* **1.** (*also v/i*, SCHOOL, UNIV) to examine, to test; *jdn in etw* (*dat*) ~ to examine sb in sth; *schriftlich geprüft werden* to have a written examination; *ein staatlich geprüfter Dolmetscher* a state-certified interpreter **2.** (≈ *überprüfen*) to check (*auf +acc* for); *Lebensmittel* to inspect; *wir werden die Beschwerde* ~ we'll look into the complaint **3.** (≈ *erwägen*) to consider; *etw nochmals* ~ to reconsider sth **4.** (≈ *mustern*) to scrutinize; *ein ~der Blick* a searching look **Prüfer** [ˈpryːfɐ] *m* ⟨-s, -⟩, **Prüferin** [-ərɪn] *f* ⟨-, **-nen**⟩ examiner; (≈ *Wirtschaftsprüfer*) inspector **Prüfling** [ˈpryːflɪŋ] *m* ⟨-s, **-e**⟩ examinee **Prüfstand** *m* test bed; *auf dem* ~ *stehen* to be being tested **Prüfstein** *m* (*fig*) touchstone (*für* of, for) **Prüfung** [ˈpryːfʊŋ] *f* ⟨-, **-en**⟩ **1.** SCHOOL, UNIV exam; *eine* ~ *machen* to take *or* do an exam **2.** (≈ *Überprüfung*) checking *no indef art*; (≈ *Untersuchung*) examination; (*von Geschäftsbüchern*) audit; (*von Lebensmitteln, Wein*) testing *no indef art*; *jdn/etw einer* ~ *unterziehen* to subject sb/sth to an examination; *nach* ~ *Ihrer Beschwerde* after looking into your complaint **3.** (≈ *Erwägung*) consideration **Prüfungsangst** *f* exam nerves *pl* **Prüfungsaufgabe** *f* exam(ination) question **Prüfungsausschuss** *m* board of examiners **Prüfungskommission** *f* board of examiners **Prüfverfahren** *nt* test procedure

Prügel [ˈpryːgl] *m* ⟨-s, -⟩ **1.** *pl also* **-n** (≈ *Stock*) club **2.** *pl* (*infml* ≈ *Schläge*) beating; ~ *bekommen* to get a beating **Prügelei** [pryːgəˈlai] *f* ⟨-, **-en**⟩ (*infml*) fight **Prügelknabe** *m* (*fig*) whipping boy **prügeln** [ˈpryːgln] **I** *v/t* & *v/i* to beat **II** *v/r* to fight; *sich mit jdm* ~ to fight sb; *sich um etw* (*acc*) ~ to fight over sth **Prügelstrafe** *f* corporal punishment

Prunk [prʊŋk] *m* ⟨-s, *no pl*⟩ (≈ *Pracht*) splendour (*Br*), splendor (*US*) **Prunkbau** *m*, *pl* **-bauten** magnificent building **Prunksaal** *m* sumptuous room **Prunk-**

stück *nt* showpiece **prunkvoll** *adj* splendid

prusten [ˈpruːstn] *v/i* (*infml*) to snort; *vor Lachen* ~ to snort with laughter

PS [peːˈʔɛs] *nt* ⟨-, -⟩ hp

Psalm [psalm] *m* ⟨-s, **-en**⟩ psalm

pseudo- [ˈpsɔydo] *in cpds* pseudo **Pseudonym** [psɔydoˈnyːm] *nt* ⟨-s, **-e**⟩ pseudonym

pst [pst] *int* psst; (≈ *Ruhe!*) sh

Psyche [ˈpsyːçə] *f* ⟨-, **-n**⟩ psyche **Psychiater** [psyˈçiaːtɐ] *m* ⟨-s, -⟩, **Psychiaterin** [-ərɪn] *f* ⟨-, **-nen**⟩ psychiatrist **Psychiatrie** [psyçiaˈtriː] *f* ⟨-, **-n** [-ˈtriːən]⟩ psychiatry **psychiatrisch** [psyˈçiaːtrɪʃ] *adj* psychiatric; ~ *behandelt werden* to be under psychiatric treatment **psychisch** [ˈpsyːçɪʃ] **I** *adj Belastung* emotional; *Phänomen, Erscheinung* psychic; *Vorgänge* psychological; ~*e Erkrankung* mental illness **II** *adv* abnorm psychologically; *gestört* mentally; ~ *belastet sein* to be under psychological pressure **Psychoanalyse** [psyço-] *f* psychoanalysis **Psychoanalytiker(in)** [psyço-] *m/(f)* psychoanalyst **Psychodrama** [ˈpsyço-] *nt* psychodrama **Psychogramm** [psyço-] *nt*, *pl* **-gramme** profile (*also fig*) **Psychologe** [psyçoˈloːgə] *m* ⟨-n, **-n**⟩, **Psychologin** [-ˈloːgɪn] *f* ⟨-, **-nen**⟩ psychologist **Psychologie** [psyçoloˈgiː] *f* ⟨-, *no pl*⟩ psychology **psychologisch** [psyçoˈloːgɪʃ] **I** *adj* psychological **II** *adv* psychologically **Psychopath** [psyçoˈpaːt] *m* ⟨-en, **-en**⟩, **Psychopathin** [-ˈpaːtɪn] *f* ⟨-, **-nen**⟩ psychopath **Psychopharmakon** [psyço-ˈfarmakɔn] *nt* ⟨-s, **-pharmaka** [-ka]⟩ *usu pl* psychiatric drug **Psychose** [psyˈçoːzə] *f* ⟨-, **-n**⟩ psychosis **psychosomatisch** [psyçozoˈmaːtɪʃ] **I** *adj* psychosomatic **II** *adv* psychosomatically **Psychoterror** [ˈpsyço-] *m* psychological terror **Psychotherapeut(in)** [psyço-] *m/(f)* psychotherapist **Psychotherapie** [psyço-] *f* psychotherapy **Psychothriller** [psyço-] *m* psychological thriller **psychotisch** [psyˈçoːtɪʃ] *adj* psychotic

pubertär [pubɛrˈtɛːɐ] *adj* adolescent **Pubertät** [pubɛrˈtɛːt] *f* ⟨-, *no pl*⟩ puberty **pubertieren** [pubɛrˈtiːrən] *past part* **pubertiert** *v/i* to reach puberty

Publicity [paˈblɪsɪti] *f* ⟨-, *no pl*⟩ publicity **publik** [puˈbliːk] *adj pred* ~ *werden* to become public knowledge; *etw* ~ *ma-*

chen to make sth public **Publikation** [publika'tsioːn] *f* ⟨-, **-en**⟩ publication **Publikum** [pu'bliːkʊm] *nt* ⟨**-s**, *no pl*⟩ public; (≈ *Zuschauer, Zuhörer*) audience; (≈ *Leser*) readers *pl*; SPORTS crowd **Publikumserfolg** *m* success with the public **Publikumsmagnet** *m* crowd puller **publikumswirksam** I *adj* ~ **sein** to have public appeal II *adv* **ein Stück** ~ **inszenieren** to produce a play with a view to public appeal **publizieren** [publi'tsiːrən] *past part* **publiziert** *v/t* & *v/i* 1. (≈ *veröffentlichen*) to publish 2. (≈ *publik machen*) to publicize **Publizist** [publi'tsɪst] *m* ⟨**-en**, **-en**⟩, **Publizistin** [-ɪn] *f* ⟨-, **-nen**⟩ publicist; (≈ *Journalist*) journalist **Publizistik** [publi-'tsɪstɪk] *f* ⟨-, *no pl*⟩ journalism

Pudding ['pʊdɪŋ] *m* ⟨**-s**, **-s**⟩ thick custard-based dessert *often tasting of vanilla, chocolate etc* **Puddingpulver** *nt* custard powder

Pudel ['puːdl] *m* ⟨**-s**, **-**⟩ poodle **Pudelmütze** *f* bobble cap **pudelwohl** *adj* (*infml*) **sich** ~ **fühlen** to feel completely contented

Puder ['puːdɐ] *m or* (*inf*) *nt* ⟨**-s**, **-**⟩ powder **Puderdose** *f* (*für Gesichtspuder*) (powder) compact **pudern** ['puːdɐn] I *v/t* to powder II *v/r* (≈ *Puder auftragen*) to powder oneself **Puderzucker** *m* icing sugar

Puff¹ [pʊf] *m* ⟨**-(e)s**, ⸚**e** ['pʏfə]⟩ 1. (≈ *Stoß*) thump; (*in die Seite*) prod 2. (*Geräusch*) phut (*infml*)

Puff² *m or nt* ⟨**-s**, **-s**⟩ (*infml*) brothel **Puffärmel** *m* puff(ed) sleeve **puffen** ['pʊfn] *v/t* to hit; (*in die Seite*) to prod **Puffer** ['pʊfɐ] *m* ⟨**-s**, **-**⟩ 1. RAIL, IT buffer 2. (COOK ≈ *Kartoffelpuffer*) potato fritter **Pufferstaat** *m* buffer state **Pufferzone** *f* buffer zone

Puffreis *m* puffed rice

Pull-down-Menü [pʊl'daun-] *nt* pull-down menu

Pulle ['pʊlə] *f* ⟨-, **-n**⟩ (*infml*) bottle; **volle** ~ **fahren**/**arbeiten** (*infml*) to drive/work flat out (*esp Br*)

Pulli ['pʊli] *m* ⟨**-s**, **-s**⟩ (*infml*), **Pullover** [pʊ'loːvɐ] *m* ⟨**-s**, **-**⟩ jumper (*Br*), sweater **Pullunder** [pʊ'lʊndɐ, pʊl'|ʊndɐ] *m* ⟨**-s**, **-**⟩ tank top

Puls [pʊls] *m* ⟨**-es**, **-e** [-zə]⟩ pulse; **jdm den** ~ **fühlen** (*lit*) to feel sb's pulse; (*fig*) to take sb's pulse **Pulsader** *f* artery;

sich (*dat*) **die** ~(**n**) **aufschneiden** to slash one's wrists **pulsieren** [pʊl'ziːrən] *past part* **pulsiert** *v/i* to pulsate **Pulsschlag** *m* pulse beat; (*fig*) pulse; (≈ *das Pulsieren*) throbbing, pulsation

Pult [pʊlt] *nt* ⟨**-(e)s**, **-e**⟩ desk

Pulver ['pʊlfɐ, -vɐ] *nt* ⟨**-s**, **-**⟩ powder; **sein** ~ **verschossen haben** (*fig*) to have shot one's bolt **Pulverfass** *nt* powder keg; (**wie**) **auf einem** ~ **sitzen** (*fig*) to be sitting on (top of) a volcano **pulverig** ['pʊlfərɪç, -vərɪç] *adj* powdery *no adv* **pulverisieren** [pʊlveri'ziːrən] *past part* **pulverisiert** *v/t* to pulverize **Pulverkaffee** *m* instant coffee **Pulverschnee** *m* powder snow

Puma ['puːma] *m* ⟨**-s**, **-s**⟩ puma

pummelig ['pʊməlɪç] *adj* (*infml*) chubby

Pump [pʊmp] *m* ⟨**-(e)s**, *no pl*⟩ (*infml*) credit; **etw auf** ~ **kaufen** to buy sth on credit

Pumpe ['pʊmpə] *f* ⟨-, **-n**⟩ 1. pump 2. (*infml* ≈ *Herz*) ticker (*infml*) **pumpen** ['pʊmpn] *v/t* 1. (*mit Pumpe*) to pump 2. (*infml* ≈ *entleihen*) to borrow; (≈ *verleihen*) to lend

Pumpernickel ['pʊmpɐnɪkl] *m* ⟨**-s**, **-**⟩ pumpernickel

Pumps [pœmps] *m* ⟨-, **-**⟩ pump

puncto ['pʊŋkto] *prep* +*gen* **in** ~ with regard to

Punk [paŋk] *m* ⟨**-s**, *no pl*⟩ punk **Punker** ['paŋkɐ] *m* ⟨**-s**, **-**⟩, **Punkerin** ['paŋkərɪn] *f* ⟨-, **-nen**⟩ punk

Punkt [pʊŋkt] *m* ⟨**-(e)s**, **-e**⟩ 1. point; ~ **12 Uhr** at 12 o'clock on the dot; **bis zu einem gewissen** ~ up to a certain point; **nach** ~**en siegen**/**führen** to win/lead on points; **in diesem** ~ on this point; **etw auf den** ~ **bringen** to get to the heart of sth 2. (≈ *Satzzeichen*) full stop (*Br*), period (*esp US*); (*auf dem i, von Punktlinie*, IT) dot; **nun mach aber mal einen** ~! (*infml*) come off it! (*infml*) **Pünktchen** ['pʏŋktçən] *nt* ⟨**-s**, **-**⟩ little dot **punkten** ['pʊŋktn] *v/i* SPORTS to score (points); (*fig* ≈ *Erfolg haben*) to score a hit; → **gepunktet punktgleich** I *adj* SPORTS level (*mit* with) II *adv* **die beiden Mannschaften liegen** ~ the two teams are even; **der Boxkampf ging** ~ **aus** the fight ended in a draw *or* was a draw **punktieren** [pʊŋk'tiːrən] *past part* **punktiert** *v/t* 1. MED to aspirate 2. (≈ *mit Punkten versehen*) to dot; **punk-**

tierte Linie dotted line **Punktlandung** f precision landing **pünktlich** ['pʏŋktlɪç] **I** adj punctual **II** adv on time **Pünktlichkeit** f ⟨-, no pl⟩ punctuality **Punktniederlage** f defeat on points **Punktrichter(in)** m/(f) judge **Punktsieg** m win on points **Punktspiel** nt league game, game decided on points **punktuell** [pʊŋk'tuɛl] **I** adj Streik selective; *Zusammenarbeit* on certain points; **~e Verkehrskontrollen** spot checks on traffic **II** adv kritisieren in a few points

Punsch [pʊnʃ] m ⟨-es, -e⟩ (hot) punch

Pupille [pu'pɪlə] f ⟨-, -n⟩ pupil

Puppe ['pʊpə] f ⟨-, -n⟩ **1.** doll; (≈ *Marionette*) puppet; (≈ *Schaufensterpuppe*) dummy; (infml ≈ *Mädchen*) doll (infml); *die ~n tanzen lassen* (infml) to live it up (infml); *bis in die ~n schlafen* (infml) to sleep to all hours **2.** ZOOL pupa **Puppenhaus** nt doll's house (Br), dollhouse (US) **Puppenspiel** nt puppet show **Puppenspieler(in)** m/(f) puppeteer **Puppenstube** f doll's house (Br), dollhouse (US) **Puppentheater** nt puppet theatre (Br) or theater (US) **Puppenwagen** m doll's pram (Br), toy baby carriage (US)

pur [puːɐ] **I** adj (≈ *rein*) pure; (≈ *unverdünnt*) neat; (≈ *bloß, völlig*) sheer; **~er Unsinn** absolute nonsense; **~er Zufall** sheer coincidence; *Whisky* **~** straight whisky **II** adv anwenden pure; *trinken* straight

Püree [py'reː] nt ⟨-s, -s⟩ puree **pürieren** [py'riːrən] past part **püriert** v/t to puree **Pürierstab** m masher

Puritaner [puri'taːnɐ] m ⟨-s, -⟩, **Puritanerin** [-ərɪn] f ⟨-, -nen⟩ Puritan **puritanisch** [puri'taːnɪʃ] adj HIST Puritan; (pej) puritanical

Purpur ['pʊrpʊr] m ⟨-s, no pl⟩ crimson **purpurrot** adj crimson (red)

Purzelbaum ['pʊrtslbaum] m somersault; *einen ~ schlagen* to turn a somersault **purzeln** ['pʊrtsln] v/i aux sein to tumble

puschen, pushen ['pʊʃn] v/t (infml) to push **Push-up-BH** ['pʊʃ|ap-] m push-up bra

Pusselarbeit ['ʊsl-] f (infml) fiddly or finicky work **pusseln** ['pʊsln] v/i (infml ≈ *herumbasteln*) to fiddle around (an etw dat) with sth)

Puste ['puːstə] f ⟨-, no pl⟩ (infml) puff (infml); *außer ~ geraten* to get out of

breath; *außer ~ sein* to be out of puff (infml) **Pusteblume** f (infml) dandelion clock **Pustekuchen** int (infml) (ja) ~! (infml) no chance! (infml)

Pustel ['pʊstl] f ⟨-, -n⟩ (≈ *Pickel*) spot; MED pustule

pusten ['puːstn] (infml) v/i to puff

Pute ['puːtə] f ⟨-, -n⟩ turkey (hen); *dumme ~* (infml) silly goose (infml) **Putenschnitzel** nt COOK turkey breast in breadcrumbs **Puter** ['puːtɐ] m ⟨-s, -⟩ turkey (cock) **puterrot** adj scarlet, bright red; *~ werden* to go bright red

Putsch [pʊtʃ] m ⟨-(e)s, -e⟩ putsch **putschen** ['pʊtʃn] v/i to rebel **Putschist** [pʊ'tʃɪst] m ⟨-en, -en⟩, **Putschistin** [-'tʃɪstɪn] f ⟨-, -nen⟩ rebel **Putschversuch** m attempted coup (d'état)

Putte ['pʊtə] f ⟨-, -n⟩ ART cherub

Putz [pʊts] m ⟨-es, no pl⟩ **1.** BUILD plaster; (≈ *Rauputz*) roughcast **2.** *auf den ~ hauen* (infml) (≈ *angeben*) to show off; (≈ *ausgelassen feiern*) to have a rave-up (infml) **Putzdienst** m cleaning duty; (≈ *Dienstleistung*) cleaning service; **~ haben** to be on cleaning duty **putzen** ['pʊtsn] **I** v/t (≈ *säubern*) to clean; (≈ *polieren*) to polish; (≈ *wischen*) to wipe; *Fenster* **~** to clean the windows; **~ gehen** to work as a cleaner **II** v/r (≈ *sich säubern*) to wash oneself **Putzfimmel** m, no pl (infml) **einen ~ haben** to be a cleaning maniac **Putzfrau** f cleaner **putzig** ['pʊtsɪç] (infml) adj (≈ *komisch*) funny; (≈ *niedlich*) cute **Putzkolonne** f team of cleaners **Putzlappen** m cloth **Putzmittel** nt (zum *Scheuern*) cleanser; (zum *Polieren*) polish **putzmunter** ['pʊts'mʊntɐ] adj (infml) full of beans (Br infml), lively **Putztuch** nt, pl -tücher (≈ *Staubtuch*) duster; (≈ *Wischlappen*) cloth **Putzzeug** nt cleaning things pl

Puzzle ['pazl, 'pasl] nt ⟨-s, -s⟩ jigsaw (puzzle)

Pygmäe [pʏ'gmɛːə] m ⟨-n, -n⟩, **Pygmäin** [pʏ'gmɛːɪn] f ⟨-, -nen⟩ Pygmy

Pyjama [py'dʒaːma, py'ʒaːma, pi'dʒaːma, pi'ʒaːma] m ⟨-s, -s⟩ pair of pyjamas (Br) or pajamas (US) sg

Pyramide [pyra'miːdə] f ⟨-, -n⟩ pyramid **pyramidenförmig** adj pyramid-shaped no adv

Pyrenäen [pyre'nɛːən] pl *die ~* the Pyre-

nees *pl* **Pyrenäenhalbinsel** *f* Iberian Peninsula
Pyromane [pyro'ma:nə] *m* ⟨*-n, -n*⟩, **Pyromanin** [-'ma:nın] *f* ⟨*-, -nen*⟩ pyroma-

niac **Pyrotechnik** [pyro'tɛçnık] *f* pyrotechnics *sg* **pyrotechnisch** [pyro-'tɛçnɪʃ] *adj* pyrotechnic
Python ['py:tɔn] *m* ⟨*-s, -s*⟩ python

Q

Q, q [ku:] *nt* ⟨*-, -*⟩ Q, q
Quacksalber ['kvakzalbɐ] *m* ⟨*-s, -*⟩, **Quacksalberin** [-ərın] *f* ⟨*-, -nen*⟩ (*pej*) quack (doctor) **Quacksalberei** [kvakzalba'rai] *f* ⟨*-, -en*⟩ quackery
Quadrat [kva'dra:t] *nt* ⟨*-(e)s, -e*⟩ **1.** *no pl* (*Fläche*) square; **drei Meter im ~** three metres (*Br*) *or* meters (*US*) square **2.** *no pl* (*Potenz*) square; **vier zum ~** four squared **quadratisch** [kva'dra:tɪʃ] *adj Form* square; MAT *Gleichung* quadratic **Quadratkilometer** *m* square kilometre (*Br*) *or* kilometer (*US*) **Quadratmeter** *m or nt* square metre (*Br*) *or* meter (*US*) **Quadratur** [kvadra'tu:ɐ] *f* ⟨*-, -en*⟩ quadrature; **die ~ des Kreises** the squaring of the circle **Quadratwurzel** *f* square root **Quadratzahl** *f* square number **quadrieren** [kva'dri:rən] *past part* **quadriert** *v/t Zahl* to square
Quai [kɛ:, ke:] *m or nt* ⟨*-s, -s*⟩ **1.** quay **2.** (*Swiss*) (*an Fluss*) riverside road; (*an See*) lakeside road
quaken ['kva:kn] *v/i* (*Frosch*) to croak; (*Ente*) to quack
quäken ['kvɛ:kn] *v/t & v/i* (*infml*) to screech
Quäker ['kvɛ:kɐ] *m* ⟨*-s, -*⟩, **Quäkerin** [-ərın] *f* ⟨*-, -nen*⟩ Quaker
Qual [kva:l] *f* ⟨*-, -en*⟩ agony; **~en leiden** to suffer agonies; **unter großen ~en sterben** to die in agony; **die letzten Monate waren für mich eine (einzige) ~** the last few months have been sheer agony for me; **er machte ihr das Leben zur ~** he made her life a misery **quälen** ['kvɛ:lən] **I** *v/t* to torment; (*mit Bitten etc*) to pester; **jdn zu Tode ~** to torture sb to death; → **gequält II** *v/r* **1.** (*seelisch*) to torture oneself; (≈ *leiden*) to suffer **2.** (≈ *sich abmühen*) to struggle **quälend** *adj* agonizing **Quälerei** [kvɛ:lə'rai] *f* ⟨*-, -en*⟩ (≈ *Grausamkeit*) torture *no pl*; (≈ *seelische Belastung*) agony; **das ist doch eine ~ für das Tier** that is cruel

to the animal **Quälgeist** *m* (*infml*) pest (*infml*)
Quali ['kva:li] *f, abbr of* **Qualifikation** (SPORTS *infml*) qualification; (≈ *Runde*) qualifying round **Qualifikation** [kvalifika'tsio:n] *f* ⟨*-, -en*⟩ qualification; (≈ *Ausscheidungswettkampf*) qualifying round **qualifizieren** [kvalifi-'tsi:rən] *past part* **qualifiziert** *v/r* to qualify **qualifiziert** [kvalifi'tsi:ɐt] *adj* **1.** *Arbeiter* qualified; *Arbeit* expert **2.** POL *Mehrheit* requisite **Qualifizierung** *f* **1.** qualification **2.** (≈ *Einordnung*) classification
Qualität [kvali'tɛ:t] *f* ⟨*-, -en*⟩ quality **qualitativ** [kvalita'ti:f] **I** *adj* qualitative **II** *adv* qualitatively; **~ hochwertige Produkte** high-quality products **Qualitätsarbeit** *f* quality work **Qualitätskontrolle** *f* quality check **Qualitätsware** *f* quality goods *pl* **Qualitätswein** *m* wine of certified origin and quality
Qualle ['kvalə] *f* ⟨*-, -n*⟩ jellyfish
Qualm [kvalm] *m* ⟨*-(e)s, no pl*⟩ (thick *or* dense) smoke **qualmen** ['kvalmən] *v/i* **1.** (*Feuer*) to give off smoke; **es qualmt aus dem Schornstein** clouds of smoke are coming from the chimney **2.** (*infml: Mensch*) to smoke **qualmig** ['kvalmıç] *adj* smoky
qualvoll I *adj* painful; *Gedanke* agonizing; *Anblick* harrowing **II** *adv* **~ sterben** to die an agonizing death
Quantenphysik *f* quantum physics *sg* **Quantensprung** *m* quantum leap **Quantentheorie** *f* quantum theory **quantifizieren** [kvantifi'tsi:rən] *past part* **quantifiziert** *v/t* to quantify **Quantität** [kvanti'tɛ:t] *f* ⟨*-, -en*⟩ quantity **quantitativ** [kvantita'ti:f] **I** *adj* quantitative **II** *adv* quantitatively **Quantum** ['kvantʊm] *nt* ⟨*-s, Quanten* [-tn]⟩ (≈ *Menge*) quantum; (≈ *Anteil*) quota (*an* +*dat* of)
Quarantäne [karan'tɛ:nə] *f* ⟨*-, -n*⟩ quar-

antine; **unter ~ stellen** to put in quarantine; **unter ~ stehen** to be in quarantine
Quark [kvark] *m* ⟨**-s**, *no pl*⟩ **1.** (≈ *Käse*) quark **2.** (*infml*) (≈ *Unsinn*) rubbish (*Br*), nonsense
Quartal [kvar'taːl] *nt* ⟨**-s**, **-e**⟩ quarter **Quartal(s)säufer(in)** *m/(f)* (*infml*) periodic heavy drinker **quartal(s)weise I** *adj* quarterly **II** *adv* quarterly **Quartett** [kvar'tɛt] *nt* ⟨**-(e)s**, **-e**⟩ **1.** MUS quartet **2.** (CARDS) (≈ *Spiel*) ≈ happy families; (≈ *Karten*) set of four cards
Quartier [kvar'tiːɐ] *nt* ⟨**-s**, **-e**⟩ **1.** (≈ *Unterkunft*) accommodation (*Br*), accommodations *pl* (*US*) **2.** MIL quarters *pl*
Quarz [kvarts] *m* ⟨**-es**, **-e**⟩ quartz **Quarzuhr** *f* quartz clock; (≈ *Armbanduhr*) quartz watch
quasi ['kvaːzi] **I** *adv* virtually **II** *pref* quasi
Quasselei [kvasə'lai] *f* ⟨**-**, **-en**⟩ (*infml*) gabbing (*infml*) **quasseln** ['kvasln] *v/t & v/i* to blather (*infml*)
Quaste ['kvastə] *f* ⟨**-**, **-n**⟩ (≈ *Troddel*) tassel; (*von Pinsel*) bristles *pl*
Quatsch [kvatʃ] *m* ⟨**-es**, *no pl*⟩ (*infml*) nonsense; **ohne ~!** (≈ *ehrlich*) no kidding! (*infml*); **so ein ~!** what (a load of) nonsense (*Br*); **lass den ~** cut it out! (*infml*); **~ machen** to mess about (*infml*); **mach damit keinen ~** don't do anything stupid with it **quatschen** ['kvatʃn] (*infml*) **I** *v/t & v/i* (≈ *dummes Zeug reden*) to gab (away) (*infml*), to blather (*infml*) **II** *v/i* **1.** (≈ *plaudern*) to blather (*infml*) **2.** (≈ *etw ausplaudern*) to squeal (*infml*) **Quatschkopf** *m* (*pej infml*) (≈ *Schwätzer*) windbag (*infml*); (≈ *Dummkopf*) fool
Quecksilber ['kvɛkzɪlbɐ] *nt* mercury
Quelle ['kvɛlə] *f* ⟨**-**, **-n**⟩ **1.** spring; (≈ *Erdölquelle*) well **2.** (*fig*) (≈ *Ursprung*, *Informant*) source; (*für Waren*) supplier; **die ~ allen Übels** the root of all evil; **aus zuverlässiger ~** from a reliable source; **an der ~ sitzen** (*fig*) to be well-placed **quellen** ['kvɛlən] *v/i, pret* **quoll** [kvɔl], *past part* **gequollen** [gə-'kvɔlən] *aux sein* **1.** (≈ *herausfließen*) to pour (*aus* out of) **2.** (*Erbsen*) to swell; **lassen Sie die Bohnen über Nacht ~** leave the beans to soak overnight **Quellenangabe** *f* reference **Quellensteuer** *f* ECON tax at source **Quellwasser** *nt* spring water
Quengelei [kvɛŋə'lai] *f* ⟨**-**, **-en**⟩ (*infml*)

whining **quengelig** ['kvɛŋəlɪç] *adj* whining **quengeln** ['kvɛŋln] *v/i* (*infml*) to whine
quer [kveːɐ] *adv* (≈ *schräg*) crossways, diagonally; (≈ *rechtwinklig*) at right angles; **~ gestreift** horizontally striped; **er legte sich ~ aufs Bett** he lay down across the bed; **~ über etw** (*acc*) **gehen** to cross sth **Querdenker(in)** *m/(f)* open-minded thinker **Quere** ['kveːrə] *f* ⟨**-**, *no pl*⟩ **jdm in die ~ kommen** (≈ *begegnen*) to cross sb's path; (*also fig* ≈ *in den Weg geraten*) to get in sb's way
Querele [kve're:lə] *f* ⟨**-**, **-n**⟩ *usu pl* (*elev*) dispute
querfeldein [kveːɐfɛlt'|ain] *adv* across country **Querfeldeinrennen** *nt* cross-country; (*Motorradrennen*) motocross **Querflöte** *f* (transverse) flute **Querformat** *nt* landscape format **quergestreift** *adj attr*; → **quer Querlatte** *f* crossbar **querlegen** *v/r sep* (*fig infml*) to be awkward **Querpass** *m* cross **Querschläger** *m* ricochet (shot) **Querschnitt** *m* cross section **querschnitt(s)gelähmt** *adj* paraplegic **Querschnitt(s)gelähmte(r)** [-gəlɛːmtə] *m/f(m)* decl as adj paraplegic **Querschnitt(s)lähmung** *f* paraplegia **querstellen** *v/r sep* (*fig infml*) to be awkward **Querstraße** *f* (≈ *Nebenstraße*) side street; (≈ *Abzweigung*) turning **Querstreifen** *m* horizontal stripe **Quersumme** *f* MAT sum of digits (of a number) **Quertreiber(in)** *m/(f)* (*infml*) troublemaker **Querulant** [kveru'lant] *m* ⟨**-en**, **-en**⟩, **Querulantin** [-'lantɪn] *f* ⟨**-**, **-nen**⟩ grumbler **Querverweis** *m* cross-reference
quetschen ['kvɛtʃn] **I** *v/t* (≈ *drücken*) to squash; (*aus einer Tube*) to squeeze; **etw in etw** (*acc*) **~** to squeeze sth into sth **II** *v/r* (≈ *sich zwängen*) to squeeze (oneself) **Quetschung** ['kvɛtʃʊŋ] *f* ⟨**-**, **-en**⟩, **Quetschwunde** *f* MED bruise
Quiche [kiʃ] *f* ⟨**-**, **-s**⟩ COOK quiche
quicklebendig *adj* (*infml*) lively
quieken ['kviːkən] *v/i* to squeal **quietschen** ['kviːtʃn] *v/i* to squeak; (*Reifen*, *Mensch*) to squeal; *Bremsen* to screech **quietschvergnügt** *adj* (*infml*) happy as a sandboy
Quintett [kvɪn'tɛt] *nt* ⟨**-(e)s**, **-e**⟩ quintet
Quirl [kvɪrl] *m* ⟨**-s**, **-e**⟩ COOK whisk, beater **quirlig** ['kvɪrlɪç] *adj* Mensch, Stadt lively, exuberant

quitt [kvɪt] *adj* ~ *sein* (*mit jdm*) to be quits (with sb); *jdn/etw* ~ *sein* (*dial*) to be rid of sb/sth
Quitte ['kvɪtə] *f* ⟨-, -*n*⟩ quince
quittieren [kvɪ'tiːrən] *past part* **quittiert** I *v/t* **1.** (≈ *bestätigen*) to give a receipt for; *lassen Sie sich* (*dat*) *die Rechnung* ~ get a receipt for the bill **2.** (≈ *beantworten*) to counter (*mit* with) **3.** (≈ *verlassen*) *Dienst* to quit **II** *v/i* (≈ *bestätigen*) to sign
Quittung ['kvɪtʊŋ] *f* ⟨-, -*en*⟩ **1.** receipt; *gegen* ~ on production of a receipt; *jdm eine* ~ *für etw ausstellen* to give sb a receipt for sth **2.** (*fig*) *die* ~ *für*

etw bekommen or erhalten to pay the penalty for sth **Quittungsblock** *m, pl* -*blöcke* receipt book
Quiz [kvɪs] *nt* ⟨-, -⟩ quiz **Quizfrage** *f* quiz question **Quizmaster** ['kvɪsmaːstɐ] *m* ⟨-*s*, -⟩, **Quizmasterin** [-ərɪn] *f* ⟨-, -*nen*⟩ quizmaster **Quizsendung** *f* quiz show; (*mit Spielen*) gameshow
Quote ['kvoːtə] *f* ⟨-, -*n*⟩ (≈ *Anteilsziffer*) proportion; (≈ *Rate*) rate; TV *etc* ratings *pl* **Quotenregelung** *f* quota system **Quotient** [kvo'tsiɛnt] *m* ⟨-*en*, -*en*⟩ quotient

R

R, r [ɛr] *nt* ⟨-, -⟩ R, r
Rabatt [ra'bat] *m* ⟨-(*e*)*s*, -*e*⟩ discount (*auf* on) **Rabattaktion** *nt* sale
Rabauke [ra'baukə] *m* ⟨-*n*, -*n*⟩ (*infml*) hooligan
Rabbi ['rabi] *m* ⟨-(*s*), -*s or* **Rabbinen** [ra-'biːnən]⟩ rabbi **Rabbiner** [ra'biːnɐ] *m* ⟨-*s*, -⟩, **Rabbinerin** [-ərɪn] *f* ⟨-, -*en*⟩ rabbi
Rabe ['raːbə] *m* ⟨-*n*, -*n*⟩ raven **Rabeneltern** *pl* (*infml*) bad parents *pl* **Rabenmutter** *f, pl* -*mütter* (*infml*) bad mother **rabenschwarz** *adj Nacht* pitch-black; *Haare* jet-black; (*fig*) *Humor* black **Rabenvater** *m* (*infml*) bad father
rabiat [ra'biaːt] **I** *adj Kerl* violent; *Umgangston* aggressive; *Methoden, Konkurrenz* ruthless **II** *adv* (≈ *rücksichtslos*) roughly; *vorgehen* ruthlessly; (≈ *aggressiv*) violently
Rache ['raxə] *f* ⟨-, *no pl*⟩ revenge; ~ *schwören* to swear vengeance; (*an jdm*) ~ *nehmen or üben* to take revenge (on *or* upon sb); *etw aus* ~ *tun* to do sth in revenge; ~ *ist süß* (*prov*) revenge is sweet (*prov*) **Racheakt** *m* act of revenge *or* vengeance
Rachen ['raxn] *m* ⟨-*s*, -⟩ throat; (*von großen Tieren*) jaws *pl*; (*fig*) jaws *pl*, abyss; *jdm etw in den* ~ *werfen* (*infml*) to shove sth down sb's throat (*infml*)
rächen ['rɛçn] **I** *v/t jdn, Untat* to avenge (*etw an jdm* sth on sb) **II** *v/r* (*Mensch*) to get one's revenge (*an jdm für etw* on sb for sth); *deine Faulheit wird sich*

~ you'll pay for being so lazy
Rachitis [ra'xiːtɪs] *f* ⟨-, **Rachitiden** [raxi-'tiːdn]⟩ rickets **rachitisch** [ra'xiːtɪʃ] *adj Kind* with rickets
Rachsucht *f* vindictiveness **rachsüchtig** *adj* vindictive
Racker ['rakɐ] *m* ⟨-*s*, -⟩ (*infml: Kind*) rascal (*infml*) **rackern** ['rakɐn] *v/i & v/r* (*infml*) to slave (away) (*infml*)
Rad [raːt] *nt* ⟨-(*e*)*s*, ⁓*er* ['rɛːdɐ]⟩ **1.** wheel; *ein* ~ *schlagen* SPORTS to do a cartwheel; *nur ein* ~ *im Getriebe sein* (*fig*) to be only a cog in the works; *unter die Räder kommen* (*infml*) to get into bad ways; *das fünfte* ~ *am Wagen sein* (*infml*) to be in the way **2.** (≈ *Fahrrad*) bicycle, bike (*infml*); ~ *fahren* to cycle; (*pej infml* ≈ *kriechen*) to suck up (*infml*)
Radar [ra'daːɐ, 'raːdaːɐ] *m or nt* ⟨-*s*, -*e*⟩ radar **Radarfalle** *f* speed trap **Radarkontrolle** *f* radar speed check **Radarschirm** *m* radar screen, radarscope **Radarstation** *f* radar station **Radarüberwachung** *f* radar monitoring
Radau [ra'dau] *m* ⟨-*s*, *no pl*⟩ (*infml*) racket (*infml*); ~ *machen* to kick up a row; (≈ *Unruhe stiften*) to cause trouble; (≈ *Lärm machen*) to make a racket
Raddampfer *m* paddle steamer
radebrechen ['raːdəbrɛçn] *insep v/t Englisch/Deutsch* ~ to speak broken English/German
radeln ['raːdln] *v/i aux sein* (*infml*) to cycle
Rädelsführer(in) ['rɛːdls-] *m/(f)* ring-

leader
radfahren ['raːtfaːrən] v/i sep irr aux sein; → **Rad Radfahrer(in)** m/(f) **1.** cyclist **2.** (pej infml) crawler (Br infml), brown-noser (esp US sl) **Radfahrweg** m cycleway; (in der Stadt) cycle lane **Radgabel** f fork **Radhelm** m cycle helmet

Radi ['raːdi] m ⟨**s, -**⟩ (S Ger, Aus) white radish

radial [ra'diaːl] **I** adj radial **II** adv radially **Radiator** [ra'diaːtoːɐ] m ⟨**-s, Radiatoren** [-'toːrən]⟩ radiator

radieren [ra'diːrən] past part **radiert** v/t & v/i **1.** (mit Radiergummi) to erase **2.** ART to etch **Radiergummi** m rubber (Br), eraser (esp US, form) **Radierung** [ra'diːrʊŋ] f ⟨**-, -en**⟩ ART etching

Radieschen [ra'diːsçən] nt ⟨**-s, -**⟩ radish **radikal** [radi'kaːl] **I** adj radical **II** adv radically; verneinen categorically; **etw ~ ablehnen** to refuse sth flatly; **~ gegen etw vorgehen** to take radical steps against sth **Radikale(r)** [radi'kaːlə] m/f(m) decl as adj radical **radikalisieren** [radikali'ziːrən] past part **radikalisiert** v/t to radicalize **Radikalisierung** f ⟨**-, -en**⟩ radicalization **Radikalismus** [radika-'lɪsmʊs] m ⟨**-, no pl**⟩ POL radicalism **Radikalkur** f (infml) drastic remedy **Radio** ['raːdio] nt or (Swiss, S Ger also) m ⟨**-s, -s**⟩ radio; **~ hören** to listen to the radio; **im ~** on the radio **radioaktiv** [radio|ak'tiːf] adj radioactive; **~er Niederschlag** (radioactive) fallout; **~ verseucht** contaminated with radioactivity **Radioaktivität** [radio|aktivi'tɛːt] f radioactivity **Radioapparat** m radio (set) **Radiografie** [radiogra'fiː] f ⟨**-, -n** [-'fiːən]⟩ radiography **Radiologe** [radio'loːgə] m ⟨**-n, -n**⟩, **Radiologin** [-'loːgɪn] f ⟨**-, -nen**⟩ MED radiologist **Radiologie** [radiolo'giː] f ⟨**-, no pl**⟩ MED radiology **radiologisch** [radio'loːgɪʃ] adj radiological **Radiorekorder** m radio recorder **Radiosender** m (≈ Rundfunkanstalt) radio station **Radiotherapie** f radiotherapy **Radiowecker** m radio alarm (clock) **Radium** ['raːdiʊm] nt ⟨**-, no pl**⟩ radium **Radius** ['raːdiʊs] m ⟨**-, Radien** [-diən]⟩ radius

Radkappe f hubcap **Radlager** nt wheel bearing **Radler** ['raːdlɐ] m ⟨**-s, -**⟩, **Radlerin** [-ərɪn] f ⟨**-, -nen**⟩ (infml) cyclist **Radrennbahn** f cycle (racing) track

Radrennen nt cycle race **Radrennsport** m cycle racing **Radsport** m cycling **Radsportler(in)** m/(f) cyclist **Radtour** f bike ride; (länger) cycling tour **Radwandern** nt cycling tours pl **Radwechsel** m wheel change **Radweg** m cycleway

raffen ['rafn] v/t **1.** **er will immer nur** (**Geld**) **~** he's always after money; **etw an sich** (acc) **~** to grab sth **2.** Stoff to gather **3.** (zeitlich) to shorten **4.** (sl ≈ verstehen) to get (infml) **Raffgier** ['rafgiːɐ] f greed, avarice

Raffinade [rafi'naːdə] f ⟨**-, -n**⟩ (Zucker) refined sugar **Raffinerie** [rafinə'riː] f ⟨**-, -n** [-'riːən]⟩ refinery **Raffinesse** [rafi'nɛsə] f ⟨**-, -n**⟩ **1.** (≈ Feinheit) refinement **2.** (≈ Schlauheit) cunning no pl **raffinieren** [rafi'niːrən] past part **raffiniert** v/t to refine **raffiniert** [rafi'niːɐt] adj **1.** Zucker, Öl refined **2.** Methoden sophisticated; (infml) Kleidung stylish **3.** (≈ schlau) clever; (≈ durchtrieben) crafty

Rafting ['raːftɪŋ] nt ⟨**-, no pl**⟩ SPORTS (white-water) rafting

Rage ['raːʒə] f ⟨**-, no pl**⟩ (≈ Wut) rage; **jdn in ~ bringen** to infuriate sb

ragen ['raːgn] v/i to rise, to loom

Ragout [ra'guː] nt ⟨**-s, -s**⟩ ragout

Rahm [raːm] m ⟨**-(e)s, no pl**⟩ (S Ger, Aus) cream

rahmen ['raːmən] v/t to frame; Dias to mount **Rahmen** ['raːmən] m ⟨**-s, -**⟩ **1.** frame **2.** (fig) framework; (≈ Atmosphäre) setting; (≈ Größe) scale; **den ~ für etw bilden** to provide a backdrop for sth; **im ~** within the framework (+gen of); **im ~ des Möglichen** within the bounds of possibility; **sich im ~ halten** to keep within the limits; **aus dem ~ fallen** to be strikingly different; **musst du denn immer aus dem ~ fallen!** do you always have to show yourself up?; **den ~ von etw sprengen** to go beyond the scope of sth; **in größerem/kleinerem ~** on a large/small scale **Rahmenbedingung** f basic condition **Rahmenvertrag** m IND general agreement

rahmig ['raːmɪç] adj (dial) creamy **Rahmspinat** m creamed spinach (with sour cream)

räkeln ['rɛːkln] v/r = **rekeln**

Rakete [ra'keːtə] f ⟨**-, -n**⟩ rocket; MIL auch missile **Raketenabschussbasis** f MIL missile base; SPACE launch site (Br) **Raketenabwehr** f antimissile defence (Br) *or* defense (*US*) **Rake̲tenstützpunkt** *m* missile base **Rake̲tenwerfer** *m* rocket launcher

Rallye ['rali, 'rɛli] *f* ⟨**-s, -s**⟩ rally **Ra̲llyefahrer(in)** *m/(f)* rally driver

RAM [ram] *nt* ⟨**-s, -s**⟩ IT RAM

Ramada̲n [rama'daːn] *m* ⟨**-(s), -e**⟩ Ramadan

ra̲mmeln ['ramln] **I** *v/t* → **gerammelt II** *v/i* HUNT to mate; (*sl*) to do it (*infml*)

ra̲mmen ['ramən] *v/t* to ram

Ra̲mpe ['rampə] *f* ⟨**-, -n**⟩ **1.** ramp **2.** THEAT forestage **Ra̲mpenlicht** *nt* THEAT footlights *pl*; (*fig*) limelight

ramponie̲ren [rampo'niːrən] *past part* **ramponie̲rt** *v/t* (*infml*) to ruin; *Möbel* to bash about (*infml*)

Ra̲msch [ramʃ] *m* ⟨**-(e)s**, *no pl*⟩ (*infml*) junk

ran [ran] *int* (*infml*) come on (*infml*); **~ an die Arbeit!** down to work; → **heran**

Rand [rant] *m* ⟨**-es, ⸚er** ['rɛndɐ]⟩ **1.** edge; (*von Gefäß, Tasse*) top, rim; (*von Abgrund*) brink; **voll bis zum ~** full to the brim; **am ~ e** *erwähnen* in passing; *interessieren* marginally; *miterleben* from the sidelines; **am ~ e des Wahnsinns** on the verge of madness; **am ~ e eines Krieges** on the brink of war; **am ~ e der Gesellschaft** on the fringes of society **2.** (≈ *Umrandung*) border; (≈ *Brillenrand*) rim; (*von Hut*) brim; (≈ *Buchrand*) margin; **etw an den ~ schreiben** to write sth in the margin **3.** (≈ *Schmutzrand*) ring; (*um Augen*) circle **4.** (*fig*) **sie waren außer ~ und Band** they were going wild; **zu ~ e = zurande**

Randa̲le [ran'daːlə] *f* ⟨**-**, *no pl*⟩ rioting; **~ machen** to riot **randalie̲ren** [randa-'liːrən] *past part* **randalie̲rt** *v/i* to rampage (about); **~de Studenten** rioting students **Randalie̲rer** [randa'liːrɐ] *m* ⟨**-s, -**⟩, **Randalie̲rerin** [-ərɪn] *f* ⟨**-,-nen**⟩ hooligan

Ra̲ndbemerkung *f* (*schriftlich: auf Seite*) note in the margin; (*mündlich, fig*) (passing) comment **Ra̲nderscheinung** *f* marginal matter **Ra̲ndfigur** *f* minor figure **Ra̲ndgruppe** *f* fringe group **ra̲ndlos I** *adj Brille* rimless **II** *adv* IT *drucken* without margins **ra̲ndvoll** *adj Glas* full to the brim; *Behälter* full to the top; (*fig*) *Programm* packed

Rang [raŋ] *m* ⟨**-(e)s, ⸚e** ['rɛŋə]⟩ **1.** MIL rank; (*in Firma, gesellschaftlich, in Wettbewerb*) place; **alles, was ~ und Namen hat** everybody who is anybody; **jdm den ~ streitig machen** (*fig*) to challenge sb's position; **jdm den ~ ablaufen** (*fig*) to outstrip sb; **ein Künstler/Wissenschaftler von ~** an artist/scientist of standing; **von hohem ~** high-class **2.** THEAT circle; **erster/zweiter ~** dress/upper circle, first/second circle (*US*) **3. Ränge** *pl* (SPORTS ≈ *Tribünenränge*) stands *pl*

ra̲ngehen ['rangeːən] *v/i sep irr aux sein* (*infml*) to get stuck in (*infml*); **geh ran!** go on!

Rangelei [raŋə'lai] *f* ⟨**-, -en**⟩ (*infml*) = **Gerangel ra̲ngeln** ['raŋln] (*infml*) *v/i* to scrap; (*um Posten*) to wrangle (*um* for)

Ra̲ngfolge *f* order of rank (*esp* MIL) *or* standing; (*in Sport, Wettbewerb*) order of placing; (*von Prioritäten etc*) order of importance **ra̲nghoch** *adj* senior; MIL high-ranking **Rangierbahnhof** [rã-'ʒiːɐ-] *m* marshalling (*Br*) *or* marshaling (*US*) yard **rangie̲ren** [rã'ʒiːrən] *past part* **rangie̲rt I** *v/t* RAIL to shunt (*Br*), to switch (*US*) **II** *v/i* (*infml* ≈ *Rang einnehmen*) to rank; **an erster/letzter Stelle ~** to come first/last **Ra̲ngliste** *f* (SPORTS, *fig*) (results) table **ra̲ngmäßig I** *adj* according to rank **II** *adv höher* in rank **Ra̲ngordnung** *f* hierarchy; MIL (*order of*) ranks

ra̲nhalten ['ranhaltn] *v/r sep irr* (*infml*) **1.** (≈ *sich beeilen*) to get a move on (*infml*) **2.** (≈ *schnell zugreifen*) to get stuck in (*infml*)

Ra̲nke ['raŋkə] *f* ⟨**-, -n**⟩ tendril; (*von Erdbeeren*) stalk **ra̲nken** ['raŋkn] *v/r sich um etw ~* to entwine itself around sth

ra̲nkommen ['rankɔmən] *v/i sep irr aux sein* (*infml*) **an etw** (*acc*) **~** to get at sth; → **herankommen ra̲nlassen** ['ranlasn] *v/t sep irr* (*infml*) (*jdn Aufgabe etc*) to let sb have a try **ra̲nnehmen** ['ranneːmən] *v/t sep irr* (*infml*) **1.** (≈ *fordern*) **jdn ~** to put sb through his/her paces **2.** (≈ *aufrufen*) *Schüler* to pick on

Ra̲nzen ['rantsn] *m* ⟨**-s, -**⟩ (≈ *Schulranzen*) satchel

ra̲nzig ['rantsɪç] *adj* rancid

Rap [rɛp] *m* ⟨**-(s), -s**⟩ MUS rap

rapid(e) [ra'piːd(ə)] **I** *adj* rapid **II** *adv* rapidly

Ra̲ppe ['rapə] *m* ⟨**-n, -n**⟩ black horse

Rappel ['rapl] *m* ⟨**-s**, **-**⟩ (*infml* ≈ *Fimmel*) craze; **einen ~ kriegen** to go completely crazy; (≈ *Wutanfall*) to throw a fit

rappen ['rɛpn] *v/i* MUS to rap

Rappen ['rapn] *m* ⟨**-s**, **-**⟩ (*Swiss*) centime

Rapper ['rɛpɐ] *m* ⟨**-s**, **-**⟩, **Rapperin** [-ərɪn] *f* ⟨**-**, **-nen**⟩ MUS rapper

Rapport [ra'pɔrt] *m* ⟨**-(e)s**, **-e**⟩ report; **sich zum ~ melden** to report

Raps [raps] *m* ⟨**-es**, **-e**⟩ BOT rape **Rapsöl** *nt* rape(seed) oil

rar [raːɐ] *adj* rare; **sich ~ machen** = **rarmachen Rarität** [rari'tɛːt] *f* ⟨**-**, **-en**⟩ rarity **rarmachen** ['raːɐmaxn] *v/r sep* (*infml*, *infml*) to make oneself scarce

rasant [ra'zant] **I** *adj* Tempo terrific, lightning *attr* (*infml*); Auto fast; Karriere meteoric; Wachstum rapid **II** *adv* **1.** (≈ *sehr schnell*) fast **2.** (≈ *stürmisch*) dramatically

rasch [raʃ] **I** *adj* **1.** (≈ *schnell*) quick; Tempo great **2.** (≈ *übereilt*) rash **II** *adv* (≈ *schnell*) quickly; **~ machen** to hurry (up)

rascheln ['raʃln] *v/i* to rustle

rasen ['raːzn] *v/i* **1.** (≈ *wüten*) to rave; (Sturm) to rage; **er raste vor Wut** he was mad with rage **2.** *aux sein* (≈ *sich schnell bewegen*) to race; **ras doch nicht so!** (*infml*) don't go so fast!

Rasen ['raːzn] *m* ⟨**-s**, **-**⟩ lawn, grass *no indef art*, *no pl*; (*von Sportplatz*) turf

rasend I *adj* **1.** (≈ *enorm*) terrific; Beifall rapturous; Eifersucht burning; **~e Kopfschmerzen** a splitting headache **2.** (≈ *wütend*) furious; **er macht mich noch ~** he'll drive me crazy (*infml*) **II** *adv* (*infml*) terrifically; schnell incredibly; wehtun like mad (*infml*); verliebt sein madly (*infml*)

Rasenmäher [-mɛːɐ] ⟨**-s**, **-**⟩ *m* lawn mower **Rasenplatz** *m* FTBL *etc* field; TENNIS grass court **Rasensprenger** [-ʃprɛŋɐ] *m* ⟨**-s**, **-**⟩ (lawn) sprinkler

Raser ['raːzɐ] *m* ⟨**-s**, **-**⟩, **Raserin** [-ərɪn] *f* ⟨**-**, **-nen**⟩ (*infml*) speed maniac (*esp Br infml*), speed demon (*US infml*) **Raserei** [razə'rai] *f* ⟨**-**, **-en**⟩ **1.** (≈ *Wut*) fury **2.** (*infml* ≈ *schnelles Fahren*, *Gehen*) mad rush

Rasierapparat *m* razor; (*elektrisch auch*) shaver **Rasiercreme** *f* shaving cream **rasieren** [ra'ziːrən] *past part* **rasiert I** *v/t* Haare to shave; **sich ~ lassen** to get a shave; **sie rasiert sich** (*dat*) **die Beine** she shaves her legs **II** *v/r* to (have a) shave **Rasierer** [ra'ziːrɐ] *m* ⟨**-s**, **-**⟩ (*infml*) (electric) razor *or* shaver **Rasierklinge** *f* razor blade **Rasiermesser** *nt* (open) razor **Rasierpinsel** *m* shaving brush **Rasierschaum** *m* shaving foam **Rasierseife** *f* shaving soap **Rasierwasser** *nt*, *pl* **-wasser** *or* **-wässer** aftershave (lotion) **Rasierzeug** *nt*, *pl* **-zeuge** shaving things *pl*

Räson [rɛ'zõ] *f* ⟨**-**, *no pl*⟩ **jdn zur ~ bringen** to make sb listen to reason; **zur ~ kommen** to see reason

Raspel ['raspl] *f* ⟨**-**, **-n**⟩ COOK grater **raspeln** ['raspln] *v/t* to grate; Holz to rasp

Rasse ['rasə] *f* ⟨**-**, **-n**⟩ (≈ *Menschenrasse*) race; (≈ *Tierrasse*) breed **Rassehund** *m* pedigree dog

Rassel ['rasl] *f* ⟨**-**, **-n**⟩ rattle **rasseln** ['rasln] *v/i* **1.** (≈ *Geräusch erzeugen*) to rattle **2.** *aux sein* (*infml*) **durch eine Prüfung ~** to flunk an exam (*infml*)

Rassendiskriminierung *f* racial discrimination **Rassenhass** *m* race hatred **Rassenkonflikt** *m* racial conflict **Rassenkrawall** *m* race riot **Rassenpolitik** *f* racial policy **Rassenschranke** *f* racial barrier; (*Farbige betreffend*) colour (*Br*) *or* color (*US*) bar **Rassentrennung** *f* racial segregation **Rassenunruhen** *pl* racial disturbances *pl* **rassig** ['rasɪç] *adj* Pferd, Auto sleek; Gesichtszüge striking; Südländer fiery **rassisch** ['rasɪʃ] *adj* racial **Rassismus** [ra-'sɪsmʊs] *m* ⟨**-**, *no pl*⟩ racism **Rassist** [ra-'sɪst] *m* ⟨**-en**, **-en**⟩, **Rassistin** [-'sɪstɪn] *f* ⟨**-**, **-nen**⟩ racist **rassistisch** [ra'sɪstɪʃ] *adj* racist

Rast [rast] *f* ⟨**-**, **-en**⟩ rest; **~ machen** to stop (for a rest)

Raste ['rastə] *f* ⟨**-**, **-n**⟩ notch

rasten ['rastn] *v/i* to rest

Raster ['rastɐ] *nt* ⟨**-s**, **-**⟩ (PHOT ≈ *Gitter*) screen; TV raster; (*fig*) framework **Rasterfahndung** *f* computer search

Rasthaus *nt* (travellers' (*Br*) *or* travelers' (*US*)) inn; (*an Autobahn*: *a*. **Rasthof**) service area (*including motel*) **rastlos I** *adj* (≈ *unruhig*) restless; (≈ *unermüdlich*) tireless **II** *adv* tirelessly **Rastplatz** *m* resting place; (*an Autostraßen*) picnic area **Raststätte** *f* MOT service area

Rasur [ra'zuːɐ] *f* ⟨**-**, **-en**⟩ shave; (≈ *das Rasieren*) shaving

Rat[1] [raːt] *m* ⟨**-(e)s**⟩ **1.** *pl* **Ratschläge**

['raːtʃlɛːɡə] (≈ *Empfehlung*) advice *no pl*; **jdm einen ~ geben** to give sb a piece of advice; **jdm den ~ geben, etw zu tun** to advise sb to do sth; **jdn um ~ fragen** to ask sb's advice; **sich ~ suchend an jdn wenden** to turn to sb for advice; **auf jds ~** (*acc*) (**hin**) on *or* following sb's advice; **zu ~e = zurate** 2. *no pl* (≈ *Abhilfe*) **~ (für etw) wissen** to know what to do (about sth); **sie wusste sich** (*dat*) **keinen ~ mehr** she was at her wits' end 3. *pl* **Räte**

Rat² *m* ⟨-(e)s, ⸚e⟩, **Rätin** ['rɛːtɪn] *f* ⟨-, -nen⟩ (≈ *Titel*) Councillor (*Br*), Councilor (*US*)

Rate ['raːtə] *f* ⟨-, -n⟩ **1.** (≈ *Geldbetrag*) instalment (*Br*), installment (*US*); **auf ~n kaufen** to buy on hire purchase (*Br*) *or* on the installment plan (*US*); **in ~n zahlen** to pay in instal(l)ments **2.** (≈ *Verhältnis*) rate

raten ['raːtn] *pret* **riet** [riːt], *past part* **geraten** [ɡə'raːtn] *v/t & v/i* **1.** (≈ *Ratschläge geben*) to advise; **jdm ~** to advise sb; (**jdm**) **zu etw ~** to recommend sth (to sb); **das würde ich dir nicht ~** I wouldn't advise it; **was** *or* **wozu ~ Sie mir?** what do you advise? **2.** (≈ *erraten*) to guess; *Kreuzworträtsel etc* to solve; **rate mal!** (have a) guess; **dreimal darfst du ~** I'll give you three guesses (*also iron*)

Ratenkauf *m* (≈ *Kaufart*) HP (*Br infml*), the installment plan (*US*) **ratenweise** *adv* in instalments (*Br*) *or* installments (*US*) **Ratenzahlung** *f* payment by instalments (*Br*) *or* installments (*US*)

Ratespiel *nt* guessing game; *TV* quiz

Ratgeber *m* (*Buch etc*) guide **Rathaus** *nt* town hall; (*einer Großstadt*) city hall

ratifizieren [ratifi'tsiːrən] *past part* **ratifiziert** *v/t* to ratify **Ratifizierung** *f* ⟨-, -en⟩ ratification

Ration [ra'tsioːn] *f* ⟨-, -en⟩ ration **rational** [ratsio'naːl] **I** *adj* rational **II** *adv* rationally **rationalisieren** [ratsionali-'ziːrən] *past part* **rationalisiert** *v/t & v/i* to rationalize **Rationalisierung** *f* ⟨-, -en⟩ rationalization **Rationalisierungsmaßnahme** *f* rationalization measure **rationell** [ratsio'nɛl] **I** *adj* Methode etc efficient **II** *adv* efficiently **rationieren** [ratsio'niːrən] *past part* **rationiert** *v/t* to ration

ratlos I *adj* helpless; **ich bin völlig ~(, was ich tun soll)** I just don't know what to do **II** *adv* helplessly; **einer Sache** (*dat*) **~ gegenüberstehen** to be at a loss when faced with sth **Ratlosigkeit** *f* ⟨-, *no pl*⟩ helplessness

rätoromanisch [rɛtoro'maːnɪʃ] *adj* Rhaetian; *Sprache* Rhaeto-Romanic

ratsam ['raːtzaːm] *adj* advisable **Ratschlag** *m* piece of advice; **Ratschläge** advice; **drei Ratschläge** three pieces of advice

Rätsel ['rɛːtsl] *nt* ⟨-s, -⟩ riddle; (≈ *Kreuzworträtsel*) crossword (puzzle); (≈ *Silbenrätsel, Bilderrätsel etc*) puzzle; **vor einem ~ stehen** to be baffled; **es ist mir ein ~, wie ...** it's a mystery to me how ... **rätselhaft** *adj* mysterious; **auf ~e Weise** mysteriously **Rätselheft** *nt* puzzle book **rätseln** ['rɛːtsln] *v/i* to puzzle (**over sth**) **Rätselraten** *nt* ⟨-s, *no pl*⟩ guessing game; (≈ *Rätseln*) guessing

Ratte ['ratə] *f* ⟨-, -n⟩ rat **Rattenfänger(in)** *m/(f)* rat-catcher; **der ~ von Hameln** the Pied Piper of Hamelin **Rattengift** *nt* rat poison

rattern ['ratɐn] *v/i* to rattle; (*Maschinengewehr*) to chatter

ratzfatz ['rats'fats] *adv* (*infml: sehr schnell*) in no time, in a flash

rau [rau] *adj* **1.** rough; *Ton, Behandlung* harsh; **er ist ~, aber herzlich** he's a rough diamond **2.** *Hals, Kehle* sore; *Stimme* husky; (≈ *heiser*) hoarse **3.** (≈ *streng*) *Wetter* inclement; *Wind, Luft* raw; *See* rough; *Klima, Winter* harsh; (**die**) **~e Wirklichkeit** harsh reality **4.** (*infml*) **in ~en Mengen** galore (*infml*)

Raub [raup] *m* ⟨-(e)s [-bəs]⟩ *no pl* **1.** (≈ *das Rauben*) robbery; (≈ *Diebstahl*) theft **2.** (≈ *Entführung*) abduction **3.** (≈ *Beute*) booty, spoils *pl* **Raubbau** *m*, *no pl* overexploitation (of natural resources); **~ an etw** (*dat*) **treiben** to overexploit sth; **mit seiner Gesundheit ~ treiben** to ruin one's health **Raubdruck** *m*, *pl* **-drucke** pirate(d) copy **rauben** ['raubn] *v/t* (≈ *wegnehmen*) to steal; (≈ *entführen*) to abduct; **jdm etw ~** to rob sb of sth; **jdm den Schlaf ~** to rob sb of his/her sleep; **jdm den Atem ~** to take sb's breath away **Räuber** ['rɔybɐ] *m* ⟨-s, -⟩, **Räuberin** [-ərɪn] *f* ⟨-, -nen⟩ robber; (≈ *Wegelagerer*) highwayman **räuberisch** ['rɔybərɪʃ] *adj* rapacious; **~e Erpressung** JUR armed robbery; **in ~er Absicht** with intent to rob **Raub-**

fisch *m* predatory fish **Raubkopie** *f* (predatory) big cat **Raubkopie** *f* pirate(d) copy **Raubmord** *m* robbery with murder **Raubmörder(in)** *m/(f)* robber and murderer **Raubtier** *nt* predator, beast of prey **Raubüberfall** *m* robbery **Raubvogel** *m* bird of prey **Raubzug** *m* series *sg* of robberies; (≈ *Plünderung*) raid (*auf +acc* on)

Rauch [raux] *m* ⟨-(e)s, *no pl*⟩ smoke; *sich in ~ auflösen* (*fig*) to go up in smoke **Rauchbombe** *f* smoke bomb **rauchen** ['rauxn] *v/t & v/i* to smoke; „*Rauchen verboten*" "no smoking"; *sich* (*dat*) *das Rauchen abgewöhnen* to give up smoking; *viel or stark ~* to be a heavy smoker **Raucher** ['rauxɐ] *m* ⟨-s, -⟩, **Raucherin** [-ǝrɪn] *f* ⟨-, -nen⟩ smoker **Raucherabteil** *nt* smoking compartment **Raucherecke** *f* smokers' corner **Raucherhusten** *m* smoker's cough **Räucherkerze** ['rɔyçɐ-] *f* incense cone **Räucherlachs** ['rɔyçɐ-] *m* smoked salmon **Räuchermännchen** ['rɔyçɐ-] *nt* wooden figure containing an incense cone **räuchern** ['rɔyçɐn] *v/t* to smoke **Räucherschinken** *m* smoked ham **Räucherstäbchen** *nt* joss stick **Raucherzone** *f* smoking area **Rauchfahne** *f* trail of smoke **Rauchfleisch** *nt* smoked meat **rauchfrei** *adj* Zone smokeless **rauchig** ['rauxɪç] *adj* smoky **rauchlos** *adj* smokeless **Rauchmelder** *m* smoke alarm **Rauchschwaden** *pl* drifts *pl* of smoke **Rauchsignal** *nt* smoke signal **Rauchverbot** *nt* smoking ban; *hier herrscht ~* smoking is not allowed here **Rauchvergiftung** *f* fume poisoning **Rauchwaren**[1] *pl* tobacco (products *pl*) **Rauchwaren**[2] *pl* (≈ *Pelze*) furs *pl* **Rauchwolke** *f* cloud of smoke **Rauchzeichen** *nt* smoke signal

Räude ['rɔydǝ] *f* ⟨-, -n⟩ VET mange **räudig** ['rɔydɪç] *adj* mangy

rauf [rauf] *adv* (*infml*) → *herauf*; → *hinauf*

Raufasertapete *f* woodchip paper

Raufbold ['raufbɔlt] *m* ⟨-(e)s, -e [-dǝ]⟩ (*dated*) ruffian, roughneck **raufen** ['raufn] **I** *v/t sich* (*dat*) *die Haare ~* to tear (at) one's hair **II** *v/i & v/r* to scrap; *sich um etw ~* to fight over sth **Rauferei** [raufǝ'rai] *f* ⟨-, -en⟩ scrap

rauh [rau] *adj* → *rau*

Rauhaardackel *m* wire-haired dachs-

---

hund **rauhaarig** *adj* coarse-haired **Rauheit** ['rauhait] *f* ⟨-, *no pl*⟩ roughness; (*von Hals, Kehle*) soreness; (*von Stimme*) huskiness; (≈ *Heiserkeit*) hoarseness; (*von Wind, Luft*) rawness; (*von Klima, Winter*) harshness

Raum [raum] *m* ⟨-(e)s, **Räume** ['rɔymǝ]⟩ **1.** *no pl* (≈ *Platz*) room, space; *~ sparend* space-saving *attr*; *bauen* to save space; *auf engstem ~ leben* to live in a very confined space **2.** (≈ *Spielraum*) scope **3.** (≈ *Zimmer*) room **4.** (≈ *Gebiet, Bereich*) area; (*größer*) region; (*fig*) sphere **5.** *no pl* PHYS, SPACE space *no art* **Raumanzug** *m* spacesuit

räumen ['rɔymǝn] *v/t* **1.** (≈ *verlassen*) Gebäude, Posten to vacate; (MIL: *Truppen*) to withdraw from **2.** (≈ *leeren*) Gebäude, Straße to clear (*von* of) **3.** (≈ *woanders hinbringen*) to shift; (≈ *entfernen*) Schnee, Schutt to clear (away); Minen to clear

Raumfähre *f* space shuttle **Raumfahrt** *f* space travel *no art or* flight *no art* **Raumfahrttechnik** *f* space technology **Raumfahrzeug** *nt* bulldozer; (*für Schnee*) snow-clearer **Raumflug** *m* space flight **Raumforschung** *f* space research **Raumgestaltung** *f* interior design **Rauminhalt** *m* volume **Raumkapsel** *f* space capsule **Raumklima** *nt* indoor climate, room temperature and air quality **räumlich** ['rɔymlɪç] **I** *adj* **1.** (≈ *den Raum betreffend*) spatial; *~e Verhältnisse* physical conditions; *~e Entfernung* physical distance **2.** (≈ *dreidimensional*) three-dimensional **II** *adv* **1.** (≈ *platzmäßig*) *~ beschränkt sein* to have very little room **2.** (≈ *dreidimensional*) *~ sehen* to see in three dimensions **Räumlichkeit** *f* ⟨-, -en⟩ (≈ *Zimmer*) room; *~en pl* premises *pl* **Raummaß** *nt* unit of volume **Raumpfleger(in)** *m/(f)* cleaner **Raumschiff** *nt* spaceship **Raumsonde** *f* space probe **raumsparend** *adj* → *Raum* **Raumstation** *f* space station

Räumung ['rɔymʊŋ] *f* ⟨-, -en⟩ clearing; (*von Gebäude, Posten*) vacation; (*von Lager*) clearance **Räumungsklage** *f* action for eviction **Räumungsverkauf** *m* clearance sale

raunen ['raunǝn] *v/t & v/i* (*liter*) to whisper

raunzen ['rauntsǝn] *v/i* (*Aus* ≈ *nörgeln*)

to moan

Raupe ['raupə] f ⟨-, -n⟩ caterpillar **Raupenfahrzeug** nt caterpillar® (vehicle) **Raupenkette** f caterpillar® track

Rauputz m roughcast **Raureif** m hoarfrost

raus [raus] adv (infml) **~!** (get) out!; → **heraus**; → **hinaus**

Rausch [rauʃ] m ⟨-(e)s, Räusche ['rɔyʃə]⟩ (≈ Trunkenheit) intoxication; (≈ Drogenrausch) high (infml); **sich** (dat) **einen ~ antrinken** to get drunk; **seinen ~ ausschlafen** to sleep it off **rauschen** ['rauʃn] v/i (Wasser) to roar; (sanft) to murmur; (Baum, Wald) to rustle; (Wind) to murmur; (Lautsprecher etc) to hiss **rauschend** adj Fest grand; Beifall, Erfolg resounding **Rauschgift** nt drug, narcotic; (≈ Drogen) drugs pl; **~ nehmen** to take drugs **Rauschgiftdezernat** nt narcotics or drug squad **Rauschgifthandel** m drug trafficking **Rauschgifthändler(in)** m/(f) drug trafficker **rauschgiftsüchtig** adj drug-addicted; **er ist ~** he's addicted to drugs **Rauschgiftsüchtige(r)** m/f(m) decl as adj drug addict

rausfliegen ['rausfliːgn] v/i sep irr aux sein (infml) to be chucked out (infml) **räuspern** ['rɔyspɐn] v/r to clear one's throat

rausreißen ['rausraisn] v/t sep irr (infml) **jdn ~** to save sb **rausschmeißen** ['rausʃmaisn] v/t sep irr (infml) to chuck out (infml); Geld to chuck away (infml) **Rausschmeißer** ['rausʃmaisɐ] m ⟨-s, -⟩, **Rausschmeißerin** [-ərɪn] f ⟨-, -nen⟩ (infml) bouncer **Rausschmiss** ['rausʃmɪs] m (infml) booting out (infml)

Raute ['rautə] f ⟨-, -n⟩ MAT rhombus **rautenförmig** adj rhomboid

Ravioli [ravi'oːli] pl ravioli sg

Razzia ['ratsia] f ⟨-, Razzien [-tsiən]⟩ raid (gegen on)

Re [reː] nt ⟨-s, -s⟩ CARDS redouble

Reagenzglas nt CHEM test tube

reagieren [rea'giːrən] past part **reagiert** v/i to react (auf +acc to; mit with) **Reaktion** [reak'tsioːn] f ⟨-, -en⟩ reaction (auf +acc to) **reaktionär** [reaktsio'nɛːɐ] (POL pej) adj reactionary **Reaktionsfähigkeit** f ability to react; CHEM, PHYSIOL reactivity **reaktionsschnell** adj with fast reactions; **~ sein** to have fast reactions **Re-**

aktionszeit f reaction time

reaktivieren [reakti'viːrən] past part **reaktiviert** v/t SCI to reactivate; (fig) to revive

Reaktor [re'aktoːɐ] m ⟨-s, Reaktoren [-'toːrən]⟩ reactor **Reaktorblock** m, pl **-blöcke** reactor block **Reaktorkern** m reactor core **Reaktorsicherheit** f reactor safety **Reaktorunglück** nt nuclear disaster

real [re'aːl] I adj real; (≈ wirklichkeitsbezogen) realistic II adv sinken, steigen actually **Realeinkommen** nt real income **realisierbar** adj Idee, Projekt feasible **realisieren** [reali'ziːrən] past part **realisiert** v/t 1. Pläne, Ideen to carry out 2. (≈ erkennen) to realize **Realismus** [rea'lɪsmʊs] m ⟨-, no pl⟩ realism **Realist** [rea'lɪst] m ⟨-en, -en⟩, **Realistin** [-'lɪstɪn] f ⟨-, -nen⟩ realist **realistisch** [rea'lɪstɪʃ] I adj realistic II adv realistically **Realität** [reali'tɛːt] f ⟨-, -en⟩ reality **Realitätssinn** m sense of realism **Reality-TV** [ri'ɛlɪtiːtiːviː] nt reality TV **Reallohn** m real wages pl **Realpolitik** f political realism, Realpolitik **realpolitisch** adj pragmatic **Realsatire** f real-life satire **Realschule** f ≈ secondary school, ≈ secondary modern school (Br)

Rebe ['reːbə] f ⟨-, -n⟩ (≈ Ranke) shoot; (≈ Weinstock) vine

Rebell [re'bɛl] m ⟨-en, -en⟩, **Rebellin** [-'bɛlɪn] f ⟨-, -nen⟩ rebel **rebellieren** [rebɛ'liːrən] past part **rebelliert** v/i to rebel **Rebellion** [rebɛ'lioːn] f ⟨-, -en⟩ rebellion **rebellisch** [re'bɛlɪʃ] adj rebellious

Rebhuhn ['reːp-, 'rɛp-] nt (common) partridge **Rebstock** ['reːp-] m vine

Rechaud [re'ʃoː] m or nt ⟨-s, -s⟩ hotplate; (für Fondue) spirit burner (Br), ethanol burner (US)

Rechen ['rɛçn] m ⟨-s, -⟩ (≈ Harke) rake **Rechenart** f **die vier ~en** the four arithmetical operations **Rechenaufgabe** f sum (esp Br), (arithmetical) problem **Rechenfehler** m miscalculation **Rechenmaschine** f adding machine **Rechenschaft** ['rɛçnʃaft] f ⟨-, no pl⟩ account; **jdm über etw** (acc) **~ ablegen** to account to sb for sth; **jdm ~ schuldig sein** to have to account to sb; **jdn (für etw) zur ~ ziehen** to call sb to account (for or over sth) **Rechenschaftsbericht** m report

Rechenschieber *m* slide rule **Rechen-zentrum***nt* computer centre (*Br*) *or* center (*US*)

Recherche [re'ʃɛrʃə, rə-] *f* ⟨-, -n⟩ investigation **recherchieren** [reʃɛr'ʃiːrən, rə-] *past part* **recherchiert** *v/t & v/i* to investigate

rechnen ['rɛçnən] **I** *v/t* **1.** (≈ *addieren etc*) to work out; *rund gerechnet* in round figures **2.** (≈ *einstufen*) to count; *jdn zu etw ~* to count sb among sth **3.** (≈ *veranschlagen*) to estimate; *wir hatten nur drei Tage gerechnet* we were only reckoning on three days; *das ist zu hoch/niedrig gerechnet* that's too high/low (an estimate) **II** *v/i* **1.** (≈ *addieren etc*) to do a calculation/calculations; *esp* SCHOOL to do sums (*esp Br*) *or* adding; *falsch ~* to make a mistake (in one's calculations); *gut/schlecht ~ können* to be good/bad at arithmetic; *esp* SCHOOL to be good/bad at sums (*esp Br*) *or* adding; *mit Variablen/Zahlen ~* to do (the) calculations using variables/numbers **2.** (≈ *sich verlassen*) *auf jdn/etw ~* to count on sb/sth **3.** *mit jdm/etw ~* to reckon with sb/sth; *es wird damit gerechnet, dass ...* it is reckoned that ...; *damit hatte ich nicht gerechnet* I wasn't expecting that; *mit dem Schlimmsten ~* to be prepared for the worst **III** *v/r* to pay off; *etw rechnet sich nicht* sth is not economical **Rechnen** ['rɛçnən] *nt* ⟨-s, *no pl*⟩ arithmetic **Rechner** ['rɛçnɐ] *m* ⟨-s, -⟩ (≈ *Elektronenrechner*) computer; (≈ *Taschenrechner*) calculator **rechnergesteuert** [-gəʃtɔyɐt] *adj* computer-controlled **rechnergestützt** [-gəʃtʏtst] *adj* computer-aided **rechnerisch** *adj* arithmetical; POL *Mehrheit* numerical **Rechnung** ['rɛçnʊŋ] *f* ⟨-, -en⟩ **1.** (≈ *Berechnung*) calculation; (*als Aufgabe*) sum; *die ~ geht nicht auf* (*lit*) the sum doesn't work out; (*fig*) it won't work (out) **2.** (≈ *schriftliche Kostenforderung*) bill (*Br*), check (*US*); (*esp von Firma*) invoice; *das geht auf meine ~* this one's on me; *auf ~ kaufen* to buy on account; *auf eigene ~* on one's own account; (*jdm*) *etw in ~ stellen* to charge (sb) for sth; *aber er hatte die ~ ohne den Wirt gemacht* (*infml*) but there was one thing he hadn't reckoned with **Rechnungsbetrag** *m* (total) amount of a bill (*Br*) *or* check (*US*)/an in-

voice/account **Rechnungsjahr***nt* financial *or* fiscal year **Rechnungspreis** *m* invoice price **Rechnungsprüfung** *f* audit

recht [rɛçt] **I** *adj* **1.** (≈ *richtig*) right; *es soll mir ~ sein, mir solls ~ sein* (*infml*) it's OK (*infml*) by me; *ganz ~!* quite right; *alles, was ~ ist* (*empört*) there is a limit; *hier geht es nicht mit ~en Dingen zu* there's something not right here; *nach dem Rechten sehen* to see that everything's OK (*infml*) **2.** *~ haben* to be right; *er hat ~ bekommen* he was right; *~ behalten* to be right; *jdm ~ geben* to agree with sb, to admit that sb is right **II** *adv* **1.** (≈ *richtig*) properly; (≈ *wirklich*) really; *verstehen Sie mich ~* don't get me wrong (*infml*); *wenn ich Sie ~ verstehe* if I understand you rightly; *das geschieht ihm ~* it serves him right; *jetzt mache ich es erst ~* now I'm definitely going to do it; *gehe ich ~ in der Annahme, dass ...?* am I right in assuming that ...?; *man kann ihm nichts ~ machen* you can't do anything right for him; *~ daran tun, zu ...* to be right to ... **2.** (≈ *ziemlich, ganz*) quite; *~ viel* quite a lot **Recht** [rɛçt] *nt* ⟨-(e)s, -e⟩ **1.** (≈ *Rechtsordnung*) law; (≈ *Gerechtigkeit*) justice; *~ sprechen* to administer justice; *nach geltendem ~* in law; *nach englischem ~* under *or* according to English law; *von ~s wegen* legally; (*infml* ≈ *eigentlich*) by rights (*infml*) **2.** (≈ *Anspruch*) right (*auf +acc* to, *zu* to); *zu seinem ~ kommen* (*lit*) to gain one's rights; (*fig*) to come into one's own; *gleiches ~ für alle!* equal rights for all!; *mit or zu ~* rightly; *im ~ sein* to be in the right; *das ist mein gutes ~* it's my right; *mit welchem ~?* by what right? **3.** *~ haben* (→ **recht**

Rechte ['rɛçtə] *f decl as adj* **1.** (*Hand*) right hand; (*Seite*) right(-hand) side; BOXING right **2.** POL *die ~* the Right **Rechteck** *nt* rectangle **rechteckig** *adj* rectangular **rechte(r, s)** ['rɛçtə] *adj attr* **1.** right; *auf der ~n Seite* on the right-hand side **2.** *ein ~r Winkel* a right angle **3.** (≈ *konservativ*) right-wing, rightist **rechtfertigen** ['rɛçtfɛrtɪgn] *insep* **I** *v/t* to justify **II** *v/r* to justify oneself **Rechtfertigung** *f* justification; *etw zur ~ vorbringen* to say sth to justify oneself **rechthaberisch** ['rɛçthaːbərɪʃ] *adj* know-all *attr*

(*Br infml*), know-it-all *attr* (*US infml*)
rechtlich ['rɛçtlɪç] **I** *adj* (≈ *gesetzlich*)
legal **II** *adv* (≈ *gesetzlich*) legally; **~ zulässig** permissible in law; **jdn ~ belangen** to take legal action against sb **rechtlos** *adj* **1.** without rights **2.** *Zustand* lawless **rechtmäßig I** *adj* (≈ *legitim*) legitimate; (≈ *dem Gesetz entsprechend*) legal **II** *adv* legally; **jdm ~ zustehen** to belong to sb legally **Rechtmäßigkeit** ['rɛçtmɛːsɪçkait] *f* ⟨-, no *pl*⟩ (≈ *Legitimität*) legitimacy; (≈ *Legalität*) legality

rechts [rɛçts] **I** *adv* on the right; **nach ~** (to the) right; **von ~** from the right; **~ von etw** (on *or* to the) right of sth; **~ von jdm** to sb's right; **~ stricken** to knit (plain) **II** *prep* +gen on the right of **Rechtsabbieger** *m* ⟨**-s**, **-**⟩ motorist / car *etc* turning right

Rechtsanspruch *m* legal right **Rechtsanwalt** *m*, **Rechtsanwältin** *f* lawyer, attorney (*US*)

Rechtsaußen [-'|ausn] *m* ⟨**-**, **-**⟩ FTBL outside-right; (POL *infml*) extreme right--winger

Rechtsbehelf *m* legal remedy **Rechtsbeistand** *m* legal advice; (*Mensch*) legal adviser **Rechtsberater(in)** *m*/(*f*) legal adviser **Rechtsberatung** *f* **1.** legal advice **2.** (*a.* **Rechtsberatungsstelle**) ≈ citizens' advice bureau (*Br*), ≈ ACLU (*US*) **Rechtsbeugung** *f* perversion of the course of justice **Rechtsbrecher** *m* ⟨**-s**, **-**⟩, **Rechtsbrecherin** *f* ⟨**-**, **-nen**⟩ lawbreaker **Rechtsbruch** *m* breach *or* infringement of the law

rechtsbündig TYPO **I** *adj* right-aligned **II** *adv* aligned right

rechtschaffen ['rɛçtʃafn] *adj* (≈ *ehrlich*) honest **Rechtschaffenheit** *f* ⟨**-**, no *pl*⟩ honesty, uprightness **rechtschreiben** ['rɛçtʃraibn] *v/i inf only* to spell **Rechtschreibfehler** *m* spelling mistake **Rechtschreibkontrolle** *f*, **Rechtschreibprüfung** *f* IT spell check; (≈ *Programm*) spellchecker **Rechtschreibprogramm** *nt* IT spellchecker **Rechtschreibreform** *f* spelling reform **Rechtschreibung** *f* spelling

Rechtsextremist(in) *m*/(*f*) right-wing extremist

Rechtsfrage *f* legal question *or* issue **Rechtsgeschäft** *nt* legal transaction **rechtsgültig** *adj* legally valid, legal **Rechtshänder** *m* ⟨**-s**, **-**⟩,

Rechtshänderin [-ərɪn] *f* ⟨**-**, **-nen**⟩ right-handed person, right-hander; **~ sein** to be right-handed **rechtshändig** *adj*, *adv* right-handed

Rechtskraft *f*, no *pl* (*von Gesetz, Urteil*) legal force, force of law; (*von Vertrag etc*) legal validity **rechtskräftig I** *adj* having the force of law; *Urteil* final; *Vertrag* legally valid **II** *adv* **~ verurteilt sein** to be issued with a final sentence

Rechtskurve *f* right-hand bend **Rechtslage** *f* legal position **Rechtsmittel** *nt* means *sg* of legal redress; **~ einlegen** to lodge an appeal **Rechtsordnung** *f* **die ~** the law **Rechtspflege** *f* administration of justice **Rechtsprechung** ['rɛçtʃprɛçʊŋ] *f* ⟨**-**, **-en**⟩ (≈ *Rechtspflege*) administration of justice; (≈ *Gerichtsbarkeit*) jurisdiction

rechtsradikal *adj* radical right-wing **rechtsrheinisch** *adj* on the right of the Rhine

Rechtssache *f* legal matter; (≈ *Fall*) case **Rechtsschutz** *m* legal protection **Rechtsschutzversicherung** *f* legal costs insurance **Rechtssicherheit** *f*, no *pl* legal certainty; **~ schaffen** to create legal certainty **Rechtsspruch** *m* verdict **Rechtsstaat** *m* state under the rule of law **rechtsstaatlich** *adj* of a state under the rule of law **Rechtsstreit** *m* lawsuit **Rechtssystem** *nt* judicial system **Rechtsunsicherheit** *f* legal uncertainty **rechtsverbindlich** *adj* legally binding **Rechtsverkehr** *m* driving on the right *no def art*; **in Deutschland ist ~** in Germany they drive on the right

Rechtsweg *m* legal action; **den ~ beschreiten** to take legal action; **der ~ ist ausgeschlossen** the judges' decision is final **rechtswidrig I** *adj* illegal **II** *adv* illegally **Rechtswidrigkeit** *f* **1.** no *pl* illegality **2.** (*Handlung*) illegal act

rechtwinklig *adj* right-angled

rechtzeitig I *adj* (≈ *früh genug*) timely; (≈ *pünktlich*) punctual **II** *adv* (≈ *früh genug*) in (good) time; (≈ *pünktlich*) on time

Reck [rɛk] *nt* ⟨**-(e)s**, **-e**⟩ SPORTS horizontal bar **recken** ['rɛkn] **I** *v/t* **den Kopf** *or* **Hals ~** to crane one's neck; **die Arme in die Höhe ~** to raise one's arms in the air **II** *v/r* to stretch (oneself)

Recorder [re'kɔrdɐ] *m* ⟨**-s**, **-**⟩; → **Rekorder**

recycelbar, recyclebar [riːˈsaɪkəlbaːɐ] *adj* recyclable **recyceln**[riːˈsaɪkln] *past part* **recycelt** [riːˈsaɪklt] *v/t* to recycle **Recycling**[riːˈsaɪklɪŋ] *nt* ⟨**-s**, *no pl*⟩ recycling **Recyclinghof***m* transfer facility for recyclable waste **Recyclingpapier***nt* recycled paper

Redakteur [redakˈtøːɐ] *m* ⟨**-s, -e**⟩, **Redakteurin** [-ˈtøːrɪn] *f* ⟨**-, -nen**⟩ editor **Redaktion** [redakˈtsioːn] *f* ⟨**-, -en**⟩ **1.** (≈ *das Redigieren*) editing **2.** (≈ *Personal*) editorial staff **3.** (≈ *Büro*) editorial office(s) **redaktionell** [redaktsioˈnɛl] **I** *adj* editorial **II** *adv* überarbeiten editorially; *etw* ~ *bearbeiten* to edit sth **Rede**[ˈreːdə] *f* ⟨**-, -n**⟩ **1.** speech; (≈ *Ansprache*) address; *eine* ~ *halten* to make a speech; *direkte/indirekte* ~ direct/indirect speech *or* discourse (*US*) **2.** (≈ *Äußerungen, Worte*) words *pl*, language *no pl*; *große* ~*n führen* to talk big (*infml*); *das ist nicht der* ~ *wert* it's not worth mentioning **3.** (≈ *Gespräch*) conversation; *aber davon war doch nie die* ~ but no-one was ever talking about that; *davon kann keine* ~ *sein* it's out of the question **4.** (≈ *Rechenschaft*) (*jdm*) ~ (*und Antwort*) *stehen* to justify oneself (to sb); *jdn zur* ~ *stellen* to take sb to task **Redefreiheit***f* freedom of speech **redegewandt** *adj* eloquent **Redegewandtheit** *f* eloquence **reden**[ˈreːdn] **I** *v/i* (≈ *sprechen*) to talk, to speak; *so lasse ich nicht mit mir* ~*!* I won't be spoken to like that!; *mit jdm über jdn/etw* ~ to talk to sb about sb/sth; (*viel*) *von sich* ~ *machen* to become (very much) a talking point; *du hast gut* ~*!* it's all very well for you (to talk); *ich habe mit Ihnen zu* ~*!* I would like a word with you; *darüber lässt sich* ~ that's a possibility; *er lässt mit sich* ~ (≈ *gesprächsbereit*) he's open to discussion; *schlecht von jdm* ~ to speak ill of sb **II** *v/t* (≈ *sagen*) to talk; *Worte* to say; *sich* (*dat*) *etw vom Herzen* ~ to get sth off one's chest; *Schlechtes über jdn* ~ to say bad things about sb **III** *v/r sich heiser* ~ to talk oneself hoarse; *sich in Wut* ~ to talk oneself into a fury **Redensart***f* (≈ *Phrase*) cliché; (≈ *Redewendung*) expression; (≈ *Sprichwort*) saying **Redeverbot***nt* ban on speaking; *jdm* ~ *erteilen* to ban sb from speaking **Redewendung***f* idiom

redigieren [rediˈɡiːrən] *past part* **redigiert** *v/t* to edit

redlich [ˈreːtlɪç] **I** *adj* honest **II** *adv* (≈ *ehrlich*) honestly; ~ (*mit jdm*) *teilen* to share (things) equally (with sb) **Redlichkeit** *f* ⟨**-**, *no pl*⟩ honesty **Redner**[ˈreːdnɐ] *m* ⟨**-s, -**⟩, **Rednerin**[-ərɪn] *f* ⟨**-, -nen**⟩ speaker; (≈ *Rhetoriker*) orator **Rednerpult** *nt* lectern **redselig** [ˈreːtzeːlɪç] *adj* talkative

reduzieren[reduˈtsiːrən] *past part* **reduziert** **I** *v/t* to reduce (*auf* +*acc* to) **II** *v/r* to decrease **Reduzierung** *f* ⟨**-, -en**⟩ reduction

Reede[ˈreːdə] *f* ⟨**-, -n**⟩ NAUT roads *pl* **Reeder**[ˈreːdɐ] *m* ⟨**-s, -**⟩, **Reederin**[-ərɪn] *f* ⟨**-, -en**⟩ shipowner **Reederei**[reːdəˈraɪ] *f* ⟨**-, -en**⟩ shipping company

reell [reˈɛl] *adj* **1.** (≈ *ehrlich*) honest, on the level (*infml*); COMM *Geschäft, Firma* sound; *Preis* fair **2.** (≈ *echt*) *Chance* real **Reetdach** *nt* thatched roof

Referat [refeˈraːt] *nt* ⟨**-(e)s, -e**⟩ **1.** UNIV seminar paper; SCHOOL project; (≈ *Vortrag*) paper **2.** (ADMIN ≈ *Ressort*) department **Referendar**[referɛnˈdaːɐ] *m* ⟨**-s, -e**⟩, **Referendarin** [-ˈdaːrɪn] *f* ⟨**-, -nen**⟩ trainee (in civil service); (≈ *Studienreferendar*) student teacher; (≈ *Gerichtsreferendar*) articled clerk (*Br*), legal intern (*US*) **Referendariat**[referɛndaˈriaːt] *nt* ⟨**-(e)s, -e**⟩ probationary training period **Referendum** [refeˈrɛndʊm] *nt* ⟨**-s, Referenden** *or* **Referenda** [-dn, -da]⟩ referendum **Referent** [refeˈrɛnt] *m* ⟨**-en, -en**⟩, **Referentin** [-ˈrɛntɪn] *f* ⟨**-, -nen**⟩ (≈ *Sachbearbeiter*) expert; (≈ *Redner*) speaker **Referenz** [refeˈrɛnts] *f* ⟨**-, -en**⟩ reference; *jdn als* ~ *angeben* to give sb as a referee **Referenzkurs** *m* ECON reference rate **referieren** [refeˈriːrən] *past part* **referiert** *v/i* to (give a) report (*über* +*acc* on)

reflektieren [reflɛkˈtiːrən] *past part* **reflektiert I** *v/t* **1.** (*widerspiegeln*) to reflect **2.** (*überdenken*) to reflect on **II** *v/i* **1.** PHYS to reflect **2.** (≈ *nachdenken*) to reflect (*über* +*acc* (up)on) **Reflektor** [reˈflɛktoːɐ] *m* ⟨**-s, Reflektoren** [-ˈtoːrən]⟩ reflector **Reflex**[reˈflɛks] *m* ⟨**-es, -e**⟩ **1.** PHYS reflection **2.** PHYSIOL reflex **Reflexbewegung** *f* reflex action **reflexiv** [reflɛˈksiːf] *adj* GRAM reflexive **Reflexivpronomen***nt* reflexive pronoun **Reflexzonenmassage** *f* reflexology

Reform [reˈfɔrm] f ⟨-, -en⟩ reform **re-formbedürftig** adj in need of reform **Reformhaus** nt health-food shop **reformieren** [refɔrˈmiːrən] past part **reformiert** v/t to reform **reformiert** [refɔrˈmiːrt] adj ECCL Reformed; (Swiss) Protestant **Reformkurs** m policy of reform **Reformstau** m POL reform bottleneck

Refrain [rəˈfrɛː, re-] m ⟨-s, -s⟩ MUS chorus

Regal [reˈgaːl] nt ⟨-s, -e⟩ (≈ Bord) shelves pl **Regalwand** f wall unit; (≈ Regale) wall-to-wall shelving

Regatta [reˈgata] f ⟨-, Regatten [-tn]⟩ regatta

rege [ˈreːgə] adj **1.** (≈ betriebsam) busy; Handel flourishing; **ein ~s Treiben** a hustle and bustle **2.** (≈ lebhaft) lively; Fantasie vivid

Regel [ˈreːgl] f ⟨-, -n⟩ **1.** (≈ Norm) rule; (≈ Verordnung) regulation; **nach allen ~n der Kunst** (fig) thoroughly **2.** (≈ Gewohnheit) habit; **sich** (dat) **etw zur ~ machen** to make a habit of sth; **zur ~ werden** to become a habit **3.** (≈ Monatsblutung) period **Regelarbeitszeit** f core working hours pl **regelbar** adj (≈ steuerbar) adjustable **Regelblutung** f (monthly) period **Regelfall** m rule; **im ~** as a rule **regelmäßig I** adj regular **II** adv regularly; **das Herz schlägt ~** the heartbeat is normal; **~ spazieren gehen** to take regular walks; **er kommt ~ zu spät** he's always late **Regelmäßigkeit** [ˈreːglmɛːsɪçkait] f ⟨-, no pl⟩ regularity **regeln** [ˈreːgln] **I** v/t **1.** (≈ regulieren) Prozess, Temperatur to regulate; Verkehr to control; → **geregelt 2.** (≈ erledigen) to see to; Problem etc to sort out; Nachlass to settle; Finanzen to put in order; **das werde ich schon ~** I'll see to it; **gesetzlich geregelt sein** to be laid down by law **II** v/r to sort itself out **regelrecht I** adj real; Betrug etc downright **II** adv really; unverschämt downright; (≈ buchstäblich) literally **Regelung** [ˈreːgəlʊŋ] f ⟨-, -en⟩ **1.** (≈ Regulierung) regulation **2.** (≈ Erledigung) settling **3.** (≈ Abmachung) arrangement; (≈ Bestimmung) ruling; **gesetzliche ~en** legal or statutory regulations **Regelwerk** nt rules (and regulations) pl, set of rules **regelwidrig** adj against the rules; **~es Verhalten im Verkehr** breaking the traffic regulations **Regelwidrigkeit** f irregularity

regen [ˈreːgn] **I** v/t (≈ bewegen) to move; **keinen Finger (mehr) ~** (fig) not to lift a finger (any more) **II** v/r to stir; **er kann sich kaum ~** he is hardly able to move

Regen [ˈreːgn] m ⟨-s, -⟩ rain; (fig: von Schimpfwörtern etc) shower; **ein warmer ~** (fig) a windfall; **jdn im ~ stehen lassen** (fig) to leave sb out in the cold; **vom ~ in die Traufe kommen** (prov) to jump out of the frying pan into the fire (prov) **regenarm** adj Jahreszeit, Gegend dry **Regenbogen** m rainbow **Regenbogenfarben** pl colours pl (Br) or colors pl (US) of the rainbow **Regenbogenforelle** f rainbow trout **Regenbogenpresse** f trashy (infml) magazines pl

Regeneration [regeneraˈtsioːn] f regeneration **regenerieren** [regeneˈriːrən] past part **regeneriert I** v/r BIOL to regenerate; (fig) to revitalize oneself/itself **II** v/t to regenerate

Regenfall m usu pl (fall of) rain; **heftige Regenfälle** heavy rain **Regenguss** m downpour **Regenmantel** m raincoat, mac (Br infml) **regenreich** adj Jahreszeit, Region rainy, wet **Regenrinne** f gutter **Regenschauer** m shower (of rain) **Regenschirm** m umbrella

Regent [reˈgɛnt] m ⟨-en, -en⟩, **Regentin** [-ˈgɛntɪn] f ⟨-, -nen⟩ sovereign; (≈ Stellvertreter) regent

Regentag m rainy day **Regentonne** f rain barrel **Regentropfen** m raindrop **Regenwald** m GEOG rain forest **Regenwasser** nt, no pl rainwater **Regenwetter** nt rainy weather **Regenwolke** f rain cloud **Regenwurm** m earthworm **Regenzeit** f rainy season

Reggae [ˈrɛgeː] m ⟨-(s), no pl⟩ reggae

Regie [reˈʒiː] f ⟨-, no pl⟩ **1.** (≈ künstlerische Leitung) direction; THEAT, RADIO, TV production; **die ~ bei etw führen** to direct/produce sth; (fig) to be in charge of sth; **unter der ~ von** directed/produced by **2.** (≈ Verwaltung) management; **unter jds ~** (dat) under sb's control **Regieanweisung** f (stage) direction **Regieassistent(in)** m/(f) assistant director; THEAT, RADIO, TV auch assistant producer

regieren [reˈgiːrən] past part **regiert I** v/i (≈ herrschen) to rule; (fig) to reign **II** v/t Staat to rule (over); GRAM to govern; **SPD-regierte Länder** states governed by the SPD **Regierung** [reˈgiːrʊŋ] f ⟨-,

-en⟩ government; (*von Monarch*) reign; **an die ~ kommen** to come to power; **jdn an die ~ bringen** to put sb into power **Regierungsbezirk** *m* ≈ region (*Br*), ≈ county (*US*) **Regierungschef(in)** *m/(f)* head of a/the government **Regierungserklärung** *f* inaugural speech; (*in GB*) King's/Queen's Speech **regierungsfeindlich** *adj* anti-government *no adv* **Regierungsform** *f* form of government **Regierungskrise** *f* government(al) crisis **Regierungssitz** *m* seat of government **Regierungssprecher(in)** *m/(f)* government spokesperson **Regierungsumbildung** *f* cabinet reshuffle **Regierungswechsel** *m* change of government

Regime [re'ʒiːm] *nt* ⟨**-s, -s**⟩ (*pej*) regime **Regimegegner(in)** *m/(f)* opponent of the regime **Regimekritiker(in)** *m/(f)* critic of the regime

Regiment [regi'mɛnt] *nt* ⟨**-(e)s, -e** or (*Einheit*) **-er**⟩ MIL regiment

Region [re'gioːn] *f* ⟨**-, -en**⟩ region **regional** [regio'naːl] **I** *adj* regional **II** *adv* regionally; **~ verschieden sein** to vary from one region to another **Regionalbahn** *f* RAIL local railway (*Br*) or railroad (*US*) **Regionalverkehr** *m* regional transport *or* transportation (*esp US*) **Regionalzug** *m* local train

Regisseur [reʒɪ'søːɐ] *m* ⟨**-s, -e**⟩, **Regisseurin** [-'søːrɪn] *f* ⟨**-, -nen**⟩ director; THEAT, TV producer

Register [re'gɪstɐ] *nt* ⟨**-s, -**⟩ **1.** (≈ *amtliche Liste*) register **2.** (≈ *Stichwortverzeichnis*) index **3.** MUS register; (*von Orgel*) stop; **alle ~ ziehen** (*fig*) to pull out all the stops **Registertonne** *f* NAUT register ton **registrieren** [regɪs'triːrən] *past part* **registriert** *v/t* **1.** (≈ *erfassen*) to register **2.** (≈ *feststellen*) to note **Registrierkasse** *f* cash register **Registrierung** *f* ⟨**-, -en**⟩ registration

reglementieren [reglemɛn'tiːrən] *past part* **reglementiert** *v/t* to regulate; **staatlich reglementiert** state-regulated **Regler** ['reːglɐ] *m* ⟨**-s, -**⟩ regulator; (*an Fernseher etc*) control; (*von Fernsteuerung*) control(ler)

reglos ['reːkloːs] *adj, adv* motionless

regnen ['reːgnən] *v/t & v/i impers* to rain; **es regnet Proteste** protests are pouring in; **es regnete Vorwürfe** reproaches hailed down **regnerisch** ['reːgnərɪʃ]

adj rainy

Regress [re'grɛs] *m* ⟨**-es, -e**⟩ JUR recourse; **~ anmelden** to seek recourse **regresspflichtig** [-pflɪçtɪç] *adj* liable for compensation

regsam ['reːkzaːm] *adj* active; **geistig ~** mentally active

regulär [regu'lɛːɐ] *adj* (≈ *üblich*) normal; (≈ *vorschriftsmäßig*) proper; *Arbeitszeit* normal; **die ~e Spielzeit** SPORTS normal time **regulierbar** *adj* regul(at)able, adjustable **regulieren** [regu'liːrən] *past part* **reguliert** *v/t* (≈ *einstellen*) to regulate; (≈ *nachstellen*) to adjust **Regulierung** *f* ⟨**-, -en**⟩ regulation; (≈ *Nachstellung*) adjustment **Regulierungsbehörde** *f* regulatory body

Regung ['reːgʊŋ] *f* ⟨**-, -en**⟩ (≈ *Bewegung*) movement; (*des Gewissens etc*) stirring; **ohne jede ~** without a flicker (of emotion) **regungslos** *adj, adv* motionless

Reh [reː] *nt* ⟨**-s, -e**⟩ deer; (*im Gegensatz zu Hirsch etc*) roe deer

Rehabilitation [rehabilita'tsioːn] *f* rehabilitation; (*von Ruf, Ehre*) vindication **Rehabilitationsklinik** *f* rehabilitation clinic **rehabilitieren** [rehabili'tiːrən] *past part* **rehabilitiert I** *v/t* to rehabilitate **II** *v/r* to rehabilitate oneself

Rehbock *m* roebuck **Rehbraten** *m* roast venison **Rehkeule** *f* COOK haunch of venison **Rehrücken** *m* COOK saddle of venison

Reibach ['raibax] *m* ⟨**-s**, *no pl*⟩ (*infml*) **einen ~ machen** (*infml*) to make a killing (*infml*)

Reibe ['raibə] *f* ⟨**-, -n**⟩ COOK grater **Reibekuchen** *m* (COOK *dial*) ≈ potato fritter **reiben** ['raibn] *pret* **rieb** [riːp], *past part* **gerieben** [gə'riːbn] **I** *v/t* **1.** (≈ *frottieren*) to rub; **sich** (*dat*) **die Augen ~** to rub one's eyes **2.** (≈ *zerkleinern*) to grate **II** *v/i* **1. an etw** (*dat*) **~** to rub sth **2.** (≈ *zerkleinern*) to grate **III** *v/r* to rub oneself (*an +dat* on, against); (≈ *sich verletzen*) to scrape oneself (*an +dat* on) **Reiberei** [raibə'rai] *f* ⟨**-, -en**⟩ *usu pl* (*infml*) friction *no pl*; (*kleinere*) **~en** (short) periods of friction **Reibung** ['raibʊŋ] *f* ⟨**-, -en**⟩ **1.** (≈ *das Reiben*) rubbing; PHYS friction **2.** (*fig*) friction *no pl* **reibungslos I** *adj* frictionless; (*fig infml*) trouble-free **II** *adv* (≈ *problemlos*) smoothly; **~ verlaufen** to go off smoothly

reich [raiç] **I** *adj* rich; (≈ *vielfältig*) copious; *Auswahl* wide; *in ~em Maße vorhanden sein* to abound **II** *adv ~ heiraten* (*infml*) to marry (into) money; *jdn ~ belohnen* to reward sb well; *~ illustriert* richly illustrated **Reich** [raiç] *nt* ⟨ *-(e)s, -e* ⟩ **1.** (≈ *Imperium*) empire; (≈ *Königreich*) realm; *das Dritte ~* the Third Reich **2.** (≈ *Gebiet*) realm; *das ~ der Tiere* the animal kingdom; *das ist mein ~* (*fig*) that is my domain **reichen** ['raiçn] **I** *v/i* **1.** (≈ *sich erstrecken*) to reach (*bis zu etw* sth); *der Garten reicht bis ans Ufer* the garden stretches right down to the riverbank; *so weit ~ meine Fähigkeiten nicht* my skills are not that wide-ranging **2.** (≈ *langen*) to be enough; *der Zucker reicht nicht* there won't be enough sugar; *reicht das Licht zum Lesen?* is there enough light to read by?; *mir reichts* (*infml*) (≈ *habe die Nase voll*) I've had enough (*infml*); *jetzt reichts* (*mir aber*)*!* that's the last straw! **II** *v/t* (≈ *entgegenhalten*) to hand; (≈ *anbieten*) to serve; *jdm die Hand ~* to hold out one's hand to sb **reichhaltig** *adj* extensive; *Auswahl* wide, large; *Essen* rich; *Programm* varied **reichlich** ['raiçlıç] **I** *adj* ample, large; *Vorrat* plentiful; *Portion* generous; *Zeit, Geld, Platz* plenty of; *Belohnung* ample **II** *adv* **1.** *belohnen* amply; *verdienen* richly; *jdn ~ beschenken* to give sb lots of presents; *~ Trinkgeld geben* to tip generously; *~ Zeit/Geld haben* to have plenty of *or* ample time/money; *~ vorhanden sein* to abound **2.** (*infml* ≈ *ziemlich*) pretty **Reichstag** *m* Parliament **Reichtum** ['raiçtu:m] *m* ⟨ *-s, Reichtümer* [-ty:mɐ]⟩ **1.** wealth *no pl*; (≈ *Besitz*) riches *pl*; *zu ~ kommen* to become rich **2.** (*fig* ≈ *Fülle*) wealth (*an +dat* of); *der ~ an Fischen* the abundance of fish **Reichweite** *f* range; (≈ *greifbare Nähe*) reach; (*fig* ≈ *Einflussbereich*) scope; *außer ~* out of range; (*fig*) out of reach **reif** [raif] *adj Früchte* ripe; *Mensch* mature; *in ~(er)em Alter* in one's mature(r) years; *die Zeit ist ~* the time is ripe; *eine ~e Leistung* (*infml*) a brilliant achievement; *für etw ~ sein* (*infml*) to be ready for sth **Reif¹** [raif] *m* ⟨ *-(e)s, no pl* ⟩ (≈ *Raureif*) hoarfrost **Reif²** *m* ⟨ *-(e)s, -e* ⟩ (≈ *Stirnreif*) circlet; (≈ *Armreif*) bangle

Reife ['raifə] *f* ⟨ *-, no pl* ⟩ (≈ *das Reifen*) ripening; (≈ *das Reifsein*) ripeness; (*fig*) maturity **reifen** *v/i aux sein* (*Obst*) to ripen; (*Mensch*) to mature **Reifen** ['raifn] *m* ⟨ *-s, -* ⟩ tyre (*Br*), tire (*US*); (*von Fass*) hoop **Reifendruck** *m*, *pl -drücke* tyre (*Br*) *or* tire (*US*) pressure **Reifenpanne** *f* puncture (*Br*), flat (*infml*); (*geplatzt auch*) blowout (*infml*) **Reifenwechsel** *m* tyre (*Br*) *or* tire (*US*) change **Reifeprüfung** *f* SCHOOL → *Abitur* **Reifezeugnis** *nt* SCHOOL *Abitur certificate,* ≈ A Level certificate (*Br*), ≈ high school diploma (*US*) **Reifglätte** *f* MOT slippery frost **reiflich** ['raiflıç] **I** *adj* thorough; *nach ~er Überlegung* after careful consideration **II** *adv sich ~* (*dat*) *etw ~ überlegen* to consider sth carefully **Reigen** ['raign] *m* ⟨ *-s, -* ⟩ round dance; (*fig elev*) round; *den ~ eröffnen* (*fig elev*) to lead off; *ein bunter ~ von Melodien* a varied selection of melodies **Reihe** ['raiə] *f* ⟨ *-, -n* ⟩ **1.** row; *sich in einer ~ aufstellen* to line up; *aus der ~ tanzen* (*fig infml*) to be different; (≈ *gegen Konventionen verstoßen*) to step out of line; *in den eigenen ~n* within our/ their *etc* own ranks; *er ist an der ~* it's his turn; *der ~ nach* in order, in turn; *außer der ~* out of order; (≈ *zusätzlich*) out of the usual way of things **2.** (≈ *Serie*) series *sg* **3.** (≈ *unbestimmte Anzahl*) number; *eine ganze ~ (von)* a whole lot (of) **4.** (*infml* ≈ *Ordnung*) *aus der ~ kommen* (≈ *in Unordnung geraten*) to get out of order; *jdn aus der ~ bringen* to confuse sb; *in die ~ bringen* to put in order; *etw auf die ~ kriegen* (*infml*) to handle sth **reihen** ['raiən] **I** *v/t Perlen auf eine Schnur ~* to string beads (on a thread) **II** *v/r etw reiht sich an etw* (*acc*) sth follows (after) sth **Reihenfolge** *f* order; (≈ *notwendige Aufeinanderfolge*) sequence; *alphabetische ~* alphabetical order **Reihenhaus** *nt* terraced house (*Br*), town house (*esp US*) **Reihenuntersuchung** *f* mass screening **reihenweise** *adv* **1.** (≈ *in Reihen*) in rows **2.** (*fig* ≈ *in großer Anzahl*) by the dozen **Reiher** ['raiɐ] *m* ⟨ *-s, -* ⟩ heron **reihum** [rai'|ʊm] *adv* round; *etw ~ gehen lassen* to pass sth round **Reim** [raim] *m* ⟨ *-(e)s, -e* ⟩ rhyme; *sich* (*dat*) *einen ~ auf etw* (*acc*) *machen* (*infml*) to make sense of sth **reimen** ['raimən] **I** *v/t* to rhyme (*auf +acc, mit* with) **II** *v/i* to make up rhymes **III** *v/r* to rhyme (*auf +acc, mit* with)

rein¹ [rain] *adv* (*infml*) = *herein, hinein*

rein² **I** *adj* **1.** pure; (≈ *völlig*) sheer; *Wahrheit* plain; *Gewissen* clear; *das ist die ~ste Freude/der ~ste Hohn etc* it's sheer joy/mockery *etc*; *er ist der ~ste Künstler* he's a real artist **2.** (≈ *sauber*) clean; *Haut* clear; *etw ~ machen* to clean sth; *etw ins Reine schreiben* to write out a fair copy of sth; *etw ins Reine bringen* to clear sth up; *mit etw im Reinen sein* to have got sth straightened out **II** *adv* **1.** (≈ *ausschließlich*) purely **2.** (*infml* ≈ *völlig*) absolutely; *~ gar nichts* absolutely nothing

Rein [rain] *f* ⟨-, *-en*⟩ (*S Ger, Aus*) casserole (dish)

reinbeißen *v/t sep irr* (*infml*) to bite into (*in +acc*); *zum Reinbeißen aussehen* to look scrumptious

Reindl ['raindl] *nt* ⟨*-s, -n*⟩ (*S Ger, Aus*) (small) casserole (dish)

Reineclaude [rɛːnəˈkloːdə] *f* ⟨-, *-n*⟩ greengage

Reinemachefrau *f* cleaner

Reinerlös *m* net profit(s *pl*)

Reinfall *m* (*infml*) disaster (*infml*)

Reingewicht *nt* net(t) weight **Reingewinn** *m* net(t) profit **Reinhaltung** *f* keeping clean **Reinheit** *f* ⟨-, *no pl*⟩ purity; (≈ *Sauberkeit*) cleanness; (*von Haut*) clearness **reinigen** ['rainɪgn] *v/t* to clean; *etw chemisch ~* to dry-clean sth; *ein ~des Gewitter* (*fig infml*) a row which clears the air **Reiniger** ['rainɪɡɐ] *m* ⟨*-s, -*⟩ cleaner **Reinigung** ['rainɪɡʊŋ] *f* ⟨-, *-en*⟩ **1.** cleaning **2.** (≈ *chemische Reinigung*) (*Anstalt*) (dry) cleaner's **Reinigungsmilch** *f* cleansing milk **Reinigungsmittel** *nt* cleansing agent

Reinkarnation [reˌɪnkarnaˈtsioːn] *f* reincarnation

Reinkultur *f* BIOL pure culture; *Kitsch in ~* (*infml*) pure unadulterated kitsch

reinlegen ['rainleːɡn] *v/t sep* (*infml*) = *hereinlegen, hineinlegen*

reinlich ['rainlɪç] *adj* **1.** cleanly **2.** (≈ *ordentlich*) tidy **Reinlichkeit** *f* ⟨-, *no pl*⟩ cleanliness; (≈ *Ordentlichkeit*) tidiness **reinrassig** *adj* pure-blooded; *Tier* thoroughbred **Reinschrift** *f* (*Geschriebenes*) fair copy; *etw in ~ schreiben* to write out a fair copy of sth **reinseiden** *adj* pure silk

Reis *m* ⟨*-es, -e* [-zə]⟩ rice

Reise ['raizə] *f* ⟨-, *-n*⟩ journey, trip; (≈ *Schiffsreise*, SPACE) voyage; (≈ *Geschäftsreise*) trip; *eine ~ machen* to go on a journey; *auf ~n sein* to be away (travelling (*Br*) *or* traveling (*US*)); *er ist viel auf ~n* he does a lot of travelling (*Br*) *or* traveling (*US*); *wohin geht die ~?* where are you off to?; *gute ~!* have a good journey! **Reiseandenken** *nt* souvenir **Reiseapotheke** *f* first-aid kit **Reisebegleiter(in)** *m/(f)* travelling (*Br*) *or* traveling (*US*) companion; (≈ *Reiseleiter*) courier **Reisebekanntschaft** *f* acquaintance made while travelling (*Br*) *or* traveling (*US*) **Reisebericht** *m* report *or* account of one's journey; (*Buch*) travel story; (*Film*) travelogue (*Br*), travelog (*US*) **Reisebeschreibung** *f* description of one's travels; (*Film*) travelogue (*Br*), travelog (*US*) **Reisebüro** *nt* travel agency **Reisebus** *m* coach (*Br*), bus (*US*) **reisefertig** *adj* ready (to go *or* leave) **Reisefieber** *nt* (*fig*) travel nerves *pl* **Reiseführer** *m* (*Buch*) guidebook **Reiseführer(in)** *m/(f)* tour guide **Reisegeschwindigkeit** *f* cruising speed **Reisegesellschaft** *f* (tourist) party; (*infml* ≈ *Veranstalter*) tour operator **Reisegruppe** *f* tourist group *or* party **Reisekosten** *pl* travelling (*Br*) *or* traveling (*US*) expenses *pl* **Reisekrankheit** *f* travel sickness **Reiseleiter(in)** *m/(f)* tour guide **Reiselust** *f* wanderlust **reiselustig** *adj* fond of travel *or* travelling (*Br*) *or* traveling (*US*) **reisen** ['raizn] *v/i aux sein* to travel; *in den Urlaub ~* to go away on holiday (*esp Br*) *or* vacation (*US*) **Reisende(r)** ['raizndə] *m/f(m) decl as adj* traveller (*Br*), traveler (*US*); (≈ *Fahrgast*) passenger **Reisepass** *m* passport **Reiseproviant** *m* food for the journey **Reiseruf** *m* personal message **Reisescheck** *m* traveller's cheque (*Br*), traveler's check (*US*) **Reisetasche** *f* holdall **Reiseunterlagen** *pl* travel documents *pl* **Reiseveranstalter(in)** *m/(f)* tour operator **Reiseverkehr** *m* holiday (*esp Br*) *or* vacation (*US*) traffic **Reiseversicherung** *f* travel insurance **Reisewecker** *m* travelling (*Br*) *or* traveling (*US*)

alarm clock **Reisewetterbericht** m holiday (Br) or travel weather forecast **Reisezeit** f (≈ Saison) holiday (esp Br) or vacation (US) season; (≈ Fahrzeit) travel time **Reiseziel** nt destination
Reisfeld nt paddy field
Reisig ['raizɪç] nt ⟨-s, no pl⟩ brushwood
Reiskocher m rice cooker **Reiskorn** nt, pl **-körner** grain of rice **Reispapier** nt ART, COOK rice paper
Reißaus [rais'|aus] m ~ **nehmen** (infml) to clear off or out (infml) **Reißbrett** ['rais-] nt drawing board **reißen** ['raisn] pret **riss** [rɪs], past part **gerissen** [gə'rɪsn] **I** v/t **1.** to tear, to rip; (≈ mitreißen, zerren) to pull, to drag; **jdn zu Boden ~** to pull or drag sb to the ground; **jdm etw aus der Hand ~** to snatch sth out of sb's hand; **jdn aus dem Schlaf/ seinen Träumen ~** to wake sb from his sleep / dreams; **jdn in den Tod ~** to claim sb's life; (Flutwelle, Lawine) to sweep sb to his / her death; **hin und her gerissen werden/sein** (fig) to be torn; **etw an sich** (acc) **~** to seize sth **2.** (SPORTS, Gewichtheben) to snatch; (Hochsprung) to knock down **3.** (≈ töten) to kill **4.**; → **gerissen II** v/i **1.** aux sein to tear; (≈ Risse bekommen) to crack; **mir ist die Kette gerissen** my chain has broken; **da riss mir die Geduld** then my patience gave out; **wenn alle Stricke ~** (fig infml) if all else fails **2.** (≈ zerren) to pull, to tug (an +dat at) **3.** (Hochsprung) to knock the bar off **III** v/r (infml) **sich um jdn/etw ~** to scramble to get sb/ sth **reißend** adj Fluss raging; Schmerzen searing; Verkauf, Absatz massive **Reißer** ['raisɐ] m ⟨-s, -⟩ (infml) (THEAT, Film, Buch) thriller; (Ware) big seller **reißerisch** ['raisərɪʃ] adj Bericht, Titel sensational **reißfest** adj tear-proof **Reißleine** f ripcord **Reißnagel** m drawing pin (Br), thumbtack (US) **Reißverschluss** m zip (fastener) (Br), zipper (US); **den ~ an etw** (dat) **zumachen** to zip sth up; **den ~ an etw** (dat) **aufmachen** to unzip sth **Reißwolf** m shredder **Reißzahn** m fang **Reißzwecke** f drawing pin (Br), thumbtack (US)
reiten ['raitn] pret **ritt** [rɪt], past part **geritten** [gə'rɪtn] **I** v/i aux sein to ride; **auf etw** (dat) **~** to ride (on) sth **II** v/t to ride; **Schritt/Trab/Galopp ~** to ride at a walk / trot / gallop **Reiter** ['raitɐ] m ⟨-s, -⟩ (an

Waage) rider; (≈ Karteireiter) index tab **Reiter** ['raitɐ] m ⟨-s, -⟩, **Reiterin** [-ərɪn] f⟨-, -nen⟩ rider **Reithose** f riding breeches pl; HUNT, SPORTS jodhpurs pl **Reitkunst** f horsemanship **Reitpeitsche** f riding whip **Reitpferd** nt mount **Reitsattel** m (riding) saddle **Reitschule** f riding school **Reitsport** m (horse-)riding **Reitstall** m riding stable **Reitstiefel** m riding boot **Reitturnier** nt horse show; (Geländereiten) point-to-point **Reitunterricht** m riding lessons pl **Reitweg** m bridle path
Reiz [raits] m ⟨-es, -e⟩ **1.** PHYSIOL stimulus **2.** (≈ Verlockung) attraction, appeal; (≈ Zauber) charm; (**auf jdn) einen ~ ausüben** to have great attraction (for sb); **diese Idee hat auch ihren ~** this idea also has its attractions; **den ~ verlieren** to lose all one's/its charm; **weibliche ~e** feminine charms **reizbar** adj (≈ empfindlich) touchy (infml); (≈ erregbar) irritable **Reizbarkeit** f ⟨-, no pl⟩ (≈ Empfindlichkeit) touchiness (infml); (≈ Erregbarkeit) irritability **reizen** ['raitsn] **I** v/t **1.** PHYSIOL to irritate; (≈ stimulieren) to stimulate **2.** (≈ verlocken) to appeal to; **es würde mich ja sehr ~, ...** I'd love to ...; **Ihr Angebot reizt mich sehr** I find your offer very tempting; **was reizt Sie daran?** what do you like about it? **3.** (≈ ärgern) to annoy; Tier to tease; (≈ herausfordern) to provoke; **jdn bis aufs Blut ~** to push sb to breaking point; → **gereizt II** v/i **1.** MED to irritate; (≈ stimulieren) to stimulate **2.** CARDS to bid; **hoch ~** to make a high bid **reizend I** adj charming; **das ist ja ~** (iron) (that's) charming **II** adv einrichten attractively; **~ aussehen** to look charming **Reizhusten** m chesty (Br) or deep (US) cough; (nervös) nervous cough **Reizklima** nt bracing climate; (fig) charged atmosphere **reizlos** adj dull, uninspiring **Reizschwelle** f PHYSIOL stimulus or absolute threshold **Reizthema** nt controversial issue **Reizung** ['raitsʊŋ] f ⟨-, -en⟩ MED stimulation; (krankhaft) irritation **reizvoll** adj delightful; Aufgabe attractive **Reizwäsche** f (infml) sexy underwear **Reizwort** nt, pl **-wörter** emotive word
rekapitulieren [rekapitu'liːrən] past part **rekapituliert** v/t to recapitulate
rekeln ['reːkln] v/r (infml) (≈ sich herum-

lümmeln) to loll around; (≈ *sich strecken*) to stretch

Reklamation[reklama'tsio:n] *f* ⟨-, -en⟩ query; (≈ *Beschwerde*) complaint **Reklame**[re'kla:mə] *f* ⟨-, -n⟩ **1.** advertising; **~ für jdn/etw machen** to advertise sb/ sth **2.** (≈ *Einzelwerbung*) advertisement; *esp* TV, RADIO commercial **Reklameschild** *nt, pl* **-schilder** advertising sign

reklamieren[rekla'mi:rən] *past part* **reklamiert I** *v/i* (≈ *Einspruch erheben*) to complain; **bei jdm wegen etw ~** to complain to sb about sth **II** *v/t* **1.** (≈ *bemängeln*) to complain about (*etw bei jdm* sth to sb) **2.** (≈ *in Anspruch nehmen*) to claim; **jdn/etw für sich ~** to lay claim to sb/sth

rekonstruieren [rekɔnstru'i:rən] *past part* **rekonstruiert** *v/t* to reconstruct **Rekonstruktion** [rekɔnstrʊk'tsio:n] *f* reconstruction

Rekord[re'kɔrt] *m* ⟨-s, -e [-də]⟩ record; **einen ~ aufstellen** to set a record

Rekorder[re'kɔrdɐ] *m* ⟨-s, -⟩ (cassette) recorder

Rekordgewinn *m* COMM record profit **Rekordinhaber(in)***m*/(*f*) record holder **Rekordverlust***m* COMM record losses *pl* **Rekordzeit** *f* record time

Rekrut[re'kru:t] *m* ⟨-en, -en⟩, **Rekrutin** [-'kru:tɪn] *f* ⟨-, -nen⟩ MIL recruit **rekrutieren**[rekru'ti:rən] *past part* **rekrutiert I** *v/t* to recruit **II** *v/r* (*fig*) **sich ~ aus** to be recruited from

Rektor['rɛktoːɐ] *m* ⟨-s, **Rektoren** [-'toːrən]⟩, **Rektorin**[-'toːrɪn, 'rɛktorɪn] *f* ⟨-, -nen⟩ SCHOOL head teacher, principal (*esp US*); UNIV vice chancellor (*Br*), rector (*US*); (*von Fachhochschule*) principal **Rektorat**[rɛkto'ra:t] *nt* ⟨-(e)s, -e⟩ (SCHOOL ≈ *Amt, Amtszeit*) headship, principalship (*esp US*); (≈ *Zimmer*) head teacher's study, principal's room (*esp US*); UNIV vice chancellorship (*Br*), rectorship (*US*); vice chancellor's (*Br*) or rector's (*US*) office

Relais[rə'lɛ:] *nt* ⟨-, - [rə'lɛ:(s), rə'lɛ:s]⟩ ELEC relay

Relation[rela'tsio:n] *f* ⟨-, -en⟩ relation; **in einer/keiner ~ zu etw stehen** to bear some/no relation to sth **relational** [relatsio'na:l] *adj* IT relational **relativ** [rela'ti:f] **I** *adj* relative **II** *adv* relatively **relativieren**[relati'vi:rən] *past part* **re-**

lativiert (*elev*) *v/t* Behauptung *etc* to qualify **Relativität** [relativi'tɛ:t] *f* ⟨-, *no pl*⟩ relativity **Relativitätstheorie** *f* theory of relativity **Relativpronomen** *nt* relative pronoun **Relativsatz***m* relative clause

relaxen [ri'lɛksn] *v/i* (*infml*) to take it easy (*infml*) **relaxt**[ri'lɛkst] *adj* (*infml*) laid-back (*infml*)

relevant [rele'vant] *adj* relevant **Relevanz**[rele'vants] *f* ⟨-, *no pl*⟩ relevance

Relief[reli'ɛf] *nt* ⟨-s, -s or -e⟩ relief **Religion** [reli'gio:n] *f* ⟨-, -en⟩ religion; (*Schulfach*) religious instruction *or* education **Religionsfreiheit** *f* freedom of worship **Religionsunterricht** *m* religious education *or* instruction; SCHOOL RE *or* RI lesson **Religionszugehörigkeit***f*religious affiliation, religion **religiös**[reli'giø:s] *adj* religious

Relikt[re'lɪkt] *nt* ⟨-(e)s, -e⟩ relic **Reling**['re:lɪŋ] *f* ⟨-, -s or -e⟩ NAUT (deck) rail

Reliquie[re'li:kviə] *f* ⟨-, -n⟩ relic

Remake['ri:me:k] *nt* ⟨-s, -s⟩ remake

Reminiszenz[reminɪs'tsɛnts] *f* ⟨-, -en⟩ (*elev* ≈ *Erinnerung*) memory (*an* +*acc* of)

remis[rə'mi:] *adj inv* drawn; **~ spielen** to draw **Remis** [rə'mi:] *nt* ⟨- [rə'mi:(s)]⟩ ⟨- *or* -en [rə'mi:s, rə'mi:zn]⟩ CHESS, SPORTS draw

Remittende [remɪ'tɛndə] *f* ⟨-, -n⟩ COMM return

Remmidemmi['rɛmi'dɛmi] *nt* ⟨-s, *no pl*⟩ (*infml*) (≈ *Krach*) rumpus (*infml*); (≈ *Trubel*) to-do (*infml*)

Remoulade [remu'la:də] *f* ⟨-, -n⟩, **Remouladensoße***f* COOK remoulade

rempeln ['rɛmpln] *v/t* (*infml*) to barge (*jdn* into sb) (*infml*); (≈ *foulen*) to push

Ren [rɛn, re:n] *nt* ⟨-s, -e *or* -s ['re:nə, rɛns]⟩ reindeer

Renaissance[rənɛ'sãːs] *f* ⟨-, -en⟩ **1.** HIST renaissance **2.** (*fig also*) revival

Rendezvous[rãde'vu:, 'rãːdevu] *nt* ⟨-, - [-'vu:(s), -'vu:s]⟩ rendezvous, date (*infml*); SPACE rendezvous

Rendite[rɛn'di:tə] *f* ⟨-, -n⟩ FIN yield, return on capital

Reneklode[re:nə'klo:də] *f* ⟨-, -n⟩ greengage

renitent[reni'tɛnt] *adj* defiant **Renitenz** [reni'tɛnts] *f* ⟨-, -en⟩ defiance

Rennbahn *f* (race)track **Rennboot** *nt*

powerboat **rennen** ['rɛnən] *pret* **rannte** ['rantə], *past part* **gerannt** [gə'rant] **I** *v/i aux sein* to run; **um die Wette ~** to have a race; **er rannte mit dem Kopf gegen ...** he bumped his head against ... **II** *v/t aux haben or sein* SPORTS to run; **jdn zu Boden ~** to knock sb over **Rennen** ['rɛnən] *nt* ⟨**-s, -**⟩ race; **totes ~** dead heat; **gut im ~ liegen** to be well-placed; **das ~ machen** to win (the race) **Renner** ['rɛnɐ] *m* ⟨**-s, -**⟩ (*infml* ≈ *Verkaufsschlager*) winner **Rennerei** [rɛnə'rai] *f* ⟨**-, -en**⟩ (*infml*) running around; (≈ *Hetze*) mad chase (*infml*) **Rennfahrer(in)** *m/(f)* (≈ *Radrennfahrer*) racing cyclist; (≈ *Motorradrennfahrer*) racing motorcyclist; (≈ *Autorennfahrer*) racing driver **Rennpferd** *nt* racehorse **Rennrad** *nt* racing bicycle **Rennsport** *m* racing **Rennstall** *m* (*Tiere, Zucht*) stable **Rennstrecke** *f* (≈ *Rennbahn*) (race)track; (≈ *zu laufende Strecke*) course, distance **Rennwagen** *m* racing car

Renommee [renɔ'meː] *nt* ⟨**-s, -s**⟩ reputation, name **renommiert** [renɔ'miːɐt] *adj* famous (*wegen* for)

renovieren [reno'viːrən] *past part* **renoviert** *v/t* to renovate; (≈ *tapezieren etc*) to redecorate **Renovierung** *f* ⟨**-, -en**⟩ renovation

rentabel [rɛn'taːbl] **I** *adj* profitable **II** *adv* profitably; **~ wirtschaften** to show a profit **Rentabilität** [rɛntabili'tɛːt] *f* ⟨**-, -en**⟩ profitability

Rente ['rɛntə] *f* ⟨**-, -n**⟩ pension; (*aus Versicherung*) annuity; (*aus Vermögen*) income; **in ~ gehen** to start drawing one's pension; **in ~ sein** to be on a pension **Rentenalter** *nt* retirement age **Rentenanspruch** *m* pension entitlement **Rentenbeitrag** *m* pension contribution **Rentenempfänger(in)** *m/(f)* pensioner **Rentenfonds** *m* fixed-income fund **Rentenmarkt** *m* market in fixed-interest securities **Rentenreform** *f* reform of pensions **Rentenversicherung** *f* pension scheme (*Br*), retirement plan (*US*) **Rentier** ['rɛntiːɐ, 'rɛːntiːɐ] *nt* ZOOL reindeer

rentieren [rɛn'tiːrən] *past part* **rentiert** *v/r* to be worthwhile; **das rentiert sich nicht** it's not worth it

Rentner ['rɛntnɐ] *m* ⟨**-s, -**⟩, **Rentnerin** [-ərɪn] *f* ⟨**-, -nen**⟩ pensioner

Reorganisation [reǀɔrganiza'tsioːn] *f* reorganization **reorganisieren** [reǀɔrgani'ziːrən] *past part* **reorganisiert** *v/t* to reorganize

reparabel [repa'raːbl] *adj* repairable **Reparatur** [repara'tuːɐ] *f* ⟨**-, -en**⟩ repair; **~en am Auto** car repairs; **in ~ being** repaired; **etw in ~ geben** to have sth repaired **reparaturanfällig** *adj* prone to break down **Reparaturarbeiten** *pl* repairs *pl*, repair work *no pl* **reparaturbedürftig** *adj* in need of repair **Reparaturkosten** *pl* repair costs *pl* **Reparaturwerkstatt** *f* workshop; (≈ *Autowerkstatt*) garage, auto repair shop (*US*) **reparieren** [repa'riːrən] *past part* **repariert** *v/t* to repair

repatriieren [repatri'iːrən] *past part* **repatriiert** *v/t* to repatriate

Repertoire [reper'toaːɐ] *nt* ⟨**-s, -s**⟩ repertoire

Report [re'pɔrt] *m* ⟨**-(e)s, -e**⟩ report **Reportage** [repɔr'taːʒə] *f* ⟨**-, -n**⟩ report **Reporter** [re'pɔrtɐ] *m* ⟨**-s, -**⟩, **Reporterin** [-ərɪn] *f* ⟨**-, -nen**⟩ reporter

Repräsentant [reprɛzɛn'tant] *m* ⟨**-en, -en**⟩, **Repräsentantin** [-'tantɪn] *f* ⟨**-, -nen**⟩ representative **Repräsentantenhaus** *nt* (*US* POL) House of Representatives **Repräsentation** [reprɛzɛnta'tsioːn] *f* (≈ *Vertretung*) representation **repräsentativ** [reprɛzɛnta'tiːf] **I** *adj* **1.** (≈ *typisch*) representative (*für* of) **2.** *Haus, Auto* prestigious; *Erscheinung* presentable **II** *adv* **bauen** prestigiously **repräsentieren** [reprɛzɛn'tiːrən] *past part* **repräsentiert** *v/t* to represent

Repressalie [reprɛ'saːliə] *f* ⟨**-, -n**⟩ reprisal **Repression** [reprɛ'sioːn] *f* ⟨**-, -en**⟩ repression

Reproduktion [reprodʊk'tsioːn] *f* reproduction **reproduzieren** [reprodu'tsiːrən] *past part* **reproduziert** *v/t* to reproduce

Reptil [rɛp'tiːl] *nt* ⟨**-s, -ien** [-liən]⟩ reptile

Republik [repu'bliːk] *f* ⟨**-, -en**⟩ republic; **die ~ Österreich** the Republic of Austria **Republikaner** [republi'kaːnɐ] *m* ⟨**-s, -**⟩, **Republikanerin** [-ərɪn] *f* ⟨**-, -nen**⟩ republican; POL Republican **republikanisch** [republi'kaːnɪʃ] *adj* republican

Reputation [reputa'tsioːn] *f* ⟨**-, no pl**⟩ (good) reputation

Requiem ['reːkviɛm] *nt* ⟨**-s, -s** or (*Aus*) **Requien** [-viən]⟩ requiem

Requisit[rekvi'zi:t] *nt* ⟨-s, -en⟩ equipment *no pl*; **~en** THEAT props

resch[rɛʃ] *adj* (*Aus*) (≈ *knusprig*) *Brötchen etc* crispy; (*fig* ≈ *lebhaft*) *Frau* dynamic

Reservat[rezɛr'va:t] *nt* ⟨-(e)s, -e⟩ 1. (≈ *Naturschutzgebiet*) reserve 2. (*für Indianer, Ureinwohner etc*) reservation **Reserve**[re'zɛrvə] *f* ⟨-, -n⟩ 1. (≈ *Vorrat*) reserve(s *pl*) (*an +dat* of); (≈ *angespartes Geld*) savings *pl*; MIL, SPORTS reserves *pl*; (**noch**) **etw/jdn in ~ haben** to have sth/sb (still) in reserve 2. (≈ *Zurückhaltung*) reserve; (≈ *Bedenken*) reservation; *jdn aus der ~ locken* to bring sb out of his/her shell **Reservebank**f, *pl* **-bänke** SPORTS substitutes *or* reserves bench **Reservefonds**m reserve fund **Reservekanister**m spare can **Reserverad**nt spare (wheel) **Reservespieler(in)** *m/*(*f*) SPORTS reserve **reservieren** [rezɛr'vi:rən] *past part* **reserviert** *v/t* to reserve **reserviert**[rezɛr'vi:ɐt] *adj Platz, Mensch* reserved **Reservierung** *f* ⟨-, -en⟩ reservation **Reservist**[rezɛr'vɪst] *m* ⟨-en, -en⟩, **Reservistin**[rezɛr'vɪstɪn] [-ɪn] *f* ⟨-, -nen⟩ reservist **Reservoir** [rezɛr'voa:ɐ] *nt* ⟨-s, -e⟩ reservoir

Reset-Taste[ri:'sɛt-] *f* IT reset key

Residenz[rezi'dɛnts] *f* ⟨-, -en⟩ (≈ *Wohnung*) residence **residieren**[rezi'di:rən] *past part* **residiert** *v/i* to reside

Resignation[rezigna'tsio:n] *f* ⟨-, *no pl*⟩ (*elev*) resignation **resignieren** [rezi'gni:rən] *past part* **resigniert** *v/i* to give up; **resigniert** resigned

resistent[rezɪs'tɛnt] *adj* resistant (*gegen* to) **Resistenz**[rezɪs'tɛnts] *f* ⟨-, -en⟩ resistance (*gegen* to)

Reskription [reskrip'tsio:n] *f* ⟨-, -en⟩ treasury bond

resolut[rezo'lu:t] I *adj* resolute II *adv* resolutely **Resolution**[rezolu'tsio:n] *f* ⟨-, -en⟩ (POL ≈ *Beschluss*) resolution

Resonanz[rezo'nants] *f* ⟨-, -en⟩ 1. resonance 2. (*fig*) response (*auf +acc* to); **große ~ finden** to get a good response

resozialisieren [rezotsiali'zi:rən] *past part* **resozialisiert** *v/t* to rehabilitate

Respekt [re'spɛkt, rɛs'pɛkt] *m* ⟨-s, *no pl*⟩ (≈ *Achtung*) respect; *jdm ~ einflößen* to command respect from sb; *bei allem ~* with all due respect; *vor jdm/etw ~ haben* (*Achtung*) to have respect for sb/sth; (*Angst*) to be afraid of sb/sth; *sich*

(*dat*) **~ verschaffen** to make oneself respected **respektabel**[respɛk'ta:bl, rɛs-] *adj* respectable **respektieren** [respɛk'ti:rən, rɛs-] *past part* **respektiert** *v/t* to respect **respektlos** *adj* disrespectful **respektvoll** I *adj* respectful II *adv* respectfully

Ressentiment [rɛsãti'mã:, rə-] *nt* ⟨-s, -s⟩ resentment *no pl* (*gegen* towards) **Ressort**[rɛ'so:ɐ] *nt* ⟨-s, -s⟩ department **Ressource**[rɛ'sʊrsə] *f* ⟨-, -n⟩ resource

Rest[rest] *m* ⟨-(e)s, -e⟩ 1. rest; *die ~e einer Kirche* the remains of a church; *der letzte ~* the last bit; *der ~ ist für Sie* (*beim Bezahlen*) keep the change; *jdm/einer Sache den ~ geben* (*infml*) to finish sb/sth off 2. **Reste** *pl* (≈ *Essensreste*) leftovers *pl* 3. (≈ *Stoffrest*) remnant **Restalkohol**m, *no pl* residual alcohol

Restaurant[rɛsto'rã:] *nt* ⟨-s, -s⟩ restaurant

restaurieren [rɛstau'ri:rən, rɛs-] *past part* **restauriert** *v/t* to restore **Restaurierung**f ⟨-, -en⟩ restoration

Restbestand *m* remaining stock; (*fig*) remnant **Restbetrag**m balance **restlich** ['rɛstlɪç] *adj* remaining, rest of the ...; *die ~e Welt* the rest of the world **restlos** I *adj* complete II *adv* completely; *ich war ~ begeistert* I was completely bowled over (*infml*) **Restmüll**m residual waste **Restposten**m COMM remaining stock

restriktiv [rɛstrɪk'ti:f, rɛs-] (*elev*) I *adj* restrictive II *adv* restrictively

Restrisikont residual risk

Resultat [rezʊl'ta:t] *nt* ⟨-(e)s, -e⟩ result **resultieren** [rezʊl'ti:rən] *past part* **resultiert** *v/i* (*elev*) to result (*in +dat* in); *aus etw ~* to result from sth

Resümee[rezy'me:] *nt* ⟨-s, -s⟩ (*elev*) résumé **resümieren** [rezy'mi:rən] *past part* **resümiert** *v/t & v/i* (*elev*) to summarize

Retorte [re'tɔrtə] *f* ⟨-, -n⟩ CHEM retort; *aus der ~* (*fig infml*) synthetic **Retortenbaby**nt test-tube baby

Retourkutschef (*infml*) (*Worte*) retort; (*Handlung*) retribution

Retrospektive[retrospɛk'ti:və] *f* ⟨-, -n⟩ retrospective **Retrovirus** [retro'vi:rʊs] *nt or m* retrovirus

retten['rɛtn] I *v/t* to save; (≈ *befreien*) to rescue; *jdn vor etw ~* to save sb from sth;

jdm das Leben ~ to save sb's life; *ein* *~der Gedanke* a bright idea that saved the situation; *bist du noch zu~?* *(infml)* are you out of your mind? *(infml)* **II** *v/r* *sich vor jdm/etw* ~ to escape (from) sb / sth; *sich vor etw nicht mehr* ~ *können* *(fig)* to be swamped with sth; *rette sich,* *wer kann!* (it's) every man for himself!

Retter ['rɛtɐ] *m* ⟨*-s, -*⟩, **Retterin** [-ərɪn] *f* ⟨*-, -nen*⟩ *(aus Notlage)* rescuer; *der* ~ *des Unternehmens* the saviour *(Br)* or savior *(US)* of the business

Rettich ['rɛtɪç] *m* ⟨*-s, -e*⟩ radish

Rettung ['rɛtʊŋ] *f* ⟨*-, -en*⟩ **1.** *(aus Notlage)* rescue; *(≈ Erhaltung)* saving; *das war* *meine* ~ that saved me; *das war meine* *letzte* ~ that was my last hope; *(≈ hat* *mich gerettet)* that was my salvation **2.** *(Aus ≈ Rettungsdienst)* rescue service; *(≈ Krankenwagen)* ambulance **Rettungsaktion** *f* rescue operation **Rettungsanker** *m* sheet anchor; *(fig)* anchor **Rettungsboot** *nt* lifeboat **Rettungsdienst** *m* rescue service **Rettungshubschrauber** *m* rescue helicopter **rettungslos** I *adj* beyond saving; *Lage* irretrievable; *Verlust* irrecoverable **II** *adv* *verloren* irretrievably **Rettungsmannschaft** *f* rescue party **Rettungsring** *m* life belt; *(hum ≈ Bauch)* spare tyre *(Br hum)*, spare tire *(US hum)* **Rettungssanitäter(in)** *m/(f)* paramedic **Rettungsschwimmer(in)** *m/(f)* lifesaver; *(an Strand, Pool)* lifeguard **Rettungswagen** *m* ambulance

retuschieren [retu'ʃiːrən] *past part* **retuschiert** *v/t* PHOT to retouch

Reue ['rɔyə] *f* ⟨*-, no pl*⟩ remorse *(über* +acc at, about), repentance *(auch* REL) *(über* +acc of) **reuevoll, reumütig** ['rɔymyːtɪç] **I** *adj* *(≈ voller Reue)* remorseful, repentant; *Sünder* contrite, penitent **II** *adv gestehen, bekennen* full of remorse

Reuse ['rɔyzə] *f* ⟨*-, -n*⟩ fish trap

Revanche [re'vãːʃ(ə)] *f* ⟨*-, -n*⟩ revenge *(für* for); *(≈ Revanchepartie)* return match *(Br)*, rematch *(US)* **revanchieren** [revã'ʃiːrən] *past part* **revanchiert** *v/r* **1.** *(≈ sich rächen)* to get one's revenge *(bei jdm für etw* on sb for sth) **2.** *(≈ sich* *erkenntlich zeigen)* to reciprocate; *sich* *bei jdm für eine Einladung* ~ to return sb's invitation **Revanchismus** [revã-'ʃɪsmʊs] *m* ⟨*-, no pl*⟩ revanchism **Revan-**

chist [revã'ʃɪst] *m* ⟨*-s, -*⟩, **Revanchistin** [revã'ʃɪstɪn] [-ɪn] *f* ⟨*-, -nen*⟩ revanchist **revanchistisch** [revã'ʃɪstɪʃ] *adj* revanchist

Revers [re'veːɐ, re'vɛːɐ, rə'-] *nt or (Aus)* *m* ⟨*-, - [-e̯(s), -ɐs]*⟩ *(an Kleidung)* lapel

revidieren [revi'diːrən] *past part* **revidiert** *v/t* to revise

Revier [re'viːɐ] *nt* ⟨*-s, -e*⟩ **1.** *(≈ Polizeidienststelle)* (police) station; *(≈ Dienstbereich)* beat, district; *(von Prostituierter)* patch *(infml)* **2.** (ZOOL *≈ Gebiet)* territory **3.** (HUNT *≈ Jagdrevier)* hunting ground **4.** (MIN *≈ Kohlenrevier)* coalfields *pl*

Revision [revi'zioːn] *f* ⟨*-, -en*⟩ **1.** *(von Meinung etc)* revision **2.** (COMM *≈ Prüfung)* audit **3.** (JUR *≈ Urteilsanfechtung)* appeal *(an* +acc to); ~ *einlegen* to lodge an appeal **revisionistisch** [revizio-'nɪstɪʃ] *adj* POL revisionist **Revisor** [re-'viːzoːɐ] *m* ⟨*-s, Revisoren* [-'zoːrən]⟩, **Revisorin** [-'zoːrɪn] *f* ⟨*-, -nen*⟩ COMM auditor

Revolte [re'vɔltə] *f* ⟨*-, -n*⟩ revolt **revoltieren** [revɔl'tiːrən] *past part* **revoltiert** *v/i* to revolt, to rebel *(gegen* against); *(fig:* *Magen)* to rebel

Revolution [revolu'tsioːn] *f* ⟨*-, -en*⟩ revolution **revolutionär** [revolutsio'nɛːɐ] *adj* revolutionary **Revolutionär** [revolutsio'nɛːɐ] *m* ⟨*-s, -e*⟩, **Revolutionärin** [-'nɛːrɪn] *f* ⟨*-, -nen*⟩ revolutionary **revolutionieren** [revolutsio'niːrən] *past part* **revolutioniert** *v/t* to revolutionize **Revoluzzer** [revo'lʊtsɐ] *m* ⟨*-s, -*⟩, **Revoluzzerin** [-ərɪn] *f* ⟨*-, -nen*⟩ *(pej)* would--be revolutionary

Revolver [re'vɔlvɐ] *m* ⟨*-s, -*⟩ revolver **Revolverheld(in)** *m/(f)* *(pej)* gunslinger

Revue [rə'vyː] *f* ⟨*-, -n* [-'vyːən]⟩ THEAT revue; *etw* ~ *passieren lassen (fig)* to let sth parade before one

Rezensent [retsɛn'zɛnt] *m* ⟨*-en, -en*⟩, **Rezensentin** [-'zɛntɪn] *f* ⟨*-, -nen*⟩ reviewer **rezensieren** [retsɛn'ziːrən] *past part* **rezensiert** *v/t* to review **Rezension** [retsɛn'zioːn] *f* ⟨*-, -en*⟩ review

Rezept [re'tsɛpt] *nt* ⟨*-(e)s, -e*⟩ **1.** MED prescription; *auf* ~ on prescription **2.** (COOK, *fig ≈ Anleitung)* recipe *(zu* for) **rezeptfrei** I *adj* available without prescription **II** *adv* without a prescription **Rezeptgebühr** *f* prescription charge

Rezeption [retsɛp'tsioːn] *f* ⟨*-, -en*⟩ *(von*

Hotel ≈ *Empfang*) reception
Rezeptpflicht f *der ~ unterliegen* to be available only on prescription **rezeptpflichtig** [-pflɪçtɪç] *adj* available only on prescription
Rezession [retsɛ'sioːn] f ⟨-, -en⟩ ECON recession
reziprok [retsi'proːk] *adj* reciprocal
rezitieren [retsi'tiːrən] *past part* **rezitiert** *v/t & v/i* to recite
R-Gespräch ['ɛr-] *nt* reverse charge call (*Br*), collect call (*US*)
Rhabarber [ra'barbɐ] *m* ⟨-s, *no pl*⟩ rhubarb
Rhein [rain] *m* ⟨-s⟩ Rhine **rheinab** (-wärts) [rain'|ap(vɛrts)] *adv* down the Rhine **rheinauf(wärts)** [rain-'|auf(vɛrts)] *adv* up the Rhine **rheinisch** ['rainɪʃ] *adj attr* Rhenish **Rheinländer** ['rainlɛndɐ] *m* ⟨-s, -⟩, **Rheinländerin** [-ərɪn] f ⟨-, -nen⟩ Rhinelander **rheinländisch** ['rainlɛndɪʃ] *adj* Rhineland **Rheinland-Pfalz** ['rainlant'pfalts] *nt* Rhineland-Palatinate **Rheinwein** *m* Rhine wine; (*weißer auch*) hock
Rhesusaffe *m* rhesus monkey **Rhesusfaktor** *m* MED rhesus *or* Rh factor
Rhetorik [re'toːrɪk] f ⟨-, -en⟩ rhetoric **rhetorisch** [re'toːrɪʃ] *adj* rhetorical
Rheuma ['rɔyma] *nt* ⟨-s, *no pl*⟩ rheumatism **rheumatisch** [rɔy'maːtɪʃ] *adj* rheumatic; *~ bedingte Schmerzen* rheumatic pains **Rheumatismus** [rɔyma-'tɪsmʊs] *m* ⟨-, **Rheumatismen** [-mən]⟩ rheumatism
Rhinozeros [ri'noːtserɔs] *nt* ⟨-(ses), -se⟩ rhinoceros, rhino (*infml*)
Rhododendron [rodo'dɛndrɔn] *m or nt* ⟨-s, **Rhododendren** [-drən]⟩ rhododendron
Rhombus ['rɔmbʊs] *m* ⟨-, **Rhomben** [-bn]⟩ rhombus
rhythmisch ['rʏtmɪʃ] *adj* rhythmic(al) **Rhythmus** ['rʏtmʊs] *m* ⟨-, **Rhythmen** [-mən]⟩ rhythm
Ribisel ['riːbiːzl] f ⟨-, -n⟩ (*Aus* ≈ *Johannisbeere*) (*rot*) redcurrant; (*schwarz*) blackcurrant
richten ['rɪçtn] **I** *v/t* **1.** (≈ *lenken*) to direct (*auf +acc* towards) **2.** (≈ *ausrichten*) *etw nach jdm/etw ~* to suit *or* fit sth to sb/sth; *Verhalten* to orientate sth to sb/sth **3.** (≈ *adressieren*) to address (*an +acc* to); *Kritik, Vorwurf* to direct (*gegen* at, against) **4.** (≈ *reparieren*) to fix; (≈ *ein-*

stellen) to set **II** *v/r* **1.** (≈ *sich hinwenden*) to be directed (*auf +acc* towards, *gegen* at) **2.** (≈ *sich wenden*) to consult (*an jdn* sb); (*Vorwurf etc*) to be directed (*gegen* at) **3.** (≈ *sich anpassen*) to follow (*nach jdm/etw* sb/sth); *sich nach den Vorschriften ~* to go by the rules; *sich nach jds Wünschen ~* to comply with sb's wishes; *ich richte mich nach dir* I'll fit in with you; *sich nach der Wettervorhersage ~* to go by the weather forecast **4.** (≈ *abhängen von*) to depend (*nach* on) **5.** (*esp S Ger* ≈ *sich zurechtmachen*) to get ready **III** *v/i* (*liter* ≈ *urteilen*) to pass judgement (*über +acc* on) **Richter** ['rɪçtɐ] *m* ⟨-s, -⟩, **Richterin** [-ərɪn] f ⟨-, -nen⟩ judge **richterlich** ['rɪçtɐlɪç] *adj attr* judicial
Richterskala ['rɪçtɐ-] f GEOL Richter scale
Richterspruch *m* **1.** JUR ≈ judgement **2.** SPORTS judges' decision
Richtfest *nt* topping-out ceremony **Richtfunk** *m* directional radio **Richtgeschwindigkeit** f recommended speed
richtig ['rɪçtɪç] **I** *adj* **1.** right *no comp*; (≈ *zutreffend*) correct, right; *nicht ganz ~ (im Kopf) sein* (*infml*) to be not quite right (in the head) (*infml*); *bin ich hier ~ bei Müller?* (*infml*) is this right for the Müllers? **2.** (≈ *wirklich, echt*) real; *der ~e Vater* the real father **II** *adv* (≈ *korrekt*) right; *passen, funktionieren* properly, correctly; *~ gehend Uhr, Waage* accurate; *die Uhr geht ~* the clock is right *or* correct; *das ist doch Paul! — ach ja, ~* that's Paul — oh yes, so it is **Richtige(r)** ['rɪçtɪgə] *m/f(m) decl as adj* right person, right man/woman *etc*; *du bist mir der ~!* (*iron*) you're a fine one (*infml*); *sechs ~ im Lotto* six right in the lottery **Richtige(s)** ['rɪçtɪgə] *nt decl as adj* right thing; *das ist das ~* that's right; *ich habe nichts ~s gegessen* I haven't had a proper meal; *ich habe noch nicht das ~ gefunden* I haven't found anything suitable **richtiggehend** *adj attr* (*infml* ≈ *regelrecht*) real, proper; → **richtig Richtigkeit** f ⟨-, *no pl*⟩ correctness **richtigstellen** *v/t sep* to correct **Richtigstellung** f correction
Richtlinie f guideline **Richtpreis** *m* (*unverbindlicher*) ~ recommended price
Richtung ['rɪçtʊŋ] f ⟨-, -en⟩ **1.** direction; *in ~ Hamburg* towards (*Br*) *or* toward

(*US*) Hamburg; **in ~ Süden** in a southerly direction; **der Zug ~ Hamburg** the Hamburg train; **eine neue ~ bekommen** to take a new turn; **ein Schritt in die richtige ~** a step in the right direction; **irgendetwas in dieser ~** something along those lines **2.** (≈ *Tendenz*) trend; (≈ *die Vertreter einer Richtung*) movement; (≈ *Denkrichtung*) school of thought **Richtungskampf** *m* POL factional dispute **richtungslos** *adj* lacking a sense of direction **Richtungsstreit** *m* POL factional dispute **Richtungswechsel** *m* change of direction **richtung(s)weisend** *adj* **~ sein** to point the way (ahead)

riechen ['riːçn̩] *pret* **roch** [rɔx], *past part* **gerochen** [gəˈrɔxn̩] **I** *v/t* to smell; **ich kann das nicht ~** (*infml*) I can't stand the smell of it; (*fig* ≈ *nicht leiden*) I can't stand it; **jdn nicht ~ können** (*infml*) not to be able to stand sb; **das konnte ich doch nicht ~!** (*infml*) how was I (supposed) to know? **II** *v/i* **1.** (≈ *Geruchssinn haben*) **Hunde können gut ~** dogs have a good sense of smell **2.** (≈ *bestimmten Geruch haben*) to smell; **gut/schlecht ~** to smell good/bad; **nach etw ~** to smell of sth; **aus dem Mund ~** to have bad breath; **das riecht nach Betrug/Verrat** (*fig infml*) that smacks of deceit/treachery **3.** (≈ *schnüffeln*) to sniff; **an jdm/etw ~** to sniff (at) sb/sth **III** *v/i impers* to smell; **es riecht nach Gas** there's a smell of gas **Riecher** ['riːçɐ] *m* ‹**-s, -**› (*infml*) **einen ~ (für etw) haben** to have a nose (for sth)

Ried [riːt] *nt* ‹**-s, -e** [-də]› (≈ *Schilf*) reeds *pl*

Riege ['riːgə] *f* ‹**-, -n**› team

Riegel ['riːgl̩] *m* ‹**-s, -**› **1.** (≈ *Verschluss*) bolt; **einer Sache** (*dat*) **einen ~ vorschieben** (*fig*) to put a stop to sth **2.** (≈ *Schokoladenriegel, Seifenstück*) bar

Riemen[1] ['riːmən] *m* ‹**-s, -**› (≈ *Treibriemen, Gürtel*) belt; (*an Gepäck*) strap; **den ~ enger schnallen** (*fig*) to tighten one's belt; **sich am ~ reißen** (*fig infml*) to get a grip on oneself

Riemen[2] *m* ‹**-s, -**› SPORTS oar; **sich in die ~ legen** to put one's back into it

Riese *m* ‹**-n, -n**› giant; (*sl* ≈ *Geldschein*) big one (*infml*)

rieseln ['riːzl̩n] *v/i aux sein* (*Wasser, Sand*) to trickle; (*Regen*) to drizzle;

(*Schnee*) to flutter down; (*Staub*) to fall down; **der Kalk rieselt von der Wand** lime is crumbling off the wall

Riesenerfolg *m* gigantic success; THEAT, FILM smash hit **Riesengebirge** *nt* GEOG Sudeten Mountains *pl* **riesengroß**, **riesenhaft** *adj* = **riesig Riesenhunger** *m* (*infml*) enormous appetite **Riesenrad** *nt* big wheel, Ferris wheel **Riesenschlange** *f* boa **Riesenschritt** *m* giant step **Riesenslalom** *m* giant slalom **riesig** ['riːzɪç] **I** *adj* **1.** enormous, huge; *Spaß* tremendous **2.** (*infml* ≈ *toll*) fantastic (*infml*) **II** *adv* (*infml* ≈ *sehr, überaus*) incredibly

Riff[1] [rɪf] *nt* ‹**-(e)s, -e**› (≈ *Felsklippe*) reef

Riff[2] *m* ‹**-(e)s, -s**› MUS riff

rigoros [rigoˈroːs] **I** *adj* rigorous **II** *adv ablehnen* rigorously; *kürzen* drastically

Rigorosum [rigoˈroːzʊm] *nt* ‹**-s, Rigorosa** *or* (*Aus*) **Rigorosen** [-za, -zn̩]› UNIV (doctoral *or* PhD) viva (*Br*) *or* oral

Rikscha ['rɪkʃa] *f* ‹**-, -s**› rickshaw

Rille ['rɪlə] *f* ‹**-, -n**› groove; (*in Säule*) flute

Rind [rɪnt] *nt* ‹**-(e)s, -er** [-dɐ]› **1.** (≈ *Tier*) cow; (≈ *Bulle*) bull; **~er** cattle *pl* **2.** (*infml* ≈ *Rindfleisch*) beef

Rinde ['rɪndə] *f* ‹**-, -n**› (≈ *Baumrinde*) bark; (≈ *Brotrinde*) crust; (≈ *Käserinde*) rind

Rinderbraten *m* (*roh*) joint of beef; (*gebraten*) roast beef *no indef art* **Rinderfilet** *nt* fillet of beef **Rinderherde** *f* herd of cattle **Rinderlende** *f* beef tenderloin **Rinderseuche** *f* epidemic cattle disease; (≈ *BSE*) mad cow disease **Rinderwahn(sinn)** *m* mad cow disease **Rinderzucht** *f* cattle farming **Rindfleisch** *nt* beef **Rindsleder** *nt* cowhide **Rindsuppe** *f* (*Aus*) consommé **Rindvieh** *nt*, *pl* **Rindviecher** (*infml* ≈ *Idiot*) ass (*infml*)

Ring [rɪŋ] *m* ‹**-(e)s, -e**› ring; (*von Menschen*) circle; (≈ *Ringstraße*) ring road; **~e** (*Turnen*) rings **Ringbuch** *nt* ring binder **Ringbucheinlage** *f* loose-leaf pad **Ringelblume** *f* marigold **ringeln** ['rɪŋl̩n] **I** *v/t* (*Pflanze*) to (en)twine **II** *v/r* to curl **Ringelnatter** *f* grass snake **Ringelschwanz** *m* (*infml*) curly tail **Ringelspiel** *nt* (*Aus*) merry-go-round

ringen ['rɪŋən] *pret* **rang** [raŋ], *past part* **gerungen** [gəˈrʊŋən] **I** *v/t* **die Hände ~** to wring one's hands **II** *v/i* **1.** (≈ *kämpfen*) to wrestle (*mit* with); **mit den Tränen ~** to struggle to keep back one's tears **2.** (≈ *streben*) **nach** *or* **um etw ~** to struggle for sth **Ringen** ['rɪŋən] *nt* ⟨**-s**, *no pl*⟩ SPORTS wrestling; (*fig*) struggle **Ringer** ['rɪŋɐ] *m* ⟨**-s**, **-**⟩, **Ringerin** [-ərɪn] *f* ⟨**-**, **-nen**⟩ wrestler

Ringfahndung *f* dragnet **Ringfinger** *m* ring finger **ringförmig I** *adj* ring-like **II** *adv* in a ring *or* circle **Ringhefter** *m* ring binder **Ringkampf** *m* fight; SPORTS wrestling match **Ringkämpfer(in)** *m*/(*f*) wrestler **Ringordner** *m* ring binder **Ringrichter(in)** *m*/(*f*) SPORTS referee **rings** [rɪŋs] *adv* (all) around **ringsherum** ['rɪŋshɛ'rʊm] *adv* all (the way) around **Ringstraße** *f* ring road **ringsum** ['rɪŋs'ʊm] *adv* (all) around **ringsumher** ['rɪŋs|ʊm'heːɐ] *adv* around

Rinne ['rɪnə] *f* ⟨**-**, **-n**⟩ (≈ *Rille*) groove; (≈ *Furche*, *Abflussrinne*) channel; (≈ *Dachrinne* ≈ *Rinnstein*) gutter **rinnen** ['rɪnən] *pret* **rann** [ran], *past part* **geronnen** [gə'rɔnən] *v*/*i aux sein* (≈ *fließen*) to run **Rinnsal** ['rɪnzaːl] *nt* ⟨**-(e)s**, **-e**⟩ rivulet **Rinnstein** *m* (≈ *Gosse*) gutter

Rippchen ['rɪpçən] *nt* ⟨**-s**, **-**⟩ COOK *slightly cured pork rib* **Rippe** ['rɪpə] *f* ⟨**-**, **-n**⟩ **1.** rib; **er hat nichts auf den ~n** (*infml*) he's just skin and bone(s) **2.** (*von Heizkörper etc*) fin **Rippenbruch** *m* broken *or* fractured rib **Rippenfell** *nt* pleura **Rippenfellentzündung** *f* pleurisy **Rippenshirt** [-ʃœrt, -ʃøːɐt] *nt* ribbed shirt **Rippenstück** *nt* COOK *joint of meat including ribs*

Risiko ['riːziko] *nt* ⟨**-s**, **-s** *or* **Risiken** *or* (*Aus*) **Risken** ['riːzikn, 'rɪskn]⟩ risk; **auf eigenes ~** at one's own risk; **die Sache ist ohne ~** there's no risk involved **Risikobereitschaft** *f* readiness to take risks **Risikofaktor** *m* risk factor **risikofreudig** *adj* prepared to take risks **Risikogeburt** *f* MED high-risk birth **Risikogruppe** *f* (high-)risk group **Risikokapital** *nt* FIN risk *or* venture capital **risikoreich** *adj* risky, high-risk *attr* **Risikostaat** *m* state of concern

riskant [rɪs'kant] *adj* risky **riskieren** [rɪs-'kiːrən] *past part* **riskiert** *v*/*t* to risk; **etwas/nichts ~** to take risks / no risks; **sein Geld ~** to put one's money at risk

Risotto [ri'zɔto] *m* or *nt* ⟨**-(s)**, **-s**⟩ risotto **Rispe** ['rɪspə] *f* ⟨**-**, **-n**⟩ BOT panicle **Riss** [rɪs] *m* ⟨**-es**, **-e**⟩ (*in Stoff, Papier etc*) tear, rip; (*in Erde*) fissure; (≈ *Sprung: in Wand, Behälter etc*) crack; (≈ *Hautriss*)

chap; (*fig* ≈ *Kluft*) rift, split **rissig** ['rɪsɪç] *adj Boden, Leder* cracked; *Haut, Hände, Lippen* chapped **Risswunde** *f* laceration

Ritt [rɪt] *m* ⟨**-(e)s**, **-e**⟩ ride **Ritter** ['rɪtɐ] *m* ⟨**-s**, **-**⟩ (*im Mittelalter*) knight; (*fig, hum* ≈ *Kämpfer*) champion; **jdn zum ~ schlagen** to knight sb **ritterlich** ['rɪtɐlɪç] *adj* (*lit*) knightly; (*fig*) chivalrous **Ritterorden** *m* order of knights **Ritterrüstung** *f* knight's armour (*Br*) *or* armor (*US*) **Rittersporn** *m*, *pl* **-sporne** BOT larkspur, delphinium **Ritterstand** *m* knighthood

rittlings ['rɪtlɪŋs] *adv* astride (*auf etw* (*dat*) sth)

Ritual [ri'tuaːl] *nt* ⟨**-s**, **-e** *or* **-ien** [-liən]⟩ ritual **rituell** [ri'tuɛl] *adj* ritual **Ritus** ['riːtʊs] *m* ⟨**-**, **Riten** [-tn]⟩ rite; (*fig*) ritual

Ritze ['rɪtsə] *f* ⟨**-**, **-n**⟩ crack; (≈ *Fuge*) gap **Ritzel** ['rɪtsl] *nt* ⟨**-s**, **-**⟩ TECH pinion **ritzen** ['rɪtsn] *v*/*t* to scratch

Rivale [ri'vaːlə] *m* ⟨**-n**, **-n**⟩, **Rivalin** [ri-'vaːlɪn] *f* ⟨**-**, **-nen**⟩ rival **rivalisieren** [rivali'ziːrən] *past part* **rivalisiert** *v*/*i* **mit jdm** (**um etw**) **~** to compete with sb (for sth) **Rivalität** [rivali'tɛːt] *f* ⟨**-**, **-en**⟩ rivalry

Riviera [ri'vieːra] *f* ⟨**-**⟩ Riviera

Rizinus ['riːtsinʊs] *m* ⟨**-**, **-** *or* **-se**⟩ (*a.* **Rizinusöl**) castor oil

Robbe ['rɔbə] *f* ⟨**-**, **-n**⟩ seal **robben** ['rɔbn] *v*/*i aux sein* MIL to crawl **Robbenjagd** *f* sealing, seal hunting

Robe ['roːbə] *f* ⟨**-**, **-n**⟩ **1.** (≈ *Abendkleid*) evening gown **2.** (≈ *Amtstracht*) robes *pl* **Roboter** ['rɔbɔtɐ] *m* ⟨**-s**, **-**⟩ robot **Robotertechnik** *f* robotics *sg or pl*

robust [ro'bʊst] *adj* robust; *Material* tough **Robustheit** *f* ⟨**-**, *no pl*⟩ robustness; (*von Material*) toughness

röcheln ['rœçln] *v*/*i* to groan; (*Sterbender*) to give the death rattle

Rochen ['rɔxn] *m* ⟨**-s**, **-**⟩ ray

Rock¹ [rɔk] *m* ⟨**-(e)s**, **⁓e** ['rœkə]⟩ (≈ *Damenrock*) skirt; (*Swiss* ≈ *Kleid*) dress **Rock²** *m* ⟨**-s**, *no pl*⟩ MUS rock **Rockband** [-bɛnt] *f*, *pl* **-bands** rock band **rocken** ['rɔkn] *v*/*i* MUS to rock **rockig** ['rɔkɪç] *adj Musik* which sounds like (hard) rock **Rockkonzert** *nt* rock concert **Rockmusik** *f* rock music

Rocksaum *m* hem of a/the skirt **Rockstar** *m* rock star

Rodel ['ro:dl] *m* ⟨**-s, -**⟩ (*S Ger, Aus*) *f* ⟨**-, -n**⟩ toboggan **Rodelbahn** *f* toboggan run **rodeln** ['ro:dln] *v/i aux sein or haben* to toboggan **Rodelschlitten** *m* toboggan

roden ['ro:dn] *v/t Wald, Land* to clear

Rodler ['ro:dlɐ] *m* ⟨**-s, -**⟩, **Rodlerin** [-ə-rɪn] *f* ⟨**-, -nen**⟩ tobogganer; *esp* SPORTS tobogganist

Rodung ['ro:dʊŋ] *f* ⟨**-, -en**⟩ clearing

Rogen ['ro:gn] *m* ⟨**-s, -**⟩ roe

Roggen ['rɔgn] *m* ⟨**-s, no pl**⟩ rye **Roggenbrot** *nt* rye bread

roh [ro:] **I** *adj* **1.** (≈ *ungekocht*) raw **2.** (≈ *unbearbeitet*) *Bretter, Stein etc* rough; *Diamant* uncut; *Metall* crude **3.** (≈ *brutal*) rough; **~e Gewalt** brute force **II** *adv* **1.** (≈ *ungekocht*) raw **2.** (≈ *grob*) roughly **3.** (≈ *brutal*) brutally **Rohbau** *m, pl* **-bauten** shell (of a/the building) **Rohdiamant** *m* rough *or* uncut diamond **Roheisen** *nt* pig iron **Rohentwurf** *m* rough draft **Rohgewinn** *m* gross profit **Rohheit** ['ro:hait] *f* ⟨**-, -en**⟩ **1.** *no pl* (*Eigenschaft*) roughness; (≈ *Brutalität*) brutality **2.** (*Tat*) brutality **Rohkost** *f* raw fruit and vegetables *pl* **Rohleder** *nt* untanned leather, rawhide (*US*) **Rohling** ['ro:lɪŋ] *m* ⟨**-s, -e**⟩ **1.** (≈ *Grobian*) brute **2.** TECH blank; **CD-~** blank CD **Rohmaterial** *nt* raw material **Rohöl** *nt* crude oil

Rohr [ro:ɐ] *nt* ⟨**-(e)s, -e**⟩ **1.** (≈ *Schilfrohr*) reed; (*für Stühle etc*) cane, wicker *no pl* **2.** TECH pipe; (≈ *Geschützrohr*) (gun) barrel; **aus allen ~en feuern** (*lit*) to fire with all its guns; (*fig*) to use all one's fire power; **volles ~** (*infml*) flat out (*Br*), at full speed **3.** (*S Ger, Aus* ≈ *Backröhre*) oven **Rohrbruch** *m* burst pipe **Röhrchen** ['rø:ɐçən] *nt* ⟨**-s, -**⟩ tube; (*infml: zur Alkoholkontrolle*) Breathalyzer®; **ins ~ blasen** (*infml*) to be breathalyzed **Röhre** ['rø:rə] *f* ⟨**-, -n**⟩ **1.** (≈ *Backröhre*) oven; **in die ~ gucken** (*infml*) to be left out **2.** (≈ *Neonröhre*) (neon) tube; (≈ *Elektronenröhre*) valve (*Br*), tube (*US*); (≈ *Fernsehröhre*) tube **3.** (≈ *Hohlkörper*) tube **röhren** ['rø:rən] *v/i* HUNT to bell; (*Motorrad*) to roar **röhrenförmig** *adj* tubular **Rohrgeflecht** *nt* wickerwork, basketwork **Rohrleitung** *f* conduit **Rohrmöbel** *pl* cane (*esp Br*) *or* wicker furniture *sg* **Rohrpost** *f* pneumatic dispatch system **Rohrstock** *m*

cane **Rohrzange** *f* pipe wrench **Rohrzucker** *m* cane sugar

Rohseide *f* wild silk **Rohstoff** *m* raw material **rohstoffarm** *adj Land* lacking in raw materials **rohstoffreich** *adj Land* rich in raw materials **Rohzustand** *m* natural state *or* condition

Rollbahn *f* AVIAT taxiway; (≈ *Start-, Landebahn*) runway **Rolle** ['rɔlə] *f* ⟨**-, -n**⟩ **1.** (≈ *Zusammengerolltes*) roll; (≈ *Garnrolle*) reel; **eine ~ Toilettenpapier** a toilet roll **2.** (≈ *Walze*) roller; (*an Möbeln*) caster, castor; **von der ~ sein** (*fig infml*) to have lost it (*infml*) **3.** SPORTS roll **4.** (THEAT, FILM, *fig*) role, part; SOCIOL role; **bei** *or* **in etw** (*dat*) **eine ~ spielen** to play a part in sth; **es spielt keine ~, (ob)** ... it doesn't matter (whether) ...; **bei ihm spielt Geld keine ~** with him money is no object; **aus der ~ fallen** (*fig*) to do / say the wrong thing **rollen** ['rɔlən] **I** *v/i aux sein* to roll; (*Flugzeug*) to taxi; **etw ins Rollen bringen** (*fig*) to set *or* start sth rolling **II** *v/t* to roll; *Teig* to roll out **Rollenbesetzung** *f* THEAT, FILM casting **Rollenlager** *nt* roller bearings *pl* **Rollenspiel** *nt* role play **Rollentausch** *m* exchange of roles **Roller** ['rɔlɐ] *m* ⟨**-s, -**⟩ (≈ *Motorroller, für Kinder*) scooter **Rollfeld** *nt* runway **Rollgeld** *nt* freight charge **rollig** ['rɔlɪç] *adj* (*infml*) *Katze* on (*Br*) *or* in heat **Rollkommando** *nt* raiding party **Rollkragen** *m* polo neck **Rollkragenpullover** *m* polo-neck sweater **Rollladen** *m* (*an Fenster, Tür etc*) (roller) shutters *pl* **Rollmops** *m* rollmops **Rollo** ['rɔlo, rɔ'lo:] *nt* ⟨**-s, -s**⟩ (roller) blind **Rollschuh** *m* roller skate; **~ laufen** to roller-skate **Rollschuhlaufen** *nt* ⟨**-s, no pl**⟩ roller-skating **Rollschuhläufer(in)** *m/(f)* roller skater **Rollsplitt** *m* loose chippings *pl* **Rollstuhl** *m* wheelchair **Rollstuhlfahrer(in)** *m/(f)* wheelchair user **Rolltreppe** *f* escalator

Rom [ro:m] *nt* ⟨**-s**⟩ Rome

ROM [rɔm] *nt* ⟨**-s, -s**⟩ IT ROM

Roma ['ro:ma] *pl* Romanies *pl*

Roman [ro'ma:n] *m* ⟨**-s, -e**⟩ novel **Romanheld** *m* hero of a/the novel **Romanheldin** *f* heroine of a/the novel

Romanik [ro'ma:nɪk] *f* ⟨**-, no pl**⟩ ARCH, ART Romanesque period **romanisch** [ro'ma:nɪʃ] *adj Volk, Sprache* Romance; ART, ARCH Romanesque **Romanist**

[roma'nɪst] *m* ⟨*-en, -en*⟩, **Romanistin** [-'nɪstɪn] *f* ⟨*-, -nen*⟩ UNIV student of *or* (*Wissenschaftler*) expert on Romance languages and literature **Romanistik** [roma'nɪstɪk] *f* ⟨*-, no pl*⟩ UNIV Romance languages and literature

Romantik[ro'mantɪk] *f* ⟨*-, no pl*⟩ **1.** LIT, ART, MUS Romanticism; (*Epoche*) Romantic period **2.** (*fig*) romance **Romantiker**[ro'mantɪkɐ] *m* ⟨*-s, -*⟩, **Romantikerin**[-ərɪn] *f* ⟨*-, -nen*⟩ LIT, ART, MUS Romantic; (*fig*) romantic **romantisch**[ro-'mantɪʃ] **I** *adj* romantic; LIT *etc* Romantic **II** *adv* romantically **Romanze**[ro-'mantsə] *f* ⟨*-, -n*⟩ romance

Römer['rø:mɐ] *m* ⟨*-s, -*⟩, **Römerin**[-ərɪn] *f* ⟨*-, -nen*⟩ Roman **Römertopf**®*m* COOK clay casserole dish **römisch** ['rø:mɪʃ] *adj* Roman **römisch-katholisch** ['rø:mɪʃka'to:lɪʃ] *adj* Roman Catholic

Rommee[rɔ'me:, 'rɔme] *nt* ⟨*-s, -s*⟩, **Rommee**nt ⟨*-s, -s*⟩ rummy

röntgen['rœntgn] *v/t* to X-ray **Röntgenaufnahme**ƒ X-ray (plate) **Röntgenbild** *nt* X-ray **Röntgenologe** [rœntgeno-'lo:gə] *m* ⟨*-n, -n*⟩, **Röntgenologin** [-'lo:gɪn] *f* ⟨*-, -nen*⟩ radiologist **Röntgenologie**[rœntgenolo'gi:] *f* ⟨*-, no pl*⟩ radiology **Röntgenstrahlen***pl* X-rays *pl* **Röntgenuntersuchung**ƒ X-ray examination

rosa['ro:za] *adj inv* pink; *in ~(rotem) Licht* in a rosy light **Röschen**['rø:sçən] *nt* ⟨*-s, -*⟩ (little) rose; (*von Brokkoli, Blumenkohl*) floret; (*von Rosenkohl*) sprout **Rose**['ro:zə] *f* ⟨*-, -n*⟩ (*Blume*) rose **rosé**[ro'ze:] *adj inv* pink **Rosé**[ro'ze:] *m* ⟨*-s, -s*⟩ rosé (wine) **Rosengarten***m* rose garden **Rosenholz** *nt* rosewood **Rosenkohl** *m* Brussel(s) sprouts *pl* **Rosenkranz***m* ECCL rosary **Rosenmontag** *m* Monday preceding Ash Wednesday **Rosenstrauch***m* rosebush **Rosette**[ro'zɛtə] *f* ⟨*-, -n*⟩ rosette **Roséwein***m* rosé wine **rosig**['ro:zɪç] *adj* rosy **Rosine**[ro'zi:nə] *f* ⟨*-, -n*⟩ raisin; (*große*) *~n im Kopf haben* (*infml*) to have big ideas; *sich* (*dat*) *die ~n* (*aus dem Kuchen*) *herauspicken* (*infml*) to take the pick of the bunch **Rosmarin** ['ro:smari:n, ro:sma'ri:n] *m* ⟨*-s, no pl*⟩ rosemary

Ross[rɔs] *nt* ⟨*-es, -e or* (*S Ger, Aus, Sw*) **Rösser** ['rœsɐ]⟩ (*S Ger, Aus, Swiss*) horse; *~ und Reiter nennen* (*fig elev*) to name names; *auf dem hohen~ sitzen* (*fig*) to be on one's high horse **Rosshaar** *nt* horsehair **Rosskastanie** *f* horse chestnut **Rosskur**ƒ (*hum*) kill-or-cure remedy

Rost[rɔst] *m* ⟨*-(e)s, no pl*⟩ rust; *~ ansetzen* to start to rust

Rost²[rɔst] *m* ⟨*-(e)s, -e*⟩ (≈ *Ofenrost*) grill; (≈ *Gitterrost*) grating, grille **Rostbraten**m COOK ≈ roast **Rostbratwurst**ƒ barbecue sausage **rostbraun**adj russet; *Haar* auburn

rosten['rɔstn] *v/i aux sein or haben* to rust

rösten [, (*S Ger*) 'rø:stn] [, (*N Ger*) 'rœstn] *v/t* to roast; *Brot* to toast

Rostfleck *m* patch of rust **rostfrei** *adj Stahl* stainless

röstfrisch[, (*S Ger*) 'rø:st-] [, (*N Ger*) 'rœst-] *adj Kaffee* freshly roasted **Rösti** [, (*S Ger, Swiss*) 'rø:sti] [, (*N Ger*) 'rœsti] *pl* fried grated potatoes

rostig['rɔstɪç] *adj* rusty

Röstkartoffeln[, (*S Ger*) 'rø:st-] [, (*N Ger*) 'rœst-] *pl* sauté potatoes *pl*

Rostschutzm antirust protection **Rostschutzfarbe** *f* antirust paint **Rostschutzmittel***nt* rustproofer

rot[ro:t] **I** *adj*, *comp* **röter**['rø:tɐ], *sup* **röteste(r, s)** ['rø:təstə] red; *Rote Karte* FTBL red card; *das Rote Kreuz* the Red Cross; *der Rote Halbmond* the Red Crescent; *das Rote Meer* the Red Sea; *~e Zahlen schreiben* to be in the red; *~ werden* to blush, to go red **II** *adv*, *comp* **röter**, *sup* **am rötesten 1.** *anmalen* red; *anstreichen* in red; *sich* (*dat*) *etw ~* (*im Kalender*) *anstreichen* (*infml*) to make sth a red-letter day **2.** *glühen, leuchten* a bright red; *~ glühend Metall* red-hot **Rot**[ro:t] *nt* ⟨*-s, -s or -*⟩ red; *bei ~* at red; *die Ampel stand auf ~* the lights were (at) red

Rotation[rota'tsio:n] *f* ⟨*-, -en*⟩ rotation **Rotbarsch**m rosefish **rotblond**adj *Haar* sandy; *Mann* sandy-haired; *Frau* strawberry blonde **rotbraun** *adj* reddish brown **Röte**['rø:tə] *f* ⟨*-, no pl*⟩ redness, red **Röteln**['rø:tln] *pl* German measles *sg* **röten**['rø:tn] **I** *v/t* to make red; *gerötete Augen* red eyes **II** *v/r* to turn *or* become red **rotglühend**adj → **rot** **rotgrün**

adj red-green; *die ~e Koalition* the Red-
-Green coalition **rothaarig** *adj* red-
-haired

rotieren [ro'ti:rən] *past part* **rotiert** *v/i* to
rotate; *am Rotieren sein* (*infml*) to be in
a flap (*infml*)

Rotkäppchen [-kɛpçən] *nt* ⟨*-s, no pl*⟩ LIT
Little Red Riding Hood **Rotkehlchen**
[-ke:lçən] *nt* ⟨*-s, -*⟩ robin **Rotkohl** *m*
(*S Ger, Aus*), **Rotkraut** *nt* red cabbage
rötlich ['rø:tlɪç] *adj* reddish **Rotlicht**
nt red light **Rotlichtviertel** *nt* red-light
district **rotsehen** ['ro:tze:ən] *v/i sep
irr* (*infml*) to see red (*infml*) **Rotstift**
m red pencil; *den ~ ansetzen* (*fig*) to
cut back drastically **Rottanne** *f* Norway
spruce

Rottweiler ['rɔtvailɐ] *m* ⟨*-s, -*⟩ Rottweiler

Rötung ['rø:tʊŋ] *f* ⟨*-, -en*⟩ reddening
Rotwein *m* red wine **Rotwild** *nt* red deer

Rotz [rɔts] *m* ⟨*-es, no pl*⟩ (*infml*) snot
(*infml*) **rotzfrech** (*infml*) *adj* cocky
(*infml*) **Rotznase** *f* 1. (*infml*) snotty nose
(*infml*) 2. (*infml* ≈ *Kind*) snotty-nosed
brat (*infml*)

Rouge [ru:ʒ] *nt* ⟨*-s, -s*⟩ blusher
Roulade [ru'la:də] *f* ⟨*-, -n*⟩ COOK ≈ beef
olive

Rouleau [ru'lo:] *nt* ⟨*-s, -s*⟩ (roller) blind
Roulette [ru'lɛt] *nt* ⟨*-s, -s*⟩, **Roulett** [ru-
'lɛt] ⟨*-(e)s, -e or -s*⟩ *nt* roulette

Route ['ru:tə] *f* ⟨*-, -n*⟩ route

Routine [ru'ti:nə] *f* ⟨*-, -n*⟩ (≈ *Erfahrung*)
experience; (≈ *Gewohnheit*) routine
Routineangelegenheit *f* routine matter
routinemäßig *adj* routine; *das wird ~
überprüft* it's checked as a matter of
routine **Routinesache** *f* routine matter
routiniert [ruti'ni:ɐt] I *adj* experienced
II *adv* expertly

Rowdy ['raudi] *m* ⟨*-s, -s*⟩ hooligan; (*zerstörerisch*) vandal; (*lärmend*) rowdy
(type)

Rubbelkarte *f*, **Rubbellos** *nt* scratch card
rubbeln ['rʊbln] *v/t & v/i* to rub; *Los* to
scratch

Rübe ['ry:bə] *f* ⟨*-, -n*⟩ 1. turnip; *Gelbe ~*
carrot; *Rote ~* beetroot (*Br*), beet
(*US*) 2. (*infml* ≈ *Kopf*) nut (*infml*) **Rü-
bensaft** *m*, **Rübenkraut** *nt* sugar beet
syrup **Rübenzucker** *m* beet sugar

rüber- ['ry:bɐ-] *in cpds* (*infml*) → **he-
rüber-, hinüber-**

Rubin [ru'bi:n] *m* ⟨*-s, -e*⟩ ruby

Rubrik [ru'bri:k] *f* ⟨*-, -en*⟩ 1. (≈ *Kategorie*) category 2. (≈ *Zeitungsrubrik*) section

Ruck [rʊk] *m* ⟨*-(e)s, -e*⟩ jerk; POL swing;
auf einen or mit einem ~ in one go; *sich
(dat) einen ~ geben* (*infml*) to make an
effort

Rückantwort *f* reply, answer

ruckartig I *adj* jerky II *adv* jerkily; *er
stand ~ auf* he shot to his feet

rückbestätigen *v/t* to reconfirm **Rückblende** *f* flashback **Rückblick** *m* look
back (*auf +acc* at); *im ~ auf etw* (*acc*)
looking back on sth **rückblickend** *adv*
in retrospect **rückdatieren**
['rʏkdati:rən] *past part* **rückdatiert** *v/t
sep inf, past part only* to backdate

rücken ['rʏkn] I *v/i aux sein* to move; (≈
Platz machen) to move up or (*zur Seite
auch*) over; *näher ~* to move closer; *an
jds Stelle* (*acc*) *~* to take sb's place; *in
weite Ferne ~* to recede into the distance II *v/t* to move

Rücken ['rʏkn] *m* ⟨*-s, -*⟩ back; (≈ *Nasen-
rücken*) ridge; (≈ *Bergrücken*) crest; (≈
Buchrücken) spine; *mit dem ~ zur Wand
stehen* (*fig*) to have one's back to the
wall; *hinter jds ~* (*dat*) (*fig*) behind
sb's back; *jdm/einer Sache den ~ kehren* to turn one's back on sb/sth; *jdm in
den ~ fallen* (*fig*) to stab sb in the back;
jdm den ~ decken (*fig infml*) to back sb
up (*infml*); *jdm den ~ stärken* (*fig infml*)
to give sb encouragement **Rückende-
ckung** *f* (*fig*) backing **Rückenflosse** *f*
dorsal fin **rückenfrei** *adj Kleid* backless,
low-backed **Rückenlage** *f* supine position; *er schläft in ~* he sleeps on his back
Rückenlehne *f* back (rest) **Rückenmark** *nt* spinal cord **Rückenschmerzen**
pl backache, back pain **rückenschwimmen** ['rʏknʃvɪmən] *v/i sep inf only* to
swim on one's back **Rückenschwim-
men** *nt* backstroke **Rückenwind** *m* tailwind **Rückenwirbel** *m* dorsal vertebra

rückerstatten ['rʏkɐɛʃtatn] *past part
rückerstattet* *v/t sep inf, past part only*
to refund; *Ausgaben* to reimburse **Rückerstattung** *f* refund; (*von Ausgaben*) reimbursement **Rückfahrkarte** *f* return
ticket (*Br*), round-trip ticket (*US*) **Rückfahrt** *f* return journey **Rückfall** *m* relapse; JUR repetition of an/the offence
(*Br*) *or* offense (*US*) **rückfällig** *adj ~
werden* MED to have a relapse; (*fig*) to

relapse; JUR to lapse back into crime **Rückflug** *m* return flight **Rückfrage** *f* question; *auf ~ wurde uns erklärt ...* when we queried this, we were told ... **rückfragen** ['rʏkfraːgn] *v/i sep inf, past part only* to check **Rückführung** *f* (*von Menschen*) repatriation, return **Rückgabe** *f* return **Rückgang** *m, pl* **-gänge** fall, drop (+*gen* in) **rückgängig** *adj ~ machen* (≈ *widerrufen*) to undo; *Bestellung, Termin* to cancel; *Entscheidung* to go back on; *Verlobung* to call off **Rückgewinnung** *f* recovery; (*von Land, Gebiet*) reclamation **Rückgrat** ['rʏkgraːt] *nt* ⟨**-(e)s, -e**⟩ spine, backbone **Rückhalt** *m* **1.** (≈ *Unterstützung*) support **2.** (≈ *Einschränkung*) *ohne ~* without reservation **rückhaltlos** I *adj* complete II *adv* completely; *sich ~ zu etw bekennen* to proclaim one's total allegiance to sth **Rückhand** *f* SPORTS backhand **Rückkauf** *m* repurchase **Rückkaufsrecht** *nt* right of repurchase **Rückkehr** ['rʏkkeːɐ̯] *f* ⟨*-, no pl*⟩ return; *bei seiner ~* on his return **Rücklage** *f* (FIN ≈ *Reserve*) reserve, reserves *pl* **rückläufig** *adj* declining; *Tendenz* downward **Rücklicht** *nt* tail-light, rear light **rücklings** ['rʏklɪŋs] *adv* (≈ *rückwärts*) backwards; (≈ *von hinten*) from behind; (≈ *auf dem Rücken*) on one's back **Rückmeldung** *f* UNIV re-registration **Rücknahme** [-naːmə] *f* ⟨*-, -n*⟩ taking back **Rückporto** *nt* return postage **Rückreise** *f* return journey **Rückreiseverkehr** *m* homebound traffic **Rückruf** *m* **1.** (*am Telefon*) *Herr X hat angerufen und bittet um ~* Mr X called and asked you to call (him) back **2.** (*von Botschafter, Waren*) recall **Rucksack** ['rʊkzak] *m* rucksack **Rucksacktourist(in)** *m/(f)* backpacker **Rückschau** *f ~ halten* to reminisce, to reflect **Rückschein** *m* ≈ recorded delivery slip **Rückschlag** *m* (*fig*) setback; (*bei Patient*) relapse **Rückschluss** *m* conclusion; *Rückschlüsse ziehen* to draw one's own conclusions (*aus* from) **Rückschritt** *m* (*fig*) step backwards **rückschrittlich** ['rʏkʃrɪtlɪç] *adj* reactionary; *Entwicklung* retrograde **Rückseite** *f* back; (*von Buchseite, Münze*) reverse; (*von Zeitung*) back page; *siehe ~* see over(leaf) **Rücksendung** *f* return **Rücksicht** ['rʏkzɪçt] *f* ⟨*-, -en*⟩ (≈ *Nachsicht*) consideration; *aus or mit ~ auf*

jdn/etw out of consideration for sb/sth; *ohne ~ auf jdn/etw* with no consideration for sb/sth; *ohne ~ auf Verluste* (*infml*) regardless; *auf jdn/etw ~ nehmen* to show consideration for sb/sth **Rücksichtnahme** [-naːmə] *f* ⟨*-, no pl*⟩ consideration **rücksichtslos** I *adj* **1.** inconsiderate; (*im Verkehr*) reckless **2.** (≈ *unbarmherzig*) ruthless II *adv* **1.** (≈ *ohne Nachsicht*) inconsiderately **2.** (≈ *schonungslos*) ruthlessly **Rücksichtslosigkeit** *f* ⟨*-, -en, no pl*⟩ lack of consideration; (≈ *Unbarmherzigkeit*) ruthlessness **rücksichtsvoll** I *adj* considerate, thoughtful (*gegenüber, gegen* towards) II *adv* considerately, thoughtfully **Rücksitz** *m* (*von Fahrrad, Motorrad*) pillion; (*von Auto*) back seat **Rückspiegel** *m* AUTO rear(-view) mirror; (*außen*) outside mirror **Rückspiel** *nt* SPORTS return match (*Br*), rematch (*US*) **Rücksprache** *f* consultation; *nach ~ mit Herrn Müller ...* after consulting Mr Müller ... **Rückstand** ['rʏkʃtant] *m* **1.** (≈ *Überrest*) remains *pl*; (≈ *Bodensatz*) residue **2.** (≈ *Verzug*) delay; (*bei Aufträgen*) backlog; *im ~ sein* to be behind; *mit 0:2 (Toren) im ~ sein* to be 2-0 down; *seinen ~ aufholen* to catch up **rückständig** ['rʏkʃtɛndɪç] *adj* **1.** (≈ *überfällig*) *Betrag* overdue **2.** (≈ *zurückgeblieben*) backward **Rückständigkeit** *f* ⟨*-, no pl*⟩ backwardness **Rückstau** *m* (*von Wasser*) backwater; (*von Autos*) tailback **Rückstrahler** *m* reflector **Rücktaste** *f* (*an Tastatur*) backspace key **Rücktritt** *m* **1.** (≈ *Amtsniederlegung*) resignation; (*von König*) abdication **2.** (JUR: *von Vertrag*) withdrawal (*von* from) **Rücktrittbremse** *f* backpedal brake **Rücktrittsangebot** *nt* offer of resignation **Rücktrittsdrohung** *f* threat to resign; (*von König*) threat to abdicate **Rücktrittsrecht** *nt* right of withdrawal **rückübersetzen** ['rʏkyːbɐzɛtsn] *past part* **rückübersetzt** *v/t sep inf, past part only* to translate back into the original language **Rückumschlag** *m* reply-paid *or* business reply (*US*) envelope; *adressierter und frankierter ~* stamped addressed envelope **Rückvergütung** *f* refund **rückversichern** ['rʏkfɛɐ̯zɪçɐn] *past part* **rückversichert** *sep* I *v/t & v/i* to reinsure II *v/r* to check (up *or* back) **Rückversicherung** *f* reinsurance **Rückwand** *f* back wall; (*von Möbelstück etc*) back **rückwärtig** ['rʏkvɛrtɪç] *adj* back **rückwärts** ['rʏkvɛrts] *adv* backwards; *Rolle* ~ backward roll; *Salto* ~ back somersault; *~ einparken* to reverse into a parking space **Rückwärtsgang** *m, pl* **-gänge** AUTO reverse gear; *den* ~ *einlegen* to change (*Br*) *or* shift (*US*) into reverse **Rückweg** *m* way back; *den* ~ *antreten* to set off back

ruckweise ['rʊkvaizə] *adv* jerkily

rückwirkend ['rʏkvɪrknt] *adj* JUR retrospective; *Lohnerhöhung* backdated **Rückwirkung** *f* repercussion **rückzahlbar** *adj* repayable **Rückzahlung** *f* repayment **Rückzieher** ['rʏktsiːɐ] *m* ⟨**-s,** -⟩ (*infml*) *einen* ~ *machen* to back down **ruck, zuck** ['rʊk'tsʊk] *adv* in a flash; *das geht* ~ it won't take a second

Rückzug *m* MIL retreat; (*fig*) withdrawal **rüde** ['ryːdə] I *adj* impolite; *Antwort* curt; *Methoden* crude II *adv* rudely **Rüde** ['ryːdə] *m* ⟨**-n, -n**⟩ (≈ *Männchen*) male

Rudel ['ruːdl] *nt* ⟨**-s,** -⟩ (*von Hunden, Wölfen*) pack; (*von Hirschen*) herd **Ruder** ['ruːdɐ] *nt* ⟨**-s,** -⟩ (*von Ruderboot*) oar; (NAUT, AVIAT ≈ *Steuerruder*) rudder; (*fig* ≈ *Führung*) helm; *das* ~ *fest in der Hand haben* (*fig*) to be in control of the situation; *am* ~ *sein* to be at the helm; *ans* ~ *kommen* to take over (at) the helm; *das* ~ *herumreißen* (*fig*) to change tack **Ruderboot** *nt* rowing boat (*Br*), rowboat (*US*) **Ruderer** ['ruːdərɐ] *m* ⟨**-s,** -⟩ oarsman **Ruderin** ['ruːdərɪn] *f* ⟨**-, -nen**⟩ oarswoman **rudern** ['ruːdɐn] *v/t & v/i aux* haben *or* sein to row **Ruderregatta** *f* rowing regatta **Rudersport** *m* rowing *no def art*

rudimentär [rudimɛn'tɛːɐ] *adj* rudimentary

Ruf [ruːf] *m* ⟨**-(e)s, -e**⟩ 1. call (*nach* for); (*lauter*) shout; (≈ *Schrei*) cry 2. (≈ *Ansehen*) reputation; *einen guten* ~ *haben* (*elev*) to enjoy a good reputation; *eine Firma von* ~ a firm with a good reputation; *jdn/etw in schlechten* ~ *bringen* to give sb/sth a bad name 3. (UNIV ≈ *Berufung*) offer of a chair 4. (≈ *Fernruf*) telephone number; „*Ruf: 2785*" "Tel 2785" **rufen** ['ruːfn] *pret* **rief** [riːf], *past part* **gerufen** [gə'ruːfn] I *v/i* to call; (≈ *laut rufen*) to shout; *um Hilfe* ~ to call for help; *die Arbeit ruft* my/your *etc*

work is waiting; *nach jdm/etw* ~ to call for sb/sth II *v/t* (≈ *laut sagen*) 1. to call; (≈ *ausrufen*) to cry; (≈ *laut rufen*) to shout; *sich* (*dat*) *etw in Erinnerung* ~ to recall sth 2. (≈ *kommen lassen*) to send for; *Arzt, Polizei, Taxi* to call; *jdn zu sich* ~ to send for sb; *jdn zu Hilfe* ~ to call on sb to help; *du kommst wie gerufen* you're just the man/woman I wanted

Rüffel ['rʏfl] *m* ⟨**-s, -**⟩ (*infml*) telling-off (*infml*)

Rufmord *m* character assassination **Rufmordkampagne** *f* smear campaign **Rufname** *m* forename (by which one is generally known) **Rufnummer** *f* telephone number **Rufnummernanzeige** *f* TEL caller ID display **Rufnummernspeicher** *m* (*von Telefon*) memory **Rufumleitung** *f* TEL call diversion **Rufweite** *f* *in* ~ within earshot; *außer* ~ out of earshot **Rufzeichen** *nt* TEL call sign; (*von Telefon*) ringing tone

Rugby ['rakbi] *nt* ⟨**-,** *no pl*⟩ rugby

Rüge ['ryːgə] *f* ⟨**-, -n**⟩ (≈ *Verweis*) reprimand; *jdm eine* ~ *erteilen* to reprimand sb (*für, wegen* for) **rügen** ['ryːgn] *v/t* (*form*) *jdn* to reprimand (*wegen, für* for); *etw* to reprehend

Ruhe ['ruːə] *f* ⟨**-,** *no pl*⟩ 1. (≈ *Stille*) quiet; ~*!* quiet!, silence!; *sich* (*dat*) ~ *verschaffen* to get quiet; ~ *halten* to keep quiet; ~ *und Frieden* peace and quiet; *die* ~ *vor dem Sturm* (*fig*) the calm before the storm 2. (≈ *Frieden*) peace; *in* ~ *und Frieden leben* to live a quiet life; ~ *und Ordnung* law and order; *lass mich in* ~*!* leave me in peace; *jdm keine* ~ *lassen or gönnen* (*Mensch*) not to give sb any peace; *keine* ~ *geben* to keep on and on; *das lässt ihm keine* ~ he can't stop thinking about it; *zur* ~ *kommen* to get some peace; (≈ *solide werden*) to settle down 3. (≈ *Erholung*) rest; *angenehme* ~*!* sleep well!; *sich zur* ~ *setzen* to retire 4. (≈ *Gelassenheit*) calm(ness); *die* ~ *weghaben* (*infml*) to be unflappable (*infml*); ~ *bewahren* to keep calm; *jdn aus der* ~ *bringen* to throw sb (*infml*); *sich nicht aus der* ~ *bringen lassen* not to (let oneself) get worked up; *in aller* ~ calmly; *immer mit der* ~ (*infml*) don't panic **ruhelos** *adj* restless **ruhen** ['ruːən] *v/i* 1. (≈ *ausruhen*) to rest; *nicht* (*eher*) ~*, bis ...* (*fig*) not to rest until ... **2.** (≈ *stillstehen*) to stop; (*Maschinen*) to stand idle; (*Verkehr*) to be at a standstill; (≈ *unterbrochen sein: Verfahren, Verhandlung*) to be suspended **3.** (≈ *tot und begraben sein*) to be buried; „*hier ruht* ..." "here lies ..."; „*ruhe in Frieden!*" "Rest in Peace" **ruhend** *adj* resting; *Kapital* dormant; *Verkehr* stationary **ruhen lassen** *v/t, past part* **ru̲hen lassen** or (*rare*) **ruhen gelassen** *irr Vergangenheit, Angelegenheit* to let rest **Ruhepause** *f* break; *eine* **~** *einlegen* to take a break **Ruhestand** *m* retirement; *im* **~** *sein* or *leben* to be retired; *in den* **~** *treten* to retire; *jdn in den* **~** *versetzen* to retire sb **Ruhestätte** *f* resting place **Ruhestörer(in)** *m/(f)* disturber of the peace **Ruhestörung** *f* JUR disturbance of the peace **Ruhetag** *m* day off; (*von Geschäft etc*) closing day; „*Mittwoch* **~**" "closed (on) Wednesdays" **ruhig** ['ruːɪç] **I** *adj* (≈ *still*) quiet; *Wetter, Meer* calm; (≈ *geruhsam*) quiet; (≈ *ohne Störung*) *Verlauf* smooth; (≈ *gelassen*) calm; (≈ *sicher*) *Hand* steady; *seid* **~***!* be quiet!; *nur* **~** (*Blut*)*!* keep calm **II** *adv* **1.** (≈ *still*) *sitzen, dastehen* still **2.** (*infml*) *du kannst* **~** *hier bleiben* feel free to stay here; *ihr könnt* **~** *gehen, ich passe schon auf* you just go and I'll look after things; *wir können* **~** *darüber sprechen* we can talk about it if you want **3.** (≈ *beruhigt*) *schlafen* peacefully; *du kannst* **~** *ins Kino gehen* go ahead, go to the cinema **Ruhm** [ruːm] *m* ⟨*-(e)s, no pl*⟩ glory; (≈ *Berühmtheit*) fame; (≈ *Lob*) praise **rühmen** ['ryːmən] **I** *v/t* (≈ *preisen*) to praise **II** *v/r* *sich einer Sache* (*gen*) **~** (≈ *prahlen*) to boast about sth; (≈ *stolz sein*) to pride oneself on sth **rühmlich** ['ryːmlɪç] *adj* praiseworthy; *Ausnahme* notable **Ruhr** *f* ⟨*-, no pl*⟩ (*Krankheit*) dysentery **Rührei** ['ryː|ai] *nt* scrambled egg **rühren** ['ryːrən] **I** *v/t* **1.** (≈ *umrühren*) to stir **2.** *von etw* **~** to stem from sth; *das rührt daher, dass* ... that is because ... **II** *v/t* **1.** (≈ *umrühren*) to stir **2.** (≈ *bewegen*) to move; *er rührte keinen Finger, um mir zu helfen* (*infml*) he didn't lift a finger to help me (*infml*); *das kann mich nicht* **~***!* that leaves me cold; (≈ *stört mich nicht*) that doesn't bother me; *sie war äußerst gerührt* she was extremely moved **III** *v/r* (≈ *sich bewegen*)

to stir; (*Körperteil*) to move; *kein Lüftchen rührte sich* the air was still **rührend I** *adj* touching **II** *adv* *sie kümmert sich* **~** *um das Kind* it's touching how she looks after the child

Ruhrgebiet *nt, no pl* Ruhr (area) **rührig** ['ryːrɪç] *adj* active **Rührkuchen** *m* stirred cake **Ruhrpott** *m, no pl* (*infml*) Ruhr (Basin or Valley) **rührselig** *adj* (*pej*) tear-jerking (*pej infml*); *Person* weepy; *Stimmung* sentimental **Rührseligkeit** *f, no pl* sentimentality **Rührteig** *m* sponge mixture **Rührung** ['ryːrʊŋ] *f* ⟨*-, no pl*⟩ emotion **Ruin** [ru'iːn] *m* ⟨*-s, no pl*⟩ ruin; *jdn in den* **~** *treiben* to ruin sb **Ruine** [ru'iːnə] *f* ⟨*-, -n*⟩ ruin **ruinieren** [rui'niːrən] *past part* **ruiniert** *v/t* to ruin

rülpsen ['rʏlpsn] *v/i* to belch; *das Rülpsen* belching **Rülpser** ['rʏlpsɐ] *m* ⟨*-s, -*⟩ (*infml*) belch

Rum [rʊm] *m* ⟨*-s, S Ger, Aus also* ruːm] *m* ⟨*-s, -s*⟩ rum

Rumäne [ru'mɛːnə] *m* ⟨*-n, -n*⟩, **Rumänin** [-'mɛːnɪn] *f* ⟨*-, -nen*⟩ Romanian **Rumänien** [ru'mɛːniən] *nt* ⟨*-s*⟩ Romania **rumänisch** [ru'mɛːnɪʃ] *adj* Romanian

rumhängen *v/i sep irr aux haben or sein* (*infml*) to hang around (*in +dat* in)

Rummel ['rʊml] *m* ⟨*-s, no pl*⟩ **1.** (*infml*) (≈ *Betrieb*) (hustle and) bustle; (≈ *Getöse*) racket (*infml*); (≈ *Aufheben*) fuss (*infml*); *großen* **~** *um jdn/etw machen* or *veranstalten* to make a great fuss about sb/sth (*infml*) **2.** (≈ *Rummelplatz*) fair **Rummelplatz** *m* (*infml*) fairground

rumoren [ru'moːrən] *past part* **rumort I** *v/i* to make a noise; (*Magen*) to rumble **II** *v/i impers* *es rumort in meinem Magen* or *Bauch* my stomach's rumbling **Rumpelkammer** *f* (*infml*) junk room (*infml*) **rumpeln** ['rʊmpln] *v/i* (≈ *Geräusch machen*) to rumble

Rumpf [rʊmpf] *m* ⟨*-(e)s, ̈-e* ['rʏmpfə]⟩ trunk; (*von Statue*) torso; (*von Schiff*) hull; (*von Flugzeug*) fuselage **rümpfen** ['rʏmpfn] *v/t* *die Nase* **~** to turn up one's nose (*über +acc* at) **Rumpsteak** ['rʊmpsteːk] *nt* rump steak **Rumtopf** *m* rumpot (*soft fruit in rum*) **rund** [rʊnt] **I** *adj* round; **~***e 50 Jahre/500 Euro* a good 50 years/500 euros; **~***er Tisch* round table **II** *adv* **1.** (≈ *herum*) (a)round; **~ um** right (a)round; **~ um die Uhr** right (a)round the clock **2.** (≈ *ungefähr*) (round) about; **~ gerechnet 200** call it 200 **Rundblick** *m* panorama **Rundbrief** *m* circular **Runde** ['rundə] *f* ⟨-, **-n**⟩ **1.** (≈ *Gesellschaft*) company; (*von Teilnehmern*) circle **2.** (≈ *Rundgang*) walk; (*von Briefträger etc*) round; **die/seine ~ machen** to do the/one's rounds; **das Gerücht machte die ~** the rumour (*Br*) or rumor (*US*) went around; **eine ~ machen** to go for a walk **3.** SPORTS round; (*bei Rennen*) lap; **über die ~n kommen** to pull through **4.** (*von Getränken*) round; **eine ~ spendieren** or **schmeißen** (*infml*) to buy a round (*Br*) **runden** ['rundn] **I** *v/t Lippen* to round; **nach oben/unten ~** MAT to round up/down **II** *v/r* (*lit ≈ rund werden*) to become round; (*fig ≈ konkrete Formen annehmen*) to take shape **runderneuern** ['rundˈɛɐnɔyɐn] *past part* **runderneuert** *v/t sep inf, past part only* to remould (*Br*), to remold (*US*); **runderneuerte Reifen** remo(u)lds **Rundfahrt** *f* tour; **eine ~ machen** to go on a tour **Rundfrage** *f* survey (*an +acc, unter +dat of*) **Rundfunk** *m* broadcasting; (≈ *Hörfunk*) radio; **im ~** on the radio **Rundfunkanstalt** *f* (*form*) broadcasting corporation **Rundfunkgebühr** *f* radio licence (*Br*) or license (*US*) fee **Rundfunkgerät** *nt* radio **Rundfunksender** *m* **1.** (≈ *Sendeanlage*) radio transmitter **2.** (≈ *Sendeanstalt*) radio station **Rundfunksendung** *f* radio programme (*Br*) or program (*US*) **Rundfunksprecher(in)** *m/(f)* radio announcer **Rundgang** *m, pl* **-gänge** (≈ *Spaziergang*) walk; (*zur Besichtigung*) tour (*durch* of) **rundgehen** ['rundgeːən] *v/i sep irr* (*infml*) **jetzt gehts rund** this is where the fun starts (*infml*); **es geht rund im Büro** there's a lot (going) on at the office **rundheraus** ['rundhɛˈraus] *adv* straight out; **~ gesagt** frankly **rundherum** ['rundhɛˈrum] *adv* all around; (*fig infml ≈ völlig*) totally **rundlich** ['rundlɪç] *adj Mensch* plump; *Form* roundish **Rundreise** *f* tour (*durch* of) **Rundschreiben** *nt* circular **rundum** ['rundˈʊm] *adv* all around; (*fig*) completely **Rundung** ['rundʊŋ] *f* ⟨-, **-en**⟩ curve **rundweg** ['rundˈvɛk] *adv* = **rundheraus**

Rune ['ruːnə] *f* ⟨-, **-n**⟩ rune

runter ['rʊntɐ] *adv* (*infml*) = **herunter, hinunter**

Runzel ['rʊntsl] *f* ⟨-, **-n**⟩ wrinkle; (*auf Stirn auch*) line **runzelig** ['rʊntsəlɪç] *adj* wrinkled **runzeln** ['rʊntsln] *v/t Stirn* to wrinkle; *Brauen* to knit

Rüpel ['ryːpl] *m* ⟨-s, -⟩ lout **rüpelhaft** *adj* loutish

rupfen ['rʊpfn] *v/t Geflügel* to pluck; *Unkraut* to pull up

ruppig ['rʊpɪç] **I** *adj* (≈ *grob*) rough; *Antwort* gruff **II** *adv behandeln* gruffly; **~ antworten** to give a gruff answer

Rüsche ['ryːʃə] *f* ⟨-, **-n**⟩ ruche

Ruß [ruːs] *m* ⟨-es, *no pl*⟩ soot; (*von Kerze*) smoke

Russe ['rʊsə] *m* ⟨-n, **-n**⟩, **Russin** ['rʊsɪn] *f* ⟨-, **-nen**⟩ Russian

Rüssel ['rysl] *m* ⟨-s, -⟩ snout; (*von Elefant*) trunk

rußen ['ruːsn] *v/i* (*Öllampe, Kerze*) to smoke; (*Ofen*) to produce soot **Rußflocke** *f* soot particle **rußig** ['ruːsɪç] *adj* sooty

Russin *f* ⟨-, **-nen**⟩ Russian **russisch** ['rʊsɪʃ] *adj* Russian; **~es Roulette** Russian roulette; **~e Eier** COOK egg(s) mayonnaise **Russland** ['rʊslant] *nt* ⟨**-s**⟩ Russia

rüsten ['rystn] **I** *v/i* MIL to arm; **zum Krieg/Kampf ~** to arm for war/battle; **gut/schlecht gerüstet sein** to be well/badly armed; (*fig*) to be well/badly prepared **II** *v/r* to prepare (*zu* for)

rüstig ['rystɪç] *adj* sprightly

rustikal [rʊstiˈkaːl] *adj Möbel* rustic; *Speisen* country-style

Rüstung ['rystʊŋ] *f* ⟨-, **-en**⟩ **1.** (≈ *das Rüsten*) armament; (≈ *Waffen*) arms *pl*, weapons *pl* **2.** (≈ *Ritterrüstung*) armour (*Br*), armor (*US*) **Rüstungsausgaben** *pl* defence (*Br*) or defense (*US*) spending *sg* **Rüstungsbegrenzung** *f* arms limitation **Rüstungsindustrie** *f* armaments industry **Rüstungskontrolle** *f* arms control

Rüstzeug *nt, no pl* **1.** (≈ *Handwerkszeug*) tools *pl* **2.** (*fig*) skills *pl*

Rute ['ruːtə] *f* ⟨-, **-n**⟩ **1.** (≈ *Gerte*) switch; (*zum Züchtigen*) rod **2.** (≈ *Wünschelrute*) divining rod; (≈ *Angelrute*) fishing rod

Rutsch [rʊtʃ] *m* ⟨-es, **-e**⟩ slip, fall; (≈ *Erdrutsch*) landslide; (*fig*) (POL) shift, swing; FIN slide, fall; **guten ~!** (*infml*)

have a good New Year!; *in einem ~* in one go **Rutschbahn** *f*, **Rutsche** ['rʊtʃə] *f* ⟨-, -n⟩ MECH chute; (≈ *Kinderrutschbahn*) slide **rutschen** ['rʊtʃn] *v/i aux sein* **1.** (≈ *gleiten*) to slide; (≈ *ausrutschen*) to skid; AUTO to skid; *ins Rutschen kommen* to start to slip **2.** (*infml* ≈ *rücken*) to move up (*infml*) **rutschfest** *adj* nonslip **rutschig** ['rʊtʃɪç] *adj* slippery
rütteln ['rʏtln] **I** *v/t* to shake; → *gerüttelt* **II** *v/i* to shake; (*Fahrzeug*) to jolt; *an etw* (*dat*) *~ an Tür, Fenster etc* to rattle (at) sth; (*fig*) *an Grundsätzen etc* to call sth into question; *daran ist nicht zu ~* (*infml*) there's no doubt about that

S

S, s [ɛs] *nt* ⟨-, -⟩ S, s
Saal [zaːl] *m* ⟨-(e)s, **Säle** ['zɛːlə]⟩ hall
Saar [zaːɐ] *f* ⟨-⟩ Saar **Saarland** *nt* ⟨-s⟩ Saarland **saarländisch** ['zaːɐlɛndɪʃ] *adj* (of the) Saarland
Saat [zaːt] *f* ⟨-, -en⟩ **1.** (≈ *das Säen*) sowing **2.** (≈ *Samen*) seed(s *pl*) **Saatgut** *nt, no pl* seed(s *pl*) **Saatkartoffel** *f* seed potato **Saatzeit** *f* sowing time
Sabbat ['zabat] *m* ⟨-s, -e⟩ Sabbath
sabbern ['zabɐn] *v/i* (*infml*) to slobber
Säbel ['zɛːbl] *m* ⟨-s, -⟩ sabre (*Br*), saber (*US*) **Säbelrasseln** *nt* ⟨-s, no pl⟩ sabre-rattling (*Br*), saber-rattling (*US*)
Sabotage [zabo'taːʒə] *f* ⟨-, -n⟩ sabotage (*an* +*dat* of) **Sabotageakt** *m* act of sabotage **Saboteur** [zabo'tøːɐ] *m* ⟨-s, -e⟩, **Saboteurin** [-'tøːrɪn] *f* ⟨-, -nen⟩ saboteur **sabotieren** [zabo'tiːrən] *past part* **sabotiert** *v/t* to sabotage
Sa(c)charin [zaxa'riːn] *nt* ⟨-s, no pl⟩ saccharin
Sachbearbeiter(in) *m/(f)* specialist; (≈ *Beamter*) official in charge (*für* of) **Sachbereich** *m* (specialist) area **Sachbeschädigung** *f* damage to property **sachbezogen** *adj* Fragen, Angaben relevant **Sachbuch** *nt* nonfiction book **sachdienlich** *adj* Hinweise useful **Sache** ['zaxə] *f* ⟨-, -n⟩ **1.** thing; (≈ *Gegenstand*) object **2. Sachen** *pl* (*infml* ≈ *Zeug*) things *pl*; JUR property; *seine ~n packen* to pack ones bags **3.** (≈ *Angelegenheit*) matter; (≈ *Fall*) case; (≈ *Vorfall*) business; (≈ *Anliegen*) cause; (≈ *Aufgabe*) job; *es ist ~ der Polizei, das zu tun* it's up to the police to do that; *das ist eine ganz tolle ~* it's really fantastic; *ich habe mir die ~ anders vorgestellt* I had imagined things differently; *das ist meine/seine ~* that's my/his affair; *er macht seine ~ gut* he's doing very well; (*beruflich*) he's doing a good job; *das ist so eine ~* (*infml*) it's a bit tricky; *solche ~n liegen mir nicht* I don't like things like that; *mach keine ~n!* (*infml*) don't be silly!; *was machst du bloß für ~n!* (*infml*) the things you do!; *zur ~ kommen* to come to the point; *das tut nichts zur ~* that doesn't matter; *bei der ~ sein* to be on the ball (*infml*); *sie war nicht bei der ~* her mind was elsewhere; *jdm sagen, was ~ ist* (*infml*) to tell sb what's what **4.** (≈ *Tempo*) *mit 60/100 ~n* (*infml*) at 60/100 **Sachgebiet** *nt* subject area **sachgemäß**, **sachgerecht I** *adj* proper; *bei ~er Anwendung* if used properly **II** *adv* properly **Sachkenntnis** *f* (*in Bezug auf Wissensgebiet*) knowledge of the/one's subject; (*in Bezug auf Sachlage*) knowledge of the facts **sachkundig** *adj* (well-)informed; *Beratung* expert **Sachlage** *f* situation **sachlich** ['zaxlɪç] **I** *adj* (≈ *faktisch*) factual; *Grund* practical; (≈ *sachbezogen*) Frage, Wissen relevant; (≈ *objektiv*) Kritik objective; (≈ *nüchtern*) matter-of-fact **II** *adv* (≈ *faktisch*) unzutreffend factually; (≈ *objektiv*) objectively **sächlich** ['zɛçlɪç] *adj* GRAM neuter **Sachregister** *nt* subject index **Sachschaden** *m* damage (to property); *es entstand ~ in Höhe von ...* there was damage amounting to ...
Sachse ['zaksə] *m* ⟨-n, -n⟩, **Sächsin** ['zɛksɪn] *f* ⟨-, -nen⟩ Saxon **Sachsen** ['zaksn] *nt* ⟨-s⟩ Saxony **Sachsen-Anhalt** ['zaksn'|anhalt] *nt* ⟨-s⟩ Saxony-Anhalt **sächsisch** ['zɛksɪʃ] *adj* Saxon
sacht(e) ['zaxt(ə)] **I** *adj* (≈ *leise*) soft; (≈ *sanft*) gentle; (≈ *vorsichtig*) careful; (≈ *allmählich*) gentle **II** *adv* softly, gently;

(≈ *vorsichtig*) carefully

Sachverhalt [-fɐhalt] *m* ⟨-(e)s, -e⟩ facts *pl* (of the case) **Sachverstand** *m* expertise **Sachverständige(r)** [-fɐʃtɛndɪɡə] *m/f(m)* decl as adj expert; JUR expert witness **Sachwert** *m* real *or* intrinsic value; **~e** *pl* material assets *pl* **Sachzwang** *m* practical constraint

Sack [zak] *m* ⟨-(e)s, ⸚e* ['zɛkə]⟩ 1. sack; *(aus Papier, Plastik)* bag; **mit~ und Pack** *(infml)* with bag and baggage 2. *(vulg ≈ Hoden)* balls *pl (sl)* 3. *(infml ≈ Kerl, Bursche)* bastard *(sl)* **Sackbahnhof** *m* terminus **sacken** *v/i aux sein* to sink; *(≈ durchhängen)* to sag **Sackgasse** *f* dead end, cul-de-sac *(esp Br)*; *(fig)* dead end; **in einer~ stecken** *(fig)* to be (stuck) up a blind alley; *(mit Bemühungen etc)* to have come to a dead end **Sackhüpfen** *nt* ⟨-*s, no pl*⟩ sack race **Sackkarre** *f* barrow

Sadismus [za'dɪsmʊs] *m* ⟨-, *Sadismen* [-mən]⟩ *no pl* sadism **Sadist** [za'dɪst] *m* ⟨-en, -en⟩, **Sadistin** [-dɪstɪn] *f* ⟨-, -nen⟩ sadist **sadistisch** [za'dɪstɪʃ] **I** *adj* sadistic **II** *adv* sadistically

säen ['zɛːən] *v/t & v/i* to sow; **dünn gesät** *(fig)* thin on the ground

Safari [za'faːri] *f* ⟨-, -s⟩ safari **Safaripark** *m* safari park

Safe [zeːf] *m or nt* ⟨-s, -s⟩ safe **Safer Sex** ['zeːfɐˈzɛks] *m* ⟨- -(es), *no pl*⟩ safe sex

Safran ['zafraːn, 'zafran] *m* ⟨-s, -e⟩ saffron

Saft [zaft] *m* ⟨-(e)s, ⸚e ['zɛftə]⟩ juice; *(≈ Pflanzensaft)* sap; *(≈ Flüssigkeit)* liquid; **ohne ~ und Kraft** *(fig)* wishy-washy *(infml)* **saftig** ['zaftɪç] *adj* 1. Obst, Fleisch juicy; Wiese, Grün lush 2. *(infml)* Rechnung, Strafe, Ohrfeige hefty *(infml)* **Saftladen** *m* *(pej infml)* dump *(pej infml)* **Saftsack** *m* *(infml)* stupid bastard *(sl)*

Saga ['zaːga] *f* ⟨-, -s⟩ saga

Sage ['zaːgə] *f* ⟨-, -n⟩ legend

Säge ['zɛːgə] *f* ⟨-, -n⟩ 1. *(Werkzeug)* saw 2. *(Aus ≈ Sägewerk)* sawmill **Sägeblatt** *nt* saw blade **Sägefisch** *m* sawfish **Sägemehl** *nt* sawdust **Sägemesser** *nt* serrated knife

sagen ['zaːgn] *v/t* 1. to say; **wie gesagt** as I say; **was~ Sie dazu?** what do you think about it?; **was Sie nicht ~!** you don't say!; **das kann man wohl ~!** you can say that again!; **wie man so sagt** as

the saying goes; **das ist nicht gesagt** that's by no means certain; **leichter gesagt als getan** easier said than done; **gesagt, getan** no sooner said than done; **jdm etw ~** to say sth to sb, to tell sb sth; **wem~ Sie das!** you don't need to tell ME that! 2. *(≈ bedeuten)* to mean; **das hat nichts zu ~** that doesn't mean anything; **sagt dir der Name etwas?** does the name mean anything to you?; **ich will damit nicht ~, dass ...** I don't mean to imply that ...; **sein Gesicht sagte alles** it was written all over his face 3. *(≈ befehlen)* to tell; **jdm ~, er solle etw tun** to tell sb to do sth; **du hast hier (gar) nichts zu ~** you're not the boss; **hat er im Betrieb etwas zu~?** does he have a say in the firm?; **das Sagen haben** to be the boss 4. **ich habe mir ~ lassen, ...** *(≈ ausrichten lassen)* I've been told ...; **lass dir von mir gesagt sein, ...** let me tell you ...; **er lässt sich** *(dat)* **nichts ~** he won't be told; **im Vertrauen gesagt** in confidence; **unter uns gesagt** between you and me; **genauer gesagt** to put it more precisely; **sag das nicht!** *(infml)* don't you be so sure!; **sage und schreibe 800 Euro** 800 euros, would you believe it; **sag mal, willst du nicht endlich Schluss machen?** come on, isn't it time to stop?

sägen ['zɛːgn] *v/t & v/i* to saw

sagenhaft *adj* legendary; *Summe* fabulous; *(infml ≈ hervorragend)* fantastic *(infml)*

Sägespäne *pl* wood shavings *pl* **Sägewerk** *nt* sawmill

Sahara [za'haːra, za:hara] *f* ⟨-⟩ Sahara (Desert)

Sahne ['zaːnə] *f* ⟨-, *no pl*⟩ cream; **(aller)-erste ~ sein** *(infml)* to be top-notch *(infml)* **Sahnebonbon** *m or nt* toffee **Sahnequark** [-kvark] *m* creamy quark **Sahnetorte** *f* cream gateau **sahnig** ['zaːnɪç] *adj* creamy; **etw ~ schlagen** to beat sth until creamy

Saison [sɛ'zõː, zɛ'zɔŋ, (Aus) zɛ'zoːn] *f* ⟨-, -s or (Aus) -en [-'zoːnən]⟩ season **Saisonarbeit** *f* seasonal work **Saisonarbeiter(in)** *m/(f)* seasonal worker **saisonbedingt** *adj* seasonal **saisonbereinigt** [-bərainɪçt] *adj* Zahlen etc seasonally adjusted

Saite ['zaitə] *f* ⟨-, -n⟩ MUS string; **andere ~n aufziehen** *(infml)* to get tough **Sai-**

Sakko

teninstrument *nt* string(ed) instrument

Sakko ['zako] *m or nt* ⟨**-s, -s**⟩ sports jacket (*esp Br*), sport coat (*US*)

sakral [za'kra:l] *adj* sacred **Sakrament** [zakra'mɛnt] *nt* ⟨**-(e)s, -e**⟩ sacrament **Sakrileg** [zakri'le:k] *nt* ⟨**-s, -e** [-gə]⟩ (*elev*) sacrilege **Sakristei** [zakrɪs'tai] *f* ⟨**-, -en**⟩ sacristy

säkular [zɛku'la:ɐ] *adj* (≈ *weltlich*) secular

Salamander [zala'mandɐ] *m* ⟨**-s, -**⟩ salamander

Salami [za'la:mi] *f* ⟨**-, -s**⟩ salami **Salamitaktik** *f* (*infml*) policy of small steps

Salär [za'lɛ:ɐ] *nt* ⟨**-s, -e**⟩ (*Swiss*) salary

Salat [za'la:t] *m* ⟨**-(e)s, -e**⟩ **1.** (≈ *Kopfsalat*) lettuce **2.** (≈ *Gericht*) salad; **da haben wir den ~!** (*infml*) now we're in a fine mess **Salatbesteck** *nt* salad servers *pl* **Salatgurke** *f* cucumber **Salatkopf** *m* (head of) lettuce **Salatöl** *nt* salad oil **Salatplatte** *f* salad **Salatschüssel** *f* salad bowl **Salatsoße** *f* salad dressing

Salbe ['zalbə] *f* ⟨**-, -n**⟩ ointment

Salbei ['zalbai, zal'bai] *m* ⟨**-s** *or f* **-**, *no pl*⟩ sage

salbungsvoll (*pej*) *adj* Worte, Ton unctuous (*pej*)

Saldo ['zaldo] *m* ⟨**-s, -s** *or* **Saldi** *or* **Salden** [-di, -dn]⟩ FIN balance; **per saldo** on balance

Salmiak [zal'miak, 'zalmiak] *m or nt* ⟨**-s**, *no pl*⟩ sal ammoniac **Salmiakgeist** *m*, *no pl* (liquid) ammonia

Salmonellen [zalmo'nɛlən] *pl* salmonellae *pl* **Salmonellenvergiftung** *f* salmonella (poisoning)

Salon [sa'lõ:, za'lɔŋ, (*Aus*) za'lo:n] *m* ⟨**-s, -s**⟩ **1.** (≈ *Gesellschaftszimmer*) drawing room; NAUT saloon **2.** (≈ *Friseursalon, Modesalon etc*) salon **salonfähig** *adj* (*iron*) socially acceptable; *Aussehen* presentable

salopp [za'lɔp] **I** *adj* **1.** (≈ *nachlässig*) sloppy, slovenly; *Manieren* slovenly; *Sprache* slangy **2.** (≈ *ungezwungen*) casual **II** *adv* sich kleiden, sich ausdrücken casually

Salpeter [zal'pe:tɐ] *m* ⟨**-s**, *no pl*⟩ saltpetre (*Br*), saltpeter (*US*), nitre (*Br*), niter (*US*) **Salpetersäure** *f* nitric acid

Salto ['zalto] *m* ⟨**-s, -s** *or* **Salti** [-ti]⟩ somersault

Salut [za'lu:t] *m* ⟨**-(e)s, -e**⟩ MIL salute; **~ schießen** to fire a salute **salutieren**

[zalu'ti:rən] *past part* **salutiert** *v/t &* *v/i* MIL to salute

Salve ['zalvə] *f* ⟨**-, -n**⟩ salvo, volley; (≈ *Ehrensalve*) salute

Salz [zalts] *nt* ⟨**-es, -e**⟩ salt **salzarm I** *adj* COOK low-salt **II** *adv* **~ essen** to eat low--salt food; **~ kochen** to use very little salt in one's cooking **Salzbergwerk** *nt* salt mine **salzen** ['zaltsn] *past part* **gesalzen** [gə'zaltsn] *v/t* to salt; → **gesalzen salzfrei** *adj* salt-free **Salzgebäck** *nt* savoury (*Br*) *or* savory (*US*) biscuits *pl* **Salzgurke** *f* pickled gherkin, pickle (*US*) **salzhaltig** *adj* Luft, Wasser salty **Salzhering** *m* salted herring **salzig** ['zaltsɪç] *adj* Speise, Wasser salty **Salzkartoffeln** *pl* boiled potatoes *pl* **Salzkorn** *nt*, *pl* **-körner** grain of salt **salzlos** *adj* salt-free **Salzlösung** *f* saline solution **Salzsäule** *f* **zur ~ erstarren** (*fig*) to stand as though rooted to the spot **Salzsäure** *f* hydrochloric acid **Salzsee** *m* salt lake **Salzstange** *f* pretzel stick **Salzstreuer** [-ʃtrɔyɐ] *m* ⟨**-s, -**⟩ salt shaker, saltcellar (*esp Br*) **Salzwasser** *nt*, *no pl* salt water

Samariter [zama'ri:tɐ] *m* ⟨**-s, -**⟩ BIBLE Samaritan

Sambia ['zambia] *nt* ⟨**-s**⟩ Zambia **sambisch** ['zambɪʃ] *adj* Zambian

Samen ['za:mən] *m* ⟨**-s, -**⟩ **1.** (BOT, *fig*) seed **2.** (≈ *Menschensamen, Tiersamen*) sperm **Samenbank** *f*, *pl* **-banken** sperm bank **Samenerguss** *m* ejaculation **Samenkorn** *nt*, *pl* **-körner** seed **Samenspender** *m* sperm donor

sämig ['zɛ:mɪç] *adj* Soße thick

Sammelalbum *nt* (collector's) album **Sammelband** [-bant] *m*, *pl* **-bände** anthology **Sammelbecken** *nt* collecting tank; (*fig*) melting pot (*von* for) **Sammelbestellung** *f* joint order **Sammelbüchse** *f* collecting tin **Sammelfahrschein** *m*, **Sammelkarte** *f* (*für mehrere Fahrten*) multi-journey ticket; (*für mehrere Personen*) group ticket **Sammelmappe** *f* folder **sammeln** ['zamln] **I** *v/t* to collect; Pilze etc to pick; Truppen to assemble **II** *v/r* **1.** (≈ *zusammenkommen*) to gather; (≈ *sich anhäufen*) Wasser etc) to accumulate **2.** (≈ *sich konzentrieren*) to collect oneself; → **gesammelt III** *v/i* to collect (*für* for) **Sammelsurium** [zaml'zu:rium] *nt* ⟨**-s, Sammelsurien** [-riən]⟩ conglomeration **Sammler** ['zamlɐ] *m* ⟨**-s, -**⟩, **Sammlerin** [-ərɪn] *f*

⟨-, **-nen**⟩ collector Sammlung['zamlʊŋ] *f* ⟨-, **-en**⟩ **1.** collection **2.** (*fig* ≈ *Konzentration*) composure

Samstag ['zamstaːk] *m* Saturday; → **Dienstag** samstags ['zamstaːks] *adv* on Saturdays

samt[zamt] **I** *prep* +*dat* along *or* together with **II** *adv* ~ **und sonders** the whole lot (of them/us/you), the whole bunch (*infml*)

Samt[zamt] *m* ⟨-(e)s, -e⟩ velvet samtartig *adj* velvety Samthandschuh *m* velvet glove; *jdn mit ~en anfassen* (*infml*) to handle sb with kid gloves (*infml*)

sämtlich ['zɛmtlɪç] **I** *adj* (≈ *alle*) all; (≈ *vollständig*) complete; **Schillers ~e Werke** the complete works of Schiller; *~e Anwesenden* all those present **II** *adv* all

Sanatorium[zana'toːriʊm] *nt* ⟨-s, **Sanatorien** [-riən]⟩ sanatorium (*Br*), sanitarium (*US*)

Sand[zant] *m* ⟨-(e)s, -e [-də]⟩ sand; *das/die gibts wie ~ am Meer* (*infml*) there are heaps of them (*infml*); *jdm ~ in die Augen streuen* (*fig*) to throw dust (*Br*) *or* dirt (*US*) in sb's eyes; *im ~e verlaufen* (*infml*) to come to nothing; *etw in den ~ setzen* (*infml*) Projekt to blow sth (*infml*); *Geld* to squander sth

Sandale [zan'daːlə] *f* ⟨-, **-n**⟩ sandal

Sandbank *f*, *pl* **-bänke** sandbank Sanddorn *m*, *pl* **-dorne** BOT sea buckthorn Sandgrube *f* sandpit (*esp Br*), sandbox (*US*); GOLF bunker sandig['zandɪç] *adj* sandy Sandkasten *m* sandpit (*esp Br*), sandbox (*US*); MIL sand table Sandkorn *nt*, *pl* **-körner** grain of sand Sandpapier *nt* sandpaper Sandplatz *m* TENNIS clay court Sandsack *m* sandbag; (*Boxen*) punchbag (*Br*), punching bag (*US*) Sandstein *m* sandstone Sandstrahl *m* jet of sand sandstrahlen *past part* **gesandstrahlt** *or* (*spec*) **sandgestrahlt** *v/t* & *v/i* to sandblast Sandstrahlgebläse *nt* sandblasting equipment *no indef art*, *no pl* Sandstrand *m* sandy beach Sandsturm *m* sandstorm Sanduhr *f* hourglass; (≈ *Eieruhr*) egg timer

sanft[zanft] **I** *adj* gentle; *Haut* soft; *Tod* peaceful; *mit ~er Gewalt* gently but firmly; *mit ~er Hand* with a gentle hand **II** *adv* softly; *hinweisen* gently; *~ mit jdm umgehen* to be gentle with sb; *er ist ~ entschlafen* he passed away peacefully

Sanftheit *f* ⟨-, *no pl*⟩ gentleness; (*von Haut*) softness

Sang[zaŋ] *m* ⟨-(e)s, ⸚e ['zɛŋə]⟩ *mit ~ und Klang* (*fig iron*) *durchfallen* catastrophically Sänger ['zɛŋɐ] *m* ⟨-s, -⟩, Sängerin [-ərɪn] *f* ⟨-, **-nen**⟩ singer

Sangria[zaŋ'griːa, 'zaŋgria] *f* ⟨-, **-s**⟩ sangria

sang- und klanglos *adv* (*infml*) without any ado; *sie ist ~ verschwunden* she just simply disappeared

sanieren[za'niːrən] *past part* **saniert I** *v/t* **1.** *Gebäude* to renovate; *Stadtteil* to redevelop; *Fluss* to clean up **2.** ECON to put (back) on its feet, to rehabilitate; *Haushalt* to turn (a)round **II** *v/r* (*Industrie*) to put itself (back) in good shape Sanierung *f* ⟨-, **-en**⟩ **1.** (*von Gebäude*) renovation; (*von Stadtteil*) redevelopment; (*von Fluss*) cleaning-up **2.** ECON rehabilitation Sanierungsgebiet *nt* redevelopment area Sanierungskosten *pl* redevelopment costs *pl*

sanitär [zani'tɛːɐ] *adj no pred* sanitary; *~e Anlagen* sanitation (facilities), sanitary facilities

Sanitäter[zani'tɛːtɐ] *m* ⟨-s, -⟩, Sanitäterin [-ərɪn] *f* ⟨-, **-nen**⟩ first-aid attendant; MIL (medical) orderly; (*in Krankenwagen*) ambulanceman/-woman

Sankt [zaŋkt] *adj inv* saint; REL St *or* Saint Nicholas

Sanktion [zaŋk'tsioːn] *f* ⟨-, **-en**⟩ sanction sanktionieren [zaŋktsio'niːrən] *past part* **sanktioniert** *v/t* to sanction

Saphir ['zaːfɪr, 'zaːfiːɐ, za'fiːɐ] *m* ⟨-s, -e⟩ sapphire

Sardelle [zar'dɛlə] *f* ⟨-, **-n**⟩ anchovy Sardine [zar'diːnə] *f* ⟨-, **-n**⟩ sardine Sardinenbüchse *f* sardine tin; *wie in einer ~* (*fig infml*) like sardines (*infml*)

Sardinien [zar'diːniən] *nt* ⟨-s⟩ Sardinia

Sarg[zark] *m* ⟨-(e)s, ⸚e ['zɛːrgə]⟩ coffin, casket (*US*) Sargdeckel *m* coffin lid, casket lid (*US*)

Sarin [za'riːn] *nt* ⟨-s, *no pl*⟩ CHEM sarin Sarkasmus [zar'kasmʊs] *m* ⟨-, **Sarkasmen** [-mən]⟩ *no pl* sarcasm sarkastisch [zar'kastɪʃ] **I** *adj* sarcastic **II** *adv* sarcastically

Sarkom[zar'koːm] *nt* ⟨-s, -e⟩ MED sarcoma

Sarkophag [zarko'faːk] *m* ⟨-(e)s, -e [-gə]⟩ sarcophagus

SARS[zaːɐs] *nt* ⟨-⟩ *abbr of* **severe acute**

respiratory syndrome SARS

Satan ['zaːtan] *m* ⟨*-s, -e*⟩ Satan **sata-nisch** [za'taːnɪʃ] *adj* satanic **Satanismus** [zata'nɪsmʊs] *m* ⟨*-, no pl*⟩ Satanism

Satellit [zatɛ'liːt] *m* ⟨*-en, -en*⟩ satellite **Satellitenantenne** *f* TV satellite dish **Satellitenbild** *nt* TV satellite picture **Satellitenfernsehen** *nt* satellite television **Satellitenfoto** *nt* satellite picture **Satellitenschüssel** *f* (TV *infml*) satellite dish **Satellitensender** *m* satellite (TV) station **Satellitenstadt** *f* satellite town **Satellitenübertragung** *f* (RADIO, TV) satellite transmission

Satin [za'tɛ̃ː] *m* ⟨*-s, -s*⟩ satin

Satire [za'tiːrə] *f* ⟨*-, -n*⟩ satire (*auf +acc* on) **Satiriker** [za'tiːrikɐ] *m* ⟨*-s, -*⟩, **Satirikerin** [-ərɪn] *f* ⟨*-, -nen*⟩ satirist **satirisch** [za'tiːrɪʃ] **I** *adj* satirical **II** *adv* satirically

satt [zat] *adj* **1.** (≈ *gesättigt*) *Mensch* full (up); ~ **sein** to have had enough (to eat), to be full (up) (*infml*); ~ **werden** to have enough to eat; **sich** (*an etw dat*) ~ **essen** to eat one's fill (of sth) **2.** (≈ *kräftig, voll*) *Farben, Klang* rich; (*infml*) *Mehrheit* comfortable **3.** (*infml* ≈ *im Überfluss*) ... ~ ... galore

Sattel ['zatl] *m* ⟨*-s, -* ['zɛtl]⟩ saddle; **fest im** ~ **sitzen** (*fig*) to be firmly in the saddle **Satteldach** *nt* saddle roof **sattelfest** *adj* ~ **sein** (*Reiter*) to have a good seat; **in etw** (*dat*) ~ **sein** (*fig*) to have a firm grasp of sth **satteln** ['zatln] *v/t Pferd* to saddle (up) **Sattelschlepper** *m* articulated lorry (*Br*), semitrailer (*US*) **Satteltasche** *f* saddlebag

satthaben *v/t sep irr* **jdn/etw** ~ to be fed up with sb/sth (*infml*) **Sattheit** *f* ⟨*-, no pl*⟩ **1.** (*Gefühl*) full feeling **2.** (*von Farben, Klang*) richness **satthören** *v/r sep irr* **sie konnte sich an der Musik nicht** ~ she could not get enough of the music **sättigen** ['zɛtɪgn] **I** *v/t* **1.** *Hunger, Neugier* to satisfy; **jdn** to make replete; (≈ *ernähren*) to feed **2.** COMM, CHEM to saturate **II** *v/i* to be filling **sättigend** *adj Essen* filling **Sättigung** *f* ⟨*-, -en*⟩ **1.** (*elev* ≈ *Sattsein*) repletion **2.** CHEM saturation **Sättigungsgrad** *m* degree of saturation **Sättigungspunkt** *m* saturation point

Sattler ['zatlɐ] *m* ⟨*-s, -*⟩, **Sattlerin** [-ərɪn] *f* ⟨*-, -nen*⟩ saddler; (≈ *Polsterer*) upholsterer

sattsam ['zatzaːm] *adv* amply; *bekannt* sufficiently **sattsehen** *v/r sep irr* **er konnte sich an ihr nicht** ~ he could not see enough of her

Saturn [za'tʊrn] *m* ⟨*-s*⟩ ASTRON Saturn

Satz [zats] *m* ⟨*-es, ⸚e* ['zɛtsə]⟩ **1.** sentence; (≈ *Teilsatz*) clause; (≈ *Lehrsatz*) proposition; MAT theorem; **mitten im** ~ in mid-sentence **2.** (TYPO) (≈ *das Setzen*) setting; (≈ *das Gesetzte*) type *no pl*; **in** ~ **gehen** to go for setting **3.** (MUS ≈ *Abschnitt*) movement **4.** (≈ *Bodensatz*) dregs *pl*; (≈ *Kaffeesatz*) grounds *pl*; (≈ *Teesatz*) leaves *pl* **5.** (≈ *Zusammengehöriges*) set; (≈ *Tarifsatz*) charge; (≈ *Zinssatz*) rate **6.** (≈ *Sprung*) leap; **einen** ~ **machen** to leap **Satzball** *m* SPORTS set point **Satzbau** *m, no pl* sentence construction **Satzteil** *m* part of a/the sentence

Satzung ['zatsʊŋ] *f* ⟨*-, -en*⟩ constitution; (*von Verein*) rules *pl*

Satzzeichen *nt* punctuation mark

Sau [zau] *f* ⟨*-, Säue* ['zɔyə]⟩ ⟨*or* (*Hunt*) *-en*⟩ **1.** sow; (*infml* ≈ *Schwein*) pig **2.** (*infml*) **du** ~**!** you dirty swine! (*infml*); **dumme** ~ stupid cow (*infml*); **die** ~ **rauslassen** to let it all hang out (*infml*); **wie eine gesengte** ~ like a maniac (*infml*); **jdn zur** ~ **machen** to bawl sb out (*infml*); **unter aller** ~ bloody (*Br*) *or* goddamn awful (*infml*)

sauber ['zaubɐ] **I** *adj* **1.** clean; ~ **sein** (*Hund etc*) to be house-trained; (*Kind*) to be (potty-)trained **2.** (≈ *ordentlich*) neat, tidy **II** *adv* **1.** (≈ *rein*) **etw** ~ **putzen** to clean sth **2.** (≈ *sorgfältig*) very thoroughly **Sauberkeit** *f* ⟨*-, no pl*⟩ **1.** (≈ *Hygiene, Ordentlichkeit*) cleanliness; (≈ *Reinheit*) (*von Wasser, Luft etc*) cleanness; (*von Tönen*) accuracy **2.** (≈ *Anständigkeit*) honesty; (*im Sport*) fair play **säuberlich** ['zɔybɐlɪç] **I** *adj* neat and tidy **II** *adv* neatly; *trennen* clearly **sauber machen** *v/t* to clean **Saubermann** *m, pl* **-männer** (*fig infml, in Politik etc*) squeaky-clean man (*infml*); **die Sauber-männer** the squeaky-clean brigade (*infml*) **säubern** ['zɔybɐn] *v/t* **1.** (≈ *reinigen*) to clean **2.** (*fig euph*) *Partei* to purge (*von* of); MIL *Gegend* to clear (*von* of) **Säuberung** *f* ⟨*-, -en*⟩ **1.** (≈ *Reinigung*) cleaning **2.** (*fig: von Partei*) purging; (*von Gegend*) clearing; (POL: *Aktion*) purge

saublöd *adj* (*infml*) bloody (*Br*) *or* damn stupid (*infml*) **Saubohne** *f* broad bean **Sauce** ['zo:sə] *f* ⟨-, -n⟩ sauce; (≈ *Bratensoße*) gravy

Saudi ['zaudi, za'u:di] *m* ⟨-(s), -(s) *or* f -, -s⟩ Saudi **Saudi-Arabien** ['zaudi|a'ra:biən] *nt* Saudi Arabia **saudi-arabisch** *adj* Saudi *attr*, Saudi Arabian **saudisch** *adj* Saudi *attr*, Saudi Arabian

saudumm (*infml*) *adj* damn stupid (*infml*)

sauer ['zauɐ] **I** *adj* **1.** (≈ *nicht süß*) sour; *Wein* acid(ic); *Gurke, Hering* pickled; *Sahne* soured **2.** (≈ *verdorben*) off *pred* (*Br*), bad; *Milch* sour; ~ **werden** to go off (*Br*) *or* sour **3.** CHEM acid(ic); *saurer Regen* acid rain **4.** (*infml* ≈ *schlecht gelaunt*) mad (*infml*), cross; *eine ~e Miene machen* to look annoyed **II** *adv* **1.** (≈ *mühselig*) *das habe ich mir ~ erworben* I got that the hard way; *mein ~ erspartes Geld* money I had painstakingly saved **2.** (*infml* ≈ *übel gelaunt*) ~ *reagieren* to get annoyed **Sauerampfer** [-ampfɐ] *m* ⟨-s, -⟩ sorrel **Sauerbraten** *m* braised beef (marinaded in vinegar), sauerbraten (*US*)

Sauerei [zauə'rai] *f* ⟨-, -en⟩ (*infml*) **1.** (≈ *Gemeinheit*) *das ist eine ~!, so eine ~!* it's a downright disgrace **2.** (≈ *Dreck, Unordnung*) mess

Sauerkirsche *f* sour cherry **Sauerkraut** *nt* sauerkraut **säuerlich** ['zɔyɐlıç] *adj* sour **Sauermilch** *f* sour milk **Sauerrahm** *m* thick sour(ed) cream **Sauerstoff** *m*, *no pl* oxygen **Sauerstoffflasche** *f* oxygen cylinder *or* (*kleiner*) bottle **Sauerstoffgerät** *nt* breathing apparatus; (MED) (*für künstliche Beatmung*) respirator; (*für Erste Hilfe*) resuscitator **Sauerstoffmangel** *m* lack of oxygen; (*akut*) oxygen deficiency **Sauerstoffmaske** *f* oxygen mask **Sauerstoffzelt** *nt* oxygen tent **Sauerteig** *m* sour dough **saufen** ['zaufn] *pret* **soff** [zɔf], *past part* **gesoffen** [gə'zɔfn] *v/t & v/i* **1.** (*Tiere*) to drink **2.** (*infml: Mensch*) to booze (*infml*) **Säufer** ['zɔyfɐ] *m* ⟨-s, -⟩, **Säuferin** [-ərın] *f* ⟨-, -nen⟩ (*infml*) boozer (*infml*) **Sauferei** [zaufə'rai] *f* ⟨-, -en⟩ (*infml*) **1.** (≈ *Trinkgelage*) booze-up (*infml*) **2.** *no pl* (≈ *Trunksucht*) boozing (*infml*) **Saufgelage** *nt* (*pej infml*) drinking bout *or* binge, booze-up (*infml*)

saugen ['zaugn] *pret* **sog** *or* **saugte** [zo:k, 'zauktə], *past part* **gesogen** *or* **gesaugt** [gə'zo:gn, gə'zaukt] *v/t & v/i* to suck; *an etw* (*dat*) ~ to suck sth **säugen** ['zɔygn] *v/t* to suckle **Sauger** ['zaugɐ] *m* ⟨-s, -⟩ (*auf Flasche*) teat (*Br*), nipple (*US*) **Säugetier** *nt* mammal **saugfähig** *adj* absorbent **Säugling** ['zɔyklın] *m* ⟨-s, -e⟩ baby, infant **Säuglingsalter** *nt* babyhood **Säuglingspflege** *f* babycare **Säuglingssterblichkeit** *f* infant mortality

Sauhaufen *m* (*infml*) bunch of slobs **saukalt** *adj* (*infml*) damn cold (*infml*) **Saukerl** *m* (*infml*) bastard (*sl*)

Säule ['zɔylə] *f* ⟨-, -n⟩ column; (*fig* ≈ *Stütze*) pillar **Säulendiagramm** *nt* bar chart, histogram **Säulengang** *m*, *pl* **-gänge** colonnade **Säulenhalle** *f* columned hall

Saum [zaum] *m* ⟨-(e)s, **Säume** ['zɔymə]⟩ (≈ *Stoffumschlag*) hem; (≈ *Naht*) seam **saumäßig** ['zaumɛ:sıç] (*infml*) *adj* lousy (*infml*); (*zur Verstärkung*) hell of a (*infml*)

säumen ['zɔymən] *v/t* SEWING to hem; (*fig elev*) to line **säumig** ['zɔymıç] *adj* (*elev*) Schuldner defaulting

Sauna ['zauna] *f* ⟨-, -s *or* **Saunen** [-nən]⟩ sauna

Säure ['zɔyrə] *f* ⟨-, -n⟩ acid; (≈ *saurer Geschmack*) sourness; (*von Wein, Bonbons*) acidity **Saure-Gurken-Zeit** *f* bad time; (*in den Medien*) silly season (*Br*), off season (*US*) **säurehaltig** *adj* acidic

Saurier ['zauriɐ] *m* ⟨-s, -⟩ dinosaur

Saus [zaus] *m in ~ und Braus leben* to live like a king **säuseln** ['zɔyzln] *v/i* (*Wind*) to murmur; (*Mensch*) to purr; *mit ~der Stimme* in a purring voice **sausen** ['zauzn] *v/i* **1.** (*Ohren*) to buzz; (*Wind*) to whistle; (*Sturm*) to roar **2.** *aux sein* (*Geschoss*) to whistle **3.** *aux sein* (*infml: Mensch*) to tear (*infml*); (*Fahrzeug*) to roar; *durch eine Prüfung ~* to fail *or* flunk (*infml*) an exam

Saustall *m* (*infml*) (*unordentlich*) pigsty (*esp Br infml*); (*chaotisch*) mess **Sauwetter** *nt* (*infml*) damn awful weather (*infml*) **sauwohl** *adj pred* (*infml*) *ich fühle mich ~* I feel really good

Savanne [za'vanə] *f* ⟨-, -n⟩ savanna(h)

Saxofon [zakso'fo:n, 'zaksofo:n] *nt* ⟨-(e)s, -e⟩ saxophone, sax (*infml*) **Saxo-**

fonist [zaksofo'nıst] *m* ⟨*-en, -en*⟩, **Saxofonistin** [-'nıstın] *f* ⟨*-, -nen*⟩ saxophonist

S-Bahn ['ɛs-] *f, abbr of* **Stadtbahn**

SBB [ɛsbeː'beː] *f* ⟨*-*⟩ *abbr of* **Schweizerische Bundesbahnen**

Scampi ['skampi] *pl* scampi *pl*

scannen ['skɛnən] *v/t* to scan **Scanner** ['skɛnɐ] *m* ⟨*-s, -*⟩ scanner

Schabe ['ʃaːbə] *f* ⟨*-, -n*⟩ cockroach **schaben** ['ʃaːbn] *v/t* to scrape **Schaber** ['ʃaːbɐ] *m* ⟨*-s, -*⟩ scraper

Schabernack ['ʃaːbɐnak] *m* ⟨*-(e)s, -e*⟩ practical joke

schäbig ['ʃɛːbıç] **I** *adj* **1.** (≈ *unansehnlich*) shabby **2.** (≈ *niederträchtig*) mean; (≈ *geizig*) stingy (*infml*) **II** *adv* **1.** ~ **aussehen** to look shabby **2.** (≈ *gemein*) **jdn ~ behandeln** to treat sb shabbily

Schablone [ʃa'bloːnə] *f* ⟨*-, -n*⟩ stencil; (≈ *Muster*) template; **in ~n denken** to think in a stereotyped way

Schach [ʃax] *nt* ⟨*-s, no pl*⟩ chess; (≈ *Stellung im Spiel*) check; ~ **(und) matt** checkmate; **im ~ stehen** *or* **sein** to be in check; **jdn in ~ halten** (*fig*) to keep sb in check; (*mit Pistole etc*) to cover sb **Schachbrett** *nt* chessboard **schachbrettartig** *adj* chequered (*Br*), checkered (*US*)

schachern ['ʃaxɐn] *v/i* (*pej*) **um etw ~** to haggle over sth

Schachfigur *f* chesspiece; (*fig*) pawn **schachmatt** *adj* (*lit*) (check)mated; (*fig* ≈ *erschöpft*) exhausted; **jdn ~ setzen** (*lit*) to (check)mate sb; (*fig*) to snooker sb (*infml*) **Schachspiel** *nt* (≈ *Spiel*) game of chess; (≈ *Brett und Figuren*) chess set **Schachspieler(in)** *m(f)* chess player

Schacht [ʃaxt] *m* ⟨*-(e)s, ⸚e* ['ʃɛçtə]⟩ shaft; (≈ *Kanalisationsschacht*) drain

Schachtel ['ʃaxtl] *f* ⟨*-, -n*⟩ **1.** box; (≈ *Zigarettenschachtel*) packet; **eine ~ Pralinen** a box of chocolates **2.** (*infml* ≈ *Frau*) **alte ~** old bag (*infml*)

schächten ['ʃɛçtn] *v/t* to slaughter according to religious rites

Schachzug *m* (*fig*) move

schade ['ʃaːdə] *adj pred* (*das ist aber*) ~! what a pity *or* shame; **es ist ~ um jdn/etw** it's a pity *or* shame about sb/sth; **sich** (*dat*) **für etw zu ~ sein** to consider oneself too good for sth

Schädel ['ʃɛːdl] *m* ⟨*-s, -*⟩ skull; **jdm den ~ einschlagen** to beat sb's skull in **Schädelbruch** *m* fractured skull

schaden ['ʃaːdn] *v/i* +*dat* to damage; *einem Menschen* to harm, to hurt; *jds Ruf* to damage; **das/Rauchen schadet Ihrer Gesundheit/Ihnen** that/smoking is bad for your health/you; **das schadet nichts** it does no harm; (≈ *macht nichts*) that doesn't matter; **das kann nicht(s) ~** that won't do any harm

Schaden ['ʃaːdn] *m* ⟨*-s, ⸚* ['ʃɛːdn]⟩ **1.** (≈ *Beschädigung*) damage (*an* +*dat* to); (≈ *Personenschaden*) injury; (≈ *Verlust*) loss; (≈ *Unheil, Leid*) harm; **einen ~ verursachen** to cause damage; **zu ~ kommen** to suffer; (*physisch*) to be hurt *or* injured; **jdm ~ zufügen** to harm sb; **einer Sache** (*dat*) ~ **zufügen** to damage sth **2.** (≈ *Defekt*) fault; (≈ *körperlicher Mangel*) defect; **Schäden aufweisen** to be defective; (*Organ*) to be damaged **Schadenersatz** *m* = **Schadensersatz Schadenfreiheitsrabatt** *m* no-claims bonus **Schadenfreude** *f* gloating **schadenfroh I** *adj* gloating **II** *adv* with malicious delight; *sagen* gloatingly

Schadensersatz *m* damages *pl*, compensation; **jdn auf ~ verklagen** to sue sb for damages *etc*; **~ leisten** to pay damages *etc*

schadensersatzpflichtig [-pflıçtıç] *adj* liable for damages *etc*

Schadensfall *m* **im ~** in the event of damage

schadhaft *adj no adv* faulty, defective; (≈ *beschädigt*) damaged

schädigen ['ʃɛːdıgn] *v/t* to damage; *jdn* to hurt, to harm

Schädigung *f* ⟨*-, -en*⟩ damage; (*von Menschen*) hurt, harm

schädlich ['ʃɛːtlıç] *adj* harmful; *Wirkung* damaging; **~ für etw sein** to be damaging to sth

Schädlichkeit *f* ⟨*-, no pl*⟩ harmfulness

Schädling ['ʃɛːtlıŋ] *m* ⟨*-s, -e*⟩ pest

Schädlingsbekämpfung *f* pest control *no art*

Schädlingsbekämpfungsmittel *nt* pesticide

schadlos *adj* **1. sich an jdm/etw ~ halten** to take advantage of sb/sth **2. etw ~ überstehen** to survive sth unharmed

Schadstoff *m* harmful substance

schadstoffarm *adj* ~ **sein** to contain a low level of harmful substances; **ein**

~es Auto a clean-air car

Schadstoffausstoß *m* noxious emission; *(von Auto)* exhaust emission

schadstoffbelastet *adj* polluted

Schadstoffbelastung *f (von Umwelt)* pollution

schadstofffrei *adj* **~ sein** to contain no harmful substances

Schaf [ʃaːf] *nt ⟨-(e)s, -e⟩* sheep; *(infml ≈ Dummkopf)* dope *(infml)* **Schafbock** *m* ram **Schäfchen** [ˈʃɛːfçən] *nt ⟨-s, -⟩* lamb, little sheep; **sein ~ ins Trockene bringen** *(prov)* to look after number one *(infml)* **Schäfchenwolken** *pl* cotton wool clouds **Schäfer** [ˈʃɛːfɐ] *m ⟨-s, -⟩* shepherd **Schäferhund** *m* Alsatian (dog) *(Br)*, German shepherd (dog) **Schäferin** [ˈʃɛːfərɪn] *f ⟨-, -nen⟩* shepherdess **Schäfchen** *nt* sheepskin

schaffen[1] [ˈʃafn] *pret* **schuf** [ʃuːf], *past part* **geschaffen** [gəˈʃafn] *v/t (≈ hervorbringen)* to create; **dafür ist er wie geschaffen** he's just made for it; **Probleme ~** to create problems; **Klarheit ~** to provide clarification

schaffen[2] **I** *v/t* **1.** *(≈ bewältigen) Aufgabe, Hürde, Portion etc* to manage; *Prüfung* to pass; **wir habens geschafft** we've managed it; *(≈ Arbeit erledigt)* we've done it; *(≈ gut angekommen)* we've made it **2.** *(infml ≈ überwältigen) jdn* to see off *(infml)*; **das hat mich geschafft** it took it out of me; *(nervlich)* it got on top of me; **geschafft sein** to be exhausted **3.** *(≈ bringen)* to put sth in sth; **wie sollen wir das in den Keller ~?** how will we manage to get that into the cellar? **II** *v/i* **1.** *(≈ tun)* to do; **sich** *(dat)* **an etw** *(dat)* **zu ~ machen** to fiddle around with sth **2.** *(≈ zusetzen) jdm (schwer) zu ~ machen* to cause sb (a lot of) trouble **3.** *(S Ger ≈ arbeiten)* to work

Schaffen *nt ⟨-s, no pl⟩* **sein künstlerisches ~** his artistic creations *pl* **Schaffenskraft** *f* creativity

Schaffleisch *nt* mutton

Schaffner [ˈʃafnɐ] *m ⟨-s, -⟩*, **Schaffnerin** [-ərɪn] *f ⟨-, -nen⟩ (im Bus)* conductor/conductress; *(im Zug)* guard *(Br)*, conductor *(US)*; *(≈ Fahrkartenkontrolleur)* ticket inspector

Schaffung [ˈʃafʊŋ] *f ⟨-, -en⟩* creation

Schafherde *f* flock of sheep

Schafott [ʃaˈfɔt] *nt ⟨-(e)s, -e⟩* scaffold

Schafskäse *m* sheep's milk cheese

Schafsmilch *f* sheep's milk

Schaft [ʃaft] *m ⟨-(e)s, ⸚e* [ˈʃɛftə]⟩ shaft; *(von Stiefel)* leg **Schaftstiefel** *pl* high boots *pl*; MIL jackboots *pl*

Schafwolle *f* sheep's wool **Schafzucht** *f* sheep breeding *no art*

Schakal [ʃaˈkaːl] *m ⟨-s, -e⟩* jackal

schäkern [ˈʃɛːkɐn] *v/i* to flirt; *(≈ necken)* to play around

schal [ʃaːl] *adj Getränk* flat; *Geschmack* stale

Schal [ʃaːl] *m ⟨-s, -s or -e⟩* scarf; *(≈ Umschlagtuch)* shawl

Schale[1] [ˈʃaːlə] *f ⟨-, -n⟩* bowl; *(flach, zum Servieren etc)* dish; *(von Waage)* pan

Schale[2] *f ⟨-, -n⟩ (von Obst)* skin; *(abgeschält)* peel *no pl*; *(von Nuss, Ei, Muschel)* shell; *(von Getreide)* husk, hull; **sich in ~ werfen** *(infml)* to get dressed up

schälen [ˈʃɛːlən] **I** *v/t* to peel; *Tomate, Mandel* to skin; *Erbsen, Eier, Nüsse* to shell; *Getreide* to husk **II** *v/r* to peel

Schalk [ʃalk] *m ⟨-(e)s, -e or ⸚e* [ˈʃɛlkə]⟩ joker; **ihm sitzt der ~ im Nacken** he's in a devilish mood

Schall [ʃal] *m ⟨-s, -e or ⸚e* [ˈʃɛlə]⟩ sound **Schalldämmung** *f* soundproofing **schalldämpfend** *adj Wirkung* sound-muffling; *Material* soundproofing **Schalldämpfer** *m* sound absorber; *(von Auto)* silencer *(Br)*, muffler *(US)*; *(von Gewehr etc)* silencer **schalldicht I** *adj* soundproof **II** *adv* **~ abgeschlossen** fully soundproofed **schallen** [ˈʃalən] *v/i* to sound; *(Stimme, Glocke)* to ring (out); *(≈ widerhallen)* to resound **schallend** *adj Beifall, Ohrfeige* resounding; *Gelächter* ringing; **~ lachen** to roar with laughter **Schallgeschwindigkeit** *f* speed of sound **Schallgrenze** *f* sound barrier **Schallmauer** *f* sound barrier **Schallplatte** *f* record **Schallwelle** *f* sound wave

Schalotte [ʃaˈlɔtə] *f ⟨-, -n⟩* shallot

Schaltbild *nt* circuit *or* wiring diagram **schalten** [ˈʃaltn] **I** *v/t* **1.** *Gerät* to switch, to turn; **etw auf „2" ~** to turn *or* switch sth to "2" **2.** *Anzeige* to place **II** *v/i* **1.** *(Gerät, Ampel)* to switch *(auf +acc* to); AUTO to change *(esp Br) or* shift *(US)* gear; **in den 3. Gang ~** to change *(esp Br) or* shift *(US)* into 2nd gear **2.** *(fig ≈ handeln)* **~ und walten** to bustle around; *jdn frei ~ und walten lassen* to give sb a free hand **3.** (*infml*) (≈ *begreifen*) to get it (*infml*) **Schalter** ['ʃaltɐ] *m* ⟨**-s, -**⟩ **1.** ELEC *etc* switch **2.** (*in Post, Bank, Amt*) counter; (*im Bahnhof*) ticket window **Schalterdienst** *m* counter duty **Schalterhalle** *f* (*in Post*) hall; (*im Bahnhof*) ticket hall **Schalterstunden** *pl* hours *pl* of business **Schaltfläche** *f* IT button **Schaltgetriebe** *nt* manual transmission, stick shift (*US*) **Schalthebel** *m* switch lever; AUTO gear lever (*Br*), gear shift (*US*); *an den ~n der Macht sitzen* to hold the reins of power **Schaltjahr** *nt* leap year **Schaltknüppel** *m* AUTO gear lever (*Br*), gear shift (*US*); AVIAT joystick **Schaltkreis** *m* TECH (switching) circuit **Schaltplan** *m* circuit *or* wiring diagram **Schaltpult** *nt* control desk **Schalttag** *m* leap day **Schaltung** ['ʃaltʊŋ] *f* ⟨**-, -en**⟩ switching; ELEC wiring; AUTO gear change (*Br*), gearshift (*US*)

Scham [ʃaːm] *f* ⟨**-**, *no pl*⟩ shame; *aus falscher ~* from a false sense of shame; *ohne ~* unashamedly **schämen** ['ʃɛːmən] *v/r* to be ashamed; *du solltest dich ~!* you ought to be ashamed of yourself!; *sich einer Sache* (*gen*) *or für etw ~* to be ashamed of sth; *sich für jdn ~* to be ashamed for sb; *schäme dich!* shame on you! **Schamfrist** *f* decent interval **Schamhaar** *nt* pubic hair **Schamlippen** *pl* labia *pl* **schamlos** *adj* shameless; *Lüge* brazen **Schamlosigkeit** *f* ⟨**-, -en**⟩ shamelessness **Schamröte** *f* flush of shame; *die ~ stieg ihr ins Gesicht* her face flushed with shame

Schande ['ʃandə] *f* ⟨**-**, *no pl*⟩ disgrace; *das ist eine (wahre) ~!* this is a(n absolute) disgrace!; *jdm ~ machen* to be a disgrace to sb **schänden** ['ʃɛndn] *v/t* to violate; *Sabbat etc* to desecrate; *Ansehen* to dishonour (*Br*), to dishonor (*US*) **Schandfleck** *m* blot (*in +dat* on) **schändlich** ['ʃɛndlɪç] **I** *adj* shameful **II** *adv* shamefully; *behandeln* disgracefully **Schandtat** *f* scandalous deed; (*hum*) escapade; *zu jeder ~ bereit sein* (*infml*) to be always ready for mischief **Schändung** ['ʃɛndʊŋ] *f* ⟨**-, -en**⟩ violation; (*von Sabbat*) desecration; (*von Ansehen*) dishonouring (*Br*), dishonoring (*US*)

Schänke ['ʃɛŋkə] *f* ⟨**-, -n**⟩ inn **Schankkonzession** *f* licence (*of a publican*)

(*Br*), excise license (*US*) **Schankstube** *f* (public) bar (*esp Br*), saloon (*US dated*) **Schanktisch** *m* bar

Schanze ['ʃantsə] *f* ⟨**-, -n**⟩ SPORTS (ski) jump

Schar [ʃaːɐ] *f* ⟨**-, -en**⟩ crowd; (*von Vögeln*) flock; *die Fans verließen das Stadion in (hellen) ~en* the fans left the stadium in droves **scharen** ['ʃaːrən] **I** *v/t Menschen um sich ~* to gather people around one **II** *v/r sich um jdn/etw ~* to gather around sb/sth **scharenweise** *adv* (*in Bezug auf Menschen*) in droves

scharf [ʃarf] **I** *adj*, *comp* ≔**er** ['ʃɛrfɐ], *sup* ≔**ste(r, s)** ['ʃɛrfstə] **1.** sharp; *Wind, Kälte* biting; *ein Messer ~ machen* to sharpen a knife; *mit ~em Blick* (*fig*) with penetrating insight **2.** (≈ *stark gewürzt*) hot; *Geruch, Geschmack* pungent; (≈ *ätzend*) *Waschmittel, Lösung* caustic **3.** (≈ *streng*) *Maßnahmen* severe; (*infml*) *Prüfung, Lehrer* tough; *Bewachung* close; *Hund* fierce; *Kritik* harsh; *Protest* strong; *Auseinandersetzung* bitter **4.** (≈ *echt*) *Munition, Schuss* live **5.** (*infml* ≈ *geil*) randy (*Br infml*), horny (*infml*); *auf jdn/etw ~ sein* to fancy sb/sth (*infml*) **II** *adv*, *comp* ≔**er**, *sup* **am** ≔**sten 1.** (≈ *intensiv*) *~ nach etw riechen* to smell strongly of sth; *~ würzen* to season highly **2.** (≈ *heftig*) *kritisieren* sharply; *ablehnen* adamantly; *protestieren* emphatically **3.** (≈ *präzise*) *bewachen, zuhören* closely; *~ beobachten* to be very observant; *~ aufpassen* to pay close attention; *~ nachdenken* to have a good think **4.** (≈ *genau*) *etw ~ einstellen Bild etc* to bring sth into focus; *Sender* to tune sth in (properly); *~ sehen/hören* to have sharp eyes/ears **5.** (≈ *abrupt*) *bremsen* hard **6.** (≈ *hart*) *~ durchgreifen* to take decisive action; *etw ~ bekämpfen* to take strong measures against sth **7.** MIL *~ schießen* to shoot with live ammunition **Scharfblick** *m* (*fig*) keen insight **Schärfe** ['ʃɛrfə] *f* ⟨**-, -n**⟩ **1.** sharpness; (*von Wind, Frost*) keenness **2.** (*von Essen*) spiciness; (*von Geruch, Geschmack*) pungency **3.** (≈ *Strenge*) severity; (*von Kritik*) harshness; (*von Protest*) strength; (*von Auseinandersetzung*) bitterness **schärfen** ['ʃɛrfn] *v/t* to sharpen **scharfmachen** *v/t sep* (*infml*) (≈ *aufstacheln*) to stir up; (≈ *aufreizen*) to turn on (*infml*)

Scharfmacher(in) *m*/(*f*) (*infml*) rabble-rouser **Scharfrichter** *m* executioner **Scharfschütze** *m* marksman **Scharfschützin** *f* markswoman **Scharfsinn** *m* astuteness **scharfsinnig I** *adj* astute **II** *adv* astutely

Scharlach ['ʃarlax] *m* ⟨**-s**, *no pl*⟩ **1.** (*Farbe*) scarlet **2.** (≈ *Scharlachfieber*) scarlet fever **scharlachrot** *adj* scarlet (red)

Scharlatan ['ʃarlatan] *m* ⟨**-s**, **-e**⟩ charlatan

Scharnier [ʃar'niːɐ] *nt* ⟨**-s**, **-e**⟩ hinge

Schärpe ['ʃɛrpə] *f* ⟨**-**, **-n**⟩ sash

scharren ['ʃarən] *v/t* & *v/i* to scrape; (*Pferd, Hund*) to paw; (*Huhn*) to scratch; **mit den Füßen** ~ to shuffle one's feet

Scharte ['ʃartə] *f* ⟨**-**, **-n**⟩ nick

Schaschlik ['ʃaʃlɪk] *nt* ⟨**-s**, **-s**⟩ (shish) kebab

schassen ['ʃasn] *v/t* (*infml*) to chuck out (*infml*)

Schatten ['ʃatn] *m* ⟨**-s**, **-**⟩ shadow; (≈ *schattige Stelle*) shade; **40 Grad im** ~ 40 degrees in the shade; **in jds** ~ (*dat*) **stehen** (*fig*) to be in sb's shadow; **jdn/etw in den** ~ **stellen** (*fig*) to put sb/sth in the shade; **nur noch ein** ~ (**seiner selbst**) **sein** to be (only) a shadow of one's former self **Schattenboxen** *nt* shadow-boxing **Schattendasein** *nt* shadowy existence **schattenhaft I** *adj* shadowy **II** *adv* erkennen vaguely; sichtbar barely **Schattenkabinett** *nt* POL shadow cabinet **Schattenmorelle** [-morɛlə] *f* ⟨**-**, **-n**⟩ morello cherry **schattenreich** *adj* shady **Schattenriss** *m* silhouette **Schattenseite** *f* shady side; (*fig* ≈ *Nachteil*) drawback **Schattenwirtschaft** *f* black economy **schattieren** [ʃa-'tiːrən] *past part* **schattiert** *v/t* to shade **Schattierung** *f* ⟨**-**, **-en**⟩ shade; (≈ *das Schattieren*) shading; **in allen** ~**en** (*fig*) of every shade **schattig** ['ʃatɪç] *adj* shady

Schatulle [ʃa'tʊlə] *f* ⟨**-**, **-n**⟩ casket

Schatz [ʃats] *m* ⟨**-es**, ⸚**e** [ʃɛtsə]⟩ **1.** treasure; **du bist ein** ~**!** (*infml*) you're a (real) treasure or gem! **2.** (≈ *Liebling*) sweetheart **Schatzamt** *nt* Treasury **schätzbar** *adj* assessable; **schwer** ~ difficult to estimate

Schätzchen ['ʃɛtsçən] *nt* ⟨**-s**, **-**⟩ darling **schätzen** ['ʃɛtsn] *v/t* **1.** (≈ *veranschlagen*) to estimate; *Gemälde etc* to value, to appraise; (≈ *annehmen*) to reckon; **wie alt** ~ **Sie mich denn?** how old do you reckon I am then? **2.** (≈ *würdigen*) to value; **jdn** ~ to think highly of sb; **etw zu** ~ **wissen** to appreciate sth; **sich glücklich** ~ to consider oneself lucky **Schätzung** ['ʃɛtsʊŋ] *f* ⟨**-**, **-en**⟩ estimate; (*von Wertgegenstand*) valuation **schätzungsweise** *adv* (≈ *ungefähr*) approximately; (≈ *so schätze ich*) I reckon **Schätzwert** *m* estimated value

Schau [ʃau] *f* ⟨**-**, **-en**⟩ **1.** (≈ *Vorführung*) show; (≈ *Ausstellung*) display, exhibition; **etw zur** ~ **stellen** (≈ *ausstellen*) to put sth on show; (*fig*) to make a show of sth; (≈ *protzen mit*) to show off sth **2.** (*infml*) **eine** ~ **abziehen** to put on a display; **das ist nur** ~ it's only show; **jdm die** ~ **stehlen** to steal the show from sb **Schaubild** *nt* diagram; (≈ *Kurve*) graph

Schauder ['ʃaudɐ] *m* ⟨**-s**, **-**⟩ shudder **schauderhaft** *adj* terrible **schaudern** ['ʃaudɐn] *v/i* to shudder; **mit Schaudern** with a shudder

schauen ['ʃauən] *v/i* to look; **auf etw** (*acc*) ~ to look at sth; **um sich** ~ to look around (one); **da schaust du aber!** there, see!; **da schau her!** (*S Ger infml*) well, well!; **schau, dass du ...** see *or* mind (that) you ...

Schauer ['ʃauɐ] *m* ⟨**-s**, **-**⟩ **1.** (≈ *Regenschauer*) shower **2.** = **Schauder Schauergeschichte** *f* horror story **schauerlich** ['ʃauɐlɪç] *adj* horrible; (≈ *gruselig*) eerie **schauern** ['ʃauɐn] *v/i* (≈ *schaudern*) to shudder

Schaufel ['ʃaufl] *f* ⟨**-**, **-n**⟩ shovel; (*kleiner: für Mehl, Zucker*) scoop; (*von Wasserrad, Turbine*) vane **schaufeln** ['ʃaufln] *v/t* & *v/i* to shovel; *Grab, Grube* to dig **Schaufenster** *nt* shop window **Schaufensterauslage** *f* window display **Schaufensterbummel** *m* window-shopping expedition; **einen** ~ **machen** to go window-shopping **Schaufensterpuppe** *f* display dummy

Schaugeschäft *nt* show business **Schaukampf** *m* exhibition fight **Schaukasten** *m* showcase

Schaukel ['ʃaukl] *f* ⟨**-**, **-n**⟩ swing **schaukeln** ['ʃaukln] **I** *v/i* **1.** (*mit Schaukel*) to swing; (*im Schaukelstuhl*) to rock **2.** (≈ *sich hin und her bewegen*) to sway (back and forth); (*Schiff*) to pitch and toss **II** *v/t* to rock; **wir werden die Sache**

schon ~ (*infml*) we'll manage it **Schaukelpferd** *nt* rocking horse **Schaukelstuhl** *m* rocking chair

Schaulaufen *nt* ⟨**-s**, *no pl*⟩ exhibition skating; (*Veranstaltung*) skating display **schaulustig** *adj* curious **Schaulustige** [-lʊstɪɡə] *pl decl as adj* (curious) onlookers *pl*

Schaum [ʃaum] *m* ⟨**-s**, **Schäume** ['ʃɔymə]⟩ foam, froth; (≈ *Seifenschaum*) lather; (*zum Feuerlöschen*) foam; (*von Bier*) head, froth; **~ vor dem Mund haben** to foam at the mouth **Schaumbad** *nt* bubble *or* foam bath **schäumen** ['ʃɔymən] *v/i* to foam, to froth; (*Seife, Waschmittel*) to lather (up); (*Limonade, Wein*) to bubble **Schaumfestiger** *m* mousse **Schaumgummi** *nt or m* foam rubber **schaumig** ['ʃaumɪç] *adj* foamy, frothy; **ein Ei ~ schlagen** to beat an egg until frothy **Schaumkrone** *f* whitecap **Schaumschläger(in)** *m/(f)* (*fig infml*) man/woman full of hot air (*infml*) **Schaumstoff** *m* foam material **Schaumwein** *m* sparkling wine

Schauplatz *m* scene; **am ~ sein** to be at the scene **Schauprozess** *m* show trial **schaurig** ['ʃaurɪç] *adj* gruesome

Schauspiel *nt* THEAT drama, play; (*fig*) spectacle **Schauspieler** *m* actor; (*fig*) (play-)actor **Schauspielerin** *f* actress; (*fig*) (play-)actress **schauspielerisch** *adj* acting *attr*; *Talent* for acting **schauspielern** ['ʃauʃpiːlɐn] *v/i insep* to act; (*fig*) to (play-)act **Schauspielhaus** *nt* playhouse **Schauspielschule** *f* drama school

Schausteller ['ʃauʃtɛlɐ] *m* ⟨**-s**, **-**⟩, **Schaustellerin** [-ərɪn] *f* ⟨**-**, **-nen**⟩ showman

Scheck [ʃɛk] *m* ⟨**-s**, **-s** *or* (*rare*) **-e**⟩ cheque (*Br*), check (*US*); **mit (einem)** *or* **per ~ bezahlen** to pay by cheque *etc* **Scheckbetrug** *m* cheque (*Br*) *or* check (*US*) fraud **Scheckheft** *nt* chequebook (*Br*), checkbook (*US*)

scheckig ['ʃɛkɪç] *adj* spotted; *Pferd* dappled

Scheckkarte *f* cheque card (*Br*), check card (*US*)

scheel [ʃeːl] **I** *adj* (≈ *abschätzig*) disparaging; **ein ~er Blick** a dirty look **II** *adv* **jdn ~ ansehen** to give sb a dirty look; (≈ *abschätzig*) to look askance at sb

Scheffel ['ʃɛfl] *m* ⟨**-s**, **-**⟩ **sein Licht unter den ~ stellen** (*infml*) to hide one's light under a bushel **scheffeln** ['ʃɛfln] *v/t Geld* to rake in (*infml*)

Scheibe ['ʃaibə] *f* ⟨**-**, **-n**⟩ **1.** disc (*esp Br*), disk; (≈ *Schießscheibe*) target; (*Eishockey*) puck; (≈ *Wählscheibe*) dial; (≈ *Töpferscheibe*) wheel **2.** (≈ *abgeschnittene Scheibe*) slice; **etw in ~n schneiden** to slice sth (up) **3.** (≈ *Glasscheibe*) (window)pane; (≈ *Fenster*) window **Scheibenbremse** *f* disc (*esp Br*) *or* disk brake **Scheibenwaschanlage** *f* windscreen (*Br*) *or* windshield (*US*) washers *pl* **Scheibenwischer** *m* windscreen (*Br*) *or* windshield (*US*) wiper

Scheich [ʃaiç] *m* ⟨**-s**, **-e**⟩ sheik(h) **Scheichtum** ['ʃaiçtuːm] *nt* ⟨**-s**, **Scheichtümer** [-tyːmɐ]⟩ sheik(h)dom

Scheide ['ʃaidə] *f* ⟨**-**, **-n**⟩ sheath; (≈ *Vagina*) vagina **scheiden** ['ʃaidn] *pret* **schied** [ʃiːt], *past part* **geschieden** [ɡə-'ʃiːdn] **I** *v/t* **1.** (≈ *auflösen*) *Ehe* to dissolve; *Eheleute* to divorce; **sich ~ lassen** to get divorced; → **geschieden 2.** (*elev* ≈ *trennen*) to separate **II** *v/r* (*Wege*) to divide; (*Meinungen*) to diverge **Scheideweg** *m* (*fig*) **am ~ stehen** to be at a crossroads **Scheidung** ['ʃaidʊŋ] *f* ⟨**-**, **-en**⟩ **1.** (≈ *das Scheiden*) separation **2.** (≈ *Ehescheidung*) divorce; **in ~ leben** to be in the middle of divorce proceedings; **die ~ einreichen** to file a petition for divorce **Scheidungsgrund** *m* grounds *pl* for divorce

Schein¹ [ʃain] *m* ⟨**-s**, *no pl*⟩ **1.** (≈ *Licht*) light; (*matt*) glow **2.** (≈ *Anschein*) appearances *pl*; **~ und Sein** appearance and reality; **der ~ trügt** appearances are deceptive; **den ~ wahren** to keep up appearances; **etw nur zum ~ tun** only to pretend to do sth

Schein² *m* ⟨**-s**, **-e**⟩ (≈ *Geldschein*) note, bill (*US*); (≈ *Bescheinigung*) certificate; **~e machen** UNIV to get credits

Scheinasylant(in) *m/(f)* (*often pej*) bogus asylum-seeker **scheinbar I** *adj* apparent, seeming *attr* **II** *adv* apparently, seemingly **Scheinehe** *f* sham marriage **scheinen** ['ʃainən] *pret* **schien** [ʃiːn], *past part* **geschienen** [ɡə'ʃiːnən] *v/i* **1.** (≈ *leuchten*) to shine **2.** (*also v/i impers* ≈ *den Anschein geben*) to seem, to appear; **mir scheint, (dass)** ... it seems to me that ... **Scheingefecht** *nt* sham

fight **Scheingeschäft**nt fictitious or artificial transaction **scheinheilig** adj hypocritical **Scheinheiligkeit**f hypocrisy; (≈ vorgetäuschte Arglosigkeit) feigned innocence **scheintot**adj seemingly dead; (fig) Mensch, Partei on one's /its last legs **Scheinwerfer** m (zum Beleuchten) floodlight; (im Theater) spotlight; (≈ Suchscheinwerfer) searchlight; AUTO (head)light **Scheinwerferlicht** nt floodlight(ing); (im Theater) spotlight; (fig) limelight

Scheiß [ʃais] m ⟨-, no pl⟩ (sl) shit (sl), crap (sl); ~ **machen** (≈ herumalbern) to mess around (infml) **Scheißdreck** m (vulg ≈ Kot) shit (sl), crap (sl); **wegen jedem** ~ about every effing (sl) or bloody (Br infml) little thing; **das geht dich einen** ~ **an** it's none of your effing (sl) or bloody (Br infml) business **Scheiße** [ˈʃaisə] f ⟨-, no pl⟩ (vulg) shit (sl); **in der** ~ **sitzen** (infml) to be up shit creek (sl); ~ **bauen** (infml) to screw up (sl) **scheißegal** [ˈʃais|eˈgaːl] adj (infml) **das ist mir doch** ~! I don't give a shit (sl) or a damn (infml) **scheißen** [ˈʃaisn] pret **schiss** [ʃis], past part **geschissen** [gəˈʃisn] v/i (vulg) to shit (sl), to crap (sl); **auf jdn/etw** (acc) ~ (fig sl) not to give a shit about sb/sth (sl) **Scheißhaus** nt (sl) shithouse (sl) **Scheißkerl**m (infml) bastard (sl)

Scheit[ʃait] m ⟨-(e)s, -e or (Aus, Sw) -er⟩ piece of wood **Scheitel**[ˈʃaitl] m ⟨-s, -⟩ (≈ Haarscheitel) parting (Br), part (US); **vom** ~ **bis zur Sohle** (fig) through and through **scheiteln**[ˈʃaitln] v/t to part **Scheitelpunkt**m vertex

Scheiterhaufen [ˈʃaitɐ-] m (funeral) pyre; (HIST: zur Hinrichtung) stake **scheitern** [ˈʃaitɐn] v/i aux sein to fail; (Verhandlungen, Ehe) to break down; **Scheitern**[ˈʃaitɐn] nt ⟨-s, no pl⟩ failure; (von Verhandlungen, Ehe) breakdown; **zum** ~ **verurteilt** doomed to failure

Schelle [ˈʃɛlə] f ⟨-, -n⟩ 1. bell 2. TECH clamp 3. (≈ Handschelle) handcuff **Schellfisch**[ˈʃɛl-] m haddock **schelmisch**[ˈʃɛlmɪʃ] adj Blick, Lächeln mischievous **Schelte**[ˈʃɛltə] f ⟨-, -n⟩ scolding; (≈ Kritik) attack **schelten**[ˈʃɛltn] pret **schalt** [ʃalt], past part **gescholten** [gəˈʃɔltn] v/t to scold

Schema[ˈʃeːma] nt ⟨-s, **Schemen** or -ta [-mən, -ta]⟩ scheme; (≈ Darstellung) diagram; (≈ Vorlage) plan; (≈ Muster) pattern; **nach** ~ **F** in the same (old) way **schematisch**[ʃeˈmaːtɪʃ] **I** adj schematic **II** adv etw ~ **darstellen** to show sth schematically; ~ **vorgehen** to work methodically

Schemel[ˈʃeːml] m ⟨-s, -⟩ stool **schemenhaft** adj shadowy; Erinnerungen hazy

Schenke[ˈʃɛŋkə] f ⟨-, -n⟩ inn **Schenkel**[ˈʃɛŋkl] m ⟨-s, -⟩ 1. (ANAT) (≈ Oberschenkel) thigh; (≈ Unterschenkel) lower leg 2. (MAT: von Winkel) side **Schenkelhalsbruch** m fracture of the neck of the femur

schenken[ˈʃɛŋkn] v/t 1. (≈ Geschenk geben) **jdm etw** ~ to give sb sth or give sth to sb (as a present or gift); **etw geschenkt bekommen** to get sth as a present or gift; **das ist (fast) geschenkt!** (infml ≈ billig) that's a giveaway (infml); **jdm seine Aufmerksamkeit** ~ to give sb one's attention 2. (≈ erlassen) **jdm etw** ~ to let sb off sth; **deine Komplimente kannst du dir** ~! you can keep your compliments (infml) **Schenkung**[ˈʃɛŋkʊŋ] f ⟨-, -en⟩ JUR gift **Schenkungsurkunde**f deed of gift

Scherbe[ˈʃɛrbə] f ⟨-, -n⟩ fragment; (≈ Glasscherbe) broken piece of glass; **in** ~**n gehen** to shatter; (fig) to go to pieces **Schere** [ˈʃeːrə] f ⟨-, -n⟩ 1. (Werkzeug) (klein) scissors pl; (groß) shears pl; **eine** ~ a pair of scissors/shears 2. ZOOL pincer **scheren**[1][ˈʃeːrən] pret **schor** [ʃoːɐ], past part **geschoren** [gəˈʃoːrən] v/t to clip; Schaf to shear

scheren[2] v/t & v/r (≈ kümmern) **sich nicht um jdn/etw** ~ not to care about sb/sth; **was schert mich das?** what do I care (about that?)

Scherenschnitt m silhouette **Schererei** [ʃeːrəˈrai] f ⟨-, -en⟩ usu pl (infml) trouble no pl **Scherflein**[ˈʃɛrflain] nt ⟨-s, no pl⟩ **sein** ~ **(zu etw) beitragen** (Geld) to pay one's bit (towards sth); (fig) to do one's bit (for sth) (infml) **Schermaus**[ˈʃeːɐmaus] f (Swiss ≈ Maulwurf) mole **Scherz** [ʃɛrts] m ⟨-es, -e⟩ joke; **aus** or **zum** ~ as a joke; **im** ~ in jest; **mach keine** ~**e!** (infml) you're joking!; ~ **beiseite!**

joking aside **Scherzartikel** *m usu pl* joke (article) **scherzen** ['ʃɛrtsn] *v/i* to joke, to jest; **mit jdm/etw ist nicht zu ~** one can't trifle with sb/sth **Scherzfrage** *f* riddle **scherzhaft** *adj* jocular; *Angelegenheit* joking; **etw ~ meinen** to mean sth as a joke

scheu [ʃɔy] *adj* (≈ *schüchtern*) shy; (≈ *zaghaft*) *Versuche* cautious **Scheu** [ʃɔy] *f* ⟨-, *no pl*⟩ fear (*vor* +*dat* of); (≈ *Schüchternheit*) shyness; (*von Reh, Tier*) timidity; (≈ *Hemmung*) inhibition **scheuchen** ['ʃɔyçn] *v/t* to shoo (away); (≈ *verscheuchen*) to scare off **scheuen** ['ʃɔyən] **I** *v/t Kosten, Arbeit* to shy away from; *Menschen, Licht* to shun; **weder Mühe noch Kosten ~** to spare neither trouble nor expense **II** *v/r* **sich vor etw ~** (*dat*) ~ (≈ *Angst haben*) to be afraid of sth; (≈ *zurückschrecken*) to shy away from sth **III** *v/i* (*Pferd etc*) to shy (*vor* +*dat* at)

Scheuerlappen *m* floorcloth **scheuern** ['ʃɔyɐn] **I** *v/t & v/i* **1.** (≈ *putzen*) to scour; (*mit Bürste*) to scrub **2.** (≈ *reiben*) to chafe **II** *v/t* (*infml*) **jdm eine ~** to smack sb (one) (*infml*)

Scheuklappe *f* blinker (*Br*), blinder (*US*)

Scheune ['ʃɔynə] *f* ⟨-, -*n*⟩ barn

Scheusal ['ʃɔyzaːl] *nt* ⟨-*s*, -*e or* (*inf*) **Scheusäler** [-zɛːlɐ]⟩ monster

scheußlich ['ʃɔyslɪç] *adj* dreadful; (≈ *abstoßend hässlich*) hideous; **~ schmecken** to taste terrible

Schi [ʃiː] *m* ⟨-*s*, -*er* ['ʃiːɐ]⟩ ⟨*or* -⟩ = **Ski**

Schicht [ʃɪçt] *f* ⟨-, -*en*⟩ **1.** (≈ *Lage*) layer; (≈ *dünne Schicht*) film; (≈ *Farbschicht*) coat; **breite ~en der Bevölkerung** large sections of the population **2.** (≈ *Arbeitsabschnitt*) shift; **er muss ~ arbeiten** he has to work shifts **Schichtarbeit** *f* shiftwork **Schichtarbeiter(in)** *m*/(*f*) shiftworker **schichten** ['ʃɪçtn] *v/t* to layer; *Holz* to stack **Schichtwechsel** *m* change of shifts

schick [ʃɪk] *adj, adv* = **chic Schick** [ʃɪk] *m* ⟨-*s*, *no pl*⟩ style

schicken ['ʃɪkn] **I** *v/t & v/i* to send; (*jdm*) **etw ~** to send sth (to sb), to send (sb) sth **II** *v/r impers* (≈ *sich ziemen*) to be fitting

Schickeria [ʃɪkəˈriːa] *f* ⟨-, *no pl*⟩ (*iron*) in-crowd (*infml*)

Schicksal ['ʃɪkzaːl] *nt* ⟨-*s*, -*e*⟩ fate; (*das ist*) ~ (*infml*) that's life; **jdm seinem ~**

überlassen to abandon sb to his fate **schicksalhaft** *adj* fateful **Schicksalsschlag** *m* great misfortune

Schiebedach *nt* sunroof **Schiebefenster** *nt* sliding window **schieben** ['ʃiːbn] *pret* **schob** [ʃoːp], *past part* **geschoben** [gəˈʃoːbn] **I** *v/t* **1.** (≈ *bewegen*) to push; **etw von sich** (*dat*) ~ (*fig*) *Schuld* to reject sth; **etw vor sich her ~** (*fig*) to put sth off; **die Schuld auf jdn ~** to put the blame on sb; **die Verantwortung auf jdn ~** to place the responsibility at sb's door **2.** (*infml* ≈ *handeln mit*) to traffic in; *Drogen* to push (*infml*) **II** *v/i* **1.** (≈ *schubsen*) to push **2.** (*infml*) **mit etw ~** to traffic in sth; **mit Drogen ~** to push drugs (*infml*) **Schiebetür** *f* sliding door **Schiebung** ['ʃiːbʊŋ] *f* ⟨-, -*en*⟩ (≈ *Begünstigung*) string-pulling *no pl*; *SPORTS* rigging; **das war doch ~** that was a fix

schiech [ʃiːç] *adj* (*Aus* ≈ *hässlich*) ugly

Schiedsgericht *nt* court of arbitration **Schiedsrichter(in)** *m*/(*f*) arbitrator, arbiter; (*Fußball, Boxen*) referee; (*Tennis*) umpire; (≈ *Preisrichter*) judge **schiedsrichtern** ['ʃiːtsrɪçtɐn] *v/i insep* (*infml*) to arbitrate/referee/umpire/judge **Schiedsspruch** *m* (arbitral) award **Schiedsstelle** *f* arbitration service

schief [ʃiːf] **I** *adj* crooked, not straight *pred*; *Winkel* oblique; *Bild* distorted; **~e Ebene** *PHYS* inclined plane **II** *adv* (≈ *schräg*) *halten, wachsen* crooked; **das Bild hängt ~** the picture is crooked *or* isn't straight; **jdn ~ ansehen** (*fig*) to look askance at sb

Schiefer ['ʃiːfɐ] *m* ⟨-*s*, -⟩ (*Gesteinsart*) slate **Schieferdach** *nt* slate roof **schiefergrau** *adj* slate-grey (*Br*), slate-gray (*US*) **Schiefertafel** *f* slate

schiefgehen *v/i sep irr aux sein* to go wrong **schiefgewickelt** *adj* (*infml*) on the wrong track; **da bist du ~** you're in for a surprise there (*infml*) **schieflachen** *v/r sep* (*infml*) to kill oneself (laughing) (*infml*) **schiefliegen** *v/i sep irr* (*infml*) to be wrong

schielen ['ʃiːlən] *v/i* to squint, to be cross-eyed; **auf einem Auge ~** to have a squint in one eye; **nach jdm/etw ~** (*infml*) to look at sb/sth out of the corner of one's eye; (*begehrlich*) to look sb/sth up and down; (*heimlich*) to sneak a look at sb/sth

Schienbein ['ʃiːnbaɪn] *nt* shin; (≈

Schienbeinknochen) shinbone **Schiene** ['ʃiːnə] *f* ⟨-, *-n*⟩ **1.** rail; MED splint **2.** **Schienen** *pl* RAIL track *sg*, rails *pl*; *aus den ~n springen* to leave the rails **schienen** ['ʃiːnən] *v/t* to splint **Schienenersatzverkehr** *m* RAIL alternative transport (*when trains or trams are not running*) **Schienenfahrzeug** *nt* track vehicle **Schienennetz** *nt* RAIL rail network

schier [ʃiːɐ] *adj* (≈ *rein*) pure; (*fig*) sheer **Schießbefehl** *m* order to fire *or* shoot **Schießbude** *f* shooting gallery **schießen** ['ʃiːsn] *pret* **schoss** [ʃɔs], *past part* **geschossen** [gə'ʃɔsn] **I** *v/t* to shoot; *Kugel, Rakete* to fire; FTBL *etc* to kick; *Tor* to score **II** *v/i* **1.** (*mit Waffe, Ball*) to shoot; *auf jdn/etw ~* to shoot at sb/ sth; *aufs Tor ~* to shoot at goal; *das ist zum Schießen* (*infml*) that's a scream (*infml*) **2.** *aus sein* (≈ *in die Höhe schießen*) to shoot up; (*Flüssigkeit*) to shoot; (≈ *spritzen*) to spurt; *er ist or kam um die Ecke geschossen* he shot (a)round the corner **Schießerei** [ʃiːsə-'raɪ] *f* ⟨-, *-en*⟩ shoot-out; (≈ *das Schießen*) shooting **Schießplatz** *m* (shooting *or* firing) range **Schießpulver** *nt* gunpowder **Schießscheibe** *f* target **Schießstand** *m* shooting range; (≈ *Schießbude*) shooting gallery

Schiff [ʃɪf] *nt* ⟨-(*e)s, -e*⟩ **1.** ship **2.** (ARCH) (≈ *Mittelschiff*) nave; (≈ *Seitenschiff*) aisle **schiffbar** *adj Gewässer* navigable **Schiffbau** *m, no pl* shipbuilding **Schiffbruch** *m ~ erleiden* (*lit*) to be shipwrecked; (*fig*) to fail **schiffbrüchig** *adj* shipwrecked **Schiffchen** ['ʃɪfçən] *nt* ⟨-s, -⟩ **1.** little boat **2.** MIL forage cap **Schiffeversenken** *nt* ⟨-⟩ (≈ *Spiel*) battleships *sg* **Schifffahrt** *f* shipping; (≈ *Schifffahrtskunde*) navigation **Schifffahrtsgesellschaft** *f* shipping company **Schifffahrtsstraße** *f*, **Schifffahrtsweg** *m* (≈ *Kanal*) waterway; (≈ *Schifffahrtslinie*) shipping route **Schiffschaukel** *f* swingboat **Schiffsjunge** *m* ship's boy **Schiffsladung** *f* shipload **Schiffsrumpf** *m* hull **Schiffsverkehr** *m* shipping

Schiit [ʃiˈiːt] *m* ⟨-en, *-en*⟩, **Schiitin** [-'iːtɪn] *f* ⟨-, *-nen*⟩ Shiite **schiitisch** [ʃiˈiːtɪʃ] *adj* Shiite

Schikane [ʃiˈkaːnə] *f* ⟨-, *-n*⟩ **1.** harassment *no pl*; (*von Mitschülern*) bullying *no pl* **2.** *mit allen ~n* (*infml*) with all the trimmings **schikanieren** [ʃikaˈniːrən] *past part* **schikaniert** *v/t* to harass; *Mitschüler* to bully

Schikoree ['ʃɪkore] *f* ⟨- *or m* **-s**, *no pl*⟩ chicory

Schild¹ [ʃɪlt] *m* ⟨-(*e)s*, *-e* [-də]⟩ shield; (*von Schildkröte*) shell; *etwas im ~e führen* (*fig*) to be up to something **Schild²** *nt* ⟨-(*e)s*, *-er* [-dɐ]⟩ sign; (≈ *Wegweiser*) signpost; (≈ *Namensschild*) nameplate; (≈ *Preisschild*) ticket; (≈ *Etikett*) label; (≈ *Plakette*) badge; (≈ *Plakat*) placard; (*an Haus*) plaque **Schildbürgerstreich** *m* foolish act **Schilddrüse** *f* thyroid gland **schildern** ['ʃɪldɐn] *v/t Ereignisse* to describe; (≈ *skizzieren*) to outline **Schilderung** ['ʃɪldərʊŋ] *f* ⟨-, *-en*⟩ (≈ *Beschreibung*) description; (≈ *Bericht*) account **Schildkröte** *f* (≈ *Landschildkröte*) tortoise; (≈ *Wasserschildkröte*) turtle **Schildkrötensuppe** *f* turtle soup **Schildlaus** *f* scale insect

Schilf [ʃɪlf] *nt* ⟨-(*e)s*, *-e*⟩ reed; (≈ *mit Schilf bewachsene Fläche*) reeds *pl* **schillern** ['ʃɪlɐn] *v/i* to shimmer **schillernd** *adj Farben* shimmering; (*fig*) *Charakter* enigmatic

Schilling ['ʃɪlɪŋ] *m* ⟨-**s**, *- or* (*bei Geldstücken*) *-e*⟩ shilling; (*Aus*) schilling

Schimmel¹ ['ʃɪml] *m* ⟨-**s**, *-*⟩ (≈ *Pferd*) grey (*Br*), gray (*US*) **Schimmel²** *m* ⟨-**s**, *no pl*⟩ (*auf Nahrungsmitteln*) mould (*Br*), mold (*US*); (*auf Leder etc*) mildew **schimmelig** ['ʃɪməlɪç] *adj Nahrungsmittel* mouldy (*Br*), moldy (*US*); *Leder etc* mildewy **schimmeln** ['ʃɪmln] *v/i aus sein or haben* (*Nahrungsmittel*) to go mouldy (*Br*) *or* moldy (*US*); (*Leder etc*) to go mildewy **Schimmelpilz** *m* mould (*Br*), mold (*US*) **Schimmer** ['ʃɪmɐ] *m* ⟨-**s**, *no pl*⟩ glimmer; (*von Metall*) gleam; (*im Haar*) sheen; *keinen* (*blassen*) *~ von etw haben* (*infml*) not to have the faintest idea about sth (*infml*) **schimmern** ['ʃɪmɐn] *v/i* to glimmer; (*Metall*) to gleam

Schimpanse [ʃɪmˈpanzə] *m* ⟨-*n*, *-n*⟩, **Schimpansin** [-'panzɪn] *f* ⟨-, *-nen*⟩ chimpanzee, chimp (*infml*)

schimpfen ['ʃɪmpfn] *v/i* to get angry; (≈ *sich beklagen*) to moan; (≈ *fluchen*) to curse; *mit jdm ~* to tell sb off; *auf or über* *jdn/etw ~* to curse (about *or* at) sb/sth **Schimpfwort** *nt, pl* **-wörter** swearword **Schindel** ['ʃɪndl] *f* ⟨-, -n⟩ shingle **schinden** ['ʃɪndn] *pret* **schindete** *or* (*rare*) **schund** ['ʃɪndətə, ʃʊnt], *past part* **geschunden** [gə'ʃʊndn] **I** *v/t* **1.** (≈ *quälen*) to maltreat; (≈ *ausbeuten*) to overwork, to drive hard; *jdn zu Tode ~* to work sb to death **2.** (*infml* ≈ *herausschlagen*) *Arbeitsstunden* to pile up; *Zeit ~* to play for time; (*bei jdm*) *Eindruck ~* to make a good impression (on sb) **II** *v/r* (≈ *hart arbeiten*) to struggle; (≈ *sich quälen*) to strain **Schindluder** ['ʃɪntluːdɐ] *nt* (*infml*) *mit etw ~ treiben* to misuse sth; *mit Gesundheit* to abuse sth

Schinken ['ʃɪŋkn] *m* ⟨-s, -⟩ **1.** ham **2.** (*pej infml*) (≈ *großes Buch*) tome; (≈ *großes Bild*) great daub (*pej infml*) **Schinkenspeck** *m* bacon **Schinkenwurst** *f* ham sausage

Schippe ['ʃɪpə] *f* ⟨-, -n⟩ shovel; *jdn auf die ~ nehmen* (*fig infml*) to pull sb's leg (*infml*)

Schirm [ʃɪrm] *m* ⟨-(e)s, -e⟩ **1.** (≈ *Regenschirm*) umbrella; (≈ *Sonnenschirm*) sunshade; (*von Pilz*) cap **2.** (≈ *Mützenschirm*) peak **3.** (≈ *Lampenschirm*) shade **Schirmherr(in)** *m/(f)* patron **Schirmherrschaft** *f* patronage **Schirmmütze** *f* peaked cap **Schirmständer** *m* umbrella stand

Schiss [ʃɪs] *m* ⟨-es, *no pl*⟩ (*sl*) (*fürchterlichen*) *~ haben* to be scared to death (*vor +dat* of) (*infml*); *~ kriegen* to get scared

schizophren [ʃitso'freːn, sçi-] *adj* MED schizophrenic **Schizophrenie** [ʃitsofre-'niː, sçi-] *f* ⟨-, *no pl*⟩ MED schizophrenia **Schlacht** [ʃlaxt] *f* ⟨-, -en⟩ battle **schlachten** ['ʃlaxtn] *v/t* to slaughter **Schlachtenbummler** *m* ⟨-s, -⟩, **Schlachtenbummlerin** *f* ⟨-, -nen⟩ (SPORTS *infml*) away supporter **Schlachter** ['ʃlaxtɐ] *m* ⟨-s, -⟩, **Schlachterin** [-ərɪn] *f* ⟨-, -nen⟩ (*esp N Ger*), **Schlächter** ['ʃlɛçtɐ] *m* ⟨-s, -⟩, **Schlächterin** [-ərɪn] *f* ⟨-, -nen⟩ (*dial, fig*) butcher **Schlachterei** [ʃlaxtə-'rai] *f* ⟨-, -en⟩ (*esp N Ger*) butcher's (shop) **Schlachtfeld** *nt* battlefield **Schlachtfest** *nt* country feast to eat up meat from freshly slaughtered pigs **Schlachthaus** *nt*, **Schlachthof** *m* slaughterhouse **Schlachtplan** *m* battle plan; (*für Feldzug*) campaign plan;

(*fig*) plan of action **Schlachtvieh** *nt, no pl* animals *pl* for slaughter

Schlacke ['ʃlakə] *f* ⟨-, -n⟩ (≈ *Verbrennungsrückstand*) clinker *no pl* **schlackern** ['ʃlakɐn] *v/i* (*infml*) to tremble; (*Kleidung*) to hang loosely

Schlaf [ʃlaːf] *m* ⟨-(e)s, *no pl*⟩ sleep; *einen leichten/tiefen ~ haben* to be a light/ deep sleeper; *jdn um seinen ~ bringen* to keep sb awake; *im ~ reden* to talk in one's sleep; *es fällt mir nicht im ~(e) ein, das zu tun* I wouldn't dream of doing that; *das kann er (wie) im ~* (*fig infml*) he can do that in his sleep **Schlafanzug** *m* pyjamas *pl* (*Br*), pajamas *pl* (*US*)

Schlafdefizit *nt* sleep deficit **Schläfe** ['ʃlɛːfə] *f* ⟨-, -n⟩ temple **schlafen** ['ʃlaːfn] *pret* **schlief** [ʃliːf], *past part* **geschlafen** [gə'ʃlaːfn] *v/i* to sleep; (*infml* ≈ *nicht aufpassen*) to be asleep; *~ gehen* to go to bed; *schläfst du schon?* are you asleep?; *schlaf gut* sleep well; *bei jdm ~* to stay overnight with sb; *mit jdm ~* (*euph*) to sleep with sb **Schläfenlocke** *f* sidelock **Schlafenszeit** *f* bedtime **Schläfer** ['ʃlɛːfɐ] *m* ⟨-s, -⟩, **Schläferin** [-ərɪn] *f* ⟨-, -nen⟩ **1.** sleeper; (*fig*) dozy person (*infml*) **2.** (≈ *Terrorist in Wartestellung*) sleeper

schlaff [ʃlaf] *adj* limp; (≈ *locker*) *Seil* slack; *Haut, Muskeln* flabby; (≈ *energielos*) listless

Schlafgelegenheit *f* place to sleep **Schlaflied** *nt* lullaby **schlaflos** *adj* sleepless; *~ liegen* to lie awake **Schlaflosigkeit** *f* ⟨-, *no pl*⟩ sleeplessness, insomnia **Schlafmittel** *nt* sleeping drug; (*fig iron*) soporific **Schlafraum** *m* dormitory, dorm (*infml*) **schlafrig** ['ʃlɛːfrɪç] *adj* sleepy **Schläfrigkeit** *f* ⟨-, *no pl*⟩ sleepiness **Schlafsaal** *m* dormitory **Schlafsack** *m* sleeping bag **Schlafstadt** *f* dormitory town **Schlafstörung** *f* sleeplessness, insomnia **Schlaftablette** *f* sleeping pill **schlaftrunken** (*elev*) *adj* drowsy **Schlafwagen** *m* sleeping car **schlafwandeln** *v/i insep aux sein or haben* to sleepwalk **Schlafwandler** [-vandlɐ] *m* ⟨-s, -⟩, **Schlafwandlerin** [-ərɪn] *f* ⟨-, -nen⟩ sleepwalker **Schlafzimmer** *nt* bedroom

Schlag [ʃlaːk] *m* ⟨-(e)s, ¨e ['ʃlɛːgə]⟩ **1.** blow (*gegen* against); (*mit der Handflä-*

che) smack, slap; (≈ *Handkantenschlag*) chop (*infml*); (≈ *Ohrfeige*) cuff; (≈ *Glockenschlag*) chime; (≈ *Gehirnschlag*, *Schlaganfall*) stroke; (≈ *Herzschlag*, *Pulsschlag*) beat; (≈ *Donnerschlag*) clap; (≈ *Stromschlag*) shock; (≈ *Militärschlag*) strike; **zum entscheidenden ~ ausholen** (*fig*) to strike the decisive blow; **~ auf ~** (*fig*) one after the other; **jdm einen schweren ~ versetzen** (*fig*) to deal a severe blow to sb; **ein~ ins Gesicht** a slap in the face; **ein~ ins Wasser** (*infml*) a letdown (*infml*); **auf einen ~** (*infml*) all at once; **wie vom ~ gerührt** or **getroffen sein** to be flabbergasted (*infml*) **2.** (*infml* ≈ *Wesensart*) type (of person *etc*); **vom alten ~** of the old school **3.** (*Aus* ≈ *Schlagsahne*) cream **4.** (≈ *Hosenschlag*) flare; **eine Hose mit ~** flares *pl* (*infml*) **Schlagabtausch** *m* (*Boxen*) exchange of blows; (*fig*) (verbal) exchange **Schlagader** *f* artery **Schlaganfall** *m* stroke **schlagartig I** *adj* sudden **II** *adv* suddenly **Schlagbaum** *m* barrier **Schlagbohrer** *m* hammer drill **schlagen** ['ʃlaːgn] *pret* **schlug** [ʃluːk], *past part* **geschlagen** [gə'ʃlagn] **I** *v/t & v/i* **1.** to hit; (≈ *hauen*) to beat; (*mit der flachen Hand*) to slap, to smack; (*mit der Faust*) to punch; (*mit Hammer, Pickel etc*) *Loch* to knock; **jdn bewusstlos ~** to knock sb out; (*mit vielen Schlägen*) to beat sb unconscious; **jdm ins Gesicht ~** to hit/slap/punch sb in the face; **na ja, ehe ich mich~ lasse!** (*hum infml*) I suppose you could twist my arm (*hum infml*) **2.** (≈ *läuten*) to chime; *Stunde* to strike; **eine geschlagene Stunde** a full hour **II** *v/t* **1.** (≈ *besiegen*) to beat; **sich geschlagen geben** to admit defeat **2.** COOK to beat; (*mit Schneebesen*) to whisk; *Sahne* to whip **III** *v/i* **1.** (*Herz*, *Puls*) to beat; (*heftig*) to pound **2.** *aux sein* (≈ *auftreffen*) **mit dem Kopf auf/ gegen etw** (*acc*) **~** to hit one's head on/against sth **3.** (*Regen*) to beat; (*Wellen*) to pound; (*Blitz*) to strike (*in etw acc* sth) **4.** *aux sein* or *haben* (*Flammen*) to shoot out (*aus* of); (*Rauch*) to pour out (*aus* of) **5.** *aux sein* (*infml* ≈ *ähneln*) **er schlägt sehr nach seinem Vater** he takes after his father a lot **IV** *v/r* (≈ *sich prügeln*) to fight; **sich um etw ~** to fight over sth; **sich auf jds Seite** (*acc*) **~** to side with sb; (≈ *die Fronten wechseln*) to go

over to sb **Schlager** ['ʃlaːgɐ] *m* ⟨**-s**, **-**⟩ **1.** MUS pop song; (*erfolgreich*) hit (song) **2.** (*infml*) (≈ *Erfolg*) hit; (≈ *Verkaufsschlager*) bestseller **Schläger** ['ʃlɛːgɐ] *m* ⟨**-s**, **-**⟩ (≈ *Tennisschläger*, *Federballschläger*) racquet (*Br*), racket (*US*); (≈ *Hockeyschläger*, *Eishockeyschläger*) stick; (≈ *Golfschläger*) club; (≈ *Baseballschläger*, *Tischtennisschläger*) bat **Schläger** ['ʃlɛːgɐ] *m* ⟨**-s**, **-**⟩, **Schlägerin** [-ərɪn] *f* ⟨**-**, **-nen**⟩ (≈ *Raufbold*) thug **Schlägerei** [ʃlɛːgə'rai] *f* ⟨**-**, **-en**⟩ brawl **Schlagermusik** *f* pop music **Schlagersänger(in)** *m/(f)* pop singer **schlagfertig I** *adj* *Antwort* quick and clever; **er ist ein ~er Mensch** he is always ready with a quick(-witted) reply **II** *adv* **~ antworten** to be quick with an answer **Schlagfertigkeit** *f*, *no pl* (*von Mensch*) quick-wittedness; (*von Antwort*) cleverness **Schlaghose** *f* flares *pl* (*infml*) **Schlaginstrument** *nt* percussion instrument **schlagkräftig** *adj* *Boxer*, *Argumente* powerful **Schlagloch** *nt* pothole **Schlagmann** *m*, *pl* **-männer** (*Rudern*) stroke; (*Baseball*) batter **Schlagobers** ['ʃlaːk|oːbɐs] *nt* ⟨**-**, **-**⟩ (*Aus*) (whipping) cream; (*geschlagen*) whipped cream **Schlagring** *m* **1.** knuckle-duster **2.** MUS plectrum **Schlagsahne** *f* (whipping) cream; (*geschlagen*) whipped cream **Schlagseite** *f* NAUT list; **~ haben** NAUT to be listing; (*hum infml* ≈ *betrunken sein*) to be three sheets to the wind (*infml*) **Schlagstock** *m* (*form*) baton **Schlagwort** *nt* **1.** *pl* **-wörter** (≈ *Stichwort*) headword **2.** *pl* **-worte** (≈ *Parole*) slogan **Schlagzeile** *f* headline; **~n machen** (*infml*) to hit the headlines **Schlagzeug** *nt*, *pl* **-zeuge** drums *pl*; (*in Orchester*) percussion *no pl* **Schlagzeuger** [-tsɔygɐ] *m* ⟨**-s**, **-**⟩, **Schlagzeugerin** [-ərɪn] *f* ⟨**-**, **-nen**⟩ drummer; (*in Orchester*) percussionist

Schlamassel [ʃla'masl] *m* or *nt* ⟨**-s**, **-**⟩ (*infml*) (≈ *Durcheinander*) mix-up; (≈ *missliche Lage*) mess (*infml*)

Schlamm [ʃlam] *m* ⟨**-(e)s**, **-e** or **≈e** ['ʃlɛmə]⟩ mud **schlammig** ['ʃlamɪç] *adj* muddy **Schlammschlacht** *f* (*infml*) mud bath

Schlampe ['ʃlampə] *f* ⟨**-**, **-n**⟩ (*pej infml*) slut (*infml*) **schlampen** ['ʃlampn] *v/i* (*infml*) to be sloppy (in one's work) **Schlamperei** [ʃlampə'rai] *f* ⟨**-**, **-en**⟩

(infml) sloppiness; (≈ *schlechte Arbeit*) sloppy work **schlampig** ['ʃlampɪç] **I** *adj* sloppy; (≈ *unordentlich*) untidy **II** *adv* (≈ *nachlässig*) carelessly; (≈ *ungepflegt*) slovenly

Schlange ['ʃlaŋə] *f* ⟨-, -n⟩ **1.** snake; *eine falsche* ~ a snake in the grass **2.** (≈ *Menschenschlange, Autoschlange*) queue *(Br)*, line *(US)*; ~ *stehen* to queue (up) *(Br)*, to stand in line *(US)* **3.** TECH coil **schlängeln** ['ʃlɛŋln] *v/r (Weg, Menschenmenge)* to wind (its way); *(Fluss auch)* to meander; *eine geschlängelte Linie* a wavy line **Schlangenbiss** *m* snakebite **Schlangengift** *nt* snake venom **Schlangenhaut** *f* snake's skin; (≈ *Leder*) snakeskin **Schlangenleder** *nt* snakeskin **Schlangenlinie** *f* wavy line; *(in)* ~*n fahren* to swerve about

schlank [ʃlaŋk] *adj* **1.** slim; ~ *werden* to slim; *ihr Kleid macht sie* ~ her dress makes her look slim **2.** *(fig* ≈ *effektiv)* lean **Schlankheit** *f* ⟨-, *no pl*⟩ slimness **Schlankheitskur** *f* diet; MED course of slimming treatment; *eine* ~ *machen* to be on a diet

schlapp [ʃlap] *adj (infml)* (≈ *erschöpft*) worn-out; (≈ *energielos*) listless; *(nach Krankheit etc)* run-down **Schlappe** ['ʃlapə] *f* ⟨-, -n⟩ *(infml)* setback; *esp* SPORTS defeat; *eine* ~ *einstecken (müssen)* to suffer a setback / defeat **schlappmachen** *v/i sep (infml)* to wilt; (≈ *ohnmächtig werden*) to collapse **Schlappschwanz** *m (pej infml)* wimp *(infml)*

schlau [ʃlau] **I** *adj* smart; (≈ *gerissen*) cunning; *ein* ~*er Bursche* a crafty devil *(infml)*; *ich werde nicht* ~ *aus ihm/dieser Sache* I can't make him/it out **II** *adv* cleverly

Schlauch [ʃlaux] *m* ⟨-(e)s, Schläuche ['ʃlɔyçə]⟩ hose; MED tube; (≈ *Fahrradschlauch, Autoschlauch*) (inner) tube; *auf dem* ~ *stehen (infml)* (≈ *nicht begreifen*) not to have a clue *(infml)*; (≈ *nicht weiterkommen*) to be stuck *(infml)* **Schlauchboot** *nt* rubber dinghy **schlauchen** ['ʃlauxn] *(infml)* **I** *v/t jdn (Reise, Arbeit etc)* to wear out **II** *v/i (infml* ≈ *Kraft kosten)* to take it out of you/one *etc (infml)*; *das schlaucht echt!* it really takes it out of you *(infml)* **Schlaufe** ['ʃlaufə] *f* ⟨-, -n⟩ loop; (≈ *Aufhänger*) hanger **Schlauheit** ['ʃlauhait] *f* ⟨-, -en⟩ **1.** *no pl*

cleverness; *(von Mensch, Idee auch)* shrewdness; (≈ *Gerissenheit*) cunning **2.** (≈ *Bemerkung*) clever remark **schlaumachen** *v/r sep (infml) sich über etw (acc)* ~ to inform oneself about sth **Schlaumeier** [-maiɐ] *m* ⟨-s, -⟩ smart aleck *(infml)*

schlecht [ʃlɛçt] **I** *adj* **1.** bad; *Gesundheit* poor; *sich zum Schlechten wenden* to take a turn for the worse; *nur Schlechtes von jdm or über jdn sagen* not to have a good word to say for sb; *jdm ist (es)* ~ sb feels ill; ~ *aussehen* to look bad; *mit jdm/etw sieht es* ~ *aus* sb/sth looks in a bad way **2.** *pred* (≈ *ungenießbar*) off *pred (Br)*, bad; ~ *werden* to go off *(Br)* or bad **II** *adv* badly; *lernen* with difficulty; ~ *über jdn sprechen/von jdm denken* to speak/think ill of sb; ~ *gelaunt* bad-tempered; *heute geht es* ~ today is not very convenient; *er ist* ~ *zu verstehen* he is hard to understand; *ich kann sie* ~ *sehen* I can't see her very well; *auf jdn/etw* ~ *zu sprechen sein* not to have a good word to say for sb/sth **schlechterdings** ['ʃlɛçtɐdɪŋs] *adv* (≈ *völlig*) absolutely; (≈ *nahezu*) virtually **schlecht gehen** *v/i*, **schlechtgehen** *v/i impers sep irr aux sein* **es geht jdm schlecht** sb is in a bad way; *(finanziell)* sb is doing badly **schlechthin** ['ʃlɛçt'hɪn] *adv* (≈ *vollkommen*) quite; (≈ *als solches, in seiner Gesamtheit*) per se **Schlechtigkeit** ['ʃlɛçtɪçkait] *f* ⟨-, -en⟩ **1.** *no pl* badness **2.** (≈ *schlechte Tat*) misdeed **schlechtmachen** *v/t sep* (≈ *herabsetzen*) to denigrate **Schlechtwettergeld** *nt* bad-weather pay **schlecken** ['ʃlɛkn] *(Aus, S Ger) v/t & v/i* = *lecken²*

Schlehe ['ʃleːə] *f* ⟨-, -n⟩ sloe

schleichen ['ʃlaiçn] *pret* **schlich** [ʃlɪç], *past part* **geschlichen** [gə'ʃlɪçn] **I** *v/i aux sein* to creep; *(Fahrzeug, Zeit)* to crawl **II** *v/r* **1.** (≈ *leise gehen*) to creep; *sich in jds Vertrauen (acc)* ~ to worm one's way into sb's confidence **2.** *(S Ger, Aus* ≈ *weggehen)* to go away; *schleich dich!* get lost! *(infml)* **schleichend** *adj attr* creeping; *Krankheit, Gift* insidious **Schleichweg** *m* secret path; *auf* ~*en (fig)* on the quiet

Schleie ['ʃlaiə] *f* ⟨-, -n⟩ ZOOL tench **Schleier** ['ʃlaiɐ] *m* ⟨-s, -⟩ veil **Schleiereule** *f* barn owl **schleierhaft** *adj (infml)*

baffling; *es ist mir völlig* ~ it's a complete mystery to me

Schleife ['ʃlaifə] *f* ⟨-, *-n*⟩ **1.** loop; (≈ *Straßenschleife*) twisty bend **2.** (*von Band*) bow; (≈ *Fliege*) bow tie; (≈ *Kranzschleife*) ribbon

schleifen[1] ['ʃlaifn̩] **I** *v/t* to drag; *jdn vor Gericht*~ (*fig*) to drag sb into court **II** *v/i* **1.** *aux sein or haben* to trail, to drag **2.** (≈ *reiben*) to rub; *die Kupplung* ~ *lassen* AUTO to slip the clutch; *die Zügel* ~ *lassen* to slacken the reins

schleifen[2] *pret* **schliff** [ʃlɪf], *past part* **geschliffen** [gə'ʃlɪfn̩] *v/t Messer* to sharpen; *Werkstück, Linse* to grind; *Parkett* to sand; *Glas* to cut; → **geschliffen** **Schleifmaschine** *f* grinding machine **Schleifpapier** *nt* abrasive paper **Schleifstein** *m* grinding stone, grindstone

Schleim [ʃlaim] *m* ⟨-(e)s, -e⟩ **1.** slime; MED mucus; (*in Atemorganen*) phlegm **2.** COOK gruel **Schleimer** ['ʃlaimɐ] *m* ⟨-s, -⟩, **Schleimerin** [-ərɪn] *f* ⟨-, *-nen*⟩ (*infml*) crawler (*infml*) **Schleimhaut** *f* mucous membrane **schleimig** ['ʃlaimɪç] *adj* slimy; MED mucous **schleimlösend** *adj* expectorant

schlemmen['ʃlɛmən] *v/i* (≈ *üppig essen*) to feast; (≈ *üppig leben*) to live it up **Schlemmer**['ʃlɛmɐ] *m* ⟨-s, -⟩, **Schlemmerin** [-ərɪn] *f* ⟨-, *-nen*⟩ bon vivant

schlendern['ʃlɛndɐn] *v/i aux sein* to stroll **Schlendrian** ['ʃlɛndriaːn] *m* ⟨-(e)s, *no pl*⟩ (*infml*) casualness; (≈ *Trott*) rut

schlenkern['ʃlɛŋkɐn] *v/t & v/i* to swing, to dangle; *mit den Armen* ~ to swing *or* dangle one's arms

Schleppe ['ʃlɛpə] *f* ⟨-, *-n*⟩ (*von Kleid*) train **schleppen**['ʃlɛpn̩] **I** *v/t* (≈ *tragen*) *Gepäck* to lug; (≈ *zerren*) to drag; *Auto* to tow; *Flüchtlinge* to smuggle **II** *v/r* to drag oneself; (*Verhandlungen etc*) to drag on **schleppend** *adj Gang* shuffling; *Bedienung, Geschäft* sluggish; *nur* ~ *vorankommen* to progress very slowly **Schlepper** ['ʃlɛpɐ] *m* ⟨-s, -⟩, **Schlepperin** [-ərɪn] *f* ⟨-, *-nen*⟩ **1.** (*sl: für Lokal*) tout **2.** (≈ *Fluchthelfer*) people smuggler **Schleppkahn** *m* (canal) barge **Schlepplift** *m* ski tow **Schleppnetz** *nt* trawl (net) **Schlepptau** *nt* NAUT tow rope; *jdn ins* ~ *nehmen* to take sb in tow

Schlesien ['ʃleːziən] *nt* ⟨-s⟩ Silesia **Schlesier**['ʃleːziɐ] *m* ⟨-s, -⟩, **Schlesierin** [-iərɪn] *f* ⟨-, *-nen*⟩ Silesian **schlesisch** ['ʃleːzɪʃ] *adj* Silesian

Schleswig-Holstein ['ʃleːsvɪç'hɔlʃtain] *nt* ⟨-s⟩ Schleswig-Holstein

Schleuder ['ʃlɔydɐ] *f* ⟨-, *-n*⟩ **1.** (*Waffe*) sling; (≈ *Wurfmaschine*) catapult **2.** (≈ *Zentrifuge*) centrifuge; (*für Honig*) extractor; (≈ *Wäscheschleuder*) spin-dryer **Schleudergefahr** *f* MOT risk of skidding; „**Achtung** ~" "slippery road ahead" **schleudern** ['ʃlɔydɐn] **I** *v/t & v/i* **1.** (≈ *werfen*) to hurl **2.** TECH to centrifuge; *Honig* to extract; *Wäsche* to spin-dry **II** *v/i aux sein or haben* AUTO to skid; *ins Schleudern geraten* to go into a skid; (*fig infml*) to run into trouble **Schleuderpreis** *m* giveaway price **Schleudersitz** *m* AVIAT ejector seat; (*fig*) hot seat

schleunigst ['ʃlɔynɪçst] *adv* straight away; *verschwinde, aber* ~*!* beat it, on the double!

Schleuse ['ʃlɔyzə] *f* ⟨-, *-n*⟩ (*für Schiffe*) lock; (*zur Regulierung des Wasserlaufs*) sluice; *die* ~*n öffnen* (*fig*) to open the floodgates **schleusen** ['ʃlɔyzn̩] *v/t Schiffe* to pass through a lock; *Wasser* to channel; (*langsam*) *Menschen* to filter; *Antrag* to channel; (*fig: heimlich*) *Flüchtlinge* to smuggle

Schlich [ʃlɪç] *m* ⟨-(e)s, -e⟩ *usu pl* ruse; *jdm auf die* ~*e kommen* to catch on to sb

schlicht [ʃlɪçt] **I** *adj* simple; ~ *und einfach* plain and simple **II** *adv* **1.** (≈ *einfach*) simply **2.** (≈ *glattweg*) *erfunden* simply; *vergessen* completely **schlichten** ['ʃlɪçtn̩] **I** *v/t Streit* (≈ *beilegen*) to settle **II** *v/i* to mediate, to arbitrate (*esp* IND) **Schlichter** ['ʃlɪçtɐ] *m* ⟨-s, -⟩, **Schlichterin** [-ərɪn] *f* ⟨-, *-nen*⟩ mediator; IND arbitrator **Schlichtheit** *f* ⟨-, *no pl*⟩ simplicity **Schlichtung** ['ʃlɪçtʊŋ] *f* ⟨-, *-en*⟩ (≈ *Vermittlung*) mediation, arbitration (*esp* IND); (≈ *Beilegung*) settlement **schlichtweg** ['ʃlɪçt'vɛk] *adv* → **schlechthin**

Schlick [ʃlɪk] *m* ⟨-(e)s, -e⟩ silt, ooze; (≈ *Ölschlick*) slick

Schliere ['ʃliːrə] *f* ⟨-, *-n*⟩ streak

Schließe ['ʃliːsə] *f* ⟨-, *-n*⟩ fastening **schließen** ['ʃliːsn̩] *pret* **schloss** [ʃlɔs], *past part* **geschlossen** [gə'ʃlɔsn] **I** *v/t* **1.** (≈ *zumachen, beenden*) to close; (≈ *Betrieb einstellen*) to close down **2.** (≈ *eingehen*) *Vertrag* to conclude; *Frieden* to make; *Bündnis* to enter into; *Freundschaft* to form **II** *v/r* (≈ *zugehen*) to close **III** *v/i* **1.** (≈ *zugehen, enden*) to close; (≈ *Betrieb einstellen*) to close down; „*geschlossen*" "closed" **2.** (≈ *schlussfolgern*) to infer; **auf etw** (*acc*) **~ lassen** to indicate sth; → **geschlossen** **Schließfach** *nt* locker; (≈ *Bankschließfach*) safe-deposit box **schließlich** ['ʃliːslɪç] *adv* (≈ *endlich*) in the end, eventually; (≈ *immerhin*) after all **Schließung** ['ʃliːsʊŋ] *f* ⟨-, -en⟩ (≈ *das Schließen*) closing; (≈ *Betriebseinstellung*) closure

Schliff [ʃlɪf] *m* ⟨-(e)s, -e⟩ (*von Glas, Edelstein*) cut; (*fig* ≈ *Umgangsformen*) polish; **jdm den letzten ~ geben** (*fig*) to perfect sb

schlimm [ʃlɪm] **I** *adj* bad; *Krankheit, Wunde* nasty; *Nachricht* awful; **es gibt Schlimmere als ihn** there are worse than him; **das finde ich nicht ~** I don't find that so bad; **eine ~e Zeit** bad times *pl*; **das ist halb so ~!** that's not so bad!; **wenn es nichts Schlimmeres ist!** if that's all it is!; **es gibt Schlimmeres** it could be worse; **im ~sten Fall** if (the) worst comes to (the) worst **II** *adv zurichten* horribly; **wenn es ganz ~ kommt** if things get really bad; **es steht ~ (um ihn)** things aren't looking too good (for him) **schlimmstenfalls** ['ʃlɪmstnfals] *adv* at (the) worst

Schlinge ['ʃlɪŋə] *f* ⟨-, -n⟩ loop; (*an Galgen*) noose; (MED ≈ *Armbinde*) sling; (≈ *Falle*) snare

Schlingel ['ʃlɪŋl] *m* ⟨-s, -⟩ rascal

schlingen¹ ['ʃlɪŋən] *pret* **schlang** [ʃlaŋ], *past part* **geschlungen** [gə'ʃlʊŋən] (*elev*) **I** *v/t* (≈ *binden*) *Knoten* to tie; (≈ *umbinden*) *Schal etc* to wrap (*um +acc* around) **II** *v/r* **sich um etw ~** to coil (itself) around sth

schlingen² *pret* **schlang** [ʃlaŋ], *past part* **geschlungen** [gə'ʃlʊŋən] *v/i* to gobble **schlingern** ['ʃlɪŋɐn] *v/i* (*Schiff*) to roll; **ins Schlingern geraten** AUTO *etc* to go into a skid

Schlips [ʃlɪps] *m* ⟨-es, -e⟩ tie, necktie (*US*)

schlitteln ['ʃlɪtln] *v/i aux sein or haben*

(*Swiss*) to toboggan **Schlitten** ['ʃlɪtn] *m* ⟨-s, -⟩ **1.** sledge, sled; (≈ *Pferdeschlitten*) sleigh; (≈ *Rodelschlitten*) toboggan; (≈ *Rennschlitten*) bobsleigh; **mit jdm ~ fahren** (*infml*) to bawl sb out (*infml*) **2.** (*infml* ≈ *Auto*) big car **Schlittenfahrt** *f* sledge ride; (*mit Rodelschlitten*) toboggan ride; (*mit Pferdeschlitten etc*) sleigh ride **schlittern** ['ʃlɪtɐn] *v/i aux sein* (≈ *ausrutschen*) to slip; (*Wagen*) to skid; (*fig*) to slide, to stumble; **in den Konkurs ~** to slide into bankruptcy **Schlittschuh** *m* (ice) skate; **~ laufen** to (ice)-skate **Schlittschuhlaufen** *nt* ⟨-s, *no pl*⟩ (ice-)skating **Schlittschuhläufer(in)** *m(f)* (ice-)skater

Schlitz [ʃlɪts] *m* ⟨-es, -e⟩ slit; (≈ *Einwurfschlitz*) slot; (≈ *Hosenschlitz*) fly, flies *pl* (*Br*) **Schlitzauge** *nt* slant eye **schlitzäugig** *adj* slant-eyed **schlitzen** ['ʃlɪtsn] *v/t* to slit **Schlitzohr** *nt* (*fig*) sly fox

Schlögel ['ʃløːgl] *m* ⟨-s, -⟩ (*S Ger, Aus* COOK ≈ *Keule*) leg

Schloss [ʃlɔs] *nt* ⟨-es, ⸗er ['ʃlœsɐ]⟩ **1.** (≈ *Gebäude*) castle; (≈ *Palast*) palace; (≈ *großes Herrschaftshaus*) mansion **2.** (≈ *Türschloss etc*) lock; (≈ *Vorhängeschloss*) padlock; **hinter ~ und Riegel sitzen/bringen** to be/put behind bars **Schlosser** ['ʃlɔsɐ] *m* ⟨-s, -⟩, **Schlosserin** [-ərɪn] *f* ⟨-, -nen⟩ locksmith

Schlot [ʃloːt] *m* ⟨-(e)s, -e *or* (*rare*) ⸗e ['ʃløːtə]⟩ (≈ *Schornstein*) chimney (stack); **rauchen wie ein ~** (*infml*) to smoke like a chimney (*infml*)

schlottern ['ʃlɔtɐn] *v/i* **1.** (*vor* with) (≈ *zittern*) to shiver; (*vor Angst*) to tremble; **ihm schlotterten die Knie** his knees were knocking **2.** (*Kleider*) to hang loose

Schlucht [ʃlʊxt] *f* ⟨-, -en⟩ gorge

schluchzen ['ʃlʊxtsn] *v/t & v/i* to sob

Schluck [ʃlʊk] *m* ⟨-(e)s, -e *or* (*rare*) ⸗e ['ʃlʏkə]⟩ (≈ *ein bisschen*) drop; (≈ *das Schlucken*) swallow; (*großer*) gulp; (*kleiner*) sip; **einen ~ aus der Flasche nehmen** to take a drink from the bottle **Schluckauf** ['ʃlʊk|auf] *m* ⟨-s, *no pl*⟩ hiccups *pl*; **einen ~ haben** to have (the) hiccups **schlucken** ['ʃlʊkn] **I** *v/t* **1.** to swallow; **Pillen ~** (*sl*) to pop pills (*infml*) **2.** (COMM, *infml* ≈ *absorbieren*) to swallow up; *Benzin, Öl* to guzzle **II** *v/i* to swallow; **daran hatte er schwer**

schmecken

zu ~ (*fig*) he found that difficult to swallow **Schlucker** ['ʃlʊkɐ] *m* ‹**-s, -**› (*infml*) **armer ~** poor devil **Schluckimpfung** *f* oral vaccination

schlud(e)rig ['ʃluːd(ə)rɪç] (*infml*) **I** *adj* Arbeit sloppy **II** *adv* sloppily **schludern** ['ʃluːdɐn] (*infml*) **I** *v/t* to skimp **II** *v/i* to do sloppy work **Schludrigkeit** *f* ‹**-, -en**› (*infml*) sloppiness

schlummern ['ʃlʊmɐn] *v/i* (*elev*) to slumber (*liter*)

Schlund [ʃlʊnt] *m* ‹**-(e)s, ⸚e** ['ʃlʏndə]› ANAT pharynx; (*fig liter*) maw (*liter*)

schlüpfen ['ʃlʏpfn] *v/i aux sein* to slip; (*Küken*) to hatch (out) **Schlüpfer** ['ʃlʏpfɐ] *m* ‹**-s, -**› panties *pl*, knickers *pl* (*Br*) **Schlupfloch** *nt* hole, gap; (≈ Versteck) hideout; (*fig*) loophole **schlüpfrig** ['ʃlʏpfrɪç] *adj* **1.** slippery **2.** (*fig*) Bemerkung suggestive

schlurfen ['ʃlʊrfn] *v/i aux sein* to shuffle **schlürfen** ['ʃlʏrfn] *v/t & v/i* to slurp

Schluss [ʃlʊs] *m* ‹**-es, ⸚e** ['ʃlʏsə]› **1.** *no pl* (≈ Ende) end; **~ damit!** stop it!; **nun ist aber ~!** that's enough now!; **bis zum ~ bleiben** to stay to the end; **~ machen** (*infml*) (≈ aufhören) to finish; (≈ zumachen) to close; (≈ Selbstmord begehen) to end it all; (≈ Freundschaft beenden) to break it off; **ich muss ~ machen** (*am Telefon*) I'll have to go now **2.** (≈ Folgerung) conclusion; **zu dem ~ kommen, dass ...** to come to the conclusion that ... **Schlussabrechnung** *f* final statement **Schlussakkord** *m* final chord **Schlüssel** ['ʃlʏsl] *m* ‹**-s, -**› key (zu to); TECH spanner (*Br*), wrench; (≈ Verteilungsschlüssel) ratio (of distribution); MUS clef **Schlüsselbein** *nt* collarbone **Schlüsselblume** *f* cowslip **Schlüsselbund** *m or nt, pl* **-bunde** bunch of keys **Schlüsseldienst** *m* key cutting service **Schlüsselerlebnis** *nt* PSYCH crucial experience **Schlüsselfigur** *f* key figure **Schlüsselkind** *nt* (*infml*) latchkey kid (*infml*) **Schlüsselloch** *nt* keyhole **Schlüsselposition** *f* key position **schlussfolgern** *v/i insep* to conclude **Schlussfolgerung** *f* conclusion **Schlussformel** *f* (*in Brief*) complimentary close **schlüssig** ['ʃlʏsɪç] **I** *adj* Beweis conclusive; Konzept logical **II** *adv* begründen conclusively **Schlusslicht** *nt* tail-light; (*infml: bei Rennen etc*) back marker; **~ der Tabelle sein** to be bottom

of the table **Schlussnotierung** *f* ST EX closing quotation **Schlusspfiff** *m* final whistle **Schlussstrich** *m* (*fig*) **einen ~ unter etw** (*acc*) **ziehen** to consider sth finished **Schlussverkauf** *m* (end-of--season) sale (*Br*), season close-out sale (*US*)

Schmach [ʃmaːx] *f* ‹**-, no pl**› (*elev*) disgrace **schmachten** *v/i* (*elev* ≈ leiden) to languish **schmächtig** ['ʃmɛçtɪç] *adj* slight

schmackhaft *adj* (≈ wohlschmeckend) tasty; **jdm etw ~ machen** (*fig*) to make sth palatable to sb

schmähen ['ʃmɛːən] *v/t* (*elev*) to abuse **schmählich** ['ʃmɛːlɪç] (*elev*) **I** *adj* ignominious; (≈ demütigend) humiliating **II** *adv* shamefully; versagen miserably

schmal [ʃmaːl] *adj, comp* **-er** *or* **⸚er** ['ʃmɛːlɐ], *sup* **-ste(r, s)** *or* **⸚ste(r, s)** ['ʃmɛːlstə], *adv sup* **am -sten** *or* **⸚sten** **1.** narrow; Hüfte, Taille slender, narrow; Lippen thin **2.** (*fig* ≈ karg) meagre (*Br*), meager (*US*) **schmälern** ['ʃmɛːlɐn] *v/t* to diminish **Schmalfilm** *m* cine film (*Br*), movie film (*US*) **Schmalspur** *f* RAIL narrow gauge **Schmalspur-** *in cpds* (*pej*) small-time

Schmalz¹ [ʃmalts] *nt* ‹**-es, -e**› **1.** fat; (≈ Schweineschmalz) lard; (≈ Bratenschmalz) dripping (*Br*), drippings *pl* (*US*) **2.** (≈ Ohrenschmalz) earwax

Schmalz² *m* ‹**-es, no pl**› (*pej infml*) schmaltz (*infml*) **schmalzig** ['ʃmaltsɪç] (*pej infml*) *adj* schmaltzy (*infml*)

Schmankerl ['ʃmaŋkɐl] *nt* ‹**-s, -n**› (*S Ger, Aus* ≈ Speise) delicacy

schmarotzen [ʃmaˈrɔtsn] *past part* **schmarotzt** *v/i* to sponge, to scrounge (*bei* off); BIOL to be parasitic (*bei* on) **Schmarotzer** [ʃmaˈrɔtsɐ] *m* ‹**-s, -**› BIOL parasite **Schmarotzer** [ʃmaˈrɔtsɐ] *m* ‹**-s, -**›, **Schmarotzerin** [-ərɪn] *f* ‹**-, -nen**› (*fig*) sponger

Schmarr(e)n ['ʃmar(ə)n] *m* ‹**-s, -**› **1.** (*S Ger, Aus*: COOK) pancake cut up into small pieces **2.** (*infml* ≈ Quatsch) rubbish (*Br*)

schmatzen ['ʃmatsn] *v/i* (*beim Essen*) to eat noisily, to smack (*US*)

schmecken ['ʃmɛkn] **I** *v/i* to taste (nach of); (≈ gut schmecken) to be good, to taste good; **ihm schmeckt es** (≈ gut finden) he likes it; (≈ Appetit haben) he likes his food; **das schmeckt ihm nicht** he doesn't like it; **nach etw ~** (fig) to smack of sth; **das schmeckt nach nichts** it's tasteless; **schmeckt es (Ihnen)?** do you like it?; **es sich** (dat) **~ lassen** to tuck in; **sich** (dat) **etw ~ lassen** to tuck into sth **II** v/t to taste

Schmeichelei [ʃmaiçə'lai] f ⟨-, -en⟩ flattery **schmeichelhaft** adj flattering **schmeicheln** ['ʃmaiçln] v/i **1.** jdm ~ to flatter sb **2.** (≈ verschönen) to flatter; **das Bild ist aber geschmeichelt!** the picture is very flattering **Schmeichler** ['ʃmaiçlɐ] m ⟨-s, -⟩, **Schmeichlerin** [-ə-rɪn] f ⟨-, -nen⟩ flatterer; (≈ Kriecher) sycophant **schmeichlerisch** ['ʃmaiçlərɪʃ] adj flattering

schmeißen ['ʃmaisn] pret **schmiss** [ʃmɪs], past part **geschmissen** [gə-'ʃmɪsn] (infml) **I** v/t **1.** (≈ werfen) to sling (infml), to chuck (infml) **2.** (infml) **eine Party ~** to throw a party; **den Laden ~** to run the (whole) show **3.** (≈ aufgeben) to chuck in (infml) **II** v/i (≈ werfen) to throw; **mit Steinen ~** to throw stones **Schmeißfliege** f bluebottle

Schmelze ['ʃmɛltsə] f ⟨-, -n⟩ **1.** METAL, GEOL melt **2.** (≈ Schmelzen) melting **3.** (≈ Schmelzhütte) smelting plant **schmelzen** ['ʃmɛltsn] pret **schmolz** [ʃmɔlts], past part **geschmolzen** [gə-'ʃmɔltsn] **I** v/i aux sein to melt; (Reaktorkern) to melt down **II** v/t to melt; Erz to smelt **Schmelzkäse** m cheese spread **Schmelzofen** m melting furnace; (für Erze) smelting furnace **Schmelzpunkt** m melting point **Schmelztiegel** m melting pot **Schmelzwasser** nt, pl **-wasser** melted snow and ice; GEOG, PHYS meltwater

Schmerz [ʃmɛrts] m ⟨-es, -en⟩ pain pl rare; (≈ Kummer) grief no pl; **~en haben** to be in pain; **wo haben Sie ~en?** where does it hurt?; **jdm ~en bereiten** to cause sb pain; **unter ~en** while in pain; (fig) regretfully **schmerzempfindlich** adj Mensch sensitive to pain **schmerzen** ['ʃmɛrtsn] v/t & v/i to hurt; **es schmerzt** it hurts; **eine ~de Stelle** a painful spot **Schmerzensgeld** nt JUR damages pl **schmerzfrei** adj free of pain; Operation painless **Schmerzgrenze** f pain barrier **schmerzhaft** adj painful **schmerzlindernd** adj pain-relieving, analgesic (MED) **schmerzlos** adj pain-

less **Schmerzmittel** nt painkiller **schmerzstillend** adj pain-killing, analgesic (MED); **~es Mittel** painkiller **Schmerztablette** f painkiller **schmerzverzerrt** [-fɛɐtsɛrt] adj Gesicht distorted with pain **schmerzvoll** adj painful

Schmetterball m smash **Schmetterling** ['ʃmɛtɐlɪŋ] m ⟨-s, -e⟩ butterfly **schmettern** ['ʃmɛtɐn] v/t **1.** (≈ schleudern) to smash **2.** Lied, Arie to bellow out

Schmied [ʃmiːt] m ⟨-(e)s, -e [-də]⟩, **Schmiedin** ['ʃmiːdɪn] f ⟨-, -nen⟩ (black)smith **Schmiede** ['ʃmiːdə] f ⟨-, -n⟩ forge **Schmiedeeisen** nt wrought iron **schmiedeeisern** adj wrought-iron **schmieden** ['ʃmiːdn] v/t to forge (zu into); (≈ ersinnen) Plan, Komplott to hatch

schmiegen ['ʃmiːgn] v/r **sich an jdn ~** to cuddle up to sb **schmiegsam** ['ʃmiːkzaːm] adj supple; Stoff soft; (fig ≈ anpassungsfähig) adaptable

Schmiere ['ʃmiːrə] f ⟨-, -n⟩ **1.** (infml) grease; (≈ Salbe) ointment **2.** (infml) **~ stehen** to be the look-out **schmieren** ['ʃmiːrən] v/t **1.** (≈ streichen) to smear; Butter, Aufstrich to spread; Brot (mit Butter) to butter; Salbe to rub in (in +acc -to); (≈ einfetten) to grease; TECH to lubricate; **sie schmierte sich ein Brot** she made herself a sandwich; **es geht** or **läuft wie geschmiert** it's going like clockwork; **jdm eine ~** (infml) to smack sb one (infml) **2.** (pej ≈ schreiben) to scrawl; (≈ malen) to daub **3.** (infml ≈ bestechen) to grease sb's palm (infml) **Schmiererei** [ʃmiːrə'rai] f ⟨-, -en⟩ (pej infml) (≈ Geschriebenes) scrawl; (≈ Parolen etc) graffiti pl; (≈ Malerei) daubing **Schmierfett** nt (lubricating) grease **Schmierfink** m (pej) **1.** (≈ Autor, Journalist) hack; (≈ Skandaljournalist) muckraker (infml) **2.** (≈ Schüler) messy writer **Schmiergeld** nt bribe **Schmierheft** nt notebook **schmierig** ['ʃmiːrɪç] adj greasy; (fig) (≈ unanständig) filthy; (≈ schleimig) smarmy (Br infml) **Schmiermittel** nt lubricant **Schmieröl** nt lubricating oil **Schmierpapier** nt jotting paper (Br), scratch paper (US) **Schmierseife** f soft soap

Schminke ['ʃmɪŋkə] f ⟨-, -n⟩ make-up **schminken** ['ʃmɪŋkn] **I** v/t to make up; **sich** (dat) **die Lippen/Augen ~** to put on lipstick/eye make-up **II** v/r to put on make-up

schmirgeln ['ʃmɪrgln] v/t & v/i to sand **Schmirgelpapier** nt sandpaper

Schmöker ['ʃmøːkɐ] m ⟨-s, -⟩ book (of light literature); (dick) tome **schmökern** ['ʃmøːkɐn] (infml) v/i to bury oneself in a book/magazine etc

schmollen ['ʃmɔlən] v/i to pout; (≈ gekränkt sein) to sulk **Schmollmund** m pout; **einen ~ machen** to pout

Schmorbraten m pot roast **schmoren** ['ʃmoːrən] **I** v/t to braise **II** v/i cook to braise; (infml ≈ schwitzen) to roast; **jdn (im eigenen Saft) ~ lassen** to leave sb to stew (in his/her own juice)

Schmuck [ʃmʊk] m ⟨-(e)s, (rare) -e⟩ **1.** (≈ Schmuckstücke) jewellery (Br) no pl, jewelry (US) no pl **2.** (≈ Verzierung) decoration; (fig) embellishment **schmücken** ['ʃmʏkn] **I** v/t to decorate; Rede to embellish **II** v/r **sich mit etw ~** to adorn oneself with sth **schmucklos** adj plain; Einrichtung, Stil simple **Schmuckstück** nt (≈ Ring etc) piece of jewellery; (fig ≈ Prachtstück) gem

schmuddelig ['ʃmʊdəlɪç] adj messy; (≈ schmierig) filthy

Schmuggel ['ʃmʊgl] m ⟨-s, no pl⟩ smuggling; **~ treiben** to smuggle **Schmuggelei** [ʃmʊgə'lai] f ⟨-, -en⟩ smuggling no pl **schmuggeln** ['ʃmʊgln] v/t & v/i (lit, fig) to smuggle; **mit etw ~** to smuggle sth **Schmuggelware** f smuggled goods pl **Schmuggler** ['ʃmʊglɐ] m ⟨-s, -⟩, **Schmugglerin** [-ərɪn] f ⟨-, -nen⟩ smuggler

schmunzeln ['ʃmʊntsln] v/i to smile **Schmunzeln** nt ⟨-s, no pl⟩ smile

schmusen ['ʃmuːzn] v/i (infml) (≈ zärtlich sein) to cuddle; **mit jdm ~** to cuddle sb **schmusig** ['ʃmuːzɪç] adj (infml) smoochy (infml)

Schmutz [ʃmʊts] m ⟨-es, no pl⟩ **1.** dirt **2.** (fig) filth; **jdn/etw in den ~ ziehen** to drag sb/sth through the mud **schmutzen** ['ʃmʊtsn] v/i to get dirty **Schmutzfink** m (infml) (≈ unsauberer Mensch) dirty slob (infml); (≈ Kind) mucky pup (Br infml), messy thing (esp US infml); (fig) (≈ Mann) dirty old man **Schmutzfleck** m dirty mark **Schmutzfracht** f dirty cargo **schmutzig** ['ʃmʊtsɪç] adj dirty; **sich ~ machen** to get oneself dirty **Schnabel** ['ʃnaːbl] m ⟨-s, ⸚ ['ʃnɛːbl]⟩ **1.**

(≈ Vogelschnabel) beak, bill **2.** (von Kanne) spout **3.** (infml ≈ Mund) mouth; **halt den ~!** shut your mouth! (infml)

schnacken ['ʃnakn] v/i (N Ger) to chat

Schnake ['ʃnaːkə] f ⟨-, -n⟩ **1.** (infml ≈ Stechmücke) gnat, midge (Br) **2.** (≈ Weberknecht) daddy-longlegs

Schnalle ['ʃnalə] f ⟨-, -n⟩ **1.** (≈ Schuhschnalle, Gürtelschnalle) buckle **2.** (an Handtasche) clasp **schnallen** ['ʃnalən] v/t **1.** (≈ befestigen) to strap; Gürtel to fasten **2.** (infml ≈ begreifen) **etw ~** to catch on to sth

Schnäppchen ['ʃnɛpçən] nt ⟨-s, -⟩ bargain; **ein ~ machen** to get a bargain **Schnäppchenpreis** m (infml) bargain price **schnappen** ['ʃnapn] **I** v/i **nach jdm/etw ~** to snap at sb/sth; (≈ greifen) to snatch at sb/sth; **die Tür schnappt ins Schloss** the door clicks shut **II** v/t (infml) **1.** (≈ ergreifen) to grab; **sich** (dat) **jdn/etw ~** to grab sb/sth (infml) **2.** (≈ fangen) to catch **Schnappschuss** m (≈ Foto) snap(shot)

Schnaps [ʃnaps] m ⟨-es, ⸚e ['ʃnɛpsə]⟩ (≈ klarer Schnaps) schnapps; (infml) (≈ Branntwein) spirits pl **Schnapsbrennerei** f (Gebäude) distillery **Schnapsidee** f (infml) crazy idea

schnarchen ['ʃnarçn] v/i to snore

schnattern ['ʃnatɐn] v/i (Gans) to gabble; (Ente) to quack; (infml ≈ schwatzen) to natter (infml)

schnauben ['ʃnaubn] pret **schnaubte** or (old) **schnob** ['ʃnauptə, ʃnoːp], past part **geschnaubt** or (old) **geschnoben** [gə'ʃnaupt, gə'ʃnoːbn] v/i **1.** (Tier) to snort **2. vor Wut ~** to snort with rage

schnaufen ['ʃnaufn] v/i (≈ schwer atmen) to wheeze; (≈ keuchen) to puff **Schnauferl** ['ʃnaufɐl] nt ⟨-s, - or (Aus) -n⟩ (hum ≈ Oldtimer) veteran car

Schnauz [ʃnauts] m ⟨-es, **Schnäuze**⟩ (Swiss), **Schnauzbart** m moustache (Br), mustache (US) **Schnauze** ['ʃnautsə] f ⟨-, -n⟩ **1.** (von Tier) snout **2.** (infml) (≈ Mund) gob (Br infml), trap (infml); (**halt die**) **~!** shut your trap! (infml); **jdm die ~ einschlagen** or **polieren** to smash sb's face in (sl); **die ~** (**gestrichen**) **vollhaben** to be fed up (to the back teeth) (infml); **eine große ~ haben** to have a big mouth **schnäuzen** ['ʃnɔytsn] v/t & v/r **sich ~**, (**sich**) **die Nase ~** to blow one's nose **Schnauzer**

['ʃnautsɐ] *m* ⟨**-s**, **-**⟩ (≈ *Hundeart*) schnauzer

Schnecke ['ʃnɛkə] *f* ⟨**-**, **-n**⟩ **1.** (ZOOL., *fig*) snail; (≈ *Nacktschnecke*) slug; COOK escargot; *jdn zur~ machen* (*infml*) to bawl sb out (*infml*) **2.** (COOK: *Gebäck*) ≈ Chelsea bun **Schneckenhaus** *nt* snail shell **Schneckenpost** *f* (*infml*) snail mail (*infml*) **Schneckentempo** *nt* (*infml*) *im ~* at a snail's pace

Schnee [ʃneː] *m* ⟨**-s**, *no pl*⟩ **1.** snow; *das ist~ von gestern* (*infml*) that's old hat **2.** (≈ *Eischnee*) whisked egg white; *Eiweiß zu ~ schlagen* to whisk the egg white(s) till stiff **3.** (*infml* ≈ *Heroin, Kokain*) snow (*sl*) **Schneeball** *m* snowball **Schneeballprinzip** *nt* snowball effect **Schneeballschlacht** *f* snowball fight **Schneeballsystem** *nt* accumulative process **schneebedeckt** *adj* snow-covered **Schneebesen** *m* COOK whisk **schneeblind** *adj* snow-blind **Schneebrille** *f* snow goggles *pl* **Schneedecke** *f* blanket *or* covering of snow **Schneefall** *m* snowfall, fall of snow **Schneeflocke** *f* snowflake **schneefrei** *adj Gebiet* free of snow **Schneegestöber** *nt* (*leicht*) snow flurry; (*stark*) snowstorm **Schneeglätte** *f* hard-packed snow *no pl* **Schneeglöckchen** *nt* snowdrop **Schneegrenze** *f* snow line **Schneekette** *f* AUTO snow chain **Schneemann** *m*, *pl* **-männer** snowman **Schneematsch** *m* slush **Schneepflug** *m* TECH, SKI snowplough (*Br*), snowplow (*US*) **Schneeregen** *m* sleet **Schneeschaufel** *f* snow shovel, snowpusher (*US*) **Schneeschmelze** *f* thaw **Schneeschuh** *m* snowshoe; (*dated* SKI) ski **Schneesturm** *m* snowstorm; (*stärker*) blizzard **Schneetreiben** *nt* driving snow **Schneeverhältnisse** *pl* snow conditions *pl* **Schneeverwehung** *f* snowdrift **Schneewehe** *f* snowdrift **schneeweiß** *adj* snow-white; *Hände* lily-white **Schneewittchen** [-'vɪtçən] *nt* ⟨**-s**, *no pl*⟩ Snow White

Schneid [ʃnait] *m* ⟨**-(e)s** [-dəs]⟩ ⟨(*S Ger, Aus*) *f* -, *no pl*⟩ (*infml*) guts *pl* (*infml*) **Schneidbrenner** *m* TECH cutting torch **Schneide** ['ʃnaidə] *f* ⟨**-**, **-n**⟩ (sharp *or* cutting) edge; (*von Messer*) blade **schneiden** ['ʃnaidn] *pret* **schnitt** [ʃnɪt], *past part* **geschnitten** [gə'ʃnɪtn] **I** *v/i* to cut **II** *v/t* **1.** to cut; (≈ *klein schneiden*) *Gemüse etc* to chop; SPORTS *Ball* to slice;

MAT to intersect with; (*Weg*) to cross; *jdn ~* (*beim Überholen*) to cut in on sb; (≈ *ignorieren*) to cut sb dead (*Br*) *or* off **2.** *Film, Tonband* to edit **3.** (*fig* ≈ *meiden*) to cut III *v/r* **1.** (*Mensch*) to cut oneself; *sich in den Finger ~* to cut one's finger **2.** (*infml* ≈ *sich täuschen*) *da hat er sich aber geschnitten!* he's made a big mistake **3.** (*Linien, Straßen etc*) to intersect **schneidend** *adj* biting; *Ton* piercing **Schneider** ['ʃnaidɐ] *m* ⟨**-s**, **-**⟩ (*Gerät*) cutter; *aus dem ~ sein* (*fig*) to be out of the woods **Schneider** ['ʃnaidɐ] *m* ⟨**-s**, **-**⟩, **Schneiderin** ['ʃnaidərɪn] *f* ⟨**-**, **-nen**⟩ tailor **Schneiderei** [ʃnaidə'rai] *f* ⟨**-**, **-en**⟩ (≈ *Werkstatt*) tailor's **schneidern** ['ʃnaidɐn] **I** *v/i* (*beruflich*) to be a tailor; (*als Hobby*) to do dressmaking **II** *v/t* to make **Schneidersitz** *m im~ sitzen* to sit cross-legged **Schneidezahn** *m* incisor **schneidig** ['ʃnaidɪç] *adj Mensch* dashing; *Musik, Rede* rousing; *Tempo* fast

schneien ['ʃnaiən] **I** *v/i impers* to snow **II** *v/t +impers es schneite Konfetti* confetti rained down **III** *v/i aux sein* (*fig*) to rain down; *jdm ins Haus ~* (*infml*) (*Besuch*) to drop in on sb; (*Rechnung, Brief*) to arrive in the post

Schneise ['ʃnaizə] *f* ⟨**-**, **-n**⟩ break; (≈ *Waldschneise*) lane

schnell [ʃnɛl] **I** *adj* quick; *Auto, Zug, Strecke* fast; *Hilfe* speedy **II** *adv* quickly; *arbeiten, handeln* fast; *nicht so~!* not so fast!; *das geht ~* (*grundsätzlich*) it doesn't take long; *das ging ~* that was quick; *mach ~/~er!* hurry up!; *das ging alles viel zu ~* it all happened much too quickly *or* fast; *das werden wir ~ erledigt haben* we'll soon have that finished; *sie wird~* she loses her temper quickly; *das werde ich so ~ nicht wieder tun* I won't do that again in a hurry **Schnellboot** *nt* speedboat **Schnelle** ['ʃnɛlə] *f* ⟨**-**, **-n**⟩ **1.** *no pl* (≈ *Schnelligkeit*) speed; *etw auf die ~ machen* to do sth quickly *or* in a rush **2.** (≈ *Stromschnelle*) rapids *pl* **schnellen** ['ʃnɛlən] *v/i aux sein* to shoot; *in die Höhe~* to shoot up **Schnellhefter** *m* spring folder **Schnelligkeit** ['ʃnɛlɪçkait] *f* ⟨**-**, **-en**⟩ speed; (*von Hilfe*) speediness **Schnellimbiss** *m* **1.** (*Essen*) (quick) snack **2.** (*Raum*) snack bar **Schnellkochtopf** *m* (≈ *Dampfkochtopf*) pressure cooker **schnelllebig** [-le:bɪç] *adj* *Zeit* fast-moving **Schnellreinigung** *f* express cleaning service **schnellstens** ['ʃnɛlstns] *adv* as quickly as possible **Schnellstraße** *f* expressway **Schnellzug** *m* fast train

Schnepfe ['ʃnɛpfə] *f* ⟨-, **-n**⟩ snipe; (*pej infml*) silly cow (*infml*)

schneuzen ['ʃnɔytsn] *v/t & v/r* → **schnäuzen**

Schnippchen ['ʃnɪpçən] *nt* ⟨-**s**, -⟩ (*infml*) **jdm ein ~ schlagen** to play a trick on sb **schnippen** ['ʃnɪpn] *v/i* **mit den Fingern ~** to snap one's fingers **schnippisch** ['ʃnɪpɪʃ] **I** *adj* saucy **II** *adv* saucily **Schnipsel** ['ʃnɪpsl] *m or nt* ⟨-**s**, -⟩ (*infml*) scrap; (≈ *Papierschnipsel*) scrap of paper

Schnitt [ʃnɪt] *m* ⟨-**(e)s**, **-e**⟩ **1.** cut; (*von Gesicht*) shape; MED incision; (≈ *Schnittmuster*) pattern **2.** FILM editing *no pl* **3.** (MAT) (≈ *Schnittpunkt*) (point of) intersection; (≈ *Schnittfläche*) section; (*infml* ≈ *Durchschnitt*) average; **im ~** on average **Schnittblumen** *pl* cut flowers *pl* **Schnitte** ['ʃnɪtə] *f* ⟨-, **-n**⟩ slice; (*belegt*) open sandwich; (*zusammengeklappt*) sandwich **schnittig** ['ʃnɪtɪç] *adj* smart **Schnittlauch** *m, no pl* chives *pl* **Schnittmuster** *nt* SEWING (paper) pattern **Schnittpunkt** *m* intersection **Schnittstelle** *f* (IT, *fig*) interface **Schnittwinkel** *m* angle of intersection **Schnittwunde** *f* cut; (*tief*) gash

Schnitzel[1] *nt or m* ⟨-**s**, -⟩ (≈ *Papierschnitzel*) bit of paper; (≈ *Holzschnitzel*) shaving

Schnitzel[2] *nt* ⟨-**s**, -⟩ COOK veal/pork cutlet **Schnitzeljagd** *f* paper chase **schnitzeln** ['ʃnɪtsln] *v/t Gemüse* to shred **schnitzen** ['ʃnɪtsn] *v/t & v/i* to carve **Schnitzer** ['ʃnɪtsə] *m* ⟨-**s**, -⟩ (*infml*) (*in Benehmen*) blunder; (≈ *Fehler*) howler (*Br infml*), blooper (*US infml*) **Schnitzer**-**in** ['ʃnɪtsərɪn] *f* ⟨-, **-nen**⟩ woodcarver **Schnitzerei** [ʃnɪtsə'raɪ] *f* ⟨-, **-en**⟩ (wood)carving

schnodd(e)rig ['ʃnɔd(ə)rɪç] *adj* (*infml*) *Mensch, Bemerkung* brash

schnöde ['ʃnøːdə] *adj* (≈ *niederträchtig*) despicable; *Ton* contemptuous; **~s Geld** filthy lucre

Schnorchel ['ʃnɔrçl] *m* ⟨-**s**, -⟩ snorkel **schnorcheln** ['ʃnɔrçln] *v/i* to go snor-

kelling (*Br*) *or* snorkeling (*US*)

Schnörkel ['ʃnœrkl] *m* ⟨-**s**, -⟩ flourish; (*an Möbeln, Säulen*) scroll; (*fig* ≈ *Unterschrift*) squiggle (*hum*)

schnorren ['ʃnɔrən] *v/t & v/i* (*infml*) to scrounge (*infml*) (*bei* from) **Schnorrer** ['ʃnɔrɐ] *m* ⟨-**s**, -⟩, **Schnorrerin** [-ərɪn] *f* ⟨-, **-nen**⟩ (*infml*) scrounger (*infml*)

Schnösel ['ʃnøːzl] *m* ⟨-**s**, -⟩ (*infml*) snotty(-nosed) little upstart (*infml*) **schnöselig** ['ʃnøːzəlɪç] (*infml*) *adj Benehmen* snotty (*infml*)

schnuckelig ['ʃnʊkəlɪç] *adj* (*infml* ≈ *gemütlich*) snug, cosy; (≈ *niedlich*) cute

schnüffeln ['ʃnʏfln] **I** *v/i* **1.** to sniff; **an etw** (*dat*) **~** to sniff (at) sth **2.** (*fig infml* ≈ *spionieren*) to snoop around (*infml*) **II** *v/t* to sniff **Schnüffler** ['ʃnʏflɐ] *m* ⟨-**s**, -⟩, **Schnüfflerin** [-ərɪn] *f* ⟨-, **-nen**⟩ (*infml*) (*fig*) snooper (*infml*); (≈ *Detektiv*) private eye (*infml*)

Schnuller ['ʃnʊlɐ] *m* ⟨-**s**, -⟩ (*infml*) dummy (*Br*), pacifier (*US*)

Schnulze ['ʃnʊltsə] *f* ⟨-, **-n**⟩ (*infml*) schmaltzy film/book/song (*infml*) **schnulzig** ['ʃnʊltsɪç] (*infml*) *adj* slushy (*infml*)

Schnupfen ['ʃnʊpfn] *m* ⟨-**s**, -⟩ cold; (**einen**) **~ bekommen** to catch a cold **Schnupftabak** *m* snuff

schnuppe ['ʃnʊpə] *adj pred* (*infml*) **jdm ~ sein** to be all the same to sb

Schnupperkurs *m* (*infml*) taster course **schnuppern** ['ʃnʊpɐn] **I** *v/i* to sniff; **an etw** (*dat*) **~** to sniff (at) sth **II** *v/t* to sniff; (*fig*) *Atmosphäre etc* to sample

Schnur [ʃnuːɐ] *f* ⟨-, **⁀e** [ʃnyːrə]⟩ (≈ *Bindfaden*) string; (≈ *Kordel*) cord **Schnürchen** ['ʃnyːɐçən] *nt* ⟨-**s**, -⟩ **es läuft alles wie am ~** everything's going like clockwork **schnüren** ['ʃnyːrən] *v/t Paket* to tie up; *Schuhe* to lace (up) **schnurgerade** *adj* (*dead*) straight **Schnürl** ['ʃnyːɐl] *nt* ⟨-**s**, -⟩ (*Aus*) (piece of) string **schnurlos** *adj* cordless **Schnürlregen** ['ʃnyːɐl-] *m* (*Aus*) pouring rain **Schnürlsamt** ['ʃnyːɐl-] *m* (*Aus*) corduroy

Schnurrbart *m* moustache (*Br*), mustache (*US*) **schnurren** ['ʃnʊrən] *v/i* (*Katze*) to purr; (*Spinnrad etc*) to hum **Schnürschuh** *m* lace-up shoe **Schnürsenkel** *m* shoelace **schnurstracks** ['ʃnuːɐ'ʃtraks] *adv* straight

schnurz(egal) [ʃnʊrts-] *adj* (*infml*) **das**

ist ihm ~ he couldn't give a damn (about it) (*infml*)

Schock *m* ⟨**-(e)s, -s**⟩ shock; **unter ~ ste-hen** to be in (a state of) shock **schocken** ['ʃɔkn] *v/t* (*infml*) to shock **schockieren** [ʃɔ'kiːrən] *past part* **schockiert** *v/t & v/i* to shock; (*stärker*) to scandalize; **~d** shocking; **schockiert sein** to be shocked (*über +acc* at)

schofel ['ʃoːfl], **schofelig** ['ʃoːfəlɪç] (*infml*) *adj Behandlung* rotten *no adv* (*infml*); *Geschenk* miserable

Schöffe ['ʃœfə] *m* ⟨**-n, -n**⟩, **Schöffin** ['ʃœfɪn] *f*⟨**-, -nen**⟩ ≈ juror **Schöffengericht** *nt* court (*with jury*)

Schokolade [ʃoko'laːdə] *f*⟨**-, -n**⟩ chocolate **Schokoriegel** ['ʃoko-] *m* chocolate bar

Scholle[1] ['ʃɔlə] *f*⟨**-, -n**⟩ (*Fisch*) plaice

Scholle[2] *f*⟨**-, -n**⟩ (≈ *Eisscholle*) (ice) floe; (≈ *Erdscholle*) clod (of earth)

schon [ʃoːn] *adv* **1.** already; **er ist ~ hier!** he's (already) here!; **es ist ~ 11 Uhr** it's (already) 11 o'clock; **das habe ich dir doch ~ hundertmal gesagt** I've told you that a hundred times; **~ damals** even then; **~ im 13. Jahrhundert** as early as the 13th century; **~ am nächsten Tag** the very next day; **ich bin ~ lange fertig** I've been ready for ages; **~ immer** always; **ich habe das ~ mal gehört** I've heard that before; **warst du ~ (ein)mal dort?** have you ever been there? **2.** (≈ *bereits*) ever; **warst du ~ dort?** have you been there (yet)?; (≈ *je*) have you (ever) been there?; **ist er ~ hier?** is he here yet?; **musst du ~ gehen?** must you go so soon?; **wie lange wartest du ~?** how long have you been waiting? **3.** (≈ *bloß*) just; **allein ~ der Gedanke, dass ...** just the thought that ...; **wenn ich das ~ sehe!** if I even see that! **4.** (≈ *bestimmt*) all right; **du wirst ~ sehen** you'll see (all right); **das wirst du ~ noch lernen** you'll learn that one day **5.** **das ist ~ möglich** that's quite possible; **hör ~ auf damit!** will you stop that!; **nun sag ~!** come on, tell me/us *etc*!; **mach ~!** get a move on! (*infml*); **ja ~, aber ...** (*infml*) yes (well), but ...; **was macht das ~, wenn ...** what does it matter if ...; **~ gut!** okay! (*infml*); **ich verstehe ~** I know (*infml*); **ich weiß ~** I know

schön [ʃøːn] **I** *adj* **1.** beautiful; *Mann* handsome **2.** (≈ *nett, angenehm*) good;

Gelegenheit great; (*infml* ≈ *gut*) nice; **die ~en Künste** the fine arts; **eines ~en Tages** one fine day; **~e Ferien!** have a good holiday (*esp Br*) *or* vacation (*US*); **zu ~, um wahr zu sein** (*infml*) too good to be true; **na ~** fine, okay; **~ und gut, aber ...** that's all very well but ... **3.** (*iron*) *Unordnung* fine; *Überraschung* lovely; **du bist mir ein ~er Freund** a fine friend you are; **das wäre ja noch ~er** (*infml*) that's (just) too much! **4.** (≈ *beträchtlich*) *Erfolg* great; *eine ganz~e Leistung* quite an achievement; *eine ganz~e Menge* quite a lot **II** *adv* **1.** (≈ *gut*) well; *schreiben* beautifully; **sich ~ anziehen** to get dressed up; **~ weich/warm/stark** nice and soft/warm/strong; **schlaf ~** sleep well; **erhole dich ~** have a good rest **2.** (*infml*) (≈ *brav, lieb*) nicely; (≈ *sehr, ziemlich*) really; **sei ~ brav** be a good boy/girl; **ganz ~ teuer/kalt** pretty expensive/cold; **ganz ~ lange** quite a while

Schonbezug *m* (*für Matratzen*) mattress cover; (*für Möbel*) loose cover; (*für Autositz*) seat cover **schonen** ['ʃoːnən] **I** *v/t* *Gesundheit* to look after; *Ressourcen* to conserve; *Umwelt* to protect; *jds Nerven* to spare; *Gegner* to be easy on; *Bremsen, Batterie* to go easy on; **er muss den Arm noch ~** he still has to be careful with his arm **II** *v/r* to look after oneself; **er schont sich für das nächste Rennen** he's saving himself for the next race

Schöne ['ʃøːnə] *f decl as adj* (*liter, hum* ≈ *Mädchen*) beauty **schönen** ['ʃøːnən] *v/t Zahlen* to dress up

schonend I *adj* gentle; (≈ *rücksichtsvoll*) considerate; *Waschmittel* mild **II** *adv* **jdm etw ~ beibringen** to break sth to sb gently; **etw ~ behandeln** to treat sth with care

Schönfärberei *f* (*fig*) glossing things over **Schöngeist** *m* aesthete **schöngeistig** *adj* aesthetic; **~e Literatur** belletristic literature **Schönheit** *f*⟨**-, -en**⟩ beauty **Schönheitschirurgie** *f* cosmetic surgery **Schönheitsfarm** *f* beauty farm **Schönheitsfehler** *m* blemish; (*von Gegenstand*) flaw **Schönheitskönigin** *f* beauty queen **Schönheitsoperation** *f* cosmetic surgery **Schönheitspflege** *f* beauty care **Schönheitswettbewerb** *m* beauty contest

Schonkost *f* light diet; (≈ *Spezialdiät*)

special diet
schön machen, schönmachen *sep* **I** *v/t Kind* to dress up; *Wohnung* to decorate **II** *v/r* to get dressed up; (≈ *sich schminken*) to make (oneself) up **Schönschrift** *f, no pl* **in ~** in one's best (hand)writing **Schonung** ['ʃoːnʊŋ] *f ⟨-, -en⟩* **1.** (≈ *Waldbestand*) (protected) forest plantation area **2.** *no pl* (≈ *das Schonen*) (*von Ressourcen*) saving; (*von Umwelt*) protection; **zur ~ meiner Gefühle** to spare my feelings **3.** *no pl* (≈ *Nachsicht*) mercy **schonungslos I** *adj* ruthless; *Wahrheit* blunt; *Offenheit* brutal; *Kritik* savage **II** *adv* ruthlessly **Schonzeit** *f* close season; (*fig*) honeymoon period
Schopf [ʃɔpf] *m ⟨-(e)s, ⸚e* ['ʃœpfə]⟩ **1.** (shock of) hair; *eine Gelegenheit beim ~ ergreifen* to seize an opportunity with both hands **2.** (*Aus* ≈ *Schuppen*) shed
schöpfen ['ʃœpfn] *v/t* **1.** (*also v/i*) (*aus* from) *Wasser* to scoop; *Suppe* to ladle **2.** *Kraft* to summon up; *Hoffnung* to find; *Hoffnung etc aus etw ~* to draw hope *etc* from sth **3.** (*also v/i* ≈ *schaffen*) *Kunstwerk* to create; *neuen Ausdruck* to coin **Schöpfer** ['ʃœpfɐ] *m ⟨-s, -⟩*, **Schöpferin** [-ərɪn] *f ⟨-, -nen⟩* creator; (≈ *Gott*) Creator **schöpferisch** ['ʃœpfərɪʃ] **I** *adj* creative **II** *adv* creatively; *sie ist ~ veranlagt* she is creative; (≈ *künstlerisch*) she is artistic **Schöpfkelle** *f,* **Schöpflöffel** *m* ladle **Schöpfung** ['ʃœpfʊŋ] *f ⟨-, -en⟩* creation
Schorf [ʃɔrf] *m ⟨-(e)s, -e⟩* crust; (≈ *Wundschorf*) scab
Schorle ['ʃɔrlə] *f ⟨-, -n or⟩ nt ⟨-s, -s⟩* spritzer
Schornstein ['ʃɔrnʃtain] *m* chimney; (*von Schiff, Lokomotive*) funnel, (smoke)stack **Schornsteinfeger** [-feːgɐ] *m ⟨-s, -⟩*, **Schornsteinfegerin** [-ərɪn] *f ⟨-, -nen⟩* chimney sweep
Schoß [ʃoːs] *⟨-es, ⸚e* ['ʃøːsə]⟩ *m* **1.** lap; *die Hände in den ~ legen* (*fig*) to sit back (and take it easy) **2.** (*liter*) (≈ *Mutterleib*) womb; *im ~e der Familie* in the bosom of one's family **Schoßhund** *m* lapdog
Schössling ['ʃœslɪŋ] *m ⟨-s, -e⟩* вот shoot
Schote ['ʃoːtə] *f ⟨-, -n⟩* вот pod
Schotte ['ʃɔtə] *m ⟨-n, -n⟩* Scot **Schottenmuster** *nt* tartan **Schottenrock** *m* (≈ *Kilt*) kilt

Schotter ['ʃɔtɐ] *m ⟨-s, -⟩* gravel; (*im Straßenbau*) (road) metal; вли ballast
Schottin ['ʃɔtɪn] *f ⟨-, -nen⟩* Scot **schottisch** ['ʃɔtɪʃ] *adj* Scottish **Schottland** ['ʃɔtlant] *nt ⟨-s⟩* Scotland
schraffieren [ʃraˈfiːrən] *past part* **schraffiert** *v/t* to hatch **Schraffierung** *f ⟨-, -en⟩* hatching
schräg [ʃrɛːk] **I** *adj* **1.** (≈ *schief, geneigt*) sloping; *Kante* bevelled (*Br*), beveled (*US*) **2.** (*infml*) (≈ *verdächtig*) fishy (*infml*) **II** *adv* (≈ *geneigt*) at an angle; (≈ *krumm*) slanting; *gestreift* diagonally; **~ gegenüber** diagonally opposite; **den Kopf ~ halten** to hold one's head at an angle; **jdn ~ ansehen** (*fig*) to look askance at sb **Schrägbank** *f, pl* **-bänke** sports incline bench **Schräge** ['ʃrɛːgə] *f ⟨-, -n⟩* (≈ *schräge Fläche*) slope; (≈ *schräge Kante*) bevel; (*im Zimmer*) sloping ceiling **Schrägkante** *f* bevelled (*Br*) or beveled (*US*) edge **Schrägstrich** *m* oblique
Schramme ['ʃramə] *f ⟨-, -n⟩* scratch **schrammen** ['ʃramən] *v/t* to scratch
Schrank [ʃraŋk] *m ⟨-(e)s, ⸚e* ['ʃrɛŋkə]⟩ cupboard (*Br*), closet (*US*); (≈ *Kleiderschrank*) wardrobe (*Br*), closet (*US*)
Schranke ['ʃraŋkə] *f ⟨-, -n⟩* barrier; (*fig*) (≈ *Grenze*) limit; *sich in ~n halten* to keep within reasonable limits **schrankenlos** *adj* (*fig*) unbounded, boundless; *Forderungen* unrestrained **Schrankenwärter(in)** *m/(f)* attendant (*at level crossing*)
schrankfertig *adj Wäsche* washed and ironed **Schrankkoffer** *m* clothes trunk **Schrankwand** *f* wall unit
Schraubdeckel *m* screw(-on) lid **Schraube** ['ʃraubə] *f ⟨-, -n⟩* screw; *bei ihr ist eine ~ locker* (*infml*) she's got a screw loose (*infml*) **schrauben** ['ʃraubn] *v/t & v/i* to screw; *etw in die Höhe ~* (*fig*) *Preise* to push sth up; *Ansprüche* to raise **Schraubendreher** *m* screwdriver **Schraubenmutter** *f, pl* **-muttern** nut **Schraubenschlüssel** *m* spanner (*Br*), wrench (*US*) **Schraubenzieher** [-tsiːɐ] *m ⟨-s, -⟩* screwdriver **Schraubstock** *m* vice **Schraubverschluss** *m* screw top
Schrebergarten ['ʃreːbɐ-] *m* allotment (*Br*), garden plot
Schreck [ʃrɛk] *m ⟨-s, (rare) -e⟩* fright; *vor ~* in fright; *zittern* with fright; *einen*

~**(en) bekommen** to get a fright; **mit dem ~(en) davonkommen** to get off with no more than a fright; **ach du ~!** (*infml*) blast! (*infml*) **schrecken** ['ʃrɛkn] *pret* **schreckte** [ʃrɛktə], *past part* **geschreckt**[gə'ʃrɛkt] **I** *v/t* (≈ *ängstigen*) to frighten; (*stärker*) to terrify; **jdn aus dem Schlaf ~** to startle sb out of his sleep **II** *v/r* (*Aus*) to get a fright **Schrecken**['ʃrɛkn] *m* ⟨**-s, -**⟩ **1.** = **Schreck 2.** (≈ *Entsetzen*) terror; **jdn in Angst und ~ versetzen** to frighten and terrify sb **schreckensblass, schreckensbleich** *adj* as white as a sheet **Schreckensnachricht** *f* terrible news *no pl* **Schreckgespenst** *nt* nightmare **schreckhaft** *adj* easily startled **schrecklich** ['ʃrɛklɪç] **I** *adj* terrible **II** *adv* **1.** (≈ *entsetzlich*) horribly; **~ schimpfen** to swear dreadfully **2.** (*infml* ≈ *sehr*) terribly; **~ viel** an awful lot (of); **~ wenig** very little **Schreckschuss** *m* warning shot **Schrecksekunde** *f* moment of shock

Schredder ['ʃrɛdɐ] *m* ⟨**-s, -**⟩ shredder **Schrei** [ʃrai] *m* ⟨**-(e)s, -e**⟩ cry; (*brüllender*) yell; (*gellender*) scream; (*kreischender*) shriek; **ein ~ der Entrüstung** an (indignant) outcry; **der letzte ~** (*infml*) the latest thing **Schreibblock** *m*, *pl* **-blöcke** *or* **-blocks** (writing) pad **schreiben** ['ʃraibn] *pret* **schrieb** [ʃriːp], *past part* **geschrieben** [gə'ʃriːbn] **I** *v/t* **1.** to write; *Klassenarbeit* to do; **schwarze/rote Zahlen ~** COMM to be in the black/red; **wo steht das geschrieben?** where does it say that? **2.** (*orthografisch*) to spell; **wie schreibt man das?** how do you spell that? **II** *v/i* to write; **jdm ~** to write to sb, to write sb (*US*); **an einem Roman etc ~** to be working on a novel *etc* **III** *v/r* **1.** (≈ *korrespondieren*) to write (to each other) **2.** (≈ *geschrieben werden*) to be spelt (*esp Br*) *or* spelled; **wie schreibt er sich?** how does he spell his name? **Schreiben** ['ʃraibn] *nt* ⟨**-s, -**⟩ (≈ *Mitteilung*) communication (*form*); (≈ *Brief*) letter **Schreiber** ['ʃraibɐ] *m* ⟨**-s, -**⟩ (*infml* ≈ *Schreibgerät*) **keinen ~ haben** to have nothing to write with **Schreiber** ['ʃraibɐ] *m* ⟨**-s, -**⟩, **Schreiberin** [-ərɪn] *f* ⟨**-, -nen**⟩ writer; (≈ *Gerichtsschreiber*) clerk/clerkess; (*pej* ≈ YYY, *Schriftsteller*) scribbler **schreibfaul** *adj* lazy (about letter writ-

ing) **Schreibfehler** *m* (spelling) mistake; (*aus Flüchtigkeit*) slip of the pen **schreibgeschützt** *adj* IT write-protected **Schreibheft** *nt* exercise book **Schreibkraft** *f* typist **Schreibmaschine** *f* typewriter; **mit der ~ geschrieben** typewritten **Schreibmaschinenpapier** *nt* typing paper **Schreibschutz** *m* IT write protection **Schreibtisch** *m* desk **Schreibtischlampe** *m* desk lamp **Schreibtischtäter(in)** *m*/(*f*) mastermind behind the scenes (of a/the crime) **Schreibung** ['ʃraibʊŋ] *f* ⟨**-, -en**⟩ spelling; **falsche ~** misspelling **Schreibwaren** *pl* stationery *sg* **Schreibwarenhändler(in)** *m*/(*f*) stationer **Schreibwarenhandlung** *f* stationer's (shop) **Schreibweise** *f* (≈ *Stil*) style; (≈ *Rechtschreibung*) spelling

schreien ['ʃraiən] *pret* **schrie** [ʃriː], *past part* **geschrie(e)n** [gə'ʃriː(ə)n] **I** *v/i* to shout; (*gellend*) to scream; (*kreischend*) to shriek; (≈ *brüllen*) to yell; (≈ *weinen: Kind*) to howl; **es war zum Schreien** (*infml*) it was a scream (*infml*) **II** *v/r* **sich heiser ~** to shout oneself hoarse **Schreihals** *m* (*infml*) (≈ *Baby*) bawler (*infml*); (≈ *Unruhestifter*) noisy troublemaker **Schrein** [ʃrain] *m* ⟨**-(e)s, -e**⟩ (*elev*) shrine **Schreiner** ['ʃrainɐ] *m* ⟨**-s, -**⟩, **Schreinerin** [-ərɪn] *f* ⟨**-, -nen**⟩ (*esp S Ger*) carpenter

schreiten ['ʃraitn] *pret* **schritt** [ʃrit], *past part* **geschritten** [gə'ʃritn] *v/i aux sein* (*elev*) (≈ *schnell gehen*) to stride; (≈ *feierlich gehen*) to walk; (≈ *stolzieren*) to strut; **zu etw ~** (*fig*) to get down to sth; **zur Abstimmung ~** to proceed to a vote

Schrift [ʃrift] *f* ⟨**-, -en**⟩ **1.** writing; TYPO type **2.** (≈ *Schriftstück*) document **3.** (≈ *Broschüre*) leaflet; (≈ *kürzere Abhandlung*) paper; **die (Heilige) ~** the (Holy) Scriptures *pl* **Schriftart** *f* TYPO typeface **Schriftbild** *nt* script **Schriftdeutsch** *nt* written German; (*nicht Dialekt*) standard German **Schriftführer(in)** *m*/(*f*) secretary **Schriftgrad** *m* type size **schriftlich** ['ʃriftlɪç] **I** *adj* written; **in ~er Form** in writing; **die ~e Prüfung** the written exam **II** *adv* in writing; **etw ~ festhalten** to put sth down in writing; **das kann ich Ihnen ~ geben** (*fig infml*) I can tell you that for free (*infml*) **Schriftsatz** *m* **1.** JUR legal document **2.**

TYPO form(e) **Schriftsetzer(in)** m/(f) typesetter **Schriftsprache** f written language; (≈ *nicht Dialekt*) standard language **Schriftsteller** [-ʃtɛlɐ] m ⟨**-s, -**⟩ author **Schriftstellerin** [-ʃtɛlərɪn] f ⟨**-, -nen**⟩ author(ess) **schriftstellerisch** [-ʃtɛlərɪʃ] **I** adj Arbeit, Talent literary **II** adv ~ **tätig sein** to write; **er ist ~ begabt** he has talent as a writer **Schriftstück** nt paper; JUR document **Schriftverkehr** m, **Schriftwechsel** m correspondence

schrill [ʃrɪl] **I** adj Ton, Stimme shrill; Farbe, Outfit garish **II** adv shrilly; gekleidet loudly

Schritt [ʃrɪt] m ⟨**-(e)s, -e**⟩ **1.** step (zu towards); (weit ausholend) stride; (hörbar) footstep; (≈ Gang) walk; (≈ Tempo) pace; **einen~ machen** to take a step; **den ersten ~ tun** (fig) to make the first move; **~e gegen jdn/etw unternehmen** to take steps against sb/sth; **auf ~ und Tritt** wherever one goes; **~ für ~** step by step; **~ halten** to keep up **2.** (≈ Schrittgeschwindigkeit) walking pace; „**Schritt fahren**" "dead slow" (Br), "slow" **3.** (≈ Hosenschritt) crotch **Schrittmacher** m MED pacemaker **Schrittmacher(in)** m/(f) SPORTS pacemaker (esp Br), pacer **Schritttempo** nt walking speed **schrittweise I** adv gradually **II** adj gradual

schroff [ʃrɔf] **I** adj (≈ barsch) curt; (≈ krass) abrupt; (≈ steil, jäh) precipitous **II** adv **1.** (≈ barsch) curtly **2.** (≈ steil) steeply

schröpfen [ˈʃrœpfn] v/t jdn ~ (fig) to rip sb off (infml)

Schrot [ʃroːt] m or nt ⟨**-(e)s, -e**⟩ **1.** grain; (≈ Weizenschrot) ≈ wholemeal (Br), ≈ whole-wheat (US); **vom alten ~ und Korn** (fig) of the old school **2.** HUNT shot **Schrotflinte** f shotgun **Schrotkugel** f pellet **Schrotladung** f round of shot

Schrott [ʃrɔt] m ⟨**-(e)s, no pl**⟩ scrap metal; (fig) rubbish (Br), garbage **Schrotthändler(in)** m/(f) scrap dealer or merchant **Schrotthaufen** m (lit) scrap heap; (fig ≈ Auto) pile of scrap **Schrottplatz** m scrap yard **schrottreif** adj ready for the scrap heap **Schrottwert** m scrap value

schrubben [ˈʃrʊbn] v/t & v/i to scrub **Schrubber** [ˈʃrʊbɐ] m ⟨**-s, -**⟩ (long-handled) scrubbing (Br) or scrub (US) brush

Schrulle [ˈʃrʊlə] f ⟨**-, -n**⟩ quirk **schrullig** [ˈʃrʊlɪç] adj odd

schrumpe(e)lig [ˈʃrʊmp(ə)lɪç] adj (infml) wrinkled

schrumpfen [ˈʃrʊmpfn] v/i aux sein to shrink; (Leber, Niere) to atrophy; (Muskeln) to waste, to atrophy; (Exporte, Interesse) to dwindle; (Industriezweig) to decline **Schrumpfung** [ˈʃrʊmpfʊŋ] f ⟨**-, -en**⟩ shrinking; (≈ Raumverlust) shrinkage; MED atrophy(ing); (von Exporten) dwindling, diminution; (von Industriezweig etc) decline

Schub [ʃuːp] m ⟨**-(e)s, ⁻e** [ˈʃyːbə]⟩ **1.** (≈ Stoß) push, shove **2.** PHYS thrust; (fig ≈ Impuls) impetus **3.** (≈ Anzahl) batch **Schubfach** nt drawer **Schubkarre** f wheelbarrow **Schubkraft** f PHYS thrust **Schublade** [ˈʃuːplaːdə] f ⟨**-, -n**⟩ drawer; (fig) pigeonhole, compartment **Schubs** [ʃups] m ⟨**-es, -e**⟩ (infml) shove (infml), pushschubsen **schubsen** [ˈʃupsn] v/t & v/i (infml) to shove (infml), to push **schubweise** adv in batches

schüchtern [ˈʃʏçtɐn] **I** adj shy **II** adv shyly **Schüchternheit** f ⟨**-, no pl**⟩ shyness

Schuft [ʃʊft] m ⟨**-(e)s, -e**⟩ heel (infml) **schuften** [ˈʃʊftn] v/i (infml) to slave away **Schufterei** [ʃʊftəˈrai] f ⟨**-, -en**⟩ (infml) graft (infml)

Schuh [ʃuː] m ⟨**-(e)s, -e**⟩ shoe; **jdm etw in die ~e schieben** (infml) to put the blame for sth on sb **Schuhbürste** f shoe brush **Schuhcreme** f shoe polish **Schuhgröße** f shoe size **Schuhlöffel** m shoehorn **Schuhmacher(in)** m/(f) shoemaker; (≈ Flickschuster) cobbler **Schuhnummer** f (infml) shoe size **Schuhputzer** [-pʊtsɐ] m ⟨**-s, -**⟩, **Schuhputzerin** [-ərɪn] f ⟨**-, -nen**⟩ bootblack, shoeshine boy/girl (US) **Schuhsohle** f sole (of a/one's shoe) **Schuhwerk** nt, no pl footwear

Schulabgänger [-|apgɛŋɐ] m ⟨**-s, -**⟩, **Schulabgängerin** [-ərɪn] f ⟨**-, -nen**⟩ school-leaver (Br), graduate (US) **Schulabschluss** m school-leaving qualification, ≈ high school diploma (US) **Schulalter** nt school age; **im ~** of school age **Schularbeit** f **1.** usu pl, **Schulaufgaben** pl homework no pl **2.** (Aus) test **Schulausflug** m school trip, field trip (US) **Schulbank** f, pl **-bänke** school desk; **die ~ drücken** (infml) to go to school **Schulbeispiel** nt (fig) classic example (*für* of) **Schulbesuch** *m* school attendance **Schulbildung** *f* (school) education **Schulbuch** *nt* schoolbook **Schulbus** *m* school bus **schuld** [ʃʊlt] *adj pred* ~ **sein** to be to blame (*an* +*dat* for); **er war** ~ **an dem Streit** the argument was his fault; **du bist selbst** ~ that's your own fault **Schuld** [ʃʊlt] *f* ⟨-, -en [-dn]⟩ **1.** *no pl* (≈ *Verantwortlichkeit*) ~ **haben** to be to blame (*an* +*dat* for); **du hast selbst** ~ that's your own fault; **die** ~ **auf sich** (*acc*) **nehmen** to take the blame; **jdm die** ~ **geben** to blame sb; **das ist meine/deine** ~ that is my/your fault; **durch meine/deine** ~ because of me/you; **jdm** ~ **geben** to blame sb **2.** *no pl* (≈ *Schuldgefühl*) guilt; (≈ *Unrecht*) wrong; **ich bin mir keiner** ~ **bewusst** I'm not aware of having done anything wrong **3.** (≈ *Zahlungsverpflichtung*) debt; ~**en machen** to run up debts; ~**en haben** to be in debt **schuldbewusst** *adj* **Mensch** feeling guilty; **Gesicht** guilty **schulden** [ˈʃʊldn] *v/t* to owe; **das schulde ich ihm** I owe it to him; **jdm Dank** ~ to owe sb a debt of gratitude **Schuldenberg** *m* mountain of debts **schuldenfrei** *adj* free of debt(s); **Besitz** unmortgaged **Schuldenlast** *f* debts *pl* **schuldfähig** *adj* JUR criminally responsible **Schuldfrage** *f* question of guilt **Schuldgefühl** *nt* sense *no pl or* feeling of guilt **schuldhaft** JUR **I** *adj* culpable **II** *adv* culpably **Schuldienst** *m* (school)teaching *no art*; **im** ~ (**tätig**) **sein** to be a teacher **schuldig** [ˈʃʊldɪç] *adj* **1.** guilty; (≈ *verantwortlich*) to blame *pred* (*an* +*dat* for); **einer Sache** (*gen*) ~ **sein** to be guilty of sth; **jdn** ~ **sprechen** to find sb guilty; **sich** ~ **bekennen** to admit one's guilt; JUR to plead guilty **2.** (≈ *verpflichtet*) **jdm etw** (*acc*) ~ **sein** to owe sb sth; **was bin ich Ihnen** ~**?** how much do I owe you? **Schuldige(r)** [ˈʃʊldɪɡə] *m/f(m)* *decl as adj* guilty person; (*zivilrechtlich*) guilty party **Schuldirektor(in)** *m/f(f)* headteacher (*esp Br*), principal **schuldlos** *adj* (*an Verbrechen*) innocent (*an* +*dat* of); (*an Unglück etc*) blameless **Schuldner** [ˈʃʊldnɐ] *m* ⟨-s, -⟩, **Schuldnerin** [-ərɪn] *f* ⟨-, -nen⟩ debtor **Schuldschein** *m* IOU **Schuldspruch** *m* verdict of guilty **schuldunfähig** *adj* JUR not

criminally responsible **Schule** [ˈʃuːlə] *f* ⟨-, -n⟩ school; **in die** *or* **zur** ~ **gehen** to go to school; **in der** ~ at school; **die** ~ **ist aus** school is over; ~ **machen** to become the accepted thing; **aus der** ~ **plaudern** to tell tales **schulen** [ˈʃuːlən] *v/t* to train **Schulenglisch** *nt* **mein** ~ the English I learned at school **Schüler** [ˈʃyːlɐ] *m* ⟨-s, -⟩, **Schülerin** [-ərɪn] *f* ⟨-, -nen⟩ schoolboy/-girl; (*einer bestimmten Schule*) pupil; (≈ *Jünger*) follower **Schüleraustausch** *m* school exchange **Schülerausweis** *m* (school) student card **Schülerlotse** *m*, **Schülerlotsin** *f* lollipop man/lady (*Br infml*), crossing guard (*US*) **Schülerschaft** [ˈʃyːlɐʃaft] *f* ⟨-, -en⟩ pupils *pl* **Schulfach** *nt* school subject **Schulferien** *pl* school holidays *pl* (*Br*) *or* vacation (*US*) **schulfrei** *adj* **die Kinder haben morgen** ~ the children don't have to go to school tomorrow **Schulfreund(in)** *m/(f)* schoolfriend **Schulgelände** *nt* school grounds *pl* **Schulgeld** *nt* school fees *pl* **Schulheft** *nt* exercise book **Schulhof** *m* school playground, schoolyard **schulisch** [ˈʃuːlɪʃ] *adj* **Leistungen** at school; **Bildung** school *attr* **Schuljahr** *nt* school year; (≈ *Klasse*) year **Schuljunge** *m* schoolboy **Schulkamerad(in)** *m/(f)* schoolfriend **Schulkind** *nt* schoolchild **Schulklasse** *f* (school) class **Schulleiter** *m* headmaster, principal **Schulleiterin** *f* headmistress, principal **Schulmädchen** *nt* schoolgirl **Schulmedizin** *f* orthodox medicine **Schulmeinung** *f* received opinion **Schulpflicht** *f* **es besteht** ~ school attendance is compulsory **schulpflichtig** [-pflɪçtɪç] *adj* **Kind** required to attend school; **im** ~**en Alter** of school age **Schulpolitik** *f* education policy **Schulranzen** *m* (school) satchel **Schulrat** *m*, **Schulrätin** *f* schools inspector (*Br*), ≈ school board superintendent (*US*) **Schulschiff** *nt* training ship **Schulschluss** *m*, *no pl* end of school; (*vor den Ferien*) end of term; **kurz nach** ~ just after school finishes **Schulstunde** *f* (school) period **Schulsystem** *nt* school system **Schultasche** *f* schoolbag **Schulter** [ˈʃʊltɐ] *f* ⟨-, -n⟩ shoulder; **jdm auf die** ~ **klopfen** to give sb a slap on the back; (*lobend*) to pat sb on the back; ~ **an** ~ (≈ *dicht gedrängt*) shoulder to shoulder; (≈ *solidarisch*) side by side; **die** *or* **mit den ∼n zucken** to shrug one's shoulders; **etw auf die leichte ∼ nehmen** to take sth lightly **Schulterblatt** *nt* shoulder blade **Schultergelenk** *nt* shoulder joint **schulterlang** *adj* shoulder-length **schultern** ['ʃʊltɐn] *v/t* to shoulder **Schulterschluss** *m, no pl* solidarity

Schulung ['ʃuːlʊŋ] *f* ⟨-, -en⟩ (≈ *Ausbildung*) training; POL political instruction **Schuluniform** *f* school uniform **Schulunterricht** *m* school lessons *pl* **Schulweg** *m* way to school **Schulwesen** *nt* school system **Schulzeit** *f* (≈ *Schuljahre*) school days *pl* **Schulzeugnis** *nt* school report

schummeln ['ʃʊmln] *v/i* (*infml*) to cheat **schumm(e)rig** ['ʃʊm(ə)rɪç] *adj Beleuchtung* dim

Schund [ʃʊnt] *m* ⟨-(e)s [-dəs]⟩ *no pl* (*pej*) trash, rubbish (*Br*)

schunkeln ['ʃʊŋkln] *v/i* to link arms and sway from side to side

Schuppe ['ʃʊpə] *f* ⟨-, -n⟩ **1.** scale; **es fiel mir wie ∼n von den Augen** the scales fell from my eyes **2. Schuppen** *pl* (≈ *Kopfschuppen*) dandruff *sg* **schuppen** ['ʃʊpn] **I** *v/t Fische* to scale **II** *v/r* to flake

Schuppen ['ʃʊpn] *m* ⟨-s, -⟩ **1.** shed **2.** (*infml*) (≈ *übles Lokal*) dive (*infml*)

Schur [ʃuːɐ] *f* ⟨-, -en⟩ (≈ *das Scheren*) shearing

schüren ['ʃyːrən] *v/t* **1.** *Feuer, Glut* to rake **2.** (*fig*) to stir up; *Zorn, Hass* to fan the flames of

schürfen ['ʃʏrfn] **I** *v/i* MIN to prospect (*nach* for); **tief ∼** (*fig*) to dig deep **II** *v/t Bodenschätze* to mine **III** *v/r* to graze oneself; **sich am Knie ∼** to graze one's knee **Schürfwunde** *f* graze

Schürhaken *m* poker

Schurke ['ʃʊrkə] *m* ⟨-n, -n⟩, **Schurkin** ['ʃʊrkɪn] *f* ⟨-, -nen⟩ (*dated*) villain **Schurkenstaat** *m* POL rogue state *or* nation

Schurwolle ['ʃuːɐ-] *f* virgin wool

Schürze ['ʃʏrtsə] *f* ⟨-, -n⟩ apron; (≈ *Kittelschürze*) overall **Schürzenjäger** *m* (*infml*) philanderer

Schuss [ʃʊs] *m* ⟨-es, -¨e ['ʃʏsə]⟩ **1.** shot; (≈ *Schuss Munition*) round; **einen ∼ auf jdn/etw abgeben** to fire a shot at sb/sth; **weit (ab) vom ∼ sein** (*fig infml*) to be miles from where the action is (*infml*);

der ∼ ging nach hinten los it backfired **2.** FTBL kick; (*esp zum Tor*) shot **3.** (≈ *Spritzer*) dash; (*von Humor etc*) touch **4.** (*infml*: *mit Rauschgift*) shot; (**sich** *dat*) **einen ∼ setzen** to shoot up (*infml*) **5.** (*infml*) **in ∼ sein/kommen** to be in/ get into (good) shape **Schussbereich** *m* (firing) range

Schussel ['ʃʊsl] *m* ⟨-s, - (*inf*) or f -, -n⟩ (*infml*) dolt (*infml*); (*zerstreut*) scatterbrain (*infml*)

Schüssel ['ʃʏsl] *f* ⟨-, -n⟩ bowl; (≈ *Satellitenschüssel*) dish; (≈ *Waschschüssel*) basin

schusselig ['ʃʊsəlɪç] *adj* (≈ *zerstreut*) scatterbrained (*infml*)

Schusslinie *f* firing line **Schussverletzung** *f* bullet wound **Schusswaffe** *f* firearm **Schusswechsel** *m* exchange of shots **Schussweite** *f* range (of fire); **in/außer ∼** within/out of range **Schusswunde** *f* bullet wound

Schuster ['ʃuːstɐ] *m* ⟨-s, -⟩, **Schusterin** [-ərɪn] *f* ⟨-, -nen⟩ shoemaker; (≈ *Flickschuster*) cobbler

Schutt [ʃʊt] *m* ⟨-(e)s, *no pl*⟩ (≈ *Trümmer*) rubble; GEOL debris; „**Schutt abladen verboten**" "no tipping" (*Br*), "no dumping" (*US*); **in ∼ und Asche liegen** to be in ruins **Schuttabladeplatz** *m* dump

Schüttelfrost *m* MED shivering fit **schütteln** ['ʃʏtln] **I** *v/t* to shake; (≈ *rütteln*) to shake about; **den Kopf ∼** to shake one's head **II** *v/r* (*vor Kälte*) to shiver (*vor* with); (*vor Ekel*) to shudder (*vor* with, in)

schütten ['ʃʏtn] **I** *v/t* to tip; *Flüssigkeiten* to pour; (≈ *verschütten*) to spill **II** *v/i impers* (*infml*) **es schüttet** it's pouring (with rain)

schütter ['ʃʏtɐ] *adj Haar* thin

Schutthaufen *m* pile of rubble

Schuttstein *m* (*Swiss* ≈ *Spülbecken*) sink

Schutz [ʃʊts] *m* ⟨-es, *no pl*⟩ protection (*vor* +*dat, gegen* against; from); (*esp* MIL ≈ *Deckung*) cover; **im ∼(e) der Nacht** under cover of night; **jdn in ∼ nehmen** (*fig*) to take sb's part **Schutzanzug** *m* protective clothing *no indef art, no pl* **schutzbedürftig** *adj* in need of protection **Schutzblech** *nt* mudguard **Schutzbrille** *f* protective goggles *pl*

Schütze ['ʃʏtsə] *m* ⟨-n, -n⟩ **1.** marksman; (≈ *Schießsportler*) rifleman; (FTBL ≈

Torschütze) scorer **2.** ASTROL Sagittarius no *art*; **sie ist ~** she's Sagittarius

schützen ['ʃʏtsn] **I** *v/t* to protect (*vor +dat, gegen* from, against); (*esp* MIL ≈ *Deckung geben*) to cover; **vor Hitze/ Sonnenlicht ~!** keep away from heat/ sunlight; **vor Nässe ~!** keep dry; → **geschützt II** *v/r* to protect oneself (*vor +dat, gegen* from, against) **schützend I** *adj* protective; **ein ~es Dach** (*gegen Wetter*) a shelter; **seine ~e Hand über jdn halten** to take sb under one's wing **II** *adv* protectively **Schutzengel** *m* guardian angel **Schützenhilfe** *f* (*fig*) support; **jdm ~ geben** to back sb up **Schützenverein** *m* shooting club

Schutzfilm *m* protective layer *or* coating **Schutzfolie** *f* protective film **Schutzgebiet** *nt* POL protectorate **Schutzgebühr** *f* (token) fee **Schutzgeld** *nt* protection money **Schutzhaft** *f* JUR protective custody; POL preventive detention **Schutzheilige(r)** *m/f(m)* decl as adj patron saint **Schutzhelm** *m* safety helmet **Schutzherr** *m* patron **Schutzherrin** *f* patron, patroness **Schutzhülle** *f* protective cover; (≈ *Buchumschlag*) dust cover **Schutzimpfung** *f* vaccination, inoculation

Schützin ['ʃʏtsɪn] *f* ⟨-, -nen⟩ markswoman; (≈ *Schießsportlerin*) riflewoman; (≈ *Torschützin*) scorer **Schutzkleidung** *f* protective clothing **Schützling** ['ʃʏtslɪŋ] *m* ⟨-s, -e⟩ protégé; (*esp Kind*) charge **schutzlos I** *adj* (≈ *wehrlos*) defenceless (*Br*), defenseless (*US*) **II** *adv* **jdm ~ ausgeliefert sein** to be at the mercy of sb **Schutzmacht** *f* POL protecting power **Schutzmann** *m*, *pl* **-leute** policeman **Schutzmaske** *f* (protective) mask **Schutzmaßnahme** *f* precaution; (*vorbeugend*) preventive measure **Schutzpatron** *m*, **Schutzpatronin** *f* patron saint **Schutzraum** *m* shelter **Schutzschicht** *f* protective layer; (≈ *Überzug*) protective coating **Schutztruppe** *f* protection force; HIST colonial army **Schutzumschlag** *m* dust cover **Schutzwall** *m* protective wall (*gegen* to keep out)

schwabbelig ['ʃvabəlɪç] *adj* (*infml*) *Körperteil* flabby; *Gelee* wobbly

Schwabe ['ʃvaːbə] *m* ⟨-n, -n⟩, **Schwäbin** ['ʃvɛːbɪn] *f* ⟨-, -nen⟩ Swabian **Schwaben** ['ʃvaːbn] *nt* ⟨-s⟩ Swabia **schwäbisch** ['ʃvɛːbɪʃ] *adj* Swabian; **die Schwäbische Alb** the Swabian mountains *pl*

schwach [ʃvax] **I** *adj, comp* **⸚er** ['ʃvɛçɐ], *sup* **⸚ste(r, s)** ['ʃvɛçstə] weak; *Gesundheit, Gehör* poor; *Hoffnung* faint; *Licht* dim; *Wind* light; COMM *Nachfrage* slack; **das ist ein ~es Bild** (*infml*) *or* **eine ~e Leistung** (*infml*) that's a poor show (*infml*); **ein ~er Trost** cold comfort; **auf ~en Beinen** *or* **Füßen stehen** (*fig*) to be on shaky ground; (*Theorie*) to be shaky; **schwächer werden** to grow weaker; (*Stimme*) to grow fainter; (*Licht*) to (grow) dim; (*Ton*) to fade **II** *adv, comp* **⸚er**, *sup* **⸚sten** weakly; (≈ *spärlich*) *besucht* poorly; **~ bevölkert** sparsely populated; **~ radioaktiv** with low-level radioactivity **Schwäche** ['ʃvɛçə] *f* ⟨-, -n⟩ weakness; (*von Stimme*) feebleness; (*von Licht*) dimness; (*von Wind*) lightness **Schwächeanfall** *m* sudden feeling of weakness **schwächeln** ['ʃvɛçln] *v/i* (*infml*) to weaken slightly; **der Dollar schwächelt** the dollar is showing signs of weakness **schwächen** ['ʃvɛçn] *v/t* to weaken **Schwachkopf** *m* (*infml*) dimwit (*infml*) **schwächlich** ['ʃvɛçlɪç] *adj* weakly **Schwächling** ['ʃvɛçlɪŋ] *m* ⟨-s, -e⟩ weakling **schwachmachen** *v/t sep* (*infml*) **jdn ~** to soften sb up; **mach mich nicht schwach!** don't say that! (*infml*) **Schwachpunkt** *m* weak point **Schwachsinn** *m* MED mental deficiency; (*fig infml*) (≈ *unsinnige Tat*) idiocy no indef art; (≈ *Quatsch*) rubbish (*Br infml*), garbage **schwachsinnig** *adj* MED mentally deficient; (*fig infml*) idiotic **Schwachstelle** *f* weak point **Schwachstrom** *m* ELEC low-voltage current **Schwächung** ['ʃvɛçʊŋ] *f* ⟨-, -en⟩ weakening

Schwaden ['ʃvaːdn] *m* ⟨-s, -⟩ *usu pl* (≈ *Dunst*) cloud

schwafeln ['ʃvaːfln] (*pej infml*) **I** *v/i* to drivel (on) (*infml*); (*in einer Prüfung*) to waffle (*infml*) **II** *v/t* **dummes Zeug ~** to talk drivel (*infml*) **Schwafler** ['ʃvaːflɐ] *m* ⟨-s, -⟩, **Schwaflerin** [-ərɪn] *f* ⟨-, -nen⟩ (*pej infml*) windbag (*infml*)

Schwager ['ʃvaːgɐ] *m* ⟨-s, ⸚ ['ʃvɛːgɐ]⟩ brother-in-law **Schwägerin** ['ʃvɛːgərɪn] *f* ⟨-, -nen⟩ sister-in-law

Schwalbe ['ʃvalbə] *f* ⟨-, -n⟩ swallow; **eine**

~ machen (FTBL *sl*) to take a dive; *eine~ macht noch keinen Sommer* (*prov*) one swallow doesn't make a summer (*prov*)

Schwall [ʃval] *m* ⟨-(e)s, -e⟩ flood

Schwamm [ʃvam] *m* ⟨-(e)s, ⸚e* [ʃvɛmə]⟩ **1.** sponge; **~ drüber!** (*infml*) (let's) forget it! **2.** (*dial* ≈ *Pilz*) fungus; (*essbar*) mushroom; (*giftig*) toadstool **3.** (≈ *Hausschwamm*) dry rot **Schwämmerl** [ʃvamɐl] *nt* ⟨-s, -(n)⟩ (*esp Aus* ≈ *Pilz*) fungus; (*essbar*) mushroom; (*giftig*) toadstool **schwammig** [ʃvamɪç] **I** *adj* **1.** (*lit*) spongy **2.** (*fig*) *Gesicht, Hände* puffy; (≈ *vage*) *Begriff* woolly **II** *adv* (≈ *vage*) vaguely

Schwan [ʃvaːn] *m* ⟨-(e)s, ⸚e* [ʃvɛːnə]⟩ swan **schwanen** [ʃvaːnən] *v/i impers* *ihm schwante etwas* he sensed something might happen; *mir schwant nichts Gutes* I don't like it **Schwanengesang** *m* (*fig*) swan song

schwanger [ʃvaŋɐ] *adj* pregnant **Schwangere** [ʃvaŋərə] *f decl as adj* pregnant woman **schwängern** [ʃvɛŋɐn] *v/t* to make pregnant **Schwangerschaft** [ʃvaŋɐʃaft] *f* ⟨-, -en⟩ pregnancy **Schwangerschaftsabbruch** *m* termination of pregnancy **Schwangerschaftstest** *m* pregnancy test

Schwank [ʃvaŋk] *m* ⟨-(e)s, ⸚e* [ʃvɛŋkə]⟩ THEAT farce; *ein ~ aus der Jugendzeit* (*hum*) a tale of one's youthful exploits **schwanken** [ʃvaŋkn] *v/i* **1.** (≈ *wanken*) to sway; (*Schiff*) (*auf und ab*) to pitch; (*seitwärts*) to roll; (*Angaben*) to vary; PHYS, MAT to fluctuate; *ins Schwanken kommen* (*Preise, Kurs, Temperatur etc*) to start to fluctuate; (*Überzeugung etc*) to begin to waver **2.** (≈ *wechseln*) to alternate; (≈ *zögern*) to hesitate; **~, ob** to hesitate as to whether **schwankend** *adj* **1.** (≈ *wankend*) swaying; *Gang* rolling; *Schritt* unsteady **2.** (≈ *unschlüssig*) uncertain; (≈ *zögernd*) hesitant; (≈ *unbeständig*) unsteady **Schwankung** [ʃvaŋkʊŋ] *f* ⟨-, -en⟩ (*von Preisen, Temperatur etc*) fluctuation (+*gen* in); *seelische ~en* mental ups and downs (*infml*) **Schwankungsbereich** *m* range

Schwanz [ʃvants] *m* ⟨-es, ⸚e* [ʃvɛntsə]⟩ **1.** tail; (*infml: von Zug*) (tail) end; *das Pferd or den Gaul beim or am ~ aufzäumen* to do things back to front **2.** (*sl* ≈ *Penis*) prick (*sl*) **schwänzen** [ʃvɛntsn]

(*infml*) **I** *v/t Stunde, Vorlesung* to skip (*infml*); *Schule* to play truant (*esp Br*) *or* hooky (*esp US infml*) from **II** *v/i* to play truant (*esp Br infml*) *or* hooky (*esp US infml*) **Schwanzflosse** *f* tail fin

schwappen [ʃvapn] *v/i* **1.** (*Flüssigkeit*) to slosh around **2.** *aux sein* (≈ *überschwappen*) to splash; (*fig*) to spill

Schwarm [ʃvarm] *m* ⟨-(e)s, ⸚e* [ʃvɛrmə]⟩ **1.** swarm **2.** (*infml* ≈ *Angebeteter*) idol; (≈ *Vorliebe*) passion **schwärmen** [ʃvɛrmən] *v/i* **1.** *aux sein* to swarm **2.** (≈ *begeistert reden*) to enthuse (*von* about); *für jdn/etw ~* to be crazy about sb/sth (*infml*); *ins Schwärmen geraten* to go into raptures **Schwärmer** [ʃvɛrmɐ] *m* ⟨-s, -⟩, **Schwärmerin** [-ə-rɪn] *f* ⟨-, -nen⟩ (≈ *Begeisterter*) enthusiast; (≈ *Fantast*) dreamer **Schwärmerei** [ʃvɛrmə'rai] *f* ⟨-, -en⟩ (≈ *Begeisterung*) enthusiasm; (≈ *Leidenschaft*) passion; (≈ *Verzückung*) rapture **schwärmerisch** [ʃvɛrmərɪʃ] *adj* (≈ *begeistert*) enthusiastic; (≈ *verliebt*) infatuated

Schwarte [ʃvartə] *f* ⟨-, -n⟩ **1.** (≈ *Speckschwarte*) rind **2.** (*infml*) (≈ *Buch*) tome (*hum*); (≈ *Gemälde*) daub(ing) (*pej*)

schwarz [ʃvarts] **I** *adj*, *comp* ⸚er [ʃvɛrtsɐ], *sup* ⸚este(r, s) [ʃvɛrtsəstə] **1.** black; **~er Humor** black humour (*Br*) *or* humor (*US*); **~e Liste** blacklist; **~e Magie** black magic; *das Schwarze Meer* the Black Sea; *das ~e Schaf (in der Familie)* the black sheep (of the family); *etw ~ auf weiß haben* to have sth in black and white; *in den ~en Zahlen sein, ~e Zahlen schreiben* COMM to be in the black; *sich ~ ärgern* to get extremely annoyed; *da kannst du warten, bis du ~ wirst* (*infml*) you can wait till the cows come home (*infml*) **2.** (*infml* ≈ *ungesetzlich*) illicit; *der ~e Markt* the black market; **~es Konto** secret account **II** *adv*, *comp* ⸚er, *sup* am ⸚esten **1.** black; *einrichten, sich kleiden* in black **2.** (≈ *illegal*) *erwerben* illegally; *etw ~ verdienen* to earn sth on the side (*infml*) **Schwarz** [ʃvarts] *nt* ⟨-, *no pl inv*⟩ black; *in ~ gehen* to wear black **Schwarzarbeit** *f* illicit work; (*nach Feierabend*) moonlighting (*infml*) **schwarzarbeiten** *v/i sep* to do illicit work; (*nach Feierabend*) to moonlight (*infml*) **Schwarzarbeiter(in)** *m/(f)* person doing illicit work; (*nach Feierabend*) moonlighter (*infml*)

schwarzbraun adj dark brown **Schwarzbrot** nt (braun) brown rye bread; (schwarz, wie Pumpernickel) black bread **Schwarze** ['ʃvartsə] f decl as adj black woman/girl **Schwärze** ['ʃvɛrtsə] f ⟨-, -n⟩ **1.** no pl: (≈ Dunkelheit) blackness **2.** (≈ Druckerschwärze) printer's ink **schwärzen** ['ʃvɛrtsn] v/t & v/r to blacken **Schwarze(r)** ['ʃvartsə] m decl as adj black **Schwarze(s)** ['ʃvartsə] nt decl as adj black; (auf Zielscheibe) bull's-eye; **das kleine ~** (infml) one's/a little black dress; **ins ~ treffen** to score a bull's-eye **schwarzfahren** v/i sep irr aux sein (ohne zu zahlen) to travel without paying **Schwarzfahrer(in)** m/(f) fare dodger (infml) **Schwarzgeld** nt illegal earnings pl **schwarzhaarig** adj black-haired **Schwarzhandel** m, no pl black market; (≈ Tätigkeit) black marketeering; **im ~** on the black market **Schwarzhändler(in)** m/(f) black marketeer **schwärzlich** ['ʃvɛrtslɪç] adj blackish; Haut dusky **schwarz malen** v/i to be pessimistic **Schwarzmalerei** f pessimism **Schwarzmarkt** m black market **Schwarzpulver** nt black (gun)powder **schwarz sehen** irr v/i to be pessimistic **schwarzsehen** v/i sep irr TV to watch TV without a licence (Br) or license (US) **Schwarztee** m black tea **Schwarzwald** m Black Forest **Schwarzwälder** [-vɛldɐ] adj attr Black Forest; **~ Kirschtorte** Black Forest gateau (Br) or cake (US) **schwarz-weiß, schwarzweiß** adj black and white **Schwarz-Weiß-Foto** nt black-and-white (photo) **Schwarzwild** nt wild boars pl **Schwarzwurzel** f COOK salsify

Schwatz [ʃvats] m ⟨-es, -e⟩ (infml) chat **schwatzen** ['ʃvatsn] **I** v/i to talk; (pej) (unaufhörlich) to chatter; (≈ klatschen) to gossip **II** v/t to talk; **dummes Zeug ~** to talk a lot of rubbish (esp Br infml) **schwätzen** ['ʃvɛtsn] v/t & v/i (S Ger, Aus) = **schwatzen** **Schwätzer** ['ʃvɛtsɐ] m ⟨-s, -⟩, **Schwätzerin** [-ərɪn] f ⟨-, -nen⟩ (pej) chatterbox (infml); (≈ Schwafler) windbag (infml); (≈ Klatschmaul) gossip **Schwätzerei** [ʃvɛtsə'rai] f ⟨-, -en⟩ (pej) (≈ Gerede) chatter; (≈ Klatsch) gossip **schwatzhaft** adj (≈ geschwätzig) talkative, garrulous; (≈ klatschsüchtig) gossipy **Schwebe** ['ʃve:bə] f ⟨-, no pl⟩ **in der ~**

sein (fig) to be in the balance; JUR to be pending **Schwebebahn** f suspension railway **Schwebebalken** m SPORTS beam **schweben** ['ʃve:bn] v/i **1.** (Nebel, Rauch) to hang; (Wolke) to float; **etw schwebt jdm vor Augen** (fig) sb has sth in mind; **in großer Gefahr ~** to be in great danger **2.** aux sein (≈ durch die Luft gleiten) to float; (≈ hochschweben) to soar; (≈ niederschweben) to float down; (≈ sich leichtfüßig bewegen) to glide **schwebend** adj TECH, CHEM suspended; (fig) Fragen etc unresolved; JUR Verfahren pending **Schwede** ['ʃve:də] m ⟨-n, -n⟩, **Schwedin** ['ʃve:dɪn] f ⟨-, -nen⟩ Swede **Schweden** ['ʃve:dn] nt ⟨-s⟩ Sweden **schwedisch** ['ʃve:dɪʃ] adj Swedish; **hinter ~en Gardinen** (infml) behind bars **Schwefel** ['ʃve:fl] m ⟨-s, no pl⟩ sulphur (Br), sulfur (US) **schwefelhaltig** adj containing sulphur (Br) or sulfur (US) **Schwefelsäure** f sulphuric (Br) or sulfuric (US) acid **schweflig** ['ʃve:flɪç] adj sulphurous (Br), sulfurous (US) **Schweif** [ʃvaif] m ⟨-(e)s, -e⟩ also ASTRON tail **schweifen** ['ʃvaifn] v/i aux sein to roam; **seinen Blick ~ lassen** to let one's eyes wander (über etw (acc) over sth) **Schweigegeld** nt hush money **Schweigemarsch** m silent march (of protest) **Schweigeminute** f one minute('s) silence **schweigen** ['ʃvaign] pret **schwieg** [ʃvi:k], past part **geschwiegen** [gə'ʃvi:gn] v/i to be silent; **kannst du ~?** can you keep a secret?; **zu etw ~** to make no reply to sth; **ganz zu ~ von ...** to say nothing of ... **Schweigen** nt ⟨-s, no pl⟩ silence; **jdn zum ~ bringen** to silence sb (also euph) **schweigend I** adj silent **II** adv in silence; **~ über etw (acc) hinweggehen** to pass over sth in silence **Schweigepflicht** f pledge of secrecy; **die ärztliche ~** medical confidentiality **schweigsam** ['ʃvaikza:m] adj silent; (als Charaktereigenschaft) taciturn; (≈ verschwiegen) discreet **Schwein** [ʃvain] nt ⟨-s, -e⟩ **1.** pig, hog (US); (Fleisch) pork **2.** (infml: Mensch) pig (infml), swine; **ein armes/faules ~** a poor/lazy bastard (sl); **kein ~** nobody **3.** no pl (infml ≈ Glück) **~ haben** to be lucky **Schweinebauch** m COOK belly of pork **Schweinebraten** m joint of pork; (gekocht) roast pork **Schweine-**

fleisch *nt* porkSchweinegeld *nt* (*infml*) **ein** ~ a packet (*Br infml*), a fistful (*US infml*) Schweinehund *m* (*infml*) bastard (*sl*)Schweinepest *f* VET swine fever Schweinerei [ʃvainəˈrai] *f* ⟨-, -en⟩ (*infml*) **1.** *no pl* mess **2.** (≈ *Skandal*) scandal; (≈ *Gemeinheit*) dirty trick (*infml*); (**so eine**) ~**!** what a dirty trick! (*infml*); (≈ *unzüchtige Handlung*) indecent act; ~**en machen** to do dirty things Schweinestall *m* pigsty, pigpen (*esp US*) Schweinezucht *f* pig-breeding; (*Hof*) pig farm schweinisch [ˈʃvainɪʃ] (*infml*) *adj Benehmen* piggish (*infml*); *Witz* dirtySchweinkram *m* (*infml*) dirt, filth Schweinshaxe *f* (*S Ger* COOK) knuckle of pork Schweinsleder *nt* pigskin

Schweiß [ʃvais] *m* ⟨-es, no pl⟩ sweat Schweißausbruch *m* sweating *no indef art, no pl*schweißbedeckt *adj* covered in sweatSchweißbrenner *m* TECH welding torch Schweißdrüse *f* ANAT sweat glandschweißen [ˈʃvaisn] *v/t & v/i* TECH to weld Schweißer [ˈʃvaisɐ] *m* ⟨-s, -⟩, Schweißerin [-ərɪn] *f* ⟨-, -nen⟩ TECH welder schweißgebadet [-ɡəbaːdət] *adj* bathed in sweat Schweißgeruch *m* smell of sweat schweißig [ˈʃvaisɪç] *adj* sweaty Schweißnaht *f* TECH weld schweißnass *adj* sweatySchweißperle *f* bead of perspiration Schweißstelle *f* weld schweißtreibend *adj* *Tätigkeit* that makes one sweat Schweißtropfen *m* drop of sweat schweißüberströmt [-ˈyːbɐʃtrøːmt] *adj* streaming with sweat

Schweiz [ʃvaits] *f* ⟨-⟩ **die** ~ Switzerland; **die deutsche/französische/italienische** ~ German/French/Italian-speaking Switzerland Schweizer [ˈʃvaitsɐ] *adj attr* Swiss; ~ **Käse** Swiss cheese Schweizer [ˈʃvaitsɐ] *m* ⟨-s, -⟩, Schweizerin [-ərɪn] *f* ⟨-, -nen⟩ Swissschweizerdeutsch *adj* Swiss-German schweizerisch [ˈʃvaitsərɪʃ] *adj* SwissSchweizermesser *nt* Swiss army knife

Schwelbrand *m* smouldering (*Br*) *or* smoldering (*US*) fire schwelen [ˈʃveːlən] *v/i* to smoulder (*Br*), to smolder (*US*)

schwelgen [ˈʃvɛlɡn] *v/i* to indulge oneself (*in +dat in*); **in Erinnerungen** ~ to indulge in reminiscences

Schwelle [ˈʃvɛlə] *f* ⟨-, -n⟩ **1.** threshold; **an**

der ~ **des Todes** at death's door **2.** RAIL sleeper (*Br*), cross-tie (*US*) schwellen [ˈʃvɛln] **I** *v/i*, *pret* **schwoll** [ʃvɔl], *past part* **geschwollen** [ɡəˈʃvɔlən] *aux sein* to swell; → **geschwollen II** *v/t* (*elev*) *Segel* to swell (out) Schwellenangst *f* PSYCH fear of entering a place; (*fig*) fear of embarking on something new Schwellenland *nt* fast-developing nation Schwellung [ˈʃvɛlʊŋ] *f* ⟨-, -en⟩ swelling

Schwemme [ˈʃvɛmə] *f* ⟨-, -n⟩ **1.** (*für Tiere*) watering place **2.** (≈ *Überfluss*) glut (*an +dat of*) **3.** (≈ *Kneipe*) barschwemmen [ˈʃvɛmən] *v/t* (≈ *treiben*) *Sand etc* to wash; *etw an(s) Land* ~ to wash sth ashore

Schwengel [ˈʃvɛŋl] *m* ⟨-s, -⟩ (≈ *Glockenschwengel*) clapper; (≈ *Pumpenschwengel*) handle

Schwenk [ʃvɛŋk] *m* ⟨-(e)s, -s⟩ (≈ *Drehung*) wheel; FILM pan; (*fig*) about-turn Schwenkarm *m* swivel arm schwenkbar *adj* swivelling (*Br*), swiveling (*US*) schwenken [ˈʃvɛŋkn] **I** *v/t* **1.** (≈ *schwingen*) to wave; (≈ *herumfuchteln mit*) to brandish **2.** *Lampe etc* to swivel; *Kran* to swing; *Kamera* to pan **3.** COOK *Kartoffeln, Nudeln* to toss **II** *v/i aux sein* to swing; (*Kolonne von Soldaten, Autos etc*) to wheel; (*Geschütz*) to traverse; (*Kamera*) to pan Schwenkung [ˈʃvɛŋkʊŋ] *f* ⟨-, -en⟩ swing; MIL wheel; (*von Kran*) swing; (*von Kamera*) pan (-ning)

schwer [ʃveːɐ] **I** *adj* **1.** heavy; (≈ *massiv*) *Fahrzeug, Maschine* powerful; **ein 10 kg** ~**er Sack** a sack weighing 10 kgs **2.** (≈ *ernst*) serious, grave; *Zeit, Schicksal* hard; *Leiden, Strafe* severe; ~**e Verluste** heavy losses; **das war ein** ~**er Schlag für ihn** it was a hard blow for him **3.** (≈ *hart, anstrengend*) hard; *Geburt* difficult **II** *adv* **1.** *beladen, bewaffnet* heavily; ~ **auf jdm/etw liegen/lasten** to lie/weigh heavily on sb/sth **2.** *arbeiten* hard; *bestrafen* severely; ~ **verdientes Geld** hard-earned money; **es mit jdm** ~ **haben** to have a hard time with sb **3.** (≈ *ernstlich*) seriously; *behindert* severely; *kränken* deeply; ~ **beschädigt** severely disabled; ~ **erkältet sein** to have a bad cold; ~ **verunglücken** to have a serious accident **4.** (≈ *nicht einfach*) ~ **zu sehen/sagen** hard to see/say; ~ **hören** to be hard of hearing; *ein ~ erziehbares Kind* a maladjusted child; *~ verdaulich* indigestible; *~ verständlich* difficult to understand **5.** (*infml* ≈ *sehr*) really; *da musste ich ~ aufpassen* I really had to watch out **Schwerarbeit** *f* heavy labour (*Br*) *or* labor (*US*) **Schwerarbeiter(in)** *m/(f)* labourer (*Br*), laborer (*US*) **Schwerathletik** *f weightlifting sports, boxing, wrestling etc* **Schwerbehinderte(r)** *m/f(m) decl as adj* severely disabled person **schwerbeschädigt** *adj* severely disabled **Schwere**['ʃveːrə] *f⟨-, no pl⟩* **1.** heaviness **2.** (≈ *Ernsthaftigkeit, von Krankheit*) seriousness **3.** (≈ *Schwierigkeit*) difficulty **schwerelos** *adj* weightless **Schwerelosigkeit** *f⟨-, no pl⟩* weightlessness **schwererziehbar** *adj attr*; → *schwer* **schwerfallen** *v/i sep irr aux sein* to be difficult (*jdm* for sb) **schwerfällig I** *adj* (≈ *unbeholfen*) *Gang* heavy (in one's movements); (≈ *langsam*) *Verstand* slow; *Stil* ponderous **II** *adv* heavily; *sprechen* ponderously; *sich bewegen* with difficulty **Schwergewicht** *nt* **1.** (SPORTS, *fig*) heavyweight **2.** (≈ *Nachdruck*) stress **schwerhörig** *adj* hard of hearing **Schwerhörigkeit** *f* hardness of hearing **Schwerindustrie** *f* heavy industry **Schwerkraft** *f, no pl* gravity **schwerlich**['ʃveːlɪç] *adv* hardly **jdm machen** *v/t* **1.** *jdm das Leben ~* to make life difficult for sb **2.** *es jdm/ sich ~* to make it *or* things difficult for sb / oneself **Schwermetall** *nt* heavy metal **Schwermut** ['ʃveːmuːt] *f⟨-, no pl⟩* melancholy **schwermütig** ['ʃveːmyːtɪç] *adj* melancholy **schwernehmen** *v/t sep irr etw ~* to take sth hard **Schwerpunkt** *m* PHYS centre (*Br*) *or* center (*US*) of gravity; (*fig*) (≈ *Zentrum*) centre (*Br*), center (*US*); (≈ *Hauptgewicht*) main emphasis *or* stress; *~e setzen* to set priorities **schwerreich** *adj* (*infml*) stinking rich (*infml*)

Schwert [ʃveːet] *nt ⟨-(e)s, -er⟩* sword **Schwertfisch** *m* swordfish **Schwertlilie** *f* BOT iris

schwertun *v/r sep irr* (*infml*) *sich* (*dat*) *mit or bei etw ~* to make a big deal of sth (*infml*) **Schwerverbrecher(in)** *m/(f)* criminal, felon (*esp* JUR) **schwerverdaulich** *adj attr*; → *schwer* **Schwerverkehr** *m* heavy goods traffic **Schwerverletzte(r)** *m/f(m) decl as adj* serious

casualty **schwerwiegend** *adj* (*fig*) Fehler, Mängel, Folgen serious

Schwester ['ʃvɛstɐ] *f⟨-, -n⟩* sister; (≈ *Krankenschwester*) nurse; (≈ *Ordensschwester*) nun **Schwesterfirma** *f* sister company **schwesterlich**['ʃvɛstɐlɪç] *adj* sisterly **Schwesternheim** *nt* nurses' home **Schwesternhelfer(in)** *m/(f)* nursing auxiliary (*Br*) *or* assistant (*US*) **Schwesterschiff** *nt* sister ship

Schwiegereltern *pl* parents-in-law *pl* **Schwiegermutter** *f, pl* **-mütter** mother-in-law **Schwiegersohn** *m* son-in-law **Schwiegertochter** *f* daughter-in-law **Schwiegervater** *m* father-in-law

Schwiele ['ʃviːlə] *f⟨-, -n⟩* callus; (≈ *Vernarbung*) welt **schwielig** ['ʃviːlɪç] *adj Hände* callused

schwierig['ʃviːrɪç] **I** *adj* difficult **II** *adv ~ zu übersetzen* difficult to translate **Schwierigkeit** *f⟨-, -en⟩* difficulty; *in ~en geraten* to get into difficulties; *jdm ~en machen* to make trouble for sb; *jdn in ~en* (*acc*) *bringen* to create difficulties for sb **Schwierigkeitsgrad** *m* degree of difficulty

Schwimmbad *nt* swimming pool; (≈ *Hallenbad*) swimming baths *pl* **Schwimmbecken** *nt* (swimming) pool **schwimmen** ['ʃvɪmən] *pret* **schwamm** [ʃvam], *past part* **geschwommen** [gə-'ʃvɔmən] *aux sein* **I** *v/i* **1.** *also aux haben* to swim; *in Fett* (*dat*) *~* to be swimming in fat; *im Geld ~* to be rolling in it (*infml*) **2.** (*fig* ≈ *unsicher sein*) to be at sea **II** *v/t also aux haben* SPORTS to swim **Schwimmen** *nt* ⟨*-s, no pl*⟩ swimming; *ins ~ geraten* (*fig*) to begin to flounder **Schwimmer** ['ʃvɪmɐ] *m* ⟨*-s, -*⟩ TECH *etc* float **Schwimmer** ['ʃvɪmɐ] *m* ⟨*-s, -*⟩, **Schwimmerin** [-ərɪn] *f* ⟨*-, -nen*⟩ swimmer **Schwimmflosse** *f* fin **Schwimmhaut** *f* ORN web **Schwimmlehrer(in)** *m/(f)* swimming instructor **Schwimmvogel** *m* water bird **Schwimmweste** *f* life jacket

Schwindel ['ʃvɪndl] *m* ⟨*-s, no pl*⟩ **1.** (≈ *Gleichgewichtsstörung*) dizziness; *~ erregend = schwindelerregend* **2.** (≈ *Lüge*) lie; (≈ *Betrug*) swindle, fraud **3.** (*infml* ≈ *Kram*) *der ganze ~* the whole (kit and) caboodle (*infml*) **Schwindelanfall** *m* dizzy turn **Schwindelei** [ʃvɪndə'lai] *f* ⟨*-, -en*⟩ (*infml*) (≈ *leichte Lüge*) fib (*infml*); (≈ *leichter Betrug*) swindle **schwindelerregend** *adj Höhe* dizzy; *Tempo* dizzying; *(infml)* astronomical **schwindelfrei** *adj Wendy ist nicht* ~ Wendy can't stand heights; *sie ist völlig* ~ she has a good head for heights **schwindelig** ['ʃvɪndəlɪç] *adj* dizzy; *mir ist or ich bin* ~ I feel dizzy **schwindeln** ['ʃvɪndln] **I** *v/i (infml ≈ lügen)* to fib *(infml)* **II** *v/t (infml) das ist alles geschwindelt* it's all lies

schwinden ['ʃvɪndn] *pret* **schwand** [ʃvant], *past part* **geschwunden** [gə-'ʃvʊndn] *v/i aux sein (≈ abnehmen)* to dwindle; *(Schönheit)* to fade; *(Ton)* to fade (away); *(Erinnerung)* to fade away; *(Kräfte)* to fail; *sein Mut schwand* his courage failed him

Schwindler ['ʃvɪndlɐ] *m* 〈*-s, -*〉, **Schwindlerin** [-ərɪn] *f* 〈*-, -nen*〉 swindler; *(≈ Hochstapler)* con man; *(≈ Lügner)* liar, fraud **schwindlerisch** ['ʃvɪndlərɪʃ] *adj* fraudulent **schwindlig** ['ʃvɪndlɪç] *adj* = **schwindelig**

schwingen ['ʃvɪŋən] *pret* **schwang** [ʃvaŋ], *past part* **geschwungen** [gə-'ʃvʊŋən] **I** *v/t Schläger* to swing; *(drohend) Stock etc* to brandish; *Fahne* to wave; → **geschwungen II** *v/r sich auf etw (acc)* ~ to leap onto sth; *sich über etw (acc)* ~ to vault across sth **III** *v/i* to swing; *(≈ vibrieren, Saite)* to vibrate **Schwingtür** *f* swing door **Schwingung** ['ʃvɪŋʊŋ] *f* 〈*-, -en*〉 vibration

Schwips [ʃvɪps] *m* 〈*-es, -e*〉 *(infml) einen (kleinen)* ~ *haben* to be (slightly) tipsy

schwirren ['ʃvɪrən] *v/i aux sein* to whizz *(Br)*, to whiz; *(Fliegen etc)* to buzz; *mir schwirrt der Kopf* my head is buzzing

Schwitze ['ʃvɪtsə] *f* 〈*-, -n*〉 COOK roux **schwitzen** ['ʃvɪtsn] *v/i* to sweat *v/r sich nass* ~ to get drenched in sweat **Schwitzen** *nt* 〈*-s, no pl*〉 sweating; *ins* ~ *kommen* to break out in a sweat; *(fig)* to get into a sweat

schwofen ['ʃvoːfn] *v/i (infml)* to dance **schwören** ['ʃvøːrən] *pret* **schwor** [ʃvoːɐ], *past part* **geschworen** [gə-'ʃvoːrən] **I** *v/t* to swear; *ich hätte geschworen, dass ...* I could have sworn that ...; *jdm/sich etw* ~ to swear sth to sb/oneself **II** *v/i* to swear; *auf jdn/etw* ~ *(fig)* to swear by sb/sth

schwul [ʃvuːl] *adj (infml)* gay, queer *(pej infml)*

schwül [ʃvyːl] *adj Wetter, Tag etc* sultry, muggy **Schwüle** ['ʃvyːlə] *f* 〈*-, no pl*〉 sultriness

Schwule(r) ['ʃvuːlə] *m/f(m) decl as adj* gay **Schwulenszene** *f* gay scene

Schwulität [ʃvuliˈtɛːt] *f* 〈*-, -en*〉 *(infml)* trouble *no indef art,* difficulty; *in* ~*en geraten* to get in a fix *(infml)*

Schwulst [ʃvʊlst] *m* 〈*-(e)s, no pl*〉 *(pej)* bombast **schwülstig** ['ʃvʏlstɪç] *(pej) adj* bombastic

Schwund [ʃvʊnt] *m* 〈*-(e)s* [-dəs] *no pl* **1.** *(≈ Abnahme)* decrease *(+gen in)* **2.** *(von Material)* shrinkage **3.** MED atrophy

Schwung [ʃvʊŋ] *m* 〈*-(e)s, ⸚e* ['ʃvʏŋə]〉 **1.** swing; *(≈ Sprung)* leap **2.** *no pl (lit ≈ Antrieb)* momentum; *(fig ≈ Elan)* verve; *in* ~ *kommen (lit)* to gain momentum; *(fig)* to get going; *jdn/etw in* ~ *bringen* to get sb/sth going; *in* ~ *sein (lit)* to be going at full speed; *(fig)* to be in full swing **3.** *no pl (infml ≈ Menge)* stack **schwunghaft I** *adj Handel* flourishing **II** *adv sich* ~ *entwickeln* to grow hand over fist **schwungvoll I** *adj* **1.** *Linie, Handschrift* sweeping **2.** *(≈ mitreißend) Rede* lively **II** *adv (≈ mit Schwung)* energetically; *werfen* powerfully

Schwur [ʃvuːɐ] *m* 〈*-(e)s, ⸚e* ['ʃvyːrə]〉 *(≈ Eid)* oath; *(≈ Gelübde)* vow **Schwurgericht** *nt* court with a jury

Science-Fiction ['saiəns'fikʃn], **Sciencefiction** *f* 〈*-, -s*〉 science fiction, sci-fi *(infml)*

scrollen ['skrɔlən] *v/t & v/i* IT to scroll **sechs** [zɛks] *num* six; → **sechs Sechseck** *nt* hexagon **sechseckig** *adj* hexagonal **Sechserpack** [-pak] *m* 〈*-s, -s*〉 six-pack **sechshundert** *num* six hundred **sechsmal** *adv* six times **Sechstagerennen** *nt* six-day (bicycle) race **sechstägig** *adj* six-day **sechstausend** *num* six thousand **Sechstel** ['zɛkstl] *nt* 〈*-s, -*〉 sixth; → **Viertel¹ sechste(r, s)** ['zɛkstə] *adj* sixth; *den* ~*n Sinn haben* to have a sixth sense (for sth); → **vierte(r, s) sechzehn** ['zɛçtseːn] *num* sixteen **sechzig** ['zɛçtsɪç] *num* sixty; → **vierzig**

Secondhandladen *m* second-hand shop **See¹** [zeː] *f* 〈*-, -n* ['zeːən]〉 sea; *an der* ~ by the sea; *an die* ~ *fahren* to go to the sea (-side); *auf hoher* ~ on the high seas; *auf* ~ at sea; *in* ~ *stechen* to put to sea **See²** *m* 〈*-s, -n*〉 lake

Seeaal *m* ZOOL conger (eel) **Seebad** *nt (≈*

Kurort) seaside resort **Seebär** *m* (*hum infml*) seadog (*infml*) **Seebeben** *nt* seaquake **See-Elefant** *m* sea elephant **Seefahrer(in)** *m/(f)* seafarer **Seefahrt** *f* **1.** (≈ *Fahrt*) (sea) voyage; (≈ *Vergnügungsseefahrt*) cruise **2.** (≈ *Schifffahrt*) seafaring *no art* **Seefisch** *m* saltwater fish **Seefischerei** *f* sea fishing **Seefrachtbrief** *m* COMM bill of lading **Seegang** [-gaŋ] *m*, *no pl* swell; *starker or hoher* ~ heavy or rough seas **seegestützt** [-gəʃtʏtst] *adj* MIL sea-based **Seehafen** *m* seaport **Seehund** *m* seal **seekrank** *adj* seasick; *Paul wird leicht* ~ Paul is a bad sailor **Seekrankheit** *f* seasickness **Seekrieg** *m* naval war **Seelachs** *m* COOK pollack **Seele** ['zeːlə] *f* ⟨-, -n⟩ soul; (≈ *Herzstück*) life and soul; *von ganzer* ~ with all one's heart (and soul); *jdm aus der* ~ *sprechen* to express exactly what sb feels; *das liegt mir auf der* ~ it weighs heavily on my mind; *sich* (*dat*) *etw von der* ~ *reden* to get sth off one's chest; *das tut mir in der* ~ *weh* I am deeply distressed; *eine* ~ *von Mensch* an absolute dear **Seelenheil** *nt* spiritual salvation; (*fig*) spiritual welfare **Seelenleben** *nt* inner life **seelenlos** *adj* soulless **Seelenruhe** *f* calmness; *in aller* ~ calmly; (≈ *kaltblütig*) as cool as ice **seelenruhig I** *adj* calm; (≈ *kaltblütig*) as cool as ice **II** *adv* calmly; (≈ *kaltblütig*) callously **seelenverwandt** *adj* congenial (*liter*); *sie waren* ~ they were kindred spirits **Seelenzustand** *m* psychological state **Seelilie** *f* sea lily **seelisch** ['zeːlɪʃ] **I** *adj* REL spiritual; (≈ *geistig*) *Gleichgewicht* mental; *Schaden* psychological; *Erschütterung* emotional **II** *adv* psychologically; ~ *krank* mentally ill **Seelöwe** *m* sea lion **Seelsorge** ['zeːlzɔrgə] *f*, *no pl* spiritual welfare **Seelsorger** [-zɔrgɐ] *m* ⟨-s, -⟩, **Seelsorgerin** [-ərɪn] *f* ⟨-, -nen⟩ pastor **Seeluft** *f* sea air **Seemacht** *f* naval or maritime power **Seemann** *m*, *pl* **-leute** sailor **seemännisch** [-mɛnɪʃ] *adj* nautical **Seemannsgarn** *nt*, *no pl* (*infml*) sailor's yarn **Seemeile** *f* sea mile **Seemöwe** *f* seagull **Seengebiet** ['zeːən-] *nt* lakeland district **Seenot** *f*, *no pl* distress; *in* ~ *geraten* to get into distress **Seeotter** *m* sea otter, **Seepferd(chen)** [-pfeːɐt(çən)] *nt* ⟨-s,

-⟩ sea horse **Seeräuber(in)** *m/(f)* pirate **Seeräuberei** *f* piracy **Seereise** *f* (sea) voyage; (≈ *Kreuzfahrt*) cruise **Seerose** *f* water lily **Seeschifffahrt** *f* maritime shipping **Seeschlacht** *f* sea battle **Seestern** *m* ZOOL starfish **Seestreitkräfte** *pl* naval forces *pl* **Seetang** *m* seaweed **Seeteufel** *m* ZOOL monkfish **seetüchtig** *adj* seaworthy **seeuntüchtig** *adj* unseaworthy **Seeverkehr** *m* maritime traffic **Seevogel** *m* sea bird **Seeweg** *m* sea route; *auf dem* ~ *reisen* to go by sea **Seezunge** *f* sole

Segel ['zeːgl] *nt* ⟨-s, -⟩ sail; *die* ~ *setzen* to set the sails **Segelboot** *nt* sailing boat (*Br*), sailboat (*US*) **segelfliegen** *v/i inf only* to glide **Segelfliegen** *nt* ⟨-s, *no pl*⟩ gliding **Segelflieger(in)** *m/(f)* glider pilot **Segelflug** *m*, *no pl*: (≈ *Segelfliegerei*) gliding; (≈ *Flug*) glider flight **Segelflugzeug** *nt* glider **Segeljacht** *f* (sailing) yacht, sailboat (*US*) **Segelklub** *m* sailing club **segeln** ['zeːgln] **I** *v/t & v/i aux haben or sein* to sail; ~ *gehen* to go for a sail **II** *v/i aux sein* (*infml*) *durch eine Prüfung* ~ to fail an exam **Segeln** *nt* ⟨-s, *no pl*⟩ sailing **Segelregatta** *f* sailing or yachting regatta **Segelschiff** *nt* sailing ship **Segelsport** *m* sailing *no art* **Segeltuch** *nt*, *pl* **-tuche** canvas **Segen** ['zeːgn] *m* ⟨-s, -⟩ blessing; *es ist ein* ~, *dass* ... it is a blessing that ...; *er hat meinen* ~ he has my blessing; ~ *bringend* beneficent **Segler** ['zeːglɐ] *m* ⟨-s, -⟩, **Seglerin** [-ərɪn] *f* ⟨-, -nen⟩ (≈ *Segelsportler*) yachtsman/-woman, sailor **Segment** [zɛ'ɡmɛnt] *nt* ⟨-(e)s, -e⟩ segment **segnen** ['zeːɡnən] *v/t* REL to bless; → **gesegnet Segnung** *f* ⟨-, -en⟩ REL blessing **sehbehindert** *adj* partially sighted **sehen** ['zeːən] *pret* **sah** [zaː], *past part* **gesehen** [ɡə'zeːən] **I** *v/t* to see; (≈ *ansehen*) to look at; *gut zu* ~ *sein* to be clearly visible; *schlecht zu* ~ *sein* to be difficult to see; *da gibt es nichts zu* ~ there is nothing to see; *darf ich das mal* ~? can I have a look at that?; *jdn/etw zu* ~ *bekommen* to get to see sb/sth; *etw in jdm* ~ to see sb as sth; *ich kann den Mantel nicht mehr* ~ (≈ *nicht mehr ertragen*) I can't stand the sight of that coat any more; *sich* ~ *lassen* to put in an appearance; *er lässt sich kaum* *noch bei uns* ~ he hardly ever comes to see us now; *also, wir ~ uns morgen* right, I'll see you tomorrow; *da sieht man es mal wieder!* that's typical!; *du siehst das/ihn nicht richtig* you've got it/him wrong; *rein menschlich gesehen* from a purely personal point of view **II** *v/r sich getäuscht* ~ to see oneself deceived; *sich gezwungen* ~, *zu* ... to find oneself obliged to ... **III** *v/i* to see; *er sieht gut/schlecht* he can/cannot see very well; *siehe oben/unten* see above/below; *siehst du (wohl)!, siehste!* (*infml*) you see!; ~ *Sie mal!* look!; *lass mal* ~ let me see, let me have a look; *Sie sind beschäftigt, wie ich sehe* I can see you're busy; *mal* ~*!* (*infml*) we'll see; *auf etw* (*acc*) ~ (≈ *hinsehen*) to look at sth; (≈ *achten*) to consider sth important; *darauf* ~, *dass* ... to make sure (that) ...; *nach jdm* ~ (≈ *betreuen*) to look after sb; (≈ *besuchen*) to go to see sb; *nach der Post* ~ to see if there are any letters **Sehen** *nt* ⟨*-s, no pl*⟩ seeing; (≈ *Sehkraft*) sight; *ich kenne ihn nur vom* ~ I only know him by sight **sehenswert** *adj* worth seeing **Sehenswürdigkeit** [-vʏrdɪçkait] *f*⟨*-, -en*⟩ sight **Sehfehler** *m* visual defect **Sehkraft** *f, no pl* (eye)sight

Sehne ['zeːnə] *f* ⟨*-, -n*⟩ **1.** ANAT tendon **2.** (≈ *Bogensehne*) string

sehnen ['zeːnən] *v/r sich nach jdm/etw* ~ to long for sb/sth

Sehnenzerrung *f* pulled tendon

Sehnerv *m* optic nerve

sehnlich ['zeːnlɪç] **I** *adj Wunsch* ardent; *Erwartung* eager **II** *adv* hoffen, wünschen ardently **Sehnsucht** ['zeːnzʊxt] *f* longing (*nach* for) **sehnsüchtig I** *adj* longing; *Wunsch etc* ardent **II** *adv* hoffen ardently; ~ *auf etw* (*acc*) *warten* to long for sth

sehr [zeːɐ] *adv, comp* **mehr** [meːɐ], *sup* **am meisten** ['maistn] **1.** (*mit adj, adv*) very; *er ist* ~ *dagegen* he is very much against it; *es geht ihm* ~ *viel besser* he is very much better **2.** (*mit vb*) very much, a lot; *so* ~ so much; *wie* ~ how much; *sich* ~ *anstrengen* to try very hard; *regnet es* ~*?* is it raining a lot?; *freust du dich darauf? — ja,* ~ are you looking forward to it? — yes, very much; *zu* ~ too much

Sehschwäche *f* poor eyesight **Sehstö-**

rung *f* visual defect **Sehtest** *m* eye test **Sehvermögen** *nt* powers *pl* of vision

seicht [zaiçt] *adj* shallow

Seide ['zaidə] *f*⟨*-, -n*⟩ silk **seiden** ['zaidn] *adj attr* (≈ *aus Seide*) silk **Seidenpapier** *nt* tissue paper **Seidenraupe** *f* silkworm **seidenweich** *adj* soft as silk **seidig** ['zaidɪç] *adj* (≈ *wie Seide*) silky

Seife ['zaifə] *f*⟨*-, -n*⟩ soap **Seifenblase** *f* soap bubble; (*fig*) bubble **Seifenlauge** *f* (soap)suds *pl* **Seifenoper** *f* (*infml*) soap (opera) **Seifenpulver** *nt* soap powder **Seifenschale** *f* soap dish **Seifenschaum** *m* lather **seifig** ['zaifɪç] *adj* soapy

seihen ['zaiən] *v/t* (≈ *sieben*) to sieve

Seil [zail] *nt* ⟨*-(e)s, -e*⟩ rope; (≈ *Hochseil*) tightrope, high wire **Seilbahn** *f* cable railway **seilspringen** *v/i sep aux sein*, *usu inf or past part* to skip **Seiltanz** *m* tightrope act **Seiltänzer(in)** *m/(f)* tightrope walker

sein¹ [zain] *pres* **ist** [ɪst], *pret* **war** [vaːɐ], *past part* **gewesen** [gə'veːzn] *aux sein* **I** *v/i* **1.** to be; *sei/seid so nett und* ... be so kind as to ...; *das wäre gut* that would be a good thing; *es wäre schön gewesen* it would have been nice; *er ist Lehrer* he's a teacher; *wenn ich Sie wäre* if I were *or* was you; *er war es nicht* it wasn't him; *das kann schon* ~ that may well be; *ist da jemand?* is (there) anybody there?; *er ist aus Genf* he comes from Geneva; *wo warst du so lange?* where have you been all this time? **2.** *was ist?* what's the matter?, what's up (*infml*); *das kann nicht* ~ that can't be (true); *wie wäre es mit* ...? how about ...?; *mir ist kalt* I'm cold **II** *aux* to have; *er ist geschlagen worden* he has been beaten

sein² *poss pr* (*adjektivisch*) (*bei Männern*) his; (*bei Dingen, Abstrakta*) its; (*bei Mädchen*) her; (*bei Tieren*) its, his/her; (*bei Ländern, Städten*) its, her; (*auf „man" bezüglich*) one's, her (*US*), your; *jeder hat* ~*e Probleme* everybody has their problems

Sein [zain] *nt* ⟨*-s, no pl*⟩ being *no art*; (≈ *Existenz auch*) existence *no art*; ~ *und Schein* appearance and reality

seine(r, s) ['zainə] *poss pr* (*substantivisch*) his; *er hat das Seine getan* (*elev*) he did his bit; *jedem das Seine* each to his own (*Br*), to each his own; *die Seinen* (*elev*) his family **seinerseits**

['zainɐ'zaits] *adv* (≈ *von ihm*) on his part; (≈ *er selbst*) for his part **seinerzeit** ['zainɐtsait] *adv* at that time **seinesgleichen** ['zainəs'glaiçn] *pron inv* (*gleichgestellt*) his equals *pl*; (*auf „man" bezüglich*) one's *or* his (*US*) equals; (*gleichartig*) his kind *pl*; of one's own kind; (*pej*) the likes of him *pl* **seinetwegen** ['zainət've:gn] *adv* **1.** (≈ *wegen ihm*) because of him; (≈ *ihm zuliebe*) for his sake; (≈ *für ihn*) on his behalf **2.** (≈ *von ihm aus*) as far as he is concerned **seinetwillen** ['zainət'vɪlən] *adv* **um ~** for his sake

sein lassen *past part* **sein lassen** *v/t irr* **etw ~** (≈ *aufhören*) to stop sth/doing sth; (≈ *nicht tun*) to leave sth; *lass das sein!* stop that!

seismisch ['zaismɪʃ] *adj* seismic **Seismograf** [zaismo'gra:f] *m* ⟨*-en, -en*⟩ seismograph **Seismologe** [zaismo-'lo:gə] *m* ⟨*-n, -n*⟩, **Seismologin** [-'lo:gɪn] *f* ⟨*-, -nen*⟩ seismologist

seit [zait] **I** *prep* +*dat* since; (*in Bezug auf Zeitdauer*) for, in (*esp US*); **~ wann?** since when?; **~ Jahren** for years; *wir warten schon ~ zwei Stunden* we've been waiting (for) two hours; **~ etwa einer Woche** since about a week ago, for about a week **II** *cj* since **seitdem** [zait-'de:m] **I** *adv* since then **II** *cj* since

Seite ['zaitə] *f* ⟨*-, -n*⟩ **1.** side; **~ an ~** side by side; **zur ~ gehen** *or* **treten** to step aside; *jdm zur ~ stehen* (*fig*) to stand by sb's side; *das Recht ist auf ihrer ~* she has right on her side; *etw auf die ~ legen* to put sth aside; *jdn zur ~ nehmen* to take sb aside; *auf der einen ~..., auf der anderen (~)* ... on the one hand ..., on the other (hand) ...; *sich von seiner besten ~ zeigen* to show oneself at one's best; *von allen ~n* from all sides; *auf ~n* +*gen* = *aufseiten*; *von ~n* +*gen* = *vonseiten* **2.** (≈ *Buchseite etc*) page **Seitenairbag** *m* AUTO side-impact airbag **Seitenansicht** *f* side view; TECH side elevation **Seitenaufprallschutz** *m* AUTO side impact protection system **Seitenausgang** *m* side exit **Seitenblick** *m* sidelong glance; *mit einem ~ auf* (+*acc*) (*fig*) with one eye on **Seiteneingang** *m* side entrance **Seitenflügel** *m* side wing; (*von Altar*) wing **Seitenhieb** *m* (*fig*) sideswipe **seitenlang** *adj* several pages long **Seitenlinie** *f* **1.** RAIL branch line **2.** FTBL

etc touchline (*Br*), sideline **seitens** ['zaitns] *prep* +*gen* (*form*) on the part of **Seitenspiegel** *m* AUTO wing mirror **Seitensprung** *m* (*fig*) bit on the side (*infml*) *no pl* **Seitenstechen** *nt, no pl* stitch; **~ haben/bekommen** to have/get a stitch **Seitenstraße** *f* side street **Seitenstreifen** *m* verge; (*der Autobahn*) hard shoulder (*Br*), shoulder (*US*) **seitenverkehrt** *adj, adv* the wrong way round **Seitenwechsel** *m* SPORTS changeover **Seitenwind** *m* crosswind **Seitenzahl** *f* **1.** page number **2.** (≈ *Gesamtzahl*) number of pages

seither [zait'he:ɐ] *adv* since then

seitlich ['zaitlɪç] **I** *adj* lateral (*esp* SCI, TECH), side *attr* **II** *adv* at the side; (≈ *von der Seite*) from the side; **~ von** at the side of

Sekret [ze'kre:t] *nt* ⟨*-(e)s, -e*⟩ PHYSIOL secretion

Sekretär [zekre'tɛ:ɐ] *m* ⟨*-s, -e*⟩ (≈ *Schreibschrank*) bureau (*Br*), secretary desk (*US*)

Sekretär [zekre'tɛ:ɐ] *m* ⟨*-s,-e*⟩, **Sekretärin** [-'tɛ:rɪn] *f* ⟨*-, -nen*⟩ secretary **Sekretariat** [zekreta'ria:t] *nt* ⟨*-(e)s, -e*⟩ office

Sekt [zɛkt] *m* ⟨*-(e)s, -e*⟩ sparkling wine, champagne

Sekte ['zɛktə] *f* ⟨*-, -n*⟩ sect

Sektglas *nt* champagne glass

Sektierer [zɛk'ti:rɐ] *m* ⟨*-s, -*⟩, **Sektiererin** [-ərɪn] *f* ⟨*-, -nen*⟩ sectarian **sektiererisch** [zɛk'ti:rərɪʃ] *adj* sectarian

Sektion [zɛk'tsio:n] *f* ⟨*-, -en*⟩ section; (≈ *Abteilung*) department **Sektor** ['zɛkto:ɐ] *m* ⟨*-s, Sektoren* [-'to:rən]⟩ sector; (≈ *Sachgebiet*) field

Sektschale *f* champagne glass

sekundär [zekʊn'dɛ:ɐ] *adj* secondary **Sekundärliteratur** *f* secondary literature **Sekundarschule** *f* (*Swiss*) secondary school **Sekundarstufe** *f* secondary *or* high (*esp US*) school level

Sekunde [ze'kʊndə] *f* ⟨*-, -n*⟩ second; *auf die ~ genau* to the second **Sekundenkleber** *m* superglue®, instant glue **sekundenschnell** *adj* *Reaktion, Entscheidung* split-second *attr*; *Antwort* quick-fire *attr* **Sekundenzeiger** *m* second hand

selber ['zɛlbɐ] *dem pron* = **selbst I Selbermachen** *nt* ⟨*-s, no pl*⟩ *Möbel zum ~* do-it-yourself furniture **selbst** [zɛlpst] **I** *dem pron* **1.** *ich ~* I myself; *er ~* he himself; *sie ist die Güte/Tugend* ~ she's kindness/virtue itself **2.** (≈ *ohne Hilfe*) by oneself/himself/yourself *etc*; *das regelt sich alles von* ~ it'll sort itself out (by itself); *er kam ganz von* ~ he came of his own accord **II** *adv* **1.** (≈ *eigen*) ~ *ernannt* self-appointed; (*in Bezug auf Titel*) self-styled; ~ *gebacken* home--baked, home-made; ~ *gebaut* home--made; *Haus* self-built; ~ *gemacht* home-made; ~ *verdientes Geld* money one has earned oneself **2.** (≈ *sogar*) even; ~ *Gott* even God (himself); ~ *wenn* even if Selbstachtung *f* self-respect selbständig *etc* ['zɛlpʃtɛndɪç] *adj, adv* = selbstständig *etc* Selbstanzeige *f* **1.** (*steuerlich*) voluntary declaration **2.** ~ erstatten to come forward oneself Selbstbedienung *f* self-service Selbstbefriedigung *f* masturbation Selbstbeherrschung *f* self-control; *die* ~ *wahren/verlieren* to keep/lose one's self-control Selbstbestätigung *f* self-affirmation Selbstbestimmungsrecht *nt* right of self-determination Selbstbeteiligung *f* INSUR (percentage) excess Selbstbetrug *m* self-deception selbstbewusst **I** *adj* (≈ *selbstsicher*) self-assured **II** *adv* self-confidently Selbstbewusstsein *nt* self-confidence Selbstbildnis *nt* self-portrait Selbstdisziplin *f* self-discipline Selbsterhaltungstrieb *m* survival instinct Selbsterkenntnis *f* self-knowledge selbstgebacken *adj* → **selbst** selbstgefällig **I** *adj* self-satisfied **II** *adv* smugly Selbstgefälligkeit *f* smugness, complacency selbstgemacht *adj* home-made selbstgerecht **I** *adj* self-righteous **II** *adv* self--righteously Selbstgerechtigkeit *f* self--righteousness Selbstgespräch *nt* ~*e führen* to talk to oneself selbstherrlich (*pej*) **I** *adj* (≈ *eigenwillig*) high-handed; (≈ *selbstgefällig*) arrogant **II** *adv* (≈ *eigenwillig*) high-handedly; (≈ *selbstgefällig*) arrogantly Selbsthilfe *f* self-help; *zur* ~ *greifen* to take matters into one's own hands Selbsthilfegruppe *f* self--help group selbstklebend *adj* self-adhesive Selbstkosten *pl* ECON prime costs *pl* Selbstkostenpreis *m* cost price; *zum* ~ at cost Selbstkritik *f* self-criticism selbstkritisch **I** *adj* self-critical **II** *adv* self-critically Selbstläufer *m* (*infml* ≈ *eigenständiger Erfolg*) sure-fire success

(*infml*) Selbstlaut *m* vowel selbstlos **I** *adj* selfless **II** *adv* selflessly Selbstlosigkeit *f* ⟨-, *no pl*⟩ selflessness Selbstmitleid *nt* self-pity Selbstmord *m* suicide Selbstmordanschlag *m* suicide attack Selbstmordattentäter(in) *m/(f)* suicide attacker *or* bomber Selbstmörder(in) *m/(f)* suicide selbstmörderisch *adj* suicidal; *in* ~*er Absicht* intending to commit suicide selbstmordgefährdet *adj* suicidal Selbstmordversuch *m* attempted suicide Selbstporträt *nt* self--portrait Selbstschutz *m* self-protection selbstsicher **I** *adj* self-assured **II** *adv* self-confidently Selbstsicherheit *f* self-assurance selbstständig ['zɛlpstʃtɛndɪç] *adj* **I** *adj* independent; ~ *sein* (*beruflich*) to be self-employed; *sich* ~ *machen* (*beruflich*) to set up on one's own; (*hum*) to go off on its own **II** *adv* independently; *das entscheidet er* ~ he decides that on his own Selbstständige(r) ['zɛlpstʃtɛndɪgə] *m/f(m)* decl as adj self-employed person Selbstständigkeit *f* ⟨-, *no pl*⟩ independence; (*beruflich*) self-employment Selbststudium *nt* private study Selbstsucht *f, no pl* egoism selbstsüchtig *adj* egoistic selbsttätig *adj* **1.** (≈ *automatisch*) automatic **2.** (≈ *eigenständig*) independent **II** *adv* (≈ *automatisch*) automatically Selbsttäuschung *f* self-deception Selbsttest *m* (*von Maschine*) self-test selbstverdient *adj* → **selbst** selbstvergessen *adj* absent-minded; *Blick* faraway Selbstverpflegung *f* self-catering selbstverschuldet [-fɛɐ̯ʃʊldət] *adj* *Unfälle, Notlagen* for which one is oneself responsible; *der Unfall war* ~ the accident was his/her own fault Selbstversorger *m* ⟨-s, -⟩, Selbstversorgerin [-ərɪn] *f* ⟨-, -nen⟩ **1.** ~ *sein* to be self-sufficient **2.** (*im Urlaub etc*) sb who is self--catering (*Br*); *Appartements für* ~ self--catering apartments (*Br*), condominiums (*US*) selbstverständlich **I** *adj* *Freundlichkeit* natural; *Wahrheit* self--evident; *das ist doch* ~*!* that goes without saying; *das ist keineswegs* ~ it cannot be taken for granted **II** *adv* of course Selbstverständlichkeit [-fɛɐ̯ʃtɛntlɪkkaɪt] *f* ⟨-, -en⟩ *das war doch eine* ~, *dass wir* ... it was only natural that we ...; *etw für eine* ~ *halten* to take sth as

a matter of course **Selbstverteidigung** f
self-defence (Br), self-defense (US)
Selbstvertrauen nt self-confidence
Selbstverwaltung f self-administration
Selbstwahrnehmung f self-perception
Selbstwertgefühl nt self-esteem
selbstzufrieden I adj self-satisfied II
adv complacently, smugly **Selbstzweck**
m end in itself
selchen ['zɛlçn] v/t & v/i (S Ger, Aus)
Fleisch to smoke
Selektion [zelɛk'tsioːn] f ⟨-, -en⟩ selection **selektiv** [zelɛk'tiːf] I adj selective
II adv selectively
selig ['zeːlɪç] adj 1. REL blessed 2. (≈
überglücklich) overjoyed; Lächeln blissful **Seligkeit** f ⟨-, -en⟩ 1. no pl REL salvation 2. (≈ Glück) (supreme) happiness,
bliss
Sellerie ['zɛləriː] m ⟨-s, -(s)⟩ or f -, -⟩ celeriac; (≈ Stangensellerie) celery
selten ['zɛltn] I adj rare II adv (≈ nicht
oft) rarely **Seltenheit** f ⟨-, -en⟩ rarity
Seltenheitswert m rarity value
Selter(s)wasser ['zɛltɐ(s)-] nt, pl -wäs-
ser soda (water)
seltsam ['zɛltzaːm] adj strange **seltsamerweise** ['zɛltzaːmɐ'vaizə] adv
strangely enough
Semantik [ze'mantɪk] f ⟨-, no pl⟩ semantics sg **semantisch** [ze'mantɪʃ] adj semantic
Semester [ze'mɛstɐ] nt ⟨-s, -⟩ UNIV semester (esp US), term (of a half-year's
duration); im 7./8. ~ sein to be in one's
4th year **Semesterferien** pl vacation sg
Semifinale ['zeːmi-] nt SPORTS semifi-
nal(s) **Semikolon** [zemi'koːlɔn] nt ⟨-s,
-s or Semikola [-la]⟩ semicolon
Seminar [zemi'naːɐ] nt ⟨-s, -e or (Aus)
-rien [-iən]⟩ 1. UNIV department; (≈ Se-
minarübung) seminar 2. (≈ Priesterseminar) seminary 3. (≈ Lehrerseminar)
teacher training college
Semit [ze'miːt] m ⟨-en, -en⟩, **Semitin**
[-'miːtɪn] f ⟨-, -nen⟩ Semite **semitisch**
[ze'miːtɪʃ] adj Semitic
Semmel ['zɛml] f ⟨-, -n⟩ (dial) roll **Sem-
melknödel** m (S Ger, Aus) bread dumpling
sempern ['zɛmpɐn] v/i (Aus ≈ nörgeln)
to moan
Senat [ze'naːt] m ⟨-(e)s, -e⟩ 1. POL, UNIV
senate 2. JUR Supreme Court **Senator**
[ze'naːtoːɐ] m ⟨-s, **Senatoren**

[-'toːrən]⟩, **Senatorin** [-'toːrɪn] f ⟨-,
-nen⟩ senator
Sendebereich m transmission range
Sendefolge f 1. (≈ Sendung in Fortsetzungen) series sg 2. (≈ Programmfolge)
programmes pl (Br), programs pl (US)
Sendemast m radio or transmitter
mast, broadcasting tower (US)
senden[1] ['zɛndn] pret **sandte** or **sendete**
['zantə, 'zɛndətə], past part **gesandt** or
gesendet [gə'zant, gə'zɛndət] I v/t to
send (an +acc to) II v/i nach jdm ~ to
send for sb
senden[2] v/t & v/i (RADIO, TV) to broadcast; Signal etc to transmit **Sendepause**
f interval **Sender** ['zɛndɐ] m ⟨-s, -⟩
transmitter; RADIO station; TV channel
(esp Br), station (esp US) **Senderaum**
m studio **Sendereihe** f (radio/televi-
sion) series **Sendeschluss** m (RADIO,
TV) close-down **Sendezeit** f broadcasting time; in der besten ~ in prime time
Sendung ['zɛndʊŋ] f ⟨-, -en⟩ 1. no pl (≈
das Senden) sending 2. (≈ Postsendung)
letter; (≈ Paket) parcel; COMM consignment 3. TV programme (Br), program
(US); RADIO broadcast; auf ~ sein to
be on the air
Senegal nt ⟨-s⟩ Senegal **Senegalese**
[zenega'leːzə] m ⟨-n, -n⟩, **Senegalesin**
[-'leːzɪn] f ⟨-, -nen⟩ Senegalese
Senf [zɛnf] m ⟨-(e)s, -e⟩ mustard; seinen
~ dazugeben (infml) to have one's say
Senfgas nt CHEM mustard gas **Senfgur-
ke** f gherkin pickled with mustard seeds
Senfkorn nt, pl -körner mustard seed
sengen ['zɛŋən] I v/t to singe II v/i to
scorch
senil [ze'niːl] adj (pej) senile **Senilität**
[zenili'tɛːt] f ⟨-, no pl⟩ senility
Senior ['zeːnioːɐ] m ⟨-s, **Senioren** [ze-
'nioːrən]⟩, **Seniorin** [ze'nioːrɪn] f ⟨-,
-nen⟩ 1. (a. **Seniorchef(in)**) boss 2.
SPORTS senior player; die ~en the seniors
3. **Senioren** pl senior citizens pl **senio-
rengerecht** adj (suitable) for the elderly; ~e Wohnungen housing for the elderly **Seniorenpass** m senior citizen's
travel pass **Senioren(wohn)heim** nt
old people's home
Senkblei nt plumb line; (≈ Gewicht)
plummet **senken** ['zɛŋkn] I v/t to lower;
Kopf to bow; den Blick ~ to lower one's
gaze II v/r to sink; (Haus, Boden) to subside; (Stimme) to drop **senkrecht**

['zɛŋkrɛçt] **I** *adj* vertical; MAT perpendicular; (*in Kreuzworträtsel*) down **II** *adv* vertically, perpendicularly; *aufsteigen* straight up **Senkrechte** ['zɛŋkrɛçtə] *f decl as adj* vertical; MAT perpendicular **Senkrechtstarter** *m* AVIAT vertical takeoff aircraft **Senkrechtstarter(in)** *m/(f)* (*fig infml*) whiz(z) kid (*infml*) **Senkung** ['zɛŋkʊŋ] *f ⟨-, -en⟩* 1. lowering 2. (≈ *Vertiefung*) hollow 3. MED = *Blutsenkung*

Sennerei [zɛnə'rai] *f ⟨-, -en⟩* (*S Ger, Aus*) Alpine dairy

Sensation [zɛnza'tsioːn] *f ⟨-, -en⟩* sensation **sensationell** [zɛnzatsio'nɛl] *adj* sensational **Sensationsblatt** *nt* sensational paper **Sensationslust** *f* desire for sensation **sensationslüstern** *adj* sensation-seeking **Sensationsnachricht** *f* sensational news *sg* **Sensationspresse** *f* sensational papers *pl*

Sense ['zɛnzə] *f ⟨-, -n⟩* 1. scythe 2. (*infml*) *jetzt/dann ist ~!* that's the end!

sensibel [zɛn'ziːbl] **I** *adj* sensitive **II** *adv* sensitively **sensibilisieren** [zɛnzibili-'ziːrən] *past part* **sensibilisiert** *v/t* to sensitize **Sensibilität** [zɛnzibili'tɛːt] *f ⟨-, no pl⟩* sensitivity **Sensor** ['zɛnzoːɐ] *m ⟨-s, Sensoren* [-'zoːrən]⟩ sensor

sentimental [zɛntimɛn'taːl] *adj* sentimental **Sentimentalität** [zɛntimɛntali-'tɛːt] *f ⟨-, -en⟩* sentimentality

separat [zepa'raːt] **I** *adj* separate; *Wohnung* self-contained **II** *adv* separately

September [zɛp'tɛmbɐ] *m ⟨-(s), -⟩* September; → *März*

Sequenz [ze'kvɛnts] *f ⟨-, -en⟩* sequence

Serbe ['zɛrbə] *m ⟨-n, -n⟩*, **Serbin** ['zɛrbɪn] *f ⟨-, -nen⟩* Serb, Serbian **Serbien** ['zɛrbiən] *nt ⟨-s⟩* Serbia **serbisch** ['zɛrbɪʃ] *adj* Serb, Serbian

Serenade [zere'naːdə] *f ⟨-, -n⟩* serenade

Serie ['zeːriə] *f ⟨-, -n⟩* series *sg*; *13 Siege in ~* 13 wins in a row; *in ~ gehen* to go into production; *in ~ hergestellt werden* to be mass-produced **seriell** [ze-'riɛl] *adj Herstellung* series *attr*; IT serial **Serienbrief** *m* IT mail-merge letter **serienmäßig I** *adj Autos* production *attr*; *Ausstattung* standard; *Herstellung* series *attr* **II** *adv herstellen* in series **Serienmörder(in)** *m/(f)* serial killer **serienweise** [-vaizə] *adv produzieren* in series; (*infml ≈ in Mengen*) wholesale

seriös [ze'riøːs] *adj* serious; (≈ *anständig*) respectable; *Firma* reputable; ~

auftreten to appear respectable **Seriosität** [zeriozi'tɛːt] *f ⟨-, no pl⟩* seriousness; (≈ *Anständigkeit*) respectability; (*von Firma*) integrity

Serpentine [zɛrpɛn'tiːnə] *f ⟨-, -n⟩* winding road, zigzag

Serum ['zeːrʊm] *nt ⟨-s, Seren or Sera* ['zeːrən, 'zeːra]⟩ serum

Server ['zœrvɐ] *m ⟨-s, -⟩* IT server

Service¹ [zɛr'viːs] *nt ⟨-(s), -* [-'viːs(əs), -'viːs(ə)]⟩ (≈ *Essgeschirr*) dinner service; (≈ *Kaffee-/Teeservice*) coffee/tea service; (≈ *Gläserservice*) set

Service² ['sœrɐvɪs, 'zœrvɪs] *m or nt ⟨-, -s⟩* COMM service; SPORTS service, serve **servieren** [zɛr'viːrən] *past part* **serviert** **I** *v/t* to serve; (*infml ≈ anbieten*) to serve up (*infml*) (*jdm for sb*) **II** *v/i* to serve **Servierer(in)** *m/(f)* waitress **Serviertochter** *f* (*Swiss*) waitress **Serviette** [zɛr'viɛtə] *f ⟨-, -n⟩* napkin

Servobremse *f* power brake **Servolenkung** *f* power steering

servus ['zɛrvʊs] *int* (*S Ger, Aus*) (*beim Treffen*) hello; (*beim Abschied*) cheerio (*Br infml*), see ya (*esp US infml*)

Sesam ['zeːzam] *m ⟨-s, -⟩* sesame

Sessel ['zɛsl] *m ⟨-s, -⟩* easy chair; (≈ *Polstersessel*) armchair; (*Aus ≈ Stuhl*) chair **Sessellift** *m* chairlift **sesshaft** *adj* settled; (≈ *ansässig*) resident; ~ *werden* to settle down

Set¹ [zɛt, sɛt] *m or nt ⟨-s, -s⟩* 1. (TENNIS ≈ *Satz*) set 2. (≈ *Deckchen*) place mat

Set² *m ⟨-(s), -s⟩* TV, FILM set

Setter ['zɛtɐ] *m ⟨-s, -⟩* setter

Setup ['sɛtap] *nt ⟨-s, -s⟩* IT setup **Setupprogramm** *nt* IT setup program

setzen ['zɛtsn] **I** *v/t* 1. (≈ *hintun*) to put, to set; (≈ *sitzen lassen*) to sit, to place, to put; *jdn an Land ~* to put sb ashore; *etw in die Zeitung ~* to put sth in the paper; *sich (dat) etw in den Kopf ~* (*infml*) to take sth into one's head; *seine Hoffnung in jdn/etw ~* to put one's hopes in sb/sth 2. NAUT *Segel* to set; TYPO to set 3. *Preis, Summe* to put (*auf +acc* on); *Geld auf ein Pferd ~* to put money on a horse 4. (≈ *schreiben*) *Komma, Punkt* to put 5. (≈ *bestimmen*) *Ziel, Preis etc* to set; *jdm eine Frist ~* to set sb a deadline 6. (≈ *einstufen*) *Sportler* to place; TENNIS to seed; *der an Nummer eins gesetzte Spieler* TENNIS the top seed 7.; → *gesetzt* **II** *v/r* 1. (≈ *Platz nehmen*) to sit down; *sich* *ins Auto* ~ to get into the car; *sich zu jdm* ~ to sit with sb; *bitte* ~ *Sie sich* please take a seat **2.** (*Kaffee, Tee, Lösung*) to settle **III** *v/i* (*bei Wetten*) to bet; *auf ein Pferd* ~ to bet on a horse **Setzer**['zɛtsɐ] *m* ⟨*-s, -*⟩, **Setzerin**[-ərɪn] *f* ⟨*-, -nen*⟩ TYPO typesetter **Setzerei** [zɛtsə'rai] *f* ⟨*-, -en*⟩ (≈ *Firma*) typesetter's

Seuche['zɔyçə] *f* ⟨*-, -n*⟩ epidemic; (*fig pej*) scourge **Seuchenbekämpfung** *f* epidemic control **Seuchengebiet***nt* epidemic area **Seuchengefahr***f* danger of epidemic

seufzen['zɔyftsn] *v/t & v/i* to sigh **Seufzer**['zɔyftsɐ] *m* ⟨*-s, -*⟩ sigh

Sex[zɛks] *m* ⟨*-(es)*, no *pl*⟩ sex **Sex-Appeal**[-|ə'pi:l] *m* ⟨*-s*, no *pl*⟩ sex appeal **Sexbombe** *f* (*infml*) sex bomb (*infml*) **Sexfilm** *m* sex film **Sexismus** [zɛ-'ksɪsmʊs] *m* ⟨*-, Sexismen* [-mən]⟩ sexism **Sexist**[zɛ'ksɪst] *m* ⟨*-en, -en*⟩, **Sexistin**[-'ksɪstɪn] *f*⟨*-, -nen*⟩ sexist **sexistisch**[zɛ'ksɪstɪʃ] *adj* sexist **Sextett**[zɛks'tɛt] *nt* ⟨*-(e)s, -e*⟩ MUS sextet(te)

Sextourismus *m* sex tourism **Sexualerziehung** *f* sex education **Sexualität** [zɛksuali'tɛːt] *f*⟨*-*, no *pl*⟩ sexuality **Sexualkunde***f* SCHOOL sex education **Sexualleben***nt* sex life **Sexualpartner(in)** *m/(f)* sexual partner **Sexualstraftäter(in)** *m/(f)* sex offender **Sexualverbrechen***nt* sex(ual) offence (*Br*) *or* offense (*US*) **sexuell**[zɛ'ksuɛl] **I** *adj* sexual **II** *adv* sexually **sexy**['zɛksi] *adj inv* (*infml*) sexy (*infml*)

Seychellen[ze'ʃɛlən] *pl* GEOG Seychelles *pl*

sezieren[ze'tsiːrən] *past part sezient v/t & v/i* (*lit, fig*) to dissect

s-förmig['ɛs-], **S-förmig***adj* S-shaped

sfr*abbr of **Schweizer Franken** sfr

Shampoo['ʃampuː, 'ʃampoː] *nt* ⟨*-s, -s*⟩ shampoo

Shareware ['ʃɛːɐvɛːɐ] *f* ⟨*-*, no *pl*⟩ IT shareware

Sherry['ʃɛrɪ] *m* ⟨*-s, -s*⟩ sherry **Shetlandinseln***pl* Shetland Islands *pl* **Shift-Taste**['ʃɪft-] *f* IT shift key **shoppen**['ʃɔpn] *v/i* (*infml*) to shop; ~ *gehen* to go shopping **Shopping**['ʃɔpɪŋ] *nt*⟨*-s*, no *pl*⟩ shopping **Shoppingcenter** ['ʃɔpɪŋsɛntɐ] *nt* ⟨*-s, -*⟩ shopping centre (*Br*) *or* center (*US*)

Shorts[ʃoːɐts, ʃɔrts] *pl* (pair of) shorts *pl*

Show[ʃoː] *f*⟨*-, -s*⟩ show; *eine* ~ *abziehen* (*infml*) to put on a show (*infml*) **Showeinlage** ['ʃoː-] *f* entertainment section **Showgeschäft** ['ʃoː-] *nt* show business **Showmaster** ['ʃoːmastɐ] *m* ⟨*-s, -*⟩, **Showmasterin** [-ərɪn] *f*⟨*-, -nen*⟩ compère, emcee (*US*)

Shuttlebus ['ʃatlbʊs] *m* shuttle bus **siamesisch** [zia'meːzɪʃ] *adj* ~*e Zwillinge* Siamese twins

Sibirien [zi'biːriən] *nt* ⟨*-s*⟩ Siberia **sibirisch** [zi'biːrɪʃ] *adj* Siberian

sich[zɪç] *refl pr* **1.** (*acc*) oneself; (*3rd person sg*) himself; herself; itself; (*Höflichkeitsform sing*) yourself; (*Höflichkeitsform pl*) yourselves; (*3rd person pl*) themselves; *nur an* ~ *denken* to think only of oneself **2.** (*dat*) to oneself; (*3rd person sg*) to himself; to herself; to itself; (*Höflichkeitsform sing*) yourself; (*Höflichkeitsform pl*) to yourselves; (*3rd person pl*) to themselves; ~ *die Haare waschen*to wash one's hair **3.** (≈ *einander*) each other

Sichel['zɪçl] *f*⟨*-, -n*⟩ sickle; (≈ *Mondsichel*) crescent

sicher['zɪçɐ] **I** *adj* **1.** (≈ *gewiss*) certain; (*sich dat*) *einer Sache* (*gen*) ~ *sein* to be sure of sth **2.** (≈ *gefahrlos*) safe; (≈ *geborgen*) secure; *vor jdm/etw* ~ *sein* to be safe from sb/sth; ~ *ist* ~ you can't be too sure **3.** (≈ *zuverlässig*) reliable; (≈ *fest*) *Gefühl, Zusage* definite; *Einkommen* steady; *Stellung* secure **4.** (≈ *selbstbewusst*) (self-)confident **II** *adv* **1.** *fahren, aufbewahren etc* safely **2.** (≈ *selbstbewusst*) ~ *auftreten* to give an impression of (self-)confidence **3.** (≈ *natürlich*) of course; ~*!* sure (*esp US*) **4.** (≈ *bestimmt*) *das wolltest du* ~ *nicht sagen* surely you didn't mean that; *du hast dich* ~ *verrechnet* you must have counted wrong; *das ist ganz*~ *das Beste*it's quite certainly the best; *das hat er* ~ *vergessen* I'm sure he's forgotten it **sichergehen** *v/i sep irr aux sein* to be sure **Sicherheit***f*⟨*-, -en*⟩ **1.** (≈ *Gewissheit*) certainty; *das ist mit* ~ *richtig* that is definitely right; *das lässt sich nicht mit* ~ *sagen* that cannot be said with any degree of certainty **2.** no *pl* (≈ *Schutz*) safety; (*als Aufgabe von Sicherheitsbeamten etc*) security; *die öf-*

fentliche ~ public safety; *innere* ~ internal security; *jdn/etw in* ~ *bringen* to get sb/sth to safety; ~ *im Straßenverkehr* road safety; *in* ~ *sein* to be safe **3.** *no pl* (≈ *Selbstsicherheit*) (self-)confidence **4.** COMM, FIN security; (≈ *Pfand*) surety; ~ *leisten* COMM, FIN to offer security; JUR to stand bail **Sicherheitsabstand** *m* safe distance **Sicherheitsbeamte(r)** *m decl as adj*, **Sicherheitsbeamtin** *f* security officer **Sicherheitsbestimmungen** *pl* safety regulations *pl* **Sicherheitsglas** *nt* safety glass **Sicherheitsgurt** *m* seat belt **sicherheitshalber** *adv* to be on the safe side **Sicherheitskopie** *f* IT backup copy **Sicherheitskräfte** *pl* security forces *pl* **Sicherheitslücke** *f* security gap **Sicherheitsmaßnahme** *f* safety precaution; POL *etc* security measure **Sicherheitsnadel** *f* safety pin **Sicherheitsrat** *m* security council **Sicherheitsrisiko** *nt* security risk **Sicherheitsstandard** *m* standard of security **sicherlich** ['zɪçɐlɪç] *adv* = *sicher* II 3, 4 **sichern** ['zɪçɐn] **I** *v/t* **1.** to safeguard; (≈ *absichern*) to protect; (≈ *sicher machen*) *Wagen, Unfallstelle* to secure; IT *Daten* to save; *eine Feuerwaffe* ~ to put the safety catch of a firearm on **2.** *jdm/sich etw* ~ to secure sth for sb/oneself **II** *v/r* to protect oneself **sicherstellen** *v/t sep* **1.** *Waffen, Drogen* to take possession of; *Beweismittel* to secure **2.** (≈ *garantieren*) to guarantee **Sicherung** ['zɪçərʊŋ] *f* ⟨-, *-en*⟩ **1.** *no pl* (≈ *das Sichern*) safeguarding; (≈ *Absicherung*) protection **2.** (≈ *Schutz*) safeguard **3.** ELEC fuse; (*von Waffe*) safety catch **Sicherungskopie** *f* IT backup copy **Sicherungsverwahrung** *f* JUR preventive detention **Sicht** [zɪçt] *f* ⟨-, *no pl*⟩ **1.** (≈ *Sehweite*) visibility; *in* ~ *sein/kommen* to be in/come into sight; *aus meiner* ~ (*fig*) as I see it; *aus heutiger* ~ from today's perspective; *auf lange/kurze* ~ (*fig*) in the long/short term **2.** (≈ *Ausblick*) view **3.** COMM *auf or bei* ~ at sight **sichtbar** **I** *adj* visible; ~ *werden* (*fig*) to become apparent **II** *adv* altern visibly; *sich verändern* noticeably **sichten** ['zɪçtn] *v/t* **1.** (≈ *erblicken*) to sight **2.** (≈ *durchsehen*) to look through **Sichtgerät** *nt* monitor; IT VDU **sichtlich** ['zɪçtlɪç] **I** *adj* obvious **II** *adv* obviously; *beeindruckt* visibly **Sichtverhältnisse** *pl* visibility *sg* **Sicht-**

vermerk *m* endorsement; (*im Pass*) visa stamp **Sichtweite** *f* visibility *no art*; *außer* ~ out of sight
sickern ['zɪkɐn] *v/i aux sein* to seep; (*fig*) to leak out
sie [ziː] *pers pr 3rd person* **1.** (*sing*) *gen ihrer* ['iːrɐ], *dat ihr* [iːɐ], *acc sie* (*nom*) she; (*acc*) her; (*von Dingen*) it; ~ *ist es* it's her; *wer hat das gemacht?* — ~ who did that? — she did *or* her! **2.** *pl, gen ihrer* ['iːrɐ], *dat ihnen* ['iːnən], *acc sie* (*nom*) they; (*acc*) them; ~ *sind es* it's them
Sie [ziː] **I** *pers pr 2nd person sg or pl with 3rd person pl vb gen ihrer* ['iːrɐ], *dat ihnen* ['iːnən], *acc Sie* you **II** *nt* ⟨-*s, no pl*⟩ polite *or* "Sie" form of address; *jdn mit* ~ *anreden* to use the polite form of address to sb
Sieb [ziːp] *nt* ⟨-(e)s, -e [-bə]⟩ sieve; (≈ *Teesieb*) strainer; (≈ *Gemüsesieb*) colander; *ein Gedächtnis wie ein* ~ *haben* to have a memory like a sieve
sieben[1] ['ziːbn] *v/t* to pass through a sieve; COOK to sieve
sieben[2] *num* seven; → *vier* **Sieben** ['ziːbn] *f* ⟨-, *- or -en*⟩ seven **siebenhundert** ['ziːbn'hʊndɐt] *num* seven hundred **siebenjährig** *adj* seven-year-old **Siebensachen** *pl* (*infml*) belongings *pl*, things *pl* **siebentausend** ['ziːbn'tauznt] *num* seven thousand **Siebtel** ['ziːptl] *nt* ⟨-*s, -*⟩ seventh **siebte(r, s)** ['ziːptə] *adj* seventh; → *vierte(r, s)* **siebzehn** ['ziːptseːn] *num* seventeen; *Siebzehn und Vier* CARDS pontoon **siebzig** ['ziːptsɪç] *num* seventy; → *vierzig*
Siechtum ['ziːçtuːm] *nt* ⟨-*s, no pl*⟩ (*liter*) infirmity; (*fig: von Wirtschaft etc*) ailing state
sieden ['ziːdn] *pret* **siedete** *or* **sott** ['ziːdətə, zɔt], *past part* **gesiedet** *or* **gesotten** [gə'ziːdət, gə'zɔtn] *v/i* to boil; ~*d heiß* boiling hot **Siedepunkt** *m* (PHYS, *fig*) boiling point
Siedler ['ziːdlɐ] *m* ⟨-*s, -*⟩, **Siedlerin** [-ərɪn] *f* ⟨-, *-nen*⟩ settler **Siedlung** ['ziːdlʊŋ] *f* ⟨-, *-en*⟩ **1.** (≈ *Ansiedlung*) settlement **2.** (≈ *Wohnsiedlung*) housing estate (*Br*) *or* development (*US*)
Sieg [ziːk] *m* ⟨-(e)s, -e [-gə]⟩ victory (*über* +acc over)
Siegel ['ziːgl] *nt* ⟨-*s, -*⟩ seal; *unter dem* ~ *der Verschwiegenheit* under the seal of secrecy **Siegellack** *m* sealing wax **Sie-**

gelring *m* signet ring

siegen ['zi:gn] *v/i* to be victorious; (*in Wettkampf*) to win; **über jdn/etw ~** (*fig*) to triumph over sb/sth; (*in Wettkampf*) to beat sb/sth **Sieger** ['zi:gɐ] *m* ⟨**-s, -**⟩, **Siegerin** [-ərɪn] *f* ⟨**-, -nen**⟩ victor; (*in Wettkampf*) winner **Siegerehrung** *f* SPORTS presentation ceremony **Siegermacht** *f usu pl* POL victorious power**Siegerpodest** *nt* SPORTS winners' podium *or* rostrum**siegesbewusst** *adj* confident of victory**siegessicher I** *adj* certain of victory **II** *adv* confidently**Siegeszug** *m* triumphal march **siegreich** *adj* triumphant; (*in Wettkampf*) winning *attr*, successful

siezen ['zi:tsn] *v/t* **jdn/sich ~** to address sb/each other as "Sie"

Siff [zɪf] *m* ⟨**-s, no pl**⟩ (*sl*) (≈ *Dreck*) filth; (≈ *Zustand*) mess

Signal [zɪ'gnaːl] *nt* ⟨**-s, -e**⟩ signal**Signalanlage** *f* signals *pl* **signalisieren** [zɪgnali'zi:rən] *past part* **signalisiert** *v/t* to signal

Signatur [zɪgna'tuːɐ] *f* ⟨**-, -en**⟩ **1.** signature **2.** (≈ *Bibliothekssignatur*) shelf mark**signieren** [zɪ'gni:rən] *past part* **signiert** *v/t* to sign

Silbe ['zɪlbə] *f* ⟨**-, -n**⟩ syllable; **er hat es mit keiner ~ erwähnt** he didn't say a word about it**Silbentrennung** *f* syllabification; TYPO, IT hyphenation

Silber ['zɪlbɐ] *nt* ⟨**-s, no pl**⟩ silver**Silberbesteck** *nt* silver(ware) **Silberblick** *m* (*infml*) squint**Silberfischchen** [-fɪʃçən] *nt* ⟨**-s, -**⟩ silverfish **Silbergeld** *nt* silver **Silberhochzeit** *f* silver wedding (anniversary) **Silbermedaille** *f* silver medal **silbern** ['zɪlbɐn] *adj* silver; (*liter*) *Stimme, Haare* silvery (*liter*); **~e Hochzeit**silver wedding (anniversary) **Silberstreifen** *m* (*fig*) **es zeichnete sich ein Silberstreif(en) am Horizont ab** you/they *etc* could see light at the end of the tunnel **Silbertanne** *f* noble fir**silbrig** ['zɪlbrɪç] **I** *adj* silvery **II** *adv* **~ schimmern/glänzen** to shimmer/gleam like silver

Silhouette [zi'luetə] *f* ⟨**-, -n**⟩ silhouette

Silikon [zili'ko:n] *nt* ⟨**-s, -e**⟩ silicone

Silizium [zi'li:tsiʊm] *nt* ⟨**-s, no pl**⟩ silicon

Silo ['zi:lo] *m* ⟨**-s, -s**⟩ silo

Silvester [zɪl'vestɐ] *m or nt* ⟨**-s, -**⟩ New Year's Eve, Hogmanay (*esp Scot*)

Simbabwe [zɪm'bapvə] *nt* ⟨**-s**⟩ Zimbabwe

simpel ['zɪmpl] *adj* simple; (≈ *vereinfacht*) simplistic

Sims [zɪms] *m or nt* ⟨**-es, -e** [-zə]⟩ (≈ *Fenstersims*) (window)sill; (≈ *Gesims*) ledge; (≈ *Kaminsims*) mantlepiece

simsen ['zɪmzn] *v/t & v/i* (TEL: *infml*) to text

Simulant [zimu'lant] *m* ⟨**-en, -en**⟩, **Simulantin** [-'lantɪn] *f* ⟨**-, -nen**⟩ malingerer**Simulation** [zimula'tsio:n] *f* ⟨**-, -en**⟩ simulation **Simulator** [zimu'la:to:ɐ] *m* ⟨**-s, Simulatoren** [-'to:rən]⟩ SCI simulator**simulieren** [zimu'li:rən] *past part* **simuliert I** *v/i* (≈ *sich krank stellen*) to feign illness **II** *v/t* **1.** SCI, TECH to simulate **2.** (≈ *vorgeben*) *Krankheit* to feign

simultan [zimʊl'ta:n] **I** *adj* simultaneous **II** *adv* simultaneously**Simultandolmetscher(in)** *m/(f)* simultaneous interpreter

Sinfonie [zɪnfo'ni:] *f* ⟨**-, -n** [-'ni:ən]⟩ symphony**Sinfonieorchester** *nt* symphony orchestra **sinfonisch** [zɪn'fo:nɪʃ] *adj* symphonic

singen ['zɪŋən] *pret* **sang** [zaŋ], *past part* **gesungen** [gə'zʊŋən] **I** *v/t* **1.** (*lit, fig*) to sing **2.** (*infml* ≈ *gestehen*) to squeal (*infml*) **II** *v/i* to sing

Single¹ ['sɪŋgl] *f* ⟨**-, -(s)**⟩ (≈ *CD*) single

Single² *m* ⟨**-s, -s**⟩ (≈ *Alleinlebender*) single

Singular ['zɪŋgula:ɐ] *m* ⟨**-s, -e**⟩ GRAM singular

Singvogel *m* songbird

sinken ['zɪŋkn] *pret* **sank** [zaŋk], *past part* **gesunken** [gə'zʊŋkn] *v/i aux sein* **1.** to sink; **den Kopf ~ lassen** to let one's head drop **2.** (*Boden*) to subside **3.** (*Wasserspiegel, Temperatur, Preise etc*) to fall **4.** (≈ *schwinden*) to diminish; **den Mut ~ lassen** to lose courage; **in jds Achtung** (*dat*) **~** to go down in sb's estimation **Sinkflug** *m* AVIAT descent

Sinn [zɪn] *m* ⟨**-(e)s, -e**⟩ **1.** (≈ *Wahrnehmungsfähigkeit*) sense **2. Sinne** *pl* (≈ *Bewusstsein*) senses *pl*; **er war von ~en** he was out of his mind; **wie von ~en** like one demented; **bist du noch bei ~en?** have you taken leave of your senses? **3.** (≈ *Gedanken*) mind; **das will mir einfach nicht in den ~** I just can't understand it; **jdm durch den ~ gehen** to occur to sb; **etw im ~ haben** to have sth in mind; **mit etw nichts im ~ haben** to want nothing to do with sth **4.** (≈ *Ver-*

ständnis) feeling; **~ für Gerechtigkeit** *etc* **haben** to have a sense of justice *etc* **5.** (≈ *Geist*) spirit; **im ~e des Gesetzes** according to the spirit of the law; **das ist nicht in seinem ~e** that is not what he himself would have wished; **das wäre nicht im ~e unserer Kunden** it would not be in the interests of our customers **6.** (≈ *Zweck*) point; **das ist nicht der ~ der Sache** that is not the point; **der ~ des Lebens** the meaning of life; **das hat keinen ~** there is no point in that **7.** (≈ *Bedeutung*) meaning; **im übertragenen ~** in the figurative sense; **das macht keinen/wenig ~** that makes no/ little sense **Sinnbild** *nt* symbol **sinnbildlich** *adj* symbolic(al) **sinnen** ['zɪnən] *pret* **sann** [zan], *past part* **gesonnen** [gə-'zɔnən] (≈ *planen*) **auf etw** (acc) **~** to think of sth; **auf Abhilfe ~** to think up a remedy; → **gesonnen sinnentstellend** *adj* **~ sein** to distort the meaning **Sinnesorgan** *nt* sense organ **Sinnestäuschung** *f* hallucination **Sinneswandel** *m* change of mind **sinnfällig** *adj* *Beispiel, Symbol* manifest, obvious **sinngemäß** *adv* **etw ~ wiedergeben** to give the gist of sth **sinnieren** [zɪ'niːrən] *past part* **sinniert** *v/i* to brood (*über* +acc over) **sinnlich** ['zɪnlɪç] *adj* **1.** *Empfindung, Eindrücke* sensory **2.** (≈ *sinnenfroh*) sensuous; (≈ *erotisch*) sensual **Sinnlichkeit** *f* ⟨-, *no pl*⟩ (≈ *Erotik*) sensuality **sinnlos I** *adj* **1.** (≈ *unsinnig*) meaningless; *Verhalten, Töten* senseless **2.** (≈ *zwecklos*) futile; **das ist völlig ~** there's no sense in that **II** *adv* **1.** *zerstören, morden* senselessly **2.** (≈ *äußerst*) **~ betrunken** blind drunk **Sinnlosigkeit** *f* ⟨-, *-en*⟩ (≈ *Unsinnigkeit*) meaninglessness; (*von Verhalten*) senselessness; (≈ *Zwecklosigkeit*) futility **sinnvoll I** *adj* **1.** *Satz* meaningful **2.** (*fig*) (≈ *vernünftig*) sensible; (≈ *nützlich*) useful **II** *adv* **sein Geld ~ anlegen** to invest one's money sensibly

Sintflut ['zɪntfluːt] *f* BIBLE Flood **sintflutartig** *adj* **~e Regenfälle** torrential rain **Sinto** ['zɪnto] *m* ⟨-, **Sinti** ['zɪnti]⟩ *usu pl* Sinto (gypsy); **Sinti und Roma** Sinti and Romanies **Sinus** ['ziːnʊs] *m* ⟨-, *-se* or - [-nuːs]⟩ **1.** MAT sine **2.** ANAT sinus **Siphon** ['ziːfõ, zi'fõː, zi'foːn] *m* ⟨-s, -s⟩ siphon

Sippe ['zɪpə] *f* ⟨-, *-n*⟩ (extended) family; (*infml* ≈ *Verwandtschaft*) clan (*infml*) **Sippschaft** ['zɪpʃaft] *f* ⟨-, *-en*⟩ (*pej infml*) tribe (*infml*) **Sirene** [zi're:nə] *f* ⟨-, *-n*⟩ siren **Sirup** ['ziːrʊp] *m* ⟨-s, -e⟩ syrup **Sitte** ['zɪtə] *f* ⟨-, *-n*⟩ **1.** (≈ *Brauch*) custom; (≈ *Mode*) practice; **~n und Gebräuche** customs and traditions **2.** *usu pl* (≈ *gutes Benehmen*) manners *pl*; (≈ *Sittlichkeit*) morals *pl* **Sittenpolizei** *f* vice squad **sittenwidrig** *adj* (*form*) immoral **Sittich** ['zɪtɪç] *m* ⟨-s, -e⟩ parakeet **sittlich** ['zɪtlɪç] *adj* moral **Sittlichkeit** *f* ⟨-, *no pl*⟩ morality **Sittlichkeitsverbrechen** *nt* sex crime **Sittlichkeitsverbrecher(in)** *m/(f)* sex offender **Situation** [zitua'tsioːn] *f* ⟨-, *-en*⟩ situation **Situationskomik** *f* situation comedy, sitcom (*infml*) **situiert** [zitu'iːɐt] *adj* **gut ~** well-off **Sitz** [zɪts] *m* ⟨-es, -e⟩ **1.** seat; (≈ *Wohnsitz*) residence; (*von Firma*) headquarters *pl* **2.** *no pl* (*von Kleidungsstück*) sit; **einen guten ~ haben** to sit well **Sitzbank** *f, pl* **-bänke** bench **Sitzblockade** *f* sit-in **Sitzecke** *f* corner seating unit **sitzen** ['zɪtsn] *pret* **saß** [zaːs], *past part* **gesessen** [gə'zɛsn] *v/i aux* haben *or* (*Aus, S Ger, Sw*) sein **1.** to sit; **hier sitzt man sehr bequem** it's very comfortable sitting here; **etw im Sitzen tun** to do sth sitting down; **beim Frühstück ~** to be having breakfast; **über einer Arbeit ~** to sit over a piece of work; **locker ~** to be loose; **deine Krawatte sitzt nicht richtig** your tie isn't straight **2.** (≈ *seinen Sitz haben*) to sit; (*Firma*) to have its headquarters **3.** (*infml* ≈ *im Gefängnis sitzen*) to do time (*infml*), to be inside (*infml*) **4.** (≈ *im Gedächtnis sitzen*) to have sunk in **5.** (*infml* ≈ *treffen*) to hit home; **das saß!** that hit home **sitzen bleiben** *v/i irr aux* sein (*infml*) **1.** (≈ *nicht aufstehen*) to remain seated **2.** SCHOOL to have to repeat a year **3.** **auf einer Ware ~** to be left with a product **sitzen lassen** *past part* **sitzen lassen** *or* (*rare*) **sitzen gelassen** *v/t irr* (*infml*) **jdn ~** (≈ *im Stich lassen*) to leave sb in the lurch **Sitzgelegenheit** *f* seats *pl* **Sitzheizung** *f* AUTO seat heating **Sitzkissen** *nt* (floor) cushion **Sitzordnung** *f* seating plan **Sitzplatz** *m* seat **Sitzung** ['zɪtsʊŋ] *f* ⟨-, *-en*⟩ (≈ *Konferenz*) meeting; (≈ *Gerichtsver-*

handlung) session; (≈ *Parlamentssitzung*) sitting

Sizilien [zi'tsi:liən] *nt* ⟨*-s*⟩ Sicily

Skala ['ska:la] *f* ⟨*-*, **Skalen** ['ska:lən]⟩ ⟨*or -s*⟩ scale

Skalpell [skal'pɛl] *nt* ⟨*-s, -e*⟩ scalpel **skalpieren** [skal'pi:rən] *past part* **skalpiert** *v/t* to scalp

Skandal [skan'da:l] *m* ⟨*-s, -e*⟩ scandal **skandalös** [skanda'lø:s] *adj* scandalous

Skandinavien [skandi'na:viən] *nt* ⟨*-s*⟩ Scandinavia **Skandinavier** [skandi'na:viɐ] *m* ⟨*-s, -*⟩, **Skandinavierin** [-iə-rɪn] *f* ⟨*-, -nen*⟩ Scandinavian **skandinavisch** [skandi'na:vɪʃ] *adj* Scandinavian

Skateboard ['ske:tbɔːɐd] *nt* ⟨*-s, -s*⟩ skateboard

Skelett [ske'lɛt] *nt* ⟨*-(e)s, -e*⟩ skeleton

Skepsis ['skɛpsɪs] *f* ⟨*-, no pl*⟩ scepticism (*Br*), skepticism (*US*) **Skeptiker** ['skɛptikɐ] *m* ⟨*-s, -*⟩, **Skeptikerin** [-ərɪn] *f* ⟨*-, -nen*⟩ sceptic (*Br*), skeptic (*US*) **skeptisch** ['skɛptɪʃ] **I** *adj* sceptical (*Br*), skeptical (*US*) **II** *adv* sceptically (*Br*), skeptically (*US*)

Sketch [skɛtʃ] *m* ⟨*-(es), -e(s)*⟩ ART, THEAT sketch

Ski [ʃiː] *m* ⟨*-s, - or -er* ['ʃiːɐ]⟩ ski; **~ fahren** to ski **Skianzug** *m* ski suit **Skiausrüstung** *f* skiing gear **Skibrille** *f* ski goggles *pl* **Skifahren** *nt* skiing **Skifahrer(in)** *m/(f)* skier **Skigebiet** *nt* ski(ing) area **Skigymnastik** *f* skiing exercises *pl* **Skihose** *f* (pair of) ski pants *pl* **Skikurs** *m* skiing course **Skilauf** *m* skiing **Skiläufer(in)** *m/(f)* skier **Skilehrer** *m* ski instructor **Skilift** *m* ski lift

Skinhead ['skɪnhɛd] *m* ⟨*-s, -s*⟩ skinhead

Skipass *m* ski pass **Skipiste** *f* ski run **Skischuh** *m* ski boot **Skischule** *f* ski school **Skisport** *m* skiing **Skispringen** *nt* ski jumping **Skistock** *m* ski stick

Skizze ['skɪtsə] *f* ⟨*-, -n*⟩ sketch; (*fig* ≈ *Grundriss*) outline **skizzieren** [skɪ-'tsi:rən] *past part* **skizziert** *v/t* to sketch; (*fig*) *Plan etc* to outline

Sklave ['skla:və, 'skla:fə] *m* ⟨*-n, -n*⟩, **Sklavin** ['skla:vɪn, 'skla:fɪn] *f* ⟨*-, -nen*⟩ slave **Sklavenhandel** *m* slave trade **Sklaventreiber(in)** *m/(f)* slave-driver **Sklaverei** [skla:və'rai, skla:fə-'rai] *f* ⟨*-, no pl*⟩ slavery *no art* **sklavisch** ['skla:vɪʃ, 'skla:fɪʃ] **I** *adj* slavish **II** *adv* slavishly

Sklerose [skle'ro:zə] *f* ⟨*-, -n*⟩ sclerosis

Skonto ['skɔnto] *nt or m* ⟨*-s, -s or* **Skonti** [-ti]⟩ cash discount

Skorpion [skɔr'pio:n] *m* ⟨*-s, -e*⟩ ZOOL scorpion; ASTROL Scorpio

Skrupel ['skru:pl] *m* ⟨*-s, -*⟩ *usu pl* scruple; **keine ~ kennen** to have no scruples **skrupellos I** *adj* unscrupulous **II** *adv* unscrupulously **Skrupellosigkeit** *f* ⟨*-, no pl*⟩ unscrupulousness

Skulptur [skʊlp'tu:ɐ] *f* ⟨*-, -en*⟩ sculpture

S-Kurve ['ɛs-] *f* S-bend

Slalom ['sla:lɔm] *m* ⟨*-s, -s*⟩ slalom

Slang [slɛŋ] *m* ⟨*-s, no pl*⟩ slang

Slawe ['sla:və] *m* ⟨*-n, -n*⟩, **Slawin** ['sla:vɪn] *f* ⟨*-, -nen*⟩ Slav **slawisch** ['sla:vɪʃ] *adj* Slavonic, Slavic

Slip [slɪp] *m* ⟨*-s, -s*⟩ (pair of) briefs *pl* **Slipeinlage** *f* panty liner

Slipper ['slɪpɐ] *m* ⟨*-s, -*⟩ slip-on shoe

Slogan ['slo:gn] *m* ⟨*-s, -s*⟩ slogan

Slowake [slo'va:kə] *m* ⟨*-n, -n*⟩, **Slowakin** [-'va:kɪn] *f* ⟨*-, -nen*⟩ Slovak **Slowakei** [slova'kai] *f* ⟨*-*⟩ **die ~** Slovakia **slowakisch** [slo'va:kɪʃ] *adj* Slovakian, Slovak

Slowene [slo've:nə] *m* ⟨*-n, -n*⟩, **Slowenin** [-'ve:nɪn] *f* ⟨*-, -nen*⟩ Slovene **Slowenien** [slo've:niən] *nt* ⟨*-s*⟩ Slovenia **slowenisch** [slo've:nɪʃ] *adj* Slovenian, Slovene

Slum [slam] *m* ⟨*-s, -s*⟩ slum

Smaragd [sma'rakt] *m* ⟨*-(e)s, -e* [-də]⟩ emerald

Smog [smɔk] *m* ⟨*-(s), -s*⟩ smog **Smogalarm** *m* smog alert

Smoking ['smo:kɪŋ] *m* ⟨*-s, -s*⟩ dinner jacket (*esp Br*), tuxedo (*esp US*)

SMS [ɛs|ɛm'|ɛs] *f* ⟨*-, -*⟩ *abbr of* **Short Message Service** SMS **SMS-Nachricht** [ɛs|ɛm'|ɛs-] *f* text message

Snack [snɛk] *m* ⟨*-s, -s*⟩ snack (meal)

Snob [snɔp] *m* ⟨*-s, -s*⟩ snob **Snobismus** [sno'bɪsmʊs] *m* ⟨*-, Snobismen* [-mən]⟩ *no pl* snobbishness **snobistisch** [sno-'bɪstɪʃ] *adj* snobbish

Snowboard ['sno:bɔːɐd] *nt* ⟨*-s, -s*⟩ snowboard

so [zo:] **I** *adv* **1.** (*mit adj, adv*) so; (*mit vb* ≈ *so sehr*) so much; **so groß** *etc* so big *etc*; **so groß** *etc* **wie** ... as big *etc* as ... **2.** (≈ *auf diese Weise*) like this/that, this/that way; **mach es nicht so, sondern so** don't do it like this but like that; **so ist sie nun einmal** that's the way she is; **sei doch nicht so** don't be like that; **so ist es**

nicht gewesen that's not how it was; *so oder so* either way; *das habe ich nur so gesagt* I didn't really mean it; *so genannt* = *sogenannt* 3. (*infml* ≈ *umsonst*) for nothing 4. *so mancher* quite a few people *pl*; *so ein Idiot!* what an idiot!; *na so was!* well I never!; *so einer wie ich/er* somebody like me/him II *cj so dass* so that III *int* so; (≈ *wirklich*) oh, really; (*abschließend*) well, right; *so, so!* well, well

sobald [zo'balt] *cj* as soon as

Socke ['zɔkə] *f* ⟨-, -n⟩ sock; *sich auf die ~n machen* (*infml*) to get going (*infml*)

Sockel ['zɔkl] *m* ⟨-s, -⟩ base; (*von Statue*) plinth, pedestal; ELEC socket

Soda ['zo:da] *f* ⟨-, *no pl or nt* -s, *no pl*⟩ soda

sodass [zo'das] *cj* so that

Sodawasser *nt, pl* **-wässer** soda water

Sodbrennen ['zo:tbrɛnən] *nt* ⟨-s, *no pl*⟩ heartburn

soeben [zo'e:bn] *adv* just (this moment); ~ *erschienen* just published

Sofa ['zo:fa] *nt* ⟨-s, -s⟩ sofa

sofern [zo'fɛrn] *cj* provided (that); ~ ... *nicht* if ... not

sofort [zo'fɔrt] *adv* immediately; (*ich*) *komme ~!* (I'm) just coming!; (*Kellner etc*) I'll be right with you **Sofortbildkamera** *f* Polaroid® camera **sofortig** [zo-'fɔrtɪç] *adj* immediate **Sofortmaßnahme** *f* immediate measure

Softeis ['zɔft|ais] *nt* soft ice cream **Softie** ['zɔfti] *m* ⟨-s, -s⟩ (*infml*) caring type **Software** ['sɔftwɛːɐ] *f* ⟨-, -s⟩ IT software **Softwareentwickler(in)** ['sɔftwɛːɐ-] *m/(f)* software developer **Softwarepaket** ['sɔftwɛːɐ-] *nt* software package

Sog [zo:k] *m* ⟨-(e)s, -e [-gə]⟩ suction; (*von Strudel*) vortex

sogar [zo'ga:ɐ] *adv* even

sogenannt ['zo:gənant] *adj attr* (≈ *angeblich*) so-called

Sohle ['zo:lə] *f* ⟨-, -n⟩ 1. (≈ *Fußsohle etc*) sole; (≈ *Einlage*) insole 2. (≈ *Boden*) bottom **sohlen** ['zo:lən] *v/t* to sole

Sohn [zo:n] *m* ⟨-(e)s, ⁻e ['zø:nə]⟩ son

Soja ['zo:ja] *f* ⟨-, **Sojen** ['zo:jən]⟩ soya (*esp Br*), soy **Sojabohne** *f* soya bean (*esp Br*), soybean **Sojabohnenkeime** *pl* bean sprouts *pl* **Sojasoße** *f* soya (*esp Br*) *or* soy sauce **Sojasprossen** *pl* bean sprouts *pl*

solange [zo'laŋə] *cj* as *or* so long as

Solaranlage *f* (≈ *Kraftwerk*) solar power plant **Solarenergie** *f* solar energy **Solarium** [zo'la:riʊm] *nt* ⟨-s, **Solarien** [-riən]⟩ solarium **Solarstrom** *m, no pl* solar electricity **Solarzelle** *f* solar cell

solch [zɔlç] *adj inv*, **solche(r, s)** ['zɔlçə] *adj* such; ~*es Glück* such luck; *wir haben ~e Angst* we're so afraid; *der Mensch als ~er* man as such

Sold [zɔlt] *m* ⟨-(e)s [-dəs]⟩ *no pl* MIL pay **Soldat** [zɔl'da:t] *m* ⟨-en, -en⟩, **Soldatin** [-'da:tɪn] *f* ⟨-, -nen⟩ soldier **Söldner** ['zœldnɐ] *m* ⟨-s, -⟩, **Söldnerin** [-ərɪn] *f* ⟨-, -nen⟩ mercenary

Solei ['zo:l|ai] *nt* pickled egg

Solidargemeinschaft *f* (mutually) supportive society; (≈ *Beitragszahler*) contributors *pl* **solidarisch** [zoli'da:rɪʃ] I *adj* showing solidarity; *sich mit jdm ~ erklären* to declare one's solidarity with sb II *adv ~ mit jdm handeln* to act in solidarity with sb **solidarisieren** [zolidari-'zi:rən] *past part* **solidarisiert** *v/r sich ~ mit* to show (one's) solidarity with **Solidarität** [zolidari'tɛːt] *f* ⟨-, *no pl*⟩ solidarity; ~ *üben* to show solidarity **Solidaritätszuschlag** *m* FIN solidarity surcharge on income tax (*for the reconstruction of eastern Germany*)

solide [zo'li:də] I *adj* solid; *Arbeit, Wissen* sound; *Mensch, Leben* respectable; *Preise* reasonable II *adv* 1. (≈ *stabil*) ~ *gebaut* solidly built 2. (≈ *gründlich*) *arbeiten* thoroughly

Solist [zo'lɪst] *m* ⟨-en, -en⟩, **Solistin** [-'lɪstɪn] *f* ⟨-, -nen⟩ MUS soloist

Soll [zɔl] *nt* ⟨-(s), -(s)⟩ (≈ *Schuld*) debit; ~ *und Haben* debit and credit **sollen** ['zɔlən] I *aux, pret* **sollte** ['zɔltə], *past part* **sollen** 1. (*Verpflichtung*) *was soll ich/er tun?* what should I/he do?; *du weißt, dass du das nicht tun sollst* you know that you're not supposed to do that; *er weiß nicht, was er tun soll* he doesn't know what to do; *sie sagte ihm, er solle draußen warten* she told him (that he was) to wait outside; *es soll nicht wieder vorkommen* it won't happen again; *er soll reinkommen* tell him to come in; *der soll nur kommen!* just let him come!; *niemand soll sagen, dass ...* let no-one say that ...; *ich soll Ihnen sagen, dass ...* I've been asked to tell you that ... 2. (*konjunktivisch*) *das hättest du nicht tun~* you shouldn't have done that **3.** (*konditional*) **sollte das passieren, ...** if that should happen ..., should that happen ... **4.** (*Vermutung*) to be supposed *or* meant to; **sie soll krank sein** apparently she's ill **5.** (≈ *können*) **so etwas soll es geben** these things happen; **man sollte glauben, dass ...** you would think that ... **II** *v/i*, *pret* **sollte** ['zɔltə], *past part* **gesollt** [gə-'zɔlt] **was soll das?** what's all this?; (≈ *warum denn das*) what's that for?; **was solls!** (*infml*) what the hell! (*infml*); **was soll ich dort?** what would I do there? **III** *v/t*, *pret* **sollte** ['zɔltə], *past part* **gesollt** [gə'zɔlt] **das sollst/solltest du nicht** you shouldn't do that **Sollseite** *f* FIN debit side

solo ['zoːlo] *adv* MUS solo; (*fig infml*) on one's own **Solo** ['zoːlo] *nt* ⟨**-s**, **Soli** ['zoːli]⟩ solo **Solotänzer(in)** *m/(f)* solo dancer; (*im Ballett*) principal dancer

solvent [zɔl'vɛnt] *adj* FIN solvent

Somalia [zo'maːlia] *nt* ⟨**-s**⟩ Somalia **somalisch** [zo'maːlɪʃ] *adj* Somali

somit [zo'mɪt, 'zoːmɪt] *adv* consequently, therefore

Sommer ['zɔmɐ] *m* ⟨**-s**, **-**⟩ summer; **im ~** in (the) summer; **im nächsten ~** next summer **Sommeranfang** *m* beginning of summer **Sommerfahrplan** *m* summer timetable **Sommerferien** *pl* summer holidays *pl* (*Br*) *or* vacation (*US*), PARL summer recess **Sommerfest** *nt* summer party **Sommerkleid** *nt* **1.** (*Kleidungsstück*) summer dress **2.** (≈ *Sommerfell*) summer coat **Sommerkleidung** *f* summer clothing; *esp* COMM summerwear **sommerlich** ['zɔmɐlɪç] **I** *adj* summery **II** *adv* **es ist ~ warm** it's as warm as it is in summer; **~ gekleidet sein** to be in summer clothes **Sommerloch** *nt* (*infml*) silly season (*Br*), off season (*US*) **Sommerolympiade** *f* Summer Olympics *pl* **Sommerpause** *f* summer break; JUR, PARL summer recess **Sommerreifen** *m* normal tyre (*Br*) *or* tire (*US*) **Sommerschlussverkauf** *m* summer sale **Sommersemester** *nt* UNIV summer semester, ≈ summer term (*Br*) **Sommersonnenwende** *f* summer solstice **Sommerspiele** *pl* **die Olympischen ~** the Summer Olympics, the Summer Olympic Games **Sommersprosse** *f* freckle **Sommerzeit** *f* summer time *no art*

Sonate [zo'naːtə] *f* ⟨**-**, **-n**⟩ sonata

Sonde ['zɔndə] *f* ⟨**-**, **-n**⟩ SPACE, MED probe; METEO sonde

Sonderangebot *nt* special offer; **im ~ sein** to be on special offer **Sonderausgabe** *f* **1.** special edition **2.** **Sonderausgaben** *pl* FIN additional *or* extra expenses *pl* **sonderbar** *adj* strange **sonderbarerweise** ['zɔndɐbaːrɐ'vaizə] *adv* strangely enough **Sonderbeauftragte(r)** *m/f(m) decl as adj* POL special emissary **Sonderfall** *m* special case; (≈ *Ausnahme*) exception **sondergleichen** ['zɔndɐ'glaiçn] *adj inv* **eine Geschmacklosigkeit ~** the height of bad taste; **mit einer Arroganz ~** with unparalleled arrogance **sonderlich** ['zɔndɐlɪç] **I** *adj attr* particular, especial **II** *adv* particularly, especially **Sondermüll** *m* hazardous waste **sondern** ['zɔndɐn] *cj* but; **nicht nur ..., ~ auch** not only ... but also **Sonderschicht** *f* special shift; (*zusätzlich*) extra shift **Sonderschule** *f* special school **Sonderwünsche** *pl* special requests *pl* **Sonderzeichen** *nt* IT special character **Sonderzug** *m* special train

sondieren [zɔn'diːrən] *past part* **sondiert** **I** *v/t* to sound out; **die Lage ~** to find out how the land lies **II** *v/i* **~, ob ...** to try to sound out whether ... **Sondierungsgespräch** *nt* exploratory talk

Sonett [zo'nɛt] *nt* ⟨**-(e)s**, **-e**⟩ sonnet

Sonnabend ['zɔn|aːbnt] *m* Saturday; → **Dienstag** **sonnabends** ['zɔn|aːbnts] *adv* on Saturdays, on a Saturday; → **dienstags**

Sonne ['zɔnə] *f* ⟨**-**, **-n**⟩ sun; **an** *or* **in die ~ gehen** to go out in the sun(shine) **sonnen** ['zɔnən] *v/r* to sun oneself; **sich in etw** (*dat*) **~** (*fig*) to bask in sth **Sonnenanbeter** *m* ⟨**-s**, **-**⟩, **Sonnenanbeterin** [-ərin] *f* ⟨**-**, **-nen**⟩ sun worshipper **Sonnenaufgang** *m* sunrise **Sonnenbad** *nt* sunbathing *no pl*; **ein ~ nehmen** to sunbathe **sonnenbaden** *v/i sep inf, past part only* to sunbathe **Sonnenbank** *f*, *pl* **-bänke** sun bed **Sonnenblume** *f* sunflower **Sonnenblumenöl** *nt* sunflower oil **Sonnenbrand** *m* sunburn *no art* **Sonnenbrille** *f* (pair of) sunglasses *pl* **Sonnencreme** *f* suntan cream **Sonnenenergie** *f* solar energy **Sonnenfinsternis** *f* solar eclipse **Sonnenhut** *m* sunhat **Sonnenkollektor** *m* solar panel **Son-**

nenkraftwerk *nt* solar power station **Sonnenlicht** *nt* sunlight **Sonnenöl** *nt* suntan oil **Sonnenrollo** *nt* sun blind **Sonnenschein** *m* sunshine; **bei ~** in the sunshine **Sonnenschirm** *m* sunshade **Sonnenschutzfaktor** *m* protection factor **Sonnenschutzmittel** *nt* sunscreen **Sonnenstich** *m* sunstroke *no art* **Sonnenstrahl** *m* ray of sunshine; *(esp* ASTRON, PHYS) sun ray **Sonnenstudio** *nt* tanning salon *(esp US) or* studio **Sonnensystem** *nt* solar system **Sonnenuhr** *f* sundial **Sonnenuntergang** *m* sunset **Sonnenwende** *f* solstice **sonnig** ['zɔnɪç] *adj* sunny

Sonntag ['zɔntaːk] *m* Sunday; → *Dienstag* **sonntäglich** ['zɔntɛːklɪç] *adj* Sunday *attr* **sonntags** ['zɔntaːks] *adv* on Sundays, on a Sunday; → *dienstags* **Sonntagsarbeit** *f* Sunday working **Sonntagsfahrer(in)** *m/(f)* *(pej)* Sunday driver **Sonntagszeitung** *f* Sunday paper **sonn- und feiertags** ['zɔn|ʊnt'faiɐtaːks] *adv* on Sundays and public holidays

sonst [zɔnst] **I** *adv* **1.** (≈ *außerdem*) else; *(mit n)* other; **~ noch Fragen?** any other questions?; **wer/wie** etc **(denn) ~?** who/how etc else?; **~ niemand** nobody else; **er und ~ keiner** nobody else but he; **~ wann** *(infml)* some other time; **er denkt, er ist ~ wer** *(infml)* he thinks he's somebody special; **~ noch etwas?** is that all?, anything else?; **~ wie** *(infml)* (in) some other way; **~ wo** *(infml)* somewhere else; **~ wohin** *(infml)* somewhere else **2.** (≈ *andernfalls, im Übrigen*) otherwise; **wie gehts ~?** how are things otherwise? **3.** (≈ *gewöhnlich*) usually; **genau wie ~** the same as usual; **alles war wie ~** everything was as it always used to be **II** *cj* otherwise, or (else) **sonstig** ['zɔnstɪç] *adj attr* other

sooft [zo'|ɔft] *cj* whenever

Sopran [zo'praːn] *m* ‹-*s, -e*› soprano **Sopranistin** [zopra'nɪstɪn] *f* ‹-, -*nen*› soprano

Sorbet [zɔr'beː] *m or nt* ‹-*s, -s*› COOK sorbet

Sorge ['zɔrgə] *f* ‹-, -*n*› worry; (≈ *Ärger*) trouble; **keine ~!** *(infml)* don't (you) worry!; **~n haben** to have problems; **deine ~ möchte ich haben!** *(infml)* you think you've got problems!; **jdm ~n machen** *or* **bereiten** (≈ *Kummer bereiten*)

to cause sb a lot of worry; (≈ *beunruhigen*) to worry sb; **es macht mir ~n, dass ...** it worries me that ...; **sich** *(dat)* **~n machen** to worry; **lassen Sie das meine ~ sein** let me worry about that; **das ist nicht meine ~** that's not my problem **Sorgeberechtigte(r)** [-bərɛçtɪçtə] *m/f(m)* decl as adj person having custody **sorgen** ['zɔrgn] **I** *v/r* to worry; **sich ~ um** to be worried about **II** *v/i* **~ für** (≈ *sich kümmern um*) to take care of; (≈ *vorsorgen für*) to provide for; (≈ *herbeischaffen*) to provide; **für Aufsehen ~** to cause a sensation; **dafür ist gesorgt** that's taken care of **sorgenfrei** *adj* carefree; **~ leben** to live a carefree life **Sorgenkind** *nt* *(infml)* problem child **Sorgerecht** *nt* JUR custody **Sorgfalt** ['zɔrkfalt] *f* ‹-, *no pl*› care; **ohne ~ arbeiten** to work carelessly **sorgfältig** ['zɔrkfɛltɪç] **I** *adj* careful **II** *adv* carefully **sorglos** **I** *adj* (≈ *unbekümmert*) carefree; (≈ *nachlässig*) careless **II** *adv* in a carefree way; carelessly **Sorglosigkeit** *f* ‹-, *no pl*› (≈ *Unbekümmertheit*) carefreeness; (≈ *Leichtfertigkeit*) carelessness **sorgsam** ['zɔrkzaːm] **I** *adj* careful **II** *adv* carefully

Sorte ['zɔrtə] *f* ‹-, -*n*› **1.** sort, type; (≈ *Klasse*) grade; (≈ *Marke*) brand **2.** FIN *usu pl* foreign currency **sortieren** [zɔr'tiːrən] *past part* **sortiert** *v/t* to sort **Sortiment** [zɔrti'mɛnt] *nt* ‹-(e)*s, -e*› **1.** assortment; (≈ *Sammlung*) collection **2.** (≈ *Buchhandel*) retail book trade

SOS [ɛs|oː'|ɛs] *nt* ‹-, -› SOS; **~ funken** to put out an SOS

sosehr [zo'zeːɐ] *cj* however much

Soße ['zoːsə] *f* ‹-, -*n*› sauce; (≈ *Bratensoße*) gravy

Souffleur [zu'fløːɐ] *m* ‹-*s, -e*›, **Souffleuse** [zu'fløːzə] *f* ‹-, -*n*› THEAT prompter **soufflieren** [zu'fliːrən] *past part* **souffliert** *v/t & v/i* THEAT to prompt

Soundkarte ['saund-] *f* IT sound card

soundso ['zoː|ʊntzoː] *adv* **~ lange** for such and such a time; **~ groß** of such and such a size; **~ viele** so and so many **Soundtrack** *m* ‹-*s, -s*› *(infml)* soundtrack

Souvenir [zuvə'niːɐ] *nt* ‹-*s, -s*› souvenir **souverän** [zuvə'rɛːn] **I** *adj* sovereign *no adv*; (≈ *überlegen*) (most) superior *no adv*; *Sieg* commanding **II** *adv* (≈ *überlegen*) *handhaben* supremely well; **etw ~**

meistern to resolve sth masterfully **Souveränität** [zuvərɛni'tɛːt] *f* ⟨-, *no pl*⟩ sovereignty; *(fig ≈ Überlegenheit)* superiority

soviel [zo'fiːl] **I** *adv* → **viel II** *cj* as *or* so far as; **~ ich weiß, nicht!** not as *or* so far as I know

soweit [zo'vait] **I** *adv* → **weit II** *cj* as *or* so far as; *(≈ insofern)* in so far as

sowenig [zo'veːnɪç] *cj* however little; **~ ich auch ...** however little I ...

sowie [zo'viː] *cj* **1.** *(≈ sobald)* as soon as **2.** *(≈ und auch)* as well as **sowieso** [zovi-'zoː] *adv* anyway, anyhow

sowjetisch [zɔ'vjɛtɪʃ, zɔ'vjeːtɪʃ] *adj* HIST Soviet **Sowjetunion** *f* HIST Soviet Union

sowohl [zo'voːl] *cj* **~ ... als** *or* **wie (auch)** both ... and, ... as well as

sozial [zo'tsiaːl] **I** *adj* social; **die ~en Berufe** the caring professions; **~er Wohnungsbau** ≈ council *(Br)* or public *(US)* housing; **~e Marktwirtschaft** social market economy **II** *adv* **~ eingestellt sein** to be public-spirited; **~ denken** to be socially minded **Sozialabbau** *m*, *no pl* cuts *pl* in social services **Sozialabgaben** *pl* social security *(Br)* or social welfare *(US)* contributions *pl* **Sozialamt** *nt* social security *(Br)* or social welfare *(US)* office **Sozialarbeit** *f* social work **Sozialarbeiter(in)** *m/(f)* social worker **Sozialdemokrat(in)** *m/(f)* social democrat **sozialdemokratisch** *adj* social democratic **Sozialeinrichtungen** *pl* social facilities *pl* **Sozialexperte** *m*, **Sozialexpertin** *f* social affairs expert **Sozialfall** *m* hardship case **Sozialhilfe** *f* income support *(Br)*, welfare (aid) *(US)* **Sozialhilfeempfänger(in)** *m/(f)* person receiving income support *(Br)* or welfare (aid) *(US)* **sozialisieren** [zotsiali'ziːrən] *past part* **sozialisiert** *v/t* to socialize; *(POL ≈ verstaatlichen)* to nationalize **Sozialismus** [zotsia-'lɪsmʊs] *m* ⟨-, **Sozialismen** [-mən]⟩ socialism **Sozialist** [zotsia'lɪst] *m* ⟨-en, -en⟩, **Sozialistin** [-'lɪstɪn] *f* ⟨-, -nen⟩ socialist **sozialistisch** [zotsia'lɪstɪʃ] *adj* socialist **Sozialkunde** *f* SCHOOL social studies *pl* **Sozialleistungen** *pl* employers' contribution *(sometimes including pension scheme payments)* **Sozialpartner** *pl* unions and management *pl* **Sozialplan** *m* redundancy payments scheme

Sozialpolitik *f* social policy **sozialpolitisch** *adj* socio-political **Sozialstaat** *m* welfare state **Sozialversicherung** *f* national insurance *(Br)*, social security *(US)* **Sozialwohnung** *f* state-subsidized apartment, ≈ council flat *(Br)* **Soziologe** [zotsio'loːgə] *m* ⟨-n, -n⟩, **Soziologin** [-'loːgɪn] *f* ⟨-, -nen⟩ sociologist **Soziologie** [zotsiolo'giː] *f* ⟨-, *no pl*⟩ sociology **soziologisch** [zotsio'loːgɪʃ] *adj* sociological

Soziussitz *m* pillion (seat)

sozusagen [zoːtsu'zaːgn, 'zoːtsuzaːgn] *adv* so to speak

Spachtel ['ʃpaxtl] *m* ⟨-s, - *or* f -, -n⟩ *(Werkzeug)* spatula **spachteln** ['ʃpaxtln] **I** *v/t Mauerfugen, Ritzen* to fill (in), to smooth over **II** *(infml ≈ essen)* to tuck in *(infml)*, to dig in *(US infml)*

Spagat [ʃpa'gaːt] *m or nt* ⟨-(e)s, -e⟩ *(lit)* splits *pl*; *(fig)* balancing act; **~ machen** to do the splits

Spaghetti [ʃpa'gɛti, sp-] *pl*, **Spagetti** *pl* spaghetti *sg*

spähen ['ʃpɛːən] *v/i* to peer; **nach jdm/ etw ~** to look out for sb/sth

Spalier [ʃpa'liːɐ] *nt* ⟨-s, -e⟩ **1.** trellis **2.** *(von Menschen)* row; *(zur Ehrenbezeigung)* guard of honour *(Br)*, honor guard *(US)*; **~ stehen** to form a guard of honour *(Br)* or honor guard *(US)*

Spalt [ʃpalt] *m* ⟨-(e)s, -e⟩ **1.** *(≈ Öffnung)* gap; *(≈ Riss)* crack **2.** *(fig ≈ Kluft)* split **spaltbar** *adj* PHYS *Material* fissile **Spalte** ['ʃpaltə] *f* ⟨-, -n⟩ **1.** *esp* GEOL fissure; *(≈ Felsspalte)* crevice; *(≈ Gletscherspalte)* crevasse **2.** TYPO, PRESS column **spalten** ['ʃpaltn] *past part also* **gespalten** [gə-'ʃpaltn] *v/t* to split; → **gespalten Spaltung** ['ʃpaltʊŋ] *f* ⟨-, -en⟩ splitting; *(in Partei etc)* split

Spam [spɛm] *m* ⟨-s, -s⟩ IT spam **spammen** ['spɛmən] *v/i* to spam **Spamming** ['spɛmɪŋ] *nt* ⟨-s⟩ spamming

Span [ʃpaːn] *m* ⟨-(e)s, ⁓e ['ʃpɛːnə]⟩ shaving; *(≈ Metallspan)* filing

Spanferkel *nt* sucking pig

Spange ['ʃpaŋə] *f* ⟨-, -n⟩ clasp; *(≈ Haarspange)* hair slide *(Br)*, barrette *(US)*; *(≈ Schuhspange)* strap; *(≈ Schnalle)* buckle; *(≈ Armspange)* bracelet

Spaniel ['ʃpaːniəl] *m* ⟨-s, -s⟩ spaniel **Spanien** ['ʃpaːniən] *nt* ⟨-s⟩ Spain **Spanier** ['ʃpaːniɐ] *m* ⟨-s, -⟩, **Spanierin** [-iərɪn] *f* ⟨-, -nen⟩ Spaniard **spanisch** ['ʃpaːnɪʃ]

adj Spanish; **~e Wand** (folding) screen; **das kommt mir ~ vor** (*infml*) that seems odd to me

Spann[ʃpan] *m* ⟨**-(e)s, -e**⟩ instep **Spannbetttuch** *nt* fitted sheet **Spanne**['ʃpanə] *f* ⟨**-, -n**⟩ (*elev* ≈ *Zeitspanne*) while; (≈ *Verdienstspanne*) margin **spannen** ['ʃpanən] **I** *v/t Saite, Seil* to tighten; *Bogen* to draw; *Muskeln* to tense, to flex; *Gewehr* to cock; *Werkstück* to clamp; *Wäscheleine* to put up; *Netz* to stretch; → **gespannt II** *v/r* (*Haut*) to become taut; (*Muskeln*) to tense; **sich über etw** (*acc*) **~** (*Brücke*) to span sth **III** *v/i* (*Kleidung*) to be (too) tight; (*Haut*) to be taut **spannend** *adj* exciting; (*stärker*) thrilling; **machs nicht so ~!** (*infml*) don't keep me/us in suspense **Spanner** ['ʃpanɐ] *m* ⟨**-s, -**⟩ (*infml* ≈ *Voyeur*) Peeping Tom **Spannkraft** *f* (*von Muskel*) tone; (*fig*) vigour (*Br*), vigor (*US*) **Spannung** ['ʃpanʊŋ] *f* ⟨**-, -en**⟩ **1.** *no pl* (*von Seil, Muskel etc*) tautness; MECH stress **2.** ELEC voltage; **unter ~ stehen** to be live **3.** *no pl* (*fig*) excitement; (≈ *Spannungsgeladenheit*) suspense; **etw mit ~ erwarten** to await sth full of suspense **4.** *no pl* (*nervlich*) tension **5.** *usu pl* (≈ *Feindseligkeit*) tension *no pl* **Spannungsgebiet** *nt* POL flash point **Spannungsmesser** *m* ⟨**-s, -**⟩ ELEC voltmeter **Spannungsprüfer** *m* voltage detector **Spannweite** *f* MAT range; ARCH span; (AVIAT, *von Vogelflügeln*) (wing)span

Spanplatte *f* chipboard

Sparbuch *nt* savings book **Spardose** *f* piggy bank **Spareinlage** *f* savings deposit **sparen** ['ʃpaːrən] **I** *v/t* to save; **keine Kosten/Mühe ~** to spare no expense/effort; **spar dir deine guten Ratschläge!** (*infml*) you can keep your advice! **II** *v/i* to save; (≈ *sparsam sein*) to economize; **an etw** (*dat*) **~** to be sparing with sth; (≈ *mit etw Haus halten*) to economize on sth; **bei etw ~** to save on sth; **auf etw** (*acc*) **~** to save up for sth **Sparer** ['ʃpaːrɐ] *m* ⟨**-s, -**⟩, **Sparerin** [-ərɪn] *f* ⟨**-, -nen**⟩ (*bei Bank etc*) saver **Sparflamme** *f* **auf ~** (*fig infml*) just ticking over (*Br infml*) *or* coming along (*US*)

Spargel ['ʃpargl] *m* ⟨**-s, -** *or* (*Sw*) *f* **-, -n**⟩ asparagus **Spargelcremesuppe** *f* cream of asparagus soup

Sparguthaben *nt* savings account **Spar-**

kasse *f* savings bank **Sparkonto** *nt* savings account **Sparkurs** *m* economy drive (*Br*), budget (*US*); **einen strikten ~ einhalten** to be on a strict economy drive (*Br*) *or* budget (*US*)

spärlich ['ʃpɛːrlɪç] **I** *adj* sparse; *Einkünfte, Kenntnisse* sketchy; *Beleuchtung* poor; *Kleidung* scanty; *Mahl* meagre (*Br*), meager (*US*) **II** *adv* bevölkert, eingerichtet sparsely; *beleuchtet* poorly; **~ bekleidet** scantily clad *or* dressed

Sparmaßnahme *f* economy (*Br*) *or* budgeting (*US*) measure **Sparpaket** *nt* savings package; POL package of austerity measures **Sparprämie** *f* savings premium

Sparring ['ʃparɪŋ, 'sp-] *nt* ⟨**-s**, *no pl*⟩ (*Boxen*) sparring

sparsam ['ʃpaːɐzaːm] **I** *adj Mensch* thrifty; (≈ *wirtschaftlich*) *Motor, Verbrauch* economical **II** *adv* leben, essen economically; *verwenden* sparingly; **mit etw ~ umgehen** to be economical with sth **Sparsamkeit** *f* ⟨**-**, *no pl*⟩ thrift; (≈ *sparsames Haushalten*) economizing **Sparschwein** *nt* piggy bank

spartanisch [ʃpar'taːnɪʃ, sp-] *adj* spartan; **~ leben** to lead a spartan life **Sparte** ['ʃpartə] *f* ⟨**-, -n**⟩ (≈ *Branche*) line of business; (≈ *Teilgebiet*) area

Spass [ʃpas] *m* ⟨**-es, ~e** ['ʃpɛsə]⟩ (*Aus*) = **Spaß**

Spaß [ʃpaːs] *m* ⟨**-es, ~e** ['ʃpɛːsə]⟩ (≈ *Vergnügen*) fun; (≈ *Scherz*) joke; (≈ *Streich*) prank; **~ beiseite** joking apart; **viel ~!** have fun! (*also iron*); **an etw** (*dat*) **~ haben** to enjoy sth; **wenns dir ~ macht** if it turns you on (*infml*); **~/keinen ~ machen** to be fun/no fun; (**nur so,**) **aus ~** (just) for fun; **etw im ~ sagen** to say sth as a joke; **da hört der ~ auf** that's going beyond a joke; **er versteht keinen ~** he has no sense of humour (*Br*) *or* humor (*US*); **da verstehe ich keinen ~!** I won't stand for any nonsense; **das war ein teurer ~** (*infml*) that was an expensive business (*infml*) **Spaßbad** *nt* leisure pool **spaßeshalber** *adv* for fun **spaßhaft, spaßig** ['ʃpaːsɪç] *adj* funny **Spaßverderber** [-fɛɐdɛrbɐ] *m* ⟨**-s, -**⟩, **Spaßverderberin** [-ərɪn] *f* ⟨**-, -nen**⟩ spoilsport **Spaßvogel** *m* joker

Spastiker ['ʃpastikɐ, 'sp-] *m* ⟨**-s, -**⟩, **Spastikerin** [-ərɪn] *f* ⟨**-, -nen**⟩ spastic **spastisch** ['ʃpastɪʃ, 'sp-] *adj* spastic; **~**

gelähmt suffering from spastic paralysis
spät [ʃpɛːt] **I** adj late; **am ~en Nachmittag** in the late afternoon **II** adv late; **~ in der Nacht** late at night; **wie ~ ist es?** what's the time?; **zu ~** too late; **wir sind ~ dran** we're late
Spaten [ˈʃpaːtn] m ⟨-s, -⟩ spade
später [ˈʃpɛːtɐ] **I** adj later; (≈ zukünftig) future **II** adv later (on); **~ als** later than; **an ~ denken** to think of the future; **bis ~!** see you later! **spätestens** [ˈʃpɛːtəstns] adv at the latest **Spätfolge** f usu pl late effect **Spätherbst** m late autumn, late fall (US) **Spätlese** f late vintage **Spätschaden** m usu pl long-term damage **Spätschicht** f late shift **Spätsommer** m late summer
Spatz [ʃpats] m ⟨-en, -en⟩ sparrow **Spatzenhirn** nt (pej) birdbrain (infml)
spazieren [ʃpaˈtsiːrən] past part **spaziert** v/i aux sein to stroll; **wir waren ~** we went for a stroll **spazieren fahren** irr **I** v/i aux sein to go for a ride **II** v/t **jdn ~** to take sb for a drive **spazieren gehen** v/i irr aux sein to go for a walk **Spazierfahrt** f ride; **eine ~ machen** to go for a ride **Spaziergang** m, pl **-gänge** walk; **einen ~ machen** to go for a walk **Spaziergänger** [-gɛŋɐ] m ⟨-s, -⟩, **Spaziergängerin** [-ərɪn] f ⟨-, -nen⟩ stroller **Spazierstock** m walking stick
SPD [ɛspeːˈdeː] f ⟨-⟩ abbr of **Sozialdemokratische Partei Deutschlands**
Specht [ʃpɛçt] m ⟨-(e)s, -e⟩ woodpecker
Speck [ʃpɛk] m ⟨-(e)s, -e⟩ bacon; (infml: bei Mensch) flab (infml); **mit ~ fängt man Mäuse** (prov) you have to use a sprat to catch a mackerel (prov) **speckig** [ˈʃpɛkɪç] adj Kleidung, Haar greasy **Speckscheibe** f (bacon) rasher **Speckschwarte** f bacon rind
Spediteur [ʃpediˈtøːɐ] m ⟨-s, -e⟩, **Spediteurin** [-ˈtøːrɪn] f ⟨-, -nen⟩ haulier (Br), hauler (US); (≈ Umzugsfirma) furniture remover **Spedition** [ʃpediˈtsioːn] f ⟨-, -en⟩ **1.** (≈ das Spedieren) transporting. **2.** (≈ Firma) haulier (Br), hauler (US); (≈ Umzugsfirma) furniture remover
Speer [ʃpeːɐ] m ⟨-(e)s, -e⟩ spear; SPORTS javelin **Speerwerfen** nt ⟨-s, no pl⟩ SPORTS **das ~** the javelin
Speiche [ˈʃpaiçə] f ⟨-, -n⟩ **1.** spoke **2.** ANAT radius
Speichel [ˈʃpaiçl] m ⟨-s, no pl⟩ saliva

Speicher [ˈʃpaiçɐ] m ⟨-s, -⟩ (≈ Lagerhaus) storehouse; (im Haus) loft, attic; (≈ Wasserspeicher) tank; IT memory, store **Speicherchip** m IT memory chip **Speicherdichte** f IT storage density **Speicherkapazität** f storage capacity; IT memory capacity **speichern** [ˈʃpaiçɐn] v/t to store; (≈ abspeichern) to save **Speicherofen** m storage heater **Speicherplatte** f IT storage disk **Speicherplatz** m IT storage space **Speicherung** [ˈʃpaiçərʊŋ] f ⟨-, -en⟩ storage **Speicherverwaltung** f IT memory management
speien [ˈʃpaiən] pret **spie** [ʃpiː], past part **gespie(e)n** [gəˈʃpiː(ə)n] **I** v/t to spit; Lava, Feuer to spew (forth); Wasser to spout; (≈ erbrechen) to vomit **II** v/i (≈ sich übergeben) to vomit
Speise [ˈʃpaizə] f ⟨-, -n⟩ (≈ Gericht) dish; **~n und Getränke** meals and beverages; **kalte und warme ~n** hot and cold meals **Speiseeis** nt ice cream **Speisekammer** f pantry **Speisekarte** f menu **speisen** [ˈʃpaizn] **I** v/i (elev) to eat **II** v/t **1.** (elev ≈ essen) to eat **2.** TECH to feed **Speiseplan** m menu plan; **auf dem ~ stehen** to be on the menu **Speiseröhre** f ANAT gullet **Speisesaal** m dining hall; (in Hotel etc) dining room **Speisewagen** m RAIL dining or restaurant car
Spektakel [ʃpɛkˈtaːkl] m ⟨-s, -⟩ (infml) rumpus (infml); (≈ Aufregung) palaver (infml) **spektakulär** [ʃpɛktakuˈlɛːɐ, sp-] adj spectacular
Spektrum [ˈʃpɛktrʊm, ˈsp-] nt ⟨-s, **Spektren** or **Spektra** [-trən, -tra]⟩ spectrum
Spekulant [ʃpekuˈlant] m ⟨-en, -en⟩, **Spekulantin** [-ˈlantɪn] f ⟨-, -nen⟩ speculator **Spekulation** [ʃpekulaˈtsioːn] f ⟨-, -en⟩ speculation; **~en anstellen** to speculate **Spekulationsgewinn** m speculative profit **Spekulationsobjekt** nt object of speculation
Spekulatius [ʃpekulaˈtsiʊs] m ⟨-, -⟩ spiced biscuit (Br) or cookie (US)
spekulativ [ʃpekulaˈtiːf, sp-] adj speculative **spekulieren** [ʃpekuˈliːrən] past part **spekuliert** v/i to speculate; **auf etw** (acc) **~** (infml) to have hopes of sth
Spelunke [ʃpeˈlʊŋkə] f ⟨-, -n⟩ (pej infml) dive (infml)
spendabel [ʃpɛnˈdaːbl] adj (infml) generous **Spende** [ˈʃpɛndə] f ⟨-, -n⟩ donation; (≈ Beitrag) contribution **spenden**

['ʃpɛndn] *v/t* to donate, to give; (≈ *beitragen*) *Geld* to contribute; *Schatten* to offer; *Trost* to give **Spendenaffäre** *f* donations scandal **Spendenkonto** *nt* donations account **Spender** ['ʃpɛndɐ] *m ⟨-s, -⟩* (≈ *Seifenspender etc*) dispenser **Spender** ['ʃpɛndɐ] *m ⟨-s, -⟩*, **Spenderin** [-ərɪn] *f ⟨-, -nen⟩* donator; (≈ *Beitragsleistender*) contributor; MED donor **Spenderherz** *nt* donor heart **spendieren** [ʃpɛn'diːrən] *past part* **spendiert** *v/t* to buy (*jdm etw* sb sth, sth for sb) **Spengler** ['ʃpɛŋlɐ] *m ⟨-s, -⟩*, **Spenglerin** [-ərɪn] *f ⟨-, -nen⟩* (*S Ger, Aus* ≈ *Klempner*) plumber **Sperling** ['ʃpɛrlɪŋ] *m ⟨-s, -e⟩* sparrow **Sperma** ['ʃparma, 'sp-] *nt ⟨-s, Spermen or -ta* [-mən, -ta]⟩ sperm **sperrangelweit** ['ʃpɛr'|aŋl'vait] *adv* (*infml*) **~ offen** wide open **Sperre** ['ʃpɛrə] *f ⟨-, -n⟩* **1.** barrier; (≈ *Polizeisperre*) roadblock; TECH locking device **2.** (≈ *Verbot*) ban; (≈ *Blockierung*) blockade; COMM embargo **3.** PSYCH mental block **sperren** ['ʃpɛrən] **I** *v/t* **1.** (≈ *schließen*) to close; TECH to lock **2.** COMM *Konto, Gelder* to block; *Scheck, Kreditkarte* to stop; IT *Daten, Zugriff* to lock; *jdm den Strom/das Telefon~* to disconnect sb's electricity/telephone **3.** (SPORTS ≈ *ausschließen*) to ban **4.** (≈ *einschließen*) **jdn in etw** (*acc*) **~** to shut sb in sth **5.** TYPO to space out **II** *v/r* **sich** (*gegen etw*) **~** to ba(u)lk (at sth) **Sperrfrist** *f* waiting period (*auch* JUR) **Sperrgebiet** *nt* prohibited area *or* zone **Sperrholz** *nt* plywood **sperrig** ['ʃpɛrɪç] *adj* bulky; (≈ *unhandlich*) unwieldy **Sperrkonto** *nt* blocked account **Sperrmüll** *m* bulky refuse **Sperrstunde** *f* closing time **Sperrung** ['ʃpɛruŋ] *f ⟨-, -en⟩* (≈ *Schließung*) closing; TECH locking; (*von Konto*) blocking

Spesen ['ʃpeːzn] *pl* expenses *pl*; **auf ~ reisen** to travel on expenses

Spezi[1] ['ʃpeːtsi] *m ⟨-s, -s⟩* (*S Ger, Aus infml*) pal (*infml*)

Spezi®[2] *nt ⟨-s, -s⟩* (*Getränk*) cola and orangeade

Spezialausbildung *f* specialized training **Spezialeffekt** *m* special effect **Spezialfall** *m* special case **Spezialgebiet** *nt* special field **spezialisieren** [ʃpetsiali-'ziːrən] *past part* **spezialisiert** *v/r* **sich** (**auf etw** *acc*) **~** to specialize (in sth) **Spe-**

zialisierung *f ⟨-, -en⟩* specialization **Spezialist** [ʃpetsia'lɪst] *m ⟨-en, -en⟩*, **Spezialistin** [-'lɪstɪn] *f ⟨-, -nen⟩* specialist (*für* in) **Spezialität** [ʃpetsiali'tɛːt] *f ⟨-, -en⟩* speciality (*Br*), specialty (*US*) **speziell** [ʃpe'tsiɛl] **I** *adj* special **II** *adv* (e)specially **Spezifikation** [ʃpetsifika-'tsioːn, sp-] *f ⟨-, -en⟩* specification **spezifisch** [ʃpe'tsiːfɪʃ, sp-] **I** *adj* specific **II** *adv* specifically **spezifizieren** [ʃpetsifi-'tsiːrən, sp-] *past part* **spezifiziert** *v/t* to specify

Sphäre ['sfɛːrə] *f ⟨-, -n⟩* (*lit, fig*) sphere **spicken** ['ʃpɪkn] **I** *v/t* COOK *Braten* to baste; *mit Zitaten gespickt* peppered with quotations (*esp Br*) **II** *v/i* (SCHOOL *infml*) to copy (*bei* off, from) **Spickzettel** *m* crib (*Br*), cheat sheet (*US*)

Spiegel ['ʃpiːɡl] *m ⟨-s, -⟩* **1.** mirror **2.** (≈ *Wasserspiegel etc*) level **Spiegelbild** *nt* (*lit, fig*) reflection; (≈ *seitenverkehrtes Bild*) mirror image **Spiegelei** ['ʃpiːɡl|ai] *nt* fried egg **spiegelfrei** *adj* *Brille, Bildschirm etc* nonreflecting **spiegelglatt** *adj* *Fahrbahn, Meer etc* glassy **spiegeln** ['ʃpiːɡln] **I** *v/i* (≈ *reflektieren*) to reflect (the light); (≈ *glitzern*) to shine **II** *v/t* to reflect **III** *v/r* to be reflected **Spiegelreflexkamera** *f* reflex camera **Spiegelschrift** *f* mirror writing **Spiegelung** ['ʃpiːɡəluŋ] *f ⟨-, -en⟩* reflection; (≈ *Luftspiegelung*) mirage

Spiel [ʃpiːl] *nt ⟨-(e)s, -e⟩* **1.** game; (≈ *Wettkampfspiel*) match; (THEAT ≈ *Stück*) play; *ein ~ spielen* to play a game **2.** CARDS deck, pack; (*Satz*) set **3.** TECH (free) play; (≈ *Spielraum*) clearance **4.** (*fig*) *leichtes ~ haben* to have an easy job of it; *das ~ ist aus* the game's up; *die Finger im ~ haben* to have a hand in it; *jdn/etw aus dem ~ lassen* to leave sb/sth out of it; *etw aufs ~ setzen* to put sth at stake; *auf dem ~(e) stehen* to be at stake; *sein ~ mit jdm treiben* to play games with sb **Spielautomat** *m* gambling *or* gaming machine; (*zum Geldgewinnen*) fruit machine **Spielball** *m* (*Tennis*) game point; (*Billard*) cue ball; (*fig*) plaything **Spielbank** *f, pl* **-banken** casino **spielen** ['ʃpiːlən] **I** *v/t* to play; *Klavier/Flöte ~* to play the piano/the flute; *den Beleidigten ~* to act all offended; *was wird hier gespielt?* (*infml*) what's going on here? **II** *v/i* to play; (*Schauspieler*) to act; (*beim Glücksspiel*) to gamble; *seine Beziehungen ~ lassen* to bring one's connections into play; → *gespielt* spielend **I** adj playing **II** adv easily Spieler ['ʃpiːlɐ] m ⟨*-s, -*⟩, Spielerin [-ərɪn] f ⟨*-, -nen*⟩ player; (≈ *Glücksspieler*) gambler Spielerei [ʃpiːlə'rai] f ⟨*-, no pl*⟩ (≈ *das Spielen*) playing; (*beim Glücksspiel*) gambling; (≈ *das Herumspielen*) playing around; (≈ *Kinderspiel*) child's play *no art* spielerisch ['ʃpiːlərɪʃ] adj **1.** (≈ *verspielt*) playful **2.** SPORTS playing; THEAT acting; *~es Können* playing / acting ability Spielfeld nt field; (*Tennis, Basketball*) court Spielfigur f piece Spielfilm m feature film Spielgeld nt (≈ *unechtes Geld*) play money Spielhalle f amusement arcade (*Br*), arcade Spielhölle f gambling den Spielkamerad(in) m/(f) playmate Spielkarte f playing card Spielkasino nt (gambling) casino Spielklasse f division Spielkonsole f game(s) console Spielleiter(in) m/(f) (≈ *Regisseur*) director Spielmacher(in) m/(f) key player Spielplan m THEAT, FILM programme (*Br*), program (*US*) Spielplatz m (*für Kinder*) playground Spielraum m room to move; (*fig*) scope; (*zeitlich*) time; (*bei Planung etc*) leeway; TECH (free) play Spielregel f rule of the game Spielsachen pl toys pl Spielschuld f gambling debt Spielshow f game show Spielstand m score Spieltisch m games table; (*beim Glücksspiel*) gaming or gambling table Spieluhr f music box Spielverderber [-fɛɐdɛɐbɐ] m ⟨*-s, -*⟩, Spielverderberin [-ərɪn] f ⟨*-, -nen*⟩ spoilsport Spielverlauf m play Spielwaren pl toys pl Spielwarengeschäft nt, Spielwarenhandlung f toy shop (*esp Br*) or store (*esp US*) Spielzeit f **1.** (≈ *Saison*) season **2.** (≈ *Spieldauer*) playing time Spielzeug nt, pl *-zeuge* toys pl; (*einzelnes*) toy Spielzeugeisenbahn f (toy) train set

Spieß [ʃpiːs] m ⟨*-es, -e*⟩ (≈ *Stich- und Wurfwaffe*) spear; (≈ *Bratspieß*) spit; (*kleiner*) skewer; *den ~ umdrehen* (*fig*) to turn the tables Spießbürger(in) m/(f) (*pej*) (petit) bourgeois spießbürgerlich (*pej*) adj (petit) bourgeois spießen ['ʃpiːsn] v/t *etw auf etw* (*acc*) *~* (*auf Pfahl etc*) to impale sth on sth; (*auf Gabel etc*) to skewer sth on sth; (*auf Nadel*) to pin sth on sth Spießer ['ʃpiːsɐ] m ⟨*-s,

-⟩, Spießerin [-ərɪn] f ⟨*-, -nen*⟩ (*pej*) = Spießbürger(in) spießig ['ʃpiːsɪç] adj, adv (*pej*) = spießbürgerlich Spießrute f *~n laufen* (*fig*) to run the gauntlet

Spikes [ʃpaiks, sp-] pl spikes pl

Spinat [ʃpi'naːt] m ⟨*-(e)s, no pl*⟩ spinach

Spind [ʃpɪnt] m or nt ⟨*-(e)s, -e* [-də]⟩ MIL, SPORTS locker

Spindel ['ʃpɪndl] f ⟨*-, -n*⟩ spindle

Spinne ['ʃpɪnə] f ⟨*-, -n*⟩ spider spinnen ['ʃpɪnən] pret spann [ʃpan], past part gesponnen [gə'ʃpɔnən] **I** v/t to spin **II** v/i (*infml*) (≈ *leicht verrückt sein*) to be crazy; (≈ *Unsinn reden*) to talk garbage (*infml*); *spinnst du?* you must be crazy! Spinnennetz nt cobweb, spider's web Spinner ['ʃpɪnɐ] m ⟨*-s, -*⟩, Spinnerin [-ərɪn] f ⟨*-, -nen*⟩ **1.** TEX spinner **2.** (*infml*) nutcase (*infml*) Spinnerei [ʃpɪnə'rai] f ⟨*-, -en*⟩ **1.** (≈ *Spinnwerkstatt*) spinning mill **2.** (*infml*) crazy behaviour (*Br*) or behavior (*US*) no pl; (≈ *Unsinn*) garbage (*infml*) Spinngewebe nt cobweb, spider's web Spinnrad nt spinning wheel

Spion [ʃpioːn] m ⟨*-s, -e*⟩ (*infml*) (≈ *Guckloch*) spyhole Spion [ʃpioːn] m ⟨*-s, -e*⟩, Spionin [ʃpio'niːn] f ⟨*-, -nen*⟩ spy Spionage [ʃpio'naːʒə] f ⟨*-, no pl*⟩ spying, espionage Spionageabwehr f counterintelligence or counterespionage (service) Spionagesatellit m spy satellite spionieren [ʃpio'niːrən] past part *spioniert* v/i to spy; (*fig infml* ≈ *nachforschen*) to snoop around (*infml*)

Spirale [ʃpi'raːlə] f ⟨*-, -n*⟩ spiral; MED coil

Spiritismus [ʃpiri'tɪsmʊs, sp-] m ⟨*-, no pl*⟩ spiritualism spiritistisch [ʃpiri-'tɪstɪʃ, sp-] adj *~e Sitzung* seance

Spirituosen [ʃpiri'tuoːzn, sp-] pl spirits pl

Spiritus m ⟨*-, no pl*⟩ ['ʃpiːritʊs] (≈ *Alkohol*) spirit

Spital [ʃpi'taːl] nt ⟨*-s, Spitäler* [-'tɛːlɐ]⟩ (*Aus, Swiss* ≈ *Krankenhaus*) hospital

spitz [ʃpɪts] **I** adj **1.** pointed; (≈ *nicht stumpf*) Bleistift, Nadel etc sharp; MAT Winkel acute; *~e Klammern* angle brackets **2.** (≈ *gehässig*) barbed; Zunge sharp **II** adv (≈ *spitzzüngig*) kontern, antworten sharply Spitz [ʃpɪts] m ⟨*-es, -e*⟩ (*Hunderasse*) spitz Spitzbart m goatee Spitze ['ʃpɪtsə] f ⟨*-, -n*⟩ **1.** top; (≈ *von Kinn*) point; (≈ *Schuhspitze*) toe; (≈ *Fingerspitze, Nasenspitze*) tip; (≈

Haarspitze) end; **etw auf die ~ treiben** to carry sth to extremes **2.** (≈ *vorderes Ende*) front; (≈ *Tabellenspitze*) top; **an der ~ stehen** to be at the head; (*auf Tabelle*) to be (at the) top (of the table); **an der ~ liegen** (SPORTS, *fig*) to be in the lead **3.** (*fig* ≈ *Stichelei*) dig (*esp Br*), cut (*US*) **4.** (*Gewebe*) lace **5.** (*infml* ≈ *prima*) great (*infml*); **das war einsame ~!** that was really great! (*infml*)

Spitzel ['ʃpɪtsl] *m* ⟨**-s, -**⟩ (≈ *Informant*) informer; (≈ *Spion*) spy; (≈ *Schnüffler*) snooper; (≈ *Polizeispitzel*) police informer

spitzen ['ʃpɪtsn] *v/t Bleistift* to sharpen; *Lippen* to purse; (*zum Küssen*) to pucker (up); *Ohren* to prick up **Spitzengehalt** *nt* top salary **Spitzengeschwindigkeit** *f* top speed **Spitzenhöschen** [-høːsçən] *nt* lace panties *pl* **Spitzenkandidat(in)** *m/(f)* top candidate **Spitzenklasse** *f* top class; **ein Auto** *etc* **der ~** a top-class car *etc* **Spitzenleistung** *f* top performance; (*fig* ≈ *ausgezeichnete Leistung*) top-class performance **Spitzenlohn** *m* top wage(s *pl*) **Spitzenposition** *f* leading *or* top position **Spitzenreiter** *m* (*Ware*) top seller; (*Film, Stück etc*) hit; (≈ *Schlager*) number one **Spitzensportler(in)** *m/(f)* top(-class) sportsman/-woman **Spitzenstellung** *f* leading position **Spitzentechnologie** *f* state-of-the-art technology **Spitzenverdiener(in)** *m/(f)* top earner **Spitzenverkehrszeit** *f* peak period **Spitzer** ['ʃpɪtsɐ] *m* ⟨**-s, -**⟩ (*infml*) (pencil) sharpener **spitzfindig** *adj* over(ly)-subtle **Spitzfindigkeit** ['ʃpɪtsfɪndɪçkait] *f* ⟨**-, -en**⟩ over-subtlety; (≈ *Haarspalterei*) nit-picking *no pl* (*infml*) **Spitzhacke** *f* pickaxe (*Br*), pickax (*US*) **Spitzname** *m* nickname **spitzwinklig** *adj* MAT *Dreieck* acute-angled

Spleen [ʃpliːn] *m* ⟨**-s, -s**⟩ (*infml*) (≈ *Idee*) crazy idea (*infml*); (≈ *Fimmel*) obsession

Spliss [ʃplɪs] *m* ⟨**-es, -e**⟩ **1.** (*dial* ≈ *Splitter*) splinter **2.** *no pl* (≈ *gespaltene Haarspitzen*) split ends *pl*

Splitt [ʃplɪt] *m* ⟨**-(e)s, -e**⟩ stone chippings *pl*; (≈ *Streumittel*) grit **Splitter** ['ʃplɪtɐ] *m* ⟨**-s, -**⟩ splinter **Splittergruppe** *f* POL splinter group **splitternackt** *adj* stark-naked

SPÖ [ɛs'peːˈʔøː] *f* ⟨**-**⟩ *abbr of Sozialdemo-*

kratische Partei Österreichs

Spoiler ['ʃpɔylɐ, 'sp-] *m* ⟨**-s, -**⟩ spoiler **sponsern** ['ʃpɔnsɐn, 'sp-] *v/t* to sponsor **Sponsor** ['ʃpɔnzɐ, 'sp-] *m* ⟨**-s, Sponsoren** [-'zoːrən]⟩, **Sponsorin** [-'zoːrɪn] *f* ⟨**-, -nen**⟩ sponsor

spontan [ʃpɔn'taːn, sp-] **I** *adj* spontaneous **II** *adv* spontaneously **Spontaneität** [ʃpɔntanei'tɛːt, sp-] *f* ⟨**-, no pl**⟩ spontaneity

sporadisch [ʃpo'raːdɪʃ, sp-] **I** *adj* sporadic **II** *adv* sporadically

Sport [ʃpɔrt] *m* ⟨**-(e)s, (rare) -e**⟩ sport; **treiben Sie ~?** do you do any sport? **Sportart** *f* (kind of) sport **Sportarzt** *m*, **Sportärztin** *f* sports physician **sportbegeistert** *adj* keen on sport, sports-mad (*Br infml*), crazy about sports (*US infml*) **Sportfest** *nt* sports festival **Sporthalle** *f* sports hall **Sportkleidung** *f* sportswear **Sportler** ['ʃpɔrtlɐ] *m* ⟨**-s, -**⟩ sportsman **Sportlerin** ['ʃpɔrtlərɪn] *f* ⟨**-, -nen**⟩ sportswoman **sportlich** ['ʃpɔrtlɪç] **I** *adj* **1.** sporting; *Mensch, Auto* sporty; (≈ *durchtrainiert*) athletic **2.** *Kleidung* casual; (≈ *sportlich-schick*) smart but casual **II** *adv* **1.** **sich ~ betätigen** to do sport **2.** (≈ *leger*) casually; **~ gekleidet** casually dressed **Sportmedizin** *f* sports medicine **Sportnachrichten** *pl* sports news *with sg vb* **Sportplatz** *m* sports field; (*in der Schule*) playing field(s *pl*) **Sportreporter(in)** *m/(f)* sports reporter **Sportschuh** *m* casual shoe **Sportsfreund(in)** *m/(f)* (*fig infml*) pal (*infml*) **Sportskanone** *f* (*infml*) sporting ace (*infml*) **Sportunfall** *m* sporting accident **Sportveranstaltung** *f* sporting event **Sportverein** *m* sports club **Sportwagen** *m* sports car; (*für Kind*) pushchair (*Br*), (baby) stroller (*US*)

Spott [ʃpɔt] *m* ⟨**-(e)s, no pl**⟩ mockery; **seinen ~ mit jdm treiben** to make fun of sb **spottbillig** *adj* (*infml*) dirt-cheap (*infml*) **Spöttelei** [ʃpœtə'lai] *f* ⟨**-, -en**⟩ (≈ *das Spotten*) mocking; (≈ *ironische Bemerkung*) mocking remark **spötteln** ['ʃpœtln] *v/i* to mock (*über jdn/etw* sb/sth) **spotten** ['ʃpɔtn] *v/i* (≈ *sich lustig machen*) to mock; **über jdn/etw** to mock sb/sth; **das spottet jeder Beschreibung** that simply defies description **Spötter** ['ʃpœtɐ] *m* ⟨**-s, -**⟩, **Spötterin** [-ərɪn] *f* ⟨**-, -nen**⟩ mocker; (≈ *satirischer Mensch*) satirist **spöttisch**

['ʃpœtɪʃ] **I** *adj* mocking **II** *adv* mockingly **Spottpreis** *m* ridiculously low price

sprachbegabt *adj* linguistically talented **Sprache** ['ʃpraːxə] *f* ⟨-, -n⟩ language; (≈ *das Sprechen*) speech; (≈ *Fähigkeit, zu sprechen*) power of speech; *in französischer etc* ~ in French *etc*; *mit der* ~ *herausrücken* to come out with it; *die* ~ *auf etw* (*acc*) *bringen* to bring the conversation (a)round to sth; *zur* ~ *kommen* to be brought up; *etw zur* ~ *bringen* to bring sth up; *mir blieb die* ~ *weg* I was speechless **Sprachenschule** *f* language school **Spracherkennung** *f* IT speech recognition **Sprachfehler** *m* speech impediment **Sprachführer** *m* phrase book **Sprachgebrauch** *m* (linguistic) usage **Sprachgefühl** *nt* feeling for language **sprachgesteuert** [-ɡəʃtɔyɐt] *adj* IT voice-activated **sprachgewandt** *adj* articulate, fluent **Sprachkenntnisse** *pl* knowledge *sg* of languages/the language/a language; *mit englischen* ~ with a knowledge of English **Sprachkurs** *m* language course **Sprachlabor** *nt* language laboratory **Sprachlehre** *f* grammar **sprachlich** ['ʃpraːxlɪç] **I** *adj* linguistic; *Schwierigkeiten* language *attr*; *Fehler* grammatical **II** *adv* linguistically; ~ *falsch/richtig* grammatically incorrect/correct **sprachlos** *adj* speechless **Sprachlosigkeit** *f* ⟨-, *no pl*⟩ speechlessness **Sprachrohr** *nt* (*fig*) mouthpiece **Sprachunterricht** *m* language teaching **Sprachwissenschaft** *f* linguistics *sg*; (≈ *Philologie*) philology; *vergleichende* ~en comparative linguistics/philology **Sprachwissenschaftler(in)** *m/(f)* linguist; (≈ *Philologe*) philologist **sprachwissenschaftlich** **I** *adj* linguistic **II** *adv* linguistically

Spray [ʃpreː, spreː] *m or nt* ⟨-s, -s⟩ spray **Spraydose** ['ʃpreː-, 'spreː-] *f* aerosol (can) **sprayen** ['ʃpreːən, 'sp-] *v/t & v/i* to spray **Sprayer** ['ʃpreːɐ, 'sp-] *m* ⟨-s, -⟩, **Sprayerin** [-ərɪn] *f* ⟨-, -nen⟩ sprayer

Sprechanlage *f* intercom **Sprechblase** *f* balloon **sprechen** ['ʃpreçn] *pret* **sprach** [ʃpraːx], *past part* **gesprochen** [ɡə-'ʃprɔxn] **I** *v/i* to speak; (≈ *reden*) to talk; *viel* ~ to talk a lot; *nicht gut auf jdn/etw zu* ~ *sein* not to have a good thing to say about sb/sth; *mit jdm* ~ to speak *or* talk to sb; *mit wem spreche ich?* to whom

am I speaking, please?; *auf jdn/etw zu* ~ *kommen* to get to talking about sb/sth; *es spricht für jdn/etw*(, *dass* ...) it says something for sb/sth (that ...); *das spricht für sich* (*selbst*) that speaks for itself; *es spricht vieles dafür/dagegen* there's a lot to be said for/against it; *ganz allgemein gesprochen* generally speaking **II** *v/t* **1.** *Sprache* to speak; (≈ *aufsagen*) *Gebet* to say; ~ *Sie Japanisch?* do you speak Japanese? **2.** *Urteil* to pronounce **3.** *kann ich bitte Herrn Kurz* ~? may I speak to Mr Kurz, please?; *er ist nicht zu* ~ he can't see anybody; *kann ich Sie kurz* ~? can I have a quick word?; *wir* ~ *uns noch!* you haven't heard the last of this! **sprechend** *adj* *Augen, Gebärde* eloquent **Sprecher** ['ʃpreçɐ] *m* ⟨-s, -⟩, **Sprecherin** [-ərɪn] *f* ⟨-, -nen⟩ speaker; (≈ *Nachrichtensprecher*) newscaster; (≈ *Ansager*) announcer; (≈ *Wortführer*) spokesperson **Sprechfunk** *m* radiotelephone system **Sprechfunkgerät** *nt* radiotelephone; (*tragbar auch*) walkie-talkie **Sprechstunde** *f* consultation (hour); (*von Arzt*) surgery (*Br*), consultation (*US*) **Sprechstundenhilfe** *f* (*often pej*) (doctor's) receptionist **Sprechtaste** *f* "talk" button **Sprechweise** *f* way of speaking **Sprechzimmer** *nt* consulting room

spreizen ['ʃpraɪtsn] **I** *v/t* to spread; → **gespreizt II** *v/r* (≈ *sich sträuben*) to kick up (*infml*) **Spreizfuß** *m* splayfoot

sprengen ['ʃprɛŋən] *v/t* **1.** (*mit Sprengstoff*) to blow up; *Fels* to blast; *etw in die Luft* ~ to blow sth up **2.** *Tresor* to break open; *Fesseln* to burst; *Versammlung* to break up; (*Spiel*)*bank* to break **3.** (≈ *bespritzen*) to sprinkle; *Beete, Rasen* to water **Sprengkopf** *m* warhead **Sprengkörper** *m* explosive device **Sprengkraft** *f* explosive force **Sprengladung** *f* explosive charge **Sprengsatz** *m* explosive device **Sprengstoff** *m* explosive; (*fig*) dynamite **Sprengstoffanschlag** *m* bomb attack **Sprengung** ['ʃprɛŋʊŋ] *f* ⟨-, -en⟩ blowing-up; (*von Felsen*) blasting

sprenkeln ['ʃprɛŋkln] *v/t Farbe* to sprinkle spots of; → **gesprenkelt**

Spreu [ʃprɔy] *f* ⟨-, *no pl*⟩ chaff; *die* ~ *vom Weizen trennen or sondern* (*fig*) to separate the wheat from the chaff

Sprichwort *nt, pl* **-wörter** proverb **sprichwörtlich** *adj* (*lit, fig*) proverbial **sprießen** ['ʃpriːsn] *pret* **spross** *or* **sprießte** [ʃprɔs, 'ʃpriːstə], *past part* **gesprossen** [ɡə'ʃprɔsn] *v/i aux sein* (*aus der Erde*) to come up; (*Knospen, Blätter*) to shoot

Springbrunnen *m* fountain **springen** ['ʃprɪŋən] *pret* **sprang** [ʃpraŋ], *past part* **gesprungen** [ɡə'ʃprʊŋən] *v/i aux sein* **1.** to jump; (*esp mit Schwung*) to leap; (*beim Stabhochsprung*) to vault **2.** *etw* **~ lassen** (*infml*) to fork out for sth (*infml*); *Runde* to stand sth; *Geld* to fork out sth (*infml*) **3.** (*Glas, Porzellan*) to break; (≈ *Risse bekommen*) to crack **springend** *adj der ~e Punkt* the crucial point **Springer** ['ʃprɪŋɐ] *m* ⟨**-s, -**⟩ CHESS knight **Springer** ['ʃprɪŋɐ] *m* ⟨**-s, -**⟩, **Springerin** [-ərɪn] *f* ⟨**-, -nen**⟩ **1.** jumper; (≈ *Stabhochspringer*) vaulter **2.** IND stand-in **Springerstiefel** *pl* Doc Martens® (boots) *pl* **Springflut** *f* spring tide **Springreiten** *nt* ⟨**-s,** *no pl*⟩ show jumping **Springrollo** *nt* roller blind **Springseil** *nt* skipping-rope (*Br*), jump rope (*US*)

Sprinkler ['ʃprɪŋklɐ] *m* ⟨**-s, -**⟩ sprinkler **Sprinkleranlage** *f* sprinkler system **Sprint** [ʃprɪnt] *m* ⟨**-s, -s**⟩ sprint **sprinten** ['ʃprɪntn] *v/t & v/i aux sein* to sprint **Sprit** [ʃprɪt] *m* ⟨**-(e)s, -e**⟩ (*infml* ≈ *Benzin*) gas (*infml*)

Spritze ['ʃprɪtsə] *f* ⟨**-, -n**⟩ syringe; (≈ *Injektion*) injection; *eine ~ bekommen* to have an injection **spritzen** ['ʃprɪtsn] **I** *v/t* **1.** to spray; (≈ *verspritzen*) *Wasser etc* to splash **2.** (≈ *injizieren*) to inject; (≈ *eine Injektion geben*) to give injections / an injection; *sich* (*dat*) *Heroin* ~ to inject (oneself with) heroin **II** *v/i aux haben or sein* to spray; (*heißes Fett*) to spit **Spritzer** ['ʃprɪtsɐ] *m* ⟨**-s, -**⟩ splash **Spritzfahrt** *f* (*infml*) spin (*infml*); *eine ~ machen* to go for a spin (*infml*) **spritzig** ['ʃprɪtsɪç] *adj Wein* tangy; *Auto, Aufführung* lively; (≈ *witzig*) witty **Spritzpistole** *f* spray gun

spröde ['ʃprøːdə] *adj* brittle; *Haut* rough; (≈ *abweisend*) *Mensch* aloof; *Worte* offhand; *Charme* austere

Sprosse ['ʃprɔsə] *f* ⟨**-, -n**⟩ rung **Sprossensenfenster** *nt* lattice window **Sprossenwand** *f* SPORTS wall bars *pl* **Sprössling** ['ʃprœslɪŋ] *m* ⟨**-s, -e**⟩ shoot; (*fig*

hum) offspring *pl*

Sprotte ['ʃprɔtə] *f* ⟨**-, -n**⟩ sprat

Spruch [ʃprʊx] *m* ⟨**-(e)s, ⸚e** ['ʃprʏçə]⟩ **1.** saying; (≈ *Wahlspruch*) motto; *Sprüche klopfen* (*infml*) to talk posh (*infml*); (≈ *angeben*) to talk big (*infml*) **2.** (≈ *Richterspruch*) judgement; (≈ *Schiedsspruch*) ruling **Spruchband** [-bant] *nt, pl* **-bänder** banner **spruchreif** *adj* (*infml*) *die Sache ist noch nicht ~* it's not definite yet so we'd better not talk about it

Sprudel ['ʃpruːdl] *m* ⟨**-s, -**⟩ mineral water; (≈ *süßer Sprudel*) fizzy drink **Sprudelbad** *nt* whirlpool (bath) **sprudeln** ['ʃpruːdln] *v/i* to bubble; (*Sekt, Limonade*) to fizz; (*fig:*) **sprudelnd** *adj* (*lit*) *Getränke* fizzy; *Quelle* bubbling; (*fig*) *Witz* bubbly

Sprühdose *f* spray (can) **sprühen** ['ʃpryːən] **I** *v/i* **1.** *aux haben or sein* to spray; (*Funken*) to fly **2.** (*fig*) (*vor Witz, Ideen etc*) to bubble over (*vor + dat* with); (*Augen*) (*vor Freude etc*) to sparkle (*vor + dat* with); (*vor Zorn etc*) to flash (*vor + dat* with) **II** *v/t* to spray **Sprühregen** *m* fine rain

Sprung [ʃprʊŋ] *m* ⟨**-(e)s, ⸚e** ['ʃprʏŋə]⟩ **1.** jump; (*schwungvoll*) leap; (≈ *Satz*) bound; (*von Raubtier*) pounce; (≈ *Stabhochsprung*) vault; (*Wassersport*) dive; *einen ~ machen* to jump; *damit kann man keine großen Sprünge machen* (*infml*) you can't exactly live it up on that (*infml*); *jdm auf die Sprünge helfen* to give sb a (helping) hand **2.** (*infml* ≈ *kurze Strecke*) stone's throw (*infml*); *auf einen ~ bei jdm vorbeikommen* to drop in to see sb (*infml*) **3.** (≈ *Riss*) crack; *einen ~ haben* to be cracked **Sprungbrett** *nt* (*lit, fig*) springboard **Sprungfeder** *f* spring **sprunghaft I** *adj* **1.** *Mensch* volatile **2.** (≈ *rapide*) rapid **II** *adv ansteigen* by leaps and bounds **Sprungschanze** *f* ski ski jump **Sprungturm** *m* diving platform

Spucke ['ʃpʊkə] *f* ⟨**-,** *no pl*⟩ (*infml*) spit; *da bleibt einem die ~ weg!* (*infml*) it's flabbergasting (*infml*) **spucken** ['ʃpʊkn] **I** *v/t* to spit; (*infml* ≈ *erbrechen*) to throw up (*infml*); *Lava* to spew (out) **II** *v/i* to spit; *in die Hände ~* (*lit*) to spit on one's hands; (*fig*) to roll up one's sleeves

spuken ['ʃpuːkn] *v/i* to haunt; *hier spukt*

es this place is haunted
Spülbecken *nt* sink
Spule ['ʃpuːlə] *f* ⟨-, **-n**⟩ spool; IND bobbin; ELEC coil
Spüle ['ʃpyːlə] *f* ⟨-, **-n**⟩ sink
spulen ['ʃpuːlən] *v/t* to spool (*auch* IT)
spülen ['ʃpyːlən] **I** *v/t* **1.** (≈ *ausspülen*) *Mund* to rinse; *Wunde* to wash; *Darm* to irrigate; (≈ *abwaschen*) *Geschirr* to wash up **2.** (*Wellen etc*) to wash; **etw an Land ~** to wash sth ashore **II** *v/i* (*Waschmaschine*) to rinse; (≈ *Geschirr spülen*) to wash up; (*auf der Toilette*) to flush; **du spülst und ich trockne ab** you wash and I'll dry **Spüllappen** *m* dishcloth **Spülmaschine** *f* (automatic) dishwasher **spülmaschinenfest** *adj* dishwasher-proof **Spülmittel** *nt* washing-up liquid **Spülschüssel** *f* washing-up bowl **Spülung** ['ʃpyːluŋ] *f* ⟨-, **-en**⟩ rinsing; (≈ *Wasserspülung*) flush; (≈ *Haarspülung*) conditioner; (MED ≈ *Darmspülung*) irrigation
Spund [ʃpʊnt] *m* ⟨-(e)s, ¨e ['ʃpʏndə]⟩ stopper; (*Holztechnik*) tongue
Spur [ʃpuːɐ] *f* ⟨-, **-en**⟩ **1.** (≈ *Abdruck im Boden etc*) track; (≈ *hinterlassenes Zeichen*) trace; (≈ *Bremsspur*) skidmarks *pl*; (≈ *Blutspur etc*, *Fährte*) trail; **von den Tätern fehlt jede ~** there is no clue as to the whereabouts of the persons responsible; **auf der richtigen/falschen~ sein** to be on the right / wrong track; **jdm auf die ~ kommen** to get onto sb; **~en hinterlassen** (*fig*) to leave one's/its mark **2.** (*fig* ≈ *kleine Menge*) trace; (*von Talent etc*) scrap; **von Anstand keine ~** (*infml*) no decency at all; **keine ~!** (*infml*) not at all **3.** (≈ *Fahrbahn*) lane **4.** IT track
spürbar I *adj* noticeable, perceptible **II** *adv* noticeably, perceptibly
spuren ['ʃpuːrən] *v/i* (*infml*) to obey; (≈ *sich fügen*) to toe the line
spüren ['ʃpyːrən] *v/t* to feel; **davon ist nichts zu ~** there is no sign of it; **etw zu ~ bekommen** (*lit*) to feel sth; (*fig*) to feel the (full) force of sth
Spurenelement *nt* trace element **Spurensicherung** *f* securing of evidence **Spürhund** *m* tracker dog; (*infml: Mensch*) sleuth
spurlos *adj, adv* without trace; **das ist nicht ~ an ihm vorübergegangen** it left its mark on him **Spurrille** *f* MOT rut

Spürsinn *m, no pl* (HUNT, *fig*) nose; (*fig* ≈ *Gefühl*) feel
Spurt [ʃpʊrt] *m* ⟨-**s, -s** *or* **-e**⟩ spurt; **zum ~ ansetzen** to make a final spurt **spurten** ['ʃpʊrtn] *v/i aux sein* SPORTS to spurt; (*infml* ≈ *rennen*) to sprint, to dash
Spurwechsel *m* MOT lane change **Spurweite** *f* RAIL gauge; AUTO track
Squash [skvɔʃ] *nt* ⟨-, *no pl*⟩ squash
Staat [ʃtaːt] *m* ⟨-(e)s, -en⟩ **1.** state; (≈ *Land*) (*infml*) the States (*infml*); **von ~s wegen** on a governmental level **2.** (≈ *Ameisenstaat etc*) colony **3.** (*fig*) (≈ *Pracht*) pomp; (≈ *Kleidung, Schmuck*) finery; **~ machen (mit etw)** to make a show (of sth); **damit ist kein ~ zu machen** that's nothing to write home about (*infml*) **Staatenbund** *m, pl* **-bünde** confederation (of states) **Staatengemeinschaft** *f* community of states **staatenlos** *adj* stateless **Staatenlose(r)** ['ʃtaːtnloːzə] *m/f(m) decl as adj* stateless person **staatlich** ['ʃtaːtlɪç] **I** *adj* state *attr*; (≈ *staatlich geführt*) state-run **II** *adv* by the state; **~ geprüft** state-certified **Staatsakt** *m* state occasion **Staatsaktion** *f* major operation **Staatsangehörige(r)** *m/f(m) decl as adj* national **Staatsangehörigkeit** [-|angəhøːrɪçkait] *f* ⟨-, **-en**⟩ nationality **Staatsanleihe** *f* government bond **Staatsanwalt** *m*, **Staatsanwältin** *f* district attorney (*US*), public prosecutor (*esp Br*) **Staatsausgaben** *pl* public expenditure *sg* **Staatsbeamte(r)** *m decl as adj*, **Staatsbeamtin** *f* public servant **Staatsbegräbnis** *nt* state funeral **Staatsbesuch** *m* state visit **Staatsbürger(in)** *m/(f)* citizen **staatsbürgerlich** *adj attr Pflicht* civic; *Rechte* civil **Staatsbürgerschaft** *f* nationality; **doppelte ~** dual nationality **Staatschef(in)** *m/(f)* head of state **Staatsdienst** *m* civil service **staatseigen** *adj* state-owned **Staatsempfang** *m* state reception **Staatsexamen** *nt university degree required for the teaching profession* **Staatsfeind(in)** *m/(f)* enemy of the state **staatsfeindlich** *adj* hostile to the state **Staatsform** *f* type of state **Staatsgeheimnis** *nt* state secret **Staatsgrenze** *f* state frontier *or* border **Staatshaushalt** *m* national budget **Staatshoheit** *f* sovereignty **Staatskosten** *pl* public expenses *pl*; **auf ~** at the public expense **Staats-**

mann *m*, *pl* **-männer** statesman **staatsmännisch** [-mɛnɪʃ] **I** *adj* statesmanlike
II *adv* in a statesmanlike manner
Staatsoberhaupt *nt* head of state
Staatspräsident(in) *m*/(*f*) president
Staatsschuld *f* FIN national debt
Staatssekretär(in) *m*/(*f*) (≈ *Beamter*)
≈ permanent secretary (*Br*), ≈ under-
secretary (*US*) **Staatsstreich** *m* coup
(d'état) **Staatstrauer** *f* national mourning **Staatsverbrechen** *nt* political
crime; (*fig*) major crime **Staatsver-
schuldung** *f* national debt
Stab [ʃtaːp] *m* ⟨**-(e)s**, **≃e** [ˈʃteːbə]⟩ **1.** rod;
(≈ *Gitterstab*) bar; (≈ *Dirigentenstab*,
für Staffellauf etc) baton; (*für Stabhochsprung*) pole; (≈ *Zauberstab*) wand; **den
~ über jdn brechen** (*fig*) to condemn sb
2. (≈ *Mitarbeiterstab*, MIL) staff; (*von
Experten*) panel; (MIL ≈ *Hauptquartier*)
headquarters *sg* *or* *pl* **Stäbchen**
[ˈʃteːpçən] *nt* ⟨**-s**, **-**⟩ (≈ *Essstäbchen*)
chopstick **Stabhochspringer(in)** *m*/(*f*)
pole-vaulter **Stabhochsprung** *m* pole
vault
stabil [ʃtaˈbiːl, st-] *adj* *Möbel* sturdy;
Währung, Beziehung stable; *Gesundheit* sound **stabilisieren** [ʃtabiliˈziːrən,
st-] *past part* **stabilisiert** *v*/*t* & *v*/*r* to sta-
bilize **Stabilität** [ʃtabiliˈtɛːt, st-] *f* ⟨-, *no
pl*⟩ stability
Stablampe *f* (electric) torch (*Br*), flashlight
Stachel [ˈʃtaxl] *m* ⟨**-s**, **-n**⟩ (*von Rosen
etc*) thorn; (*von Kakteen, Igel*) spine;
(*auf Stacheldraht*) barb; (≈ *Giftstachel:
von Bienen etc*) sting **Stachelbeere** *f*
gooseberry **Stacheldraht** *m* barbed
wire **Stacheldrahtzaun** *m* barbed-wire
fence **stachelig** [ˈʃtaxəlɪç] *adj* *Rosen
etc* thorny; *Kaktus etc* spiny; (≈ *sich stachelig anfühlend*) prickly; *Kinn, Bart*
bristly **Stachelschwein** *nt* porcupine
Stadel [ˈʃtaːdl] *m* ⟨**-s**, **-**⟩ (*S Ger, Aus,
Swiss*) barn
Stadion [ˈʃtaːdiɔn] *nt* ⟨**-s**, **Stadien**
[-diən]⟩ stadium
Stadium [ˈʃtaːdiʊm] *nt* ⟨**-s**, **Stadien**
[-diən]⟩ stage
Stadt [ʃtat] *f* ⟨-, **≃e** [ˈʃtɛːtə, ˈʃtɛtə]⟩ **1.**
town; (≈ *Großstadt*) city; **die ~ Paris**
the city of Paris; **in die ~ gehen** to go into
town **2.** (≈ *Stadtverwaltung*) council
stadtauswärts *adv* out of town **Stadt-
autobahn** *f* urban motorway (*Br*) *or*

freeway (*US*) **Stadtbad** *nt* municipal
swimming pool **Stadtbahn** *f* suburban
railway (*Br*), city railroad (*US*) **Stadt-
bücherei** *f* public library **Stadtbummel**
m stroll through town **Städtchen**
[ˈʃtɛːtçən, ˈʃtɛtçən] *nt* ⟨**-s**, **-**⟩ small town
Städtebau *m*, *no pl* urban development
stadteinwärts *adv* into town **Städte-
partnerschaft** *f* town twinning (*Br*), sister city agreement (*US*) **Städter**
[ˈʃtɛːtɐ, ˈʃtɛtɐ] *m* ⟨**-s**, **-**⟩, **Städterin** [-ə-
rɪn] *f* ⟨**-**, **-nen**⟩ town resident; (≈ *Groß-
städter*) city resident **städtisch** [ˈʃtɛːtɪʃ,
ˈʃtɛtɪʃ] *adj* municipal, town *attr*; (≈ *einer Großstadt auch*) city *attr*; (≈ *nach
Art einer Stadt*) urban **Stadtkern** *m*
town/city centre (*Br*) *or* center (*US*)
Stadtmauer *f* city wall **Stadtmitte** *f*
town/city centre (*Br*) *or* center (*US*)
Stadtplan *m* (street) map (of a/the
town/city) **Stadtplanung** *f* town planning **Stadtpolizei** *f* (*Aus, Swiss*) urban
police (force) **Stadtpräsident(in)** *m*/(*f*)
(*Swiss* ≈ *Bürgermeister*) mayor/mayor-
ess **Stadtrand** *m* outskirts *pl* (of a/the
town/city)
Stadtrat[1] *m* (town/city) council
Stadtrat[2] *m*, **Stadträtin** *f* (town/city)
councillor (*Br*) *or* councilor (*US*) **Stadt-
rundfahrt** *f* **eine ~ machen** to go on a
(sightseeing) tour of a/the town/city
Stadtstreicher [-ʃtraiçɐ] *m* ⟨**-s**, **-**⟩,
Stadtstreicherin [-ərɪn] *f* ⟨**-**, **-nen**⟩
(town/city) tramp **Stadtteil** *m* district
Stadtverwaltung *f* (town/city) council
Stadtviertel *nt* district, part of town/
city **Stadtzentrum** *nt* town/city centre
(*Br*) *or* center (*US*)
Staffel [ˈʃtafl] *f* ⟨**-**, **-n**⟩ **1.** (≈ *Formation*)
echelon; (AVIAT ≈ *Einheit*) squadron **2.**
SPORTS relay (race); (≈ *Mannschaft*) relay team; (*fig*) relay; **~ laufen** to run
in a relay (race) **Staffelei** [ʃtafaˈlai] *f*
⟨**-**, **-en**⟩ easel **Staffellauf** *m* relay (race)
staffeln [ˈʃtafln] *v*/*t* *Gehälter, Tarife* to
grade; *Anfangszeiten* to stagger **Staffe-
lung** [ˈʃtafəluŋ] *f* ⟨**-**, **-en**⟩ (*von Gehäl-
tern, Tarifen*) grading; (*von Zeiten*) staggering
Stagnation [ʃtagnaˈtsioːn, st-] *f* ⟨**-**, **-en**⟩
stagnation **stagnieren** [ʃtaˈgniːrən, st-]
past part **stagniert** *v*/*i* to stagnate
Stahl [ʃtaːl] *m* ⟨**-(e)s**, **-e** *or* **Stähle**
[ˈʃteːlə]⟩ steel; **Nerven wie ~** nerves of
steel **Stahlbeton** *m* reinforced concrete

stahlblau adj steel-blue **stählern** ['ʃtɛːlɐn] adj steel; (fig) Wille of iron, iron attr; Nerven of steel; Blick steely **Stahlhelm** m MIL steel helmet **Stahlrohr** nt tubular steel; (Stück) steel tube **Stahlträger** m steel girder **Stahlwolle** f steel wool

Stalagmit [stala'gmiːt, ʃt-, -mɪt] m ⟨-en or -s, -en⟩ stalagmite **Stalaktit** [stalak-'tiːt, ʃt-, -tɪt] m ⟨-en or -s, -en⟩ stalactite

stalinistisch [stali'nɪstɪʃ, ʃt-] adj Stalinist

Stall [ʃtal] m ⟨-(e)s, ⸚e['ʃtɛlə]⟩ stable; (≈ Kuhstall) cowshed; (≈ Schweinestall) (pig)sty, (pig)pen (US)

Stamm [ʃtam] m ⟨-(e)s, ⸚e['ʃtɛmə]⟩ 1. (≈ Baumstamm) trunk 2. LING stem 3. (≈ Volksstamm) tribe 4. (≈ Kunden) regular customers pl; (von Mannschaft) regular team members pl; (≈ Arbeiter) permanent workforce; (≈ Angestellte) permanent staff pl; **ein fester ⁓ von Kunden** regular customers **Stammaktie** f ST EX ordinary share **Stammbaum** m family tree; (von Zuchttieren) pedigree **Stammbuch** nt book recording family events with some legal documents

stammeln ['ʃtamln] v/t & v/i to stammer

stammen ['ʃtamən] v/i to come (von, aus from); (zeitlich) to date (von, aus from) **Stammform** f base form **Stammgast** m regular **Stammhalter** m son and heir **stämmig** ['ʃtɛmɪç] adj (≈ gedrungen) stocky; (≈ kräftig) sturdy **Stammkapital** nt FIN ordinary share (Br) or common stock (US) capital **Stammkneipe** f (infml) local (Br infml), local bar **Stammkunde** m, **Stammkundin** f regular (customer) **Stammkundschaft** f regulars pl **Stammplatz** m usual seat **Stammsitz** m (von Firma) headquarters sg or pl; (von Geschlecht) ancestral seat; (im Theater etc) regular seat **Stammtisch** m (≈ Tisch in Gasthaus) table reserved for the regulars; (≈ Stammtischrunde) group of regulars **Stammwähler(in)** m/(f) POL staunch supporter **Stammzelle** f stem cell; **embryonale ⁓n** embryonic stem cells

stampfen I v/i 1. (≈ laut auftreten) to stamp; **mit dem Fuß ⁓** to stamp one's foot 2. aux haben or sein (Schiff) to pitch, to toss II v/t 1. (≈ festtrampeln) Lehm, Sand to stamp; Trauben to press

2. (mit Stampfer) to mash

Stand [ʃtant] m ⟨-(e)s, ⸚e['ʃtɛndə]⟩ 1. no pl (≈ das Stehen) standing position; **aus dem ⁓** from a standing position; **ein Sprung aus dem ⁓** a standing jump; **bei jdm einen schweren ⁓ haben** (fig) to have a hard time with sb 2. (≈ Marktstand etc) stand; (≈ Taxistand) rank 3. no pl (≈ Lage) state; (≈ Zählerstand etc) reading; (≈ Kontostand) balance; (SPORTS ≈ Spielstand) score; **beim jetzigen ⁓ der Dinge** the way things stand at the moment; **der neueste ⁓ der Forschung** the latest developments in research; **auf dem neuesten ⁓ der Technik sein** (Gerät) to be state-of-the-art technology; **außer ⁓e = außerstande**; **im ⁓e = imstande**; **in ⁓ = instand**; **zu ⁓e = zustande** 4. (≈ soziale Stellung) status; (≈ Klasse) class; (≈ Beruf) profession

Standard ['ʃtandart, 'st-] m ⟨-s, -s⟩ standard **standardisieren** [ʃtandardi-'ziːrən, st-] past part **standardisiert** v/t to standardize **Standardisierung** f ⟨-, -en⟩ standardization

Stand-by-Betrieb m IT stand-by **Stand-by-Ticket** nt AVIAT stand-by ticket

Ständer ['ʃtɛndɐ] m ⟨-s, -⟩ stand; (infml ≈ Erektion) hard-on (sl)

Ständerat m (Swiss PARL) upper chamber

Standesamt nt registry office (Br) **standesamtlich** I adj ⁓e Trauung civil wedding II adv sich ⁓ trauen lassen to get married in a registry office (Br), to have a civil wedding **Standesbeamte(r)** m decl as adj, **Standesbeamtin** f registrar **standesgemäß** I adj befitting one's rank II adv in a manner befitting one's rank **Standesunterschied** m class difference **standfest** adj stable; (fig) steadfast **standhaft** I adj steadfast II adv **er weigerte sich ⁓** he steadfastly refused **Standhaftigkeit** ['ʃtanthaftɪçkait] f ⟨-, no pl⟩ steadfastness **standhalten** ['ʃtanthaltn] v/i sep irr (Mensch) to stand firm; (Brücke etc) to hold; **jdm ⁓** to stand up to sb; **einer Prüfung ⁓** to stand up to close examination **ständig** ['ʃtɛndɪç] I adj 1. (≈ dauernd) permanent 2. (≈ unaufhörlich) constant II adv (≈ andauernd) constantly; **sie beklagt sich ⁓** she's always complaining; **sie ist ⁓ krank** she's always ill **Standl** ['ʃtandl] nt ⟨-s, -⟩ ⟨-s, -n⟩ (Aus ≈ Ver-

kaufsstand) stand **Standleitung** *f* TEL direct line **Standlicht** *nt* sidelights *pl*; **mit ~ fahren** to drive on sidelights **Standort** *m*, *pl* **-orte** location; (*von Schiff etc*) position; (*von Industriebetrieb*) site **Standpunkt** *m* (≈ *Meinung*) point of view; **auf dem ~ stehen, dass** ... to take the view that ... **Standspur** *f* AUTO hard shoulder (*Br*), shoulder (*US*) **Standuhr** *f* grandfather clock

Stange ['ʃtaŋə] *f* ⟨-, -n⟩ 1. pole; (≈ *Querstab*) bar; (≈ *Gardinenstange*) rod; (≈ *Vogelstange*) perch 2. **ein Anzug von der ~** a suit off the peg (*Br*) *or* rack (*US*); **jdn bei der ~ halten** (*infml*) to keep sb; **bei der ~ bleiben** (*infml*) to stick at it (*infml*); **jdm die ~ halten** (*infml*) to stand up for sb; **eine (schöne) ~ Geld** (*infml*) a tidy sum (*infml*) **Stängel** ['ʃtɛŋl] *m* ⟨-s, -⟩ stem **Stangenbohne** *f* runner (*Br*) *or* pole (*US*) bean **Stangenbrot** *nt* French bread; (≈ *Laib*) French loaf **Stangensellerie** *m or f* celery

stänkern ['ʃtɛŋkɐn] *v/i* (*infml* ≈ *Unfrieden stiften*) to stir things up (*infml*)

Stanniolpapier *nt* silver paper

Stanze ['ʃtantsə] *f* ⟨-, -n⟩ (*für Prägestempel*) die; (≈ *Lochstanze*) punch **stanzen** ['ʃtantsn] *v/t* to press; (≈ *prägen*) to stamp; *Löcher* to punch

Stapel ['ʃtaːpl] *m* ⟨-s, -⟩ 1. (≈ *Haufen*) stack 2. NAUT stocks *pl*; **vom ~ laufen** to be launched; **vom ~ lassen** to launch; (*fig*) to come out with (*infml*) **Stapelbox** *f* stacking box **Stapellauf** *m* NAUT launching **stapeln** ['ʃtaːpln] **I** *v/t* to stack; (≈ *lagern*) to store **II** *v/r* to pile up **Stapelverarbeitung** *f* IT batch processing **stapelweise** *adv* in piles

stapfen ['ʃtapfn] *v/i aux sein* to trudge

Star¹ [ʃtaːɐ] *m* ⟨-(e)s, -e⟩ ORN starling

Star² [ʃtaːɐ] *m* ⟨-(e)s, -e⟩ MED **grauer ~** cataract; **grüner ~** glaucoma

Star³ [ʃtaːɐ, staːɐ] *m* ⟨-s, -s⟩ FILM *etc* star **Starbesetzung** ['ʃtaːɐ-, 'staːɐ-] *f* star cast

Starenkasten *m* (AUTO *infml* ≈ *Überwachungsanlage*) police camera

Stargage *f* top fee **Stargast** *m* star guest **stark** [ʃtark] **I** *adj*, *comp* **ᵉer** ['ʃtɛrkɐ], *sup* **ᵉste(r, s)** ['ʃtɛrkstə] 1. strong; **sich für etw ~ machen** (*infml*) to stand up for sth; **das ist seine ~e Seite** that is his strong point; **das ist ~** *or* **ein ~es Stück!**

(*infml*) that's a bit much! 2. (≈ *dick*) thick 3. (≈ *heftig*) *Schmerzen, Kälte* intense; *Frost* severe; *Regen, Verkehr, Raucher, Trinker* heavy; *Sturm* violent; *Erkältung* bad; *Wind, Eindruck* strong; *Beifall* loud; *Fieber* high 4. (≈ *leistungsfähig*) *Motor* powerful 5. (≈ *zahlreich*) *Nachfrage* great; **zehn Mann ~** ten strong; **300 Seiten ~** 300 pages long 6. (*infml* ≈ *hervorragend*) *Leistung* great (*infml*) **II** *adv*, *comp* **ᵉer** ['ʃtɛrkɐ], *sup* **am ᵉsten** (*mit vb*) a lot; (*mit adj, ptp*) very; *applaudieren* loudly; *pressen* hard; *regnen* heavily; *vergrößert, verkleinert* greatly; *beschädigt, entzündet etc* badly; *bluten* profusely; **~ wirkend** *Medikament* potent; **~ gewürzt** highly spiced **Starkbier** *nt* strong beer

Stärke¹ ['ʃtɛrkə] *f* ⟨-, -n⟩ 1. strength 2. (≈ *Dicke*) thickness 3. (≈ *Heftigkeit*) (*von Strömung, Wind*) strength; (*von Schmerzen*) intensity; (*von Regen, Verkehr*) heaviness; (*von Sturm*) violence 4. (≈ *Leistungsfähigkeit*) (*von Motor*) power 5. (≈ *Anzahl*) size; (*von Nachfrage*) level

Stärke² *f* ⟨-, -n⟩ CHEM starch **Stärkemehl** *nt* COOK ≈ cornflour (*Br*), ≈ cornstarch (*US*)

stärken ['ʃtɛrkn] **I** *v/t* 1. (≈ *kräftigen*) to strengthen; *Gesundheit* to improve 2. *Wäsche* to starch **II** *v/t* to be fortifying; **~ des Mittel** tonic **III** *v/r* to fortify oneself **Starkstrom** *m* ELEC heavy current **Stärkung** ['ʃtɛrkʊŋ] *f* ⟨-, -en⟩ 1. strengthening 2. (≈ *Erfrischung*) refreshment **Stärkungsmittel** *nt* MED tonic

starr [ʃtar] **I** *adj* 1. stiff; (≈ *unbeweglich*) rigid; **~ vor Frost** stiff with frost 2. (≈ *unbewegt*) *Blick* fixed 3. (≈ *regungslos*) paralyzed; **~ vor Schrecken** paralyzed with fear 4. (≈ *nicht flexibel*) inflexible **II** *adv* **jdn ~ ansehen** to stare at sb; **~ an etw** (*dat*) **festhalten** to cling to sth **Starre** ['ʃtarə] *f* ⟨-, *no pl*⟩ stiffness **starren** ['ʃtarən] *v/i* 1. (≈ *starr blicken*) to stare (*auf* + *acc* at); **vor sich** (*acc*) **hin ~** to stare straight ahead 2. **vor Dreck ~** to be covered with dirt; (*Kleidung*) to be stiff with dirt **Starrheit** *f* ⟨-, *no pl*⟩ 1. (*von Gegenstand*) rigidity 2. (≈ *Sturheit*) inflexibility **starrköpfig** **I** *adj* stubborn **II** *adv* stubbornly **Starrsinn** *m*, *no pl* stubbornness **starrsinnig** **I** *adj* stubborn **II** *adv* stubbornly

Start[ʃtart] *m* ⟨**-s, -s**⟩ **1.** start **2.** (≈ *Start-linie*) start(ing line); (*bei Autorennen*) (starting) grid **3.** AVIAT takeoff; (≈ *Rake-tenstart*) launch Startbahn *f* AVIAT runway Startblock *m*, *pl* -**blöcke** SPORTS starting block starten ['ʃtartn] **I** *v/i aux sein* to start; AVIAT to take off; (≈ *zum Start antreten*) to take part **II** *v/t* to start; *Satelliten*, *Rakete* to launch; *den Computer neu ~* to restart the computer Starter ['ʃtartɐ] *m* ⟨**-s, -**⟩ AUTO starter Starterlaubnis *f* AVIAT clearance for takeoff; Starthilfe *f* (*fig*) initial aid; *jdm ~ geben* to help sb get off the ground Starthilfekabel *nt* jump leads *pl* (*Br*), jumper cables *pl* (*US*) Startkapital *nt* starting capital startklar *adj* AVIAT clear(ed) for takeoff; (SPORTS, *fig*) ready to start Startschuss *m* SPORTS starting signal; (*fig*) signal (*zu* for); *den ~ geben* to fire the (starting) pistol; (*fig*) to give the go-ahead Startseite *f* (*im Internet*) start page Startverbot *nt* AVIAT ban on takeoff; SPORTS ban

Statik['ʃtaːtɪk, 'st-] *f* ⟨**-**, *no pl*⟩ **1.** SCI statics *sg* **2.** BUILD structural engineering Statiker ['ʃtaːtɪkɐ, 'st-] *m* ⟨**-s, -**⟩, Statikerin [-ərɪn] *f* ⟨**-, -nen**⟩ TECH structural engineer

Station[ʃtaˈtsioːn] *f* ⟨**-, -en**⟩ **1.** station; (≈ *Haltestelle*) stop; (*fig: von Leben*) phase; *~ machen* to stop off **2.** (≈ *Krankenstation*) ward stationär [ʃtatsioˈnɛːɐ] **I** *adj* stationary; MED *Behandlung* inpatient *attr*; *~er Patient* inpatient **II** *adv jdn ~ behandeln* to treat sb in hospital *or* as an inpatient stationieren [ʃtatsio-ˈniːrən] *past part* **stationiert** *v/t Truppen* to station; *Atomwaffen etc* to deploy Stationierung *f* ⟨**-, -en**⟩ (*von Truppen*) stationing; (*von Atomwaffen etc*) deployment Stationsarzt *m*, Stationsärztin *f* ward doctor Stationsschwester *f* senior nurse (*in a ward*)

statisch ['ʃtaːtɪʃ, 'st-] **I** *adj* static **II** *adv meine Haare haben sich ~ aufgeladen* my hair is full of static electricity

Statist [ʃtaˈtɪst] *m* ⟨**-en, -en**⟩, Statistin [-ˈtɪstɪn] *f* ⟨**-, -nen**⟩ FILM extra; (*fig*) cipher

Statistik[ʃtaˈtɪstɪk] *f* ⟨**-, -en**⟩ statistics *sg* Statistiker[ʃtaˈtɪstɪkɐ] *m* ⟨**-s, -**⟩, Statistikerin[-ərɪn] *f* ⟨**-, -nen**⟩ statistician statistisch [ʃtaˈtɪstɪʃ] *adj* statistical; *~ gesehen* statistically

Stativ [ʃtaˈtiːf] *nt* ⟨**-s, -e** [-və]⟩ tripod

statt [ʃtat] **I** *prep +gen or* (*inf*) +*dat* instead of; *an Kindes ~ annehmen* JUR to adopt **II** *cj* instead of stattdessen *adv* instead

Stätte ['ʃtɛtə] *f* ⟨**-, -n**⟩ place

stattfinden['ʃtatfɪndn] *v/i sep irr* to take place stattgeben ['ʃtatgeːbn] *v/i +dat sep irr* (*form*) to grant statthaft ['ʃtathaft] *adj pred* permitted stattlich ['ʃtatlɪç] *adj* **1.** (≈ *ansehnlich*) *Gebäude*, *Anwesen* magnificent; *Bursche* strapping; *Erscheinung* imposing **2.** (≈ *umfangreich*) *Sammlung* impressive; *Familie* large; (≈ *beträchtlich*) handsome

Statue ['ʃtaːtuə, 'st-] *f* ⟨**-, -n**⟩ statue Statur [ʃtaˈtuːɐ] *f* ⟨**-, -en**⟩ build Status ['ʃtaːtʊs, 'st-] *m* ⟨**-, -** [-tuːs]⟩ status; *~ quo* status quo Statussymbol *nt* status symbol Statuszeile *f* IT status line

Stau [ʃtau] *m* ⟨**-(e)s, -e** *or* **-s**⟩ (≈ *Wasserstauung*) build-up; (≈ *Verkehrsstauung*) traffic jam; *ein ~ von 3 km* a 3km tailback (*Br*), a 3km backup (of traffic) (*US*)

Staub[ʃtaup] *m* ⟨**-(e)s, -e** *or* **Stäube** [-bə, 'ʃtɔybə]⟩ dust; BOT pollen; *~ saugen* to vacuum, to hoover® (*Br*); *~ wischen* to dust; *sich aus dem ~(e) machen* (*infml*) to clear off (*infml*)

Staubecken *nt* reservoir

staubig ['ʃtaubɪç] *adj* dusty Staublappen *m* duster staubsaugen ['ʃtaupzaugn] *past part* **staubgesaugt** ['ʃtaupɡəzaukt] *v/i insep* to vacuum, to hoover® (*Br*) Staubsauger *m* vacuum cleaner, Hoover® (*Br*) Staubschicht *f* layer of dust Staubtuch *nt*, *pl* -**tücher** duster Staubwolke *f* cloud of dust

Staudamm *m* dam

Staude ['ʃtaudə] *f* ⟨**-, -n**⟩ HORT herbaceous perennial (plant); (≈ *Busch*) shrub

stauen ['ʃtauən] **I** *v/t Wasser*, *Fluss* to dam (up); *Blut* to stop the flow of **II** *v/r* (≈ *sich anhäufen*) to pile up; (*Verkehr*, *Wasser*, *fig*) to build up; (*Blut*) to accumulate

staunen ['ʃtaunən] *v/i* to be astonished (*über +acc* at); *da kann man nur noch ~* it's just amazing; *da staunst du, was?* (*infml*) you didn't expect that, did you! Staunen *nt* ⟨**-s**, *no pl*⟩ astonishment (*über +acc* at); *jdn in ~ versetzen* to amaze sb staunenswert *adj* astonishing

Stausee *m* reservoir **Stauung** ['ʃtauʊŋ] *f* ⟨**-, -en**⟩ **1.** (≈ *Stockung*) pile-up; (*in Lieferungen, Post etc*) hold-up; (*von Menschen*) jam; (*von Verkehr*) tailback (*Br*), backup (*US*) **2.** (*von Wasser*) build-up (of water) **Stauwarnung** *f* warning of traffic congestion

Steak [steːk, ʃteːk] *nt* ⟨**-s, -s**⟩ steak **stechen** ['ʃtɛçn̩] *pret* **stach** [ʃtaːx], *past part* **gestochen** [gə'ʃtɔxn̩] **I** *v/i* **1.** (*Dorn, Stachel etc*) to prick; (*Wespe, Biene*) to sting; (*Mücken, Moskitos*) to bite; (*mit Messer etc*) to (make a) stab (*nach* at); (*Sonne*) to beat down; (*mit Stechkarte*) (*bei Ankunft*) to clock in; (*bei Weggang*) to clock out **2.** CARDS to trump **II** *v/i* **1.** (*Dorn, Stachel etc*) to prick; (*Wespe, Biene*) to sting; (*Mücken, Moskitos*) to bite; (*mit Messer etc*) to stab; *Löcher* to pierce **2.** CARDS to trump **3.** *Spargel, Torf, Rasen* to cut **4.** (≈ *gravieren*) to engrave; → **gestochen III** *v/r* to prick oneself (*an +dat* on, *mit* with); *sich* (*acc or dat*) *in den Finger* ~ to prick one's finger **Stechen** ['ʃtɛçn̩] *nt* ⟨**-s, -**⟩ **1.** SPORTS play-off; (*bei Springreiten*) jump-off **2.** (≈ *Schmerz*) sharp pain **stechend** *adj* piercing; *Sonne* scorching; *Schmerz* sharp; *Geruch* pungent **Stechkarte** *f* clocking-in card **Stechmücke** *f* gnat, midge (*Br*) **Stechpalme** *f* holly **Stechuhr** *f* time clock

Steckbrief *m* "wanted" poster; (*fig*) personal description **steckbrieflich** *adv* ~ **gesucht werden** to be wanted **Steckdose** *f* ELEC (wall) socket **stecken** ['ʃtɛkn̩] **I** *v/i* **1.** (≈ *festsitzen*) to be stuck; (*Nadel, Splitter etc*) to be (sticking); *der Stecker* **steckt in der Dose** the plug is in the socket; *der Schlüssel steckt* the key is in the lock **2.** (≈ *verborgen sein*) to be (hiding); *wo steckt er?* where has he got to?; *darin steckt viel Mühe* a lot of work has gone into that; *zeigen, was in einem steckt* to show what one is made of **3.** (≈ *strotzen vor*) *voll or voller Fehler/Nadeln* ~ to be full of mistakes/pins **4.** (≈ *verwickelt sein in*) *in Schwierigkeiten* ~ to be in difficulties; *in einer Krise* ~ to be in the throes of a crisis **II** *v/t* **1.** (≈ *hineinstecken*) to put; *jdn ins Bett* ~ (*infml*) to put sb to bed (*infml*) **2.** SEWING to pin **3.** (*infml* ≈ *investieren*) *Geld, Mühe* to put (*in*

+*acc* into); *Zeit* to devote (*in +acc* to) **4.** (*sl* ≈ *aufgeben*) to jack in (*Br infml*), to chuck (*infml*) **5.** *jdm etw* ~ (*infml*) to tell sb sth **Stecken** ['ʃtɛkn̩] *m* ⟨**-s, -**⟩ stick **stecken bleiben** *v/i irr aux sein* to stick fast; (*Kugel*) to be lodged; (*in der Rede*) to falter **stecken lassen** *past part* **stecken lassen** *or* (*rare*) **stecken gelassen** *v/t irr* to leave; *den Schlüssel* ~ to leave the key in the lock **Steckenpferd** *nt* hobbyhorse **Stecker** ['ʃtɛkɐ] *m* ⟨**-s, -**⟩ ELEC plug **Steckkarte** *f* IT expansion card **Stecknadel** *f* pin; *etw mit* ~*n befestigen* to pin sth (*an +dat* to); *eine* ~ *im Heuhaufen suchen* (*fig*) to look for a needle in a haystack **Steckplatz** *m* IT (expansion) slot **Steckrübe** *f* swede (*Br*), rutabaga (*US*) **Steckschloss** *nt* bicycle lock

Steg [ʃteːk] *m* ⟨**-(e)s, -e** [-gə]⟩ **1.** (≈ *Brücke*) footbridge; (≈ *Landungssteg*) landing stage **2.** (≈ *Brillensteg*) bridge **Stegreif** ['ʃteːkraif] *m* *aus dem* ~ *spielen* THEAT to improvise; *eine Rede aus dem* ~ *halten* to make an impromptu speech **Stehaufmännchen** ['ʃteː|auf-] *nt* (*Spielzeug*) tumbler; *er ist ein richtiges* ~ he always bounces back **stehen** ['ʃteːən] *pret* **stand** [ʃtant], *past part* **gestanden** [gə'ʃtandn̩] *aux haben or* (*S Ger, Aus, Sw*) *sein* **I** *v/i* **1.** to stand; (≈ *warten*) to wait; *fest/sicher* ~ to stand firm(ly)/securely; (*Mensch*) to have a firm/safe foothold; *vor der Tür stand ein Fremder* there was a stranger (standing) at the door; *ich kann nicht mehr* ~ I can't stay on my feet any longer; *mit jdm/etw* ~ *und fallen* to depend on sb/sth; *sein Hemd steht vor Dreck* (*infml*) his shirt is stiff with dirt **2.** (≈ *sich befinden*) to be; *die Vase steht auf dem Tisch* the vase is on the table; *meine alte Schule steht noch* my old school is still standing; *unter Schock* ~ to be in a state of shock; *unter Drogen/Alkohol* ~ to be under the influence of drugs/alcohol; *vor einer Entscheidung* ~ to be faced with a decision; *ich tue, was in meinen Kräften steht* I'll do everything I can **3.** (≈ *geschrieben, gedruckt sein*) to be; *was steht da/in dem Brief?* what does it/the letter say?; *es stand im „Kurier"* it was in the "Courier" **4.** (≈ *angehalten haben*) to have stopped; *meine Uhr steht* my watch has stopped; *der ganze*

Verkehr steht traffic is at a complete standstill **5.** (≈ *bewertet werden, Währung*) to be (*auf +dat* at); *wie steht das Pfund?* what's the exchange rate for the pound?; *das Pfund steht auf EUR 1,60* the pound stands at EUR 1.60 **6.** (≈ *in bestimmter Position sein, Rekord*) to stand (*auf +dat* at); *der Zeiger steht auf 4 Uhr* the clock says 4 (o'clock); *wie steht das Spiel?* what is the score?; *es steht 2:1 für München* the score is *or* it is 2-1 to Munich **7.** (≈ *passen zu*) *jdm ~* to suit sb **8.** (*grammatikalisch*) *nach „in" steht der Akkusativ oder der Dativ* "in" takes the accusative or the dative **9.**; → *gestanden* **10.** *die Sache steht* (*infml*) the whole business is settled; *es steht mir bis hier* (*infml*) I've had it up to here with it (*infml*); *für etw ~* to stand for sth; *auf jdn/etw ~* (*infml*) to be mad about sb/sth (*infml*); *zu jdm ~* to stand by sb; *zu seinem Versprechen ~* to stand by one's promise; *wie ~ Sie dazu?* what are your views on that? **II** *v/t* *Posten ~* to stand guard; *Wache ~* to mount watch **III** *v/r* *sich gut/schlecht ~* to be well/badly off; *sich mit jdm gut/schlecht ~* to get on well/badly with sb **IV** *v/impers* *wie stehts?* how are *or* how's things?; *wie steht es damit?* how about it?; *es steht schlecht/gut um jdn* (*gesundheitlich, finanziell*) sb is doing badly/well **Stehen** *nt* ⟨-s, *no pl*⟩ **1.** standing; *etw im ~ tun* to do sth standing up **2.** (≈ *Halt*) stop, standstill; *zum ~ kommen* to stop **stehen bleiben** *v/i irr aux sein* **1.** (≈ *anhalten*) to stop; (≈ *nicht weitergehen*) to stay; (*Zeit*) to stand still; *~!* stop!; MIL halt! **2.** (≈ *unverändert bleiben*) to be left (in); *soll das so ~?* should that stay as it is? **stehend** *adj attr Fahrzeug* stationary; *Gewässer* stagnant; *~e Redensart* stock phrase **stehen lassen** *past part* **stehen lassen** *or* (*rare*) **stehen gelassen** *v/t irr* to leave; *alles stehen und liegen lassen* to drop everything; (*Flüchtlinge etc*) to leave everything behind; *jdn einfach ~* to leave sb standing (there); *sich* (*dat*) *einen Bart ~* to grow a beard **Stehimbiss** *m* stand-up snack bar **Stehkneipe** *f* stand-up bar **Stehlampe** *f* standard lamp **stehlen** ['ʃteːlən] *pret* **stahl** [ʃtaːl], *past part* **gestohlen** [gə'ʃtoːlən] **I** *v/t & v/i* to steal; *jdm die Zeit ~* to waste sb's time **II** *v/r* to steal; *sich aus der Verantwortung ~* to evade one's responsibility; → *gestohlen*

Stehparty *f* buffet party **Stehplatz** *m* *ich bekam nur noch einen ~* I had to stand; **Stehplätze** standing room *sg* **Stehvermögen** *nt* staying power

Steiermark ['ʃtaiɐmark] *f* ⟨-⟩ Styria

steif [ʃtaif] **I** *adj* **1.** stiff; *Penis* hard; *sich ~* *(wie ein Brett) machen* to go rigid **2.** (≈ *förmlich*) stiff; *Empfang, Begrüßung, Abend* formal **II** *adv* *das Eiweiß ~ schlagen* to beat the egg white until stiff; *sie behauptete ~ fest, dass ...* she insisted that ...; *etw ~ und fest glauben* to be convinced of sth **steifen** ['ʃtaifn] *v/t* to stiffen; *Wäsche* to starch **Steifheit** *f* ⟨-, *no pl*⟩ stiffness

Steigbügel *m* stirrup **Steigeisen** *nt* climbing iron *usu pl*; (*Bergsteigen*) crampon **steigen** ['ʃtaign] *pret* **stieg** [ʃtiːk], *past part* **gestiegen** [gə'ʃtiːgn] *aux sein* **I** *v/i* **1.** (≈ *klettern*) to climb; *auf einen Berg ~* to climb (up) a mountain; *aufs Pferd ~* to get on(to) the/one's horse; *aus dem Zug/Bus ~* to get off the train/bus **2.** (≈ *sich aufwärtsbewegen*) to rise; (*Flugzeug, Straße*) to climb; (≈ *sich erhöhen*) (*Preis, Fieber*) to go up; (≈ *zunehmen*) (*Chancen etc*) to increase; *Drachen ~ lassen* to fly kites; *in jds Achtung* (*dat*) *~* to rise in sb's estimation **3.** (*Aus* ≈ *treten*) to step **4.** (*infml* ≈ *stattfinden*) *steigt die Demo oder nicht?* is the demo on or not? **II** *v/t Treppen, Stufen* to climb (up)

steigern ['ʃtaigɐn] **I** *v/t* **1.** (≈ *erhöhen*) to increase (*auf +acc* to, *um* bei); *Übel, Zorn* to aggravate; *Leistung* to improve **2.** GRAM *Adjektiv* to compare **II** *v/i* to bid (*um* for) **III** *v/r* (≈ *sich erhöhen*) to increase; (≈ *sich verbessern*) to improve **Steigerung** ['ʃtaigərʊŋ] *f* ⟨-, -en⟩ **1.** (≈ *das Steigern*) increase (*+gen* in); (≈ *Verbesserung*) improvement **2.** GRAM comparative **steigerungsfähig** *adj* improvable

Steigung ['ʃtaigʊŋ] *f* ⟨-, -en⟩ (≈ *Hang*) slope; (*von Hang, Straße*, MAT) gradient (*Br*), grade (*esp US*)

steil [ʃtail] **I** *adj* **1.** *Abhang, Treppe, Anstieg* steep; *eine ~e Karriere* (*fig*) a rapid rise **2.** SPORTS *~e Vorlage, ~er Pass* through ball **II** *adv* steeply **Steilhang**

m steep slope **Steilheit** *f*, *no pl* steepness **Steilküste** *f* steep coast; (≈ *Klippen*) cliffs *pl* **Steilpass** *m* SPORTS through ball **Steilwand** *f* steep face

Stein [ʃtain] *m* ⟨**-(e)s, -e**⟩ stone; (*in Uhr*) jewel; (≈ *Spielstein*) piece; (≈ *Ziegelstein*) brick; *mir fällt ein ~ vom Herzen!* (*fig*) that's a load off my mind!; *bei jdm einen ~ im Brett haben* (*fig infml*) to be well in with sb (*infml*); *ein Herz aus ~* (*fig*) a heart of stone; *~ und Bein schwören* (*fig infml*) to swear to God (*infml*) **Steinadler** *m* golden eagle **Steinbock** *m* 1. ZOOL ibex 2. ASTROL Capricorn **Steinbruch** *m* quarry **steinern** [ˈʃtainɐn] *adj* stone; (*fig*) stony **Steinfrucht** *f* stone fruit **Steingarten** *m* rockery **Steingut** *nt*, *no pl* stoneware **steinhart** *adj* (as) hard as a rock **steinig** [ˈʃtainɪç] *adj* stony **steinigen** [ˈʃtainɪɡn] *v/t* to stone **Steinkohle** *f* hard coal **Steinkrug** *m* (≈ *Kanne*) stoneware jug **Steinmetz** [-mɛts] *m* ⟨**-en, -en**⟩, **Steinmetzin** [-mɛtsin] *f* ⟨**-, -nen**⟩ stonemason **Steinobst** *nt* stone fruit **Steinpilz** *m* boletus edulis (*tech*) **steinreich** *adj* (*infml*) stinking rich (*Br infml*) **Steinschlag** *m* rockfall; *„Achtung~"* "'danger falling stones" **Steinwurf** *m* (*fig*) stone's throw **Steinzeit** *f* Stone Age **steinzeitlich** *adj* Stone Age *attr*

Steiß [ʃtais] *m* ⟨**-es, -e**⟩ ANAT coccyx; (*hum infml*) tail (*infml*) **Steißbein** *nt* ANAT coccyx **Steißlage** *f* MED breech presentation

Stellage [ʃtɛˈlaːʒə] *f* ⟨**-, -n**⟩ (≈ *Gestell*) rack, frame **Stelle** [ˈʃtɛlə] *f* ⟨**-, -n**⟩ 1. place; (*in Tabelle, Hierarchie*) position; (*in Text, Musikstück*) passage; *an erster ~* in the first place; *eine schwache ~* a weak spot; *auf der ~ treten* (*lit*) to mark time; (*fig*) not to make any progress; *auf der ~* (*fig ≈ sofort*) on the spot; *kommen, gehen* straight away; *nicht von der ~ kommen* not to make any progress; *sich nicht von der ~ rühren or bewegen* to refuse to budge (*infml*); *zur ~ sein* to be on the spot; (≈ *bereit, etw zu tun*) to be at hand 2. (≈ *Zeitpunkt*) point; *an passender ~* at an appropriate moment 3. MAT figure; (*hinter Komma*) place 4. *an ~ von* in place of; *ich möchte jetzt nicht an seiner ~ sein* I wouldn't like to be in his position now; *an deiner ~ würde ich ...* if I were you I would ...; → *anstelle* 5.

(≈ *Posten*) job; *eine freie or offene ~* a vacancy 6. (≈ *Dienststelle*) office; (≈ *Behörde*) authority; *da bist du bei mir/uns an der richtigen ~!* (*infml*) you've come to the right place **stellen** [ˈʃtɛlən] **I** *v/t* 1. (≈ *hinstellen*) to put; (≈ *an bestimmten Platz legen*) to place; *auf sich* (*acc*) *selbst or allein gestellt sein* (*fig*) to have to fend for oneself 2. (≈ *anordnen, arrangieren*) to arrange; *gestellt Bild, Foto* posed; *die Szene war gestellt* they posed for the scene; *eine gestellte Pose* a pose 3. (≈ *erstellen*) (*jdm*) *eine Diagnose ~* to make a diagnosis (for sb) 4. (≈ *einstellen*) to set (*auf +acc* at); *das Radio lauter/leiser ~* to turn the radio up / down 5. (*finanziell*) *gut/besser/ schlecht gestellt sein* to be well / better / badly off 6. (≈ *erwischen*) to catch 7. *Aufgabe, Thema* to set (*jdm* sb); *Frage* to put (*jdm, an jdn* to sb); *Antrag, Forderung* to make; *jdn vor ein Problem/ eine Aufgabe etc ~* to confront sb with a problem / task *etc* **II** *v/r* 1. (≈ *sich hinstellen*) to (go and) stand (*an +acc* at, by); (≈ *sich aufstellen, sich einordnen*) to position oneself; (≈ *sich aufrecht hinstellen*) to stand up; *sich auf den Standpunkt ~, ...* to take the view ...; *sich gegen jdn/etw ~* (*fig*) to oppose sb/sth; *sich hinter jdn/etw ~* (*fig*) to support or back sb/sth 2. (*fig ≈ sich verhalten*) *sich positiv/anders zu etw ~* to have a positive / different attitude toward(s) sth; *wie stellst du dich zu ...?* what do you think of ...?; *sich gut mit jdm ~* to put oneself on good terms with sb 3. (*infml: finanziell*) *sich gut/ schlecht ~* to be well / badly off 4. (≈ *sich ausliefern*) to give oneself up (*jdm* to sb); *sich den Fragen der Journalisten ~* to be prepared to answer reporters' questions; *sich einer Herausforderung ~* to take up a challenge 5. (≈ *sich verstellen*) *sich krank/schlafend etc ~* to pretend to be ill / asleep *etc* 6. (*fig ≈ entstehen*) to arise (*für* for); *es stellt sich die Frage, ob ...* the question arises whether ... **Stellenabbau** *m* staff cuts *pl or* reductions *pl* **Stellenangebot** *nt* job offer; *„Stellenangebote"* "vacancies" **Stellenanzeige** *f*, **Stellenausschreibung** *f* job advertisement **Stellenbeschreibung** *f* job description **Stelleneinsparung** *f usu pl* job cut **Stellengesuch** *nt* advertisement seeking employment; „**Stellengesuche**" "situations wanted" (*Br*), "employment wanted" **Stellenmarkt** *m* job market; (*in Zeitung*) appointments section **Stellenvermittlung** *f* employment bureau **stellenweise** *adv* in places **Stellenwert** *m* MAT place value; (*fig*) status; *einen hohen ~ haben* to play an important role **Stellplatz** *m* (*für Auto*) parking space **Stellschraube** *f* TECH adjusting screw **Stellung** ['ʃtɛlʊŋ] *f* ⟨-, -en⟩ position; *die ~ halten* MIL to hold one's position; (*hum*) to hold the fort; *~ beziehen* (*fig*) to declare one's position; *zu etw ~ nehmen or beziehen* to comment on sth; *gesellschaftliche ~* social status; *bei jdm in ~ sein* to be in sb's employment **Stellungnahme** [-naːmə] *f* ⟨-, -n⟩ statement (*zu* on); *eine ~ zu etw abgeben* to make a statement on sth **Stellungssuche** *f* search for employment; *auf ~ sein* to be looking for employment **Stellungswechsel** *m* change of job **stellvertretend** I *adj* (*von Amts wegen*) deputy *attr*; (≈ *vorübergehend*) acting *attr* II *adv* ~ *für jdn* for sb; (*Rechtsanwalt*) on behalf of sb; *~ für jdn handeln* to deputize for sb **Stellvertreter(in)** *m*/(*f*) (acting) representative; (*von Amts wegen*) deputy; (*von Arzt*) locum **Stellvertretung** *f* (≈ *Stellvertreter*) representative; (*von Amts wegen*) deputy; (*von Arzt*) locum; *die ~ für jdn übernehmen* to represent sb; (*von Amts wegen*) to stand in for sb **Stellwerk** *nt* RAIL signal box (*Br*), signal *or* switch tower (*US*)

Stelze ['ʃtɛltsə] *f* ⟨-, -n⟩ 1. stilt 2. ORN wagtail

Stemmbogen *m* SKI stem turn **Stemmeisen** *nt* crowbar **stemmen** ['ʃtɛmən] I *v/t* 1. (≈ *stützen*) to press 2. (≈ *hochstemmen*) to lift (above one's head) II *v/r sich gegen etw ~* to brace oneself against sth; (*fig*) to oppose sth

Stempel ['ʃtɛmpl] *m* ⟨-s, -⟩ 1. stamp; (≈ *Poststempel*) postmark; (≈ *Viehstempel*) brand; (*auf Silber, Gold*) hallmark; *jdm/einer Sache* (*dat*) *seinen ~ aufdrücken* (*fig*) to make one's mark on sth 2. (TECH) (≈ *Prägestempel*) die 3. BOT pistil **Stempelkarte** *f* punch card **Stempelkissen** *nt* ink pad **stempeln** ['ʃtɛmpln] I *v/t* to stamp; *Brief* to postmark; *Briefmarke* to frank; *jdn zum Lügner/Verbrecher ~*

(*fig*) to brand sb (as) a liar/criminal II *v/i* (*infml*) 1. *~ gehen* (≈ *arbeitslos sein*) to be on the dole (*Br infml*), to be on welfare (*US*) 2. (≈ *Stempeluhr betätigen*) (*beim Hereinkommen*) to clock in; (*beim Hinausgehen*) to clock out **Stempeluhr** *f* time clock

Stengel *m* → **Stängel**

Steno ['ʃteːno] *f* ⟨-, *no pl*⟩ (*infml*) shorthand **Stenografie** [ʃtenogra'fiː] *f* ⟨-, *no pl*⟩ shorthand **stenografieren** [ʃtenogra'fiːrən] *past part* **stenografiert** I *v/t* to take down in shorthand II *v/i* to take shorthand; *können Sie ~?* can you take shorthand? **Stenogramm** [ʃteno'gram] *nt*, *pl* **-gramme** text in shorthand; *ein ~ aufnehmen* to take shorthand **Stenotypist** [ʃtenoty'pɪst] *m* ⟨-en, -en⟩, **Stenotypistin** [-'pɪstɪn] *f* ⟨-, -nen⟩ shorthand typist

Stent [ʃtɛnt] *m* ⟨-s, -s⟩ MED stent

Steppdecke *f* quilt

Steppe ['ʃtɛpə] *f* ⟨-, -n⟩ steppe

steppen[1] ['ʃtɛpn] *v/t & v/i* to (machine-)stitch; *wattierten Stoff* to quilt

steppen[2] ['ʃtɛpn, 'st-] *v/i* to tap-dance **Stepper** ['ʃtɛpɐ, 'st-] *m* SPORTS step machine **Steppjacke** *f* quilted jacket **Stepptanz** ['ʃtɛp-, 'st-] *m* tap dance

Sterbebett *nt* deathbed; *auf dem ~ liegen* to be on one's deathbed **Sterbefall** *m* death **Sterbehilfe** *f* (≈ *Euthanasie*) euthanasia **sterben** ['ʃtɛrbn] *pret* **starb** [ʃtarp], *past part* **gestorben** [gə'ʃtɔrbn] *v/t & v/i aux sein* to die; *eines natürlichen/gewaltsamen Todes ~* to die a natural/violent death; *an einer Krankheit/Verletzung ~* to die of an illness/from an injury; *daran wirst du nicht ~!* (*hum*) it won't kill you!; *vor Angst/Durst/Hunger ~* to die of fright/thirst/hunger; *gestorben sein* to be dead; (*fig: Projekt*) to be over and done with; *er ist für mich gestorben* (*fig infml*) he doesn't exist as far as I'm concerned **Sterben** *nt* ⟨-s, *no pl*⟩ death; *im ~ liegen* to be dying **Sterbeurkunde** *f* death certificate **sterblich** ['ʃtɛrplɪç] *adj* mortal; *jds ~e Hülle* sb's mortal remains *pl* **Sterbliche(r)** ['ʃtɛrplɪçə] *m*/*f*(*m*) *decl as adj* mortal **Sterblichkeit** *f* ⟨-, *no pl*⟩ mortality

stereo ['ʃteːreo, 'st-] *adv* (in) stereo **Stereoanlage** *f* stereo (*infml*) **Stereogerät** *nt* stereo unit **Stereoskop** [ʃtereo-

'sko:p, st-] *nt* ⟨**-s, -e**⟩ stereoscope **Stereoturm** *m* hi-fi stack **stereotyp** [ʃtereo-'ty:p, st-] *adj* stereotyped, stereotypical

steril [ʃte'ri:l, st-] *adj* sterile **Sterilisation** [ʃteriliza'tsio:n, st-] *f* ⟨**-, -en**⟩ sterilization **sterilisieren** [ʃterili'zi:rən, st-] *past part* **sterilisiert** *v/t* to sterilize

Stern [ʃtɛrn] *m* ⟨**-(e)s, -e**⟩ star; *in den ~en (geschrieben) stehen* (*fig*) to be (written) in the stars; *das steht (noch) in den ~en* (*fig*) it's in the lap of the gods; *unter einem guten or glücklichen ~ stehen* to be blessed with good fortune; *unter einem unglücklichen ~ stehen* to be ill-fated; *ein Hotel mit drei ~en* a three-star hotel **Sternbild** *nt* ASTRON constellation; ASTROL sign (of the zodiac) **Sternchen** ['ʃtɛrnçən] *nt* ⟨**-s, -**⟩ **1.** TYPO asterisk **2.** FILM starlet **Sternenbanner** *nt* Stars and Stripes *sg* **sternenbedeckt** *adj* starry **Sternenhimmel** *m* starry sky **Sternfrucht** *f* star fruit **sternhagelvoll** ['ʃtɛrn'ha:gl'fɔl] *adj* (*infml*) roaring drunk (*infml*) **sternklar** *adj* Himmel, Nacht starry *attr*, starlit **Sternkunde** *f* astronomy **Sternmarsch** *m* POL protest march with marchers converging on assembly point from different directions **Sternschnuppe** [-ʃnʊpə] *f* ⟨**-, -n**⟩ shooting star **Sternsinger** *pl* carol singers *pl* **Sternstunde** *f* great moment; *das war meine ~* that was a great moment in my life **Sternwarte** *f* observatory **Sternzeichen** *nt* ASTROL sign of the zodiac; *im ~ der Jungfrau* under the sign of Virgo

Steroid [ʃtero'i:t] *nt* ⟨**-(e)s, -e** [-də]⟩ steroid

stet [ʃte:t] *adj attr* constant; *~er Tropfen höhlt den Stein* (*prov*) constant dripping wears away the stone

Stethoskop [ʃteto'sko:p, st-] *nt* ⟨**-s, -e**⟩ stethoscope

stetig ['ʃte:tɪç] **I** *adj* steady; *~es Meckern* constant moaning **II** *adv* steadily **stets** [ʃte:ts] *adv* always

Steuer[1] ['ʃtɔyɐ] *nt* ⟨**-s, -**⟩ NAUT helm; AUTO (steering) wheel; AVIAT controls *pl*; *am ~ sein* (*fig*) to be at the helm; *am ~ sitzen or sein* AUTO to be at the wheel, to drive; AVIAT to be at the controls; *das ~ übernehmen* to take over; *das ~ fest in der Hand haben* (*fig*) to be firmly in control

Steuer[2] *f* ⟨**-, -n**⟩ (≈ *Abgabe*) tax; (*an Ge-*

meinde) council tax (*Br*), local tax (*US*); (*von Firmen*) rates *pl* (*Br*), corporate property tax (*US*); *~n* tax; *~n zahlen* to pay tax; *Gewinn vor/nach ~n* pre-/-after-tax profit **Steueraufkommen** *nt* tax revenue **steuerbar** *adj* (≈ *versteuerbar*) taxable **Steuerbeamte(r)** *m decl as adj*, **Steuerbeamtin** *f* tax officer **steuerbegünstigt** [-bəɡʏnstɪçt] *adj* tax-deductible; *Waren* taxed at a lower rate **Steuerbelastung** *f* tax burden **Steuerberater(in)** *m/(f)* tax consultant **Steuerbescheid** *m* tax assessment **Steuerbord** ['ʃtɔyɐbɔrt] *nt* ⟨**-s, no pl**⟩ NAUT starboard **Steuereinnahmen** *pl* revenue from taxation **Steuerentlastung** *f*, **Steuerermäßigung** *f* tax relief **Steuererhöhung** *f* tax increase **Steuererklärung** *f* tax return **Steuerflucht** *f* tax evasion (*by leaving the country*) **Steuerflüchtling** *m* tax exile **Steuerfrau** *f* (*Rudersport*) cox(swain) **steuerfrei** *adj* tax-free **Steuerfreibetrag** *m* tax-exempt income **Steuergelder** *pl* taxes *pl* **Steuergerät** *nt* tuner-amplifier **Steuerhinterziehung** *f* tax evasion **Steuerjahr** *nt* tax year **Steuerklasse** *f* tax bracket **Steuerknüppel** *m* control column **steuerlich** ['ʃtɔyɐlɪç] **I** *adj tax attr*; *~e Belastung* tax burden **II** *adv* **es ist ~ günstiger ...** for tax purposes it is better ...; *~ abzugsfähig* tax-deductible **Steuermann** *m*, *pl* **-männer** or **-leute** helmsman; (*als Rang*) (first) mate; (*Rudersport*) cox(swain); *Zweier mit/ohne ~* coxed/coxless pairs **Steuermarke** *f* revenue stamp **steuermindernd** **I** *adj* tax--reducing **II** *adv* **sich ~ auswirken** to have the effect of reducing tax **Steuermittel** *pl* tax revenue(s *pl*) **steuern** ['ʃtɔyɐn] **I** *v/t* **1.** to steer; *Flugzeug* to pilot; (*fig*) *Wirtschaft, Politik* to run; IT to control **2.** (≈ *regulieren*) to control **II** *v/i aux sein* to head; AUTO to drive; NAUT to make for, to steer **Steueroase** *f*, **Steuerparadies** *nt* tax haven **Steuerpflicht** *f* liability to tax; *der ~ unterliegen* to be liable to tax **steuerpflichtig** [-pflɪçtɪç] *adj* taxable **Steuerpflichtige(r)** [-pflɪçtɪgə] *m/f(m) decl as adj* taxpayer **Steuerpolitik** *f* tax or taxation policy **Steuerprüfer(in)** *m/(f)* tax inspector, tax auditor (*esp US*) **Steuerrad** *nt* AVIAT control wheel; AUTO (steering) wheel **Steuerreform** *f* tax reform **Steuersatz** *m* rate of taxation **Steuerschuld** f tax(es pl) owing no indef art **Steuersenkung** f tax cut **Steuersünder(in)** m/(f) tax evader **Steuerung** ['ʃtɔyərʊŋ] f ⟨-, -en⟩ **1.** no pl (≈ das Steuern) steering; (von Flugzeug) piloting; (fig) (von Politik, Wirtschaft) running; IT control; (≈ Regulierung) regulation; (≈ Bekämpfung) control **2.** (≈ Steuervorrichtung) (AVIAT) controls pl; TECH steering apparatus; (elektronisch) control **Steuerveranlagung** f tax assessment **Steuervergünstigung** f tax relief **Steuerzahler(in)** m/(f) taxpayer **Steuerzeichen** nt IT control character

Steward ['stjuːɐt, 'ʃt-] m ⟨-s, -s⟩ NAUT, AVIAT steward **Stewardess** ['stjuːɐdɛs, stjuːɐ'dɛs, ʃt-] f ⟨-, -en⟩ stewardess

Stich [ʃtɪç] m ⟨-(e)s, -e⟩ **1.** (≈ Insektenstich) sting; (≈ Mückenstich) bite; (≈ Nadelstich) prick; (≈ Messerstich) stab **2.** (≈ Stichwunde) (von Messer etc) stab wound **3.** (≈ stechender Schmerz) stabbing pain; (≈ Seitenstich) stitch **4.** SEWING stitch **5.** (≈ Kupferstich, Stahlstich) engraving **6.** (≈ Schattierung) tinge (in +acc of); (≈ Tendenz) hint (in +acc of); **ein ~ ins Rote** a tinge of red **7.** CARDS trick **8. jdn im ~ lassen** to let sb down; (≈ verlassen) to abandon sb; **etw im ~ lassen** to abandon sth **Stichel** ['ʃtɪçl̩] m ⟨-s, -⟩ ART gouge **Stichelei** [ʃtɪçə'lai] f ⟨-, -en⟩ (pej infml) snide (infml) or sneering remark **sticheln** ['ʃtɪçl̩n] v/i (pej infml) to make snide remarks (infml); **gegen jdn ~** to make digs (Br) or pokes (US) at sb **Stichflamme** f tongue of flame **stichhaltig I** adj valid; Beweis conclusive; **sein Alibi ist nicht ~** his alibi doesn't hold water **II** adv conclusively **Stichling** ['ʃtɪçlɪŋ] m ⟨-s, -e⟩ ZOOL stickleback **Stichprobe** f spot check; SOCIOL (random) sample survey; **~n machen** to carry out spot checks; SOCIOL to carry out a (random) sample survey **Stichsäge** f fret saw **Stichtag** m qualifying date **Stichwaffe** f stabbing weapon **Stichwahl** f POL final ballot, runoff (US) **Stichwort** nt **1.** pl **-wörter** (in Nachschlagewerken) headword **2.** pl **-worte** (THEAT, fig) cue **Stichwortkatalog** m classified catalogue (Br) or catalog (US) **Stichwortverzeichnis** nt index **Stichwunde** f stab wound **sticken** ['ʃtɪkn̩] v/t & v/i to embroider **Sti-**

-cker ['ʃtɪkɐ, 'st-] m ⟨-s, -⟩ (infml ≈ Aufkleber) sticker **Stickerei** [ʃtɪkə'rai] f ⟨-, -en⟩ embroidery **Stickgarn** nt embroidery thread **stickig** ['ʃtɪkɪç] adj Luft, Zimmer stuffy; Klima sticky; (fig) Atmosphäre oppressive **Sticknadel** f embroidery needle **Stickoxid** ['ʃtɪk|ɔksiːt] nt nitric oxide **Stickstoff** ['ʃtɪkʃtɔf] m nitrogen

Stiefbruder ['ʃtiːf-] m stepbrother **Stiefel** ['ʃtiːfl̩] m ⟨-s, -⟩ boot **Stiefelette** [ʃtiːfə'lɛtə] f ⟨-, -n⟩ (≈ Frauenstiefelette) bootee; (≈ Männerstiefelette) half-boot **Stiefelknecht** m bootjack **Stiefeltern** ['ʃtiːf-] pl step-parents pl **Stiefkind** nt stepchild; (fig) poor cousin **Stiefmutter** f, pl **-mütter** stepmother **Stiefmütterchen** nt BOT pansy **stiefmütterlich** adv (fig) **jdn/etw~ behandeln** to pay little attention to sb/sth **Stiefschwester** f stepsister **Stiefsohn** m stepson **Stieftochter** f stepdaughter **Stiefvater** m stepfather

Stiege ['ʃtiːɡə] f ⟨-, -n⟩ (≈ schmale Treppe) (narrow) flight of stairs

Stieglitz ['ʃtiːɡlɪts] m ⟨-es, -e⟩ goldfinch **Stiel** [ʃtiːl] m ⟨-(e)s, -e⟩ (≈ Griff) handle; (≈ Pfeifenstiel, Glasstiel, Blütenstiel) stem; (≈ Stängel) stalk; (≈ Blattstiel) leafstalk **Stielaugen** pl (fig infml) **~ machen** to gawp **Stielglas** nt stemmed glass **stier** [ʃtiːɐ] **I** adj Blick vacant **II** adv staring vacantly

Stier [ʃtiːɐ] m ⟨-(e)s, -e⟩ **1.** bull; (≈ junger Stier) bullock; **den ~ bei den Hörnern packen** or **fassen** (prov) to take the bull by the horns (prov) **2.** ASTROL Taurus no art; **ich bin (ein) ~** I'm a(n) Taurus **stieren** ['ʃtiːrən] v/i to stare (auf +acc at) **Stierkampf** m bullfight **Stierkampfarena** f bullring **Stierkämpfer(in)** m/(f) bullfighter

Stift¹ [ʃtɪft] m ⟨-(e)s, -e⟩ **1.** (≈ Metallstift) pin; (≈ Holzstift) peg; (≈ Nagel) tack **2.** (≈ Bleistift) pencil; (≈ Buntstift) crayon; (≈ Filzstift) felt-tipped pen; (≈ Kugelschreiber) ballpoint (pen) **3.** (infml ≈ Lehrling) apprentice (boy)

Stift² nt ⟨-(e)s, -e⟩ (≈ Domstift) cathedral chapter; (≈ Theologiestift) seminary **stiften** ['ʃtɪftn̩] v/t **1.** (≈ gründen) to found; (≈ spenden, spendieren) to donate; Preis, Stipendium etc to endow **2.** Verwirrung, Unfrieden, Unheil to cause; Frieden to bring about **Stifter**

['ʃtɪftɐ] *m* ⟨**-s, -**⟩, **Stifterin** [-ərɪn] *f* ⟨**-, -nen**⟩ (≈ *Gründer*) founder; (≈ *Spender*) donator **Stiftung** ['ʃtɪftʊŋ] *f* ⟨**-, -en**⟩ foundation; (≈ *Schenkung*) donation; (*Stipendium etc*) endowment

Stiftzahn *m* post crown

Stigma ['ʃtɪgma, st-] *nt* ⟨**-s, -ta** [-ta]⟩ stigma

Stil [ʃtiːl, stiːl] *m* ⟨**-(e)s, -e**⟩ style; (≈ *Eigenart*) way; *im großen ~* in a big way; *... alten ~s* old-style ...; *das ist schlechter ~* (*fig*) that is bad form **Stilblüte** *f* (*hum*) stylistic howler (*Br infml*) *or* blooper (*US infml*) **Stilbruch** *m* stylistic incongruity; (*in Roman etc*) abrupt change in style **Stilebene** *f* style level **stilisieren** [ʃtiliˈziːrən, st-] *past part* **stilisiert** *v/t* to stylize **Stilistik** [ʃtiˈlɪstɪk, st-] *f* ⟨**-, -en**⟩ LIT stylistics *sg*; (≈ *Handbuch*) guide to good style **stilistisch** [ʃtiˈlɪstɪʃ, st-] *adj* stylistic; *etw ~ ändern/verbessern* to change / improve the style of sth

still [ʃtɪl] **I** *adj* **1.** (≈ *ruhig*) quiet; *Gebet, Vorwurf, Beobachter* silent; *~ werden* to go quiet; *um ihn / darum ist es ~ geworden* you don't hear anything about him / it any more; *in ~em Gedenken* in silent tribute; *im Stillen* without saying anything; *ich dachte mir im Stillen* I thought to myself; *sei doch ~!* be quiet **2.** (≈ *unbewegt*) *Luft* still; *See* calm; (≈ *ohne Kohlensäure*) *Mineralwasser* still; *der Stille Ozean* the Pacific (Ocean); *~e Wasser sind tief* (*prov*) still waters run deep (*prov*) **3.** (≈ *heimlich*) secret; *im Stillen* in secret **4.** COMM *Teilhaber* sleeping (*Br*), silent (*US*); *Reserven, Rücklagen* secret **II** *adv* **1.** (≈ *leise*) quietly; *leiden* in silence; *auseinandergehen, weggehen* silently; *~ lächeln* to give a quiet smile; *ganz ~ und leise erledigen* discreetly **2.** (≈ *unbewegt*) still; *~ halten* to keep still; *~ sitzen* to sit still **Stille** ['ʃtɪlə] *f* ⟨**-, no pl**⟩ **1.** (≈ *Ruhe*) quiet (-ness); (≈ *Schweigen*) silence; *in aller ~* quietly **2.** (≈ *Unbewegtheit*) calm (-ness); (*der Luft*) stillness **3.** (≈ *Heimlichkeit*) secrecy; *in aller ~* secretly **stillen** ['ʃtɪlən] *I v/t* **1.** (≈ *zum Stillstand bringen*) *Tränen* to stop; *Schmerzen* to ease; *Blutung* to staunch **2.** (≈ *befriedigen*) to satisfy; *Durst* to quench **3.** *Säugling* to breast-feed **II** *v/i* to breast-feed **Stillhalteabkommen** *nt* (FIN, *fig*) moratorium **stillhalten** *v/i sep irr* (*fig*) to keep

quiet **Stillleben** *nt* still life **stilllegen** *v/t sep* to close down **Stilllegung** [-leːgʊŋ] *f* ⟨**-, -en**⟩ closure

stillos *adj* lacking in style; (≈ *fehl am Platze*) incongruous **Stillosigkeit** *f* ⟨**-, -en**⟩ lack of style *no pl*

stillschweigen *v/i sep irr* to remain silent **Stillschweigen** *nt* silence; *jdm ~ auferlegen* to swear sb to silence; *beide Seiten haben ~ vereinbart* both sides have agreed not to say anything **stillschweigend I** *adj* silent; *Einverständnis* tacit **II** *adv* tacitly; *über etw* (*acc*) *~ hinweggehen* to pass over sth in silence; *etw ~ hinnehmen* to accept sth silently **stillsitzen** *v/i sep irr aux sein or haben* to sit still **Stillstand** *m* standstill; (*vorübergehend*) interruption; (*in Entwicklung*) halt; *zum ~ kommen* to come to a standstill; (*Maschine, Motor, Herz, Blutung*) to stop; (*Entwicklung*) to come to a halt; *etw zum ~ bringen* to bring sth to a standstill; *Maschine, Motor, Blutung* to stop sth; *Entwicklung* to bring sth to a halt **stillstehen** *v/i sep irr aux sein or haben* **1.** to be at a standstill; (*Fabrik, Maschine*) to be idle; (*Herz*) to have stopped **2.** (≈ *stehen bleiben*) to stop; (*Maschine*) to stop working

Stilmittel *nt* stylistic device **Stilmöbel** *pl* period furniture *sg* **Stilrichtung** *f* style **stilvoll I** *adj* stylish **II** *adv* stylishly **Stilwörterbuch** *nt* dictionary of correct usage

Stimmabgabe *f* voting **Stimmband** [-bant] *nt, pl* **-bänder** *usu pl* vocal chord **stimmberechtigt** *adj* entitled to vote **Stimmbruch** *m* = **Stimmwechsel Stimmbürger(in)** *m/(f)* (*Swiss*) voter **Stimme** ['ʃtɪmə] *f* ⟨**-, -n**⟩ **1.** (*lit, fig*) voice; (MUS ≈ *Part*) part; *mit leiser / lauter ~* in a soft / loud voice; *die ~n mehren sich, die ...* there is a growing number of people calling for ...; *der ~ des Gewissens folgen* to act according to one's conscience **2.** (≈ *Wahlstimme*) vote; *eine ~ haben* to have the vote; (≈ *Mitspracherecht*) to have a say; *keine ~ haben* not to be entitled to vote; (≈ *Mitspracherecht*) to have no say; *seine ~ abgeben* to cast one's vote **stimmen** ['ʃtɪmən] **I** *v/i* **1.** (≈ *richtig sein*) to be right; *stimmt es, dass ...?* is it true that ...?; *das stimmt* that's right; *das stimmt nicht* that's not right, that's wrong; *hier*

stimmt was nicht! there's something wrong here; **stimmt so!** keep the change **2.** (≈ *zusammenpassen*) to go (together) **3.** (≈ *wählen*) to vote; **für/gegen jdn/ etw ~** to vote for/against sb/sth **II** *v/t Instrument* to tune; **jdn froh/traurig ~** to make sb (feel) cheerful/sad; → **gestimmt** Stimmenfang *m* (*infml*) canvassing; **auf ~ sein/gehen** to be/go canvassing Stimmengleichheit *f* tie Stimmenmehrheit *f* majority (of votes) Stimmenthaltung *f* abstention Stimmgabel *f* tuning fork stimmhaft LING **I** *adj* voiced **II** *adv* **~ ausgesprochen werden** to be voiced stimmig ['ʃtɪmɪç] *adj Argumente* coherent Stimmlage *f MUS* voice, register stimmlos LING **I** *adj* voiceless **II** *adv* **~ ausgesprochen werden** not to be voiced Stimmrecht *nt* right to vote Stimmung ['ʃtɪmʊŋ] *f* ⟨-, -en⟩ **1.** mood; (≈ *Atmosphäre*) atmosphere; (*unter den Arbeitern*) morale; **in (guter) ~** in a good mood; **in schlechter ~** in a bad mood; **in ~ kommen** to liven up; **für ~ sorgen** to make sure there is a good atmosphere **2.** (≈ *Meinung*) opinion; **~ gegen/für jdn/etw machen** to stir up (public) opinion against/in favour (*Br*) or favor (*US*) of sb/sth Stimmungsmache *f*, *no pl* (*pej*) cheap propaganda stimmungsvoll *adj Bild* idyllic; *Atmosphäre* tremendous; *Beschreibung* atmospheric Stimmungswandel *m* change of atmosphere; POL change in (public) opinion Stimmwechsel *m* **er ist im ~** his voice is breaking Stimmzettel *m* ballot paper

Stimulation [ʃtimula'tsioːn, st-] *f* ⟨-, -en⟩ stimulation stimulieren [ʃtimu-'liːrən, st-] *past part* **stimuliert** *v/t* to stimulate

Stinkbombe *f* stink bomb Stinkefinger *m* (*infml*) **jdm den ~ zeigen** to give sb the finger (*infml*) *or* the bird (*US infml*) stinken ['ʃtɪŋkn] *pret* **stank** [ʃtaŋk], *past part* **gestunken** [gə'ʃtʊŋkn] *v/i* **1.** to stink (*nach* of); **wie die Pest ~** (*infml*) to stink to high heaven (*infml*) **2.** (*fig infml*) **er stinkt nach Geld** he's stinking rich (*infml*); **das stinkt zum Himmel** it's an absolute scandal; **an der Sache stinkt etwas** there's something fishy about it (*infml*); **mir stinkts (gewaltig)!** (*infml*) I'm fed up to the back teeth (with it) (*Br infml*) *or* to the back of

my throat (with it) (*US infml*) stinkfaul *adj* (*infml*) bone idle (*Br*) stinkig ['ʃtɪŋkɪç] *adj* (*infml*) stinking (*infml*); (≈ *verärgert*) pissed off (*sl*) stinklangweilig *adj* (*infml*) deadly boring stinknormal *adj* (*infml*) boringly normal stinkreich *adj* (*infml*) stinking rich (*Br infml*), rolling in it (*infml*) stinksauer *adj* (*sl*) pissed off (*infml*) Stinktier *nt* skunk Stinkwut *f* (*infml*) **eine ~ (auf jdn) haben** to be livid (with sb)

Stipendium [ʃti'pɛndiʊm] *nt* ⟨-s, Stipendien [-diən]⟩ (*als Auszeichnung etc erhalten*) scholarship; (*zur allgemeinen Unterstützung des Studiums*) grant

Stippvisite ['ʃtɪp-] *f* (*infml*) flying visit

Stirn [ʃtɪrn] *f* ⟨-, -en⟩ forehead; **die ~ runzeln** to wrinkle one's brow; **es steht ihm auf der ~ geschrieben** it is written all over his face; **die ~ haben, zu ...** to have the effrontery to ...; **jdm/einer Sache die ~ bieten** (*elev*) to defy sb/sth Stirnband [-bant] *nt*, *pl* **-bänder** headband Stirnhöhle *f* frontal sinus Stirnhöhlenkatarrh *m* sinusitis Stirnrunzeln *nt* ⟨-s, *no pl*⟩ frown

stöbern ['ʃtøːbən] *v/i* to rummage (*in* +*dat* in, *durch* through)

stochern ['ʃtɔxən] *v/i* to poke (*in* +*dat* at); (*im Essen*) to pick (*in* +*dat* at); **sich** (*dat*) **in den Zähnen ~** to pick one's teeth

Stock [ʃtɔk] *m* ⟨-(e)s, ⸚e ['ʃtœkə]⟩ **1.** stick; (≈ *Rohrstock*) cane; (≈ *Taktstock*) baton; (≈ *Zeigestock*) pointer; (≈ *Billardstock*) cue; **am ~ gehen** to walk with (the aid of) a stick; (*fig infml*) to be in a bad way **2.** (*Pflanze*) (≈ *Rebstock*) vine; (≈ *Blumenstock*) pot plant **3.** *pl* **-** *Stockwerk*) floor; **im ersten ~** on the first floor (*Br*), on the second floor (*US*) stockbesoffen (*infml*) *adj* dead drunk (*infml*) stockdunkel *adj* (*infml*) pitch-dark stocken ['ʃtɔkn] *v/i* (*Herz, Puls*) to skip a beat; (*Worte*) to falter; (≈ *nicht vorangehen*) (*Arbeit, Entwicklung*) to make no progress; (*Unterhaltung*) to flag; (*Verhandlungen*) to grind to a halt; (*Geschäfte*) to stagnate; (*Verkehr*) to be held up; **ihm stockte der Atem** he caught his breath; **ihre Stimme stockte** she *or* her voice faltered stockend *adj* faltering; *Verkehr* stop-go; **der Verkehr kam nur ~ voran** traffic was stop and go Stockente *f* mallard Stockerl ['ʃtɔkɐl] *nt* ⟨-s, -n⟩ (*Aus* ≈ *Ho-*

cker) stool **Stockfisch***m* dried cod; (*pej: Mensch*) stick-in-the-mud (*pej infml*) **Stockholm** ['ʃtɔkhɔlm] *nt* ⟨-*s*⟩ Stockholm

stockkonservativ *adj* (*infml*) archconservative **stocknüchtern** *adj* (*infml*) stone-cold sober (*infml*) **stocksauer** *adj* (*infml*) pissed off (*infml*) **Stockschirm** *m* stick umbrella **stocktaub** *adj* (*infml*) as deaf as a post **Stockung** ['ʃtɔkʊŋ] *f* ⟨-, -*en*⟩ **1.** (≈ *vorübergehender Stillstand*) interruption (+*gen, in* +*dat* in); (≈ *Verkehrsstockung*) congestion **2.** (*von Verhandlungen*) breakdown (+*gen* of, in); (*von Geschäften*) slackening off (+*gen* in) **Stockwerk** *nt* floor; *im* **5.** ~ on the 5th (*Br*) *or* 6th (*US*) floor **Stockzahn** *nt* floor; (*Aus*) molar (tooth) **Stoff** [ʃtɔf] *m* ⟨-*(e)s, -e*⟩ **1.** material; (*als Materialart*) cloth **2.** *no pl:* (≈ *Materie*) matter **3.** (≈ *Substanz*, CHEM) substance; *tierische* ~*e* animal substance; *pflanzliche* ~*e* vegetable matter **4.** (≈ *Thema*) subject (matter); (≈ *Diskussionsstoff*) topic; ~ *für ein or zu einem Buch sammeln* to collect material for a book **5.** (*infml* ≈ *Rauschgift*) dope (*infml*) **Stoffel** ['ʃtɔfl] *m* ⟨-*s, -*⟩ (*pej infml*) lout (*infml*) **stofflich** ['ʃtɔflɪç] *adj* **1.** PHIL, CHEM material **2.** (≈ *den Inhalt betreffend*) as regards subject matter **Stoffpuppe** *f* rag doll **Stoffrest** *m* remnant **Stofftier** *nt* soft toy **Stoffwechsel** *m* metabolism **Stoffwechselkrankheit** *f* metabolic disease

stöhnen ['ʃtøːnən] *v/i* to groan; ~*d* with a groan

stoisch ['ʃtoːɪʃ, st-] *adj* PHIL Stoic; (*fig*) stoic(al)

Stollen ['ʃtɔlən] *m* ⟨-*s, -*⟩ **1.** MIN, MIL gallery **2.** COOK stollen **3.** (≈ *Schuhstollen*) stud

stolpern ['ʃtɔlpɐn] *v/i aux sein* to stumble (*über* +*acc* over); (*fig* ≈ *zu Fall kommen*) to come unstuck (*esp Br infml*); *jdn zum Stolpern bringen* (*lit*) to trip sb up; (*fig*) to be sb's downfall **Stolperstein** *m* (*fig*) stumbling block

stolz [ʃtɔlts] **I** *adj* **1.** proud (*auf* +*acc* of); *darauf kannst du* ~ *sein* that's something to be proud of **2.** (≈ *imposant*) *Bauwerk, Schiff* majestic; (*iron* ≈ *stattlich*) *Preis* princely **II** *adv* proudly **Stolz** [ʃtɔlts] *m* ⟨-*es, no pl*⟩ pride; *sein Gar-*

ten ist sein ganzer ~ his garden is his pride and joy **stolzieren** [ʃtɔl'tsiːrən] *past part* **stolziert** *v/i aux sein* to strut; (*hochmütig*) to stalk

stopfen ['ʃtɔpfn] **I** *v/t* **1.** (≈ *ausstopfen, füllen*) to stuff; *Pfeife, Loch* to fill; *jdm den Mund* ~ (*infml*) to silence sb **2.** (≈ *ausbessern*) to mend; (*fig*) *Haushaltslöcher etc* to plug **II** *v/i* **1.** (*Speisen*) (≈ *verstopfen*) to cause constipation; (≈ *sättigen*) to be filling **2.** (≈ *flicken*) to darn **Stopfgarn** *nt* darning cotton *or* thread

stopp [ʃtɔp] *int* stop **Stopp** [ʃtɔp] *m* ⟨-*s, -s*⟩ stop; (≈ *Lohnstopp*) freeze **Stoppel** ['ʃtɔpl] *f* ⟨-, -*n*⟩ stubble **Stoppelbart** *m* stubbly beard **Stoppelfeld** *nt* stubble field **stopp(e)lig** ['ʃtɔp(ə)lɪç] *adj* stubbly **stoppen** ['ʃtɔpn] **I** *v/t* **1.** (≈ *anhalten*) to stop **2.** (≈ *Zeit abnehmen*) to time **II** *v/i* (≈ *anhalten*) to stop **Stoppschild** *nt, pl* **-schilder** stop sign **Stoppstraße** *f* road with stop signs, stop street (*US*) **Stoppuhr** *f* stopwatch **Stöpsel** ['ʃtœpsl] *m* ⟨-*s, -*⟩ plug; (≈ *Pfropfen*) stopper; (≈ *Korken*) cork **Stör** [ʃtøːɐ] *m* ⟨-*(e)s, -e*⟩ ZOOL sturgeon **Störaktion** *f* disruptive action *no pl* **störanfällig** *adj* *Technik, Kraftwerk* susceptible to faults; *Gerät, Verkehrsmittel* liable to break down; (*fig*) *Verhältnis* shaky **Storch** [ʃtɔrç] *m* ⟨-*(e)s*, ⁻*e* ['ʃtœrçə]⟩ stork

stören ['ʃtøːrən] **I** *v/t* **1.** (≈ *beeinträchtigen*) to disturb; *Verhältnis, Harmonie* to spoil; *Rundfunkempfang* to interfere with; (*absichtlich*) to jam; *jds Pläne* ~ to interfere with sb's plans; → *gestört* **2.** *Prozess, Feier* to disrupt **3.** (≈ *unangenehm berühren*) to disturb; *was mich an ihm/daran stört* what I don't like about him / it; *entschuldigen Sie, wenn ich Sie störe* I'm sorry if I'm disturbing you; *stört es Sie, wenn ich rauche?* do you mind if I smoke?; *das stört mich nicht* that doesn't bother me; *sie lässt sich durch nichts* ~ she doesn't let anything bother her **II** *v/r sich an etw* (*dat*) ~ to be bothered about sth **III** *v/i* (≈ *lästig sein*) to get in the way; (≈ *unterbrechen*) to interrupt; (≈ *Belästigung darstellen*) to be disturbing; *bitte nicht* ~*!* please do not disturb!; *störe ich?* am I disturbing you?; *etw als* ~*d empfinden* to find sth bothersome; *eine ~de Begleiterscheinung* a troublesome side effect **Störenfried** [-fri:t] *m* ⟨-(e)s, -e [-də]⟩, **Störer** ['ʃtøːrɐ] *m* ⟨-s, -⟩, **Störerin** [-ərɪn] *f* ⟨-, -nen⟩ troublemaker **Störfaktor** *m* source of friction, disruptive factor **Störfall** *m* (*in Kernkraftwerk etc*) malfunction, accident **Störmanöver** *nt* disruptive action

stornieren [ʃtɔr'niːrən] *past part* **storniert** *v/t & v/i* COMM *Auftrag, Flug* to cancel; *Buchungsfehler* to reverse **Stornierung** *f* (COMM, *von Auftrag*) cancellation; (*von Buchung*) reversal **Storno** ['ʃtɔrno] *m or nt* ⟨-s, **Storni** [-ni]⟩ (COMM) (*von Buchungsfehler*) reversal; (*von Auftrag*) cancellation

störrisch ['ʃtœrɪʃ] *adj* obstinate; *Kind, Haare* unmanageable; *Pferd* refractory; *sich ~ verhalten* to act stubborn

Störsender *m* RADIO jamming transmitter **Störung** ['ʃtøːrʊŋ] *f* ⟨-, -en⟩ **1.** disturbance **2.** (*von Ablauf, Verhandlungen etc*) disruption **3.** (≈ *Verkehrsstörung*) holdup **4.** TECH fault **5.** RADIO interference; (*absichtlich*) jamming; *atmosphärische ~en* atmospherics *pl* **6.** MED disorder **störungsfrei** *adj* trouble-free; RADIO free from interference **Störungsstelle** *f* TEL faults service

Story ['stoːri, 'stɔri] *f* ⟨-, -s⟩ story

Stoß [ʃtoːs] *m* ⟨-es, ¨e ['ʃtøːsə]⟩ **1.** push; (*leicht*) poke; (*mit Faust*) punch; (*mit Fuß*) kick; (*mit Ellbogen*) nudge; (≈ *Dolchstoß etc*) stab; (*Fechten*) thrust; (≈ *Schwimmstoß*) stroke; (≈ *Atemstoß*) gasp; *sich* (*dat*) *einen ~ geben* to pluck up courage **2.** (≈ *Anprall*) impact; (≈ *Erdstoß*) tremor **3.** (≈ *Stapel*) pile, stack **Stoßdämpfer** *m* AUTO shock absorber **stoßen** ['ʃtoːsn] *pret* **stieß** [ʃtiːs], *past part* **gestoßen** [gə'ʃtoːsn] **I** *v/t* **1.** (≈ *einen Stoß versetzen*) to push; (*leicht*) to poke; (*mit Faust*) to punch; (*mit Fuß*) to kick; (*mit Ellbogen*) to nudge; (≈ *stechen*) *Dolch* to thrust; *jdn von sich ~* to push sb away; (*fig*) to cast sb aside **2.** (≈ *werfen*) to push; SPORTS *Kugel* to put **3.** (≈ *zerkleinern*) *Zimt, Pfeffer* to pound **II** *v/i r* to bump *or* bang oneself; *sich an etw* (*dat*) *~* (*lit*) to bump *etc* oneself on sth; (*fig*) to take exception to sth **III** *v/i* **1.** *aux sein* (≈ *treffen, prallen*) to run into (*also fig*); *gegen etw ~* to run into sth; *zu jdm ~* to meet up with sb; *auf jdn ~*

to bump into sb; *auf etw* (*acc*) *~* (*Straße*) to lead into *or* onto sth; (*Schiff*) to hit sth; (*fig* ≈ *entdecken*) to come upon sth; *auf Erdöl ~* to strike oil; *auf Widerstand ~* to meet with resistance **2.** (*Gewichtheben*) to jerk **stoßfest** *adj* shockproof **Stoßseufzer** *m* deep sigh **Stoßstange** *f* AUTO bumper **Stoßzahn** *m* tusk **Stoßzeit** *f* (*im Verkehr*) rush hour; (*in Geschäft etc*) peak period

Stotterer ['ʃtɔtərɐ] *m* ⟨-s, -⟩, **Stotterin** [-ərɪn] *f* ⟨-, -nen⟩ stutterer **stottern** ['ʃtɔtɐn] *v/t & v/i* to stutter; (*Motor*) to splutter; *ins Stottern kommen* to start stuttering

Stövchen ['ʃtøːfçən] *nt* ⟨-s, -⟩ (*teapot etc*) warmer

Strafanstalt *f* prison **Strafantrag** *m* action, legal proceedings *pl*; *~ stellen* to institute legal proceedings **Strafanzeige** *f* *~ gegen jdn erstatten* to bring a charge against sb **Strafarbeit** *f* SCHOOL punishment; (*schriftlich*) lines *pl* **Strafbank** *f*, *pl* -**bänke** SPORTS penalty bench **strafbar** *adj Vergehen* punishable; *~e Handlung* punishable offence (*Br*) *or* offense (*US*); *sich ~ machen* to commit an offence (*Br*) *or* offense (*US*) **Strafbefehl** *m* JUR order of summary punishment **Strafe** ['ʃtraːfə] *f* ⟨-, -n⟩ punishment; JUR, SPORTS penalty; (≈ *Geldstrafe*) fine; (≈ *Gefängnisstrafe*) sentence; *es ist bei ~ verboten, ...* it is a punishable offence (*Br*) *or* offense (*US*) ...; *unter ~ stehen* to be a punishable offence (*Br*) *or* offense (*US*); *eine ~ von drei Jahren Gefängnis* a three-year prison sentence; *100 Dollar ~ zahlen* to pay a 100 dollar fine; *zur ~* as a punishment; *seine gerechte ~ bekommen* to get one's just deserts **strafen** ['ʃtraːfn] *v/t* to punish; *mit etw gestraft sein* to be cursed with sth **strafend** *adj attr* punitive; *Blick, Worte* reproachful; *jdn ~ ansehen* to give sb a reproachful look **Straferlass** *m* remission (of sentence)

straff [ʃtraf] **I** *adj Seil* taut; *Haut* smooth; *Busen* firm; (≈ *straff sitzend*) *Hose etc* tight; (*fig* ≈ *streng*) *Disziplin, Politik* strict **II** *adv* (≈ *stramm*) tightly; (≈ *streng*) *reglementieren* strictly; *~ sitzen* to fit tightly

straffällig *adj ~ werden* to commit a criminal offence (*Br*) *or* offense (*US*) **Straffällige(r)** ['ʃtraːffɛlɪgə] *m/f(m)* *decl as adj* offender

straffen ['ʃtrafn] **I** v/t to tighten; (≈ *raffen*) *Handlung, Darstellung* to tighten up; **die Zügel ~** (*fig*) to tighten the reins **II** v/r to tighten; (*Haut*) to become smooth

straffrei *adj, adv* not subject to prosecution; **~ bleiben** *or* **ausgehen** to go unpunished **Straffreiheit** *f* immunity from prosecution **Strafgebühr** *f* surcharge **Strafgefangene(r)** *m/f(m) decl as adj* detainee, prisoner **Strafgericht** *nt* criminal court; **ein ~ abhalten** to hold a trial **Strafgesetz** *nt* criminal law **Strafgesetzbuch** *nt* Penal Code **Strafkammer** *f* division for criminal matters (of a court) **sträflich** ['ʃtrɛːflɪç] **I** *adj* criminal **II** *adv vernachlässigen etc* criminally **Sträfling** ['ʃtrɛːflɪŋ] *m* ⟨**-s, -e**⟩ prisoner **Strafmandat** *nt* ticket **Strafmaß** *nt* sentence **strafmildernd** *adj* extenuating **Strafprozess** *m* criminal proceedings *pl* **Strafprozessordnung** *f* code of criminal procedure **Strafpunkt** *m* SPORTS penalty point **Strafraum** *m* SPORTS penalty area *or* (FTBL *auch*) box **Strafrecht** *nt* criminal law **strafrechtlich** **I** *adj* criminal **II** *adv* **jdn/etw ~ verfolgen** to prosecute sb/sth **Strafregister** *nt* police records *pl*; (*hum infml*) record; **er hat ein langes ~** he has a long (criminal) record **Strafschuss** *m* SPORTS penalty (shot) **Strafstoß** *m* FTBL *etc* penalty (kick) **Straftat** *f* criminal offence (*Br*) *or* offense (*US*) **Straftäter(in)** *m/(f)* offender **Strafverfahren** *nt* criminal proceedings *pl* **strafversetzen** *past part* **strafversetzt** v/t *insep Beamte* to transfer for disciplinary reasons **Strafverteidiger(in)** *m/(f)* defence (*Br*) *or* defense (*US*) counsel *or* lawyer **Strafvollzug** *m* penal system; **offener ~** non-confinement **Strafvollzugsanstalt** *f* (*form*) penal institution **Strafzettel** *m* JUR ticket

Strahl [ʃtraːl] *m* ⟨**-(e)s, -en**⟩ **1.** ray; (≈ *Sonnenstrahl*) shaft of light; (≈ *Radiostrahl, Laserstrahl etc*) beam **2.** (≈ *Wasserstrahl*) jet **strahlen** ['ʃtraːlən] v/i **1.** (*Sonne, Licht etc*) to shine; (*Sender*) to beam; (≈ *glühen*) to glow (*vor* +*dat* with); (*radioaktiv*) to give off radioactivity **2.** (≈ *leuchten*) to gleam; (*fig*) (*Gesicht*) to beam; (*Augen*) to shine; **das ganze Haus strahlte vor Sauberkeit** the whole house was sparkling clean;

er strahlte vor Freude he was beaming with happiness **Strahlenbehandlung** *f* MED ray treatment **Strahlenbelastung** *f* radiation **strahlend** *adj* radiant; *Wetter, Tag* glorious; *Farben* brilliant; **mit ~em Gesicht** with a beaming face; **es war ein ~ schöner Tag** it was a glorious day **Strahlendosis** *f* dose of radiation **strahlenförmig** *adj* radial; **sich ~ ausbreiten** to radiate out **strahlengeschädigt** [-gəʃɛːdɪçt] *adj* suffering from radiation damage **Strahlenkrankheit** *f* radiation sickness **Strahlenschäden** *pl* radiation injuries *pl* **Strahlenschutz** *m* radiation protection **Strahlentherapie** *f* radiotherapy **Strahlentod** *m* death through radiation **strahlenverseucht** [-fɛɐzɔyçt] *adj* contaminated (with radiation) **Strahlung** ['ʃtraːlʊŋ] *f* ⟨**-, -en**⟩ radiation **strahlungsarm** *adj* Monitor low-radiation

Strähnchen ['ʃtrɛːnçən] *nt* ⟨**-s, -**⟩ streak **Strähne** ['ʃtrɛːnə] *f* ⟨**-, -n**⟩ (≈ *Haarsträhne*) strand **strähnig** ['ʃtrɛːnɪç] *adj Haar* straggly

stramm [ʃtram] **I** *adj* (≈ *straff*) tight; *Haltung* erect; *Mädchen, Junge* strapping; *Beine* sturdy; *Brust* firm; (*infml*) *Tempo* brisk; (≈ *überzeugt*) staunch; **~e Haltung annehmen** to stand to attention **II** *adv binden* tightly; **~ sitzen** to be tight; **~ arbeiten** (*infml*) to work hard; **~ marschieren** (*infml*) to march hard; **~ konservativ** (*infml*) staunchly conservative **strammstehen** v/i *sep irr* (MIL *infml*) to stand to attention

Strampelhöschen [-høːsçən] *nt* rompers *pl* **strampeln** ['ʃtrampln] v/i **1.** (*mit Beinen*) to flail about; (*Baby*) to thrash about **2.** *aux sein* (*infml* ≈ *Rad fahren*) to pedal **3.** (*infml* ≈ *sich abrackern*) to (sweat and) slave

Strand [ʃtrant] *m* ⟨**-(e)s**, **¨-e** ['ʃtrɛndə]⟩ (≈ *Meeresstrand*) beach; (≈ *Seeufer*) shore; **am ~** (≈ *am Meer*) on the beach; (≈ *am Seeufer*) on the shore **Strandbad** *nt* (seawater) swimming pool; (≈ *Badeort*) bathing resort **stranden** ['ʃtrandn] v/i *aux sein* to be stranded; (*fig*) to fail **Strandgut** *nt, no pl* (*lit, fig*) flotsam and jetsam **Strandkorb** *m* wicker beach chair with a hood **Strandläufer** *m* ORN sandpiper **Strandpromenade** *f* promenade

Strang [ʃtraŋ] *m* ⟨**-(e)s**, **¨-e** ['ʃtrɛŋə]⟩ (≈

Nervenstrang, Muskelstrang) cord; (≈ *DNA-Strang*) strand; (≈ *Wollstrang*) hank; **der Tod durch den ~** death by hanging; **am gleichen ~ ziehen** (*fig*) to pull together; **über die Stränge schlagen** (*infml*) to run wild (*infml*) **strangulieren** [ʃtraŋɡuˈliːrən, st-] *past part* **stranguliert** *v/t* to strangle

Strapaze [ʃtraˈpaːtsə] *f* ⟨-, -n⟩ strain **strapazieren** [ʃtrapaˈtsiːrən] *past part* **strapaziert** **I** *v/t* to be a strain on; *Schuhe, Kleidung* to be hard on; *Nerven* to strain; *Geduld* to try **II** *v/r* to tax oneself **strapazierfähig** *adj Schuhe, Kleidung, Material* hard-wearing; (*fig infml*) *Nerven* strong **strapaziös** [ʃtrapaˈtsiøːs] *adj* exhausting

Straps [ʃtraps] *m* ⟨-es, -e⟩ suspender belt (*Br*), garter belt (*US*)

Straßburg [ˈʃtraːsbʊrk] *nt* ⟨-s⟩ Strasbourg

Straße [ˈʃtraːsə] *f* ⟨-, -n⟩ **1.** road; (*in Stadt, Dorf*) street; (≈ *kleine Landstraße*) lane; **an der ~** by the roadside; **auf die ~ gehen** (*lit*) to go out on the street; (*als Demonstrant*) to take to the streets; (*als Prostituierte*) to go on the streets; **auf die ~ gesetzt werden** (*infml*) to be turned out (onto the streets); (*als Arbeiter*) to be sacked (*Br infml*); **über die ~ gehen** to cross (the road / street); **etw über die ~ verkaufen** to sell sth to take away (*Br*) *or* to take out (*US*); **das Geld liegt nicht auf der ~** money doesn't grow on trees; **der Mann auf der ~** (*fig*) the man in the street **2.** (≈ *Meerenge*) strait(s *pl*); **die ~ von Dover** *etc* the Straits of Dover *etc* **3.** (TECH ≈ *Fertigungsstraße*) (production) line **Straßenarbeiten** *pl* roadworks *pl* **Straßenarbeiter(in)** *m/(f)* roadworker **Straßenbahn** *f* (≈ *Wagen*) tram (*esp Br*), streetcar (*US*); (≈ *Netz*) tramway(s) (*esp Br*), streetcar system (*US*); **mit der ~** by tram (*esp Br*) *or* streetcar (*US*) **Straßenbahnhaltestelle** *f* tram (*esp Br*) *or* streetcar (*US*) stop **Straßenbahnlinie** *f* tramline (*esp Br*), streetcar line (*US*) **Straßenbahnwagen** *m* tram (*esp Br*), streetcar (*US*) **Straßenbau** *m, no pl* road construction **Straßenbauarbeiten** *pl* roadworks *pl* **Straßenbelag** *m* road surface **Straßenbeleuchtung** *f* street lighting **Straßenbenutzungsgebühr** *f* (road) toll **Straßencafé** *nt* pavement café (*Br*), side-

walk café (*US*) **Straßenfeger** [-feːɡɐ] *m* ⟨-s, -⟩, **Straßenfegerin** [-ərɪn] *f* ⟨-, -nen⟩ road sweeper **Straßenfest** *nt* street party **Straßenführung** *f* route **Straßenglätte** *f* slippery road surface **Straßengraben** *m* ditch **Straßenjunge** *m* (*pej*) street urchin **Straßenkampf** *m* street fighting *no pl*; **ein ~** a street fight *or* battle **Straßenkarte** *f* road map **Straßenkehrer** [-keːrɐ] *m* ⟨-s, -⟩, **Straßenkehrerin** [-ərɪn] *f* ⟨-, -nen⟩ road sweeper **Straßenkreuzer** *m* (*infml*) limo (*infml*) **Straßenkreuzung** *f* crossroads *sg or pl*, intersection (*US*) **Straßenlage** *f* AUTO road holding **Straßenlaterne** *f* streetlamp **Straßenmädchen** *nt* prostitute **Straßenmusikant(in)** *m/(f)* street musician **Straßennetz** *nt* road network **Straßenrand** *m* roadside **Straßenreinigung** *f* street cleaning **Straßenschild** *nt, pl* **-schilder** street sign **Straßenschlacht** *f* street battle **Straßensperre** *f* roadblock **Straßenstrich** *m* (*infml*) walking the streets; (*Gegend*) red-light district **Straßentransport** *m* road transport *or* haulage; **im ~** by road **Straßenverhältnisse** *pl* road conditions *pl* **Straßenverkauf** *m* street trading; (≈ *Außerhausverkauf*) takeaway (*Br*) *or* takeout (*US*) sales *pl* **Straßenverkehr** *m* traffic **Straßenverkehrsordnung** *f* ≈ Highway Code (*Br*), traffic rules and regulations *pl* **Straßenverzeichnis** *nt* street directory **Straßenzustand** *m* road conditions *pl* **Straßenzustandsbericht** *m* road report

Stratege [ʃtraˈteːɡə, st-] *m* ⟨-n, -n⟩, **Strategin** [-ˈteːɡɪn] *f* ⟨-, -nen⟩ strategist **Strategie** [ʃtrateˈɡiː, st-] *f* ⟨-, -n [-ˈɡiːən]⟩ strategy **strategisch** [ʃtraˈteːɡɪʃ, st-] **I** *adj* strategic **II** *adv* strategically

Stratosphäre [ʃtratoˈsfɛːrə, st-] *f, no pl* stratosphere

sträuben [ˈʃtrɔybn] **I** *v/r* **1.** (*Haare, Fell*) to stand on end; (*Gefieder*) to become ruffled; **da ~ sich einem die Haare** it's enough to make your hair stand on end **2.** (*fig*) to resist (*gegen etw* sth) **II** *v/t Gefieder* to ruffle

Strauch [ʃtraux] *m* ⟨-(e)s, Sträucher [ˈʃtrɔyçɐ]⟩ bush **Strauchtomate** *f* vine-ripened tomato **Strauchwerk** *nt, no pl* (≈ *Gebüsch*) bushes *pl*; (≈ *Gestrüpp*) undergrowth

Strauß[1] [ʃtraus] *m* ⟨**-es, -e**⟩ ostrich; *wie der Vogel ~* like an ostrich

Strauß[2] *m* ⟨**-es, Sträuße** ['ʃtrɔysə]⟩ bunch; (≈ *Blumenstrauß*) bunch of flowers

strawanzen [ʃtra'vantsn] *v/i* (*Aus* ≈ *sich herumtreiben*) to hang around (*infml*)

Streamer ['striːmɐ] *m* ⟨**-s, -**⟩ IT streamer

Strebe ['ʃtreːbə] *f* ⟨**-, -n**⟩ brace; (≈ *Deckenstrebe*) joist **streben** ['ʃtreːbn] *v/i* (*elev*) **1.** (≈ *sich bemühen*) to strive (*nach, an +acc, zu* for); (SCHOOL *pej*) to swot (*infml*); *danach ~, etw zu tun* to strive to do sth; *in die Ferne ~* to be drawn to distant parts **2.** *aux sein* (≈ *sich bewegen*) *nach or zu etw ~* to make one's way to sth **Streben** ['ʃtreːbn] *nt* ⟨**-s, no pl**⟩ (≈ *Drängen*) striving (*nach* for); (*nach Ruhm, Geld*) aspiration (*nach* to); (≈ *Bemühen*) efforts *pl* **Strebepfeiler** *m* buttress **Streber** ['ʃtreːbɐ] *m* ⟨**-s, -**⟩, **Streberin** [-ərɪn] *f* ⟨**-, -nen**⟩ (*pej infml*) pushy person; SCHOOL swot (*Br infml*), grind (*US infml*) **strebsam** ['ʃtreːpzaːm] *adj* assiduous

Strecke ['ʃtrɛkə] *f* ⟨**-, -n**⟩ **1.** (≈ *Entfernung zwischen zwei Punkten*, SPORTS) distance; MAT line (*between two points*); *eine ~ zurücklegen* to cover a distance **2.** (≈ *Abschnitt*) (*von Straße, Fluss*) stretch; (*von Bahnlinie*) section **3.** (≈ *Weg, Route, Flugstrecke*) route; (≈ *Straße*) road; (≈ *Bahnlinie*) track; (*fig* ≈ *Passage*) passage; *auf or an der ~ Paris-Brüssel* on the way from Paris to Brussels; *auf freier or offener ~* esp RAIL on the open line; *auf weite ~n (hin)* for long stretches; *auf der ~ bleiben* (*bei Rennen*) to drop out of the running; (*in Konkurrenzkampf*) to fall by the wayside **4.** (HUNT ≈ *Jagdbeute*) kill; *zur ~ bringen* to kill; (*fig*) *Verbrecher* to hunt down **strecken** ['ʃtrɛkn] I *v/t* **1.** *Arme, Beine* to stretch; *Hals* to crane **2.** (*infml*) *Vorräte, Geld* to eke out; *Arbeit* to drag out (*infml*); *Essen, Suppe* to make go further; (≈ *verdünnen*) to thin down, to dilute II *v/r* **1.** (≈ *sich recken*) to stretch **2.** (≈ *sich hinziehen*) to drag on **Streckenabschnitt** *m* RAIL track section **Streckenführung** *f* RAIL route **Streckennetz** *nt* rail network **streckenweise** *adv* in parts **Streckverband** *m* MED bandage used in traction

Streetball ['striːtbɔːl] *m* ⟨**-s, no pl**⟩ streetball **Streetworker** ['striːtwœːɐkɐ, -wœrkɐ] *m* ⟨**-s, -**⟩, **Streetworkerin** [-ərɪn] *f* ⟨**-, -nen**⟩ outreach worker

Streich [ʃtraiç] *m* ⟨**-(e)s, -e**⟩ (≈ *Schabernack*) prank, trick; *jdm einen ~ spielen* (*lit*) to play a trick on sb; (*fig: Gedächtnis etc*) to play tricks on sb

Streicheleinheiten *pl* (≈ *Zärtlichkeit*) tender loving care *sg* **streicheln** ['ʃtraiçln] *v/t & v/i* to stroke; (≈ *liebkosen*) to caress **streichen** ['ʃtraiçn] *pret* **strich** [ʃtrɪç], *past part* **gestrichen** [gə-'ʃtrɪçn] I *v/t* **1.** (*mit der Hand*) to stroke; *etw glatt ~* to smooth sth (out) **2.** (≈ *auftragen*) *Butter, Marmelade etc* to spread; *Salbe, Farbe etc* to apply **3.** (≈ *anstreichen: mit Farbe*) to paint; *frisch gestrichen!* wet (*Br*) or fresh (*US*) paint **4.** (≈ *tilgen*) *Zeile, Satz* to delete; *Auftrag, Plan etc* to cancel; *Schulden* to write off; *Zuschuss, Gelder, Arbeitsplätze etc* to cut; *jdn/etw von or aus der Liste ~* to take sb/sth off the list **5.** NAUT *Segel, Flagge, Ruder* to strike **6.**; → *gestrichen* II *v/i* **1.** (≈ *über etw hinfahren*) to stroke; *mit der Hand über etw ~* to stroke sth (with one's hand) **2.** *aux sein* (≈ *streifen*) to brush past (*an +dat* sth); (*Wind*) to waft; *um/durch etw ~* (≈ *herumstreichen*) to prowl around/through sth **3.** (≈ *malen*) to paint **Streicher** ['ʃtraiçɐ] *pl* MUS strings *pl* **Streichholz** *nt* match **Streichholzschachtel** *f* matchbox **Streichinstrument** *nt* string(ed) instrument; *die ~e* the strings **Streichkäse** *m* cheese spread **Streichorchester** *nt* string orchestra **Streichquartett** *nt* string quartet **Streichquintett** *nt* string quintet **Streichung** ['ʃtraiçʊŋ] *f* ⟨**-, -en**⟩ (*von Zeile, Satz*) deletion; (≈ *Kürzung*) cut; (*von Auftrag, Plan etc*) cancellation; (*von Schulden*) writing off; (*von Zuschüssen, Arbeitsplätzen etc*) cutting **Streichwurst** *f* ≈ meat paste

Streife ['ʃtraifə] *f* ⟨**-, -n**⟩ (≈ *Patrouille*) patrol; *auf ~ gehen/sein* to go/be on patrol **streifen** ['ʃtraifn] I *v/t* **1.** (≈ *flüchtig berühren*) to touch, to brush (against); (*Kugel*) to graze; (*Auto*) to scrape; *jdn mit einem Blick ~* to glance fleetingly at sb **2.** (*fig* ≈ *flüchtig erwähnen*) to touch (up)on **3.** *die Butter vom Messer ~* to scrape the butter off the knife; *den Ring vom Finger ~* to slip the ring off one's finger; *sich (dat) die Handschuhe über die Finger* ~ to pull on one's gloves **II** v/i (*elev*) **1.** *aux sein* (≈ *wandern*) to roam **2.** *aux sein sie ließ ihren Blick über die Menge* ~ she scanned the crowd **Streifen** ['ʃtraifn] m ⟨-s, -⟩ **1.** strip; (≈ *Speckstreifen*) rasher **2.** (≈ *Strich*) stripe; (≈ *Farbstreifen*) streak; (≈ *Lochstreifen, Klebestreifen etc*) tape **3.** FILM film **Streifendienst** m patrol duty **Streifenpolizist(in)** m/(f) policeman/-woman on patrol **Streifenwagen** m patrol car **Streifschuss** m graze **Streifzug** m raid; (≈ *Bummel*) expedition

Streik [ʃtraik] m ⟨-(e)s, -s or (*rare*) -e⟩ strike; *zum* ~ *aufrufen* to call a strike; *in (den)* ~ *treten* to go on strike **Streikaufruf** m strike call **Streikbrecher** [-brɛçɐ] m ⟨-s, -⟩, **Streikbrecherin** [-ərɪn] f ⟨-, -nen⟩ strikebreaker, scab (*pej*) **streiken** ['ʃtraikn] v/i to strike; (*hum infml*) (≈ *nicht funktionieren*) to pack up (*infml*); (*Magen*) to protest; (*Gedächtnis*) to fail; *da streike ich* (*infml*) I refuse! **Streikende(r)** ['ʃtraikndə] m/f(m) decl as adj striker **Streikgeld** nt strike pay **Streikkasse** f strike fund **Streikposten** m picket

Streit [ʃtrait] m ⟨-(e)s, -e⟩ argument (*um, über +acc* about, over); (*leichter*) quarrel, squabble; (≈ *Auseinandersetzung*) dispute; ~ *haben* to be arguing; *wegen einer Sache* ~ *bekommen* to get into an argument over sth **streitbar** adj (≈ *streitlustig*) pugnacious **streiten** ['ʃtraitn] pret *stritt* [ʃtrɪt], *past part* **gestritten** [gə'ʃtrɪtn] **I** v/i (≈ *eine Auseinandersetzung haben*) to argue (*um, über +acc* about, over); (*leichter*) to quarrel; *darüber lässt sich* ~ that's a debatable point **II** v/r to argue; (*leichter*) to quarrel; *wir wollen uns deswegen nicht* ~*!* don't let's fall out over that! **Streiterei** [ʃtraitə'rai] f ⟨-, -en⟩ (*infml*) arguing no pl; *eine* ~ an argument **Streitfall** m dispute, conflict; JUR case **Streitfrage** f dispute **Streitgespräch** nt debate **streitig** ['ʃtraitɪç] adj *jdm das Recht auf etw (acc)* ~ *machen* to dispute sb's right to sth **Streitigkeiten** pl quarrels pl **Streitkräfte** pl forces pl **Streitmacht** f armed forces pl **Streitpunkt** m contentious issue **streitsüchtig** adj quarrelsome **Streitwert** m JUR amount in dispute **Strelitzie** [ʃtreˈlɪtsiə] f ⟨-, -n⟩ BOT bird of

paradise (flower)

streng [ʃtrɛŋ] **I** adj **1.** strict; *Maßnahmen* stringent; *Bestrafung, Richter* severe; *Anforderungen* rigorous; *Ausdruck, Blick, Gesicht* stern; *Stillschweigen* absolute; *Kritik, Urteil* harsh **2.** *Geruch, Geschmack* pungent; *Frost, Winter* severe **3.** *Katholik, Moslem etc* strict **II** adv **1.** (≈ *unnachgiebig*) *befolgen, einhalten* strictly; *tadeln, bestrafen* severely; *vertraulich* strictly; ~ *genommen* strictly speaking; (≈ *eigentlich*) actually; ~ *gegen jdn/etw vorgehen* to deal severely with sb/sth; ~ *geheim* top secret; ~*(stens) verboten!* strictly prohibited **2.** (≈ *intensiv*) ~ *riechen/schmecken* to have a pungent smell/taste **Strenge** ['ʃtrɛŋə] f ⟨-, *no pl*⟩ **1.** strictness; (*von Regel, Maßnahmen*) stringency; (*von Bestrafung, Richter*) severity; (*von Ausdruck, Blick*) sternness; (*von Kritik, Urteil*) harshness **2.** (*von Geruch, Geschmack*) pungency; (*von Frost, Winter*) severity **strenggenommen** adv → **streng strenggläubig** adj strict

Stress [ʃtrɛs, st-] m ⟨-es, -e⟩ stress; (*voll*) *im* ~ *sein* to be under (a lot of) stress **Stressball** m stress ball **stressen** ['ʃtrɛsn] v/t to put under stress; *gestresst sein* to be under stress **stressfrei** adj stress-free **stressgeplagt** [-gə-plaːkt] adj under stress; ~*e Manager* highly stressed executives

stressig ['ʃtrɛsɪç] adj (*infml*) stressful **Stretchhose** ['strɛtʃ-] f stretch trousers pl **Stretchlimousine** f stretch limousine **Streu** [ʃtrɔy] f ⟨-, *no pl*⟩ straw; (*aus Sägespänen*) sawdust **streuen** ['ʃtrɔyən] **I** v/t to scatter; *Dünger, Sand* to spread; *Gewürze, Zucker etc* to sprinkle; *Straße etc (mit Sand)* to grit; (*mit Salz*) to salt **II** v/i (≈ *Streumittel anwenden*) to grit; to put down salt **Streuer** ['ʃtrɔyɐ] m ⟨-s, -⟩ shaker; (≈ *Salzstreuer*) cellar; (≈ *Pfefferstreuer*) pot **Streufahrzeug** nt gritter **streunen** ['ʃtrɔynən] v/i to roam about; (*Hund, Katze*) to stray; *durch etw/in etw (dat)* ~ to roam through/around sth **Streusalz** nt salt (*for icy roads*) **Streusand** m sand; (*für Straße*) grit **Streuselkuchen** m thin sponge cake with crumble topping

Strich [ʃtrɪç] m ⟨-(e)s, -e⟩ **1.** line; (≈ *Querstrich*) dash; (≈ *Schrägstrich*) oblique; (≈ *Pinselstrich*) stroke; (*von*

Land) stretch; *jdm einen ~ durch die Rechnung machen* to thwart sb's plans; *einen ~ (unter etw acc) ziehen (fig)* to forget sth; *unterm ~* at the final count **2.** (*von Teppich, Samt*) pile; (*von Gewebe*) nap; (*von Fell, Haar*) direction of growth; *es geht (mir) gegen den ~* (*infml*) it goes against the grain; *nach ~ und Faden* (*infml*) thoroughly **3.** (MUS ≈ *Bogenstrich*) stroke **4.** (*infml*) (≈ *Prostitution*) prostitution *no art*; (≈ *Bordellgegend*) red-light district; *auf den ~ gehen* to be on the game (*Br infml*), to be a prostitute **Strichcode** *m* bar code (*US*) **stricheln** ['ʃtrɪçln] *v/t* to sketch in; (≈ *schraffieren*) to hatch; *eine gestrichelte Linie* a broken line **Strichjunge** *m* (*infml*) rent boy (*Br*), boy prostitute **Strichkode** *m* = **Strichcode Strichliste** *f* check list **Strichmädchen** *nt* (*infml*) hooker (*esp US infml*) **strichweise** *adv also* METEO here and there; *~ Regen* rain in places

Strick [ʃtrɪk] *m* ⟨-(e)s, -e⟩ rope; *jdm aus etw einen ~ drehen* to use sth against sb; *am gleichen or an einem ~ ziehen* (*fig*) to pull together **stricken** ['ʃtrɪkn] *v/t & v/i* to knit; (*fig*) to construct; *an etw* (*dat*) *~* to work on sth **Strickjacke** *f* cardigan **Strickkleid** *nt* knitted dress **Strickleiter** *f* rope ladder **Strickmaschine** *f* knitting machine **Strickmuster** *nt* (*lit*) knitting pattern; (*fig*) pattern **Stricknadel** *f* knitting needle **Strickwaren** *pl* knitwear *sg* **Strickzeug** *nt, no pl* knitting **striegeln** ['ʃtriːgln] *v/t Tier* to curry (-comb)

Strieme ['ʃtriːmə] *f* ⟨-, -n⟩, **Striemen** ['ʃtriːmən] *m* ⟨-s, -⟩ weal **strikt** [ʃtrɪkt, st-] **I** *adj* strict; *Ablehnung* categorical **II** *adv* strictly; *ablehnen* categorically; *~ gegen etw sein* to be totally opposed to sth

String [strɪŋ] *m* ⟨-s, -s⟩, **Stringtanga** ['strɪŋtaŋɡa] *m* ⟨-s, -s⟩ G-string, thong **Strip** [ʃtrɪp, st-] *m* ⟨-s, -s⟩ (*infml*) strip (-tease) **Strippe** ['ʃtrɪpə] *f* ⟨-, -n⟩ (*infml*) **1.** (≈ *Bindfaden*) string; *die ~n ziehen* (*fig*) to pull the strings **2.** (≈ *Telefonleitung*) phone; *an der ~ hängen* to be on the phone; *jdn an der ~ haben* to have sb on the line

strippen ['ʃtrɪpn, 'st-] *v/i* to strip **Strippenzieher** ['ʃtrɪpəntsiːɐ] *m* ⟨-s, -⟩, **Strippenzieherin** [-ərɪn] *f* (*infml*) *er war der ~* he was the one pulling the strings **Stripper** ['ʃtrɪpɐ, 'st-] *m* ⟨-s, -⟩, **Stripperin** [-ərɪn] *f* ⟨-, -nen⟩ (*infml*) stripper **Striptease** ['ʃtrɪptiːs, 'st-] *m or nt* ⟨-, no pl⟩ striptease **Stripteasetänzer(in)** ['ʃtrɪptiːs-, st-] *m/(f)* stripper **strittig** ['ʃtrɪtɪç] *adj* contentious; *noch ~* still in dispute

Stroboskoplampe *f* strobe light **Stroh** [ʃtroː] *nt* ⟨-(e)s, no pl⟩ straw; (≈ *Dachstroh*) thatch **Strohballen** *m* bale of straw **strohblond** *adj Mensch* flaxen-haired; *Haare* flaxen **Strohblume** *f* strawflower **Strohdach** *nt* thatched roof **strohdumm** *adj* thick (*infml*) **Strohfeuer** *nt ein ~ sein* (*fig*) to be a passing fancy **Strohfrau** *f* (*fig*) front woman **Strohhalm** *m* straw; *sich an einen ~ klammern* to clutch at straws **Strohhut** *m* straw hat **Strohmann** *m, pl -männer* (*fig*) front man **Strohwitwe** *f* grass widow **Strohwitwer** *m* grass widower

Strolch [ʃtrɔlç] *m* ⟨-(e)s, -e⟩ (*dated*) rascal **Strolchenfahrt** *f* (*Swiss*) joyride

Strom [ʃtroːm] *m* ⟨-(e)s, ⸚e [ˈʃtrøːmə]⟩ **1.** (large) river; (≈ *Strömung*) current; (*von Schweiß, Blut*) river; (*von Besuchern, Flüchen etc*) stream; *ein reißender ~* a raging torrent; *es regnet in Strömen* it's pouring (with rain); *der Wein floss in Strömen* the wine flowed like water; *mit dem/gegen den ~ schwimmen* (*fig*) to swim *or* go with/against the tide **2.** ELEC current; (≈ *Elektrizität*) electricity; *unter ~ stehen* (*lit*) to be live; (*fig*) to be high (*infml*) **stromabwärts** [ʃtroːmˈapvɛrts] *adv* downstream **Stromanschluss** *m ~ haben* to be connected to the electricity mains **stromauf(wärts)** [ʃtroːmˈauf(vɛrts)] *adv* upstream **Stromausfall** *m* power failure **strömen** ['ʃtrøːmən] *v/i aux sein* to stream; (*Gas*) to flow; (*Menschen*) to pour (*in* into, *aus* out of); *bei ~dem Regen* in (the) pouring rain **Stromkabel** *nt* electric cable **Stromkreis** *m* (electrical) circuit **Stromleitung** *f* electric cables *pl* **stromlinienförmig** *adj* streamlined **Stromnetz** *nt* electricity supply system **Strompreis** *m* electricity price **Stromschnelle** *f* rapids *pl* **Stromsperre** *f* power cut **Stromstärke** *f* strength of the / an electric current **Strömung** ['ʃtrøːmʊŋ] *f* ⟨-, **-en**⟩ current **Stromverbrauch** *m* electricity consumption **Stromversorger(in)** *m*/(*f*) electricity supplier **Stromversorgung** *f* electricity supply **Stromzähler** *m* electricity meter

Strontium ['ʃtrɔntsiʊm, 'st-] *nt* ⟨**-s**, *no pl*⟩ strontium

Strophe ['ʃtroːfə] *f* ⟨-, **-n**⟩ verse

strotzen ['ʃtrɔtsn] *v*/*i* to be full (*von*, *vor* +*dat* of); (*von Kraft, Gesundheit*) to be bursting (*von* with); **von Schmutz ~** to be covered with dirt

Strudel ['ʃtruːdl] *m* ⟨**-s**, -⟩ **1.** whirlpool **2.** cook strudel

Struktur [ʃtrʊk'tuːɐ, st-] *f* ⟨-, **-en**⟩ structure; (*von Stoff etc*) texture; (≈ *Webart*) weave **Strukturanalyse** *f* structural analysis **strukturell** [ʃtrʊktu'rɛl, st-] **I** *adj* structural **II** *adv* **~ bedingt** structurally **strukturieren** [ʃtrʊktu'riːrən, st-] *past part* **strukturiert** *v*/*t* to structure **Strukturierung** *f* ⟨-, **-en**⟩ structuring **Strukturkrise** *f* structural crisis **strukturschwach** *adj* lacking in infrastructure **Strukturschwäche** *f* lack of infrastructure **Strukturwandel** *m* structural change (+*gen* in)

Strumpf [ʃtrʊmpf] *m* ⟨**-(e)s**, ⸚e ['ʃtrʏmpfə]⟩ sock; (≈ *Damenstrumpf*) stocking; **ein Paar Strümpfe** a pair of socks / stockings **Strumpfband** [-bant] *nt*, *pl* **-bänder** garter **Strumpfhalter** *m* suspender (*Br*), garter (*US*) **Strumpfhose** *f* tights *pl* (*Br*), pantyhose (*US*); **ein ~** a pair of tights (*Br*), a pantyhose (*US*) **Strumpfmaske** *f* stocking mask **Strumpfwaren** *pl* hosiery *sg*

Strunk [ʃtrʊŋk] *m* ⟨**-(e)s**, ⸚e ['ʃtrʏŋkə]⟩ stalk

struppig ['ʃtrʊpɪç] *adj* unkempt; *Tier* shaggy

Stube ['ʃtuːbə] *f* ⟨-, **-n**⟩ (*dated*) room; (*dial* ≈ *Wohnzimmer*) lounge; (*in Kaserne*) barrack room (*Br*), quarters **Stubenfliege** *f* (common) housefly **Stubenhocker** [-hɔkɐ] *m* ⟨**-s**, -⟩, **Stubenhockerin** [-ə-rɪn] *f* ⟨-, **-nen**⟩ (*pej infml*) stay-at-home **stubenrein** *adj* Katze, Hund house-trained; (*hum*) Witz clean

Stuck [ʃtʊk] *m* ⟨**-(e)s**, *no pl*⟩ stucco; (*zur Zimmerverzierung*) moulding (*Br*), molding (*US*)

Stück [ʃtʏk] *nt* ⟨**-(e)s**, **-e** *or* (*nach Zahlen-angaben*) -⟩ **1.** piece; (*von Vieh, Wild*) head; (*von Zucker*) lump; (≈ *Seifenstück*) bar; (≈ *abgegrenztes Land*) plot; **ich nehme fünf ~** I'll take five; **drei Euro das ~** three euros each; **im** *or* **am ~** in one piece; **aus einem ~** in one piece **2.** (*von Buch, Rede, Reise etc*) stretch; ~ **für** ~ (≈ *einen Teil um den andern*) bit by bit; **etw in ~e schlagen** to smash sth to pieces; **ich komme ein ~ (des Weges) mit** I'll come part of the way with you **3.** **ein gutes ~ weiterkommen** to make considerable progress; **das ist (doch) ein starkes ~!** (*infml*) that's a bit much (*infml*); **große ~e auf etw** (*acc*) **halten** to be very proud of sth; **aus freien ~en** of one's own free will **4.** (≈ *Bühnenstück*) play; (≈ *Musikstück*) piece **Stückarbeit** *f* piecework **Stuckdecke** *f* stucco(ed) ceiling **stückeln** ['ʃtʏkln] *v*/*t* to patch **Stückelung** *f* ⟨-, **-en**⟩ (≈ *Aufteilung*) splitting up; (*von Geld, Aktien*) denomination **Stückgut** *nt* **etw als ~ schicken** to send sth as a parcel (*Br*) or package **Stücklohn** *m* piece(work) rate **Stückpreis** *m* unit price **Stückwerk** *nt*, *no pl* unfinished work; ~ **sein / bleiben** to be / remain unfinished **Stückzahl** *f* number of pieces

Student [ʃtu'dɛnt] *m* ⟨**-en**, **-en**⟩ student; (*Aus* ≈ *Schüler*) schoolboy; (*einer bestimmten Schule*) pupil **Studentenausweis** *m* student (ID) card **Studentenfutter** *nt* nuts and raisins *pl* **Studentenheim** *nt* hall of residence (*Br*), dormitory (*US*) **Studentenschaft** [ʃtu'dɛntnʃaft] *f* ⟨-, **-en**⟩ students *pl* **Studentenwerk** *nt* student administration **Studentenwohnheim** *nt* hall of residence (*Br*), dormitory (*US*) **Studentin** [ʃtu'dɛntɪn] *f* ⟨-, **-nen**⟩ student; (*Aus* ≈ *Schülerin*) schoolgirl; (*einer bestimmten Schule*) pupil **studentisch** [ʃtu'dɛntɪʃ] *adj attr* student *attr*; ~**e Hilfskraft** student assistant **Studie** ['ʃtuːdiə] *f* ⟨-, **-n**⟩ study (*über* +*acc* of); (≈ *Abhandlung*) essay (*über* +*acc* on) **Studienabbrecher** *m* ⟨**-s**, -⟩, **Studienabbrecherin** [-ərɪn] *f* ⟨-, **-nen**⟩ dropout **Studienanfänger(in)** *m*/(*f*) first year (student), freshman (*US*), fresher (*Br*) **Studienberatung** *f* course guidance service **Studienfach** *nt* subject **Studienfahrt** *f* study trip; school educational trip **Studiengang** *m*, *pl* **-gänge** course of studies **Studiengebühren** *pl* tuition fees *pl* **Studienjahr** *nt* academic year **Studienplatz** *m* university / college place **Studienrat** *m*, **Studienrätin** *f* teacher at a secondary school **Studienreferendar(in)** *m*/(*f*) student teacher **Studienreise** *f* study trip; SCHOOL educational trip **Studienzeit** *f* **1.** student days *pl* **2.** (≈ *Dauer*) duration of a/one's course of studies **studieren** [ʃtu'diːrən] *past part* **studiert I** *v/i* to study; (≈ *Student sein*) to be a student; **ich studiere an der Universität Bonn** I am (a student) at Bonn University; **wo haben Sie studiert?** what university / college did you go to? **II** *v/t* to study; (≈ *genau betrachten*) to scrutinize

Studio [ʃtuːdio] *nt* ⟨**-s, -s**⟩ studio **Studium** [ʃtuːdiʊm] *nt* ⟨**-s, Studien** [-diən]⟩ study; (≈ *Hochschulstudium*) studies *pl*; **das ~ hat fünf Jahre gedauert** the course (of study) lasted five years; **während seines ~s** while he is / was *etc* a student; **er ist noch im ~** he is still a student; **seine Studien zu etw machen** to study sth

Stufe [ʃtuːfə] *f* ⟨**-, -n**⟩ **1.** step; (*im Haar*) layer; (*von Rakete*) stage **2.** (*fig*) (≈ *Phase*) stage; (≈ *Niveau*) level; (≈ *Rang*) grade; (GRAM ≈ *Steigerungsstufe*) degree; **eine ~ höher als ...** a step up from ...; **mit jdm auf gleicher ~ stehen** to be on a level with sb **stufen** [ʃtuːfn] *v/t* Schüler, Preise, Gehälter to grade; Haare to layer; Land etc to terrace; → **gestuft Stufenbarren** *m* asymmetric bar **stufenförmig I** *adj* (*lit*) stepped; Landschaft terraced; (*fig*) gradual **II** *adv* (*lit*) in steps; angelegt in terraces; (*fig*) in stages **Stufenheck** *nt* AUTO mit ~ a saloon car **Stufenleiter** *f* (*fig*) ladder (+*gen* to) **stufenlos** *adj* Schaltung, Regelung infinitely variable; (*fig* ≈ *gleitend*) smooth **stufenweise I** *adv* step by step **II** *adj attr* gradual

Stuhl [ʃtuːl] *m* ⟨**-(e)s, ⁼e** [ʃtyːlə]⟩ **1.** chair; **zwischen zwei Stühlen sitzen** (*fig*) to fall between two stools; **ich wäre fast vom ~ gefallen** (*infml*) I nearly fell off my chair (*infml*); **der Heilige** or **Päpstliche ~** the Holy or Papal See **2.** (≈ *Stuhlgang*) bowel movement; (≈ *Kot*) stool **Stuhlgang** [-gaŋ] *m*, *no pl* bowel movement; **regelmäßig ~ haben**

to have regular bowels **Stuhllehne** *f* back of a chair

Stulle [ʃtʊlə] *f* ⟨**-, -n**⟩ (*N Ger*) slice of bread and butter; (≈ *Doppelstulle*) sandwich

stülpen [ʃtʏlpn] *v/t* **etw auf/über etw** (*acc*) **~** to put sth on / over sth; **etw nach innen/außen ~** to turn sth to the inside / outside; **sich** (*dat*) **den Hut auf den Kopf ~** to put on one's hat

stumm [ʃtʊm] **I** *adj* **1.** dumb **2.** (≈ *schweigend*) mute; Anklage, Blick, Gebet silent **3.** GRAM mute **II** *adv* (≈ *schweigend*) silently

Stummel [ʃtʊml] *m* ⟨**-s, -**⟩ (≈ *Zigarettenstummel*) end; (≈ *Kerzenstummel*) stub; (*von Gliedmaßen, Zahn*) stump **Stummfilm** *m* silent film

Stümper [ʃtʏmpɐ] *m* ⟨**-s, -**⟩, **Stümperin** [-ərɪn] *f* ⟨**-, -nen**⟩ (*pej*) **1.** amateur **2.** (≈ *Pfuscher*) bungler **Stümperei** [ʃtʏmpə-'raɪ] *f* ⟨**-, -en**⟩ (*pej*) **1.** amateur work **2.** (≈ *Pfuscherei*) bungling; (≈ *stümperhafte Arbeit*) botched job (*infml*) **stümperhaft** (*pej*) **I** *adj* (≈ *nicht fachmännisch*) amateurish **II** *adv* ausführen, malen crudely; arbeiten poorly

stumpf [ʃtʊmpf] **I** *adj* **1.** Messer blunt **2.** (*fig*) Haar, Farbe, Mensch dull; Blick, Sinne dulled **3.** MAT Winkel obtuse; Kegel etc truncated **II** *adv* ansehen dully **Stumpf** [ʃtʊmpf] *m* ⟨**-(e)s, ⁼e** [ʃtʏmpfə]⟩ stump; (≈ *Bleistiftstumpf*) stub; **etw mit ~ und Stiel ausrotten** to eradicate sth root and branch **Stumpfheit** *f* ⟨**-, no pl**⟩ bluntness; (*fig*) dullness **Stumpfsinn** *m*, *no pl* mindlessness; (≈ *Langweiligkeit*) monotony **stumpfsinnig** *adj* mindless; (≈ *langweilig*) monotonous **stumpfwinklig** *adj* MAT obtuse

Stunde [ʃtʊndə] *f* ⟨**-, -n**⟩ **1.** hour; **eine halbe ~** half an hour; **von ~ zu ~** hourly; **130 Kilometer in der ~** 130 kilometres (*Br*) or kilometers (*US*) per or an hour **2.** (≈ *Augenblick, Zeitpunkt*) time; **zu später ~** at a late hour; **zur ~** at present; **bis zur ~** as yet; **seine ~ hat geschlagen** (*fig*) his hour has come; **die ~ der Entscheidung/Wahrheit** the moment of decision / truth **3.** (≈ *Unterricht*) lesson; **~n geben/nehmen** to give / have or take lessons **stunden** [ʃtʊndn] *v/t* **jdm etw ~** to give sb time to pay sth **Stundengeschwindigkeit** *f* speed per hour **Stundenkilometer** *pl* kilometres *pl* (*Br*) or kilometers *pl* (*US*) per *or* an hour **stundenlang I** *adj* lasting several hours; **nach~em Warten** after hours of waiting **II** *adv* for hours **Stundenlohn** *m* hourly wage **Stundenplan** *m* SCHOOL timetable **stundenweise** *adv* (≈ *pro Stunde*) by the hour; (≈ *stündlich*) every hour **Stundenzeiger** *m* hour hand **stündlich** ['ʃtʏntlɪç] **I** *adj* hourly **II** *adv* every hour

Stunk [ʃtʊŋk] *m* ⟨**-s**, *no pl*⟩ (*infml*) stink (*infml*); **~ machen** to kick up a stink (*infml*)

Stunt [stant] *m* ⟨**-s, -s**⟩ stunt **Stuntman** ['stantmən] *m* ⟨**-s, Stuntmen** [-mən]⟩ stunt man **Stuntwoman** ['stantvʊmən] *f* ⟨**-, Stuntwomen** [-vɪmɪn]⟩ stunt woman

stupid [ʃtu'piːt, st-], **stupide** [ʃtu'piːdə, st-] *adj* (*elev*) mindless

Stups [ʃtʊps] *m* ⟨**-es, -e**⟩ nudge **stupsen** ['ʃtʊpsn̩] *v/t* to nudge **Stupsnase** *f* snub nose

stur [ʃtuːɐ] **I** *adj* pig-headed; **sich ~ stellen** (*infml*) to dig one's heels in **II** *adv* **beharren, bestehen** stubbornly; **er fuhr ~ geradeaus** he just carried straight on **Sturheit** *f* ⟨**-**, *no pl*⟩ pig-headedness

Sturm [ʃtʊrm] *m* ⟨**-(e)s, ~e** ['ʃtʏrmə]⟩ **1.** storm; **ein ~ im Wasserglas** (*fig*) a storm in a teacup (*Br*), a tempest in a teapot (*US*); **~ läuten** to keep one's finger on the doorbell; (≈ *Alarm schlagen*) to ring the alarm bell; **ein ~ der Begeisterung/Entrüstung** a wave of enthusiasm/indignation **2.** (≈ *Angriff*) attack (*auf* on); (SPORTS ≈ *Stürmerreihe*) forward line; **etw im ~ nehmen** to take sth by storm; **gegen etw ~ laufen** (*fig*) to be up in arms against sth **stürmen** ['ʃtʏrmən] **I** *v/i* **1.** (*Meer*) to rage; (*Wind auch*) to blow; MIL to attack (*gegen etw* sth) **2.** (SPORTS ≈ *als Stürmer spielen*) to play forward; (≈ *angreifen*) to attack **3.** *aux sein* (≈ *rennen*) to storm **II** *v/i impers* to be blowing a gale **III** *v/t* **1.** *Bank etc* to make a run on **Stürmer** ['ʃtʏrmɐ] *m* ⟨**-s, -**⟩, **Stürmerin** [-ərɪn] *f* ⟨**-, -nen**⟩ SPORTS forward; FTBL *auch* striker **Sturmflut** *f* storm tide **stürmisch** ['ʃtʏrmɪʃ] *adj* **1.** *Meer, Überfahrt* rough; *Wetter, Tag* blustery; (*mit Regen*) stormy **2.** (*fig*) tempestuous; (≈ *aufregend*) *Zeit* stormy; *Entwicklung* rapid; *Liebhaber* passionate; *Jubel, Beifall* tumultuous; **nicht so ~** take it easy **Sturmschaden**

m storm damage *no pl* **Sturmtief** *nt* METEO deep depression **Sturmwarnung** *f* gale warning

Sturz [ʃtʊrts] *m* ⟨**-es, ~e** ['ʃtʏrtsə]⟩ **1.** fall **2.** (*in Temperatur, Preis*) drop; (*von Börsenkurs*) slump **3.** (*von Regierung, Minister*) fall; (*durch Coup, von König*) overthrow **4.** ARCH lintel **stürzen** ['ʃtʏrtsn̩] **I** *v/i aux sein* **1.** (≈ *fallen, abgesetzt werden*) to fall; **ins Wasser ~** to plunge into the water; **er ist schwer gestürzt** he had a heavy fall **2.** (≈ *rennen*) to rush; **sie kam ins Zimmer gestürzt** she burst into the room **II** *v/t* **1.** (≈ *werfen*) to fling; **jdn ins Unglück ~** to bring disaster to sb; **jdn/etw in eine Krise ~** to plunge sb/sth into a crisis **2.** (≈ *kippen*) to turn upside down; *Pudding* to turn out; „**nicht ~!**" "this side up" **3.** (≈ *absetzen*) *Regierung, Minister* to bring down; (*durch Coup*) to overthrow; *König* to depose **III** *v/r* **sich auf jdn/etw ~** to pounce on sb/sth; **auf Essen** to fall on sth; **auf den Feind** to attack sb/sth; **sich ins Wasser ~** to fling oneself into the water; **sich in Schulden ~** to plunge into debt; **sich ins Unglück ~** to plunge headlong into disaster; **sich ins Vergnügen ~** to fling oneself into a round of pleasure; **sich in Unkosten ~** to go to great expense **Sturzflug** *m* (nose) dive **Sturzhelm** *m* crash helmet

Stuss [ʃtʊs] *m* ⟨**-es**, *no pl*⟩ (*infml*) nonsense

Stute ['ʃtuːtə] *f* ⟨**-, -n**⟩ mare

Stutz [ʃtʊts] *m* ⟨**-es, Stütze** *or* (*nach Zahlenangabe*) - ['ʃtʏtsə]⟩ (*Swiss*) **1.** (*infml* ≈ *Franken*) (Swiss) franc **2.** (≈ *Abhang*) slope

Stützbalken *m* beam; (*in Decke*) joist; (*quer*) crossbeam **Stütze** ['ʃtʏtsə] *f* ⟨**-, -n**⟩ **1.** support; (≈ *Pfeiler*) pillar **2.** (*fig*) (≈ *Hilfe*) help (*für* to); **die ~n der Gesellschaft** the pillars of society **3.** (*infml* ≈ *Arbeitslosengeld*) dole (*Br infml*), welfare (*US*); **~ bekommen** to be on the dole (*Br infml*), to be on welfare (*US*)

stutzen¹ ['ʃtʊtsn̩] *v/i* (≈ *zögern*) to hesitate

stutzen² *v/t* to trim; *Flügel, Ohren, Hecke* to clip; *Schwanz* to dock

Stutzen ['ʃtʊtsn̩] *m* ⟨**-s, -**⟩ (≈ *Rohrstück*) connecting piece; (≈ *Endstück*) nozzle

stützen ['ʃtɤtsn̩] **I** v/t to support; *Gebäude, Mauer* to shore up; *einen Verdacht auf etw* (acc) ~ to found a suspicion on sth; *die Ellbogen auf den Tisch* ~ to prop one's elbows on the table; *den Kopf in die Hände* ~ to hold one's head in one's hands **II** v/r *sich auf jdn/etw* ~ (lit) to lean on sb/sth; (fig) to count on sb/sth; (Beweise, Theorie etc) to be based on sb/sth

stutzig ['ʃtʊtsɪç] adj pred ~ **werden** (≈ argwöhnisch) to become suspicious; (≈ verwundert) to begin to wonder; *jdn* ~ **machen** to make sb suspicious

Stützpunkt m base

stylen ['stailən] v/t Wagen, Wohnung to design; *Frisur* to style **Styling** ['stailɪŋ] nt ⟨-s, no pl⟩ styling

Styropor® [ʃtyro'poːɐ, st-] nt ⟨-s⟩ polystyrene

Subjekt [zʊp'jɛkt, 'zʊp-] nt ⟨-(e)s, -e⟩ **1.** subject **2.** (pej ≈ Mensch) customer (infml) **subjektiv** [zʊpjɛk'tiːf, 'zʊp-] **I** adj subjective **II** adv subjectively **Subjektivität** [zʊpjɛktivi'tɛːt] f ⟨-, no pl⟩ subjectivity

Subkontinent m subcontinent **Subkultur** f subculture **suboptimal** [zʊp|opti'maːl] adj (infml) less than ideal; *das ist* ~ it leaves something to be desired

Subskription [zʊpskrɪp'tsioːn] f ⟨-, -en⟩ subscription (+gen, auf +acc to)

Substantiv ['zʊpstantiːf] nt ⟨-s, -e or (rare) -a [-və, -va]⟩ noun **substantivieren** [zʊpstanti'viːrən] past part **substantiviert** v/t to nominalize **substantivisch** ['zʊpstantiːvɪʃ] **I** adj nominal **II** adv verwenden nominally

Substanz [zʊp'stants] f ⟨-, -en⟩ **1.** substance; (≈ Wesen) essence; *etw in seiner* ~ *treffen* to affect the substance of sth **2.** FIN capital assets pl; *von der* ~ *zehren* to live on one's capital **substanziell** [zʊpstan'tsiɛl] **I** adj **1.** (≈ bedeutsam) fundamental **2.** (≈ nahrhaft) substantial, solid **II** adv (≈ wesentlich) substantially

subtil [zʊp'tiːl] (elev) **I** adj subtle **II** adv subtly

subtrahieren [zʊptra'hiːrən] past part **subtrahiert** v/t & v/i to subtract **Subtraktion** [zʊptrak'tsioːn] f ⟨-, -en⟩ subtraction **Subtraktionszeichen** nt subtraction sign

Subtropen pl subtropics pl **subtropisch** adj subtropical

Subunternehmer(in) m/(f) subcontractor

Subvention [zʊpvɛn'tsioːn] f ⟨-, -en⟩ subsidy **subventionieren** [zʊpvɛntsio-'niːrən] past part **subventioniert** v/t to subsidize

subversiv [zʊpvɛr'ziːf] **I** adj subversive **II** adv *sich* ~ *betätigen* to engage in subversive activities

Suchaktion f search operation **Suchanfrage** f IT search enquiry **Suchbefehl** m IT search command **Suchdauer** f IT search time **Suche** ['zuːxə] f ⟨-, no pl⟩ search (nach for); *sich auf die* ~ *nach jdm/etw machen* to go in search of sb/sth; *auf der* ~ *nach etw sein* to be looking for sth **suchen** ['zuːxn̩] **I** v/t **1.** (um zu finden) to look for; (stärker, intensiv) to search for (auch IT); *Verkäufer(in) gesucht* sales person wanted; *Streit/Ärger (mit jdm)* ~ to be looking for trouble/a quarrel (with sb); *Schutz vor etw* (dat) ~ to seek shelter from sth; *Zuflucht* ~ *bei jdm* to seek refuge with sb; *du hast hier nichts zu* ~ you have no business being here; → *gesucht* **2.** (≈ streben nach) to seek; (≈ versuchen) to strive; *ein Gespräch* ~ to try to have a talk **II** v/i to search; *nach etw* ~ to look for sth; (stärker) to search for sth; *nach Worten* ~ to search for words; (≈ sprachlos sein) to be at a loss for words; *Suchen und Ersetzen* IT search and replace **Sucher** ['zuːxɐ] m ⟨-s, -⟩ PHOT viewfinder **Suchergebnis** nt IT search result **Suchfunktion** f IT search function **Suchlauf** m (bei Hi-Fi-Geräten) search **Suchmannschaft** f search party **Suchmaschine** f IT search engine **Suchscheinwerfer** m searchlight

Sucht [zʊxt] f ⟨-, ⸚e ['zʏçtə]⟩ addiction (nach to); (fig) obsession (nach with); ~ *erzeugend* addictive; *an einer* ~ *leiden* to be an addict **Suchtdroge** f addictive drug **Suchtgefahr** f danger of addiction **süchtig** ['zʏçtɪç] adj addicted (nach to); *von* or *nach etw* ~ *werden/sein* to get/be addicted to sth; ~ *machen* (Droge) to be addictive **Süchtige(r)** ['zʏçtɪgə] m/f(m) decl as adj addict **Suchtkranke(r)** m/f(m) decl as adj addict **Suchtkrankheit** f addictive illness **Suchtmittel** nt addictive drug

Suchtrupp m search party

Südafrika *nt* South Africa **Südafrikaner(in)** *m/(f)* South African **südafrikanisch** *adj* South African **Südamerika** *nt* South America **Südamerikaner(in)** *m/(f)* South American **südamerikanisch** *adj* South American

Sudan [zu'da:n, 'zu:dan] *m* ⟨**-s**⟩ *der*~ the Sudan **Sudanese** [zuda'ne:zə] *m* ⟨**-n, -n**⟩, **Sudanesin** [-'ne:zɪn] *f* ⟨**-, -nen**⟩ Sudanese **sudanesisch** [zuda'ne:zɪʃ] *adj* Sudanese

süddeutsch *adj* South German **Süddeutschland** *nt* South(ern) Germany **Süden** ['zy:dn] *m* ⟨**-s**, *no pl*⟩ south; (*von Land*) South; **aus dem** ~ from the south; **im** ~ **des Landes** in the south of the country **Südfrüchte** *pl* citrus and tropical fruit(s *pl*) **Südkorea** *nt* South Korea **Südländer** ['zy:tlɛndɐ] *m* ⟨**-s, -**⟩, **Südländerin** [-ərɪn] *f* ⟨**-, -nen**⟩ southerner; (≈ *Italiener, Spanier etc*) Mediterranean type **südländisch** [-lɛndɪʃ] *adj* southern; (≈ *italienisch, spanisch etc*) Mediterranean; *Temperament* Latin **südlich** ['zy:tlɪç] **I** *adj* **1.** southern; *Kurs, Wind, Richtung* southerly **2.** (≈ *mediterran*) Mediterranean; *Temperament* Latin **II** *adv* (to the) south; ~ **von Wien (gelegen)** (to the) south of Vienna **III** *prep* +*gen* (to the) south of **Südlicht** *nt, no pl* southern lights *pl*; (*fig hum: Mensch*) Southerner

Sudoku ['zu:doku] *nt* sudoku

Südosten [zy:t'|ɔstn] *m* southeast; (*von Land*) South East **südöstlich** [zy:t-'|œstlɪç] **I** *adj Gegend* southeastern; *Wind* southeast(erly) **II** *adv* (to the) southeast (*von of*) **Südpol** *m* South Pole **Südsee** ['zy:tze:] *f* South Pacific **Südtirol** *nt* South(ern) Tyrol **Südwand** *f* (*von Berg*) south face **südwärts** ['zy:tvɛrts] *adv* south(wards) **Südwesten** [zy:t-'vɛstn] *m* southwest; (*von Land*) South West **südwestlich I** *adj Gegend* southwestern; *Wind* southwest(erly) **II** *adv* (to the) southwest (*von of*) **Südwind** *m* south wind

Sueskanal ['zu:ɛs-] *m* Suez Canal

Suff [zʊf] *m* ⟨**-(e)s**, *no pl*⟩ (*infml*) **dem** ~ **verfallen sein** to be on the bottle (*infml*); **im** ~ while under the influence (*infml*) **süffig** ['zʏfɪç] *adj Wein* drinkable

süffisant [zʏfi'zant] **I** *adj* smug **II** *adv* smugly

Suffix [zʊ'fɪks, 'zʊfɪks] *nt* ⟨**-es, -e**⟩ suffix **suggerieren** [zʊɡe'ri:rən] *past part* **suggeriert** *v/t* to suggest; **jdm** ~, **dass** ... to get sb to believe that ... **Suggestion** [zʊɡɛs'tio:n] *f* ⟨**-, -en**⟩ suggestion **suggestiv** [zʊɡɛs'ti:f] **I** *adj* suggestive **II** *adv* suggestively **Suggestivfrage** *f* leading question

suhlen ['zu:lən] *v/r* to wallow

Sühne ['zy:nə] *f* ⟨**-, -n**⟩ atonement **sühnen** ['zy:nən] *v/t Unrecht* to atone for

Suite ['svi:tə, 'zu:itə] *f* ⟨**-, -n**⟩ suite; (≈ *Gefolge*) retinue

Suizid [zui'tsi:t] *m or nt* ⟨**-(e)s, -e** [-də]⟩ (*form*) suicide

Sulfat [zʊl'fa:t] *nt* ⟨**-(e)s, -e**⟩ sulphate (*Br*), sulfate (*US*)

Sultan ['zʊlta:n] *m* ⟨**-s, -e**⟩ sultan **Sultanine** [zʊlta'ni:nə] *f* ⟨**-, -n**⟩ (≈ *Rosine*) sultana

Sülze ['zʏltsə] *f* ⟨**-, -n**⟩ brawn

summarisch [zʊ'ma:rɪʃ] *adj also* JUR summary **Summe** ['zʊmə] *f* ⟨**-, -n**⟩ sum; (*fig*) sum total

summen ['zʊmən] **I** *v/t Melodie etc* to hum **II** *v/i* to buzz; (*Mensch, Motor*) to hum **Summer** ['zʊmɐ] *m* ⟨**-s, -**⟩ buzzer

summieren [zʊ'mi:rən] *past part* **summiert I** *v/t* to sum up **II** *v/r* to mount up; **das summiert sich** it (all) adds up

Sumpf [zʊmpf] *m* ⟨**-(e)s**, ¨**e** ['zʏmpfə]⟩ marsh; (≈ *Morast*) mud; (*in tropischen Ländern*) swamp; (*fig*) morass **sumpfig** ['zʊmpfɪç] *adj* marshy **Sumpfpflanze** *f* marsh plant

Sünde ['zʏndə] *f* ⟨**-, -n**⟩ sin **Sündenbock** *m* (*infml*) scapegoat **Sündenregister** *nt* (*fig*) list of sins **Sünder** ['zʏndɐ] *m* ⟨**-s, -**⟩, **Sünderin** [-ərɪn] *f* ⟨**-, -nen**⟩ sinner **sündhaft I** *adj* (*lit*) sinful; (*fig infml*) *Preise* wicked **II** *adv* (*infml*) ~ **teuer** wickedly expensive **sündigen** ['zʏndɪɡn] *v/i* to sin (*an* +*dat* against); (*hum*) to indulge

super ['zu:pɐ] (*infml*) *adj inv* super (*infml*), great (*infml*) **Super** ['zu:pɐ] *nt* ⟨**-s**, *no pl*⟩ (≈ *Benzin*) ≈ four-star (petrol) (*Br*), ≈ premium (*US*) **Superfrau** *f* superwoman **Superlativ** ['zu:pɐlati:f] *m* ⟨**-s, -e** [-və]⟩ superlative **Supermacht** *f* superpower **Supermann** *m, pl* **-männer** superman **Supermarkt** *m* supermarket **Superstar** *m* (*infml*) superstar **Superzahl** *f* (*Lotto*) additional number

Suppe ['zʊpə] f ⟨-, -n⟩ soup; *klare ~* consommé; *jdm ein schöne ~ einbrocken* (*fig infml*) to get sb into a pickle (*infml*); *du musst die ~ auslöffeln, die du dir eingebrockt hast* (*infml*) you've made your bed, now you must lie on it (*prov*) **Suppengrün** nt herbs and vegetables pl for making soup **Suppenhuhn** nt boiling fowl **Suppenkelle** f soup ladle **Suppenlöffel** m soup spoon **Suppenschüssel** f tureen **Suppenteller** m soup plate **Suppenwürfel** m stock cube

Surfbrett ['zøːɐf-, 'zœrf-, s-] nt surfboard **surfen** ['zøːɐfn, 'zœrfn, s-] v/i to surf; *im Internet ~* to surf the Internet **Surfer** ['zøːɐfɐ, 'zœrfɐ, s-] m ⟨-s, -⟩, **Surferin** [-ərin] f ⟨-, -nen⟩ surfer **Surfing** ['zøːɐfɪŋ, 'zœr-, s-] nt ⟨-s, no pl⟩ SPORTS surfing

Surrealismus [zʊreaˈlɪsmʊs, zy-] m, no pl surrealism **surrealistisch** [zʊreaˈlɪstɪʃ, zy-] adj surrealist(ic)

surren ['zʊrən] v/i (*Projektor, Computer*) to hum; (*Ventilator, Kamera*) to whir(r); (*Insekt*) to buzz

Sushi ['zuːʃi] nt ⟨-s, -s⟩ sushi

suspekt [zʊsˈpɛkt] adj suspicious

suspendieren [zʊspɛnˈdiːrən] past part **suspendiert** v/t to suspend

süß [zyːs] **I** adj sweet; *das ~e Leben* the good life **II** adv sweetly; *gern ~ essen* to have a sweet tooth; *~ aussehen* to look sweet **Süße** ['zyːsə] f ⟨-, no pl⟩ sweetness **süßen** ['zyːsn] v/t to sweeten; (*mit Zucker*) to sugar **Süßigkeit** ['zyːsɪçkait] f ⟨-, -en⟩ **1.** no pl sweetness **2.** *~en* pl sweets pl (*Br*), candy (*US*) **Süßkartoffel** f sweet potato **süßlich** ['zyːslɪç] adj **1.** (≈ *leicht süß*) slightly sweet; (≈ *unangenehm süß*) sickly (sweet) **2.** (*fig*) *Worte* sweet; *Lächeln* sugary; (≈ *kitschig*) mawkish, tacky **süßsauer** adj sweet-and-sour; *Gurken etc* pickled; (*fig*) *Lächeln* forced **Süßspeise** f sweet dish **Süßstoff** m sweetener **Süßwasser** nt, pl **-wasser** freshwater **Süßwasserfisch** m freshwater fish

Sweatshirt ['svɛtʃœrt, -ʃøːɐt] nt ⟨-s, -s⟩ sweatshirt

Swimmingpool ['svɪmɪŋpuːl] m ⟨-s, -s⟩ swimming pool

Swing [svɪŋ] m ⟨-s, no pl⟩ MUS, FIN swing

Symbiose [zym'bioːzə] f ⟨-, -n⟩ symbiosis

Symbol [zym'boːl] nt ⟨-s, -e⟩ symbol

Symbolfigur f symbolic figure **Symbolik** [zym'boːlɪk] f ⟨-, no pl⟩ symbolism **symbolisch** [zym'boːlɪʃ] **I** adj symbolic(al) (*für* of) **II** adv symbolically **symbolisieren** [zymboli'ziːrən] past part **symbolisiert** v/t to symbolize **Symbolleiste** f IT toolbar **symbolträchtig** adj heavily symbolic

Symmetrie [zyme'triː] f ⟨-, -n [-'triːən]⟩ symmetry **Symmetrieachse** f axis of symmetry **symmetrisch** [zy'meːtrɪʃ] **I** adj symmetric(al) **II** adv symmetrically

Sympathie [zympa'tiː] f ⟨-, -n [-'tiːən]⟩ (≈ *Zuneigung*) liking; (≈ *Mitgefühl*) sympathy; *diese Maßnahmen haben meine volle ~* I sympathize completely with these measures; *~n gewinnen* to win favour (*Br*) or favor (*US*) **Sympathisant** [zympati'zant] m ⟨-en, -en⟩, **Sympathisantin** [-'zantɪn] f ⟨-, -nen⟩ sympathizer **sympathisch** [zym'paːtɪʃ] adj **1.** nice; *er/es ist mir ~* I like him / it **2.** ANAT, PHYSIOL sympathetic **sympathisieren** [zympati'ziːrən] past part **sympathisiert** v/i to sympathize

symphonisch [zym'foːnɪʃ] adj = *sinfonisch*

Symptom [zymp'toːm] nt ⟨-s, -e⟩ symptom **symptomatisch** [zympto'maːtɪʃ] adj symptomatic (*für* of)

Synagoge [zyna'goːgə] f ⟨-, -n⟩ synagogue

synchron [zyn'kroːn] adj synchronous **Synchrongetriebe** nt AUTO synchromesh gearbox **Synchronisation** [zynkroniza'tsioːn] f ⟨-, -en⟩ synchronization; (≈ *Übersetzung*) dubbing **synchronisieren** [zynkroni'ziːrən] past part **synchronisiert** v/t to synchronize; (≈ *übersetzen*) *Film* to dub **Syndrom** [zyn'droːm] nt ⟨-s, -e⟩ syndrome

Synergie [zynɛr'giː, zyn|ɛr'giː] f ⟨-, no pl⟩ synergy **Synergieeffekt** m CHEM, PHYS synergistic effect; (*fig*) synergy effect

Synode [zy'noːdə] f ⟨-, -n⟩ ECCL synod

synonym [zyno'nyːm] adj synonymous **Synonym** [zyno'nyːm] nt ⟨-s, -e⟩ synonym

syntaktisch [zyn'taktɪʃ] **I** adj syntactic(al) **II** adv *das ist ~ falsch* the syntax (of this) is wrong **Syntax** ['zyntaks] f ⟨-, -en⟩ syntax

Synthese [zyn'teːzə] f ⟨-, -n⟩ synthesis

Synthesizer ['zyntəsaizɐ] *m* ⟨*-s, -*⟩ synthesizer **synthetisch** [zyn'te:tɪʃ] **I** *adj* synthetic **II** *adv* *etw* ~ *herstellen* to make sth synthetically

Syphilis ['zy:filɪs] *f* ⟨*-, no pl*⟩ syphilis

Syrer ['zy:rɐ] *m* ⟨*-s, -*⟩, **Syrerin** [-ərɪn] *f* ⟨*-, -nen*⟩ Syrian **Syrien** ['zy:riən] *nt* ⟨*-s*⟩ Syria **Syrier** ['zy:riɐ] *m* ⟨*-s, -*⟩, **Syrierin** [-iərɪn] *f* ⟨*-, -nen*⟩ Syrian **syrisch** ['zy:rɪʃ] *adj* Syrian

System [zʏs'te:m] *nt* ⟨*-s, -e*⟩ system; *etw mit* ~ *machen* to do sth systematically; *hinter dieser Sache steckt* ~ there's method behind it **Systemabsturz** *m* IT system crash **Systemanalyse** *f* systems analysis **Systemanalytiker(in)** *m*/(*f*) systems analyst **Systematik** [zʏste-'ma:tɪk] *f* ⟨*-, no pl*⟩ system **systematisch** [zʏste'ma:tɪʃ] **I** *adj* systematic **II** *adv* systematically **systembedingt** *adj*

determined by the system **Systemdiskette** *f* systems disk **Systemfehler** *m* IT system error **Systemkritiker(in)** *m*/(*f*) critic of the system **systemkritisch** *adj* critical of the system **Systemsoftware** *f* systems software **Systemsteuerung** *f* IT control panel **Systemtechniker(in)** *m*/(*f*) IT systems engineer **Systemzwang** *m* obligation to conform to the system

Szenario [stse'na:rio] *nt* ⟨*-s, -s*⟩ scenario **Szene** ['stse:nə] *f* ⟨*-, -n*⟩ scene; (≈ *Bühnenausstattung*) set; *etw in* ~ *setzen* to stage sth; *sich in* ~ *setzen* (*fig*) to play to the gallery; *jdm eine* ~ *machen* to make a scene in front of sb **Szenekneipe** *f* (*infml*) hip bar (*infml*) **Szenerie** [stsenə'ri:] *f* ⟨*-, -n* [-'ri:ən]⟩ scenery

Szintigramm [stsɪnti'gram] *nt, pl* *-gramme* scintigram

T

T, t [te:] *nt* ⟨*-, -*⟩ T, t

Tabak ['ta:bak, 'tabak, (*Aus*) ta'bak] *m* ⟨*-s, -e*⟩ tobacco **Tabakladen** *m* tobacconist's **Tabaksteuer** *f* duty on tobacco

tabellarisch [tabɛ'la:rɪʃ] **I** *adj* tabular **II** *adv* in tabular form **Tabelle** [ta'bɛlə] *f* ⟨*-, -n*⟩ table; (≈ *Diagramm*) chart; SPORTS (league) table **Tabellenführer(in)** *m*/(*f*) SPORTS league leaders *pl*; ~ *sein* to be at the top of the (league) table **Tabellenkalkulation** *f* IT spreadsheet **Tabellenplatz** *m* SPORTS position in the league **Tabellenstand** *m* SPORTS league situation

Tablett [ta'blɛt] *nt* ⟨*-(e)s, -s or -e*⟩ tray **Tablette** [ta'blɛtə] *f* ⟨*-, -n*⟩ tablet **Tablettenmissbrauch** *m* pill abuse **tablettensüchtig** *adj* addicted to pills

tabu [ta'bu:, 'ta:bu] *adj pred* taboo **Tabu** [ta'bu:, 'ta:bu] *nt* ⟨*-s, -s*⟩ taboo **tabuisieren** [tabui'zi:rən] *past part* **tabuisiert** *v/t* to make taboo

Tabulator [tabu'la:to:ɐ] *m* ⟨*-s, Tabulatoren* [-'to:rən]⟩ tabulator

Tacho ['taxo] *m* ⟨*-s, -s*⟩ (*infml*) speedo (*Br infml*) **Tachometer** [taxo'me:tɐ] *m or nt* ⟨*-s, -*⟩ speedometer

Tacker ['takɐ] *m* ⟨*-s, -*⟩ (*infml*) stapler

Tadel ['ta:dl] *m* ⟨*-s, -*⟩ (≈ *Verweis*) repri-

mand; (≈ *Vorwurf*) reproach; (≈ *Kritik*) criticism **tadellos I** *adj* perfect; (*infml*) splendid **II** *adv* perfectly; *gekleidet* immaculately **tadeln** ['ta:dln] *v/t jdn* to rebuke; *jds Benehmen* to criticize

Tafel ['ta:fl] *f* ⟨*-, -n*⟩ **1.** (≈ *Platte*) slab; (≈ *Holztafel*) panel; (≈ *Tafel Schokolade etc*) bar; (≈ *Gedenktafel*) plaque; (≈ *Wandtafel*) (black)board; (≈ *Schiefertafel*) slate; (ELEC ≈ *Schalttafel*) control panel; (≈ *Anzeigetafel*) board **2.** (≈ *Speisetisch*) table; (≈ *Festmahl*) meal **Tafelgeschirr** *nt* tableware **Tafelland** *nt* plateau **täfeln** ['tɛ:fln] *v/t Wand* to wainscot; *Decke, Raum* to panel **Tafelobst** *nt* (dessert) fruit **Tafelsalz** *nt* table salt **Tafelsilber** *nt* silver **Täfelung** ['tɛ:fəluŋ] *f* ⟨*-, -en*⟩ (*von Wand*) wainscoting; (*von Decke*) (wooden) panelling (*Br*) *or* paneling (*US*) **Tafelwasser** *nt, pl* *-wässer* mineral water **Tafelwein** *m* table wine

Taft [taft] *m* ⟨*-(e)s, -e*⟩ taffeta

Tag [ta:k] *m* ⟨*-(e)s, -e* [-gə]⟩ **1.** day; *am* ~ during the day; *auf den* ~ *(genau)* to the day; *auf ein paar* ~*e* for a few days; *bei* ~ *und Nacht* night and day; *bis die* ~*e!* (*infml*) so long (*infml*); *den ganzen* *(lang)* all day long; *eines* ~*es* one day;

eines schönen ~es one fine day; *~ für~* day by day; *von ~ zu ~* from day to day; *guten ~!* hello (*infml*); (*esp bei Vorstellung*) how-do-you-do; *~!* (*infml*) hi (*infml*); *zweimal pro ~* twice a day; *von einem ~ auf den anderen* overnight; *in den ~ hinein leben* to live from day to day; *bei ~(e) ankommen* while it's light; *arbeiten, reisen* during the day; *es wird schon ~* it's getting light already; *an den ~ kommen* (*fig*) to come to light; *etw an den ~ bringen* to bring sth to light; *zu ~e = zutage* 2. (*infml* ≈ *Menstruation*) *meine/ihre ~e* my/her period 3. MIN *über ~e arbeiten* to work above ground; *unter ~e arbeiten* to work underground **Tagebau** *m, pl* **-baue** MIN opencast mining **Tagebuch** *nt* diary; (*über etw acc*) *~ führen* to keep a diary (of sth) **Tagegeld** *nt* daily allowance **tagein** [taːk'|ain] *adv ~, tagaus* day in, day out **tagelang I** *adj* lasting for days **II** *adv* for days **tagen** ['taːgn] *v/i* (*Parlament, Gericht*) to sit **Tagesablauf** *m* day **Tagesanbruch** *m* daybreak **Tagescreme** *f* day cream **Tagesdecke** *f* bedspread **Tagesgeschehen** *nt* events *pl* of the day **Tageskarte** *f* 1. (≈ *Speisekarte*) menu of the day (*Br*), specialties *pl* of the day (*US*) 2. (≈ *Fahr-, Eintrittskarte*) day ticket **Tageskurs** *m* ST EX current price; (*von Devisen*) current rate **Tageslicht** *nt, no pl* daylight; *ans ~ kommen* (*fig*) to come to light **Tageslichtprojektor** *m* overhead projector **Tagesmutter** *f, pl* **-mütter** child minder (*Br*), nanny **Tagesordnung** *f* agenda; *auf der ~ stehen* to be on the agenda; *zur ~ übergehen* (≈ *wie üblich weitermachen*) to carry on as usual; *an der ~ sein* (*fig*) to be the order of the day **Tagessatz** *m* daily rate **Tageszeit** *f* time (of day); *zu jeder Tages- und Nachtzeit* at all hours of the day and night **Tageszeitung** *f* daily (paper) **tageweise** ['taːgəvaizə] *adv* for a few days at a time
taggen ['tɛgn] *v/t* IT to tag
taghell I *adj* (as) bright as day **II** *adv etw ~ erleuchten* to light sth up very brightly **täglich** ['tɛːglɪç] **I** *adj* daily; (*attr* ≈ *gewöhnlich*) everyday **II** *adv* every day; *einmal ~* once a day **tags** [taːks] *adv ~ zuvor* the day before; *~ darauf* the next day **Tagschicht** *f* day shift **tagsüber** ['taːks|yːbɐ] *adv* during the day **tagtäg-**

lich I *adj* daily **II** *adv* every (single) day **Tagtraum** *m* daydream **Tagung** ['taːgʊŋ] *f* ⟨-, -en⟩ conference; (*von Ausschuss*) sitting
Tai Chi ['tai 'tʃiː] *nt* ⟨-, *no pl*⟩ t'ai chi **Taifun** [tai'fuːn] *m* ⟨-s, -e⟩ typhoon **Taille** ['taljə] *f* ⟨-, -n⟩ waist; *auf seine ~ achten* to watch one's waistline **Taillenweite** ['taljən-] *f* waist measurement **tailliert** [ta(l)'jiːɐt] *adj* waisted, fitted **Taiwan** ['taivan, tai'vaːn] *nt* ⟨-s⟩ Taiwan **taiwanesisch** [taiva'neːzɪʃ] *adj* Taiwan(ese)
Takelage [takə'laːʒə] *f* ⟨-, -n⟩ NAUT rigging
Takt [takt] *m* ⟨-(e)s, -e⟩ 1. MUS bar; (≈ *Rhythmus*) time; *im ~ singen/tanzen* to sing/dance in time (with the music); *den ~ angeben* (*lit*) to give the beat; (*fig*) to call the tune 2. AUTO stroke 3. IND phase 4. *no pl* (≈ *Taktgefühl*) tact 5. (≈ *Taktverkehr*) *im ~ fahren* to go at regular intervals **takten** ['taktn] *v/t* IT to clock **Taktgefühl** *nt* sense of tact **taktieren** [tak'tiːrən] *past part* **taktiert** *v/i* (≈ *Taktiken anwenden*) to manoeuvre (*Br*), to maneuver (*US*) **Taktik** ['taktɪk] *f* ⟨-, -en⟩ tactics *pl*; *man muss mit ~ vorgehen* you have to use tactics **Taktiker** ['taktikɐ] *m* ⟨-s, -⟩, **Taktikerin** [-ərɪn] *f* ⟨-, -nen⟩ tactician **taktisch** ['taktɪʃ] **I** *adj* tactical **II** *adv* tactically; *~ vorgehen* to use tactics; *~ klug* good tactics **taktlos I** *adj* tactless **II** *adv* tactlessly **Taktlosigkeit** *f* ⟨-, -en⟩ tactlessness **Taktstock** *m* baton **taktvoll I** *adj* tactful **II** *adv* tactfully
Tal [taːl] *nt* ⟨-(e)s, -⟩er ['tɛːlɐ]⟩ valley **talab(wärts)** [taːl'|ap(vɛrts)] *adv* down into the valley **talauf(wärts)** *adv* up the valley
Talent [ta'lɛnt] *nt* ⟨-(e)s, -e⟩ 1. (≈ *Begabung*) talent (*zu* for); *ein großes ~ haben* to be very talented 2. (≈ *begabter Mensch*) talented person; *junge ~e* young talent **talentiert** [talɛn'tiːɐt] *adj* talented **talentlos** *adj* untalented **Talentsuche** *f* search for talent
Talfahrt *f* descent
Talg [talk] *m* ⟨-(e)s, -e [-gə]⟩ tallow; COOK suet; (≈ *Hautabsonderung*) sebum **Talgdrüse** *f* PHYSIOL sebaceous gland
Talisman ['talisman] *m* ⟨-s, -e⟩ talisman; (≈ *Maskottchen*) mascot
talken ['tɔːkn] *v/i* (*infml*) to talk **Talk-**

master ['tɔːkmaːstɐ] *m* ⟨*-s, -*⟩, Talkmasterin [-ərɪn] *f* ⟨*, -nen*⟩ talk show host **Talkshow** ['tɔːkʃoː] *f* TV talk show
Talsohle *f* bottom of a/the valley; (*fig*) rock bottom **Talsperre** *f* dam
Tamburin [tambu'riːn, 'tam-] *nt* ⟨*-s, -e*⟩ tambourine
Tampon ['tampɔn, tam'poːn] *m* ⟨*-s, -s*⟩ tampon **tamponieren** [tampo'niːrən] *past part* **tamponiert** *v/t* to plug
Tamtam [tam'tam, 'tam-] *nt* ⟨*-s, -s*⟩ (*infml*) (≈ *Wirbel*) fuss; (≈ *Lärm*) row
Tandem ['tandɛm] *nt* ⟨*-s, -s*⟩ tandem
Tandler ['tandlɐ] *m* ⟨*-s, -*⟩, **Tandlerin** [-ə-rɪn] *f* ⟨*, -nen*⟩ (*Aus*) **1.** (≈ *Trödler*) second-hand dealer **2.** (≈ *langsamer Mensch*) slowcoach (*Br infml*), slowpoke (*US infml*)
Tang [taŋ] *m* ⟨*-(e)s, -e*⟩ seaweed
Tanga ['taŋɡa] *m* ⟨*-s, -s*⟩ thong
Tangente [taŋ'ɡɛntə] *f* ⟨*-, -n*⟩ MAT tangent; (≈ *Straße*) ring road (*Br*), expressway **tangieren** [taŋ'ɡiːrən] *past part* **tangiert** *v/t* to be tangent to **2.** (≈ *berühren*) *Problem* to touch on **3.** (≈ *betreffen*) to affect
Tango ['taŋɡo] *m* ⟨*-s, -s*⟩ tango
Tank [taŋk] *m* ⟨*-(e)s, -s or -e*⟩ tank **Tankdeckel** *m* filler cap (*Br*), gas cap (*US*) **tanken** ['taŋkn] **I** *v/i* (*Autofahrer*) to get petrol (*Br*) *or* gas (*US*); (*Rennfahrer, Flugzeug*) to refuel; **hier kann man billig ~** you can get cheap petrol (*Br*) *or* gas (*US*) here **II** *v/t Super, Diesel* to get; **ich tanke bleifrei** I use unleaded; **er hat einiges getankt** (*infml*) he's had a few **Tanker** ['taŋkɐ] *m* ⟨*-s, -*⟩ NAUT tanker **Tankfahrzeug** *nt* AUTO tanker **Tanklaster** *m* tanker **Tanksäule** *f* petrol pump (*Br*), gas(oline) pump (*US*) **Tankschiff** *nt* tanker **Tankstelle** *f* filling (*Br*) *or* gas(oline) (*US*) station **Tankuhr** *f* fuel gauge **Tankverschluss** *m* petrol (*Br*) *or* gas (*US*) cap **Tankwagen** *m* tanker; RAIL tank wagon **Tankwart** *m* ⟨*-s, -e*⟩, **Tankwartin** *f* ⟨*, -nen*⟩ petrol pump (*Br*) *or* gas station (*US*) attendant
Tanne ['tanə] *f* ⟨*, -n*⟩ fir; (*Holz*) pine **Tannenbaum** *m* **1.** fir tree **2.** (≈ *Weihnachtsbaum*) Christmas tree **Tannennadel** *f* fir needle **Tannenzapfen** *m* fir cone
Tansania [tanza'niːa, tan'zaːnia] *nt* ⟨*-s*⟩ Tanzania
Tante ['tantə] *f* ⟨*, -n*⟩ **1.** (*Verwandte*) aunt **2.** (*baby talk*) **~ Monika** aunty Monika

Tante-Emma-Laden [tantə'|ɛma-] *m* (*infml*) corner shop
Tantieme [tã'tiɛːmə, -'tiːɛːmə] *f* ⟨*-, -n*⟩ percentage (of the profits); (*für Künstler*) royalty
Tanz [tants] *m* ⟨*-es, ≈e* ['tɛntsə]⟩ dance **Tanzabend** *m* dance **tanzen** ['tantsn] *v/i aux haben or* (*bei Richtungsangabe*) *sein* to dance; **~ gehen** to go dancing **II** *v/t* to dance **Tänzer** ['tɛntsɐ](in) *m/*(*f*) dancer **Tanzfläche** *f* dance floor **Tanzkapelle** *f* dance band **Tanzkurs** *m* dancing course **Tanzlokal** *nt* café with dancing **Tanzmusik** *f* dance music **Tanzorchester** *nt* dance orchestra **Tanzpartner(in)** *m/*(*f*) dancing partner **Tanzschule** *f* dancing school **Tanzsport** *m* competitive dancing **Tanzstunde** *f* dancing lesson **Tanztheater** *nt* dance theatre (*Br*) *or* theater (*US*) **Tanzturnier** *nt* dancing *or* dance contest
Tapet [ta'peːt] *nt* (*infml*) **etw aufs ~ bringen** to bring sth up
Tapete [ta'peːtə] *f* ⟨*-, -n*⟩ wallpaper **Tapetenwechsel** *m* (*infml*) change of scenery **tapezieren** [tape'tsiːrən] *past part* **tapeziert** *v/t* to (wall)paper; **neu ~** to repaper **Tapezierer** [tape'tsiːrɐ] *m* ⟨*-s, -*⟩, **Tapeziererin** [-ərɪn] *f* ⟨*, -nen*⟩ paperhanger, decorator (*Br*) **Tapeziertisch** *m* trestle table
tapfer ['tapfɐ] **I** *adj* brave **II** *adv* bravely; **sich ~ schlagen** (*infml*) to put on a brave show **Tapferkeit** *f* ⟨*-, no pl*⟩ bravery
tapsen ['tapsn] *v/i aux sein* (*infml*) (*Kind*) to toddle; (*Kleintier*) to waddle **tapsig** ['tapsɪç] (*infml*) *adj* awkward
Tarantel [ta'rantl] *f* ⟨*-, -n*⟩ tarantula; **wie von der ~ gestochen** as if stung by a bee
Tarif [ta'riːf] *m* ⟨*-(e)s, -e*⟩ rate; (≈ *Fahrpreis*) fare; **über/unter ~ bezahlen** to pay above/below the (union) rate(s) **Tarifabschluss** *m* wage settlement **Tarifautonomie** *f* (right to) free collective bargaining **Tarifgehalt** *nt* union rates *pl* **Tarifgruppe** *f* grade **tariflich** [ta-'riːflɪç] **I** *adj Arbeitszeit* agreed **II** *adv* **die Gehälter sind ~ festgelegt** there are fixed rates for salaries **Tariflohn** *m* standard wage **Tarifpartner(in)** *m/*(*f*) party to the wage *or* (*für Gehälter*) salary agreement; **die~** union and management **Tarifrunde** *f* pay round **Tarifverhandlungen** *pl* negotiations *pl* on pay

Tarifvertrag *m* pay agreement **tarnen** ['tarnən] **I** *v/t* to camouflage; (*fig*) *Absichten etc* to disguise; **als Polizist getarnt** disguised as a policeman **II** *v/r* (*Tier*) to camouflage itself; (*Mensch*) to disguise oneself **Tarnfarbe** *f* camouflage colour (*Br*) *or* color (*US*) **Tarnkappe** *f* magic hat **Tarnung** ['tarnʊŋ] *f* ⟨-, -en⟩ camouflage; (*von Agent etc*) disguise

Tasche ['taʃə] *f* ⟨-, -n⟩ **1.** (≈ *Handtasche*) bag (*Br*), purse (*US*); (≈ *Reisetasche etc*) bag; (≈ *Aktentasche*) case **2.** (*bei Kleidungsstücken*) pocket; **etw in der ~ haben** (*infml*) to have sth in the bag (*infml*); **jdm das Geld aus der ~ ziehen** to get sb to part with his money; **etw aus der eigenen ~ bezahlen** to pay for sth out of one's own pocket; **jdm auf der ~ liegen** (*infml*) to live off sb; **jdn in die ~ stecken** (*infml*) to put sb in the shade (*infml*) **Taschenausgabe** *f* pocket edition **Taschenbuch** *nt* paperback (book) **Taschendieb(in)** *m/(f)* pickpocket **Taschendiebstahl** *m* pickpocketing **Taschenformat** *nt* pocket size **Taschengeld** *nt* pocket money **Taschenlampe** *f* torch, flashlight **Taschenmesser** *nt* pocketknife **Taschenrechner** *m* pocket calculator **Taschentuch** *nt*, *pl* -*tücher* hanky (*infml*) **Taschenuhr** *f* pocket watch

Tasse ['tasə] *f* ⟨-, -n⟩ cup; (≈ *Henkeltasse*) mug; **eine ~ Kaffee** a cup of coffee **Tastatur** [tasta'tuːɐ] *f* ⟨-, -en⟩ keyboard **Taste** ['tastə] *f* ⟨-, -n⟩ key; (*Knopf*) button; **„Taste drücken"** "push button" **tasten** ['tastn] **I** *v/i* to feel; **nach etw ~** to feel for sth; **~de Schritte** tentative steps **II** *v/r* to feel one's way **Tastenfeld** *nt* IT keypad **Tasteninstrument** *nt* MUS keyboard° instrument **Tastentelefon** *nt* push-button telephone

Tat [taːt] *f* ⟨-, -en⟩ action; (≈ *Einzeltat auch*) act; (≈ *Leistung*) feat; (≈ *Verbrechen*) crime; **ein Mann der ~** a man of action; **eine gute/böse ~** a good/wicked deed; **etw in die ~ umsetzen** to put sth into action; **in der ~** indeed **Tatar(beefsteak)** [ta'taːɐ-] *nt* steak tartare

Tatbestand *m* JUR facts *pl* (of the case); (≈ *Sachlage*) facts *pl* (of the matter) **Tatendrang** *m* thirst for action **tatenlos I** *adj* idle **II** *adv* **wir mussten ~ zusehen** we could only stand and watch **Tatenlosigkeit** *f* ⟨-, *no pl*⟩ inaction **Täter** ['tɛːtɐ] *m* ⟨-s, -⟩, **Täterin** [-ərɪn] *f* ⟨-, -nen⟩ culprit; JUR perpetrator (*form*); **jugendliche ~** young offenders **Täterschaft** ['tɛːtɐʃaft] *f* ⟨-, -en⟩ guilt; **die ~ leugnen** to deny one's guilt **tätig** ['tɛːtɪç] *adj* **1.** *attr* active; **in einer Sache ~ werden** (*form*) to take action in a matter **2.** (≈ *arbeitend*) **als was sind Sie ~?** what do you do?; **er ist im Bankwesen ~** he's in banking **tätigen** ['tɛːtɪɡn] *v/t* COMM to conclude; (*elev*) *Einkäufe* to carry out **Tätigkeit** ['tɛːtɪçkait] *f* ⟨-, -en⟩ activity; (≈ *Beschäftigung*) occupation; (≈ *Arbeit*) work; (≈ *Beruf*) job **Tätigkeitsbereich** *m* field of activity **Tatkraft** *f*, *no pl* energy, drive **tatkräftig I** *adj* energetic; *Hilfe* active **II** *adv* actively; **etw/jdn ~ unterstützen** to actively support sth/sb **tätlich** ['tɛːtlɪç] **I** *adj* violent; **gegen jdn ~ werden** to assault sb **II** *adv* **jdn ~ angreifen** to attack sb physically **Tätlichkeit** *f* violent act; **~en** violence *sg*; **es kam zu ~en** there was violence **Tatmotiv** *nt* motive (for the crime) **Tatort** *m*, *pl* -*orte* scene of the crime

tätowieren [tɛto'viːrən] *past part* **tätowiert** *v/t* to tattoo; **sich ~ lassen** to have oneself tattooed **Tätowierung** *f* ⟨-, -en⟩ tattoo

Tatsache *f* fact; **das ist ~** (*infml*) that's a fact; **jdn vor vollendete ~n stellen** to present sb with a fait accompli **tatsächlich** ['taːtzɛçlɪç, taːt'zɛçlɪç] **I** *adj* attr real **II** *adv* actually, in fact; **~?** really? **tätscheln** ['tɛtʃln] *v/t* to pat

Tattoo [tɛ'tuː] *m or nt* ⟨-s, -s⟩ (≈ *Tätowierung*) tattoo

Tatverdacht *m* suspicion (*of having committed a crime*); **unter ~ stehen** to be under suspicion **Tatverdächtige(r)** *m/f(m)* *decl as adj* suspect **Tatwaffe** *f* weapon (used in the crime); (≈ *bei Mord*) murder weapon

Tatze ['tatsə] *f* ⟨-, -n⟩ paw

Tau¹ [tau] *m* ⟨-(e)s, *no pl*⟩ dew

Tau² *nt* ⟨-(e)s, -e⟩ (≈ *Seil*) rope

taub [taup] *adj* deaf; *Glieder* numb; *Nuss* empty; **für etw ~ sein** (*fig*) to be deaf to sth

Taube ['taubə] *f* ⟨-, -n⟩ ZOOL pigeon; (*fig*) dove **Taubenschlag** *m* (*fig*) **hier geht es zu wie im ~** it's mobbed here (*infml*)

Taube(r) ['taubə] *m/f(m) decl as adj* deaf person *or* man/woman *etc*; **die ~n** the deaf **Taubheit** *f* ‹-, *no pl*› **1.** deafness **2.** (*von Körperteil*) numbness **taubstumm** *adj* deaf-mute **Taubstumme(r)** [-ʃtʊmə] *m/f(m) decl as adj* deaf-mute **Tauchboot** *nt* submersible **tauchen** ['tauxn] **I** *v/i aux* haben *or* sein to dive (*nach* for); (≈ *kurz tauchen*) to duck under; (*U-Boot*) to dive **II** *v/t* (≈ *kurz tauchen*) to dip; *Menschen, Kopf* to duck; (≈ *eintauchen*) to immerse **Tauchen** *nt* ‹-s, *no pl*› diving **Taucher** ['tauxɐ] *m* ‹-s, -›, **Taucherin** [-ərɪn] *f* ‹-, *-nen*› diver **Taucheranzug** *m* diving (*Br*) *or* dive (*US*) suit **Taucherbrille** *f* diving (*Br*) *or* dive (*US*) goggles *pl* **Taucherflosse** *f* (diving (*Br*) *or* dive (*US*)) flipper **Taucherglocke** *f* diving (*Br*) *or* dive (*US*) bell **Tauchsieder** [-ziːdɐ] *m* ‹-s, -› immersion coil (*for boiling water*) **Tauchsport** *m* (skin) diving **Tauchstation** *f* **auf~gehen** (*U-Boot*) to dive; (*fig* ≈ *sich verstecken*) to make oneself scarce

tauen ['tauən] *v/t & v/i* (*vi*) to melt, to thaw; **es taut** it is thawing

Taufbecken *nt* font **Taufe** ['taufə] *f* ‹-, *-n*› baptism; (*esp von Kindern*) christening; **etw aus der ~ heben** *Firma* to start sth up; *Projekt* to launch sth **taufen** ['taufn] *v/t* to baptize; (≈ *nennen*) *Kind, Schiff* to christen; **sich ~ lassen** to be baptized **Täufling** ['tɔyflɪŋ] *m* ‹-s, -e› child/person to be baptized **Taufpate** *m* godfather **Taufpatin** *f* godmother **taufrisch** *adj* (*fig*) fresh

taugen ['taugn] *v/i* **1.** (≈ *geeignet sein*) to be suitable (*zu, für* for); **er taugt zu gar nichts** he is useless **2.** (≈ *wert sein*) **etwas ~** to be good *or* all right; **nicht viel ~** to be not much good *or* no good **3.** (*Aus* ≈ *gefallen*) **das taugt mir** I like it **tauglich** ['tauklɪç] *adj* suitable (*zu* for); MIL fit (*zu* for) **Tauglichkeit** *f* ‹-, *no pl*› suitability; MIL fitness (for service)

taumeln ['taumln] *v/i aux* sein to stagger; (*zur Seite*) to sway

Tausch [tauʃ] *m* ‹-(e)s, -e› exchange; **im~ gegen** *or* **für etw** in exchange for sth; **einen guten/schlechten ~ machen** to get a good/bad deal **Tauschbörse** *f* barter exchange **tauschen** ['tauʃn] *v/t* to exchange; *Güter* to barter; *Münzen etc* to swap; *Geld* to change (*in +acc* into); (*infml* ≈ *umtauschen*) *Gekauftes* to change; **die Rollen ~** to swap roles **II** *v/i* to swap; (*in Handel*) to barter; **wollen wir~?** shall we swap?; **ich möchte nicht mit ihm ~** I wouldn't like to change places with him

täuschen ['tɔyʃn] **I** *v/t* to deceive; **wenn mich nicht alles täuscht** unless I'm completely wrong; **sie lässt sich leicht ~** she is easily fooled (*durch* by) **II** *v/r* to be wrong (*in +dat, über +acc* about); **dann hast du dich getäuscht!** then you are mistaken **III** *v/i* (≈ *irreführen*) (*Aussehen etc*) to be deceptive; **der Eindruck täuscht** things are not what they seem **täuschend I** *adj* *Ähnlichkeit* remarkable **II** *adv* **jdm ~ ähnlich sehen** to look remarkably like sb; **eine ~ echte Fälschung** a remarkably convincing fake

Tauschgeschäft *nt* exchange; (≈ *Handel*) barter (deal) **Tauschhandel** *m* barter

Täuschung ['tɔyʃʊŋ] *f* ‹-, *-en*› **1.** (≈ *das Täuschen*) deception **2.** (≈ *Irrtum*) mistake; (≈ *Irreführung*) deceit; (≈ *falsche Wahrnehmung*) illusion; (≈ *Selbsttäuschung*) delusion

tausend ['tauznt] *num* a thousand; **~ Dank** a thousand thanks **Tausender** ['tauzndɐ] *m* ‹-s, -› (≈ *Geldschein*) thousand (euro/dollar *etc* note *or* bill) **Tausendfüßler** [-fyːslɐ] *m* ‹-s, -› centipede **tausendjährig** *adj attr* thousand-year-old; (≈ *tausend Jahre lang*) thousand-year(-long) **tausendmal** *adv* a thousand times **Tausendstel** ['tauzntstl] *nt* ‹-s, -› thousandth **tausendste(r, s)** ['tauzntstə] *adj* thousandth

Tautropfen *m* dewdrop **Tauwetter** *nt* thaw **Tauziehen** *nt* ‹-s, *no pl*› tug-of-war

Taxcard ['takskaːrt] *f* ‹-, -s› (*Swiss* ≈ *Telefonkarte*) phonecard

Taxe ['taksə] *f* ‹-, -n› **1.** (≈ *Gebühr*) charge; (≈ *Kurtaxe etc*) tax **2.** (*dial*) = **Taxi**

Taxi ['taksi] *nt* ‹-s, -s› taxi **taxieren** [ta'ksiːrən] *past part* **taxiert** *v/t* **1.** *Preis, Wert* to estimate (*auf +acc* at); *Haus etc* to value (*auf +acc* at) **2.** (*elev* ≈ *einschätzen*) *Situation* to assess **Taxifahrer(in)** *m/(f)* taxi *or* cab driver, cabby (*infml*) **Taxistand** *m* taxi rank (*Br*) *or* stand

Tb(c) [te:(')be:('tse:)] *f* ⟨-, -s⟩ TB

Teakholz ['ti:k-] *nt* teak

Team [ti:m] *nt* ⟨-s, -s⟩ team**Teamarbeit** *f* teamwork

Technik ['tɛçnɪk] *f* ⟨-, -en⟩ **1.** *no pl:* (≈ *Technologie*) technology; (*esp als Studienfach*) engineering **2.** (≈ *Verfahren*) technique **3.** (*von Auto, Motor etc*) mechanics *pl***Techniker** ['tɛçnikɐ] *m* ⟨-s, -⟩, **Technikerin** [-ərɪn] *f* ⟨-, -nen⟩ engineer; (≈ *Labortechniker*) technician **technisch** ['tɛçnɪʃ] **I** *adj* technical; (≈ *technologisch*) technological; (≈ *mechanisch*) mechanical; **~e Hochschule** technological university; (*dial* ≈ *Gebäckstück*) cake **teilen** ['tailən] **I** *v/t* **1.** (≈ *zerlegen*) to divide; **27 geteilt durch 9** 27 divided by 9; **darüber sind die Meinungen geteilt** opinions differ on that **2.** (≈ *aufteilen*) to share (out); **etw mit jdm ~** to share sth with sb; **sich** (*dat*) **etw ~** to share sth; **sie teilten das Zimmer mit ihm** they shared the room with him **II** *v/r* **1.** (*in Gruppen*) to split up **2.** (*Straße, Fluss*) to fork; (*Vorhang*) to part; **in diesem Punkt ~ sich die Meinungen** opinion is divided on this **Teiler** ['tailɐ] *m* ⟨-s, -⟩ MAT factor**Teilerfolg** *m* partial success **Teilgebiet** *nt* area**teilhaben** *v/i sep irr* (*elev* ≈ *mitwirken*) to participate (*an* +*dat* in) **Teilhaber** ['tailha:bɐ] *m* ⟨-s, -⟩, **Teilhaberin** [-ərɪn] *f* ⟨-, -nen⟩ COMM partner **Teilkaskoversicherung** *f* third party, fire and theft**Teilnahme** [-na:mə] *f* ⟨-, -n⟩ **1.** (≈ *Anwesenheit*) attendance (*an* +*dat* at); (≈ *Beteiligung*) participation (*an* +*dat* in); **seine ~ absagen** to withdraw **2.** (≈ *Interesse*) interest (*an* +*dat* in); (≈ *Mitgefühl*) sympathy **teilnahmslos** **I** *adj* (≈ *gleichgültig*) indifferent **II** *adv* indifferently; (≈ *stumm leidend*) listlessly **Teilnahmslosigkeit** *f* ⟨-, *no pl*⟩ indifference **teilnahmsvoll** *adj* compassionate **teilnehmen** *v/i sep irr* **an etw** (*dat*) **~** to take part in sth; (≈ *anwesend sein*) to attend sth; **am Unterricht ~** to attend classes; **an einem Kurs ~** to do a course **Teilnehmer** ['tailne:mɐ] *m* ⟨-s, -⟩, **Teilnehmerin** [-ərɪn] *f* ⟨-, -nen⟩ **1.** participant; (*bei Wettbewerb etc*) competitor, contestant; (≈ *Kursteilnehmer*) student; **alle ~ an dem Ausflug** all those going on the outing **2.** TEL subscriber **teils** [tails] *adv* partly; **~ ... ~ ...** partly ... partly ...; (*infml* ≈ *sowohl ... als auch*) both ... and ...; **~ heiter, ~ wolkig** cloudy with sunny periods **Teilung** ['tailʊŋ] *f* ⟨-, -en⟩ division **teilweise** ['tailvaizə] **I** *adv* partly; *der*

er hat sein(en) ~ dazu beigetragen he did his bit; **sich** (*dat*) **sein(en) ~ denken** (*infml*) to draw one's own conclusions **Teil**[2] *nt* ⟨-(e)s, -e⟩ part; (≈ *Bestandteil*) component; **etw in seine ~e zerlegen** *Motor, Möbel etc* to take sth apart**teilbar** *adj* divisible (*durch* by)**Teilbereich** *m* part; (*in Abteilung*) section**Teilbetrag** *m* part (of an amount); (*auf Rechnung*) item**Teilchen** ['tailçən] *nt* ⟨-s, -⟩ particle; (*dial* ≈ *Gebäckstück*) cake

Technik director; **~e Daten specifications **II** *adv* technically; **er ist ~ begabt** he is technically minded **technisieren** [tɛçni'zi:rən] *past part* **technisiert** *v/t* to mechanize **Techno** ['tɛçno] *m* ⟨-, *no pl*⟩ MUS techno **Technokrat** [tɛçno-'kra:t] *m* ⟨-en, -en⟩, **Technokratin** [-'kra:tɪn] *f* ⟨-, -nen⟩ technocrat **technokratisch** [tɛçno'kra:tɪʃ] *adj* technocratic **Technologie** *m* technology**Technologietransfer** *m* technology transfer **technologisch** [tɛçno'lo:gɪʃ] **I** *adj* technological **II** *adv* technologically

Tee [te:] *m* ⟨-s, -s⟩ tea; **einen im ~ haben** (*infml*) to be tipsy (*infml*)**Teebeutel** *m* tea bag **Teeblatt** *nt* tea leaf **Tee-Ei** *nt* (tea) infuser (*esp Br*), tea ball (*esp US*) **Teefilter** *m* tea filter **Teeglas** *nt* tea glass **Teekanne** *f* teapot **Teekessel** *m* kettle **Teeküche** *f* kitchenette **Teelicht** *nt* night-light**Teelöffel** *m* teaspoon; (*Menge*) teaspoonful

Teenager ['ti:ne:dʒɐ] *m* ⟨-s, -⟩ teenager

Teer [te:ɐ] *m* ⟨-(e)s, -e⟩ tar **teeren** ['te:rən] *v/t* to tar

Teeservice [-zɛrvi:s] *nt* tea set **Teesieb** *nt* tea strainer **Teestube** *f* tearoom**Teetasse** *f* teacup **Teewagen** *m* tea trolley

Teflon® ['tɛflo:n, tɛf'lo:n] *nt* ⟨-s⟩ Teflon®

Teheran ['te:həra:n, tehə'ra:n] *nt* ⟨-s⟩ Teh(e)ran

Teich [taiç] *m* ⟨-(e)s, -e⟩ pond

Teig [taik] *m* ⟨-(e)s, -e [-gə]⟩ dough; (≈ *Pfannkuchenteig*) batter **Teigwaren** *pl* (≈ *Nudeln*) pasta *sg*

Teil[1] [tail] *m* ⟨-(e)s, -e⟩ **1.** part; **zum größten ~** for the most part; **der dritte/vierte/fünfte** etc **~** a third/quarter/fifth etc (*von* of) **2.** *also nt* (≈ *Anteil*) share;

Film war ~ gut the film was good in parts; *~ bewölkt* cloudy in parts **II** *adj attr* partial **Teilzahlung** *f* hire-purchase (*Br*), installment plan (*US*); *auf ~* on hire-purchase (*Br*) *or* (an) installment plan (*US*) **Teilzeitarbeit** *f* part-time work **Teilzeitarbeitsplatz** *m* part-time job **teilzeitbeschäftigt** *adj* employed part time **Teilzeitbeschäftigte(r)** *m/f(m) decl as adj* part-time employee **Teilzeitbeschäftigung** *f* part-time work **Teilzeitjob** *m* (*infml*) part-time job **Teilzeitkraft** *f* part-time worker

Teint [tɛ̃ː] *m* ⟨-s, -s⟩ complexion

Telearbeit *f* telecommuting **Telearbeiter(in)** *m/(f)* telecommuter **Telearbeitsplatz** *m* job for telecommuters **Telebanking** [-bɛŋkɪŋ] *nt* ⟨-s, *no pl*⟩ telebanking **Telefax** *nt* (≈ *Kopie, Gerät*) fax **Telefon** [tele'foːn, 'teːlefoːn] *nt* ⟨-s, -e⟩ (tele)phone; *~ haben* to be on the phone; *ans ~ gehen* to answer the phone **Telefonat** [telefo'naːt] *nt* ⟨-(e)s, -e⟩ (tele)phone call **Telefonbanking** [-bɛŋkɪŋ] *nt* ⟨-s, *no pl*⟩ telephone banking **Telefonbuch** *nt* (tele)phone book **Telefongebühr** *f* call charge; (≈ *Grundgebühr*) telephone rental **Telefongespräch** *nt* (tele)phone call; (≈ *Unterhaltung*) telephone conversation **Telefonhörer** *m* (telephone) receiver **telefonieren** [telefo'niːrən] *past part* **telefoniert** *v/i* to make a (tele)phone call; *mit jdm ~* to speak to sb on the phone; *bei jdm ~* to use sb's phone; *ins Ausland ~* to make an international call; *er telefoniert den ganzen Tag* he is on the phone all day long **telefonisch** [tele'foːnɪʃ] **I** *adj* telephonic; *eine ~e Mitteilung* a (tel-e)phone message **II** *adv Auskunft geben* over the phone; *jdm etw ~ mitteilen* to tell sb sth over the phone; *ich bin ~ erreichbar* I can be contacted by phone **Telefonkabine** *f* (*Swiss*) (tele)phone box (*Br*) *or* booth **Telefonkarte** *f* phone-card **Telefonkonferenz** *f* telephone conference **Telefonleitung** *f* telephone line **Telefonnetz** *nt* telephone network **Telefonnummer** *f* (tele)phone number **Telefonrechnung** *f* (tele)phone bill **Telefonseelsorge** *f* ≈ Samaritans *pl* (*Br*), ≈ advice hotline (*US*) **Telefonsex** *m* telephone sex **Telefonverbindung** *f* telephone line; (*zwischen Orten*) telephone link **Telefonwertkarte** *f* (*Aus*) phone-

card **Telefonzelle** *f* (tele)phone box (*Br*) *or* booth **Telefonzentrale** *f* (telephone) switchboard **telegen** [tele'geːn] *adj* telegenic **Telegramm** [tele'gram] *nt*, *pl* **-gramme** telegram **Telekom** ['teːlekɔm] *f* ⟨-, *no pl*⟩ *die ~* German telecommunications service **Telekommunikation** *f* telecommunications *pl or* (*als Fachgebiet*) *sg* **Telekopie** *f* fax **Telekopierer** *m* fax machine **Teleobjektiv** *nt* PHOT telephoto lens **Telepathie** [telepa'tiː] *f* ⟨-, *no pl*⟩ telepathy **telepathisch** [tele'paːtɪʃ] *adj* telepathic **Teleshopping** ['teːləʃɔ-] *nt* teleshopping **Teleskop** [tele'skoːp] *nt* ⟨-s, -e⟩ telescope

Telex ['teːlɛks] *nt* ⟨-, -e⟩ telex

Teller ['tɛlɐ] *m* ⟨-s, -⟩ plate; *ein ~ Suppe* a plate of soup **Tellerwäscher** *m* ⟨-s, -⟩, **Tellerwäscherin** *f* ⟨-, -nen⟩ dishwasher

Tempel ['tɛmpl] *m* ⟨-s, -⟩ temple

Temperament [tɛmpəra'mɛnt] *nt* ⟨-(e)s, -e⟩ **1.** (≈ *Wesensart*) temperament; *ein hitziges ~ haben* to be hot-tempered **2.** *no pl* (≈ *Lebhaftigkeit*) vitality; *sein ~ ist mit ihm durchgegangen* he lost his temper **temperamentlos** *adj* lifeless **Temperamentlosigkeit** *f* ⟨-, *no pl*⟩ lifelessness **temperamentvoll I** *adj* vivacious **II** *adv* exuberantly

Temperatur [tɛmpəra'tuːɐ] *f* ⟨-, -en⟩ temperature; *erhöhte ~ haben* to have a temperature; *bei ~en von bis zu 42 Grad Celsius* in temperatures of up to 42°C **Temperaturanstieg** *m* rise in temperature **Temperaturregler** *m* thermostat **Temperaturrückgang** *m* fall in temperature **Temperaturschwankung** *f* variation in temperature **Temperatursturz** *m* sudden drop in temperature

Tempo ['tɛmpo] *nt* ⟨-s, -s⟩ **1.** speed; *~!* (*infml*) hurry up!; *bei jdm ~ machen* (*infml*) to make sb get a move on (*infml*); *~ 100* speed limit (of) 100 km/h; *aufs ~ drücken* (*infml*) to step on the gas (*infml*) **2.** MUS *pl* **Tempi** ['tɛmpi] tempo; *das ~ angeben* to set the tempo; (*fig*) to set the pace **Tempolimit** *nt* speed limit **temporär** [tɛmpo'rɛːɐ] (*elev*) *adj* temporary **Temposünder(in)** *m/(f)* person caught for speeding **Tempus** ['tɛmpʊs] *nt* ⟨-, **Tempora** ['tɛmpora]⟩ GRAM tense

Tendenz [tɛn'dɛnts] *f* ⟨-, -en⟩ trend; (≈ *Neigung*) tendency; (≈ *Absicht*) intention; *die ~ haben, zu ...* to have a tendency to ... **tendenziös** [tɛndɛn'tsiøːs]

adj tendentious **tendieren** [tɛn'diːrən] *past part* **tendiert** *v/i* **1. dazu ~, etw zu tun** (≈ *neigen*) to tend to do sth; (≈ *beabsichtigen*) to be moving toward(s) doing sth **2.** FIN, ST EX to tend; **fester/ schwächer ~** to show a stronger/ weaker tendency

Teneriffa [tene'rɪfa] *nt* ⟨**-s**⟩ Tenerife

Tennis ['tɛnɪs] *nt* ⟨-, *no pl*⟩ tennis **Tennisball** *m* tennis ball **Tennisplatz** *m* tennis court **Tennisschläger** *m* tennis racket **Tennisspieler(in)** *m/(f)* tennis player

Tenor¹ ['teːnoːɐ] *m* ⟨**-s**, *no pl*⟩ tenor

Tenor² [te'noːɐ] *m* ⟨**-s**, **⸚e** [-'nøːrə]⟩ MUS tenor

Teppich ['tɛpɪç] *m* ⟨**-s**, **-e**⟩ carpet; **etw unter den ~ kehren** to sweep sth under the carpet; **bleib auf dem ~!** (*infml*) be reasonable! (-ing); **das Zimmer ist mit ~ ausgelegt** the room has a fitted carpet **Teppichklopfer** *m* carpet-beater

Termin [tɛr'miːn] *m* ⟨**-s**, **-e**⟩ date; (*für Fertigstellung*) deadline; (*bei Arzt, Besprechung etc*) appointment; (*bei Arzt, Besprechung etc*) appointment; SPORTS fixture; (JUR ≈ *Verhandlung*) hearing; **sich** (*dat*) **einen ~ geben lassen** to make an appointment **Terminal** ['tøːɐminəl, 'tœr-] *nt or m* ⟨**-s**, **-s**⟩ terminal **Terminbörse** *f* futures market **Termingeld** *nt* fixed-term deposit **termingemäß**, **termingerecht** *adj, adv* on schedule **Terminhandel** *m* ST EX forward *or* futures trading **Terminkalender** *m* (appointments) diary **terminlich** [tɛr'miːnlɪç] *adj* **aus ~en Gründen absagen** to cancel because of problems with one's schedule **Terminmarkt** *m* ST EX futures market

Terminologie [tɛrminolo'giː] *f* ⟨-, **-n** [-'giːən]⟩ terminology **terminologisch** [tɛrmino'loːgɪʃ] **I** *adj* terminological **II** *adv* terminologically

Terminplan *m* (≈ *Kalender*) appointments list; (≈ *Programm*) agenda **Terminplaner** *m* appointments calendar

Terminus ['tɛrminʊs] *m* ⟨-, **Termini** [-ni]⟩ term; **~ technicus** technical term

Termite [tɛr'miːtə] *f* ⟨-, **-n**⟩ termite

Terpentin [tɛrpɛn'tiːn] *nt or* (*Aus*) *m* ⟨**-s**, **-e**⟩ turpentine; (*infml* ≈ *Terpentinöl*) turps (*infml*)

Terrain [tɛ'rɛ̃ː] *nt* ⟨**-s**, **-s**⟩ terrain; (*fig*) territory; **das ~ sondieren** (*fig*) to see

how the land lies

Terrarium [tɛ'raːriʊm] *nt* ⟨**-s**, **Terrarien** [-riən]⟩ terrarium

Terrasse [tɛ'rasə] *f* ⟨-, **-n**⟩ **1.** GEOG terrace **2.** (≈ *Veranda*) patio; (≈ *Dachterrasse*) roof garden **terrassenartig**, **terrassenförmig I** *adj* terraced **II** *adv* in terraces **terrestrisch** [tɛ'rɛstrɪʃ] *adj* terrestrial

Terrier ['tɛriɐ] *m* ⟨**-s**, **-**⟩ terrier

Terror ['tɛroːɐ] *m* ⟨**-s**, *no pl*⟩ terror; (≈ *Terrorismus*) terrorism; (≈ *Terrorherrschaft*) reign of terror; **~ machen** (*infml*) to raise hell (*infml*) **Terrorakt** *m* act of terrorism **Terrorangriff** *m* terrorist raid **Terroranschlag** *m* terrorist attack **terrorisieren** [tɛrori'ziːrən] *past part* **terrorisiert** *v/t* to terrorize **Terrorismus** [tɛro-'rɪsmʊs] *m* ⟨-, *no pl*⟩ terrorism **Terrorismusbekämpfung** *f* counterterrorism **Terrorismusexperte** *m*, **Terrorismusexpertin** *f* expert on terrorism **Terrorist** [tɛro'rɪst] *m* ⟨**-en**, **-en**⟩, **Terroristin** [-'rɪstɪn] *f* ⟨-, **-nen**⟩ terrorist **terroristisch** [tɛro'rɪstɪʃ] *adj* terrorist *attr*

tertiär [tɛr'tsiɛːɐ] *adj* tertiary **Terz** [tɛrts] *f* ⟨-, **-en**⟩ MUS third; (*Fechten*) tierce

Tesafilm® ['teːza-] *m* adhesive tape

Tessin [tɛ'siːn] *nt* ⟨**-s**⟩ **das ~** Ticino

Test [tɛst] *m* ⟨**-(e)s**, **-s** *or* **-e**⟩ test

Testament [tɛsta'mɛnt] *nt* ⟨**-(e)s**, **-e**⟩ **1.** JUR will; (*fig*) legacy; **das ~ eröffnen** to read the will; **sein ~ machen** to make one's will **2.** BIBLE **Altes/Neues ~** Old/ New Testament **testamentarisch** [tɛstamɛn'taːrɪʃ] **I** *adj* testamentary; **eine ~e Verfügung** an instruction in the will **II** *adv* in one's will; **etw ~ festlegen** to write sth in one's will **Testamentseröffnung** *f* reading of the will **Testamentsvollstrecker** *m* ⟨**-s**, **-**⟩, **Testamentsvollstreckerin** *f* ⟨-, **-nen**⟩ executor; (*Frau auch*) executrix

Testbild *nt* TV test card **testen** ['tɛstn] *v/t* to test (*auf +acc* for) **Tester** ['tɛstɐ] *m* ⟨**-s**, **-**⟩, **Testerin** [-ərɪn] *f* ⟨-, **-nen**⟩ tester **Testlauf** *m* TECH trial run **Testperson** *f* subject (of a test) **Testpilot(in)** *m/(f)* test pilot **Testreihe** *f*, **Testserie** *f* series of tests **Teststopp** *m* **Teststoppabkommen** *nt* test ban treaty

Tetanus ['teːtanʊs, 'tɛtanʊs] *m* ⟨-, *no pl*⟩ tetanus

teuer ['tɔyɐ] **I** *adj* expensive; (*fig*) dear; **teurer werden** to go up (in price) **II** *adv* expensively; **etw ~ kaufen/verkau-**

fen to buy/sell sth for a high price; *das wird ihn ~ zu stehen kommen* (*fig*) that will cost him dear; *etw ~ bezahlen* (*fig*) to pay a high price for sth **Teuerung** ['tɔyərʊŋ] *f* ⟨-, -*en*⟩ rise in prices **Teuerungsrate** *f* rate of price increases **Teuerungszulage** *f* cost of living bonus

Teufel ['tɔyfl] *m* ⟨-*s*, -⟩ **1.** devil **2.** (*infml*) *scher dich zum ~* go to hell! (*infml*); *der ~ soll ihn holen!* to hell with him (*infml*); *jdn zum ~ jagen* to send sb packing (*infml*); *wer zum ~?* who the devil? (*infml*); *zum ~ mit dem Ding!* to hell with the thing! (*infml*); *den ~ an die Wand malen* to tempt fate; *wenn man vom ~ spricht* (*prov*) talk (*Br*) *or* speak of the devil (*infml*); *dann kommst du in ~s Küche* then you'll be in a hell of a mess (*infml*); *wie der ~* like hell (*infml*); *auf ~ komm raus* like crazy (*infml*); *da ist der ~ los* all hell's been let loose (*infml*); *der ~ steckt im Detail* the devil is in the detail **Teufelsaustreibung** *f* exorcism **Teufelskreis** *m* vicious circle **teuflisch** ['tɔyflɪʃ] *adj* fiendish

Text [tɛkst] *m* ⟨-(*e*)*s*, -*e*⟩ text; (*eines Gesetzes*) wording; (*von Lied*) words *pl*; (*von Schlager*) lyrics *pl*; (*von Film*) script; (*unter Bild*) caption; *weiter im ~* (*infml*) (let's) get on with it **Textbaustein** *m* IT template **texten** ['tɛkstn] *v/t & v/i* to write; (*mit Handy*) to text **Texter** ['tɛkstɐ] *m* ⟨-*s*, -⟩, **Texterin** [-ə-rɪn] *f* ⟨-, -*nen*⟩ (*für Schlager*) songwriter; (*für Werbesprüche*) copywriter **Texterfasser** [-|ɛɐfasɐ] *m* ⟨-*s*, -⟩, **Texterfasserin** [-ərɪn] *f* ⟨-, -*nen*⟩ keyboarder **Textilarbeiter(in)** *m*/(*f*) textile worker **Textilfabrik** *f* textile factory **Textilien** [tɛks'tiːliən] *pl* textiles *pl* **Textilindustrie** *f* textile industry **Textnachricht** *f* TEL text message **Textspeicher** *m* IT memory **Textstelle** *f* passage **Textverarbeitung** *f* word processing **Textverarbeitungsprogramm** *nt* word processor, word processing program **Textverarbeitungssystem** *nt* word processor

Thai [tai] *m*/*f*(*m*) ⟨-(*s*), -(*s*)⟩ Thai **Thailand** ['tailant] *nt* ⟨-*s*⟩ Thailand **thailändisch** ['tailɛndɪʃ] *adj* Thai

Theater [te'aːtɐ] *nt* ⟨-*s*, -⟩ **1.** theatre (*Br*), theater (*US*); *zum ~ gehen* to go on the stage; *ins ~ gehen* to go to the theatre (*Br*) *or* theater (*US*); *~ spielen* (*lit*) to

act; (*fig*) to put on an act; *das ist doch alles nur ~* (*fig*) it's all just play-acting **2.** (*fig*) to-do (*infml*), fuss; (*ein*) *~ machen* to make a (big) fuss **Theaterbesuch** *m* visit to the theatre **Theaterbesucher(in)** *m*/(*f*) theatregoer (*Br*), theatergoer (*US*) **Theaterfestival** *nt* drama festival **Theaterkarte** *f* theatre ticket **Theaterkasse** *f* theatre box office **Theaterstück** *nt* (*stage*) play **theatralisch** [tea'traːlɪʃ] **I** *adj* theatrical **II** *adv* theatrically

Theke ['teːkə] *f* ⟨-, -*n*⟩ (≈ *Schanktisch*) bar; (≈ *Ladentisch*) counter

Thema ['teːma] *nt* ⟨-*s*, **Themen** *or* -*ta* [-mən, -ta]⟩ (≈ *Gegenstand*) subject; (≈ *Leitgedanke, also* MUS) theme; *beim ~ bleiben* to stick to the subject; *das ~ wechseln* to change the subject; *kein ~ sein* not to be an issue **Thematik** [te-'maːtɪk] *f* ⟨-, -*en*⟩ topic **thematisch** [te-'maːtɪʃ] *adj* thematic; *~ geordnet* arranged according to subject **Themenabend** *m* TV *etc* theme evening **Themenbereich** *m*, **Themenkreis** *m* topic **Themenpark** *m* theme park

Themse ['tɛmzə] *f* ⟨-⟩ *die ~* the Thames

Theologe [teo'loːgə] *m* ⟨-*n*, -*n*⟩, **Theologin** [-'loːgɪn] *f* ⟨-, -*nen*⟩ theologian **Theologie** [teolo'giː] *f* ⟨-, *no pl*⟩ theology **theologisch** [teo'loːgɪʃ] *adj* theological

Theoretiker [teo're:tikɐ] *m* ⟨-*s*, -⟩, **Theoretikerin** [-ərɪn] *f* ⟨-, -*nen*⟩ theoretician **theoretisch** [teo're:tɪʃ] **I** *adj* theoretical **II** *adv* theoretically; *~ gesehen* theoretically **Theorie** [teo'riː] *f* ⟨-, -*n* [-'riːən]⟩ theory

Therapeut [tera'pɔyt] *m* ⟨-*en*, -*en*⟩, **Therapeutin** [-'pɔytɪn] *f* ⟨-, -*nen*⟩ therapist **therapeutisch** [tera'pɔytɪʃ] *adj* therapeutic(al) **Therapie** [tera'piː] *f* ⟨-, -*n* [-'piːən]⟩ therapy; (≈ *Behandlungsmethode*) (method of) treatment (*gegen* for) **therapieren** [tera'piːrən] *past part* **therapiert** *v/t* to give therapy to

Thermalbad *nt* thermal bath; (*Gebäude*) thermal baths *pl*; (≈ *Badeort*) spa **Thermalquelle** *f* thermal spring **thermisch** ['tɛrmɪʃ] *adj attr* PHYS thermal **Thermodrucker** *m* thermal printer **Thermodynamik** *f* thermodynamics *sg* **thermodynamisch** *adj* thermodynamic **Thermometer** *nt* ⟨-*s*, -⟩ thermometer **Thermopapier** *nt* thermal paper **Thermosflasche®** *f* vacuum flask **Thermostat**

[tɛrmo'staːt] *m* ⟨-(e)s, -e⟩ thermostat

These ['teːzə] *f* ⟨-, -n⟩ hypothesis; (*infml* ≈ *Theorie*) theory

Thon [toːn] *m* ⟨-(e)s, *no pl*⟩ (*Swiss*) tuna

Thriller ['θrɪlɐ] *m* ⟨-s, -⟩ thriller

Thrombose [trɔm'boːzə] *f* ⟨-, -n⟩ thrombosis

Thron [troːn] *m* ⟨-(e)s, -e⟩ throne **thronen** ['troːnən] *v/i* (*lit*) to sit enthroned; (*fig*) to sit in state **Thronfolge** *f* line of succession; **die ~ antreten** to succeed to the throne **Thronfolger** [-fɔlgɐ] *m* ⟨-s, -⟩, **Thronfolgerin** [-ərɪn] *f* ⟨-, -nen⟩ heir to the throne

Thunfisch ['tuːn-] *m* tuna (fish)

Thüringen ['tyːrɪŋən] *nt* ⟨-s⟩ Thuringia

Thymian ['tyːmian] *m* ⟨-s, -e⟩ thyme

Tibet ['tiːbɛt, tiˈbeːt] *nt* ⟨-s⟩ Tibet **tibetanisch** [tibeˈtaːnɪʃ], **tibetisch** [tiˈbeːtɪʃ] *adj* Tibetan

Tick [tɪk] *m* ⟨-(e)s, -s⟩ (*infml* ≈ *Schrulle*) quirk (*infml*); **einen ~ haben** (*infml*) to be crazy **ticken** ['tɪkn] *v/i* to tick (away); **du tickst ja nicht richtig** (*infml*) you're off your rocker! (*infml*)

Ticket ['tɪkət] *nt* ⟨-s, -s⟩ ticket

Tiebreak ['taibreːk] *m* ⟨-s, -s⟩, **Tie-Break** *m* ⟨-s, -s⟩ TENNIS tie-break (*esp Br*), tie-breaker

tief [tiːf] **I** *adj* deep; *Ton, Temperatur* low; **~er Teller** soup plate; **aus ~stem Herzen** from the bottom of one's heart; **im ~en Wald** deep in the forest; **im ~en Winter** in the depths of winter; **in der ~en Nacht** at dead of night; **im ~sten Innern** in one's heart of hearts **II** *adv* **1.** deep; *sich bücken* low; *untersuchen* in depth; **3 m ~ fallen** to fall 3 metres (*Br*) *or* meters (*US*); **~ sinken** (*fig*) to sink low; **bis ~ in etw** (*acc*) **hinein** (*örtlich*) a long way down / deep into sth; **~ verschneit** deep with snow; **~ in Gedanken** (*versunken*) deep in thought; **jdm ~ in die Augen sehen** to look deep into sb's eyes **2.** (≈ *sehr stark*) deeply; **~ greifend** *Veränderung* far-reaching; *sich verändern* significantly; *reformieren* thoroughly; **~ schürfend** profound **3.** (≈ *niedrig*) low; **ein Stockwerk ~er** on the floor below; **~ liegend** *Gegend, Häuser* low-lying **Tief** [tiːf] *nt* ⟨-(e)s, -e⟩ METEO depression; (*fig*) low **Tiefbau** *m, no pl* civil engineering **tiefblau** *adj attr* deep blue **Tiefdruck** *m, no pl* METEO low pressure **Tiefdruckgebiet** *nt* METEO area of low pressure, depression **Tiefe** ['tiːfə] *f* ⟨-, -n⟩ **1.** depth; **unten in der ~** far below **2.** (≈ *Intensität*) deepness **3.** (≈ *Tiefgründigkeit*) profundity **4.** (*von Ton*) lowness **Tiefebene** *f* lowland plain **Tiefenpsychologie** *f* depth psychology **Tiefenschärfe** *f* PHOT depth of field **Tiefflieger** *m* low-flying aircraft **Tiefflug** *m* low-altitude flight **Tiefgang** [-gaŋ] *m, no pl* NAUT draught (*Br*), draft (*US*); (*fig infml*) depth **Tiefgarage** *f* underground car park (*Br*), underground parking garage (*esp US*) **tiefgefrieren** *v/t irr* to (deep-)freeze **tiefgekühlt** *adj* (≈ *gefroren*) frozen; (≈ *sehr kalt*) chilled **Tiefgeschoss** **Tiefgeschoß** (*Aus*) *nt* basement **tiefgreifend** *adj* → **tief** **tiefgründig** [-grʏndɪç] *adj* profound; (≈ *durchdacht*) well-grounded **Tiefkühlfach** *nt* freezer compartment **Tiefkühlkost** *f* frozen food **Tiefkühltruhe** *f* (chest) freezer **Tiefland** *nt* lowlands *pl* **tiefliegend** *adj attr*; → **tief** **Tiefpunkt** *m* low **Tiefschlag** *m* (*Boxen, fig*) hit below the belt **Tiefsee** *f* deep sea **Tiefstand** *m* low **Tiefstpreis** *m* lowest price **tieftraurig** *adj* very sad

Tiegel ['tiːgl] *m* ⟨-s, -⟩ (*zum Kochen*) (sauce)pan; (*in der Chemie*) crucible

Tier [tiːɐ] *nt* ⟨-(e)s, -e⟩ animal; (*infml* ≈ *Mensch*) brute; **hohes ~** (*infml*) big shot (*infml*) **Tierarzt** *m*, **Tierärztin** *f* vet **Tierfreund(in)** *m/(f)* animal lover **Tierfutter** *nt* animal food; (*für Haustiere*) pet food **Tiergarten** *m* zoo **Tierhandlung** *f* pet shop **Tierheim** *nt* animal home **tierisch** ['tiːrɪʃ] **I** *adj* animal *attr*; (*fig*) Grausamkeit bestial; **~er Ernst** (*infml*) deadly seriousness **II** *adv* (*infml* ≈ *ungeheuer*) horribly (*infml*); *wehtun* like hell (*infml*); *ernst* deadly **Tierkreis** *m* zodiac **Tierkreiszeichen** *nt* sign of the zodiac **Tierkunde** *f* zoology **Tiermedizin** *f* veterinary medicine **Tierpark** *m* zoo **Tierpfleger(in)** *m/(f)* zoo keeper **Tierquälerei** *f* cruelty to animals **Tierschutz** *m* protection of animals **Tierschützer** [-ʃʏtsɐ] *m* ⟨-s, -⟩, **Tierschützerin** [-ərɪn] *f* ⟨-, -nen⟩ animal conservationist **Tierschutzverein** *m* society for the prevention of cruelty to animals **Tierversuch** *m* animal experiment

Tiger ['tiːgɐ] *m* ⟨-s, -⟩ tiger **Tigerin** ['tiːgərɪn] *f* ⟨-, -nen⟩ tigress **Tigerstaat** *m* ECON tiger economy

Tilde ['tɪldə] f ⟨-, -n⟩ tilde
tilgen ['tɪlgn] v/t (elev) **1.** Schulden to pay off **2.** (≈ beseitigen) Unrecht, Spuren to wipe out; Erinnerung to erase; Strafe to remove **Tilgung** ['tɪlgʊŋ] f ⟨-, -en⟩ (von Schulden) repayment
timen ['taɪmən] v/t to time
Tinktur [tɪŋk'tuːɐ] f ⟨-, -en⟩ tincture
Tinnitus ['tɪnitʊs] m ⟨-, -⟩ MED tinnitus
Tinte ['tɪntə] f ⟨-, -n⟩ ink; **in der ~ sitzen** (infml) to be in the soup (infml) **Tintenfisch** m cuttlefish; (≈ Kalmar) squid; (achtarmig) octopus **Tintenklecks** m ink blot **Tintenpatrone** f (von Füller, Drucker) ink cartridge **Tintenstrahldrucker** m ink-jet (printer)
Tipp [tɪp] m ⟨-s, -s⟩ tip; (an Polizei) tip--off **tippen** ['tɪpn] **I** v/t (infml ≈ schreiben) to type **II** v/i **1.** (≈ klopfen) **an/auf etw** (acc) ~ to tap sth **2.** (infml: am Computer) to type **3.** (≈ wetten) to fill in one's coupon; **im Lotto** ~ to play the lottery **4.** (infml ≈ raten) to guess; **ich tippe darauf, dass ...** I bet (that) ... **Tippfehler** m (infml) typing mistake
tipptopp ['tɪp'tɔp] (infml) **I** adj immaculate; (≈ prima) first-class **II** adv immaculately; (≈ prima) really well; **~ sauber** spotless
Tippzettel m (im Lotto) lottery coupon
Tirol [ti'roːl] nt ⟨-s⟩ Tyrol **Tiroler** [ti-'roːlɐ] m ⟨-s, -⟩, **Tirolerin** [-ərɪn] f ⟨-, -nen⟩ Tyrolese, Tyrolean
Tisch [tɪʃ] m ⟨-(e)s, -e⟩ table; (≈ Schreibtisch) desk; **bei ~** at (the) table; **etw auf den ~ bringen** (infml) to serve sth (up); **vom ~ sein** (fig) to be cleared out of the way; **jdn über den ~ ziehen** (fig infml) to take sb to the cleaners (infml) **Tischdecke** f tablecloth **Tischler** ['tɪʃlɐ] m ⟨-s, -⟩, **Tischlerin** [-ərɪn] f ⟨-, -nen⟩ joiner (esp Br), carpenter; (≈ Möbeltischler) cabinet-maker **Tischlerei** [tɪʃlə'raɪ] f ⟨-, -en⟩ **1.** (Werkstatt) carpenter's workshop; (≈ Möbeltischlerei) cabinet-maker's workshop **2.** no pl (infml) (≈ Handwerk) carpentry; (von Möbeltischler) cabinet-making **tischlern** ['tɪʃlɐn] (infml) v/i to do woodwork **Tischplatte** f tabletop **Tischrechner** m desk calculator **Tischtennis** nt table tennis **Tischtuch** nt, pl **-tücher** tablecloth
Titel ['tiːtl, 'tɪtl] m ⟨-s, -⟩ title **Titelbild** nt cover (picture) **Titelmelodie** f (von Film) theme tune **Titelseite** f cover,

front page **Titelstory** f cover story **Titelverteidiger(in)** m/(f) title holder
Titte ['tɪtə] f ⟨-, -n⟩ (sl) tit (sl)
Toast [toːst] m ⟨-(e)s, -e⟩ **1.** (≈ Brot) toast; **ein ~** a slice of toast **2.** (≈ Trinkspruch) toast; **einen ~ auf jdn ausbringen** to propose a toast to sb **Toastbrot** ['toːst-] nt sliced white bread for toasting **toasten** ['toːstn] v/t Brot to toast **Toaster** ['toːstɐ] m ⟨-s, -⟩ toaster
Tobel ['toːbl] f ⟨-, -s⟩ (Swiss ≈ Schlucht) gorge, ravine
toben ['toːbn] v/i **1.** (≈ wüten) to rage; (Mensch) to throw a fit **2.** (≈ ausgelassen spielen) to rollick (about) **Tobsucht** ['toːpzʊxt] f (bei Tieren) madness; (bei Menschen) maniacal rage **tobsüchtig** adj mad **Tobsuchtsanfall** m (infml) fit of rage; **einen ~ bekommen** to blow one's top (infml)
Tochter ['tɔxtɐ] f ⟨-, ⸚ ['tœçtɐ]⟩ daughter; (≈ Tochterfirma) subsidiary **Tochterfirma** f subsidiary (firm)
Tod [toːt] m ⟨-(e)s, -e [-də]⟩ death; **eines natürlichen/gewaltsamen ~es sterben** to die of natural causes/a violent death; **sich** (dat) **den ~ holen** to catch one's death (of cold); **zu ~e kommen** to die; **jdn/etw auf den ~ nicht leiden können** (infml) to be unable to stand sb/sth; **sich zu ~(e) langweilen** to be bored to death; **zu ~e betrübt sein** to be in the depths of despair **todernst** (infml) adj deadly serious **Todesangst** f mortal agony; **Todesängste ausstehen** (infml) to be scared to death (infml) **Todesanzeige** f (als Brief) letter announcing sb's death; (≈ Annonce) obituary (notice) **Todesfall** m death **Todesgefahr** f mortal danger **Todeskampf** m death throes pl **Todesopfer** nt death, casualty **Todesstrafe** f death penalty **Todesursache** f cause of death **Todesurteil** nt death sentence **Todfeind(in)** m/(f) deadly enemy **todgeweiht** [-gəvaɪt] adj Mensch, Patient doomed **todkrank** adj (≈ sterbenskrank) critically ill; (≈ unheilbar krank) terminally ill **tödlich** ['tøːtlɪç] **I** adj fatal; Gefahr mortal; Waffe, Dosis lethal; (infml) Langeweile deadly **II** adv **1.** (mit Todesfolge) **~ verunglücken** to be killed in an accident **2.** (infml ≈ äußerst) horribly (infml); langweilen to death **todmüde** adj (infml) dead tired (infml) **todschick** (infml) **I** adj dead smart (infml)

II *adv* gekleidet ravishingly; *eingerichtet* exquisitely **todsicher** (*infml*) *adj* dead certain (*infml*); **Tipp** sure-fire (*infml*) **Todsünde** *f* mortal sin **todunglücklich** *adj* (*infml*) desperately unhappy

Töff [tœf] *m* ⟨*-s, -s*⟩ (*Swiss* ≈ *Motorad*) motorbike

Tofu ['to:fu] *nt* ⟨*-, no pl*⟩ tofu

Toilette [toa'lεtə] *f* ⟨*-, -n*⟩ toilet, lavatory (*esp Br*), bathroom (*esp US*); **auf die ~ gehen** to go to the toilet **Toilettenartikel** *m usu pl* toiletry **Toilettenpapier** *nt* toilet paper

toi, toi, toi ['tɔy 'tɔy 'tɔy] *int* (*infml*) (*vor Prüfung etc*) good luck; (*unberufen*) touch wood (*Br*), knock on wood (*US*)

Tokio ['to:kio] *nt* ⟨*-s*⟩ Tokyo

tolerant [tole'rant] *adj* tolerant (*gegen* of) **Toleranz** [tole'rants] *f* ⟨*-, -en*⟩ tolerance (*gegen* of) **tolerieren** [tole'ri:rən] *past part* **toleriert** *v/t* to tolerate

toll [tɔl] **I** *adj* **1.** (≈ *wild, ausgelassen*) wild; **die (drei) ~en Tage** (the last three days of) Fasching **2.** (*infml* ≈ *verrückt*) crazy **3.** (*infml* ≈ *großartig*) fantastic (*infml*) **II** *adv* **1.** (*infml* ≈ *großartig*) fantastically; *schmecken* fantastic **2.** (≈ *wild, ausgelassen*) **es ging ~ zu** things were pretty wild (*infml*) **3.** (*infml* ≈ *verrückt*) (*wie*) **~ fahren** *etc* to drive *etc* like a madman **Tollkirsche** *f* deadly nightshade **tollkühn** *adj* Person, Fahrt daredevil *attr*, daring **Tollpatsch** ['tɔlpatʃ] *m* ⟨*-s, -e*⟩ (*infml*) clumsy creature **tollpatschig** ['tɔlpatʃɪç] *adj* clumsy **Tollwut** *f* rabies *sg* **tollwütig** *adj* rabid

Tölpel ['tœlpl] *m* ⟨*-s, -*⟩ (*infml*) fool

Tomate [to'ma:tə] *f* ⟨*-, -n*⟩ tomato **Tomatenmark** *nt*, **Tomatenpüree** *nt* tomato puree **Tomatensaft** *m* tomato juice

Tombola ['tɔmbola] *f* ⟨*-, -s or Tombolen* [-lən]⟩ tombola (*Br*), raffle (*US*)

Tomograf [tomo'gra:f] *m* ⟨*-en, -en*⟩ MED tomograph **Tomografie** [tomogra'fi:] *f* ⟨*-, -n* [-'fi:ən]⟩ tomography **Tomogramm** [tomo'gram] *nt*, *pl* **-gramme** MED tomogram

Ton[1] [to:n] *m* ⟨*-(e)s, -e*⟩ (≈ *Erdart*) clay

Ton[2] *m* ⟨*-(e)s, ⸚e* ['tø:nə]⟩ **1.** sound; MUS tone; (≈ *Note*) note; **den ~ angeben** (*fig*) to set the tone; **keinen ~ sagen** not to make a sound; **große Töne spucken** (*infml*) to talk big; **jdn in (den) höchsten Tönen loben** (*infml*) to praise sb to the skies **2.** (≈ *Betonung*) stress; (≈

Tonfall) intonation **3.** (≈ *Redeweise*) tone; **ich verbitte mir diesen ~** I will not be spoken to like that; **der gute ~** good form **4.** (≈ *Farbton*) tone; (≈ *Nuance*) shade **Tonabnehmer** *m* pick-up **tonangebend** *adj* **~ sein** to set the tone **Tonarm** *m* pick-up arm **Tonart** *f* MUS key; (*fig* ≈ *Tonfall*) tone **Tonband** [-bant] *nt*, *pl* **-bänder** tape **Tonbandgerät** *nt* tape recorder

tönen[1] ['tø:nən] *v/i* (≈ *klingen*) to sound; (≈ *großspurig reden*) to boast

tönen[2] *v/t* to tint; **sich** (*dat*) **die Haare ~** to tint one's hair

Toner ['to:nɐ] *m* ⟨*-s, -*⟩ toner **Tonerkassette** *f* toner cartridge

tönern ['tø:nɐn] *adj attr* clay

Tonfall *m* tone of voice; (≈ *Intonation*) intonation **Tonfilm** *m* sound film

tonhaltig *adj* clayey

Tonhöhe *f* pitch **Toningenieur(in)** *m/(f)* sound engineer **Tonlage** *f* pitch (level); (≈ *Tonumfang*) register **Tonleiter** *f* scale **tonlos** *adj* toneless

Tonnage [tɔ'na:ʒə] *f* ⟨*-, -n*⟩ NAUT tonnage **Tonne** ['tɔnə] *f* ⟨*-, -n*⟩ **1.** (≈ *Behälter*) barrel; (*aus Metall*) drum; (≈ *Mülltonne*) bin (*Br*), trash can (*US*) **2.** (≈ *Gewicht*) metric ton(ne) **3.** (≈ *Registertonne*) (register) ton

Tonspur *f* soundtrack **Tonstörung** *f* sound interference **Tonstudio** *nt* recording studio

Tontaube *f* clay pigeon **Tontaubenschießen** *nt* ⟨*-s, no pl*⟩ clay pigeon shooting

Tontechniker(in) *m/(f)* sound technician

Tönung ['tø:nʊŋ] *f* ⟨*-, -en*⟩ (≈ *Haartönung*) hair colour (*Br*) or color (*US*); (≈ *Farbton*) shade, tone

Top [tɔp] *nt* ⟨*-s, -s*⟩ FASHION top **topaktuell** *adj* up-to-the-minute

Topas [to'pa:s] *m* ⟨*-es, -e* [-zə]⟩ topaz

Topf [tɔpf] *m* ⟨*-(e)s, ⸚e* ['tœpfə]⟩ pot; (≈ *Kochtopf*) (sauce)pan; **alles in einen ~ werfen** (*fig*) to lump everything together **Topfen** ['tɔpfn] *m* ⟨*-s, -*⟩ (*S Ger, Aus*) quark **Töpfer** ['tœpfɐ] *m* ⟨*-s, -*⟩, **Töpferin** [-ərɪn] *f* ⟨*-, -nen*⟩ potter **Töpferei** [tœpfə'rai] *f* ⟨*-, -en*⟩ pottery **töpfern** ['tœpfɐn] *v/i* to do pottery **Töpferscheibe** *f* potter's wheel

topfit *adj pred* in top form; (*gesundheitlich*) as fit as a fiddle

Topflappen *m* oven cloth **Topfpflanze** *f* potted plant

Topografie[topogra'fiː] *f* ⟨**-, -n** [-'fiːən]⟩ topography **topografisch**[topo'graːfɪʃ] *adj* topographic(al)

toppen['tɔpn] *v/t* to top, to beat; **schwer zu ~** hard to top *or* beat

Tor *nt* ⟨**-(e)s, -e**⟩ **1.** gate; (*fig*) gateway; (≈ *Torbogen*) archway; (*von Garage*) door **2.** SPORTS goal; **im ~ stehen** to be in goal **Torbogen** *m* arch **Toresschluss** *m* = **Torschluss**

Torf [tɔrf] *m* ⟨**-(e)s**, *no pl*⟩ peat **torfig** ['tɔrfɪç] *adj* peaty **Torfmoor** *nt* peat bog *or* (*trocken*) moor

Torfrau *f* goalkeeper **Torhüter(in)** *m*/(*f*) goalkeeper

töricht ['tøːrɪçt] (*elev*) *adj* foolish; *Hoffnung* idle

Torjäger(in) *m*/(*f*) (goal)scorer

torkeln ['tɔrkln] *v/i aux sein* to stagger, to reel

Tormann *m*, *pl* **-männer** goalkeeper

Tornado [tɔr'naːdo] *m* ⟨**-s, -s**⟩ tornado

torpedieren [tɔrpe'diːrən] *past part* **torpediert** *v/t* to torpedo **Torpedo** [tɔr-'peːdo] *m* ⟨**-s, -s**⟩ torpedo

Torpfosten *m* gatepost; SPORTS goalpost **Torschluss** *m*, *no pl* (*fig*) **kurz vor ~** at the last minute **Torschlusspanik** *f* (*infml*) last minute panic **Torschütze** *m*, **Torschützin** *f* (goal)scorer

Torte ['tɔrtə] *f* ⟨**-, -n**⟩ gâteau; (≈ *Obsttorte*) flan **Tortenboden** *m* flan case *or* (*ohne Seiten*) base **Tortendiagramm** *nt* pie chart **Tortenguss** *m* glaze **Tortenheber** [-heːbɐ] *m* ⟨**-s, -**⟩ cake slice

Tortur [tɔr'tuːɐ] *f* ⟨**-, -en**⟩ torture; (*fig*) ordeal

Torverhältnis *nt* score **Torwart** [-vart] *m* ⟨**-(e)s, -e**⟩, **Torwartin** [-vartɪn] *f* ⟨**-, -nen**⟩ goalkeeper

tosen ['toːzn] *v/i* (*Wellen*) to thunder; (*Sturm*) to rage; **~der Beifall** thunderous applause

Toskana [tɔs'kaːna] ⟨**-**⟩ GEOG **die ~** Tuscany

tot [toːt] *adj* dead; (*infml* ≈ *erschöpft*) beat (*infml*); *Stadt* deserted; **~ geboren** stillborn; **~ umfallen** to drop dead; *er war auf der Stelle ~* he died instantly; *ein ~er Mann sein* (*fig infml*) to be a goner (*infml*); *~er Winkel* blind spot; MIL dead angle; *das Tote Meer* the Dead Sea; *~er Punkt* (≈ *Stillstand*) standstill, halt; (*in Verhandlungen*) deadlock; (≈ *körperliche Ermüdung*) low point

total [to'taːl] **I** *adj* total **II** *adv* totally **Totalisator** [totali'zaːtoːɐ] *m* ⟨**-s**, *Totalisatoren* [-'toːrən]⟩ totalizator **totalitär** [totali'tɛːɐ] **I** *adj* totalitarian **II** *adv* in a totalitarian way **Totaloperation** *f* (*von Gebärmutter*) hysterectomy **Totalschaden** *m* write-off

totarbeiten *v/r sep* (*infml*) to work oneself to death **töten** ['tøːtn] *v/t & v/i* to kill **Totenbett** *nt* deathbed **totenblass** *adj* deathly pale **Totengräber** *m* ⟨**-s, -**⟩, **Totengräberin** *f* ⟨**-, -nen**⟩ gravedigger **Totenkopf** *m* skull; (*auf Piratenfahne etc*) skull and crossbones **Totenschein** *m* death certificate **Totenstarre** *f* rigor mortis **Totenstille** *f* deathly silence **Tote(r)** ['toːtə] *m*/*f*(*m*) *decl as adj* dead person; (*bei Unfall*, MIL) casualty; *die ~n* the dead; *es gab 3 ~* 3 people died *or* were killed **totgeboren** *adj attr*; → *tot* **Totgeburt** *f* stillbirth **totkriegen** *v/t sep* (*infml*) *nicht totzukriegen sein* to go on for ever **totlachen** *v/r sep* (*infml*) to kill oneself (laughing) (*Br infml*); *es ist zum Totlachen* it is hilarious

Toto ['toːto] *m or* (*inf*, *Aus*, *Swiss*) *nt* ⟨**-s, -s**⟩ (football) pools *pl* (*Br*); (*im*) **~ spielen** to do the pools (*Br*) **Totoschein** *m* pools coupon (*Br*)

Totschlag *m* JUR manslaughter **totschlagen** *v/t sep irr* to kill; *du kannst mich ~, ich weiß es nicht* (*infml*) for the life of me I don't know **totschweigen** *v/t sep irr* to hush up (*infml*) **tot stellen** *v/r* to pretend to be dead **Tötung** ['tøːtʊŋ] *f* ⟨**-, -en**⟩ killing

Toupet [tu'peː] *nt* ⟨**-s, -s**⟩ toupée **toupieren** [tu'piːrən] *past part* **toupiert** *v/t* to backcomb

Tour [tuːɐ] *f* ⟨**-, -en**⟩ **1.** (≈ *Fahrt*) trip; (≈ *Tournee*) tour; (≈ *Wanderung*) walk; (≈ *Bergtour*) climb **2.** (≈ *Umdrehung*) revolution; *auf ~en kommen* (*Auto*) to reach top speed; (*fig infml*) to get into top gear; *jdn/etw auf ~en bringen* (*fig*) to get sb/sth going; *in einer ~* (*infml*) incessantly **3.** (*infml*) *auf die krumme ~* by dishonest means; *jdm die ~ vermasseln* (*infml*) to put paid to sb's plans **Tourenrad** *nt* tourer **Tourenwagen** *m* touring car **Tourismus** [tu-'rɪsmʊs] *m* ⟨**-**, *no pl*⟩ tourism **Tourismusindustrie** *f* tourist industry **Tourist** [tu'rɪst] *m* ⟨**-en, -en**⟩, **Touristin** [-'rɪstɪn] *f* ⟨**-, -nen**⟩ tourist **Touristen-**

klasse f tourist class **Touristik** [tu-'rɪstɪk] f ‹-, no pl› tourism **Tournee** [tʊr-'ne:] f ‹-, -s or -n [-'ne:ən]› tour; **auf ~ sein** to be on tour

Toxikologe [tɔksikoˈloːgə] m ‹-n, -n›, **Toxikologin** [-'loːgɪn] f ‹-, -nen› toxicologist **toxikologisch** [tɔksikoˈloːgɪʃ] adj toxicological **toxisch** ['tɔksɪʃ] adj toxic

Trab [traːp] m ‹-(e)s [-bəs]› no pl trot; **im ~** at a trot; **auf ~ sein** (infml) to be on the go (infml); **jdn in ~ halten** (infml) to keep sb on the go (infml)

Trabant [tra'bant] m ‹-en, -en› satellite **Trabantenstadt** f satellite town

traben ['traːbn] v/i aux haben or sein to trot **Trabrennbahn** f trotting course **Trabrennen** nt trotting race

Tracht [traxt] f ‹-, -en› 1. (≈ Kleidung) dress; (≈ Volkstracht etc) costume; (≈ Schwesterntracht) uniform 2. **jdm eine ~ Prügel verabreichen** (infml) to give sb a beating **trachten** ['traxtn] v/i (elev) to strive (nach for, after); **jdm nach dem Leben ~** to be after sb's blood

trächtig ['trɛçtɪç] adj Tier pregnant

Trackball ['trɛkbɔːl] m ‹-s, -s› IT trackball

Tradition [tradi'tsioːn] f ‹-, -en› tradition; (**bei jdm**) **~ haben** to be a tradition (for sb) **traditionell** [traditsio'nɛl] I adj usu attr traditional II adv traditionally **traditionsbewusst** adj tradition-conscious **traditionsgemäß** adv traditionally

Trafik [tra'fɪk] f ‹-, -en› (Aus) tobacconist's (shop) **Trafikant** [trafi'kant] m ‹-en, -en›, **Trafikantin** [-'kantɪn] f ‹-, -nen› (Aus) tobacconist

Trafo ['traːfo] m ‹-(s), -s› (infml) transformer

Tragbahre f stretcher **tragbar** adj 1. Gerät portable 2. (≈ annehmbar) acceptable (für to); (≈ erträglich) bearable **Trage** ['traːgə] f ‹-, -n› (≈ Bahre) litter **träge** ['trɛːgə] adj 1. sluggish; Mensch lethargic; (≈ faul) lazy 2. PHYS Masse inert **tragen** ['traːgn] pret **trug** [truːk], past part **getragen** [gə'traːgn] I v/t 1. (≈ befördern) to carry; **den Brief zur Post ~** to take the letter to the post office 2. (≈ am Körper tragen) to wear; **getragene Kleider** second-hand clothes 3. (≈ stützen) to support 4. (≈ hervorbringen) Zinsen, Ernte to yield; Früchte to bear 5. (≈ trächtig sein) to be carrying 6. (≈

ertragen) Schicksal to bear 7. (≈ übernehmen) Verluste to defray; Kosten to bear, to carry; Risiko to take 8. (≈ haben) Titel, Namen to bear II v/i 1. (Eis) to take weight 2. **schwer an etw** (dat) **~** to have a job carrying sth; (fig) to find sth hard to bear; **zum Tragen kommen** to come to fruition; (≈ nützlich werden) to come in useful III v/r (Kleid, Stoff) to wear **tragend** adj 1. (≈ stützend) Säule, Bauteil load-bearing 2. THEAT Rolle major **Träger** ['trɛːgɐ] m ‹-s, -› 1. (an Kleidung) strap; (≈ Hosenträger) braces pl (Br), suspenders pl (US) 2. BUILD (supporting) beam; (≈ Stahlträger, Eisenträger) girder 3. (≈ Kostenträger) funding provider **Träger** ['trɛːgɐ] m ‹-s, -›, **Trägerin** [-ərɪn] f ‹-, -nen› (von Lasten, Namen, Titel) bearer; (von Kleidung) wearer; (eines Preises) winner; (von Krankheit) carrier **Trägerrakete** f carrier rocket **Tragetasche** f carrier bag **tragfähig** adj able to take a weight; (fig) Konzept, Lösung workable **Tragfläche** f wing **Tragflächenboot** nt **Tragflügelboot** nt hydrofoil

Trägheit f ‹-, -en› sluggishness; (von Mensch) lethargy; (≈ Faulheit) laziness; PHYS inertia

Tragik ['traːgɪk] f ‹-, no pl› tragedy **Tragikomik** [tragi'koːmɪk, 'traːgi-] f tragicomedy **tragikomisch** [tragi'koːmɪʃ, 'traːgi-] adj tragicomical **Tragikomödie** [tragiko'møːdiə, 'traːgi-] f tragicomedy **tragisch** ['traːgɪʃ] I adj tragic; **das ist nicht so ~** (infml) it's not the end of the world II adv tragically **Tragödie** [tra-'gøːdiə] f ‹-, -n› (LIT, fig) tragedy

Tragweite f (von Geschütz etc) range; **von großer ~ sein** to have far-reaching consequences

Trainer ['trɛːnɐ, 'trɛːnɐ] m ‹-s, -›, **Trainerin** [-ərɪn] f ‹-, -nen› trainer; (von Tennisspieler) coach; (bei Fußball) manager **trainieren** [trɛ'niːrən, tre-] past part **trainiert** I v/t to train; Übung, Sportart to practise (Br), to practice (US); Muskel to exercise II v/i (Sportler) to train; (≈ Übungen machen) to exercise; (≈ üben) to practise (Br), to practice (US) **Training** ['trɛːnɪŋ, 'trɛː-] nt ‹-s, -s› training no pl; (≈ Fitnesstraining) workout; (fig ≈ Übung) practice **Trainingsanzug** m tracksuit **Trainingshose** f tracksuit trousers pl (esp Br) or pants pl (*esp US*) **Tra̱iningsschuh** *m* training shoe

Tra̱kt [trakt] *m* ⟨**-(e)s, -e**⟩ (≈ *Gebäudeteil*) section; (≈ *Flügel*) wing **trakti̱e̱ren** [trak'tiːrən] *past part* **trakti̱e̱rt** *v/t* (*infml*) (≈ *schlecht behandeln*) to maltreat; (≈ *quälen*) to torment **Tra̱ktor** ['traktoːɐ] *m* ⟨**-s, Traktoren** [-'toːrən]⟩ tractor

trällern ['trɛlɐn] *v/t & v/i* to warble

Tra̱m [tram] *f* ⟨**-, -s**⟩ (*Swiss*), **Tra̱mbahn** *f* (*S Ger*) = **Straßenbahn**

Tra̱mpel ['trampl] *m or nt* ⟨**-s, -** *or f* **-, -n**⟩ clumsy clot (*infml*) **trampeln** ['trampln] **I** *v/i* (≈ *mit den Füßen stampfen*) to stamp **II** *v/t* **jdn zu Tode ⁓** to trample sb to death **Tra̱mpelpfad** *m* track

trampen ['trɛmpn, 'tram-] *v/i aux sein* to hitchhike **Tramper** ['trɛmpɐ] *m* ⟨**-s, -**⟩, **Tramperin** [-ərɪn] *f* ⟨**-, -nen**⟩ hitchhiker

Trampoli̱n [trampo'liːn, 'tram-] *nt* ⟨**-s, -e**⟩ trampoline

Tra̱n [traːn] *m* ⟨**-(e)s, -e**⟩ **1.** (*von Fischen*) train oil **2.** (*infml*) **im ⁓** dop(e)y (*infml*); (≈ *leicht betrunken*) tipsy

Trance ['trãːs(ə)] *f* ⟨**-, -n**⟩ trance

tranchieren [trã'ʃiːrən] *past part* **tranchi̱e̱rt** *v/t* to carve

Trä̱ne ['trɛːnə] *f* ⟨**-, -n**⟩ tear; **ihm kamen die ⁓n** tears welled (up) in his eyes; **⁓n lachen** to laugh till one cries; **bittere ⁓n weinen** to shed bitter tears **trä̱nen** ['trɛːnən] *v/i* to water **Trä̱nendrüse** *f* lachrymal gland **Trä̱nengas** *nt* tear gas

Trä̱nke ['trɛŋkə] *f* ⟨**-, -n**⟩ drinking trough **trä̱nken** ['trɛŋkn] *v/t* **1.** *Tiere* to water **2.** (≈ *durchnässen*) to soak

transatla̱ntisch [trans|at'lantɪʃ] *adj* transatlantic

Transfe̱r [trans'feːɐ] *m* ⟨**-s, -s**⟩ transfer

Transformati̱o̱n [transfɔrma'tsioːn] *f* transformation **Transforma̱tor** [transfɔr'maːtoːɐ] *m* ⟨**-s, Transformatoren** [-'toːrən]⟩ transformer

Transfusi̱o̱n [transfu'zioːn] *f* transfusion

Transi̱stor [tran'zɪstoːɐ] *m* ⟨**-s, Transistoren** [-'toːrən]⟩ transistor **Transi̱storradio** *nt* transistor (radio)

Transi̱t ['tranziːt, tran'zɪt, 'tranzɪt] *m* ⟨**-s, -e**⟩ transit **Transi̱tabkommen** *nt* transit agreement

transiti̱v ['tranzitiːf, tranzi'tiːf] *adj* GRAM transitive

Transi̱tverkehr *m* transit traffic

transpare̱nt [transpa'rɛnt] *adj* transpar-

ent **Transpare̱nt** [transpa'rɛnt] *nt* ⟨**-(e)s, -e**⟩ (≈ *Reklameschild etc*) neon sign; (≈ *Durchscheinbild*) transparency **Transpare̱nz** [transpa'rɛnts] *f* ⟨**-, no pl**⟩ transparency

Transplanta̱t [transplan'taːt] *nt* ⟨**-(e)s, -e**⟩ (*Haut*) graft; (*Organ*) transplant **Transplantati̱o̱n** [transplanta'tsioːn] *f* ⟨**-, -en**⟩ MED transplant; (*von Haut*) graft; (*Vorgang*) transplantation; (*von Haut*) grafting **transplanti̱e̱ren** [transplan'tiːrən] *past part* **transplanti̱e̱rt** *v/t & v/i* MED *Organ* to transplant; *Haut* to graft

Transpo̱rt [trans'pɔrt] *m* ⟨**-(e)s, -e**⟩ transport **transporta̱bel** [transpɔr'taːbl] *adj Computer etc* portable **Transpo̱rtband** [-bant] *nt, pl* **-bänder** conveyor belt **Transpo̱rter** [trans'pɔrtɐ] *m* ⟨**-s, -**⟩ (*Schiff*) cargo ship; (*Flugzeug*) transport plane; (*Auto*) van **transpo̱rtfähig** *adj Patient* moveable **Transpo̱rtflugzeug** *nt* transport plane **transporti̱e̱ren** [transpɔr'tiːrən] *past part* **transporti̱e̱rt** *v/t* to transport **Transpo̱rtkosten** *pl* carriage *sg* **Transpo̱rtmittel** *nt* means *sg* of transport **Transpo̱rtunternehmen** *nt* haulier (*Br*), hauler (*US*)

Transsexue̱lle(r) [transzɛ'ksuɛlə] *m/f(m) decl as adj* transsexual **Transvesti̱t** [transvɛs'tiːt] *m* ⟨**-en, -en**⟩ transvestite

Trape̱z [tra'peːts] *nt* ⟨**-es, -e**⟩ **1.** MAT trapezium **2.** (*von Artisten*) trapeze **Trape̱zakt** *m* trapeze act **Trape̱zkünstler(in)** *m/(f)* trapeze artist

trappeln ['trapln] *v/i aux sein* to clatter; (*Pony*) to clip-clop

Trara̱ [tra'raː] *nt* ⟨**-s, -s**⟩ (*fig infml*) hullabaloo (*infml*) (*um* about)

Tra̱sse ['trasə] *f* ⟨**-, -n**⟩ SURVEYING marked-out route

Tra̱tsch [traːtʃ] *m* ⟨**-(e)s, no pl**⟩ (*infml*) gossip **tra̱tschen** ['traːtʃn] *v/i* (*infml*) to gossip

Tra̱tte ['tratə] *f* ⟨**-, -n**⟩ FIN draft

Tra̱ualtar *m* altar

Tra̱ube ['traubə] *f* ⟨**-, -n**⟩ (*einzelne Beere*) grape; (*ganze Frucht*) bunch of grapes; (≈ *Menschentraube*) bunch **Tra̱ubensaft** *m* grape juice **Tra̱ubenzucker** *m* dextrose

trauen ['trauən] **I** *v/i +dat* to trust; **einer Sache** (*dat*) **nicht ⁓** to be wary of sth; **ich traute meinen Augen/Ohren nicht** I couldn't believe my eyes/ears **II** v/r to dare; **sich** (acc) ~, **etw zu tun** to dare (to) do sth; **ich trau mich nicht** I daren't; **sich auf die Straße** ~ to dare to go out **III** v/t to marry

Trauer ['trauɐ] f ⟨-, no pl⟩ mourning; (≈ Leid) sorrow, grief **Trauerfall** m bereavement **Trauerfeier** f funeral service **trauern** ['trauɐn] v/i to mourn (um jdn for) sb, um etw sth) **Trauerspiel** nt tragedy; (fig infml) fiasco **Trauerweide** f weeping willow

Traufe ['traufə] f ⟨-, -n⟩ eaves pl **träufeln** ['trɔyfln] v/t to dribble

Traum [traum] m ⟨-(e)s, **Träume** ['trɔymə]⟩ (lit, fig) dream; **aus der** ~! it's all over **Trauma** ['trauma] nt ⟨-s, **Traumen** or -ta [-mən, -ta]⟩ trauma; (fig also) nightmare **traumatisch** [trau-'ma:tɪʃ] adj traumatic **träumen** ['trɔymən] **I** v/i to dream; **von jdm/ etw** ~ to dream about sb/sth; (≈ sich ausmalen) to dream of sb/sth; **das hätte ich mir nicht** ~ **lassen** I'd never have thought it possible **II** v/t to dream; Traum to have; **etwas Schönes** ~ to have a pleasant dream **Träumer** ['trɔymɐ] m ⟨-s, -⟩, **Träumerin** [-ərɪn] f ⟨-, -nen⟩ dreamer **Träumerei** [trɔymə-'rai] f ⟨-, -en⟩ **1.** no pl (≈ das Träumen) dreaming **2.** (≈ Vorstellung) daydream **träumerisch** ['trɔymərɪʃ] adj dreamy; (≈ schwärmerisch) wistful **Traumfabrik** f (pej) dream factory **Traumfrau** f (infml) dream woman **traumhaft I** adj (≈ fantastisch) fantastic; (≈ wie im Traum) dreamlike **II** adv (≈ fantastisch) fantastically; ~ **schönes Wetter** fantastic weather **Traummann** m (infml) dream man **Traumpaar** nt perfect couple **Traumtänzer(in)** m/(f) dreamer **Traumwelt** f dream world

traurig ['trauriç] **I** adj sad; Leistung, Rekord pathetic; Wetter miserable; **die** ~**e Bilanz** the tragic toll **II** adv sadly; **um meine Zukunft sieht es** ~ **aus** my future doesn't look too bright **Traurigkeit** f ⟨-, -en⟩ sadness

Trauschein m marriage certificate **Trauung** ['trauʊŋ] f ⟨-, -en⟩ wedding **Trauzeuge** m, **Trauzeugin** f witness (at marriage ceremony)

Treck [trɛk] m ⟨-s, -s⟩ trek; (≈ Leute) train; (≈ Wagen etc) wagon train **Trecking** ['trɛkɪŋ] nt ⟨-s, no pl⟩ trekking

Treff m ⟨-s, -s⟩ (infml) (≈ Treffen) meeting; (≈ Treffpunkt) haunt, meeting place **treffen** ['trɛfn] pret **traf** [tra:f], past part **getroffen** [gə'trɔfn] **I** v/t **1.** (durch Schlag, Schuss etc) to hit (an/in +dat on); (Unglück) to strike; **auf dem Foto bist du gut getroffen** (infml) that's a good photo of you **2.** (fig ≈ kränken) to hurt **3.** (≈ betreffen) **es trifft immer die Falschen** it's always the wrong people who are affected; **ihn trifft keine Schuld** he's not to blame **4.** (≈ jdm begegnen) to meet **5. es gut/schlecht** ~ to be fortunate/unlucky (mit with) **6.** Vorbereitungen to make; Vereinbarung to reach; Entscheidung, Maßnahmen to take **II** v/i **1.** (Schlag, Schuss etc) to hit; **tödlich getroffen** (von Schuss etc) fatally wounded; **nicht** ~ to miss **2.** aux sein (≈ stoßen) **auf jdn/etw** ~ to meet sb/sth **III** v/r (≈ zusammentreffen) to meet **IV** v/r impers **es trifft sich, dass** ... it (just) happens that ...; **das trifft sich gut/schlecht, dass** ... it is convenient/ inconvenient that ... **Treffen** ['trɛfn] nt ⟨-s, -⟩ meeting; SPORTS encounter **treffend** adj Beispiel apt; **etw** ~ **darstellen** to describe sth perfectly **Treffer** ['trɛfɐ] m ⟨-s, -⟩ hit; (≈ Tor) goal; **einen** ~ **landen** (infml) to score a hit; FTBL to score a goal **Treffpunkt** m meeting place **treffsicher** adj Stürmer etc accurate; (fig) Bemerkung apt

Treibeis nt drift ice **treiben** ['traibn] pret **trieb** [tri:p], past part **getrieben** [gə-'tri:bn] **I** v/t **1.** to drive; (≈ antreiben) to push; **jdn in den Wahnsinn** ~ to drive sb mad; **jdn zum Äußersten** ~ to push sb too far; **die Preise (in die Höhe)** ~ to push prices up; **die** ~**de Kraft bei etw sein** to be the driving force behind sth **2.** Handel, Sport to do; Studien to pursue; Gewerbe to carry on; Unfug to be up to; **was treibst du?** what are you up to?; **es toll** ~ to have a wild time; **es zu toll** ~ to overdo it; **es zu weit** ~ to go too far; **es mit jdm** ~ (infml) to have sex with sb **3.** Blüten, Knospen to sprout **II** v/i aux sein (≈ sich fortbewegen) to drift; **sich** ~ **lassen** to drift; **die Dinge** ~ **lassen** to let things go **Treiben** ['traibn] nt ⟨-s, -⟩ (≈ Getriebe) hustle and bustle **Treiber** ['traibɐ] m ⟨-s, -⟩ IT driver **Treiber** ['traibɐ] m ⟨-s, -⟩, **Treiberin** [-ərɪn] f ⟨-, -nen⟩ (≈ Viehtreiber) dro-

ver; HUNT beater **Treibgas** *nt* (*bei Sprüh-
dosen*) propellant **Treibhaus** *nt* hothouse **Treibhauseffekt** *m* METEO greenhouse effect **Treibhausgas** *nt* greenhouse gas **Treibjagd** *f* battue (*tech*)
Treibsand *m* quicksand **Treibstoff** *m* fuel
Trekking ['trɛkɪŋ] *nt* ⟨*-s, no pl*⟩ trekking
Trend [trɛnt] *m* ⟨*-s, -s*⟩ trend; **voll im ~
liegen** to follow the trend **Trendwende**
f new trend **trendy** ['trɛndi] *adj* (*infml*)
trendy
trennbar *adj* separable **trennen** ['trɛnən]
I *v/t* **1.** to separate (*von* from); (≈ *abmachen*) to detach (*von* from); (*nach Rasse
etc*) to segregate; **voneinander getrennt
werden** to be separated **2.** LING *Wort* to
divide **II** *v/r* **1.** (≈ *auseinandergehen*) to
separate; (≈ *Abschied nehmen*) to part;
sich von etw ~ to part with sth **2.** (≈ *sich
teilen: Wege*) to divide **III** *v/i* (*zwischen
Begriffen*) to draw a distinction **Trenn-
schärfe** *f* selectivity **Trennung**
['trɛnʊŋ] *f* ⟨*-, -en*⟩ **1.** (≈ *Abschied*) parting **2.** (≈ *Getrenntsein*) separation; (*von
Wort*) division; (*von Begriffen*) distinction; (≈ *Rassentrennung etc*) segregation; **in ~ leben** to be separated **Trennwand** *f* partition (wall)
Treppe ['trɛpə] *f* ⟨*-, -n*⟩ (≈ *Aufgang*)
(flight of) stairs *pl*; (*im Freien*) (flight
of) steps *pl*; **eine ~** a staircase; **~n steigen** to climb stairs **Treppenabsatz** *m*
half landing **Treppengeländer** *nt* banister **Treppenhaus** *nt* stairwell; **im ~** on
the stairs
Tresen ['treːzn] *m* ⟨*-s, -*⟩ (≈ *Theke*) bar;
(≈ *Ladentisch*) counter
Tresor [tre'zoːɐ] *m* ⟨*-s, -e*⟩ (≈ *Raum*)
strongroom; (≈ *Schrank*) safe
Tretboot *nt* pedal boat, pedalo (*Br*) **Treteimer** *m* pedal bin **treten** ['treːtn] *pret*
trat [traːt], *past part* **getreten** [gə'treːtn]
I *v/i* **1.** (*mit Fuß*) to kick (*gegen etw* sth,
nach out at) **2.** *aux sein* (*mit Raumanga-
be*) to step; **in den Hintergrund ~** (*fig*) to
recede into the background; **an jds Stel-
le** (*acc*) **~** to take sb's place **3.** *aux sein or
haben* (≈ *betätigen*) **in die Pedale ~** to
pedal hard; **aufs Gas**(*pedal*) **~** (≈ *Pedal
betätigen*) to press the accelerator; (≈
schnell fahren) to put one's foot down
(*infml*); **auf die Bremse ~** to brake **4.**
aux sein **der Schweiß trat ihm auf die
Stirn** sweat appeared on his forehead;

Tränen traten ihr in die Augen tears
came to her eyes **II** *v/t* **1.** (≈ *Fußtritt geben*) to kick; SPORTS *Ecke*, *Freistoß* to
take; **jdn mit dem Fuß ~** to kick sb **2.**
(≈ *trampeln*) *Pfad, Weg* to tread **3.**
(*fig*) **jdn ~** (*infml* ≈ *antreiben*) to get at
sb **Tretmine** *f* MIL (antipersonnel) mine
Tretroller *m* scooter
treu [trɔy] **I** *adj Freund, Kunde etc* loyal;
Hund, Gatte etc faithful; **jdm ~ sein/
bleiben** to be/remain faithful to sb; **sich**
(*dat*) **selbst ~ bleiben** to be true to oneself; **seinen Grundsätzen ~ bleiben** to
stick to one's principles **II** *adv* faithfully;
(≈ *treuherzig*) trustingly; *ansehen* innocently; **jdm ~ ergeben sein** to be loyally
devoted to sb; **~ sorgend** devoted **Treue**
['trɔyə] *f* ⟨*-, no pl*⟩ (*von Freund, Kunde
etc*) loyalty; (*von Hund*) faithfulness; (≈
eheliche Treue) fidelity; **jdm die ~ halten**
to keep faith with sb; *Ehegatten etc* to
remain faithful to sb **treuergeben** *adj*
→ **treu Treuhand** *f, no pl* trust **Treuhän-
der** [-hɛndɐ] *m* ⟨*-s, -*⟩, **Treuhänderin**
[-ərɪn] *f* ⟨*-, -nen*⟩ trustee **Treuhandge-
sellschaft** *f* trust company **treuherzig**
I *adj* innocent, trusting **II** *adv* innocently, trustingly **treulos** *adj* disloyal **Treulo-
sigkeit** *f* ⟨*-, no pl*⟩ disloyalty **treusor-
gend** *adj attr* devoted
Triangel ['triːaŋl] *m or* (*Aus*) *nt* ⟨*-s, -*⟩ triangle
Tribunal [tribu'naːl] *nt* ⟨*-s, -e*⟩ tribunal
Tribüne [tri'byːnə] *f* ⟨*-, -n*⟩ (≈ *Rednertri-
büne*) platform; (≈ *Zuschauertribüne*)
stand; (≈ *Haupttribüne*) grandstand
Trichine [trɪ'çiːnə] *f* ⟨*-, -n*⟩ trichina
Trichter ['trɪçtɐ] *m* ⟨*-s, -*⟩ funnel; (≈
Bombentrichter) crater **trichterförmig**
adj funnel-shaped
Trick [trɪk] *m* ⟨*-s, -s or* (*rare*) *-e*⟩ trick;
(*raffiniert*) ploy **Trickbetrüger**(**in**)
m/(*f*), **Trickdieb**(**in**) *m/*(*f*) confidence
trickster **Trickfilm** *m* trick film; (≈ *Zeichentrickfilm*) cartoon (film) **trickreich**
(*infml*) **I** *adj* tricky; (≈ *raffiniert*) clever
II *adv* erschwindeln through various
tricks
Trieb [triːp] *m* ⟨*-(e)s, -e* [-bə]⟩ **1.** (≈ *Natur-
trieb*) drive; (≈ *Drang*) urge; (≈ *Verlan-
gen*) desire; (≈ *Neigung*) inclination; (≈
*Selbsterhaltungstrieb, Fortpflanzungs-
trieb*) instinct **2.** BOT shoot **Triebfeder** *f*
(*fig*) motivating force (*+gen* behind)
Triebkraft *f* MECH motive power; (*fig*)

driving force **Triebrad** *nt* driving wheel (*Br*), gear wheel **Triebtäter(in)** *m*/(*f*) sexual offender **Triebwagen** *m* RAIL railcar **Triebwerk** *nt* power plant; (*in Uhr*) mechanism

triefen ['triːfn] *pret* **triefte** *or* (*geh*) **troff** ['triːftə, trɔf], *past part* **getrieft** *or* (*rare*) **getroffen** [gə'triːft, gə'trɔfn] *v/i* to be dripping wet; (*Nase*) to run; (*Auge*) to water; **~d nass** dripping wet

triftig ['trɪftɪç] *adj* convincing

Trigonometrie [trigonome'triː] *f* ⟨-, *no pl*⟩ trigonometry **trigonometrisch** [trigono'meːtrɪʃ] *adj* trigonometric(al)

Trikot *nt* ⟨-s, -s⟩ (≈ *Hemd*) shirt; **das Gelbe ~** (*bei Tour de France*) the yellow jersey

trillern ['trɪlɐn] *v/t & v/i* to warble **Trillerpfeife** *f* (pea) whistle

Trillion [trɪ'lioːn] *f* ⟨-, -en⟩ trillion (*Br*), quintillion (*US*)

Trimester [tri'mɛstɐ] *nt* ⟨-s, -⟩ term

trimmen ['trɪmən] **I** *v/t* to trim; (*infml*) *Mensch, Tier* to teach, to train; **auf alt getrimmt** done up to look old **II** *v/r* to do keep-fit (exercises)

trinkbar *adj* drinkable **trinken** ['trɪŋkn] *pret* **trank** [traŋk], *past part* **getrunken** [gə'trʊŋkn] **I** *v/t* to drink; (*schnell*) **einen ~ gehen** (*infml*) to go for a (quick) drink **II** *v/i* to drink; **jdm zu ~ geben** to give sb something to drink; **auf jds Wohl ~** to drink sb's health; **er trinkt** (≈ *ist Alkoholiker*) he's a drinker **Trinker** ['trɪŋkɐ] *m* ⟨-s, -⟩, **Trinkerin** [-ərɪn] *f* ⟨-, -nen⟩ drinker; (≈ *Alkoholiker*) alcoholic **trinkfest** *adj* **so ~ bin ich nicht** I can't hold my drink (*Br*) *or* liquor (*esp US*) very well **Trinkgeld** *nt* tip; **jdm ~ geben** to tip sb **Trinkwasser** *nt, pl* **-wässer** drinking water

Trio [triːo] *nt* ⟨-s, -s⟩ trio

Trip [trɪp] *m* ⟨-s, -s⟩ (*infml*) trip

trippeln ['trɪpln] *v/i aux haben or* (*bei Richtungsangabe*) *sein* to trip (*esp Br*), to skip; (*Boxer*) to dance around; (*Pferd*) to prance

Tripper ['trɪpɐ] *m* ⟨-s, -⟩ gonorrhoea *no art* (*Br*), gonorrhea *no art* (*US*)

trist [trɪst] *adj* dismal; *Farbe* dull

Tritt [trɪt] *m* ⟨-(e)s, -e⟩ **1.** (≈ *Schritt*) step **2.** (≈ *Fußtritt*) kick; **jdm einen ~ geben** to give sb a kick; (*infml* ≈ *anstacheln*) to give sb a kick in the pants (*infml*) **Trittbrett** *nt* step **Trittbrettfahrer(in)** *m*/(*f*)

(*infml*) fare dodger; (*fig*) copycat (*infml*) **Trittleiter** *f* stepladder

Triumph [tri'ʊmf] *m* ⟨-(e)s, -e⟩ triumph; **~e feiern** to be very successful **Triumphbogen** *m* triumphal arch **triumphieren** [trium'fiːrən] *past part* **triumphiert** *v/i* (≈ *frohlocken*) to rejoice **triumphierend** **I** *adj* triumphant **II** *adv* triumphantly

trivial [tri'viaːl] *adj* trivial **Trivialliteratur** *f* (*pej*) light fiction

Trizeps ['triːtsɛps] *m* ⟨-(es), -e⟩ triceps

trocken ['trɔkn] **I** *adj* dry; **~ werden** to dry; (*Brot*) to go *or* get dry; **auf dem Trockenen sitzen** (*infml*) to be in a tight spot (*infml*) **II** *adv* aufbewahren in a dry place **Trockenblume** *f* dried flower **Trockendock** *nt* dry dock **Trockenfutter** *nt* dried food **Trockengebiet** *nt* arid region **Trockenhaube** *f* (salon) hairdryer **Trockenheit** *f* ⟨-, -en⟩ dryness; (≈ *Trockenperiode*) drought **trockenlegen** *v/t sep* **1.** *Sumpf* to drain **2.** *Baby* to change **Trockenmilch** *f* dried milk **Trockenrasierer** [-raziːrɐ] *m* ⟨-s, -⟩ electric razor **Trockenzeit** *f* (≈ *Jahreszeit*) dry season **trocknen** ['trɔknən] *v/t & v/i* to dry

Trödel ['trøːdl] *m* ⟨-s, *no pl*⟩ (*infml*) junk **Trödelei** [trøːdə'lai] *f* ⟨-, -en⟩ (*infml*) dawdling **trödeln** ['trøːdln] *v/i* to dawdle **Trödler** ['trøːdlɐ] *m* ⟨-s, -⟩, **Trödlerin** [-ərɪn] *f* ⟨-, -nen⟩ **1.** (≈ *Händler*) junk dealer **2.** (*infml* ≈ *langsamer Mensch*) slowcoach (*Br infml*), slowpoke (*US infml*)

Trog [troːk] *m* ⟨-(e)s, ⸚e ['trøːgə]⟩ trough **trollen** ['trɔlən] *v/r* (*infml*) to push off (*infml*)

Trommel ['trɔml] *f* ⟨-, -n⟩ MUS, TECH drum **Trommelbremse** *f* drum brake **Trommelfell** *nt* eardrum **trommeln** ['trɔmln] **I** *v/i* to drum; **gegen die Tür ~** to bang on the door **II** *v/t Rhythmus* to beat out **Trommler** ['trɔmlɐ] *m* ⟨-s, -⟩, **Trommlerin** [-ərɪn] *f* ⟨-, -nen⟩ drummer

Trompete [trɔm'peːtə] *f* ⟨-, -n⟩ trumpet **trompeten** [trɔm'peːtn] *past part* **trompetet** *v/i* to trumpet **Trompeter** [trɔm'peːtɐ] *m* ⟨-s, -⟩, **Trompeterin** [-ərɪn] *f* ⟨-, -nen⟩ trumpeter

Tropen ['troːpn] *pl* tropics *pl* **Tropenanzug** *m* tropical suit **Tropenhelm** *m* pith helmet **Tropenkoller** *m* tropical madness **Tropenkrankheit** *f* tropical disease

Tropf [trɔpf] *m* ⟨-(e)s, ⸚e ['trœpfə]⟩ *no pl*

(≈ *Infusion*) drip (*infml*); **am ~ hängen** to be on a drip **tröpfchenweise** *adv* in dribs and drabs **tröpfeln** ['trœpfln] *v/t & v/i* to drip **tropfen** ['trɔpfn] *v/i/t* to drip **Tropfen** ['trɔpfn] *m* ⟨**-s, -**⟩ **1.** drop; (≈ *einzelner Tropfen: an Kanne etc*) drip; **ein edler ~** (*infml*) a good wine; **bis auf den letzten ~** to the last drop; **ein ~ auf den heißen Stein** (*fig infml*) a drop in the ocean **2. Tropfen** *pl* (≈ *Medizin*) drops *pl* **tropfenweise** *adv* drop by drop **tropfnass** ['trɔpf'nas] *adj* dripping wet **Tropfstein** *m* dripstone; (*an der Decke*) stalactite; (*am Boden*) stalagmite **Tropfsteinhöhle** *f* dripstone cave **Trophäe** [tro'fɛːə] *f* ⟨**-, -n**⟩ trophy **tropisch** ['troːpɪʃ] *adj* tropical **Trost** [troːst] *m* ⟨**-(e)s**, *no pl*⟩ consolation; **das ist ein schwacher ~** that's pretty cold comfort; **du bist wohl nicht ganz bei ~!** (*infml*) you must be out of your mind! **trösten** ['trøːstn] *v/t* to comfort; **jdn/sich mit etw ~** to console sb/oneself with sth; **~ Sie sich!** never mind **tröstlich** ['trøːstlɪç] *adj* comforting **trostlos** *adj* hopeless; *Verhältnisse* miserable; (≈ *verzweifelt*) inconsolable; (≈ *öde, trist*) dreary **Trostpflaster** *nt* consolation **Trostpreis** *m* consolation prize **Trott** [trɔt] *m* ⟨**-s**, *no pl*⟩ (slow) trot; (*fig*) routine **Trottel** ['trɔtl] *m* ⟨**-s, -**⟩ (*infml*) idiot **trottelig** ['trɔtəlɪç] (*infml*) *adj* stupid **trotten** ['trɔtn] *v/i aux sein* to trot along **Trottinett** ['trɔtinet] *nt* ⟨**-s, -e**⟩ (*Swiss*) scooter **Trottoir** [trɔtoaːɐ] *nt* ⟨**-s, -s *or* -e**⟩ (*S Ger, Swiss*) pavement **trotz** [trɔts] *prep* +*gen or* (*inf*) +*dat* in spite of, despite; **~ allem** in spite of everything **Trotz** [trɔts] *m* ⟨**-es**, *no pl*⟩ defiance; (≈ *trotziges Verhalten*) contrariness; **jdm/einer Sache zum ~** in defiance of sb/sth **trotzdem** ['trɔtsdeːm, 'trɔts'deːm] **I** *adv* nevertheless; (**und**) **ich mache das ~!** I'll do it all the same **II** *cj* even though **trotzen** ['trɔtsn] *v/i* **1.** (+*dat*) to defy; *der Kälte, dem Klima etc* to withstand **2.** (≈ *trotzig sein*) to be awkward **trotzig** ['trɔtsɪç] **I** *adj* defiant; *Kind etc* difficult; (≈ *widerspenstig*) contrary **II** *adv* defiantly **trotzköpfig** *adj Kind* contrary **Trotzreaktion** *f* act of defiance **trüb** [tryːp] *adj* **1.** *Flüssigkeit* cloudy; *Augen, Tag* dull; *Licht* dim; **im Trüben fischen** (*infml*) to fish in troubled waters

2. (*fig* ≈ *bedrückend*) cheerless; *Zukunft* bleak; *Stimmung, Aussichten, Miene* gloomy **Trubel** ['truːbl] *m* ⟨**-s**, *no pl*⟩ hurly-burly **trüben** ['tryːbn] **I** *v/t* **1.** *Flüssigkeit* to make cloudy; *Augen, Blick* to dull **2.** (*fig*) *Glück* to spoil; *Beziehungen* to strain; *Laune* to dampen; *Bewusstsein* to dull; *Urteilsvermögen* to dim **II** *v/r* (*Flüssigkeit*) to go cloudy; (*Augen*) to dim; (*Himmel*) to cloud over; (*fig*) (*Stimmung*) to be dampened; (*Verhältnis*) to become strained; (*Glück, Freude*) to be marred; → **getrübt Trübsal** ['tryːpzaːl] *f* ⟨**-**, *no pl*⟩ (≈ *Stimmung*) sorrow; **~ blasen** (*infml*) to mope **trübselig** *adj* gloomy; *Gegend* bleak **Trübsinn** *m, no pl* gloom **trübsinnig** *adj* gloomy **trudeln** ['truːdln] *v/i aux sein or haben* AVIAT to spin **Trüffel** ['trʏfl] *f* ⟨**-, -n** *or* (*inf*) *m* **-s, -**⟩ (≈ *Pilz, Praline*) truffle **trügen** ['tryːgn] *pret* **trog** [troːk], *past part* **getrogen** [gə'troːgn] **I** *v/t* to deceive; **wenn mich nicht alles trügt** unless I am very much mistaken **II** *v/i* to be deceptive **Trugschluss** *m* fallacy, misapprehension **Truhe** ['truːə] *f* ⟨**-, -n**⟩ chest **Trümmer** ['trʏmɐ] *pl* rubble *sg*; (≈ *Ruinen*) ruins *pl*; (*von Schiff, Flugzeug etc*) wreckage *sg*; **in ~n liegen** to be in ruins **Trumpf** [trʊmpf] *m* ⟨**-(e)s**, **ᵉe** ['trʏmpfə]⟩ (CARDS ≈ *Trumpfkarte*) trump (card); (≈ *Farbe*) trumps *pl*; (*fig*) trump card; **noch einen ~ in der Hand haben** (*fig*) to have an ace up one's sleeve **Trunkenheit** *f* ⟨**-**, *no pl*⟩ intoxication; **~ am Steuer** drunk driving **Trunksucht** *f* alcoholism **trunksüchtig** *adj* alcoholic **Trupp** [trʊp] *m* ⟨**-s, -s**⟩ (≈ *Einheit*) group; MIL squad **Truppe** ['trʊpə] *f* ⟨**-, -n**⟩ **1.** *no pl* MIL army; (≈ *Panzertruppe etc*) corps *sg* **2. Truppen** *pl* troops **3.** (≈ *Künstlertruppe*) troupe **Truppenabzug** *m* withdrawal of troops **Truppengattung** *f* corps *sg* **Truppenübungsplatz** *m* military training area **Trust** [trast] *m* ⟨**-(e)s**, **-s** *or* **-e**⟩ trust **Truthahn** *m* turkey (cock) **Truthenne** *f* turkey (hen) **Tschad** [tʃat, tʃaːt] *m* ⟨**-**⟩ **der ~** Chad **Tscheche** ['tʃɛçə] *m* ⟨**-n, -n**⟩, **Tschechin**

['tʃɛçɪn] *f* ⟨-, -nen⟩ Czech **Tschechien** ['tʃɛçiən] *nt* ⟨-s⟩ the Czech Republic **tschechisch** ['tʃɛçɪʃ] *adj* Czech; **die Tschechische Republik** the Czech Republic

Tschetschenien [tʃe'tʃeːniən] *nt* ⟨-s⟩ Chechnya

tschüs(s) [tʃʏs] *int* (*infml*) bye (*infml*), so long (*infml*)

T-Shirt ['tiːʃœrt, -ʃɔːɐt] *nt* ⟨-s, -s⟩ T-shirt

Tube ['tuːbə] *f* ⟨-, -n⟩ tube

Tuberkulose [tubɛrku'loːzə] *f* ⟨-, -n⟩ tuberculosis

Tuch [tuːx] *nt* ⟨-(e)s, ⸚er* ['tyːçɐ]⟩ (≈ *Stück Stoff*) cloth; (≈ *Halstuch, Kopftuch*) scarf; (≈ *Schultertuch*) shawl; (≈ *Handtuch, Geschirrtuch*) towel

tüchtig ['tʏçtɪç] **I** *adj* **1.** (≈ *fähig*) capable (*in* +*dat* at); (≈ *fleißig*) efficient; *Arbeiter* good **2.** (*infml* ≈ *groß*) *Portion* big **II** *adv* **1.** (≈ *fleißig, fest*) hard; *essen* heartily **2.** (*infml* ≈ *sehr*) *jdm ~ die Meinung sagen* to give sb a piece of one's mind; *~ zulangen* to tuck in (*infml*) **Tüchtigkeit** *f* ⟨-, *no pl*⟩ (≈ *Fähigkeit*) competence; (*von Arbeiter etc*) efficiency

Tücke ['tʏkə] *f* ⟨-, -n⟩ **1.** *no pl:* (≈ *Bosheit*) malice **2.** (≈ *Gefahr*) danger; *voller ~n stecken* to be difficult; (≈ *gefährlich*) to be dangerous; *seine ~n haben* (*Maschine etc*) to be temperamental **tückisch** ['tʏkɪʃ] *adj* malicious; *Strom etc* treacherous; *Krankheit* pernicious

tüfteln ['tʏftln] *v/i* (*infml*) to puzzle; (≈ *basteln*) to fiddle about (*infml*); *an etw* (*dat*) *~* to fiddle about with sth; (*geistig*) to puzzle over sth

Tugend ['tuːɡnt] *f* ⟨-, -en [-dən]⟩ virtue **tugendhaft** *adj* virtuous **Tugendhaftigkeit** ['tuːɡnthaftɪçkait] *f* ⟨-, *no pl*⟩ virtuousness

Tüll [tʏl] *m* ⟨-s, -e⟩ tulle; (*für Gardinen*) net

Tulpe ['tʊlpə] *f* ⟨-, -n⟩ ʙoт tulip **Tulpenzwiebel** *f* tulip bulb

tummeln ['tʊmln] *v/r* (*Hunde, Kinder etc*) to romp (about) **Tummelplatz** ['tʊml-] *m* play area; (*fig*) hotbed

Tümmler ['tʏmlɐ] *m* ⟨-s, -⟩ (bottlenose) dolphin

Tumor ['tuːmoːɐ, tuˈmoːɐ] *m* ⟨-s, **Tumoren** [tuˈmoːrən]⟩ tumour (*Br*), tumor (*US*)

Tümpel ['tʏmpl] *m* ⟨-s, -⟩ pond

Tumult [tuˈmʊlt] *m* ⟨-(e)s, -e⟩ commotion; (*der Gefühle*) tumult

tun [tuːn] *pret* **tat** [taːt], *past part* **getan** [ɡəˈtaːn] **I** *v/t* (≈ *machen*) to do; *so etwas tut man nicht!* that is just not done!; *was ~?* what can be done?; *was kann ich für Sie ~?* what can I do for you?; *etw aus Liebe/Bosheit etc ~* to do sth out of love/malice *etc*; *tu, was du nicht lassen kannst* well, if you have to; *jdm etwas ~* to do something to sb; (*stärker*) to hurt sb; *der Hund tut dir schon nichts* the dog won't hurt you; *das hat nichts damit zu ~* that's nothing to do with it; *mit ihm will ich nichts zu ~ haben* I want nothing to do with him; *es mit jdm zu ~ bekommen* to get into trouble with sb; → *getan* **II** *v/r* *es tut sich etwas/nichts* there is something/nothing happening; *hier hat sich einiges getan* there have been some changes here; *sich mit etw schwer ~* to have problems with sth **III** *v/i* (≈ *vorgeben*) *so ~, als ob …* to pretend that …; *tu doch nicht so* stop pretending; *sie tut nur so* she's only pretending; *zu ~ haben* (≈ *beschäftigt sein*) to have things to do; *mit jdm zu ~ haben* to have dealings with sb

Tünche ['tʏnçə] *f* ⟨-, -n⟩ whitewash; (*fig*) veneer **tünchen** ['tʏnçn] *v/t* to whitewash

Tundra ['tʊndra] *f* ⟨-, **Tundren** [-drən]⟩ tundra

Tuner ['tjuːnɐ] *m* ⟨-s, -⟩ tuner

Tunesien [tuˈneːziən] *nt* ⟨-s⟩ Tunisia **Tunesier** [tuˈneːziɐ] *m* ⟨-s, -⟩, **Tunesierin** [-iərɪn] *f* ⟨-, -nen⟩ Tunisian **tunesisch** [tuˈneːzɪʃ] *adj* Tunisian

Tunfisch [tuːn-] *m* tuna (fish)

Tunke ['tʊŋkə] *f* ⟨-, -n⟩ sauce **tunken** ['tʊŋkn] *v/t* to dip

tunlichst ['tuːnlɪçst] *adv* (≈ *möglichst*) if possible; *~ bald* as soon as possible

Tunnel ['tʊnl] *m* ⟨-s, *- or* -s⟩ tunnel

Tunte ['tʊntə] *f* ⟨-, -n⟩ (*pej infml*) fairy (*pej infml*)

Tüpfelchen ['tʏpflçən] *nt* ⟨-s, -⟩ dot **tupfen** ['tʊpfn] *v/t* to dab; *getupft* spotted **Tupfen** ['tʊpfn] *m* ⟨-s, -⟩ spot; (*klein*) dot **Tupfer** ['tʊpfɐ] *m* ⟨-s, -⟩ swab

Tür [tyːɐ] *f* ⟨-, -en⟩ door; *~ an ~ mit jdm wohnen* to live next door to sb; *Weihnachten steht vor der ~* Christmas is just (a)round the corner; *jdn vor die ~ setzen* (*infml*) to throw sb out; *mit*

der ~ ins Haus fallen (*infml*) to blurt it out; *zwischen ~ und Angel* in passing; *einer Sache* (*dat*) *~ und Tor öffnen* (*fig*) to open the way to sth

Turban ['tʊrbaːn] *m* ⟨*-s, -e*⟩ turban

Turbine [tʊr'biːnə] *f* ⟨*-, -n*⟩ turbine

Turbolader [-laːdɐ] *m* ⟨*-s, -*⟩ AUTO turbocharger **Turbomotor** *m* turbo-engine

turbulent [tʊrbu'lɛnt] *adj* turbulent **Turbulenz** [tʊrbu'lɛnts] *f* ⟨*-, -en, no pl*⟩ turbulence

Türfalle *f* (*Swiss* ≈ *Klinke*) door handle

Türke ['tʏrkə] *m* ⟨*-n, -n*⟩ Turk **Türkei** [tʏr-'kai] *f* ⟨*-*⟩ *die ~* Turkey **türken** ['tʏrkn] *v/t* (*infml*) *etw* to fiddle (*infml*); *die Statistik ~* to massage the figures **Türkin** ['tʏrkɪn] *f* ⟨*-, -nen*⟩ Turk, Turkish woman / girl

türkis [tʏr'kiːs] *adj* turquoise **türkisch** ['tʏrkɪʃ] *adj* Turkish

Türklinke *f* door handle

Turm [tʊrm] *m* ⟨*-(e)s*, *≕e* ['tʏrmə]⟩ **1.** tower; (≈ *spitzer Kirchturm*) spire; (*im Schwimmbad*) diving (*Br*) *or* dive (*US*) tower **2.** CHESS rook **türmen** ['tʏrmən] **I** *v/t* to pile (up) **II** *v/r* to pile up; (*Wellen*) to tower up **III** *v/i aux sein* (*infml* ≈ *davonlaufen*) to run off **Turmfalke** *m* kestrel **turmhoch** *adj* towering **Turmspringen** *nt* high diving **Turmuhr** *f* (*von Kirche*) church clock

Turnanzug *m* leotard **turnen** ['tʊrnən] *v/i* (*an Geräten*) to do gymnastics; *sie kann gut ~* she is good at gym **Turnen** *nt* ⟨*-s, no pl*⟩ gymnastics *sg*; (*infml* ≈ *Leibeserziehung*) gym, PE (*infml*) **Turner** ['tʊrnɐ] *m* ⟨*-s, -*⟩, **Turnerin** [-ərɪn] *f* ⟨*-, -nen*⟩ gymnast **Turngerät** *nt* (≈ *Reck, Barren etc*) (piece of) gymnastic apparatus **Turnhalle** *f* gym(nasium) **Turnhemd** *nt* gym shirt **Turnhose** *f* gym shorts *pl*

Turnier [tʊr'niːɐ] *nt* ⟨*-s, -e*⟩ tournament; (≈ *Tanzturnier*) competition; (≈ *Reitturnier*) show

Turnschuh *m* gym shoe, sneaker (*US*) **Turnstunde** *f* gym lesson; (*im Verein*) gymnastics lesson **Turnübung** *f* gymnastic exercise

Turnus ['tʊrnʊs] *m* ⟨*-, -se*⟩ rota (*Br*), roster

Turnverein *m* gymnastics club

Türöffner *m* **elektrischer ~** buzzer (*for opening the door*) **Türrahmen** *m* doorframe **Türschild** *nt, pl* **-schilder** doorplate **Türschloss** *nt* door lock **Türschnalle** *f* (*Aus* ≈ *Klinke*) door handle **Türsteher** [-ʃteːɐ] *m* ⟨*-s, -*⟩, **Türsteherin** [-ərɪn] *f* ⟨*-, -nen*⟩ bouncer **Türstopper** *m* door stopper

turteln ['tʊrtln] *v/i* to bill and coo

Tusche ['tʊʃə] *f* ⟨*-, -n*⟩ (≈ *Ausziehtusche*) Indian ink; (≈ *Tuschfarbe*) watercolour (*Br*), watercolor (*US*); (≈ *Wimperntusche*) mascara

tuscheln ['tʊʃln] *v/t & v/i* to whisper

Tuschkasten *m* paintbox

Tussi ['tʊsi] *f* ⟨*-, -s*⟩ (*infml*), **Tuss** [tʊs] *f* ⟨*-, -en*⟩ (*sl*) female (*infml*)

Tüte ['tyːtə] *f* ⟨*-, -n*⟩ bag; (≈ *Eistüte*) cone; (*von Suppenpulver etc*) packet

tuten ['tuːtn] *v/i* to toot

Tütensuppe *f* instant soup

Tutor ['tuːtoːɐ] *m* ⟨*-s, Tutoren* [-'toːrən]⟩, **Tutorin** [-'toːrɪn] *f* ⟨*-, -nen*⟩ tutor

TÜV-Plakette *f* ≈ MOT certificate (*Br*), ≈ inspection certificate (*US*)

TV-Programm *nt* TV programmes (*Br*) *or* programs (*US*) *pl*

Twen [tvɛn] *m* ⟨*-(s), -s*⟩ person in his / her twenties

Typ [typ] *m* ⟨*-s, -en*⟩ **1.** (≈ *Modell*) model **2.** (≈ *Menschenart*) type **3.** (*infml* ≈ *Mensch*) person, character; (*sl* ≈ *Mann, Freund*) guy (*infml*)

Typhus ['tyːfʊs] *m* ⟨*-, no pl*⟩ typhoid (fever)

typisch ['tyːpɪʃ] **I** *adj* typical (*für* of) **II** *adv* **~ deutsch / Mann / Frau** typically German / male / female

Typografie [typogra'fiː] *f* ⟨*-, -n* [-'fiːən]⟩ typography **typografisch** [typo'graːfɪʃ] *adj* typographic(al)

Tyrann [ty'ran] *m* ⟨*-en, -en*⟩, **Tyrannin** [-'ranɪn] *f* ⟨*-, -nen*⟩ tyrant **Tyrannei** [tyra'nai] *f* ⟨*-, -en*⟩ tyranny **tyrannisch** [ty'ranɪʃ] *adj* tyrannical **tyrannisieren** [tyrani'ziːrən] *past part* **tyrannisiert** *v/t* to tyrannize

U

U, u [uː] *nt* ⟨-, -⟩ U, u
U-Bahn ['uː-] *f* underground, subway (*US*) **U-Bahnhof** ['uː-] *m* underground or subway (*US*) station; (*in London*) tube station
übel ['yːbl] **I** *adj* **1.** (≈ *schlimm*) bad; *das ist gar nicht so ~* that's not so bad at all **2.** (≈ *moralisch, charakterlich schlecht*) wicked; *Tat* evil **3.** (≈ *eklig*) *Geschmack, Geruch* nasty; *mir wird ~* I feel ill **II** *adv* badly; *~ dran sein* to be in a bad way; *~ gelaunt* ill-humoured (*Br*), ill-humored (*US*); *~ riechend* foul-smelling; *das schmeckt gar nicht so ~* it doesn't taste so bad; *~ beleumdet* disreputable **Übel** ['yːbl] *nt* ⟨-s, -⟩ (*elev* ≈ *Krankheit*) illness; (≈ *Missstand*) evil; *ein notwendiges/das kleinere ~* a necessary/the lesser evil; *zu allem ~ ...* to make matters worse ... **Übelkeit** *f* ⟨-, -en⟩ nausea; *~ erregen* to cause nausea **übel nehmen** *v/t irr* to take badly; *jdm etw ~* to hold sth against sb **Übeltäter(in)** *m/(f)* (*elev*) wrongdoer
üben ['yːbn] **I** *v/t* **1.** (≈ *erlernen*) to practise (*Br*), to practice (*US*); MIL to drill; *Klavier ~* to practise (*Br*) or practice (*US*) the piano **2.** (≈ *trainieren*) to exercise; → *geübt* **3.** *Kritik an etw* (*dat*) *~* to criticize sth; *Geduld ~* to be patient **II** *v/i* to practise (*Br*), to practice (*US*)
über ['yːbɐ] **I** *prep* **1.** (+*acc, räumlich*) over; (≈ *quer über*) across **2.** (+*dat, räumlich*) over, above; *zwei Grad ~ null* two degrees (above zero); *~ jdm stehen* or *sein* (*fig*) to be over sb **3.** (+*dat, zeitlich*) over; *etw ~ einem Glas Wein besprechen* to discuss sth over a glass of wine; *~ Mittag geht er meist nach Hause* he usually goes home at lunch **4.** (+*acc*) *es kam plötzlich ~ ihn* it suddenly came over him; *wir sind ~ die Autobahn gekommen* we came by the autobahn; *~ Weihnachten* over Christmas; *den ganzen Sommer ~* all summer long; *die ganze Zeit ~* all the time; *das ganze Jahr ~* all through the year; *Kinder ~ 14 Jahre* children over 14 years; *was wissen Sie ~ ihn?* what do you know about him?; *jdn/etw lachen*

to laugh about *or* at sb/sth; *sich ~ etw freuen* to be pleased about sth **II** *adv ~ und ~* all over; *ich stecke ~ und ~ in Schulden* I am up to my ears in debt
überaktiv *adj* hyperactive, overactive
überall [yːbɐ'|al] *adv* everywhere; *~ herumliegen* to be lying all over the place; *~ wo* wherever; *es ist ~ dasselbe* it's the same wherever you go **überallher** [yːbɐ|al'heːɐ, yːbɐ'|al'heːɐ, yːbɐ-'|alheːɐ] *adv* from all over **überallhin** [yːbɐ|al'hɪn, yːbɐ'|al'hɪn, yːbɐ'|alhɪn] *adv* everywhere
Überangebot *nt* surplus (*an* +*dat* of)
überängstlich *adj* overanxious
überanstrengen [yːbɐ'|anʃtrɛŋən] *past part* **überanstrengt** *insep* **I** *v/t* to overstrain, to overexert; *Augen* to strain **II** *v/r* to overstrain oneself **Überanstrengung** *f* overexertion
überarbeiten [yːbɐ'|arbaitn] *past part* **überarbeitet** *insep* **I** *v/t* to rework **II** *v/r* to overwork **Überarbeitung** *f* ⟨-, -en⟩ (*Vorgang*) reworking; (*Ergebnis*) revision
überaus ['yːbɐ|aus, yːbɐ'|aus, 'yːbɐ'|aus] *adv* extremely
überbacken [yːbɐ'|bakn] *past part* **überbacken** *v/t insep irr* (*im Backofen*) to put in the oven; (*im Grill*) to put under the grill; *mit Käse ~* au gratin
überbelegen *past part* **überbelegt** *v/t insep usu past part* to overcrowd; *Kursus, Fach etc* to oversubscribe
überbelichten *past part* **überbelichtet** *v/t insep* PHOT to overexpose
überbesetzt *adj Behörde* overstaffed
überbewerten *past part* **überbewertet** *v/t insep* to overvalue
überbieten [yːbɐ'biːtn] *past part* **überboten** [yːbɐ'boːtn] *insep irr* **I** *v/t* (*bei Auktion*) to outbid (*um* by); (*fig*) to outdo; *Leistung, Rekord* to beat **II** *v/r sich in etw* (*dat*) (*gegenseitig*) *~* to vie with one another in sth
Überbleibsel ['yːbɐblaipsl] *nt* ⟨-s, -⟩ remnant; (≈ *Speiserest*) leftover *usu pl*
Überblick *m* **1.** (≈ *freie Sicht*) view **2.** (≈ *Einblick*) perspective, overview; *ihm fehlt der ~* he has no overall picture;

den ~ **verlieren** to lose track (of things) **überblicken** [y:bɐ'blɪkn] *past part* **überblickt** *v/t insep* **1.** *Stadt* to overlook **2.** (*fig*) to see

überbringen [y:bɐ'brɪŋən] *past part* **überbracht** [y:bɐ'braxt] *v/t insep irr* **jdm etw ~** to bring sb sth **Überbringer** [y:bɐ'brɪŋɐ] *m* ⟨**-s**, **-**⟩, **Überbringerin** [-ərɪn] *f* ⟨**-**, **-nen**⟩ bringer; (*von Scheck etc*) bearer

überbrücken [y:bɐ'brʏkn] *past part* **überbrückt** *v/t insep* (*fig*) to bridge; *Gegensätze* to reconcile **Überbrückungskredit** [-kredi:t] *m* bridging loan

überbuchen [y:bɐ'bu:xn] *past part* **überbucht** *v/t insep* to overbook

überdachen [y:bɐ'daxn] *past part* **überdacht** *v/t insep* to cover over; **überdachte Bushaltestelle** covered bus shelter

überdauern [y:bɐ'dauɐn] *past part* **überdauert** *v/t insep* to survive

überdenken [y:bɐ'dɛŋkn] *past part* **überdacht** *v/t insep irr* to think over; **etw noch einmal ~** to reconsider sth

überdeutlich *adj* all too obvious

überdíes [y:bɐ'di:s] *adv* (*elev* ≈ *außerdem*) moreover

Überdosis *f* overdose; **sich** (*dat*) **eine ~ Heroin spritzen** to overdose on heroin

Überdruck *m*, *pl* **-drücke** TECH excess pressure *no pl* **Überdruckventil** *nt* pressure relief valve

Überdruss ['y:bɐdrʊs] *m* ⟨**-es**, *no pl*⟩ (≈ *Übersättigung*) surfeit (*an* +*dat* of); (≈ *Widerwille*) aversion (*an* +*dat* to); **bis zum ~** ad nauseam **überdrüssig** ['y:bɐdrʏsɪç] *adj* **jds/einer Sache ~ sein** to be weary of sb/sth

überdurchschnittlich **I** *adj* above-average **II** *adv* exceptionally; **sie verdient ~ gut** she earns more than the average

Übereifer *m* overzealousness; (*pej* ≈ *Wichtigtuerei*) officiousness **übereifrig** *adj* overzealous; (*pej* ≈ *wichtigtuerisch*) officious

übereilen [y:bɐ'ailən] *past part* **übereilt** *v/t insep* to rush **übereilt** [y:bɐ'ailt] *adj* overhasty

übereinander [y:bɐai'nandɐ] *adv* **1.** (*räumlich*) on top of each other, one on top of the other **2.** *reden etc* about each other **übereinanderlegen** *v/t sep* to put one on top of the other **übereinanderschlagen** *v/t sep irr* **die Beine ~** to cross one's legs

übereinkommen [y:bɐ'|ain-] *v/i sep irr aux sein* to agree **Übereinkommen** [y:bɐ'|ainkɔmən] *nt*, **Übereinkunft** [y:bɐ'|ainkʊnft] *f* ⟨**-**, **≠e** [-kʏnftə]⟩ agreement **übereinstimmen** [y:bɐ-'|ain-] *v/i sep* to agree; (*Meinungen*) to tally; **mit jdm in etw** (*dat*) **~** to agree with sb on sth **übereinstimmend** *adj* corresponding; *Meinungen* concurring; **nach ~en Angaben** according to all accounts; **wir sind ~ der Meinung, dass ...** we unanimously agree that ...; **~ mit** in agreement with **Übereinstimmung** *f* **1.** (≈ *Einklang*) correspondence; **zwei Dinge in ~ bringen** to bring two things into line **2.** (*von Meinung*) agreement; **in ~ mit jdm** in agreement with sb; **in ~ mit etw** in accordance with sth

überempfindlich *adj* (*gegen* to) oversensitive, hypersensitive (*auch* MED) **Überempfindlichkeit** *f* (*gegen* to) oversensitivity, hypersensitivity (*auch* MED)

übererfüllen *past part* **übererfüllt** *v/t insep* *Norm*, *Soll* to exceed (*um* by)

überessen [y:bɐ'|ɛsn] *pret* **überaß** [y:bɐ'|a:s], *past part* **übergessen** [y:bɐ-'gɛsn] *v/r insep* to overeat

überfahren [y:bɐ'fa:rən] *past part* **überfahren** *v/t insep irr* **1.** *jdn*, *Tier* to run over **2.** (≈ *übersehen*) *Ampel etc* to go through **3.** (*infml* ≈ *übertölpeln*) **jdn ~** to railroad sb into it **Überfahrt** *f* crossing

Überfall *m* (≈ *Angriff*) attack (*auf* +*acc* on); (*esp auf offener Straße*) mugging (*auf* +*acc* of); (*auf Bank etc*) raid (*auf* +*acc* on); (*auf Land*) invasion (*auf* +*acc* of) **überfallen** [y:bɐ'falən] *past part* **überfallen** *v/t insep irr* **1.** (≈ *angreifen*) to attack; (*esp auf offener Straße*) to mug; *Bank etc* to raid, to hold up; *Land* to invade **2.** (*fig infml*) (≈ *überraschend besuchen*) to descend (up)on; **jdn mit Fragen ~** to bombard sb with questions

überfällig *adj* overdue *usu pred*

überfliegen [y:bɐ'fli:gn] *past part* **überflogen** [y:bɐ'flo:gn] *v/t insep irr* (*lit*) to fly over; (≈ *flüchtig ansehen*) *Buch etc* to glance through

überflügeln [y:bɐ'fly:gln] *past part* **überflügelt** *v/t insep* to outdistance; (*in Leistung*) to outdo

Überfluss *m*, *no pl* **1.** (super)abundance (*an* +*dat* of); (≈ *Luxus*) affluence; **im ~ leben** to live in luxury; **im ~ vorhanden sein** to be in plentiful supply **2.** **zu allem**

~ (≈ *obendrein*) into the bargain **Über-flussgesellschaft** *f* affluent society **überflüssig** *adj* superfluous; (≈ *unnötig*) unnecessary; (≈ *zwecklos*) useless **überfluten** ['yːbɐfluːtn] *v/i sep aux sein* (≈ *überschwemmen*) to overflow **Überflutung** [yːbɐ'fluːtʊŋ] *f* ⟨-, -en⟩ (*lit*) flood; (≈ *das Überfluten*, *fig*) flooding *no pl*

überfordern [yːbɐ'fɔrdɐn] *past part* **überfordert** *v/t insep* to overtax; *damit ist er überfordert* that's asking too much of him

überfragt [yːbɐ'fraːkt] *adj pred* stumped (for an answer); *da bin ich* ~ there you've got me

Überfremdung *f* ⟨-, -en⟩ (*usu pej*) foreign infiltration

überfrieren [yːbɐ'friːrən] *past part* **überfroren** [yːbɐ'froːrən] *v/i insep irr* to freeze over

überführen [yːbɐ'fyːrən] *past part* **überführt** *v/t insep* **1.** to transfer; *Wagen* to drive **2.** *Täter* to convict (+*gen* of) **Überführung** *f* **1.** transportation **2.** *no pl* JUR conviction **3.** (≈ *Brücke*) bridge; (≈ *Fußgängerüberführung*) footbridge

überfüllt [yːbɐ'fʏlt] *adj* overcrowded; *Lager* overstocked

Überfunktion *f* hyperactivity

Übergabe *f* handing over *no pl*; MIL surrender

Übergang *m*, *pl* **-gänge 1.** crossing; (≈ *Bahnübergang*) level crossing (*Br*), grade crossing (*US*) **2.** (≈ *Grenzübergangsstelle*) checkpoint **3.** (*fig* ≈ *Wechsel*) transition **übergangslos** *adj*, *adv* without a transition **Übergangslösung** *f* interim solution **Übergangsphase** *f* transitional phase **Übergangszeit** *f* transitional period

übergeben [yːbɐ'geːbn] *past part* **übergeben** *insep irr* **I** *v/t* (≈ *überreichen*) to hand over; *Dokument* to hand (*jdm* sb) **II** *v/r* (≈ *sich erbrechen*) to vomit; *ich muss mich* ~ I'm going to be sick

übergehen[1] ['yːbɐgeːən] *v/i sep irr aux sein* **1.** *in etw* (*acc*) ~ (*in einen anderen Zustand*) to turn into sth; *in jds Besitz* (*acc*) ~ to become sb's property; *in andere Hände* ~ to pass into other hands **2.** *auf jdn* ~ (≈ *übernommen werden*) to pass to sb **3.** *zu etw* ~ to go over to sth **übergehen**[2] [yːbɐ'geːən] *past part* **übergangen** [yːbɐ'gaŋən] *v/t insep irr* to pass

over

übergeordnet *adj* **1.** *Behörde* higher **2.** GRAM *Satz* superordinate **3.** (*fig*) *von* ~*er Bedeutung sein* to be of overriding importance

Übergepäck *nt* AVIAT excess baggage **übergeschnappt** *adj* (*infml*) crazy; → **überschnappen**

Übergewicht *nt* overweight; ~ *haben* (*Paket, Mensch*) to be overweight **überglücklich** *adj* overjoyed **übergreifen** *v/i sep irr* (*Feuer, Streik etc*) to spread (*auf* +*acc* to) **Übergriff** *m* (≈ *Einmischung*) infringement (*auf* +*acc* of); MIL attack (*auf* +*acc* upon) **übergroß** *adj* oversize(d) **Übergröße** *f* (*bei Kleidung etc*) outsize

überhaben *v/t sep irr* (*infml*) **1.** (≈ *satthaben*) to be sick (and tired) of (*infml*) **2.** (≈ *übrig haben*) to have left (over)

überhandnehmen [yːbɐ'hantneːmən] *v/i irr* to get out of hand

Überhang *m* **1.** (≈ *Felsüberhang*) overhang **2.** (≈ *Überschuss*) surplus (*an* +*dat* of) **überhängen** *v/t sep* **sich** (*dat*) *einen Mantel* ~ to put a coat round one's shoulders

überhäufen [yːbɐ'hɔyfn] *past part* **überhäuft** *v/t insep jdn* to overwhelm; *jdn mit Geschenken* ~ to heap presents (up)on sb; *ich bin völlig mit Arbeit überhäuft* I'm completely snowed under (with work)

überhaupt [yːbɐ'haupt] *adv* **1.** (≈ *im Allgemeinen*) in general; (≈ *überdies*) anyway; *und* ~*, warum nicht?* and after all, why not? **2.** (*in Fragen, Verneinungen*) at all; ~ *nicht* not at all; ~ *nie* never (ever); ~ *kein Grund* no reason whatsoever **3.** (≈ *eigentlich*) *wie ist das* ~ *möglich?* how is that possible?; *was wollen Sie* ~ *von mir?* (*herausfordernd*) what do you want from me?; *wer sind Sie* ~? who do you think you are?

überheblich [yːbɐ'heːplɪç] *adj* arrogant **Überheblichkeit** *f* ⟨-, *no pl*⟩ arrogance **überheizen** [yːbɐ'haitsn] *past part* **überheizt** *v/t insep* to overheat **überhitzt** [yːbɐ'hɪtst] *adj* (*fig*) *Konjunktur* overheated; *Gemüter* very heated *pred*

überhöht [yːbɐ'høːt] *adj* *Preise, Geschwindigkeit* excessive

überholen [yːbɐ'hoːlən] *past part* **überholt** *insep* **I** *v/t* **1.** *Fahrzeug* to overtake (*esp Br*), to pass **2.** TECH *Maschine etc*

to overhaul **II** v/i to overtake **Überhol-
manöver** nt AUTO overtaking manoeuvre
(Br), passing maneuver (US) **Überholspur** f AUTO overtaking (esp Br) or fast
lane **überholt** [y:bɐ'hoːlt] adj out-dated
Überholverbot nt restriction on overtaking (esp Br); (als Schild etc) no overtaking (esp Br)

überhören [y:bɐ'høːrən] past part **über-
hört** v/t insep not to hear; (≈ nicht hören
wollen) to ignore

überirdisch adj above ground
Überkapazität f overcapacity
überkleben [y:bɐ'kleːbn] past part **über-
klebt** v/t insep etw mit Papier ~ to stick
paper over sth

überkochen v/i sep aux sein to boil over
überkommen [y:bɐ'kɔmən] past part
überkommen v/t insep irr (≈ überfallen)
to come over; Furcht etc **überkam ihn**
he was overcome with fear etc

überkreuzen [y:bɐ'krɔytsn] past part
überkreuzt v/t (≈ überqueren) to cross
überladen[1] [y:bɐ'laːdn] past part **überladen** v/t insep irr to overload
überladen[2] [y:bɐ'laːdn] adj Wagen overloaded; (fig) Stil over-ornate

überlagern [y:bɐ'laːgɐn] past part **über-
lagert** insep **I** v/t Thema, Problem etc to
eclipse **II** v/r (≈ sich überschneiden) to
overlap

überlang adj Oper etc overlength **Über-
länge** f excessive length

überlappen [y:bɐ'lapn] past part **über-
lappt** v/i & v/r insep to overlap
überlassen [y:bɐ'lasn] past part **überlassen** v/t insep irr **1.** (≈ haben lassen)
jdm etw ~ to let sb have sth **2.** (≈ anheimstellen) es jdm ~, etw zu tun to leave it
(up) to sb to do sth; das bleibt (ganz)
Ihnen ~ that's (entirely) up to you **3.**
(≈ in Obhut geben) jdm etw ~ to leave
sth with sb; sich (dat) selbst ~ sein to
be left to one's own devices; jdn seinem
Schicksal ~ to leave sb to his fate

überlasten [y:bɐ'lastn] past part **überlastet** v/t insep jdn to overtax; Telefonnetz, Brücke to overload; **überlastet
sein** to be under too great a strain; (≈
überfordert sein) to be overtaxed; ELEC
etc to be overloaded **Überlastung** f ⟨-,
-en⟩ (von Mensch) overtaxing; (≈ Über-
lastetsein) strain; (ELEC, durch Gewicht)
overloading

überlaufen[1] ['y:bɐlaufn] v/i sep irr aux

sein **1.** (Gefäß) to overflow **2.** (MIL, fig
≈ überwechseln) to desert; **zum Feind
~** to go over to the enemy

überlaufen[2] [y:bɐ'laufn] adj overcrowded; (mit Touristen) overrun
Überläufer(in) m/(f) turncoat

überleben [y:bɐ'leːbn] past part **überlebt** v/t & v/i insep to survive **Überle-
bende(r)** [y:bɐ'leːbndə] m/f(m) decl as
adj survivor **Überlebenschance** f
chance of survival **überlebensgroß**
adj larger-than-life **Überlebenstraining**
nt survival training

überlegen[1] [y:bɐ'leːgn] past part **überlegt** insep **I** v/i (≈ nachdenken) to think;
ohne zu ~ without thinking; (≈ ohne zu
zögern) without thinking twice **II** v/t (≈
durchdenken) to think about, to consider; **das werde ich mir ~** I'll think about
it; **ich habe es mir anders überlegt** I've
changed my mind (about it); **das hätten
Sie sich** (dat) **vorher ~ müssen** you
should have thought about that before
or sooner

überlegen[2] [y:bɐ'leːgn] **I** adj superior;
jdm ~ sein to be superior to sb **II** adv
in a superior manner **Überlegenheit** f
⟨-, no pl⟩ superiority

überlegt [y:bɐ'leːkt] adj (well-)consid-
ered **Überlegung** [y:bɐ'leːgʊŋ] f ⟨-,
-en⟩ (≈ Nachdenken) consideration,
thought; **bei näherer ~** on closer examination

überleiten v/i sep **zu etw ~** to lead up to
sth

überlesen [y:bɐ'leːzn] past part **überlesen** v/t insep irr (≈ übersehen) to miss
überliefern [y:bɐ'liːfɐn] past part **überliefert** v/t insep Tradition to hand down;
etw der Nachwelt ~ to preserve sth for
posterity **Überlieferung** f tradition

überlisten [y:bɐ'lɪstn] past part **überlis-
tet** v/t insep to outwit

Übermacht f, no pl superior strength; **in
der ~ sein** to have the greater strength
übermächtig adj Stärke superior; Feind
powerful; (fig) Institution all-powerful

Übermaß nt, no pl excessive amount (an
+acc of); **im ~** to or in excess **übermäßig**
I adj excessive **II** adv excessively

übermenschlich adj superhuman
übermitteln [y:bɐ'mɪtln] past part **über-
mittelt** v/t insep to convey (jdm to sb);
Daten, Meldung to transmit **Übermitt-
lung** [y:bɐ'mɪtlʊŋ] f ⟨-, -en⟩ convey-

ance; (von Meldung) transmission
übermorgen adv the day after tomorrow
übermüden [y:bɐ'my:dn] past part **übermüdet** v/t insep usu past part to overtire
Übermüdung f ‹-, no pl› overtiredness
Übermut m high spirits pl **übermütig**
['y:bɐmy:tɪç] **I** adj (≈ ausgelassen) boisterous **II** adv (≈ ausgelassen) boisterously
übernächste(r, s) adj attr next ... but one;
die ~ Woche the week after next
übernachten [y:bɐ'naxtn] past part **übernachtet** v/i insep to sleep; (eine Nacht) to spend the night **übernächtigt** [y:bɐ'nɛçtɪçt], (esp Aus) **übernächtig** ['y:bɐnɛçtɪç] adj bleary-eyed **Übernachtung** [y:bɐ'naxtʊŋ] f ‹-, -en› overnight stay; **~ und Frühstück** bed and breakfast **Übernachtungsmöglichkeit** f overnight accommodation no pl
Übernahme ['y:bɐnaːmə] f ‹-, -n› **1.** takeover; (≈ das Übernehmen) taking over; (von Ansicht) adoption; **freundliche/ feindliche ~** COMM friendly/hostile takeover **2.** (von Amt) assumption **Übernahmeangebot** nt takeover bid
übernatürlich adj supernatural
übernehmen [y:bɐ'neːmən] past part **übernommen** [y:bɐ'nɔmən] insep irr **I** v/t **1.** (≈ annehmen) to take; Aufgabe, Verantwortung, Funktion to take on; Kosten to agree to pay; **es ~, etw zu tun** to undertake to do sth **2.** (ablösend) to take over (von from); Ansicht to adopt **II** v/r to take on too much; (≈ sich überanstrengen) to overdo it; **~ Sie sich nur nicht!** (iron) don't strain yourself! (iron)
überparteilich adj nonparty attr; (≈ unvoreingenommen) nonpartisan; PARL Problem all-party attr
Überproduktion f overproduction
überprüfbar adj checkable **überprüfen** [y:bɐ'pryːfn] past part **überprüft** v/t insep to check; Maschine, FIN Bücher to inspect, to examine; Lage, Frage to review; Ergebnisse etc to scrutinize; POL jdn to screen **Überprüfung** f **1.** no pl checking; (von Maschinen, FIN: von Büchern) inspection, examination; POL screening **2.** (≈ Kontrolle) inspection
überqueren [y:bɐ'kveːrən] past part **überquert** v/t insep to cross
überragend adj (fig) outstanding
überraschen [y:bɐ'raʃn] past part **über-**

rascht v/t insep to surprise; **jdn bei etw ~** to catch sb doing sth; **von einem Gewitter überrascht werden** to be caught in a storm **überraschend I** adj surprising; Besuch surprise attr; Tod unexpected **II** adv unexpectedly **überrascht** [y:bɐ-'raʃt] adj surprised (über +dat at) **Überraschung** [y:bɐ'raʃʊŋ] f ‹-, -en› surprise; **für eine ~ sorgen** to have a surprise in store
überreagieren past part **überreagiert** v/i insep to overreact **Überreaktion** f overreaction
überreden [y:bɐ'reːdn] past part **überredet** v/t insep to persuade; **jdn zu etw ~** to talk sb into sth **Überredungskunst** f persuasiveness
überregional adj (≈ national) national
überreichen [y:bɐ'raɪçn] past part **überreicht** v/t insep (jdm) etw ~ to hand sth over (to sb); (feierlich) to present sth (to sb) **Überreichung** f ‹-, -en› presentation
Überrest m remains pl
überrumpeln [y:bɐ'rʊmpln] past part **überrumpelt** v/t insep (infml) to take by surprise; (≈ überwältigen) to overpower
überrunden [y:bɐ'rʊndn] past part **überrundet** v/t insep SPORTS to lap; (fig) to outstrip
übersättigen [y:bɐ'zɛtɪɡn] past part **übersättigt** v/t insep to satiate; Markt to oversaturate **Übersättigung** f satiety; (des Marktes) oversaturation
Überschallflugzeug nt supersonic aircraft, SST (esp US) **Überschallgeschwindigkeit** f supersonic speed; **mit ~ fliegen** to fly supersonic **Überschallknall** m sonic boom
überschatten [y:bɐ'ʃatn] past part **überschattet** v/t insep to overshadow
überschätzen [y:bɐ'ʃɛtsn] past part **überschätzt I** v/t insep to overestimate **II** v/r to overestimate oneself **Überschätzung** f overestimation
überschaubar adj Plan etc easily understandable; Zeitraum reasonable; **die Folgen sind noch nicht ~** the consequences cannot yet be clearly seen **überschauen** [y:bɐ'ʃauən] past part **überschaut** v/t insep = **überblicken**
überschäumen v/i sep aux sein to froth over; (fig) to bubble (over) (vor +dat with); (vor Wut) to seethe
überschlafen [y:bɐ'ʃlafn] past part

*überschl**a**fen* v/t insep irr Problem etc to sleep on

Überschlag*m* **1.** (≈ *Berechnung*) (rough) estimate **2.** (≈ *Drehung*) somersault (*auch* SPORTS)

überschl**a**gen[1] [yːbɐˈʃlaːgn] past part *überschl**a**gen* insep irr **I** v/t **1.** (≈ *auslassen*) to skip **2.** (≈ *berechnen*) Kosten etc to estimate (roughly) **II** v/r (*Auto*) to turn over; (*fig: Ereignisse*) to come thick and fast; *sich vor Hilfsbereitschaft* (*dat*) ~ to fall over oneself to be helpful

überschl**a**gen[2] [ˈyːbɐʃlaːgn] sep irr v/i aux sein (Stimmung etc) *in etw* (*acc*) ~ to turn into sth

überschn**a**ppen v/i sep aux sein (Stimme) to crack; (*infml: Mensch*) to crack up (*infml*); → *übergeschnappt*

überschn**ei**den [yːbɐˈʃnaidn] past part *überschn**i**tten* [yːbɐˈʃnɪtn] v/r insep irr (*Linien*) to intersect; (*fig: Interessen, Ereignisse etc*) to overlap; (*völlig*) to coincide; (*unerwünscht*) to clash

überschr**ei**ben [yːbɐˈʃraibn] past part *überschr**ie**ben* [yːbɐˈʃriːbn] v/t insep irr **1.** (≈ *betiteln*) to head **2.** (≈ *übertragen*) *etw auf jdn* ~ to sign sth over to sb **3.** IT Daten to overwrite; Text to type over

überschr**ei**ten [yːbɐˈʃraitn] past part *überschr**i**tten* [yːbɐˈʃrɪtn] v/t insep irr to cross; (*fig*) to exceed

Überschrift *f* heading; (≈ *Schlagzeile*) headline

Überschuss*m* surplus (*an* +*dat* of) überschüssig [-ʃʏsɪç] adj surplus

überschütten[yːbɐˈʃʏtn] past part *überschüttet* v/t insep **1.** (≈ *bedecken*) *jdn/etw mit etw* ~ to cover sb/sth with sth; *mit Flüssigkeit* to pour sth onto sb/sth **2.** (≈ *überhäufen*) *jdn mit etw* ~ to heap sth on sb

überschwänglich [ˈyːbɐʃvɛŋlɪç] **I** adj effusive **II** adv effusively

überschw**a**ppen v/i sep aux sein to splash over

überschw**e**mmen [yːbɐˈʃvɛmən] past part *überschw**e**mmt* v/t insep to flood Überschw**e**mmung*f* ⟨-, -en⟩ (*lit*) flood; (*fig*) inundation Überschw**e**mmungsgefahr *f* danger of flooding

überschwenglich adj, adv → *überschwänglich*

Übersee*no art in*/*nach* ~ overseas; *aus*/*von* ~ from overseas

übers**e**hbar*adj* **1.** (*lit*) Gegend etc visible **2.** (*fig*) ≈ *erkennbar*) clear; (≈ *abschätzbar*) Kosten etc assessable; *der Schaden ist noch gar nicht* ~ the damage cannot be assessed yet übers**e**hen [yːbɐˈzeːən] past part *übers**e**hen* v/t insep irr **1.** (*lit*) Gegend etc to have a view of **2.** (≈ *erkennen*) Folgen, Sachlage to see clearly; (≈ *abschätzen*) Kosten to assess **3.** (≈ *nicht erkennen*) to overlook; (≈ *nicht bemerken*) to miss; ~, *dass* ... to overlook the fact that ...

übers**e**nden[yːbɐˈzɛndn] past part *übers**a**ndt or* übers**e**ndet [yːbɐˈzant, yːbɐ-ˈzɛndət] v/t insep irr to send

übers**e**tzen[1][yːbɐˈzɛtsn] past part *übers**e**tzt* v/t insep (also v/i, in andere Sprachen) to translate; *etw falsch* ~ to mistranslate sth; *sich schwer* ~ *lassen* to be hard to translate

übers**e**tzen[2] [ˈyːbɐzɛtsn] sep **I** v/t (*mit Fähre*) to ferry across **II** v/i aux sein to cross (over)

Übers**e**tzer(in)*m*/(*f*) translator Übers**e**tzung [yːbɐˈzɛtsʊŋ] *f* ⟨-, -en⟩ **1.** translation **2.** (TECH ≈ *Übertragung*) transmission

Übersicht*f* ⟨-, -en⟩ **1.** no pl (≈ *Überblick*) overall view; *die* ~ *verlieren* to lose track of things **2.** (≈ *Tabelle*) table übersichtlich**I** adj Gelände etc open; Darstellung etc clear **II** adv clearly; *angelegt* clearly laid out Übersichtlichkeit*f* ⟨-, no pl⟩ (*von Gelände etc*) openness; (*von Darstellung etc*) clarity

übersi**e**deln [yːbɐˈziːdln] past part *übersi**e**delt* v/i insep aux sein to move (*von* from, *nach*, *in* +acc to)

übersp**a**nnt [yːbɐˈʃpant] adj Ideen extravagant; (≈ *exaltiert*) eccentric

überspi**e**len [yːbɐˈʃpiːlən] past part *überspi**e**lt* v/t insep **1.** (≈ *verbergen*) to cover (up) **2.** (≈ *übertragen*) Aufnahme to transfer

überspi**t**zt [yːbɐˈʃpɪtst] adj (≈ *zu spitzfindig*) over(ly) subtle, fiddly (*Br infml*); (≈ *übertrieben*) exaggerated

überspr**i**ngen[1] [yːbɐˈʃprɪŋən] past part *überspr**u**ngen* [yːbɐˈʃprʊŋən] v/t insep irr **1.** Hindernis to clear **2.** (≈ *auslassen*) Klasse, Kapitel, Lektion to skip

überspr**i**ngen[2][ˈyːbɐʃprɪŋən] v/i sep irr aux sein (≈ *sich übertragen*) to jump (*auf* +acc to); (*Begeisterung*) to spread quickly (*auf* +acc to) überstehen¹ [y:bɐ'ʃteːən] *past part* **überstanden** *v/t insep irr* (≈ *durchstehen*) to get through; (≈ *überleben*) to survive; *Krankheit* to get over; *das Schlimmste ist jetzt überstanden* the worst is over now

überstehen² ['y:bɐʃteːən] *v/i sep irr aux haben or sein* (≈ *hervorstehen*) to jut *or* stick out

übersteigen [y:bɐ'ʃtaign] *past part* **überstiegen** [y:bɐ'ʃtiːgn] *v/t insep irr* **1.** (≈ *klettern über*) to climb over **2.** (≈ *hinausgehen über*) to exceed **übersteigert** [y:bɐ'ʃtaigɐt] *adj* excessive

überstimmen [y:bɐ'ʃtɪmən] *past part* **überstimmt** *v/t insep* to outvote

Überstunde *f* hour of overtime; **~n** overtime *sg*; *zwei* **~n** *machen* to do two hours overtime

überstürzen [y:bɐ'ʃtʏrtsn] *past part* **überstürzt** *insep* **I** *v/t* to rush into **II** *v/r* (*Ereignisse etc*) to happen in a rush **überstürzt** [y:bɐ'ʃtʏrtst] **I** *adj* overhasty **II** *adv* rashly

übertariflich *adj, adv* above the agreed rate

überteuert [y:bɐ'tɔyɐt] *adj* overexpensive; *Preise* inflated

übertönen [y:bɐ'tøːnən] *past part* **übertönt** *v/t insep* to drown

Übertrag ['y:bɐtraːk] *m* ⟨*-(e)s,* ≈*e* [-trɛːgə]⟩ amount carried forward (*esp Br*) *or* over (*esp US*) **übertragbar** *adj* transferable; *Krankheit* communicable (*form*) (*auf +acc* to), infectious; (*durch Berührung*) contagious

übertragen¹ [y:bɐ'traːgn] *past part* **übertragen** *insep irr* **I** *v/t* **1.** (≈ *übergeben*) to transfer; *Krankheit* to pass on (*auf +acc* to); TECH *Kraft* to transmit **2.** (≈ *kopieren*) to copy (out); (≈ *transkribieren*) to transcribe **3.** TV, RADIO to transmit; *etw im Fernsehen* **~** to televise sth **4.** (≈ *übersetzen*) *Text* to render (*in +acc* into) **5.** *Methode* to apply (*auf +acc* to) **6.** (≈ *verleihen*) *Würde* to confer (*jdm* on sb); *Vollmacht, Amt* to give (*jdm* sb) **7.** (≈ *auftragen*) *Aufgabe* to assign (*jdm* to sb) **II** *v/r* (*Krankheit etc*) to be passed on (*auf +acc* to); TECH to be transmitted (*auf +acc* to); (*Heiterkeit etc*) to spread (*auf +acc* to)

übertragen² [y:bɐ'traːgn] **I** *adj Bedeutung etc* figurative **II** *adv* (≈ *figurativ*) figuratively

Übertragung *f* ⟨*-, -en*⟩ **1.** (≈ *Transport*) transfer; (*von Krankheit*) passing on **2.** TV, RADIO transmission **3.** (≈ *Übersetzung*) rendering **4.** (≈ *Anwendung*) application **Übertragungsgeschwindigkeit** *f* IT transfer rate **Übertragungsrate** *f* IT transmission rate

übertreffen [y:bɐ'trɛfn] *past part* **übertroffen** [y:bɐ'trɔfn] *insep irr* **I** *v/t* to surpass (*an +dat* in); *Rekord* to break; *er ist nicht zu* **~** he is unsurpassable **II** *v/r sich selbst* **~** to excel oneself

übertreiben [y:bɐ'traibn] *past part* **übertrieben** [y:bɐ'triːbn] *v/t insep irr* **1.** (*also v/i* ≈ *aufbauschen*) to exaggerate **2.** (≈ *zu weit treiben*) to overdo; → **übertrieben Übertreibung** *f* ⟨*-, -en*⟩ exaggeration

übertreten [y:bɐ'treːtn] *past part* **übertreten** *v/t insep irr Grenze etc* to cross; (*fig*) *Gesetz, Verbot* to break **Übertretung** [y:bɐ'treːtʊŋ] *f* ⟨*-, -en*⟩ (*von Gesetz etc*) violation

übertrieben [y:bɐ'triːbn] **I** *adj* exaggerated; *Vorsicht* excessive **II** *adv* (≈ *übermäßig*) excessively; → **übertreiben**

Übertritt *m* (*über Grenze*) crossing (*über +acc* of); (*zu anderem Glauben*) conversion; (*zu anderer Partei*) defection

übervölkern [y:bɐ'fœlkɐn] *past part* **übervölkert** *v/t insep* to overpopulate **Übervölkerung** *f* ⟨*-, -en*⟩ overpopulation

übervoll *adj* too full; *Glas* full to the brim

übervorteilen [y:bɐ'fɔrtailən] *past part* **übervorteilt** *v/t insep* to cheat, to do down (*infml*)

überwachen [y:bɐ'vaxn] *past part* **überwacht** *v/t insep* (≈ *kontrollieren*) to supervise; (≈ *beobachten*) to observe; *Verdächtigen* to keep under surveillance; (*mit Radar, fig*) to monitor **Überwachung** *f* ⟨*-, -en*⟩ supervision; (≈ *Beobachtung*) observation; (*von Verdächtigen*) surveillance; (*mit Radar, fig*) monitoring **Überwachungskamera** *f* surveillance camera **Überwachungsstaat** *f* Big Brother state

überwältigen [y:bɐ'vɛltɪgn] *past part* **überwältigt** *v/t insep* (*lit*) to overpower; (*zahlenmäßig*) to overwhelm; (≈ *bezwingen*) to overcome **überwältigend** *adj* overwhelming; *Schönheit* stunning; *Erfolg* phenomenal

überwechseln *v/i sep aux sein* to move

(*in* +*acc* to); (*zu Partei etc*) to go over (*zu to*)

Überweg *m* ~ **für Fußgänger** pedestrian crossing

überweisen [y:bɐˈvaizn] *past part* **überwiesen** [y:bɐˈvi:zn] *v/t insep irr Geld* to transfer (*an* +*acc*, *auf* +*acc* to); *Patienten* to refer (*an* +*acc* to) **Überweisung** *f* (≈ *Geldüberweisung*) (credit) transfer; (*von Patient*) referral

überwerfen [y:bɐˈvɛrfn] *past part* **überworfen** [y:bɐˈvɔrfn] *v/r insep irr* (≈ *zerstreiten*) **sich (mit jdm)** ~ to fall out (with sb)

überwiegen [y:bɐˈvi:gn] *past part* **überwogen** [y:bɐˈvo:gn] *insep irr v/i* to be predominant **überwiegend I** *adj* predominant; *Mehrheit* vast; *der* ~**e Teil** (+*gen*) the majority (of) **II** *adv* predominantly

überwinden [y:bɐˈvɪndn] *past part* **überwunden** [y:bɐˈvʊndn] *insep irr* **I** *v/t* to overcome **II** *v/r* **sich** ~, **etw zu tun** to force oneself to do sth; *ich konnte mich nicht dazu* ~ I couldn't bring myself to do it **Überwindung** *f, no pl* overcoming; (≈ *Selbstüberwindung*) will power; *das hat mich viel* ~ *gekostet* that took me a lot of will power

Überzahl *f, no pl* **in der** ~ **sein** to be in the majority **überzählig** *adj* (≈ *überschüssig*) surplus; (≈ *überflüssig*) superfluous

überzeugen [y:bɐˈtsɔygn] *past part* **überzeugt** *insep* **I** *v/t* to convince; *ich bin davon überzeugt, dass* ... I am convinced that ... **II** *v/i* to be convincing **III** *v/r* **sich** (**selbst**) ~ (*mit eigenen Augen*) to see for oneself; ~ *Sie sich selbst!* see for yourself! **überzeugend I** *adj* convincing **II** *adv* convincingly **Überzeugung** *f* conviction; (≈ *Prinzipien*) convictions *pl*, beliefs *pl*; *aus* ~ out of principle; *ich bin der festen* ~, *dass* ... I am firmly convinced that ...; *zu der* ~ *gelangen, dass* ... to become convinced that ... **Überzeugungskraft** *f* persuasiveness

überziehen¹ [y:bɐˈtsi:ən] *past part* **überzogen** [y:bɐˈtso:gn] *insep irr* **I** *v/t* **1.** (≈ *bedecken*) to cover; (*mit Schicht*) to coat **2.** *Konto* to overdraw **3.** *Redezeit etc* to overrun **4.** (≈ *übertreiben*) to overdo; → **überzogen II** *v/i* (*Redner*) to overrun

überziehen² [ˈy:bɐtsi:ən] *v/t sep irr* (≈ *anziehen*) (**sich** *dat*) **etw** ~ to put sth on

Überziehungskredit [y:bɐ-

'tsi:ʊŋskredi:t] *m* overdraft provision **überzogen** [y:bɐˈtso:gn] *adj* (≈ *übertrieben*) excessive; → **überziehen¹** **Überzug** *m* cover

üblich [ˈy:plɪç] *adj* usual; (≈ *herkömmlich*) customary; (≈ *normal*) normal; *wie* ~ as usual; *das ist bei ihm so* ~ that's usual for him; *allgemein* ~ *sein* to be common practice **üblicherweise** [ˈy:plɪçəˈvaizə] *adv* normally

U-Boot [ˈu:-] *nt* submarine, sub (*infml*)

übrig [ˈy:brɪç] *adj* **1.** *attr* (≈ *verbleibend*) rest of, remaining; (≈ *andere*) other; *alle* ~**en Bücher** all the remaining *or* all the rest of the books **2.** *pred* left (over); (≈ *zu entbehren*) spare; *etw* ~ *haben* to have sth left (over)/to spare; → **übrighaben 3.** *das Übrige* the rest, the remainder; *im Übrigen* incidentally, by the way **übrig bleiben** *v/i irr aux sein* to be left (over); *da wird ihm gar nichts anderes* ~ he won't have any choice **übrigens** [ˈy:brɪgns] *adv* incidentally, by the way **übrighaben** *v/i sep irr* (≈ *mögen*) **für jdn/ etw nichts** ~ to have no time for sb/sth; **für jdn/etw viel** ~ to be very fond of sb/ sth

Übung [ˈy:bʊŋ] *f* ⟨-, *-en*⟩ **1.** *no pl* practice; *aus der* ~ *kommen* to get out of practice; *in* ~ *bleiben* to keep in practice; *zur* ~ as practice; ~ *macht den Meister* (*prov*) practice makes perfect (*prov*) **2.** MIL, SPORTS, SCHOOL exercise

Ufer [ˈu:fɐ] *nt* ⟨-s, -⟩ (≈ *Flussufer*) bank; (≈ *Seeufer*) shore; *etw ans* ~ *spülen* to wash sth ashore; *der Fluss trat über die* ~ the river burst its banks **uferlos** *adj* (≈ *endlos*) endless; (≈ *grenzenlos*) boundless; *ins Uferlose gehen* (*Debatte etc*) to go on forever; (*Kosten*) to go up and up

UFO, Ufo [ˈu:fo] *nt* ⟨-(s), -s⟩ UFO, Ufo **Uganda** [uˈganda] *nt* ⟨-s⟩ Uganda **ugandisch** [uˈgandɪʃ] *adj* Ugandan

U-Haft [ˈu:-] *f* (*infml*) custody

Uhr [u:ɐ] *f* ⟨-, *-en*⟩ **1.** clock; (≈ *Armbanduhr, Taschenuhr*) watch; (≈ *Wasseruhr, Gasuhr*) meter; *nach meiner* ~ by my watch; *rund um die* ~ round the clock; *ein Rennen gegen die* ~ a race against the clock **2.** (*bei Zeitangaben*) *um drei* ~ at three (o'clock); *wie viel* ~ *ist es?* what time is it?, what's the time?; *um wie viel* ~? (at) what time? **Uhr(arm)band** [-bant] *nt, pl* -**bänder** watch strap; (*aus*

Metall) watch bracelet **Uhrmacher(in)** *m*/(*f*) clockmaker; watchmaker **Uhrwerk** *nt* clockwork mechanism **Uhrzeiger** *m* (clock/watch) hand **Uhrzeigersinn** *m im ~* clockwise; **entgegen dem ~** anticlockwise (*Br*), counterclockwise (*US*) **Uhrzeit** *f* time (of day)

Uhu ['uːhu] *m* ⟨**-s, -s**⟩ eagle owl

Ukraine [ukra'iːnə, u'krainə] *f* ⟨-⟩ **die ~** the Ukraine **ukrainisch** [ukra'iːnɪʃ, u-'krainɪʃ] *adj* Ukrainian

UKW [uːkaː'veː] *abbr* RADIO ≈ FM

Ulk [ʊlk] *m* ⟨**-(e)s, -e**⟩ (*infml*) lark (*Br infml*), hoax (*US infml*); (≈ *Streich*) trick; **~ machen** to clown *or* play around **ulkig** ['ʊlkɪç] *adj* (*infml*) funny

Ulme ['ʊlmə] *f* ⟨**-, -n**⟩ elm

ultimativ [ultima'tiːf] *adj* **1.** *Forderung etc* given as an ultimatum **2.** (*infml* ≈ *beste*) *Film, Buch* ultimate (*infml*) **Ultimatum** [ulti'maːtʊm] *nt* ⟨**-s, -s** *or* **Ultimaten** [-tn]⟩ ultimatum; **jdm ein ~ stellen** to give sb an ultimatum

ultramodern [-modern] *adj* ultramodern **Ultraschall** *m* PHYS ultrasound **Ultraschallgerät** *nt* ultrasound scanner **Ultraschalluntersuchung** *f* scan (*Br*), ultrasound **ultraviolett** *adj* ultraviolet

um [ʊm] **I** *prep* +acc **1.** **um ...** (**herum**) around; **um sich schauen** to look around one **2.** (*zur Zeitangabe*) at; (**genau**) **um acht** at eight (sharp); **um Weihnachten** around Christmas **3.** (≈ *betreffend*) about; **es geht um das Prinzip** it's a question of principles **4.** (≈ *für*) **der Kampf um die Stadt** the battle for the town; **um Geld spielen** to play for money; **sich um etw sorgen** to worry about sth **5.** (*bei Differenzangaben*) by; **um 10% teurer** 10% more expensive; **um vieles besser** far better; **um nichts besser** no better; **etw um 4 cm verkürzen** to shorten sth by 4 cm **II** *prep* +gen **um ... willen** for the sake of **III** *cj* **um ... zu** (*final*) (in order) to **IV** *adv* (≈ *ungefähr*) **um (die) 30 Schüler** etc about *or* (a)round about 30 pupils *etc*

umändern *v/t sep* to alter

umarbeiten *v/t sep* to alter; *Buch etc* to rewrite, to rework

umarmen [ʊm'armən] *past part* **umarmt** *v/t insep* to embrace, to hug **Umarmung** *f* ⟨**-, -en**⟩ embrace (*also euph*), hug

Umbau *m*, *pl* **-bauten** rebuilding, renovation; (*zu etwas anderem*) conversion (*zu*

into); (≈ *Umänderung*) alterations *pl*; **das Gebäude befindet sich im ~** the building is being renovated **umbauen** ['ʊmbauən] *sep v/t* to rebuild, to renovate; (*zu etw anderem*) to convert (*zu in*-to); (≈ *umändern*) to alter

umbenennen *past part* **umbenannt** *v/t sep irr* to rename (*in etw* sth)

umbesetzen *past part* **umbesetzt** *v/t sep* THEAT to recast; *Mannschaft* to reorganize

umbilden *v/t sep* (*fig*) to reorganize; POL *Kabinett* to reshuffle (*Br*), to shake up (*US*) **Umbildung** *f* reorganization; POL reshuffle (*Br*), shake up (*US*)

umbinden ['ʊmbɪndn] *v/t sep irr* to put on; **sich** (*dat*) **einen Schal ~** to put a scarf on

umblättern *v/t* & *v/i sep* to turn over

umbringen *sep irr* **I** *v/t* to kill **II** *v/r* to kill oneself; **er bringt sich fast um vor Höflichkeit** (*infml*) he falls over himself to be polite

Umbruch *m* **1.** radical change **2.** TYPO make-up

umbuchen *sep v/t* **1.** *Flug, Termin* to alter one's booking for **2.** FIN *Betrag* to transfer

umdenken *v/i sep irr* to change one's ideas; **darin müssen wir ~** we'll have to rethink that

umdisponieren *past part* **umdisponiert** *v/i sep* to change one's plans

umdrehen *sep* **I** *v/t* to turn over; (*um die Achse*) to turn (a)round; *Schlüssel* to turn **II** *v/r* to turn (a)round (*nach* to look at); (*im Bett etc*) to turn over **Umdrehung** *f* turn; PHYS revolution, rotation; MOT revolution, rev

umeinander *adv* about each other *or* one another; (*räumlich*) (a)round each other

umfahren[1] ['ʊmfaːrən] *v/t sep irr* (≈ *überfahren*) to run over

umfahren[2] [ʊm'faːrən] *past part* **umfahren** *v/t insep irr* (≈ *fahren um*) to go (a)round; (*mit dem Auto*) to drive (a)round; (*auf Umgehungsstraße*) to bypass **Umfahrung** *f* (*Aus*) bypass, beltway (*US*)

umfallen *v/i sep irr aux sein* to fall over; (*Gegenstand*) to fall (down); (*infml* ≈ *ohnmächtig werden*) to pass out; (*fig infml* ≈ *nachgeben*) to give in; **zum Umfallen müde sein** to be ready to drop; **wir arbeiteten bis zum Umfallen** we worked until we were ready to drop **Umfang** *m* **1.** (*von Kreis etc*) circumference; (≈ *Bauchumfang*) girth **2.** (*fig*) (≈ *Ausmaß*) extent; (≈ *Reichweite*) range; (*von Untersuchung etc*) scope; (*von Verkauf etc*) volume; **in großem ~** on a large scale; **in vollem ~** fully, entirely **umfangreich** *adj* extensive; (≈ *geräumig*) spacious

umfassen [ʊmˈfasn] *past part* **umfasst** *v/t insep* **1.** to grasp; (≈ *umarmen*) to embrace **2.** (*fig*) (≈ *einschließen*) *Zeitperiode* to cover; (≈ *enthalten*) to contain **umfassend I** *adj* extensive; (≈ *vieles enthaltend*) comprehensive; *Geständnis* full, complete **II** *adv* comprehensively

Umfeld *nt* surroundings *pl*; (*fig*) sphere

umfliegen [ʊmˈfliːgn] *past part* **umflogen** [ʊmˈfloːgn] *v/t insep irr* (≈ *fliegen um*) to fly (a)round

umformen *v/t sep* **1.** to reshape (*in +acc* into) **2.** ELEC to convert

Umfrage *f* SOCIOL survey; *esp* POL (opinion) poll **Umfrageergebnis** *nt* survey/ poll result(s *pl*)

umfüllen *v/t sep* to transfer into another bottle / container *etc*

umfunktionieren *past part* **umfunktioniert** *v/t sep* to change the function of; *etw zu etw ~* to turn sth into sth

Umgang [-gaŋ] *m, no pl* **1.** (≈ *gesellschaftlicher Verkehr*) dealings *pl*; (≈ *Bekanntenkreis*) acquaintances *pl*; **schlechten ~ haben** to keep bad company; **~ mit jdm pflegen** to associate with sb; **er ist kein ~ für dich** he's not fit company for you **2.** **im ~ mit Tieren muss man ...** in dealing with animals one must ...; **der ~ mit Kindern muss gelernt sein** you have to learn how to handle children **umgänglich** [ˈʊmgɛŋlɪç] *adj* affable **Umgangsformen** *pl* manners *pl* **Umgangssprache** *f* colloquial language **umgangssprachlich** *adj* colloquial

umgeben [ʊmˈgeːbn] *past part* **umgeben** *insep irr* **I** *v/t* to surround **II** *v/r* **sich mit jdm/etw ~** to surround oneself with sb/ sth **Umgebung** *f* ⟨-, -en⟩ (≈ *Umwelt*) surroundings *pl*; (≈ *Nachbarschaft*) neighbourhood (*Br*), neighborhood (*US*); (≈ *gesellschaftlicher Hintergrund*) background

umgehen[1] [ˈʊmgeːən] *v/i sep irr aux sein* **1.** (*Gerücht etc*) to go (a)round; (*Grippe*) to be going round **2.** **mit jdm/etw ~ kön-**nen to know how to handle sb/sth; **mit jdm grob/behutsam ~** to treat sb roughly/gently; **sorgsam mit etw ~** to be careful with sth

umgehen[2] [ʊmˈgeːən] *past part* **umgangen** [ʊmˈgaŋən] *v/t insep irr* (*fig*) to avoid; *Gesetz* to get (a)round **umgehend I** *adj* immediate **II** *adv* immediately

Umgehung [ʊmˈgeːʊŋ] *f* ⟨-, -en⟩ (≈ *Vermeidung*) avoidance; (*von Gesetz*) circumvention; (*von Frage*) evasion **Umgehungsstraße** *f* bypass, beltway (*US*)

umgekehrt [ˈʊmgəkeːɐt] **I** *adj Reihenfolge* reverse; (≈ *gegenteilig*) opposite, contrary; (≈ *andersherum*) the other way (a)round; **in die ~e Richtung fahren** to go in the opposite direction; **genau ~!** quite the contrary!; → **umkehren II** *adv* (≈ *andersherum*) the other way (a)round; **... und/oder ~** ... and/or vice versa

umgestalten *past part* **umgestaltet** *v/t sep* to alter; (≈ *reorganisieren*) to reorganize; (≈ *umordnen*) to rearrange **Umgestaltung** *f* alteration; (≈ *Reorganisation*) reorganization; (≈ *Umordnung*) rearrangement

umgewöhnen *past part* **umgewöhnt** *v/r sep* to readapt

umgraben *v/t sep irr* to dig over; *Erde* to turn (over)

umgucken *v/r sep* = **umsehen**

umhaben *v/t sep irr* (*infml*) to have on

Umhang *m* cape; (*länger*) cloak; (≈ *Umhängetuch*) shawl **umhängen** *v/t sep* **1.** *Rucksack etc* to put on; *Jacke, Schal etc* to drape (a)round; *Gewehr* to sling on; **sich** (*dat*) **etw ~** to put sth on; to drape sth (a)round one **2.** *Bild* to rehang **Umhängetasche** *f* shoulder bag

umhauen *v/t sep irr* **1.** *Baum* to chop down **2.** (*infml* ≈ *umwerfen*) to knock over **3.** (*infml*) (≈ *erstaunen*) to bowl over (*infml*)

umher [ʊmˈheːɐ] *adv* around, about (*Br*) **umherlaufen** *v/i sep irr aux sein* to walk around; (≈ *rennen*) to run around **umherziehen** *v/i sep irr aux sein* to move around (*in etw* (*dat*) sth)

umhinkönnen [ʊmˈhɪn-] *v/i sep irr* **ich kann nicht umhin, das zu tun** I can't avoid doing it; (*einem Zwang folgend*) I can't help doing it

umhören *v/r sep* to ask around

umhüllen [ʊmˈhʏlən] *past part* **umhüllt** *v/t insep* to wrap (up) (*mit* in)

umjubeln [ʊmˈjuːbln] *past part* **umjubelt** *v/t insep* to cheer

umkämpfen [ʊmˈkɛmpfn] *past part* **umkämpft** *v/t insep Stadt* to fight over; *Wahlkreis* to contest

Umkehr [ˈʊmkeːɐ] *f* ⟨-, *no pl*⟩ **1.** (*lit*) turning back; *jdn zur ~ zwingen* to force sb to turn back **2.** (*fig elev*) (≈ *Änderung*) change **umkehrbar** *adj* reversible **umkehren** *sep* **I** *v/i aux sein* to turn back **II** *v/t Reihenfolge, Trend* to reverse; *Verhältnisse* to overturn; GRAM, MAT to invert; → **umgekehrt III** *v/r* (*Verhältnisse*) to become reversed

umkippen *sep* **I** *v/t* to tip over; *Auto* to overturn; *Vase* to knock over **II** *v/i aux sein* **1.** to tip over; (*Auto*) to overturn **2.** (*infml* ≈ *ohnmächtig werden*) to pass out **3.** (*infml* ≈ *aufgeben*) to back down **4.** (*Fluss, See*) to become polluted

umklappen *v/t sep* to fold down

Umkleidekabine *f* changing cubicle **Umkleideraum** *m* changing room

umknicken *sep* **I** *v/t Ast, Mast* to snap; *Baum* to break; *Strohhalm* to bend over **II** *v/i aux sein* (*Ast*) to snap; (*Strohhalm*) to get bent over; *mit dem Fuß ~* to twist one's ankle

umkommen *v/i sep irr aux sein* (≈ *sterben*) to be killed; *vor Langeweile ~* (*infml*) to be bored to death (*infml*)

Umkreis *m* (≈ *Umgebung*) surroundings *pl*; (≈ *Gebiet*) area; (≈ *Nähe*) vicinity; *im näheren ~* in the vicinity **umkreisen** [ʊmˈkraizn] *past part* **umkreist** *v/t insep* to circle (around); SPACE to orbit

umkrempeln *v/t sep* **1.** *Ärmel, Hosenbein* to turn up; (*mehrmals*) to roll up **2.** (≈ *umwenden*) to turn inside out; (*infml*) *Betrieb, System* to shake up (*infml*)

umladen *v/t sep irr* to transfer

Umlage *f eine ~ machen* to split the cost **umlagern** [ʊmˈlaːɡɐn] *past part* **umlagert** *v/t insep* (≈ *einkreisen*) to surround

Umlauf *m* (≈ *das Kursieren*) circulation (*also fig*); *im ~ sein* to be in circulation **Umlaufbahn** *f* orbit

Umlaut *m* **1.** *no pl* umlaut **2.** (*Laut*) vowel with umlaut

umlegen *sep* *v/t* **1.** (≈ *umhängen*) to put round **2.** (≈ *umklappen*) *Hebel* to turn **3.** (≈ *verlegen*) *Kranke* to move; *Termin* to change (*auf +acc* to) **4.** (≈ *verteilen*)

die 200 Euro wurden auf uns fünf umgelegt the five of us each had to pay a contribution toward(s) the 200 euros **5.** (*infml* ≈ *ermorden*) to bump off (*infml*)

umleiten *v/t sep* to divert **Umleitung** *f* diversion; (*Strecke auch*) detour

umlernen *v/i sep* to retrain; (*fig*) to change one's ideas

umliegend *adj* surrounding

Umluftherd *m* fan-assisted oven

Umnachtung [ʊmˈnaxtʊŋ] *f* ⟨-, -en⟩ *geistige ~* mental derangement

umordnen *v/t sep* to rearrange

umorganisieren *past part* **umorganisiert** *v/t sep* to reorganize

umpflanzen [ˈʊmpflantsn] *v/t sep* (≈ *woanders pflanzen*) to transplant; *Topfpflanze* to repot

umpflügen *v/t sep* to plough (*Br*) *or* plow (*US*) up

umquartieren *past part* **umquartiert** *v/t sep* to move

umrahmen [ʊmˈraːmən] *past part* **umrahmt** *v/t insep* to frame

umranden [ʊmˈrandn] *past part* **umrandet** *v/t insep* to edge

umräumen *sep* **I** *v/t* to rearrange; (≈ *an anderen Platz bringen*) to shift **II** *v/i* to rearrange the furniture

umrechnen *v/t sep* to convert (*in +acc* into) **Umrechnung** *f* conversion **Umrechnungskurs** *m* exchange rate **Umrechnungstabelle** *f* conversion table

umreißen [ʊmˈraisn] *past part* **umrissen** [ʊmˈrɪsn] *v/t insep irr* (≈ *skizzieren*) to outline

umrennen *v/t sep irr* to (run into and) knock down

umringen [ʊmˈrɪŋən] *past part* **umringt** *v/t insep* to surround

Umriss *m* outline; (≈ *Kontur*) contour(s *pl*); *etw in ~en zeichnen/erzählen* to outline sth

umrühren *v/t sep* to stir

umrüsten *v/t sep* TECH to adapt; *etw auf etw* (*acc*) *~* to convert sth to sth

umsatteln *v/i sep* (*infml*) (*beruflich*) to change jobs; *von etw auf etw* (*acc*) *~* to switch from sth to sth

Umsatz *m* COMM turnover **Umsatzbeteiligung** *f* commission **Umsatzplus** *nt* COMM increase in turnover **Umsatzrückgang** *m* drop in turnover **Umsatzsteuer** *f* sales tax

umschalten v/i sep to flick the/a switch; (auf anderen Sender) to turn over (auf +acc to); (Ampel) to change

Umschau f, no pl ~ **halten** to look around (nach for); **umschauen** v/r sep (esp dial) = **umsehen**

umschiffen [ʊmˈʃɪfn] past part **umschifft** v/t insep to sail (a)round

Umschlag m 1. (≈ Hülle) cover; (≈ Briefumschlag) envelope; (≈ Buchumschlag) jacket 2. MED compress 3. (≈ Ärmelumschlag) cuff; (≈ Hosenumschlag) turn-up (Br), cuff (US) **umschlagen** sep irr I v/t 1. Ärmel, Hosenbein to turn up; Kragen to turn down 2. (≈ umladen) Güter to transship II v/i aux sein (≈ sich ändern) to change (suddenly); (Wind) to veer; **ins Gegenteil ~** to become the opposite **Umschlaghafen** m port of transshipment **Umschlagplatz** m trade centre (Br) or center (US)

umschlungen [ʊmˈʃlʊŋən] adj **eng ~** with their etc arms tightly (a)round each other

umschmeißen v/t sep irr (≈ umwerfen) to knock over

umschreiben[1] [ˈʊmʃraibn] v/t sep irr 1. Text etc to rewrite 2. Hypothek etc to transfer

umschreiben[2] [ʊmˈʃraibn] past part **umschrieben** [ʊmˈʃriːbn] v/t insep irr (≈ mit anderen Worten ausdrücken) to paraphrase; (≈ darlegen) to describe **Umschreibung** [ʊmˈʃraibʊŋ] f (≈ das Umschriebene) paraphrase; (≈ Darlegung) description

umschulden v/t sep COMM Kredit to convert, to fund

umschulen v/t sep 1. (beruflich) to retrain 2. (auf andere Schule) to transfer (to another school) **Umschulung** f retraining; (auf andere Schule) transfer

umschwärmen [ʊmˈʃvɛrmən] past part **umschwärmt** v/t insep to swarm (a)round; (≈ verehren) to idolize

Umschweife [ˈʊmʃvaifə] pl **ohne ~** straight out

umschwenken v/i sep 1. aux sein or haben (Anhänger, Kran) to swing out; (fig) to do an about-turn (Br) or about-face (US) 2. (Wind) to veer

Umschwung m (fig) (≈ Veränderung) drastic change; (ins Gegenteil) about-turn (Br), about-face (US)

umsegeln [ʊmˈzeːgln] past part **umse-**

gelt v/t insep to sail (a)round

umsehen v/r sep irr to look around (nach for); (rückwärts) to look back; **sich in der Stadt ~** to have a look (a)round the town; **ich möchte mich nur mal ~** (in Geschäft) I'm just looking

um sein v/i irr aux sein (Frist, Zeit) to be up

umseitig [ˈʊmzaitɪç] adj, adv overleaf

umsetzen sep v/t 1. Waren, Geld to turn over 2. **etw in die Tat ~** to translate sth into action

Umsicht f, no pl circumspection, prudence **umsichtig** [ˈʊmzɪçtɪç] I adj circumspect, prudent II adv circumspectly, prudently

umsiedeln v/t & v/i sep to resettle **Umsiedlung** [ˈʊmziːdlʊŋ] f resettlement

umso [ˈʊmzoː] cj (≈ desto) ~ **besser/ schlimmer!** so much the better/ worse!; ~ **mehr, als ...** all the more considering or as

umsonst [ʊmˈzɔnst] adv 1. (≈ unentgeltlich) free (of charge (esp COMM)) 2. (≈ vergebens) in vain; (≈ erfolglos) without success

umsorgen [ʊmˈzɔrgn] past part **umsorgt** v/t insep to look after

umspringen [ˈʊmʃprɪŋən] v/i sep irr aux sein **mit jdm grob** etc ~ (infml) to treat sb roughly etc

Umstand m 1. circumstance; (≈ Tatsache) fact; **den Umständen entsprechend** much as one would expect (under the circumstances); **nähere Umstände** further details; **in anderen Umständen sein** to be expecting; **unter keinen Umständen** under no circumstances; **unter Umständen** possibly 2. Umstände pl (≈ Mühe) bother sg; (≈ Förmlichkeit) fuss sg; **machen Sie bloß keine Umstände!** please don't go to any bother **umständehalber** [ˈʊmʃtɛndəhalbɐ] adv owing to circumstances **umständlich** [ˈʊmʃtɛntlɪç] I adj Methode (awkward and) involved; Vorbereitung elaborate; Erklärung long-winded; Abfertigung laborious; **sei doch nicht so ~!** don't make everything twice as hard as it really is!; **das ist mir zu ~** that's too much bother II adv erklären in a roundabout way; vorgehen awkwardly **Umständlichkeit** f ⟨-, -en⟩ (von Methode) involvedness; (von Erklärung etc) long-windedness **Umstandskleid** nt maternity dress **Umstandskleidung** f maternity wear **Umstandskrämer** m ⟨**-s, -**⟩, **Umstandskrämerin** f⟨**-, -nen**⟩ (infml) fusspot (Br infml), fussbudget (US)

umstehend I adj attr 1. (≈ in der Nähe stehend) standing nearby 2. (≈ umseitig) overleaf **II** adv overleaf

umsteigen v/i sep irr aux sein 1. (in Bus, Zug etc) to change (buses/trains etc) 2. (fig infml) to switch (over) (auf +acc to)

umstellen[1] ['ʊmʃtɛlən] sep **I** v/t to change (a)round; Hebel, Betrieb to switch over; Uhr to change; Währung to change over **II** v/i **auf etw** (acc) **~** (Betrieb) to switch over to sth **III** v/r **sich auf etw** (acc) **~** to adjust to sth

umstellen[2] [ʊm'ʃtɛlən] past part **umstellt** v/t insep (≈ einkreisen) to surround

Umstellung ['ʊm-] f 1. changing (a)round 2. (von Hebel, Betrieb) switch-over; (von Währung) changeover; **~ auf Erdgas** conversion to natural gas 3. (fig ≈ das Sichumstellen) adjustment (auf +acc to); **das wird eine große ~ für ihn sein** it will be a big change for him **umstimmen** v/t sep jdn **~** to change sb's mind; **er ließ sich nicht ~** he was not to be persuaded

umstoßen v/t sep irr Gegenstand to knock over; (fig) to change; (Umstände etc) Plan, Berechnung to upset

umstritten [ʊm'ʃtrɪtn] adj controversial **umstrukturieren** past part **umstrukturiert** v/t sep to restructure

Umsturz m coup (d'état) **umstürzen** sep **I** v/t to overturn; (fig) Regierung to overthrow **II** v/i aux sein to fall

umtaufen v/t sep to rebaptize; (≈ umbenennen) to rechristen

Umtausch m exchange; **diese Waren sind vom ~ ausgeschlossen** these goods cannot be exchanged **umtauschen** v/t sep to (ex)change; Geld to change (in +acc into)

umtopfen v/t sep Blumen etc to repot **Umtriebe** pl machinations pl; **umstürzlerische ~** subversive activities

umtun v/r sep irr (infml) to look around (nach for)

umverteilen past part **umverteilt** v/t sep or insep to redistribute **Umverteilung** f redistribution

umwandeln['ʊmvandln] sep v/t to change (in +acc into); (COMM, SCI) to convert (in +acc to); JUR Strafe to commute (in

+acc to); (fig) to transform (in +acc into) **Umwandlung** ['ʊm-] f change; COMM, SCI conversion; (fig) transformation

Umweg ['ʊmveːk] m detour; (fig) roundabout way; **wenn das für Sie kein ~ ist** if it doesn't take you out of your way; **etw auf ~en erfahren** (fig) to find sth out indirectly

Umwelt f, no pl environment **umweltbedingt** adj determined by the environment **Umweltbehörde** f environmental authority **umweltbelastend** adj causing environmental pollution **umweltbewusst** adj Person environmentally aware **Umweltbewusstsein** nt environmental awareness **Umweltexperte** m, **Umweltexpertin** f environmental expert **umweltfreundlich** adj environmentally friendly **Umweltfreundlichkeit** f environmental friendliness **umweltgefährdend** adj harmful to the environment **Umweltgift** nt environmental pollutant **Umweltkatastrophe** f ecological disaster **Umweltkriminalität** f environmental crimes pl **Umweltpapier** nt recycled paper **Umweltpolitik** f environmental policy **Umweltschaden** m damage to the environment **umweltschädlich** adj harmful to the environment **umweltschonend** adj environmentally friendly **Umweltschutz** m conservation **Umweltschutzbeauftragte(r)** m/f(m) decl as adj environmental protection officer **Umweltschützer(in)** m/f(f) conservationist, environmentalist **Umweltschutzorganisation** f environmental group **Umweltsteuer** f ecology tax **Umweltsünder(in)** m/f(f) (infml) polluter **Umweltverschmutzung** f pollution (of the environment) **umweltverträglich** adj Produkte, Stoffe not harmful to the environment **Umweltverträglichkeit** f environmental friendliness **Umweltzerstörung** f destruction of the environment

umwenden sep irr **I** v/t to turn over **II** v/r to turn ((a)round) (nach to)

umwerben [ʊm'vɛrbn] past part **umworben** [ʊm'vɔrbn] v/t insep irr to court

umwerfen v/t sep irr 1. Gegenstand to knock over; Möbelstück etc to overturn 2. (fig ≈ ändern) to upset; Vorstellungen to throw over 3. (fig infml) to stun **umwerfend** adj fantastic

umwickeln [ʊm'vɪkln] past part **umwi-**

ckelt v/t insep to wrap (a)round

umzäunen [ʊm'tsɔynən] past part **um-zäunt** v/t insep to fence (a)round

umziehen ['ʊmtsiːən] sep irr **I** v/i aux sein to move; **nach Köln ~** to move to Cologne **II** v/r to change, to get changed

umzingeln [ʊm'tsɪŋln] past part **umzin-gelt** v/t insep to surround, to encircle

Umzug ['ʊmtsuːk] m **1.** (≈ Wohnungsum-zug) move, removal (esp Br) **2.** (≈ Fest-zug) procession; (≈ Demonstrations-zug) parade

unabänderlich [ʊn|ap'|ɛndɐlɪç] adj (≈ unwiderruflich) unalterable; Entschluss irrevocable; **~ feststehen** to be absolutely certain

unabdingbar [ʊn|ap'dɪŋbaːɐ, 'ʊn-] adj indispensable; Notwendigkeit absolute

unabhängig adj independent (von of); **~ davon, was Sie meinen** irrespective of what you think **Unabhängigkeit** f, no pl independence **Unabhängigkeitserklä-rung** f declaration of independence

unabkömmlich adj (elev) busy; (≈ un-verzichtbar) indispensable

unablässig [ʊn|ap'lɛsɪç, 'ʊn-] **I** adj continual **II** adv continually

unabsehbar adj (fig) Folgen etc unforeseeable; Schaden immeasurable; **auf ~e Zeit** for an indefinite period

unabsichtlich I adj unintentional **II** adv unintentionally

unabwendbar adj inevitable

unachtsam adj (≈ unaufmerksam) inattentive; (≈ nicht sorgsam) careless; (≈ unbedacht) thoughtless

unähnlich adj dissimilar

unanfechtbar adj incontestable; Beweis irrefutable

unangebracht adj uncalled-for; (für Kinder etc) unsuitable; (≈ unzweckmä-βig) Maβnahmen inappropriate

unangefochten ['ʊn|aŋgəfɔxtn] adj un-challenged; Urteil, Testament uncon-tested

unangemeldet ['ʊn|aŋgəmɛldət] **I** adj unannounced no adv; Besucher unex-pected **II** adv unannounced; besuchen without letting sb know

unangemessen I adj (≈ zu hoch) unrea-sonable; (≈ unzulänglich) inadequate; **einer Sache** (dat) **~ sein** to be inappro-priate to sth **II** adv hoch, teuer unreason-ably; sich verhalten inappropriately

unangenehm adj unpleasant; Frage

awkward; **er kann ~ werden** he can get quite nasty

unannehmbar adj unacceptable **Unan-nehmlichkeit** f usu pl trouble no pl; **~en bekommen** to get into trouble

unansehnlich adj unsightly; Tapete, Mö-bel shabby

unanständig adj **1.** (≈ unerzogen) bad--mannered **2.** (≈ anstöβig) dirty; Wörter rude; Kleidung indecent **Unanständig-keit** f **1.** (≈ Unerzogenheit) bad manners pl **2.** (≈ Obszönität) obscenity

unantastbar [ʊn|an'tastbaːɐ, 'ʊn-] adj sacrosanct; Rechte inviolable

unappetitlich adj unappetizing

Unart f bad habit **unartig** adj naughty

unaufdringlich adj unobtrusive

unauffällig adj inconspicuous; (≈ schlicht) unobtrusive

unauffindbar adj nowhere to be found; vermisste Person untraceable

unaufgefordert ['ʊn|aufgəfɔrdɐt] **I** adj unsolicited (esp COMM) **II** adv without being asked

unaufgeklärt adj unexplained; Verbre-chen unsolved

unaufhaltsam [ʊn|auf'haltzaːm, 'ʊn-] adj unstoppable

unaufhörlich [ʊn|auf'høːɐlɪç, 'ʊn-] **I** adj incessant **II** adv incessantly

unaufmerksam adj inattentive

unaufrichtig adj insincere

unausbleiblich [ʊn|aus'blaiplɪç, 'ʊn-] adj inevitable

unausgefüllt ['ʊn|ausgəfʏlt] adj Leben, Mensch unfulfilled

unausgeglichen adj unbalanced **Un-ausgeglichenheit** f imbalance

unausgegoren adj immature

unausgesprochen adj unspoken

unausgewogen adj unbalanced **Unaus-gewogenheit** f imbalance

unaussprechlich [ʊn|aus'ʃpreçlɪç, 'ʊn-] adj **1.** Wort unpronounceable **2.** Leid etc inexpressible

unausstehlich [ʊn|aus'ʃteːlɪç, 'ʊn-] adj intolerable

unausweichlich [ʊn|aus'vaiçlɪç, 'ʊn-] adj unavoidable

unbändig ['ʊnbɛndɪç] adj **1.** Kind bois-terous **2.** Freude, Hass, Zorn unre-strained no adv; Ehrgeiz boundless

unbarmherzig I adj merciless **II** adv mer-cilessly

unbeabsichtigt ['ʊnbə|apzɪçtɪçt] **I** adj

unintentional **II** *adv* unintentionally

unbeachtet [ˈʊnbəˌaxtət] *adj* unnoticed; *Warnung* unheeded; ~ *bleiben* to go unnoticed/unheeded; *jdn/etw* ~ *lassen* not to take any notice of sb/sth

unbeantwortet [ˈʊnbəˌantvɔrtət] *adj, adv* unanswered

unbebaut [ˈʊnbəbaut] *adj Land* undeveloped; *Grundstück* vacant; *Feld* uncultivated

unbedacht I *adj* (≈ *hastig*) rash; (≈ *unüberlegt*) thoughtless **II** *adv* rashly

unbedarft [ˈʊnbədarft] *adj* (*infml*) simple-minded

unbedenklich I *adj* (≈ *ungefährlich*) quite safe **II** *adv* (≈ *ungefährlich*) quite safely; (≈ *ohne zu zögern*) without thinking (twice (*infml*))

unbedeutend *adj* insignificant; (≈ *geringfügig*) *Änderung etc* minor

unbedingt I *adj attr* **1.** absolute **2.** (*Aus, Swiss*) *Gefängnisstrafe* unconditional **II** *adv* (≈ *auf jeden Fall*) really; *nötig* absolutely; *ich musste sie* ~ *sprechen* I really had to speak to her; *nicht* ~ not necessarily

unbeeindruckt [ʊnbəˈaindrʊkt, ˈʊn-] *adj, adv* unimpressed (*von* by)

unbefahrbar *adj Straße, Weg* impassable

unbefangen I *adj* **1.** (≈ *unvoreingenommen*) impartial **2.** (≈ *ungehemmt*) uninhibited **II** *adv* **1.** (≈ *unvoreingenommen*) impartially **2.** (≈ *ungehemmt*) without inhibition **Unbefangenheit** *f* **1.** (≈ *unparteiische Haltung*) impartiality **2.** (≈ *Ungehemmtheit*) uninhibitedness

unbefriedigend *adj* unsatisfactory **unbefriedigt** *adj* unsatisfied; (≈ *unzufrieden*) dissatisfied

unbefristet I *adj Arbeitsverhältnis* for an indefinite period; *Visum* permanent **II** *adv* for an indefinite period; *etw* ~ *verlängern* to extend sth indefinitely

unbefugt *adj* unauthorized; *Eintritt für Unbefugte verboten* no admittance to unauthorized persons

unbegabt *adj* untalented

unbegreiflich *adj* (≈ *unverständlich*) incomprehensible; *Dummheit* inconceivable

unbegrenzt I *adj* unlimited; *Frist* indefinite; *auf* ~*e Zeit* indefinitely; *in* ~*er Höhe* of an unlimited amount **II** *adv* indefinitely

unbegründet *adj* unfounded; *eine Klage*

als ~ *abweisen* to dismiss a case

Unbehagen *nt* uneasy feeling; (≈ *Unzufriedenheit*) discontent (*an* +*dat* with); (*körperlich*) discomfort **unbehaglich** *adj* uncomfortable

unbehandelt *adj Wunde, Obst* untreated

unbehelligt [ʊnbəˈhɛlɪçt, ˈʊn-] **I** *adj* (≈ *unbelästigt*) unmolested; (≈ *unkontrolliert*) unchecked **II** *adv* (≈ *unkontrolliert*) unchecked; (≈ *ungestört*) in peace

unbeherrscht *adj Reaktion* uncontrolled; *Mensch* lacking self-control **Unbeherrschtheit** *f* ⟨-, -*en*, *no pl*⟩ (*von Mensch*) lack of self-control

unbeholfen [ˈʊnbəhɔlfn] **I** *adj* clumsy; (≈ *hilflos*) helpless **II** *adv* clumsily **Unbeholfenheit** *f* ⟨-, *no pl*⟩ clumsiness; (≈ *Hilflosigkeit*) helplessness

unbeirrbar [ʊnbəˈʔɪrbaːɐ̯, ˈʊn-], **unbeirrt** [ʊnbəˈʔɪrt, ˈʊn-] **I** *adj* unwavering **II** *adv festhalten* unwaveringly; *weitermachen* undeterred

unbekannt *adj* unknown; *das war mir* ~ I didn't know that; ~*e Größe* (MAT, *fig*) unknown quantity; *Strafanzeige gegen* ~ charge against person or persons unknown **Unbekannte** *f decl as adj* MAT unknown **Unbekannte(r)** *m/f(m) decl as adj* stranger

unbekleidet *adj* bare; *sie war* ~ she had nothing on

unbekümmert [ʊnbəˈkʏmɐt, ˈʊn-] **I** *adj* **1.** (≈ *unbesorgt*) unconcerned **2.** (≈ *sorgenfrei*) carefree **II** *adv* (≈ *unbesorgt*) without worrying; (≈ *sorglos*) without a care in the world

unbelastet [ˈʊnbəlastət] *adj* **1.** (≈ *ohne Last*) unladen **2.** (≈ *ohne Schulden*) unencumbered **3.** (≈ *ohne Sorgen*) free from worries **4.** (≈ *schadstofffrei*) unpolluted

unbelehrbar *adj* fixed in one's views; *Rassist etc* dyed-in-the-wool *attr*; *er ist* ~ you can't tell him anything

unbeleuchtet [ˈʊnbələʏçtət] *adj Straße, Weg* unlit

unbeliebt *adj* unpopular (*bei* with); *sich* ~ *machen* to make oneself unpopular

unbemannt [ˈʊnbəmant] *adj* unmanned

unbemerkt [ˈʊnbəmɛrkt] *adj, adv* unnoticed; ~ *bleiben* to go unnoticed

unbenommen [ʊnbəˈnɔmən, ˈʊn-] *adj pred* (*form*) *es bleibt Ihnen* ~, *zu* ... you are (quite) at liberty to ...

unbenutzt [ˈʊnbənʊtst] *adj, adv* unused

u̯nbeobachtet [ˈʊnbə|oːbaxtət] *adj* un-
noticed

u̯nbequem *adj* (≈ *ungemütlich*) uncomfortable; (≈ *lästig*) *Frage, Situation* awkward; (≈ *mühevoll*) difficult; *diese
Schuhe sind mir zu* ~ these shoes are
too uncomfortable; *der Regierung* ~
sein to be an embarrassment to the government **U̯nbequemlichkeit** *f* **1.** *no pl* (≈
Ungemütlichkeit) lack of comfort; (*von
Situation*) awkwardness **2.** *usu pl* inconvenience

unberechenbar *adj* unpredictable

u̯nberechtigt *adj Sorge etc* unfounded;
Kritik unjustified; (≈ *unbefugt*) unauthorized

u̯nberührt [ˈʊnbəryːɐt] *adj* **1.** untouched;
(*fig*) *Natur* unspoiled; ~ *sein* (*Mädchen*)
to be a virgin **2.** (≈ *unbetroffen*) unaffected

u̯nbeschädigt [ˈʊnbəʃɛːdɪçt] *adj, adv* undamaged; *Siegel* unbroken

u̯nbescheiden *adj Mensch, Plan* presumptuous

u̯nbescholten [ˈʊnbəʃɔltn] *adj* (*elev*) respectable; *Ruf* spotless; JUR with no previous convictions

u̯nbeschrankt *adj* unguarded

u̯nbeschränkt *adj* unrestricted; *Macht*
absolute; *Geldmittel, Zeit* unlimited

unbeschreiblich [ʊnbəˈʃraiplɪç, ˈʊn-] **I**
adj indescribable; *Frechheit* enormous
II *adv* schön, gut etc indescribably

u̯nbeschwert [ˈʊnbəʃveːɐt] **I** *adj* (≈ *sorgenfrei*) carefree; *Unterhaltung* light-
hearted **II** *adv* (≈ *sorgenfrei*) carefree

unbesehen [ʊnbəˈzeːən, ˈʊn-] *adv* indiscriminately; (≈ *ohne es anzusehen*)
without looking at it / them; *das glaube
ich dir* ~ I believe it if you say so

u̯nbesetzt *adj* vacant; *Schalter* closed

unbesiegbar *adj* invincible **unbesiegt**
[ˈʊnbəziːkt] *adj* undefeated

u̯nbesonnen I *adj* rash **II** *adv* rashly **U̯n-
besonnenheit** *f* rashness

u̯nbesorgt I *adj* unconcerned; *Sie können ganz* ~ *sein* you can set your mind
at rest **II** *adv* without worrying

u̯nbeständig *adj Wetter* changeable;
Mensch unsteady; (*in Leistungen*) erratic **U̯nbeständigkeit** *f* (*von Wetter*)
changeability; (*von Mensch*) unsteadi-
ness; (*in Leistungen*) erratic behaviour
(*Br*) *or* behavior (*US*)

unbestechlich *adj* **1.** *Mensch* incorrupt-

ible **2.** *Urteil* unerring

u̯nbestellt *adj* ~*e Ware* unsolicited goods
pl

u̯nbestimmt *adj* **1.** (≈ *ungewiss*) uncertain **2.** (≈ *undeutlich*) *Gefühl etc* vague;
auf ~*e Zeit* for an indefinite period **3.**
GRAM indefinite

unbestreitbar *adj Tatsache* indisputable;
Verdienste unquestionable **u̯nbestritten**
[ˈʊnbəʃtrɪtn, ʊnbəˈʃtrɪtn] *adj* indisputable

u̯nbeteiligt *adj* **1.** (≈ *uninteressiert*) indifferent **2.** (≈ *nicht teilnehmend*) unin-
volved *no adv* (*an* +*dat, bei* in)

u̯nbetont *adj* unstressed

u̯nbewacht [ˈʊnbəvaxt] *adj, adv* unguarded; *Parkplatz* unattended

u̯nbewaffnet *adj* unarmed

u̯nbeweglich I *adj* **1.** (≈ *nicht zu bewegen*) immovable; (≈ *steif*) stiff; (*geistig*)
rigid **2.** (≈ *bewegungslos*) motionless **II**
adv dastehen motionless

unbewohnbar *adj* uninhabitable **u̯nbe-
wohnt** *adj* uninhabited; *Haus* unoccupied

u̯nbewusst I *adj* unconscious **II** *adv* unconsciously

unbezahlbar *adj* **1.** (≈ *zu teuer*) prohibi-
tively expensive **2.** (*fig*) (≈ *nützlich*) invaluable; (≈ *komisch*) priceless

u̯nblutig *adj Sieg, Umsturz etc* bloodless

u̯nbrauchbar *adj* (≈ *nutzlos*) useless; (≈
nicht zu verwenden) unusable

u̯nbürokratisch *adj* unbureaucratic

u̯nchristlich *adj* unchristian

u̯nd [ʊnt] *cj* and; ~? well?; ..., ~ *wenn ich
selbst bezahlen muss* ... even if I have
to pay myself

U̯ndank *m* ingratitude; ~ *ernten* to get little thanks **u̯ndankbar** *adj Mensch* ungrateful

u̯ndatiert [ˈʊndatiːɐt] *adj* undated

undefinierbar *adj* indefinable

u̯ndemokratisch *adj* undemocratic

u̯ndenkbar *adj* inconceivable

u̯ndeutlich I *adj* indistinct; *Schrift* illegible; *Erklärung* unclear **II** *adv* ~ *sprechen* to speak indistinctly; *ich konnte
es nur* ~ *verstehen* I couldn't understand it very clearly

u̯ndicht *adj* (≈ *luftdurchlässig*) not airtight; (≈ *wasserdurchlässig*) not watertight; *Dach* leaky, leaking; *das Rohr
ist* ~ the pipe leaks; *das Fenster ist* ~
the window lets in a draught (*Br*) *or*

draft (US)

Unding nt, no pl absurdity; **es ist ein~, zu ...** it is preposterous or absurd to ...

undiplomatisch adj undiplomatic

undiszipliniert I adj undisciplined **II** adv in an undisciplined way

undurchlässig adj impervious (gegen to); Grenze closed

undurchschaubar adj unfathomable

undurchsichtig adj **1.** Fenster, Stoff opaque **2.** (fig pej) Mensch, Methoden devious; Motive obscure

uneben adj uneven; Gelände rough **Unebenheit** f ⟨-, -en⟩ unevenness; (von Gelände) roughness

unecht adj false; (≈ vorgetäuscht) fake; Schmuck, Edelstein, Blumen etc artificial

unehelich adj illegitimate; **~ geboren sein** to be illegitimate

unehrlich I adj dishonest **II** adv dishonestly **Unehrlichkeit** f dishonesty

uneigennützig I adj unselfish **II** adv unselfishly **Uneigennützigkeit** f unselfishness

uneingeschränkt I adj absolute, total; Freiheit unlimited; Zustimmung unqualified; Vertrauen absolute; Lob unreserved **II** adv absolutely, totally; zustimmen without qualification; loben, vertrauen unreservedly

uneingeweiht ['ʊn|aingəvait] adj uninitiated

uneinheitlich adj nonuniform; Arbeitszeiten varied; Qualität inconsistent

uneinig adj **1.** (≈ verschiedener Meinung) **über etw** (acc) **~ sein** to disagree about sth **2.** (≈ zerstritten) divided **Uneinigkeit** f disagreement (+gen between)

uneinnehmbar [ʊn|ain'neːmbaːɐ, 'ʊn-] adj impregnable

uneins adj pred (≈ zerstritten) divided; **(mit jdm) ~ sein/werden** to disagree with sb

unempfänglich adj (für to) unsusceptible; (für Atmosphäre) insensitive

unempfindlich adj (gegen to) insensitive; (gegen Krankheiten etc) immune; Teppich hard-wearing and stain-resistant **Unempfindlichkeit** f, no pl (gegen to) insensitivity; (gegen Krankheiten etc) immunity

unendlich I adj infinite; (zeitlich) endless; **(bis) ins Unendliche** to infinity **II** adv infinitely; (fig ≈ sehr) terribly;

~ lange diskutieren to argue endlessly **Unendlichkeit** f infinity; (zeitlich) endlessness; (von Universum) boundlessness

unentbehrlich adj indispensable

unentdeckt ['ʊn|ɛntdɛkt] adj undiscovered

unentgeltlich [ʊn|ɛnt'gɛltlɪç, 'ʊn-] adj, adv free of charge

unentschieden I adj undecided; (≈ entschlusslos) indecisive; SPORTS drawn; **ein ~es Rennen** a dead heat **II** adv **~ enden** to end in a draw or tie; **sich ~ trennen** to draw, to tie **Unentschieden** ['ʊn|ɛntʃiːdn] nt ⟨-s, -⟩ SPORTS draw

unentschlossen adj (≈ nicht entschieden) undecided; Mensch indecisive

unentschuldigt ['ʊn|ɛntʃʊldɪçt] **I** adj unexcused; **~es Fehlen** absenteeism; SCHOOL truancy **II** adv without an excuse

unentwegt [ʊn|ɛnt'veːkt, 'ʊn-] **I** adj (mit Ausdauer) constant **II** adv constantly; **~ weitermachen** to continue unceasingly

unerbittlich [ʊn|ɛɐ'bɪtlɪç] **I** adj Kampf relentless; Härte unyielding; Mensch pitiless **II** adv (≈ hartnäckig) stubbornly; (≈ gnadenlos) ruthlessly

unerfahren adj inexperienced **Unerfahrenheit** f inexperience

unerfindlich [ʊn|ɛɐ'fɪntlɪç, 'ʊn-] adj incomprehensible; **aus ~en Gründen** for some obscure reason

unerfreulich adj unpleasant

unerfüllbar [ʊn|ɛɐ'fʏlbaːɐ, 'ʊn-] adj unrealizable **unerfüllt** ['ʊn|ɛɐfʏlt] adj unfulfilled

unergiebig adj Quelle, Thema unproductive; Ernte poor

unergründlich [ʊn|ɛɐ'grʏntlɪç, 'ʊn-] adj unfathomable

unerheblich adj insignificant

unerhört[1] ['ʊn|ɛɐ'høːɐt] adj attr (≈ ungeheuer) enormous; (≈ empörend) outrageous; Frechheit incredible

unerhört[2] ['ʊn|ɛɐhøːɐt] adj Bitte, Gebet unanswered

unerkannt ['ʊn|ɛɐkant] **I** adj unrecognized **II** adv without being recognized

unerklärbar adj inexplicable; **das ist mir ~** I can't understand it

unerlässlich [ʊn|ɛɐ'lɛslɪç, 'ʊn-] adj essential

unerlaubt ['ʊn|ɛɐlaupt] **I** adj forbidden; Parken unauthorized; (≈ ungesetzlich) illegal **II** adv betreten, verlassen without

permission **unerlaubterweise**
['ʊn|ɛɐlaʊptə'vaizə] *adv* without permission

unerledigt *adj* unfinished; *Post* unanswered; *Rechnung* outstanding; *etw ~ lassen* not to deal with sth

unermesslich[ʊn|ɛɐ'mɛslɪç, 'ʊn-] **I** *adj* *Reichtum, Leid* immense; *Weite, Ozean* vast **II** *adv* reich, groß immensely

unermüdlich[ʊn|ɛɐ'my:tlɪç, 'ʊn-] **I** *adj* tireless **II** *adv* tirelessly

unerreichbaradj *Ziel* unattainable; *Ort* inaccessible

unersättlich[ʊn|ɛɐ'zɛtlɪç, 'ʊn-] *adj* insatiable

unerschöpflich[ʊn|ɛɐ'ʃœpflɪç, 'ʊn-] *adj* inexhaustible

unerschrocken I *adj* courageous **II** *adv* courageously

unerschütterlich [ʊn|ɛɐ'ʃytɐlɪç, 'ʊn-] *adj* unshakeable; *Ruhe* imperturbable

unerschwinglichadj prohibitive; **für jdn ~ sein** to be beyond sb's means

unersetzlich[ʊn|ɛɐ'zɛtslɪç, 'ʊn-] *adj* irreplaceable

unerträglich I *adj* unbearable **II** *adv* heiß, laut unbearably

unerwähnt ['ʊn|ɛɐvɛːnt] *adj* unmentioned; **~ bleiben** not to be mentioned

unerwartet ['ʊn|ɛɐvartət, ʊn|ɛɐ'vartət] **I** *adj* unexpected **II** *adv* unexpectedly

unerwünscht *adj* Kind unwanted; *Besuch, Effekt* unwelcome; *Eigenschaften* undesirable; **du bist hier ~** you're not welcome here

unerzogen ['ʊn|ɛɐtsoːgn] *adj* ill-mannered

unfachgemäß I *adj* unprofessional **II** *adv* unprofessionally

unfähigadj **1.** *attr* incompetent **2. ~ sein, etw zu tun** to be incapable of doing sth; *(vorübergehend)* to be unable to do sth **Unfähigkeit** *f* **1.** (≈ *Untüchtigkeit*) incompetence **2.** (≈ *Nichtkönnen*) inability

unfair I *adj* unfair (*gegenüber* to) **II** *adv* unfairly

Unfall ['ʊnfal] *m* accident **Unfallflucht**f failure to stop after an accident; **~ begehen** to commit a hit-and-run offence (*Br*) *or* offense (*US*) **Unfallfolge**fresult of an/the accident **unfallfrei** *adj* accident-free **Unfallopfer** *nt* casualty **Unfallort**m, *pl* **-orte** scene of an/the accident **Unfallrisiko**nt accident risk **Unfall-**

schaden *m* damages *pl* **Unfallstelle** *f* scene of an/the accident **Unfalltod**m accidental death **Unfallursache**fcause of an/the accident **Unfallverhütung**facci-dent prevention **Unfallwagen**m car involved in an/the accident **Unfallzeuge** *m*, **Unfallzeugin**fwitness to an/the accident

unfassbaradj incomprehensible

unfehlbar I *adj* infallible **II** *adv* without fail **Unfehlbarkeit** [ʊn'feːlbaːɐkait, 'ʊn-] *f* ⟨-, *no pl*⟩ infallibility

unfein I *adj* unrefined *no adv*; **das ist ~** that's bad manners **II** *adv* sich ausdrücken in an unrefined way; *sich benehmen* in an ill-mannered way

unflätig['ʊnflɛːtɪç] *adj* offensive

unfolgsamadj disobedient

unformatiert ['ʊnfɔrmatiːɐt] *adj* IT unformatted

unförmig *adj* (≈ *formlos*) shapeless; (≈ *groß*) cumbersome; *Füße, Gesicht* unshapely

unfrankiert ['ʊnfraŋkiːɐt] *adj, adv* unfranked

unfreiwillig *adj* **1.** (≈ *gezwungen*) compulsory; **ich war ~er Zeuge I** was an unwilling witness **2.** (≈ *unbeabsichtigt*) Witz, Fehler unintentional

unfreundlich I *adj* unfriendly (*zu, gegen* to); *Wetter* inclement; *Landschaft* cheerless **II** *adv* in an unfriendly way; **~ reagieren** to react in an unfriendly way **Unfreundlichkeit**f unfriendliness; (*von Wetter*) inclemency

unfruchtbaradj infertile; (*fig*) sterile; **~ machen** to sterilize **Unfruchtbarkeit** *f* infertility; (*fig*) sterility

Unfug['ʊnfuːk] *m* ⟨**-s**, *no pl*⟩ nonsense; **~ treiben** to get up to mischief; **grober ~** JUR public nuisance

Ungar ['ʊŋgar] *m* ⟨**-n**, **-n**⟩, **Ungarin** ['ʊŋgarɪn] *f* ⟨-, **-nen**⟩ Hungarian **ungarisch**['ʊŋgarɪʃ] *adj* Hungarian **Ungarn** ['ʊŋgarn] *nt* ⟨**-s**⟩ Hungary

ungastlichadj inhospitable

ungeachtet ['ʊngə|axtət, ʊngə'|axtət] *prep* +*gen* in spite of, despite; **~ aller Ermahnungen** despite all warnings

ungeahnt ['ʊngə|aːnt, ʊngə'|aːnt] *adj* undreamt-of

ungebetenadj uninvited

ungebildetadj uncultured; (≈ *ohne Bildung*) uneducated

ungeborenadj unborn

ụngebräuchlich *adj* uncommon

ụngebraucht *adj, adv* unused

ụngebrochen *adj (fig) Rekord, Wille* unbroken

ụngebunden *adj* (≈ *unabhängig*) *Leben* (fancy-)free; (≈ *unverheiratet*) unattached; **parteipolitisch** ~ (politically) independent

ụngedeckt *adj* **1.** SPORTS *Tor* undefended; *Spieler* unmarked; *Scheck, Kredit* uncovered **2.** *Tisch* unlaid (*Br*), not set *pred*

Ụngeduld *f* impatience; **vor** ~ with impatience; **voller** ~ impatiently **ụngeduldig I** *adj* impatient **II** *adv* impatiently

ụngeeignet *adj* unsuitable

ụngefähr ['ʊngəfɛːɐ, ʊngə'fɛːɐ] **I** *adj attr* approximate, rough **II** *adv* roughly; **das kommt nicht von** ~ it's no accident; **so** ~*!* more or less!; ~ (**so**) **wie** a bit like; **dann weiß ich** ~ **Bescheid** then I've got a rough idea; **das hat sich** ~ **so abgespielt** it happened something like this **ụngefährlich** *adj* safe; *Tier, Krankheit* harmless **Ụngefährlichkeit** *f* safeness; (*von Tier, Krankheit*) harmlessness

ụngehalten I *adj* indignant (*über* +acc about) **II** *adv* indignantly

ụngeheizt ['ʊngəhaitst] *adj* unheated

ụngehemmt *adj* unrestrained

ụngeheuer ['ʊngəhɔyɐ, ʊngə'hɔyɐ] **I** *adj* **1.**; → **ungeheuerlich 2.** (≈ *riesig*) enormous; (*in Bezug auf Länge, Weite*) vast **3.** (≈ *genial, kühn*) tremendous **II** *adv* (≈ *sehr*) enormously; (*negativ*) terribly, awfully **Ụngeheuer** ['ʊngəhɔyɐ] *nt* ⟨**-s, -**⟩ monster **ungeheuerlich** [ʊngə'hɔyɐlɪç, 'ʊn-] *adj* monstrous; *Leichtsinn* outrageous; *Verdacht, Dummheit* dreadful **Ungeheuerlichkeit** *f* ⟨**-, -en**⟩ (*von Tat*) atrociousness; (*von Verleumdung*) outrageousness

ụngehindert ['ʊngəhɪndɐt] **I** *adj* unhindered **II** *adv* without hindrance

ụngehobelt ['ʊngəhoːblt, ʊngə'hoːblt] *adj Benehmen* boorish

ụngehörig *adj* impertinent

ụngehorsam *adj* disobedient **Ụngehorsam** *m* disobedience; MIL insubordination; **ziviler** ~ civil disobedience

ụngeklärt ['ʊngəklɛːɐt] *adj Frage, Verbrechen* unsolved; *Ursache* unknown; **unter** ~**en Umständen** in mysterious circumstances

ụngekürzt ['ʊngəkʏrtst] **I** *adj* not short-

ened; *Buch* unabridged; *Film* uncut **II** *adv* veröffentlichen unabridged; (*Film*) uncut; **der Artikel wurde** ~ **abgedruckt** the article was printed in full

ụngeladen *adj Gäste etc* uninvited

ụngelegen I *adj* inconvenient **II** *adv* **komme ich** (**Ihnen**) ~**?** is this an inconvenient time for you?; **etw kommt jdm** ~ sth is inconvenient for sb **Ụngelegenheiten** *pl* inconvenience *sg*; **jdm** ~ **bereiten** *or* **machen** to inconvenience sb

ụngelernt *adj attr* unskilled

ụngelogen *adv* honestly

ụngemein *adj* tremendous; **das freut mich** ~ I'm really really pleased

ụngemütlich *adj* uncomfortable; *Wohnung* not very cosy; *Mensch* awkward; *Wetter* unpleasant; **mir wird es hier** ~ I'm getting a bit uncomfortable; **er kann** ~ **werden** he can get nasty

ụngenannt *adj* **1.** *Mensch* anonymous **2.** *Summe* unspecified

ụngenau I *adj* inaccurate; (≈ *nicht wahrheitsgetreu*) inexact; (≈ *vage*) vague **II** *adv* inaccurately **Ụngenauigkeit** *f* inaccuracy

ungeniert ['ʊnʒeniːɐt] **I** *adj* (≈ *ungehemmt*) unembarrassed; (≈ *taktlos*) uninhibited **II** *adv* openly; (≈ *taktlos*) without any inhibition

ụngenießbar *adj* (≈ *nicht zu essen*) inedible; (≈ *nicht zu trinken*) undrinkable; (*infml*) *Mensch* unbearable

ụngenügend *adj* inadequate, insufficient; SCHOOL unsatisfactory **II** *adv* inadequately, insufficiently

ụngenutzt ['ʊngənʊtst] *adj* unused; *Energien* unexploited; **eine Chance** ~ **lassen** to miss an opportunity

ụngepflegt *adj Mensch* unkempt; *Rasen, Hände* neglected

ụngeprüft ['ʊngəpryːft] **I** *adj* untested; *Vorwürfe* unchecked **II** *adv* without testing; without checking

ụngerade *adj* odd

ụngerecht I *adj* unjust, unfair **II** *adv* unjustly, unfairly **ụngerechtfertigt** *adj* unjustified **Ụngerechtigkeit** *f* injustice

ụngeregelt *adj Zeiten* irregular; *Leben* disordered

Ụngereimtheit *f* ⟨**-, -en**⟩ inconsistency

ụngern *adv* reluctantly

ụngerührt ['ʊngəryːɐt] *adj, adv* unmoved

ụngesagt ['ʊngəzaːkt] *adj* unsaid

ungesalzen *adj* unsalted

ungeschehen *adj etw ~ machen* to undo sth

Ungeschicklichkeit *f* clumsiness **ungeschickt I** *adj* clumsy; (≈ *unbedacht*) careless **II** *adv* clumsily

ungeschminkt ['ʊngəʃmɪŋkt] *adj* without make-up; (*fig*) *Wahrheit* unvarnished

ungeschoren *adj* unshorn; *jdn ~ lassen* (*infml*) to spare sb; *~ davonkommen* (*infml*) to escape unscathed; (*Verbrecher*) to get off (scot-free)

ungeschrieben *adj attr* unwritten

ungeschützt *adj* unprotected

ungesellig *adj* unsociable

ungesetzlich *adj* unlawful, illegal

ungestört I *adj* undisturbed; *hier sind wir ~* we won't be disturbed here **II** *adv* arbeiten, sprechen without being interrupted

ungestraft ['ʊngəʃtraːft] *adv* with impunity

ungestüm ['ʊngəʃtyːm] **I** *adj* impetuous **II** *adv* impetuously **Ungestüm** ['ʊngəʃtyːm] *nt* ⟨-(e)s, no pl⟩ impetuousness

ungesund *adj* unhealthy; (≈ *schädlich*) harmful

ungesüßt ['ʊngəzyːst] *adj* unsweetened

ungeteilt ['ʊngətaɪtl] *adj* undivided; *Beifall* universal

ungetrübt *adj* clear; *Glück* perfect

Ungetüm ['ʊngətyːm] *nt* ⟨-(e)s, -e⟩ monster

ungewiss *adj* uncertain; (≈ *vage*) vague; *eine Reise ins Ungewisse* (*fig*) a journey into the unknown; *jdn (über etw acc) im Ungewissen lassen* to leave sb in the dark (about sth) **Ungewissheit** *f* uncertainty

ungewöhnlich *adj* unusual **ungewohnt** *adj* (≈ *fremdartig*) unfamiliar; (≈ *unüblich*) unusual

ungewollt I *adj* unintentional **II** *adv* unintentionally

Ungeziefer ['ʊngətsiːfɐ] *nt* ⟨-s, no pl⟩ pests *pl*

ungezogen *adj* ill-mannered

ungezwungen I *adj* casual; *Benehmen* natural **II** *adv* casually; *sich benehmen* naturally

ungläubig *adj* unbelieving; REL infidel; (≈ *zweifelnd*) doubting **Ungläubige(r)** *m/f(m) decl as adj* unbeliever **unglaub-**

lich *adj* unbelievable **unglaubwürdig** *adj* implausible; *Dokument* dubious; *Mensch* unreliable

ungleich I *adj* dissimilar, unalike *pred*; *Größe, Farbe* different; *Mittel, Kampf* unequal; MAT not equal **II** *adv* **1.** (*unterschiedlich*) unequally **2.** (*vor Komparativ*) much **Ungleichgewicht** *nt* (*fig*) imbalance **Ungleichheit** *f* dissimilarity; (*von Größe, Farbe*) difference; (*von Mitteln, Kampf*) inequality **ungleichmäßig** *adj* uneven; *Gesichtszüge, Puls* irregular **II** *adv* unevenly

Unglück *nt* ⟨-(e)s, -e⟩ (≈ *Unfall*) accident; (≈ *Schicksalsschlag*) disaster; (≈ *Unheil*) misfortune; (≈ *Pech*) bad luck; *in sein ~ rennen* to head for disaster; *das bringt ~* that brings bad luck; *zu allem ~* to make matters worse; *ein ~ kommt selten allein* (*prov*) it never rains but it pours (*Br prov*), when it rains, it pours (*US prov*) **unglücklich I** *adj* **1.** (≈ *traurig*) unhappy; *Liebe* unrequited **2.** (*vor bedauerlich*) unfortunate **II** *adv* **1.** (*traurig*) unhappily; *~ verliebt sein* to be crossed in love **2.** (*ungünstig*) unfortunately; *~ enden* to turn out badly **3.** *stürzen, fallen* awkwardly **unglücklicherweise** ['ʊnɡlʏklɪçɐ'vaɪzə] *adv* unfortunately **Unglücksfall** *m* accident

Ungnade *f* disgrace; *bei jdm in ~ fallen* to fall out of favour (*Br*) *or* favor (*US*) with sb **ungnädig** *adj* ungracious; (*hum*) unkind

ungültig *adj* invalid; (≈ *nichtig*) void; *Stimmzettel* spoiled; SPORTS *Tor* disallowed

ungünstig *adj* unfavourable (*Br*), unfavorable (*US*); *Entwicklung* undesirable; *Termin* inconvenient; *Augenblick, Wetter* bad

ungut *adj* bad; *nichts für ~!* no offence (*Br*) *or* offense (*US*)!

unhaltbar *adj* Zustand intolerable; *Vorwurf etc* untenable; *Torschuss* unstoppable

unhandlich *adj* unwieldy

Unheil *nt* disaster; *~ stiften* to do damage; *~ bringend* fateful **unheilbar** *adj* incurable; *~ krank sein* to be terminally ill

unheimlich ['ʊnhaɪmlɪç, ʊn'haɪmlɪç] **I** *adj* **1.** (≈ *angsterregend*) frightening; *das/er ist mir ~* it/he gives me the creeps (*infml*) **2.** (*infml*) tremendous (*infml*) **II** *adv* (*infml* ≈ *sehr*) incredibly (*infml*); *~*

viel Geld a tremendous amount of money (*infml*)

unhöflich I *adj* impolite **II** *adv* impolitely **Unhöflichkeit** *f* impoliteness

unhygienisch *adj* unhygienic

uni [y'niː] *adj pred* self-coloured (*Br*), self-colored (*US*), plain

Uni ['ʊni] *f* ⟨-, -s⟩ (*infml*) uni (*infml*), U (*US infml*)

Uniform [uni'fɔrm, 'ʊnifɔrm, 'uːnifɔrm] *f* ⟨-, -en⟩ uniform **uniformiert** [unifɔr-'miːɐt] *adj* uniformed **Uniformierte(r)** [unifɔr'miːɐtə] *m*/*f(m)* *decl as adj* person/man/woman in uniform

Unikum ['uːnikʊm] *nt* ⟨-s, -s *or* **Unika** [-ka]⟩ **1.** unique thing *etc* **2.** (*infml*) real character

unilateral [unilate'raːl] **I** *adj* unilateral **II** *adv* unilaterally

unintelligent *adj* unintelligent

uninteressant *adj* uninteresting; **das ist doch völlig ~** that's of absolutely no interest

Union [u'nioːn] *f* ⟨-, -en⟩ union; **die ~** POL the CDU and CSU

universal [univɐ'zaːl] **I** *adj* universal **II** *adv* universally **Universalgenie** *nt* universal genius **universell** [univɐ'zɛl] **I** *adj* universal **II** *adv* universally **Universität** [univɐzi'tɛːt] *f* ⟨-, -en⟩ university; **auf die ~ gehen** to go to university **Universitätsbibliothek** *f* university library **Universitätsgelände** *nt* university campus **Universitätsklinik** *f* university clinic **Universitätsstadt** *f* university town **Universitätsstudium** *nt* (*Ausbildung*) university training **Universum** [uni-'vɛrzʊm] *nt* ⟨-s, *no pl*⟩ universe

unken ['ʊŋkn] *v/i* (*infml*) to foretell gloom

unkenntlich *adj* unrecognizable; *Inschrift etc* indecipherable **Unkenntlichkeit** *f* ⟨-, *no pl*⟩ **bis zur ~** beyond recognition **Unkenntnis** *f*, *no pl* ignorance; **aus ~** out of ignorance

unklar I *adj* unclear; (≈ *undeutlich*) blurred; **es ist mir völlig ~, wie das geschehen konnte** I (just) can't understand how that could happen; **über etw** (*acc*) **völlig im Unklaren sein** to be completely in the dark about sth **II** *adv* unclearly **Unklarheit** *f* lack of clarity; (*über Tatsachen*) uncertainty; **darüber herrscht noch ~** this is still uncertain *or* unclear

unklug I *adj* unwise **II** *adv* unwisely

unkompliziert *adj* uncomplicated

unkontrollierbar *adj* uncontrollable **unkontrolliert** ['ʊnkɔntrɔliːɐt] *adj*, *adv* unchecked

unkonventionell I *adj* unconventional **II** *adv* unconventionally

Unkosten *pl* costs *pl*; (≈ *Ausgaben*) expenses *pl*; **sich in ~ stürzen** (*infml*) to go to a lot of expense **Unkostenbeitrag** *m* contribution toward(s) costs/expenses

Unkraut *nt* weed; **Unkräuter** weeds; **~ vergeht nicht** (*prov*) it would take more than that to finish me/him *etc* off! (*hum*) **Unkrautbekämpfung** *f* weed control **Unkrautbekämpfungsmittel** *nt* weed killer

unkritisch I *adj* uncritical **II** *adv* uncritically

unkündbar *adj* Beamter permanent; *Vertrag* binding; **in ~er Stellung** in a permanent position

unkundig *adj* ignorant (+*gen* of)

unlauter *adj* dishonest; *Wettbewerb* unfair

unleserlich *adj* illegible

unliebsam ['ʊnliːpzaːm] *adj* unpleasant; *Konkurrent* irksome

unlogisch *adj* illogical

unlösbar *adj* (*fig*) *Problem etc* insoluble; *Widerspruch* irreconcilable **unlöslich** *adj* CHEM insoluble

Unlust *f*, *no pl* **1.** (≈ *Widerwille*) reluctance **2.** (≈ *Lustlosigkeit*) listlessness

Unmasse *f* (*infml*) load (*infml*); **~n von Büchern** loads *or* masses of books (*infml*)

unmaßgeblich I *adj* (≈ *nicht entscheidend*) Urteil not authoritative; (≈ *unwichtig*) Äußerung inconsequential; **nach meiner ~en Meinung** (*hum*) in my humble opinion (*hum*) **II** *adv* insignificantly

unmäßig I *adj* excessive **II** *adv* essen, trinken to excess; *rauchen* excessively

Unmenge *f* vast number; (*bei unzählbaren Mengenbegriffen*) vast amount; **~n essen** to eat an enormous amount

Unmensch *m* monster; **ich bin ja kein ~** I'm not an ogre **unmenschlich I** *adj* **1.** inhuman **2.** (*infml* ≈ *unerträglich*) terrible **II** *adv* behandeln in an inhuman way **Unmenschlichkeit** *f* inhumanity; **~en** inhumanity

unmerklich I *adj* imperceptible II *adv* imperceptibly

unmissverständlich I *adj* unequivocal II *adv* unequivocally; *jdm etw ~ zu verstehen geben* to tell sb sth in no uncertain terms

unmittelbar I *adj Nähe* immediate; (≈ *direkt*) direct; *aus ~er Nähe schießen* to fire at close range II *adv* immediately; (≈ *ohne Umweg*) directly; *~ vor* (+*dat*) (*zeitlich*) immediately before; (*räumlich*) right in front of

unmöbliert ['ʊnmøbliːɐt] *adj Zimmer* unfurnished; *~ wohnen* to live in unfurnished accommodation

unmodern [-mɔdɛrn] I *adj* old-fashioned II *adv gekleidet* in an old-fashioned way

unmöglich I *adj* impossible; *sich ~ machen* to make oneself look ridiculous II *adv* (≈ *keinesfalls*) not possibly; *ich kann es ~ tun* I cannot possibly do it; *~ aussehen* (*infml*) to look ridiculous **Unmöglichkeit** *f* impossibility; *das ist ein Ding der ~!* that's quite impossible!

unmoralisch *adj* immoral

unmündig *adj* under-age **Unmündigkeit** *f* minority

unmusikalisch *adj* unmusical

unnachgiebig *adj* inflexible

unnachsichtig I *adj* severe; (*stärker*) merciless II *adv verfolgen* mercilessly; *bestrafen* severely

unnahbar *adj Mensch* unapproachable

unnatürlich *adj* unnatural; *Tod* violent

unnötig I *adj* unnecessary II *adv* unnecessarily **unnötigerweise** ['ʊnnøːtɪgɐ'vaizə] *adv* unnecessarily

unnütz ['ʊnnʏts] *adj* useless; (≈ *umsonst*) pointless

unökonomisch *adj* uneconomic; *Fahrweise* uneconomical

unordentlich *adj* untidy; *Lebenswandel* disorderly **Unordnung** *f* disorder *no indef art*; (≈ *Durcheinander*) mess; *etw in ~ bringen* to mess sth up

unorganisch *adj* inorganic

unorthodox *adj* unorthodox

unparteiisch I *adj* impartial II *adv* impartially **Unparteiische(r)** ['ʊnpartaiɪʃə] *m/f(m) decl as adj der ~* SPORTS the referee

unpassend *adj* inappropriate; *Augenblick* inconvenient

unpersönlich *adj* impersonal

unpolitisch *adj* unpolitical

unpopulär *adj* unpopular

unpraktisch *adj Mensch* unpractical; *Lösung* impractical

unproblematisch *adj* unproblematic

unproduktiv *adj* unproductive

unpünktlich *adj Mensch* unpunctual; *Zug* not on time **Unpünktlichkeit** *f* unpunctuality

unqualifiziert *adj Arbeitskraft* unqualified; *Arbeiten, Jobs* unskilled; *Äußerung* incompetent

unrasiert ['ʊnraziːɐt] *adj* unshaven

unrealistisch *adj* unrealistic

unrecht *adj* wrong; *das ist mir gar nicht so ~* I don't really mind; *~ haben* to be wrong; *~ tun* to do wrong **Unrecht** *nt, no pl* wrong, injustice; *zu ~ verdächtigt* unjustly; *im ~ sein* to be wrong; *jdm ein ~ tun* to do sb an injustice **unrechtmäßig** *adj* unlawful **Unrechtsregime** [-reʒiːm] *nt* POL tyrannical regime

unregelmäßig I *adj* irregular II *adv* irregularly **Unregelmäßigkeit** *f* irregularity

unreif *adj Obst* unripe; *Mensch, Verhalten* immature

unrentabel *adj* unprofitable

unrichtig *adj* incorrect; *Vorwurf, Angaben etc* false

Unruhe *f* ⟨-, -n⟩ **1.** *no pl* restlessness; (≈ *Nervosität*) agitation; *in ~ sein* to be restless; (≈ *besorgt*) to be agitated **2.** *no pl* (≈ *Unfrieden*) unrest *no pl*; *~ stiften* to create unrest **3.** (*politische*) *~n* (political) disturbances **Unruhestifter(in)** *m/(f)* troublemaker **unruhig** *adj* restless; (≈ *laut*) noisy; *Schlaf, Meer* troubled

unrühmlich *adj* inglorious

uns [ʊns] I *pers pr* us; (*dat auch*) to us; *bei ~* (≈ *zu Hause, im Betrieb etc*) at our place; (≈ *in unserem Land*) in our country; *bei ~ zu Hause* at our house; *ein Freund von ~* a friend of ours; *das gehört ~* that is ours II *refl pr acc, dat* ourselves; (≈ *einander*) each other

unsachgemäß I *adj* improper II *adv* improperly

unsanft *adj* rough; (≈ *unhöflich*) rude

unsauber *adj* **1.** (≈ *schmutzig*) dirty **2.** *Handschrift* untidy; *Schuss, Schnitt* inaccurate; *Ton* impure

unschädlich *adj* harmless; *eine Bombe ~ machen* (≈ *entschärfen*) to defuse a bomb; *jdn ~ machen* (*infml*) to take care of sb (*infml*)

unscharf *adj* Erinnerung hazy; **der Sender ist ~ eingestellt** the station is not tuned clearly

unschätzbar *adj* Wert, Verlust incalculable; **von ~em Wert** invaluable

unscheinbar *adj* inconspicuous; (≈ *unattraktiv*) Aussehen unprepossessing

unschlagbar *adj* unbeatable

unschlüssig *adj* undecided; (≈ *zögernd*) irresolute

unschön *adj* (≈ *hässlich*) unsightly; (*stärker*) ugly; (≈ *unangenehm*) unpleasant; Szenen ugly

Unschuld *f, no pl* **1.** innocence **2.** (≈ *Jungfräulichkeit*) virginity **unschuldig I** *adj* **1.** innocent; **an etw** (*dat*) **~ sein** not to be guilty of sth; **er war völlig ~ an dem Unfall** he was in no way responsible for the accident **2.** (≈ *jungfräulich*) virginal **II** *adv* **1.** JUR **jdn ~ verurteilen** to convict sb when he is innocent **2.** (≈ *arglos*) fragen innocently

unselbstständig I *adj* lacking in independence; **eine ~e Tätigkeit ausüben** to work as an employee **II** *adv* (≈ *mit fremder Hilfe*) not independently **Unselbstständigkeit** *f* lack of independence

unser ['ʊnzɐ] *poss pr* our **unsereiner** ['ʊnzɐ|ainɐ], **unsereins** ['ʊnzɐ|ains] *indef pr* (*infml*) the likes of us (*infml*) **unsere(r, s)** ['ʊnzərə] *poss pr* (*substantivisch*) ours; **der/die/das Unsere** (*elev*) ours; **wir tun das Unsere** (*elev*) we are doing our bit; **die Unseren** (*elev*) our family **unsererseits** ['ʊnzərɐ'zaits] *adv* (≈ *auf unserer Seite*) for our part; (≈ *von unserer Seite*) on our part **unseresgleichen** ['ʊnzərəs'glaiçn̩] *indef pr* people like us

unseriös *adj* Mensch slippery; Auftreten, Bemerkung frivolous; Methoden, Firma shady; Angebot not serious

unsertwegen ['ʊnzɐt've:gn̩] *adv* (≈ *wegen uns*) because of us; (≈ *um uns*) about us; (≈ *für uns*) on our behalf

unsicher I *adj* **1.** (≈ *gefährlich*) dangerous; **die Gegend ~ machen** (fig *infml*) to hang out (*infml*) **2.** (≈ *verunsichert*) insecure, unsure (of oneself) **3.** (≈ *ungewiss*) unsure; (≈ *unstabil*) uncertain, unstable; Kenntnisse shaky **II** *adv* (≈ *schwankend*) unsteadily; (≈ *nicht selbstsicher*) uncertainly **Unsicherheit** *f* (≈

Gefahr) danger; (≈ *mangelndes Selbstbewusstsein*) insecurity; (≈ *Ungewissheit*) uncertainty

unsichtbar *adj* invisible

Unsinn *m, no pl* nonsense *no indef art*; **~ machen** to do silly things; **lass den ~!** stop fooling about! **unsinnig** *adj* (≈ *sinnlos*) foolish; (≈ *ungerechtfertigt*) unreasonable; (*stärker*) absurd

Unsitte *f* bad habit **unsittlich I** *adj* immoral; (*in sexueller Hinsicht*) indecent **II** *adv* indecently; **er hat sich ihr ~ genähert** he made indecent advances to her

unsolide *adj* Mensch free-living; (≈ *unredlich*) Firma, Angebot unreliable; **ein ~s Leben führen** to be free-living

unsozial *adj* antisocial

unsportlich *adj* **1.** (≈ *ungelenkig*) unsporty **2.** (≈ *unfair*) unsporting

unsterblich I *adj* immortal; Liebe undying; **jdn ~ machen** to immortalize sb **II** *adv* (*infml*) **sich ~ blamieren** to make a complete idiot of oneself; **~ verliebt sein** to be madly in love (*infml*)

unstimmig *adj* Aussagen etc at variance, differing *attr* **Unstimmigkeit** *f* (≈ *Ungenauigkeit*) discrepancy; (≈ *Streit*) difference

Unsumme *f* vast sum

unsympathisch *adj* unpleasant; **er ist mir ~** I don't like him

unsystematisch I *adj* unsystematic **II** *adv* unsystematically

Untat *f* atrocity

untätig I *adj* (≈ *müßig*) idle; (≈ *nicht handelnd*) passive **II** *adv* idly; **sie sah ~ zu, wie er verblutete** she stood idly by as he bled to death **Untätigkeit** *f* (≈ *Müßiggang*) idleness; (≈ *Passivität*) passivity

untauglich *adj* (zu, für for) unsuitable; (für Wehrdienst) unfit

unteilbar *adj* indivisible

unten ['ʊntn̩] *adv* (≈ *am unteren Ende*) at the bottom; (≈ *tiefer, drunten*) (down) below; (≈ *an der Unterseite*) underneath; (*in Gebäude*) downstairs; **von ~** from below; **nach ~** down; **~ am Berg** at the bottom of the hill; **~ im Glas** at the bottom of the glass; **weiter ~** further down; **~ erwähnt, ~ genannt** mentioned below; **er ist bei mir ~ durch** (*infml*) I'm through with him (*infml*); **~ stehend** following; (*lit*) standing below; **~ wohnen** to live downstairs

unter ['ʊntɐ] *prep* +*dat or* +*acc* under; (≈ *drunter*) underneath, below; (≈ *zwischen, innerhalb*) among(st); ~ *18 Jahren* under 18 years (of age); *Temperaturen ~ 25 Grad* temperatures below 25 degrees; ~ *sich* (*dat*) *sein* to be by themselves; ~ *etw leiden* to suffer from sth; ~ *anderem* among other things

Unterabteilung *f* subdivision

Unterarm *m* forearm

unterbelichtet ['ʊntɐbəlɪçtət] *adj* PHOT underexposed

unterbesetzt *adj* understaffed

unterbewusst I *adj* subconscious; *das Unterbewusste* the subconscious II *adv* subconsciously **Unterbewusstsein** *nt* subconscious; *im* ~ subconsciously

unterbezahlt *adj* underpaid

unterbieten *past part* **unterboten** *v/t insep irr Konkurrenten, Preis* to undercut; (*fig*) to surpass

unterbinden [ʊntɐ'bɪndn] *past part* **unterbunden** [ʊntɐ'bʊndn] *v/t insep irr* to stop; MED *Blutung* to ligature

unterbleiben [ʊntɐ'blaibn] *past part* **unterblieben** [ʊntɐ'bliːbn] *v/i insep irr aux sein* 1. (≈ *aufhören*) to cease 2. (≈ *nicht geschehen*) not to happen

Unterbodenschutz *m* MOT protective undercoating

unterbrechen [ʊntɐ'brɛçn] *past part* **unterbrochen** [ʊntɐ'brɔxn] *insep irr v/t* to interrupt; *Stille* to break; *Telefonverbindung* to disconnect; *Spiel* to suspend; *Schwangerschaft* to terminate; *entschuldigen Sie bitte, wenn ich Sie unterbreche* forgive me for interrupting **Unterbrechung** *f* interruption; (*von Stille*) break (+*gen* in); (*von Spiel*) stoppage; *ohne* ~ without a break

unterbreiten [ʊntɐ'braitn] *past part* **unterbreitet** *v/t insep Plan* to present; (*jdm*) *ein Angebot* ~ to make an offer (to sb)

unterbringen *v/t sep irr* 1. (≈ *verstauen*) to put; (*in Heim etc*) to put; *etw bei jdm* ~ to leave sth with sb 2. (≈ *Unterkunft geben*) *Menschen* to accommodate; *Sammlung* to house; *gut/schlecht untergebracht sein* to have good/bad accommodation; (≈ *versorgt werden*) to be well/badly looked after **Unterbringung** *f* ⟨-, -en⟩ accommodation (*Br*), accommodations *pl* (*US*)

unterbuttern *v/t sep* (*infml* ≈ *unterdrü-* *cken*) to ride roughshod over; *lass dich nicht* ~*!* don't let them push you around

Unterdeck *nt* NAUT lower deck

unterdes(sen) [ʊntɐ'dɛs(n)] *adv* meanwhile

unterdrücken [ʊntɐ'drʏkn] *past part* **unterdrückt** *v/t insep* 1. (≈ *beherrschen*) *Volk* to oppress; *Freiheit, Meinung* to suppress 2. (≈ *zurückhalten*) *Neugier, Gähnen, Gefühle* to suppress; *Tränen, Bemerkung* to hold back **Unterdrücker** [ʊntɐ'drʏkɐ](*in*) *m(f)* oppressor **Unterdrückung** *f* ⟨-, -en⟩ 1. (*von Volk*) oppression; (*von Freiheit*) suppression 2. (*von Neugier, Gähnen, Gefühlen*) suppression; (*von Tränen, Bemerkung*) holding back

unterdurchschnittlich *adj* below average

untereinander [ʊntɐʔai'nandɐ] *adv* 1. (≈ *gegenseitig*) each other; (≈ *miteinander*) among ourselves/themselves *etc* 2. (*räumlich*) one below the other

untere(r, s) ['ʊntərə] *adj, sup* **unterste(r, s)** ['ʊntɐstə] lower

unterernährt [-ʔɛɐnɛːɐt] *adj* undernourished **Unterernährung** *f* malnutrition

Unterfangen [ʊntɐ'faŋən] *nt* ⟨-*s, -*⟩ (*elev*) venture, undertaking

Unterführung *f* underpass

Untergang *m, pl* -**gänge** 1. (*von Schiff*) sinking 2. (*von Gestirn*) setting 3. (≈ *das Zugrundegehen*) decline; (*von Individuum*) downfall; *dem* ~ *geweiht sein* to be doomed

untergeben [ʊntɐ'geːbn] *adj* subordinate **Untergebene(r)** [ʊntɐ'geːbənə] *m/f(m) decl as adj* subordinate

untergehen *v/i sep irr aux sein* 1. (≈ *versinken*) to sink; (*fig: im Lärm etc*) to be submerged *or* drowned 2. (*Gestirn*) to set 3. (≈ *zugrunde gehen*) to decline; (*Individuum*) to perish

untergeordnet *adj* subordinate; *Bedeutung* secondary; → **unterordnen**

Untergeschoss *nt*, **Untergeschoß** (*Aus*) *nt* basement

Untergewicht *nt* underweight; ~ *haben* to be underweight

untergliedern [ʊntɐ'gliːdɐn] *past part* **untergliedert** *v/t insep* to subdivide

untergraben [ʊntɐ'graːbn] *past part* **untergraben** *v/t insep irr* (≈ *zerstören*) to undermine

Untergrund *m, no pl* 1. GEOL subsoil 2. (≈

Farbschicht) undercoat; (≈ *Hintergrund*) background **3.** POL *etc* underground **Untergrundbahn** *f* underground (*Br*), subway (*US*)

unterhalb ['ʊntɐhalp] *prep* +*gen, adv* below; **~ von** below

Unterhalt *m, no pl* **1.** (≈ *Lebensunterhalt*) maintenance (*esp Br* JUR), alimony; **seinen ~ verdienen** to earn one's living **2.** (≈ *Instandhaltung*) upkeep **unterhalten** [ʊntɐ'haltn] *past part* **unterhalten** *insep irr* **I** *v/t* **1.** (≈ *versorgen*) to support **2.** (≈ *betreiben*) Geschäft, Kfz to run **3.** (≈ *instand halten*) Gebäude, Kontakte, Beziehungen to maintain **4.** Gäste, Publikum to entertain **II** *v/r* **1.** (≈ *sprechen*) to talk (*mit* to, with); **sich mit jdm (über etw** *acc*) **~** to (have a) talk *or* chat with sb (about sth) **2.** (≈ *sich vergnügen*) to have a good time **Unterhalter** [ʊntɐ'haltɐ] *m* ⟨**-s, -**⟩, **Unterhalterin** [-ərɪn] *f* ⟨**-, -nen**⟩ entertainer **unterhaltsam** [ʊntɐ-'haltza:m] *adj* entertaining **unterhaltsberechtigt** *adj* entitled to maintenance (*Br*) *or* alimony **Unterhaltsgeld** *nt* maintenance (*Br*), alimony **Unterhaltskosten** *pl* (*von Gebäude*) maintenance (*Br*) *or* alimony (costs *pl*); (*von Kfz*) running costs *pl* **Unterhaltspflicht** *f* obligation to pay maintenance (*Br*) *or* alimony **unterhaltspflichtig** [-pflɪçtɪç] *adj* under obligation to pay maintenance (*Br*) *or* alimony **Unterhaltszahlung** *f* maintenance payment **Unterhaltung** [ʊntɐ'haltʊŋ] *f* **1.** (≈ *Gespräch*) talk, conversation **2.** (≈ *Amüsement*) entertainment; **wir wünschen gute ~** we hope you enjoy the programme (*Br*) *or* program (*US*) **Unterhaltungselektronik** *f* (≈ *Industrie*) consumer electronics *sg*; (≈ *Geräte*) audio systems *pl* **Unterhaltungsmusik** *f* light music

Unterhändler(in) *m/(f)* negotiator

Unterhaus *nt* Lower House, House of Commons (*Br*)

unterheben *v/t sep irr* COOK to stir in (lightly)

Unterhemd *nt* vest (*Br*), undershirt (*US*)

Unterholz *nt, no pl* undergrowth

Unterhose *f* (≈ *Herrenunterhose*) (pair of) underpants *pl*, briefs *pl*; (≈ *Damenunterhose*) (pair of) pants *pl* (*Br*) *or* panties *pl* (*US*)

unterirdisch *adj, adv* underground

unterjochen [ʊntɐ'jɔxn] *past part* **unter-**

jocht *v/t insep* to subjugate

unterjubeln *v/t sep* (*infml* ≈ *andrehen*) **jdm etw ~** to palm sth off on sb (*infml*)

Unterkiefer *m* lower jaw

unterkommen *v/i sep irr aux sein* (≈ *Unterkunft finden*) to find accommodation; (*infml* ≈ *Stelle finden*) to find a job (*als* as, *bei* with, at); **bei jdm ~** to stay at sb's (place)

Unterkörper *m* lower part of the body

unterkriegen *v/t sep* (*infml*) to bring down; (≈ *deprimieren*) to get down; **lass dich von ihnen nicht ~** don't let them get you down

unterkühlt [ʊntɐ'ky:lt] *adj* Körper affected by hypothermia; (*fig*) Atmosphäre chilly **Unterkühlung** *f, no pl* MED hypothermia **Unterkunft** ['ʊntɐkʊnft] *f* ⟨**-,** **Unterkünfte** [-kʏnftə]⟩ accommodation *no pl* (*Br*), accommodations *pl* (*US*), lodging; **~ und Verpflegung** board and lodging **Unterlage** *f* **1.** (*für Teppich*) underlay; (*im Bett*) draw sheet **2.** *usu pl* (≈ *Beleg*) document **unterlassen** [ʊntɐ-'lasn] *past part* **unterlassen** *v/t insep irr* (≈ *nicht tun*) to refrain from; (≈ *nicht durchführen*) not to carry out; **~ Sie das!** don't do that!; **er hat es ~, mich zu benachrichtigen** he failed to notify me; **~e Hilfeleistung** JUR failure to give assistance

Unterlauf *m* lower reaches *pl* (of a river) **unterlaufen** [ʊntɐ'laufn] *past part* **unterlaufen** *insep irr* **I** *v/i* +*dat aux sein* (*Irrtum*) to occur; **mir ist ein Fehler ~** I made a mistake **II** *v/t* Bestimmungen to get (a)round; (≈ *umgehen*) to circumvent

unterlegen [ʊntɐ'le:gn] *adj* inferior; (≈ *besiegt*) defeated; **jdm ~ sein** to be inferior to sb **Unterlegscheibe** *f* TECH washer

Unterleib *m* abdomen **Unterleibchen** *nt* (*Aus* ≈ *Unterhemd*) vest (*Br*), undershirt (*US*) **Unterleibskrebs** *m* cancer of the abdomen; (*bei Frau*) cancer of the womb **Unterleibsschmerzen** *pl* abdominal pains *pl*

unterliegen [ʊntɐ'li:gn] *past part* **unterlegen** [ʊntɐ'le:gn] *v/i insep irr aux sein* **1.** (≈ *besiegt werden*) to be defeated (+*dat* by) **2.** (+*dat* ≈ *unterworfen sein*) to be subject to; *einer Steuer* to be liable to; **es unterliegt keinem Zweifel, dass ...** it is not open to any doubt that ...

Unterlippe f bottom lip
untermauern [ʊntɐˈmaʊɐn] *past part* **untermauert** *v/t insep* to underpin
Untermenü nt IT submenu
Untermiete f subtenancy; **bei jdm zur ~ wohnen** to be sb's tenant **Untermieter(in)** m/(f) lodger (*esp Br*), subtenant
unterminieren [ʊntɐmiˈniːrən] *past part* **unterminiert** *v/t insep* to undermine
unternehmen [ʊntɐˈneːmən] *past part* **unternommen** [ʊntɐˈnɔmən] *v/t insep irr* to do; *Versuch, Reise* to make; *Schritte* ~ to take steps **Unternehmen** [ʊntɐˈneːmən] *nt* ⟨*-s, -*⟩ **1.** (≈ *Firma*) business, concern, enterprise **2.** (≈ *Aktion*) undertaking, enterprise, venture; MIL operation **Unternehmensberater(in)** m/(f) management consultant **Unternehmer** m ⟨*-s, -*⟩, **Unternehmerin** f ⟨*-, -nen*⟩ employer; (*alten Stils*) entrepreneur; (≈ *Industrieller*) industrialist; **die ~** the employers **unternehmerisch** [ʊntɐˈneːmərɪʃ] *adj* entrepreneurial **Unternehmung** [ʊntɐˈneːmʊŋ] f ⟨*-, -en*⟩ **1.** = **Unternehmen** 2 **2.** (≈ *Transaktion*) undertaking **unternehmungslustig** *adj* enterprising
Unteroffizier(in) m/(f) **1.** (≈ *Rang*) noncommissioned officer **2.** (≈ *Dienstgrad*) (*bei der Armee*) sergeant (*Br*), corporal (*US*); (*bei der Luftwaffe*) corporal (*Br*), airman first class (*US*)
unterordnen *sep* **I** *v/t* to subordinate (+*dat* to); → **untergeordnet** **II** *v/r* to subordinate oneself (+*dat* to)
unterprivilegiert [-priviˈleɡiːɐt] *adj* underprivileged
Unterredung f ⟨*-, -en*⟩ discussion
Unterricht [ˈʊntɐrɪçt] m ⟨*-(e)s, no pl*⟩ classes *pl*; **~ in Fremdsprachen** foreign language teaching; (*jdm*) **~ geben** *or* **erteilen** to teach (sb) (*in etw* (*dat*) sth); **am ~ teilnehmen** to attend classes **unterrichten** [ʊntɐˈrɪçtn] *past part* **unterrichtet** *insep* **I** *v/t* **1.** (≈ *Unterricht geben*) *Schüler, Fach* to teach; **jdn in etw** (*dat*) **~** to teach sb sth **2.** (≈ *informieren*) to inform (*von, über* +*acc* about) **II** *v/i* to teach **III** *v/r* **sich über etw** (*acc*) **~** to inform oneself about sth **unterrichtet** [ʊntɐˈrɪçtət] *adj* informed; **gut ~e Kreise** well-informed circles **Unterrichtsfach** nt subject **Unterrichtsstoff** m subject matter **Unterrichtsstunde** f lesson, period **Unterrichtszeit** f teaching time

Unterrichtung f, *no pl* (≈ *Belehrung*) instruction; (≈ *Informierung*) information
Unterrock m underskirt
untersagen [ʊntɐˈzaːɡn] *past part* **untersagt** *v/t insep* to forbid; (*das*) **Rauchen (ist hier) strengstens untersagt** smoking (is) strictly prohibited (here)
Untersatz m mat; (*für Gläser etc*) coaster (*esp Br*); (*für Blumentöpfe etc*) saucer
unterschätzen [ʊntɐˈʃɛtsn] *past part* **unterschätzt** *v/t insep* to underestimate
unterscheiden [ʊntɐˈʃaidn] *past part* **unterschieden** [ʊntɐˈʃiːdn] *insep irr* **I** *v/t* to distinguish; **A nicht von B ~ können** to be unable to tell the difference between A and B; **zwei Personen (voneinander) ~** to tell two people apart **II** *v/i* to differentiate **III** *v/r* **sich von etw/jdm ~** to differ from sth/sb **Unterscheidung** f differentiation; (≈ *Unterschied*) difference
Unterschenkel m lower leg
unterschieben [ˈʊntɐʃiːbn] *v/t sep irr* (*fig*) **jdm etw ~** (≈ *anlasten*) to palm sth off on sb
Unterschied [ˈʊntɐʃiːt] m ⟨*-(e)s, -e* [-də]⟩ difference; **es ist ein (großer) ~, ob ...** it makes a (big) difference whether ...; **im ~ zu** (*jdm/etw*) in contrast to (sb/sth) **unterschiedlich** [ˈʊntɐʃiːtlɪç] **I** *adj* different; (≈ *veränderlich*) variable; (≈ *gemischt*) varied **II** *adv* differently; **~ gut/lang** of varying quality/length **unterschiedslos** *adj* indiscriminate **II** *adv* (≈ *undifferenziert*) indiscriminately; (≈ *gleichberechtigt*) equally
unterschlagen *past part* **unterschlagen** *v/t insep irr* *Geld* to embezzle; *Beweise etc* to withhold; (*infml*) *Neuigkeit etc* to keep quiet about **Unterschlagung** [ʊntɐˈʃlaːɡʊŋ] f ⟨*-, -en*⟩ (*von Geld*) embezzlement; (*von Beweisen etc*) withholding
Unterschlupf [ˈʊntɐʃlʊpf] m ⟨*-(e)s, Unterschlüpfe* [-ʃlʏpfə]⟩ (≈ *Obdach, Schutz*) shelter; (≈ *Versteck*) hiding place **unterschlüpfen** [ˈʊntɐʃlʏpfn] *v/i sep aux sein* (*infml*) (≈ *Obdach finden*) to take shelter; (≈ *Versteck finden*) to hide out (*infml*) (*bei jdm* at sb's)
unterschreiben [ʊntɐˈʃraibn] *past part* **unterschrieben** [ʊntɐˈʃriːbn] *insep irr v/t* to sign **Unterschrift** f **1.** signature;

seine **~** *unter etw* (acc) **setzen** to sign sth **2.** (≈ *Bildunterschrift*) caption **unterschriftsberechtigt** *adj* authorized to sign **Unterschriftsberechtigte(r)** [-bə-rɛçtɪçtə] *m/f(m) decl as adj* authorized signatory **unterschriftsreif** *adj Vertrag* ready to be signed

unterschwellig [-ʃvɛlɪç] **I** *adj* subliminal **II** *adv* subliminally

Unterseeboot *nt* submarine

Unterseite *f* underside

Untersetzer *m* = **Untersatz**

untersetzt [ʊntɐ'zɛtst] *adj* stocky

unterstehen [ʊntɐ'ʃteːən] *past part* **unterstanden** [ʊntɐ'ʃtandn] *insep irr* **I** *v/i +dat* (≈ *unterstellt sein*) to be under (the control of); *jdm* to be subordinate to; (*in Firma*) to report to **II** *v/r* (≈ *wagen*) to dare; **untersteh dich (ja nicht)!** (don't) you dare!

unterstellen[1] [ʊntɐ'ʃtɛlən] *past part* **unterstellt** *insep v/t* **1.** (≈ *unterordnen*) to (make) subordinate (+*dat* to); *jdm* **unterstellt sein** to be under sb; (*in Firma*) to report to sb **2.** (≈ *annehmen*) to assume, to suppose **3.** (≈ *unterschieben*) *jdm etw* **~** to insinuate that sb has done/said sth

unterstellen[2] ['ʊntɐʃtɛlən] *sep* **I** *v/t* (≈ *unterbringen*) to keep; *Möbel* to store **II** *v/r* to take shelter

Unterstellung [-'ʃtɛlʊŋ] *f* (≈ *falsche Behauptung*) misrepresentation; (≈ *Andeutung*) insinuation

unterste(r, s) ['ʊntɐstə] *adj* lowest; (≈ *letzte*) last

unterstreichen [ʊntɐ'ʃtraiçn] *past part* **unterstrichen** [ʊntɐ'ʃtrɪçn] *v/t insep irr* to underline

Unterstufe *f* SCHOOL lower school, lower grade (*US*)

unterstützen [ʊntɐ'ʃtʏtsn] *past part* **unterstützt** *v/t insep* to support **Unterstützung** *f* **1.** *no pl* support **2.** (≈ *Zuschuss*) assistance; **staatliche ~** state aid

untersuchen [ʊntɐ'zuːxn] *past part* **untersucht** *v/t insep* **1.** (≈ *prüfen*) to examine (*auf +acc* for); (≈ *erforschen*) to look into; (*chemisch, technisch etc*) to test (*auf +acc* for); **sich ärztlich ~ lassen** to have a medical (examination) **2.** (≈ *nachprüfen*) to check **Untersuchung** [ʊntɐ'zuːxʊŋ] *f* ⟨-, *-en*⟩ **1.** (≈ *das Untersuchen*) examination (*auf +acc* for); (≈ *Erforschung*) investigation (+*gen, über*

+*acc* into); (*chemisch, technisch*) test (*auf +acc* for); (*ärztlich*) examination **2.** (≈ *Nachprüfung*) check **Untersuchungsausschuss** *m* investigating committee; (*nach Unfall etc*) committee of inquiry **Untersuchungsergebnis** *nt* JUR findings *pl*; MED result of an/the examination; SCI test result **Untersuchungsgefängnis** *nt* prison (*for people awaiting trial*) **Untersuchungshaft** *f in* **~ sitzen** (*infml*) to be in prison awaiting trial **Untersuchungskommission** *f* investigating committee; (*nach schwerem Unfall etc*) board of inquiry **Untersuchungsrichter(in)** *m/(f)* examining magistrate

Untertan ['ʊntɐtaːn] *m* ⟨**-s**, **-**⟩, **Untertanin** [-ɪn] *f* ⟨**-**, *-nen*⟩ (*old* ≈ *Staatsbürger*) subject; (*pej*) underling (*pej*)

Untertasse *f* saucer; **fliegende ~** flying saucer

untertauchen *sep v/i aux sein* to dive (under); (*fig*) to disappear

Unterteil *nt or m* bottom part

unterteilen [ʊntɐ'tailən] *past part* **unterteilt** *v/t insep* to subdivide (*in +acc* into) **Unterteilung** *f* subdivision (*in +acc* into)

Unterteller *m* saucer

Untertitel *m* subtitle; (*für Bild*) caption

Unterton *m, pl* **-töne** undertone

untertourig [-tuːrɪç] *adv* **~ fahren** to drive with low revs

untertreiben [ʊntɐ'traibn] *past part* **untertrieben** [ʊntɐ'triːbn] *insep irr* **I** *v/t* to understate **II** *v/i* to play things down **Untertreibung** *f* ⟨**-**, *-en*⟩ understatement

untertunneln [ʊntɐ'tʊnln] *past part* **untertunnelt** *v/t insep* to tunnel under

untervermieten *past part* **untervermietet** *v/t & v/i insep* to sublet

Unterversorgung *f* inadequate provision

unterwandern [ʊntɐ'vandɐn] *past part* **unterwandert** *v/t insep* to infiltrate

Unterwäsche *f, no pl* underwear *no pl*

Unterwasserkamera *f* underwater camera

unterwegs [ʊntɐ'veːks] *adv* on the *or* one's/its way (*nach, zu* to); (≈ *auf Reisen*) away

unterweisen [ʊntɐ'vaizn] *past part* **unterwiesen** [ʊntɐ'viːzn] *v/t insep irr* to instruct (*in +dat* in) **Unterweisung** *f* instruction

Unterweltf underworld

unterwerfen [untɐ'vɛrfn] *past part* **unterworfen** [untɐ'vɔrfn] *insep irr* **I** v/t **1.** *Volk, Land* to conquer **2.** (≈ *unterziehen*) to subject (+*dat* to) **II** v/r **sich jdm/einer Sache~** to submit to sb/sth **unterwürfig** [untɐ'vʏrfɪç, 'untɐ-] *adj (pej)* obsequious

unterzeichnen [untɐ'tsaiçnən] *past part* **unterzeichnet** v/t *insep (form)* to sign **Unterzeichner(in)** m/(f) signatory **Unterzeichnete(r)** [untɐ'tsaiçnətə] m/f(m) *decl as adj (form)* **der/die ~** the undersigned

unterziehen [untɐ'tsiːən] *past part* **unterzogen** [untɐ'tsoːgn] *insep irr* **I** v/r (≈ *unterwerfen*) **sich einer Sache** (*dat*) ~ **(müssen)** to (have to) undergo sth; **sich einer Prüfung** (*dat*) ~ to take an examination **II** v/t to subject (+*dat* to)

Untiefef shallow

Untiernt monster

untragbaradj *Zustände* intolerable; *Risiko* unacceptable

untrennbar **I** adj inseparable **II** adv **mit etw ~ verbunden sein** (*fig*) to be inextricably linked with sth

untreuadj *Liebhaber etc* unfaithful **Untreue**f (*von Liebhaber etc*) unfaithfulness

untröstlichadj inconsolable

untrüglich [un'tryːklɪç, 'un-] adj *Gedächtnis, Gespür* infallible; *Zeichen* unmistakable

Untugendf (≈ *Laster*) vice; (≈ *schlechte Angewohnheit*) bad habit

unübeladj **(gar) nicht (so)** ~ not bad (at all)

unüberbietbaradj *Preis, Rekord etc* unbeatable; *Leistung* unsurpassable; *Frechheit* unparalleled

unüberlegt I adj rash **II** adv rashly

unübersehbar adj *Schaden, Folgen* incalculable; *Menge* vast

unübersichtlichadj **1.** *Gelände* broken; *Kurve, Stelle* blind **2.** (≈ *durcheinander*) *System* confused

unübertrefflich adj unsurpassable **unübertroffen** [un|yːbɐ'trɔfn, 'un-] adj unsurpassed

unüblichadj not usual

unumgänglich [un|um'gɛŋlɪç, 'un-] adj essential; (≈ *unvermeidlich*) inevitable

unumschränkt [un|um'ʃrɛŋkt, 'un-] adj unlimited; *Herrscher* absolute

unumstößlich [un|um'ʃtøːslɪç, 'un-] **I** adj *Tatsache* irrefutable; *Entschluss* irrevocable **II** adv ~ **feststehen** to be absolutely definite

unumstritten I adj indisputable **II** adv indisputably

unumwunden ['un|umvundn, un|um-'vundn] adv frankly

unveränderlich [unfɛɐ'|ɛndɐlɪç, 'un-] adj (≈ *gleichbleibend*) unchanging; (≈ *unwandelbar*) unchangeable; **eine ~e Größe** MAT an invariable **unverändert** ['unfɛɐ|ɛndɐt, unfɛɐ'|ɛndɐt] **I** adj unchanged **II** adv always

unverantwortlich [unfɛɐ'|antvɔrtlɪç, 'un-] adj irresponsible

unveräußerlich [unfɛɐ'|ɔysɐlɪç, 'un-] adj *Rechte* inalienable

unverbesserlich [unfɛɐ'bɛsɐlɪç, 'un-] adj incorrigible

unverbindlich ['unfɛɐbɪntlɪç, unfɛɐ-'bɪntlɪç] adj **1.** (≈ *nicht bindend*) *Angebot, Richtlinie* not binding **2.** (≈ *vage*) noncommittal; **sich** (*dat*) **etw ~ schicken lassen** to have sth sent without obligation

unverdächtig ['unfɛɐdɛçtɪç, unfɛɐ-'dɛçtɪç] adj unsuspicious; **sich möglichst ~ benehmen** to arouse as little suspicion as possible

unverdaulich ['unfɛɐdaulɪç, unfɛɐ-'daulɪç] adj indigestible

unverdorbenadj unspoilt

unverdrossen ['unfɛɐdrɔsn, unfɛɐ-'drɔsn] **I** adj (≈ *nicht entmutigt*) undeterred; (≈ *unermüdlich*) indefatigable; (≈ *unverzagt*) undaunted **II** adv (≈ *unverzagt*) undauntedly

unverdünnt['unfɛɐdʏnt] adj undiluted

unvereinbar [unfɛɐ'|ainbaːɐ, 'un-] adj incompatible

unverfänglich ['unfɛɐfɛŋlɪç, unfɛɐ-'fɛŋlɪç] adj harmless

unvergessen adj unforgotten **unvergesslich**[unfɛɐ'gɛslɪç, 'un-] adj unforgettable

unvergleichlich [unfɛɐ'glaiçlɪç, 'un-] adj unique, incomparable

unverhältnismäßig ['unfɛɐhɛltnɪsmɛːsɪç, unfɛɐ-'hɛltnɪsmɛːsɪç] adv disproportionately; (≈ *übermäßig*) excessively

unverhofft['unfɛɐhɔft, unfɛɐ'hɔft] **I** adj unexpected **II** adv unexpectedly; ~ **Besuch bekommen** to get an unexpected visit

unverkäuflich ['ʊnfɛɐ̯kɔyflɪç, ʊnfɛɐ̯-'kɔyflɪç] *adj* unsaleable; **~es Muster** free sample

unverkennbar [ʊnfɛɐ̯'kɛnbaːɐ̯, 'ʊn-] *adj* unmistak(e)able

unverletzlich [ʊnfɛɐ̯'lɛtslɪç, 'ʊn-] *adj* (*fig*) *Rechte, Grenze* inviolable **unverletzt** ['ʊnfɛɐ̯lɛtst] *adj* uninjured, unhurt

unvermeidlich [ʊnfɛɐ̯'maitlɪç, 'ʊn-] *adj* inevitable; (≈ *nicht zu umgehen*) unavoidable

unvermindert ['ʊnfɛɐ̯mɪndɐt] *adj, adv* undiminished

unvermittelt ['ʊnfɛɐ̯mɪtlt] **I** *adj* (≈ *plötzlich*) sudden **II** *adv* suddenly

unvermutet ['ʊnfɛɐ̯muːtət] **I** *adj* unexpected **II** *adv* unexpectedly

Unvernunft *f* (≈ *Uneinsichtigkeit*) unreasonableness **unvernünftig** *adj* (≈ *uneinsichtig*) unreasonable

unverrichtet ['ʊnfɛɐ̯rɪçtət] *adj* **~er Dinge** without having achieved anything **unverschämt I** *adj* outrageous; *Frage, Benehmen etc* impudent; **~es Glück** unbelievable luck **II** *adv* **1.** (≈ *dreist*) *grinsen* impudently; *lügen* blatantly **2.** (*infml* ≈ *unerhört*) *teuer* outrageously **Unverschämtheit** *f* ⟨-, **-en**⟩ **1.** *no pl* outrageousness; (*von Frage, Benehmen etc*) impudence; **die ~ besitzen, etw zu tun** to have the impudence to do sth **2.** (*Bemerkung*) impertinence; (*Tat*) outrageous thing

unverschuldet ['ʊnfɛɐ̯ʃʊldət, ʊnfɛɐ̯-'ʃʊldət] **I** *adj* **ein ~er Unfall** an accident which was not his/her *etc* fault **II** *adv* **~ in eine Notlage geraten** to get into difficulties through no fault of one's own

unversehens ['ʊnfɛɐ̯zeːəns, ʊnfɛɐ̯-'zeːəns] *adv* all of a sudden; (≈ *überraschend*) unexpectedly

unversehrt ['ʊnfɛɐ̯zeːɐ̯t] *adj Mensch* unscathed; (≈ *unbeschädigt*) intact *pred*

unversöhnlich ['ʊnfɛɐ̯zøːnlɪç, ʊnfɛɐ̯-'zøːnlɪç] *adj Standpunkte etc* irreconcilable

Unverstand *m* lack of judgement **unverständlich** *adj* (≈ *nicht zu hören*) inaudible; (≈ *unbegreifbar*) incomprehensible **Unverständnis** *nt, no pl* lack of understanding

unversucht ['ʊnfɛɐ̯zuːxt, ʊnfɛɐ̯'zuːxt] *adj* **nichts ~ lassen** to try everything **unverträglich** ['ʊnfɛɐ̯trɛklɪç, ʊnfɛɐ̯-'trɛklɪç] *adj* (≈ *unverdaulich*) indigestible; (*mit anderer Substanz etc*) incompatible

unverwechselbar [ʊnfɛɐ̯'vɛkslbaːɐ̯, 'ʊn-] *adj* unmistak(e)able

unverwundbar *adj* invulnerable

unverwüstlich [ʊnfɛɐ̯'vyːstlɪç, 'ʊn-] *adj* indestructible; *Humor, Mensch* irrepressible

unverzeihlich [ʊnfɛɐ̯'tsailɪç, 'ʊn-] *adj* unforgivable

unverzichtbar [ʊnfɛɐ̯'tsɪçtbaːɐ̯, 'ʊn-] *adj attr Recht* inalienable; *Bedingung, Bestandteil* indispensable

unverzinslich [ʊnfɛɐ̯'tsɪnslɪç, 'ʊn-] *adj* interest-free

unverzüglich [ʊnfɛɐ̯'tsyːklɪç, 'ʊn-] **I** *adj* immediate **II** *adv* immediately

unvollendet ['ʊnfɔl|ɛndət, 'ʊnfɔlɛndət, ʊnfɔl'|ɛndət] *adj* unfinished

unvollkommen ['ʊnfɔlkɔmən, ʊnfɔl-'kɔmən] *adj* (≈ *unvollständig*) incomplete; (≈ *fehlerhaft*) imperfect

unvollständig ['ʊnfɔlʃtɛndɪç, ʊnfɔl-'ʃtɛndɪç] *adj* incomplete

unvorbereitet ['ʊnfoːɐ̯bəraitət] *adj, adv* unprepared

unvoreingenommen I *adj* impartial **II** *adv* impartially **Unvoreingenommenheit** *f* impartiality

unvorhergesehen ['ʊnfoːɐ̯heːɐ̯gəzeːən] *adj* unforeseen; *Besuch* unexpected

unvorsichtig I *adj* careless; (≈ *voreilig*) rash **II** *adv* carelessly; (≈ *unbedacht*) rashly

unvorstellbar [ʊnfoːɐ̯'ʃtɛlbaːɐ̯, 'ʊn-] *adj* inconceivable

unvorteilhaft *adj* unfavourable (*Br*), unfavorable (*US*); *Kleid, Frisur etc* unbecoming

unwahr *adj* untrue **Unwahrheit** *f, no pl* (*von Äußerung*) untruthfulness; **die ~ sagen** not to tell the truth

unwahrscheinlich I *adj* unlikely; (≈ *unglaubhaft*) implausible; (*infml* ≈ *groß*) incredible (*infml*) **II** *adv* (*infml*) incredibly (*infml*) **Unwahrscheinlichkeit** *f* unlikeliness

unwegsam *adj Gelände etc* rough

unweigerlich [ʊn'vaigɐlɪç, 'ʊn-] **I** *adj attr Folge* inevitable **II** *adv* inevitably

unweit *prep* +*gen, adv* not far from

Unwesen *nt, no pl* **sein ~ treiben** to be up to mischief; (*Landstreicher etc*) to make trouble

unwesentlich I *adj* irrelevant; (≈ *unwichtig*) unimportant **II** *adv* **erhöhen** insignificantly; *verändern* only slightly; *jünger, besser* just slightly

Unwetter *nt* (thunder)storm

unwichtig *adj* unimportant; (≈ *belanglos*) irrelevant

unwiderruflich [ʊnviˈdɐˈruːflɪç, ˈʊn-] **I** *adj* irrevocable **II** *adv* definitely

unwiderstehlich [ʊnviˈdɐˈʃteːlɪç, ˈʊn-] *adj* irresistible

Unwille(n) *m, no pl* displeasure (*über* +*acc* at)

unwillkürlich [ˈʊnvɪlkyːˈɐlɪç, ʊnvɪlˈkyːɐlɪç] **I** *adj* spontaneous; (≈ *instinktiv*) instinctive **II** *adv* **zusammenzucken** instinctively; *ich musste ~ lachen* I couldn't help laughing

unwirklich *adj* unreal

unwirksam *adj* ineffective; (≈ *nichtig*) null, void

unwirsch [ˈʊnvɪrʃ] *adj* *Mensch, Benehmen* surly, gruff; *Bewegung* brusque

unwirtlich [ˈʊnvɪrtlɪç] *adj* inhospitable

unwirtschaftlich *adj* uneconomic

Unwissen *nt* ignorance **unwissend** *adj* ignorant **Unwissenheit** *f* ⟨-, *no pl*⟩ ignorance **unwissentlich** *adv* unwittingly

unwohl *adj* (≈ *unpässlich*) unwell; (≈ *unbehaglich*) uneasy; *ich fühle mich ~* I don't feel well **Unwohlsein** *nt* indisposition; (≈ *unangenehmes Gefühl*) unease

Unwort *nt, pl* **-wörter** taboo word, non-word

unwürdig *adj* unworthy (+*gen* of); (≈ *schmachvoll*) degrading

Unzahl *f* *eine ~ von* a host of **unzählig** [ʊnˈtsɛːlɪç, ˈʊn-] *adj* innumerable; *~e Mal(e)* countless times; *~ viele Bücher* innumerable books

Unze [ˈʊntsə] *f* ⟨-, *-n*⟩ ounce

unzeitgemäß *adj* (≈ *altmodisch*) old-fashioned

unzerbrechlich [ʊntsɛɐˈbrɛçlɪç, ˈʊn-] *adj* unbreakable

unzertrennlich [ʊntsɛɐˈtrɛnlɪç, ˈʊn-] *adj* inseparable

unzivilisiert *adj* (*lit, fig*) uncivilized

Unzucht *f, no pl esp* JUR sexual offence (*Br*) *or* offense (*US*); *~ treiben* to fornicate **unzüchtig** *adj esp* JUR indecent; *Schriften* obscene

unzufrieden *adj* dissatisfied; (≈ *missmutig*) unhappy **Unzufriedenheit** *f, no pl* dissatisfaction, discontent; (≈ *Missmut*) unhappiness

unzulänglich I *adj* (≈ *nicht ausreichend*) insufficient; (≈ *mangelhaft*) inadequate **II** *adv* inadequately

unzulässig *adj* inadmissible; *Gebrauch* improper

unzumutbar *adj* *Bedingungen* unreasonable

unzurechnungsfähig *adj* of unsound mind **Unzurechnungsfähigkeit** *f* unsoundness of mind

unzusammenhängend *adj* incoherent

unzutreffend *adj* inappropriate, inapplicable; (≈ *unwahr*) incorrect; *Unzutreffendes bitte streichen* delete as applicable

unzuverlässig *adj* unreliable

unzweckmäßig *adj* (≈ *nicht ratsam*) inexpedient; (≈ *ungeeignet*) unsuitable

unzweideutig *adj* unambiguous

unzweifelhaft I *adj* undoubted, unquestionable **II** *adv* without doubt, undoubtedly

Update [ˈapdeːt] *nt* ⟨-s, -s⟩ IT update **updaten** [ˈapdeːtn] *past part* **upgedatet** *v/t* & *v/i sep* IT to update

üppig [ˈʏpɪç] *adj* *Wachstum* luxuriant; *Haar* thick; *Mahl, Ausstattung* sumptuous; *Figur* voluptuous; *Fantasie* rich; *~ leben* to live in style

Urabstimmung *f* ballot

Ural [uˈraːl] *m* ⟨-s⟩ (*Gebirge*) *der ~* the Urals *pl*

uralt *adj* ancient

Uran [uˈraːn] *nt* ⟨-s, *no pl*⟩ uranium

uraufführen [ˈuːɐˌʔaʊffyːrən] *past part* **uraufgeführt** [ˈuːɐˌʔaʊfɡəfyːɐt] *v/t* to give the first performance (of), to play for the first time; *Film* to premiere *usu pass* **Uraufführung** *f* premiere

urbar [ˈuːɐbaːɐ] *adj* *die Wüste ~ machen* to reclaim the desert; *Land ~ machen* to cultivate land

Urbevölkerung *f* natives *pl*; (*in Australien*) Aborigines *pl*

urchig [ˈʊrçɪç] *adj* (*Swiss*) = **urwüchsig**

ureigen [ˈuːɐˌʔaɪɡn] *adj* very own; *es liegt in seinem ~sten Interesse* it's in his own best interests **Ureinwohner(in)** *m*/(*f*) native; (*in Australien*) Aborigine **Urenkel** *m* great-grandchild, great-grandson **Urenkelin** *f* great-granddaughter **urgemütlich** *adj* (*infml*) really cosy (*Br*) *or* cozy (*US*) **Urgeschichte** *f* prehistory **Urgewalt** *f* elemental force

Urgroßeltern *pl* great-grandparents *pl*
Urgroßmutter *f* great-grandmother **Urgroßvater** *m* great-grandfather **Urheber** ['uːɐheːbɐ] *m* ⟨**-s, -**⟩, **Urheberin** [-ə-rɪn] *f* ⟨**-, -nen**⟩ originator; (JUR ≈ *Verfasser*) author **Urheberrecht** *nt* copyright (*an +dat* on) **urheberrechtlich** *adj, adv* on copyright *attr*; ~ **geschützt** copyright(ed) **Urheberschaft** ['uːɐheːbɐʃaft] *f* ⟨**-, -en**⟩ authorship **urig** ['uːrɪç] *adj* (*infml*) *Mensch* earthy; *Lokal etc* ethnic
Urin [u'riːn] *m* ⟨**-s, -e**⟩ urine **urinieren** [uri'niːrən] *past part* **uriniert** *v/i* to urinate
Urknall *m* ASTRON big bang **urkomisch** *adj* (*infml*) screamingly funny (*infml*)
Urkunde ['uːɐkʊndə] *f* ⟨**-, -n**⟩ document; (≈ *Siegerurkunde, Bescheinigung etc*) certificate **Urkundenfälschung** *f* falsification of documents
Urlaub ['uːɐlaup] *m* ⟨**-(e)s, -e** [-bə]⟩ (≈ *Ferien*) holiday(s *pl*) (*esp Br*), vacation (*US*); *esp* MIL leave (of absence), furlough (*US*); **im ~ sein** to be on holiday (*esp Br*) *or* vacation (*US*)/on leave; **in ~ fahren** to go on holiday (*esp Br*) *or* vacation (*US*)/on leave; (*sich dat*) **einen Tag ~ nehmen** to take a day off **Urlauber** ['uːɐlaubɐ] *m* ⟨**-s, -**⟩, **Urlauberin** [-ərɪn] *f* ⟨**-, -nen**⟩ holiday-maker (*Br*), vacationist (*US*) **Urlaubsgeld** *nt* holiday pay *or* money (*Br*), vacation pay *or* money (*US*) **urlaubsreif** *adj* (*infml*) ready for a holiday (*esp Br*) *or* vacation (*US*) **Urlaubsreise** *f* holiday (*esp Br*) *or* vacation (*US*) trip **Urlaubsstimmung** *f* holiday mood **Urlaubstag** *m* (one day of) holiday (*esp Br*) *or* vacation (*US*) **Urlaubsvertretung** *f* temporary replacement **Urlaubszeit** *f* holiday (*esp Br*) *or* vacation (*US*) period *or* season
Urne ['ʊrnə] *f* ⟨**-, -n**⟩ urn; (≈ *Losurne*) box; (≈ *Wahlurne*) ballot box
Urologe [uro'loːgə] *m* ⟨**-n, -n**⟩, **Urologin** [-'loːgɪn] *f* ⟨**-, -nen**⟩ urologist **Urologie** [urolo'giː] *f* ⟨**-, no pl**⟩ urology **urologisch** [uro'loːgɪʃ] *adj* urological
urplötzlich (*infml*) **I** *adj attr* very sudden **II** *adv* all of a sudden **Ursache** ['uːɐzaxə] *f* cause; (≈ *Grund*) reason; (≈ *Anlass*) occasion; ~ **und Wirkung** cause and effect; **keine ~!** (*auf Dank*) don't mention it!; (*auf Entschuldigung*) that's all right; **aus ungeklärter ~** for

reasons unknown **Ursprung** ['uːɐʃprʊŋ] *m* origin; (≈ *Abstammung*) extraction; **seinen ~ in etw** (*dat*) **haben** to originate in sth **ursprünglich** ['uːɐʃprʏŋlɪç, uːɐ'ʃp-] **I** *adj attr* original; (≈ *anfänglich*) initial **II** *adv* originally; (≈ *anfänglich*) initially **Ursprungsland** *nt* COMM country of origin **Ursprungszeugnis** *nt* certificate of origin
Urteil ['ʊrtail] *nt* ⟨**-s, -e**⟩ **1.** judgement; (≈ *Entscheidung*) decision; (≈ *Meinung*) opinion; **ein ~ über jdn/etw fällen** to pass judgement on sb/sth; **sich** (*dat*) **kein ~ über etw** (*acc*) **erlauben können** to be in no position to judge sth; **sich** (*dat*) **ein ~ über jdn/etw bilden** to form an opinion about sb/sth **2.** (JUR ≈ *Gerichtsurteil*) verdict; (≈ *Strafmaß*) sentence; **das ~ über jdn sprechen** JUR to pass judgement on sb **urteilen** ['ʊrtailən] *v/i* to judge (*nach* by); **über etw** (*acc*) ~ to judge sth; (≈ *seine Meinung äußern*) to give one's opinion on sth; **nach seinem Aussehen zu ~** judging by his appearance **Urteilsbegründung** *f* JUR opinion **Urteilskraft** *f, no pl* power of judgement; (≈ *Umsichtigkeit*) discernment **Urteilsspruch** *m* JUR judgement; (*von Geschworenen*) verdict; (*von Strafgericht*) sentence **Urteilsverkündung** *f* JUR pronouncement of judgement **Urteilsvermögen** *nt* faculty of judgement
Uruguay ['uːrugvai, 'ʊr-, uru'guai] *nt* ⟨**-s**⟩ Uruguay
Urur- ['uːɐ|uːɐ] *in cpds* great-great- **Urvater** *m* forefather **Urwald** *m* primeval forest; (*in den Tropen*) jungle **urwüchsig** ['uːɐvyːksɪç] *adj* (≈ *naturhaft*) natural; *Natur* unspoilt; (≈ *derb, kräftig*) sturdy; *Mensch* rugged; *Humor* earthy **Urzeit** *f* primeval times *pl*; **seit ~en** since primeval times; (*infml*) for aeons (*Br infml*) *or* eons (*US infml*); **vor ~en** in primeval times; (*infml*) ages ago **urzeitlich** *adj* primeval **Urzustand** *m* original state
USA [uː|ɛs'|aː] *pl* **die ~** the USA *sg*
Usbekistan [ʊsˈbeːkɪstaːn] *nt* ⟨**-s**⟩ Uzbekistan
User ['juːzɐ] *m* ⟨**-s, -**⟩, **Userin** [-ərɪn] *f* ⟨**-, -nen**⟩ IT user
Utensil [utɛn'ziːl] *nt* ⟨**-s, -ien** [-liən]⟩ utensil

Uterus ['uːterʊs] *m* ⟨**-, Uteri** [-ri]⟩ uterus
Utopie [uto'piː] *f* ⟨**-, -n** [-'piːən]⟩ utopia;
(≈ *Wunschtraum*) utopian dream **utopisch** [u'toːpɪʃ] *adj* utopian **utopistisch** [uto'pɪstɪʃ] *adj* (*pej*) utopian

UV-Schutz [uː'fau-] *m* UV block *or* screen
UV-Strahlen [uː'fau-] *pl* ultraviolet rays *pl*

V

V, v [fau] *nt* ⟨**-, -**⟩ V, v
Vagabund [vaga'bʊnt] *m* ⟨**-en, -en**
[-dn]⟩, **Vagabundin** [-'bʊndɪn] *f* ⟨**-, -nen**⟩ vagabond
vage ['vaːgə] **I** *adj* vague **II** *adv* vaguely;
etw ~ andeuten to give a vague indication of sth
Vagina [va'giːna] *f* ⟨**-, Vaginen** [-nən]⟩ vagina
Vakuum ['vaːkuʊm] *nt* ⟨**-s, Vakuen** *or* **Vakua** [-kuən, -kua]⟩ vacuum **vakuumverpackt** [-fɛɐpakt] *adj* vacuum-packed
Valentinstag ['vaːlɛntiːns-] *m* (St) Valentine's Day
Valenz [va'lɛnts] *f* ⟨**-, -en**⟩ valency
Valuta [va'luːta] *f* ⟨**-, Valuten** [-tn]⟩ (≈ *Währung*) foreign currency
Vamp [vɛmp] *m* ⟨**-s, -s**⟩ vamp **Vampir** [vam'piːɐ] *m* ⟨**-s, -e**⟩ vampire
Vandale [van'daːlə] *m* ⟨**-n, -n**⟩, **Vandalin** [-'daːlɪn] *f* ⟨**-, -nen**⟩ vandal **Vandalismus** [vanda'lɪsmʊs] *m* ⟨**-, no pl**⟩ vandalism
Vanille [va'nɪljə, va'nɪlə] *f* ⟨**-, no pl**⟩ vanilla **Vanilleeis** *nt* vanilla ice cream **Vanillegeschmack** *m* vanilla flavour (*Br*) *or* flavor (*US*) **Vanillesoße** *f* custard **Vanillinzucker** [vanɪ'liːn-] *m* vanilla sugar
variabel [va'riaːbl] *adj* variable **Variable** [va'riaːblə] *f decl as adj* variable **Variante** [va'riantə] *f* ⟨**-, -n**⟩ variant (*zu* on) **Variation** [varia'tsioːn] *f* ⟨**-, -en**⟩ variation **Varieté** [varie'teː] *nt* ⟨**-s, -s**⟩, **Varietee** *nt* ⟨**-s, -s**⟩ **1.** variety (entertainment), vaudeville (*esp US*) **2.** (≈ *Theater*) music hall (*Br*), vaudeville theater (*US*) **variieren** [vari'iːrən] *past part* **variiert** *v/t & v/i* to vary
Vase ['vaːzə] *f* ⟨**-, -n**⟩ vase
Vaseline [vaze'liːnə] *f* ⟨**-, no pl**⟩ Vaseline®
Vater ['faːtɐ] *m* ⟨**-s, ⸚** ['fɛːtɐ]⟩ father; *~ von zwei Kindern sein* to be the father of two children; *er ist ganz der ~* he's

very like his father; *~ Staat* (*hum*) the State **Vaterland** *nt* native country; (*esp Deutschland*) Fatherland **vaterländisch** [-lɛndɪʃ] *adj* (≈ *national*) national; (≈ *patriotisch*) patriotic **Vaterlandsliebe** *f* patriotism **väterlich** ['fɛːtɐlɪç] **I** *adj* paternal **II** *adv* like a father **väterlicherseits** *adv* on one's father's side; *meine Großeltern ~* my paternal grandparents **Vaterliebe** *f* paternal love **Vaterschaft** ['faːtɐʃaft] *f* ⟨**-, -en**⟩ fatherhood *no art*; *esp* JUR paternity **Vaterschaftsklage** *f* paternity suit **Vaterschaftsnachweis** *m* proof of paternity **Vatertag** *m* Father's Day **Vaterunser** ['faːtɐ'|ʊnzɐ, faːtɐ'ʊnzɐ] *nt* ⟨**-s, -**⟩ Lord's Prayer **Vati** ['faːti] *m* ⟨**-s, -s**⟩ (*infml*) dad(dy) (*infml*)
Vatikan [vati'kaːn] *m* ⟨**-s**⟩ Vatican **Vatikanstadt** *f, no pl* Vatican City
V-Ausschnitt ['fau-] *m* V-neck; *ein Pullover mit ~* a V-neck pullover
Veganer [ve'gaːnɐ] *m* ⟨**-s, -**⟩, **Veganerin** [-ərɪn] *f* ⟨**-, -nen**⟩ vegan **Vegetarier** [vege'taːriɐ] *m* ⟨**-s, -**⟩, **Vegetarierin** [-iərɪn] *f* ⟨**-, -nen**⟩ vegetarian **vegetarisch** [vege'taːrɪʃ] **I** *adj* vegetarian **II** *adv ~ leben* to be a vegetarian; *sich ~ ernähren* to live on a vegetarian diet **Vegetarismus** [vegeta'rɪsmʊs] *m* ⟨**-, no pl**⟩ vegetarianism **Vegetation** [vegeta'tsioːn] *f* ⟨**-, -en**⟩ vegetation **vegetativ** [vegeta'tiːf] *adj* vegetative; *Nervensystem* autonomic **vegetieren** [vege'tiːrən] *past part* **vegetiert** *v/i* to vegetate; (≈ *kärglich leben*) to eke out a bare existence
Veilchen ['failçən] *nt* ⟨**-s, -**⟩ violet **veilchenblau** *adj* violet
Vektor ['vɛktoːɐ] *m* ⟨**-s, Vektoren** [-'toːrən]⟩ vector
Velo ['veːlo] *nt* ⟨**-s, -s**⟩ (*Swiss*) bike (*infml*)
Velours [və'luːɐ, ve'luːɐ] *nt* ⟨**-, -**⟩ (*a.* **Veloursleder**) suede

Vene ['ve:nə] f ⟨-, -n⟩ vein

Venedig [ve'ne:dɪç] nt ⟨-s⟩ Venice

Venenentzündung f phlebitis

Venezianer [vene'tsia:nɐ] m ⟨-s, -⟩, **Venezianerin** [-ərɪn] f ⟨-, -nen⟩ Venetian

venezianisch [vene'tsia:nɪʃ] adj Venetian

Venezolaner [venetso'la:nɐ] m ⟨-s, -⟩, **Venezolanerin** [-ərɪn] f ⟨-, -nen⟩ Venezuelan **venezolanisch** [venetso'la:nɪʃ] adj Venezuelan **Venezuela** [vene-'tsue:la] nt ⟨-s⟩ Venezuela

Ventil [vɛn'ti:l] nt ⟨-s, -e⟩ valve; (fig) outlet **Ventilation** [vɛntila'tsio:n] f ⟨-, -en⟩ ventilation; (Anlage) ventilation system **Ventilator** [vɛnti'la:to:ɐ] m ⟨-s, **Ventilatoren** [-'to:rən]⟩ ventilator

verabreden [fɛɐ'|apre:dn] past part **verabredet** I v/t to arrange; **zum verabredeten Zeitpunkt** at the agreed time; **schon verabredet sein** to have something else on (infml); **mit jdm verabredet sein** to have arranged to meet sb; (geschäftlich) to have an appointment with sb; (esp mit Freund/Freundin) to have a date with sb II v/r **sich mit jdm ~** to arrange to meet sb; (geschäftlich) to arrange an appointment with sb; (esp mit Freund/Freundin) to make a date with sb **Verabredung** f ⟨-, -en⟩ (≈ Vereinbarung) arrangement; (≈ Treffen) engagement (form); (geschäftlich) appointment (form); (esp mit Freund/Freundin) date

verabreichen [fɛɐ'|apraiçn] past part **verabreicht** v/t to give; Arznei auch to administer (form) (jdm to sb)

verabscheuen [fɛɐ'|apʃɔyən] past part **verabscheut** v/t to detest **verabscheuenswert** adj detestable

verabschieden [fɛɐ'|apʃi:dn] past part **verabschiedet** I v/t to say goodbye to; (≈ entlassen) Beamte to discharge; POL Haushaltsplan to adopt; Gesetz to pass II v/r **sich (von jdm) ~** to say goodbye (to sb) **Verabschiedung** f ⟨-, -en⟩ (von Beamten etc) discharge; (POL, von Gesetz) passing; (von Haushaltsplan) adoption

verachten past part **verachtet** v/t to despise; **nicht zu ~** (infml) not to be sneezed at (infml) **verachtenswert** adj despicable **verächtlich** [fɛɐ'|ɛçtlɪç] I adj contemptuous; (≈ verachtenswert) despicable II adv contemptuously **Verachtung** f, no pl contempt (von for); **jdn mit ~ strafen** to treat sb with contempt

veralbern [fɛɐ'|albɐn] past part **veralbert** v/t (infml) to make fun of

verallgemeinern [fɛɐ|algə'mainɐn] past part **verallgemeinert** v/t & v/i to generalize **Verallgemeinerung** f ⟨-, -en⟩ generalization

veralten [fɛɐ'|altn] past part **veraltet** v/i aux sein to become obsolete; (Ansichten, Methoden) to become antiquated **veraltet** [fɛɐ'|altət] adj obsolete; Ansichten antiquated

Veranda [ve'randa] f ⟨-, **Veranden** [-dn]⟩ veranda

veränderbar adj changeable **veränderlich** [fɛɐ'|ɛndɐlɪç] adj variable; Wetter changeable **Veränderlichkeit** f ⟨-, -en⟩ variability **verändern** past part **verändert** I v/t to change II v/r to change; (≈ Stellung wechseln) to change one's job; **sich zu seinem Vorteil/Nachteil ~** (im Aussehen) to look better/worse; (charakterlich) to change for the better/worse **Veränderung** f change

verängstigen past part **verängstigt** v/t (≈ erschrecken) to frighten; (≈ einschüchtern) to intimidate

veranlagen [fɛɐ'|anla:gn] past part **veranlagt** v/t to assess (mit at) **veranlagt** [fɛɐ'|anla:kt] adj **melancholisch ~ sein** to have a melancholy disposition; **praktisch ~ sein** to be practically minded; **künstlerisch ~ sein** to have an artistic bent **Veranlagung** f ⟨-, -en⟩ **1.** (körperlich) predisposition; (charakterlich) nature; (≈ Hang) tendency; (≈ Talent) bent **2.** (von Steuern) assessment

veranlassen [fɛɐ'|anlasn] past part **veranlasst** v/t **etw ~** (≈ in die Wege leiten) to arrange for sth; (≈ befehlen) to order sth; **wir werden alles Weitere ~** we will take care of everything else **Veranlassung** f ⟨-, -en⟩ cause; **auf ~ von** or +gen at the instigation of; **~ zu etw geben** to give cause for sth

veranschaulichen [fɛɐ'|anʃaulɪçn] past part **veranschaulicht** v/t to illustrate **Veranschaulichung** f ⟨-, -en⟩ illustration

veranschlagen past part **veranschlagt** v/t to estimate (auf +acc at); **etw zu hoch ~** to overestimate sth; **etw zu niedrig ~** to underestimate sth

veranstalten [fɛɐˈanʃtaltn] *past part* **veranstaltet** *v/t* to organize; *Wahlen* to hold; *Umfrage* to do; *Party etc* to hold **Veranstalter** [fɛɐˈanʃtaltɐ] *m* ⟨**-s, -**⟩, **Veranstalterin** [-ərɪn] *f* ⟨**-, -nen**⟩ organizer; (*von Konzerten etc*) promoter **Veranstaltung** [fɛɐˈanʃtaltʊŋ] *f* ⟨**-, -en**⟩ 1. event (*von* organized by); (*feierlich*) function 2. *no pl* (≈ *das Veranstalten*) organization **Veranstaltungskalender** *m* calendar of events

verantworten *past part* **verantwortet** I *v/t* to accept (the) responsibility for; *wie könnte ich es denn* ~, *...?* it would be most irresponsible of me ...; *ein weiterer Streik wäre nicht zu* ~ another strike would be irresponsible II *v/r* **sich für** *or* **wegen etw** ~ to justify sth (*vor* +*dat* to); *für Missetaten etc* to answer for sth (*vor* +*dat* before) **verantwortlich** [fɛɐˈantvɔrtlɪç] *adj* responsible (*für* for); (≈ *haftbar*) liable; *jdn für etw* ~ *machen* to hold sb responsible for sth **Verantwortliche(r)** [fɛɐˈantvɔrtlɪçə] *m/f(m) decl as adj* person responsible **Verantwortung** [fɛɐˈantvɔrtʊŋ] *f* ⟨**-, -en**⟩ responsibility; *auf eigene* ~ on one's own responsibility; *auf deine* ~*!* on your own head be it! (*Br*), it's your ass! (*US infml*); *die* ~ (*für etw*) *tragen* to take responsibility (for sth) **verantwortungsbewusst** I *adj* responsible II *adv* responsibly **Verantwortungsbewusstsein** *nt* sense of responsibility **verantwortungslos** I *adj* irresponsible II *adv* irresponsibly

verarbeiten *past part* **verarbeitet** *v/t* to use (*zu etw* to make sth); TECH, BIOL *etc* to process; *Daten* to process; (≈ *bewältigen*) to overcome; ~*de Industrie* processing industries *pl* **Verarbeitung** [fɛɐˈarbaitʊŋ] *f* ⟨**-, -en**⟩ 1. use, using; TECH, BIOL, IT processing; (≈ *Bewältigung*) overcoming 2. (≈ *Aussehen*) finish

verärgern *past part* **verärgert** *v/t jdn* ~ to annoy sb; (*stärker*) to anger sb **verärgert** [fɛɐˈɛrgɐt] I *adj* annoyed; (*stärker*) angry II *adv* **reagieren** angrily

verarmen [fɛɐˈarmən] *past part* **verarmt** *v/i aux sein* to become impoverished **verarschen** [fɛɐˈarʃn, -ˈaːɐʃn] *past part* **verarscht** *v/t* (*infml*) to take the piss out of (*Br sl*), to make fun of; (≈ *für dumm verkaufen*) to mess around (*infml*)

verarzten [fɛɐˈaːɐtstn, -ˈartstn] *past part* **verarztet** *v/t* (*infml*) to fix up (*infml*); (*mit Verband*) to patch up (*infml*)

verausgaben [fɛɐˈausgaːbn] *past part* **verausgabt** *v/r* to overexert oneself **veräußern** *past part* **veräußert** *v/t* (*form* ≈ *verkaufen*) to dispose of; *Rechte, Land* to alienate (*form*)

Verb [vɛrp] *nt* ⟨**-s, -en** [-bn]⟩ verb **verbal** [vɛrˈbaːl] I *adj* verbal II *adv* verbally **Verband** [fɛɐˈbant] *m* ⟨**-(e)s, ⁓e** [-ˈbɛndə]⟩ 1. MED dressing; (*mit Binden*) bandage 2. (≈ *Bund*) association **Verband(s)kasten** *m* first-aid box **Verband(s)material** *nt* dressing material **Verband(s)zeug** *nt, pl* **-zeuge** dressing material

verbannen *past part* **verbannt** *v/t* to banish (*also fig*), to exile (*aus* from, *auf* to) **Verbannung** [fɛɐˈbanʊŋ] *f* ⟨**-, -en**⟩ banishment

verbarrikadieren *past part* **verbarrikadiert** *v/r* to barricade oneself in (*in etw* (*dat*) sth)

verbauen *past part* **verbaut** *v/t* (≈ *versperren*) to obstruct

verbeißen *past part* **verbissen** *irr* I *v/t* (*fig infml*) *sich* (*dat*) *etw* ~ *Bemerkung* to bite back sth; *Schmerz* to hide sth; *sich* (*dat*) *das Lachen* ~ to keep a straight face II *v/r* **sich in etw** (*acc*) ~ (*fig*) to become fixed on sth; → *verbissen*

verbergen *past part* **verborgen** [fɛɐˈbɔrgn] *irr* I *v/t* to hide; *jdm etw* ~ (≈ *verheimlichen*) to keep sth from sb II *v/r* to hide (oneself); → *verborgen*

verbessern *past part* **verbessert** I *v/t* 1. (≈ *besser machen*) to improve; *Leistung, Bestzeit* to improve (up)on 2. (≈ *korrigieren*) to correct II *v/r* 1. to improve; (*beruflich*) to better oneself 2. (≈ *sich korrigieren*) to correct oneself **Verbesserung** *f* ⟨**-, -en**⟩ 1. improvement (*von* in); (≈ *berufliche Verbesserung*) betterment 2. (≈ *Berichtigung*) correction

verbeugen *past part* **verbeugt** *v/r* to bow (*vor* +*dat* to) **Verbeugung** *f* bow

verbeulen *past part* **verbeult** *v/t* to dent **verbiegen** *past part* **verbogen** *irr* I *v/t* to bend (out of shape); *verbogen* bent II *v/r* to bend; (*Holz*) to warp

verbieten *past part* **verboten** [fɛɐˈboːtn] *v/t irr* to forbid; *Zeitung, Partei etc* to ban; *jdm* ~, *etw zu tun* to forbid sb to do sth; → *verboten*

verbilligen *past part* **verbilligt** *v/t* to reduce the cost of; *Preis* to reduce; *verbilligte Waren* reduced goods

verbinden *past part* **verbunden** [fɛɐ-'bʊndn] *irr* **I** *v/t* **1.** MED to dress; (*mit Binden*) to bandage; *jdm die Augen* ~ to blindfold sb **2.** (≈ *verknüpfen*) to connect **3.** TEL (*Sie sind hier leider*) *falsch verbunden!* (I'm sorry, you've got the) wrong number!; *mit wem bin ich verbunden?* who am I speaking to? **4.** (≈ *gleichzeitig tun*) to combine **5.** (≈ *assoziieren*) to associate **6.** (≈ *mit sich bringen*) *mit etw verbunden sein* to involve sth **II** *v/r* (≈ *zusammenkommen*) to combine; (≈ *sich zusammentun*) to join forces **verbindlich** [fɛɐ'bɪntlɪç] **I** *adj* **1.** obliging **2.** (≈ *verpflichtend*) obligatory; *Zusage* binding **II** *adv* **1.** (≈ *bindend*) *etw* ~ *vereinbart haben* to have a binding agreement (regarding sth); ~ *zusagen* to accept definitely **2.** (≈ *freundlich*) ~ *lächeln* to give a friendly smile **Verbindlichkeit** *f* ⟨-, -*en*⟩ **1.** (≈ *Entgegenkommen*) obliging ways *pl* **2.** *no pl* (*von Zusage*) binding nature **3. Verbindlichkeiten** *pl* COMM, JUR obligations *pl* **Verbindung** *f* **1.** connection; (≈ *Kontakt*) contact (*zu, mit* with); *in* ~ *mit* (≈ *zusammen mit*) in conjunction with; (≈ *im Zusammenhang mit*) in connection with; *jdn mit etw in* ~ *bringen* to connect sb with sth; (≈ *assoziieren*) to associate sb with sth; ~ *mit jdm aufnehmen* to contact sb; *mit jdm in* ~ *bleiben* to stay in touch with sb; *sich (mit jdm) in* ~ *setzen* to get in touch (with sb) **2.** (TEL ≈ *Anschluss*) line **3.** (≈ *Kombination*) combination **4.** (≈ *Bündnis*) association; UNIV society

verbissen [fɛɐ'bɪsn] **I** *adj Arbeiter* determined; *Kampf* dogged; *Miene* determined **II** *adv* determinedly; *kämpfen* doggedly; → *verbeißen* **Verbissenheit** *f* ⟨-, *no pl*⟩ (*von Kampf*) doggedness; (*von Miene*) determination

verbitten *past part* **verbeten** [fɛɐ'beːtn] *v/t irr sich (dat) etw* ~ to refuse to tolerate sth; *das verbitte ich mir!* I won't have it!

verbittern [fɛɐ'bɪtɐn] *past part* **verbittert** *v/t* to embitter **verbittert** [fɛɐ'bɪtɐt] *adj* embittered

verblassen [fɛɐ'blasn] *past part* **verblasst** *v/i aux sein* to fade

Verbleib [fɛɐ'blaip] *m* ⟨-(e)*s* [-bəs]⟩ *no pl* (*form*) whereabouts *pl* **verbleiben** *past part* **verblieben** [fɛɐ'bliːbn] *v/i irr aux sein* to remain; ... *verbleibe ich Ihr* ... (*form*) ... I remain, Yours sincerely (*Br*) *or* Sincerely (yours) (*US*) ...; *wir sind so verblieben, dass wir* ... we agreed to ...

verbleit [fɛɐ'blait] *adj Benzin* leaded

verblöden [fɛɐ'bløːdn] *past part* **verblödet** *v/i aux sein* (*infml*) to become a zombi(e) (*infml*)

verblüffen [fɛɐ'blʏfn] *past part* **verblüfft** *v/t* (≈ *erstaunen*) to stun; (≈ *verwirren*) to baffle **verblüfft** [fɛɐ'blʏft] **I** *adj* amazed **II** *adv aufsehen* perplexed; *sich umdrehen* in surprise **Verblüffung** *f* ⟨-, *no pl*⟩ (≈ *Erstaunen*) amazement; (≈ *Verwirrung*) bafflement

verbluten *past part* **verblutet** *v/i aux sein* to bleed to death

verbohrt [fɛɐ'boːɐt] *adj* stubborn; *Meinung* inflexible

verborgen *adj* hidden; *etw* ~ *halten* to hide sth; *sich* ~ *halten* to hide; → *verbergen*

Verbot [fɛɐ'boːt] *nt* ⟨-(e)*s*, -*e*⟩ ban (+*gen* on); *trotz des ärztlichen* ~*es* against doctor's orders **verboten** [fɛɐ'boːtn] *adj* forbidden; (*amtlich*) prohibited; (≈ *gesetzeswidrig*) *Handel* illegal; *Zeitung, Partei etc* banned; *Rauchen/Parken* ~ no smoking/parking; *er sah* ~ *aus* (*infml*) he was a real sight (*infml*); → *verbieten* **Verbotsschild** *nt*, *or* -*schilder* notice (*prohibiting something*); (*im Verkehr*) prohibition sign

Verbrauch [fɛɐ'braux] *m* ⟨-(e)*s*, *no pl*⟩ consumption (*von, an* +*dat* of); (*von Geld*) expenditure; *zum baldigen* ~ *bestimmt* to be used immediately **verbrauchen** *past part* **verbraucht** **I** *v/t* **1.** to use; *Energie etc* to consume; *Vorräte* to use up **2.** (≈ *abnützen*) *Kräfte etc* to exhaust **II** *v/r* to wear oneself out **Verbraucher** [fɛɐ'brauxɐ] *m* ⟨-*s*, -⟩, **Verbraucherin** [-ərɪn] *f* ⟨-, -*nen*⟩ consumer **Verbraucherberatung** *f* consumer advice centre (*Br*) *or* center (*US*) **Verbrauchermarkt** *m* large supermarket **Verbraucherschutz** *m* consumer protection **Verbrauchsgüter** *pl* consumer goods *pl*

verbrechen [fɛɐ̯'brɛçn̩] *past part* **verbro-chen** [fɛɐ̯'brɔçn̩] *v/t irr* **1.** *Straftat* to commit **2.** (*infml* ≈ *anstellen*) **was habe ich denn jetzt schon wieder verbro-chen?** what on earth have I done now? **Verbrechen** [fɛɐ̯'brɛçn̩] *nt* ⟨**-s, -**⟩ crime **Verbrechensbekämpfung** *f* combating crime *no art* **Verbrecher** [fɛɐ̯-'brɛçɐ] *m* ⟨**-s, -**⟩, **Verbrecherin** [-ərɪn] *f* ⟨**-, -nen**⟩ criminal **verbrecherisch** [fɛɐ̯'brɛçərɪʃ] *adj* criminal; **in ~er Absicht** with criminal intent **Verbrechertum** [fɛɐ̯'brɛçɐtuːm] *nt* ⟨**-s,** *no pl*⟩ criminality

verbreiten [fɛɐ̯'braitn̩] *past part* **verbreitet** **I** *v/t* to spread; (≈ *ausstrahlen*) *Wärme, Ruhe* to radiate; **eine (weit) verbreitete Ansicht** a widely held opinion **II** *v/r* (≈ *sich ausbreiten*) to spread **verbreitern** *past part* **verbreitert I** *v/t* to widen **II** *v/r* to get wider **Verbreitung** [fɛɐ̯'braitʊŋ] *f* ⟨**-,** *no pl*⟩ spreading

verbrennen *past part* **verbrannt** [fɛɐ̯-'brant] *irr* **I** *v/t* to burn; (≈ *einäschern*) *Tote* to cremate; (≈ *versengen*) to scorch; *Haar* to singe; **sich** (*dat*) **die Zunge ~** to burn one's tongue; **sich** (*dat*) **den Mund ~** (*fig*) to open one's big mouth (*infml*) **II** *v/r* to burn oneself **III** *v/i aux sein* to burn; (*Haus etc*) to burn down; (*durch Sonne, Hitze*) to be scorched **Verbrennung** [fɛɐ̯'brɛnʊŋ] *f* ⟨**-, -en**⟩ **1.** *no pl* (≈ *das Verbrennen*) burning; (*von Leiche*) cremation **2.** (≈ *Brandwunde*) burn **Verbrennungsmotor** *m* internal combustion engine **Verbrennungsofen** *m* furnace; (*für Müll*) incinerator

verbringen *past part* **verbracht** [fɛɐ̯-'braxt] *v/t irr Zeit etc* to spend

verbrühen *past part* **verbrüht I** *v/t* to scald **II** *v/r* to scald oneself **Verbrühung** [fɛɐ̯'bryːʊŋ] *f* ⟨**-, -en**⟩ scalding; (≈ *Wunde*) scald

verbuchen *past part* **verbucht** *v/t* to enter (up) (in a/the book); **einen Betrag auf ein Konto ~** to credit a sum to an account; **einen Erfolg (für sich) ~** to notch up a success (*infml*)

verbummeln *past part* **verbummelt** *v/t* (*infml* ≈ *verlieren*) to lose; (≈ *vertrödeln*) *Nachmittag* to waste

Verbund *m* ⟨**-(e)s,** *no pl*⟩ ECON combine; **im ~ arbeiten** to cooperate **verbünden** [fɛɐ̯'bʏndn̩] *past part* **verbündet** *v/r* to ally oneself (*mit* to); (*Staaten*) to form

an alliance; **verbündet sein** to be allies **Verbundenheit** *f* ⟨**-,** *no pl*⟩ (*mit Menschen, Natur*) closeness (*mit* to); (*mit Land, Tradition*) attachment (*mit* to) **Verbündete(r)** [fɛɐ̯'bʏndətə] *m/f(m) decl as adj* ally **Verbundglas** *nt* laminated glass **Verbundstoff** *m* composite (material)

verbürgen *past part* **verbürgt I** *v/r* **sich für jdn/etw ~** to vouch for sb/sth **II** *v/t* **1.** (≈ *gewährleisten*) *Recht* to guarantee **2.** FIN *Kredit* to guarantee **3.** (≈ *dokumentieren*) **historisch verbürgt sein** to be historically documented

verbüßen *past part* **verbüßt** *v/t* to serve

verchromen [fɛɐ̯'kroːmən] *past part* **verchromt** *v/t* to chromium-plate

Verdacht [fɛɐ̯'daxt] *m* ⟨**-(e)s, -e** *or* **⸚e** [-'dɛçtə]⟩ suspicion; **jdn in ~ haben** to suspect sb; **im ~ stehen, etw getan zu haben** to be suspected of having done sth; (*gegen jdn*) **~ schöpfen** to become suspicious (of sb); **~ erregen** to arouse suspicion; **etw auf ~ tun** (*infml*) to do sth on spec (*infml*) **verdächtig** [fɛɐ̯-'dɛçtɪç] *adj* suspicious; **sich ~ machen** to arouse suspicion; **die drei ~en Personen** the three suspects **verdächtigen** [fɛɐ̯'dɛçtɪɡn̩] *past part* **verdächtigt** *v/t* to suspect (*+gen* of); **er wird des Diebstahls verdächtigt** he is suspected of theft **Verdächtige(r)** [fɛɐ̯'dɛçtɪɡə] *m/f(m) decl as adj* suspect

verdammen [fɛɐ̯'damən] *past part* **verdammt** *v/t* (≈ *verfluchen*) to damn; (≈ *verurteilen*) to condemn **verdammt** [fɛɐ̯-'damt] (*infml*) **I** *adj* damned **II** *adv* damn (*infml*); **das tut ~ weh** that hurts like hell (*infml*); **~ viel Geld** a hell of a lot of money (*infml*) **III** *int* **verdammt!** damn (it) (*infml*); **~ noch mal!** damn it all (*infml*)

verdampfen *past part* **verdampft** *v/t & v/i* to vaporize

verdanken *past part* **verdankt** *v/t* **jdm etw ~** to owe sth to sb; **das verdanke ich dir** (*iron*) I've got you to thank for that

verdattert [fɛɐ̯'datɐt] *adj, adv* (*infml* ≈ *verwirrt*) flabbergasted (*infml*)

verdauen [fɛɐ̯'dauən] *past part* **verdaut** *v/t* to digest **verdaulich** [fɛɐ̯'daulɪç] *adj* digestible **Verdauung** [fɛɐ̯'dauʊŋ] *f* ⟨**-, -en**⟩ digestion **Verdauungsbeschwerden** *pl* digestive trouble *sg* **Ver-**

dauungsspaziergang *m* constitutional
Verdauungsstörung *f usu pl* indigestion *no pl*
Verdeck [fɛɐ̯'dɛk] *nt* ⟨-(e)s, -e⟩ (von Kinderwagen) hood (Br), canopy; (von
Auto) soft top **verdecken** *past part* **verdeckt** *v/t* to hide; (≈ zudecken) to cover
(up); *Sicht* to block; (fig) to conceal **verdeckt** [fɛɐ̯'dɛkt] *adj* concealed; *Ermittler, Einsatz* undercover
verdenken *past part* **verdacht** [fɛɐ̯'daxt]
v/t irr **jdm etw ~** to hold sth against sb;
ich kann es ihm nicht ~ I can't blame
him
verderben [fɛɐ̯'dɛrbn] *pret* **verdarb** [fɛɐ̯-
'darp], *past part* **verdorben** [fɛɐ̯'dɔrbn] I
v/t to spoil; (stärker) to ruin; (moralisch)
to corrupt; (≈ verwöhnen) to spoil; **jdm
etw ~** to spoil sth for sb; **es (sich dat) mit
jdm ~** to fall out with sb II *v/i aux sein*
(Material) to become spoiled/ruined;
(Nahrungsmittel) to go off (Br) or
bad; → **verdorben Verderben** [fɛɐ̯-
'dɛrbn] *nt* ⟨-s, no pl⟩ (≈ Unglück) undoing; **in sein ~ rennen** to be heading for
disaster **verderblich** [fɛɐ̯'dɛrplɪç] *adj*
pernicious; *Lebensmittel* perishable
verdeutlichen [fɛɐ̯'dɔytlɪçn] *past part*
verdeutlicht *v/t* to show clearly; (≈ deutlicher machen) to clarify; (≈ erklären) to
explain
ver.di ['vɛrdi] *f* ⟨-⟩ abbr of **Vereinigte
Dienstleistungsgewerkschaft** Ger-
man service sector union
verdichten *past part* **verdichtet** I *v/t* PHYS
to compress; (fig ≈ komprimieren) to
condense II *v/r* to thicken; (Schneetreiben) to worsen; (fig ≈ häufen) to increase; (Verdacht) to deepen; **es ~ sich
die Hinweise, dass ...** there is growing
evidence that ...
verdienen *past part* **verdient** I *v/t* **1.** (≈
einnehmen) to earn; (≈ Gewinn ma-
chen) to make; **sich** (dat) **etw ~** to earn
the money for sth **2.** (fig) *Lob, Strafe* to
deserve; **er verdient es nicht anders/
besser** he doesn't deserve anything
else/any better; → **verdient** II *v/i* to
earn; (≈ Gewinn machen) to make (a
profit) (an +dat on); **er verdient gut**
he earns a lot; **er verdient schlecht**
he doesn't earn much; **am Krieg ~** to
profit from war **Verdiener** [fɛɐ̯'di:nɐ]
m ⟨-s, -⟩, **Verdienerin** [-ərɪn] *f* ⟨-,
-nen⟩ wage earner

Verdienst[1] [fɛɐ̯'di:nst] *m* ⟨-(e)s, -e⟩ (≈
Einkommen) income; (≈ Profit) profit
Verdienst[2] *nt* ⟨-(e)s, -e⟩ **1.** merit; (≈
Dank) credit; **es ist sein ~(, dass ...)**
it is thanks to him (that ...) **2.** *usu pl*
(≈ Leistung) contribution; **ihre ~e um
die Wissenschaft** her services to science
Verdienstausfall *m* loss of earnings
Verdienstorden *m* order of merit **verdienstvoll** *adj* commendable **verdient**
[fɛɐ̯'di:nt] I *adj* **1.** *Lohn, Strafe* rightful;
Lob well-deserved **2.** *Künstler, Politiker*
of outstanding merit II *adv* deservedly; →
**verdienen verdienter-
maßen** [fɛɐ̯'di:ntɐ'ma:sn] *adv* deservedly
verdonnern *past part* **verdonnert** *v/t*
(infml: zu Haft etc) to sentence (zu
to); **jdn zu etw ~** to order sb to do sth
as a punishment
verdoppeln *past part* **verdoppelt** I *v/t* to
double; (fig) *Anstrengung etc* to redouble II *v/r* to double **Verdopp(e)lung**
[fɛɐ̯'dɔp(ə)lʊŋ] *f* ⟨-, -en⟩ doubling;
(von Anstrengung) redoubling
verdorben [fɛɐ̯'dɔrbn] *adj* **1.** *Lebensmittel* bad; *Magen* upset **2.** *Stimmung*
spoiled **3.** (moralisch) corrupt; (≈ verzogen) *Kind* spoiled
verdorren *past part* **verdorrt** *v/i aux sein*
to wither
verdrängen *past part* **verdrängt** *v/t* jdn to
drive out; (≈ ersetzen) to replace; PHYS
Wasser, Luft to displace; (fig) *Sorgen*
to dispel; PSYCH to repress; **jdn aus
dem Amt ~** to oust sb (from office) **Verdrängung** [fɛɐ̯'drɛŋʊŋ] *f* ⟨-, -en⟩ driving
out; (≈ Ersetzung) replacing; PHYS displacement; (von Sorgen) dispelling;
PSYCH repression
verdrecken [fɛɐ̯'drɛkn] *past part* **verdreckt** *v/t & v/i* (infml) to get dirty; **verdreckt** filthy (dirty)
verdrehen *past part* **verdreht** *v/t* to twist;
(≈ verknacksen) to sprain; *Hals* to crick;
Augen to roll; *Tatsachen* to distort
verdreifachen [fɛɐ̯'draifaxn] *past part*
verdreifacht *v/t & v/r* to triple
verdreschen *past part* **verdroschen**
[fɛɐ̯'drɔʃn] *v/t irr* (infml) to beat up
verdrießlich [fɛɐ̯'dri:slɪç] *adj* morose
verdrossen [fɛɐ̯'drɔsn] *adj* (≈ schlecht
gelaunt) morose; (≈ unlustig) *Gesicht*
unwilling **Verdrossenheit** *f* ⟨-, no pl⟩

($\approx$ *schlechte Laune*) moroseness; ($\approx$ *Lustlosigkeit*) unwillingness; (*über Politik etc*) dissatisfaction (*über +acc* with)

verdrücken *past part* **verdrückt** I *v/t* (*infml*) *Essen* to polish off (*infml*) II *v/r* (*infml*) to beat it (*infml*)

Verdruss [fɛɐˈdrʊs] *m* ⟨*-es, -e*⟩ frustration; *zu jds* ~ to sb's annoyance

verduften *past part* **verduftet** *v/i aux sein* **1.** ($\approx$ *seinen Duft verlieren*) to lose its smell; (*Tee, Kaffee*) to lose its aroma **2.** (*infml* $\approx$ *verschwinden*) to beat it (*infml*)

verdummen [fɛɐˈdʊmən] *past part* **verdummt** I *v/t* (*jdn* $\approx$ *dumm machen*) to dull sb's mind II *v/i aux sein* to stultify

verdunkeln *past part* **verdunkelt** I *v/t* to darken; (*im Krieg*) to black out; (*fig*) *Motive etc* to obscure II *v/r* to darken **Verdunkelung** [fɛɐˈdʊŋkəluŋ] *f* ⟨*-, -en*⟩ **1.** darkening; (*im Krieg*) blacking out; (*fig*) obscuring **2.** JUR suppression of evidence **Verdunkelungsgefahr** *f*, *no pl* JUR danger of suppression of evidence

verdünnen [fɛɐˈdʏnən] *past part* **verdünnt** *v/t* to thin (down); (*mit Wasser*) to water down; *Lösung* to dilute **Verdünner** [fɛɐˈdʏnɐ] *m* ⟨*-s, -*⟩ thinner **Verdünnung** *f* ⟨*-, -en*⟩ thinning; (*von Lösung*) dilution; (*mit Wasser*) watering down

verdunsten *past part* **verdunstet** *v/i aux sein* to evaporate **Verdunstung** [fɛɐˈdʊnstʊŋ] *f* ⟨*-, -en*⟩ evaporation

verdursten *past part* **verdurstet** *v/i aux sein* to die of thirst

verdüstern [fɛɐˈdʏːstɐn] *past part* **verdüstert** *v/t & v/r* to darken

verdutzt [fɛɐˈdʊtst] *adj, adv* (*infml*) taken aback; ($\approx$ *verwirrt*) baffled

veredeln [fɛɐˈʔeːdln] *past part* **veredelt** *v/t Metalle, Erdöl* to refine; BOT to graft; *Geschmack* to improve

verehren *past part* **verehrt** *v/t* **1.** ($\approx$ *hoch achten*) to admire; *Gott, Heiligen* to honour; ($\approx$ *ehrerbietig lieben*) to worship **2.** ($\approx$ *schenken*) *jdm etw* ~ to give sb sth **Verehrer** [fɛɐˈʔeːrɐ] *m* ⟨*-s, -*⟩, **Verehrerin** [-ərɪn] *f* ⟨*-, -nen*⟩ admirer **verehrt** [fɛɐˈʔeːɐt] *adj* (*in Anrede*) (**sehr**) ~**e Anwesende/**~**es Publikum** Ladies and Gentlemen

vereidigen [fɛɐˈʔaidɪɡn] *past part* **vereidigt** *v/t* to swear in; *jdn auf etw* (*acc*)

~ to make sb swear on sth **Vereidigung** *f* ⟨*-, -en*⟩ swearing in

Verein [fɛɐˈʔain] *m* ⟨*-(e)s, -e*⟩ organization; ($\approx$ *Sportverein*) club; *ein wohltätiger* ~ a charity

vereinbar *adj* compatible; *Aussagen* consistent; *nicht* (*miteinander*) ~ incompatible; *Aussagen* inconsistent **vereinbaren** [fɛɐˈʔainbaːrən] *past part* **vereinbart** *v/t* **1.** to agree; *Zeit, Treffen, Tag* to arrange **2.** *mit etw zu* ~ *sein* to be compatible with sth; (*Aussagen*) to be consistent with sth; (*Ziele, Ideale*) to be reconcilable with sth **Vereinbarung** *f* ⟨*-, -en*⟩ ($\approx$ *Abmachung*) agreement; *laut* ~ as agreed; *nach* ~ by arrangement **vereinbarungsgemäß** *adv* as agreed

vereinen [fɛɐˈʔainən] *past part* **vereint** I *v/t* to unite; → **vereint** II *v/r* to join together

vereinfachen [fɛɐˈʔainfaxn] *past part* **vereinfacht** *v/t* to simplify

vereinheitlichen [fɛɐˈʔainhaitlɪçn] *past part* **vereinheitlicht** *v/t* to standardize **Vereinheitlichung** *f* ⟨*-, -en*⟩ standardization

vereinigen *past part* **vereinigt** I *v/t* to unite; *Eigenschaften* to bring together; COMM *Firmen* to merge (*zu* into); *alle Stimmen auf sich* (*acc*) ~ to collect all the votes II *v/r* to unite; (*Firmen*) to merge **vereinigt** *adj* united; *Vereinigtes Königreich* United Kingdom; *Vereinigte Staaten* United States; *Vereinigte Arabische Emirate* United Arab Emirates **Vereinigung** *f* **1.** ($\approx$ *das Vereinigen*) uniting; (*von Eigenschaften*) bringing together; (*von Firmen*) merging **2.** ($\approx$ *Organisation*) organization

vereinsamen [fɛɐˈʔainzaːmən] *past part* **vereinsamt** *v/i aux sein* to become lonely *or* isolated **Vereinsamung** *f* ⟨*-, no pl*⟩ loneliness

Vereinshaus *nt* clubhouse **Vereinsmitglied** *nt* club member

vereint [fɛɐˈʔaint] I *adj* united; *Vereinte Nationen* United Nations *sg* II *adv* together, in unison; → **vereinen**

vereinzelt [fɛɐˈʔaintslt] I *adj* occasional II *adv* occasionally; ... ~ **bewölkt** ... with cloudy patches

vereisen *past part* **vereist** *v/i aux sein* to freeze; (*Straße*) to freeze over; (*Fensterscheibe*) to ice over **vereist** [fɛɐˈʔaist] *adj* *Straßen, Fenster* icy; *Bäche* frozen; *Piste*

iced-up
vereiteln [fɛɐ̯'|aitln] *past part* **vereitelt** *v/t* to foil
vereitern *past part* **vereitert** *v/i aux sein* to go septic
verenden *past part* **verendet** *v/i aux sein* to perish
verengen [fɛɐ̯'|ɛŋən] *past part* **verengt I** *v/r* to narrow; (*Gefäße, Pupille*) to contract **II** *v/t* to make narrower **Verengung** *f* ⟨-, -en⟩ **1.** narrowing; (*von Pupille, Gefäß*) contraction **2.** (≈ *verengte Stelle*) narrow part (*in* +*dat* of)
vererben *past part* **vererbt I** *v/t* **1.** *Besitz* to leave, to bequeath (+*dat, an* +*acc* to); (*hum*) to hand on (*jdm* to sb) **2.** *Eigenschaften* to pass on (+*dat, auf* +*acc* to); *Krankheit* to transmit **II** *v/r* to be passed on/transmitted (*auf* +*acc* to) **vererblich** [fɛɐ̯'|ɛrplɪç] *adj Krankheit* hereditary **Vererbungslehre** *f* genetics *sg*
verewigen [fɛɐ̯'|e:vɪgn] *past part* **verewigt I** *v/t* to immortalize **II** *v/r* to immortalize oneself
Verfahren [fɛɐ̯'fa:rən] *nt* ⟨-s, -⟩ (≈ *Vorgehen*) actions *pl*; (≈ *Verfahrensweise*) procedure; TECH process; (≈ *Methode*) method; JUR proceedings *pl*; **ein ~ gegen jdn einleiten** to take *or* initiate legal proceedings against sb
verfahren¹ [fɛɐ̯'fa:rən] *past part* **verfahren** *v/i aux sein* (≈ *vorgehen*) to act; **mit jdm streng ~** to deal strictly with sb
verfahren² *past part* **verfahren** *irr* **I** *v/t* (≈ *verbrauchen*) *Geld, Zeit* to spend in travelling (*Br*) *or* traveling (*US*); *Benzin* to use up **II** *v/r* (≈ *sich verirren*) to lose one's way
verfahren³ [fɛɐ̯'fa:rən] *adj Situation* muddled
Verfahrenstechnik *f* process engineering **Verfahrensweise** *f* procedure
Verfall *m, no pl* (≈ *Zerfall*) decay; (*von Gebäude*) dilapidation; (*gesundheitlich, von Kultur etc*) decline; (*von Scheck, Karte*) expiry
verfallen¹ *past part* **verfallen** *v/i irr aux sein* **1.** (≈ *zerfallen*) to decay; (*Bauwerk*) to fall into disrepair; (*körperlich*) to deteriorate; (*Kultur etc*) to decline **2.** (≈ *ungültig werden*) to become invalid; (*Fahrkarte*) to expire; (*Termin, Anspruch*) to lapse **3.** (≈ *abhängig werden*) **einer Sache ~ sein** to be a slave to sth; **dem Alkohol etc ~ sein** to be addicted to sth;

jdm völlig ~ sein to be completely under sb's spell **4. auf etw** (*acc*) **~** to think of sth; **in etw** (*acc*) **~** to sink into sth; **in einen tiefen Schlaf ~** to fall into a deep sleep
verfallen² [fɛɐ̯'falən] *adj Gebäude* dilapidated; (≈ *abgelaufen*) invalid; *Strafe* lapsed
Verfallsdatum *nt* expiry date; (*der Haltbarkeit*) best-before date
verfälschen *past part* **verfälscht** *v/t* to distort; *Daten* to falsify; *Geschmack* to adulterate
verfänglich [fɛɐ̯'fɛŋlɪç] *adj Situation* awkward; *Beweismaterial* incriminating; (≈ *gefährlich*) dangerous; *Frage* tricky
verfärben *past part* **verfärbt I** *v/t* to discolour (*Br*), to discolor (*US*) **II** *v/r* to change colour (*Br*) *or* color (*US*); (*Metall, Stoff*) to discolour (*Br*), to discolor (*US*); **sich grün/rot ~** to turn green/red
verfassen *past part* **verfasst** *v/t* to write; *Urkunde* to draw up **Verfasser** [fɛɐ̯-'fasɐ] *m* ⟨-s, -⟩, **Verfasserin** [-ərɪn] *f* ⟨-, -nen⟩ writer; (*von Buch etc auch*) author **Verfassung** *f* **1.** POL constitution **2.** (≈ *Zustand*) state; (*seelisch*) state of mind; **sie ist in guter/schlechter ~** she is in good/bad shape **Verfassungsänderung** *f* constitutional amendment **verfassungsfeindlich** *adj* anticonstitutional **verfassungsmäßig** *adj* constitutional **Verfassungsschutz** *m* (*Aufgabe*) defence (*Br*) *or* defense (*US*) of the constitution; (*Organ, Amt*) office responsible for defending the constitution **verfassungswidrig** *adj* unconstitutional
verfaulen *past part* **verfault** *v/i aux sein* to decay; (*Körper, organische Stoffe*) to decompose **verfault** [fɛɐ̯'fault] *adj* decayed; *Fleisch, Obst etc* rotten
verfechten *past part* **verfochten** [fɛɐ̯-'fɔxtn] *v/t irr* to defend; *Lehre* to advocate **Verfechter** [fɛɐ̯'fɛçtɐ] *m* ⟨-s, -⟩, **Verfechterin** [-ərɪn] *f* ⟨-, -nen⟩ advocate
verfehlen *past part* **verfehlt** *v/t* (≈ *verpassen*) to miss; **den Zweck ~** not to achieve its purpose; **das Thema ~** to be completely off the subject **verfehlt** [fɛɐ̯-'fe:lt] *adj* (≈ *unangebracht*) inappropriate; (≈ *misslungen*) unsuccessful **Verfehlung** [fɛɐ̯'fe:lʊŋ] *f* ⟨-, -en⟩ (≈ *Vergehen*) misdemeanour (*Br*), misdemeanor (*US*); (≈ *Sünde*) transgression

verfeinern [fɛɐ̯'fainɐn] *past part* **verfei-nert** *v/t & v/r* to improve **verfeinert** [fɛɐ̯-'fainɐt] *adj* sophisticated **Verfeinerung** *f* ⟨-, -en⟩ improvement

verfestigen *past part* **verfestigt** *v/t* to harden; (≈ *verstärken*) to strengthen

Verfettung [fɛɐ̯'fɛtʊŋ] *f* ⟨-, -en⟩ (MED, *von Körper*) obesity

verfilmen *past part* **verfilmt** *v/t Buch* to make a film of **Verfilmung** [fɛɐ̯'fɪlmʊŋ] *f* ⟨-, -en⟩ filming; (≈ *Film*) film (version)

verfilzt [fɛɐ̯'fɪltst] *adj* felted; *Haare* matted

verfinstern [fɛɐ̯'fɪnstɐn] *past part* **verfinstert** **I** *v/t* to darken; *Sonne, Mond* to eclipse **II** *v/r* to darken **Verfinsterung** *f* ⟨-, -en⟩ darkening; (*von Sonne etc*) eclipse

verflachen [fɛɐ̯'flaxn] *past part* **verflacht** *v/i aux sein* to flatten out; (*fig: Diskussion*) to become superficial

verflechten *past part* **verflochten** [fɛɐ̯-'flɔxtn] *irr v/t* to interweave; *Methoden* to combine **Verflechtung** [fɛɐ̯'flɛçtʊŋ] *f* ⟨-, -en⟩ interconnection (+*gen* between); POL, ECON integration

verfliegen *past part* **verflogen** [fɛɐ̯-'floːgn] *irr v/i aux sein* (*Stimmung, Zorn etc*) to blow over (*infml*), to pass; (*Kummer etc*) to vanish; (*Alkohol*) to evaporate; (*Zeit*) to fly

verflixt [fɛɐ̯'flɪkst] (*infml*) **I** *adj* blessed (*infml*), darned (*infml*); (≈ *kompliziert*) tricky **II** *int* **verflixt!** blow! (*Br infml*), darn! (*US infml*)

verflossen [fɛɐ̯'flɔsn] *adj* **1.** *Jahre, Tage* bygone **2.** (*infml* ≈ *ehemalig*) one-time *attr* (*infml*); **ihr Verflossener** her ex (*infml*)

verfluchen *past part* **verflucht** *v/t* to curse **verflucht** [fɛɐ̯'fluːxt] *adj* (*infml*) damn (*infml*)

verflüchtigen [fɛɐ̯'flʏçtɪgn] *past part* **verflüchtigt** *v/r* (*Alkohol etc*) to evaporate; (*fig*) (*Ärger*) to be dispelled

verflüssigen [fɛɐ̯'flʏsɪgn] *past part* **verflüssigt** *v/t & v/r* to liquefy **Verflüssigung** *f* ⟨-, -en⟩ liquefaction

verfolgen *past part* **verfolgt** *v/t* to pursue; (≈ *jds Spuren folgen*) to trail; *Tier* to track; *Entwicklung, Spur* to follow; (*politisch, religiös*) to persecute; (*Gedanke etc*) *jdn* to haunt; **vom Unglück verfolgt werden** to be dogged by ill fortune; **jdn gerichtlich ~** to prosecute sb **Verfolger**

[fɛɐ̯'fɔlgɐ] *m* ⟨-s, -⟩, **Verfolgerin** [-ərɪn] *f* ⟨-, -nen⟩ **1.** pursuer **2.** (*politisch etc*) persecutor **Verfolgung** [fɛɐ̯'fɔlgʊŋ] *f* ⟨-, -en⟩ pursuit; (≈ *politische Verfolgung*) persecution *no pl*; **die ~ aufnehmen** to take up the chase **Verfolgungswahn** *m* persecution mania

verfrachten [fɛɐ̯'fraxtn] *past part* **verfrachtet** *v/t* COMM to transport; (*infml*) *jdn* to bundle off (*infml*)

verfremden [fɛɐ̯'frɛmdn] *past part* **verfremdet** *v/t Thema, Stoff* to make unfamiliar **Verfremdung** *f* ⟨-, -en⟩ defamiliarization; THEAT, LIT alienation

verfressen [fɛɐ̯'frɛsn] *adj* (*infml*) greedy

verfroren [fɛɐ̯'froːrən] *adj* (≈ *durchgefroren*) frozen

verfrüht [fɛɐ̯'fryːt] *adj* (≈ *zu früh*) premature; (≈ *früh*) early

verfügbar *adj* available **Verfügbarkeit** *f* availability **verfügen** *past part* **verfügt** **I** *v/i* **über etw** (*acc*) **~** to have sth at one's disposal; (≈ *besitzen*) to have sth; **über etw** (*acc*) **frei ~ können** to be able to do as one wants with sth **II** *v/t* to order; (*gesetzlich*) to decree **Verfügung** *f* **1.** *no pl* **jdm etw zur ~ stellen** to put sth at sb's disposal; (≈ *leihen*) to lend sb sth; (**jdm**) **zur ~ stehen** (≈ *verfügbar sein*) to be available (to sb); **etw zur ~ haben** to have sth at one's disposal **2.** (*behördlich*) order; (*von Gesetzgeber*) decree; (≈ *Anweisung*) instruction

verführen *past part* **verführt** *v/t* to tempt; (*esp sexuell*) to seduce; *das Volk etc* to lead astray; **jdn zu etw ~** to encourage sb to do sth **Verführer** *m* seducer **Verführerin** *f* seductress **verführerisch** [fɛɐ̯-'fyːrərɪʃ] *adj* seductive; (≈ *verlockend*) tempting **Verführung** *f* seduction; (≈ *Verlockung*) enticement **Verführungskunst** *f* seductive manner; **Verführungskünste** seductive charms

verfüttern *past part* **verfüttert** *v/t* to feed (*an* +*acc* to); **etw an die Vögel ~** to feed sth to the birds

Vergabe *f* ⟨-, (*rare*) -n⟩ (*von Arbeiten*) allocation; (*von Auftrag etc*) award

vergammeln *past part* **vergammelt** (*infml*) *v/i aux sein* **1.** (≈ *verderben*) to get spoiled; (*Speisen*) to go bad **2.** (≈ *verlottern*) to go to the dogs (*infml*); *Gebäude* to become run down; **vergammelt aussehen** to look scruffy

vergangen [fɛɐ̯'gaŋən] *adj* **1.** (≈ *letzte*)

last **2.** *Jahre* past; *Zeiten* bygone; → **vergehen** Vergangenheit *f* ⟨-, **-en**⟩ past; GRAM past (tense); **der ~ angehören** to be a thing of the past **Vergangenheitsbewältigung** *f* process of coming to terms with the past **vergänglich** [fɛɐ̯ˈgɛŋlɪç] *adj* transitory **Vergänglichkeit** *f* ⟨-, *no pl*⟩ transitoriness

vergasen [fɛɐ̯ˈgaːzn] *past part* **vergast** *v/t* (TECH: *in Motor*) to carburet; *Kohle* to gasify; (≈ *durch Gas töten*) to gas **Vergaser** [fɛɐ̯ˈgaːzɐ] *m* ⟨**-s**, **-**⟩ AUTO carburettor (*Br*), carburetor (*US*) **Vergasung** *f* ⟨-, **-en**⟩ TECH carburation; (*von Kohle*) gasification; (≈ *Tötung*) gassing

vergeben *past part* **vergeben** *irr* **I** *v/t* **1.** (≈ *weggeben*) *Auftrag, Preis* to award (*an* +*acc* to); *Stellen* to allocate; *Kredit* to give out; *Arbeit* to assign; (*fig*) *Chance* to throw away; *er/sie ist schon ~* (*infml*) he/she is already spoken for (*infml*) **2.** (≈ *verzeihen*) to forgive; *jdm etw ~* to forgive sb (for) sth **II** *v/r* CARDS to misdeal **vergebens** [fɛɐ̯ˈgeːbns] *adj pred, adv* in vain **vergeblich** [fɛɐ̯ˈgeːplɪç] **I** *adj* futile; *alle Versuche waren ~* all attempts were in vain **II** *adv* in vain **Vergeblichkeit** *f* ⟨-, *no pl*⟩ futility **Vergebung** [fɛɐ̯ˈgeːbʊŋ] *f* ⟨-, **-en**⟩ forgiveness

vergehen *past part* **vergangen** [fɛɐ̯ˈgaŋən] *irr* **I** *v/i aux sein* **1.** to pass; (*Liebe*) to die; (*Schönheit*) to fade; *wie doch die Zeit vergeht* how time flies; *mir ist die Lust dazu vergangen* I don't feel like it any more; *mir ist der Appetit vergangen* I have lost my appetite; *es werden noch Monate ~, ehe ...* it will be months before ...; → **vergangen 2.** *vor etw* (*dat*) *~* to be dying of sth; *vor Angst ~* to be scared to death **II** *v/r sich an jdm ~* to do sb wrong; (*unsittlich*) to assault sb indecently **Vergehen** [fɛɐ̯ˈgeːən] *nt* ⟨**-s**, **-**⟩ (≈ *Verstoß*) offence (*Br*), offense (*US*)

vergelten *past part* **vergolten** [fɛɐ̯ˈgɔltn] *v/t irr jdm etw ~* to repay sb for sth **Vergeltung** *f* (≈ *Rache*) retaliation; *~ üben* to take revenge (*an jdm* on sb) **Vergeltungsschlag** *m* act of reprisal

vergessen [fɛɐ̯ˈgɛsn] *pret* **vergaß** [fɛɐ̯ˈgaːs], *past part* **vergessen** **I** *v/t* to forget; (≈ *liegen lassen*) to leave (behind); *das werde ich dir nie ~* I will never forget that; *das kannst du (voll) ~!* (*infml*) forget it! **II** *v/r* (*Mensch*) to forget oneself **Vergessenheit** *f* ⟨-, *no pl*⟩ oblivion; *in ~ geraten* to vanish into oblivion **vergesslich** [fɛɐ̯ˈgɛslɪç] *adj* forgetful **Vergesslichkeit** *f* ⟨-, *no pl*⟩ forgetfulness

vergeuden [fɛɐ̯ˈgɔydn] *past part* **vergeudet** *v/t* to waste **Vergeudung** *f* ⟨-, **-en**⟩ wasting

vergewaltigen [fɛɐ̯gəˈvaltɪgn] *past part* **vergewaltigt** *v/t* to rape; (*fig*) *Sprache etc* to murder **Vergewaltiger** [fɛɐ̯gəˈvaltɪgɐ] *m* ⟨**-s**, **-**⟩ rapist **Vergewaltigung** *f* ⟨-, **-en**⟩ rape

vergewissern [fɛɐ̯gəˈvɪsɐn] *past part* **vergewissert** *v/r sich einer Sache* (*gen*) *~* to make sure of sth

vergießen *past part* **vergossen** [fɛɐ̯ˈgɔsn] *v/t irr Kaffee, Wasser* to spill; *Tränen* to shed

vergiften *past part* **vergiftet** **I** *v/t* to poison **II** *v/r* to poison oneself **Vergiftung** [fɛɐ̯ˈgɪftʊŋ] *f* ⟨-, **-en**⟩ poisoning *no pl*; (*der Luft*) pollution

Vergissmeinnicht [fɛɐ̯ˈgɪsmainnɪçt] *nt* ⟨**-(e)s**, **-(e)**⟩ forget-me-not

verglasen [fɛɐ̯ˈglaːzn] *past part* **verglast** *v/t* to glaze

Vergleich [fɛɐ̯ˈglaiç] *m* ⟨**-(e)s**, **-e**⟩ **1.** comparison; *im ~ zu* in comparison with, compared with *or* to; *in keinem ~ zu etw stehen* to be out of all proportion to sth; (*Leistungen*) not to compare with sth **2.** JUR settlement; *einen gütlichen ~ schließen* to reach an amicable settlement **vergleichbar** *adj* comparable **vergleichen** *past part* **verglichen** [fɛɐ̯ˈglɪçn] *irr* **I** *v/t* to compare; *verglichen mit* compared with; *sie sind nicht (miteinander) zu ~* they cannot be compared (to one another) **II** *v/r* **1.** *sich mit jdm ~* to compare oneself with sb **2.** JUR to reach a settlement (*mit* with) **vergleichend** *adj* comparative **vergleichsweise** *adv* comparatively

verglühen *past part* **verglüht** *v/i aux sein* (*Feuer*) to die away; (*Raumkapsel, Meteor etc*) to burn up

vergnügen [fɛɐ̯ˈgnyːgn] *past part* **vergnügt** **I** *v/t* to amuse **II** *v/r* to enjoy oneself; *sich mit jdm/etw ~* to amuse oneself with sb/sth **Vergnügen** [fɛɐ̯ˈgnyːgn] *nt* ⟨**-s**, **-**⟩ pleasure; (≈ *Spaß*) fun *no indef art*; (≈ *Erheiterung*) amusement; *sich* (*dat*) *ein ~ aus etw machen* to get pleasure from (doing) sth; *das war ein teures ~* (*infml*) that was an expensive bit of fun; *mit* ~ with pleasure; *mit wem habe ich das* ~? (*form*) with whom do I have the pleasure of speaking? (*form*) **vergnügt** [fɛɐ̯'gnyːkt] **I** *adj Abend, Stunden* enjoyable; *Mensch, Stimmung* cheerful; *über etw* (*acc*) ~ *sein* to be pleased about sth **II** *adv* happily **Vergnügung** *f* ⟨-, -en⟩ pleasure; (≈ *Veranstaltung*) entertainment **Vergnügungsindustrie** *f* entertainment industry **Vergnügungspark** *m* amusement park **vergnügungssüchtig** *adj* pleasure-loving

vergolden [fɛɐ̯'gɔldn] *past part* **vergoldet** *v/t Statue, Buchkante* to gild; *Schmuck* to gold-plate **vergoldet** [fɛɐ̯-'gɔldət] *adj Buchseiten* gilt; *Schmuck* gold-plated

vergöttern [fɛɐ̯'gœtɐn] *past part* **vergöttert** *v/t* to idolize

vergraben *past part* **vergraben** *irr* **I** *v/t* to bury **II** *v/r* to bury oneself

vergraulen *past part* **vergrault** *v/t* (*infml*) to put off; (≈ *vertreiben*) to scare off

vergreifen *past part* **vergriffen** [fɛɐ̯-'grɪfn] *v/r irr* **1.** (≈ *danebengreifen*) to make a mistake; *sich im Ton* ~ (*fig*) to adopt the wrong tone; *sich im Ausdruck* ~ (*fig*) to use the wrong expression; → **vergriffen 2.** *sich an etw* (*dat*) ~ *an fremdem Eigentum* to misappropriate sth; (*euph* ≈ *stehlen*) to help oneself to sth (*euph*); *sich an jdm* ~ (≈ *missbrauchen*) to assault sb (sexually)

vergreisen [fɛɐ̯'graizn] *past part* **vergreist** *v/i aux sein* (*Bevölkerung*) to age; (*Mensch*) to become senile; **vergreist** aged; senile **Vergreisung** *f* ⟨-, no pl⟩ (*von Bevölkerung*) ageing; (*von Mensch*) senility

vergriffen [fɛɐ̯'grɪfn] *adj* unavailable; *Buch* out of print; → **vergreifen**

vergrößern [fɛɐ̯'grøːsɐn] *past part* **vergrößert I** *v/t* (*räumlich*) *Fläche, Gebiet* to extend; *Vorsprung, Produktion* to increase; *Maßstab, Foto* to enlarge; *Absatzmarkt* to expand; (*Lupe, Brille*) to magnify **II** *v/r* to increase; (*räumlich*) to be extended; (*Absatzmarkt*) to expand; (*Pupille, Gefäße*) to dilate; (*Organ*) to become enlarged; *wir wollen uns* ~ (*infml*) we want to move to a bigger place **Vergrößerung** *f* ⟨-, -en⟩ **1.** (*räumlich*) extension; (*umfangmäßig, zahlenmäßig*) increase; (*von Maßstab,*

Fotografie) enlargement; (*von Absatzmarkt*) expansion; (*mit Lupe, Brille*) magnification **2.** (≈ *vergrößertes Bild*) enlargement

Vergünstigung *f* ⟨-, -en⟩ (≈ *Vorteil*) privilege

vergüten [fɛɐ̯'gyːtn] *past part* **vergütet** *v/t jdm etw* ~ *Unkosten* to reimburse sb for sth; *Preis* to refund sb sth; *Arbeit* to pay sb for sth **Vergütung** *f* ⟨-, -en⟩ (*von Unkosten*) reimbursement; (*von Preis*) refunding; (*für Arbeit*) payment

verhaften *past part* **verhaftet** *v/t* to arrest; *Sie sind verhaftet!* you are under arrest! **Verhaftung** *f* arrest

Verhalten [fɛɐ̯'haltn] *nt* ⟨-s, no pl⟩ (≈ *Benehmen*) behaviour (*Br*), behavior (*US*); (≈ *Vorgehen*) conduct

verhalten¹ *past part* **verhalten** *irr v/r* (≈ *sich benehmen*) to behave; (≈ *handeln*) to act; *sich ruhig* ~ to keep quiet; (≈ *sich nicht bewegen*) to keep still; *wie verhält sich die Sache?* how do things stand?; *wenn sich das so verhält, ...* if that is the case ...

verhalten² [fɛɐ̯'haltn] **I** *adj* restrained; *Stimme* muted; *Atem* bated; *Optimismus* guarded; *Tempo* measured **II** *adv* sprechen in a restrained manner; *sich äußern* with restraint

verhaltensauffällig *adj* PSYCH displaying behavioural (*Br*) or behavioral (*US*) problems **Verhaltensforscher(in)** *m(f)* behavioural (*Br*) or behavioral (*US*) scientist **Verhaltensforschung** *f* behavioural (*Br*) or behavioral (*US*) research **verhaltensgestört** *adj* disturbed **Verhaltensstörung** *f* behavioural (*Br*) or behavioral (*US*) disturbance **Verhaltensweise** *f* behaviour (*Br*), behavior (*US*) **Verhältnis** [fɛɐ̯'hɛltnɪs] *nt* ⟨-ses, -se⟩ **1.** (≈ *Proportion*) proportion; MAT ratio; *im* ~ *zu* in relation to; *im* ~ *zu früher* (≈ *verglichen mit*) in comparison with earlier times; *in keinem* ~ *zu etw stehen* to be out of all proportion to sth **2.** (≈ *Beziehung*) relationship; (≈ *Liebesverhältnis*) affair **3.** **Verhältnisse** *pl* (≈ *Umstände*) conditions *pl*; (*finanzielle*) circumstances *pl*; *unter* or *bei normalen* ~*sen* under normal circumstances; *über seine* ~*se leben* to live beyond one's means; *klare* ~*se schaffen* to get things straight **verhältnismäßig I** *adj* **1.** (≈ *proportional*) proportional;

(*esp* JUR ≈ *angemessen*) commensurate **2.** (≈ *relativ*) comparative **II** *adv* **1.** (≈ *proportional*) proportionally **2.** (≈ *relativ, infml* ≈ *ziemlich*) relatively **Verhältniswahlrecht** *nt* (system of) proportional representation

verhandeln *past part* **verhandelt** I *v/t* **1.** (≈ *aushandeln*) to negotiate **2.** JUR *Fall* to hear **II** *v/i* **1.** to negotiate (*über* +*acc* about); (*infml* ≈ *diskutieren*) to argue **2.** JUR *in einem Fall* ~ to hear a case **Verhandlung** *f* **1.** negotiations *pl*; (≈ *das Verhandeln*) negotiation; (**mit jdm**) **in** ~(**en**) **treten** to enter into negotiations (with sb) **2.** JUR hearing; (≈ *Strafverhandlung*) trial **Verhandlungsbasis** *f* basis for negotiation(s); ~ **EUR 2.500** (price) EUR 2,500 or near(est) offer **Verhandlungspartner(in)** *m*(*f*) negotiating party

verhängen *past part* **verhängt** *v/t* **1.** *Strafe etc* to impose (*über* +*acc* on); *Notstand* to declare (*über* +*acc* in); (*Sport*) *Elfmeter etc* to award **2.** (≈ *zuhängen*) to cover (*mit* with) **Verhängnis** [fɛɐˈhɛŋnɪs] *nt* ⟨*-ses, -se*⟩ (≈ *Katastrophe*) disaster; **jdm zum** ~ **werden** to be sb's undoing **verhängnisvoll** *adj* disastrous; *Tag* fateful

verharmlosen [fɛɐˈharmloːzn] *past part* **verharmlost** *v/t* to play down

verharren *past part* **verharrt** *v/i aux haben or sein* to pause; (*in einer bestimmten Stellung*) to remain

verhärten *past part* **verhärtet** *v/t & v/r* to harden

verhasst [fɛɐˈhast] *adj* hated; **das ist ihm** ~ he hates that

verhätscheln *past part* **verhätschelt** *v/t* to pamper

Verhau [fɛɐˈhau] *m* ⟨**-(e)s, -e**⟩ (≈ *Käfig*) coop

verhauen *pret* **verhaute**, *past part* **verhauen** (*infml*) **I** *v/t* **1.** (≈ *verprügeln*) to beat up; (*zur Strafe*) to beat **2.** *Prüfung etc* to make a mess of (*infml*) **II** *v/r* **1.** (≈ *sich verprügeln*) to have a fight **2.** (≈ *sich irren*) to slip up (*infml*)

verheddern [fɛɐˈhɛdɐn] *past part* **verheddert** *v/r* (*infml*) to get tangled up; (*beim Sprechen*) to get in a muddle

verheerend *adj* **1.** *Sturm, Katastrophe* devastating; *Anblick* ghastly **2.** (*infml* ≈ *schrecklich*) ghastly (*infml*) **Verheerung** *f* ⟨*-, -en*⟩ devastation *no pl*

verhehlen [fɛɐˈheːlən] *past part* **verhehlt** *v/t jdm etw* ~ to conceal sth from sb

verheilen *past part* **verheilt** *v/i aux sein* to heal

verheimlichen [fɛɐˈhaimlɪçn] *past part* **verheimlicht** *v/t* to keep secret (*jdm* from sb); **ich habe nichts zu** ~ I have nothing to hide

verheiraten *past part* **verheiratet** I *v/t* to marry (*mit, an* +*acc* to) **II** *v/r* to get married **verheiratet** [fɛɐˈhairatət] *adj* married; **glücklich** ~ **sein** to be happily married

verheizen *past part* **verheizt** *v/t* to burn, to use as fuel; (*fig infml*) *Sportler* to burn out; *Minister, Untergebene* to crucify; **Soldaten im Kriege** ~ (*infml*) to send soldiers to the slaughter

verhelfen *past part* **verholfen** [fɛɐˈhɔlfn] *v/i irr jdm zu etw* ~ to help sb to get sth

verherrlichen [fɛɐˈhɛrlɪçn] *past part* **verherrlicht** *v/t* to glorify; *Gott* to praise **Verherrlichung** *f* ⟨*-, -en*⟩ glorification; (*von Gott*) praising

verheult [fɛɐˈhɔylt] *adj Augen* puffy, swollen from crying

verhexen *past part* **verhext** *v/t* to bewitch; (*infml*) *Maschine etc* to put a jinx on (*infml*); **heute ist alles wie verhext** (*infml*) there's a jinx on everything today (*infml*)

verhindern *past part* **verhindert** *v/t* to prevent; *Plan* to foil; **das lässt sich nicht** ~ it can't be helped; **er war an diesem Abend verhindert** he was unable to come that evening **Verhinderung** *f* prevention; (*von Plan*) foiling, stopping

verhöhnen *past part* **verhöhnt** *v/t* to mock, to deride

Verhör [fɛɐˈhøːɐ] *nt* ⟨*-(e)s, -e*⟩ questioning; (*bei Gericht*) examination **verhören** *past part* **verhört** I *v/t* to question, to interrogate; (*bei Gericht*) to examine; (*infml*) to quiz (*infml*) **II** *v/r* to mishear

verhüllen *past part* **verhüllt** *v/t* to veil; *Körperteil* to cover; (*fig*) to mask

verhungern *past part* **verhungert** *v/i aux sein* to starve, to die of starvation; **ich bin am Verhungern** (*infml*) I'm starving (*infml*)

verhunzen [fɛɐˈhʊntsn] *past part* **verhunzt** *v/t* (*infml*) to ruin

verhüten *past part* **verhütet** *v/t* to prevent; ~**de Maßnahmen** preventive measures **Verhütung** [fɛɐˈhyːtʊŋ] *f* ⟨*-, -en*⟩

prevention; (≈ *Empfängnisverhütung*) contraception **Verhütungsmittel** *nt* contraceptive

verinnerlichen [fɛɐ̯'ʔɪnɐlɪçn̩] *past part* **verinnerlicht** *v/t* to internalize

verirren *past part* **verirrt** *v/r* to get lost; (*fig*) to go astray; (*Tier, Kugel*) to stray **Verirrung** *f* losing one's way *no art*; (*fig*) aberration

verjagen *past part* **verjagt** *v/t* to chase away

verjähren *past part* **verjährt** *v/i aux sein* to come under the statute of limitations; (*Anspruch*) to be in lapse; **verjährtes Verbrechen** statute-barred crime; **das ist schon längst verjährt** (*infml*) that's all over and done with **Verjährung** [fɛɐ̯-'jɛːrʊŋ] *f* ⟨-, -en⟩ limitation; (*von Anspruch*) lapse **Verjährungsfrist** *f* limitation period

verjüngen [fɛɐ̯'jʏŋən] *past part* **verjüngt** **I** *v/t* to rejuvenate; (≈ *jünger aussehen lassen*) to make look younger; **das Personal ~** to build up a younger staff **II** *v/r* **1.** (≈ *jünger werden*) to become younger; (*Haut*) to become rejuvenated **2.** (≈ *dünner werden*) to taper; (*Rohr*) to narrow

verkabeln *past part* **verkabelt** *v/t* TEL to link up to the cable network **Verkabelung** [fɛɐ̯'kaːbəlʊŋ] *f* ⟨-, -en⟩ TEL linking up to the cable network

verkalken *past part* **verkalkt** *v/i aux sein* (*Arterien*) to harden; (*Kessel etc*) to fur up; (*infml: Mensch*) to become senile **verkalkt** [fɛɐ̯'kalkt] *adj* (*infml*) senile **verkalkulieren** *past part* **verkalkuliert** *v/r* to miscalculate **Verkalkung** [fɛɐ̯'kalkʊŋ] *f* ⟨-, -en⟩ (*von Arterien*) hardening; (*infml*) senility **verkannt** [fɛɐ̯'kant] *adj* unrecognized; → **verkennen**

verkappt [fɛɐ̯'kapt] *adj attr* hidden **Verkauf** *m* **1.** sale; (≈ *das Verkaufen*) selling; **beim ~ des Hauses** when selling the house **2.** (≈ *Abteilung*) sales *sg, no art* **verkaufen** *past part* **verkauft** **I** *v/t & v/i* to sell (*für, um* for); „**zu ~**" "for sale"; **etw an jdn ~** to sell sb sth, to sell sth to sb **II** *v/r* (*Ware*) to sell; (*Mensch*) to sell oneself **Verkäufer(in)** *m/(f)* seller; (*in Geschäft*) sales assistant; (*im Außendienst*) salesman / saleswoman / salesperson; (*JUR: von Grundbesitz etc*) vendor **verkäuflich** *adj* sal(e)able; (≈ *zu verkau-*

fen) for sale; **leicht / schwer ~** easy / hard to sell **Verkaufsabteilung** *f* sales department **Verkaufsförderung** *f* sales promotion **verkaufsoffen** *adj* open for business; **~er Sonntag** *Sunday on which the shops are open* **Verkaufspreis** *m* retail price **Verkaufsschlager** *m* big seller **Verkaufswert** *m* market value or price

Verkehr [fɛɐ̯'keːɐ̯] *m* ⟨-(e)s, no pl⟩ **1.** traffic; **dem ~ übergeben** *Straße etc* to open to traffic **2.** (≈ *Verbindung*) contact; (≈ *Umgang*) company; (≈ *Geschlechtsverkehr*) intercourse **3.** (≈ *Handelsverkehr*) trade; (≈ *Zahlungsverkehr*) business; (≈ *Umlauf*) circulation; **etw aus dem ~ ziehen** *Banknoten* to take sth out of circulation; *Produkte* to withdraw sth **verkehren** *past part* **verkehrt I** *v/i* **1.** *aux haben or sein* (≈ *fahren*) to run; (*Flugzeug*) to fly **2.** (≈ *Kontakt pflegen*) **bei jdm ~** to frequent sb's house; **mit jdm ~** to associate with sb; **in einem Lokal ~** to frequent a pub; **in Künstlerkreisen ~** to move in artistic circles **II** *v/r* to turn (*in +acc* into); **sich ins Gegenteil ~** to become reversed **Verkehrsampel** *f* traffic lights *pl* **Verkehrsanbindung** *f* transport links *pl* **verkehrsarm** *adj Zeit, Straße* quiet **Verkehrsaufkommen** *nt* volume of traffic **Verkehrsbehinderung** *f* JUR obstruction (of traffic) **verkehrsberuhigt** [-bəruːɪçt] *adj* traffic-calmed **Verkehrsbetriebe** *pl* transport services *pl* **Verkehrsbüro** *nt* tourist information office **Verkehrschaos** *nt* chaos on the roads **Verkehrsdelikt** *nt* traffic offence (*Br*) or offense (*US*) **Verkehrsführung** *f* traffic management system **verkehrsgünstig** *adj Lage* convenient **Verkehrshinweis** *m* traffic announcement **Verkehrslärm** *m* traffic noise **Verkehrsleitsystem** *nt* traffic guidance system **Verkehrsmittel** *nt* means *sg* of transport; **öffentliche ~** public transport **Verkehrsnetz** *nt* traffic network **Verkehrsopfer** *nt* road casualty **Verkehrsordnung** *f* ≈ Highway Code (*Br*), traffic rules and regulations *pl* **Verkehrspolizei** *f* traffic police *pl* **Verkehrspolizist(in)** *m/(f)* traffic policeman /-woman **Verkehrsregel** *f* traffic regulation **Verkehrsregelung** *f* traffic control **verkehrsreich** *adj Gegend* busy; **~e Zeit** peak (traffic) time **Verkehrsschild** *nt, pl* **-schilder** road sign **verkehrssicher** *adj Fahrzeug* roadworthy **Verkehrsstau** *m*, **Verkehrsstauung** *f* traffic jam **Verkehrssünder(in)** *m/(f)* (*infml*) traffic offender (*Br*) *or* violator (*US*) **Verkehrsteilnehmer(in)** *m/(f)* road user **Verkehrstote(r)** *m/f(m)* *decl as adj* road casualty **verkehrtüchtig** *adj Fahrzeug* roadworthy; *Mensch* fit to drive **Verkehrsunfall** *m* road accident **Verkehrsunterricht** *m* traffic instruction **Verkehrsverbindung** *f* link; (≈ *Anschluss*) connection **Verkehrsverbund** *m* integrated transport system **Verkehrsverein** *m* local organization concerned with upkeep of tourist attractions, facilities etc **Verkehrsverhältnisse** *pl* traffic situation *sg* **Verkehrswacht** *f* traffic patrol **Verkehrsweg** *m* highway **verkehrswidrig** *adj* contrary to road traffic regulations **Verkehrszeichen** *nt* road sign

verkehrt [fɛɐ̯ˈkeːɐ̯t] **I** *adj* wrong; *das Verkehrte* the wrong thing; *der/die Verkehrte* the wrong person **II** *adv* wrongly; *etw* ~ (*herum*) *anhaben* (≈ *linke Seite nach außen*) to have sth on inside out; (≈ *vorne nach hinten*) to have sth on back to front

verkennen *past part* **verkannt** [fɛɐ̯ˈkant] *v/t irr* to misjudge; *es ist nicht zu* ~, *dass ...* it is undeniable that ...; → *verkannt*

Verkettung [fɛɐ̯ˈkɛtʊŋ] *f* ⟨-, -en⟩ (*fig*) interconnection

verklagen *past part* **verklagt** *v/t* to sue (*wegen* for); *jdn auf etw* (*acc*) ~ to take sb to court for sth

verklappen *past part* **verklappt** *v/t Abfallstoffe* to dump **Verklappung** [fɛɐ̯ˈklapʊŋ] *f* ⟨-, -en⟩ dumping

verkleben *past part* **verklebt** *v/i aux sein* (*Wunde*) to close; (*Augen*) to get gummed up; *mit etw* ~ to stick to sth

verkleiden *past part* **verkleidet I** *v/t* **1.** *jdn* to disguise; (≈ *kostümieren*) to dress up; *alle waren verkleidet* everyone was in fancy dress **2.** *Wand* to line; (≈ *vertäfeln*) to panel; (≈ *bedecken*) to cover **II** *v/r* to disguise oneself; (≈ *sich kostümieren*) to dress (oneself) up **Verkleidung** *f* (≈ *Kostümierung*) dressing up; (≈ *Kleidung*) disguise; (≈ *Kostüm*) fancy dress

verkleinern [fɛɐ̯ˈklainɐn] *past part* **verkleinert I** *v/t* to reduce; *Raum, Firma* to make smaller; *Maßstab* to scale down; *Abstand* to decrease **II** *v/r* to be

reduced; (*Raum, Firma*) to become smaller; (*Abstand*) to decrease; (*Not*) to become less **Verkleinerung** *f* ⟨-, -en⟩ reduction; (*von Firma*) making smaller; (*von Maßstab*) scaling down **Verkleinerungsform** *f* diminutive form

verklemmt [fɛɐ̯ˈklɛmt] *adj* (*infml*) *Mensch* inhibited **Verklemmtheit** *f* ⟨-, -en⟩ (*infml*), **Verklemmung** *f* ⟨-, -en⟩ inhibitions *pl*

verklingen *past part* **verklungen** [fɛɐ̯ˈklʊŋən] *v/i irr aux sein* to fade away; (*fig*) to fade

verknacksen [fɛɐ̯ˈknaksn] *past part* **verknackst** *v/t* (*sich dat*) *den Knöchel or Fuß* ~ to twist one's ankle

verknallen *past part* **verknallt** (*infml*) *v/r sich* (*in jdn*) ~ to fall for sb (*infml*)

verknappen [fɛɐ̯ˈknapn] *past part* **verknappt** *v/t* to cut back; *Rationen* to cut down (on)

verkneifen *past part* **verkniffen** [fɛɐ̯ˈknɪfn] *v/t irr* (*infml*) *sich* (*dat*) *etw* ~ *Lächeln* to keep back sth; *Bemerkung* to bite back sth; *ich konnte mir das Lachen nicht* ~ I couldn't help laughing

verkniffen [fɛɐ̯ˈknɪfn] *adj* *Miene* strained; (≈ *verbittert*) pinched

verknoten *past part* **verknotet** *v/t* to tie, to knot

verknüpfen *past part* **verknüpft** *v/t* **1.** (≈ *verknoten*) to knot (together); IT to integrate **2.** (*fig*) to combine; (≈ *in Zusammenhang bringen*) to link; *etw mit Bedingungen* ~ to attach conditions to sth

verkochen *past part* **verkocht** *v/i aux sein* (*Flüssigkeit*) to boil away; (*Kartoffeln*) to overcook

verkohlen *past part* **verkohlt I** *v/i aux sein* to become charred **II** *t. Holz* to char **2.** (*infml*) *jdn* ~ to pull sb's leg (*infml*)

verkommen[1] [fɛɐ̯ˈkɔmən] *past part* **verkommen** *v/i irr aux sein* **1.** (*Mensch*) to go to pieces; (*moralisch*) to become dissolute **2.** (*Gebäude*) to fall to pieces; (*Stadt*) to become run-down **3.** (≈ *nicht genutzt werden: Lebensmittel, Fähigkeiten etc*) to go to waste

verkommen[2] *adj Mensch* depraved; *Gebäude* dilapidated; *Garten* wild

verkorksen [fɛɐ̯ˈkɔrksn] *past part* **verkorkst** *v/t* (*infml*) to screw up (*infml*); *sich* (*dat*) *den Magen* ~ to upset one's stomach

verkörpern [fɛɐ̯ˈkœrpɐn] *past part* **ver-**

körpert v/t to embody; THEAT to play (the part of)
verköstigen [fɛɐ̯ˈkœstɪɡn] *past part* **verköstigt** v/t to feed
verkrachen *past part* **verkracht** v/r (*infml*) **sich** (*mit jdm*) **~** to fall out (with sb)
verkraften [fɛɐ̯ˈkraftn] *past part* **verkraftet** v/t to cope with; (*finanziell*) to afford
verkrampfen *past part* **verkrampft** v/r to become cramped; (*Hände*) to clench up; **verkrampft** (*fig*) tense
verkriechen *past part* **verkrochen** [fɛɐ̯ˈkrɔxn] v/r *irr* to creep away; (*fig*) to hide (oneself away)
verkrümeln *past part* **verkrümelt** v/r (*infml*) to disappear
verkrümmen *past part* **verkrümmt** I v/t to bend II v/r to bend; (*Rückgrat*) to become curved; (*Holz*) to warp **verkrümmt** [fɛɐ̯ˈkrʏmt] *adj* bent; *Wirbelsäule* curved **Verkrümmung** f bend (+*gen* in), distortion (*esp* TECH); (*von Holz*) warp; **~ der Wirbelsäule** curvature of the spine
verkrüppeln [fɛɐ̯ˈkrʏpln] *past part* **verkrüppelt** I v/t to cripple II v/i aux sein to become crippled; (*Baum etc*) to grow stunted
verkrusten [fɛɐ̯ˈkrʊstn] *past part* **verkrustet** v/i & v/r to become encrusted **verkrustet** [fɛɐ̯ˈkrʊstət] *adj Wunde* scabby; *Ansichten* decrepit
verkühlen *past part* **verkühlt** (*infml*) v/r to get a chill
verkümmern *past part* **verkümmert** v/i aux sein (*Organ*) to atrophy; (≈ *eingehen*: *Pflanze*) to die; (*Talent*) to go to waste; (*Mensch*) to waste away; **geistig ~** to become intellectually stunted
verkünden *past part* **verkündet** v/t to announce; *Urteil* to pronounce; *neue Zeit* to herald
verkupfern [fɛɐ̯ˈkʊpfɐn] *past part* **verkupfert** v/t to copper(-plate)
verkuppeln *past part* **verkuppelt** v/t (*pej*) to pair off; **jdn an jdn ~** (*Zuhälter*) to procure sb for sb
verkürzen *past part* **verkürzt** v/t to shorten; *Abstand* to narrow; *Aufenthalt* to cut short; **sich** (*dat*) **die Zeit ~** to pass the time; **verkürzte Arbeitszeit** shorter working hours **Verkürzung** f shortening; (*von Abstand*) narrowing
verladen *past part* **verladen** v/t *irr* 1. *Gü-*

ter, Menschen to load 2. (*fig infml*) to con (*infml*)
Verlag [fɛɐ̯ˈlaːk] m ⟨**-(e)s**, **-e** [-ɡə]⟩ publishing house; **einen ~ finden** to find a publisher
verlagern *past part* **verlagert** v/t & v/r to shift **Verlagerung** f shift
Verlagskauffrau f, **Verlagskaufmann** m publishing manager **Verlagsleiter(in)** m/(f) publishing director **Verlagsprogramm** nt list
verlangen *past part* **verlangt** I v/t 1. (≈ *fordern*) to demand; *Preis* to ask; *Erfahrung* to require; **das ist nicht zu viel verlangt** it's not asking too much 2. (≈ *fragen nach*) to ask for; **Sie werden am Telefon verlangt** you are wanted on the phone II v/i **~ nach** to ask for; (≈ *sich sehnen nach*) to long for **Verlangen** [fɛɐ̯ˈlaŋən] nt ⟨**-s**, **-**⟩ (*nach* for) desire; (≈ *Sehnsucht*) yearning; (≈ *Begierde*) craving; **auf ~** on demand; **auf ~ der Eltern** at the request of the parents
verlängern [fɛɐ̯ˈlɛŋɐn] *past part* **verlängert** I v/t to extend; *Leben, Schmerzen* to prolong; *Ärmel etc* to lengthen; *Pass etc* to renew; **ein verlängertes Wochenende** a long weekend II v/r to be extended; (*Leiden etc*) to be prolonged **Verlängerung** f ⟨**-**, **-en**⟩ 1. extension; (*von Pass etc*) renewal 2. (SPORTS, *von Spielzeit*) extra time (*Br*), over time (*US*); (≈ *nachgespielte Zeit*) injury time (*Br*), over time (*US*); **das Spiel geht in die ~** they're going to play extra time *etc* **Verlängerungsschnur** f ELEC extension lead
verlangsamen [fɛɐ̯ˈlaŋzaːmən] *past part* **verlangsamt** v/t & v/r to slow down
Verlass [fɛɐ̯ˈlas] m ⟨**-es**, *no pl*⟩ **auf jdn/ etw ist kein ~** there is no relying on sb/ sth
verlassen[1] *past part* **verlassen** *irr* I v/t to leave; (*fig: Mut, Hoffnung*) jdn to desert; IT *Programm* to exit II v/r **sich auf jdn/etw ~** to rely on sb/sth; **darauf können Sie sich ~** you can be sure of that
verlassen[2] [fɛɐ̯ˈlasn] *adj* deserted; (≈ *einsam*) lonely; *Auto* abandoned
verlässlich *adj* reliable **Verlässlichkeit** [fɛɐ̯ˈlɛslɪçkait] f ⟨**-**, *no pl*⟩ reliability
Verlauf m course; (≈ *Ausgang*) end; **im ~ der Jahre** over the (course of the) years; **einen guten/schlechten ~ nehmen** to

go well/badly **verlaufen** *past part* **verlaufen** *irr* **I** *v/i aux sein* (≈ *ablaufen*) to go; (*Feier*) to go off; (*Untersuchung*) to proceed; (≈ *sich erstrecken*) to run; *die Spur verlief im Sand* the track disappeared in the sand **II** *v/r* (≈ *sich verirren*) to get lost; (≈ *verschwinden: Menschenmenge*) to disperse **Verlaufsform** *f* GRAM progressive form

verlautbaren [fɛɐ̯'lautbaːrən] *past part* **verlautbart** (*form*) *v/t & v/i* to announce; *etw ~ lassen* to let sth be announced **Verlautbarung** *f* ⟨-, -en⟩ announcement **verlauten** *past part* **verlautet** **I** *v/i er hat ~ lassen, dass ...* he indicated that ... **II** *v/i impers aux sein or haben* **es verlautet, dass ...** it is reported that ...

verleben *past part* **verlebt** *v/t* to spend; *eine schöne Zeit ~* to have a nice time

verlegen¹ *past part* **verlegt** **I** *v/t* **1.** (*an einen anderen Ort*) to move **2.** (≈ *verschieben*) to postpone (*auf +acc* until); (≈ *vorverlegen*) to bring forward (*auf +acc* to) **3.** (≈ *an falschen Platz legen*) to mislay **4.** (≈ *anbringen*) *Kabel, Fliesen etc* to lay **5.** (≈ *drucken lassen*) to publish **II** *v/r sich auf etw* (*acc*) *~* to resort to sth; *er hat sich neuerdings auf Golf verlegt* he has taken to golf recently

verlegen² [fɛɐ̯'leːɡn] **I** *adj* **1.** embarrassed *no adv* **2.** *um eine Antwort ~ sein* to be lost for an answer **II** *adv* in embarrassment **Verlegenheit** *f* ⟨-, -en⟩ **1.** *no pl* (≈ *Betretenheit*) embarrassment; *jdn in ~ bringen* to embarrass sb **2.** (≈ *unangenehme Lage*) embarrassing situation; *wenn er in finanzieller ~ ist* when he's in financial difficulties **Verlegenheitslösung** *f* stopgap

Verleger [fɛɐ̯'leːɡɐ] *m* ⟨-s, -⟩, **Verlegerin** [-ərɪn] *f* ⟨-, -nen⟩ publisher; (≈ *Händler*) distributor

Verlegung [fɛɐ̯'leːɡʊŋ] *f* ⟨-, -en⟩ **1.** (*räumlich*) transfer **2.** (*zeitlich*) postponement (*auf +acc* until); (≈ *Vorverlegung*) bringing forward (*auf +acc* to) **3.** (*von Kabeln etc*) laying

Verleih [fɛɐ̯'lai] *m* ⟨-(e)s, -e⟩ **1.** (≈ *Unternehmen*) rental company; (≈ *Filmverleih*) distributor(s *pl*) **2.** (≈ *das Verleihen*) renting (out), hiring (out) (*Br*); (≈ *Filmverleih*) distribution **verleihen** *past part* **verliehen** [fɛɐ̯'liːən] *v/t irr* **1.** (≈ *ausleihen*) to lend (*an jdn* to sb); (*gegen Gebühr*) to rent (out), to hire (out) (*Br*) **2.** (≈ *zuerkennen*) to award (*jdm* (to) sb); *Titel* to confer (*jdm* on sb) **3.** (≈ *geben, verschaffen*) to give **Verleihung** *f* ⟨-, -en⟩ **1.** (≈ *das Ausleihen*) lending; (*gegen Gebühr*) renting, rental **2.** (*von Preis etc*) award(ing); (*von Titel*) conferment

verleiten *past part* **verleitet** *v/t* (≈ *verlocken*) to tempt; (≈ *verführen*) to lead astray; *jdn zum Stehlen ~* to lead sb to steal

verlernen *past part* **verlernt** *v/t* to forget; *das Tanzen ~* to forget how to dance

verlesen *past part* **verlesen** *irr* **I** *v/t* **1.** (≈ *vorlesen*) to read (out) **2.** *Gemüse etc* to sort **II** *v/r ich habe mich wohl ~* I must have misread it

verletzbar *adj* vulnerable **verletzen** [fɛɐ̯'lɛtsn] *past part* **verletzt I** *v/t* **1.** to injure; (*in Kampf etc*) to wound; (*fig*) *jdn, jds Gefühle* to hurt **2.** *Gesetz* to break; *Rechte* to violate **II** *v/r* to injure oneself **verletzend** *adj Bemerkung* hurtful **Verletzte(r)** [fɛɐ̯'lɛtstə] *m/f(m) decl as adj* injured person; (*bei Kampf*) wounded man; *es gab drei ~* three people were injured **Verletzung** *f* ⟨-, -en⟩ (≈ *Wunde*) injury

verleugnen *past part* **verleugnet** *v/t* to deny; *es lässt sich nicht ~, dass ...* there is no denying that ...

verleumden [fɛɐ̯'lɔymdn] *past part* **verleumdet** *v/t* to slander; (*schriftlich*) to libel **Verleumder** [fɛɐ̯'lɔymdɐ] *m* ⟨-s, -⟩, **Verleumderin** [-ərɪn] *f* ⟨-, -nen⟩ slanderer; (*durch Geschriebenes*) libeller *esp Br*), libeler (*US*) **verleumderisch** [fɛɐ̯'lɔymdərɪʃ] *adj* slanderous; (*in Schriftform*) libellous (*esp Br*), libelous (*US*) **Verleumdung** *f* ⟨-, -en⟩ slandering; (*schriftlich*) libelling (*esp Br*), libeling (*US*); (≈ *Bemerkung*) slander; (≈ *Bericht*) libel **Verleumdungskampagne** *f* smear campaign

verlieben *past part* **verliebt** *v/r* to fall in love (*in +acc* with) **verliebt** [fɛɐ̯'liːpt] **I** *adj Blicke, Worte* amorous; (*in jdn/etw*) *~ sein* to be in love (with sb/sth) **II** *adv* ansehen lovingly

verlieren [fɛɐ̯'liːrən] *pret* **verlor** [fɛɐ̯'loːɐ̯], *past part* **verloren** [fɛɐ̯'loːrən] **I** *v/t* to lose; *er hat hier nichts verloren* (*infml*) he has no business to be here **II** *v/i* to lose; *sie hat an Schönheit verloren* she has lost some of her beauty **III**

v/r (≈ *verschwinden*) to disappear; →
verloren Verlierer [fɛɐ'liːɐɐ] *m* ⟨**-s, -**⟩,
Verliererin [-ərɪn] *f* ⟨**-, -nen**⟩ loser
Verlies [fɛɐ'liːs] *nt* ⟨**-es, -e** [-zə]⟩ dungeon
verlinken *v/t* to hyperlink
verloben *past part* **verlobt** *v/r* (*mit* to) to
get engaged **Verlobte(r)** [fɛɐ'loːptə]
m/f(m) decl as adj **mein ~r** my fiancé;
meine ~ my fiancée **Verlobung** [fɛɐ-
'loːbʊŋ] *f* ⟨**-, -en**⟩ engagement
verlocken *past part* **verlockt** *v/t & v/i* to
entice **Verlockung** *f* enticement; (≈
Reiz) allure
verlogen [fɛɐ'loːgn] *adj Mensch* lying;
Versprechungen false; *Moral* hypocritical **Verlogenheit** *f* ⟨**-, -en**⟩ (*von Mensch*)
mendacity (*form*); (*von Versprechun-*
gen) falseness; (*von Moral*) hypocrisy
verloren [fɛɐ'loːrən] *adj* lost; COOK *Eier*
poached; **jdn/etw ~ geben** to give sb/
sth up for lost; **auf ~em Posten stehen**
to be fighting a losing battle; → **verlie-**
ren verloren gehen *v/i irr aux sein* to get
lost
verlosen *past part* **verlost** *v/t* to raffle
(off) **Verlosung** *f* (≈ *Lotterie*) raffle;
(≈ *Ziehung*) draw
Verlust [fɛɐ'lʊst] *m* ⟨**-(e)s, -e**⟩ **1.** loss; **~**
bringend lossmaking; **mit ~ verkaufen**
to sell at a loss **2. Verluste** *pl* losses *pl*;
schwere ~e haben to sustain heavy losses **Verlustgeschäft** *nt* (≈ *Firma*) loss-
making business (*Br*), business operating in the red **verlustreich** *adj* **1.** COMM
Firma heavily loss-making **2.** MIL
Schlacht involving heavy losses
vermachen *past part* **vermacht** *v/t jdm*
etw ~ to bequeath sth to sb **Vermächtnis**
[fɛɐ'mɛçtnɪs] *nt* ⟨**-ses, -se**⟩ bequest;
(*fig*) legacy
vermählen [fɛɐ'mɛːlən] *past part* **ver-**
mählt (*form*) **I** *v/t* to marry **II** *v/r* **sich**
(**mit jdm**) **~** to marry (sb) **Vermählung**
f ⟨**-, -en**⟩ (*form*) marriage
vermarkten [fɛɐ'marktn] *past part* **ver-**
marktet *v/t* to market; (*fig*) to commercialize **Vermarktung** *f* ⟨**-, -en**⟩ marketing; (*fig*) commercialization
vermasseln [fɛɐ'masln] *past part* **ver-**
masselt *v/t* (*infml*) to mess up (*infml*);
Prüfung to make a mess of
vermehren *past part* **vermehrt I** *v/t* to increase **II** *v/r* to increase; (≈ *sich fort-*
pflanzen) to reproduce; (*Bakterien*) to

multiply **Vermehrung** *f* increase; (≈
Fortpflanzung) reproduction; (*von*
Bakterien) multiplying
vermeidbar *adj* avoidable **vermeiden**
past part **vermieden** [fɛɐ'miːdn] *v/t irr*
to avoid; **es lässt sich nicht ~** it is inevitable *or* unavoidable
vermeintlich [fɛɐ'maintlɪç] *adj attr* supposed
vermengen *past part* **vermengt** *v/t* to
mix; (*fig infml*) *Begriffe etc* to mix up
Vermerk [fɛɐ'mɛrk] *m* ⟨**-(e)s, -e**⟩ remark;
(≈ *Stempel*) stamp **vermerken** *past part*
vermerkt *v/t* (≈ *aufschreiben*) to note
(down)
vermessen[1] *past part* **vermessen** *irr v/t*
to measure; *Gelände* to survey
vermessen[2] [fɛɐ'mɛsn] *adj* (≈ *anma-*
ßend) presumptuous **Vermessenheit** *f*
⟨**-, -en**⟩ (≈ *Anmaßung*) presumption
Vermessung *f* measurement; (*von Ge-*
lände) survey
vermiesen [fɛɐ'miːzn] *past part* **ver-**
miest *v/t* (*infml*) **jdm etw ~** to spoil sth
for sb
vermieten *past part* **vermietet** *v/t* to rent
(out), to lease (JUR); **Zimmer zu ~** room
for rent **Vermieter** *m* lessor; (*von Woh-*
nung etc) landlord **Vermieterin** *f* lessor;
(*von Wohnung etc*) landlady **Vermie-**
tung [fɛɐ'miːtʊŋ] *f* ⟨**-, -en**⟩ renting
(out); (*von Auto*) rental, hiring (out)
(*Br*)
vermindern *past part* **vermindert I** *v/t* to
reduce; *Zorn* to lessen; **verminderte**
Zurechnungsfähigkeit JUR diminished
responsibility **II** *v/r* to decrease; (*Zorn*)
to lessen; (*Reaktionsfähigkeit*) to diminish **Verminderung** *f* reduction (*+gen*
of); (*von Reaktionsfähigkeit*) diminishing
verminen [fɛɐ'miːnən] *past part* **vermint**
v/t to mine
vermischen *past part* **vermischt I** *v/t* to
mix; **„Vermischtes"** "miscellaneous"
II *v/r* to mix
vermissen *past part* **vermisst** *v/t* to miss;
vermisst werden to be missing; **etw an**
jdm/etw ~ to find sb/sth lacking in sth;
wir haben dich bei der Party vermisst
we didn't see you at the party; **etw ~ las-**
sen to be lacking in sth **Vermisste(r)**
[fɛɐ'mɪstə] *m/f(m) decl as adj* missing
person
vermitteln [fɛɐ'mɪtln] *past part* **vermit-**

***telt* I** v/t to arrange (*jdm* for sb); *Stelle, Partner* to find (*jdm* for sb); *Gefühl, Einblick* to convey, to give (*jdm* to sb); *Wissen* to impart (*jdm* to sb); **wir ~ Geschäftsräume** we are agents for business premises **II** v/i to mediate; **~d eingreifen** to intervene **Vermittler** m ⟨**-s, -**⟩, **Vermittlerin** [-ərɪn] f ⟨**-, -nen**⟩ **1.** mediator **2.** COMM agent **Vermittlung** [fɛɐ̯-'mɪtlʊŋ] f ⟨**-, -en**⟩ **1.** arranging; (*von Stelle, Briefpartner*) finding; (*in Streitigkeiten*) mediation; (*von Gefühl, Einblick*) conveying; (*von Wissen*) imparting **2.** (≈ *Stelle, Agentur*) agency **3.** (TEL ≈ *Amt*) exchange; (*in Firma etc*) switchboard **Vermittlungsgebühr** f commission **Vermittlungsversuch** m attempt at mediation

vermöbeln [fɛɐ̯'møːbln] *past part* **vermöbelt** v/t (*infml*) to beat up

vermodern [fɛɐ̯'moːdɐn] *past part* **vermodert** v/i aux sein to moulder (*Br*), to molder (*US*)

Vermögen [fɛɐ̯'møːgn] nt ⟨**-s, -**⟩ **1.** (≈ *Reichtum*) fortune **2.** (≈ *Besitz*) property **vermögend** adj (≈ *reich*) wealthy **Vermögensberater(in)** m/(f) investment analyst **Vermögensbildung** f creation of wealth **Vermögenssteuer** f wealth tax **Vermögensverhältnisse** pl financial circumstances pl **Vermögensverwaltung** f asset management **vermögenswirksam** adj **~e Leistungen** employer's contributions to tax-deductible savings scheme

vermummen [fɛɐ̯'mʊmən] *past part* **vermummt** v/r (≈ *sich verkleiden*) to disguise oneself; *vermummte Demonstranten* masked demonstrators

vermuten [fɛɐ̯'muːtn] *past part* **vermutet** v/t to suspect; *ich vermute es nur* that's only an assumption; *wir haben ihn dort nicht vermutet* we did not expect him to be there **vermutlich** [fɛɐ̯'muːtlɪç] **I** adj attr presumable; *Täter* suspected **II** adv presumably **Vermutung** f ⟨**-, -en**⟩ (≈ *Annahme*) assumption; (≈ *Mutmaßung*) conjecture; (≈ *Verdacht*) hunch; *die ~ liegt nahe, dass ...* there are grounds for the assumption that ...

vernachlässigen [fɛɐ̯'naːxlɛsɪgn] *past part* **vernachlässigt** v/t to neglect

vernarren *past part* **vernarrt** v/r (*infml*) *sich in etw ~* to fall for sth; *in jdn vernarrt sein* to be crazy about sb (*infml*)

vernehmbar I adj (≈ *hörbar*) audible **II** adv audibly **vernehmen** *past part* **vernommen** [fɛɐ̯'nɔmən] v/t irr **1.** (≈ *hören* ≈ *erfahren*) to hear **2.** JUR *Zeugen* to examine; (*Polizei*) to question **vernehmlich** [fɛɐ̯'neːmlɪç] **I** adj clear **II** adv audibly **Vernehmung** [fɛɐ̯'neːmʊŋ] f ⟨**-, -en**⟩ (JUR: *von Zeugen*) examination; (*durch Polizei*) questioning

verneigen *past part* **verneigt** v/r to bow; *sich vor jdm/etw ~* (*lit*) to bow to sb/sth; (*fig*) to bow down before sb/sth **Verneigung** f bow (*vor +dat* before)

verneinen [fɛɐ̯'nainən] *past part* **verneint** v/t & v/i *Frage* to answer in the negative; (≈ *leugnen*) *Tatsache* to deny; *These* to dispute; GRAM to negate; *die verneinte Form* the negative (form) **verneinend** adj negative **Verneinung** f ⟨**-, -en**⟩ (≈ *Leugnung*) denial; (*von These etc*) disputing; GRAM negation; (≈ *verneinte Form*) negative

vernetzen *past part* **vernetzt** v/t to link up; IT to network **Vernetzung** [fɛɐ̯-'nɛtsʊŋ] f ⟨**-, -en**⟩ linking-up; IT networking

vernichten [fɛɐ̯'nɪçtn] *past part* **vernichtet** v/t to destroy **vernichtend I** adj devastating; *Niederlage* crushing **II** adv *jdn ~ schlagen* MIL, SPORTS to annihilate sb **Vernichtung** f ⟨**-, -en**⟩ destruction **Vernichtungsschlag** m devastating blow; *zum ~ ausholen* to prepare to deliver the final blow

verniedlichen [fɛɐ̯'niːtlɪçn] *past part* **verniedlicht** v/t to trivialize

vernieten *past part* **vernietet** v/t to rivet **Vernissage** [vɛrnɪ'saːʒə] f ⟨**-, -n**⟩ opening (*at art gallery*)

Vernunft [fɛɐ̯'nʊnft] f ⟨**-, no pl**⟩ reason; *zur ~ kommen* to come to one's senses; *~ annehmen* to see reason; *jdn zur ~ bringen* to make sb see sense **vernünftig** [fɛɐ̯'nʏnftɪç] **I** adj sensible; (≈ *logisch denkend*) rational; (*infml*) (≈ *anständig*) decent; (≈ *annehmbar*) reasonable **II** adv sensibly; (≈ *logisch*) rationally; (*infml*) (≈ *anständig*) decently; (≈ *annehmbar*) reasonably

veröden [fɛɐ̯'|øːdn] *past part* **verödet** v/i aux sein to become desolate

veröffentlichen [fɛɐ̯'|œfntlɪçn] *past part* **veröffentlicht** v/t & v/i to publish **Veröffentlichung** f ⟨**-, -en**⟩ publication

verordnen *past part* **verordnet** v/t to prescribe (*jdm etw* sth for sb) **Verordnung** *f* **1.** MED prescription **2.** (*form* ≈ *Verfügung*) decree

verpachten *past part* **verpachtet** *v/t* to lease (*an* +*acc* to)

verpacken *past part* **verpackt** *v/t* to pack; (≈ *einwickeln*) to wrap **Verpackung** *f* **1.** (≈ *Material*) packaging *no pl* **2.** *no pl* (≈ *das Verpacken*) packing; (≈ *das Einwickeln*) wrapping **Verpackungskosten** *pl* packing *or* packaging costs *pl* **Verpackungsmaterial** *nt* packaging (material) **Verpackungsmüll** *m* packaging waste

verpassen *past part* **verpasst** *v/t* **1.** (≈ *versäumen*) to miss **2.** (*infml* ≈ *zuteilen*) *jdm etw* ~ to give sb sth; (≈ *aufzwingen*) to make sb have sth; *jdm eins or eine Ohrfeige* ~ to smack sb one (*infml*)

verpatzen *past part* **verpatzt** *v/t* (*infml*) to spoil

verpennen *past part* **verpennt** (*infml*) **I** *v/t* (≈ *verschlafen*) *Termin, Zeit* to miss by oversleeping; (≈ *verpassen*) *Einsatz* to miss **II** *v/i* & *v/r* to oversleep

verpesten [fɛɐˈpɛstn] *past part* **verpestet** *v/t* to pollute

verpetzen *past part* **verpetzt** *v/t* (*infml*) to tell on (*infml*) (*bei* to)

verpfänden *past part* **verpfändet** *v/t* to pawn

verpfeifen *past part* **verpfiffen** [fɛɐˈpfɪfn] *v/t irr* (*infml*) to grass on (*bei* to) (*infml*)

verpflanzen *past part* **verpflanzt** *v/t* to transplant; *Haut* to graft **Verpflanzung** *f* transplant; (*von Haut*) grafting

verpflegen *past part* **verpflegt** **I** *v/t* to feed **II** *v/r* **sich (selbst)** ~ to feed oneself; (≈ *selbst kochen*) to cater for oneself **Verpflegung** [fɛɐˈpfleːɡʊŋ] *f* ⟨-, -en⟩ **1.** (≈ *das Verpflegen*) catering; MIL rationing **2.** (≈ *Essen*) food; MIL provisions *pl*; *mit voller* ~ (≈ *mit Vollpension*) with full board

verpflichten [fɛɐˈpflɪçtn] *past part* **verpflichtet** **I** *v/t* **1.** to oblige; *sich verpflichtet fühlen, etw zu tun* to feel obliged to do sth; *jdm verpflichtet sein* to be under an obligation to sb **2.** (≈ *binden*) to commit; (*vertraglich etc*) to bind; (*durch Gesetz*) to oblige; ~**d** binding **3.** (≈ *einstellen*) to engage; *Sportler* to sign on; MIL to enlist **II** *v/i* (≈ *bindend sein*) to be binding; *das verpflichtet zu nichts*

there is no obligation involved **III** *v/r* *sich zu etw* ~ to undertake to do sth; (*vertraglich*) to commit oneself to doing sth **Verpflichtung** *f* ⟨-, -en⟩ **1.** obligation (*zu etw* to do sth); (*finanziell*) commitment (*zu etw* to do sth); (≈ *Aufgabe*) duty **2.** (≈ *Einstellung*) engaging; (*von Sportlern*) signing on; MIL enlistment

verpfuschen *past part* **verpfuscht** *v/t* (*infml*) *Arbeit etc* to bungle; *Leben, Erziehung* to screw up (*sl*), to ruin

verpissen *past part* **verpisst** *v/r* (*sl*) to clear out (*infml*)

verplanen *past part* **verplant** *v/t* *Zeit* to book up; *Geld* to budget

verplappern *past part* **verplappert** *v/r* (*infml*) to open one's mouth too wide (*infml*)

verplempern *past part* **verplempert** *v/t* (*infml*) to waste

verpönt [fɛɐˈpøːnt] *adj* frowned (up)on (*bei* by)

verprügeln *past part* **verprügelt** *v/t* to beat up

verpulvern [fɛɐˈpʊlvɐn, -fɐn] *past part* **verpulvert** *v/t* (*infml*) to fritter away

Verputz *m* plaster; (≈ *Rauputz*) roughcast **verputzen** *past part* **verputzt** *v/t* **1.** *Wand* to plaster; (*mit Rauputz*) to roughcast **2.** (*infml* ≈ *aufessen*) to polish off (*infml*)

verrammeln *past part* **verrammelt** *v/t* to barricade

verramschen [fɛɐˈramʃn] *past part* **verramscht** *v/t* COMM to sell off cheap; (*infml also*) to flog (*Br infml*)

Verrat *m, no pl* betrayal (*an* +*dat* of); JUR treason (*an* +*dat* against) **verraten** *past part* **verraten** *irr* **I** *v/t* *Geheimnis, jdn* to betray; (≈ *ausplaudern*) to tell; (*fig* ≈ *erkennen lassen*) to reveal; *nichts* ~*!* don't say a word! **II** *v/r* to give oneself away **Verräter** [fɛɐˈrɛːtɐ] *m* ⟨-s, -⟩, **Verräterin** [-ərɪn] *f* ⟨-, -nen⟩ traitor (+*gen* to) **verräterisch** [fɛɐˈrɛːtərɪʃ] *adj* treacherous; JUR treasonable; (≈ *verdächtig*) *Blick, Lächeln etc* telltale *attr*

verrauchen *past part* **verraucht** *v/i aux sein* (*fig*: *Zorn, Enttäuschung*) to subside **verräuchern** *past part* **verräuchert** *v/t* to fill with smoke

verrechnen *past part* **verrechnet** **I** *v/t* (≈ *begleichen*) to settle; *Scheck* to clear; *Gutschein* to redeem; *etw mit etw* ~ (≈ *gegeneinander aufrechnen*) to balance sth with sth **II** *v/r* to miscalculate;

***sich um zwei Euro* ~** to be out by two euros **Verrechnung** *f* settlement; (*von Scheck*) clearing; „*nur zur* ~" "A/C payee only" **Verrechnungsscheck** *m* crossed cheque (*Br*), voucher check (*US*)

verrecken *past part* **verreckt** *v/i aux sein* (*vulg*) to croak (*infml*); (*sl* ≈ *kaputtgehen*) to give up the ghost (*infml*)

verregnet [fɛɐˈreːɡnət] *adj* rainy

verreisen *past part* **verreist** *v/i aux sein* to go away (on a trip *or* journey); ***er ist geschäftlich verreist*** he's away on business; ***mit der Bahn*** ~ to go on a train journey

verreißen *past part* **verrissen** [fɛɐˈrɪsn] *v/t irr* (≈ *kritisieren*) to tear to pieces

verrenken [fɛɐˈrɛŋkn] *past part* **verrenkt** *v/t* to dislocate; *Hals* to crick **Verrenkung** *f* ⟨-, -en⟩ contortion; MED dislocation

verrichten *past part* **verrichtet** *v/t Arbeit* to perform; *Andacht* to perform; *Gebet* to say

verriegeln [fɛɐˈriːɡln] *past part* **verriegelt** *v/t* to bolt

verringern [fɛɐˈrɪŋɐn] *past part* **verringert** I *v/t* to reduce II *v/r* to decrease **Verringerung** *f* ⟨-, -en⟩ (≈ *das Verringern*) reduction; (≈ *Abnahme*) decrease; (*von Abstand*) lessening

verrinnen *past part* **verronnen** [fɛɐˈrɔnən] *v/i irr aux sein* (*Wasser*) to trickle away (*in +dat* into); (*Zeit*) to elapse

Verriss *m* slating review

verrohen [fɛɐˈroːən] *past part* **verroht** I *v/t* to brutalize II *v/i aux sein* to become brutalized; (*Sitten*) to coarsen **Verrohung** *f* ⟨-, -en⟩ brutalization

verrosten *past part* **verrostet** *v/i aux sein* to rust; **verrostet** rusty

verrotten [fɛɐˈrɔtn] *past part* **verrottet** *v/i aux sein* to rot; (≈ *sich organisch zersetzen*) to decompose

verrücken *past part* **verrückt** *v/t* to move **verrückt** [fɛɐˈrʏkt] *adj* **1.** (≈ *geisteskrank*) mad **2.** (*infml*) crazy; ~ *auf* (*+acc*) *or* **nach** crazy about (*infml*); *wie* ~ like crazy (*infml*); ***jdn*** ~ **machen** to drive sb crazy *or* wild (*infml*); ~ **werden** to go crazy; ***du bist wohl*** ~! you must be crazy! **Verrückte(r)** [fɛɐˈrʏktə] *m/f(m) decl as adj* (*infml*) lunatic **Verrücktheit** *f* ⟨-, -en⟩ (*infml*) madness, craziness; (*Handlung*) crazy thing **verrücktspielen** *v/i sep* (*infml*) to play up **Verrücktwerden** *nt* **zum** ~ enough to drive one mad *or* crazy

Verruf *m, no pl* **in** ~ **geraten** to fall into disrepute; ***jdn/etw in*** ~ **bringen** to bring sb/sth into disrepute **verrufen** [fɛɐˈruːfn] *adj* disreputable

verrühren *past part* **verrührt** *v/t* to mix

verrutschen *past part* **verrutscht** *v/i aux sein* to slip

Vers [fɛrs] *m* ⟨-es, -e [-zə]⟩ verse; (≈ *Zeile*) line

versagen *past part* **versagt** I *v/t jdm/sich etw* ~ to deny sb/oneself sth; *etw bleibt or ist jdm versagt* sth is denied sth II *v/i* to fail; (*Maschine*) to break down; *die Beine/Nerven etc versagten ihm* his legs/nerves *etc* gave way **Versagen** [fɛɐˈzaːɡn] *nt* ⟨-s, *no pl*⟩ failure; (*von Maschine*) breakdown; *menschliches* ~ human error **Versager** [fɛɐˈzaːɡɐ] *m* ⟨-s, -⟩, **Versagerin** [-ərɪn] *f* ⟨-, -nen⟩ failure

versalzen *past part* **versalzen** *v/t irr* to put too much salt in/on; (*infml* ≈ *verderben*) to spoil; ~*es Essen* oversalty food

versammeln *past part* **versammelt** I *v/t* to assemble; *Leute um sich* ~ to gather people around one II *v/r* to assemble; (*Ausschuss*) to meet **Versammlung** *f* (≈ *Veranstaltung*) meeting; (≈ *versammelte Menschen*) assembly **Versammlungsfreiheit** *f* freedom of assembly

Versand [fɛɐˈzant] *m* ⟨-(e)s [-dəs]⟩ *no pl* (≈ *das Versenden*) dispatch (*esp Br*), shipment **Versandabteilung** *f* shipping department **Versandgeschäft** *nt* (≈ *Firma*) mail-order firm **Versandhandel** *m* mail-order business **Versandhaus** *nt* mail-order firm **Versandkosten** *pl* transport(ation) costs *pl*

versauen *past part* **versaut** *v/t* (*infml*) **1.** (≈ *verschmutzen*) to make a mess of **2.** (≈ *ruinieren*) to ruin

versaufen *past part* **versoffen** [fɛɐˈzɔfn] *irr* (*infml*) *v/t Geld* to spend on booze (*infml*); → **versoffen**

versäumen *past part* **versäumt** *v/t* to miss; *Zeit* to lose; *Pflicht* to neglect; **(es)** ~, *etw zu tun* to fail to do sth **Versäumnis** [fɛɐˈzɔymnɪs] *nt* ⟨-ses, -se⟩ (≈ *Nachlässigkeit*) failing; (≈ *Unterlassung*) omission

verschachtelt [fɛɐˈʃaxtlt] *adj Satz* complex; *ineinander* ~ interlocking

verschaffen *past part* **verschafft** *v/t* **1.** **jdm etw ~** *Geld, Alibi* to provide sb with sth **2. sich** (*dat*) **etw ~** to obtain sth; *Kenntnisse* to acquire sth; *Ansehen, Vorteil* to gain sth; *Respekt* to get sth

verschandeln [fɛɐˈʃandln] *past part* **verschandelt** *v/t* to ruin

verschanzen *past part* **verschanzt** *v/r* to entrench oneself (*hinter* +*dat* behind); (≈ *sich verbarrikadieren*) to barricade oneself in (*in etw* (*dat*) sth)

verschärfen *past part* **verschärft** **I** *v/t* *Tempo* to increase; *Gegensätze* to intensify; *Lage* to aggravate; *Spannungen* to heighten; (≈ *strenger machen*) to tighten **II** *v/r* (*Tempo*) to increase; (*Wettbewerb, Gegensätze*) to intensify; (*Lage*) to become aggravated; (*Spannungen*) to heighten **verschärft** [fɛɐˈʃɛrft] **I** *adj* *Tempo, Wettbewerb* increased; *Lage* aggravated; *Spannungen* heightened; *Kontrollen* tightened **II** *adv* **~ aufpassen** to keep a closer watch; **~ kontrollieren** to keep a tighter control

verscharren *past part* **verscharrt** *v/t* to bury

verschätzen *past part* **verschätzt** *v/r* to misjudge, to miscalculate (*in etw* (*dat*) sth); **sich um zwei Monate ~** to be out by two months

verschenken *past part* **verschenkt** *v/t* to give away

verscherzen *past part* **verscherzt** *v/t* **sich** (*dat*) **etw ~** to lose sth; **es sich** (*dat*) **mit jdm ~** to spoil things (for oneself) with sb

verscheuchen *past part* **verscheucht** *v/t* to scare away

verscheuern *past part* **verscheuert** *v/t* (*infml*) to sell off

verschicken *past part* **verschickt** *v/t* **1.** (≈ *versenden*) to send off **2.** (*zur Kur etc*) to send away **3.** (≈ *deportieren*) to deport

verschieben *past part* **verschoben** [fɛɐˈʃoːbn] *irr* **I** *v/t* **1.** (≈ *verrücken*) to move **2.** (≈ *aufschieben*) to change; (*auf später*) to postpone (*um* for) **3.** (*infml*) *Waren* to traffic in **II** *v/r* **1.** (≈ *verrutschen*) to move out of place; (*fig: Schwerpunkt*) to shift **2.** (*zeitlich*) to be postponed **Verschiebung** *f* **1.** (≈ *das Verschieben*) moving **2.** (*von Termin*) postponement

verschieden [fɛɐˈʃiːdn] **I** *adj* **1.** (≈ *unterschiedlich*) different; **das ist ganz ~** (≈ *wird verschieden gehandhabt*) that varies **2.** *attr* (≈ *mehrere, einige*) several **3.** *Verschiedenes* different things; (*in Zeitungen, Listen*) miscellaneous **II** *adv* differently; **die Häuser sind ~ hoch** the houses vary in height **verschiedenartig** *adj* different; (≈ *mannigfaltig*) diverse **Verschiedenheit** *f* ⟨-, -en⟩ difference (+*gen* of, in); (≈ *Vielfalt*) variety **verschiedentlich** [fɛɐˈʃiːdntlɪç] *adv* (≈ *mehrmals*) several times; (≈ *vereinzelt*) occasionally

verschießen *past part* **verschossen** [fɛɐˈʃɔsn] *irr* **I** *v/t* **1.** *Munition* to use up **2.** (*Sport*) to miss **II** *v/r* (*infml*) **in jdn verschossen sein** to be crazy about sb (*infml*)

verschimmeln *past part* **verschimmelt** *v/i aux sein* to go mouldy (*Br*) *or* moldy (*US*); **verschimmelt** (*lit*) mouldy (*Br*), moldy (*US*)

verschlafen[1] *past part* **verschlafen** *irr* **I** *v/i & v/r* to oversleep **II** *v/t* *Termin* to miss by oversleeping; (≈ *schlafend verbringen*) *Tag, Morgen* to sleep through; (≈ *verpassen*) *Einsatz* to miss

verschlafen[2] *adj* sleepy

Verschlag *m* (≈ *abgetrennter Raum*) partitioned area; (≈ *Schuppen*) shed **verschlagen** *past part* **verschlagen** *v/t irr* **1. etw mit Brettern ~** to board sth up **2.** (≈ *nehmen*) *Atem* to take away; **das hat mir die Sprache ~** it left me speechless **3.** (≈ *geraten lassen*) to bring; **an einen Ort ~ werden** to end up somewhere

verschlampen *past part* **verschlampt** *v/t* (*infml* ≈ *verlieren*) to go and lose (*infml*)

verschlechtern [fɛɐˈʃlɛçtɐn] *past part* **verschlechtert** **I** *v/t* to make worse; *Qualität* to impair **II** *v/r* to get worse; **sich finanziell ~** to be worse off financially; **sich beruflich ~** to take a worse job **Verschlechterung** *f* ⟨-, -en⟩ worsening; (*von Leistung*) decline; **eine finanzielle ~** a financial setback

verschleiern [fɛɐˈʃlaiɐn] *past part* **verschleiert** **I** *v/t* to veil; *Blick* to blur **II** *v/r* (*Frau*) to veil oneself

Verschleiß [fɛɐˈʃlais] *m* ⟨-es, -e⟩ wear and tear; (≈ *Verluste*) loss **verschleißen** [fɛɐˈʃlaisn] *pret* **verschliss** [fɛɐˈʃlɪs], *past part* **verschlissen** [fɛɐˈʃlɪsn] **I** *v/t* (≈ *kaputt machen*) to wear out; (≈ *verbrauchen*) to use up **II** *v/i aux sein* to wear out; → **verschlissen III** *v/r* to wear out; (*Menschen*) to wear oneself out **verschleppen** *past part* **verschleppt** *v/t* **1.** (≈ *entführen*) jdn to abduct; *Gefangene, Kriegsopfer* to displace **2.** (≈ *hinauszögern*) *Prozess* to draw out; POL to delay; *Krankheit* to protract **Verschleppte(r)** [fɛɐˈʃlɛptə] *m/f(m) decl as adj* displaced person **Verschleppung** [fɛɐˈʃlɛpʊŋ] *f* ⟨-, -en⟩ **1.** (*von Menschen*) abduction **2.** (≈ *Verzögerung, von Krankheit*) protraction; (*von Gesetzesänderung*) delay **Verschleppungstaktik** *f* delaying tactics *pl*

verschleudern *past part* **verschleudert** *v/t* COMM to dump; (≈ *vergeuden*) *Vermögen, Ressourcen* to squander

verschließbar *adj* *Dosen, Gläser etc* sealable; *Tür, Schublade* lockable **verschließen** *past part* **verschlossen** [fɛɐˈʃlɔsn] *irr* **I** *v/t* **1.** (≈ *abschließen*) to lock (up); (*fig*) to close; (≈ *versperren*) to bar; (*mit Riegel*) to bolt; → **verschlossen 2.** (≈ *zumachen*) to close; *Brief* to seal; (*mit Pfropfen*) *Flasche* to cork; **die Augen/Ohren (vor etw** *dat*) **~** to shut one's eyes/ears (to sth) **II** *v/r* (*Mensch* ≈ *reserviert sein*) to shut oneself off (+*dat* from); **ich kann mich der Tatsache nicht ~, dass ...** I can't close my eyes to the fact that ...

verschlimmbessern [fɛɐˈʃlɪmbɛsn] *past part* **verschlimmbessert** *v/t insep* (*hum*) to make worse **verschlimmern** [fɛɐˈʃlɪmɐn] *past part* **verschlimmert** **I** *v/t* to make worse **II** *v/r* to get worse **Verschlimmerung** *f* ⟨-, -en⟩ worsening

verschlingen [fɛɐˈʃlɪŋən] *irr* **I** *v/t* (≈ *gierig essen*) to devour; (*fig*) (*Welle, Dunkelheit*) to engulf; (≈ *verbrauchen*) *Geld, Strom etc* to eat up; **jdn mit Blicken ~** to devour sb with one's eyes **II** *v/r* to become intertwined

verschlissen [fɛɐˈʃlɪsn] *adj* worn (out); (*fig*) *Politiker etc* burned-out (*infml*); → **verschleißen**

verschlossen [fɛɐˈʃlɔsn] *adj* closed; (*mit Schlüssel*) locked; (*mit Riegel*) bolted; *Briefumschlag* sealed; **hinter ~en Türen** behind closed doors; → **verschließen** **Verschlossenheit** *f* ⟨-, *no pl*⟩ (*von Mensch*) reserve

verschlucken *past part* **verschluckt** **I** *v/t* to swallow **II** *v/r* to swallow the wrong way

Verschluss *m* **1.** (≈ *Schloss*) lock; (≈ *Pfropfen*) stopper; (*an Kleidung*) fastener; (*an Schmuck*) catch; (*an Tasche, Buch, Schuh*) clasp; **etw unter ~ halten** to keep sth under lock and key **2.** PHOT shutter

verschlüsseln [fɛɐˈʃlʏsln] *past part* **verschlüsselt** *v/t* to (put into) code **Verschlüsselung** [fɛɐˈʃlʏsəlʊŋ] *f* ⟨-, -en⟩ coding

verschmähen *past part* **verschmäht** *v/t* to spurn

verschmelzen *past part* **verschmolzen** [fɛɐˈʃmɔltsn] *irr* *v/i aux sein* to melt together; (*Metalle*) to fuse; (*Farben*) to blend; (*fig*) to blend (*zu* into) **Verschmelzung** [fɛɐˈʃmɛltsʊŋ] *f* ⟨-, -en⟩ **1.** (≈ *Verbindung*) fusion; (*von Farben*) blending **2.** COMM merger

verschmerzen *past part* **verschmerzt** *v/t* to get over

verschmieren *past part* **verschmiert** **I** *v/t* **1.** (≈ *verstreichen*) to spread (*in* +*dat* over) **2.** *Gesicht* to smear; *Geschriebenes* to smudge **II** *v/i* to smudge **verschmiert** [fɛɐˈʃmiːɐt] *adj* *Gesicht* smeary

verschmitzt [fɛɐˈʃmɪtst] *adj* mischievous

verschmutzen *past part* **verschmutzt** **I** *v/t* to dirty; *Luft, Umwelt* to pollute **II** *v/i aux sein* to get dirty; (*Luft, Wasser, Umwelt*) to become polluted **verschmutzt** [fɛɐˈʃmʊtst] *adj* dirty, soiled; *Luft etc* polluted **Verschmutzung** [fɛɐˈʃmʊtsʊŋ] *f* ⟨-, -en⟩ **1.** *no pl* (≈ *das Verschmutzen*) dirtying; (*von Luft, Umwelt*) pollution; (*von Fahrbahn*) muddying **2.** (≈ *das Verschmutztsein*) dirtiness *no pl*; (*von Luft etc*) pollution

verschnaufen *past part* **verschnauft** *v/i & v/r* (*infml*) to take a breather (*infml*) **Verschnaufpause** *f* breather

verschneiden *past part* **verschnitten** [fɛɐˈʃnɪtn] *v/t irr* *Wein, Rum* to blend

verschneit [fɛɐˈʃnait] *adj* snow-covered

verschnupft [fɛɐˈʃnʊpft] *adj* (*infml*) **1.** (≈ *erkältet*) *Mensch* with a cold **2.** (≈ *beleidigt*) peeved (*infml*)

verschnüren *past part* **verschnürt** *v/t* to tie up

verschollen [fɛɐˈʃɔlən] *adj* *Flugzeug, Mensch etc* missing; **ein lange ~er Freund** a long-lost friend; **er ist ~** (*im Krieg*) he is missing, presumed dead

verschonen *past part* **verschont** *v/t* to spare (*jdn von etw* sb sth); **verschone mich damit!** spare me that!; **von etw verschont bleiben** to escape sth

verschönern [fɛɐ̯'ʃøːnɐn] *past part* **verschönert** *v/t* to improve (the appearance of); *Wohnung* to brighten (up) **Verschönerung** [fɛɐ̯'ʃøːnərʊŋ] *f* ⟨-, -en⟩ improvement; (*von Wohnung, Zimmer*) brightening up

verschränken [fɛɐ̯'ʃrɛŋkn] *past part* **verschränkt** *v/t* to cross over; *Arme* to fold

verschrecken *past part* **verschreckt** *v/t* to frighten off

verschreiben *past part* **verschrieben** [fɛɐ̯'ʃriːbn] *irr* I *v/t* (≈ *verordnen*) to prescribe II *v/r* 1. (≈ *falsch schreiben*) to make a slip (of the pen) 2. **sich einer Sache** (*dat*) ~ to devote oneself to sth **verschreibungspflichtig**[-pflɪçtɪç] *adj* only available on prescription

verschrie(e)n [fɛɐ̯'ʃriːən] *adj* **als etw verschrieen** notorious for being sth

verschrotten [fɛɐ̯'ʃrɔtn] *past part* **verschrottet** *v/t* to scrap

verschrumpeln*past part* **verschrumpelt** *v/i aux sein* to shrivel

verschüchtern [fɛɐ̯'ʃʏçtɐn] *past part* **verschüchtert** *v/t* to intimidate

verschulden*past part* **verschuldet** I *v/t* to be to blame for; *Unfall* to cause II *v/r* to get into debt **Verschulden**[fɛɐ̯'ʃʊldn] *nt* ⟨-s, no pl⟩ fault; **ohne sein/mein** ~ through no fault of his (own)/of my own *or* of mine

verschütten *past part* **verschüttet** *v/t* 1. *Flüssigkeit* to spill 2. (≈ *begraben*) **verschüttet werden** (*Mensch*) to be buried (alive) **verschüttet** [fɛɐ̯'ʃʏtət] *adj* buried (alive) **verschütt gehen** *v/i irr aux sein* (*infml*) to get lost

verschweigen *past part* **verschwiegen** [fɛɐ̯'ʃviːgn] *v/t irr* to withhold (*jdm etw* sth from sb); → **verschwiegen**

verschwenden [fɛɐ̯'ʃvɛndn] *past part* **verschwendet** *v/t* to waste (*auf +acc*) **Verschwender** [fɛɐ̯'ʃvɛndɐ] *m* ⟨-s, -⟩, **Verschwenderin** [-ərɪn] *f* ⟨-, -nen⟩ spendthrift **verschwenderisch** [fɛɐ̯'ʃvɛndərɪʃ] I *adj* wasteful; *Leben* extravagant; (≈ *üppig*) lavish; *Fülle* lavish II *adv* wastefully; **mit etw ~ umgehen** to be lavish with sth **Verschwendung** *f* ⟨-, -en⟩ ~ **von Geld/Zeit** waste of money/time

verschwiegen [fɛɐ̯'ʃviːgn] *adj Mensch* discreet; *Ort* secluded; → **verschweigen** **Verschwiegenheit** *f* ⟨-, no pl⟩ (*von Mensch*) discretion; **zur ~ verpflichtet** bound to secrecy

verschwimmen *past part* **verschwommen** [fɛɐ̯'ʃvɔmən] *v/i irr aux sein* to become blurred *or* indistinct; **ineinander~** to melt *or* merge into one another; → **verschwommen**

verschwinden *past part* **verschwunden** [fɛɐ̯'ʃvʊndn] *v/i irr aux sein* to disappear, to vanish; **verschwinde!** clear out! (*infml*); (**mal**) ~ **müssen** (*euph infml*) to have to go to the bathroom; → **verschwunden** **Verschwinden** [fɛɐ̯-'ʃvɪndn] *nt* ⟨-s, no pl⟩ disappearance **verschwindend** *adv* ~ **wenig** very, very few; ~ **klein** *or* **gering** minute

verschwitzt [fɛɐ̯'ʃvɪtst] *adj Kleidungsstück* sweat-stained; (≈ *feucht*) sweaty

verschwommen[fɛɐ̯'ʃvɔmən] I *adj Foto* fuzzy; *Erinnerung* vague II *adv sehen* blurred; *sich erinnern* vaguely; → **verschwimmen**

verschwören *past part* **verschworen** [fɛɐ̯'ʃvoːrən] *v/r irr* 1. (≈ *ein Komplott schmieden*) to plot (*mit* with, *gegen* against) 2. (≈ *sich verschreiben*) **sich einer Sache** (*dat*) ~ to give oneself over to sth **Verschwörer** [fɛɐ̯'ʃvøːrɐ] *m* ⟨-s, -⟩, **Verschwörerin** [-ərɪn] *f* ⟨-, -nen⟩ conspirator **Verschwörung** [fɛɐ̯'ʃvøːrʊŋ] *f* ⟨-, -en⟩ conspiracy, plot

verschwunden [fɛɐ̯'ʃvʊndn] *adj* missing; → **verschwinden**

versehen*past part* **versehen** *irr* I *v/t* 1. (≈ *ausüben*) *Amt etc* to occupy; *Dienst* to perform; *Dienst* to provide 2. (≈ *ausstatten*) **jdn mit etw ~** to provide sb with sth; **mit etw ~ sein** to have sth 3. (≈ *geben*) to give II *v/r* 1. (≈ *sich irren*) to be mistaken 2. **sich mit etw ~** (≈ *sich ausstatten*) to equip oneself with sth 3. **ehe man sichs versieht** before you could turn (a)round **Versehen** [fɛɐ̯'zeːən] *nt* ⟨-s, -⟩ (≈ *Irrtum*) mistake; (≈ *Unachtsamkeit*) oversight; **aus ~** by mistake **versehentlich** [fɛɐ̯'zeːəntlɪç] I *adj attr* inadvertent; (≈ *irrtümlich*) erroneous II *adv* inadvertently, by mistake

Versehrte(r) [fɛɐ̯'zeːɐtə] *m/f(m) decl as adj* disabled person/man/woman *etc*

versenden*past part* **versendet** (*rare*) *or* **versandt** [fɛɐ̯'sant] *v/t irr or regular* to send **Versendung** *f* sending

versengen *past part* **versengt** *v/t (Sonne, mit Bügeleisen)* to scorch; *(Feuer)* to singe

versenken *past part* **versenkt** **I** *v/t* to sink; *das eigene Schiff* to scuttle **II** *v/r* **sich in etw** *(acc)* ~ to become immersed in sth **Versenkung** *f* **1.** (≈ *das Versenken*) sinking; *(von eigenem Schiff)* scuttling **2.** *(infml)* **in der** ~ **verschwinden** to vanish; **aus der** ~ **auftauchen** to reappear

versessen [fɛɐˈzɛsn] *adj (fig)* **auf etw** *(acc)* ~ **sein** to be very keen on sth **Versessenheit** *f* ⟨-, *-en*⟩ keenness *(auf+acc* on)

versetzen *past part* **versetzt** **I** *v/t* **1.** to move; *(SCHOOL: in höhere Klasse)* to move up **2.** *(infml)* (≈ *verkaufen*) to sell; (≈ *verpfänden*) to pawn **3.** *(infml* ≈ *nicht erscheinen)* **jdn** ~ to stand sb up *(infml)* **4.** *jdn in fröhliche Stimmung* ~ to put sb in a cheerful mood; *jdn in die Lage* ~, *etw zu tun* to put sb in a position to do sth **5.** (≈ *geben*) *Stoß, Tritt etc* to give **II** *v/r* **sich in jds Lage** ~ to put oneself in sb's place *or* position **Versetzung** [fɛɐˈzɛtsʊŋ] *f* ⟨-, *-en*⟩ *(beruflich)* transfer; SCHOOL moving up

verseuchen [fɛɐˈzɔʏçn] *past part* **verseucht** *v/t (mit Bakterien, Viren)* to infect; *(mit Giftstoffen, fig)* to contaminate **verseucht** *adj (mit Bakterien, Viren)* infected; *(mit Gas, Giftstoffen)* contaminated; *radioaktiv* ~ contaminated by radiation *or* radioactivity **Verseuchung** *f* ⟨-, *-en*⟩ *(mit Bakterien, Viren)* infection; *(mit Giftstoffen, fig)* contamination *no pl*

Versicherer [fɛɐˈzɪçərɐ] *m* ⟨-s, -⟩ insurer; *(bei Schiffen)* underwriter **versichern** *past part* **versichert I** *v/t* **1.** (≈ *bestätigen*) to assure; (≈ *beteuern*) to protest; *jdm* ~, *dass* ... to assure sb that ... **2.** INSUR to insure; *gegen etw versichert sein* to be insured against sth **II** *v/r* **1.** (≈ *Versicherung abschließen*) to insure oneself; *sich gegen Unfall* ~ to take out accident insurance **2.** (≈ *sich vergewissern*) to make sure *or* certain **Versicherte(r)** [fɛɐˈzɪçɐtə] *m/f(m) decl as adj* insured (party) **Versicherung** *f* **1.** (≈ *Bestätigung*) assurance **2.** (≈ *Feuerversicherung etc*) insurance **3.** (≈ *Gesellschaft*) insurance company **Versicherungsbeitrag** *m (bei Haftpflichtversicherung*

etc) insurance premium **Versicherungsbetrug** *m* insurance fraud **Versicherungskarte** *f* insurance card; *die grüne* ~ MOT the green card *(Br), insurance document for driving abroad* **Versicherungsmakler(in)** *m/(f)* insurance broker **Versicherungsnehmer** *m* ⟨-s, -⟩, **Versicherungsnehmerin** *f* ⟨-, *-nen*⟩ *(form)* policy holder **Versicherungspolice** *f* insurance policy **Versicherungsschein** *m* insurance policy **Versicherungsschutz** *m* insurance cover **Versicherungssumme** *f* sum insured **Versicherungsvertrag** *m* insurance contract

versickern *past part* **versickert** *v/i aux sein* to seep away; *(fig, Interesse)* to peter out; *(Geld)* to trickle away

versiegeln *past part* **versiegelt** *v/t* to seal

versiegen *past part* **versiegt** *v/i aux sein (Fluss)* to dry up; *(Interesse)* to peter out; *(Kräfte)* to fail

versiert [vɛrˈziːɐt] *adj* **in etw** *(dat)* ~ **sein** to be experienced *or (in Bezug auf Wissen)* (well) versed in sth

versifft [fɛɐˈzɪft] *adj (sl)* yucky *(infml)*

versilbern [fɛɐˈzɪlbɐn] *past part* **versilbert** *v/t* (≈ *mit Silber überziehen*) to silver(-plate); *(fig infml* ≈ *verkaufen*) to sell

versinken *past part* **versunken** [fɛɐˈzʊŋkn] *v/i irr aux sein* to sink; *in etw* *(acc)* ~ *(fig) in Trauer, Chaos* to sink into sth; *in Anblick, Gedanken* to lose oneself in sth; → **versunken**

Version [vɛrˈzioːn] *f* ⟨-, *-en*⟩ version

versklaven [fɛɐˈsklaːvn, -aːfn] *past part* **versklavt** *v/t (lit, fig)* to enslave

Versmaß *nt* metre *(Br)*, meter *(US)*

versoffen [fɛɐˈzɔfn] *adj (infml)* boozy *(infml)*; → **versaufen**

versohlen *past part* **versohlt** *v/t (infml)* to belt *(infml)*

versöhnen [fɛɐˈzøːnən] *past part* **versöhnt I** *v/t* to reconcile; ~*de Worte* conciliatory words **II** *v/r* to be(come) reconciled; *(Streitende)* to make it up; *sich mit etw* ~ to reconcile oneself to sth **versöhnlich** [fɛɐˈzøːnlɪç] *adj* conciliatory; (≈ *nicht nachtragend*) forgiving **Versöhnung** *f* ⟨-, *-en*⟩ reconciliation

versonnen [fɛɐˈzɔnən] *adj* Gesichtsausdruck pensive; (≈ *träumerisch*) *Blick* dreamy

versorgen *past part* **versorgt** *v/t* (≈ *sich kümmern um*) to look after; (≈ *belie-*

fern) to supply; (≈ *unterhalten*) *Familie* to provide for **Versorgung** [fɛɐˈzɔrɡʊŋ] *f* ⟨-, -en⟩ (≈ *Pflege*) care; (≈ *Belieferung*) supply; **die ~ mit Strom** the supply of electricity; **die ~ im Alter** providing for one's old age **Versorgungsschwierigkeiten** *pl* supply problems *pl* **Versorgungsstaat** *m* all-providing state **verspannt** [fɛɐˈʃpant] *adj Muskeln* tense **verspäten** [fɛɐˈʃpɛːtn] *past part* **verspätet** *v/r* to be late **verspätet** [fɛɐˈʃpɛːtət] **I** *adj* late; *Zug, Flugzeug* delayed **II** *adv* late; *gratulieren* belatedly **Verspätung** *f* ⟨-, -en⟩ delay; **(10 Minuten) ~ haben** to be (10 minutes) late; **mit ~ ankommen** to arrive late **versperren** *past part* **versperrt** *v/t Weg etc* to block **verspielen** *past part* **verspielt I** *v/t Geld, Zukunft* to gamble away; *Vertrauen* to lose **II** *v/i* (*fig*) **er hatte bei ihr verspielt** he had had it as far as she was concerned (*infml*) **verspielt** [fɛɐˈʃpiːlt] *adj* playful; *Verzierung* dainty **verspotten** *past part* **verspottet** *v/t* to mock **versprechen** *past part* **versprochen** [fɛɐˈʃprɔxn] *irr* **I** *v/t* to promise (*jdm etw* sb sth); **das verspricht interessant zu werden** it promises to be interesting; **sich** (*dat*) **viel/wenig von etw ~** to have high hopes / no great hopes of sth; **was versprichst du dir davon?** what do you expect to achieve (by that)? **II** *v/r* (≈ *etwas Nichtgemeintes sagen*) to make a slip (of the tongue) **Versprechen** [fɛɐˈʃprɛçn] *nt* ⟨-s, -⟩ promise **Versprecher** *m* (*infml*) slip (of the tongue) **Versprechung** [fɛɐˈʃprɛçʊŋ] *f* ⟨-, -en⟩ promise **versprühen** *past part* **versprüht** *v/t* to spray; *Charme* to exude **verspüren** *past part* **verspürt** *v/t* to feel **verstaatlichen** [fɛɐˈʃtaːtlɪçn] *past part* **verstaatlicht** *v/t* to nationalize **Verstaatlichung** *f* ⟨-, -en⟩ nationalization **Verstand** [fɛɐˈʃtant] *m* ⟨-(e)s [-dəs]⟩ *no pl* (≈ *Fähigkeit zu denken*) reason; (≈ *Intellekt*) mind; (≈ *Vernunft*) (common) sense; (≈ *Urteilskraft*) (powers *pl* of) judgement; **den ~ verlieren** to lose one's mind; **hast du denn den ~ verloren?** are you out of your mind? (*infml*); **jdn um den ~ bringen** to drive sb out of his / her mind (*infml*); **nicht ganz bei ~ sein** not to be in one's right mind; **das geht**

über meinen ~ it's beyond me **verständigen** [fɛɐˈʃtɛndɪɡn] *past part* **verständigt I** *v/t* to notify (*von of, about*) **II** *v/r* to communicate (with each other); (≈ *sich einigen*) to come to an understanding **Verständigung** *f* ⟨-, (*rare*) -en⟩ **1.** (≈ *Benachrichtigung*) notification **2.** (≈ *das Sichverständigen*) communication *no indef art* **3.** (≈ *Einigung*) understanding **verständlich** [fɛɐˈʃtɛntlɪç] **I** *adj* (≈ *begreiflich*) understandable; (≈ *intellektuell erfassbar*) comprehensible; (≈ *hörbar*) audible; (≈ *klar*) *Erklärung* intelligible; **jdm etw ~ machen** to make sb understand sth; **sich ~ machen** to make oneself understood **II** *adv* clearly **verständlicherweise** [fɛɐˈʃtɛntlɪçɐˈvaɪzə] *adv* understandably (enough) **Verständnis** [fɛɐˈʃtɛntnɪs] *nt* ⟨-ses, *no pl*⟩ **1.** (≈ *das Begreifen*) (*für* of) understanding (*für* of); (≈ *Mitgefühl*) sympathy (*für* for); **für so was habe ich kein ~** I have no time for that kind of thing; **dafür hast du mein vollstes ~** you have my fullest sympathy **2.** (≈ *Kunstverständnis etc*) appreciation (*für* of) **verständnislos I** *adj* uncomprehending; (≈ *ohne Mitgefühl*) unsympathetic; (*für Kunst*) unappreciative **II** *adv* uncomprehendingly; (≈ *ohne Mitgefühl*) unsympathetically; (*gegenüber Kunst*) unappreciatively **verständnisvoll** *adj* understanding; *Blick* knowing *no pred* **verstärken** *past part* **verstärkt I** *v/t* to reinforce; *Spannung* to intensify; *Signal, Musik* to amplify **II** *v/r* (*fig*) to intensify **Verstärker** [fɛɐˈʃtɛrkɐ] *m* ⟨-s, -⟩ RADIO, ELEC amplifier **Verstärkung** *f* reinforcement; (*von Spannung*) intensification; ELEC, MUS amplification **verstauben** *past part* **verstaubt** *v/i aux sein* to get dusty; (*fig*) to gather dust; **verstaubt** covered in dust; (*fig*) *Ideen* fuddy-duddy (*infml*) **verstauchen** *past part* **verstaucht** *v/t* to sprain; **sich** (*dat*) **den Fuß etc ~** to sprain one's foot *etc* **verstauen** *past part* **verstaut** *v/t Gepäck* to load; NAUT to stow; (*hum*) *Menschen* to pile **Versteck** [fɛɐˈʃtɛk] *nt* ⟨-(e)s, -e⟩ hiding place; (*von Verbrechern*) hide-out; **~ spielen** to play hide-and-seek (*Br*) or hide-and-go-seek (*US*) **verstecken** *past* *part* **versteckt I** *v/t* to hide (*vor* from) **II** *v/r* to hide; *sich vor jdm ~* to hide from sb; *sich hinter etw (dat) ~* to hide behind sth; **Verstecken spielen** to play hide--and-seek (*Br*) *or* hide-and-go-seek (*US*) **Versteckspiel** *nt* hide-and-seek (*Br*), hide-and-go-seek (*US*) **versteckt** [fɛɐ̯'ʃtɛkt] *adj* hidden; *Eingang* concealed; *Andeutung* veiled

verstehen *past part* **verstanden** [fɛɐ̯-'ʃtandn] *irr* **I** *v/t & v/i* to understand; *jdn falsch ~* to misunderstand sb; *versteh mich recht* don't get me wrong; *wenn ich recht verstehe ...* if I understand correctly ...; *jdm zu ~ geben, dass ...* to give sb to understand that ... **II** *v/t* **1.** (≈ *können*) to know; *es ~, etw zu tun* to know how to do sth; *etwas/nichts von etw ~* to know something / nothing about sth **2.** (≈ *auslegen*) to understand, to see; *etw unter etw (dat) ~* to understand sth by sth **III** *v/r* **1.** (≈ *kommunizieren können*) to understand each other **2.** (≈ *miteinander auskommen*) *sich mit jdm ~* to get on (*Br*) *or* along with sb **3.** (≈ *klar sein*) to go without saying; *versteht sich!* (*infml*) of course! **4.** *sich auf etw (acc) ~* to be (an) expert at sth; *die Preise ~ sich einschließlich Lieferung* prices are inclusive of delivery

versteigern *past part* **versteigert** *v/t* to auction (off) **Versteigerung** *f* (sale by) auction

versteinern [fɛɐ̯'ʃtainɐn] *past part* **versteinert I** *v/i aux sein* GEOL to fossilize; (*Holz*) to petrify **II** *v/r* (*fig*) (*Miene, Gesicht*) to harden **Versteinerung** *f* ⟨-, -en⟩ (*Vorgang*) fossilization; (*von Holz*) petrification; (≈ *versteinertes Tier etc*) fossil

verstellbar *adj* adjustable **verstellen** *past part* **verstellt I** *v/t* **1.** (≈ *anders einstellen*) to adjust; *Möbel* to move (out of position); (≈ *falsch einstellen*) to adjust wrongly; *Uhr* to set wrong **2.** *Stimme* to disguise **3.** (≈ *versperren*) to block **II** *v/r* **er kann sich gut ~** he's as good at playing a part

versteuern *past part* **versteuert** *v/t* to pay tax on; *versteuerte Waren* taxed goods; *das zu ~de Einkommen* taxable income

verstimmen *past part* **verstimmt** *v/t* (*lit*) to put out of tune; (*fig*) to put out **verstimmt** [fɛɐ̯'ʃtɪmt] *adj Klavier etc* out of tune; (*fig*) (≈ *verdorben*) *Magen* upset; (≈ *verärgert*) put out **Verstimmung** *f* dis-

gruntlement; (*zwischen Parteien*) ill will

verstohlen [fɛɐ̯'ʃtoːlən] **I** *adj* furtive **II** *adv* furtively

verstopfen *past part* **verstopft** *v/t* to stop up; *Straße, Blutgefäß* to block **verstopft** [fɛɐ̯'ʃtɔpft] *adj* blocked; *Nase* stuffed up, blocked (up); *Mensch* constipated **Verstopfung** [fɛɐ̯'ʃtɔpfʊŋ] *f* ⟨-, -en⟩ blockage; MED constipation

verstorben [fɛɐ̯'ʃtɔrbn] *adj* deceased; *mein ~er Mann* my late husband **Verstorbene(r)** [fɛɐ̯'ʃtɔrbənə] *m/f(m) decl as adj* deceased

verstört [fɛɐ̯'ʃtøːɐ̯t] *adj* disturbed; (*vor Angst*) distraught

Verstoß *m* violation (*gegen* of) **verstoßen** *past part* **verstoßen** *irr* **I** *v/t jdn* to disown **II** *v/i gegen etw ~* to offend against sth

verstrahlt [fɛɐ̯'ʃtraːlt] *adj* contaminated (by radiation) **Verstrahlung** *f* radiation

verstreichen *past part* **verstrichen** [fɛɐ̯-'ʃtrɪçn] *irr* **I** *v/t Salbe, Farbe* to apply (*auf* +*dat* to) **II** *v/i aux sein* (*Zeit*) to elapse; (*Frist*) to expire

verstreuen *past part* **verstreut** *v/t* to scatter; (*versehentlich*) to spill

verstricken *past part* **verstrickt** (*fig*) **I** *v/t* to involve, to embroil **II** *v/r* to become entangled, to get tangled up

verströmen *past part* **verströmt** *v/t* to exude

verstümmeln [fɛɐ̯'ʃtʏmln] *past part* **verstümmelt** *v/t* to mutilate; *Nachricht* to garble **Verstümmelung** *f* ⟨-, -en⟩ mutilation; (*von Nachricht*) garbling *no pl*

verstummen [fɛɐ̯'ʃtʊmən] *past part* **verstummt** *v/i aux sein* (*Mensch*) to go *or* fall silent; (*Gespräch, Musik*) to stop; (≈ *langsam verklingen*) to die away

Versuch [fɛɐ̯'zuːx] *m* ⟨-(e)s, -e⟩ attempt (*zu tun* at doing, to do); (*wissenschaftlich*) experiment; (≈ *Test*) trial, test; *einen ~ machen* to make an attempt; to carry out an experiment/a trial; *das käme auf einen ~ an* we'll have to (have a) try **versuchen** *past part* **versucht** *v/t* **1.** (*also v/i*) to try; *es mit etw ~* to try sth; *es mit jdm ~* to give sb a try; *versuchter Diebstahl* attempted theft **2.** (≈ *in Versuchung führen*) to tempt **Versuchsballon** *m* **einen ~ steigen lassen** (*fig*) to fly a kite **Versuchskaninchen** *nt* (*fig*) guinea pig **Versuchsobjekt** *nt* test object; (*fig: Mensch*) guinea pig **Versuchsper-**

son *f* test *or* experimental subject **Versuchsstadium** *nt* experimental stage **versuchsweise** *adv* on a trial basis; *einstellen* on trial **Versuchung** [fɛɐ'zuːxʊŋ] *f ⟨-, -en⟩* temptation; *jdn in ~ führen* to lead sb into temptation; *in ~ kommen* to be tempted

versumpfen *past part* **versumpft** *v/i aux sein* **1.** (*Gebiet*) to become marshy *or* boggy **2.** (*fig infml ≈ lange zechen*) to get involved in a booze-up (*infml*)

versunken [fɛɐ'zʊŋkn] *adj* sunken; (*fig*) engrossed; *in Gedanken ~* immersed in thought; → **versinken**

versüßen *past part* **versüßt** *v/t* (*fig*) to sweeten

vertagen *past part* **vertagt** *v/t & v/i* to adjourn; (*≈ verschieben*) to postpone (*auf +acc* until, till) **Vertagung** *f* adjournment; (*≈ Verschiebung*) postponement

vertauschen *past part* **vertauscht** *v/t* **1.** (*≈ austauschen*) to exchange (*gegen, mit* for); **vertauschte Rollen** reversed roles **2.** (*≈ verwechseln*) to mix up

verteidigen [fɛɐ'taidɪgn] *past part* **verteidigt I** *v/t* to defend **II** *v/r* to defend oneself **Verteidiger** [fɛɐ'taidɪgɐ] *m ⟨-s, -⟩*, **Verteidigerin** [-ərɪn] *f ⟨-, -nen⟩* defender; (*≈ Anwalt*) defence (*Br*) *or* defense (*US*) lawyer **Verteidigung** *f ⟨-, -en⟩* defence (*Br*), defense (*US*) **Verteidigungsfall** *m* **wenn der ~ eintritt** if defence should be necessary **Verteidigungsminister(in)** *m/(f)* Minister of Defence (*Br*), Secretary of Defense (*US*) **Verteidigungsministerium** *nt* Ministry of Defence (*Br*), Department of Defense (*US*)

verteilen *past part* **verteilt I** *v/t* (*≈ austeilen*) to distribute; *Süßigkeiten etc* to share out; *Essen* to dish out; THEAT *Rollen* to allocate; *Farbe* to spread; (*≈ verstreuen*) to spread out **II** *v/r* (*Bevölkerung, Farbe*) to spread (itself) out; (*Reichtum etc*) to be distributed; (*zeitlich*) to be spread (*über +acc* over) **Verteiler** [fɛɐ'tailɐ] *m ⟨-s, -⟩* **1.** TECH distributor **2.** (*≈ Verteilerschlüssel*) distribution list **Verteilernetz** *nt* ELEC distribution system; COMM distribution network **Verteilerschlüssel** *m* distribution list **Verteilung** *f* distribution; (*≈ Zuteilung*) allocation

vertelefonieren *past part* **vertelefoniert** *v/t* (*infml*) *Geld, Zeit* to spend on the

phone

verteuern [fɛɐ'tɔyɐn] *past part* **verteuert I** *v/t* to make more expensive **II** *v/r* to become more expensive **Verteuerung** *f* increase in price

verteufeln [fɛɐ'tɔyfln] *past part* **verteufelt I** *v/t* to condemn

vertiefen [fɛɐ'tiːfn] *past part* **vertieft I** *v/t* to deepen; *Kontakte* to strengthen **II** *v/r* to deepen; *in etw* (*acc*) **vertieft sein** (*fig*) to be engrossed in sth **Vertiefung** *f ⟨-, -en⟩* **1.** (*≈ das Vertiefen*) deepening **2.** (*in Oberfläche*) depression

vertikal [vɛrti'kaːl] **I** *adj* vertical **II** *adv* vertically **Vertikale** [vɛrti'kaːlə] *f ⟨-, -n⟩* vertical line

vertilgen *past part* **vertilgt** *v/t* **1.** *Unkraut etc* to destroy **2.** (*infml ≈ aufessen*) to demolish (*infml*)

vertippen *past part* **vertippt** *v/r* (*infml, beim Schreiben*) to make a typing error

vertonen *past part* **vertont** *v/t* to set to music

vertrackt [fɛɐ'trakt] *adj* (*infml*) awkward, tricky; (*≈ verwickelt*) complicated, complex

Vertrag [fɛɐ'traːk] *m ⟨-(e)s, ⸚e* [-'trɛːgə]⟩ contract; (*≈ Abkommen*) agreement; POL treaty

vertragen *past part* **vertragen** *irr* **I** *v/t* to take; (*≈ aushalten*) to stand; *Eier kann ich nicht ~* eggs don't agree with me; *Patienten, die kein Penizillin ~* patients who are allergic to penicillin; *so etwas kann ich nicht ~* I can't stand that kind of thing; *viel ~ können* (*infml: Alkohol*) to be able to hold one's drink (*Br*) *or* liquor (*US*); *jd könnte etw ~* (*infml*) could do with sth **II** *v/r* **sich** (*mit jdm*) *~* to get on (*Br*) *or* along (with sb); *sich wieder ~* to be friends again; *sich mit etw ~* (*Farbe*) to go with sth; (*Verhalten*) to be consistent with sth

vertraglich [fɛɐ'traːklɪç] **I** *adj* contractual **II** *adv* by contract; *festgelegt* in the/a contract

verträglich [fɛɐ'trɛːklɪç] *adj* (*≈ umgänglich*) good-natured; *Speise* digestible; (*≈ bekömmlich*) wholesome; *ökologisch/ sozial ~* ecologically/socially acceptable

Vertragsabschluss *m* conclusion of a/the contract **Vertragsbruch** *m* breach of contract **vertragsbrüchig** *adj* **~ werden** to be in breach of contract **Vertragsentwurf** *m* draft contract **ver**

tragsgemäß *adj, adv* as stipulated in the contract **vertragsschließend** *adj* contracting **Vertragsspieler(in)** *m*/(*f*) player under contract **Vertragsstrafe** *f* penalty for breach of contract

vertrauen *past part* **vertraut** *v/i* **jdm/einer Sache ~** to trust sb/sth; **auf jdn/etw ~** to trust in sb/sth; → **vertraut Vertrauen** [fɛɐ̯'trauən] *nt* ⟨*-s, no pl*⟩ trust, confidence (*zu, in +acc, auf +acc* in); **im ~ (gesagt)** strictly in confidence; **im ~ auf etw** (*acc*) trusting in sth; **jdn ins ~ ziehen** to take sb into one's confidence; **jdm das ~ aussprechen** PARL to pass a vote of confidence in sb **vertrauenerweckend** *adj* **einen ~en Eindruck machen** to inspire confidence **vertrauensbildend** *adj* confidence-building **Vertrauensfrage** *f* question *or* matter of trust; **die ~ stellen** PARL to ask for a vote of confidence **Vertrauensfrau** *f*, **Vertrauensmann** *m, pl* **-leute** *or* **-männer** intermediary agent; (*in Gewerkschaft*) (union) negotiator *or* representative **Vertrauenssache** *f* confidential matter; (*≈ Frage des Vertrauens*) question *or* matter of trust **vertrauensvoll I** *adj* trusting **II** *adv* trustingly **Vertrauensvotum** *nt* PARL vote of confidence **vertrauenswürdig** *adj* trustworthy **vertraulich** [fɛɐ̯'traulɪç] **I** *adj* **1.** (*≈ geheim*) confidential **2.** (*≈ freundschaftlich*) friendly; (*≈ plumpvertraulich*) familiar **II** *adv* confidentially, in confidence **Vertraulichkeit** *f* ⟨*-, -en*⟩ confidentiality; (*≈ Aufdringlichkeit*) familiarity **verträumt** [fɛɐ̯'trɔymt] *adj* dreamy **vertraut** [fɛɐ̯'traut] *adj* intimate; *Umgebung* familiar; **sich mit etw ~ machen** to familiarize oneself with sth; **mit etw ~ sein** to be familiar with sth; → **vertrauen Vertraute(r)** [fɛɐ̯'trautə] *m*/*f*(*m*) *decl as adj* close friend **Vertrautheit** *f* ⟨*-, (rare) -en*⟩ intimacy; (*von Umgebung*) familiarity

vertreiben *past part* **vertrieben** [fɛɐ̯-'tri:bn] *v/t irr* to drive away; (*aus Land*) to expel (*aus* from); (*aus Amt*) to oust; *Feind* to repulse; (*fig*) *Sorgen* to banish; COMM *Waren* to sell; **sich** (*dat*) **die Zeit mit etw ~** to pass (away) the time with sth **Vertreibung** [fɛɐ̯'traibʊŋ] *f* ⟨*-, -en*⟩ (*aus* from) expulsion; (*aus Amt etc*) ousting

vertretbar *adj* justifiable; *Argument* ten-

able **vertreten** *past part* **vertreten** *v/t irr* **1.** (*≈ jds Stelle übernehmen*) to replace, to stand in for **2.** *jds Interessen, Wahlkreis* to represent; **~ sein** to be represented **3.** (*≈ verfechten*) *Standpunkt, Theorie* to support; *Meinung* to hold; (*≈ rechtfertigen*) to justify (*vor* to) **4.** **sich** (*dat*) **die Beine** *or* **Füße ~** (*infml*) to stretch one's legs **Vertreter** [fɛɐ̯-'tre:tɐ] *m* ⟨*-s, -*⟩, **Vertreterin** [-ərɪn] *f* ⟨*-, -nen*⟩ **1.** representative; COMM agent **2.** (*≈ Ersatz*) replacement; (*im Amt*) deputy **3.** (*von Doktrin*) supporter; (*von Meinung*) holder **Vertretung** [fɛɐ̯-'tre:tʊŋ] *f* ⟨*-, -en*⟩ **1.** (*von Menschen*) replacement; **die ~** (*für jdn*) **übernehmen** to replace sb; **in ~** (*in Briefen*) on behalf of **2.** (*von Interessen, Wahlkreis*) representation; **die ~ meiner Interessen** representing my interests **3.** (*≈ das Verfechten*) supporting; (*von Meinung*) holding **4.** (COMM *≈ Firma*) agency **5.** (*≈ Botschaft*) **diplomatische ~** embassy

Vertrieb [fɛɐ̯'tri:p] *m* ⟨*-(e)s, -e* [-bə]⟩ **1.** *no pl* sales *pl* **2.** (*≈ Abteilung*) sales department

Vertriebene(r) [fɛɐ̯'tri:bənə] *m*/*f*(*m*) *decl as adj* exile

Vertriebsabteilung *f* sales department **Vertriebskosten** *pl* marketing costs *pl* **Vertriebsleiter(in)** *m*/(*f*) sales manager **Vertriebssystem** *nt* distribution system **Vertriebsweg** *m* channel of distribution

vertrocknen *past part* **vertrocknet** *v/i aux sein* to dry out; (*Esswaren*) to go dry; (*Pflanzen*) to wither, to shrivel; (*Quelle*) to dry up

vertrödeln *past part* **vertrödelt** *v/t* (*infml*) to fritter away, to squander

vertrösten *past part* **vertröstet** *v/t* to put off; **jdn auf später ~** to put sb off

vertun *past part* **vertan** [fɛɐ̯'ta:n] *irr* **I** *v/t* to waste **II** *v/r* (*infml*) to slip up (*infml*)

vertuschen *past part* **vertuscht** *v/t* to hush up

verübeln [fɛɐ̯'y:bln] *past part* **verübelt** *v/t* **jdm etw ~** to take sth amiss; **das kann ich dir nicht ~** I can't blame you for that

verüben *past part* **verübt** *v/t* to commit

verulken *past part* **verulkt** *v/t* (*infml*) to make fun of

verunglimpfen [fɛɐ̯|ʊnɡlɪmpfn] *past part* **verunglimpft** *v/t* to disparage

verunglücken [fɛɐ̯|ʊnɡlʏkn] *past part* **verunglückt** *v/i aux sein* to have an accident; (*fig infml* ≈ *misslingen*) to go wrong; **mit dem Auto ~** to be in a car crash **Verunglückte(r)** [fɛɐ̯'ʊnɡlʏktə] *m/f(m) decl as adj* casualty

verunreinigen[fɛɐ̯'ʊnraɪnɪɡn] *past part* **verunreinigt** *v/t* Luft, Wasser to pollute; (≈ *beschmutzen*) to dirty **Verunreinigung** *f* (*von Fluss, Wasser*) pollution; (≈ *Beschmutzung*) dirtying

verunsichern [fɛɐ̯'ʊnzɪçɐn] *past part* **verunsichert** *v/t* to make unsure (*in* +*dat* of); **verunsichert sein** to be uncertain

veruntreuen [fɛɐ̯'ʊntrɔʏən] *past part* **veruntreut** *v/t* to embezzle **Veruntreuung** *f* ⟨-, -en⟩ embezzlement

verursachen [fɛɐ̯'uːɐ̯zaxn] *past part* **verursacht** *v/t* to cause **Verursacher** [fɛɐ̯'uːɐ̯zaxɐ] *m* ⟨-s, -⟩, **Verursacherin** [-ərɪn] *f* ⟨-, -nen⟩ cause; **der ~ kommt für den Schaden auf** the party responsible is liable for the damage **Verursacherprinzip** *nt* originator principle; (*bei Umweltschäden auch*) polluter pays principle **Verursachung** *f* ⟨-, *no pl*⟩ causing

verurteilen[fɛɐ̯'ʊrtaɪln] *past part* **verurteilt** *v/t* to condemn; JUR to convict (*für* of); (*zu Strafe*) to sentence; **jdn zu einer Gefängnisstrafe ~** to give sb a prison sentence **Verurteilte(r)**[fɛɐ̯'ʊrtaɪltə] *m/f(m) decl as adj* convicted man/woman, convict (JUR) **Verurteilung** *f* condemnation; (≈ *das Schuldigsprechen*) conviction; (*zu einer Strafe*) sentencing

vervielfachen [fɛɐ̯'fiːlfaxn] *past part* **vervielfacht** *v/t & v/r* to multiply **vervielfältigen**[*past part* **vervielfältigt** *v/t* to duplicate; (≈ *fotokopieren*) to photocopy **Vervielfältigung**[f⟨-, -en⟩ **1.** (≈ *das Vervielfältigen*) duplication **2.** (≈ *Abzug*) copy

vervierfachen [fɛɐ̯'fiːɐ̯faxn] *past part* **vervierfacht** *v/t & v/r* to quadruple

vervollständigen[fɛɐ̯'fɔlʃtɛndɪɡn] *past part* **vervollständigt** *v/t* to complete **Vervollständigung** *f* ⟨-, -en⟩ completion

verwackeln *past part* **verwackelt** *v/t* to blur

verwählen[*past part* **verwählt** *v/r* to misdial

verwahren *past part* **verwahrt** **I** *v/t* (≈ *aufbewahren*) to keep (safe) **II** *v/r* **sich gegen etw ~** to protest against sth

verwahrlosen [fɛɐ̯'vaːɐ̯loːzn] *past part* **verwahrlost** *v/i aux sein* to go to seed; (*Park*) to become neglected **verwahrlost** [fɛɐ̯'vaːɐ̯loːst] *adj* neglected **Verwahrlosung** *f* ⟨-, *no pl*⟩ neglect

Verwahrung *f, no pl* (*von Geld etc*) keeping; (*von Täter*) detention; **jdm etw in ~ geben** to give sth to sb for safekeeping; **jdn in ~ nehmen** to take sb into custody

verwalten[*past part* **verwaltet** *v/t* to manage; *Amt* to hold; POL *Provinz etc* to govern **Verwalter**[fɛɐ̯'valtɐ] *m* ⟨-s, -⟩, **Verwalterin**[-ərɪn] *f*⟨-, -nen⟩ administrator **Verwaltung**[fɛɐ̯'valtʊŋ] *f* ⟨-, -en⟩ **1.** (≈ *das Verwalten*) management; (*von Amt*) holding; (*von Provinz*) government **2.** (≈ *Behörde*) administration; **städtische ~** municipal authorities *pl* **Verwaltungsbehörde**[f administration **Verwaltungsbezirk**m administrative district **Verwaltungsgebühr** f administrative charge

verwandeln[*past part* **verwandelt** **I** *v/t* (≈ *umformen*) to change, to transform; JUR *Strafe* to commute; **jdn/etw in etw** (acc) **~** to turn sb/sth into sth; **einen Strafstoß ~** to score (from) a penalty; **er ist wie verwandelt** he's a changed man **II** *v/i* (*Sport sl*) **zum 1:0 ~** to make it 1-0 **III** *v/r* to change; **sich in etw** (acc) **~** to change *or* turn into sth **Verwandlung** f change, transformation

verwandt[fɛɐ̯'vant] *adj* related (*mit* to); *Denker, Geister* kindred *attr*; **~e Seelen** (*fig*) kindred spirits **Verwandte(r)**[fɛɐ̯'vantə] *m/f(m) decl as adj* relation, relative **Verwandtschaft** [fɛɐ̯'vantʃaft] *f* ⟨-, -en⟩ relationship; (≈ *die Verwandten*) relations *pl*, relatives *pl*; (*fig*) affinity **verwandtschaftlich** [fɛɐ̯'vantʃaftlɪç] *adj* family *attr* **Verwandtschaftsgrad** *m* degree of relationship

verwanzt[fɛɐ̯'vantst] *adj Kleider* bug-infested; (*infml* ≈ *mit Abhörgeräten*) bugged

verwarnen[*past part* **verwarnt** *v/t* to caution **Verwarnung** *f* caution **Verwarnungsgeld**nt exemplary fine

verwaschen[fɛɐ̯'vaʃn] *adj* faded (*in the wash*); (≈ *verwässert*) Farbe watery; (*fig*) wishy-washy (*infml*)

verwässern *past part* **verwässert** *v/t* to water down

verwechseln[*past part* **verwechselt** *v/t* to mix up; **jdn** (**mit jdm**) **~** to confuse sb with sb; **zum Verwechseln ähnlich sein**

to be the spitting image of each other **Verwechslung** [fɛɐ'vɛksluŋ] f ⟨-, -en⟩ confusion; (≈ *Irrtum*) mistake

verwegen [fɛɐ've:gn] adj daring, bold; (≈ *tollkühn*) foolhardy, rash; (≈ *keck*) cheeky (*Br*), saucy

Verwehung [fɛɐ've:uŋ] f ⟨-, -en⟩ (≈ *Schneeverwehung*) (snow)drift; (≈ *Sandverwehung*) (sand)drift

verweichlichen [fɛɐ'vaiçlɪçn] past part **verweichlicht** v/t jdn ~ to make sb soft; **ein verweichlichter Mensch** a weakling **Verweichlichung** f ⟨-, no pl⟩ softness

Verweigerer [fɛɐ'vaigərə] m ⟨-s, -⟩, **Verweigerin** [-ərɪn] f ⟨-, -nen⟩ refusenik (*infml*); (≈ *Kriegsdienstverweigerer*) conscientious objector **verweigern** past part **verweigert** v/t to refuse; *Befehl* to refuse to obey; *Kriegsdienst* to refuse to do; **jdm etw** ~ to refuse *or* deny sb sth **Verweigerung** f refusal

verweint [fɛɐ'vaint] adj *Augen* tear-swollen; *Gesicht* tear-stained

Verweis [fɛɐ'vais] m ⟨-es, -e [-zə]⟩ **1.** (≈ *Rüge*) reprimand, admonishment; **jdm einen ~ erteilen** to reprimand *or* admonish sb **2.** (≈ *Hinweis*) reference (*auf +acc* to) **verweisen** past part **verwiesen** [fɛɐ'vi:zn] irr v/t **1.** (≈ *hinweisen*) **jdn auf etw** (acc)/**an jdn ~** to refer sb to sth/sb **2.** (*von der Schule*) to expel; **jdn vom Platz** *or* **des Spielfeldes ~** to send sb off **3.** JUR to refer (*an +acc* to)

verwelken past part **verwelkt** v/i aux sein (*Blumen*) to wilt; (*fig*) to fade

verwenden [fɛɐ'vɛndn] pret **verwendete** *or* **verwandte** [fɛɐ'vɛndətə, fɛɐ'vantə], past part **verwendet** *or* **verwandt** [fɛɐ'vɛndət, fɛɐ'vant] **I** v/t to use; **Mühe auf etw** (acc) ~ to put effort into sth; **Zeit auf etw** (acc) ~ to spend time on sth **II** v/r **sich (bei jdm) für jdn ~** to intercede (with sb) on sb's behalf **Verwendung** f use; (*von Zeit, Geld*) expenditure (*auf +acc* on); **keine ~ für etw haben** to have no use for sth; **für jdn/etw ~ finden** to find a use for sb/sth

verwerfen past part **verworfen** [fɛɐ'vɔrfn] irr v/t (≈ *ablehnen*) to reject; *Ansicht* to discard; JUR *Klage, Antrag* to dismiss; *Urteil* to quash **verwerflich** [fɛɐ'vɛrflɪç] adj reprehensible **Verwerfung** [fɛɐ'vɛrfuŋ] f ⟨-, -en⟩ **1.** (≈ *Ablehnung*) rejection; JUR dismissal; (*von Urteil*) quashing **2.** GEOL fault

verwertbar adj usable **verwerten** past part **verwertet** v/t (≈ *verwenden*) to make use of; *Reste* to use; *Kenntnisse* to utilize, to put to good use; (*kommerziell*) to exploit; (*Körper*) *Nahrung* to process **Verwertung** f utilization; (*von Resten*) using; (*kommerziell*) exploitation

verwesen [fɛɐ've:zn] past part **verwest** v/i aux sein to decay; (*Fleisch*) to rot **Verwesung** f ⟨-, no pl⟩ decay

verwetten past part **verwettet** v/t to gamble away

verwickeln past part **verwickelt I** v/t *Fäden etc* to tangle (up); **jdn in etw** (acc) ~ to involve sb in sth **II** v/r (*Fäden etc*) to become tangled; **sich in etw** (acc) ~ (*fig*) in *Widersprüche* to get oneself tangled up in sth; *in Skandal* to get mixed up in sth **verwickelt** [fɛɐ'vɪklt] adj (*fig infml*) (≈ *schwierig*) complicated **Verwick(e)lung** [fɛɐ'vɪk(ə)luŋ] f ⟨-, -en⟩ involvement (*in +acc* in); (≈ *Komplikation*) complication

verwildern past part **verwildert** v/i aux sein (*Garten*) to become overgrown; (*Haustier*) to become wild **verwildert** [fɛɐ'vɪldɐt] adj wild; *Garten* overgrown; *Aussehen* unkempt

verwinkelt [fɛɐ'vɪŋklt] adj *Straße, Gasse* winding

verwirklichen [fɛɐ'vɪrklɪçn] past part **verwirklicht I** v/t to realize **II** v/r to be realized **Verwirklichung** f ⟨-, -en⟩ realization

verwirren [fɛɐ'vɪrən] past part **verwirrt I** v/t **1.** *Fäden etc* to tangle (up) **2.** (≈ *durcheinanderbringen*) to confuse **II** v/r (*Fäden etc*) to become tangled (up); (*fig*) to become confused **Verwirrung** f confusion

verwischen past part **verwischt** v/t to blur; *Spuren* to cover over

verwittern past part **verwittert** v/i aux sein to weather

verwitwet [fɛɐ'vɪtvət] adj widowed

verwöhnen [fɛɐ'vø:nən] past part **verwöhnt I** v/t to spoil **II** v/r to spoil oneself **verwöhnt** [fɛɐ'vø:nt] adj spoiled; *Geschmack* discriminating

verworren [fɛɐ'vɔrən] adj confused; (≈ *verwickelt*) intricate

verwundbar adj vulnerable **Verwundbarkeit** [fɛɐ'vʊntba:ɐkait] f ⟨-, no pl⟩ vulnerability **verwunden** [fɛɐ'vʊndn]

past part **verwundet** *v/t* to wound
verwunderlich *adj* surprising; (*stärker*)
astonishing, amazing; (≈ *sonderbar*)
strange, odd **verwundern** *past part* **verwundert** *v/t* to astonish, to amaze **verwundert I** *adj* astonished, amazed **II**
adv in astonishment, in amazement **Ver-
wunderung** [fɛɐ̯'vʊndərʊŋ] *f* ⟨-, *no pl*⟩
astonishment, amazement
Verwundete(r) [fɛɐ̯'vʊndətə] *m/f(m)*
decl as adj casualty **Verwundung** *f* ⟨-,
-en⟩ wound
verwunschen [fɛɐ̯'vʊnʃn] *adj* enchanted
verwünschen *past part* **verwünscht** *v/t*
1. (≈ *verfluchen*) to curse **2.** (*in Märchen*
≈ *verhexen*) to bewitch **Verwünschung**
[fɛɐ̯'vʏnʃʊŋ] *f* ⟨-, -en⟩ (≈ *Fluch*) curse
verwüsten [fɛɐ̯'vyːstn] *past part* **verwüstet** *v/t* to devastate **Verwüstung** *f*
⟨-, -en⟩ devastation *no pl*; **~en anrichten** to inflict devastation
verzagen *past part* **verzagt** *v/i* (*elev*) to
become disheartened; **nicht ~!** don't despair **verzagt** [fɛɐ̯'tsaːkt] **I** *adj* despondent **II** *adv* despondently
verzählen *past part* **verzählt** *v/r* to mis-
count
verzahnen *past part* **verzahnt** *v/t* Zahn-
räder to cut teeth *or* cogs in, to gear
(*Br*); (*fig*) to (inter)link
verzapfen *past part* **verzapft** *v/t* (*infml*)
Unsinn to come out with; (*pej*) Artikel
to concoct
verzaubern *past part* **verzaubert** *v/t* to
put a spell on
verzehnfachen [fɛɐ̯'tseːnfaxn] *past part*
verzehnfacht *v/t & v/r* to increase tenfold
Verzehr [fɛɐ̯'tseːɐ̯] *m* ⟨-(e)s, *no pl*⟩ consumption **verzehren** *past part* **verzehrt**
v/t to consume
verzeichnen *past part* **verzeichnet** *v/t* (≈
notieren) to record; (*esp in Liste*) to enter; **Todesfälle waren nicht zu ~** there
were no fatalities; **einen Erfolg zu ~ haben** to have scored a success **Verzeichnis** [fɛɐ̯'tsaiçnɪs] *nt* ⟨-ses, -se⟩ index;
(≈ *Tabelle*) table; (*amtlich*) register; IT
directory
verzeihen *past part* **verziehen** [fɛɐ̯-
'tsiːən] *v/t & v/i irr* (≈ *vergeben*) to forgive; (≈ *entschuldigen*) to excuse; **jdm
(etw) ~** to forgive sb (for sth); **das ist
nicht zu ~** that's unforgivable; **~ Sie!** excuse me!; **~ Sie die Störung** excuse me

for disturbing you **verzeihlich** [fɛɐ̯-
'tsailɪç] *adj* forgivable **Verzeihung** [fɛɐ̯-
'tsaiʊŋ] *f* ⟨-, *no pl*⟩ forgiveness; (≈ *Entschuldigung*) pardon; **~!** excuse me!;
(*jdn*) **um ~ bitten** to apologize (to sb)
verzerren *past part* **verzerrt** *v/t* to distort;
Gesicht etc to contort
verzetteln [fɛɐ̯'tsɛtln] *past part* **verzet-
telt I** *v/r* to waste a lot of time; (*bei Diskussion*) to get bogged down **II** *v/t* (≈
verschwenden) to waste
Verzicht [fɛɐ̯'tsɪçt] *m* ⟨-(e)s, -e⟩ renunciation (*auf +acc* of); (*auf Anspruch*)
abandonment (*auf +acc* of); (≈ *Opfer*)
sacrifice; (*auf Recht, Amt*) relinquish-
ment (*auf +acc* of) **verzichten** [fɛɐ̯-
'tsɪçtn] *past part* **verzichtet** *v/i* to do
(*Br*) *or* go without; **auf jdn/etw ~** (≈ *ohne auskommen müssen*) to do (*Br*) *or* go
without sb/sth; (≈ *aufgeben*) to give up
sb/sth; *auf Erbschaft* to renounce sth;
auf Anspruch to waive sth; *auf Recht*
to relinquish sth; (*von etw absehen*)
auf Ansprüchen to abstain from sth;
auf jdn/etw ~ können to be able to do
(*Br*) *or* go without sb/sth
verziehen *past part* **verzogen** [fɛɐ̯-
'tsoːgn] *irr* **I** *v/t* **1.** Mund etc to twist
(*zu* into); **das Gesicht ~** to pull (*Br*)
or make a face **2.** Kinder (≈ *verwöhnen*)
to spoil; → **verzogen II** *v/r* **1.** (*Stoff*) to
go out of shape; (*Holz*) to warp **2.**
(*Mund, Gesicht etc*) to contort **3.** (≈ *verschwinden*) to disappear; (*Wolken*) to
disperse **III** *v/i aux sein* to move (*nach*
to)
verzieren *past part* **verziert** *v/t* to decorate **Verzierung** [fɛɐ̯'tsiːrʊŋ] *f* ⟨-, -en⟩
decoration
verzinsen *past part* **verzinst** *v/t* to pay interest on **verzinslich** [fɛɐ̯'tsɪnslɪç] *adj* **~
sein, nicht ~** free of interest
verzogen [fɛɐ̯'tsoːgn] *adj* Kind (≈ *verwöhnt*) spoiled; → **verziehen**
verzögern *past part* **verzögert I** *v/t* to delay; (≈ *verlangsamen*) to slow down **II**
v/r to be delayed **Verzögerung** [fɛɐ̯-
'tsøːgərʊŋ] *f* ⟨-, -en⟩ delay, hold-up **Verzögerungstaktik** *f* delaying tactics *pl*
verzollen *past part* **verzollt** *v/t* to pay duty
on; **haben Sie etwas zu ~?** have you anything to declare?
verzückt [fɛɐ̯'tsʏkt] **I** *adj* enraptured, ecstatic **II** *adv* ansehen adoringly **Verzückung** [fɛɐ̯'tsʏkʊŋ] *f* ⟨-, -en⟩ rapture,

ecstasy; **in ~ geraten** to go into raptures *or* ecstasies *(wegen* over)

Verzug *m, no pl* **1.** delay; **mit etw in ~ geraten** to fall behind with sth; *mit Zahlungen* to fall into arrears *(esp Br)* or behind with sth **2. es ist Gefahr im ~** there's danger ahead **Verzugszinsen** *pl* interest *sg* payable (on arrears *(esp Br)*)

verzweifeln *past part* **verzweifelt** *v/i aux sein* to despair *(an +dat* of); **es ist zum Verzweifeln!** it drives you to despair!

verzweifelt [fɛɐ'tsvaiflt] **I** *adj Stimme etc* despairing *attr*, full of despair; *Lage, Versuch* desperate; **ich bin (völlig) ~** I'm in (the depths of) despair; (≈ *ratlos)* I'm at my wits' end **II** *adv* desperately **Verzweiflung** [fɛɐ'tsvaiflʊŋ] *f* ⟨-, -en⟩ despair; (≈ *Ratlosigkeit)* desperation; **etw aus ~ tun** to do sth in desperation

verzweigt [fɛɐ'tsvaikt] *adj Baum, Familie* branched

verzwickt [fɛɐ'tsvɪkt] *adj (infml)* tricky

Veteran [vete'raːn] *m* ⟨-s, -⟩, **Veteranin** [vete'raːnin] [-ɪn] *f* ⟨-, -nen⟩ veteran

Veterinärmedizin *f* veterinary medicine

Veto ['veːto] *nt* ⟨-s, -s⟩ veto

Vetter ['fɛtɐ] *m* ⟨-s, -n⟩ cousin **Vetternwirtschaft** *f (infml)* nepotism

Viadukt [via'dʊkt] *m* ⟨-(e)s, -e⟩ viaduct

Vibration [vibra'tsioːn] *f* ⟨-, -en⟩ vibration **vibrieren** [vi'briːrən] *past part* **vibriert** *v/i* to vibrate; *(Stimme)* to quiver; *(Ton)* to vary

Video ['viːdeo] *nt* ⟨-s, -s⟩ video **Videogerät** *nt* video (recorder) **Videokamera** *f* video camera **Videokassette** *f* video cassette **Videokonferenz** *f* video conference **Videorekorder** *m* video recorder **Videotext** *m* Teletext® **Videothek** [video'teːk] *f* ⟨-, -en⟩ video (tape) library

Vieh [fiː] *nt* ⟨-(e)s, *no pl*⟩ (≈ *Nutztiere)* livestock; (≈ *esp Rinder)* cattle *pl* **Viehbestand** *m* livestock **Viehfutter** *nt* (animal) fodder *or* feed **viehisch** ['fiːɪʃ] *adj* brutish; *Benehmen* swinish; **~ wehtun** to be unbearably painful **Viehzucht** *f* (live)stock breeding; (≈ *Rinderzucht auch)* cattle breeding

viel [fiːl] *indef pr, adj, comp* **mehr** [meːɐ], *sup* **meiste(r, s)** *or adv* **am meisten** ['maistə] **1.** *sg (adjektivisch)* a lot of, a great deal of; *(substantivisch)* a lot, a great deal; *(esp fragend, verneint)* much;

~es a lot of things; **um ~es besser** *etc* a lot *or* much *or* a great deal better *etc*; **so ~** so much; **halb/doppelt so ~** half / twice as much; **so ~ (Arbeit** *etc)* so much *or* such a lot (of work *etc)*; **wie ~** how much; *(bei Mehrzahl)* how many; **zu ~** too much; **~ zu ~** much *or* far too much; **einer/zwei** *etc* **zu ~** one / two *etc* too many; **was zu ~ ist, ist zu ~** that's just too much; **ein bisschen ~** **(Regen** *etc)* a bit too much (rain *etc)*; **~ zu tun haben** to have a lot to do **2. ~e** *pl (adjektivisch)* many, a lot of; *(substantivisch)* many, a lot; **seine ~en Fehler** his many mistakes; **~e glauben, ...** many (people) *or* a lot of people believe ... **3.** *(adverbial)* a lot, a great deal; *(esp fragend, verneint)* much; **er arbeitet ~** he works a lot; **er arbeitet nicht ~** he doesn't work much; **sich ~ einbilden** to think a lot of oneself; **~ größer** *etc* much *or* a lot bigger *etc*; **~ beschäftigt** very busy; **~ diskutiert** much discussed; **~ geliebt** much-loved; **~ sagend** meaningful; *(adverbial)* meaningfully; **~ zu ...** much too ...; **~ zu ~** much *or* far too much; **~ zu ~e** far too many **vieldeutig** [-dɔytɪç] *adj* ambiguous **Vieldeutigkeit** *f* ⟨-, *no pl*⟩ ambiguity **Vieleck** *nt* polygon **vielerlei** ['fiːlɐ'lai] *adj inv* **1.** various, all sorts of **2.** *(substantivisch)* all kinds *or* sorts of things **vielfach** ['fiːlfax] **I** *adj* multiple *attr*, manifold; **auf ~e Weise** in many ways; **auf ~en Wunsch** at the request of many people **II** *adv* many times; (≈ *in vielen Fällen)* in many cases **Vielfache(s)** ['fiːlfaxə] *nt decl as adj* MAT multiple; **um ein ~s besser** *etc* many times better *etc* **Vielfalt** ['fiːlfalt] *f* ⟨-, *no pl*⟩ (great) variety **vielfältig** ['fiːlfɛltɪç] *adj* varied, diverse **vielfarbig** *adj* multicoloured (Br), multicolored (US) **Vielflieger(in)** *m/(f)* frequent flier **Vielfraß** *m (fig)* glutton **vielköpfig** *adj (infml) Familie* large

vielleicht [fi'laiçt] *adv* **1.** perhaps; **hat er sich ~ verirrt?** maybe he has got lost **2.** (≈ *wirklich)* really; **willst du mir ~ erzählen, dass ...?!** do you really mean to tell me that ...?; **du bist ~ ein Idiot!** you really are an idiot!; **ich war ~ nervös!** was I nervous! **3.** (≈ *ungefähr)* perhaps, about

vielmals ['fiːlmaːls] *adv* **danke ~!** thank you very much!, many thanks!; **er lässt ~ grüßen** he sends his best regards **viel-**

mehr [fiːlˈmeːɐ, ˈfiːl-] *adv* rather; (≈ *sondern, nur*) just **vielschichtig** [-ʃɪçtɪç] *adj* (*fig*) complex **vielseitig** [-zaɪtɪç] **I** *adj Mensch, Gerät* versatile; *Interessen* varied; *auf ~en Wunsch* by popular request **II** *adv* ~ *interessiert sein* to have varied interests **Vielseitigkeit** *f* ⟨-, *no pl*⟩ (*von Mensch, Gerät*) versatility; (*von Interessen*) multiplicity **vielsprachig** *adj* multilingual **vielverheißend** [-fɛɐhaɪsnt] *adj* promising **vielversprechend** [-fɛɐʃprɛçnt] *adj* promising **Vielzahl** *f* multitude **Vielzweck-** *in cpds* multipurpose

vier [fiːɐ] *num* **1.** four; *sie ist ~ (Jahre)* she's four (years old); *mit ~ (Jahren)* at the age of four; *~ Millionen* four million; *es ist ~ (Uhr)* it's four (o'clock); *um/gegen ~ (Uhr)* or *~e (infml)* at/around four (o'clock); *halb ~* half past three; *wir waren ~* or *zu ~t* there were four of us; *sie kamen zu ~t* four of them came **2.** *jdn unter ~ Augen sprechen* to speak to sb in private; *ein Gespräch unter ~ Augen* a private conversation; *auf allen ~en (infml)* on all fours **Vier** [fiːɐ] *f* ⟨-, -en⟩ four **Vierbeiner** [-baɪnɐ] *m* ⟨-s, -⟩ (*hum*) four-legged friend (*hum*) **vierbeinig** *adj* four-legged **vierblätt(e)rig** *adj* four-leaved **vierdimensional** *adj* four-dimensional **Viereck** *nt* (≈ *Rechteck*) rectangle **viereckig** *adj* square; (≈ *rechteckig*) rectangular **Vierer** [ˈfiːɐɐ] *m* ⟨-s, -⟩ (*Rudern etc*) four; (*S Ger, Aus: Ziffer*) four **Viererbob** *m* four-man bob (*Br*) or bobsled (*US*) **vierfach** [ˈfiːɐfax] *adj* fourfold, quadruple (*esp* MAT); *die ~e Menge* four times the amount **vierfüßig** *adj* four-legged **vierhändig** *adj* MUS four-handed; *~ spielen* to play something for four hands **vierhundert** [ˈfiːɐˈhʊndɐt] *num* four hundred **vierjährig** *adj* (≈ *4 Jahre alt*) four-year-old *attr*; (≈ *4 Jahre dauernd*) four-year *attr*; *ein ~es Kind* a four-year-old child **Vierjährige(r)** [-jɛːrɪɡə] *m/f(m) decl as adj* four-year-old **vierköpfig** *adj* *eine ~e Familie* a family of four **Vierling** [ˈfiːɐlɪŋ] *m* ⟨-s, -e⟩ quadruplet, quad (*infml*) **viermal** [ˈfiːɐmaːl] *adv* four times **viermalig** [ˈfiːɐmaːlɪç] *adj Weltmeister etc* four-times *attr* **Vierradantrieb** *m* four-wheel drive **vierräd(e)rig** *adj* four-wheeled **vierseitig** [-zaɪtɪç] *adj* four-sided; *Brief, Broschüre*

four-page *attr* **Viersitzer** *m* four-seater **vierspurig** [-ʃpuːrɪç] *adj* four-lane *attr* **vierstellig** *adj* four-figure *attr* **vierstimmig I** *adj* four-part *attr*, for four voices **II** *adv* ~ *singen* to sing a song for four voices **vierstöckig** *adj Haus* four-storeyed (*Br*), four-storied (*US*) **vierstufig** *adj* four-stage *attr* **vierstündig** *adj attr Reise, Vortrag* four-hour **viert** [fiːɐt] *adj* *zu ~*; → **vier** **viertägig** *adj attr* (≈ *4 Tage dauernd*) four-day **viertäglich** *adj, adv* every four days **Viertakter** [-taktɐ] *m* ⟨-s, -⟩ (*infml*), **Viertaktmotor** *m* four-stroke (engine) **viertausend** [ˈfiːɐtauznt] *num* four thousand **vierte** *adj* → **vierte(r, s) vierteilig** *adj* four-piece *attr*; *Roman* four-part *attr*, in four parts

viertel [ˈfɪrtl] *adj inv* quarter; *eine ~ Stunde* a quarter of an hour; *ein ~ Liter* a quarter (of a) litre (*Br*) or liter (*US*); *drei ~ voll* three-quarters full **Viertel¹** [ˈfɪrtl] *nt* (*Swiss auch m*) ⟨-s, -⟩ **1.** (*Bruchteil*) quarter; (*infml*) (≈ *Viertelpfund*) ≈ quarter; (≈ *Viertelliter*) quarter litre (*Br*) or liter (*US*); *drei ~ der Bevölkerung* three quarters of the population **2.** (*Uhrzeit*) **(ein)** ~ *nach/vor sechs* (a) quarter past/to six **Viertel²** [ˈfɪrtl] *nt* ⟨-s, -⟩ (≈ *Stadtbezirk*) quarter, district **Viertelfinale** *nt* quarter-finals *pl* **Vierteljahr** *nt* three months *pl*, quarter (COMM, FIN) **vierteljährig** *adj attr Frist* three months' **vierteljährlich I** *adj* quarterly; *Kündigungsfrist* three months' *attr* **II** *adv* quarterly **Viertelliter** *m* or *nt* quarter of a litre (*Br*) or liter (*US*) **vierteln** [ˈfɪrtln] *v/t* (≈ *in vier Teile teilen*) to divide into four **Viertelnote** *f* crotchet (*Br*), quarter note (*US*) **Viertelpfund** *nt* ≈ quarter (of a pound) **Viertelstunde** *f* quarter of an hour **viertelstündig** *adj attr Vortrag* lasting quarter of an hour **viertelstündlich I** *adj attr Abstand* quarter-hour **II** *adv* every quarter of an hour **Viertelton** *m, pl* -töne quarter tone **viertens** [ˈfiːɐtns] *adv* fourth(ly), in the fourth place **Vierte(r)** [ˈfiːɐtɐ] *m/f(m) decl as adj* fourth; *~r werden* to be or come fourth; *am ~n (des Monats)* on the fourth (of the month) **vierte(r, s)** [ˈfiːɐtə] *adj* fourth; *der ~ Oktober* the fourth of October; *den 4. Oktober* October 4th, October the fourth; *am ~n Oktober* on the fourth of October; *der*

~ **Stock** the fourth (*Br*) *or* fifth (*US*) floor; **im ~n Kapitel/Akt** in chapter/ act four **viertürig** *adj* four-door *attr* **vier-wöchig** [-vœçɪç] *adj* four-week *attr*, four weeks long **vierzehn** ['fɪrtseːn] *num* fourteen; ~ **Tage** two weeks, a fortnight *sg* (*Br*) **vierzehntägig** *adj* two-week *attr*, lasting a fortnight (*Br*) *or* two weeks **vierzig** ['fɪrtsɪç] *num* forty; (**mit**) ~ (**km/h**) **fahren** to drive at forty (km/h); **etwa ~** (**Jahre alt**) about forty (years old); (*Mensch auch*) fortyish (*infml*); **mit ~** (**Jahren**) at forty (years of age); **Mitte ~** in one's mid-forties; **über ~** over forty **Vierzig** ['fɪrtsɪç] *f* ⟨-, **-en**⟩ forty **vierziger** ['fɪrtsɪɡɐ] *adj attr inv*; → **Vier-zigerjahre Vierziger** ['fɪrtsɪɡɐ] *m* ⟨**-s, -**⟩ **die ~** *pl* (≈ *Vierzigerjahre*) one's forties; **er ist in den ~** he is in his forties; **er ist Mitte der ~** he is in his mid-forties **Vier-ziger** ['fɪrtsɪɡɐ] *m* ⟨**-s, -**⟩, **Vierzigerin** [-ərɪn] *f* ⟨-, **-nen**⟩ forty-year-old; **die ~** *pl* people in their forties **Vierzigerjahre** *pl* **die ~** one's forties; (≈ *Jahrzehnt*) the forties *sg or pl* **vierzigjährig** ['fɪrtsɪç-] *adj attr* (≈ *40 Jahre alt*) forty-year-old; (≈ *40 Jahre dauernd*) forty-year **Vierzig-stundenwoche** *f* forty-hour week **Vier-zimmerwohnung** *f* four-room flat (*Br*) *or* apartment **Vierzylindermotor** *m* four-cylinder engine

Vietnam [viɛt'nam] *nt* ⟨-*s*⟩ Vietnam **Viet-namese** [viɛtna'meːzə] *m* ⟨-*n, -n*⟩, **Viet-namesin** [-'meːzɪn] *f* ⟨-, **-nen**⟩ Vietnamese **vietnamesisch** [viɛtna'meːzɪʃ] *adj* Vietnamese

Vignette [vɪn'jɛtə] *f* ⟨-, **-n**⟩ vignette; AUTO permit (*for motorway driving*)

Villa ['vɪla] *f* ⟨-, **Villen** [-lən]⟩ villa **Villen-viertel** *nt* exclusive residential area

Viola ['viːola] *f* ⟨-, **Violen** ['vioːlən]⟩ MUS viola

violett [vio'lɛt] *adj* purple

Violine [vio'liːnə] *f* ⟨-, **-n**⟩ violin

Violoncello [violɔn'tʃɛlo] *nt* violoncello

Virensuchprogramm *nt* IT virus checker (*Br*) *or* scanner

virtuell [vɪr'tuɛl] *adj* Realität *etc* virtual

virtuos [vɪr'tuoːs] I *adj* virtuoso *attr* II *adv* beherrschen like a virtuoso **Virtuose** [vɪr'tuoːzə] *m* ⟨-*n, -n*⟩, **Virtuosin** [-'tuoːzɪn] *f* ⟨-, **-nen**⟩ virtuoso

Virus ['viːrʊs] *nt or m* ⟨-, **Viren** [-rən]⟩ virus **Virusinfektion** *f* viral *or* virus infection **Virusprogramm** *nt* IT virus (pro-

gram)

Visage [vi'zaːʒə] *f* ⟨-, **-n**⟩ (*infml*) face **Vi-sagist** [viza:'ʒɪst] *m* ⟨**-s, -**⟩, **Visagistin** [viza:'ʒɪstin] [-ɪn] *f* ⟨-, **-nen**⟩ make-up artist

vis-à-vis [viza'viː], **vis-a-vis** [viza'viː] I *adv* opposite (*von* to) II *prep* +*dat* opposite

Visier [vi'ziːɐ] *nt* ⟨**-s, -e**⟩ **1.** (*am Helm*) visor **2.** (*an Gewehren*) sight; **jdn/etw im ~ haben** (*fig*) to have sb/sth in one's sights

visieren [vi'ziːrən] *past part* **visiert** *v/t* (*Swiss*) (≈ *beglaubigen*) to certify; (≈ *ab-zeichnen*) to sign

Vision [vi'zioːn] *f* ⟨-, **-en**⟩ vision

Visite [vi'ziːtə] *f* ⟨-, **-n**⟩ (MED: *im Kran-kenhaus*) round **Visitenkarte** [vi'ziːtn-] *f* visiting *or* calling (*US*) card

visuell [vi'zuɛl] *adj* visual

Visum ['viːzʊm] *nt* ⟨**-s, Visa** *or* **Visen** [-za, -zn]⟩ **1.** visa **2.** (*Swiss* ≈ *Unter-schrift*) signature

vital [vi'taːl] *adj* vigorous; (≈ *lebenswich-tig*) vital **Vitalität** [vitali'tɛːt] *f* ⟨-, *no pl*⟩ vitality

Vitamin [vita'miːn] *nt* ⟨**-s, -e**⟩ vitamin **vitaminarm** *adj* poor in vitamins **vit-aminhaltig** *adj* containing vitamins **Vit-aminmangel** *m* vitamin deficiency **vit-aminreich** *adj* rich in vitamins

Vitrine [vi'triːnə] *f* ⟨-, **-n**⟩ (≈ *Schrank*) glass cabinet; (≈ *Schaukasten*) display case

Vize ['fiːtsə] *m* ⟨**-s, -**⟩ (*infml*) number two (*infml*) **Vizemeister(in)** *m/(f)* runner-up

Vogel ['foːɡl] *m* ⟨**-s, ﹣** ['føːɡl]⟩ bird; **ein seltsamer ~** (*infml*) a strange bird (*infml*); **den ~ abschießen** (*infml*) to surpass everyone (*iron*); **einen ~ haben** (*infml*) to be crazy (*infml*) **Vogelbauer** *nt*, *pl* **-bauer** birdcage **Vogelbeere** *f* (*a*. **Vogelbeerbaum**) rowan (tree); (≈ *Frucht*) rowan(berry) **Vogelfutter** *nt* bird food; (≈ *Samen*) birdseed **Vogel-grippe** *f* bird flu **Vogelhäuschen** [-hɔysçən] *nt* (≈ *Futterhäuschen*) bird-house **Vogelkäfig** *m* birdcage **Vogel-kunde** *f* ornithology **vögeln** ['føːɡln] *v/t & v/i* (*infml*) to screw (*sl*) **Vogelnest** *nt* bird's nest **Vogelperspektive** *f* bird's--eye view **Vogelscheuche** [-ʃɔyçə] *f* ⟨-, **-n**⟩ scarecrow **Vogel-Strauß-Politik** *f* head-in-the-sand policy **Vogerlsalat** ['foːɡɐl-] *m* (*Aus*) corn salad

Vogesen [voˈɡeːzn] *pl* Vosges *pl*

Voicemail ['vɔismeːl] f ⟨-, no pl⟩ TEL voice mail

Vokabel[vo'kaːbl] f ⟨-, -n or (Aus) nt -s, -⟩ word; **~n** pl vocabulary sg, vocab sg (SCHOOL infml) **Vokabelheft**nt vocabulary book **Vokabular** [vokabu'laːɐ] nt ⟨-s, -e⟩ vocabulary

Vokal[vo'kaːl] m ⟨-s, -e⟩ vowel **Vokalmusik**f vocal music

Volk[fɔlk] nt ⟨-(e)s, ⁻er ['fœlkɐ]⟩ **1.** no pl people pl; (≈ Nation) nation; (pej ≈ Pack) rabble pl; **etw unters ~ bringen** Nachricht to spread sth; Geld to spend sth **2.** (≈ ethnische Gemeinschaft) people sg; **die Völker Afrikas** the peoples of Africa **3.** ZOOL colony **Völkerkunde** f ethnology **völkerkundlich** [-kʊntlɪç] adj ethnological **Völkermord** m genocide **Völkerrecht** nt international law **völkerrechtlich**adj under international law **Völkerverständigung**finternational understanding **Völkerwanderung** f HIST migration of the peoples; (hum) mass exodus **Volksabstimmung**f plebiscite **Volksaufstand** m national uprising **Volksbefragung** f public opinion poll **Volksbegehren**nt petition for a referendum **Volksentscheid** m referendum **Volksfest** nt public festival; (≈ Jahrmarkt) funfair **Volksgruppe**fethnic group **Volksheld(in)** m/(f) popular hero/heroine **Volkshochschule**fadult education centre (Br) or center (US) **Volkslauf** m SPORTS open cross-country race **Volkslied** nt folk song **Volksmund** m, no pl vernacular **Volksmusik** f folk music **volksnah** adj popular, in touch with the people; POL grass-roots attr **Volksrepublik** f people's republic **Volksschule** f (Aus) primary (Br) or elementary school **Volksstamm** m tribe **Volkstanz** m folk dance **Volkstrauertag** m national day of mourning, ≈ Remembrance Day (Br), ≈ Veterans' Day (US) **volkstümlich** ['fɔlkstyːmlɪç] adj folk attr, folksy; (≈ traditionell) traditional; (≈ beliebt) popular **Volksversammlung** f people's assembly; (≈ Kundgebung) public gathering **Volksvertreter(in)** m/(f) representative of the people **Volksvertretung**f representative body (of the people) **Volkswirt(in)**m/(f) economist **Volkswirtschaft**f national economy; (Fach) economics sg, political economy **volkswirtschaftlich** adj Schaden,

Nutzen economic **Volkswirtschaftslehre** f economics sg, political economy **Volkszählung** f (national) census

voll [fɔl] **I** adj **1.** full; Erfolg complete; Jahr, Wahrheit whole; Haar thick; **~er ... full of ...; ~ (von or mit) etw** full of sth; **jdn nicht für ~ nehmen** not to take sb seriously **2. ~ sein** (infml) (≈ satt) to be full, to be full up (Br); (≈ betrunken) to be tight (Br infml) **II** adv fully; (≈ vollkommen auch) completely; (sl ≈ total) dead (Br infml), real (US infml); **~ und ganz** completely, wholly; **~ hinter jdm/etw stehen** to be fully behind sb/ sth; **~ zuschlagen** (infml) to hit out; **~ dabei sein** (infml) to be totally involved **vollauf** ['fɔl|auf, fɔl'|auf] adv fully, completely; **das genügt ~** that's quite enough **vollautomatisch**adj fully automatic **Vollbart** m (full) beard **Vollbeschäftigung** f full employment **Vollbesitz** m **im ~** +gen in full possession of **Vollblut** nt, no pl thoroughbred **Vollbremsung** f emergency stop **vollbringen** [fɔl'brɪŋən] past part **vollbracht** [fɔl'braxt] v/t insep irr (≈ ausführen) to achieve; Wunder to work **vollbusig** [-buːzɪç] adj full-bosomed **Volldampf** m NAUT full steam; **mit ~** at full steam; (infml) flat out (esp Br) **vollenden**[fɔl-'|ɛndn] past part **vollendet** insep v/t (≈ abschließen) to complete; (≈ vervollkommnen) to make complete **vollendet** [fɔl'|ɛndət] **I** adj completed; Schönheit perfect **II** adv perfectly **vollends** ['fɔlɛnts] adv (≈ völlig) completely **Vollendung**f completion; (≈ Vollkommenheit) perfection **voller**['fɔlɐ] adj → **voll vollessen** v/r sep irr (infml) to gorge oneself

Volleyball m volleyball

Vollgasnt, no pl full throttle; **~ geben** to open it right up; **mit ~** (fig infml) full tilt **vollgießen**v/t sep irr (≈ auffüllen) to fill (up) **Vollidiot(in)**m/(f) (infml) complete idiot **völlig**['fœlɪç] **I** adj complete; **das ist mein ~er Ernst** I'm completely or absolutely serious **II** adv completely; **er hat ~ Recht** he's absolutely right **volljährig** adj of age; **~ werden/sein** to come/be of age **Volljährigkeit** [-jɛːrɪkkait] f ⟨-, no pl⟩ majority no art **Vollkaskoversicherung** f ⟨-, no pl⟩ fully comprehensive insurance **vollkommen**[fɔl-'kɔmən, 'fɔl-] **I** adj perfect; (≈ völlig) complete, absolute **II** *adv* completely **Vollkommenheit** *f* ⟨-, *no pl*⟩ perfection; (≈ *Vollständigkeit*) completeness, absoluteness **Vollkornbrot** *nt* coarse wholemeal (*Br*) *or* wholegrain bread **vollllaufen** *v/i sep irr aux sein* to fill up; *etw* ~ *lassen* to fill sth (up); *sich* ~ *lassen* (*infml*) to get tanked up (*infml*) **vollmachen** *v/t sep* **1.** *Gefäß* to fill (up); *Dutzend* to make up; *Sammlung, Set* to complete **2.** (*infml*) *Windeln* to fill (*Br*), to dirty (*US*) **Vollmacht** *f* ⟨-, -en⟩ (legal) power *or* authority *no pl, no indef art*; (*Urkunde*) power of attorney; *jdm eine* ~ *erteilen* to grant sb power of attorney **Vollmilch** *f* full-cream milk **Vollmilchschokolade** *f* full-cream milk chocolate **Vollmond** *m* full moon; *heute ist* ~ there's a full moon today **vollmundig** *adj Wein* full-bodied **Vollnarkose** *f* general anaesthetic (*Br*) *or* anesthetic (*US*) **Vollpension** *f* full board **vollschlagen** *v/t sep irr* (*infml*) *sich* (*dat*) *den Bauch* ~ to stuff oneself (with food) (*infml*) **vollschlank** *adj* plump, stout; *Mode für* ~*e Damen* fashion for ladies with a fuller figure **vollschreiben** *v/t sep irr Heft, Seite* to fill (with writing) **vollständig I** *adj* complete; *Adresse* full *attr*; *nicht* ~ incomplete **II** *adv* completely **Vollständigkeit** [-ʃtɛndɪçkaɪt] *f* ⟨-, *no pl*⟩ completeness **vollstopfen** *v/t sep* to cram full **vollstrecken** [fɔlˈʃtrɛkn] *past part* **vollstreckt** *v/t insep* to execute; *Urteil* to carry out **Vollstreckung** *f* ⟨-, -en⟩ execution; (*von Todesurteil*) carrying out **Vollstreckungsbescheid** *m* writ of execution **volltanken** *v/t & v/i sep* to fill up **Volltext** *m* IT full text **Volltextsuche** *f* full text search **Volltreffer** *m* bull's eye **volltrunken** *adj* completely drunk **Vollversammlung** *f* general assembly; (*von Stadtrat etc*) full meeting **Vollwaschmittel** *nt* detergent **vollwertig** *adj Mitglied* full *attr*; *Ersatz* (fully) adequate **Vollwertkost** *f* wholefoods *pl* **vollzählig** [-tsɛːlɪç] **I** *adj usu pred Anzahl* complete; *um* ~*es Erscheinen wird gebeten* everyone is requested to attend **II** *adv* **sie sind** ~ **erschienen** everyone came **vollziehen** [fɔlˈtsiːən] *past part* **vollzogen** [fɔlˈtsoːgn] *insep irr* **I** *v/t* to carry out; *Trauung* to perform **II** *v/r* to take place **Vollzug** [fɔlˈtsuːk] *m, no pl* (≈ *Strafvollzug*) penal system **Vollzugs-**

anstalt *f* (*form*) penal institution **Vollzugsbeamte(r)** *m decl as adj*, **Vollzugsbeamtin** *f* (*form*) warder **Volontär** [volɔnˈtɛːɐ] *m* ⟨-s, -⟩, **Volontärin** [volɔnˈtɛːʀɪn] [-ɪn] *f* ⟨-, -nen⟩ trainee **Volontariat** [volɔntaˈriaːt] *nt* ⟨-(e)s, -e⟩ (*Zeit*) practical training **volontieren** [volɔnˈtiːʀən] *past part* **volontiert** *v/i* to be training (*bei* with) **Volt** [vɔlt] *nt* ⟨-(e)s, -⟩ volt **Voltmeter** *nt* voltmeter **Voltzahl** *f* voltage **Volumen** [voˈluːmən] *nt* ⟨-s, - *or* **Volumina** [-na]⟩ (*lit, fig* ≈ *Inhalt*) volume **von** [fɔn] *prep +dat* **1.** from; *nördlich* ~ to the North of; ~ *heute ab or an* from today; ~ *dort aus* from there; ~ ... *bis* from ... to; ~ *morgens bis abends* from morning till night **2.** (*Urheberschaft ausdrückend*) by; *das Gedicht ist* ~ *Schiller* the poem is by Schiller; *das Kind ist* ~ *ihm* the child is his; ~ *etw begeistert* enthusiastic about sth **3.** *ein Riese* ~ *einem Mann* (*infml*) a giant of a man; *dieser Dummkopf* ~ *Gärtner!* (*infml*) that idiot of a gardener!; *im Alter* ~ *50 Jahren* at the age of 50 **voneinander** [fɔnʔaɪˈnandɐ] *adv* of each other, of one another; *sich* ~ *trennen* to part *or* separate (from each other *or* one another) **vonseiten** [fɔnˈzaɪtn] *prep +gen* on the part of **vor** [foːɐ] **I** *prep +acc or +dat* **1.** (*+dat, räumlich*) in front of; (≈ *außerhalb von*) outside; (*bei Reihenfolge*) before; *die Stadt lag* ~ *uns* the town lay before us; ~ *allen Dingen, ~ allem* above all; ~ *dem Fernseher sitzen* to sit in front of the TV **2.** (*+acc, Richtung angebend*) in front of **3.** (*+dat, zeitlich*) before; *zwanzig* (*Minuten*) ~ *drei* twenty (minutes) to three; *heute* ~ *acht Tagen* a week ago today; ~ *einigen Tagen* a few days ago; ~ *Hunger sterben* to die of hunger; ~ *Kälte zittern* to tremble with cold **4.** ~ *jdm/etw sicher sein* to be safe from sb/ sth; *Achtung* ~ *jdm/etw haben* to have respect for sb/sth **II** *adv* ~ *und zurück* backwards and forwards **vorab** [foːɐˈ|ap] *adv* to begin *or* start with **Vorabend** *m* evening before; *das war am* ~ that was the evening before **Vorahnung** *f* presentiment, premonition **voran** [foˈran] *adv* **1.** (≈ *vorn*) first **2.** (≈ *vorwärts*) forwards **vorangehen** *v/i sep* *irr aux sein* **1.** (≈ *an der Spitze gehen*) to go first *or* in front; (≈ *anführen*) to lead the way **2.** (*zeitlich*) **einer Sache** (*dat*) ~ to precede sth **3.** (*also v/i impers* ≈ *Fortschritte machen*) to come along **vorankommen***v/i sep irr aux sein* to make progress; **beruflich** ~ to get on in one's job **Voranmeldung***f* appointment **Voranschlag***m* estimate

Vorarbeit*f* groundwork **vorarbeiten***sep v/t & v/i* to work in advance **Vorarbeiter** *m* foreman **Vorarbeiterin***f* forewoman **voraus** [fo'raus] *adv* (≈ *voran*) in front (+*dat* of); (*fig*) ahead (+*dat* of); **im Voraus** in advance **vorausahnen***v/t sep* to anticipate **vorausbezahlt** *adj* prepaid **vorausfahren***v/i sep irr aux sein* to go in front (+*dat* of); (*Fahrer*) to drive in front (+*dat* of) **vorausgehen** *v/i sep irr aux sein* = **vorangehen vorausgesetzt** *adj* ~, (**dass**) ... provided (that) ... **voraushaben** *v/t sep irr* **jdm etw** ~ to have the advantage of sth over sb **vorausplanen***v/t & v/i sep* to plan ahead **Voraussage***f* prediction; (≈ *Wettervoraussage*) forecast **voraussagen***v/t sep* to predict (*jdm* for sb); *Wetter* to forecast **vorausschicken** *v/t sep* to send on ahead *or* in advance (+*dat* of); (*fig* ≈ *vorher sagen*) to say in advance (+*dat* of) **voraussehen***v/t sep irr* to foresee; **das war vorauszusehen!** that was (only) to be expected! **voraussetzen***v/t sep* to presuppose; *Zustimmung, Verständnis* to take for granted; (≈ *erfordern*) to require; **wenn wir einmal** ~, **dass** ... let us assume that ... **Voraussetzung** [-zetsʊŋ] *f* ⟨-, -en⟩ prerequisite, precondition; (≈ *Erfordernis*) requirement; (≈ *Annahme*) assumption; **unter der** ~, **dass** ... on condition that ... **voraussichtlichI** *adj* expected **II** *adv* probably **Vorbehalt** [-bəhalt] *m* ⟨-(e)s, -e⟩ reservation; **unter dem** ~, **dass** ... with the reservation that ... **vorbehalten** *past part* **vorbehalten** *v/t sep irr* **sich** (*dat*) **etw** ~ to reserve sth (for oneself); *Recht* to reserve sth; **alle Rechte** ~ all rights reserved; **Änderungen (sind)** ~ subject to alterations **vorbehaltlos**[-bəhaltlo:s] **I** *adj* unconditional **II** *adv* without reservations

vorbei [fo:ɐ'bai] *adv* **1.** (*räumlich*) past, by; ~ **an** (+*dat*) past **2.** (*zeitlich*) ~ **sein** to be past; (≈ *beendet*) to be over; **es**

ist schon 8 Uhr ~ it's already past *or* after 8 o'clock; **damit ist es nun** ~ that's all over now; **aus und** ~ over and done **vorbeibringen***v/t sep irr* (*infml*) to drop by *or* in **vorbeifahren***sep irr v/i aux sein* to go/drive past (*an jdm* sb); **bei jdm** ~ (*infml*) to drop in on sb **vorbeigehen** *v/i sep irr aux sein* **1.** to go past *or* by (*an jdm/etw* sb/sth); **bei jdm** ~ (*infml*) to drop in on sb; **im Vorbeigehen** in passing **2.** (≈ *vergehen*) to pass **vorbeikommen** *v/i sep irr aux sein* (*an jdm/ etw* sb/sth) to pass, to go past; (*an einem Hindernis*) to get past; **an einer Aufgabe nicht** ~ to be unable to avoid a task **vorbeilassen***v/t sep irr* to let past (*an jdm/etw* sb/sth) **vorbeireden** *v/i sep* **an etw** (*dat*) ~ to talk round sth; **aneinander** ~ to talk at cross purposes **vorbelastet**[-bəlastət] *adj* handicapped **Vorbemerkung***f* introductory *or* preliminary remark

vorbereiten*past part* **vorbereitet** *sep* **I** *v/t* to prepare **II** *v/r* to prepare (oneself) (**auf** +*acc* for) **Vorbereitung** ['fo:ɐbəraitʊŋ] *f* ⟨-, -en⟩ preparation; **~en treffen** to make preparations **vorbestellen***past part* **vorbestellt** *v/t sep* to order in advance **Vorbestellung***f* advance order; (*von Zimmer*) (advance) booking

vorbestraft [-bəʃtra:ft] *adj* previously convicted

vorbeugen*sep* **I** *v/i* to prevent (*einer Sache dat* sth) **II** *v/r* to bend forward **vorbeugend** *adj* preventive **Vorbeugung** *f* prevention (*gegen, von of*)

Vorbild *nt* model; (≈ *Beispiel*) example; **nach amerikanischem** ~ following the American example; **sich** (*dat*) **jdn zum** ~ **nehmen** to model oneself on sb **vorbildlichI** *adj* exemplary **II** *adv* exemplarily

Vorbote *m*, **Vorbotin** *f* (*fig*) harbinger, herald

vorbringen *v/t sep irr* **1.** (*infml* ≈ *nach vorn bringen*) to take up *or* forward **2.** (≈ *äußern*) to say; *Wunsch, Forderung* to state; *Klage* to lodge; *Kritik* to make; *Bedenken* to express; *Argument* to produce

Vordach*nt* canopy

vordatieren*past part* **vordatiert** *v/t sep* to postdate; *Ereignis* to predate

Vordenker(in)*m/(f)* mentor

Vorderachse f front axle **Vorderansicht** f front view **Vorderbein** nt foreleg **vordere(r, s)** ['fɔrdərə] adj front **Vordergrund** m foreground; **im ~ stehen** (fig) to be to the fore; **etw in den ~ rücken** or **stellen** (fig) to give priority to sth; **in den ~ treten** (fig) to come to the fore **vordergründig** [-grʏndɪç] adj (fig) (≈ oberflächlich) superficial **Vordermann** m, pl **-männer** person in front; **sein ~** the person in front of him; **etw auf ~ bringen** (fig infml) Kenntnisse to brush sth up; (≈ auf neuesten Stand bringen) to bring sth up-to-date **Vorderrad** nt front wheel **Vorderseite** f front **vorderste(r, s)** ['fɔrdɛstə] adj front(most) **Vordertür** f front door

vordrängen v/r sep to push to the front **vordringen** v/i sep irr aux sein to advance; **bis zu etw ~** to get as far as sth **vordringlich** adj urgent **Vordruck** m, pl **-drucke** form **vorehelich** adj attr premarital **voreilig** adj rash; **~e Schlüsse ziehen** to jump to conclusions **voreinander** [foːɐ|ai'nandɐ] adv (räumlich) in front of one another; **wir haben keine Geheimnisse ~** we have no secrets from each other **voreingenommen** adj prejudiced, biased **Voreingenommenheit** f, no pl prejudice, bias **voreingestellt** adj esp IT preset **Voreinstellung** f esp IT presetting **vorenthalten** past part **vorenthalten** v/t sep irr **jdm etw ~** to withhold sth from sb **Vorentscheidung** f preliminary decision; SPORTS preliminary round or heat **vorerst** ['foːɐ|eːɐst, foːɐ'eːɐst] adv for the time being **Vorfahr** ['foːɐfaːɐ] m ⟨-en, -en⟩ ancestor **vorfahren** sep irr v/i aux sein **1.** (≈ nach vorn fahren) to drive or move forward **2.** (≈ ankommen) to drive up **3.** (≈ früher fahren) **wir fahren schon mal vor** we'll go on ahead **Vorfahrt** f, no pl right of way; „**Vorfahrt (be)achten**" "give way" (Br), "yield" (US); **jdm die ~ nehmen** to ignore sb's right of way **Vorfahrtsschild** nt, pl **-schilder** give way (Br) or yield (US) sign **Vorfahrtsstraße** f major road **Vorfall** m incident **vorfallen** v/i sep irr aux sein (≈ sich ereignen) to happen **vorfeiern** v/t & v/i sep to celebrate early

Vorfeld nt (fig) run-up (+gen to); **im ~ der Wahlen** in the run-up to the elections **vorfinden** v/t sep irr to find, to discover **Vorfreude** f anticipation **vorfühlen** v/i sep (fig) **bei jdm ~** to sound or feel (US) sb out **vorführen** v/t sep **1. den Gefangenen dem Haftrichter ~** to bring the prisoner up before the magistrate **2.** (≈ zeigen) to present; Kunststücke to perform (dat to); Film to show; Gerät to demonstrate (dat to) **Vorführung** f presentation; (von Filmen) showing; (von Geräten) demonstration; (von Kunststücken) performance **Vorgang** m, pl **-gänge 1.** (≈ Ereignis) event **2.** TECH etc process **Vorgänger** [-gɛŋɐ] m ⟨-s, -⟩, **Vorgängerin** [-ərɪn] f ⟨-, -nen⟩ predecessor **Vorgarten** m front garden **vorgeben** v/t sep irr **1.** (≈ vortäuschen) to pretend; (≈ fälschlich beteuern) to profess **2.** SPORTS to give (a start of) **vorgefasst** adj Meinung preconceived **Vorgefühl** nt anticipation; (≈ böse Ahnung) presentiment, foreboding **vorgehen** v/i sep irr aux sein **1.** (≈ handeln) to act; **gerichtlich gegen jdn ~** to take legal action against sb **2.** (≈ geschehen) to go on **3.** (Uhr) to be fast **4.** (≈ nach vorn gehen) to go forward; (≈ früher gehen) to go on ahead **5.** (≈ den Vorrang haben) to come first **Vorgehen** nt action **Vorgeschichte** f **1.** (eines Falles) past history **2.** (≈ Urgeschichte) prehistoric times pl **vorgeschichtlich** adj prehistoric **Vorgeschmack** m foretaste **Vorgesetzte(r)** ['foːɐgezɛtstə] m/f(m) decl as adj superior **vorgestern** adv the day before yesterday; **von ~** (fig) antiquated **vorgreifen** v/i sep irr **jdm ~** to forestall sb; **einer Sache** (dat) **~** to anticipate sth **Vorgriff** m anticipation (auf +acc of); **im ~ auf** (+acc) in anticipation of **vorhaben** v/t sep irr to intend; (≈ geplant haben) to have planned; **was haben Sie heute vor?** what are your plans for today?; **hast du heute Abend schon etwas vor?** have you already got something planned this evening? **vorhalten** sep irr **I** v/t **1.** = **vorwerfen 2.** (als Beispiel) **jdm jdn/etw ~** to hold sb/sth up to sb **3.** (≈ *vor den Körper halten*) to hold up **II** *v/i* (≈ *anhalten*) to last **Vorhaltung** *f usu pl* reproach; *jdm (***wegen etw***)* ~*en machen* to reproach sb (with *or* for sth)

Vorhand *f* SPORTS forehand

vorhanden [foːɐ̯ˈhandn] *adj* (≈ *verfügbar*) available; (≈ *existierend*) in existence; *davon ist genügend* ~ there's plenty of that **Vorhandensein** *adj* existence

Vorhang *m* curtain

Vorhängeschloss [ˈfoːɐ̯hɛŋə-] *nt* padlock

Vorhaut *f* foreskin

vorher [foːɐ̯ˈheːɐ̯, ˈfoːɐ̯-] *adv* before **vorherbestimmen** *past part* **vorherbestimmt** *v/t sep Schicksal* to predetermine; (*Gott*) to preordain **vorhergehend** *adj Tag, Ereignisse* preceding **vorherig** [foːɐ̯ˈheːrɪç, ˈfoːɐ̯-] *adj attr* previous; *Vereinbarung* prior

Vorherrschaft *f* predominance, supremacy; (≈ *Hegemonie*) hegemony **vorherrschen** *v/i sep* to predominate **vorherrschend** *adj* predominant; (≈ *weitverbreitet*) prevalent

Vorhersage *f* forecast **vorhersagen** *v/t sep = voraussagen* **vorhersehen** *v/t sep irr* to foresee

vorhin [foːɐ̯ˈhɪn, ˈfoːɐ̯-] *adv* just now

Vorhinein [ˈfoːɐ̯hɪnain] *adv im* ~ in advance

Vorhut *f* ⟨-, *-en*⟩ MIL vanguard, advance guard

vorig [ˈfoːrɪç] *adj attr* (≈ *früher*) previous; (≈ *vergangen*) *Jahr etc* last

Vorjahr *nt* previous year

Vorkämpfer(in) *m/(f)* pioneer (*für* of)

Vorkasse *f „Zahlung nur gegen* ~*"* "advance payment only"

vorkauen *v/t sep Nahrung* to chew; *jdm etw (acc)* ~ (*fig infml*) to spoon-feed sth to sb (*infml*)

Vorkehrung [ˈfoːɐ̯keːrʊŋ] *f* ⟨-, *-en*⟩ precaution; ~*en treffen* to take precautions

Vorkenntnis *f* previous knowledge *no pl* **vorknöpfen** *v/t sep* (*fig infml*) *sich* (*dat*) *jdn* ~ to take sb to task

vorkommen *v/i sep irr aux sein* **1.** (*also v/i impers* ≈ *sich ereignen*) to happen; *so etwas ist mir noch nie vorgekommen* such a thing has never happened to me before **2.** (≈ *vorhanden sein*) to occur; (*Pflanzen, Tiere*) to be found **3.**

(≈ *erscheinen*) to seem; *das kommt mir merkwürdig vor* that seems strange to me; *sich* (*dat*) *überflüssig* ~ to feel superfluous **4.** (≈ *nach vorn kommen*) to come forward **Vorkommnis** [ˈfoːɐ̯kɔmnɪs] *nt* ⟨-ses, -se⟩ incident

Vorkriegszeit *f* prewar period

vorladen *v/t sep irr* JUR to summons **Vorladung** *f* summons

Vorlage *f* **1.** *no pl* (≈ *das Vorlegen*) presentation; (*von Beweismaterial*) submission; *gegen* ~ *einer Sache* (*gen*) (up)on production *or* presentation of sth **2.** (≈ *Muster*) pattern; (≈ *Entwurf*) draft

vorlassen *v/t sep irr* **1.** (*infml*) *jdn* ~ (≈ *vorbeigehen lassen*) to let sb pass; *ein Auto* ~ (≈ *überholen lassen*) to let a car pass **2.** (≈ *Empfang gewähren*) to allow in

Vorlauf *m* SPORTS qualifying *or* preliminary heat **Vorläufer(in)** *m/(f)* forerunner **vorläufig I** *adj* temporary; *Urteil* preliminary **II** *adv* (≈ *fürs Erste*) for the time being

vorlaut *adj* cheeky (*Br*), impertinent

Vorleben *nt* past (life)

vorlegen *sep v/t* **1.** (≈ *präsentieren*) to present; *Pass* to show; *Beweismaterial* to submit **2.** *Riegel* to put across; *Schloss* to put on **3.** (≈ *vorstrecken*) *Geld* to advance **Vorleger** [ˈfoːɐ̯leːɡɐ] *m* ⟨-s, -⟩ mat

vorlehnen *v/r sep* to lean forward

Vorleistung *f* (ECON ≈ *Vorausbezahlung*) advance (payment)

vorlesen *v/t & v/i sep irr jdm* (*etw*) ~ to read (sth) to sb **Vorlesung** *f* UNIV lecture; *über etw* (*acc*) ~*en halten* to give a course (*of*) lectures on sth **Vorlesungsverzeichnis** *nt* lecture timetable

vorletzte(r, s) [ˈfoːɐ̯lɛtstə] *adj* next to last, penultimate; *im* ~*n Jahr* the year before last

Vorliebe *f* preference

vorliebnehmen [foːɐ̯ˈliːp-] *v/i sep irr mit jdm/etw* ~ to make do with sb/sth

vorliegen *sep irr* **I** *v/i* (≈ *zur Verfügung stehen*) to be available; (≈ *vorhanden sein*) (*Irrtum, Schuld etc*) to be; (*Gründe, Voraussetzungen*) to exist; *jdm* ~ (*Unterlagen etc*) to be with sb; *etw liegt gegen jdn vor* sth is against sb; (*gegen Angeklagten*) sb is charged with sth **II** *v/i impers* to be; *es muss ein Irrtum* ~ there must be some mistake

vorlügen *v/t sep irr jdm etwas* ~ to lie to

sb

vormachen *v/t sep* **jdm etw ~** (≈ *zeigen*) to show sb how to do sth; (*fig* ≈ *täuschen*) to fool sb; **ich lasse mir so leicht nichts ~** you / he *etc* can't fool me so easily; **sich** (*dat*) **(selbst) etwas ~** to fool oneself

Vormacht(stellung) *f* supremacy (*gegenüber* over)

Vormarsch *m* MIL advance; **im ~ sein** (*fig*) to be gaining ground

vormerken *v/t sep* to note down; *Plätze* to reserve; **ich werde Sie für Mittwoch ~** I'll put you down for Wednesday

Vormieter(in) *m/(f)* previous tenant

Vormittag *m* morning; **am ~** in the morning; **heute ~** this morning **vormittags** *adv* in the morning; (≈ *jeden Morgen*) in the morning(s)

Vormund *m* ⟨*-(e)s, -e or Vormünder*⟩ guardian   **Vormundschaft** ['foːɐmʊntʃaft] *f* ⟨*-, -en*⟩ guardianship

vorn [fɔrn] *adv* **1.** in front; **nach ~** (≈ *ganz nach vorn*) to the front; (≈ *weiter nach vorn*) forwards; **~ im Bild** in the front of the picture; **sie waren ziemlich weit ~** they were quite far ahead **2.** (≈ *am Anfang*) **von ~** from the beginning; **von ~ anfangen** to begin at the beginning; (*neues Leben*) to start afresh **3.** (≈ *am vorderen Ende*) at the front; **~ im Auto** in the front of the car; **er betrügt sie von ~ bis hinten** he deceives her right, left and centre (*Br*) *or* center (*US*)

Vorname *m* first name

vornehm ['foːɐneːm] **I** *adj* **1.** (*kultiviert*) distinguished; *Benehmen* genteel; **die ~e Gesellschaft** high society **2.** (≈ *elegant*) *Wohngegend, Haus* posh (*infml*); *Geschäft* exclusive; *Kleid* elegant; *Auto* smart; *Geschmack* refined **II** *adv* wohnen grandly; **~ tun** (*pej infml*) to act posh (*infml*)

vornehmen *v/t sep irr* (≈ *ausführen*) to carry out; *Änderungen* to do; *Messungen* to take; **(sich** *dat***) etw ~** (≈ *in Angriff nehmen*) to get to work on sth; (≈ *planen*) to intend to do sth; **ich habe mir zu viel vorgenommen** I've taken on too much; **sich** (*dat*) **jdn ~** (*infml*) to have a word with sb

vornherein ['fɔrnhɛrain, fɔrnhɛ'rain] *adv* **von ~** from the start

vornüber [fɔrn'|yːbɐ] *adv* forwards

Vorort ['foːɐ|ɔrt] *m, pl* **-orte** (≈ *Vorstadt*) suburb **Vorortzug** *m* suburban train

Vorplatz *m* forecourt

Vorposten *m* MIL outpost

Vorprogramm *nt* supporting bill, warm-up act (*US*) **vorprogrammieren** *past part* **vorprogrammiert** *v/t sep* to preprogram **vorprogrammiert** [-programiːɐt] *adj Erfolg* automatic; *Verhaltensweise* preprogrammed

Vorrang *m, no pl* **1. ~ haben** to have priority; **jdm den ~ geben** to give sb priority **2.** (*Aus* ≈ *Vorfahrt*) right of way **vorrangig** ['foːɐraŋɪç] *adj* priority *attr*; **~ sein** to have (top) priority; **eine Angelegenheit ~ behandeln** to give a matter priority treatment

Vorrat ['foːɐraːt] *m* ⟨*-(e)s, Vorräte* [-rɛːtə]⟩ stock; *esp* COMM stocks *pl*; (≈ *Geldvorrat*) reserves *pl*; (*an Atomwaffen*) stockpile; **solange der ~ reicht** COMM while stocks last **vorrätig** ['foːɐrɛːtɪç] *adj* in stock; (≈ *verfügbar*) available

vorrechnen *v/t sep* **jdm etw ~** to calculate sth for sb; **jdm seine Fehler ~** (*fig*) to enumerate sb's mistakes

Vorrecht *nt* prerogative; (≈ *Vergünstigung*) privilege

Vorredner(in) *m/(f)* (≈ *vorheriger Redner*) previous speaker

Vorrichtung *f* device

vorrücken *sep* **I** *v/t* to move forward; *Schachfigur* to advance **II** *v/i aux sein* to move forward; MIL to advance; (*im Beruf etc*) to move up; **in vorgerücktem Alter** in later life; **zu vorgerückter Stunde** at a late hour

Vorruhestand *m* early retirement

Vorrunde *f* SPORTS preliminary *or* qualifying round

vorsagen *sep* **I** *v/t* **jdm etw ~** *Antwort, Lösung* to tell sb sth **II** *v/i* SCHOOL **jdm ~** to tell sb the answer

Vorsaison *f* low season

Vorsatz *m* (firm) intention; **mit ~** JUR with intent **vorsätzlich** [-zɛtslɪç] **I** *adj* deliberate; JUR *Mord etc* wilful **II** *adv* deliberately

Vorschau *f* preview; (*für Film*) trailer

Vorschein *m* **zum ~ bringen** (*lit* ≈ *zeigen*) to produce; (*fig* ≈ *deutlich machen*) to bring to light; **zum ~ kommen** (*lit* ≈ *sichtbar werden*) to appear; (*fig* ≈ *entdeckt werden*) to come to light

vorschieben *sep irr v/t* **1.** (≈ *davorschieben*) to push in front; *Riegel* to put across

2. (*fig* ≈ *vorschützen*) to put forward as an excuse
vorschießen *v/t sep irr* **jdm Geld ~** to advance sb money
Vorschlag *m* suggestion; (≈ *Rat*) advice; (≈ *Angebot*) proposition; **auf ~ von** *or* +*gen* at *or* on the suggestion of **vorschlagen** *v/t sep irr* to suggest; **jdn für ein Amt ~** to propose sb for a position
vorschnell *adj, adv* = **voreilig**
vorschreiben *v/t sep irr* (≈ *befehlen*) to stipulate; MED *Dosis* to prescribe; **jdm ~, wie/was ...** to dictate to sb how/what ...; **gesetzlich vorgeschrieben** stipulated by law **Vorschrift** *f* (≈ *Bestimmung*) regulation; (≈ *Anweisung*) instruction; **jdm ~en machen** to give sb orders; **sich an die ~en halten** to observe the regulations; **Arbeit nach ~** work to rule **vorschriftsmäßig I** *adj* regulation *attr*; *Verhalten* correct, proper *attr* **II** *adv* (≈ *laut Anordnung*) according to (the) regulations
Vorschub *m* **jdm/einer Sache ~ leisten** to encourage sb/sth
Vorschule *f* nursery school
Vorschuss *m* advance **Vorschusslorbeeren** *pl* premature praise *sg*
vorschützen *v/t sep* to plead as an excuse; *Unwissenheit* to plead
vorschweben *v/i sep* **jdm schwebt etw vor** sb has sth in mind
vorsehen *sep irr* **I** *v/t* (≈ *planen*) to plan; (≈ *einplanen*) *Kosten* to allow for; *Zeit* to allow; (*im Gesetz*) to provide for; **jdn für etw ~** (≈ *beabsichtigen*) to have sb in mind for sth **II** *v/r* (≈ *sich in Acht nehmen*) to watch out; **sich vor jdm/etw ~** to beware of sb/sth **Vorsehung** ['foːɐzeːʊŋ] *f* ⟨-, *no pl*⟩ **die (göttliche) ~** (divine) Providence
vorsetzen *sep v/t* **1.** *Fuß* to put forward **2.** **jdm etw ~** (≈ *geben*) to give sb sth; (≈ *anbieten*) to offer sb sth
Vorsicht ['foːɐzɪçt] *f* ⟨-, *no pl*⟩ care; (*bei Gefahr*) caution; **~ walten lassen** to be careful; (*bei Gefahr*) to exercise caution; (≈ *behutsam vorgehen*) to be wary; **zur ~ mahnen** to advise caution; **~!** watch out!; **„Vorsicht feuergefährlich"** "danger - inflammable"; **„Vorsicht Stufe"** "mind the step"; **mit ~** carefully; (*bei Gefahr*) cautiously; **was er sagt ist mit ~ zu genießen** (*hum infml*) you have to take what he says with a pinch of salt

(*infml*); **~ ist besser als Nachsicht** (*prov*) better safe than sorry **vorsichtig** ['foːɐzɪçtɪç] **I** *adj* careful; (≈ *besonnen*) cautious; (≈ *misstrauisch*) wary; *Schätzung* cautious **II** *adv* **1.** (*umsichtig*) carefully **2.** (*zurückhaltend*) **sich ~ äußern** to be very careful what one says **vorsichtshalber** *adv* as a precaution **Vorsichtsmaßnahme** *f* precaution
Vorsilbe *f* prefix
vorsingen *sep irr v/t & v/i* (*vor Zuhörern*) **jdm (etw) ~** to sing (sth) to sb
vorsintflutlich [-zɪntfluːtlɪç] *adj* (*infml*) antiquated
Vorsitz *m* chairmanship; **den ~ haben** to be chairman; **den ~ übernehmen** to take the chair **Vorsitzende(r)** ['foːɐzɪtsndə] *m/f(m) decl as adj* chairman; (*Frau auch*) chairwoman; (*von Verein*) president
Vorsorge *f*, *no pl* (≈ *Vorsichtsmaßnahme*) precaution; **~ treffen** to take precautions; (*fürs Alter*) to make provision **vorsorgen** *v/i sep* to make provision; **für etw ~** to provide for sth **Vorsorgeuntersuchung** *f* MED medical checkup **vorsorglich** [-zɔrklɪç] *adj* precautionary
Vorspann ['foːɐʃpan] *m* ⟨-(e)s, -e⟩ (FILM, TV: *Titel und Namen*) opening credits *pl*
Vorspeise *f* hors d'œuvre, starter (*Br*)
Vorspiegelung *f* pretence (*Br*), pretense (*US*); **das ist nur (eine) ~ falscher Tatsachen** (*hum*) it's all sham
Vorspiel *nt* (≈ *Einleitung*) prelude; THEAT prologue (*Br*), prolog (*US*); (*bei Geschlechtsverkehr*) foreplay **vorspielen** *sep* **I** *v/t* **jdm etw ~** MUS to play sth to sb; (*fig*) to act out a sham of sth in front of sb; **spiel mir doch nichts vor** don't try and pretend to me **II** *v/i* (*vor Zuhörern*) to play; **jdn ~ lassen** (*bei Einstellung*) to audition sb
vorsprechen *sep irr* **I** *v/t* (≈ *vortragen*) to recite **II** *v/i* **1.** (*form*) **bei jdm ~** to call (*bei jdm* on sb) **2.** THEAT to audition
vorspringen *v/i sep irr aux sein* to jump *or* leap forward; (≈ *herausragen*) to jut out, to project; (*Nase, Kinn*) to be prominent **Vorsprung** *m* **1.** ARCH projection; (*von Küste*) promontory **2.** (SPORTS, *fig* ≈ *Abstand*) lead (*vor* +*dat* over); (≈ *Vorgabe*) start; **jdm 10 Minuten ~ geben** to give sb a 10-minute start; **einen ~ vor jdm haben** to be ahead of sb
Vorstadt *f* suburb

Vorstand *m* (≈ *leitendes Gremium*) board; (*von Verein*) committee; (*von Partei*) executive **Vorstandsvorsitzende(r)** *m/f(m)* *decl as adj* chairperson of the board of directors **vorstehen** *v/i sep irr aux haben or sein* **1.** (≈ *hervorragen*) to jut out; (*Zähne*) to protrude; (*Kinn, Nase*) to be prominent **2.** *einer Sache ~ einer Firma, einer Partei* to be the chairperson of sth; *der Regierung* to be the head of sth; *einer Abteilung, einer Behörde* to be in charge of sth **Vorsteherdrüse** *f* prostate (gland)

vorstellbar *adj* conceivable **vorstellen** *sep* **I** *v/t* **1.** (*nach vorn*) to move forward; *Uhr* to put forward (*um* by) **2.** (≈ *darstellen*) to represent; (≈ *bedeuten*) to mean; *etwas ~* (*fig* ≈ *Ansehen haben*) to count for something **3.** (≈ *vorführen*) to present (*jdm* to sb); *jdn jdm ~* to introduce sb to sb **4.** *sich* (*dat*) *etw ~* to imagine sth; *das kann ich mir gut ~* I can imagine that (well); *sich* (*dat*) *etw unter etw* (*dat*) *~ Begriff, Wort* to understand sth by sth; *darunter kann ich mir nichts ~* it doesn't mean anything to me; *was haben Sie sich* (*als Gehalt*) *vorgestellt?* what (salary) did you have in mind?; *stell dir das nicht so einfach vor* don't think it's so easy **II** *v/r* (≈ *sich bekannt machen*) to introduce oneself (*jdm* to sb) **vorstellig** *adj* *bei jdm ~ werden* to go to sb; (*wegen Beschwerde*) to complain to sb **Vorstellung** *f* **1.** (≈ *Gedanke*) idea; (*bildlich*) picture; (≈ *Einbildung*) illusion; (≈ *Vorstellungskraft*) imagination; *du hast falsche ~en* you are wrong (in your ideas); *das entspricht ganz meiner ~* that is just how I imagined it; *sich* (*dat*) *eine ~ von etw machen* to form an idea or (*Bild*) picture of sth **2.** THEAT *etc* performance **Vorstellungsgespräch** *nt* (job) interview **Vorstellungskraft** *f* imagination **Vorstellungsvermögen** *nt* powers *pl* of imagination

Vorsteuer *f* (≈ *Mehrwertsteuer*) input tax **Vorsteuerabzug** *m* input tax deduction **Vorstoß** *m* (≈ *Vordringen*) venture; MIL advance; (*fig* ≈ *Versuch*) attempt **vorstoßen** *sep irr* **I** *v/t* to push forward **II** *v/i aux sein* to venture; SPORTS to attack; MIL to advance; *ins Viertelfinale ~* to advance into the quarterfinal **Vorstrafe** *f* previous conviction **Vorstra-**

fenregister *nt* criminal record **vorstrecken** *v/t sep* to stretch forward; *Arme, Hand* to stretch out; *Geld* to advance (*jdm* sb) **Vorstufe** *f* preliminary stage **Vortag** *m* day before, eve; *am ~ der Konferenz* (on) the day before the conference **vortäuschen** *v/t sep Krankheit* to feign; *Straftat, Orgasmus* to fake

Vorteil ['fɔ:ɐtail] *m* ⟨**-s, -e**⟩ advantage; *die Vor- und Nachteile* the pros and cons; *jdm gegenüber im ~ sein* to have an advantage over sb; *von ~ sein* to be advantageous; *im ~ sein* to have the advantage (*jdm gegenüber* over sb); *„Vorteil Federer"* TENNIS "advantage Federer" **vorteilhaft** *adj* advantageous; *Kleid, Frisur* flattering; *Geschäft* lucrative; *~ aussehen* to look one's best

Vortrag ['fo:ɐtra:k] *m* ⟨**-(e)s, Vorträge** [-trɛːgə]⟩ **1.** (≈ *Vorlesung*) lecture; (≈ *Bericht*) talk; *einen ~ halten* to give a lecture/talk **2.** (≈ *Art des Vortragens*) performance **3.** FIN balance carried forward **vortragen** *v/t sep irr* **1.** (≈ *berichten*) to report; *Fall, Forderungen* to present; *Bedenken, Wunsch* to express **2.** (≈ *vorsprechen*) *Gedicht* to recite; *Rede* to give; MUS to perform; *Lied* to sing **3.** FIN to carry forward

vortrefflich [fo:ɐ'trɛflɪç] *adj* excellent **vortreten** *v/i sep irr aux sein* **1.** (*lit*) to step forward **2.** (≈ *hervorragen*) to project; (*Augen*) to protrude **Vortritt** *m, no pl* precedence; (*Swiss* ≈ *Vorfahrt*) right of way; *jdm den ~ lassen* to let sb go first

vorüber [fo'ry:bɐ] *adv ~ sein* to be past; (*Gewitter, Winter*) to be over; (*Schmerz*) to have gone **vorübergehen** *v/i sep irr aux sein* **1.** (*räumlich*) to go past (*an etw* (*dat*) sth); *an jdm/etw ~* (*fig* ≈ *ignorieren*) to ignore sb/sth **2.** (*zeitlich*) to pass; (*Gewitter*) to blow over **vorübergehend I** *adj* (≈ *flüchtig*) passing *attr*; (≈ *zeitweilig*) temporary **II** *adv* temporarily

Vorurteil *nt* prejudice (*gegenüber* against); *~e haben* to be prejudiced **vorurteilsfrei, vorurteilslos I** *adj* unprejudiced **II** *adv* without prejudice **Vorvergangenheit** *f* GRAM pluperfect **Vorverkauf** *m* THEAT, SPORTS advance booking **vorverlegen** *past part* **vorverlegt** *v/t sep*

Termin to bring forward

Vorverurteilung *f* prejudgement

vorvorgestern *adv* (*infml*) three days ago

vorvorletzte(r, s) *adj* last but two

vorwagen *v/r sep* to venture forward

Vorwahl *f* **1.** preliminary election; (*US*) primary **2.** TEL dialling (*Br*) *or* area (*US*) code **vorwählen** *v/t sep* TEL to dial first **Vorwahlnummer** *f* dialling (*Br*) *or* area (*US*) code

Vorwand ['foːɐvant] *m* ⟨**-(e)s, Vorwände** [-vɛndə]⟩ pretext; *unter dem ~, dass ...* under the pretext that ...

Vorwarnung *f* (prior *or* advance) warning

vorwärts ['foːɐvɛrts] *adv* forwards, forward; *~!* (*infml*) let's go (*infml*); *~ und rückwärts* backwards and forwards; *wir kamen nur langsam ~* we made slow progress **vorwärtskommen** *v/i sep irr aux sein* (*fig*) to make progress (*in, mit* with); (*beruflich*) to get on

Vorwäsche *f* prewash

vorweg [foːɐ'vɛk] *adv* (≈ *an der Spitze*) at the front; (≈ *vorher*) before(hand); (≈ *von vornherein*) at the outset **Vorwegnahme** [-naːmə] *f* ⟨**-, -n**⟩ anticipation **vorwegnehmen** *v/t sep irr* to anticipate

Vorweihnachtszeit *f* pre-Christmas period

vorweisen *v/t sep irr* to produce

vorwerfen *v/t sep irr* (*fig*) *jdm etw ~* (≈ *anklagen*) to reproach sb for sth; (≈ *beschuldigen*) to accuse sb of sth; *das wirft er mir heute noch vor* he still holds it against me; *ich habe mir nichts vorzuwerfen* my conscience is clear

vorwiegend ['foːɐviːgnt] **I** *adj attr* predominant **II** *adv* predominantly

Vorwort *nt, pl* **-worte** foreword; (*esp von Autor*) preface

Vorwurf *m* reproach; (≈ *Beschuldigung*) accusation; *jdm (wegen etw) Vorwürfe machen* to reproach sb (for sth) **vorwurfsvoll I** *adj* reproachful **II** *adv* reproachfully

Vorzeichen *nt* (≈ *Omen*) omen; MED early symptom; MAT sign; *unter umgekehrtem ~* (*fig*) under different circumstances

vorzeigbar *adj* presentable **vorzeigen** *v/t sep* to show; *Zeugnisse* to produce

Vorzeit *f in der ~* in prehistoric times **vorzeitig I** *adj* early; *Altern etc* premature **II** *adv* early; prematurely

vorziehen *v/t sep irr* **1.** (≈ *hervorziehen*) to pull out; (≈ *zuziehen*) *Vorhänge* to draw **2.** (*fig*) (≈ *lieber mögen*) to prefer; (≈ *bevorzugen*) *jdn* to favour (*Br*), to favor (*US*); *es ~, etw zu tun* to prefer to do sth **3.** *Wahlen, Termin* to bring forward **Vorzimmer** *nt* anteroom; (≈ *Büro*) outer office; (*Aus* ≈ *Diele*) hall **Vorzug** *m* preference; (≈ *gute Eigenschaft*) merit; *einer Sache* (*dat*) *den ~ geben* (*form*) to give sth preference **vorzüglich** [foːɐ-'tsyːklɪç, (*esp Aus*) 'foːɐ-] *adj* excellent **Vorzugsaktie** *f* ST EX preference share **Vorzugspreis** *m* special discount price **vorzugsweise** *adv* preferably; (≈ *hauptsächlich*) mainly

Votum ['voːtʊm] *nt* ⟨**-s, Voten** *or* **Vota** [-tn, -ta]⟩ (*elev*) vote

Voyeur [voa'jøːɐ] *m* ⟨**-s, -**⟩, **Voyeurin** [voa'jøːrɪn] [-'jøːrɪn] *f* ⟨**-, -nen**⟩ voyeur

vulgär [vʊl'gɛːɐ] *adj* vulgar; *drück dich nicht so ~ aus* don't be so vulgar **Vulgarität** [vʊlgari'tɛːt] *f* ⟨**-, -en**⟩ vulgarity

Vulkan [vʊl'kaːn] *m* ⟨**-(e)s, -e**⟩ volcano **Vulkanausbruch** *m* volcanic eruption **vulkanisch** [vʊl'kaːnɪʃ] *adj* volcanic

W

W, w [veː] *nt* ⟨**-, -**⟩ W, w

Waage ['vaːgə] *f* ⟨**-, -n**⟩ **1.** (*Gerät*) scales *pl*; *eine ~* a pair of scales; *sich* (*dat*) *die ~ halten* (*fig*) to balance one another **2.** ASTROL Libra; *er ist (eine) ~* he's (a) Libra **waagerecht I** *adj* horizontal; (*im Kreuzworträtsel*) across **II** *adv* levelly **Waagschale** *f* scale; *jedes Wort*

auf die ~ legen to weigh every word (carefully); *seinen Einfluss in die ~ werfen* (*fig*) to bring one's influence to bear

wabbelig ['vabəlɪç] *adj Pudding* wobbly

Wabe ['vaːbə] *f* ⟨**-, -n**⟩ honeycomb

wach [vax] *adj* awake *pred*; *in ~em Zustand* in the waking state; *sich ~ halten* to stay awake; ~ **werden** to wake up; ~ **liegen** to lie awake **Wache** ['vaxə] f ⟨-, -n⟩ **1.** (≈ *Wachdienst*) guard (duty); (**bei jdm**) ~ **halten** to keep guard (over sb); ~ **stehen** to be on guard (duty) **2.** (MIL ≈ *Wachposten*) guard **3.** (≈ *Polizeiwache*) (police) station **wachen** ['vaxn] v/i (≈ *Wache halten*) to keep watch; **bei jdm** ~ to sit up with sb; **über etw** (acc) ~ to (keep) watch over sth **wach halten** *irr* v/t (fig) *Erinnerung* to keep alive; *Interesse* to keep up **Wachhund** m watchdog **Wachmann** m, pl **-leute** watchman; (*Aus*) policeman

Wacholder [va'xɔldɐ] m ⟨-s, -⟩ **1.** BOT juniper (tree) **2.** = **Wacholderschnaps Wacholderbeere** f juniper berry **Wacholderschnaps** m alcohol made from juniper berries, ≈ gin

Wachposten m sentry

wachrufen v/t sep irr (fig) *Erinnerung etc* to call to mind, to evoke

Wachs [vaks] nt ⟨-es, -e⟩ wax

wachsam ['vaxza:m] adj vigilant; (≈ *vorsichtig*) on one's guard **Wachsamkeit** f ⟨-, no pl⟩ vigilance

wachsen[1] ['vaksn] pret **wuchs** [vu:ks] past part **gewachsen** v/i aux sein to grow; → **gewachsen**

wachsen[2] v/t to wax **Wachsfigur** f wax figure **Wachsfigurenkabinett** nt waxworks pl **Wachsmalstift** m wax crayon **Wachstuch** ['vaks-] nt, pl **-tücher** oilcloth

Wachstum ['vakstu:m] nt ⟨-s, no pl⟩ growth **Wachstumsbranche** f growth industry **wachstumsfördernd** adj growth-promoting **wachstumshemmend** adj growth-inhibiting **Wachstumshormon** nt growth hormone **Wachstumsrate** f growth rate

wachsweich adj (as) soft as butter

Wachtel ['vaxtl] f ⟨-, -n⟩ quail

Wächter ['vɛçtɐ] m ⟨-s, -⟩, **Wächterin** [-ərɪn] f ⟨-, -nen⟩ guardian; (≈ *Nachtwächter*) watchman; (≈ *Museumswächter*) attendant **Wach(t)turm** m watchtower **Wachzimmer** nt (Aus: von Polizei) duty room

wack(e)lig ['vak(ə)lɪç] adj wobbly; (fig) *Firma, Kompromiss* shaky; **auf wackeligen Füßen stehen** (fig) to have no sound basis **Wackelkontakt** m loose connection **wackeln** ['vakln] v/i to wobble; (≈ *zittern*) to shake; (*Schraube*) to

be loose; (fig, *Position*) to be shaky **Wackelpeter** [-pe:tɐ] m ⟨-s, -⟩ (infml) jelly (Br), Jell-O® (US)

wacker ['vakɐ] **I** adj (≈ *tapfer*) brave **II** adv (≈ *tapfer*) bravely; **sich ~ schlagen** (infml) to put up a brave fight

Wade ['va:də] f ⟨-, -n⟩ calf **Wadenbein** nt fibula

Waffe ['vafə] f ⟨-, -n⟩ weapon; (≈ *Schusswaffe*) gun; **~n** MIL arms; **die ~n strecken** to surrender

Waffel ['vafl] f ⟨-, -n⟩ waffle; (≈ *Keks, Eiswaffel*) wafer **Waffeleisen** nt waffle iron

waffenfähig adj *Uran* weapons-grade **Waffengewalt** f **mit ~** by force of arms **Waffenhandel** m arms trade **Waffenhändler(in)** m/f(*f*) arms dealer **Waffenlager** nt (von *Armee*) ordnance depot **Waffenruhe** f ceasefire **Waffenschein** m firearms licence (*Br*) or license (*US*) **Waffenstillstand** m armistice

wagemutig adj daring, bold **wagen** ['va:gn] **I** v/t to venture; (≈ *riskieren*) to risk; (≈ *sich getrauen*) to dare; **ich wags** I'll risk it; **wer nicht wagt, der nicht gewinnt** (prov) nothing ventured, nothing gained (prov) **II** v/r to dare; **sich ~, etw zu tun** to dare (to) do sth; **ich wage mich nicht daran** I dare not do it; → **gewagt**

Wagen ['va:gn] m ⟨-s, - or (S Ger, Aus) ≈ ['vɛ:gn]⟩ **1.** (≈ *Personenwagen*) car; (≈ *Lieferwagen*) van; (≈ *Planwagen*) wagon; (≈ *Handwagen*) (hand)cart **2.** ASTRON **der Große ~** the Big Dipper **Wagenheber** m jack **Wagenladung** f (von *Lastwagen*) truckload; (von *Eisenbahn*) wagonload **Wagenpark** m fleet of cars

Waggon [va'gõː, va'gɔŋ] m ⟨-s, -s⟩ (goods) wagon

waghalsig adj daredevil attr **Wagnis** ['va:knɪs] nt ⟨-ses, -se⟩ hazardous business; (≈ *Risiko*) risk

Wagon [va'gõːn] m ⟨-s, -s⟩; → **Waggon**

Wähe ['vɛːə] f (Swiss COOK) flan

Wahl [va:l] f ⟨-, -en⟩ **1.** (≈ *Auswahl*) choice; **die ~ fiel auf ihn** he was chosen; **wir hatten keine (andere) ~(, als)** we had no alternative (but); **drei Kandidaten stehen zur ~** there is a choice of three candidates; **seine ~ treffen** to make one's choice or selection; **du hast die ~** take your pick; **wer die ~ hat, hat die Qual** (prov) he is/you are etc spoiled for choice **2.** POL *etc* election; (≈ *Abstimmung*) vote; (*geheim*) ballot; (**die**) **~en** (the) elections; **die ~ gewinnen** to win the election; **zur ~ gehen** to go to the polls; **sich zur ~ stellen** to stand (as a candidate) **3.** (≈ *Qualität*) quality; **erste ~** top quality **wählbar** *adj* eligible (for office) **wahlberechtigt** *adj* entitled to vote **Wahlberechtigte(r)** [-bərɛçtɪçtə] *m*/*f*(*m*) *decl as adj* person entitled to vote **Wahlbeteiligung** *f* poll; **eine hohe ~** a heavy poll **Wahlbezirk** *m* ward **wählen** ['vɛːlən] **I** *v*/*t* **1.** (*von* from, out of) to choose; (≈ *auswählen*) to select; → **gewählt 2.** TEL *Nummer* to dial **3.** (≈ *durch Wahl ermitteln*) *Regierung etc* to elect; (≈ *sich entscheiden für*) *Partei, Kandidaten* to vote for; **jdn zum Präsidenten ~** to elect sb president **II** *v*/*i* **1.** (≈ *auswählen*) to choose **2.** TEL to dial **3.** (≈ *Wahlen abhalten*) to hold elections; (≈ *Stimme abgeben*) to vote; **~ gehen** to go to the polls **Wahlentscheidung** *f* decision who/ what to vote for **Wähler** ['vɛːlɐ] *m* ⟨**-s**, **-**⟩, **Wählerin**[-ərɪn] *f*⟨**-**, **-nen**⟩ POL voter; **die ~** the electorate *sg or pl* **Wahlergebnis** *nt* election result **wählerisch** ['vɛːlərɪʃ] *adj* particular; **sei nicht so ~!** don't be so choosy **Wählerschaft** ['vɛːləʃaft] *f* ⟨**-**, **-en**⟩ electorate *sg or pl* **Wählerstimme** *f* vote **wählerwirksam** *adj Politik, Parole* vote-winning **Wahlfach** *nt* SCHOOL option, elective (*US*) **wahlfrei** *adj* SCHOOL optional; **~er Zugriff** IT random access **Wahlgang** *m*, *pl* -gänge ballot **Wahlheimat** *f* adopted country **Wahlhelfer(in)** *m*/(*f*) (*im Wahlkampf*) electoral assistant; (*bei der Wahl*) polling officer **Wahlkabine** *f* polling booth **Wahlkampf** *m* election (-eering) campaign **Wahlkreis** *m* constituency **Wahlleiter(in)** *m*/(*f*) returning officer (*Br*), chief election official (*US*) **Wahllokal** *nt* polling station **wahllos I** *adj* indiscriminate **II** *adv* at random **Wahlmöglichkeit** *f* choice **Wahlniederlage** *f* election defeat **Wahlplakat** *nt* election poster **Wahlrecht** *nt* (right to) vote; **allgemeines ~** universal suffrage; **das aktive ~** the right to vote; **das passive ~** eligibility (for political office) **Wahlrede** *f* election speech **Wahlsieg** *m* election victory **Wahlspruch** *m* (≈ *Motto*) motto **Wahlsystem** *nt* electoral system **Wahltag** *m* election day **Wahlur-**

ne *f* ballot box **Wahlversprechungen** *pl* election promises *pl* **Wahlvolk** *nt*, *no pl* **das ~** the electorate **wahlweise** *adv* alternatively; **~ Kartoffeln oder Reis** (a) choice of potatoes or rice **Wahlwiederholung** *f* TEL (*automatische*) **~** (automatic) redial **Wahlzelle** *f* polling booth **Wahn** [vaːn] *m* ⟨**-(e)s**, *no pl*⟩ **1.** illusion, delusion **2.** (≈ *Manie*) mania **wähnen** ['vɛːnən] *v*/*r* (*elev*) **sich sicher ~** to imagine oneself (to be) safe **Wahnidee** *f* delusion **Wahnsinn** *m*, *no pl* madness; **jdn in den ~ treiben** to drive sb mad; **einfach ~!** (*infml* ≈ *prima*) way out (*infml*), wicked! (*Br sl*) **wahnsinnig I** *adj* mad; (≈ *toll, super*) brilliant (*infml*); (*attr* ≈ *sehr groß, viel*) terrible; **wie ~** (*infml*) like mad; **das macht mich ~** (*infml*) it's driving me crazy (*infml*); **~ werden** to go crazy (*infml*) **II** *adv* (*infml*) incredibly (*infml*); **~ viel** an incredible amount (*infml*) **Wahnsinnige(r)** [-zɪnɪgə] *m*/*f*(*m*) *decl as adj* madman/-woman **Wahnvorstellung** *f* delusion

wahr [vaːɐ] *adj* true; (*attr* ≈ *wirklich*) real; **im ~sten Sinne des Wortes** in the true sense of the word; **etw ~ machen** *Pläne* to make sth a reality; *Drohung* to carry sth out; **~ werden** to come true; **so ~ mir Gott helfe!** so help me God!; **so ~ ich hier stehe** as sure as I'm standing here; **das darf doch nicht ~ sein!** (*infml*) it can't be true!; **das ist nicht das Wahre** (*infml*) it's no great shakes (*infml*) **wahren** ['vaːrən] *v*/*t* **1.** (≈ *wahrnehmen*) *Interessen* to look after **2.** (≈ *erhalten*) *Ruf* to preserve; *Geheimnis* to keep **während** ['vɛːrənt] **I** *prep* +*gen or dat* during; **~ der ganzen Nacht** all night long **II** *cj* while **wahrhaben** *v*/*t sep irr* **etw nicht ~ wollen** not to want to admit sth **wahrhaft I** *adj* (≈ *ehrlich*) truthful; (≈ *echt*) *Freund* true; (*attr* ≈ *wirklich*) real **II** *adv* really **wahrhaftig** [vaːɐ'haftɪç, 'vaːɐ-] **I** *adj* (*elev*) (≈ *aufrichtig*) truthful **II** *adv* really **Wahrheit** *f*⟨**-**, **-en**⟩ truth; **in ~** in reality; **die ~ sagen** to tell the truth **wahrheitsgemäß, wahrheitsgetreu** *adj Bericht* truthful; *Darstellung* faithful **II** *adv* truthfully **Wahrheitsliebe** *f* love of truth **wahrlich** ['vaːrlɪç] *adv* really, indeed **wahrnehmbar** *adj* perceptible; **nicht ~** imperceptible **wahrnehmen** *v*/*t sep irr*

1. to perceive; *Veränderungen etc* to be aware of; *Geräusch* to hear; *Licht* to see **2.** *Frist, Termin* to observe; *Gelegenheit* to take; *Interessen* to look after **Wahrnehmung** [-neːmʊŋ] *f* ⟨-, *-en*⟩ **1.** (*mit den Sinnen*) perception **2.** (*von Interessen*) looking after **Wahrnehmungsvermögen** *nt* perceptive faculty **wahrsagen** *sep or insep v/i* to tell fortunes; *jdm ~* to tell sb's fortune **Wahrsager** [-zaːgɐ] *m* ⟨*-s*, *-*⟩, **Wahrsagerin** [-ərɪn] *f* ⟨-, *-nen*⟩ fortune-teller **Wahrsagung** [-zaːgʊŋ] *f* ⟨-, *-en*⟩ prediction

währschaft ['vɛːɐʃaft] *adj* (*Swiss*) (≈ *gediegen*) *Ware, Arbeit* reliable; (≈ *reichhaltig*) *Essen* wholesome

wahrscheinlich [vaːɐ'ʃainlɪç, 'vaːɐ-] **I** *adj* probable, likely **II** *adv* probably **Wahrscheinlichkeit** *f* ⟨-, *-en*⟩ probability; *mit großer ~, aller ~ nach* in all probability

Währung ['vaːrʊŋ] *f* ⟨-, *no pl*⟩ **1.** (≈ *Wahrnehmung*) safeguarding **2.** (≈ *Erhaltung*) preservation; (*von Geheimnis*) keeping

Währung ['vɛːrʊŋ] *f* ⟨-, *-en*⟩ currency **Währungsblock** *m*, *pl* -**blöcke** monetary bloc **Währungseinheit** *f* monetary unit **Währungsfonds** *m* Monetary Fund **Währungspolitik** *f* monetary policy **Währungsraum** *m* currency area **Währungsreserve** *f* currency reserve **Währungssystem** *nt* monetary system **Währungsunion** *f* monetary union; *europäische ~* European monetary union **Wahrzeichen** *nt* emblem

Waise ['vaizə] *f* ⟨-, *-n*⟩ orphan **Waisenhaus** *nt* orphanage **Waisenkind** *nt* orphan **Waisenknabe** *m* (*liter*) orphan (boy); *gegen dich ist er ein ~* (*infml*) he's no match for you, you would run rings round him (*infml*)

Wal [vaːl] *m* ⟨-(*e*)*s*, *-e*⟩ whale

Wald [valt] *m* ⟨-(*e*)*s*, *-er* ['vɛldɐ]⟩ wood(s *pl*); (*großer*) forest **Waldbestand** *m* forest land **Waldbrand** *m* forest fire **Waldhorn** *nt* MUS French horn **waldig** ['valdɪç] *adj* wooded **Waldland** *nt* woodland(s *pl*) **Waldmeister** *m* BOT woodruff **Waldorfschule** *f* ≈ Rudolf Steiner School

Waldrand *m am ~* at *or* on the edge of the forest **waldreich** *adj* densely wooded **Waldsterben** *nt* forest dieback (*due to pollution*) **Wald-und-Wiesen-** *in cpds*

(*infml*) common-or-garden (*Br infml*), garden-variety (*US infml*)

Wales [weːls, weːlz] *nt* ⟨-'-⟩ Wales **Walfang** *m* whaling **Walfisch** *m* (*infml*) whale

Waliser [va'liːzɐ] *m* ⟨*-s*, *-*⟩ Welshman **Waliserin** [va'liːzərɪn] *f* ⟨-, *-nen*⟩ Welshwoman **walisisch** [va'liːzɪʃ] *adj* Welsh

Walking ['wɔːkɪŋ] *nt* ⟨*-s*, *no pl*⟩ speed walking **Walkman®** ['wɔːkmən] *m* ⟨*-s*, *-s or Walkmen*⟩ RADIO Walkman®

Wall [val] *m* ⟨-(*e*)*s*, *-e* ['vɛlə]⟩ embankment; (*fig*) bulwark

Wallfahrer(in) *m*/(*f*) pilgrim **Wallfahrt** *f* pilgrimage **Wallfahrtsort** *m*, *pl* -**orte** place of pilgrimage

Wallone [va'loːnə] *m* ⟨-*n*, *-n*⟩, **Wallonin** [-'loːnɪn] *f* ⟨-, *-nen*⟩ Walloon

Wallung ['valʊŋ] *f* ⟨-, *-en*⟩ **1.** (*elev*) *in ~ geraten* (*See, Meer*) to begin to surge; (*Mensch*) (*vor Leidenschaft*) to be in a turmoil; (*vor Wut*) to fly into a rage **2.** MED (hot) flush (*Br*) *or* flash (*US*) *usu pl*

Walnuss ['val-] *f* walnut

Walross ['val-] *nt* walrus

walten ['valtn] *v/i* (*elev*) to prevail (*in +dat* over); (≈ *wirken*) to be at work; *Vorsicht/Milde ~ lassen* to exercise caution/leniency; *Gnade ~ lassen* to show mercy

Walze ['valtsə] *f* ⟨-, *-n*⟩ roller **walzen** ['valtsn] *v/t* to roll

wälzen ['vɛltsn] **I** *v/t* **1.** (≈ *rollen*) to roll **2.** (*infml*) *Akten, Bücher* to pore over; *Probleme* to turn over in one's mind; *die Schuld auf jdn ~* to shift the blame onto sb **II** *v/r* to roll; (*schlaflos im Bett*) to toss and turn

Walzer ['valtsɐ] *m* ⟨*-s*, *-*⟩ waltz; *Wiener ~* Viennese waltz

Wälzer ['vɛltsɐ] *m* ⟨*-s*, *-*⟩ (*infml*) heavy tome (*hum*) **Walzstraße** *f* rolling train **Walzwerk** *nt* rolling mill

Wand [vant] *f* ⟨-, *-e* ['vɛndə]⟩ wall; (*von Behälter*) side; (≈ *Felswand*) (rock) face; (*fig*) barrier; *in seinen vier Wänden* (*fig*) within one's own four walls; *mit dem Kopf gegen die ~ rennen* (*fig*) to bang one's head against a brick wall; *jdn an die ~ spielen* (*fig*) to outdo sb; THEAT to steal the show from sb; *die ~ or Wände hochgehen* (*infml*) to go up the wall (*infml*)

Wandale [van'daːlə] *m* ⟨-*n*, *-n*⟩, **Wandalin** [-'daːlɪn] *f* ⟨-, *-nen*⟩ = *Vandale*

WA
WE

Wandbrett *nt* (wall) shelf

Wandel ['vandl] *m* ⟨**-s**, *no pl*⟩ change; **im ~ der Zeiten** throughout the ages **wandeln** ['vandln] *v/t & v/r* (≈ *ändern*) to change

Wanderarbeiter(in) *m/(f)* migrant worker **Wanderausstellung** *f* touring exhibition **Wanderer** ['vandərɐ] *m* ⟨**-s**, **-**⟩, **Wanderin** [-ərɪn] *f* ⟨**-**, **-nen**⟩ hiker **Wanderkarte** *f* map of walks **Wanderlust** *f* wanderlust **wandern** ['vandɐn] *v/i aux sein* **1.** (≈ *gehen*) to wander **2.** (≈ *sich bewegen*) to move; (*Blick, Gedanken*) to wander **3.** (*Vögel, Völker*) to migrate **4.** (*zur Freizeitgestaltung*) to hike **5.** (*infml*: ins Bett, in den Papierkorb) to go **Wanderpokal** *m* challenge cup **Wanderschaft** ['vandɐʃaft] *f* ⟨**-**, *no pl*⟩ travels *pl*; **auf ~ gehen** to go off on one's travels **Wanderschuhe** *pl* walking shoes *pl* **Wanderung** ['vandərʊŋ] *f* ⟨**-**, **-en**⟩ **1.** (≈ *Ausflug*) walk; **eine ~ machen** to go on a walk *or* hike **2.** (*von Vögeln, Völkern*) migration **Wanderverein** *m* hiking club **Wanderweg** *m* walk, (foot)path

Wandgemälde *nt* mural **Wandkalender** *m* wall calendar **Wandkarte** *f* wall map **Wandlampe** *f* wall lamp

Wandlung ['vandlʊŋ] *f* ⟨**-**, **-en**⟩ change; (≈ *völlige Umwandlung*) transformation **wandlungsfähig** *adj* adaptable; *Schauspieler etc* versatile

Wandmalerei *f* (*Bild*) mural, wall painting **Wandschirm** *m* screen **Wandschrank** *m* wall cupboard **Wandtafel** *f* (black)board **Wandteppich** *m* tapestry **Wanduhr** *f* wall clock

Wange ['vaŋə] *f* ⟨**-**, **-n**⟩ (*elev*) cheek

wanken ['vaŋkn] *v/i* (≈ *schwanken*) to sway; (*fig: Regierung*) to totter; (≈ *unsicher sein*) to waver; **ins Wanken geraten** (*fig*) to begin to totter / waver

wann [van] *interrog adv* when; **bis ~ ist das fertig?** when will that be ready (by)?; **bis ~ gilt der Ausweis?** until when is the pass valid?

Wanne ['vanə] *f* ⟨**-**, **-n**⟩ bath; (≈ *Badewanne auch*) (bath)tub

Wanze ['vantsə] *f* ⟨**-**, **-n**⟩ bug

WAP [vap] *nt* IT *abbr of Wireless Application Protocol* WAP **WAP-Handy** ['vap-] *nt* WAP phone

Wappen ['vapn] *nt* ⟨**-s**, **-**⟩ coat of arms **Wappenkunde** *f* heraldry

wappnen ['vapnən] *v/r* (*fig*) **sich (gegen**

etw) ~ to prepare (oneself) (for sth)

Ware ['vaːrə] *f* ⟨**-**, **-n**⟩ **1.** product; (*einzelne Ware*) article **2. Waren** *pl* goods *pl* **Warenangebot** *nt* range of goods for sale **Warenaufzug** *m* goods hoist **Warenbestand** *m* stocks *pl* of goods **Warenhaus** *nt* (department) store **Warenlager** *nt* warehouse; (≈ *Bestand*) stocks *pl* **Warenprobe** *f* trade sample **Warenwert** *m* goods *or* commodity value **Warenzeichen** *nt* HIST trademark

warm [varm] **I** *adj*, *comp* **⸚er** ['vɛrmɐ], *sup* **⸚ste(r, s)** ['vɛrmstə] warm; *Getränk, Speise* hot; **mir ist ~** I'm warm; **das hält ~** it keeps you warm; **das Essen ~ stellen** to keep the food hot; **~ werden** (*fig infml*) to thaw out (*infml*); **mit jdm ~ werden** (*infml*) to get close to sb **II** *adv*, *comp* **⸚er**, *sup* **am ⸚sten** *sitzen* in a warm place; *schlafen* in a warm room; **sich ~ anziehen** to dress up warmly; **jdn wärmstens empfehlen** to recommend sb warmly **Warmblüter** [-blyːtɐ] *m* ⟨**-s**, **-**⟩ ZOOL warm-blooded animal **warmblütig** *adj* warm-blooded **Warmduscher** [-duːʃɐ] *m* ⟨**-s**, **-**⟩ (*sl* ≈ *Weichling*) wimp (*infml*) **Wärme** ['vɛrmə] *f* ⟨**-**, (*rare*) **-n**⟩ warmth; (*von Wetter etc*, PHYS) heat **wärmebeständig** *adj* heat-resistant **Wärmedämmung** *f* (heat) insulation **Wärmeenergie** *f* thermal energy **Wärmekraftwerk** *nt* thermal power station **wärmen** ['vɛrmən] **I** *v/t* to warm; *Essen* to warm up **II** *v/r* to warm oneself (up), to warm up **Wärmepumpe** *f* heat pump **Wärmeschutz** *m* heat shield **Wärmetechnik** *f* heat technology **Wärmflasche** *f* hot-water bottle **Warmhalteplatte** *f* hot plate **warmherzig** *adj* warm-hearted **warm laufen** *v/i irr aux sein* to warm up **Warmluft** *f* warm air **Warmmiete** *f* rent including heating **Warmstart** *m* AUTO, IT warm start **Warmwasserbereiter** [varm'vasəbəraitɐ] *m* ⟨**-s**, **-**⟩ water heater **Warmwasserheizung** *f* hot-water central heating **Warmwasserspeicher** *m* hot-water tank

Warnanlage *f* warning system **Warnblinklicht** *nt* flashing warning light; (*an Auto*) hazard warning light **Warndreieck** *nt* warning triangle **warnen** ['varnən] *v/t & v/i* to warn (*vor +dat* of); **jdn (davor) ~, etw zu tun** to warn sb against doing sth **Warnhinweis** *m* (≈ *Aufdruck*) warning **Warnschild** *nt*, *pl* **-schilder** warning sign **Warnschuss** *m* warning shot **Warnsignal** *nt* warning signal **Warnstreik** *m* token strike **Warnung** ['varnʊŋ] *f* ⟨-, *en*⟩ warning **Warschau** ['varʃau] *nt* ⟨-s⟩ Warsaw **Wartehalle** *f* waiting room **Warteliste** *f* waiting list

warten¹ ['vartn] *v/i* to wait *(auf +acc* for); **warte mal!** hold on; **na warte!** *(infml)* just you wait!; **da(rauf) kannst du lange ~** *(iron)* you can wait till the cows come home; **mit dem Essen auf jdn ~** to wait for sb (to come) before eating; **lange auf sich ~ lassen** *(Sache)* to be a long time (in) coming; *(Mensch)* to take one's time **warten²** *v/t Auto* to service

Wärter ['vɛrtɐ] *m* ⟨-s, -⟩, **Wärterin** [-ərɪn] *f* ⟨-, *-nen*⟩ attendant; (≈ *Tierwärter*) keeper; (≈ *Gefängniswärter*) warder *(Br)*, guard

Wartesaal *m* waiting room **Warteschleife** *f* AVIAT holding pattern **Wartezeit** *f* waiting period; *(an Grenze etc)* wait **Wartezimmer** *nt* waiting room **Wartung** ['vartʊŋ] *f* ⟨-, *-en*⟩ *(von Auto)* servicing **wartungsfrei** *adj* maintenance-free

warum [va'rʊm] *interrog adv* why; **~ nicht?** why not?

Warze ['vartsə] *f* ⟨-, *-n*⟩ wart; (≈ *Brustwarze*) nipple

was [vas] **I** *interrog pron* what; (≈ *wie viel*) how much; **~ ist?** what is it?, what's up?; **~ ist, kommst du mit?** well, are you coming?; **~ denn?** *(ungehalten)* what (is it)?; *(um Vorschlag bittend)* but what?; **das ist gut, ~?** *(infml)* that's good, isn't it?; **~ für ...** what sort *or* kind of ...; **~ für ein schönes Haus!** what a lovely house! **II** *rel pr* *(auf ganzen Satz bezogen)* which; **das, ~ ...** that which ..., what ...; **~ auch (immer)** whatever; **alles, ~ ...** everything (that) ... **III** *indef pr* *(infml)* something; *(verneint)* anything; *(unbestimmter Teil einer Menge)* some, any; **(na), so ~!** well I never!; **ist (mit dir) ~?** is something the matter (with you)?; → **etwas**

Waschanlage *f* *(für Autos)* car wash **waschbar** *adj* washable **Waschbär** *m* raccoon **Waschbecken** *nt* washbasin **Waschbrett** *nt* washboard **Waschbrettbauch** *m* *(infml)* washboard abs *pl* *(infml)*, sixpack *(infml)* **Wäsche** ['vɛʃə] *f* ⟨-, *no pl*⟩ **1.** washing; (≈

Schmutzwäsche, bei Wäscherei) laundry; **in der ~ sein** to be in the wash **2.** (≈ *Bettwäsche, Tischwäsche)* linen; (≈ *Unterwäsche)* underwear; **dumm aus der ~ gucken** *(infml)* to look stupid **waschecht** *adj* fast; *(fig)* genuine **Wäscheklammer** *f* clothes peg *(Br)*, clothes pin *(US)* **Wäschekorb** *m* dirty clothes basket **Wäscheleine** *f* (clothes)-line **waschen** ['vaʃn] *pret* **wusch** [vuːʃ], *past part* **gewaschen** [gə'vaʃn] **I** *v/t* to wash; *(fig infml) Geld* to launder; *(**Wäsche**) ~* to do the washing; **sich** *(dat)* **die Hände~** to wash one's hands; **Waschen und Legen** *(beim Friseur)* shampoo and set **II** *v/r* to wash; **eine Geldbuße, die sich gewaschen hat** *(infml)* a really heavy fine **Wäscherei** [vɛʃə'rai] *f* ⟨-, *-en*⟩ laundry **Wäscheschleuder** *f* spin-drier **Wäscheständer** *m* clotheshorse **Wäschetrockner** *m* ⟨-s, -⟩ (≈ *Trockenautomat)* drier **Waschgang** *m*, *pl* **-gänge** stage of the washing programme *(Br)* or program *(US)* **Waschgelegenheit** *f* washing facilities *pl* **Waschküche** *f* washroom, laundry **Waschlappen** *m* flannel; *(infml ≈ Feigling)* sissy *(infml)* **Waschmaschine** *f* washing machine **Waschmittel** *nt* detergent **Waschpulver** *nt* washing powder **Waschsalon** *m* laundrette *(Br)*, Laundromat® *(US)* **Waschstraße** *f* *(zur Autowäsche)* car wash **Waschzettel** *m* TYPO blurb **Waschzeug** *nt*, *no pl* toilet things *pl*

Wasser ['vasɐ] *nt* ⟨-s, *-or* ≃ ['vɛsɐ]⟩ *no pl* water; **~ abstoßend** water-repellent; **das ist ~ auf seine Mühle** *(fig)* this is all grist for his mill; **dort wird auch nur mit~ gekocht** *(fig)* they're no different from anybody else (there); **ihr kann er nicht das ~ reichen** *(fig)* he's not a patch on her *(Br)*; **~ lassen** MED to pass water; **unter~ stehen** to be flooded; **ein Boot zu ~ lassen** to launch a boat; **ins ~ fallen** *(fig)* to fall through; **sich über ~ halten** *(fig)* to keep one's head above water; **er ist mit allen ~n gewaschen** he knows all the tricks; **dabei läuft mir das ~ im Mund(e) zusammen** it makes my mouth water **wasserabstoßend** *adj* → **Wasser Wasseranschluss** *m* mains water supply **wasserarm** *adj* *Gegend* arid **Wasserball** *m*, *no pl* *(Spiel)* water polo **Wasserbett** *nt* water bed **Wässerchen** ['vɛsɐçən] *nt* ⟨-s, -⟩ **er**

*sieht aus, als ob er kein ~ trüben könn-
te* he looks as if butter wouldn't melt in
his mouth **Wasserdampf** *m* steam **wasserdicht** *adj* watertight; *Uhr, Stoff etc*
waterproof **Wasserenthärter** *m* water
softener **Wasserfahrzeug** *nt* watercraft
Wasserfall *m* waterfall; *wie ein ~ reden*
(*infml*) to talk nineteen to the dozen (*Br
infml*), to talk a blue streak (*US infml*)
Wasserfarbe *f* watercolour (*Br*), watercolor (*US*) **wassergekühlt** *adj* water-
-cooled **Wasserglas** *nt* (≈ *Trinkglas*) water glass, tumbler **Wassergraben** *m*
SPORTS water jump; (*um Burg*) moat
Wasserhahn *m* water tap (*esp Br*), faucet (*US*) **wässerig** ['vɛsərɪç] *adj* watery;
CHEM aqueous; *jdm den Mund ~ ma-
chen* (*infml*) to make sb's mouth water
Wasserkessel *m* kettle; TECH boiler
Wasserkocher *m* electric kettle **Wasserkraft** *f* water power **Wasserkraftwerk** *nt* hydroelectric power station
Wasserkühlung *f* AUTO water-cooling
Wasserlassen *nt* ⟨*-s, no pl*⟩ MED passing water, urination **Wasserleitung** *f*
(≈ *Rohr*) water pipe **wasserlöslich**
adj water-soluble **Wassermangel** *m* water shortage **Wassermann** *m, pl* **-män-
ner** ASTROL Aquarius *no art*; *~ sein* to
be (an) Aquarius **Wassermelone** *f* watermelon **wassern** ['vasɐn] *v/i* AVIAT to
land on water **wässern** ['vɛsɐn] *v/t Erbsen etc* to soak; *Felder, Rasen* to water
Wasserpflanze *f* aquatic plant **Wasserpistole** *f* water pistol **Wasserratte** *f* water rat; (*infml: Kind*) water baby **Was-
serrohr** *nt* water pipe **Wasserschaden**
m water damage **wasserscheu** *adj* scared of water **Wasserschildkröte** *f* turtle
Wasserski I *m* water-ski **II** *nt* water-ski-
ing **Wasserspiegel** *m* (≈ *Wasserstand*)
water level **Wassersport** *m der ~* water
sports *pl* **Wasserspülung** *f* flush **Wasserstand** *m* water level **Wasserstoff**
m hydrogen **Wasserstoffbombe** *f* hydrogen bomb **Wasserstrahl** *m* jet of water **Wasserstraße** *f* waterway **Wasser-
tier** *nt* aquatic animal **Wasserturm** *m*
water tower **Wasseruhr** *f* (≈ *Wasserzähler*) water meter **Wasserung** ['vasərʊŋ]
f ⟨*-, -en*⟩ water landing; SPACE splash-
down **Wasserversorgung** *f* water supply **Wasserverunreinigung** *f* water pollution **Wasservogel** *m* waterfowl **Wasserwaage** *f* spirit level (*Br*), water level

gauge (*US*) **Wasserweg** *m* waterway;
auf dem ~ by water **Wasserwerfer** *m*
water cannon **Wasserwerk** *nt* water-
works *sg or pl* **Wasserzähler** *m* water
meter **Wasserzeichen** *nt* watermark
waten ['vaːtn] *v/i aux sein* to wade
Watsche ['vaːtʃə, 'vat-] *f* ⟨*-, -n*⟩ (*S Ger,
Aus: infml*) = **Ohrfeige**
watscheln ['vaːtʃln, 'vat-] *v/i aux sein* to
waddle
watschen ['vaːtʃn, 'vat-] *v/t* = **ohrfeigen**
Watschen ['vaːtʃn, 'vat-] *f* ⟨*-, -*⟩ = **Watsche**
Watt[1] [vat] *nt* ⟨*-s, -*⟩ ELEC watt
Watt[2] *nt* ⟨*-(e)s, -en*⟩ GEOG mud flats *pl*
Watte ['vatə] *f* ⟨*-, -n*⟩ cotton wool (*Br*),
cotton (*US*) **Wattebausch** *m* cotton-
-wool (*Br*) *or* cotton (*US*) ball
Wattenmeer *nt* mud flats *pl*
Wattestäbchen *nt* cotton bud **wattieren**
[va'tiːrən] *past part* **wattiert** *v/t* to pad;
(≈ *füttern*) to line with padding; *wat-
tierte Umschläge* padded envelopes
Wattierung *f* ⟨*-, -en*⟩ padding
Wattmeter *nt* wattmeter **Wattzahl** *f* watt-
age
Web [wɛb] *nt* ⟨*-(s), no pl*⟩ Web; *im ~* on
the Web **Webadresse** *f* website address
Webcam ['wɛbkɛm] *f* ⟨*-, -s*⟩ webcam
Webdesigner(in) *m/(f)* web designer
weben ['veːbn] *pret* **webte** *or* (*liter, fig*)
wob ['veːptə, voːp], *past part* **gewebt**
or (*liter, fig*) **gewoben** [gə'veːpt, gə-
'voːbn] *v/t & v/i* to weave; *Spinnennetz*
to spin **Weber** ['veːbɐ] *m* ⟨*-s, -*⟩, **Webe-
rin** [-ərɪn] *f* ⟨*-, -nen*⟩ weaver **Weberei**
[veːbə'rai] *f* ⟨*-, -en*⟩ (≈ *Betrieb*) weaving
mill
Weberknecht *m* ZOOL harvestman
Webkamera ['wɛb-] *f* web camera **Web-
seite** ['vɛb-] *f* web page **Webserver**
['vɛb-] *m* Internet server **Website**
['vɛbsait] *f* website
Webstuhl *m* loom
Websurfer(in) ['vɛb-] *m/(f)* web surfer
Wechsel ['vɛksl] *m* ⟨*-s, -*⟩ **1.** (≈ *Änderung*) change; (*abwechselnd*) alternation; *im ~* (≈ *abwechselnd*) in turn **2.**
(SPORTS ≈ *Staffelwechsel*) (baton)
change **3.** FIN bill (of exchange) **Wechselbeziehung** *f* correlation **Wechselgeld** *nt* change **wechselhaft** *adj* changeable **Wechseljahre** *pl* menopause *sg*; *in
den ~n sein* to be suffering from the
menopause **Wechselkurs** *m* rate of ex-

wegmüssen

change **wechseln** ['vɛksln] **I** v/t to change (in +acc into); (≈ austauschen) to exchange; **den Platz mit jdm ~** to exchange one's seat with sb; **die Wohnung ~** to move **II** v/i to change; SPORTS to change (over) **wechselnd** ['vɛkslnt] adj changing; (≈ abwechselnd) alternating; Launen changeable; **mit ~em Erfolg** with varying (degrees of) success; **~ bewölkt** cloudy with sunny intervals **wechselseitig** [-zaitıç] adj reciprocal **Wechselstrom** m alternating current **Wechselstube** f bureau de change (Br), exchange **Wechselwähler(in)** m/(f) floating voter **wechselweise** adv in turn, alternately **Wechselwirkung** f interaction

Weckdienst m wake-up call service **wecken** ['vɛkn] v/t to wake (up); (fig) to arouse; Bedarf to create; Erinnerungen to bring back **Wecken** m ⟨-s, -⟩ (dial) (bread) roll **Wecker** ['vɛkɐ] m ⟨-s, -⟩ alarm clock; **jdm auf den ~ fallen** (infml) to get on sb's nerves

Weckglas® nt preserving jar **Weckring®** m rubber ring (for preserving jars)

Weckruf m TEL alarm call; MIL reveille **Wedel** ['veːdl] m ⟨-s, -⟩ (≈ Fächer) fan; (≈ Staubwedel) feather duster **wedeln** ['veːdln] **I** v/t **1. (mit dem Schwanz) ~** (Hund) to wag its tail **2.** SKI to wedel **II** v/t to waft

weder ['veːdɐ] cj **~ ... noch ...** neither ... nor ...

weg [vɛk] adv (≈ fort) **~ sein** (≈ fortgegangen etc) to have gone; (≈ nicht hier) to be away; (infml) (≈ geistesabwesend) to be not quite with it (infml); (≈ begeistert) to be bowled over (von by); **weit ~ von hier** far (away) from here; **~ mit euch!** away with you!; **nichts wie ~ von hier!** let's scram (infml); **~ da!** (get) out of the way!; **Hände ~!** hands off!

Weg [veːk] m ⟨-(e)s, -e [-gə]⟩ **1.** (≈ Pfad, fig) path; (≈ Straße) road; **jdm in den ~ treten** to block sb's way; **jdm/einer Sache im ~ stehen** (fig) to stand in the way of sb/sth **2.** (≈ Route) way; (≈ Entfernung) distance; (≈ Reise) journey; (zu Fuß) walk; **auf dem ~ nach London** on the way to London; **sich auf den ~ machen** to set off; **jdm aus dem ~ gehen** (lit) to get out of sb's way; (fig) to avoid sb; **jdm über den ~ laufen** (fig)

to run into sb; **etw in die ~e leiten** to arrange sth; **auf dem besten ~ sein, etw zu tun** to be well on the way to doing sth; **auf diesem ~e** this way; **auf diplomatischem ~e** through diplomatic channels; **zu ~e = zuwege**

wegbekommen past part **wegbekommen** v/t sep irr (≈ loswerden) to get rid of (von from); Fleck etc to remove (von from); (von bestimmtem Ort) to get away (von from)

Wegbeschreibung f (written) directions pl

wegbleiben v/i sep irr aux sein to stay away; (≈ nicht mehr kommen) to stop coming **wegbringen** v/t sep irr to take away

wegen ['veːgn] prep +gen or (inf) +dat because of; **jdn ~ einer Sache bestrafen** etc to punish etc sb for sth; **von ~!** (infml) you've got to be kidding! (infml)

wegfahren ['vɛk-] sep irr v/i aux sein (≈ abfahren) to leave; (Fahrer) to drive off; (≈ verreisen) to go away **Wegfahrsperre** ['vɛk-] f AUTO **(elektronische) ~** (electronic) immobilizer **wegfallen** ['vɛk-] v/i sep irr aux sein to be discontinued; (Bestimmung) to cease to apply; **~ lassen** to discontinue; (≈ auslassen) to omit **wegfliegen** v/i sep irr aux sein to fly away; (mit Flugzeug) to fly out **Weggang** ['vɛkgaŋ] m, no pl departure **weggeben** v/t sep irr (≈ verschenken) to give away **weggehen** v/i sep irr aux sein to go; (≈ umziehen etc) to go away; (≈ ausgehen) to go out; (infml, Ware) to sell; **über etw** (acc) **~** (infml) to ignore sth; **von zu Hause ~** to leave home **weghaben** v/t sep irr (infml) **jdn/etw ~ wollen** (infml) to want to get rid of sb/sth; **du hast deine Strafe weg** you have had your punishment **weghören** v/i sep not to listen **wegjagen** v/t sep to chase away **wegkommen** ['vɛk-] v/i sep irr aux sein (infml) (≈ abhandenkommen) to disappear; (≈ weggehen können) to get away; **mach, dass du wegkommst!** hop it! (infml); **ich komme nicht darüber weg, dass ...** (infml) I can't get over the fact that ... **weglassen** v/t sep irr (≈ auslassen) to leave out; (infml ≈ gehen lassen) to let go **weglaufen** v/i sep irr aux sein to run away (vor +dat from) **weglegen** v/t sep (in Schublade etc) to put away; (zur Seite) to put aside **weg-**

müssen['vɛk-] v/i sep irr to have to go **wegnehmen**['vɛk-] v/t sep irr to take; (≈ entfernen) to take away; (≈ verdecken) Sonne to block out; Sicht to block; (≈ beanspruchen) Zeit, Platz to take up **Wegrand**['ve:k-] m wayside **wegräumen** v/t sep to clear away; (in Schrank) to put away **wegrennen** v/i sep irr aux sein (infml) to run away **wegschaffen** v/t sep (≈ beseitigen) to get rid of; (≈ wegräumen) to clear away **wegschicken** v/t sep jdn to send away **wegschließen** v/t sep irr to lock away **wegschmeißen** v/t sep irr (infml) to chuck away (infml) **wegschnappen** v/t sep (infml) **jdm etw ~** to snatch sth (away) from sb **wegsehen** v/i sep irr to look away **wegstecken** v/t sep (lit) to put away; (infml) Niederlage, Kritik to take **wegtreten** v/i sep irr aux sein ~! MIL dismiss!, dismissed!; **er ist (geistig) weggetreten** (infml ≈ schwachsinnig) he's not all there (infml) **wegtun** v/t sep irr to put away; (≈ wegwerfen) to throw away

wegweisend adj pioneering attr, revolutionary **Wegweiser**['ve:kvaizɐ] m ⟨**-s,** -⟩ sign; (fig: Buch etc) guide

wegwerfen v/t sep irr to throw away **wegwerfend** adj dismissive **Wegwerfgesellschaft** f throwaway society **Wegwerfverpackung** f disposable packaging **wegwischen** v/t sep to wipe off **wegwollen** v/i sep irr (≈ verreisen) to want to go away **wegziehen** sep irr **I** v/t to pull away (jdm from sb) **II** v/i aux sein to move away

weh[ve:] **I** adj (≈ wund) sore **II** int **o~!** oh dear! **wehe**['ve:ə] int ~ (**dir**), **wenn du das tust** you'll be sorry if you do that **Wehe**['ve:ə] f⟨-, -n⟩ **1.** (≈ Schneewehe etc) drift **2. Wehen** pl (lit ≈ Geburtswehen) (labour (Br) or labor (US)) pains pl; **die ~n setzten ein** the contractions started, she went into labour (Br) or labor (US) **wehen**['ve:ən] v/i **1.** (Wind) to blow; (Fahne) to wave **2.** aux sein (Duft) to waft **Wehklage** f (liter) lament(ation) **wehleidig** adj (≈ jammernd) whining attr **Wehmut**['ve:mu:t] f⟨-, no pl⟩ melancholy; (≈ Sehnsucht) wistfulness; (nach Vergangenem) nostalgia **wehmütig** ['ve:my:tɪç] adj melancholy; (≈ sehnsuchtsvoll) wistful; (≈ nostalgisch) nostalgic

Wehr¹[ve:ɐ] f⟨-, -en⟩ **sich zur ~ setzen** to defend oneself **Wehr²** nt ⟨-(e)s, -e⟩ weir **Wehrbeauftragte(r)** m/f(m) decl as adj commissioner for the armed forces **Wehrdienst** m military service; **seinen ~ (ab)leisten** to do one's military service **Wehrdienstverweigerer** m, **Wehrdienstverweigerin** f conscientious objector **wehren**['ve:rən] v/r to defend oneself; (≈ sich aktiv widersetzen) to (put up a) fight; **sich gegen einen Plan etc ~** to fight (against) a plan etc **Wehrersatzdienst** m alternative national service **wehrlos** adj defenceless (Br), defenseless (US); (fig) helpless; **jdm ~ ausgeliefert sein** to be at sb's mercy **Wehrlosigkeit** f ⟨-, no pl⟩ defencelessness (Br), defenselessness (US); (fig) helplessness **Wehrpflicht** f(allgemeine) ~ (universal) conscription **wehrpflichtig**[-pflɪçtɪç] adj liable for military service **Wehrpflichtige(r)** [-pflɪçtɪgə] m/f(m) decl as adj person liable for military service; (Eingezogener) conscript (Br), draftee (US) **Wehrsold** m (military) pay

wehtun v/t sep irr to hurt; **mir tut der Rücken weh** my back hurts; **sich/jdm ~** to hurt oneself/sb

Weib [vaip] nt ⟨-(e)s, -er [-bɐ]⟩ woman **Weibchen**['vaipçən] nt ⟨-s, -⟩ ZOOL female **Weiberheld** m (pej) lady-killer **weibisch**['vaibɪʃ] adj effeminate **weiblich**['vaiplɪç] adj female; (GRAM ≈ fraulich) feminine **Weib(s)stück** nt (pej) bitch (infml)

weich [vaiç] **I** adj soft; Ei soft-boiled; Fleisch tender; (≈ mitleidig) soft-hearted; **~e Drogen** soft drugs; **~ werden** to soften; **~e Währung** soft currency **II** adv softly; **~ gekocht** Ei soft-boiled; **~ landen** to land softly

Weiche f⟨-, -n⟩ RAIL points pl (Br), switch (US); **die ~n stellen** (fig) to set the course

Weichei nt (pej sl) wimp (infml) **weichen¹** v/t sep & v/i to soak **weichen²**['vaiçn] pret **wich** [vɪç], past part **gewichen** [gə'vɪçn] v/i aux sein (≈ weggehen) to move; (≈ zurückweichen) to retreat (+dat, vor +dat from); (fig ≈ nachgeben) to give way (+dat to); **nicht von jds Seite ~** not to leave sb's side

Weichheit f ⟨-, no pl⟩ softness; (von Fleisch) tenderness **weichherzig** adj soft-hearted **Weichkäse** m soft cheese **weichlich** ['vaiçlıç] adj (fig) weak; (≈ verhätschelt) soft **Weichling** ['vaiçlıŋ] m ⟨-s, -e⟩ (pej) weakling **weichmachen** v/t sep (fig) to soften up **Weichmacher** m CHEM softener **Weichselkirsche** ['vaiksl-] f (S Ger, Swiss) sour cherry **weich spülen** v/t, **weichspülen** v/t sep to condition; (Wäsche) to use (fabric) conditioner on **Weichspüler** m conditioner **Weichteile** pl soft parts pl; (infml ≈ Geschlechtsteile) private parts pl **Weichtier** nt mollusc

Weide¹ ['vaidə] f ⟨-, -n⟩ BOT willow **Weide**² f ⟨-, -n⟩ AGR pasture; (≈ Wiese) meadow **Weideland** nt AGR pasture (-land) **weiden** ['vaidn] **I** v/i to graze **II** v/t to (put out to) graze **III** v/r **sich an etw** (dat) ~ (fig) to revel in sth **Weidenkätzchen** nt pussy willow **Weidenkorb** m wicker basket

weidmännisch [-mɛnɪʃ] **I** adj huntsman's attr **II** adv in a huntsman's manner

weigern ['vaigɐn] v/r to refuse **Weigerung** ['vaigərʊŋ] f ⟨-, -en⟩ refusal

Weihe f ⟨-, -n⟩ ECCL consecration; (≈ Priesterweihe) ordination; **höhere** ~n (fig) greater glory **weihen** ['vaiən] v/t **1.** ECCL to consecrate; Priester to ordain **2.** (≈ widmen) **dem Tod(e)/Untergang geweiht** doomed (to die/fall) **Weiher** ['vaiɐ] m ⟨-s, -⟩ pond

Weihnachten ['vainaxtn] nt ⟨-, -⟩ Christmas; **fröhliche** or **frohe** ~**!** happy (esp Br) or merry Christmas!; (**zu** or **an**) ~ at Christmas; **etw zu** ~ **bekommen** to get sth for Christmas **weihnachtlich** ['vainaxtlıç] **I** adj Christmassy (infml), festive **II** adv geschmückt festively **Weihnachtsabend** m Christmas Eve **Weihnachtsbaum** m Christmas tree **Weihnachtsfeiertag** m (erster) Christmas Day; (zweiter) Boxing Day **Weihnachtsfest** nt Christmas **Weihnachtsgans** f Christmas goose; **jdn ausnehmen wie eine** ~ (infml) to fleece sb (infml) **Weihnachtsgeld** nt Christmas money **Weihnachtsgeschenk** nt Christmas present **Weihnachtsgratifikation** f Christmas bonus **Weihnachtskarte** f Christmas card **Weihnachtslied** nt (Christmas) carol **Weihnachtsmann**

m, pl **-männer** Father Christmas (Br), Santa Claus **Weihnachtsmarkt** m Christmas fair **Weihnachtstag** m = **Weihnachtsfeiertag** **Weihnachtstisch** m table for Christmas presents **Weihnachtszeit** f Christmas (time)

Weihrauch m incense **Weihwasser** nt, no pl holy water

weil [vail] cj because

Weilchen ['vailçən] nt ⟨-s, -⟩ **ein** ~ a (little) while **Weile** ['vailə] f ⟨-, no pl⟩ while; **vor einer (ganzen)** ~ quite a while ago

Wein [vain] m ⟨-(e)s, -e⟩ wine no pl: (≈ Weinstöcke) vines pl no pl: (≈ Weintrauben) grapes pl; **jdm reinen** ~ **einschenken** to tell sb the truth **Weinbau** m, no pl wine growing **Weinbauer** m, pl **-bauern**, **Weinbäuerin** f wine grower **Weinbeere** f grape **Weinberg** m vineyard **Weinbergschnecke** f snail; (auf Speisekarte) escargot **Weinbrand** m brandy

weinen ['vainən] v/t & v/i to cry; **es ist zum Weinen!** it's enough to make you weep! (esp Br) **weinerlich** ['vainɐlıç] adj whining; ~ **reden** to whine

Weinernte f grape harvest **Weinessig** m wine vinegar **Weinflasche** f wine bottle **Weingegend** f wine-growing area **Weinglas** nt wine glass **Weingummi** nt or m wine gum **Weingut** nt wine-growing estate **Weinhändler(in)** m/(f) wine dealer **Weinhandlung** f wine shop (esp Br) or store **Weinhauer(in)** m/(f) (esp Aus) wine grower **Weinkarte** f wine list **Weinkeller** m wine cellar; (≈ Lokal) wine bar **Weinkenner(in)** m/(f) connoisseur of wine

Weinkrampf m crying fit; MED uncontrollable fit of crying

Weinkraut nt sauerkraut **Weinlese** f grape harvest **Weinlokal** nt wine bar **Weinprobe** f wine tasting **Weinrebe** f (grape)vine **weinrot** adj claret **Weinstein** m tartar **Weinstock** m vine **Weinstube** f wine tavern **Weintraube** f grape

weise ['vaizə] adj wise

Weise ['vaizə] f ⟨-, -n⟩ (≈ Verfahren etc) way; **auf diese** ~ in this way; **in keiner** ~ in no way

weisen ['vaizn] pret **wies** [viːs], past part **gewiesen** [gə'viːzn] (elev) **I** v/t **jdm etw** ~ to show sb sth; **jdn vom Feld** ~ SPORTS to order sb off (the field); **etw von sich** ~ (fig) to reject sth **II** v/i to point (nach towards, auf +acc at)

Weise(r) ['vaizə] *m/f(m) decl as adj* wise man/woman **Weisheit** ['vaishait] *f* ⟨-, -en⟩ **1.** *no pl* wisdom **2.** (≈ *weiser Spruch*) wise saying, pearl of wisdom (*usu iron*) **Weisheitszahn** *m* wisdom tooth

weismachen ['vais-] *v/t sep* **jdm etw ~** to make sb believe sth; **das kannst du mir nicht ~!** you can't expect me to believe that

weiß [vais] **I** *adj* white; **das Weiße Haus** the White House; **das Weiße vom Ei** egg white **II** *adv* **anstreichen** white; **sich kleiden in** white; **~ glühend** white-hot

weissagen ['vais-] *v/t insep* to prophesy **Weissagung** ['vaisza:gʊŋ] *f* ⟨-, -en⟩ prophecy

Weißbier *nt* light, fizzy beer made using top-fermentation yeast **Weißblech** *nt* tinplate **Weißbrot** *nt* white bread; (≈ *Laib*) loaf of white bread **weißen** ['vaisn] *v/t* to whiten; (≈ *weiß tünchen*) to whitewash **Weiße(r)** ['vaizə] *m/f(m) decl as adj* white, white man/woman **Weißglut** *f* white heat; **jdn zur ~ bringen** to make sb livid (with rage) **Weißgold** *nt* white gold **weißhaarig** *adj* white-haired **Weißherbst** *m* ≈ rosé **Weißkohl** *m*, (*S Ger, Aus*) **Weißkraut** *nt* white cabbage **weißlich** ['vaislɪç] *adj* whitish **Weißmacher** *m* (*in Waschmittel*) brightening agent; (*in Papier*) whitener **Weißrusse** *m*, **Weißrussin** *f* White Russian **Weißrussland** *nt* White Russia **Weißwein** *m* white wine **Weißwurst** *f* veal sausage

Weisung ['vaizʊŋ] *f* ⟨-, -en⟩ directive; **auf ~** on instructions **weisungsberechtigt** *adj* JUR authorized to issue directives

weit [vait] **I** *adj* **1.** (≈ *breit*) wide; *Meer* open; *Begriff* broad; *Unterschied* big; **~e Kreise der Bevölkerung** large sections of the population **2.** (≈ *lang*) *Weg, Reise* long; **in ~er Ferne** a long way away; **so ~ sein** (≈ *bereit*) to be ready; **es ist bald so ~** the time has nearly come **II** *adv* **1.** (*Entfernung*) far; **~er** further; **am ~esten** (the) furthest; **es ist noch ~ bis Bremen** it's still a long way to Bremen; **~ gereist** widely travelled (*Br*) *or* traveled (*US*); **~ hergeholt** far-fetched; **~ und breit** for miles around; **~ ab** *or* **weg (von)** far away (from); **ziemlich ~ am Ende** fairly near the end; **von Weitem** from a long way away; **von ~ her** from a long way away; **~ blickend** far-sighted; **~ entfernt** a long way away; **~ entfernt** *or* **gefehlt!** far from it! **2.** (≈ *breit*) *offen* wide; **10 cm ~** 10cm wide; **~ verbreitet = weitverbreitet 3.** (*in Entwicklung*) **~ fortgeschritten** far advanced; **wie ~ bist du?** how far have you got?; **so ~, so gut** so far so good; **sie sind nicht ~ gekommen** they didn't get far; **jdn so ~ bringen, dass ...** to bring sb to the point where ...; **er wird es ~ bringen** he will go far; **es so ~ bringen, dass ...** to bring it about that ... **4.** (*zeitlich*) (*bis*) **~ in die Nacht** (till) far into the night; **~ nach Mitternacht** well after midnight **5.** (≈ *erheblich*) far; **~ über 60** well over 60 **6. zu ~ gehen** to go too far; **das geht zu ~!** that's going too far!; **so ~** (≈ *im Großen und Ganzen*) by and large; (≈ *bis jetzt*) up to now; (≈ *bis zu diesem Punkt*) thus far; **so ~ wie möglich** as far as possible; **bei Weitem besser** *etc* **als** far better *etc* than; **bei Weitem der Beste** by far the best; **bei Weitem nicht so gut** *etc* (**wie...**) not nearly as good *etc* (as ...) **weitab** ['vait'|ap] *adv* **~ von** far (away) from **weitaus** ['vait'|aus] *adv* far **Weitblick** *m, no pl* (*fig*) vision

weitblickend *adj* far-sighted

Weite¹ ['vaitə] *f* ⟨-, -n⟩ (≈ *Ferne*) distance; (≈ *Länge*) length; (≈ *Größe*) expanse; (≈ *Durchmesser, Breite*) width

Weite² *nt* ⟨-n, no pl⟩ distance; **das ~ suchen** to take to one's heels

weiten ['vaitn] **I** *v/t* to widen **II** *v/r* to broaden

weiter ['vaitɐ] **I** *adj* (*fig*) further; (≈ *andere*) other; **~e Auskünfte** further information **II** *adv* (≈ *noch hinzu*) further; (≈ *sonst*) otherwise; **nichts ~ als ...** nothing more than ..., nothing but ...; **ich brauche nichts ~ als ...** all I need is ...; **wenn es ~ nichts ist, ...** well, if that's all (it is), ...; **das hat ~ nichts zu sagen** that doesn't really matter; **immer ~** on and on; **und ~?** and then?; **und so ~** and so on; → **Weitere(s)weiterarbeiten** *v/i sep* to carry on working **weiter bestehen** *v/i irr* to continue to exist **weiterbilden** *sep v/r* to continue one's education **Weiterbildung** *f* continuation of one's education; (*an Hochschule*) further education **weiterbringen** *v/t sep irr* **das bringt uns auch nicht weiter** that doesn't get us any further **weiterempfehlen** *past part* **weiterempfohlen** *v/t sep irr* to recommend (to one's friends etc) **weiterentwickeln** *past part* **weiterentwickelt** *sep v/t & v/r* to develop **weitererzählen** *past part* **weitererzählt** *v/t sep* Geheimnis etc to repeat, to pass on **Weitere(s)** ['vaitərə] *nt decl as adj* further details *pl;* **das ~** the rest; **alles ~** everything else; **bis auf ~s** for the time being; (*auf Schildern etc*) until further notice **weiterfahren** *v/i sep irr aux sein* (≈ *Fahrt fortsetzen*) to go on; (≈ *durchfahren*) to drive on **Weiterfahrt** *f* continuation of the/one's journey **Weiterflug** *m* continuation of the/one's flight; **Passagiere zum ~ nach ...** passengers continuing their flight to ... **weiterführen** *sep v/t & v/i* to continue; **das führt nicht weiter** (*fig*) that doesn't get us anywhere **weiterführend** *adj* Schule secondary; Qualifikation higher **weitergeben** *v/t sep irr* to pass on **weitergehen** *v/i sep irr aux sein* to go on; **so kann es nicht ~** (*fig*) things can't go on like this **weiterhelfen** *v/i sep irr* to help (along) (*jdm* sb) **weiterhin** ['vaitɐ'hɪn] *adv* **etw ~ tun** to carry on doing sth **weiterkommen** *v/i sep irr aux sein* to get further; (*fig also*) to make progress; **nicht ~** (*fig*) to be stuck **weiterleiten** *v/t sep* to pass on (*an +acc* to); (≈ *weitersenden*) to forward **weitermachen** *v/t & v/i sep* to carry on (*etw* with sth); **~!** carry on! **Weiterreise** *f* continuation of the/one's journey; **auf der ~ nach ...** when I *etc* was travelling (*Br*) *or* traveling (*US*) on to ... **weiters** ['vaitɐs] *adv* (*Aus*) furthermore **weitersagen** *v/t sep* to repeat; **nicht ~!** don't tell anyone! **weiterverarbeiten** *past part* **weiterverarbeitet** *v/t sep* to process **Weiterverarbeitung** *f* reprocessing **Weiterverkauf** *m* resale **weitervermieten** *past part* **weitervermietet** *v/t sep* to sublet

weitgehend *comp* **weitgehender**, *sup* **weitgehendste(r,s)**, **weit gehend** *comp* **weiter gehend**, *sup* **am weitesten gehend** *adj* Vollmachten etc far-reaching; Übereinstimmung etc a large degree of **II weitgehend** *adv, comp* **weitgehender**, *sup* **weitgehendst** to a great extent **weitgereist** [-gəraist] *adj attr;* → **weit weither** ['vait'heːɐ, vait'heːɐ] *adv* (*a.* **von weit her**) from a long way away

weithin ['vait'hɪn] *adv* for a long way; (*fig*) bekannt widely **weitläufig** **I** *adj* **1.** Park, Gebäude spacious; (≈ *verzweigt*) rambling **2.** Verwandte distant **II** *adv* **sie sind ~ verwandt** they are distant relatives **weiträumig** [-rɔymɪç] **I** *adj* wide--ranging **II** *adv* **die Unfallstelle ~ umfahren** to keep well away from the scene of the accident **weitreichend** *comp* **weitreichender**, *sup* **weitreichendste(r, s)**, **weit reichend** *comp* **weiter reichend**, *sup* **am weitesten reichend** *adj* (*fig*) far-reaching **weitschweifig** [-ʃvaifɪç] *adj* long-winded **Weitsicht** *f* (*fig*) far--sightedness **weitsichtig** [-zɪçtɪç] *adj* MED long-sighted (*Br*), far-sighted (*esp US*); (*fig*) far-sighted **Weitsichtigkeit** *f* ⟨-, *no pl*⟩ MED long-sightedness (*Br*), far-sightedness (*esp US*) **Weitspringen** *nt* SPORTS long jump **Weitspringer(in)** *m/(f)* SPORTS long jumper **Weitsprung** *m* SPORTS long jump **weitverbreitet** [-fɛɐbraitət] *comp* **weitverbreiteter**, *sup* **weitverbreiteteste(r, s)**, **weit verbreitet** *comp* **weiter verbreitet**, *sup* **am weitesten verbreitet** *adj* widespread **Weitwinkelobjektiv** *nt* wide-angle lens

Weizen ['vaitsn] *m* ⟨-*s*, *no pl*⟩ wheat **Weizenbier** *nt* light, very fizzy beer made by using wheat, malt and top-fermentation yeast **Weizenmehl** *nt* wheat flour

welch [vɛlç] *interrog pron inv* **~ (ein)** what **welche(r, s)** ['vɛlçə] **I** *interrog pron* **1.** (*adjektivisch*) what; (*bei Wahl aus einer begrenzten Menge*) which **2.** (*substantivisch*) which (one) **3.** (*in Ausrufen*) **~ Freude!** what joy! **II** *indef pr* some; (*verneint*) any; **ich habe keine Äpfel, haben Sie ~?** I don't have any apples, do you have any?

welk [vɛlk] *adj* Blume wilted; Blatt dead; (*fig*) Schönheit fading; Haut tired-looking; (≈ *schlaff*) flaccid **welken** ['vɛlkn] *v/i aux sein* to wilt; (*Haut*) to grow tired--looking

Wellblech ['vɛl-] *nt* corrugated iron **Welle** ['vɛlə] *f* ⟨-, -*n*⟩ **1.** wave; (RADIO ≈ *Frequenz*) wavelength; (*hohe*) **~n schlagen** (*fig*) to create (quite) a stir **2.** (*fig* ≈ *Mode*) craze **3.** TECH shaft **wellen** ['vɛlən] **I** *v/t* Haar to wave; Blech etc to corrugate **II** *v/r* to become wavy; **gewelltes Haar** wavy hair **Wellenbad** *nt* swimming pool with wave machine **Wellenbereich** *m* PHYS, TEL frequency range; RADIO waveband **wellenförmig** *adj* wave-like; *Linie* wavy **Wellengang** [-gaŋ] *m, no pl* waves *pl*, swell **Wellenlänge** *f* PHYS, TEL wavelength; *auf der gleichen ~ sein* or *liegen* (*infml*) to be on the same wavelength (*infml*) **Wellenlinie** *f* wavy line **Wellenreiten** *nt* ⟨*-s, no pl*⟩ surfing **Wellensittich** *m* budgie (*infml*) **wellig** ['vɛlıç] *adj Haar etc* wavy **Wellness** ['wɛlnɛs] *f* ⟨*-, no pl*⟩ wellness **Wellpappe** ['vɛl-] *f* corrugated cardboard **Welpe** ['vɛlpə] *m* ⟨*-n, -n*⟩ pup; (*von Wolf, Fuchs*) cub

Wels [vɛls] *m* ⟨*-es, -e* [-zə]⟩ catfish

welsch [vɛlʃ] *adj* **1.** (≈ *welschsprachig*) Romance-speaking **2.** (*Swiss*) (Swiss)-French; *die ~e Schweiz* French Switzerland

Welt [vɛlt] *f* ⟨*-, -en*⟩ world; *die Dritte ~* the Third World; *alle ~* everybody; *deswegen geht die ~ nicht unter* (*infml*) it isn't the end of the world; *das kostet doch nicht die ~* it won't cost a fortune; *uns/sie trennen ~en* (*fig*) we/they are worlds apart; *auf der ~* in the world; *aus aller ~* from all over the world; *aus der ~ schaffen* to eliminate; *in aller ~* all over the world; *warum in aller ~ ...?* why on earth ...?; *um nichts in der ~, nicht um alles in der ~* not for all the tea in China (*infml*); *ein Mann/eine Frau von ~* a man/woman of the world; *vor aller ~* in front of everybody; *zur ~ kommen* to come into the world **Weltall** *nt* universe **Weltanschauung** *f* philosophy of life; PHIL, POL world view **Weltbank** *f, no pl* World Bank **weltbekannt, weltberühmt** *adj* world-famous **weltbeste(r, s)** *adj attr* world's best **Weltbevölkerung** *f* world population **weltbewegend** *adj* world-shattering **Weltbild** *nt* conception of the world **Weltenbummler** *m* ⟨*-s, -*⟩, **Weltenbummlerin** *f* ⟨*-, -nen*⟩ globetrotter **Welterfolg** *m* global *or* worldwide success **Weltergewicht** *nt* BOXING welterweight **welterschütternd** *adj* world-shattering **weltfremd** *adj* unworldly **Weltgeltung** *f* international standing, worldwide recognition **Weltgeschichte** *f* world history **Weltgesundheitsorganisation** *f* World Health Organization **weltgewandt** *adj* sophisticated **Welthandel** *m* world trade **Weltherrschaft** *f* world domination **Weltkarte** *f* map of the

world **Weltklasse** *f ~ sein* to be world class; (*infml*) to be fantastic (*infml*) **Weltkrieg** *m* world war; *der Erste/ Zweite ~* the First/Second World War **Weltkulturerbe** *nt* world cultural heritage; (≈ *einzelnes Kulturgut*) World Heritage Site **weltläufig** *adj* cosmopolitan **weltlich** ['vɛltlıç] *adj* worldly; (≈ *nicht kirchlich*) secular **Weltliteratur** *f* world literature **Weltmacht** *f* world power **Weltmarkt** *m* world market **Weltmeer** *nt* ocean; *die sieben ~e* the seven seas **Weltmeister(in)** *m/(f)* world champion **Weltmeisterschaft** *f* world championship; FTBL World Cup **weltoffen** *adj* cosmopolitan **Weltöffentlichkeit** *f* general public **Weltpolitik** *f* world politics *pl* **Weltrang** *m von ~* world-famous **Weltrangliste** *f* world rankings *pl* **Weltraum** *m* (outer) space **Weltraumforschung** *f* space research **weltraumgestützt** [-gə-ʃtʏtst] *adj* space-based **Weltraumstation** *f* space station **Weltreich** *nt* empire **Weltreise** *f* world tour **Weltrekord** *m* world record **Weltrekordinhaber(in)** *m/(f)* world *or* world's (*US*) record holder **Weltreligion** *f* world religion **Weltschmerz** *m* world-weariness **Weltsicherheitsrat** *m* POL (United Nations) Security Council **Weltstadt** *f* cosmopolitan city **Weltuntergang** *m* end of the world **Weltuntergangsstimmung** *f* apocalyptic mood **weltweit** *adj, adv* worldwide **Weltwirtschaft** *f* world economy **Weltwirtschaftskrise** *f* world economic crisis **Weltwunder** *nt die sieben ~* the Seven Wonders of the World

wem [veːm] **I** *interrog pron* who ... to, to whom **II** *rel pr* (≈ *derjenige, dem*) the person (who ...) to **III** *indef pr* (*infml* ≈ *jemandem*) to somebody

wen [veːn] **I** *interrog pron* who, whom **II** *rel pr* (≈ *derjenige, den*) the person (who) **III** *indef pr* (*infml* ≈ *jemanden*) somebody

Wende ['vɛndə] *f* ⟨*-, -n*⟩ turn; (≈ *Veränderung*) change; (≈ *Wendepunkt*) turning point; POL (political) watershed **Wendehals** *m* ORN wryneck; (*fig infml*) turncoat (*pej*) **Wendekreis** *m* **1.** tropic; *der nördliche ~* the Tropic of Cancer; *der südliche ~* the Tropic of Capricorn **2.** AUTO turning circle **Wendeltreppe** *f* spiral staircase **wenden** ['vɛndn] *pret* **wendete** *or* (*liter*) **wandte** ['vɛndtə,

'vantə], *past part* **gewęndet** *or* (*liter*) **ge-
wạndt** [gə'vɛndət, gə'vant] **I** *v/t* (≈ *umdrehen*) to turn (*auch* SEWING); COOK *Eierpfannkuchen* to toss; *Schnitzel etc* to
turn (over); **bitte ~!** please turn over **II**
v/r **1.** (≈ *sich umdrehen*) to turn
(around); (*Wetter, Glück*) to change;
sich zu jdm/etw ~ to turn toward(s)
sb/sth; **sich zum Guten ~** to take a turn
for the better **2. sich an jdn ~** (*um Auskunft*) to consult sb; (*um Hilfe*) to turn
to sb; (*Buch etc*) to be directed at sb **III**
v/i to turn; (≈ *umkehren*) to turn
(a)round; „**wenden verboten**" "no
U-turns" **Wẹndepunkt** *m* turning point

wẹndig ['vɛndɪç] *adj* agile; *Auto* manoeuvrable (*Br*), maneuverable (*US*);
(*fig*) *Politiker etc* agile **Wẹndigkeit** *f*
⟨-, *no pl*⟩ agility; (*von Auto etc*) ma-
noeuvrability (*Br*), maneuverability
(*US*); (*fig: von Politiker etc*) agility

Wẹndung ['vɛndʊŋ] *f* ⟨-, *-en*⟩ **1.** turn; *eine unerwartete ~ nehmen* (*fig*) to take
an unexpected turn; **eine ~ zum Guten
nehmen** to change for the better **2.** (≈
Redewendung) expression

wenig ['veːnɪç] **I** *adj, indef pr* **1.** *sg* little;
das ist~ that isn't much; **so~ wie** *or* **als
möglich** as little as possible; **mein ~es
Geld** what little money I have; **sie hat
zu ~ Geld** *etc* she doesn't have enough
money *etc* **2. ~e** *pl* (≈ *ein paar*) a few;
in ~en Tagen in (just) a few days; **einige
~e Leute** a few people **3.** (*auch adv*) **ein~**
a little; **ein ~ Salz** a little salt **II** *adv* little;
~ besser little better; **~ bekannt** little-
-known *attr*, little known *pred*; **~ erfreulich** not very pleasant; **zu~** not enough;
einer/zwei *etc* **zu~** one/two *etc* too few
weniger ['veːnɪgɐ] **I** *adj, indef pr* less;
(+*pl*) fewer; **~ werden** to get less and
less; **~ Geld** less money; **~ Unfälle** fewer
accidents **II** *adv* less; **das finde ich ~
schön!** that's not so nice! **III** *cj, prep*
+*acc or* +*gen* less; **sieben ~ drei ist vier**
seven less three is four **wenigstens**
['veːnɪçstns] *adv* at least **wenigste(r,
s)** ['veːnɪçstə] *adj, indef pr, adv* **am ~n**
least; (*pl*) fewest; **das ist noch das ~!**
(*infml*) that's the least of it!; **das am
~n!** that least of all!

wenn [vɛn] *cj* **1.** (*konditional*) if; **~ er
nicht gewesen wäre, ...** if it had not
been for him, ...; **selbst** *or* **und ~** even
if; **~ ... auch ...** even though *or* if ...; **~

man bedenkt, dass ...** when you consid-
er that ...; **~ ich doch** *or* **nur** *or* **bloß ...** if
only I ...; **~ er nur da wäre!** if only he
were here!; **außer~** except if **2.** (*zeitlich*)
when; **jedes Mal** *or* **immer ~** whenever;
außer~ except when **Wẹnn** [vɛn] *nt* ⟨**-s,
-⟩ ohne ~ und Aber** without any ifs and
buts **wẹnnschon** ['vɛnʃoːn] *adv* (*infml*)
(**na** *or* **und**) **~!** so what? (*infml*); **~, dẹnn-
schon!** in for a penny, in for a pound!
(*esp Br prov*)

wer [veːɐ] **I** *interrog pron* who; **~ von ...**
which (one) of ... **II** *rel pr* (≈ *derjenige,
der*) the person who **III** *indef pr* (*infml*
≈ *jemand*) somebody

Werbeabteilung *f* publicity department
Werbeagentur *f* advertising agency
Werbebanner *nt* banner; INTERNET banner ad **Werbeblock** *m*, *pl* **-blocks** *or*
-blöcke TV commercial break **Werbe-
clip** *m* TV advert **Werbefachfrau** *f* advertising woman **Werbefachmann** *m* advertising man **Werbefernsehen** *nt* commercial television; (*Sendung*) TV adver-
tisements *pl* **Werbefilm** *m* advertising *or*
promotional film **Werbegag** *m* publicity
stunt **Werbegeschenk** *nt* gift **Werbe-
grafiker(in)** *m*/(*f*) commercial artist
Werbekampagne *f* publicity campaign;
(*für Verbrauchsgüter*) advertising campaign **Werbekosten** *pl* advertising *or*
promotional costs *pl* **Werbeleiter(in)**
m/(*f*) advertising manager **werben**
['vɛrbn] *pret* **warb** [varp], *past part* **ge-
worben** [gə'vɔrbn] **I** *v/t Mitglieder, Mitarbeiter* to recruit; *Kunden* to attract **II**
v/i to advertise; **für etw ~** to advertise
sth; **um etw ~** to solicit sth; **um Verständnis ~** to try to enlist understanding; **um ein Mädchen ~** to court a girl
Werbeslogan *m* publicity slogan; (*für
Verbrauchsgüter*) advertising slogan
Werbespot *m* commercial **Werbetext**
m advertising copy *no pl* **Werbetex-
ter(in)** *m*/(*f*) (advertising) copywriter
Werbetrommel *f* **die ~ (für etw) rühren**
(*infml*) to push sth (*infml*) **werbewirk-
sam** *adj* effective (for advertising purposes) **Werbung** ['vɛrbʊŋ] *f* ⟨-, *-en*⟩
esp COMM advertising; (POL ≈ *Propaganda*) pre-election publicity; (*von Kunden, Stimmen*) winning; (*von Mitglie-
dern*) recruitment; **~ für etw machen**
to advertise sth **Werbungskosten** *pl*
(*von Mensch*) professional outlay *sg*;

(*von Firma*) business expenses *pl* **Werdegang** *m*, *pl* **-gänge** development; (*beruflich*) career **werden** ['veːɐdn] *pret* **wurde** ['vʊrdə], *past part* **geworden** [gə'vɔrdn] *aux sein* **I** *aux* **1.** (*zur Bildung des Futurs*) **ich werde es tun** I'll do it; **ich werde das nicht tun** I won't do that; **es wird gleich regnen** it's going to rain **2.** (*zur Bildung des Konjunktivs*) **das würde ich gerne tun** I'd like to do that; **das würde ich nicht gerne tun** I wouldn't like to do that; **er würde kommen, wenn ...** he would come if ...; **würden Sie mir bitte das Buch geben?** would you give me the book, please? **3.** (*zur Bildung des Passivs*) *past part* **worden** ['vɔrdn] **geschlagen ~** to be beaten; **mir wurde gesagt, dass ...** I was told that ... **4.** (*bei Vermutung*) **sie wird wohl in der Küche sein** she'll probably be in the kitchen; **das wird etwa 20 Euro kosten** it will cost roughly 20 euros **II** *v/i* **1.** (*mit Adjektiv*) to get; **mir wird kalt/warm** I'm getting cold/warm; **blass/kalt ~** to go pale/cold; **mir wird schlecht/besser** I feel bad/better; **die Fotos sind gut geworden** the photos have come out well **2.** (*mit Substantiv, Pronomen*) to become; **Lehrer ~** to become a teacher; **was willst du einmal ~?** what do you want to be when you grow up? **Erster ~** to come first; **das ist nichts geworden** it came to nothing **3.** (*bei Altersangaben*) **er ist gerade 40 geworden** he has just turned 40 **4.** **es wird Zeit, dass er kommt** it's time (that) he came; **es wird kalt/spät** it's getting cold/late; **es wird Winter** winter is coming; **was ist aus ihm geworden?** what has become of him?; **aus ihm wird noch einmal was!** he'll make something of himself yet!; **daraus wird nichts** nothing will come of that; (≈ *das kommt nicht infrage*) that's out of the question; **zu etw ~** to turn into sth; **was soll nun ~?** so what's going to happen now? **werdend** *adj* nascent; **~e Mutter** expectant mother

werfen ['vɛrfn] *pret* **warf** [varf], *past part* **geworfen** [gə'vɔrfn] **I** *v/t* to throw (*nach* at); **Bomben ~** (*von Flugzeug*) to drop bombs; **eine Münze ~** to toss a coin; „**nicht ~**" "handle with care"; **etw auf den Boden ~** to throw sth to the ground; **jdn aus dem Haus** *etc* **~** to throw sb out

(of the house *etc*) **II** *v/i* (≈ *schleudern*) to throw; **mit etw (auf jdn/etw) ~** to throw sth (at sb/sth) **III** *v/r* to throw oneself (*auf +acc* (up)on, at) **Werfer** ['vɛrfɐ] *m* ⟨**-s, -**⟩, **Werferin** [-ərɪn] *f* ⟨**-, -nen**⟩ thrower

Werft [vɛrft] *f* ⟨**-, -en**⟩ shipyard; (*für Flugzeuge*) hangar **Werftarbeiter(in)** *m/(f)* shipyard worker

Werk [vɛrk] *nt* ⟨**-(e)s, -e**⟩ **1.** (≈ *Arbeit, Buch etc*) work; (*elev* ≈ *Tat*) deed; (≈ *Gesamtwerk*) works *pl*; **das ist sein ~** this is his doing; **ans ~ gehen** to set to work; **am ~ sein** to be at work **2.** (≈ *Betrieb*) works *sg* or *pl* (*Br*), factory; **ab ~** COMM ex works (*Br*), ex factory **3.** (≈ *Triebwerk*) mechanism **Werkbank** *f*, *pl* **-bänke** workbench **werken** ['vɛrkn] *v/i* to work; (*handwerklich*) to do handicrafts; **Werken** SCHOOL handicrafts **Werkschutz** *m* factory security service **werkseigen** *adj* company *attr* **Werksgelände** *nt* factory premises *pl* **Werksleitung** *f* factory management **Werkstatt** *f*, *pl* **-stätten** [-ʃtɛtn], **Werkstätte** *f* workshop; (*für Autoreparaturen*) garage **Werkstoff** *m* material **Werkstück** *nt* TECH workpiece **Werktag** *m* working day **werktags** ['vɛrktaːks] *adv* on weekdays **Werkzeug** *nt*, *pl* **-zeuge** tool **Werkzeugkasten** *m* toolbox

Wermut ['veːrmuːt] *m* ⟨**-(e)s, no pl**⟩ (≈ *Wermutwein*) vermouth **Wermutstropfen** *m* (*fig elev*) drop of bitterness

wert [veːɐt] *adj* **1.** **etw ~ sein** to be worth sth; **nichts ~ sein** to be worthless; (≈ *untauglich*) to be no good; **Glasgow ist eine Reise ~** Glasgow is worth a visit; **einer Sache** (*gen*) **~ sein** (*elev*) to be worthy of sth **2.** (≈ *nützlich*) useful **Wert** [veːɐt] *m* ⟨**-(e)s, -e**⟩ **1.** value; (*esp menschlicher*) worth; **einen ~ von fünf Euro haben** to be worth five euros; **im ~(e) von** to the value of; **sie hat innere ~e** she has certain inner qualities; **auf etw** (*acc*) **legen** (*fig*) to set great store by sth (*esp Br*); **das hat keinen ~** (*infml*) there's no point **2.** *usu pl* (*von Test, Analyse*) result **Wertarbeit** *f* craftsmanship **werten** ['veːrtn] *v/t* & *v/i* (≈ *einstufen*) to rate (*als* as); **Klassenarbeit etc** to grade; (≈ *beurteilen*) to judge (*als* to be); **ein Tor nicht ~** FTBL *etc* to disallow a goal **Wertesystem** *nt* system of values **wertfrei I** *adj* neutral **II** *adv* in a neutral way **Wertgegenstand** *m* object of value; **Wertgegenstände** *pl* valuables *pl* **Wertigkeit** ['veːɐtɪçkaɪt] *f* ⟨-, **-en**⟩ **1.** CHEM valency **2.** (≈ *Wert*) importance **wertlos** *adj* worthless **Wertlosigkeit** *f* ⟨-, *no pl*⟩ worthlessness **Wertminderung** *f* reduction in value **Wertpapier** *nt* security; **~e** *pl* stocks and shares *pl* **Wertsache** *f* object of value **Wertschätzung** *f* (*liter*) esteem, high regard **Wertsteigerung** *f* increase in value **Wertstoff** *m* reusable material **Wertung** ['veːɐtʊŋ] *f* ⟨-, **-en**⟩ **1.** (≈ *Bewertung*) evaluation; (≈ *Punkte*) score **2.** (≈ *das Werten*) rating; (*von Klassenarbeit*) grading; (≈ *das Beurteilen*) judging **Werturteil** *nt* value judgement **wertvoll** *adj* valuable

Werwolf ['veːɐvɔlf] *m* werewolf

Wesen ['veːzn] *nt* ⟨-**s**, -⟩ **1.** *no pl* nature; (≈ *Wesentliches*) essence; **es liegt im ~ einer Sache ...** it's in the nature of a thing ... **2.** (≈ *Geschöpf*) being; (≈ *tierisches Wesen*) creature; (≈ *Mensch*) person; **ein menschliches ~** a human being **Wesensart** *f* nature, character **wesentlich** ['veːzntlɪç] **I** *adj* essential; (≈ *erheblich*) substantial; (≈ *wichtig*) important; **das Wesentliche** the essential part; (*von dem, was gesagt wurde*) the gist; **im Wesentlichen** basically; (≈ *im Großen und Ganzen*) in the main **II** *adv* (≈ *grundlegend*) fundamentally; (≈ *erheblich*) considerably; **es ist mir ~ lieber, wenn wir ...** I would much rather we ...

weshalb [vɛs'halp, 'vɛs-] **I** *interrog adv* why **II** *rel adv* which is why; **der Grund, ~ ...** the reason why ...

Wespe ['vɛspə] *f* ⟨-, **-n**⟩ wasp **Wespennest** *nt* wasp's nest; **in ein ~ stechen** (*fig*) to stir up a hornets' nest **Wespenstich** *m* wasp sting

wessen ['vɛsn] *pron* **~ hat man dich angeklagt?** of what have you been accused?

Wessi ['vɛsi] *m* ⟨-**s**, -**s**⟩ (*infml*) Westerner, West German

westdeutsch *adj* GEOG Western German; POL, HIST West German **Westdeutsche(r)** *m*/*f*(*m*) *decl as adj* West German

Weste ['vɛstə] *f* ⟨-, **-n**⟩ waistcoat (*Br*), vest (*US*); **eine reine ~ haben** (*fig*) to have a clean slate

Westen ['vɛstn] *m* ⟨-**s**, *no pl*⟩ west; (*von Land*) West; **der ~** POL the West; **aus dem ~, von ~** (*her*) from the west; **nach**

~ (*hin*) to the west; **im ~ der Stadt/des Landes** in the west of the town/country; **weiter im ~** further west; **im ~ Frankreichs** in the west of France

Westentasche *f* waistcoat (*Br*) *or* vest (*US*) pocket; **etw wie seine ~ kennen** (*infml*) to know sth like the back of one's hand (*infml*)

Western ['vɛstɐn] *m* ⟨**-(s)**, -⟩ western **Westeuropa** *nt* Western Europe **westeuropäisch** *adj* West(ern) European; **~e Zeit** Greenwich Mean Time

Westfale [vɛst'faːlə] *m* ⟨-**n**, -**n**⟩, **Westfälin** [-'fɛːlɪn] *f* ⟨-, **-nen**⟩ Westphalian **Westfalen** [vɛst'faːlən] *nt* ⟨-**s**⟩ Westphalia **westfälisch** [vɛst'fɛːlɪʃ] *adj* Westphalian

Westjordanland [vɛst'jɔrdan-] *nt* **das ~** the West Bank **Westküste** *f* west coast **westlich** ['vɛstlɪç] **I** *adj* western; *Kurs, Wind, Richtung* westerly; POL Western **II** *adv* (to the) west; **~ von ...** (to the) west of ... **III** *prep* +*gen* (to the) west of **Westmächte** *pl* POL **die ~** the western powers *pl* **westöstlich** *adj* west-to-east; **in ~er Richtung** from west to east **westwärts** ['vɛstvɛrts] *adv* westward(s) **Westwind** *m* west wind

weswegen [vɛs'veːɡn, 'vɛs-] *interrog adv* why

wett [vɛt] *adj pred* **~ sein** to be quits **Wettbewerb** *m* competition **Wettbewerber(in)** *m*/(*f*) competitor **wettbewerbsfähig** *adj* competitive **wettbewerbswidrig** *adj* anticompetitive

Wettbüro *nt* betting office **Wette** ['vɛtə] *f* ⟨-, **-n**⟩ bet; **darauf gehe ich jede ~ ein** I'll bet you anything you like; **die ~ gilt!** done!; **mit jdm um die ~ laufen** *or* **rennen** to race sb **wetteifern** *v/i insep* **mit jdm um etw ~** to compete with sb for sth **wetten** ['vɛtn] *v/t & v/i* to bet; **auf etw** (*acc*) **~** to bet on sth; **mit jdm ~** to bet with sb; **ich wette 100 gegen 1(, dass ...)** I'll bet (you) 100 to 1 (that ...)

Wetter ['vɛtɐ] *nt* ⟨-**s**, -⟩ **1.** weather *no indef art*; **bei so einem ~** in such weather; **was haben wir heute für ~?** what's the weather like today? **2.** (≈ *Unwetter*) storm **3.** *usu pl* MIN air; **schlagende ~** *pl* firedamp *sg*

Wetter ['vɛtɐ] *m* ⟨-**s**, -⟩, **Wetterin** [-ərɪn] *f* ⟨-, **-nen**⟩ better

Wetteraussichten *pl* weather outlook *sg* **Wetterbericht** *m* weather report **wetter-**

beständig adj weatherproof **wetterempfindlich** adj sensitive to (changes in) the weather **wetterfest** adj weatherproof **Wetterfrosch** m (hum infml) weatherman (infml) **wetterfühlig** [-fyː-lɪç] adj sensitive to (changes in) the weather **Wetterhahn** m weathercock (esp Br), weather vane **Wetterkarte** f weather map **Wetterkunde** f meteorology **Wetterlage** f weather situation **Wetterleuchten** nt ⟨-s, no pl⟩ sheet lightning; (fig) storm clouds pl

wettern ['vɛtɐn] v/i to curse and swear; **gegen** or **auf etw** (acc) ~ to rail against sth

Wetterstation f weather station **Wettersturz** m sudden fall in temperature and atmospheric pressure **Wetterumschwung** m sudden change in the weather **Wettervorhersage** f weather forecast **Wetterwarte** f weather station **wetterwendisch** adj (fig) changeable **Wettfahrt** f race **Wettkampf** m competition **Wettkämpfer(in)** m/(f) competitor **Wettlauf** m race; **ein** ~ **gegen die Zeit** a race against time

wettmachen v/t sep to make up for; Verlust etc to make good; Rückstand to make up

Wettrennen nt race **Wettrüsten** nt ⟨-s, no pl⟩ arms race **Wettschein** m betting slip **Wettstreit** m competition; **mit jdm im** ~ **liegen** to compete with sb

wetzen ['vɛtsn] v/t to whet **Wetzstein** m whetstone

WG [veːˈɡeː] f ⟨-, -s⟩ abbr of **Wohngemeinschaft**

Whirlpool® ['wœrlpuːl, 'wøːɐl-] m ⟨-s, -s⟩ whirlpool bathtub

Whisky ['wɪski] m ⟨-s, -s⟩ whisky, whiskey (US); (irischer) whiskey

wichsen ['vɪksn] v/i (sl ≈ onanieren) to jerk off (sl) **Wichser** ['vɪksɐ] m ⟨-s, -⟩ (sl) wanker (Br sl), jerk-off (US sl)

Wicht [vɪçt] m ⟨-(e)s, -e⟩ (≈ Kobold) goblin; (fig ≈ verachtenswerter Mensch) scoundrel

wichtig ['vɪçtɪç] **I** adj important; **alles Wichtige** everything of importance; **Wichtigeres zu tun haben** to have more important things to do; **das Wichtigste** the most important thing **II** adv **sich selbst/etw** (zu) ~ **nehmen** to take oneself/sth (too) seriously **Wichtigkeit** f ⟨-, -en⟩ importance **wichtigmachen** v/r

sep (infml) to be full of one's own importance **Wichtigtuer** [-tuːɐ] m ⟨-s, -⟩, **Wichtigtuerin** [-ərɪn] f ⟨-, -nen⟩ (pej) pompous idiot **wichtigtun** v/r sep (infml: sich aufspielen) to be full of one's own importance

Wicke ['vɪkə] f ⟨-, -n⟩ BOT vetch; (≈ Gartenwicke) sweet pea

Wickel ['vɪkl] m ⟨-s, -⟩ MED compress **wickeln** ['vɪkln] **I** v/t **1.** (≈ schlingen) to wind (um round); Verband etc to bind **2.** (≈ einwickeln) to wrap (in +acc in); **einen Säugling** ~ to change a baby's nappy (Br) or diaper (US) **II** v/r to wrap oneself (in +acc in) **Wickelraum** m (in Kaufhaus etc) baby changing room **Wickelrock** m wraparound skirt **Wickeltisch** m baby's changing table

Widder ['vɪdɐ] m ⟨-s, -⟩ ZOOL ram; ASTROL Aries; **sie ist** (ein) ~ ASTROL she's (an) Aries

wider ['viːdɐ] prep +acc (elev) against; ~ **Erwarten** contrary to expectations **widerfahren** [viːdɐˈfaːrən] past part **widerfahren** v/i impers +dat insep irr aux sein (elev) to happen (jdm to sb) **Widerhaken** m barb **Widerhall** m echo; **keinen** ~ **finden** (Interesse) to meet with no response **widerlegen** [viːdɐˈleːɡn] past part **widerlegt** v/t insep Behauptung etc to refute; jdn to prove wrong **Widerlegung** f ⟨-, -en⟩ refutation, disproving **widerlich** ['viːdɐlɪç] **I** adj disgusting; Mensch repulsive **II** adv sich benehmen disgustingly; ~ **riechen/schmecken** to smell/taste disgusting **widernatürlich** adj unnatural **widerrechtlich** **I** adj illegal **II** adv illegally; **sich** (dat) **etw** ~ **aneignen** to misappropriate sth **Widerrede** f (≈ Widerspruch) contradiction; **keine** ~! don't argue!; **ohne** ~ without protest **Widerruf** m revocation; (von Aussage) retraction **widerrufen** [viːdɐˈruːfn] past part **widerrufen** insep irr v/t Erlaubnis, Anordnung etc to revoke, to withdraw; Aussage to retract **Widersacher** ['viːdɛzaxɐ] m ⟨-s, -⟩, **Widersacherin** [-ərɪn] f ⟨-, -nen⟩ adversary **widersetzen** [viːdɐˈzɛtsn] past part **widersetzt** v/r insep **sich jdm/einer Sache** ~ to oppose sb/sth; der Festnahme to resist sth; einem Befehl to refuse to comply with sth **widersinnig** adj absurd **widerspenstig** adj stubborn; Kind, Haar unruly **widerspiegeln** sep **I** v/t to reflect **II**

v/r to be reflected **widersprechen** [viːdɐˈʃprɛçn̩] *past part* **widersprochen** [viːdɐˈʃprɔxn̩] *insep irr* **I** v/i **jdm/einer Sache ~** to contradict sb/sth **II** v/r *(einander)* to contradict each other **Widerspruch** m **1.** contradiction; **ein ~ in sich selbst** a contradiction in terms; **in or im ~ zu** contrary to; **in or im ~ zu etw stehen** to be contrary to sth **2.** (≈ *Protest*) protest; (≈ *Ablehnung*) opposition; JUR appeal; **kein ~!** don't argue!; **~ erheben** to protest; **~ einlegen** JUR to appeal **widersprüchlich** [-ʃprYçlɪç] *adj* contradictory; *Verhalten* inconsistent **Widerspruchsgeist** m, *no pl* spirit of opposition **widerspruchslos I** *adj* (≈ *unangefochten*) unopposed; (≈ *ohne Einwände*) without contradiction **II** *adv* (≈ *unangefochten*) without opposition; (≈ *ohne Einwände*) without contradiction **Widerstand** m resistance; (≈ *Ablehnung*) opposition; (ELEC: *Bauelement*) resistor; **gegen jdn/etw ~ leisten** to resist sb/sth **Widerstandsbewegung** f resistance movement **widerstandsfähig** *adj* robust; *Pflanze* hardy; MED, TECH *etc* resistant (*gegen* to) **Widerstandsfähigkeit** f robustness; (*von Pflanze*) hardiness; MED, TECH *etc* resistance (*gegen* to) **Widerstandskämpfer(in)** m/(f) member of the resistance **widerstandslos** *adj, adv* without resistance **widerstehen** [viːdɐˈʃteːən] *past part* **widerstanden** [viːdɐˈʃtandn̩] v/i +dat insep irr (≈ *nicht nachgeben*) to resist; (≈ *standhalten*) to withstand **widerstreben** [viːdɐˈʃtreːbn̩] *past part* **widerstrebt** v/i +dat insep **es widerstrebt mir, so etwas zu tun** it goes against the grain (*Br*) or my grain (*US*) to do anything like that **widerstrebend I** *adj* (≈ *widerwillig*) reluctant **II** *adv* (*widerwillig*) unwillingly **widerwärtig** [-vɛrtɪç] **I** *adj* objectionable; (≈ *ekelhaft*) disgusting **II** *adv* **~ schmecken/stinken** to taste/smell disgusting **Widerwille** m (≈ *Ekel*) disgust (*gegen* for); (≈ *Abneigung*) distaste (*gegen* for); (≈ *Widerstreben*) reluctance **widerwillig I** *adj* reluctant **II** *adv* reluctantly **Widerworte** *pl* **~ geben** to answer back; **ohne ~** without protest **widmen** [ˈvɪtmən] **I** v/t **jdm etw ~** to dedicate sth to sb **II** v/r +dat to devote oneself to; *den Gästen etc* to attend to; *einer Aufgabe* to apply oneself to **Widmung**

[ˈvɪtmʊŋ] f ⟨-, -en⟩ (*in Buch etc*) dedication (*an* +acc to)
widrig [ˈviːdrɪç] *adj* adverse
wie [viː] **I** *interrog adv* **1.** how; **~ wärs mit einem Whisky?** (*infml*) how about a whisky? **2.** (≈ *welcher Art*) **~ wars auf der Party?** what was the party like?; **~ ist er (denn)?** what's he like? **3.** (≈ *was*) **~ heißt er/das?** what's he/it called?; **~?** what?; **~ bitte?** sorry?; (*entrüstet*) I beg your pardon! **4.** (*in Ausrufen*) how; **und ~!, aber ~!** and how! (*infml*); **~ groß er ist!** how big he is!; **das macht dir Spaß, ~?** you like that, don't you? **II** *adv* **die Art, ~ sie geht** the way (in which) she walks; **~ stark du auch sein magst** however strong you may be; **~ sehr ... auch** however much **III** *cj* **1.** (*vergleichend*) (*auf adj, adv bezüglich*) as; (*auf n bezüglich*) like; **so ... ~ as ... as; so lang ~ breit** as long as it *etc* is wide; **weiß ~ Schnee** (as) white as snow; **eine Nase ~ eine Kartoffel** a nose like a potato; **~ gewöhnlich/immer** as usual/always *or* ever; **~ du weißt** as you know **2.** (≈ *als*) **größer ~** bigger than; **nichts ~ Ärger** *etc* nothing but trouble *etc* **3.** (*infml*) **~ wenn** as if **4. er sah, ~ es geschah** he saw it happen; **sie spürte, ~ es kalt wurde** she felt it getting cold
Wiedehopf [ˈviːdəhɔpf] m ⟨-(e)s, -e⟩ hoopoe
wieder [ˈviːdɐ] *adv* again; **immer ~** again and again; **~ mal** (once) again; **~ ist ein Jahr vorbei** another year has passed; **wie, schon ~?** what, again?; **~ da** back (again) **Wiederaufbau** m, *no pl* reconstruction **wiederaufbauen** v/t & v/i *sep* to reconstruct **wiederaufbereiten** v/t *sep* to recycle; *Atommüll, Abwasser* to reprocess **Wiederaufbereitung** f recycling; (*von Atommüll*) reprocessing **Wiederaufbereitungsanlage** f recycling plant; (*für Atommüll*) reprocessing plant **wieder aufleben** v/i *aux sein* to revive **Wiederaufnahme** [viːdɐˈ|aufnaːmə] f **1.** (*von Tätigkeit, Gespräch etc*) resumption **2.** (*im Verein etc*) readmittance **wiederaufnehmen** v/t *sep irr* **1.** (≈ *wieder beginnen*) to resume **2.** *Vereinsmitglied* to readmit **Wiederbeginn** m recommencement; (*von Schule*) reopening **wiederbekommen** *past part* **wiederbekommen** v/t *sep irr* to get back **wiederbeleben** v/t *sep* to revive **Wieder-**

belebung f revival **Wiederbelebungs-versuch** m attempt at resuscitation; (*fig*) attempt at revival **wiedereinbringen** v/t sep irr to bring back **wiedereinführen** v/t sep to reintroduce; (*Comm*) *Waren* to reimport **Wiedereingliederung** f reintegration **wiedereinstellen** v/t sep to re-employ **Wiedereintritt** m reentry (*in* +acc into) **wiederentdecken** v/t sep to rediscover **Wiederentdeckung** f rediscovery **wiedererkennen** v/t sep irr to recognize; *das/er war nicht wiederzuerkennen* it/he was unrecognizable **wiedererlangen** past part **wiedererlangt** v/t sep to regain; *Eigentum* to recover **wiedereröffnen** v/t sep & v/i sep to re-open **Wiedereröffnung** f reopening **wiedererstatten** past part **wiedererstattet** v/t sep Unkosten etc to refund (*jdm etw* sb for sth) **Wiedererstattung** f refund(ing) **wiederfinden** sep irr v/t to find again; (*fig*) Mut etc to regain **Wiedergabe** f 1. (*von Rede, Ereignis*) account 2. (≈ *Darbietung: von Stück etc*) rendition 3. (≈ *Übersetzung*) translation 4. (≈ *Reproduktion*) reproduction 5. (≈ *Rückgabe*) return **wiedergeben** v/t sep irr 1. to give back 2. (≈ *erzählen*) to give an account of 3. (≈ *übersetzen*) to translate 4. (≈ *reproduzieren*) to reproduce **wiedergeboren** adj reborn **Wiedergeburt** f rebirth **wiedergewinnen** past part **wiedergewonnen** v/t sep irr to regain; *jdn* to win back; *Land* to reclaim; *Selbstvertrauen* to recover **wiedergutmachen** v/t sep *Schaden* to compensate for; *Fehler* to rectify; POL to make reparations for; *das ist nie wiedergutzumachen* that can never be put right **Wiedergutmachung** f ⟨-, -en⟩ compensation; POL reparations pl **wiederhaben** v/t sep irr (*infml*) *etw ~ wollen* to want sth back **wiederherstellen** v/t sep Gebäude, Ordnung, Gesundheit to restore; *Beziehungen* to re-establish **Wiederherstellung** f restoration

wiederholen[1] [viːdɐˈhoːlən] past part **wiederholt** insep I v/t & v/i to repeat; (*zusammenfassend*) to recapitulate; *Lernstoff* to revise, to review (*US*); *Prüfung, Elfmeter* to retake II v/r (*Mensch*) to repeat oneself; (*Thema, Ereignis*) to recur

wiederholen[2] ['viːdɐhoːlən] v/t sep (≈ *zurückholen*) to get back **wiederholt**

[viːdɐˈhoːlt] I adj repeated; *zum ~en Male* once again II adv repeatedly **Wiederholung** [viːdɐˈhoːlʊŋ] f ⟨-, -en⟩ repetition; (*von Prüfung, Elfmeter*) retaking; (*von Sendung*) repeat; (*von Lernstoff*) revision **Wiederholungsspiel** nt SPORTS replay **Wiederhören** nt (*auf*) ~! goodbye! **wiederkäuen** sep I v/t to ruminate; (*fig infml*) to go over again and again II v/i to ruminate **Wiederkäuer** [-kɔyɐ] m ⟨-s, -⟩ ruminant **Wiederkehr** ['viːdɐkeːɐ] f ⟨-, no pl⟩ (≈ *Rückkehr*) return; (≈ *ständiges Vorkommen*) recurrence **wiederkehren** v/i sep aux sein (≈ *zurückkehren*) to return; (≈ *sich wiederholen*) to recur **wiederkehrend** adj recurring **wiederkommen** v/i sep irr aux sein to come back **wiedersehen** v/t sep irr to see again; *wann sehen wir uns wieder?* when will we see each other again? **Wiedersehen** ['viːdɐzeːən] nt ⟨-s, -⟩ (*nach längerer Zeit*) reunion; (*auf*) ~! goodbye! **wiederum** ['viːdərʊm] adv 1. (≈ *andererseits*) on the other hand; (≈ *allerdings*) though 2. (*elev* ≈ *nochmals*) again **wiedervereinigen** sep I v/t to reunite; *Land* to reunify II v/r to reunite **Wiedervereinigung** f reunification **Wiederverkaufswert** m resale value **wiederverwendbar** adj reusable **wiederverwenden** v/t sep to re-use **wiederverwertbar** adj recyclable **wiederverwerten** v/t sep to recycle **Wiederverwertung** f recycling

Wiege ['viːgə] f ⟨-, -n⟩ cradle **wiegen**[1] ['viːgn] I v/t 1. (≈ *hin und her bewegen*) to rock; *Hüften* to sway 2. (≈ *zerkleinern*) to chop up II v/r (*Boot etc*) to rock (gently); (*Mensch, Äste etc*) to sway **wiegen**[2] pret **wog** [voːk], past part **gewogen** [ɡəˈvoːgn] v/t & v/i (≈ *abwiegen*) to weigh; *wie viel wiegst du?* how heavy are you?; *schwer ~* (*fig*) to carry a lot of weight; → **gewogen**

Wiegenlied nt lullaby **wiehern** ['viːɐn] v/i to neigh **Wien** [viːn] nt ⟨-s⟩ Vienna **Wiener** ['viːnɐ] adj attr Viennese; *~ Würstchen* frankfurter; *~ Schnitzel* Wiener schnitzel **wienerisch** ['viːnərɪʃ] adj Viennese **wienern** v/t to polish **Wiese** ['viːzə] f ⟨-, -n⟩ meadow; (*infml* ≈ *Rasen*) grass **Wiesel** ['viːzl] nt ⟨-s, -⟩ weasel **wieso** [viˈzoː] interrog adv why; *~ nicht* why not; **~ weißt du das?** how do you know that?

wie viel [viˈfiːl, ˈviː-] *interrog adv* → **viel**
wievielmal [viˈfiːlmaːl, ˈviː-] *interrog adv* how many times **Wievielte(r)** [viˈfiːltə, ˈviː-] *m decl as adj* (*bei Datum*) **der ~ ist heute?** what's the date today?
wievielte(r, s) [viˈfiːltə, ˈviː-] *interrog adj* **das ~ Kind ist das jetzt?** how many children is that now?; **zum ~n Mal bist du schon in England?** how often have you been to England?; **am ~n September hast du Geburtstag?** what date in September is your birthday?

wieweit [viˈvait] *cj* to what extent
Wikinger [ˈviːkɪŋɐ, ˈvɪkɪŋɐ] *m ⟨-s, -⟩*, **Wikingerin** [-ərɪn] *f ⟨-, -nen⟩* Viking

wild [vɪlt] **I** *adj* wild; *Stamm* savage; (≈ *laut, ausgelassen*) boisterous; (≈ *ungesetzlich*) Parken, Zelten *etc* illegal; *Streik* wildcat *attr*, unofficial; **seid nicht so ~!** calm down a bit!; **jdn ~ machen** to make sb furious, to drive sb crazy; **~ auf jdn/ etw sein** (*infml*) to be mad about sb/sth (*infml*); **das ist halb so ~** (*infml*) never mind **II** *adv* **1.** (≈ *unordentlich*) **~ durcheinanderliegen** to be strewn all over the place **2.** (≈ *hemmungslos*) like crazy; *um sich schlagen* wildly; **wie ~ arbeiten**etc to work *etc* like mad **3.** (≈ *in der freien Natur*) **~ leben** to live in the wild; **~ wachsen** to grow wild **Wild** [vɪlt] *nt ⟨-(e)s* [-dəs]⟩ *no pl* (≈ *Tiere, Fleisch*) game; (≈ *Rotwild*) deer; (≈ *Fleisch von Rotwild*) venison **Wildbach** *m* torrent **Wildbahn** *f* **auf** or **in freier ~** in the wild **Wilddieb(in)** *m/(f)* poacher **Wilde(r)** [ˈvɪldə] *m/f(m) decl as adj* savage; (*fig*) madman **Wilderei** [vɪldəˈrai] *f ⟨-, -en⟩* poaching **Wilderer** [ˈvɪldərɐ] *m ⟨-s, -⟩*, **Wilderin** [-ərɪn] *f ⟨-, -nen⟩* poacher **wildern** [ˈvɪldɐn] *v/i* to poach **Wildfleisch** *nt* game; (*von Rotwild*) venison **wildfremd** [ˈvɪltˈfrɛmt] *adj* (*infml*) completely strange; **~e Leute** complete strangers **Wildgans** *f* wild goose **Wildheit** *f ⟨-, -en⟩* wildness **Wildhüter(in)** *m/(f)* gamekeeper **Wildkatze** *f* wildcat **Wildleder** *nt* suede **wildledern** *adj* suede **Wildnis** [ˈvɪltnɪs] *f ⟨-, -se⟩* wilderness; **in der ~ leben** to live in the wild **Wildpark** *m* game park; (*für Rotwild*) deer park **Wildsau** *f* wild sow; (*fig sl*) pig (*infml*) **Wildschwein** *nt* wild boar **Wildwasser** *nt, pl* **-wasser** white water **Wild-**

wechsel *m* (*bei Rotwild*) deer path; „**Wildwechsel**" "wild animals" **Wildwestfilm** *m* western

Wille [ˈvɪlə] *m ⟨-ns, no pl⟩* will; (≈ *Absicht*) intention; **wenn es nach ihrem ~n ginge** if she had her way; **er musste wider ~n** or **gegen seinen ~n lachen** he couldn't help laughing; **seinen ~n durchsetzen** to get one's (own) way; **jdm seinen ~n lassen** to let sb have his own way; **beim besten ~n nicht** not with the best will in the world; **wo ein ~ ist, ist auch ein Weg** (*prov*) where there's a will there's a way (*prov*) **willenlos I** *adj* weak-willed **II** *adj* **jdm ~ ergeben sein** to be totally submissive to sb **willens** [ˈvɪləns] *adj* (*elev*) **~ sein** to be willing **Willenskraft** *f* willpower **willensschwach** *adj* weak-willed **Willensschwäche** *f* weak will **willensstark** *adj* strong-willed **Willensstärke** *f* willpower **willentlich** [ˈvɪləntlɪç] **I** *adj* wilful **II** *adv* deliberately **willig** [ˈvɪlɪç] **I** *adj* willing **II** *adv* willingly **willkommen** [vɪlˈkɔmən] *adj* welcome; **du bist (mir) immer ~** you are always welcome; **jdn ~ heißen** to welcome sb; **es ist mir ganz ~, dass ...** I quite welcome the fact that ... **Willkommensgruß** *m* greeting

Willkür [ˈvɪlkyːɐ] *f ⟨-, no pl⟩* (*politisch*) despotism; (*bei Handlungen*) arbitrariness; **ein Akt der ~** a despotic/an arbitrary act **willkürlich** [ˈvɪlkyːɐlɪç] **I** *adj* arbitrary; *Herrscher* autocratic **II** *adv* handeln arbitrarily

wimmeln [ˈvɪmln] *v/i* (*also v/i impers*) **der See wimmelt von Fischen** the lake is teeming with fish; **hier wimmelt es von Fliegen** this place is swarming with flies; **dieses Buch wimmelt von Fehlern** this book is riddled with mistakes **Wimmerl** [ˈvɪmɐl] *nt ⟨-s, -(n)⟩* (*Aus* ≈ *Pickel*) spot

wimmern [ˈvɪmɐn] *v/i* to whimper

Wimper [ˈvɪmpɐ] *f ⟨-, -n⟩* (eye)lash; **ohne mit der ~ zu zucken** (*fig*) without batting an eyelid (*Br*) or eyelash (*US*) **Wimperntusche** *f* mascara

Wind [vɪnt] *m ⟨-(e)s, -e* [-də]⟩ wind; **bei ~ und Wetter** in all weathers; **~ und Wetter ausgesetzt sein** to be exposed to the elements; **daher weht der ~!** (*fig*) so that's the way the wind is blowing; **viel ~ um etw machen** (*infml*) to make a lot

of fuss about sth; **gegen den ~ segeln**
(*lit*) to sail into the wind; (*fig*) to swim
against the stream, to run against the
wind (*US*); **jdm den ~ aus den Segeln
nehmen** (*fig*) to take the wind out of
sb's sails; **etw in den ~ schlagen** *Warnungen*, *Rat* to turn a deaf ear to sth;
Vorsicht, *Vernunft* to throw sth to the
winds; **in alle (vier) ~e zerstreut sein**
(*fig*) to be scattered to the four corners
of the earth; **von etw ~ bekommen** (*fig
infml*) to get wind of sth **Windbeutel** *m*
cream puff **Windbluse** *f* windcheater
Windbö(e) *f* gust of wind

Winde[1] ['vɪndə] *f* ⟨-, -n⟩ TECH winch
Winde[2] *f* ⟨-, -n⟩ BOT bindweed
Windel ['vɪndl] *f* ⟨-, -n⟩ nappy (*Br*), diaper (*US*) **Windeleinlage** *f* nappy (*Br*) or
diaper (*US*) liner **windelweich**
['vɪndl'vaiç] *adv* **jdn ~ schlagen** or **hauen**
(*infml*) to beat sb black and blue
winden ['vɪndn] *pret* **wand** [vant], *past
part* **gewunden** [gə'vʊndn] **I** *v/t* to wind;
Kranz to bind; (~ *hochwinden*) *Last* to
winch **II** *v/r* to wind; (*vor Schmerzen*) to
writhe (*vor* with, in); (*vor Verlegenheit*)
to squirm (*vor* with, in); (*fig* ≈ *ausweichen*) to try to wriggle out; → **gewunden**
Windenergie *f* wind energy **Windeseile** *f*
etw in or **mit ~ tun** to do sth in no time (at
all); **sich in** or **mit ~ verbreiten** to spread
like wildfire **Windfarm** *f* wind farm
windgeschützt *adj* sheltered (from
the wind) **Windhund** *m* **1.** greyhound
2. (*fig pej*) rake **windig** ['vɪndɪç] *adj*
windy; (*fig*) dubious **Windjacke** *f* windcheater (*Br*), windproof jacket **Windkraft** *f* wind power **Windlicht** *nt* lantern
Windmühle *f* windmill **Windpocken** *pl*
chickenpox *sg* **Windrichtung** *f* wind direction **Windrose** *f* NAUT compass card;
METEO wind rose **Windschatten** *m* lee;
(*von Fahrzeugen*) slipstream **windschief** *adj* crooked **Windschutzscheibe** *f* windscreen (*Br*), windshield (*US*)
Windstärke *f* strength of the wind **windstill** *adj* still; *Platz*, *Ecke etc* sheltered
Windstille *f* calm **Windstoß** *m* gust of
wind **Windsurfbrett** *nt* windsurfer
windsurfen *v/i insep* to windsurf; **~ gehen** to go windsurfing **Windsurfen** *nt*
⟨-s, *no pl*⟩ windsurfing **Windsurfer(in)**
m/(*f*) windsurfer **Windturbine** *f* wind
turbine

Windung ['vɪndʊŋ] *f* ⟨-, -en⟩ (*von Weg*,
Fluss etc) meander; (TECH: *von Schraube*) thread; (ELEC: *von Spule*) coil
Wink [vɪŋk] *m* ⟨-(e)s, -e⟩ (≈ *Zeichen*)
sign; (≈ *Hinweis*, *Tipp*) hint
Winkel ['vɪŋkl] *m* ⟨-s, -⟩ **1.** MAT angle **2.**
TECH square **3.** (*fig*) (≈ *Stelle*, *Ecke*) corner; (≈ *Plätzchen*) spot **Winkeleisen** *nt*
angle iron **winkelförmig I** *adj* angled **II**
adv **~ gebogen** bent at an angle **winkelig** ['vɪŋkəlɪç] *adj* = **winklig Winkelmesser** *m* ⟨-s, -⟩ protractor
winken ['vɪŋkn] *past part* **gewinkt** or
(*dial*) **gewunken** [gə'vɪŋkt, gə'vʊŋkn]
I *v/i* to wave (*jdm* to sb); **dem Kellner
~** to signal to the waiter; **jdm winkt
etw** (*fig* ≈ *steht in Aussicht*) sb can expect sth; **dem Sieger winkt eine Reise
nach Italien** the winner will receive a
trip to Italy **II** *v/t* to wave; **jdn zu sich
~** to beckon sb over to one
winklig ['vɪŋklɪç] *adj* *Haus*, *Altstadt* full
of nooks and crannies; *Gasse* twisty
Winter ['vɪntɐ] *m* ⟨-s, -⟩ winter; **im ~** in
(the) winter **Winteranfang** *m* beginning
of winter **Winterdienst** *m* MOT winter
road treatment **Winterfahrplan** *m* winter timetable **Wintergarten** *m* winter
garden **Winterlandschaft** *f* winter landscape **winterlich** ['vɪntɐlɪç] **I** *adj* wintry,
winter *attr* **II** *adv* **es ist ~ kalt** it's as cold
as it is in winter; **~ gekleidet** dressed for
winter **Winterolympiade** *f* Winter
Olympics *pl* **Winterreifen** *m* winter tyre
(*Br*) or tire (*US*) **Winterschlaf** *m* ZOOL
hibernation; **(den) ~ halten** to hibernate
Winterschlussverkauf *m* winter (clearance) sale **Wintersemester** *nt* winter semester **Winterspiele** *pl* (**Olympische**) **~**
Winter Olympics *pl* **Wintersport** *m* winter sports *pl*; (≈ *Wintersportart*) winter
sport **Winterzeit** *f* winter time
Winzer ['vɪntsɐ] *m* ⟨-s, -⟩, **Winzerin** [-ə-
rɪn] *f* ⟨-, -nen⟩ wine grower
winzig ['vɪntsɪç] *adj* tiny; **~ klein** minute,
tiny little *attr* **Winzling** ['vɪntslɪŋ] *m* ⟨-s,
-e⟩ (*infml*) mite
Wipfel ['vɪpfl] *m* ⟨-s, -⟩ treetop
Wippe ['vɪpə] *f* ⟨-, -n⟩ (*zum Schaukeln*)
seesaw **wippen** ['vɪpn] *v/i* (≈ *mit Wippe
schaukeln*) to seesaw; **mit dem Fuß ~** to
jiggle one's foot
wir [viːɐ] *pers pr*, *gen* **unser** ['ʊnzɐ], *dat*
uns [ʊns], *acc* **uns** [ʊns] we; **~ alle** all
of us; **~ beide** both of us; **~ drei** the three
of us; **wer war das? — ~ nicht** who was

that? — it wasn't us

Wirbel ['vɪrbl] *m* ⟨**-s**, **-**⟩ **1.** whirl; (*in Fluss etc*) whirlpool; (≈ *Wirbelsäule*) vertebra; (*für Gitarre etc*) peg **2.** (≈ *Trommelwirbel*) (drum) roll **3.** ANAT vertebra **wirbellos** *adj* ZOOL invertebrate **wirbeln** ['vɪrbln] *v/i aux sein* to whirl; (*Laub, Rauch*) to swirl **Wirbelsäule** *f* ANAT spinal column **Wirbelsturm** *m* whirlwind **Wirbeltier** *nt* vertebrate **Wirbelwind** *m* whirlwind

wirken ['vɪrkn] *v/i* **1.** (≈ *tätig sein*) (*Mensch*) to work; (*Kräfte etc*) to be at work; (≈ *Wirkung haben*) to have an effect; (≈ *erfolgreich sein*) to work; **als Katalysator ~** to act as a catalyst; **abführend ~** to have a laxative effect; **etw auf sich** (*acc*) **~ lassen** to take sth in **2.** (≈ *erscheinen*) to seem **wirklich** ['vɪrklɪç] **I** *adj* real; **im ~en Leben** in real life **II** *adv* really; **nicht ~** not really; **ich war das ~ nicht** it really was not me; **~?** (*als Antwort*) really? **Wirklichkeit** *f* ⟨**-**, **-en**⟩ reality; **~ werden** to come true; **in ~** in reality **wirklichkeitsfremd** *adj* unrealistic **wirklichkeitsgetreu I** *adj* realistic **II** *adv* realistically

wirksam ['vɪrkzaːm] **I** *adj* effective; **am 1. Januar ~ werden** (*form: Gesetz*) to take effect on January 1st **II** *adv* effectively; **verbessern** significantly **Wirksamkeit** *f* ⟨**-**, *no pl*⟩ effectiveness **Wirkstoff** *m esp* PHYSIOL active substance **Wirkung** ['vɪrkʊŋ] *f* ⟨**-**, **-en**⟩ effect (*bei* on); **zur ~ kommen** to take effect; **mit ~ vom 1. Januar** (*form*) with effect from January 1st **Wirkungsgrad** *m* (degree of) effectiveness **wirkungslos** *adj* ineffective **wirkungsvoll I** *adj* effective **II** *adv* effectively **Wirkungsweise** *f* (*von Medikament*) action

wirr [vɪr] *adj* confused; *Blick* crazed; *Haare, Fäden* tangled; *Gedanken* weird; (≈ *unrealistisch*) wild; **~es Zeug reden** to talk gibberish **Wirren** ['vɪrən] *pl* confusion *sg* **Wirrwarr** ['vɪrvar] *m* ⟨**-s**, *no pl*⟩ confusion; (*von Verkehr*) chaos *no indef art*

Wirsing ['vɪrzɪŋ] *m* ⟨**-s**, *no pl*⟩ savoy cabbage

Wirt [vɪrt] *m* ⟨**-(e)s**, **-e**⟩ landlord; (BIOL, *rare* ≈ *Gastgeber*) host **Wirtin** ['vɪrtɪn] *f* ⟨**-**, **-nen**⟩ landlady; (≈ *Gastgeberin*)

hostess **Wirtschaft** ['vɪrtʃaft] *f* ⟨**-**, **-en**⟩ **1.** (≈ *Volkswirtschaft*) economy; (≈ *Handel*) industry and commerce **2.** (≈ *Gastwirtschaft*) ≈ pub (*Br*), ≈ bar (*US*) **3.** (*infml* ≈ *Zustände*) **eine schöne** *or* **saubere ~** (*iron*) a fine state of affairs **wirtschaften** ['vɪrtʃaftn] *v/i* **1.** (**sparsam**) **~** to economize; **gut ~ können** to be economical **2.** (≈ *den Haushalt führen*) to keep house **wirtschaftlich** ['vɪrtʃaftlɪç] **I** *adj* **1.** economic **2.** (≈ *sparsam*) economical **II** *adv* (≈ *finanziell*) financially **Wirtschaftlichkeit** *f* ⟨**-**, *no pl*⟩ **1.** (≈ *Rentabilität*) profitability **2.** (≈ *ökonomischer Betrieb*) economy **Wirtschaftsflüchtling** *m* (*often pej*) economic refugee **Wirtschaftsführer(in)** *m/(f)* leading industrialist **Wirtschaftsgeld** *nt* housekeeping (money) (*Br*), household allowance (*US*) **Wirtschaftsgemeinschaft** *f* economic community **Wirtschaftsgipfel** *m* economic summit **Wirtschaftsgüter** *pl* economic goods *pl* **Wirtschaftsjahr** *nt* financial year, fiscal year **Wirtschaftskriminalität** *f* white collar crime **Wirtschaftskrise** *f* economic crisis **Wirtschaftslage** *f* economic situation **Wirtschaftsminister(in)** *m/(f)* minister of trade and industry (*Br*), secretary of commerce (*US*) **Wirtschaftsministerium** *nt* ministry of trade and industry (*Br*), department of commerce (*US*) **Wirtschaftsplan** *m* economic plan **Wirtschaftspolitik** *f* economic policy **wirtschaftspolitisch** *adj Maßnahmen etc* economic policy *attr*; **~er Sprecher** spokesman on economic policy **Wirtschaftsprüfer(in)** *m/(f)* accountant; (*zum Überprüfen der Bücher*) auditor **Wirtschaftsraum** *m* ECON economic area **Wirtschaftsstandort** *m* business location **Wirtschaftsunion** *f* economic union **Wirtschaftswachstum** *nt* economic growth **Wirtschaftswissenschaft** *f* economics *sg* **Wirtschaftswissenschaftler(in)** *m/(f)* economist **Wirtschaftswunder** *nt* economic miracle **Wirtshaus** *nt* ≈ pub (*Br*), ≈ bar (*US*), ≈ saloon (*dated US*); (*esp auf dem Land*) inn **Wirtsleute** *pl* landlord and landlady **Wirtsstube** *f* lounge

Wisch [vɪʃ] *m* ⟨**-(e)s**, **-e**⟩ (*pej infml*) piece of paper **wischen** ['vɪʃn] **I** *v/t & v/i* to wipe; (*Swiss* ≈ *fegen*) to sweep; **Einwände (einfach) vom Tisch ~** (*fig*) to sweep aside objections **II** v/t (infml) **jdm eine ~** to clout sb one (Br infml), to clobber sb (infml); **einen gewischt bekommen** ELEC to get a shock **Wischer** ['vɪʃɐ] m ⟨-s, -⟩ AUTO (windscreen (Br) or windshield (US)) wiper **Wischerblatt** nt AUTO wiper blade **Wischtuch** nt, pl -tücher cloth

Wisent ['vi:zɛnt] m ⟨-s, -e⟩ bison

wispern ['vɪspɐn] v/t & v/i to whisper

Wissbegier(de) f thirst for knowledge **wissbegierig** adj Kind eager to learn **wissen** ['vɪsn] pret **wusste** ['vʊstə], past part **gewusst** [gə'vʊst] v/t & v/i to know (über +acc, von about); **ich weiß (es) (schon)** I know; **ich weiß (es) nicht** I don't know; **weißt du schon das Neuste?** have you heard the latest?; **von jdm/etw nichts ~ wollen** not to be interested in sb/sth; **das musst du (selbst) ~** it's your decision; **das hättest du ja ~ müssen!** you ought to have realized that; **man kann nie ~** you never know; **weiß Gott** (infml) God knows (infml); **(ja) wenn ich das wüsste!** goodness knows!; **nicht, dass ich wüsste** not as far as I know; **dass du es (nur) (gleich) weißt** just so you know; **weißt du noch, wie schön es damals war?** do you remember how great things were then?; **jdn etw ~ lassen** to let sb know sth; **von etw ~** to know of or about sth; **er weiß von nichts** he doesn't know anything about it **Wissen** ['vɪsn] nt ⟨-s, no pl⟩ knowledge; **meines ~s** to my knowledge; **nach bestem ~ und Gewissen** to the best of one's knowledge and belief **wissend** adj Blick etc knowing **Wissenschaft** ['vɪsnʃaft] f ⟨-, -en⟩ science **Wissenschaftler** ['vɪsnʃaftlɐ] m ⟨-s, -⟩, **Wissenschaftlerin** [-ərɪn] f ⟨-, -nen⟩ scientist; (≈ Geisteswissenschaftler) academic **wissenschaftlich** ['vɪsnʃaftlɪç] **I** adj scientific; (≈ geisteswissenschaftlich) academic **II** adv scientifically **Wissensdrang** m, **Wissensdurst** m (elev) thirst for knowledge **Wissensgebiet** nt field (of knowledge) **Wissenslücke** f gap in one's knowledge **Wissensstand** m state of knowledge **wissenswert** adj worth knowing **wissentlich** ['vɪsntlɪç] **I** adj deliberate **II** adv deliberately

Witterung f ⟨-, -en⟩ (≈ Wetter) weather; **bei guter ~** if the weather is good **Witte-**

rungsverhältnisse pl weather conditions pl

Witwe ['vɪtvə] f ⟨-, -n⟩ widow **Witwer** ['vɪtvɐ] m ⟨-s, -⟩ widower

Witz [vɪts] m ⟨-es, -e⟩ **1.** (≈ Geist) wit **2.** (Äußerung) joke (über +acc about); **einen ~ machen** to make a joke; **mach keine ~e!** don't be funny; **das ist doch wohl ein ~** he/you etc must be joking **3.** **der ~ an der Sache ist, dass ...** the great thing about it is that ... **Witzbold** ['vɪtsbɔlt] m ⟨-(e)s, -e [-də]⟩ joker **witzeln** ['vɪtsln] v/i to joke (über +acc about) **witzig** ['vɪtsɪç] adj funny **witzlos** adj (infml ≈ unsinnig) pointless

wo [vo:] **I** interrog, rel adv where; (≈ irgendwo) somewhere; **wo immer ...** wherever ...; **ach** or **i wo!** (infml) nonsense! **II** cj **wo möglich** where possible **woanders** [vo-'andɐs] adv somewhere else **wobei** [vo-'bai] adv ~ ist das passiert? how did that happen?; **~ hast du ihn erwischt?** what did you catch him doing?; **~ mir gerade einfällt** which reminds me

Woche ['vɔxə] f ⟨-, -n⟩ week; **zweimal in der ~** twice a week; **in dieser ~** this week **Wochenarbeitszeit** f working week **Wochenend-** in cpds weekend **Wochenendbeilage** f weekend supplement **Wochenendbeziehung** f long-distance relationship **Wochenende** nt weekend; **schönes ~!** have a nice weekend **Wochenendtrip** m weekend trip **Wochenendurlaub** m weekend holiday **Wochenkarte** f weekly season ticket **wochenlang** adj, adv for weeks; **nach ~em Warten** after weeks of waiting **Wochenlohn** m weekly wage **Wochenmarkt** m weekly market **Wochentag** m weekday (including Saturday) **wochentags** ['vɔxnta:ks] adv on weekdays **wöchentlich** ['vœçntlɪç] adj weekly

Wodka ['vɔtka] m ⟨-s, -s⟩ vodka

wodurch [vo'dʊrç] adv **1.** interrog how **2.** rel which **wofür** [vo'fy:ɐ] adv **1.** interrog for what, what ... for; (≈ warum) why **2.** rel for which, which ... for

Woge ['vo:gə] f ⟨-, -n⟩ wave; **wenn sich die ~n geglättet haben** (fig) when things have calmed down

wogegen [vo'ge:gn] adv **1.** (in Fragen) against what, what ... against **2.** (relativ) against which, which ... against **woher** [vo'he:ɐ] adv where ... from; **~ weißt du das?** how do you (come to) know that? **wohin** [vo'hɪn] *adv* where; ~ *da-mit?* where shall I/we put it?; ~ *man auch schaut* wherever you look **wohin-gegen** [vohɪn'geːgn] *cj* whereas **wohl** [voːl] **I** *adv* **1.** *comp* -*er*, *sup* **am -sten** well; *sich* ~ *fühlen*; → *wohlfüh-len*; *bei dem Gedanken ist mir nicht* ~ I'm not very happy at the thought; ~ *oder übel* whether one likes it or not **2.** (≈ *wahrscheinlich*) probably; (*iron* ≈ *bestimmt*) surely; *es ist* ~ *anzuneh-men, dass* ... it is to be expected that ...; *du bist* ~ *verrückt* you must be crazy!; *das ist doch* ~ *nicht dein Ernst!* you can't be serious! **3.** (≈ *vielleicht*) per-haps; (≈ *etwa*) about; *ob* ~ *noch jemand kommt?* I wonder if anybody else is coming?; *das mag* ~ *sein* that may well be **II** *cj* (≈ *zwar*) ~, *aber* ... that may well be, but ... **Wohl** [voːl] *nt* ⟨-(e)s, *no pl*⟩ welfare; *zum* ~*!* cheers!; *auf dein* ~*!* your health!; *auf jds* ~ *trinken* to drink sb's health **wohlauf** [voːl'|auf, vo'lauf] *adj pred* well, in good health **Wohlbefinden** *nt* wellbeing **Wohlbehagen** *nt* feeling of wellbeing **wohlbehalten** *adv ankom-men* safe and sound **wohlbekannt** *adj* well-known **Wohlergehen** [-|ɛɐgeːən] *nt* ⟨-s, *no pl*⟩ welfare **wohlerzogen** [-|ɛɐtsoːgn] *adj, comp* **besser erzogen**, *sup* **besterzogen** (*elev*) well-bred; *Kind* well-mannered **Wohlfahrt** *f* ⟨-, *no pl*⟩ (≈ *Fürsorge*) welfare **Wohlfahrtsorganisa-tion** *f* charitable organization **Wohl-fahrtsstaat** *m* welfare state **wohlfühlen** *v/r sep* to feel happy; (≈ *wie zu Hause*) to feel at home; (*gesundheitlich*) to feel well **wohlgeformt** [-gəfɔrmt] *adj, comp* **wohlgeformter**, *sup* **bestgeformt** well--shaped; *Körperteil* shapely **Wohlgefühl** *nt* feeling of wellbeing **wohlgemerkt** [-gəmɛrkt] *adv* mind (you) **wohlge-nährt** [-gənɛːɐt] *adj, comp* **wohlge-nährter**, *sup* **wohlgenährteste(r, s)** well-fed **wohlgesinnt** *adj, comp* **wohl-gesinnter**, *sup* **wohlgesinnteste(r, s)** (*elev*) well-disposed (+*dat* towards) **wohlhabend** *adj, comp* **wohlhabender**, *sup* **wohlhabendste(r, s)** well-to-do, prosperous **wohlig** [voːlɪç] *adj* pleasant **Wohlklang** *m* (*elev*) melodious sound **wohlmeinend** *adj, comp* **wohlmeinen-der**, *sup* **wohlmeinendste(r, s)** well--meaning **wohlriechend** *adj, comp* **wohlriechender**, *sup* **wohlriechends-**

te(r, s) (*elev*) fragrant **wohlschme-ckend** *adj, comp* **wohlschmeckender**, *sup* **wohlschmeckendste(r, s)** (*elev*) palatable **Wohlsein** *nt zum* ~*!*, *auf Ihr* ~*!* your health! **Wohlstand** *m, no pl* af-fluence **Wohltat** *f* **1.** (≈ *Genuss*) relief **2.** (≈ *gute Tat*) good deed **Wohltäter** *m* benefactor **Wohltäterin** *f* benefactress **wohltätig** *adj* charitable **Wohltätigkeit** *f* charity **Wohltätigkeitsbasar** *m* charity bazaar **wohltuend** *adj, comp* **wohltuen-der**, *sup* **wohltuendste(r, s)** (most) agreeable **wohltun** *v/i sep irr* (≈ *ange-nehm sein*) to do good (*jdm* sb); *das tut wohl* that's good **wohlüberlegt** *adj* well-thought-out; *etw* ~ *machen* to do sth after careful consideration **wohlver-dient** *adj* well-deserved **wohlweislich** ['voːlvaislɪç, 'voːl'vaislɪç] *adv* very wisely **Wohlwollen** *nt* ⟨-s, *no pl*⟩ good-will **wohlwollend I** *adj, comp* **wohlwol-lender**, *sup* **wohlwollendste(r, s)** be-nevolent **II** *adv* favourably (*Br*), favora-bly (*US*); *einer Sache* (*dat*) ~ *gegen-überstehen* to approve of sth

Wohnblock *m, pl* **-blocks** block of flats (*Br*), apartment house (*US*) **wohnen** ['voːnən] *v/i* to live; (*vorübergehend*) to stay; *wo* ~ *Sie?* where do you live / are you staying? **Wohnfläche** *f* living space **Wohngebäude** *nt* residential building **Wohngebiet** *nt*, **Wohngegend** *f* residential area **Wohngeld** *nt* housing benefit (*Br*), housing subsidy (*US*) **Wohngemeinschaft** *f* (*Menschen*) peo-ple sharing a flat (*Br*) or apartment / house; *in einer* ~ *leben* to share a flat etc **wohnhaft** *adj* (*form*) resident **Wohn-haus** *nt* residential building **Wohnheim** *nt* (*esp für Arbeiter*) hostel; (*für Studen-ten*) hall (of residence), dormitory (*US*); (*für alte Menschen*) home **wohnlich** ['voːnlɪç] *adj* homely **Wohnmobil** [-mo-biːl] *nt* ⟨-s, -e⟩ camper, RV (*US*) **Wohn-ort** *m, pl* -**orte** place of residence **Wohn-raum** *m* living room *no pl*; (≈ *Wohnflä-che*) living space **Wohnsitz** *m* domicile; *ohne festen* ~ of no fixed abode **Woh-nung** ['voːnʊŋ] *f* ⟨-, -*en*⟩ flat (*Br*), apart-ment; (≈ *Unterkunft*) lodging **Woh-nungsbau** *m, no pl* house building *no def art* **Wohnungsinhaber(in)** *m/(f)* householder; (≈ *Eigentümer auch*) own-er-occupier **wohnungslos** *adj* homeless **Wohnungslose(r)** *m/f(m) decl as adj* homeless person **Wohnungsmakler(in)** *m*/(*f*) estate agent (*esp Br*), real estate agent (*US*) **Wohnungsmarkt** *m* housing market **Wohnungsnot** *f* serious housing shortage **Wohnungsschlüssel** *m* key (to the flat (*Br*) *or* apartment) **Wohnungssuche** *f* **auf ~ sein** to be flat--hunting (*Br*) *or* apartment-hunting (*esp US*) **Wohnungstür** *f* door (to the flat (*Br*) *or* apartment) **Wohnungswechsel** *m* change of address **Wohnviertel** *nt* residential area **Wohnwagen** *m* caravan (*Br*), trailer (*US*) **Wohnzimmer** *nt* living room

Wok [vɔk] *m* ⟨**-s, -s**⟩ COOK wok

wölben ['vœlbn] **I** *v*/*t* to curve; *Blech etc* to bend **II** *v*/*r* to curve; (*Asphalt*) to bend; (*Tapete*) to bulge out; (*Decke, Brücke*) to arch; → **gewölbt Wölbung** *f* ⟨**-, -en**⟩ curvature; (*bogenförmig*) arch

Wolf [vɔlf] *m* ⟨**-(e)s, ⸚e** ['vœlfə]⟩ **1.** wolf; **ein ~ im Schafspelz** a wolf in sheep's clothing **2.** TECH shredder; (≈ *Fleischwolf*) mincer (*Br*), grinder (*US*) **Wölfin** ['vœlfɪn] *f* ⟨**-, -nen**⟩ she-wolf

Wolfram ['vɔlfram] *nt* ⟨**-s,** *no pl*⟩ tungsten

Wolfsmilch *f* BOT spurge

Wolke ['vɔlkə] *f* ⟨**-, -n**⟩ cloud; **aus allen ~n fallen** (*fig*) to be flabbergasted (*infml*) **Wolkenbruch** *m* cloudburst **Wolkenkratzer** *m* skyscraper **wolkenlos** *adj* cloudless **wolkig** ['vɔlkɪç] *adj* cloudy; (*fig*) obscure

Wolldecke *f* (woollen (*Br*) *or* woolen (*US*)) blanket **Wolle** ['vɔlə] *f* ⟨**-, -n**⟩ wool; **sich mit jdm in der ~ haben** (*fig infml*) to be at loggerheads with sb **wollen**[1] ['vɔlən] *adj attr* woollen (*Br*), woolen (*US*)

wollen[2] ['vɔlən] *pret* **wollte** ['vɔltə], *past part* **gewollt** [gə'vɔlt] **I** *aux*, *past part* **wollen** to want; **sie will nach Hause gehen** she wants to go home; **etw haben ~** to want (to have) sth; **etw gerade tun ~** to be going to do sth; **keiner wollte etwas gehört haben** nobody would admit to hearing anything; **~ wir uns nicht setzen?** why don't we sit down?; **na, ~ wir gehen?** well, shall we go?; **komme, was da wolle** come what may **II** *v*/*t* to want; **was ~ sie?** what do they want?; **ohne es zu ~** without wanting to; **das wollte ich nicht** (≈ *war unbeabsichtigt*) I didn't mean to (do that); **was willst du (noch) mehr!** what more do you want!; **er hat**

gar nichts zu ~ he has no say at all; → **gewollt III** *v*/*i* **man muss nur ~** you just have to want to; **da ist nichts zu ~** there is nothing we/you can do (about it); **so Gott will** God willing; **~, dass jd etw tut** to want sb to do sth; **ich wollte, ich wäre ...** I wish I were ...; **ob du willst oder nicht** whether you like it or not; **wenn du willst** if you like; **ich will nach Hause** I want to go home; **zu wem ~ Sie?** whom do you want to see?

Wolljacke *f* cardigan **Wollsachen** *pl* woollens *pl* (*Br*), woolens *pl* (*US*)

wollüstig ['vɔlʏstɪç] (*elev*) *adj* (≈ *sinnlich*) sensual; (≈ *lüstern*) lascivious; (≈ *verzückt, ekstatisch*) ecstatic

Wollwaren *pl* woollens *pl* (*Br*), woolens *pl* (*US*)

womit [vo'mɪt] *adv* **1.** (*in Fragen*) with what, what ... with **2.** (*relativ*) with which

womöglich [vo'møːklɪç] *adv* possibly

wonach [vo'naːx] *adv* **1.** (*in Fragen*) after what, what ... after; **~ riecht das?** what does it smell of? **2.** (*relativ*) **das Land, ~ du dich sehnst** the land (which) you are longing for

Wonne ['vɔnə] *f* ⟨**-, -n**⟩ (*elev*) (≈ *Glückseligkeit*) bliss *no pl*; (≈ *Vergnügen*) joy; **es ist eine wahre ~** it's a sheer delight **wonnig** ['vɔnɪç] *adj* delightful; *Gefühl* blissful

woran [vo'ran] *adv* **1.** (*in Fragen*) **~ denkst du?** what are you thinking about?; **~ liegt das?** what's the reason for it?; **~ ist er gestorben?** what did he die of? **2.** (*relativ*) **das, ~ ich mich gerne erinnere** what I like to recall; **..., ~ ich schon gedacht hatte ...** which I'd already thought of; **~ er auch immer gestorben ist ...** whatever he died of ...

worauf [vo'rauf] *adv* **1.** (*in Fragen, räumlich*) on what, what ... on; **~ wartest du?** what are you waiting for? **2.** (*relativ, zeitlich*) whereupon; **das ist etwas, ~ ich mich freue** that's something I'm looking forward to **woraufhin** [vorauf'hɪn] *rel adv* whereupon **woraus** [vo'raus] *adv* **1.** (*in Fragen*) out of what, what ... out of **2.** (*relativ*) out of which, which ... out of; **das Buch, ~ ich gestern vorgelesen habe** the book I was reading from yesterday **worin** [vo'rɪn] *adv* **1.** (*in Fragen*) in what, what ... in **2.** (*relativ*) in which, which ... in

Workshop ['wøːɛkʃɔp, 'wœrk-] *m* ⟨**-s,**

-s⟩ workshop **Workstation** ['wøːɐk-steːʃn, 'wœrk-] *f* ⟨-, -s⟩ IT work station **Wort** [vɔrt] *nt* ⟨-(e)s, -e *or* ⸗er ['vœrtɐ]⟩ **1.** *pl usu* ⸗er (≈ *Vokabel*) word; **~ für ~** word for word **2.** *pl* **-e** (≈ *Äußerung*) word; **genug der ~e!** enough talk!; **das ist ein ~!** wonderful!; **mit einem ~** in a word; **mit anderen ~en** in other words; **kein ~ mehr** not another word; **keine ~e für etw finden** to find no words for sth; **ich verstehe kein ~!** I don't understand a word (of it); (≈ *kann nichts hören*) I can't hear a word (that's being said); **ein ernstes ~ mit jdm reden** to have a serious talk with sb; **ein ~ gab das andere** one thing led to another; **jdm aufs ~ glauben** to believe sb implicitly **3.** *no pl* (≈ *Rede*) **das ~ nehmen** to speak; **einer Sache** (*dat*) **das ~ reden** to put the case for sth; **jdm ins ~ fallen** to interrupt sb; **zu ~ kommen** to get a chance to speak; **sich zu ~ melden** to ask to speak; **jdm das ~ erteilen** to allow sb to speak **4.** *pl* **-e** (≈ *Ausspruch*) saying; (≈ *Zitat*) quotation; (≈ *Text, Sprache*) words *pl*; **in ~en** in words; **das geschriebene/gesprochene ~** the written/spoken word; **jdm aufs ~ gehorchen** to obey sb's every word; **das letzte ~ haben** to have the last word **5.** *no pl* (≈ *Versprechen*) word; **auf mein ~** I give (you) my word; **jdn beim ~ nehmen** to take sb at his word; **sein ~ halten** to keep one's word **Wortart** *f* GRAM part of speech **wortbrüchig** *adj* **~ werden** to break one's word **Wörtchen** ['vœrtçən] *nt* ⟨-s, -⟩ **mit ihm habe ich noch ein ~ zu reden** (*infml*) I want a word with him **Wörterbuch** *nt* dictionary **Wortführer** *m* spokesman **Wortführerin** *f* spokeswoman **wortgetreu** *adj, adv* verbatim **wortgewandt** *adj* eloquent **wortkarg** *adj* taciturn **Wortlaut** *m* wording; **im ~** verbatim **wörtlich** ['vœrtlɪç] **I** *adj* literal; *Rede* direct **II** *adv* wiedergeben, zitieren, abschreiben verbatim; *übersetzen* literally; **das darf man nicht so ~ nehmen** you mustn't take it literally **wortlos I** *adj* silent **II** *adv* without saying a word **Wortmeldung** *f* request to speak **Wortschatz** *m* vocabulary **Wortschöpfung** *f* neologism **Wortschwall** *m* torrent of words **Wortspiel** *nt* pun **Wortwahl** *f* choice of words **Wortwechsel** *m* exchange (of

words) **wortwörtlich I** *adj* word-for-word **II** *adv* word for word **worüber** [vo'ryːbɐ] *adv* **1.** (*in Fragen*) about what, what ... about; (*örtlich*) over what, what ... over **2.** (*relativ*) about which, which ... about; (*örtlich*) over which, which ... over **worum** [vo'rʊm] *adv* **1.** (*in Fragen*) about what, what ... about; **~ handelt es sich?** what's it about? **2.** (*relativ*) about which, which ... about **worunter** [vo'rʊntɐ] *adv* **1.** (*in Fragen*) under what **2.** (*relativ*) under which **wovon** [vo'fɔn] *adv* **1.** (*in Fragen*) from what, what ... from **2.** (*relativ*) from which, which ... from; *das ist ein Gebiet*, **~ er viel versteht** that is a subject he knows a lot about **wovor** [vo'foːɐ] *adv* **1.** (*in Fragen, örtlich*) before what, what ... before; **~ fürchtest du dich?** what are you afraid of? **2.** (*relativ*) before which, which ... before; **~ du dich auch fürchtest,** ... whatever you're afraid of ... **wozu** [vo'tsuː] *adv* **1.** (*in Fragen*) to what, what ... to; (≈ *warum*) why; **~ soll das gut sein?** what's the point of that? **2.** (*relativ*) to which, which ... to; **~ du dich auch entschließt,** ... whatever you decide (on) ...

Wrack [vrak] *nt* ⟨-s, -s⟩ wreck **wringen** ['vrɪŋən] *pret* **wrang** [vraŋ], *past part* **gewrungen** [gə'vrʊŋən] *v/t & v/i* to wring

Wucher ['vuːxɐ] *m* ⟨-s, *no pl*⟩ profiteering; (*bei Geldverleih*) usury **Wucherer** ['vuːxərɐ] *m* ⟨-s, -⟩, **Wucherin** [-ərɪn] *f* ⟨-, -nen⟩ profiteer; (≈ *Geldverleiher*) usurer **wuchern** ['vuːxɐn] *v/i* **1.** *aux sein or haben* (*Pflanzen*) to grow rampant; (*Geschwür*) to grow rapidly **2.** (*Kaufmann etc*) to profiteer; (*Geldverleiher*) to practise (*Br*) *or* practice (*US*) usury **Wucherpreis** *m* exorbitant price **Wucherung** *f* ⟨-, -en⟩ MED growth **Wucherzins** *m* exorbitant interest **Wuchs** [vuːks] *m* ⟨-es, *no pl*⟩ (≈ *Wachstum*) growth; (≈ *Gestalt, Form*) stature; (*von Mensch*) build **Wucht** [vʊxt] *f* ⟨-, *no pl*⟩ **1.** force; **mit voller ~** with full force **2.** (*infml*) **das ist eine ~!** that's smashing! (*Br infml*), that's a hit (*US infml*) **wuchten** ['vʊxtn] *v/t Paket* to heave, to drag; *Gewicht* to heave **wühlen** ['vyːlən] **I** *v/i* **1.** (*nach* for) to dig; (*Maulwurf etc*) to burrow; (*Schwein*) to root; **im Schmutz** *or* **Dreck ~** (*fig*) to wallow in the mire *or* mud **2.** (≈ *suchen*) to rummage (*nach etw* for sth) **II** *v/r* ***sich durch die Menge/die Akten ~*** to burrow one's way through the crowd/the files **Wühlmaus** *f* vole **Wühltisch** *m* (*infml*) bargain counter

Wulst [vʊlst] *m* ⟨**-es, ⸚e** ['vʏlstə]⟩ ⟨*or f* **-, ⸚e**⟩ bulge; (*an Reifen*) bead; ***ein ~ von Fett*** a roll of fat **wulstig** ['vʊlstɪç] *adj* bulging; *Rand, Lippen* thick

wund [vʊnt] **I** *adj* sore; ***ein ~er Punkt*** a sore point **II** *adv* ***etw ~ kratzen/scheuern*** to scratch/chafe sth until it's raw; ***sich*** (*dat*) ***die Füße ~ laufen*** (*lit*) to walk until one's feet are raw; (*fig*) to walk one's legs off; ***sich*** (*dat*) ***die Finger ~ schreiben*** (*fig*) to write one's fingers to the bone; ***eine ~ gelegene Stelle*** a bedsore **Wundbrand** *m* gangrene **Wunde** ['vʊndə] *f* ⟨**-, -n**⟩ wound; ***alte ~n wieder aufreißen*** (*fig*) to open up old wounds

Wunder ['vʊndɐ] *nt* ⟨**-s, -**⟩ miracle; ***wie durch ein ~*** as if by a miracle; ***er glaubt, ~ wer zu sein*** he thinks he's marvellous (*Br*) *or* marvelous (*US*); ***~ tun*** *or* ***wirken*** to do wonders; ***diese Medizin wirkt ~*** this medicine works wonders; ***kein ~*** no wonder **wunderbar I** *adj* **1.** (≈ *schön*) wonderful **2.** (≈ *übernatürlich*) miraculous **II** *adv* (≈ *herrlich*) wonderfully **Wunderkerze** *f* sparkler **Wunderkind** *nt* child prodigy **wunderlich** ['vʊndɐlɪç] *adj* (≈ *merkwürdig*) strange **Wundermittel** *nt* miracle cure **wundern** ['vʊndɐn] **I** *v/t +impers* to surprise; ***das wundert mich nicht*** I'm not surprised **II** *v/r* to be surprised (*über +acc* at); ***du wirst dich ~!*** you'll be amazed!; ***da wirst du dich aber ~!*** you're in for a surprise **wunderschön** *adj* beautiful **wundervoll I** *adj* wonderful **II** *adv* wonderfully **Wunderwerk** *nt* miracle

Wundheit *f* ⟨**-**, *no pl*⟩ soreness **Wundpflaster** *nt* adhesive plaster **Wundsalbe** *f* ointment **Wundstarrkrampf** *m* tetanus

Wunsch [vʊnʃ] *m* ⟨**-(e)s, ⸚e** ['vʏnʃə]⟩ wish; (≈ *sehnliches Verlangen*) desire; (≈ *Bitte*) request; ***nach ~*** just as he/she *etc* wants/wanted; (≈ *wie geplant*) according to plan; (≈ *nach Bedarf*) as required; ***alles geht nach ~*** everything is going smoothly; ***haben Sie (sonst) noch einen ~?*** (*beim Einkauf etc*) is there anything else you would like?; ***auf jds ~ hin*** at sb's request; ***auf allgemeinen ~ hin*** by popular request **Wunschdenken** *nt* wishful thinking **Wünschelrute** ['vʏnʃl-] *f* divining rod **wünschen** ['vʏnʃn] **I** *v/t* **1.** ***sich*** (*dat*) ***etw ~*** to want sth; (≈ *den Wunsch äußern*) to ask for sth; ***ich wünsche mir, dass du ...*** I would like you to ...; ***was wünschst du dir?*** what do you want?; ***du darfst dir etwas ~*** you can make a wish; ***jdm etw ~*** to wish sb sth; ***wir ~ dir gute Besserung/eine gute Reise*** we hope you get well soon/have a pleasant journey **2.** (≈ *ersehnen, hoffen*) to wish; ***ich wünschte, ich hätte dich nie gesehen*** I wish I'd never seen you **3.** (≈ *verlangen*) to want; ***was ~ Sie?*** (*in Geschäft*) can I help you?; (*in Restaurant*) what would you like? **II** *v/i* (≈ *begehren*) to wish; ***ganz wie Sie ~*** (just) as you wish; ***zu ~/viel zu ~ übrig lassen*** to leave something/a great deal to be desired **wünschenswert** *adj* desirable **wunschgemäß** *adv* as desired; (≈ *wie erbeten*) as requested; (≈ *wie geplant*) as planned **Wunschkind** *nt* planned child **Wunschkonzert** *nt* RADIO musical request programme (*Br*) *or* program (*US*) **wunschlos** *adv* ***~ glücklich*** perfectly happy **Wunschtraum** *m* dream; (≈ *Illusion*) illusion **Wunschzettel** *m* wish list

Würde ['vʏrdə] *f* ⟨**-, -n**⟩ **1.** *no pl* dignity; ***unter jds ~ sein*** to be beneath sb **2.** (≈ *Auszeichnung*) honour (*Br*), honor (*US*); (≈ *Titel*) title; (≈ *Amt*) rank **Würdenträger(in)** *m/(f)* dignitary **würdig** ['vʏrdɪç] **I** *adj* **1.** (≈ *würdevoll*) dignified **2.** (≈ *wert*) worthy; ***jds/einer Sache ~/nicht ~ sein*** to be worthy/unworthy of sb/sth **II** *adv sich verhalten* with dignity; *jdn behandeln* with respect; *vertreten* worthily **würdigen** ['vʏrdɪgn] *v/t* (≈ *anerkennen*) to appreciate; (≈ *lobend erwähnen*) to acknowledge; (≈ *respektieren*) to respect; (≈ *ehren*) to pay tribute to; ***etw zu ~ wissen*** to appreciate sth

Wurf [vʊrf] *m* ⟨**-(e)s, ⸚e** ['vʏrfə]⟩ **1.** throw; (*beim Kegeln etc*) bowl; ***mit dem Film ist ihm ein großer ~ gelungen*** this film is a great success for him **2.** ZOOL litter

Würfel ['vʏrfl] *m* ⟨**-s, -**⟩ **1.** cube; ***etw in ~ schneiden*** to dice sth **2.** (≈ *Spielwürfel*) dice, die (*form*); ***die ~ sind gefallen*** (*fig*) the die is cast **Würfelbecher** *m* shaker

würfeln ['vʏrfln] **I** v/i to throw; (≈ *Würfel spielen*) to play at dice; **um etw ~** to throw dice for sth **II** v/t **1.** *Zahl* to throw **2.** (≈ *in Würfel schneiden*) to dice **Würfelzucker** m cube sugar

Wurfgeschoss nt, **Wurfgeschoß** (*Aus*) nt projectile **Wurfpfeil** m dart **Wurfsendung** f circular

würgen ['vʏrgn] **I** v/t jdn to strangle **II** v/i (≈ *mühsam schlucken*) to choke; **an etw** (*dat*) **~** to choke on sth

Wurm [vʊrm] m ⟨**-(e)s**, **ⁿer** ['vʏrmɐ]⟩ worm; **da ist der~ drin** (*fig infml*) there's something wrong somewhere; (≈ *verdächtig*) there's something fishy about it (*infml*) **wurmen** ['vʊrmən] v/t +impers (*infml*) to rankle with **Wurmfortsatz** m ANAT vermiform appendix **Wurmkur** f worming treatment **wurmstichig** [-ʃtɪçɪç] adj Holz full of wormholes

Wurst [vʊrst] f ⟨-, **ⁿe** ['vʏrstə]⟩ sausage; **jetzt geht es um die~** (*fig infml*) the moment of truth has come (*infml*); **das ist mir (vollkommen) ~** (*infml*) it's all the same to me **Würstchen** ['vʏrstçən] nt ⟨**-s**, **-**⟩ **1.** **heiße** or **warme ~** hot sausages; **Frankfurter/Wiener ~** frankfurters/wienies **2.** (*pej: Mensch*) squirt (*infml*); **ein armes~** (*fig*) a poor soul **Würstchenbude** f ≈ hot-dog stand **wursteln** ['vʊrstln] v/i (*infml*) to muddle along; **sich durchs Leben ~** to muddle (one's way) through life **Wurstfinger** pl (*pej infml*) pudgy fingers pl **Wurstsalat** m sausage salad **Wurstwaren** pl sausages pl

Würze ['vʏrtsə] f ⟨-, **-n**⟩ (≈ *Gewürz*) seasoning, spice; (≈ *Aroma*) aroma; (*fig* ≈ *Reiz*) spice; (*von Bier*) wort

Wurzel ['vʊrtsl] f ⟨-, **-n**⟩ **1.** root; **~n schlagen** (*lit*) to root; (*fig*) to put down roots **2.** MAT root; **die ~ aus einer Zahl ziehen** to find the root of a number; (**die**) **~ aus 4 ist 2** the square root of 4 is 2 **Wurzel-**

behandlung f (*von Zahn*) root treatment **Wurzelzeichen** nt MAT radical sign **Wurzelziehen** nt ⟨**-s**, *no pl*⟩ MAT root extraction

würzen ['vʏrtsn] v/t to season; (*fig*) to add spice to **würzig** ['vʏrtsɪç] **I** adj Speise tasty; (≈ *scharf*) spicy; Geruch aromatic; Luft fragrant **II** adv **~ schmecken** to be spicy; (*Käse*) to have a sharp taste; **~ riechen** to smell spicy

Wuschelkopf m (≈ *Haare*) mop of curly hair

Wust [vuːst] m ⟨**-(e)s**, *no pl*⟩ (*infml*) (≈ *Durcheinander*) jumble; (≈ *Menge*) pile; (≈ *Kram, Gerümpel*) junk (*infml*)

wüst [vyːst] **I** adj **1.** (≈ *öde*) desolate **2.** (≈ *unordentlich*) chaotic; (≈ *ausschweifend*) wild **3.** (≈ *rüde*) Beschimpfung etc vile; (≈ *arg*) terrible **II** adv **~ aussehen** to look a real mess; **jdn ~ beschimpfen** to use vile language to sb

Wüste ['vyːstə] f ⟨-, **-n**⟩ GEOG desert; (*fig*) waste(land); **jdn in die ~ schicken** (*fig*) to send sb packing (*infml*) **Wüstenklima** nt desert climate **Wüstensand** m desert sand

Wut [vuːt] f ⟨-, *no pl*⟩ **1.** (≈ *Zorn, Raserei*) rage; **(auf jdn/etw) eine ~ haben** to be furious (with sb/sth); **jdn in ~ bringen** to infuriate sb **2.** (≈ *Verbissenheit*) frenzy **Wutanfall** m fit of rage; (*esp von Kind*) tantrum **wüten** ['vyːtn] v/i (≈ *toben*) to rage; (≈ *zerstörerisch hausen*) to cause havoc; (*verbal*) to storm (*gegen* at); (*Menge*) to riot **wütend** ['vyːtnt] adj furious; Proteste angry; Kampf raging; **auf jdn/etw** (*acc*) **~ sein** to be mad at sb/sth **wutentbrannt** [-|ɛntbrant] adj furious **wutverzerrt** [-fɛɐtsɛrt] adj distorted with rage

WWW [veːveːˈveː] nt ⟨-, *no pl*⟩ IT abbr of *World Wide Web* WWW

X

X, x [ɪks] nt ⟨-, -⟩ X, x; **Herr X** Mr X; **er lässt sich kein X für ein U vormachen** he's not easily fooled
x-Achse ['ɪks-] f x-axis
X-Beine ['ɪks-] pl knock-knees pl; **~ haben** to be knock-kneed **x-beinig**

['ɪks-] adj knock-kneed
x-beliebig [ɪks-] adj any old (*infml*); **wir können uns an einem ~en Ort treffen** we can meet anywhere you like
X-Chromosom ['ɪks-] nt X-chromosome
x-fach ['ɪks-] **I** adj **die ~e Menge** MAT n

times the amount **II** *adv* so many times
x-förmig ['ɪks-], **X-förmig** *adj* X-shaped
x-mal ['ɪksmaːl] *adv* (*infml*) umpteen
times (*infml*)
x-te(r, s) ['ɪkstə] *adj* MAT nth; (*infml*) nth

(*infml*), umpteenth (*infml*); **zum ~n**
Mal(e) for the umpteenth time (*infml*)
Xylofon [ksylo'foːn] *nt* ⟨**-s, -e**⟩ ⟨**-s, -e**⟩
xylophone

Y

Y, y ['ʏpsilɔn] *nt* ⟨**-, -**⟩ Y, y
y-Achse ['ʏpsilɔn-] *f* y-axis
Yacht [jaxt] *f* ⟨**-, -en**⟩ yacht
Y-Chromosom ['ʏpsilɔn-] *nt* Y-chromosome
Yen [jɛn] *m* ⟨**-(s), -(s)**⟩ yen

Yeti ['jeːti] *m* ⟨**-s, -s**⟩ yeti
Yoga ['joːga] *m or nt* ⟨**-(s)**, *no pl*⟩ yoga
Yogi ['joːgi] *m* ⟨**-s, -s**⟩ yogi
Yucca ['jʊka] *f* ⟨**-, -s**⟩ yucca
Yuppie ['jʊpiː, 'japiː] *m* ⟨**-s,-s**⟩ yuppie

Z

Z, z [tsɛt] *nt* ⟨**-, -**⟩ Z, z
zack [tsak] *int* (*infml*) pow **Zack** [tsak] *m*
⟨**-s**, *no pl*⟩ (*infml*) **auf ~ bringen** to
knock into shape (*infml*); **auf ~ sein** to
be on the ball (*infml*) **Zacke** ['tsakə] *f*
⟨**-, -n**⟩, **Zacken** ['tsakn] *m* ⟨**-s, -**⟩ point;
(*von Gabel*) prong; (*von Kamm*) tooth
zacken ['tsakn] *v/t* to serrate; *Saum, Papier* to pink; → **gezackt** zackig ['tsakɪç]
adj **1.** (≈ *gezackt*) jagged **2.** (*infml*) *Soldat* smart; *Tempo, Musik* brisk
zaghaft I *adj* timid **II** *adv* timidly **Zaghaftigkeit** ['tsaːkhaftɪçkait] *f* ⟨**-**, *no pl*⟩ timidity
zäh [tsɛː] **I** *adj* tough; (≈ *dickflüssig*) glutinous; (≈ *schleppend*) *Verkehr etc* slow-moving; (≈ *ausdauernd*) dogged **II** *adv*
verhandeln tenaciously; *sich widersetzen* doggedly **zähflüssig** *adj* thick; *Verkehr* slow-moving **Zähigkeit**
['tsɛːɪçkait] *f* ⟨**-**, *no pl*⟩ toughness; (≈
Ausdauer) doggedness
Zahl [tsaːl] *f* ⟨**-, -en**⟩ number; (≈ *Ziffer*,
bei Geldmengen etc auch) figure; **~en**
nennen to give figures; *eine fünfstellige ~* a five-figure number; *in großer ~* in
large numbers
zahlbar *adj* payable (*an +acc* to)
zählebig [-leːbɪç] *adj* hardy; (*fig*) *Gerücht* persistent
zahlen ['tsaːlən] *v/t & v/i* to pay; *Herr*
Ober, (*bitte*) *~!* waiter, the bill (*esp Br*)

or check (*US*) please; *was habe ich* (*Ihnen*) *zu ~?* what do I owe you?
zählen ['tsɛːlən] **I** *v/i* **1.** to count; **auf jdn/**
etw ~ to count on sb/sth **2.** (≈ *gehören*)
er zählt zu den besten Schriftstellern
unserer Zeit he ranks as one of the best
authors of our time **3.** (≈ *wichtig sein*) to
matter **II** *v/t* to count; *seine Tage sind*
gezählt his days are numbered **Zahlenangabe** *f* figure **zahlenmäßig I** *adj* numerical **II** *adv* **1.** *~ überlegen sein* to be
greater in number; *~ stark* large in number **2.** (≈ *in Zahlen*) in figures **Zahlenmaterial** *nt* figures *pl* **Zahlenschloss**
nt combination lock **Zahlenverhältnis**
nt (numerical) ratio
Zahler ['tsaːlɐ] *m* ⟨**-s, -**⟩, **Zahlerin** [-ərɪn]
f ⟨**-, -nen**⟩ payer
Zähler ['tsɛːlɐ] *m* ⟨**-s, -**⟩ MAT numerator
2. (≈ *Messgerät*) meter **Zählerstand** *m*
meter reading
zahllos *adj* countless **zahlreich** *adj* numerous **Zahltag** *m* payday **Zahlung**
['tsaːlʊŋ] *f* ⟨**-, -en**⟩ payment; *in ~ nehmen* to take in part exchange; *in ~ geben* to trade in
Zählung ['tsɛːlʊŋ] *f* ⟨**-, -en**⟩ count; (≈
Volkszählung) census
Zahlungsanweisung *f* giro transfer order (*Br*), money transfer order (*US*)
Zahlungsaufforderung *f* request for
payment **Zahlungsaufschub** *m* exten-

sion (of credit) **Zahlungsbedingungen**
pl terms *pl* (of payment) **Zahlungsemp-**
fänger(in) *m/(f)* payee **zahlungsfähig**
adj able to pay; *Firma* solvent **Zah-**
lungsfähigkeit *f* ability to pay; (*von Fir-*
ma) solvency **Zahlungsfrist** *f* time allowed for payment **zahlungskräftig**
adj wealthy **Zahlungsmittel** *nt* means
sg of payment; (≈ *Münzen, Banknoten*)
currency; **gesetzliches ~** legal tender
Zahlungsschwierigkeiten *pl* financial
difficulties *pl* **zahlungsunfähig** *adj* unable to pay; *Firma* insolvent **Zahlungs-**
unfähigkeit *f* inability to pay; (*von Fir-*
ma) insolvency **Zahlungsverkehr** *m*
payments *pl* **Zahlungsweise** *f* method
of payment
Zählwerk *nt* counter
Zahlwort *nt, pl* **-wörter** numeral
zahm [tsaːm] *adj* tame **zähmen**
['tsɛːmən] *v/t* to tame; (*fig*) to control
Zähmung *f* ⟨-, (*rare*) **-en**⟩ taming
Zahn [tsaːn] *m* ⟨-(e)s, ⸚e ['tsɛːnə]⟩ **1.**
tooth; (*von Briefmarke*) perforation;
(≈ *Radzahn*) cog; **Zähne bekommen**
or **kriegen** (*infml*) to cut one's teeth;
der ~ der Zeit the ravages *pl* of time;
ich muss mir einen ~ ziehen lassen
I've got to have a tooth out; **jdm auf**
den ~ fühlen to sound sb out **2.** (*infml*
≈ *Geschwindigkeit*) **einen ~ draufha-**
ben to be going like the clappers (*infml*)
Zahnarzt *m,* **Zahnärztin** *f* dentist **Zahn-**
arzthelfer(in) *m/(f)* dental nurse **zahn-**
ärztlich *adj* dental; **sich ~ behandeln**
lassen to go to the dentist **Zahnbe-**
handlung *f* dental treatment **Zahnbe-**
lag *m* film on the teeth **Zahnbürste** *f*
toothbrush **Zahncreme** *f* toothpaste
zähneknirschend *adj attr adv* (*fig*)
gnashing one's teeth **Zahnersatz** *m*
dentures *pl* **Zahnfäule** *f* tooth decay
Zahnfleisch *nt* gum(s *pl*) **Zahnfleisch-**
bluten *nt* ⟨-s, *no pl*⟩ bleeding of the
gums **Zahnfüllung** *f* filling **Zahnklam-**
mer *f* brace **Zahnkranz** *m* TECH gear
rim **zahnlos** *adj* toothless **Zahnlücke** *f*
gap between one's teeth **Zahnmedizin**
f dentistry **Zahnpasta** *f* toothpaste
Zahnpflege *f* dental hygiene **Zahnrad**
nt cogwheel **Zahnradbahn** *f* rack railway (*Br*), rack railroad (*US*) **Zahn-**
schmelz *m* (tooth) enamel **Zahn-**
schmerzen *pl* toothache *no pl* **Zahnsei-**

de *f* dental floss **Zahnspange** *f* brace
Zahnstein *m* tartar **Zahnstocher** [-ʃtɔ-
xɐ] *m* ⟨-s, -⟩ toothpick **Zahntechni-**
ker(in) *m/(f)* dental technician **Zahn-**
weh *nt* toothache
Zander ['tsandɐ] *m* ⟨-s, -⟩ ZOOL pike-
perch
Zange ['tsaŋə] *f* ⟨-, -n⟩ (pair of) pliers *pl*;
(≈ *Beißzange*) (pair of) pincers *pl*; (≈
Greifzange, Zuckerzange) (pair of)
tongs *pl*; MED forceps *pl*; **ihn/das möch-**
te ich nicht mit der ~ anfassen (*infml*) I
wouldn't touch him/it with a bargepole
(*Br infml*) *or* a ten-foot pole (*US infml*)
Zangengeburt *f* forceps delivery
Zankapfel *m* bone of contention **zanken**
['tsaŋkn] *v/i & v/r* to quarrel; (*sich*) **um**
etw ~ to quarrel over sth **Zankerei**
[tsaŋkə'rai] *f* ⟨-, -en⟩ quarrelling (*Br*),
quarreling (*US*) **zänkisch** ['tsɛŋkɪʃ]
adj quarrelsome
Zäpfchen ['tsɛpfçən] *nt* ⟨-s, -⟩ (≈ *Gau-*
menzäpfchen) uvula; (≈ *Suppositorium*)
suppository **zapfen** ['tsapfn] *v/t* to tap
Zapfen ['tsapfn] *m* ⟨-s, -⟩ (≈ *Spund*)
bung, spigot; (≈ *Pfropfen*) stopper; (≈
Tannenzapfen etc) cone; (≈ *Holzverbin-*
dung) tenon **Zapfenstreich** *m* MIL tattoo, last post (*Br*), taps *sg* (*US*) **Zapf-**
hahn *m* tap **Zapfsäule** *f* petrol pump
(*Br*), gas pump (*US*)
zappelig ['tsapəlɪç] *adj* wriggly; (≈ *unru-*
hig) fidgety **zappeln** ['tsapln] *v/i* to
wriggle; (≈ *unruhig sein*) to fidget; **jdn**
~ lassen (*fig infml*) to keep sb in suspense **Zappelphilipp** [-fɪlɪp] *m* ⟨-s, -e
or -s⟩ fidget(er)
zappen ['zɛpn] *v/i* (TV *infml*) to zap
(*infml*)
zappenduster ['tsapn'duːstɐ] *adj*
(*infml*) pitch-black
Zar [tsaːɐ] *m* ⟨-en, -en⟩ tsar **Zarin**
['tsaːrɪn] *f* ⟨-, -nen⟩ tsarina
zart [tsaːɐt] **I** *adj* (≈ *sanft*) soft; *Braten*
tender; (≈ *fein*) delicate; **im ~en Alter**
von ... at the tender age of ...; **das ~e Ge-**
schlecht the gentle sex **II** *adv umgehen,*
berühren gently **zartbesaitet** *adj* highly
sensitive **zartbitter** *adj Schokolade* plain
zartfühlend *adj* sensitive **Zartgefühl** *nt*
sensitivity **zartgrün** *adj* pale green **Zart-**
heit *f* ⟨-, -en⟩ (*von Haut*) softness; (*von*
Braten) tenderness; (*von Farben, Teint*)
delicateness **zärtlich** ['tsɛːɐtlɪç] **I** *adj*
tender, affectionate **II** *adv* tenderly

Zärtlichkeit *f* ⟨-,-*en*⟩ **1.** *no pl* affection **2.** (≈ *Liebkosung*) caress; **~en** (≈ *Worte*) tender words

Zäsium ['tsɛːziʊm] *nt* ⟨-*s*⟩ = **Cäsium**

Zauber ['tsaubɐ] *m* ⟨-*s*, -⟩ (≈ *Magie*) magic; (≈ *Zauberbann*) (magic) spell; (*fig* ≈ *Reiz*) magic; **der ganze ~** (*infml*) the whole lot (*infml*) **Zauberei** [tsaubə'rai] *f* ⟨-, -*en*, *no pl*⟩ (≈ *das Zaubern*) magic **Zauberer** ['tsaubərɐ] *m* ⟨-*s*, -⟩ magician; (*in Märchen etc auch*) sorcerer **zauberhaft** *adj* enchanting **Zauberin** ['tsaubərɪn] *f* ⟨-, -*nen*⟩ (female) magician; (*in Märchen etc auch*) sorceress **Zauberkünstler**(in)*m(f)* conjurer **Zauberkunststück** *nt* conjuring trick **zaubern** ['tsaubɐn] **I** *v/i* to do magic; (≈ *Kunststücke vorführen*) to do conjuring tricks **II** *v/t* **etw aus etw ~** to conjure sth out of sth **Zauberspruch** *m* (magic) spell **Zauberstab** *m* (magic) wand **Zaubertrank** *m* magic potion **Zaubertrick** *m* conjuring trick **Zauberwort** *nt*, *pl* -*worte* magic word

zaudern ['tsaudɐn] *v/i* to hesitate

Zaum [tsaum] *m* ⟨-(*e*)*s*, **Zäume** ['tsɔymə]⟩ bridle; **jdn/etw im ~(e) halten** (*fig*) to keep a tight rein on sb/sth **zäumen** ['tsɔymən] *v/t* to bridle **Zaumzeug** *nt*, *pl* -*zeuge* bridle

Zaun [tsaun] *m* ⟨-(*e*)*s*, **Zäune** ['tsɔynə]⟩ fence **zaundürr** *adj* (*Aus*) thin as a rake **Zaunkönig** *m* ORN wren **Zaunpfahl** *m* (fencing) post; **jdm einen Wink mit dem ~ geben** to give sb a broad hint

z. B. [tsɛt'beː] *abbr of* **zum Beispiel** eg

Zebra ['tseːbra] *nt* ⟨-*s*, -*s*⟩ zebra **Zebrastreifen** *m* pedestrian crossing

Zeche ['tsɛçə] *f* ⟨-, -*n*⟩ **1.** (≈ *Rechnung*) bill (*esp Br*), check (*US*); **die ~ zahlen** to foot the bill *etc* **2.** (≈ *Bergwerk*) (coal) mine **zechen** ['tsɛçn] *v/i* to booze (*infml*) **Zechprellerei** *f* leaving without paying the bill at a restaurant etc

Zecke ['tsɛkə] *f* ⟨-, -*n*⟩ tick

Zeder ['tseːdɐ] *f* ⟨-, -*n*⟩ cedar

Zeh [tseː] *m* ⟨-*s*, -*en*⟩, **Zehe** ['tseːə] *f* ⟨-, -*n*⟩ toe; (≈ *Knoblauchzehe*) clove; **auf (den) ~en gehen** to tiptoe; **jdm auf die ~en treten** (*fig infml*) to tread on sb's toes **Zehennagel** *m* toenail **Zehenspitze** *f* tip of the toe

zehn [tseːn] *num* → **vier Zehn** [tseːn] *f* ⟨-, -*en*⟩ ten **Zehncentstück** *nt* ten-cent piece **Zehner** ['tseːnɐ] *m* ⟨-*s*, -⟩ **1.** MAT

ten **2.** (*infml*) (≈ *Münze*) ten; (≈ *Geldschein*) tenner (*infml*) **Zehnerkarte** *f* (*für Bus etc*) 10-journey ticket; (*für Schwimmbad etc*) 10-visit ticket **Zehnerpackung** *f* packet of ten **Zehneuroschein** *m* ten-euro note (*Br*) *or* bill (*US*) **Zehnfingersystem** *nt* touch-typing method **Zehnkampf** *m* SPORTS decathlon **Zehnkämpfer** *m* decathlete **zehnmal** ['tseːnmaːl] *adv* ten times **zehntausend** ['tseːnˈtauznt] *num* ten thousand; **Zehntausende von Menschen** tens of thousands of people **Zehntel** ['tseːntl] *nt* ⟨-*s*, -⟩ tenth **zehntens** ['tseːntns] *adv* tenth(ly) **zehnte(r, s)** ['tseːntə] *adj* tenth; → **vierte(r, s)**

zehren ['tseːrən] *v/i* **1.** **von etw ~** (*lit*) to live off sth; (*fig*) to feed on sth **2.** **an jdm/etw ~** to wear sb/sth out; *an Nerven* to ruin sth; *an Gesundheit* to undermine sth

Zeichen ['tsaiçn] *nt* ⟨-*s*, -⟩ sign; (SCI, *auf Landkarte*) symbol; IT character; (≈ *Hinweis, Signal*) sign; (≈ *Vermerk*) mark; (*auf Briefköpfen*) reference; **ein ~ setzen** to set an example; **als** *or* **zum ~** as a sign; **jdm ein ~ geben** to give sb a signal *or* sign; **unser/Ihr ~** (*form*) our/your reference; **er ist im ~** *or* **unter dem ~ des Widders geboren** he was born under the sign of Aries **Zeichenblock** *m*, *pl* -*blöcke* *or* -*blocks* sketch pad **Zeichenbrett** *nt* drawing board **Zeichendreieck** *nt* set square **Zeichenerklärung** *f* (*auf Fahrplänen etc*) key (to the symbols); (*auf Landkarte*) legend **Zeichensetzung** [-zɛtsʊŋ] *f* ⟨-, -*en*⟩ punctuation **Zeichentrickfilm** *m* (animated) cartoon

zeichnen ['tsaiçnən] **I** *v/i* to draw; (*form* ≈ *unterzeichnen*) to sign **II** *v/t* **1.** (≈ *abzeichnen*) to draw; (≈ *entwerfen*) *Plan, Grundriss* to draw up; (*fig* ≈ *porträtieren*) to portray **2.** (≈ *kennzeichnen*) to mark; → **gezeichnet 3.** FIN *Aktien* to subscribe (for); *gezeichnet Kapital* subscribed **Zeichner** ['tsaiçnɐ] *m* ⟨-*s*, -⟩, **Zeichnerin** [-ərɪn] *f* ⟨-, -*nen*⟩ **1.** artist **2.** FIN subscriber (*von* to) **zeichnerisch** ['tsaiçnərɪʃ] **I** *adj* graphic; **sein ~es Können** his drawing ability **II** *adv* **~ begabt sein** to have a talent for drawing; **etw ~ darstellen** to represent sth in a drawing **Zeichnung** ['tsaiçnʊŋ] *f* ⟨-, -*en*⟩ **1.** drawing; (≈ *Entwurf*) draft;

(*fig* ≈ *Schilderung*) portrayal **2.** (≈ *Muster*) patterning; (*von Gefieder, Fell*) markings *pl* **3.** FIN subscription **zeichnungsberechtigt** *adj* authorized to sign **Zeigefinger** *m* index finger **zeigen** ['tsaign] **I** *v/i* to point; *auf jdn/etw* ~ to point at sb/sth **II** *v/t* to show; *jdm etw* ~ to show sb sth; *dem werd ichs* (*aber*) ~! (*infml*) I'll show him! **III** *v/r* to appear; (*Gefühle*) to show; *es zeigt sich, dass* ... it turns out that ...; *es wird sich* ~, *wer Recht hat* we shall see who's right **Zeiger** ['tsaigɐ] *m* ⟨*-s, -*⟩ indicator; (≈ *Uhrzeiger*) hand; *der große/kleine* ~ the big/little hand **Zeigestock** *m* pointer

Zeile ['tsailə] *f* ⟨*-, -n*⟩ line; *zwischen den* ~*n lesen* to read between the lines **Zeilenabstand** *m* line spacing **Zeilenumbruch** *f* (*automatischer*) ~ IT wordwrap **Zeilenvorschub** *m* IT line feed **zeilenweise** *adv* in lines; (≈ *nach Zeilen*) by the line

Zeisig ['tsaiziç] *m* ⟨*-s, -e* [-gə]⟩ ORN siskin

zeit [tsait] *prep* +*gen* ~ *meines/seines Lebens* in my/his lifetime **Zeit** [tsait] *f* ⟨*-, -en*⟩ time; (≈ *Epoche*) age; *die gute alte* ~ the good old days; *das waren noch* ~*en!* those were the days; *die* ~*en haben sich geändert* times have changed; *die* ~ *Goethes* the age of Goethe; *für alle* ~*en* for ever; *mit der* ~ *gehen* to move with the times; *eine Stunde* ~ *haben* to have an hour (to spare); *sich* (*dat*) *für jdn/etw* ~ *nehmen* to devote time to sb/sth; *du hast dir aber reichlich* ~ *gelassen* you certainly took your time; *keine* ~ *verlieren* to lose no time; *damit hat es noch* ~ there's plenty of time; *das hat* ~ *bis morgen* that can wait until tomorrow; *lass dir* ~ take your time; *in letzter* ~ recently; *die ganze* ~ *über* the whole time; *eine* ~ *lang* a while; *mit der* ~ gradually; *es wird langsam* ~, *dass* ... it's about time that ...; *in der* ~ *von 10 bis 12* between 10 and 12 (o'clock); *seit dieser* ~ since then; *zu der* ~, *als* ... (at the time) when ...; *alles zu seiner* ~ (*prov*) all in good time; *von* ~ *zu* ~ from time to time; → *zurzeit* **Zeitabschnitt** *m* period (of time) **Zeitangabe** *f* (≈ *Datum*) date; (≈ *Uhrzeit*) time (of day) **Zeitarbeit** *f* temporary work **Zeitarbeiter(in)** *m/(f)* temporary

worker **Zeitarbeitsfirma** *f* temping agency **Zeitarbeitskraft** *f* temp **Zeitaufwand** *m* *mit großem* ~ *verbunden sein* to be extremely time-consuming **Zeitbombe** *f* time bomb **Zeitdruck** *m, no pl* pressure of time; *unter* ~ under pressure **Zeiteinheit** *f* time unit **Zeitenfolge** *f* GRAM sequence of tenses **Zeitersparnis** *f* saving of time **Zeitfenster** *nt* time slot **Zeitfrage** *f* question of time **Zeitgeist** *m, no pl* Zeitgeist **zeitgemäß** *adj* up-to-date **Zeitgenosse** *m*, **Zeitgenossin** *f* contemporary **zeitgenössisch** [-gənœsɪʃ] *adj* contemporary **Zeitgewinn** *m* gain in time **zeitgleich** *adv* at the same time (*mit* as) **zeitig** ['tsaitɪç] *adj, adv* early **Zeitlang** ['tsaitlaŋ] *f* → *Zeit zeitlebens* [tsait'le:bns] *adv* all one's life **zeitlich** ['tsaitlɪç] **I** *adj* temporal; *Verzögerungen* time-related; *Reihenfolge* chronological; *aus* ~*en Gründen* for reasons of time; *einen hohen* ~*en Aufwand erfordern* to require a great deal of time **II** *adv* timewise (*infml*); ~ *befristet sein* to have a time limit **zeitlos** *adj* timeless **Zeitlupe** *f* slow motion *no art* **Zeitlupentempo** *nt im* ~ (*lit*) in slow motion; (*fig*) at a snail's pace **Zeitmangel** *m* lack of time; *aus* ~ for lack of time **Zeitmessung** *f* timekeeping **zeitnah** *adj* contemporary **Zeitnot** *f* shortage of time; *in* ~ *sein* to be pressed for time **Zeitplan** *m* schedule **Zeitpunkt** *m* time; (≈ *Augenblick*) moment; *zu diesem* ~ at that time **Zeitraffer** [-rafɐ] *m* ⟨*-s, no pl*⟩ *einen Film im* ~ *zeigen* to show a time-lapse film **zeitraubend** *adj* time-consuming **Zeitraum** *m* period of time; *in einem* ~ *von* ... over a period of ... **Zeitrechnung** *f* calendar; *nach christlicher* ~ according to the Christian calendar **Zeitschaltuhr** *f* timer **Zeitschrift** *f* (≈ *Illustrierte*) magazine; (*wissenschaftlich*) periodical **Zeitspanne** *f* period of time **zeitsparend** **I** *adj* time-saving **II** *adv* expeditiously; *möglichst* ~ *vorgehen* to save as much time as possible **Zeittafel** *f* chronological table **Zeitumstellung** *f* (≈ *Zeitänderung*) changing the clocks **Zeitung** ['tsaitʊŋ] *f* ⟨*-, -en*⟩ (news)paper **Zeitungsabonnement** *nt* subscription to a newspaper **Zeitungsanzeige** *f* newspaper advertisement **Zeitungsausschnitt** *m* newspaper cutting **Zeitungshändler(in)** *m/(f)* newsagent, newsdealer (*US*) **Zeitungsleser(in)** *m/(f)* newspaper reader **Zeitungspapier** *nt* newsprint; (*als Altpapier*) newspaper **Zeitungsredakteur(in)** *m/(f)* newspaper editor

Zeitunterschied *m* time difference **Zeitverschwendung** *f* waste of time **Zeitvertrag** *m* temporary contract **Zeitvertreib** [-fɐtraip] *m* ⟨-(e)s, -e [-bə]⟩ way of passing the time; (≈ *Hobby*) pastime; **zum~** to pass the time **zeitweilig** [-vailıç] **I** *adj* temporary **II** *adv* for a while; (≈ *kurzzeitig*) temporarily **zeitweise** *adv* at times **Zeitwort** *nt, pl* **-wörter** verb **Zeitzeichen** *nt* time signal **Zeitzeuge** *m*, **Zeitzeugin** *f* contemporary witness **Zeitzone** *f* time zone **Zeitzünder** *m* time fuse

Zelle ['tsɛlə] *f* ⟨-, -n⟩ cell; (≈ *Kabine*) cabin; (≈ *Telefonzelle*) (phone) booth **Zellgewebe** *nt* cell tissue **Zellkern** *m* nucleus (of a/the cell) **Zellstoff** *m* cellulose **Zellteilung** *f* cell division

Zellulose [tsɛlu'lo:zə] *f* ⟨-, -n⟩ cellulose

Zelt [tsɛlt] *nt* ⟨-(e)s, -e⟩ tent; (≈ *Zirkuszelt*) big top **Zeltbahn** *f* strip of canvas **zelten** ['tsɛltn] *v/i* to camp; **Zelten verboten** no camping **Zelter** ['tsɛltɐ] *m* ⟨-s, -⟩, **Zelterin** [-ərin] *f* ⟨-, -nen⟩ camper **Zelthering** *m* tent peg **Zeltlager** *nt* camp **Zeltpflock** *m* tent peg **Zeltplane** *f* tarpaulin **Zeltplatz** *m* camp site

Zement [tse'mɛnt] *m* ⟨-(e)s, -e⟩ cement **zementieren** [tsemɛn'ti:rən] *past part* **zementiert** *v/t* to cement; (≈ *verputzen*) to cement over; (*fig*) to reinforce **Zement(misch)maschine** *f* cement mixer

Zenit [tse'ni:t] *m* ⟨-(e)s, no pl⟩ zenith

zensieren [tsɛn'zi:rən] *past part* **zensiert** *v/t* **1.** (*also v/i* ≈ *benoten*) to mark **2.** *Bücher etc* to censor **Zensur** [tsɛn'zu:ɐ] *f* ⟨-, -en⟩ **1.** *no pl* (≈ *Kontrolle*) censorship *no indef art*; (≈ *Prüfstelle*) censors *pl* **2.** (≈ *Note*) mark

Zentiliter [tsɛnti'li:tɐ, -'li:tɐ, 'tsɛnti-] *m or nt* centilitre (*Br*), centiliter (*US*) **Zentimeter** [tsɛnti'me:tɐ, 'tsɛnti-] *m or nt* centimetre (*Br*), centimeter (*US*) **Zentimetermaß** [tsɛnti'me:tɐ-] *nt* (metric) tape measure

Zentner ['tsɛntnɐ] *m* ⟨-s, -⟩ (metric) hundredweight, 50 kg; (*Aus, Swiss*) 100 kg

zentral [tsɛn'tra:l] **I** *adj* central **II** *adv* centrally **Zentralbank** *f, pl* **-banken** central bank **Zentrale** [tsɛn'tra:lə] *f* ⟨-, -n⟩

(*von Firma etc*) head office; (*für Taxis*, MIL) headquarters *sg or pl*; (≈ *Schaltzentrale*) central control (office); (≈ *Telefonzentrale*) exchange; (*von Firma etc*) switchboard **Zentraleinheit** *f* IT central processing unit **Zentralheizung** *f* central heating **zentralisieren** [tsɛntrali-'zi:rən] *past part* **zentralisiert** *v/t* to centralize **Zentralismus** [tsɛntra'lısmʊs] *m* ⟨-, no pl⟩ centralism **zentralistisch** [tsɛntra'lıstıʃ] *adj* centralist **Zentralnervensystem** *nt* central nervous system **Zentralrechner** *m* IT mainframe **Zentralverriegelung** [-fɐriːgəlʊŋ] *f* ⟨-, -en⟩ AUTO central (door) locking **zentrieren** [tsɛn'tri:rən] *past part* **zentriert** *v/t* to centre (*Br*), to center (*US*) **Zentrifugalkraft** *f* centrifugal force **Zentrifuge** [tsɛntri'fu:gə] *f* ⟨-, -n⟩ centrifuge **Zentrum** ['tsɛntrʊm] *nt* ⟨-s, **Zentren** [-trən]⟩ centre (*Br*), center (*US*)

Zeppelin ['tsɛpəli:n] *m* ⟨-s, -e⟩ zeppelin

Zepter ['tsɛptɐ] *nt* ⟨-s, -⟩ sceptre (*Br*), scepter (*US*)

zerbeißen *past part* **zerbissen** [tsɛɐ-'bısn] *v/t irr* to chew; *Knochen, Keks etc* to crunch

zerbeulen *past part* **zerbeult** *v/t* to dent; **zerbeult** battered

zerbomben *past part* **zerbombt** *v/t* to flatten with bombs; **zerbombt** *Stadt, Gebäude* bombed out

zerbrechen *past part* **zerbrochen** [tsɛɐ-'brɔxn] *irr* **I** *v/t* (*lit*) to break into pieces **II** *v/i aux sein* to break into pieces; (*Glas, Porzellan etc*) to smash; (*fig*) to be destroyed (*an +dat* by); (*Ehe*) to fall apart **zerbrechlich** [tsɛɐ'brɛçlıç] *adj* fragile; *alter Mensch* frail **Zerbrechlichkeit** *f* ⟨-, no pl⟩ fragility; (*von altem Menschen*) frailness

zerbröckeln *past part* **zerbröckelt** *v/t* & *v/i* to crumble

zerdrücken *past part* **zerdrückt** *v/t* to squash; *Gemüse* to mash; (≈ *zerknittern*) to crush, to crease

Zeremonie [tseremo'ni:, tsere'mo:niə] *f* ⟨-, -n [-'ni:ən, -niən]⟩ ceremony

Zerfall *m, no pl* disintegration; (*von Atom*) decay; (*von Land, Kultur*) decline; (*von Gesundheit*) decline

zerfallen[1] *past part* **zerfallen** *v/i irr aux sein* (≈ *sich auflösen*) to disintegrate; (*Gebäude*) to fall into ruin; (*Atomkern*) to decay; (≈ *auseinanderfallen*) to fall apart; (*Kultur*) to decline

zerfallen[2] *adj Haus* tumbledown; *Gemäuer* crumbling **Zerfallserscheinung** *f* sign of decay

zerfetzen *past part* **zerfetzt** *v/t* to tear to pieces; *Brief etc* to rip up

zerfleischen [tsɛɐ̯'flaɪʃn] *past part* **zerfleischt** *v/t* to tear to pieces; *einander* **~** (*fig*) to tear each other apart

zerfließen *past part* **zerflossen** [tsɛɐ̯-'flɔsn] *v/i irr aux sein* (*Tinte, Make-up etc*) to run; (*Eis etc, fig: Reichtum etc*) to melt away; *in Tränen* **~** to dissolve into tears; *vor Mitleid* **~** to be overcome with pity

zergehen *past part* **zergangen** [tsɛɐ̯-'gaŋən] *v/i irr aux sein* to dissolve; (≈ *schmelzen*) to melt; *auf der Zunge* **~** (*Gebäck etc*) to melt in the mouth

zerhacken *past part* **zerhackt** *v/t* to chop up

zerkauen *past part* **zerkaut** *v/t* to chew

zerkleinern [tsɛɐ̯'klaɪnɐn] *past part* **zerkleinert** *v/t* to cut up; (≈ *zerhacken*) to chop (up); (≈ *zermahlen*) to crush

zerklüftet [tsɛɐ̯'klʏftət] *adj Tal etc* rugged; *Ufer* indented

zerknautschen *past part* **zerknautscht** *v/t* (*infml*) to crease

zerknirscht [tsɛɐ̯'knɪrʃt] *adj* remorseful **Zerknirschung** [tsɛɐ̯'knɪrʃʊŋ] *f* ⟨-, *no pl*⟩ remorse

zerknittern *past part* **zerknittert** *v/t* to crease

zerknüllen *past part* **zerknüllt** *v/t* to crumple up

zerkochen *past part* **zerkocht** *v/t & v/i* to cook to a pulp

zerkratzen *past part* **zerkratzt** *v/t* to scratch

zerlassen *past part* **zerlassen** *v/t irr* to melt

zerlaufen *past part* **zerlaufen** *v/i irr aux sein* to melt

zerlegbar *adj die Möbel waren leicht* **~** the furniture could easily be taken apart

zerlegen *past part* **zerlegt** *v/t* (≈ *auseinandernehmen*) to take apart; *Argumente* to break down; (≈ *zerschneiden*) to cut up; BIOL to dissect; CHEM to break down **Zerlegung** [tsɛɐ̯'le:gʊŋ] *f* ⟨-, *-en*⟩ taking apart; MAT reduction; BIOL dissection

zerlesen [tsɛɐ̯'le:zn] *adj Buch* well--thumbed

zerlumpt [tsɛɐ̯'lʊmpt] *adj* ragged

zermahlen *past part* **zermahlen** *v/t* to grind

zermalmen [tsɛɐ̯'malmən] *past part* **zermalmt** *v/t* to crush

zermartern *past part* **zermartert** *v/t sich* (*dat*) *den Kopf* or *das Hirn* **~** to rack one's brains

zermürben [tsɛɐ̯'mʏrbn] *past part* **zermürbt** *v/t* (*fig*) *jdn* **~** to wear sb down

zerpflücken *past part* **zerpflückt** *v/t* to pick to pieces

zerquetschen *past part* **zerquetscht** *v/t* to squash **Zerquetschte** [tsɛɐ̯'kvɛtʃtə] *pl decl as adj* (*infml*) *zehn Euro und ein paar* **~** ten euros something (or other)

Zerrbild *nt* distorted picture

zerreden *past part* **zerredet** *v/t* to beat to death (*infml*)

zerreiben *past part* **zerrieben** [tsɛɐ̯'ri:bn] *v/t irr* to crumble; (*fig*) to crush

zerreißen *past part* **zerrissen** [tsɛɐ̯'rɪsn] *irr* **I** *v/t* **1.** to tear; (*in Stücke*) to tear to pieces; *Brief etc* to tear up; *Land* to tear apart; → **zerrissen 2.** (≈ *kritisieren*) *Stück, Film* to tear apart **II** *v/i aux sein* (*Stoff*) to tear **Zerreißprobe** *f* (*lit*) pull test; (*fig*) real test

zerren ['tsɛrən] **I** *v/t* to drag; *Sehne* to pull; *sich* (*dat*) *einen Muskel* **~** to pull a muscle **II** *v/i an etw* (*dat*) **~** to tug at sth; *an den Nerven* **~** to be nerve-racking

zerrinnen *past part* **zerronnen** [tsɛɐ̯-'rɔnən] *v/i irr aux sein* to melt (away); (*fig*) (*Träume, Pläne*) to fade away; (*Geld*) to disappear

zerrissen [tsɛɐ̯'rɪsn] *adj* (*fig*) *Volk, Partei* strife-torn; *Mensch* (inwardly) torn; → **zerreißen Zerrissenheit** *f* ⟨-, *no pl*⟩ (*fig*) (*von Volk, Partei*) disunity *no pl*; (*von Mensch*) (inner) conflict

Zerrung ['tsɛrʊŋ] *f* ⟨-, *-en*⟩ (*von Sehne*) pulled ligament; (*von Muskel*) pulled muscle

zerrütten [tsɛɐ̯'rʏtn] *past part* **zerrüttet** *v/t* to destroy; *Nerven* to shatter; *eine zerrüttete Ehe/Familie* a broken marriage/home **Zerrüttung** *f* ⟨-, *-en*⟩ destruction; (*von Ehe*) breakdown; (*von Nerven*) shattering

zersägen *past part* **zersägt** *v/t* to saw up

zerschlagen[1] *past part* **zerschlagen** *irr* **I** *v/t* **1.** to smash (to pieces); *Glas etc* to shatter **2.** (*fig*) *Widerstand* to crush; *Hoffnungen, Pläne* to shatter; *Verbrecherring etc* to break; *Staat* to smash **II** *v/r* (≈ *nicht zustande kommen*) to fall through; (*Hoffnung*) to be shattered

zerschlagen² *adj pred* washed out (*infml*)

zerschm̲e̲ttern *past part* **zerschm̲e̲ttert** *v/t* to shatter; *Feind* to crush

zerschn̲e̲iden *past part* **zerschn̲i̲tten** [tsɛɐ'ʃnɪtn] *v/t irr* to cut; (*in Stücke*) to cut up

zers̲e̲tzen *past part* **zers̲e̲tzt** **I** *v/t* to decompose; (*Säure*) to corrode; (*fig*) to undermine **II** *v/r* to decompose; (*durch Säure*) to corrode; (*fig*) to become undermined *or* subverted **Zers̲e̲tzung** [tsɛɐ'zɛtsʊŋ] *f* ⟨**-, -en**⟩ CHEM decomposition; (*durch Säure*) corrosion; (*fig*) (≈ *Untergrabung*) undermining

zerspl̲i̲ttern *past part* **zerspl̲i̲ttert** **I** *v/t* to shatter; *Holz* to splinter; *Gruppe, Partei* to fragment **II** *v/i aux sein* to shatter; (*Holz, Knochen*) to splinter; (*fig*) to split up

zerspr̲i̲ngen *past part* **zerspr̲u̲ngen** [tsɛɐ'ʃprʊŋən] *v/i irr aux sein* to shatter; (≈ *einen Sprung bekommen*) to crack

zerst̲a̲mpfen *past part* **zerst̲a̲mpft** *v/t* (≈ *zertreten*) to stamp on; (≈ *zerkleinern*) to crush; *Kartoffeln etc* to mash

zerst̲ä̲uben *past part* **zerst̲ä̲ubt** *v/t* to spray **Zerst̲ä̲uber** [tsɛɐ'ʃtɔybɐ] *m* ⟨**-s, -**⟩ spray

zerst̲e̲chen *past part* **zerst̲o̲chen** [tsɛɐ'ʃtɔxn] *v/t irr* **1.** (*Mücken*) to bite (all over); (*Bienen etc*) to sting (all over) **2.** *Haut, Reifen* to puncture

zerst̲ö̲rbar *adj* destructible; **nicht ~** indestructible **zerst̲ö̲ren** *past part* **zerst̲ö̲rt** **I** *v/t* to destroy; (*Rowdys*) to vandalize; *Gesundheit* to wreck **II** *v/i* to destroy **zerst̲ö̲rerisch** [tsɛɐ'ʃtøːrərɪʃ] **I** *adj* destructive **II** *adv* destructively **Zerst̲ö̲rung** *f* destruction; (*durch Rowdys*) vandalizing **Zerst̲ö̲rungstrieb** *m* destructive urge **Zerst̲ö̲rungswut** *f* destructive mania

zerstr̲e̲uen *past part* **zerstr̲e̲ut** **I** *v/t* **1.** (≈ *verstreuen*) to scatter (*in +dat* over); *Volksmenge etc* to disperse; (*fig*) to dispel **2.** (≈ *ablenken*) *jdn ~* to take sb's mind off things **II** *v/r* **1.** (≈ *sich verteilen*) to scatter; (*Menge*) to disperse; (*fig*) to be dispelled **2.** (≈ *sich ablenken*) to take

one's mind off things; (≈ *sich amüsieren*) to amuse oneself **zerstr̲e̲ut** [tsɛɐ-'ʃtrɔyt] *adj* (*fig*) *Mensch* absent-minded **Zerstr̲e̲utheit** *f* ⟨**-, no pl**⟩ absent-mindedness **Zerstr̲e̲uung** *f* **1.** (≈ *Ablenkung*) diversion; **zur~** as a diversion **2.** (≈ *Zerstreutheit*) absent-mindedness

zerstr̲i̲tten [tsɛɐ'ʃtrɪtn] *adj* **~ sein** (*Paar, Geschäftspartner*) to have fallen out; (*Partei*) to be disunited

zerst̲ü̲ckeln *past part* **zerst̲ü̲ckelt** *v/t* to cut up; *Leiche* to dismember

Zertifik̲a̲t [tsɛrtifi'kaːt] *nt* ⟨**-(e)s, -e**⟩ certificate

zertr̲a̲mpeln *past part* **zertr̲a̲mpelt** *v/t* to trample on

zertr̲e̲ten *past part* **zertr̲e̲ten** *v/t irr* to crush (underfoot); *Rasen* to ruin

zertr̲ü̲mmern [tsɛɐ'trʏmɐn] *past part* **zertr̲ü̲mmert** *v/t* to smash; *Einrichtung* to smash up; *Hoffnungen* to destroy

Zervel̲a̲twurst [tsɛrvə'laːt-] *f* cervelat

Zerw̲ü̲rfnis [tsɛɐ'vʏrfnɪs] *nt* ⟨**-ses, -se**⟩ row

zerz̲a̲usen *past part* **zerz̲a̲ust** *v/t* to ruffle; *Haar* to tousle **zerz̲a̲ust** [tsɛɐ-'tsaʊst] *adj* windswept

Z̲e̲ttel ['tsɛtl] *m* ⟨**-s, -**⟩ piece of paper; (≈ *Notizzettel*) note; (≈ *Anhängezettel*) label; (≈ *Handzettel*) leaflet, handbill (*esp US*), flyer; (≈ *Formular*) form

Z̲e̲ug [tsɔyk] *nt* ⟨**-(e)s [-gəs]**⟩ *no pl* **1.** (*infml*) stuff *no indef art, no pl*; (≈ *Ausrüstung*) gear (*infml*); (≈ *Kleidung*) things *pl* (*infml*) **2.** (*infml* ≈ *Unsinn*) nonsense; **dummes ~ reden** to talk a lot of nonsense **3.** (≈ *Fähigkeit*) **das ~ zu etw haben** to have (got) what it takes to be sth (*infml*) **4. was das ~ hält** (*infml*) for all one is worth; *laufen, fahren* like mad; **sich für jdn ins ~ legen** (*infml*) to stand up for sb; **sich ins ~ legen** to go flat out (*esp Br*) *or* all out (*US*)

Z̲e̲uge ['tsɔygə] *m* ⟨**-n, -n**⟩, **Z̲e̲ugin** ['tsɔygɪn] *f* ⟨**-, -nen**⟩ (JUR, *fig*) witness (*+gen* to); **vor** *or* **unter ~n** in front of witnesses

z̲e̲ugen¹ ['tsɔygn] *v/t Kind* to father

z̲e̲ugen² *v/i* **1.** (≈ *aussagen*) to testify; (*esp vor Gericht*) to give evidence **2. von etw ~** to show sth **Z̲e̲ugenaussage** *f* testimony **Z̲e̲ugenbank** *f, pl* **-bänke** witness box (*Br*), witness stand (*US*) **Z̲e̲ugenstand** *m* witness box (*Br*), witness stand (*US*) **Z̲e̲ugin** *f* ⟨**-, -nen**⟩ witness **Z̲e̲ugnis**

['tsɔyknɪs] *nt* ⟨*-ses, -se*⟩ **1.** (≈ *Zeugenaussage, Beweis*) evidence; **für/gegen jdn ~ ablegen** to testify for/against sb **2.** (≈ *Schulzeugnis*) report **3.** (≈ *Bescheinigung*) certificate; (*von Arbeitgeber*) reference **Zeugnisheft** *nt* SCHOOL report card **Zeugnisverweigerungsrecht** *nt* right of a witness to refuse to give evidence

Zeugung ['tsɔygʊŋ] *f* ⟨*-, -en*⟩ fathering **zeugungsfähig** *adj* fertile **Zeugungsfähigkeit** *f* fertility **zeugungsunfähig** *adj* sterile **Zeugungsunfähigkeit** *f* sterility

Zicke ['tsɪkə] *f* ⟨*-, -n*⟩ **1.** nanny goat **2.** (*pej infml* ≈ *Frau*) silly cow (*infml*) **Zicken** ['tsɪkn] *pl* (*infml*) **mach bloß keine ~!** no nonsense now!; **~ machen** to make trouble **zickig** ['tsɪkɪç] *adj* (*infml* ≈ *prüde*) awkward

Zickzack ['tsɪktsak] *m* ⟨*-(e)s, -e*⟩ zigzag; **im ~ laufen** to zigzag

Ziege ['tsiːgə] *f* ⟨*-, -n*⟩ **1.** goat; (*weiblich*) (nanny) goat **2.** (*pej infml* ≈ *Frau*) cow (*infml*)

Ziegel ['tsiːgl] *m* ⟨*-s, -*⟩ (≈ *Backstein*) brick; (≈ *Dachziegel*) tile **Ziegelstein** *m* brick

Ziegenbock *m* billy goat **Ziegenkäse** *m* goat's milk cheese **Ziegenleder** *nt* kid (leather) **Ziegenmilch** *f* goat's milk **Ziegenpeter** [-peːtɐ] *m* ⟨*-s, -*⟩ mumps *sg*

ziehen ['tsiːən] *pret* **zog** [tsoːk], *past part* **gezogen** [gə'tsoːgn] **I** *v/t* **1.** to pull; **etw durch etw ~** to pull sth through sth; **es zog ihn in die weite Welt** he felt drawn toward(s) the big wide world; **unangenehme Folgen nach sich ~** to have unpleasant consequences **2.** (≈ *herausziehen*) to pull out (*aus* of); *Zahn, Fäden* to take out; *Los* to draw; *Zigaretten* (**aus dem Automaten**) **~** to get cigarettes from the machine **3.** (≈ *zeichnen*) *Kreis, Linie* to draw **4.** (≈ *verlegen*) *Graben* to dig; *Mauer* to build; *Zaun* to put up; *Grenze* to draw **5.** (≈ *züchten*) *Blumen* to grow; *Tiere* to breed **II** *v/i* **1.** (≈ *zerren*) to pull; **an etw** (*dat*) **~** to pull (on *or* at) sth **2.** *aux sein* (≈ *umziehen*) to move; **nach Bayern ~** to move to Bavaria **3.** (*Soldaten, Volksmassen*) to march; (≈ *durchstreifen*) to wander; (*Wolken*) to drift; (*Vögel*) to fly; **durch die Stadt ~** to wander about the town; **in den Krieg ~** to go to war **4.** (≈ *Zug haben, Ofen*) to draw; **an der Pfeife/Zigarette ~** to take a

drag on one's pipe/cigarette **5.** (*infml* ≈ *Eindruck machen*) **so was zieht beim Publikum/bei mir nicht** the public/I don't like that sort of thing; **so was zieht immer** that sort of thing always goes down well **6.** (≈ *sieden: Tee*) to draw **III** *v/impers* **es zieht** there's a draught (*Br*) *or* draft (*US*) **IV** *v/r* **sich ~ 1.** (≈ *sich erstrecken*) to extend; **dieses Treffen zieht sich!** this meeting is dragging on! **2.** (≈ *sich dehnen*) to stretch; (*Holz*) to warp **Ziehharmonika** *f* concertina; (*mit Tastatur*) accordion **Ziehung** ['tsiːʊŋ] *f* ⟨*-, -en*⟩ draw

Ziel [tsiːl] *nt* ⟨*-(e)s, -e*⟩ **1.** (≈ *Reiseziel*) destination; (≈ *Absicht*) goal; **mit dem ~ ...** with the aim ...; **etw zum ~ haben** to have sth as one's goal; **sich** (*dat*) **ein ~ setzen** to set oneself a goal; **am ~ sein** to be at one's destination; (*fig*) to have reached *or* achieved one's goal **2.** SPORTS finish; **durchs ~ gehen** to cross the finishing line **3.** (MIL, *fig*) target; **über das ~ hinausschießen** (*fig*) to overshoot the mark **zielen** ['tsiːlən] *v/i* (*Mensch*) to aim (*auf +acc, nach* at); (*fig: Kritik etc*) to be aimed (*auf +acc* at); → **gezielt Zielfernrohr** *nt* telescopic sight **Zielgerade** *f* home straight **Zielgruppe** *f* target group **Ziellinie** *f* SPORTS finishing line **ziellos I** *adj* aimless **II** *adv* aimlessly **Zielscheibe** *f* target **Zielsetzung** [-zɛtsʊŋ] *f* ⟨*-, -en*⟩ target **zielsicher I** *adj* unerring; *Handeln* purposeful **II** *adv* unerringly **zielstrebig** ['tsiːlʃtreːbɪç] *adj* determined **Zielstrebigkeit** *f* ⟨*-, no pl*⟩ determination

ziemlich ['tsiːmlɪç] **I** *adj attr Strecke* considerable; *Vermögen* sizable; **das ist eine ~e Frechheit** that's a real cheek (*Br*), that's really fresh (*US*); **eine ~e Anstrengung** quite an effort; **mit ~er Sicherheit** fairly certainly **II** *adv* **1.** quite; *sicher, genau* reasonably; **wir haben uns ~ beeilt** we've hurried quite a bit; **~ lange** quite a long time; **~ viel** quite a lot **2.** (*infml* ≈ *beinahe*) almost; **so ~ alles** just about everything; **so ~ dasselbe** pretty much the same

Zierde ['tsiːɐdə] *f* ⟨*-, -n*⟩ ornament; (≈ *Schmuckstück*) adornment; **zur ~** for decoration **zieren** ['tsiːrən] **I** *v/t* to adorn; *Speisen* to garnish; *Kuchen* to decorate; (*fig* ≈ *auszeichnen*) to grace **II** *v/r* (≈ *sich bitten lassen*) to make a fuss; **ohne sich zu ~** without having to be pressed; **zier dich nicht!** don't be shy; → **geziert Zierfisch** *m* ornamental fish **Ziergarten** *m* ornamental garden **Zierleiste** *f* border; (*an Auto*) trim **zierlich** ['tsiːʀlɪç] *adj* dainty; *Porzellanfigur etc* delicate

Ziffer ['tsɪfɐ] *f* ⟨-, -n⟩ **1.** (≈ *Zahlzeichen*) digit; (≈ *Zahl*) figure; **römische/arabische ~n** roman/arabic numerals; **eine Zahl mit drei ~n** a three-figure number **2.** (*eines Paragrafen*) clause **Zifferblatt** *nt* (*an Uhr*) dial; (*von Armbanduhr*) (*watch*) face

zig [tsɪç] *adj* (*infml*) umpteen (*infml*)

Zigarette [tsiga'ʀɛtə] *f*⟨-, -n⟩ cigarette **Zigarettenanzünder** *m* (*in Auto*) cigar lighter **Zigarettenautomat** *m* cigarette machine **Zigarettenpapier** *nt* cigarette paper **Zigarettenpause** *f* cigarette break

Zigarillo [tsiga'ʀɪlo, -'ʀɪljo] *m or nt* ⟨-s, -s⟩ cigarillo

Zigarre [tsi'gaʀə] *f* ⟨-, -n⟩ **1.** cigar **2.** (*infml*) **jdm eine ~ verpassen** to give sb a dressing-down

Zigeuner [tsi'ɡɔynɐ] *m* ⟨-s, -⟩, **Zigeunerin** [-əʀɪn] *f*⟨-, -nen⟩ (*usu pej*) gypsy **zigeunern** ['tsiɡɔynɐn] *past part* **zigeunert** *v/i* aux haben or (*bei Richtungsangabe*) sein (*infml*) to rove

zigmal ['tsɪçmaːl] *adv* (*infml*) umpteen times (*infml*)

Zimbabwe [zɪm'babvə] *nt* ⟨-s⟩ Zimbabwe

Zimmer ['tsɪmɐ] *nt* ⟨-s, -⟩ room; „**Zimmer frei**" "vacancies" **Zimmerantenne** *f* indoor aerial (*Br*) or antenna (*US*) **Zimmerdecke** *f* ceiling **Zimmerhandwerk** *nt* carpentry **Zimmerkellner** *m* room waiter **Zimmerkellnerin** *f* room waitress **Zimmerlautstärke** *f* low volume **Zimmermädchen** *nt* chambermaid **Zimmermann** *m*, *pl* **-leute** carpenter **zimmern** ['tsɪmɐn] **I** *v/t* to make from wood **II** *v/i* **an etw** (*dat*) **~** (*lit*) to make sth from wood; (*fig*) to work on sth **Zimmernachweis** *m* accommodation service **Zimmerpflanze** *f* house plant **Zimmerservice** [-zøːɐvɪs, -zœrvɪs] *m* room service **Zimmersuche** *f* **auf~ sein** to be looking for rooms/a room **Zimmervermittlung** *f* accommodation service

zimperlich ['tsɪmpɐlɪç] *adj* (≈ *überempfindlich*) nervous (*gegen* about); (*beim* Anblick von Blut etc) squeamish; (≈ *prüde*) prissy; (≈ *wehleidig*) soft; **da darf man nicht so ~ sein** you can't afford to be soft

Zimt [tsɪmt] *m* ⟨-(e)s, -e⟩ cinnamon

Zink [tsɪŋk] *nt* ⟨-(e)s, no pl⟩ zinc

Zinke ['tsɪŋkə] *f* ⟨-, -n⟩ (*von Gabel*) prong; (*von Kamm, Rechen*) tooth **zinken** ['tsɪŋkn] *v/t Karten* to mark

Zinn [tsɪn] *nt* ⟨-(e)s, no pl⟩ **1.** tin **2.** (≈ *Legierung, Zinnprodukte*) pewter **Zinnbecher** *m* pewter tankard **zinnen** ['tsɪnən] *adj* pewter **Zinnfigur** *f* pewter figure

zinnoberrot *adj* vermilion

Zinnsoldat *m* tin soldier

Zins[1] [tsɪns] *m* ⟨-es, -e[-zə]⟩ (*S Ger, Aus, Swiss*) (≈ *Mietzins*) rent

Zins[2] *m* ⟨-es, -en⟩ *usu pl* (≈ *Geldzins*) interest *no pl*; **~en bringen** to earn interest; **~en tragen** (*lit*) to earn interest; (*fig*) to pay dividends; **mit ~en** with interest **Zinsabschlagsteuer** *f* tax on interest payments **Zinseinkünfte** *pl* interest income *no pl* **Zinseszins** *m* compound interest **zinsfrei I** *adj* **1.** (≈ *frei von Abgaben*) tax-free; (*S Ger, Aus, Swiss*) (≈ *mietfrei*) rent-free **2.** *Darlehen* interest-free **II** *adv Geld leihen* interest-free **Zinsfuß** *m* interest rate **zinslos** *adj*, *adv* interest-free **Zinsniveau** *nt* level of interest rates **Zinssatz** *m* interest rate; (*bei Darlehen*) lending rate **Zinssenkung** *f* reduction in the interest rate **Zinssteuer** *f* tax on interest

Zionismus [tsio'nɪsmʊs] *m* ⟨-, no pl⟩ Zionism **zionistisch** [tsio'nɪstɪʃ] *adj* Zionist

Zipfel ['tsɪpfl] *m* ⟨-s, -⟩ (*von Tuch, Decke*) corner; (*von Mütze*) point; (*von Hemd, Jacke*) tail; (*von Wurst*) end; (*von Land*) tip **Zipfelmütze** *f* pointed cap

Zipp [tsɪp]® *m* ⟨-s, -s⟩ (*Aus*) zip **zippen** ['tsɪpn] *v/t & v/i* IT to zip

Zirbeldrüse ['tsɪrbl-] *f* pineal body **Zirbelkiefer** *f* Swiss or stone pine

zirka ['tsɪrka] *adv* about

Zirkel ['tsɪrkl] *m* ⟨-s, -⟩ **1.** (≈ *Gerät*) pair of compasses; (≈ *Stechzirkel*) pair of dividers **2.** (≈ *Kreis*) circle **Zirkelschluss** *m* circular argument

Zirkulation ['tsɪrkula'tsioːn] *f* ⟨-, -en⟩ circulation **zirkulieren** [tsɪrku'liːrən] *past part* **zirkuliert** *v/i* to circulate

Zirkumflex ['tsɪrkʊmflɛks, tsɪrkʊm-'flɛks] *m* ⟨-es, -e⟩ LING circumflex

Zirkus ['tsɪrkʊs] *m* ⟨*-, -se*⟩ circus; (≈ *Getue*) fuss **Zirkuszelt** *nt* big top
Zirrhose [tsɪ'roːzə] *f* ⟨*-, -n*⟩ cirrhosis
Zirruswolke *f* cirrus (cloud)
zischeln ['tsɪʃln] *v/i* to whisper
zischen ['tsɪʃn] **I** *v/i* to hiss; (*Limonade*) to fizz; (*Fett, Wasser*) to sizzle **II** *v/t* (≈ *zischend sagen*) to hiss
Zisterne [tsɪs'tɛrnə] *f* ⟨*-, -n*⟩ well
Zitat [tsi'taːt] *nt* ⟨*-(e)s, -e*⟩ quotation
Zither ['tsɪtɐ] *f* ⟨*-, -n*⟩ zither
zitieren [tsi'tiːrən] *past part* **zitiert** *v/t* **1.** *Textstelle* to quote; *Beispiel* to cite **2.** (≈ *vorladen, rufen*) to summon (*vor +acc* before, *an +acc, zu* to)
Zitronat [tsitro'naːt] *nt* ⟨*-(e)s, -e*⟩ candied lemon peel **Zitrone** [tsi'troːnə] *f* ⟨*-, -n*⟩ lemon; *jdn wie eine ~ auspressen* to squeeze sb dry **zitronengelb** *adj* lemon yellow **Zitronenlimonade** *f* lemonade **Zitronenpresse** *f* lemon squeezer **Zitronensaft** *m* lemon juice **Zitronensäure** *f* citric acid **Zitronenschale** *f* lemon peel **Zitrusfrucht** *f* citrus fruit
zitt(e)rig ['tsɪt(ə)rɪç] *adj* shaky **zittern** ['tsɪtɐn] *v/i* to tremble; (≈ *erschüttert werden*) to shake; *mir ~ die Knie* my knees are shaking; *vor jdm ~* to be terrified of sb **Zittern** *nt* ⟨*-s, no pl*⟩ **1.** (≈ *Beben*) shaking; (*vor Kälte*) shivering; (*von Stimme*) quavering **2.** (≈ *Erschütterung*) shaking **Zitterpappel** *f* aspen (tree) **Zitterpartie** *f* (*fig*) nail-biter (*infml*)
Zitze ['tsɪtsə] *f* ⟨*-, -n*⟩ teat
zivil [tsi'viːl] *adj* **1.** (≈ *nicht militärisch*) civilian; *Schaden* nonmilitary; *im ~en Leben* in civilian life; *~er Ersatzdienst* community service (*as alternative to military service*) **2.** (*infml* ≈ *anständig*) civil; *Preise* reasonable **Zivil** [tsi'viːl] *nt* ⟨*-s, no pl*⟩ (*nicht Uniform*) civilian clothes *pl*; *Polizist in ~* plain-clothes policeman **Zivilbevölkerung** *f* civilian population **Zivilcourage** *f* courage (*to stand up for one's beliefs*) **Zivildienst** *m* community service (*as alternative to military service*) **Zivildienstleistende(r)** [-laistndə] *m/f(m) decl as adj* person doing community service (*instead of military service*) **Zivilfahnder(in)** *m/f(f)* plain-clothes policeman/-woman **Zivilisation** [tsiviliza'tsi̯oːn] *f* ⟨*-, -en*⟩ civilization **Zivilisationskrankheit** *f* illness caused by today's lifestyle **zivilisieren** [tsivili-'ziːrən] *past part* **zivilisiert** *v/t* to civilize

zivilisiert [tsivili'ziːɐt] **I** *adj* civilized **II** *adv* *sich ~ benehmen* to behave in a civilized manner **Zivilist** [tsivi'lɪst] *m* ⟨*-en, -en*⟩, **Zivilistin** [-'lɪstɪn] *f* ⟨*-, -nen*⟩ civilian **Zivilkammer** *f* civil division **Zivilperson** *f* civilian **Zivilprozess** *m* civil action **Zivilprozessordnung** *f* JUR code of civil procedure **Zivilrecht** *nt* civil law **zivilrechtlich** *adj* civil law *attr*, of civil law; *Prozess* civil *attr*; *jdn ~ verfolgen* to bring a civil action against sb
Zivilschutz *m* civil defence (*Br*) or defense (*US*)
Znüni ['tsnyːni] *m* ⟨*-, -*⟩ (*Swiss*) morning break
zocken ['tsɔkn] *v/i* (*infml*) to gamble **Zocker** ['tsɔkɐ] *m* ⟨*-s, -*⟩, **Zockerin** [-ərɪn] *f* ⟨*-, -nen*⟩ (*infml*) gambler
Zoff [tsɔf] *m* ⟨*-s, no pl*⟩ (*infml* ≈ *Ärger*) trouble
zögerlich ['tsøːɡɐlɪç] *adj* hesitant **zögern** ['tsøːɡɐn] *v/i* to hesitate; *er zögerte lange mit der Antwort* he hesitated (for) a long time before replying **Zögern** *nt* ⟨*-s, no pl*⟩ hesitation **zögernd I** *adj* hesitant **II** *adv* hesitantly
Zölibat [tsøli'baːt] *nt or m* ⟨*-(e)s, no pl*⟩ celibacy
Zoll[1] [tsɔl] *m* ⟨*-(e)s, -*⟩ (≈ *Längenmaß*) inch
Zoll[2] *m* ⟨*-(e)s, ~e* ['tsœlə]⟩ **1.** (≈ *Warenzoll*) customs duty; (≈ *Straßenzoll*) toll; *einem ~ unterliegen* to carry duty **2.** (≈ *Stelle*) *der ~* customs *pl*; *durch den ~ kommen* to get through customs **Zollabfertigung** *f* (≈ *Vorgang*) customs clearance **Zollamt** *nt* customs house **Zollbeamte(r)** *m decl as adj*, **Zollbeamtin** *f* customs officer
zollen ['tsɔlən] *v/t jdm Anerkennung/ Achtung/Beifall ~* to acknowledge/ respect/applaud sb
Zollerklärung *f* customs declaration **Zollfahnder(in)** *m/(f)* customs investigator **Zollfahndung** *f* customs investigation department **zollfrei** *adj, adv* duty-free **Zollgebühr** *f* (customs) duty **Zollkontrolle** *f* customs check **Zolllager** *nt* bonded warehouse **Zöllner** ['tsœlnɐ] *m* ⟨*-s, -*⟩, **Zöllnerin** [-ərɪn] *f* ⟨*-, -nen*⟩ (*infml* ≈ *Zollbeamter*) customs officer **Zollpapiere** *pl* customs documents *pl* **zollpflichtig** [-pflɪçtɪç] *adj* dutiable **Zollstock** *m* ruler **Zolltarif** *m* customs tariff **Zollunion** *f* customs union

Zombie ['tsɔmbi] *m* ⟨-(s), -s⟩ zombie

Zone ['tsoːnə] *f* ⟨-, -n⟩ zone; (*von Fahr-karte*) fare stage

Zoo [tsoː] *m* ⟨-s, -s⟩ zoo **Zoologe** [tsoo-'loːgə] *m* ⟨-n, -n⟩, **Zoologin** [-'loːgɪn] *f* ⟨-, -nen⟩ zoologist **Zoologie** [tsoolo'giː] *f* ⟨-, *no pl*⟩ zoology **zoologisch** [tsoo-'loːgɪʃ] *adj* zoological

Zoom [zuːm] *nt* ⟨-s, -s⟩ zoom shot; (≈ *Objektiv*) zoom lens **Zoomobjektiv** ['zuːm-] *nt* zoom lens

Zopf [tsɔpf] *m* ⟨-(e)s, ⸚e ['tsœpfə]⟩ **1.** (≈ *Haartracht*) pigtail, plait; **Zöpfe tragen** to wear one's hair in pigtails; **ein alter ~** (*fig*) an antiquated custom **2.** (≈ *Ge-bäck*) plaited loaf

Zorn [tsɔrn] *m* ⟨-(e)s, *no pl*⟩ anger; **in ~ geraten** to fly into a rage; **im ~** in a rage; **einen ~ auf jdn haben** to be furious with sb **Zornausbruch** *m* fit of anger **zornig** ['tsɔrnɪç] **I** *adj* angry; **~ werden** to lose one's temper; **auf jdn ~ sein** to be angry with sb **II** *adv* angrily

Zote ['tsoːtə] *f* ⟨-, -n⟩ dirty joke

zottelig ['tsɔtəlɪç] *adj* (*infml*) Haar, Fell shaggy **zottig** ['tsɔtɪç] *adj* Fell, Tier shaggy

zu [tsuː] **I** *prep* +*dat* **1.** (*örtlich*) to; **zum Bahnhof** to the station; **bis zu** as far as; **zum Meer hin** toward(s) the sea; **sie sah zu ihm hin** she looked toward(s) him; **die Tür zum Keller** the door to the cellar; **sich zu jdm setzen** to sit down next to sb; **setz dich doch zu uns** come and sit with us **2.** (*zeitlich*) at; **zu Mittag** (≈ *am Mittag*) at midday; **die Zahlung ist zum 15. April fällig** the payment is due on 15th April; **zum 31. Mai kündi-gen** to give in (*Br*) *or* turn in (*US*) one's notice for 31st May **3.** (*Zusatz*) **Wein zum Essen trinken** to drink wine with one's meal; **nehmen Sie Milch zum Kaf-fee?** do you take milk in your coffee?; **etw zu etw tragen** (*Kleidung*) to wear sth with sth **4.** (*Zweck*) for; **Wasser zum Waschen** water for washing; **Pa-pier zum Schreiben** paper to write on; **das Zeichen zum Aufbruch** the sig-nal to leave; **zur Erklärung** by way of ex-planation **5.** (*Anlass*) **etw zum Geburts-tag bekommen** to get sth for one's birth-day; **zu Ihrem 60. Geburtstag** on your 60th birthday; **jdm zu etw gratulieren** to congratulate sb on sth; **jdn zum Es-sen einladen** to invite sb for a meal;

jdn zu etw vernehmen to question sb about sth **6.** (*Veränderung*) into; **zu etw werden** to turn into sth; **jdn/etw zu etw machen** to make sb/sth (into) sth; **jdn zum König wählen** to choose sb as king; **jdn zu etw ernennen** to nom-inate sb sth **7.** (*Verhältnis*) **Liebe zu jdm** love for sb; **meine Beziehung zu ihm** my relationship with him; **im Vergleich zu** in comparison with; **im Verhältnis drei zu zwei** in the ratio (of) three to two; **das Spiel steht 3:2** the score is 3-2 **8.** (*bei Zahlenangaben*) **zu zwei Prozent** at two per cent (*Br*) *or* percent (*US*); **fünf (Stück) zu 80 Cent** five for 80 cents; **zum halben Preis** at half price **II** *adv* **1.** (≈ *allzu*) too; **zu sehr** too much **2.** (≈ *geschlossen*) shut; **auf/zu** (*an Hähnen etc*) on/off; **die Geschäfte haben jetzt zu** the shops are shut now **3.** (*infml* ≈ *los, weiter*) **immer** *or* **nur zu!** just keep on!; **mach zu!** get a move on! **4.** (*örtlich*) toward(s); **nach hinten zu** toward(s) the back; **auf den Wald zu** toward(s) the for-est **III** *adj* (*infml* ≈ *geschlossen*) shut; → **zu sein IV** *cj* to; **etw zu essen** sth to eat; **er hat zu gehorchen** he has to do as he's told; **nicht mehr zu gebrauchen** no longer usable; **ich habe noch zu arbei-ten** I still have some work to do; **ohne es zu wissen** without knowing it; **um bes-ser sehen zu können** in order to see better; **der zu prüfende Kandidat** the candidate to be examined

zuallererst [tsuˈʔalɐˈʔeːrst] *adv* first of all

zuallerletzt [tsuˈʔalɐˈlɛtst] *adv* last of all

zubauen *v/t sep* Lücke to fill in; Platz, Gelände to build up; Blick to block with buildings/a building

Zubehör ['tsuːbəhøːɐ] *nt or m* ⟨-(e)s, (*rare*) -e⟩ equipment *no pl*; (≈ *Kleidung*) accessories *pl*; **Küche mit allem ~** fully equipped kitchen

zubeißen *v/i sep irr* to bite

zubekommen *past part* **zubekommen** *v/t sep irr* (*infml*) Kleidung to get done up; Tür, Fenster to get shut

zubereiten *past part* **zubereitet** *v/t sep* to prepare **Zubereitung** *f* ⟨-, -en⟩ prepara-tion

zubilligen *v/t sep* jdm etw ~ to grant sb sth

zubinden *v/t sep irr* to tie up; **jdm die Au-gen ~** to blindfold sb

zubleiben *v/i sep irr aux sein* (*infml*) to stay shut

zubringen *v/t sep irr* (≈ *verbringen*) to spend **Zubringer** ['tsuːbrɪŋɐ] *m* ⟨*-s, -*⟩ **1.** TECH conveyor **2.** (≈ *Straße*) feeder road **3.** (*a.* **Zubringerbus**) shuttle (bus)**Zubringerdienst** *m* shuttle service **Zubringerstraße** *f* feeder road
Zubrot *nt, no pl* extra income
Zucchini [tsʊˈkiːni] *f* ⟨*-, -*⟩ courgette (*Br*), zucchini (*US*)
Zucht [tsʊxt] *f* ⟨*-, -en*⟩ **1.** (≈ *Disziplin*) ~ (**und Ordnung**) discipline **2.** *no pl* (*von Tieren*) breeding; (*von Pflanzen*) growing; (*von Bakterien, Perlen*) culture; **die ~ von Pferden** horse breeding; **die ~ von Bienen** beekeeping **züchten** ['tsʏçtn] *v/t* to breed; *Bienen* to keep; *Pflanzen* to grow; *Perlen, Bakterien* to cultivate **Züchter** ['tsʏçtɐ] *m* ⟨*-s, -*⟩, **Züchterin** [-ərɪn] *f* ⟨*-, -nen*⟩ (*von Tieren*) breeder; (*von Pflanzen*) grower; (*von Bienen*) keeper **Zuchthaus** *nt* (≈ *Gebäude*) prison (*for serious offenders*), penitentiary (*US*)**Züchtigung** *f* ⟨*-, -en*⟩ beating; **körperliche ~** corporal punishment **Zuchtperle** *f* cultured pearl **Zuchttier** *nt* breeding animal **Züchtung** ['tsʏçtʊŋ] *f* ⟨*-, -en*⟩ (*von Tieren*) breeding; (*von Bienen*) keeping; (*von Pflanzen*) growing **Zuchtvieh** *nt* breeding cattle
zuckeln ['tsʊkln] *v/i aux sein* (*infml*) to jog
zucken ['tsʊkn] *v/i* **1.** (*nervös*) to twitch; (*vor Schreck*) to start; (*vor Schmerzen*) to flinch **2.** (*Blitz*) to flash; (*Flammen*) to flare up
zücken ['tsʏkn] *v/t Messer, Pistole* to pull out; (*infml:*) *Notizbuch, Brieftasche* to pull out
Zucker ['tsʊkɐ] *m* ⟨*-s, no pl*⟩ **1.** sugar; **ein Stück ~** a lump of sugar **2.** (MED ≈ *Zuckergehalt*) sugar; (≈ *Krankheit*) diabetes *sg*; **~ haben** (*infml*) to be a diabetic **Zuckerdose** *f* sugar bowl**Zuckererbse** *f* mangetout (pea) (*Br*), sweet pea (*US*) **zuckerfrei** *adj* sugar-free **Zuckergehalt** *m* sugar content **Zuckerguss** *m* icing, frosting (*esp US*) **zuckerkrank** *adj* diabetic **Zuckerkranke(r)** *m/f(m) decl as adj* diabetic **Zuckerkrankheit** *f* diabetes *sg* **Zuckerl** ['tsʊkɐl] *nt* ⟨*-s, -n*⟩ (*S Ger, Aus*) sweet (*Br*), candy (*US*) **Zuckerlecken** *nt* **das ist kein ~** (*infml*) it's no picnic (*infml*) **zuckern** ['tsʊkɐn] *v/t* to put sugar in **Zuckerrohr** *nt* sugar cane **Zuckerrübe** *f* sugar beet **Zuckerspiegel**

m MED (blood) sugar level **zuckersüß** *adj* as sweet as sugar**Zuckerwatte** *f* candy floss **Zuckerzange** *f* sugar tongs *pl*
Zuckung ['tsʊkʊŋ] *f* ⟨*-, -en*⟩ twitch; (*stärker:* *krampfhaft*) convulsion
zudecken *v/t sep* to cover; (*im Bett*) to tuck up *or* in
zudem [tsuˈdeːm] *adv* (*elev*) moreover
zudrehen *v/t sep Wasserhahn etc* to turn off; (≈ *zuwenden*) to turn (+*dat* to)
zudringlich *adj Art* pushy (*infml*); *Nachbarn* intrusive; **~ werden** (*zu jdm*) to make advances (*zu* to)
zueinander [tsuaɪˈnandɐ] *adv* (≈ *gegenseitig*) to each other; *Vertrauen haben in* each other
zueinanderpassen *v/i sep* to go together; (*Menschen*) to suit each other
zuerkennen *past part* **zuerkannt** *v/t sep irr* to award (*jdm* to sb); *Recht* to grant (*jdm etw* sb sth)
zuerst [tsuˈ|eːɐst] *adv* **1.** first; **ich kam ~ an** I was (the) first to arrive; **das muss ich morgen früh ~ machen** I must do that first thing tomorrow (morning) **2.** (≈ *anfangs*) at first; **~ muss man …** first (of all) you have to …
zufahren *v/i sep irr aux sein* **auf jdn ~** (*mit Kfz*) to drive toward(s) sb; (*mit Fahrrad*) to ride toward(s) sb **Zufahrt** *f* approach (road); (≈ *Einfahrt*) entrance; (*zu einem Haus*) drive(way) **Zufahrtsstraße** *f* access road; (*zur Autobahn*) approach road
Zufall *m* chance, accident; (≈ *Zusammentreffen*) coincidence; **das ist ~** it's pure chance; **durch ~** (quite) by chance; **es ist kein ~, dass …** it's no accident that …; **es war ein glücklicher ~, dass …** it was lucky that …; **wie es der ~ so will** as chance would have it; **etw dem ~ überlassen** to leave sth to chance
zufallen *v/i sep irr aux sein* **1.** (≈ *sich schließen*) (*Fenster etc*) to close; **ihm fielen beinahe die Augen zu** he could hardly keep his eyes open **2.** *jdm ~* (*Erbe*) to pass to sb; (*Preis etc*) to go to sb; (*Aufgabe*) to fall to sb
zufällig I *adj* chance *attr*; **das war rein ~** it was pure chance; **es ist nicht ~, dass er …** it's no accident that he … **II** *adv* by chance; (*esp bei Zusammentreffen von Ereignissen*) coincidentally; **er ging ~ vorüber** he happened to be passing **Zufallsgenerator** *m* random generator;

(für Zahlen) random-number generator **Zufallstreffer** *m* fluke

zufassen *v/i sep* (≈ *zugreifen*) to take hold of it/them; *(Hund)* to make a grab; *(fig* ≈ *schnell handeln)* to seize an/the opportunity

zufliegen *v/i sep irr aux sein* **1.** *auf etw* *(acc)* ~ to fly toward(s) *or (direkt)* into sth **2.** (+*dat*) to fly to; *der Vogel ist uns zugeflogen* the bird flew into our house; *ihm fliegt alles nur so zu (fig)* everything comes so easily to him

Zuflucht *f* refuge *(also fig)*, shelter *(vor* +*dat* from); ~ *suchen* to seek refuge; *zu etw* ~ *nehmen (fig)* to resort to sth; *du bist meine letzte* ~ *(fig)* you are my last hope

Zufluss *m, no pl* influx, inflow; (MECH ≈ *Zufuhr*) supply

zufolge [tsu'fɔlgə] *prep* +*dat or* +*gen (form)* (≈ *gemäß*) according to

zufrieden [tsu'fri:dn] **I** *adj* contented, content *pred*; *ein ~es Gesicht machen* to look pleased; *mit jdm/etw* ~ *sein* to be satisfied with sb/sth; *er ist nie* ~ he's never satisfied **II** *adv* contentedly; ~ *lächeln* to smile contentedly **zufriedengeben** *v/r sep irr sich mit etw* ~ to be content with sth **Zufriedenheit** *f* ⟨-, *no pl*⟩ contentedness; (≈ *Befriedigtsein*) satisfaction **zufriedenlassen** *v/t sep irr* to leave alone **zufriedenstellen** *v/t sep* to satisfy; *eine wenig ~de Antwort* a less than satisfactory answer

zufrieren *v/i sep irr aux sein* to freeze (over)

zufügen *v/t sep* **1.** *Leid, Schmerz* to cause; *Niederlage* to inflict; *jdm Schaden* ~ to harm sb **2.** (≈ *hinzufügen*) to add

Zufuhr ['tsu:fu:ɐ] *f* ⟨-, *-en*⟩ (≈ *Versorgung*) supply *(in* +*acc, nach* to); (METEO: *von Luftstrom*) influx **zuführen** *sep* **I** *v/t* +*dat* **1.** (≈ *versorgen mit*) to supply; IT *Papier* to feed (+*dat* to) **2.** (≈ *bringen*) to bring; *einem Geschäft Kunden* ~ to bring customers to a business **II** *v/i sep auf etw (acc)* ~ to lead to sth

Zug[1] [tsu:k] *m* ⟨-(e)s, ⸚e ['tsy:gə]⟩ **1.** *no pl* (≈ *Ziehen*) pull *(an* +*dat* on, at); (≈ *Zugkraft, Spannung)* tension **2.** (≈ *Luftzug*) draught *(Br)*, draft *(US)*; (≈ *Atemzug*) breath; *(an Zigarette)* puff; (≈ *Schluck*) gulp; *das Glas in einem* ~ *leeren* to empty the glass with one gulp; *etw in vollen Zügen genießen* to enjoy sth

to the full; *in den letzten Zügen liegen (infml)* to be on one's last legs *(infml)* **3.** *(beim Schwimmen)* stroke; *(beim Rudern)* pull *(mit* at); *(bei Brettspiel)* move; ~ *um* ~ *(fig)* step by step; *nicht zum ~e kommen (infml)* not to get a look-in *(infml)*; *du bist am* ~ it's your move; *etw in großen Zügen darstellen* to outline sth

Zug[2] *m* ⟨-(e)s, ⸚e⟩ (≈ *Eisenbahnzug*) train; *mit dem* ~ *fahren* to go by train

Zug[3] *m* ⟨-(e)s, ⸚e⟩ (≈ *Gesichtszug*) feature; (≈ *Charakterzug*) characteristic; (≈ *Anflug*) touch; *das ist kein schöner* ~ *von ihm* that's not one of his nicer characteristics

Zugabe *f* extra; MUS, THEAT encore

Zugabteil *nt* train compartment

Zugang *m, pl* **-gänge** **1.** (≈ *Eingang*) entrance; (≈ *Zutritt*) admittance; *(fig)* access; *„kein* ~* "* "no entry" **2.** *(von Patienten)* admission; *(von Waren)* receipt **zugänglich** ['tsu:gɛŋlɪç] *adj* accessible; *Mensch* approachable; *der Öffentlichkeit* ~ open to the public; *für etw nicht* ~ *sein* not to respond to sth

Zugbegleiter(in) *m/(f)* RAIL guard *(Br)*, conductor *(US)* **Zugbrücke** *f* drawbridge

zugeben *v/t sep irr* **1.** (≈ *zusätzlich geben*) *jdm etw* ~ to give sb sth extra **2.** COOK to add **3.** (≈ *zugestehen*) to admit; *jdm gegenüber etw* ~ to confess sth to sb; *zugegeben* admittedly; *gibs zu!* admit it! **zugegebenermaßen** ['tsu:gəge:bnɐ'ma:sn] *adv* admittedly

zugehen *sep irr aux sein* **I** *v/i* **1.** *(Tür, Deckel)* to shut **2.** *auf jdn/etw* ~ to approach sb/sth; *aufeinander* ~ to approach one another; *(fig also)* to compromise; *es geht nun auf den Winter zu* winter is drawing in; *er geht schon auf die siebzig zu* he's getting on for seventy; *dem Ende* ~ to near its end **3.** (+*dat, Nachricht, Brief etc)* to reach **II** *v/i impers* **1.** *dort geht es ... zu* things are ... there; *es ging sehr lustig zu (infml)* we/they *etc* had a great time *(infml)* **2.** (≈ *geschehen*) to happen

Zugehörigkeit *f* ⟨-, *-en*⟩ *(zu Land, Glauben)* affiliation; (≈ *Mitgliedschaft*) membership *(zu* of)

zugeknöpft ['tsu:gəknœpft] *adj (fig infml) Mensch* reserved; → *zuknöpfen*

Zügel ['tsy:gl] *m* ⟨-s, -⟩ rein; *die* ~ *fest in*

der **Hand haben** (*fig*) to have things firmly in hand; **die ~ locker lassen** (*fig*) to give free rein (*bei* to) **zügeln** ['tsy:gln] **I** *v/t Pferd* to rein in; (*fig*) to curb **II** *v/r* to restrain oneself **III** *v/i aux sein* (*Swiss* ≈ *umziehen*) to move (house)

Zugeständnis *nt* concession (+*dat, an* +*acc* to) **zugestehen** *past part* **zugestanden** *v/t sep irr* (≈ *einräumen*) to concede; (≈ *zugeben*) to admit; **jdm etw ~** (≈ *einräumen*) to grant sb sth

zugetan ['tsu:gəta:n] *adj* **jdm/einer Sache ~ sein** to be fond of sb/sth

Zugezogene(r) ['tsu:gətso:gənə] *m/f(m) decl as adj* newcomer

Zugführer(in) *m/(f)* RAIL chief guard (*Br*) *or* conductor (*US*)

zugießen *v/t sep irr* **1.** (≈ *hinzugießen*) to add **2.** (*mit Beton etc*) to fill (in)

zugig ['tsu:gɪç] *adj* draughty (*Br*), drafty (*US*)

zügig ['tsy:gɪç] **I** *adj* swift **II** *adv* quickly

zugleich [tsu'glaiç] *adv* at the same time

Zugluft *f* draught (*Br*), draft (*US*) **Zugpferd** *nt* carthorse; (*fig*) crowd puller

zugreifen *v/i sep irr* **1.** (≈ *schnell nehmen*) to grab it/them; (*fig*) to get in quickly (*infml*); (*bei Tisch*) to help oneself; **greifen Sie bitte zu!** please help yourself! **2.** IT **auf etw** (*acc*) **~** to access sth **Zugriff** *m* **1. durch raschen ~** by stepping in quickly; **sich dem ~ der Polizei/Gerichte entziehen** to evade justice **2.** IT access (*auf* to) **Zugriffszeit** *f* access time

zugrunde [tsu'grʊndə] *adv* **1. ~ gehen** to perish; **jdn/etw ~ richten** to destroy sb/sth; (*finanziell*) to ruin sb/sth **2. einer Sache** (*dat*) **~ liegen** to underlie sth; **~ liegend** underlying

Zugtier *nt* draught animal (*Br*), draft animal (*US*)

zugucken *v/i sep* = **zusehen** 1 **Zugunglück** *nt* train accident

zugunsten [tsu'gʊnstn] *prep* +*gen or* (*bei Nachstellung*) +*dat* **~ (von)** in favour (*Br*) *or* favor (*US*) of

zugutehalten [tsu'gu:tə] *v/t sep irr jdm etw ~* to grant sb sth **zugutekommen** [tsu'gu:tə] *v/i sep irr jdm ~* to be of benefit to sb; (*Geld, Erlös*) to benefit sb; **jdm etw ~ lassen** to let sb have sth

Zugverbindung *f* train connection **Zugvogel** *m* migratory bird **Zugzwang** *m* CHESS zugzwang; (*fig*) tight spot; **die**

Gegenseite steht jetzt unter ~ the other side is now forced to move

zuhaben *v/i sep irr* (*infml, Geschäft etc*) to be closed

zuhalten *sep irr* **I** *v/t* to hold shut; **sich** (*dat*) **die Nase ~** to hold one's nose; **sich** (*dat*) **die Augen/Ohren ~** to put one's hands over one's eyes/ears **II** *v/i* **auf etw** (*acc*) **~** to head straight for sth **Zuhälter** ['tsu:hɛltɐ] *m* ⟨**-s, -**⟩ pimp

zu Hause, zuhause [tsu'hauzə] (*Aus, Swiss*) *adv* → **Haus Zuhause** [tsu'hauzə] *nt* ⟨**-s, no pl**⟩ home

zuheilen *v/i sep aux sein* to heal up

Zuhilfenahme [tsu'hɪlfəna:mə] *f* **unter ~ von** *or* +*gen* with the aid of

zuhören *v/i sep* to listen (+*dat* to); **hör mal zu!** (*drohend*) now (just) listen (to me)! **Zuhörer(in)** *m/(f)* listener; **die ~** (≈ *das Publikum*) the audience *sg*

zujubeln *v/i sep jdm ~* to cheer sb

zukleben *v/t sep Briefumschlag* to seal; (*mit Klebstoff*) to stick up

zuknallen *v/t & v/i sep* (*infml*) to slam

zuknöpfen *v/t sep* to button (up); → **zugeknöpft**

zukommen *v/i sep irr aux sein* **1. auf jdn/etw ~** to come toward(s) *or* (*direkt*) up to sb/sth; **die Aufgabe, die nun auf uns zukommt** the task which is now in store for us; **die Dinge auf sich** (*acc*) **~ lassen** to take things as they come **2. jdm etw ~ lassen** *Brief etc* to send sb sth

Zukunft ['tsu:kʊnft] *f* ⟨**-, no pl**⟩ **1. die ~** the future; **in ~** in future; **ein Beruf mit ~** a career with prospects; **das hat keine ~** there's no future in it **2.** GRAM future (tense) **zukünftig I** *adj* future; **der ~e Präsident** the president elect **II** *adv* in future **Zukunftsangst** *f* (*vor der Zukunft*) fear of the future; (*um die Zukunft*) fear for the future **Zukunftsaussichten** *pl* future prospects *pl* **Zukunftsforscher(in)** *m/(f)* futurologist **Zukunftsforschung** *f* futurology **Zukunftskonzept** *nt* plans *pl* for the future **Zukunftsmusik** *f* (*fig infml*) pie in the sky (*infml*) **Zukunftspläne** *pl* plans *pl* for the future **Zukunftsroman** *m* science fiction novel **zukunftsträchtig** *adj* with a promising future

zulächeln *v/i sep jdm ~* to smile at sb

Zulage *f* **1.** (≈ *Geldzulage*) extra pay *no indef art*; (≈ *Sonderzulage*) bonus (payment) **2.** (≈ *Gehaltserhöhung*) rise (*Br*),

raise (US)
zulangen v/i sep (infml) to help oneself; **kräftig ~** (beim Essen) to tuck in (infml)
zulassen v/t sep irr **1.** (≈ Zugang gewähren) to admit **2.** (amtlich) to authorize; Arzt to register; Arzneimittel to approve; Kraftfahrzeug to license; Prüfling to admit; **amtlich zugelassen sein** to be authorized; **staatlich zugelassen sein** to be state-registered; **eine nicht zugelassene Partei** an illegal party **3.** (≈ gestatten) to allow **4.** (≈ geschlossen lassen) to keep shut **zulässig** ['tsu:lɛsɪç] adj permissible; Beweis, Klage admissible; **~e Höchstgeschwindigkeit** (upper) speed limit **Zulassung** ['tsu:lasʊŋ] f ⟨-, -en⟩ **1.** no pl (≈ Gewährung von Zugang) admittance; (amtlich) authorization; (von Kfz) licensing; (als praktizierender Arzt) registration **2.** (Dokument) papers pl; (esp von Kfz) vehicle registration document; (≈ Lizenz) licence (Br), license (US) **Zulassungsbeschränkung** f esp UNIV restriction on admissions **Zulassungsstelle** f registration office
zulasten [tsu'lastn] adv → **Last**
Zulauf m, no pl **großen ~ haben** to be very popular **zulaufen** v/i sep irr aux sein **1. auf jdn/etw ~** to run toward(s) sb/sth **2.** (Wasser etc) to add; **lass noch etwas kaltes Wasser ~** add some more cold water **3.** (Hund etc) **jdm ~** to stray into sb's house; **eine zugelaufene Katze** a stray (cat)
zulegen sep **I** v/t **1.** (≈ dazulegen) to put on; Geld to add; (bei Verlustgeschäft) to lose; **etwas Tempo ~** (infml) to get a move on (infml) **2.** (infml: an Gewicht) to put on; **die SPD konnte 5% ~** the SPD managed to gain 5% **3.** (≈ anschaffen) **sich** (dat) **etw ~** (infml) to get oneself sth **II** v/i (infml, an Gewicht) to put on weight; (Umsatz) to increase
zuleide [tsu'laidə] adv **jdm etwas ~ tun** to do sb harm
zuletzt [tsu'lɛtst] adv **1.** (≈ schließlich) in the end; **~ kam sie doch** she came in the end; **ganz ~** right at the last moment **2.** (≈ an letzter Stelle) last; **ich kam ~** I came last; **wann haben Sie ihn ~ gesehen?** when did you last see him?; **nicht ~ wegen** not least because of
zuliebe [tsu'li:bə] adv **etw jdm ~ tun** to do sth for sb's sake or for sb; **das ge-**

schah nur ihr ~ it was done just for her
Zulieferer ['tsu:li:fərɐ] m ⟨-s, -⟩, **Zulieferin** [-ərɪn] f ⟨-, -nen⟩ ECON supplier
zum [tsʊm] **geht es hier ~ Bahnhof?** is this the way to the station?; **~ Essen gehen** to go and eat; **es ist ~ Weinen** it's enough to make you cry; → **zu**
zumachen sep **I** v/t (≈ schließen) to shut; Flasche to close; **die Augen ~** to close one's eyes **II** v/i (infml) **1.** (≈ den Laden zumachen) to close (down) **2.** (infml ≈ sich beeilen) to get a move on (infml)
zumal [tsu'ma:l] cj **~ (da)** particularly as or since
zumauern v/t sep to brick up
zumeist [tsu'maist] adv mostly
zumindest [tsu'mɪndəst] adv at least
zumüllen ['tsu:mʏlən] v/t sep (infml, mit Junkmail, Spam) to bombard (infml)
zumutbar adj reasonable; **jdm or für jdn ~ sein** to be reasonable for sb; **nicht ~ sein** to be unreasonable **Zumutbarkeit** ['tsu:mu:tba:ɐkait] f ⟨-, no pl⟩ reasonableness
zumute [tsu'mu:tə] adv **wie ist Ihnen ~?** how do you feel?; **mir ist traurig ~** I feel sad; **mir war dabei gar nicht wohl ~** I felt uneasy about it
zumuten v/t sep **jdm etw ~** to expect sth of sb; **das können Sie niemandem ~** you can't expect that of anyone; **sich** (dat) **zu viel ~** to take on too much **Zumutung** ['tsu:mu:tʊŋ] f ⟨-, -en⟩ unreasonable demand; (≈ Unverschämtheit) nerve (infml); **das ist eine ~!** that's a bit much!
zunächst [tsu'nɛːçst] adv **1.** (≈ zuerst) first (of all); **~ einmal** first of all **2.** (≈ vorläufig) for the time being
zunageln v/t sep Fenster etc to nail up; (mit Brettern) to board up; Kiste etc to nail down
zunähen v/t sep to sew up
Zunahme ['tsu:na:mə] f ⟨-, -n⟩ increase (+gen, an +dat in)
Zuname m surname
zündeln ['tsʏndln] v/i to play (about) with fire
zünden ['tsʏndn] **I** v/i to catch fire; (Streichholz) to light; (Motor) to fire; (Sprengkörper) to go off; (fig) to kindle enthusiasm **II** v/t to ignite; Sprengkörper to set off; Feuerwerkskörper to let off **zündend** adj (fig) stirring; Vorschlag exciting **Zünder** ['tsʏndɐ] m ⟨-s, -⟩ **1.** (für Sprengstoff) fuse; (für Mine) deto-

nator **2. Zünder** *pl* (*Aus* ≈ *Streichhölzer*) matches *pl* **Zündflamme** *f* pilot light **Zündholz** *nt* match(stick) **Zündkerze** *f* AUTO spark(ing) plug **Zündschlüssel** *m* AUTO ignition key **Zündschnur** *f* fuse **Zündstoff** *m* (≈ *Sprengstoff*) explosives *pl*; (*fig*) explosive stuff **Zündung** ['tsʏndʊŋ] *f* ⟨-, -en⟩ ignition; **die ~ einstellen** AUTO to adjust the timing

zunehmen *sep irr* **I** *v/i* to increase; (*an Erfahrung etc*) to gain (*an* +*dat* in); (*Mensch: an Gewicht*) to put on weight; (*Mond*) to wax **II** *v/t* (*Mensch: an Gewicht*) to gain **zunehmend I** *adj* increasing; *Mond* crescent; **bei** *or* **mit ~em Alter** with advancing age; **in ~em Maße** to an increasing degree **II** *adv* increasingly

Zuneigung *f* affection

zünftig ['tsʏnftɪç] *adj* (≈ *regelrecht*) proper; (≈ *gut, prima*) great

Zunge ['tsʊŋə] *f* ⟨-, -n⟩ tongue; (*von Waage*) pointer; **eine böse/spitze ~ haben** to have an evil/a sharp tongue; **böse ~n behaupten, ...** malicious gossip has it ...; **das Wort liegt mir auf der ~** the word is on the tip of my tongue **züngeln** ['tsʏŋln] *v/i* (*Flamme, Feuer*) to lick **Zungenbrecher** *m* tongue twister **Zungenkuss** *m* French kiss **Zungenspitze** *f* tip of the tongue **Zünglein** ['tsʏŋlain] *nt* ⟨-s, -⟩ **das ~ an der Waage sein** (*fig*) to tip the scales

zunichtemachen [tsu'nɪçtə-] *v/t sep* to ruin

zunutze [tsu'nʊtsə] *adv* **sich** (*dat*) **etw ~ machen** (≈ *ausnutzen*) to capitalize on sth

zuoberst [tsu'|oːbɛst] *adv* on *or* at the (very) top

zuordnen *v/t* +*dat sep* to assign to; **jdn/ etw jdm ~** to assign sb/sth to sb **zupacken** *v/i sep* (*infml*) **1.** (≈ *zugreifen*) to make a grab for it *etc* **2.** (≈ *helfen*) **mit ~** to give me/them *etc* a hand **Zupfinstrument** *nt* MUS plucked string instrument

zuprosten *v/i sep* **jdm ~** to drink sb's health

zur [tsuːɐ, tsʊr] **~ Schule gehen** to go to school; **~ Orientierung** for orientation; **~ Abschreckung** as a deterrent; → **zu**

zurande [tsu'randə] *adv* **mit etw/jdm ~ kommen** (to be able) to cope with sth/sb

zurate [tsu'raːtə] *adv* **jdn/etw ~ ziehen** to

consult sb/sth **zuraten** *v/i sep irr* **jdm ~, etw zu tun** to advise sb to do sth; **auf sein Zuraten** (**hin**) on his advice

zurechnungsfähig *adj* of sound mind **Zurechnungsfähigkeit** *f* soundness of mind; **verminderte ~** diminished responsibility

zurechtbiegen *v/t sep irr* to bend into shape; (*fig*) to twist **zurechtfinden** *v/r sep irr* to find one's way (*in* +*dat* around); **sich mit etw ~** to get the hang of sth (*infml*); (*durch Gewöhnung*) to get used to sth **zurechtkommen** *v/i sep irr aux sein* **1.** (*fig*) to get on; (≈ *bewältigen*) to cope; (≈ *genug haben*) to have enough; **kommen Sie ohne das zurecht?** (*infml*) can you manage without it? **2.** (*finanziell*) to manage **zurechtlegen** *v/t sep irr* **sich** (*dat*) **etw ~** to lay sth out ready; (*fig*) to work sth out **zurechtmachen** *sep* (*infml*) **I** *v/t* *Zimmer, Essen etc* to prepare; *Bett* to make up **II** *v/r* to get dressed; (≈ *sich schminken*) to put on one's make-up **zurechtweisen** *v/t sep irr* to rebuke; *Schüler etc* to reprimand **Zurechtweisung** *f* rebuke; (*von Schüler*) reprimand **zureden** *v/i sep* **jdm ~** (≈ *ermutigen*) to encourage sb; (≈ *überreden*) to persuade sb; **auf mein Zureden** (**hin**) with my encouragement; (*Überreden*) with my persuasion

zureiten *sep irr* **I** *v/t* *Pferd* to break in **II** *v/i aux sein* **auf jdn/etw ~** to ride toward(s) sb/sth

Zürich ['tsyːrɪç] *nt* ⟨-s⟩ Zurich

zurichten *v/t sep* (≈ *beschädigen*) to make a mess of; (≈ *verletzen*) to injure; **jdn übel ~** to beat sb up

zurück [tsu'rʏk] *adv* back; (*mit Zahlungen*) behind; (*fig* ≈ *zurückgeblieben*) (*von Kind*) backward; **fünf Punkte ~** SPORTS five points behind; **~!** get back!; **einmal München und ~** a return (*esp Br*) *or* a round-trip ticket (*US*) to Munich; **ich bin in zehn Minuten wieder ~** I will be back (again) in 10 minutes **zurückbehalten** *past part* **zurückbehalten** *v/t sep irr* to keep (back); **er hat Schäden ~** he suffered lasting damage **zurückbekommen** *past part* **zurückbekommen** *v/t sep irr* (≈ *zurückerhalten*) to get back (*Br*), to get back at **zurückbilden** *v/r sep* (*Geschwür*) to recede; BIOL to regress **zurückbleiben** *v/i sep irr aux sein* **1.** (*an ei-*

nem Ort) to stay behind **2.** (≈ *übrig bleiben*) to be left; (*Schaden, Behinderung*) to remain **3.** (≈ *nicht Schritt halten*) to fall behind; (*in Entwicklung*) to be retarded; → **zurückgeblieben zurückblicken** *v/i sep* to look back (*auf +acc* at); (*fig*) to look back (*auf +acc* on) **zurückbringen** *v/t sep irr* (≈ *wieder herbringen*) to bring back; (≈ *wieder wegbringen*) to take back **zurückdatieren** *past part **zurückdatiert*** *v/t sep* to backdate **zurückdenken** *v/i sep irr* to think back (*an +acc* to) **zurückdrehen** *v/t sep* to turn back; *die Zeit ~* to put (*Br*) *or* turn (*US*) back the clock **zurückerstatten** *past part **zurückerstattet*** *v/t sep* to refund; *Ausgaben* to reimburse **zurückerwarten** *past part **zurückerwartet*** *v/t sep **jdn ~*** to expect sb back **zurückfahren** *sep irr* **I** *v/i aux sein* (*an einen Ort*) to go back; (*esp als Fahrer*) to drive back **II** *v/t* **1.** (*mit Fahrzeug*) to drive back **2.** (≈ *drosseln*) *Produktion* to cut back **zurückfallen** *v/i sep irr aux sein* to fall back; SPORTS to drop back; (*fig*) (*Umsätze etc*) to fall; (*in Leistungen*) to fall behind; *in alte Gewohnheiten ~* to fall back into old habits **zurückfinden** *v/i sep irr* to find the way back **zurückfliegen** *v/t & v/i sep irr* to fly back **zurückfordern** *v/t sep **etw ~*** to demand sth back **zurückführen** *sep v/t* **1.** (≈ *zurückbringen*) to lead back **2.** (≈ *ableiten aus*) to put down to; *das ist darauf zurückzuführen, dass ...* that can be put down to the fact that ... **zurückgeben** *v/t sep irr* to give back; *Ball, Kompliment, Beleidigung* to return; (≈ *erwidern*) to retort **zurückgeblieben** *adj **geistig/körperlich ~*** mentally/physically retarded; → **zurückbleiben zurückgehen** *v/i sep irr aux sein* **1.** to go back (*nach, in +acc, auf +acc* to); *Waren/Essen etc ~ lassen* to send back goods/food *etc* **2.** (*fig ≈ abnehmen*) to go down; (*Geschäft, Produktion*) to fall off; (*Schmerz, Sturm*) to die down **zurückgezogen** **I** *adj Mensch* withdrawn, retiring; *Lebensweise* secluded **II** *adv* in seclusion; *er lebt sehr ~* he lives a very secluded life; → **zurückziehen zurückgreifen** *v/i sep irr* (*fig*) to fall back (*auf +acc* upon) **zurückhalten** *sep irr* **I** *v/t* to hold back; (≈ *aufhalten*) *jdn* to hold up; (≈ *nicht freigeben*) *Informationen* to withhold; *Ärger etc* to restrain;

jdn von etw (*dat*) *~* to keep sb from sth **II** *v/r* (≈ *sich beherrschen*) to control oneself; (≈ *reserviert sein*) to be retiring; (≈ *im Hintergrund bleiben*) to keep in the background; *sich mit seiner Kritik ~* to be restrained in one's criticism; *ich musste mich schwer ~* I had to take a firm grip on myself **III** *v/i mit etw ~* (≈ *verheimlichen*) to hold sth back **zurückhaltend** **I** *adj* (≈ *beherrscht*) restrained; (≈ *reserviert*) reserved; (≈ *vorsichtig*) cautious; *mit Kritik nicht ~ sein* to be unsparing in one's criticism **II** *adv* with restraint **zurückkaufen** *v/t sep* to buy back **zurückkehren** *v/i sep aux sein* to return **zurückkommen** *v/i sep irr aux sein* to come back; (≈ *Bezug nehmen*) to refer (*auf +acc* to) **zurückkönnen** *v/i sep irr* (*infml*) to be able to go back; *ich kann nicht mehr zurück* (*fig*) there's no going back! **zurücklassen** *v/t sep irr* (≈ *hinterlassen*) to leave; (≈ *liegen lassen*) to leave behind **zurücklegen** *sep* **I** *v/t* **1.** (*an seinen Platz*) to put back **2.** (≈ *reservieren*) to put aside; (≈ *sparen*) to put away **3.** *Strecke* to cover **II** *v/r* to lie back **zurücklehnen** *v/t & v/r sep* to lean back **zurückliegen** *v/i sep irr* (*örtlich*) to be behind; *der Unfall liegt etwa eine Woche zurück* the accident was about a week ago **zurückmüssen** *v/i sep irr* (*infml*) to have to go back **zurücknehmen** *v/t sep irr* to take back; *Entscheidung* to reverse; *Angebot* to withdraw; *sein Wort ~* to break one's word **zurückreichen** *v/i sep* (*Tradition etc*) to go back (*in +acc* to) **zurückreisen** *v/i sep aux sein* to travel back **zurückrufen** *sep irr* **I** *v/t* to call back; *Botschafter, Produkte* to recall; *jdm etw ins Gedächtnis ~* to conjure sth up for sb **II** *v/i* to call back **zurückscheuen** *v/i sep aux sein* to shy away (*vor +dat* from) **zurückschicken** *v/t sep* to send back **zurückschlagen** *sep irr* **I** *v/t Ball* to return; *Angriff etc* to beat back **II** *v/i* to hit back; MIL to retaliate **zurückschrauben** *v/t sep* (*fig infml*) *Erwartungen* to lower; *Subventionen* to cut back **zurückschrecken** *v/i sep irr aux sein* to start back; (*fig*) to shy away (*vor +dat* from); *vor nichts ~* to stop at nothing **zurücksehen** *v/i sep irr* to look back **zurücksehnen** *sep v/r* to long to return (*nach* to) **zurücksenden** *v/t sep irr* to send back **zurücksetzen** *sep* **I** *v/t* **1.** (*nach hinten*) to move back; *Auto* to reverse **2.** (*an früheren Platz*) to put back **II** *v/r* to sit back **III** *v/i* (*mit Fahrzeug*) to reverse **zurückspringen** *v/i sep irr aux sein* to leap or jump back **zurückstecken** *v/i sep* **1.** (≈ *weniger Ansprüche stellen*) to lower one's expectations **2.** (≈ *nachgeben*) to backtrack **zurückstehen** *v/i sep irr* **hinter etw** (*dat*) **~** to take second place to sth **zurückstellen** *v/t sep* **1.** to put back; (*nach hinten*) to move back **2.** (*fig* ≈ *verschieben*) to defer; *Pläne* to postpone; *Bedenken etc* to put aside **zurückstufen** *v/t sep* to downgrade **zurücktreten** *v/i sep irr aux sein* **1.** (≈ *zurückgehen*) to step back; *bitte* **~!** stand back, please!; *einen Schritt* **~** to take a step back **2.** (*von Amt*) to resign **3.** (*von Vertrag etc*) to withdraw (*von* from) **4.** (*fig* ≈ *im Hintergrund bleiben*) to come second (*hinter jdm/etw* to sb/sth) **zurücktun** *v/t sep irr* (*infml*) to put back **zurückverfolgen** *past part* **zurückverfolgt** *v/t sep* (*fig*) to trace back **zurückversetzen** *past part* **zurückversetzt** *sep* **I** *v/t* (*in seinen alten Zustand*) to restore (*in* +*acc* to); (*in eine andere Zeit*) to take back (*in* +*acc* to) **II** *v/r* to think oneself back (*in* +*acc* to) **zurückweichen** *v/i sep irr aux sein* (*erschrocken*) to shrink back; (*ehrfürchtig*) to stand back; MIL to withdraw; (*Hochwasser*) to subside **zurückweisen** *v/t sep irr* to reject; *Bittsteller* to turn away; *Vorwurf, Klage* to dismiss; *Angriff* to repel; (*an der Grenze*) to turn back **zurückwollen** *v/i sep* (*infml*) to want to go back **zurückzahlen** *v/t sep* to repay **zurückziehen** *sep irr* **I** *v/t* to pull back; *Antrag, Klage etc* to withdraw **II** *v/r* to retire; MIL to withdraw; → **zurückgezogen III** *v/i aux sein* to move back **zurückzucken** *v/i sep aux sein* to recoil

Zuruf *m* shout; (*aufmunternd*) cheer **zurufen** *v/t & v/i sep irr* **jdm etw ~** to shout sth to sb

zurzeit [tsʊrˈtsait] *adv* at present

Zusage *f* **1.** (≈ *Zustimmung*) consent **2.** (≈ *Annahme*) acceptance **3.** (≈ *Versprechen*) promise **zusagen** *sep* **I** *v/t* (≈ *versprechen*) to promise **II** *v/i* **1.** (≈ *annehmen*) (*jdm*) **~** to accept **2.** (≈ *gefallen*) **jdm ~** to appeal to sb

zusammen [tsuˈzamən] *adv* together; *al-*

le/alles ~ all together **Zusammenarbeit** *f* co-operation; (*mit dem Feind*) collaboration; **in ~ mit** in co-operation with **zusammenarbeiten** *v/i sep* to co-operate; (*mit dem Feind*) to collaborate **zusammenbauen** *v/t sep* to assemble **zusammenbeißen** *v/t sep irr* **die Zähne ~** (*lit*) to clench one's teeth; (*fig*) to grit one's teeth **zusammenbekommen** *past part* **zusammenbekommen** *v/t sep irr* to get together; *Geld* to collect **zusammenbinden** *v/t sep irr* to tie together **zusammenbleiben** *v/i sep irr aux sein* to stay together **zusammenbrechen** *v/i sep irr aux sein* to break down; (*Gebäude*) to cave in; (*Wirtschaft*) to collapse; (*Verkehr etc*) to come to a standstill **zusammenbringen** *v/t sep irr* **1.** to bring together; *Geld* to raise **2.** (*infml* ≈ *zustande bringen*) to manage; *Worte* to put together **Zusammenbruch** *m* breakdown; (*fig*) collapse **zusammenfahren** *v/i sep irr aux sein* **1.** (≈ *zusammenstoßen*) to collide **2.** (≈ *erschrecken*) to start **zusammenfallen** *v/i sep irr aux sein* **1.** (≈ *einstürzen*) to collapse **2.** (*durch Krankheit etc*) to waste away **3.** (*Ereignisse*) to coincide **zusammenfalten** *v/t sep* to fold up **zusammenfassen** *sep* **I** *v/t* **1.** (≈ *verbinden*) to combine (*zu* in) **2.** *Bericht etc* to summarize; *etw in einem Satz ~* to sum sth up in one sentence **II** *v/i* (≈ *das Fazit ziehen*) to summarize; *wenn ich kurz ~ darf* just to sum up **Zusammenfassung** *f* **1.** *no pl* combination **2.** (≈ *Überblick*) summary **zusammenfließen** *v/i sep irr aux sein* to flow together **Zusammenfluss** *m* confluence **zusammenfügen** *sep v/t* to join together; TECH to fit together **zusammengehören** *past part* **zusammengehört** *v/i sep* to belong together; (*als Paar*) to form a pair **zusammengehörig** *adj Kleidungsstücke etc* matching; (≈ *verwandt*) related **Zusammengehörigkeit** *f* ‹-, *no pl*› common bond **Zusammengehörigkeitsgefühl** *nt* (*in Gemeinschaft*) communal spirit; *esp* POL feeling of solidarity **zusammengesetzt** *adj* **aus etw ~ sein** to consist of sth; **~es Wort/Verb** compound (word)/verb **zusammengewürfelt** [-ɡəvʏrflt] *adj* motley; *Mannschaft* scratch *attr* **Zusammenhalt** *m, no pl* (*fig: in einer Gruppe*) cohesion; *esp* POL solidarity **zusammenhalten** *sep* *irr* **I** *v/t* (≈ *verbinden*) to hold together; (*infml*) *Geld etc* to hold on to **II** *v/i* to hold together; (*fig: Gruppe etc*) to stick together **Zusammenhang** *m* (≈ *Beziehung*) connection (*von, zwischen* +*dat* between); (≈ *Wechselbeziehung*) correlation (*von, zwischen* +*dat* between); (*im Text*) context; **jdn mit etw in ~ bringen** to connect sb with sth; **im** *or* **in ~ mit etw stehen** to be connected with sth; **in diesem ~** in this context **zusammenhängen** *v/i sep irr* to be joined (together); (*fig*) to be connected; **~d** *Rede, Erzählung* coherent; **das hängt damit zusammen, dass ...** that is connected with the fact that ... **zusammenhang(s)los** *adj* incoherent **zusammenklappen** *sep v/t Messer, Tisch etc* to fold up; *Schirm* to shut **zusammenkleben** *v/t & v/i sep* to stick together **zusammenkneifen** *v/t sep irr Lippen etc* to press together; *Augen* to screw up **zusammenknüllen** *v/t sep* to crumple up **zusammenkommen** *v/i sep irr aux sein* to meet (together); (*Umstände*) to combine; (*fig: Schulden etc*) to mount up; (*Geld bei einer Sammlung*) to be collected; **er kommt viel mit Menschen zusammen** he meets a lot of people **Zusammenkunft** [tsuˈzamənkʊnft] *f* ⟨-, **-künfte** [-kʏnftə]⟩ meeting; (*zwanglos*) get-together **zusammenläppern** *v/r sep* (*infml*) to add up **zusammenlaufen** *v/i sep irr aux sein* **1.** (≈ *an eine Stelle laufen*) to gather; (*Flüssigkeit*) to collect **2.** (*Straßen*) to converge **zusammenleben** *v/i sep* to live together **Zusammenleben** *nt* living together *no art* **zusammenlegen** *sep* **I** *v/t* **1.** (≈ *falten*) to fold (up) **2.** (≈ *vereinigen*) to combine; *Patienten* to put together; (≈ *zentralisieren*) to centralize **II** *v/i* (≈ *Geld gemeinsam aufbringen*) to club (*Br*) *or* pitch in (*US*) together **zusammennehmen** *sep irr* **I** *v/t* to gather up; *Mut* to summon up **II** *v/r* (≈ *sich zusammenreißen*) to pull oneself together; (≈ *sich beherrschen*) to control oneself **zusammenpassen** *v/i sep* (*Menschen*) to suit each other; (*Farben, Stile*) to go together; **gut ~** to go well together **zusammenpferchen** *v/t sep* to herd together; (*fig*) to pack together **zusammenprallen** *v/i sep aux sein* to collide; (*fig*) to clash **zusammenraufen** *v/r sep* to achieve a viable working relation-

ship **zusammenrechnen** *v/t sep* to add up **zusammenreimen** *sep* **I** *v/t* (*infml*) **sich** (*dat*) **etw ~** to figure sth out (for oneself) **II** *v/r* to make sense **zusammenreißen** *v/r sep irr* to pull oneself together **zusammenrollen** *sep* **I** *v/t* to roll up **II** *v/r* to curl up **zusammenrücken** *sep v/t Möbel etc* to move closer together **zusammenschlagen** *sep irr v/t* **1.** *Hände* to clap **2.** (≈ *verprügeln*) to beat up **zusammenschließen** *v/r sep irr* to join together; comm to merge **Zusammenschluss** *m* joining together; comm merger; (*von politischen Gruppen*) amalgamation **zusammenschreiben** *v/t sep irr Wörter* to write together **zusammenschrumpfen** *v/i sep aux sein* to shrivel up; (*fig*) to dwindle (*auf* +*acc* to) **zusammen sein** *v/i sep irr aux sein mit jdm ~* to be with sb; (*infml* ≈ *befreundet*) to be going out with sb **Zusammensein** *nt* being together *no art*; (*von Gruppe*) get-together **zusammensetzen** *sep* **I** *v/t* **1.** *Gäste etc* to put together **2.** *Gerät* to assemble (*zu* to make) **II** *v/r* **1.** to sit together; **sich auf ein Glas Wein ~** to get together over a glass of wine **2.** **sich ~ aus** to consist of **Zusammensetzung** [-zɛtsʊŋ] *f* ⟨-, **-en**⟩ (≈ *Struktur*) composition; (≈ *Mischung*) mixture (*aus* of) **zusammenstauchen** *v/t sep* (*infml*) to give a dressing-down (*infml*), to chew out (*US infml*) **zusammenstecken** *sep* **I** *v/t Einzelteile* to fit together **II** *v/i* (*infml*) to be together **zusammenstellen** *v/t sep* to put together; (*nach einem Muster*) to arrange; *Daten* to compile; *Liste, Fahrplan* to draw up; sports *Mannschaft* to pick **Zusammenstellung** *f* (≈ *Kombination*) (*nach Muster*) arrangement; (*von Daten*) compilation; (≈ *Liste*) list; (≈ *Zusammensetzung*) composition; (≈ *Übersicht*) survey **Zusammenstoß** *m* collision; (*fig* ≈ *Streit*) clash **zusammenstoßen** *v/i sep irr aux sein* (≈ *zusammenprallen*) to collide; (*fig* ≈ *sich streiten*) to clash; **mit jdm ~** to collide with sb; (*fig*) to clash with sb **zusammenstreichen** *v/t sep irr* to cut (down) (*auf* +*acc* to) **zusammensuchen** *v/t sep* to collect (together) **zusammentragen** *v/t sep irr* to collect **zusammentreffen** *v/i sep irr aux sein* (*Menschen*) to meet; (*Ereignisse*) to coincide **Zusammentreffen** *nt* meeting;

(*esp zufällig*) encounter; (*zeitlich*) coincidence **zusammentrommeln** *v/t sep* (*infml*) to round up (*infml*) **zusammentun** *sep irr* **I** *v/t* (*infml*) to put together **II** *v/r* to get together **zusammenwachsen** *v/i sep irr aux sein* to grow together; (*fig*) to grow close **zusammenzählen** *v/t sep* to add up **zusammenziehen** *sep irr* **I** *v/t* **1.** *Muskel* to draw together; (≈ *verengen*) to narrow; *Schlinge* to tighten **2.** (*fig*) *Truppen, Polizei* to assemble **II** *v/r* to contract; (≈ *enger werden*) to narrow; (*Gewitter, Unheil*) to be brewing **III** *v/i aux sein* to move in together; **mit jdm ~** to move in with sb **zusammenzucken** *v/i sep aux sein* to start

Zusatz *m* addition **Zusatzgerät** *nt* attachment; IT add-on **Zusatzkosten** *pl* additional costs *pl* **zusätzlich** ['tsuːzɛtslɪç] **I** *adj* additional **II** *adv* in addition **Zusatzstoff** *m* additive **Zusatzzahl** *f* (*Lotto*) additional number, bonus number (*Br*)

zuschauen *v/i sep* (*esp dial*) = **zusehen Zuschauer** ['tsuːʃaʊɐ] *m* ⟨**-s, -**⟩, **Zuschauerin** [-ərɪn] *f* ⟨**-, -nen**⟩ spectator (*auch* SPORTS); TV viewer; THEAT member of the audience; (≈ *Beistehender*) onlooker

zuschicken *v/t sep* **jdm etw ~** to send sth to sb

zuschieben *v/t sep irr* **jdm etw ~** to push sth over to sb; (*heimlich*) to slip sb sth; **jdm die Verantwortung/Schuld ~** to put the responsibility/blame on sb

Zuschlag *m* **1.** (≈ *Erhöhung*) extra charge, surcharge (*esp* COMM, ECON); (*auf Fahrpreis*) supplement **2.** (*bei Versteigerung*) acceptance of a bid; (≈ *Auftragserteilung*) acceptance of a/the tender; **er erhielt den ~** the lot went to him; (*nach Ausschreibung*) he was awarded the contract **zuschlagen** *sep irr* **I** *v/t* **1.** *Tür, Fenster* to slam (shut), to bang shut **2.** (*bei Versteigerung*) **jdm etw ~** to knock sth down to sb **II** *v/i* **1.** (≈ *kräftig schlagen*) to strike (*also fig*); (≈ *losschlagen*) to hit out **2.** *aux sein* (*Tür*) to slam (shut) **3.** (*fig infml* ≈ *zugreifen*) (*bei Angebot*) to go for it; (*beim Essen*) to get stuck in (*infml*); (*Polizei*) to pounce **zuschlag(s)pflichtig** *adj Zug, Service* subject to a supplement **zuschließen** *v/t sep irr* to lock; *Laden* to lock up

zuschnappen *v/i sep* **1.** (≈ *zubeißen*) **der**

Hund schnappte zu the dog snapped at me/him *etc* **2.** (*fig: Polizei*) to pounce **3.** *aux sein* (*Schloss*) to snap shut **zuschneiden** *v/t sep irr* to cut to size; SEWING to cut out; **auf jdn/etw genau zugeschnitten sein** to be tailor-made for sb/sth **Zuschnitt** *m* **1.** *no pl* (≈ *Zuschneiden*) cutting **2.** (≈ *Form*) cut

zuschreiben *v/t sep irr* (*fig*) to attribute (+*dat* to); **das hast du dir selbst zuzuschreiben** you've only got yourself to blame

Zuschrift *f* letter; (*auf Anzeige*) reply **zuschulden** [tsuːˈʃʊldn] *adv* **sich** (*dat*) **etwas ~ kommen lassen** to do something wrong

Zuschuss *m* subsidy; (*nicht amtlich*) contribution **Zuschussbetrieb** *m* lossmaking (*Br*) *or* losing (*US*) concern **zuschütten** *v/t sep* to fill in

zusehen *v/i sep irr* **1.** to watch; (≈ *unbeteiligter Zuschauer sein*) to look on; (≈ *etw dulden*) to sit back by (and watch); **jdm ~** to watch sb; **jdm bei der Arbeit ~** to watch sb working **2.** (≈ *dafür sorgen*) **~, dass ...** to see to it that ..., to make sure (that) ... **zusehends** ['tsuːzeːənts] *adv* visibly; (≈ *rasch*) rapidly

zu sein *v/i irr aux sein* to be shut; (*infml* ≈ *betrunken, high sein*) to be stoned (*infml*)

zusenden *v/t sep irr* to send

zusetzen *v/i sep* **jdm ~** (≈ *unter Druck setzen*) to lean on sb (*infml*); (≈ *drängen*) to pester sb; (≈ *schwer treffen*) to hit sb hard

zusichern *v/t sep* **jdm etw ~** to assure sb of sth **Zusicherung** *f* assurance

zusperren *v/t sep* (*S Ger, Aus, Swiss*) to lock

zuspielen *v/t sep* **jdm etw ~** (*fig*) to pass sth on to sb; (*der Presse*) to leak sth to sb

zuspitzen *v/r sep* to be pointed; (*fig: Lage, Konflikt*) to intensify

zusprechen *sep irr* **I** *v/t Gewinn etc* to award; **das Kind wurde dem Vater zugesprochen** the father was granted custody (of the child); **jdm Mut ~** (*fig*) to encourage sb **II** *v/i* **jdm** (**gut**) **~** to talk *or* speak (nicely) to sb **Zuspruch** *m, no pl* (≈ *Anklang*) (**großen**) **~ finden** to be (very) popular; (*Stück, Film*) to meet with general acclaim

Zustand *m* state; (*von Haus, Auto,* MED) condition; (≈ *Lage*) state of affairs; **in**

gutem/schlechtem ~ in good / poor condition; *in angetrunkenem* ~ under the influence of alcohol; *Zustände kriegen* (*infml*) to have a fit (*infml*); *das sind ja schöne Zustände!* (*iron*) that's a fine state of affairs! (*iron*)

zustande [tsu'ʃtandə] *adv* **1.** ~ *bringen* to manage; *Arbeit* to get done **2.** ~ *kommen* (≈ *erreicht werden*) to be achieved; (≈ *geschehen*) to come about; (≈ *stattfinden*) to take place

zuständig ['tsu:ʃtɛndɪç] *adj* (≈ *verantwortlich*) responsible; *Amt etc* appropriate; *dafür ist er* ~ that's his responsibility; ~ *sein* JUR to have jurisdiction **Zuständigkeit** *f* ⟨-, -en⟩ (≈ *Kompetenz*) competence; JUR jurisdiction; (≈ *Verantwortlichkeit*) responsibility **Zuständigkeitsbereich** *m* area of responsibility; JUR jurisdiction

zustecken *v/t sep jdm etw* ~ to slip sb sth **zustehen** *v/i sep irr etw steht jdm zu* sb is entitled to sth; *es steht ihr nicht zu, das zu tun* it's not for her to do that

zustellen *v/t sep* **1.** *Brief, Paket etc* to deliver; JUR to serve (*jdm etw* sb with sth) **2.** *Tür etc* to block **Zusteller** ['tsu:ʃtɛlɐ] *m* ⟨-s, -⟩, **Zustellerin** [-ərɪn] *f* ⟨-, -nen⟩ deliverer; (≈ *Briefträger*) postman/-woman (*Br*), mailman/-woman (*US*) **Zustellgebühr** *f* delivery charge **Zustellung** *f* delivery; JUR service (of a writ)

zustimmen *v/i sep* (*einer Sache dat*) ~ to agree (to sth); (≈ *einwilligen*) to consent (to sth); *jdm* ~ to agree with sb; *eine* ~*de Antwort* an affirmative answer **Zustimmung** *f* (≈ *Einverständnis*) agreement; (≈ *Einwilligung*) consent; (≈ *Beifall*) approval; *allgemeine* ~ *finden* to meet with general approval; *mit* ~ (*+gen*) with the agreement of

zustoßen *sep irr* **I** *v/t Tür etc* to push shut **II** *v/i* **1.** (*mit Messer etc*) to plunge a/the knife *etc* in **2.** (≈ *passieren*) *aux sein jdm* ~ to happen to sb

zustürzen *v/i sep aux sein auf jdn/etw* ~ to rush up to sb/sth

zutage [tsu'ta:gə] *adv etw* ~ *bringen* (*fig*) to bring sth to light; ~ *kommen* to come to light

Zutaten ['tsu:ta:tn] *pl* COOK ingredients *pl*

zuteilen *v/t sep* (*jdm* to sb) to allocate; *Arbeitskraft* to assign

zutiefst [tsu'ti:fst] *adv* deeply

zutrauen *v/t sep jdm etw* ~ to think sb (is) capable of (doing) sth; *sich* (*dat*) *zu viel* ~ to overrate one's own abilities; (≈ *sich übernehmen*) to take on too much; *ich traue ihnen alles zu* (*Negatives*) I wouldn't put anything past them; *das ist ihm zuzutrauen!* (*iron*) I wouldn't put it past him! **zutraulich** *adj Kind* trusting; *Tier* friendly

zutreffen *v/i sep irr* (≈ *gelten*) to apply (*auf +acc, für* to); (≈ *richtig sein*) to be accurate; (≈ *wahr sein*) to be true; *seine Beschreibung traf überhaupt nicht zu* his description was completely inaccurate **zutreffend I** *adj* (≈ *richtig*) accurate; (≈ *auf etw zutreffend*) applicable; *Zutreffendes bitte unterstreichen* underline where applicable **II** *adv* accurately

Zutritt *m, no pl* (≈ *Einlass*) entry; (≈ *Zugang*) access; *kein* ~, ~ *verboten* no entry

Zutun *nt, no pl* assistance; *es geschah ohne mein* ~ I did not have a hand in the matter

zuunterst [tsu'|ʊntɐst] *adv* right at the bottom

zuverlässig ['tsu:fɛɐlɛsɪç] *adj* reliable; *aus* ~*er Quelle* from a reliable source **Zuverlässigkeit** *f* ⟨-, no pl⟩ reliability

Zuversicht *f, no pl* confidence; *in der festen* ~, *dass ...* confident that ... **zuversichtlich** *adj* confident

zuviel [tsu'fi:l] *adj, adv* → *viel*

zuvor [tsu'vo:ɐ] *adv* before; (≈ *zuerst*) beforehand; *am Tage* ~ the day before **zuvorkommen** *v/i +dat sep irr aux sein* to anticipate; *jdm* ~ to beat sb to it **zuvorkommend I** *adj* obliging; (*zu* towards) **II** *adv* obligingly

Zuwachs ['tsu:vaks] *m* ⟨-es, **Zuwächse** [-vɛksə]⟩ **1.** *no pl* (≈ *Wachstum*) growth (*an +dat* of) **2.** (≈ *Höhe des Wachstums*) increase (*an +dat* in) **zuwachsen** *v/i sep irr aux sein* (*Loch*) to grow over; (*Garten etc*) to become overgrown; (*Wunde*) to heal

zuwege [tsu've:gə] *adv etw* ~ *bringen* to manage sth; (≈ *erreichen*) to achieve sth; *gut/schlecht* ~ *sein* (*infml*) to be in good/poor health

zuweisen *v/t sep irr* to assign (*jdm etw* sth to sb)

zuwenden *sep irr* **I** *v/t* **1.** to turn (*+dat* to, towards); *jdm das Gesicht* ~ to turn to

face sb **2. jdm Geld** etc ~ to give sb money etc **II** v/r **sich jdm/einer Sache** ~ to turn to sb/sth; (≈ *sich widmen*) to devote oneself to sb/sth **Zuwendung** f **1.** (≈ *Liebe*) care **2.** (≈ *Geldsumme*) sum (of money); (≈ *Schenkung*) donation
zuwenig [tsu'veːnɪç] *adj, adv* → **wenig**
zuwerfen v/t sep irr **1.** (≈ *schließen*) *Tür* to slam (shut) **2. jdm etw** ~ to throw sth to sb; **jdm einen Blick** ~ to cast a glance at sb
zuwider [tsu'viːdɐ] *adv* **er/das ist mir** ~ I detest *or* loathe him/that
zuwinken v/i sep **jdm** ~ to wave to sb
zuzahlen sep **I** v/t **zehn Euro** ~ to pay another ten euros **II** v/i to pay extra
zuzeln v/i (*Aus*) (≈ *lutschen*) to suck; (≈ *langsam trinken*) to sip away (*an* +dat at)
zuziehen v/t sep irr **1.** *Vorhang* to draw; *Tür* to pull shut; *Schlinge* to pull tight **2. sich** (*dat*) **eine Verletzung** ~ (*form*) to sustain an injury **Zuzug** m (≈ *Zustrom*) influx; (*von Familie* etc) arrival (*nach* in), move (*nach* to) **Zuzüger** ['tsuːtsyːgɐ] m ⟨**-s, -**⟩, **Zuzügerin** [-ərɪn] f ⟨**-, -nen**⟩ (*Swiss*) (≈ *Neuling*) newcomer; (≈ *Zuwanderer*) immigrant **zuzüglich** ['tsuːtsyːklɪç] *prep* +gen plus
zuzwinkern v/i sep **jdm** ~ to wink at sb
Zvieri ['tsfiːri] m *or* nt ⟨**-s, no pl**⟩ (*Swiss*) afternoon snack
Zwang [tsvaŋ] m ⟨**-(e)s, ⁼e** ['tsvɛŋə]⟩ (≈ *Notwendigkeit*) compulsion; (≈ *Gewalt*) force; (≈ *Verpflichtung*) obligation; **gesellschaftliche Zwänge** social constraints; **tu dir keinen** ~ **an** (*iron*) don't force yourself **zwängen** ['tsvɛŋən] v/t to force; **sich in/durch etw** (*acc*) ~ to squeeze into/through sth **zwanghaft** *adj* PSYCH compulsive **zwanglos I** *adj* (≈ *ohne Förmlichkeit*) informal; (≈ *locker*) casual **II** *adv* informally; **da geht es recht** ~ **zu** things are very informal there **Zwanglosigkeit** f ⟨**-, no pl**⟩ informality; (≈ *Lockerheit*) casualness **Zwangsabgabe** f ECON compulsory levy **Zwangsarbeit** f hard labour (*Br*) *or* labor (*US*); (*von Kriegsgefangenen*) forced labo(u)r **Zwangsarbeiter(in)** m/(f) forced labourer (*Br*) *or* laborer (*US*) **zwangsernähren** *past part* **zwangsernährt** v/t insep to force-feed **Zwangsernährung** f force-feeding **Zwangsjacke** f straitjacket **Zwangslage** f predicament **zwangsläufig I** *adj* in-

evitable **II** *adv* inevitably **Zwangspause** f (*beruflich*) **eine** ~ **machen müssen** to have to stop work temporarily **Zwangsvorstellung** f PSYCH obsession **zwangsweise I** *adv* compulsorily **II** *adj* compulsory
zwanzig ['tsvantsɪç] *num* twenty; → **vierzig Zwanzig** ['tsvantsɪç] f ⟨**-, -en** [-gn]⟩ twenty **Zwanziger** ['tsvantsɪgɐ] m ⟨**-s, -**⟩ (*infml* ≈ *Geldschein*) twenty-euro *etc* note (*Br*) *or* bill (*US*)**Zwanzig--euroschein** m twenty-euro note (*Br*) *or* bill (*US*) **zwanzigste(r, s)** ['tsvantsɪçstə] *adj* twentieth
zwar [tsvaːɐ] *adv* **1.** (≈ *wohl*) **sie ist** ~ **sehr schön, aber ...** it's true she's very beautiful but ...; **ich weiß** ~, **dass es schädlich ist, aber ...** I do know it's harmful but ... **2.** (*erklärend*) **und** ~ in fact, actually; **ich werde ihm schreiben, und** ~ **noch heute** I'll write to him and I'll do it today
Zweck [tsvɛk] m ⟨**-(e)s, -e**⟩ **1.** (≈ *Ziel*) purpose; **einem guten** ~ **dienen** to be for a good cause; **seinen** ~ **erfüllen** to serve its/one's purpose **2.** (≈ *Sinn*) point; **das hat keinen** ~ it's pointless **3.** (≈ *Absicht*) aim; **zu diesem** ~ to this end **Zweckbau** m, pl **-bauten** functional building **zweckdienlich** *adj* appropriate; **~e Hinweise** (any) relevant information
Zwecke ['tsvɛkə] f ⟨**-, -n**⟩ tack; (≈ *Reißzwecke*) drawing pin (*Br*), thumbtack (*US*)
zweckgebunden *adj* Steuern etc for a specific purpose **zwecklos** *adj* pointless; *Versuch* futile **Zwecklosigkeit** f ⟨**-, no pl**⟩ pointlessness; (*von Versuch*) futility **zweckmäßig** *adj* (≈ *nützlich*) useful; *Kleidung* etc suitable **Zweckmäßigkeit** ['tsvɛkmɛːsɪçkait] f ⟨**-, no pl**⟩ (≈ *Nützlichkeit*) usefulness; (*von Kleidung* etc) suitability **Zweckoptimismus** m calculated optimism **zwecks** [tsvɛks] *prep* +gen (*form*) for the purpose of
zwei [tsvai] *num* two; **wir** ~ the two of us; → **vier Zwei** [tsvai] f ⟨**-, -en**⟩ two **Zweibeiner** [-bainɐ] m ⟨**-s, -**⟩, **Zweibeinerin** [-ərɪn] f ⟨**-, -nen**⟩ (*hum infml*) human being **zweibeinig** *adj* two-legged **Zweibettzimmer** nt twin room **zweideutig** [-dɔytɪç] **I** *adj* ambiguous; (≈ *schlüpfrig*) suggestive **II** *adv* ambiguously **Zweideutigkeit** f ⟨**-, -en**⟩ **1.** no pl ambi-

guity; (≈ *Schlüpfrigkeit*) suggestiveness **2.** (≈ *Bemerkung*) ambiguous remark; (≈ *Witz*) risqué joke **zweidimensional** *adj* two-dimensional **Zweidrittelmehrheit** *f* PARL two-thirds majority **zweieiig** [-|aiɪç] *adj* *Zwillinge* nonidentical **Zweierbeziehung** *f* relationship **zweierlei** ['tsvaiɐ'lai] *adj inv attr* two kinds of; **auf ~ Art** in two different ways; **~ Meinung sein** to be of (two) different opinions **zweifach** ['tsvaifax] *adj* double; (≈ *zweimal*) twice; **in ~er Ausfertigung** in duplicate **Zweifamilienhaus** *nt* two-family house **zweifarbig** *adj* two-colour (*Br*), two-color (*US*)

Zweifel ['tsvaifl] *m* ⟨**-s, -**⟩ doubt; **im ~** in doubt; **ohne ~** without doubt; **außer ~ stehen** to be beyond doubt; **es besteht kein ~, dass ...** there is no doubt that ...; **etw in ~ ziehen** to call sth into question **zweifelhaft** *adj* doubtful **zweifellos** *adv* undoubtedly **zweifeln** ['tsvaifln] *v/i* to doubt; **an etw/jdm ~** to doubt sth/sb; **daran ist nicht zu ~** there's no doubt about it **Zweifelsfall** *m* borderline case; **im ~** when in doubt **zweifelsfrei I** *adj* unequivocal **II** *adv* beyond (all) doubt **zweifelsohne** [tsvaifls'|o:nə] *adv* undoubtedly

Zweig [tsvaik] *m* ⟨**-(e)s, -e** [-gə]⟩ branch; (*dünner, kleiner*) twig **Zweiggeschäft** *nt* branch **zweigleisig** *adj* double-tracked, double-track *attr*; **~ argumentieren** to argue along two different lines **Zweigniederlassung** *f* subsidiary **Zweigstelle** *f* branch (office) **zweihändig I** *adj* with two hands, two-handed **II** *adv* MUS *spielen* two-handed **zweihundert** ['tsvai'hondɐt] *num* two hundred **zweijährig** *adj* **1.** *attr Kind etc* two-year-old *attr*, two years old; *Dauer* two-year *attr*, of two years; **mit ~er Verspätung** two years late **2.** BOT *Pflanze* biennial **Zweikampf** *m* (≈ *Duell*) duel **zweimal** ['tsvaima:l] *adv* twice; **~ täglich** twice daily *or* a day; **sich** (*dat*) **etw ~ überlegen** to think twice about sth; **das lasse ich mir nicht ~ sagen** I don't have to be told twice **zweimalig** ['tsvaima:lɪç] *adj attr* twice repeated; *Weltmeister etc* two-times *attr* **zweimonatig** *adj attr* **1.** *Dauer* two-month *attr*, of two months **2.** *Säugling etc* two-month-old *attr* **zweimonatlich** *adj, adv*

bimonthly (*esp* COMM, ADMIN) **zweimotorig** *adj* twin-engined **Zweiparteiensystem** [tsvaipar'taiɐn-] *nt* two-party system **zweiräd(e)rig** *adj* two-wheeled **Zweireiher** [-raiɐ] *m* ⟨**-s, -**⟩ double-breasted suit *etc* **zweireihig** *adj* double-row *attr*, in two rows; *Anzug* double-breasted **zweischneidig** *adj* double-edged; **das ist ein ~es Schwert** (*fig*) it cuts both ways **zweiseitig** [-zaitɪç] *adj* *Brief, Erklärung etc* two-page *attr*; *Vertrag etc* bilateral **Zweisitzer** *m* AUTO, AVIAT two-seater **zweispaltig** [-ʃpaltɪç] *adj* double-columned **zweisprachig I** *adj* bilingual; *Dokument* in two languages **II** *adv* in two languages; **~ aufwachsen** to grow up bilingual **Zweisprachigkeit** *f* ⟨**-, no pl**⟩ bilingualism **zweispurig** [-ʃpu:rɪç] *adj* double-tracked, double-track *attr*; *Autobahn* two-laned, two-lane *attr* **zweistellig** *adj* *Zahl* two-digit *attr*, with two digits **zweistöckig I** *adj* two-storey *attr* (*Br*), two-story *attr* (*US*) **II** *adv* **~ bauen** to build buildings with two storeys (*Br*) *or* stories (*US*) **zweistündig** *adj* two-hour *attr*, of two hours **zweistündlich** *adj, adv* every two hours **zweit** [tsvait] *adv* **zu ~** (≈ *in Paaren*) in twos; **wir gingen zu ~ spazieren** the two of us went for a walk; **das Leben zu ~** living with someone; → **vier zweitägig** *adj* two-day *attr*, of two days **Zweitaktmotor** *m* two-stroke engine **zweitälteste(r, s)** ['tsvait|ɛltəstə] *adj* second oldest **zweitausend** ['tsvai'tauznt] *num* two thousand **Zweitauto** *nt* second car **zweitbeste(r, s)** ['tsvait'bɛstə] *adj* second best **zweiteilig** *adj* *Roman* two-part *attr*, in two parts; *Kleidungsstück* two-piece **zweitens** ['tsvaitns] *adv* secondly **Zweite(r)** ['tsvaitə] *m/f(m) decl as adj* second; SPORTS *etc* runner-up; **wie kein ~r** like nobody else **zweite(r, s)** ['tsvaitə] *adj* second; **~r Klasse fahren** to travel second (class); **jeden ~n Tag** every other day; **in ~r Linie** secondly; → **vierte(r, s)** **zweitgrößte(r, s)** ['tsvait'grø:stə] *adj* second largest **zweithöchste(r, s)** ['tsvait'hø:çstə] *adj* second highest **zweitklassig** *adj* (*fig*) second-class **zweitletzte(r, s)** ['tsvait'lɛtstə] *adj* last but one *attr*, *pred* **zweitrangig** [-raŋɪç] *adj* = **zweitklassig** **Zweitschlüssel** *m* duplicate key **Zweitstimme** *f* second vote **zweitürig** *adj* AUTO two-door **zwei-wöchig** [-vœçɪç] *adj* two-week *attr*, of two weeks **zweizeilig** *adj* two-line *attr*; TYPO *Abstand* double-spaced **Zweizimmerwohnung** [tsvai'tsɪmɐ-] *f* two-room(ed) apartment **Zweizylindermotor** *m* two-cylinder engine

Zwerchfell ['tsvɛrçfɛl] *nt* ANAT diaphragm

Zwerg [tsvɛrk] *m* ⟨-(e)s, -e [-gə]⟩, **Zwergin** ['tsvɛrgɪn] *f* ⟨-, -nen⟩ dwarf; (≈ *Gartenzwerg*) gnome; (*fig* ≈ *Knirps*) midget **Zwergpudel** *m* toy poodle **Zwergstaat** *m* miniature state **Zwergwuchs** *m* dwarfism

Zwetschge ['tsvɛtʃgə] *f* ⟨-, -n⟩, **Zwetschke** ['tsvɛtʃkə] (*Aus*) *f* ⟨-, -n⟩ plum

zwicken ['tsvɪkn] *v/i* **1.** (*infml, Aus* ≈ *kneifen*) to pinch **2.** (*Aus* ≈ *Fahrschein entwerten*) to punch

Zwickmühle ['tsvɪk-] *f* **in der ~ sitzen** (*fig*) to be in a catch-22 situation (*infml*)

Zwieback ['tsvi:bak] *m* ⟨-(e)s, -e *or* ⸚e [-bɛkə]⟩ rusk

Zwiebel ['tsvi:bl] *f* ⟨-, -n⟩ onion; (≈ *Blumenzwiebel*) bulb **zwiebelförmig** *adj* onion-shaped **Zwiebelkuchen** *m* onion tart **Zwiebelring** *m* onion ring **Zwiebelschale** *f* onion skin **Zwiebelsuppe** *f* onion soup **Zwiebelturm** *m* onion dome

Zwielicht *nt, no pl* twilight; **ins ~ geraten sein** (*fig*) to appear in an unfavourable (*Br*) *or* unfavorable (*US*) light **zwielichtig** ['tsvi:lɪçtɪç] *adj* (*fig*) shady **zwiespältig** ['tsvi:ʃpɛltɪç] *adj* (*of*) *Gefühle* mixed **Zwietracht** *f, no pl* discord

Zwilling ['tsvɪlɪŋ] *m* ⟨-s, -e⟩ twin; **die ~e** ASTROL Gemini; **~ sein** ASTROL to be (a) Gemini **Zwillingsbruder** *m* twin brother **Zwillingspaar** *nt* twins *pl* **Zwillingsschwester** *f* twin sister

Zwinge ['tsvɪŋə] *f* ⟨-, -n⟩ TECH (screw) clamp **zwingen** ['tsvɪŋən] *pret* **zwang** [tsvaŋ], *past part* **gezwungen** [gə-'tsvʊŋən] **I** *v/t* to force; **jdn zu etw ~** to force sb to do sth; **ich lasse mich nicht (dazu) ~** I won't be forced (to do it *or* into it); **jdn zum Handeln ~** to force sb into action; → **gezwungen II** *v/r* to force oneself **zwingend I** *adj* *Notwendigkeit* urgent; *Beweis* conclusive; *Argument* cogent; *Gründe* compelling **II** *adv* **etw ist ~ vorgeschrieben** sth is mandatory **Zwinger** ['tsvɪŋɐ] *m* ⟨-s, -⟩

(≈ *Käfig*) cage; (≈ *Hundezwinger*) kennels *pl*; (*von Burg*) (outer) ward

zwinkern ['tsvɪŋkɐn] *v/i* to blink; (*um jdm etw zu bedeuten*) to wink

Zwirn [tsvɪrn] *m* ⟨-s, -e⟩ (strong) thread

zwischen ['tsvɪʃn] *prep* +*dat or* (*mit Bewegungsverben*) +*acc* between; (*in Bezug auf mehrere auch*) among; **mitten ~** right in the middle of **Zwischenablage** *f* IT clipboard **Zwischenaufenthalt** *m* stopover **Zwischenbemerkung** *f* interjection **Zwischenbericht** *m* interim report **Zwischenbilanz** *f* COMM interim balance; (*fig*) provisional appraisal **Zwischending** *nt* cross (between the two) **zwischendurch** ['tsvɪʃn'dʊrç] *adv* (*zeitlich*) in between times; (≈ *inzwischen*) (in the) meantime; **das mache ich so ~** I'll do that on the side; **Schokolade für ~** chocolate for between meals **Zwischenergebnis** *nt* interim result; SPORTS latest score **Zwischenfall** *m* incident; **ohne ~** without incident **Zwischenfrage** *f* question **Zwischenhandel** *m* intermediate trade **Zwischenhändler(in)** *m/(f)* middleman **Zwischenlager** *nt* temporary store **zwischenlagern** *v/t insep inf and past part only* to store (temporarily) **Zwischenlagerung** *f* temporary storage **zwischenlanden** *v/i sep aux sein* AVIAT to stop over **Zwischenlandung** *f* AVIAT stopover **zwischenmenschlich** *adj attr* interpersonal; **~e Beziehungen** interpersonal relations **Zwischenprüfung** *f* intermediate examination **Zwischenraum** *m* gap; (≈ *Zeilenabstand*) space; (*zeitlich*) interval **Zwischenruf** *m* interruption; **~e** heckling **Zwischenspeicher** *m* IT cache (memory) **zwischenstaatlich** *adj attr* international; (*zwischen Bundesstaaten*) interstate **Zwischenstadium** *nt* intermediate stage **Zwischenstation** *f* (intermediate) stop; **in London machten wir ~** we stopped off in London **Zwischenstufe** *f* (*fig*) intermediate stage **Zwischenwand** *f* dividing wall; (≈ *Stellwand*) partition **Zwischenzeit** *f* (≈ *Zeitraum*) interval; **in der ~** (in the) meantime **Zwischenzeugnis** *nt* SCHOOL end of term report

Zwist [tsvɪst] *m* ⟨-es, (*rare*) -e⟩ (*elev*) discord; (≈ *Fehde, Streit*) dispute

zwitschern ['tsvɪtʃɐn] *v/t & v/i* to twitter; (*Lerche*) to warble; **einen ~** (*infml*) to have a drink

Zwitter ['tsvɪtɐ] *m* ⟨*-s, -*⟩ hermaphrodite; (*fig*) cross (*aus* between)

zwölf [tsvœlf] *num* twelve; **~ Uhr mittags/nachts** (12 o'clock) midday/midnight; **fünf Minuten vor ~** (*fig*) at the eleventh hour; → **vier Zwölffingerdarm** [tsvœlf'fɪŋɐ-] *m* duodenum **zwölfte(r, s)** ['tsvœlftə] *adj* twelfth; → **vierte(r, s)**

Zyankali [tsyaːn'kaːli] *nt* ⟨*-s, no pl*⟩ CHEM potassium cyanide

zyklisch ['tsyːklɪʃ] **I** *adj* cyclic(al) **II** *adv* cyclically

Zyklon [tsy'kloːn] *m* ⟨*-s, -e*⟩ cyclone

Zyklus ['tsyːklʊs] *m* ⟨*-, Zyklen* [-lən]⟩ cycle

Zylinder [tsi'lɪndɐ, tsy-] *m* ⟨*-s, -*⟩ **1.** MAT, TECH cylinder **2.** (≈ *Hut*) top hat **zylinderförmig** *adj* = **zylindrisch Zylinderkopf** *m* AUTO cylinder head **Zylinderkopfdichtung** *f* cylinder head gasket **zylindrisch** [tsi'lɪndrɪʃ, tsy-] *adj* cylindrical

Zyniker ['tsyːnikɐ] *m* ⟨*-s, -*⟩, **Zynikerin** [-ərɪn] *f* ⟨*-, -nen*⟩ cynic **zynisch** ['tsyːnɪʃ] **I** *adj* cynical **II** *adv* cynically

Zynismus [tsy'nɪsmʊs] *m* ⟨*-, Zynismen* [-mən]⟩ cynicism

Zypern ['tsyːpɐn] *nt* ⟨*-s*⟩ Cyprus

Zypresse [tsy'prɛsə] *f* ⟨*-, -n*⟩ BOT cypress

Zypriot [tsypri'oːt] *m* ⟨*-en, -en*⟩, **Zypriotin** [-'oːtɪn] *f* ⟨*-, -nen*⟩ Cypriot **zyprisch** ['tsyːprɪʃ] *adj* Cypriot

Zyste ['tsʏstə] *f* ⟨*-, -n*⟩ cyst

English – German

A

A, a *n* A *nt*, a *nt*; (SCHOOL ≈ *mark*) Eins *f*; **A sharp** MUS Ais *nt*, ais *nt*; **A flat** MUS As *nt*, as *nt*

A *abbr of* **answer** Antw.

a *indef art, before vowel* **an 1.** ein(e); **so large a school** so eine große *or* eine so große Schule; **a young man** ein junger Mann **2.** (*in negative constructions*) **not a** kein(e); **he didn't want a present** er wollte kein Geschenk **3. he's a doctor/Frenchman** er ist Arzt/Franzose; **he's a famous doctor/Frenchman** er ist ein berühmter Arzt/Franzose; **as a young girl** als junges Mädchen; **to be of an age** gleich alt sein **4.** (≈ *per*) pro; **50p a kilo** 50 Pence das *or* pro Kilo; **twice a month** zweimal im *or* pro Monat; **50 km an hour** 50 Kilometer pro Stunde

AA 1. *abbr of* **Automobile Association** britischer Automobilklub **2.** *abbr of* **Alcoholics Anonymous**

A & E *abbr of* **accident and emergency**

AB (*US* UNIV) *abbr* = **BA**

aback *adv* **to be taken ~** erstaunt sein

abandon *v/t* **1.** (≈ *leave*) verlassen; *car* (einfach) stehen lassen; **to ~ ship** das Schiff verlassen **2.** *project, hope* aufgeben

abandonment *n* **1.** (≈ *forsaking, desertion*) Verlassen *nt* **2.** (≈ *giving-up*) Aufgabe *f*

abase *v/t* **to ~ oneself** sich (selbst) erniedrigen

abashed *adj* beschämt; **to feel ~** sich schämen

abate *v/i* nachlassen; (*flood*) zurückgehen

abattoir *n* Schlachthof *m*

abbey *n* Abtei *f*

abbot *n* Abt *m*

abbr., abbrev. *abbr of* **abbreviation** Abk.

abbreviate *v/t* abkürzen (*to* mit) **abbreviation** *n* Abkürzung *f*

ABC[1] *n* Abc *nt*; **it's as easy as ~** das ist doch kinderleicht

ABC[2] *abbr of* **American Broadcasting Company** amerikanische Rundfunkgesellschaft

abdicate I *v/t* verzichten auf (+acc) **II** *v/i* abdanken **abdication** *n* Abdankung *f*

abdomen *n* (*of mammals*) Unterleib *m*; (*of insects*) Hinterleib *m* **abdominal** *adj* **~ pain** Unterleibsschmerzen *pl*

abduct *v/t* entführen **abduction** *n* Entführung *f* **abductor** *n* Entführer(in) *m(f)*

aberration *n* Anomalie *f*; (*from course*) Abweichung *f*

abet *v/t* → **aid**

abeyance *n no pl* **to be in ~** (*law*) ruhen; (*custom, office*) nicht mehr ausgeübt werden

abhor *v/t* verabscheuen

abhorrence *n* Abscheu *f* (*of* vor +*dat*)

abhorrent *adj* abscheulich; **the very idea is ~ to me** schon der Gedanke daran ist mir zuwider

abide *v/t* (≈ *tolerate*) ausstehen; **I cannot ~ living here** ich kann es nicht aushalten, hier zu leben ◆ **abide by** *v/i +prep obj* sich halten an (+acc); **I ~ what I said** ich bleibe bei dem, was ich gesagt habe

abiding *adj* (*liter*) unvergänglich

ability *n* Fähigkeit *f*; **~ to pay/hear** Zahlungs-/Hörfähigkeit *f*; **to the best of my ~** nach (besten) Kräften

abject *adj* *state* erbärmlich; *poverty* bitter

ablaze *adv, adj pred* **1.** (*lit*) in Flammen; **to be ~** in Flammen stehen; **to set sth ~** etw in Brand stecken **2.** (*fig*) **to be ~ with light** hell erleuchtet sein

able *adj* fähig; **to be ~ to do sth** etw tun können; **if you're not ~ to understand that** wenn Sie nicht fähig sind, das zu verstehen; **I'm afraid I am not ~ to give you that information** ich bin leider nicht in der Lage, Ihnen diese Informationen zu geben **able-bodied** *adj* (gesund und) kräftig; MIL tauglich **able(-bodied) seaman** *n* Vollmatrose *m*

ablution *n* **to perform one's ~s** (*esp hum*) seine Waschungen vornehmen

ably *adv* gekonnt, fähig

ABM *abbr of* **anti-ballistic missile**

abnormal *adj* anormal; (≈ *deviant*, MED) abnorm **abnormality** *n* Anormale(s) *nt*; (≈ *deviancy*, MED) Abnormität *f* **abnormally** *adv* abnormal

aboard I *adv* (*on plane, ship*) an Bord; (*on train*) im Zug; (*on bus*) im Bus; *all ~!* alle an Bord!; *to go* ~ an Bord gehen **II** *prep* ~ *the ship/plane* an Bord des Schiffes/ Flugzeugs; ~ *the train/bus* im Zug/Bus

abode *n* (JUR: *a*. **place of abode**) Wohnsitz *m*; *of no fixed* ~ ohne festen Wohnsitz

abolish *v/t* abschaffen **abolition** *n* Abschaffung *f*

abominable *adj* grässlich; ~ *snowman* Schneemensch *m* **abominably** *adv* grässlich; ~ *rude* furchtbar unhöflich **abomination** *n* Scheußlichkeit *f*

aboriginal I *adj* der (australischen) Ureinwohner **II** *n* = **aborigine aborigine** *n* Ureinwohner(in) *m(f)* (Australiens)

abort I *v/i* IT abbrechen **II** *v/t* MED abtreiben; SPACE, IT abbrechen; *an ~ed attempt* ein abgebrochener Versuch **abortion** *n* Abtreibung *f*; *to get or have an* ~ eine Abtreibung vornehmen lassen **abortion pill** *n* Abtreibungspille *f* **abortive** *adj plan* gescheitert

abound *v/i* (≈ *exist in great numbers*) im Überfluss vorhanden sein; (≈ *have in great numbers*) reich sein (*in an* +dat)

about I *adv* **1.** (*esp Br*) herum, umher; (≈ *present*) in der Nähe; *to run* ~ umherrennen; *I looked (all)* ~ ich sah ringsumher; *to leave things (lying)* ~ Sachen herumliegen lassen; *to be up and* ~ *again* wieder auf den Beinen sein; *there's a thief* ~ ein Dieb geht um; *there was nobody* ~ *who could help* es war niemand in der Nähe, der hätte helfen können **2.** *to be* ~ *to* im Begriff sein zu; (≈ *intending*) vorhaben, zu ...; *I was* ~ *to go out* ich wollte gerade ausgehen; *it's* ~ *to rain* es regnet gleich; *he's* ~ *to start school* er kommt demnächst in die Schule **3.** (≈ *approximately*) ungefähr; *he's* ~ *40* er ist ungefähr 40; *he is* ~ *the same, doctor* sein Zustand hat sich kaum geändert, Herr Doktor; *that's* ~ *it* das ist so ziemlich alles; *that's* ~ *right* das stimmt (so) ungefähr; *I've had* ~ *enough of this* jetzt reicht es mir aber allmählich (*infml*) **II** *prep* **1.** (*esp Br*) in (+dat) (... herum); *scattered* ~ *the room* im ganzen Zim-

mer verstreut; *there's something* ~ *him* er hat so etwas an sich; *while you're* ~ *it* wenn du gerade or schon dabei bist; *and be quick* ~ *it!* und beeil dich damit! **2.** (≈ *concerning*) über (+acc); *tell me all* ~ *it* erzähl doch mal; *he knows* ~ *it* er weiß davon; *what's it all* ~*?* worum geht es (eigentlich)?; *he's* ~ *promised to do something* ~ *it* er hat versprochen, (in der Sache) etwas zu unternehmen; *how or what* ~ *me?* und ich, was ist mit mir? (*infml*); *how or what* ~ *it/ going to the cinema?* wie wärs damit/mit (dem) Kino? **about-face**, **about-turn I** *n* (MIL, *fig*) Kehrtwendung *f*; *to do an* ~ (*fig*) sich um hundertachtzig Grad drehen **II** *int about face or turn!* (und) kehrt!

above I *adv* oben; (≈ *in a higher position*) darüber; *from* ~ von oben; *the apartment* ~ die Wohnung oben or darüber **II** *prep* über (+dat); (*with motion*) über (+acc); ~ *all* vor allem; *I couldn't hear* ~ *the din* ich konnte bei dem Lärm nichts hören; *he valued money* ~ *his family* er schätzte Geld mehr als seine Familie; *he's* ~ *that sort of thing* er ist über so etwas erhaben; *it's* ~ *my head or me* das ist mir zu hoch; *to get* ~ *one-self* (*infml*) größenwahnsinnig werden (*infml*) **III** *adj attr the* ~ *persons* die oben genannten Personen; *the* ~ *paragraph* der vorangehende Abschnitt **IV** *n the* ~ (≈ *statement etc*) Obiges *nt* (*form*); (≈ *person*) der/die Obengenannte **above-average** *adj* überdurchschnittlich **above board** *adj pred*, **aboveboard** *adj attr* korrekt; *open and* ~ offen und ehrlich **above-mentioned** *adj* oben erwähnt **above-named** *adj* oben genannt

abrasion *n* MED (Haut)abschürfung *f* **abrasive** *adj cleanser* scharf; *surface* rau; (*fig*) *person* aggressiv

abrasively *adv say* scharf; *criticize* harsch

abreast *adv* Seite an Seite; *to march four* ~ zu viert nebeneinander marschieren; ~ *of sb/sth* neben jdm/etw; *to keep* ~ *of the news* mit den Nachrichten auf dem Laufenden bleiben

abridge *v/t book* kürzen **abridgement** *n* (*act*) Kürzen *nt*; (≈ *abridged work*) gekürzte Ausgabe

abroad *adv* **1.** im Ausland; *to go* ~ ins

Ausland gehen; *from* ~ aus dem Ausland **2. there is a rumour** (*Br*) *or* **rumor** (*US*) ~ *that* ... ein Gerücht geht um, dass ...

abrupt *adj* **1.** abrupt; *to come to an ~ end* ein abruptes Ende nehmen; *to bring sth to an ~ halt* (*lit*) etw abrupt zum Stehen bringen; (*fig*) etw plötzlich stoppen **2.** (≈ *brusque*) schroff **abruptly** *adv* abrupt; *reply* schroff

abs *pl* (*infml*) Bauchmuskeln *pl*

ABS *abbr of* **anti-lock braking system**; ~ **brakes** ABS-Bremsen *pl*

abscess *n* Abszess *m*

abscond *v/i* sich (heimlich) davonmachen

abseil *v/i* sich abseilen

absence *n* **1.** Abwesenheit *f*; (*esp from school*) Fehlen *nt*, Absenz *f* (*Aus, Swiss*); *in the~ of the chairman* in Abwesenheit des Vorsitzenden; ~ *makes the heart grow fonder* (*prov*) die Liebe wächst mit der Entfernung (*prov*) **2.** (≈ *lack*) Fehlen *nt*; ~ *of enthusiasm* Mangel *m* an Enthusiasmus; *in the~ of further evidence* in Ermangelung weiterer Beweise

absent I *adj* **1.** (≈ *not present*) abwesend; *to be* ~ *from school/work* in der Schule/am Arbeitsplatz fehlen; ~*!* SCHOOL fehlt!; *to go* ~ *without leave* MIL sich unerlaubt von der Truppe entfernen; ~ *parent* nicht betreuender Elternteil; *to* ~ *friends!* auf unsere abwesenden Freunde! **2.** (≈ *absent-minded*) (geistes)abwesend **3.** (≈ *lacking*) *to be* ~ fehlen **II** *v/r* *to* ~ *oneself* (*from*) (≈ *not go, not appear*) fernbleiben (+*dat*, von); (≈ *leave temporarily*) sich zurückziehen (von) **absentee** *n* Abwesende(r) *m/f(m)*; *there were a lot of* ~*s* es fehlten viele **absentee ballot** *n* (*esp US*) ≈ Briefwahl *f* **absenteeism** *n* häufige Abwesenheit; (*pej*) Krankfeiern *nt*; SCHOOL Schwänzen *nt*; *the rate of* ~ *among workers* die Abwesenheitsquote bei Arbeitern **absently** *adv* (geistes)abwesend **absent-minded** *adj* (≈ *lost in thought*) geistesabwesend; (≈ *habitually forgetful*) zerstreut **absent-mindedly** *adv behave* zerstreut; *look* (geistes)abwesend **absent-mindedness** *n* (*momentary*) Geistesabwesenheit *f*; (*habitual*) Zerstreutheit *f*

absolute *adj* absolut; *lie, idiot* ausge-

macht; *the divorce was made* ~ die Scheidung wurde ausgesprochen

absolutely *adv* absolut; *true* völlig; *amazing, fantastic* wirklich; *deny, refuse* strikt; *forbidden* streng; *necessary* unbedingt; *prove* eindeutig; ~*!* durchaus; (≈ *I agree*) genau!; *do you agree? —* ~ sind Sie einverstanden? — vollkommen; *you're* ~ *right* Sie haben völlig recht

absolute majority *n* absolute Mehrheit

absolute zero *n* absoluter Nullpunkt

absolution *n* ECCL Absolution *f* **absolve** *v/t* (*from responsibility*) entlassen (*from* aus); (*from sins*) lossprechen (*from* von); (*from blame*) freisprechen (*from* von)

absorb *v/t* absorbieren; *shock* dämpfen; *to be* ~*ed in a book etc* in ein Buch *etc* vertieft sein; *she was completely* ~*ed in her family* sie ging völlig in ihrer Familie auf **absorbent** *adj* absorbierend **absorbent cotton** *n* (*US*) Watte *f* **absorbing** *adj* fesselnd **absorption** *n* Absorption *f*; (*of shock*) Dämpfung *f*; *her total* ~ *in her studies* ihr vollkommenes Aufgehen in ihrem Studium

abstain *v/i* **1.** (*from sex, smoking*) sich enthalten (*from* +*gen*); *to* ~ *from alcohol* sich des Alkohols enthalten **2.** (*in voting*) sich der Stimme enthalten **abstention** *n* (*in voting*) (Stimm)enthaltung *f*; *were you one of the* ~*s?* waren Sie einer von denen, die sich der Stimme enthalten haben? **abstinence** *n* Abstinenz *f* (*from* von)

abstract[1] I *adj* abstrakt; ~ *noun* Abstraktum *nt* **II** *n* (kurze) Zusammenfassung; *in the* ~ abstrakt

abstract[2] *v/t* abstrahieren; *information* entnehmen (*from* aus)

abstraction *n* Abstraktion *f*; (≈ *abstract term also*) Abstraktum *nt*

abstruse *adj* abstrus

absurd *adj* absurd; *don't be* ~*!* sei nicht albern; *what an* ~ *waste of time!* so eine blödsinnige Zeitverschwendung! **absurdity** *n* Absurdität *f* **absurdly** *adv behave* absurd; *expensive* unsinnig

abundance *n* (großer) Reichtum (*of* an +*dat*); *in* ~ in Hülle und Fülle; *a country with an* ~ *of oil* ein Land mit reichen Ölvorkommen **abundant** *adj* reich; *Wachstum, Vegetation* üppig; *time* reichlich; *energy* ungeheuer; *apples are in* ~ *supply* es gibt Äpfel in Hülle und Fülle

abundantly *adv* reichlich; *to make it* ~

clear that ... mehr als deutlich zu verstehen geben, dass ...

abuse I n **1.** no pl (≈ insults) Beschimpfungen pl; **a term of ~** ein Schimpfwort nt; **to shout ~ at sb** jdm Beschimpfungen an den Kopf werfen **2.** (≈ misuse) Missbrauch m; **~ of authority** Amtsmissbrauch m; **the system is open to ~** das System lässt sich leicht missbrauchen **II** v/t **1.** (≈ revile) beschimpfen **2.** (≈ misuse) missbrauchen **abuser** n (of person) Missbraucher(in) m(f) **abusive** adj beleidigend; relationship abusiv; **~ language** Beleidigungen pl **abusively** adv refer to beleidigend

abysmal adj (fig) entsetzlich; performance etc miserabel **abysmally** adv entsetzlich; perform etc miserabel

abyss n Abgrund m

AC abbr of **alternating current**

A/C abbr of **account** Kto.

acacia n Akazie f

academic I adj akademisch; approach, interest wissenschaftlich; **~ advisor** (US) Studienberater(in) m(f) **II** n Akademiker(in) m(f) **academically** adv **1.** wissenschaftlich; **to be ~ inclined** geistige Interessen haben; **~ gifted** intellektuell begabt **2. she is not doing well ~** SCHOOL sie ist in der Schule nicht gut; UNIV sie ist mit ihrem Studium nicht sehr erfolgreich **academy** n Akademie f

acc. FIN abbr of **account** Kto.

accede v/i **1. to ~ to the throne** den Thron besteigen **2.** (≈ agree) zustimmen (to +dat)

accelerate I v/t beschleunigen **II** v/i **1.** beschleunigen; (speed, change) sich beschleunigen; (growth etc) zunehmen; **he ~d away** er gab Gas und fuhr davon **acceleration** n Beschleunigung f **accelerator** n **1.** (a. **accelerator pedal**) Gaspedal nt; **to step on the ~** aufs Gas treten **2.** PHYS Beschleuniger m

accent n Akzent m; **to speak without/with an ~** akzentfrei/mit Akzent sprechen; **to put the ~ on sth** (fig) den Akzent auf etw (acc) legen **accentuate** v/t betonen; (in speaking, MUS) akzentuieren

accept I v/t **1.** akzeptieren; apology, offer, gift, invitation annehmen; responsibility übernehmen; story glauben **2.** need einsehen; person, duty akzeptieren; **it is generally or widely ~ed that ...** es ist allgemein anerkannt, dass ...; **we must ~ the fact that ...** wir müssen uns damit abfinden, dass ...; **I ~ that it might take a little longer** ich sehe ein, dass es etwas länger dauern könnte; **to ~ that sth is one's responsibility/duty** etw als seine Verantwortung/Pflicht akzeptieren **3.** (≈ put up with) hinnehmen **4.** COMM cheque annehmen **II** v/i annehmen **acceptability** n Annehmbarkeit f **acceptable** adj akzeptabel (to für); behaviour zulässig; gift passend; **any job would be ~ to him** ihm wäre jede Stelle recht **acceptably** adv **1.** (≈ properly) behave, treat anständig, korrekt **2.** (≈ sufficiently) **~ safe** ausreichend sicher **acceptance** n **1.** Annahme f; (of responsibility) Übernahme f; (of story) Glauben nt; **to find or win or gain ~** anerkannt werden **2.** (≈ recognition) Anerkennung f **3.** (≈ toleration) Hinnahme f **4.** (COMM, of cheque) Annahme f **accepted** adj truth, fact (allgemein) anerkannt

access I n **1.** Zugang m (to zu); (esp to room etc) Zutritt m (to zu); **to give sb ~** jdm Zugang gewähren (to zu); **to refuse sb ~** jdm den Zugang verwehren (to zu); **to have ~ to sb/sth** Zugang zu jdm/etw haben; **to gain ~ to sb/sth** sich (dat) Zugang zu jdm/etw verschaffen; **"access only"** „nur für Anlieger or (Aus) Anrainer" **2.** IT Zugriff m **II** v/t IT zugreifen auf (+acc) **access code** n Zugangscode m **accessibility** n Zugänglichkeit f **accessible** adj zugänglich (to +dat) **accession** n **1.** (a. **accession to the throne**) Thronbesteigung f **2.** (≈ addition: to library) (Neu)anschaffung f **accessory** n **1.** Extra nt; (in fashion) Accessoire nt **2. accessories** pl Zubehör nt; **toilet accessories** Toilettenartikel pl **3.** JUR Helfershelfer(in) m(f) **access road** n Zufahrt(sstraße) f **access time** n Zugriffszeit f

accident n Unfall m, Havarie f (Aus); RAIL, AVIAT Unglück nt; (≈ mishap) Missgeschick nt; (≈ chance occurrence) Zufall m; **~ and emergency department/unit** Notaufnahme f; **she has had an ~** sie hat einen Unfall gehabt; (in kitchen etc) ihr ist ein Missgeschick passiert; **by ~** (≈ by chance) zufällig; (≈ unintentionally) aus Versehen; **~s will happen** (prov) so was kann vorkommen; **it was an ~** es war ein Versehen **acciden-**

tal *adj* **1.** *meeting, benefit* zufällig; *blow* versehentlich **2.** *injury, death* durch Unfall **accidentally** *adv* (≈ *by chance*) zufällig; (≈ *unintentionally*) versehentlich **accident insurance** *n* Unfallversicherung *f* **accident prevention** *n* Unfallverhütung *f* **accident-prone** *adj* vom Pech verfolgt

acclaim I *v/t* feiern (*as* als) **II** *n* Beifall *m*; (*of critics*) Anerkennung *f*

acclimate *v/t* (*US*) = **acclimatize acclimatization**, (*US*) **acclimation** *n* Akklimatisierung *f* (*to* an +*acc*); (*to new surroundings etc*) Gewöhnung *f* (*to* an +*acc*) **acclimatize**, (*US*) **acclimate I** *v/t* **to become ~d** sich akklimatisieren; (*person*) sich eingewöhnen **II** *v/i* (*a. vr:* **acclimatize oneself**) sich akklimatisieren (*to* an +*acc*)

accolade *n* (≈ *award*) Auszeichnung *f*; (≈ *praise*) Lob *nt no pl*

accommodate *v/t* **1.** (≈ *provide lodging for*) unterbringen **2.** (≈ *have room for*) Platz haben für **3.** (*form* ≈ *oblige*) dienen (+*dat*); **I think we might be able to ~ you** ich glaube, wir können Ihnen entgegenkommen **accommodating** *adj* entgegenkommend

accommodation *n* **1.** (≈ *lodging; US a.* **accommodations**) Unterkunft *f*; (≈ *room*) Zimmer *nt*; (≈ *flat*) Wohnung *f* **2.** (≈ *space; US a.* **accommodations**) Platz *m*; (≈ *seating* ≈) Sitzplätze *pl*; **sleeping ~ for six** Schlafgelegenheit *f* für sechs Personen

accompaniment *n* Begleitung *f* (*also* MUS); **with piano ~** mit Klavierbegleitung **accompanist** *n* Begleiter(in) *m(f)* **accompany** *v/t* begleiten (*also* MUS); **~ing letter** Begleitschreiben *nt*

accomplice *n* Komplize *m*, Komplizin *f*; **to be an ~ to a crime** Komplize bei einem Verbrechen sein

accomplish *v/t* schaffen; **that didn't ~ anything** damit war nichts erreicht **accomplished** *adj player* fähig; *performance* vollendet; *liar* versiert **accomplishment** *n* **1.** *no pl* (≈ *completion*) Bewältigung *f* **2.** (≈ *skill*) Fertigkeit *f*; (≈ *achievement*) Leistung *f*

accord I *n* (≈ *agreement*) Übereinstimmung *f*; POL Abkommen *nt*; **of one's/its own ~** von selbst; **with one ~** geschlossen; *sing, say etc* wie aus einem Mund(e) **II** *v/t* gewähren; *honorary title* verleihen

(*sb sth* jdm etw) **accordance** *n* **in ~ with** entsprechend (+*dat*) **accordingly** *adv* (dem)entsprechend

according to *prep* (≈ *as stated by*) zufolge (+*dat*), nach; (≈ *in agreement with*) entsprechend (+*dat*); **~ the map** der Karte nach; **~ Peter** laut Peter, Peter zufolge; **we did it ~ the rules** wir haben uns an die Regeln gehalten

accordion *n* Akkordeon *nt*

accost *v/t* ansprechen, anpöbeln (*pej*)

account *n* **1.** Darstellung *f*; (≈ *report*) Bericht *m*; **to keep an ~ of one's expenses** über seine Ausgaben Buch führen; **by or from all ~s** nach allem, was man hört; **to give an ~ of sth** über etw (*acc*) Bericht erstatten; **to give an ~ of oneself** Rede und Antwort stehen; **to give a good ~ of oneself** sich gut schlagen; **to be called or held to ~ for sth** über etw (*acc*) Rechenschaft ablegen müssen **2.** (≈ *consideration*) **to take ~ of sb/sth, to take sb/sth into ~** jdn/etw in Betracht ziehen; **to take no ~ of sb/sth** jdn/etw außer Betracht lassen; **on no ~** auf (gar) keinen Fall; **on this/that ~** deshalb; **on ~ of the weather** wegen *or* aufgrund des Wetters; **on my ~** meinetwegen; **of no ~** ohne Bedeutung **3.** FIN, COMM Konto *nt* (*with* bei); **to buy sth on ~** etw auf (Kunden)kredit kaufen; **please charge it to my ~** stellen Sie es mir bitte in Rechnung; **to settle or square ~s or one's ~ with sb** (*fig*) mit jdm abrechnen **4.** **accounts** *pl* (*of company, club*) (Geschäfts)bücher *pl*; **to keep the ~s** die Bücher führen ◆ **account for** *v/i* +*prep obj* **1.** (≈ *explain*) erklären; *actions, expenditure* Rechenschaft ablegen über (+*acc*); **all the children were accounted for** der Verbleib aller Kinder war bekannt; **there's no accounting for taste** über Geschmack lässt sich (nicht) streiten **2.** (≈ *be the source of*) der Grund sein für; **this area accounts for most of the country's mineral wealth** aus dieser Gegend stammen die meisten Bodenschätze des Landes

accountability *n* Verantwortlichkeit *f* (*to sb* jdm gegenüber) **accountable** *adj* verantwortlich (*to sb* jdm); **to hold sb ~ (for sth)** jdn (für etw) verantwortlich machen

accountancy *n* Buchführung *f* **accountant** *n* Buchhalter(in) *m(f)*; (≈ *external fi-*

nancial *adviser*) Wirtschaftsprüfer(in) *m(f)* **account book** *n* Geschäftsbuch *nt* **accounting** *n* Buchhaltung *f* **accounting department** *n* (*US*) Buchhaltung *f* **account number** *n* Kontonummer *f* **accounts department** *n* (*Br*) Buchhaltung *f*

accoutrements, (*US also*) **accouterments** *pl* Ausrüstung *f*

accrue *v/i* sich ansammeln

accumulate I *v/t* ansammeln **II** *v/i* sich ansammeln **accumulation** *n* Ansammlung *f* **accumulative** *adj* gesamt

accuracy *n* Genauigkeit *f*; (*of missile*) Zielgenauigkeit *f* **accurate** *adj* genau; *missile* zielgenau; *the clock is ~* die Uhr geht genau; *the test is 90 per cent ~* der Test ist 90%ig sicher **accurately** *adv* genau

accusation *n* Beschuldigung *f*; JUR Anklage *f*; (≈ *reproach*) Vorwurf *m*

accusative I *n* Akkusativ *m*; *in the ~* im Akkusativ **II** *adj* Akkusativ-; *~ case* Akkusativ *m*

accusatory *adj* anklagend

accuse *v/t* **1.** JUR anklagen (*of* wegen, +*gen*); *he is ~d of murder* er ist des Mordes angeklagt **2.** *person* beschuldigen; *to ~ sb of doing or having done sth* jdn beschuldigen, etw getan zu haben; *are you accusing me of lying?* willst du (damit) vielleicht sagen, dass ich lüge? **accused** *n* **the~** der/die Angeklagte **accusing** *adj* anklagend; *he had an ~ look on his face* sein Blick klagte an **accusingly** *adv* anklagend

accustom *v/t* **to be ~ed to sth** an etw (*acc*) gewöhnt sein; *to be ~ed to doing sth* gewöhnt sein, etw zu tun; *to become or get ~ed to sth* sich an etw (*acc*) gewöhnen; *to become or get ~ed to doing sth* sich daran gewöhnen, etw zu tun

AC/DC *abbr of* **alternating current/direct current** Allstrom; (*infml* ≈ *bisexual*) bi (*infml*)

ace I *n* Ass *nt*; *the ~ of clubs* das Kreuz-Ass; *to have an ~ up one's sleeve* noch einen Trumpf in der Hand haben; *to hold all the ~s* (*fig*) alle Trümpfe in der Hand halten; *to be an ~ at sth* ein Ass in etw (*dat*) sein; *to serve an ~* TENNIS ein Ass servieren **II** *adj attr* (≈ *excellent*) Star-

acerbic *adj remark, style* bissig

acetate *n* Azetat *nt* **acetic acid** *n* Essigsäure *f*

ache I *n* (dumpfer) Schmerz *m* **II** *v/i* **1.** wehtun, schmerzen; *my head ~s* mir tut der Kopf weh; *it makes my head/arms ~* davon tut mir der Kopf/tun mir die Arme weh; *I'm aching all over* mir tut alles weh; *it makes my heart ~ to see him* (*fig*) es tut mir in der Seele weh, wenn ich ihn sehe **2.** (*fig* ≈ *yearn*) *to ~ to do sth* sich danach sehnen, etw zu tun

achieve *v/t* erreichen; *success* erzielen; *she ~d a great deal* (≈ *did a lot of work*) sie hat eine Menge geleistet; (≈ *was quite successful*) sie hat viel erreicht; *he will never ~ anything* er wird es nie zu etwas bringen **achievement** *n* Leistung *f* **achiever** *n* Leistungstyp *m* (*infml*); *to be an ~* leistungsorientiert sein; *high ~* SCHOOL leistungsstarkes Kind

Achilles *n ~ heel* (*fig*) Achillesferse *f*

aching *adj attr* schmerzend **achy** *adj* (*infml*) schmerzend; *I feel ~ all over* mir tut alles weh

acid I *adj* **1.** sauer **2.** (*fig*) ätzend **II** *n* **1.** CHEM Säure *f* **2.** (*infml* ≈ *LSD*) Acid *nt* (*sl*) **acidic** *adj* sauer **acidity** *n* **1.** Säure *f* **2.** (*of stomach*) Magensäure *f* **acid rain** *n* saurer Regen **acid test** *n* Feuerprobe *f*

acknowledge *v/t* anerkennen; *truth, defeat* zugeben; *letter* den Empfang bestätigen von; *cheers* erwidern; *to ~ sb's presence* jds Anwesenheit zur Kenntnis nehmen **acknowledgement** *n* Anerkennung *f*; (*of truth, defeat*) Eingeständnis *nt*; (*of letter*) Empfangsbestätigung *f*; *he waved in ~* er winkte zurück; *in ~ of* in Anerkennung (+*gen*)

acne *n* Akne *f*

acorn *n* Eichel *f*

acoustic *adj* akustisch **acoustic guitar** *n* Akustikgitarre *f* **acoustics** *n pl* (*of room*) Akustik *f*

acquaint *v/t* **1.** bekannt machen; *to be ~ed with sth* mit etw bekannt sein; *to become ~ed with sth* etw kennenlernen; *facts, truth* etw erfahren; *to ~ oneself or to make oneself ~ed with sth* sich mit etw vertraut machen **2.** (*with person*) *to be ~ed with sb* mit jdm bekannt sein; *we're not ~ed* wir kennen uns nicht; *to become or get ~ed* sich (näher) kennenlernen **acquaintance** *n*

1. (≈ *person*) Bekannte(r) *m/f(m)*; ***we're just ~s*** wir kennen uns bloß flüchtig; ***a wide circle of ~s*** ein großer Bekanntenkreis **2.** (*with person*) Bekanntschaft *f*; (*with subject etc*) Kenntnis *f* (*with +gen*); ***to make sb's ~*** jds Bekanntschaft machen

acquiesce *v/i* einwilligen (*in* in *+acc*) **acquiescence** *n* Einwilligung *f* (*in* in *+acc*)

acquire *v/t* erwerben; (*by dubious means*) sich (*dat*) aneignen; *Gewohnheit* annehmen; ***where did you ~ that?*** woher hast du das?; ***to ~ a taste/liking for sth*** Geschmack/Gefallen an etw (*dat*) finden; ***caviar is an ~d taste*** Kaviar ist (nur) für Kenner **acquisition** *n* **1.** (≈ *act*) Erwerb *m*; (*by dubious means*) Aneignung *f* **2.** (≈ *thing acquired*) Anschaffung *f* **acquisitive** *adj* habgierig

acquit I *v/t* freisprechen; ***to be ~ted of a crime*** von einem Verbrechen freigesprochen werden II *v/r* ***he ~ted himself well*** er hat seine Sache gut gemacht **acquittal** *n* Freispruch *m* (*on* von)

acre *n* ≈ Morgen *m*

acrid *adj* *taste* bitter; *smell* säuerlich; *smoke* beißend

acrimonious *adj* erbittert; *divorce* verbittert ausgefochten **acrimony** *n* erbitterte Schärfe

acrobat *n* Akrobat(in) *m(f)* **acrobatic** *adj* akrobatisch **acrobatics** *pl* Akrobatik *f*

acronym *n* Akronym *nt*

across I *adv* **1.** (≈ *to the other side*) hinüber; (≈ *from the other side*) herüber; (≈ *crosswise*) (quer)durch; ***shall I go ~ first?*** soll ich zuerst hinüber(gehen)?; ***~ from your house*** eurem Haus gegenüber **2.** (*measurement*) breit; (*of round object*) im Durchmesser **3.** (*in crosswords*) waagerecht II *prep* **1.** (*direction*) über (*+acc*); (≈ *diagonally across*) quer durch (*+acc*); ***to run ~ the road*** über die Straße laufen; ***to wade ~ a river*** durch einen Fluss waten; ***a tree fell ~ the path*** ein Baum fiel quer über den Weg; ***~ country*** querfeldein **2.** (*position*) über (*+dat*); ***a tree lay ~ the path*** ein Baum lag quer über dem Weg; ***he was sprawled ~ the bed*** er lag quer auf dem Bett; ***from ~ the sea*** von der anderen Seite des Meeres; ***he lives ~ the street from us*** er wohnt uns gegenüber;

you could hear him* (*from*) *~ the hall man konnte ihn von der anderen Seite der Halle hören; **across-the-board** *adj attr* allgemein; → ***board***

acrylic I *n* Acryl *nt* II *adj* Acryl-; *dress* aus Acryl

act I *n* **1.** (≈ *deed*) Tat *f*; (≈ *official*) Akt *m*; ***an ~ of mercy*** ein Gnadenakt *m*; ***an ~ of God*** eine höhere Gewalt *no pl*; ***an ~ of war*** eine kriegerische Handlung; ***an ~ of madness*** ein Akt *m* des Wahnsinns; ***to catch sb in the ~ of doing sth*** jdn dabei ertappen, wie er etw tut **2.** PARL Gesetz *nt* **3.** THEAT Akt *m*; (≈ *turn*) Nummer *f*; ***a one-~ play*** ein Einakter *m*; ***to get in on the ~*** (*fig infml*) mit von der Partie sein; ***he's really got his ~ together*** (*infml*) (≈ *is organized, efficient with sth*) er hat die Sache wirklich im Griff; (*in seinem Dasein*) er hat im Leben erreicht, was er wollte; ***she'll be a hard or tough ~ to follow*** man wird es ihr nur schwer gleichmachen **4.** (*fig*) Theater *nt*; ***to put on an ~*** Theater spielen II *v/t* spielen; ***to ~ the innocent*** die gekränkte Unschuld spielen III *v/i* **1.** THEAT spielen; (≈ *to be an actor*) schauspielern; (*fig*) Theater spielen; ***he's only ~ing*** er tut (doch) nur so; ***to ~ innocent etc*** sich unschuldig *etc* stellen **2.** (≈ *function: drug*) wirken; ***to ~ as ...*** wirken als ...; (≈ *have function*) fungieren als ...; ***to ~ on behalf of sb*** jdn vertreten **3.** (≈ *behave*) sich verhalten; ***she ~ed as if or as though she was surprised*** sie tat so, als ob sie überrascht wäre **4.** (≈ *take action*) handeln; ***the police couldn't ~*** die Polizei konnte nichts unternehmen ◆ **act on** *v/i +prep obj* **1.** (≈ *affect*) wirken auf (*+acc*) **2.** *warning* handeln auf (*+acc*) ... hin; *advice* folgen (*+dat*); ***acting on an impulse*** einer plötzlichen Eingebung folgend ◆ **act out** *v/t sep* durchspielen ◆ **act up** *v/i* (*infml*) jdm Ärger machen; (*person*) Theater machen (*infml*); (*to attract attention*) sich aufspielen; (*machine*) verrückt spielen (*infml*); ***my back is acting up*** mein Rücken macht mir Ärger ◆ **act upon** *v/i +prep obj* = **act on**

acting I *adj* **1.** stellvertretend *attr* **2.** *attr* THEAT schauspielerisch II *n* (THEAT ≈ *performance*) Darstellung *f*; (≈ *activity*) Spielen *nt*; (≈ *profession*) Schauspielerei *f*; ***he's done some ~*** er hat schon Theater gespielt

action n **1.** no pl (≈ activity) Handeln nt; (of novel etc) Handlung f; *a man of* ~ ein Mann der Tat; *to take* ~ etwas unternehmen; *course of* ~ Vorgehen nt; *no further* ~ keine weiteren Maßnahmen **2.** (≈ deed) Tat f **3.** (≈ operation) *in/out of* ~ in/nicht in Aktion; *machine* in/außer Betrieb; *to go into* ~ in Aktion treten; *to put a plan into* ~ einen Plan in die Tat umsetzen; *he's been out of* ~ since he broke his leg er war nicht mehr einsatzfähig, seit er sich das Bein gebrochen hat **4.** (≈ exciting events) Action f (sl); *there's no* ~ *in this film* in dem Film passiert nichts **5.** (MIL ≈ fighting) Aktionen pl; *enemy* ~ feindliche Handlungen pl; *killed in* ~ gefallen; *the first time they went into* ~ bei ihrem ersten Einsatz **6.** (of machine) Arbeitsweise f; (of watch, gun) Mechanismus m; (of athlete etc) Bewegung f **7.** (≈ effect) Wirkung f (on auf +acc) **8.** JUR Klage f; *to bring an* ~ (against sb) eine Klage (gegen jdn) anstrengen **action film** n Actionfilm m **action group** n Aktionsgruppe f **action movie** n (esp US) Actionfilm m **action-packed** adj aktionsgeladen **action replay** n Wiederholung f **action shot** n PHOT Actionfoto nt; FILM Actionszene f **action stations** pl Stellung f; ~! Stellung!; (fig) an die Plätze!

activate v/t mechanism betätigen; (switch) in Gang setzen; alarm auslösen; bomb zünden; CHEM, PHYS aktivieren

active adj aktiv; mind, social life rege; *to be politically/sexually* ~ politisch/sexuell aktiv sein; *on* ~ *service* MIL im Einsatz; *to be on* ~ *duty* (esp US MIL) aktiven Wehrdienst leisten; *he played an* ~ *part in it* er war aktiv daran beteiligt; ~ *ingredient* CHEM aktiver Bestandteil **actively** adv aktiv; dislike offen **activist** n Aktivist(in) m(f) **activity** n **1.** no pl Aktivität f; (in town, office) geschäftiges Treiben **2.** (≈ pastime) Betätigung f; *the church organizes many activities* die Kirche organisiert viele Veranstaltungen; *criminal activities* kriminelle Aktivitäten pl **activity holiday** n (Br) Aktivurlaub m

actor n Schauspieler(in) m(f) **actress** n Schauspielerin f

actual adj eigentlich; result tatsächlich; case, example konkret; *in* ~ *fact* eigentlich; *what were his* ~ *words?* was genau

hat er gesagt?; *this is the* ~ *house* das ist hier das Haus; ~ *size* Originalgröße f **actually** adv **1.** (used as a filler) ~ *I haven't started yet* ich habe noch (gar) nicht damit angefangen **2.** (≈ in actual fact) eigentlich; (≈ by the way) übrigens; *as you said before, and* ~ *you were quite right* wie Sie schon sagten, und eigentlich hatten Sie völlig recht; ~ *you were quite right, it was a bad idea* Sie hatten übrigens völlig recht, es war eine schlechte Idee; *I'm going soon, tomorrow* ~ ich gehe bald, nämlich morgen **3.** (≈ truly) tatsächlich; *if you* ~ *own an apartment* wenn Sie tatsächlich eine Wohnung besitzen; *oh, you're* ~ *in/ready!* oh, du bist sogar da/fertig!; *I haven't* ~ *started yet* ich habe noch nicht angefangen; *as for* ~ *doing it* wenn es dann daran geht, es auch zu tun

actuary n INSUR Aktuar(in) m(f) **acumen** n *business* ~ Geschäftssinn m **acupuncture** n Akupunktur f **acute** adj **1.** akut; embarrassment riesig **2.** eyesight scharf; hearing fein **3.** MAT angle spitz **4.** LING ~ *accent* Akut m **acutely** adv akut; feel intensiv; embarrassed, sensitive äußerst; *to be* ~ *aware of sth* sich (dat) einer Sache (gen) genau bewusst sein

AD abbr of **Anno Domini** n. Chr., A.D. **ad** n abbr of **advertisement** Anzeige f **adage** n Sprichwort nt **Adam** n ~'s apple Adamsapfel m; *I don't know him from* ~ (infml) ich habe keine Ahnung, wer er ist (infml)

adamant adj hart; refusal hartnäckig; *to be* ~ unnachgiebig sein; *he was* ~ *about going* er bestand hartnäckig darauf zu gehen **adamantly** adv hartnäckig; *to be* ~ *opposed to sth* etw scharf ablehnen

adapt I v/t anpassen (to +dat); machine umstellen (to, for auf +acc); vehicle, building umbauen (to, for für); text bearbeiten (for für); ~ed from the Spanish aus dem Spanischen übertragen und bearbeitet **II** v/i sich anpassen (to +dat) **adaptability** n Anpassungsfähigkeit f **adaptable** adj anpassungsfähig **adaptation** n (of book etc) Bearbeitung f **adapter** n ELEC Adapter m **adaptor** n = **adapter**

ADD abbr of **attention deficit disorder** ADS

add I *v/t* **1.** MAT addieren; (≈ *add on*) dazuzählen (*to* zu); **to ~ 8 to 5** 8 zu 5 hinzuzählen **2.** *ingredients, comment etc* hinzufügen (*to* zu); (≈ *build on*) anbauen; **~ed to which ...** hinzu kommt, dass ...; *transport* **~s 10% to the cost** es kommen 10% Transportkosten hinzu; *they* **~ 10% for service** sie rechnen 10% für Bedienung dazu; **to ~ value to sth** den Wert einer Sache (*gen*) erhöhen **II** *v/i* **1.** MAT addieren; **she just can't ~** sie kann einfach nicht rechnen **2. to ~ to sth** zu etw beitragen; **it will ~ to the time the job takes** es wird die Arbeitszeit verlängern
♦ **add on** *v/t sep amount* dazurechnen; *room* anbauen; *comments* anfügen
♦ **add up I** *v/t sep* zusammenzählen **II** *v/i* (*figures etc*) stimmen; (*fig*) sich reimen; **it all adds up** (*lit*) es summiert sich; (*fig*) es passt alles zusammen; **to ~ to** (*figures*) ergeben
added *adj attr* zusätzlich; **~ value** Mehrwert *m*
adder *n* Viper *f*, Natter *f*
addict *n* Süchtige(r) *m/f(m)*; **he's a television/heroin ~** er ist fernseh-/heroinsüchtig **addicted** *adj* süchtig; **to be/ become ~ to heroin/drugs** heroin-/ rauschgiftsüchtig sein/werden; **he is ~ to sport** Sport ist bei ihm zur Sucht geworden **addiction** *n* Sucht *f* (*to* nach); **~ to drugs/alcohol** Rauschgift-/Trunksucht *f* **addictive** *adj* **to be ~** süchtig machen; **these drugs/watching TV can become ~** diese Drogen können/Fernsehen kann zur Sucht werden; **~ drug** Suchtdroge *f*
addition *n* **1.** MAT Addition *f* **2.** (≈ *adding, thing added*) Zusatz *m* (*to* zu); (*to list*) Ergänzung *f* (*to* zu); **in ~** außerdem; **in ~ (to this) he said ...** und außerdem sagte er ...; **in ~ to her other hobbies** zusätzlich zu ihren anderen Hobbys **additional** *adj* zusätzlich; **~ charge** Aufpreis *m* **additive** *n* Zusatz *m* **add-on** *n* IT Zusatz *m*
address I *n* **1.** (*on letter*) Adresse *f*; **home ~** Privatadresse *f*; (*when travelling*) Heimatanschrift *f*; **what's your ~?** wo wohnen Sie?; **I've come to the wrong ~** ich bin hier falsch *or* an der falschen Adresse; **at this ~** unter dieser Adresse; **"not known at this ~"** „Empfänger unbekannt" **2.** (≈ *speech*) Ansprache *f*; **form of ~** (Form *f* der) Anrede *f* **3.** IT Adresse *f*

II *v/t* **1.** *letter* adressieren (*to* an +*acc*) **2.** *complaint* richten (*to* an +*acc*) **3.** *meeting* sprechen zu; *person* anreden; **don't ~ me as "Colonel"** nennen Sie mich nicht „Colonel" **4.** *problem etc* angehen **III** *v/r* **to ~ oneself to sb** (≈ *speak to*) jdn ansprechen **address book** *n* Adressbuch *nt* **addressee** *n* Empfänger(in) *m(f)* **address label** *n* Adressenaufkleber *m*
adenoids *pl* Rachenmandeln *pl*
adept *adj* geschickt (*in, at* in +*dat*)
adequacy *n* Adäquatheit *f* **adequate** *adj* adäquat; *time* genügend *inv*; **to be ~** (≈ *sufficient*) (aus)reichen; (≈ *good enough*) zulänglich *or* adäquat sein; **this is just not ~** das ist einfach unzureichend; **more than ~** mehr als genug; *heating* mehr als ausreichend **adequately** *adv* **1.** (≈ *sufficiently*) ausreichend **2.** (≈ *satisfactorily*) angemessen
♦ **adhere to** *v/i* +*prep obj plan, principle* festhalten an (+*dat*); *rule* sich halten an (+*acc*) **adherence** *n* Festhalten *nt* (*to* an +*dat*); (*to rule*) Befolgung *f* (*to* +*gen*) **adherent** *n* Anhänger(in) *m(f)*
adhesion *n* (*of particles etc*) Adhäsion *f*, Haftfähigkeit *f*; (*more firmly: of glue*) Klebefestigkeit *f* **adhesive I** *n* Klebstoff *m*, Pick *m* (*Aus*) **II** *adj* haftend; (*more firmly*) klebend **adhesive tape** *n* Klebstreifen *m*
ad hoc *adj, adv* ad hoc *inv*
ad infinitum *adv* für immer
adjacent *adj* angrenzend; **to be ~ to sth** an etw (*acc*) angrenzen; **the ~ room** das Nebenzimmer
adjectival *adj*, **adjectivally** *adv* adjektivisch **adjective** *n* Adjektiv *nt*
adjoin I *v/t* grenzen an (+*acc*) **II** *v/i* aneinandergrenzen **adjoining** *adj* benachbart; *esp* ARCH anstoßend; *field* angrenzend; **the ~ room** das Nebenzimmer; **in the ~ office** im Büro nebenan
adjourn I *v/t* **1.** (*to another day*) vertagen (*until* auf +*acc*); **he ~ed the meeting for three hours** er unterbrach die Konferenz für drei Stunden **2.** (*US* ≈ *end*) beenden **II** *v/i* **1.** (*to another day*) sich vertagen (*until* auf +*acc*); **to ~ for lunch/ one hour** zur Mittagspause/für eine Stunde unterbrechen **2. to ~ to the living room** sich ins Wohnzimmer begeben
adjournment *n* (*to another day*) Vertagung *f* (*until* auf +*acc*); (*within a day*)

Unterbrechung *f*
adjudicate I *v/t competition* Preisrichter(in) sein bei **II** *v/i (in competition etc)* als Preisrichter(in) fungieren **adjudication** *n* Entscheidung *f*; (≈ *result also*) Urteil *nt* **adjudicator** *n* (*in competition etc*) Preisrichter(in) *m(f)*

adjust I *v/t* **1.** (≈ *set*) einstellen; *knob, lever* (richtig) stellen; (≈ *correct*) nachstellen; *height, speed* regulieren; *figures* korrigieren; *terms* ändern; *hat, tie* zurechtrücken; *do not ~ your set* ändern Sie nichts an der Einstellung Ihres Geräts **2.** *to ~ oneself to sth to new circumstances etc* sich einer Sache (*dat*) anpassen **3.** INSUR *claim* regulieren **II** *v/i* (*to new circumstances etc*) sich anpassen (*to* +*dat*) **adjustable** *adj* verstellbar; *speed, temperature* regulierbar **adjustment** *n* **1.** (≈ *setting*) Einstellung *f*; (*of knob, lever*) (richtige) Stellung; (≈ *correction*) Nachstellung *f*; (*of height, speed*) Regulierung *f*; (*of terms*) Änderung *f*; (*of figures*) Änderungen vornehmen; *to make ~s to one's plans* seine Pläne ändern **2.** (*socially etc*) Anpassung *f* **3.** INSUR Regulierung *f*

adjutant *n* MIL Adjutant(in) *m(f)*

ad lib *adv* aus dem Stegreif **ad-lib** *v/t & v/i* improvisieren

admin *abbr of* **administration** **administer** *v/t* **1.** *institution, funds* verwalten; *affairs* führen **2.** *punishment* verhängen (*to* über +*acc*); *to ~ justice* Recht sprechen **3.** *medicine* verabreichen (*to sb* jdm) **administrate** *v/t* = **administer** **administration** *n* **1.** *no pl* Verwaltung *f*; (*of project etc*) Organisation *f*; *to spend a lot of time on ~* viel Zeit auf Verwaltungsangelegenheiten verwenden **2.** (≈ *government*) Regierung *f*; *the Merkel ~* die Regierung Merkel **3.** *no pl the ~ of justice* die Rechtsprechung **administrative** *adj* administrativ **administrative body** *n* Verwaltungsbehörde *f* **administrative costs** *pl* Verwaltungskosten *pl* **administrator** *n* Verwalter(in) *m(f)*; JUR Verwaltungsbeamte(r) *m*/-beamtin *f*

admirable *adj*, **admirably** *adv* (≈ *laudable*) bewundernswert; (≈ *excellent*) ausgezeichnet

admiral *n* Admiral(in) *m(f)* **Admiralty** *n* (*Br*) Admiralität *f*; (≈ *department, building*) britisches Marineministerium

admiration *n* Bewunderung *f*; *to win the ~ of all/of the world* (*person, object*) von allen/von aller Welt bewundert werden

admire *v/t* bewundern **admirer** *n* Verehrer(in) *m(f)* **admiring** *adj*, **admiringly** *adv* bewundernd

admissible *adj* zulässig **admission** *n* **1.** (≈ *entry*) Zutritt *m*; (*to university*) Zulassung *f*; (*to hospital*) Einlieferung *f* (*to* in +*acc*); (≈ *price*) Eintritt *m*; *to gain ~ to a building* Zutritt zu einem Gebäude erhalten; *~ fee* Eintrittspreis *m* **2.** (JUR, *of evidence etc*) Zulassung *f* **3.** (≈ *confession*) Eingeständnis *nt*; *on or by his own ~* nach eigenem Eingeständnis; *that would be an ~ of failure* das hieße, sein Versagen eingestehen

admit *v/t* **1.** (≈ *let in*) hereinlassen; (≈ *permit to join*) aufnehmen (*to* in +*acc*); *children not ~ted* kein Zutritt für Kinder; *to be ~ted to hospital* ins Krankenhaus eingeliefert werden; *this ticket ~s two* die Karte ist für zwei (Personen) **2.** (≈ *acknowledge*) zugeben; *do you ~* (*to*) *stealing his hat?* geben Sie zu, seinen Hut gestohlen zu haben? ◆ **admit to** *v/i* +*prep obj* eingestehen; *I have to ~ a certain feeling of admiration* ich muss gestehen, dass mir das Bewunderung abnötigt

admittance *n* (*to building*) Zutritt *m* (*to* zu); (*to club*) Aufnahme *f* (*to* in +*acc*); *I gained ~ to the hall* mir wurde der Zutritt zum Saal gestattet; *no ~ except on business* Zutritt für Unbefugte verboten **admittedly** *adv* zugegebenermaßen; *~ this is true* zugegeben, das stimmt

admonish *v/t* ermahnen (*for* wegen) **admonishment**, **admonition** *n* (*form*) **1.** (≈ *rebuke*) Tadel *m* **2.** (≈ *warning*) Ermahnung *f*

ad nauseam *adv* bis zum Überdruss

ado *n much ~ about nothing* viel Lärm um nichts; *without more or further ~* ohne Weiteres

adolescence *n* **1.** Jugend *f* **2.** (≈ *puberty*) Pubertät *f* **adolescent I** *n* Jugendliche(r) *m/f(m)* **II** *adj* **1.** Jugend- **2.** (≈ *in puberty*) pubertär

adopt *v/t* **1.** *child* adoptieren; *your cat has ~ed me* (*infml*) deine Katze hat sich mir angeschlossen **2.** *idea, method* übernehmen; *mannerisms* annehmen **adopted** *adj* Adoptiv-, adoptiert; *~ child* Adoptivkind *nt*; *her ~ country* ihre Wahlheimat **adoption** *n* **1.** (*of child*) Adoption *f* **2.** (*of method, idea*) Übernahme *f*; (*of mannerisms*) Annahme *f* **adoption agency** *n* Adoptionsagentur *f* **adoptive** *adj* Adoptiv-; ~ **parents** Adoptiveltern *pl*; ~ **home/country** Wahlheimat *f*

adorable *adj* bezaubernd; **she is** ~ sie ist ein Schatz **adoration** *n* **1.** (*of God*) Anbetung *f* **2.** (*of family, wife*) grenzenlose Liebe (*of für*) **adore** *v/t* **1.** *God* anbeten **2.** *family, wife* über alles lieben **3.** (*infml*) *whisky etc* (über alles) lieben **adoring** *adj*, **adoringly** *adv* bewundernd

adorn *v/t* schmücken

adrenalin(e) *n* MED Adrenalin *nt*; **working under pressure gets the** ~ **going** Arbeiten unter Druck weckt ungeahnte Kräfte

Adriatic (Sea) *n* Adria *f*

adrift *adv, adj pred* **1.** NAUT treibend; **to be** ~ treiben **2.** (*fig*) **to come** ~ (*wire etc*) sich lösen

adroit *adj* geschickt **adroitly** *adv* geschickt

ADSL TEL *abbr of* **asymmetric digital subscriber line** ADSL *nt*

adulation *n* Verherrlichung *f*

adult I *n* Erwachsene(r) *m/f(m)*; ~**s only** nur für Erwachsene **II** *adj* **1.** *person* erwachsen; *animal* ausgewachsen; **he spent his** ~ **life in New York** er hat sein Leben als Erwachsener in New York verbracht **2.** *film, classes* für Erwachsene; ~ **education** Erwachsenenbildung *f* **adulterate** *v/t wine etc* panschen; *food* abwandeln **adulteration** *n* (*of wine*) Panschen *nt*; (*of food*) Abwandlung *f*

adulterer *n* Ehebrecher *m* **adulteress** *n* Ehebrecherin *f* **adulterous** *adj* ehebrecherisch **adultery** *n* Ehebruch *m*; **to commit** ~ Ehebruch begehen

adulthood *n* Erwachsenenalter *nt*; **to reach** ~ erwachsen werden

advance I *n* **1.** (≈ *progress*) Fortschritt *m* **2.** MIL Vormarsch *m* **3.** (≈ *money*) Vorschuss *m* (*on* auf +*acc*) **4.** **advances** *pl* (*amorous, fig*) Annäherungsversuche *pl* **5.** **in** ~ im Voraus; **to send sb on in** ~ jdn vorausschicken; **£100 in** ~ £ 100 als Vorschuss; **to arrive in** ~ **of the others** vor den anderen ankommen; **to be (well) in** ~ **of sb** jdm (weit) voraus sein **II** *v/t* **1.** *date, time* vorverlegen **2.** MIL *troops* vorrücken lassen **3.** weiterbrin-

gen; *cause, career* fördern; *knowledge* vergrößern **4.** (≈ *pay beforehand*) (als) Vorschuss geben (*sb* jdm) **III** *v/i* **1.** MIL vorrücken **2.** (≈ *move forward*) vorankommen; **to** ~ **toward(s)** *sb/sth* auf jdn/etw zugehen **3.** (*fig* ≈ *progress*) Fortschritte *pl* machen **advance booking** *n* Reservierung *f*; THEAT Vorverkauf *m* **advance booking office** *n* THEAT Vorverkaufsstelle *f* **advance copy** *n* Vorausexemplar *nt* **advanced** *adj* **1.** *student, level, age, technology* fortgeschritten; *studies* höher; *version* weiterentwickelt; *society* hoch entwickelt; **he is very** ~ **for his age** er ist für sein Alter sehr weit **2.** *plan* ausgefeilt; **in the** ~ **stages of the disease** im fortgeschrittenen Stadium der Krankheit **advancement** *n* **1.** (≈ *furtherance*) Förderung *f* **2.** (≈ *promotion in rank*) Aufstieg *m* **advance notice** *n* frühzeitiger Bescheid; (*of sth bad*) Vorwarnung *f*; **to be given** ~ frühzeitig Bescheid/eine Vorwarnung erhalten **advance payment** *n* Vorauszahlung *f* **advance warning** *n* = **advance notice**

advantage *n* Vorteil *m*; **to have an** ~ (**over sb**) (jdm gegenüber) im Vorteil sein; **that gives you an** ~ **over me** damit sind Sie mir gegenüber im Vorteil; **to have the** ~ **of sb** jdm überlegen sein; **to take** ~ **of sb** (≈ *exploit*) jdn ausnutzen; (*euph: sexually*) jdn missbrauchen; **to take** ~ **of sth** etw ausnutzen; **he turned it to his own** ~ er machte es sich (*dat*) zunutze; **to use sth to one's** ~ etw für sich nutzen **advantageous** *adj* vorteilhaft; **to be** ~ **to sb** für jdn von Vorteil sein

advent *n* **1.** (*of age, era*) Beginn *m*; (*of jet plane etc*) Aufkommen *nt* **2.** ECCL **Advent** Advent *m* **Advent calendar** *n* Adventskalender *m*

adventure I *n* **1.** Abenteuer *nt* **2.** *no pl* **love/spirit of** ~ Abenteuerlust *f*; **to look for** ~ (das) Abenteuer suchen **II** *attr* Abenteuer- **adventure playground** *n* Abenteuerspielplatz *m* **adventurer** *n* Abenteurer(in) *m(f)* **adventurous** *adj* *person* abenteuerlustig; *journey* abenteuerlich

adverb *n* Adverb *nt* **adverbial** *adj*, **adverbially** *adv* adverbial

adversary *n* Widersacher(in) *m(f)*; (*in contest*) Gegner(in) *m(f)* **adverse** *adj* ungünstig; *reaction* negativ **adversely**

adv negativ **adversity** *n no pl* Not *f*; **in ~** im Unglück

advert *n* (*infml*) *abbr of* **advertisement** Anzeige *f*; (*on TV, radio*) Werbespot *m* **advertise I** *v/t* **1.** (≈ *publicize*) werben für; **I've seen that soap ~d on television** ich habe die Werbung für diese Seife im Fernsehen gesehen **2.** (*in paper*) *flat etc* inserieren; *job* ausschreiben; **to ~ sth in a shop window/on local radio** etw durch eine Schaufensteranzeige / im Regionalsender anbieten **II** *v/i* **1.** COMM werben **2.** (*in paper*) inserieren; **to ~ for sb/sth** jdn / etw (per Anzeige) suchen; **to ~ for sth on local radio/in a shop window** etw per Regionalsender / durch Anzeige im Schaufenster suchen

advertisement *n* **1.** COMM Werbung *f*; (*esp in paper*) Anzeige *f* **2.** (≈ *announcement*) Anzeige *f*; **to put** *or* **place an ~ in the paper** eine Anzeige in die Zeitung setzen

advertising *n* Werbung *f*; **he works in ~** er ist in der Werbung (tätig) **advertising agency** *n* Werbeagentur *f* **advertising campaign** *n* Werbekampagne *f*

advice *n no pl* Rat *m no pl*; **a piece of ~** ein Rat(schlag) *m*; **let me give you a piece of ~** *or* **some~** ich will Ihnen einen guten Rat geben; **to take sb's ~** jds Rat (be)folgen; **take my ~** höre auf mich; **to seek (sb's) ~** (jdn) um Rat fragen; **to take legal ~** einen Rechtsanwalt zurate ziehen

advisability *n* Ratsamkeit *f* **advisable** *adj* ratsam

advise I *v/t person* raten (+*dat*); (*professionally*) beraten; **I would ~ you to do it / not to do it** ich würde dir zuraten / a-braten; **to ~ sb against doing sth** jdm abraten, etw zu tun; **what would you ~ me to do?** wozu würden Sie mir raten? **II** *v/i* **1.** (≈ *give advice*) raten; **I shall do as you ~** ich werde tun, was Sie mir raten **2.** (*US*) **to ~ with sb** sich mit jdm beraten **advisedly** *adv* richtig; **and I use the word ~** ich verwende bewusst dieses Wort **adviser** *n* Ratgeber(in) *m(f)*; (*professional*) Berater(in) *m(f)*; **legal ~** Rechtsberater(in) *m(f)* **advisory** *adj* beratend; **to act in a purely ~ capacity** rein beratende Funktion haben

advocacy *n* Eintreten *nt* (*of* für); (*of plan*) Befürwortung *f* **advocate I** *n* **1.** (*of cause*) Befürworter(in) *m(f)* **2.** (*esp Scot:*

JUR) (Rechts)anwalt *m*/-anwältin *f* **II** *v/t* eintreten für; *plan etc* befürworten

Aegean *adj* **the ~ (Sea)** die Ägäis

aegis *n* **under the ~ of** unter der Schirmherrschaft von

aeon *n* Ewigkeit *f*

aerate *v/t* mit Kohlensäure anreichern; *soil* auflockern

aerial I *n* (*esp Br*) Antenne *f* **II** *adj* Luft-; **~ photograph** Luftbild *nt*

aerobatics *pl* Kunstfliegen *nt*

aerobics *n sg* Aerobic *nt*

aerodrome *n* (*Br*) Flugplatz *m* **aerodynamic** *adj*, **aerodynamically** *adv* aerodynamisch **aerodynamics** *n* Aerodynamik *f* **aeronautic(al)** *adj* aeronautisch **aeronautical engineering** *n* Flugzeugbau *m* **aeronautics** *n sg* Luftfahrt *f* **aeroplane** *n* (*Br*) Flugzeug *nt* **aerosol** *n* (≈ *can*) Spraydose *f*; **~ paint** Sprayfarbe *f*; **~ spray** Aerosolspray *nt* **aerospace** *in cpds* Raumfahrt-

Aesop *n* **~'s fables** die äsopischen Fabeln **aesthete,** (*US*) **esthete** *n* Ästhet(in) *m(f)* **aesthetic(al),** (*US*) **esthetic(al)** *adj* ästhetisch **aesthetically,** (*US*) **esthetically** *adv* in ästhetischer Hinsicht; **~ pleasing** ästhetisch schön **aesthetics,** (*US*) **esthetics** *n sg* Ästhetik *f*

afar *adv* (*liter*) **from ~** aus der Ferne

affable *adj*, **affably** *adv* umgänglich

affair *n* **1.** Sache *f*; **the Watergate ~** die Watergate-Affäre; **this is a sorry state of ~s!** das sind ja schöne Zustände!; **your private ~s don't concern me** deine Privatangelegenheiten sind mir egal; **financial ~s have never interested me** Finanzfragen haben mich nie interessiert; **that's my ~!** das ist meine Sache! **2.** (≈ *love affair*) Verhältnis *nt*; **to have an ~ with sb** ein Verhältnis mit jdm haben

affect *v/t* **1.** (≈ *have effect on*) sich auswirken auf (+*acc*); (*detrimentally*) angreifen; *health* schaden (+*dat*) **2.** (≈ *concern*) betreffen **3.** (≈ *move*) berühren **4.** (*diseases*) befallen **affectation** *n* Affektiertheit *f no pl*; **an ~** eine affektierte Angewohnheit **affected** *adj*, **affectedly** *adv* affektiert **affecting** *adj* rührend **affection** *n* Zuneigung *f no pl* (*for, towards* zu); **I have** *or* **feel a great ~ for her** ich mag sie sehr gerne; **you could show a little more ~ toward(s) me** du könntest mir gegenüber etwas mehr Gefühl zeigen; **he has a special place in her ~s** er nimmt einen besonderen Platz in ihrem Herzen ein **affectionate** *adj* liebevoll **affectionately** *adv* liebevoll; **yours ~, Wendy** (*letter-ending*) in Liebe, Deine Wendy

affidavit *n* JUR eidesstattliche Erklärung

affiliate I *v/t* angliedern (*to* +*dat*); **the two banks are ~d** die zwei Banken sind aneinander angeschlossen; **~d company** Schwesterfirma *f* **II** *v/i* sich angliedern (*with* an +*acc*) **affiliation** *n* Angliederung *f* (*to, with* an +*acc*); **what are his political ~s?** was ist seine politische Zugehörigkeit?

affinity *n* 1. (≈ *liking*) Neigung *f* (*for, to* zu) 2. (≈ *resemblance, connection*) Verwandtschaft *f*

affirm *v/t* versichern; (*forcefully*) beteuern **affirmation** *n* Versicherung *f*; (*forceful*) Beteuerung *f* **affirmative I** *n* **to answer in the ~** mit Ja antworten **II** *adj* bejahend; **the answer is ~** die Antwort ist bejahend *or* ja; **~ action** (*US*) ≈ positive Diskriminierung (*bei der Vergabe von Arbeits- und Studienplätzen etc*) **III** *int* richtig **affirmatively** *adv* bejahend

affix *v/t* anbringen (*to* auf +*dat*)

afflict *v/t* plagen; (*troubles, injuries*) heimsuchen; **to be ~ed by a disease** an einer Krankheit leiden **affliction** *n* (*blindness etc*) Gebrechen *nt*; (*illness*) Beschwerde *f*

affluence *n* Wohlstand *m* **affluent** *adj* reich, wohlhabend

afford *v/t* 1. sich (*dat*) leisten; **I can't ~ to buy both of them/to make a mistake** ich kann es mir nicht leisten, beide zu kaufen/einen Fehler zu machen; **I can't ~ the time** ich habe einfach nicht die Zeit 2. (*liter* ≈ *provide*) (*sb sth* jdm etw) gewähren; *pleasure* bereiten **affordable** *adj*, **affordably** *adv* (≈ *inexpensive*) *price* erschwinglich; (≈ *reasonably priced*) finanziell möglich *or* tragbar

afforestation *n* Aufforstung *f*

affray *n esp* JUR Schlägerei *f*

affront *n* Affront *m* (*to* gegen)

Afghan I *n* 1. Afghane *m*, Afghanin *f* 2. (≈ *language*) Afghanisch *nt* 3. (*a.* **Afghan hound**) Afghane *m* **II** *adj* afghanisch **Afghanistan** *n* Afghanistan *nt*

aficionado *n, pl* **-s** Liebhaber(in) *m(f)*

afield *adv* **countries further ~** weiter ent-

fernte Länder; **to venture further ~** (*lit, fig*) sich etwas weiter (vor)wagen

aflame *adj pred, adv* in Flammen

afloat *adj pred, adv* 1. NAUT **to be ~** schwimmen; **to stay ~** sich über Wasser halten; (*thing*) schwimmen; **at last we were ~ again** endlich waren wir wieder flott 2. (*fig*) **to get/keep a business ~** ein Geschäft auf die Beine stellen/ über Wasser halten

afoot *adv* **there is something ~** da ist etwas im Gange

aforementioned, aforesaid *adj attr* (*form*) oben genannt

afraid *adj pred* 1. **to be ~** (*of sb/sth*) (vor jdm/etw) Angst haben; **don't be ~!** keine Angst!; **there's nothing to be ~ of** Sie brauchen keine Angst zu haben; **I am ~ of hurting him** ich fürchte, ich könnte ihm wehtun; **to make sb ~** jdm Angst machen; **I am ~ to leave her alone** ich habe Angst davor, sie allein zu lassen; **I was ~ of waking the children** ich wollte die Kinder nicht wecken; **he's not ~ to say what he thinks** er scheut sich nicht zu sagen, was er denkt; **that's what I was ~ of, I was ~ that would happen** das habe ich befürchtet; **to be ~ for sb/sth** (≈ *worried*) Angst um jdn/etw haben 2. (*expressing polite regret*) **I'm ~ I can't do it** leider kann ich es nicht machen; **are you going? — I'm ~ not/I'm ~ so** gehst du? — leider nicht/ja, leider

afresh *adv* noch einmal von Neuem

Africa *n* Afrika *nt*

African I *n* Afrikaner(in) *m(f)* **II** *adj* afrikanisch **African-American I** *adj* afroamerikanisch **II** *n* Afroamerikaner(in) *m(f)*

Afrikaans *n* Afrikaans *nt* **Afrikaner** *n* Afrika(a)nder(in) *m(f)*

Afro-American I *adj* afroamerikanisch **II** *n* Afroamerikaner(in) *m(f)* **Afro-Caribbean I** *adj* afrokaribisch **II** *n* Afrokaribe *m*, Afrokaribin *f*

aft NAUT *adv* *sit* achtern; *go* nach achtern

after I *prep* nach (+*dat*); **~ dinner** nach dem Essen; **~ that** danach; **the day ~ tomorrow** übermorgen; **the week ~ next** übernächste Woche; **ten ~ eight** (*US*) zehn nach acht; **~ you** nach Ihnen; **I was ~ him** (*in queue etc*) ich war nach ihm dran; **he shut the door ~ him** er machte die Tür hinter ihm zu; **about a mile ~ the village** etwa eine Meile nach dem Dorf; **to shout ~ sb** hinter jdm herrufen; **~ what has happened** nach allem, was geschehen ist; **to do sth ~ all** etw schließlich doch tun; **~ all I've done for you!** und das nach allem, was ich für dich getan habe!; **~ all, he is your brother** er ist immerhin dein Bruder; **you tell me lie ~ lie** du erzählst mir eine Lüge nach der anderen; **it's just one thing ~ another** or **the other** es kommt eins zum anderen; **one ~ the other** eine(r, s) nach der/dem anderen; **day ~ day** Tag für Tag; **before us lay mile ~ mile of barren desert** vor uns erstreckte sich meilenweit trostlose Wüste; **~ El Greco** in der Art von El Greco; **she takes ~ her mother** sie kommt ganz nach ihrer Mutter; **to be ~ sb/sth** hinter jdm/etw her sein; **she asked ~ you** sie hat sich nach dir erkundigt; **what are you ~?** was willst du?; **he's just ~ a free meal** er ist nur auf ein kostenloses Essen aus **II** adv (time, order) danach; (place, pursuit) hinterher; **the week ~** die Woche darauf; **soon ~** kurz danach **III** cj nachdem; **~ he had closed the door he began to speak** nachdem er die Tür geschlossen hatte, begann er zu sprechen; **what will you do ~ he's gone?** was machst du, wenn er weg ist?; **~ finishing it I will ...** wenn ich das fertig habe, werde ich ... **IV** n **afters** pl (Br infml) Nachtisch m; **what's for ~s?** was gibts zum Nachtisch? **afterbirth** n Nachgeburt f **aftercare** n (of convalescent) Nachbehandlung f **after-dinner** adj nach dem Essen; **~ nap** Verdauungsschlaf m; **~ speech** Tischrede f **aftereffect** n Nachwirkung f **afterglow** n (fig) angenehme Erinnerung **after-hours** adj nach Geschäftsschluss **afterlife** n Leben nt nach dem Tode **aftermath** n Nachwirkungen pl; **in the ~ of sth** nach etw

afternoon I n Nachmittag m; **in the ~, ~s** (esp US) nachmittags; **at three o'clock in the ~** (um) drei Uhr nachmittags; **on Sunday ~** (am) Sonntagnachmittag; **on Sunday ~s** am Sonntagnachmittag; **on the ~ of December 2nd** am Nachmittag des 2. Dezember; **this/tomorrow/ yesterday ~** heute/morgen/gestern Nachmittag; **good ~!** guten Tag!; **~!** servus! (Aus), grüezi! (Swiss), Tag! (infml) **II** adj attr Nachmittags-; **~ performance** Nachmittagsvorstellung f **afternoon tea**

n (Br) (Nachmittags)tee m
after-sales service n Kundendienst m **aftershave (lotion)** n Aftershave nt **aftershock** n Nachbeben nt **after-sun** adj **~ lotion** After-Sun-Lotion f **aftertaste** n Nachgeschmack m; **to leave an unpleasant ~** einen unangenehmen Nachgeschmack hinterlassen **afterthought** n nachträgliche Idee; **the window was added as an ~** das Fenster kam erst später dazu **afterward** adv (US) = **afterwards**

afterwards adv nachher; (≈ after that) danach; **this was added ~** das kam nachträglich dazu

again adv **1.** wieder; **~ and ~, time and ~** immer wieder; **to do sth ~** etw noch (ein)mal tun; **never** or **not ever ~** nie wieder; **if that happens ~** wenn das noch einmal passiert; **all over ~** noch (ein)mal von vorn; **what's his name ~?** wie heißt er noch gleich?; **to begin ~** von Neuem anfangen; **not ~!** (nicht) schon wieder!; **it's me ~** (arriving) da bin ich wieder; (phoning) ich bins noch (ein)mal **2.** (in quantity) **as much ~** noch (ein)mal so viel; **he's as old ~ as Mary** er ist doppelt so alt wie Mary **3.** (≈ on the other hand) wiederum; (≈ moreover) außerdem; **but then** or **there ~, it may not be true** vielleicht ist es auch gar nicht wahr

against I prep **1.** gegen (+acc); **he's ~ her going** er ist dagegen, dass sie geht; **to have something/nothing ~ sb/sth** etwas/nichts gegen jdn/etw haben; **~ their wishes** entgegen ihrem Wunsch; **push all the chairs right back ~ the wall** stellen Sie alle Stühle direkt an die Wand; **to draw money ~ security** gegen Sicherheit Geld abheben **2.** (≈ in preparation for) old age für (+acc); misfortune im Hinblick auf (+acc) **3.** (≈ compared with) (**as**) **~** gegenüber (+dat); **she had three prizes (as) ~ his six** sie hatte drei Preise, er hingegen sechs; **the advantages of flying (as) ~ going by boat** die Vorteile von Flugreisen gegenüber Schiffsreisen **II** adj pred (≈ not in favour) dagegen

age I n **1.** Alter nt; **what is her ~?**, **what ~ is she?** wie alt ist sie?; **he is ten years of ~** er ist zehn Jahre alt; **at the ~ of 15, at ~ 15** mit 15 Jahren; **at your ~** in deinem Alter; **but he's twice your ~** aber er ist ja doppelt so alt wie du; **she doesn't**

look her ~ man sieht ihr ihr Alter nicht an; ***be*** or ***act your*** ~! sei nicht kindisch! **2.** JUR **to come of** ~ volljährig werden; (*fig*) den Kinderschuhen entwachsen; ***under*** ~ minderjährig; ~ ***of consent*** (*for marriage*) Ehemündigkeitsalter *nt*; ***intercourse with girls under the*** ~ ***of consent*** Unzucht *f* mit Minderjährigen **3.** (≈ *period*) Zeit(alter *nt*) *f*; ***the*** ~ ***of technology*** das technologische Zeitalter; ***the Stone*** ~ die Steinzeit; ***the Edwardian*** ~ die Zeit or Ära Edwards VII; ***down the*** ~**s** durch alle Zeiten **4.** (*infml*) ~**s**, ***an*** ~ eine Ewigkeit (*infml*); ***I haven't seen him for*** ~**s** ich habe ihn eine Ewigkeit nicht gesehen (*infml*); ***to take*** ~**s** eine Ewigkeit dauern (*infml*); (*person*) ewig brauchen (*infml*) **II** *v/i* altern; (*wine*) reifen; ***you have*** ~**d** du bist alt geworden **age bracket** *n* Altersklasse *f* **aged I** *adj* **1.** im Alter von; ***a boy*** ~ ***ten*** ein zehnjähriger Junge **2.** *person* betagt **II** *pl* ***the*** ~ die Alten *pl* **age difference, age gap** *n* Altersunterschied *m* **age group** *n* Altersgruppe *f* **ag(e)ing** *adj* *person* alternd *attr*; *population* älter werdend *attr*; ***the*** ~ ***process*** das Altern **ageism** *n* Altersdiskriminierung *f* **ageless** *adj* zeitlos **age limit** *n* Altersgrenze *f*

agency *n* COMM Agentur *f*; ***translation*** ~ Übersetzungsbüro *nt*

agenda *n* Tagesordnung *f*; ***they have their own*** ~ sie haben ihre eigenen Vorstellungen; ***on the*** ~ auf dem Programm **agent** *n* **1.** (COMM ≈ *person*) Vertreter(in) *m(f)*; (≈ *organization*) Vertretung *f* **2.** (≈ *literary agent, secret agent*) Agent(in) *m(f)*; ***business*** ~ Agent(in) *m(f)* **3.** CHEM ***cleansing*** ~ Reinigungsmittel *nt*

age-old *adj* uralt **age range** *n* Altersgruppe *f* **age-related** *adj* altersbedingt; ~ ***allowance*** FIN Altersfreibetrag *m*

aggravate *v/t* **1.** (≈ *make worse*) verschlimmern **2.** (≈ *annoy*) aufregen; (*deliberately*) reizen **aggravating** *adj* ärgerlich; *child* lästig **aggravation** *n* **1.** (≈ *worsening*) Verschlimmerung *f* **2.** (≈ *annoyance*) Ärger *m*; ***she was a constant*** ~ ***to him*** sie reizte ihn ständig

aggregate I *n* Gesamtmenge *f*; ***on*** ~ SPORTS in der Gesamtwertung **II** *adj* gesamt, Gesamt-

aggression *n no pl* Aggression *f*; (≈ *aggressiveness*) Aggressivität *f*; ***an act of*** ~

ein Angriff *m* **aggressive** *adj* aggressiv; *salesman* aufdringlich (*pej*) **aggressively** *adv* aggressiv; (≈ *forcefully*) energisch **aggressiveness** *n* Aggressivität *f*; (*of salesman*) Aufdringlichkeit *f* (*pej*) **aggressor** *n* Aggressor(in) *m(f)*

aggrieved *adj* betrübt (*at, by* über +*acc*); (≈ *offended*) verletzt (*at, by* durch)

aggro *n* (*Br infml*) **1.** ***don't give me any*** ~ mach keinen Ärger (*infml*); ***all the*** ~ ***of moving*** das ganze Theater mit dem Umziehen **2.** (≈ *fight*) Schlägerei *f*

aghast *adj pred* entgeistert (*at* über +*acc*)

agile *adj* wendig; *movements* gelenkig; *animal* flink; ***he has an*** ~ ***mind*** er ist geistig sehr wendig **agility** *n* Wendigkeit *f*; (*of animal*) Flinkheit *f*

aging *adj, n* = **ag(e)ing**

agitate *v/t* **1.** *liquid* aufrühren; *surface of water* aufwühlen **2.** (*fig* ≈ *upset*) aufregen **agitated** *adj*, **agitatedly** *adv* aufgeregt **agitation** *n* **1.** (*fig* ≈ *anxiety*) Erregung *f* **2.** POL Agitation *f* **agitator** *n* Agitator(in) *m(f)*

aglow *adj pred* ***to be*** ~ glühen

AGM *abbr of* ***annual general meeting*** JHV *f*

agnostic I *adj* agnostisch **II** *n* Agnostiker(in) *m(f)* **agnosticism** *n* Agnostizismus *m*

ago *adv* vor; ***years/a week*** ~ vor Jahren / einer Woche; ***a little while*** ~ vor Kurzem; ***that was years*** ~ das ist schon Jahre her; ***how long*** ~ ***is it since you last saw him?*** wie lange haben Sie ihn schon nicht mehr gesehen?; ***that was a long time*** or ***long*** ~ das ist schon lange her; ***as long*** ~ ***as 1950*** schon 1950

agog *adj pred* gespannt; ***the whole village was*** ~ (***with curiosity***) das ganze Dorf platzte fast vor Neugierde

agonize *v/i* sich (*dat*) den Kopf zermartern (*over* über +*acc*) **agonized** *adj* gequält **agonizing** *adj* qualvoll **agonizingly** *adv* qualvoll; ~ ***slow*** aufreizend langsam **agony** *n* Qual *f*; ***that's*** ~ das ist eine Qual; ***to be in*** ~ Qualen leiden **agony aunt** *n* (*Br infml*) Briefkastentante *f* (*infml*) **agony column** *n* (*Br infml*) Kummerkasten *m*

agoraphobia *n* MED Platzangst *f* **agoraphobic** MED **I** *adj* agoraphobisch (*tech*) **II** *n* an Platzangst Leidende(r) *m/f(m)*

agrarian *adj* Agrar-

agree *pret, past part* **agreed I** *v/t* **1.** *price* *etc* vereinbaren **2.** (≈ *consent*) **to ~ to do sth** sich bereit erklären, etw zu tun **3.** (≈ *admit*) zugeben **4.** (≈ *come to or be in agreement about*) zustimmen (+*dat*); **we all ~ that ...** wir sind alle der Meinung, dass ...; **it was ~d that ...** man einigte sich darauf, dass ...; **we ~d to do it** wir haben beschlossen, das zu tun; **we ~ to differ** wir sind uns einig, dass wir uns uneinig sind **II** *v/i* **1.** (≈ *hold same opinion*) einer Meinung sein; (≈ *come to an agreement*) sich einigen (*about* über +*acc*); **to ~ with sb** jdm zustimmen; **I ~!** der Meinung bin ich auch; **I couldn't ~ more/less** ich bin völlig/überhaupt nicht dieser Meinung; **it's too late now, don't** *or* **wouldn't you ~?** meinen Sie nicht auch, dass es jetzt zu spät ist?; **to ~ with sth** (≈ *approve of*) mit etw einverstanden sein; **to ~ with a theory** *etc* (*accept*) eine Theorie *etc* akzeptieren **2.** (*statements, figures,* GRAM) übereinstimmen **3.** (*food, climate etc*) **whisky doesn't ~ with me** ich vertrage Whisky nicht ♦ **agree on** *v/i +prep obj* sich einigen auf (+*acc*) ♦ **agree to** *v/i +prep obj* zustimmen (+*dat*)

agreeable *adj* **1.** (≈ *pleasant*) angenehm **2.** *pred* **is that ~ to you?** sind Sie damit einverstanden? **agreeably** *adv* angenehm **agreed** *adj* **1.** *pred* (≈ *in agreement*) einig; **to be ~ on sth** sich über etw einig sein; **to be ~ on doing sth** sich darüber einig sein, etw zu tun; **are we all ~?** sind wir uns da einig?; (*on course of action*) sind alle einverstanden? **2.** (≈ *arranged*) vereinbart; **it's all ~** es ist alles abgesprochen; **~?** einverstanden?; **~!** (*regarding price etc*) abgemacht; (≈ *I agree*) stimmt

agreement *n* **1.** (≈ *arrangement*) Übereinkunft *f*; (≈ *contract*) Abkommen *nt*; **to enter into an ~** einen Vertrag (ab)schließen; **to reach (an) ~** zu einer Einigung kommen **2.** (≈ *sharing of opinion*) Einigkeit *f*; **by mutual ~** in gegenseitigem Einvernehmen; **to be in ~ with sb** mit jdm einer Meinung sein; **to be in ~ with sth** mit etw übereinstimmen; **to be in ~ about sth** über etw (*acc*) einig sein **3.** (≈ *consent*) Einwilligung *f* (*to* zu) **agribusiness** *n* Agroindustrie *f* **agricultural** *adj* landwirtschaftlich; *land, reform* Agrar- **agricultural college** *n* Landwirtschaftsschule *f* **agriculture** *n*

Landwirtschaft *f*; **Minister of Agriculture** (*Br*) Landwirtschaftsminister(in) *m(f)*

aground *adv* **to go** *or* **run ~** auf Grund laufen

ah *int* ah; (*pain*) au; (*pity*) o, ach

ahead *adv* **1. the mountains lay ~** vor uns *etc* lagen die Berge; **the German runner was/drew ~** der deutsche Läufer lag vorn/zog nach vorne; **he is ~ by about two minutes** er hat etwa zwei Minuten Vorsprung; **to stare straight ~** geradeaus starren; **keep straight ~** immer geradeaus; **full speed ~** (NAUT, *fig*) volle Kraft voraus; **we sent him on ~** wir schickten ihn voraus; **in the months ~** in den bevorstehenden Monaten; **we've a busy time ~** vor uns liegt eine Menge Arbeit; **to plan ~** vorausplanen **2. ~ of sb/sth** vor jdm/etw; **walk ~ of me** geh voran; **we arrived ten minutes ~ of time** wir kamen zehn Minuten vorher an; **to be/get ~ of schedule** schneller als geplant vorankommen; **to be ~ of one's time** (*fig*) seiner Zeit voraus sein

ahold *n* (*esp US*) **to get ~ of sb** jdn erreichen; **to get ~ of sth** (≈ *procure*) sich (*dat*) etw besorgen; **to get ~ of oneself** sich zusammenreißen

ahoy *int* **ship ~!** Schiff ahoi!

AI *abbr of* **artificial intelligence** KI *f*

aid **I** *n* **1.** *no pl* (≈ *help*) Hilfe *f*; (*foreign*) ~ Entwicklungshilfe *f*; **with the ~ of a screwdriver** mithilfe eines Schraubenziehers; **to come** *or* **go to sb's ~** jdm zu Hilfe kommen; **in ~ of the blind** zugunsten der Blinden; **what's all this in ~ of?** (*infml*) wozu soll das gut sein? **2.** (≈ *equipment, audio-visual aid etc*) Hilfsmittel *nt* **II** *v/t* unterstützen; **to ~ sb's recovery** jds Heilung fördern; **to ~ and abet sb** JUR jdm Beihilfe leisten; (*after crime*) jdn begünstigen **aid agency** *n* Hilfsorganisation *f*

aide *n* Helfer(in) *m(f)*; (≈ *adviser*) (persönlicher) Berater **aide-de-camp** *n, pl* **aides-de-camp** **1.** MIL Adjutant(in) *m(f)* **2.** = **aide** **aide-memoire** *n* Gedächtnisstütze *f*; (≈ *official memorandum*) Aide-memoire *nt*

aiding and abetting *n* JUR Beihilfe *f*; (*after crime*) Begünstigung *f*

AIDS, Aids *abbr of* **acquired immune deficiency syndrome** Aids *nt* **AIDS-infected** *adj* Aids-infiziert **AIDS-related**

adj aidsbedingt **AIDS sufferer, AIDS victim** *n* Aids-Kranke(r) *m/f(m)* **AIDS test** *n* Aidstest *m*

ailing *adj* (*lit*) kränklich; (*fig*) krankend **ailment** *n* Leiden *nt*; *minor* ~*s* leichte Beschwerden *pl*

aim I *n* **1.** Zielen *nt*; *to take* ~ zielen (*at* auf +*acc*); *his* ~ *was bad*/*good* er zielte schlecht/gut **2.** (≈ *purpose*) Ziel *nt*; *with the* ~ *of doing sth* mit dem Ziel, etw zu tun; *what is your* ~ *in life?* was ist Ihr Lebensziel?; *to achieve one's* ~ sein Ziel erreichen **II** *v/t* **1.** *missile, camera* richten (*at* auf +*acc*); *stone, pistol etc* zielen mit (*at* auf +*acc*); *he* ~*ed a punch at my stomach* sein Schlag zielte auf meinen Bauch **2.** (*fig*) *remark* richten (*at* gegen); *this book is* ~*ed at the general public* (*Br, US*) dieses Buch wendet sich an die Öffentlichkeit; *to be* ~*ed at sth* (*new law etc*) auf etw (*acc*) abgezielt sein **III** *v/i* **1.** (*with gun etc*) zielen (*at, for* auf +*acc*) **2.** (≈ *strive for*) *isn't that* ~*ing a bit high?* wollen Sie nicht etwas hoch hinaus?; *to* ~ *at or for sth* auf etw (*acc*) abzielen; *with this TV programme* (*Br*) *or program* (*US*) *we're* ~*ing at a much wider audience* mit diesem Fernsehprogramm wollen wir einen größeren Teilnehmerkreis ansprechen; *we* ~ *to please* bei uns ist der Kunde König **3.** (*infml* ≈ *intend*) *to* ~ *to do sth* vorhaben, etw zu tun **aimless** *adj*, **aimlessly** *adv* ziellos; *talk, act* planlos **aimlessness** *n* Ziellosigkeit *f*; (*of talk, action*) Planlosigkeit *f*

ain't = **am not, is not, are not, has not, have not**

air I *n* **1.** Luft *f*; *a change of* ~ eine Luftveränderung; *to go out for a breath of* (*fresh*) ~ frische Luft schnappen (gehen); *to go by* ~ (*person*) fliegen; (*goods*) per Flugzeug transportiert werden **2.** (*fig phrases*) *there's something in the* ~ es liegt etwas in der Luft; *it's still all up in the* ~ (*infml*) es ist noch alles offen; *to clear the* ~ die Atmosphäre reinigen; *to be walking or floating on* ~ wie auf Wolken gehen; *to pull or pluck sth out of the* ~ (*fig*) etw auf gut Glück nennen; → **thin 3.** RADIO, TV *to be on the* ~ (*programme*) gesendet werden; (*station*) senden; *to go off the* ~ (*broadcaster*) die Sendung beenden; (*station*) das Programm beenden **4.** (≈ *demeanour*) Auf-

treten *nt*; (≈ *expression*) Miene *f*; *with an* ~ *of bewilderment* mit bestürzter Miene; *she had an* ~ *of mystery about her* sie hatte etwas Geheimnisvolles an sich **5.** **airs** *pl* Getue *nt*, Gehabe *nt*; *to put on* ~*s* sich zieren; ~*s and graces* Allüren *pl* **II** *v/t* **1.** *Kleider, Zimmer* lüften **2.** *grievance* Luft machen (+*dat*); *opinion* darlegen **3.** (*esp US* RADIO, TV) senden **III** *v/i* (*clothes etc*) (*after washing*) nachtrocknen; (*after storage*) lüften **air ambulance** *n* (≈ *aeroplane*) Rettungsflugzeug *nt*; (≈ *helicopter*) Rettungshubschrauber *m* **air bag** *n* Airbag *m* **air base** *n* Luftwaffenstützpunkt *m* **air bed** *n* (*Br*) Luftmatratze *f* **airborne** *adj* **1.** *to be* ~ sich in der Luft befinden **2.** MIL ~ *troops* Luftlandetruppen *pl* **air brake** *n* (*on truck*) Druckluftbremse *f* **airbrush** ART *v/t* mit der Spritzpistole bearbeiten **air cargo** *n* Luftfracht *f* **air-conditioned** *adj* klimatisiert **air conditioning** *n* (≈ *process*) Klimatisierung *f*; (≈ *system*) Klimaanlage *f* **aircraft** *n*, *pl* **aircraft** Flugzeug *nt* **aircraft carrier** *n* Flugzeugträger *m* **aircrew** *n* Flugpersonal *nt* **airer** *n* Trockenständer *m* **airfare** *n* Flugpreis *m* **airfield** *n* Flugplatz *m* **air force** *n* Luftwaffe *f* **air freight** *n* Luftfracht *f* **air gun** *n* Luftgewehr *nt* **airhead** *n* (*pej infml*) Hohlkopf *m* (*infml*) **air hole** *n* Luftloch *nt* **air hostess** *n* Stewardess *f* **fairly** *adv say etc* leichthin **airing** *n* (*of linen etc*) Lüften *nt*; *to give sth a good* ~ etw gut durchlüften lassen; *to give an idea an* ~ (*fig infml*) eine Idee darlegen **airing cupboard** *n* (*Br*) Trockenschrank *m* **airless** *adj room* stickig **air letter** *n* Luftpostbrief *m* **airlift I** *n* Luftbrücke *f* **II** *v/t to* ~ *sth in* etw über eine Luftbrücke hineinbringen **airline** *n* Fluggesellschaft *f* **airliner** *n* Verkehrsflugzeug *nt* **airlock** *n* (*in pipe*) Luftsack *m* **airmail I** *n* Luftpost *f*; *to send sth (by)* ~ etw per Luftpost schicken **II** *v/t* per Luftpost schicken **airmail letter** *n* Luftpostbrief *m* **airman** *n* Flieger *m*; (*US: in air force*) Gefreite(r) *m* **air mattress** *n* Luftmatratze *f* **Air Miles®** *pl* Flugmeilen *pl* **airplane** *n* (*US*) Flugzeug *nt* **air pocket** *n* Luftloch *nt* **air pollution** *n* Luftverunreinigung *f*, Luftverschmutzung *f* **airport** *n* Flughafen *m* **airport bus** *n* Flug-

hafenbus *m* **airport tax** *n* Flughafenge-
bühr *f*
air pressure *n* Luftdruck *m* **air pump** *n*
Luftpumpe *f* **air rage** *n* aggressives Verhalten von Flugpassagieren **air raid** *n*
Luftangriff *m* **air-raid shelter** *n* Luftschutzkeller *m* **air-raid warning** *n* Fliegeralarm *m* **air rifle** *n* Luftgewehr *nt* **air-
-sea rescue** *n* Rettung *f* durch Seenot-
flugzeuge **airship** *n* Luftschiff *nt* **air-
show** *n* Luftfahrtausstellung *f* **airsick**
adj luftkrank **airspace** *n* Luftraum *m*
airspeed *n* Fluggeschwindigkeit *f* **air-
strip** *n* Start-und-Lande-Bahn *f* **air terminal** *n* Terminal *m or nt* **airtight** *adj* (*lit*)
luftdicht; (*fig*) *case* hieb- und stichfest
airtime *n* RADIO, TV Sendezeit *f* **air-to-air**
adj MIL Luft-Luft- **air traffic** *n* Flugverkehr *m*, Luftverkehr *m* **air-traffic control** *n* Flugleitung *f* **air-traffic controller**
n Fluglotse *m*, Fluglotsin *f* **air vent** *n* 1.
Ventilator *m* 2. (≈ *shaft*) Belüftungs-
schacht *m* **airwaves** *pl* Radiowellen *pl*
airway *n* MED Atemwege *pl* **airworthy**
adj flugtüchtig **airy** *adj* (+*er*) *room* luftig
airy-fairy *adj* (*Br infml*) versponnen; *excuse* windig
aisle *n* Gang *m*; (*in church*) Seitenschiff
nt; (*central aisle*) Mittelgang *m*; ~ **seat**
Sitz *m* am Gang; **to walk down the** ~
with sb jdn zum Altar führen; **he had
them rolling in the** ~**s** (*infml*) er brachte
sie so weit, dass sie sich vor Lachen ku-
gelten (*infml*)
ajar *adj, adv* angelehnt
aka *abbr of also known as* alias
akin *adj pred* ähnlich (*to* +*dat*)
à la *prep* à la **à la carte** *adj, adv* à la carte
alacrity *n* (≈ *eagerness*) Eifer *m*; **to accept with** ~ ohne zu zögern annehmen
à la mode *adj* (*US*) mit Eis
alarm I *n* 1. *no pl* (≈ *fear*) Sorge *f*; **to be in
a state of** ~ (≈ *worried*) besorgt sein; (≈
frightened) erschreckt sein; **to cause sb**
~ jdn beunruhigen 2. (≈ *warning*) Alarm
m; **to raise** *or* **give** *or* **sound the** ~
Alarm geben *or* (*fig*) schlagen 3. (≈ *device*) Alarmanlage *f*; ~ (**clock**) Wecker
m; **car** ~ Autoalarmanlage *f* II *v/t* (≈
worry) beunruhigen; (≈ *frighten*) erschrecken; **don't be** ~**ed** erschrecken
Sie nicht; **alarm bell** *n* Alarmglocke *f*;
to set ~**s ringing** (*fig*) die Alarmglocken
klingeln lassen
alarm clock *n* Wecker *m* **alarming** *adj* (≈

worrying) beunruhigend; (≈ *frightening*) erschreckend; *news* alarmierend
alarmingly *adv* erschreckend **alarmist**
I *n* Panikmacher(in) *m(f)* II *adj* *speech*
Unheil prophezeiend *attr*; *politician* Panik machend *attr*
alas *int* (*old*) leider
Alaska *n* Alaska *nt*
Albania *n* Albanien *nt* **Albanian** I *adj* albanisch II *n* 1. Albaner(in) *m(f)* 2. (≈
language) Albanisch *nt*
albatross *n* Albatros *m*
albeit *cj* (*esp liter*) obgleich
albino I *n* Albino *m* II *adj* Albino-
album *n* Album *nt*
alcohol *n* Alkohol *m* **alcohol-free** *adj* alkoholfrei **alcoholic** I *adj* *drink* alkoholisch; *person* alkoholsüchtig II *n* (*person*) Alkoholiker(in) *m(f)*; **to be an** ~ Al-
koholiker(in) sein; *Alcoholics Anonymous* Anonyme Alkoholiker *pl* **alcoholism** *n* Alkoholismus *m* **alcopop** *n*
Alcopop *m*, *fertig gemischter, alkohol-
haltiger Cocktail*
alcove *n* Nische *f*
alder *n* Erle *f*
ale *n* (*old*) Ale *nt*
alert I *adj* aufmerksam; **to be** ~ **to sth** vor
etw (*dat*) auf der Hut sein II *v/t* warnen
(*to* vor +*dat*); *troops* in Gefechtsbereit-
schaft versetzen; *fire brigade etc* alarmieren III *n* Alarm *m*; **to be on** (**the**)
~ einsatzbereit sein; (≈ *be on lookout*)
auf der Hut sein (*for* vor +*dat*) **alertness**
n Aufmerksamkeit *f*
A level *n* (*Br*) Abschluss *m* der Sekundarstufe 2; **to take one's** ~**s** ≈ das Abitur
machen, ≈ maturieren (*Aus*); **3** ~**s** ≈
das Abitur *or* die Matura (*Aus, Swiss*)
in 3 Fächern
alfresco *adj pred, adv* im Freien
algae *pl* Algen *pl*
algebra *n* Algebra *f*
Algeria *n* Algerien *nt* **Algerian** I *n* Alge-
rier(in) *m(f)* II *adj* algerisch
algorithm *n* Algorithmus *m*
alias I *adv* alias II *n* Deckname *m*
alibi *n* Alibi *nt*
alien I *n* POL Ausländer(in) *m(f)*; SCIFI außerirdisches Wesen II *adj* 1. (≈ *foreign*)
ausländisch; SCIFI außerirdisch 2. (≈ *different*) fremd; **to be** ~ **to sb/sth** jdm /
einer Sache fremd sein **alienate** *v/t* *people* befremden; *public opinion* gegen
sich aufbringen; **to** ~ **oneself from sb** /

sth sich jdm / einer Sache entfremden **alienation** n Entfremdung f (from von)

alight[1] (form) v/i (person) aussteigen (from aus); (bird) sich niederlassen (on auf +dat); **his eyes ~ed on the ring** sein Blick fiel auf den Ring

alight[2] adj pred **to be ~** brennen; **to keep the fire ~** das Feuer in Gang halten; **to set sth ~** etw in Brand setzen

align v/t **to ~ sth with sth** etw auf etw (acc) ausrichten; **they have ~ed themselves against him** sie haben sich gegen ihn zusammengeschlossen **alignment** n Ausrichtung f; **to be out of ~** nicht richtig ausgerichtet sein (with nach)

alike adj pred, adv gleich; **they're/they look very ~** sie sind / sehen sich (dat) sehr ähnlich; **they always think ~** sie sind immer einer Meinung; **winter and summer ~** Sommer wie Winter

alimentary adj ANAT **~ canal** Verdauungskanal m

alimony n Unterhaltszahlung f; **to pay ~** Unterhalt zahlen

alive adj pred **1.** lebendig; **to be ~** leben; **the greatest musician ~** der größte lebende Musiker; **to stay ~** am Leben bleiben; **to keep sb/sth ~** (lit, fig) jdn/etw am Leben erhalten; **to be ~ and kicking** (hum infml) gesund und munter sein; **~ and well** gesund und munter; **to come ~** (≈ liven up) lebendig werden; **to bring sth ~** story etw lebendig werden lassen **2. ~ with** (≈ full of) erfüllt von; **to be ~ with tourists/insects** etc von Touristen/Insekten etc wimmeln

alkali n, pl **-(e)s** Base f; (metal, AGR) Alkali nt **alkaline** adj alkalisch

all I adj (with nouns, plural) alle; (singular) ganze(r, s), alle(r, s); **~ the children** alle Kinder; **~ kinds** or **sorts of people** alle möglichen Leute; **~ the tobacco** der ganze Tabak; **~ you boys can come with me** ihr Jungen könnt alle mit mir kommen; **~ the time** die ganze Zeit; **~ day (long)** den ganzen Tag (lang); **to dislike ~ sport** jeglichen Sport ablehnen; **in ~ respects** in jeder Hinsicht; **~ my books** alle meine Bücher; **~ my life** mein ganzes Leben (lang); **they ~ came** sie sind alle gekommen; **he took it ~** er hat alles genommen; **he's seen/done it ~** für ihn gibt es nichts Neues mehr; **I don't understand ~ that** ich verstehe das alles nicht; **what's ~ this/that?** was ist denn

das?; (annoyed) was soll denn das!; **what's ~ this I hear about you leaving?** was höre ich da! Sie wollen gehen?; **with ~ possible speed** so schnell wie möglich; **with ~ due care** mit angemessener Sorgfalt **II** pron **1.** (≈ everything) alles; **I'm just curious, that's ~** ich bin nur neugierig, das ist alles; **that's ~ that matters** darauf allein kommt es an; **that is ~ (that) I can tell you** mehr kann ich Ihnen nicht sagen; **it was ~ I could do not to laugh** ich musste an mich halten, um nicht zu lachen; **~ of Paris/of the house** ganz Paris / das ganze Haus; **~ of £5** ganze £ 5; **ten people in ~** insgesamt zehn Personen; **~ or nothing** alles oder nichts; **the whole family came, children and ~** die Familie kam mit Kind und Kegel **2. at ~** (≈ whatsoever) überhaupt; **nothing at ~** gar nichts; **I'm not angry at ~** ich bin überhaupt nicht wütend; **it's not bad at ~** das ist gar nicht schlecht; **if at ~ possible** wenn irgend möglich; **why me of ~ people?** warum ausgerechnet ich? **3. happiest** etc **of ~** am glücklichsten etc; **I like him best of ~** von allen mag ich ihn am liebsten; **most of ~** am meisten; **~ in ~** alles in allem; **it's ~ one to me** das ist mir (ganz) egal; **for ~ I know she could be ill** was weiß ich, vielleicht ist sie krank **4.** (≈ everybody) alle pl; **~ of them** (sie) alle; **the score was two ~** es stand zwei zu zwei **III** adv **1.** ganz; **~ excited** etc ganz aufgeregt etc; **that's ~ very fine** or **well** das ist alles ganz schön und gut; **~ over** überall; **it was red ~ over** es war ganz rot; **~ down the front of her dress** überall vorn auf ihrem Kleid; **~ along the road** die ganze Straße entlang; **there were chairs ~ around the room** rundum im Zimmer standen Stühle; **I'm ~ for it!** ich bin ganz dafür **2. ~ the happier** etc noch glücklicher etc; **~ the funnier because ...** umso lustiger, weil ...; **~ the same** trotzdem; **~ the same, it's a pity** trotzdem ist es schade; **it's ~ the same to me** das ist mir (ganz) egal; **he's ~ there/not ~ there** er ist voll da / nicht ganz da (infml); **it's not ~ that bad** so schlimm ist es nun auch wieder nicht; **the party won ~ but six of the seats** die Partei hat alle bis auf sechs Sitze gewonnen **IV** n **one's ~** alles; **the horses were giving their ~** die Pferde gaben ihr Letztes

Allah *n* Allah *m*

all-American *adj team* uramerikanisch; **an ~ boy** ein durch und durch amerikanischer Junge **all-around** *adj* (*US*) = **all-round**

allay *v/t* verringern; *doubt, fears* zerstreuen

all clear *n* Entwarnung *f*; **to give/sound the ~** Entwarnung geben **all-consuming** *adj passion* überwältigend **all-day** *adj* ganztägig; **it was an ~ meeting** die Sitzung dauerte den ganzen Tag

allegation *n* Behauptung *f* **allege** *v/t* behaupten; **he is ~d to have said that ...** er soll angeblich gesagt haben, dass ... **alleged** *adj*, **allegedly** *adv* angeblich

allegiance *n* Treue *f* (*to* +dat); **oath of ~** Treueeid *m*

allegoric(al) *adj*, **allegorically** *adv* allegorisch **allegory** *n* Allegorie *f*

alleluia I *int* (h)alleluja **II** *n* (H)alleluja *nt*

all-embracing *adj* (all)umfassend

allergic *adj* (*lit, fig*) allergisch (*to* gegen) **allergy** *n* Allergie *f* (*to* gegen)

alleviate *v/t* lindern **alleviation** *n* Linderung *f*

alley *n* **1.** (enge) Gasse **2.** (≈ *bowling alley*) Bahn *f* **alleyway** *n* Durchgang *m*

alliance *n* Verbindung *f*; (*of states*) Bündnis *nt*; (*in historical contexts*) Allianz *f* **allied** *adj* verbunden; (*for attack etc*) verbündet; **the Allied forces** die Alliierten **Allies** *pl* HIST **the ~** die Alliierten *pl*

alligator *n* Alligator *m*

all-important *adj* außerordentlich wichtig; **the ~ question** die Frage, auf die es ankommt **all-in** *adj attr*, **all in** *adj pred* (≈ *inclusive*) Inklusiv-; **~ price** Inklusivpreis *m* **all-inclusive** *adj* Pauschal- **all-in-one** *adj sleepsuit* einteilig **all-in wrestling** *n* SPORTS Freistilringen *nt*

alliteration *n* Alliteration *f*

all-night *adj attr café* (die ganze Nacht) durchgehend geöffnet; *vigil* die ganze Nacht andauernd *attr*; **we had an ~ party** wir haben die ganze Nacht durchgemacht; **there is an ~ bus service** die Busse verkehren die ganze Nacht über

allocate *v/t* (≈ *allot*) zuteilen (*to sb* jdm); (≈ *apportion*) verteilen (*to* auf +acc); *tasks* vergeben (*to* an +acc); **to ~ money to or for a project** Geld für ein Projekt bestimmen **allocation** *n* (≈ *allotting*) Zuteilung *f*; (≈ *apportioning*) Verteilung *f*; (≈ *sum allocated*) Zuwendung *f*

allot *v/t* zuteilen (*to sb / sth* jdm / etw); *time* vorsehen (*to* für); *money* bestimmen (*to* für) **allotment** *n* (*Br*) Schrebergarten *m*

all out *adv* **to go ~ to do sth** alles daransetzen, etw zu tun **all-out** *adj strike, war* total; *attack* massiv; *effort* äußerste(r, s)

allow I *v/t* **1.** (≈ *permit*) erlauben; *behaviour etc* zulassen; **to ~ sb sth** jdm etw erlauben; **to ~ sb to do sth** jdm erlauben, etw zu tun; **to be ~ed to do sth** etw tun dürfen; *smoking is not ~ed* Rauchen ist nicht gestattet; *"no dogs ~ed"* „Hunde müssen draußen bleiben"; **to ~ oneself sth** sich (*dat*) etw erlauben; (≈ *treat oneself*) sich (*dat*) etw gönnen; **to ~ oneself to be waited on/persuaded etc** sich bedienen / überreden etc lassen; **~ me!** gestatten Sie (*form*); **to ~ sth to happen** zulassen, dass etw geschieht; **to be ~ed in/out** hinein-/hinausdürfen **2.** *claim, appeal, goal* anerkennen **3.** *discount, money* geben; *space* lassen; *time* einplanen; **~ (yourself) an hour to cross the city** rechnen Sie mit einer Stunde, um durch die Stadt zu kommen; **~ing or if we ~ that ...** angenommen, (dass) ... **II** *v/i* **if time ~s** falls es zeitlich möglich ist ◆ **allow for** *v/i +prep obj* berücksichtigen; **allowing for the fact that ...** unter Berücksichtigung der Tatsache, dass ...; **after allowing for** nach Berücksichtigung (+gen)

allowable *adj* zulässig; (FIN, *in tax*) absetzbar **allowance** *n* **1.** finanzielle Unterstützung; (*paid by state*) Beihilfe *f*; (*for unsociable hours etc*) Zulage *f*; (≈ *spending money*) Taschengeld *nt*; *clothing ~* Kleidungsgeld *nt*; **he gave her an ~ of £500 a month** er stellte ihr monatlich £ 500 zur Verfügung **2.** (FIN ≈ *tax allowance*) Freibetrag *m* **3.** **to make ~(s) for sth** etw berücksichtigen; **to make ~s for sb** bei jdm Zugeständnisse machen

alloy *n* Legierung *f*

all-party *adj* POL Allparteien- **all-powerful** *adj* allmächtig **all-purpose** *adj* Allzweck-

all right I *adj pred* in Ordnung, okay (*infml*); **it's ~** (≈ *not too bad*) es geht; (≈ *working properly*) es ist in Ordnung; **that's** or **it's ~** (*after thanks, apology*) schon gut; **to taste ~** ganz gut schmecken; **is it ~ for me to leave early?** kann ich früher gehen?; *it's ~ by me* ich habe nichts dagegen; *it's ~ for you (to talk)* du hast gut reden; *he's ~ (infml ≈ is a good guy)* der ist in Ordnung *(infml)*; *are you ~? (≈ healthy)* geht es Ihnen gut?; *(≈ unharmed)* ist Ihnen etwas passiert?; *are you feeling ~?* fehlt Ihnen was? **II** *adv* **1.** gut; *did I do it ~?* habe ich es recht gemacht?; *did you get home ~?* bist du gut nach Hause gekommen?; *did you find it ~?* haben Sie es denn gefunden? **2.** *(≈ certainly)* schon; *that's the boy ~* das ist der Junge; *oh yes, we heard you ~* o ja, und ob wir dich gehört haben **III** *int* gut, okay *(infml)*; *(in agreement)* in Ordnung; *may I leave early? — ~* kann ich früher gehen? — ja; *~ that's enough!* komm, jetzt reichts (aber)!; *~, ~! I'm coming* schon gut, ich komme ja!

all-round *adj (esp Br)* Allround-; *a good ~ performance* eine rundum gute Leistung **all-rounder** *n (Br)* Allroundmann *m/*-frau *f*; SPORTS Allroundsportler(in) *m(f)* **All Saints' Day** *n* Allerheiligen *nt* **all-seater** *adj (Br SPORTS) stadium* ohne Stehplätze **All Souls' Day** *n* Allerseelen *nt* **allspice** *n* Piment *m* or *nt* **all-star** *adj* Star-; *~ cast* Starbesetzung *f* **all-terrain bike** *n* Mountainbike *nt* **all-terrain vehicle** *n* Geländefahrzeug *nt* **all-time I** *adj* aller Zeiten; *the ~ record* der Rekord aller Zeiten; *an ~ high/low* der höchste / niedrigste Stand aller Zeiten **II** *adv ~ best* beste(r, s) aller Zeiten

allude *v/i* +*prep obj to* **~ to** anspielen auf (+*acc*)

allure *n* Reiz *m* **alluring** *adj*, **alluringly** *adv* verführerisch

allusion *n* Anspielung *f (to* auf +*acc)*

all-weather *adj* Allwetter-; *~ pitch* Allwetterplatz *m* **all-wheel drive** *n* Allradantrieb *m*

ally I *n* Verbündete(r) *m/f(m)*; HIST Alliierte(r) *m* **II** *v/t* verbinden *(with, to* mit); *(for attack etc)* verbünden *(with, to* mit); *to ~ oneself with or to sb* sich mit jdm verbünden

almighty I *adj* **1.** allmächtig; *Almighty God*, *God Almighty* ECCL der Allmächtige; *(address in prayer)* allmächtiger Gott; *God or Christ Almighty! (infml)* Allmächtiger! *(infml)* **2.** *(infml) row* mordsmäßig *(infml)*; *there was an ~ bang and ...* es gab einen Mordsknall

und ... *(infml)* **II** *n the Almighty* der Allmächtige

almond *n* Mandel *f*

almost *adv* fast; *he ~ fell* er wäre fast gefallen; *she'll ~ certainly come* es ist ziemlich sicher, dass sie kommt

alms *pl* Almosen *pl*

aloe vera *n* Aloe Vera *f*

aloft *adv (≈ into the air)* empor; *(≈ in the air)* hoch droben

alone I *adj pred* allein(e) **II** *adv* allein(e); *Simon ~ knew the truth* nur Simon kannte die Wahrheit; *to stand ~ (fig)* einzig dastehen; *to go it ~ (infml ≈ be independent)* auf eigenen Beinen stehen

along I *prep (direction)* entlang (+*acc*); *(position)* entlang (+*dat*); *he walked ~ the river* er ging den Fluss entlang; *somewhere ~ the way* irgendwo auf dem Weg **II** *adv* **1.** *(≈ onwards)* weiter-; *to move ~* weitergehen; *run ~* nun lauf!; *he'll be ~ soon* er muss gleich da sein; *I'll be ~ in a minute* ich komme gleich **2.** *(≈ together) ~ with* zusammen mit; *to come ~ with sb* mit jdm mitkommen; *take an umbrella ~* nimm einen Schirm mit **alongside I** *prep* neben (+*dat*); *he works ~ me (≈ with me)* er ist ein Kollege von mir; *(≈ next to me)* er arbeitet neben mir **II** *adv* daneben; *a police car drew up ~* ein Polizeiauto fuhr neben mich / ihn *etc* heran

aloof I *adv* abseits; *to remain ~* sich abseitshalten **II** *adj* unnahbar

aloud *adv* laut

alphabet *n* Alphabet *nt*; *does he know the or his ~?* kann er schon das Abc? **alphabetic(al)** *adj* alphabetisch; *in alphabetical order* in alphabetischer Reihenfolge **alphabetically** *adv* alphabetisch

alpine *adj* alpin; *~ flower* Alpenblume *f*; *~ scenery* Berglandschaft *f*

Alps *pl* Alpen *pl*

already *adv* schon, bereits; *I've ~ seen it*, *I've seen it ~* ich habe es schon gesehen

alright *adj*, *adv* = *all right*

Alsace *n* das Elsass **Alsace-Lorraine** *n* Elsass-Lothringen *nt* **alsatian** *n (Br: a. alsatian dog)* (Deutscher) Schäferhund

also *adv* auch; *(≈ moreover)* außerdem; *her cousin ~ came or came ~* ihre Cousine kam auch; *not only ... but ~* nicht nur ... sondern auch; *~, I must explain that ...* außerdem muss ich erklären, dass ...

altar *n* Altar *m* **altar boy** *n* Ministrant *m*
alter I *v/t* ändern; **to ~ sth completely** etw vollkommen verändern; **it does not ~ the fact that ...** das ändert nichts an der Tatsache, dass ... **II** *v/i* sich ändern
alteration *n* (≈ *change*) Änderung *f*; (*of appearance*) Veränderung *f*; **to make ~s to sth** Änderungen an etw (*dat*) vornehmen; **(this timetable is) subject to ~** Änderungen (im Fahrplan sind) vorbehalten; **closed for ~s** wegen Umbau geschlossen
altercation *n* Auseinandersetzung *f*
alter ego *n* Alter ego *nt*
alternate I *adj* **1. on ~ days** jeden zweiten Tag; **they put down ~ layers of brick and mortar** sie schichteten (immer) abwechselnd Ziegel und Mörtel aufeinander **2.** (≈ *alternative*) alternativ; **~ route** Ausweichstrecke *f* **II** *v/t* abwechseln lassen; **to ~ one thing with another** zwischen einer Sache und einer anderen (ab)wechseln **III** *v/i* (sich) abwechseln; ELEC alternieren **alternately** *adv* **1.** (≈ *in turn*) wechselweise **2.** = **alternatively**
alternating *adj* wechselnd; **~ current** Wechselstrom *m* **alternation** *n* Wechsel *m*
alternative I *adj* Alternativ-; **~ route** Ausweichstrecke *f* **II** *n* Alternative *f*; **I had no ~ (but ...)** ich hatte keine andere Wahl (als ...) **alternatively** *adv* als Alternative; **or ~, he could come with us** oder aber, er kommt mit uns mit; **a prison sentence of three months or ~ a fine of £5000** eine Gefängnisstrafe von drei Monaten oder wahlweise eine Geldstrafe von £ 5000 **alternative medicine** *n* Alternativmedizin *f*
alternator *n* ELEC Wechselstromgenerator *m*; AUTO Lichtmaschine *f*
although *cj* obwohl; **the house, ~ small ...** obwohl das Haus klein ist ...
altimeter *n* Höhenmesser *m*
altitude *n* Höhe *f*; **what is our ~?** in welcher Höhe befinden wir uns?; **we are flying at an ~ of ...** wir fliegen in einer Höhe von ...
alt key *n* IT Alt-Taste *f*
alto I *n* Alt *m* **II** *adj* Alt- **III** *adv* **to sing ~** Alt singen
altogether *adv* **1.** (≈ *including everything*) insgesamt; **~ it was very pleasant** alles in allem war es sehr nett **2.** (≈ *wholly*) vollkommen; **he wasn't ~ surprised**

er war nicht übermäßig überrascht; **it was ~ a waste of time** es war vollkommene Zeitverschwendung; **that is another matter ~** das ist etwas ganz anderes
altruism *n* Altruismus *m* **altruistic** *adj*, **altruistically** *adv* altruistisch
aluminium, (*US*) **aluminum** *n* Aluminium *nt*; **~ foil** Alufolie *f*
alumna *n*, *pl* **-e** (*US*) ehemalige Schülerin/Studentin **alumnus** *n*, *pl* **alumni** (*US*) ehemaliger Schüler/Student
always *adv* immer; **we could ~ go by train** wir könnten doch auch den Zug nehmen
Alzheimer's (disease) *n* Alzheimerkrankheit *f*
AM 1. RADIO *abbr of* **amplitude modulation** AM **2.** (*Br* POL) *abbr of* **Assembly Member** Mitglied *nt* der walisischen Versammlung
am *1st person sg pres of* **be**
am, a.m. *abbr of* **ante meridiem**; **2 am** 2 Uhr morgens; **12 am** 0 Uhr
amalgam *n* Amalgam *nt*; (*fig*) Mischung *f* **amalgamate I** *v/t* fusionieren **II** *v/i* fusionieren **amalgamation** *n* Fusion *f*
amass *v/t* anhäufen
amateur I *n* **1.** Amateur(in) *m(f)* **2.** (*pej*) Dilettant(in) *m(f)* **II** *adj* **1.** *attr* Amateur-; **~ painter** Hobbymaler(in) *m(f)* **2.** (*pej*) = **amateurish** **amateur dramatics** *pl* Laiendrama *nt* **amateurish** *adj*, **amateurishly** *adv* (*pej*) dilettantisch
amaze *v/t* erstaunen; **I was ~d to learn that ...** ich war erstaunt zu hören, dass ...; **to be ~d at sth** über etw (*acc*) erstaunt sein; **it ~s me that ...** ich finde es erstaunlich, dass ... **amazement** *n* Erstaunen *nt*; **much to my ~** zu meinem großen Erstaunen
amazing *adj* erstaunlich **amazingly** *adv* erstaunlich; **~ (enough), he got it right first time** erstaunlicherweise hat er es gleich beim ersten Mal richtig gemacht
Amazon *n* Amazonas *m*; (MYTH, *fig*) Amazone *f*
ambassador *n* Botschafter(in) *m(f)*
amber I *n* Bernstein *m*; (*colour*) Bernsteingelb *nt*; (*Br: in traffic lights*) Gelb *nt* **II** *adj* aus Bernstein; (≈ *amber-coloured*) bernsteinfarben; (*Br*) *traffic light* gelb
ambidextrous *adj* beidhändig
ambience *n* Atmosphäre *f*

ambiguity *n* Zweideutigkeit *f*; (*with many possible meanings*) Mehrdeutigkeit *f* **ambiguous** *adj*, **ambiguously** *adv* zweideutig; (≈ *with many possible meanings*) mehrdeutig

ambition *n* **1.** (≈ *desire*) Ambition *f*; **she has ~s in that direction/for her son** sie hat Ambitionen in dieser Richtung/ ehrgeizige Pläne für ihren Sohn; **my ~ is to become prime minister** es ist mein Ehrgeiz, Premierminister zu werden **2.** (≈ *ambitious nature*) Ehrgeiz *m* **ambitious** *adj* ehrgeizig; *undertaking* kühn **ambitiously** *adv* ehrgeizig; **rather ~, we set out to prove the following** wir hatten uns das ehrgeizige Ziel gesteckt, das Folgende zu beweisen

ambivalence *n* Ambivalenz *f* **ambivalent** *adj* ambivalent

amble *v/i* schlendern

ambulance *n* Krankenwagen *m*, Rettung *f* (*Swiss*) **ambulance driver** *n* Krankenwagenfahrer(in) *m(f)*, Rettungsfahrer(in) *m(f)* (*Swiss*) **ambulanceman** *n* Sanitäter *m* **ambulance service** *n* Rettungsdienst *m*, Rettung *f* (*Swiss*); (*system*) Rettungswesen *nt*

ambush **I** *n* Überfall *m* (aus dem Hinterhalt); **to lie in ~ for sb** (MIL, *fig*) jdm im Hinterhalt auflauern **II** *v/t* (aus dem Hinterhalt) überfallen

ameba *n* (*US*) = **amoeba**

amen *int* amen; **~ to that!** (*fig infml*) ja, wahrlich *or* fürwahr! (*hum*)

amenable *adj* zugänglich (*to* +*dat*)

amend *v/t law, text* ändern; (*by addition*) ergänzen; *habits, behaviour* verbessern **amendment** *n* (*to law, in text*) Änderung *f* (*to* +*gen*); (≈ *addition*) Zusatz *m* (*to* zu); **the First/Second etc Amendment** (*US* POL) Zusatz *m* 1/2 *etc*

amends *pl* **to make ~ for sth** etw wiedergutmachen; **to make ~ to sb for sth** jdn für etw entschädigen

amenity *n* (**public**) ~ öffentliche Einrichtung; **close to all amenities** in günstiger Einkaufs- und Verkehrslage

Amerasian *n* Mensch amerikanisch-asiatischer Herkunft

America *n* Amerika *nt*

American **I** *adj* amerikanisch; **~ English** amerikanisches Englisch; **the ~ Dream** der amerikanische Traum **II** *n* **1.** Amerikaner(in) *m(f)* **2.** LING Amerikanisch *nt* **American Indian** *n* Indianer(in) *m(f)*

Americanism *n* LING Amerikanismus *m* **Americanization** *n* Amerikanisierung *f* **Americanize** *v/t* amerikanisieren **American plan** *n* Vollpension *f* **Amerindian** **I** *n* Indianer(in) *m(f)* **II** *adj* indianisch

amethyst *n* Amethyst *m*

Amex *n* (*US*) *abbr of* **American Stock Exchange** Amex *f*

amiable *adj*, **amiably** *adv* liebenswürdig

amicable *adj person* freundlich; *relations* freundschaftlich; *discussion* friedlich; JUR *settlement* gütlich; **to be on ~ terms** freundschaftlich miteinander verkehren **amicably** *adv* freundlich; *discuss* friedlich; JUR *settle* gütlich

amid(st) *prep* inmitten (+*gen*)

amino acid *n* Aminosäure *f*

amiss **I** *adj pred* **there's something ~** da stimmt irgendetwas nicht **II** *adv* **to take sth ~** (*Br*) (jdm) etw übel nehmen; **a drink would not go ~** etwas zu trinken wäre gar nicht verkehrt

ammo *n* (*infml*) Munition *f*

ammonia *n* Ammoniak *nt*

ammunition *n* Munition *f* **ammunition belt** *n* Patronengurt *m* **ammunition dump** *n* Munitionslager *nt*

amnesia *n* Amnesie *f*

amnesty *n* Amnestie *f*

amniocentesis *n* MED Fruchtwasseruntersuchung *f*

amoeba, (*US***) ameba** *n* Amöbe *f*

amok *adv* = **amuck**

among(st) *prep* unter (+*acc or dat*); **~ other things** unter anderem; **she had sung with Madonna ~ others** sie hatte unter anderem mit Madonna gesungen; **to stand ~ the crowd** (mitten) in der Menge stehen; **they shared it out ~ themselves** sie teilten es untereinander auf; **talk ~ yourselves** unterhaltet euch; **he's ~ our best players** er gehört zu unseren besten Spielern; **to count sb ~ one's friends** jdn zu seinen Freunden zählen; **this habit is widespread ~ the French** diese Sitte ist bei den Franzosen weitverbreitet

amoral *adj* amoralisch

amorous *adj* amourös; *look* verliebt

amorphous *adj* amorph; *style, ideas, novel* strukturlos

amount **I** *n* **1.** (*of money*) Betrag *m*; **total ~** Gesamtsumme *f*; **debts to** (*Br*) *or* **in** (*US*) **the ~ of £2000** Schulden in Höhe von £ 2000; *in 12 equal ~s* in 12 gleichen Beträgen; *a small ~ of money* eine geringe Summe; *large ~s of money* Unsummen *pl* **2.** (≈ *quantity*) Menge *f*; (*of skill etc*) Maß *nt* (*of an* +*dat*); *an enormous ~ of work* sehr viel Arbeit; *any ~ of time/food* beliebig viel Zeit/Essen; *no ~ of talking would persuade him* kein Reden würde ihn überzeugen **II** *v/i* **1.** (≈ *total*) sich belaufen (*to* auf +*acc*) **2.** (≈ *be equivalent*) gleichkommen (*to* dat); *it ~s to the same thing* das kommt (doch) aufs Gleiche hinaus; *he will never ~ to much* aus ihm wird nie etwas werden

amp(ère) *n* Ampere *nt*

ampersand *n* Et-Zeichen *f*, Und-Zeichen *nt*

amphetamine *n* Amphetamin *nt*

amphibian *n* Amphibie *f* **amphibious** *adj* amphibisch; *~ vehicle/aircraft* Amphibienfahrzeug *nt*/-flugzeug *nt*

amphitheatre, (*US*) **amphitheater** *n* Amphitheater *nt*

ample *adj* (+*er*) **1.** (≈ *plentiful*) reichlich **2.** *figure, proportions* üppig

amplification *n* RADIO Verstärkung *f* **amplifier** *n* RADIO Verstärker *m* **amplify** *v/t* RADIO verstärken

amply *adv* reichlich

amputate *v/t* & *v/i* amputieren **amputation** *n* Amputation *f* **amputee** *n* Amputierte(r) *m/f(m)*

amuck *adv* *to run ~* (*lit, fig*) Amok laufen

amuse I *v/t* amüsieren; (≈ *entertain*) unterhalten; *let the children do it if it ~s them* lass die Kinder doch, wenn es ihnen Spaß macht **II** *v/r* *the children can ~ themselves for a while* die Kinder können sich eine Zeit lang selbst beschäftigen; *to ~ oneself (by) doing sth* etw zu seinem Vergnügen tun; *how do you ~ yourself now you're retired?* wie vertreiben Sie sich (*dat*) die Zeit, wo Sie jetzt im Ruhestand sind? **amused** *adj* amüsiert; *she seemed ~ at my suggestion* sie schien über meinen Vorschlag amüsiert (zu sein); *to keep sb/oneself ~* jdm/sich (*dat*) die Zeit vertreiben; *give him his toys, that'll keep him ~* gib ihm sein Spielzeug, dann ist er friedlich

amusement *n* **1.** (≈ *enjoyment*) Vergnügen *nt*; *to do sth for one's own ~* etw zu seinem Vergnügen tun **2.** **amuse-**

ments *pl* (*at fair*) Attraktionen *pl*; (*at seaside*) Spielautomaten *etc* **amusement arcade** *n* (*Br*) Spielhalle *f* **amusement park** *n* Vergnügungspark *m* **amusing** *adj* amüsant; *how ~* das ist aber lustig!; *I don't find that very ~* das finde ich gar nicht lustig **amusingly** *adv* amüsant

an *indef art* → **a**

anabolic steroid *n* Anabolikum *nt*

anachronism *n* Anachronismus *m* **anachronistic** *adj* anachronistisch

anaemia, (*US*) **anemia** *n* Anämie *f* **anaemic**, (*US*) **anemic** *adj* anämisch

anaesthetic, (*US*) **anesthetic** *n* Narkose *f*; (≈ *substance*) Narkosemittel *nt*; *general ~* Vollnarkose *f*; *local ~* örtliche Betäubung; *the nurse gave him a local ~* die Schwester gab ihm eine Spritze zur örtlichen Betäubung **anaesthetist**, (*US*) **anesthetist** *n* Anästhesist(in) *m(f)* **anaesthetize**, (*US*) **anesthetize** *v/t* betäuben

anagram *n* Anagramm *nt*

anal *adj* anal, Anal-; *~ intercourse* Analverkehr *m*

analgesic *n* Schmerzmittel *nt*

analog(ue) *adj* TECH analog

analogy *n* Analogie *f*

analyse, (*esp US*) **analyze** *v/t* analysieren **analysis** *n*, *pl* **analyses** Analyse; *what's your ~ of the situation?* wie beurteilen Sie die Situation?; *on (closer) ~* bei genauerer Untersuchung **analyst** *n* Analytiker(in) *m(f)* **analytical** *adj*, **analytically** *adv* analytisch **analyze** *v/t* (*US*) = **analyse**

anarchic(al) *adj* anarchisch **anarchism** *n* Anarchismus *m* **anarchist** *n* Anarchist(in) *m(f)* **anarchy** *n* Anarchie *f*

anathema *n* ein Gräuel *m*; *voting Labour was ~ to them* der Gedanke, Labour zu wählen, war ihnen ein Gräuel

anatomical *adj*, **anatomically** *adv* anatomisch **anatomy** *n* Anatomie *f*

ANC *abbr of* **African National Congress** ANC *m*, Afrikanischer Nationalkongress

ancestor *n* Vorfahr *m* **ancestral** *adj* seiner/ihrer Vorfahren; *~ home* Stammsitz *m* **ancestry** *n* (≈ *descent*) Abstammung *f*; (≈ *ancestors*) Ahnenreihe *f*; *to trace one's ~* seine Abstammung zurückverfolgen

anchor I *n* **1.** NAUT Anker *m*; *to drop ~* vor Anker gehen; *to weigh ~* den Anker lichten **2.** (*esp US* TV) Anchorman *m*, Anchorwoman *f* **II** *v/t* (NAUT, *fig*) verankern **III** *v/i* NAUT vor Anker gehen **anchorage** *n* NAUT Ankerplatz *m* **anchorman** *n*, *pl* **-men** (*esp US* TV) Anchorman *m* **anchorwoman** *n*, *pl* **-women** (*esp US* TV) Anchorwoman *f*

anchovy *n* Sardelle *f*

ancient I *adj* **1.** alt; *in ~ times* im Altertum; *~ Rome* das alte Rom; *the ~ Romans* die alten Römer; *~ monument* (*Br*) historisches Denkmal **2.** (*infml*) *person etc* uralt **II** *n* *the ~s* die Völker *or* Menschen des Altertums **ancient history** *n* (*lit*) Alte Geschichte; *that's ~* (*fig*) das ist schon längst Geschichte

ancillary *adj* (≈ *subordinate*) Neben-; (≈ *auxiliary*) Hilfs-; *~ course* UNIV Begleitkurs *m*; *~ staff/workers* Hilfskräfte *pl*

and *cj* **1.** *nice ~ early* schön früh; *try ~ come* versuch zu kommen; *wait ~ see!* abwarten!; *don't go ~ spoil it!* nun verdirb nicht alles!; *one more ~ I'm finished* noch eins, dann bin ich fertig; *~ so on ~ so forth* und so weiter und so fort **2.** (*in repetition*) und; *better ~ better* immer besser; *for days ~ days* tagelang; *for miles ~ miles* meilenweit **3.** *three hundred ~ ten* dreihundert(und)zehn; *one ~ a half* anderthalb

Andes *pl* Anden *pl*

androgynous *adj* androgyn

android *n* Androide *m*

anecdotal *adj* anekdotisch **anecdote** *n* Anekdote *f*

anemia *n* (*US*) = **anaemia** **anemic** *adj* (*US*) = **anaemic**

anemone *n* BOT Anemone *f*

anesthesia *etc* (*US*) = **anaesthesia** *etc*

anew *adv* **1.** (≈ *again*) aufs neue; *let's start ~* fangen wir wieder von Neuem an **2.** (≈ *in a new way*) auf eine neue Art und Weise

angel *n* Engel *m* **angelic** *adj* (≈ *like an angel*) engelhaft

anger I *n* Ärger *m*; *a fit of ~* ein Wutanfall *m*; *public ~* öffentliche Entrüstung; *to speak in ~* im Zorn sprechen; *to be filled with ~* wütend sein **II** *v/t* ärgern

angina (**pectoris**) *n* Angina Pectoris *f*

angle[1] **I** *n* **1.** Winkel *m*; *at an ~ of 40°* in einem Winkel von 40°; *at an ~* schräg; *he was wearing his hat at an ~* er hatte seinen Hut schief aufgesetzt **2.** (≈ *projecting corner*) Ecke *f* **3.** (≈ *aspect*) Seite *f* **4.**

(≈ *point of view*) Standpunkt *m* **II** *v/t* *lamp etc* ausrichten; *shot* im Winkel schießen/schlagen

angle[2] *v/i* (*esp Br* FISH) angeln ◆ **angle for** *v/i* +*prep obj* (*fig*) fischen nach; *to ~ sth* auf etw (*acc*) aus sein

Anglepoise (lamp)® *n* Gelenkleuchte *f*

angler *n* Angler(in) *m(f)*

Anglican I *n* Anglikaner(in) *m(f)* **II** *adj* anglikanisch **Anglicanism** *n* Anglikanismus *m*

anglicism *n* Anglizismus *m* **anglicize** *v/t* anglisieren

angling *n* (*esp Br*) Angeln *nt*

Anglo-American I *n* Angloamerikaner(in) *m(f)* **II** *adj* angloamerikanisch **Anglo-Indian I** *n* (*of British origin*) in Indien lebender Engländer *m*/lebende Engländerin *f*; (≈ *Eurasian*) Angloinder(in) *m(f)* **II** *adj* angloindisch **Anglo-Irish I** *pl* *the ~* die Angloiren *pl* **II** *adj* angloirisch **Anglophile** *n* Anglophile(r) *m/f(m)* **Anglo-Saxon I** *n* **1.** (≈ *person*) Angelsachse *m*, Angelsächsin *f* **2.** LING Angelsächsisch *nt* **II** *adj* angelsächsisch

angora I *adj* Angora-; *~ wool* Angorawolle *f* **II** *n* Angorawolle *f*

angrily *adv* wütend

angry *adj* (+*er*) zornig; *letter, look* wütend; *to be ~* wütend sein; *to be ~ with or at sb* über jdn verärgert sein; *to be ~ at or about sth* sich über etw (*acc*) ärgern; *to get ~* (*with or at sb/about sth*) (mit jdm/über etw *acc*) böse werden; *you're not ~* (*with me*), *are you?* du bist (mir) doch nicht böse(, oder)?; *to be ~ with oneself* sich über sich (*acc*) selbst ärgern; *to make sb ~* jdn ärgern

anguish *n* Qual *f*; *to be in ~* Qualen leiden; *he wrung his hands in ~* er rang die Hände in Verzweiflung; *the news caused her great ~* die Nachricht bereitete ihr großen Schmerz; *the decision caused her great ~* die Entscheidung bereitete ihr große Qual(en) **anguished** *adj* qualvoll

angular *adj* *shape* eckig; *features, prose* kantig

animal I *n* Tier *nt*; (≈ *brutal person*) Bestie *f*; *man is a social ~* der Mensch ist ein soziales Wesen **II** *adj attr* Tier-; *products, quality* tierisch; *~ experiments* Tierversuche *pl*; *~ magnetism* rein körperliche Anziehungskraft **Animal Libe-**

ration Front*n* (*Br*) *militante Tierschützerorganisation* animal lover *n* Tierfreund(in) *m(f)* animal rights *pl* Tierrechte *pl*; ~ activist Tierschützer(in) *m(f)* animal welfare *n* Tierschutz *m*

animate *adj* belebt; *creatures* lebend animated *adj* lebhaft; ~ cartoon/film Zeichentrickfilm *m* animatedly *adv* rege; *talk* lebhaft animation *n* Lebhaftigkeit *f*; FILM Animation *f*

animosity *n* Feindseligkeit *f* (*towards* gegenüber)

aniseed *n* (≈ *flavouring*) Anis *m*

ankle *n* Knöchel *m* anklebone *n* Sprungbein *nt* ankle bracelet *n* Fußkettchen *nt* ankle-deep I *adj* knöcheltief II *adv* he was ~ in water er stand bis an die Knöchel im Wasser ankle sock *n* Söckchen *nt*

annals *pl* Annalen *pl*; (*of society etc*) Bericht *m*

annex I *v/t* annektieren II *n* 1. (*to document etc*) Anhang *m* 2. (≈ *building*) Nebengebäude *nt*; (≈ *extension*) Anbau *m* annexation *n* Annexion *f* annexe *n* (*Br*) = annex II2

annihilate *v/t* vernichten annihilation *n* Vernichtung *f*

anniversary *n* Jahrestag *m*; (≈ *wedding anniversary*) Hochzeitstag *m*; ~ gift Geschenk *nt* zum Jahrestag / Hochzeitstag; the ~ of his death sein Todestag *m*

annotate *v/t* mit Anmerkungen versehen

announce *v/t* bekannt geben; *radio programme* ansagen; (*over intercom*) durchsagen; *marriage etc* anzeigen; to ~ sb jdn melden; the arrival of flight BA 742 has just been ~d soeben ist die Ankunft des Fluges BA 742 gemeldet worden announcement *n* Bekanntmachung *f*; (*of speaker*) Ankündigung *f*; (*over intercom etc*) Durchsage *f*; (*on radio etc*) Ansage *f*; (*of marriage etc*) Anzeige *f* announcer *n* RADIO, TV Ansager(in) *m(f)*

annoy *v/t* (≈ *irritate*) ärgern; (≈ *upset*) aufregen; (≈ *pester*) belästigen; to be ~ed that ... verärgert sein, weil ...; to be ~ed with sb/about sth sich über jdn/etw ärgern; to get ~ed sich aufregen annoyance *n* no *pl* (≈ *irritation*) Ärger *m*; to his ~ zu seinem Ärger annoying *adj* ärgerlich; *habit* lästig; the ~ thing (about it) is that ... das Ärgerliche (daran) ist, dass ... annoyingly *adv* aufrei-

zend; ~, the bus didn't turn up ärgerlicherweise kam der Bus nicht

annual I *adj* 1. BOT einjährige Pflanze 2. (≈ *book*) Jahresalbum *nt* II *adj* jährlich; (≈ *of or for the year*) Jahres-; ~ accounts Jahresbilanz *f* annual general meeting *n* Jahreshauptversammlung *f* annually *adv* jährlich annual report *n* Geschäftsbericht *m* annuity *n* (Leib)rente *f*

annul *v/t* annullieren; *contract, marriage* auflösen annulment *n* Annullierung *f*; (*of contract, marriage*) Auflösung *f*

Annunciation *n* BIBLE Mariä Verkündigung *f*

anoint *v/t* salben; to ~ sb king jdn zum König salben

anomaly *n* Anomalie *f*

anon[1] *adv* see you ~ (*hum*) bis demnächst

anon[2] *adj abbr of* anonymous anonymity *n* Anonymität *f* anonymous *adj*, anonymously *adv* anonym

anorak *n* (*Br*) Anorak *m*

anorexia (nervosa) *n* Anorexie *f* anorexic *adj* magersüchtig

another I *adj* 1. (≈ *additional*) noch eine(r, s); ~ one noch eine(r, s); take ~ ten nehmen Sie noch (weitere) zehn; I don't want ~ drink! ich möchte nichts mehr trinken; without ~ word ohne ein weiteres Wort 2. (≈ *similar, fig* ≈ *second*) ein zweiter, eine zweite, ein zweites; there is not ~ man like him so einen Mann gibt es nur einmal 3. (≈ *different*) ein anderer, eine andere, ein anderes; that's quite ~ matter das ist etwas ganz anderes; ~ time ein andermal II *pron* ein anderer, eine andere, ein anderes; have ~! nehmen Sie (doch) noch einen!; they help one ~ sie helfen einander; at one time or ~ irgendwann; what with one thing and ~ bei all dem Trubel

Ansaphone® *n* Anrufbeantworter *m*

ANSI *abbr of* American National Standards Institute *amerikanischer Normenausschuss*

answer I *n* 1. Antwort *f* (*to* auf +*acc*); to get an/no ~ Antwort/keine Antwort bekommen; there was no ~ (*to telephone, doorbell*) es hat sich niemand gemeldet; in ~ to my question auf meine Frage hin 2. (≈ *solution*) Lösung *f* (*to* +*gen*); there's no easy ~ es gibt dafür keine Patentlösung II *v/t* 1. antworten auf (+*acc*); *person* antworten (+*dat*); *exam ques-*

tions, criticism beantworten; **to ~ the telephone** das Telefon abnehmen; **to ~ the bell** or **door** die Tür öffnen; **shall I ~ it?** (*phone*) soll ich rangehen?; (*door*) soll ich hingehen?; **to ~ the call of nature** (*hum*) dem Ruf der Natur folgen **2.** (≈ *fulfil*) *hope, expectation* befriedigen; **people who ~ that description** Leute, auf die diese Beschreibung zutrifft **III** *v/i* antworten; **if the phone rings, don't ~** wenn das Telefon läutet, geh nicht ran ♦ **answer back I** *v/i* widersprechen; **don't ~!** keine Widerrede! **II** *v/t sep* **to answer sb back** jdm widersprechen ♦ **answer for** *v/i +prep obj* verantwortlich sein für; **he has a lot to ~** er hat eine Menge auf dem Gewissen ♦ **answer to** *v/i +prep obj* **1. to ~ sb for sth** jdm für etw Rechenschaft schuldig sein **2. to ~ a description** einer Beschreibung entsprechen **3. to ~ the name of …** auf den Namen … hören

answerable *adj* (≈ *responsible*) verantwortlich; **to be ~ to sb (for sth)** jdm gegenüber (für etw) verantwortlich sein **answering machine** *n* Anrufbeantworter *m*

answerphone *n* (*Br*) Anrufbeantworter *m*; **~ message** Ansage *f* auf dem Anrufbeantworter

ant *n* Ameise *f*

antacid *n* säurebindendes Mittel

antagonism *n* Antagonismus *m*; (*towards sb, change etc*) Feindseligkeit *f* (*to*(*wards*) gegenüber) **antagonist** *n* Gegner(in) *m(f)* **antagonistic** *adj* feindselig; **to be ~ to** or **toward(s) sb/sth** jdm/gegen etw feindselig gesinnt sein **antagonize** *v/t* gegen sich aufbringen

Antarctic I *adj* antarktisch **II** *n* **the ~** die Antarktis **Antarctica** *n* die Antarktis **Antarctic Circle** *n* südlicher Polarkreis **Antarctic Ocean** *n* Südpolarmeer *nt*

anteater *n* Ameisenbär *m*

antecedents *pl* (*of event*) Vorgeschichte *f*

antelope *n* Antilope *f*

antenatal *adj* vor der Geburt; **~ care** Schwangerschaftsfürsorge *f*; **~ clinic** Sprechstunde *f* für Schwangere

antenna *n* **1.** *pl* **-e** ZOOL Fühler *m* **2.** *pl* **-e** or **-s** RADIO, TV Antenne *f*

anteroom *n* Vorzimmer *nt*

anthem *n* Hymne *f*

ant hill *n* Ameisenhaufen *m*

anthology *n* Anthologie *f*

anthrax *n* Anthrax *m* (*tech*), Milzbrand *m*

anthropological *adj* anthropologisch **anthropologist** *n* Anthropologe *m*, Anthropologin *f* **anthropology** *n* Anthropologie *f*

anti (*infml*) **I** *adj pred* in Opposition (*infml*) **II** *prep* gegen (+*acc*)

anti-abortionist *n* Abtreibungsgegner(in) *m(f)* **anti-aircraft** *adj* Flugabwehr- **anti-American** *adj* antiamerikanisch **antiballistic missile** *n* Antiraketenrakete *f* **antibiotic** *n* Antibiotikum *nt* **antibody** *n* Antikörper *m*

anticipate *v/t* (≈ *expect*) erwarten; (≈ *see in advance*) vorhersehen; **as ~d** wie erwartet **anticipation** *n* **1.** (≈ *expectation*) Erwartung *f*; **to wait in ~** gespannt warten **2.** (≈ *seeing in advance*) Vorausberechnung *f*

anticlimax *n* Enttäuschung *f* **anticlockwise** *adv* (*esp Br*) gegen den Uhrzeigersinn

antics *pl* Eskapaden *pl*; (≈ *tricks*) Streiche *pl*; **he's up to his old ~ again** er macht wieder seine Mätzchen (*infml*)

anticyclone *n* Hoch(druckgebiet) *nt* **anti-dandruff** *adj* gegen Schuppen **antidepressant** *n* Antidepressivum *nt* **antidote** *n* Gegenmittel *nt* (*against, to, for* gegen) **antifreeze** *n* Frostschutz(mittel *nt*) *m* **antiglare** *adj* (*US*) blendfrei **anti-globalization** *adj* **~ protester** Globalisierungsgegner(in) *m(f)* **antihistamine** *n* Antihistamin(ikum) *nt* **anti-lock** *adj* **~ braking system** ABS-Bremsen *pl* **antimatter** *n* Antimaterie *f* **antinuclear** *adj* **~ protesters** Atomwaffengegner *pl*

antipathy *n* Antipathie *f* (*towards* gegen) **antipersonnel** *adj* **~ mine** Antipersonenmine *f* **antiperspirant** *n* Antitranspirant *nt*

antipodean *adj* (*Br*) australisch und neuseeländisch **Antipodes** *pl* (*Br*) Australien und Neuseeland

antiquarian *adj books* antiquarisch; **~ bookshop** Antiquariat *nt* **antiquated** *adj* antiquiert **antique I** *adj* antik; **~ pine** Kiefer *f* antik **II** *n* Antiquität *f* **antique dealer** *n* Antiquitätenhändler(in) *m(f)* **antique shop** *n* Antiquitätengeschäft *nt* **antiquity** *n* **1.** (≈ *ancient times*) das Altertum; (≈ *Roman antiquity*) die Antike; **in ~** im Altertum/in der Antike **2. antiquities** *pl* (≈ *old things*) Altertümer *pl*

antiriot adj ~ **police** Bereitschaftspolizei f **anti-Semite** n Antisemit(in) m(f) **anti-Semitic** adj antisemitisch **anti-Semitism** n Antisemitismus m **antiseptic I** n Antiseptikum nt **II** adj antiseptisch **anti-smoking** adj campaign Antiraucher- **antisocial** adj unsozial; **I work ~ hours** ich arbeite zu Zeiten, wo andere freihaben **antiterrorist** adj zur Terrorismusbekämpfung **antitheft device** n Diebstahlsicherung f

antithesis n, pl **antitheses** Antithese f (to, of zu)

anti-virus software n IT Antivirensoftware f **antivivisectionist** n Gegner(in) m(f) der Vivisektion **anti-wrinkle** adj ~ **cream** Antifaltencreme f

antler n (set or pair of) ~**s** Geweih nt

antonym n Antonym nt

anus n After m

anvil n Amboss m (also ANAT)

anxiety n Sorge f; **to cause sb ~** jdm Sorgen machen; **in his ~ to get away** weil er unbedingt wegkommen wollte

anxious adj **1.** besorgt; person, thoughts ängstlich; **to be ~ about sb/sth** um jdn/etw besorgt sein; **to be ~ about doing sth** Angst haben, etw zu tun **2.** moment, wait bang; **it's been an ~ time for us all** wir alle haben uns (in dieser Zeit) große Sorgen gemacht **3. to be ~ to do sth** bestrebt sein, etw zu tun; **I am ~ that he should do it** or **for him to do it** mir liegt viel daran, dass er es tut **anxiously** adv **1.** besorgt **2.** (≈ keenly) gespannt

any I adj **1.** (in interrog, conditional, neg sentences ≈ any at all) (with sing n) irgendein(e); (with pl n) irgendwelche; (with uncountable n) etwas; **not ~** kein/keine; **if I had ~ plan/money (at all)** wenn ich irgendeinen Plan/etwas Geld hätte; **if it's ~ help (at all)** wenn das (irgendwie) hilft; **it won't do ~ good** es wird nichts nützen; **without ~ difficulty** ohne jede Schwierigkeit **2.** (≈ no matter which) jede(r, s) (beliebige ...); (with pl or uncountable n) alle; **~ one will do** es ist jede(r, s) recht; **~ one you like** was du willst; **you can come at ~ time** du kannst jederzeit kommen; **thank you — ~ time** danke! — bitte!; **~ old ...** (infml) jede(r, s) x-beliebige ... (infml) **II** pron **1.** (in interrog, conditional, neg sentences) welche; **I want to meet a psychologist, do you know ~?** ich würde gerne einen Psychologen kennenlernen, kennen Sie einen?; **I need some butter/stamps, do you have ~?** ich brauche Butter/Briefmarken, haben Sie welche?; **have you seen ~ of my ties?** haben Sie eine von meinen Krawatten gesehen?; **don't you have ~ (at all)?** haben Sie (denn) (überhaupt) keinen/keine/keines?; **he wasn't having ~ (of it/that)** (infml) er wollte nichts davon hören; **few, if ~, will come** wenn überhaupt, werden nur wenige kommen; **if ~ of you can sing** wenn (irgend)jemand von euch singen kann **2.** (≈ no matter which) alle; **~ who do come** ... alle, die kommen ... **III** adv colder etc noch; **not ~ bigger** etc nicht größer etc; **we can't go ~ further** wir können nicht mehr weiter gehen; **are you feeling ~ better?** geht es dir etwas besser?; **do you want ~ more soup?** willst du noch etwas Suppe?; **don't you want ~ more tea?** willst du keinen Tee mehr?; **~ more offers?** noch weitere Angebote?; **I don't want ~ more (at all)** ich möchte (überhaupt) nichts mehr

anybody I pron **1.** (irgend)jemand; **not... ~** niemand, keine(r); **(does) ~ want my book?** will jemand mein Buch?; **I can't see ~** ich kann niemand(en) sehen **2.** (≈ no matter who) jede(r); **it's ~'s game** das Spiel kann von jedem gewonnen werden; **is there ~ else I can talk to?** gibt es sonst jemand(en), mit dem ich sprechen kann?; **I don't want to see ~ else** ich möchte niemand anderen sehen **II** n (≈ person of importance) jemand; **he's not just ~** er ist nicht einfach irgendjemand; **everybody who is ~ was there** alles, was Rang und Namen hat, war dort

anyhow adv (≈ at any rate) = **anyway**

anymore adv (+vb) nicht mehr; → **any**

anyone pron, n = **anybody**

anyplace adv (US infml) = **anywhere**

anything I pron **1.** (irgend)etwas; **not ~** nichts; **is it/isn't it worth ~?** ist es etwas/gar nichts wert?; **did/didn't he say ~ else?** hat er (sonst) noch etwas/sonst (gar) nichts gesagt?; **did/didn't they give you ~ at all?** haben sie euch überhaupt etwas/überhaupt nichts gegeben?; **are you doing ~ tonight?** hast du heute Abend schon etwas vor?; **he's as smart as ~** (infml) er ist clever wie noch was (*infml*) **2.** (≈ *no matter what*) alles; **~ you like** (alles,) was du willst; **I wouldn't do it for ~** ich würde es um keinen Preis tun; **~ else is impossible** alles andere ist unmöglich; **~ but that!** alles, nur das nicht!; **~ but!** von wegen! **II** *adv* (*infml*) **it isn't ~ like him** das sieht ihm überhaupt nicht ähnlich; **it didn't cost ~ like £100** es kostete bei Weitem keine £ 100

anyway *adv* jedenfalls; (≈ *regardless*) trotzdem; **~, that's what I think** das ist jedenfalls meine Meinung; **I told him not to, but he did it ~** ich habe es ihm verboten, aber er hat es trotzdem gemacht; **who cares, ~?** überhaupt, wen kümmert es denn schon?

anyways *adv* (*US dial*) = **anyway**

anywhere *adv* **1.** irgendwo; *go* irgendwohin; **not ~** nirgends/nirgendwohin; **he'll never get ~** er wird es zu nichts bringen; **I wasn't getting ~** ich kam (einfach) nicht weiter; **I haven't found ~ to live yet** ich habe noch nichts gefunden, wo ich wohnen kann; **the cottage was miles from ~** das Häuschen lag jwd (*infml*); **there could be ~ between 50 and 100 people** es könnten (schätzungsweise) 50 bis 100 Leute sein **2.** (≈ *no matter where*) überall; *go* überallhin; **they could be ~** sie könnten überall sein; **~ you like** wo/wohin du willst

apart *adv* **1.** auseinander; **I can't tell them ~** ich kann sie nicht auseinanderhalten; **to live ~** getrennt leben; **to come or fall ~** entzweigehen; **her marriage is falling ~** ihre Ehe geht in die Brüche; **to take sth ~** etw auseinandernehmen **2.** (≈ *to one side*) beiseite; (≈ *on one side*) abseits (*from* +gen); **he stood ~ from the group** er stand abseits von der Gruppe **3.** (≈ *excepted*) abgesehen von; **~ from that, the gearbox is also faulty** außerdem ist (auch) das Getriebe schadhaft

apartheid *n* Apartheid *f*

apartment *n* (*esp US*) Wohnung *f*; **~ house or block or building** Wohnblock *m*

apathetic *adj* apathisch **apathy** *n* Apathie *f*

ape *n* Affe *m*

apéritif *n* Aperitif *m*

aperture *n* Öffnung *f*; PHOT Blende *f*

apex *n, pl* **-es** or **apices** Spitze *f*; (*fig*) Höhepunkt *m*

APEX RAIL, AVIAT *abbr of* **advance pur-**

chase excursion fare I *adj attr* Frühbucher- **II** *n* Frühbucherticket *nt*

aphrodisiac *n* Aphrodisiakum *nt*

apices *pl of* **apex**

apiece *adv* pro Stück; (≈ *per person*) pro Person; **I gave them two ~** ich gab ihnen je zwei; **they had two cakes ~** sie hatten jeder zwei Kuchen

aplomb *n* Gelassenheit *f*; **with ~** gelassen

Apocalypse *n* Apokalypse *f* **apocalyptic** *adj* apokalyptisch

apolitical *adj* apolitisch

apologetic *adj* (≈ *making an apology*) entschuldigend *attr*; (≈ *regretful*) bedauernd *attr*; **she wrote me an ~ letter** sie schrieb mir und entschuldigte sich vielmals; **he was most ~ (about it)** er entschuldigte sich vielmals (dafür)

apologetically *adv* entschuldigend

apologize *v/i* sich entschuldigen (*to* bei); **to ~ for sb/sth** sich für jdn/etw entschuldigen **apology** *n* Entschuldigung *f*; **to make or offer sb an ~** jdn um Verzeihung bitten; **Mr Jones sends his apologies** Herr Jones lässt sich entschuldigen; **I owe you an ~** ich muss dich um Verzeihung bitten; **I make no or apologies for the fact that ...** ich entschuldige mich nicht dafür, dass ...

apoplectic *adj* (*infml*) cholerisch; **~ fit** MED Schlaganfall *m* **apoplexy** *n* Schlaganfall *m*

apostle *n* (*lit, fig*) Apostel *m*

apostrophe *n* GRAM Apostroph *m*

appal, (*US also*) **appall** *v/t* entsetzen; **to be ~led (at or by sth)** (über etw *acc*) entsetzt sein **appalling** *adj*, **appallingly** *adv* entsetzlich

apparatus *n* Apparat *m*; (*in gym*) Geräte *pl*; **a piece of ~** ein Gerät *nt*

apparel *n no pl* (*liter, US* COMM) Kleidung *f*

apparent *adj* **1.** (≈ *obvious*) offensichtlich; **to be ~ to sb** jdm klar sein; **to become ~** sich (deutlich) zeigen; **for no ~ reason** aus keinem ersichtlichen Grund **2.** (≈ *seeming*) scheinbar **apparently** *adv* anscheinend

apparition *n* Erscheinung *f*

appeal I *n* **1.** (≈ *request*) Appell *m* (*for* um); **~ for funds** Spendenappell *m*; **to make an ~ to sb** an jdn appellieren; (*charity etc*) einen Appell an jdn richten; **to make an ~ to sb for sth** jdn um etw bitten; (*charity etc*) jdn zu etw aufrufen

2. (*against decision*) Einspruch *m*; (JUR, *against sentence*) Berufung *f*; (*actual trial*) Revision *f*; **he lost his ~** er verlor in der Berufung; **Court of Appeal** Berufungsgericht *nt* **3.** (≈ *power of attraction*) Reiz *m* (*to* für); **his music has (a) wide~** seine Musik spricht weite Kreise an **II** *v/i* **1.** (≈ *make request*) (dringend) bitten; **to ~ to sb for sth** jdn um etw bitten; **to ~ to the public to do sth** die Öffentlichkeit (dazu) aufrufen, etw zu tun **2.** (*against decision*) Einspruch erheben (*to* bei); JUR Berufung einlegen (*to* bei) **3.** (*for support, decision*) appellieren (*to* an +*acc*); SPORTS Beschwerde einlegen **4.** (≈ *be attractive*) reizen (*to sb* jdn); (*candidate, idea*) zusagen (*to sb* jdm) **appealing** *adj* **1.** (≈ *attractive*) attraktiv **2.** *look, voice* flehend

appear *v/i* **1.** (≈ *emerge*) erscheinen; **to ~ from behind sth** hinter etw (*dat*) auftauchen; **to ~ in public** sich in der Öffentlichkeit zeigen; **to ~ in court** vor Gericht erscheinen; **to ~ as a witness** als Zeuge / Zeugin auftreten **2.** (≈ *seem*) scheinen; **he ~ed (to be) drunk** er schien betrunken zu sein; **it ~s that ...** es hat den Anschein, dass ...; **it ~s not** anscheinend nicht; **there ~s to be a mistake** da scheint ein Irrtum vorzuliegen; **it ~s to me that ...** mir scheint, dass ...

appearance *n* **1.** (≈ *emergence*) Erscheinen *nt*; (*unexpected*) Auftauchen *nt no pl*; THEAT Auftritt *m*; **to put in** *or* **make an ~** sich sehen lassen **2.** (≈ *look*) Aussehen *nt*; (*esp of person*) Äußere(s) *nt*; **for the sake of ~s** um den Schein zu wahren; **to keep up ~s** den (äußeren) Schein wahren

appease *v/t* beschwichtigen **appeasement** *n* Beschwichtigung *f*

append *v/t notes etc* anhängen (*to* an +*acc*) (*also* IT) **appendage** *n* (*fig*) Anhängsel *nt* **appendectomy** *n* Blinddarmoperation *f* **appendicitis** *n* Blinddarmentzündung *f* **appendix** *n*, *pl* **appendices** *or* **-es 1.** ANAT Blinddarm *m*; **to have one's ~ out** sich (*dat*) den Blinddarm herausnehmen lassen **2.** (*to book etc*) Anhang *m*

appetite *n* Appetit *m*; (*fig*) Verlangen *nt*; **to have an / no ~ for sth** Appetit / keinen Appetit auf etw (*acc*) haben; (*fig*) Verlangen / kein Verlangen nach etw haben; *I hope you've got an ~* ich hoffe, ihr habt

Appetit!; **to spoil one's ~** sich (*dat*) den Appetit verderben **appetizer** *n* (≈ *food*) Appetitanreger *m*; (≈ *hors d'oeuvre*) Vorspeise *f*; (≈ *drink*) appetitanregendes Getränk **appetizing** *adj* appetitlich; *smell* lecker

applaud I *v/t* applaudieren; *efforts, courage* loben; *decision* begrüßen **II** *v/i* applaudieren **applause** *n no pl* Applaus *m*

apple *n* Apfel *m*; **to be the ~ of sb's eye** jds Liebling sein **apple-green** *adj* apfelgrün **apple pie** *n* ≈ gedeckter Apfelkuchen **apple sauce** *n* COOK Apfelmus *nt*

applet *n* IT Applet *nt*

appliance *n* Vorrichtung *f*; (≈ *household appliance*) Gerät *nt*

applicable *adj* anwendbar (*to* auf +*acc*) (*on forms*) zutreffend (*to* für); **that isn't ~ to you** das trifft auf Sie nicht zu **applicant** *n* (*for job*) Bewerber(in) *m(f)* (*for* um, für); (*for loan*) Antragsteller(in) *m(f)* (*for* für, auf +*acc*)

application *n* **1.** (*for job etc*) Bewerbung *f* (*for* um, für); (*for loan*) Antrag *m* (*for* auf +*acc*) **2.** (*of paint, ointment*) Auftragen *nt*; (*of rules, knowledge*) Anwendung *f*; **"for external ~ only"** MED „nur zur äußerlichen Anwendung" **3.** (≈ *diligence*) Fleiß *m* **application form** *n* Antragsformular *nt*; (*for job*) Bewerbungsbogen *m* **application program** *n* IT Anwendungsprogramm *nt* **application software** *n* IT Anwendersoftware *f* **applicator** *n* Aufträger *m*; (*for tampons*) Applikator *m*

applied *adj attr maths etc* angewandt **appliqué** SEWING **I** *n* Applikationen *pl* **II** *adj attr* **~ work** Stickerei *f*

apply I *v/t paint, ointment* auftragen (*to* auf +*acc*); *dressing* anlegen; *pressure, rules, knowledge* anwenden (*to* auf +*acc*); *brakes* betätigen; **to ~ oneself (to sth)** sich (bei etw) anstrengen; **that term can be applied to many things** dieser Begriff trifft auf viele Dinge zu **II** *v/i* **1.** (≈ *make an application*) sich bewerben (*for* um, für); **to ~ to sb for sth** (*for job, grant*) sich bei jdm für etw bewerben; **~ within** Anfragen im Laden; **she has applied to college** sie hat sich um einen Studienplatz beworben **2.** (≈ *be applicable*) gelten (*to* für)

appoint *v/t* (*to a job*) einstellen; (*to a post*) ernennen; **to ~ sb to an office** jdn in ein Amt berufen; **to ~ sb sth** jdn zu etw ernennen; **to ~ sb to do sth** jdn dazu bestimmen, etw zu tun **appointed** *adj hour, place* festgesetzt; *task* zugewiesen; *representative* ernannt **appointee** *n* Ernannte(r) *m/f(m)*

appointment *n* **1.** Verabredung *f*; (≈ *business appointment, with doctor etc*) Termin *m* (*with* bei); **to make an ~ with sb** mit jdm eine Verabredung treffen / einen Termin vereinbaren; **I made an ~ to see the doctor** ich habe mir beim Arzt einen Termin geben lassen; **do you have an ~?** sind Sie angemeldet?; **to keep an ~** einen Termin einhalten; **by ~** auf Verabredung; (*on business, to see doctor, lawyer etc*) nach Vereinbarung **2.** (*to a job*) Einstellung *f*; (*to a post*) Ernennung *f* **appointment(s) book** *n* Terminkalender *m*

apportion *v/t* aufteilen; *duties* zuteilen; **to ~ sth to sb** jdm etw zuteilen

appraisal *n* (*of value, damage*) Abschätzung *f*; (*of ability*) Beurteilung *f* **appraise** *v/t value, damage* schätzen; *ability* einschätzen

appreciable *adj*, **appreciably** *adv* beträchtlich **appreciate I** *v/t* **1.** *dangers, problems etc* sich (*dat*) bewusst sein (+*gen*); *sb's wishes etc* Verständnis haben für; **I ~ that you cannot come** ich verstehe, dass ihr nicht kommen könnt **2.** (≈ *be grateful for*) zu schätzen wissen; **thank you, I ~ it** vielen Dank, sehr nett von Ihnen; **I would ~ it if you could do this by tomorrow** könnten Sie das bitte bis morgen erledigen? **3.** *art, music* schätzen **II** *v/i* FIN *(in value)* im Wert steigen **appreciation** *n* **1.** (*of problems, dangers*) Erkennen *nt* **2.** (≈ *respect*) Anerkennung *f*; (*of person*) Wertschätzung *f*; **in ~ of sth** zum Dank für etw; **to show one's ~** seine Dankbarkeit (be)zeigen **3.** (≈ *enjoyment, understanding*) Verständnis *nt*; (*of art*) Sinn *m* (*of* für); **to write an ~ of sb/sth** einen Bericht über jdn / etw schreiben **4.** (≈ *increase*) (Wert)steigerung *f* (*in* bei) **appreciative** *adj* anerkennend; (≈ *grateful*) dankbar

apprehend *v/t* festnehmen **apprehension** *n* (≈ *fear*) Besorgnis *f*; **a feeling of ~** eine dunkle Ahnung **apprehensive** *adj* ängstlich; **to be ~ of sth** etw befürchten; **he was ~ about the future** er schaute mit ängstlicher Sorge in die Zukunft **apprehensively** *adv* ängstlich

apprentice I *n* Lehrling *m*, Auszubildende(r) *m/f(m)*; ~ **electrician** Elektrikerlehrling *m* **II** *v/t* **to be ~d to sb** bei jdm in die Lehre gehen **apprenticeship** *n* Lehre *f*; **to serve one's ~** seine Lehre absolvieren

approach I *v/i* (*physically*) sich nähern; (*date etc*) nahen **II** *v/t* **1.** (≈ *come near*) sich nähern (+*dat*), AVIAT anfliegen; (*fig*) heranreichen an (+*acc*); **to ~ thirty** auf die dreißig zugehen; **the train is now ~ing platform 3** der Zug hat Einfahrt auf Gleis 3; **something ~ing a festive atmosphere** eine annähernd festliche Stimmung **2.** *person, organization* herantreten an (+*acc*) (*about* wegen) **3.** *problem, task* angehen **III** *n* **1.** (≈ *drawing near*) (Heran)nahen *nt*; (*of troops*) Heranrücken *nt*; AVIAT Anflug *m* (*to* an +*acc*) **2.** (*to person, organization*) Herantreten *nt* **3.** (≈ *attitude*) Ansatz *m* (*to* zu); **a positive ~ to teaching** eine positive Einstellung zum Unterrichten; **his ~ to the problem** seine Art, an das Problem heranzugehen; **try a different ~** versuchs doch mal anders **approachable** *adj person* leicht zugänglich **approach path** *n* AVIAT Einflugschneise *f* **approach road** *n* (*to city etc*) Zufahrtsstraße *f*; (*to motorway*) (Autobahn)zubringer *m*; (≈ *slip road*) Auffahrt *f*

approbation *n* Zustimmung *f*; (*from critics*) Beifall *m*

appropriate¹ *adj* **1.** (≈ *fitting*) geeignet (*for, to* für); (*to a situation, occasion*) angemessen (*to* +*dat*); *name, remark* treffend; **to be ~ for doing sth** geeignet sein, etw zu tun **2.** (≈ *relevant*) entsprechend; *authority* zuständig; **put a tick where ~** Zutreffendes bitte ankreuzen; **delete as ~** Nichtzutreffendes streichen

appropriate² *v/t* sich (*dat*) aneignen **appropriately** *adv* treffend; *dressed* passend (*for, to* für) **appropriateness** *n* (≈ *suitability, fittingness*) Eignung *f*; (*of dress, remark, name, for a particular occasion*) Angemessenheit *f*

appropriation *n* (*of land, property*) Beschlagnahmung *f*; (*of sb's ideas*) Aneignung *f*

approval *n* **1.** Anerkennung *f*; (≈ *consent*) Zustimmung *f* (*of* zu); **to win sb's ~ (for sth)** jds Zustimmung (für etw) gewinnen; **to give one's ~ for sth** seine Zustimmung zu etw geben; **to meet**

with/have sb's ~ jds Zustimmung finden/haben; **to show one's ~** zeigen, dass man einer Sache (*dat*) zustimmt **2.** COMM **on ~** zur Probe; (*to look at*) zur Ansicht

approve I *v/t decision* billigen; *project* genehmigen **II** *v/i* **to ~ of sth** von jdm/etw etwas halten; **I don't ~ of him/it** ich halte nichts von ihm/davon; **I don't ~ of children smoking** ich bin dagegen, dass Kinder rauchen **approving** *adj* anerkennend; (≈ *consenting*) zustimmend **approvingly** *adv* anerkennend

approx. *abbr of* **approximately** ca. approximate **I** *adj* ungefähr; **these figures are only ~** dies sind nur ungefähre Werte; **three hours is the ~ time needed** man braucht ungefähr drei Stunden **II** *v/i* **to ~ to sth** einer Sache (*dat*) in etwa entsprechen **III** *v/t* **to ~ sth** einer Sache (*dat*) in etwa entsprechen **approximately** *adv* ungefähr **approximation** *n* Annäherung *f* (*of*, *to* an +*acc*); (≈ *figure*) (An)näherungswert *m*; **his story was an ~ of the truth** seine Geschichte entsprach in etwa der Wahrheit

APR *abbr of* **annual percentage rate** Jahreszinssatz *m*

après-ski I *n* Après-Ski *nt* **II** *adj attr* Après-Ski-

apricot I *n* Aprikose *f*, Marille *f* (*Aus*) **II** *adj* (*a*. **apricot-coloured**) aprikosenfarben

April *n* April *m*; **~ shower** Aprilschauer *m*; → **September April fool** *n* Aprilnarr *m*; **~!** ≈ April, April!; **to play an ~ on sb** jdn in den April schicken **April Fools' Day** *n* der erste April

apron *n* Schürze *f* **apron strings** *pl* **to be tied to sb's ~** jdm am Schürzenzipfel hängen (*infml*)

apropos *prep* (*a*. **apropos of**) apropos (+*nom*)

apt *adj* (+*er*) **1.** (≈ *fitting*) passend **2. to be ~ to do sth** dazu neigen, etw zu tun

Apt. *abbr of* **apartment** Z, Zi

aptitude *n* Begabung *f* **aptitude test** *n* Eignungsprüfung *f*

aptly *adv* passend

aquajogging *n* Aquajogging *nt* **aqualung** *n* Tauchgerät *nt* **aquamarine I** *n* Aquamarin *m*; (≈ *colour*) Aquamarin *nt* **II** *adj* aquamarin **aquaplane** *v/i* (*car etc*) (auf nasser Straße) ins Rutschen geraten **aquaplaning** *n* Aquaplaning *nt*; **in**

order to prevent the car from ~ um ein Aquaplaning zu verhindern **aquarium** *n* Aquarium *nt* **Aquarius** *n* Wassermann *m* **aquarobics** *n sg* Aquarobic *nt* **aquatic** *adj* Wasser-; **~ sports** Wassersport *m* **aqueduct** *n* Aquädukt *m or nt*

Arab I *n* Araber *m*, Araberin *f*; **the ~s** die Araber **II** *adj attr* arabisch; **~ horse** Araber *m* **Arabia** *n* Arabien *nt* **Arabian** *adj* arabisch **Arabic I** *n* Arabisch *nt* **II** *adj* arabisch

arable *adj* Acker-; **~ farming** Ackerbau *m*; **~ land** Ackerland *nt*

arbitrarily *adv* willkürlich **arbitrary** *adj* willkürlich

arbitrate I *v/t* schlichten **II** *v/i* vermitteln **arbitration** *n* Schlichtung *f*; **to go to ~** vor eine Schlichtungskommission gehen **arbitrator** *n* Vermittler(in) *m(f)*; *esp* IND Schlichter(in) *m(f)*

arc *n* Bogen *m*

arcade *n* ARCH Arkade *f*; (≈ *shopping arcade*) Passage *f*

arcane *adj* obskur

arch¹ I *n* **1.** Bogen *m* **2.** (*of foot*) Wölbung *f* **II** *v/t back* krümmen; *eyebrows* hochziehen; **the cat ~ed its back** die Katze machte einen Buckel

arch² *adj attr* Erz-; **~ enemy** Erzfeind(in) *m(f)*

archaeological, (*US*) **archeological** *adj* archäologisch **archaeologist**, (*US*) **archeologist** *n* Archäologe *m*, Archäologin *f* **archaeology**, (*US*) **archeology** *n* Archäologie *f*

archaic *adj* veraltet **archaism** *n* veralteter Ausdruck

archangel *n* Erzengel *m* **archbishop** *n* Erzbischof *m* **archdeacon** *n* Erzdiakon *m*

arched *adj* gewölbt; **~ window** (Rund)bogenfenster *nt*

archeological *etc* (*US*) = **archaeological** *etc*

archer *n* Bogenschütze *m*/-schützin *f* **archery** *n* Bogenschießen *nt*

archetypal *adj* archetypisch (*elev*); (≈ *typical*) typisch; **he is the ~ millionaire** er ist ein Millionär, wie er im Buche steht **archetype** *n* Archetyp(us) *m* (*form*)

archipelago *n*, *pl* **-(e)s** Archipel *m*

architect *n* Architekt(in) *m(f)*; **he was the ~ of his own downfall** er hat seinen Ruin selbst verursacht **architectural**

adj, **architecturally** *adv* architektonisch
architecture *n* Architektur *f*
archive *n* Archiv *nt* (*also* IT); **~ material**
Archivmaterial *nt* **archives** *pl* Archiv
nt **archivist** *n* Archivar(in) *m(f)*
arch-rival *n* Erzrivale *m*, Erzrivalin *f*
archway *n* Torbogen *m*
arctic I *adj* arktisch **II** *n* **the Arctic** die
Arktis **Arctic Circle** *n* nördlicher Polarkreis **Arctic Ocean** *n* Nordpolarmeer *nt*
ardent *adj* leidenschaftlich **ardently** *adv*
leidenschaftlich; *desire, admire* glühend
arduous *adj* beschwerlich; *work* anstrengend; *task* mühselig
are *2nd person sg, 1st, 2nd, 3rd person pl*
pres of **be**
area *n* **1.** (*measure*) Fläche *f*; **20 sq metres**
(*Br*) *or* **meters** (*US*) **in ~** eine Fläche von
20 Quadratmetern **2.** (≈ *region*) Gebiet
nt; (≈ *neighbourhood*) Gegend *f*; (*piece
of ground*) Gelände *nt*; (*on diagram etc*)
Bereich *m*; **in the ~** in der Nähe; **do you
live in the ~?** wohnen Sie hier (in der
Gegend)?; **in the London ~** im Londoner Raum; **protected ~** Schutzgebiet
nt; **dining/sleeping ~** Ess-/Schlafbe-
reich *m*; **no smoking ~** Nichtraucherzone *f*; **the (penalty) ~** (*esp Br* FTBL) der
Strafraum; **a mountainous ~** eine bergi-
ge Gegend; **a wooded ~** ein Waldstück
nt; (*larger*) ein Waldgebiet *nt*; **the infected ~s of the lungs** die befallenen
Teile *or* Stellen der Lunge **3.** (*fig*) Bereich *m*; **his ~ of responsibility** sein Ver-
antwortungsbereich *m*; **~ of interest** Interessengebiet *nt* **area code** *n* TEL Vor-
wahl(nummer) *f* **area manager** *n* Ge-
bietsleiter *m* **area office** *n* Bezirksbüro
nt
arena *n* Arena *f*
aren't = **are not, am not**; → **be**
Argentina *n* Argentinien *nt* **Argentine** *n*
the ~ Argentinien *nt* **Argentinian I** *n* Ar-
gentinier(in) *m(f)* **II** *adj* argentinisch
arguable *adj* **it is ~ that ...** es lässt sich der
Standpunkt vertreten, dass ...; (≈ *open
to discussion*) **it is ~ whether ...** es ist
(noch) die Frage, ob ... **arguably** *adv*
wohl; **this is ~ his best book** dies dürfte
sein bestes Buch sein
argue I *v/i* **1.** (≈ *dispute*) streiten; (≈ *quarrel*) sich streiten; (*about trivial things*)
sich zanken; **there's no arguing with
him** mit ihm kann man nicht reden;
don't ~ with your mother! du sollst dei-

ner Mutter nicht widersprechen!; **there
is no point in arguing** da erübrigt sich
jede (weitere) Diskussion **2. to ~ for** *or* **in
favour** (*Br*) *or* **favor** (*US*) **of/against**
sth für/gegen etw sprechen; **this ~s in
his favour** (*Br*) *or* **favor** (*US*) das spricht
zu seinen Gunsten **II** *v/t* **1.** *case, matter*
diskutieren; **a well ~d case** ein gut be-
gründeter Fall **2.** (≈ *maintain*) behaupten; **he ~s that ...** er vertritt den Standpunkt, dass ... ◆ **argue out** *v/t sep* *problem* ausdiskutieren; **to argue sth out
with sb** etw mit jdm durchsprechen
argument *n* **1.** (≈ *discussion*) Diskussion
f; **for the sake of ~** rein theoretisch **2.** (≈
quarrel) Auseinandersetzung *f*; **to have
an ~** sich streiten; (*over sth trivial*) sich
zanken **3.** (≈ *reason*) Argument *nt*; **Professor Ayer's ~ is that ...** Professor
Ayers These lautet, dass ... **argumenta-
tive** *adj* streitsüchtig
aria *n* Arie *f*
arid *adj* dürr
Aries *n* ASTROL Widder *m*; **she is (an) ~** sie
ist Widder
arise *pret* **arose**, *past part* **arisen** *v/i* **1.** sich
ergeben; (*question, problem*) aufkom-
men; **should the need ~** falls sich die
Notwendigkeit ergibt **2.** (≈ *result*) **to ~
out of** *or* **from sth** sich aus etw ergeben
aristocracy *n* Aristokratie *f* **aristocrat** *n*
Aristokrat(in) *m(f)* **aristocratic** *adj*
aristokratisch
arithmetic *n* Rechnen *nt*
ark *n* **Noah's ~** die Arche Noah
arm[1] *n* **1.** ANAT Arm *m*; **to give sb one's ~**
Arm; **to give sb one's ~** (*Br*) jdm den
Arm geben; **to take sb in one's ~s**
jdn in die Arme nehmen; **to hold sb
in one's ~s** jdn umarmen; **to put** *or*
throw one's ~s around sb die Arme
um jdn schlingen (*elev*); **~ in ~** Arm in
Arm; **to welcome sb with open ~s**
jdn mit offenen Armen empfangen;
within ~'s reach in Reichweite; **it cost
him an ~ and a leg** (*infml*) es kostete
ihn ein Vermögen **2.** (≈ *sleeve*) Ärmel
m **3.** (*of river*) (Fluss)arm *m*; (*of armchair*) (Arm)lehne *f*
arm[2] I *v/t* bewaffnen; **to ~ sth with sth** etw
mit etw ausrüsten; **to ~ oneself with sth**
sich mit etw bewaffnen **II** *v/i* aufrüsten
armaments *pl* Ausrüstung *f*
armband *n* Armbinde *f*
armchair *n* Sessel *m*, Fauteuil *nt* (*Aus*)

armed *adj* bewaffnet **armed forces** *pl* Streitkräfte *pl* **armed robbery** *n* bewaffneter Raubüberfall

Armenia *n* Armenien *nt* **Armenian I** *adj* armenisch **II** *n* **1.** (≈ *person*) Armenier(in) *m(f)* **2.** LING Armenisch *nt*

armful *n* Arm *m* voll *no pl* **armhole** *n* Armloch *nt*

armistice *n* Waffenstillstand *m* **Armistice Day** *n* 11.11., *Tag des Waffenstillstands (1918)*

armour, (*US*)**armor** *n* Rüstung *f*; **suit of ~** Rüstung *f* **armoured,** (*US*)**armored** *adj* Panzer-; **~ car** Panzerwagen *m*; **~ personnel carrier** Schützenpanzer(wagen) *m* **armour-plated,** (*US*) **armor-plated** *adj* gepanzert **armour plating,** (*US*) **armor plating** *n* Panzerung *f* **armoury,** (*US*)**armory** *n* **1.** Arsenal *nt*, Waffenlager *nt* **2.** (*US* ≈ *factory*) Munitionsfabrik *f*

armpit *n* Achselhöhle *f* **armrest** *n* Armlehne *f*

arms *pl* **1.** (≈ *weapons*) Waffen *pl*; **to take up ~ (against sb/sth)** (gegen jdn/etw) zu den Waffen greifen; (*fig*) (gegen jdn/etw) Angriff übergehen; **to be up in ~ (about sth)** (*fig infml*) (über etw *acc*) empört sein **2.** HERALDRY Wappen *nt* **arms race** *n* Wettrüsten *nt*

army I *n* **1.** Armee *f*; **~ of occupation** Besatzungsarmee *f*; **to be in the ~** beim Militär sein; **to join the ~** zum Militär gehen **2.** (*fig*) Heer *nt* **II** *attr* Militär-; **~ life** Soldatenleben *nt*; **~ officer** Offizier(in) *m(f)* in der Armee

A-road *n* (*Br*) ≈ Bundesstraße *f*

aroma *n* Aroma *nt* **aromatherapy** *n* Aromatherapie *f* **aromatic** *adj* aromatisch

arose *pret of* **arise**

around I *adv* herum, rum (*infml*); **I looked all ~** ich sah mich nach allen Seiten um; **they came from all ~** sie kamen von überall her; **he turned ~** er drehte sich um; **for miles ~** meilenweit im Umkreis; **to travel ~** herumreisen; **is he ~?** ist er da?; **see you ~!** (*infml*) bis bald! **II** *prep* **1.** (≈ *right round*) um; (*in a circle*) um ... herum **2.** (≈ *in, through*) **to wander ~ the city** durch die Stadt spazieren; **to travel ~ Scotland** durch Schottland reisen; **the church must be ~ here somewhere** die Kirche muss hier irgendwo sein **3.** (*with date*) um; (*with time of day*) gegen; (*with weight, price*)

etwa; → **round**

arouse *v/t* erregen

arr *abbr of* **arrival, arrives** Ank.

arrange *v/t* **1.** (≈ *order*) ordnen; *objects* aufstellen; *books in library etc* anordnen; *flowers* arrangieren **2.** (≈ *see to, decide on*) vereinbaren; *party* arrangieren; **I'll ~ for you to meet him** ich arrangiere für Sie ein Treffen mit ihm; **an ~d marriage** eine arrangierte Ehe; **if you could ~ to be there at five** wenn du es so einrichten kannst, dass du um fünf Uhr da bist; **a meeting has been ~d for next month** nächsten Monat ist ein Treffen angesetzt **3.** MUS arrangieren **arrangement** *n* **1.** Anordnung *f*; **a flower ~** ein Blumenarrangement *nt* **2.** (≈ *agreement*) Vereinbarung *f*; (*to meet*) Verabredung *f*; **a special ~** eine Sonderregelung; **to have/come to an ~ with sb** eine Regelung mit jdm getroffen haben/treffen **3.** (*usu pl*) (≈ *plans*) Pläne *pl*; (≈ *preparations*) Vorbereitungen *pl*; **to make ~s for sb/sth** für jdn/etw Vorbereitungen treffen; **to make ~s for sth to be done** veranlassen, dass etw getan wird; **to make one's own ~s** selber zusehen(, wie ...); **seating ~s** Sitzordnung *f*

array *n* **1.** (≈ *collection*) Ansammlung *f*; (*of objects*) stattliche Reihe **2.** IT (Daten)feld *nt*

arrears *pl* Rückstände *pl*; **to get or fall into ~** in Rückstand kommen; **to have ~ of £5000** mit £ 5000 im Rückstand sein; **to be paid in ~** rückwirkend bezahlt werden

arrest I *v/t* festnehmen; (*with warrant*) verhaften **II** *n* Festnahme *f*; (*with warrant*) Verhaftung *f*; **to be under ~** festgenommen/verhaftet sein **arrest warrant** *n* Haftbefehl *m*

arrival *n* **1.** Ankunft *f no pl*; (*of goods, news*) Eintreffen *nt no pl*; **on ~** bei Ankunft; **he was dead on ~** bei seiner Einlieferung ins Krankenhaus wurde der Tod festgestellt; **~ time** Ankunftszeit *f*; **~s** RAIL, AVIAT Ankunft *f* **2.** (≈ *person*) Ankömmling *m*; **new ~** Neuankömmling *m* **arrivals lounge** *n* Ankunftshalle *f*

arrive *v/i* ankommen; **to ~ home** nach Hause kommen; (*esp after journey etc*) zu Hause ankommen; **to ~ at a town/the airport** in einer Stadt/am Flughafen ankommen; **the train will ~ at platform**

10 der Zug fährt auf Gleis 10 ein; *to ~ at a decision/result* zu einer Entscheidung/einem Ergebnis kommen

arrogance *n* Arroganz *f* **arrogant** *adj*, **arrogantly** *adv* arrogant

arrow *n* Pfeil *m* **arrow key** *n* IT Pfeiltaste *f*

arse (*Br sl*) **I** *n* Arsch *m* (*sl*); *get your ~ in gear!* setz mal deinen Arsch in Bewegung! (*sl*); *tell him to get his ~ into my office* sag ihm, er soll mal in meinem Büro antanzen (*infml*) **II** *v/t I can't be ~d* ich hab keinen Bock (*sl*) ♦ **arse about** *or* **around** *v/i* (*Br infml*) rumblödeln (*infml*)

arsehole *n* (*Br vulg*) Arschloch *nt* (*vulg*)

arsenal *n* MIL Arsenal *nt*; (*fig*) Waffenlager *nt*

arsenic *n* Arsen *nt*; *~ poisoning* Arsenvergiftung *f*

arson *n* Brandstiftung *f* **arsonist** *n* Brandstifter(in) *m(f)*

art **I** *n* **1.** Kunst *f*; *the ~s* die schönen Künste; *there's an ~ to it* das ist eine Kunst; *~s and crafts* Kunsthandwerk *nt* **2.** *~s* UNIV Geisteswissenschaften *pl*; *~s minister* Kulturminister(in) *m(f)* **II** *adj attr* Kunst- **art college** *n* Kunsthochschule *f*

artefact (*Br*), **artifact** *n* Artefakt *nt*

arterial *adj ~ road* AUTO Fernverkehrsstraße *f* **artery** *n* **1.** ANAT Arterie *f* **2.** (*a.* **traffic artery**) Verkehrsader *f*

art gallery *n* Kunstgalerie *f* **art-house** *adj attr ~ film* Experimentalfilm *m*; *~ cinema* ≈ Programmkino *nt*

arthritic *adj* arthritisch; *she is ~* sie hat Arthritis **arthritis** *n* Arthritis *f*

artichoke *n* Artischocke *f*

article *n* **1.** (≈ *item*) Gegenstand *m*; (*in list*) Posten *m*; COMM Artikel *m*; *~ of furniture* Möbelstück *nt*; *~s of clothing* Kleidungsstücke *pl* **2.** (*in newspaper, constitution, also* GRAM) Artikel *m*; (*of treaty, contract*) Paragraf *m*

articulate **I** *adj* klar; *to be ~* sich gut *or* klar ausdrücken können **II** *v/t* **1.** (≈ *pronounce*) artikulieren **2.** (≈ *state*) darlegen **III** *v/i* artikulieren **articulated lorry** (*Br*), **articulated truck** *n* Sattelschlepper *m* **articulately** *adv* pronounce artikuliert; *express oneself* klar

artifact *n* = **artefact**

artificial *adj* künstlich; (*pej*) smile, manner gekünstelt; *~ leather/silk* Kunstleder *nt*/-seide *f*; *~ limb* Prothese *f*; *you're*

so ~ du bist nicht echt **artificial insemination** *n* künstliche Befruchtung **artificial intelligence** *n* künstliche Intelligenz **artificially** *adv* künstlich; (≈ *insincerely*) gekünstelt **artificial respiration** *n* künstliche Beatmung *f*

artillery *n* Artillerie *f*

artisan *n* Handwerker(in) *m(f)*

artist *n* Künstler(in) *m(f)*; *~'s impression* Zeichnung *f* **artiste** *n* Künstler(in) *m(f)*; (≈ *circus artiste*) Artist(in) *m(f)* **artistic** *adj* künstlerisch; (≈ *tasteful*) kunstvoll; (≈ *appreciative of art*) kunstverständig; *she's very ~* sie ist künstlerisch veranlagt *or* begabt/sehr kunstverständig **artistically** *adv* künstlerisch; (≈ *tastefully*) kunstvoll **artistic director** *n* künstlerischer Direktor, künstlerische Direktorin **artistry** *n* Kunst *f* **Art Nouveau** *n* Jugendstil *m* **art school** *n* Kunsthochschule *f* **arts degree** *n* Abschlussexamen *nt* der philosophischen Fakultät **Arts Faculty, Faculty of Arts** *n* philosophische Fakultät **artwork** *n* **1.** (*in book*) Bildmaterial *nt* **2.** (*for advert etc* ≈ *material ready for printing*) Druckvorlage *f* **3.** (≈ *painting etc*) Kunstwerk *nt* **arty** *adj* (*+er*) (*infml*) Künstler-; *person* auf Künstler machend (*pej*); *film* geschmäcklerisch **arty-farty** *adj* (*hum infml*) = **arty**

Aryan **I** *n* Arier(in) *m(f)* **II** *adj* arisch

as **I** *cj* **1.** (≈ *when, while*) als, während **2.** (≈ *since*) da **3.** (≈ *although*) *rich as he is I won't marry him* obwohl er reich ist, werde ich ihn nicht heiraten; *much as I admire her, ...* sosehr ich sie auch bewundere, ...; *be that as it may* wie dem auch sei **4.** (*manner*) wie; *do as you like* machen Sie, was Sie wollen; *leave it as it is* lass das so; *the first door as you go in* die erste Tür, wenn Sie hereinkommen; *knowing him as I do* so wie ich ihn kenne; *it is bad enough as it is* es ist schon schlimm genug; *as it were* sozusagen **5.** (*phrases*) *as if or though* als ob; *it isn't as if he didn't see me* schließlich hat er mich ja gesehen; *as for him* (und) was ihn angeht; *as from now* ab jetzt; *so as to* (≈ *in order to*) um zu +*inf*; (*in such a way*) so, dass; *he's not so silly as to do that* er ist so nicht so dumm, das zu tun **II** *adv* *as ... as* so ... wie; *twice as old* doppelt so alt; *just as nice* genauso nett; *late as usual!* wie immer zu spät!; *as re-*

cently as yesterday erst gestern; *she is very clever, as is her brother* sie ist sehr intelligent, genau(so) wie ihr Bruder; *as many/much as I could* so viele/so viel ich (nur) konnte; *there were as many as 100 people there* es waren bestimmt 100 Leute da; *the same man as was here yesterday* derselbe Mann, der gestern hier war **III** *prep* **1.** (≈ *in the capacity of*) als; *to treat sb as a child* jdn wie ein Kind behandeln **2.** (*esp* ≈ *such as*) wie (zum Beispiel)

asap *abbr of* **as soon as possible** baldmöglichst

asbestos *n* Asbest *m*

ascend I *v/i* aufsteigen; *in ~ing order* in aufsteigender Reihenfolge **II** *v/t* *stairs* hinaufsteigen; *mountain* erklimmen (*elev*) **ascendancy, ascendency** *n* Vormachtstellung *f*; *to gain* (*the*) *~ over sb* die Vorherrschaft über jdn gewinnen **Ascension** *n the ~* (Christi) Himmelfahrt *f* **Ascension Day** *n* Himmelfahrt(stag *m*) *nt* **ascent** *n* Aufstieg *m*; *the ~ of Ben Nevis* der Aufstieg auf den Ben Nevis

ascertain *v/t* ermitteln

ascetic I *adj* asketisch **II** *n* Asket *m*

ASCII *abbr of* **American Standard Code for Information Interchange**; *~ file* ASCII-Datei *f*

ascorbic acid *n* Askorbinsäure *f*

ascribe *v/t* zuschreiben (*sth to sb* jdm etw); *importance, weight* beimessen (*to sth* einer Sache *dat*)

asexual *adj* *reproduction* ungeschlechtlich

ash[1] *n* (*a.* **ash tree**) Esche *f*

ash[2] *n* Asche *f*; *~es* Asche *f*; *to reduce sth to ~es* etw völlig niederbrennen; *to rise from the ~es* (*fig*) aus den Trümmern wiederauferstehen

ashamed *adj* beschämt; *to be or feel ~* (*of sb/sth*) sich schämen (für jdn/etw); *it's nothing to be ~ of* deswegen braucht man sich nicht zu schämen; *you ought to be ~* (*of yourself*) du solltest dich (was) schämen!

ashen-faced *adj* kreidebleich

ashore *adv* an Land; *to run ~* stranden; *to put ~* an Land gehen

ashtray *n* Aschenbecher *m* **Ash Wednesday** *n* Aschermittwoch *m*

Asia *n* Asien *nt* **Asia Minor** *n* Kleinasien *nt*

Asian, Asiatic I *adj* **1.** asiatisch **2.** (*Br*) indopakistanisch **II** *n* **1.** Asiat(in) *m(f)* **2.** (*Br*) Indopakistaner(in) *m(f)* **Asian--American I** *adj* asiatisch-amerikanisch **II** *n* Amerikaner(in) *m(f)* asiatischer Herkunft

aside *adv* **1.** zur Seite; *to set sth ~ for sb* etw für jdn beiseitelegen; *to turn ~* sich abwenden **2.** (*esp US*) *~ from* außer; *~ from being chairman of this committee he is ...* außer Vorsitzender dieses Ausschusses ist er auch ...

A-side *n* (*of record*) A-Seite *f*

ask I *v/t* **1.** fragen; *question* stellen; *to ~ sb the way* jdn nach dem Weg fragen; *don't ~ me!* (*infml*) frag mich nicht, was weiß ich! (*infml*) **2.** (≈ *invite*) einladen; (*in dancing*) auffordern **3.** (≈ *request*) bitten (*sb for sth* jdn um etw); (≈ *demand*) verlangen (*sth of sb* etw von jdm); *to ~ sb to do sth* jdn darum bitten, etw zu tun; *that's ~ing too much* das ist zu viel verlangt **4.** COMM *price* verlangen **II** *v/i* **1.** (≈ *inquire*) fragen; *to ~ about sb/sth* sich nach jdm/etw erkundigen **2.** (≈ *request*) bitten (*for sth* um etw); *there's no harm in ~ing* Fragen kostet nichts!; *that's ~ing for trouble* das kann ja nicht gut gehen; *to ~ for Mr X* Herrn X verlangen ♦ **ask after** *v/i +prep obj* sich erkundigen nach; *tell her I was asking after her* grüß sie schön von mir ♦ **ask around** *v/i* herumfragen ♦ **ask back** *v/t sep* **1.** (≈ *invite*) zu sich einladen **2.** *they never asked me back again* sie haben mich nie wieder eingeladen ♦ **ask in** *v/t sep* (*to house*) hereinbitten ♦ **ask out** *v/t sep* einladen ♦ **ask over** *v/t sep* zu sich einladen ♦ **ask round** *v/t sep* (*esp Br*) = **ask over**

askance *adv* *to look ~ at sb* jdn entsetzt ansehen; *to look ~ at a suggestion etc* über einen Vorschlag *etc* die Nase rümpfen

askew *adj, adv* schief

asking *n no pl* *to be had for the ~* umsonst *or* leicht *or* mühelos zu haben sein; *he could have had it for the ~* er hätte es leicht bekommen können **asking price** *n* Verkaufspreis *m*

asleep *adj pred* **1.** schlafend; *to be* (*fast or sound*) *~* (fest) schlafen; *to fall ~* einschlafen **2.** (*infml* ≈ *numb*) eingeschlafen

A/S level *n* (*Br* SCHOOL) *abbr of* **Ad-**

vanced Supplementary level ≈ Fachabitur *nt*, ≈ Berufsmatura *f (Aus, Swiss)*
asocial *adj* ungesellig
asparagus *n no pl* Spargel *m*
aspect *n* 1. (≈ *appearance*) Erscheinung *f*; (*of thing*) Aussehen *nt* 2. (*of subject*) Aspekt *m*; *what about the security~?* was ist mit der Sicherheit? 3. (*of building*) *to have a southerly* ~ Südlage haben
asphalt *n* Asphalt *m*
asphyxiate *v/t & v/i* ersticken; *to be ~d* ersticken **asphyxiation** *n* Erstickung *f*
aspic *n* COOK Aspik *m or nt*
aspirate *v/t* aspirieren **aspiration** *n* Aspiration *f*
aspire *v/i to ~ to sth* nach etw streben; *to ~ to do sth* danach streben, etw zu tun
aspirin *n* Kopfschmerztablette *f*
aspiring *adj* aufstrebend
ass[1] *n (lit, fig infml)* Esel *m*; *to make an ~ of oneself* sich lächerlich machen
ass[2] *n (US sl)* Arsch *m (sl)*; *to kick ~* mit der Faust auf den Tisch hauen (*infml*); *to work one's ~ off* sich zu Tode schuften (*infml*); *kiss my ~!* du kannst mich mal am Arsch lecken! (*vulg*)
assail *v/t* angreifen; *to be ~ed by doubts* von Zweifeln geplagt werden **assailant** *n* Angreifer(in) *m(f)*
assassin *n* Attentäter(in) *m(f)* **assassinate** *v/t* ein Attentat verüben auf (+*acc*); *Kennedy was ~d in Dallas* Kennedy wurde in Dallas ermordet **assassination** *n* (geglücktes) Attentat (*of* auf +*acc*); ~ *attempt* Attentat *nt*
assault I *n* 1. MIL Sturm(angriff) *m* (*on* auf +*acc*); (*fig*) Angriff *m* (*on* gegen) 2. JUR Körperverletzung *f*; *sexual ~* Notzucht *f* **II** *v/t* 1. JUR tätlich werden gegen; (*sexually*) herfallen über (+*acc*); (≈ *rape*) sich vergehen an (+*dat*) 2. MIL angreifen **assault course** *n* Übungsgelände *nt* **assault rifle** *n* Maschinengewehr *nt* **assault troops** *pl* Sturmtruppen *pl*
assemble I *v/t* zusammensetzen; *facts* zusammentragen; *team* zusammenstellen **II** *v/i* sich versammeln **assembly** *n* 1. Versammlung *f*; *the Welsh Assembly* die walisische Versammlung 2. SCHOOL Morgenandacht *f* 3. (≈ *putting together*) Zusammenbau *m*; (*of machine*) Montage *f* **assembly hall** *n* SCHOOL Aula *f* **assembly line** *n* Montageband *nt* **Assembly Member** *n* Mitglied *nt* des walisischen Parlaments **assembly point** *n*

Sammelplatz *m* **assembly worker** *n* Montagearbeiter(in) *m(f)*
assent I *n* Zustimmung *f* **II** *v/i* zustimmen; *to ~ to sth* einer Sache (*dat*) zustimmen
assert *v/t* behaupten; *one's innocence* beteuern; *to ~ one's authority* seine Autorität geltend machen; *to ~ one's rights* sein Recht behaupten; *to ~ oneself* sich durchsetzen (*over* gegenüber) **assertion** *n* Behauptung *f*; *to make an ~* eine Behauptung aufstellen **assertive** *adj*, **assertively** *adv* bestimmt **assertiveness** *n* Bestimmtheit *f*
assess *v/t* 1. einschätzen; *proposal* abwägen; *damage* abschätzen 2. *property* schätzen **assessment** *n* 1. Einschätzung *f*; (*of damage*) Schätzung *f*; *what's your ~ of the situation?* wie sehen or beurteilen Sie die Lage? 2. (*of property*) Schätzung *f* **assessor** *n* INSUR (Schadens)gutachter(in) *m(f)*; UNIV Prüfer(in) *m(f)*
asset *n* 1. (*usu pl*) Vermögenswert *m*; (*on balance sheet*) Aktivposten *m*; ~**s** Vermögen *nt*; (*on balance sheet*) Aktiva *pl*; *personal ~s* persönlicher Besitz 2. (*fig*) *he is one of our great ~s* er ist einer unserer besten Leute
asshole *n (US sl)* Arschloch *nt (vulg)*
assiduous *adj*, **assiduously** *adv* gewissenhaft
assign *v/t* 1. (≈ *allot*) zuweisen (*to sb* jdm) 2. (≈ *appoint*) berufen; (*to task etc*) beauftragen (*to* mit); *she was ~ed to this school* sie wurde an diese Schule berufen **assignment** *n* 1. (≈ *task*) Aufgabe *f*; (≈ *mission*) Auftrag *m*; *to be on (an) ~* einen Auftrag haben 2. (≈ *appointment*) Berufung *f*; (*to task etc*) Beauftragung *f* (*to* mit) 3. (≈ *allocation*) Zuweisung *f*
assimilate *v/t* aufnehmen **assimilation** *n* Aufnahme *f*
assist I *v/t* helfen (+*dat*); (≈ *act as an assistant to*) assistieren (+*dat*); *to ~ sb with sth* jdm bei etw behilflich sein; *to ~ sb in doing sth* jdm helfen, etw zu tun **II** *v/i* (≈ *help*) helfen; *to ~ with sth* bei etw helfen; *to ~ in doing sth* helfen, etw zu tun **assistance** *n* Hilfe *f*; *to come to sb's ~* jdm zu Hilfe kommen; *can I be of any ~?* kann ich irgendwie helfen? **assistant I** *n* Assistent(in) *m(f)*; (≈ *shop assistant*) Verkäufer(in) *m(f)* **II** *adj attr* stellvertretend **assistant professor** *n* (*US*) Assistenz-Professor(in) *m(f)* **as**

sb's ~ jdn fesseln; ~! Achtung!; *your* ~, *please* ich bitte um Aufmerksamkeit; (*official announcement*) Achtung, Achtung!; *it has come to my* ~ *that ...* ich bin darauf aufmerksam geworden, dass ...; *for the* ~ *of Miss Smith* zu Händen von Frau Smith **2.** MIL *to stand to* ~ stillstehen; ~! stillgestanden! **Attention Deficit Disorder** n MED Aufmerksamkeits-Defizit-Syndrom *nt* **attention span** *n* Konzentrationsvermögen *nt* **attentive** *adj* aufmerksam; *to be* ~ *to sb* sich jdm gegenüber aufmerksam verhalten; *to be* ~ *to sb's needs* sich um jds Bedürfnisse kümmern **attentively** *adv* aufmerksam

attenuate *v/t* abschwächen; *attenuating circumstances* mildernde Umstände **attest** *v/t* (≈ *testify to*) bescheinigen; (*on oath*) beschwören ♦ **attest to** *v/i +prep obj* bezeugen

attestation *n* (≈ *document*) Bescheinigung *f*

attic *n* Dachboden *m*, Estrich *m* (*Swiss*); (*lived-in*) Mansarde *f*; *in the* ~ auf dem (Dach)boden

attire I *v/t* kleiden (*in* in +*acc*) **II** *n* *no pl* Kleidung *f*; *ceremonial* ~ Festtracht *f*

attitude *n* (≈ *way of thinking*) Einstellung *f* (*to, towards* zu); (≈ *way of acting*) Haltung *f* (*to, towards* gegenüber); *women with* ~ kämpferische Frauen

attn *abbr of* **attention** z. Hd. von

attorney *n* **1.** (≈ *representative*) Bevollmächtigte(r) *m/f(m)*; *letter of* ~ (schriftliche) Vollmacht *f* **2.** (*US* ≈ *lawyer*) (Rechts)anwalt *m*/-anwältin *f* **Attorney General** *n*, *pl* **Attorneys General** *or* **Attorney Generals** (*US*) ≈ Generalbundesanwalt *m*/-anwältin *f*; (*Br*) ≈ Justizminister(in) *m(f)*

attract *v/t* **1.** anziehen; (*idea etc*) ansprechen; *she feels* ~*ed to him* sie fühlt sich von ihm angezogen **2.** *attention etc* auf sich (*acc*) ziehen; *new members etc* anziehen; *to* ~ *publicity* (öffentliches) Aufsehen erregen **attraction** *n* **1.** (PHYS, *fig*) Anziehungskraft *f*; (*esp of big city etc*) Reiz *m* **2.** (≈ *attractive thing*) Attraktion *f*

attractive *adj* attraktiv; *smile* anziehend; *house, dress* reizvoll, fesch (*Aus*) **attractively** *adv* attraktiv; *dress, furnish* reizvoll; ~ *priced* zum attraktiven Preis (*at* von) **attractiveness** *n* Attraktivität *f*;

(*of view etc*) Reiz *m*

attributable *adj to be* ~ *to sb/sth* jdm / einer Sache zuzuschreiben sein **attribute I** *v/t to* ~ *sth to sb* jdm etw zuschreiben; *to* ~ *sth to sth* etw auf etw (*acc*) zurückführen; *importance etc* einer Sache (*dat*) etw beimessen **II** *n* Attribut *nt*

attrition *n* (*fig*) Zermürbung *f*

attune *v/t* (*fig*) abstimmen (*to* auf +*acc*); *to become* ~*d to sth* sich an etw (*acc*) gewöhnen

atypical *adj* atypisch

aubergine *n* Aubergine *f*, Melanzani *f* (*Aus*)

auburn *adj hair* rot-braun

auction I *n* Auktion *f*; *to sell sth by* ~ etw versteigern; *to put sth up for* ~ etw zur Versteigerung anbieten **II** *v/t* (*a.* **auction off**) versteigern **auctioneer** *n* Auktionator(in) *m(f)* **auction room(s)** *n(pl)* Auktionshalle *f*

audacious *adj*, **audaciously** *adv* **1.** (≈ *impudent*) dreist **2.** (≈ *bold*) kühn **audacity, audaciousness** *n* **1.** (≈ *impudence*) Dreistigkeit *f*; *to have the* ~ *to do sth* die Dreistigkeit besitzen, etw zu tun **2.** (≈ *boldness*) Kühnheit *f*

audible *adj*, **audibly** *adv* hörbar

audience *n* **1.** Publikum *nt no pl*; RADIO Zuhörerschaft *f* **2.** (≈ *formal interview*) Audienz *f* (*with* bei)

audio book *n* Hörbuch *nt* **audio cassette** *n* Audiokassette *f* **audio equipment** *n* (*in recording studio*) Audiogeräte *pl*; (≈ *hi-fi*) Stereoanlage *f* **audiotape I** *n* **1.** (Ton)band *m* **2.** (*US*) Kassette *f* **II** *v/t* auf (Ton)band / Kassette aufnehmen **audio typist** *n* Phonotypistin *f* **audiovisual** *adj* audiovisuell

audit I *n* Buchprüfung *f* **II** *v/t* prüfen

audition I *n* THEAT Vorsprechprobe *f*; (*of musician*) Probespiel *nt*; (*of singer*) Vorsingen *nt* **II** *v/t* vorsprechen / vorspielen / vorsingen lassen **III** *v/i* vorsprechen / vorspielen / vorsingen

auditor *n* COMM Buchprüfer(in) *m(f)*

auditorium *n* Auditorium *nt*

au fait *adj to be* ~ *with sth* mit etw vertraut sein

Aug *abbr of* **August** Aug

augment I *v/t* vermehren **II** *v/i* zunehmen **augmentation** *n* Vermehrung *f*; (*in numbers*) Zunahme *f*; MUS Augmentation *f*; *breast* ~ Brustvergrößerung *f*

augur *v/i to* ~ *well/ill* etwas Gutes / nichts

Gutes verheißen

August *n* August *m*; → *September*

auld *adj* (+*er*) (*Scot*) alt; *for ~ lang syne* um der alten Zeiten willen

aunt *n* Tante *f* **auntie, aunty** *n* (*esp Br infml*) Tante *f*; *~!* Tantchen!

au pair *n*, *pl - -s* (*a.* **au pair girl**) Au-pair (-Mädchen) *nt*

aura *n* Aura *f* (*elev*)

aural *adj* Gehör-; *~ examination* Hörtest *m*

auspices *pl under the ~ of* unter der Schirmherrschaft (+*gen*) **auspicious** *adj* günstig; *start* vielversprechend **auspiciously** *adv* vielversprechend

Aussie (*infml*) **I** *n* Australier(in) *m(f)* **II** *adj* australisch

austere *adj* streng; *room* karg **austerely** *adv* streng; *furnish* karg; *live* asketisch **austerity** *n* **1.** (≈ *severity*) Strenge *f*; (≈ *simplicity*) Schmucklosigkeit *f* **2.** (≈ *hardship, shortage*) *~ budget* Sparhaushalt *m*; *~ measures* Sparmaßnahmen *pl*

Australasia *n* Australien und Ozeanien *nt* **Australasian I** *n* Ozeanier(in) *m(f)* **II** *adj* ozeanisch

Australia *n* Australien *nt*

Australian I *n* Australier(in) *m(f)* **II** *adj* australisch

Austria *n* Österreich *nt*

Austrian I *n* Österreicher(in) *m(f)* **II** *adj* österreichisch

authentic *adj* authentisch; *antique, tears* echt **authentically** *adv* echt; *restored* authentisch **authenticate** *v/t* bestätigen; *document* beglaubigen, visieren (*Swiss*) **authentication** *n* Bestätigung *f*; (*of document*) Beglaubigung *f* **authenticity** *n* Echtheit *f*; (*of claim*) Berechtigung *f*

author *n* Autor(in) *m(f)*; (*of report*) Verfasser(in) *m(f)*

authoritarian I *adj* autoritär **II** *n* autoritärer Mensch; *to be an ~* autoritär sein **authoritarianism** *n* Autoritarismus *m* **authoritative** *adj* **1.** (≈ *commanding*) bestimmt; *manner* Respekt einflößend **2.** (≈ *reliable*) zuverlässig **authoritatively** *adv* (≈ *with authority*) bestimmt; (≈ *reliably*) zuverlässig **authority** *n* **1.** (≈ *power*) Autorität *f*; (≈ *right*) Befugnis *f*; (≈ *specifically delegated power*) Vollmacht *f*; *who's in ~ here?* wer ist hier der Verantwortliche?; *parental ~* Autorität der Eltern; JUR elterliche Gewalt; *to be in or have ~ over sb* Weisungsbe-

fugnis gegenüber jdm haben (*form*); *on one's own ~* auf eigene Verantwortung; *to have the ~ to do sth* berechtigt sein, etw zu tun; *to give sb the ~ to do sth* jdm die Vollmacht erteilen, etw zu tun **2.** (*also pl* ≈ *ruling body*) Behörde *f*; (≈ *body of people*) Verwaltung *f*; (≈ *power of ruler*) (Staats)gewalt *f*; *the local ~ or authorities* die Gemeindeverwaltung; *you must have respect for ~* du musst Achtung gegenüber Respektspersonen haben **3.** (≈ *Experte etc*) (anerkannte) Autorität *f*; *to have sth on good ~* etw aus zuverlässiger Quelle wissen **authorization** *n* Genehmigung *f*; (≈ *right*) Recht *nt* **authorize** *v/t* **1.** (≈ *empower*) ermächtigen; *to be ~d to do sth* das Recht haben, etw zu tun **2.** (≈ *permit*) genehmigen **authorized** *adj* *person, bank* bevollmächtigt; *biography* autorisiert; *"authorized personnel only"* „Zutritt nur für Befugte"; *~ signature* Unterschrift *f* eines bevollmächtigten Vertreters

autism *n* Autismus *m* **autistic** *adj* autistisch

auto *n* (*US*) Auto *nt*

autobiographical *adj* autobiografisch **autobiography** *n* Autobiografie *f*

autocrat *n* Autokrat(in) *m(f)* **autocratic** *adj* autokratisch

Autocue® *n* (*Br* TV) Teleprompter® *m*

autofocus *n* PHOT Autofokus *m*

autograph I *n* Autogramm *nt* **II** *v/t* signieren

automat *n* (*US*) Automatenrestaurant *nt* **automate** *v/t* automatisieren **automatic I** *adj* automatisch; *~ rifle or weapon* Schnellfeuergewehr *nt* **II** *n* **1.** (≈ *car*) Automatikwagen *m* **2.** (≈ *gun*) automatische Waffe **3.** (≈ *washing machine*) Waschautomat *m* **automatically** *adv* automatisch **automation** *n* Automatisierung *f* **automaton** *n*, *pl* **-s** *or* **automata** Roboter *m*

automobile *n* Auto(mobil) *nt*

autonomous *adj*, **autonomously** *adv* autonom **autonomy** *n* Autonomie *f*

autopilot *n* Autopilot *m*; *on ~* (*lit*) mit Autopilot; *he was on ~* (*fig*) er funktionierte wie ferngesteuert

autopsy *n* Autopsie *f*

autumn (*esp Br*) **I** *n* Herbst *m*; *in (the) ~* im Herbst **II** *adj attr* Herbst-, herbstlich; *~ leaves* bunte (Herbst)blätter *pl* au-

tumnal *adj* herbstlich
auxiliary I *adj* Hilfs-; (≈ *additional*) zusätzlich; **~ nurse** Hilfspfleger *m*, Schwesternhelferin *f*; **~ verb** Hilfsverb *nt* **II** *n* (≈ *assistant*) Hilfskraft *f*; **nursing ~** Schwesternhelferin *f*
Av *abbr of* **avenue**
avail I *v/r* **to ~ oneself of sth** von etw Gebrauch machen **II** *n* **to no ~** vergebens
availability *n* (*of office*) Erhältlichkeit *f*; (*of stock*) Vorrätigkeit *f*; (*of resources*) Verfügbarkeit *f*; **offer subject to ~** nur solange der Vorrat reicht; **because of the limited ~ of seats** weil nur eine begrenzte Anzahl an Plätzen zur Verfügung steht
available *adj* object erhältlich; (≈ *auf Lager*) vorrätig; *time, seats* frei; *resources* verfügbar; **to be ~** vorhanden sein; (≈ *at one's disposal*) zur Verfügung stehen; (*Mensch*) frei sein; **to make sth ~ to sb** jdm etw zur Verfügung stellen; *information* jdm etw zugänglich machen; **the best dictionary ~** das beste Wörterbuch, das es gibt; **when will you be ~ to start in the new job?** wann können Sie die Stelle antreten?
avalanche *n* (*lit, fig*) Lawine *f*
avant-garde I *n* Avantgarde *f* **II** *adj* avantgardistisch
Ave *abbr of* **avenue**
avenge *v/t* rächen; **to ~ oneself on sb (for sth)** sich an jdm (für etw) rächen
avenue *n* Allee *f*
average I *n* Durchschnitt *m*; **to do an ~ of 50 miles a day/3% a week** durchschnittlich 50 Meilen pro Tag fahren/3% pro Woche erledigen; **on ~** durchschnittlich; **above ~** überdurchschnittlich; **below ~** unterdurchschnittlich; **by the law of ~s** aller Wahrscheinlichkeit nach **II** *adj* durchschnittlich; (≈ *not good or bad*) mittelmäßig; **above/below ~** über-/unterdurchschnittlich; **the ~ man** der Durchschnittsbürger; **of ~ height** von mittlerer Größe **III** *v/t* (≈ *do etc on average*) auf einen Schnitt von ... kommen; **we ~d 80 km/h** wir sind durchschnittlich 80 km/h gefahren ♦ **average out I** *v/t sep* **if you average it out** im Durchschnitt; **it'll average itself out** es wird sich ausgleichen **II** *v/i* **1.** durchschnittlich ausmachen (*at, to +acc*) **2.** (≈ *balance out*) sich ausgleichen
averse *adj pred* abgeneigt; **I am not ~ to a glass of wine** einem Glas Wein bin ich nicht abgeneigt **aversion** *n* Abneigung *f* (*to* gegen); **he has an ~ to getting wet** er hat eine Abscheu davor, nass zu werden
avert *v/t* abwenden; *accident* verhüten
aviary *n* Vogelhaus *nt*
aviation *n* die Luftfahrt
avid *adj* (≈ *keen*) begeistert; **I am an ~ reader** ich lese leidenschaftlich gern
avocado *n, pl* **-s** (*a.* **avocado pear**) Avocado(birne) *f*
avoid *v/t* vermeiden; *person* meiden; *obstacle* ausweichen (+*dat*); *duty* umgehen; **in order to ~ being seen** um nicht gesehen zu werden; **I'm not going if I can possibly ~ it** wenn es sich irgendwie vermeiden lässt, gehe ich nicht **avoidable** *adj* vermeidbar
await *v/t* erwarten; *decision* entgegensehen (+*dat*); **the long ~ed day** der lang ersehnte Tag; **he is ~ing trial** sein Fall steht noch zur Verhandlung an
awake *pret* **awoke**, *past part* **awoken** *or* **awaked I** *v/i* erwachen **II** *v/t* wecken **III** *adj pred* wach; **to be/lie/stay ~** wach sein/liegen/bleiben; **to keep sb ~** jdn wach halten; **wide ~** hellwach **awaken** *v/t & v/i* = **awake awakening** *n* Erwachen *nt*; **a rude ~** (*lit, fig*) ein böses Erwachen
award I *v/t* prize, penalty etc zuerkennen (*to sb* jdm); *prize, degree etc* verleihen (*to sb* jdm); **to be ~ed damages** Schadenersatz zugesprochen bekommen **II** *n* (≈ *prize*) Preis *m*; (*for bravery etc*) Auszeichnung *f*; **to make an ~ (to sb)** einen Preis (an jdn) vergeben **award(s) ceremony** *n* FILM, THEAT, TV Preisverleihung *f* **award-winning** *adj* preisgekrönt
aware *adj esp pred* bewusst; **to be ~ of sb/sth** sich (*dat*) jds/einer Sache bewusst sein; **I was not ~ that ...** es war mir nicht bewusst, dass ...; **not that I am ~ (of)** nicht dass ich wüsste; **as far as I am ~** so viel ich weiß; **to make sb ~ of sth** jdm etw bewusst machen **awareness** *n* Bewusstsein *nt*
away I *adv* **1.** weg; **three miles ~ (from here)** drei Meilen von hier; **lunch seemed a long time ~** es schien noch lange bis zum Mittagessen zu sein; **but he was ~ before I could say a word** aber er war fort *or* weg, bevor ich den Mund auftun konnte; **to look ~** wegsehen; **~ we go!** los (gehts)!; **they're ~!**

(*horses, runners etc*) sie sind gestartet; **to give** ~ weggeben; **to gamble** ~ verspielen **2.** (≈ *absent*) fort, weg; **he's** ~ **in London** er ist in London **3.** SPORTS **to play** ~ auswärts spielen; **they're** ~ **to Arsenal** sie spielen auswärts bei Arsenal **4.** (≈ *continuously*) **to work** ~ vor sich (*acc*) hin arbeiten **5. ask** ~! frag nur!; **right or straight** ~ sofort **II** *adj attr* SPORTS Auswärts-; ~ **goal** Auswärtstor *nt*; ~ **match** Auswärtsspiel *nt*; ~ **team** Gastmannschaft *f*

awe *n* Ehrfurcht *f*; **to be in** ~ **of sb** Ehrfurcht vor jdm haben **awe-inspiring** *adj* Ehrfurcht gebietend **awesome** *adj* beeindruckend; (*esp US infml* ≈ *excellent*) irre (*infml*) **awe-stricken, awe-struck** *adj* von Ehrfurcht ergriffen

awful *adj* (*infml*) schrecklich; **an** ~ **lot of money** furchtbar viel Geld **awfully** *adv* (*infml*) schrecklich (*infml*) **awfulness** *n* Schrecklichkeit *f*

awhile *adv* (*liter*) eine Weile

awkward *adj* **1.** (≈ *difficult*) schwierig; *time, angle* ungünstig; **to make things** ~ **for sb** jdm Schwierigkeiten machen; ~ **customer** übler Bursche (*infml*) **2.** (≈ *embarrassing*) peinlich; (≈ *embarrassed*) verlegen; *silence* betreten; **I feel** ~ **about doing that** es ist mir unangenehm, das zu tun; **to feel** ~ **in sb's company** sich in jds Gesellschaft (*dat*) nicht wohlfühlen **3.** (≈ *clumsy*) unbeholfen **awkwardly** *adv* **1.** (≈ *clumsily*) ungeschickt; *lie* unbequem **2.** (≈ *embarrassingly*) peinlich; (≈ *embarrassedly*) verlegen **awkwardness** *n* **1.** (≈ *difficulty*) Schwierigkeit *f*; (*of time, angle*) Ungünstigkeit *f* **2.** (≈ *discomfort*) Peinlichkeit *f* **3.** (≈ *embarrassment*) Verlegenheit *f* **4.** (≈ *clumsiness*) Unbeholfenheit *f*

awning *n* (*of shop*) Markise *f*; (≈ *caravan awning*) Vordach *nt*

awoke *pret of* **awake awoken** *past part of* **awake**

AWOL MIL *abbr of* **absent without leave**

awry *adj pred adv* **to go** ~ schiefgehen

axe, (*US*) **ax I** *n* Axt *f*; **to get** *or* **be given the** ~ (*employee*) abgesägt werden; (*project*) eingestellt werden **II** *v/t* streichen; *person* entlassen

axis *n*, *pl* **axes** Achse *f*

axle *n* Achse *f*

aye *int* (*esp Scot dial*) ja; ~, ~, **Sir** NAUT jawohl, Herr Admiral *etc*

azalea *n* Azalee *f*

Azores *pl* Azoren *pl*

Aztec I *n* Azteke *m*, Aztekin *f* **II** *adj* aztekisch

azure *adj* azurblau; ~ **blue** azurblau

B

B, **b** *n* B *nt*, b *nt*; SCHOOL zwei, gut; MUS H *nt*, h *nt*; **B flat** B *nt*, b *nt*; **B sharp** His *nt*, his *nt*

b *abbr of* **born** geb.

BA *abbr of* **Bachelor of Arts**

babble I *n* Gemurmel *nt*; (*excited*) Geplapper *nt*; ~ (**of voices**) Stimmengewirr *nt* **II** *v/i* plappern (*infml*)

babe *n* **1.** (*esp US infml*) Baby *nt* (*infml*) **2.** (*infml* ≈ *girl*) Mieze *f* (*infml*); (*as address*) Schätzchen *nt* (*infml*)

baboon *n* Pavian *m*

baby I *n* **1.** Baby *nt*; (*of animal*) Junge(s) *nt*; **since he/she was a** ~ von klein auf; **don't be such a** ~! stell dich nicht so an! (*infml*); **to be left holding the** ~ (*Br infml*) der Dumme sein (*infml*); **to throw out the** ~ **with the bathwater** das Kind mit dem Bade ausschütten **2.** (*esp US infml, as address*) Schätzchen *nt* (*infml*) **II** *v/t* (*infml*) wie einen Säugling behandeln **baby blue** *n* Himmelblau *nt* **baby-blue** *adj* (*infml*) himmelblau **baby boom** *n* Babyboom *m* **baby boy** *n* kleiner Junge **baby brother** *n* kleiner Bruder **baby carriage** *n* (*US*) Kinderwagen *m* **baby clothes** *pl* Babywäsche *f* **baby-faced** *adj* milchgesichtig **baby food** *n* Babynahrung *f* **baby girl** *n* kleines Mädchen **babyish** *adj* kindisch **baby seat** *n* Baby(sicherheits)sitz *m* **baby sister** *n* kleine Schwester **baby-sit** *pret, past part* **baby-sat** *v/i* babysitten; **she** ~**s for them** sie geht bei ihnen babysitten **baby-sitter** *n* Babysitter(in) *m(f)* **baby-sitting** *n* Babysitting *nt* **baby-talk** *n* Kindersprache *f* **baby tooth** *n* Milch-

zahn *m* **baby-walker** *n* Laufstuhl *m*
bachelor *n* **1.** Junggeselle *m* **2.** UNIV
Bachelor of Arts/Science/Education
≈ Magister *m* (der philosophischen/
naturwissenschaftlichen Fakultät/der Er-
ziehungswissenschaft) *of Bachelor of
Engineering/Medicine* Baccalaureus
m der Ingenieurwissenschaften/Medi-
zin **bachelor flat** *n* Junggesellenwoh-
nung *f*
bacilli *n, pl* **bacilli** Bazillus *m*
back I *n* **1.** (*of person, animal, book*) Rücken *m*; (*of chair*) (Rücken)lehne *f*; *to
break one's ~* (*lit*) sich (*dat*) das Rückgrat brechen; (*fig*) sich abrackern; *behind sb's ~* (*fig*) hinter jds Rücken
(*dat*); *to put one's ~ into sth* (*fig*) sich
bei etw anstrengen; *to put or get sb's
~ up* jdn gegen sich aufbringen; *to turn
one's ~ on sb* (*lit*) jdm den Rücken zuwenden; (*fig*) sich von jdm abwenden;
get off my ~! (*infml*) lass mich endlich
in Ruhe!; *he's got the boss on his ~*
er hat seinen Chef auf dem Hals; *to
have one's ~ to the wall* (*fig*) in die Enge
getrieben sein; *I was pleased to see the
~ of them* (*infml*) ich war froh, sie endlich los zu sein (*infml*) **2.** (*not front*)
Rückseite *f*; (*of hand, dress*) Rücken
m; (*of material*) linke Seite; *I know London like the ~ of my hand* ich kenne
London wie meine Westentasche; *at
the ~ of the cupboard* hinten im
Schrank; *he drove into the ~ of me* er
ist mir hinten reingefahren (*infml*); *at/
on the ~ of the bus* hinten im/am
Bus; *in the ~* (*of a car*) hinten (im Auto);
it's been at the ~ of my mind es hat mich
beschäftigt; *right at the ~ of the cupboard* ganz hinten im Schrank; *at the
~ of beyond* am Ende der Welt **II** *adj*
Hinter- **III** *adv* **1.** zurück; (*stand*) *~!* zu-
rück(treten)!; *~ and forth* hin und her; *to
pay sth ~* etw zurückzahlen; *to come ~*
zurückkommen; *there and ~* hin und zurück **2.** (≈ *again*) wieder; *I'll never go ~*
da gehe ich nie wieder hin; *~ in London*
zurück in London **3.** (≈ *ago*) *a week ~*
vor einer Woche; *as far ~ as the 18th
century* (≈ *dating back*) bis ins 18. Jahrhundert zurück; (*point in time*) schon im
18. Jahrhundert; *~ in March, 1997* im
März 1997 **IV** *v/t* **1.** (≈ *support*) unterstützen **2.** BETTING wetten auf (+*acc*) **3.**
car zurücksetzen; *he ~ed his car into*

the tree/garage er fuhr rückwärts gegen den Baum/in die Garage **V** *v/i*
(*car*) zurücksetzen; *she ~ed into me*
sie fuhr rückwärts in mein Auto ♦ **back
away** *v/i* zurückweichen (*from* vor +*dat*)
♦ **back down** *v/i* (*fig*) nachgeben
♦ **back off** *v/i* **1.** (≈ *step back*) zurückweichen **2.** (≈ *stop harassing*) sich zurückhalten; *~!* verschwinde! ♦ **back
on to** *v/i* +*prep obj* hinten angrenzen
an (+*acc*) ♦ **back out** *v/i* **1.** (*car etc*) rückwärts herausfahren **2.** (*fig: of deal etc*)
aussteigen (*of, from* aus) (*infml*)
♦ **back up I** *v/i* **1.** (*car etc*) zurücksetzen
2. (*traffic*) sich stauen **II** *v/t sep* **1.** (≈ *support*) unterstützen; (≈ *confirm*) *story* bestätigen; *he can back me up in this* er
kann das bestätigen **2.** *car etc* zurückfahren **3.** IT sichern

backache *n* Rückenschmerzen *pl* **back
alley** *n* Gasse *f* **back bench** *n* (*esp Br*)
the ~es das Plenum **backbencher** *n*
(*esp Br*) Abgeordnete(r) *m/f(m)* or
Mandatar(in) *m(f)* (*Aus, auf den hinte-
ren Reihen im Parlament*) **backbiting** *n*
Lästern *nt* **backbone** *n* Rückgrat *nt*
backbreaking *adj* erschöpfend **back
burner** *n to put sth on the ~* (*fig infml*)
etw zurückstellen **back catalogue** *n* MUS
ältere Aufnahmen *pl*, Back-Katalog *m*
backchat *n no pl* (*infml*) Widerrede *f*
back copy *n* alte Ausgabe **back cover**
n Rückseite *f* **backdate** *v/t* (zu)rückda-
tieren; *salary increase ~d to May* Gehaltserhöhung rückwirkend ab Mai
back door *n* Hintertür *f*; *by the ~*
(*fig*) durch die Hintertür **backdrop** *n*
Hintergrund *m* **back end** *n* (≈ *rear*) hin-
teres Ende; *at the ~ of the year* gegen
Ende des Jahres

backer *n* **1.** (≈ *supporter*) *his ~s* (diejenigen,) die ihn unterstützen **2.** COMM Geld-
geber(in) *m(f)*
backfire *v/i* **1.** AUTO Fehlzündungen haben **2.** (*infml, plan etc*) ins Auge gehen
(*infml*); *it ~d on us* der Schuss ging nach
hinten los (*infml*) **backgammon** *n* Backgammon *nt* **back garden** *n* Garten *m*
(hinterm Haus)
background I *n* **1.** Hintergrund *m* **2.** (*educational etc*) Werdegang *m*; (*social*)
Verhältnisse *pl*; (≈ *family background*)
Herkunft *f no pl*; *children from all ~s*
Kinder aus allen Schichten **II** *adj* Hin-
tergrund-; *reading* vertiefend; *~ music*

Hintergrundmusik *f*; **~ information** Hintergrundinformationen *pl*
backhand I *n* SPORTS Rückhand *f no pl*; (*one stroke*) Rückhandschlag *m* **II** *adj* **~ stroke** Rückhandschlag *m* **III** *adv* mit der Rückhand **backhanded** *adj* **compliment** zweifelhaft **backhander** *n* **1.** SPORTS Rückhandschlag *m* **2.** (*infml* ≈ *bribe*) Schmiergeld *nt*; **to give sb a ~** jdn schmieren (*infml*)
backing *n* **1.** (≈ *support*) Unterstützung *f* **2.** MUS Begleitung *f*; **~ singer** Begleitsänger(in) *m(f)*; **~ vocals** Begleitung *f*
backlash *n* (*fig*) Gegenreaktion *f* **backless** *adj* rückenfrei **backlog** *n* Rückstände *pl*; **I have a ~ of work** ich bin mit der Arbeit im Rückstand **backpacker** *n* Rucksacktourist(in) *m(f)* **backpacking** *n* **to go ~** trampen **back pain** *n* Rückenschmerzen *pl* **back pay** *n* Nachzahlung *f* **back-pedal** *v/i* (*lit*) rückwärtstreten; (*fig infml*) einen Rückzieher machen (*infml*) (*on* bei) **back pocket** *n* Gesäßtasche *f* **back rest** *n* Rückenstütze *f* **back road** *n* kleine Landstraße **back seat** *n* Rücksitz *m* **back--seat driver** *n* **she is a terrible ~** sie redet beim Fahren immer rein **backside** *n* (*Br infml*) Hintern *m* (*infml*) **backslash** *n* IT Backslash *m* **backslide** *v/i* (*fig*) rückfällig werden **backspace** *v/t & v/i* TYPO zurückspringen **backspace key** *n* Rücktaste *f* **backstage** *adv, adj* hinter den Kulissen **backstreet** *n* Seitensträßchen *nt* **backstreet abortion** *n* illegale Abtreibung **backstroke** *n* Rückenschwimmen *nt*; **can you do the ~?** können Sie rückenschwimmen? **back to back** *adv* Rücken an Rücken; (*things*) mit den Rückseiten aneinander **back-to-back** *adj* direkt aufeinanderfolgend *attr* **back to front** *adv* verkehrt herum **back tooth** *n* Backenzahn *m*, Stockzahn *m* (*Aus*) **backtrack** *v/i* (*over ground*) denselben Weg zurückgehen; (*on policy etc*) einen Rückzieher machen (*on sth* bei etw) **backup I** *n* **1.** Unterstützung *f* **2.** IT Sicherungskopie *f* **II** *adj* **1.** zur Unterstützung; **~ plan** Ausweichplan *m* **2.** IT **~ copy** Sicherungskopie *f*
backward I *adj* **1. a ~ glance** ein Blick zurück; **a ~ step** (*fig*) ein Schritt *m* zurück **2.** (*fig*) rückständig; (*pej*) **child** zurückgeblieben **II** *adv* = **backwards back-wardness** *n* (*mental*) Zurückgebliebenheit *f*; (*of region*) Rückständigkeit *f*
backwards *adv* rückwärts; **to fall ~** nach hinten fallen; **to walk ~ and forwards** hin und her gehen; **to bend over ~ to do sth** (*infml*) sich (*dat*) ein Bein ausreißen, um etw zu tun (*infml*); **I know it ~** (*Br*) *or* **~ and forwards** (*US*) das kenne ich in- und auswendig
back yard *n* Hinterhof *m*; **in one's own ~** (*fig*) vor der eigenen Haustür
bacon *n* durchwachsener Speck; **~ and eggs** Eier mit Speck; **to bring home the ~** (*infml* ≈ *earn a living*) die Brötchen verdienen (*infml*)
bacteria *pl of* **bacterium bacterial** *adj* bakteriell **bacterium** *n, pl* **bacteria** Bakterie *f*
bad[1] *adj, comp* **worse**, *sup* **worst 1.** schlecht; *smell* übel; *Ausdruck* unanständig; (≈ *unmoralisch*) böse; (≈ *ungezogen*) unartig; **it was a ~ thing to do** das hättest du *etc* nicht tun sollen; **he went through a ~ time** er hat eine schlimme Zeit durchgemacht; **I've had a really ~ day** ich hatte einen furchtbaren Tag; **to go ~** schlecht werden; **he's ~ at French** er ist schlecht in Französisch; **that's not a ~ idea!** das ist keine schlechte Idee!; **too ~ you couldn't make it** (es ist) wirklich schade, dass Sie nicht kommen konnten; **I feel really ~ about not having told him** es tut mir wirklich leid, dass ich ihm das nicht gesagt habe; **don't feel ~ about it** machen Sie sich (*dat*) keine Gedanken (darüber) **2.** *Verletzung* schlimm; *accident, mistake, cold* schwer; *headache* stark; **he's got it ~** (*infml*) ihn hats schwer erwischt (*infml*) **3.** (≈ *unfavourable*) *time* ungünstig **4.** *stomach* krank; *leg* schlimm; **the economy is in a ~ way** (*Br*) es steht schlecht mit der Wirtschaft; **I feel ~** mir ist nicht gut; **how is he? — he's not so ~** wie geht es ihm? — nicht schlecht
bad[2] *pret of* **bid**
bad blood *n* böses Blut; **there is ~ between them** sie haben ein gestörtes Verhältnis **bad cheque**, (*US*) **bad check** *n* (*not covered by funds*) ungedeckter Scheck
baddie *n* (*infml*) Bösewicht *m*
bade *pret of* **bid**
badge *n* Abzeichen *nt*; (*metal*) Button *m*; (*on car etc*) Plakette *f*; (≈ *sticker*) Aufkleber *m*, Pickerl *nt* (*Aus*)

badger I *n* Dachs *m* **II** *v/t* zusetzen (+*dat*); **to ~ sb for sth** jdm mit etw in den Ohren liegen

bad hair day *n* (*infml*) Scheißtag *m* (*infml*), Tag *m*, an dem alles schiefgeht

badly *adv* **1.** schlecht; **to do ~** (*in exam etc*) schlecht abschneiden; FIN schlecht stehen; COMM schlecht gehen; **to go ~** schlecht laufen; **to be ~ off** schlecht dran sein; **to think ~ of sb** schlecht von jdm denken **2.** *wounded, mistaken* schwer **3.** (≈ *very much*) sehr; **to want sth ~** etw unbedingt wollen; **I need it ~** ich brauche es dringend

bad-mannered *adj* unhöflich

badminton *n* Federball *nt*; (*on court*) Badminton *nt*

bad-tempered *adj* schlecht gelaunt; **to be ~** schlechte Laune haben; (*as characteristic*) ein übellauniger Mensch sein

baffle *v/t* (≈ *confound*) verblüffen; (≈ *cause incomprehension*) vor ein Rätsel stellen; **it really ~s me how ...** es ist mir wirklich ein Rätsel, wie ... **baffling** *adj case* rätselhaft; **I find it ~** es ist mir ein Rätsel

bag I *n* **1.** Tasche *f*; (*with drawstrings*) Beutel *m*; (*for school*) Schultasche *f*; (*made of paper, plastic*) Tüte *f*; (≈ *sack*) Sack *m*; (≈ *suitcase*) Reisetasche *f*; **~s** (Reise)gepäck *nt*; **to pack one's ~s** seine Sachen packen; **it's in the ~** (*fig infml*) das ist gelaufen (*infml*); **~s under the eyes** (*black*) Ringe *pl* unter den Augen; (*of skin*) Tränensäcke *pl* **2.** (*infml*) **~s of** jede Menge (*infml*) **3.** (*pej infml*) (**old**) **~** Schachtel *f* (*pej infml*); **ugly old ~** Schreckschraube *f* (*infml*) **II** *v/t* in Tüten/Säcke verpacken

bagel *n* Bagel *m, kleines, rundes Brötchen*

bagful *n* **a ~ of groceries** eine Tasche voll Lebensmittel

baggage *n* (≈ *luggage*) (Reise)gepäck *nt* **baggage allowance** *n* Freigepäck *nt* **baggage car** *n* Gepäckwagen *m* **baggage check** *n* Gepäckkontrolle *f* **baggage claim** *n* Gepäckausgabe *f* **baggage handler** *n* Gepäckmann *m* **baggage locker** *n* Gepäckschließfach *nt* **baggage reclaim** *n* Gepäckausgabe *f*

baggy *adj* (+*er*) (≈ *ill-fitting*) zu weit; (≈ *out of shape*) *trousers* ausgebeult; *jumper* ausgeleiert

bag lady *n* Stadtstreicherin *f*

bagpipe(s) *n*(*pl*) Dudelsack *m*

bag-snatcher *n* Handtaschendieb(in) *m*(*f*)

baguette *n* Baguette *f or nt*

Bahamas *pl* **the ~** die Bahamas *pl*

bail[1] *n* JUR Kaution *f*; **to stand ~ for sb** für jdn (die) Kaution stellen ♦ **bail out** *v/t sep* **1.** (*fig*) aus der Patsche helfen (+*dat*) (*infml*) **2.** *boat* = **bale out**

bail[2] *v/i* = **bale**[2]

bailiff *n* (JUR, *Br: a.* **sheriff's bailiff**) Amtsdiener(in) *m*(*f*); (*Br: for property*) Gerichtsvollzieher(in) *m*(*f*); (*US*) Gerichtsdiener(in) *m*(*f*)

bait I *n* Köder *m*; **to take the ~** anbeißen **II** *v/t* **1.** *hook* mit einem Köder versehen **2.** (≈ *torment*) *person* quälen

bake I *v/t* COOK backen; **~d apples** *pl* Bratäpfel *pl*; **~d potatoes** *pl* in der Schale gebackene Kartoffeln *pl* **II** *v/i* COOK backen; (*cake*) im (Back)ofen sein

baker *n* Bäcker(in) *m*(*f*); **~'s** (**shop**) Bäckerei *f* **baker's dozen** *n* 13 (Stück) **bakery** *n* Bäckerei *f* (*cook*) **Backen** *nt* **II** *adj* (*infml*) **I'm ~** ich komme um vor Hitze; **it's ~** (**hot**) **today** es ist eine Affenhitze heute (*infml*) **baking dish** *n* Backform *f* **baking mitt** *n* (*US*) Topfhandschuh *m* **baking pan** *n* (*US*) Backblech *nt* **baking powder** *n* Backpulver *nt* **baking sheet** *n* Backblech *nt* **baking soda** *n* ≈ Backpulver *nt* **baking tin** *n* (*Br*) Backform *f* **baking tray** *n* (*Br*) Kuchenblech *nt*

Balaclava *n* Kapuzenmütze *f*

balance I *n* **1.** (≈ *apparatus*) Waage *f*; **to be** *or* **hang in the ~** (*fig*) in der Schwebe sein **2.** (≈ *counterpoise*) Gegengewicht *nt* (*to* zu); (*fig*) Ausgleich *m* (*to* für) **3.** (≈ *equilibrium*) Gleichgewicht *nt*; **to keep/lose one's ~** das Gleichgewicht (be)halten/verlieren; **to throw sb off** (**his**) **~** jdn aus dem Gleichgewicht bringen; **the right ~ of personalities in the team** eine ausgewogene Mischung verschiedener Charaktere in der Mannschaft; **the ~ of power** das Gleichgewicht der Kräfte; **on ~** (*fig*) alles in allem **4.** COMM, FIN Saldo *m*; (*with bank*) Kontostand *m*; (*of company*) Bilanz *f*; **~ in hand** COMM Kassen(be)stand *m*; **~ carried forward** Saldoübertrag *m*; **~ of payments/trade** Zahlungs-/Handelsbilanz *f*; **~ of trade surplus/deficit** Handelsbilanzüberschuss *m*/-defizit *nt* **5.** (≈ *re-*

mainder) Rest *m*; **to pay off the** ~ den Rest bezahlen; **my father has promised to make up the** ~ mein Vater hat versprochen, die Differenz zu (be)zahlen **II** *v/t* **1.** (≈ *keep in equilibrium*) im Gleichgewicht halten; (≈ *bring into equilibrium*) ins Gleichgewicht bringen; **the seal** ~**s a ball on its nose** der Seehund balanciert einen Ball auf der Nase **2.** *needs* abwägen (*against* gegen); **to** ~ **sth against sth** etw einer Sache (*dat*) gegenüberstellen **3.** (≈ *make up for*) ausgleichen **4.** COMM, FIN *account* (≈ *add up*) abschließen; (≈ *make equal*) ausgleichen; **to** ~ **the books** die Bilanz ziehen *or* machen **III** *v/i* **1.** (≈ *be in equilibrium*) Gleichgewicht halten; (*scales*) sich ausbalancieren; **he** ~**d on one foot** er balancierte auf einem Bein **2.** COMM, FIN ausgeglichen sein; **the books don't** ~ die Abrechnung stimmt nicht; **to make the books** ~ die Abrechnung ausgleichen ◆ **balance out I** *v/t sep* ausgleichen; **they balance each other out** sie halten sich die Waage **II** *v/i* sich ausgleichen

balanced *adj* ausgewogen; ~ **budget** ausgeglichener Haushalt **balance sheet** *n* FIN Bilanz *f*; (≈ *document*) Bilanzaufstellung *f* **balancing act** *n* Balanceakt *m*

balcony *n* **1.** Balkon *m* **2.** THEAT oberster Rang

bald *adj* (*+er*) **1.** kahl; **he is** ~ er hat eine Glatze; **to go** ~ kahl werden; ~ **patch** kahle Stelle **2.** *tyre* abgefahren **bald eagle** *n* weißköpfiger Seeadler **bald-faced** *adj* (*US*) *lie* unverfroren, unverschämt **baldheaded** *adj* kahl- *or* glatzköpfig **balding** *adj* **he is** ~ er bekommt langsam eine Glatze **baldly** *adv* (*fig*) (≈ *bluntly*) unverblümt; (≈ *roughly*) grobbaldness *n* Kahlheit *f* **baldy** *n* (*infml*) Glatzkopf *m*

bale[1] *n* (*of hay etc*) Bündel *nt*; (*out of combine harvester, of cotton*) Ballen *m*

bale[2] *v/i* NAUT schöpfen ◆ **bale out I** *v/i* **1.** AVIAT abspringen (*of* aus) **2.** NAUT schöpfen **II** *v/t sep* NAUT *water* schöpfen; *ship* ausschöpfen

Balearic *adj* **the** ~ **Islands** die Balearen *pl*

baleful *adj* (≈ *evil*) böse

balk, baulk *v/i* zurückschrecken (*at* vor +*dat*)

Balkan I *adj* Balkan- **II** *n* **the** ~**s** der Balkan

ball[1] *n* **1.** Ball *m*; (≈ *sphere*) Kugel *f*; (*of wool*) Knäuel *m*; (*Billiards*) Kugel *f*; **to play** ~ Ball/Baseball spielen; **the cat lay curled up in a** ~ die Katze hatte sich zusammengerollt; **to keep the** ~ **rolling** das Gespräch in Gang halten; **to start the** ~ **rolling** den Stein ins Rollen bringen; **the** ~ **is in your court** Sie sind am Ball (*infml*); **to be on the** ~ (*infml*) am Ball sein (*infml*); **to run with the** ~ (*US infml*) die Sache mit Volldampf vorantreiben (*infml*) **2.** ANAT ~ **of the foot** Fußballen *m* **3.** (*sl*) (≈ *testicle*) Ei *nt usu pl* (*sl*); (*pl*) Eier *pl* (*sl*); ~**s** (*infml* ≈ *courage*) Schneid *m* (*infml*)

ball[2] *n* **1.** (≈ *dance*) Ball *m* **2.** (*infml* ≈ *good time*) **to have a** ~ sich prima amüsieren (*infml*)

ballad *n* MUS, LIT Ballade *f*

ball-and-socket joint *n* Kugelgelenk *nt*

ballast *n* (NAUT, AVIAT, *fig*) Ballast *m*

ball bearing *n* Kugellager *nt*; (≈ *ball*) Kugellagerkugel *f* **ball boy** *n* Balljunge *m*

ballerina *n* Ballerina *f*; (*principal*) Primaballerina *f*

ballet *n* Ballett *nt* **ballet dancer** *n* Balletttänzer(in) *m(f)* **ballet shoe** *n* Ballettschuh *m*

ball game *n* Ballspiel *nt*; **it's a whole new** ~ (*fig infml*) das ist eine ganz andere Chose (*infml*) **ball girl** *n* Ballmädchen *nt*

ballistic *adj* ballistisch; **to go** ~ (*infml*) an die Decke gehen (*infml*) **ballistic missile** *n* Raketengeschoss *nt* **ballistics** *n sg* Ballistik *f*

balloon I *n* AVIAT (Frei)ballon *m*; (*toy*) (Luft)ballon *m*; **that went down like a lead** ~ (*infml*) das kam überhaupt nicht an **II** *v/i* (≈ *swell out*) sich blähen

ballot I *n* (≈ *vote*) Wahl *f*; (≈ *election*) Wahl *f*; **first**/**second** ~ erster/zweiter Wahlgang; **to hold a** ~ abstimmen **II** *v/t members* abstimmen lassen **ballot box** *n* Wahlurne *f* **ballot paper** *n* Stimmzettel *m* **ballot rigging** *n* Wahlbetrug *m*

ballpark *n* **1.** (*US*) Baseballstadion *nt* **2.** ~ **figure** Richtzahl *f*

ballpoint (pen) *n* Kugelschreiber *m*

ballroom *n* Ballsaal *m* **ballroom dancing** *n* Gesellschaftstänze *pl*

balls-up, (*esp US*) ball up *n* (*infml*) Durcheinander *nt*; **he made a complete** ~ **of the job** er hat bei der Arbeit totale Scheiße gebaut (*sl*) ◆ **balls up, (*esp US*)**

ball up *v/t sep* (*infml*) verhunzen (*infml*)

balm *n* Balsam *m* **balmy** *adj* (+*er*) sanft

baloney *n* **1.** (*infml*) Quatsch *m* (*infml*) **2.** (*US* ≈ *sausage*) Mortadella *f*

Baltic I *adj* Ostsee-; (≈ *of Baltic States*) baltisch; **the ~ States** die baltischen Staaten **II** *n* **the ~** die Ostsee **Baltic Sea** *n* Ostsee *f*

balustrade *n* Balustrade *f*

bamboo I *n* Bambus *m* **II** *attr* **~ shoots** *pl* Bambussprossen *pl*

ban I *n* Verbot *nt*; COMM Embargo *nt*; **to put a ~ on sth** etw verbieten; **a ~ on smoking** Rauchverbot *nt* **II** *v/t* verbieten; *footballer etc* sperren; **to ~ sb from doing sth** jdm verbieten, etw zu tun; **she was ~ned from driving** ihr wurde Fahrverbot erteilt

banal *adj* banal

banana *n* Banane *f* **banana peel** *n* Bananenschale *f* **bananas** *adj pred* (*infml* ≈ *crazy*) bescheuert (*infml*); **to go ~** durchdrehen (*infml*) **banana skin** *n* Bananenschale *f*; **to slip on a ~** (*fig*) über eine Kleinigkeit stolpern **banana split** *n* COOK Bananensplit *nt*

band[1] *n* **1.** (*of cloth, iron*) Band *nt*; (*on machine*) Riemen *m* **2.** (≈ *stripe*) Streifen *m*

band[2] *n* **1.** Schar *f*; (*of robbers etc*) Bande *f* **2.** MUS Band *f*; (≈ *dance band*) Tanzkapelle *f*; (*brass band*) (Musik)kapelle *f* ◆ **band together** *v/i* sich zusammenschließen

bandage I *n* Verband *m* **II** *v/t* (*a.* **bandage up**) verbinden

Band-Aid® (*US*) *n* Heftpflaster *nt*

bandan(n)a *n* großes Schnupftuch; (*round neck*) Halstuch *nt*

B & B *n abbr of* **bed and breakfast**

bandit *n* Bandit(in) *m(f)*

band leader *n* Bandleader(in) *m(f)* **bandmaster** *n* Kapellmeister *m* **bandsman** *n*, *pl* **-men** Musiker *m*; **military ~** Mitglied *nt* eines Musikkorps **bandstand** *n* Musikpavillon *m* **bandwagon** *n* **to jump** *or* **climb on the ~** (*fig infml*) auf den fahrenden Zug aufspringen **bandwidth** *n* RADIO, IT Bandbreite *f*

bandy *adj* **~ legs** O-Beine ◆ **bandy about** (*Brit*) *or* **around** *v/t sep* *sb's name* immer wieder nennen; *ideas* verbreiten; *figures, words* um sich werfen mit

bane *n* Fluch *m*; **it's the ~ of my life** das ist noch mal mein Ende (*infml*)

bang[1] **I** *n* **1.** (≈ *noise*) Knall *m*; (*of sth falling*) Plumps *m*; **there was a ~ outside** draußen hat es geknallt **2.** (≈ *violent blow*) Schlag *m* **II** *adv* **1.** **to go ~** knallen; (*balloon*) zerplatzen **2.** (*infml*) genau; **his answer was ~ on** seine Antwort war ganz richtig; **she came ~ on time** sie war auf die Sekunde pünktlich; **~ up to date** brandaktuell (*infml*) **III** *int* peng; **~ goes my chance of promotion** (*infml*) und das wars dann mit der Beförderung (*infml*) **IV** *v/t* **1.** (≈ *thump*) schlagen; **he ~ed his fist on the table** er schlug mit der Faust auf den Tisch **2.** *door* zuschlagen **3.** *head, shin* sich (*dat*) anschlagen (*on* an +*dat*); **to ~ one's head** *etc* **on sth** mit dem Kopf *etc* gegen etw knallen (*infml*) **V** *v/i* (*door*) zuschlagen; (*fireworks, gun*) knallen; **to ~ on** *or* **at sth** gegen *or* an etw (*acc*) schlagen ◆ **bang about** (*Brit*) *or* **around I** *v/i* Krach machen **II** *v/t sep* Krach machen mit ◆ **bang down** *v/t sep* (hin)knallen (*infml*); *Deckel* zuknallen (*infml*); **to ~ the receiver** den Hörer aufknallen (*infml*) ◆ **bang into** *v/i* +*prep obj* prallen auf (+*acc*) ◆ **bang on about** *v/i* +*prep obj* (*Br infml*) schwafeln von (*infml*) ◆ **bang out** *v/t sep* **to ~ a tune on the piano** eine Melodie auf dem Klavier hämmern (*infml*) ◆ **bang up** *v/t sep* (*sl*) *prisoner* einbuchten (*infml*)

bang[2] *n* (*US* ≈ *fringe*) Pony *m*; **~s** Ponyfrisur *f*

banger *n* **1.** (*Br infml* ≈ *sausage*) Wurst *f* **2.** (*infml* ≈ *old car*) Klapperkiste *f* (*infml*) **3.** (*Br* ≈ *firework*) Knallkörper *m*

Bangladesh *n* Bangladesch *nt* **Bangladeshi I** *n* Bangladeshi *m/f(m)* **II** *adj* aus Bangladesch

bangle *n* Armreif(en) *m*

banish *v/t person* verbannen; *Sorgen* vertreiben **banishment** *n* Verbannung *f*

banister, bannister *n* (*a.* **banisters**) Geländer *nt*

banjo *n*, *pl* **-es** *or* (*US*) **-s** Banjo *nt*

bank[1] **I** *n* **1.** (*of earth*) Damm *m*; (≈ *slope*) Böschung *f*; **~ of snow** Schneeverwehung *f* **2.** (*of river, lake*) Ufer *nt*; **we sat on the ~s of a river** wir saßen an einem Flussufer **II** *v/i* AVIAT in die Querlage gehen

bank[2] **I** *n* Bank *f*; **to keep** *or* **be the ~** die Bank halten **II** *v/t* zur Bank bringen **III**

v/i **where do you ~?** bei welcher Bank haben Sie Ihr Konto? ◆ **bank on** *v/i* +*prep obj* sich verlassen auf (+*acc*); **I was banking on your coming** ich hatte fest damit gerechnet, dass du kommst **bank account** *n* Bankkonto *nt* **bank balance** *n* Kontostand *m* **bankbook** *n* Sparbuch *nt* **bank card** *n* Scheckkarte *f* **bank charge** *n* Kontoführungsgebühr *f* **bank clerk** *n* Bankangestellte(r) *m/f(m)* **bank draft** *n* Bankwechsel *m* **banker** *n* FIN Bankier *m*, Banker(in) *m(f)* (*infml*); (*Gambling*) Bankhalter(in) *m(f)* **banker's card** *n* Scheckkarte *f* **banker's cheque** (*Br*), **banker's draft** (*US*) *n* Bankscheck *m* **banker's order** *n* Dauerauftrag *m* **bank giro** *n* Banküberweisung *f* **bank holiday** *n* (*Br*) öffentlicher Feiertag; (*US*) Banfeiertag *m* **banking I** *n* Bankwesen *nt*; **he wants to go into ~** er will ins Bankfach gehen **II** *attr* Bank **bank loan** *n* Bankkredit *m* **bank manager** *n* Filialleiter(in) *m(f)*; **my ~** der Filialleiter / die Filialleiterin meiner Bank **banknote** *n* Banknote *f* **bank rate** *n* (*Br*) Diskontsatz *m* **bank robber** *n* Bankräuber(in) *m(f)* **bank robbery** *n* Bankraub *m*

bankrupt I *n* Bankrotteur(in) *m(f)* **II** *adj* bankrott; **to go ~** Bankrott machen **III** *v/t* zugrunde richten **bankruptcy** *n* Bankrott *m*; (*instance*) Konkurs *m* **bankruptcy proceedings** *pl* Konkursverfahren *nt*

bank sort code *n* Bankleitzahl *f* **bank statement** *n* Kontoauszug *m* **bank transfer** *n* Banküberweisung *f*

banned substance *n* SPORTS illegale *or* verbotene Substanz

banner *n* Banner *nt*; (*in processions*) Transparent *nt* **banner headlines** *n* Schlagzeilen *pl*

banning *n* Verbot *nt*; **the ~ of cars from city centres** (*Br*) *or* **centers** (*US*) das Fahrverbot in den Innenstädten

bannister *n* = **banister**

banns *pl* ECCL Aufgebot *nt*; **to read the ~** das Aufgebot verlesen

banquet *n* Festessen *nt*

banter *n* Geplänkel *nt*

bap (**bun**) *n* (*Br*) weiches Brötchen

baptism *n* Taufe *f*; **~ of fire** (*fig*) Feuertaufe *f* **Baptist** *n* Baptist(in) *m(f)*; **the ~ Church** (≈ *people*) die Baptistengemeinde; (≈ *teaching*) der Baptistismus

baptize *v/t* taufen

bar¹ I *n* **1.** (*of metal, wood*) Stange *f*; FTBL Querbalken *m*; (*of toffee etc*) Riegel *m*; **~ of gold** Goldbarren *m*; **a ~ of chocolate, a chocolate ~** (≈ *slab*) eine Tafel Schokolade; (≈ *Mars® bar etc*) ein Schokoladenriegel *m*; **a ~ of soap** ein Stück *nt* Seife; **a two-~ electric fire** ein Heizgerät *nt* mit zwei Heizstäben; (*of cage*) (Gitter)stab *m*; **the window has ~s** das Fenster ist vergittert; **to put sb behind ~s** jdn hinter Gitter bringen **2.** (SPORTS, *horizontal*) Reck *nt*; (*for high jump etc*) Latte *f*; **~s** *pl* (*parallel*) Barren *m*; (*wall*) **~s** Sprossenwand *f* **3.** (*fig*) **to be a ~ to sth** einer Sache (*dat*) im Wege stehen **4.** JUR **the Bar** die Anwaltschaft; **to be called** *or* (*US*) **admitted to the Bar** als Verteidiger zugelassen werden **5.** (*for drinks*) Lokal *nt*; (*esp expensive*) Bar *f*; (*part of pub*) Gaststube *f*; (≈ *counter*) Theke *f* **6.** MUS Takt *m*; (≈ *bar line*) Taktstrich *m* **II** *v/t* **1.** (≈ *obstruct*) blockieren; **to ~ sb's way** jdm den Weg versperren **2.** *window, door* versperren **3.** *person* ausschließen; *action, thing* untersagen; **they've been ~red from the club** sie haben Klubverbot

bar² *prep* **~ none** ohne Ausnahme; **~ one** außer einem

barb *n* (*of hook*) Widerhaken *m*

Barbados *n* Barbados *nt*

barbarian I *n* Barbar(in) *m(f)* **II** *adj* barbarisch **barbaric** *adj* barbarisch; *guard etc* grausam; (*fig infml*) *conditions* grauenhaft **barbarism** *n* Barbarei *f* **barbarity** *n* Barbarei *f*; (*fig*) Primitivität *f*; (≈ *cruelty*) Grausamkeit *f* **barbarous** *adj* (HIST, *fig*) barbarisch; (≈ *cruel*) grausam; *guard etc* roh; *accent* grauenhaft

barbecue I *n* COOK Grill *m*; (≈ *occasion*) Grillparty *f*, Barbecue *nt* **II** *v/t* grillen

barbed *adj* (*fig*) *remark* bissig **barbed wire** *n* Stacheldraht *m* **barbed-wire fence** *n* Stacheldrahtzaun *m*

barber *n* (Herren)friseur *m*; **at / to the ~'s** beim / zum Friseur **barbershop I** *n* (*US*) (Herren)friseurgeschäft *nt* **II** *adj* **~ quartet** Barbershop-Quartett *nt*

barbiturate *n* Barbiturat *nt*

bar chart *n* Balkendiagramm *nt* **bar code** *n* Strichcode *m*, Bar-Code *m* **bar code reader** *n* Strichcodeleser *m*

bare I *adj* (+*er*) **1.** (≈ *naked*) nackt; *room* leer; **~ patch** kahle Stelle; **the ~ facts** die nackten Tatsachen; *with his ~ hands* mit bloßen Händen **2.** (≈ *mere*) *the ~ minimum* das absolute Minimum **II** *v/t breast, leg* entblößen; *(at doctor's)* frei machen; *teeth* fletschen; *to ~ one's soul* seine Seele entblößen **bareback** *adv, adj* ohne Sattel **barefaced** *adj* *(fig)* unverschämt **barefoot(ed) I** *adv* barfuß **II** *adj* barfüßig **bareheaded** *adj, adv* ohne Kopfbedeckung **barelegged** *adj* mit bloßen Beinen **barely** *adv* (≈ *scarcely*) kaum **bareness** *n* *(of trees)* Kahlheit *f*; *(of room)* Leere *f*

bargain I *n* **1.** (≈ *transaction*) Handel *m*; *to make or strike a ~* sich einigen; *I'll make a ~ with you* ich mache Ihnen ein Angebot; *to keep one's side of the ~* sich an die Abmachung halten; *you drive a hard ~* Sie stellen ja harte Forderungen!; *into the ~* obendrein **2.** (≈ *cheap offer*) Sonderangebot *nt*; (≈ *thing bought*) Gelegenheitskauf *m*, Occasion *f* (*Swiss*); *what a ~!* das ist aber günstig! **II** *v/i* handeln *(for* um*)*; *(in negotiations)* verhandeln ♦ **bargain for** *v/i +prep obj* *I got more than I bargained for* ich habe vielleicht mein blaues Wunder erlebt! *(infml)* ♦ **bargain on** *v/i +prep obj* zählen auf *(+acc)*

bargain hunter *n the ~s* Leute *pl* auf der Jagd nach Sonderangeboten **bargain-hunting** *n to go ~* auf Jagd nach Sonderangeboten gehen **bargaining** *n* Handeln *nt*; (≈ *negotiating*) Verhandeln *nt*; *~ position* Verhandlungsposition *f* **bargain offer** *n* Sonderangebot *nt* **bargain price** *n* Sonderpreis *m*; *at a ~* zum Sonderpreis **bargain sale** *n* Ausverkauf *m*

barge I *n* *(for freight)* Frachtkahn *m*; *(unpowered)* Schleppkahn *m*; (≈ *houseboat*) Hausboot *nt* **II** *v/t he ~d his way into the room* er ist (ins Zimmer) hereingeplatzt *(infml)*; *he ~d his way through the crowd* er hat sich durch die Menge geboxt *(infml)* **III** *v/i to ~ into a room* (in ein Zimmer) hereinplatzen *(infml)*; *to ~ out of a room* aus einem Zimmer hinausstürmen; *he ~d through the crowd* er drängte sich durch die Menge ♦ **barge in** *v/i (infml)* **1.** (≈ *enter suddenly*) hereinplatzen *(infml)* **2.** (≈ *interrupt*) dazwischenplatzen *(infml)* *(on* bei*)* ♦ **barge into** *v/i +prep obj person* (hinein)rennen in *(+acc)* *(infml)*; *thing* rennen gegen *(infml)*

bargepole *n I wouldn't touch him with a ~* *(Br infml)* den würde ich noch nicht mal mit der Kneifzange anfassen *(infml)*

bar graph *n* IT Balkendiagramm *nt*

baritone I *n* Bariton *m* **II** *adj* Bariton-

bark¹ *n* *(of tree)* Rinde *f*, Borke *f*

bark² **I** *n* *(of dog)* Bellen *nt*; *his ~ is worse than his bite* *(prov)* Hunde, die bellen, beißen nicht *(prov)* **II** *v/i* bellen; *to ~ at sb* jdn anbellen; *(person)* jdn anfahren; *to be ~ing up the wrong tree* *(fig infml)* auf dem Holzweg sein *(infml)* ♦ **bark out** *v/t sep orders* bellen

barkeep(er) *n* *(US)* Gastwirt *m*; (≈ *bartender*) Barkeeper *m*

barking (mad) *adj (infml)* total verrückt

barley *n* Gerste *f* **barley sugar** *n* **1.** Malzzucker *m* **2.** *(sweet)* hartes Zuckerbonbon **barley water** *n* Art Gerstenextrakt; *lemon ~* konzentriertes Zitronengetränk

barmaid *n* Bardame *f* **barman** *n* Barkeeper *m*

barmy *adj* (+er) *(Br infml)* bekloppt *(infml)*; *idea etc* blödsinnig *(infml)*

barn *n* **1.** Scheune *f*, Stadel *m* *(Aus, Swiss)* **2.** *(US, for trucks)* Depot *nt* **barn dance** *n* Bauerntanz *m* **barn owl** *n* Schleiereule *f* **barnyard** *n* (Bauern)hof *m*

barometer *n* Barometer *nt* **barometric pressure** *n* Luftdruck *m*

baron *n* Baron *m*; *oil ~* Ölmagnat *m*; *press ~* Pressezar *m* **baroness** *n* Baronin *f*; *(unmarried)* Baronesse *f*

baroque I *adj* barock, Barock- **II** *n* Barock *m or nt*

barracks *pl often with sg vb* MIL Kaserne *f*; *to live in ~* in der Kaserne wohnen

barrage *n* **1.** *(across river)* Staustufe *f* **2.** MIL Sperrfeuer *nt* **3.** *(fig)* Hagel *m*; *he faced a ~ of questions* er wurde mit Fragen beschossen

barred *adj ~ window* Gitterfenster *nt*

barrel *n* **1.** Fass *nt*; *(for oil)* Tonne *f*; (≈ *measure*) Barrel *nt*; *they've got us over a ~* *(infml)* sie haben uns in der Zange *(infml)*; *it wasn't exactly a ~ of laughs* *(infml)* es war nicht gerade komisch; *he's a ~ of laughs* *(infml)* er ist eine echte Spaßkanone *(infml)* **2.** *(of handgun)* Lauf *m* **barrel organ** *n* Leierkasten *m*

barren *adj* unfruchtbar **barrenness** *n* Unfruchtbarkeit *f*

barrette *n* *(US)* (Haar)spange *f*

barricade I *n* Barrikade *f* **II** *v/t* verbarrikadieren

barrier *n* **1.** (*natural*) Barriere *f*; (≈ *railing etc*) Schranke *f*; (≈ *crash barrier*) (Leit)planke *f* **2.** (*fig* ≈ *obstacle*) Hindernis *nt*; (*between people*) Schranke *f*; **trade ~s** Handelsschranken *pl*; **language ~** Sprachbarriere *f*; **a ~ to success** *etc* ein Hindernis für den Erfolg *etc*; **to break down ~s** Zäune niederreißen **barrier contraceptive** *n* mechanisches Verhütungsmittel **barrier cream** *n* Haut(schutz)creme *f*

barring *prep* **~ accidents** falls nichts passiert; **~ one** außer einem

barrister *n* (*Br*) Rechtsanwalt *m*/-anwältin *f*

barrow *n* Karren *m*

bar stool *n* Barhocker *m* **bartender** *n* (*US*) Barkeeper *m*; **~!** hallo!

barter *v/t & v/i* tauschen (*for* gegen)

base¹ I *n* **1.** (≈ *lowest part*) Basis *f*; (*for statue etc*) Sockel *m*; (*of lamp, mountain*) Fuß *m*; **at the ~ (of)** unten (an +*dat*) **2.** (MIL, *for holidays*) Stützpunkt *m*, Basis *f*; **to return to ~** zum Stützpunkt *or* zur Basis zurückkehren **3.** BASEBALL Mal *nt*, Base *nt*; **at** *or* **on second ~** auf Mal *or* Base 2; **to touch ~** (*US infml*) sich melden (*with* bei); **to touch** *or* **cover all the ~s** (*US fig*) an alles denken **II** *v/t* **1.** (*fig*) hopes, theory basieren (*on* auf +*acc*); relationship bauen (*on* auf +*acc*); **to be ~d on sth** auf etw (*dat*) basieren; **to ~ one's technique on sth** in seiner Technik von etw ausgehen **2.** stationieren; **the company is ~d in London** die Firma hat ihren Sitz in London; **my job is ~d in Glasgow** ich arbeite in Glasgow

base² *adj* (*+er*) *metal* unedel

baseball *n* Baseball *m or nt* **baseball cap** *n* Baseballmütze *f*

base camp *n* Basislager *nt* **-based** *adj suf* **London-based** mit Sitz in London; **to be computer-based** auf Computerbasis arbeiten **baseless** *adj* unbegründet **baseline** *n* TENNIS Grundlinie *f*

basement *n* Untergeschoss *nt*; **~ flat** (*Br*) *or* **apartment** Souterrainwohnung *f*

base rate *n* Leitzins *m*

bash (*infml*) **I** *n* **1.** Schlag *m* **2.** **I'll have a ~** (**at it**) ich probiers mal (*infml*) **II** *v/t car* eindellen (*infml*); **to ~ one's head** (**against** *or* **on sth**) sich (*dat*) den Kopf (an etw *dat*) anschlagen; **to ~ sb on** *or*

over the head with sth jdm mit etw auf den Kopf hauen ◆ **bash in** *v/t sep* (*infml*) *door* einschlagen; *hat, car* eindellen (*infml*); **to bash sb's head in** jdm den Schädel einschlagen (*infml*) ◆ **bash up** *v/t sep* (*esp Br infml*) *car* demolieren (*infml*)

bashful *adj*, **bashfully** *adv* schüchtern, gschamig (*Aus*)

Basic IT *abbr of* **beginner's all-purpose symbolic instruction code** BASIC *nt*

basic I *adj* **1.** Grund-; *reason, issue* Haupt-; *points* wesentlich; *intention* eigentlich; **there's no ~ difference** es besteht kein grundlegender Unterschied; **the ~ thing to remember is ...** woran man vor allem denken muss, ist ...; **his knowledge is rather ~** er hat nur ziemlich elementare Kenntnisse; **the furniture is rather ~** die Möbel sind ziemlich primitiv; **~ salary** Grundgehalt *nt*; **~ vocabulary** Grundwortschatz *m* **2.** (≈ *essential*) notwendig **II** *pl* **the ~s** das Wesentliche; **to get down to (the) ~s** zum Kern der Sache kommen; **to get back to ~s** sich auf das Wesentliche besinnen **basically** *adv* im Grunde; (≈ *mainly*) hauptsächlich; **is that correct? — ~ yes** stimmt das? — im Prinzip, ja; **that's ~ it** das wärs im Wesentlichen **basic English** *n* englischer Grundwortschatz **basic rate** *n* (*of tax*) Eingangssteuersatz *m*; **the ~ of income tax** der Eingangssteuersatz bei Lohn- und Einkommensteuer

basil *n* BOT Basilikum *nt*

basin *n* **1.** Schüssel *f*; (≈ *wash basin*) (Wasch)becken *nt* **2.** GEOG Becken *nt*

basis *n, pl* **bases** Basis *f*; **we're working on the ~ that ...** wir gehen von der Annahme aus, dass ...; **to be on a sound ~** (*Firma*) auf festen Füßen stehen; **on the ~ of this evidence** aufgrund dieses Beweismaterials

bask *v/i* (*in sun*) sich aalen (*in in* +*dat*); (*in sb's favour etc*) sich sonnen (*in in* +*dat*)

basket *n* Korb *m*; (*for rolls etc*) Körbchen *nt* **basketball** *n* Basketball *m* **basket case** *n* (*sl*) hoffnungsloser Fall **basket chair** *n* Korbsessel *m*

Basle *n* Basel *nt*

Basque I *n* **1.** (≈ *person*) Baske *m*, Baskin *f* **2.** (≈ *language*) Baskisch *nt* **II** *adj* baskisch

bass MUS **I** *n* Bass *m* **II** *adj* Bass- **bass clef**

n Bassschlüssel *m* **bass drum***n* große Trommel

bassoon*n* Fagott *nt*

bastard*n* **1.** (*lit*) uneheliches Kind **2.** (*sl* ≈ *person*) Scheißkerl *m* (*infml*); *poor* ~ armes Schwein (*infml*); *this question is a real* ~ diese Frage ist wirklich hundsgemein (*infml*) **bastardize***v/t* (*fig*) verfälschen

baste*v/t* COOK (mit Fett) begießen

bastion*n* Bastion *f*

bat[1]*n* ZOOL Fledermaus *f*; *he drove like a* ~ *out of hell* er fuhr, wie wenn der Teufel hinter ihm her wäre; (*as*) *blind as a* ~ stockblind (*infml*)

bat[2]SPORTS **I** *n* BASEBALL, CRICKET Schlagholz *nt*; TABLE TENNIS Schläger *m*; *off one's own* ~ (*Br infml*) auf eigene Faust (*infml*); *right off the* ~ (*US*) prompt **II** *v/t & v/i* BASEBALL, CRICKET schlagen

bat[3]*v/t not to* ~ *an eyelid* (*Br*) *or eye* (*US*) nicht mal mit der Wimper zucken

batch*n* (*of people*) Schwung *m* (*infml*); (*of things dispatched*) Sendung *f*; (*of letters, work*) Stoß *m* **batch command***n* Batchbefehl *m* **batch file***n* IT Batchdatei *f* **batch job***n* Stapelverarbeitung *f* **batch processing***n* IT Stapelverarbeitung *f*

bated*adj with* ~ *breath* mit angehaltenem Atem

bath I *n* **1.** Bad *nt*; *to have or take a* ~ baden; *to give sb a* ~ jdn baden **2.** (≈ *bathtub*) (Bade)wanne *f* **3.** (*swimming*) ~*s pl* (Schwimm)bad *nt*; (*public*) ~*s pl* Badeanstalt *f* **II** *v/t* (*Br*) baden **III** *v/i* (*Br*) (sich) baden **bathe I** *v/t* **1.** baden; (*with cotton wool etc*) waschen; *to* ~ *one's eyes* ein Augenbad machen; ~*d in tears* tränenüberströmt; *to be* ~*d in sweat* schweißgebadet sein **2.** (*US*) = **bath** II **II** *v/i* baden **III** *n* Bad *nt*; *to have or take a* ~ baden **bather***n* Badende(r) *m/f(m)* **bathing cap** *n* Badekappe *f* **bathing costume** *n* Badeanzug *m* **bathing trunks***pl* Badehose *f* **bathmat***n* Badematte *f* **bathrobe***n* Bademantel *m* **bathroom***n* Bad(ezimmer) *nt*; (*euph* ≈ *lavatory*) Toilette *f* **bathroom cabinet** *n* Toilettenschrank *m* **bathroom scales** *pl* Personenwaage *f* **bath salts***pl* Badesalz *nt* **bathtowel***n* Badetuch *nt* **bathtub** *n* Badewanne *f*

baton*n* **1.** MUS Taktstock *m* **2.** (*of policeman*) Schlagstock *m* **3.** (*in relay race*) Stab *m* **baton charge** *n* *to make a* ~

Schlagstöcke einsetzen

batsman*n, pl* **-men** SPORTS Schlagmann *m*

battalion*n* (MIL, *fig*) Bataillon *nt*

batten*n* Latte *f* ♦ **batten down***v/t sep to* ~ *the hatches* (*fig* ≈ *close doors*) alles dicht machen; (≈ *prepare oneself*) sich auf etwas gefasst machen

batter[1]*n* COOK Teig *m*

batter[2]*n* SPORTS Schlagmann *m*

batter[3] **I** *v/t* (≈ *hit*) einschlagen auf (+*acc*); (≈ *repeatedly*) prügeln **II** *v/i* schlagen; *to* ~ *at the door* an die Tür trommeln (*infml*) ♦ **batter down** *v/t sep door* einschlagen

battered *adj* übel zugerichtet; *Frau, Kleinkind* misshandelt; *hat, car* verbeult; *furniture, reputation* ramponiert (*infml*) **batterer** *n wife*-~ prügelnder Ehemann; *child*-~ prügelnder Vater, prügelnde Mutter **battering***n* (*lit*) Prügel *pl*; *he/it got or took a real* ~ er/es hat ganz schön was abgekriegt (*infml*)

battery*n* Batterie *f* **battery charger***n* Ladegerät *nt* **battery farm***n* Legebatterie *f* **battery farming***n* Legebatterien *pl* **battery hen***n* AGR Batteriehuhn *nt* **battery-operated***adj* batteriegespeist **battery-powered***adj* batteriebetrieben

battle I *n* (*lit*) Schlacht *f*; (*fig*) Kampf *m*; *to fight a* ~ eine Schlacht schlagen; (*fig*) einen Kampf führen; *to do* ~ *for sb/sth* sich für jdn/etw einsetzen; *killed in* ~ (im Kampf) gefallen; ~ *of wits* Machtkampf *m*; ~ *of words* Wortgefecht *nt*; ~ *of wills* geistiger Wettstreit; *that's half the* ~ damit ist schon viel gewonnen; *getting an interview is only half the* ~ damit, dass man ein Interview bekommt, ist es noch nicht getan **II** *v/i* sich schlagen; (*fig*) kämpfen **III** *v/t* (*fig*) *to* ~ *one's way through four qualifying matches* sich durch vier Qualifikationsspiele durchschlagen ♦ **battle out** *v/t sep to battle it out* sich einen harten Kampf liefern

battle-axe (*US*) **battle-ax** *n* (*infml* ≈ *woman*) Drachen *m* (*infml*) **battle cry** *n* Schlachtruf *m* **battlefield***n* Schlachtfeld *nt* **battleground***n* Schlachtfeld *nt* **battlements***pl* Zinnen *pl* **battleship***n* Schlachtschiff *nt*

batty*adj* (+*er*) (*Br infml*) verrückt

bauble*n* Flitter *m no pl*; ~*s* Flitterzeug *nt*

baud*n* IT Baud *nt*

baulk*v/i* = **balk**

Bavaria *n* Bayern *nt* **Bavarian I** *n* **1.** (≈ *person*) Bayer(in) *m(f)* **2.** (≈ *dialect*) Bayrisch *nt* **II** *adj* bay(e)risch

bawdy *adj* (+*er*) derb

bawl I *v/i* (≈ *shout*) brüllen; (*infml* ≈ *weep*) heulen (*infml*) **II** *v/t order* brüllen ◆ **bawl out** *v/t sep order* brüllen

bay[1] *n* Bucht *f*; **Hudson Bay** die Hudson Bay

bay[2] *n* **1.** (≈ *loading bay*) Ladeplatz *m* **2.** (≈ *parking bay*) Parkbucht *f*

bay[3] *n* **to keep** or **hold sb/sth at ~** jdn/ etw in Schach halten

bay[4] **I** *adj horse* (kastanien)braun **II** *n* (≈ *horse*) Braune(r) *m*

bay leaf *n* Lorbeerblatt *nt*

bayonet *n* Bajonett *nt* **bayonet fitting** *n* ELEC Bajonettfassung *f*

bay window *n* Erkerfenster *nt*

bazaar *n* Basar *m*

BBC *abbr of* **British Broadcasting Corporation** BBC *f*

BBQ *abbr of* **barbecue**

BC *abbr of* **before Christ** v. Chr.

be *pres* **am, is, are,** *pret* **was, were,** *past part* **been I** *copulative vb* **1.** sein; **be sensible!** sei vernünftig; **who's that?** — **it's me/that's Mary** wer ist das? — ich bins/ das ist Mary; **he is a soldier/a German** er ist Soldat/Deutscher; **he wants to be a doctor** er möchte Arzt werden; **he's a good student** er ist ein guter Student; **he's five** er ist fünf; **two times two is four** zwei mal zwei ist vier **2.** (*referring to physical, mental state*) **how are you?** wie gehts?; **she's not at all well** es geht ihr gar nicht gut; **to be hungry** Hunger haben; **I am hot** mir ist heiß **3.** (≈ *cost*) kosten; **how much is that?** wie viel kostet das? **4.** (*with possessive*) gehören (+*dat*); **that book is his** das Buch gehört ihm **II** *v/aux* **1.** (*in continuous tenses*) **what are you doing?** was machst du da?; **they're coming tomorrow** sie kommen morgen; **I have been waiting for you for half an hour** ich warte schon seit einer halben Stunde auf Sie; **will you be seeing her tomorrow?** sehen or treffen Sie sie morgen?; **I was packing my case when ...** ich war gerade beim Kofferpacken, als ... **2.** (*in passive constructions*) werden; **he was run over** er ist überfahren worden; **it is being repaired** es wird gerade repariert; **I will not be intimidated** ich lasse mich nicht einschüch-tern; **they are to be married** sie werden heiraten; **the car is to be sold** das Auto soll verkauft werden; **what is to be done?** was soll geschehen? **3.** (*with obligation, command*) **I am to look after her** ich soll mich um sie kümmern; **I am not to be disturbed** ich möchte nicht gestört werden; **I wasn't to tell you his name** (*but I did*) ich hätte Ihnen eigentlich nicht sagen sollen, wie er heißt **4.** (≈ *be destined*) **she was never to return** sie sollte nie zurückkehren **5.** (*with possibilities*) **he was not to be persuaded** er ließ sich nicht überreden; **if it were** or **was to snow** falls es schneien sollte; **and if I were to tell him?** und wenn ich es ihm sagen würde? **6.** (*in tag questions/short answers*) **he's always late, isn't he?** — **yes he is** er kommt doch immer zu spät, nicht? — ja, das stimmt; **he's never late, is he?** — **yes he is** er kommt nie zu spät, oder? — oh, doch; **it's all done, is it?** — **yes it is/no it isn't** es ist also alles erledigt? — ja/nein **III** *v/i* sein; (≈ *remain*) bleiben; **we've been here a long time** wir sind schon lange hier; **let me be** lass mich; **be that as it may** wie dem auch sei; **I've been to Paris** ich war schon (ein)mal in Paris; **the milkman has already been** der Milchmann war schon da; **he has been and gone** er war da und ist wieder gegangen; **here is a book/are two books** hier ist ein Buch/sind zwei Bücher; **here/there you are** (≈ *you've arrived*) da sind Sie ja; (≈ *take this*) hier/da, bitte; **there he was sitting at the table** da saß er nun am Tisch; **nearby there are two churches** in der Nähe sind zwei Kirchen **IV** *v/impers* sein; **it is dark** es ist dunkel; **tomorrow is Friday** morgen ist Freitag; **it is 5 km to the nearest town** es sind 5 km bis zur nächsten Stadt; **it was us** or **we** (*form*) **who found it** WIR haben das gefunden; **were it not for the fact that I am a teacher, I would ...** wenn ich kein Lehrer wäre, dann würde ich ...; **were it not for him, if it weren't** or **wasn't for him** wenn er nicht wäre; **had it not been** or **if it hadn't been for him** wenn er nicht gewesen wäre

beach *n* Strand *m*; **on the ~** am Strand **beach ball** *n* Wasserball *m* **beach buggy** *n* Strandbuggy *m* **beach towel** *n*

Strandtuch *nt* **beach volleyball** *n* Beachvolleyball *m*

beacon *n* Leuchtfeuer *nt*; (≈ *radio beacon*) Funkfeuer *nt*

bead *n* **1.** Perle *f*; (*string of*) ~s Perlenschnur *f*; (≈ *necklace*) Perlenkette *f* **2.** (*of sweat*) **beady** *adj* **I've got my ~ eye on you** (*infml*) ich beobachte Sie genau!

beagle *n* Beagle *m*

beak *n* Schnabel *m*

beaker *n* Becher *m*; CHEM *etc* Becherglas *nt*

be-all and end-all *n* **the ~** das A und O; **it's not the ~** das ist auch nicht alles

beam I *n* **1.** (BUILD, *of scales*) Balken *m* **2.** (*of light etc*) Strahl *m*; **to be on full or high ~** das Fernlicht eingeschaltet haben **II** *v/i* strahlen; **to ~ down** (*sun*) niederstrahlen; **she was ~ing with joy** sie strahlte übers ganze Gesicht **III** *v/t* RADIO, TV ausstrahlen **beaming** *adj* strahlend

bean *n* **1.** Bohne *f*; **he hasn't (got) a ~** (*Br infml*) er hat keinen roten Heller (*infml*) **2.** (*fig*) **to be full of ~s** (*infml*) putzmunter sein (*infml*) **beanbag** *n* (≈ *seat*) Sitzsack *m* **beanburger** *n* vegetarischer Hamburger (*mit Bohnen*) **beanfeast** *n* (*infml*) Schmaus *m* (*infml*) **beanpole** *n* Bohnenstange *f* **bean sprout** *n* Sojabohnensprosse *f*

bear¹ *pret* **bore**, *past part* **borne I** *v/t* **1.** tragen; *gift*, *message* mit sich führen; *mark*, *likeness* aufweisen; **he was borne along by the crowd** die Menge trug ihn mit (sich); **it doesn't ~ thinking about** man darf gar nicht daran denken **2.** *love*, *grudge* empfinden **3.** (≈ *endure*) ertragen; *pain* aushalten; *criticism*, *smell*, *noise etc* vertragen; **she can't ~ being laughed at** sie kann es nicht vertragen, wenn man über sie lacht **4.** (≈ *give birth to*) gebären; → **born II** *v/i* **to ~ left/north** sich links/nach Norden halten **III** *v/r* sich halten ◆ **bear away** *v/t sep* **1.** forttragen **2.** *victory etc* davontragen ◆ **bear down** *v/i* sich nahen (*elev*) ◆ **bear on** *v/i +prep obj* = **bear (up)on** ◆ **bear out** *v/t sep* bestätigen; **to bear sb out in sth** jdn in etw bestätigen ◆ **bear up** *v/i* sich halten; **how are you? — bearing up!** wie gehts? — man lebt! ◆ **bear (up)on** *v/i +prep obj* (≈ *relate to*) betreffen ◆ **bear with** *v/i +prep obj* **if you would just ~ me**

for a couple of minutes wenn Sie sich vielleicht zwei Minuten gedulden wollen

bear² *n* **1.** Bär *m*; **he is like a ~ with a sore head** er ist ein richtiger Brummbär (*infml*) **2.** ASTRON **the Great/Little Bear** der Große/Kleine Bär *or* Wagen **3.** ST EX Baissespekulant *m*

bearable *adj* erträglich

beard *n* Bart *m* **bearded** *adj* bärtig

bearer *n* (≈ *carrier*) Träger(in) *m(f)*; (*of news*, *cheque*) Überbringer *m*; (*of name*, *passport*) Inhaber(in) *m(f)*

bear hug *n* ungestüme Umarmung

bearing *n* **1.** (≈ *posture*) Haltung *f* **2.** (≈ *influence*) Auswirkung *f* (*on auf +acc*); (≈ *connection*) Bezug *m* (*on zu*); **to have some/no ~ on sth** von Belang/belanglos für etw sein; (≈ *be/not be connected with*) einen gewissen/keinen Bezug zu etw haben **3.** **to get or find one's ~s** sich zurechtfinden; **to lose one's ~s** die Orientierung verlieren

bear market *n* ST EX Baisse *f*

beast *n* **1.** Tier *nt* **2.** (*infml* ≈ *person*) Biest *nt* **beastly** (*infml*) *adj* scheußlich

beat *vb*: *pret* **beat**, *past part* **beaten I** *n* **1.** Schlag *m*; (*repeated*) Schlagen *nt*; **to the ~ of the drum** zum Schlag der Trommeln **2.** (*of policeman*) Runde *f*; (≈ *district*) Revier *nt*; **to be on the ~** seine Runde machen **3.** MUS, POETRY Takt *m*; (*of baton*) Taktschlag *m* **II** *v/t* **1.** schlagen; **to ~ a/one's way through sth** (*dat*) einen Weg durch etw bahnen; **to ~ a/the drum** trommeln; **~ it!** (*fig infml*) hau ab! (*infml*); **the bird ~s its wings** der Vogel schlägt mit den Flügeln; **to ~ time (to the music)** den Takt schlagen **2.** (≈ *defeat*) schlagen; *record* brechen; **to ~ sb into second place** jdn auf den zweiten Platz verweisen; **you can't ~ real wool** es geht doch nichts über reine Wolle; **if you can't ~ them, join them** (*infml*) wenn dus nicht besser machen kannst, dann mach es genauso; **coffee ~s tea any day** Kaffee ist allemal besser als Tee; **it ~s me (how/why...)** (*infml*) es ist mir ein Rätsel(, wie/warum ...) (*infml*) **3.** *budget*, *crowds* zuvorkommen (*+dat*); **I'll ~ you down to the beach** ich bin vor dir am Strand; **to ~ the deadline** vor Ablauf der Frist fertig sein; **to ~ sb to it** jdm zuvorkommen **III** *v/i* schlagen; (*rain*) trommeln; **to ~ on the door (with**

bedpan

one's fists) (mit den Fäusten) gegen die Tür schlagen **IV** *adj* **1.** (*infml* ≈ *exhausted*) **to be (dead)** ~ total kaputt sein (*infml*) **2.** (*infml* ≈ *defeated*) **to be** ~**(en)** aufgeben müssen (*infml*); **he doesn't know when he's** ~**(en)** er gibt nicht auf (*infml*); **this problem's got me** ~ mit dem Problem komme ich nicht klar (*infml*) ◆ **beat back** *v/t sep* zurückschlagen ◆ **beat down I** *v/i* (*rain*) herunterprasseln; (*sun*) herunterbrennen **II** *v/t sep* **1.** **I managed to beat him down (on the price)** ich konnte den Preis herunterhandeln **2.** *door* einrennen ◆ **beat in** *v/t sep* **1.** *door* einschlagen **2.** COOK *eggs etc* unterrühren ◆ **beat off** *v/t sep* abwehren ◆ **beat out** *v/t sep* *fire* ausschlagen; *rhythm* schlagen; (*on drum*) trommeln; **to beat sb's brains out** (*infml*) jdm den Schädel einschlagen (*infml*) ◆ **beat up** *v/t sep* *person* zusammenschlagen ◆ **beat up on** *v/i +prep obj* (*US infml*) (≈ *hit*) verhauen (*infml*); (≈ *bully*) einschüchtern

beaten I *past part of* **beat II** *adj* *earth* festgetreten; **to be off the** ~ **track** (*fig*) abgelegen sein **beating** *n* **1.** Prügel *pl*; **to give sb a** ~ jdn verprügeln; **to get a** ~ verprügelt werden **2.** (*of drums, heart, wings*) Schlagen *nt* **3.** (≈ *defeat*) Niederlage *f*; **to take a** ~ (**at the hands of sb**) (von jdm) nach allen Regeln der Kunst geschlagen werden **4.** **to take some** ~ nicht leicht zu übertreffen sein **beat-up** *adj* (*infml*) ramponiert (*infml*)

beautician *n* Kosmetiker(in) *m(f)*

beautiful *adj* schön; *idea, meal* wunderbar; *swimmer, piece of work* hervorragend **beautifully** *adv* schön; *prepared, simple* herrlich; *swim* sehr gut **beautify** *v/t* verschönern

beauty *n* **1.** Schönheit *f*; ~ **is in the eye of the beholder** (*prov*) schön ist, was (einem) gefällt; **the** ~ **of it is that ...** das Schöne *or* Schönste daran ist, dass ... **2.** (≈ *good example*) Prachtexemplar *nt* **beauty contest** *n* Schönheitswettbewerb *m* **beauty parlour**, (*US*) **beauty parlor** *n* Schönheitssalon *m* **beauty queen** *n* Schönheitskönigin *f* **beauty salon**, **beauty shop** *n* Schönheitssalon *m* **beauty sleep** *n* (*hum*) Schlaf *m* **beauty spot** *n* **1.** Schönheitsfleck *m* **2.** (≈ *place*) schönes Fleckchen **beauty treatment** *n* kosmetische Behandlung

beaver *n* Biber *m* ◆ **beaver away** *v/i* (*infml*) schuften (*infml*) (*at* an +*dat*)

became *pret of* **become**

because I *cj* weil; (≈ *since also*) da; **it was the more surprising** ~ **we were not expecting it** es war umso überraschender, als wir es nicht erwartet hatten; **why did you do it? — just** ~ (*infml*) warum hast du das getan? — darum **II** *prep* ~ **of** wegen (+*gen or* (*inf*) +*dat*); **I only did it** ~ **of you** ich habe es nur deinetwegen getan

beck *n* **to be at sb's** ~ **and call** jdm voll und ganz zur Verfügung stehen

beckon *v/t & v/i* winken; **he** ~**ed to her to follow** (**him**) er gab ihr ein Zeichen, ihm zu folgen

become *pret* **became**, *past part* **become** *v/i* werden; **it has** ~ **a rule** es ist jetzt Vorschrift; **it has** ~ **a nuisance/habit** es ist lästig/zur Gewohnheit geworden; **to** ~ **interested in sb/sth** anfangen, sich für jdn/etw zu interessieren; **to** ~ **king/a doctor** König/Arzt werden; **what has** ~ **of him?** was ist aus ihm geworden?; **what's to** ~ **of him?** was soll aus ihm werden?

B Ed *abbr of* **Bachelor of Education**

bed *n* **1.** Bett *nt*; **to go to** ~ zu *or* ins Bett gehen; **to put sb to** ~ jdn ins *or* zu Bett bringen; **to get into** ~ sich ins Bett legen; **to get into** ~ **with sb** mit jdm ins Bett steigen (*infml*); **he must have got out of** ~ **on the wrong side** (*infml*) er ist wohl mit dem linken Fuß zuerst aufgestanden; **to be in** ~ im Bett sein; **to make the** ~ das Bett machen; **can I have a** ~ **for the night?** kann ich hier/bei euch *etc* übernachten? **2.** (*of ore, coal*) Lager *nt*; **a** ~ **of clay** Lehmboden *m* **3.** (≈ *sea bed*) Grund *m*; (≈ *river bed*) Bett *nt* **4.** (≈ *flower bed*) Beet *nt* ◆ **bed down** *v/i* sein Lager aufschlagen; **to** ~ **for the night** sein Nachtlager aufschlagen

bed and breakfast *n* Übernachtung *f* mit Frühstück; (*a.* **bed and breakfast place**) Frühstückspension *f*; **"bed and breakfast"** „Fremdenzimmer" **bedbug** *n* Wanze *f* **bedclothes** *pl* (*Br*) Bettzeug *nt* **bedcover** *n* (≈ *bedspread*) Tagesdecke *f*; ~**s** *pl* (≈ *bedclothes*) Bettzeug *nt* **bedding** *n* Bettzeug *nt* **bedding plant** *n* Setzling *m*

bedevil *v/t* erschweren

bedhead *n* Kopfteil *m* des Bettes

bedlam *n* (*fig*) Chaos *nt*

bed linen *n* Bettwäsche *f* **bedpan** *n* Bettpfanne f

bedraggled adj **1.** (≈ wet) triefnass **2.** (≈ dirty) verdreckt **3.** (≈ untidy) ungepflegt

bed rest n Bettruhe f; **to follow/keep ~** die Bettruhe befolgen/einhalten **bedridden** adj bettlägerig

bedroom n Schlafzimmer nt **bedside** n **to be at sb's ~** an jds Bett (dat) sein **bedside lamp** n Nachttischlampe f **bedside table** n Nachttisch m **bedsit(ter)** (infml), **bedsitting room** n (Br) möbliertes Zimmer **bedsore** n wund gelegene Stelle; **to get ~s** sich wund liegen **bedspread** n Tagesdecke f **bedstead** n Bettgestell nt **bedtime** n Schlafenszeit f; **it's ~** es ist Schlafenszeit; **his ~ is 10 o'clock** er geht um 10 Uhr schlafen; **it's past your ~** du müsstest schon lange im Bett sein **bedtime story** n Gutenachtgeschichte f **bed-wetting** n Bettnässen nt

bee n Biene f; **to have a ~ in one's bonnet** (infml) einen Tick haben (infml)

beech n **1.** (≈ tree) Buche f **2.** (≈ wood) Buche(nholz nt) f

beef I n Rindfleisch nt **II** v/i (infml) meckern (infml) (about über +acc) ♦ **beef up** v/t sep aufmotzen (infml)

beefburger n Hamburger m **beefeater** n Beefeater m **beefsteak** n Beefsteak nt **beefy** adj (+er) fleischig

beehive n Bienenstock m **beekeeper** n Imker(in) m(f) **beeline** n **to make a ~ for sb/sth** schnurstracks auf jdn/etw zugehen

been past part of **be**

beep (infml) **I** n **1** Tut(tut) nt (infml); **leave your name and number after the ~** hinterlassen Sie Ihren Namen und Ihre Nummer nach dem Signalton **II** v/t **to ~ the or one's horn** hupen **III** v/i tuten (infml); **~ ~!** tut, tut (infml) **beeper** n akustischer Zeichengeber, Piepser m (infml)

beer n Bier nt; **two ~s, please** zwei Bier, bitte **beer belly** n (infml) Bierbauch m (infml) **beer bottle** n Bierflasche f **beer garden** n (Br) Biergarten m **beer glass** n Bierglas nt **beer mat** n (Br) Bierdeckel m

bee sting n Bienenstich m **beeswax** n Bienenwachs nt

beet n Rübe f

beetle n Käfer m

beetroot n Rote Bete or Rübe

befit v/t (form) sb sich ziemen für (elev);

occasion angemessen sein (+dat)

before I prep vor (+dat); (with movement) vor (+acc); **the year ~ last** das vorletzte Jahr; **the day ~ yesterday** vorgestern; **the day ~ that** der Tag davor; **~ then** vorher; **you should have done it ~ now** das hättest du schon (eher) gemacht haben sollen; **~ long** bald; **~ everything else** zuallererst; **to come ~ sb/sth** vor jdm/etw kommen; **ladies ~ gentlemen** Damen haben den Vortritt; **~ my (very) eyes** vor meinen Augen; **the task ~ us** die Aufgabe, vor der wir stehen **II** adv (≈ before that) davor; (≈ before now) vorher; **have you been to Scotland ~?** waren Sie schon einmal in Schottland?; **I have seen** etc **this ~** ich habe das schon einmal gesehen etc; **never ~** noch nie; **(on) the evening/day ~** am Abend/Tag vorher; **(in) the year ~** im Jahr davor; **two hours ~** zwei Stunden vorher; **two days ~** zwei Tage davor or zuvor; **things continued as ~** alles war wie gehabt; **life went on as ~** das Leben ging seinen gewohnten Gang; **that chapter and the one ~** dieses Kapitel und das davor **III** cj bevor; **~ doing sth** bevor man etw tut; **you can't go ~ this is done** du kannst erst gehen, wenn das gemacht ist; **it will be a long time ~ he comes back** es wird lange dauern, bis er zurückkommt **beforehand** adv im Voraus; **you must tell me ~** Sie müssen mir vorher Bescheid sagen **before-tax** adj vor Steuern

befriend v/t Umgang pflegen mit

beg I v/t **1.** money betteln um **2.** forgiveness bitten um; **to ~ sth of sb** jdn um etw bitten; **he ~ged to be allowed to ...** er bat darum, ... zu dürfen; **I ~ to differ** ich erlaube mir, anderer Meinung zu sein **3.** (≈ entreat) sb anflehen; **I ~ you!** ich flehe dich an! **4. to ~ the question** an der eigentlichen Frage vorbeigehen **II** v/i **1.** (beggar) betteln; (dog) Männchen machen **2.** (for help etc) bitten (for um); **I ~ of you** ich bitte Sie **3. to go ~ging** (infml) noch zu haben sein; (≈ be unwanted) keine Abnehmer finden

began pret of **begin**

beggar I n **1.** Bettler(in) m(f); **~s can't be choosers** (prov) in der Not frisst der Teufel Fliegen (prov) **2.** (Br infml) Kerl m (infml); **poor ~!** armer Kerl! (infml); **a lucky ~** ein Glückspilz m **II** v/t (fig) **to ~**

belief nicht zu fassen sein

begin *pret* **began**, *past part* **begun I** *v/t* **1.** beginnen, anfangen; *work* anfangen mit; *task* in Angriff nehmen; **to ~ to do sth** *or* **doing sth** anfangen *or* beginnen, etw zu tun; **to ~ working on sth** mit der Arbeit an etw (*dat*) beginnen; **she ~s the job next week** sie fängt nächste Woche (bei der Stelle) an; **to ~ school** in die Schule kommen; **she began to feel tired** sie wurde langsam müde; **she's ~ning to understand** sie fängt langsam an zu verstehen; **I'd begun to think you weren't coming** ich habe schon gedacht, du kommst nicht mehr **2.** ($\approx$ *initiate*) anfangen; *custom* einführen; *firm, movement* gründen; *war* auslösen **II** *v/i* anfangen, beginnen; (*new play etc*) anlaufen; **to ~ by doing sth** etw zuerst (einmal) tun; **he began by saying that ...** er sagte einleitend, dass ...; **~ning from Monday** ab Montag; **~ning from page 10** von Seite 10 an; **it all began when ...** es fing alles damit an, dass ...; **to ~ with there were only three** anfänglich waren es nur drei; **to ~ with, this is wrong, and ...** erstens einmal ist das falsch, dann ...; **to ~ on sth** mit etw anfangen *or* beginnen

beginner *n* Anfänger(in) *m(f)*; **~'s luck** Anfängerglück *nt*

beginning *n* Anfang *m*; (*of custom, movement*) Entstehen *nt no pl*; **at the ~** zuerst; **at the ~ of sth** am Anfang einer Sache (*gen*); **at the ~ of July** Anfang Juli; **from the ~** von Anfang an; **from the ~ of the week/poem** von Anfang der Woche / vom Anfang des Gedichtes an; **read the paragraph from the ~** lesen Sie den Paragrafen von (ganz) vorne; **from ~ to end** von vorn bis hinten; (*temporal*) von Anfang bis Ende; **to start again at** *or* **from the ~** noch einmal von vorn anfangen; **to begin at the ~** ganz vorn anfangen; **it was the ~ of the end for him** das war der Anfang vom Ende für ihn; **his humble ~s** seine einfachen Anfänge

begonia *n* Begonie *f*

begrudge *v/t* **1.** ($\approx$ *be reluctant*) **to ~ doing sth** etw widerwillig tun **2.** ($\approx$ *envy*) missgönnen (*sb sth* jdm etw) **begrudgingly** *adv* widerwillig

beguiling *adj* betörend

begun *past part of* **begin**

behalf *n* **on** *or* **in** (*US*) **~ of** für, im Inte-

resse von; (*as spokesman*) im Namen von; (*as authorized representative*) im Auftrag von

behave I *v/i* sich verhalten; ($\approx$ *be good*) sich benehmen; **to ~ well/badly** sich gut/schlecht benehmen; **to ~ badly/well toward(s) sb** jdn schlecht/gut behandeln; **~!** benimm dich! **II** *v/r* **to ~ oneself** sich benehmen; **~ yourself!** benimm dich! **behaviour**, (*US*) **behavior** *n* **1.** Benehmen *nt*; **to be on one's best ~** sich von seiner besten Seite zeigen **2.** (*towards others*) Verhalten *nt* (*to(wards*) gegenüber)

behead *v/t* enthaupten, köpfen

beheld *pret*, *past part of* **behold**

behind I *prep* hinter (+*dat*); (*with motion*) hinter (+*acc*); **come out from ~ the door** komm hinter der Tür (her)vor; **he came up ~ me** er trat von hinten an mich heran; **walk close ~ me** gehen Sie dicht hinter mir; **put it ~ the books** stellen Sie es hinter die Bücher; **what is ~ this incident?** was steckt hinter diesem Vorfall?; **to be ~ sb** hinter jdm zurück sein; **to be ~ schedule** im Verzug sein; **to be ~ the times** (*fig*) hinter seiner Zeit zurück (-geblieben) sein; **you must put the past ~ you** Sie müssen Vergangenes vergangen sein lassen **II** *adv* **1.** ($\approx$ *at rear*) hinten; ($\approx$ *behind this, sb etc*) dahinter; **from ~** von hinten; **to look ~** zurückblicken **2. to be ~ with one's studies** mit seinen Studien im Rückstand sein **III** *n* (*infml*) Hinterteil *nt* (*infml*)

behold *pret*, *past part* **beheld** *v/t* (*liter*) erblicken (*liter*)

beige I *adj* beige **II** *n* Beige *nt*

being *n* **1.** ($\approx$ *existence*) Dasein *nt*; **to come into ~** entstehen; **to bring into ~** ins Leben rufen **2.** ($\approx$ *that which exists*) (Lebe)wesen *nt*; **~s from outer space** Wesen *pl* aus dem All

Belarus *n* GEOG Belarus *nt*

belated *adj*, **belatedly** *adv* verspätet

belch I *v/i* (*person*) rülpsen **II** *v/t* (*a.* **belch forth** *or* **out**) *smoke* ausstoßen **III** *n* Rülpser *m* (*infml*)

beleaguered *adj* (*fig*) unter Druck stehend

belfry *n* Glockenstube *f*

Belgian I *n* Belgier(in) *m(f)* **II** *adj* belgisch **Belgium** *n* Belgien *nt*

Belgrade *n* Belgrad *nt*

belie v/t **1.** (≈ *prove false*) widerlegen **2.** (≈ *give false impression of*) hinwegtäuschen über (+*acc*)

belief n Glaube m (*in* an +*acc*); (≈ *doctrine*) Lehre f; **beyond ~** unglaublich; **in the ~ that ...** im Glauben, dass ...; **it is my ~ that ...** ich bin der Überzeugung, dass ... **believable** adj glaubwürdig

believe I v/t glauben; **I don't ~ you** das glaube ich (Ihnen) nicht; **don't you ~ it** wers glaubt, wird selig (*infml*); **~ you me!** (*infml*) das können Sie mir glauben!; **~ it or not** ob Sies glauben oder nicht; **would you ~ it!** (*infml*) ist das (denn) die Möglichkeit (*infml*); **I would never have ~d it of him** das hätte ich nie von ihm geglaubt; **he could hardly ~ his eyes** er traute seinen Augen nicht; **he is ~d to be ill** es heißt, dass er krank ist; **I ~ so/not** ich glaube schon/nicht **II** v/i an Gott glauben ◆ **believe in** v/i +prep obj **1.** glauben an (+*acc*); **he doesn't ~ doctors** er hält nicht viel von Ärzten **2.** (≈ *support idea of*) **to ~ sth** (prinzipiell) für etw sein; **he believes in getting up early** er ist überzeugter Frühaufsteher; **he believes in giving people a second chance** er gibt prinzipiell jedem noch einmal eine Chance; **I don't ~ compromises** ich halte nichts von Kompromissen

believer n **1.** REL Gläubige(r) m/f(m) **2. to be a (firm) ~ in sth** (grundsätzlich) für etw sein

Belisha beacon n (*Br*) gelbes Blinklicht an Zebrastreifen

bell n **1.** Glocke f; (*small*) Glöckchen nt; (≈ *school bell, doorbell, of bicycle*) Klingel f; **as clear as a ~** voice glasklar; *hear, sound* laut und deutlich **2.** (≈ *sound of bell*) there's the ~ es klingelt *or* läutet **bellboy** n (*esp US*) Page m **bellhop** n (*US*) = **bellboy**

belligerence n (*of nation*) Kriegslust f; (*of person*) Streitlust f **belligerent** adj *nation* kriegslustig; *person* streitlustig; *speech* aggressiv **belligerently** adv streitlustig

bellow I v/t & v/i brüllen; **to ~ at sb** jdn anbrüllen **II** n Brüllen nt

bellows pl Blasebalg m; **a pair of ~** ein Blasebalg

bell pull n Klingelzug m **bell push** n Klingel f **bell-ringer** n Glöckner m **bell-ringing** n Glockenläuten nt

belly n Bauch m **bellyache** (*infml*) **I** n Bauchschmerzen pl **II** v/i murren (*about* über +*acc*) **bellybutton** n (*infml*) Bauchnabel m **belly dance** n Bauchtanz m **belly dancer** n Bauchtänzerin f **bellyflop** n Bauchklatscher m (*infml*); **to do a ~** einen Bauchklatscher machen (*infml*) **bellyful** n (*infml*) **I've had a ~ of writing these letters** ich habe die Nase voll davon, immer diese Briefe zu schreiben (*infml*); **belly laugh** n dröhnendes Lachen; **he gave a great ~** er lachte lauthals los **belly up** adv **to go ~** (*infml, company*) pleitegehen (*infml*)

belong v/i gehören (*to sb* jdm, *to sth* zu etw); **who does it ~ to?** wem gehört es?; **to ~ together** zusammengehören; **to ~ to a club** einem Klub angehören; **to feel that one doesn't ~** das Gefühl haben, dass man nicht dazugehört; **it ~s under the heading of ...** das fällt in die Rubrik der ... **belongings** pl Sachen pl, Besitz m; **personal ~** persönlicher Besitz; **all his ~** sein ganzes Hab und Gut

Belorussian GEOG Weißrussland nt

beloved I adj geliebt **II** n **dearly ~** REL liebe Brüder und Schwestern im Herrn

below prep unterhalb (+*gen*); (*with level etc also*) unter (+*dat or with motion* +*acc*); **her skirt comes well ~ her knees or the knee** ihr Rock geht bis weit unters Knie; **to be ~ sb** (*in rank*) (rangmäßig) unter jdm stehen **II** adv **1.** (≈ *lower down*) unten; **in the valley ~** drunten im Tal; **one floor ~** ein Stockwerk tiefer; **the apartment ~** die Wohnung darunter; (*below us*) die Wohnung unter uns; **down ~** unten; **see ~** siehe unten **2. 15 degrees ~** 15 Grad unter null

belt I n **1.** (*on clothes, of land*) Gürtel m; (*for carrying etc, seat belt*) Gurt m; **that was below the ~** das war ein Schlag unter die Gürtellinie; **to tighten one's ~** (*fig*) den Gürtel enger schnallen; **industrial ~** Industriegürtel m **2.** TECH (Treib)riemen m; (≈ *conveyor belt*) Band nt **II** v/t (*infml*) knallen (*infml*); **she ~ed him one in the eye** sie knallte ihm eins aufs Auge (*infml*) **III** v/i (*infml* ≈ *rush*) rasen (*infml*) ◆ **belt out** v/t sep (*infml*) tune schmettern (*infml*); (*on piano*) hämmern (*infml*) ◆ **belt up** v/i (*infml*) die Klappe halten (*infml*)

bemoan v/t beklagen

bemused adj ratlos; **to be ~ by sth** einer

Sache (*dat*) ratlos gegenüberstehen
bench *n* **1.** (≈ *seat*) Bank *f* **2.** (≈ *work-bench*) Werkbank *f* **3.** SPORTS **on the ~** auf der Reservebank **benchmark** *n* (*fig*) Maßstab *m* **bench press** *n* SPORTS Bankdrücken *nt*
bend *vb*: *pret, past part* **bent I** *n* Biegung *f*; (*in road*) Kurve *f*; **there is a ~ in the road** die Straße macht (da) eine Kurve; **to go/be round the ~** (*Br infml*) verrückt werden/sein (*infml*); **to drive sb round the ~** (*Br infml*) jdn verrückt machen (*infml*) **II** *v/t* **1.** biegen; *head* beugen; **to ~ sth out of shape** etw verbiegen **2.** (*fig*) *rules, truth* es nicht so genau nehmen mit **III** *v/i* **1.** sich biegen; (*person*) sich beugen; **this metal ~s easily** (*a bad thing*) dieses Metall verbiegt sich leicht; (*a good thing*) dieses Metall lässt sich leicht biegen; **my arm won't ~** ich kann den Arm nicht biegen **2.** (*river*) eine Biegung machen; (*road*) eine Kurve machen ◆ **bend back I** *v/i* sich zurückbiegen; (*over backwards*) sich nach hinten biegen **II** *v/t sep* zurückbiegen ◆ **bend down I** *v/i* (*person*) sich bücken; **she bent down to look at the baby** sie beugte sich hinunter, um das Baby anzusehen **II** *v/t sep edges* nach unten biegen ◆ **bend over I** *v/i* (*person*) sich bücken; **to ~ to look at sth** sich nach vorn beugen, um etw anzusehen **II** *v/t sep* umbiegen
beneath I *prep* **1.** unter (+*dat or with motion* +*acc*); (*with level etc also*) unterhalb (+*gen*) **2.** (≈ *unworthy of*) **it is ~ him** das ist unter seiner Würde **II** *adv* unten
benefactor *n* Wohltäter *m* **beneficial** *adj* gut (*to* für); (≈ *advantageous*) günstig **beneficiary** *n* Nutznießer(in) *m(f)*; (*of will etc*) Begünstigte(r) *m/f(m)*
benefit I *n* **1.** (≈ *advantage*) Vorteil *m*; (≈ *profit*) Gewinn *m*; **to derive or get ~ from sth** aus etw Nutzen ziehen; **for the ~ of the poor** für das Wohl der Armen; **for your ~** Ihretwegen; **we should give him the ~ of the doubt** wir sollten das zu seinen Gunsten auslegen **2.** (≈ *allowance*) Unterstützung *f*; **to be on ~(s)** staatliche Unterstützung erhalten **II** *v/t* guttun (+*dat*) **III** *v/i* profitieren (*from, by* von); **he would ~ from a week off** eine Woche Urlaub würde ihm guttun; **I think you'll ~ from the experience** ich glaube, diese Erfahrung wird Ihnen nützlich

sein **benefit concert** *n* Benefizkonzert *nt*
Benelux *n* **~ countries** Beneluxstaaten *pl*
benevolence *n* Wohlwollen *nt* **benevolent** *adj* wohlwollend
BEng *abbr of* **Bachelor of Engineering**
Bengali I *n* (≈ *language*) Bengali *nt*; (≈ *person*) Bengale *m*, Bengalin *f* **II** *adj* bengalisch
benign *adj* **1.** gütig **2.** MED *tumour* gutartig
bent I *pret, past part of* **bend II** *adj* **1.** gebogen; (≈ *out of shape*) verbogen **2.** **to be ~ on sth/doing sth** etw unbedingt wollen/tun wollen **III** *n* Neigung *f* (*for* zu); **people with** or **of a musical ~** Menschen mit einer musikalischen Veranlagung
benzene *n* Benzol *nt*
bequeath *v/t* vermachen (*to sb* jdm) **bequest** *n* (≈ *act*) Vermachen *nt* (*to* an +*acc*); (≈ *legacy*) Nachlass *m*
berate *v/t* (*liter*) schelten
bereaved *adj* leidtragend; **the ~** die Hinterbliebenen *pl* **bereavement** *n* Trauerfall *m*
bereft *adj* **to be ~ of sth** einer Sache (*gen*) bar sein (*elev*)
beret *n* Baskenmütze *f*
Bering Sea *n* Beringmeer *nt* **Bering Strait** *n* Beringstraße *f*
berk *n* (*Br infml*) Dussel *m* (*infml*)
Berlin *n* Berlin *nt*; **the ~ Wall** die Mauer
Bermuda shorts *pl* Bermudashorts *pl*
Berne *n* Bern *nt*
berry *n* Beere *f*
berserk *adj* wild; **to go ~** wild werden; (*audience*) zu toben anfangen; (≈ *go mad*) überschnappen (*infml*)
berth I *n* **1.** (*on ship*) Koje *f*; (*on train*) Schlafwagenplatz *m* **2.** (NAUT, *for ship*) Liegeplatz *m* **3.** **to give sb/sth a wide ~** (*fig*) einen (weiten) Bogen um jdn/ etw machen **II** *v/i* anlegen **III** *v/t* **where is she ~ed?** wo liegt es?
beseech (*liter*) *v/t person* anflehen
beset *pret, past part* **beset** *v/t* **to be ~ with difficulties** voller Schwierigkeiten sein; **~ by doubts** von Zweifeln befallen
beside *prep* **1.** neben (+*dat or with motion* +*acc*); *road, river* an (+*dat or with motion* +*acc*); **~ the road** am Straßenrand **2.** **to be ~ the point** damit nichts zu tun haben; **to be ~ oneself** außer sich sein (*with* vor)

besidesI *adv* (≈ *in addition*) außerdem; *many more ~* noch viele mehr; *have you got any others ~?* haben Sie noch andere? **II** *prep* außer; *others ~ ourselves* außer uns noch andere; *there were three of us ~* Mary Mary nicht mitgerechnet, waren wir zu dritt; *~ which he was unwell* außerdem fühlte er sich nicht wohl

besiege *v/t* belagern

besotted *adj* völlig vernarrt (*with* in +*acc*)

bespoke *adj* **a ~ tailor** ein Maßschneider *m*

bestI *adj sup of good* beste(r, s) *attr*; *to be ~* am besten sein; *to be ~ of all* am allerbesten sein; *that was the ~ thing about her* das war das Beste an ihr; *it's ~ to wait* das Beste ist zu warten; *may the ~ man win!* dem Besten der Sieg!; *the ~ part of the year/my money* fast das ganze Jahr/all mein Geld **II** *adv sup of well* am besten; *like* am liebsten; *the ~ fitting dress* das am besten passende Kleid; *her ~ known novel* ihr bekanntester Roman; *he was ~ known for ...* er war vor allem bekannt für ...; *~ of all* am allerbesten/-liebsten; *as ~ I could* so gut ich konnte; *I thought it ~ to go* ich hielt es für das Beste zu gehen; *do as you think ~* tun Sie, was Sie für richtig halten; *you know ~* Sie müssen es (am besten) wissen; *you had ~ go now* am besten gehen Sie jetzt **III** *n the ~* der/die/das Beste; *his last book was his ~* sein letztes Buch war sein bestes; *they are the ~ of friends* sie sind enge Freunde; *to do one's ~* sein Bestes tun; *do the ~ you can!* machen Sie es so gut Sie können!; *it's the ~ I can do* mehr kann ich nicht tun; *to get the ~ out of sb/sth* das Beste aus jdm/etw herausholen; *to play the ~ of three* nur so lange spielen, bis eine Partei zweimal gewonnen hat; *to make the ~ of it/a bad job* das Beste daraus machen; *to make the ~ of one's opportunities* seine Chancen voll nützen; *it's all for the ~* es ist nur zum Guten; *to do sth for the ~* etw in bester Absicht tun; *to the ~ of my ability* so gut ich kann/konnte; *to the ~ of my knowledge* meines Wissens; *to look one's ~* besonders gut aussehen; *it's not enough (even) at the ~ of times* das ist schon normalerweise nicht genug; *at ~* besten-

falls; *all the ~* alles Gute! **best-before date** *n* Haltbarkeitsdatum *nt* **best-dressed** *adj* bestgekleidet *attr*

bestial *adj* bestialisch **bestiality** *n* **1.** (*of behaviour*) Bestialität *f*; (*of person*) Brutalität *f* **2.** (≈ *act*) Gräueltat *f*

best man *n* Trauzeuge *m* (*des Bräutigams*)

bestow *v/t* ((*up*)*on sb* jdm) *gift* schenken; *honour* erweisen; *title, medal* verleihen

bestseller *n* Verkaufsschlager *m*; (≈ *book*) Bestseller *m* **bestselling** *adj* *article* absatzstark; *author* Erfolgs-; *a ~ novel* ein Bestseller *m*

bet *vb*: *pret, past part* **bet I** *n* Wette *f* (*on* auf +*acc*); *to make or have a ~ with sb* mit jdm wetten **II** *v/t* **1.** (*Gambling*) wetten; *I ~ him £5* ich habe mit ihm (um) £ 5 gewettet **2.** (*infml* ≈ *wager*) wetten; *I ~ he'll come!* wetten, dass er kommt! (*infml*); *~ you I can!* (*infml*) wetten, dass ich das kann! (*infml*) **III** *v/i* wetten; *to ~ on a horse* auf ein Pferd setzen; *don't ~ on it* darauf würde ich nicht wetten; *you ~!* (*infml*) und ob!; *want to ~?* wetten?

beta-blocker *n* Betablocker *m*

betray *v/t* verraten (*to an* +*dat*); *trust* enttäuschen **betrayal** *n* Verrat *m* (*of an* +*dat*); *a ~ of trust* ein Vertrauensbruch *m*

betterI *adj comp of good* besser; *he's ~* (≈ *recovered*) es geht ihm wieder besser; *his foot is getting ~* seinem Fuß geht es schon viel besser; *I hope you get ~ soon* hoffentlich sind Sie bald wieder gesund; *~ and ~* immer besser; *that's ~!* (*approval*) so ist es besser!; (*relief etc*) so!; *I couldn't be ~* es könnte gar nicht besser sein; *the ~ part of an hour/my money* fast eine Stunde/mein ganzes Geld; *it would be ~ to go early* es wäre besser, früh zu gehen; *you would be ~ to go early* Sie gehen besser früh; *to go one ~* einen Schritt weiter gehen; (*in offer*) höhergehen; *this hat has seen ~ days* dieser Hut hat auch schon bessere Tage gesehen (*infml*) **II** *adv comp of well* besser; *like* lieber; *they are ~ off than we are* sie sind besser dran als wir; *he is ~ off where he is* er ist besser dran, wo er ist (*infml*); *I had ~ go* ich gehe jetzt wohl besser; *you'd ~ do what he says* tun Sie lieber, was er sagt; *I won't touch it — you'd ~ not!* ich fasse es nicht an —

das will ich dir auch geraten haben **III** *n* **all the ~, so much the ~** umso besser; **the sooner the ~** je eher, desto besser; **to get the ~ of sb** (*person*) jdn unterkriegen (*infml*); (*problem etc*) jdm schwer zu schaffen machen **IV** *v/r* (*in social scale*) sich verbessern

betting *n* Wetten *nt* **betting shop** *n* Wettannahme *f* **betting slip** *n* Wettschein *m*

between I *prep* **1.** zwischen (+*dat*); (*with movement*) zwischen (+*acc*); **I was sitting ~ them** ich saß zwischen ihnen; **sit down ~ those two boys** setzen Sie sich zwischen diese beiden Jungen; **in ~** zwischen (+*dat*/*acc*); **~ now and next week we must ...** bis nächste Woche müssen wir ...; **there's nothing ~ them** (*no relationship*) zwischen ihnen ist nichts **2.** (≈ *amongst*) unter (+*dat*/*acc*); **divide the sweets ~ the children** verteilen Sie die Süßigkeiten unter die Kinder; **we shared an apple ~ us** wir teilten uns (*dat*) einen Apfel; **that's just ~ ourselves** das bleibt aber unter uns **3.** (≈ *jointly*) **~ us/them** zusammen; **we have a car ~ the three of us** wir haben zu dritt ein Auto **II** *adv* dazwischen; **in ~** dazwischen; **the space/time ~** der Raum/die Zeit dazwischen

beverage *n* Getränk *nt*

beware *v/i imp and inf only* **to ~ of sb/sth** sich vor jdm/etw hüten; **to ~ of doing sth** sich davor hüten, etw zu tun; **"beware of the dog"** „Vorsicht, bissiger Hund"; **"beware of pickpockets"** „vor Taschendieben wird gewarnt"

bewilder *v/t* verwirren **bewildered** *adj* verwirrt **bewildering** *adj* verwirrend **bewilderment** *n* (≈ *confusion*) Verwirrung *f*; **in ~** verwundert

bewitch *v/t* (*fig*) bezaubern **bewitching** *adj* bezaubernd

beyond I *prep* **1.** (≈ *on the other side of*) jenseits (+*gen*) (*elev*); (≈ *further than*) über (+*acc*) ... hinaus; **~ the Alps** jenseits der Alpen **2.** (*in time*) **~ 6 o'clock** nach 6 Uhr; **~ the middle of June** über Mitte Juni hinaus **3.** (≈ *surpassing*) **a task ~ her abilities** eine Aufgabe, die über ihre Fähigkeiten geht; **that is ~ human understanding** das übersteigt menschliches Verständnis; **~ repair** nicht mehr zu reparieren; **that's ~ me** das geht über meinen Verstand **4.** (*with neg, interrog*) außer; **have you any money ~ what you**

have in the bank? haben Sie außerdem, was Sie auf der Bank haben, noch Geld?; **~ this/that** sonst **II** *adv* (≈ *on the other side of*) jenseits davon (*elev*); (≈ *after that*) danach; (≈ *further than that*) darüber hinaus; **India and the lands ~** Indien und die Gegenden jenseits davon; **... a river, and ~ is a small field** ... ein Fluss, und danach kommt ein kleines Feld

biannual *adj*, **biannually** *adv* **1.** zweimal jährlich **2.** (≈ *half-yearly*) halbjährlich

bias *n* (*of newspaper etc*) (einseitige) Ausrichtung *f* (*towards* auf +*acc*); (*of person*) Vorliebe *f* (*towards* für); **to have a ~ against sth** (*newspaper etc*) gegen etw eingestellt sein; (*person*) eine Abneigung gegen etw haben; **to have a left-/right-wing ~** nach links/rechts ausgerichtet sein **biased**, (*US*) **biassed** *adj* voreingenommen; **~ in favour** (*Br*) or **favor** (*US*) **of/against** voreingenommen für/gegen

bib *n* (*for baby*) Lätzchen *nt*

Bible *n* Bibel *f* **Bible-basher** *n* (*infml*) aufdringlicher Bibelfritze (*sl*) **Bible story** *n* biblische Geschichte **biblical** *adj* biblisch

bibliography *n* Bibliografie *f*

bicarbonate of soda *n* COOK ≈ Backpulver *nt*

bicentenary, bicentennial (*US*) **I** *n* zweihundertjähriges Jubiläum **II** *adj* zweihundertjährig

biceps *pl* Bizeps *m*

bicker *v/i* sich zanken; **they are always ~ing** sie liegen sich dauernd in den Haaren **bickering** *n* Gezänk *nt*

bicycle *n* Fahrrad *nt*, Velo *nt* (*Swiss*); **to ride a ~** Fahrrad fahren; → **cycle**

bid I *v/t* **1.** *pret, past part* **bid** (*at auction*) bieten (*for* auf +*acc*) **2.** *pret, past part* **bid** CARDS reizen **3.** *pret* **bade** *or* **bad**, *past part* **bidden** (≈ *say*) **to ~ sb farewell** von jdm Abschied nehmen **II** *v/i* **1.** *pret, past part* **bid** (*at auction*) bieten **2.** *pret, past part* **bid** CARDS reizen **III** *n* **1.** (*at auction*) Gebot *nt* (*for* auf +*acc*); COMM Angebot *nt* (*for* für) **2.** CARDS Gebot *nt* **3.** (≈ *attempt*) Versuch *m*; **to make a ~ for freedom** versuchen, die Freiheit zu erlangen; **in a ~ to stop smoking** um das Rauchen aufzugeben **bidden** *past part of* **bid bidder** *n* **to sell to the highest ~** an den Meistbietenden verkaufen

bidding n **1.** (at auction) Bieten nt **2.** CARDS Reizen nt

bide v/t **to ~ one's time** den rechten Augenblick abwarten

bidet n Bidet nt

biennial adj zweijährlich

bifocal I adj Bifokal- **II** n **bifocals** pl Bifokalbrille f

big I adj (+er) **1.** groß; **a~ man** ein großer, schwerer Mann; **my~ brother** mein großer Bruder **2.** (≈ important) groß; **to be~ in publishing** eine Größe im Verlagswesen sein; **to be onto something ~** (infml) einer großen Sache auf der Spur sein **3.** (≈ conceited) **~ talk** Angeberei f (infml); **he's getting too ~ for his boots** (infml, employee) er wird langsam größenwahnsinnig; **to have a ~ head** (infml) eingebildet sein **4.** (≈ generous, iron) großzügig; (≈ forgiving) großmütig; **he was ~ enough to admit he was wrong** er hatte die Größe zuzugeben, dass er unrecht hatte **5.** (infml ≈ fashionable) in (infml) groß **6.** (fig phrases) **to earn ~ money** das große Geld verdienen (infml); **to have~ ideas** große Pläne haben; **to have a ~ mouth** (infml) eine große Klappe haben (infml); **to do things in a ~ way** alles im großen (Stil) tun; **it's no ~ deal** (infml ≈ nothing special) das ist nichts Besonderes; (≈ quite all right) (das ist) schon in Ordnung; **~ deal!** (iron infml) na und? (infml); **what's the~ idea?** (infml) was soll denn das? (infml); **our company is ~ on service** (infml) unsere Firma ist ganz groß in puncto Kundendienst **II** adv **to talk~** groß daherreden (infml); **to think ~** im großen Maßstab planen; **to make it ~** (as a singer) (als Sänger(in)) ganz groß rauskommen (infml)

bigamist n Bigamist m **bigamy** n Bigamie f

Big Apple n **the~** (infml) New York nt **big bang** n ASTRON Urknall m **big business** n Großkapital nt; **to be ~** das große Geschäft sein **big cat** n Großkatze f **big dipper** n **1.** (Br) Achterbahn f **2.** (US ASTRON) **Big Dipper** Großer Bär or Wagen **big game** n HUNT Großwild nt **bighead** n (infml) Angeber(in) m(f) (infml) **bigheaded** adj (infml) angeberisch (infml) **bigmouth** n (infml) Angeber(in) m(f) (infml); (≈ blabbermouth) Schwätzer(in) m(f) (pej) **big name** n (infml ≈

person) Größe f (in +gen); **all the ~s were there** alles, was Rang und Namen hat, war da

bigoted adj eifernd; REL bigott **bigotry** n eifernde Borniertheit; REL Bigotterie f

big shot n hohes Tier (infml) **big time** n (infml) **to make or hit the~** groß einsteigen (infml) **big-time** adv (infml) **they lost ~** sie haben gewaltig verloren **big toe** n große Zehe **big top** n (≈ tent) Hauptzelt nt **big wheel** n (Br) Riesenrad nt **bigwig** n (infml) hohes Tier (infml); **the local ~s** die Honoratioren des Ortes

bike (infml) **I** n (Fahr)rad nt, Velo nt (Swiss); (≈ motorbike) Motorrad nt, Töff m (Swiss); **on your ~!** (Br) verschwinde! (infml) **II** v/i radeln (infml) **biker** n (infml) Motorradfahrer m, Töfffahrer m (Swiss)

bikini n Bikini m **bikini line** n Bikinilinie f

bilateral adj, **bilaterally** adv bilateral

bilberry n Heidelbeere f

bile n **1.** MED Galle f **2.** (fig ≈ anger) Übellaunigkeit f

bilingual adj, **bilingually** adv zweisprachig; **~ secretary** Fremdsprachensekretär(in) m(f)

bill[1] n (of bird, turtle) Schnabel m

bill[2] **I** n **1.** (≈ charges) Rechnung f; **could we have the ~ please?** (esp Br) zahlen bitte! **2.** (US ≈ banknote) Banknote f; **five-dollar ~** Fünfdollarschein m **3.** THEAT Programm nt; **to head or top the ~, to be top of the ~** Star m des Abends/der Saison sein **4.** PARL (Gesetz)entwurf m; **the ~ was passed** das Gesetz wurde verabschiedet **5.** esp COMM, FIN **~ of exchange** Wechsel m; **~ of sale** Verkaufsurkunde f; **to give sb a clean ~ of health** jdm (gute) Gesundheit bescheinigen; **to fit the ~** (fig) der/die/das Richtige sein **II** v/t eine Rechnung ausstellen (+dat); **we won't~ you for that, sir** wir werden Ihnen das nicht berechnen

billboard n Reklametafel f

billet v/t MIL einquartieren (on sb bei jdm)

billiards n Billard nt

billion n Milliarde f; (dated Br) Billion f; **~s of ...** (infml) Tausende von ... **billionaire** n Milliardär(in) m(f) **billionth I** adj milliardste(r, s); (dated Br) billionste(r, s) **II** n Milliardstel nt; (dated Br) Billionstel nt

Bill of Rights *n* ≈ Grundgesetz *nt*
billow *v/i* (*sail*) sich blähen; (*dress etc*) sich bauschen; (*smoke*) in Schwaden vorüberziehen
billposter, billsticker *n* Plakatkleber *m*
billy goat *n* Ziegenbock *m*
bimbo *n* (*pej infml*) Häschen *nt* (*infml*)
bin *n* (*esp Br* ≈ *rubbish bin*) Mülleimer *m*, Mistkübel *m* (*Aus*); (≈ *dustbin*) Mülltonne *f*; (≈ *litter bin*) Abfallbehälter *m*
binary *adj* binär **binary code** *n* IT Binärcode *m* **binary number** *n* MAT binäre Zahl **binary system** *n* MAT Dualsystem *nt*, binäres System
bind *vb*: *pret, past part* **bound I** *v/t* **1.** binden (*to* an +*acc*); *person* fesseln; (*fig*) verbinden (*to* mit); **bound hand and foot** an Händen und Füßen gefesselt **2.** *wound, arm etc* verbinden **3.** (*by contract*) **to ~ sb to sth** jdn zu etw verpflichten; **to ~ sb to do sth** jdn verpflichten, etw zu tun **II** *n* (*infml*) **to be (a bit of) a ~** (*Br*) recht lästig sein ♦ **bind together** *v/t sep* (*lit*) zusammenbinden; (*fig*) verbinden ♦ **bind up** *v/t sep* **1.** *wound* verbinden **2.** (*fig*) **to be bound up with or in sth** eng mit etw verknüpft sein
binder *n* (*for papers*) Hefter *m* **binding I** *n* **1.** (*of book*) Einband *m*; (≈ *act*) Binden *nt* **2.** (*on skis*) Bindung *f* **II** *adj* bindend (*on* für)
binge (*infml*) **I** *n* **to go on a ~** (≈ *drinking*) auf eine Sauftour gehen (*infml*); (≈ *eating*) eine Fresstour machen (*infml*) **II** *v/i* auf eine Sauf-/Fresstour gehen (*infml*)
bingo *n* Bingo *nt*
bin liner *n* (*Br*) Mülltüte *f*
binoculars *pl* Fernglas *nt*; **a pair of ~** ein Fernglas *nt*
biochemical *adj* biochemisch **biochemist** *n* Biochemiker(in) *m(f)* **biochemistry** *n* Biochemie *f* **biodegradable** *adj* biologisch abbaubar **biodiesel** *n* Biodiesel *m* **biodiversity** *n* Artenvielfalt *f* **biodynamic** *adj* biodynamisch
biographer *n* Biograf(in) *m(f)* **biographic(al)** *adj* biografisch **biography** *n* Biografie *f*
biological *adj* biologisch; **~ detergent** Biowaschmittel *nt*; **~ waste** Bioabfall *m* **biologist** *n* Biologe *m*, Biologin *f*
biology *n* Biologie *f*
biomass *n* Biomasse *f*
bionic *adj* bionisch
biopsy *n* Biopsie *f*

biosphere *n* Biosphäre *f* **biotechnology** *n* Biotechnik *f* **bioterrorism** *n* Bioterrorismus *m* **bioweapon** *n* Biowaffe *f*
birch *n* **1.** Birke *f* **2.** (*for whipping*) Rute *f*
bird *n* **1.** Vogel *m*; **to tell sb about the ~s and the bees** jdm erzählen, wo die kleinen Kinder herkommen **2.** (*Br infml* ≈ *girl*) birdbath *n* Vogelbad *nt* **bird box** *n* Vogelhäuschen *nt* **bird brain** *n* (*infml*) **to be a ~** ein Spatzenhirn haben (*infml*) **birdcage** *n* Vogelbauer **bird flu** *n* Vogelgrippe *f* **bird sanctuary** *n* Vogelschutzgebiet *nt* **birdseed** *n* Vogelfutter *nt* **bird's-eye view** *n* Vogelperspektive *f*; **to get a ~ of the town** die Stadt aus der Vogelperspektive sehen **bird's nest** *n* Vogelnest *nt* **birdsong** *n* Vogelgesang *m* **bird table** *n* Futterplatz *m* (*für Vögel*) **bird-watcher** *n* Vogelbeobachter(in) *m(f)*
Biro® *n* (*Br*) Kugelschreiber *m*, Kuli *m* (*infml*)
birth *n* Geburt *f*; (*of movement etc*) Aufkommen *nt*; (*of new era*) Anbruch *m*; **the country of his ~** sein Geburtsland *nt*; **blind from or since ~** von Geburt an blind; **to give ~ to** gebären; **to give ~** entbinden; (*animal*) jungen; **Scottish by ~** gebürtiger Schotte; **of low or humble ~** von niedriger Geburt **birth certificate** *n* Geburtsurkunde *f* **birth control** *n* Geburtenkontrolle *f* **birthdate** *n* Geburtsdatum *nt*
birthday *n* Geburtstag *m*; **what did you get for your ~?** was hast du zum Geburtstag bekommen? **birthday cake** *n* Geburtstagskuchen *m or* -torte *f* **birthday card** *n* Geburtstagskarte *f* **birthday party** *n* Geburtstagsfeier *f*; (*for child*) Kindergeburtstag *m* **birthday suit** *n* (*infml*) **in one's ~** im Adams-/Evaskostüm (*infml*) **birthmark** *n* Muttermal *nt* **birthplace** *n* Geburtsort *m* **birth plan** *n* Geburtsplan *m* **birthrate** *n* Geburtenrate *f* **birthright** *n* Geburtsrecht *nt*
Biscay *n* **the Bay of ~** der Golf von Biskaya
biscuit *n* **1.** (*Br*) Keks *m*, Biskuit *nt* (*Swiss*); (≈ *dog biscuit*) Hundekuchen *m*; **that takes the ~!** (*Br infml*) das übertrifft alles **2.** (*US*) Brötchen *nt*
bisect *v/t* in zwei Teile teilen; MAT halbieren
bisexual I *adj* bisexuell **II** *n* Bisexuelle(r) *m/f(m)*

bishop *n* 1. ECCL Bischof *m* 2. CHESS Läufer *m* **bishopric** *n* (≈ *diocese*) Bistum *nt*
bison *n* (*American*) Bison *m*; (*European*) Wisent *m*
bistro *n* Bistro *nt*
bit[1] *n* 1. (*for horse*) Gebissstange *f* 2. (*of drill*) (Bohr)einsatz *m*
bit[2] **I** *n* 1. (≈ *piece*) Stück *nt*; (*smaller*) Stückchen *nt*; (*of glass*) Scherbe *f*; (≈ *section: of book etc*) Teil *m*; (*place in book etc*) Stelle *f*; *a few ~s of furniture* ein paar Möbelstücke; *a ~ of bread* ein Stück Brot; *I gave my ~ to my sister* ich habe meiner Schwester meinen Teil gegeben; *a ~* (≈ *small amount*) ein bisschen; *a ~ of advice* ein Rat *m*; *we had a ~ of trouble* wir hatten ein wenig Ärger; *it wasn't a ~ of help* das war überhaupt keine Hilfe; *there's quite a ~ of bread left* es ist noch eine ganze Menge Brot da; *in ~s and pieces* (≈ *broken*) in tausend Stücken; *bring all your ~s and pieces* bring deine Siebensachen; *to fall to pieces* kaputtgehen; *to pull or tear sth to ~s* (*lit*) etw in Stücke reißen; (*fig*) keinen guten Faden an etw (*dat*) lassen; *~ by ~* Stück für Stück; (≈ *gradually*) nach und nach; *it/he is every ~ as good as ...* es/er ist genauso gut, wie ...; *to do one's ~* sein(en) Teil tun; *a ~ of a bruise* ein kleiner Fleck; *he's a ~ of a rogue* er ist ein ziemlicher Schlingel; *she's a ~ of a connoisseur* sie versteht einiges davon; *it's a ~ of a nuisance* das ist schon etwas ärgerlich 2. (*with time*) *a ~* ein Weilchen *nt*; *he's gone out for a ~* er ist mal kurz weggegangen 3. (*with cost*) *a ~* eine ganze Menge; *it cost quite a ~* das hat ganz schön (viel) gekostet (*infml*) **II** *adv* *a ~* ein bisschen; *wasn't she a little ~ surprised?* war sie nicht etwas erstaunt?; *I'm not a (little) ~ surprised* das wundert mich überhaupt nicht; *quite a ~* ziemlich viel
bit[3] *n* IT Bit *nt*
bit[4] *pret of* **bite**
bitch I *n* 1. (*of dog*) Hündin *f* 2. (*sl* ≈ *woman*) Miststück *nt* (*infml*); (*spiteful*) Hexe *f*; *silly ~* doofe Ziege (*infml*) 3. (*infml*) *to have a ~ (about sb/sth)* (über jdn/etw) meckern (*infml*) **II** *v/i* (*infml*) meckern (*infml*) (*about* über +*acc*) **bitchiness** *n* Gehässigkeit *f* **bitchy** *adj* (+*er*) (*infml*) gehässig
bite *vb*: *pret* **bit**, *past part* **bitten I** *n* 1. Biss

m; (≈ *insect bite*) Stich *m*; *he took a ~ (out) of the apple* er biss in den Apfel 2. FISH *I've got a ~* es hat einer angebissen 3. (*of food*) Happen *m*; *do you fancy a ~ (to eat)?* möchten Sie etwas essen? **II** *v/t* beißen; (*insect*) stechen; *to ~ one's nails* an seinen Nägeln kauen; *to ~ one's tongue/lip* sich (*dat*) auf die Zunge/Lippen beißen; *he won't ~ you* (*fig infml*) er wird dich schon nicht beißen (*infml*); *to ~ the dust* (*infml*) dran glauben müssen (*infml*); *he had been bitten by the travel bug* ihn hatte das Reisefieber erwischt (*infml*); *once bitten twice shy* (*prov*) (ein) gebranntes Kind scheut das Feuer (*prov*) **III** *v/i* 1. beißen; (*insects*) stechen 2. (*fish, fig infml*) anbeißen ◆ **bite into** *v/i +prep obj* (hinein)beißen in (+*acc*) ◆ **bite off** *v/t sep* abbeißen; *he won't bite your head off* (*infml*) er wird dir schon nicht den Kopf abreißen; *to ~ more than one can chew* (*prov*) sich (*dat*) zu viel zumuten
bite-size(d) *adj* mundgerecht **biting** *adj* beißend; *wind* schneidend
bitmap *n* IT 1. *no pl* (≈ *mode*) Bitmap *nt* 2. (*a.* **bitmapped image**) Bitmap-Abbildung *f* **bitmapped** *adj* IT Bitmap-; *~ graphics* Bitmapgrafik *f* **bit part** *n* kleine Nebenrolle
bitten *past part of* **bite**
bitter I *adj* (+*er*) bitter; *wind* eisig; *enemy, struggle* erbittert; (≈ *embittered*) *person* verbittert; *it's ~ today* es ist heute bitterkalt; *to the ~ end* bis zum bitteren Ende **II** *adv* *~ cold* bitterkalt **III** *n* (*Br*) halbdunkles obergäriges Bier **bitterly** *adv* 1. *disappointed, cold* bitter; *complain, weep* bitterlich; *oppose* erbittert 2. (≈ *showing embitteredness*) verbittert **bitterness** *n* Bitterkeit *f*; (*of wind*) bittere Kälte; (*of struggle*) Erbittertheit *f* **bittersweet** *adj* bittersüß
biweekly I *adj* 1. (≈ *twice a week*) *~ meetings* Konferenzen, die zweimal wöchentlich stattfinden 2. (≈ *fortnightly*) vierzehntäglich **II** *adv* 1. (≈ *twice a week*) zweimal in der Woche 2. (≈ *fortnightly*) vierzehntäglich
bizarre *adj* bizarr
blab I *v/i* quatschen (*infml*); (≈ *tell secret*) plappern **II** *v/t* (*a.* **blab out**) *secret* ausplaudern
black I *adj* (+*er*) 1. schwarz; *~ man/wo-*

man Schwarze(r) *m/f(m)*; **~ and blue** grün und blau; **~ and white photography** Schwarz-Weiß-Fotografie *f*; **the situation isn't so ~ and white as that** die Situation ist nicht so eindeutig schwarz--weiß **2.** *prospects, mood* düster; **maybe things aren't as ~ as they seem** vielleicht ist alles gar nicht so schlimm, wie es aussieht; **this was a ~ day for ...** das war ein schwarzer Tag für ... **3.** *(fig ≈ angry)* böse **II** *n* **1.** Schwarz *nt*; **he is dressed in ~** er trägt Schwarz; **it's written down in ~ and white** es steht schwarz auf weiß geschrieben; **in the ~** FIN in den schwarzen Zahlen **2.** (≈ *negro*) Schwarze(r) *m/f(m)* ♦ **black out I** *v/i* das Bewusstsein verlieren **II** *v/t sep window* verdunkeln

black-and-white *adj* TV, PRINT schwarz--weiß **blackberry** *n* Brombeere *f* **blackbird** *n* Amsel *f* **blackboard** *n* Tafel *f*; **to write sth on the ~** etw an die Tafel schreiben **black book** *n* **to be in sb's ~s** bei jdm schlecht angeschrieben sein *(infml)* **black box** *n* AVIAT Flugschreiber *m* **black comedy** *n* schwarze Komödie **blackcurrant** *n* schwarze Johannisbeere, schwarze Ribisel *(Aus)* **black economy** *n* Schattenwirtschaft *f* **blacken** *v/t* **1.** schwarz machen; *(US* COOK) schwärzen; **the walls were ~ed by the fire** die Wände waren vom Feuer schwarz **2.** *(fig)* **to ~ sb's name or reputation** jdn schlechtmachen **black eye** *n* blaues Auge; **to give sb a ~** jdm ein blaues Auge schlagen **Black Forest** *n* Schwarzwald *m* **Black Forest gateau** *n (esp Br)* Schwarzwälder Kirschtorte *f* **blackhead** *n* Mitesser *m*, Bibeli *nt (Swiss)* **black hole** *n* (ASTRON, *fig)* schwarzes Loch **black humour,** *(US)* **black humor** *n* schwarzer Humor **black ice** *n* Glatteis *nt* **black list** *n* schwarze Liste **blacklist** *v/t* auf die schwarze Liste setzen **black magic** *n* Schwarze Kunst **blackmail I** *n* Erpressung *f* **II** *v/t* erpressen; **to ~ sb into doing sth** jdn durch Erpressung dazu zwingen, etw zu tun **blackmailer** *n* Erpresser(in) *m(f)* **black market I** *n* Schwarzmarkt *m* **II** *adj attr* Schwarzmarkt- **black marketeer** *n* Schwarzhändler(in) *m(f)* **blackout** *n* **1.** MED Ohnmachtsanfall *m*; **I must have had a ~** ich muss wohl in Ohnmacht gefallen sein **2.** (≈ *light failure*) Stromausfall *m* **3.** (≈

news blackout) Nachrichtensperre *f* **black pepper** *n* schwarzer Pfeffer **black pudding** *n* ≈ Blutwurst *f* **Black Sea** *n* Schwarzes Meer **black sheep** *n (fig)* schwarzes Schaf **blacksmith** *n* Hufschmied *m* **black spot** *n (a.* **accident black spot)** Gefahrenstelle *f* **black tie I** *n (on invitation)* Abendgarderobe *f* **II** *adj* mit Smokingzwang, in Abendgarderobe

bladder *n* ANAT, BOT Blase *f*

blade *n* **1.** *(of knife, tool)* Klinge *f* **2.** *(propeller)* Blatt *nt* **3.** *(of grass)* Halm *m*

blame I *v/t* die Schuld geben *(+dat)*; **to ~ sb for sth/sth on sb** jdm die Schuld an etw *(dat)* geben; **to ~ sth on sth** die Schuld an etw *(dat)* auf etw *(acc)* schieben; **you only have yourself to ~** das hast du dir selbst zuzuschreiben; **who/ what is to ~ for this accident?** wer/ was ist schuld an diesem Unfall?; **to ~ oneself for sth** sich für etw verantwortlich fühlen; **well, I don't ~ him** das kann ich ihm nicht verdenken **II** *n* Schuld *f*; **to put the ~ for sth on sb** jdm die Schuld an etw *(dat)* geben; **to take the ~** die Schuld auf sich *(acc)* nehmen **blameless** *adj* schuldlos

blanch I *v/t* COOK *vegetables* blanchieren; *almonds* brühen **II** *v/i (person)* blass werden *(with* vor *+dat)*

blancmange *n* Pudding *m*

bland *adj* (+er) *food* fad

blank I *adj* (+er) **1.** *page, wall* leer; **a ~ space** eine Lücke; *(on form)* ein freies Feld; **please leave ~** bitte frei lassen **2.** (≈ *expressionless*) ausdruckslos; (≈ *uncomprehending*) verständnislos; **to look ~** (≈ *uncomprehending*) verständnislos dreinschauen; **my mind or I went ~** ich hatte ein Brett vor dem Kopf *(infml)* **II** *n* **1.** (≈ *void*) Leere *f*; **my mind was a complete ~** ich hatte totale Mattscheibe *(infml)*; **to draw a ~** *(fig)* kein Glück haben **2.** (≈ *cartridge*) Platzpatrone *f* ♦ **blank out** *v/t sep thought etc* ausschalten

blank cheque, *(US)* **blank check** *n* Blankoscheck *m*; **to give sb a ~** *(fig)* jdm freie Hand geben

blanket I *n* Decke *f*; **a ~ of snow** eine Schneedecke **II** *adj attr statement* pauschal; *ban* generell

blankly *adv* (≈ *expressionlessly*) ausdruckslos; (≈ *uncomprehendingly*) verständnislos; *she just looked at me* ~ sie sah mich nur groß an (*infml*)

blarel *n* Plärren *nt*; (*of trumpets*) Schmettern *nt* **II** *v/i* plärren; (*trumpets*) schmettern ◆ **blare out***v/i* schallen; (*trumpets*) schmettern

blasé*adj* (≈ *indifferent*) gleichgültig

blaspheme*v/i* Gott lästern; *to* ~ *against sb/sth* (*lit, fig*) jdn / etw schmähen (*elev*) **blasphemous** *adj* (*lit, fig*) blasphemisch **blasphemy***n* Blasphemie *f*

blast I *n* **1.** Windstoß *m*; (*of hot air*) Schwall *m*; *a* ~ *of wind* ein Windstoß; *an icy* ~ ein eisiger Wind; *a* ~ *from the past*(*infml*) eine Erinnerung an vergangene Zeiten **2.** (≈ *sound*) *the ship gave a long* ~ *on its foghorn* das Schiff ließ sein Nebelhorn ertönen **3.** (≈ *explosion*) Explosion *f*; *with the heating on* (*at*) *full* ~ mit der Heizung voll aufgedreht **II** *v/t* **1.** (*with powder*) sprengen **2.** *rocket* schießen; *air* blasen **III** *int* (*infml*) ~ (*it*)*!* verdammt! (*infml*); ~ *this car!* dieses verdammte Auto! (*infml*) ◆ **blast off** *v/i* (*rocket*) abheben ◆ **blast out***v/i* (*music*) dröhnen

blasted *adj, adv* (*infml*) verdammt (*infml*) **blast furnace** *n* Hochofen *m* **blastoff***n* Abschuss *m*

blatant*adj* offensichtlich; *error* krass; *liar* unverfroren; *disregard* offen **blatantly** *adv* offensichtlich; (≈ *openly*) offen; *she* ~ *ignored it* sie hat das schlicht und einfach ignoriert

blaze[1] *n* **1.** (≈ *fire*) Feuer *nt*; *six people died in the* ~ sechs Menschen kamen in den Flammen um **2.** *a* ~ *of lights* ein Lichtermeer *nt*; *a* ~ *of colour* (*Br*) *or color* (*US*) ein Meer *nt* von Farben **II** *v/i* **1.** (*sun, fire*) brennen; *to* ~ *with anger* vor Zorn glühen **2.** (*guns*) feuern; *with all guns blazing* aus allen Rohren feuernd

blaze[2]*v/t to* ~ *a trail* (*fig*) den Weg bahnen

blazer*n* Blazer *m* (*also* SCHOOL)

blazing*adj* **1.** brennend; *fire* lodernd; *sun* grell **2.** (*fig*) *row* furchtbar

bleach I *n* Bleichmittel *nt*; (≈ *household bleach*) Reinigungsmittel *nt* **II** *v/t* bleichen

bleak*adj* (+*er*) **1.** *landscape, place* öde **2.** *weather* rau **3.** (*fig*) trostlos **bleakness***n* **1.** (*of landscape*) Öde *f* **2.** (*fig*) Trostlosigkeit *f*; (*of prospects*) Trübheit *f*

bleary*adj* (+*er*) *eyes* trübe; (*after sleep*) verschlafen **bleary-eyed***adj* (*after sleep*) verschlafen

bleat*v/i* (*sheep, calf*) blöken; (*goat*) meckern

bleed*pret, past part* **bled I** *v/i* bluten; *to* ~ *to death* verbluten **II** *v/t to* ~ *sb dry* jdn total ausnehmen (*infml*); *radiator* (ent)lüften **bleeding I** *n* Blutung *f*; *internal* ~ innere Blutungen *pl* **II** *adj* **1.** blutend **2.** (*Br infml*) verdammt (*infml*) **III** *adv* (*Br infml*) verdammt (*infml*)

bleep I *n* RADIO, TV Piepton *m* **II** *v/i* piepen **III** *v/t doctor* rufen **bleeper***n* Piepser *m* (*infml*)

blemish I *n* Makel *m* **II** *v/t reputation* beflecken; ~*ed skin* unreine Haut

blend I *n* Mischung *f*; *a* ~ *of tea* eine Teemischung **II** *v/t* **1.** (ver)mischen **2.** (COOK ≈ *stir*) einrühren; (*in blender*) mixen **III** *v/i* **1.** (*voices, colours*) verschmelzen **2.** (*a.* blend in ≈ *harmonize*) harmonieren ◆ **blend in I** *v/t sep flavouring* einrühren; *colour, tea* darunter mischen **II** *v/i* = **blend III**

blender*n* Mixer *m*

bless*v/t* segnen; *God*~ (*you*) behüt dich / euch Gott; ~ *you!* (*to sneezer*) Gesundheit!; *to be* ~*ed with* gesegnet sein mit **blessed***adj* **1.** REL heilig; *the Blessed X* der selige X **2.** (*euph infml* ≈ *cursed*) verflixt (*infml*) **Blessed Virgin***n* Heilige Jungfrau (Maria) **blessing***n* Segen *m*; *he can count his* ~*s* da kann er von Glück sagen; *it was a* ~ *in disguise* es war schließlich doch ein Segen

blew*pret of* **blow**[2]

blight I *n* (*fig*) *these slums are a* ~ *upon the city* diese Slums sind ein Schandfleck für die Stadt **II** *v/t* (*fig*) *hopes* vereiteln; *to* ~ *sb's life* jdm das Leben verderben

blimey*int* (*Br infml*) verflucht (*infml*)

blind I *adj* (+*er*) **1.** blind; *to go* ~ erblinden; *a* ~ *man/woman* ein Blinder / eine Blinde; ~ *in one eye* auf einem Auge blind; *to be* ~ *to sth* (*fig*) für etw blind sein; *to turn a* ~ *eye to sth* bei etw ein Auge zudrücken; ~ *faith* (*in sth*) blindes Vertrauen (*in etw acc*) **2.** *corner* unübersichtlich **II** *v/t* **1.** *light, sun* blenden; *the explosion* ~*ed him* er ist durch die Explosion blind geworden **2.** (*fig, love etc*) blind machen (*to* für, *gegen*) **III** *n* **1.** *the* ~ die Blinden *pl* **2.** (≈ *window shade*, *cloth*) Rollo *nt*; (*slats*) Jalousie *f*; (*outside*) Rollladen *m* **IV** *adv* **1.** AVIAT *fly* blind **2.** COOK **to bake sth ~** etw vorbacken **3. ~ drunk** (*infml*) sinnlos betrunken **blind alley** *n* Sackgasse *f* **blind date** *n* Rendezvous *nt* mit einem / einer Unbekannten **blinder** *n* (*US*) Scheuklappe *f* **blindfold I** *v/t* die Augen verbinden (+*dat*) **II** *n* Augenbinde *f* **III** *adj* **I could do it ~** (*infml*) das mach ich mit links (*infml*) **blinding** *adj light* blendend; *headache* furchtbar **blindingly** *adv* **it is ~ obvious** das sieht doch ein Blinder (*infml*) **blindly** *adv* blind(lings) **blind man's buff** *n* Blindekuh *no art* **blindness** *n* Blindheit *f* (*to* gegenüber) **blind spot** *n* AUTO, AVIAT toter Winkel; **to have a ~ about sth** einen blinden Fleck in Bezug auf etw (*acc*) haben **blind summit** *n* AUTO unübersichtliche Kuppe

blink I *n* Blinzeln *nt*; **in the ~ of an eye** im Nu; **to be on the ~** (*infml*) kaputt sein (*infml*) **II** *v/i* **1.** (*person*) blinzeln **2.** (*light*) blinken **III** *v/t* **to ~ one's eyes** mit den Augen zwinkern **blinker** *n* **blinkers** *pl* Scheuklappen *pl* **blinkered** *adj* **1.** (*fig*) engstirnig **2.** *horse* mit Scheuklappen **blinking** (*Br infml*) *adj, adv* verflixt (*infml*)

blip *n* leuchtender Punkt; (*fig*) kurzzeitiger Tiefpunkt

bliss *n* Glück *nt*; **this is ~!** das ist herrlich! **blissful** *adj time, feeling* herrlich; *smile* (glück)selig; **in ~ ignorance of the fact that ...** (*iron*) in keinster Weise ahnend, dass ... **blissfully** *adv peaceful* herrlich; **happy** überglücklich; **he remained ~ ignorant of what was going on** er ahnte in keinster Weise, was eigentlich vor sich ging

blister I *n* Blase *f* **II** *v/i* (*skin*) Blasen bekommen; (*paintwork*) Blasen werfen **blistered** *adj* **to have ~ skin/hands** Blasen auf der Haut / an den Händen haben; **to be ~** Blasen haben **blistering** *adj* **1.** *heat, sun* glühend; *pace* mörderisch **2.** (≈ *scathing*) vernichtend **blister pack** *n* (Klar)sichtpackung *f*

blithely *adv carry on* munter; *say* unbekümmert

blizzard *n* Schneesturm *m*

bloated *adj* **1.** aufgedunsen; **I feel absolutely ~** (*infml*) ich bin zum Platzen voll (*infml*) **2.** (*fig: with pride*) aufgeblasen (*with* vor +*dat*)

blob *n* (*of ink*) Klecks *m*; (*of paint*) Tupfer *m*; (*of ice cream*) Klacks *m*

bloc *n* POL Block *m*

block I *n* **1.** Block *m*; (≈ *executioner's block*) Richtblock *m*; **~s** (≈ *toys*) (Bau)klötze *pl*; **to put one's head on the ~** (*fig*) Kopf und Kragen riskieren; **~ of flats** (*Br*) Wohnblock *m*; **she lived in the next ~** (*esp US*) sie wohnte im nächsten Block **2.** (*in pipe*, MED) Verstopfung *f*; **I've a mental ~ about it** da habe ich totale Mattscheibe (*infml*) **3.** (*infml* ≈ *head*) **to knock sb's ~ off** jdm eins überziehen (*infml*) **4.** (*usu pl: a.* **starting block**) Startblock *m* **II** *v/t* **1.** blockieren; *traffic, progress* aufhalten; *pipe* verstopfen; **to ~ sb's way** jdm den Weg versperren **2.** IT blocken ◆ **block in** *v/t sep* (≈ *hem in*) einkeilen ◆ **block off** *v/t sep street* absperren ◆ **block out** *v/t sep* **1.** *light* nicht durchlassen; **the trees are blocking out all the light** die Bäume nehmen das ganze Licht weg **2.** *pain, past* verdrängen; *noise* unterdrücken ◆ **block up** *v/t sep* **1.** *gangway* blockieren; *pipe* verstopfen; **my nose is or I'm all blocked up** meine Nase ist völlig verstopft **2.** (≈ *fill in*) *hole* zustopfen

blockade I *n* MIL Blockade *f* **II** *v/t* blockieren **blockage** *n* Verstopfung *f* **blockbuster** *n* (*infml*) Knüller *m* (*infml*); (≈ *film*) Kinohit *m* (*infml*) **blockhead** *n* (*infml*) Dummkopf *m* **block letters** *pl* Blockschrift *f* **block vote** *n* Stimmenblock *m*

blog *n* INTERNET Blog *nt or m*

blogger *n* INTERNET Blogger(in) *m(f)*

bloke *n* (*Br infml*) Typ *m* (*infml*)

blond *adj* blond **blonde I** *adj* blond **II** *n* (≈ *woman*) Blondine *f*

blood *n* **1.** Blut *nt*; **to give ~** Blut spenden; **to shed ~** Blut vergießen; **it makes my ~ boil** das macht mich rasend; **his ~ ran cold** es lief ihm eiskalt über den Rücken; **this firm needs new ~** diese Firma braucht frisches Blut; **it is like trying to get ~ from a stone** (*prov*) das ist verlorene Liebesmüh **2.** (*fig*) **it's in his ~** das liegt ihm im Blut **blood bank** *n* Blutbank *f* **blood bath** *n* Blutbad *nt* **blood clot** *n* Blutgerinnsel *nt* **bloodcurdling** *adj* grauenerregend; **they heard a ~ cry** sie hörten einen Schrei, der ihnen das Blut in den Adern erstarren ließ (*elev*) **blood donor** *n* Blutspender(in) *m*(*f*) **blood group** *n* Blutgruppe *f* **bloodless** *adj* unblutig **blood poisoning** *n* Blutvergiftung *f* **blood pressure** *n* Blutdruck *m*; **to have high ~** hohen Blutdruck haben **blood-red** *adj* blutrot **blood relation** *n* Blutsverwandte(r) *m*/*f*(*m*) **blood sample** *n* MED Blutprobe *f* **bloodshed** *n* Blutvergießen *nt* **bloodshot** *adj* blutunterlaufen **blood sports** *pl* Jagdsport, Hahnenkampf *etc* **bloodstain** *n* Blutfleck *m* **bloodstained** *adj* blutbefleckt **bloodstream** *n* Blutkreislauf *m* **blood sugar** *n* Blutzucker *m*; **~ level** Blutzuckerspiegel *m* **blood test** *n* Blutprobe *f* **bloodthirsty** *adj* blutrünstig **blood transfusion** *n* (Blut)transfusion *f* **blood vessel** *n* Blutgefäß *nt* **bloody** I *adj* (+*er*) 1. (*lit*) blutig 2. (*Br infml*) verdammt (*infml*); *genius, wonder* echt (*infml*); **~ hell!** verdammt! (*infml*); (*in amazement*) Menschenskind! (*infml*) II *adv* (*Br infml*) verdammt (*infml*); *stupid* sau- (*infml*); *brilliant* echt (*infml*); **not ~ likely** da ist überhaupt nichts drin (*infml*); **he can ~ well do it himself** das soll er schön alleine machen, verdammt noch mal! (*infml*) **bloody-minded** *adj* (*Br infml*) stur (*infml*)

bloom I *n* Blüte *f*; **to be in (full) ~** in (voller) Blüte stehen; **to come into ~** aufblühen II *v/i* blühen

blooming *adj* (*infml*) verflixt (*infml*)

blooper *n* (*US infml*) Schnitzer *m* (*infml*)

blossom I *n* Blüte *f*; **in ~** in Blüte II *v/i* blühen

blot I *n* 1. (*of ink*) (Tinten)klecks *m* 2. (*fig: on reputation*) Fleck *m* (*on* auf +*dat*); **a ~ on the landscape** ein Schandfleck *m* in der Landschaft II *v/t ink* ablöschen ◆ **blot out** *v/t sep* (*fig*) *landscape, sun* verdecken; *memories* auslöschen

blotch *n* Fleck *m* **blotchy** *adj* (+*er*) *skin* fleckig; *paint* klecksig

blotting paper *n* Löschpapier *nt*

blouse *n* Bluse *f*

blow[1] *n* Schlag *m*; **to come to ~s** handgreiflich werden; **at a (single)** *or* **one ~** (*fig*) mit einem Schlag (*infml*); **to deal sb/sth a ~** (*fig*) jdm/einer Sache einen Schlag versetzen; **to strike a ~ for sth** (*fig*) einer Sache (*dat*) einen großen Dienst erweisen

blow[2] *vb*: *pret* **blew**, *past part* **blown** I *v/i* 1. (*wind*) wehen; **there was a draught** (*Br*) *or* **draft** (*US*) **~ing in from the win-** dow es zog vom Fenster her; **the door blew open/shut** die Tür flog auf/zu 2. (*person, horn*) blasen (*on* auf +*acc*); **then the whistle blew** SPORTS da kam der Pfiff 3. (*fuse*) durchbrennen II *v/t* 1. (*breeze*) wehen; (*strong wind, draught, person*) blasen; (*gale etc*) treiben; **the wind blew the ship off course** der Wind trieb das Schiff vom Kurs ab; **to ~ sb a kiss** jdm eine Kusshand zuwerfen 2. **to ~ one's nose** sich (*dat*) die Nase putzen 3. *trumpet* blasen; *bubbles* machen; **the referee blew his whistle** der Schiedsrichter pfiff; **to ~ one's own trumpet** (*Brit*) *or* **horn** (*US*) (*fig*) sein eigenes Lob singen 4. *valve, gasket* platzen lassen; **I've ~n a fuse** mir ist eine Sicherung durchgebrannt; **to be ~n to pieces** (*bridge, car*) in die Luft gesprengt werden; (*person*) zerfetzt werden 5. (*infml ≈ spend extravagantly*) verpulvern (*infml*) 6. (*Br infml*) **~!** Mist! (*infml*); **~ the expense!** das ist doch wurscht, was es kostet (*infml*) 7. (*infml*) **to ~ one's chances of doing sth** es sich (*dat*) verscherzen, etw zu tun; **I think I've ~n it** ich glaube, ich habs versaut (*infml*) ◆ **blow away** I *v/i* wegfliegen II *v/t sep* wegblasen ◆ **blow down** *v/t sep* (*lit*) umwehen ◆ **blow in** *v/t sep window etc* eindrücken ◆ **blow off** I *v/i* wegfliegen II *v/t sep* wegblasen; **to blow sb's head off** jdm eine Kugel durch den Kopf jagen (*infml*) ◆ **blow out** *v/t sep* 1. *candle* ausblasen 2. **to blow one's/sb's brains out** sich/jdm eine Kugel durch den Kopf jagen (*infml*) II *v/i* (*storm*) sich legen ◆ **blow over** *v/i* sich legen II *v/t sep tree etc* umstürzen ◆ **blow up** I *v/i* 1. in die Luft fliegen; (*bomb*) explodieren 2. (*gale, row*) ausbrechen II *v/t sep* 1. *bridge, person* in die Luft jagen 2. *tyre, balloon* aufblasen 3. *photo* vergrößern 4. (*fig ≈ exaggerate*) aufbauschen (*into* zu)

blow-dry I *n* **to have a cut and ~** sich (*dat*) die Haare schneiden und föhnen lassen II *v/t* föhnen **blow dryer** *n* Haartrockner *m* **blowlamp** *n* Lötlampe *f* **blown** *past part of* **blow**[2] **blowtorch** *n* Lötlampe *f* **blowy** *adj* (+*er*) windig

BLT *n abbr of* **bacon, lettuce and tomato** Sandwich mit Schinkenspeck, Salat und Tomate

blubber I *n* Walfischspeck *m* II *v/t & v/i* (*infml*) heulen (*infml*)

bludgeon v/t **to ~ sb to death** jdn zu Tode prügeln

blue I adj (+er) **1.** blau; **~ with cold** blau vor Kälte; **until you're ~ in the face** (infml) bis zum Gehtnichtmehr (infml); **once in a ~ moon** alle Jubeljahre (einmal) **2.** (infml ≈ miserable) melancholisch; **to feel ~** den Moralischen haben (infml) **3.** (infml) language derb; joke schlüpfrig; Film Porno- **II** n **1.** Blau nt; **out of the ~** (fig infml) aus heiterem Himmel (infml); **to have the ~s** (infml) den Moralischen haben (infml) **2.** mus **the blues** pl der Blues **bluebell** n Sternhyazinthe f **blue beret** n Blauhelm m **blueberry** n Blau- or Heidelbeere f **blue-blooded** adj blaublütig **bluebottle** n Schmeißfliege f **blue cheese** n Blauschimmelkäse m **blue-chip** adj company erstklassig; shares Bluechip- **blue-collar** adj ~ **worker** Arbeiter m **blue-eyed** adj blauäugig; **sb's ~ boy** (fig) jds Liebling(sjunge) m **blue jeans** pl Bluejeans pl **blueprint** n Blaupause f; (fig) Plan m **bluetit** n Blaumeise f

bluff I v/t & v/i bluffen; **he ~ed his way through it** er hat sich durchgeschummelt (infml) **II** n Bluff m; **to call sb's ~** es darauf ankommen lassen ♦ **bluff out** v/t sep **to bluff one's way out of sth** sich aus etw rausreden (infml)

bluish adj bläulich

blunder I n (dummer) Fehler; **to make a ~** einen Bock schießen (infml); (socially) einen Fauxpas begehen **II** v/i **1.** (≈ make a blunder) einen Bock schießen (infml); (socially) sich blamieren **2.** (≈ move clumsily) tappen (into gegen)

blunt I adj (+er) **1.** stumpf **2.** person geradeheraus pred; message unverblümt; **he was very ~ about it** er hat sich sehr deutlich ausgedrückt **II** v/t stumpf machen **bluntly** adv speak geradeheraus; **he told us quite ~ what he thought** er sagte uns ganz unverblümt seine Meinung **bluntness** f (≈ outspokenness) Unverblümtheit f

blur I n verschwommener Fleck; **the trees became a ~** man konnte die Bäume nur noch verschwommen erkennen; **a ~ of colours** (Br) or **colors** (US) ein buntes Durcheinander von Farben **II** v/t **1.** outline, photograph unscharf machen; **to have ~red vision** nur noch verschwommen sehen; **to be/become**

~red undeutlich sein/werden **2.** (fig) senses, judgement trüben; meaning verwischen **III** v/i verschwimmen

blurb n Informationen pl; (on book cover) Klappentext m

blurt (out) v/t sep herausplatzen mit (infml)

blush I v/i erröten (with vor +dat) **II** n Erröten nt no pl **blusher** n Rouge nt

bluster I v/i (person) ein großes Geschrei machen **II** v/t **to ~ one's way out of sth** etw lautstark abstreiten

blustery adj stürmisch

Blu-Tack® n blaue Klebmasse, mit der z. B. Papier auf Beton befestigt werden kann

Blvd. abbr of **boulevard**

BMA abbr of **British Medical Association** britischer Ärzteverband

B-movie n B-Movie nt

BMX abbr of **bicycle motocross** (≈ sport) BMX-Radsport m; (≈ bicycle) BMX-Rad nt

BO (infml) abbr of **body odour**

boa n Boa f; **~ constrictor** Boa constrictor f

boar n (≈ male pig) Eber m; (wild) Keiler m

board I n **1.** Brett nt; (≈ blackboard) Tafel f; (≈ notice board) Schwarzes Brett; (≈ signboard) Schild nt; (≈ floorboard) Diele f **2.** (≈ provision of meals) Verpflegung f; **~ and lodging** Kost und Logis; **full/half ~** Voll-/Halbpension f **3.** (≈ group of officials) Ausschuss m; (≈ board of trustees) Beirat m; (≈ gas board etc) Behörde f; (of company: a. **board of directors**) Vorstand m; (of British, American company) Verwaltungsrat m; (including shareholders, advisers) Aufsichtsrat m; **to have a seat on the ~** im Vorstand/Aufsichtsrat sein; **~ of governors** (Br school) Verwaltungsrat m; **Board of Trade** (Br) Handelsministerium nt; (US) Handelskammer f **4.** naut, aviat **on ~** an Bord; **to go on ~** an Bord gehen; **on ~ the ship/plane** an Bord des Schiffes/Flugzeugs; **on ~ the bus** im Bus **5.** (fig phrases) **across the ~** allgemein; agree, reject pauschal; **to go by the ~** (work, ideas) unter den Tisch fallen; **to take sth on ~** (≈ understand) etw begreifen **II** v/t ship, plane besteigen; train, bus einsteigen in (+acc) **III** v/i **1.** in Pension sein (with bei) **2.** aviat die Maschine besteigen; *flight ZA173 now ~ing at gate 13* Passagiere des Fluges ZA173, bitte zum Flugsteig 13 ◆ **board up** *v/t sep window* mit Brettern vernageln

boarder *n* **1.** Pensionsgast *m* **2.** SCHOOL Internatsschüler(in) *m(f)* **board game** *n* Brettspiel *nt* **boarding card** *n* Bordkarte *f* **boarding house** *n* Pension *f* **boarding kennel** *n* Hundepension *f* **boarding pass** *n* Bordkarte *f* **boarding school** *n* Internat *nt* **board meeting** *n* Vorstandssitzung *f* **boardroom** *n* Vorstandsetage *f* **boardwalk** *n* (*US*) Holzsteg *m*; (*on beach*) hölzerne Uferpromenade

boast I *n* Prahlerei *f* **II** *v/i* prahlen (*about*, *of* mit *to sb* jdm gegenüber) **III** *v/t* **1.** (≈ *possess*) sich rühmen (+*gen*) (*elev*) **2.** (≈ *say boastfully*) prahlen **boastful** *adj*, **boastfully** *adv* prahlerisch **boasting** *n* Prahlerei *f* (*about*, *of* mit)

boat *n* Boot *nt*; (≈ *passenger boat*) Schiff *nt*; *by ~* mit dem Schiff; *to miss the ~* (*fig infml*) den Anschluss verpassen; *to push the ~ out* (*fig infml* ≈ *celebrate*) auf den Putz hauen (*infml*); *we're all in the same ~* (*fig infml*) wir sitzen alle in einem or im gleichen Boot **boat hire** *n* Bootsverleih *m* **boathouse** *n* Bootshaus *nt* **boating** *n* Bootfahren *nt*; *to go ~* eine Bootsfahrt machen; *~ holiday/trip* Bootsferien *pl*/-fahrt *f* **boatload** *n* Bootsladung *f* **boat race** *n* Regatta *f* **boat train** *n* Zug *m* mit Fährenanschluss **boatyard** *n* Bootshandlung *f*; (*as dry dock*) Liegeplatz *m*

bob[1] *I* *v/i* sich auf und ab bewegen; *to ~ (up and down) in or on the water* auf dem Wasser schaukeln; (*cork etc*) sich im Wasser auf und ab bewegen; *he ~bed out of sight* er duckte sich **II** *v/t head* nicken mit **III** *n* (*of head*) Nicken *nt no pl* ◆ **bob down I** *v/i* sich ducken **II** *v/t sep one's head* ducken ◆ **bob up** *I* *v/i* auftauchen **II** *v/t sep he bobbed his head up* sein Kopf schnellte hoch

bob[2] *I* *n* **1.** (≈ *haircut*) Bubikopf *m* **2.** *a few bits and ~s* so ein paar Dinge

bobbin *n* Spule *f*; (≈ *cotton reel*) Rolle *f* **bobble hat** *n* (*Br*) Pudelmütze *f* **bobsleigh**, (*US*) **bobsled I** *n* Bob *m* **II** *v/i* Bob fahren

bode *v/i to ~ well/ill* ein gutes/schlechtes Zeichen sein

bodge *v/t* = *botch*

bodice *n* Mieder *nt*

bodily I *adj* (≈ *physical*) körperlich; *~ needs* leibliche Bedürfnisse *pl*; *~ functions* Körperfunktionen *pl* **II** *adv* (≈ *forcibly*) gewaltsam

body *n* **1.** Körper *m*; *the ~ of Christ* der Leib des Herrn; *just enough to keep ~ and soul together* gerade genug, um Leib und Seele zusammenzuhalten **2.** (≈ *corpse*) Leiche *f* **3.** (*of church, speech, army: a. main body*) Hauptteil *m*; *the main ~ of the students* das Gros der Studenten **4.** (≈ *group of people*) Gruppe *f*; *the student ~* die Studentenschaft; *a large ~ of people* eine große Menschenmenge; *in a ~* geschlossen **5.** (≈ *organization*) Organ *nt*; (≈ *committee*) Gremium *nt*; (≈ *corporation*) Körperschaft *f* **6.** (≈ *quantity*) *a ~ of evidence* Beweismaterial *nt* **7.** (*a.* **body stocking**) Body *m* **body blow** *n* (*fig*) Schlag *m* ins Kontor (*to, for* für) **body builder** *n* Bodybuilder(in) *m(f)* **body building** *n* Bodybuilding *nt* **body clock** *n* innere Uhr **bodyguard** *n* Leibwache *f* **body language** *n* Körpersprache *f* **body lotion** *n* Körperlotion *f* **body odour, body odor** (*US*) *n* Körpergeruch *m* **body piercing** *n* Piercing *nt* **body (repair) shop** *n* Karosseriewerkstatt *f* **body search** *n* Leibesvisitation *f* **body stocking** *n* Body(stocking) *m* **body warmer** *n* Thermoweste *f* **bodywork** *n* AUTO Karosserie *f*

bog *n* **1.** Sumpf *m* **2.** (*Br infml* ≈ *toilet*) Klo *nt* (*infml*), Häus(e)l *nt* (*Aus*) ◆ **bog down** *v/t sep* **to get bogged down** stecken bleiben; (*in details*) sich verzetteln

bogey, bogy *n, pl* **bogeys, bogies 1.** (*fig* ≈ *bugbear*) Schreckgespenst *nt* **2.** (*Br infml*) Popel *m* (*infml*) **bogeyman** *pl* **bogeymen** schwarzer Mann

boggle *v/i the mind ~s* das ist kaum auszumalen (*infml*)

boggy *adj* (+*er*) sumpfig

bog-standard *adj* (*Br infml*) stinknormal (*infml*)

bogus *adj name* falsch; *document* gefälscht; *company* Schwindel-; *claim* erfunden

Bohemia *n* **1.** GEOG Böhmen *nt* **2.** (*fig*) Boheme *f* **bohemian I** *n* Bohemien *m* **II** *adj lifestyle* unkonventionell

boil[1] *n* MED Furunkel *m*

boil[2] *I* *v/i* **1.** (*lit*) kochen; *the kettle was ~ing* das Wasser im Kessel kochte. **2.**

(*fig infml*) **~ing hot water** kochend heißes Wasser; **it was ~ing** (**hot**) **in the office** es war eine Affenhitze im Büro (*infml*); **I was ~ing** (**hot**) mir war fürchterlich heiß **II** *v/t* kochen; **~ed/hard~ed egg** weich/hart gekochtes Ei; **~ed potatoes** Salzkartoffeln *pl* **III** *n* **to bring sth to the** (*Br*) *or* **a** (*US*) **~** etw aufkochen lassen; **to come to/go off the ~** zu kochen anfangen/aufhören ◆ **boil down** (*fig*) **to ~ to sth** auf etw (*acc*) hinauslaufen; **what it boils down to is that ...** das läuft darauf hinaus, dass ... ◆ **boil over** *v/i* (*lit*) überkochen

boiled sweet *n* Bonbon *nt*, Zuckerl *nt* (*Aus*) **boiler** *n* (*domestic*) Boiler *m*; (*in ship*) (Dampf)kessel *m* **boiler room** *n* Kesselraum *m* **boiler suit** *n* (*Br*) Overall *m* **boiling point** *n* Siedepunkt *m*; **at~** auf dem Siedepunkt; **to reach ~** den Siedepunkt erreichen; (*person*) auf dem Siedepunkt anlangen

boisterous *adj* ausgelassen

bok choy *n* (*US*) = **pak-choi**

bold *adj* (+*er*) **1.** (≈ *brave*) mutig **2.** (≈ *impudent*) dreist **3.** *colours*, *pattern* kräftig; *style* kraftvoll **4.** TYPO fett; (≈ *secondary bold*) halbfett; **~ type** Fettdruck *m* **boldly** *adv* **1.** (≈ *bravely*) mutig **2.** (≈ *forthrightly*) dreist **3.** (≈ *strikingly*) auffallend **boldness** *n* **1.** (≈ *bravery*) Mut *m* **2.** (≈ *impudence*) Dreistigkeit *f* **3.** (*of colours*, *pattern*) Kräftigkeit *f*; (*of style*) Ausdruckskraft *f*

Bolivia *n* Bolivien *nt*

bollard *n* Poller *m*

bollocking *n* (*Br sl*) Schimpfkanonade *f* (*infml*); **to give sb a ~** jdn zur Sau machen (*infml*)

bollocks *pl* (*sl*) **1.** Eier *pl* (*sl*) **2.** (≈ *nonsense*) (**that's**) **~!** Quatsch mit Soße! (*infml*)

Bolshevik I *n* Bolschewik *m* **II** *adj* bolschewistisch

bolster I *n* (*on bed*) Nackenrolle *f* **II** *v/t* (*a.* **bolster up**: *fig*) *economy* Auftrieb geben (+*dat*)

bolt I *n* **1.** (*on door etc*) Riegel *m* **2.** TECH Bolzen *m* **3.** (*of lightning*) Blitzstrahl *m*; **it was like a~ from the blue** (*fig*) das war wie ein Blitz aus heiterem Himmel **4.** (≈ *dash*) **he made a ~ for the door** er machte einen Satz zur Tür; **to make a ~ for it** losrennen **II** *adv* **~ upright** kerzengerade **III** *v/i* **1.** (*horse*) durchgehen; (*person*)

Reißaus nehmen (*infml*) **2.** (≈ *move quickly*) rasen **IV** *v/t* **1.** *door* verriegeln **2.** TECH verschrauben (*to* mit); **to ~ together** verschrauben **3.** (*a.* **bolt down**) *one's food* hinunterschlingen

bomb I *n* **1.** Bombe *f* **2.** (*Br infml*) **the car goes like a ~** das ist die reinste Rakete von Wagen (*infml*); **the car cost a ~** das Auto hat ein Bombengeld gekostet (*infml*); **to make a ~** eine Stange Geld verdienen (*infml*); **to go down a ~** Riesenanklang finden (*with* bei) (*infml*) **II** *v/t* bombardieren **III** *v/i* **1.** (*infml* ≈ *go fast*) fegen (*infml*) **2.** (*US infml* ≈ *fail*) durchfallen (*infml*) ◆ **bomb along** *v/i* (*infml*) dahinrasen (*infml*)

bombard *v/t* (MIL, *fig*) bombardieren **bombardment** *n* (MIL, *fig*) Bombardierung *f*

bombastic *adj* bombastisch

bomb attack *n* Bombenangriff *m* **bomb disposal** *n* Bombenräumung *f* **bomb disposal squad** *n* Bombenräumtrupp *m* **bomber** *n* **1.** (≈ *aircraft*) Bomber *m* **2.** (≈ *terrorist*) Bombenattentäter(in) *m(f)* **bomber jacket** *n* Fliegerjacke *f* **bombing** *n* Bombenangriff *m* (*of auf* +*acc*) **II** *adj* *raid* Bomben- **bomb scare** *n* Bombenalarm *m* **bombshell** *n* (*fig*) **this news was a ~** die Nachricht schlug wie eine Bombe ein; **to drop a or the ~**, **to drop a ~** die Bombe platzen lassen **bomb shelter** *n* Luftschutzkeller *m* **bomb site** *n* Trümmergrundstück *nt*

bona fide *adj* bona fide; *traveller*, *word*, *antique* echt; **it's a ~ offer** es ist ein Angebot auf Treu und Glauben

bonanza *n* (*fig*) Goldgrube *f*; **the oil ~** der Ölboom

bond I *n* **1.** (*fig* ≈ *link*) Bindung *f* **2. bonds** *pl* (*lit*) Fesseln *pl*; (*fig* ≈ *ties*) Bande *pl* (*elev*) **3.** COMM, FIN Pfandbrief *m*; **government ~** Staatsanleihe *f* **II** *v/i* **1.** (*glue*) binden **2. to ~ with one's baby** Liebe zu seinem Kind entwickeln; **we ~ed immediately** wir haben uns auf Anhieb gut verstanden

bondage *n* **1.** (*fig liter*) **in ~ to sth** einer Sache (*dat*) unterworfen **2.** (*sexual*) Fesseln *nt*; **~ gear** Sadomasoausrüstung *f*

bonded warehouse *n* Zolllager *nt*

bone I *n* Knochen *m*; (*of fish*) Gräte *f*; **~s** *pl* (*of the dead*) Gebeine *pl*; **chilled to the ~** völlig durchgefroren; **to work one's fingers to the ~** sich (*dat*) die Finger abarbeiten; **~ of contention** Zankapfel *m*; **to have a ~ to pick with sb** (*infml*) mit jdm ein Hühnchen zu rupfen haben (*infml*); **I'll make no ~s about it, you're ...** (*infml*) du bist, ehrlich gesagt, ...; **I can feel it in my ~s** das spüre ich in den Knochen **II** *v/t* die Knochen lösen aus; *fish* entgräten ♦ **bone up on** *v/i* +*prep obj* (*infml*) pauken (*infml*) **bone china** *n* feines Porzellan **bone dry** *adj pred*, **bone-dry** *adj attr* (*infml*) knochentrocken **bone idle** *adj* (*Br infml*) stinkfaul (*infml*) **bone structure** *n* (*of face*) Gesichtszüge *pl*

bonfire *n* Feuer *nt*; (*for celebration*) Freudenfeuer *nt* **bonfire night** *n* 5. November (*Jahrestag der Pulververschwörung*)

bonk (*infml*) *v/t & v/i* bumsen (*infml*)

bonkers *adj* (*esp Br infml*) meschugge (*infml*); **to be ~** spinnen (*infml*)

bonnet *n* **1.** (*woman's*) Haube *f*; (*baby's*) Häubchen *nt* **2.** (*Br* AUTO) Motorhaube *f*

bonnie, bonny *adj* (*esp Scot*) schön; *baby* prächtig

bonsai *n*, *pl* - Bonsai *nt*

bonus *n* **1.** Prämie *f*; (≈ *Christmas bonus*) Gratifikation *f*; **~ scheme** Prämiensystem *nt*; **~ point** Bonuspunkt *m* **2.** (*infml* ≈ *sth extra*) Zugabe *f*

bony *adj* (+*er*) knochig

boo[1] **I** *int* buh; **he wouldn't say ~ to a goose** (*infml*) er ist ein schüchternes Pflänzchen **II** *v/t* speaker, referee auspfeifen **III** *v/i* buhen **IV** *n* Buhruf *m*

boo[2] *n* (*US infml*) Freund(in) *m(f)*, Partner(in) *m(f)*

boob I *n* **1.** (*Br infml* ≈ *mistake*) Schnitzer *m* (*infml*) **2.** (*infml* ≈ *breast*) Brust *f*; **big ~s** große Titten *pl or* Möpse *pl* (*sl*) **II** *v/i* (*Br infml*) einen Schnitzer machen (*infml*)

booby prize *n* Scherzpreis für den schlechtesten Teilnehmer **booby trap I** *n* MIL *etc* versteckte Bombe **II** *v/t* **the suitcase was booby-trapped** in dem Koffer war eine Bombe versteckt

booing *n* Buhrufen *nt*

book I *n* **1.** Buch *nt*; (≈ *exercise book*) Heft *nt*; **the Book of Genesis** die Genesis, das 1. Buch Mose; **to bring sb to ~** jdn zur Rechenschaft ziehen; **to throw the ~ at sb** (*infml*) jdn nach allen Regeln der Kunst fertigmachen (*infml*); **to go by the ~** sich an die Vorschriften halten; **to be in sb's good/bad ~s** bei jdm gut /

schlecht angeschrieben sein (*infml*); **I can read him like a ~** ich kann in ihm lesen wie in einem Buch; **he'll use every trick in the ~** (*infml*) er wird alles und jedes versuchen; **that counts as cheating in my ~** (*infml*) für mich ist das Betrug **2.** (*of tickets*) Heft *nt*; **~ of stamps** Briefmarkenheftchen *n* **3. books** *pl* COMM, FIN Bücher *pl*; **to do the ~s for sb** jdm die Bücher führen **II** *v/t* **1.** (≈ *reserve*) bestellen; *seat, room* buchen; *artiste* engagieren; **fully ~ed** (*performance*) ausverkauft; (*flight*) ausgebucht; (*hotel*) voll belegt; **to ~ sb through to Hull** RAIL jdn bis Hull durchbuchen **2.** (*infml*) *driver etc* aufschreiben (*infml*); *footballer* verwarnen; **to be ~ed for speeding** wegen zu schnellen Fahrens aufgeschrieben werden **III** *v/i* bestellen; (≈ *reserve seat, room also*) buchen; **to ~ through to Hull** bis Hull durchlösen ♦ **book in I** *v/i* (*in hotel etc*) sich eintragen; **we booked in at or into the Hilton** wir sind im Hilton abgestiegen **II** *v/t* **to book sb into a hotel** jdm ein Hotelzimmer reservieren lassen; **we're booked in at or into the Hilton** unsere Zimmer sind im Hilton reserviert ♦ **book up** *v/t sep* **to be (fully) booked up** (ganz) ausgebucht sein; (*performance, theatre*) ausverkauft sein

bookable *adj* **1.** im Vorverkauf erhältlich **2.** SPORTS **a ~ offence** (*Br*) *or* **offense** (*US*) ein Verstoß *m*, für den es eine Verwarnung gibt

bookcase *n* Bücherregal *nt*; (*with doors*) Bücherschrank *m* **book club** *n* Buchgemeinschaft *f* **book end** *n* Bücherstütze *f* **bookie** *n* (*infml*) Buchmacher(in) *m(f)* **booking** *n* Buchung *f*; (*of performer*) Engagement *nt*; **to make a ~** buchen; **to cancel a ~** den Tisch / die Karte *etc* abbestellen, die Reise / den Flug *etc* stornieren **booking clerk** *n* Fahrkartenverkäufer(in) *m(f)* **booking fee** *n* Buchungsgebühr *f* **booking office** *n* RAIL Fahrkartenschalter *m*; THEAT Vorverkaufsstelle *f* **book-keeper** *n* Buchhalter(in) *m(f)* **book-keeping** *n* Buchhaltung *f* **booklet** *n* Broschüre *f* **book lover** *n* Bücherfreund(in) *m(f)* **bookmaker** *n* Buchmacher(in) *m(f)* **bookmark I** *n* Lesezeichen *nt*; IT Bookmark *nt* **II** *v/t* IT ein Bookmark einrichten für **bookseller** *n* Buchhändler *m* **bookshelf** *n* Bücherbord *nt* **bookshelves** *pl* Bücherregal *nt* **bookshop** (*esp Br*), **bookstore** (*US*) *n* Buchhandlung *f* **bookstall** *n* Bücherstand *m* **bookstand** *n* (*US*) **1.** (≈ *bookrest*) Lesepult *nt* **2.** (≈ *bookcase*) Bücherregal *nt* **3.** (≈ *bookstall: in station, airport*) Bücherstand *m* **book token** *n* Buchgutschein *m* **bookworm** *n* (*fig*) Bücherwurm *m*

boom¹ *n* NAUT Baum *m*

boom² **I** *n* (*of guns*) Donnern *nt*; (*of voice*) Dröhnen *nt* **II** *v/i* (*voice: a.* **boom out**) dröhnen; (*guns*) donnern **III** *int* bum

boom³ **I** *v/i* (*trade*) boomen (*infml*); **business is ~ing** das Geschäft blüht **II** *n* (*of business, fig*) Boom *m*

boomerang *n* Bumerang *m*

booming¹ *adj sound* dröhnend

booming² *adj economy, business* boomend

boon *n* Segen *m*

boor *n* Rüpel *m* **boorish** *adj*, **boorishly** *adv* rüpelhaft

boost I *n* Auftrieb *m no pl*; ELEC, AUTO Verstärkung *f*; **to give sb/sth a ~** jdm/einer Sache Auftrieb geben; **to give a ~ to sb's morale** jdm Auftrieb geben **II** *v/t production, sales, economy* ankurbeln; *profits, income* erhöhen; *confidence* stärken; *morale* heben **booster** *n* (MED: *a.* **booster shot**) Wiederholungsimpfung *f*

boot I *n* **1.** Stiefel *m*; **the ~ is on the other foot** (*fig*) es ist genau umgekehrt; **to give sb the ~** (*infml*) jdn rausschmeißen (*infml*); **to get the ~** (*infml*) rausgeschmissen werden (*infml*); **to put the ~ into sb/sth** (*Br fig infml*) jdn/etw niedermachen **2.** (*Br, of car etc*) Kofferraum *m* **II** *v/t* **1.** (*infml* ≈ *kick*) einen (Fuß)tritt geben (+*dat*) **2.** IT laden **III** *v/i* IT laden ◆ **boot out** *v/t sep* (*infml*) rausschmeißen (*infml*) ◆ **boot up** IT *v/t & v/i sep* booten

boot camp *n* (*US* MIL *infml*) Armee-Ausbildungslager *nt*

bootee *n* gestrickter Babyschuh

booth *n* **1.** (*at fair*) (Markt)bude *f*; (*at show*) (Messe)stand *m* **2.** (≈ *telephone booth*) Zelle *f*; (≈ *polling booth*) Kabine *f*; (*in restaurant*) Nische *f*

bootlace *n* Schnürsenkel *m* **bootleg** *adj whisky etc* schwarzgebrannt; *goods* schwarz hergestellt **bootlicker** *n* (*pej*

infml) Speichellecker *m* (*pej infml*) **boot polish** *n* Schuhcreme *f* **bootstrap** *n* **to pull oneself up by one's (own) ~s** (*infml*) sich aus eigener Kraft hocharbeiten

booty *n* Beute *f*

booze (*infml*) **I** *n* Alkohol *m*; **keep off the ~** lass das Saufen sein (*infml*); **bring some ~** bring was zu schlucken mit (*infml*) **II** *v/i* saufen (*infml*); **to go out boozing** saufen gehen (*infml*) **boozer** *n* **1.** (*pej infml* ≈ *drinker*) Säufer(in) *m(f)* (*pej infml*) **2.** (*Br infml* ≈ *pub*) Kneipe *f* (*infml*) **booze-up** *n* (*infml*) Besäufnis *nt* (*infml*) **boozy** *adj* (+*er*) (*infml*) *look, face* versoffen (*infml*); **~ party** Sauferei *f* (*infml*); **~ lunch** Essen *nt* mit reichlich zu trinken

bop I *n* **1.** (*infml* ≈ *dance*) Schwof *m* (*infml*) **2.** (*infml*) **to give sb a ~ on the nose** jdm eins auf die Nase geben **II** *v/i* (*infml* ≈ *dance*) schwofen (*infml*) **III** *v/t* (*infml*) **to ~ sb on the head** jdm eins auf den Kopf geben

border I *n* **1.** (≈ *edge*) Rand *m* **2.** (≈ *frontier*) Grenze *f*; **on the French ~** an der französischen Grenze; **north/south of the ~** (*Br*) in/nach Schottland/England **3.** (*in garden*) Rabatte *f* **4.** (*on dress*) Bordüre *f* **II** *v/t* **1.** *path* säumen; *estate etc* begrenzen; (*on all sides*) umschließen **2.** (≈ *border on*) grenzen an (+*acc*) ◆ **border on** *or* **upon** *v/i* +*prep obj* grenzen an (+*acc*)

border dispute *n* Grenzstreitigkeit *f* **border guard** *n* Grenzsoldat *m* **bordering** *adj* angrenzend **borderline I** *n* Grenze *f*; **to be on the ~** an der Grenze liegen **II** *adj* (*fig*) **a ~ case** ein Grenzfall *m*; **it was a ~ pass** er *etc* ist ganz knapp durchgekommen **border town** ≈ Grenzstadt *f*

bore¹ **I** *v/t hole* bohren **II** *v/i* bohren (*for* nach) **III** *n* Kaliber *nt*; **a 12 ~ shotgun** eine Flinte vom Kaliber 12

bore² **I** *n* **1.** (≈ *person*) Langweiler *m* **2.** (≈ *situation etc*) **to be a ~** langweilig *or* (*Aus*) fad sein; **it's such a ~ having to go** es ist wirklich zu dumm, dass ich *etc* gehen muss **II** *v/t* langweilen; **to ~ sb stiff** *or* **to tears** (*infml*) jdn zu Tode langweilen; **to be/get ~d** sich langweilen; **he is ~d with his job** seine Arbeit langweilt ihn

bore³ *pret of* **bear**¹

boredom n Lang(e)weile f
boring adj langweilig, fad (Aus)
born I past part of bear¹; **to be ~** geboren werden; **I was ~ in 1988** ich bin or wurde 1988 geboren; **when were you ~?** wann sind Sie geboren?; **he was ~ into a rich family** er wurde in eine reiche Familie hineingeboren; **to be ~ deaf** von Geburt an taub sein; **the baby was ~ dead** das Baby war eine Totgeburt; **I wasn't ~ yesterday** (infml) ich bin nicht von gestern (infml); **there's one ~ every minute!** (fig infml) die Dummen werden nicht alle! II adj suf (≈ native of) **he is Chicago-~** er ist ein gebürtiger Chicagoer; **his French-~ wife** seine Frau, die gebürtige Französin ist III adj geboren; **he is a ~ teacher** er ist der geborene Lehrer; **an Englishman ~ and bred** ein echter Engländer **born-again** adj Christian etc wiedergeboren
borne past part of bear¹
borough n (a. **municipal borough**) Bezirk m
borrow I v/t (sich dat) borgen (from von); amount from bank, car sich (dat) leihen; library book ausleihen; (fig) idea übernehmen (from von); **to ~ money from the bank** Kredit bei der Bank aufnehmen II v/i borgen; (from bank) Kredit m aufnehmen **borrower** n (of capital etc) Kreditnehmer(in) m(f) **borrowing** n **government** staatliche Kreditaufnahme; **consumer ~** Verbraucherkredit m; **~ requirements** Kreditbedarf m
Bosnia n Bosnien nt **Bosnia-Herzegovina** n Bosnien und Herzegowina nt **Bosnian** I adj bosnisch II n Bosnier(in) m(f)
bosom I n 1. Busen m 2. (fig) **in the ~ of his family** im Schoß der Familie II adj attr Busen-
boss n Chef m, Boss m (infml); **his wife is the ~** seine Frau hat das Sagen; **OK, you're the ~** in Ordnung, du hast zu bestimmen ◆ **boss about** (Brit) or **around** v/t sep (infml) rumkommandieren (infml)
bossy adj (+er) herrisch
botanic(al) adj botanisch **botanist** n Botaniker(in) m(f) **botany** n Botanik f
botch v/t (infml: a. **botch up**) verpfuschen; plans etc vermasseln (infml); **a ~ed job** ein Pfusch m (infml) **botch-up** n (infml) Pfusch m (infml)
both I adj beide; **~ (the) boys** beide Jun-

gen II pron beide; (two different things) beides; **~ of them were there, they were ~ there** sie waren (alle) beide da; **~ of these answers are wrong** beide Antworten sind falsch III adv **~ ... and ...** sowohl ... als auch ...; **~ you and I** wir beide; **John and I ~ came** John und ich sind beide gekommen; **is it black or white? — ~** ist es schwarz oder weiß? — beides; **you and me ~** (infml) wir zwei beide (infml)
bother I v/t 1. stören; (≈ annoy) belästigen; (≈ worry) Sorgen machen (+dat); (problem, question) keine Ruhe lassen (+dat); **I'm sorry to ~ you but ...** es tut mir leid, dass ich Sie damit belästigen muss, aber ...; **don't ~ your head about that** zerbrechen Sie sich (dat) darüber nicht den Kopf; **I shouldn't let it ~ you** machen Sie sich mal keine Sorgen 2. **I can't be ~ed** ich habe keine Lust; **I can't be ~ed with people like him** für solche Leute habe ich nichts übrig; **I can't be ~ed to do that** ich habe einfach keine Lust, das zu machen; **do you want to stay or go? — I'm not ~ed** willst du bleiben oder gehen? — das ist mir egal; **I'm not ~ed about him/the money** seinetwegen/wegen des Geldes mache ich mir keine Gedanken; **don't ~ to do it again** das brauchen Sie nicht nochmals zu tun; **she didn't even ~ to ask** sie hat gar nicht erst gefragt; **please don't ~ getting up** or **to get up** bitte, bleiben Sie doch sitzen II v/i sich kümmern (about um); (≈ get worried) sich (dat) Sorgen machen (about um); **don't ~ about me!** machen Sie sich meinetwegen keine Sorgen; (sarcastic) ist ja egal, was ich will; **he/it is not worth ~ing about** über ihn/darüber brauchen wir gar nicht zu reden; **I'm not going to ~ with that** das lasse ich; **don't ~!** nicht nötig!; **you needn't have ~ed!** das wäre nicht nötig gewesen! III n 1. (≈ nuisance) Plage f; **I know it's an awful ~ for you but ...** ich weiß, dass Ihnen das fürchterliche Umstände macht, aber ... 2. (≈ trouble) Ärger m; (≈ difficulties) Schwierigkeiten pl; **we had a spot or bit of ~ with the car** wir hatten Ärger mit dem Auto; **I didn't have any ~ getting the visa** es war kein Problem, das Visum zu bekommen; **it wasn't any ~** (≈ don't mention it) das ist gern gesche-

hen; (≈ *not difficult*) das war ganz einfach; *the children were no ~ at all* wir hatten mit den Kindern überhaupt keine Probleme; *to go to a lot of ~ to do sth* sich (*dat*) mit etw viel Mühe geben

bottle I *n* Flasche *f*; *a ~ of wine* eine Flasche Wein **II** *v/t* in Flaschen abfüllen ♦ **bottle out** *v/i* (*Br infml*) die Nerven verlieren ♦ **bottle up** *v/t sep emotion* in sich (*dat*) aufstauen

bottle bank *n* Altglascontainer *m* **bottled** *adj gas* in Flaschen; *beer* Flaschen- **bottle-feed** *v/t* aus der Flasche ernähren **bottleneck** *n* Engpass *m* **bottle-opener** *n* Flaschenöffner *m*

bottom I *n* **1.** (≈ *lowest part* ≈ *of box, glass*) Boden *m*; (*of mountain, pillar*) Fuß *m*; (*of page, screen*) Ende *nt*; (*of list, road*) Ende *nt*; *which end is the ~?* wo ist unten?; *at the ~ of the page/league/hill etc* unten auf der Seite / in der Tabelle / am Berg *etc*; *at the ~ of the mountain* am Fuß des Berges; *to be (at the) ~ of the class* der / die Letzte in der Klasse sein; *at the ~ of the garden* hinten im Garten; *~s up!* hoch die Tassen (*infml*); *from the ~ of my heart* aus tiefstem Herzen; *at ~* (*fig*) im Grunde; *the ~ dropped or fell out of the market* die Marktlage hat einen Tiefstand erreicht **2.** (≈ *underside*) Unterseite *f*; *on the ~ of the tin* unten an der Dose **3.** (*of sea, river*) Grund *m*; *at the ~ of the sea* auf dem Meeresboden **4.** (*of person*) Hintern *m* (*infml*) **5.** (*fig, causally*) *to be at the ~ of sth* (*Mensch*) hinter etw (*dat*) stecken; (*Sache*) einer Sache (*dat*) zugrunde liegen; *to get to the ~ of sth* einer Sache (*dat*) auf den Grund kommen **6.** (*Br* AUTO) *~* (*gear*) erster Gang; *in ~* (*gear*) im ersten Gang **7.** *tracksuit ~s* Trainingsanzughose *f*; *bikini ~(s)* Bikiniunterteil *nt* **II** *adj attr* (≈ *lower*) untere(r, s); (≈ *lowest*) unterste(r, s); *~ half* (*of box*) untere Hälfte; (*of list, class*) zweite Hälfte **bottomless** *adj a ~ pit* (*fig*) ein Fass ohne Boden **bottom line** *n* (*fig*) *that's the ~* (≈ *decisive factor*) das ist das Entscheidende (dabei); (≈ *what it amounts to*) darauf läuft es im Endeffekt hinaus

bough *n* Ast *m*

bought *pret, past part of* **buy**

bouillon *n* Bouillon *f*, Rindsuppe *f* (*Aus*)

bouillon cube *n* (*US*) Brühwürfel *m*

boulder *n* Felsblock *m*

boulevard *n* Boulevard *m*

bounce I *v/i* **1.** (*ball etc*) springen; *the child ~d up and down on the bed* das Kind hüpfte auf dem Bett herum **2.** (*infml, cheque*) platzen (*infml*) **3.** IT = *bounce back* **II** *v/t* **1.** *ball* aufprallen lassen; *he ~d the ball against the wall* er warf den Ball gegen die Wand; *he ~d the baby on his knee* er ließ das Kind auf den Knien reiten **2.** IT = *bounce back* ♦ **bounce back I** *v/i* **1.** (IT: *e-mail*) bouncen, zurückprallen **2.** (*fig infml*) sich nicht unterkriegen lassen (*infml*) **II** *v/t* IT *e-mail* bouncen, zurückschicken ♦ **bounce off I** *v/t always separate* **to bounce sth off sth** etw von etw abprallen lassen; *to bounce an idea off sb* (*fig infml*) eine Idee an jdm testen (*infml*) **II** *v/i* abprallen

bouncer *n* (*infml*) Rausschmeißer(in) *m(f)* (*infml*) **bouncy** *adj* (*+er*) *mattress* federnd **bouncy castle**® *n* Hüpfburg *f*

bound¹ *n usu pl* Grenze *f*; *within the ~s of probability* im Bereich des Wahrscheinlichen; *his ambition knows no ~s* sein Ehrgeiz kennt keine Grenzen; *the bar is out of ~s* das Betreten des Lokals ist verboten; *this part of town is out of ~s* dieser Stadtteil ist Sperrzone

bound² **I** *n* Sprung *m* **II** *v/i* springen; *the dog came ~ing up* der Hund kam angesprungen

bound³ **I** *pret, past part of* **bind II** *adj* **1.** gebunden; *~ hand and foot* an Händen und Füßen gebunden **2.** *to be ~ to do sth* etw bestimmt tun; *it's ~ to happen* das muss so kommen **3.** (≈ *obliged*) *but I'm ~ to say ...* (*infml*) aber ich muss schon sagen ...

bound⁴ *adj pred* *to be ~ for London* (≈ *heading for*) auf dem Weg nach London sein; (≈ *about to start*) nach London gehen; *all passengers ~ for London will ...* alle Passagiere nach London werden ...

boundary *n* Grenze *f* **boundary line** *n* Grenzlinie *f*; SPORTS Spielfeldgrenze *f* **boundless** *adj* grenzenlos

bountiful *adj* großzügig; *harvest, gifts* (über)reich

bouquet *n* **1.** Strauß *m* **2.** (*of wine*) Bukett *nt* **bouquet garni** *n* COOK Kräutermischung *f*

bourbon *n* (*a.* **bourbon whiskey**) Bourbon *m*

bourgeois I *n* Bürger(in) *m(f)*; (*pej*) Spießbürger(in) *m(f)* **II** *adj* bürgerlich; (*pej*) spießbürgerlich **bourgeoisie** *n* Bürgertum *nt*

bout *n* **1.** (*of flu etc*) Anfall *m*; *a ~ of fever* ein Fieberanfall *m*; *a drinking ~* eine Zecherei **2.** BOXING Kampf *m*

boutique *n* Boutique *f*

bow[1] *n* **1.** (*weapon, for violin etc*) Bogen *m*; *a ~ and arrow* Pfeil und Bogen *pl* **2.** (*≈ knot*) Schleife *f*

bow[2] **I** *n* Verbeugung *f*; *to take a ~* sich verbeugen **II** *v/i* **1.** sich verbeugen (*to sb* vor jdm) **2.** (*fig*) sich beugen (*before* vor +*dat*, *under* unter +*dat*, *to* +*dat*); *to ~ to the inevitable* sich in das Unvermeidliche fügen **III** *v/t* *to ~ one's head* den Kopf senken; (*in prayer*) sich verneigen
◆ **bow down** *v/i* (*lit*) sich beugen; *to ~ to* *or* *before sb* (*fig*) sich jdm beugen
◆ **bow out** *v/i* (*fig*) sich verabschieden; *to ~ of sth* sich aus etw zurückziehen

bow[3] *n* often pl Bug *m*; *on the port ~* backbord(s) voraus

bowed[1] *adj* legs krumm

bowed[2] *adj* person gebeugt; *shoulders* hängend

bowel *n usu pl* **1.** ANAT Eingeweide *nt usu pl*; *a ~ movement* Stuhl(gang) *m* **2.** (*fig*) *the ~s of the earth* das Erdinnere

bowl[1] *n* **1.** Schüssel *f*; (*fingerbowl*) Schale *f*; (*for sugar etc*) Schälchen *nt*; *a ~ of milk* eine Schale Milch **2.** (*of lavatory*) Becken *nt*

bowl[2] **I** *v/i* **1.** BOWLS, TENPIN Bowling spielen **2.** CRICKET werfen **II** *v/t* **1.** (*≈ roll*) ball rollen **2.** CRICKET *ball* werfen ◆ **bowl over** *v/t sep* (*fig*) umwerfen; *he was bowled over by the news* die Nachricht hat ihn (einfach) überwältigt

bow-legged *adj* o-beinig

bowler[1] *n* CRICKET Werfer *m*

bowler[2] *n* (*Br: a.* **bowler hat**) Melone *f*

bowling *n* **1.** CRICKET Werfen *nt* **2.** (*≈ tenpin bowling*) Bowling *nt*; *to go ~* bowlen gehen **bowling alley** *n* Bowlingbahn *f* **bowling green** *n* Rasenfläche *f* für Bowling **bowls** *n* Bowling *nt*

bow tie *n* Fliege *f*

box[1] **I** *v/t & v/i* SPORTS boxen; *to ~ sb's ears* jdn ohrfeigen *or* (*Aus*) watschen **II** *n* *a ~ on the ears* eine Ohrfeige, eine Watsche (*Aus*)

box[2] *n* **1.** (*of wood*) Kiste *f*; (*≈ cardboard box*) Karton *m*; (*of light cardboard ≈ matchbox*) Schachtel *f*; (*of chocolates etc*) Packung *f* **2.** (*on form*) Kästchen *nt* **3.** THEAT Loge *f* **4.** (*esp Br infml ≈ TV*) Glotze *f* (*infml*); *what's on the ~?* was gibts im Fernsehen?; *I was watching the ~* ich habe geglotzt (*infml*)
◆ **box in** *v/t sep* parked car einklemmen

boxcar *n* (*US* RAIL) (geschlossener) Güterwagen

boxer *n* **1.** SPORTS Boxer(in) *m(f)* **2.** (*≈ dog*) Boxer *m* **boxer briefs** *pl* Boxershorts *pl* (*eng anliegend*) **boxer shorts** *pl* Boxershorts *pl* **boxing** *n* Boxen *nt* **Boxing Day** *n* (*Br*) zweiter Weihnachts(feier)tag **boxing gloves** *pl* Boxhandschuhe *pl* **boxing match** *n* Boxkampf *m* **boxing ring** *n* Boxring *m*

box junction *n* MOT gelb schraffierte Kreuzung (*in die bei Stau nicht eingefahren werden darf*) **box number** *n* Chiffre *f*; (*at post office*) Postfach *nt* **box office I** *n* Kasse *f*, Kassa *f* (*Aus*) **II** *attr* ≈ **success/hit** Kassenschlager *m* **boxroom** *n* (*Br*) Abstellraum *m*

boy *n* **1.** Junge *m*, Bub *m* (*Aus, Swiss*); *the Jones ~* der Junge von Jones; *~s will be ~s* Jungen sind nun mal so **2.** (*infml ≈ fellow*) Knabe *m* (*infml*); *the old ~* (*≈ boss*) der Alte (*infml*); (*≈ father*) mein *etc* alter Herr **3.** (*≈ friend*) *the ~s* meine/seine Kumpels; *our ~s* (*≈ team*) unsere Jungs **4.** *oh ~!* (*infml*) Junge, Junge! (*infml*) **boy band** *n* MUS Boygroup *f*

boycott I *n* Boykott *m* **II** *v/t* boykottieren

boyfriend *n* Freund *m* **boyhood** *n* Kindheit *f*; (*as teenager*) Jugend(zeit) *f* **boyish** *adj* jungenhaft; *woman* knabenhaft

boy scout *n* Pfadfinder *m* **Boy Scouts** *n sg* Pfadfinder *pl*

bpi, BPI IT *abbr of* **bits per inch** BPI

bps, BPS IT *abbr of* **bits per second** BPS

bra *n abbr of* **brassière** BH *m*

brace *n* **1.** (*on teeth*) Klammer *f*; MED Stützapparat *m* **II** *v/r* sich bereithalten; *to ~ oneself for sth* sich auf etw (*acc*) gefasst machen; *~ yourself, I've got bad news for you* mach dich auf eine schlechte Nachricht gefasst

bracelet *n* Armband *nt*; (*≈ bangle*) Armreif(en) *m*

braces *pl* (*Br*) Hosenträger *pl*; *a pair of ~* (ein Paar) Hosenträger

bracing *adj* anregend; *climate* Reiz-

bracken n Adlerfarn m
bracket I n 1. (≈ angle bracket) Winkelträger m; (for shelf) (Regal)träger m 2. TYPO, MUS Klammer f; **in ~s** in Klammern 3. (≈ group) Gruppe f **II** v/t (a. **bracket together**) (fig) zusammenfassen
brag I v/i angeben (about, of mit) **II** v/t **to ~ that** damit angeben, dass **bragging** n Angeberei f
braid I n 1. (of hair) Zopf m 2. (≈ trimming) Borte f **II** v/t (≈ plait) flechten
Braille I n Blindenschrift f **II** adj Blindenschrift-
brain n 1. ANAT Gehirn nt; **he's got sex on the ~** (infml) er hat nur Sex im Kopf 2. **brains** pl ANAT Gehirn nt; COOK Hirn nt 3. (≈ mind) Verstand m; **~s** pl (≈ intelligence) Intelligenz f, Grips m (infml); **he has ~s** er ist intelligent; **use your ~s** streng mal deinen Kopf an **brainbox** n (hum infml) Schlauberger m (infml)
brainchild n Erfindung f; (≈ idea) Geistesprodukt nt **brain-damaged** adj hirngeschädigt **braindead** adj (ge)hirntot **brain drain** n Abwanderung f von Wissenschaftlern, Braindrain m **brain haemorrhage, brain hemorrhage** (US) n (Ge)hirnblutung f **brainless** adj hirnlos, dumm **brain scan** n Computertomografie f des Schädels **brainstorm** n (US ≈ brainwave) Geistesblitz m **brainstorming** n Brainstorming nt; **to have a ~ session** ein Brainstorming veranstalten **brain surgeon** n Hirnchirurg(in) m(f) **brain tumour,** (US) **brain tumor** n Gehirntumor m **brainwash** v/t einer Gehirnwäsche (dat) unterziehen; **to ~ sb into believing etc that ...** jdm (ständig) einreden, dass ... **brainwashing** n Gehirnwäsche f **brainwave** n (Br) Geistesblitz m **brainy** adj (+er) (infml) gescheit
braise v/t COOK schmoren
brake I n TECH Bremse f; **to put the ~s on** bremsen **II** v/i bremsen **brake disc** n Bremsscheibe f **brake fluid** n Bremsflüssigkeit f **brake light** n Bremslicht nt **brake lining** n Bremsbelag m **brake pad** n Bremsklotz m **brake pedal** n Bremspedal nt **brake shoe** n Bremsbacke f **braking** n Bremsen nt **braking distance** n Bremsweg m
bramble n (≈ bush) Brombeerstrauch m
bran n Kleie f

branch I n 1. BOT Zweig m; (growing from trunk) Ast m 2. (of river) Arm m; (of road) Abzweigung f; (of family) Zweig m; (of railway) Abzweig m 3. (in river, road, railway) Gabelung f 4. COMM Zweigstelle f, Ablage f (Swiss); **main ~** Haupt(geschäfts)stelle f; (of store) Hauptgeschäft nt 5. (of subject etc) Zweig m **II** v/i (river, road etc) sich gabeln; (in more than two) sich verzweigen ♦ **branch off** v/i (road) abzweigen ♦ **branch out** v/i (fig) sein Geschäft ausdehnen (into auf +acc); **to ~ on one's own** sich selbstständig machen
branch line n RAIL Nebenlinie f **branch manager** n Filialleiter m **branch office** n Zweigstelle f, Ablage f (Swiss)
brand I n 1. (≈ make) Marke f 2. (on cattle) Brandzeichen nt **II** v/t 1. goods mit seinem Warenzeichen versehen; **~ed goods** Markenartikel pl 2. cattle mit einem Brandzeichen kennzeichnen 3. (≈ stigmatize) brandmarken **branding** n Markenkennzeichnung f
brandish v/t schwingen
brand leader n führende Marke **brand name** n Markenname m **brand-new** adj nagelneu
brandy n Weinbrand m
brash adj (+er) dreist
brass I n 1. Messing nt 2. **the ~** MUS die Blechbläser pl 3. (infml) **the top ~** die hohen Tiere (infml) **II** adj (≈ made of brass) Messing-; MUS Blech-; **~ player** Blechbläser m; **~ section** Blechbläser pl **brass band** n Blaskapelle f
brassière n (dated, form) Büstenhalter m
brass plaque, brass plate n Messingschild nt
brat n (pej infml) Balg m or nt (infml); (esp girl) Göre f (infml)
bravado n 1. (≈ showy bravery) Draufgängertum nt 2. (hiding fear) gespielte Tapferkeit
brave I adj (+er) mutig; (≈ showing courage, suffering pain) tapfer; **be ~!** nur Mut!; **~ new world** schöne neue Welt **II** v/t die Stirn bieten (+dat); elements trotzen (+dat) **bravely** adv tapfer **bravery** n Mut m
bravo int bravo!
brawl I v/i sich schlagen **II** n Schlägerei f **brawling** n Schlägereien pl
brawn n Muskelkraft f; **he's all ~ and no brains** er hat Muskeln, aber kein Gehirn

brawny adj (+er) muskulös
bray v/i (ass) schreien
brazen adj dreist; lie schamlos ◆ **brazen out** v/t sep **to brazen it out** durchhalten; (by lying) sich durchmogeln (infml)
brazenly adv dreist; lie schamlos
Brazil n Brasilien nt **brazil** n (a. **brazil nut**) Paranuss f **Brazilian I** n Brasilianer(in) m(f) **II** adj brasilianisch
breach I n **1.** Verstoß m (of gegen); **a ~ of contract** ein Vertragsbruch; **~ of the peace** JUR öffentliche Ruhestörung; **a ~ of security** ein Verstoß m gegen die Sicherheitsbestimmungen; **~ of trust** FIN Untreue f **2.** (in wall etc, in security) Lücke f **II** v/t **1.** wall eine Bresche schlagen in (+acc); defences, security durchbrechen **2.** contract verletzen
bread n **1.** Brot nt; **a piece of ~ and butter** ein Butterbrot nt; **he knows which side his ~ is buttered (on)** er weiß, wo was zu holen ist **2.** (≈ livelihood) **writing is his ~ and butter** er verdient sich seinen Lebensunterhalt mit Schreiben **3.** (infml ≈ money) Kohle f (infml) **breadbin** n (Br) Brotkasten m **breadboard** n Brot(schneide)brett nt **breadbox** n (US) Brotkasten m **breadcrumbs** pl COOK Paniermehl nt; **in ~** paniert **breadknife** n Brotmesser nt **breadline** n **to be on the ~** (fig) nur das Allernotwendigste zum Leben haben **bread roll** n Brötchen nt **breadstick** n Knabberstange f
breadth n Breite f; **a hundred metres** (Br) or **meters** (US) **in ~** hundert Meter breit
breadwinner n Brotverdiener(in) m(f)
break v/b: pret **broke**, past part **broken I** n **1.** (≈ fracture) Bruch m **2.** (≈ gap) Lücke f; **row upon row of houses without a ~** Häuserzeile auf Häuserzeile, ohne Lücke **3.** (≈ pause, also Br SCHOOL) Pause f; **without a ~** ununterbrochen; **to take or have a ~** (eine) Pause machen; **at ~** SCHOOL in der Pause; **give me a ~!** (infml) nun mach mal halblang! (infml) **4.** (≈ change) Abwechslung f; **~ in the weather** Wetterumschwung m **5.** (≈ respite) Erholung f **6.** (≈ holiday) Urlaub m **7. at ~ of day** bei Tagesanbruch **8.** (infml) **they made a ~ for it** sie versuchten zu entkommen; **we had a few lucky ~s** wir haben ein paarmal Glück gehabt; **she had her first big ~ in a Broadway play** sie bekam ihre erste große Chance in einem Broadwaystück **II** v/t **1.** bone sich (dat) brechen; stick zerbrechen; (≈ smash) kaputt schlagen; glass zerbrechen; window einschlagen; egg aufbrechen; **to ~ one's leg** sich (dat) das Bein brechen **2.** toy, chair kaputt machen **3.** promise, record, spell brechen; law, rule verletzen **4.** journey, silence unterbrechen **5.** skin ritzen; surface durchbrechen **6.** (≈ destroy) person mürbemachen; strike brechen; code entziffern; **to ~ sb (financially)** jdn ruinieren; **37p, well that won't exactly ~ the bank** 37 Pence, na, davon gehe ich / gehen wir noch nicht bankrott **7.** fall dämpfen **8.** news mitteilen; **how can I ~ it to her?** wie soll ich es ihr sagen? **III** v/i **1.** (bone, voice) brechen; (rope) zerreißen; (≈ smash, window) kaputtgehen; (glass) zerbrechen; **his voice is beginning to ~** (boy) er kommt in den Stimmbruch **2.** (watch, chair) kaputtgehen **3.** (≈ pause) (eine) Pause machen; **to ~ for lunch** Mittagspause machen **4.** (weather) umschlagen **5.** (wave) sich brechen **6.** (day, dawn) anbrechen; (storm) losbrechen **7.** (story, news) bekannt werden **8.** (company) **to ~ even** seine (Un)kosten decken ◆ **break away 1.** (≈ dash away) weglaufen; (prisoner) sich losreißen; **he broke away from the rest of the field** er hängte das ganze Feld ab **2.** (≈ cut ties) sich trennen ◆ **break down I** v/i **1.** zusammenbrechen; (negotiations, marriage) scheitern **2.** (vehicle) eine Panne haben; (machine) versagen **3.** (expenditure) sich aufschlüsseln; (CHEM: substance) sich aufspalten (into in +acc) **II** v/t sep **1.** door einrennen; wall niederreißen **2.** expenditure aufschlüsseln; (≈ change composition of) umsetzen ◆ **break in I** v/i **1.** (≈ interrupt) unterbrechen (on sb / sth jdn / etw) **2.** (≈ enter illegally) einbrechen **II** v/t sep door aufbrechen **II** v/t +prep obj **1.** house einbrechen in (+acc); safe, car aufbrechen **2.** savings anbrechen **3. to ~ song** zu singen anfangen ◆ **break off I** v/i abbrechen **II** v/t sep abbrechen; engagement lösen ◆ **break open** v/t sep aufbrechen ◆ **break out** v/i **1.** (fire, war) ausbrechen **2. to ~ in a rash** einen Ausschlag bekommen; **he broke out in a sweat** ihm brach der Schweiß aus **3.** (≈ escape) ausbrechen (from, of aus)

♦ **break through I** *v/i* durchbrechen **II** *v/i* +*prep obj* durchbrechen ♦ **break up I** *v/i* **1.** (*road, ice*) aufbrechen **2.** (*crowd*) auseinanderlaufen; (*meeting, partnership*) sich auflösen; (*marriage*) in die Brüche gehen; (*friends*) sich trennen; **to ~ with sb** sich von jdm trennen **3.** (*Br* SCHOOL) aufhören; **when do you ~?** wann hört bei euch die Schule auf? **4.** (*on mobile phone*) **you're breaking up** ich kann Sie nicht verstehen **II** *v/t sep* **1.** ground aufbrechen **2.** *marriage, home* zerstören; *meeting* (*police etc*) auflösen; **he broke up the fight** er trennte die Kämpfer; **break it up!** auseinander!

breakable *adj* zerbrechlich **breakage** *n* **to pay for ~s** für zerbrochene Ware bezahlen **breakaway** *adj* **group** Splitter- **break command** *n* IT Unterbrechungsbefehl *m* **break dance** *v/i* Breakdance tanzen

breakdown *n* **1.** (*of machine*) Betriebsschaden *m*; (*of vehicle*) Panne *f* **2.** (*of system*, MED) Zusammenbruch *m* **3.** (*of figures etc*) Aufschlüsselung *f* **breakdown service** *n* Pannendienst *m* **breakdown truck** *n* Abschleppwagen *m*

breaker *n* **1.** (≈ *wave*) Brecher *m* **2.** (*a.* **breaker's** (*yard*)) **to send a vehicle to the ~'s** (*yard*) ein Fahrzeug abwracken **breakeven point** *n* Gewinnschwelle *f*

breakfast I *n* Frühstück *nt*, Morgenessen *nt* (*Swiss*); **to have ~** frühstücken; **for ~** zum Frühstück **II** *v/i* frühstücken; **he ~ed on bacon and eggs** er frühstückte Eier mit Speck **breakfast cereal** *n* Zerealien *pl* **breakfast television** *n* Frühstücksfernsehen *nt* **breakfast time** *n* Frühstückszeit *f*

break-in *n* Einbruch *m*; **we've had a ~** bei uns ist eingebrochen worden **breaking point** *n* (*fig*) **she is at or has reached ~** sie ist nervlich völlig am Ende (ihrer Kräfte) **breakneck** *adj* **at ~ speed** (*Br*) mit halsbrecherischer Geschwindigkeit **break-out** *n* Ausbruch *m* **breakthrough** *n* (MIL, *fig*) Durchbruch *m* **break-up** *n* (*of friendship*) Bruch *m*; (*of marriage*) Zerrüttung *f*; (*of partnership*) Auflösung *f* **breakwater** *n* Wellenbrecher *m*

breast *n* Brust *f* **breastbone** *n* Brustbein *nt*; (*of bird*) Brustknochen *m* **breast cancer** *n* Brustkrebs *m* **-breasted** *adj*

suf **a double-/single-breasted jacket** ein Einreiher *m*/Zweireiher *m* **breast-fed** *adj* **to be ~** gestillt werden **breast-feed** *v/t* & *v/i* stillen **breast-feeding** *n* Stillen *nt* **breast milk** *n* Muttermilch *f* **breast pocket** *n* Brusttasche *f* **breaststroke** *n* Brustschwimmen *nt*; **to swim** *or* **do the ~** brustschwimmen

breath *n* **1.** Atem *m*; **to take a deep ~** einmal tief Luft holen; **to have bad ~** Mundgeruch haben; **out of ~** außer Atem; **short of ~** kurzatmig; **to get one's ~ back** wieder zu Atem kommen; **in the same ~** im selben Atemzug; **to take sb's ~ away** jdm den Atem verschlagen; **to say sth under one's ~** etw vor sich (*acc*) hin murmeln; **you're wasting your ~** du redest umsonst **2. ~ of wind** *nt* Lüftchen *nt* **breathable** *adj* **fabric, garment** atmungsaktiv **breathalyze** *v/t* blasen lassen **Breathalyzer®** *n* Atem(luft)messgerät *nt*

breathe I *v/i* atmen; **now we can ~ again** jetzt können wir wieder frei atmen; **I don't want him breathing down my neck** ich will nicht, dass er mir die Hölle heiß macht (*infml*) **II** *v/t* **1.** *air* einatmen; **to ~ one's last** seinen letzten Atemzug tun **2.** (≈ *exhale*) atmen (*into* in +*acc*); **he ~d garlic all over me** er verströmte einen solchen Knoblauchgeruch; **he ~d new life into the firm** er brachte neues Leben in die Firma **3. to ~ a sigh of relief** erleichtert aufatmen; **don't ~ a word of it!** sag kein Sterbenswörtchen darüber! ♦ **breathe in** *v/i*, *v/t sep* einatmen ♦ **breathe out** *v/i*, *v/t sep* ausatmen

breather *n* Atempause *f*; **to take** *or* **have a ~** sich verschnaufen **breathing** *n* Atmung *f* **breathing apparatus** *n* Sauerstoffgerät *nt* **breathing space** *n* (*fig*) Atempause *f* **breathless** *adj* atemlos; **~ with excitement** ganz atemlos vor Aufregung **breathtaking** *adj* atemberaubend **breath test** *n* Atemalkoholtest *m*

bred *pret, past part of* **breed** **-bred** *adj suf* -erzogen

breeches *pl* Kniehose *f*; (≈ *riding breeches*) Reithose *f*

breed *vb*: *pret, past part* **bred I** *n* Art *f* **II** *v/t animals* züchten **III** *v/i* (*animals*) Junge haben; (*birds*) brüten **breeder** *n* (≈ *person*) Züchter(in) *m(f)* **breeding** *n* **1.** (≈ *reproduction*) Fortpflanzung und

Aufzucht *f* der Jungen **2.** (≈ *rearing*) Zucht *f* **3.** (≈ *upbringing: a.* **good breeding**) gute Erziehung

breeze *n* Brise *f* ◆ **breeze in** *v/i* **he breezed into the room** er kam fröhlich ins Zimmer geschneit

breeze block *n* (*Br* BUILD) Ytong® *m* **breezily** *adv* (*fig*) frisch-fröhlich **breezy** *adj* (+*er*) **1.** *day, spot* windig **2.** *manner* frisch-fröhlich

brevity *n* Kürze *f*

brew I *n* **1.** (≈ *beer*) Bräu *nt* **2.** (*of tea*) Tee *m* **II** *v/t* *beer* brauen; *tea* aufbrühen **III** *v/i* **1.** (*beer*) gären; (*tea*) ziehen **2.** (*fig*) **there's trouble ~ing** da braut sich ein Konflikt zusammen **brewer** *n* Brauer *m* **brewery** *n* Brauerei *f*

bribe I *n* Bestechung *f*; **to take a ~** sich bestechen lassen; **to offer sb a ~** jdn bestechen wollen **II** *v/t* bestechen; **to ~ sb to do sth** jdn bestechen, damit er etw tut **bribery** *n* Bestechung *f*

bric-a-brac *n* Nippes *m*

brick *n* **1.** BUILD Backstein *m*; **he came or was down on me like a ton of ~s** (*infml*) er hat mich unheimlich fertiggemacht (*infml*) **2.** (≈ *toy*) (Bau)klotz *m*; **box of** (*building*) **~s** Baukasten *m* ◆ **brick up** *v/t sep* *window* zumauern

bricklayer *n* Maurer *m* **brick-red** *adj* ziegelrot **brick wall** *n* (*fig infml*) **I might as well be talking to a ~** ich könnte genauso gut gegen eine Wand reden; **it's like banging one's head against a ~** es ist, wie wenn man mit dem Kopf gegen die Wand rennt; **to come up against or hit a ~** plötzlich vor einer Mauer stehen **brickwork** *n* Backsteinmauerwerk *nt* **bridal** *adj* Braut-; **~ gown** Hochzeitskleid *nt* **bridal suite** *n* Hochzeitssuite *f* **bride** *n* Braut *f*

bridegroom *n* Bräutigam *m*

bridesmaid *n* Brautjungfer *f*

bridge[1] **I** *n* Brücke *f*; (*of nose*) Sattel *m*; **to build ~s** (*fig*) Brücken schlagen **II** *v/t* (*fig*) überbrücken; **to ~ the gap** (*fig*) die Zeit überbrücken

bridge[2] *n* CARDS Bridge *nt*

bridging loan *n* Überbrückungskredit *m* **bridle I** *n* (*of horse*) Zaum *m* **II** *v/i* sich entrüstet wehren (*at* gegen) **bridle path** *n* Reitweg *m*

brief I *adj* (+*er*) kurz; **in ~** kurz; **the news in ~** Kurznachrichten *pl*; **to be ~,** ... um es kurz zu machen, ... **II** *n* **1.** JUR Auftrag

m (*an einen Anwalt*); (≈ *document*) Unterlagen *pl* zu dem/einem Fall **2.** (≈ *instructions*) Auftrag *m* **III** *v/t* JUR instruieren **briefcase** *n* (Akten)tasche *f* **briefing** *n* (*a.* **briefing session**) Einsatzbesprechung *f* **briefly** *adv* kurz

briefs *pl* Slip *m*; **a pair of ~** ein Slip **brigade** *n* MIL Brigade *f*

bright *adj* (+*er*) **1.** *light* hell; *colour* leuchtend; *star, eyes* strahlend; *day* heiter; **~ red** knallrot; **it was really ~ outside** es war wirklich sehr hell draußen; **~ intervals** METEO Aufheiterungen *pl* **2.** (≈ *cheerful*) fröhlich; **I wasn't feeling too ~** es ging mir nicht besonders gut; **~ and early** in aller Frühe **3.** (≈ *intelligent*) schlau; *child* aufgeweckt; *idea* glänzend; (*iron*) intelligent **4.** *prospects* glänzend; **things aren't looking too ~** es sieht nicht gerade rosig aus **brighten** (up) **I** *v/t sep* **1.** (≈ *make cheerful*) aufheitern **2.** (≈ *make bright*) aufhellen **II** *v/i* **1.** (*weather*) sich aufklären *or* aufheitern **2.** (*person*) fröhlich werden **brightly** *adv* **1.** *shine, burn* hell; **~ lit** hell erleuchtet **2.** (≈ *cheerfully*) fröhlich **brightness** *n* (*of light*) Helligkeit *f*; (*of colour*) Leuchten *nt*; (*of star, eyes*) Strahlen *nt*

brilliance *n* **1.** (≈ *brightness*) Strahlen *nt* **2.** (*fig* ≈ *intelligence*) Großartigkeit *f*; (*of scientist, wit*) Brillanz *f* **brilliant I** *adj* **1.** (*fig*) großartig (*also iron*); *scientist, wit* brillant; *student* hervorragend; **he is ~ with my children** er versteht sich großartig mit meinen Kindern; **to be ~ at sth/doing sth** etw hervorragend können/tun **2.** *sunshine, colour* strahlend **II** *int* (*infml*) super (*infml*) **brilliantly** *adv* **1.** *shine, lit* hell; **~ coloured** (*Br*) *or* **colored** (*US*) in kräftigen Farben **2.** (≈ *superbly*) großartig; *perform* brillant; *funny, simple* herrlich

brim I *n* Rand *m*; **full to the ~** (*with sth*) randvoll (mit etw) **II** *v/i* strotzen (*with* von *or* vor +*dat*); **her eyes were ~ming with tears** ihre Augen schwammen in Tränen ◆ **brim over** *v/i* überfließen (*with* vor +*dat*)

brimful *adj* (*lit*) randvoll; (*fig*) voll (*of, with* von)

brine *n* Sole *f*; (*for pickling*) Lake *f*

bring *pret, past part* **brought** *v/t* bringen; (*a.* **bring with one**) mitbringen; **did you ~ the car etc?** haben Sie den Wagen *etc* mitgebracht?; **to ~ sb inside** jdn hereinbringen; *to ~ tears to sb's eyes* jdm die Tränen in die Augen treiben; *I cannot ~ myself to speak to him* ich kann es nicht über mich bringen, mit ihm zu sprechen; *to ~ sth to a close or an end* etw zu Ende bringen; *to ~ sth to sb's attention* jdn auf etw (*acc*) aufmerksam machen ♦ **bring about** *v/t sep* herbeiführen ♦ **bring along** *v/t sep* mitbringen ♦ **bring back** *v/t sep* **1.** zurückbringen **2.** *custom* wiedereinführen; *to bring sb back to life* jdn wieder lebendig machen ♦ **bring down** *v/t sep* **1.** (≈ *shoot down*) herunterholen; (≈ *land*) herunterbringen; *you'll bring the boss down on us* da werden wir es mit dem Chef zu tun bekommen **2.** *government* zu Fall bringen **3.** (≈ *reduce*) senken; *swelling* reduzieren ♦ **bring forward** *v/t sep* **1.** *person, chair* nach vorne bringen **2.** *meeting* vorverlegen **3.** COMM *amount brought forward* Übertrag *m* ♦ **bring in** *v/t sep* **1.** (*lit*) hereinbringen (*prep obj, -to* in +*acc*); *harvest, income* einbringen **2.** (*fig*) *fashion* einführen; PARL *bill* einbringen; *to bring sth into fashion* etw in Mode bringen **3.** (≈ *involve*) *police etc* einschalten (*on* bei); *don't bring him into it* lass ihn aus der Sache raus; *why bring that in?* was hat das damit zu tun? ♦ **bring off** *v/t sep* zustande bringen; *he brought it off!* er hat es geschafft! (*infml*) ♦ **bring on** *v/t sep* **1.** (≈ *cause*) herbeiführen **2.** SPORTS *player* einsetzen **3.** *to bring sth (up)on oneself* sich (*dat*) etw selbst aufladen; *you brought it (up)on yourself* das hast du dir selbst zuzuschreiben ♦ **bring out** *v/t sep* **1.** (*lit*) (heraus)bringen (*of* aus); (*of pocket*) herausholen (*of* aus) **2.** (≈ *draw out*) *person* aus der Hemmungen nehmen (+*dat*) **3.** *to ~ the best in sb* das Beste in jdm zum Vorschein bringen **4.** (*a.* **bring out on strike**) auf die Straße schicken **5.** *new product, book* herausbringen **6.** (≈ *emphasize*) hervorheben **7.** *to bring sb out in a rash* bei jdm einen Ausschlag verursachen ♦ **bring over** *v/t sep* (*lit*) herüberbringen ♦ **bring round** (*esp Br*) *v/t sep* **1.** (*to house*) vorbeibringen **2.** *discussion* bringen (*to* auf +*acc*) **3.** *unconscious person* wieder zu Bewusstsein bringen **4.** (≈ *convert*) herumkriegen (*infml*) ♦ **bring to** *v/t always separate to bring sb to* jdn wieder zu Be-

wusstsein bringen ♦ **bring together** *v/t sep* zusammenbringen ♦ **bring up** *v/t sep* **1.** (*to a higher place*) heraufbringen; (*to the front*) hinbringen **2.** *amount* erhöhen (*to* auf +*acc*); *level, standards* anheben; *to bring sb up to a certain standard* jdn auf ein gewisses Niveau bringen **3.** *child* großziehen; (≈ *educate*) erziehen; *to bring sb up to do sth* jdn dazu erziehen, etw zu tun **4.** (≈ *vomit up*) brechen **5.** (≈ *mention*) zur Sprache bringen **6.** *to bring sb up short* jdn innehalten lassen ♦ **bring upon** *v/t sep* = **bring on** 3

bring-and-buy (sale) *n* (*Br*) Basar *m* (*wo mitgebrachte Sachen angeboten und verkauft werden*)

brink *n* Rand *m*; *on the ~ of sth* am Rande von etw; *on the ~ of doing sth* nahe daran, etw zu tun

brisk *adj* (+*er*) **1.** *person* forsch; *pace* flott; *to go for a ~ walk* einen ordentlichen Spaziergang machen **2.** (*fig*) *trade* lebhaft **briskly** *adv speak, act* forsch; *walk* flott

bristle **I** *n* Borste *f*; (*of beard*) Stoppel *f* **II** *v/i* (*fig, person*) zornig werden; *to ~ with anger* vor Wut schnauben **bristly** *adj* (+*er*) *chin* stoppelig; *hair, beard* borstig

Brit *n* (*infml*) Brite *m*, Britin *f*

Britain *n* Großbritannien *nt*

British **I** *adj* britisch; *I'm ~* ich bin Brite / Britin; *~ English* britisches Englisch **II** *n* *the ~ pl* die Briten *pl* **British-Asian** **I** *adj* britisch-asiatisch **II** *n* Brite *m*/Britin *f* asiatischer Herkunft **British Council** *n* British Council *m*, Organisation zur Förderung britischer Kultur im Ausland **British Isles** *pl* *the ~* die Britischen Inseln **Briton** *n* Brite *m*, Britin *f*

Brittany *n* die Bretagne

brittle *adj* spröde; *~ bones* schwache Knochen

broach *v/t subject* anschneiden

B-road *n* (*Br*) ≈ Landstraße *f*

broad **I** *adj* (+*er*) **1.** (≈ *wide*) breit; *to make ~er* verbreitern **2.** *theory* umfassend; (≈ *general*) allgemein **3.** *distinction, outline* grob; *sense* weit **4.** *accent* stark **II** *n* (*US sl* ≈ *woman*) Tussi *f* (*pej*) **broadband** IT **I** *adj* Breitband- **II** *n* Breitband *nt* **broad bean** *n* Saubohne *f*

broadcast *vb*: *pret, past part* **broadcast** **I** *n* RADIO, TV Sendung *f*; (*of match etc*)

Übertragung *f* **II** *v/t* **1.** RADIO, TV senden; *event (fig) rumour* verbreiten **III** *v/i* (RADIO, TV, *station)* senden **broadcaster** *n* (RADIO, TV ≈ *announcer)* Rundfunk-/Fernsehsprecher(in) *m(f)*; (≈ *personality)* Rundfunk-/Fernsehpersönlichkeit *f* **broadcasting I** *n* RADIO, TV Sendung *f*; *(of event)* Übertragung *f*; *to work in* ~ beim Rundfunk / Fernsehen arbeiten **II** *attr* RADIO Rundfunk-; TV Fernseh-

broaden (out) I *v/t (sep) (fig) attitudes* aufgeschlossener machen; *to broaden one's horizons (fig)* seinen Horizont erweitern **II** *v/i* sich verbreitern **broad jump** *n (US SPORTS)* Weitsprung *m* **broadly** *adv* allgemein; *describe* grob; *agree* weitgehend; ~ *speaking* ganz allgemein gesprochen **broad-minded** *adj* tolerant **broadsheet** *n* PRESS großformatige Zeitung **Broadway** *n* Broadway *m* **brocade I** *n* Brokat *m* **II** *attr* Brokat- **broccoli** *n* Brokkoli *pl* **brochure** *n* Broschüre *f* **broil** *v/t & v/i* COOK grillen **broke I** *pret of* **break II** *adj pred (infml)* pleite *(infml)*; *to go* ~ Pleite machen *(infml)*; *to go for* ~ alles riskieren **broken I** *past part of* **break II** *adj* **1.** kaputt; *bone* gebrochen; *glass etc* kaputt **2.** *(fig) heart, man, promise, English* gebrochen; *marriage* zerrüttet; *from a* ~ *home* aus zerrütteten Familienverhältnissen **broken-down** *adj* kaputt *(infml)* **brokenhearted** *adj* untröstlich **broker I** *n* (ST EX, FIN) Makler *m* **II** *v/t* aushandeln **brolly** *n (Br infml)* (Regen)schirm *m* **bronchitis** *n* Bronchitis *f* **bronze I** *n* Bronze *f* **II** *adj* Bronze- **Bronze Age** *n* Bronzezeit *f* **bronzed** *adj face, person* braun **bronzing** *adj* Bräunungs- **brooch** *n* Brosche *f* **brood I** *n* Brut *f* **II** *v/i (fig)* grübeln ◆ **brood over** *or* **(up)on** *v/i* +*prep obj* nachgrübeln über (+*acc)* **broody** *adj* **1.** *to be feeling* ~ *(hum infml)* den Wunsch nach einem Kind haben **2.** *person* grüblerisch; (≈ *sad, moody)* schwerblütig **brook** *n* Bach *m* **broom** *n* Besen *m* **broom cupboard** *n* Besenschrank *m* **broomstick** *n* Besenstiel *m*; *a witch on her* ~ eine Hexe

auf ihrem Besen **Bros** *pl* COMM *abbr of* **Brothers** Gebr. **broth** *n* Fleischbrühe *f*, Rindsuppe *f (Aus)*; (≈ *thickened soup)* Suppe *f* **brothel** *n* Bordell *nt* **brother** *n*, *pl* **-s** *or (obs, Eccl)* **brethren** Bruder *m*; *they are* ~ *and sister* sie sind Geschwister; *my* ~*s and sisters* meine Geschwister; *the Clarke* ~*s* die Brüder Clarke; COMM die Gebrüder Clarke; *oh* ~! *(esp US infml)* Junge, Junge! *(infml)*; *his* ~ *officers* seine Offizierskameraden **brotherhood** *n* (≈ *organization)* Bruderschaft *f* **brother-in-law** *n*, *pl* **brothers-in-law** Schwager *m* **brotherly** *adj* brüderlich **brought** *pret, past part of* **bring** **brow** *n* **1.** (≈ *eyebrow)* Braue *f* **2.** (≈ *forehead)* Stirn *f* **3.** *(of hill)* (Berg)kuppe *f* **browbeat** *pret* **browbeat**, *past part* **browbeaten** *v/t* unter (moralischen) Druck setzen; *to* ~ *sb into doing sth* jdn so unter Druck setzen, dass er etw tut **brown I** *adj (+er)* braun **II** *n* Braun *nt* **III** *v/t* bräunen; *meat* anbraten **IV** *v/i* braun werden ◆ **brown off** *v/t* *to be browned off with sb/sth (esp Br infml)* jdn/etw satthaben *(infml)* **brown ale** *n* Malzbier *nt* **brown bear** *n* Braunbär *m* **brown bread** *n* Grau- *or* Mischbrot *nt*; *(from wholemeal)* Vollkornbrot *nt* **brownfield** *adj site* Brachflächen- **brownie** *n* **1.** (≈ *cake) kleiner* Schokoladenkuchen **2.** **Brownie** *(in Guide Movement)* Wichtel *m* **Brownie points** *pl* Pluspunkte *pl*; *to score* ~ *with sb* sich bei jdm beliebt machen **brownish** *adj* bräunlich **brown paper** *n* Packpapier *nt* **brown rice** *n* geschälter Reis **brown sauce** *n (Br* COOK*)* braune Soße **brown sugar** *n* brauner Zucker **browse I** *v/i* **1.** *to* ~ *through a book* in einem Buch schmökern; *to* ~ *(around)* sich umsehen **2.** IT browsen **II** *v/t* IT browsen **III** *n* *to have a* ~ *(around)* sich umsehen; *to have a* ~ *through the books* in den Büchern schmökern **browser** *n* IT Browser *m* **bruise I** *n* blauer Fleck; *(on fruit)* Druckstelle *f* **II** *v/t* einen blauen Fleck / blaue Flecke(n) schlagen (+*dat)*; *fruit* beschädigen; *to* ~ *one's elbow* sich *(dat)* einen blauen Fleck am Ellbogen holen **bruised** *adj* **1.** *to be* ~ einen blauen Fleck / blaue Flecke haben; *(fruit)* eine

Druckstelle/Druckstellen haben; *she has a ~ shoulder, her shoulder is ~* sie hat einen blauen Fleck auf der Schulter **2.** (*fig*) *ego* verletzt **bruising***n* Prellungen *pl*
brunch*n* Brunch *m*
brunette I *n* Brünette *f* **II** *adj* brünett
brunt*n* *to bear the* (*main*) *~ of the attack* die volle Wucht des Angriffs tragen; *to bear the* (*main*) *~ of the costs* die Hauptlast der Kosten tragen; *to bear the ~* das meiste abkriegen
brush I *n* **1.** Bürste *f*; (≈ *paintbrush, shaving brush, pastry brush*) Pinsel *m*; (≈ *hearth brush*) Besen *m*; (*with dustpan*) Handbesen *or* -feger *m*; *to give sth a ~* etw bürsten; *to give one's hair a ~* sich die Haare bürsten **2.** (≈ *undergrowth*) Unterholz *nt* **3.** (≈ *quarrel, incident*) *to have a ~ with sb* mit jdm aneinandergeraten **II** *v/t* **1.** (≈ *clean*) bürsten; (*with hand*) wischen; (≈ *sweep*) fegen, wischen (*Swiss*); *to ~ one's teeth* sich (*dat*) die Zähne putzen; *to ~ one's hair* sich (*dat*) das Haar bürsten **2.** (≈ *sweep*) fegen, wischen (*Swiss*) **3.** (≈ *touch lightly*) streifen ♦ **brush against** *v/i +prep obj* streifen ♦ **brush aside***v/t sep* obstacle, person zur Seite schieben ♦ **brush away** *v/t sep* verscheuchen ♦ **brush off** *v/t sep* **1.** mud abbürsten **2.** (*infml*) *person* abblitzen lassen (*infml*); *suggestion, criticism* zurückweisen ♦ **brush past** *v/i* streifen (*prep obj +acc*) ♦ **brush up** *v/t sep* (*fig: a.* **brush up on**) *subject* auffrischen
brushoff*n* (*infml*) *to give sb the ~* jdn abblitzen lassen (*infml*) **brushstroke***n* Pinselstrich *m*
brusque*adj* (+er), **brusquely***adv* brüsk; *reply* schroff
Brussels*n* Brüssel *nt* **Brussels sprouts** *pl* Rosenkohl *m*, Kohlsprossen *pl* (*Aus*)
brutal *adj* brutal **brutality***n* Brutalität *f* **brutalize** *v/t* brutalisieren **brutally** *adv* brutal **brute I** *n* brutaler Kerl **II** *adj attr* roh; *by ~ force* mit roher Gewalt **brutish** *adj* viehisch, brutal
BSc*abbr of* **Bachelor of Science**
BSE *abbr of* **bovine spongiform encephalopathy** BSE *f*
B-side*n* (*of record*) B-Seite *f*
BST*abbr of* **British Summer Time, British Standard Time**
BT*abbr of* **British Telecom** britisches Te-

lekommunikationsunternehmen
bubble I *n* Blase *f*; *to blow ~s* Blasen machen; *the ~ has burst* (*fig*) alles ist wie eine Seifenblase zerplatzt **II** *v/i* **1.** (*liquid*) sprudeln; (*wine*) perlen **2.** (≈ *make bubbling noise*) blubbern (*infml*); (*cooking liquid etc*) brodeln; (*stream*) plätschern **3.** (*fig*) *to ~ with enthusiasm* fast platzen vor Begeisterung ♦ **bubble over** *v/i* (*lit*) überschäumen; (*fig*) übersprudeln (*with* vor +*dat*)
bubble bath *n* Schaumbad *nt* **bubble gum***n* Bubblegum *m* **bubble-jet printer** *n* IT Bubblejet-Drucker *m* **bubble memory***n* IT Blasenspeicher *m* **bubble pack** *n* (Klar)sichtpackung *f*; (*a.* **bubble wrap**) Luftpolsterfolie *f* **bubbly I** *adj* (+er) **1.** (*lit*) sprudelnd **2.** (*fig infml*) *personality* temperamentvoll **II** *n* (*infml*) Schampus *m* (*infml*)
Bucharest*n* Bukarest *nt*
buck I *n* **1.** (≈ *deer*) Bock *m*; (≈ *rabbit*) Rammler *m* **2.** (*US infml* ≈ *dollar*) Dollar *m*; *20 ~s* 20 Dollar; *to make a fast or quick ~* (*also Br*) schnell Kohle machen (*infml*) **3.** *to pass the ~* den schwarzen Peter weitergeben **II** *v/t* (*horse*) bocken **III** *v/t you can't ~ the market* gegen den Markt kommt man nicht an; *to ~ the trend* sich dem Trend widersetzen ♦ **buck up** (*infml*) **I** *v/i* **1.** (≈ *hurry up*) sich ranhalten (*infml*) **2.** (≈ *cheer up*) aufleben; *~!* Kopf hoch! **II** *v/t sep* **1.** (≈ *make cheerful*) aufmuntern **2.** *to buck one's ideas up* sich zusammenreißen (*infml*)
bucket I *n* Eimer *m*; *a ~ of water* ein Eimer *m* Wasser **II** *v/i* (*Br infml*) *it's ~ing* (*down*)*!* es gießt wie aus Kübeln (*infml*) **bucketful** *n* Eimer *m*; *by the ~* (*fig infml*) tonnenweise (*infml*) **bucket shop***n* FIN Schwindelmakler *m*; (≈ *travel agency*) Agentur *f* für Billigreisen
Buckingham Palace*n* der Buckingham--Palast
buckle I *n* Schnalle *f* **II** *v/t* **1.** belt, shoes zuschnallen **2.** wheel etc verbiegen; (≈ *dent*) verbeulen **III** *v/i* sich verbiegen ♦ **buckle down***v/i* (*infml*) sich dahinter klemmen (*infml*); *to ~ to a task* sich hinter eine Aufgabe klemmen (*infml*)
buckskin*n* Wildleder *nt*
buckwheat*n* Buchweizen *m*
bud I *n* Knospe *f*; *to be in ~* Knospen treiben **II** *v/i* Knospen treiben; (*tree also*)

ausschlagen

Budapest _n_ Budapest _nt_

Buddha _n_ Buddha _m_ **Buddhism** _n_ Buddhismus _m_ **Buddhist I** _n_ Buddhist(in) _m(f)_ **II** _adj_ buddhistisch

budding _adj_ (_fig_) _poet etc_ angehend

buddy _n_ (_US infml_) Kumpel _m_, Spezi _m_ (_Aus_)

budge I _v/i_ **1.** sich bewegen; **~ up** _or_ **over!** mach Platz! **2.** (_fig_ ≈ _give way_) nachgeben; _I will not ~ an inch_ ich werde keinen Fingerbreit nachgeben **II** _v/t_ (≈ _move_) (von der Stelle) bewegen

budgerigar _n_ Wellensittich _m_

budget I _n_ Etat _m_, Budget _nt_ **II** _v/i_ haushalten **III** _v/t_ money, _time_ verplanen; _costs_ einplanen ◆ **budget for** _v/i_ +prep _obj_ (im Etat) einplanen

-budget _suf low-budget_ mit bescheidenen Mitteln finanziert; _big-budget_ aufwendig (finanziert) **budget account** _n_ Kundenkonto _nt_ **budget day** _n_ PARL ≈ Haushaltsdebatte _f_ **budget deficit** _n_ Haushaltsdefizit _nt_ **budget holiday** _n_ Billigreise _f_ **budgeting** _n_ Budgetierung _f_ **budget speech** _n_ PARL Etatrede _f_

budgie _n_ (_infml_) _abbr of_ **budgerigar** Wellensittich _m_

buff¹ I _n_ **1.** _in the_ ~ nackt **2.** (≈ _colour_) Gelbbraun _nt_ **II** _adj_ gelbbraun **III** _v/t_ _metal_ polieren

buff² _n_ (_infml_ ≈ _movie etc buff_) Fan _m_ (_infml_)

buffalo _n_, _pl_ **-es**, _collective pl_ - Büffel _m_

buffer _n_ _also_ IT Puffer _m_; RAIL Prellbock _m_ **buffering** _n_ IT Pufferung _f_ **buffer state** _n_ POL Pufferstaat _m_ **buffer zone** _n_ Pufferzone _f_

buffet¹ _v/t_ hin und her werfen; _~ed by the wind_ vom Wind gerüttelt

buffet² _n_ Büffet _nt_; (_Br_ RAIL) Speisewagen _m_; (≈ _meal_) Stehimbiss _m_; (≈ _cold buffet_) kaltes Büffett; **~ lunch** Stehimbiss _m_ **buffet car** _n_ (_Br_ RAIL) Speisewagen _m_

bug I _n_ **1.** _also_ IT Wanze _f_; (_infml_ ≈ _any insect_) Käfer _m_; ~**s** _pl_ Ungeziefer _nt_ **2.** (_infml_ ≈ _virus_) Bazillus _f_; _he picked up a_ ~ er hat sich (_dat_) eine Krankheit geholt; _there must be a_ ~ _going about_ das geht zurzeit um **3.** (_infml_) _she's got the travel_~ die Reiselust hat sie gepackt **II** _v/t_ **1.** _room_ Wanzen _pl_ installieren in (+_dat_) (_infml_); _this room is_ ~**ged** das Zimmer ist verwanzt (_infml_) **2.** (_infml_

≈ _worry_) stören; (≈ _annoy_) nerven (_infml_) **bugbear** _n_ Schreckgespenst _nt_

bug-free _adj_ IT fehlerfrei

bugger I _n_ (_infml_) Scheißkerl _m_ (_infml_); _you lucky_ ~! du hast vielleicht ein Schwein! (_infml_) **II** _int_ (_Br infml_) ~ (_it_)! Scheiße! (_infml_); ~ _this car!_ dieses Scheißauto! (_infml_); ~ _him_ dieser Scheißkerl (_infml_); (≈ _he can get lost_) der kann mich mal (_infml_) ◆ **bugger about** _or_ **around** (_Br infml_) **I** _v/i_ (≈ _laze about etc_) rumgammeln (_infml_); **to ~ with sth** an etw (_dat_) rumpfuschen (_infml_) **II** _v/t sep_ verarschen (_infml_) ◆ **bugger off** _v/i_ (_Br infml_) abhauen (_infml_) ◆ **bugger up** _v/t sep_ (_Br infml_) versauen (_infml_)

bugger all _n_ (_Br infml_) rein gar nichts

buggered _adj_ (_Br infml_) (≈ _kaputt_) im Arsch (_sl_); **I'm ~ if I'll do it** ich denke nicht im Traum daran, es zu tun

bugging device _n_ Abhörgerät _nt_

buggy _n_ (_a._ **baby buggy**)® (_Br_) Sportwagen _m_; (_US_) Kinderwagen _m_

bugle _n_ Bügelhorn _nt_

build _vb_: _pret_, _past part_ **built I** _n_ Körperbau _m_ **II** _v/t_ **1.** bauen; _the house is being built_ das Haus ist im Bau **2.** (_fig_) _career etc_ aufbauen; _future_ schaffen **III** _v/i_ bauen ◆ **build in** _v/t sep_ (_lit_, _fig_) einbauen ◆ **build on I** _v/t sep_ anbauen; _to build sth onto sth_ etw an etw (_acc_) anbauen **II** _v/i_ +prep _obj_ bauen auf (+_acc_) ◆ **build up I** _v/i_ (_business_) wachsen; (_residue_) sich ablagern; (≈ _increase_) zunehmen; _the music builds up to a huge crescendo_ die Musik steigert sich zu einem gewaltigen Crescendo; (_traffic_) sich verdichten; (_queue_) sich bilden **II** _v/t sep_ aufbauen (_into_ zu); _pressure_ steigern; _sb's confidence_ stärken; _porridge builds you up_ von Porridge wirst du groß und stark; _to ~ sb's hopes_ jdm Hoffnung(en) machen; _to ~ a reputation_ sich (_dat_) einen Namen machen

builder _n_ (≈ _worker_) Bauarbeiter(in) _m(f)_; (≈ _contractor_) Bauunternehmer _m_; ~'s **merchant** Baustoffhändler _m_

building _n_ **1.** Gebäude _nt_; _it's the next_ ~ _but one_ das ist zwei Häuser weiter **2.** (≈ _constructing_) Bauen _nt_ **building block** _n_ Bauklotz _m_; (_fig_) Baustein _m_ **building contractor** _n_ Bauunternehmer _m_ **building materials** _pl_ Baumaterial _nt_ **building site** _n_ Baustelle _f_ **building society**

n (*Br*) Bausparkasse *f* **building trade** *n* Baugewerbe *nt* **build-up** *n* **1.** (*infml*) Werbung *f*; **the chairman gave the speaker a tremendous** ~ der Vorsitzende hat den Redner ganz groß angekündigt **2.** (*of pressure*) Steigerung *f*; **a** ~ **of traffic** eine Verkehrsverdichtung **built I** *pret, past part of* **build II** *adj* **heavily/slightly** ~ kräftig/zierlich gebaut **built--in** *adj* cupboard *etc* Einbau- **built-up** *adj* ~ **area** bebautes Gebiet; MOT geschlossene Ortschaft

bulb *n* **1.** Zwiebel *f*; (*of garlic*) Knolle *f* **2.** ELEC (Glüh)birne *f* **bulbous** *adj* plant knollig; (≈ *bulb-shaped*) growth *etc* knotig; ~ **nose** Knollennase *f*

Bulgaria *n* Bulgarien *nt* **Bulgarian I** *adj* bulgarisch **II** *n* **1.** Bulgare *m*, Bulgarin *f* **2.** LING Bulgarisch *nt*

bulge I *n* Wölbung *f*; (*irregular*) Unebenheit *f*; **what's that** ~ **in your pocket?** was steht denn in deiner Tasche so vor? **II** *v/i* **1.** (*a.* **bulge out** ≈ *swell*) (an)schwellen; (*metal, sides of box*) sich wölben; (≈ *stick out*) vorstehen; **his eyes were bulging** (*fig*) er bekam Stielaugen (*infml*) **2.** (*pocket, sack*) prall gefüllt sein; (*cheek*) voll sein **bulging** *adj* stomach prall; pockets prall gefüllt

bulimia *n* Bulimie *f* **bulimic I** *adj* bulimisch **II** *n* Bulimiker(in) *m(f)*

bulk *n* **1.** (≈ *size*) Größe *f*; (≈ *large shape*) massige Form; (*of person*) massige Gestalt **2.** (*a.* **great bulk**) größter Teil **3.** COMM **in** ~ en gros **bulk buying** *n* Großeinkauf *m* **bulky** *adj* (+*er*) **1.** object sperrig; ~ **goods** Sperrgut *nt* **2.** person massig

bull *n* **1.** Stier *m*; (*for breeding*) Bulle *m*; **to take the** ~ **by the horns** (*fig*) den Stier bei den Hörnern packen; **like a** ~ **in a china shop** (*infml*) wie ein Elefant im Porzellanladen (*infml*) **2.** (≈ *elephant, whale etc*) Bulle *m*; **a** ~ **elephant** ein Elefantenbulle *m* **3.** ST EX Haussespekulant(in) *m(f)* **4.** (*infml* ≈ *nonsense*) Quatsch *m* (*infml*) **bull bars** *pl* AUTO Kuhfänger *m* **bulldog** *n* Bulldogge *f* **bulldog clip** *n* (*Br*) Papierklammer *f* **bulldozer** *n* Bulldozer *m*

bullet *n* Kugel *f*; **to bite the** ~ in den sauren Apfel beißen (*infml*) **bullet hole** *n* Einschuss(loch *nt*) *m*

bulletin *n* Bulletin *nt* **bulletin board** *n* (*US* ≈ *notice board*, IT) Schwarzes Brett

bulletproof *adj* kugelsicher **bullet wound** *n* Schussverletzung *f*
bullfighting *n* Stierkampf *m*
bullion *n no pl* Gold-/Silberbarren *pl*
bullish *adj* **to be** ~ **about sth** in Bezug auf etw (*acc*) zuversichtlich sein
bull market *n* ST EX Haussemarkt *m*
bullock *n* Ochse *m*
bullring *n* Stierkampfarena *f* **bull's-eye** *n* Scheibenmittelpunkt *m*; (≈ *hit*) Schuss *m* ins Schwarze **bullshit** (*sl*) **I** *n* (*fig*) Scheiß *m* (*infml*) **II** *int* ach Quatsch (*infml*) **III** *v/i* Scheiß erzählen (*infml*) **IV** *v/t* **to** ~ **sb** jdm Scheiß erzählen (*infml*)
bully I *n* Tyrann *m*; **you great big** ~ du Rüpel **II** *v/t* tyrannisieren; (*using violence*) drangsalieren; **to** ~ **sb into doing sth** jdn so unter Druck setzen, dass er etw tut; **to** ~ **one's way into sth** sich gewaltsam Zutritt zu etw verschaffen **bully-boy** *adj attr* ~ **tactics** Einschüchterungstaktik *f* **bullying I** *adj* tyrannisch **II** *n* Tyrannisieren *nt*; (*with violence*) Drangsalieren *nt*; (≈ *coercion*) Anwendung *f* von Druck (*of* auf +*acc*)
bulwark *n* (*lit, fig*) Bollwerk *nt*
bum[1] *n* (*esp Br infml*) Hintern *m* (*infml*)
bum[2] (*infml*) **I** *n* (*esp US* ≈ *good-for-nothing*) Rumtreiber *m* (*infml*); (≈ *down--and-out*) Penner *m* (*infml*) **II** *adj* (≈ *bad*) beschissen (*infml*) **III** *v/t* money, food schnorren (*infml*) (*off sb* bei jdm); **could I** ~ **a lift into town?** kannst du mich in die Stadt mitnehmen? ◆ **bum about** (*Brit*) *or* **around** (*infml*) **I** *v/i* rumgammeln (*infml*) **II** *v/i* +*prep obj* ziehen durch (*infml*)
bum bag *n* Gürteltasche *f*
bumblebee *n* Hummel *f*
bumbling *adj* (≈ *clumsy*) schusselig (*infml*); **some** ~ **idiot** irgend so ein Vollidiot (*infml*)
bumf *n* = **bumph**
bummer *n* (*infml*) **what a** ~ (≈ *nuisance etc*) so 'ne Scheiße (*infml*)
bump I *n* **1.** (≈ *blow, noise*) Bums *m* (*infml*); **to get a** ~ **on the head** sich (*dat*) den Kopf anschlagen; **the car has had a few** ~**s** mit dem Auto hat es ein paarmal gebumst (*infml*) **2.** (*on any surface*) Unebenheit *f*; (*on head etc*) Beule *f*; (*on car*) Delle *f* **II** *v/t* stoßen (+*Obj* gegen); **one's own car** eine Delle fahren in (+*acc*); *another car* auffahren

auf (+*acc*); **to ~ one's head** sich (*dat*) den Kopf anstoßen (*on, against* an +*dat*) ♦ **bump into** *v/i* +*prep obj* **1.** (≈ *knock into*) stoßen gegen; (*driver, car*) fahren gegen; *another car* fahren auf (+*acc*) **2.** (*infml* ≈ *meet*) begegnen (+*dat*), treffen ♦ **bump off** *v/t sep* (*infml*) abmurksen (*infml*) ♦ **bump up** *v/t sep* (*infml*) (*to* auf +*acc*) *prices, total* erhöhen; *salary* aufbessern

bumper I *n* (*of car*) Stoßstange *f* **II** *adj* ~ **crop** Rekorderne *f*; **a special ~ edition** eine Riesensonderausgabe **bumper car** *n* Autoskooter *m* **bumper sticker** *n* AUTO Aufkleber *m*, Pickerl *nt* (*Aus*)

bumph *n* (*Br infml*) Papierkram *m* (*infml*)

bumpkin *n* (*a.* **country bumpkin**) (Bauern)tölpel *m*

bumpy *adj* (+*er*) *surface* uneben; *road, drive* holp(e)rig; *flight* unruhig

bun *n* **1.** (≈ *bread*) Brötchen *nt*; (≈ *iced bun etc*) süßes Teilchen **2.** (≈ *hairstyle*) Knoten *m*

bunch *n* **1.** (*of flowers*) Strauß *m*; (*of bananas*) Büschel *nt*; **a ~ of roses** ein Strauß *m* Rosen; **a ~ of flowers** ein Blumenstrauß *m*; **~ of grapes** Weintraube *f*; **~ of keys** Schlüsselbund *m*; **the best of the ~** die Allerbesten; (*things*) das Beste vom Besten **2.** (*infml, of people*) Haufen *m* (*infml*); **a small ~ of tourists** eine kleine Gruppe Touristen **3.** (*infml*) **thanks a ~** (*esp iron*) schönen Dank ♦ **bunch together** *or* **up** *v/i* (*people*) Grüppchen bilden

bundle I *n* **1.** Bündel *nt*; **to tie sth in a ~** etw bündeln **2.** (*fig*) **a ~ of** eine ganze Menge; **he is a ~ of nerves** er ist ein Nervenbündel; **it cost a ~** (*infml*) das hat eine Stange Geld gekostet (*infml*) **II** *v/t* **1.** (≈ *tie in a bundle*) bündeln; **~d software** IT Softwarepaket *nt* **2.** (*hastig*) *things* stopfen; *people* verfrachten ♦ **bundle off** *v/t sep person* schaffen ♦ **bundle up** *v/t sep* bündeln

bung (*Br*) **I** *n* (*of cask*) Spund(zapfen) *m* **II** *v/t* (*Br infml* ≈ *throw*) schmeißen (*infml*) ♦ **bung up** *v/t sep* (*infml*) *pipe* verstopfen; **I'm all bunged up** meine Nase ist verstopft

bungalow *n* Bungalow *m*

bungee jumping *n* Bungeespringen *nt*

bungle verpfuschen

bunion *n* Ballen *m*

bunk[1] *n* **to do a ~** (*Br infml*) türmen (*infml*) ♦ **bunk off** *v/i* (*Br* SCHOOL *infml*) schwänzen

bunk[2] *n* (*in ship*) Koje *f*; (*in dormitory*) Bett *nt* **bunk beds** *pl* Etagenbett *nt*

bunker *n* (GOLF, MIL) Bunker *m*

bunny *n* (*a.* **bunny rabbit**) Hase *m*

Bunsen (**burner**) *n* Bunsenbrenner *m*

bunting *n* Wimpel *pl*

buoy *n* Boje *f* ♦ **buoy up** *v/t sep* (*fig,* FIN) Auftrieb geben (+*dat*); *sb's hopes* beleben

buoyant *adj* **1.** *ship* schwimmend **2.** (*fig*) *mood* heiter **3.** FIN *market* fest; *trading* rege

burble *v/i* **1.** (*stream*) plätschern **2.** (*fig, Mensch*) plappern; (*baby*) gurgeln; **what's he burbling (on) about?** (*infml*) worüber quasselt er eigentlich? (*infml*)

burden I *n* **1.** (*lit*) Last *f* **2.** (*fig*) Belastung *f* (*on, to* für); **I don't want to be a ~ to you** ich möchte Ihnen nicht zur Last fallen; **the ~ of proof is on him** er muss den Beweis dafür liefern **II** *v/t* belasten

bureau *n* **1.** (*Br* ≈ *desk*) Sekretär *m* **2.** (*US* ≈ *chest of drawers*) Kommode *f* **3.** (≈ *office*) Büro *nt* **4.** (≈ *government department*) Behörde *f*

bureaucracy *n* Bürokratie *f* **bureaucrat** *n* Bürokrat *m* **bureaucratic** *adj* bürokratisch

bureau de change *n, pl* **bureaux de change** Wechselstube *f*

burgeoning *adj industry, market* boomend; *career* Erfolg versprechend; *demand* wachsend

burger *n* (*infml*) Hamburger *m* **burger bar** *n* Imbissstube *f*

burglar *n* Einbrecher(in) *m(f)* **burglar alarm** *n* Alarmanlage *f* **burglarize** *v/t* (*US*) einbrechen in (+*acc*); **the place/ he was ~d** in dem Gebäude/bei ihm wurde eingebrochen **burglarproof** *adj* einbruchsicher **burglary** *n* Einbruch *m*; (≈ *offence*) (Einbruchs)diebstahl *m* **burgle** *v/t* (*Br*) einbrechen in (+*acc*); **the place/he was ~d** in dem Gebäude/bei ihm wurde eingebrochen

burial *n* Beerdigung *f*; **Christian ~** christliches Begräbnis *nt* **burial ground** *n* Begräbnisstätte *f*

burly *adj* (+*er*) kräftig

Burma *n* Birma *nt*

burn *vb: pret, past part* **burnt** (*Brit*) *or* **burned** **I** *n* (*on skin*) Brandwunde *f*;

(*on material*) Brandfleck *m*; **severe ~s** schwere Verbrennungen *pl* **II** *v/t* **1.** verbrennen; *building* niederbrennen; **to ~ oneself** sich verbrennen; **to be ~ed to death** verbrannt werden; (*in accident*) verbrennen; **to ~ a hole in sth** ein Loch in etw (*acc*) brennen; **to ~ one's fingers** sich (*dat*) die Finger verbrennen; **he's got money to ~** (*fig*) er hat Geld wie Heu; **to ~ one's bridges** (*Br fig*) alle Brücken hinter sich (*dat*) abbrechen **2.** *toast etc* verbrennen lassen; (*slightly*) anbrennen lassen; (*sun*) *person, skin* verbrennen **3.** IT *CD, DVD* brennen **III** *v/i* **1.** brennen; **to ~ to death** verbrennen **2.** (*pastry etc*) verbrennen; (*slightly*) anbrennen; **she ~s easily** sie bekommt leicht einen Sonnenbrand ♦ **burn down I** *v/i* (*house etc*) abbrennen (*candle*) herunterbrennen **II** *v/t sep* abbrennen ♦ **burn out I** *v/i* (*fire, candle*) ausgehen **II** *v/r* **1.** (*candle*) herunterbrennen; (*fire*) ausbrennen **2.** (*fig infml*) **to burn oneself out** sich kaputtmachen (*infml*) **III** *v/t sep usu pass* **burned out cars** ausgebrannte Autos; **he is burned out** (*infml*) er hat sich völlig verausgabt ♦ **burn up** *v/t sep fuel, energy* verbrauchen

burner *n* (*of gas cooker, lamp*) Brenner *m*
burning I *adj* brennend; *ambition* glühend **II** *n* **I can smell ~** es riecht verbrannt **burnt** *adj* (*Br*) verbrannt
burp (*infml*) **I** *v/i* rülpsen (*infml*); (*baby*) aufstoßen **II** *n* Rülpser *m* (*infml*)
burrow I *n* (*of rabbit etc*) Bau *m* **II** *v/i* graben
bursary *n* (*Br*) Stipendium *nt*
burst *vb: pret, past part* **burst I** *n* **1.** (*of shell etc*) Explosion *f* **2.** (*in pipe etc*) Bruch *m* **3.** (*of activity etc*) Ausbruch *m*; **~ of laughter** Lachsalve *f*; **~ of applause** Beifallssturm *m*; **~ of speed** Spurt *m*; **a ~ of automatic gunfire** eine Maschinengewehrsalve **II** *v/i* **1.** platzen; **to ~ open** aufspringen; **to be full to ~ing** zum Platzen voll sein; **to be ~ing with health** vor Gesundheit strotzen; **to be ~ing with pride** vor Stolz platzen; **if I eat any more, I'll ~** (*infml*) wenn ich noch mehr esse, platze ich (*infml*); **I'm ~ing** (*infml ≈ need the toilet*) ich muss ganz dringend (*infml*) **2. to ~ into tears** in Tränen ausbrechen; **to ~ into flames** in Flammen aufgehen; **he ~ into the**

room er platzte ins Zimmer; **to ~ into song** lossingen **III** *v/i balloon, bubble, tyre* zum Platzen bringen; (*person*) kaputtmachen (*infml*); *pipe* sprengen; **the river has ~ its banks** der Fluss ist über die Ufer getreten ♦ **burst in** *v/i* hineinstürzen; **he ~ on us** er platzte bei uns herein ♦ **burst out** *v/i* **1. to ~ of a room** aus einem Zimmer stürzen **2. to ~ laughing** in Gelächter ausbrechen

bury *v/t* **1.** begraben; *treasure* vergraben; **where is he buried?** wo liegt *or.* ist er begraben?; **that's all dead and buried** (*fig*) das ist schon lange passé (*infml*); **buried by an avalanche** von einer Lawine verschüttet; **to ~ one's head in the sand** (*fig*) den Kopf in den Sand stecken **2.** *fingers* vergraben (*in* in +*dat*); *claws, teeth* schlagen (*in* in +*acc*); **to ~ one's face in one's hands** das Gesicht in den Händen vergraben
bus¹ I *n, pl* **-es** *or* (*US*) **-ses** Bus *m*; **by ~** mit dem Bus **II** *v/t* (*esp US*) mit dem Bus befördern
bus² *n* IT (*Daten*)bus *m*
bus boy *n* (*US*) Bedienungshilfe *f*
bus conductor *n* Busschaffner *m* **bus driver** *n* Busfahrer(in) *m(f)*
bush *n* **1.** (*≈ shrub*) Busch *m*; (*a.* **bushes**) Gebüsch *nt*; **to beat about** (*Br*) *or* **around the ~** (*fig*) um den heißen Brei herumreden **2.** (*in Africa, Australia*) Busch *m* **bushfire** *n* Buschfeuer *nt*
bushy *adj* (*+er*) buschig
busily *adv* (*≈ actively, eagerly*) eifrig
business *n* **1.** *no pl* Geschäft *nt*; (*≈ line of business*) Branche *f*; **a small ~** ein kleines Unternehmen; **a family ~** ein Familienunternehmen *nt*; **to go into/set up in ~ with sb** mit jdm ein Geschäft gründen; **what line of ~ is she in?** was macht sie beruflich?; **to be in the publishing/ insurance ~** im Verlagswesen/in der Versicherungsbranche tätig sein; **to go out of ~** zumachen; **to do ~ with sb** Geschäfte *pl* mit jdm machen; **"business as usual"** das Geschäft bleibt geöffnet; **it's ~ as usual** alles geht wie gewohnt weiter; **how's ~?** wie gehen die Geschäfte?; **~ is good** die Geschäfte gehen gut; **on ~** geschäftlich; **to know one's ~** seine Sache verstehen; **to get down to ~** zur Sache kommen; **you shouldn't mix ~ with pleasure** man sollte Geschäftliches und Vergnügen trennen **2.** (*fig*

infml) **to mean** ~ es ernst meinen **3.** (≈ *concern*) Sache *f*; **that's my**~ das ist meine Sache; **that's no** ~ **of yours**, **that's none of your** ~ das geht dich nichts an; **to make it one's** ~ **to do sth** es sich (*dat*) zur Aufgabe machen, etw zu tun; **you've no** ~ **doing that** du hast kein Recht, das zu tun; **moving house can be a stressful** ~ ein Umzug kann ganz schön stressig sein **business activity** *n* Geschäftstätigkeit *f* **business address** *n* Geschäftsadresse *f* **business associate** *n* Geschäftspartner(in) *m(f)* **business card** *n* (Visiten)karte *f* **business centre,** (*US*) **business center** *n* Geschäftszentrum *nt* **business class** *n* Businessklasse *f* **business expenses** *pl* Spesen *pl* **business hours** *pl* Geschäftsstunden *pl* **business letter** *n* Geschäftsbrief *m* **businesslike** *adj manner* geschäftsmäßig; (≈ *efficient*) *person* nüchtern **business lunch** *n* Geschäftsessen *nt*

businessman *n* Geschäftsmann *m* **business management** *n* Betriebswirtschaft(slehre) *f* **business park** *n* Industriegelände *nt* **business people** *pl* Geschäftsleute *pl* **business practice** *n* Geschäftspraxis *f* **business proposition** *n* (≈ *proposal*) Geschäftsangebot *nt*; (≈ *idea*) Geschäftsvorhaben *nt* **business school** *n* Wirtschaftsschule *f* **business sector** *n* Geschäftsbereich *m* **business sense** *n* Geschäftssinn *m* **business studies** *pl* Wirtschaftslehre *f* **business suit** *n* Straßenanzug *m* **business trip** *n* Geschäftsreise *f*

businesswoman *n* Geschäftsfrau *f* **busk** *v/i* als Straßenmusikant vor Kinos *etc spielen* **busker** *n* Straßenmusikant *m* **bus lane** *n* Busspur *f* **bus load** *n* **a** ~ **of children** eine Busladung Kinder **bus pass** *n* Seniorenkarte *f* für Busse; (*for the disabled*) Behindertenkarte *f* für Busse **bus route** *n* Buslinie *f*; **we're not on a** ~ wir haben keine Busverbindungen **bus service** *n* Busverbindung *f*; (≈ *network*) Busverbindungen *pl* **bus shelter** *n* Wartehäuschen *nt* **bus station** *n* Busbahnhof *m*

bus stop *n* Bushaltestelle *f*

bust[1] *n* Büste *f*; ANAT Busen *m*; ~ **measurement** Oberweite *f*

bust[2] *vb: pret, past part* **bust** (*infml*) **I** *adj* **1.** (≈ *broken*) kaputt (*infml*) **2.** (≈ *bank-*

rupt) pleite (*infml*) **II** *adv* **to go** ~ pleite gehen (*infml*) **III** *v/t* (≈ *break*) kaputt machen (*infml*) **IV** *v/i* (≈ *break*) kaputtgehen (*infml*) **-buster** *suf* (*infml*) -brecher; **crime-buster** Verbrechensbekämpfer(in) *m(f)*

bus ticket *n* Busfahrschein *m*

bustle **I** *n* Betrieb *m* (*of* in +*dat*) **II** *v/i* **to** ~ **about** geschäftig hin und her eilen (*infml*); **the marketplace was bustling with activity** auf dem Markt herrschte ein reges Treiben

bust-up *n* (*infml*) Krach *m* (*infml*); **they had a** ~ sie haben Krach gehabt (*infml*)

busway *n* (*US*) Busspur *f*

busy **I** *adj* (+*er*) **1.** *person* beschäftigt; **are you** ~? haben Sie gerade Zeit?; (*in business*) haben Sie viel zu tun?; **I'll come back when you're less** ~ ich komme wieder, wenn Sie mehr Zeit haben; **to keep sb/oneself** ~ jdn/sich selbst beschäftigen; **I was** ~ **studying** ich war gerade beim Lernen **2.** *life, time* bewegt; *place* belebt; (*with traffic*) *street* stark befahren; **it's been a** ~ **day/week** heute/diese Woche war viel los; **have you had a** ~ **day?** hast du heute viel zu tun gehabt?; **he leads a very** ~ **life** bei ihm ist immer etwas los **3.** (*esp US*) *telephone line* besetzt **II** *v/r* **to** ~ **oneself doing sth** sich damit beschäftigen, etw zu tun; **to** ~ **oneself with sth** sich mit etw beschäftigen **busybody** *n* Wichtigtuer *m* **busy signal** *n* (*esp US* TEL) Besetztzeichen *nt*

but **I** *cj* **1.** aber; ~ **you must know that ...** Sie müssen aber wissen, dass ...; **they all went** ~ **I didn't** sie sind alle gegangen, nur ich nicht; ~ **then he couldn't have known that** aber er hat das ja gar nicht wissen können; ~ **then you must be my brother!** dann müssen Sie ja mein Bruder sein!; ~ **then it is well paid** aber dafür wird es gut bezahlt **2.** **not X** ~ **Y** nicht X sondern Y **II** *adv* **I cannot** (*help*) ~ **think that ...** ich kann nicht umhin zu denken, dass ...; **one cannot** (*help*) ~ **admire him** man kann ihn nur bewundern; **you can** ~ **try** du kannst es immerhin versuchen; **I had no alternative** ~ **to leave** mir blieb keine andere Wahl als zu gehen **III** *prep* **no one** ~ **me could do it** nur ich konnte es tun; **anything** ~ **that!** (alles,) nur das nicht!; **it was anything** ~ **simple** das war alles andere als einfach; *he was nothing ~ trouble* er hat nur Schwierigkeiten gemacht; *the last house ~ one* das vorletzte Haus; *the next street ~ one* die übernächste Straße; *~ for you I would be dead* wenn Sie nicht gewesen wären, wäre ich tot; *I could definitely live in Scotland, ~ for the weather* ich könnte ganz bestimmt in Schottland leben, wenn das Wetter nicht wäre

butane *n* Butan *nt*

butcher I *n* Fleischer *m*, Fleischhauer *m* (*Aus*); *~'s* (**shop**) Fleischerei *f*; *at the ~'s* beim Fleischer **II** *v/t* schlachten; *people* abschlachten

butler *n* Butler *m*

butt[1] *n* (*a.* **butt end**) dickes Ende; (*of rifle*) (Gewehr)kolben *m*; (*of cigarette*) Stummel *m*

butt[2] *n* (*infml* ≈ *cigarette*) Kippe *f* (*infml*)

butt[3] *n* (*fig*) *she's always the ~ of his jokes* sie ist immer (die) Zielscheibe seines Spottes

butt[4] *v/t* mit dem Kopf stoßen ◆ **butt in** *v/i* sich einmischen (*on* in +*acc*)

butt[5] *n* (*US infml* ≈ *backside*) Arsch *m* (*vulg*); *get up off your ~* setz mal deinen Arsch in Bewegung (*sl*) **butt call** *n* (*US infml*) unbeabsichtigter Anruf durch Sitzen auf dem Handy

butter I *n* Butter *f*; *she looks as if ~ wouldn't melt in her mouth* sie sieht aus, als ob sie kein Wässerchen trüben könnte **II** *v/t* *bread etc* buttern ◆ **butter up** *v/t sep* (*infml*) um den Bart gehen (+*dat*) (*infml*) **butter bean** *n* Mondbohne *f* **buttercup** *n* Butterblume *f* **butter dish** *n* Butterdose *f* **butterfingered** *adj* (*infml*) tollpatschig (*infml*)

butterfly *n* **1.** Schmetterling *m*; *I've got/I get butterflies* (*in my stomach*) mir ist/wird ganz flau im Magen (*infml*) **2.** SWIMMING Butterfly *m*

buttermilk *n* Buttermilch *f* **butterscotch** *adj* Karamell-

buttock *n* (Hinter)backe *f*; *~s pl* Gesäß *nt*

button I *n* Knopf *m*; *his answer was right on the ~* (*infml*) seine Antwort hat voll ins Schwarze getroffen (*infml*) **II** *v/t* zuknöpfen **III** *v/i* (*garment*) geknöpft werden ◆ **button up** *v/t sep* zuknöpfen

button-down *adj* *~ collar* Button-down--Kragen *m* **buttonhole I** *n* **1.** Knopfloch *nt* **2.** (≈ *flower*) Blume *f* im Knopfloch **II**

v/t (*fig*) zu fassen bekommen **button mushroom** *n* junger Champignon

buxom *adj* drall

buy *vb*: *pret, past part* **bought I** *v/t* **1.** kaufen; *to ~ and sell goods* Waren an- und verkaufen **2.** (*fig*) *time* gewinnen **3.** *to ~ sth* (≈ *accept*) etw akzeptieren **II** *v/i* kaufen **III** *n* (*infml*) Kauf *m*; *to be a good ~* ein guter Kauf sein ◆ **buy back** *v/t sep* zurückkaufen ◆ **buy in** *v/t sep goods* einkaufen ◆ **buy into** *v/i* +*prep obj* COMM sich einkaufen in (+*acc*) ◆ **buy off** *v/t sep* (*infml* ≈ *bribe*) kaufen (*infml*) ◆ **buy out** *v/t sep shareholders etc* auszahlen; *firm* aufkaufen ◆ **buy up** *v/t sep* aufkaufen

buyer *n* Käufer *m*; (≈ *agent*) Einkäufer *m*

buyout *n* Aufkauf *m*

buzz I *v/i* **1.** (*insect, device*) summen **2.** *my ears are ~ing* mir dröhnen die Ohren; *my head is ~ing* (*with ideas etc*) mir schwirrt der Kopf; *the city was ~ing with excitement* die Stadt war in heller Aufregung **II** *v/t* (*infml* ≈ *call*) (mit dem Summer) rufen **III** *n* **1.** (*of conversation*) Gemurmel *nt*; *~ of anticipation* erwartungsvolles Gemurmel **2.** (*infml* ≈ *telephone call*) *to give sb a ~* jdn anrufen **3.** (*infml* ≈ *thrill*) *I get a ~ from driving fast* ich verspüre einen Kitzel, wenn ich schnell fahre ◆ **buzz off** *v/i* (*Br infml*) abzischen (*infml*)

buzzard *n* Bussard *m*

buzzer *n* Summer *m*

buzz word *n* Modewort *nt*

b/w *abbr of* **black and white** S/W

by I *prep* **1.** (≈ *close to*) bei, an (+*dat*); (*with movement*) an (+*acc*); (≈ *next to*) neben (+*dat*); (*with movement*) neben (+*acc*); *by the window* am *or* beim Fenster; *by the sea* an der See; *come and sit by me* komm, setz dich neben mich **2.** (≈ *via*) über (+*acc*) **3.** (≈ *past*) *to rush etc by sb/sth* an jdm/etw vorbeieilen etc **4.** *by day/night* bei Tag/Nacht **5.** (≈ *not later than*) bis; *can you do it by tomorrow?* kannst du es bis morgen machen?; *by tomorrow I'll be in France* morgen werde ich in Frankreich sein; *by the time I got there, he had gone* bis ich dorthin kam, war er gegangen; *but by that time or by then it will be too late* aber dann ist es schon zu spät; *by now* inzwischen **6.** *by the hour* stundenweise; *one by one* einer nach dem anderen; *two by two* paarweise; **letters came in by the hundred** Hunderte von Briefen kamen **7.** (*indicating cause*) von; **killed by a bullet** von einer Kugel getötet **8. by bus/car/bicycle** mit dem Bus/Auto/Fahrrad; **to pay by cheque** (*Br*) *or* **check** (*US*) mit Scheck bezahlen; **made by hand** handgearbeitet; **to know sb by name/sight** jdn dem Namen nach/vom Sehen her kennen; **to lead sb by the hand** jdn an der Hand führen; **by myself/himself** *etc* allein **9. by saving hard he managed to ...** durch eisernes Sparen gelang es ihm ...; **by turning this knob** wenn Sie an diesem Knopf drehen **10.** (*according to*) nach; **by my watch** nach meiner Uhr; **to call sb/sth by his/its proper name** jdn/etw beim richtigen Namen nennen; **if it's OK by you** *etc* wenn es Ihnen *etc* recht ist; **it's all right by me** von mir aus gern **11.** (*measuring difference*) um; **broader by a foot** um einen Fuß breiter; **it missed me by inches** es verfehlte mich um Zentimeter **12. to divide/multiply by** dividieren durch/multiplizieren mit; **20 feet by 30** 20 mal 30 Fuß; **I swear by Almighty God** ich schwöre beim allmächtigen Gott; **by the way** übrigens **II** *adv* **1. to pass by** *etc* vorbeikommen *etc* **2.** (≈ *in reserve*) **to put by** beiseitelegen **3. by and large** im Großen und Ganzen

bye *int* (*infml*) tschüs(s), servus! (*Aus*); ~ **for now!** bis bald!

bye-bye *int* (*infml*) Wiedersehen (*infml*)

by(e)-election *n* Nachwahl *f*

Byelorussia *n* Weißrussland *nt*

bylaw, bye-law *n* Verordnung *f* **bylaws** *pl* (*US, of company*) Satzung *f* **bypass I** *n* (≈ *road*) Umgehungsstraße *f*, Umfahrung(sstraße) *f* (*Aus*); MED Bypass *m* **II** *v/t* umgehen **bypass operation** *n* Bypassoperation *f* **bypass surgery** *n* Bypasschirurgie *f* **by-product** *n* Nebenprodukt *nt* **byroad** *n* Neben- *or* Seitenstraße *f* **bystander** *n* Zuschauer *m*; **innocent** ~ unbeteiligter Zuschauer

byte *n* IT Byte *nt*

byword *n* **to become a** ~ **for sth** gleichbedeutend mit etw werden

C

C, c C, c *nt*; **C sharp** Cis *nt*; **C flat** Ces *nt*

C *abbr of* **centigrade** C

c *abbr of* **cent** c, ct

CA 1. *abbr of* **chartered accountant 2.** *abbr of* **Central America**

c/a *abbr of* **current account**

cab *n* **1.** (≈ *taxi*) Taxi *nt* **2.** (*of lorry*) Führerhaus *nt*

cabaret *n* Varieté *nt*; (*satirical*) Kabarett *nt*

cabbage *n* Kohl *m*

cabbie, cabby *n* (*infml*) Taxifahrer(in) *m(f)* **cab driver** *n* Taxifahrer(in) *m(f)*

cabin *n* **1.** (≈ *hut*) Hütte *f* **2.** NAUT Kajüte *f* **3.** AVIAT Passagierraum *m* **cabin attendant** *n* AVIAT Flugbegleiter(in) *m(f)* **cabin crew** *n* AVIAT Flugbegleitpersonal *nt*

cabinet *n* **1.** Schränkchen *nt*; (*for display*) Vitrine *f* **2.** PARL Kabinett *nt* **cabinet minister** *n* Minister(in) *m(f)* **cabinet reshuffle** *n* (*Br* POL) Kabinettsumbildung *f*

cable *n* **1.** Tau *nt*; (*of wire*) Kabel *nt* **2.** ELEC Kabel *nt* **3.** (≈ *cablegram*) Telegramm *nt*

4. (≈ *cable television*) Kabelfernsehen *nt* **cable car** *n* Drahtseilbahn *f* **cable channel** *n* Kabelkanal *m* **cable railway** *n* Bergbahn *f* **cable television** *n* Kabelfernsehen *nt*

caboodle *n* (*infml*) **the whole** (**kit and**) ~ das ganze Zeug(s) (*infml*), der ganze Kram (*infml*)

cacao *n* Kakao *m*

cache *n* **1.** Versteck *nt* **2.** (IT: *a.* **cache memory**) Zwischenspeicher *m*

cackle I *n* **1.** (*of hens*) Gackern *nt* **2.** (≈ *laughter*) (meckerndes) Lachen **II** *v/i* (*hens*) gackern; (≈ *laugh*) meckernd lachen

cactus *n, pl* **-es** *or* **cacti** Kaktus *m*

CAD *abbr of* **computer-aided design** CAD

cadaver *n* Kadaver *m*; (*of humans*) Leiche *f*

CAD/CAM *abbr of* **computer-aided design/computer-aided manufacture** CAD/CAM

caddie GOLF **I** *n* Caddie *m* **II** *v/i* Caddie

sein
caddyn **1.** (≈ *tea caddy*) Büchse f **2.** (*US* ≈
shopping trolley) Einkaufswagen m **3.** =
caddie I
cadencen MUS Kadenz f
cadetn MIL *etc* Kadett m
cadge v/t & v/i (*Br infml*) schnorren
(*infml*) (*from sb* bei *or* von jdm); *could
I ~ a lift with you?* könnten Sie mich vielleicht (ein Stück) mitnehmen?
Caesarn Cäsar m
Caesarean (*US*) **Cesarean** n (MED: *a.*
Caesarean section) Kaiserschnitt m;
she had a (baby by) ~ sie hatte einen
Kaiserschnitt
Caesarian (*US*) **Cesarian**n = *Caesare-*
an
cafén Café nt, Kaffeehaus nt (*Aus*)
cafeterian Cafeteria f
cafetièren Kaffeebereiter m
caffn (*Br infml*) Café nt, Kaffeehaus nt
(*Aus*)
caffein(e)n Koffein nt
cagen Käfig m
cagey adj (*infml*) vorsichtig; (≈ *evasive*)
ausweichend
cagoulen Windhemd nt
cahootsn (*infml*) *to be in ~ with sb* mit
jdm unter einer Decke stecken
cairnn Steinpyramide f
Cairon Kairo nt
cajole v/t gut zureden (+*dat*); *to ~ sb into
doing sth* jdn dazu bringen, etw zu tun
cake I n Kuchen m; (≈ *gateau*) Torte f; (≈
bun, individual cake) Gebäckstück nt; *a
piece of ~* (*fig infml*) ein Kinderspiel nt;
to sell like hot ~s weggehen wie warme
Semmeln (*infml*); *you can't have your ~
and eat it* (*prov*) beides auf einmal geht
nicht II v/t *my shoes are ~d with* or *in
mud* meine Schuhe sind völlig verdreckt
cake mixn Backmischung f **cake mixture**n Kuchenteig m **cake pan**n (*US*)
Kuchenform f **cake shop**n Konditorei
f **cake tin**n (*Br, for baking*) Kuchenform f; (*for storage*) Kuchenbüchse f
calamityn Katastrophe f
calciumn Kalzium nt
calculate v/t 1. berechnen **2.** (*fig* ≈ *estimate*) kalkulieren **calculated** adj (≈ *deliberate*) berechnet; *a ~ risk* ein kalku-
liertes Risiko **calculating** adj berechnend **calculation** n Berechnung f; (≈
critical estimation) Schätzung f; *you're
out in your ~s* du hast dich verrechnet

calculator n Rechner m **calculus** n
MAT Infinitesimalrechnung f
Caledonian Kaledonien nt
calendarn **1.** Kalender m **2.** (≈ *schedule*)
Terminkalender m; *~ of events* Veranstaltungskalender m **calendar month**
n Kalendermonat m
calf[1]n, *pl* **calves 1.** Kalb nt **2.** (≈ *elephant,
seal etc*) Junge(s) nt
calf[2]n, *pl* **calves** ANAT Wade f
calfskinn Kalb(s)leder nt
calibre (*US*) **caliber**n (*lit, fig*) Kaliber nt
California n Kalifornien nt **Californian**
adj kalifornisch
call I n 1. (≈ *cry*) Ruf m; *to give sb a ~* jdn
(herbei)rufen; (≈ *wake sb*) jdn wecken;
a ~ for help ein Hilferuf m **2.** (≈ *telephone call*) Gespräch nt; *to give sb a
~* jdn anrufen; *to take a ~* ein Gespräch
entgegennehmen **3.** (≈ *summons*) Aufruf m; (*fig* ≈ *lure*) Ruf m; *to be on ~* Bereitschaftsdienst haben; *he acted
above and beyond the ~ of duty* er han-
delte über die bloße Pflichterfüllung hinaus **4.** (≈ *visit*) Besuch m; *I have several ~s to make* ich muss noch einige Besuche machen **5.** (≈ *demand*) Inan-
spruchnahme f; COMM Nachfrage f (*for*
nach); *to have many ~s on one's time*
zeitlich sehr in Anspruch genommen
sein **6.** (≈ *need*) Grund m; *there is no
~ for you to worry* es besteht kein Grund
zur Sorge II v/t **1.** (≈ *shout out, summon*)
rufen; *meeting* einberufen; *elections*
ausschreiben; *strike* ausrufen; JUR *witness* aufrufen; *the landlord ~ed time*
der Wirt rief „Feierabend"; *the ball
was ~ed out* der Ball wurde für „aus"
erklärt **2.** (≈ *name, consider*) nennen;
to be ~ed heißen; *what's he ~ed?* wie
heißt er?; *what do you ~ your cat?*
wie heißt deine Katze?; *she ~s me lazy*
sie nennt mich faul; *what's this ~ed in
German?* wie heißt das auf Deutsch?;
let's ~ it a day machen wir Schluss für
heute; *~ it £5* sagen wir £ 5 **3.** (≈ *telephone*) anrufen; (≈ *contact by radio*) rufen III v/i **1.** (≈ *shout*) rufen; *to ~ for help*
um Hilfe rufen; *to ~ to sb* jdm zurufen **2.**
(≈ *visit*) vorbeikommen; *she ~ed to see
her mother* sie machte einen Besuch bei
ihrer Mutter; *the gasman ~ed* der Gasmann kam **3.** TEL anrufen; (*by radio*) rufen; *who's ~ing, please?* wer spricht da
bitte?; *thanks for ~ing* vielen Dank für

den Anruf ◆ **call (a)round** *v/i* (*infml*) vorbeikommen ◆ **call at** *v/i +prep obj* (*person*) vorbeigehen bei; RAIL halten in (*+dat*); *a train for Lisbon calling at ...* ein Zug nach Lissabon über ... ◆ **call away** *v/t sep* wegrufen; *I was called away on business* ich wurde geschäftlich abgerufen; *he was called away from the meeting* er wurde aus der Sitzung gerufen ◆ **call back** *v/t & v/i sep* zurückrufen ◆ **call for** *v/i +prep obj* **1.** (≈ *send for*) rufen; *food* kommen lassen **2.** (≈ *ask for*) verlangen (nach); *courage* verlangen; *that calls for a drink!* darauf müssen wir einen trinken!; *that calls for a celebration!* das muss gefeiert werden! **3.** (≈ *collect*) abholen ◆ **call in** *v/i* vorbeigehen (*at, on* bei) ◆ **call off** *v/t sep appointment, strike* absagen; *deal* rückgängig machen; (≈ *end*) abbrechen; *engagement* lösen ◆ **call on** *v/i +prep obj* **1.** (≈ *visit*) besuchen **2.** = ***call upon*** ◆ **call out I** *v/i* rufen **II** *v/t sep* **1.** *names* aufrufen **2.** *doctor* rufen; *fire brigade* alarmieren ◆ **call out for** *v/i +prep obj* *food* verlangen; *help* rufen um ◆ **call over** *v/t sep* herbeirufen, zu sich rufen ◆ **call up I** *v/t sep* **1.** (*Br* MIL) *reservist* einberufen; *reinforcements* mobilisieren **2.** SPORTS berufen (*to* in *+acc*) **3.** TEL anrufen **4.** (*fig*) *memories* (herauf)-beschwören **II** *v/i* TEL anrufen ◆ **call upon** *v/i +prep obj* **to ~ sb to do sth** jdn bitten, etw zu tun; **to ~ sb's generosity** an jds Großzügigkeit (*acc*) appellieren **call box** *n* (*Br*) Telefonzelle *f* **call centre** *n* (*Br*) Callcenter *nt* **caller** *n* **1.** (≈ *visitor*) Besucher(in) *m(f)* **2.** TEL Anrufer(in) *m(f)* **caller display** (*Br*), **caller ID** (*US*) *n* TEL Anruferkennung *f* **call forwarding** *n* TEL Anrufweiterschaltung *f* **callgirl** *n* Callgirl *nt* **calligraphy** *n* Kalligrafie *f* **calling** *n* Berufung *f* **calling card** *n* Visitenkarte *f* **callisthenics**, (*US*) **calisthenics** *n sg or pl* Gymnastik *f* **callous** *adj*, **callously** *adv* herzlos **callousness** *n* Herzlosigkeit *f* **call-out charge**, **call-out fee** *n* Anfahrtkosten *pl* **call screening** *n* TEL Call Screening *nt*, Sperrung bestimmter Rufnummernbereiche **call-up** *n* (*Br*) (MIL) Einberufung *f*; SPORTS Berufung *f* (*to* in *+acc*) **call-up papers** *pl* (*Br* MIL) Ein-

berufungsbescheid *m* **callus** *n* MED Schwiele *f* **call waiting** *n* TEL Anklopffunktion *f* **calm I** *adj* (*+er*) ruhig; *keep ~!* bleib ruhig!; (*cool,*) *~ and collected* ruhig und gelassen **II** *n* Ruhe *f*; *the ~ before the storm* die Ruhe vor dem Sturm **III** *v/t* beruhigen; *to ~ sb's fears* jdn beruhigen ◆ **calm down I** *v/t sep* beruhigen **II** *v/i* sich beruhigen; (*wind*) abflauen **calming** *adj* beruhigend **calmly** *adv* ruhig **calmness** *n* (*of person*) Ruhe *f* **calorie** *n* Kalorie *f*; *low on ~s* kalorienarm **calorie-conscious** *adj* kalorienbewusst **calves** *pl of* **calf**[1, 2] **CAM** *abbr of* ***computer-aided manufacture*** CAM **camaraderie** *n* Kameradschaft *f* **Cambodia** *n* Kambodscha *nt* **camcorder** *n* Camcorder *m* **came** *pret of* **come** **camel I** *n* Kamel *nt* **II** *attr coat* kamelhaarfarben **cameo** *n* **1.** (≈ *jewellery*) Kamee *f* **2.** (*a.* **cameo part**) Miniaturrolle *f* **camera** *n* Kamera *f*; (*for stills also*) Fotoapparat *m* **camera crew** *n* Kamerateam *nt* **cameraman** *n* Kameramann *m* **camera-shy** *adj* kamerascheu **camerawoman** *n* Kamerafrau *f* **camerawork** *n* Kameraführung *f* **camisole** *n* Mieder *nt* **camomile** *n* Kamille *f*; *~ tea* Kamillentee *m* **camouflage I** *n* Tarnung *f* **II** *v/t* tarnen **camp**[1] **I** *n* Lager *nt*; *to pitch ~* Zelte *or* ein Lager aufschlagen; *to strike or break ~* das Lager *or* die Zelte abbrechen; *to have a foot in both ~s* mit beiden Seiten zu tun haben **II** *v/i* zelten; MIL lagern; *to go ~ing* zelten (gehen) ◆ **camp out** *v/i* zelten **camp**[2] *adj* (≈ *effeminate*) tuntenhaft (*infml*) **campaign I** *n* **1.** MIL Feldzug *m* **2.** (*fig*) Kampagne *f* **II** *v/i* **1.** MIL Krieg führen **2.** (*fig*) (*for* für) (*against* gegen) sich einsetzen **campaigner** *n* (*for sth*) Befürworter(in) *m(f)* (*for +gen*); (*against sth*) Gegner(in) *m(f)* (*against +gen*) **camp bed** *n* (*Br*) Campingliege *f* **camper** *n* Camper(in) *m(f)* **camper van** *n* Wohnmobil *nt* **campfire** *n* Lagerfeuer *nt* **campground** *n* (*US*) Campingplatz *m*

camping *n* Camping *nt* **camping gas** *n* (*US*) Campinggas *nt* **camping site, camp site** *n* Campingplatz *m*

campus *n* Campus *m*

can[1] *pret* **could** *modal aux vb* können; (≈ *may*) dürfen; ~ **you come tomorrow?** kannst du morgen kommen?; *I* ~'*t or* ~*not go to the theatre* ich kann nicht ins Theater (gehen); *he'll help you all he* ~ er wird tun, was in seinen Kräften steht; *as soon as it* ~ *be arranged* sobald es sich machen lässt; *could you tell me...* können *or* könnten Sie mir sagen, ...; ~ *you speak German?* können *or* sprechen Sie Deutsch?; ~ *I come too?* kann ich mitkommen?; ~ *or could I take some more?* darf ich mir noch etwas nehmen?; *how* ~/*could you say such a thing!* wie können/konnten Sie nur *or* bloß so etwas sagen!; *where* ~ *it be?* wo kann das bloß sein?; *you* ~'*t be serious* das kann doch wohl nicht dein Ernst sein; *it could be that he's got lost* vielleicht hat er sich verlaufen; *you could try telephoning him* Sie könnten ihn ja mal anrufen; *you could have told me* das hätten Sie mir auch sagen können; *we could do with some new furniture* wir könnten neue Möbel gebrauchen; *I could do with a drink now* ich könnte jetzt etwas zu trinken vertragen; *this room could do with a coat of paint* das Zimmer könnte mal wieder gestrichen werden; *he looks as though he could do with a haircut* ich glaube, er müsste sich (*dat*) mal wieder die Haare schneiden lassen

can[2] *n* **1.** (≈ *large container*) Kanister *m*; (*esp US* ≈ *garbage can*) (Müll)eimer *m* **2.** (≈ *tin*) Dose *f*; *a* ~ *of beer* eine Dose Bier; *a beer* ~ eine Bierdose

Canada *n* Kanada *nt*

Canadian I *adj* kanadisch **II** *n* Kanadier(in) *m*(*f*)

canal *n* Kanal *m*

canapé *n* Appetithappen *m*

Canaries *pl* = **Canary Isles canary** *n* Kanarienvogel *m* **Canary Isles** *pl* Kanarische Inseln *pl*

cancel I *v/t* **1.** (≈ *call off*) absagen; (*officially*) stornieren; *plans* aufgeben; *train* streichen; *the train has been* ~*led* (*Br*) *or* ~*ed* (*US*) der Zug fällt aus **2.** (≈ *revoke*) rückgängig machen; *order* stornieren; *subscription* kündigen **3.** *ticket*

entwerten **II** *v/i* absagen ♦ **cancel out** *v/t sep* MAT aufheben; (*fig*) zunichtemachen; *to cancel each other out* MAT sich aufheben; (*fig*) sich gegenseitig aufheben

cancellation *n* **1.** (≈ *calling off*) Absage *f*; (*official*) Stornierung *f*; (*of plans*) Aufgabe *f*; (*of train*) Streichung *f* **2.** (≈ *annulment*) Rückgängigmachung *f*; (*of order*) Stornierung *f*; (*of subscription*) Kündigung *f*

cancer *n* MED Krebs *m*; ~ *of the throat* Kehlkopfkrebs *m*; **Cancer** ASTROL Krebs *m*; *he's (a) Cancer* er ist Krebs **cancerous** *adj* krebsartig

candelabra *n* Kandelaber *m*

candid *adj* offen

candidacy *n* Kandidatur *f* **candidate** *n* Kandidat(in) *m*(*f*); *to stand as (a)* ~ kandidieren; *the obese are prime* ~*s for heart disease* Fettleibige stehen auf der Liste der Herzinfarktkandidaten ganz oben

candidly *adv* offen; *to speak* ~ offen *or* ehrlich sein

candied *adj* COOK kandiert; ~ *peel* (*of lemon*) Zitronat *nt*; (*of orange*) Orangeat *nt*

candle *n* Kerze *f* **candlelight** *n* Kerzenlicht *nt*; *by* ~ im Kerzenschein; *a* ~ *dinner* ein Essen *nt* bei Kerzenlicht **candlestick** *n* Kerzenhalter *m*

candour, (*US*) **candor** *n* Offenheit *f*

candy *n* (*US* ≈ *sweet*) Bonbon *m or nt*, Zuckerl *nt* (*Aus*); (≈ *sweets*) Süßigkeiten *pl* **candy bar** *n* (*US*) Schokoladenriegel *m* **candyfloss** *n* (*Br*) Zuckerwatte *f* **candy store** *n* (*US*) Süßwarenhandlung *f*

cane I *n* **1.** (≈ *of bamboo*) Rohr *nt* **2.** (≈ *walking stick*) (Spazier)stock *m*, Stecken *m* (*esp Aus, Swiss*); (≈ *for punishing*) (Rohr)stock *m*; *to get the* ~ Prügel bekommen **II** *v/t* mit dem Stock schlagen **cane sugar** *n* Rohrzucker *m*

canine I *n* (*a.* **canine tooth**) Eckzahn *m* **II** *adj* Hunde-

canister *n* Behälter *m*

cannabis *n* Cannabis *m*

canned *adj* **1.** (*US*) Dosen-; ~ *beer* Dosenbier *nt*; ~ *goods* Konserven *pl* **2.** (*infml*) ~ *music* Musikberieselung *f* (*infml*); ~ *laughter* Gelächter *nt* vom Band

cannibal *n* Kannibale *m*, Kannibalin *f*

cannibalism *n* Kannibalismus *m*

cannibalization *n* ECON Kannibalisierung *f*

cannon *n* MIL Kanone *f* **cannonball** *n* Kanonenkugel *f*

cannot *neg of* ***can¹***

canny *adj* (+*er*) vorsichtig

canoe I *n* Kanu *nt* II *v/i* Kanu fahren **canoeing** *n* Kanusport *m*

canon *n* (≈ *priest*) Kanoniker *m*

canonize *v/t* ECCL heiligsprechen

canon law *n* ECCL kanonisches Recht

can-opener *n* Dosenöffner *m*

canopy *n* Markise *f*; (*of bed*) Baldachin *m*

can't *contraction* = **can not**

cantaloup(e) *n* Honigmelone *f*

cantankerous *adj* mürrisch

canteen *n* (≈ *restaurant*) Kantine *f*; (*in university*) Mensa *f*

canter *v/i* langsam galoppieren

canton *n* Kanton *m*

Cantonese I *adj* kantonesisch II *n* **1.** Kantonese *m*, Kantonesin *f* **2.** LING Kantonesisch *nt*

canvas *n* Leinwand *f*; (*for sails*) Segeltuch *nt*; (*for tent*) Zeltbahn *f*; **under ~** im Zelt; **~ shoes** Segeltuchschuhe *pl*

canvass I *v/t* **1.** POL *district* Wahlwerbung machen in (+*dat*); *person* für seine Partei zu gewinnen suchen **2.** *customers* werben; *opinions* erforschen II *v/i* **1.** POL um Stimmen werben **2.** COMM werben **canvasser** *n* **1.** POL Wahlhelfer(in) *m(f)* **2.** COMM Vertreter(in) *m(f)* **canvassing** *n* **1.** POL Wahlwerbung *f* **2.** COMM Klinkenputzen *nt* (*infml*)

canyon (*US*) **cañon** *n* Cañon *m* **canyoning** *n* SPORTS Canyoning *nt*

CAP *abbr of* ***Common Agricultural Policy*** GAP *f*

cap I *n* **1.** (≈ *hat*) Mütze *f*; (*for swimming*) Badekappe *f*; **if the ~ fits(, wear it)** (*Br prov*) wem die Jacke passt(, der soll sie sich (*dat*) anziehen) Kappe *f* **4.** (≈ *contraceptive*) Pessar *nt* II *v/t* **1.** SPORTS **~ped player** Nationalspieler(in) *m(f)*; **he was ~ped four times for England** er wurde viermal für die englische Nationalmannschaft aufgestellt **2. and then to ~ it all** ... und, um dem Ganzen die Krone aufzusetzen

...; **they ~ped spending at £50,000** die Ausgaben wurden bei £ 50.000 gedeckelt

capability *n* **1.** Fähigkeit *f*; **sth is within sb's capabilities** jd ist zu etw fähig; **sth is beyond sb's capabilities** etw übersteigt jds Fähigkeiten **2.** MIL Potenzial *nt* **capable** *adj* **1.** kompetent **2. to be ~ of doing sth** etw tun können; **to be ~ of sth** zu etw fähig sein; **it's ~ of speeds of up to ...** es erreicht Geschwindigkeiten bis zu ... **capably** *adv* kompetent

capacity *n* **1.** (≈ *cubic content etc*) Fassungsvermögen *nt*; (≈ *maximum output*) Kapazität *f*; **seating ~ of 400** 400 Sitzplätze; **working at full ~** voll ausgelastet; **the Stones played to ~ audiences** die Stones spielten vor ausverkauften Sälen **2.** (≈ *ability*) Fähigkeit *f*; **his ~ for learning** seine Aufnahmefähigkeit **3.** (≈ *role*) Eigenschaft *f*; **speaking in his official ~ as mayor, he said ...** er sagte in seiner Eigenschaft als Bürgermeister ...

cape¹ *n* Cape *nt*

cape² *n* GEOG Kap *nt* **Cape gooseberry** *n* Kapstachelbeere *f*, Physalis *f* **Cape Horn** *n* Kap *nt* Hoorn **Cape of Good Hope** *n* Kap *nt* der guten Hoffnung

caper¹ I *v/i* herumtollen II *n* (≈ *prank*) Eskapade *f*

caper² *n* BOT, COOK Kaper *f*

Cape Town *n* Kapstadt *nt*

capful *n* **one ~ to one litre of water** eine Verschlusskappe auf einen Liter Wasser

capillary *n* Kapillare *f*

capital I *n* **1.** (*a.* **capital city**) Hauptstadt *f*; (*fig* ≈ *centre*) Zentrum *nt* **2.** (*a.* **capital letter**) Großbuchstabe *m*; **small ~s** Kapitälchen *pl* (*tech*); **please write in ~s** bitte in Blockschrift schreiben! **3.** *no pl* (FIN, *fig*) Kapital *nt*; **to make ~ out of sth** (*fig*) aus etw Kapital schlagen II *adj letter* Groß-; **love with a ~ L** die große Liebe **capital asset** *pl* Kapitalvermögen *nt* **capital expenditure** *n* Kapitalaufwendungen *pl* **capital gains tax** *n* Kapitalertragssteuer *f* **capital investment** *n* Kapitalanlage *f* **capitalism** *n* Kapitalismus *m* **capitalist** I *n* Kapitalist(in) *m(f)* II *adj* kapitalistisch ◆ **capitalize on** *v/i* +*prep* (*fig*) Kapital schlagen aus

capital offence *n* Kapitalverbrechen *nt* **capital punishment** *n* die Todesstrafe

Capitol *n* Kapitol *nt*

capitulate v/i kapitulieren (*to* vor +*dat*) **capitulation** n Kapitulation f
cappuccino n Cappuccino m
caprice n Laune(nhaftigkeit) f **capricious** adj launisch
Capricorn n Steinbock m; **I'm (a) ~** ich bin Steinbock
capsicum n Pfefferschote f
capsize I v/i kentern **II** v/t zum Kentern bringen
capsule n Kapsel f
captain I n MIL Hauptmann m; NAUT, AVIAT, SPORTS Kapitän m; **yes, ~!** jawohl, Herr Hauptmann/Kapitän!; **~ of industry** Industriekapitän m **II** v/t *team* anführen; *ship* befehligen **captaincy** n Befehl m; SPORTS Führung f; **under his ~** mit ihm als Kapitän
caption I n Überschrift f; (*under cartoon*) Bildunterschrift f **II** v/t betiteln
captivate v/t faszinieren **captivating** adj bezaubernd **captive I** n Gefangene(r) m/f(m); **to take sb ~** jdn gefangen nehmen; **to hold sb ~** jdn gefangen halten **II** adj **a ~ audience** ein unfreiwilliges Publikum **captive market** n Monopol-Absatzmarkt m **captivity** n Gefangenschaft f
captor n **his ~s treated him kindly** er wurde nach seiner Gefangennahme gut behandelt **capture I** v/t **1.** *town* einnehmen; *treasure* erobern; *person* gefangennehmen; *animal* (ein)fangen **2.** (*fig*) *attention* erregen **3.** IT *data* erfassen **II** n Eroberung f; (*of escapee*) Gefangennahme f; (*of animal*) Einfangen nt; (IT, *of data*) Erfassung f
car n **1.** Auto nt; **by ~** mit dem Auto; **~ ride** Autofahrt f **2.** (≈ *tram car*) Wagen m **car accident** n Autounfall m, Havarie f (*Aus*)
carafe n Karaffe f
car alarm n Auto-Alarmanlage f
caramel n (≈ *substance*) Karamell m; (≈ *sweet*) Karamelle f
carat n Karat nt; **nine ~ gold** neunkarätiges Gold
caravan n **1.** (*Br* AUTO) Wohnwagen m; **~ holiday** Ferien pl im Wohnwagen **2.** (≈ *circus caravan*) Zirkuswagen m **caravan site** n Campingplatz m für Wohnwagen
caraway seeds pl Kümmel(körner pl) m
carbohydrate n Kohle(n)hydrat nt
car bomb n Autobombe f
carbon n CHEM Kohlenstoff m **carbon-**

ated adj mit Kohlensäure (versetzt) **carbon copy** n Durchschlag m; **to be a ~ of sth** das genaue Ebenbild einer Sache (*gen*) sein **carbon dating** n Kohlenstoffdatierung f **carbon dioxide** n Kohlendioxid nt **carbon monoxide** n Kohlenmonoxid nt
car-boot sale n ≈ Flohmarkt m
carburettor, (*US*) **carburetor** n Vergaser m
carcass n (≈ *corpse*) Leiche f; (*of animal*) Kadaver m
car chase n Verfolgungsjagd f (*mit dem Auto*)
carcinogen n Karzinogen nt **carcinogenic** adj karzinogen
car crash n (Auto)unfall m, Havarie f (*Aus*)
card n **1.** *no pl* (≈ *cardboard*) Pappe f **2.** (≈ *greetings, business card etc*) Karte f **3.** (≈ *cheque/credit card*) (Scheck-/Kredit-)karte f **4.** (≈ *playing card*) (Spiel)karte f; **to play ~s** Karten spielen; **to lose money at ~s** Geld beim Kartenspiel verlieren; **game of ~s** Kartenspiel nt **5.** (*fig*) **to put** or **lay one's ~s on the table** seine Karten aufdecken; **to play one's ~s right** geschickt taktieren; **to hold all the ~s** alle Trümpfe in der Hand haben; **to play** or **keep one's ~s close to one's chest** or (*US*) **close to the vest** sich (*dat*) nicht in die Karten sehen lassen; **it's on the ~s** das ist zu erwarten
cardamom n Kardamom m or nt
cardboard I n Pappe f **II** attr Papp- **cardboard box** n (Papp)karton m **card game** n Kartenspiel nt
cardiac arrest n Herzstillstand m
cardigan n Strickjacke f, Janker m (*Aus*)
cardinal I n ECCL Kardinal m **II** adj (≈ *chief*) Haupt- **cardinal number** n Kardinalzahl f **cardinal sin** n Todsünde f
card index n Kartei f; (*in library*) Katalog m
cardio- *pref* Kardio-; **cardiogram** Kardiogramm nt **cardiologist** n Kardiologe m, Kardiologin f **cardiology** n Kardiologie f **cardiovascular** adj kardiovaskulär
cardphone n Kartentelefon nt **card player** n Kartenspieler(in) m(f) **card trick** n Kartenkunststück nt
care I n **1.** (≈ *worry*) Sorge f (*of* um); **he hasn't a ~ in the world** er hat keinerlei Sorgen **2.** (≈ *carefulness*) Sorgfalt f; **this**

word should be used with ~ dieses
Wort sollte sorgfältig *or* mit Sorgfalt gebraucht werden; ***paint strippers need
to be used with*** ~ Abbeizmittel müssen
vorsichtig angewandt werden; *"**handle
with** ~"* „Vorsicht, zerbrechlich"; ***to take***
~ (≈ *be careful*) aufpassen; ***take*** ~ *he
doesn't cheat you* sehen Sie sich vor,
dass er Sie nicht betrügt; ***bye-bye, take***
~ tschüs(s), machs gut; ***to take*** ~ *to do
sth* sich bemühen, etw zu tun; ***to take***
~ *over or with sth/in doing sth* etw sorgfältig tun **3.** (*von Zähnen etc*) Pflege *f*; ***to
take*** ~ *of sth* (≈ *maintain*) auf etw (*acc*)
aufpassen; *one's appearance, car* etw
pflegen; (≈ *sorgsam behandeln*) etw
schonen; ***to take*** ~ *of oneself* sich um
sich selbst kümmern; (*as regards health*)
sich schonen **4.** (*of old people*) Versorgung *f*; ***medical*** ~ ärztliche Versorgung;
to take ~ *of sb* sich um jdn kümmern;
one's family für jdn sorgen **5.** (≈ *protection*) Obhut *f*; ~ *of* (*Br*), *in* ~ *of* (*US*) bei;
in or under sb's ~ in jds (*dat*) Obhut; ***to
take a child into*** ~ ein Kind in Pflege
nehmen; ***to be taken into*** ~ in Pflege gegeben werden; ***to take*** ~ *of sth valuables
etc* auf etw (*acc*) aufpassen; *animals etc*
sich um etw kümmern; ***that takes*** ~ *of
him/it* das wäre erledigt; ***let me take*** ~
of that überlassen Sie das mir; ***that
can take*** ~ *of itself* das wird sich schon
irgendwie geben **II** *v/i* **I don't** ~ das ist
mir egal; ***for all I*** ~ meinetwegen; ***who***
~*s?* na und?; ***to*** ~ *about sth* Wert auf
etw (*acc*) legen; ***that's all he*** ~*s about*
alles andere ist ihm egal; ***he*** ~*s deeply
about her* sie liegt ihm sehr am Herzen;
he doesn't ~ *about her* sie ist ihm
gleichgültig **III** *v/t* **1.** ***I don't*** ~ *what people say* es ist mir egal, was die Leute sa-
gen; ***what do I*** ~*?* was geht mich das an?;
I couldn't ~ *less* das ist mir doch völlig
egal **2.** ***to*** ~ *to do sth* etw gerne tun wollen; ***I wouldn't*** ~ *to meet him* ich würde
keinen gesteigerten Wert darauf legen,
ihn kennenzulernen ♦ **care for** *v/i*
+*prep obj* **1.** (≈ *look after*) sich kümmern
um; *furniture etc* pflegen; ***well cared-for***
gepflegt **2.** ***I don't*** ~ *that suggestion/
him* dieser Vorschlag / er sagt mir nicht
zu; ***would you*** ~ *a cup of tea?* hätten
Sie gerne eine Tasse Tee?; ***I've never
much cared for his films* ich habe mir
noch nie viel aus seinen Filmen ge-

macht; ***but you know I do*** ~ *you* aber
du weißt doch, dass du mir viel bedeu-
test

career I *n* Karriere *f*; (≈ *profession, job*)
Beruf *m*; (≈ *working life*) Laufbahn *f*; ***to
make a*** ~ *for oneself* Karriere machen
II *attr* Karriere-; *soldier* Berufs-; ***a
good/bad*** ~ *move* ein karrierefördern-
der / karriereschädlicher Schritt **III** *v/i* rasen **Careers Adviser** *n* Berufsbera-
ter(in) *m(f)* **careers guidance** *n* Berufsberatung *f* **Careers Officer** *n* → ***Careers
Adviser* **career woman** *n* Karrierefrau *f*
carefree *adj* sorglos
careful *adj* sorgfältig; (≈ *cautious*) vorsichtig; (*with money etc*) sparsam; ~*!*
Vorsicht!; ***to be*** ~ aufpassen (*of* auf
+*acc*); ***be*** ~ *with the glasses* sei mit
den Gläsern vorsichtig; ***she's very*** ~
about what she eats sie achtet genau
darauf, was sie isst; ***to be*** ~ *about doing
sth* es sich gut überlegen, ob man etw
tun soll; ***be*** ~ *(that) they don't hear
you* gib acht, damit *or* dass sie dich nicht
hören; ***be*** ~ *not to drop it* pass auf, dass
du das nicht fallen lässt; ***he is very*** ~
with his money er hält sein Geld gut zusammen **carefully** *adv* sorgfältig; (≈
cautiously) vorsichtig; *consider* gründlich; *listen* gut; *explain* genau **carefulness** *n* Sorgfalt *f*; (≈ *caution*) Vorsicht
f **care home** *n* Pflegeheim *nt* **care label**
n Pflegeetikett *nt*
careless *adj person, work* nachlässig;
driving leichtsinnig; *remark* gedankenlos; ~ *mistake* Flüchtigkeitsfehler *m*;
how ~ *of me!* wie dumm von mir; (≈
clumsy) wie ungeschickt von mir **carelessly** *adv* **1.** (≈ *negligently*) unvorsichti-
gerweise **2.** *say* gedankenlos; *throw*
achtlos **carelessness** *n* (*of person,
work*) Nachlässigkeit *f*
carer *n* im Sozialbereich Tätige(r)
m/f(m); ***the elderly and their*** ~*s* Senioren und ihre Fürsorgenden
caress I *n* Liebkosung *f* **II** *v/t* streicheln,
liebkosen
caretaker *n* Hausmeister(in) *m(f)*, Ab-
wart(in) *m(f)* (*Swiss*) **care worker** *n*
Heimbetreuer(in) für Kinder, Geisteskranke oder alte Menschen **careworn**
adj von Sorgen gezeichnet
car ferry *n* Autofähre *f*
cargo *n* Fracht *f*
car hire *n* Autovermietung *f*

Caribbean I adj karibisch; **~ Sea** Karibisches Meer; **a ~ island** eine Insel in der Karibik **II** n Karibik f

caricature I n Karikatur f **II** v/t karikieren

caring adj attitude mitfühlend; husband liebevoll; society mitmenschlich; **~ profession** Sozialberuf m

car insurance n Kfz-Versicherung f

Carinthia n GEOG Kärnten nt

car jack n Wagenheber m **carjacking** n Carjacking nt, Autoraub m **car keys** pl Autoschlüssel pl **carload** n **1.** AUTO Wagenladung f **2.** (US RAIL) Waggonladung f

carnage n Blutbad nt

carnal adj fleischlich; **~ desires** sinnliche Begierden pl

carnation n Nelke f

carnival I n Volksfest nt; (based on religion) Karneval m **II** attr Fest-, Karnevals-

carnivore n Fleischfresser m **carnivorous** adj fleischfressend

carol n Lied nt **carol singers** pl ≈ Sternsinger pl **carol singing** n Weihnachtssingen nt

carousel n Karussell nt, Ringelspiel nt (Aus)

car owner n Autohalter(in) m(f)

carp[1] n (≈ fish) Karpfen m

carp[2] v/i nörgeln, raunzen (Aus), sempern (Aus)

car park n (Br, open-air) Parkplatz m; (covered) Parkhaus nt; **~ ticket** Parkschein m **car parking** n **~ facilities are available** Parkplatz vorhanden

carpenter n Zimmermann m, Zimmerfrau f; (for furniture) Tischler(in) m(f) **carpentry** n Zimmerhandwerk nt; (as hobby) Tischlern nt

carpet I n Teppich m; (fitted) Teppichboden m **II** v/t (mit Teppichen/Teppichboden) auslegen **carpet-sweeper** n Teppichkehrer m **carpet tile** n Teppichfliese f

car phone n Autotelefon nt **carpool** n **1.** (≈ people) Fahrgemeinschaft f **2.** (≈ vehicles) Fuhrpark m **carport** n Einstellplatz m **car radio** n Autoradio nt **car rental** n (US) Autovermietung f

carriage n **1.** (horse-drawn) Kutsche f **2.** (Br RAIL) Wagen m **3.** (COMM ≈ conveyance) Beförderung f; **~ paid** frei Haus **carriageway** n (Br) Fahrbahn f

carrier n **1.** (≈ haulier) Spediteur m **2.** (of disease) Überträger m **3.** (≈ aircraft carrier) Flugzeugträger m **4.** (Br: a. carrier bag) Tragetasche f **carrier pigeon** n Brieftaube f

carrion n Aas nt

carrot n Mohrrübe f; (fig) Köder m **carrot-and-stick** adj **~ policy** Politik f von Zuckerbrot und Peitsche **carrot cake** n Karottenkuchen m

carry I v/t **1.** tragen; money bei sich haben; **to ~ sth about** or **around with one** etw mit sich herumtragen **2.** (vehicle) befördern; **this coach carries 30 people** dieser Bus kann 30 Personen befördern; **the current carried them along** die Strömung trieb sie mit sich **3.** (fig) **this job carries a lot of responsibility** dieser Posten bringt viel Verantwortung mit sich; **the offence carries a penalty of £50** darauf steht eine Geldstrafe von £ 50 **4.** COMM stock führen **5.** (TECH, pipe) führen; (wire) übertragen **6.** **the motion was carried unanimously** der Antrag wurde einstimmig angenommen **7.** **he carries himself well** er hat eine gute Haltung **8.** MED **people ~ing the AIDS virus** Menschen, die das Aidsvirus in sich (dat) tragen; **to be ~ing a child** schwanger sein **9.** MAT **... and ~ 2** ... übertrage or behalte 2 **II** v/i (sound) tragen; **the sound of the alphorn carried for miles** der Klang des Alphorns war meilenweit zu hören ◆ **carry away** v/t sep **1.** (lit) (hin)wegtragen **2.** (fig) **to get carried away** sich nicht mehr bremsen können (infml); **don't get carried away!** übertreibs nicht!; **to be carried away by one's feelings** sich (in seine Gefühle) hineinsteigern ◆ **carry forward** v/t sep FIN vortragen ◆ **carry off** v/t sep **1.** (≈ seize) wegtragen **2.** prizes gewinnen **3.** **to carry it off** es hinkriegen (infml) ◆ **carry on I** v/i **1.** (≈ continue) weitermachen; (life) weitergehen **2.** (infml ≈ talk) reden und reden; (≈ make a scene) ein Theater machen (infml); **to ~ about sth** sich über etw (acc) auslassen **3.** (≈ have an affair) etwas haben (infml) **II** v/t sep **1.** tradition, business fortführen **2.** conversation führen ◆ **carry out** v/t sep **1.** (lit) heraustragen **2.** (fig) order, job ausführen; promises erfüllen; plan, search durchführen; threats wahr machen ◆ **carry**

over *v/t sep* FIN vortragen ◆ **carry through** *v/t sep* zu Ende führen

carryall *n* (*US*) (Einkaufs-/Reise)tasche *f*

carrycot *n* (*Br*) Babytragetasche *f* **carry-on** *n* (*infml*) Theater *nt* (*infml*) **carry-out** (*US, Scot*) *n* (≈ *meal, drink*) Speisen *pl*/Getränke *pl* zum Mitnehmen; **let's get a ~** kaufen wir uns etwas zum Mitnehmen

carsick *adj* **I used to get ~** früher wurde mir beim Autofahren immer schlecht

cart I *n* Karren *m* **II** *v/t* (*fig infml*) mit sich schleppen ◆ **cart away** *or* **off** *v/t sep* abtransportieren

carte blanche *n no pl* **to give sb ~** jdm eine Blankovollmacht geben

cartel *n* Kartell *nt*

carthorse *n* Zugpferd *nt*

cartilage *n* Knorpel *m*

cartload *n* Wagenladung *f*

carton *n* (Papp)karton *m*; (*of cigarettes*) Stange *f*; (*of milk*) Tüte *f*

cartoon *n* **1.** Cartoon *m or nt*; (≈ *single picture*) Karikatur *f* **2.** FILM, TV (Zeichen)trickfilm *m* **cartoon character** *n* Comicfigur *f* **cartoonist** *n* **1.** Karikaturist(in) *m(f)* **2.** (FILM, TV) Trickzeichner(in) *m(f)* **cartoon strip** *n* (*esp Br*) Cartoon *m or nt*

cartridge *n* (*for rifle, pen*) Patrone *f*; PHOT Kassette *f* **cartridge belt** *n* Patronengurt *m*

cartwheel *n* (*lit*) Wagenrad *nt*; SPORTS Rad *nt*; **to turn** *or* **do ~s** Rad schlagen

carve I *v/t* **1.** *wood* schnitzen; *stone etc* (be)hauen; **~d in(to) the wood** in das Holz geschnitzt; **~d in(to) the stone** in den Stein gehauen **2.** COOK tranchieren **II** *v/i* COOK tranchieren ◆ **carve out** *v/t sep* **to ~ a career for oneself** sich (*dat*) eine Karriere aufbauen ◆ **carve up** *v/t sep* **1.** *meat* aufschneiden **2.** (*fig*) *inheritance* verteilen; *country* aufteilen

carvery *n* Buffet *nt* **carving** *n* ART Skulptur *f*; (*in wood*) Holzschnitt *m* **carving knife** *n* Tranchiermesser *nt*

carwash *n* Autowaschanlage *f*

cascade I *n* Kaskade *f* **II** *v/i* (*a.* **cascade down**) (*onto* auf +*acc*) (in Kaskaden) herabfallen

case[1] *n* **1.** Fall *m*; **is that the ~ with you?** ist das bei Ihnen der Fall?; **as the ~ may be** je nachdem; **in most ~s** in ~ falls; (*just*) **in ~** für alle Fälle; **in ~ of emergency** im Notfall; **in any ~** sowie-

so; **in this/that ~** in dem Fall; **to win one's ~** JUR seinen Prozess gewinnen; **the ~ for the defence** die Verteidigung; **in the ~ Higgins v Schwarz** in der Sache Higgins gegen Schwarz; **the ~ for/against capital punishment** die Argumente für/gegen die Todesstrafe; **to have a good ~** JUR gute Chancen haben durchzukommen; **there's a very good ~ for adopting this method** es spricht sehr viel dafür, diese Methode zu übernehmen; **to put one's ~** seinen Fall darlegen; **to put the ~ for sth** etw vertreten; **to be on the ~** am Ball sein **2.** GRAM Fall *m*; **in the genitive ~** im Genitiv **3.** (*infml* ≈ *person*) Type *f* (*infml*); **a hopeless ~** ein hoffnungsloser Fall

case[2] *n* **1.** (≈ *suitcase*) Koffer *m*; (≈ *packing case*) Kiste *f*; (≈ *display case*) Vitrine *f* **2.** (*for spectacles*) Etui *nt*; (*for CD*) Hülle *f*; (*for musical instrument*) Kasten *m* **3.** TYPO **upper/lower ~** groß-/kleingeschrieben

case history *n* MED Krankengeschichte *f*; SOCIOL, PSYCH Vorgeschichte *f*

casement *n* (≈ *window*) Flügelfenster *nt*

case study *n* Fallstudie *f*

cash I *n* **1.** Bargeld *nt*; **~ in hand** Barbestand *m*; **to pay (in) ~** bar bezahlen; **how much do you have in ready ~?** wie viel Geld haben Sie verfügbar?; **~ in advance** Vorauszahlung *f*; **~ on delivery** per Nachnahme **2.** (≈ *money*) Geld *nt*; **to be short of ~** knapp bei Kasse sein (*infml*); **I'm out of ~** ich bin blank (*infml*) **II** *v/t cheque* einlösen ◆ **cash in I** *v/t sep* einlösen **II** *v/i* **to ~ on sth** aus etw Kapital schlagen

cash-and-carry *n* (*for retailers*) Cash and Carry *m*; (*for public*) Verbrauchermarkt *m* **cashback** *n* Barauszahlung *f* (*zusätzlich zu dem Preis der gekauften Ware, wenn man mit Bankkarte bezahlt*); **I'd like £10 ~, please** und ich hätte gern zusätzlich £ 10 in bar **cashbook** *n* Kassenbuch *nt* **cash box** *n* (Geld)kassette *f* **cash card** *n* (Geld)automatenkarte *f* **cash desk** *n* (*Br*) Kasse *f*, Kassa *f* (*Aus*) **cash discount** *n* Skonto *m or nt* **cash dispenser** *n* (*Br*) Geldautomat *m*

cashew *n* Cashewnuss *f*

cash flow I *n* Cashflow *m* **II** *attr* **cash-flow problems** Liquiditätsprobleme *pl* **cashier** *n* Kassierer(in) *m(f)* **cashier's check** *n* (*US*) Bankscheck *m* **cashless**

adj bargeldlos **cash machine** *n* (*esp US*) Geldautomat *m*

cashmere *n* Kaschmir *m*

cash payment *n* Barzahlung *f* **cash point** *n* (*Br*) Geldautomat *m* **cash price** *n* Bar(zahlungs)preis *m* **cash register** *n* Registrierkasse *f* **cash transaction** *n* Bargeldtransfer *m*

casing *n* TECH Gehäuse *nt*

casino *n* (Spiel)kasino *nt*

cask *n* Fass *nt*

casket *n* **1.** Schatulle *f* **2.** (*US* ≈ *coffin*) Sarg *m*

Caspian Sea *n* Kaspisches Meer

casserole *n* COOK Schmortopf *m*; *a lamb ~* eine Lammkasserolle

cassette *n* Kassette *f* **cassette deck** *n* Kassettendeck *nt*

cassette player, cassette recorder *n* Kassettenrekorder *m* **cassette radio** *n* Radiorekorder *m*

cassock *n* Talar *m*

cast *vb*: *pret, past part* **cast I** *n* **1.** (≈ *plaster cast*) Gipsverband *m* **2.** THEAT Besetzung *f* **II** *v/t* **1.** (≈ *throw*) werfen; *net* auswerfen; *to ~ one's vote* seine Stimme abgeben; *to ~ one's eyes over sth* einen Blick auf etw (*acc*) werfen; *to ~ a shadow* einen Schatten werfen (*on* auf +*acc*) **2.** TECH, ART gießen **3.** THEAT *they ~ him as the villain* sie haben ihm die Rolle des Schurken gegeben **III** *v/i* FISH die Angel auswerfen ◆ **cast about** (*Brit*) *or* **around for** *v/i* +*prep obj* zu finden versuchen; *he was casting about or around for something to say* er suchte nach Worten ◆ **cast aside** *v/t sep* cares ablegen; *person* fallen lassen ◆ **cast back** *v/t sep* *to cast one's thoughts or mind back* seine Gedanken zurückschweifen lassen (*to* in +*acc*) ◆ **cast off** *v/t & v/i sep* **1.** NAUT losmachen **2.** KNITTING abketten ◆ **cast on** *v/t & v/i sep* KNITTING anschlagen ◆ **cast out** *v/t sep* (*liter*) vertreiben; *demons* austreiben

castaway *n* Schiffbrüchige(r) *m/f(m)*

caste I *n* Kaste *f* **II** *adj attr* Kasten-

caster *n* = *castor* **caster sugar** *n* (*Br*) Sandzucker *m*

castigate *v/t* geißeln

casting vote *n* ausschlaggebende Stimme

cast iron I *n* Gusseisen *nt* **II** *adj* **cast-iron 1.** (*lit*) gusseisern **2.** (*fig*) constitution ei-

sern; *alibi* hieb- und stichfest

castle *n* **1.** Schloss *nt*; (≈ *medieval fortress*) Burg *f* **2.** CHESS Turm *m*

castoffs *pl* (*Br infml*) abgelegte Kleider *pl*; *she's one of his ~* (*fig infml*) sie ist eine seiner ausrangierten Freundinnen (*infml*)

castor *n* (≈ *wheel*) Rad *nt* **castor oil** *n* Rizinus(öl) *nt*

castrate *v/t* kastrieren **castration** *n* Kastration *f*

casual *adj* **1.** (≈ *not planned*) zufällig; *acquaintance, glance* flüchtig **2.** (≈ *careless*) lässig; *attitude* gleichgültig; *remark* beiläufig; *it was just a ~ remark* das habe ich/hat er *etc* nur so gesagt; *he was very ~ about it* es war ihm offensichtlich gleichgültig; (*in reaction*) das hat ihn kaltgelassen (*infml*); *the ~ observer* der oberflächliche Betrachter **3.** (≈ *informal*) zwanglos; *clothes* leger; *a ~ shirt* ein Freizeithemd *nt*; *he was wearing ~ clothes* er war leger gekleidet **4.** *work* Gelegenheits-; *affair* locker **casually** *adv* **1.** (≈ *without emotion*) ungerührt **2.** (≈ *incidentally*) beiläufig; (≈ *without seriousness*) lässig; *dressed* leger

casualty *n* **1.** Opfer *nt* **2.** (*a. casualty unit*) Notaufnahme *f*; *to go to ~* in die Notaufnahme gehen; *to be in ~* in der Notaufnahme sein **casualty ward** *n* Unfallstation *f*

cat *n* Katze *f*; *to let the ~ out of the bag* die Katze aus dem Sack lassen; *to play a ~-and-mouse game with sb* mit jdm Katz und Maus spielen; *there isn't room to swing a ~* (*infml*) man kann sich nicht rühren(, so eng ist es); *to be like a ~ on hot bricks* *or* *on a hot tin roof* wie auf glühenden Kohlen sitzen; *that's put the ~ among the pigeons!* da hast du *etc* aber was (Schönes) angerichtet!; *he doesn't have a ~ in hell's chance of winning* er hat nicht die geringste Chance zu gewinnen; *when or while the ~'s away the mice will play* (*prov*) wenn die Katze aus dem Haus ist, tanzen die Mäuse (*prov*); *has the ~ got your tongue?* (*infml*) du hast wohl die Sprache verloren?

catacombs *pl* Katakomben *pl*

catalogue, (*US*) **catalog I** *n* **1.** Katalog *m* **2.** *a ~ of errors* eine Serie von Fehlern **II** *v/t* katalogisieren

catalyst *n* Katalysator *m*

catalytic converter *n* AUTO Katalysator *m*

catamaran *n* Katamaran *m*

catapult I *n* (*Br*) Schleuder *f* **II** *v/t* katapultieren

cataract *n* MED grauer Star

catarrh *n* Katarrh *m*

catastrophe *n* Katastrophe *f*; **to end in** ~ in einer Katastrophe enden **catastrophic** *adj* katastrophal

catcall *n* THEAT ~**s** *pl* Pfiffe und Buhrufe *pl*

catch *vb*: *pret, past part* **caught I** *n* **1.** (*of ball etc*) **to make a** (**good**) ~ (gut) fangen; **he missed an easy** ~ er hat einen leichten Ball nicht gefangen **2.** FISH Fang *m* **3.** (≈ *snag*) Haken *m*; **there's a** ~*!* die Sache hat einen Haken **4.** (*for fastening*) Verschluss *m* **II** *v/t* **1.** fangen; *thief* fassen; (*infml* ≈ *manage to see*) erwischen (*infml*); **to** ~ **sb's arm, to** ~ **sb by the arm** jdn am Arm fassen; **glass which** ~**es the light** Glas, in dem sich das Licht spiegelt; **to** ~ **sight/a glimpse of sth** jdn/etw erblicken; **to** ~ **sb's attention/ eye** jdn auf (*acc*) aufmerksam machen **2.** (≈ *take by surprise*) erwischen; **to** ~ **sb by surprise** jdn überraschen; **to be caught unprepared** nicht darauf vorbereitet sein; **to** ~ **sb at a bad time** jdm ungelegen kommen; **I caught him flirting with my wife** ich habe ihn (dabei) erwischt, wie er mit meiner Frau flirtete; **you won't** ~ **me signing any contract** (*infml*) ich unterschreibe doch keinen Vertrag; **caught in the act** auf frischer Tat ertappt; **we were caught in a storm** wir wurden von einem Unwetter überrascht; **to** ~ **sb on the wrong foot** *or* **off balance** (*fig*) jdn überrumpeln **3.** (≈ *take*) *bus etc* nehmen **4.** (≈ *be in time for*) *bus* erreichen; **if I hurry I'll** ~ **the end of the film** wenn ich mich beeile kriege ich das Ende des Films noch mit (*infml*) **5.** **I caught my finger in the car door** ich habe mir den Finger in der Wagentür eingeklemmt; **he caught his foot in the grating** er ist mit dem Fuß im Gitter hängen geblieben **6.** (≈ *hear*) mitkriegen (*infml*) **7.** **to** ~ **an illness** sich (*dat*) eine Krankheit zuziehen; **he's always** ~**ing cold(s)** er erkältet sich leicht; **you'll** ~ **your death** (**of cold**)*!* du holst dir den Tod! (*infml*); **to** ~ **one's breath** Luft holen; **the blow**

caught him on the arm der Schlag traf ihn am Arm; **you'll** ~ **it!** (*Br infml*) du kannst (aber) was erleben! (*infml*) **III** *v/i* (≈ *get stuck*) klemmen; (≈ *get entangled*) sich verfangen; **her dress caught in the door** sie blieb mit ihrem Kleid in der Tür hängen ♦ **catch on** *v/i* (*infml*) **1.** (≈ *become popular*) ankommen **2.** (≈ *understand*) kapieren (*infml*) ♦ **catch out** *v/t sep* (*fig*) überführen; (*with trick question etc*) hereinlegen (*infml*) ♦ **catch up I** *v/i* aufholen; **to** ~ **on one's sleep** Schlaf nachholen; **to** ~ **on** *or* **with one's work** Arbeit nachholen; **to** ~ **with sb** jdn einholen **II** *v/t sep* **1.** **to catch sb up** jdn einholen **2.** **to get caught up in sth** (≈ *entangled*) sich in etw (*dat*) verfangen; **in traffic** in etw (*acc*) kommen

catch-22 *n* **a** ~ **situation** (*infml*) eine Zwickmühle **catchall** *n* allgemeine Bezeichnung/Klausel *etc* **catcher** *n* Fänger *m* **catching** *adj* (MED, *fig*) ansteckend **catchment area** *n* Einzugsgebiet *nt* **catch phrase** *n* Slogan *m* **catchword** *n* Schlagwort *nt* **catchy** *adj* (+*er*) *tune* eingängig; *title* einprägsam

catechism *n* Katechismus *m*

categorical *adj* kategorisch; **he was quite** ~ **about it** er hat das mit Bestimmtheit gesagt **categorically** *adv state, deny* kategorisch; *say* mit Bestimmtheit **categorize** *v/t* kategorisieren **category** *n* Kategorie *f*

♦ **cater for** *v/i +prep obj* **1.** (≈ *serve with food*) mit Speisen und Getränken versorgen **2.** (≈ *provide for*) ausgerichtet sein auf (+*acc*); *needs, tastes* gerecht werden (+*dat*)

caterer *n* Lieferfirma *f* für Speisen und Getränke; (*for parties etc*) Partyservice *m* **catering** *n* Versorgung *f* mit Speisen und Getränken (*for* +*gen*); **who's doing the** ~*?* wer liefert das Essen und die Getränke?; ~ *trade* (Hotel- und) Gaststättengewerbe *nt* **catering service** *n* Partyservice *m*

caterpillar *n* ZOOL Raupe *f*

catfish *n* Wels *m*, Katzenfisch *m* **cat flap** *n* Katzenklappe *f*

cathartic *adj* LIT, PHIL kathartisch

cathedral *n* Dom *m*, Kathedrale *f*; ~ **town/city** Domstadt *f*

catheter *n* Katheter *m*

cathode-ray tube *n* Kat(h)odenstrahlröhre f

Catholic I adj ECCL katholisch; **the ~ Church** die katholische Kirche **II** n Katholik(in) m(f) **Catholicism** n Katholizismus m

catkin n BOT Kätzchen nt **cat litter** n Katzenstreu f **catnap I** n **to have a ~** ein Nickerchen nt machen (infml) **II** v/i dösen

CAT scan n Computertomografie f

Catseye® n (Br AUTO) Katzenauge nt

catsup n (US) = **ketchup**

cattle pl Rind(vieh) nt; **500 head of ~** 500 Rinder **cattle-grid**, (US) **cattle guard** n Weidenrost m **cattle market** n Viehmarkt m **cattle shed** n Viehstall m **cattle truck** n RAIL Viehwagen m

catty adj (+er) gehässig

catwalk n Laufsteg m

Caucasian I adj kaukasisch **II** n Kaukasier(in) m(f)

caucus n (US) Sitzung f

caught pret, past part of **catch**

cauldron n großer Kessel

cauliflower n Blumenkohl m, Karfiol m (Aus)

cause I n **1.** Ursache f (of für); **~ and effect** Ursache und Wirkung; **what was the ~ of the fire?** wodurch ist das Feuer entstanden? **2.** (≈ reason) Grund m; **the ~ of his failure** der Grund für sein Versagen; **with (good) ~** mit (triftigem) Grund; **there's no ~ for alarm** es besteht kein Grund zur Aufregung; **you have every ~ to be worried** du hast allen Anlass zur Sorge **3.** (≈ purpose) Sache f; **to work for or in a good ~** sich für eine gute Sache einsetzen; **he died for the ~ of peace** er starb für den Frieden; **it's all in a good ~** es ist für eine gute Sache **II** v/t verursachen; **to ~ sb grief** jdm Kummer machen; **to ~ sb to do sth** (form) jdn veranlassen, etw zu tun (form)

causeway n Damm m

caustic adj (CHEM, fig) ätzend; remark bissig **caustic soda** n Ätznatron nt

caution I n **1.** Vorsicht f; **"caution!"** „Vorsicht!"; **to act with ~** Vorsicht walten lassen **2.** (≈ warning) Warnung f; (official) Verwarnung f **II** v/t **to ~ sb** jdn warnen (against vor +dat); (officially) jdn verwarnen; **to ~ sb against doing sth** jdn davor warnen, etw zu tun **cautious** adj vorsichtig; **to give sth a ~ welcome** etw mit verhaltener Zustimmung auf-

nehmen **cautiously** adv vorsichtig; **~ optimistic** verhalten optimistisch

cavalcade n Kavalkade f

cavalier adj unbekümmert

cavalry n Kavallerie f **cavalry officer** n Kavallerieoffizier m

cave n Höhle f ♦ **cave in** v/i **1.** (≈ collapse) einstürzen **2.** (infml ≈ yield) nachgeben

caveman n Höhlenmensch m **cave painting** n Höhlenmalerei f

cavern n Höhle f **cavernous** adj tief

caviar(e) n Kaviar m

cavity n Hohlraum m; (in tooth) Loch nt; **nasal ~** Nasenhöhle f **cavity wall** n Hohlwand f; **~ insulation** Schaumisolierung f

cavort v/i tollen, toben

cayenne pepper n Cayennepfeffer m

CB abbr of **Citizens' Band** CB; **CB radio** CB-Funk m

CBE (Br) abbr of **Commander of the Order of the British Empire** britischer Verdienstorden

CBI (Br) abbr of **Confederation of British Industry** ≈ BDI

CBS abbr of **Columbia Broadcasting System** CBS

cc¹ abbr of **cubic centimetre** cc, cm³

cc² abbr of **carbon copy** n Kopie f; **cc: ...** Kopie (an): ...

CCTV n abbr of **closed-circuit television**

CD abbr of **compact disc** CD f; **CD player** CD-Spieler m; **CD writer** CD-Brenner m, CD-Rekorder m

CD-R n IT abbr of **compact disk - recordable** CD-R f, (einmal) beschreibbare CD

CD-ROM abbr of **compact disk - read only memory** CD-ROM f; **~ drive** CD-ROM-Laufwerk nt

CD-RW n IT abbr of **compact disk - rewritable** CD-RW f, wiederbeschreibbare CD

CDT (US) abbr of **Central Daylight Time**

cease I v/i enden; (noise) verstummen **II** v/t beenden; fire, trading einstellen; **to ~ doing sth** aufhören, etw zu tun **cease-fire** n Feuerpause f; (longer) Waffenruhe f **ceaseless** adj endlos **ceaselessly** adv unaufhörlich

cedar n **1.** Zeder f **2.** (a. cedarwood) Zedernholz nt

cede v/t territory abtreten (to an +acc)

Ceefax® n Videotext der BBC

ceiling *n* **1.** (Zimmer)decke *f* **2.** (*fig*) Höchstgrenze *f*, Plafond *m* (*Swiss*)

celebrate I *v/t* **1.** feiern **2.** *mass* zelebrieren; *communion* feiern **II** *v/i* feiern **celebrated** *adj* gefeiert (*for* wegen) **celebration** *n* **1.** (≈ *party*) Feier *f*; (≈ *act of celebrating*) Feiern *nt*; **in ~ of** zur Feier (+*gen*) **2.** (*of mass*) Zelebration *f*; (*of communion*) Feier *f* **celebratory** *adj* *meal*, *drink* zur Feier des Tages **celebrity** *n* Berühmtheit *f*

celeriac *n* (Knollen)sellerie *f*

celery *n* Stangensellerie *m or f*; **three stalks of ~** drei Stangen Sellerie

celestial *adj* ASTRON Himmels-

celibacy *n* Zölibat *nt or m* **celibate** *adj* REL keusch

cell *n* **1.** Zelle *f*; **~ wall** Zellwand *f* **2.** (*US infml*) = **cellphone**

cellar *n* Keller *m*

cellist *n* Cellist(in) *m(f)* **cello**, **'cello** *n* Cello *nt*

Cellophane® *n* Cellophan® *nt*

cellphone *n* (*esp US*) Handy *nt*, Mobiltelefon *nt* **cellular** *adj* zellular, Zell- **cellular phone** *n* Mobiltelefon *nt*

cellulite *n* Cellulitis *f*

celluloid *n* Zelluloid *nt*

cellulose *n* Zellstoff *m*

Celsius *adj* Celsius-; **30 degrees ~** 30 Grad Celsius

Celt *n* Kelte *m*, Keltin *f* **Celtic** *adj* keltisch

cement I *n* Zement *m* **II** *v/t* zementieren; (*fig*) festigen **cement mixer** *n* Betonmischmaschine *f*

cemetery *n* Friedhof *m*

cenotaph *n* Mahnmal *nt*

censor I *n* Zensor *m* **II** *v/t* zensieren **censorship** *n* Zensur *f*; **press ~**, **~ of the press** Pressezensur *f*

census *n* Volkszählung *f*

cent *n* Cent *m*; **I haven't a ~** (*US*) ich habe keinen Cent

centenary *n* hundertster Jahrestag **centennial** *n* (*esp US*) Hundertjahrfeier *f*

center *n* (*US*) = **centre**

centigrade *adj* Celsius-; **one degree ~** ein Grad Celsius **centilitre**, (*US*) **centiliter** *n* Zentiliter *m or nt*

centimetre, (*US*) **centimeter** *n* Zentimeter *m or nt* **centipede** *n* Tausendfüßler *m*

central *adj* **1.** zentral, Zentral-; (≈ *main*) Haupt-; **the ~ area of the city** das Innenstadtgebiet; **~ London** das Zentrum von London **2.** (*fig*) wesentlich; *importance*,

issue zentral; **to be ~ to sth** das Wesentliche an etw (*dat*) sein **Central America** *n* Mittelamerika *nt* **Central American** *adj* mittelamerikanisch **central bank** *n* FIN Zentral(noten)bank *f* **Central Europe** *n* Mitteleuropa *nt* **Central European** *adj* mitteleuropäisch **Central European Time** *n* mitteleuropäische Zeit **central government** *n* Zentralregierung *f* **central heating** *n* Zentralheizung *f* **centralization** *n* Zentralisierung *f* **centralize** *v/t* zentralisieren **central locking** *n* Zentralverriegelung *f* **centrally** *adv* zentral; **~ heated** zentralbeheizt **central nervous system** *n* Zentralnervensystem *nt* **central processing unit** *n* IT Zentraleinheit *f* **central reservation** *n* Mittelstreifen *m* **Central Standard Time** *n* Central Standard Time *f*

centre, (*US*) **center I** *n* **1.** Zentrum *nt* **2.** (≈ *middle*, POL) Mitte *f*; (*of circle*) Mittelpunkt *m*; (≈ *town centre*) Stadtmitte *f*; (≈ *city centre*) Zentrum *nt*; **~ of gravity** Schwerpunkt *m*; **she always wants to be the ~ of attention** sie will immer im Mittelpunkt stehen; **the man at the ~ of the controversy** der Mann im Mittelpunkt der Kontroverse; **left of ~** POL links der Mitte; **party of the ~** Partei *f* der Mitte **II** *v/t* **1.** zentrieren **2.** **to be ~d on sth** sich auf etw (*acc*) konzentrieren ♦ **centre (up)on** *v/i* +*prep obj* kreisen um

centre back, (*US*) **center back** *n* SPORTS Vorstopper(in) *m(f)* **centrefold**, (*US*) **centerfold** *n* doppelseitiges Bild in der Mitte einer Zeitschrift **centre forward**, (*US*) **center forward** *n* SPORTS Mittelstürmer(in) *m(f)* **centre half**, (*US*) **center half** *n* SPORTS Stopper(in) *m(f)* **centre party**, (*US*) **center party** *n* Partei *f* der Mitte **centrepiece**, (*US*) **centerpiece** *n* (*fig*) (*of meeting*, *statement*) Kernstück *nt*; (*of novel*, *work*) Herzstück *nt*; (*of show*) Hauptattraktion *f*

centrifugal *adj* **~ force** Fliehkraft *f*

century *n* Jahrhundert *nt*; **in the twentieth ~** im zwanzigsten Jahrhundert; (*written*) im 20. Jahrhundert

CEO (*US*) *abbr of* **chief executive officer**

ceramic *adj* keramisch **ceramics** *n* **1.** *sg* (≈ *art*) Keramik *f* **2.** *pl* (≈ *articles*) Keramik(en *pl*) *f*

cereal *n* **1.** (≈ *crop*) Getreide *nt* **2.** (≈ *food*) Zerealien *pl*

cerebral *adj* **~ palsy** zerebrale Lähmung
ceremonial *adj* zeremoniell **ceremoni-**
ously *adv* mit großem Zeremoniell **cer-**
emony *n* **1.** Zeremonie *f* **2.** (≈ *formality*)
Förmlichkeit(en *pl*) *f*; **to stand on ~**
förmlich sein
cert[1] *abbr of* **certificate**
cert[2] *n* (*Br infml*) **a (dead) ~** eine todsi-
chere Sache (*infml*)
certain I *adj* **1.** sicher; (≈ *inevitable*) gewiss; **are you ~ of** *or* **about that?** sind
Sie sich (*dat*) dessen sicher?; **is he ~?**
weiß er das genau?; **I don't know for**
~, but ... ich bin mir nicht ganz sicher,
aber ...; **I can't say for ~** ich kann das
nicht genau sagen; **he is ~ to come** er
wird ganz bestimmt kommen; **to make**
~ of sth für etw sorgen; **be ~ to tell**
him vergessen Sie bitte nicht, ihm das
zu sagen **2.** *attr* (≈ *nicht konkret*) gewiss;
conditions bestimmt; **a ~ gentleman** ein
gewisser Herr; **to a ~ extent** *or* **degree** in
gewisser Hinsicht; **of a ~ age** in einem
gewissen Alter **II** *pron* einige; **~ of**
you einige von euch
certainly *adv* (≈ *admittedly*) sicher(lich);
(≈ *without doubt*) bestimmt; **~ not!** ganz
bestimmt nicht; **I ~ will not!** ich denke
nicht daran!; **~!** sicher! **certainty** *n* Gewissheit *f*; **his success is a ~** er wird
mit Sicherheit Erfolg haben; **it's a ~ that**
... es ist absolut sicher, dass ...
certifiable *adj* (*infml*) nicht zurechnungsfähig **certificate** *n* Bescheinigung *f*; (*of*
qualifications, health) Zeugnis *nt*; FILM
Freigabe *f* **certified mail** *n* (*US*) Einschreiben *nt* **certify** *v/t* bescheinigen;
JUR beglaubigen; **this is to ~ that ...** hiermit wird bestätigt, dass ...; **she was cer-**
tified dead sie wurde für tot erklärt; **the**
painting has been certified (as) genu-
ine das Gemälde wurde als echt erklärt
cervical cancer *n* Gebärmutterhals-
krebs *m* **cervical smear** *n* Abstrich *m*
Cesarean, Cesarian *n* (*US*) = **Caesare-**
an
cessation *n* Ende *nt*; (*of hostilities*) Einstellung *f*
cesspit, cesspool *n* Jauchegrube *f*, Gül-
lengrube *f* (*Swiss*)
CET *abbr of* **Central European Time**
MEZ
cf *abbr of* **confer** vgl.
CFC *abbr of* **chlorofluorocarbon** FCKW
m

chafe I *v/t* (auf)scheuern; **his shirt ~d his**
neck sein (Hemd)kragen scheuerte
(ihn) **II** *v/i* **1.** sich aufscheuern **2.** (*fig*)
sich ärgern (*at, against* über +*acc*)
chaffinch *n* Buchfink *m*
chain I *n* Kette *f*; (*of mountains*) (Berg)-
kette *f*; ~ **of shops** Ladenkette *f*; ~ **of**
events Kette von Ereignissen; **~ of com-**
mand MIL Befehlskette *f*; (*in manage-*
ment) Weisungskette *f* **II** *v/t* anketten;
to ~ sb/sth to sth jdn/etw an etw (*acc*)
ketten ◆ **chain up** *v/t sep prisoner* in
Ketten legen; *dog* an die Kette legen
chain letter *n* Kettenbrief *m* **chain mail** *n*
Kettenhemd *nt* **chain reaction** *n* Kettenreaktion *f* **chain saw** *n* Kettensäge
f **chain-smoke** *v/i* kettenrauchen **chain**
smoker *n* Kettenraucher(in) *m(f)* **chain**
store *n* Kettenladen *m*
chair I *n* **1.** Stuhl *m*, Sessel *m* (*Aus*); (≈
armchair) Sessel *m*, Fauteuil *nt* (*Aus*);
please take a ~ bitte nehmen Sie Platz!
2. (*in committees etc*) Vorsitz *m*; **to be in/**
take the ~ den Vorsitz führen **3.** (≈ *pro-*
fessorship) Lehrstuhl *m* (*of* für) **II** *v/t*
den Vorsitz führen bei **chairlift** *n* Sessellift *m*
chairman *n* Vorsitzende(r) *m/f(m)*; **Mr/**
Madam Chairman Herr Vorsitzender/
Frau Vorsitzende **chairmanship** *n* Vorsitz *m*
chairperson *n* Vorsitzende(r) *m/f(m)*
chairwoman *n* Vorsitzende *f*
chalet *n* Chalet *nt*
chalk *n* Kreide *f*; **not by a long ~** (*Br*
infml) bei Weitem nicht; **they're as dif-**
ferent as ~ and cheese (*Br*) sie sind (so
verschieden) wie Tag und Nacht
challenge I *n* **1.** Herausforderung *f* (*to* an
+*acc*); (*fig* ≈ *demands*) Anforderung(en
pl) *f*; **to issue a ~ to sb** jdn herausfordern; **this job is a ~** bei dieser Arbeit
ist man gefordert; **I see this task as a**
~ ich sehe diese Aufgabe als Herausforderung; **those who rose to the ~** diejenigen, die sich der Herausforderung
stellten **2.** (*for leadership etc*) Griff *m*
(*for* nach); **a direct ~ to his authority** eine direkte Infragestellung seiner Auto-
rität **II** *v/t* **1.** (*to race etc*) herausfordern;
to ~ sb to do sth wetten, dass jd etw
nicht (tun) kann; **to ~ sb to a duel** jdn
zum Duell fordern; **to ~ sb to a game**
jdn zu einer Partie herausfordern **2.**
(*fig* ≈ *make demands on*) fordern **3.**

(*fig*) *sb's authority* infrage stellen **-challenged** *adj suf* (*usu hum*) **vertically--challenged** zu kurz geraten (*hum*); **intellectually-challenged** geistig minderbemittelt (*infml*) **challenger** *n* Herausforderer *m*, Herausforderin *f* **challenging** *adj* 1. (≈ *provocative*) herausfordernd 2. (≈ *demanding*) anspruchsvoll **chamber** *n* 1. (*old*) Gemach *nt* (*old*) 2. **Chamber of Commerce** Handelskammer *f*; *the Upper/Lower Chamber* PARL die Erste/Zweite Kammer **chambermaid** *n* Zimmermädchen *nt* **chamber music** *n* Kammermusik *f* **chamber orchestra** *n* Kammerorchester *nt* **chamber pot** *n* Nachttopf *m*

chameleon *n* (ZOOL, *fig*) Chamäleon *nt*

champagne *n* Sekt *m*; (≈ *French champagne*) Champagner *m*; ~ *glass* Sekt-/Champagnerglas *nt*

champion I *n* 1. SPORTS Meister(in) *m(f)*; ~*s* (≈ *team*) Meister *m*; *world* ~ Weltmeister(in) *m(f)*; *heavyweight* ~ *of the world* Weltmeister *m* im Schwergewicht 2. (*of a cause*) Verfechter *m* **II** *v/t* eintreten für **championship** *n* 1. SPORTS Meisterschaft *f* 2. **championships** *pl* Meisterschaftskämpfe *pl*

chance I *n* 1. (≈ *coincidence*) Zufall *m*; (≈ *luck*) Glück *nt*; *by* ~ zufällig; *would you by any* ~ *be able to help?* könnten Sie mir vielleicht behilflich sein? 2. (≈ *possibility*) Chance(n *pl*) *f*; (≈ *probability*) Möglichkeit *f*; (*the*) ~*s are that* ... wahrscheinlich ...; *what are the* ~*s of his coming?* wie groß ist die Wahrscheinlichkeit, dass er kommt?; *is there any* ~ *of us meeting again?* könnten wir uns vielleicht wiedersehen?; *he doesn't stand or hasn't got a* ~ er hat keine(rlei) Chance(n); *he has a good* ~ *of winning* er hat gute Aussicht zu gewinnen; *to be in with a* ~ eine Chance haben; *no* ~! (*infml*) nee! (*infml*); *you won't get another* ~ eine einmalige Gelegenheit; *I had the* ~ *to go or of going* ich hatte (die) Gelegenheit, dahin zu gehen; *now's your* ~! das ist deine Chance! 3. (≈ *risk*) Risiko *nt*; *to take a* ~ es darauf ankommen lassen; *he's not taking any* ~*s* er geht kein Risiko ein **II** *attr* zufällig; ~ *meeting* zufällige Begegnung **III** *v/t I'll* ~ *it!* (*infml*) ich versuchs mal (*infml*) ◆ **chance (up)on** *v/i +prep obj person* zufällig treffen; *thing* zufällig stoßen

auf (+*acc*)

chancellor *n* Kanzler *m*; **Chancellor** (*of the Exchequer*) (*Br*) Schatzkanzler(in) *m(f)*

chandelier *n* Kronleuchter *m*

change I *n* 1. (≈ *alteration*) Veränderung *f*; (≈ *modification also*) Änderung *f* (*to* +*gen*); *a* ~ *for the better/worse* eine Verbesserung/Verschlechterung; ~ *of address* Adressenänderung *f*; *a* ~ *in the weather* eine Wetterveränderung; *no* ~ unverändert; *I need a* ~ *of scene* ich brauche Tapetenwechsel; *to make* ~*s* (*to sth*) (an etw *dat*) (Ver)änderungen *pl* vornehmen; *I didn't have a* ~ *of clothes with me* ich hatte nichts zum Wechseln mit 2. (≈ *variety*) Abwechslung *f*; (*just*) *for a* ~ zur Abwechslung (mal); *that makes a* ~ das ist mal was anderes 3. (*of one thing for another*) Wechsel *m*; *a* ~ *of government* ein Regierungswechsel *m* 4. *no pl* (≈ *money*) Wechselgeld *nt*; (≈ *small change*) Kleingeld *nt*; *can you give me* ~ *for a pound?* können Sie mir ein Pfund wechseln?; *I haven't got any* ~ ich habe kein Kleingeld; *you won't get much* ~ *out of £5* von £ 5 wird wohl nicht viel übrig bleiben; *keep the* ~ der Rest ist für Sie **II** *v/t* 1. wechseln; *address, name* ändern; *to* ~ *trains etc* umsteigen; *to* ~ *one's clothes* sich umziehen; *to* ~ *a wheel/the oil* ein Rad/das Öl wechseln; *to* ~ *a baby's nappy* (*Br*) *or diaper* (*US*) (bei einem Baby) die Windeln wechseln; *to* ~ *the sheets or the bed* die Bettwäsche wechseln; *to* ~ *hands* den Besitzer wechseln; *she* ~*d places with him* er und sie tauschten die Plätze 2. (≈ *alter*) (ver)ändern; *person, ideas* ändern; (≈ *transform*) verwandeln; *to* ~ *sb/sth into sth* jdn/etw in etw (*acc*) verwandeln 3. (≈ *exchange*) umtauschen; *she* ~*d the dress for one of a different colour* sie tauschte das Kleid gegen ein andersfarbiges um 4. (*Br* AUTO) *to* ~ *gear* schalten **III** *v/i* 1. (≈ *alter*) sich ändern; (*traffic lights*) umspringen (*to* auf +*acc*); *to* ~ *from sth into* ... sich aus etw in ... (*acc*) verwandeln 2. (≈ *change clothes*) sich umziehen; *she* ~*d into an old skirt* sie zog sich einen alten Rock an; *I'll just* ~ *out of these old clothes* ich muss mir noch die alten Sachen ausziehen 3. (≈ *change trains etc*) umsteigen; *all* ~! alle aussteigen! **4. to ~ to a different system** auf ein anderes System umstellen; **I ~d to philosophy from chemistry** ich habe von Chemie zu Philosophie gewechselt ◆ **change around** v/t sep = **change round** II ◆ **change down** v/i (Br AUTO) in einen niedrigeren Gang schalten ◆ **change over** I v/i **1.** (≈ *to sth different*) sich umstellen (*to* auf +acc); **we have just changed over from gas to electricity** hier or bei uns ist gerade von Gas auf Strom umgestellt worden **2.** (≈ *exchange activities etc*) wechseln II v/t sep austauschen ◆ **change round** (*esp Br*) I v/i = **change over** I II v/t sep *room* umräumen; *furniture* umstellen ◆ **change up** v/i (Br AUTO) in einen höheren Gang schalten

changeable adj *character* unbeständig; *weather* wechselhaft; *mood* wechselnd **change machine** n Geldwechsler m **changeover** n Umstellung f (*to* auf +acc) **changing** adj wechselnd **changing room** n (*in store*) Ankleideraum m; SPORTS Umkleideraum m

channel I n **1.** (≈ *strait, also* TV, RADIO) Kanal m; **the (English) Channel** der Ärmelkanal **2.** (*fig, usu pl*) (*of bureaucracy etc*) Dienstweg m; (*of information etc*) Kanal m; **to go through the official ~s** den Dienstweg gehen **3.** (≈ *groove*) Furche f II v/t **1.** *water* (hindurch)leiten **2.** (*fig*) lenken (*into* auf +acc) **Channel ferry** n (Br) Kanalfähre f **channel-hopping** n (Br TV infml) Zappen nt (infml) **Channel Islands** pl Kanalinseln pl **channel-surfing** n (*esp US* TV infml) = **channel-hopping Channel Tunnel** n Kanaltunnel m

chant I n Gesang m; (*of football fans etc*) Sprechchor m II v/t im (Sprech)chor rufen; ECCL singen III v/i Sprechchöre anstimmen; ECCL singen

chaos n Chaos nt; **complete ~** ein totales Durcheinander **chaotic** adj chaotisch **chap**¹ v/t spröde machen; **~ped lips** aufgesprungene Lippen pl

chap² n (Br infml ≈ *man*) Typ m (infml)

chapel n Kapelle f

chaperon(e) I n Anstandsdame f II v/t Anstandsdame spielen bei

chaplain n Kaplan m **chaplaincy** n Dienträume pl eines Kaplans

chapter n Kapitel nt

char¹ v/t verkohlen

char² (Br infml) n (a. **charwoman, charlady**) Putzfrau f

character n **1.** Charakter m; (*of people*) Wesen nt no pl; **it's out of ~ for him to do that** es ist eigentlich nicht seine Art, so etwas zu tun; **to be of good/ bad ~** ein guter/schlechter Mensch sein; **she has no ~** sie hat keine eigene Note **2.** (*in novel*) (Roman)figur f; THEAT Gestalt f **3.** (≈ *original person*) Original nt; (*infml ≈ person*) Typ m (infml) **4.** TYPO, IT Zeichen nt **characteristic** I adj charakteristisch (*of* für) II n (typisches) Merkmal **characterization** n (*in a novel etc*) Personenbeschreibung f; (*of one character*) Charakterisierung f **characterize** v/t charakterisieren **character set** n IT Zeichensatz m **character space** n IT Zeichenplatz m

charade n Scharade f; (*fig*) Farce f **char-broiled** adj (US) = **char-grilled char-coal** n Holzkohle f

charge I n **1.** JUR Anklage f (*of* wegen); **convicted on all three ~s** in allen drei Anklagepunkten für schuldig befunden; **on a ~ of murder** wegen Mordverdacht **2.** (≈ *attack*) Angriff m **3.** (≈ *fee*) Gebühr f; **what's the ~?** was kostet das?; **to make a ~ (of £5) for sth** (£ 5 für) etw berechnen; **there's an extra ~ for delivery** die Lieferung wird zusätzlich berechnet; **free of ~** kostenlos, gratis; **delivered free of ~** Lieferung frei Haus **4.** (≈ *explosive charge*) (Spreng)ladung f; ELEC, PHYS Ladung f **5. to be in ~** die Verantwortung haben; **who is in ~ here?** wer ist hier der Verantwortliche?; **to be in ~ of sth** für etw die Verantwortung haben; (*of department*) etw leiten; **to put sb in ~ of sth** jdm die Verantwortung für etw übertragen; (*of department*) jdm die Leitung von etw übertragen; **the children were placed in their aunt's ~** die Kinder wurden der Obhut der Tante anvertraut; **to take ~ of sth** etw übernehmen; **he took ~ of the situation** er nahm die Sache in die Hand II v/t **1.** JUR anklagen; (*fig*) beschuldigen; **to ~ sb with doing sth** jdm vorwerfen, etw getan zu haben **2.** (≈ *attack*) stürmen **3.** *fee* berechnen; **I won't ~ you for that** ich berechne Ihnen nichts dafür **4.** (≈ *record as debt*) in Rechnung stellen; **please ~ all these purchases to my account** bitte setzen Sie diese Einkäufe auf meine Rechnung

5. *battery* (auf)laden **6.** (*form* ≈ *give as responsibility*) **to ~ sb with sth** jdn mit etw beauftragen **III** *v/i* **1.** (≈ *attack*) stürmen; (*at people*) angreifen (*at sb* jdn); **~!** vorwärts! **2.** (*infml* ≈ *rush*) rennen; **he~d into the room** er stürmte ins Zimmer **chargeable** *adj* **to be~ to sb** auf jds Kosten (*acc*) gehen **charge account** *n* Kunden(kredit)konto *nt* **charge card** *n* Kundenkreditkarte *f* **charged** *adj* geladen **chargé d'affaires** *n* Chargé d'affaires *m* **charger** *n* (≈ *battery charger*) Ladegerät *nt*

char-grilled *adj* (*Br*) vom Holzkohlengrill

chariot *n* Streitwagen *m* (*liter*)

charisma *n* Charisma *nt* **charismatic** *adj* charismatisch

charitable *adj* menschenfreundlich; *organization* karitativ; **to have ~ status** als gemeinnützig anerkannt sein **charity** *n* **1.** (≈ *kindness*) Menschenfreundlichkeit *f* **2.** **to live on ~** von Almosen leben **3.** (≈ *charitable society*) karitative Organisation; **to work for~** für die Wohlfahrt arbeiten; **a collection for~** eine Sammlung für wohltätige Zwecke

charlady *n* (*Br*) Reinemache- *or* Putzfrau *f*

charlatan *n* Scharlatan *m*

charm **I** *n* **1.** (≈ *attractiveness*) Charme *m no pl*; **feminine~s** (weibliche) Reize *pl*; **to turn on the~** seinen (ganzen) Charme spielen lassen **2.** (≈ *spell*) Bann *m* **3.** (≈ *amulet*) Talisman *m* **II** *v/t* bezaubern; **to ~ one's way out of sth** sich mit Charme vor etw (*dat*) drücken

charming *adj* charmant; **~!** (*iron*) wie reizend! (*iron*)

chart **I** *n* **1.** Tabelle *f*; (≈ *graph*) Diagramm *nt*; (≈ *map, weather chart*) Karte *f*; **on a~** in einer Tabelle/einem Diagramm **2.** **charts** *pl* (≈ *top twenty*) Charts *pl* **II** *v/t progress* auswerten

charter **I** *n* Charta *f*; (≈ *town charter*) Gründungsurkunde *f* **II** *v/t plane* chartern **chartered accountant** *n* (*Br*) staatlich geprüfter Bilanzbuchhalter, staatlich geprüfte Bilanzbuchhalterin **charter flight** *n* Charterflug *m* **charter plane** *n* Charterflugzeug *nt*

charwoman *n* (*Br*) = **charlady**

chase **I** *n* Verfolgungsjagd *f*; **a car~** eine Verfolgungsjagd im Auto; **to give ~** die Verfolgung aufnehmen; **to cut to the ~**

(*esp US infml*) zum Kern der Sache kommen **II** *v/t* jagen; (≈ *follow*) verfolgen **III** *v/i* **to ~ after sb** hinter jdm herrennen (*infml*); (*in vehicle*) hinter jdm herrasen (*infml*); **to ~ around** herumrasen (*infml*) ◆ **chase away** *or* **off** *v/t sep* wegjagen ◆ **chase down** *v/t sep* (*US* ≈ *catch*) aufspüren ◆ **chase up** *v/t sep person* rankriegen (*infml*); *information etc* ranschaffen (*infml*)

chaser *n* **have a whisky ~** trinken Sie einen Whisky dazu

chasm *n* Kluft *f*

chassis *n* Chassis *nt*

chaste *adj* (*+er*) keusch **chasten** *v/t* **~ed by ...** durch ... zur Einsicht gelangt

chastise *v/t* (*verbally*) schelten

chastity *n* Keuschheit *f*

chat **I** *n* Unterhaltung *f*; **could we have a ~ about it?** können wir uns mal darüber unterhalten? **II** *v/i* plaudern ◆ **chat up** *v/t sep* (*Br infml*) *person* einreden auf (*+acc*); *prospective girl-/boyfriend* anquatschen (*infml*)

chat line *n* IT Chatline *f* **chat room** *n* IT Chatroom *m* **chat show** *n* (*Br*) Talkshow *f* **chatter** **I** *n* (*of person*) Geschwätz *nt* **II** *v/i* (*person*) schwatzen; (*teeth*) klappern **chatterbox** *n* Quasselstrippe *f* (*infml*) **chattering** **I** *n* Geschwätz *nt* **II** *adj* **the~ classes** (*Br pej infml*) das Bildungsbürgertum **chatty** *adj* (*+er*) geschwätzig; *written in a ~ style* im Plauderton geschrieben

chauffeur *n* Chauffeur *m*

chauvinism *n* Chauvinismus *m* **chauvinist** **I** *n* männlicher Chauvinist **II** *adj* (*male*) **~ pig** Chauvinistenschwein *nt* (*infml*) **chauvinistic** *adj* chauvinistisch

cheap **I** *adj* (*+er*) *also adv* billig; **to feel ~** sich (*dat*) schäbig vorkommen; **it doesn't come ~** es ist nicht billig; **it's ~ at the price** es ist spottbillig **II** *n* **to buy sth on the ~** (*infml*) etw für einen Pappenstiel kaufen (*infml*); **to make sth on the ~** (*infml*) etw ganz billig produzieren **cheapen** *v/t* (*fig*) schlechtmachen **cheaply** *adv* billig; *make, live* günstig **cheapness** *n* (≈ *inexpensiveness*) billiger Preis **cheapskate** *n* (*infml*) Knauser *m* (*infml*)

cheat **I** *v/t* betrügen; **to~ sb out of sth** jdn um etw betrügen **II** *v/i* betrügen; (*in exam etc*) mogeln (*infml*) **III** *n* Betrüger(in) *m(f)*; (*in exam etc*) Mogler(in) *m(f)* (*infml*) ◆ **cheat on** *v/i +prep obj* betrügen

cheating *n* Betrug *m*; (*in exam etc*) Mogeln *m* (*infml*)

Chechenia, Chechnya *n* Tschetschenien *nt*

check I *n* **1.** (≈ *examination*) Überprüfung *f*; **to keep a ~ on sb/sth** jdn/etw überwachen **2. to hold** *or* **keep sb in ~** jdn in Schach halten; **to keep one's temper in ~** sich beherrschen **3.** (≈ *pattern*) Karo(muster) *nt* **4.** (*US* ≈ *cheque*) Scheck *m*; (≈ *bill*) Rechnung *f* **5.** (*US* ≈ *tick*) Haken *m* **II** *v/t* **1.** (≈ *examine*) überprüfen; (*US* ≈ *examine*) überprüfen; **to ~ whether** *or* **if ...** nachprüfen, ob ... **2.** (≈ *control*) kontrollieren; (≈ *stop*) aufhalten **3.** AVIAT *luggage* einchecken; (*US*) *coat etc* abgeben **III** *v/i* (≈ *make sure*) nachfragen (*with* bei); (≈ *have a look*) nachsehen; **I was just ~ing** ich wollte nur nachprüfen ◆ **check in I** *v/i* (*at airport*) einchecken; (*at hotel*) sich anmelden; **what time do you have to ~?** wann musst du am Flughafen sein? **II** *v/t sep* (*at airport*) *luggage* einchecken; (*at hotel*) anmelden ◆ **check off** *v/t sep* (*esp US*) abhaken ◆ **check out I** *v/i* sich abmelden; (≈ *leave hotel*) abreisen; (≈ *sign out*) sich austragen **II** *v/t sep facts* überprüfen; **check it out with the boss** klären Sie das mit dem Chef ab ◆ **check over** *v/t sep* überprüfen ◆ **check through** *v/t sep* **1.** *account* durchsehen **2.** **they checked my bags through to Berlin** mein Gepäck wurde nach Berlin durchgecheckt ◆ **check up** *v/i* überprüfen ◆ **check up on** *v/i +prep obj* überprüfen; *sb* kontrollieren

checkbook *n* (*US*) Scheckbuch *nt* **check card** *n* (*US*) Scheckkarte *f*

checked *adj* (*in pattern*) kariert; **~ pattern** Karomuster *nt*

checker *n* **1.** (*US, in supermarket*) Kassierer(in) *m(f)* **2.** (*US, for coats etc*) Garderobenfrau *f*/-mann *m*

checkers *n* (*US*) Damespiel *nt*; **to play ~** Dame spielen

check-in (desk) *n* AVIAT Abflugschalter *m*; (*US, in hotel*) Rezeption *f* **checking** *n* Kontrolle *f* **checking account** *n* (*US*) Girokonto *nt* **check list** *n* Checkliste *f* **checkmate I** *n* Schachmatt *nt*; **~!** matt! **II** *v/t* matt setzen **checkout** *n* Kasse *f*, Kassa *f* (*Aus*) **checkpoint** *n* Kontroll-

punkt *m* **checkroom** *n* (*US* THEAT) Garderobe *f*; RAIL Gepäckaufbewahrung *f* **checkup** *n* MED Check-up *m*; **to have a ~/go for a ~** einen Check-up machen lassen

cheddar *n* Cheddar(käse) *m*

cheek *n* **1.** Backe *f*; **to turn the other ~** die andere Wange hinhalten **2.** (*Br* ≈ *impudence*) Frechheit *f*; **to have the ~ to do sth** die Frechheit haben, etw zu tun; **enough of your ~!** jetzt reichts aber! **cheekbone** *n* Wangenknochen *m* **cheekily** *adv* (*Br*) frech **cheeky** *adj* (+*er*) (*Br*) frech; **it's a bit ~ asking for another pay rise so soon** es ist etwas unverschämt, schon wieder eine Gehaltserhöhung zu verlangen

cheep I *n* Piep *m*, Piepser *m* **II** *v/i* piepsen

cheer I *n* **1.** Beifallsruf *m*; (≈ *cheering*) Jubel *m*; **three ~s for Mike!** ein dreifaches Hurra für Mike!; **~s!** (*infml* ≈ *your health*) prost! **2.** (≈ *comfort*) Aufmunterung *f* **II** *v/t person* zujubeln (+*dat*); *event* bejubeln **III** *v/i* jubeln ◆ **cheer on** *v/t sep* anfeuern ◆ **cheer up** *v/t sep* aufmuntern; *place* aufheitern **II** *v/i* (*person*) vergnügter werden; (*things*) besser werden; **~!** lass den Kopf nicht hängen!

cheerful *adj* fröhlich; *place, colour etc* heiter; *news* erfreulich, gefreut (*Swiss*); *tune* fröhlich; **to be ~ about sth** in Bezug auf etw optimistisch sein **cheerfully** *adv* fröhlich **cheering I** *n* Jubel *m* **II** *adj* jubelnd **cheerio** *int* (*esp Br infml*) Wiedersehen (*infml*); (*to friends*) tschüs(s) (*infml*), servus! (*Aus*) **cheerleader** *n* Anführer *m* **cheers** *int* → **cheer I** **cheery** *adj* (+*er*) fröhlich, vergnügt

cheese *n* Käse *m*; **say ~!** PHOT bitte recht freundlich **cheeseboard** *n* Käsebrett *nt*; (≈ *course*) Käseplatte *f* **cheeseburger** *n* Cheeseburger *m* **cheesecake** *n* COOK Käsekuchen *m* **cheesecloth** *n* Käseleinen *nt* **cheesed off** *adj* (*Br infml*) angeödet (*infml*)

cheetah *n* Gepard *m*

chef *n* Küchenchef *m*; (*as profession*) Koch *m*

chemical I *adj* chemisch **II** *n* Chemikalie *f* **chemical engineering** *n* Chemotechnik *f* **chemical toilet** *n* Chemietoilette *f*

chemist *n* **1.** Chemiker(in) *m(f)* **2.** (*Br: in shop*) Drogist(in) *m(f)*; (*dispensing*) Apotheker(in) *m(f)*; **~'s shop** Drogerie

f; *(dispensing)* Apotheke *f*
chemistry *n* Chemie *f*; **the ~ between us
was perfect** wir haben uns sofort vertragen
chemo *n* *(infml)* Chemo *f* *(infml)* **chemotherapy** *n* Chemotherapie *f*
cheque, *(US)* **check** *n* Scheck *m*; **a ~ for
£100** ein Scheck über £ 100; **to pay by ~**
mit (einem) Scheck bezahlen **cheque
account** *n* Girokonto *nt* **chequebook**,
(US) **checkbook** *n* Scheckbuch *nt*
cheque card *n* Scheckkarte *f*
chequered, *(US)* **checkered** *adj* *(fig)*
history bewegt
cherish *v/t feelings, hope* hegen; *idea* sich
hingeben (+*dat*); **to ~ sb's memory** jds
Andenken in Ehren halten **cherished**
adj belief lang gehegt; **her most ~ possessions** die Dinge, an denen sie am
meisten hängt
cherry I *n* Kirsche *f* **II** *adj* *(colour)* kirschrot; COOK Kirsch- **cherry blossom** *n*
Kirschblüte *f* **cherry-pick** *(fig infml)* **I**
v/t die Rosinen herauspicken aus *(infml)*
II *v/i* sich *(dat)* die Rosinen herauspicken *(infml)* **cherry picker** *n* (≈ *vehicle*)
Bockkran *m* **cherry tomato** *n* Kirsch- *or*
Cherrytomate *f*
cherub *n* **1.** *pl* **-im** ECCL Cherub *m* **2.** *pl* **-s**
ART Putte *f*
chess *n* Schach(spiel) *nt* **chessboard** *n*
Schachbrett *nt* **chessman, chesspiece**
n Schachfigur *f* **chess set** *n* Schachspiel
nt
chest[1] *n* *(for tools etc)* Kiste *f*; (≈ *piece of
furniture*) Truhe *f*; **~ of drawers** Kommode *f*
chest[2] *n* ANAT Brust *f*; **to get sth off one's
~** *(fig infml)* sich *(dat)* etw von der Seele
reden; **~ muscle** Brustmuskel *m*; **~
pains** Schmerzen *pl* in der Brust **chest
infection** *n* Lungeninfekt *m*
chestnut I *n* **1.** (≈ *nut, tree*) Kastanie *f* **2.**
(≈ *colour*) Kastanienbraun *nt* **3.** (≈
horse) Fuchs *m* **II** *adj* kastanienbraun
chesty *adj* (+*er*) *(Br infml)* *cough* rau
chew *v/t* kauen; **don't ~ your fingernails**
kaue nicht an deinen Nägeln ♦ **chew
on** *v/i* +*prep obj* **1.** *(lit)* (herum)kauen
auf (+*dat*) **2.** *(a.* **chew over***: infml)* *problem* sich *(dat)* durch den Kopf gehen lassen
chewing gum *n* Kaugummi *m or nt*
chewy *adj meat* zäh; *sweets* weich
chic *adj* (+*er*) chic

chick *n* **1.** *(of chicken)* Küken *nt*; (≈ *young
bird*) Junge(s) *nt* **2.** *(infml* ≈ *girl)* Mieze *f*
(infml)
chicken I *n* Huhn *nt*; *(for roasting)* Hähnchen *nt*; **~ liver** Geflügelleber *f*; **to run
around like a headless ~** wie ein kopfloses Huhn herumlaufen; **don't count
your~s** *(before they're hatched)* *(prov)*
man soll den Tag nicht vor dem Abend
loben *(prov)* **II** *adj* *(infml)* feig; **he's ~** er
ist ein Feigling ♦ **chicken out** *v/i*
(infml) kneifen *(infml)*
chicken farmer *n* Hühnerzüchter *m*
chicken feed *n* *(infml* ≈ *insignificant
sum)* Peanuts *pl* *(infml)* **chickenpox** *n*
Windpocken *pl* **chickenshit** *(US sl)* **I**
n **1.** (≈ *coward*) Memme *f* *(pej infml)*
2. *no pl* **to be ~** (≈ *be worthless*) Scheiße
sein *(sl)* **II** *adj* **1.** (≈ *cowardly*) feige **2.** (≈
worthless) beschissen *(infml)* **chicken
wire** *n* Hühnerdraht *m*
chickpea *n* Kichererbse *f*
chicory *n* Chicorée *f or m*
chief I *n* *(of organization)* Leiter(in)
m(f); *(of tribe)* Häuptling *m*; *(infml* ≈
boss) Chef *m*; **~ of police** Polizeipräsident(in) *or* -chef(in) *m(f)*; **~ of staff**
MIL Stabschef(in) *m(f)* **II** *adj* **1.** (≈ *most
important*) wichtigste(r, s) **2.** (≈ *most
senior*) Haupt-; **~ executive** leitender
Direktor, leitende Direktorin; **~ executive officer** Generaldirektor *m* **chief
constable** *n* *(Br)* Polizeipräsident(in)
m(f) **chiefly** *adv* hauptsächlich
chiffon I *n* Chiffon *m* **II** *adj* Chiffon-
child *n*, *pl* **children** Kind *nt*; **when I was a
~** in *or* zu meiner Kindheit **child abuse** *n*
Kindesmisshandlung *f*; *(sexually)* Notzucht *f* mit Kindern **child-bearing I** *n*
Mutterschaft *f* **II** *adj* **of ~ age** im gebärfähigen Alter **child benefit** *n* *(Br)* Kindergeld *nt* **childbirth** *n* Geburt *f*; **to die
in ~** bei der Geburt sterben **childcare** *n*
Kinderbetreuung *f*
childhood *n* Kindheit *f* **childish** *adj*,
childishly *adv* *(pej)* kindisch **childishness** *n* *(pej)* kindisches Gehabe **childless** *adj* kinderlos **childlike** *adj* kindlich
child lock *n* Kindersicherung *f* **childminder** *n* *(Br)* Tagesmutter *f* **childminding** *n* *(Br)* Beaufsichtigung *f* von
Kindern **child molester** *n* Person, die
Kinder *(sexuell)* belästigt **child prodigy**
n Wunderkind *nt* **childproof** *adj* kindersicher **children** *pl* of **child child seat** *n*

Kindersitz *m* **child's play** *n* ein Kinderspiel *nt*

Chile *n* Chile *nt* **Chilean I** *adj* chilenisch **II** *n* Chilene *m*, Chilenin *f*

chill I *n* **1.** Frische *f*; **there's quite a ~ in the air** es ist ziemlich frisch **2.** MED fieberhafte Erkältung; **to catch a ~** sich verkühlen **II** *adj* frisch **III** *v/t* **1.** kühlen; **I was ~ed to the bone** die Kälte ging mir bis auf die Knochen **2.** (*fig*) *blood* gefrieren lassen **IV** *v/i* (*catch*) chillen (*sl*), relaxen (*sl*) ◆ **chill out** *v/i* (*infml*) relaxen (*sl*)

chilli, (*US*) **chili** *n* Peperoni *pl*; (≈ *spice*, *meal*) Chili *m*

chilling *adj* schreckenerregend

chilly *adj* (+er) kühl; **I feel ~** mich fröstelts

chime I *n* Glockenspiel *nt*; (*of doorbell*) Läuten *nt no pl* **II** *v/i* läuten ◆ **chime in** *v/i* (*infml*) sich einschalten

chimney *n* Schornstein *m* **chimneypot** *n* Schornsteinkopf *m* **chimney sweep** *n* Schornsteinfeger *m*

chimp (*infml*), **chimpanzee** *n* Schimpanse *m*

chin *n* Kinn *nt*; **keep your ~ up!** Kopf hoch!; **he took it on the ~** (*fig infml*) er hats mit Fassung getragen

China *n* China *nt*

china I *n* Porzellan *nt* **II** *adj* Porzellan- **china clay** *n* Kaolin *m*

Chinatown *n* Chinesenviertel *nt*

Chinese I *n* **1.** (≈ *person*) Chinese *m*, Chinesin *f* **2.** (≈ *language*) Chinesisch *nt* **II** *adj* chinesisch; **~ restaurant** Chinarestaurant *nt* **Chinese leaves** *n* Chinakohl *m*

chink[1] *n* Ritze *f*; (*in door*) Spalt *m*; **a ~ of light** ein dünner Lichtstrahl

chink[2] *v/i* klirren; (*coins*) klimpern

chinos *pl* FASHION Chinos *pl*

chin strap *n* Kinnriemen *m*

chip I *n* **1.** Splitter *m*; (*of wood*) Span *m*; **chocolate ~s** ≈ Schokoladenstreusel *pl*; **he's a ~ off the old block** er ist ganz der Vater; **to have a ~ on one's shoulder** einen Komplex haben (*about* wegen) **2.** (*Br* ≈ *potato stick*) Pomme frite *m or nt usu pl*; (*US* ≈ *potato slice*) Chip *m usu pl* **3.** (*in crockery etc*) abgestoßene Ecke; **this cup has a ~** diese Tasse ist angeschlagen **4.** (*in poker*, IT) Chip *m*; **when the ~s are down** wenn es drauf ankommt **II** *v/t* **1.** *cup*, *stone* anschlagen; *paint* abstoßen; *wood* beschädigen **2.**

SPORTS *ball* chippen ◆ **chip away at** *v/i +prep obj authority, system* unterminieren; *debts* reduzieren, verringern ◆ **chip in** *v/i* (*infml*) **1.** (≈ *interrupt*) sich einschalten **2.** **he chipped in with £3** er steuerte £ 3 bei ◆ **chip off** *v/t sep paint etc* wegschlagen

chipboard *n* Spanholz *nt*

chipmunk *n* Backenhörnchen *nt*

chip pan *n* Fritteuse *f* **chipped** *adj* **1.** *cup* angeschlagen; *paint* abgesplittert **2.** (*Br* COOK) **~ potatoes** Pommes frites *pl* **chippings** *pl* (*of wood*) Späne *pl*; (≈ *road chippings*) Schotter *m* **chippy** *n* (*Br infml*) Pommesbude *f* (*infml*) **chip shop** *n* (*Br*) Imbissbude *f* **chip shot** *n* GOLF Chip(shot) *m*; TENNIS Chip *m*

chiropodist *n* Fußpfleger(in) *m(f)* **chiropody** *n* Fußpflege *f* **chiropractor** *n* Chiropraktiker(in) *m(f)*

chirp *v/i* (*birds*) zwitschern; (*crickets*) zirpen **chirpy** *adj* (+er) (*infml*) munter

chisel I *n* Meißel *m*; (*for wood*) Beitel *m* **II** *v/t* meißeln; (*in wood*) stemmen

chit *n* (*a.* **chit of paper**) Zettel *m*

chitchat *n* (*infml*) Geschwätz *nt*

chivalrous *adj*, **chivalrously** *adv* ritterlich **chivalry** *n* Ritterlichkeit *f*

chives *n* Schnittlauch *m*

chlorine *n* Chlor *nt*

chlorofluorocarbon *n* Chlorfluorkohlenwasserstoff *m*

chloroform *n* Chloroform *nt*

chlorophyll *n* Chlorophyll *nt*

choc-ice *n* Eismohrle *nt*, Eiscreme mit Schokoladenüberzug

chock-a-block *adj* (*esp Br infml*), **chock-full** *adj* (*infml*) knüppelvoll (*infml*)

chocoholic *n* (*infml*) Schokoladensüchtige(r) *m/f(m)*, Schokosüchtige(r) *m/f(m)* (*infml*); **to be a ~** nach Schokolade süchtig sein

chocolate I *n* Schokolade *f*; (**hot or drinking**) **~** Schokolade *f*; **a ~** eine Praline **II** *adj* Schokoladen- **chocolate bar** *n* (≈ *slab*) Tafel *f* Schokolade; (≈ *Mars®* bar etc) Schokoladenriegel *m* **chocolate biscuit** *n* Schokoladenkeks *m* **chocolate cake** *n* Schokoladenkuchen *m*

choice I *n* **1.** Wahl *f*; **it's your ~** du hast die Wahl; **to make a ~** eine Wahl treffen; **I didn't do it from ~** ich habe es mir nicht ausgesucht; **he had no or little ~ but to obey** er hatte keine (andere) Wahl als zu gehören; **it was your ~** du wolltest es ja

so; *the drug/weapon of* ~ die bevorzugte Droge/Waffe **2.** (≈ *variety*) Auswahl *f* (*of* an +*dat*, von) **II** *adj* COMM Quali-
täts-
choir *n* Chor *m* **choirboy** *n* Chorknabe *m*
choir master *n* Chorleiter *m*
choke I *v/t person* ersticken; (≈ *throttle*)
(er)würgen; *in a voice* ~*d with tears/*
emotion mit tränenerstickter/tief be-
wegter Stimme **II** *v/i* ersticken (*on* an
+*dat*) **III** *n* AUTO Choke *m* ◆ **choke back**
v/t sep tears unterdrücken
choking *adj smoke* beißend
cholera *n* Cholera *f*
cholesterol *n* Cholesterin *nt*
chomp *v/t* laut mahlen; (*person*) mampfen (*infml*)
choose *pret* **chose**, *past part* **chosen I** *v/t*
1. (aus)wählen; *to* ~ *a team* eine Mannschaft auswählen *or* zusammenstellen;
they chose him as their leader or to
be their leader sie wählten ihn zu ihrem
Anführer **2.** *to* ~ *to do sth* es vorziehen,
etw zu tun **II** *v/i to* ~ (*between or*
among/from) wählen (zwischen +*dat/*
aus *or* unter +*dat*); *there is nothing or*
little to ~ *between them* sie sind gleich
gut **choos(e)y** *adj* (+*er*) wählerisch
chop[1] **I** *n* **1.** COOK Kotelett *nt* **2.** (*infml*) *to*
get the ~ (≈ *be axed*) dem Rotstift zum
Opfer fallen; (≈ *be fired*) rausgeschmissen werden (*infml*) **II** *v/t* hacken; *meat*
etc klein schneiden ◆ **chop down** *v/t*
sep tree fällen ◆ **chop off** *v/t sep* abschlagen ◆ **chop up** *v/t sep* zerhacken
chop[2] *v/i to* ~ *and change* (*one's mind*)
ständig seine Meinung ändern
chopper *n* **1.** (≈ *axe*) Hackbeil *nt* **2.** (*infml*
≈ *helicopter*) Hubschrauber *m* **chop-**
ping block *n* Hackklotz *m*; (*for wood,*
executions etc) Block *m* **chopping**
board *n* (*Br*) Hackbrett *nt* **chopping**
knife *n* (*Br*) Hackmesser *nt*; (*with*
rounded blade) Wiegemesser *nt* **choppy**
adj (+*er*) *sea* kabbelig
chopstick *n* Stäbchen *nt*
choral *adj* Chor-; ~ *society* Gesangverein
m
chord *n* MUS Akkord *m*; *to strike the*
right ~ (*fig*) den richtigen Ton treffen
chore *n* lästige Pflicht; ~*s pl* Hausarbeit *f*;
to do the ~*s* die Hausarbeit erledigen
choreographer *n* Choreograf(in) *m(f)*
choreography *n* Choreografie *f*
chorister *n* (Kirchen)chormitglied *nt*; (≈

boy) Chorknabe *m*
chortle *v/i* gluckern
chorus *n* **1.** (≈ *refrain*) Refrain *m* **2.** (≈
singers) Chor *m*; (≈ *dancers*) Tanzgrup-
pe *f* **chorus line** *n* Revue *f*
chose *pret of* **choose** **chosen I** *past part*
of **choose II** *adj the* ~ *few* die wenigen
Auserwählten
choux pastry *n* Brandteig *m*
chowder *n* sämige Fischsuppe
Christ I *n* Christus *m* **II** *int* (*sl*) Herrgott
(*infml*) **christen** *v/t* taufen; *to* ~ *sb after*
sb jdn nach jdm (be)nennen **christen-**
ing *n* Taufe *f*
Christian I *n* Christ *m* **II** *adj* christlich
Christianity *n* Christentum *nt* **Christian**
name *n* Vorname *m*
Christmas *n* Weihnachten *nt*; *are you*
going home for ~*?* fährst du (über)
Weihnachten nach Hause?; *what did*
you get for ~*?* was hast du zu Weihnachten bekommen?; *merry or happy* ~*!* frohe *or* fröhliche Weihnachten! **Christ-**
mas box *n* (*Br*) Trinkgeld *nt* zu Weihnachten **Christmas cake** *n* Früchteku-
chen mit Zuckerguss zu Weihnachten
Christmas card *n* Weihnachtskarte *f*
Christmas carol *n* Weihnachtslied *nt*
Christmas Day *n* der erste Weihnachtstag; *on* ~ am ersten (Weihnachts)feier-
tag **Christmas Eve** *n* Heiligabend *m*;
on ~ Heiligabend **Christmas present**
n Weihnachtsgeschenk *nt*, Christkindl
nt (*Aus*) **Christmas pudding** *n* Plumpudding *m* **Christmastide, Christmas**
time *n* Weihnachtszeit *f* **Christmas tree**
n Weihnachtsbaum *m*
chrome *n* Chrom *nt*
chromosome *n* Chromosom *nt*
chronic *adj* **1.** chronisch; *Chronic Fa-*
tigue Syndrome chronisches Erschöp-
fungssyndrom **2.** (*infml* ≈ *terrible*) miserabel (*infml*) **chronically** *adv* chronisch
chronicle I *n* Chronik *f* **II** *v/t* aufzeichnen
chronological *adj* chronologisch; *in* ~ *or-*
der in chronologischer Reihenfolge
chronologically *adv* chronologisch; ~
arranged in chronologischer Reihenfolge **chronology** *n* Chronologie *f*
chrysanthemum *n* Chrysantheme *f*
chubby *adj* (+*er*) rundlich; ~ *cheeks*
Pausbacken *pl*
chuck *v/t* (*infml*) **1.** (≈ *throw*) schmeißen
(*infml*) **2.** (*infml*) *girlfriend etc* Schluss
machen mit; *job* hinschmeißen (*infml*)

◆ **chuck away** *v/t sep* (*infml* ≈ *throw out*) wegschmeißen (*infml*); *money* aus dem Fenster schmeißen (*infml*) ◆ **chuck in** *v/t sep* (*Br infml*) *job* hinschmeißen (*infml*); *to chuck it* (*all*) *in* den Laden hinschmeißen (*infml*) ◆ **chuck out** *v/t sep* (*infml*) rausschmeißen (*infml*); *to be chucked out* rausfliegen (*of* aus) (*infml*)

chuckle *v/i* leise in sich (*acc*) hineinlachen

chuffed *adj* (*Br infml*) vergnügt und zufrieden

chug *v/i* tuckern ◆ **chug along** *v/i* entlangtuckern; (*fig infml*) gut vorankommen

chum *n* (*infml*) Kumpel *m* (*infml*), Spezi *m* (*Aus*) **chummy** *adj* (+*er*) (*infml*) kameradschaftlich; *to be ~ with sb* mit jdm sehr dicke sein (*infml*)

chunk *n* großes Stück; (*of meat*) Batzen *m*; (*of stone*) Brocken *m* **chunky** *adj* (+*er*) (*infml*) stämmig; *knitwear* dick, klobig

Chunnel *n* (*infml*) Kanaltunnel *m*

church *n* Kirche *f*; *to go to ~* in die Kirche gehen; *the Church of England* die anglikanische Kirche **churchgoer** *n* Kirchgänger(in) *m(f)* **church hall** *n* Gemeindehalle *f* **church service** *n* Gottesdienst *m* **churchyard** *n* Friedhof *m*

churlish *adj*, **churlishly** *adv* ungehobelt

churn I *n* 1. (*for butter*) Butterfass *nt* 2. (*Br* ≈ *milk churn*) Milchkanne *f* **II** *v/t* *mud etc* aufwühlen **III** *v/i* **his stomach was ~ing** sein Magen revoltierte ◆ **churn out** *v/t sep* am laufenden Band produzieren ◆ **churn up** *v/t sep* aufwühlen

chute *n* Rutsche *f*; (≈ *garbage chute*) Müllschlucker *m*

chutney *n* Chutney *m*

CIA *abbr of* **Central Intelligence Agency** CIA *m*

CID (*Br*) *abbr of* **Criminal Investigation Department** ≈ Kripo *f*

cider *n* Cidre *m*

cig *n* (*infml* ≈ *cigarette*) Zigarette *f*

cigar *n* Zigarre *f*

cigarette *n* Zigarette *f* **cigarette case** *n* Zigarettenetui *nt* **cigarette end** *n* Zigarettenstummel *m* **cigarette holder** *n* Zigarettenspitze *f* **cigarette lighter** *n* Feuerzeug *nt* **cigarette machine** *n* Zigarettenautomat *m* **cigarette paper** *n* Zigarettenpapier *nt*

cinch *n* (*infml*) *it's a ~* (≈ *easy*) das ist ein Kinderspiel

cinder *n* ~**s** *pl* Asche *f*; *burnt to a ~* (*Br fig*) verkohlt **Cinderella** *n* (*lit, fig*) Aschenputtel *nt*

cine camera *n* (*Br*) (Schmal)filmkamera *f* **cine film** *n* (*Br*) Schmalfilm *m*

cinema *n* (*esp Br*) Kino *nt*; *at/to the ~* im/ins Kino **cinemagoer** *n* Kinogänger(in) *m(f)*

cinnamon I *n* Zimt *m* **II** *adj attr* Zimt-

cipher *n* (≈ *code*) Chiffre *f*; *in ~* chiffriert

circa *prep* zirka

circle I *n* 1. Kreis *m*; *to stand in a ~* im Kreis stehen; *to have come full ~* (*fig*) wieder da sein, wo man angefangen hat; *we're just going round in ~s* (*fig*) wir bewegen uns nur im Kreise; *a close ~ of friends* ein enger Freundeskreis; *in political ~s* in politischen Kreisen; *he's moving in different ~s now* er verkehrt jetzt in anderen Kreisen 2. (*Br* THEAT) Rang *m* **II** *v/t* 1. (≈ *move around*) kreisen um; *the enemy ~d the town* der Feind kreiste die Stadt ein 2. (≈ *draw a circle round*) einen Kreis machen um; ~*d in red* rot umkringelt **III** *v/i* (≈ *fly in a circle*) kreisen ◆ **circle around** *v/i* (*birds*) Kreise ziehen; (*plane*) kreisen

circuit *n* 1. (≈ *journey around etc*) Rundgang *m*/-fahrt *f*/-reise *f* (*of* um); *to make a ~ of sth* um etw herumgehen/-fahren; *three ~s of the racetrack* drei Runden auf der Rennbahn 2. ELEC Stromkreis *m*; (≈ *apparatus*) Schaltung *f* **circuit board** *n* TECH Platine *f* **circuit breaker** *n* Stromkreisunterbrecher *m* **circuit diagram** *n* Schaltplan *m* **circuitous** *adj* umständlich **circuitry** *n* Schaltkreise *pl* **circuit training** *n* Zirkeltraining *nt*

circular I *adj* kreisförmig; ~ *motion* Kreisbewegung *f* **II** *n* (*in firm*) Rundschreiben *nt*; (≈ *advertisement*) Wurfsendung *f* **circulate I** *v/i* 1. zirkulieren; (*traffic*) fließen; (*rumour*) kursieren 2. (*at party*) die Runde machen **II** *v/t* *rumour* in Umlauf bringen; *memo etc* zirkulieren lassen **circulation** *n* 1. MED Kreislauf *m*; *to have poor ~* Kreislaufstörungen haben; *this coin was withdrawn from* or *taken out of ~* diese Münze wurde aus dem Verkehr gezogen; *to be out of ~* (*infml*) (*person*) von der Bildfläche verschwunden sein;

(*criminal, politician*) aus dem Verkehr gezogen worden sein **2.** (*of newspaper etc*) Auflage(nziffer) *f* **circulatory** *adj* Kreislauf-; **~ system** Blutkreislauf *m*

circumcise *v/t* beschneiden **circumcision** *n* Beschneidung *f*

circumference *n* Umfang *m*; **the tree is 10 ft in ~** der Baum hat einen Umfang von 10 Fuß

circumnavigate *v/t* umfahren **circumnavigation** *n* Fahrt *f* (*of* um); (*in yacht also*) Umseglung *f*; **~ of the globe** Fahrt *f* um die Welt; Weltumseglung *f*

circumscribe *v/t* (≈ *restrict*) eingrenzen

circumspect *adj* umsichtig

circumstance *n* Umstand *m*; **in or under the ~s** unter diesen Umständen; **in or under no ~s** unter gar keinen Umständen; **in certain ~s** unter Umständen **circumstantial** *adj* JUR **~ evidence** Indizienbeweis *m*; **the case against him is purely ~** sein Fall beruht allein auf Indizienbeweisen

circumvent *v/t* umgehen

circus *n* Zirkus *m*

cirrhosis *n* Zirrhose *f*

CIS *abbr of* **Commonwealth of Independent States** GUS *f*

cissy *n* = **sissy**

cistern *n* Zisterne *f*; (*of WC*) Spülkasten *m*

cite *v/t* (≈ *quote*) zitieren

citizen *n* **1.** Bürger(in) *m(f)* **2.** (*of a state*) (Staats)bürger(in) *m(f)*; **French ~** französischer Staatsbürger, französische Staatsbürgerin **Citizens' Advice Bureau** *n* (*Br*) ≈ Bürgerberatungsstelle *f* **citizenship** *n* Staatsbürgerschaft *f*

citric acid *n* Zitronensäure *f* **citrus** *n* **~ fruits** Zitrusfrüchte *pl*

city *n* **1.** Stadt *f*, Großstadt *f*; **the ~ of Glasgow** die Stadt Glasgow **2.** (*in London*) **the City** die City **city centre**, (*US*) **city center** *n* Stadtzentrum *nt* **city dweller** *n* Stadtbewohner(in) *m(f)* **city father** *n* Stadtverordnete(r) *m*; **the ~s** die Stadtväter *pl*

city hall *n* Rathaus *nt*; (*US* ≈ *municipal government*) Stadtverwaltung *f* **city life** *n* (Groß)stadtleben *nt* **cityscape** *n* (Groß)stadtlandschaft *f*

civic *adj* Bürger-; **duties** als Bürger; **authorities** städtisch

civil *adj* **1.** (≈ *of society*) bürgerlich **2.** (≈ *polite*) höflich; **to be ~ to sb** höflich zu

jdm sein **3.** JUR zivilrechtlich **civil defence**, (*US*) **civil defense** *n* Zivilschutz *m* **civil disobedience** *n* ziviler Ungehorsam **civil engineer** *n* Bauingenieur(in) *m(f)* **civil engineering** *n* Hoch- und Tiefbau *m* **civilian I** *n* Zivilist(in) *m(f)* **II** *adj* zivil, Zivil-; **in ~ clothes** in Zivil; **~ casualties** Verluste *pl* unter der Zivilbevölkerung **civilization** *n* **1.** (≈ *civilized world*) Zivilisation *f* **2.** (*of Greeks etc*) Kultur *f* **civilize** *v/t* zivilisieren **civilized** *adj* **1.** zivilisiert; **all ~ nations** alle Kulturnationen **2.** *conditions, hour* zivil **civil law** *n* bürgerliches Recht **civil liberty** *n* Bürgerrecht *nt* **civil marriage** *n* standesamtliche Trauung **civil rights I** *pl* (staats)bürgerliche Rechte *pl* **II** *attr* Bürgerrechts- **civil servant** *n* ≈ Staatsbeamte(r) *m*, Staatsbeamtin *f* **civil service** *n* ≈ Staatsdienst *m* (*ohne Richter und Lehrer*); (≈ *civil servants collectively*) Beamtenschaft *f* **civil war** *n* Bürgerkrieg *m*

CJD *abbr of* **Creutzfeldt-Jakob disease** CJK *f*

cl *abbr of* **centilitre(s)** cl

clad *adj* (*liter*) gekleidet

claim I *v/t* **1.** (≈ *demand*) Anspruch *m* erheben auf (+*acc*); *benefits* (≈ *apply for*) beantragen; (≈ *draw*) beanspruchen; **to ~ sth as one's own** etw für sich beanspruchen; **the fighting ~ed many lives** die Kämpfe forderten viele Menschenleben **2.** (≈ *assert*) behaupten **II** *v/i* **1.** INSUR Ansprüche geltend machen **2.** **to ~ for sth** sich (*dat*) etw zurückzahlen lassen; **you can ~ for your travelling expenses** Sie können sich (*dat*) Ihre Reisekosten zurückerstatten lassen **III** *n* **1.** (≈ *demand*) Anspruch *m*; (≈ *pay claim*) Forderung *f*; **his ~ to the property** sein Anspruch auf das Grundstück; **to lay ~ to sth** Anspruch auf etw (*acc*) erheben; **to put in a ~ (for sth)** etw beantragen; **~ for damages** Schadensersatzanspruch *m* **2.** (≈ *assertion*) Behauptung *f*; **to make a ~** eine Behauptung aufstellen; **I make no ~ to be a genius** ich erhebe nicht den Anspruch, ein Genie zu sein ◆ **claim back** *v/t sep* zurückfordern; **to claim sth back** (**as expenses**) sich (*dat*) etw zurückzahlen lassen

claimant *n* (*for social security etc*) Antragsteller(in) *m(f)*; JUR Kläger(in) *m(f)*

clairvoyant *n* Hellseher(in) *m(f)*

clam *n* Venusmuschel *f* ◆ **clam up** *v/i*

(*infml*) keinen Piep (mehr) sagen (*infml*)

clamber *v/i* klettern; *to ~ up a hill* auf einen Berg klettern

clammy *adj* (+*er*) feucht

clamour, (*US*)**clamor** I *n* lautstark erhobene Forderung (*for* nach) II *v/i to ~ for sth* nach etw schreien; *the men were ~ing to go home* die Männer forderten lautstark die Heimkehr

clamp I *n* Schraubzwinge *f*; MED, ELEC Klemme *f*; (*for car*) Parkkralle *f* II *v/t* (ein)spannen; *car* eine Parkkralle befestigen an (+*dat*) ◆ **clamp down** *v/i* (*fig*) rigoros durchgreifen ◆ **clamp down on** *v/i* +*prep obj person* an die Kandare nehmen; *activities* einen Riegel vorschieben (+*dat*)

clampdown *n* Schlag *m* (*on* gegen)

clandestine *adj* geheim; *meeting* Geheim-

clang I *n* Klappern *nt* II *v/i* klappern III *v/t* klappern mit **clanger** *n* (*Br infml*) Schnitzer *m* (*infml*); *to drop a ~* ins Fettnäpfchen treten (*infml*)

clank I *n* Klirren *nt* II *v/t* klirren mit III *v/i* klirren

clap I *n* Klatschen *nt no pl*; *a ~ of thunder* ein Donnerschlag *m*; *give him a ~!* klatscht ihm Beifall!; *a ~ on the back* ein Schlag *m* auf die Schulter II *v/t* Beifall klatschen (+*dat*); *to ~ one's hands* in die Hände klatschen; *to ~ sb on the back* jdm auf die Schulter klopfen; *he ~ped his hand over my mouth* er hielt mir den Mund zu; *to ~ eyes on sb/sth* (*infml*) jdn/etw zu sehen kriegen (*infml*) III *v/i* (Beifall) klatschen

clapped-out *adj attr*, **clapped out** *adj pred* (*infml*) klapprig; *a ~ old car* eine alte Klapperkiste (*infml*) **clapper** *n to go/drive/work like the ~s* (*Br infml*) ein Mordstempo draufhaben (*infml*)

clapping *n* Beifall *m* **claptrap** *n* (*infml*) Geschwafel *nt* (*infml*)

claret roter Bordeauxwein

clarification *n* Klarstellung *f*; *I'd like a little ~ on this point* ich hätte diesen Punkt gerne näher erläutert **clarify** *v/t* klären; *text* erklären; *statement* näher erläutern

clarinet *n* Klarinette *f*

clarity *n* Klarheit *f*

clash I *v/i* 1. (*demonstrators*) zusammenstoßen 2. (*colours*) sich beißen; (*films*) sich überschneiden; *we ~ too much*

wir passen einfach nicht zusammen II *n* 1. (*of demonstrators*) Zusammenstoß *m*; (*between people*) Konflikt *m* 2. (*of personalities*) Unvereinbarkeit *f*; *a ~ of interests* eine Interessenkollision

clasp I *n* (*on brooch etc*) (Schnapp)verschluss *m* II *v/t* (er)greifen; *to ~ sb's hand* jds Hand ergreifen; *to ~ one's hands* (*together*) die Hände falten; *to ~ sb in one's arms* jdn in die Arme nehmen

class I *n* 1. (≈ *group, also* SCHOOL) Klasse *f*; *they're just not in the same ~* man kann sie einfach nicht vergleichen; *in a ~ of its own* weitaus das Beste; *I don't like her ~es* ihr Unterricht gefällt mir nicht; *the French ~* (≈ *lesson*) die Französischstunde; (≈ *people*) die Französischklasse; *the ~ of 1980* der Jahrgang 1980, *die Schul-/Universitätsabgänger etc des Jahres 1980* 2. (≈ *social rank*) gesellschaftliche Stellung; *the ruling ~* die herrschende Klasse 3. (*Br* UNIV, *of degree*) Prädikat *nt*; *a first-~ degree* ein Prädikatsexamen *nt*; *second-~ degree* ≈ Prädikat Gut 4. (*infml* ≈ *quality*) Stil *m*; *to have ~* (*person*) Format haben II *adj* (*infml*) erstklassig III *v/t* einordnen

class-conscious *adj* standesbewusst, klassenbewusst **class distinction** *n* Klassenunterschied *m*

classic I *adj* klassisch; *a ~ example of sth* ein klassisches Beispiel für etw II *n* Klassiker *m*

classical *adj* klassisch; *architecture* klassizistisch; *education* humanistisch; *~ music* klassische Musik; *the ~ world* die antike Welt **classics** *n sg* UNIV Altphilologie *f*

classification *n* Klassifizierung *f* **classified** *adj* in Klassen eingeteilt; *~ ad* (*vertisement*) Kleinanzeige *f*; *~ information* MIL Verschlusssache *f*; POL Geheimsache *f* **classify** *v/t* klassifizieren

classless *adj society* klassenlos **classmate** *n* Mitschüler(in) *m(f)* **class reunion** *n* Klassentreffen *nt* **classroom** *n* Klassenzimmer *nt* **classroom assistant** *n* Assistenzlehrkraft *f* **class system** *n* Klassensystem *nt*

classy *adj* (+*er*) (*infml*) nobel (*infml*)

clatter I *n* Geklapper *nt* II *v/i* klappern

clause *n* 1. GRAM Satz *m* 2. JUR *etc* Klausel *f*

claustrophobia *n* Klaustrophobie *f*

claustrophobic *adj* klaustrophob(isch); **it's so ~ in here** hier kriegt man Platzangst (*infml*)

claw I *n* Kralle *f*; (*of lobster etc*) Schere *f* **II** *v/t* kratzen; **they ~ed their way out from under the rubble** sie wühlten sich aus dem Schutt hervor; **he ~ed his way to the top** (*fig*) er hat sich an die Spitze durchgeboxt **III** *v/i* **to ~ at sth** sich an etw (*acc*) krallen

clay *n* Lehm *m* **clay court** *n* TENNIS Sandplatz *m* **clay pigeon shooting** *n* Tontaubenschießen *nt*

clean I *adj* (+*er*) **1.** sauber; **to wash sth ~** etw abwaschen; **to wipe a disk ~** IT alle Daten von einer Diskette löschen; **to make a ~ start** ganz von vorne anfangen; (*in life*) ein neues Leben anfangen; **he has a ~ record** gegen ihn liegt nichts vor; **a ~ driving licence** ein Führerschein *m* ohne Strafpunkte; **a ~ break** (*fig*) ein klares Ende **2.** *joke* stubenrein **3. to make a ~ breast of sth** etw gestehen **II** *adv* glatt; **I ~ forgot** das habe ich glatt(weg) vergessen (*infml*); **he got ~ away** er verschwand spurlos; **to cut ~ through sth** etw ganz durchschneiden/durchschlagen etc; **to come ~** (*infml*) auspacken (*infml*); **to come ~ about sth** etw gestehen **III** *v/t* sauber machen; *nails, paintbrush* reinigen; *window, shoes, vegetables* putzen; *fish, wound* säubern; (≈ *wash*) (ab)waschen; (≈ *wipe*) abwischen; **to ~ one's hands** (≈ *wash*) sich (*dat*) die Hände waschen *or* (*mit Tuch*) abwischen; **to ~ one's teeth** sich (*dat*) die Zähne putzen; **~ the dirt off your face** wisch dir den Schmutz vom Gesicht! **IV** *v/i* reinigen **V** *n* **to give sth a ~**; → *vt* ◆ **clean off** *v/t sep* (≈ *wash*) abwaschen; (≈ *wipe*) abwischen; *dirt* entfernen ◆ **clean out** *v/t sep* (*lit*) gründlich sauber machen ◆ **clean up I** *v/t sep* **1.** (*lit*) sauber machen; *building* reinigen; *mess* aufräumen **2.** (*fig*) **the new mayor cleaned up the city** der neue Bürgermeister hat für Sauberkeit in der Stadt gesorgt; **to ~ television** den Bildschirm (von Gewalt, Sex etc) säubern **II** *v/i* (*lit*) aufräumen

clean-cut *adj person* gepflegt; **~ features** klare Gesichtszüge *pl* **cleaner** *n* **1.** (≈ *person*) Reinemachefrau *f*; **the ~s** das Reinigungspersonal **2.** (≈ *shop*) **~'s** Reinigung *f* **3.** (≈ *substance*) Reinigungsmittel *nt* **cleaning** *n* **the ladies who do the ~** die Frauen, die (hier) sauber machen; **~ fluid** Reinigungsflüssigkeit *f* **cleaning lady** *n* Reinemachefrau *f* **cleanliness** *n* Reinlichkeit *f* **clean-living** *adj* anständig **cleanly** *adv* sauber; **the bone broke ~** es war ein glatter Knochenbruch **cleanness** *n* Sauberkeit *f* **clean-out** *n* **to give sth a ~** etw sauber machen **cleanse** *v/t* reinigen **cleanser** *n* (≈ *detergent*) Reinigungsmittel *nt*; (*for skin*) Reinigungsmilch *f* **clean-shaven** *adj* glatt rasiert **cleansing** *adj* Reinigungs- **cleansing department** *n* Stadtreinigung *f*

clear I *adj* (+*er*) **1.** klar; *complexion* rein; *photograph* scharf; **on a ~ day** bei klarem Wetter; **to be ~ to sb** jdm klar sein; **you weren't very ~** du hast dich nicht sehr klar ausgedrückt; **is that ~?** alles klar?; **let's get this ~, I'm the boss** eins wollen wir mal klarstellen, ich bin hier der Chef; **to be ~ on** *or* **about sth** (sich *dat*) über etw (*acc*) im Klaren sein; **to make oneself ~** sich klar ausdrücken; **to make it ~ to sb that ...** es jdm (unmissverständlich) klarmachen, dass ...; **a ~ profit** ein Reingewinn *m*; **to have a ~ lead** klar führen **2.** (≈ *free*) frei; **to be ~ of sth** frei von etw sein; **we're now ~ of debts** jetzt sind wir schuldenfrei; **the bottom of the door should be about 3 mm ~ of the floor** zwischen Tür und Fußboden müssen etwa 3 mm Luft sein; **at last we were/got ~ of the prison walls** endlich hatten wir die Gefängnismauern hinter uns **3.** (≈ *ahead*, *Br*) **Rangers are now three points ~ of Celtic** Rangers liegt jetzt drei Punkte vor Celtic **II** *n* **to be in the ~** (≈ *free from suspicion*) frei von jedem Verdacht sein; **we're not in the ~ yet** (≈ *not out of difficulties*) wir sind noch nicht aus allem heraus **III** *adv* **1. loud and ~** laut und deutlich **2.** (≈ *completely*) **he got ~ away** er verschwand spurlos **3. he leapt ~ of the burning car** er rettete sich durch einen Sprung aus dem brennenden Auto; **to steer** *or* **keep ~ of sb** jdm aus dem Wege gehen; **to steer** *or* **keep ~ of sth** etw meiden; **to steer** *or* **keep ~ of a place** um einen Ort einen großen Bogen machen; **exit, keep ~** Ausfahrt frei halten!; **stand ~ of the doors!** bitte von den Türen zurücktreten! **IV** *v/t* **1.** *pipe* reini-

gen; *blockage* beseitigen; *land, road* räumen; IT *screen* löschen; *to ~ the table* den Tisch abräumen; *to ~ a space for sth* für etw Platz schaffen; *to ~ the way for sb/sth* den Weg für jdn/etw frei machen; *to ~ a way through the crowd* sich (dat) einen Weg durch die Menge bahnen; *to ~ a room* (*of people*) ein Zimmer räumen; (*of things*) ein Zimmer ausräumen; *to ~ one's head* (wieder) einen klaren Kopf bekommen **2.** *snow, rubbish* räumen **3.** JUR *person* freisprechen; *one's name* rein waschen **4.** *he ~ed the bar easily* er übersprang die Latte mit Leichtigkeit; *raise the car till the wheel ~s the ground* das Auto anheben, bis das Rad den Boden nicht mehr berührt **5.** *debt* begleichen **6.** *stock* räumen **7.** (*≈ approve*) abfertigen; *to ~ a cheque or* (*US*) *check* bestätigen, dass ein Scheck gedeckt ist; *you'll have to ~ that with management* Sie müssen das mit der Firmenleitung regeln; *~ed by security* von den Sicherheitsbehörden für unbedenklich erklärt **V** *v/i* (*weather*) aufklaren; (*mist, smoke*) sich auflösen ◆ **clear away I** *v/t sep* wegräumen **II** *v/i* **1.** (*mist etc*) sich auflösen **2.** (*≈ clear away the dishes*) den Tisch abräumen ◆ **clear off** *v/i* (*Br infml*) abhauen (*infml*) ◆ **clear out I** *v/t sep* ausräumen **II** *v/i* (*infml ≈ leave*) verschwinden (*infml*) ◆ **clear up I** *v/t sep* **1.** *matter* klären; *mystery* aufklären **2.** (*≈ tidy*) aufräumen; *litter* wegräumen **II** *v/i* **1.** (*weather*) (sich) aufklären **2.** (*≈ tidy up*) aufräumen
clearance *n* **1.** (*≈ act of clearing*) Beseitigung *f* **2.** (*by customs*) Abfertigung *f*; (*by security*) Unbedenklichkeitserklärung *f* COMM **clearance sale** *m* Räumungsverkauf *m* **clear-cut** *adj* klar; *issue* klar umrissen **clear-headed** *adj person, decision* besonnen **clearing** *n* (*in forest*) Lichtung *f* **clearing house** *n* Clearingstelle *f* **clearly** *adv* **1.** (*≈ distinctly*) klar; *~ visible* klar zu sehen **2.** (*≈ obviously*) eindeutig; *~ we cannot allow ...* wir können keinesfalls zulassen ...; *this ~ can't be true* das kann auf keinen Fall stimmen **clearness** *n* Klarheit *f*; (*of complexion*) Reinheit *f* **clear-sighted** *adj* (*fig*) scharfsichtig
cleavage *n* Dekolleté *nt*
cleaver *n* Hackbeil *nt*

clef *n* (Noten)schlüssel *m*
cleft I *adj* gespalten; *a ~ chin* ein Kinn *nt* mit Grübchen **II** *n* Spalte *f*; (*in chin*) Grübchen *nt* **cleft palate** *n* Wolfsrachen *m*
clematis *n* Klematis *f*
clemency *n* Milde *f* (*towards sb* jdm gegenüber); *the prisoner was shown ~* dem Gefangenen wurde eine milde Behandlung zuteil
clementine *n* Klementine *f*
clench *v/t fist* ballen; *teeth* zusammenbeißen; (*≈ grasp firmly*) packen
clergy *pl* Klerus *m* **clergyman** *n, pl* **-men** Geistliche(r) *m* **clergywoman** **-women** *pl n* Geistliche *f*
cleric *n* Geistliche(r) *m*
clerical *adj* **1.** *~ work/job* Schreib- *or* Büroarbeit *f*; *~ worker* Schreib- *or* Bürokraft *f*; *~ staff* Schreibkräfte *pl*; *~ error* Versehen *nt*; (*in wording etc*) Schreibfehler *m* **2.** ECCL geistlich
clerk *n* **1.** (Büro)angestellte(r) *m/f(m)* **2.** (*≈ secretary*) Schriftführer(in) *m(f)* **3.** (*US ≈ shop assistant*) Verkäufer(in) *m(f)* **4.** (*US, in hotel*) Hotelsekretär(in) *m(f)*
clever *adj* **1.** schlau **2.** (*≈ ingenious, skilful, witty*) klug; *device* raffiniert; *to be ~ at sth* in etw (dat) geschickt sein; *he is ~ at raising money* er ist geschickt, wenn es darum geht, Geld aufzubringen **cleverly** *adv* geschickt; (*≈ wittily*) schlau **cleverness** *n* **1.** (*≈ intelligence*) Schlauheit *f* **2.** (*≈ skill, ingenuity*) Klugheit *f* **3.** (*≈ cunning*) Schläue *pl*
cliché *n* Klischee *nt* **clichéd** *adj* klischeehaft
click I *n* Klicken *nt*; (*of light switch*) Knipsen *nt*; (*of fingers*) Schnipsen *nt* **II** *v/i* **1.** klicken; (*light switch*) knipsen; (*fingers*) schnipsen **2.** (*infml*) *suddenly it all ~ed* (*into place*) plötzlich hatte es gefunkt (*infml*); *some people you ~ with straight away* mit manchen Leuten versteht man sich auf Anhieb **III** *v/t fingers* schnippen mit; *to ~ sth into place* etw einschnappen lassen ◆ **click on** *v/i* IT *to ~ the mouse* mit der Maus klicken; *to ~ an icon* ein Icon anklicken
clickable *adj* IT anklickbar
client *n* Kunde *m*, Kundin *f*; (*of solicitor*) Klient(in) *m(f)* **clientele** *n* Kundschaft *f*
cliff *n* Klippe *f* **cliffhanger** *n* Superthriller *m* (*infml*) **clifftop** *n a house on a ~* ein

Haus oben auf einem Felsen
climactic *adj* **a ~ scene** ein Höhepunkt
climate *n* Klima *nt*; **to move to a warmer**
~ in eine wärmere Gegend ziehen; **~**
conference Klimakonferenz *f* **climatic**
adj Klima-
climax *n* Höhepunkt *m*
climb I *v/t* **1.** (*a.* **climb up**) klettern auf
(+*acc*); *hill* steigen auf (+*acc*); *ladder,*
steps hoch- *or* hinaufsteigen; *cliffs* hochklettern; *my car can't ~ that hill* mein
Auto schafft den Berg nicht; **to ~ a rope**
an einem Seil hochklettern **2.** (*a.* **climb**
over) *wall etc* klettern über (+*acc*) **II** *v/i*
klettern; (*as mountaineer*) bergsteigen;
(*into train, car etc*) steigen (*into* in
+*acc*); (*prices, aircraft*) steigen **III** *n* **1.**
we're going out for a ~ wir machen eine
Bergtour; (*as mountaineers*) wir gehen
bergsteigen **2.** (*of aircraft*) Steigflug *m*;
the plane went into a steep ~ das Flugzeug zog steil nach oben ♦ **climb down**
I *v/i* (*from tree*) herunterklettern; (*from*
ladder) heruntersteigen **II** *v/i +prep obj*
tree herunterklettern von; *ladder* heruntersteigen ♦ **climb in** *v/i* einsteigen
♦ **climb up I** *v/i* = **climb** II **II** *v/i +prep*
obj ladder etc hinaufsteigen; *tree* hochklettern
climb-down *n* (*fig*) Abstieg *m* **climber** *n*
(≈ *mountaineer*) Bergsteiger(in) *m(f)*;
(≈ *rock climber*) Kletterer(in) *m(f)*
climbing I *adj* **1.** Berg(steiger)-; (≈ *rock*
climbing) Kletter-; *accident* beim Bergsteigen **2.** *plant* Kletter- **II** *n* Bergsteigen
nt; (≈ *rock climbing*) Klettern *nt*; **to go ~**
bergsteigen / klettern gehen
clinch *v/t argument* zum Abschluss bringen; **to ~ the deal** den Handel perfekt
machen; *that ~es it* damit ist der Fall erledigt **clincher** *n* (*infml*) *that was the ~*
das gab den Ausschlag
cling *pret, past part* **clung** *v/i* (≈ *hold on*)
sich klammern (*to* an +*acc*); (*clothes*)
sich anschmiegen (*to* +*dat*); **to ~ togeth-**
er sich aneinanderklammern; (*lovers*)
sich umschlingen; **she clung around**
her father's neck sie hing ihrem Vater
am Hals **clingfilm** *n* Frischhaltefolie *f*
clinging *adj garment* sich anschmie-
gend; **she's the ~ sort** sie ist wie eine
Klette (*infml*) **clingwrap** *n* (*US*) Frischhaltefolie *f*
clinic *n* Klinik *f* **clinical** *adj* **1.** MED klinisch **2.** (*fig*) nüchtern **clinical depres-**

sion *n* klinische Depression **clinically**
adv klinisch; **~ depressed** klinisch depressiv
clink I *v/t* klirren lassen; **to ~ glasses with**
sb mit jdm anstoßen **II** *v/i* klirren
clip[1] **I** *n* (≈ *fastener*) Klammer *f* **II** *v/t* **to ~**
sth onto sth etw an etw (*acc*) anklem-
men **III** *v/i* **to ~ on** (**to sth**) (an etw
acc) angeklemmt werden; **to ~ together**
zusammengeklemmt werden
clip[2] **I** *v/t* **1.** (≈ *trim*) scheren; *hedge also,*
fingernails schneiden **2.** (*a.* **clip out**) *ar-*
ticle ausschneiden **3.** (*car, bullet*) streifen **II** *n* **1.**
to give the hedge a ~ die Hecke (be-)
schneiden **2.** *he gave him a ~ round*
the ear er gab ihm eins hinter die Ohren
(*infml*) **3.** (*from film*) Clip *m*
clip art *n* IT Clip-Art *f* **clipboard** *n*
Klemmbrett *nt* **clip-on** *adj tie* zum Einstecken; **~ earrings** Klips *pl*; **~ sun-**
glasses Sonnenklip *m* **clippers** *pl* (*a.*
pair of clippers) Schere *f*; (*for hair*)
Haarschneidemaschine *f*; (*for finger-*
nails) Nagelzange *f* **clipping** *n* (≈ *news-*
paper clipping) Ausschnitt *m*
clique *n* Clique *f*
clitoris *n* Klitoris *f*
cloak I *n* (*lit*) Umhang *m*; (*fig*) Schleier
m; **under the ~ of darkness** im Schutz
der Dunkelheit **II** *v/t* (*fig*) verhüllen
cloak-and-dagger *adj* geheimnisum-
wittert **cloakroom** *n* **1.** (*Br: for coats*)
Garderobe *f* **2.** (*Br euph*) Waschraum
m (*euph*)
clobber (*infml*) **I** *n* (*Br* ≈ *belongings*)
Zeug *nt* (*infml*); (≈ *clothes*) Klamotten
pl (*infml*) **II** *v/t* (≈ *hit, defeat*) **to get**
~ed eins übergebraten kriegen (*infml*)
clock *n* **1.** Uhr *f*; **round the ~** rund um die
Uhr; **against the ~** SPORTS nach *or* auf
Zeit; **to work against the ~** gegen die
Uhr arbeiten; **to beat the ~** schneller
als vorgesehen fertig sein; **to put the ~**
back/forward die Uhr zurückstellen /
vorstellen; **to turn the ~ back** (*fig*) die
Zeit zurückdrehen; **to watch the ~**
(*infml*) dauernd auf die Uhr sehen **2.**
(*infml*) *it's got 100,000 miles on the ~*
es hat einen Tachostand von 100.000
Meilen ♦ **clock in** *or* **on** *v/i* (den Arbeitsbeginn) stempeln *or* stechen
♦ **clock off** *or* **out** *v/i* (das Arbeitsende)
stempeln *or* stechen ♦ **clock up** *v/t sep*
speed fahren

clock face n Zifferblatt nt **clockmaker** n Uhrmacher(in) m(f) **clock radio** n Radiouhr f **clock tower** n Uhrenturm m **clock-watching** n Auf-die-Uhr-Schauen nt **clockwise** adj, adv im Uhrzeigersinn **clockwork I** n (of toy) Aufziehmechanismus m; **like ~** wie am Schnürchen **II** attr **1.** train, car aufziehbar **2. with ~ regularity** mit der Regelmäßigkeit eines Uhrwerks

clod n (of earth) Klumpen m

clog I n (≈ shoe) Holzschuh m; **~s** pl (modern) Clogs pl **II** v/t (a. **clog up**) pipe etc verstopfen; **~ged with traffic** verstopft **III** v/i (a. **clog up**, pipe etc) verstopfen

cloister n **1.** (≈ covered walk) Kreuzgang m **2.** (≈ monastery) Kloster nt **cloistered** adj (fig) weltabgeschieden

clone I n Klon m **II** v/t klonen

close¹ I adj (+er) **1.** (≈ near) in der Nähe (to +gen, von); **is Glasgow ~ to Edinburgh?** liegt Glasgow in der Nähe von Edinburgh?; **you're very ~** (in guessing etc) du bist dicht dran; **at ~ quarters** aus unmittelbarer Nähe; **we use this pub because it's the ~st** wir gehen in dieses Lokal, weil es am nächsten ist **2.** (in time) nahe (bevorstehend) **3.** (fig) friend, connection eng; relative nahe; resemblance groß; **they were very ~ (to each other)** sie standen sich sehr nahe **4.** examination genau; **now pay ~ attention to me** jetzt hör mir gut zu; **you have to pay very ~ attention to the traffic signs** du musst genau auf die Verkehrszeichen achten **5.** (≈ stuffy) schwül; (indoors) stickig **6.** fight, result knapp; **a ~(-fought) match** ein (ganz) knappes Spiel; **a ~ finish** ein Kopf-an-Kopf-Rennen nt; **it was a ~ thing** or **call** das war knapp!; **the vote was too ~ to call** der Ausgang der Abstimmung war völlig offen **II** adv (+er) nahe; **~ by** in der Nähe; **stay ~ to me** bleib dicht bei mir; **~ to the ground** nahe am Boden; **he followed ~ behind me** er ging dicht hinter mir; **don't stand too ~ to the fire** stell dich nicht zu nahe ans Feuer; **to be ~ to tears** den Tränen nahe sein; **~ together** nahe zusammen; **this pattern comes ~st to the sort of thing we wanted** dieses Muster kommt dem, was wir uns vorgestellt haben, am nächsten; **(from) ~ up** von Nahem

close² I v/t **1.** (≈ shut) schließen; (permanently) factory stilllegen; road sperren; **to ~ one's eyes/ears to sth** sich einer Sache gegenüber blind/taub stellen; **to ~ ranks** (MIL, fig) die Reihen schließen **2.** meeting beenden; bank account etc auflösen; **the matter is ~d** der Fall ist abgeschlossen **II** v/i **1.** (≈ shut) sich schließen; (≈ can be shut) zugehen; (shop, factory) schließen, zumachen; (factory: permanently) stillgelegt werden; **his eyes ~d** die Augen fielen ihm zu **2.** ST EX schließen **III** n Ende nt; **to come to a ~** enden; **to draw to a ~** sich dem Ende nähern; **to bring sth to a ~** etw beenden ♦ **close down I** v/i (business etc) schließen, zumachen (infml); (factory: permanently) stillgelegt werden **II** v/t sep business etc schließen; factory (permanently) stilllegen ♦ **close in** v/i (night) hereinbrechen; (days) kürzer werden; (enemy etc) bedrohlich nahe kommen; **to ~ on sb** jdm auf den Leib rücken; **the police are closing in on him** die Polizei zieht das Netz um ihn zu; (physically) die Polizisten umzingeln ihn ♦ **close off** v/t sep (ab)sperren ♦ **close on** v/i +prep obj einholen ♦ **close up** v/t sep house, shop zumachen

closed adj geschlossen; road gesperrt; **behind ~ doors** hinter verschlossenen Türen; **"closed"** „geschlossen"; **sorry, we're ~** tut uns leid, wir haben geschlossen; **~ circuit** ELEC geschlossener Stromkreis

closed-circuit television n interne Fernsehanlage; (for supervision) Fernsehüberwachungsanlage f **closed shop** n **we have a ~** wir haben Gewerkschaftszwang

close-fitting adj eng anliegend **close-knit** adj, comp **closer-knit** community eng or fest zusammengewachsen **closely** adv **1.** eng; related nah(e); follow (in time) dicht; **he was ~ followed by a policeman** ein Polizist ging dicht hinter ihm; **the match was ~ contested** der Spielausgang war hart umkämpft **2.** listen etc genau; **a ~-guarded secret** ein streng gehütetes Geheimnis **closeness** n **1.** Nähe f **2.** (fig, of friendship) Innigkeit f **close-run** adj, comp **closer-run it was a ~ thing** es war eine knappe Sache **close season** n **1.** FTBL Saisonpause f **2.**

HUNT, FISH Schonzeit *f* **close-set** *adj*, *comp* **closer-set** *eyes* eng zusammenstehend

closet *n* (*US*) Wandschrank *m*, Wandkasten *m* (*Aus, Swiss*); **to come out of the ~** (*fig*) sich outen

close-up *n* Nahaufnahme *f*; **in ~** in Nahaufnahme; (*face*) in Großaufnahme

closing I *n* Schließung *f*; (*of factory: permanently*) Stilllegung *f* **II** *adj* **1.** *remarks etc* abschließend; **~ arguments** JUR Schlussplädoyers *pl* **2.** ST EX **~ prices** Schlusskurse *pl* **closing date** *n* Einsendeschluss *m* **closing-down sale** *n* COMM Räumungsverkauf *m* **closing time** *n* Ladenschluss *m*; (*Br, in pub*) Sperrstunde *f*

closure *n* Schließung *f*; (*of road*) Sperrung *f*

clot I *n* (*of blood*) (Blut)gerinnsel *nt* **II** *v/i* (*blood*) gerinnen

cloth *n* **1.** Stoff *m* **2.** (≈ *dishcloth etc*) Tuch *nt*; (*for cleaning also*) Lappen *m* **3.** (≈ *tablecloth*) Tischdecke *f*

clothe *pret, past part* **clothed** *v/t* anziehen

clothes *pl* Kleider *pl*; **his mother still washes his ~** seine Mutter macht ihm immer noch die Wäsche; **with one's ~ on/off** an-/ausgezogen; **to put on/take off one's ~** sich an-/ausziehen **clothes basket** *n* Wäschekorb *m* **clothes brush** *n* Kleiderbürste *f* **clothes hanger** *n* Kleiderbügel *m* **clothes horse** *n* Wäscheständer *m* **clothes line** *n* Wäscheleine *f* **clothes peg**, (*US*) **clothes pin** *n* Wäscheklammer *f* **clothes shop** *n* Bekleidungsgeschäft *nt* **clothing** *n* Kleidung *f*, Gewand *nt* (*Aus*)

clotted cream *n* dicke Sahne (*aus erhitzter Milch*)

cloud I *n* Wolke *f*; (*of smoke*) Schwaden *m*; **to have one's head in the ~s** in höheren Regionen schweben; **to be on ~ nine** (*infml*) im siebten Himmel schweben (*infml*); **every ~ has a silver lining** (*prov*) kein Unglück ist so groß, es hat sein Glück im Schoß (*prov*) **II** *v/t* (*fig*) trüben; **to ~ the issue** die Angelegenheit verschleiern ◆ **cloud over** *v/i* (*sky*) sich bewölken

cloudburst *n* Wolkenbruch *m* **cloud-cuckoo-land** *n* **you're living in ~** du lebst auf dem Mond (*infml*) **cloudless** *adj* wolkenlos **cloudy** *adj* (+*er*) **1.** *sky* bewölkt; **it's getting ~** es bewölkt sich **2.** *liquid etc* trüb

clout I *n* **1.** (*infml* ≈ *blow*) Schlag *m*; **to give sb a ~** jdm eine runterhauen (*infml*) **2.** (*political*) Schlagkraft *f* **II** *v/t* (*infml*) hauen (*infml*)

clove *n* **1.** Gewürznelke *f* **2.** **~ of garlic** Knoblauchzehe *f*

clover *n* Klee *m*

clown I *n* Clown *m*; (*pej infml*) Trottel *m*; **to act the ~** den Clown spielen **II** *v/i* (*a.* **clown about** *or* **around**) herumblödeln (*infml*)

club I *n* **1.** (≈ *weapon*) Knüppel *m* **2.** (≈ *golf club*) Golfschläger *m* **3.** **clubs** *pl* CARDS Kreuz *nt*; **the nine of ~s** die Kreuzneun **4.** (≈ *society*) Klub *m*, Verein *m*; (≈ *night club*) Klub *m*; FTBL Verein *m*; **join the ~!** (*infml*) gratuliere! du auch!; **the London ~ scene** das Nachtleben von London **II** *v/t* einknüppeln auf (+*acc*) **III** *v/i* **to go clubbing** Nachtklubs besuchen ◆ **club together** *v/i* (*Br*) zusammenlegen

clubhouse *n* Klubhaus *nt* **club member** *n* Vereins- *or* Klubmitglied *nt*

cluck *v/i* gackern

clue *n* Anhaltspunkt *m*; (*in crosswords*) Frage *f*; **to find a/the ~ to sth** den Schlüssel zu etw finden; **I'll give you a ~** ich gebe dir einen Tipp; **I haven't a ~!** (ich hab) keine Ahnung! ◆ **clue up** *v/t sep* (*infml*) **to be clued up on** *or* **about sth** über etw (*acc*) im Bilde sein; (*about subject*) mit etw vertraut sein **clueless** *adj* (*infml*) ahnungslos

clump I *n* (*of trees*) Gruppe *f*; (*of earth*) Klumpen *m* **II** *v/i* trampeln

clumsily *adv* ungeschickt; (≈ *inelegant*) schwerfällig **clumsiness** *n* Ungeschicklichkeit *f*; (≈ *ungainliness*) Schwerfälligkeit *f* **clumsy** *adj* (+*er*) **1.** ungeschickt; (≈ *inelegant*) schwerfällig **2.** *mistake* dumm

clung *pret, past part of* **cling**

clunk *n* dumpfes Geräusch

cluster I *n* Gruppe *f* **II** *v/i* (*people*) sich drängen *or* scharen

clutch I *n* **1.** AUTO Kupplung *f*; **to let in/out the ~** ein-/auskuppeln **2.** (*fig*) **to fall into sb's ~es** jdm in die Hände fallen **II** *v/t* (≈ *grab*) umklammern; (≈ *hold tightly*) umklammert halten ◆ **clutch at** *v/i* +*prep obj* (*lit*) schnappen nach (+*dat*); (*fig*) sich klammern an (+*acc*)

clutter I *n* Durcheinander *nt* **II** *v/t* (*a.* **clutter up**) zu voll machen (*infml*)/stellen;

to be ~ed with sth (*mind, room, drawer etc*) mit etw vollgestopft sein; (*floor, desk etc*) mit etw übersät sein

cm *abbr of* **centimetre** cm

CO *abbr of* **Commanding Officer**

Co 1. *abbr of* **company** KG f **2.** *abbr of* **county**

co- *pref* Mit-, mit-

c/o *abbr of* **care of** bei, c/o

coach I *n* **1.** (*horsedrawn*) Kutsche f **2.** RAIL (Eisenbahn)wagen m **3.** (*Br ≈ motor coach*) (Reise)bus m; **by ~** mit dem Bus; **~ travel/journeys** Busreisen pl; **~ driver** Busfahrer m **4.** SPORTS Trainer m **II** *v/t* **1.** SPORTS trainieren **2. to ~ sb for an exam** jdn aufs Examen vorbereiten **coaching** *n* SPORTS Training nt; (≈ *tutoring*) Nachhilfe f **coachload** *n* (*Br*) = **busload coach party** *n* (*Br*) Busreisegruppe f **coach station** *n* (*Br*) Busbahnhof m **coach trip** *n* (*Br*) Busfahrt f

coagulate *v/i* (*blood*) gerinnen; (*milk*) dick werden

coal *n* Kohle f

coalesce *v/i* (*fig*) sich vereinigen

coalface *n* (*Br*) Streb m **coal fire** *n* Kamin m **coal-fired** *adj* Kohle(n)-; **~ power station** Kohlekraftwerk nt

coalition *n* Koalition f; **~ agreement** Koalitionsvereinbarung f; **~ government** Koalitionsregierung f

coal mine *n* Zeche f **coal miner** *n* Bergmann m **coal-mining** *n* Kohle(n)bergbau m

coarse *adj* (+er) **1.** grob **2.** (≈ *uncouth*) gewöhnlich; **joke** derb **coarsen** *v/t* skin gerben **coarseness** *n* **1.** (*of texture*) Grobheit f **2.** (*fig* ≈ *vulgarity*) Gewöhnlichkeit f; (*of manners also*) Grobheit f; (*of joke also*) Unanständigkeit f; (*of sb's language*) Derbheit f

coast I *n* Küste f; **on the ~** am Meer; **we're going to the ~** wir fahren ans Meer; **the ~ is clear** (*fig*) die Luft ist rein **II** *v/i* **1.** (*car, cyclist, in neutral*) im Leerlauf) fahren **2.** (*fig*) **to be ~ing along** mühelos vorankommen **coastal** *adj* Küsten-; **~ traffic** Küstenschifffahrt f

coaster *n* (≈ *mat*) Untersetzer m

coastguard *n* Küstenwache f **coastline** *n* Küste f

coat I *n* **1.** Mantel m; (≈ *doctor's coat etc also*) (Arzt)kittel m **2.** HERALDRY **~ of arms** Wappen nt **3.** (*of animal*) Fell nt **4.** (*of paint etc*) Anstrich m; **give it a sec-**

ond ~ (*of paint*) streich es noch einmal **II** *v/t* (*with paint etc*) streichen; **to be ~ed with mud** mit einer Schmutzschicht überzogen sein **coat hanger** *n* Kleiderbügel m **coat hook** *n* Kleiderhaken m **coating** *n* Überzug m **coat stand** *n* Garderobenständer m

co-author *n* Mitautor(in) m(f)

coax *v/t* überreden; **to ~ sb into doing sth** jdn beschwatzen, etw zu tun (*infml*); **to ~ sth out of sb** jdm etw entlocken

cob *n* **corn on the ~** Maiskolben m

cobble I *n* (*a.* **cobblestone**) Kopfstein m **II** *v/t* **a ~d street** eine Straße mit Kopfsteinpflaster ◆ **cobble together** *v/t sep* (*infml*) zusammenschustern

cobbler *n* Schuster m

cobblestone *n* Kopfstein m

COBOL *abbr of* **common business oriented language** COBOL

cobweb *n* Spinnennetz nt; **a brisk walk will blow away the ~s** (*fig*) ein ordentlicher Spaziergang und man hat wieder einen klaren Kopf

cocaine *n* Kokain nt

cochineal *n* Koschenille f

cock I *n* **1.** (≈ *rooster*) Hahn m **2.** (≈ *male bird*) Männchen nt **3.** (*sl* ≈ *penis*) Schwanz m (*sl*) **II** *v/t* ears spitzen ◆ **cock up** *v/t sep* (*Br infml*) versauen (*infml*)

cock-a-doodle-doo *n* Kikeriki nt **cock-a-hoop** *adj* ganz aus dem Häuschen **cock-a-leekie (soup)** *n* Lauchsuppe f mit Huhn

cockatiel *n* Nymphensittich m

cockatoo *n* Kakadu m

cockerel *n* junger Hahn

cockeyed *adj* (*infml* ≈ *crooked*) schief **cockily** *adv* (*infml*) großspurig

cockle *n* Herzmuschel f

cockney I *n* **1.** (≈ *dialect*) Cockney nt **2.** (≈ *person*) Cockney m **II** *adj* Cockney-

cockpit *n* Cockpit nt

cockroach *n* Kakerlak m

cocktail *n* Cocktail m **cocktail bar** *n* Cocktailbar f **cocktail cabinet** *n* Hausbar f **cocktail lounge** *n* Cocktailbar f **cocktail stick** *n* Cocktailspieß m **cocktail waiter** *n* (*esp US*) Getränkekellner m **cocktail waitress** *n* (*esp US*) Getränkekellnerin f

cockup *n* (*Br infml*) **to be a ~** in die Hose gehen (*infml*); **to make a ~ of sth** bei or mit etw Scheiße bauen (*infml*) **cocky**

adj (+*er*) (*infml*) großspurig
cocoa *n* Kakao *m*
coconut I *n* Kokosnuss *f* **II** *attr* Kokos-
coconut oil *n* Kokosöl *nt*
cocoon I *n* Kokon *m* **II** *v/t* einhüllen
COD *abbr of cash* (*Brit*) *or collect* (*US*)
on delivery
cod *n* Kabeljau *m*
code I *n* **1.** (≈ *cipher*, IT) Code *m*; *in* ~ verschlüsselt; *to put into* ~ verschlüsseln **2.**
(≈ *rules*) Kodex *m*; ~ *of conduct* Verhaltenskodex *m*; ~ *of practice* Verfahrens-
regeln *pl* **3.** TEL Vorwahl *f* **4.** *post or zip*
(*US*) ~ Postleitzahl *f* **II** *v/t* verschlüsseln;
IT codieren **coded** *adj* **1.** codiert **2.** *refer-*
ence versteckt; *in* ~ *language* in ver-
schlüsselter *or* codierter Sprache
codeine *n* Codein *nt*
code name *n* Deckname *m* **code num-**
ber *n* Kennziffer *f* **co-determination** *n*
IND Mitbestimmung *f* **code word** *n*
Codewort *nt* **coding** *n* **1.** Chiffrieren
nt; *a new* ~ *system* ein neues Chiffrier-
system **2.** (IT ≈ *codes*) Codierung(en *pl*) *f*
cod-liver oil *n* Lebertran *m*
co-ed, coed I *n* (*infml*, *Br* ≈ *school*) gemischte Schule **II** *adj* gemischt **coedu-**
cational *adj school* Koedukations-
coerce *v/t* zwingen; *to* ~ *sb into doing*
sth jdn dazu zwingen, etw zu tun **coer-**
cion *n* Zwang *m*
coexist *v/i* nebeneinander bestehen; *to* ~
with or alongside sb/sth neben jdm /
etw bestehen **coexistence** *n* Koexistenz
f
C of E *abbr of Church of England*
coffee *n* Kaffee *m*; *two* ~*s, please* zwei
Kaffee, bitte **coffee bar** *n* Café *nt*, Kaffeehaus *nt* (*Aus*) **coffee bean** *n* Kaffeebohne *f* **coffee break** *n* Kaffeepause *f*
coffee cup *n* Kaffeetasse *f* **coffee filter**
n Kaffeefilter *m* **coffee grinder** *n* Kaffeemühle *f* **coffee grounds** *pl* Kaffeesatz *m* **coffee machine** *n* (≈ *coffee mak-*
er) Kaffeemaschine *f* **coffee maker** *n*
Kaffeemaschine *f* **coffee mill** *n* Kaffeemühle *f* **coffeepot** *n* Kaffeekanne *f* **cof-**
fee shop *n* Café *nt*, Kaffeehaus *nt* (*Aus*),
Imbissstube *f* **coffee table** *n* Couchtisch
m **coffee-table** *adj* ~ *book* Bildband *m*
coffer *n* (*fig*) *the* ~*s* die Schatulle
coffin *n* Sarg *m*
cog *n* TECH Zahn *m*; (≈ *cogwheel*) Zahnrad *nt*; *he's only a* ~ *in the machine* (*fig*)
er ist nur ein Rädchen im Getriebe

cognac *n* Kognak *m*; (*French*) Cognac®
m
cognate *adj* verwandt
cognitive *adj* kognitiv
cognoscenti *pl* Kenner *pl*
cogwheel *n* Zahnrad *nt*
cohabit *v/i* zusammenleben
cohere *v/i* **1.** (*lit*) zusammenhängen **2.**
(*fig*, *community*) eine Einheit bilden;
(*reasoning etc*) kohärent sein **coher-**
ence *n* (*of argument*) Kohärenz *f*; *his*
speech lacked ~ seiner Rede (*dat*)
fehlte der Zusammenhang **coherent**
adj **1.** (≈ *comprehensible*) zusammenhängend **2.** (≈ *cohesive*) *logic, reasoning*
etc kohärent **coherently** *adv* **1.** (≈ *com-*
prehensibly) zusammenhängend **2.** (≈
cohesively) kohärent **cohesion** *n* (*of*
group) Zusammenhalt *m*
coiffure *n* Haartracht *f*
coil I *n* **1.** (*of rope etc*) Rolle *f*; (*of smoke*)
Kringel *m*; (*of hair*) Kranz *m* **2.** ELEC
Spule *f* **3.** (≈ *contraceptive*) Spirale *f* **II**
v/t aufwickeln; *to* ~ *sth round sth* etw
um etw wickeln
coin I *n* Münze *f*; *the other side of the* ~
(*fig*) die Kehrseite der Medaille; *they*
are two sides of the same ~ das sind
zwei Seiten derselben Sache **II** *v/t*
phrase prägen; ..., *to* ~ *a phrase* ...,
um mich mal so auszudrücken **coinage**
n (≈ *system*) Währung *f* **coin box** *n* (≈
telephone) Münzfernsprecher *m*
coincide *v/i* **1.** (*in time, place*) zusammenfallen **2.** (≈ *agree*) übereinstimmen; *the*
two concerts ~ die beiden Konzerte finden zur gleichen Zeit statt **coincidence**
n Zufall *m*; *what a* ~*!* welch ein Zufall!
coincidental *adj*, **coincidentally** *adv*
zufällig
coin-operated *adj* Münz-; ~ *machine*
Münzautomat *m*
Coke® *n* (*infml*) (Coca-)Cola® *f*
coke *n* (*infml* ≈ *cocaine*) Koks *m* (*infml*)
Col *abbr of Colonel*
col *abbr of column* Sp.
colander *n* Sieb *nt*
cold I *adj* (+*er*) **1.** kalt; ~ *meats* Aufschnitt *m*; *I am* ~ mir ist kalt; *my hands*
are ~ ich habe kalte Hände; *if you get* ~
wenn es dir zu kalt wird; *in* ~ *blood* kaltblütig; *to get* ~ *feet* (*fig infml*) kalte Füße kriegen (*infml*); *that brought him*
out in a ~ *sweat* dabei brach ihm der kalte Schweiß aus; *to throw* ~ *water on sb's*

plans (*infml*) jdm eine kalte Dusche geben **2.** (*fig*) kalt; *reception* betont kühl; (≈ *dispassionate*) kühl; *to be ~ to sb* jdn kühl behandeln; *that leaves me ~* das lässt mich kalt **3.** (*infml*) *to be out ~* bewusstlos sein; (≈ *knocked out*) k. o. sein **II** *n* **1.** Kälte *f*; *to feel the ~* kälteempfindlich sein; *to be left out in the ~* (*fig*) ausgeschlossen werden **2.** MED Erkältung *f*; (≈ *runny nose*) Schnupfen *m*; *to have a ~* erkältet sein; (≈ *runny nose*) einen Schnupfen haben; *to catch* (*a*) *~* sich erkälten **cold-blooded** *adj* (ZOOL, *fig*) kaltblütig **cold calling** *n* (COMM) (*on phone*) unaufgeforderte Telefonwerbung **cold cuts** *pl* (*US*) Aufschnitt *m* **cold-hearted** *adj* kaltherzig **coldly** *adv* kalt; *answer, receive* betont kühl **coldness** *n* Kälte *f*; (*of answer, reception*) betonte Kühle **cold room** *n* Kühlraum *m* **cold shoulder** *n* (*infml*) *to give sb the ~* jdm die kalte Schulter zeigen **cold sore** *n* MED Bläschenausschlag *m* **cold start** *n* AUTO, IT Kaltstart *m* **cold storage** *n* Kühllagerung *f* **cold turkey** (*infml*) **I** *adj* **a** *~ cure* ein kalter Entzug (*sl*) **II** *adv* *to come off drugs ~* einen kalten Entzug machen (*sl*) **cold war** *n* kalter Krieg

coleslaw *n* Krautsalat *m*

colic *n* Kolik *f*

collaborate *v/i* **1.** *to ~ with sb on or in sth* mit jdm bei etw zusammenarbeiten **2.** (*with enemy*) kollaborieren **collaboration** *n* **1.** (≈ *working together*) Zusammenarbeit *f*; (*of one party*) Mitarbeit *f* **2.** (*with enemy*) Kollaboration *f* **collaborative** *adj* gemeinschaftlich **collaborator** *n* **1.** Mitarbeiter(in) *m(f)* **2.** (*with enemy*) Kollaborateur(in) *m(f)*

collage *n* Collage *f*

collapse I *v/i* **1.** zusammenbrechen; (*negotiations*) scheitern; (*prices, government*) stürzen; *they all ~d with laughter* sie konnten sich alle vor Lachen nicht mehr halten; *she ~d onto her bed, exhausted* sie plumpste erschöpft aufs Bett **2.** (*table etc*) sich zusammenklappen lassen **II** *n* Zusammenbruch *m*; (*of negotiations*) Scheitern *nt*; (*of government*) Sturz *m* **collapsible** *adj* *table* zusammenklappbar; *~ umbrella* Taschenschirm *m*

collar I *n* **1.** Kragen *m*; *he got hold of him by the ~* er packte ihn am Kragen **2.** (*for

dogs*) Halsband *nt* **II** *v/t* (≈ *capture*) fassen **collarbone** *n* Schlüsselbein *nt* **collar size** *n* Kragenweite *f*

collate *v/t* zusammentragen

collateral *n* FIN (zusätzliche) Sicherheit *f* **collateral damage** *n* MIL, POL Kollateralschaden *m*

colleague *n* Kollege *m*, Kollegin *f*

collect I *v/t* **1.** sammeln; *empty glasses* einsammeln; *litter* aufsammeln; *prize* bekommen; *belongings* zusammenpacken; *taxes* einziehen; *fares* kassieren; (≈ *accumulate*) ansammeln; *dust* anziehen **2.** (≈ *fetch*) abholen (*from* bei) **II** *v/i* **1.** (≈ *gather*) sich ansammeln; (*dust*) sich absetzen **2.** (≈ *collect money*) kassieren; (*for charity*) sammeln **III** *adv* (*US*) *to pay ~* bei Empfang bezahlen; *to call ~* ein R-Gespräch führen ◆ **collect up** *v/t sep* einsammeln; *litter* aufsammeln; *belongings* zusammenpacken **collect call** *n* (*US*) R-Gespräch *nt* **collected** *adj* **1.** *the ~ works of Oscar Wilde* Oscar Wildes gesammelte Werke **2.** (≈ *calm*) ruhig

collection *n* **1.** (≈ *group of people, objects*) Ansammlung *f*; (*of stamps etc*) Sammlung *f* **2.** (*from letter box*) Leerung *f*; (*for charity*) Sammlung *f*; (*in church*) Kollekte *f*; *to hold a ~ for sb/sth* für jdn / etw eine Sammlung durchführen **collective** *adj* kollektiv **collective bargaining** *n* Tarifverhandlungen *pl* **collectively** *adv* gemeinsam **collective noun** *n* GRAM Kollektivum *nt* **collector** *n* (*of stamps etc*) Sammler(in) *m(f)*; *~'s item* Sammler-

college *n* **1.** College *nt*; *to go to ~* studieren; *to start ~* sein Studium beginnen; *we met at ~* wir haben uns im Studium kennengelernt **2.** (*of music etc*) Fachhochschule *f*; *College of Art* Kunstakademie *f* **collegiate** *adj* College-; *~ life* das Collegeleben

collide *v/i* (*lit*) zusammenstoßen; NAUT kollidieren; *to ~ with sb* mit jdm zusammenstoßen; *to ~ with sth* gegen etw prallen

colliery *n* Zeche *f*

collision *n* (*lit*) Zusammenstoß *m*; (*fig*) Konflikt *m*; NAUT Kollision *f*; *on a ~ course* auf Kollisionskurs

colloquial *adj* umgangssprachlich **colloquialism** *n* umgangssprachlicher Ausdruck

collude *v/i* gemeinsame Sache machen
collusion *n* (geheime) Absprache;
they're acting in ~ sie haben sich abgesprochen
Cologne *n* Köln *nt*
cologne *n* Kölnischwasser *nt*
colon[1] *n* ANAT Dickdarm *m*
colon[2] *n* GRAM Doppelpunkt *m*
colonel *n* Oberst *m*; (*as address*) Herr Oberst
colonial *adj* Kolonial-, kolonial **colonialism** *n* Kolonialismus *m* **colonialist I** *adj* kolonialistisch **II** *n* Kolonialist(in) *m(f)*
colonist *n* Siedler(in) *m(f)* **colonization** *n* Kolonisation *f* **colonize** *v/t* kolonisieren
colonnade *n* Säulengang *m*
colony *n* Kolonie *f*
color *etc* (*US*) = **colour** *etc*
colossal *adj* gewaltig; *mistake* ungeheuer; *man, city* riesig
colostomy *n* MED Kolostomie *f*; ~ *bag* Kolostomiebeutel *m*
colour, (*US*) **color I** *n* **1.** Farbe *f*; *what* ~ *is it?* welche Farbe hat es?; *red in* ~ rot; *the film was in* ~ der Film war in Farbe; ~ *illustration* farbige Illustration **2.** (≈ *complexion*) (Gesichts)farbe *f*; *to bring the* ~ *back to sb's cheeks* jdm wieder Farbe geben; *he had gone a funny* ~ er nahm eine komische Farbe an **3.** (*racial*) Hautfarbe *f*; *to add* ~ *to a story* einer Geschichte (*dat*) Farbe geben **4. colours** *pl* SPORTS (Sport)abzeichen *nt*; *to show one's true* ~*s* (*fig*) sein wahres Gesicht zeigen **II** *v/t* **1.** (*lit*) anmalen; ART kolorieren; (≈ *dye*) färben **2.** (*fig*) beeinflussen **III** *v/i* (*person: a.* **colour up**) erröten ◆ **colour in** *v/t sep* anmalen; ART kolorieren
colourant, (*US*) **colorant** *n* Farbstoff *m* **colour-blind**, (*US*) **color-blind** *adj* farbenblind **colour-code**, (*US*) **color-code** *v/t* farbig kennzeichnen *or* codieren **coloured**, (*US*) **colored** *adj* **1.** bunt **2.** *person* farbig **-coloured**, (*US*) **-colored** *adj suf* **yellow-coloured** gelb; **straw-coloured** strohfarben **colourfast**, (*US*) **colorfast** *adj* farbecht **colourful**, (*US*) **colorful** *adj* **1.** (*lit*) bunt; *spectacle* farbenprächtig **2.** (*fig*) *account etc* farbig; *life* (bunt) bewegt; *personality* (bunt) schillernd; *his* ~ *past* seine bewegte Vergangenheit **3.** (*euph*) *language* derb **colourfully**, (*US*) **colorfully** *adv*

bunt colouring, (*US*) **coloring** *n* **1.** (≈ *substance*) Farbstoff *m* **2.** (≈ *colours*) Farben *pl* **colouring book**, (*US*) **coloring book** *n* Malbuch *nt* **colourless**, (*US*) **colorless** *adj* farblos **colour photograph**, (*US*) **color photograph** *n* Farbfoto *nt* **colour printer**, (*US*) **color printer** *n* Farbdrucker *m* **colour scheme**, (*US*) **color scheme** *n* Farbzusammenstellung *f* **colour supplement**, (*US*) **color supplement** *n* Magazin *nt* **colour television**, (*US*) **color television** *n* Farbfernsehen *nt*; (≈ *set*) Farbfernseher *m*
colt *n* Hengstfohlen *nt*
Co Ltd *abbr of* **company limited** GmbH *f*
Columbus Day *n* (*US*) *amerikanischer Feiertag am zweiten Montag im Oktober, an dem die Entdeckung Amerikas durch Kolumbus gefeiert wird*
column *n* **1.** (ARCH, *of smoke*) Säule *f* **2.** (*of vehicles*) Kolonne *f*; (*on page*) Spalte *f*; (≈ *newspaper article*) Kolumne *f* **columnist** *n* Kolumnist(in) *m(f)*
coma *n* Koma *nt*; *to be in a* ~ im Koma liegen; *to fall into a* ~ ins Koma fallen
comb I *n* **1.** Kamm *m* **2.** *to give one's hair a* ~ sich kämmen **II** *v/t* **1.** *hair* kämmen; *to* ~ *one's hair* sich kämmen **2.** (≈ *search*) durchkämmen; *newspapers* durchforsten ◆ **comb out** *v/t sep hair* auskämmen ◆ **comb through** *v/i* +*prep obj files etc* durchgehen; *shops* durchstöbern
combat I *n* Kampf *m* **II** *v/t* bekämpfen **combatant** *n* Kombattant *m* **combative** *adj* (≈ *pugnacious*) kämpferisch; (≈ *competitive*) aggressiv **combat jacket** *n* Feldjacke *f* **combat troops** *pl* Kampftruppen *pl* **combat trousers** *pl* (*Br*) Armeehosen *pl*
combination *n* Kombination *f*; (≈ *combining*) Vereinigung *f*; (*of events*) Verkettung *f*; *in* ~ zusammen, gemeinsam; *an unusual colour* ~ eine ungewöhnliche Farbzusammenstellung **combination lock** *n* Kombinationsschloss *nt* **combination sandwich** *n* (*US*) gemischt belegtes Sandwich
combine I *v/t* kombinieren **II** *v/i* sich zusammenschließen **III** *v/i* **1.** ECON Konzern *m* **2.** (AGR: *a.* **combine harvester**) Mähdrescher *m* **combined** *adj* gemeinsam; *talents, efforts* vereint; *forces* vereinigt; ~ *with* in Kombination mit

combustible *adj* brennbar **combustion** *n* Verbrennung *f*

come *pret* **came**, *past part* **come** I *v/i* **1.** kommen; (≈ *extend*) reichen (*to* an/ in/bis *etc* +*acc*); **they came to a town/ castle** sie kamen in eine Stadt/zu einem Schloss; **~ and get it!** (das) Essen ist fertig!; **I don't know whether I'm coming or going** ich weiß nicht (mehr), wo mir der Kopf steht (*infml*); **~ and see me soon** besuchen Sie mich bald einmal; **he has ~ a long way** er hat einen weiten Weg hinter sich; (*fig*) er ist weit gekommen; **he came running into the room** er kam ins Zimmer gerannt; **she came hurrying/laughing into the room** er eilte/kam lachend ins Zimmer; **coming!** ich komme (gleich)!; **Christmas is coming** bald ist Weihnachten; **May ~s before June** Mai kommt vor Juni; **the adjective must ~ before the noun** das Adjektiv muss vor dem Substantiv stehen; **the weeks to ~** die nächsten Wochen; **that must ~ first** das muss an erster Stelle kommen **2.** (≈ *happen*) geschehen; **~ what may** ganz gleich, was geschieht; **you could see it coming** das konnte man ja kommen sehen; **she had it coming to her** (*infml*) das musste ja so kommen **3. how ~?** (*infml*) wieso?; **how ~ you're so late?** wieso kommst du so spät? **4.** (≈ *be, become*) werden; **his dreams came true** seine Träume wurden wahr; **the handle has ~ loose** der Griff hat sich gelockert **5.** (COMM ≈ *be available*) erhältlich sein; **milk now ~s in plastic bottles** es gibt jetzt Milch in Plastikflaschen **6.** (+*infin*) **I have ~ to believe him** mittlerweile glaube ich ihm; (*now I*) **~ to think of it** wenn ich es mir recht überlege **7.** (*infml uses*) **I've known him for three years ~ January** im Januar kenne ich ihn drei Jahre; **~ again?** wie bitte?; **she is as vain as they ~** sie ist so eingebildet wie nur was (*infml*) **8.** (*infml* ≈ *have orgasm*) kommen (*infml*) II *v/t* (*Br infml* ≈ *act*) spielen; **don't ~ the innocent with me** spielen Sie hier bloß nicht den Unschuldigen! ◆ **come about** *v/i impers* (≈ *happen*) passieren; **this is why it came about** das ist so gekommen ◆ **come across** I *v/i* **1.** (≈ *cross*) herüberkommen **2.** (≈ *be understood*) verstanden werden **3.** (≈ *make an impression*) wirken; **he**

wants to ~ as a tough guy er mimt gerne den starken Mann (*infml*) II *v/i* +*prep obj* treffen auf (+*acc*); **if you ~ my watch ...** wenn du zufällig meine Uhr siehst ◆ **come after** I *v/i* +*prep obj* **1.** (*in sequence*) kommen nach; **the noun comes after the verb** das Substantiv steht nach dem Verb **2.** (≈ *pursue*) herkommen hinter (+*dat*) **3.** (≈ *follow later*) nachkommen II *v/i* (≈ *follow later*) nachkommen ◆ **come along** *v/i* **1.** (≈ *hurry up, make effort: a.* **come on**) kommen **2.** (≈ *attend, accompany*) mitkommen; **~ with me** kommen Sie mal (bitte) mit **3.** (≈ *develop: a.* **come on**) **to be coming along** sich machen; **how is your broken arm? — it's coming along nicely** was macht dein gebrochener Arm? — dem gehts ganz gut **4.** (≈ *turn up*) kommen; (*chance etc*) sich ergeben ◆ **come apart** *v/i* (≈ *fall to pieces*) auseinanderfallen; (≈ *be able to be taken apart*) zerlegbar sein ◆ **come (a)round** *v/i* **1. the road was blocked and we had to ~ by the farm** die Straße war blockiert, sodass wir einen Umweg über den Bauernhof machen mussten **2.** (≈ *call round*) vorbeikommen **3.** (≈ *change one's opinions*) es sich (*dat*) anders überlegen; **eventually he came (a)round to our way of thinking** schließlich machte er sich (*dat*) unsere Denkungsart zu eigen **4.** (≈ *regain consciousness*) wieder zu sich (*dat*) kommen ◆ **come at** *v/i* +*prep obj* (≈ *attack*) sb losgehen auf (+*acc*) ◆ **come away** *v/i* **1.** (≈ *leave*) (weg)gehen; **~ with me for a few days** fahr doch ein paar Tage mit mir weg!; **~ from there!** komm da weg! **2.** (≈ *become detached*) abgehen ◆ **come back** *v/i* **1.** (≈ *return*) zurückkommen; (≈ *drive back*) zurückfahren; **can I ~ to you on that one?** kann ich später darauf zurückkommen?; **the colour is coming back to her cheeks** langsam bekommt sie wieder Farbe **2. his name is coming back to me** langsam erinnere ich mich wieder an seinen Namen; **ah yes, it's all coming back** ach ja, jetzt fällt mir alles wieder ein; **they came back into the game with a superb goal** sie fanden mit einem wunderbaren Tor ins Spielgeschehen zurück ◆ **come before** *v/t* (JUR, *person*) gebracht werden vor (+*acc*) ◆ **come between** *v/i* +*prep obj* *lovers* treten zwischen (*+acc*) ◆ **come by I** *v/i +prep obj* (≈ *obtain*) kriegen **II** *v/i* (≈ *visit*) vorbeikommen ◆ **come close to** *v/i +prep obj* = **come near to** ◆ **come down** *v/i* **1.** (*from ladder, stairs*) herunterkommen; (*rain*) fallen; **~ from there at once!** komm da sofort runter! **2.** (*prices*) sinken **3.** (≈ *be a question of*) ankommen (*to* auf *+acc*); **when it comes down to it** letzten Endes **4. you've ~ in the world a bit** du bist aber ganz schön tief gesunken **5.** (≈ *reach*) reichen (*to* bis auf *+acc*, zu); **her hair comes down to her shoulders** die Haare gehen ihr bis auf die Schultern **6.** (*tradition, story etc*) überliefert werden ◆ **come down on** *v/i +prep obj* **you've got to ~ one side or the other** du musst dich so oder so entscheiden ◆ **come down with** *v/i +prep obj* illness kriegen ◆ **come for** *v/i +prep obj* kommen wegen ◆ **come forward** *v/i* **1.** (≈ *make oneself known*) sich melden **2. to ~ with help** Hilfe anbieten; **to ~ with a good suggestion** mit einem guten Vorschlag kommen ◆ **come from** *v/i +prep obj* kommen aus; **where does he/it ~?** wo kommt er/das her?; **I know where you're coming from** (*infml*) ich weiß, was du meinst ◆ **come in** *v/i* **1.** (≈ *enter*) (he)reinkommen; **~!** herein! **2.** (≈ *arrive*) ankommen **3.** (*tide*) kommen **4.** (*report etc*) hereinkommen; **a report has just ~ of...** uns ist gerade eine Meldung über ... zugegangen **5. he came in fourth** er wurde Vierter **6. he has £15,000 coming in every year** er hat £ 15.000 im Jahr **7. where do I ~?** welche Rolle spiele ich dabei?; **that will ~ handy** (*infml*) *or* **useful** das kann ich/man noch gut gebrauchen ◆ **come in for** *v/i +prep obj* attention erregen; *criticism etc also* einstecken müssen ◆ **come in on** *v/i +prep obj* venture *etc* sich beteiligen an (*+dat*) ◆ **come into** *v/i +prep obj* **1.** (≈ *inherit*) erben **2. I don't see where I ~ all this** ich verstehe nicht, was ich mit der ganzen Sache zu tun habe; **to ~ one's own** zeigen, was in einem steckt; **to ~ being** entstehen; **to ~ sb's possession** in jds Besitz (*acc*) gelangen ◆ **come near to** *v/i +prep obj* nahe kommen (*+dat*); **to ~ doing sth** drauf und dran sein, etw zu tun; **he came near to committing suicide** er war *or* stand

kurz vor dem Selbstmord ◆ **come of** *v/i +prep obj* **nothing came of it** es ist nichts daraus geworden; **that's what comes of disobeying!** das kommt davon, wenn man nicht hören will! ◆ **come off I** *v/i* **1.** (*off bicycle etc*) runterfallen **2.** (*button, paint etc*) abgehen **3.** (*stains*) weg- *or* rausgehen **4.** (≈ *take place*) stattfinden **5.** (*attempts etc*) klappen (*infml*) **6.** (≈ *acquit oneself*) abschneiden; **he came off well in comparison to his brother** im Vergleich zu seinem Bruder ist er gut weggekommen **II** *v/i +prep obj* **1.** bicycle *etc* fallen von **2.** (*button, paint, stain*) abgehen von **3.** drugs aufhören mit **4.** (*infml*) **~ it!** nun mach mal halblang! (*infml*) ◆ **come on I** *v/i* **1.** = **come along** 1; **~!** komm! **2.** (*Br* ≈ *progress*) = **come along** 3 **3. I've a cold coming on** ich kriege eine Erkältung **4.** (SPORTS: *player*) ins Spiel kommen; (THEAT, *actor*) auftreten **II** *v/i +prep obj* = **come (up)on** ◆ **come on to** *v/i +prep obj* (*esp US infml* ≈ *make advances to*) anmachen (*infml*) ◆ **come out** *v/i* **1.** (he)rauskommen; **to ~ of a room** *etc* aus einem Zimmer *etc* kommen; **to ~ fighting** (*fig*) sich kämpferisch geben; **he came out in a rash** er bekam einen Ausschlag; **to ~ against/in favour of sth** sich gegen/für etw aussprechen; **to ~ of sth badly/well** bei etw schlecht/nicht schlecht wegkommen; **to ~ on top** sich durchsetzen **2.** (*book*) erscheinen; (*new product*) auf den Markt kommen; (*film*) (in den Kinos) anlaufen; (≈ *become known*) bekannt werden **3.** IND **to ~ (on strike)** in den Streik treten **4.** PHOT **the photo of the hills hasn't ~ very well** das Foto von den Bergen ist nicht sehr gut geworden **5.** (*splinter, stains etc*) (he)rausgehen **6.** (≈ *total*) betragen; **the total comes out at £500** das Ganze beläuft sich auf (*+acc*) *or* macht (*infml*) £ 500 **7.** (*homosexual*) sich outen ◆ **come out with** *v/i +prep obj* remarks loslassen (*infml*) ◆ **come over I** *v/i* **1.** (*lit*) herüberkommen; **he came over to England** er kam nach England **2.** (≈ *change allegiance*) **he came over to our side** er trat auf unsere Seite über **3.** (*infml* ≈ *become suddenly*) werden; **I came over (all) queer** mir wurde ganz komisch (*infml*) **II** *v/i +prep obj* (*feelings*) überkommen; **what's ~ you?** was ist denn (auf einmal) mit dir los? ◆ **come round** v/i **1.** (≈ *call round*) vorbeikommen *or* -schauen **2.** (≈ *recur*) **Christmas has ~ again** nun ist wieder Weihnachten **3.** (≈ *change one's opinions*) es sich (*dat*) anders überlegen; (≈ *throw off bad mood*) wieder vernünftig werden (*infml*) **4.** (≈ *regain consciousness*) wieder zu sich (*dat*) kommen ◆ **come through I** v/i durchkommen; **your papers haven't ~ yet** Ihre Papiere sind noch nicht fertig; **his divorce has ~** seine Scheidung ist durch (*infml*) **II** v/i +prep obj *illness, danger* überstehen ◆ **come to I** v/i (*a.* **come to oneself**) wieder zu sich kommen **II** v/i +prep obj **1.** **that didn't ~ anything** daraus ist nichts geworden **2.** *impers* **when it comes to mathematics ...** wenn es um Mathematik geht, ...; **let's hope it never comes to a court case** *or* **to court** wollen wir hoffen, dass es nie zum Prozess kommt; **it comes to the same thing** das läuft auf dasselbe hinaus **3.** (*price, bill*) **how much does it ~?** wie viel macht das?; **it comes to £20** es kommt auf £ 20 **4.** **to ~ a decision** zu einer Entscheidung kommen; **what is the world coming to!** wohin soll das noch führen! ◆ **come together** v/i zusammenkommen ◆ **come under** v/i +prep obj *category* kommen unter (+*acc*) ◆ **come up** v/i **1.** (*lit*) hochkommen; (*sun, moon*) aufgehen; **do you ~ to town often?** kommen Sie oft in die Stadt?; **he came up to me with a smile** er kam lächelnd auf mich zu **2.** (*plants*) herauskommen **3.** (*for discussion*) aufkommen; (*name*) erwähnt werden; **I'm afraid something has ~** ich bin leider verhindert **4.** (*number in lottery etc*) gewinnen; **to ~ for sale** zum Verkauf kommen; **my contract will soon ~ for renewal** mein Vertrag muss bald verlängert werden **5.** (*post, job*) frei werden **6.** (*exams, election*) bevorstehen ◆ **come up against** v/i +prep obj stoßen auf (+*acc*); *opposing team* treffen auf (+*acc*) ◆ **come (up)on** v/i +prep obj (≈ *find*) stoßen auf (+*acc*) ◆ **come up to** v/i +prep obj **1.** (≈ *reach up to*) reichen bis zu *or* an (+*acc*) **2.** *expectations* entsprechen (+*dat*) **3.** (*infml* ≈ *approach*) **she's coming up to twenty** sie wird bald zwanzig; **it's just coming up to 10 o'clock** es ist gleich 10 Uhr ◆ **come**

up with v/i +prep obj *answer, idea* haben; *plan* sich (*dat*) ausdenken; *suggestion* machen; **let me know if you ~ anything** sagen Sie mir Bescheid, falls Ihnen etwas einfällt

comeback n (THEAT *etc*, *fig*) Comeback nt; **to make** *or* **stage a ~** ein Comeback machen

comedian n Komiker(in) m(f) **comedienne** n Komikerin f

comedown n (*infml*) Abstieg m

comedy n Komödie f

come-on n (*infml* ≈ *lure*) Köder m (*fig*); **to give sb the ~** jdn anmachen (*infml*)

comer n **this competition is open to all ~s** an diesem Wettbewerb kann sich jeder beteiligen

comet n Komet m

comeuppance n (*infml*) **to get one's ~** die Quittung kriegen (*infml*)

comfort I n **1.** Komfort m; **to live in ~** komfortabel leben; **with all modern ~s** mit allem Komfort **2.** (≈ *consolation*) Trost m; **to take ~ from the fact that ...** sich damit trösten, dass ...; **you are a great ~ to me** es beruhigt mich sehr, dass Sie da sind; **it is no ~** *or* **of little ~ to know that ...** es ist nicht sehr tröstlich zu wissen, dass ...; **too close for ~** bedrohlich nahe **II** v/t trösten

comfortable adj **1.** bequem; *room* komfortabel; *temperature* angenehm; **to make sb/oneself ~** es jdm/sich bequem machen; **the patient is ~** der Patient ist wohlauf **2.** (*fig*) *life* angenehm; *lead* sicher; *winner* überlegen; **to feel ~ with sb/sth** sich bei jdm/etw wohlfühlen; **I'm not very ~ about it** mir ist nicht ganz wohl bei der Sache **comfortably** adv **1.** bequem; *furnished* komfortabel **2.** (*fig*) *win* sicher; *live* angenehm; *afford* gut und gern; **they are ~ off** es geht ihnen gut **comfort eating** n Frustessen nt (*infml*) **comforter** n (US ≈ *quilt*) Deckbett nt **comforting** adj tröstlich **comfort station** n (US) öffentliche Toilette **comfy** adj (+er) (*infml*) *chair* bequem; *room* gemütlich; **are you ~?** sitzt/liegst du bequem?

comic I adj komisch; **~ actor** Komödiendarsteller(in) m(f); **~ verse** humoristische Gedichte pl **II** n **1.** (≈ *person*) Komiker(in) m(f) **2.** (≈ *magazine*) Comicheft(chen) nt **3.** (US) **~s** Comics pl **comical** adj, **comically** adv komisch **comic**

book *n* Comicbuch *nt* **comic strip** *n* Comicstrip *m*

coming I *n* Kommen *nt*; **~(s) and going(s)** Kommen und Gehen *nt*; **~ of age** Erreichung *f* der Volljährigkeit **II** *adj* (*lit*, *fig*) kommend; **the ~ election** die bevorstehende Wahl

comma *n* Komma *nt*

command I *v/t* **1.** (≈ *order*) befehlen **2.** *army, ship* kommandieren **3. to ~ sb's respect** jdm Respekt abnötigen **II** *n* **1.** (≈ *order, also* IT) Befehl *m*; **at/by the ~ of** auf Befehl +*gen*; **on ~** auf Befehl **2.** (MIL ≈ *authority*) Kommando *nt*; **to be in ~** das Kommando haben (*of* über +*acc*); **to take ~** das Kommando übernehmen (*of* +*gen*); **under his ~** unter seinem Kommando; **to be second in ~** zweiter Befehlshaber sein **3.** (*fig* ≈ *mastery*) Beherrschung *f*; **his ~ of English is excellent** er beherrscht das Englische ausgezeichnet; **I am at your ~** ich stehe zu Ihrer Verfügung **commandant** *n* MIL Kommandant(in) *m(f)* **commander** *v/t* (MIL, *fig*) beschlagnahmen **commander** *n* MIL, AVIAT Kommandant(in) *m(f)*; NAUT Fregattenkapitän(in) *m(f)* **commander in chief** *n, pl* **commanders in chief** Oberbefehlshaber(in) *m(f)* **commanding** *adj position* führend; *voice* Kommando- (*pej*); **to have a ~ lead** überlegen führen **commanding officer** *n* MIL befehlshabender Offizier **commandment** *n* BIBLE Gebot *nt* **commando** *n, pl* **-s** (MIL) (≈ *soldier*) Angehörige(r) *m* eines Kommando(trupp)s; (≈ *unit*) Kommando(trupp *m*) *nt*

commemorate *v/t* gedenken (+*gen*) **commemoration** *n* Gedenken *nt*; **in ~ of** zum Gedenken an (+*acc*) **commemorative** *adj* Gedenk-

commence (*form*) **I** *v/i* beginnen **II** *v/t* beginnen (+*Obj* mit +*dat*); **to ~ doing sth** mit etw anfangen

commend *v/t* (≈ *praise*) loben **commendable** *adj* lobenswert **commendation** *n* (≈ *award*) Auszeichnung *f*

commensurate *adj* entsprechend (*with* +*dat*); **to be ~ with sth** einer Sache (*dat*) entsprechen

comment I *n* Bemerkung *f* (*on, about* über +*acc*, zu); (*official*) Kommentar *m* (*on* zu); (≈ *textual note etc*) Anmerkung *f*; **no ~** kein Kommentar!; **to make a ~** eine Bemerkung machen **II** *v/i* sich äußern (*on* über +*acc*, zu) **III** *v/t* bemerken **commentary** *n* Kommentar *m* (*on* zu) **commentate** *v/i* RADIO, TV Reporter(in) *m(f)* sein (*on* bei) **commentator** *n* RADIO, TV Reporter(in) *m(f)*

commerce *n* Handel *m*

commercial I *adj* Handels-; *premises, vehicle* Geschäfts-; *production, radio, success* kommerziell; (*pej*) *music etc* kommerziell; **of no ~ value** ohne Verkaufswert; **it makes good ~ sense** das lässt sich kaufmännisch durchaus vertreten **II** *n* RADIO, TV Werbespot *m*; **during the ~s** während der (Fernseh)werbung **commercial bank** *n* Handelsbank *f* **commercial break** *n* Werbepause *f* **commercialism** *n* Kommerzialisierung *f* **commercialization** *n* Kommerzialisierung *f* **commercialize** *v/t* kommerzialisieren **commercially** *adv* geschäftlich; *manufacture, succeed* kommerziell

commiserate *v/i* mitfühlen (*with* mit) **commiseration** *n* **my ~s** herzliches Beileid (*on* zu)

commission I *n* **1.** (*for painting etc*) Auftrag *m* **2.** COMM Provision *f*; **on ~** auf Provision(sbasis); **to charge ~** eine Kommission berechnen **3.** (≈ *committee*) Kommission *f*; **the (EC) Commission** die EG-Kommission **II** *v/t painting* in Auftrag geben; **to ~ sb to do sth** jdn damit beauftragen, etw zu tun **commissioned officer** *n* Offizier *m* **commissioner** *n* Polizeipräsident(in) *m(f)*

commit I *v/t* **1.** (≈ *perpetrate*) begehen **2. to ~ sb (to prison)** jdn ins Gefängnis einweisen; **to have sb ~ted (to an asylum)** jdn in eine Anstalt einweisen lassen; **to ~ sb for trial** jdn einem Gericht überstellen; **to ~ sb/sth to sb's care** jdn/etw jds Obhut (*dat*) anvertrauen **3.** (≈ *involve, obligate*) festlegen (*to* auf +*acc*); **to ~ resources to a project** Mittel für ein Projekt einsetzen; **that doesn't ~ you to buying the book** das verpflichtet Sie nicht zum Kauf des Buches **II** *v/i* **to ~ to sth** sich zu etw verpflichten **III** *v/r* sich festlegen (*to* auf +*acc*); **you have to ~ yourself totally to the cause** man muss sich voll und ganz für die Sache einsetzen; **the government has ~ted itself to reforms** die Regierung hat sich zu Reformen verpflichtet **commitment** *n* (≈ *obligation*) Verpflichtung *f*; (≈ *dedication*) Engagement *nt*; **his family ~s**

seine familiären Verpflichtungen *pl*; **his teaching** ~**s** seine Lehrverpflichtungen *pl*; **to make a** ~ **to do sth** *(form)* sich verpflichten, etw zu tun; **he is frightened of** ~ er hat Angst davor, sich festzulegen **committed** *adj* (≈ *dedicated*) engagiert; **he is so** ~ **to his work that ...** er geht so in seiner Arbeit auf, dass ...; **all his life he has been** ~ **to this cause** er hat sich sein Leben lang für diese Sache eingesetzt **committee** *n* Ausschuss *m*; **to be** *or* **sit on a** ~ in einem Ausschuss sitzen; ~ **meeting** Ausschusssitzung *f*; ~ **member** Ausschussmitglied *nt*

commode *n* **1.** (≈ *chest of drawers*) Kommode *f* **2.** (≈ *night-commode*) (Nacht-)stuhl *m*

commodity *n* Ware *f*; *(agricultural)* Erzeugnis *nt*

common I *adj* (+*er*) **1.** (≈ *shared*) gemeinsam; ~ **land** Allmende *f*; **it is** ~ **knowledge that ...** es ist allgemein bekannt, dass ...; **to find** ~ **ground** eine gemeinsame Basis finden; **sth is** ~ **to everyone/sth** alle haben/etw hat etw gemein **2.** (≈ *frequently seen etc*) häufig; *bird* (weit)verbreitet; *belief, custom* (weit)verbreitet **3.** (≈ *usual*) normal; **it's quite a** ~ **sight** das sieht man ziemlich häufig; **it's** ~ **for visitors to feel ill here** Besucher fühlen sich hier häufig krank **4.** (≈ *ordinary*) gewöhnlich; **the** ~ **man** der Normalbürger; **the** ~ **people** die einfachen Leute **II** *n* **1.** (≈ *land*) Anger *m* **2. to have sth in** ~ *(with sb/sth)* etw (mit jdm/etw) gemein haben; **to have a lot/nothing in** ~ viele/keine Gemeinsamkeiten haben; **in** ~ **with many other people** ... (genauso) wie viele andere ... **Common Agricultural Policy** *n* gemeinsame Agrarpolitik **common cold** *n* Schnupfen *m* **common denominator** *n* **lowest** ~ (MAT, *fig*) kleinster gemeinsamer Nenner **commoner** *n* Bürgerliche(r) *m/f(m)* **common factor** *n* gemeinsamer Teiler **common law** *n* Gewohnheitsrecht *nt* **common-law** *adj* **she is his** ~ **wife** sie lebt mit ihm in eheähnlicher Gemeinschaft **commonly** *adv* (≈ *often*) häufig; (≈ *widely*) gemeinhin; **a** ~ **held belief** eine weitverbreitete Ansicht; *(more)* ~ **known as ...** besser bekannt als ... **Common Market** *n* Gemeinsamer Markt **common-or-garden** *adj* *(Br)* Feld-, Wald- und Wiesen- *(infml)* **common-**

place I *adj* alltäglich **II** *n* Gemeinplatz *m* **common room** *n* Aufenthaltsraum *m* **Commons** *pl* **the** ~ PARL das Unterhaus **common sense** *n* gesunder Menschenverstand **common-sense** *adj* vernünftig **commonwealth** *n* **the** *(British)* **Commonwealth** das Commonwealth

commotion *n* Aufregung *f* *usu no indef art*; (≈ *noise*) Lärm *m*; **to cause a** ~ Aufsehen erregen

communal *adj* **1.** (≈ *of a community*) Gemeinde-; ~ **life** Gemeinschaftsleben *nt* **2.** (≈ *owned, used in common*) gemeinsam **communally** *adv* gemeinsam; **to be** ~ **owned** Gemein- *or* Gemeinschaftseigentum sein **commune** *n* Kommune *f*

communicate I *v/t Neuigkeit etc* übermitteln; *ideas, feelings* vermitteln **II** *v/i* **1.** (≈ *be in communication*) in Verbindung stehen **2.** (≈ *exchange thoughts*) sich verständigen **communication** *n* **1.** (≈ *communicating*) Kommunikation *f*; *(of ideas, information)* Vermittlung *f*; **means of** ~ Kommunikationsmittel *nt*; **to be in** ~ **with sb** mit jdm in Verbindung stehen *(about* wegen*)*; ~**s breakdown** gestörte Kommunikation **2.** (≈ *exchanging of ideas*) Verständigung *f* **3.** (≈ *message*) Mitteilung *f* **4.** ~**s** (≈ *roads etc*) Kommunikationsnetz *nt*; **they're trying to restore** ~**s** man versucht, die Verbindung wiederherzustellen **5.** ~**s** TEL Telekommunikation *f* **communication cord** *n* *(Br* RAIL*)* ≈ Notbremse *f* **communication skills** *pl* Kommunikationsfähigkeit *f* **communications satellite** *n* Nachrichtensatellit *m* **communications software** *n* Kommunikationssoftware *f* **communicative** *adj* mitteilsam

communion *n* **1.** (≈ *intercourse etc*) Zwiesprache *f* **2.** (ECCL: *a.* **Communion**) *(Protestant)* Abendmahl *nt*; *(Catholic)* Kommunion *f*; **to take** ~ die Kommunion/das Abendmahl empfangen

communiqué *n* Kommuniqué *nt*

communism *n* Kommunismus *m* **communist I** *n* Kommunist(in) *m(f)* **II** *adj* kommunistisch **Communist Party** *n* kommunistische Partei

community *n* Gemeinschaft *f*; **the** ~ **at large** das ganze Volk; **a sense of** ~ (ein) Gemeinschaftsgefühl *nt*; **to work in the** ~ im Sozialbereich tätig sein **community centre,** *(US)* **community center** *n* Gemeindezentrum *nt* **community**

chest *n* (*US*) Wohltätigkeitsfonds *m*
community college *n* (*US*) *College zur Berufsausbildung und Vorbereitung auf ein Hochschulstudium* **community service** *n* JUR Sozialdienst *m*
commute I *v/t* umwandeln **II** *v/i* pendeln **III** *n* Pendelfahrt *f* **commuter** *n* Pendler(in) *m(f)*; **the ~ belt** das Einzugsgebiet; **~ train** Pendlerzug *m* **commuting** *n* Pendeln *nt*; **within~ distance** nahe genug, um zu pendeln
compact¹ I *adj* (+*er*) kompakt; *soil, snow* fest **II** *v/t snow, soil* festtreten/-fahren *etc*
compact² *n* (≈ *powder compact*) Puderdose *f*
compact disc *n* Compact Disc *f*; **~ player** CD-Spieler *m*
companion *n* **1.** Begleiter(in) *m(f)*; **travelling ~** Reisebegleiter(in) *m(f)*; **drinking ~** Zechgenosse *m*, -genossin *f* **2.** (≈ *friend*) Freund(in) *m(f)* **companionship** *n* Gesellschaft *f*
company I *n* **1.** Gesellschaft *f*; **to keep sb ~** jdm Gesellschaft leisten; **I enjoy his ~** ich bin gern mit ihm zusammen; **he's good ~** seine Gesellschaft ist angenehm; **she has a cat, it's ~ for her** sie hält sich eine Katze, da hat sie (wenigstens) Gesellschaft; **you'll be in good ~ if** ... wenn du ..., bist du in guter Gesellschaft **2.** (≈ *guests*) Besuch *m* **3.** COMM Firma *f*; **Smith & Company, Smith & Co.** Smith & Co.; **publishing ~** Verlag *m*; **a clothes ~** ein Textilbetrieb *m* **4.** THEAT (Schauspiel)truppe *f* **5.** MIL Kompanie *f* **II** *attr* Firmen- **company car** *n* Firmenwagen *m* **company director** *n* Direktor(in) *m(f)* **company law** *n* Gesellschaftsrecht *nt* **company pension** *n* Betriebsrente *f* **company policy** *n* Geschäftspolitik *f*
comparable *adj* vergleichbar (*with, to* mit) **comparably** *adv* ähnlich **comparative I** *adj* **1.** *religion etc* vergleichend **2.** (≈ *relative*) relativ; **to live in ~ luxury** relativ luxuriös leben **II** *n* GRAM Komparativ *m* **comparatively** *adv* verhältnismäßig
compare I *v/t* vergleichen (*with, to* mit); **~d with** *or* **to** im Vergleich zu; **to ~ notes** Eindrücke / Erfahrungen austauschen **II** *v/i* sich vergleichen lassen (*with* mit); **it ~s badly / well** es schneidet vergleichsweise schlecht / gut ab; **how do the two cars ~ in terms of speed?** wie sieht ein

Geschwindigkeitsvergleich der beiden Wagen aus? **comparison** *n* Vergleich *m* (*to* mit); **in** *or* **by ~** vergleichsweise; **in** *or* **by~ with** im Vergleich zu; **to make** *or* **draw a ~** einen Vergleich anstellen; **there's no ~** das ist gar kein Vergleich
compartment *n* (*in desk etc*) Fach *nt*; RAIL Abteil *nt* **compartmentalize** *v/t* aufsplittern
compass *n* **1.** Kompass *m* **2. compasses** *pl* (*a.* **pair of compasses**) Zirkel *m* **compass bearing** *n* Kompasspeilung *f*
compassion *n* Mitleid *nt* (*for* mit) **compassionate** *adj* mitfühlend; **on ~ grounds** aus familiären Gründen **compassionate leave** *n* Beurlaubung *f* wegen einer dringenden Familienangelegenheit
compatibility *n* Vereinbarkeit *f*; MED Verträglichkeit *f*; IT Kompatibilität *f* **compatible** *adj* vereinbar; MED verträglich; IT kompatibel; **to be ~** (*people*) zueinanderpassen; **an IBM-~ computer** ein IBM-kompatibler Computer
compatriot *n* Landsmann *m*, Landsmännin *f*
compel *v/t* (≈ *force*) zwingen **compelling** *adj* zwingend; *performance* bezwingend; **to make a ~ case for sth** schlagende Beweise für etw liefern
compendium *n* Handbuch *nt*; **~ of games** Spielemagazin *nt*
compensate *v/t* entschädigen; MECH ausgleichen ◆ **compensate for** *v/i* +*prep obj* (*in money etc*) ersetzen; (≈ *make up for*) wieder wettmachen
compensation *n* Entschädigung *f*; **in ~** als Entschädigung **compensatory** *adj* kompensierend
compère (*Br*) **I** *n* Conférencier *m* **II** *v/t* **to ~ a show** bei einer Show der Conférencier sein
compete *v/i* **1.** konkurrieren; **to ~ with each other** sich (gegenseitig) Konkurrenz machen; **to ~ for sth** um etw kämpfen; **his poetry can't ~ with Eliot's** seine Gedichte können sich nicht mit denen Eliots messen **2.** SPORTS teilnehmen; **to ~ with/against sb** gegen jdn kämpfen **competence, competency** *n* Fähigkeit *f*; **his ~ in handling money** sein Geschick im Umgang mit Geld **competent** *adj* fähig; (*in a particular field*) kompetent; (≈ *adequate*) angemessen; **to be ~ to do sth** kompetent *or* fähig sein, etw

zu tun **competently** *adv* kompetent
competition *n* **1.** *no pl* Konkurrenz *f* (*for*
um); **unfair**~ unlauterer Wettbewerb; *to*
be in ~ *with sb* mit jdm konkurrieren **2.**
(≈ *contest*) Wettbewerb *m*; (*in newspa-*
pers etc) Preisausschreiben *nt* **competi-**
tive *adj* **1.** *attitude* vom Konkurrenzden-
ken geprägt; *sport* (Wett)kampf-; ~ *spir-*
it Konkurrenzgeist *m*; (*of team*) Kampfgeist *m*; **he's very** ~ (*in job etc*) er ist sehr
ehrgeizig **2.** COMM wettbewerbsfähig; *a*
highly ~ **market** ein Markt mit starker
Konkurrenz **competitively** *adv* **1.** *to*
be ~ *priced* im Preis konkurrenzfähig
sein **2.** *schwimmen etc* in Wettkämpfen
competitiveness *n* (≈ *competitive spir-*
it) Konkurrenzgeist *m*
competitor *n* **1.** (SPORTS, *in contest*) Teil-
nehmer(in) *m(f)*; *to be a* ~ teilnehmen **2.**
COMM Konkurrent(in) *m(f)*; *our*~*s* unsere Konkurrenz
compilation *n* Zusammenstellung *f*; (*of*
material) Sammlung *f* **compile** *v/t* zusammenstellen; *material* sammeln; IT
kompilieren **compiler** *n* (*of dictionary*)
Verfasser(in) *m(f)*; IT Compiler *m*
complacency *n* Selbstzufriedenheit *f*
complacent *adj*, **complacently** *adv*
selbstzufrieden
complain *v/i* sich beklagen (*about* über
+*acc*); (≈ *to make a formal complaint*)
sich beschweren (*about* über +*acc*, *to*
bei); (**I**) **can't** ~ (*infml*) ich kann nicht
klagen (*infml*); *to* ~ *of sth* über etw
(*acc*) klagen; **she's always**~*ing* sie muss
sich immer beklagen
complaint *n* **1.** Klage *f*; (≈ *formal com-*
plaint) Beschwerde *f* (*to* bei); *I have*
no cause for ~ ich kann mich nicht beklagen; ~*s department* COMM Reklama-
tionsabteilung *f* **2.** (≈ *illness*) Beschwerden *pl*; *a very rare* ~ eine sehr seltene
Krankheit
complement I *n* (≈ *full number*) volle
Stärke; **we've got our full** ~ *in the office*
now unser Büro ist jetzt voll besetzt **II**
v/t (≈ *add to*) ergänzen; (≈ *make perfect*)
vervollkommnen; *to* ~ *each other* sich
ergänzen **complementary** *adj* Komple-
mentär-
complete I *adj* **1.** (≈ *entire*) ganz *attr*; (≈
having the required numbers) vollzählig;
my happiness was ~ mein Glück war
vollkommen; *the* ~ *works of Shake-*
speare die gesammelten Werke Shakes-

peares; ~ *with* komplett mit **2.** *attr* (≈ *ab-*
solute) völlig; *beginner, disaster* total;
surprise voll; *we were* ~ *strangers* wir
waren uns völlig fremd **II** *v/t* **1.** vervollständigen; *team* vollzählig machen; *ed-*
ucation abrunden; *that* ~*s my collec-*
tion damit ist meine Sammlung vollständig **2.** (≈ *finish*) beenden; *building,*
work fertigstellen; *prison sentence* verbüßen; ~ *this phrase* ergänzen Sie diesen Ausspruch; *it's not* ~*d yet* es ist noch
nicht fertig **3.** *form* ausfüllen
completely *adv* vollkommen; *he's* ~
wrong er hat völlig unrecht **complete-**
ness *n* Vollständigkeit *f* **completion** *n*
(≈ *finishing*) Fertigstellung *f*; (*of pro-*
ject, course) Abschluss *m*; *to be near* ~
kurz vor dem Abschluss stehen; *to bring*
sth to ~ etw zum Abschluss bringen; *on*
~ *of the course* nach Abschluss des Kur-
ses
complex I *adj* komplex; *pattern, para-*
graph kompliziert **II** *n* Komplex *m*; *in-*
dustrial ~ Industriekomplex *m*; *he*
has a ~ *about his ears* er hat Komplexe
wegen seiner Ohren
complexion *n* **1.** Teint *m*; (≈ *skin colour*)
Gesichtsfarbe *f* **2.** (*fig* ≈ *aspect*) Anstrich
m, Aspekt *m*; *to put a new etc* ~ *on sth*
etw in einem neuen *etc* Licht erscheinen
lassen
complexity *n* Komplexität *f*
compliance *n* Einverständnis *nt*; (*with*
rules etc) Einhalten *nt* (*with* +*gen*); *in*
~ *with the law* dem Gesetz gemäß **com-**
pliant *adj* entgegenkommend; (≈ *sub-*
missive) nachgiebig
complicate *v/t* komplizieren **complicat-**
ed *adj* kompliziert **complication** *n*
Komplikation *f*
complicity *n* Mittäterschaft *f* (*in* bei)
compliment I *n* **1.** Kompliment *nt* (*on* zu,
wegen); *to pay sb a* ~ jdm ein Kompliment machen; *my* ~*s to the chef* mein
Kompliment dem Koch/der Köchin **2.**
compliments *pl* (*form*) Grüße *pl*; "*with*
the ~*s of Mr X/the management*" „mit
den besten Empfehlungen von Herrn
X/der Geschäftsleitung" **II** *v/t* ein Kom-
pliment/Komplimente machen (+*dat*)
(*on wegen, zu*) **complimentary** *adj* **1.**
(≈ *praising*) schmeichelhaft; *to be* ~
about sb/sth sich schmeichelhaft über
jdn/etw äußern **2.** (≈ *free*) Frei-; ~ *copy*
Freiexemplar *nt*; (*of magazine*) Werbe-

nummer *f* **compliments slip** *n* COMM
Empfehlungszettel *m*

comply *v/i (person)* einwilligen; *(object, system etc)* die Bedingungen erfüllen; **to ~ with sth** einer Sache *(dat)* entsprechen; *(system)* in Einklang mit etw stehen; **to ~ with a request** einer Bitte nachkommen; **to ~ with the rules** sich an die Regeln halten

component I *n* (Bestand)teil **II** *adj* **a ~ part** ein (Bestand)teil *m*; **the ~ parts of a machine** die einzelnen Maschinenteile *pl*

compose *v/t* **1.** *music* komponieren; *letter* abfassen; *poem* verfassen **2.** (≈ *constitute*) bilden; **to be ~d of** sich zusammensetzen aus; **water is ~d of ...** Wasser besteht aus ... **3. to ~ oneself** sich sammeln; **to ~ one's thoughts** Ordnung in seine Gedanken bringen **composed** *adj* (≈ *calm*) gelassen

composer *n* MUS Komponist(in) *m(f)*

composite *adj* zusammengesetzt **composition** *n* **1.** (≈ *arrangement*, MUS, ART) Komposition *f* **2.** (SCHOOL ≈ *essay*) Aufsatz *m* **3.** (≈ *constitution*) Zusammensetzung *f*

compost *n* Kompost *m*; **~ heap** Komposthaufen *m*

composure *n* Beherrschung *f*; **to lose one's ~** die Beherrschung verlieren; **to regain one's ~** seine Selbstbeherrschung wiederfinden

compound[1] **I** *n* in CHEM Verbindung *f* **II** *adj* GRAM zusammengesetzt **III** *v/t* verschlimmern; *problem* vergrößern

compound[2] *n* (≈ *enclosed area*) Lager *nt*; (≈ *living quarters*) Siedlung *f*; *(in zoo)* Gehege *nt*

compound fracture *n* MED offener *or* komplizierter Bruch **compound interest** *n* FIN Zinseszins *m*

comprehend *v/t* verstehen **comprehensible** *adj* verständlich **comprehension** *n* **1.** (≈ *understanding*) Verständnis *nt*; (≈ *ability to understand*) Begriffsvermögen *nt*; **that is beyond my ~** das übersteigt mein Begriffsvermögen; *(behaviour)* das ist mir unbegreiflich **2.** (≈ *school exercise*) Fragen *pl* zum Textverständnis **comprehensive I** *adj* umfassend; **(fully) ~ insurance** Vollkasko(versicherung *f*) *nt* **II** *n* (*Br*) Gesamtschule *f* **comprehensively** *adv* umfassend **comprehensive school** *n* (*Br*) Gesamtschu-

le *f*

compress *v/t* komprimieren *(into* auf *+acc)*; *materials* zusammenpressen *(into* zu) **compressed air** *n* Druck- *or* Pressluft *f*

comprise *v/t* bestehen aus

compromise I *n* Kompromiss *m*; **to reach a ~** einen Kompromiss schließen **II** *adj attr* Kompromiss- **III** *v/i* Kompromisse schließen *(about* in *+dat)*; **we agreed to ~** wir einigten uns auf einen Kompromiss **IV** *v/t sb* kompromittieren; **to ~ oneself** sich kompromittieren; **to ~ one's reputation** seinem guten Ruf schaden; **to ~ one's principles** seinen Prinzipien untreu werden **compromising** *adj* kompromittierend

compulsion *n* Zwang *m*; PSYCH innerer Zwang; **you are under no ~** niemand zwingt Sie **compulsive** *adj* zwanghaft; **he is a ~ eater** er hat die Esssucht; **he is a ~ liar** er hat einen krankhaften Trieb zu lügen; **it makes ~ reading** das muss man einfach lesen **compulsively** *adv* zwanghaft **compulsory** *adj* obligatorisch; *measures* Zwangs-; *subject* Pflicht-

computation *n* Berechnung *f* **computational** *adj* Computer- **compute** *v/t* berechnen *(at* auf *+acc)*, errechnen

computer *n* Computer *m*; **to put/have sth on ~** etw im Computer speichern/ (gespeichert) haben; **it's all done by ~** das geht alles per Computer; **~ skills** Computerkenntnisse *pl* **computer-aided design** *n* rechnergestützter Entwurf **computer-aided manufacturing** *n* computergestützte Fertigung **computer-based** *adj* auf Computerbasis **computer-controlled** *adj* rechnergesteuert **computer dating** *n* Partnervermittlung *f* per Computer; **~ agency** *or* **bureau** Partnervermittlungsbüro *nt* auf Computerbasis **computer-designed** *adj* mit Computerunterstützung entworfen **computer error** *n* Computerfehler *m* **computer freak** *n* *(infml)* Computerfreak *m* *(infml)* **computer game** *n* Computerspiel *nt* **computer-generated** *adj* computergeneriert **computer graphics** *n pl* Computergrafik *f* **computerization** *n* *(of information etc)* Computerisierung *f*; **the ~ of the factory** die Umstellung der Fabrik auf Computer **computerize** *v/t information* computerisieren; *com-*

pany, *methods* auf Computer *or* EDV umstellen **computer language** *n* Computersprache *f* **computer literate** *adj* **to be ~** sich mit Computern auskennen **computer model** *n* Computermodell *nt* **computer network** *n* Computernetzwerk *nt* **computer-operated** *adj* computergesteuert **computer operator** *n* Operator(in) *m(f)* **computer printout** *n* (Computer)ausdruck *m* **computer program** *n* (Computer)programm *nt* **computer programmer** *n* Programmierer(in) *m(f)* **computer-readable** *adj* computerlesbar **computer science** *n* Informatik *f* **computer studies** *pl* Computerwissenschaft *f* **computer virus** *n* Computervirus *m* **computing** *n* (≈ *subject*) Computerwissenschaft *f*; *her husband's in ~* ihr Mann ist in der Computerbranche

comrade *n* Kamerad *m*; POL Genosse *m*, Genossin *f* **comradeship** *n* Kameradschaft(lichkeit) *f*

con¹ *adv*, *n* → **pro²**

con² (*infml*) **I** *n* Schwindel *m*, Pflanz *m* (*Aus*); *it's a ~!* das ist alles Schwindel **II** *v/t* hereinlegen (*infml*); *to ~ sb out of sth* jdn um etw bringen; *to ~ sb into doing sth* jdn durch einen faulen Trick dazu bringen, dass er etw tut (*infml*) **con artist** *n* (*infml*) Schwindler(in) *m(f)*

concave *adj* konkav; *mirror* Konkav-

conceal *v/t* verbergen; *why did they ~ this information from us?* warum hat man uns diese Informationen vorenthalten? **concealed** *adj* verborgen; *entrance* verdeckt **concealment** *n* (*of facts*) Verheimlichung *f*; (*of evidence*) Unterschlagung *f*

concede *v/t* **1.** *lands* abtreten (*to* an +*acc*); *to ~ victory to sb* vor jdm kapitulieren; *to ~ a match* (≈ *give up*) aufgeben; (≈ *lose*) ein Match abgeben; *to ~ a penalty* einen Elfmeter verursachen; *to ~ a point to sb* SPORTS einen Punkt an jdn abgeben **2.** (≈ *admit, grant*) zugeben; *right* zugestehen (*to sb* jdm); *to ~ defeat* sich geschlagen geben

conceit *n* Einbildung *f* **conceited** *adj* eingebildet

conceivable *adj* denkbar; *it is hardly ~ that ...* es ist kaum denkbar, dass ... **conceivably** *adv* *she may ~ be right* es ist durchaus denkbar, dass sie recht hat **conceive I** *v/t* **1.** *child* empfangen **2.**

(≈ *imagine*) sich (*dat*) vorstellen; *idea* haben **II** *v/i* (*woman*) empfangen

♦ **conceive of** *v/i* +*prep obj* sich (*dat*) vorstellen

concentrate I *v/t* konzentrieren (*on* auf +*acc*); *to ~ all one's energies on sth* sich (voll und) ganz auf etw (*acc*) konzentrieren; *to ~ one's mind on sth* sich auf etw (*acc*) konzentrieren **II** *v/i* sich konzentrieren; *to ~ on doing sth* sich darauf konzentrieren, etw zu tun **concentrated** *adj* konzentriert; *~ orange juice* Orangensaftkonzentrat *nt* **concentration** *n* **1.** Konzentration *f*; *powers of ~* Konzentrationsfähigkeit *f* **2.** (≈ *gathering*) Ansammlung *f* **concentration camp** *n* Konzentrationslager *nt*, KZ *nt*

concentric *adj* konzentrisch

concept *n* Begriff *m*; (≈ *conception*) Vorstellung *f*; *our ~ of the world* unser Weltbild *nt*; *his ~ of marriage* seine Vorstellungen von der Ehe **conception** *n* **1.** (≈ *idea*) Vorstellung *f*; (≈ *way sth is conceived*) Konzeption *f*; *he has no ~ of how difficult it is* er hat keine Vorstellung, wie schwer das ist **2.** (*of child*) die Empfängnis **conceptual** *adj* *thinking* begrifflich **conceptualize** *v/t* in Begriffe fassen

concern I *n* **1.** (≈ *business*) Angelegenheit(en *pl*) *f*; (≈ *matter of importance*) Anliegen *nt*; *the day-to-day ~s of government* die täglichen Regierungsgeschäfte; *it's no ~ of his* das geht ihn nichts an **2.** COMM Konzern *m* **3.** (≈ *anxiety*) Sorge *f*; *the situation is causing ~* die Lage ist besorgniserregend; *there's some/no cause for ~* es besteht Grund / kein Grund zur Sorge; *to do sth out of ~ for sb* etw aus Sorge um jdn tun; *he showed great ~ for your safety* er war sehr um Ihre Sicherheit besorgt **4.** (≈ *importance*) Bedeutung *f*; *issues of national ~* Fragen *pl* von nationalem Interesse; *to be of little/great ~ to sb* jdm nicht / sehr wichtig sein **II** *v/t* **1.** (≈ *be about*) handeln von; *it ~s the following issue* es geht um die folgende Frage; *the last chapter is ~ed with ...* das letzte Kapitel behandelt ... **2.** (≈ *affect*) betreffen; *that doesn't ~ you* das betrifft Sie nicht; (*as snub*) das geht Sie nichts an; *where money is ~ed* wenn es um Geld geht; *as far as the money is ~ed* was das Geld betrifft; *as far as he is*

~ed it's just another job, but ... für ihn ist es nur ein anderer Job, aber ...; *as far as I'm ~ed you can do what you like* von mir aus kannst du tun und lassen, was du willst; *the department ~ed* (≈ *involved*) die betreffende Abteilung; *the persons ~ed* die Betroffenen **3.** (≈ *interest*) *he is only ~ed with facts* ihn interessieren nur die Fakten; *we should be ~ed more with or about quality* Qualität sollte uns ein größeres Anliegen sein; *there's no need for you to ~ yourself about that* darum brauchen Sie sich nicht zu kümmern **4.** (≈ *worry*) *to be ~ed about sth* sich (*dat*) um etw Sorgen machen; *I was very ~ed to hear about your illness* ich habe mir Sorgen gemacht, als ich von Ihrer Krankheit hörte; *I am ~ed to hear that ...* es beunruhigt mich, dass ...; *~ed parents* besorgte Eltern **concerning** *prep* bezüglich (+*gen*)

concert *n* MUS Konzert *nt*; *were you at the ~?* waren Sie in dem Konzert?; *Madonna in ~* Madonna live **concerted** *adj* konzertiert **concertgoer** *n* Konzertbesucher(in) *m(f)* **concert hall** *n* Konzerthalle *f* **concertina** *n* Konzertina *f* **concerto** *n* Konzert *nt* **concert pianist** *n* Pianist(in) *m(f)*

concession *n* Zugeständnis *nt* (*to* an +*acc*); COMM Konzession *f*; *to make ~s to sb* jdm Zugeständnisse machen **concessionary** *adj rates, fares* verbilligt

conciliation *n* Schlichtung *f* **conciliatory** *adj* versöhnlich

concise *adj*, **concisely** *adv* präzis(e)

conclude I *v/t* **1.** (≈ *end*) beenden **2.** *deal* abschließen **3.** (≈ *infer*) folgern (*from* aus) **4.** (≈ *decide*) zu dem Schluss kommen **II** *v/i* enden; *I would like to ~ by saying ...* abschließend möchte ich sagen ... **concluding** *adj remarks* abschließend **conclusion** *n* **1.** (≈ *end*) Abschluss *m*; (*of essay etc*) Schluss *m*; *in ~* abschließend **2.** Schluss (*folgerung f*) *m*; *what ~ do you draw or reach from all this?* welchen Schluss ziehen Sie daraus? **conclusive** *adj* (≈ *convincing*) überzeugend; JUR *evidence* einschlägig; *proof* eindeutig **conclusively** *adv prove* eindeutig

concoct *v/t* COOK *etc* (zu)bereiten; (*hum*) kreieren **concoction** *n* (≈ *food*) Kreation *f*; (≈ *drink*) Gebräu *nt*

concourse *n* (≈ *place*) Eingangshalle *f*;

(*US, in park*) freier Platz

concrete¹ *adj measures* konkret

concrete² **I** *n* Beton *m* **II** *adj* Beton- **concrete mixer** *n* Betonmischmaschine *f*

concur *v/i* übereinstimmen **concurrent** *adj* gleichzeitig; *to be ~ with sth* mit etw zusammentreffen **concurrently** *adv* gleichzeitig

concuss *v/t to be ~ed* eine Gehirnerschütterung haben **concussion** *n* Gehirnerschütterung *f*

condemn *v/t* **1.** verurteilen; *to ~ sb to death* jdn zum Tode verurteilen **2.** (*fig*) verdammen (*to* zu) **3.** *building* für abbruchreif erklären **condemnation** *n* Verurteilung *f*

condensation *n* (*on window panes etc*) Kondenswasser *nt*; *the windows are covered with ~* die Fenster sind beschlagen **condense I** *v/t* **1.** kondensieren **2.** (≈ *shorten*) zusammenfassen **II** *v/i* (*gas*) kondensieren **condensed milk** *n* Kondensmilch *f*

condescend *v/i to ~ to do sth* sich herablassen, etw zu tun **condescending** *adj* (*pej*) herablassend; *to be ~ to or toward(s) sb* jdn herablassend behandeln **condescendingly** *adv* (*pej*) herablassend **condescension** *n* (*pej*) Herablassung *f*; (≈ *attitude also*) herablassende Haltung

condiment *n* Würze *f*

condition I *n* **1.** (≈ *determining factor*) Bedingung *f*; (≈ *prerequisite*) Voraussetzung *f*; *on ~ that ...* unter der Bedingung, dass ...; *on no ~* auf keinen Fall; *he made it a ~ that ...* er machte es zur Bedingung, dass ... **2. conditions** *pl* (≈ *circumstances*) Verhältnisse *pl*; *working ~s* Arbeitsbedingungen *pl*; *living ~s* Wohnverhältnisse *pl*; *weather ~s* die Wetterlage **3.** *no pl* (≈ *state*) Zustand *m*; *it is in bad ~* es ist in schlechtem Zustand; *he is in a critical ~* sein Zustand ist kritisch; *you're in no ~ to drive* du bist nicht mehr fahrtüchtig; *to be out of ~* keine Kondition haben; *to keep in/get into ~* in Form bleiben/kommen **4.** MED Beschwerden *pl*; *heart ~* Herzdrüsenleiden *nt*; *he has a heart ~* er ist herzkrank **II** *v/t* **1.** (≈ *determine*) bedingen; *to be ~ed by* bedingt sein durch **2.** (PSYCH *etc* ≈ *train*) konditionieren **conditional I** *adj* **1.** bedingt **2.** GRAM konditional, Konditional-; *the ~ tense* der Konditional **II** *n* GRAM

Konditional *m* **conditioner** *n* (*for hair*) Pflegespülung *f*; (*for washing*) Weichspüler *m* **conditioning shampoo** *n* Pflegeshampoo *nt*

condolence *n* **please accept my ~s on the death of your mother** (meine) aufrichtige Anteilnahme zum Tode Ihrer Mutter

condom *n* Kondom *nt or m*

condominium *n* (*US*) **1.** (≈ *house*) ≈ Haus *nt* mit Eigentumswohnungen **2.** (≈ *apartment*) ≈ Eigentumswohnung *f*

condone *v/t* (stillschweigend) hinwegsehen über (+*acc*)

conducive *adj* förderlich (*to* +*dat*)

conduct I *n* (≈ *behaviour*) Benehmen *nt* (*towards* gegenüber) **II** *v/t* **1.** führen; *investigation* durchführen; **~ed tour** (**of**) Führung *f* (durch); **he ~ed his own defence** er übernahm seine eigene Verteidigung **2.** MUS dirigieren **3.** PHYS leiten; *lightning* ableiten **III** *v/i* MUS dirigieren **IV** *v/r* sich benehmen

conductor *n* **1.** MUS Dirigent(in) *m(f)* **2.** (≈ *bus conductor*) Schaffner *m*, Kondukteur *m* (*Swiss*); (*US* RAIL) Zugführer *m* **3.** PHYS Leiter *m*; (≈ *lightning conductor*) Blitzableiter *m* **conductress** *n* (*on bus etc*) Schaffnerin *f*, Kondukteurin *f* (*Swiss*)

conduit *n* Leitungsrohr *nt*; ELEC Rohrkabel *nt*

cone *n* **1.** Kegel *m*; (≈ *traffic cone*) Leitkegel *m* **2.** BOT Zapfen *m* **3.** (≈ *ice-cream cone*) (Eis)tüte *f*

confectionery *n* Süßwaren *pl*

confederacy *n* POL Bündnis *nt*; (*of nations*) Konföderation *f* **confederate** *adj* konföderiert **confederation** *n* Bund *m*; **the Swiss Confederation** die Schweizerische Eidgenossenschaft

confer I *v/t* (*on, upon sb* jdm) verleihen **II** *v/i* sich beraten **conference** *n* Konferenz *f*; (*more informal*) Besprechung *f* **conference call** *n* TEL Konferenzschaltung *f* **conference room** *n* Konferenzzimmer *nt*

confess I *v/t* **1.** zugeben **2.** ECCL *Sünden* bekennen; (*to priest*) beichten **II** *v/i* **1.** gestehen (*to* +*acc*); **to ~ to sth** etw gestehen **2.** ECCL beichten **confession** *n* **1.** Eingeständnis *nt*; (*of guilt, crime etc*) Geständnis *nt*; **I have a ~ to make** ich muss dir etwas gestehen **2.** ECCL Beichte *f*; **to hear ~** (die) Beichte hören **confes-**

sional *n* Beichtstuhl *m*

confetti *n no pl* Konfetti *nt*

confidant *n* Vertraute(r) *m* **confidante** *n* Vertraute *f*

confide *v/t* anvertrauen (*to sb* jdm) ◆ **confide in** *v/i* +*prep obj* sich anvertrauen (+*dat*); **to ~ sb about sth** jdm etw anvertrauen

confidence *n* **1.** (≈ *trust*) Vertrauen *nt* (*in* zu); (≈ *confident expectation*) Zuversicht *f*; **to have** (**every/no**) **~ in sb/sth** (volles/kein) Vertrauen zu jdm/etw haben; **I have every ~ that ...** ich bin ganz zuversichtlich, dass ...; **to put one's ~ in sb/sth** auf jdn/etw bauen; **motion/vote of no ~** Misstrauensantrag *m*/-votum *nt* **2.** (≈ *self-confidence*) (Selbst)vertrauen *nt* **3. in** (**strict**) **~** (streng) vertraulich; **to take sb into one's ~** jdn ins Vertrauen ziehen **confidence trick** *n* Schwindel *m*, Pflanz *m* (*Aus*) **confidence trickster** *n* = **con man confident** *adj* **1.** (≈ *sure*) überzeugt; *look etc* zuversichtlich; **to be ~ of success** vom Erfolg überzeugt sein; **to be/feel ~ about sth** in Bezug auf etw zuversichtlich sein **2.** (≈ *self-assured*) (selbst)sicher **confidential** *adj* vertraulich; **to treat sth as ~** etw vertraulich behandeln **confidentiality** *n* Vertraulichkeit *f* **confidently** *adv* **1.** zuversichtlich **2.** (≈ *self-confidently*) selbstsicher

configure *v/t* IT konfigurieren

confine I *v/t* **1.** *person* (ein)sperren; **to be ~d to the house** nicht aus dem Haus können; **to be ~d to barracks** Kasernenarrest haben **2.** *remarks* beschränken (*to* auf +*acc*); **to ~ oneself to doing sth** sich darauf beschränken, etw zu tun **II** **confines** *pl* Grenzen *pl* **confined** *adj* *space* begrenzt **confinement** *n* (≈ *act*) Einsperren *nt*; (≈ *state*) Eingesperrtsein *nt*

confirm *v/t* **1.** bestätigen **2.** ECCL konfirmieren; *Roman Catholic* firmen **confirmation** *n* **1.** Bestätigung *f* **2.** ECCL Konfirmation *f*; (*of Roman Catholics*) Firmung *f* **confirmed** *adj* **1.** erklärt; *atheist* überzeugt; *bachelor* eingefleischt **2.** *booking* bestätigt

confiscate *v/t* beschlagnahmen; **to ~ sth from sb** jdm etw abnehmen **confiscation** *n* Beschlagnahme *f*

conflate *v/t* zusammenfassen

conflict I *n* Konflikt *m*; (≈ *fighting*) Zusammenstoß *m*; **to be in ~ with sb/sth** mit jdm/etw im Konflikt liegen; **to come**

into ~ *with sb/sth* mit jdm/etw in Konflikt geraten; ~ *of interests* Interessenkonflikt *m* **II** *v/i* im Widerspruch stehen (*with* zu) **conflicting** *adj* widersprüchlich

conform *v/i* entsprechen (*to* +*dat*); (*people*) sich anpassen (*to* an +*acc*) **conformist I** *adj* konformistisch **II** *n* Konformist *m* **conformity** *n* **1.** (≈ *uniformity*) Konformismus *m* **2.** (≈ *compliance*) Übereinstimmung *f*; (*socially*) Anpassung *f* (*with* an +*acc*)

confound *v/t* **1.** verblüffen **2.** **confounded** *adj* (*infml*) verflixt (*infml*)

confront *v/t* **1.** (≈ *face*) gegenübertreten (+*dat*); (*problems, decisions*) sich stellen (+*dat*) **2.** *to* ~ *sb with sb/sth* jdn mit jdm/etw konfrontieren; *to be* ~*ed with sth* mit etw konfrontiert sein **confrontation** *n* Konfrontation *f*

confuse *v/t* **1.** *people* verwirren; *situation* verworren machen; *don't* ~ *the issue!* bring (jetzt) nicht alles durcheinander! **2.** (≈ *mix up*) verwechseln **confused** *adj* konfus **confusing** *adj* verwirrend **confusion** *n* **1.** (≈ *disorder*) Durcheinander *nt*; *to be in* ~ durcheinander sein; *to throw everything into* ~ alles durcheinanderbringen **2.** (≈ *perplexity*) Verwirrung *f*

congeal *v/i* erstarren; (*blood*) gerinnen **congenial** *adj* ansprechend; *atmosphere* angenehm

congenital *adj* angeboren

congested *adj* überfüllt; (*with traffic*) verstopft **congestion** *n* Stau *m*; *the* ~ *in the city centre is getting so bad ...* die Verstopfung in der Innenstadt nimmt derartige Ausmaße an ... **congestion charge** *n* City-Maut *f*

conglomerate *n* Konglomerat *nt*

congratulate *v/t* gratulieren (+*dat*) **congratulations I** *pl* Glückwünsche *pl*; *to offer one's* ~ jdm gratulieren **II** *int* herzlichen Glückwunsch!; ~ *on ...!* herzlichen Glückwunsch zu ...! **congratulatory** *adj* Glückwunsch-

congregate *v/i* sich sammeln **congregation** *n* ECCL Gemeinde *f*

congress *n* **1.** (≈ *meeting*) Kongress *m*; (*of political party*) Parteitag *m* **2.** *Congress* (*US etc* POL) der Kongress **congressional** *adj* Kongress- **Congressman** *n*, *pl* **-men** Kongressabgeordnete(r) *m* **Congresswoman** *n*, *pl* **-women**

Kongressabgeordnete *f*

conifer *n* Nadelbaum *m*; ~*s* Nadelhölzer *pl* **coniferous** *adj* Nadel-

conjecture I *v/t* vermuten **II** *v/i* Vermutungen anstellen **III** *n* Vermutung *f*

conjugal *adj* ehelich; *state* Ehe-

conjugate *v/t* GRAM konjugieren **conjugation** *n* GRAM Konjugation *f*

conjunction *n* **1.** GRAM Konjunktion *f* **2.** *in* ~ *with the new evidence* in Verbindung mit dem neuen Beweismaterial; *the programme was produced in* ~ *with the NBC* das Programm wurde in Zusammenarbeit mit NBC aufgezeichnet

conjunctivitis *n* MED Bindehautentzündung *f*

conjure *v/t & v/i* zaubern; *to* ~ *something out of nothing* etwas aus dem Nichts herbeizaubern ♦ **conjure up** *v/t sep memories etc* heraufbeschwören **conjurer** *n* Zauberkünstler(in) *m(f)* **conjuring** *n* Zaubern *nt*; ~ *trick* Zaubertrick *m* **conjuror** *n* = **conjurer**

♦ **conk out** *v/i* (*infml*) den Geist aufgeben

conker *n* (*Br infml*) (Ross)kastanie *f*

con man *n*, *pl* **con men** (*infml*) Schwindler *m*, Bauernfänger *m* (*infml*)

connect I *v/t* **1.** verbinden (*to, with* mit) (*also* IT); (ELEC *etc*: *a.* **connect up**) anschließen (*to* an +*acc*); *I'll* ~ *you* TEL ich verbinde (Sie); *to be* ~*ed with* miteinander verbunden sein; *to be* ~*ed with* (*of ideas*) eine Beziehung haben zu; *he's* ~*ed with the university* er hat mit der Universität zu tun **2.** (*fig* ≈ *associate*) in Verbindung bringen; *I always* ~ *Paris with springtime* ich verbinde Paris immer mit Frühling **II** *v/i* **1.** (≈ *join*, *two parts etc*) Kontakt haben; ~*ing rooms* angrenzende Zimmer *pl* (*mit Verbindungstür*) **2.** RAIL, AVIAT *etc* Anschluss haben (*with* an +*acc*); ~*ing flight* Anschlussflug *m* ♦ **connect up** *v/t sep* ELEC *etc* anschließen (*to, with* an +*acc*)

connection *n* **1.** Verbindung *f* (*to, with* zu, mit); (*to mains*) Anschluss *m* (*to* an +*acc*); ~ *charge* TEL Anschlussgebühr *f* **2.** (*fig*) Zusammenhang *m*; *in* ~ *with* in Zusammenhang mit **3.** (≈ *business connection*) Beziehung *f* (*with* zu); *to have* ~*s* Beziehungen haben **4.** RAIL *etc* Anschluss *m* **connector** *n* (≈ *device*) Verbindungsstück *nt*; ELEC Lüsterklemme f

connive v/i (≈ *conspire*) sich verschwören

connoisseur n Kenner m

connotation n Assoziation f

conquer v/t **1.** (*lit*) *country* erobern; *enemy* besiegen **2.** (*fig*) bezwingen **conqueror** n Eroberer m, Eroberin f **conquest** n Eroberung f; (*of enemy etc*) Sieg m (*of* über +acc)

conscience n Gewissen nt; **to have a clear/guilty ~** ein reines/böses Gewissen haben (*about* wegen); **with an easy ~** mit ruhigem Gewissen; **she/it is on my~** ich habe ihretwegen/deswegen Gewissensbisse **conscientious** adj gewissenhaft **conscientiously** adv gewissenhaft **conscientious objector** n MIL Kriegsdienstverweigerer m (*aus Gewissensgründen*)

conscious adj **1.** MED bei Bewusstsein **2.** (≈ *aware*) bewusst; **to be ~ of sth** sich (*dat*) einer Sache (*gen*) bewusst sein; **I was ~ that** es war mir bewusst, dass; **environmentally ~** umweltbewusst -**conscious** adj suf -bewusst **consciously** adv bewusst **consciousness** n Bewusstsein nt; **to lose~** das Bewusstsein verlieren

conscript I v/t einberufen II n (*Br*) Wehrpflichtige(r) m **conscripted** adj *soldier* einberufen; *troops* aus Wehrpflichtigen bestehend **conscription** n Wehrpflicht f

consecrate v/t weihen **consecration** n Weihe f; (*in Mass*) Wandlung f

consecutive adj aufeinanderfolgend; *numbers* fortlaufend; **on four ~ days** vier Tage hintereinander **consecutively** adv nacheinander; *numbered* fortlaufend

consensus n Übereinstimmung f; **what's the ~?** was ist die allgemeine Meinung?; **the ~ is that ...** man ist allgemein der Meinung, dass ...; **there was no ~ (among them)** sie waren sich nicht einig

consent I v/i zustimmen (*to* +dat); **to ~ to do sth** sich bereit erklären, etw zu tun; **to ~ to sb doing sth** damit einverstanden sein, dass jd etw tut II n Zustimmung f (*to* zu); **he is by general ~ ...** man hält ihn allgemein für ...

consequence n **1.** (≈ *result*) Folge f; **in ~** folglich; **as a ~ of ...** als Folge (+gen); **to face the ~s** die Folgen tragen **2.** (≈ *im-*

portance) Wichtigkeit f; **it's of no ~** das spielt keine Rolle **consequent** adj attr daraus folgend **consequently** adv folglich

conservation n Erhaltung f **conservation area** n Naturschutzgebiet nt; (*in town*) unter Denkmalschutz stehendes Gebiet **conservationist** n Umweltschützer(in) m(f); (*as regards old buildings etc*) Denkmalpfleger(in) m(f)

conservatism n Konservatismus m **conservative** I adj konservativ; (≈ *cautious*) vorsichtig; **the Conservative Party** (*Br*) die Konservative Partei II n POL: a. **Conservative** Konservative(r) m/f(m) **conservatively** adv konservativ; *estimate, invest* vorsichtig

conservatory n Wintergarten m **conserve** v/t erhalten; *strength* schonen; *energy* sparen

consider v/t **1.** *idea, offer* nachdenken über (+acc); *possibilities* sich (*dat*) überlegen **2.** (≈ *have in mind*) in Erwägung ziehen; **I'm ~ing going abroad** ich spiele mit dem Gedanken, ins Ausland zu gehen **3.** (≈ *entertain*) in Betracht ziehen; **I won't even ~ it!** ich denke nicht daran!; **I'm sure he would never ~ doing anything criminal** ich bin überzeugt, es käme ihm nie in den Sinn, etwas Kriminelles zu tun **4.** (≈ *take into account*) denken an (+acc); *cost, difficulties, facts* berücksichtigen; **when one ~s that ...** wenn man bedenkt, dass ...; **all things ~ed** alles in allem; **~ my position** überlegen Sie sich meine Lage; **~ this case, for example** nehmen Sie zum Beispiel diesen Fall; **have you ~ed going by train?** haben Sie daran gedacht, mit dem Zug zu fahren? **5.** (≈ *regard as*) betrachten als; *person* halten für; **to ~ sb to be ...** jdn für ... halten; **to ~ oneself lucky** sich glücklich schätzen; **~ it done!** schon so gut wie geschehen! **6.** (≈ *look at*) (eingehend) betrachten

considerable adj beträchtlich; *interest, income* groß; *number, achievement etc* beachtlich; **to a ~ extent or degree** weitgehend; **for some ~ time** eine ganze Zeit **considerably** adv *older* beträchtlich **considerate** adj rücksichtsvoll (*to* (-wards) gegenüber); (≈ *kind*) aufmerksam **considerately** adv rücksichtsvoll **consideration** n **1.** *no pl* (≈ *careful thought*) Überlegung f; **I'll give it my ~**

ich werde es mir überlegen **2.** *no pl* **to take sth into~** etw berücksichtigen; **taking everything into~** alles in allem; **the matter is under~** die Sache wird zurzeit geprüft (*form*); **in~of** (≈ *in view of*) mit Rücksicht auf (+*acc*) **3.** *no pl* (≈ *thoughtfulness*) Rücksicht *f* (*for* auf +*acc*); **to show** *or* **have ~ for sb** Rücksicht auf jdn nehmen; **his lack of ~ (for others)** seine Rücksichtslosigkeit (anderen gegenüber) **4.** (≈ *factor*) Faktor *m*; **money is not a ~** Geld spielt keine Rolle **considered** *adj opinion* ernsthaft **considering I** *prep* wenn man ... (*acc*) bedenkt **II** *cj* wenn man bedenkt **III** *adv* **it's not too bad ~** es ist eigentlich gar nicht so schlecht

consign *v/t* (≈ *commit*) übergeben (*to* +*dat*); **it was ~ed to the rubbish heap** es landete auf dem Abfallhaufen **consignment** *n* Sendung *f* **consignment note** *n* COMM Frachtbrief *m*

consist *v/i* **to~ of** bestehen aus; **his happiness ~s in helping others** sein Glück besteht darin, anderen zu helfen

consistency *n* **1.** *no pl* Konsequenz *f*; **his statements lack ~** seine Aussagen widersprechen sich **2.** *no pl* (*of performance*) Stetigkeit *f*; (*of style*) Einheitlichkeit *f* **3.** (*of substance*) Konsistenz *f* **consistent** *adj* **1.** konsequent **2.** *performance* stetig; *style* einheitlich **3.** (≈ *in agreement*) **to be ~ with sth** einer Sache (*dat*) entsprechen **consistently** *adv* **1.** *behave* konsequent; *fail* ständig; *reject* hartnäckig **2.** (≈ *uniformly*) einheitlich

consolation *n* Trost *m no pl*; **it is some ~ to know that ...** es ist tröstlich zu wissen, dass ...; **old age has its ~s** das Alter hat auch seine guten Seiten **consolation prize** *n* Trostpreis *m*

console[1] *v/t* trösten

console[2] *n* (Kontroll)pult *nt*

consolidate *v/t* **1.** (≈ *confirm*) festigen **2.** (≈ *combine*) zusammenlegen; *companies* zusammenschließen **consolidation** *n* (≈ *strengthening*) Festigung *f*

consommé *n* Kraftbrühe *f*

consonant *n* PHON Konsonant *m*

consortium *n* Konsortium *nt*

conspicuous *adj* auffällig; *lack of sympathy etc* offensichtlich; **to be/make oneself ~** auffallen; **he was ~ by his absence** er glänzte durch Abwesenheit **conspicuously** *adv silent, uneasy* auf-

fällig

conspiracy *n* Verschwörung *f*; **a ~ of silence** ein verabredetes Schweigen **conspirator** *n* Verschwörer(in) *m(f)* **conspiratorial** *adj* verschwörerisch **conspire** *v/i* (*people*) sich verschwören (*against* gegen); **to ~ (together) to do sth** sich verabreden, etw zu tun

constable *n* (*Br* ≈ *police constable*) Polizist(in) *m(f)* **constabulary** *n* (*Br*) Polizei *f no pl*

constancy *n* (*of support*) Beständigkeit *f*; (*of friend, lover*) Treue *f* **constant I** *adj* **1.** *interruptions* ständig **2.** *temperature* konstant **3.** *affection* beständig **II** *n* Konstante *f* **constantly** *adv* (an)dauernd

constellation *n* Konstellation *f*

consternation *n* (≈ *dismay*) Bestürzung *f*; (≈ *worry*) Sorge *f*; **in ~** bestürzt; **to cause~** Grund zur Sorge geben; (*news*) Bestürzung auslösen

constipated *adj* **he is ~** er hat Verstopfung **constipation** *n no pl* Verstopfung *f*

constituency *n* POL Wahlkreis *m* **constituent I** *adj* **~ part** Bestandteil **~ II** *n* **1.** POL Wähler(in) *m(f)* **2.** (≈ *part*) Bestandteil *m*

constitute *v/t* **1.** (≈ *make up*) bilden **2.** (≈ *amount to*) darstellen; **that ~s a lie** das ist eine glatte Lüge

constitution *n* **1.** POL Verfassung *f*; (*of club etc*) Satzung *f* **2.** (*of person*) Konstitution *f*; **to have a strong~** eine starke Konstitution haben **constitutional** *adj* POL Verfassungs-; *monarchy* konstitutionell

constrained *adj* gezwungen; **to feel ~ by sth** sich durch etw eingeengt sehen **constraint** *n* **1.** (≈ *compulsion*) Zwang *m* **2.** (≈ *restriction*) Beschränkung *f*

constrict *v/t* **1.** (≈ *compress*) einzwängen **2.** (≈ *hamper*) behindern **constriction** *n* (*of movements*) Behinderung *f*

construct *v/t* bauen; *sentence* bilden; *novel etc* aufbauen; *theory* entwickeln **construction** *n* **1.** (*of building, road*) Bau *m*; **under~** in *or* im Bau; **sentence ~** Satzbau *m* **2.** (≈ *sth constructed*) Bau *m*; (≈ *bridge, also* GRAM) Konstruktion *f* **construction industry** *n* Bauindustrie *f* **construction site** *n* Baustelle *f* **construction worker** *n* Bauarbeiter(in) *m(f)* **constructive** *adj*, **constructively** *adv* konstruktiv

consul *n* Konsul *m* **consulate** *n* Konsulat *nt*

consult I *v/t* konsultieren; *dictionary* nachschlagen in (+*dat*); *map* nachsehen auf (+*dat*); *he did it without ~ing anyone* er hat das getan, ohne jemanden zu fragen **II** *v/i* (≈ *confer*) sich beraten **consultancy** *n* (≈ *business*) Beratungsbüro *nt* **consultant I** *n* **1.** (*Br* MED) Facharzt *m*/-ärztin *f* (*am Krankenhaus*) **2.** (*other professions*) Berater(in) *m(f)*; **~s** (≈ *business*) Beratungsbüro *nt* **II** *adj attr* beratend **consultation** *n* Besprechung *f*; (*of doctor, lawyer*) Konsultation *f* (*of* +*gen*); *in ~ with* in gemeinsamer Beratung mit **consulting hours** *pl* MED Sprechstunde *f*, Ordination *f* (*Aus*) **consulting room** *n* MED Sprechzimmer *nt*, Ordination *f* (*Aus*)

consumable *n* Konsumgut *nt*; **~s** IT Verbrauchsmaterial *nt* **consume** *v/t* **1.** *food, drink* zu sich nehmen; ECON konsumieren **2.** (*fire*) vernichten; *fuel* verbrauchen; *energy* aufbrauchen **consumer** *n* Verbraucher(in) *m(f)* **consumer borrowing** *n* Kreditaufnahme *f* durch Verbraucher **consumer demand** *n* Nachfrage *f* **consumer goods** *pl* Konsumgüter *pl* **consumer group** *n* Verbrauchergruppe *f* **consumerism** *n* Konsumdenken *nt* **consumer profile** *n* Verbraucherprofil *nt* **consumer protection** *n* Verbraucherschutz *m* **consumer society** *n* Konsumgesellschaft *f* **consumer spending** *n* Verbraucherausgaben *pl* **consuming** *adj ambition* glühend **consummate I** *adj skill* vollendet **II** *v/t marriage* vollziehen

consumption *n* Konsum *m*; (*of non-edible products*) Verbrauch *m*; *not fit for human ~* zum Verzehr ungeeignet; *world ~ of oil* Weltölverbrauch *m*

contact I *n* **1.** Kontakt *m*; *to be in ~ with sb/sth* (≈ *in communication*) mit jdm/etw in Kontakt stehen; *to keep in ~ with sb* mit jdm in Kontakt bleiben; *to come into ~ with sb/sth* mit jdm/etw in Berührung kommen; *he has no ~ with his family* er hat keinen Kontakt zu seiner Familie; *I'll get in ~* ich werde von mir hören lassen; *how can we get in(to) ~ with him?* wie können wir ihn erreichen?; *to make ~* (≈ *get in touch*) sich miteinander in Verbindung setzen; *to lose ~* (*with sb/sth*) den Kontakt (zu

jdm/etw) verlieren **2.** (≈ *person*) Kontaktperson *f*; **~s** *pl* Kontakte *pl* **II** *v/t person* sich in Verbindung setzen mit; *police* sich wenden an (+*acc*); *I've been trying to ~ you for hours* ich versuche schon seit Stunden, Sie zu erreichen **contact lens** *n* Kontaktlinse *f*

contagious *adj* (MED, *fig*) ansteckend

contain *v/t* **1.** (≈ *hold within itself*) enthalten **2.** (*box, room*) fassen **3.** *emotions, oneself* beherrschen; *disease, inflation* in Grenzen halten; *he could hardly ~ himself* er konnte kaum an sich (*acc*) halten

container I *n* **1.** Behälter *m* **2.** (COMM, *for transport*) Container *m* **II** *adj attr* Container-; *~ ship* Containerschiff *nt*

contaminate *v/t* verschmutzen; (≈ *poison*) vergiften; (*radioactivity*) verseuchen **contamination** *n no pl* Verschmutzung *f*; (*by poison*) Vergiftung *f*; (*by radioactivity*) Verseuchung *f*

contd *abbr of* **continued** Forts., Fortsetzung *f*

contemplate *v/t* **1.** (≈ *look at*) betrachten **2.** (≈ *reflect upon*) nachdenken über (+*acc*); (≈ *consider*) in Erwägung ziehen; *he would never ~ violence* der Gedanke an Gewalttätigkeit würde ihm nie kommen; *to ~ doing sth* daran denken, etw zu tun **contemplation** *f no pl* (≈ *deep thought*) Besinnung *f*

contemporary I *adj* **1.** (≈ *of the same time*) *events* gleichzeitig; *literature* zeitgenössisch **2.** (≈ *present*) *life* heutig; *art* zeitgenössisch **II** *n* Altersgenosse *m*/-genossin *f*; (*in history*) Zeitgenosse *m*/-genossin *f*

contempt *n* **1.** Verachtung *f*; *to hold in ~* verachten; *beneath ~* unter aller Kritik **2.** JUR *to be in ~* (*of court*) das Gericht missachten **contemptible** *adj* verachtenswert **contemptuous** *adj* verächtlich; *person* herablassend

contend I *v/i* **1.** (≈ *compete*) kämpfen; *then you'll have me to ~ with* dann bekommst du es mit mir zu tun **2.** *to ~ with sb/sth* mit jdm/etw fertig werden **II** *v/t* behaupten **contender** *n* Kandidat(in) *m(f)*; SPORTS Wettkämpfer(in) *m(f)* (*for* um)

content¹ **I** *adj pred* zufrieden; *to be/feel ~* zufrieden sein; *she's quite ~ to stay at home* sie bleibt ganz gern zu Hause **II** *v/t to ~ oneself with* sich zufriedengeben mit; **to ～ oneself with doing sth** sich damit zufriedengeben, etw zu tun

content² n **1.** **contents** pl (of room, book etc) Inhalt m; (**table of**) **～s** Inhaltsverzeichnis nt **2.** no pl (≈ component) Gehalt m

contented adj, **contentedly** adv zufrieden

contention n **1.** **that is no longer in ～** das steht nicht mehr zur Debatte **2.** (≈ argument) Behauptung f **3.** (in contest) **to be in ～** (**for sth**) Chancen (auf etw acc) haben **contentious** adj umstritten

contentment n Zufriedenheit f

contest I n (for um) Kampf m; (≈ beauty contest etc) Wettbewerb m; **it's no ～** das ist ein ungleicher Kampf **II** v/t **1.** (≈ fight over) kämpfen um **2.** (≈ dispute) bestreiten; JUR will anfechten **contestant** n (Wettbewerbs)teilnehmer(in) m(f); (in quiz) Kandidat(in) m(f)

context n Zusammenhang m; (**taken**) **out of ～** aus dem Zusammenhang gerissen

continent n GEOG Kontinent m; (≈ mainland) Festland nt; **the Continent** (**of Europe**) (Br) Kontinentaleuropa nt; **on the Continent** in Europa **continental** adj **1.** GEOG kontinental **2.** (Br) europäisch; holidays in Europa **continental breakfast** n kleines Frühstück **continental quilt** n Steppdecke f

contingency n Eventualität f; **a ～ plan** ein Ausweichplan m

contingent n Kontingent nt; MIL Trupp m

continual adj, **continually** adv (≈ frequent) ständig; (≈ unceasing) ununterbrochen **continuation** n **1.** Fortsetzung f **2.** (≈ resumption) Wiederaufnahme f

continue I v/t fortsetzen; **to ～ doing** or **to do sth** etw weiter tun; **to ～ to read, to ～ reading** weiterlesen; **to be ～d** Fortsetzung folgt; **～d on p 10** Fortsetzung auf Seite 10 **II** v/i (person) weitermachen; (crisis) (an)dauern; (weather) anhalten; (≈ road, concert etc) weitergehen; **to ～ on one's way** weiterfahren; (on foot) weitergehen; **he ～d after a short pause** er redete / schrieb / las etc nach einer kurzen Pause weiter; **to ～ with one's work** mit seiner Arbeit weitermachen; **please ～** bitte machen Sie weiter; (in talking) fahren Sie fort; **he ～s to be optimistic** er ist nach wie vor optimistisch; **to ～ at university/with a company/as sb's secretary** auf der Universität / bei einer

Firma / jds Sekretärin bleiben **continuity** n Kontinuität f **continuous** adj dauernd; line durchgezogen; rise, movement etc stetig; **to be in ～ use** ständig in Benutzung sein; **～ assessment** Beurteilung f der Leistungen während des ganzen Jahres; **～ tense** GRAM Verlaufsform f **continuously** adv (≈ repeatedly) dauernd; (≈ ceaselessly) ununterbrochen; rise, move stetig

contort v/t verziehen (into zu); **a face ～ed with pain** ein schmerzverzerrtes Gesicht **contortion** n (esp of acrobat) Verrenkung f; (of features) Verzerrung f **contortionist** n Schlangenmensch m

contour n **1.** Kontur f **2.** GEOG Höhenlinie f **contour line** n Höhenlinie f **contour map** n Höhenlinienkarte f

contra- pref Gegen-, Kontra-

contraband n no pl Schmuggelware f

contraception n Empfängnisverhütung f

contraceptive I n empfängnisverhütendes Mittel **II** adj empfängnisverhütend; pill Antibaby-

contract¹ I n (≈ agreement) Vertrag m; (COMM ≈ order) Auftrag m; **to enter into** or **make a ～** einen Vertrag eingehen; **to be under ～** unter Vertrag stehen (to bei, mit) **II** v/t debts machen; illness erkranken an (+dat) **III** v/i COMM **to ～ to do sth** sich vertraglich verpflichten, etw zu tun ◆ **contract out I** v/i sich nicht anschließen (of +dat) **II** v/t sep COMM außer Haus machen lassen (to von)

contract² v/i (muscle, metal etc) sich zusammenziehen

contract bridge n Kontrakt-Bridge nt

contraction n **1.** (of metal, muscles) Zusammenziehen nt **2.** (in childbirth) **～s** Wehen pl

contractor n (≈ individual) Auftragnehmer m; (≈ building contractor) Bauunternehmer m; **that is done by outside ～s** damit ist eine andere Firma beauftragt

contractual adj vertraglich

contradict v/t (person) widersprechen (+dat); **to ～ oneself** sich (dat) widersprechen **contradiction** n Widerspruch m (of zu); **full of ～s** voller Widersprüchlichkeiten **contradictory** adj widersprüchlich

contraflow n MOT Gegenverkehr m

contralto I n Alt m **II** adj voice Alt-

contraption n (infml) Apparat m (infml)

contrary I adj (≈ opposite) entgegengesetzt; (≈ conflicting) gegensätzlich; **sth is ~ to sth** etw steht im Gegensatz zu etw; **~ to what I expected** entgegen meinen Erwartungen **II** n Gegenteil nt; **on the ~** im Gegenteil; **unless you hear to the ~** sofern Sie nichts Gegenteiliges hören; **quite the ~** ganz im Gegenteil

contrast I n Gegensatz m (with, to zu, between zwischen); (≈ striking difference, also TV) Kontrast m (with, to zu); **by** or **in ~** im Gegensatz dazu; **to be in ~ with** or **to sth** im Gegensatz/in Kontrast zu etw stehen **II** v/t gegenüberstellen (with +dat) **III** v/i im Gegensatz or in Kontrast stehen (with zu) **contrasting** adj opinions etc gegensätzlich; colours kontrastierend

contravene v/t verstoßen gegen **contravention** n **to be in ~ of ...** gegen ... verstoßen

contribute I v/t beitragen (to zu); money, supplies beisteuern (to zu); (to charity) spenden (to für) **II** v/i beitragen (to zu); (to pension, newspaper, society) einen Beitrag leisten (to zu); (to present) beisteuern (to zu); (to charity) spenden (to für) **contribution** n Beitrag m (to zu); **to make a ~ to sth** einen Beitrag zu etw leisten **contributor** n (to magazine etc) Mitarbeiter(in) m(f) (to an +dat); (of goods, money) Spender(in) m(f) **contributory** adj **1.** it's certainly **a ~ factor** es ist sicherlich ein Faktor, der mit eine Rolle spielt **2.** pension scheme beitragspflichtig

con trick n (infml) Schwindel m, Pflanz m (Aus)

contrive v/t **1.** (≈ devise) entwickeln; (≈ make) fabrizieren; **to ~ a means of doing sth** einen Weg finden, etw zu tun **2.** (≈ manage, arrange) bewerkstelligen; **to ~ to do sth** es fertigbringen, etw zu tun **contrived** adj gestellt

control I n **1.** no pl (≈ management, supervision) Aufsicht f (of über +acc); (of money) Verwaltung f (of +gen); (of situation, emotion) Beherrschung f (of +gen); (≈ self-control) (Selbst)beherrschung f; (over territory) Gewalt f (over über +acc); (of prices, disease) Kontrolle f (of +gen); **his ~ of the ball** seine Ballführung; **to be in ~ of sth, to have ~ of sth** business, office etw leiten; money

etw verwalten; **to be in ~ of sth, to have sth under ~** etw im Hand haben; car, pollution etw unter Kontrolle haben; **to have no ~ over sb/sth** keinen Einfluss auf jdn/etw haben; **to lose ~ (of sth)** (etw) nicht mehr in der Hand haben; of car die Kontrolle (über etw acc) verlieren; **to lose ~ of oneself** die Beherrschung verlieren; **to be/get out of ~** (child, class) außer Rand und Band sein/geraten; (situation, car) außer Kontrolle sein/geraten; (prices, disease, pollution) sich jeglicher Kontrolle (dat) entziehen; **to be under ~** unter Kontrolle sein; (children, class) sich benehmen; **everything is under ~** wir/sie etc haben die Sache im Griff (infml); **circumstances beyond our ~** nicht in unserer Hand liegende Umstände **2.** (≈ knob, switch) Regler m; (of vehicle, machine) Schalter m; **to be at the ~s** (of airliner) am Kontrollpult sitzen **II** v/t kontrollieren; business leiten; organization in der Hand haben; animal, child fertig werden mit; traffic regeln; emotions, movements beherrschen; temperature, speed regulieren; **to ~ oneself** sich beherrschen **control centre**, (US) **control center** n Kontrollzentrum nt **control desk** n Steuer- or Schaltpult nt; TV, RADIO Regiepult nt **control freak** n (infml) **most men are total ~s** (of airliner) die meisten Männer müssen immer alles unter Kontrolle haben **control key** n IT Control-Taste f **controlled** adj **~ drugs** or **substances** verschreibungspflichtige Medikamente pl **controller** n **1.** (≈ director: RADIO) Intendant(in) m(f) **2.** (≈ financial head) Leiter(in) m(f) des Rechnungswesens **controlling** adj attr body Aufsichts- **control panel** n Schalttafel f; (on aircraft, TV) Bedienungsfeld nt **control room** n Kontrollraum m; MIL (Operations)zentrale f; (of police) Zentrale f **control tower** n AVIAT Kontrollturm m

controversial adj umstritten **controversy** n Streit m

conundrum n Rätsel nt

conurbation n Ballungsgebiet nt

convalesce v/i genesen (from, after von) **convalescence** n (≈ period) Genesung(szeit) f

convection oven n (US) Umluftherd m

convene I v/t meeting einberufen **II** v/i zusammenkommen; (parliament, court)

zusammentreten
convenience n 1. no pl (≈ amenity) Annehmlichkeit f; **for the sake of ~** aus praktischen Gründen; **with all modern ~s** mit allem modernen Komfort 2. no pl **at your own ~** wann es Ihnen passt (infml); **at your earliest ~** COMM möglichst bald **convenience foods** pl Fertiggerichte pl
convenient adj (≈ useful) praktisch; area günstig gelegen; time günstig; **if it is ~** wenn es Ihnen (so) passt; **is tomorrow ~ (for you)?** passt (es) Ihnen morgen?; **the trams are very ~** (≈ nearby) die Straßenbahnhaltestellen liegen sehr günstig; (≈ useful) die Straßenbahn ist sehr praktisch **conveniently** adv günstigerweise; situated günstig
convent n (Frauen)kloster nt
convention n 1. Brauch m; (≈ social rule) Konvention f 2. (≈ agreement) Abkommen nt 3. (≈ conference) Konferenz f; POL Versammlung f **conventional** adj konventionell, herkömmlich; style traditionell; **~ medicine** konventionelle Medizin **conventionally** adv konventionell
converge v/i (lines) zusammenlaufen (at in or an +dat); MAT, PHYS konvergieren (at in +dat); **to ~ on sb/sth/New York** von überallher zu jdm/etw/nach New York strömen **convergence** n (fig, of views etc) Annäherung f; **~ criteria** (in EU) Konvergenzkriterien pl
conversation n Unterhaltung f; SCHOOL Konversation f; **to make ~** Konversation machen; **to get into/be in ~ with sb** mit jdm ins Gespräch kommen/im Gespräch sein; **to have a ~ with sb (about sth)** sich mit jdm (über etw acc) unterhalten **conversational** adj Unterhaltungs-; **~ German** gesprochenes Deutsch **conversationally** adv write im Plauderton **conversationalist** n guter Gesprächspartner, gute Gesprächspartnerin; **not much of a ~** nicht gerade ein Konversationsgenie
converse[1] v/i (form) sich unterhalten
converse[2] n (≈ opposite) Gegenteil nt **conversely** adv umgekehrt
conversion n 1. Konversion f (into in +acc); (of van etc) Umrüstung f; (of building) Umbau m (into zu); **~ table** Umrechnungstabelle f 2. (REL, fig) Bekehrung f **convert I** n Bekehrte(r) m/f(m); (to another denomination) Kon-

vertit m; **to become a ~ to sth** (lit, fig) sich zu etw bekehren **II** v/t 1. (≈ transform) konvertieren (into in +acc); van etc umrüsten (into zu); attic ausbauen (into zu); building umbauen (into zu) 2. (REL, fig) bekehren (to zu); (to another denomination) konvertieren **III** v/i sich verwandeln lassen (into in +acc) **converted** adj umgebaut; loft ausgebaut **convertible I** adj verwandelbar **II** n (≈ car) Cabrio nt
convex adj konvex, Konvex-
convey v/t 1. (≈ transport) befördern 2. opinion, idea vermitteln; meaning klarmachen; message, best wishes übermitteln **conveyancing** n JUR (Eigentums)übertragung f **conveyor belt** n Fließband nt; (for transport, supply) Förderband nt
convict I n Sträfling m **II** v/t JUR verurteilen (of wegen); **a ~ed criminal** ein verurteilter Verbrecher, eine verurteilte Verbrecherin **conviction** n 1. JUR Verurteilung f; previous **~s** Vorstrafen 2. (≈ belief) Überzeugung f; **his speech lacked ~** seine Rede klang wenig überzeugend; **his fundamental political ~s** seine politische Gesinnung
convince v/t überzeugen; **I'm trying to ~ him that ...** ich versuche, ihn davon zu überzeugen, dass ... **convinced** adj überzeugt **convincing** adj, **convincingly** adv überzeugend
convivial adj 1. heiter und unbeschwert 2. (≈ sociable) gesellig
convoluted adj verwickelt
convoy n (fig) Konvoi m; **in ~** im Konvoi
convulsion n MED Schüttelkrampf m no pl
coo v/i gurren
cook I n Koch m, Köchin f; **she is a good ~** sie kocht gut; **too many ~s (spoil the broth)** (prov) viele Köche verderben den Brei (prov) **II** v/t food zubereiten; (in water etc) kochen; (≈ fry, roast) braten; **a ~ed meal** eine warme Mahlzeit; **a ~ed breakfast** ein Frühstück nt mit warmen Gerichten **III** v/i kochen; (≈ fry, roast) braten; **the pie takes half an hour to ~** die Pastete ist in einer halben Stunde fertig **cookbook** n Kochbuch nt
cooker n (esp Br) Herd m **cooker hood** n (Br) Abzugshaube f **cookery** n Kochen nt; **French ~** französische Küche **cookery book** n Kochbuch nt

cookie, cooky *n* **1.** (*US*) Keks *m*, Biskuit *nt* (*Swiss*); *Christmas ~* Weihnachtsplätzchen *nt* **2.** IT Cookie *nt*

cooking *n* Kochen *nt*; (≈ *food*) Essen *nt*; *French ~* französisches Essen; *his ~ is atrocious* er kocht miserabel **cooking apple** *n* Kochapfel *m*

cool I *adj* (+*er*) **1.** kühl; *serve ~* kalt *or* (gut) gekühlt servieren; *"keep in a ~ place"* „kühl aufbewahren" **2.** (≈ *calm*) besonnen; *to keep ~* einen kühlen Kopf behalten; *keep ~!* reg dich nicht auf! **3.** (≈ *audacious*) kaltblütig; *a ~ customer* (*infml*) ein cooler Typ (*infml*) **4.** (*infml* ≈ *great*) cool (*sl*); *to act ~* sich cool geben (*sl*) **II** *n* **1.** Kühle *f* **2.** (*infml*) *keep your ~!* reg dich nicht auf!; *to lose one's ~* durchdrehen (*infml*) **III** *v/t* **1.** kühlen; (≈ *cool down*) abkühlen **2.** (*infml*) *~ it!* reg dich ab! (*infml*) **IV** *v/i* abkühlen ♦ **cool down I** *v/i* **1.** (*lit*) abkühlen; (*person*) sich abkühlen **2.** (≈ *calm down*) sich beruhigen; *to let things ~* die Sache etwas ruhen lassen **II** *v/t sep* abkühlen ♦ **cool off** *v/i* sich abkühlen

cool bag *n* Kühltasche *f* **cool box** *n* Kühlbox *f* **cooling** *adj* drink, shower kühlend; *effect* (ab)kühlend; *affection* abnehmend; *enthusiasm, interest* nachlassend **coolly** *adv* **1.** (≈ *calmly*) ruhig **2.** (≈ *in an unfriendly way*) kühl **3.** (≈ *audaciously*) kaltblütig **coolness** *n* **1.** Kühle *f* **2.** (≈ *calmness*) Besonnenheit *f* **3.** (≈ *audacity*) Kaltblütigkeit *f*

coop *n* (*a.* **hen coop**) Hühnerstall *m* ♦ **coop up** *v/t sep* person einsperren; *several people* zusammenpferchen (*infml*)

co-op *n* (≈ *shop*) Konsum *m* **cooperate** *v/i* zusammenarbeiten **cooperation** *n* Zusammenarbeit *f* **cooperative I** *adj* **1.** kooperativ **2.** *firm* auf Genossenschaftsbasis; *~ farm* Bauernhof *m* auf Genossenschaftsbasis **II** *n* Genossenschaft *f* **cooperative bank** *n* (*US*) Genossenschaftsbank *f*

coopt *v/t* selbst (hinzu)wählen; *he was ~ed onto the committee* er wurde vom Komitee selbst dazugewählt

coordinate I *n* Koordinate *f*; *~s* (≈ *clothes*) Kleidung *f* zum Kombinieren **II** *v/t* koordinieren; *to ~ one thing with another* eine Sache auf eine andere abstimmen **coordinated** *adj* koordiniert **coordination** *n* Koordination *f* **coordinator** *n* Koordinator(in) *m(f)*

cop I *n* (*infml*) Polizist(in) *m(f)*, Bulle *m* (*pej infml*) **II** *v/t* (*infml*) *you're going to ~ it* du wirst Ärger kriegen (*infml*) ♦ **cop out** *v/i* (*infml*) aussteigen (*infml*) (*of* aus)

cope *v/i* zurechtkommen; (*with work*) es schaffen; *to ~ with* fertig werden mit; *I can't ~ with all this work* ich bin mit all der Arbeit überfordert

Copenhagen *n* Kopenhagen *nt*

copier *n* Kopierer *m*

co-pilot *n* Kopilot(in) *m(f)*

copious *adj* reichlich; *~ amounts of sth* reichliche Mengen von etw

cop-out *n* (*infml*) Rückzieher *m* (*infml*); *this solution is just a ~* diese Lösung weicht dem Problem nur aus

copper *n* **1.** (≈ *metal*) Kupfer *nt* **2.** (≈ *colour*) Kupferrot *nt* **3.** (*esp Br infml* ≈ *coin*) *~s* Kleingeld *nt* **4.** (*infml* ≈ *policeman*) Polizist(in) *m(f)*, Bulle *m* (*pej infml*)

co-produce *v/t* koproduzieren

copse *n* Wäldchen *nt*

copulate *v/i* kopulieren **copulation** *n* Kopulation *f*

copy I *n* **1.** Kopie *f*; PHOT Abzug *m*; *to take or make a ~ of sth* eine Kopie von etw machen; *to write out a fair ~* etw ins Reine schreiben **2.** (*of book etc*) Exemplar *nt*; *a ~ of today's "Times"* die „Times" von heute **3.** PRESS *etc* Text *m* **II** *v/i* (≈ *imitate*) nachahmen; SCHOOL *etc* abschreiben **III** *v/t* **1.** (≈ *make a copy of*) kopieren; (≈ *write out again*) abschreiben; *to ~ sth to a disk* etw auf eine Diskette kopieren **2.** (≈ *imitate*) nachmachen **3.** SCHOOL *etc sb else's work* abschreiben; *to ~ Brecht* (von) Brecht abschreiben **copycat I** *n* (*infml*) Nachahmer(in) *m(f)* **II** *adj attr his was a ~ crime* er war ein Nachahmungstäter **copy editor** *n* PRESS Redakteur(in) *m(f)* **copying machine** *n* Kopiergerät *nt* **copy-protected** *adj* IT kopiergeschützt **copyright** *n* Urheberrecht *nt* **copywriter** *n* Werbetexter(in) *m(f)*

coral *n* Koralle *f* **coral reef** *n* Korallenriff *nt*

cord I *n* **1.** Schnur *f*; (*for clothes*) Kordel *f* **2.** **cords** *pl* (*a.* **a pair of cords**) Kordhose *f*, Schnürlsamthose *f* (*Aus*) **II** *attr* (*Br*) Kord-, Schnürlsamt- (*Aus*)

cordial I *adj* freundlich **II** *n* (≈ *drink*) Fruchtsaftkonzentrat *nt*

cordless adj schnurlos
cordon n Kordon m ◆ **cordon off** v/t sep absperren
cordon bleu adj cook vorzüglich; recipe, dish exquisit
corduroy n Kordsamt m, Schnürlsamt m (Aus)
core I n Kern m; (of apple) Kerngehäuse nt; (of rock) Innere(s) nt; **rotten to the ~** (fig) durch und durch schlecht; **shaken to the ~** zutiefst erschüttert **II** adj attr issue Kern-; subject Haupt-; **~ activity** or **business** comm Kerngeschäft nt **III** v/t fruit entkernen; apple das Kerngehäuse (+gen) entfernen **corer** n cook Apfelstecher m
Corfu n Korfu nt
coriander n Koriander m
cork I n **1.** no pl (≈ substance) Kork m **2.** (≈ stopper) Korken m **II** v/t zu- or verkorken **III** adj Kork- **corked** adj **the wine is ~** der Wein schmeckt nach Kork **corkscrew** n Korkenzieher m
corn¹ n **1.** no pl (Br ≈ cereal) Getreide nt **2.** (≈ seed of corn) Korn nt **3.** no pl (esp US ≈ maize) Mais m
corn² n (on foot) Hühnerauge nt; **~ plaster** Hühneraugenpflaster nt
corn bread n (US) Maisbrot nt **corncob** n Maiskolben m
cornea n Hornhaut f
corned beef n Corned Beef nt
corner I n Ecke f; ftbl also Corner m (Aus, Swiss); (of mouth ≈ place) Winkel m; (in road) Kurve f; **at** or **on the ~** an der Ecke; **it's just round the ~** (≈ near) es ist gleich um die Ecke; (infml ≈ about to happen) das steht kurz bevor; **to turn the ~** (lit) um die Ecke biegen; **we've turned the ~ now** (fig) wir sind jetzt über den Berg; **out of the ~ of one's eye** aus dem Augenwinkel (heraus); **to cut ~s** (fig) das Verfahren abkürzen; **to drive** or **force sb into a ~** (fig) jdn in die Enge treiben; **to fight one's ~** (esp Br fig) für seine Sache kämpfen; **in every ~ of Europe/the globe** in allen (Ecken und) Winkeln Europas / der Erde; **an attractive ~ of Britain** eine reizvolle Gegend Großbritanniens; **to take a ~** ftbl eine Ecke ausführen **II** v/t **1.** in die Enge treiben **2.** comm the market monopolisieren **III** v/i **this car ~s well** dieses Auto hat eine gute Kurvenlage -**cornered** adj suf -eckig; **three-cornered**

dreieckig **corner kick** n ftbl Eckstoß m, Corner m (Aus, Swiss) **corner seat** n rail Eckplatz m **corner shop** n Laden m an der Ecke **cornerstone** n Grundstein m **corner store** n (US) = **corner shop**
cornet n **1.** mus Kornett nt **2.** (≈ ice-cream cornet) (Eis)tüte f
cornfield n (Br) Kornfeld nt; (US) Maisfeld nt **cornflakes** pl Cornflakes pl **cornflour** n (Br) Stärkemehl nt **cornflower** n Kornblume f
cornice n arch (Ge)sims nt
Cornish adj aus Cornwall **Cornish pasty** n (Br) Gebäckstück aus Blätterteig mit Fleischfüllung
cornmeal n (US) Maismehl nt **cornstarch** n (US) Stärkemehl nt
cornucopia n (fig) Fülle f
corny adj (+er) (infml) **1.** joke blöd (infml) **2.** (≈ sentimental) kitschig
coronary I adj med Koronar- (tech); **~ failure** Herzversagen nt (infml) **II** n Herzinfarkt m
coronation n Krönung f
coroner n Beamter, der Todesfälle untersucht, die nicht eindeutig eine natürliche Ursache haben
coronet n Krone f
corp. abbr of **corporation**
corporal n mil Stabsunteroffizier(in) m(f)
corporal punishment n Prügelstrafe f
corporate adj **1.** (≈ of a group) gemeinsam **2.** (of a corporation) korporativ; (of a company) Firmen-; jur Korporations-; **~ finance** Unternehmensfinanzen pl; **~ identity** Corporate Identity f; **~ image** Firmenimage nt; **to move up the ~ ladder** in der Firma aufsteigen **corporate hospitality** n Unterhaltung und Bewirtung von Firmenkunden **corporate law** n Gesellschaftsrecht nt **corporation** n **1.** (≈ municipal corporation) Gemeinde f **2.** (Br comm) Handelsgesellschaft f; (US comm) Gesellschaft f mit beschränkter Haftung; **joint-stock ~** (US) Aktiengesellschaft f; **private ~** Privatunternehmen nt; **public ~** staatliches Unternehmen **corporation tax** n Körperschaftsteuer f
corps n, pl - mil Korps nt **corps de ballet** n Corps de Ballet nt
corpse n Leiche f
corpulent adj korpulent

corpus *n* **1.** (≈ *collection*) Korpus *m* **2.** (≈ *main body*) Großteil *m*; **the main ~ of his work** der Hauptteil seiner Arbeit **Corpus Christi** *n* ECCL Fronleichnam *m*
corpuscle *n* **blood ~** Blutkörperchen *nt*
corral *n* Korral *m*
correct **I** *adj* **1.** (≈ *right*) richtig; **to be ~** (*person*) recht haben; **am I ~ in thinking that ...?** gehe ich recht in der Annahme, dass ...?; **~ change only** nur abgezähltes Geld **2.** (≈ *proper*) korrekt; **it's the ~ thing to do** das gehört sich so; **she was ~ to reject the offer** es war richtig, dass sie das Angebot abgelehnt hat **II** *v/t* korrigieren; **~ me if I'm wrong** Sie können mich gern berichtigen; **I stand ~ed** ich nehme alles zurück correcting fluid *n* Korrekturflüssigkeit *f*
correction *n* Korrektur *f*; **to do one's ~s** SCHOOL die Verbesserung machen correctional *adj* (*US*) **the ~ system** das Justizvollzugssystem; **~ facility** Justizvollzugsanstalt *f* corrective **I** *adj* korrigierend; **to take ~ action** korrigierend eingreifen; **to have ~ surgery** sich einem korrigierenden Eingriff unterziehen **II** *n* Korrektiv *nt* correctly *adv* **1.** (≈ *accurately*) richtig; **if I remember ~** wenn ich mich recht entsinne **2.** *behave* korrekt correctness *n* (*of behaviour etc*) Korrektheit *f*
correlate **I** *v/t* zueinander in Beziehung setzen **II** *v/i* sich entsprechen; **to ~ with sth** mit etw in Beziehung stehen correlation *n* (≈ *correspondence*) Beziehung *f*; (≈ *close relationship*) enger Zusammenhang
correspond *v/i* **1.** (≈ *be equivalent*) entsprechen (*to, with +dat*); (*to one another*) sich entsprechen **2.** (≈ *exchange letters*) korrespondieren (*with* mit) correspondence *n* **1.** (≈ *equivalence*) Übereinstimmung *f* **2.** (≈ *letter-writing*) Korrespondenz *f*; (*in newspaper*) Leserbriefe *pl*; **to be in ~ with sb** mit jdm korrespondieren; (*private*) mit jdm in Briefwechsel stehen correspondence course *n* Fernkurs *m* correspondent *n* PRESS Korrespondent(in) *m(f)* corresponding *adj* entsprechend correspondingly *adv* (dem)entsprechend
corridor *n* Korridor *m*; (*in train, bus*) Gang *m*; **in the ~s of power** an den Schalthebeln der Macht
corroborate *v/t* bestätigen corrobora-

tion *n* Bestätigung *f*; **in ~ of** zur Unterstützung (+*gen*) corroborative *adj* erhärtend *attr*
corrode **I** *v/t* zerfressen **II** *v/i* korrodieren corroded *adj* korrodiert corrosion *n* Korrosion *f* corrosive *adj* korrosiv
corrugated *adj* gewellt; **~ cardboard** dicke Wellpappe corrugated iron *n* Wellblech *nt*
corrupt **I** *adj* verdorben; (≈ *open to bribery*) korrupt; IT *disk* nicht lesbar **II** *v/t* verderben; (*form* ≈ *bribe*) bestechen; IT *data* zerstören; **to become ~ed** (*text*) korrumpiert werden corruptible *adj* korrumpierbar corruption *n* **1.** (≈ *act*) Korruption *f*; (IT, *of data*) Zerstörung *f* **2.** (≈ *corrupt nature*) Verdorbenheit *f* corruptly *adv* korrupt
corset *n*, corsets *pl* Korsett *nt*
Corsica *n* Korsika *nt*
cortège *n* (≈ *procession*) Prozession *f*; (≈ *funeral cortège*) Leichenzug *m*
cortisone *n* Kortison *nt*
cos[1] *abbr of* cosine cos
cos[2] *n* (*a.* cos lettuce) Romagnasalat *m*
cos[3] *cj* (*infml*) = because
cosily, (*US*) cozily *adv* behaglich
cosine *n* Kosinus *m*
cosiness, (*US*) coziness *n* Gemütlichkeit *f*; (≈ *warmth*) mollige Wärme
cosmetic **I** *adj* kosmetisch **II** *n* Kosmetikum *nt* cosmetic surgery *n* kosmetische Chirurgie; **she's had ~** sie hat eine Schönheitsoperation gehabt
cosmic *adj* kosmisch cosmology *n* Kosmologie *f*
cosmopolitan *adj* kosmopolitisch
cosmos *n* Kosmos *m*
cosset *v/t* verwöhnen
cost *vb*: *pret, past part* cost **I** *v/t* **1.** kosten; **how much does it ~?** wie viel kostet es?; **how much will it ~ to have it repaired?** wie viel kostet die Reparatur?; **it ~ him a lot of time** es kostete ihn viel Zeit; **that mistake could ~ you your life** der Fehler könnte dich das Leben kosten; **it'll ~ you** (*infml*) das kostet dich was (*infml*) **2.** *pret, past part* costed (≈ *work out cost of*) veranschlagen **II** *n* **1.** (*lit*) Kosten *pl* (*of* für); **to bear the ~ of sth** die Kosten für etw tragen; **the ~ of petrol these days** die Benzinpreise heutzutage; **at little ~ to oneself** ohne große eigene Kosten; **to buy/sell at ~** zum Selbstkostenpreis kaufen/verkaufen **2.** (*fig*) Preis

m; **at all ~s**, **at any ~** um jeden Preis; **at the ~ of one's health** *etc* auf Kosten seiner Gesundheit *etc*; **at great personal ~** unter großen eigenen Kosten; **he found out to his ~ that ...** er machte die bittere Erfahrung, dass ... **3. costs** *pl* JUR Kosten *pl*; **to be ordered to pay ~s** zur Übernahme der Kosten verurteilt werden

co-star I *n* einer der Hauptdarsteller; **Burton and Taylor were ~s** Burton und Taylor spielten die Hauptrollen **II** *v/t* **the film ~s R. Burton** der Film zeigt R. Burton in einer der Hauptrollen **III** *v/i* als Hauptdarsteller auftreten

Costa Rica *n* Costa Rica *nt*

cost-cutting I *n* Kostenverringerung *f* **II** *adj attr* **~ exercise** kostendämpfende Maßnahmen *pl* **cost-effective** *adj* rentabel **cost-effectiveness** *n* Rentabilität *f* **costing** *n* Kalkulation *f* **costly** *adj* teuer **cost of living** *n* Lebenshaltungskosten *pl* **cost price** *n* Selbstkostenpreis *m* **cost-saving** *adj* kostensparend

costume *n* Kostüm *nt*; (≈ *bathing costume*) Badeanzug *m* **costume drama** *n* (≈ *film*) Kostümfilm *m*; (TV ≈ *series*) Serie *f* in historischen Kostümen **costume jewellery** *n* Modeschmuck *m*

cosy, (*US*) **cozy I** *adj* (+*er*) gemütlich; (≈ *warm*) mollig warm; (*fig*) *chat* gemütlich **II** *n* (≈ *tea cosy*) Wärmer *m*

cot *n* (*esp Br* ≈ *child's bed*) Kinderbett *nt*; (*US* ≈ *camp bed*) Feldbett *nt* **cot death** *n* (*Br*) plötzlicher Kindstod

cottage *n* Häuschen *nt* **cottage cheese** *n* Hüttenkäse *m* **cottage industry** *n* Manufaktur *f* **cottage pie** *n* Hackfleisch mit Kartoffelbrei überbacken

cotton I *n* Baumwolle *f*; (≈ *fabric*) Baumwollstoff *m*; (≈ *thread*) (Baumwoll)garn *nt* **II** *adj* Baumwoll- ◆ **cotton on** *v/i* (*Br infml*) es kapieren (*infml*); **to ~ to sth** etw checken (*infml*)

cotton bud *n* (*Br*) Wattestäbchen *nt* **cotton candy** *n* (*US*) Zuckerwatte *f* **cotton pad** *n* Wattepad *nt* **cotton-picking** *adj* (*US infml*) verflucht (*infml*) **cotton wool** *n* (*Br*) Watte *f*

couch *n* Sofa *nt*; (≈ *doctor's couch*) Liege *f*; (≈ *psychiatrist's couch*) Couch *f* **couchette** *n* RAIL Liegewagen(platz) *m* **couch potato** *n* (*infml*) Couchpotato *f*

cough I *n* Husten *m*; **he has a bit of a ~** er hat etwas Husten; **a smoker's ~** Raucherhusten *m* **II** *v/t* & *v/i* husten ◆ **cough up I** *v/t sep* (*lit*) aushusten **II** *v/t insep* (*fig infml*) *money* rausrücken (*infml*) **III** *v/i* (*fig infml*) blechen (*infml*)

cough mixture *n* Hustensaft *m* **cough sweet** *n* (*Br*) Hustenbonbon *nt*, Hustenzuckerl *nt* (*Aus*) **cough syrup** *n* Hustensaft *m*

could *pret of* **can¹**

couldn't *contraction* = **could not**

council I *n* Rat *m*; **city/town ~** Stadtrat *m*; **to be on the ~** Ratsmitglied sein; **Council of Europe** Europarat *m*; **Council of Ministers** POL Ministerrat *m* **II** *adj attr* **~ meeting** Ratssitzung *f* **council estate** *n* (*Br*) Sozialwohnungssiedlung *f* **council flat** *n* (*Br*) Sozialwohnung *f* **council house** *n* (*Br*) Sozialwohnung *f* **council housing** *n* sozialer Wohnungsbau **councillor**, (*US*) **councilor** *n* Ratsmitglied *nt*; (≈ *town councillor*) Stadtrat *m*/-rätin *f*; **~ Smith** Herr Stadtrat/Frau Stadträtin Smith **council tax** *n* (*Br*) Kommunalsteuer *f*

counsel I *n* **1.** (*form* ≈ *advice*) Rat (-schlag) *m*; **to keep one's own ~** seine Meinung für sich behalten **2.** *pl* - JUR Rechtsanwalt *m*; **~ for the defence/ prosecution** Verteidiger(in) *m(f)*/Vertreter(in) *m(f)* der Anklage **II** *v/t person* beraten; *action* empfehlen; **to ~ sb to do sth** jdm raten, etw zu tun **counselling**, (*US*) **counseling** *n* Beratung *f*; (*by therapist*) Therapie *f*; **to need ~** professionelle Hilfe brauchen; **to go for or have ~** zur Beratung/Therapie gehen **counsellor**, (*US*) **counselor** *n* **1.** (≈ *adviser*) Berater(in) *m(f)* **2.** (*US, Ir* ≈ *lawyer*) Rechtsanwalt *m*/-anwältin *f*

count¹ I *n* **1.** (*with numbers*) Zählung *f*; **she lost ~ when she was interrupted** sie kam mit dem Zählen durcheinander, als sie unterbrochen wurde; **I've lost all ~ of her boyfriends** ich habe die Übersicht über ihre Freunde vollkommen verloren; **to keep ~ (of sth)** (etw) mitzählen; **at the last ~** bei der letzten Zählung; **on the ~ of three** bei drei gehts los **2.** (JUR ≈ *charge*) Anklagepunkt *m*; **you're wrong on both ~s** (*fig*) Sie haben in beiden Punkten unrecht **II** *v/t* **1.** (*with numbers*) (ab)zählen; *votes* (aus)zählen; **I only ~ed ten people** ich habe nur zehn Leute gezählt **2.** (≈ *consider*) ansehen; (≈ *include*) mitrechnen; **to ~ sb (as) a**

friend jdn als Freund ansehen; **you should ~ yourself lucky to be alive** Sie können noch von Glück sagen, dass Sie noch leben; **not ~ing the children** die Kinder nicht mitgerechnet **III** v/i **1.** (with numbers) zählen; **to ~ to ten** bis zehn zählen; **~ing from today** von heute an (gerechnet) **2.** (≈ be considered) angesehen werden; (≈ be included) mitgerechnet werden; (≈ be important) wichtig sein; **the children don't ~** die Kinder zählen nicht; **that doesn't ~** das zählt nicht; **every minute/it all ~s** jede Minute ist/das ist alles wichtig; **to ~ against sb** gegen jdn sprechen ♦ **count down** v/i den Countdown durchführen ♦ **count for** v/i +prep obj **to ~ a lot** sehr viel bedeuten; **to ~ nothing** nichts gelten ♦ **count in** v/t sep mitzählen; **to count sb in on sth** davon ausgehen or damit rechnen, dass jd bei etw mitmacht; **you can count me in!** Sie können mit mir rechnen ♦ **count on** v/i +prep obj rechnen mit; **to ~ doing sth** die Absicht haben, etw zu tun; **you can ~ him to help you** du kannst auf seine Hilfe zählen ♦ **count out** v/t sep **1.** money etc abzählen **2.** (infml) (**you can) count me out!** ohne mich! ♦ **count up** v/t sep zusammenzählen
count² n Graf m
countable adj zählbar (GRAM) **countdown** n Countdown m
countenance n Gesichtsausdruck m
counter I n **1.** (in shop) Ladentisch m; (in café) Theke f; (in bank) Schalter m; **medicines which can be bought over the ~** Medikamente, die man rezeptfrei bekommt **2.** (≈ disc) Spielmarke f **3.** TECH Zähler m **II** v/t & v/i kontern (also SPORTS) **III** adv **~ to** gegen (+acc); **the results are ~ to expectations** die Ergebnisse widersprechen den Erwartungen **counteract** v/t entgegenwirken (+dat) **counterargument** n Gegenargument nt **counterattack I** n Gegenangriff m **II** v/t & v/i zurückschlagen **counterbalance I** n Gegengewicht nt **II** v/t ausgleichen **counterclaim** n JUR Gegenanspruch m **counter clerk** n (in bank etc) Angestellte(r) m/f(m) im Schalterdienst; (in post office etc) Schalterbeamte(r) m/-beamtin f **counterclockwise** adj, adv (US) = **anticlockwise counterespionage** n Spionageabwehr f **coun-**

terfeit I adj gefälscht; **~ money** Falschgeld nt **II** n Fälschung f **III** v/t fälschen **counterfoil** n Kontrollabschnitt m **counterintelligence** n = **counterespionage countermand** v/t aufheben **countermeasure** n Gegenmaßnahme f **counteroffensive** n MIL Gegenoffensive f **counterpart** n Gegenstück nt **counterpoint** n (MUS, fig) Kontrapunkt m **counterproductive** adj widersinnig; criticism, measures kontraproduktiv **counter-revolution** n Konterrevolution f **counter-revolutionary** adj konterrevolutionär **countersign** v/t gegenzeichnen **counter staff** pl (in shop) Verkäufer pl **counterweight** n Gegengewicht nt
countess n Gräfin f
countless adj unzählig attr
country n **1.** (≈ state) Land nt; **his own ~** seine Heimat; **to go to the ~** Neuwahlen ausschreiben; **~ of origin** COMM Ursprungsland nt **2.** no pl (as opposed to town) Land nt; (≈ countryside also) Landschaft f; **in/to the ~** auf dem/aufs Land; **this is good fishing ~** das ist eine gute Fischgegend; **this is mining ~** dies ist ein Bergbaugebiet **country and western** n Country-und-Western-Musik f **country-and-western** adj Country-und Western- **country club** n Klub auf dem Lande **country code** n **1.** TEL internationale Vorwahl **2.** (Br ≈ set of rules) Verhaltenskodex m für Besucher auf dem Lande **country dancing** n Volkstanz m **country dweller** n Landbewohner(in) m(f) **country house** n Landhaus nt **country life** n das Landleben **countryman** n **1.** (≈ compatriot) Landsmann m; **his fellow countrymen** seine Landsleute **2.** (≈ country dweller) Landmann m **country music** n Countrymusik f **country people** pl Leute pl vom Land(e) **country road** n Landstraße f **countryside** n (≈ scenery) Landschaft f; (≈ rural area) Land nt **country-wide** adj landesweit **countrywoman** n **1.** (≈ compatriot) Landsmännin f **2.** (≈ country dweller) Landfrau f
county n (Br) Grafschaft f; (US) (Verwaltungs)bezirk m **county council** n (Br) Grafschaftsrat m **county seat** n (US) Hauptstadt eines Verwaltungsbezirkes **county town** n (Br) Hauptstadt einer Grafschaft
coup n (≈ successful action) Coup m; (≈

coup d'état) Staatsstreich *m* **coup de grâce** *n* Gnadenstoß *m* **coup d'état** *n* Staatsstreich *m*

couple I *n* **1.** (≈ *pair*) Paar *nt*; (≈ *married couple*) Ehepaar *nt*; *in ~s* paarweise **2.** (*infml*) *a ~* (≈ *two*) zwei; (≈ *several*) ein paar; *a~ of letters etc* ein paar Briefe *etc*; *a ~ of times* ein paarmal; *a ~ of hours* ungefähr zwei Stunden **II** *v/t* (≈ *link*) verbinden; *carriages etc* koppeln; *smoking ~d with poor diet* ... Rauchen in Verbindung mit schlechter Ernährung ... **coupler** *n* IT Koppler *m* **couplet** *n* Verspaar *nt* **coupling** *n* **1.** (≈ *linking*) Verbindung *f*; (*of carriages etc*) Kopplung *f* **2.** (≈ *linking device*) Kupplung *f*

coupon *n* Gutschein *m*

courage *n* Mut *m*; *to have the ~ of one's convictions* Zivilcourage haben; *to take one's ~ in both hands* sein Herz in beide Hände nehmen **courageous** *adj* mutig; (≈ *with courage of convictions*) couragiert **courageously** *adv* fight mutig; *criticize* couragiert

courgette *n* (*Br*) Zucchini *f*

courier *n* **1.** (≈ *messenger*) Kurier *m*; *by ~* per Kurier **2.** (≈ *tourist guide*) Reiseleiter(in) *m(f)*

course *n* **1.** (*of plane* ≈ *race course*) Kurs *m*; (*of river, history*) Lauf *m*; (≈ *golf course*) Platz *m*; (*fig, of relationship*) Verlauf *m*; (*of action etc*) Vorgehensweise *f*; *to change or alter ~* den Kurs ändern; *to be on/off ~* auf Kurs sein/vom Kurs abgekommen sein; *to be on ~ for sth* (*fig*) gute Aussichten auf etw (*acc*) haben; *to let sth take or run its ~* einer Sache (*dat*) ihren Lauf lassen; *the affair has run its ~* die Angelegenheit ist zu einem Ende gekommen; *which ~ of action did you take?* wie sind Sie vorgegangen?; *the best ~ of action would be ...* das Beste wäre ...; *in the ~ of the meeting* während der Versammlung; *in the ~ of time* im Laufe der Zeit **2.** *of ~* natürlich; *of ~!* natürlich!; *don't you like me? — of ~ I do* magst du mich nicht? — doch, natürlich; *he's rather young, of ~, but ...* er ist natürlich ziemlich jung, aber ... **3.** SCHOOL, UNIV Studium *nt*; (≈ *summer course etc*) Kurs(us) *m*; (*at work*) Lehrgang *m*; *to go on a French ~* einen Französischkurs(us) besuchen; *a ~ in first aid* ein Erste-Hilfe-Kurs; *a ~ of lectures, a lecture ~* eine

Vorlesungsreihe **4.** COOK Gang *m*; *a three-~ meal* ein Essen *nt* mit drei Gängen

court I *n* **1.** JUR Gericht *nt*; (≈ *room*) Gerichtssaal *m*; *to appear in ~* vor Gericht erscheinen; *to take sb to ~* jdn verklagen; *to go to ~ over a matter* eine Sache vor Gericht bringen **2.** (*royal*) Hof *m* **3.** SPORTS Platz *m*; (*for squash*) Halle *f* **II** *v/t* *jds Gunst* werben um; *danger* herausfordern **III** *v/i* (*dated*) *they were~ing at the time* zu der Zeit gingen sie zusammen **court appearance** *n* Erscheinen *nt* vor Gericht **court case** *n* JUR Gerichtsverfahren *nt*, Prozess *m*

courteous *adj*, **courteously** *adv* höflich **courtesy** *n* Höflichkeit *f*; *~ of* freundlicherweise zur Verfügung gestellt von **courtesy bus** *n* gebührenfreier Bus **court fine** *n* JUR Ordnungsgeld *nt* **court hearing** *n* JUR Gerichtsverhandlung *f* **courthouse** *n* JUR Gerichtsgebäude *nt* **court martial** *n*, *pl* **court martials** *or* **courts martial** MIL Militärgericht *nt* **court-martial** *v/t* vor das/ein Militärgericht stellen (*for* wegen) **court order** *n* JUR gerichtliche Verfügung **courtroom** *n* JUR Gerichtssaal *m* **courtship** *n* (*dated*) (Braut)werbung *f* (*dated*) (*of* um); *during their ~* während er um sie warb **court shoe** *n* Pumps *m* **courtyard** *n* Hof *m*

couscous *n* Couscous *m*

cousin *n* Cousin *m*, Cousine *f*; *Kevin and Susan are ~s* Kevin und Susan sind Cousin und Cousine

cove *n* GEOG (kleine) Bucht

covenant *n* Schwur *m*; BIBLE Bund *m*; JUR Verpflichtung *f* zu regelmäßigen Spenden

Coventry *n* *to send sb to ~* (*Br infml*) jdn schneiden (*infml*)

cover I *n* **1.** (≈ *lid*) Deckel *m*; (≈ *loose cover*) Bezug *m*; (*for typewriter etc*) Hülle *f*; (*on lorries*) Plane *f*; (≈ *blanket*) (Bett)decke *f*; *he put a ~ over it* er deckte es zu; *she pulled the ~s up to her chin* sie zog die Decke bis ans Kinn (hoch) **2.** (*of book*) Einband *m*; (*of magazine*) Umschlag *m*; (≈ *dust cover*) (Schutz)umschlag *m*; *to read a book from ~ to ~* ein Buch von der ersten bis zur letzten Seite lesen; *on the ~* auf dem Einband/Umschlag; (*of magazine*) auf der Titelseite **3.** *no pl* (≈ *pro-*

tection) Schutz *m* (*from* vor +*dat*, gegen); MIL Deckung *f* (*from* vor +*dat*, gegen); **to take~** (*from rain*) sich unterstellen; MIL in Deckung gehen (*from* vor +*dat*); **the car should be kept under ~** das Auto sollte abgedeckt sein; **under ~ of darkness** im Schutz(e) der Dunkelheit **4.** (*Br*) (COMM, FIN) Deckung *f*; (≈ *insurance cover*) Versicherung *f*; **to take out ~ for a car** ein Auto versichern; **to take out ~ against fire** eine Feuerversicherung abschließen; **to get ~ for sth** etw versichern (lassen); **do you have adequate ~?** sind Sie ausreichend versichert? **5.** (≈ *assumed identity*) Tarnung *f*; **to operate under ~** als Agent tätig sein **II** *v/t* **1.** (≈ *put cover on*) bedecken; (≈ *cover over*) zudecken; (*with loose cover*) *chair etc* beziehen; **a ~ed way** ein überdachter Weg; **the mountain was ~ed with** *or* **in snow** der Berg war schneebedeckt; **you're all ~ed with dog hairs** du bist voller Hundehaare **2.** *mistake, tracks* verdecken; **to ~ one's face with one's hands** sein Gesicht in den Händen verbergen **3.** (≈ *protect, also* FIN) decken; INSUR versichern; **will £30 ~ the drinks?** reichen £ 30 für die Getränke?; **he gave me £30 to ~ the drinks** er gab mir £ 30 für Getränke; **he only said that to ~ himself** er hat das nur gesagt, um sich abzudecken **4.** (≈ *point a gun at etc*) sichern; **to keep sb ~ed** jdn in Schach halten **5.** (≈ *include*) behandeln; *eventualities* vorsehen; **what does your travel insurance ~ you for?** was deckt deine Reiseversicherung ab? **6.** (PRESS ≈ *report on*) berichten über (+*acc*) **7.** *distance* zurücklegen **8.** MUS *song* neu interpretieren ♦ **cover for** *v/i* +*prep obj absent person* vertreten ♦ **cover over** *v/t sep* zudecken; (*for protection*) abdecken ♦ **cover up I** *v/i* **to~ for sb** jdn decken **II** *v/t sep* **1.** zudecken **2.** *facts* vertuschen

coverage *n no pl* (*in media*) Berichterstattung *f* (*of* über +*acc*); **the games got excellent TV ~** die Spiele wurden ausführlich im Fernsehen gebracht **coverall** *n usu pl* (*US*) Overall *m* **cover charge** *n* Kosten *pl* für ein Gedeck **covered market** *n* überdachter Markt **cover girl** *n* Titelmädchen *nt*, Covergirl *nt* **covering** *n* Decke *f*; **a ~ of snow** eine Schneedecke **covering letter**, (*US*) **cover letter** *n* Begleitbrief *m* **cover note** *n*

Deckungszusage *f* **cover price** *n* Einzel(exemplar)preis *m* **cover story** *n* Titelgeschichte *f*

covert *adj*, **covertly** *adv* heimlich

cover-up *n* Vertuschung *f* **cover version** *n* MUS Coverversion *f*

covet *v/t* begehren

cow[1] *n* **1.** Kuh *f*; **till the ~s come home** (*fig infml*) bis in alle Ewigkeit (*infml*) **2.** (*pej infml* ≈ *woman, stupid*) Kuh *f* (*infml*); (*nasty*) gemeine Ziege (*infml*); **cheeky ~!** freches Stück! (*infml*)

cow[2] *v/t* einschüchtern

coward *n* Feigling *m* **cowardice, cowardliness** *n* Feigheit *f* **cowardly** *adj* feig(e)

cowbell *n* Kuhglocke *f* **cowboy** *n* **1.** Cowboy *m*; **to play ~s and Indians** Indianer spielen **2.** (*fig infml, dishonest*) Gauner *m* (*infml*) **cowboy hat** *n* Cowboyhut *m*

cower *v/i* sich ducken; (*squatting*) kauern; **he stood ~ing in a corner** er stand geduckt in einer Ecke

cowgirl *n* Cowgirl *nt* **cowhand** *n* Hilfscowboy *m*; (*on farm*) Stallknecht *m* **cowhide** *n* **1.** (*untanned*) Kuhhaut *f* **2.** (*no pl* ≈ *leather*) Rindsleder *nt* **3.** (*US* ≈ *whip*) Lederpeitsche *f*

cowl *n* Kapuze *f*

cowpat *n* Kuhfladen *m* **cowshed** *n* Kuhstall *m*

cox *n* Steuermann *m*

coy *adj* (+*er*) (≈ *shy*) verschämt; (≈ *coquettish*) neckisch; **to be ~ about sth** (≈ *shy*) in Bezug auf etw (*acc*) verschämt tun **coyly** *adv* (≈ *shyly*) schüchtern, gschamig (*Aus*)

coyote *n* Kojote *m*

cozy *adj* (*US*) = **cosy**

C/P COMM *abbr of* **carriage paid** frachtfrei

CPU *abbr of* **central processing unit** CPU *f*

crab *n* Krabbe *f* **crab apple** *n* **1.** (≈ *fruit*) Holzapfel *m* **2.** (≈ *tree*) Holzapfelbaum *m* **crabby** *adj* (+*er*) griesgrämig **crabmeat** *n* Krabbenfleisch *nt*

crack I *n* **1.** Riss *m*; (*between floorboards etc*) Ritze *f*; (≈ *wider hole etc*) Spalte *f*; (*in pottery etc*) Sprung *m*; **leave the window open a ~** lass das Fenster einen Spalt offen; **at the~ of dawn** in aller Frühe; **to fall** *or* **slip through the ~s** (*US fig*) durch die Maschen schlüpfen **2.** (≈ *sharp noise*) Knacks *m*; (*of gun, whip*) Knall(en *nt no pl*) *m* **3.** (≈ *sharp blow*)

Schlag *m*; **to give oneself a ~ on the head** sich (*dat*) den Kopf anschlagen **4.** (*infml* ≈ *joke*) Witz *m*; **to make a ~ about sb/sth** einen Witz über jdn/etw reißen **5.** (*infml*) **to have a ~ at sth** etw mal probieren (*infml*) **6.** DRUGS Crack *nt* **II** *adj attr* erstklassig; MIL Elite-; **~ shot** Meisterschütze *m*, Meisterschützin *f* **III** *v/t* **1.** *pottery* einen Sprung machen in (+*acc*); *ice* einen Riss/Risse machen in (+*acc*) **2.** *nuts, safe* knacken; (*fig infml*) *code* knacken; *case, problem* lösen; **I've ~ed it** (≈ *solved it*) ich habs! **3.** *joke* reißen **4.** *whip* knallen mit; *finger* knacken mit; **to ~ the whip** (*fig*) die Peitsche schwingen **5.** **he ~ed his head against the pavement** er krachte mit dem Kopf aufs Pflaster **IV** *v/i* **1.** (*pottery*) einen Sprung/Sprünge bekommen; (*ice*) einen Riss/Risse bekommen; (*lips*) rissig werden **2.** (≈ *break*) brechen **3.** (≈ *make a cracking sound*) knacken; (*whip, gun*) knallen **4.** (*infml*) **to get ~ing** loslegen (*infml*); **to get ~ing with or on sth** mit etw loslegen (*infml*); **get ~ing!** los jetzt! **5.** = **crack up** I; **he ~ed under the strain** er ist unter der Belastung zusammengebrochen ♦ **crack down** *v/i* hart durchgreifen (*on* bei) ♦ **crack on** *v/i* (*Br infml*) weitermachen ♦ **crack open** *v/t sep* aufbrechen; **to ~ the champagne** die Sektkorken knallen lassen ♦ **crack up** I *v/i* (*fig infml, person*) durchdrehen (*infml*); (*under strain*) zusammenbrechen; **I/he must be cracking up** (*hum*) so fängts an (*infml*) II *v/t sep* (*infml*) **it's not all it's cracked up to be** so toll ist es dann auch wieder nicht

crackdown *n* (*infml*) scharfes Durchgreifen **cracked** *adj* *plate, ice* gesprungen; *bone* angebrochen; (≈ *broken*) gebrochen; *surface* rissig; *lips* aufgesprungen **cracker** *n* **1.** (≈ *biscuit*) Cracker *m* **2.** (≈ *Christmas cracker*) Knallbonbon *nt* **crackers** *adj pred* (*Br infml*) übergeschnappt (*infml*) **cracking** *adj* (*infml*) *pace* scharf **crackle** I *v/i* (*fire*) knistern; (*telephone line*) knacken II *n* Knacken *nt* **crackling** *n no pl* **1.** = **crackle 2.** COOK Kruste *f* (*des Schweinebratens*) **crackpot** (*infml*) I *n* Spinner(in) *m(f)* (*infml*) II *adj* verrückt **cradle** I *n* Wiege *f*; (*of phone*) Gabel *f*;

from the ~ to the grave von der Wiege bis zur Bahre II *v/t* an sich (*acc*) drücken; **he was cradling his injured arm** er hielt sich (*dat*) seinen verletzten Arm; **to ~ sb/sth in one's arms** jdn/etw fest in den Armen halten

craft *n* **1.** (≈ *handicraft*) Kunsthandwerk *nt* **2.** *no pl* (≈ *skill*) Kunst *f* **3.** *pl* **craft** (≈ *boat*) Boot *nt* **craft fair** *n* Kunstgewerbemarkt *m* **craftily** *adv* clever **craftiness** *n* Cleverness *f* **craftsman** *n*, *pl* **-men** Kunsthandwerker *m* **craftsmanship** *n* Handwerkskunst *f* **craftswoman** *n* **-women** *pl* Kunsthandwerkerin *f* **crafty** *adj* (+*er*) clever; **he's a ~ one** (*infml*) ist ein ganz Schlauer (*infml*) **crag** *n* Fels *m* **craggy** *adj* (+*er*) zerklüftet; *face* kantig

cram I *v/t* (≈ *fill*) vollstopfen; (≈ *stuff in*) hineinstopfen (*in(to)* in +*acc*); *people* hineinzwängen (*in(to)* in +*acc*); **the room was ~med (with furniture)** der Raum war (mit Möbeln) vollgestopft; **we were all ~med into one room** wir waren alle in einem Zimmer zusammengepfercht II *v/i* (≈ *swot*) pauken (*infml*) ♦ **cram in** *v/i* (*people*) sich hineinquetschen (*-to* in +*acc*)

cram-full *adj* (*infml*) vollgestopft (*of* mit) **cramp** I *n* MED Krampf *m*; **to have ~ in one's leg** einen Krampf im Bein haben II *v/t* (*fig*) **to ~ sb's style** jdm im Weg sein **cramped** *adj* *space* beschränkt; *room* beengt; **we are very ~ (for space)** wir sind räumlich sehr beschränkt **crampon** *n* Steigeisen *nt* **cranberry** *n* Preiselbeere *f*; **~ sauce** Preiselbeersoße *f* **crane** I *n* **1.** Kran *m*; **~ driver** Kranführer(in) *m(f)* **2.** ORN Kranich *m* II *v/t* **to ~ one's neck** sich (*dat*) fast den Hals verrenken (*infml*) III *v/i* (*a.* **crane forward**) den Hals recken **cranefly** *n* Schnake *f* **cranium** *n*, *pl* **crania** ANAT Schädel *m* **crank¹** *n* (≈ *eccentric person*) Spinner(in) *m(f)* (*infml*); (*US* ≈ *cross person*) Griesgram *m* **crank²** I *n* MECH Kurbel *f* II *v/t* (*a.* **crank up**) ankurbeln **crankshaft** *n* AUTO Kurbelwelle *f* **cranky** *adj* (+*er*) **1.** (≈ *eccentric*) verrückt **2.** (*esp US* ≈ *bad-tempered*) griesgrämig **cranny** *n* Ritze *f* **crap** I *n* **1.** (*sl*) Scheiße *f* (*vulg*) **2.** (*infml* ≈

rubbish) Scheiße f (*infml*); **a load of ~**
große Scheiße (*infml*) **III** *adj attr* (*infml*) Scheiß- (*infml*)
(*vulg*) **III** *adj attr* (*infml*) Scheiß- (*infml*)
crap game n (*US*) Würfelspiel nt (*mit zwei Würfeln*)
crappy *adj* (+er) (*infml*) beschissen (*infml*)
crash I n **1.** (≈ *noise*) Krach(en nt no pl) m no pl; **there was a ~ upstairs** es hat oben gekracht; **with a ~** krachend **2.** (≈ *accident*) Unfall m, Havarie f (*Aus*); (*with several cars*) Karambolage f; (≈ *plane crash*) (Flugzeug)unglück nt; **to be in a** (*car*) **~** in einen (Auto)unfall verwickelt sein; **to have a ~** einen (Auto)unfall haben; (≈ *cause it*) einen Unfall verursachen **3.** FIN Zusammenbruch m; ST EX Börsenkrach m **4.** IT Absturz m **II** *adv* krach; **he went ~ into a tree** er krachte gegen einen Baum **III** *v/t* **1.** *car* einen Unfall haben mit; *plane* abstürzen mit; **to ~ one's car into sth** mit dem Auto gegen etw krachen **2.** IT *program, system* zum Absturz bringen **3.** (*infml*) **to ~ a party** uneingeladen zu einer Party gehen **IV** *v/i* **1.** einen Unfall haben; (*plane*, IT) abstürzen; **to ~ into sth** gegen etw (*acc*) krachen **2.** (≈ *move with a crash*) krachen; **to ~ to the ground** zu Boden krachen; **the whole roof came ~ing down (on him)** das ganze Dach krachte auf ihn herunter **3.** FIN Pleite machen (*infml*) **4.** (*infml*: *a.* **crash out**) (≈ *sleep*) knacken (*sl*)
crash barrier n Leitplanke f **crash course** n Intensivkurs m **crash diet** n Radikalkur f
crash helmet n Sturzhelm m **crash-land I** *v/i* bruchlanden **II** *v/t* bruchlanden mit **crash-landing** n Bruchlandung f **crash test** n MOT Crashtest m
crass *adj* (+er) krass; (≈ *coarse*) unfein **crassly** *adv* krass; *behave* unfein **crassness** n (≈ *insensitivity*) Krassheit f; (≈ *coarseness*) Derbheit f
crate n Kiste f; (≈ *beer crate*) Kasten m
crater n Krater m
cravat(te) n Halstuch nt
crave *v/t* (≈ *desire*) sich sehnen nach ◆ **crave for** *v/i* +prep obj sich sehnen nach
craving n Verlangen nt; **to have a ~ for sth** Verlangen nach etw haben
crawl I n **1. we could only go at a ~** wir kamen nur im Schneckentempo voran **2.**

(≈ *swimming stroke*) Kraul(stil) m; **to do the ~** kraulen **II** *v/i* **1.** (*person, traffic*) kriechen; (*baby*) krabbeln; **he tried to ~ away** er versuchte wegzukriechen **2.** (≈ *be infested*) wimmeln (*with* von); **the street was ~ing with police** auf der Straße wimmelte es von Polizisten **3.** **he makes my skin ~** wenn ich ihn sehe, kriege ich eine Gänsehaut **4.** (*infml* ≈ *suck up*) kriechen (*to* vor +dat); **he went ~ing to teacher** er ist gleich zum Lehrer gerannt **crawler lane** n (*Br* AUTO) Kriechspur f
crayfish n **1.** (*freshwater*) Flusskrebs m **2.** (*saltwater*) Languste f
crayon I n (≈ *pencil*) Buntstift m; (≈ *wax crayon*) Wachs(mal)stift m; (≈ *chalk crayon*) Pastellstift m **II** *v/t* & *v/i* (mit Bunt-/Wachsmalstiften) malen
craze I n Fimmel m (*infml*); **there's a ~ for collecting old things just now** es ist zurzeit große Mode, alte Sachen zu sammeln **II** *v/t* **a ~d gunman** ein Amokschütze m; **he had a ~d look on his face** er hatte den Gesichtsausdruck eines Wahnsinnigen **crazily** *adv* **1.** *skid, whirl* wie verrückt **2.** (≈ *madly*) verrückt **craziness** n Verrücktheit f **crazy** *adj* (+er) verrückt (*with* vor +dat); **to drive sb ~** jdn verrückt machen; **to go ~** verrückt werden; **like ~** (*infml*) wie verrückt (*infml*); **to be ~ about sb/sth** ganz verrückt auf jdn/etw sein (*infml*); **football-~** fußballverrückt (*infml*) **crazy golf** n (*Br*) Minigolf nt **crazy paving** n Mosaikpflaster m
creak I n Knarren nt no pl; (*of hinges, bed springs*) Quietschen nt no pl **II** *v/i* knarren; (*hinges, bed springs*) quietschen **creaky** *adj* (+er) (*lit*) knarrend; *hinges, bed springs* quietschend
cream I n **1.** Sahne f, Obers m (*Aus*), Nidel m (*Swiss*); (≈ *artificial cream, lotion*) Creme f; **~ of asparagus/chicken soup** Spargel-/Hühnercremesuppe f **2.** (≈ *colour*) Creme(farbe f) nt **3.** (*fig* ≈ *best*) die Besten; **the ~ of the crop** (≈ *people*) die Elite; (≈ *things*) das Nonplusultra **II** *adj* **1.** (*colour*) creme inv, cremefarben **2.** (≈ *made with cream*) Sahne-, Creme- **III** *v/t* *butter* cremig rühren ◆ **cream off** *v/t sep* (*fig*) absahnen
cream cake n Sahnetorte f; (*small*) Sahnetörtchen nt **cream cheese** n (Doppelrahm)frischkäse m **creamer** n (*US* ≈

jug) Sahnekännchen *nt* **cream puff** *n* Windbeutel *m* **cream tea** *n* Nachmittagstee *m* **creamy** *adj* (+*er*) (≈ *tasting of cream*) sahnig; (≈ *smooth*) cremig

crease I *n* Falte *f*; (≈ *deliberate fold, in material*) Kniff *m*; (*ironed, in trousers etc*) (Bügel)falte *f* **II** *v/t* (*deliberately*) *clothes* Falten/eine Falte machen in (+*acc*); *material, paper* Kniffe/einen Kniff machen in (+*acc*); (*unintentionally*) zerknittern **crease-proof, crease-resistant** *adj* knitterfrei

create *v/t* schaffen; *the world, man* erschaffen; *draught, noise* verursachen; *impression* machen; *problems* (*person*) schaffen; (*action, event*) verursachen; IT *file* anlegen **creation** *n* **1.** *no pl* Schaffung *f*; (*of the world, man*) Erschaffung *f* **2.** *no pl* **the Creation** die Schöpfung; **the whole of ~** die Schöpfung **3.** (≈ *created object,* ART) Werk *nt* **creative** *adj power etc* schöpferisch; *approach, person* kreativ; **the ~ use of language** kreativer Sprachgebrauch **creative accounting** *n* kreative Buchführung *f* (*um einen falschen Eindruck vom erzielten Gewinn zu erwecken*) **creatively** *adv* kreativ **creative writing** *n* dichterisches Schreiben **creativity** *n* schöpferische Begabung; (*of approach*) Kreativität *f* **creator** *n* Schöpfer(in) *m(f)*

creature *n* Geschöpf *nt* **creature comforts** *pl* leibliches Wohl

crèche *n* (*Br* ≈ *day nursery*) (Kinder)-krippe *f*; (*esp US* ≈ *children's home*) Kinderheim *nt*

credence *n no pl* **to lend ~ to sth** etw glaubwürdig machen; **to give** *or* **attach ~ to sth** einer Sache (*dat*) Glauben schenken **credentials** *pl* (≈ *references*) Referenzen *pl*; (≈ *identity papers*) (Ausweis)papiere *pl*; **to present one's ~** seine Papiere vorlegen

credibility *n* Glaubwürdigkeit *f* **credible** *adj* glaubwürdig **credibly** *adv* glaubhaft

credit I *n* **1.** *no pl* FIN Kredit *m*; (*in pub etc*) Stundung *f*; **the bank will let me have £5,000 ~** die Bank räumt mir einen Kredit von £ 5.000 ein; **to buy on ~** auf Kredit kaufen; **his ~ is good** er ist kreditwürdig; (*in small shop*) er ist vertrauenswürdig; **to give sb (unlimited) ~** jdm (unbegrenzt) Kredit geben **2.** (FIN ≈ *money possessed*) (Gut)haben *nt*; (COMM ≈ *sum of money*) Kreditposten *m*; **to be**

in ~ Geld *nt* auf dem Konto haben; **to keep one's account in ~** sein Konto nicht überziehen; **the ~s and debits** Soll und Haben *nt*; **how much have we got to our ~?** wie viel haben wir auf dem Konto? **3.** *no pl* (≈ *honour*) Ehre *f*; (≈ *recognition*) Anerkennung *f*; **he's a ~ to his family** er macht seiner Familie Ehre; **that's to his ~** das ehrt ihn; **her generosity does her ~** ihre Großzügigkeit macht ihr alle Ehre; **to come out of sth with ~** ehrenvoll aus etw hervorgehen; **to get all the ~** die ganze Anerkennung einstecken; **to take the ~ for sth** das Verdienst für etw in Anspruch nehmen; **~ where ~ is due** (*prov*) Ehre, wem Ehre gebührt (*prov*) **4.** *no pl* (≈ *belief*) Glaube *m*; **to give ~ to sth** etw glauben **5.** (*esp US* UNIV) Schein *m* **6. credits** *pl* FILM *etc* Vor-/Nachspann *m* **II** *v/t* **1.** (≈ *believe*) glauben; **would you ~ it!** ist das denn die Möglichkeit! **2.** (≈ *attribute*) zuschreiben (+*dat*); **I ~ed him with more sense** ich habe ihn für vernünftiger gehalten; **he was ~ed with having invented it** die Erfindung wurde ihm zugeschrieben **3.** FIN gutschreiben; **to ~ a sum to sb's account** jds Konto (*dat*) einen Betrag gutschreiben (lassen) **creditable** *adj* lobenswert **creditably** *adv* löblich **credit account** *n* Kreditkonto *nt* **credit balance** *n* Kontostand *m* **credit card** *n* Kreditkarte *f* **credit check** *n* Überprüfung *f* der Kreditwürdigkeit; **to run a ~ on sb** jds Kreditwürdigkeit überprüfen **credit facilities** *pl* Kreditmöglichkeiten *pl* **credit limit** *n* Kreditrahmen *m* **credit note** *n* Gutschrift *f* **creditor** *n* Gläubiger *m* **credit rating** *n* Kreditwürdigkeit *f* **credit risk** *n* **to be a good/poor ~** ein geringes/großes Kreditrisiko darstellen **credit side** *n* Habenseite *f*; **on the ~ he's young** für ihn spricht, dass er jung ist **credit status** *n* Kreditstatus *m* **credit union** *n* Kreditgenossenschaft *f* **creditworthiness** *n* Kreditwürdigkeit *f* **creditworthy** *adj* kreditwürdig

credo *n* Glaubensbekenntnis *nt* **credulity** *n no pl* Leichtgläubigkeit *f* **credulous** *adj* leichtgläubig **creed** *n* (*fig*) Credo *nt*

creek *n* (*esp Br* ≈ *inlet*) (kleine) Bucht; (*US* ≈ *brook*) Bach *m*; **to be up the ~ (without a paddle)** (*infml*) in der Tinte sitzen (*infml*)

creep *vb: pret, past part* **crept I** *v/i* schleichen; (*with body close to ground, insects*) kriechen; **the water level crept higher** der Wasserspiegel kletterte höher; **the story made my flesh ~** bei der Geschichte bekam ich eine Gänsehaut **II** *n* **1.** (*infml ≈ unpleasant person*) Widerling *m* (*infml*) **2.** (*infml*) **he gives me the ~s** er ist mir nicht geheuer; **this old house gives me the ~s** in dem alten Haus ist es mir nicht geheuer ♦ creep in *v/i* (*mistakes, doubts*) sich einschleichen (*-to* in +*acc*) ♦ creep up *v/i* sich heranschleichen (*on* an +*acc*); (*prices*) (in die Höhe) klettern

creepy *adj* (+*er*) unheimlich **creepy-crawly** (*infml*) *n* Krabbeltier *nt*

cremate *v/t* einäschern **cremation** *n* Einäscherung *f* **crematorium**, (*esp US*) **crematory** *n* Krematorium *nt*

crème de la crème *n* Crème de la Crème *f*

Creole I *n* LING Kreolisch *nt* **II** *adj* kreolisch; **he is ~** er ist Kreole

creosote I *n* Kreosot *nt* **II** *v/t* mit Kreosot streichen

crêpe I *n* **1.** TEX Krepp *m* **2.** COOK Crêpe *m* **II** *adj* Krepp- **crêpe paper** *n* Krepppapier *nt*

crept *pret, past part of* **creep**

crescendo *n* MUS Crescendo *nt*; (*fig*) Zunahme *f*

crescent *n* Halbmond *m*; (*in street names*) Weg *m* (*halbmondförmig verlaufende Straße*)

cress *n* (Garten)kresse *f*

crest *n* **1.** (*of bird*) Haube *f*; (*of cock, hill, wave*) Kamm *m*; **he's riding on the ~ of a wave** (*fig*) er schwimmt im Augenblick oben **2.** HERALDRY Helmzierde *f*; (*≈ coat of arms*) Wappen *nt* **crestfallen** *adj* niedergeschlagen

Crete *n* Kreta *nt*

cretin *n* (*infml*) Schwachkopf *m* (*infml*) **cretinous** *adj* (*infml*) schwachsinnig

Creutzfeldt-Jakob disease *n no pl* Creutzfeldt-Jakob-Krankheit *f*

crevasse *n* (Gletscher)spalte *f*

crevice *n* Spalte *f*

crew *n* **1.** Besatzung *f*; **50 passengers and 20 ~** 50 Passagiere und 20 Mann Besatzung **2.** (*Br infml ≈ gang*) Bande *f* **crew cut** *n* Bürstenschnitt *m* **crew member** *n* Besatzungsmitglied *nt* **crew neck** *n* runder Halsausschnitt; (*a.* **crew-**

-neck pullover *or* **sweater**) Pullover *m* mit rundem Halsausschnitt

crib *n* **1.** (*US ≈ cot*) Kinderbett *nt* **2.** (*≈ manger*) Krippe *f* **crib death** *n* (*US*) plötzlicher Kindstod

crick I *n* **a ~ in one's neck** ein steifes Genick **II** *v/t* **to ~ one's back** sich (*dat*) einen steifen Rücken zuziehen

cricket¹ *n* (*≈ insect*) Grille *f*

cricket² *n* SPORTS Kricket *nt*; **that's not ~** (*fig infml*) das ist nicht fair **cricket bat** *n* (Kricket)schlagholz *nt* **cricketer** *n* Kricketspieler(in) *m(f)* **cricket match** *n* Kricketspiel *nt* **cricket pitch** *n* Kricketfeld *nt*

crime *n* Straftat *f*; (*≈ serious crime also, fig*) Verbrechen *nt*; **it's a ~ to throw away all that good food** es ist eine Schande, all das gute Essen wegzuwerfen; **~ is on the increase** die Zahl der Verbrechen nimmt zu

Crimea *n* GEOG Krim *f* **Crimean** *adj* Krim-

crime prevention *n* Verbrechensverhütung *f* **crime rate** *n* Verbrechensrate *f* **crime scene** *n* Tatort *m* **crime wave** *n* Verbrechenswelle *f*

criminal I *n* Straftäter(in) *m(f)* (*form*), Kriminelle(r) *m/f(m)*; (*guilty of serious crimes also, fig*) Verbrecher(in) *m(f)* **II** *adj* **1.** kriminell; **~ law** Strafrecht *nt*; **to have a ~ record** vorbestraft sein **2.** (*fig*) kriminell **criminal charge** *n* **she faces ~s** sie wird eines Verbrechens angeklagt **criminal code** *n* Strafgesetzbuch *nt* **criminal court** *n* Strafkammer *m* **criminality** *n* Kriminalität *f* **criminalize** *v/t* kriminalisieren **criminal lawyer** *n* Anwalt *m*/Anwältin *f* für Strafsachen; (*specializing in defence*) Strafverteidiger(in) *m(f)* **criminally** *adv* kriminell, verbrecherisch **criminal offence**, (*US*) **criminal offense** *n* strafbare Handlung **criminologist** *n* Kriminologe *m*, Kriminologin *f* **criminology** *n* Kriminologie *f*

crimp *v/t* (mit der Brennschere) wellen

crimson I *adj* purpurrot; **to turn** *or* **go ~** knallrot werden (*infml*) **II** *n* Purpurrot *nt*

cringe *v/i* zurückschrecken (*at* vor +*dat*); (*fig*) schaudern; **he ~d at the thought** er *or* ihn schauderte bei dem Gedanken; **he ~d when she mispronounced his name** er zuckte zusammen, als sie seinen Namen falsch aussprach

crinkle I *n* (Knitter)falte *f* **II** *v/t* (zer)knittern **III** v/i knittern **crinkled** adj zerknittert **crinkly** adj (+er) paper etc zerknittert; edges wellig

cripple I n Krüppel m **II** v/t person zum Krüppel machen; ship, plane aktionsunfähig machen; (fig) lähmen; **~d with rheumatism** von Rheuma praktisch gelähmt **crippling** adj lähmend; taxes erdrückend; **a ~ disease** ein Leiden, das einen bewegungsunfähig macht; **a ~ blow** ein schwerer Schlag

crisis n, pl **crises** Krise f; **to reach ~ point** den Höhepunkt erreichen; **in times of ~** in Krisenzeiten **crisis centre** n Einsatzzentrum nt (für Krisenfälle) **crisis management** n Krisenmanagement nt

crisp I adj (+er) apple knackig; biscuits knusprig, resch (Aus); snow verharscht; manner knapp; air frisch; ten-pound note brandneu **II** n (Br ≈ potato crisp) Chip m; **burned to a ~** völlig verbrutzelt **crispbread** n Knäckebrot nt **crisply** adv knackig; baked, fried knusprig, resch (Aus); write, speak knapp **crispy** adj (+er) (infml) knusprig, resch (Aus)

crisscross adj pattern Kreuz-

criterion n, pl **criteria** Kriterium nt

critic n Kritiker(in) m(f); **literary ~** Literaturkritiker(in) m(f); **he's his own worst ~** er kritisiert sich selbst am meisten; **she is a constant ~ of the government** sie kritisiert die Regierung ständig **critical** adj kritisch; MED person in kritischem Zustand; **the book was a ~ success** das Buch kam bei den Kritikern an; **to cast a ~ eye over sth** sich (dat) etw kritisch ansehen; **to be ~ of sb/sth** jdn/etw kritisieren; **it is ~ (for us) to understand what is happening** es ist (für uns) von entscheidender Bedeutung zu wissen, was vorgeht; **of ~ importance** von entscheidender Bedeutung **critically** adv **1.** (≈ finding fault) kritisch **2.** ill schwer **3. to be ~ important** von entscheidender Bedeutung sein **4. ~ acclaimed** in den Kritiken gelobt

criticism n Kritik f; **literary ~** Literaturkritik f; **to come in for a lot of ~** schwer kritisiert werden

criticize v/t & v/i kritisieren; **to ~ sb for sth** jdn für etw kritisieren; **I ~d her for always being late** ich kritisierte sie dafür, dass sie immer zu spät kommt **critique** n Kritik f

critter n (US dial) = **creature**

croak v/t & v/i (frog) quaken; (raven, person) krächzen

Croat n (≈ person) Kroate m, Kroatin f; LING Kroatisch nt **Croatia** n Kroatien nt **Croatian I** n = **Croat II** adj kroatisch; **she is ~** sie ist Kroatin

crochet I n (a. **crochet work**) Häkelei f; **~ hook** Häkelnadel f **II** v/t & v/i häkeln

crockery n (Br) Geschirr nt

crocodile n Krokodil nt **crocodile tears** pl Krokodilstränen pl; **to shed ~** Krokodilstränen vergießen

crocus n Krokus m

croissant n Hörnchen nt, Kipferl nt (Aus)

crony n Freund(in) m(f)

crook I n **1.** (≈ dishonest person) Gauner m (infml) **2.** (of shepherd) Hirtenstab m **II** v/t finger krümmen; arm beugen **crooked** adj krumm; smile schief; person unehrlich **crookedly** adv schief

croon I v/t leise singen **II** v/i leise singen **crooner** n Sänger m (sentimentaler Lieder)

crop I n **1.** (≈ produce) Ernte f; (≈ species grown) (Feld)frucht f; (fig ≈ large number) Schwung m; **a good ~ of potatoes** eine gute Kartoffelernte; **to bring the ~s in** die Ernte einbringen; **a ~ of problems** (infml) eine Reihe von Problemen **2.** (of bird) Kropf m **3.** (≈ hunting crop) Reitpeitsche f **II** v/t hair stutzen; **the goat ~ped the grass** die Ziege fraß das Gras ab; **~ped hair** kurz geschnittenes Haar ♦ **crop up** v/i aufkommen; **something's cropped up** es ist etwas dazwischengekommen

cropper n (Br infml) **to come a ~** (lit ≈ fall) hinfliegen (infml); (fig ≈ fail) auf die Nase fallen

crop top n FASHION bauchfreies Shirt or Top

croquet n Krocket(spiel) nt

croquette n Krokette f

cross¹ I n **1.** Kreuz nt; **to make the sign of the Cross** das Kreuzzeichen machen; **we all have our ~ to bear** wir haben alle unser Kreuz zu tragen **2.** (≈ hybrid) Kreuzung f; (fig) Mittelding nt; **a ~ between a laugh and a bark** eine Mischung aus Lachen und Bellen **3.** FTBL Flanke f **II** attr street, line etc Quer- **III** v/t **1.** road, river, mountains überqueren; picket line etc überschreiten; country, room durchqueren; **to ~ sb's path**

(fig) jdm über den Weg laufen; *it ~ed my mind that* … es fiel mir ein, dass …; *we'll ~ that bridge when we come to it* lassen wir das Problem mal auf uns zukommen **2.** (≈ *intersect, create hybrids of*) kreuzen; *to ~ one's legs* die Beine übereinanderschlagen; *to ~ one's arms* die Arme verschränken; *I'm keeping my fingers ~ed (for you)* (*infml*) ich drücke (dir) die Daumen (*infml*) **3.** *letter, t* einen Querstrich machen durch; *a ~ed cheque* ein Verrechnungsscheck *m*; *to ~ sth through* etw durchstreichen **4.** *to ~ oneself* sich bekreuzigen **5.** (≈ *go against*) *to ~ sb* jdn verärgern **IV** *v/i* **1.** (*across road*) die Straße überqueren; (*across Channel etc*) hinüberfahren **2.** (*paths, letters*) sich kreuzen; *our paths have ~ed several times* (*fig*) unsere Wege haben sich öfters gekreuzt ◆ **cross off** *v/t sep* streichen (*prep obj* aus, von) ◆ **cross out** *v/t sep* ausstreichen ◆ **cross over** *v/i* **1.** (≈ *cross the road*) die Straße überqueren **2.** (≈ *change sides*) überwechseln (*to* zu)

cross² *adj* (+er) böse; *to be ~ with sb* mit jdm *or* auf jdn böse sein

crossbar *n* (*of bicycle*) Stange *f*; SPORTS Querlatte *f* **cross-border** *adj* COMM grenzüberschreitend **crossbow** *n* (Stand)armbrust *f* **crossbreed I** *n* Kreuzung *f* **II** *v/t* kreuzen **cross-Channel** *adj attr* Kanal- **crosscheck** *v/t* überprüfen **cross-country I** *adj* Querfeldein-; *~ skiing* Langlauf *m* **II** *adv* querfeldein **III** *n* (≈ *race*) Querfeldeinrennen *nt* **cross-dress** *v/i* sich als Transvestit kleiden **cross-dresser** *n* Transvestit *m* **cross-dressing** *n* Transvestismus *m* **cross-examination** *n* Kreuzverhör *nt* (*of* über +*acc*) **cross-examine** *v/t* ins Kreuzverhör nehmen **cross-eyed** *adj* schielend; *to be ~* schielen **cross-fertilization** *n* *no pl* BOT Kreuzbefruchtung *f* **cross-fertilize** *v/t* BOT kreuzbefruchten **crossfire** *n* Kreuzfeuer *nt*; *to be caught in the ~* ins Kreuzfeuer geraten

crossing *n* **1.** (≈ *act*) Überquerung *f*; (≈ *sea crossing*) Überfahrt *f* **2.** (≈ *crossing place*) Übergang *m*; (≈ *crossroads*) Kreuzung *f*

cross-legged *adj, adv* (*on ground*) im Schneidersitz **crossly** *adv* böse **cross-party** *adj* POL *talks* parteienübergreifend; *support* überparteilich **cross-pur-**

poses *pl to be* or *talk at ~* aneinander vorbeireden **cross-refer** *v/t* verweisen (*to* auf +*acc*) **cross-reference** *n* (Quer)-verweis *m* (*to* auf +*acc*)

crossroads *n sg* or *pl* (*lit*) Kreuzung *f*; (*fig*) Scheideweg *m* **cross section** *n* Querschnitt *m*; *a ~ of the population* ein Querschnitt durch die Bevölkerung **cross-stitch** *n* SEWING Kreuzstich *m* **cross-town** *adj* (*US*) quer durch die Stadt **crosswalk** *n* (*US*) Fußgängerüberweg *m* **crossways, crosswise** *adv* quer **crossword (puzzle)** *n* Kreuzworträtsel *nt*

crotch *n* (*of trousers*) Schritt *m*; ANAT Unterleib *m*

crotchet *n* (*Br* MUS) Viertelnote *f*; *~ rest* Viertelpause *f*

crotchety *adj* (*infml*) miesepetrig (*infml*)

crouch *v/i* sich zusammenkauern; *to ~ down* sich niederkauern

croupier *n* Croupier *m*

crouton *n* Croûton *m*

crow¹ *n* ORN Krähe *f*; *as the ~ flies* (in der) Luftlinie

crow² I *n* (*of cock*) Krähen *nt no pl* II *v/i* **1.** (*cock*) krähen **2.** (*fig* ≈ *boast*) angeben; (≈ *exult*) hämisch frohlocken (*over* über +*acc*)

crowbar *n* Brecheisen *nt*

crowd I *n* **1.** Menschenmenge *f*; (SPORTS, THEAT) Zuschauermenge *f*; *to get lost in the ~(s)* in der Menge verloren gehen; *~s of people* Menschenmassen *pl*; *there was quite a ~* es waren eine ganze Menge Leute da; *a whole ~ of us* ein ganzer Haufen von uns (*infml*) **2.** (≈ *clique*) Clique *f*; *the university ~* die Uni-Clique; *the usual ~* die üblichen Leute **3.** *no pl to follow the ~* mit der Herde laufen; *she hates to be just one of the ~* sie geht nicht gern in der Masse unter **II** *v/i* (sich) drängen; *to ~ (a)round* sich herumdrängen; *to ~ (a)round sb/sth* (sich) um jdn / etw herumdrängen **III** *v/t* *to ~ the streets* die Straßen bevölkern ◆ **crowd out** *v/t sep* *the pub was crowded out* das Lokal war gerammelt voll (*infml*)

crowded *adj* **1.** *train etc* überfüllt; *the streets/shops are ~* es ist voll auf den Straßen / in den Geschäften; *~ with people* voller Menschen **2.** *city* überbevölkert **crowd pleaser** *n* (≈ *person*) Publikumsliebling *m*; (≈ *event etc*) Publikumserfolg *m* **crowd puller** *n* Kassen-

magnet *m*
crown I *n* **1.** Krone *f*; *to be heir to the ~*
Thronfolger(in) *m(f)* sein **2.** (*of head*)
Wirbel *m*; (*of hill*) Kuppe *f* **II** *v/t* krönen;
he was ~ed king er ist zum König ge-
krönt worden **crown court** *n* Bezirksgericht *für Strafsachen* **crowning** *adj that*
symphony was his ~ glory diese Sinfonie war die Krönung seines Werkes
crown jewels *pl* Kronjuwelen *pl* **crown**
prince *n* Kronprinz *m* **crown princess** *n*
Kronprinzessin *f*
crow's feet *pl* Krähenfüße *pl* **crow's**
nest *n* NAUT Mastkorb *m*
crucial *adj* **1.** (≈ *decisive*) entscheidend
(*to* für) **2.** (≈ *very important*) äußerst
wichtig **crucially** *adv* ausschlaggebend;
~ important von entscheidender Bedeutung
crucible *n* (Schmelz)tiegel *m*
crucifix *n* Kruzifix *nt* **crucifixion** *n* Kreuzigung *f* **crucify** *v/t* **1.** (*lit*) kreuzigen **2.**
(*fig infml*) *person* in der Luft zerreißen
(*infml*)
crude I *adj* (+er) **1.** (≈ *unprocessed*) Roh-,
roh **2.** (≈ *vulgar*) derb **3.** (≈ *unsophisticated*) primitiv; *sketch* grob; *attempt* unbeholfen **II** *n* Rohöl *nt* **crudely** *adv* **1.** (≈
vulgarly) derb **2.** (≈ *unsophisticatedly*)
primitiv; *behave* ungehobelt; *to put it*
~ um es ganz grob auszudrücken **crude-
ness, crudity** *n* **1.** (≈ *vulgarity*) Derbheit
f **2.** (≈ *lack of sophistication*) Primitivität
f **crude oil** *n* Rohöl *nt*
crudités *pl* rohes Gemüse, serviert mit
Dips
cruel *adj* grausam (*to* zu); *to be ~ to animals* ein Tierquäler sein; *to be ~ to*
one's dog seinen Hund quälen; *don't
be ~!* sei nicht so gemein! **cruelly** *adv*
grausam **cruelty** *n* Grausamkeit *f* (*to* gegenüber); *~ to children* Kindesmisshandlung *f*; *~ to animals* Tierquälerei
f **cruelty-free** *adj cosmetics* nicht an Tieren getestet
cruet *n* Gewürzständer *m*
cruise I *v/i* **1.** (*car*) Dauergeschwindigkeit
fahren; *we were cruising along the
road* wir fuhren (gemächlich) die Straße
entlang; *we are now cruising at a
height of ...* wir fliegen nun in einer
Flughöhe von ... **2.** (*fig*) *to ~ to victory*
einen leichten Sieg erringen **II** *v/t* (*ship*)
befahren; (*car*) *streets* fahren auf (+*dat*);
area abfahren **III** *n* Kreuzfahrt *f*; *to go*

on a ~ eine Kreuzfahrt machen **cruise
missile** *n* Marschflugkörper *m* **cruiser**
n NAUT Kreuzer *m*; (≈ *pleasure cruiser*)
Vergnügungsjacht *f*
crumb *n* Krümel *m*; *that's one ~ of comfort* das ist (wenigstens) ein winziger
Trost **crumble I** *v/t* zerkrümeln; *to ~
sth into/onto sth* etw in/auf etw (*acc*)
krümeln **II** *v/i* (*brick*) bröckeln; (*cake
etc*) krümeln; (*earth, building*) zerbröckeln; (*fig: resistance*) sich auflösen **III**
n (*Br* COOK) Obst *nt* mit Streusel; (≈ *topping*) Streusel *pl*; *rhubarb ~* mit Streu-
seln bestreutes, überbackenes Rhabar-
berdessert **crumbly** *adj* (+er) *stone, earth*
bröckelig; *cake* krümelig
crummy *adj* (+er) (*infml*) mies (*infml*)
crumpet *n* COOK süßes, pfannkuchenarti-
ges Gebäck
crumple I *v/t* (a. **crumple up** ≈ *crease*)
zerknittern; (≈ *screw up*) zusammenknüllen; *metal* eindrücken **II** *v/i* zusammenbrechen; (*metal*) zusammenge-
drückt werden
crunch I *v/t* **1.** *biscuit etc* mampfen
(*infml*); *he ~ed the ice underfoot* das
Eis zersplitterte unter seinen Füßen;
to ~ the gears AUTO die Gänge reinwür-
gen (*infml*) **2.** IT verarbeiten **II** *v/i* (*gravel
etc*) knirschen; *he ~ed across the gravel*
er ging mit knirschenden Schritten über
den Kies; *he was ~ing on a carrot* er
mampfte eine Möhre (*infml*) **III** *n* **1.**
(≈ *sound*) Krachen *nt*; (*of gravel etc*)
Knirschen *nt* **2.** (*infml*) *the ~* der große
Krach; *when it comes to the ~* wenn der
entscheidende Moment kommt **3.**
SPORTS *~ machine* Bauchmuskelmaschi-
ne *f* **crunches** *pl* Bauchpressen *pl*
crunchy *adj* (+er) *apple* knackig; *biscuit*
knusprig, resch (*Aus*)
crusade I *n* Kreuzzug *m* **II** *v/i* einen
Kreuzzug/Kreuzzüge führen **crusader**
n HIST Kreuzfahrer *m*; (*fig*) Apostel *m*
crush I *n* **1.** (≈ *crowd*) Gedrängel *nt*; *it'll
be a bit of a ~* es wird ein bisschen eng
werden **2.** (*infml*) *to have a ~ on sb* in
jdn verschossen sein (*infml*); *schoolgirl
~* Schulmädchenschwärmerei *f* **3.** (≈
drink) Saftgetränk *nt* **II** *v/t* **1.** quetschen;
(≈ *damage*) *fruit etc* zerdrücken; (*Auto
etc*) zerquetschen; (≈ *kill*) zu Tode quetschen; *garlic* (zer)stoßen; *ice* stoßen;
metal zusammenpressen; *clothes, paper*
zerknittern; *I was ~ed between two*

enormous men in the plane ich war im Flugzeug zwischen zwei fetten Männern eingequetscht; *to ~ sb into sth* jdn in etw (*acc*) quetschen; *to ~ sth into sth* etw in etw (*acc*) stopfen **2.** (*fig*) *enemy* vernichten; *opposition* niederschlagen **crushing** *adj defeat* zerschmetternd; *blow* vernichtend

crust *n* Kruste *f*; *the earth's ~* die Erdkruste; *to earn a ~* (*infml*) seinen Lebensunterhalt verdienen

crustacean *n* Schalentier *nt*

crusty *adj* (+er) knusprig, resch (*Aus*)

crutch *n* **1.** (*for walking*) Krücke *f* **2.** = *crotch*

crux *n* Kern *m*

cry I *n* **1.** Schrei *m*; (≈ *call*) Ruf *m*; *to give a ~* (auf)schreien; *a ~ of pain* ein Schmerzensschrei *m*; *a ~ for help* ein Hilferuf *m*; *he gave a ~ for help* er rief um Hilfe **2.** (≈ *weep*) *to have a good ~* sich einmal richtig ausweinen **II** *v/i* **1.** (≈ *weep*) weinen; (*baby*) schreien; *she was ~ing for her teddy bear* sie weinte nach ihrem Teddy **2.** (≈ *call*) rufen; (*louder*) schreien; *to ~ for help* um Hilfe rufen/schreien **III** *v/t* **1.** (≈ *shout out*) rufen; (*louder*) schreien **2.** (≈ *weep*) weinen; *to ~ one's eyes out* sich (*dat*) die Augen ausweinen; *to ~ oneself to sleep* sich in den Schlaf weinen ◆ **cry off** *v/i* (*Br*) einen Rückzieher machen ◆ **cry out** *v/i* **1.** aufschreien; *to ~ to sb* jdm etwas zuschreien; *well, for crying out loud!* (*infml*) na, das darf doch wohl nicht wahr sein! (*infml*) **2.** (*fig*) *to be crying out for sth* nach etw schreien

crybaby *n* (*infml*) Heulsuse *f* (*infml*) **crying I** *adj* (*fig*) *it is a ~ shame* es ist jammerschade **II** *n* (≈ *weeping*) Weinen *nt*; (*of baby*) Schreien *nt*

crypt *n* Krypta *f*; (≈ *burial crypt*) Gruft *f* **cryptic** *adj remark etc* hintergründig; *clue etc* verschlüsselt **cryptically** *adv* hintergründig

crystal I *n* Kristall *m* **II** *adj* Kristall-**crystal ball** *n* Glaskugel *f* **crystal-clear** *adj* glasklar **crystallize** *v/i* (*lit*) kristallisieren; (*fig*) feste Form annehmen**crystallized** *adj* kristallisiert; *fruit* kandiert

CS gas *n* ≈ Tränengas *nt*

CST *abbr of* **Central Standard Time**

ct 1. *abbr of* **cent 2.** *abbr of* **carat**

cub *n* **1.** (*of animal*) Junge(s) *nt* **2.** **Cub** (≈ *Cub Scout*) Wölfling *m*

Cuba *n* Kuba *nt***Cuban I** *adj* kubanisch **II** *n* Kubaner(in) *m(f)*

cubbyhole *n* Kabuff *nt*

cube I *n* **1.** Würfel *m* **2.** MAT dritte Potenz **II** *v/t* MAT hoch 3 nehmen; *four ~d* vier hoch drei **cube root** *n* Kubikwurzel *f* **cube sugar** *n* Würfelzucker *m* **cubic** *adj* Kubik-; *~ metre* Kubikmeter **cubic capacity** *n* Fassungsvermögen *nt*; (*of engine*) Hubraum *m*

cubicle *n* Kabine *f*; (*in toilets*) (Einzel)-toilette *f*

cubism *n* Kubismus *m* **cubist I** *n* Kubist(in) *m(f)* **II** *adj* kubistisch

Cub Scout *n* Wölfling *m*

cuckoo *n* Kuckuck *m* **cuckoo clock** *n* Kuckucksuhr *f*

cucumber *n* (Salat)gurke *f*; *as cool as a ~* seelenruhig

cud *n* *to chew the ~* (*lit*) wiederkäuen

cuddle I *n* Liebkosung *f*; *to give sb a ~* jdn in den Arm nehmen; *to have a ~* schmusen **II** *v/t* jdn in den Arm nehmen **III** *v/i* schmusen ◆ **cuddle up** *v/i* sich kuscheln (*to, against* an +*acc*); *to ~ in bed* sich im Bett zusammenkuscheln

cuddly *adj* (+er) knuddelig (*infml*) **cuddly toy** *n* Schmusetier *nt* (*infml*)

cudgel *n* (*Br*) Knüppel *m*

cue *n* **1.** (THEAT, *fig*) Stichwort *nt*; FILM, TV Zeichen *nt* zum Aufnahmebeginn; MUS Einsatz *m*; *to take one's ~ from sb* sich nach jdm richten **2.** BILLIARDS Queue *nt* **cue ball** *n* Spielball *m*

cuff[1] *n* **1.** Manschette *f*; *off the ~* aus dem Stegreif **2.** (*US: of trousers*) (Hosen)aufschlag *m*

cuff[2] *v/t* (≈ *strike*) einen Klaps geben (+*dat*)

cuff link *n* Manschettenknopf *m*

cuisine *n* Küche *f*

cul-de-sac *n* Sackgasse *f*

culinary *adj* kulinarisch; *skill etc* im Kochen

cull I *n* Erlegen überschüssiger Tierbestände **II** *v/t* (≈ *kill as surplus*) (als überschüssig) erlegen

culminate *v/i* (*fig*) (≈ *climax*) gipfeln (*in* in +*dat*); (≈ *end*) herauslaufen (*in* auf +*acc*)**culmination** *n* (*fig*) (≈ *high point*) Höhepunkt *m*; (≈ *end*) Ende *nt*

culottes *pl* Hosenrock *m*; *a pair of ~* ein Hosenrock

culpability *n* (*form*) Schuld *f* **culpable** *adj* (*form*) schuldig **culprit** *n* Schuldi-

ge(r) *m/f(m)*; JUR Täter(in) *m(f)*; *(infml)*
(≈ *person causing trouble*) Übeltäter(in)
m(f)

cult I *n* (REL, *fig*) Kult *m* **II** *attr* Kult-

cultivate *v/t* **1.** *(lit)* kultivieren; *crop etc*
anbauen **2.** *(fig) links etc* pflegen **cultivated** *adj* (AGR, *fig*) kultiviert **cultivation** *n* **1.** *(lit)* Kultivieren *nt*; *(of crop
etc)* Anbau *m* **2.** *(fig: of links etc)* Pflege
f *(of* von) **cultivator** *n* (≈ *machine*)
Grubber *m*

cult movie *n* Kultfilm *m*

cultural *adj* Kultur-; *similarities, events*
kulturell; ~ **differences** kulturelle Unterschiede *pl* **culturally** *adv* kulturell
culture *n* Kultur *f*; *(of animals)* Zucht *f*; *a
man of ~/of no ~* ein Mann mit / ohne
Kultur; *to study German* ~ die deutsche
Kultur studieren **cultured** *adj* kultiviert
culture shock *n* Kulturschock *m*

cum *prep* *a sort of sofa-~-bed* eine Art
von Sofa und Bett in einem

cumbersome *adj* *clothing* (be)hinder-
lich; *style* schwerfällig; *procedure* beschwerlich

cumin *n* Kreuzkümmel *m*

cumulative *adj* gesamt **cumulative interest** *n* FIN Zins und Zinseszins **cumula-
tively** *adv* kumulativ

cunnilingus *n* Cunnilingus *m*

cunning I *n* Schlauheit *f* **II** *adj plan, person* schlau; *expression* verschmitzt **cun-
ningly** *adv* schlau; *a ~ designed little
gadget* ein clever ausgedachtes Ding

cunt *n* *(vulg)* (≈ *vagina*) Fotze *f* *(vulg)*;
(term of abuse) Arsch *m* *(vulg)*

cup I *n* Tasse *f*; (≈ *goblet, football cup etc*)
Pokal *m*; (≈ *mug*) Becher *m*; (COOK,
standard measure) 8 fl oz = 0,22 l; *a ~
of tea* eine Tasse Tee; *that's not my ~
of tea* *(fig infml)* das ist nicht mein Fall;
they're out of the Cup sie sind aus dem
Pokal(wettbewerb) ausgeschieden **II** *v/t
hands* hohl machen; *to ~ one's hand to
one's ear* die Hand ans Ohr halten
cupboard *n* Schrank *m*, Kasten *m* (*Aus,
Swiss*) **cupcake** *n* kleiner, runder Kuchen **Cup Final** *n* Pokalendspiel *nt* **cup-
ful** *n*, *pl* **cupsful, cupfuls** Tasse(voll) *f*
cupid *n* Amorette *f*; **Cupid** Amor *m*
cupola *n* ARCH Kuppel *f*

cuppa *n* (*Br infml*) Tasse Tee *f*

cup size *n* *(of bra)* Körbchengröße *f* **cup
tie** *n* Pokalspiel *nt* **Cup Winners' Cup** *n*
FTBL Europapokal *m* der Pokalsieger

curable *adj* heilbar

curate *n* *(Catholic)* Kurat *m*; *(Protestant)*
Vikar(in) *m(f)*

curator *n* *(of museum etc)* Kustos *m*

curb I *n* **1.** *(fig)* Behinderung *f*; *to put a ~
on sth* etw einschränken **2.** *(esp US* ≈
curbstone) = **kerb II** *v/t* *(fig)* zügeln;
spending dämpfen; *immigration etc*
bremsen *(infml)* **curbside** *adj* (*US*)
Straßenrand *m*; *~ parking* (≈ *short-term
parking*) Kurzparken *nt*

curd *n* *(often pl)* Quark *m*, Topfen *m*
(*Aus*) **curd cheese** *n* Weißkäse *m*

curdle I *v/t* gerinnen lassen **II** *v/i* gerinnen; *his blood ~d* das Blut gerann
ihm in den Adern

cure I *v/t* **1.** MED heilen; *to be ~d (of sth)*
(von etw) geheilt sein **2.** *(fig) inflation
etc* abhelfen (+*dat*); *to ~ sb of sth* jdm
etw austreiben **3.** *food* haltbar machen;
(≈ *salt*) pökeln; (≈ *smoke*) räuchern, selchen *(Aus)*; (≈ *dry*) trocknen **II** *v/i
(food) it is left to ~* (≈ *to salt*) es wird
zum Pökeln eingelegt; (≈ *to smoke*) es
wird zum Räuchern aufgehängt; (≈ *to
dry*) es wird zum Trocknen ausgebreitet
III *n* (MED) (≈ *remedy*) (Heil)mittel *nt*
(for gegen); (≈ *treatment*) Heilverfahren
nt (for sb für jdn, *for sth* gegen etw); (≈
health cure) Kur *f*; *(fig* ≈ *remedy)* Mittel
nt (for gegen); *there's no ~ for that* *(lit)*
das ist unheilbar; *(fig)* dagegen kann
man nichts machen **cure-all** *n* Allheilmittel *nt*

curfew *n* Ausgangssperre *f*; *to be under ~*
unter Ausgangssperre stehen

curio *n* Kuriosität *f* **curiosity** *n* *no pl* (≈
inquisitiveness) Neugier *f*; *(for knowledge)* Wissbegier(de) *f*; *out of or from
~* aus Neugier

curious *adj* **1.** (≈ *inquisitive*) neugierig;
I'm ~ to know what he'll do ich bin
mal gespannt, was er macht; *I'm ~ to
know how he did it* ich bin neugierig
zu erfahren, wie er das gemacht hat;
why do you ask? — I'm just ~ warum
fragst du? — nur so **2.** (≈ *odd*) sonderbar; *how ~!* wie seltsam! **curiously** *adv*
1. (≈ *inquisitively*) neugierig **2.** (≈ *oddly*)
seltsam; *~* **(enough)**, *he didn't object*
merkwürdigerweise hatte er nichts dagegen

curl I *n* *(of hair)* Locke *f* **II** *v/t hair* locken;
(with curlers) in Locken legen; *(in tight
curls)* kräuseln; *edges* umbiegen **III** *v/i*

(*hair*) sich locken; (*tightly*) sich kräuseln; (*naturally*) lockig sein; (*paper*) sich wellen ♦ **curl up I** *v/i* (*animal, person*) sich zusammenrollen; (*paper*) sich wellen; **to ~ in bed** sich ins Bett kuscheln; **to ~ with a good book** es sich (*dat*) mit einem guten Buch gemütlich machen **II** *v/t sep* wellen; *edges* hochbiegen; **to curl oneself/itself up** sich zusammenkugeln

curler *n* (≈ *hair curler*) Lockenwickel *m*; **to put one's ~s in** sich (*dat*) die Haare eindrehen; **my hair was in ~s** ich hatte Lockenwickel im Haar

curlew *n* Brachvogel *m*

curling *n* SPORTS Curling *nt* **curling tongs,** (*US*) **curling iron** *pl* Lockenschere *f*; (*electric*) Lockenstab *m* **curly** *adj* (+er) *hair* lockig; (*tighter*) kraus; *tail* geringelt; *pattern* verschnörkelt **curly-haired** *adj* lockig; (*tighter*) krausköpfig **currant** *n* **1.** (≈ *dried fruit*) Korinthe *f* **2.** BOT Johannisbeere *f*, Ribisel *f* (*Aus*); **~ bush** Johannisbeerstrauch *m*, Ribiselstrauch *m* (*Aus*) **currant bun** *n* Rosinenbrötchen *nt*

currency *n* **1.** FIN Währung *f*; **foreign ~** Devisen *pl* **2. to gain ~** sich verbreiten **currency market** *n* Devisenmarkt *m*

current I *adj* (≈ *present*) gegenwärtig; *policy, price* aktuell; *research, month etc* laufend; *edition* letzte(r, s); *opinion* verbreitet; **~ affairs** aktuelle Fragen *pl*; **in ~ use** allgemein gebräuchlich **II** *n* **1.** (*of water*) Strömung *f*; (*of air*) Luftströmung *f*; **with/against the ~** mit dem/gegen den Strom **2.** ELEC Strom *m* **3.** (*fig: of events etc*) Trend *m* **current account** *n* Girokonto *nt* **current assets** *pl* Umlaufvermögen *nt* **current capital** *n* (*US*) Betriebskapital *nt* **current expenses** *pl* laufende Ausgaben *pl* **currently** *adv* gegenwärtig

curricula *pl of* **curriculum** **curricular** *adj* lehrplanmäßig **curriculum** *n, pl* **curricula** Lehrplan *m*; **to be on the ~** auf dem Lehrplan stehen **curriculum vitae** *n* (*Br*) Lebenslauf *m*

curry[1] COOK *n* (≈ *spice*) Curry *m or nt*; (≈ *dish*) Curry *nt*; **~ sauce** Currysoße *f* **curry**[2] *v/t* **to ~ favour (with sb)** sich (bei jdm) einschmeicheln

curry powder *n* Currypulver *nt*

curse I *n* Fluch *m*; (*infml* ≈ *nuisance*) Plage *f* (*infml*); **the ~ of drunkenness** der Fluch des Alkohols; **to be under a ~** un-

ter einem Fluch stehen; **to put sb under a ~** jdn mit einem Fluch belegen **II** *v/t* **1.** (≈ *put a curse on*) verfluchen; **~ you/it!** (*infml*) verflucht! (*infml*); **where is he now, ~ him!** (*infml*) wo steckt er jetzt, der verfluchte Kerl! (*infml*) **2.** (≈ *swear at or about*) fluchen über (+*acc*) **3.** (*fig*) **to be ~d with sb/sth** mit jdm/etw geschlagen sein **III** *v/i* fluchen **cursed** *adj* (*infml*) verflucht (*infml*)

cursor *n* IT Cursor *m*

cursorily *adv* flüchtig **cursory** *adj* flüchtig

curt *adj* (+er) *person* kurz angebunden; *letter, refusal* knapp; **to be ~ with sb** zu jdm kurz angebunden sein

curtail *v/t* kürzen

curtain *n* Vorhang *m*; (≈ *net curtain*) Gardine *f*; **to draw or pull the ~s** (≈ *open*) den Vorhang/die Vorhänge aufziehen; (≈ *close*) den Vorhang/die Vorhänge zuziehen; **the ~ rises/falls** der Vorhang hebt sich/fällt ♦ **curtain off** *v/t sep* durch einen Vorhang/Vorhänge abtrennen

curtain call *n* THEAT Vorhang *m*; **to take a ~** vor den Vorhang treten **curtain hook** *n* Gardinengleithaken *m* **curtain pole** *n* Vorhangstange *f* **curtain rail** *n* Vorhangschiene *f* **curtain ring** *n* Gardinenring *m*

curtly *adv reply* knapp; *refuse* kurzerhand **curtsey,** (*US*) **curtsy I** *n* Knicks *m* **II** *v/i* knicksen (*to vor* +*dat*)

curvaceous *adj* üppig **curvature** *n* Krümmung *f*; (*misshapen*) Verkrümmung *f*; **~ of the spine** (*normal*) Rückgratkrümmung *f*; (*abnormal*) Rückgratverkrümmung *f* **curve I** *n* Kurve *f*; (*of body, vase etc*) Rundung *f*; (*of river*) Biegung *f*; **there's a ~ in the road** die Straße macht einen Bogen **II** *v/t* biegen **III** *v/i* **1.** (*line, road*) einen Bogen machen; (*river*) eine Biegung machen **2.** (≈ *be curved*) sich wölben; (*metal strip etc*) sich biegen **curved** *adj line* gebogen; *surface* gewölbt

cushion I *n* Kissen *nt*; (≈ *pad, fig* ≈ *buffer*) Polster *nt*; **~ cover** Kissenbezug *m* **II** *v/t fall, blow* dämpfen

cushy *adj* (+er) (*infml*) bequem; **a ~ job** ein ruhiger Job

cusp *n* **on the ~ of** (*fig*) an der Schwelle zu **cussword** *n* (*US infml*) Kraftausdruck *m* **custard** *n* (≈ *pouring custard*) ≈ Vanillesoße *f*; (≈ *set custard*) ≈ Vanillepudding *m*

custodial *adj (form)* ~ **sentence** Gefängnisstrafe *f* **custodian** *n (of museum)* Aufseher(in) *m(f)*; *(of treasure)* Hüter(in) *m(f)* **custody** *n* **1.** (≈ *keeping*) Obhut *f*; (JUR, *of children*) Sorgerecht *nt (of* für, über +acc*)*; (≈ *guardianship*) Vormundschaft *f (of* für, über +acc*)*; **to put** *or* **place sth in sb's** ~ etw jdm zur Aufbewahrung anvertrauen; **the mother was awarded** ~ **of the children after the divorce** der Mutter wurde bei der Scheidung das Sorgerecht über die Kinder zugesprochen **2.** (≈ *police detention*) (polizeilicher) Gewahrsam; **to take sb into** ~ jdn verhaften

custom I *n* **1.** (≈ *convention*) Brauch *m* **2.** (≈ *habit*) (An)gewohnheit *f*; **it was his** ~ **to rest each afternoon** er pflegte am Nachmittag zu ruhen (*elev*) **3.** *no pl* COMM Kundschaft *f*; **to take one's** ~ **elsewhere** woanders Kunde werden **4. customs** *pl* Zoll *m*; **to go through** ~**s** durch den Zoll gehen II *adj (US)* **suit** maßgefertigt; *carpenter* auf Bestellung arbeitend **customarily** *adv* üblicherweise **customary** *adj* (≈ *conventional*) üblich; (≈ *habitual*) gewohnt; **it's** ~ **to wear a tie** man trägt normalerweise *or* gewöhnlich eine Krawatte **custom-built** *adj* speziell angefertigt

customer *n* **1.** COMM Kunde *m*, Kundin *f*; **our** ~**s** unsere Kundschaft **2.** (*infml* ≈ *person*) Kunde *m* (*infml*) **customer service(s)** *n* Kundendienst *m*; ~ **department** Kundendienstabteilung *f*

customize *v/t* auf Bestellung fertigen **custom-made** *adj clothes* maßgefertigt; *furniture, car* speziell angefertigt

customs authorities *pl* Zollbehörden *pl* **customs declaration** *n* Zollerklärung *f* **customs officer** *n* Zollbeamte(r) *m*, Zollbeamtin *f*

cut *vb: pret, past part* **cut** I *n* **1.** Schnitt *m*; (≈ *wound*) Schnittwunde *f*; **to make a** ~ **in sth** in etw (*acc*) einen Einschnitt machen; **his hair could do with a** ~ seine Haare könnten mal wieder geschnitten werden; **it's a** ~ **above the rest** es ist den anderen um einiges überlegen; **the** ~ **and thrust of politics** das Spannungsfeld der Politik; **the** ~ **and thrust of the debate** die Hitze der Debatte **2.** (*in prices*) Senkung *f*; (*in salaries, expenditure, text, film etc*) Kürzung *f*; (*in working hours*) (Ver)kürzung *f*; (*in production*) Einschränkung *f*; **a** ~ **in taxes** eine Steuersenkung; **a 1%** ~ **in interest rates** eine 1%ige Senkung des Zinssatzes; **he had to take a** ~ **in salary** er musste eine Gehaltskürzung hinnehmen **3.** (*of meat*) Stück *nt* **4.** (≈ *share, infml*) (An)teil *m*; **to take one's** ~ sich (*dat*) seinen Teil *or* Anteil nehmen **5.** ELEC **power/electricity** ~ Stromausfall *m* II *adj* geschnitten; *grass* gemäht; **to have a** ~ **lip** eine Schnittwunde an der Lippe haben; ~ **flowers** Schnittblumen *pl* III *v/t* **1.** (≈ *make cut in*) schneiden; *cake* anschneiden; *rope* durchschneiden; *grass* mähen; **to** ~ **one's finger** sich (*dat*) am Finger schneiden; **to** ~ **one's nails** sich (*dat*) die Nägel schneiden; **to** ~ **oneself (shaving)** sich (beim Rasieren) schneiden; **to** ~ **sth in half/three** etw halbieren/dritteln; **to** ~ **a hole in sth** ein Loch in etw (*acc*) schneiden; **to** ~ **to pieces** zerstückeln; **to** ~ **open** aufschneiden; **he** ~ **his head open** er hat sich (*dat*) den Kopf aufgeschlagen; **to have** *or* **get one's hair** ~ sich (*dat*) die Haare schneiden lassen; **to** ~ **sb loose** jdn losschneiden **2.** (≈ *shape*) *glass, diamond* schleifen; *fabric* zuschneiden; *key* anfertigen **3.** *ties, links* abbrechen **4.** *prices* herabsetzen; *working hours, expenses, salary, film* kürzen; *production* verringern **5.** *part of text, film* streichen; **to** ~ **and paste text** IT Text ausschneiden und einfügen **6.** CARDS **to** ~ **the cards/the pack** abheben **7.** *engine* abstellen **8.** (*set structures*) **to** ~ **sb short** jdm das Wort abschneiden; **to** ~ **sth short** etw vorzeitig abbrechen; **to** ~ **a long story short** der langen Rede kurzer Sinn; **to** ~ **sb dead** (*Br*) jdn wie Luft behandeln; **to** ~ **a tooth** zahnen; **aren't you** ~**ting it a bit fine?** (*Br*) ist das nicht ein bisschen knapp?; **to** ~ **one's losses** eine Sache abschließen, ehe der Schaden (noch) größer wird IV *v/i* **1.** (*knife, scissors*) schneiden; **to** ~ **loose** (*fig*) sich losmachen; **to** ~ **both ways** (*fig*) ein zweischneidiges Schwert sein; **to** ~ **and run** abhauen (*infml*) **2.** (FILM ≈ *change scenes*) überblenden (*to* zu); (≈ *stop filming*) abbrechen; ~! Schnitt! ♦ **cut across** *v/i* +*prep obj* **1.** (*lit*) hinübergehen/-fahren *etc* (*prep obj* über +*acc*); **if you** ~ **the fields** wenn Sie über die Felder gehen **2.** (*fig*) **this problem cuts across all ages** dieses Problem betrifft alle Altersgruppen ♦ **cut back I** *v/i* **1.** (≈ *go back*) zurückgehen/-fahren; FILM zurückblenden **2.** (≈ *reduce expenditure etc*) sich einschränken; **to ~ on expenses** *etc* die Ausgaben *etc* einschränken; **to ~ on smoking/sweets** weniger rauchen/Süßigkeiten essen **II** *v/t sep* **1.** *plants* zurückschneiden **2.** *production* zurückschrauben; *outgoings* einschränken ♦ **cut down I** *v/t sep* **1.** *tree* fällen **2.** *number, expenses* einschränken; *text* zusammenstreichen (*to* auf +*acc*) ♦ **cut sb down to size** jdn auf seinen Platz verweisen **II** *v/i* sich einschränken; **to ~ on sth** etw einschränken; **to ~ on sweets** weniger Süßigkeiten essen ♦ **cut in** *v/i* **1.** (≈ *interrupt*) sich einschalten (*on* in +*acc*); **to ~ on sb** jdn unterbrechen **2.** AUTO sich direkt vor ein anderes/das andere Auto hineindrängen; **to ~ in front of sb** jdn schneiden ♦ **cut into** *v/i +prep obj* **1.** *cake* anschneiden **2.** (*fig*) *savings* ein Loch reißen in (+*acc*); *holidays* verkürzen ♦ **cut off** *v/t sep* **1.** abschneiden; **we're very ~ out here** wir leben hier draußen sehr abgeschieden; **to cut sb off in the middle of a sentence** jdn mitten im Satz unterbrechen **2.** (≈ *disinherit*) enterben **3.** *gas etc* abstellen; **we've been ~** TEL wir sind unterbrochen worden ♦ **cut out I** *v/i* (*engine*) aussetzen **II** *v/t sep* **1.** ausschneiden; *dress* zuschneiden **2.** (≈ *delete*) (heraus)streichen; *smoking etc* aufhören mit; **double glazing cuts out the noise** Doppelfenster verhindern, dass der Lärm hereindringt; **cut it out!** (*infml*) lass das (sein)! (*infml*); **and you can ~ the self-pity for a start!** und mit Selbstmitleid brauchst du gar nicht erst zu kommen! **3.** (*fig*) **to be ~ for sth** zu etw geeignet sein; **he's not ~ to be a doctor** er ist nicht zum Arzt geeignet **4.** **to have one's work ~** alle Hände voll zu tun haben ♦ **cut through** *v/t sep* **we ~ the housing estate** wir gingen/fuhren durch die Siedlung ♦ **cut up** *v/t sep* **1.** *meat* aufschneiden; *wood* spalten **2.** AUTO **to cut sb up** jdn schneiden

cut-and-dried *adj* (*fig*) festgelegt; **as far as he's concerned the whole issue is now ~** für ihn ist die ganze Angelegenheit erledigt **cut-and-paste** *adj* (*US*) **a ~ job** eine zusammengestückelte Arbeit

(*usu pej*) **cutback** *n* Kürzung *f*
cute *adj* (+*er*) **1.** (*infml* ≈ *sweet*) süß **2.** (*esp US infml* ≈ *clever*) prima (*infml*); (≈ *shrewd*) schlau, clever (*infml*)
cut glass *n* geschliffenes Glas **cut-glass** *adj* (*lit*) aus geschliffenem Glas
cuticle *n* (*of nail*) Nagelhaut *f*
cutlery *n no pl* (*esp Br*) Besteck *nt*
cutlet *n* Schnitzel *nt*
cut loaf *n* aufgeschnittenes Brot **cutoff** *n* **1.** (TECH, *device*) Ausschaltmechanismus *m* **2.** (*a.* **cutoff point**) Trennlinie *f* **cutout I** *n* **1.** (≈ *model*) Ausschneidemodell *nt* **2.** ELEC Sperre *f* **II** *adj* **1.** *model etc* zum Ausschneiden **2.** ELEC Abschalt- **cut-price** *adj* zu Schleuderpreisen; **~ offer** Billigangebot *nt* **cut-rate** *adj* zu verbilligtem Tarif **cutter** *n* **a pair of** (*wire*) **~s** eine Drahtschere **cut-throat** *adj competition* mörderisch **cutting I** *n* **1.** Schneiden *nt*; (*of grass*) Mähen *nt*; (*of cake*) Anschneiden *nt* **2.** (*of glass, jewel*) Schliff *m*; (*of key*) Anfertigung *f* **3.** (*of prices*) Herabsetzung *f*; (*of working hours*) Verkürzung *f*; (*of expenses, salary*) Kürzung *f* **4.** (≈ *editing*, FILM) Schnitt *m*; (*of part of text*) Streichung *f* **5.** (*Br* ≈ *railway cutting*) Durchstich *m* **6.** (*Br: from newspaper*) Ausschnitt *m* **7.** HORT Ableger *m*; **to take a ~** einen Ableger nehmen **II** *adj* **1.** scharf; **to be at the ~ edge of sth** in etw (*dat*) führend sein **2.** (*fig*) *remark* spitz **cutting board** *n* (*US*) = **chopping board cutting edge** *n* **1.** (≈ *blade*) Schneide *f*, Schnittkante *f* **2.** *no pl* (≈ *most advanced stage*) letzter Stand (*of gen*) **cutting room** *n* FILM Schneideraum *m*; **to end up on the ~ floor** (*fig*) im Papierkorb enden
cuttlefish *n* Sepie *f*
cut up *adj* (*infml*) **he was very ~ about it** das hat ihn schwer getroffen
CV *abbr of* **curriculum vitae**
cwt *abbr of* **hundredweight**
cyanide *n* Zyanid *nt*
cybercafé *n* Internetcafé *nt* **cybernetics** *n sg* Kybernetik *f* **cyberspace** *n* Cyberspace *m*
cycle I *n* **1.** Zyklus *m*; (*of events*) Gang *m* **2.** (≈ *bicycle*) (Fahr)rad *nt* **II** *v/i* mit dem (Fahr)rad fahren **cycle lane** *n* (Fahr)radweg *m* **cycle path** *n* (Fahr)radweg *m* **cycler** *n* (*US*) = **cyclist cycle race** *n* Radrennen *nt* **cycle rack** *n* Fahrradständer *m* **cycle shed** *n* Fahrradstand

m **cycle track** *n* (≈ *path*) (Fahr)radweg *m*; (*for racing*) Radrennbahn *f* **cyclic(al)** *adj* zyklisch; ECON konjunkturbedingt **cycling** *n* Radfahren *nt*; *I enjoy ~* ich fahre gern Rad **cycling holiday** *n* Urlaub *m* mit dem Fahrrad **cycling shorts** *pl* Radlerhose *f* **cycling tour** *n* Radtour *f* **cyclist** *n* (Fahr)radfahrer(in) *m(f)*

cyclone *n* Zyklon *m*; *~ cellar* (*US*) tiefer Keller *zum Schutz vor Zyklonen*

cygnet *n* Schwanjunge(s) *nt*

cylinder *n* MAT, AUTO Zylinder *m*; *a four-~ car* ein vierzylindriges Auto; *to be firing on all ~s* (*fig*) in Fahrt sein **cylinder capacity** *n* AUTO Hubraum *m* **cylinder head** *n* AUTO Zylinderkopf *m* **cylindrical** *adj* zylindrisch

cymbal *n* Beckenteller *m*; *~s* Becken *nt*

cynic *n* Zyniker(in) *m(f)* **cynical** *adj*, **cynically** *adv* zynisch; *he was very ~ about it* er äußerte sich sehr zynisch dazu **cynicism** *n* Zynismus *m*

cypher *n* = **cipher**

Cypriot I *adj* zypriotisch **II** *n* Zypriot(in) *m(f)* **Cyprus** *n* Zypern *nt*

Cyrillic *adj* kyrillisch

cyst *n* Zyste *f* **cystic fibrosis** *n* zystische Fibrose

czar *n* Zar *m*

Czech I *adj* tschechisch **II** *n* **1.** Tscheche *m*, Tschechin *f* **2.** LING Tschechisch *nt* **Czechoslovakia** *n* HIST die Tschechoslowakei **Czech Republic** *n* Tschechien *nt*, Tschechische Republik

D

D, d *n* D *nt*, d *nt*; SCHOOL ausreichend; *D sharp* Dis *nt*, dis *nt*; *D flat* Des *nt*, des *nt*

d 1. (*Br old*) *abbr of* **pence 2.** *abbr of* **died** gest.

'd = **had, would**

DA (*US*) *abbr of* **District Attorney**

dab¹ I *n* Klecks *m*; (*of cream, powder etc*) Tupfer *m*; (*of liquid, glue etc*) Tropfen *m*; *a ~ of ointment etc* ein bisschen Salbe *etc*; *to give sth a ~ of paint* etw überstreichen **II** *v/t* (*with powder etc*) betupfen; (*with towel etc*) tupfen; *to ~ one's eyes* sich (*dat*) die Augen tupfen; *she ~bed ointment on the wound* sie betupfte sich (*dat*) die Wunde mit Salbe

dab² *adj* (*infml*) *to be a ~ hand at sth* gut in etw (*dat*) sein; *to be a ~ hand at doing sth* sich darauf verstehen, etw zu tun

dabble *v/i* (*fig*) *to ~ in/at sth* sich (nebenbei) mit etw beschäftigen; *he ~s in stocks and shares* er versucht sich an der Börse

dacha *n* Datsche *f*

dachshund *n* Dackel *m*

dad, daddy *n* (*infml*) Papa *m* (*infml*) **daddy-longlegs** *n*, *pl* - (*Br*) Schnake *f*; (*US*) Weberknecht *m*

daffodil *n* Narzisse *f*

daft *adj* (*+er*) doof (*infml*); *what a ~ thing to do* so was Doofes (*infml*); *he's ~ about football* (*infml*) er ist verrückt

nach Fußball (*infml*)

dagger *n* Dolch *m*; *to be at ~s drawn with sb* (*fig*) mit jdm auf (dem) Kriegsfuß stehen; *to look ~s at sb* (*Br*) jdn mit Blicken durchbohren

dahlia *n* Dahlie *f*

daily I *adj*, *adv* täglich; *~ newspaper* Tageszeitung *f*; *~ wage* Tageslohn *m*; *~ grind* täglicher Trott; *~ life* der Alltag; *he is employed on a ~ basis* er ist tageweise angestellt **II** *n* (≈ *newspaper*) Tageszeitung *f* **daily bread** *n* (*fig*) *to earn one's ~* sich (*dat*) sein Brot verdienen

daintily *adv* zierlich; *move* anmutig **dainty** *adj* (*+er*) **1.** zierlich; *movement* anmutig **2.** (≈ *refined*) geziert

dairy *n* Molkerei *f* **dairy cattle** *pl* Milchvieh *nt* **dairy cow** *n* Milchkuh *f* **dairy farm** *n* auf Milchviehhaltung spezialisierter Bauernhof **dairy farming** *n* Milchviehhaltung *f* **dairy produce** *n*, **dairy products** *pl* Milchprodukte *pl*

dais *n* Podium *nt*

daisy *n* Gänseblümchen *nt*; *to be pushing up the daisies* (*infml*) sich (*dat*) die Radieschen von unten besehen (*hum*) **daisywheel** *n* TYPO, IT Typenrad *m* **daisywheel printer** *n* Typenraddrucker *m*

dale *n* (*N Engl liter*) Tal *nt*

Dalmatian *n* (≈ *dog*) Dalmatiner *m*

dam I *n* Damm *m* **II** *v/t* (*a.* **dam up**) (auf)-

stauen; *valley* eindämmen

damage I *n* **1.** Schaden *m* (*to* an +*dat*); **to do a lot of ~** großen Schaden anrichten; **to do sb/sth a lot of ~** jdm/einer Sache (*dat*) großen Schaden zufügen; **it did no ~ to his reputation** das hat seinem Ruf nicht geschadet; **the ~ is done** (*fig*) es ist passiert **2. damages** *pl* JUR Schadenersatz *m* **3.** (*infml* ≈ *cost*) **what's the ~?** was kostet der Spaß? (*infml*) **II** *v/t* schaden (+*dat*); *machine, furniture, tree* beschädigen; **to ~ one's eyesight** sich (*dat*) die Augen verderben; **to ~ one's chances** sich (*dat*) die Chancen verderben **damage limitation** *n* Schadensbegrenzung *f* **damaging** *adj* schädlich; *remarks* abträglich; **to be ~ to sb/sth** schädlich für jdn/etw sein

dame *n* **1. Dame** (*Br*) Titel der weiblichen Träger des „*Order of the British Empire*" **2.** THEAT (*komische*) Alte

dammit *int* (*infml*) verdammt (*infml*); **it weighs 2 kilos as near as ~** es wiegt so gut wie 2 Kilo

damn I *int* (*infml*) verdammt (*infml*) **II** *n* (*infml*) **he doesn't give a ~** er schert sich einen Dreck (darum) (*infml*); **I don't give a ~** das ist mir piepegal (*infml*) **III** *adj attr* (*infml*) verdammt; **it's a ~ nuisance** das ist ein verdammter Mist (*infml*); **a ~ sight better** verdammt viel besser (*infml*); **I can't see a ~ thing** verdammt (noch mal), ich kann überhaupt nichts sehen (*infml*) **IV** *adv* (*infml*) verdammt; **I should ~ well think so** das will ich doch stark annehmen; **pretty ~ good/quick** verdammt gut/schnell (*infml*); **you're ~ right** du hast völlig recht **V** *v/t* **1.** REL verdammen **2.** (≈ *judge and condemn*) verurteilen; *book etc* verreißen **3.** (*infml*) **~ him/you!** (*annoyed*) verdammt! (*infml*); **~ it!** verdammt (noch mal)! (*infml*); **well, I'll be ~ed!** Donnerwetter! (*infml*); **I'll be ~ed if I'll go there** ich denk nicht (im Schlaf) dran, da hinzugehen (*infml*); **I'll be ~ed if I know** weiß der Teufel (*infml*) **damnation I** *n* (ECCL) (≈ *act*) Verdammung *f*; (≈ *state of damnation*) Verdammnis *f* **II** *int* (*infml*) verdammt (*infml*)

damned I *adj* **1.** *soul* verdammt **2.** (*infml*) = **damn** III **II** *adv* = **damn** IV **III** *n* (ECCL, *liter*) **the ~** *pl* die Verdammten *pl* **damnedest** *n* **to do** *or* **try one's ~** (*infml*)

verdammt noch mal sein Möglichstes tun (*infml*)

damning *adj* vernichtend; *evidence* belastend

damp I *adj* (+*er*) feucht **II** *n* Feuchtigkeit *f* **III** *v/t* **1.** anfeuchten **2.** *sounds, enthusiasm* dämpfen; (*a. damp down*) *fire* ersticken **dampen** *v/t* = **damp** III **damper** *n* **to put a ~ on sth** einer Sache (*dat*) einen Dämpfer aufsetzen **dampness** *n* Feuchtigkeit *f* **damp-proof** *adj* **~ course** Dämmschicht *f*

damson *n* (≈ *fruit*) Damaszenerpflaume *f*

dance I *n* Tanz *m*; **~ class** Tanzstunde *f*; **may I have the next ~?** darf ich um den nächsten Tanz bitten?; **to go to a ~** tanzen gehen **II** *v/t* tanzen **III** *v/i* **1.** tanzen; **would you like to ~?** möchten Sie tanzen? **2.** (≈ *move here and there*) **to ~ about** (*herum*)tänzeln; **to ~ up and down** auf- und abhüpfen; **to ~ for joy** einen Freudentanz aufführen **dance band** *n* Tanzkapelle *f* **dance floor** *n* Tanzboden *m* **dance hall** *n* Tanzsaal *m* **dance music** *n* Tanzmusik *f* **dancer** *n* Tänzer(in) *m(f)* **dance theatre,** (*US*) **dance theater** *n* Tanztheater *nt* **dancing I** *n* Tanzen *nt* **II** *attr* Tanz- **dancing girl** *n* Tänzerin *f*

dandelion *n* Löwenzahn *m*

dandruff *n* Schuppen *pl*

Dane *n* Däne *m*, Dänin *f*

danger *n* **1.** Gefahr *f*; **the ~s of smoking** die mit dem Rauchen verbundenen Gefahren; **to put sb/sth in ~** jdn/etw gefährden; **to be in ~ of doing sth** Gefahr laufen, etw zu tun; **the species is in ~ of extinction** die Art ist vom Aussterben bedroht; **out of ~** außer Gefahr; **there is a ~ of fire** es besteht Feuergefahr; **there is a ~ of his getting lost** es besteht die Gefahr, dass er sich verirrt; **to be a ~ to sb/sth** für jdn/etw eine Gefahr bedeuten; **he's a ~ to himself** er bringt sich selbst in Gefahr **2.** "**danger**" „Achtung, Lebensgefahr!"; MOT „Gefahrenstelle"; "**danger, keep out**" „Zutritt verboten, Lebensgefahr!" **danger money** *n* Gefahrenzulage *f*

dangerous *adj* gefährlich; *driving* rücksichtslos; **the Bronx can be a ~ place** die Bronx kann gefährlich sein; **this is a ~ game we're playing** wir spielen hier gefährlich **dangerously** *adv* gefährlich;

low, high bedenklich; *drive* rücksichtslos; **the deadline is getting ~ close** der Termin rückt bedenklich nahe; **she was ~ ill** sie war todkrank; **let's live ~ for once** lass uns einmal etwas riskieren **danger signal** *n* Warnsignal *nt*

dangle I *v/t* baumeln lassen **II** *v/i* baumeln

Danish I *adj* dänisch **II** *n* (≈ *language*) Dänisch *nt* **Danish blue** (cheese) *n* Blauschimmelkäse *m* **Danish pastry** *n* Plundergebäck *nt*

dank *adj* (unangenehm) feucht

Danube *n* Donau *f*

dappled *adj* **1.** *light* gefleckt **2.** *horse* scheckig

dare I *v/i* (≈ *be bold enough*) es wagen; (≈ *have the confidence*) sich trauen; **he wouldn't ~!** er wird sich schwer hüten; **you ~!** untersteh dich!; **how ~ you!** was fällt dir ein! **II** *v/t* **1.** **to ~** (*to*) **do sth** (es) wagen, etw zu tun; **he wouldn't ~ say anything bad about his boss** er wird sich hüten, etwas Schlechtes über seinen Chef zu sagen; **how ~ you say such things?** wie kannst du es wagen, so etwas zu sagen? **2.** (≈ *challenge*) **go on, I ~ you!** (trau dich doch, du) Feigling!; **are you daring me?** wetten, dass? (*infml*); (*I*) **~ you to jump off** spring doch, du Feigling! **III** *n* Mutprobe *f*; **to do sth for a ~** etw als Mutprobe tun **daredevil I** *n* Waghals *m* **II** *adj* waghalsig **daring I** *adj* **1.** (≈ *courageous*) mutig; *attempt* kühn; *escape* waghalsig **2.** (≈ *audacious*) wagemutig; *writer, book* gewagt **II** *n* Wagemut *m* **daringly** *adv* mutig, kühn (*elev*)

dark I *adj* (+er) dunkel; **it's getting ~** es wird dunkel; **a ~ blue** ein dunkles Blau **II** *n* **1.** **the ~** die Dunkelheit; **they aren't afraid of the ~** sie haben keine Angst vor der Dunkelheit; **after/before ~** nach/ vor Einbruch der Dunkelheit; **we'll be back after ~** wir kommen wieder, wenn es dunkel ist **2.** (*fig*) **to be in the ~ (about sth)** keine Ahnung (von etw) haben; **to keep sb in the ~ (about sth)** jdn (über etw *acc*) im Dunkeln lassen **dark age** *n* **the Dark Ages** das frühe Mittelalter; **to be living in the ~s** (*pej*) im finstersten Mittelalter leben **dark chocolate** *n* Zartbitterschokolade *f* **darken I** *v/t* (*lit*) dunkel machen **II** *v/i* (*lit*) dunkel werden; (*sky*) sich verdunkeln; (*before*

storm) sich verfinstern **dark-eyed** *adj* dunkeläugig **dark glasses** *pl* Sonnenbrille *f*; (*of blind person*) dunkle Brille **dark horse** *n* (*fig*) stilles Wasser **darkness** *n* (*lit*) Dunkelheit *f*; **in total ~** in völliger Dunkelheit; **the house was in ~** das Haus lag im Dunkeln **darkroom** *n* PHOT Dunkelkammer *f* **dark-skinned** *adj* dunkelhäutig

darling *n* **1.** Schatz *m*; (*esp child*) Schätzchen *nt*; **he is the ~ of the crowds** er ist der Publikumsliebling; **be a ~ and ... sei** ein Schatz und ... **2.** (*form of address*) Liebling *m*

darn¹ SEWING *v/t* stopfen

darn² (*a.* **darned**) (*infml*) **I** *adj* verdammt (*infml*); **a ~ sight better** ein ganzes Ende besser (*infml*) **II** *adv* verdammt (*infml*); **we'll do as we ~ well please** wir machen genau das, was wir wollen; **~ near impossible** so gut wie unmöglich **III** *v/t* **~ it!** verflixt noch mal! (*infml*) **darned** *adj, adv* (*infml*) = **darn²**

dart I *n* **1.** (*movement*) Satz *m* **2.** SPORTS (*Wurf*)pfeil *m* **II** *v/i* flitzen; (*fish*) schnellen; **to ~ out** (*person*) hinausflitzen; (*fish, tongue*) herausschnellen; **to ~ in** (*person*) hereinstürzen; **he ~ed behind a bush** er hechtete hinter einen Busch **III** *v/t look* werfen; **to ~ a glance at sb** jdm einen Blick zuwerfen **dart board** *n* Dartscheibe *f* **darts** *n sg* Darts *nt*

dash I *n* **1.** Jagd *f*; **he made a ~ for the door** er stürzte auf die Tür zu; **she made a ~ for it** sie rannte, so schnell sie konnte; **to make a ~ for freedom** versuchen, in die Freiheit zu entkommen; **it was a mad ~ to the hospital** wir/sie *etc* eilten Hals über Kopf zum Krankenhaus **2.** (≈ *small amount*) **a ~ of** etwas; **a ~ of colour** (*Br*) *or* **color** (*US*) ein Farbtupfer *m* **3.** TYPO Gedankenstrich *m* **II** *v/t* **1.** (≈ *throw*) schleudern; **to ~ sth to pieces** etw in tausend Stücke zerschlagen **2.** *sb's hopes* zunichtemachen **3.** (*infml*) = **darn²** **III** *v/i* **1.** sausen (*infml*); **to ~ into a room** in ein Zimmer stürmen; **to ~ away/back/up** fort-/zurück-/hinaufstürzen **2.** (≈ *knock*) schlagen; (*waves*) peitschen ♦ **dash off** *v/i* losstürzen; **sorry to have to ~ like this** tut mir leid, dass ich so fort hetzen muss **II** *v/t sep letter* hinwerfen

dashboard *n* Armaturenbrett *nt*

dashing (*dated*) *adj* **1.** (≈ *showy, stylish*) *person* schneidig, flott, fesch (*esp Aus*) **2.** (≈ *spirited*) *person* temperamentvoll; (≈ *dynamic*) dynamisch; *a ~ young offi- cer* ein zackiger junger Offizier

DAT *n abbr of digital audio tape* DAT *nt*

data *pl usu with sg vb* Daten *pl* **data anal- ysis** *n* Datenanalyse *f* **data bank** *n* Da- tenbank *f* **database** *n* Datenbank *f*; *~ manager* Datenbankmanager(in) *m(f)* **data capture** *n* Datenerfassung *f* **data carrier** *n* Datenträger *m* **data file** *n* Da- tei *f* **data processing** *n* Datenverarbei- tung *f* **data projector** *n* Beamer *m* **data protection** *n* Datenschutz *m* **data re- trieval** *n* Datenabruf *m* **data transfer** *n* Datentransfer *m* **data transmission** *n* Datenübertragung *f*

date¹ *n* (≈ *fruit*) Dattel *f*

date² **I** *n* **1.** Datum *nt*; (≈ *historical date*) Jahreszahl *f*; (*for appointment*) Termin *m*; *~ of birth* Geburtsdatum *nt*; *what's the ~ today?* welches Datum haben wir heute?; *to ~* bis heute **2.** (≈ *appoint- ment*) Verabredung *f*; (*with girlfriend etc*) Rendezvous *nt*; *who's his ~?* mit wem trifft er sich?; *his ~ didn't show up* diejenige, mit der er ausgehen wollte, hat ihn versetzt (*infml*); *to make a ~ with sb* sich mit jdm verabreden; *I've got a lunch ~ today* ich habe mich heute zum Mittagessen verabredet **II** *v/t* **1.** mit dem Datum versehen; *letter etc* da- tieren; *a letter ~d the seventh of Au- gust* ein vom siebten August datierter Brief **2.** (≈ *establish age of*) *work of art etc* datieren **3.** *girlfriend etc* ausgehen mit; (*regularly*) gehen mit (*infml*) **III** *v/i* **1.** *to ~ back to* zurückdatieren auf (*+acc*); *to ~ from* zurückgehen auf (*+acc*); (*antique etc*) stammen aus **2.** (*couple*) miteinander gehen **dated** *adj* altmodisch **date rape** *n* Vergewaltigung *nach einem Rendezvous* **date-rape drug** *n* Vergewaltigungsdroge *f* **dating agen- cy** *n* Partnervermittlung *f*

dative **I** *n* Dativ *m*; *in the ~* im Dativ **II** *adj* *~ object* Dativobjekt *nt*; *the ~ case* der Dativ

daub *v/t* *walls* beschmieren; *paint* schmieren; *grease, mud* streichen

daughter *n* Tochter *f*

daughter-in-law *n, pl* **daughters-in-law** Schwiegertochter *f*

daunt *v/t* *to be ~ed by sth* sich von etw entmutigen lassen **daunting** *adj* entmu- tigend

dawdle *v/i* trödeln **dawdler** *n* Trödler(in) *m(f)*, Tandler(in) *m(f)* (*Aus*)

dawn **I** *n* (Morgen)dämmerung *f*; (*no art: time of day*) Tagesanbruch *m*; *at ~* bei Tagesanbruch; *it's almost ~* es ist fast Morgen; *from ~ to dusk* von morgens bis abends **II** *v/i* **1.** *day was already ~ing* es dämmerte schon **2.** (*fig, new age etc*) anbrechen **3.** (*infml*) *to ~ (up)on sb* jdm zum Bewusstsein kommen; *it ~ed on him that ...* es wurde ihm lang- sam klar, dass ... **dawn chorus** *n* Mor- genkonzert *nt* der Vögel **dawn raid** *n* (*by police*) Razzia *f* (*in den frühen Mor- genstunden*)

day *n* **1.** Tag *m*; *it will arrive any ~ now* es muss jeden Tag kommen; *what ~ is it to- day?* welcher Tag ist heute?; *twice a ~* zweimal täglich; *the ~ before yesterday* vorgestern; *the ~ after/before, the fol- lowing/previous ~* am Tag danach/zu- vor; *the ~ after tomorrow* übermorgen; *from that ~ on(wards)* von dem Tag an; *two years ago to the ~* auf den Tag ge- nau vor zwei Jahren; *one ~* eines Tages; *one of these ~s* irgendwann (einmal); *~ in, ~ out* tagein, tagaus; *they went to London for the ~* sie machten einen Ta- gesausflug nach London; *~ after ~* tage- lang; *~ after ~* Tag für Tag; *~ by ~* jeden Tag; *the other ~* neulich; *at the end of the ~* (*fig*) letzten Endes; *to live from ~ to ~* von einem Tag auf den andern le- ben; *today of all ~s* ausgerechnet heute; *some ~ soon* demnächst; *I remember it to this ~* daran erinnere ich mich noch heute; *all ~* den ganzen Tag; *to travel during the ~* or *by ~* tagsüber reisen; *at that time of ~* zu der Tageszeit; *to be paid by the ~* tageweise bezahlt wer- den; *let's call it a ~* machen wir Schluss; *to have a nice ~* einen schönen Tag ver- bringen; *to have a lazy ~* einen Tag fau- lenzen; *have a nice ~!* viel Spaß!; (*esp US, said by storekeeper etc*) schönen Tag noch!; *did you have a nice ~?* wars schön?; *did you have a good ~ at the office?* wie wars im Büro?; *what a ~!* (*terrible*) so ein fürchterlicher Tag!; *that'll be the ~* das möcht ich sehen **2.** (*period of time: often pl*) *these ~s* heut- zutage; *what are you doing these ~s?* was machst du denn so?; *in this ~ and*

age heutzutage; *in ~s to come* künftig; *in his younger ~s* als er noch jünger war; *the happiest ~s of my life* die glücklichste Zeit meines Lebens; *those were the ~s* das waren noch Zeiten; *in the old ~s* früher; *in the good old ~s* in der guten alten Zeit; *it's early ~s yet* es ist noch zu früh; *this material has seen better ~s* dieser Stoff hat (auch) schon bessere Tage gesehen; *famous in her ~* in ihrer Zeit berühmt **3.** *no pl* (≈ *contest*) *to win or carry the ~* den Sieg bringen; *to save the ~* den Kampf retten **daybreak** n Tagesanbruch m; *at ~* bei Tagesanbruch **daycare** n *to be in ~* (*child*) in einer Tagesstätte untergebracht sein **day(care) centre** (*US*) **day(-care) center** n (*for children*) Tagesstätte f; (*for old people*) Altentagesstätte f **daydream I** n Tagtraum m **II** v/i (mit offenen Augen) träumen **daydreamer** n Träumer(in) m(f) **day labourer** (*US*) **day laborer** n Tagelöhner(in) m(f) **daylight** n Tageslicht nt; *in broad ~* am hellichten Tage; *to scare the living ~s out of sb* (*infml*) jdm einen fürchterlichen Schreck einjagen (*infml*) **daylight robbery** n (*Br infml*) Halsabschneiderei f (*infml*) **daylight saving time** n (*esp US*) Sommerzeit f **day nursery** n Kindertagesstätte f **day-old** adj *strike, ceasefire* seit einem Tag andauernd; *food, newspaper* vom Vortag **day pupil** n SCHOOL Externe(r) m/f(m) **day release** n (*Br*) tageweise Freistellung von Angestellten zur Weiterbildung **day return (ticket)** n (*Br RAIL*) Tagesrückfahrkarte f **day ticket** n (*Br RAIL*) Tagesrückfahrkarte f **daytime I** n Tag m; *in the ~* tagsüber **II** attr am Tage; *what's your ~ phone number?* unter welcher Nummer sind Sie tagsüber erreichbar?; *~ television* nt Vor- und Nachmittagsprogramm nt **day-to-day** adj täglich; *occurrence* alltäglich; *on a ~ basis* tageweise **day trader** n ST EX Day-Trader(in) m(f) **day trip** n Tagesausflug m **day-tripper** n Tagesausflügler(in) m(f)

daze n Benommenheit f; *in a ~* ganz benommen **dazed** adj benommen

dazzle v/t blenden **dazzling** adj (*lit*) blendend

DC 1. *abbr of* **direct current 2.** *abbr of* **District of Columbia**

D/D *abbr of* **direct debit**

D-day n (HIST, *fig*) der Tag X

deactivate v/t entschärfen

dead I adj **1.** tot; *he has been ~ for two years* er ist seit zwei Jahren tot; *to shoot sb ~* jdn erschießen; *over my ~ body* (*infml*) nur über meine Leiche (*infml*) **2.** *limbs* abgestorben; *my hand's gone ~* ich habe kein Gefühl in meiner Hand; *to be ~ to the world* tief und fest schlafen **3.** TEL tot; *to go ~* ausfallen **4.** (≈ *absolute*) völlig; *~ silence* Totenstille f; *to come to a ~ stop* völlig zum Stillstand kommen **5.** (*infml* ≈ *exhausted*) völlig kaputt (*infml*); *she looked half ~* sie sah völlig kaputt aus (*infml*); *I'm ~ on my feet* ich bin zum Umfallen kaputt (*infml*) **II** adv **1.** (≈ *exactly*) genau; *~ straight* schnurgerade; *to be ~ on time* auf die Minute pünktlich kommen **2.** (*Br infml* ≈ *very*) total (*infml*); *~ tired* totmüde; *you're ~ right* Sie haben völlig recht; *he was ~ lucky* er hat irrsinnig Glück gehabt; *~ slow* ganz langsam; *to be ~ certain about sth* (*infml*) bei etw todsicher sein; *he's ~ against it* er ist total dagegen **3.** *to stop ~* abrupt stehen bleiben **III** n **1.** *the ~ pl* die Toten pl **2.** *in the ~ or at ~ of night* mitten in der Nacht **dead centre** (*US*) **dead center** n genaue Mitte; *to hit sth ~* etw genau in die Mitte treffen **deaden** v/t *pain* mildern; *sound* dämpfen; *feeling* abstumpfen **dead end** n Sackgasse f; *to come to a ~* (*lit, road*) in einer Sackgasse enden; (*driver*) an eine Sackgasse kommen; (*fig*) in eine Sackgasse geraten **dead-end** adj attr *~ street* (*esp US*) Sackgasse f; *a ~ job* ein Job m ohne Aufstiegsmöglichkeiten **dead heat** n totes Rennen **deadline** n (letzter) Termin; *to fix or set a ~* eine Frist setzen; *to work to a ~* auf einen Termin hinarbeiten **deadlock** n *to reach (a) ~* in eine Sackgasse geraten; *to end in ~* sich festfahren **deadlocked** adj *negotiations, talks* festgefahren **deadly I** adj (+er) tödlich; *their ~ enemy* ihr Todfeind m **II** adv *~ dull* todlangweilig (*infml*); *he was ~ serious* er meinte es todernst; *~ poisonous* tödlich **deadpan** adj *face* unbewegt; *style, humour* trocken; *with a ~ expression* mit unbeweglicher Miene **Dead Sea** n Totes Meer **dead weight** n TECH Eigengewicht nt

deaf I adj (+er) taub; *as ~ as a (door)post*

stocktaub **II** *n the ~ pl* die Tauben *pl*
deaf aid *n* Hörgerät *nt* **deaf-and-dumb**
adj taubstumm **deafen** *v/t* (*lit*) taub machen **deafening** *adj noise* ohrenbetäubend; *a ~ silence* ein eisiges Schweigen
deaf-mute *n* Taubstumme(r) *m/f(m)*
deafness *n* Taubheit *f* (*to* gegenüber)
deal[1] **I** *n* (≈ *amount*) Menge *f*; *a good or*
great ~ of eine Menge; *not a great ~ of*
nicht (besonders) viel; *and that's say-*
ing a great ~ und damit ist schon viel gesagt; *to mean a great ~ to sb* jdm viel
bedeuten **II** *adv a good or great ~* viel
deal[2] *vb*: *pret, past part dealt* **I** *n* **1.** (*a.*
business deal) Geschäft *nt*; (≈ *arrange-*
ment) Handel *m*; *to do or make a ~ with*
sb mit jdm ein Geschäft machen; *it's a ~*
abgemacht! **2.** (*infml*) *to give sb a fair ~*
jdn anständig behandeln **II** *v/t* **1.** (*a.* **deal**
out) *cards* geben **2.** *drugs* dealen (*infml*)
III *v/i* **1.** CARDS geben **2.** (*in drugs*) dealen
(*infml*) ◆ **deal in** *v/i +prep obj* COMM
handeln mit ◆ **deal out** *v/t sep* verteilen
(*to* an +*dat*); *cards* (aus)geben (*to* +*dat*);
to ~ punishment Strafen verhängen
◆ **deal with** *v/i +prep obj* **1.** (≈ *do busi-*
ness with) verhandeln mit **2.** (≈ *handle*)
sich kümmern um; *emotions* umgehen
mit; COMM *orders* erledigen; *let's ~ the*
adjectives first behandeln wir zuerst
die Adjektive; *you bad boy, I'll ~ you*
later (*infml*) dich nehm ich mir später
vor, du Lausebengel! (*infml*) **3.** (*book*
etc) handeln von; (*author*) sich befassen
mit
dealer *n* **1.** COMM Händler(in) *m(f)*; (≈
wholesaler) Großhändler(in) *m(f)* **2.**
(*in drugs*) Dealer(in) *m(f)* (*infml*) **3.**
CARDS Kartengeber *m* **dealing** *n* **1.** (≈
trading) Handel *m*; (*in drugs*) Dealen
nt **2. dealings** *pl* COMM Geschäfte *pl*;
(*generally*) Umgang *m*; *to have ~s with*
sb mit jdm zu tun haben **dealt** *pret, past*
part of **deal**[2]
dean *n* ECCL, UNIV Dekan(in) *m(f)*
dear I *adj* (+*er*) **1.** lieb; *she is a ~ friend of*
mine sie ist eine sehr gute Freundin von
mir; *that is my ~est wish* das ist mein
sehnlichster Wunsch; *these memories*
are very ~ to him diese Erinnerungen
sind ihm teuer **2.** (≈ *lovable*, *sweet*)
süß **3.** (*in letter etc*) *~ John* lieber John!;
~ Sir sehr geehrter Herr X!; *~ Madam*
sehr geehrte Frau X!; *~ Sir or Madam*
sehr geehrte Damen und Herren!; *~*

Mr Kemp sehr geehrter Herr Kemp!;
(*less formal*) lieber Herr Kemp! **4.** (≈ *ex-*
pensive) teuer **II** *int oh ~!* oje! **III** *n* **hel-**
lo/thank you ~ hallo/vielen Dank; *Rob-*
ert ~ (mein lieber) Robert; *yes, ~* (*hus-*
band to wife etc) ja, Liebling **IV** *adv* teuer; *this will cost them ~* das wird sie teuer zu stehen kommen **dearly** *adv* **1.** *love*
von ganzem Herzen; *I would ~ love to*
marry ich würde liebend gern heiraten
2. (*fig*) *he paid ~* (*for it*) er hat es teuer
bezahlt
death *n* Tod *m*; *~ by drowning* Tod durch
Ertrinken; *to be burned to ~* verbrennen; (*at stake*) verbrannt werden; *to*
starve to ~ verhungern; *to bleed to ~*
verbluten; *to freeze to ~* erfrieren; *a*
fight to the ~ ein Kampf auf Leben
und Tod; *to put sb to ~* jdn hinrichten;
to drink oneself to ~ sich zu Tode trinken; *to be at ~'s door* an der Schwelle
des Todes stehen; *it will be the ~ of*
you (*infml*) das wird dein Tod sein; *he*
will be the ~ of me (*infml*) er bringt mich
noch ins Grab; *to catch one's ~* (*of cold*)
(*infml*) sich (*dat*) den Tod holen; *I am*
sick to ~ of all this (*infml*) ich bin das
alles gründlich satt; *he looked like ~*
warmed up (*Br infml*) *or over* (*US*
infml) er sah wie der Tod auf Urlaub
aus (*infml*) **deathbed** *n* Sterbebett *nt*;
to be on one's ~ auf dem Sterbebett liegen **deathblow** *n* Todesstoß *m* **death**
camp *n* Vernichtungslager *nt* **death cer-**
tificate *n* Totenschein *m* **death duties** *pl*
(*Br*) Erbschaftssteuern *pl* **deathly I** *adj*
~ hush or silence Totenstille *f* **II** *adv ~*
pale totenblass; *~ quiet* totenstill **death**
penalty *n* Todesstrafe *f* **death row** *n* To-
destrakt *m* **death sentence** *n* Todesurteil *nt* **death threat** *n* Morddrohung *f*
death toll *n* Zahl *f* der (Todes)opfer
deathtrap *n* Todesfalle *f* **death warrant**
n to sign one's own ~ (*fig*) sein eigenes
Todesurteil unterschreiben
débâcle *n* Debakel *nt* (*over* bei)
debase *v/t* **1.** *person* entwürdigen **2.** *vir-*
tues, qualities herabsetzen
debatable *adj* fraglich **debate I** *v/t & v/i*
debattieren (*with* mit, *about* über *acc*);
he was debating whether or not to
go er überlegte hin und her, ob er gehen
sollte **II** *n* Debatte *f*
debauchery *n* Ausschweifung *f*; *a life of*
~ ein ausschweifendes Leben

debilitate v/t schwächen **debilitating** adj schwächend; *lack of funds etc* lähmend

debit I n Debet nt; (*with bank*) Sollsaldo nt; **~ account** Debetkonto nt **II** v/t **to ~ sb/sb's account** (*with a sum*) jdn/jds Konto (mit einer Summe) belasten **debit card** n Kundenkarte f

debrief v/t befragen; **to be ~ed** Bericht erstatten

debris n Trümmer pl; GEOL Geröll nt

debt n (≈ *obligation*) Schuld f; (≈ *money owed*) Schulden pl; **to be in ~** verschuldet sein (*to* gegenüber); **to be £5 in ~** £ 5 Schulden haben (*to* bei); **he is in my ~** (*for money*) er hat Schulden bei mir; (*for help etc*) er steht in meiner Schuld; **to run** or **get into ~** sich verschulden; **to get out of ~** aus den Schulden herauskommen; **to repay a ~** eine Schuld begleichen **debtor** n Schuldner(in) m(f) **debt relief** n Schuldenerleichterung m

debug v/t IT entwanzen; **~ging program** Fehlerkorrekturprogramm nt **debugger** n IT Debugger m

début n Debüt nt; **to make one's ~** THEAT debütieren; **~ album** Debütalbum nt **débutant**, (*US*) **debutant** n Debütant m **débutante**, (*US*) **debutante** n Debütantin f

Dec abbr of **December** Dez.

decade n Jahrzehnt nt

decadence n Dekadenz f **decadent** adj dekadent

decaff n abbr of **decaffeinated** (*infml*) Koffeinfreie(r) m (*infml*) **decaffeinated** adj koffeinfrei

decanter n Karaffe f

decapitate v/t enthaupten (*elev*)

decathlete n Zehnkämpfer m **decathlon** n Zehnkampf m

decay I v/i verfallen; (*flesh, vegetable matter*) verwesen; (*tooth*) faulen **II** n Verfall m; (*of flesh, vegetable matter*) Verwesung f; **tooth ~** Zahnfäule f; **to fall into ~** verfallen **decayed** adj tooth faul; body, vegetable matter verwest

deceased (JUR, form) **I** adj verstorben **II** n **the ~** der/die Tote or Verstorbene; (*pl*) die Verstorbenen pl

deceit n Täuschung f **deceitful** adj betrügerisch **deceitfully** adv betrügerischerweise; behave betrügerisch **deceitfulness** n Falschheit f **deceive** v/t täuschen; wife betrügen; **to ~ oneself** sich (*dat*) selbst etwas vormachen

decelerate v/i (*car, train*) langsamer werden; (*driver*) die Geschwindigkeit herabsetzen

December n Dezember m; → **September**

decency n Anstand m; **it's only common ~ to ...** es gehört sich einfach, zu ...; **he could have had the ~ to tell me** er hätte es mir anständigerweise auch sagen können **decent** adj anständig; **are you ~?** (*infml*) bist du schon salonfähig? (*infml*); **to do the ~ thing** das einzig Anständige tun **decently** adv anständig

decentralization n Dezentralisierung f **decentralize** v/t & v/i dezentralisieren **decentralized** adj dezentral

deception n (≈ *act of deceiving*) Täuschung f; (*of wife etc*) Betrug m **deceptive** adj irreführend; **to be ~** täuschen; **appearances can be ~** der Schein trügt **deceptively** adv easy täuschend; powerful überraschend; mild trügerisch; **to look ~ like sb/sth** jdm/einer Sache täuschend ähnlich sehen

decide I v/t entscheiden, beschließen; **what did you ~?** (*yes or no*) wie habt ihr euch entschieden?; (*what measures*) was habt ihr beschlossen?; **did you ~ anything?** habt ihr irgendwelche Entscheidungen getroffen?; **I have ~d we are making a mistake** ich bin zu der Ansicht gekommen, dass wir einen Fehler machen; **I'll ~ what we do!** ich bestimme, was wir tun! **II** v/i (*sich*) entscheiden; **to ~ for/against sth** (*sich*) für/gegen etw entscheiden ♦ **decide on** v/i +prep obj sich entscheiden für

decided adj improvement entschieden; advantage deutlich **decidedly** adv entschieden; **he's ~ uncomfortable about it** es ist ihm gar nicht wohl dabei; **~ dangerous** ausgesprochen gefährlich **decider** n (*Br* ≈ *game*) Entscheidungsspiel nt; (≈ *goal*) Entscheidungstreffer m **deciding** adj entscheidend

deciduous adj **~ tree/forest** Laubbaum m/-wald m

decimal I adj Dezimal- **II** n Dezimalzahl f **decimal point** n Komma nt

decimate v/t dezimieren

decipher v/t entziffern

decision n Entscheidung f (*on* über +acc), Entschluss m; (*esp of committee etc*) Beschluss m; **to make a ~** eine Entscheidung treffen; **it's your ~** das musst du entscheiden; **to come to a ~** zu einer Entscheidung kommen; **I've come to the ~ that it's a waste of time** ich bin zu dem Schluss gekommen, dass es Zeitverschwendung ist; **~s, ~s!** immer diese Entscheidungen! decision-making *adj attr* ~ **skills** Entschlusskraft *f*; **the ~ process** der Entscheidungsprozess decisive *adj* **1.** (≈ *crucial*) entscheidend **2.** *manner* entschlossen; *person* entschlussfreudig decisively *adv change* entscheidend; *defeat* deutlich decisiveness *n* Entschlossenheit *f*

deck *n* **1.** (*of bus, ship*) Deck *nt*; **on ~** auf Deck; **to go up on ~** an Deck gehen; **top or upper ~** Oberdeck *nt* **2. a ~ of cards** ein Kartenspiel *nt* deck chair *n* Liegestuhl *m* -decker *n suf* -decker *m* decking *n* (≈ *wooden floor*) Deck *nt*

declaration *n* Erklärung *f*; CUSTOMS Deklaration *f* (*form*); **~ of love** Liebeserklärung *f*; **~ of bankruptcy** Konkursanmeldung *f*; **~ to make a ~** eine Erklärung abgeben; **~ of war** Kriegserklärung *f*

declare *v/t intentions* erklären; *results* bekannt geben; *goods* angeben; **have you anything to ~?** haben Sie etwas zu verzollen?; **to ~ one's support** seine Unterstützung zum Ausdruck bringen; **to ~ war (on sb)** (jdm) den Krieg erklären; **to ~ a state of emergency** den Notstand ausrufen; **to ~ independence** sich für unabhängig erklären; **to ~ sb bankrupt** jdn für bankrott erklären; **to ~ sb the winner** jdn zum Sieger erklären declared *adj* erklärt

declension *n* GRAM Deklination *f* decline **I** *n* Rückgang *m*; (*of empire*) Niedergang *m*; **to be on the** or **in ~, to go** or **fall into ~** (*business*) verfallen **II** *v/t* **1.** *invitation* ablehnen **2.** GRAM deklinieren **III** *v/i* **1.** (*business*) zurückgehen; (*value*) geringer werden; (*popularity, influence*) abnehmen **2.** GRAM dekliniert werden

decode *v/t* decodieren decoder *n* Decoder *m*

décolletage *n* Dekolleté *nt*

decompose *v/i* sich zersetzen decomposition *n* Zersetzung *f*

decongestant *n* abschwellendes Mittel

decontaminate *v/t* entgiften; (*from radioactivity*) entseuchen

décor *n* Ausstattung *f*

decorate *v/t cake* verzieren; *street, Christ-* mas *tree* schmücken; *room* tapezieren; (≈ *paint*) (an)streichen; (*for special occasion*) dekorieren decorating *n* Tapezieren *nt*; (≈ *painting*) Streichen *nt* decoration *n* (*on cake, hat etc*) Verzierung *f*; (*on Christmas tree, in street*) Schmuck *m no pl*; **Christmas ~s** Weihnachtsschmuck *m*; **interior ~** Innenausstattung *f* decorative *adj* dekorativ decorator *n* (*Br*) Maler(in) *m(f)*

decorum *n* Anstand *m*

decoy *n* Köder *m*; (*person*) Lockvogel *m*; **police ~** Lockvogel *m* der Polizei; **~ manoeuvre** (*Br*) or **maneuver** (*US*) Falle *f*

decrease **I** *v/i* abnehmen; (*strength*) nachlassen **II** *v/t* reduzieren **III** *n* Abnahme *f*; (*in figures, production*) Rückgang *m*; (*in strength*) Nachlassen *nt* decreasingly *adv* immer weniger

decree **I** *n* Anordnung *f*; (POL: *of king etc*) Erlass *m*; JUR Verfügung *f*; (*of court*) Entscheid *m* **II** *v/t* verordnen; **he ~d an annual holiday on 1st April** er erklärte den 1. April zum Feiertag decree absolute *n* JUR endgültiges Scheidungsurteil decree nisi *n* JUR vorläufiges Scheidungsurteil

decrepit *adj* altersschwach; *building* baufällig

dedicate *v/t* widmen (*to sb* jdm); **to ~ oneself** or **one's life to sb/sth** sich or sein Leben jdm/einer Sache widmen dedicated *adj* **1.** *attitude* hingebungsvoll; *service, fans* treu; (*in one's work*) engagiert; **a ~ nurse** eine Krankenschwester, die mit Leib und Seele bei der Sache ist; **she's ~ to her students** sie engagiert sich sehr für ihre Studenten **2. ~ word processor** dediziertes Textverarbeitungssystem dedication *n* **1.** (≈ *quality*) Hingabe *f* (*to* an +*acc*) **2.** (*in book*) Widmung *f*

deduce *v/t* schließen (*from* aus)

deduct *v/t* abziehen (*from* von); **to ~ sth from the price** etw vom Preis ablassen; **after ~ing 5%** nach Abzug von 5% deductible *adj* abziehbar; (≈ *tax deductible*) absetzbar deduction *n* **1.** Abzug *m*; (*from price*) Nachlass *m* (*from* für, auf +*acc*) **2. by a process of ~** durch Folgern

deed *n* **1.** Tat *f*; **good ~** gute Tat; **evil ~** Übeltat *f*; **in ~** tatsächlich **2.** JUR Übertragungsurkunde *f*; **~ of covenant** Vertragsurkunde *f*

deem *v/t* **to ~ sb/sth (to be) sth** jdn/etw
für etw erachten (*elev*) *or* halten; **it was
~ed necessary** man hielt es für nötig

deep I *adj* (+er) tief; (≈ *wide*) breit; (≈
profound) tiefsinnig; *concern* groß;
the pond/snow was 4 feet ~ der Teich
war/der Schnee lag 4 Fuß tief; **two feet ~
in snow** mit zwei Fuß Schnee bedeckt;
two feet ~ in water zwei Fuß tief unter
Wasser; **the ~ end** (*of pool*) das Tiefe; **to
go off (at) the ~ end** (*fig infml*) auf die
Palme gehen (*infml*); **to be thrown in at
the ~ end** (*fig*) gleich zu Anfang richtig
ranmüssen (*infml*); **the spectators
stood ten ~** die Zuschauer standen zu
zehnt hintereinander; **~est sympathy**
aufrichtiges Beileid; **~ down, she knew
he was right** im Innersten wusste sie,
dass er recht hatte; **~ in conversation**
ins Gespräch vertieft; **to be in ~ trouble**
in großen Schwierigkeiten sein **II** *adv*
(+er) tief; **~ into the night** bis tief in
die Nacht hinein **deepen I** *v/t* vertiefen;
mystery vergrößern; *crisis* verschärfen
II *v/i* tiefer werden; (*sorrow, concern*)
zunehmen; (*mystery*) größer werden;
(*divisions*) sich vertiefen; (*crisis*) sich
verschärfen **deepening** *adj sorrow, concern etc* zunehmend; *crisis* sich verschär-
fend; *mystery* sich vertiefend **deep-fat
fryer** *n* Fritteuse *f* **deepfreeze** *n* Tiefkühltruhe *f*; (*upright*) Gefrierschrank
m **deep-fry** *v/t* frittieren **deeply** *adv* tief;
worried, unhappy, suspicious äußerst;
move, shock, grateful zutiefst; *love* sehr;
~ committed stark engagiert; **they are ~
embarrassed by it** es ist ihnen äußerst
peinlich; **to fall ~ in love** sich sehr verlieben **deep-pan pizza** *n* Pfannenpizza
f **deep-rooted** *adj, comp* **deeper-rooted**
(*fig*) tief verwurzelt **deep-sea** *adj* Tief-
see- **deep-seated** *adj, comp* **deeper-
-seated** tief sitzend **deep-set** *adj, comp*
deeper-set tief liegend **deep space** *n*
der äußere Weltraum **deep vein thrombosis** *n* MED tiefe Venenthrombose

deer *n, pl* - (≈ *roe deer*) Reh *nt*; (≈ *stag*)
Hirsch *m*; (*collectively*) Rotwild *nt*

de-escalate *v/t* deeskalieren

deface *v/t* verunstalten

defamatory *adj* diffamierend

default I *n* **1. to win by ~** kampflos gewinnen **2.** IT Default *m*, Voreinstellung *f* **II**
attr IT *parameter* voreingestellt; **~ drive**
Standardlaufwerk *nt* **III** *v/i* (≈ *not per-*

form duty) säumig sein

defeat I *n* Niederlage *f*; (*of bill*) Ablehnung *f*; **their ~ of the enemy** ihr Sieg
über den Feind; **to admit ~** sich geschlagen geben; **to suffer a ~** eine Niederlage
erleiden **II** *v/t army, team* besiegen; *bill*
ablehnen; **that would be ~ing the purpose of the exercise** dann verliert die
Übung ihren Sinn

defect[1] *n* Fehler *m*; (*in mechanism*) Defekt *m*

defect[2] *v/i* POL sich absetzen; **to ~ to the
enemy** zum Feind überlaufen **defection**
n POL Überlaufen *nt*

defective *adj* fehlerhaft; *machine, gene*
defekt

defence, (*US*) **defense** *n* **1.** *no pl* Verteidigung *f no pl*; **in his ~** zu seiner Verteidigung; **to come to sb's ~** jdn verteidigen; **his only ~ was ...** seine einzige
Rechtfertigung war ... **2.** (≈ *form of protection*) Abwehrmaßnahme *f*; (MIL ≈
fortification etc) Befestigung *f*; **as a ~
against** als Schutz gegen; **his ~s were
down** er war wehrlos **defence counsel**,
(*US*) **defense counsel** *n* Verteidiger(in)
m(f) **defenceless,** (*US*) **defenseless**
adj schutzlos **defence mechanism** *n*
PHYSIOL, PSYCH Abwehrmechanismus
m **defence minister,** (*US*) **defense minister** *n* Verteidigungsminister(in) *m(f)*

defend *v/t* verteidigen (*against* gegen)
defendant *n* Angeklagte(r) *m/f(m)*;
(*in civil cases*) Beklagte(r) *m/f(m)* **defender** *n* Verteidiger(in) *m(f)* **defending** *adj* **the ~ champions** die Titelvertei-
diger *pl*

defense *etc* (*US*) = **defence** *etc* **defensive I** *adj* defensiv **II** *n* **to be on the ~**
(MIL, *fig*) in der Defensive sein **defensively** *adv also* SPORTS defensiv

defer *v/t* verschieben; **to ~ doing sth** es
verschieben, etw zu tun

deference *n* Achtung *f*; **out of** *or* **in ~ to**
aus Achtung (*dat*) vor **deferential** *adj* respektvoll

deferred payment *n* Zahlungsaufschub
m; (*US: by instalments*) Ratenzahlung *f*

defiance *n* Trotz *m* (*of sb* jdm gegenüber); (*of order, law*) Missachtung *f*
(*of +gen*); **an act of ~** eine Trotzhand-
lung; **in ~ of sb/sth** jdm/etw zum Trotz
defiant *adj* trotzig; (≈ *rebellious*) aufsässig; (≈ *challenging*) herausfordernd **defiantly** *adv* trotzig; *resist* standhaft

deficiency n Mangel m; FIN Defizit nt; (≈ defect, in character, system) Schwäche f; **iron** ~ Eisenmangel m **deficient** adj unzulänglich; **sb/sth is** ~ **in sth** jdm / einer Sache fehlt es an etw (dat) **deficit** n Defizit nt
definable adj definierbar; boundaries, duties bestimmbar **define** v/t definieren; duties etc festlegen
definite adj **1.** definitiv; answer, decision klar; agreement, date, plan fest; **is that** ~? ist das sicher?; **for** ~ mit Bestimmtheit **2.** mark deutlich; advantage, improvement eindeutig; possibility echt **3.** manner bestimmt; **she was very** ~ **about it** sie war sich (dat) sehr sicher **definite article** n GRAM bestimmter Artikel **definitely** adv **1.** decide, say endgültig; **it's not** ~ **arranged/agreed yet** es steht noch nicht fest **2.** (≈ clearly) eindeutig; (≈ certainly) bestimmt; (≈ whatever happens) auf jeden Fall; ~ **not** auf keinen Fall; **he** ~ **wanted to come** er wollte bestimmt kommen **definition** n **1.** (of word, concept) Definition f; **by** ~ definitionsgemäß **2.** (of duties, boundaries) Festlegung f **3.** PHOT, TV Bildschärfe f **definitive** adj victory, answer entscheiden; book maßgeblich (on für)
deflate v/t die Luft ablassen aus; **he felt a bit** ~**d when** ... es war ein ziemlicher Dämpfer für ihn, dass ... **deflation** n FIN Deflation f
deflect v/t ablenken; ball abfälschen; PHYS light beugen **deflection** n Ablenkung f; (of ball) Abfälschung f; (PHYS, of light) Beugung f
deforestation n Entwaldung f
deformed adj deformiert; TECH verformt **deformity** n Deformität f
defraud v/t **to** ~ **sb of sth** jdn um etw betrügen
defrost I v/t fridge abtauen; food auftauen **II** v/i (fridge) abtauen; (food) auftauen
deft adj (+er), **deftly** adv geschickt
defunct adj (fig) institution etc eingegangen; law außer Kraft
defuse v/t entschärfen
defy v/t **1.** person sich widersetzen (+dat); orders, law, danger trotzen (+dat) **2.** (fig) widerstehen (+dat); **to** ~ **description** jeder Beschreibung spotten; **that defies belief!** das ist ja unglaublich!; **to** ~ **gravity** den Gesetzen der Schwerkraft wider-

sprechen
degenerate v/i degenerieren; (people, morals) entarten; **the demonstration** ~**d into violence** die Demonstration artete in Gewalttätigkeiten aus **degeneration** n Degeneration f
degradation n Erniedrigung f; GEOL Erosion f; CHEM Abbau m **degrade I** v/t erniedrigen; CHEM abbauen; **to** ~ **oneself** sich erniedrigen **II** v/i CHEM sich abbauen **degrading** adj erniedrigend
degree n **1.** Grad m no pl; **an angle of 90** ~**s** ein Winkel m von 90 Grad; **first** ~ **murder** Mord m; **second** ~ **murder** Totschlag m **2.** (of risk etc) Maß nt; **some or a certain** ~ **of** ein gewisses Maß an (+dat); **to some** ~, **to a (certain)** ~ in gewissem Maße; **to such a** ~ **that** ... in solchem Maße, dass ... **3.** UNIV akademischer Grad; **to get one's** ~ seinen akademischen Grad erhalten; **to do a** ~ studieren; **when did you do your** ~? wann haben Sie das Examen gemacht?; **I'm doing a** ~ **in languages** ich studiere Sprachwissenschaften; **I've got a** ~ **in Business Studies** ich habe einen Hochschulabschluss in Wirtschaftslehre **degree course** n Universitätskurs, der mit dem ersten akademischen Grad abschließt
dehumanize v/t entmenschlichen
dehydrated adj dehydriert; foods getrocknet; person, skin ausgetrocknet **dehydration** n Austrocknung f
de-icer n Enteiser m; (≈ spray for cars) Defroster m
deign v/t **to** ~ **to do sth** sich herablassen, etw zu tun
deity n Gottheit f
déjà vu n Déjà-vu-Erlebnis nt; **a feeling or sense of** ~ das Gefühl, das schon einmal gesehen zu haben
dejected adj, **dejectedly** adv deprimiert **dejection** n Depression f
delay I v/t **1.** (≈ postpone) verschieben; **to** ~ **doing sth** es verschieben, etw zu tun; **he** ~**ed paying until** ... er wartete so lange mit dem Zahlen, bis ...; **rain** ~**ed play** der Beginn des Spiels verzögerte sich wegen Regens **2.** person, traffic aufhalten **II** v/i warten; **to** ~ **in doing sth** es verschieben, etw zu tun; **he** ~**ed in paying the bill** er schob die Zahlung der Rechnung hinaus **III** n (≈ hold-up) Aufenthalt m; (to traffic) Stockung f; (to train,

plane) Verspätung *f;* (≈ *time lapse)* Verzögerung *f; roadworks are causing ~s of up to 1 hour* Straßenbauarbeiten verursachen Staus bis zu 1 Stunde; *"delays possible (until ...)"* „Staugefahr! (bis ...)"; *there are ~s to all flights* alle Flüge haben Verspätung; *without ~* unverzüglich; *without further ~* ohne weitere Verzögerung **delaying** *adj* verzögernd; **~ tactics** Verzögerungstaktik *f*

delegate I *v/t* delegieren; *authority* übertragen *(to sb* jdm); *to ~ sb to do sth* jdn damit beauftragen, etw zu tun **II** *v/i* delegieren **III** *n* Delegierte(r) *m/f(m)* **delegation** *n* Delegation *f*

delete *v/t* streichen; IT löschen; *"delete where applicable"* „Nichtzutreffendes (bitte) streichen" **delete key** *n* IT Löschtaste *f* **deletion** *n* Streichung *f;* IT Löschung *f; to make a ~* etwas streichen

deli *n (infml)* = *delicatessen*

deliberate I *adj* **1.** (≈ *intentional)* absichtlich; *attempt, insult, lie* bewusst **2.** (≈ *thoughtful) movement* bedächtig **II** *v/i* (≈ *ponder)* nachdenken *(on, upon* über *+acc);* (≈ *discuss)* sich beraten *(on, upon* über *+acc, wegen)* **III** *v/t* (≈ *ponder)* bedenken; (≈ *discuss)* beraten **deliberately** *adv* **1.** (≈ *intentionally)* absichtlich; *the blaze was started ~* der Brand wurde vorsätzlich gelegt **2.** (≈ *thoughtfully)* überlegt; *move* bedächtig **deliberation** *n* **1.** (≈ *consideration)* Überlegung *f (on* zu) **2. deliberations** *pl* (≈ *discussions)* Beratungen *pl (of, on* über *+acc)*

delicacy *n* **1.** = *delicateness* **2.** (≈ *food)* Delikatesse *f* **delicate I** *adj* **1.** fein; *health* zart; *person, china* zerbrechlich; *stomach* empfindlich; *she's feeling a bit ~ after the party* nach der Party fühlt sie sich etwas angeschlagen **2.** *operation, subject, situation* heikel **II delicates** *pl* (≈ *fabrics)* Feinwäsche *f* **delicately** *adv* **1.** *move* zart **2.** *scented* fein; *~ flavoured (Br) or flavored (US)* mit einem delikaten Geschmack **3.** (≈ *tactfully)* taktvoll **delicateness** *n* **1.** Zartheit *f* **2.** (≈ *sensitivity: of task)* Feinheit *f* **3.** (≈ *of operation, subject, situation)* heikle Natur

delicatessen *n* Feinkostgeschäft *nt* **delicious** *adj* **1.** *food etc* köstlich **2.** (≈ *delightful)* herrlich **deliciously** *adv* **1.** *tender, creamy* köstlich **2.** *warm, fragrant* herrlich

delight I *n* Freude *f; to my ~* zu meiner Freude; *he takes great ~ in doing that* es bereitet ihm große Freude, das zu tun; *he's a ~ to watch* es ist eine Freude, ihm zuzusehen **II** *v/i* sich erfreuen *(in* an *+dat)* **delighted** *adj (with* über *+acc)* erfreut; *to be ~* sich sehr freuen *(at* über *+acc, that* dass); *absolutely ~* hocherfreut; *~ to meet you!* sehr angenehm!; *I'd be ~ to help you* ich würde Ihnen sehr gern helfen

delightful *adj* reizend; *weather, party* wunderbar **delightfully** *adv* wunderbar

delinquency *n* Kriminalität *f* **delinquent I** *adj* straffällig **II** *n* Delinquent(in) *m(f)*

delirious *adj* MED im Delirium; *(fig)* im Taumel; *to be ~ with joy* im Freudentaumel sein **deliriously** *adv* **~ happy** euphorisch; MED im Delirium **delirium** *n* MED Delirium *nt; (fig)* Taumel *m*

deliver I *v/t* **1.** *goods* liefern; *message* überbringen; *(on regular basis)* zustellen; *to ~ sth to sb* jdm etw liefern/ überbringen / zustellen; *he ~ed the goods to the door* er lieferte die Waren ins Haus; *~ed free of charge* frei Haus (geliefert); *to ~ the goods (fig infml)* es bringen *(sl)* **2.** *speech* halten; *ultimatum* stellen; *verdict* verkünden **3.** MED *baby* zur Welt bringen **II** *v/i (lit)* liefern **delivery** *n* **1.** *(of goods)* (Aus)lieferung *f; (of parcels, letters)* Zustellung *f; please allow 28 days for ~* die Lieferzeit kann bis zu 28 Tagen betragen **2.** MED Entbindung *f* **3.** *(of speaker)* Vortragsweise *f* **delivery boy** *n* Bote *m* **delivery charge** *n* Lieferkosten *pl; (for mail)* Zustellgebühr *f* **delivery costs** *pl* Versandkosten *pl* **delivery date** *n* Liefertermin *m* **delivery man** *n* Lieferant *m* **delivery note** *n* Lieferschein *m* **delivery room** *n* Kreißsaal *m* **delivery service** *n* Zustelldienst *m* **delivery van** *n* Lieferwagen *m*

delta *n* Delta *nt*

delude *v/t* täuschen; *to ~ oneself* sich *(dat)* etwas vormachen; *stop deluding yourself that ...* hör auf, dir vorzumachen, dass ... **deluded** *adj* voller Illusionen

deluge *n (lit)* Überschwemmung *f; (of rain)* Guss *m; (fig)* Flut *f*

delusion *n* Illusion *f;* PSYCH Wahnvorstellung *f; to be under a ~* in einem Wahn leben; *to have ~s of grandeur* den Größenwahn haben

de luxe *adj* Luxus-; *~ model* Luxusmodell *nt*; *~ version* De-Luxe-Ausführung *f*

delve *v/i* (*into book*) sich vertiefen (*into* in +*acc*); *to ~ in(to) one's pocket* tief in die Tasche greifen; *to ~ into the past* die Vergangenheit erforschen

demand I *v/t* verlangen; *time* beanspruchen; *he ~ed money* er wollte Geld haben; *he ~ed to know what had happened* er verlangte zu wissen, was passiert war; *he ~ed to see my passport* er wollte meinen Pass sehen II *n* 1. Forderung *f* (*for* nach); *by popular ~* auf allgemeinen Wunsch; *to be available on ~* auf Wunsch erhältlich sein; *to make ~s on sb* Forderungen an jdn stellen 2. *no pl* COMM Nachfrage *f*; *there's no ~ for it* es besteht keine Nachfrage danach; *to be in (great) ~* sehr gefragt sein

demanding *adj child, job* anstrengend; *teacher, boss* anspruchsvoll

demarcate *v/t* abgrenzen, demarkieren

demean I *v/r* sich erniedrigen; *I will not ~ myself by doing that* ich werde mich nicht dazu hergeben, das zu tun II *v/t* erniedrigen demeaning *adj* erniedrigend

demeanour, (*US*) demeanor *n* (≈ *behaviour*) Benehmen *nt*; (≈ *bearing*) Haltung *f*

demented *adj* verrückt dementia *n* Schwachsinn *m*

demerara (sugar) *n* brauner Rohrzucker

demerge *v/t company* entflechten

demi *pref* Halb-, halb- demigod *n* Halbgott *m*, Halbgöttin *f*

demilitarization *n* Entmilitarisierung *f* demilitarize *v/t* entmilitarisieren; *~d zone* entmilitarisierte Zone

demise *n* (≈ *death*) Tod *m*; (*fig*) Ende *nt*

demister *n* Gebläse *nt*

demo I *n abbr of demonstration* Demo(nstration) *f* II *adj attr ~ tape* Demoband *nt*

demobilize *v/t* demobilisieren

democracy *n* Demokratie *f* democrat *n* Demokrat(in) *m(f)* democratic *adj* 1. demokratisch; *the Social Democratic Party* die Sozialdemokratische Partei; *the Christian Democratic Party* die Christlich-Demokratische Partei 2. *Democratic* (*US* POL) der Demokratischen Partei; *the Democratic Party* die Demokratische Partei democrati-

cally *adv* demokratisch

demolish *v/t building* abbrechen; (*fig*) *opponent* vernichten; (*hum*) *cake etc* vertilgen demolition *n* Abbruch *m* demolition squad *n* Abbruchkolonne *f*

demon *n* Dämon *m*; (*infml* ≈ *child*) Teufel *m* demonic *adj* dämonisch demonize *v/t* dämonisieren

demonstrate I *v/t* beweisen; (*by example*) demonstrieren; *appliance, operation* vorführen II *v/i* demonstrieren demonstration *n* Beweis *m*; (*by example*) Demonstration *f* (*also* POL *etc*); (*of appliance, operation*) Vorführung *f*; *he gave us a ~* er zeigte es uns demonstration model *n* Vorführmodell *m* demonstrative *adj* demonstrativ demonstrator *n* 1. COMM Vorführer(in) *m(f)* (von technischen Geräten) 2. POL Demonstrant(in) *m(f)*

demoralize *v/t* entmutigen; *troops etc* demoralisieren demoralizing *adj* entmutigend; (*for troops etc*) demoralisierend

demote *v/t* MIL degradieren (*to* zu); (*in business etc*) zurückstufen; *to be ~d* SPORTS absteigen demotion *n* MIL Degradierung *f*; (*in business etc*) Zurückstufung *f*; SPORTS Abstieg *m*

demotivate *v/t* demotivieren

den *n* 1. (*of lion etc*) Höhle *f*; (*of fox*) Bau *m* 2. (≈ *room*) Bude *f* (*infml*)

denationalize *v/t* entstaatlichen

denial *n* 1. (*of guilt*) Leugnen *nt* 2. (≈ *refusal*) Ablehnung *f*; (*of rights*) Verweigerung *f*

denim I *n* 1. Jeansstoff *m* 2. denims *pl* Jeans *pl* II *adj attr* Jeans-

Denmark *n* Dänemark *nt*

denomination *n* 1. ECCL Konfession *f* 2. (≈ *name, naming*) Bezeichnung *f* 3. (*of money*) Nennbetrag *m*

denote *v/t* bedeuten; (*symbol, word*) bezeichnen

denounce *v/t* 1. (≈ *accuse*) anprangern; (≈ *inform against*) denunzieren (*sb to sb* jdn bei jdm) 2. *alcohol etc* verurteilen

dense *adj* (+*er*) 1. *Nebel, Wald* dicht; *crowd* dicht gedrängt 2. (*infml* ≈ *slow*) begriffsstutzig (*infml*) densely *adv* *populated, wooded* dicht density *n* Dichte *f*; *population ~* Bevölkerungsdichte *f*

dent I *n* (*in metal*) Beule *f*; (*in wood*) Kerbe *f* II *v/t car* verbeulen; *wood* eine Delle machen in (+*acc*); (*infml*) *pride* anknacksen (infml)

dental adj Zahn-; treatment zahnärztlich **dental floss** n Zahnseide f **dental hygiene** n Zahnpflege f **dental nurse** n Zahnarzthelfer(in) m(f) **dental surgeon** n Zahnarzt m/-ärztin f

dentist n Zahnarzt m, Zahnärztin f; **at the ~('s)** beim Zahnarzt **dentistry** n Zahnmedizin f **dentures** pl Zahnprothese f; (full) Gebiss nt

denunciation n (≈ accusation) Anprangerung f; (≈ informing) Denunziation f; (≈ condemnation) Verurteilung f

deny v/t **1.** accusation etc bestreiten; existence of God leugnen; (officially) dementieren; **do you ~ having said that?** bestreiten or leugnen Sie, das gesagt zu haben?; **there's no ~ing it** das lässt sich nicht bestreiten **2. to ~ sb's request** jdm seine Bitte abschlagen; **to ~ sb his rights** jdm seine Rechte vorenthalten; **to ~ sb access (to sth)** jdm den Zugang (zu etw) verwehren; **to ~ sb credit** jdm den Kredit verweigern; **I can't ~ her anything** ich kann ihr nichts abschlagen; **why should I ~ myself these little comforts?** warum sollte ich mir das bisschen Komfort nicht gönnen?

deodorant n Deodorant nt

dep. abbr of **departs, departure** Abf.

depart v/i weggehen; (on journey) abreisen; **the train at platform 6 ~ing for ...** der Zug auf Bahnsteig 6 nach ...; **to be ready to ~** (person) startbereit sein; **the visitors were about to ~** die Gäste waren im Begriff aufzubrechen **departed I** adj (≈ dead) verstorben **II** n **the** (dear) ~ der/die (liebe) Verstorbene

department n **1.** Abteilung f; (in civil service) Ressort nt; **Department of Transport** (Br) or **Transportation** (US) Verkehrsministerium nt **2.** SCHOOL, UNIV Fachbereich m **departmental** adj Abteilungs-; SCHOOL, UNIV Fachbereichs-; (in civil service) des Ressorts

department store n Kaufhaus nt

departure n **1.** (of person) Weggang m; (on journey) Abreise f (from aus); (of vehicle) Abfahrt f; (of plane) Abflug m; **"departures"** „Abfahrt"; (at airport) „Abflug" **2.** (fig ≈ change) neue Richtung f **departure board** n RAIL Abfahrtstafel f; AVIAT Abfluganzeige f **departure gate** n Ausgang m **departure lounge** n Abflughalle f; (for single flight) Warte-

raum m **departure time** n AVIAT Abflugzeit f; (RAIL, bus) Abfahrtzeit f

depend v/i **1.** abhängen (on sb/sth von jdm/etw); **it ~s on what you mean by reasonable** es kommt darauf an, was Sie unter vernünftig verstehen; **how long are you staying? — it ~s** wie lange bleiben Sie? — das kommt darauf an; **it all ~s on ...** das kommt ganz auf ... an; **~ing on his mood** je nach seiner Laune; **~ing on how late we arrive** je nachdem, wie spät wir ankommen **2.** (≈ rely) sich verlassen (on, upon auf +acc); **you can ~ (up)on it!** darauf können Sie sich verlassen! **3.** (person ≈ be dependent on) **to ~ on** angewiesen sein auf (+acc) **dependable** adj zuverlässig **dependant, dependent** n Abhängige(r) m/f(m); **do you have ~s?** haben Sie Angehörige?

dependence n Abhängigkeit f (on, upon von); **drug/alcohol ~** Drogen-/Alkoholabhängigkeit f **dependency** n = **dependence dependent I** adj abhängig; **~ on insulin** insulinabhängig; **it is ~ on** or **upon sb/sth** von jdm/etw abhängig sein; **to be ~ on charity/sb's goodwill** auf Almosen/jds Wohlwollen angewiesen sein; **to be ~ on** or **upon sb/sth for sth** für etw auf jdn/etw angewiesen sein **II** n = **dependant**

depict v/t darstellen **depiction** n Darstellung f

depilatory I adj enthaarend; **~ cream** Enthaarungscreme f **II** n Enthaarungsmittel nt

deplete v/t **1.** (≈ exhaust) erschöpfen **2.** (≈ reduce) verringern **depletion** n **1.** (≈ exhausting) Erschöpfung f **2.** (≈ reduction) Verringerung f; (of stock, membership) Abnahme f

deplorable adj (≈ dreadful) schrecklich; (≈ disgraceful) schändlich; **it is ~ that ...** es ist eine Schande, dass ... **deplore** v/t **1.** (≈ regret) bedauern **2.** (≈ disapprove of) missbilligen

deploy v/t (MIL, fig) einsetzen; **the number of troops ~ed in Germany** die Zahl der in Deutschland stationierten Streitkräfte **deployment** n (MIL, fig) Einsatz m; (≈ positioning) Stationierung f

deport v/t prisoner deportieren; foreign national abschieben **deportation** n (of prisoner) Deportation f; (of foreign national) Abschiebung f

depose v/t absetzen

deposit I *v/t* **1.** (≈ *put down*) hinlegen; (*upright*) hinstellen **2.** *money* deponieren (*in or with* bei); *I ed £500 in my account* ich zahlte £ 500 auf mein Konto ein **II** *n* **1.** (COMM ≈ *part payment*) Anzahlung *f*; (≈ *returnable security*) Kaution *f*; (*for bottle*) Pfand *nt*, Depot *nt* (*Swiss*); *to put down a of £1000 on a car* eine Anzahlung von £ 1000 für ein Auto leisten **2.** (*in wine*, GEOL) Ablagerung *f*; (≈ *of ore*) (Lager)stätte *f* **deposit account** *n* Sparkonto *nt*

depot *n* **1.** (≈ *bus garage etc*) Depot *nt*; (≈ *store*) Lager(haus) *nt* **2.** (*US* RAIL) Bahnhof *m*

depraved *adj* verworfen **depravity** *n* Verworfenheit *f*

deprecating *adj*, **deprecatingly** *adv* missbilligend

depreciate *v/i* an Wert verlieren

depress *v/t person* deprimieren; *market* schwächen **depressed** *adj* **1.** deprimiert (*about* über +*acc*); MED depressiv; *to look* niedergeschlagen aussehen **2.** ECON *market* flau; *economy* geschwächt **depressing** *adj* deprimierend; *these figures make reading* es ist deprimierend, diese Zahlen zu lesen **depressingly** *adv* deprimierend; *it all sounded familiar* es hörte sich alles nur zu vertraut an **depression** *n* **1.** Depression *f*; MED Depressionen *pl* **2.** METEO Tief (-druckgebiet) *nt* **3.** ECON Flaute *f*; *the Depression* die Weltwirtschaftskrise

deprivation *n* **1.** (≈ *depriving*) Entzug *m*; (≈ *loss*) Verlust *m*; (*of rights*) Beraubung *f* **2.** (≈ *state*) Entbehrung *f* **deprive** *v/t to sb of sth* jdn einer Sache (*gen*) berauben; (*of a right*) jdm etw vorenthalten; *the team was d of the injured Owen* die Mannschaft musste ohne den verletzten Owen auskommen; *she was d of sleep* sie litt an Schlafmangel **deprived** *adj person*, *background*, *area* benachteiligt; *childhood* arm; *the areas of the city* die Armenviertel der Stadt

dept *abbr of* **department** Abt.

depth *n* **1.** Tiefe *f*; *at a of 3 feet* in 3 Fuß Tiefe; *to be out of one's* (*lit, fig*) den Boden unter den Füßen verlieren; *in* eingehend; *interview* ausführlich **2.** *(s)* Tiefen *pl*; *in the s of despair* in tiefster Verzweiflung; *in the s of winter/the forest* im tiefsten Winter/Wald; *in the s of the countryside*

auf dem flachen Land; *to sink to new s* so tief wie nie zuvor sinken

deputize *v/i* vertreten (*for sb* jdn) **deputy I** *n* **1.** Stellvertreter(in) *m(f)* **2.** (*a.* **deputy sheriff**) Hilfssheriff *m* **II** *adj attr* stellvertretend

derail *v/t* entgleisen lassen; (*fig*) scheitern lassen; *to be ed* entgleisen **derailment** *n* Entgleisung *f*

deranged *adj mind* verwirrt; *person* geistesgestört

deregulate *v/t* deregulieren; *buses etc* dem freien Wettbewerb überlassen **deregulation** *n* Deregulierung *f*; (*of buses etc*) Wettbewerbsfreiheit *f* (*of* für)

derelict *adj* verfallen

deride *v/t* verspotten **derision** *n* Spott *m*; *to be greeted with* mit Spott aufgenommen werden **derisive** *adj* spöttisch **derisory** *adj* **1.** *amount* lächerlich **2.** = **derisive**

derivation *n* Ableitung *f*; CHEM Derivation *f* **derivative I** *adj* abgeleitet; (*fig*) nachgeahmt **II** *n* Ableitung *f* **derive I** *v/t idea, name, origins* ableiten (*from* von); *profit* ziehen (*from* aus); *satisfaction* gewinnen (*from* aus) **II** *v/i to from* sich ableiten von; (*power, fortune*) beruhen auf (+*dat*); (*ideas*) stammen von

dermatitis *n* Hautentzündung *f* **dermatologist** *n* Hautarzt *m*, Hautärztin *f* **dermatology** *n* Dermatologie *f*

derogatory *adj* abfällig

descend I *v/i* **1.** (*person*) hinuntergehen; (*lift, vehicle*) hinunterfahren; (*road*) hinunterführen; (*hill*) abfallen **2.** (≈ *have as ancestor*) abstammen (*from* von) **3.** (≈ *attack*) herfallen (*on, upon* über +*acc*); (*sadness etc*) befallen (*on, upon sb* jdn); (*silence etc*) sich senken (*on, upon* über +*acc*) **4.** (*infml* ≈ *visit*) *to (up)on sb* jdn überfallen (*infml*); *thousands of fans are expected to on the city* man erwartet, dass Tausende von Fans die Stadt überlaufen **5.** *to into chaos* in Chaos versinken **II** *v/t* **1.** *stairs* hinuntergehen **2.** *to be ed from* abstammen von **descendant** *n* Nachkomme *m* **descent** *n* **1.** (*of person*) Hinuntergehen *nt*; (*from mountain, of plane*) Abstieg *m*; *by parachute* Fallschirmabsprung *m* **2.** (≈ *ancestry*) Abstammung *f*; *of noble* von adliger Abstammung **3.** (*fig, into crime etc*) Absinken *nt* (*into* in +*acc*); (*into chaos, madness*) Versinken *nt* (*into* in +*acc*)

descramble *v/t* TEL entschlüsseln

describe *v/t* beschreiben; **~ him for us** beschreiben Sie ihn uns (*dat*); **to ~ oneself/sb as ...** sich/jdn als ... bezeichnen; **the police ~ him as dangerous** die Polizei bezeichnet ihn als gefährlich; **he is ~d as being tall with short fair hair** er wird als groß mit kurzen blonden Haaren beschrieben

description *n* **1.** Beschreibung *f*; **she gave a detailed ~ of what had happened** sie beschrieb ausführlich, was vorgefallen war; **to answer (to)** *or* **fit the ~ of ...** der Beschreibung als ... entsprechen; **do you know anyone of this ~?** kennen Sie jemanden, auf den diese Beschreibung zutrifft? **2.** (≈ *sort*) Art *f*; **vehicles of every ~** *or* **of all ~s** Fahrzeuge aller Art **descriptive** *adj* beschreibend; *account* anschaulich

desecrate *v/t* schänden **desecration** *n* Schändung *f*

desegregation *n* Aufhebung *f* der Rassentrennung (*of* in +*dat*), Desegregation *f*

desensitize *v/t* MED desensibilisieren; **to become~d to sth** (*fig*) einer Sache (*dat*) gegenüber abstumpfen

desert[1] **I** *n* Wüste *f* **II** *adj attr* Wüsten-

desert[2] **I** *v/t* (≈ *leave*) verlassen; (≈ *abandon*) im Stich lassen; **by the time the police arrived the place was ~ed** als die Polizei eintraf, war niemand mehr da; **in winter the place is ~ed** im Winter ist der Ort verlassen **II** *v/i* (MIL, *fig*) desertieren **deserted** *adj* (≈ *abandoned*) verlassen; *place* unbewohnt; *street* menschenleer **deserter** *n* (MIL, *fig*) Deserteur(in) *m(f)* **desertion** *n* (≈ *act*) Verlassen *nt*; MIL Desertion *f*; (*fig*) Fahnenflucht *f*

desert island *n* einsame Insel

deserve *v/t* verdienen; **he ~s to win** er verdient den Sieg; **he ~s to be punished** er verdient es, bestraft zu werden; **she ~s better** sie hat etwas Besseres verdient **deservedly** *adv* verdientermaßen; **and ~ so** und das zu Recht **deserving** *adj* verdienstvoll; *winner* verdient

desiccated *adj* getrocknet

design I *n* **1.** (*of building, picture, dress etc*) Entwurf *m*; (*of car, machine*) Konstruktion *f*; **it was a good/faulty ~** es war gut/schlecht konstruiert **2.** *no pl* (*as subject*) Design *nt* **3.** (≈ *pattern*) Muster *nt* **4.**

(≈ *intention*) Absicht *f*; **by~** absichtlich; **to have ~s on sb/sth** es auf jdn/etw abgesehen haben **II** *v/t* **1.** (≈ *draw*) entwerfen; *machine* konstruieren; **a well ~ed machine** eine gut durchkonstruierte Maschine **2. to be ~ed for sb/sth** für jdn/etw bestimmt sein; **this magazine is ~ed to appeal to young people** diese Zeitschrift soll junge Leute ansprechen **designate** *v/t* **1.** (≈ *appoint*) ernennen; **to ~ sb as sth** jdn zu etw ernennen **2.** (≈ *specify*) bestimmen; **smoking is permitted in ~d areas** Rauchen ist in den dafür bestimmten Bereichen erlaubt; **to be the ~d driver** als Fahrer bestimmt sein **designer I** *n* **1.** Designer(in) **2.** (≈ *fashion designer*) Modeschöpfer(in) *m(f)* **3.** (*of machines etc*) Konstrukteur(in) *m(f)* **II** *adj attr* Designer-; **~ clothes** Designerkleider *pl*; **~ stubble** Dreitagebart *m* **design fault** *n* Designfehler *m*

desirability *n* Wünschbarkeit *f* **desirable** *adj* **1.** wünschenswert; *action* erwünscht; *goal* erstrebenswert **2.** *position, offer* reizvoll **3.** *woman* begehrenswert **desire I** *n* Wunsch *m* (*for* nach); (≈ *longing*) Sehnsucht *f* (*for* nach); (*sexual*) Verlangen *nt* (*for* nach); **a ~ for peace** ein Verlangen *nt* nach Frieden; **heart's ~** Herzenswunsch *m*; **I have no ~ to see him** ich habe kein Verlangen, ihn zu sehen; **I have no ~ to cause you any trouble** ich möchte Ihnen keine Unannehmlichkeiten bereiten **II** *v/t* wünschen; *object* sich (*dat*) wünschen; *woman* begehren; *peace* verlangen nach; **if ~d** auf Wunsch; **to have the ~d effect** die gewünschte Wirkung haben; **it leaves much** *or* **a lot to be ~d** das lässt viel zu wünschen übrig; **it leaves something to be ~d** es lässt zu wünschen übrig

desk *n* Schreibtisch *m*; (*for pupils*) Pult *nt*; (*in shop*) Kasse *f*, Kassa *f* (*Aus*); (*in hotel*) Empfang *m* **desk calendar** *n* (*US*) Tischkalender *m* **desk clerk** *n* (*US*) Empfangschef *m*, Empfangsdame *f* **desk job** *n* Bürojob *m* **desk lamp** *n* Schreibtischlampe *f* **desktop computer** *n* Desktopcomputer *m* **desktop publishing** *n* Desktop-Publishing *nt*

desolate *adj* trostlos; *place* verwüstet; *feeling, cry* verzweifelt **desolation** *n* **1.** (*by war*) Verwüstung *f* **2.** (*of landscape* ≈ *grief*) Trostlosigkeit *f*

despair I *n* Verzweiflung *f* (*about, at* über +*acc*); **he was filled with ~** Verzweiflung überkam ihn; **to be in ~** verzweifelt sein **II** *v/i* verzweifeln; **to ~ of doing sth** alle Hoffnung aufgeben, etw zu tun de**spairing** *adj*, **despairingly** *adv* verzweifelt

despatch *v/t, n* (*esp Br*) = **dispatch**

desperate *adj* **1.** verzweifelt; *criminal* zum Äußersten entschlossen; *solution* extrem; **to get** *or* **grow ~** verzweifeln; **things are ~** die Lage ist extrem; **the ~ plight of the refugees** die schreckliche Not der Flüchtlinge; **to be ~ to do sth** etw unbedingt tun wollen; **to be ~ for sth** etw unbedingt brauchen; **are you going out with Jim? you must be ~!** (*infml hum*) du gehst mit Jim aus? dir muss es ja wirklich schlecht gehen!; **I'm not that ~!** so schlimm ist es auch wieder nicht! **2.** *need, shortage* dringend; **to be in ~ need of sth** etw dringend brauchen; **a building in ~ need of repair** ein Gebäude, das dringend repariert werden muss **desperately** *adv* **1.** *fight, look for, try* verzweifelt **2.** *need* dringend; *want* unbedingt **3.** *important, sad* äußerst; **~ ill** schwer krank; **to be ~ worried (about sth)** sich (*dat*) (über etw *acc*) schreckliche Sorgen machen; **I'm not ~ worried** ich mache mir keine allzu großen Sorgen; **to be ~ keen to do sth** etw unbedingt tun wollen; **I'm not ~ keen on ...** ich bin nicht besonders scharf auf (*acc*) ...; **~ unhappy** todunglücklich; **to try ~ hard to do sth** verzweifelt versuchen, etw zu tun **desperation** *n* Verzweiflung *f*

despicable *adj* verabscheuungswürdig; *person* verachtenswert **despicably** *adv* (+*vb*) abscheulich

despise *v/t* verachten; **to ~ oneself (for sth)** sich selbst (wegen etw) verachten

despite *prep* trotz (+*gen*); **~ his warnings** seinen Warnungen zum Trotz; **~ what she says** trotz allem, was sie sagt

despondent *adj* niedergeschlagen

despot *n* Despot(in) *m(f)*

dessert *n* Nachtisch *m*; **for ~** zum Nachtisch **dessertspoon** *n* Dessertlöffel *m*

destabilization *n* Destabilisierung *f* **destabilize** *v/t* destabilisieren

destination *n* (*of person*) Reiseziel *nt*; (*of goods*) Bestimmungsort *m* **destine** *v/t* (≈ *set apart, predestine*) bestimmen; **to**

be ~d to do sth dazu bestimmt sein, etw zu tun; **we were ~d to meet** das Schicksal hat es so gewollt, dass wir uns begegnen; **I was ~d never to see them again** ich sollte sie nie (mehr) wiedersehen **destined** *adj* **~ for** unterwegs nach; *goods* für **destiny** *n* Schicksal *nt*; **to control one's own ~** sein Schicksal selbst in die Hand nehmen

destitute *adj* mittellos

destroy *v/t* zerstören; *watch etc* kaputt machen; *documents, trace, person* vernichten; *animal* einschläfern; *hopes, chances* zunichtemachen; **to be ~ed by fire** durch Brand vernichtet werden **destroyer** *n* NAUT Zerstörer *m*

destruction *n* **1.** (≈ *destroying*) Zerstörung *f*; (*of people, documents*) Vernichtung *f* **2.** (≈ *damage*) Verwüstung *f* **destructive** *adj* destruktiv; *power, nature* zerstörerisch **destructiveness** *n* Destruktivität *f*; (*of fire, war*) zerstörende Wirkung; (*of weapon*) Zerstörungskraft *f*

detach *v/t rope, cart* loslösen; *section of form* abtrennen; *part of machine, hood* abnehmen (*from* von) **detachable** *adj* *part of machine, collar* abnehmbar; *section of document* abtrennbar (*from* von) **detached** *adj* **1.** *manner* distanziert **2.** (*Br*) **~ house** Einzelhaus *nt*

detail *n* Detail *nt*; (*particular*) Einzelheit *f*; **in ~** im Detail; **in great ~, please send me further ~s** bitte schicken Sie mir nähere Einzelheiten; **to go into ~s** ins Detail gehen; **his attention to ~** seine Aufmerksamkeit für das Detail **detailed** *adj* ausführlich; *analysis* eingehend; *knowledge, work, results, picture* detailliert

detain *v/t* (*police*) in Haft nehmen; **to be ~ed** (≈ *be arrested*) verhaftet werden; (≈ *be in detention*) sich in Haft befinden; **to ~ sb for questioning** jdn zur Vernehmung festhalten

detect *v/t* entdecken; (≈ *make out*) ausfindig machen; *crime* aufdecken; *movement, noise* wahrnehmen **detection** *n* **1.** (*of crime, fault*) Entdeckung *f*; **to avoid** *or* **escape ~** nicht entdeckt werden **2.** (*of gases, mines*) Aufspürung *f* **detective** *n* Detektiv(in) *m(f)*; (≈ *police detective*) Kriminalbeamte(r) *m*/-beamtin *f* **detective agency** *n* Detektivbüro *nt* **detective constable** *n* (*Br*) Kriminalbeamte(r) *m*/-beamtin *f* **detective inspector**

n Kriminalinspektor(in) *m(f)* **detective sergeant** *n* Kriminalmeister(in) *m(f)* **detective story** *n* Kriminalgeschichte *f*, Krimi *m* (*infml*) **detective work** *n* kriminalistische Arbeit **detector** *n* TECH Detektor *m*

detention *n* (≈ *captivity*) Haft *f*; (≈ *act*) Festnahme *f*; SCHOOL Nachsitzen *nt*; **he's in ~** SCHOOL er sitzt nach **detention centre,** (*US*) **detention center** *n* Jugendstrafanstalt *f*

deter *v/t* (≈ *prevent*) abhalten; (≈ *discourage*) abschrecken; **to ~ sb from sth** jdn von etw abhalten; **to ~ sb from doing sth** jdn davon abhalten, etw zu tun

detergent *n* Reinigungsmittel *nt*; (≈ *soap powder etc*) Waschmittel *nt*

deteriorate *v/i* sich verschlechtern; (*materials*) verderben; (*profits*) zurückgehen **deterioration** *n* Verschlechterung *f*; (*of materials*) Verderben *nt*

determinate *adj number, direction* bestimmt; *concept* festgelegt **determination** *n* Entschlossenheit *f*; **he has great ~** er ist ein Mensch von großer Entschlusskraft **determine** *v/t* bestimmen; *conditions, price* festlegen

determined *adj* entschlossen; **to make a ~ effort** *or* **attempt to do sth** sein Möglichstes tun, um etw zu tun; **he is ~ that ...** er hat (fest) beschlossen, dass ...; **to be ~ to do sth** fest entschlossen sein, etw zu tun; **he's ~ to make me lose my temper** er legt es darauf an, dass ich wütend werde

deterrent I *n* Abschreckungsmittel *nt*; **to be a ~** abschrecken II *adj* abschreckend

detest *v/t* hassen; **I ~ having to get up early** ich hasse es, früh aufstehen zu müssen **detestable** *adj* widerwärtig, abscheulich

detonate I *v/i* (*fuse*) zünden; (*bomb*) detonieren II *v/t* zur Explosion bringen **detonator** *n* Zündkapsel *f*

detour *n* 1. Umweg *m*; **to make a ~** einen Umweg machen 2. (*for traffic*) Umleitung *f*

detox *n* (*infml*) Entzug *m* (*infml*) **detoxification** *n* Entgiftung *f*

detract *v/i* **to ~ from sth** einer Sache (*dat*) Abbruch tun

detriment *n* Schaden *m*; **to the ~ of sth** zum Schaden von etw **detrimental** *adj* schädlich; (*to case, cause*) abträglich (*to dat*); **to be ~ to sb/sth** jdm/einer Sache (*dat*) schaden

deuce *n* TENNIS Einstand *m*

Deutschmark *n* HIST D-Mark *f*

devaluation *n* Abwertung *f* **devalue** *v/t* abwerten

devastate *v/t* 1. *town, land* verwüsten; *economy* zugrunde richten 2. (*infml* ≈ *overwhelm*) umhauen (*infml*); **I was ~d** das hat mich umgehauen (*infml*); **they were ~d by the news** die Nachricht hat sie tief erschüttert **devastating** *adj* 1. (≈ *destructive*) verheerend; **to be ~ to** *or* **for sth, to have a ~ effect on sth** verheerende Folgen für etw haben 2. (*fig*) *effect* schrecklich; *news* niederschmetternd; *attack, performance* unschlagbar; *defeat, blow* vernichtend; **a ~ loss** ein vernichtender Verlust; **to be ~ for sb** jdn niederschmettern **devastation** *n* Verwüstung *f*

develop I *v/t* 1. entwickeln 2. *region, ground* erschließen; *old part of a town* sanieren; *cold* sich (*dat*) zuziehen II *v/i* sich entwickeln; (*talent, plot etc*) sich entfalten; **to ~ into sth** sich zu etw entwickeln **developer** *n* 1. = **property developer** 2. **late ~** Spätentwickler(in) *m(f)* **developing** *adj crisis* aufkommend; *economy* sich entwickelnd; **the ~ world** die Entwicklungsländer *pl* **developing country** *n* Entwicklungsland *nt*

development *n* 1. Entwicklung *f*; **to await (further) ~s** neue Entwicklungen abwarten 2. (*of area, new town*) Erschließung *f*; (*of old part of town*) Sanierung *f*; **industrial ~** Gewerbegebiet *nt*; *office ~* Bürokomplex *m*; **we live in a new ~** wir leben in einer neuen Siedlung **developmental** *adj* Entwicklungs-; **~ aid** *or* **assistance** POL Entwicklungshilfe *f*; **~ stage** Entwicklungsphase *f* **development grant** *n* Entwicklungsförderung *f*

deviate *v/i* abweichen (*from* von) **deviation** *n* Abweichung *f*

device *n* 1. Gerät *nt*; (*explosive*) **~** Sprengkörper *m* 2. **to leave sb to his own ~s** jdn sich (*dat*) selbst überlassen **devil** *n* 1. Teufel *m*; (≈ *object*) Plage *f*; **you little ~!** du kleiner Satansbraten!; **go on, be a ~** los, nur zu, riskier! (*infml*) 2. (*infml*) **I had a ~ of a job getting here** es war verdammt schwierig, hierherzukommen (*infml*); **who the ~ ...?** wer zum Teufel ...? **3.** *to be between the Devil and the deep blue sea* sich in einer Zwickmühle befinden; *go to the ~!* (*infml*) scher dich zum Teufel! (*infml*); *speak of the ~!* wenn man vom Teufel spricht!; *better the ~ you know* (*than the ~ you don't*) (*prov*) von zwei Übeln wählt man besser das, was man schon kennt **devilish** *adj* teuflisch **devil's advocate** *n to play ~* den Advocatus Diaboli spielen

devious *adj person* verschlagen; *means* hinterhältig; *plan, game, attempt* trickreich; *by ~ means* auf die krumme Tour (*infml*); *to have a ~ mind* ganz schön schlau sein **deviously** *adv* (+*vb*) mit List und Tücke **deviousness** *n* Verschlagenheit *f*

devise *v/t scheme, style* sich (*dat*) ausdenken; *means* finden; *plan* schmieden; *strategy* ausarbeiten

devoid *adj ~ of* ohne

devolution *n* (*of power*) Übertragung *f* (*from ... to* von ... auf +*acc*); POL Dezentralisierung *f* **devolve** *v/t* übertragen; (*on, upon* auf +*acc*) *a ~d government* eine dezentralisierte Regierung

devote *v/t* widmen (*to* auf +*acc*); *one's energies* konzentrieren (*to* auf +*acc*); *building* verwenden (*to* für) **devoted** *adj wife, father* liebend; *servant, fan* treu; *admirer* eifrig; *to be ~ to sb* jdn innig lieben; (*servant, fan*) jdm treu ergeben sein; *to be ~ to one's family* in seiner Familie völlig aufgehen **devotedly** *adv* hingebungsvoll; *serve, follow* treu; *support* eifrig **devotion** *n* (*to friend, wife etc*) Ergebenheit *f* (*to* gegenüber); (*to work*) Hingabe *f* (*to* an +*acc*); *~ to duty* Pflichteifer *m*

devour *v/t* verschlingen

devout *adj person, Muslim* fromm; *Marxist, follower* überzeugt **devoutly** *adv* (REL, +*adj*) tief; (+*vb*) fromm

dew *n* Tau *m*

dexterity *n* Geschick *nt*

DfEE (*Br*) *abbr of Department for Education and Employment* Ministerium *nt* für Bildung und Arbeit

diabesity *n* Diabetes *m* wegen Fettleibigkeit **diabetes** *n* Diabetes *m* **diabetic I** *adj* **1.** zuckerkrank **2.** *chocolate, drugs* für Diabetiker **II** *n* Diabetiker(in) *m(f)* **diabolic, diabolical** *adj* (*infml*) entsetzlich; *diabolical weather* Sauwetter *nt*

(*infml*)

diagnose *v/t* diagnostizieren **diagnosis** *n, pl* **diagnoses** Diagnose *f*; *to make a ~* eine Diagnose stellen **diagnostic** *adj* diagnostisch **diagnostics** *n sg or pl* Diagnose *f*

diagonal I *adj* diagonal **II** *n* Diagonale *f* **diagonally** *adv* diagonal; (≈ *crossways*) schräg; *he crossed the street ~* er ging schräg über die Straße; *~ opposite sb/sth* jdm/einer Sache (*dat*) schräg gegenüber

diagram *n* Diagramm *nt*; (≈ *chart*) grafische Darstellung; *as shown in the ~* wie das Diagramm/die grafische Darstellung zeigt

dial I *n* (*of clock*) Zifferblatt *nt*; (*of gauge*) Skala *f*; TEL Nummernscheibe *f*; (*on radio etc*) Einstellskala *f* **II** *v/t & v/i* TEL wählen; *to ~ direct* durchwählen; *you can ~ London direct* man kann nach London durchwählen; *to ~ 999* den Notruf wählen

dialect I *n* Dialekt *m*; (*local, rural also*) Mundart *f*; *the country people spoke in ~* die Landbevölkerung sprach Dialekt **II** *attr* Dialekt-

dialling code *n* (*Br* TEL) Vorwahl(nummer) *f* **dialling tone** *n* (*Br* TEL) Amtszeichen *nt*

dialogue, (US) dialog *n* Dialog *m*; *~ box* IT Dialogfeld *nt*

dial tone *n* (*US* TEL) Amtszeichen *nt* **dial-up** *adj attr* IT Wähl-; *~ link* Wählverbindung *f*; *~ modem* (Wähl)modem *nt*

dialysis *n* Dialyse *f*

diameter *n* Durchmesser *m*; *to be one foot in ~* einen Durchmesser von einem Fuß haben

diamond *n* **1.** Diamant *m* **2. diamonds** *pl* CARDS Karo *nt*; *the seven of ~s* die Karosieben; *~ bracelet* Diamantarmband *nt* **diamond jubilee** *n* 60-jähriges Jubiläum **diamond-shaped** *adj* rautenförmig **diamond wedding** *n* diamantene Hochzeit

diaper *n* (*US*) Windel *f*

diaphragm *n* ANAT, PHYS Diaphragma *nt*; PHOT Blende *f*; (≈ *contraceptive*) Pessar *nt*

diarrhoea, (US) diarrhea *n* Durchfall *m*

diary *n* (*of personal experience*) Tagebuch *nt*; (*for noting dates*) (Termin)kalender *m*; *to keep a ~* Tagebuch führen; *desk/pocket ~* Schreibtisch-/Taschenkalender *m*; *I've got it in my* ~ es steht in meinem (Termin)kalender

dice I *n, pl* - Würfel *m*; *to roll the* ~ würfeln **II** *v/t* COOK in Würfel schneiden

dick *n* (*sl* ≈ *penis*) Schwanz *m* (*sl*) **dickhead** *n* (*pej infml*) Idiot *m* (*infml*)

dicky bow *n* (*Br* ≈ *bow tie*) Fliege *f*

dictate *v/t & v/i* diktieren ♦ **dictate to** *v/i* +*prep obj* diktieren (+*dat*); *I won't be dictated to* ich lasse mir keine Vorschriften machen

dictation *n* Diktat *nt*

dictator *n* Diktator(in) *m(f)* **dictatorial** *adj*, **dictatorially** *adv* diktatorisch **dictatorship** *n* (POL, *fig*) Diktatur *f*

diction *n* (≈ *way of speaking*) Diktion *f*

dictionary *n* Wörterbuch *nt*

did *pret of* **do**

didactic *adj* didaktisch

didn't = **did not**; → **do**

die I *v/i* **1.** (*lit*) sterben; *to* ~ *of or from hunger/pneumonia* vor Hunger/an Lungenentzündung sterben; *he* ~*d from his injuries* er erlag seinen Verletzungen; *he* ~*d a hero* er starb als Held; *to be dying* im Sterben liegen; *never say* ~*!* nur nicht aufgeben!; *to* ~ *laughing* (*infml*) sich totlachen (*infml*); *I'd rather* ~*!* (*infml*) lieber würde ich sterben! **2.** (*fig infml*) *to be dying to do sth* darauf brennen, etw zu tun; *I'm dying to know what happened* ich bin schrecklich gespannt zu hören, was passiert ist; *I'm dying for a cigarette* ich brauche jetzt unbedingt eine Zigarette; *I'm dying of thirst* ich verdurste fast; *I'm dying for him to visit* ich kann seinen Besuch kaum noch abwarten **II** *v/t* *to* ~ *a hero's/a violent death* den Heldentod/eines gewaltsamen Todes sterben ♦ **die away** *v/i* (*sound*) schwächer werden; (*wind*) sich legen ♦ **die down** *v/i* nachlassen; (*fire*) herunterbrennen; (*noise*) schwächer werden ♦ **die off** *v/i* (hin)wegsterben ♦ **die out** *v/i* aussterben

die-hard *adj* zäh; (*pej*) reaktionär

diesel *n* Diesel *m* **diesel oil** *n* Dieselöl *nt*

diet I *n* Nahrung *f*; (≈ *special diet*) Diät *f*; (≈ *slimming diet*) Schlankheitskur *f*; *to put sb on a* ~ jdm eine Schlankheitskur verordnen; *to be/go on a* ~ eine Schlankheitskur machen **II** *v/i* eine Schlankheitskur machen **dietician** *n* Diätist(in) *m(f)*

differ *v/i* **1.** (≈ *be different*) sich unterscheiden (*from* von) **2.** *to* ~ *with sb over sth* über etw (*acc*) anderer Meinung sein als jd

difference *n* **1.** Unterschied *m* (*in, between* zwischen +*dat*); *that makes a big* ~ *to me* das ist für mich ein großer Unterschied; *to make a* ~ *to sth* einen Unterschied bei etw machen; *that makes a big or a lot of* ~, *that makes all the* ~ das ändert die Sache völlig; *what* ~ *does it make if ...?* was macht es schon, wenn ...?; *it makes no* ~, *it doesn't make any* ~ es ist egal; *it makes no* ~ *to me* das ist mir egal; *for all the* ~ *it makes* obwohl es ja eigentlich egal ist; *I can't tell the* ~ ich kann keinen Unterschied erkennen; *a job with a* ~ (*infml*) ein Job, der mal was anderes ist **2.** (*between amounts*) Differenz *f* **3.** (≈ *quarrel*) Auseinandersetzung *f*; *a* ~ *of opinion* eine Meinungsverschiedenheit; *to settle one's* ~*s* die Differenzen beilegen

different I *adj* andere(r, s), anders *pred* (*from, to* als); *two people, things* (≈ *various*) verschieden; *completely* ~ völlig verschieden; (≈ *changed*) völlig verändert; *that's* ~*!* das ist was anderes!; *in what way are they* ~*?* wie unterscheiden sie sich?; *to feel (like) a* ~ *person* ein ganz anderer Mensch sein; *to do something* ~ etwas anderes tun; *that's quite a* ~ *matter* das ist etwas völlig anderes; *he wants to be* ~ er will unbedingt anders sein **II** *adv* anders; *he doesn't know any* ~ (*with behaviour*) er weiß es nicht besser **differential** *n* Unterschied *m* (*between* zwischen) **differentiate** *v/t & v/i* unterscheiden **differently** *adv* anders (*from* als); (*from one another*) unterschiedlich

difficult *adj* schwer; *person, situation, book* schwierig; *the* ~ *thing is that ...* die Schwierigkeit liegt darin, dass ...; *it was a* ~ *decision to make* es war eine schwere Entscheidung; *it was* ~ *for him to leave her* es fiel ihm schwer, sie zu verlassen; *it's* ~ *for youngsters or youngsters find it* ~ *to get a job* junge Leute haben Schwierigkeiten, eine Stelle zu finden; *he's* ~ *to get on with* es ist schwer, mit ihm auszukommen; *to make it* ~ *for sb* jdm nicht leicht machen; *to have a* ~ *time (doing sth)* Schwierigkei-

ten haben(, etw zu tun); *to put sb in a ~
position* jdn in eine schwierige Lage
bringen; *to be ~ (about sth)* (wegen
etw) Schwierigkeiten machen

difficulty n Schwierigkeit f; *with/without
~* mit/ohne Schwierigkeiten; *he had ~
(in) setting up in business* es fiel ihm
nicht leicht, sich selbstständig zu machen; *she had great ~ (in) breathing*
sie konnte kaum atmen; *in ~ or difficulties* in Schwierigkeiten; *to get into difficulties* in Schwierigkeiten geraten

diffident adj zurückhaltend, bescheiden;
smile zaghaft

diffuse v/t *tension* abbauen

dig vb: *pret, past part* **dug** I v/t **1.** graben;
garden umgraben; *grave* ausheben **2.** (≈
poke, thrust) bohren (*sth into sth* etw in
etw *acc*); *to ~ sb in the ribs* jdn in die
Rippen stoßen **II** v/i graben; TECH schürfen; *to ~ for minerals* Erz schürfen **III** n
(*Br*) Stoß *m*; *to give sb a ~ in the ribs*
jdm einen Rippenstoß geben ♦ **dig
around** v/i (*infml*) herumsuchen ♦ **dig
in I** v/i (*infml* ≈ *eat*) reinhauen (*infml*)
II v/t sep *to dig one's heels in* (*fig*) sich
auf die Hinterbeine stellen (*infml*)
♦ **dig into** v/i +prep obj *to dig (deep) into one's pockets* (*fig*) tief in die Tasche
greifen ♦ **dig out** v/t sep ausgraben (*of
aus*) ♦ **dig up** v/t sep ausgraben; *earth*
aufwühlen; *garden* umgraben; *where
did you dig her up?* (*infml*) wo hast
du die denn aufgegabelt? (*infml*)

digest v/t & v/i verdauen **digestible** adj
verdaulich **digestion** n Verdauung f **digestive I** adj Verdauungs- **II** n **1.** (*Br, a.
digestive biscuit*) Aperitif *m* **2.** (*Br, a.* **digestive
biscuit**) *Keks aus Roggenmehl* **diges-
tive system** n Verdauungssystem nt

digger n (TECH ≈ *excavator*) Bagger *m*

digicam n IT Digitalkamera f

digit n **1.** (≈ *finger*) Finger *m* **2.** (≈ *toe*) Zehe f **3.** MAT Ziffer f; *a four-~ number* eine
vierstellige Zahl

digital adj Digital-; *~ display* Digitalan-
zeige f; *~ technology* Digitaltechnik f
digital audio tape n DAT-Band nt **digital camera** n Digitalkamera f **digitally**
adv digital; *~ remastered* digital aufbereitet; *~ recorded* im Digitalverfahren
aufgenommen **digital radio** n digitales
Radio **digital recording** n Digitalauf-
nahme f **digital television, digital TV**
n digitales Fernsehen

digitize v/t IT digitalisieren

dignified adj *person* (ehr)würdig; *manner, face* würdevoll **dignitary** n Würden-
träger(in) m(f) **dignity** n Würde f; *to die
with ~* in Würde sterben; *to lose one's ~*
sich blamieren

digress v/i abschweifen

dike n = **dyke**

dilapidated adj verfallen

dilate v/i (*pupils*) sich erweitern

dildo n Dildo *m*

dilemma n Dilemma nt; *to be in a ~* sich
in einem Dilemma befinden; *to place
sb in a ~* jdn in ein Dilemma bringen
(*infml*)

diligence n Fleiß *m* **diligent** adj *person*
fleißig; *search, work* sorgfältig **dili-
gently** adv fleißig; (≈ *carefully*) sorgfältig

dill n Dill *m* **dill pickle** n saure Gurke (*mit
Dill eingelegt*)

dilute I v/t verdünnen; *~ to taste* nach Geschmack verdünnen **II** adj verdünnt

dim I adj (+er) **1.** *light* schwach; *room*
dunkel; *the room grew ~* im Zimmer
wurde es dunkel **2.** (≈ *vague*) undeutlich; *memory* dunkel; *I have a ~ recollection of it* ich erinnere mich nur
(noch) dunkel daran **3.** (*infml* ≈ *stupid*)
beschränkt (*infml*) **II** v/t *light* dämpfen;
to ~ the lights THEAT das Licht langsam
ausgehen lassen **III** v/i (*light*) schwach
werden

dime n (*US*) Zehncentstück nt

dimension n Dimension f; (≈ *measurement*) Maß nt **-dimensional** adj suf -di-
mensional

diminish I v/t verringern **II** v/i sich verringern; *to ~ in size* kleiner werden;
to ~ in value im Wert sinken

diminutive I adj winzig, klein; GRAM di-
minutiv **II** n GRAM Verkleinerungsform f

dimly adv **1.** *shine* schwach **2.** (≈ *vaguely*)
undeutlich; *see* verschwommen; *I was ~
aware that ...* es war mir undeutlich bewusst, dass ... **dimmer** n ELEC Dimmer
m; *~s pl* (*US* AUTO) Abblendlicht nt;
(≈ *sidelights*) Begrenzungsleuchten pl
dimmer switch n Dimmer *m* **dimness**
n **1.** (*of light*) Schwäche f; *the ~ of the
room* das Halbdunkel im Zimmer **2.**
(*of shape*) Undeutlichkeit f

dimple n (*on cheek, chin*) Grübchen nt

din n Lärm *m*; *an infernal ~* ein Höllenlärm *m*

dine v/i speisen (on etw); **they ~d on caviare every night** sie aßen jeden Abend Kaviar **diner** n **1.** (≈ person) Speisende(r) m/f(m); (in restaurant) Gast m **2.** (≈ café etc) Esslokal nt

dinghy n Dingi nt; (collapsible) Schlauchboot nt

dinginess n Unansehnlichkeit f **dingy** adj (+er) düster

dining car n Speisewagen m **dining hall** n Speisesaal m

dining room n Esszimmer nt; (in hotel) Speiseraum m **dining table** n Esstisch m

dinky adj **1.** (Br infml ≈ cute) schnuckelig (infml) **2.** (US infml ≈ small) winzig

dinner n (≈ evening meal) Abendessen nt, Nachtmahl nt (Aus), Nachtessen nt (Swiss); (formal) Essen nt; (≈ lunch) Mittagessen nt; **to be eating** or **having one's ~** zu Abend/Mittag essen; **we're having people to ~** wir haben Gäste zum Essen; **~'s ready** das Essen ist fertig; **to finish one's ~** zu Ende essen; **to go out to ~** (in restaurant) auswärts essen (gehen) **dinner-dance** n Abendessen mit Tanz **dinner jacket** n Smokingjacke f **dinner money** n (Br SCHOOL) Essensgeld nt **dinner party** n Abendgesellschaft f (mit Essen); **to have** or **give a small ~** ein kleines Essen geben **dinner plate** n Tafelteller m **dinner service** n Tafelservice nt **dinner table** n Tafel f **dinnertime** n Essenszeit f

dinosaur n Dinosaurier m

diocese n Diözese f

diode n Diode f

dioxide n Dioxid nt

Dip abbr of **diploma**

dip I v/t **1.** (in(to) in +acc) (into liquid) tauchen; bread (ein)tunken; **to ~ sth in flour/egg** etw in Mehl/Ei wälzen **2.** (into bag) hinein stecken **3.** (Br AUTO) headlights abblenden; **~ped headlights** Abblendlicht nt **II** v/i (ground) sich senken; (temperature, prices) fallen **III** n **1. to go for a** or **to have a ~** kurz mal schwimmen gehen **2.** (≈ hollow) Bodensenke f; (≈ slope) Abfall m **3.** (in prices etc) Fallen nt **4.** COOK Dip m ♦ **dip into** v/i +prep obj **1.** (fig) **to ~ one's pocket** tief in die Tasche greifen; **to ~ one's savings** an seine Ersparnisse gehen **2.** book einen kurzen Blick werfen in (+acc)

diphtheria n Diphtherie f

diphthong n Diphthong m

diploma n Diplom nt

diplomacy n Diplomatie f; **to use ~** diplomatisch vorgehen **diplomat** n Diplomat(in) m(f) **diplomatic** adj diplomatisch **diplomatic bag** n (Br) Diplomatenpost f **diplomatic immunity** n Immunität f **diplomatic pouch** n (US) Diplomatenpost f **diplomatic service** n diplomatischer Dienst

dipper n (US ASTRON) **the Big** or **Great/Little Dipper** der Große/Kleine Wagen or Bär

dippy adj (infml) meschugge (infml)

dip rod n (US) = **dipstick dipstick** n Ölmessstab m

DIP switch n IT DIP-Schalter m

dip switch n AUTO Abblendschalter m

dire adj **1.** consequences verheerend; warning, prediction, threat unheilvoll; effects katastrophal; situation miserabel; **in ~ poverty** in äußerster Armut; **to be in ~ need of sth** etw dringend brauchen; **to be in ~ straits** in einer ernsten Notlage sein **2.** (infml ≈ awful) mies (infml)

direct I adj direkt; responsibility, cause unmittelbar; train durchgehend; opposite genau; **to be a ~ descendant of sb** ein direkter Nachkomme von jdm sein; **to pay by ~ debit** (Br) or **deposit** (US) per Einzugsauftrag bezahlen; **avoid ~ sunlight** direkte Sonneneinstrahlung meiden; **to take a ~ hit** einen Volltreffer einstecken **II** v/t **1.** remark, letter richten (to an +acc); efforts, look richten (towards auf +acc); anger auslassen (towards an +acc); **the violence was ~ed against the police** die Gewalttätigkeiten richteten sich gegen die Polizei; **to ~ sb's attention to sb/sth** jds Aufmerksamkeit auf jdn/etw lenken; **can you ~ me to the town hall?** können Sie mir den Weg zum Rathaus sagen? **2.** business leiten; traffic regeln **3.** (≈ order) anweisen (sb to do sth jdn, etw zu tun) **4.** film, play Regie führen bei; radio/TV programme leiten **III** adv direkt **direct access** n IT Direktzugriff m **direct action** n direkte Aktion; **to take ~** direkt handeln **direct current** n ELEC Gleichstrom m **direct flight** n Direktflug m

direction n **1.** Richtung f; **in the wrong/right ~** in die falsche/richtige Richtung; **in the ~ of Hamburg/the hotel** in Rich-

tung Hamburg/des Hotels; *a sense of* ~
(*lit*) Orientierungssinn *m* **2.** (*of company
etc*) Leitung *f* **3.** (*of film, play*) Regie *f*;
(*of radio/TV programme*) Leitung *f* **4.**
directions *pl* (≈ *instructions*) Anweisungen *pl*; (*to a place*) Angaben *pl*;
(*for use*) (Gebrauchs)anweisung *f* **directive** *n* Direktive *f* **directly** *adv* direkt; (≈
at once) sofort; (≈ *shortly*) gleich; *he is* ~
descended from X er stammt in direkter Linie von X ab; ~ *responsible* unmittelbar verantwortlich **direct object**
n GRAM direktes Objekt **director** *n* Di-
rektor(in) *m(f)*; FILM, THEAT Regis-
seur(in) *m(f)* **director's chair** *n* FILM Re-
giestuhl *m* **director's cut** *n* FILM vom Regisseur geschnittene Fassung **directory**
n **1.** Adressbuch *nt*; (≈ *telephone directory*) Telefonbuch *nt*; (≈ *trade directory*)
Branchenverzeichnis *nt*; ~ *inquiries*
(*Br*) *or* *assistance* (*US*) (TEL) (Fern-
sprech)auskunft *f* **2.** IT Directory *nt*
dirt *n* Schmutz *m*; (≈ *soil*) Erde *f*; (≈ *excrement*) Dreck *m*; *to be covered in* ~
völlig verschmutzt sein; *to treat sb like*
~ jdn wie (den letzten) Dreck behandeln
(*infml*) **dirt-cheap** *adj, adv* (*infml*)
spottbillig (*infml*) **dirt track** *n* Feldweg
m; SPORTS Aschenbahn *f*
dirty I *adj* (+*er*) schmutzig; *player* unfair;
book, film, word unanständig; *to get
sth* ~ etw schmutzig machen; *to do
the* ~ *deed* (*Br usu hum*) die Übeltat
vollbringen; *a* ~ *mind* eine schmutzige
Fantasie; ~ *old man* (*pej, hum*) alter
Lustmolch (*infml*); *to give sb a* ~ *look*
(*infml*) jdm einen giftigen Blick zuwerfen (*infml*) **II** *v/t* beschmutzen **dirty
bomb** *n* (MIL *sl*) schmutzige Bombe
dirty trick *n* gemeiner Trick **dirty weekend** *n* (*hum infml*) Liebeswochenende
nt **dirty work** *n* *to do sb's* ~ (*fig*) sich
(*dat*) für jdn die Finger schmutzig machen
disability *n* Behinderung *f* **disable** *v/t* **1.**
person zum/zur Behinderten machen **2.**
gun unbrauchbar machen **disabled I**
adj behindert; *severely/partially* ~
schwer/leicht behindert; *physically* ~
körperbehindert; *mentally* ~ geistig behindert; ~ *toilet* Behindertentoilette *f* **II**
pl **the** ~ die Behinderten *pl*
disadvantage *n* Nachteil *m*; *to be at a* ~
im Nachteil sein; *to put sb at a* ~ jdn benachteiligen **disadvantaged** *adj* be-

nachteiligt **disadvantageous** *adj*, **dis-
advantageously** *adv* nachteilig
disaffected *adj* entfremdet; *to become* ~
sich entfremden
disagree *v/i* **1.** (*with person, views*) nicht
übereinstimmen; (*with suggestion etc*)
nicht einverstanden sein; (*two people*)
sich (*dat*) nicht einig sein **2.** (≈ *quarrel*)
eine Meinungsverschiedenheit haben **3.**
(*climate, food*) *to* ~ *with sb* jdm nicht
bekommen; *garlic* ~*s with me* ich vertrage keinen Knoblauch **disagreeable**
adj unangenehm; *person* unsympathisch **disagreement** *n* **1.** (*with opinion,
between opinions*) Uneinigkeit *f* **2.** (≈
quarrel) Meinungsverschiedenheit *f*
disallow *v/t* nicht anerkennen
disappear *v/i* verschwinden; *he* ~*ed
from sight* er verschwand; *to* ~ *into thin
air* sich in Luft auflösen **disappearance**
n Verschwinden *nt*
disappoint *v/t* enttäuschen **disappointed** *adj* enttäuscht; *she was* ~ *to learn
that* ... sie war enttäuscht, als sie erfuhr,
dass ...; *to be* ~ *that* ... enttäuscht (darüber) sein, dass ...; *to be* ~ *in or with or by
sb/sth* von jdm/etw enttäuscht sein **disappointing** *adj* enttäuschend; *how* ~*!* so
eine Enttäuschung! **disappointment** *n*
Enttäuschung *f*
disapproval *n* Missbilligung *f* **disapprove** *v/i* dagegen sein; *to* ~ *of sb* jdn ablehnen; *to* ~ *of sth* etw missbilligen **disapproving** *adj*, **disapprovingly** *adv*
missbilligend
disarm I *v/t* entwaffnen **II** *v/i* MIL abrüsten **disarmament** *n* Abrüstung *f*
disarray *n* Unordnung *f*; *to be in* ~
(*thoughts, organization*) durcheinander
sein
disassemble *v/t* auseinandernehmen
disassociate *v/t* = **dissociate**
disaster *n* Katastrophe *f*; (≈ *fiasco*) Fiasko *nt* **disaster area** *n* Katastrophengebiet *nt* **disaster movie** *n* Katastrophen-
film *m* **disastrous** *adj* katastrophal; *to
be* ~ *for sb/sth* katastrophale Folgen
für jdn/etw haben **disastrously** *adv* katastrophal; *it all went* ~ *wrong* es was eine Katastrophe
disband I *v/t* auflösen **II** *v/i* (*army, club*)
sich auflösen
disbelief *n* Ungläubigkeit *f*; *in* ~ unglau-
big **disbelieve** *v/t* nicht glauben
disc, (*esp US*) **disk** *n* **1.** Scheibe *f*; ANAT

Bandscheibe *f* **2.** (≈ *record*, IT) Platte *f*; (≈ *CD*) CD *f*

discard *v/t* ausrangieren; *idea, plan* verwerfen

discerning *adj clientele, reader* anspruchsvoll, kritisch; *eye, ear* fein

discharge I *v/t* **1.** *prisoner, patient* entlassen; **he ~d himself (from hospital)** er hat das Krankenhaus auf eigene Verantwortung verlassen **2.** (≈ *emit*, ELEC) entladen; *liquid, gas* ausstoßen; **the factory was discharging toxic gas into the atmosphere** aus der Fabrik strömten giftige Gase in die Atmosphäre; **to ~ effluents into a river** Abwässer in einen Fluss einleiten **II** *n* **1.** (*of soldier*) Abschied *m* **2.** ELEC Entladung *f*; (*of gas*) Ausströmen *nt*; (*of liquid*) Ausfluss *m*; (*of pus*) Absonderung *f*

disciple *n* (*lit*) Jünger *m*; (*fig*) Schüler(in) *m(f)*

disciplinary *adj* Disziplinar-; *matters* disziplinarisch; **~ proceedings or procedures** Disziplinarverfahren *nt* **discipline I** *n* Disziplin *f*; **to maintain ~** die Disziplin aufrechterhalten **II** *v/t* disziplinieren **disciplined** *adj* diszipliniert

disc jockey *n* Diskjockey *m*

disclaimer *n* Dementi *nt*; **to issue a ~** eine Gegenerklärung abgeben

disclose *v/t secret* enthüllen; *news, identity* bekannt geben; *income* angeben **disclosure** *n* **1.** (*of secret*) Enthüllung *f*; (*of news, identity*) Bekanntgabe *f* **2.** (≈ *fact etc revealed*) Mitteilung *f*

disco *n* Disco *f*

discolour, (*US*) **discolor I** *v/t* verfärben **II** *v/i* sich verfärben **discoloured**, (*US*) **discolored** *adj* verfärbt

discomfort *n* (*lit*) Beschwerden *pl*; (*fig* ≈ *uneasiness*) Unbehagen *nt*

disconcert *v/t* beunruhigen **disconcerting** *adj* beunruhigend

disconnect *v/t pipe etc* trennen; *TV, iron* ausschalten; *gas, electricity* abstellen

discontent *n* Unzufriedenheit *f* **discontented** *adj*, **discontentedly** *adv* unzufrieden

discontinue *v/t* aufgeben; *conversation, treatment, project* abbrechen; *use* beenden; COMM *line* auslaufen lassen; *production* einstellen; **a ~d line** COMM eine ausgelaufene Serie

discord *n* Uneinigkeit *f*

discotheque *n* Diskothek *f*

discount *n* Rabatt *m*; (*for cash*) Skonto *nt or m*; **to give a ~ on sth** Rabatt auf etw (*acc*) geben; **to give sb a 5% ~** jdm 5% Rabatt/Skonto geben; **at a ~** auf Rabatt/Skonto **discount rate** *n* FIN Diskontsatz *m* **discount store** *n* Discountgeschäft *nt*

discourage *v/t* **1.** (≈ *dishearten*) entmutigen **2. to ~ sb from doing sth** jdm abraten, etw zu tun; (*successfully*) jdn davon abbringen, etw zu tun **3.** (≈ *deter*) abhalten; *advances, speculation* zu verhindern suchen; *smoking* unterbinden **discouraging** *adj*, **discouragingly** *adv* entmutigend

discover *v/t* entdecken; *culprit* finden; *secret, truth* herausfinden; *cause* feststellen; *mistake* bemerken

discovery *n* Entdeckung *f*

discredit I *v/t* (≈ *cast slur/doubt on*) diskreditieren **II** *n no pl* Misskredit *m* **discredited** *adj* diskreditiert

discreet *adj* diskret; *tie* dezent; **at a ~ distance** in einer diskreten Entfernung; **to maintain a ~ presence** eine unauffällige Präsenz aufrechterhalten; **to be ~ about sth** etw diskret behandeln **discreetly** *adv* diskret; *dressed, decorated* dezent

discrepancy *n* Diskrepanz *f* (*between* zwischen +*dat*)

discretion *n* **1.** Diskretion *f* **2.** (≈ *freedom of decision*) Ermessen *nt*; **to leave sth to sb's ~** etw in jds Ermessen (*acc*) stellen; **use your own ~** Sie müssen nach eigenem Ermessen handeln

discriminate *v/i* **1.** unterscheiden (*between* zwischen +*dat*) **2.** (≈ *make unfair distinction*) Unterschiede machen (*between* zwischen +*dat*); **to ~ in favour** (*Br*) *or* **favor** (*US*) **of/against sb** jdn bevorzugen/benachteiligen ♦ **discriminate against** *v/i +prep obj* diskriminieren; **they were discriminated against** sie wurden diskriminiert

discriminating *adj person* anspruchsvoll; *eye* kritisch **discrimination** *n* **1.** Diskriminierung *f*; **racial ~** Rassendiskriminierung *f*; **sex(ual) ~** Diskriminierung *f* aufgrund des Geschlechts **2.** (≈ *differentiation*) Unterscheidung *f* (*between* zwischen +*dat*) **discriminatory** *adj* diskriminierend

discus *n* Diskus *m*; **in the ~** SPORTS im Diskuswerfen

discuss *v/t* besprechen; *politics, theory*

diskutieren

discussion *n* Diskussion *f* (*of, about* über +*acc*); (≈ *meeting*) Besprechung *f*; **after much or a lot of** ~ nach langen Diskussionen; **to be under** ~ zur Diskussion stehen; **that is still under** ~ das ist noch in der Diskussion; **open to** ~ zur Diskussion gestellt; **a subject for** ~ ein Diskussionsthema *nt*; **to come up for** ~ zur Diskussion gestellt werden

disdain I *v/t* verachten **II** *n* Verachtung *f* **disdainful** *adj*, **disdainfully** *adv* herablassend; *look* verächtlich

disease *n* Krankheit *f* **diseased** *adj* krank; *tissue* befallen

disembark *v/i* von Bord gehen **disembarkation** *n* Landung *f*

disenfranchise *v/t person* die bürgerlichen Ehrenrechte aberkennen (+*dat*)

disengage *v/t* **1.** lösen (*from* aus) **2. to** ~ **the clutch** AUTO auskuppeln

disentangle *v/t* entwirren; **to** ~ **oneself** (**from sth**) (*lit*) sich (aus etw) lösen; (*fig*) sich (von etw) lösen

disfavour, (*US*) **disfavor** *n* (≈ *displeasure*) Ungnade *f*; (≈ *dislike*) Missfallen *nt*; **to fall into** ~ (**with**) in Ungnade fallen (bei)

disfigure *v/t* verunstalten; *landscape* verschandeln

disgrace I *n* Schande *f* (*to* für); (*person*) Schandfleck *m* (*to* +*gen*); **you're a complete** ~*!* mit dir kann man sich wirklich nur blamieren!; **the cost of rented accommodation is a** ~ es ist eine Schande, wie teuer Mietwohnungen sind; **in** ~ mit Schimpf und Schande; **to bring** ~ (**up**)**on sb** jdm Schande machen; **to be in** ~ in Ungnade (gefallen) sein (*with* bei) **II** *v/t* Schande machen (+*dat*); *family* Schande bringen über (+*acc*); **to** ~ **oneself** sich blamieren **disgraceful** *adj* erbärmlich (schlecht); *behaviour, scenes* skandalös; **it's quite** ~ **how** ... es ist wirklich eine Schande, wie ... **disgracefully** *adv* schändlich

disgruntled *adj* verstimmt

disguise I *v/t* unkenntlich machen; *voice* verstellen; *dislike* verbergen; *taste* kaschieren; *facts* verschleiern; **to** ~ **oneself/sb as** sich / jdn verkleiden als **II** *n* (*lit*) Verkleidung *f*; **in** ~ verkleidet

disgust I *n* Ekel *m*; (*at sb's behaviour*) Empörung *f*; **in** ~ voller Ekel / Empörung; **much to his** ~ **they left** sehr zu seiner Empörung gingen sie **II** *v/t* (*person, sight*) anekeln; (*actions*) empören **disgusted** *adj* angeekelt; (*at sb's behaviour*) empört; **to be** ~ **with sb** empört über jdn sein; **to be** ~ **with sth** angewidert von etw sein; **I was** ~ **with myself** ich war mir selbst zuwider **disgusting** *adj* **1.** *behaviour* widerlich; (≈ *nauseating*) ekelhaft **2.** *book, film* anstößig; (≈ *obscene*) obszön; **don't be** ~ sei nicht so ordinär **3.** (≈ *disgraceful*) unerhört **disgustingly** *adv* ekelhaft

dish *n* **1.** Schale *f*; (*for serving*) Schüssel *f* **2. dishes** *pl* (≈ *crockery*) Geschirr *nt*; **to do the** ~**es** abwaschen **3.** (≈ *food*) Gericht *nt*; *pasta* ~**es** Nudelgerichte *pl* **4.** (*a.* **dish aerial** (*Brit*) *or* **antenna** (*US*)) Parabolantenne *f*, Schüssel *f* (*infml*) ♦ **dish out** *v/t sep* (*infml*) austeilen ♦ **dish up I** *v/t sep* (*lit*) auf den Teller anrichten **II** *v/i* anrichten

disharmony *n* Disharmonie *f*

dishcloth *n* (*for drying*) Geschirrtuch *nt*; (*for washing*) Spültuch *nt*

dishearten *v/t* entmutigen **disheartening** *adj*, **dishearteningly** *adv* entmutigend

dishevelled, (*US*) **disheveled** *adj hair* zerzaust; *person* ungepflegt

dishonest *adj* unehrlich; (≈ *lying*) verlogen; *scheme* unlauter **dishonestly** *adv* **1.** unehrlich; *pretend, claim* unehrlicherweise **2.** (≈ *deceitfully*) betrügerisch; (≈ *with intent to deceive*) in betrügerischer Absicht **dishonesty** *n* Unehrlichkeit *f*; (≈ *lying*) Verlogenheit *f*; (*of scheme*) Unlauterkeit *f*

dishonour, (*US*) **dishonor I** *n* Schande *f*; **to bring** ~ (**up**)**on sb** Schande über jdn bringen **II** *v/t* schänden; *family* Schande machen (+*dat*) **dishonourable**, (*US*) **dishonorable** *adj*, **dishonourably**, (*US*) **dishonorably** *adv* unehrenhaft

dishtowel *n* (*US, Scot*) Geschirrtuch *nt*

dishwasher *n* (≈ *machine*) (Geschirr)-spülmaschine *f* **dishwasher-proof** *adj* spülmaschinenfest **dishwater** *n* Spülwasser *nt*

dishy *adj* (+*er*) (*infml*) *woman, man* toll (*infml*)

disillusion *v/t* desillusionieren

disincentive *n* Entmutigung *f*

disinclination *n* Abneigung *f* **disinclined** *adj* abgeneigt

disinfect *v/t* desinfizieren **disinfectant** *n*

Desinfektionsmittel *nt*
disinherit *v/t* enterben
disintegrate *v/i* zerfallen; (*rock*) auseinanderbröckeln; (*group*) sich auflösen; (*marriage, society*) zusammenbrechen
disintegration *n* Zerfall *m*; (*of rock*) Auseinanderbröckeln *nt*; (*of group*) Auflösung *f*; (*of marriage, society*) Zusammenbruch *m*
disinterest *n* Desinteresse *nt* (*in* an +*dat*)
disinterested *adj* desinteressiert
disjointed *adj* unzusammenhängend
disk *n* IT Platte *f*; (≈ *floppy disk*) Diskette *f*; **on ~** auf Platte / Diskette **disk drive** *n* Diskettenlaufwerk *nt*; (≈ *hard disk drive*) Festplattenlaufwerk *nt* **diskette** *n* Diskette *f* **disk operating system** *n* Betriebssystem *nt* **disk space** *n* Speicherkapazität *f*
dislike I *v/t* nicht mögen; **to ~ doing sth** etw ungern tun; **I ~ him/it intensely** ich mag ihn / es überhaupt nicht; **I don't ~ it** ich habe nichts dagegen **II** *n* Abneigung *f* (*of* gegen); **to take a ~ to sb/sth** eine Abneigung gegen jdn / etw entwickeln
dislocate *v/t* MED verrenken; **to ~ one's shoulder** sich (*dat*) den Arm auskugeln
dislodge *v/t obstruction* lösen; (*mit Stock etc*) herausstochern
disloyal *adj* illoyal; **to be ~ to sb** jdm gegenüber nicht loyal sein **disloyalty** *n* Illoyalität *f* (*to* gegenüber)
dismal *adj place, prospect, weather* trostlos; *performance* miserabel **dismally** *adv fail* kläglich
dismantle *v/t* auseinandernehmen; *scaffolding* abbauen
dismay I *n* Bestürzung *f*; **in ~** bestürzt **II** *v/t* bestürzen
dismember *v/t* zerstückeln
dismiss *v/t* **1.** (*from job, presence*) entlassen; *assembly* auflösen; **~!** wegtreten!; **"class ~ed"** „ihr dürft gehen" **2.** *speculation, claims* abtun; **to ~ sth from one's mind** etw verwerfen **3.** JUR *appeal* abweisen **dismissal** *n* **1.** Entlassung *f* **2.** JUR Abweisung *f* **dismissive** *adj remark* wegwerfend; *gesture* abweisend **dismissively** *adv* abweisend
dismount *v/i* absteigen
disobedience *n* Ungehorsam *m* (*to* gegenüber) **disobedient** *adj* ungehorsam **disobey** *v/t* nicht gehorchen (+*dat*); *law* übertreten
disorder *n* **1.** Durcheinander *nt*; **in ~** durcheinander **2.** (POL ≈ *rioting*) Unruhen *pl* **3.** MED Funktionsstörung *f*; **eating ~** Störung *f* des Essverhaltens **disorderly** *adj* **1.** (≈ *untidy*) unordentlich; *queue* ungeordnet **2.** (≈ *unruly*) *person* wild; *crowd* undiszipliniert; *conduct* ungehörig
disorganized *adj* systemlos; *life, person* chaotisch; **he is completely ~** bei ihm geht alles drunter und drüber
disorient, disorientate *v/t* verwirren
disown *v/t* verleugnen
disparaging *adj*, **disparagingly** *adv* geringschätzig
dispatch I *v/t letter, goods etc* senden; *person, troops etc* (ent)senden **II** *n* (≈ *report*) Depesche *f* **dispatch note** *n* (*with goods*) Begleitschein *m* **dispatch rider** *n* Melder(in) *m(f)*
dispel *v/t doubts, fears* zerstreuen; *myth* zerstören
dispensable *adj* entbehrlich **dispense** *v/t* verteilen (*to* an +*acc*); (*machine*) ausgeben; **to ~ justice** Recht sprechen ◆ **dispense with** *v/t +prep obj* verzichten auf (+*acc*)
dispenser *n* (≈ *container*) Spender *m*; (≈ *slot machine*) Automat *m* **dispensing adj ~ chemist** Apotheker(in) *m(f)*
dispersal *n* Verstreuen *nt*; (*of crowd*) Auflösung *f* **disperse I** *v/t* verstreuen; BOT *seed* verteilen; *crowd* auflösen; (*fig*) *knowledge etc* verbreiten **II** *v/i* sich auflösen
dispirited *adj* entmutigt
displace *v/t* verschieben; *people* vertreiben **displaced person** *n* Vertriebene(r) *m/f(m)* **displacement** *n* Verschiebung *f*; (*of people*) Vertreibung *f*; (≈ *replacement*) Ablösung *f*
display I *v/t* **1.** (≈ *show*) *object* zeigen; *feelings* zur Schau stellen; *power* demonstrieren; *notice* aushängen; (*on screen*) anzeigen **2.** *goods* ausstellen **II** *n* **1.** (*of object*) Zeigen *nt*; (*of feelings*) Zurschaustellung *f*; (*of power*) Demonstration *f*; **to make a great ~ of sth** etw groß zur Schau stellen; **to make a great ~ of doing sth** etw betont auffällig tun; **to be/go on ~** ausgestellt sein / werden; **these are only for ~** die sind nur zur Ansicht **2.** (≈ *of paintings etc*) Ausstellung *f*; (≈ *dancing display etc*) Vorführung *f*; (≈ *military display*) Schau *f*; **firework ~** (öffentliches) Feuerwerk **3.**

COMM Auslage *f* **display cabinet** *n* Schaukasten *m* **display case** *n* Vitrine *f* **display unit** *n* IT Bildschirmgerät *nt* **displease** *v/t* missfallen (+*dat*) **displeasure** *n* Missfallen *nt* (*at* über +*acc*) **disposable** *adj* Wegwerf-; ~ **razor** Wegwerfrasierer *m*; ~ **nappy** (*Br*) Wegwerfwindel *f*; ~ **needle** Einwegnadel *f*; ~ **contact lenses** Kontaktlinsen *pl* zum Wegwerfen **disposal** *n* **1.** Loswerden *nt*; (*of litter, body*) Beseitigung *f* **2.** **the means at sb's** ~ die jdm zur Verfügung stehenden Mittel; **to put sth at sb's** ~ jdm etw zur Verfügung stellen; **to be at sb's** ~ jdm zur Verfügung stehen ♦ **dispose of** *v/i* +*prep obj* loswerden; *litter, body* beseitigen; (≈ *kill*) eliminieren **disposed** *adj* (*form*) **to be** ~ **to do sth** (≈ *prepared*) bereit sein, etw zu tun; (≈ *inclined*) etw tun wollen; **to be well** ~ **to** (-*wards*) **sth** einer Sache (*dat*) wohlwollend gegenüberstehen **disposition** *n* Veranlagung *f*; **her cheerful** ~ ihre fröhliche Art

dispossess *v/t* enteignen

disproportionate *adj* **to be** ~ (**to sth**) in keinem Verhältnis (zu etw) stehen; **a** ~ **amount of money** ein unverhältnismäßig hoher Geldbetrag **disproportionately** *adv* (+*adj*) unverhältnismäßig; ~ **large numbers of** ... unverhältnismäßig viele ...

disprove *v/t* widerlegen

dispute I *v/t* **1.** *statement* bestreiten; *claim, will* anfechten **2.** *subject* sich streiten über (+*acc*); **the issue was hotly** ~**d** das Thema wurde hitzig diskutiert **3.** (≈ *contest*) kämpfen um; *territory* beanspruchen **II** *n* **1.** *no pl* (≈ *controversy*) Disput *m*; **to be beyond** ~ außer Frage stehen; **there is some** ~ **about which horse won** es ist umstritten, welches Pferd gewonnen hat **2.** (≈ *quarrel*) Streit *m* **3.** IND Auseinandersetzung *f*

disqualification *n* Ausschluss *m*; SPORTS Disqualifikation *f*; ~ (**from driving**) Führerscheinentzug *m* **disqualify** *v/t* untauglich machen (*from* für); SPORTS *etc* disqualifizieren; **to** ~ **sb from driving** jdm den Führerschein entziehen

disquiet I *v/t* beunruhigen **II** *n* Unruhe *f* **disregard I** *v/t* ignorieren **II** *n* Missachtung *f* (*for gen*); **to show complete** ~ **for sth** etw völlig außer Acht lassen

disrepair *n* Baufälligkeit *f*; **in a state of** ~ baufällig; **to fall into** ~ verfallen

disreputable *adj* *person, hotel, bar* verrufen; *conduct* unehrenhaft **disrepute** *n* schlechter Ruf; **to bring sth into** ~ etw in Verruf bringen

disrespect *n* Respektlosigkeit *f* (*for* gegenüber); **to show** ~ **for sth** keinen Respekt vor etw (*dat*) haben **disrespectful** *adj*, **disrespectfully** *adv* respektlos

disrupt *v/t* stören **disruption** *n* Störung *f* **disruptive** *adj* störend; *effect* zerstörerisch

dissatisfaction *n* Unzufriedenheit *f* **dissatisfactory** *adj* unbefriedigend (*to* für) **dissatisfied** *adj* unzufrieden

dissect *v/t animal* sezieren; (*fig*) *report, theory also* zergliedern

dissent *n* Nichtübereinstimmung *f* **dissenting** *adj attr* abweichend

dissertation *n* wissenschaftliche Arbeit; (*for PhD*) Dissertation *f*

disservice *n* **to do oneself/sb a** ~ sich / jdm einen schlechten Dienst erweisen

dissident I *n* Dissident(in) *m(f)* **II** *adj* dissident

dissimilar *adj* unterschiedlich (*to* von); *two things* verschieden; **not** ~ (**to sb/ sth**) (jdm / einer Sache) nicht ungleich *or* nicht unähnlich

dissipate *v/t* (≈ *dispel*) *fog* auflösen; *heat* ableiten; *doubts, fears* zerstreuen; *tension* lösen

dissociate *v/t* trennen (*from* von); **to** ~ **oneself from sb/sth** sich von jdm / etw distanzieren

dissolute *adj person, way of life* zügellos **dissolve I** *v/t* auflösen **II** *v/i* sich (auf)lösen; **it** ~**s in water** es ist wasserlöslich, es löst sich in Wasser

dissuade *v/t* **to** ~ **sb from doing sth** jdn davon abbringen, etw zu tun

distance I *n* Entfernung *f*; (≈ *gap*) Abstand *m*; (≈ *distance covered*) Strecke *f*; **at a** ~ **of two feet** in zwei Fuß Entfernung; **the** ~ **between the railway lines** der Abstand zwischen den Eisenbahnschienen; **what's the** ~ **between London and Glasgow?** wie weit ist es von London nach Glasgow?; **in the** ~ in der Ferne; **to gaze into the** ~ in die Ferne starren; **he admired her from a** ~ (*fig*) er bewunderte sie aus der Ferne; **it's within walking** ~ es ist zu Fuß erreichbar; **a short** ~ **away** ganz in der Nähe; **it's quite a** ~ (**away**) es ist ziemlich weit (entfernt); **the race is over a ~ of 3 miles** das Rennen geht über eine Distanz von 3 Meilen; **to keep one's ~** Abstand halten **II** v/t **to ~ oneself/sb from sb/sth** sich/jdn von jdm/etw distanzieren

distant I adj (in space, time) fern; sound, relative, memory entfernt; **the ~ mountains** die Berge in der Ferne; **in the not too ~ future** in nicht allzu ferner Zukunft **II** adv (in time, space) entfernt **distantly** adv **~ related (to sb)** entfernt (mit jdm) verwandt

distaste n Widerwille m (for gegen) **distasteful** adj unangenehm

distil, (US) **distill** v/t CHEM destillieren; whisky etc brennen **distillery** n Destillerie f, Brennerei f

distinct adj **1.** parts, types verschieden; **as ~ from** im Unterschied zu **2.** (≈ definite) deutlich; flavour bestimmt; **to have ~ memories of sb/sth** sich deutlich an jdn/etw erinnern; **to get the ~ idea** or **impression that ...** den deutlichen Eindruck bekommen, dass ...; **to have the ~ feeling that ...** das bestimmte Gefühl haben, dass ...; **to have a ~ advantage (over sb)** (jdm gegenüber) deutlich im Vorteil sein; **there is a ~ possibility that ...** es besteht eindeutig die Möglichkeit, dass ... **distinction** n **1.** (≈ difference) Unterschied m; **to make** or **draw a ~ (between two things)** (zwischen zwei Dingen) unterscheiden **2.** SCHOOL, UNIV Auszeichnung f; **he got a ~ in French** er hat das Französischexamen mit Auszeichnung bestanden **distinctive** adj unverwechselbar; feature, sound unverkennbar; voice, dress (≈ characteristic) charakteristisch; (≈ striking) auffällig; **~ features** (of person) besondere Kennzeichen **distinctly** adv **1.** (≈ clearly) deutlich **2.** (≈ decidedly) eindeutig; odd, uneasy ausgesprochen

distinguish I v/t **1.** unterscheiden **2.** shape erkennen **II** v/i **to ~ between** unterscheiden zwischen (+dat) **III** v/r sich auszeichnen **distinguishable** adj unterscheidbar; **to be (barely) ~ from sth** (kaum) von etw zu unterscheiden sein; **to be ~ by sth** an etw (dat) erkennbar sein **distinguished** adj guest angesehen; scholar, writer angesehen; career glänzend **distinguishing** adj kennzeichnend; **he has no ~ features** er hat keine besonderen Kennzeichen

distort v/t verzerren; facts verdrehen **distorted** adj verzerrt; face entstellt **distortion** n Verzerrung f; (of facts) Verdrehung f

distract v/t ablenken; **to ~ sb's attention** jdn ablenken **distracted** adj **1.** (≈ preoccupied) zerstreut **2.** (≈ worried) beunruhigt **distraction** n **1.** no pl (≈ lack of attention) Unaufmerksamkeit f **2.** (≈ interruption) Ablenkung f **3. to drive sb to ~** jdn zur Verzweiflung treiben

distraught adj verzweifelt

distress I n **1.** Verzweiflung f; (physical) Leiden nt; (mental) Kummer m **2.** (≈ danger) Not f; **to be in ~** (ship) in Seenot sein; (plane) in Not sein; **~ call** Notsignal nt **II** v/t Kummer machen (+dat); **don't ~ yourself** machen Sie sich (dat) keine Sorgen! **distressed** adj bekümmert; (≈ grief-stricken) erschüttert (about von) **distressing** adj erschreckend **distress signal** n Notsignal nt

distribute v/t verteilen (to an +acc); COMM goods vertreiben (to, among an +acc) **distribution** n (≈ act) Verteilung f; (≈ spread) Verbreitung f; (Comm: of goods) Vertrieb m; **~ network** Vertriebsnetz nt; **~ system** Vertriebssystem nt **distributor** n Verteiler(in) m(f); (COMM ≈ wholesaler) Großhändler m; (≈ retailer) Händler(in) m(f)

district n (of country) Gebiet nt; (of town) Viertel nt; (≈ geographical area) Gegend f; (≈ administrative area) (Verwaltungs)bezirk m; **shopping/business ~** Geschäftsviertel nt **district attorney** n (US) Bezirksstaatsanwalt m/-anwältin f **district council** n (Br) Bezirksregierung f **district court** n (US JUR) Bezirksgericht nt

distrust I v/t misstrauen (+dat) **II** n Misstrauen nt (of gegenüber) **distrustful** adj misstrauisch (of gegenüber)

disturb v/t stören; (≈ alarm) beunruhigen; **sorry to ~ you** entschuldigen Sie bitte die Störung; **to ~ the peace** die Ruhe stören **II** v/i stören; **"please do not ~"** „bitte nicht stören" **disturbance** n **1.** (social) Unruhe f; (in street) (Ruhe)störung f; **to cause** or **create a ~** Unruhe/ eine Ruhestörung verursachen **2.** (≈ interruption) Störung f **disturbed** adj **1.** PSYCH gestört **2.** (≈ worried) beunruhigt (about, at, by über +acc) **disturbing** adj beunruhigend; *some viewers may find these scenes ~* einige Zuschauer könnten an diesen Szenen Anstoß nehmen

disunite v/t spalten, entzweien **disunity** n Uneinigkeit f

disuse n *to fall into ~* nicht mehr benutzt werden **disused** adj building leer stehend; mine stillgelegt

ditch I n Graben m **II** v/t (infml) person abhängen (infml); boyfriend abservieren (infml); plan baden gehen lassen (infml)

dither v/i zaudern; *to ~ over sth* mit etw zaudern; *to ~ over how/whether ...* schwanken, wie/ob ...

ditto n *I'd like coffee — ~ (for me)* (infml) ich möchte Kaffee — dito or ich auch

divan n Diwan m; *~ bed* Liege f

dive vb: pret **dived** or (US) **dove**, past part **dived I** n **1.** Sprung m; (by plane) Sturzflug m; *to make a ~ for sth* (fig infml) sich auf etw (acc) stürzen **2.** (pej infml ≈ club etc) Spelunke f (infml) **II** v/i **1.** springen; (under water) tauchen; (submarine) untertauchen; (plane) einen Sturzflug machen; *the goalkeeper ~d for the ball* der Torwart hechtete nach dem Ball **2.** (infml) *he ~d under the table* er verschwand blitzschnell unter dem Tisch; *to ~ for cover* eilig in Deckung gehen; *he ~d into a taxi* er stürzte (sich) in ein Taxi ♦ **dive in** v/i **1.** (swimmer) hineinspringen **2.** (infml ≈ start to eat) ~! hau(t) rein! (infml)

diver n Taucher(in) m(f); (off high board) Turmspringer(in) m(f); (off springboard) Kunstspringer(in) m(f)

diverge v/i abweichen (from von); (two things) voneinander abweichen

diverse adj **1.** (with singular noun) gemischt; range breit **2.** (with plural noun) unterschiedlich; interests vielfältig **diversification** n Abwechslung f; (of business etc) Diversifikation f **diversify I** v/t abwechslungsreich(er) gestalten; business etc diversifizieren **II** v/i COMM diversifizieren

diversion n **1.** (of traffic, stream) Umleitung f **2.** (≈ relaxation) Unterhaltung f **3.** (MIL, fig) Ablenkung f; *to create a ~* ablenken; *as a ~* um abzulenken

diversity n Vielfalt f

divert v/t traffic, stream umleiten; attention ablenken; blow abwenden; investment umlenken

divide I v/t **1.** (≈ separate) trennen **2.** (≈ split into parts, MAT) teilen (into in +acc); (in order to distribute) aufteilen; *the river ~s the city into two* der Fluss teilt die Stadt; *to ~ 6 into 36, to ~ 36 by 6* 36 durch 6 teilen **3.** (≈ share out) verteilen **4.** (≈ cause disagreement among) entzweien **II** v/i sich teilen; *to ~ into groups* sich in Gruppen aufteilen **III** n *the cultural ~* die Kluft zwischen den Kulturen ♦ **divide off I** v/i sich (ab)trennen **II** v/t sep (ab)trennen ♦ **divide out** v/t sep aufteilen (among unter +acc or dat) ♦ **divide up I** v/i = **divide II II** v/t sep = **divide I** 2, 3

divided adj geteilt; government zerstritten; *to have ~ loyalties* nicht zu vereinbarende Pflichten haben; *to be ~ on or over sth* sich in etw (dat) nicht einig sein **divided highway** n (US) ≈ Schnellstraße f

dividend n FIN Dividende f; *to pay ~s* (fig) sich bezahlt machen

dividing adj (ab)trennend **dividing line** n Trennlinie f

divine adj (REL, fig infml) göttlich

diving n (under water) Tauchen nt; (into water) Springen nt; SPORTS Wasserspringen nt **diving board** n (Sprung)brett nt **diving suit** n Taucheranzug m

divinity n **1.** (≈ divine quality) Göttlichkeit f **2.** (≈ theology) Theologie f

division n **1.** Teilung f; MAT Teilen nt **2.** (in administration) Abteilung f; (in company) Geschäftsbereich m **3.** (fig: between classes etc) Schranke f **4.** (fig ≈ discord) Uneinigkeit f **5.** SPORTS Liga f

divorce I n JUR Scheidung f (from von); *he wants a ~* er will sich scheiden lassen; *to get a ~ (from sb)* sich (von jdm) scheiden lassen **II** v/t sich scheiden lassen von; *to get ~d* sich scheiden lassen **III** v/i sich scheiden lassen

divorced adj JUR geschieden (from von) **divorcee** n Geschiedene(r) m/f(m); *she is a ~* sie ist geschieden

DIY (Br) abbr of *do-it-yourself* n Heimwerken nt; *she was doing some ~* sie machte einige Heimwerkerarbeiten **DIY shop, DIY store** n Baumarkt m

dizziness n Schwindel m **dizzy** adj (+er) schwindelig; *I'm (feeling) ~* mir ist schwindelig (from von); *~ spell* Schwindelanfall m

DJ abbr of *disc jockey*

DNA *abbr of* **de(s)oxyribonucleic acid** DNS *f* **DNA profiling** *n* genetischer Fingerabdruck **DNA test** *n* Gentest *m*

do *vb: pret* **did**, *past part* **done** **I** *aux vb* **1.** (*interrogative, negative*) **do you understand?** verstehen Sie?; **I don't** *or* **do not understand** ich verstehe nicht; **what did he say?** was hat er gesagt?; **didn't you** *or* **did you not know?** haben Sie das nicht gewusst?; **don't be silly!** sei nicht albern! **2.** (*in question tags*) oder; **you know him, don't you?** Sie kennen ihn (doch), oder?; **you don't know him, do you?** Sie kennen ihn also nicht, oder?; **so you know them, do you?** (*in surprise*) Sie kennen sie also wirklich!; **he does understand, doesn't he?** das versteht er doch, oder? **3.** (*substitute for another verb*) **you speak better German than I do** Sie sprechen besser Deutsch als ich; **so do I** ich auch; **neither do I** ich auch nicht; **I don't like cheese but he does** ich mag keinen Käse, aber er schon; **they said he would go and he did** sie sagten, er würde gehen und das tat er (dann) auch **4.** (*in tag responses*) **do you see them often?** — **yes, I do/no, I don't** sehen Sie sie oft? — ja/nein; **you didn't go, did you?** — **yes, I did** Sie sind nicht gegangen, oder? — doch; **they speak French** — **oh, do they?** sie sprechen Französisch — ja?, ach, wirklich?; **they speak German** — **do they really?** sie sprechen Deutsch — wirklich?; **may I come in?** — **do!** darf ich hereinkommen? — ja, bitte; **shall I open the window?** — **no, don't!** soll ich das Fenster öffnen? — nein, bitte nicht!; **who broke the window?** — **I did** wer hat das Fenster eingeschlagen? — ich **5.** (*for emphasis*) **DO come!** (*esp Br*) kommen Sie doch (bitte)!; **DO shut up!** (*esp Br*) sei doch (endlich) ruhig!; **it's very expensive, but I DO like it** es ist zwar sehr teuer, aber es gefällt mir nun mal; **so you DO know them!** Sie kennen sie also doch! **II** *v/t* **1.** tun, machen; **I've done a stupid thing** ich habe da was Dummes gemacht; **it can't be done** es lässt sich nicht machen; **can you do it by yourself?** schaffst du das allein?; **to do the housework/one's homework** die Hausarbeit/seine Hausaufgaben machen; **could you do this letter please** tippen Sie bitte diesen Brief;

you do the painting and I'll do the papering du streichst an und ich tapeziere; **to do one's make-up** sich schminken; **to do one's hair** sich frisieren; **to do one's teeth** (*Br*) sich (*dat*) die Zähne putzen; **to do the dishes** spülen; **to do the washing** Wäsche waschen; **to do the ironing** bügeln, glätten (*Swiss*); **he can't do anything about it** er kann nichts daran ändern; **are you doing anything this evening?** haben Sie heute Abend schon etwas vor?; **we'll have to do something about this** wir müssen da etwas unternehmen; **does that do anything for you?** macht dich das an? (*infml*); **Brecht doesn't do anything for me** Brecht sagt mir nichts; **I've done everything I can** ich habe alles getan, was ich kann; **I've got nothing to do** ich habe nichts zu tun; **I shall do nothing of the sort** ich werde nichts dergleichen tun; **he does nothing but complain** er nörgelt immer nur; **what's to be done?** was ist da zu tun?; **but what can you do?** aber was kann man da machen?; **what do you want me to do** (*about it*)**?** und was soll ich da machen?; **well, do what you can** mach, was du kannst; **what have you done to him?** was haben Sie mit ihm gemacht?; **now what have you done!** was hast du jetzt bloß wieder angestellt *or* gemacht?; **what are you doing on Saturday?** was machen Sie am Sonnabend?; **how do you do it?** (*in amazement*) wie machen Sie das bloß?; **what does your father do?** was macht Ihr Vater (beruflich)?; **that's done it** (*infml*) da haben wir die Bescherung! (*infml*); **that does it!** jetzt reichts mir! **2.** (≈ *provide*) **what can I do for you?** was kann ich für Sie tun?; **sorry, we don't do lunches** wir haben leider keinen Mittagstisch; **we do a wide range of herbal teas** wir führen eine große Auswahl an Kräutertees; **who did the food for your reception?** wer hat bei Ihrem Empfang für das Essen gesorgt? **3.** (≈ *beenden, in pret, ptp only*) **the work's done now** die Arbeit ist gemacht *or* fertig; **I haven't done** (*Br*) *or* **I'm not done telling you what I think of you** mit dir bin ich noch lange nicht fertig; **done!** (≈ *agreed*) abgemacht!; **are you done?** (*infml*) bist du endlich fertig?; **it's all over and done**

with (≈ *is finished*) das ist alles erledigt; (≈ *has happened*) das ist alles vorbei **4.** (≈ *study*) durchnehmen; *I've never done any German* ich habe nie Deutsch gelernt **5.** COOK machen (*infml*); *to do the cooking* kochen; *well done* durch (-gebraten); *is the meat done?* ist das Fleisch durch? **6.** *to do a play* ein Stück aufführen; *to do a film* einen Film machen **7.** (≈ *mimic*) nachmachen **8.** (≈ *see sights of*) besuchen **9.** AUTO *etc* fahren; *this car can do 100* das Auto fährt 100 **10.** (≈ *be suitable for, infml*) passen (*sb* jdm); (≈ *be sufficient for*) reichen (*sb* jdm); *that will do me nicely* das reicht mir allemal **11.** (*infml, in prison*) *6 years etc* sitzen **III** *v/i* **1.** (≈ *act*) *do as I do* mach es wie ich; *he did well to take advice* er tat gut daran, sich beraten zu lassen; *he did right* es war richtig von ihm; *he did right/well to go* es war richtig/gut, dass er gegangen ist **2.** (≈ *get on, fare*) *how are you doing?* wie gehts (Ihnen)?; *I'm not doing so badly* es geht mir gar nicht so schlecht; *he's doing well at school* er ist gut in der Schule; *his business is doing well* sein Geschäft geht gut; *how do you do?* guten Tag! **3.** (≈ *be suitable*) gehen; *that will never do!* das geht nicht!; *this room will do* das Zimmer ist in Ordnung **4.** (≈ *be sufficient*) reichen; *will £10 do?* reichen £ 10?; *you'll have to make do with £10* £ 10 müssen Ihnen reichen; *that'll do!* jetzt reichts aber! **IV** *n* (*Br infml* ≈ *event*) Veranstaltung *f*; (≈ *party*) Fete *f* (*infml*) ♦ *do away with v/i +prep obj* abschaffen ♦ *do for v/i +prep obj* (*infml* ≈ *finish off*) *person* fertigmachen (*infml*); *project* zunichtemachen; *to be done for* (*person*) erledigt sein (*infml*); (*project*) gestorben sein (*infml*) ♦ *do in v/t sep* (*infml*) **1.** (≈ *kill*) um die Ecke bringen (*infml*) **2.** *to be or feel done in* fertig sein (*infml*) ♦ *do up v/t sep* **1.** (≈ *fasten*) zumachen **2.** *house* (neu) herrichten ♦ *do with v/i +prep obj* **1.** brauchen; *I could ~ a cup of tea* ich könnte eine Tasse Tee vertragen (*infml*); *it could ~ a clean* es müsste mal sauber gemacht werden **2.** *what has that got to ~ it?* was hat das damit zu tun?; *that has or is nothing to ~ you!* das geht Sie gar nichts an!; *it has something to ~ her being adopted* es hat etwas damit zu tun, dass sie adoptiert wurde; *it has to ~ ...*

dabei geht es um ...; *money has a lot to ~ it* Geld spielt eine große Rolle dabei **3.** *what have you done with my gloves/ your hair?* was hast du mit meinen Handschuhen/deinem Haar gemacht?; *he doesn't know what to ~ himself* er weiß nicht, was er mit sich anfangen soll **4.** *to be done with sb/sth* mit jdm/etw fertig sein ♦ *do without v/i +prep obj* auskommen ohne; *I can ~ your advice* Sie können sich Ihren Rat sparen; *I could have done without that!* das hätte mir (wirklich) erspart bleiben können

d.o.b. *abbr of* **date of birth**

doc *n* (*infml*) *abbr of* **doctor**

docile *adj* sanftmütig

dock¹ *n* Dock *nt*; *~s pl* Hafen *m*

dock² *n* JUR Anklagebank *f*; *to stand in the ~* auf der Anklagebank sitzen

dock³ *v/t wages* kürzen; *points* abziehen; *to ~ £100 off sb's wages* jds Lohn um £ 100 kürzen

dockland *n* Hafenviertel *nt* **dockyard** *n* Werft *f*

doctor *n* **1.** MED Arzt *m*, Ärztin *f*; *the ~'s* (≈ *surgery*) der Arzt; *to go to the ~* zum Arzt gehen; *to send for the ~* den Arzt holen; *he is a ~* er ist Arzt; *a woman ~* eine Ärztin; *to be under ~'s orders* in ärztlicher Behandlung sein; *it's just what the ~ ordered* (*fig infml*) das ist genau das Richtige **2.** UNIV *etc* Doktor *m*; *to get one's ~'s degree* promovieren, seinen Doktor machen; *Dear Doctor Smith* Sehr geehrter Herr Dr./Sehr geehrte Frau Dr. **doctorate** *n* Doktorwürde *f*; *he's still doing his ~* er sitzt immer noch an seiner Doktorarbeit

doctrine *n* Doktrin *f*, Lehre *f*

document I *n* Dokument *nt* **II** *v/t* dokumentieren; *case* beurkunden **documentary I** *adj* dokumentarisch **II** *n* (FILM, TV) Dokumentarfilm *m* **documentation** *n* Dokumentation *f*

docusoap *n* TV Dokusoap *f*

doddle *n* (*Br infml*) *it was a ~* es war ein Kinderspiel

dodge I *v/t* ausweichen (+*dat*); *military service* sich drücken vor (+*dat*) **II** *v/i* ausweichen; *to ~ out of the way* zur Seite springen; *to ~ behind a tree* hinter einen Baum springen **dodgem**® *n* (Auto)-skooter *m*

dodgy *adj* (*Br infml*) **1.** *person, business* zwielichtig; *area* zweifelhaft; *plan* unsicher; *situation* verzwickt (*infml*); **there's something ~ about him** er ist nicht ganz koscher (*infml*); **he's on ~ ground** er befindet sich auf unsicherem Boden **2.** *back, heart* schwach; *part* defekt

doe *n* (*roe deer*) Reh *nt*; (*red deer*) Hirschkuh *f*

does *3rd person sg of* **do** doesn't *contraction* = **does not**

dog I *n* **1.** Hund *m* **2.** (*fig*) **it's ~ eat ~** es ist ein Kampf aller gegen alle; **to work like a ~** (*infml*) wie ein Pferd arbeiten (*infml*) **II** *v/t* verfolgen; **~ged by controversy** von Kontroversen verfolgt **dog biscuit** *n* Hundekuchen *m* **dog collar** *n* (*lit*) Hundehalsband *nt*; (*vicar's*) Kollar *nt* **dog-eared** *adj* mit Eselsohren **dog food** *n* Hundefutter *nt*

dogged *adj* zäh; *determination, resistance, pursuit* hartnäckig **doggedly** *adv* beharrlich

doggie, doggy *n* (*infml*) Hündchen *nt* **dog licence**, (*US*) **dog license** *n* Hundemarke *f*

dogma *n* Dogma *nt* **dogmatic** *adj* dogmatisch; **to be very ~ about sth** in etw (*dat*) sehr dogmatisch sein

do-gooder *n* (*pej*) Weltverbesserer *m*, Weltverbesserin *f*

dogsbody *n* (*Br*) **she's/he's the general ~** sie/er ist (das) Mädchen für alles **dog show** *n* Hundeausstellung *f* **dog-tired** *adj* hundemüde

doily *n* (Zier)deckchen *nt*

doing *n* **1.** Tun *nt*; **this is your ~** das ist dein Werk; **it was none of my ~** ich hatte nichts damit zu tun; **that takes some ~** da gehört (schon) etwas dazu **2. doings** *pl* (*infml*) Taten *pl* **do-it-yourself** *adj, n* = **DIY**

doldrums *pl* **to be in the ~** (*people*) Trübsal blasen; (*business etc*) in einer Flaute stecken

dole *n* (*Br infml*) Arbeitslosenunterstützung *f*, Alu *f* (*infml*); **to go/be on the ~** stempeln (gehen) ◆ **dole out** *v/t sep* austeilen

dole money *n* (*Br infml*) Arbeitslosenunterstützung *f*

doll *n* Puppe *f*

dollar *n* Dollar *m* **dollar bill** *n* Dollarnote *f* **dollar sign** *n* Dollarzeichen *nt*

dollop *n* (*infml*) Schlag *m* (*infml*)

doll's house, (*US*) **doll house** *n* Puppenhaus *nt* **dolly** *n* (*infml*) Püppchen *nt*

dolomite *n* Dolomit *m*; **the Dolomites** die Dolomiten *pl*

dolphin *n* Delfin *m*

domain *n* (*fig*) Domäne *f*; IT Domain *nt* **domain name** *n* IT Domainname *m*

dome *n* ARCH Kuppel *f*

domestic *adj* **1.** häuslich; **~ quarrel** Ehekrach *m*; **~ appliances** Haushaltsgeräte *pl*; **for ~ use** für den Hausgebrauch **2.** *esp* POL, COMM inländisch; *issues* innenpolitisch; **~ trade** Binnenhandel *m* **domesticated** *adj* domestiziert; *person* häuslich **domestic economy** *n* POL Binnenwirtschaft *f* **domestic flight** *n* Inlandflug *m* **domestic market** *n* POL, COMM Binnenmarkt *m* **domestic policy, domestic politics** *n* Innenpolitik *f* **domestic servant** *n* Hausangestellte(r) *m/f(m)* **domestic violence** *n* Gewalt *f* in der Familie

dominance *n* Vorherrschaft *f* (*over* über +acc) **dominant** *adj* dominierend; *gene* dominant; **to be ~** *or* **the ~ force in sth** etw dominieren **dominate** *v/t &* *v/i* dominieren **domination** *n* (Vor)herrschaft *f* **domineering** *adj* herrisch

Dominican Republic *n* Dominikanische Republik

dominion *n* **1.** *no pl* Herrschaft *f* (*over* über +acc) **2.** (≈ *territory*) Herrschaftsgebiet *nt*

domino *n, pl* **-es** Domino(stein) *m*; **a game of ~es** ein Dominospiel *nt*

don *n* (*Br* UNIV) *Universitätsdozent(in) besonders in Oxford und Cambridge*

donate *v/t &* *v/i* spenden **donation** *n* (≈ *act*) Spenden *nt*; (≈ *gift*) Spende *f*; **to make a ~ of £10,000** £ 10.000 spenden

done I *past part of* **do II** *adj* **1.** *work* erledigt; *vegetables* gar; *meat* durch; *cake* durchgebacken; **to get sth ~** etw fertig kriegen; **is it ~ yet?** ist es schon erledigt?; (*infml*) **the butter is (all) ~** die Butter ist alle **2. it's not the ~ thing** das tut man nicht

donkey *n* Esel *m* **donkey's years** *pl* (*infml*) **she's been here for ~** (*infml*) sie ist schon eine Ewigkeit hier **donkey-work** *n* Routinearbeit *f*, Dreckarbeit *f* (*infml*)

donor *n* Spender(in) *m(f)* **donor card** *n* Organspenderausweis *m*

don't *contraction* = **do not**

donut *n* (*esp US*) = **doughnut**

doodah, doodad (*US*) *n* (*infml*) Dingsda

nt (*infml*)

doodle I *v/i* Männchen malen **II** *v/t* kritzeln **III** *n* Gekritzel *nt*

doom I *n* **1.** (≈ *fate*) Schicksal *nt* **2.** (≈ *ruin*) Verhängnis *nt*; *it's not all gloom and ~* so schlimm ist es ja alles gar nicht **II** *v/t* verdammen; *to be ~ed* verloren sein; *~ed to failure* zum Scheitern verurteilt **doomsday** *n* der Jüngste Tag

door *n* **1.** Tür *f*; (≈ *entrance: to cinema etc*) Eingang *m*; *there's someone at the ~* da ist jemand an der Tür; *was that the ~?* hat es geklingelt/geklopft?; *to answer the ~* die Tür aufmachen; *to see sb to the ~* jdn zur Tür bringen; *to pay at the ~* an der (Abend)kasse zahlen; *three ~s away* drei Häuser weiter **2.** (*phrases*) *by or through the back ~* durch ein Hintertürchen; *to have a foot or toe in the ~* mit einem Fuß drin sein; *to be at death's ~* an der Schwelle des Todes stehen (*elev*); *to show sb the ~* jdm die Tür weisen; *to shut or slam the ~ in sb's face* jdm die Tür vor der Nase zumachen; *out of ~s* im Freien; *behind closed ~s* hinter verschlossenen Türen **doorbell** *n* Türklingel *f*; *there's the ~* es hat geklingelt **door chain** *n* Sicherheitskette *f* **doorframe** *n* Türrahmen *m* **door-handle** *n* Türklinke *f*, Türfalle *f* (*Swiss*); (≈ *knob*) Türknauf *m* **doorknob** *n* Türknauf *m* **doorknocker** *n* Türklopfer *m* **doorman** *n* (*of hotel*) Portier *m*; (*of nightclub etc*) Rausschmeißer *m* **doormat** *n* Fußmatte *f*; (*fig*) Fußabtreter *m* **doorstep** *n* Eingangsstufe *f*; *the bus stop is just on my ~* (*fig*) die Bushaltestelle ist direkt vor meiner Tür **doorstop** *n*, **doorstopper** *n* Türstopper *m* **door-to-door** *adj attr*, **door to door** *adj pred* **1.** *~ salesman* Vertreter *m* **2.** *delivery* von Haus zu Haus; *police are carrying out ~ inquiries* die Polizei befragt alle Anwohner **doorway** *n* (*of room*) Tür *f*; (*of building*) Eingang *m*

dope I *n no pl* SPORTS Aufputschmittel *nt* **II** *v/t* dopen **dope test** *n* (SPORTS *infml*) Dopingkontrolle *f* **dopey**, **dopy** *adj* (*+er*) (*infml* ≈ *stupid*) bekloppt (*infml*); (≈ *sleepy*) benebelt (*infml*)

dorm (*infml*) *abbr of* **dormitory** **dormant** *adj volcano* untätig; *plant, bank account* ruhend; *~ state* Ruhezustand *m*; *to remain ~* ruhen; (*virus*) schlummern

dormer (**window**) *n* Mansardenfenster *nt*

dormitory *n* Schlafsaal *m*; (*US* ≈ *building*) Wohnheim *nt*; *~ suburb or town* Schlafstadt *f*

DOS IT *abbr of* **disk operating system** DOS *nt*

dosage *n* Dosis *f* **dose I** *n* **1.** MED Dosis *f*; (*fig*) Ration *f*; *he needs a ~ of his own medicine* (*fig*) man sollte es ihm mit gleicher Münze heimzahlen; *in small/ large ~s* (*fig*) in kleinen/großen Mengen; *she's all right in small ~s* sie ist nur (für) kurze Zeit zu ertragen **2.** (*infml* ≈ *of illness*) Anfall *m*; *she's just had a ~ of the flu* sie hat gerade Grippe gehabt **II** *v/t person* Arznei geben (*+dat*)

doss (*Br infml*) **I** *n* Schlafplatz *m* **II** *v/i* (*a.* **doss down**) sich hinhauen (*infml*)

dossier *n* Dossier *m or nt*

dot I *n* **1.** Punkt *m* **2.** *to arrive on the ~* auf die Minute pünktlich (an)kommen; *at 3 o'clock on the ~* haargenau um 3 Uhr **II** *v/t* **1.** *~ted line* punktierte Linie; *to tear along the ~ted line* entlang der punktierten Linie abtrennen; *to sign on the ~ted line* (*fig*) formell zustimmen **2.** (≈ *sprinkle*) verstreuen; *pictures ~ted around the room* im Zimmer verteilte Bilder **dotcom**, **dot.com** *n* (*a.* **dot--com company**) Internetfirma *f*

dote on *v/i +prep obj* abgöttisch lieben **doting** *adj her ~ parents* ihre sie abgöttisch liebenden Eltern

dot matrix (**printer**) *n* Matrixdrucker *m*

dotty *adj* (*+er*) (*Br infml*) kauzig

double I *adv* **1.** doppelt so viel; *count* doppelt; *~ the size* (*of*) doppelt so groß (wie); *~ the amount* doppelt so viel; *we paid her ~ what she was getting before* wir zahlten ihr das Doppelte von dem, was sie vorher bekam **2.** *to bend ~* sich krümmen; *to fold sth ~* etw einmal falten **II** *adj* **1.** (≈ *twice as much*) doppelt **2.** (≈ *in pairs*) Doppel-; *it is spelled with a ~ p* es wird mit zwei p geschrieben; *my phone number is 9, ~ 3, 2, 4* meine Telefonnummer ist neun drei drei zwei vier **III** *n* **1.** (*twice*) das Doppelte **2.** (≈ *person*) Doppelgänger(in) *m(f)*; (FILM, THEAT) Double *nt* **3.** *at the ~* *also* MIL im Laufschritt; (*fig*) im Eiltempo; *on the ~* (*fig*) auf der Stelle **IV** *v/t* verdoppeln **V** *v/i* **1.** sich verdoppeln **2.** *this bedroom ~s as a study* dieses Schlafzimmer dient auch als Arbeitszimmer ♦ **double back** *v/i* kehrtmachen ♦ **double over** *v/i* = **double up** ♦ **double up** *v/i* (≈ *bend over*) sich krümmen

double act *n esp* THEAT Zweigespann *nt* **double agent** *n* Doppelagent(in) *m(f)* **double-barrelled name.** (*US*) **double--barrelled name** *n* Doppelname *m* **double-barrelled shotgun.** (*US*) **double--barreled shotgun** *n* doppelläufiges Gewehr **double bass** *n* Kontrabass *m* **double bed** *n* Doppelbett *nt* **double--book** *v/t room, seat* zweimal reservieren; *flight* zweimal buchen **double--check** *v/t & v/i* noch einmal (über)prüfen **double chin** *n* Doppelkinn *nt* **double-click** IT *v/t & v/i* doppelklicken (*on* auf +*acc*) **double cream** *n* Schlagsahne *f*, (Schlag)obers *m* (*Aus*) **double-cross** (*infml*) *v/t* ein Doppelspiel *or* falsches Spiel treiben mit **double-dealing I** *n* Betrügerei(en) *f(pl)* **II** *adj* betrügerisch **double-decker** *n* Doppeldecker *m* **double density** *adj* IT mit doppelter Dichte **double doors** *pl* Flügeltür *f* **double Dutch** *n* (*esp Br*) Kauderwelsch *nt*; *it was ~ to me* das waren für mich böhmische Dörfer **double entendre** *n* (*esp Br*) Zweideutigkeit *f* **double figures** *pl* zweistellige Zahlen *pl* **double glazing** *n* Doppelfenster *pl* **double knot** *n* Doppelknoten *m* **double life** *n* Doppelleben *nt* **double meaning** *n* **it has a ~** es ist doppeldeutig **double-park** *v/i* in der zweiten Reihe parken **double-quick** (*infml*) **I** *adv* im Nu **II** *adj* **in ~ time** im Nu

double room *n* Doppelzimmer *nt* **doubles** *n sg or pl* SPORTS Doppel *nt*; **to play ~** im Doppel spielen **double-sided** *adj* IT zweiseitig **double-space** *v/t* TYPO mit doppeltem Zeilenabstand drucken **double spacing** *n* doppelter Zeilenabstand **double take** *n* **he did a ~** er musste zweimal hingucken **double vision** *n* MED **he suffered from ~** er sah doppelt **double whammy** *n* Doppelschlag *m* **double yellow lines** *pl* gelbe Doppellinie am Fahrbahnrand zur Kennzeichnung des absoluten Halteverbots **doubly** *adv* doppelt; **to make ~ sure (that ...)** ganz sichergehen(, dass ...)

doubt I *n* Zweifel *m*; **to have one's ~s about sth** (so) seine Bedenken hinsichtlich einer Sache (*gen*) haben; **I have my ~s about her** ich habe bei ihr (so) meine Bedenken; **I have no ~s about taking the job** ich habe keine Bedenken, die Stelle anzunehmen; **there's no ~ about it** daran gibt es keinen Zweifel; **I have no ~ about it** das bezweifle ich nicht; **to cast ~ on sth** etw in Zweifel ziehen; **I am in no ~ as to what or about what he means** ich bin mir völlig im Klaren darüber, was er meint; **the outcome is still in ~** das Ergebnis ist noch ungewiss; **when in ~** im Zweifelsfall; **no ~ he will come tomorrow** höchstwahrscheinlich kommt er morgen; **without (a) ~** ohne Zweifel **II** *v/t* bezweifeln; *honesty, truth* anzweifeln; **I'm sorry I ~ed you** (*your loyalty etc*) es tut mir leid, dass ich an dir gezweifelt habe; **I don't ~ it** das bezweifle ich (auch gar) nicht; **I ~ whether he will come** ich bezweifle, dass er kommen wird **doubtful** *adj* 1. (*usu pred* ≈ *unconvinced*) unsicher; **I'm still ~** ich habe noch Bedenken; **to be ~ about sth** an etw (*dat*) zweifeln; **to be ~ about doing sth** Bedenken haben, ob man etw tun soll; **I was ~ whether I could manage it** ich bezweifelte, ob ich es schaffen könnte 2. (≈ *unlikely*) unwahrscheinlich; **it is ~ that...** es ist zweifelhaft, ob ... 3. *reputation* fragwürdig; *outcome* ungewiss; *taste, quality* zweifelhaft; **it is ~ whether ...** es ist fraglich, ob ...

dough *n* 1. Teig *m* 2. (*infml* ≈ *money*) Kohle *f* (*infml*) **doughnut** *n* (*Br*) Berliner (Pfannkuchen) *m*

dour *adj* verdrießlich

douse *v/t* Wasser schütten über (+*acc*); **to ~ sb/sth in or with petrol** jdn/etw mit Benzin übergießen

dove[1] *n* Taube *f*

dove[2] (*US*) *pret of* **dive**

dowdy *adj* (+*er*) ohne jeden Schick

down I *adv* 1. (*indicating movement, towards speaker*) herunter; (*away from speaker*) hinunter; (*downstairs*) nach unten; **to jump ~** herunter-/hinunterspringen; **on his way ~ from the summit** auf seinem Weg vom Gipfel herab/hinab; **on the way ~ to London** auf dem Weg nach London runter (*infml*); **all the way ~ to the bottom** bis ganz nach unten; **~ with ...!** nieder mit ...! 2. (*indicating position*) unten; **~ there** da unten; **~ here** hier unten; **head ~** mit dem Kopf nach unten; **I'll be ~ in a minute** ich komme sofort runter; **I've been ~ with flu** ich habe mit Grippe (im Bett) gelegen **3.** *he came ~ from London yesterday* er kam gestern aus London; *he's ~ at his brother's* er ist bei seinem Bruder; *he lives ~ South* er wohnt im Süden; *his temperature is ~* sein Fieber ist zurückgegangen; *interest rates are ~ to/by 3%* der Zinssatz ist auf/um 3% gefallen; *he's ~ to his last £10* er hat nur noch £ 10; *they're still three goals ~* sie liegen immer noch mit drei Toren zurück; *I've got it ~ in my diary* ich habe es in meinem Kalender notiert; *let's get it ~ on paper* halten wir es schriftlich fest; *to be ~ for the next race* für das nächste Rennen gemeldet sein; *from the biggest ~* vom Größten angefangen; *~ through the ages* von jeher; *~ to* (≈ *until*) bis zu; *from 1700 ~ to the present* von 1700 bis zur Gegenwart; *to be ~ to sb/ sth* an jdm/etw liegen; *it's ~ to you to decide* die Entscheidung liegt bei Ihnen; *I've put ~ a deposit on a new bike* ich habe eine Anzahlung für ein neues Fahrrad gemacht **II** *prep* **1.** *to go ~ the hill etc* den Berg *etc* hinuntergehen; *he ran his finger ~ the list* er ging (mit dem Finger) die Liste durch; *he's already halfway ~ the hill* er ist schon auf halbem Wege nach unten; *the other skiers were further ~ the slope* die anderen Skifahrer waren weiter unten; *she lives ~ the street* sie wohnt weiter die Straße entlang; *he was walking ~ the street* er ging die Straße entlang; *if you look ~ this road* wenn Sie diese Straße hinunterblicken **2.** (*Br infml*) *he's gone ~ the pub* er ist in die Kneipe gegangen; *she's ~ the shops* sie ist einkaufen gegangen **III** *adj* (*infml*) **1.** *he was* (*feeling*) *a bit ~* er fühlte sich ein wenig down (*infml*) **2.** (≈ *not working*) *to be ~* außer Betrieb sein; IT abgestürzt sein **IV** *v/t beer etc* runterkippen (*infml*); *to ~ tools* die Arbeit niederlegen **down-and-out** *n* Penner(in) *m(f)* (*infml*) **down arrow** *n* IT Abwärtspfeil *m* **downcast** *adj* entmutigt **downfall** *n* **1.** Sturz *m* **2.** (≈ *cause of ruin*) Ruin *m* **downgrade** *v/t hotel, job* herunterstufen; *person* degradieren **down-hearted** *adj* entmutigt **downhill I** *adv* bergab; *to go ~* heruntergehen/-fahren; (*road*) bergab gehen; *the economy is going ~* mit der Wirtschaft geht es bergab; *things just went*

steadily ~ es ging immer mehr bergab **II** *adj* **1.** *~ slope* Abhang *m*; *the path is ~ for two miles* der Weg führt zwei Meilen bergab; *it was ~ all the way after that* danach wurde alles viel einfacher **2.** SKI *~ skiing* Abfahrtslauf *m* **III** *n* SKI Abfahrtslauf *m*

Downing Street *n* die Downing Street; (≈ *the government*) die britische Regierung

download IT **I** *v/t* (herunter)laden **II** *v/i it won't ~* Runterladen ist nicht möglich **III** *attr* ladbar **downloadable** *adj* IT herunterladbar **down-market I** *adj* *product* für den Massenmarkt; *this restaurant is more ~* dieses Restaurant ist weniger exklusiv **II** *adv* *to go ~* sich auf den Massenmarkt ausrichten **down payment** *n* FIN Anzahlung *f* **downplay** *v/t* herunterspielen (*infml*) **downpour** *n* Wolkenbruch *m* **downright I** *adv* ausgesprochen; *rude, disgusting* geradezu **II** *adj* *a ~ lie* eine glatte Lüge **downriver** *adv* flussabwärts (*from* von); *~ from Bonn* unterhalb von Bonn **downshift** *v/i* in eine schlechter bezahlte Stelle überwechseln, runterschalten (*infml*) **downside** *n* Kehrseite *f* **downsize** *v/t* verkleinern **downsizing** COMM, IT *n* Downsizing *nt*

Down's syndrome MED **I** *n* Downsyndrom *nt* **II** *attr* *a ~ baby* ein an Downsyndrom leidendes Kind

downstairs I *adv* *go, come* nach unten; *be, sleep etc* unten **II** *adj* *the ~ phone* das Telefon unten; *~ apartment* Parterrewohnung *f*; *our ~ neighbours* (*Br*) or *neighbors* (*US*) die Nachbarn unter uns; *the woman ~* die Frau von unten **III** *n the ~* das Erdgeschoss **downstate** (*US*) *adj* *in ~ Illinois* im Süden von Illinois **downstream** *adv* flussabwärts **down-to-earth** *adj* nüchtern; *he's very ~* er steht mit beiden Füßen auf der Erde **downtown** (*esp US*) **I** *adv* go in die (Innen)stadt; *live, be situated* in der (Innen)stadt **II** *adj* *~ Chicago* die Innenstadt von Chicago **downtrodden** *adj* unterdrückt **downturn** *n* (*in business*) Rückgang *m*; *to take a ~* zurückgehen; *his fortunes took a ~* sein Glücksstern sank **down under** (*infml*) **I** *n* (≈ *Australia*) Australien *nt*; (≈ *New Zealand*) Neuseeland *nt* **II** *adv* *be, live* in Australien/Neuseeland; *go* nach Australien/

Neuseeland **downward** I *adv* (*a.* **downwards**) nach unten; **to work** ~(*s*) sich nach unten vorarbeiten; **to slope** ~(*s*) abfallen; **face** ~(*s*) (*person*) mit dem Gesicht nach unten; (*book*) mit der aufgeschlagenen Seite nach unten; **everyone from the Queen** ~(*s*) jeder, bei der König angefangen II *adj* **stroke** nach unten; ~ **movement** Abwärtsbewegung *f*; ~ **slope** Abhang *m*; ~ **trend** Abwärtstrend *m*; **to take a** ~ **turn** sich zum Schlechteren wenden **downwind** *adv* in Windrichtung (*of, from* +*gen*)

dowry *n* Mitgift *f*

dowse *v/t* = **douse**

doz *abbr of* **dozen**

doze I *n* Nickerchen *nt*; **to have a** ~ dösen II *v/i* (vor sich hin) dösen ♦ **doze off** *v/i* einnicken

dozen *n* Dutzend *nt*; **80p a** ~ 80 Pence das Dutzend; **two** ~ **eggs** zwei Dutzend Eier; **half a** ~ ein halbes Dutzend; ~**s** jede Menge; (*fig infml*) eine ganze Menge; ~**s of times** (*infml*) x-mal (*infml*); **there were** ~**s of incidents like this one** (*infml*) es gab Dutzende solcher Vorfälle; ~**s of people came** (*infml*) Dutzende von Leuten kamen

dpi IT *abbr of* **dots per inch** dpi

dpt *abbr of* **department** Abt.

Dr *abbr of* **doctor** Dr.

drab *adj* (+*er*) trist; *life, activities* eintönig **drably** *adv* *dressed* trist; *painted* in tristen Farben

draft I *n* 1. Entwurf *m* 2. (*US* MIL) Einberufung *f* (zum Wehrdienst) 3. (IT) = **draught** 4. IT Draft(druck) *m* II *v/t* 1. entwerfen 2. (*US* MIL) einziehen; **he was** ~**ed into the England squad** er wurde für die englische Nationalmannschaft aufgestellt III *attr* IT ~ **mode** Draft-Modus *m* **draft letter** *n* Entwurf *m* eines/des Briefes **draft version** *n* Entwurf *m*

drag I *n* 1. **it was a long** ~ **up to the top of the hill** es war ein langer, mühseliger Aufstieg zum Gipfel 2. (*infml*) **what a** ~**!** (*boring*) Mann, ist der/die/das langweilig! (*infml*); (*nuisance*) so'n Mist (*infml*) 3. (*infml* ≈ *on cigarette*) Zug *m* (*on, at* +*dat*); **give me a** ~ lass mich mal ziehen 4. (*infml*) **in** ~ in Frauenkleidung II *v/t* 1. schleppen; **he** ~**ged her out of/into the car** er zerrte sie aus dem/in das Auto; **she** ~**ged me to the library ev-**

ery Friday sie schleppte mich jeden Freitag in die Bücherei; **to** ~ **one's feet or heels** (*fig*) die Sache schleifen lassen 2. (IT, *with mouse*) *text, window* ziehen III *v/i* 1. (≈ *trail along*) schleifen; (*feet*) schlurfen 2. (*fig, time, work*) sich hinziehen; (*book*) sich in die Länge ziehen; (*conversation*) sich (mühsam) hinschleppen ♦ **drag along** *v/t sep* mitschleppen ♦ **drag apart** *v/t sep* auseinanderzerren ♦ **drag away** *v/t sep* wegschleppen; **if you can drag yourself away from the television for a second** ... wenn du dich vielleicht mal für eine Sekunde vom Fernsehen losreißen könntest ... ♦ **drag behind** I *v/t* +*prep obj* **to drag sb/sth behind one** jdn/etw hinter sich (*dat*) herschleppen II *v/i* (*fig*) zurückbleiben ♦ **drag down** *v/t sep* (*lit*) herunterziehen; (*fig*) mit sich ziehen ♦ **drag in** *v/t sep* (*lit*) hineinziehen; **look what the cat's dragged in** (*fig infml*) sieh mal, wer da kommt ♦ **drag off** *v/t sep* (*lit*) wegschleppen; (*fig*) wegschleppen; **to drag sb off to a concert** jdn in ein Konzert schleppen ♦ **drag on** *v/i* sich in die Länge ziehen; (*conversation*) sich hinschleppen ♦ **drag out** *v/t sep* 1. *meeting etc* in die Länge ziehen 2. **eventually I had to drag it out of him** schließlich musste ich es ihm aus der Nase ziehen (*infml*)

drag and drop *n* IT Drag-and-Drop *nt* **drag lift** *n* SKI Schlepplift *m*

dragon *n* Drache *m* **dragonfly** *n* Libelle *f*

drag queen *n* (*infml*) Tunte *f* (*infml*)

drain I *n* 1. (≈ *pipe*) Rohr *nt*; (*under sink etc*) Abfluss *m*; (*under the ground*) Kanalisationsrohr *nt*; (≈ *drain cover*) Rost *m*; **to pour money down the** ~ (*fig infml*) das Geld zum Fenster hinauswerfen; **I had to watch all our efforts go down the** ~ ich musste zusehen, wie alle unsere Bemühungen zunichte(gemacht) wurden 2. (*on resources etc*) Belastung *f* (*on* +*gen*) II *v/t* 1. (*lit*) drainieren; *land* entwässern; *vegetables* abgießen; (≈ *let drain*) abtropfen lassen 2. (*fig*) **to feel** ~**ed** sich ausgelaugt fühlen 3. *glass* leeren III *v/i* 1. (*vegetables, dishes*) abtropfen 2. (*fig*) **the blood** ~**ed from his face** das Blut wich aus seinem Gesicht ♦ **drain away** *v/i* (*liquid*) ablaufen; (*strength*) dahinschwinden ♦ **drain off** *v/t sep* abgießen; (≈ *let* *drain*) abtropfen lassen

drainage *n* **1.** (≈ *draining*) Dränage *f*; (*of land*) Entwässerung *f* **2.** (≈ *system*) Entwässerungssystem *nt*; (*in house, town*) Kanalisation *f* **draining board**, (*US*) **drain board** *n* Ablauf *m* **drainpipe** *n* Abflussrohr *nt*

dram *n* (*Br* ≈ *small drink*) Schluck *m* (Whisky)

drama *n* Drama *nt*; *to make a ~ out of a crisis* eine Krise dramatisieren **drama queen** *n* (*pej infml*) Schauspielerin *f* (*pej infml*) **dramatic** *adj* dramatisch **dramatist** *n* Dramatiker(in) *m(f)* **dramatize** *v/t* dramatisieren

drank *pret of* **drink**

drape I *v/t to ~ sth over sth* etw über etw (*acc*) drapieren **II** *n* **drapes** *pl* (*US*) Gardinen *pl*

drastic *adj* drastisch; *change* einschneidend; *to take ~ action* drastische Maßnahmen ergreifen **drastically** *adv* drastisch; *change, different* radikal

draught, (*US*) **draft** *n* **1.** (Luft)zug *m*; *there's a terrible ~ in here* hier zieht es fürchterlich **2.** (≈ *draught beer*) Fassbier *nt*; *on ~* vom Fass **3. draughts** *pl* (*Br* ≈ *game*) Damespiel *nt*; (+*pl vb* ≈ *pieces*) Damesteine *pl* **4.** (≈ *rough sketch*) = *draft* **draught beer**, (*US*) **draft beer** *n* Fassbier *nt* **draughtboard** *n* (*Br*) Damebrett *nt* **draughtsman**, (*US*) **draftsman** *n*, *pl* **-men** (*of plans*) Zeichner *m*; (*of documents etc*) Verfasser *m* **draughty**, (*US*) **drafty** *adj* (+*er*) zugig; *it's ~ in here* hier zieht es

draw¹ *pret* **drew**, *past part* **drawn I** *v/t* zeichnen; *line* ziehen; *we must ~ the line somewhere* (*fig*) irgendwo muss Schluss sein; *I ~ the line at cheating* (*personally*) Mogeln kommt für mich nicht infrage **II** *v/i* zeichnen

draw² *vb*: *pret* **drew**, *past part* **drawn I** *v/t* **1.** ziehen; *curtains* (≈ *open*) aufziehen; (≈ *shut*) zuziehen; *he drew his chair nearer the fire* er rückte seinen Stuhl näher an den Kamin heran **2.** (≈ *take*) holen; *to ~ inspiration from sb/sth* sich von jdm/etw inspirieren lassen; *to ~ strength from sth* Kraft aus etw schöpfen; *to ~ comfort from sth* sich mit etw trösten; *to ~ money from the bank* Geld (vom Konto) abheben; *to ~ dole* Arbeitslosenunterstützung beziehen; *to ~ one's pension* seine Rente bekommen

3. *the play has ~n a lot of criticism* das Theaterstück hat viel Kritik auf sich (*acc*) gezogen; *he refuses to be ~n* er lässt sich auf nichts ein **4.** *interest* erregen; *customer, crowd* anlocken; *to feel ~n toward(s) sb* sich zu jdm hingezogen fühlen **5.** *conclusion, comparison* ziehen; *distinction* treffen **6.** SPORTS *to ~ a match* unentschieden spielen **7.** (≈ *choose*) ziehen; *we've been ~n (to play) away* wir sind für ein Auswärtsspiel gezogen worden **II** *v/i* **1.** kommen; *he drew to one side* er ging/fuhr zur Seite; *to ~ to an end or to a close* zu Ende gehen; *the two horses drew level* die beiden Pferde zogen gleich; *to ~ near* herankommen (*to* an +*acc*); *he drew nearer or closer (to it)* er kam (immer) näher (heran); *Christmas is ~ing nearer* Weihnachten rückt näher **2.** SPORTS unentschieden spielen; *they drew 2-2* sie trennten sich 2:2 unentschieden **III** *n* **1.** (≈ *lottery*) Ziehung *f*; (*for sports competitions*) Auslosung *f* **2.** SPORTS Unentschieden *nt*; *the match ended in a ~* das Spiel endete unentschieden ♦ **draw alongside** *v/i* heranfahren/-kommen (+*prep obj* an +*acc*) ♦ **draw apart** *v/i* (≈ *move away*) sich lösen ♦ **draw aside** *v/t sep person* beiseitenehmen ♦ **draw away** *v/i* **1.** (≈ *move off, car etc*) losfahren **2.** (*runner etc*) davonziehen (*from sb* jdm) **3.** (≈ *move away*: *person*) sich entfernen; *she drew away from him when he put his arm around her* sie rückte von ihm ab, als er den Arm um sie legte ♦ **draw back I** *v/i* zurückweichen **II** *v/t sep* zurückziehen; *curtains* aufziehen ♦ **draw in I** *v/i* (*train*) einfahren; (*car*) anhalten **II** *v/t sep crowds* anziehen ♦ **draw into** *v/t sep* (≈ *involve*) hineinziehen ♦ **draw off** *v/i* (*car*) losfahren ♦ **draw on I** *v/i as the night drew on* mit fortschreitender Nacht **II** *v/i* +*prep obj* (*a.* **draw upon**) sich stützen auf (+*acc*); *the author draws on his experiences in the desert* der Autor schöpft aus seinen Erfahrungen in der Wüste ♦ **draw out I** *v/i* (*train*) ausfahren; (*car*) herausfahren (*of* aus) **II** *v/t sep* **1.** (≈ *take out*) herausziehen; *money* abheben **2.** (≈ *prolong*) in die Länge ziehen ♦ **draw together** *v/t sep* (*lit, fig*) miteinander verknüpfen ♦ **draw up I** *v/i* (≈ *stop*) (an)halten **II** *v/t sep* **1.** (≈ *formu-*

late) entwerfen; *will* aufsetzen; *list* aufstellen **2.** *chair* heranziehen ♦ **draw upon** *v/i* +*prep obj* = **draw on** II
drawback *n* Nachteil *m*
drawbridge *n* Zugbrücke *f*
drawer *n* (*in desk etc*) Schublade *f*
drawing *n* Zeichnung *f*; **I'm no good at ~** ich kann nicht gut zeichnen **drawing board** *n* Reißbrett *nt*; **it's back to the ~** (*fig*) das muss noch einmal ganz neu überdacht werden **drawing paper** *n* Zeichenpapier *nt* **drawing pin** *n* (*Br*) Reißzwecke *f* **drawing room** *n* Wohnzimmer *nt*; (*in mansion*) Salon *m*
drawl I *v/t* schleppend aussprechen II *n* schleppende Sprache; **a southern ~** ein schleppender südlicher Dialekt
drawn I *past part of* **draw**[1,2] II *adj* **1.** *curtains* zugezogen; *blinds* heruntergezogen **2.** (*from worry*) abgehärmt **3.** *match* unentschieden **drawstring** *n* Kordel *f* zum Zuziehen
dread I *v/t* sich fürchten vor (+*dat*); **I'm ~ing Christmas this year** dieses Jahr graut es mir schon vor Weihnachten; **I ~ to think what may happen** ich wage nicht daran zu denken, was passieren könnte; **I'm ~ing seeing her again** ich denke mit Schrecken an ein Wiedersehen mit ihr; **he ~s going to the dentist** er hat schreckliche Angst davor, zum Zahnarzt zu gehen II *n* **a sense of ~** ein Angstgefühl *nt*; **the thought filled me with ~** bei dem Gedanken wurde mir angst und bange; **to live in ~ of being found out** in ständiger Angst davor leben, entdeckt zu werden **dreadful** *adj* schrecklich; *weather* furchtbar; **what a ~ thing to happen** wie furchtbar, dass das passieren musste; **to feel ~** (≈ *ill*) sich elend fühlen; **I feel ~ about it** (≈ *mortified*) es ist mir schrecklich peinlich **dreadfully** *adv* schrecklich
dreadlocks *pl* Dreadlocks *pl*
dream *vb*: *pret*, *past part* **dreamt** (*Brit*) *or* **dreamed** I *n* Traum *m*; **to have a bad ~** schlecht träumen; **the whole business was like a bad ~** die ganze Angelegenheit war wie ein böser Traum; **sweet ~s!** träume süß!; **to have a ~ about sb/sth** von jdm/etw träumen; **it worked like a ~** (*infml*) das ging wie im Traum; **she goes round in a ~** sie lebt wie im Traum; **the woman of his ~s** die Frau seiner Träume; **never in my wildest ~s did I think I'd win** ich hätte in meinen kühnsten Träumen nicht gedacht, dass ich gewinnen würde; **all his ~s came true** all seine Träume gingen in Erfüllung; **it was a ~ come true** es war ein Traum, der wahrgeworden war II *v/i* träumen (*about, of* von) III *v/t* träumen; **he ~s of being free one day** er träumt davon, eines Tages frei zu sein; **I would never have ~ed of doing such a thing** ich hätte nicht im Traum daran gedacht, so etwas zu tun; **I wouldn't ~ of it** das würde mir nicht im Traum einfallen; **I never ~ed (that) ...** ich hätte mir nie träumen lassen, dass ... IV *adj attr* Traum- ♦ **dream up** *v/t sep* (*infml*) sich (*dat*) ausdenken; **where did you dream that up?** wie bist du denn bloß darauf gekommen?
dreamer *n* Träumer(in) *m(f)* **dreamily** *adv* verträumt **dreamt** (*Br*) *pret*, *past part of* **dream dreamy** *adj* (+*er*) verträumt
dreariness *n* Trostlosigkeit *f*; (*of job, life*) Eintönigkeit *f* **dreary** *adj* (+*er*) trostlos; *job* eintönig; *book* langweilig, fad (*Aus*)
dredge *v/t* *river, canal* ausbaggern, schlämmen
drench *v/t* durchnässen; **I'm absolutely ~ed** ich bin durch und durch nass; **to be ~ed in sweat** schweißgebadet sein
dress I *n* Kleid *nt* II *v/t* **1.** anziehen; **to get ~ed** sich anziehen; **to ~ sb in sth** jdm etw anziehen; **~ed in black** schwarz gekleidet; **he was ~ed in a suit** er trug einen Anzug **2.** cook *salad* anmachen; *chicken* bratfertig machen; **~ed crab** farcierter Krebs **3.** *wound* verbinden III *v/i* sich anziehen; **to ~ in black** sich schwarz kleiden; **to ~ for dinner** sich zum Essen umziehen ♦ **dress down** I *v/t sep* **to dress sb down** jdn herunterputzen (*infml*) II *v/i* sich betont lässig kleiden ♦ **dress up** *v/i* **1.** (*in smart clothes*) sich fein machen **2.** (*in fancy dress*) sich verkleiden; **he came dressed up as Santa Claus** er kam als Weihnachtsmann (verkleidet)
dress circle *n* erster Rang **dresser** *n* **1.** Anrichte *f* **2.** (*US* ≈ *dressing table*) Frisierkommode *f* **dressing** *n* **1.** MED Verband *m* **2.** cook Dressing *nt* **dressing-down** *n* (*infml*) Standpauke *f* (*infml*); **to give sb a ~** jdn herunterputzen (*infml*) **dressing gown** *n* Morgenman-

tel *m*; (*in towelling*) Bademantel *m*
dressing room *n* THEAT (Künstler)gar-
derobe *f*; SPORTS Umkleidekabine *f*
dressing table *n* Frisierkommode *f*
dressmaker *n* (Damen)schneider(in)
m(f) **dress rehearsal** *n* Generalprobe
f **dress sense** *n* **her ~ is appalling** sie
zieht sich fürchterlich an

drew *pret of* **draw**[1, 2]

dribble I *v/i* **1.** (*liquids*) tropfen **2.** (*person*) sabbern **3.** SPORTS dribbeln **II** *v/t*
1. SPORTS **to ~ the ball** mit dem Ball dribbeln **2.** (*baby etc*) kleckern; **he ~d milk
down his chin** er kleckerte sich (*dat*)
Milch übers Kinn **III** *n* **1.** (*of water*)
ein paar Tropfen **2.** (*of saliva*) Tropfen *m*

dried I *pret, past part of* **dry II** *adj* getrocknet; *blood* eingetrocknet; **~ yeast** Tro-
ckenhefe *f* **dried flowers** *pl* Trockenblu-
men *pl* **dried fruit** *n* Dörrobst *nt* **drier** *n* =
dryer

drift I *v/i* **1.** treiben; (*sand*) wehen **2.** (*fig,
person*) sich treiben lassen; **to let things
~ die** Dinge treiben lassen; **he was ~ing
aimlessly along** (*in life etc*) er lebte
planlos in den Tag hinein; **young people are ~ing away from the villages** junge Leute wandern aus den Dörfern ab;
the audience started ~ing away das Publikum begann wegzugehen **II** *n* **1.** (*of
sand, snow*) Verwehung *f* **2.** (≈ *meaning*)
Tendenz *f*; **I caught the ~ of what he
said** ich verstand, worauf er hinauswollte; **if you get my ~** wenn Sie mich richtig
verstehen ◆ **drift off** *v/i* **to ~ (to sleep)**
einschlafen

drifter *n* (≈ *person*) Gammler(in) *m(f)*;
he's a bit of a ~ ihn hälts nirgends lange
driftwood *n* Treibholz *nt*

drill I *n* Bohrer *m* **II** *v/t* bohren; *teeth* an-
bohren **III** *v/i* bohren; **to ~ for oil** nach
Öl bohren

drink *vb: pret* **drank**, *past part* **drunk I** *n* **1.**
Getränk *nt*; **food and ~** Essen und Ge-
tränke; **may I have a ~?** kann ich etwas
zu trinken haben?; **would you like a ~ of
water?** möchten Sie etwas Wasser? **2.**
(*alcoholic*) Drink *m*; **have a ~!** trink
doch was!; **can I get you a ~?** kann
ich Ihnen etwas zu trinken holen?; **I
need a ~!** ich brauche was zu trinken!;
he likes a ~ er trinkt gern (einen); **the
~s are on me** die Getränke zahle ich;
the ~s are on the house die Getränke
gehen auf Kosten des Hauses **3.** *no pl*

(≈ *alcohol*) Alkohol *m*; **he has a ~ problem** er trinkt; **to be the worse for ~** betrunken sein; **to take to ~** zu trinken anfangen; **his worries drove him to ~** vor
lauter Sorgen fing er an zu trinken **II** *v/t*
trinken; **is the water fit to ~?** ist das
Trinkwasser? **III** *v/i* trinken; **he doesn't
~** er trinkt nicht; **his father drank** sein
Vater war Trinker; **to go out ~ing** einen
trinken gehen; **to ~ to sb/sth** auf jdn /
etw trinken; **I'll ~ to that** darauf trinke
ich ◆ **drink up** *v/i, v/t sep* austrinken;
~! trink aus!

drinkable *adj* trinkbar **drink-driver** *n*
(*Br*) angetrunkener Autofahrer, angetrunkene Autofahrerin **drink-driving**
(*Br*) *n* Trunkenheit *f* am Steuer **drinker**
n Trinker(in) *m(f)*; **he's a heavy ~** er ist
ein starker Trinker **drinking I** *n* Trinken
nt; **his ~ caused his marriage to break
up** an seiner Trunksucht ging seine Ehe
in die Brüche; **underage ~** der Alkoholkonsum von Minderjährigen **II** *adj*
Trink-; **~ spree** Sauftour *f* (*infml*) **drinking chocolate** *n* Trinkschokolade *f*
drinking fountain *n* Trinkwasserbrun-
nen *m* **drinking problem** *n* Alkoholpro-
blem *nt* **drinking water** *n* Trinkwasser *nt*
drinks machine *n* Getränkeautomat *m*

drip I *v/i* tropfen; **to be ~ping with sweat**
schweißgebadet sein; **to be ~ping with
blood** vor Blut triefen **II** *v/t* tropfen
III *n* **1.** (≈ *sound*) (*of drop*)
Tropfen *m* **3.** MED Tropf *m*; **to be on a ~**
am Tropf hängen **4.** (*infml: person*)
Waschlappen *m* (*infml*) **drip-dry I** *adj*
shirt bügelfrei **II** *v/t* tropfnass aufhängen
dripping I *adj* **1.** **~ (wet)** tropfnass **2.** *tap*
tropfend **II** *n* Tropfen *nt*

drive *vb: pret* **drove**, *past part* **driven I** *n* **1.**
AUTO (Auto)fahrt *f*; **to go for a ~** ein biss-
chen (raus)fahren; **he took her for a ~** er
machte mit ihr eine Spazierfahrt; **it's
about one hour's ~** es ist etwa eine
Stunde Fahrt (entfernt) **2.** (*a. driveway*)
Einfahrt *f*; (*longer*) Auffahrt *f* **3.** PSYCH
etc Trieb *m*; **sex ~** Sexualtrieb *m* **4.** (≈
energy) Schwung *m* **5.** COMM, POL *etc* Aktion *f* **6.** MECH **front-wheel / rear-wheel ~**
Vorderrad- / Hinterradantrieb *m*; **left-
hand ~** Linkssteuerung *f* **7.** IT Laufwerk
nt **II** *v/t* **1.** treiben; **to ~ sb out of the
country** jdn aus dem Land (ver)treiben;
to ~ sb mad jdn verrückt machen; **to ~
sb to murder** jdn zum Mord treiben **2.**

vehicle, passenger fahren; *I'll ~ you home* ich fahre Sie nach Hause **3.** *motor* (*belt, shaft*) antreiben; (*electricity*) betreiben **4.** (≈ *force to work hard*) hart herannehmen **III** *v/i* **1.** fahren; *can you or do you ~?* fahren Sie Auto?; *he's learning to ~* er lernt Auto fahren; *did you come by train? — no, we drove* sind Sie mit der Bahn gekommen? — nein, wir sind mit dem Auto gefahren; *it's cheaper to ~* mit dem Auto ist es billiger **2.** (*rain*) schlagen ♦ **drive along** *v/i* (*vehicle, person*) dahinfahren ♦ **drive at** *v/i* +*prep obj* (*fig* ≈ *mean*) hinauswollen auf (+*acc*) ♦ **drive away I** *v/i* wegfahren **II** *v/t sep person, cares* vertreiben ♦ **drive back I** *v/i* zurückfahren **II** *v/t sep* **1.** (≈ *cause to retreat*) zurückdrängen **2.** (*in vehicle*) zurückfahren ♦ **drive home** *v/t sep nail* einschlagen; *argument* einhämmern ♦ **drive in I** *v/i* (hinein)fahren; *he drove into the garage* er fuhr in die Garage **II** *v/t sep nail* (hin)einschlagen ♦ **drive off I** *v/i* abfahren **II** *v/t sep* **1.** *enemy* vertreiben **2.** *he was driven off in an ambulance* er wurde in einem Krankenwagen weggebracht *or* abtransportiert ♦ **drive on** *v/i* weiterfahren ♦ **drive out** *v/t sep person* hinaustreiben ♦ **drive over I** *v/i* hinüberfahren **II** *v/t always separate* (*in car*) hinüberfahren ♦ **drive up I** *v/i* vorfahren **II** *v/t prices* in die Höhe treiben

drive-by *adj shooting, crime* aus dem fahrenden Auto heraus **drive-in I** *adj ~ cinema* (*esp Br*) Autokino *nt*; *~ restaurant* Drive-in-Restaurant *nt* **II** *n* (≈ *restaurant*) Drive-in *m*

drivel *n* (*pej*) Blödsinn *m*

driven *past part of* **drive** *-driven adj suf* -betrieben; *battery-driven* batteriebetrieben

driver *n* **1.** Fahrer(in) *m(f)*; *~'s seat* (*lit*) Fahrersitz *m* **2.** IT Treiber *m*

driver's license *n* (*US*) Führerschein *m* **drive-through**, (*esp US*) **drive-thru I** *n* Drive-in *m* **II** *adj restaurant* Drive-in-**driveway** *n* Auffahrt *f*; (*longer*) Zufahrtsstraße *f* **driving I** *n* Fahren *nt*; *I don't like ~* ich fahre nicht gern (Auto) **II** *adj* **1.** *the ~ force behind sth* die treibende Kraft bei etw **2.** *~ rain* peitschender Regen; *~ snow* Schneetreiben *nt* **driving conditions** *pl* Straßenverhältnisse *pl* **driving instructor** *n* Fahrleh-

rer(in) *m(f)* **driving lesson** *n* Fahrstunde *f*

driving licence *n* (*Br*) Führerschein *m* **driving mirror** *n* Rückspiegel *m* **driving offence**, (*US*) **driving offense** *n* Verkehrsdelikt *nt* **driving school** *n* Fahrschule *f* **driving seat** *n* Fahrersitz *m*; *to be in the ~* (*fig*) die Zügel in der Hand haben **driving test** *n* Fahrprüfung *f*

drizzle I *n* Nieselregen *m* **II** *v/i* nieseln **III** *v/t* (*pour over*) träufeln **drizzly** *adj it's ~* es nieselt

drone I *n* (*of bees*) Summen *nt*; (*of engine*) Brummen *nt* **II** *v/i* **1.** (*bee*) summen; (*engine*) brummen **2.** (*a.* **drone on**) eintönig sprechen; *he ~d on and on for hours* er redete stundenlang in seinem monotonen Tonfall

drool *v/i* sabbern; (*animal*) geifern ♦ **drool over** *v/i* +*prep obj* richtig verliebt sein in (+*acc*); *he sat there drooling over a copy of Playboy* er geilte sich an einem Playboyheft auf (*sl*)

droop *v/i* **1.** (*lit, shoulders*) hängen; (*head*) herunterfallen; (*eyelids*) herunterhängen; (*with sleepiness*) zufallen; (*flowers*) die Köpfe hängen lassen **2.** (*fig*) erlahmen **droopy** *adj* schlaff; *tail* herabhängend; *moustache* nach unten hängend; *eyelids* herunterhängend

drop I *n* **1.** (*of liquid*) Tropfen *m*; *a ~ of blood* ein Tropfen *m* Blut; *a ~ of wine?* ein Schlückchen *nt* Wein? **2.** (*in temperature, prices*) Rückgang *m* (*in gen*); (*sudden*) Sturz *m* (*in gen*); *a ~ in prices* ein Preisrückgang *m*/-sturz *m* **3.** (≈ *in level*) Höhenunterschied *m*; *there's a ~ of ten feet down to the ledge* bis zu dem Felsvorsprung geht es zehn Fuß hinunter; *it was a sheer ~ from the top of the cliff into the sea* die Klippen fielen schroff zum Meer ab **II** *v/t* **1.** (≈ *allow to fall*) fallen lassen; *bomb* abwerfen; *I ~ped my watch* meine Uhr ist runtergefallen; *don't ~ it!* lass es nicht fallen!; *he ~ped his heavy cases on the floor* er setzte *or* stellte seine schweren Koffer auf den Boden ab **2.** (*from car*) *person* absetzen; *thing* abliefern **3.** *remark, name* fallen lassen; *hint* machen **4.** *to ~ sb a note or a line* jdm ein paar Zeilen schreiben **5.** (≈ *omit*) auslassen; (*deliberately*) weglassen (*from* in +*dat*); *the paper refused to ~ the story* die Zeitung weigerte sich, die Geschichte fallen zu lassen **6.** (≈ *abandon*) aufgeben; *idea, friend* fallen lassen; *conversation* abbrechen; JUR *case* niederschlagen; *you'd better ~ the idea* schlagen Sie sich (*dat*) das aus dem Kopf; *to ~ sb from a team* jdn aus einer Mannschaft nehmen; *let's ~ the subject* lassen wir das Thema; *~ it!* (*infml*) hör auf (damit)!; *~ everything!* (*infml*) lass alles stehen und liegen! **III** *v/i* **1.** (≈ *fall*, *object*) (herunter)fallen; (*temperature etc*) sinken; (*wind*) sich legen **2.** (*to the ground*) fallen; *to ~ to the ground* sich zu Boden fallen lassen; *I'm ready to ~* (*infml*) ich bin zum Umfallen müde (*infml*); *she danced till she ~ped* (*infml*) sie tanzte bis zum Umfallen (*infml*); *to ~ dead* tot umfallen; *~ dead!* (*infml*) geh zum Teufel! (*infml*) **3.** (≈ *end*, *conversation etc*) aufhören; *to let sth ~* etw auf sich beruhen lassen; *shall we let it ~?* sollen wir es darauf beruhen lassen? ♦ **drop back** *v/i* zurückfallen ♦ **drop behind** *v/i* zurückfallen; *to ~ sb* hinter jdn zurückfallen ♦ **drop by** *v/i* (*infml*) vorbeikommen ♦ **drop down I** *v/i* herunterfallen; *he dropped down behind the hedge* er duckte sich hinter die Hecke; *to ~ dead* tot umfallen; *he has dropped down to eighth* er ist auf den achten Platz zurückgefallen **II** *v/t sep* fallen lassen ♦ **drop in** *v/i* (*infml*) vorbeikommen; *I've just dropped in for a minute* ich wollte nur mal kurz hereinschauen ♦ **drop off I** *v/i* **1.** (≈ *fall down*) abfallen; (≈ *come off, handle etc*) abgehen **2.** (≈ *fall asleep*) einschlafen **II** *v/t sep person* absetzen; *parcel* abliefern ♦ **drop out** *v/i* **1.** (*of box etc*) herausfallen (*of* aus) **2.** (*from competition etc*) ausscheiden (*of* aus); *to ~ of a race* (*before it*) an einem Rennen nicht teilnehmen; (*during it*) aus dem Rennen ausscheiden; *he dropped out of the course* er gab den Kurs auf; *to ~ of society* aus der Gesellschaft aussteigen (*infml*); *to ~ of school* (*Br*) die Schule vorzeitig verlassen; (*US*) die Universität vorzeitig verlassen

drop-down menu *n* IT Dropdown-Menü *nt* **drop-in centre** *n* (*Br*) Tagesstätte *f* **droplet** *n* Tröpfchen *nt* **dropout** *n* (*from society*) Aussteiger(in) *m(f)* (*infml*); (≈ *university dropout*) Studienabbrecher(in) *m(f)* **droppings** *pl* Kot *m*

drought *n* Dürre *f*
drove[1] *n* Schar *f*; *they came in ~s* sie kamen in hellen Scharen
drove[2] *pret of* **drive**
drown I *v/i* ertrinken **II** *v/t* **1.** ertränken; *to be ~ed* ertrinken; *to ~ one's sorrows* seine Sorgen ertränken **2.** (*a.* **drown out**) *noise, voice* übertönen
drowse *v/i* (vor sich (*acc*) hin) dösen **drowsiness** *n* Schläfrigkeit *f*; (*after sleep*) Verschlafenheit *f*; *to cause ~* schläfrig machen **drowsy** *adj* (+*er*) schläfrig; (*after sleep*) verschlafen
drudgery *n* stumpfsinnige Plackerei
drug I *n* **1.** MED, PHARM Medikament *nt*; (*inducing unconsciousness*) Betäubungsmittel *nt*; SPORTS Dopingmittel *nt*; *he's on ~s* MED er muss Medikamente nehmen **2.** (≈ *addictive substance*) Droge *f*; *to be on ~s* drogensüchtig sein; *to take ~s* Drogen nehmen **II** *v/t* (≈ *render unconscious*) betäuben **drug abuse** *n* Drogenmissbrauch *m*; *~ prevention* Drogenprävention *f* **drug addict** *n* Drogensüchtige(r) *m/f(m)* **drug addiction** *n* Drogensucht *f* **drug dealer** *n* Drogenhändler(in) *m(f)* **drugged** *adj* *to be ~* unter Beruhigungsmitteln stehen; *he seemed ~* er schien wie betäubt **druggist** *n* (*US*) Drogist(in) *m(f)* **drug pusher** *n* Dealer(in) *m(f)* (*infml*) **drugs raid** *n* Drogenrazzia *f* **drugs test** *n* Dopingtest *m*
drugstore *n* (*US*) Drugstore *m* **drug taking** *n* Einnehmen *nt* von Drogen **drug traffic, drug trafficking** *n* Drogenhandel *m* **drug trafficker** *n* Drogenschieber(in) *m(f)* **drug user** *n* Drogenbenutzer(in) *m(f)*
drum I *n* **1.** MUS Trommel *f*; *the ~s* (*pop, jazz*) das Schlagzeug **2.** (*for oil*) Tonne *f* **II** *v/i* (MUS, *fig*) trommeln **III** *v/t* *to ~ one's fingers on the table* mit den Fingern auf den Tisch trommeln ♦ **drum into** *v/t always separate* *to drum sth into sb* jdm etw eintrichtern (*infml*) ♦ **drum up** *v/t sep enthusiasm* wecken; *support* auftreiben
drumbeat *n* Trommelschlag *m* **drummer** *n* (*in band*) Schlagzeuger(in) *m(f)* **drumstick** *n* **1.** MUS Trommelschlägel *or* -stock *m* **2.** (*on chicken etc*) Keule *f*
drunk I *past part of* **drink II** *adj* (+*er*) **1.** betrunken; *he was slightly ~* er war leicht betrunken; *to get ~* betrunken werden (*on* von); (*on purpose*) sich be-

trinken (*on* mit); **to be as ~ as a lord** *or* **skunk** (*infml*) blau wie ein Veilchen sein (*infml*) **2.** (*fig*) **to be ~ with** *or* **on success** vom Erfolg berauscht sein; **to be ~ with** *or* **on power** im Machtrausch sein **III** *n* Betrunkene(r) *m/f(m)*; (*habitual*) Trinker(in) *m(f)* **drunkard** *n* Trinker(in) *m(f)* **drunk driver** *n* (*esp US*) angetrunkener Autofahrer, angetrunkene Autofahrerin **drunk driving, drunken driving** *n* (*esp US*) Trunkenheit *f* am Steuer **drunken** *adj* betrunken; *evening* feuchtfröhlich; *in a ~ rage* in einem Wutanfall im Vollrausch; *in a ~ stupor* im Vollrausch **drunkenly** *adv* betrunken; *behave* wie ein Betrunkener / eine Betrunkene **drunkenness** *n* (≈ *state*) Betrunkenheit *f*; (≈ *habit*) Trunksucht *f* **drunkometer** *n* (*US*) = **Breathalyzer®**

dry *pret, past part* **dried I** *v/t* trocknen; *to ~ oneself* sich abtrocknen; *he dried his hands* er trocknete sich (*dat*) die Hände ab; *to ~ the dishes* das Geschirr abtrocknen; *to ~ one's eyes* sich (*dat*) die Tränen abwischen **II** *v/i* **1.** (≈ *become dry*) trocknen **2.** (≈ *dry dishes*) abtrocknen **III** *adj* trocken; *to run ~ (river)* austrocknen; *~ spell* Trockenperiode *f*; *the ~ season* die Trockenzeit; *to rub oneself ~* sich abrubbeln; *~ bread* trocken Brot **IV** *n* **to give sth a ~** etw trocknen ◆ **dry off I** *v/i* trocknen **II** *v/t sep* abtrocknen ◆ **dry out I** *v/i* (*clothes*) trocknen; (*ground, skin etc*) austrocknen **II** *v/t sep clothes* trocknen; *ground, skin* austrocknen ◆ **dry up I** *v/i* **1.** (*stream*) austrocknen; (*moisture*) trocknen; (*inspiration, income*) versiegen **2.** (≈ *dry dishes*) abtrocknen **II** *v/t sep dishes* abtrocknen; *river bed* austrocknen

dry-clean *v/t* chemisch reinigen; *to have a dress ~ed* ein Kleid chemisch reinigen lassen **dry-cleaner's** *n* chemische Reinigung **dry-cleaning** *n* chemische Reinigung **dryer** *n* **1.** (*for clothes*) Wäschetrockner *m* **2.** (*for hands*) Händetrockner *m* **3.** (*for hair: over head*) Trockenhaube *f* **dry ice** *n* Trockeneis *nt* **drying-up** *n* Abtrocknen *nt*; *to do the ~* abtrocknen **dryness** *n* Trockenheit *f* **dry-roasted** *adj* trocken geröstet **dry rot** *n* (Haus)schwamm *m* **dry run** *n* Probe *f* **DSL** *abbr of* **digital subscriber line** DSL; *~ connection* DSL-Anschluss *m* **DST** (*esp US*) *abbr of* **daylight saving time**

DTI (*Br*) *abbr of* **Department of Trade and Industry** ≈ Handelsministerium *nt* **DTP** *abbr of* **desktop publishing** DTP *nt* **dual** *adj* **1.** (≈ *double*) doppelt **2.** (≈ *two kinds of*) zweierlei **dual carriageway** *n* (*Br*) ≈ Schnellstraße *f* **dual nationality** *n* doppelte Staatsangehörigkeit **dual-purpose** *adj* zweifach verwendbar **dub** *v/t film* synchronisieren; *the film was ~bed into French* der Film war französisch synchronisiert **dubbing** *n* FILM Synchronisation *f*

dubious *adj* **1.** (≈ *questionable*) zweifelhaft; *idea, claim, basis* fragwürdig; *it sounds ~ to me* ich habe da meine Zweifel **2.** (≈ *uncertain*) unsicher; *I was ~ at first, but he convinced me* ich hatte zuerst Bedenken, aber er überzeugte mich; *to be ~ about sth* etw anzweifeln

duchess *n* Herzogin *f* **duchy** *n* Herzogtum *nt*

duck I *n* Ente *f*; *to take to sth like a ~ to water* bei etw gleich in seinem Element sein; *it's (like) water off a ~'s back to him* das prallt alles an ihm ab **II** *v/i* **1.** (*a.* **duck down**) sich ducken **2.** *he ~ed out of the room* er verschwand aus dem Zimmer **III** *v/t* **1.** (*under water*) untertauchen **2.** *Frage, Schlag* ausweichen (+*dat*) **duckling** *n* Entenküken *nt*

duct *n* **1.** ANAT Röhre *f* **2.** (*for liquid, gas*) (Rohr)leitung *f*; ELEC Rohr *nt*

dud (*infml*) **I** *adj* **1.** nutzlos; *~ batteries* Batterien, die nichts taugen **2.** (≈ *counterfeit*) gefälscht **II** *n* (≈ *bomb*) Blindgänger *m*; (≈ *coin*) Fälschung *f*; (≈ *person*) Niete *f* (*infml*); *this battery is a ~* diese Batterie taugt nichts

dude *n* (*US infml*) Kerl *m* (*infml*)

due I *adj* **1.** (≈ *expected*) fällig; *to be ~* (*plane, train, bus*) ankommen sollen; (*elections, results*) anstehen; *the train was ~ ten minutes ago* der Zug sollte vor 10 Minuten ankommen; *when is the baby ~?* wann soll das Baby kommen?; *the results are ~ at the end of the month* die Ergebnisse sind Ende des Monats fällig; *he is ~ back tomorrow* er soll morgen zurückkommen; *to be ~ out* herauskommen sollen; *he is ~ to speak about now* er müsste jetzt gerade seine Rede halten; *the building is ~ to be demolished* das Gebäude soll demnächst abgerissen werden; **he is ~ for a rise** (*Br*) *or* **raise** (*US*) ihm steht eine Gehaltserhöhung zu; **she is ~ for promotion** sie ist mit einer Beförderung an der Reihe; **the prisoner is ~ for release** *or* **~ to be released** der Gefangene soll jetzt entlassen werden; **the car is ~ for a service** das Auto muss zur Inspektion; **~ date** FIN Fälligkeitstermin *m* **2.** *attention* gebührend; *care* nötig; **in ~ course** zu gegebener Zeit; **with (all) ~ respect** bei allem Respekt (*to* für) **3.** (≈ *owed*) **to be ~** (*money*) ausstehen; **to be ~ to sb** (*money, leave*) jdm zustehen; **to be ~ a couple of days off** ein paar freie Tage verdient haben **4. ~ to** (≈ *owing to*) aufgrund +*gen*; (≈ *caused by*) durch; **his death was ~ to natural causes** er ist eines natürlichen Todes gestorben **II** *n* **1. dues** *pl* (≈ *subscription*) (Mitglieds)beitrag *m* **2. to give him his ~, he did at least try** eins muss man ihm lassen, er hat es wenigstens versucht **III** *adv* **~ north** direkt nach Norden; **~ east of the village** in Richtung Osten des Dorfes

duel I *n* Duell *nt* **II** *v/i* sich duellieren

duet *n* Duo *nt*; (*for voices*) Duett *nt*

duffel bag *n* Matchbeutel *m* **duffel coat** *n* Dufflecoat *m*

dug *pret, past part of* **dig**

duke *n* Herzog *m* **dukedom** *n* (≈ *territory*) Herzogtum *nt*; (≈ *title*) Herzogswürde *f*

dull I *adj* (+*er*) **1.** *light, weather* trüb; *glow* schwach; *colour, eyes, metal* matt; **it will be ~ at first** (*weather forecast*) es wird anfangs bewölkt **2.** (≈ *boring*) langweilig, fad (*Aus*); **there's never a ~ moment** man langweilt sich keinen Augenblick **3.** *sound, ache* dumpf **II** *v/t* **1.** *pain* betäuben; *senses* abstumpfen **2.** *sound* dämpfen **dullness** *n* **1.** (*of light*) Trübheit *f*; (*of colours, eyes, hair, paintwork, metal*) Mattheit *f*; (*of weather, day*) Trübheit *f*; (*of sky*) Trübheit *f* **2.** (≈ *boring nature*) Langweiligkeit *f* **3.** (≈ *listlessness*, ST EX, COMM, *of market*) Flauheit *f* **dully** *adv* **1.** (≈ *dimly*) matt, schwach **2.** *throb, ache, feel* dumpf

duly *adv* **1.** *elect, sign* ordnungsgemäß; **to be ~ impressed** gebührend beeindruckt sein **2.** (≈ *as expected*) wie erwartet; **he ~ obliged** er tat es dann auch

dumb *adj* (+*er*) **1.** stumm; (≈ *silent*) sprachlos; **she was struck ~ with fear** die Angst verschlug ihr die Sprache **2.** (*esp US infml*) doof (*infml*); **that was a ~ thing to do** wie kann man nur so etwas Dummes machen!; **to play ~** sich dumm stellen ◆ **dumb down** *v/t sep* anspruchsloser machen

dumbbell *n* SPORTS Hantel *f* **dumbfound** *v/t* verblüffen **dumbing down** *n* Verdummung *f* **dumb waiter** *n* Speiseaufzug *m*

dummy I *n* **1.** (≈ *sham*) Attrappe *f*; (*for clothes*) Schaufensterpuppe *f* **2.** (*Br* ≈ *baby's teat*) Schnuller *m* **3.** (*infml* ≈ *fool*) Idiot *m* (*infml*) **II** *adj attr* unecht; **a ~ bomb** eine Bombenattrappe **dummy run** *n* Probe *f*, Übung *f*

dump I *n* **1.** (*Br, for rubbish*) Müllkippe *f* **2.** MIL Depot *nt* **3.** (*pej infml*) (≈ *town*) Kaff *nt* (*infml*); (≈ *building*) Dreckloch *nt* (*pej infml*) **4.** (*infml*) **to be down in the ~s** down sein (*infml*) **II** *v/t* **1.** (≈ *get rid of*) abladen; *bags etc* (≈ *drop*) fallen lassen; (≈ *leave*) lassen; (*infml*) *boyfriend* abschieben; *car* abstellen; **to ~ sb/sth on sb** jdn/etw bei jdm abladen **2.** IT dumpen **dumper** *n* (≈ *dump truck*) Kipper *m* **dumping** *n* (*of load, rubbish*) Abladen *nt*; **"no ~"** (*Br*) "Schuttabladen verboten!" **dumping ground** *n* (*fig*) Abladeplatz *m*

dumpling *n* COOK Kloß *m*

Dumpster® *n* (*US*) (Müll)container *m* **dump truck** *n* Kipper *m*

dumpy *adj* pummelig

dunce *n* Dummkopf *m*

dune *n* Düne *f*

dung *n* Dung *m*; (AGR ≈ *manure*) Mist *m*

dungarees (*esp Br*) *pl* Latzhose *f*; **a pair of ~** eine Latzhose

dungeon *n* Verlies *nt*

dunk *v/t* (ein)tunken

dunno = (*I*) **don't know**

duo *n* Duo *nt*

dupe *v/t* überlisten; **he was ~d into believing it** er fiel darauf rein

duplex *n* (*esp US*) = **duplex apartment**/**house** **duplex apartment** *n* (*esp US*) zweistöckige Wohnung **duplex house** *n* (*US*) Zweifamilienhaus *nt*

duplicate I *v/t* **1.** (*on machine*) kopieren **2.** *success etc* wiederholen; (*wastefully*) zweimal machen **II** *n* Kopie *f*; (*of key*) Zweitschlüssel *m*; **in ~** in doppelter Ausfertigung **III** *adj* zweifach; **a ~ copy** eine

Kopie; *a* ~ *key* ein Zweitschlüssel *m* **duplication** *n* (*of documents*) Vervielfältigung *f*; (*of efforts, work*) Wiederholung *f*
duplicity *n* Doppelspiel *nt*
durability *n* **1.** (*of product, material*) Strapazierfähigkeit *f* **2.** (*of peace, relationship*) Dauerhaftigkeit *f* **durable** *adj* **1.** *material* strapazierfähig; *CDs are more* ~ *than tapes* CDs halten länger als Kassetten **2.** *peace, relationship* dauerhaft
duration *n* Dauer *f*; *for the* ~ *of* für die Dauer (+*gen*)
duress *n* *under* ~ unter Zwang
Durex® *n* Gummi *m* (*infml*)
during *prep* während (+*gen*)
dusk *n* (≈ *twilight*) (Abend)dämmerung *f*; *at* ~ bei Einbruch der Dunkelheit
dusky *adj* (+*er*) (*liter*) *skin, colour* dunkel; *person* dunkelhäutig; ~ *pink* altrosa
dust I *n* *no pl* Staub *m*; *covered in* ~ staubbedeckt; *to gather* ~ verstauben; *to give sth a* ~ etw abstauben **II** *v/t* **1.** *furniture* abstauben; *room* Staub wischen in (+*dat*); *it's* (*all*) *done and* ~*ed* (*Br fig infml*) das ist (alles) unter Dach und Fach **2.** COOK bestäuben **III** *v/i* Staub wischen ♦ **dust down** *v/t sep* (*with brush*) abbürsten; (*with hand*) abklopfen; *to dust oneself down* (*fig*) sich rein waschen ♦ **dust off** *v/t sep dirt* wegwischen; *to dust oneself off* (*fig*) sich rein waschen
dustbin *n* (*Br*) Mülltonne *f* **dustbin man** *n* (*Br*) = **dustman dust cover** *n* (*on book*) (Schutz)umschlag *m*; (*on furniture*) Schonbezug *m* **duster** *n* Staubtuch *nt*; SCHOOL (Tafel)schwamm *m* **dusting** *n* **1.** Staubwischen *nt*; *to do the* ~ Staub wischen **2.** *a* ~ *of snow* eine dünne Schneedecke **dust jacket** *n* (Schutz)umschlag *m* **dustman** *n* (*Br*) Müllmann *m* **dustpan** *n* Kehrschaufel *f* **dusty** *adj* (+*er*) staubig; *furniture, book* verstaubt
Dutch I *adj* holländisch; *a* ~ *man* ein Holländer *m*; *a* ~ *woman* eine Holländerin; *he is* ~ er ist Holländer **II** *n* **1.** (≈ *people*) *the* ~ die Holländer *pl* **2.** (≈ *language*) Holländisch *nt* **III** *adv* *to go* ~ (*with sb*) (*infml*) (mit jdm) getrennte Kasse machen **Dutch cap** *n* (≈ *diaphragm*) Pessar *nt* **Dutch courage** *n* (*infml*) *to give oneself* ~ sich (*dat*) Mut antrinken (*from* mit)
Dutchman *n* Holländer *m*
Dutchwoman *n* Holländerin *f*

dutiful *adj* pflichtbewusst
duty *n* **1.** Pflicht *f*; *to do one's* ~ (*by sb*) seine Pflicht (gegenüber jdm) tun; *to report for* ~ sich zum Dienst melden; *to be on* ~ (*doctor etc*) im Dienst sein; SCHOOL *etc* Aufsicht haben; *who's on* ~ *tomorrow?* wer hat morgen Dienst/Aufsicht?; *he went on* ~ *at 9* sein Dienst fing um 9 an; *to be off* ~ nicht im Dienst sein; *he comes off* ~ *at 9* sein Dienst endet um 9 **2.** FIN Zoll *m*; *to pay* ~ *on sth* Zoll auf etw (*acc*) zahlen **duty-free** *adj, adv* zollfrei **duty-free allowance** *n* Zollkontingent *nt*, Freimenge *f* **duty-free shop** *n* Duty-free-Shop *m* **duty officer** *n* Offizier *m* vom Dienst **duty roster** *n* Dienstplan *m*
duvet *n* Steppdecke *f*
DV cam *n* digitale Videokamera, DV-Cam *f*
DVD *n* *abbr of* *digital versatile* or *video disc* DVD *f* **DVD player** *n* DVD-Player *m* **DVD-Rom** *n* DVD-Rom *f*
DVT *abbr of* *deep vein thrombosis*
dwarf I *n*, *pl* **dwarves** Zwerg *m* **II** *adj* ~ *shrubs* Zwergsträucher *pl* **III** *v/t* *to be* ~*ed by sb/sth* neben jdm/etw klein erscheinen
dwell *pret, past part* **dwelt** *v/i* (*liter*) weilen (*elev*) ♦ **dwell (up)on** *v/i* +*prep obj* verweilen bei; *to* ~ *the past* sich ständig mit der Vergangenheit befassen; *let's not* ~ *it* wir wollen uns nicht (länger) damit aufhalten
dwelling *n* (*form*) Wohnung *f*; ~ *house* Wohnhaus *nt* **dwelt** *pret, past part of* **dwell**
dwindle *v/i* (*numbers*) zurückgehen; (*supplies*) schrumpfen **dwindling** *adj* *numbers* zurückgehend; *supplies* schwindend
dye I *n* Farbstoff *m*; *hair* ~ Haarfärbemittel *nt*; *food* ~ Lebensmittelfarbe *f* **II** *v/t* färben; ~*d blonde hair* blond gefärbtes Haar
dying I *pp of* **die II** *adj* **1.** (*lit*) sterbend; *plant* eingehend; *words* letzte(r, s) **2.** (*fig*) *industry, art* aussterbend; *minutes* letzte(r, s) **III** *n the* ~ *pl* die Sterbenden *pl*
dyke (*US*) **dike** I *n* Deich *m* **2.** (*sl* ≈ *lesbian*) Lesbe *f* (*infml*)
dynamic I *adj* dynamisch **II** *n* Dynamik *f* **dynamics** *n sg or pl* Dynamik *f* **dynamism** *n* Dynamismus *m*; (*of person*) Dynamik *f*

dynamite *n* (*lit*) Dynamit *nt*; (*fig*) Sprengstoff *m*
dynamo *n* Dynamo *m*; AUTO Lichtmaschine *f*
dynasty *n* Dynastie *f*

dysentery *n* Ruhr *f*
dysfunctional *adj* dysfunktional
dyslexia *n* Legasthenie *f* **dyslexic I** *adj* legasthenisch; **she is ~** sie ist Legasthenikerin **II** *n* Legastheniker(in) *m(f)*

E

E, e *n* E *nt*, e *nt*; **E flat** Es *nt*, es *nt*; **E sharp** Eis *nt*, eis *nt*
E *abbr of* **east** O
e- *pref* (≈ *electronic*) E-, elektronisch
each I *adj* jede(r, s); **~ one of us** jeder von uns; **~ and every one of us** jeder Einzelne von uns **II** *pron* **1.** jede(r, s); **~ of them gave their** *or* **his opinion** jeder sagte seine Meinung **2.** **~ other** sich; **they haven't seen ~ other for a long time** sie haben sich lange nicht gesehen; **you must help ~ other** ihr müsst euch gegenseitig helfen; **on top of ~ other** aufeinander; **next to ~ other** nebeneinander; **they went to ~ other's house(s)** sie besuchten einander zu Hause **III** *adv* je; **we gave them one apple ~** wir haben ihnen je einen Apfel gegeben; **the books are £10 ~** die Bücher kosten je £ 10; **carnations at 50p ~** Nelken zu 50 Pence das Stück
eager *adj* eifrig; *response* begeistert; **to be ~ to do sth** etw unbedingt tun wollen
eagerly *adv* eifrig; *await, anticipate* gespannt; *accept* bereitwillig; **~ awaited** mit Spannung erwartet **eagerness** *n* Eifer *m*
eagle *n* Adler *m*
ear¹ *n* **1.** Ohr *nt*; **to keep one's ~s open** die Ohren offen halten; **to be all ~s** ganz Ohr sein; **to lend an ~** zuhören; **it goes in one ~ and out the other** das geht zum einen Ohr hinein und zum anderen wieder hinaus; **to be up to one's ~s in work** bis über beide Ohren in Arbeit stecken; **he's got money** *etc* **coming out of his ~s** (*infml*) er hat Geld *etc* ohne Ende (*infml*) **2.** **to have a good ~ for music** ein feines Gehör für Musik haben; **to play it by ~** (*fig*) improvisieren
ear² *n* (*of grain*) Ähre *f*
earache *n* Ohrenschmerzen *pl* **eardrum** *n* Trommelfell *nt* **earful** *n* (*infml*) **to get an ~** mit einer Flut von Beschimp-

fungen überschüttet werden; **to give sb an ~** jdn zusammenstauchen (*infml*)
earhole *n* (*Br infml*) Ohr *nt*, Löffel *m* (*infml*)
earl *n* Graf *m*
earlier I *adj comp of* **early** früher; **at an ~ date** früher **II** *adv* **~ (on)** früher; **~ (on) in the novel** an einer früheren Stelle in dem Roman; **~ (on) today** heute (vor einigen Stunden); **~ (on) this year** früher in diesem Jahr; **I cannot do it ~ than Thursday** ich kann es nicht eher als Donnerstag machen
ear lobe *n* Ohrläppchen *nt*
early I *adv* **1.** **~ (on)** früh; **~ in 1915/in February** Anfang 1915/Februar; **~ (on) in the year** Anfang des Jahres; **~ (on) in his/her/their** *etc* **life** in jungen Jahren; **~ (on) in the race** zu Anfang des Rennens; **~ (on) in the evening** am frühen Abend; **as ~ as** (≈ *already*) schon; **~ this month/year** Anfang des Monats/Jahres; **~ today/this morning** heute früh; **the earliest he can come is tomorrow** er kann frühestens morgen kommen **2.** (≈ *before the expected time*) früher (als erwartet); (≈ *too early*) zu früh; **she left ten minutes ~** sie ist zehn Minuten früher gegangen; **to be five minutes ~** fünf Minuten zu früh kommen; **he left school ~** (*went home*) er ging früher von der Schule nach Hause; (*finished education*) er ging vorzeitig von der Schule ab; **to get up/go to bed ~** früh aufstehen/ins Bett gehen **II** *adj* (+*er*) **1.** früh; *death* vorzeitig; **an ~ morning drive** eine Spritztour am frühen Morgen; **we had an ~ lunch** wir aßen früh zu Mittag; **in ~ winter** zu Winteranfang; **the ~ days** die ersten Tage; **~ January** Anfang Januar; **in the ~ 1980s** Anfang der Achtzigerjahre; **to have an ~ night** früh ins Bett gehen; **until** *or* **into the ~ hours** bis in die frühen Morgenstunden;

her ~ **life** ihre jungen Jahre; **at an ~ age** in jungen Jahren; **from an ~ age** von klein auf; **to be in one's ~ thirties** Anfang dreißig sein; **it's ~ days (yet)** (*esp Br*) wir *etc* sind noch im Anfangsstadium **2.** *man* frühgeschichtlich; **~ baroque** Frühbarock *m* **3.** (≈ *soon*) bald; **at the earliest possible moment** so bald wie irgend möglich **early bird**n (*in morning*) Frühaufsteher(in) *m(f)* **early closing**n **it's ~ today** die Geschäfte sind heute Nachmittag geschlossen **early retirement**n **to take ~** vorzeitig in den Ruhestand gehen **early riser** *n* Frühaufsteher(in) *m(f)* **early warning system** *n* Frühwarnsystem *nt*

earmark *v/t* (*fig*) vorsehen **earmuffs** *pl* Ohrenschützer *pl*

earnv/t verdienen; FIN *interest* bringen; **to ~ one's keep/a living** Kost und Logis/ seinen Lebensunterhalt verdienen; **this ~ed him a lot of respect** das trug ihm große Achtung ein; **he's ~ed it** das hat er sich (*dat*) verdient

earnest I *adj person* ernst; *discussion* ernsthaft **II** *n* **in ~** (≈ *for real*) richtig; **to be in ~ about sth** etw ernst meinen **earnestly** *adv say, ask* ernst; *discuss, try, explain* ernsthaft; *hope* innig

earningspl (*of person*) Verdienst *m*; (*of a business*) Einkünfte *pl*

ear, nose and throat *adj attr* Hals-Nasen-Ohren-; **~ specialist** Hals-Nasen-Ohren-Facharzt *m*/-ärztin *f* **earphones** *pl* Kopfhörer *pl* **earpiece**n Hörer *m* **ear piercing** *n* Durchstechen *nt* der Ohrläppchen **earplug**n Ohropax® *nt* **earring** *n* Ohrring *m* **earset** *n* Earset *nt*, Ohrhörer *m* **earshot** *n* **out of/within ~** außer/in Hörweite **ear-splitting**adj ohrenbetäubend

earth I *n* **1.** Erde *f*; **the ~, Earth** die Erde; **on ~** auf der Erde; **to the ends of the ~** bis ans Ende der Welt; **where/who** *etc* **on ~ ...?** (*infml*) wo/wer *etc* ... bloß?; **what on ~ ...?** (*infml*) was in aller Welt ...? (*infml*); **nothing on ~ will stop me now** keine Macht der Welt hält mich jetzt noch auf; **there's no reason on ~ why ...** es gibt keinen erdenklichen Grund, warum ...; **it cost the ~** (*Br infml*) das hat eine schöne Stange Geld gekostet (*infml*); **to come back down to ~** (*fig*) wieder auf den Boden der Tatsachen (zurück)kommen; **to bring sb**

down to ~ (with a bump) (*fig*) jdn (unsanft) wieder auf den Boden der Tatsachen zurückholen **2.** (*of fox etc*) Bau *m* **II** *v/t* (*Br* ELEC) erden **earthenware I** *n* **1.** (≈ *material*) Ton *m* **2.** (≈ *dishes etc*) Tongeschirr *nt* **II** *adj* aus Ton, Ton- **earthly**adj **1.** irdisch **2. there's no ~ reason why ...** es gibt nicht den geringsten Grund, warum ... **earthquake**n Erdbeben *nt* **earth-shattering** *adj* (*fig*) welterschütternd **earth tremor** *n* Erdstoß *m* **earthworm** *n* Regenwurm *m* **earthy**adj **1.** *smell* erdig **2.** (*fig*) *person* urtümlich, urchig (*Swiss*); *humour, language* derb

earwaxn Ohrenschmalz *nt* **earwig**n Ohrwurm *m*

ease I *n* **1. I am never at ~ in his company** in seiner Gesellschaft fühle ich mich immer befangen; **to be or feel at ~ with oneself** sich (in seiner Haut) wohlfühlen; **to put sb at (his/her) ~** jdm die Befangenheit nehmen; **to put or set sb's mind at ~** jdn beruhigen; **(stand) at ~!** MIL rührt euch! **2.** (≈ *absence of difficulty*) Leichtigkeit *f*; **with (the greatest of) ~** mit (größter) Leichtigkeit; **for ~ of use** um die Benutzung zu erleichtern **II** *v/t* **1.** *pain* lindern; **to ~ the burden on sb** jdm eine Last abnehmen **2.** *rope* lockern; *pressure, tension* verringern; *situation* entspannen; **he ~d the lid off** er löste den Deckel behutsam ab; **he ~d his way through the hole** er schob sich vorsichtig durch das Loch **III** *v/i* nachlassen ◆ **ease off** *or* **up** *v/i* **1.** (≈ *slow down*) langsamer werden; **the doctor told him to ease up a bit at work** der Arzt riet ihm, bei der Arbeit etwas kürzerzutreten **2.** (*pain, rain*) nachlassen

easeln Staffelei *f*

easily *adv* **1.** leicht; **~ accessible** (*place*) leicht zu erreichen; **he learnt to swim ~** er lernte mühelos schwimmen; **it could just as ~ happen here** es könnte genauso gut hier passieren **2. it's ~ 25 miles** es sind gut und gerne 25 Meilen; **they are ~ the best**sie sind mit Abstand die Besten **3.** *talk, breathe* ganz entspannt

east I *n* **the ~** der Osten; **in the ~** im Osten; **to the ~** nach Osten; **to the ~ of** östlich von; **the wind is coming from the ~** der Wind kommt von Ost(en); **the ~ of France** der Osten Frankreichs; **East-West relations** Ost-West-Beziehungen *pl* **II** *adv* (≈ *eastward*) nach Osten; **the**

kitchen faces ~ die Küche liegt nach Osten; ~ **of Paris/the river** östlich von Paris/des Flusses **III** *adj* Ost-; ~ **coast** Ostküste *f* **East Berlin** *n* Ostberlin *nt* **eastbound** *adj* (in) Richtung Osten; **the** ~ **carriageway of the M4** (*Br*) die M4 in Richtung Osten

Easter I *n* Ostern *nt*; **at** ~ *an or* zu Ostern **II** *adj attr* Oster- **Easter bunny** *n* Osterhase *m* **Easter egg** *n* Osterei *nt*

easterly *adj* östlich, Ost-; **an** ~ **wind** ein Ostwind *m*; **in an** ~ **direction** in östlicher Richtung

Easter Monday *n* Ostermontag *m*

eastern *adj* Ost-, östlich; **Eastern Europe** Osteuropa *nt* **easterner** *n* (*esp US*) Oststaatler(in) *m(f)*; **he's an** ~ er kommt aus dem Osten **easternmost** *adj* östlichste(r, s)

Easter Sunday *n* Ostersonntag *m*

East European I *adj* osteuropäisch **II** *n* Osteuropäer(in) *m(f)* **East German I** *adj* ostdeutsch **II** *n* Ostdeutsche(r) *m/f(m)* **East Germany** *n* Ostdeutschland *nt*; (≈ *GDR*) die DDR **eastward I** *adv* (*a.* **eastwards**) nach Osten **II** *adj* *direction* östlich **eastwardly** *adv*, *adj* = **eastward**

easy I *adj* (+*er*) leicht; *option, solution* einfach; **it's** ~ **to forget that ...** man vergisst leicht, dass ...; **it's** ~ **for her** sie hat es leicht; **that's** ~ **for you to say** du hast gut reden; **he was an** ~ **winner** er hat mühelos gewonnen; **that's the** ~ **part** das ist das Einfache; **it's an** ~ **mistake to make** den Fehler kann man leicht machen; **to be within** ~ **reach of sth** etw leicht erreichen können; **as** ~ **as pie** kinderleicht; **easier said than done** leichter gesagt als getan; **to take the** ~ **way out** es sich (*dat*) leicht machen; **she is** ~ **to get on with** mit ihr kann man gut auskommen; **to have it** ~, **to have an** ~ **time (of it)** es leicht haben; ~ **prey** eine leichte Beute; **to be** ~ **on the eye/ear** angenehm anzusehen/anzuhören sein; **at an** ~ **pace** in gemütlichem Tempo; **I don't feel** ~ **about it** es ist mir nicht recht **II** *adv* (*infml*) **to go** ~ **on sb** nicht so streng mit jdm sein; **to go** ~ **on sth** mit etw sparsam umgehen; **to take it** ~, **to take things** ~ (≈ *rest*) sich schonen; **take it** ~! (≈ *calm down*) immer mit der Ruhe!; ~ **does it** immer sachte **easy chair** *n* Sessel *m*, Fauteuil *m* (*Aus*) **easy-going** *adj*

gelassen **easy listening** *n* leichte Musik, Unterhaltungsmusik *f* **easy money** *n* leicht verdientes Geld; **you can make** ~ Sie können leicht Geld machen **easy touch** *n* **to be an** ~ (*infml*) nicht Nein sagen können

eat *vb*: pret **ate**, past part **eaten** *v/t* & *v/i* (*person*) essen; (*animal*) fressen; **to** ~ **one's breakfast** frühstücken; **to** ~ **one's lunch/dinner** zu Mittag/Abend essen; **he was forced to** ~ **his words** er musste alles zurücknehmen; **he won't** ~ **you** (*infml*) er wird dich schon nicht fressen (*infml*); **what's** ~**ing you?** (*infml*) was hast du denn? ◆ **eat away at** *v/i +prep obj* **1.** (*acid, rust*) anfressen **2.** (*fig*) *finances* angreifen ◆ **eat into** *v/i +prep obj metal* anfressen; *capital* angreifen; *time* verkürzen ◆ **eat out I** *v/i* zum Essen ausgehen **II** *v/t sep* **Elvis Presley, eat your heart out** Elvis Presley, da kannst du vor Neid erblassen ◆ **eat up I** *v/t sep* **1.** (*lit*) aufessen; (*animal*) auffressen **2.** (*fig*) verbrauchen **II** *v/i* aufessen

eaten *past part of* **eat eater** *n* Esser(in) *m(f)* **eating** *n* Essen *nt* **eating disorder** *n* Essstörung *f*

eau de Cologne *n* Kölnischwasser *nt*

eaves *pl* Dachvorsprung *m*

eavesdrop *v/i* (heimlich) lauschen; **to** ~ **on a conversation** ein Gespräch belauschen

ebb I *n* Ebbe *f*; ~ **and flow** (*fig*) Auf und Ab *nt*; **at a low** ~ (*fig*) auf einem Tiefstand **II** *v/i* **1.** (*tide*) zurückgehen **2.** (*fig*: *a.* **ebb away**, *enthusiasm etc*) verebben; (*life*) zu Ende gehen **ebb tide** *n* Ebbe *f*

e-book *n* Onlinebuch *nt*

ebullient *adj person* überschwänglich; *spirits, mood* übersprudelnd

e-business *n* **1.** (≈ *company*) Internetfirma *f* **2.** (≈ *commerce*) E-Business *nt*

EC *abbr of* **European Community** EG *f*

e-card *n* E-Card *f*, elektronische Grußkarte

e-cash *n* E-Cash *nt*, elektronische Geldüberweisung

ECB *abbr of* **European Central Bank** EZB *f*

eccentric I *adj* exzentrisch **II** *n* Exzentriker(in) *m(f)* **eccentricity** *n* Exzentrizität *f*

ecclesiastical *adj* kirchlich

ECG *abbr of* **electrocardiogram** EKG *nt*

echo I n Echo nt; (fig) Anklang m (of an +acc) **II** v/t (fig) wiedergeben **III** v/i (sounds) widerhallen; (room, footsteps) hallen; **her words ~ed in his ears** ihre Worte hallten ihm in den Ohren

éclair n Liebesknochen m

eclectic adj eklektisch

eclipse I n ASTRON Finsternis f; **~ of the sun/moon** Sonnen-/Mondfinsternis f **II** v/t (fig) in den Schatten stellen

eco- pref Öko-, öko- **ecofriendly** adj (Br) umweltfreundlich **ecological** adj ökologisch; **~ disaster** Umweltkatastrophe f; **~ damage** Umweltschäden pl **ecologist** n Ökologe m, Ökologin f **ecology** n Ökologie f

e-commerce n E-Commerce m

economic adj 1. Wirtschafts-; **~ growth** Wirtschaftswachstum nt 2. (≈ cost-effective) price, rent wirtschaftlich **economical** adj sparsam; **to be ~ with sth** mit etw haushalten; **they were ~ with the truth** sie haben es mit der Wahrheit nicht so genau genommen; **an ~ style** LIT ein prägnanter Stil **economically** adv 1. wirtschaftlich; **after the war, the country suffered ~** nach dem Krieg litt die Wirtschaft des Landes 2. (≈ thriftily) sparsam; **to use sth ~** mit etw sparsam umgehen **economic migrant, economic refugee** n Wirtschaftsmigrant(in) m(f) **economics** n 1. sg or pl Wirtschaftswissenschaften pl 2. pl **the ~ of the situation** die wirtschaftliche Seite der Situation **economist** n Wirtschaftswissenschaftler(in) m(f)

economize v/i sparen ◆ **economize on** v/i +prep obj sparen

economy n 1. (system) Wirtschaft f no pl 2. (≈ saving) Einsparung f; **a false ~** falsche Sparsamkeit **economy class** n Touristenklasse f **economy drive** n Sparmaßnahmen pl **economy size** n Sparpackung f

ecosystem n Ökosystem nt **ecotourism** n Ökotourismus m **eco-warrior** n (infml) Ökokämpfer(in) m(f)

ecstasy n 1. Ekstase f; **to be in ~** ekstatisch sein 2. (≈ drug) Ecstasy nt **ecstatic** adj ekstatisch

ecumenical adj (form) ökumenisch

eczema n Ekzem nt

ed 1. abbr of **editor** Hrsg. 2. abbr of **edition** Ausg.

eddy n Wirbel m

Eden n (also fig) **Garden of ~** Garten m Eden

edge I n 1. (of knife) Schneide f; **to take the ~ off sth** (fig) sensation etw der Wirkung (gen) berauben; pain etw lindern; **the noise sets my teeth on ~** das Geräusch geht mir durch und durch; **to be on ~** nervös sein; **there was an ~ to his voice** seine Stimme klang ärgerlich; **to have the ~ on sb/sth** jdm/etw überlegen sein; **it gives her/it that extra ~** darin besteht eben der kleine Unterschied 2. (≈ outer limit) Rand m; (of brick) Kante f; (of lake, river, sea) Ufer nt; **at the ~ of the road** an Straßenrand; **the film had us on the ~ of our seats** der Film war unheimlich spannend **II** v/t 1. (≈ put a border on) einfassen; **~d in black** mit einem schwarzen Rand 2. **to ~ one's way toward(s) sth** (slowly) sich allmählich auf etw (acc) zubewegen; **she ~d her way through the crowd** sie schlängelte sich durch die Menge **III** v/i sich schieben; **to ~ toward(s) the door** sich zur Tür stehlen; **he ~d past me** er schob sich an mir vorbei ◆ **edge out** v/t sep beiseitedrängen; **Germany edged England out of the final** Deutschland verdrängte England aus dem Endspiel

edgeways, edgewise (US) adv hochkant; **I couldn't get a word in ~** ich bin überhaupt nicht zu Wort gekommen

edgy adj (+er) nervös

EDI abbr of **electronic data interchange**

edible adj essbar

edict n Erlass m

edifice n Gebäude nt

Edinburgh n Edinburg(h) nt

edit v/t newspaper, magazine herausgeben; book, text redigieren; film schneiden; IT editieren ◆ **edit out** v/t sep herausnehmen; (from film, tape) herausschneiden; character (from story) herausstreichen

editable adj IT file editierbar **editing** n (of newspaper, magazine) Herausgabe f; (of book, text) Redaktion f; (of film) Schnitt m; IT Editieren nt **edition** n Ausgabe f; (≈ impression) Auflage f **editor** n Herausgeber(in) m(f); (publisher's) (Verlags)lektor(in) m(f); FILM Cutter(in) m(f); **sports ~** Sportredakteur(in) m(f) **editorial I** adj redaktionell **II** n Leitartikel m

EDP *abbr of* **electronic data processing** EDV *f*

educate *v/t* **1.** SCHOOL, UNIV erziehen; *he was ~d at Eton* er ist in Eton zur Schule gegangen **2.** *public* informieren; *we need to ~ our children about drugs* wir müssen dafür sorgen, dass unsere Kinder über Drogen Bescheid wissen **educated** *adj* gebildet; *to make an ~ guess* eine fundierte *or* wohlbegründete Vermutung anstellen

education *n* Erziehung *f*; (≈ *studies, training*) Ausbildung *f*; (≈ *knowledge*) Bildung *f*; *College of Education* pädagogische Hochschule; (*local*) ~ *authority* Schulbehörde *f*; *to get an ~* eine Ausbildung bekommen; *she had a university ~* sie hatte eine Universitätsausbildung; *she had little ~* sie war ziemlich ungebildet **educational** *adj* **1.** (≈ *academic*) erzieherisch; (*at school level*) schulisch; ~ *system* (≈ *institutions*) Bildungswesen *nt*; (≈ *structure*) Bildungssystem *nt* **2.** (≈ *teaching*) *issue* pädagogisch **3.** *experience, video* lehrreich; ~ *film* Lehrfilm *m*; ~ *toy* pädagogisch wertvolles Spielzeug **educationally** *adv* ~ *subnormal* lernbehindert

edutainment *n* Edutainment *nt*

Edwardian *adj* Edwardianisch; ~ *England* England in der Zeit Eduards VII.

EEC *n* (*dated*) *abbr of* **European Economic Community** EG *f*, EWG *f* (*dated*)

EEG *abbr of* **electroencephalogram** EEG *nt*

eel *n* Aal *m*

eerie, eery *adj* (+*er*) unheimlich **eerily** *adv* (+*vb*) unheimlich; (+*adj*) auf unheimliche Weise; *the whole town was ~ quiet* in der ganzen Stadt herrschte eine unheimliche Stille

effect *n* **1.** Wirkung *f*; (≈ *repercussion*) Auswirkung *f*; *alcohol has the ~ of dulling your senses* Alkohol bewirkt eine Abstumpfung der Sinne; *the ~ of this is that ...* das hat zur Folge, dass ...; *to feel the ~s of the drugs* die Wirkung der Drogen spüren; *to no ~* erfolglos; *to have an ~ on sb/sth* eine Wirkung auf jdn/etw haben; *to have no ~* keine Wirkung haben; *to take ~* (*drug*) wirken; *with immediate ~* mit sofortiger Wirkung; *with ~ from 3 March* mit Wirkung vom 3. März; *to create an ~* einen Effekt erzielen; *only for ~* nur zum Effekt; *we received a letter to the ~ that ...* wir erhielten ein Schreiben des Inhalts, dass ...; *... or words to that ~* ... oder etwas in diesem Sinne **2.** (≈ *reality*) *in ~* in Wirklichkeit **3.** (*of laws*) *to come into* or *take ~* in Kraft treten **effective** *adj* **1.** *way, measures* effektiv; *means, treatment, deterrent* wirksam; *combination* wirkungsvoll; *to be ~ in doing sth* bewirken, dass etw geschieht; *to be ~ against sth* (*drug*) gegen etw wirken **2.** (≈ *operative*) in Kraft; *a new law, ~ from* or *becoming ~ on 1 August* ein neues Gesetz, das am 1. August in Kraft tritt **effectively** *adv* **1.** (≈ *successfully*) wirksam; *function, work* effektiv **2.** (≈ *in effect*) effektiv **effectiveness** *n* Wirksamkeit *f*; (*of strategy*) Effektivität *f*

effeminate *adj* feminin

effervescent *adj* sprudelnd

efficacy *n* Wirksamkeit *f*

efficiency *n* (*of person*) Fähigkeit *f*; (*of machine, organization*) Leistungsfähigkeit *f*; (*of method*) Wirksamkeit *f*; (*of engine*) Sparsamkeit *f* **efficient** *adj person* fähig; *machine, organization* leistungsfähig; *engine* sparsam; *service* gut; *method* wirksam; *way, use* rationell; *to be ~ at (doing) sth* etw gut können **efficiently** *adv* effektiv; *to work more ~* rationeller arbeiten

effigy *n* Bildnis *nt*

effluent *n* Abwasser *nt*

effort *n* **1.** (≈ *attempt*) Versuch *m*; (≈ *hard work*) Anstrengung *f*; *to make an ~ to do sth* sich bemühen, etw zu tun; *to make the ~ to do sth* sich (*dat*) die Mühe machen, etw zu tun; *to make every ~* or *a great ~ to do sth* sich sehr bemühen, etw zu tun; *he made no ~ to be polite* er machte sich (*dat*) nicht die Mühe, höflich zu sein; *it's an ~* es kostet einige Mühe; *come on, make an ~* komm, streng dich an; *it's worth the ~* die Mühe lohnt sich **2.** (≈ *campaign*) Aktion *f* **3.** (*infml*) Unternehmen *nt*; *it was a pretty poor ~* das war eine ziemlich schwache Leistung; *it's not bad for a first ~* das ist nicht schlecht für den Anfang **effortless** *adj* mühelos **effortlessly** *adv* mühelos

effusive *adj* überschwänglich; (≈ *gushing*) exaltiert

E-fit *n* elektronisch erstelltes Fahndungsfoto

EFL *abbr of* **English as a Foreign Language** Englisch als Fremdsprache

eg *abbr of* **exempli gratia** (≈ *for example*) z. B.

EGA IT *abbr of* **enhanced graphics adapter** EGA *m*

egalitarian *adj* egalitär **egalitarianism** *n* Egalitarismus *m*

egg *n* Ei *nt*; **to put all one's ~s in one basket** (*prov*) alles auf eine Karte setzen ♦ **egg on** *v/t sep* anstacheln

egg cup *n* Eierbecher *m* **eggplant** *n* (*US*) Aubergine *f*, Melanzani *f* (*Aus*) **eggshell** *n* Eierschale *f* **egg timer** *n* Eieruhr *f* **egg whisk** *n* Schneebesen *m* **egg white** *n* Eiweiß *nt* **egg yolk** *n* Eigelb *nt*

ego *n* PSYCH Ego *nt*; (≈ *self-esteem*) Selbstbewusstsein *nt*; (≈ *conceit*) Einbildung *f*; **his ~ won't allow him to admit he is wrong** sein Stolz lässt ihn nie zugeben, dass er unrecht hat **egocentric** *adj* egozentrisch **egoism** *n* Egoismus *m* **egoistic(al)** *adj* egoistisch **egotism** *n* Ichbezogenheit *f* **egotist** *n* ichbezogener Mensch **egotistic(al)** *adj* ichbezogen **ego trip** *n* (*infml*) Egotrip *m* (*infml*)

Egypt *n* Ägypten *nt* **Egyptian** I *adj* ägyptisch II *n* Ägypter(in) *m(f)*

EIB *abbr of* **European Investment Bank**

eiderdown *n* (≈ *quilt*) Federbett *nt*

eight I *adj* acht II *n* Acht *f*; → **six**

eighteen I *adj* achtzehn II *n* Achtzehn *f*

eighteenth I *adj* achtzehnte(r, s) II *n* 1. (≈ *fraction*) Achtzehntel *nt* 2. (*of series*) Achtzehnte(r, s); → **sixteenth**

eighth I *adj* achte(r, s) II *n* 1. (≈ *fraction*) Achtel *nt* 2. (*of series*) Achte(r, s); → **sixth** **eighth note** *n* (*US* MUS) Achtelnote *f*

eightieth I *adj* achtzigste(r, s) II *n* 1. (≈ *fraction*) Achtzigstel *nt* 2. (*of series*) Achtzigste(r, s); → **sixtieth**

eighty I *adj* achtzig II *n* Achtzig *f*; → **sixty**

Eire *n* Irland *nt*

either I *adj, pron* 1. (≈ *one or other*) eine(r, s) (von beiden); **there are two boxes on the table, take ~ (of them)** auf dem Tisch liegen zwei Schachteln, nimm eine davon 2. (≈ *each, both*) jede(r, s), beide *pl*; **~ day would suit me** beide Tage passen mir; **which bus will you take? — ~ (will do)** welchen Bus wollen Sie nehmen? — das ist egal; **on ~ side of the street** auf beiden Seiten der Straße; **it wasn't in ~ (box)** es war in keiner der

beiden (Kisten) II *adv, cj* 1. (*after neg statement*) auch nicht; **I haven't ~** ich auch nicht 2. **~ ... or** entweder ... oder; (*after a negative*) weder ... noch; **he must be ~ lazy or stupid** er muss entweder faul oder dumm sein; **I have never been to ~ Paris or Rome** ich bin weder in Paris noch in Rom gewesen 3. **she inherited some money and not an insignificant amount ~** sie hat Geld geerbt, und (zwar) gar nicht so wenig

ejaculate *v/i* PHYSIOL ejakulieren **ejaculation** *n* PHYSIOL Ejakulation *f*

eject I *v/t* 1. *tenant* hinauswerfen 2. *cartridge* auswerfen II *v/i* (*pilot*) den Schleudersitz betätigen **ejector seat**, (*US*) **ejection seat** *n* AVIAT Schleudersitz *m*

eke out *v/t sep* *supplies* strecken; *money* aufbessern; **to ~ a living** sich (recht und schlecht) durchschlagen

EKG *n* (*US*) = **ECG**

elaborate I *adj* 1. (≈ *complex*) kompliziert; (≈ *sophisticated*) ausgeklügelt; *scheme* groß angelegt; *precautions*, *plans* umfangreich; *preparations* ausführlich; *design* aufwendig 2. (≈ *lavish*, *ornate*) kunstvoll II *v/i* **would you care to** *or* **could you ~ on that?** könnten Sie darauf näher eingehen? **elaborately** *adv* 1. (≈ *in detail*) ausführlich; (≈ *complexly*) kompliziert; **an ~ staged press conference** eine mit großem Aufwand veranstaltete Pressekonferenz 2. (≈ *ornately*, *lavishly*) kunstvoll

élan *n* Elan *m*

elapse *v/i* vergehen

elastic I *adj* elastisch; **~ waist** Taille *f* mit Gummizug II *n* Gummi(band *nt*) *m*; **a piece of ~** ein Gummiband *nt* **elasticated** *adj* elastisch; **~ waist** Taille *f* mit Gummizug **elastic band** *n* (*esp Br*) Gummiband *nt* **elasticity** *n* Elastizität *f* **Elastoplast®** *n* (*Br*) Heftpflaster *nt*

elated *adj* begeistert **elation** *n* Begeisterung *f* (*at über +acc*)

elbow I *n* Ellbogen *m* II *v/t* **he ~ed his way through the crowd** er boxte sich durch die Menge; **to ~ sb aside** jdn beiseitestoßen; **he ~ed me in the stomach** er stieß mir *or* mich mit dem Ellbogen in den Magen **elbow grease** *n* (*infml*) Muskelkraft *f* **elbowroom** *n* (*infml*) Ellbogenfreiheit *f* (*infml*)

elder[1] I *adj attr comp of* **old** 1. *brother etc*

ältere(r, s) 2. (≈ *senior*) **Pliny the ~** Plinius der Ältere **II** *n* **1. respect your ~s** du musst Respekt vor Älteren haben **2.** (*of tribe, Church*) Älteste(r) *m*

elder[2] *n* BOT Holunder *m*, Holler *m* (*Aus*) **elderberry** *n* Holunderbeere *f*, Hollerbeere *f* (*Aus*); **~ wine** Holunder- *or* (*Aus*) Hollerwein *m*

elderly *adj* ältlich, ältere(r, s) *attr* **elder statesman** *n* (alt)erfahrener Staatsmann **eldest I** *adj attr sup of* **old** älteste(r, s) **II** *n* **the ~** der/die/das Älteste; (*pl*) die Ältesten *pl*; **the ~ of four children** das älteste von vier Kindern; **my ~** (*infml*) mein Ältester, meine Älteste

elect I *v/t* **1.** wählen; **he was ~ed chairman** er wurde zum Vorsitzenden gewählt; **to ~ sb to the Senate** jdn in den Senat wählen **2.** (≈ *choose*) sich entscheiden für; **to ~ to do sth** sich dafür entscheiden, etw zu tun **II** *adj* **the president ~** der designierte Präsident

election *n* Wahl *f* **election campaign** *n* Wahlkampf *m* **electioneering** *n* (≈ *campaign*) Wahlkampf *m*; (≈ *propaganda*) Wahlpropaganda *f* **elective** *n* (*US*: SCHOOL, UNIV) Wahlfach *nt* **electoral** *adj* Wahl-; **~ process** Wahlverfahren *nt*; **~ system** Wahlsystem *nt* **electoral register, electoral roll** *n* Wählerverzeichnis *nt* **electorate** *n* Wählerschaft *f*

electric I *adj* **1.** (≈ *powered by electricity*) elektrisch; (≈ *carrying electricity*) Strom-; **~ car/vehicle** Elektroauto *nt*; **~ razor** Elektrorasierer *m*; **~ kettle** elektrischer Wasserkocher **2.** (*fig*) wie elektrisiert **II** *n* **1.** (*infml* ≈ *electricity*) Elektrizität *f* **2. electrics** *pl* Strom *m*; AUTO Elektrik *f*

electrical *adj* elektrisch; **~ appliance** Elektrogerät *nt* **electrical engineer** *n* Elektrotechniker(in) *m(f)*; (*with degree*) Elektroingenieur(in) *m(f)* **electrical engineering** *n* Elektrotechnik *f* **electrically** *adv* elektrisch; **an ~ powered car** ein Wagen *m* mit Elektroantrieb **electric bill** *n* (*infml*) Stromrechnung *f* **electric blanket** *n* Heizdecke *f* **electric chair** *n* elektrischer Stuhl **electric cooker** *n* Elektroherd *m* **electric fence** *n* Elektrozaun *m* **electric fire** *n* elektrisches Heizgerät **electric guitar** *n* E-Gitarre *f* **electric heater** *n* elektrisches Heizgerät **electrician** *n* Elektriker(in) *m(f)* **electricity** *n* Elektrizität *f*; (≈ *electric*

power for use) (elektrischer) Strom; **~ price** Strompreis *m*; **~ production** Stromerzeugung *f* **electricity meter** *n* Stromzähler *m* **electric light** *n* elektrisches Licht **electric organ** *n* elektrische Orgel **electric shock** *n* Stromschlag *m*; MED Elektroschock *m* **electric toothbrush** *n* elektrische Zahnbürste **electrify** *v/t* **1.** RAIL elektrifizieren **2.** (*fig*) elektrisieren **electrocardiogram** *n* Elektrokardiogramm *nt* **electrocute** *v/t* durch einen (Strom)schlag töten; (≈ *execute*) auf dem elektrischen Stuhl hinrichten **electrode** *n* Elektrode *f* **electrolysis** *n* Elektrolyse *f* **electromagnetic** *adj* elektromagnetisch **electron** *n* Elektron *nt*

electronic *adj*, **electronically** *adv* elektronisch **electronic banking** *n* elektronischer Zahlungsverkehr **electronic data interchange** *n* IT elektronischer Datenaustausch **electronic data processing** *n* IT elektronische Datenverarbeitung **electronic engineering** *n* Elektronik *f* **electronic mail** *n* E-Mail *f* **electronics** *n* **1.** *sg* (*subject*) Elektronik *f* **2.** *pl* (*of machine etc*) Elektronik *f* **electronic surveillance** *n* elektronische Überwachung **electronic tagging** *n* elektronische Fußfesseln *pl* **electroplated** *adj* (galvanisch) versilbert/verchromt *etc* **electroshock therapy** *n* Elektroschocktherapie *f*

elegance *n* Eleganz *f* **elegant** *adj*, **elegantly** *adv* elegant

elegy *n* Elegie *f*

element *n* Element *nt*; **one of the key ~s of the peace plan** einer der grundlegenden Bestandteile des Friedensplans; **an ~ of danger** ein Gefahrenelement *nt*; **an ~ of truth** eine Spur von Wahrheit; **a criminal ~** ein paar Kriminelle; **to be in one's ~** in seinem Element sein **elemental** *adj* (*liter*) elementar; **~ force** Naturgewalt *f* **elementary** *adj* **1.** *fact* grundlegend; **~ mistake** Grundfehler *m* **2.** SCHOOL *level* Elementar-; **~ skills/ knowledge** Grundkenntnisse *pl*; **~ maths** Elementarmathematik *f* **elementary school** *n* (*US*) Grundschule *f*

elephant *n* Elefant *m*

elevate *v/t* **1.** heben; *blood pressure etc* erhöhen **2.** (*fig*) *mind* erbauen **3. to ~ sb to the peerage** jdn in den Adelsstand erheben **elevated** *adj* **1.** (≈ *raised*) erhöht; **~ railway** (*Br*) *or* **railroad** (*US*) Hochbahn

f; the ~ section of the M4 die als Hochstraße gebaute Strecke der M4 **2.** *status, style, language* gehoben **elevation** *n (above sea level)* Höhe *f* über dem Meeresspiegel **elevator** *n (US)* Fahrstuhl *m*
eleven I *n* Elf *f;* **the second ~** FTBL die zweite Mannschaft **II** *adj* elf; → **six elevenses***n sg or pl (Br)* zweites Frühstück, Znüni *nt (Swiss)*
eleventh I *adj* elfte(r, s); **at the ~ hour** *(fig)* fünf Minuten vor zwölf **II** *n* **1.** *(≈ fraction)* Elftel *nt* **2.** *(of series)* Elfte(r, s); → **sixth**
elf *n, pl* **elves** Kobold *m*
elicit*v/t* entlocken *(from sb* jdm); *support* gewinnen *(from sb* jds)
eligibility *n* Berechtigung *f* **eligible** *adj* infrage kommend; *(for competition etc)* teilnahmeberechtigt; *(for grants etc)* berechtigt; *(for membership)* aufnahmeberechtigt; **to be ~ for a job** für einen Posten infrage kommen; **to be ~ for a pension** pensionsberechtigt sein; **an ~** *bachelor*ein begehrter Junggeselle
eliminate *v/t* **1.** ausschließen; *competitor* ausschalten; *poverty, waste* ein Ende machen (+*dat*); *problem* beseitigen; **our team was ~d** unsere Mannschaft ist ausgeschieden **2.** *(≈ kill)* eliminieren **elimination***n* **1.** Ausschluss *m*; *(of competitor)* Ausschaltung *f*; *(of poverty, waste)* Beendung *f*; *(of problem)* Beseitigung *f*; **by (a) process of ~** durch negative Auslese **2.** *(≈ killing)* Eliminierung *f*
elite I *n (often pej)* Elite *f* **II** *adj* Elite-; **~ group** Elitegruppe *f* **elitism***n* Elitedenken *nt* **elitist I** *adj* elitär **II** *n* elitär Denkende(r) *m/f(m);* **he's an ~** er denkt elitär
Elizabethan I *adj* elisabethanisch **II** *n* Elisabethaner(in) *m(f)*
elk*n* Elch *m*
elliptic(al) *adj* MAT *etc* elliptisch
elm*n* Ulme *f*
elocution *n* Sprechtechnik *f;* **~ lessons** Sprechunterricht *m*
elongate *v/t* verlängern; *(≈ stretch out)* strecken **elongated** *adj* verlängert; *(≈ stretched)* ausgestreckt; *shape* länglich
elope *v/i* durchbrennen *(infml),* um zu heiraten
eloquence *n (of person)* Redegewandtheit *f; (of speech, words)* Gewandtheit *f* **eloquent** *adj speech, words* gewandt;

person redegewandt **eloquently** *adv express* mit beredten Worten; *demonstrate* deutlich
else *adv* **1.** *(after pron)* andere(r, s); **anybody ~ would have done it** jeder andere hätte es gemacht; **is there anybody ~ there?** *(in addition)* ist sonst (noch) jemand da?; **does anybody ~ want it?** will jemand anders es haben?; **somebody ~** sonst jemand; **I'd prefer something ~** ich möchte lieber etwas anderes; **have you anything ~ to say?** haben Sie sonst noch etwas zu sagen?; **do you find this species anywhere ~?** findet man die Gattung auch anderswo?; **they haven't got anywhere ~ to go** sie können sonst nirgends anders hingehen; **this is somebody ~'s umbrella** dieser Schirm gehört jemand anders; **something ~** sonst etwas; **that car is something ~** *(infml)* das Auto ist einfach spitze *(infml);* **if all ~ fails** wenn alle Stricke reißen; **above all ~** vor allen Dingen; **anything ~?** *(in shop)* sonst noch etwas?; **everyone/everything ~** alle anderen/ alles andere; **everywhere ~** überall sonst; **somewhere or someplace** *(esp US)* **~** woanders; *(with motion)* woandershin; **from somewhere ~** woandersher **2.** *(after pron, neg)* **nobody ~, no one ~** sonst niemand; **nothing ~** sonst nichts; **what do you want? — nothing ~, thank you** was möchten Sie? — danke, nichts weiter; **if nothing ~, you'll enjoy it** auf jeden Fall wird es dir Spaß machen; **there's nothing ~ for it but to …** da gibt es keinen anderen Ausweg, als zu …; **nowhere ~** sonst nirgends *or* nirgendwo; *(with motion)* sonst nirgendwohin; **there's not much ~ we can do** wir können kaum etwas anderes tun **3.** *(after interrog)* **where/who/what ~?** wo/ wer/was sonst?; **who ~ but John?** wer anders als John?; **how ~ can I do it?** wie kann ich es denn sonst machen?; **what ~ could I have done?** was hätte ich sonst tun können? **4.** *(≈ otherwise, if not)* sonst; **do it now (or) ~ you'll be punished** tu es jetzt, sonst setzt es Strafe; **do it or ~ …!** mach das, sonst …!; **he's either a genius or he's mad** er ist entweder ein Genie oder aber verrückt **elsewhere***adv* woanders; **to go ~** woandershin gehen; **her thoughts were ~** sie war mit ihren Gedanken woanders

ELT *abbr of* **English Language Teaching**

elucidate *v/t text* erklären; *situation* erhellen

elude *v/t police, enemy* entkommen (+*dat*); *to* ~ *capture* entkommen; *sleep* ~*d her* sie konnte keinen Schlaf finden; *the name* ~*s me* der Name ist mir entfallen **elusive** *adj* **1.** *target, success* schwer erreichbar; (≈ *unattainable*) unerreichbar; *financial success proved* ~ der finanzielle Erfolg wollte sich nicht einstellen **2.** *person* schwer zu erreichen; *prey* schwer zu fangen

elves *pl of* **elf**

emaciated *adj* ausgezehrt

E-mail, e-mail **I** *n* E-Mail *f* **II** *v/t to* ~ *sb* jdm eine E-Mail schicken; *to* ~ *sth* etw per E-Mail schicken

emanate *v/i* ausgehen (*from* von); (*odour*) ausströmen (*from* von)

emancipate *v/t women* emanzipieren; *slaves* freilassen; *people* befreien **emancipated** *adj* *woman, outlook* emanzipiert **emancipation** *n* Emanzipation *f*; (*of slave*) Freilassung *f*; (*of people*) Befreiung *f*

emasculate *v/t* (≈ *weaken*) entkräften

embalm *v/t* einbalsamieren

embankment *n* (Ufer)böschung *f*; (*for railway*) Bahndamm *m*; (≈ *dam*) (Ufer)damm *m*

embargo *n, pl* **-es** Embargo *nt*; *trade* ~ Handelsembargo *nt*; *to place/lift an* ~ *on sth* ein Embargo über etw (*acc*) verhängen / aufheben

embark *v/i* **1.** NAUT sich einschiffen **2.** (*fig*) *to* ~ *up(on) sth* etw beginnen **embarkation** *n* Einschiffung *f* **embarkation papers** *pl* Bordpapiere *pl*

embarrass *v/t* in Verlegenheit bringen; (*generosity etc*) beschämen; *she was* ~*ed by the question* die Frage war ihr peinlich **embarrassed** *adj* verlegen; *I am/feel so* ~ (*about it*) es ist mir so peinlich; *she was* ~ *to be seen with him or about being seen with him* es war ihr peinlich, mit ihm gesehen zu werden **embarrassing** *adj* peinlich **embarrassingly** *adv* auf peinliche Weise; (*introducing sentence*) peinlicherweise; *it was* ~ *bad* es war so schlecht, dass es schon peinlich war **embarrassment** *n* Verlegenheit *f*; *to cause* ~ *to sb* jdn in Verlegenheit bringen; *to my great* ~ *she ...* sie ..., was mir sehr peinlich

war; *she's an* ~ *to her family* sie blamiert die ganze Familie (*infml*)

embassy *n* Botschaft *f*

embattled *adj* (*fig*) *government* bedrängt

embed *v/t* **1.** einlassen; *the car was firmly* ~*ded in the mud* das Auto steckte im Schlamm fest; *the bullet* ~*ded itself in the wall* die Kugel bohrte sich in die Wand **2.** IT ~*ded commands* eingebettete Befehle

embellish *v/t* schmücken; (*fig*) *account* ausschmücken; *truth* beschönigen

embers *pl* Glut *f*

embezzle *v/t* unterschlagen **embezzlement** *n* Unterschlagung *f*

embitter *v/t* verbittern

emblazon *v/t* *the name "Jones" was* ~*ed on the cover* der Name „Jones" prangte auf dem Umschlag

emblem *n* Emblem *nt* **emblematic** *adj* emblematisch (*of* für)

embodiment *n* Verkörperung *f*; *to be the* ~ *of evil* das Böse in Person sein **embody** *v/t* **1.** *ideal etc* verkörpern **2.** (≈ *include*) enthalten

embossed *adj* geprägt; *design* erhaben

embrace **I** *v/t* **1.** umarmen; *they* ~ *each other* sie umarmten sich **2.** *religion* annehmen; *cause* sich annehmen (+*gen*) **3.** (≈ *include*) umfassen **II** *v/i* sich umarmen **III** *n* Umarmung *f*

embroider **I** *v/t* *cloth* besticken; *pattern* sticken **II** *v/i* sticken **embroidered** *adj* *material etc* bestickt; *design* (auf)gestickt (*on* auf +*acc*) **embroidery** *n* Stickerei *f*

embroil *v/t* *to become* ~*ed in a dispute* in einen Streit verwickelt werden

embryo *n* Embryo *m* **embryonic** *adj* (*esp fig*) keimhaft

emcee *n* Conférencier *m*; (*at private functions*) Zeremonienmeister(in) *m(f)*

emerald **I** *n* **1.** (≈ *stone*) Smaragd *m* **2.** (≈ *colour*) Smaragdgrün *nt* **II** *adj* smaragden; ~ *ring* Smaragdring *m* **Emerald Isle** *n the* ~ die Grüne Insel

emerge *v/i* **1.** auftauchen; *one arm* ~*d from beneath the blanket* ein Arm tauchte unter der Decke hervor; *he* ~*d from the house* er kam aus dem Haus; *he* ~*d* (*as*) *the winner* er ging als Sieger hervor **2.** (*life, new nation*) entstehen **3.** (*truth etc*) sich herausstellen **emergence** *n* Auftauchen *nt*; (*of new nation etc*) Entstehung *f*; (*of theory*) Aufkommen *nt*

emergency I *n* Notfall *m*; (*particular situation*) Notlage *f*; **in an ~**, **in case of ~** im Notfall; **to declare a state of ~** den Notstand erklären; **the doctor's been called out on an ~** der Arzt ist zu einem Notfall gerufen worden **II** *adj* **1.** (≈ *in/for an emergency*) Not-; *meeting* außerordentlich; *repair* notdürftig; **~ regulations** Notverordnung *f*; **to undergo ~ surgery** sich einer Notoperation unterziehen; **~ plan/procedure** Plan *m*/Maßnahmen *pl* für den Notfall; **for ~ use only** nur für den Notfall **2.** (≈ *for a disaster*) Katastrophen-; **~ relief** Katastrophenhilfe *f* **3.** (≈ *for state of emergency*) Notstands-; **~ powers** Notstandsvollmachten *pl* **emergency brake** *n* Notbremse *f* **emergency call** *n* Notruf *m* **emergency cord** *n* RAIL Notbremse *f* **emergency exit** *n* Notausgang *m* **emergency landing** *n* Notlandung *f* **emergency room** *n* (*US*) Unfallstation *f* **emergency services** *pl* Notdienst *m* **emergency stop** *n* AUTO Vollbremsung *f* **emergency ward** *n* Unfallstation *f*

emergent *adj* (*form*) *nation etc* aufstrebend

emeritus *adj* emeritiert; **~ professor**, **professor ~** Professor emeritus *m*

emigrant *n* Auswanderer *m*, Auswanderin *f*; (*esp for political reasons*) Emigrant(in) *m(f)* **emigrate** *v/i* auswandern; (*esp for political reasons*) emigrieren **emigration** *n* Auswanderung *f*; (*esp for political reasons*) Emigration *f* **émigré** *n* Emigrant(in) *m(f)*

eminence *n* (≈ *distinction*) hohes Ansehen **eminent** *adj person* angesehen **eminently** *adv sensible* ausgesprochen; *desirable* überaus; **~ suitable** vorzüglich geeignet; **to be ~ capable of sth** eindeutig zu etw fähig sein

emir *n* Emir *m* **emirate** *n* Emirat *nt*

emissary *n* Abgesandte(r) *m/f(m)*

emission *n* Ausstrahlung *f*; (*of fumes*) Emission *f* (*tech*); (*of gas*) Ausströmen *nt*; (*of vapour, smoke: continuous*) Abgabe *f* **emission-free** *adj* MOT schadstofffrei **emit** *v/t light* ausstrahlen; *radiation* emittieren (*tech*); *sound* abgeben; *gas* ausströmen; *vapour, smoke* (*continuously*) abgeben

emoticon *n* IT Emoticon *nt* **emotion** *n* **1.** Gefühl *nt* **2.** *no pl* (≈ *state*) (Gemüts)bewegung *f*; **to show no ~** unbewegt bleiben **emotional** *adj emotional*; *problem, trauma* seelisch; *support, development* psychologisch; *farewell* gefühlvoll; **to become** *or* **get ~** sich aufregen; **~ outburst** Gefühlsausbruch *m*; **~ state** Gemütszustand *m* **emotional blackmail** *n* psychologische Erpressung **emotionally** *adv* **1.** (≈ *psychologically*) seelisch; **I don't want to get ~ involved** ich will mich nicht ernsthaft engagieren; **~ disturbed** seelisch gestört **2.** (≈ *in emotional manner*) emotional; **~ charged** spannungsgeladen **emotionless** *adj voice etc* ausdruckslos **emotive** *adj issue* emotional; *word* emotional gefärbt

empathize *v/i* sich hineinversetzen (*with* in +*acc*) **empathy** *n* Einfühlungsvermögen *nt*

emperor *n* Kaiser *m*

emphasis *n* Betonung *f*; **to put ~ on a word** ein Wort betonen; **to say sth with ~** etw nachdrücklich betonen; **to put the ~ on sth** etw betonen; **to put the ~ on doing sth** Wert darauf legen, etw zu tun; **there is too much ~ on research** die Forschung steht zu sehr im Vordergrund **emphasize** *v/t* betonen **emphatic** *adj* **1.** (≈ *forceful*) entschieden; *denial* energisch; **to be ~ (that ...)** (*person*) darauf bestehen(, dass ...); **to be ~ about sth** auf etw (*dat*) bestehen **2.** *victory* klar; *defeat* schwer **emphatically** *adv* **1.** *say* nachdrücklich; *reject, deny* entschieden **2.** (≈ *definitely*) eindeutig

empire *n* **1.** Reich *nt*; (*worldwide*) Weltreich *nt*; **the Holy Roman Empire** das Heilige Römische Reich (deutscher Nation); **the British Empire** das Britische Weltreich **2.** (*fig, esp* COMM) Imperium *nt*; **his business ~** sein Geschäftsimperium *nt*

empirical *adj* empirisch

employ *v/t* **1.** *person* beschäftigen; (≈ *take on*) anstellen; *private detective* beauftragen; **he has been ~ed with us for 15 years** er ist schon seit 15 Jahren bei uns; **to be ~ed in doing sth** damit beschäftigt sein, etw zu tun **2.** *method, skill etc* anwenden; **they ~ed the services of a chemist to help them** sie zogen einen Chemiker heran, um ihnen zu helfen **employable** *adj person* anstellbar

employee *n* Angestellte(r) *m/f(m)*; **~s and employers** Arbeitnehmer und Arbeitgeber; **the ~s** (*of one firm*) die Belegschaft

employer *n* Arbeitgeber(in) *m(f)*; **~s' federation** Arbeitgeberverband *m*

employment *n* **1.** Arbeit *f*; **to seek ~** Arbeit suchen; **how long is it since you were last in ~?** wann hatten Sie Ihre letzte Stellung?; **conditions/contract of ~** Arbeitsbedingungen *pl*/-vertrag *m* **2.** (≈ *act of employing*) Beschäftigung *f*; (≈ *taking on*) Einstellen *nt* **3.** (*of method, skill*) Anwendung *f* **employment agency** *n* Stellenvermittlung *f*

emporium *n* Warenhaus *nt*

empower *v/t* **1. to ~ sb to do sth** jdn ermächtigen, etw zu tun **2.** *minorities etc* stärken

empress *n* Kaiserin *f*

emptiness *n* Leere *f*

empty I *adj* (*+er*) leer; *house* leer stehend *attr*; *seat* frei; *expression* ausdruckslos; **to feel ~** (*fig*) ein Gefühl der Leere haben; **there were no ~ seats** es waren keine Plätze frei; **on an ~ stomach** mit leerem Magen; *take drug, alcohol* auf leeren Magen **II** *n usu pl* **empties** Leergut *nt* **III** *v/t* **1.** leeren; *box, room* ausräumen; *tank* ablassen; *lorry* abladen **2.** *contents* ausgießen **IV** *v/i* (*rivers*) münden (*into* in *+acc*) ◆ **empty out** *v/t sep* ausleeren

empty-handed *adj* **to return ~** mit leeren Händen zurückkehren **empty-headed** *adj* strohdumm **empty nesters** *pl* Eltern, deren Kinder erwachsen und aus dem Haus sind

EMS *abbr of* **European Monetary System** EWS *nt*

EMU *abbr of* **European Monetary Union** EWU *nt*

emulate *v/t* **1.** nacheifern (*+dat*); **I tried to ~ his success** ich versuchte, es ihm gleichzutun **2.** IT emulieren

emulsion *n* (*a.* **emulsion paint**) Emulsionsfarbe *f*

enable *v/t* **to ~ sb to do sth** es jdm ermöglichen, etw zu tun

enact *v/t* POL *law* erlassen

enamel I *n* Email *nt*; (≈ *paint*) Emaillack *m*; (*of teeth*) Zahnschmelz *m* **II** *adj* Email-; **~ paint** Emaillack *m*

enamour, (*US*) **enamor** *v/t* **to be ~ed of sth** von etw angetan sein; **she was not exactly ~ed of the idea** sie war von der Idee nicht gerade begeistert

encapsulate *v/t* (*fig*) zusammenfassen

encase *v/t* verkleiden (*in* mit); *wires* umgeben (*in* mit)

enchant *v/t* entzücken; **to be ~ed by sth** von etw *or* über etw (*acc*) entzückt sein **enchanting** *adj* entzückend

encircle *v/t* umgeben; (*troops*) einkreisen; *building* umstellen

enc(l) *abbr of* **enclosure(s)** Anl.

enclave *n* Enklave *f*

enclose *v/t* **1.** (≈ *surround*) umgeben; (*with fence etc*) einzäunen **2.** (*in envelope*) beilegen (*in, with dat*); **I am enclosing the original with the translation** anbei die Übersetzung sowie der Originaltext **enclosed** *adj* **1.** *area* geschlossen **2.** (*in letter*) beiliegend; **a photo was ~ in the letter** dem Brief lag ein Foto bei; **please find ~ ...** in der Anlage *or* beiliegend finden Sie ... **enclosure** *n* **1.** (≈ *ground enclosed*) eingezäuntes Grundstück; (*for animals*) Gehege *nt* **2.** (≈ *document etc enclosed*) Anlage *f*

encode *v/t* also IT codieren

encompass *v/t* umfassen

encore I *int* Zugabe **II** *n* Zugabe *f*

encounter I *v/t* *enemy, opposition* treffen auf (*+acc*); *difficulties, resistance* stoßen auf (*+acc*); (*liter*) *person* begegnen (*+dat*) **II** *n* Begegnung *f*; **sexual ~** sexuelle Erfahrung

encourage *v/t* *person* ermutigen; (≈ *motivate*) anregen; *projects, investments* fördern; *team* anfeuern; **to be ~d by sth** durch etw neuen Mut schöpfen; **to ~ sb to do sth** jdn ermutigen, etw zu tun **encouragement** *n* Ermutigung *f*; (≈ *motivation*) Anregung *f*; (≈ *support*) Unterstützung *f*; **to give sb (a lot of) ~** jdn (sehr) ermuntern **encouraging** *adj* ermutigend; **I found him very ~** er hat mir sehr viel Mut gemacht **encouragingly** *adv* ermutigend; (*+adj*) erfreulich; (*introducing sentence*) erfreulicherweise

encroach *v/i* **to ~ (up)on** *land* vordringen in (*+acc*); *sphere, rights* eingreifen in (*+acc*); *time* in Anspruch nehmen **encroachment** *n* (*on land*) Vordringen *nt*; (*on rights*) Eingriff *m*; (*on time*) Beanspruchung *f*

encrust *v/t* **~ed with earth** erdverkrustet; **a jewel-~ed brooch** eine juwelenbesetzte Brosche

encryption *n* IT, TEL, TV Verschlüsselung *f*

encumbrance *n* Belastung *f*; (*person*)

Last *f*

encyclop(a)edia *n* Lexikon *nt* **encyclop(a)edic** *adj* enzyklopädisch

end I *n* **1.** Ende *nt*; *(of finger)* Spitze *f*; *our house is the fourth from the ~* unser Haus ist das viertletzte; *to the ~s of the earth* bis ans Ende der Welt; *from ~ to ~* von einem Ende zum anderen; *who'll meet you at the other ~?* wer holt dich ab, wenn du ankommst?; *Lisa's on the other ~ (of the phone)* Lisa ist am Telefon; *for hours on ~* stundenlang ununterbrochen; *~ to ~* mit den Enden aneinander; *to change ~s* SPORTS die Seiten wechseln; *to make ~s meet (fig)* zurechtkommen *(infml)*; *to see no further than the ~ of one's nose* nicht weiter sehen als seine Nase (reicht); *at our/your ~* bei uns/Ihnen; *how are things at your ~?* wie sieht es bei Ihnen aus?; *at the ~* (≈ *to conclude*) schließlich; *at/toward(s) the ~ of December* Ende/gegen Ende Dezember; *at the ~ of the war* am Ende des Krieges; *at the ~ of the book* am Schluss des Buches; *at the ~ of the day (fig)* letzten Endes; *as far as I'm concerned, that's the ~ of the matter!* für mich ist die Sache erledigt; *we shall never hear the ~ of it* das werden wir noch lange zu hören kriegen; *to be at an ~* zu Ende sein; *to be at the ~ of one's patience/strength* mit seiner Geduld/seinen Kräften am Ende sein; *to watch a film to the ~* einen Film bis zu Ende ansehen; *that's the ~ of him* er ist erledigt; *that's the ~ of that* das ist damit erledigt; *to bring to an ~* zu Ende bringen; *to come to an ~* zu Ende gehen; *to get to the ~ of the road/book* ans Ende der Straße/zum Schluss des Buches kommen; *in the ~* schließlich; *to put an ~ to sth* einer Sache *(dat)* ein Ende setzen; *he met a violent ~* er starb einen gewaltsamen Tod **2.** *(of candle, cigarette)* Stummel *m* **3.** *we met no ~ of famous people (esp Br)* wir trafen viele berühmte Leute; *it pleased her no ~ (esp Br)* das hat ihr irrsinnig gefallen *(infml)* **4.** (≈ *purpose*) Zweck *m*; *to what ~? (form)* zu welchem Zweck?; *an ~ in itself* Selbstzweck *no art* **II** *adj attr* letzte(r, s); *the ~ house* das letzte Haus **III** *v/t* beenden; *to ~ it all* (≈ *commit suicide*) Schluss machen **IV** *v/i* enden; *we ~ed with a song*

zum Schluss sangen wir ein Lied; *to be ~ing* zu Ende gehen; *to ~ by doing sth* schließlich etw tun; *to ~ in an "s"* enden; *an argument which ~ed in a fight* ein Streit, der mit einer Schlägerei endete ♦ **end up** *v/i* enden; *to ~ doing sth* schließlich etw tun; *to ~ (as) a lawyer* schließlich Rechtsanwalt werden; *to ~ (as) an alcoholic* als Alkoholiker enden; *we ended up at Joe's* wir landeten schließlich bei Joe *(infml)*; *you'll ~ in trouble* Sie werden noch Ärger bekommen

endanger *v/t* gefährden **endangered** *adj* vom Aussterben bedroht

endear *v/t* beliebt machen *(to bei)*; *to ~ oneself to sb* sich bei jdm beliebt machen **endearing** *adj* liebenswert **endearment** *n* **term of ~** Kosename *m*

endeavour, *(US)* **endeavor I** *n* Anstrengung *f*; *in an ~ to please her* um ihr eine Freude zu machen **II** *v/t* sich anstrengen

endemic *adj* endemisch; *~ to* endemisch in *(dat)*

endgame *n* Endspiel *nt* **ending** *n (of story)* Ausgang *m*; (≈ *last part*) Ende *nt*; *(of word)* Endung *f*; *a happy ~* ein Happy End

endive *n* Endiviensalat *m*

endless *adj* **1.** endlos; *variety* unendlich; *supply* unbegrenzt; *the list is ~* die Liste nimmt kein Ende **2.** (≈ *countless*) unzählig; *the possibilities are ~* es gibt unendlich viele Möglichkeiten **3.** *road* endlos (lang); *queue* endlos lang **endlessly** *adv* endlos

endorse *v/t* **1.** *cheque* indossieren **2.** *(Br JUR)* *I had my licence ~d* ich bekam einen Strafvermerk auf meinem Führerschein **3.** (≈ *approve*) billigen; *product, company* empfehlen **endorsement** *n (of opinion)* Billigung *f*; *(for product, company)* Empfehlung *f*

endow *v/t* **1.** *institution* eine Stiftung machen an (+*acc*) **2.** *(fig)* *to be ~ed with a natural talent for singing* ein sängerisches Naturtalent sein; *she's well ~ed (hum)* sie ist von der Natur reichlich ausgestattet (worden) **endowment** *n* Stiftung *f* **endowment mortgage** *n* Hypothek *f* mit Lebensversicherung **endowment policy** *n* Kapitallebensversicherung *f*

end product *n* Endprodukt *nt*; *(fig)* Produkt *nt* **end result** *n* Endergebnis *nt*

endurance *n* Durchhaltevermögen *nt* **endurance test** *n* Belastungsprobe *f* **endure I** *v/t* **1.** *pain* erleiden **2.** (≈ *put up with*) ertragen; **she can't ~ being laughed at** sie kann es nicht vertragen, wenn man über sie lacht **II** *v/i* bestehen **enduring** *adj* dauerhaft; *love, belief* beständig; *popularity* bleibend

end user *n* Endverbraucher(in) *m(f)* **endways, endwise** *adv* mit dem Ende zuerst; (≈ *end to end*) mit den Enden aneinander

enema *n* Einlauf *m*

enemy I *n* (*lit, fig*) Feind(in) *m(f)*; **to make enemies** sich (*dat*) Feinde machen; **he is his own worst ~** er schadet sich (*dat*) selbst am meisten **II** *adj attr* feindlich; *position* des Feindes

energetic *adj* energiegeladen; (≈ *active*) aktiv; (≈ *strenuous*) anstrengend; **to be very ~** viel Energie haben **energetically** *adv protest, work* energisch; *dance* voller Energie **energize** *v/t* (*fig*) *person* neue Energie geben (+*dat*)

energy *n* Energie *f*; **chocolate gives you ~** Schokolade gibt neue Energie; **to save one's ~ for sth** seine Kräfte für etw aufsparen **energy conservation** *n* Energieeinsparung *f* **energy-efficient** *adj* energiesparend **energy-saving** *adj* energiesparend; **~ measures** Energiesparmaßnahmen *pl* **energy tax** *n* Energiesteuer *f*

enforce *v/t* durchführen; *discipline* sorgen für; *decision, ban* durchsetzen; **the police ~ the law** die Polizei sorgt für die Einhaltung der Gesetze **enforcement** *n* Durchführung *f*

Eng. 1. *abbr of* **England 2.** *abbr of* **English** engl.

engage I *v/t* **1.** *worker* anstellen; *performer* engagieren; *lawyer* sich (*dat*) nehmen; **to ~ the services of sb** jdn anstellen/ engagieren; *of lawyer* sich (*dat*) jdn nehmen **2.** *attention* in Anspruch nehmen; **to ~ sb in conversation** jdn in ein Gespräch verwickeln **3.** AUTO **to ~ the clutch** (ein)kuppeln **II** *v/i* **to ~ in sth** sich an etw (*dat*) beteiligen; **to ~ in conversation** sich unterhalten; **to ~ with the enemy** MIL den Feind angreifen

engaged *adj* **1.** **~ (to be married)** verlobt (*to* mit); **to get** *or* **become ~ (to sb)** sich (mit jdm) verloben **2.** *toilet* besetzt **3.** (*form*) **to be otherwise ~** (*at present*) anderweitig beschäftigt sein; **to be ~ in sth**

mit etw beschäftigt sein; **to be ~ in doing sth** dabei sein, etw zu tun **engaged tone** *n* TEL Besetztzeichen *nt* **engagement** *n* **1.** (≈ *appointment*) Verabredung *f*; **a dinner ~** eine Verabredung zum Essen **2.** (≈ *betrothal*) Verlobung *f* **engagement ring** *n* Verlobungsring *m* **engaging** *adj person* angenehm; *character* einnehmend

engender *v/t* (*fig*) erzeugen

engine *n* **1.** Maschine *f*; (*of car, plane etc*) Motor *m* **2.** RAIL Lokomotive *f* **-engined** *adj suf* -motorig; **twin-engined** zweimotorig **engine driver** *n* (*Br*) Lok(omotiv)-führer(in) *m(f)*

engineer I *n* **1.** TECH Techniker(in) *m(f)*; (*with degree*) Ingenieur(in) *m(f)* **2.** (*US* RAIL) Lokführer(in) *m(f)* **II** *v/t* **1.** TECH konstruieren **2.** (*fig*) *campaign* organisieren; *downfall* einfädeln

engineering *n* TECH Technik *f*; (≈ *mechanical engineering*) Maschinenbau *m*; (≈ *engineering profession*) Ingenieurwesen *nt*; **a brilliant piece of ~** eine Meisterkonstruktion

England I *n* England *nt* **II** *adj attr* **the ~ team** die englische Mannschaft

English I *adj* englisch; **he is ~** er ist Engländer; **he's an ~ teacher** er ist Englischlehrer; (*full*) **~ breakfast** englisches Frühstück **II** *n* **1.** **the ~** *pl* die Engländer *pl* **2.** LING Englisch *nt*; (*as university subject*) Anglistik *f*; **can you speak ~?** können Sie Englisch?; **he doesn't speak ~** er spricht kein Englisch; **"English spoken"** „hier wird Englisch gesprochen"; **they were speaking ~** sie unterhielten sich auf Englisch; **he speaks very good ~** er spricht ein sehr gutes Englisch; **in ~** auf Englisch; **to translate sth into/from ~** etw ins Englische/aus dem Englischen übersetzen **English Channel** *n* Ärmelkanal *m*

Englishman *n* Engländer *m* **English muffin** *n* (*US* COOK) flaches Milchbrötchen, *das meist getoastet gegessen wird* **English speaker** *n* Englischsprachige(r) *m/f(m)* **English-speaking** *adj* englischsprachig

Englishwoman *n* Engländerin *f*

engrave *v/t metal etc* gravieren; *design* eingravieren **engraved** *adj glass, metal* graviert; *design, letter* eingraviert **engraving** *n* (≈ *copy*) (Kupfer-/Stahl)stich *m*; (*from wood*) Holzschnitt *m*; (≈ *de-*

sign) Gravierung *f*
engross *v/t* **to become ~ed in one's work** sich in seine Arbeit vertiefen; **to be ~ed in conversation** ins Gespräch vertieft sein **engrossing** *adj* fesselnd
engulf *v/t* verschlingen; **to be ~ed by flames** in Flammen stehen
enhance *v/t* verbessern; *price, value, chances* erhöhen
enigma *n* Rätsel *nt* **enigmatic** *adj*, **enigmatically** *adv* rätselhaft
enjoy I *v/t* genießen; *success* haben; *good health* sich erfreuen (+*gen*) (*elev*); **he ~s swimming** er schwimmt gern; **he ~ed writing the book** es hat ihm Freude gemacht, das Buch zu schreiben; **I ~ed the concert** das Konzert hat mir gefallen; **he ~ed the meal** das Essen hat ihm gut geschmeckt; **I didn't ~ it at all** es hat mir überhaupt keinen Spaß gemacht; **to ~ life** das Leben genießen; **did you ~ your meal?** hat Ihnen das Essen gefallen? **II** *v/r* **to ~ oneself** sich amüsieren; **~ yourself!** viel Spaß! **enjoyable** *adj* nett; *film, book* unterhaltsam; *evening* angenehm **enjoyment** *n* Vergnügen *nt*; **she gets a lot of ~ from reading** Lesen macht ihr großen Spaß
enlarge I *v/t* vergrößern; *hole* erweitern **II** *v/i* **to ~ (up)on sth** auf etw (*acc*) näher eingehen **enlargement** *n* PHOT Vergrößerung *f*
enlighten *v/t* aufklären (*on, as to, about* über +*acc*) **enlightened** *adj* aufgeklärt **enlightening** *adj* aufschlussreich **enlightenment** *n* **the Enlightenment** die Aufklärung
enlist I *v/i* sich melden (*in* zu) **II** *v/t* *recruits* einziehen; *support* gewinnen; **I had to ~ his help** ich musste seine Hilfe in Anspruch nehmen
enliven *v/t* beleben
en masse *adv* alle zusammen
enmity *n* Feindschaft *f*
enormity *n* **1.** *no pl* (*of action*) ungeheures Ausmaß **2.** (*of crime*) Ungeheuerlichkeit *f* **enormous** *adj* riesig; *person* (≈ *fat*) ungeheuer dick; (≈ *tall*) riesig groß; *quantity, effort, relief* ungeheuer; **he has ~ talent** er hat enorm viel Talent; **~ amounts of money** Unsummen *pl*; **an ~ amount of work** eine Unmenge Arbeit **enormously** *adv* (+*vb*) enorm; (+*adj*) ungeheuer
enough I *adj* genug; **~ sugar/apples** ge-

nug *or* genügend Zucker/Äpfel; **~ trouble/problems** genug Ärger/Probleme; **proof ~** Beweis genug **II** *pron* genug (*of* von); **I had not seen ~ of his work** ich hatte noch nicht genug von seiner Arbeit gesehen; **I hope it's ~** ich hoffe, es reicht; **two years was ~** zwei Jahre reichten; **this noise is ~ to drive me mad** dieser Lärm macht mich noch ganz verrückt; **one song was ~ to show he couldn't sing** ein Lied genügte, um zu zeigen, dass er nicht singen konnte; **I've got ~ to worry about** ich habe genug Sorgen; **~ is ~** was zu viel ist, ist zu viel; **~ said** mehr braucht man nicht zu sagen; **I've had ~** ich habe genug; (*in exasperation*) jetzt reichts mir aber (*infml*); **that's ~!** jetzt reicht es aber! **III** *adv* **1.** (≈ *sufficiently*) genug; **to be punished ~** genug bestraft sein; **he knows well ~ what I said** er weiß ganz genau, was ich gesagt habe **2. to be happy ~** einigermaßen zufrieden sein; **to be happy ~ to do sth** etw so weit ganz gern tun; **she sounded sincere ~** sie schien so weit ganz ehrlich; **is easy ~ to make them yourself** man kann sie ohne Weiteres selbst machen; **easily ~** ohne größere Schwierigkeiten **3.** *oddly or funnily ~* komischerweise
enquire *etc* = **inquire** *etc*
enrage *v/t* wütend machen
enrapture *v/t* entzücken, bezaubern
enrich *v/t* bereichern; *soil, food* anreichern **enriched** *adj* **~ with vitamins** mit Vitaminen angereichert
enrol, (*US*) **enroll I** *v/t* einschreiben; *members* aufnehmen; *schoolchild* (*parents*) anmelden **II** *v/i* sich einschreiben; (*for course, at school*) sich anmelden **enrolment**, (*US*) **enrollment** *n* Einschreibung *f*; (*for course, at school*) Anmeldung *f*; UNIV Immatrikulation *f*
en route *adv* unterwegs; **~ to/for/from** auf dem Weg zu/nach/von
ensemble *n* **1.** Ensemble *nt* **2.** (≈ *collection*) Ansammlung *f*
enshrine *v/t* (*fig*) bewahren
ensign *n* **1.** (≈ *flag*) Nationalflagge *f* **2.** (*US* NAUT) Fähnrich *m* zur See
enslave *v/t* zum Sklaven machen
ensnare *v/t* (*lit*) fangen; (*fig*) umgarnen
ensue *v/i* folgen (*from* aus) **ensuing** *adj* darauf folgend *attr*
en suite *adj* **~ room** Zimmer *nt* mit eigenem Bad

ensure *v/t* sicherstellen; (≈ *secure*) sichern; **will you ~ that I get a seat?** sorgen Sie dafür, dass ich einen Platz bekomme!

ENT *abbr of* **ear, nose and throat**; **~ department** HNO-Abteilung *f*

entail *v/t* mit sich bringen; *work* erforderlich machen; **what is ~ed in buying a house?** was ist zum Hauskauf alles erforderlich?; **this will ~ (my) buying a new car** das bringt mit sich *or* macht es erforderlich, dass ich mir ein neues Auto kaufen muss

entangle *v/t* **1. to become ~d in sth** sich in etw (*dat*) verfangen **2.** (≈ *get into a tangle*) **to become ~d** sich verwirren **3.** (*fig, in affair etc*) verwickeln (*in* in +*acc*)

enter I *v/t* **1.** (*towards speaker*) hereinkommen in (+*acc*); (*away from speaker*) hineingehen in (+*acc*); *building etc* betreten; (≈ *drive into*) *car park etc* einfahren in (+*acc*); *country* einreisen in (+*acc*); **the dispute is ~ing its fifth year** die Auseinandersetzung zieht sich jetzt schon ins fünfte Jahr hin; **the thought never ~ed my head** *or* **mind** so etwas wäre mir nie eingefallen **2.** (≈ *become a member of*) eintreten in (+*acc*); **to ~ the Church** Geistlicher werden; **to ~ a profession** einen Beruf ergreifen **3.** (≈ *record*) eintragen (*in* in +*acc*); IT eingeben; **to ~ sb's/one's name** jdn / sich eintragen **4.** (≈ *enrol, for exam etc*) anmelden **5.** (≈ *go in for*) *race* sich beteiligen an (+*dat*) **II** *v/i* **1.** (*towards speaker*) hereinkommen; (*away from speaker*) hineingehen; (≈ *walk in*) eintreten; (≈ *drive in*) einfahren **2.** THEAT auftreten **3.** (*for race, exam etc*) sich melden (*for* zu) **III** *n* IT *hit* **~** Enter drücken ♦ **enter into** *v/i* +*prep obj* **1.** *relations, negotiations* aufnehmen; *alliance* schließen; **to ~ conversation with sb** ein Gespräch mit jdm anknüpfen; **to ~ correspondence with sb** mit jdm in Briefwechsel treten **2.** (≈ *figure in*) eine Rolle spielen bei

enter key *n* IT Enter-Taste *f*

enterprise *n* **1.** *no pl* (≈ *initiative*) Initiative *f* **2.** (≈ *undertaking, firm*) Unternehmen *nt*; **private ~** privates Unternehmertum **enterprising** *adj person* einfallsreich

entertain I *v/t* **1.** (*to meal*) bewirten **2.** (≈ *amuse*) unterhalten; (*humorously*) be-

lustigen **3.** *thought* sich tragen mit; *suspicion* hegen; *hope* nähren **II** *v/i* Gäste haben **entertainer** *n* Entertainer(in) *m(f)*

entertaining I *adj* (≈ *fun*) unterhaltsam; (≈ *amusing*) amüsant **II** *n* die Bewirtung von Gästen; **she does a lot of ~** sie hat oft Gäste

entertainment *n* (≈ *amusement*) Unterhaltung *f*; (*professional*) Entertainment *nt* **entertainment industry** *n* Unterhaltungsindustrie *f*

enthral, (*US*) **enthrall** *v/t* begeistern **enthralling** *adj* spannend

enthuse *v/i* schwärmen (*over* von)**enthusiasm** *n* **1.** Begeisterung *f*; **she showed little ~ for the scheme** sie zeigte sich von dem Plan nicht sehr begeistert; **I can't work up any ~ for the idea** ich kann mich für die Idee nicht begeistern **2.** (≈ *passion*) Leidenschaft *f* **enthusiast** *n* Enthusiast(in) *m(f)*; **he's a rock-and-roll ~** er ist begeisterter Rock 'n' Roll-Anhänger **enthusiastic** *adj* begeistert; **he was very ~ about the plan** er war von dem Plan äußerst begeistert; **to be ~ about doing sth** etw mit Begeisterung tun**enthusiastically** *adv* begeistert

entice *v/t* locken; **to ~ sb to do sth** *or* **into doing sth** jdn dazu verleiten, etw zu tun; **to ~ sb away** jdn weglocken**enticing** *adj* verlockend

entire *adj* ganz; *cost, career* gesamt **entirely** *adv* **1.** ganz; **the accident was ~ the fault of the other driver** der andere Fahrer hatte die ganze Schuld an dem Unfall **2.** (*emph* ≈ *totally*) völlig; **I agree ~** ich stimme voll und ganz zu; **to be another matter ~** *or* **an ~ different matter** etwas ganz *or* völlig anderes sein**entirety** *n in its* **~** in seiner Gesamtheit

entitle *v/t* **1.** *it is ~d ...* es hat den Titel ... **2.** **to ~ sb to sth** jdn zu etw berechtigen; *to compensation etc* jdm den Anspruch auf etw (*acc*) geben; **to ~ sb to do sth** jdn dazu berechtigen, etw zu tun; **to be ~d to sth** das Recht auf etw (*acc*) haben; *to compensation etc* Anspruch auf etw (*acc*) haben; **I'm ~d to my own opinion** ich kann mir meine eigene Meinung bilden **entitlement** *n* Berechtigung *f* (*to* zu); (*to compensation etc*) Anspruch *m* (*to* auf +*acc*); **what is your hol-**

iday~*?* (*Br*) wie viel Urlaub steht Ihnen zu?

entity *n* Wesen *nt*

entourage *n* Entourage *f*

entrails *pl* (*lit*) Eingeweide *pl*

entrance[1] *v/t* in Entzücken versetzen; *to be* ~*d* verzückt sein; *to be* ~*d by/with sth* von etw entzückt sein

entrance[2] *n* **1.** (≈ *way in*) Eingang *m*; (*for vehicles*) Einfahrt *f* **2.** (≈ *entering, admission*) Eintritt *m* (*to* in +*acc*); THEAT Auftritt *m*; (*to club etc*) Zutritt *m* (*to* zu); *to make one's* ~ THEAT auftreten; (*fig*) erscheinen; *to gain* ~ *to a university* die Zulassung zu einer Universität erhalten **entrance examination** *n* Aufnahmeprüfung *f* **entrance fee** *n* (*for museum etc*) Eintrittsgeld *nt* **entrance hall** *n* Eingangshalle *f* **entrance qualifications** *pl* Zulassungsanforderungen *pl*

entrant *n* (*in contest*) Teilnehmer(in) *m(f)*; (*in exam*) Prüfling *m*

entreat *v/t* anflehen **entreaty** *n* dringende Bitte

entrée *n* (*Br* ≈ *starter*) Vorspeise *f*; (*esp US* ≈ *main course*) Hauptgericht *nt*

entrenched *adj* position unbeugsam; *belief, attitude* fest verwurzelt

entrepreneur *n* Unternehmer(in) *m(f)* **entrepreneurial** *adj* unternehmerisch

entrust *v/t* anvertrauen (*to sb* jdm); *to* ~ *a child to sb's care* ein Kind jds Obhut anvertrauen; *to* ~ *sb with a task* jdn mit einer Aufgabe betrauen; *to* ~ *sb with a secret* jdm ein Geheimnis anvertrauen

entry *n* **1.** (*into* in +*acc*) Eintritt *m*; (*by car etc*) Einfahrt *f*; (*into country*) Einreise *f*; *"no* ~*"* (*on door etc*) „Zutritt verboten"; (*on street*) „keine Einfahrt" **2.** (≈ *way in*) Eingang *m*; (*for vehicles*) Einfahrt *f* **3.** (*in diary, dictionary etc*) Eintrag *m*; *the dictionary has 30,000 entries* das Wörterbuch enthält 30.000 Stichwörter **4.** (*of competitor*) Meldung *f*; *the closing date for entries is Friday* der Einsendeschluss ist Freitag **entry form** *n* Anmeldeformular *nt* **entry permit** *n* Passierschein *m*; (*into country*) Einreiseerlaubnis *f* **entry phone** *n* Türsprechanlage *f* **entry visa** *n* Einreisevisum *nt* **entryway** *n* (*US*) Eingang *m*; (*for vehicles*) Einfahrt *f*

entwine *v/t* ineinanderschlingen

E number *n* E-Nummer *f*

enumerate *v/t* aufzählen

envelop *v/t* einhüllen; *flames* ~*ed the house* das Haus war von Flammen eingehüllt

envelope *n* (Brief)umschlag *m*

enviable *adj* beneidenswert **envious** *adj* neidisch; *to be* ~ *of sb/sth* auf jdn/etw neidisch sein **enviously** *adv* neidisch

environment *n* Umwelt *f*; (*of town etc, physical surroundings*) Umgebung *f*; (≈ *cultural surroundings*) Milieu *nt* **Environment Agency** *n* (*Br*) Umweltbehörde *f* **environmental** *adj* **1.** Umwelt-; ~ *disaster* Umweltkatastrophe *f*; ~ *expert* Umweltexperte *m*/-expertin *f*; ~ *impact* Auswirkung *f* auf die Umwelt **2.** (≈ *protecting the environment*) Umweltschutz-; ~ *group* Umweltschutzorganisation *f* **3.** (≈ *relating to surroundings*) umgebungsbedingt **environmentalism** *n* Umweltbewusstsein *nt* **environmentalist** *n* Umweltschützer(in) *m(f)* **environmentally** *adv* umwelt-; ~ *correct* umweltgerecht; ~ *conscious or aware* umweltbewusst; ~ *friendly/unfriendly* umweltfreundlich/-feindlich **Environmental Protection Agency** *n* (*US* ADMIN) ≈ Umweltministerium *nt* **environs** *pl* Umgebung *f*

envisage *v/t* sich (*dat*) vorstellen

envoy *n* Bote *m*, Botin *f*; (≈ *diplomat*) Gesandte(r) *m/f(m)*

envy I *n* Neid *m* **II** *v/t* beneiden; *to* ~ *sb sth* jdn um etw beneiden

enzyme *n* Enzym *nt*

ephemeral *adj* kurzlebig

epic I *adj* poetry episch; *novel* monumental; *performance, struggle* gewaltig; *journey* lang und abenteuerlich; ~ *film* Monumentalfilm *m* **II** *n* Epos *nt*

epicentre, (*US*) **epicenter** *n* Epizentrum *nt*

epidemic *n* Epidemie *f* (*also fig*)

epidural *n* Epiduralanästhesie *f*

epilepsy *n* Epilepsie *f* **epileptic I** *adj* epileptisch; ~ *fit* epileptischer Anfall; *he is* ~ er ist Epileptiker **II** *n* Epileptiker(in) *m(f)*

epilogue, (*US*) **epilog** *n* Epilog *m*

Epiphany *n* das Dreikönigsfest

episcopal *adj* bischöflich

episode *n* **1.** Episode *f*; (*of story,* TV, RADIO) Fortsetzung *f* **2.** (≈ *incident*) Vorfall *m* **episodic** *adj* episodenhaft

epistle *n* BIBLE Brief *m* (*to* an +*acc*)

epitaph *n* Epitaph *nt*
epithet *n* Beiname *m*
epitome *n* Inbegriff *m* (*of +gen*, an *+dat*)
epitomize *v/t* verkörpern
epoch *n* Epoche *f*
equal I *adj* gleich; *an ~ amount of land* gleich viel Land; *~ numbers of men and women* gleich viele Männer und Frauen; *to be ~ in size (to)* gleich groß sein (wie); *a is ~ to b* a ist gleich b; *an amount ~ to the purchase price* eine dem Kaufpreis entsprechende Summe; *other things being ~* wenn nichts dazwischenkommt; *~ opportunities* Chancengleichheit *f*; *~ rights for women* die Gleichberechtigung der Frau; *to be on ~ terms (with sb)* (mit jdm) gleichgestellt sein; *to be ~ to the task* der Aufgabe gewachsen sein; *to feel ~ to sth* sich zu etw imstande fühlen **II** *n* (*in rank*) Gleichgestellte(r) *m/f(m)*; *she is his ~* sie ist ihm ebenbürtig; *to treat sb as an ~* jdn als ebenbürtig behandeln; *to have no ~* nicht seinesgleichen haben; (≈ *be unsurpassed*) unübertroffen sein **III** *v/i* *three times three ~s nine* drei mal drei (ist) gleich neun; *let x ~ 3* x sei (gleich) 3 **IV** *v/t* (≈ *match, rival*) gleichkommen (*+dat*) **equality** *n* Gleichheit *f* **equalize** *v/i* SPORTS ausgleichen **equalizer** *n* 1. (*Br* SPORTS) Ausgleich *m*; FTBL *etc* Ausgleichstreffer *m*; *to score or get the ~* den Ausgleich erzielen 2. (*US hum infml* ≈ *gun*) Kanone *f* (*sl*) **equally** *adv* 1. *divide* gleichmäßig; *~ spaced* in gleichmäßigen Abständen; (*in time*) in regelmäßigen Abständen 2. (≈ *in the same way*) (*+adj*) genauso; *all foreigners should be treated ~* alle Ausländer sollten gleich behandelt werden **equals sign** *n* Gleichheitszeichen *nt*
equate *v/t* 1. (≈ *identify*) gleichsetzen 2. (≈ *treat as same*) auf die gleiche Stufe stellen equation *n* (MAT, *fig*) Gleichung *f*; *that doesn't even enter the ~* das steht doch überhaupt nicht zur Debatte
equator *n* Äquator *m*; *at the ~* am Äquator **equatorial** *adj* äquatorial, Äquatorial-
equestrian *adj* Reit-, Reiter-; *~ events* Reitveranstaltung *f*; (*tournament*) Reitturnier *nt*
equidistant *adj* gleich weit entfernt (*from* von)

equilateral *adj* gleichseitig
equilibrium *n* Gleichgewicht *nt*; *to keep/lose one's ~* das Gleichgewicht halten/verlieren
equinox *n* Tagundnachtgleiche *f*; *the spring ~* die Frühjahrs-Tagundnachtgleiche
equip *v/t army, person* ausrüsten; *kitchen* ausstatten; *he is well ~ped for the job* (*fig*) er hat das nötige Rüstzeug für die Stelle **equipment** *n no pl* (*of person*) Ausrüstung *f*; *laboratory ~* Laborausstattung *f*; *office ~* Büroeinrichtung *f*; *electrical ~* Elektrogeräte *pl*; *kitchen ~* Küchengeräte *pl*
equitable *adj*, **equitably** *adv* gerecht **equities** *pl* FIN Stammaktien *pl*
equivalent I *adj* 1. (≈ *equal*) gleichwertig; *that's ~ to saying ...* das ist gleichbedeutend damit, zu sagen ... 2. (≈ *corresponding*) entsprechend; *it is ~ to £30* das entspricht £ 30 **II** *n* Äquivalent *nt*; (≈ *counterpart*) Pendant *nt*; *that is the ~ of ...* das entspricht ... (*dat*); *what is the ~ in euros?* was ist der Gegenwert in Euro?; *the American ~ of ...* das amerikanische Pendant zu ...
equivocal *adj* (*form*) 1. *response* zweideutig; *position, results* unklar 2. *attitude* zwiespältig; *person* ambivalent **equivocate** *v/i* ausweichen
ER (*US*) *abbr of* *emergency room*
era *n* Ära *f*; GEOL Erdzeitalter *nt*; *the Christian ~* (die) christliche Zeitrechnung
eradicate *v/t* ausrotten **eradication** *n* Ausrottung *f*
erase *v/t* ausradieren; (*from tape*, IT) löschen **eraser** *n* Radiergummi *nt or m*
erect I *v/t building* bauen; *statue, memorial* errichten (*to sb* jdm); *scaffolding* aufstellen; *tent* aufschlagen; (*fig*) *barrier* errichten **II** *adj* 1. aufrecht; *to stand ~* gerade stehen; *to walk ~* aufrecht gehen 2. PHYSIOL *penis, nipples* steif **erection** *n* 1. (*of building*) (Er)bauen *nt*; (*of statue, memorial, barrier*) Errichten *nt* 2. PHYSIOL Erektion *f*
ergonomic *adj* ergonomisch
ERM *n abbr of* *Exchange Rate Mechanism*
ermine *n* Hermelin *m*
erode *v/t* auswaschen; (*fig*) *confidence, beliefs* untergraben; *authority* unterminieren

erogenous *adj* erogen
erosion *n* Erosion *f*; (*fig, of authority*) Unterminierung *f*
erotic *adj*, **erotically** *adv* erotisch **eroticism** *n* Erotik *f*
err *v/i* sich irren; **to ~ in one's judgement** sich in seinem Urteil irren; **it is better to ~ on the side of caution** man sollte im Zweifelsfall lieber zu vorsichtig sein
errand *n* (≈ *shopping etc*) Besorgung *f*; (*to give a message etc*) Botengang *m*; **to send sb on an ~** jdn auf Besorgungen/einen Botengang schicken
errant *adj* *ways* sündig; *husband etc* untreu
erratic *adj* unberechenbar; *progress, rhythm* ungleichmäßig; *performance* variabel; *movement* unkontrolliert; **to be (very) ~** (*figures*) (stark) schwanken; **~ mood swings** starke Stimmungsschwankungen *pl*; **his ~ driving** sein unberechenbarer Fahrstil
erroneous *adj* falsch; *assumption, belief* irrig **erroneously** *adv* fälschlicherweise
error *n* **1.** (≈ *mistake*) Fehler *m* **2.** (≈ *wrongness*) Irrtum *m*; **in ~** irrtümlicherweise; **to see the ~ of one's ways** seine Fehler einsehen **error message** *n* IT Fehlermeldung *f*
erudite *adj* gelehrt **erudition** *n* Gelehrsamkeit *f*
erupt *v/i* ausbrechen; (*fig*) explodieren; **her face had ~ed in spots** sie hatte im ganzen Gesicht Pickel bekommen **eruption** *n* Ausbruch *m*
escalate I *v/t war* ausweiten II *v/i* eskalieren; (*costs*) in die Höhe schnellen **escalation** *n* Eskalation *f* **escalator** *n* Rolltreppe *f*
escalope *n* Schnitzel *nt*
escapade *n* Eskapade *f*
escape I *v/i* **1.** fliehen (*from* aus); (*from pursuers, captivity*) entkommen (*from* +*dat*); (*from prison, cage etc*) ausbrechen (*from* aus); (*water*) auslaufen (*from* aus); (*gas*) ausströmen (*from* aus); **an ~d prisoner/tiger** ein entflohener Häftling/entsprungener Tiger; **he ~d from the fire** er ist dem Feuer entkommen; **to ~ from poverty** der Armut entkommen **2.** (≈ *be spared*) davonkommen II *v/t* **1.** *pursuers* entkommen (+*dat*) **2.** *consequences, disaster, detection* entgehen (+*dat*); **no department will ~ these cuts** keine Abteilung wird

von diesen Kürzungen verschont bleiben; **he narrowly ~d injury** er ist gerade noch unverletzt davongekommen; **he narrowly ~d being run over** er wäre um ein Haar überfahren worden; **but you can't ~ the fact that …** aber du kannst nicht abstreiten, dass … **3.** **his name ~s me** sein Name ist mir entfallen; **nothing ~s him** ihm entgeht nichts III *n* **1.** (*from prison etc*) Ausbruch *m*; (*from a country*) Flucht *f* (*from* aus); (*fig*) Flucht *f* (*from* vor); **to make one's ~** ausbrechen; **to have a miraculous ~** auf wunderbare Weise davonkommen; **there's no ~** (*fig*) es gibt keinen Ausweg **2.** (*of gas*) Ausströmen *nt*; **due to an ~ of gas** aufgrund ausströmenden Gases **3.** IT *hit ~* Escape drücken **escape attempt, escape bid** *n* Fluchtversuch *m* **escape chute** *n* (*on plane*) Notrutsche *f* **escape clause** *n* JUR Rücktrittsklausel *f* **escape key** *n* IT Escape-Taste *f* **escape route** *n* Fluchtweg *m* **escapism** *n* Wirklichkeitsflucht *f* **escapist** *adj* eskapistisch **escapologist** *n* Entfesselungskünstler(in) *m(f)*
eschew *v/t* (*old, liter*) scheuen, (ver)meiden
escort I *n* **1.** Geleitschutz *m*; (*vehicles etc*) Eskorte *f*; **under ~** unter Bewachung; **motorcycle ~** Motorradeskorte *f* **2.** (≈ *male companion*) Begleiter *m*; (≈ *hired female*) Hostess *f* II *v/t* begleiten **escort agency** *n* Hostessenagentur *f*
Eskimo (*pej*) I *adj* Eskimo-, eskimoisch II *n* Eskimo *m*, Eskimofrau *f*
ESL *abbr of* **English as a Second Language**
esophagus *n* (*esp US*) = **oesophagus**
esoteric *adj* esoterisch
esp. *abbr of* **especially** bes.
especial *adj* besondere(r, s)
especially *adv* **1.** (≈ *particularly*) besonders; **not ~** nicht besonders; (*more*) **~ as …** vor allem, weil …; **~ in summer** vor allem im Sommer; **why Jim ~?** warum gerade Jim? **2.** (≈ *specifically*) eigens; **I came ~ to see you** ich bin eigens gekommen, um dich zu sehen; **to do sth ~ for sb/sth** etw speziell für jdn/etw tun
espionage *n* Spionage *f*
esplanade *n* (Strand)promenade *f*
espresso *n* ~ (**coffee**) Espresso *m*
esquire *n* (*Br*) **James Jones, Esq** Herrn James Jones

essay *n* Essay *m or nt*; *esp* SCHOOL Aufsatz *m*

essence *n* **1.** Wesen *nt*; *in* ~ im Wesentlichen; *time is of the* ~ Zeit ist von entscheidender Bedeutung; *the novel captures the* ~ *of life in the city* der Roman fängt das Leben in der Stadt perfekt ein **2.** CHEM, COOK Essenz *f* **essential I** *adj* **1.** (≈ *vital*) unbedingt notwendig; *services, supplies* lebenswichtig; *it is* ~ *to act quickly* schnelles Handeln ist unbedingt erforderlich; *it is* ~ *that you understand this* du musst das unbedingt verstehen; ~ *for good health* für die Gesundheit unerlässlich **2.** (≈ *basic*) wesentlich; *question, role* entscheidend; *I don't doubt his* ~ *goodness* ich zweifle nicht an, dass er im Grunde ein guter Mensch ist **II** *n just bring the* ~*s* bring nur das Allernotwendigste mit; *with only the bare* ~*s* nur mit dem Allernotwendigsten ausgestattet; *the* ~*s of German grammar* die Grundlagen *pl* der deutschen Grammatik **essentially** *adv* (≈ *fundamentally*) im Wesentlichen; (≈ *basically*) im Grunde genommen

est. 1. *abbr of* **established** gegr. **2.** *abbr of* **estimated**

establish I *v/t* **1.** (≈ *found*) gründen; *relations* aufnehmen; *links* anknüpfen; *peace* stiften; *order* (wieder) herstellen; *reputation* sich (*dat*) verschaffen **2.** (≈ *prove*) beweisen; *we have* ~*ed that* ... wir haben bewiesen *or* gezeigt, dass ... **3.** *identity, facts* ermitteln **II** *v/r* sich etablieren; *he has now firmly* ~*ed himself in the company* er ist jetzt in der Firma fest etabliert **established** *adj* etabliert; *it's an* ~ *practice or custom* es ist allgemein üblich; *well* ~ *as sth* (≈ *recognized*) allgemein als etw anerkannt; *it's an* ~ *fact that* ... es steht fest, dass ...; ~ *1850* COMM *etc* gegründet 1850 **establishment** *n* **1.** (*of relations, links*) Aufnahme *f*; (*of company*) Gründung *f* **2.** (≈ *institution etc*) Institution *f*; *commercial* ~ kommerzielles Unternehmen **3.** *the* **Establishment** das Establishment

estate *n* **1.** (≈ *land*) Gut *nt*; *country* ~ Landgut *nt*; *family* ~ Familienbesitz *m* **2.** (JUR ≈ *possessions of deceased*) Nachlass *m*; *to leave one's* ~ *to sb* jdm seinen ganzen Besitz vermachen *or* hinterlassen **3.** (*esp Br* ≈ *housing estate*) Siedlung

f; (≈ *trading estate*) Industriegelände *nt* **estate agent** *n* (*Br*) Immobilienmakler(in) *m(f)* **estate car** *n* (*Br*) Kombi (-wagen) *m*

esteem I *v/t person* hoch schätzen **II** *n* Wertschätzung *f*; *to hold sb/sth in* (*high*) ~ jdn/etw (hoch) schätzen; *to be held in great* ~ sehr geschätzt werden; *he went down in my* ~ er ist in meiner Achtung gesunken

esthete *etc* (*esp US*) *n* = **aesthete** *etc*

estimable *adj* schätzenswert

estimate I *n* **1.** Schätzung *f*; *it is just an* ~ das ist nur geschätzt; *at a rough* ~ grob geschätzt **2.** (COMM, *of cost*) (Kosten)voranschlag *m*; *to get an* ~ einen (Kosten)voranschlag einholen **II** *v/t* schätzen; *his wealth is* ~*d at* ... sein Vermögen wird auf ... geschätzt; *I* ~ *she must be 40* ich schätze sie auf 40 **estimation** *n* **1.** Einschätzung *f* **2.** (≈ *esteem*) Achtung *f*; *he went up/down in my* ~ er ist in meiner Achtung gestiegen/gesunken

Estonia *n* Estland *nt* **Estonian I** *adj* estnisch **II** *n* **1.** Este *m*, Estin *f* **2.** LING Estnisch *nt*

estrange *v/t they are* ~*d* (*married couple*) sie haben sich auseinandergelebt; *his* ~*d wife* seine von ihm getrennt lebende Frau

estrogen *n* (*US*) = **oestrogen**

estuary *n* Mündung *f*

ET (*US*) *abbr of* **Eastern Time** Ostküstenzeit *f*

ETA *abbr of* **estimated time of arrival** voraussichtliche Ankunft

e-tailer *n* E-Tailer *m*, elektronischer Einzelhändler

etc. *abbr of* **et cetera** etc., usw. **etcetera** *adv* und so weiter, et cetera

etch I *v/i* ätzen; (*in copper*) in Kupfer stechen; (*in other metals*) radieren **II** *v/t* ätzen; (*in copper*) in Kupfer stechen; (*in other metals*) radieren; *the event was* ~*ed on her mind* das Ereignis hatte sich ihr ins Gedächtnis eingegraben **etching** *n* Ätzung *f*; (*in copper*) Kupferstich *m*; (*in other metals*) Radierung *f*

eternal *adj* **1.** (≈ *everlasting*) ewig **2.** (≈ *incessant*) endlos **eternally** *adv* ewig; *optimistic* immer; *to be* ~ *grateful* (*to sb/ for sth*) (jdm/für etw) ewig dankbar sein **eternity** *n* Ewigkeit *f*; REL das ewige Leben

ether *n* (CHEM, *poet*) Äther *m* **ethereal** *adj*

ätherisch
ethic n Ethik f **ethical** adj (≈ morally right) ethisch attr; (of ethics) Moral-; **it is not ~ to ...** es ist unethisch, zu ... **ethically** adv ethisch; (≈ with correct ethics) ethisch einwandfrei **ethics** n **1.** sg (≈ system) Ethik f **2.** pl (≈ morality) Moral f
Ethiopia n Äthiopien nt
ethnic adj **1.** (≈ racial) ethnisch; **~ violence** Rassenkrawalle pl; **~ Germans** Volksdeutsche pl **2.** clothes folkloristisch; **~ music** Folklore f **ethnically** adv ethnisch **ethnic cleansing** n (euph) ethnische Säuberung
ethos n Ethos nt
e-ticket n E-Ticket nt
etiquette n Etikette f
etymological adj, **etymologically** adv etymologisch **etymology** n Etymologie f
EU abbr of **European Union** EU f
eucalyptus n Eukalyptus m
Eucharist n ECCL Abendmahlsgottesdienst m; **the~** das (heilige) Abendmahl
eulogy n Lobesrede f
eunuch n Eunuch m
euphemism n Euphemismus m **euphemistic** adj euphemistisch **euphemistically** adv euphemistisch, verhüllend; **to be ~ described/known as ...** beschönigend als ... bezeichnet werden/bekannt sein
euphoria n Euphorie f **euphoric** adj euphorisch
Eurasian I adj eurasisch **II** n Eurasier(in) m(f)
euro n Euro m **eurocentric** adj eurozentrisch **Eurocheque**, (US) **Eurocheck** n Eurocheque m **Eurocrat** n Eurokrat(in) m(f) **Euro MP** n (infml) Europaabgeordnete(r) m/f(m)
Europe n Europa nt
European I adj europäisch **II** n Europäer(in) m(f) **European Central Bank** n Europäische Zentralbank **European Commission** n Europäische Kommission **European Community** n Europäische Gemeinschaft **European Convention** n EU-Konvent m **European Council** n Europäischer Rat **European Court of Justice** n Europäischer Gerichtshof **European Economic Community** n Europäische Wirtschaftsgemeinschaft **European Investment Bank** n Europäische Investitionsbank **European Mon-**

etary System n Europäisches Währungssystem **European Monetary Union** n Europäische Währungsunion **European Parliament** n Europäisches Parlament
European Union n Europäische Union
Euro-sceptic n Euroskeptiker(in) m(f) **euro zone** n Eurozone f
euthanasia n Euthanasie f
evacuate v/t räumen; women, children evakuieren (from aus, to nach) **evacuation** n Räumung f; (of women, children) Evakuierung f **evacuee** n Evakuierte(r) m/f(m)
evade v/t blow, question ausweichen (+dat); pursuit, pursuers entkommen (+dat); justice, capture sich entziehen (+dat); **to ~ taxes** Steuern hinterziehen
evaluate v/t house, worth etc schätzen (at auf +acc); damages festsetzen (at auf +acc); chances, performance beurteilen; evidence, results auswerten **evaluation** n (of house, worth etc) Schätzung f; (of chances, performance) Beurteilung f; (of evidence, results) Auswertung f
evangelic(al) adj evangelikal **evangelist** n (≈ preacher) Prediger(in) m(f)
evaporate v/i **1.** (liquid) verdunsten **2.** (fig) sich in Luft auflösen; (hopes) sich zerschlagen **evaporated milk** n Kondensmilch f
evasion n (of question etc) Ausweichen nt (of vor +dat); (of tax) Hinterziehung f **evasive** adj ausweichend; **they were ~ about it** sie redeten drum herum; **to take ~ action** ein Ausweichmanöver machen **evasively** adv ausweichend
eve n Vorabend m; **on the ~ of** am Vorabend von or +gen
even I adj **1.** surface eben **2.** (≈ regular) gleichmäßig **3.** quantities, values gleich; **they are an ~ match** sie sind einander ebenbürtig; **I will get ~ with you for that** das werde ich dir heimzahlen; **that makes us ~** (fig) damit sind wir quitt; **he has an ~ chance of winning** seine Gewinnchancen stehen fifty-fifty (infml); **to break ~** die Kosten decken **4.** number gerade **II** adv **1.** sogar; **it'll be difficult, impossible ~** das wird schwierig sein, wenn nicht (so)gar unmöglich **2.** (with comp adj) sogar noch; **that's ~ better** das ist sogar (noch) besser **3.** (with neg) **not ~** nicht einmal; **without ~ a smile** ohne auch nur zu lä-

cheln **4.** ~ *if* selbst wenn; ~ *though* obwohl; *but* ~ *then* aber sogar dann; ~ *so* (aber) trotzdem ◆ *even out* **I** *v/i* (*prices*) sich einpendeln **II** *v/t sep that should even things out a bit* dadurch müsste ein gewisser Ausgleich erzielt werden ◆ *even up* **I** *v/t sep that will even things up* das wird die Sache etwas ausgleichen **II** *v/i can we ~ later?* können wir später abrechnen?

even-handed *adj*, **even-handedly** *adv* gerecht, fair

evening *n* Abend *m*; *in the ~* abends, am Abend; *this/tomorrow/yesterday* ~ heute / morgen / gestern Abend; *on the* ~ an jenem Abend; *on the ~ of the twenty-ninth* am Abend des 29.; *one ~ as I ...* eines Abends, als ich ...; *every Monday ~* jeden Montagabend; *all* ~ den ganzen Abend (lang) **evening class** *n* Abendkurs *m*; *to go to or take ~es or an ~ in French* einen Abendkurs in Französisch besuchen **evening dress** *n* (*men's*) Abendanzug *m*; (*women's*) Abendkleid *nt* **evening gown** *n* Abendkleid *nt* **evening paper** *n* Abendzeitung *f* **evening wear** *n* Abendkleidung *f*

evenly *adv* gleichmäßig; *divide* in gleiche Teile; *the contestants were ~ matched* die Gegner waren einander ebenbürtig; *your weight should be ~ balanced* (*between your two feet*) Sie sollten Ihr Gewicht gleichmäßig (auf beide Füße) verteilen; *public opinion seems to be ~ divided* die öffentliche Meinung scheint in zwei gleich große Lager gespalten zu sein **evenness** *n* (*of ground*) Ebenheit *f*

evensong *n* Abendgottesdienst *m*

event *n* **1.** (≈ *happening*) Ereignis *nt*; *in the normal course of ~s* normalerweise **2.** (≈ *organized function*) Veranstaltung *f*; SPORTS Wettkampf *m* **3.** *in the ~ of her death* im Falle ihres Todes; *in the ~ of fire* im Brandfall; *in the unlikely ~ that ...* falls, was sehr unwahrscheinlich ist, ...; *in any ~ I can't give you my permission* ich kann dir jedenfalls nicht meine Erlaubnis geben; *at all ~s* auf jeden Fall **eventful** *adj* ereignisreich

eventual *adj he predicted the ~ fall of the government* er hat vorausgesagt, dass die Regierung am Ende *or* schließlich zu Fall kommen würde; *the ~ success of the project is not in doubt* es besteht kein Zweifel, dass das Vorhaben letzten Endes Erfolg haben wird; *he lost to the ~ winner* er verlor gegen den späteren Gewinner **eventuality** *n* Eventualität *f*; *be ready for any ~* sei auf alle Eventualitäten gefasst **eventually** *adv* schließlich; (≈ *one day*) eines Tages; (≈ *in the long term*) auf lange Sicht

ever *adv* **1.** je(mals); *not ~* nie; *nothing ~ happens* es passiert nie etwas; *it hardly ~ snows here* hier schneit es kaum (jemals); *if I ~ catch you doing that again* wenn ich dich noch einmal dabei erwische; *seldom, if ~* selten, wenn überhaupt; *he's a rascal if ~ there was one* er ist ein richtig gehender kleiner Halunke; *don't you ~ say that again!* sag das ja nie mehr!; *have you ~ been to Glasgow?* bist du schon einmal in Glasgow gewesen?; *did you ~ see or have you ~ seen anything so strange?* hast du schon jemals so etwas Merkwürdiges gesehen?; *more beautiful than ~* (*before*) schöner denn je (zuvor); *the first ... ~* der *etc* allererste ...; *I'll never, ~ forgive myself* das werde ich mir nie im Leben verzeihen **2.** ~ *since I was a boy* seit ich ein Junge war; ~ *since I have lived here ...* seitdem ich hier lebe ...; ~ *since* (*then*) seitdem; *for ~* für immer; *it seemed to go on for ~* es schien ewig zu dauern; ~ *increasing power* ständig wachsende Macht; *an ~ present feeling* ein ständiges Gefühl; *all she ~ does is complain* sie tut nichts anderes als sich ständig zu beschweren **3.** *she's the best grandmother ~* sie ist die beste Großmutter, die es gibt; *what ~ shall we do?* was sollen wir bloß machen?; *why ~ not?* warum denn bloß nicht? **4.** (*infml*) ~ *so/such* unheimlich; ~ *so slightly drunk* ein ganz klein wenig betrunken; *he's ~ such a nice man* er ist ein ungemein netter Mensch; *I am ~ so sorry* es tut mir schrecklich leid; *thank you ~ so much* ganz herzlichen Dank

Everest *n* (*Mount*) ~ der (Mount) Everest **evergreen** **I** *adj* immergrün **II** *n* Nadelbaum *m* **everlasting** *adj* ewig; *to his ~ shame* zu seiner ewigen Schande **evermore** *adv* (*liter*) auf immer und ewig; *for ~* in alle Ewigkeit

every *adj* **1.** jede(r, s); *you must examine ~ one* Sie müssen jeden (Einzelnen) un tersuchen; **~ man for himself** jeder für sich; **in ~ way** (≈ *in all respects*) in jeder Hinsicht; **he is ~ bit as clever as his brother** er ist ganz genauso schlau wie sein Bruder; **~ single time I** ... immer wenn ich ...; **~ fifth day, ~ five days** alle fünf Tage; **write on ~ other page** bitte jede zweite Seite beschreiben; **one in ~ twenty people** jeder zwanzigste Mensch; **~ so often, ~ once in a while, ~ now and then** or **again** ab und zu; hits **~ word** jedes Wort, das er sagte **2. I have ~ confidence in him** ich habe volles Vertrauen zu ihm; **I have/there is ~ hope that** ... ich habe allen Grund/es besteht aller Grund zu der Hoffnung, dass ...; **there was ~ prospect of success** es bestand alle Aussicht auf Erfolg

everybody *pron* jeder(mann), alle *pl*; **~ has finished** alle sind fertig; **it's not ~ who can afford a big house** nicht jeder kann sich (*dat*) ein großes Haus leisten

everyday *adj* (all)täglich; **~ clothes** Alltagskleidung *f*; **to be an ~ occurrence** (all)täglich vorkommen; **for ~ use** für den täglichen Gebrauch; **~ life** der Alltag

everyone *pron* = **everybody**

everything *n* alles; **~ possible** alles Mögliche; **~ you have** alles, was du hast; **is ~ all right?** ist alles in Ordnung?; **money isn't ~** Geld ist nicht alles

everywhere *adv* überall; (*with direction*) überallhin; **from ~** von überallher; **~ you look there's a mistake** wo man auch hinsieht, findet man Fehler

evict *v/t* zur Räumung zwingen (*from* +*gen*); **they were ~ed** sie wurden zum Verlassen ihrer Wohnung gezwungen **eviction** *n* Ausweisung *f* **eviction order** *n* Räumungsbefehl *m*

evidence *n* **1.** Beweis *m*, Beweise *pl*; **there is no ~ that** ... es deutet nichts darauf hin, dass ... **2.** JUR Beweismaterial *nt*; (*object etc*) Beweisstück *nt*; (≈ *testimony*) Aussage *f*; **we haven't got any ~** wir haben keinerlei Beweise; **for lack of ~** aus Mangel an Beweisen; **all the ~ was against him** alles sprach gegen ihn; **to give ~** aussagen **3. to be in ~** sichtbar sein **evident** *adj*, **evidently** *adv* offensichtlich

evil I *n* **1.** Böse(s) *nt* **2.** (≈ *bad thing or activity*) Übel *nt*; **the lesser/greater of two ~s** das kleinere/größere Übel **II**

adj person, spell böse; *influence, reputation* schlecht; *place* verhext; **~ deed** Übeltat *f*; **with ~ intent** mit or aus böser Absicht

evocative *adj* atmosphärisch; **to be ~ of sth** etw heraufbeschwören **evoke** *v/t* heraufbeschwören; *response* hervorrufen **evolution** *n* Evolution *f* **evolutionary** *adj* evolutionär; **~ theory** Evolutionstheorie *f* **evolve I** *v/t* entwickeln **II** *v/i* sich entwickeln

ewe *n* Mutterschaf *nt*

ex *n* (*infml*) Verflossene(r) *m/f(m)* (*infml*) **ex-** *pref* ehemalig, Ex-; **~wife** Exfrau *f*

exacerbate *v/t pain, problem* verschlimmern; *situation* verschärfen

exact I *adj* genau; **to be ~ about sth** etw genau darlegen; **do you have the ~ amount?** haben Sie es passend?; **until this ~ moment** bis genau zu diesem Augenblick; **the ~ same thing** genau das Gleiche; **he's 47 to be ~** er ist 47, um genau zu sein **II** *v/t* (*form*) *money, revenge* fordern; *payment* eintreiben **exacting** *adj person, task* anspruchsvoll; *standards* hoch **exactly** *adv* genau; **I wanted to know ~ where my mother was buried** ich wollte genau wissen, wo meine Mutter begraben war; **that's ~ what I was thinking** genau das habe ich auch gedacht; **at ~ five o'clock** um Punkt fünf Uhr; **at ~ 9.43 a.m./the right time** genau um 9.43 Uhr/zur richtigen Zeit; **I want to get things ~ right** ich will es ganz richtig machen; **who ~ will be in charge?** wer wird eigentlich die Verantwortung haben?; **you mean we are stuck?** — **~** wir sitzen also fest? — stimmt genau; **is she sick?** — **not ~** ist sie krank? — eigentlich nicht; **not ~** (*iron* ≈ *hardly*) nicht gerade **exactness** *n* Genauigkeit *f*

exaggerate I *v/t* **1.** übertreiben; **he ~d what really happened** er hat das, was wirklich geschehen war, übertrieben dargestellt **2.** *effect* verstärken **II** *v/i* übertreiben **exaggerated** *adj* übertrieben **exaggeration** *n* Übertreibung *f*; **a bit of an ~** leicht übertrieben

exaltation *n* (≈ *feeling*) Begeisterung *f* **exalted** *adj position, style* hoch

exam *n* Prüfung *f* **examination** *n* **1.** SCHOOL, UNIV *etc* Prüfung *f*; **geography ~** Geografieprüfung *f* **2.** (≈ *inspection*)

Untersuchung f; (of machine, premises, passports) Kontrolle f; **the matter is still under ~** die Angelegenheit wird noch geprüft or untersucht; **she underwent a thorough ~** sie wurde gründlich untersucht **3.** (JUR, of witness) Verhör nt; (of case, documents) Untersuchung f **examine** v/t **1.** (for auf +acc) untersuchen; documents, accounts prüfen; machine, passports, luggage kontrollieren; **you need (to have) your head ~d** (infml) du solltest dich mal auf deinen Geisteszustand untersuchen lassen **2.** pupil, candidate prüfen (in in +dat, on über +acc) **3.** JUR witness verhören **examiner** n SCHOOL, UNIV Prüfer(in) m(f)

example n Beispiel nt; **for ~** zum Beispiel; **to set a good ~** ein gutes Beispiel geben; **to follow sb's ~** jds Beispiel folgen; **to take sth as an ~** sich (dat) an etw ein Beispiel nehmen; **to make an ~ of sb** an jdm ein Exempel statuieren

exasperate v/t zur Verzweiflung bringen; **to become or get ~d** verzweifeln (with an +dat) **exasperating** adj ärgerlich; delay, job leidig attr; person nervig (infml); **it's so ~ not to be able to buy a newspaper** es ist wirklich zum Verzweifeln, dass man keine Zeitung bekommen kann **exasperation** n Verzweiflung f (with über +acc)

excavate v/t ground ausschachten; (machine) ausbaggern; ARCHEOL site Ausgrabungen machen auf (+dat) **excavation** n **1.** ARCHEOL (Aus)grabung f; **~s** (≈ site) Ausgrabungsstätte f **2.** (of tunnel etc) Graben m **excavator** n (≈ machine) Bagger m

exceed v/t **1.** (in value, amount) übersteigen (by um); **to ~ 5 kilos in weight** das Gewicht von 5 kg übersteigen; **a fine not ~ing £500** eine Geldstrafe bis zu £ 500 **2.** (≈ go beyond) hinausgehen über (+acc); expectations übertreffen; limits, powers überschreiten **exceedingly** adv (+adj, adv) äußerst

excel I v/i sich auszeichnen II v/t **to ~ oneself** (often iron) sich selbst übertreffen **excellence** n hervorragende Qualität; **academic ~** höchste wissenschaftliche Qualität **Excellency** n **Your/His ~** Eure/Seine Exzellenz

excellent adj, **excellently** adv hervorragend

except I prep außer (+dat); **what can**

they do ~ wait? was können sie (anders) tun als warten?; **~ for** abgesehen von; **~ that ...** außer dass ...; **~ for the fact that** abgesehen davon, dass ...; **~ if** es sei denn(, dass); **~ when** außer wenn II cj (≈ only) doch III v/t ausnehmen **excepting** prep außer; **not ~ X** X nicht ausgenommen

exception n **1.** Ausnahme f; **to make an ~** eine Ausnahme machen; **with the ~ of** mit Ausnahme von; **this case is an ~ to the rule** dieser Fall ist eine Ausnahme; **the ~ proves the rule** (prov) Ausnahmen bestätigen die Regel (prov); **sb/sth is no ~** jd/etw ist keine Ausnahme **2. to take ~ to sth** Anstoß m an etw (dat) nehmen **exceptional** adj außergewöhnlich; **of ~ quality** außergewöhnlich gut; **~ case** Ausnahmefall m; **in ~ cases, in or under ~ circumstances** in Ausnahmefällen **exceptionally** adv außergewöhnlich

excerpt n Auszug m

excess I n **1.** Übermaß nt (of an +dat); **to drink to ~** übermäßig trinken; **he does everything to ~** er übertreibt bei allem; **to be in ~ of** hinausgehen über (+acc); **a figure in ~ of ...** eine Zahl über (+dat) ... **2. excesses** pl Exzesse pl; (drinking, sex etc) Ausschweifungen pl **3.** (≈ amount left over) Überschuss m II adj überschüssig; **~ fat** Fettpolster nt **excess baggage** n Übergewicht nt **excessive** adj übermäßig; price, profits, speed überhöht; demands übertrieben; **~ amounts of** übermäßig viel; **~ drinking** übermäßiger Alkoholgenuss **excessively** adv (+vb) übermäßig; drink zu viel; (+adj) allzu **excess weight** n Übergewicht nt

exchange I v/t books, glances, seats tauschen; foreign currency wechseln (for in +acc); information, views, phone numbers austauschen; **to ~ words** einen Wortwechsel haben; **to ~ letters** einen Briefwechsel führen; **to ~ greetings** sich grüßen; **to ~ insults** sich gegenseitig beleidigen; **to ~ one thing for another** eine Sache gegen eine andere austauschen or (in Laden) umtauschen II n **1.** (of prisoners, views) Austausch m; (of one bought item for another) Umtausch m; **in ~** dafür; **in ~ for money** gegen Geld; **in ~ for lending me your car** dafür, dass Sie mir Ihr Auto geliehen haben **2.** ST EX Börse f

3. (*telephone*) ~ Fernamt *nt* **exchange rate** *n* Wechselkurs *m* **Exchange Rate Mechanism** *n* FIN Wechselkursmechanismus *m* **exchange student** *n* Austauschstudent(in) *m(f)*

exchequer *n* Finanzministerium *nt*

excise duties *pl* (*Br*), **excise tax** *n* (*US*) Verbrauchssteuern *pl*

excitable *adj* leicht erregbar **excite** *v/t* **1.** aufregen; (≈ *rouse enthusiasm in*) begeistern; **the whole village was ~d by the news** das ganze Dorf war über die Nachricht in Aufregung **2.** *passion, desire* erregen; *interest, curiosity* wecken

excited *adj* aufgeregt; (≈ *agitated*) erregt; (≈ *enthusiastic*) begeistert; **to be ~ that...** begeistert darüber sein, dass ...; **to be ~ about sth** von etw begeistert sein; (≈ *looking forward*) sich auf etw (*acc*) freuen; **to become** *or* **get ~** (*about sth*) sich (über etw *acc*) aufregen; **to get ~** (*sexually*) erregt werden; **it was nothing to get ~ about** es war nichts Besonderes **excitedly** *adv* aufgeregt **excitement** *n* Aufregung *f*; **there was great ~ when ...** es herrschte große Aufregung, als ...; **what's all the ~ about?** wozu die ganze Aufregung?; **his novel has caused great ~** sein Roman hat große Begeisterung ausgelöst

exciting *adj* aufregend; *player* sensationell; *prospect* reizvoll; (≈ *full of suspense*) spannend

excl 1. *abbr of* **excluding 2.** *abbr of* **exclusive** exkl.

exclaim I *v/i* **he ~ed in surprise when he saw it** er schrie überrascht auf, als er es sah **II** *v/t* ausrufen **exclamation** *n* Ausruf *m* **exclamation mark**, (*US*) **exclamation point** *n* Ausrufezeichen *nt*

exclude *v/t* ausschließen; **to ~ sb from the team/an occupation** jdn aus der Mannschaft/von einer Beschäftigung ausschließen; **to ~ a child from school** ein Kind vom Schulunterricht ausschließen; **to ~ sb from doing sth** jdn davon ausschließen, etw zu tun; **£200 excluding VAT** (*Br*) £ 200 ohne Mehrwertsteuer; **everything excluding the house** alles ausgenommen das Haus **exclusion** *n* Ausschluss *m* (*from* von); **she thought about her job to the ~ of everything else** sie dachte ausschließlich an ihre Arbeit **exclusive I** *adj* **1.** exklusiv; *use* alleinig; **~ interview** Exklusivinterview *nt*; **~ offer** Exklusivangebot *nt*; **~ rights to sth** Alleinrechte *pl* an etw (*dat*); PRESS Exklusivrechte *pl* an etw (*dat*) **2.** (≈ *not inclusive*) exklusive *inv*; **they are mutually ~** sie schließen einander aus **II** *n* (PRESS ≈ *story*) Exklusivbericht *m*; (≈ *interview*) Exklusivinterview *nt* **exclusively** *adv* ausschließlich; PRESS exklusiv

excommunicate *v/t* exkommunizieren

excrement *n* Kot *m* **excrete** *v/t* ausscheiden

excruciating *adj* unerträglich; *sight, experience* fürchterlich; **I was in ~ pain** ich hatte unerträgliche Schmerzen

excursion *n* Ausflug *m*; **to go on an ~** einen Ausflug machen

excusable *adj* verzeihlich

excuse I *v/t* **1.** (≈ *seek to justify*) entschuldigen; **he ~d himself for being late** er entschuldigte sich, dass er zu spät kam **2.** (≈ *pardon*) **to ~ sb** jdm verzeihen; **to ~ sb for having done sth** jdm verzeihen, dass er etw getan hat; **~ me for interrupting** entschuldigen Sie bitte die Störung; **~ me!** Entschuldigung!; (*indignant*) erlauben Sie mal! **3. to ~ sb from (doing) sth** jdm etw erlassen; **you are ~d** (*to children*) ihr könnt gehen; **can I be ~d?** darf ich mal verschwinden (*infml*)?; **and now if you will ~ me I have work to do** und nun entschuldigen Sie mich bitte, ich habe zu arbeiten **II** *n* **1.** (≈ *justification*) Entschuldigung *f*; **they had no ~ for attacking him** sie hatten keinen Grund, ihn anzugreifen; **to give sth as an ~** etw zu seiner Entschuldigung vorbringen **2.** (≈ *pretext*) Ausrede *f*; **to make ~s for sb/sth** jdn/etw entschuldigen; **I have a good ~ for not going** ich habe eine gute Ausrede, warum ich nicht hingehen kann; **he's only making ~s** er sucht nur nach einer Ausrede; **a good ~ for a party** ein guter Grund, eine Party zu feiern

ex-directory *adj* (*Br*) **to be ~** nicht im Telefonbuch stehen

executable *adj* **~ file** IT Programmdatei *f* **execute** *v/t* **1.** *order, movement* ausführen **2.** IT ausführen **3.** *criminal* hinrichten **execution** *n* **1.** (*of duties*) Erfüllung *f*; **in the ~ of his duties** bei der Ausübung seines Amtes **2.** (*as punishment*) Hinrichtung *f* **executioner** *n* Henker *m*

executive I *n* **1.** (≈ *person*) Manager(in)

m(f); **senior ~** Geschäftsführer(in) *m(f)*
2. COMM, POL Vorstand *m*; **to be on the ~**
Vorstandsmitglied sein **3. the ~** (POL, *part of government*) die Exekutive **II** *adj* **1.**
position leitend; **~ power** Exekutivegewalt *f*; **~ decision** Managemententscheidung *f* **2.** (≈ *luxury*) für gehobene
Ansprüche **executive board** *n* Vorstand
m **executive committee** *n* Vorstand *m*
executor *n* (*of will*) Testamentsvollstrecker *m*
exemplary *adj* beispielhaft (*in sth* in etw
dat) **exemplify** *v/t* veranschaulichen
exempt I *adj* befreit (*from* von); *diplomats are ~* Diplomaten sind ausgenommen **II** *v/t person* befreien; *to ~ sb from doing sth* jdn davon befreien, etw zu
tun; *to ~ sth from a ban* etw von einem
Verbot ausnehmen **exemption** *n* Befreiung *f*; **~ from taxes** Steuerfreiheit *f*
exercise I *n* **1.** Übung *f*; *to do one's ~s in the morning* Morgengymnastik machen; *to go on ~s* MIL eine Übung machen **2.** *no pl* (*physical*) Bewegung *f*;
physical ~ (körperliche) Bewegung **3.**
it was a pointless ~ es war völlig sinnlos; *it was a useful ~ in public relations*
für die Public Relations war es nützlich
II *v/t body, mind* trainieren; *power, right*
ausüben **III** *v/i if you ~ regularly ...* wenn
Sie sich viel bewegen ...; *you don't ~ enough* du hast zu wenig Bewegung **exercise bike** *n* Heimtrainer *m* **exercise book** *n* Heft *nt*
exert I *v/t pressure, power* ausüben (*on*
auf +*acc*); *force* anwenden **II** *v/r* sich anstrengen **exertion** *n* (≈ *effort*) Anstrengung *f*; *rugby requires strenuous physical ~* Rugby fordert unermüdlichen körperlichen Einsatz; *after the day's ~s* nach des Tages Mühen
exhale *v/i* ausatmen
exhaust I *v/t* erschöpfen; *we have ~ed the subject* wir haben das Thema erschöpfend behandelt **II** *n* (*esp Br* AUTO
etc) Auspuff *m* **exhausted** *adj* erschöpft; *savings* aufgebraucht; *she was ~ from digging the garden* sie
war erschöpft, weil sie den Garten umgegraben hatte; *his patience was ~* er
war mit seiner Geduld am Ende **exhaust fumes** *pl* Auspuffgase *pl* **exhausting** *adj* anstrengend **exhaustion**
n Erschöpfung *f* **exhaustive** *adj list* vollständig; *search* gründlich **exhaust pipe**

n (*esp Br*) Auspuffrohr *nt*
exhibit I *v/t* **1.** *paintings etc* ausstellen **2.**
skill zeigen **II** *v/i* ausstellen **III** *n* **1.** (*in exhibition*) Ausstellungsstück *nt* **2.** JUR
Beweisstück *nt*
exhibition *n* **1.** (*of paintings etc*) Ausstellung *f* **2.** *to make an ~ of oneself* ein
Theater machen (*infml*) **exhibition centre,** (*US*) **exhibition center** *n* Ausstellungszentrum *nt*; (*for trade fair*) Messegelände *nt* **exhibitionist** *n* Exhibitionist(in) *m(f)* **exhibitor** *n* Aussteller(in)
m(f)
exhilarated *adj* **to feel ~** in Hochstimmung sein **exhilarating** *adj experience*
aufregend; *feeling* berauschend **exhilaration** *n* Hochgefühl *nt*
exhort *v/t* ermahnen
exhume *v/t* exhumieren
exile I *n* **1.** (≈ *person*) Verbannte(r)
m/f(m) **2.** (≈ *banishment*) Verbannung
f; *to go into ~* ins Exil gehen; *in ~* im Exil
II *v/t* verbannen (*from* aus)
exist *v/i* existieren; *it doesn't ~* das gibt es
nicht; *doubts still ~* noch bestehen
Zweifel; *the understanding which ~s
between the two countries* das Einvernehmen zwischen den beiden Ländern;
the possibility ~s that ... es besteht die
Möglichkeit, dass ...; *she ~s on very little* sie kommt mit sehr wenig aus
existence *n* **1.** Existenz *f*; *to be in ~* existieren, bestehen; *to come into ~* entstehen; *the only one in ~* der Einzige, den
es gibt **2.** (≈ *life*) Leben *nt*; *means of ~*
Lebensunterhalt *m* **existent** *adj* existent
existentialism *n* Existenzialismus *m* **existing** *adj* bestehend; *circumstances* gegenwärtig
exit I *n* **1.** (*from stage*) Abgang *m*; (*from competition*) Ausscheiden *nt*; *to make an/one's ~* (*from stage*) abgehen; (*from room*) hinausgehen **2.** (≈ *way out*) Ausgang *m*; (*for vehicles*) Ausfahrt *f* **II** *v/i*
hinausgehen; (*from stage*) abgehen; IT
das Programm *etc* verlassen **III** *v/t* IT verlassen **exit poll** *n* bei Wahlen unmittelbar
nach Verlassen der Wahllokale durchgeführte Umfrage **exit visa** *n* Ausreisevisum *nt*
exodus *n* (*from country*) Abwanderung
f; (BIBLE, *also fig*) Exodus *m*; *general ~* allgemeiner Aufbruch
exonerate *v/t* entlasten (*from* von)
exorbitant *adj* überhöht **exorbitantly**

adv ~ *priced or* **expensive** maßlos teuer
exorcism *n* Exorzismus *m* **exorcize** *v/t*
exorzieren
exotic *adj* exotisch; ~ **dancer** exotischer
Tänzer, exotische Tänzerin; ~ **holidays**
(*esp Br*) *or* **vacation** (*US*) Urlaub *m* in
exotischen Ländern
expand I *v/t* ausdehnen; *business, pro-*
duction, knowledge erweitern **II** *v/i*
CHEM, PHYS sich ausdehnen; (*business,*
economy, knowledge) wachsen; (*trade,*
production) zunehmen; (*horizons*) sich
erweitern; **we want to** ~ wir wollen expandieren *or* (uns) vergrößern; **the mar-**
ket is ~**ing** der Markt wächst ◆ **expand**
(**up)on** *v/t* erläutern; weiter ausführen
expanse *n* Fläche *f*; (*of ocean etc*) Weite *f*
no pl; **a vast** ~ **of grass** eine riesige
Grasfläche; **an** ~ **of woodland** ein Waldgebiet *nt* **expansion** *n* Ausdehnung *f*;
(*of business, trade, production*) Erweiterung *f*; (*territorial, economic*) Expansion *f* **expansion board** *n* IT Erweite-
rungsplatine *f* **expansion card** *n* IT Er-
weiterungskarte *f* **expansion slot** *n* IT
Erweiterungssteckplatz *m* **expansive**
adj person mitteilsam; **to be in an** ~
mood in gesprächiger Stimmung sein
expat *n, adj* = **expatriate expatriate I** *n* im
Ausland Lebende(r) *m/f(m)*; **British** ~**s**
im Ausland lebende Briten **II** *adj* im
Ausland lebend; ~ **community** Auslän-
dergemeinde *f*
expect I *v/t* **1.** erwarten; *esp sth bad* rechnen mit; **that was to be** ~**ed** das war zu
erwarten; **I know what to** ~ ich weiß, was
mich erwartet; **I** ~**ed as much** das habe
ich erwartet; **he failed as (we had)** ~**ed**
er fiel, wie erwartet, durch; **to** ~ **to do**
sth erwarten *or* damit rechnen, etw zu
tun; **it is hardly to be** ~**ed that ...** es
ist kaum zu erwarten *or* damit zu rechnen, dass ...; **the talks are** ~**ed to last two**
days die Gespräche sollen zwei Tage
dauern; **she is** ~**ed to resign tomorrow**
es wird erwartet, dass sie morgen zu-
rücktritt; **you can't** ~ **me to agree to**
that! Sie erwarten doch wohl nicht, dass
ich dem zustimme!; **to** ~ **sth of** *or* **from**
sb etw von jdm erwarten; **to** ~ **sb to do**
sth erwarten, dass jd etw tut; **what do**
you ~ **me to do about it?** was soll ich
da tun?; **are we** ~**ed to tip the waiter?**
müssen wir dem Kellner Trinkgeld geben?; **I will be** ~**ing you tomorrow** ich

erwarte dich morgen; **we'll** ~ **you when**
we see you (*infml*) wenn ihr kommt,
dann kommt ihr (*infml*) **2.** (≈ *suppose*)
glauben; **yes, I** ~ **so** ja, ich glaube schon;
no, I ~ **not** nein, ich glaube nicht; **I** ~ **it**
will rain es wird wohl regnen; **I** ~ **you're**
tired Sie werden sicher müde sein; **I** ~ **he**
turned it down ich nehme an, er hat abgelehnt **II** *v/i* **she's** ~**ing** sie erwartet ein
Kind **expectancy** *n* Erwartung *f* **ex-**
pectant *adj* (≈ *eagerly waiting*) erwartungsvoll **expectantly** *adv* erwartungsvoll; *wait* gespannt **expectation** *n* Erwartung *f*; **against all** ~(**s**) wider Erwarten; **to exceed all** ~(**s**) alle Erwartungen
übertreffen **expected** *adj* erwartet
expedient *adj* (≈ *politic*) zweckdienlich;
(≈ *advisable*) ratsam
expedite *v/t* beschleunigen
expedition *n* Expedition *f*; **shopping** ~
Einkaufstour *f*; **to go on an** ~ auf (eine)
Expedition gehen; **to go on a shopping**
~ eine Einkaufstour machen
expel *v/t* **1.** (*officially, from country*) ausweisen, ausschaffen (*Swiss*) (*from* aus);
(*from school*) verweisen (*from* von,
+gen) **2.** *gas, liquid* ausstoßen
expend *v/t* verwenden (*on* auf *+acc, on*
doing sth darauf, etw zu tun) **expenda-**
ble *adj* (*form*) entbehrlich **expenditure**
n (≈ *money spent*) Ausgaben *pl* **expense**
n **1.** Kosten *pl*; **at my** ~ auf meine Kosten;
at great ~ mit hohen Kosten; **they went**
to the ~ **of installing a lift** sie gaben viel
Geld dafür aus, einen Lift einzubauen;
at sb's ~, **at the** ~ **of sb** auf jds Kosten
(*acc*) **2.** (COMM, *usu pl*) Spesen *pl* **ex-**
pense account *n* Spesenkonto *nt* **ex-**
penses-paid *adj* **an all-**~ **holiday** ein
Gratisurlaub *m*
expensive *adj* teuer; **they were too** ~ **for**
most people die meisten Leute konn-
ten sie sich nicht leisten **expensively**
adv teuer
experience I *n* **1.** Erfahrung *f*; **to know**
sth from ~ etw aus Erfahrung wissen;
to speak from ~ aus eigener Erfahrung
sprechen; **he has no** ~ **of living in the**
country er kennt das Landleben nicht;
I gained a lot of useful ~ ich habe viele
nützliche Erfahrungen gemacht; **have**
you had any ~ **of driving a bus?** haben
Sie Erfahrung im Busfahren?; ~ **in a job**/
in business Berufs-/Geschäftserfah-
rung *f*; **to have a lot of teaching** ~ große

Erfahrung als Lehrer(in) haben; *he is working in a factory to gain* ~ er arbeitet in einer Fabrik, um praktische Erfahrungen zu sammeln **2.** (≈ *event experienced*) Erlebnis *nt*; *I had a nasty* ~ mir ist etwas Unangenehmes passiert; *it was a new* ~ *for me* es war völlig neu für mich **II** *v/t* **1.** *pain, hunger* erfahren; *difficult times* durchmachen; *problems* haben **2.** (≈ *feel*) fühlen **experienced** *adj* **we need someone more** ~ wir brauchen jemanden, der mehr Erfahrung hat; *to be* ~ *in sth* in etw (*dat*) Erfahrung haben

experiment I *n* Versuch *m*; *to do an* ~ einen Versuch machen; *as an* ~ versuchsweise **II** *v/i* experimentieren (*on, with* mit) **experimental** *adj* experimentell; *to be at an or in the* ~ *stage* sich im Versuchsstadium befinden **experimentation** *n* Experimentieren *nt*

expert I *n* Experte *m*, Expertin *f*; (≈ *professional*) Fachmann *m*, Fachfrau *f*; JUR Sachverständige(r) *m/f(m)*; *he is an* ~ *on the subject* er ist Fachmann auf diesem Gebiet **II** *adj* **1.** *driver etc* meisterhaft; *to be* ~ *at doing sth* es hervorragend verstehen, etw zu tun **2.** *advice, help* fachmännisch; *an* ~ *opinion* ein Gutachten *nt* **expertise** *n* Sachverstand *m* (*in* in +*dat*, auf dem Gebiet +*gen*) **expertly** *adv* meisterhaft; *drive* geschickt **expert witness** *n* Sachverständige(r) *m/f(m)*

expire *v/i* (*lease etc*) ablaufen **expiry** *n* Ablauf *m*; ~ *date* Ablauftermin *m*

explain I *v/t* erklären (*to sb* jdm); *that is easy to* ~, *that is easily* ~*ed* das lässt sich leicht erklären; *he wanted to see me but wouldn't* ~ *why* er wollte mich sehen, sagte aber nicht, warum **II** *v/r* sich rechtfertigen; ~ *yourself!* was soll das? **III** *v/i* es erklären; *please* ~ bitte erklären Sie das ♦ **explain away** *v/t sep* eine Erklärung finden für

explanation *n* Erklärung *f*; *it needs some* ~ es bedarf einer Erklärung **explanatory** *adj* erklärend

expletive *n* Kraftausdruck *m*

explicit *adj* *statement, description* (klar und) deutlich; *instructions, reference* ausdrücklich; (*esp sexually*) *details* eindeutig; *sexually* ~ sexuell explizit **explicitly** *adv* **1.** *state* deutlich **2.** *forbid, mention* ausdrücklich; (+*adj*) eindeutig

explode I *v/i* explodieren; *to* ~ *with anger* vor Wut platzen (*infml*) **II** *v/t* **1.** sprengen **2.** (*fig*) *theory* zu Fall bringen

exploit I *n* (*heroic*) Heldentat *f*; ~*s* Abenteuer *pl* **II** *v/t workers* ausbeuten; *friend, weakness* ausnutzen; *resources* nutzen **exploitation** *n* (*of workers*) Ausbeutung *f*; (*of friend, weakness*) Ausnutzung *f*

exploration *n* (*of country, area*) Erforschung *f*; (*of town*) Erkundung *f* **exploratory** *adj* exploratorisch; ~ *talks* Sondierungsgespräche *pl*; ~ *trip/expedition* Erkundungsfahrt *f*/-expedition *f*; *an* ~ *operation* MED eine Explorationsoperation **explore I** *v/t country, unknown territory* erforschen; *question, prospects* untersuchen (*also* MED); *options* prüfen **II** *v/i to go exploring* auf Entdeckungsreise gehen; *he went off into the village to* ~ er ging auf Entdeckungsreise ins Dorf **explorer** *n* Forscher(in) *m(f)*

explosion *n* Explosion *f* **explosive I** *n* Sprengstoff *m* **II** *adj* explosiv; *temper* aufbrausend; ~ *device* Sprengsatz *m*; ~ *charge* Sprengladung *f*

exponent *n* (*of theory*) Vertreter(in) *m(f)*

export I *v/t & v/i* exportieren **II** *n* Export *m* **III** *adj attr* Export-**export duty** *n* Export- or Ausfuhrzoll *m* **exporter** *n* **1.** Exporteur *m* (*of* von) **2.** (≈ *country*) Exportland *nt* (*of* für) **export licence**, (*US*) **export license** *n* Exportgenehmigung *f* **export trade** *n* Exporthandel *m*

expose *v/t* **1.** *rocks, wire* freilegen **2.** (*to danger etc*) aussetzen (*to dat*) **3.** *one's ignorance* offenbaren; *to* ~ *oneself* (*indecently*) sich entblößen **4.** *abuse* aufdecken; *scandal, plot* enthüllen; *person* entlarven **5.** PHOT belichten **exposed** *adj* **1.** *position* ungeschützt; (*fig*) exponiert; *to feel* ~ sich verletzlich fühlen; *to be* ~ *to sth* (*person*) einer Sache (*dat*) ausgesetzt sein **2.** *part of body* unbedeckt; *wiring* frei liegend; *to feel* ~ (*fig* ≈ *insecure*) sich allen Blicken ausgesetzt fühlen **exposure** *n* **1.** (*to sunlight, air*) Aussetzung *f* (*to* +*dat*); *to be suffering from* ~ MED an Unterkühlung leiden; *to die of* ~ MED erfrieren **2.** (*of person*) Entlarvung *f*; (*of crime*) Aufdeckung *f* **3.** PHOT Belichtung(szeit) *f* **4.** MEDIA Publicity *f*

expound *v/t theory* darlegen

express I *v/t* ausdrücken; *to* ~ *oneself* sich ausdrücken; *if I may* ~ *my opinion* wenn ich meine Meinung äußern darf; *the feeling which is ~ed here* das Gefühl, das hier zum Ausdruck kommt **II** *adj* **1.** *order, permission* ausdrücklich; *purpose* bestimmt **2.** *by ~ mail* per Eilzustellung; *~ service* Expressdienst *m* **III** *adv to send a letter ~* einen Brief per Express schicken **IV** *n* (≈ *train*) Schnellzug *m*; (≈ *bus*) Schnellbus *m* **express delivery** *n* Eilzustellung *f*

expression *n* (Gesichts)ausdruck *m*; *as an ~ of our gratitude* zum Ausdruck unserer Dankbarkeit; *to give ~ to sth* etw zum Ausdruck bringen **expressionism** *n* Expressionismus *m* **expressionist I** *n* Expressionist(in) *m(f)* **II** *adj* expressionistisch **expressionless** *adj* ausdruckslos **expressive** *adj* ausdrucksvoll **expressly** *adv* **1.** *forbid, state* ausdrücklich **2.** *he did it ~ to annoy me* er hat es absichtlich getan, um mich zu ärgern **express train** *n* Schnellzug *m* **expressway** *n* Schnellstraße *f*

expropriate *v/t* enteignen **expulsion** *n* (*from a country*) Ausweisung *f* (*from* aus); (*from school*) Verweisung *f*

exquisite *adj* erlesen; *food* köstlich; *features, view* bezaubernd **exquisitely** *adv dress* erlesen; *crafted* aufs kunstvollste

ex-serviceman *n, pl -men* Exsoldat *m* **ex-servicewoman** *n, pl -women* Exsoldatin *f*

ext *abbr of* **extension** App.

extend I *v/t* **1.** *arms* ausstrecken **2.** *visit, deadline* verlängern **3.** *powers* ausdehnen; *house* anbauen an (+*acc*); *property* vergrößern; *to ~ one's lead* seine Führung ausbauen **4.** (*to sb* jdm) *hospitality* erweisen; *invitation, thanks etc* aussprechen; *to ~ a welcome to sb* jdn willkommen heißen **II** *v/i* (*wall, garden*) sich erstrecken (*to, as far as* bis); (*ladder*) sich ausziehen lassen; (*meetings etc*) sich hinziehen **extended family** *n* Großfamilie *f* **extended memory** *n* IT erweiterter Arbeitsspeicher **extension** *n* **1.** Verlängerung *f*; (*of house*) Anbau *m* **2.** TEL (Neben)anschluss *m*; *~ 3714* Apparat 3714 **extension cable** *n* Verlängerungskabel *nt* **extension lead** *n* Verlängerungsschnur *f* **extensive** *adj area, tour* ausgedehnt; *plans, powers* weitreichend; *re-*

search, collection, repairs, knowledge umfangreich; *burns* großflächig; *damage* beträchtlich; *experience* reich; *network* weitverzweigt; *the facilities available are very ~* es steht eine Vielzahl von Einrichtungen zur Verfügung; *we had fairly ~ discussions* wir haben es ziemlich ausführlich diskutiert **extensively** *adv travel, write* viel; *use* häufig; *research, report, discuss* ausführlich; *alter* beträchtlich; *the clubhouse was ~ damaged* an dem Klubhaus entstand ein beträchtlicher Schaden; *this edition has been ~ revised* diese Ausgabe ist grundlegend überarbeitet worden **extent** *n* **1.** (≈ *length*) Länge *f*; (≈ *size*) Ausdehnung *f* **2.** (*of knowledge, alterations, power*) Umfang *m*; (*of damage*) Ausmaß *nt* **3.** (≈ *degree*) Grad *m*; *to some ~* bis zu einem gewissen Grade; *to what ~* inwieweit; *to a certain ~* in gewissem Maße; *to a large/lesser ~* in hohem/geringerem Maße; *to such an ~ that ...* dermaßen, dass ...

extenuate *v/t* **extenuating circumstances** mildernde Umstände

exterior I *n* Äußere(s) *nt*; *on the ~* außen **II** *adj* Außen-; *~ wall* Außenwand *f*; *~ decoration/paintwork* Außenanstrich *m*

exterminate *v/t* ausrotten **extermination** *n* Ausrottung *f*

external *adj* **1.** äußere(r, s); *dimensions* Außen-; *the ~ walls of the house* die Außenwände des Hauses; *~ appearance* Aussehen *nt*; *for ~ use* PHARM zur äußerlichen Anwendung; *~ call* TEL externes Gespräch **2.** *affairs, policy* auswärtig **3.** *examiner* extern **external borders** *pl* (*of country*) Landesgrenzen *pl* **externalize** *v/t* externalisieren **externally** *adv* **1.** *use* äußerlich; *he remained ~ calm* er blieb äußerlich ruhig **2.** POL außenpolitisch **external trade** *n* Außenhandel *m*

extinct *adj* ausgestorben; *volcano* erloschen; (*fig*) *way of life* untergegangen; *to become ~* aussterben **extinction** *n* Aussterben *nt*; *this animal was hunted to ~* diese Tierart wurde durch Jagen ausgerottet

extinguish *v/t fire, candle* (aus)löschen; *cigarette* ausmachen; *light* löschen **extinguisher** *n* Feuerlöscher *m*

extol *v/t* rühmen

extort v/t money erpressen (from von) **extortion** n (of money) Erpressung f; **this is sheer~!** (infml) das ist ja Wucher! **extortionate** adj rate, amount horrend; rent, bill maßlos hoch; **~ prices** Wucherpreise pl **extortionist** n (≈ **blackmailer**) Erpresser(in) m(f); (≈ **profiteer**) Wucherer m, Wucherin f

extra I adj zusätzlich; **we need an~ chair** wir brauchen noch einen Stuhl; **to work ~ hours** Überstunden machen; **to make an~ effort** sich besonders anstrengen; **~ troops were called in** es wurde Verstärkung gerufen; **take~ care!** sei besonders vorsichtig!; **an ~ £30 a week** £ 30 mehr pro Woche; **send 75p~ for postage and packing** schicken Sie zusätzlich 75 Pence für Porto und Verpackung; **there is no ~ charge for breakfast** das Frühstück wird nicht zusätzlich berechnet; **available at no ~ cost** ohne Aufpreis erhältlich **II** adv **1.** pay, cost mehr; **breakfast costs ~** das Frühstück wird zusätzlich berechnet; **post and packing ~** zuzüglich Porto und Verpackung **2.** (≈ especially) besonders **III** n **1. extras** pl (≈ extra expenses) zusätzliche Kosten pl; (for machine) Zubehör nt; (for car) Extras pl **2.** (FILM, THEAT) Statist(in) m(f) **extra-** pref **1.** (≈ outside) außer- **2.** (≈ especially) extra; **~large eggs** extra groß; T-shirt übergroß

extract I v/t **1.** herausnehmen; cork etc (heraus)ziehen (from aus); juice, oil, DNA gewinnen (from aus); tooth ziehen; bullet entfernen **2.** (fig) information entlocken (from +dat) **II** n **1.** (from book etc) Auszug m **2.** MED, COOK Extrakt m **extraction** n **1.** (oil, DNA) Gewinnung f **2.** DENTISTRY **he had to have an ~** ihm musste ein Zahn gezogen werden **3.** (≈ descent) Herkunft f **extractor** n (for juice) Entsafter m **extractor fan** n Sauglüfter m

extracurricular adj außerhalb des Stundenplans; **~ activity** (esp hum) Freizeitaktivität f (hum)

extradite v/t ausliefern **extradition** n Auslieferung f

extramarital adj außerehelich

extraneous adj (form) unwesentlich

extraordinarily adv außerordentlich; high, good etc ungemein

extraordinary adj **1.** person, career außergewöhnlich; success, courage außeror-

dentlich; behaviour, appearance eigenartig; tale, adventure seltsam; **it's ~ to think that ...** es ist (schon) eigenartig, wenn man denkt, dass ...; **what an ~ thing to say!** wie kann man nur so etwas sagen!; **it's ~ how much he resembles his brother** es ist erstaunlich, wie sehr er seinem Bruder ähnelt **2.** (Br form) measure außerordentlich; **~ meeting** Sondersitzung f **extraordinary general meeting** n außerordentliche Hauptversammlung

extrapolate v/t & v/i extrapolieren (from aus)

extrasensory adj außersinnlich; **~ perception** außersinnliche Wahrnehmung

extra-special adj ganz besondere(r, s); **to take~ care over sth** sich (dat) besonders viel Mühe mit etw geben

extraterrestrial I adj außerirdisch **II** n außerirdisches Lebewesen

extra time n SPORTS Verlängerung f; **we had to play ~** der Schiedsrichter ließ nachspielen

extravagance n Luxus m no pl; (≈ wastefulness) Verschwendung f; **if you can't forgive her little~s** wenn Sie es ihr nicht verzeihen können, dass sie sich ab und zu einen kleinen Luxus leistet **extravagant** adj **1.** (≈ wasteful) person verschwenderisch; taste, habit teuer; **your ~ spending habits** deine Angewohnheit, das Geld mit vollen Händen auszugeben **2.** gift extravagant; lifestyle aufwendig **3.** behaviour, praise, claim übertrieben **extravaganza** n Ausstattungsstück nt

extreme I adj äußerste(r, s); discomfort, sensitivity, danger größte(r, s); example, conditions, behaviour extrem; measures drastisch; difficulty, pressure ungeheuer; poverty bitterste(r, s); **of ~ importance** äußerst wichtig; **~ case** Extremfall m; **fascists of the ~ right** extrem rechts stehende Faschisten; **at the ~ left of the picture** ganz links im Bild **II** n Extrem nt; **~s of temperature** extreme Temperaturen pl; **in the ~** im höchsten Grade; **to go from one ~ to the other** von einem Extrem ins andere fallen; **to go to ~s** es übertreiben; **to take** or **carry sth to ~s** etw bis zum Extrem treiben **extremely** adv äußerst; important, high extrem; **was it difficult? — ~!** war es schwierig? — sehr! **extremism**

n Extremismus *m* **extremist I** *n* Extremist(in) *m(f)* **II** *adj* extremistisch; ~ **group** Extremistengruppe *f* **extremity** *n* **1.** äußerstes Ende **2. extremities** *pl* (≈ *hands and feet*) Extremitäten *pl*
extricate *v/t* befreien; *(fig)* retten; **to ~ oneself from sth** sich aus etw befreien
extrovert I *adj* extrovertiert **II** *n* extrovertierter Mensch **extroverted** *adj* (*esp US*) extrovertiert
exuberance *n* (*of person*) Überschwänglichkeit *f*; (*of style*) Vitalität *f* **exuberant** *adj person* überschwänglich; *mood* überschäumend; *style* übersprudelnd **exuberantly** *adv* überschwänglich; (*esp of child*) übermütig
exude *v/t* **1.** *liquid* ausscheiden; *smell* ausströmen **2.** (*fig*) *confidence* ausstrahlen
exult *v/i* frohlocken; **~ing in his freedom** seine Freiheit genießend **exultant** *adj expression, cry* triumphierend; **he was ~** er jubelte; **~ mood** Jubelstimmung *f*
eye I *n* Auge *nt*; (*of needle*) Öhr *nt*; **with tears in her ~s** mit Tränen in den Augen; **with one's ~s closed** mit geschlossenen Augen; **as far as the ~ can see** so weit das Auge reicht; **that's one in the ~ for him** (*infml*) da hat er eins aufs Dach gekriegt (*infml*); **to cast** *or* **run one's ~ over sth** etw überfliegen; **to look sb (straight) in the ~** jdm in die Augen sehen; **to set ~s on sb/sth** jdn/etw zu Gesicht bekommen; **a strange sight met our ~s** ein seltsamer Anblick bot sich uns; **use your ~s!** hast du keine Augen im Kopf?; **with one's own ~s** mit eigenen Augen; **before my very ~s** (direkt) vor meinen Augen; **it was there all the time right in front of my ~s** es lag schon die ganze Zeit da, direkt vor meiner Nase; **I don't have ~s in the back of my head** ich hab doch hinten keine Augen; **to keep an ~ on sb/sth** (≈ *look after*) auf jdn/etw aufpassen; **the police are keeping an ~ on him** (≈ *have him under surveillance*) die Polizei beobachtet ihn; **to take one's ~s off sb/sth** die Augen *or* den Blick von jdm/etw abwenden; **to keep one's ~s open** *or* **peeled** (*infml*) die Augen offen halten; **to keep an ~ open** *or* **out for sth** nach etw Ausschau halten; **to keep an ~ on expenditure** auf die Ausgaben achten *or* aufpassen; **to open sb's ~s to sb/sth** jdm die Augen über jdn/etw öffnen; **to close** *or* **shut** one's ~s to sth die Augen vor etw (*dat*) verschließen; **to see ~ to ~ with sb** mit jdm einer Meinung sein; **to make ~s at sb** jdm schöne Augen machen; **to catch sb's ~** jds Aufmerksamkeit erregen; **the dress caught my ~** das Kleid fiel mir ins Auge; **in the ~s of the law** in den Augen des Gesetzes; **with a critical ~** mit kritischem Blick; **with an ~ to the future** im Hinblick auf die Zukunft; **with an ~ to buying sth** in der Absicht, etw zu kaufen; **I've got my ~ on you** ich beobachte dich genau; **to have one's ~ on sth** (≈ *want*) auf etw (*acc*) ein Auge geworfen haben; **to have a keen ~ for sth** einen scharfen Blick für etw haben; **he has a good ~ for colour** er hat ein Auge für Farbe; **an ~ for detail** ein Blick fürs Detail; **to be up to one's ~s in work** (*Br infml*) in Arbeit ersticken (*infml*); **to be up to one's ~s in debt** (*Br infml*) bis über beide Ohren verschuldet sein (*infml*) **II** *v/t* anstarren ♦ **eye up** *v/t sep* mustern
eyeball *n* Augapfel *m*; **to be ~ to ~** sich Auge in Auge gegenüberstehen; **drugged up to the ~s** (*esp Br infml*) total zugedröhnt (*infml*) **eyebath** *n* Augenbadewanne *f* **eyebrow** *n* Augenbraue *f*; **that will raise a few ~s** da werden sich einige wundern **eyebrow pencil** *n* Augenbrauenstift *m* **eye candy** *n* (*infml*) Augenschmaus *m*, was fürs Auge (*infml*) **eye-catching** *adj* auffallend; *poster* auffällig **eye contact** *n* **to make ~ with sb** Blickkontakt mit jdm aufnehmen **eyecup** *n* (*US*) Augenbadewanne *f* **-eyed** *adj suf* -äugig; **green-eyed** grünäugig **eyedrops** *pl* Augentropfen *pl* **eyeful** *n* **he got an ~ of soda water** er bekam Selterswasser ins Auge; **I opened the bathroom door and got quite an ~** ich öffnete die Badezimmertür und sah allerhand (*infml*) **eyeglasses** *pl* (*US*) Brille *f* **eyelash** *n* Augenwimper *f* **eyelet** *n* Öse *f* **eyelevel** *adj attr* grill in Augenhöhe
eyelid *n* Augenlid *nt* **eyeliner** *n* Eyeliner *m* **eye-opener** *n* **that was a real ~ to me** das hat mir die Augen geöffnet **eye patch** *n* Augenklappe *f* **eyepiece** *n* Okular *nt* **eye shadow** *n* Lidschatten *m* **eyesight** *n* Sehkraft *f*; **to have good/poor ~** gute/schlechte Augen haben; **his ~ is failing** seine Augen lassen

nach **eyesore** *n* Schandfleck *m* **eye-strain** *n* Überanstrengung *f* der Augen **eye test** *n* Augentest *m* **eyewash** *n* (*fig infml*) Gewäsch *nt* (*infml*); (≈ *de-ception*) Augenwischerei *f* **eyewear** *n* *Brillen, Kontaktlinsen etc*, Eyewear *f* **eyewitness** *n* Augenzeuge *m*/-zeugin *f* **e-zine** *n* IT Internetmagazin *nt*

F

F, f *n* F *nt*, f *nt*; **F sharp** Fis *nt*, fis *nt*; **F flat** Fes *nt*, fes *nt*

F *abbr of* **Fahrenheit** F

f *abbr of* **feminine** f

FA *abbr of* **Football Association** Britischer Fußballbund

fab *adj* (*infml*) *abbr of* **fabulous** toll (*infml*)

fable *n* Fabel *f*

fabric *n* **1.** TEX Stoff *m* **2.** (*fig: of society etc*) Gefüge *nt*

fabricate *v/t story* erfinden; *evidence* fälschen **fabrication** *n* Erfindung *f*; **it's (a) pure** ~ das ist ein reines Märchen *or* (eine) reine Erfindung

fabulous *adj* sagenhaft (*infml*) **fabulously** *adv wealthy, expensive* sagenhaft (*infml*); (*infml* ≈ *wonderfully*) fantastisch (*infml*)

façade *n* Fassade *f*

face I *n* **1.** Gesicht *nt*; (*of clock*) Zifferblatt *nt*; (≈ *rock face*) (Steil)wand *f*; **we were standing** ~ **to** ~ wir standen einander Auge in Auge gegenüber; **to come** ~ **to** ~ **with sb** jdn treffen; **he told him so to his** ~ er sagte ihm das (offen) ins Gesicht; **he shut the door in my** ~ er schlug mir die Tür vor der Nase zu; **he laughed in my** ~ er lachte mir ins Gesicht; **to be able to look sb in the** ~ jdm in die Augen sehen können; **to throw sth back in sb's** ~ jdm etw wieder vorhalten; **in the** ~ **of great difficulties** *etc* angesichts *or* trotz größter Schwierigkeiten *etc*; **to save/lose** ~ das Gesicht wahren/verlieren; **to put sth** ~ **up** (**-wards**)/**down(wards)** etw mit der Vorderseite nach oben/unten legen; **to be** ~ **up(wards)/down(wards)** (*person*) mit dem Gesicht nach oben/unten liegen; (*thing*) mit der Vorderseite nach oben/unten liegen; **the changing** ~ **of politics** das sich wandelnde Gesicht der Politik; **he/it vanished off the** ~ **of the earth** (*infml*) er/es war wie vom Erd-

boden verschwunden; **on the** ~ **of it** so, wie es aussieht **2.** (≈ *expression*) Gesicht(sausdruck *m*) *nt*; **to make or pull a** ~ das Gesicht verziehen; **to make or pull** ~**s/a funny** ~ Grimassen/eine Grimasse schneiden (*at sb* jdm); **to put a brave** ~ **on it** sich (*dat*) nichts anmerken lassen **II** *v/t* **1.** gegenüber sein (+*dat*), gegenüberstehen/-liegen *etc* (+*dat*); (*window*) *north* gehen nach; *garden etc* liegen zu; (*building, room*) *north* liegen nach; **to** ~ **the light** (*person*) mit dem Gesicht zum Licht stehen/sitzen *etc*; ~ **the front!** noch mal vorn!; ~ **this way!** bitte sehen Sie hierher!; **the wall facing you** die Wand Ihnen gegenüber **2.** (*fig*) *possibility* rechnen müssen mit; **to** ~ **death** dem Tod ins Auge sehen; **to** ~ **financial ruin** vor dem finanziellen Ruin stehen; **to be** ~**d with sth** sich einer Sache (*dat*) gegenübersehen; **the problem facing us** das Problem, mit dem wir konfrontiert sind; **to be** ~**d with a bill for £100** eine Rechnung über £ 100 präsentiert bekommen **3.** *situation, danger, criticism* sich stellen (+*dat*); *enemy* gegenübertreten (+*dat*); **to** ~ **(the) facts** den Tatsachen ins Auge sehen; **let's** ~ **it** machen wir uns doch nichts vor **4.** (*infml* ≈ *put up with*) verkraften (*infml*); *another cake etc* runterkriegen (*infml*); **I can't** ~ **seeing anyone** ich kann einfach niemanden sehen; **I can't** ~ **it** (*infml*) ich bringe es einfach nicht über mich **III** *v/i* (*house, room*) liegen (*towards, onto* zu); (*window*) gehen (*onto, towards* auf +*acc*, zu); **he was facing away from me** er saß mit dem Rücken zu mir; **they were all facing toward(s) the window** sie saßen alle mit dem Gesicht zum Fenster (hin); **the house** ~**s south/toward(s) the sea** das Haus liegt nach Süden/zum Meer hin ♦ **face up to** *v/i* +*prep obj fact* ins Gesicht sehen (+*dat*); *reality, problems* sich auseinandersetzen mit; *he won't~ the fact that ...* er will es nicht wahrhaben, dass ...

face cloth *n* Waschlappen *m* **face cream** *n* Gesichtscreme *f* **faceless** *adj* (*fig*) anonym **face-lift** *n* (*lit*) Facelift(ing) *nt*; *to have a~* sich (*dat*) das Gesicht liften lassen **face mask** *n* COSMETICS Gesichtsmaske *f* **face pack** *n* Gesichtspackung *f* **face powder** *n* Gesichtspuder *m* **face-saving** *adj* *a~ measure* eine Maßnahme, die dazu dient, das Gesicht zu wahren

facet *n* (*lit*) Facette *f*; (*fig*) Seite *f*

facetious *adj* spöttisch

face-to-face *adj* persönlich; *contact* direkt **face value** *n* *to take sth at ~* (*fig*) etw für bare Münze nehmen **facial** *adj* Gesichts-; *~ expression* Gesichtsausdruck *m*

facile *adj* (*pej*) *solution* simpel; *remark* nichtssagend **facilitate** *v/t* erleichtern

facility *n* Einrichtung *f*; *we have no facilities for disposing of toxic waste* wir haben keine Möglichkeit zur Beseitigung von Giftmüll; *a hotel with all facilities* ein Hotel mit allem Komfort; *facilities for the disabled* Einrichtungen *pl* für Behinderte; *cooking facilities* Kochgelegenheit *f*; *toilet facilities* Toiletten *pl*; *credit ~* Kredit *m*

facing *adj* *on the ~ page* auf der gegenüberliegenden Seite

facsimile *n* Faksimile *nt*

fact *n* **1.** Tatsache *f*; (*historical etc*) Faktum *nt*; *hard ~s* nackte Tatsachen *pl*; *~s and figures* Fakten und Zahlen; *despite the ~ that ...* der Tatsache zum Trotz, dass ...; *to know for a ~ that ...* ganz sicher wissen, dass; *the ~ (of the matter) is that ...* die Sache ist die, dass ...; *... and that's a ~* ... darüber besteht kein Zweifel!; *is that a ~?* tatsächlich? **2.** *no pl* (≈ *reality*) Wirklichkeit *f*; *~ and fiction* Dichtung und Wahrheit; *based on ~* auf Tatsachen beruhend **3.** *in* (*actual*) *~* eigentlich; (≈ *in reality*) tatsächlich; (*to make previous statement more precise*) nämlich; *in ~, as a matter of ~* eigentlich; (*to intensify previous statement*) sogar; *I don't suppose you know him? — in* (*actual*) *~ or as a matter of ~ I do* Sie kennen ihn nicht zufällig? — doch, eigentlich schon; *do you know him? — in* (*actual*) *~ or as a matter of ~ I do* kennen Sie ihn? — jawohl; *it*

won't be easy, in ~ or as a matter of ~ it'll be very difficult es wird nicht einfach sein, es wird sogar sehr schwierig sein; *as a matter of ~ we were just talking about you* wir haben (nämlich) eben von Ihnen geredet **fact-finding** *adj* *~ mission* Erkundungsmission *f*

faction *n* (≈ *group*) (Partei)gruppe *f*; POL Fraktion *f*; (≈ *splinter group*) Splittergruppe *f*

fact of life *n* **1.** *that's just a ~* so ist es nun mal im Leben **2.** *facts of life pl* (*sexual*) *to tell sb the facts of life* jdn aufklären; *to know the facts of life* aufgeklärt sein

factor *n* Faktor *m*; *to be a ~ in determining sth* etw mitbestimmen; *by a ~ of three etc* mit einem Faktor von drei *etc*

factory *n* Fabrik *f* **factory farming** *n* industriell betriebene Viehzucht **factory floor** *n* Produktionsstätte *f*

factsheet *n* Informationsblatt *nt* **factual** *adj* *evidence* auf Tatsachen beruhend; *account* sachlich; *~ information* Sachinformationen *pl*; *~ error* Sachfehler *m*; *the book is largely ~* das Buch beruht zum größten Teil auf Tatsachen

faculty *n* **1.** (≈ *power of mind*) Fähigkeit *f*; *mental faculties* geistige Fähigkeiten *pl*; *~ of hearing/sight* Hör-/Sehvermögen *nt*; *to be in* (*full*) *possession of* (*all*) *one's faculties* im Vollbesitz seiner Kräfte sein **2.** UNIV Fakultät *f*; *the medical ~, the ~ of medicine* die medizinische Fakultät

fad *n* Tick *m* (*infml*); (≈ *fashion*) Masche *f* (*infml*); *it's just a ~* das ist nur ein momentaner Tick (*infml*)

fade I *v/i* **1.** verblassen; (*flower, beauty*) verblühen; (*sight, feeling*) schwinden (*elev*); (*hopes*) zerrinnen; (*sound*) verklingen; (*radio signal*) schwächer werden; *hopes are fading of finding any more survivors* die Hoffnung, noch weitere Überlebende zu finden, wird immer geringer; *to ~ into the background* (*person*) sich im Hintergrund halten **2.** RADIO, TV, FILM *to ~ to another scene* (allmählich) zu einer anderen Szene überblenden **II** *v/t* ausbleichen ◆ **fade away** *v/i* (*sound*) verklingen ◆ **fade in** *v/t sep* RADIO, TV, FILM allmählich einblenden ◆ **fade out** *v/t sep* RADIO, TV, FILM abblenden

faded *adj* verblasst; *flowers, beauty* verblüht; *a pair of ~ jeans* verblichene

Jeans *pl*

faeces, (*US*) **feces** *pl* Kot *m*

fag *n* **1.** (*Br infml* ≈ *cigarette*) Kippe *f* (*infml*) **2.** (*esp US sl* ≈ *homosexual*) Schwule(r) *m* (*infml*) **fag end** *n* (*Br infml* ≈ *cigarette end*) Kippe *f* (*infml*)

fagot *n* (*esp US sl* ≈ *homosexual*) Schwule(r) *m* (*infml*)

Fahrenheit *n* Fahrenheit *nt*

fail I *v/i* **1.** keinen Erfolg haben; (*in mission etc*) versagen; (*plan, experiment, marriage*) scheitern; (*attempt*) fehlschlagen; (*candidate*) durchfallen; (*business*) eingehen; *he ~ed in his attempt to take control of the company* sein Versuch, die Leitung der Firma zu übernehmen, schlug fehl; *to ~ in one's duty* seine Pflicht nicht tun; *if all else ~s* wenn alle Stricke reißen; *to ~ miserably* kläglich scheitern **2.** (*health*) sich verschlechtern; (*eyesight*) nachlassen **3.** (*battery, engine*) ausfallen; (*brakes, heart etc*) versagen; *the crops ~ed* die Ernte fiel aus **II** *v/t* **1.** candidate durchfallen lassen; *subject* durchfallen in (+*dat*); *to ~ an exam* eine Prüfung nicht bestehen **2.** (≈ *let down*) im Stich lassen; *words ~ me* mir fehlen die Worte **3.** *to ~ to do sth* etw nicht tun; *she ~ed to lose weight* es gelang ihr nicht abzunehmen; *she never ~s to amaze me* sie versetzt mich immer wieder in Erstaunen; *I ~ to see why* es ist mir völlig unklar, warum; (*indignantly*) ich sehe gar nicht ein, warum **III** *n* *without ~* auf jeden Fall; (≈ *inevitably*) garantiert **failed** *adj* gescheitert; *company* bankrott; *writer* verhindert **failing I** *n* Fehler *m* **II** *prep ~ this/that* (oder) sonst, und wenn das nicht möglich ist; *~ which* ansonsten **fail-safe** *adj* (ab)gesichert; *method* hundertprozentig sicher; *mechanism, system* störungssicher

failure *n* **1.** Misserfolg *m*; (*of plan, experiment, marriage*) Scheitern *nt*; (*of attempt*) Fehlschlag *m*; (*of business*) Eingehen *nt*; (≈ *unsuccessful person*) Versager(in) *m(f)* (*at in* +*dat*); *because of his ~ to act* weil er nicht gehandelt hat **2.** (*of generator*) Ausfall *m*; (*of brakes*) Versagen *nt*; *liver ~* Leberversagen *nt*

faint I *adj* (+*er*) **1.** schwach; *tracks, line* undeutlich; *mark* blass; *colour* verblasst; *sound, hope, smile* leise; *your voice is very ~* (*on telephone*) man hört dich kaum; *I have a ~ memory of that day* ich kann mich schwach an den Tag erinnern; *I haven't the ~est idea* (*emph*) ich habe nicht die geringste Ahnung **2.** *pred* MED *she was* or *felt ~* sie war einer Ohnmacht nahe **II** *v/i* MED in Ohnmacht fallen (*with, from* vor +*dat*) **III** *n* MED *she fell to the ground in a ~* sie fiel ohnmächtig zu Boden **faint-hearted** *adj* zaghaft; *it's not for the ~* es ist nichts für ängstliche Gemüter **faintly** *adv* *shine* schwach; *smell, smile, absurd* leicht; *the words are just ~ visible* die Worte sind gerade noch sichtbar; *I could hear the siren ~* ich konnte die Sirene gerade noch hören

fair¹ I *adj* (+*er*) **1.** gerecht, fair (*to* or *on sb* jdm gegenüber, gegen jdn); *he tried to be ~ to everybody* er versuchte, allen gegenüber gerecht zu sein; *~ point* or *comment* das lässt sich (natürlich) nicht abstreiten; *it is ~ to say that …* man kann wohl sagen, dass …; *to be ~, …* man muss (fairerweise) dazusagen, dass …; *it's only ~ to ask him* man sollte ihn fairerweise fragen; *~ enough!* na gut **2.** *sum* ziemlich groß; *a ~ amount of money* ziemlich viel Geld; *it's a ~ way* es ist ziemlich weit; *a ~ number of students* ziemlich viele Studenten; *a ~ chance of success* ziemlich gute Erfolgsaussichten **3.** *assessment, idea* ziemlich gut; *I've a ~ idea that he's going to resign* ich bin mir ziemlich sicher, dass er zurücktreten wird **4.** *person, hair* blond **5.** (≈ *fair-skinned*) *person* hellhäutig; *skin* hell **6.** *weather* heiter **II** *adv* *to play ~* fair sein; SPORTS fair spielen; *they beat us ~ and square* sie haben uns deutlich geschlagen

fair² *n* (Jahr)markt *m*; (≈ *funfair*) Volksfest *nt*; COMM Messe *f*

fair copy *n* Reinschrift *f*; *to write out a ~ of sth* etw ins Reine schreiben **fair game** *n* (*fig*) Freiwild *nt* **fairground** *n* Festplatz *m* **fair-haired** *adj* blond **fairly** *adv* **1.** (≈ *moderately*) ziemlich; *~ recently* erst kürzlich **2.** *treat* gerecht **3.** (≈ *really*) geradezu; *we ~ flew along* wir sausten nur so dahin **fair-minded** *adj* gerecht **fairness** *n* Gerechtigkeit *f*; *in all ~* gerechterweise **fair play** *n* (SPORTS, *fig*) Fairplay *nt* **fair trade** *n* Fairer Handel (*mit Entwicklungsländern*); (*US*) Preisbindung *f* **fairway** *n* GOLF Fairway *nt* **fair-weather** *adj* *a ~ friend* ein Freund, der

nur in guten Zeiten ein Freund ist
fairy n Fee f **fairy godmother** n gute Fee
fairy lights pl bunte Lichter pl **fairy story, fairy tale** n Märchen nt **fairy-tale** adj
(fig) märchenhaft
fait accompli n vollendete Tatsache
faith n **1.** (≈ trust) Vertrauen nt (in zu); (in human nature etc, religious faith) Glaube m (in an +acc); **to have ~ in sb** jdm (ver)trauen; **to have ~ in sth** Vertrauen in etw (acc) haben; **to act in good/bad ~** in gutem Glauben/böser Absicht handeln **2.** (≈ religion) Glaube m no pl **3.** (≈ promise) **to keep ~ with sb** jdm treu bleiben, jdm die Treue halten (elev)
faithful adj **1.** treu; **to be ~ to sb/sth** jdm/einer Sache treu sein **2.** copy originalgetreu **faithfully** adv **1. Yours ~** (Br: on letter) hochachtungsvoll **2.** restore originalgetreu; reproduce genau **faith healer** n Gesundbeter(in) m(f)
fake I adj unecht; banknote, painting gefälscht; **~ fur** Pelzimitation f; **a ~ suntan** Bräune f aus der Flasche **II** n (≈ object) Fälschung f; (jewellery) Imitation f; (≈ person) Schwindler(in) m(f); **the painting was a ~** das Gemälde war gefälscht **III** v/t vortäuschen; picture, results etc fälschen; burglary, crash fingieren
falcon n Falke m
Falkland Islands, Falklands pl Falklandinseln pl
fall vb: pret **fell**, past part **fallen I** n **1.** Fall m no pl; **to break sb's ~** jds Fall auffangen; **she had a bad ~** sie ist schwer gestürzt; **~ of rain** Regenfall m; **there was another heavy ~ (of snow)** es hat wieder viel geschneit **2.** (of town etc) Einnahme f; (of government) Sturz m **3.** (≈ lowering) Sinken nt; (sudden) Sturz m; (in temperature) Abfall m; (in membership) Abnahme f **4.** (≈ waterfall: a. **falls**) Wasserfall m; **Niagara Falls** die Niagarafälle **5.** (US ≈ autumn) Herbst m; **in the ~** im Herbst **II** v/i **1.** fallen; (SPORTS, from a height, badly) stürzen; (object) herunterfallen; (membership etc) abnehmen; **to ~ to one's death** tödlich abstürzen; **to ~ into a trap** in die Falle gehen; **his face fell** er machte ein langes Gesicht; **to ~ in battle** fallen; **her eyes fell on a strange object** (fig) ihr Blick fiel auf einen merkwürdigen Gegenstand **2.** (city) eingenommen werden; (government) gestürzt werden **3.** (night) hereinbrechen

4. (Easter etc) fallen (on auf +acc); (≈ be classified) fallen (under unter +acc); **that ~s within/outside the scope of ...** das fällt in/nicht in den Bereich ... **5.** (≈ be divisible) sich gliedern (into in +acc); **to ~ into categories** sich in Kategorien gliedern lassen **6.** (≈ become) werden; **to ~ asleep** einschlafen; **to ~ ill** krank werden; **to ~ in love with sb** sich in jdn verlieben **7. to ~ into decline** (building) verkommen; **to ~ into a deep sleep** in tiefen Schlaf fallen; **to ~ into bad habits** in schlechte Gewohnheiten verfallen; **to ~ apart** or **to pieces** aus dem Leim gehen (infml); (company, sb's life) aus den Fugen geraten; **I fell apart when he left me** meine Welt brach zusammen, als er mich verließ ♦ **fall about** (a. **fall about laughing**) v/i (Br infml) sich kranklachen (infml) ♦ **fall away** v/i **1.** (ground) abfallen **2.** = **fall off** ♦ **fall back** v/i zurückweichen (also MIL) ♦ **fall back (up)on** v/i +prep obj zurückgreifen auf (+acc) ♦ **fall behind** v/i **1.** (in race, at school etc) zurückfallen (prep obj hinter +acc) **2.** (with rent, work etc) in Rückstand geraten ♦ **fall down** v/i **1.** (person) hinfallen; (object) herunterfallen; (house etc) einstürzen **2.** (down stairs, cliff) hinunterfallen (prep obj +acc) ♦ **fall for** v/i +prep obj **1. I really fell for him** er hatte es mir angetan **2.** sales talk hereinfallen auf (+acc) ♦ **fall in** v/i **1.** (into water etc) hineinfallen **2.** (≈ collapse) einstürzen **3.** MIL **~!** antreten! ♦ **fall in with** v/i +prep obj (≈ meet) sich anschließen (+dat); bad company geraten in (+acc) ♦ **fall off** v/i **1.** (lit) herunterfallen (prep obj von) **2.** (≈ decrease) abnehmen ♦ **fall on** v/i +prep obj **1.** (≈ trip on) fallen über (+acc) **2.** (duty, decision, task) zufallen (+dat); (blame) treffen (+acc); **the responsibility falls on your shoulders** Sie tragen or haben die Verantwortung **3.** (≈ attack) herfallen über (+acc) ♦ **fall out** v/i **1.** herausfallen; **to ~ of sth** aus etw fallen **2.** (≈ quarrel) sich (zer)streiten **3.** MIL wegtreten ♦ **fall over I** v/i (person) hinfallen; (object) umfallen **II** v/i +prep obj **1.** (≈ trip over) fallen über (+acc); **they were falling over each other to get the book** sie drängelten sich, um das Buch zu bekommen **2. to ~ oneself to do sth** sich (dat) die größte Mühe geben, etw zu tun ◆ **fall through** v/i (plan) ins Wasser fallen ◆ **fall to** v/i (≈ be responsibility of) zufallen (+dat)

fallacy n Irrtum m

fallen past part of **fall** fall guy n (esp US infml ≈ scapegoat) Sündenbock m

fallibility n Fehlbarkeit f **fallible** adj fehlbar

falling adj fallend; membership abnehmend **falling-off** n = **fall-off** falling-out n (≈ quarrel) Streit m **falling star** n Sternschnuppe f **fall-off** n Abnahme f **fallout** n radioaktiver Niederschlag

fallow adj AGR brachliegend; **most of the fields are (lying)** ~ die meisten Felder liegen brach

false adj (+er) falsch; eyelashes künstlich; papers gefälscht; **that's a ~ economy** das ist am falschen Ort gespart; **~ imprisonment** willkürliche Inhaftierung; **under** or **by ~ pretences** (Br) or **pretenses** (US) unter Vorspiegelung falscher Tatsachen; **to ring ~** nicht echt klingen **false alarm** n falscher Alarm **false friend** n LING falscher Freund **falsehood** n Unwahrheit f **falsely** adv accused, convicted zu Unrecht; report fälschlicherweise **false move** n one ~, and ... (fig) ein kleiner Fehler und ... **false start** n Fehlstart m **false teeth** pl (künstliches) Gebiss **falsification** n (Ver)fälschung f **falsify** v/t fälschen; results verfälschen

falter v/i (speaker) stocken; (steps) zögern **faltering** adj voice stockend; (≈ hesitating) zögernd; economy geschwächt

fame n Ruhm m; ~ **and fortune** Ruhm und Reichtum

familial adj familiär

familiar adj **1.** surroundings, sight gewohnt; figure, voice vertraut; person, feeling bekannt; title, song geläufig; complaint häufig; **his face is** ~ das Gesicht ist mir bekannt; **to be** ~ **to sb** jdm bekannt sein; **it looks very** ~ es kommt mir sehr bekannt vor; **that sounds** ~ das habe ich doch schon mal gehört; **I am** ~ **with the word** das Wort ist mir bekannt or vertraut; **are you** ~ **with these modern techniques?** wissen Sie über diese modernen Techniken Bescheid? **2.** tone familiär; (≈ overfriendly) plumpvertraulich; **to be on** ~ **terms with sb** mit jdm auf vertrautem Fuß stehen **familiarity** n no pl Vertrautheit f **familiarize** v/t **to** ~

sb/oneself with sth jdn/sich mit etw vertraut machen

family I n Familie f; (including cousins etc) Verwandtschaft f; **to start a** ~ eine Familie gründen; **has he any** ~? hat er Familie?; **it runs in the** ~ das liegt in der Familie; **he's one of the** ~ er gehört zur Familie **II** attr Familien-; ~ **business** Familienunternehmen nt; **a** ~ **friend** ein Freund/eine Freundin der Familie **family business** n Familienbetrieb m **family circle** n Familienkreis m **family company** n Familienbetrieb m **family doctor** n Hausarzt m/-ärztin f **family man** n Familienvater m

family name n Familienname m **family planning** n Familienplanung f **family planning clinic** n Familienberatungsstelle f **family room** n **1.** (esp US: in house) Wohnzimmer nt **2.** (Br: in pub) für Kinder zugelassener Raum in einem Lokal **family-size** adj in Haushaltsgröße; packet Familien- **family tree** n Stammbaum m **family values** pl traditionelle (Familien)werte pl

famine n Hungersnot f **famished** adj (infml) ausgehungert; **I'm** ~ ich sterbe vor Hunger (infml)

famous adj berühmt (for durch, für) **famously** adv (≈ notoriously) bekanntermaßen

fan[1] **I** n **1.** (hand-held) Fächer m **2.** (mechanical) Ventilator m **II** v/t **to** ~ **sb/oneself** jdm/sich (Luft) zufächeln; **to** ~ **the flames** (fig) Öl ins Feuer gießen ◆ **fan out** v/i (searchers etc) ausschwärmen

fan[2] n (≈ supporter) Fan m; **I'm quite a** ~ **of yours** ich bin ein richtiger Verehrer von Ihnen

fan-assisted adj ~ **oven** Umluftherd m

fanatic n Fanatiker(in) m(f) **fanatical** adj fanatisch; **he is** ~ **about it** es geht ihm über alles; **I'm** ~ **about fitness** ich bin ein Fitnessfanatiker **fanaticism** n Fanatismus m

fan belt n Keilriemen m

fanciful adj **1.** idea fantastisch **2.** (≈ unrealistic) unrealistisch; **I think you're being somewhat** ~ ich glaube, das ist etwas weit hergeholt

fan club n Fanklub m

fancy I v/t **1.** (≈ like) **I** ~ **that car** das Auto gefällt mir; **he fancies a house on Crete** er hätte gern ein Haus auf Kreta; **I didn't**

~ that job die Stelle hat mich nicht gereizt; **do you ~ a walk/beer?** hast du Lust zu einem Spaziergang/auf ein Bier?; **she fancies doing that** (≈ *would like to*) sie würde das gern tun; (≈ *feels like it*) sie hätte Lust, das zu tun; **I don't ~ him** ich finde ihn nicht attraktiv; **I don't ~ my chances of getting that job** ich rechne mir keine großen Chancen aus, die Stelle zu bekommen **2.** (≈ *imagine*) sich (*dat*) einbilden; (≈ *think*) glauben **3. ~ doing that!** so was(, das) zu tun!; **~ that!** (*infml*) (nein) so was!; **~ him winning!** wer hätte gedacht, dass er gewinnt! **II** *v/r* von sich eingenommen sein; **he fancies himself as an expert** er hält sich für einen Experten **III** *n a passing ~* nur so eine Laune; **he's taken a ~ to her** sie hat es ihm angetan; **to take or catch sb's ~** jdm gefallen **IV** *adj* (+*er*) **1.** (*infml*) *clothes* ausgefallen; *hairdo, manoeuvre* kunstvoll; *food* raffiniert; **nothing ~** nichts Ausgefallenes **2.** (*often pej infml*) *house, car* chic (*infml*); *restaurant* nobel **fancy dress** *n* (Masken)kostüm *nt*; **is it ~?** geht man da verkleidet hin?; **they came in ~** sie kamen verkleidet; **fancy-dress party** Kostümfest *nt* **fancy goods** *pl* Geschenkartikel *pl*

fanfare *n* Fanfare *f*; **trumpet ~** Trompetenstoß *m*

fang *n* (*of snake*) Giftzahn *m*; (*of wolf*) Fang *m*

fan heater *n* Heizlüfter *m*

fan mail *n* Verehrerpost *f*

fanny *n* **1.** (*esp US infml*) Po *m* (*infml*) **2.** (*Br sl*) Möse *f* (*vulg*) **fanny pack** *n* FASHION Gürteltasche *f*

fantasize *v/i* fantasieren; (≈ *dream*) Fantasievorstellungen haben (*about* von)

fantastic I *int* (*infml*) fantastisch! **II** *adj* (*infml*) fantastisch; **a ~ amount of, ~ amounts of** wahnsinnig viel (*infml*) **fantastically** *adv* (*infml*) wahnsinnig (*infml*) **fantasy** *n* Fantasie *f*

fanzine *n* Fanmagazin *nt*

FAQ *n* IT *abbr of* **frequently asked questions** häufig gestellte Fragen *pl*

far *comp* **further, farther**, *sup* **furthest, farthest I** *adv* **1.** weit; **we don't live ~** *or* **we live not ~ from here** wir wohnen nicht weit von hier; **I'll go with you as ~ as the gate** ich begleite dich bis zum Tor; **~ and wide** weit und breit; **from ~ and near** *or* **wide** von nah und fern; **~

away** weit weg; **I won't be ~ off** *or* **away** ich bin ganz in der Nähe; **have you come ~?** kommen Sie von weit her?; **how ~ have you got with your plans?** wie weit sind Sie mit Ihren Plänen (gekommen)?; **~ better** weit besser **2.** (*in time*) **as ~ back as 1945** schon (im Jahr) 1945; **~ into the night** bis spät in die Nacht **3.** **as or so ~ as I'm concerned** was mich betrifft; **it's all right as ~ as it goes** das ist so weit ganz gut; **in so ~ as** insofern als; **by ~ the best, the best by ~** bei Weitem der/die/das Beste; **~ from satisfactory** alles andere als befriedigend; **~ from liking him I find him quite unpleasant** ich mag ihn nicht, ich finde ihn (im Gegenteil) sogar ausgesprochen unsympathisch; **~ from it!** (ganz) im Gegenteil; **~ be it from me to ...** es sei mir fern, zu ...; **so ~** (≈ *up to now*) bisher; (≈ *up to this point*) so weit; **so ~ so good** so weit, so gut; **to go ~** (*supplies etc*) weit reichen; (*person* ≈ *succeed*) weit bringen; **I would go so ~ as to say ...** ich würde so weit gehen zu sagen ...; **that's going too ~** das geht zu weit; **not ~ off** (*in space*) nicht weit; (*in guess, aim*) fast (getroffen); **the weekend isn't ~ off now** es ist nicht mehr lang bis zum Wochenende **II** *adj* hintere(r, s); **the ~ end of the room** das andere Ende des Zimmers; **the ~ door** die Tür am anderen Ende des Zimmers; **on the ~ side of** auf der anderen Seite von; **in the ~ distance** in weiter Ferne; **it's a ~ cry from ...** (*fig*) das ist etwas ganz anderes als ... **faraway** *adj* **1.** *place* entlegen; *country* fern; *sound* weit entfernt **2.** *look* verträumt

farce *n* Farce *f* **farcical** *adj* (*fig*) absurd

fare I *n* **1.** Fahrpreis *m*; (*on plane*) Flugpreis *m*; (*on boat*) Preis *m* für die Überfahrt; (≈ *money*) Fahrgeld *nt* **2.** (*old, form* ≈ *food*) Kost *f*; **traditional Christmas ~** ein traditionelles Weihnachtsessen **II** *v/i* **he ~d well** es ging ihm gut; **the dollar ~d well on the stock exchange** der Dollar schnitt an der Börse gut ab **Far East** *n* **the ~** der Ferne Osten **fare-dodger** *n* Schwarzfahrer(in) *m(f)* **fare stage** *n* Tarifgrenze *f* **farewell** *n* Abschied *m*; **to say** *or* **make one's ~s** sich verabschieden; (*before a longer absence*) Abschied nehmen; **to bid sb ~** jdm Auf Wiedersehen sagen;

~ **speech** Abschiedsrede *f*
far-fetched *adj* weit hergeholt **far-flung**
adj (≈ *distant*) abgelegen
farm I *n* Bauernhof *m*; (*bigger*) Gutshof
m; (*in US, Australia*) Farm *f*; **chicken** ~
Hühnerfarm *f* **II** *attr* landwirtschaftlich;
~ **labourer** (*Br*) *or* **laborer** (*US*) Landar-
beiter(in) *m(f)*; ~ **animals** Tiere *pl* auf
dem Bauernhof **III** *v/t land* bebauen;
livestock halten; *mink etc* züchten **IV**
v/i Landwirtschaft betreiben ◆ **farm
out** *v/t sep work* vergeben (*on, to* an
+*acc*)
farmer *n* Bauer *m*, Bäuerin *f*; (*in US, Australia*) Farmer(in) *m(f)*; ~ **'s wife** Bäuerin
f **farmers' market** *n* Bauernmarkt *m*
farmhand *n* Landarbeiter(in) *m(f)*
farmhouse *n* Bauernhaus *nt* **farming**
n Landwirtschaft *f* **farmland** *n* Ackerland *nt* **farm produce** *n* landwirtschaft-
liches Erzeugnis **farmyard** *n* Hof *m*
far-off *adj* **1.** (*in the past*) weit zurücklie-
gend; (*in the future*) weit entfernt **2.**
place fern **far-reaching** *adj* weitreichend **far-sighted** *adj* (*fig*) weitblickend
fart (*infml*) **I** *n* **1.** Furz *m* (*infml*) **2.** **he's a
boring old** ~ er ist ein langweiliger alter
Knacker (*infml*) **II** *v/i* furzen (*infml*)
farther *comp of* **far I** *adv* = **further I II** *adj*
weiter entfernt; *at the* ~ *end* am anderen
Ende **farthest** *adj, adv sup of* **far**; **the** ~
point of the island der am weitesten
entfernte Punkt der Insel
fascia *n* (*for mobile phone*) Oberschale *f*
fascinate *v/t* faszinieren **fascinating** *adj*
faszinierend **fascination** *n* Faszination
f; **to watch in** ~ gebannt zusehen; **his**
~ **with the cinema** die Faszination, die
das Kino auf ihn ausübt
fascism *n* Faschismus *m* **fascist I** *n* Fa-
schist(in) *m(f)* **II** *adj* faschistisch
fashion I *n* **1.** *no pl* (≈ *manner*) Art (und
Weise) *f*; (**in the**) *Indian* ~ auf Indianer-
art; **in the usual** ~ wie üblich; **in a similar** ~ auf ähnliche Weise; **to do sth after
a** ~ etw recht und schlecht machen **2.** (*in
clothing*) Mode *f*; (**back**) **in** ~ (wieder)
modern; **it's all the** ~ es ist große Mode;
to come into/go out of ~ in Mode/aus
der Mode kommen; **she always wears
the latest** ~**s** sie ist immer nach der neuesten Mode gekleidet **II** *v/t* formen
fashionable *adj clothes, look* modisch;
restaurant, area chic; **to become** ~ in
Mode kommen **fashionably** *adv* mo-

disch **fashion-conscious** *adj* modebewusst **fashion designer** *n* Modezeich-
ner(in) *m(f)* **fashion magazine** *n* Modezeitschrift *f* **fashion parade** *n* Modenschau *f* **fashion show** *n* Modenschau *f*
fashion victim *n* (*pej infml*) Opfer *nt*
der Mode, Fashion Victim *nt*
fast[1] *adj* (+*er*) *adv* schnell; **she's a** ~ **runner** sie kann schnell laufen; **to pull a** ~
one (**on sb**) (*infml*) jdn übers Ohr hauen
(*infml*); **to be** ~ (*clock*) vorgehen; **to be
five minutes** ~ fünf Minuten vorgehen
fast[2] **I** *adj* **1.** (≈ *secure*) fest **2.** *dye* farbecht
II *adv* **1.** (≈ *securely*) fest; **to stick** ~ festsitzen; (*with glue*) festkleben **2. to be** ~
asleep fest schlafen
fast[3] **I** *v/i* (≈ *not eat*) fasten **II** *n* Fasten *nt*;
(≈ *period of fasting*) Fastenzeit *f*
fast-breeder reactor *n* Schneller Brüter
fasten I *v/t* (≈ *attach*) befestigen (*to, onto*
an +*dat*); (≈ *do up*) *buttons, dress etc* zumachen; (≈ *lock*) *door* (ab)schließen; **to**
~ **one's seat belt** sich anschnallen; **to** ~
two things together zwei Dinge aneinander befestigen **II** *v/i* sich schließen lassen; **the dress** ~**s at the back** das Kleid
wird hinten zugemacht; **these two
pieces** ~ **together** diese zwei Teile werden miteinander verbunden ◆ **fasten
on** *v/t sep* festmachen (+*prep obj, -to*
an +*dat*) ◆ **fasten up** *v/t sep dress etc* zumachen; **could you fasten me up?**
(*infml*) kannst du mir zumachen?
(*infml*)
fastener, fastening *n* Verschluss *m*
fast food *n* Fast Food *nt* **fast-food restaurant** *n* Fast-Food-Restaurant *nt*
fast-forward *v/t & v/i* vorspulen
fastidious *adj* genau (*about* in Bezug auf
+*acc*)
fast lane *n* Überholspur *f*; **life in the** ~
(*fig*) das hektische Leben **fast-track**
v/t process, procedure im Schnellverfahren durchführen
fat I *adj* (+*er*) **1.** dick; (*infml*) *profit* üppig;
to get *or* **become** ~ dick werden **2.** (*iron
infml*) **that's a** ~ **lot of good** das bringt
doch überhaupt nichts; ~ **lot of help she
was** sie war 'ne schöne Hilfe! (*iron
infml*); ~ **chance!** schön wärs! **II** *n* ANAT,
COOK, CHEM Fett *nt*; **reduce the** ~ **in your
diet** reduzieren Sie den Fettgehalt Ihrer
Ernährung
fatal *adj* **1.** tödlich (*to, for* für); **he had a** ~
accident er ist tödlich verunglückt **2.**

mistake verhängnisvoll; **to be prove~ to or for sb/sth** das Ende für jdn/etw bedeuten; **it would be~ to do that** es wäre verhängnisvoll, das zu tun **fatalistic** *adj* fatalistisch **fatality** *n* Todesfall *m*; (*in accident, war etc*) (Todes)opfer *nt*; **there were no fatalities** es gab keine Todesopfer **fatally** *adv* **1.** *injured* tödlich **2.** *damage* auf Dauer; **to be ~ flawed** fatale Mängel aufweisen

fate *n* Schicksal *nt*; **to leave sth to ~** etw dem Schicksal überlassen **fated** *adj* **to be ~ to be unsuccessful** zum Scheitern verurteilt sein; **they were ~ never to meet again** es war ihnen bestimmt, sich nie wiederzusehen **fateful** *adj* **day** schicksalhaft; *decision* verhängnisvoll

fat-free *adj* *food etc* fettfrei

father I *n* **1.** Vater *m* (*to sb* jdm); (≈ *priest*) Pater *m*; **like ~ like son** der Apfel fällt nicht weit vom Stamm; (*our*) **Father** Vater *m* (unser) **2. ~s** *pl* (≈ *ancestors*) Väter *pl* **II** *v/t child etc* zeugen **Father Christmas** *n* (*Br*) der Weihnachtsmann **father figure** *n* Vaterfigur *f* **fatherhood** *n* Vaterschaft *f*

father-in-law *n*, *pl* **fathers-in-law** Schwiegervater *m* **fatherland** *n* Vaterland *nt* **fatherly** *adj* väterlich **Father's Day** *n* Vatertag *m*

fathom I *n* Faden *m* **II** *v/t* (*infml: a.* **fathom out**) verstehen; **I just can't ~ him** (**out**) er ist mir ein Rätsel; **I couldn't ~ it** (**out**) ich kam der Sache nicht auf den Grund

fatigue *n* **1.** Erschöpfung *f* **2.** (TECH ≈ *metal fatigue*) Ermüdung *f* **3. fatigues** *pl* MIL Arbeitsanzug *m*

fatten *v/t* (*a.* **fatten up**) *animals* mästen; *people* herausfüttern (*infml*) **fattening** *adj* dick machend; **chocolate is ~** Schokolade macht dick **fatty I** *adj* (+*er*) fett; (≈ *greasy*) fettig **II** *n* (*infml*) Dickerchen *nt* (*infml*)

fatuous *adj* albern

faucet *n* (*US*) Hahn *m*

fault I *n* **1.** Fehler *m*; TECH Defekt *m*; **to find ~ with sb/sth** etwas an jdm/etw auszusetzen haben; **he was at ~** er war im Unrecht **2.** *no pl* **it won't be my ~ if ...** es ist nicht meine Schuld, wenn ...; **whose~ is it?** wer ist schuld (daran)? **3.** GEOL Verwerfung *f* **II** *v/t* **I can't ~ it/ him** ich habe nichts daran/an ihm auszusetzen **fault-finding I** *adj* krittelig **II** *n*

Krittelei *f* **faultless** *adj* fehlerlos; *English* fehlerfrei **fault line** *n* GEOL Verwerfungslinie *f* **faulty** *adj* (+*er*) TECH defekt; COMM fehlerhaft; *logic* falsch

fauna *n* Fauna *f*

faux pas *n* Fauxpas *m*

fava bean *n* (*US*) dicke Bohne

favour, (*US*) **favor I** *n* **1.** *no pl* (≈ *goodwill*) Gunst *f*; **to find ~ with sb** bei jdm Anklang finden; **to be in ~ with sb** bei jdm gut angeschrieben sein; (*fashion, writer etc*) bei jdm beliebt sein; **to be/fall out of ~** in Ungnade (gefallen) sein/fallen **2. to be in ~ of sth** für etw sein; **to be in ~ of doing sth** dafür sein, etw zu tun; **a point in his ~** ein Punkt zu seinen Gunsten; **the judge ruled in his ~** der Richter entschied zu seinen Gunsten; **all those in ~ raise their hands** alle, die dafür sind, Hand hoch; **he rejected socialism in ~ of the market economy** er lehnte den Sozialismus ab und bevorzugte stattdessen die Marktwirtschaft **3.** (≈ *partiality*) Vergünstigung *f*; **to show~ to sb** jdn bevorzugen **4.** (≈ *act of kindness*) Gefallen *m*; **to ask a ~ of sb** jdn um einen Gefallen bitten; **to do sb a ~** jdm einen Gefallen tun; **would you do me the ~ of returning my library books?** wären Sie bitte so freundlich und würden meine Bücher in die Bücherei zurückbringen?; **as a ~ to him** ihm zuliebe **II** *v/t* **1.** *idea* für gut halten; (≈ *prefer*) bevorzugen **2.** (*US* ≈ *resemble*) ähneln (+*dat*) **favourable**, (*US*) **favorable** *adj* **1.** (≈ *positive*) positiv; **her request met with a ~ response** ihre Bitte stieß auf Zustimmung **2.** (≈ *beneficial*) günstig (*to* für); *comparison* vorteilhaft; **to show sth in a ~ light** etw in einem günstigen Licht zeigen; **on ~ terms** zu günstigen Bedingungen; **conditions are ~ for development** für die Entwicklung herrschen günstige Bedingungen **favourably**, (*US*) **favorably** *adv* **1.** *respond* positiv; *receive, think* wohlwollend; **he was~ impressed by it** er war davon sehr angetan; **to be ~ disposed or inclined to(wards) sb/sth** jdm/einer Sache gewogen sein (*elev*) **2.** (≈ *advantageously*) günstig; **to compare ~** im Vergleich gut abschneiden

favourite, (*US*) **favorite I** *n* **1.** (≈ *person*) Liebling *m*; (HIST, *pej*) Günstling *m* **2.** (≈ *thing*) **this one is my ~** das habe ich am liebsten; *this book is my* ~ das ist mein Lieblingsbuch **3.** SPORTS Favorit(in) *m(f)*; *Chelsea are the* ~*s* Chelsea ist (der) Favorit **II** *adj attr* Lieblings-; *my* ~ *film* mein Lieblingsfilm *m* **favouritism**, (*US*) **favoritism** *n* Vetternwirtschaft *f* (*infml*)

fawn¹ I *n* **1.** Hirschkalb *nt*; (*of roe deer*) Rehkitz *nt* **2.** (≈ *colour*) Beige *nt* **II** *adj* (*colour*) beige

fawn² *v/i* (*fig*) katzbuckeln (*on, upon or over* vor +*dat*)

fax I *n* Fax *nt*; *to send sth by* ~ etw faxen **II** *v/t* faxen **fax machine** *n* = *fax* **fax number** *n* (Tele)faxnummer *f*

faze *v/t* (*infml*) verdattern (*infml*); *the question didn't* ~ *me at all* die Frage brachte mich keineswegs aus der Fassung

FBI (*US*) *abbr of* **Federal Bureau of Investigation** FBI *nt*

fear I *n* **1.** Angst *f* (*of* vor +*dat*), Furcht *f* (*of* vor +*dat*); ~ *of failure/flying* Versagens-/Flugangst *f*; *there are* ~*s that ...* es wird befürchtet, dass ...; *to be in* ~ *of sb/sth* Angst vor jdm/etw haben; *she talked quietly for* ~ *of waking the baby* sie sprach leise, um das Baby nicht aufzuwecken **2.** *no pl* *no* ~*!* (*infml*) nie im Leben! (*infml*); *there's no* ~ *of that happening again* keine Angst, das passiert so leicht nicht wieder **II** *v/t* (be)fürchten; *he's a man to be* ~*ed* er ist ein Mann, den man fürchten muss; *many women* ~ *to go out at night* viele Frauen haben Angst davor, abends auszugehen **III** *v/i* ~ *for* fürchten für *or* um; *never* ~*!* keine Angst! **fearful** *adj* **1.** (≈ *apprehensive*) ängstlich; *to be* ~ *of sb/sth* Angst vor jdm/etw haben; *I was* ~ *of waking her* ich befürchtete, dass ich sie aufwecken würde **2.** (≈ *frightening*) furchtbar **fearless** *adj*, **fearlessly** *adv* furchtlos **fearsome** *adj* furchterregend

feasibility *n* (*of plan etc*) Durchführbarkeit *f* **feasibility study** *n* Machbarkeitsstudie *f* **feasible** *adj* **1.** (≈ *practicable*) möglich; *plan* durchführbar **2.** (≈ *plausible*) plausibel

feast I *n* **1.** (≈ *banquet*) Festessen *nt*; *a* ~ *for the eyes* eine Augenweide **2.** ECCL, REL Fest *nt*; ~ *day* Feiertag *m* **II** *v/i* (*lit*) Festgelage *pl*/ein Festgelage halten; *to* ~ *on sth* sich an etw (*dat*) gütlich tun

III *v/t* *to* ~ *one's eyes on sb/sth* seine Augen an jdm/etw weiden

feat *n* Leistung *f*; (*heroic etc*) Heldentat *f*

feather *n* Feder *f*; ~*s* (≈ *plumage*) Gefieder *nt*; *as light as a* ~ federleicht; *they are birds of a* ~ sie sind vom gleichen Schlag **feather bed** *n* mit Federn gefüllte Matratze **featherbrained** *adj* dümmlich **feather duster** *n* Staubwedel *m*

feature I *n* **1.** (*facial*) (Gesichts)zug *m* **2.** (≈ *characteristic*) Merkmal *nt*; *special* ~ Besonderheit *f* **3.** (*of room etc*) herausragendes Merkmal; *to make a* ~ *of sth* etw besonders betonen; *the main* ~ die Hauptattraktion **4.** PRESS, RADIO, TV Feature *nt* **II** *v/t* **1.** PRESS *story* bringen **2.** *this film* ~*s an English actress* in diesem Film spielt eine englische Schauspielerin mit; *the album* ~*s their latest hit single* auf dem Album ist auch ihre neueste Hitsingle **III** *v/i* (≈ *occur*) vorkommen; *the story* ~*d on all today's front pages* die Geschichte war heute auf allen Titelseiten **feature film** *n* Spielfilm *m* **feature-length** *adj* *film* mit Spielfilmlänge

Feb *abbr of* **February** Febr.

February *n* Februar *m*, Feber *m* (*Aus*); → **September**

feces *pl* (*US*) = **faeces**

Fed *n* (*US*) Zentralbank *f* der USA

fed¹ *pret, past part of* **feed**

fed² *n* (*US infml*) FBI-Agent(in) *m(f)*

federal *adj* Bundes-; *system etc* föderalistisch (*also US* HIST); ~ *state* Bundesstaat *m*; *the Federal Republic of Germany* die Bundesrepublik Deutschland; *Federal Reserve (Bank)* (*US*) Zentralbank *f* **federalism** *n* Föderalismus *m* **federation** *n* Föderation *f*

fed up *adj* (*infml*) *I'm* ~ ich habe die Nase voll (*infml*); *I'm* ~ *with him* ich habe ihn satt; *I'm* ~ *waiting for him* ich habe es satt, auf ihn zu warten

fee *n* Gebühr *f*; (*of doctor, lawyer*) Honorar *nt*; (≈ *membership fee*) Beitrag *m*; (*school*) ~*s* Schulgeld *nt*

feeble *adj* (+*er*) schwach; *attempt* kläglich; *excuse* faul (*infml*) **feeble-minded** *adj* dümmlich **feebly** *adv* schwach; *smile* kläglich; *say* wenig überzeugend

feed *vb: pret, past part* **fed I** *n* **1.** (≈ *meal, of animals*) Fütterung *f*; (*of baby*) Mahlzeit *f* **2.** (≈ *food, of animals*) Futter *nt*; *when is the baby's next* ~*?* wann wird das Baby wieder gefüttert? **3.** (TECH, *to computer*) Eingabe *f* (*into in* +acc) **II** *v/t* **1.** (≈ *provide food for*) *person, army* verpflegen; *family* ernähren **2.** (≈ *give food to*) *baby, animal* füttern; *plant* düngen; **to ~ sth to sb** jdm etw zu essen geben **3.** *machine* versorgen; *fire* etwas legen auf (+*acc*); (*fig*) *imagination* nähren; **he steals to ~ his heroin habit** er stiehlt, um sich mit Heroin zu versorgen; **to ~ sth into a machine** etw in eine Maschine geben; **to ~ information (in) to a computer** Informationen in einen Computer eingeben **4.** (TECH ≈ *insert*) führen **III** *v/i* (*animal*) fressen; (*baby*) gefüttert werden ♦ **feed in** *v/t sep* *wire etc* einführen (*prep obj* in +*acc*); *information* eingeben (*prep obj* in +*acc*) ♦ **feed on I** *v/i* +*prep obj* sich (er)nähren von; (*fig*) sich nähren von **II** *v/t sep* +*prep obj* **to feed sb on sth** *animal, baby* jdn mit etw füttern; *person* jdn mit etw ernähren

feedback *n* (*fig*) Feedback *nt*; **to provide more ~ on sth** ausführlicher über etw (*acc*) berichten **feeder I** *n* **1.** (*for birds*) Futterhalter *m* **2.** (≈ *road*) Zubringer (-straße *f*) *m*; (≈ *air, bus, rail service*) Zubringerlinie *f* **II** *attr* Zubringer- **feeding bottle** *n* Flasche *f* **feeding time** *n* (*for animal*) Fütterungszeit *f*; (*for baby*) Zeit *f* für die Mahlzeit

feel *vb*: *pret, past part* **felt I** *v/t* **1.** (≈ *touch*) fühlen; (*examining*) befühlen; **to ~ one's way** sich vortasten; **I'm still ~ing my way (in my new job)** ich versuche noch, mich (in meiner neuen Stelle) zurechtzufinden **2.** *prick, sun etc* spüren; **I can't ~ anything in my left leg** ich habe kein Gefühl im linken Bein; **I felt it move** ich spürte, wie es sich bewegte **3.** *joy, fear etc* empfinden; *effects* spüren **4.** (≈ *be affected by*) *heat, loss* leiden unter (+*dat*); **I felt that!** (*pain*) das hat wehgetan! **5.** (≈ *think*) glauben; **what do you ~ about him/it?** was halten Sie von ihm/davon?; **it was felt that ...** man war der Meinung, dass ...; **he felt it necessary** er hielt es für notwendig **II** *v/i* **1.** (*person*) sich fühlen; **I ~ sick** mir ist schlecht; **to ~ certain/hungry** sicher/hungrig sein; **I ~ cold** mir ist kalt; **I felt sad** mir war traurig zumute; **I felt as though I'd never been away** mir war, als ob ich nie weg gewesen wäre; **I felt as if I was going to be sick** ich dachte,

mir würde schlecht werden; **how do you ~ about him?** (*emotionally*) was empfinden Sie für ihn?; **you can imagine what I felt like** or **how I felt** Sie können sich (*dat*) vorstellen, wie mir zumute war; **what does it ~ like** or **how does it ~ to be all alone?** wie fühlt man sich so ganz allein?; **what does it ~ like** or **how does it ~ to be the boss?** wie fühlt man sich als Chef? **2.** (≈ *feel to the touch*) sich anfühlen; **the room ~s warm** das Zimmer kommt einem warm vor **3.** (≈ *think*) meinen; **how do you ~ about him/going for a walk?** was halten Sie von ihm/von einem Spaziergang?; **that's just how I ~** das meine ich auch **4.** **to ~ like** (≈ *have desire for*) Lust haben auf (+*acc*); **I ~ like something to eat** ich möchte jetzt gern etwas essen; **I ~ like going for a walk** ich habe Lust spazieren zu gehen; **I felt like screaming** ich hätte am liebsten geschrien **III** *n no pl* **let me have a ~!** lass (mich) mal fühlen!; **it has a papery ~** es fühlt sich wie Papier an; **the room has a cosy ~** das Zimmer hat eine gemütliche Atmosphäre; (*fig*) **to get a ~ for sth** ein Gefühl *nt* für etw bekommen ♦ **feel for** *v/i* +*prep obj* **1.** (≈ *sympathize with*) Mitgefühl haben mit; **I ~ you** Sie tun mir leid **2.** (≈ *search for*) tasten nach; (*in pocket etc*) kramen nach ♦ **feel up to** *v/i* +*prep obj* sich gewachsen fühlen (+*dat*)

feel-bad *adj* **~ factor** Frustfaktor *m* **feeler** *n* **1.** ZOOL Fühler *m* **2.** (*fig*) **to put out ~s** seine Fühler ausstrecken **feel-good** *adj* Feelgood-; **~ factor** Feelgoodfaktor *m* **feeling** *n* **1.** Gefühl *nt*; **I've lost all ~ in my right arm** ich habe kein Gefühl mehr im rechten Arm; **I know the ~** ich weiß, wie das ist **2.** (≈ *presentiment*) (Vor)gefühl *nt*; **I've a funny ~ she won't come** ich hab so das Gefühl, dass sie nicht kommt **3.** (≈ *opinion*: *a.* **feelings**) Meinung *f* (*on* zu); **there was a general ~ that ...** man war allgemein der Ansicht, dass ...; **there's been a lot of bad ~ about this decision** wegen dieser Entscheidung hat es viel böses Blut gegeben **4.** **~s** Gefühle *pl*; **to have ~s for sb** Gefühle für jdn haben; **you've hurt his ~s** Sie haben ihn verletzt; **no hard ~s?** nimm es mir nicht übel

fee-paying *adj school* gebührenpflichtig; *student* Gebühren zahlend

feet *pl of* **foot**

feign *v/t* vortäuschen; **to ~ illness** sich krank stellen**feigned** *adj* vorgeblich *attr*

feint **I** *n* SPORTS Finte *f* **II** *v/i* SPORTS eine Finte anwenden (*also fig*)

feisty *adj* (+er) robust

feline *adj* (*lit*) Katzen-; (*fig*) katzenhaft

fell¹ *pret of* **fall**

fell² *n* (≈ *skin*) Fell *nt*

fell³ *v/t tree* fällen; *person* niederstrecken

fellatio *n* Fellatio *f*

fellow¹ *n* **1.** Mann *m*, Typ *m* (*infml*); **poor ~!** der Arme!; **this journalist ~** dieser komische Journalist **2.** (≈ *comrade*) Kumpel *m* (*infml*), Spezi *m* (*Aus*) **3.** UNIV Fellow *m* **4.** (*of a society*) Mitglied *nt*

fellow² *pref* **our ~ bankers/doctors** unsere Berufskollegen *pl*; **~ student** Kommilitone *m*, Kommilitonin *f*; **~ member** (*in club*) Klubkamerad(in) *m(f)*; (*in party*) Parteigenosse *m*/-genossin *f*; **~ sufferer** Leidensgenosse *m*/-genossin *f*; **~ worker** Kollege *m*, Kollegin *f*; **he is a ~ lexicographer** er ist auch Lexikograf; **"my ~ Americans..."** „meine lieben amerikanischen Mitbürger..." **fellow citizen** *n* Mitbürger(in) *m(f)* **fellow countrymen** *pl* Landsleute *pl* **fellow men** *pl* Mitmenschen *pl* **fellowship** *n* **1.** *no pl* Kameradschaft *f* **2.** (UNIV ≈ *scholarship*) Forschungsstipendium *nt*; (≈ *job*) Position eines Fellow **fellow traveller** , (*US*) **fellow traveler** *n* (*lit*) Mitreisende(r) *m/f(m)*

felon *n* (Schwer)verbrecher(in) *m(f)* **felony** *n* (schweres) Verbrechen

felt¹ *pret, past part of* **feel**

felt² **I** *n* Filz *m* **II** *adj attr* Filz- **felt-tip (pen)** *n* Filzstift *m*

female **I** *adj* weiblich; *rights* Frauen-; **a ~ doctor** eine Ärztin; **a ~ companion** eine Gesellschafterin; **a ~ football team** eine Damenfußballmannschaft **II** *n* **1.** (≈ *animal*) Weibchen *nt* **2.** (*infml* ≈ *woman*) Frau *f*; (*pej*) Weib *nt* (*pej*)

feminine **I** *adj* feminin; *beauty, qualities* weiblich **II** *n* GRAM Femininum *nt* **feminine hygiene** *n* Monatshygiene *f*; **~ products** Monatshygieneartikel *pl* **femininity** *n* Weiblichkeit *f* **feminism** *n* Feminismus *m* **feminist** **I** *n* Feminist(in) *m(f)* **II** *adj* feministisch; **the ~ movement** die Frauenbewegung

femur *n* Oberschenkelknochen *m*

fen *n* Moorland *nt*; **the Fens** die Niederungen in East Anglia

fence **I** *n* Zaun *m*; SPORTS Hindernis *nt*; **to sit on the ~** (*fig*) neutral bleiben **II** *v/i* SPORTS fechten ◆ **fence in** *v/t sep* (*lit*) einzäunen ◆ **fence off** *v/t sep* abzäunen

fencing *n* **1.** SPORTS Fechten *nt* **2.** (≈ *fences*) Zaun *m*

fend *v/i* **to ~ for oneself** für sich (selbst) sorgen ◆ **fend off** *v/t sep* abwehren

fender *n* **1.** (*in front of fire*) Kamingitter *nt* **2.** (*US*) (*on car*) Kotflügel *m*; (*on bicycle etc*) Schutzblech *nt*

fennel *n* BOT Fenchel *m*

feral *adj attr* verwildert; **~ cat** Wildkatze *f*

ferment **I** *n* (*fig*) Unruhe *f*; **the city was in ~** es brodelte in der Stadt **II** *v/i* gären **III** *v/t* (*lit*) fermentieren **fermentation** *n* Gärung *f*

fern *n* Farn(kraut *nt*) *m*

ferocious *adj* wild; *dog* äußerst bissig; *look* grimmig; *battle* erbittert; *argument* heftig; *attack* brutal **ferociously** *adv* *fight, argue* heftig; *attack* aufs Schärfste; *glare* grimmig; *bark* wütend **ferocity** *n* (*of animal*) Wildheit *f*; (*of dog*) Bissigkeit *f*; (*of battle, argument*) Heftigkeit *f*; (*of attack*) Brutalität *f*

ferret **I** *n* Frettchen *nt* **II** *v/i* (a. **ferret about** or **around**) herumstöbern ◆ **ferret out** *v/t sep* (*Br infml*) aufstöbern

Ferris wheel *n* Riesenrad *nt*

ferrous *adj* Eisen-

ferry **I** *n* Fähre *f* **II** *v/t* (a. **ferry across** or **over**) (*by boat*) übersetzen; (*by car etc*) transportieren; **to ~ sb across a river** jdn über einen Fluss setzen; **to ~ sb/ sth back and forth** jdn/etw hin- und herbringen **ferry service** *n* Fährdienst *m*

fertile *adj* fruchtbar; **this is ~ ground for racists** das ist fruchtbarer Boden für Rassisten **fertility** *n* Fruchtbarkeit *f* **fertilization** *n* Befruchtung *f* **fertilize** *v/t* befruchten; *soil* düngen **fertilizer** *n* Dünger *m*

fervent *adj* leidenschaftlich; *hope* inbrünstig (*elev*) **fervently** *adv* leidenschaftlich; *hope, wish, pray* inbrünstig (*elev*) **fervour** , (*US*) **fervor** *n* Leidenschaftlichkeit *f*

fester *v/i* eitern; (*fig, resentment etc*) nagen

festival *n* **1.** ECCL *etc* Fest *nt* **2.** (*cultural*) Festival *nt* **festive** *adj* festlich; **the ~ season** die Festzeit **festivity** *n* (≈ *celebration*) Feier *f*; **festivities** *pl* Feierlichkeiten *pl*

festoon *v/t* **to ~ sth with sth** etw mit etw schmücken; **to be ~ed with sth** mit etw behängt sein

feta (cheese) *n* Feta(käse) *m*

fetal *adj* (*esp US*) = **foetal**

fetch I *v/t* **1.** (≈ *bring*) holen; (≈ *collect*) abholen; **would you ~ a handkerchief for me** *or* **~ me a handkerchief?** kannst du mir aus dem Taschentuch holen (gehen)?; **she ~ed in the washing** sie holte die Wäsche herein **2.** (≈ *bring in*) £10 *etc* (ein)bringen **II** *v/i* **to ~ and carry for sb** bei jdm Mädchen für alles sein **fetching** *adj* attraktiv

fête I *n* Fest *nt* **II** *v/t* feiern

fetid *adj* übel riechend

fetish *n* Fetisch *m*; **to have a ~ for leather/cleanliness** einen Leder-/Sauberkeitstick haben (*infml*)

fetters *pl* Fesseln *pl*

fettle *n* **to be in fine ~** in bester Form sein; (*as regards health also*) in bester Verfassung sein (*infml*)

fetus *n* (*US*) = **foetus**

feud (*lit, fig*) **I** *n* Fehde *f* **II** *v/i* sich befehden

feudal *adj* Feudal-, feudal; **~ system** Feudalsystem *nt* **feudalism** *n* Feudalismus *m*

fever *n* **1.** Fieber *nt no pl*; **to have a ~** Fieber haben **2.** (*fig*) Aufregung *f*; **election ~** Wahlfieber *nt*; **in a ~ of excitement** in fieberhafter Erregung **feverish** *adj* **1.** (≈ *frantic*) fieberhaft **2.** MED **to be ~** Fieber haben **feverishly** *adv* work, try fieberhaft **fever pitch** *n* **to reach ~** den Siedepunkt erreichen

few *adj* (+*er*) *pron* **1.** (≈ *not many*) wenige; **~ people come to see him** nur wenige Leute besuchen ihn; **~ and far between** dünn gesät; **as ~ as ten cigarettes a day** schon zehn Zigaretten am Tag; **there were 3 too ~** es waren 3 zu wenig da; **he is one of the ~ people who ...** er ist einer der wenigen, die ...; **~ of them came** wenige von ihnen kamen; **there are too ~ of you** ihr seid zu wenige **2.** **a ~** ein paar; **a ~ more days** noch ein paar Tage; **a ~ times** ein paar Male; **there were quite a ~ waiting** ziemlich viele warteten; **he's had a ~ (too many)** er hat einen über den Durst getrunken; **quite a ~ books** ziemlich viele Bücher; **in the next ~ days** in den nächsten paar

Tagen; **every ~ days** alle paar Tage; **a ~ more** ein paar mehr; **quite a ~** eine ganze Menge; **the ~ who knew him** die wenigen, die ihn kannten **fewer** *adj, pron comp of* **few** weniger; **no ~ than** nicht weniger als **fewest** *sup of* **few I** *adj* die wenigsten **II** *pron* die wenigsten, am wenigsten

fiancé *n* Verlobte(r) *m* **fiancée** *n* Verlobte *f*

fiasco *n*, *pl* **-s**, (*US also*) **-es** Fiasko *nt*

fib (*infml*) **I** *n* Flunkerei *f* (*infml*); **don't tell ~s** flunker nicht! (*infml*) **II** *v/i* flunkern (*infml*)

fibre, (*US*) **fiber** *n* **1.** Faser *f* **2.** (≈ *roughage*) Ballaststoffe *pl* **3.** (*fig*) **moral ~** Charakterstärke *f* **fibreglass**, (*US*) **fiberglass I** *n* Glasfaser *f* **II** *adj* aus Glasfaser **fibre optics**, (*US*) **fiber optics** *n sg* Faseroptik *f*

fickle *adj* launenhaft

fiction *n* **1.** *no pl* LIT Prosaliteratur *f*; **you'll find that under ~** das finden Sie unter Belletristik; **work of ~** Erzählung *f*; (*longer*) Roman *m* **2.** (≈ *invention*) (freie) Erfindung; **that's pure ~** das ist frei erfunden **fictional** *adj* **1.** (≈ *invented*) erfunden; drama fiktional **2.** (≈ *relating to fiction*) erzählerisch; **his ~ writing** seine erzählenden Schriften **fictitious** *adj* **1.** name falsch **2.** LIT character erfunden

fiddle I *n* **1.** (MUS *infml*) Fiedel *f* (*infml*); **to play second ~ to sb** (*fig*) in jds Schatten (*dat*) stehen; **as fit as a ~** kerngesund **2.** (*Br infml* ≈ *swindle*) Schiebung *f*; (*with money*) faule Geschäfte *pl* (*infml*); **tax ~** Steuermanipulation *f*; **to be on the ~** krumme Dinger machen (*infml*) **II** *v/t* (*Br infml*) accounts frisieren (*infml*); **he ~d it so that ...** er hat es so hingebogen, dass ... ♦ **fiddle about** (*Brit*) *or* **around** *v/i* **to fiddle about** *or* **around with sth** an etw (*dat*) herumspielen; (≈ *fidget with*) mit etw herumspielen

fiddler *n* (MUS *infml*) Geiger(in) *m(f)* **fiddly** *adj* (+*er*) (*Br*) job knifflig (*infml*); controls *etc* umständlich

fidelity *n* Treue *f* (*to* zu)

fidget I *v/i* (*a.* **fidget about** *or* **around**) zappeln **II** *n* (≈ *person*) Zappelphilipp *m* (*infml*) **fidgety** *adj* zappelig; audience unruhig

field I *n* **1.** Feld *nt*; (≈ *area of grass*) Wiese *f*; (*for cows etc*) Weide *f*; **corn ~** Getreidefeld *nt*; **potato ~** Kartoffelacker *m*; **in**

the ~**s** auf dem Feld; ~ **of battle** Schlachtfeld *nt*; ~ **of vision** Blickfeld *nt* **2.** (*for football etc*) Platz *m*; **sports or games** ~ Sportplatz *m* **3.** (*of study etc*) Gebiet *nt*; **what** ~ **are you in?** auf welchem Gebiet arbeiten Sie? **4.** (≈ *practical operation*) Praxis *f*; **work in the** ~ Feldforschung *f* **5.** IT Datenfeld *nt* **II** *v/t* **1.** *ball* auffangen und zurückwerfen; (*fig*) *question etc* abblocken; **he had to** ~ **calls from customers** er musste Kunden am Telefon abwimmeln (*infml*) **2.** *team* auf den Platz schicken **3.** POL *candidate* aufstellen **III** *v/i* BASEBALL *etc* als Fänger spielen **field day** *n* (*fig*) **I had a** ~ ich hatte meinen großen Tag **fielder** *n* BASEBALL *etc* Fänger(in) *m(f)* **field event** *n* ATHLETICS Disziplin, die nicht auf der Aschenbahn ausgetragen wird **field hockey** *n* (*US*) Hockey *nt* **field sports** *pl* Sport *m* im Freien (*Jagen und Fischen*) **field study** *n* Feldstudie *f* **field test** *n* Feldversuch *m* **field-test** *v/t* in einem Feldversuch / in Feldversuchen testen **field work** *n* (*of surveyor etc*) Arbeit *f* im Gelände; (*of sociologist etc*) Feldforschung *f*

fiend *n* **1.** (≈ *evil spirit*) Dämon *m*; (≈ *person*) Teufel *m* **2.** (*infml* ≈ *addict*) Fanatiker(in) *m(f)*; **tennis** ~ Tennisnarr *m* **fiendish** *adj* **1.** (≈ *cruel*) teuflisch; **he took a** ~ **delight in doing it** es machte ihm eine höllische Freude, es zu tun **2.** (*infml*) *plan* höllisch raffiniert (*infml*) **3.** (*infml*) *problem* verzwickt (*infml*) **fiendishly** *adv* (*infml*) *difficult* höllisch (*infml*)

fierce *adj* (+er) *animal* aggressiv; *person, look* grimmig; *fighting, resistance* erbittert; *debate* heftig; *attack, competition* scharf; *heat* glühend; **he has a** ~ **temper** er braust schnell auf **fiercely** *adv* *oppose, fight* heftig; *criticize* scharf; *defend, argue* leidenschaftlich; *competitive, loyal* äußerst; **the fire was burning** ~ es brannte lichterloh

fiery *adj* (+er) *inferno, heat* glühend; *temperament* hitzig; *speech* feurig; **to have a** ~ **temper** ein Hitzkopf *m* sein

FIFA *abbr of* **Federation of International Football Associations** FIFA *f*

fifteen **I** *adj* fünfzehn **II** *n* Fünfzehn *f* **fifteenth** **I** *adj* fünfzehnte(r, s) **II** *n* **1.** Fünfzehnte(r, s) **2.** (≈ *part, fraction*) Fünfzehntel *nt*; → **sixteenth**

fifth **I** *adj* fünfte(r, s) **II** *n* **1.** Fünfte(r, s) **2.** (≈ *part, fraction*) Fünftel *nt* **3.** MUS Quinte *f* **4.** **to take the** ~ (*US infml*) die Aussage verweigern; → **sixth**

fiftieth **I** *adj* fünfzigste(r, s) **II** *n* **1.** Fünfzigste(r, s) **2.** (≈ *part, fraction*) Fünfzigstel *nt*; → **sixth**

fifty **I** *adj* fünfzig **II** *n* Fünfzig *f*; → **sixty** **fifty-fifty** **I** *adv* fifty-fifty (*infml*); **to go** ~ (**with sb**) (mit jdm) fifty-fifty machen (*infml*) **II** *adj* **he has a** ~ **chance of survival** er hat eine fünfzigprozentige Überlebenschance

fig *n* Feige *f*

fig. *abbr of* **figure(s)** Abb.

fight *vb*: *pret, past part* **fought I** *n* **1.** Kampf *m*; (≈ *fist fight*) Schlägerei *f*; (≈ *argument*) Streit *m*; **to have a** ~ **with sb** sich mit jdm schlagen; (≈ *argue*) sich mit jdm streiten; **to put up a good** ~ sich tapfer schlagen; **do you want a** ~**?** du willst dich wohl mit mir anlegen?; **he won't give in without a** ~ er ergibt sich nicht kampflos; **the** ~ **for survival** der Kampf ums Überleben **2.** (≈ *fighting spirit*) Kampfgeist *m*; **there was no** ~ **left in him** sein Kampfgeist war erloschen **II** *v/i* kämpfen; (≈ *have punch-up etc*) sich schlagen; (≈ *argue*) sich streiten; **to** ~ **against disease** Krankheiten bekämpfen; **to** ~ **for sb/sth** um jdn/etw kämpfen; **to** ~ **for breath** nach Atem ringen **III** *v/t* *person* kämpfen mit *or* gegen; (≈ *have punch-up with*) sich schlagen mit; *fire, disease, crime, inflation* bekämpfen; **to** ~ **a duel** sich duellieren; **to** ~ **one's way through the crowd** sich durch die Menge kämpfen ♦ **fight back** **I** *v/i* (*in fight*) zurückschlagen; MIL Widerstand leisten; SPORTS zurückkämpfen **II** *v/t sep tears etc* unterdrücken ♦ **fight off** *v/t sep* abwehren; **I'm still trying to** ~ **this cold** ich kämpfe immer noch mit dieser Erkältung ♦ **fight out** *v/t sep* **to fight it out** es untereinander ausfechten

fighter *n* **1.** Kämpfer(in) *m(f)*; BOXING Fighter *m*; **he's a** ~ (*fig*) er ist eine Kämpfernatur **2.** (AVIAT ≈ *plane*) Jagdflugzeug *nt* **fighter pilot** *n* Jagdflieger *m* **fighting** *n* MIL Gefecht *nt*; (≈ *punch-ups etc*) Prügeleien *pl*; ~ **broke out** Kämpfe brachen aus **fighting chance** *n* **he's in with a** ~ er hat eine Chance, wenn er sich anstrengt **fighting fit** *adj* (*Br infml*) topfit (*infml*) **fighting**

spirit *n* Kampfgeist *m*

fig leaf *n* Feigenblatt *nt*

figment *n* **it's all a ~ of his imagination** das ist alles eine Ausgeburt seiner Fantasie

figurative *adj language* bildlich; *sense* übertragen **figuratively** *adv* im übertragenen Sinn

figure I *n* **1.** (≈ *number*) Zahl *f*; (≈ *digit*) Ziffer *f*; (≈ *sum*) Summe *f*; **he didn't want to put a ~ on it** er wollte keine Zahlen nennen; **he's good at ~s** er ist ein guter Rechner; **to reach double ~s** in die zweistelligen Zahlen gehen; **a three~ sum** eine dreistellige Summe **2.** (*in geometry* ≈ *shapeliness*) Figur *f*; **~ (of) eight** Acht *f*; **to lose one's ~** seine Figur verlieren; **she's a fine ~ of a woman** sie ist eine stattliche Frau; **he's a fine ~ of a man** er ist ein Bild von einem Mann **3.** (≈ *human form*) Gestalt *f* **4.** (≈ *personality*) Persönlichkeit *f*; **the great ~s of history** die Großen der Geschichte; **a key public ~** eine Schlüsselfigur des öffentlichen Lebens; **~ of fun** Witzfigur *f* **5.** LIT **~ of speech** Redensart *f*; **it's just a ~ of speech** das sagt man doch nur so **II** *v/t* **1.** (*esp US infml* ≈ *think*) glauben **2.** (*US infml* ≈ *figure out*) begreifen **III** *v/i* **1.** (≈ *appear*) erscheinen; **he ~d prominently in my plans** er spielte eine bedeutende Rolle in meinen Plänen **2.** (*infml*) **that ~s** das hätte ich mir denken können ♦ **figure on** *v/i +prep obj* (*esp US*) rechnen mit ♦ **figure out** *v/t sep* **1.** (≈ *understand*) begreifen **2.** (≈ *work out*) ausrechnen; *answer, how to do sth* herausbekommen

figurehead *n* (NAUT, *fig*) Galionsfigur *f*

figure skating *n* Eiskunstlaufen *nt* **figurine** *n* Figurine *f*

Fiji *n* Fidschi-Inseln *pl*

filament *n* ELEC (Glüh)faden *m*

file[1] **I** *n* Feile *f* **II** *v/t* feilen; **to ~ one's nails** sich (*dat*) die Fingernägel feilen

file[2] **I** *n* **1.** (≈ *holder*) Aktenordner *m*; **it's in the ~s somewhere** das muss irgendwo bei den Akten sein **2.** (≈ *documents*) Akte *f* (*on sb* über jdn zu etw); **have we got that on ~?** haben wir das bei den Akten?; **to open** *or* **start a ~ on sb/sth** eine Akte über jdn/zu etw anlegen; **to keep sb/sth on ~** jds Unterlagen/die Unterlagen über etw (*acc*) zurückbehalten; **the Kowalski ~** die Akte

Kowalski **3.** IT Datei *f*; **to have sth on ~** etw im Computer gespeichert haben **II** *v/t* **1.** *documents* ablegen **2.** PRESS *report* einsenden **3.** JUR *complaint* erheben; (*law*)*suit* anstrengen **III** *v/i* **to ~ for divorce** die Scheidung einreichen; **to ~ for bankruptcy** Konkurs anmelden

file[3] **I** *n* (≈ *row*) Reihe *f*; **in single ~** im Gänsemarsch; MIL in Reihe **II** *v/i* **to ~ in** hereinmarschieren; **they ~d out of the classroom** sie gingen hintereinander aus dem Klassenzimmer; **the troops ~d past the general** die Truppen marschierten am General vorbei

file cabinet *n* (*US*) Aktenschrank *m* **file management** *n* IT Dateiverwaltung *f* **file manager** *n* IT Dateimanager *m* **filename** *n* IT Dateiname *m*

filet *n* (*US*) = **fillet**

filial *adj duties* Kindes-

filing *n* (*of documents*) Ablegen *nt*; **have you done the ~?** haben Sie die Akten schon abgelegt? **filing cabinet** *n* Aktenschrank *m* **filings** *pl* Späne *pl* **filing system** *n* Ablagesystem *nt* **filing tray** *n* Ablagekorb *m*

fill I *v/t* **1.** füllen; *teeth* plombieren; (*fig*) (aus)füllen; **I had three teeth ~ed** ich bekam drei Zähne plombiert *or* gefüllt **2.** (≈ *permeate*) erfüllen; **~ed with admiration** voller Bewunderung; **~ed with emotion** gefühlsgeladen **3.** *position* (*employer*) besetzen; *role* übernehmen; **the position is already ~ed** die Stelle ist schon besetzt **II** *v/i* sich füllen **III** *n* **to drink one's ~** seinen Durst löschen; **to eat one's ~** sich satt essen; **I've had my ~ of him** (*infml*) ich habe von ihm die Nase voll (*infml*) ♦ **fill in I** *v/i* **to ~ for sb** für jdn einspringen **II** *v/t sep* **1.** *hole* auffüllen; **he's just filling in time** er überbrückt nur die Zeit **2.** *form* ausfüllen; *name, word* eintragen **3. to fill sb in (on sth)** jdn (über etw *acc*) aufklären ♦ **fill out I** *v/i* (*person*) fülliger werden; (*face*) voller werden **II** *v/t sep form* ausfüllen ♦ **fill up I** *v/i* **1.** AUTO (auf)tanken **2.** (*hall etc*) sich füllen **II** *v/t sep tank, cup* vollfüllen; (*driver*) volltanken; *hole* füllen; **that pie has really filled me up** ich fühle mich wirklich voll nach dieser Pastete; **you need something to fill you up** du brauchst was Sättigendes

filler *n* **1.** BUILD Spachtelmasse *f* **2.** PRESS, TV (Lücken)füller *m*

fillet I *n* COOK Filet *nt*; **~ of beef** Rinderfilet *nt* **II** *v/t* COOK filetieren **fillet steak** *n* Filetsteak *nt*

filling I *n* Füllung *f*; **I had to have three ~s** ich musste mir drei Zähne plombieren lassen **II** *adj food* sättigend, währschaft (*Swiss*)

filling station *n* Tankstelle *f*

filly *n* Stutfohlen *nt*

film I *n* Film *m*; (*of dust*) Schicht *f*; **to make** *or* **shoot a ~** einen Film drehen *or* machen; **to make a ~** (*actor*) einen Film machen; **to go to (see) a ~** ins Kino gehen **II** *v/t play* verfilmen; *scene* filmen; *people* einen Film machen von **III** *v/i* filmen; **we start ~ing** *or* **~ing starts tomorrow** die Dreharbeiten fangen morgen an **film clip** *n* Filmausschnitt *m* **film festival** *n* Filmfestspiele *pl* **film industry** *n* Filmindustrie *f* **film maker** *n* Filmemacher(in) *m(f)* **film script** *n* Drehbuch *nt* **film star** *n* Filmstar *m* **film studio** *n* Filmstudio *nt* **film version** *n* Verfilmung *f*

Filofax® *n* Filofax® *m*

filter I *n* Filter *m*; PHOT, MECH Filter *nt or* *m* **II** *v/t* filtern **III** *v/i* (*light*) durchscheinen; (*liquid, sound*) durchsickern ♦ **filter in** *v/i* (*people*) allmählich eindringen ♦ **filter out I** *v/i* (*people*) einer nach dem anderen herausgehen **II** *v/t sep* (*lit*) herausfiltern

filter coffee *n* Filterkaffee *m* **filter lane** *n* (*Br*) Abbiegespur *f* **filter paper** *n* Filterpapier *nt* **filter tip** *n* Filter *m* **filter-tipped** *adj* **~ cigarette** Filterzigarette *f*

filth *n* (*lit*) Schmutz *m*; (*fig*) Schweinerei *f* (*infml*) **filthy** *adj* (+*er*) dreckig; *habit* ekelhaft; *magazine* obszön; **to live in ~ conditions** im Dreck leben; **you've got a ~ mind!** du hast eine schmutzige Fantasie!

fin *n* **1.** (*of fish*) Flosse *f* **2.** AVIAT Seitenleitwerk *nt*

final I *adj* **1.** (≈ *last*) letzte(r, s); **~ round** letzte Runde; (*in a tournament*) Endrunde *f*; **~ stage(s)** Endstadium *nt*; **~ chapter** Schlusskapitel *m* **2.** *result, version* endgültig; **~ score** Endergebnis *nt*; **that's my ~ offer** das ist mein letztes Angebot; **the judges' decision is ~** die Preisrichter haben das letzte Wort; **... and that's ~!** ... und damit basta! (*infml*) **II** *n* **1.** *esp* SPORTS Finale *nt*; (*of quiz*) Endrunde *f*; (≈ *game*) Endspiel *nt*; (≈

race) Endlauf *m*; **to get to the ~** ins Finale kommen; **World Cup Final** FTBL Endspiel *nt* der Fußballweltmeisterschaft; **the ~s** das Finale; die Endrunde **2. finals** *pl* (*Br* UNIV) Abschlussprüfung *f* **final demand** *n* letzte Mahnung *or* Zahlungsaufforderung *f* **finale** *n* Finale *nt* **finalist** *n* SPORTS Finalist(in) *m(f)* **finality** *n* (*of decision etc*) Endgültigkeit *f* **finalize** *v/t arrangements, details* endgültig festlegen; *deal* zum Abschluss bringen

finally *adv* **1.** (≈ *eventually*) schließlich; (≈ *at last*) endlich **2.** (≈ *lastly*) zum Schluss **3.** *decide* endgültig **final whistle** *n* FTBL Schlusspfiff *m*; **to blow the ~** das Spiel abpfeifen

finance I *n* **1.** Finanzen *pl*; **high ~** Hochfinanz *f* **2.** (≈ *money*) Geld *nt*; **it's a question of ~** das ist eine Geldfrage; **~s** Finanzen *pl* **II** *v/t* finanzieren **finance director** *n* Leiter(in) *m(f)* der Finanzabteilung **financial** *adj* **1.** *problems* finanziell; **~ resources** Geldmittel *pl* **2.** ST EX, ECON Finanz-; **on the ~ markets** auf den Finanzmärkten; **~ investment** Geldanlage *f* **financial adviser, financial consultant** *n* Finanzberater(in) *m(f)* **financial director** *n* COMM Leiter(in) *m(f)* der Finanzabteilung **financially** *adv* finanziell; **the company is ~ sound** die Finanzlage der Firma ist gesund; **~ viable** rentabel **financial services** *pl* Finanzdienstleistungen *pl* **financial year** *n* (*Br*) Geschäftsjahr *nt* **financier** *n* Finanzier *m*

finch *n* Fink *m*

find *vb*: *pret, past part* **found I** *v/t* **1.** finden; **it's nowhere to be found** es lässt sich nirgendwo finden; **to ~ pleasure in sth** Freude an etw (*dat*) haben; **he was found dead in bed** er wurde tot im Bett aufgefunden; **where am I going to ~ the time?** wo nehme ich nur die Zeit her?; **I don't ~ it easy to tell you this** es fällt mir nicht leicht, Ihnen das zu sagen; **he always found languages easy** ihm fielen Sprachen immer leicht; **I ~ it impossible to understand him** ich kann ihn einfach nicht verstehen; **I found myself smiling** ich musste unwillkürlich lächeln; **I ~ myself in an impossible situation** ich befinde mich in einer unmöglichen Situation; **one day he suddenly found himself out of a job** eines Tages war er plötzlich arbeitslos; *this flower is found all over England* diese Blume findet man in ganz England **2.** (≈ *supply*) besorgen (*sb sth* jdm etw); *go and ~ me a needle* hol mir doch mal eine Nadel; *we'll have to ~ him a desk* wir müssen einen Schreibtisch für ihn finden **3.** (≈ *discover*) feststellen; *cause* herausfinden; *we found the car wouldn't start* es stellte sich heraus, dass das Auto nicht ansprang; *you will ~ that I am right* Sie werden sehen, dass ich recht habe **4.** JUR *to ~ sb guilty/not guilty* jdn schuldig sprechen / freisprechen; *how do you ~ the accused?* wie lautet Ihr Urteil? **5.** IT suchen; *~ and replace* suchen und ersetzen **II** *v/i* JUR *to ~ for/against the accused* den Angeklagten freisprechen / verurteilen **III** *n* Fund *m* ♦ **find out I** *v/t sep* herausfinden; (≈ *discover misdeeds of*) erwischen; (≈ *come to know about*) auf die Schliche kommen (+*dat*) (*infml*); *you've been found out* du bist ertappt (*infml*) **II** *v/i* es herausfinden; *to ~ about sb/sth* (≈ *discover existence of*) jdn / etw entdecken; *to help children ~ about other countries* Kindern dabei helfen, etwas über andere Länder herauszufinden

finder *n* Finder(in) *m(f)* **finding** *n* ~**s** *pl* Ergebnis(se) *nt(pl)*; (*medical*) Befund *m*

fine[1] **I** *n* JUR Geldstrafe *f*; (*driving*) Bußgeld *nt* **II** *v/t* JUR zu einer Geldstrafe verurteilen; *he was ~d £100* er musste £ 100 Strafe bezahlen; *he was ~d for speeding* er hat einen Strafzettel für zu schnelles Fahren bekommen

fine[2] **I** *adj* (+*er*) **1.** (≈ *excellent*) ausgezeichnet; *building, view* herrlich; *performance, player* großartig; *you're doing a ~ job* Sie machen Ihre Sache ganz ausgezeichnet; *she's a ~ woman* sie ist eine bewundernswerte Frau; (*in stature*) sie ist eine stattliche Frau **2.** (≈ *acceptable*) in Ordnung; *any more? — no, that's ~* noch etwas? — nein, danke; *everything's going to be just ~* es wird schon alles gut gehen; *these apples are ~ for cooking* diese Äpfel eignen sich (gut) zum Kochen; *the doctor said it was ~ for me to play* der Arzt sagte, ich dürfte ohne Weiteres spielen; *you look ~ (to me)* (ich finde,)du siehst gut aus; *your idea sounds ~* Ihre Idee hört sich gut an; *she is ~* (≈ *in good*

health) es geht ihr gut; (≈ *things are going well*) mit ihr ist alles in Ordnung; *how are you? — ~, thanks* wie geht es Ihnen? — danke, gut; *a glass of water and I'll be ~* nach einem Glas Wasser wird es mir wieder gut gehen; *that's ~ with or by me* ich habe nichts dagegen **3.** (≈ *high-quality, delicate*) fein; *wine, china* erlesen; *clothes* ausgesucht; *material* dünn; *house* vornehm; *features* zart; *the ~st ingredients* die erlesensten Zutaten; *a ~ rain* Nieselregen *m*; *to read the ~ print* das Kleingedruckte lesen; *not to put too ~ a point on it* um ganz offen zu sein **4.** *weather, day* schön; *when it is/was ~* bei schönem Wetter; *one ~ day* eines schönen Tages **5.** (*iron*) *friend etc* schön (*iron*); *you're a ~ one to talk!* du kannst gerade reden! **II** *adv* **1.** (≈ *well*) tadellos; *you're doing ~* Sie machen Ihre Sache gut; (*healthwise*) Sie machen gute Fortschritte; *we get on ~* wir kommen ausgezeichnet miteinander aus **2.** *slice* dünn **fine art** *n* **1.** *usu pl* schöne Künste *pl* **2.** *he's got it down to a ~* er hat den Bogen heraus (*infml*) **finely** *adv* fein; *slice* dünn; *the case is ~ balanced* der Fall kann sich so oder so entscheiden; *~ tuned engine* genau eingestellt **finery** *n* *wedding guests in all their ~* Hochzeitsgäste in vollem Staat

finesse *n* Gewandtheit *f*

fine-tooth comb *n* *to go over sth with a ~* etw genau unter die Lupe nehmen **fine-tune** *v/t* (*lit, fig*) fein abstimmen **fine-tuning** *n* Feinabstimmung *f*

finger I *n* Finger *m*; *she can twist him round her little ~* sie kann ihn um den (kleinen) Finger wickeln; *I didn't lay a ~ on her* ich habe sie nicht angerührt; *he wouldn't lift a ~ to help me* er würde keinen Finger rühren, um mir zu helfen; *I can't put my ~ on it, but ...* ich kann es nicht genau ausmachen, aber ...; *you've put your ~ on it there* da haben Sie den kritischen Punkt berührt; *pull your ~ out!* (*Br infml*) es wird Zeit, dass du Nägel mit Köpfen machst! (*infml*); *to give sb the ~* (*esp US infml*) jdm den Stinkefinger zeigen (*infml*) **II** *v/t* (≈ *touch*) anfassen **finger buffet** *n* Buffet *nt* mit Appetithappen **fingermark** *n* Fingerabdruck *m* **fingernail** *n* Fingernagel *m* **finger-pointing** *n* Fingerzeigen *nt*, Be-

schuldigen *nt* **fingerprint** *n* Fingerabdruck *m*; **to take sb's ~s** jdm Fingerabdrücke abnehmen **fingertip** *n* Fingerspitze *f*; **to have sth at one's ~s** etw parat haben (*infml*)

finicky *adj* pingelig (*infml*); (*about food
etc*) wählerisch

finish I *n* **1.** (≈ *end*) Ende *nt*; (*of race*) Finish *nt*; (≈ *finishing line*) Ziel *nt*; **from
start to ~** von Anfang bis Ende **2.** (*of industrial products*) Finish *nt*; (*of pottery*)
Oberfläche *f* **II** *v/t* **1.** beenden; *education, course* abschließen; *piece of work*
erledigen; **he's ~ed the painting** er ist
mit dem Bild fertig; **to have ~ed doing
sth** damit fertig sein, etw zu tun; **when I
~ eating** ... wenn ich mit dem Essen fertig bin, ...; **to ~ writing sth** etw zu Ende
schreiben; **when do you ~ work?** wann
machen Sie Feierabend?; **she never
lets him ~ (what he's saying)** sie lässt
ihn nie ausreden; **give me time to ~
my drink** lass mich austrinken; **~ what
you're doing** mach fertig, was du angefangen hast **2.** (≈ *ruin*) ruinieren; (≈ *kill,
infml* ≈ *exhaust*) den Rest geben (+*dat*)
(*infml*); **another strike could ~ the firm**
noch ein Streik könnte das Ende für die
Firma bedeuten **3.** *surface, product* fertig bearbeiten **III** *v/i* **1.** aus sein; (*person:
with task etc*) fertig sein; (≈ *come to an
end, finish work*) aufhören; (*piece of
music etc*) enden; **my course ~es this
week** mein Kurs geht diese Woche zu
Ende; **we'll ~ by singing a song** wir wollen mit einem Lied schließen; **I've ~ed**
ich bin fertig **2.** SPORTS das Ziel erreichen; **to ~ first** als Erster durchs Ziel gehen ◆ **finish off** *v/t sep* **1.** *piece of work*
fertig machen; *job* erledigen; **to ~ a letter** einen Brief zu Ende schreiben **2.**
food aufessen; *drink* austrinken **3.** (≈
kill) den Gnadenstoß geben (+*dat*) **4.**
(≈ *do for*) *person* den Rest geben
(+*dat*) (*infml*) ◆ **finish up** *v/i* (*in a place*)
landen (*infml*); **he finished up a nervous wreck** er war zum Schluss ein Nervenbündel; **you'll ~ wishing you'd never started** du wünschst dir bestimmt
noch, du hättest gar nicht erst angefangen ◆ **finish with** *v/i +prep obj* **1.** (≈ *no
longer need*) nicht mehr brauchen; **I've
finished with the paper** ich bin mit
der Zeitung fertig **2. I've finished with
him** (*with boyfriend*) ich habe mit ihm

Schluss gemacht

finished *adj* **1.** fertig; **I'm nearly ~** ich bin
fast fertig; **to be ~ doing sth** (*US*) damit
fertig sein, etw zu tun; **to be ~ with sb/
sth** mit jdm/etw fertig sein; (≈ *fed up*)
von jdm/etw nichts mehr wissen wollen;
I'm ~ with politics mit der Politik ist es
für mich vorbei; **~ goods** Fertigpro-
dukte *pl*; **the ~ article** (≈ *object*) das fer-
tige Produkt; (≈ *piece of writing, work
of art*) die endgültige Version **2.** (≈ *used
up*) *things* aufgebraucht; (≈ *over*) zu Ende; **the wine is ~** es ist kein Wein mehr
da **3.** (*infml*) **to be ~** (*politician etc*) erledigt sein (*infml*) (*as als*); **we're ~, it's ~
between us** es ist aus zwischen uns **4.**
(≈ *treated*) *product* fertig bearbeitet **finishing line** *n* Ziellinie *f*

finite *adj* begrenzt; **a ~ number** eine begrenzte Zahl; MAT eine endliche Zahl;
coal and oil are ~ resources Kohle
und Öl sind nicht erneuerbare Ressourcen

Finland *n* Finnland *nt* **Finn** *n* Finne *m*,
Finnin *f* **Finnish I** *adj* finnisch; **he is ~**
er ist Finne; **she is ~** sie ist Finnin **II** *n*
LING Finnisch *nt*

fiord *n* Fjord *m*

fir *n* Tanne *f* **fir cone** *n* Tannenzapfen *m*

fire I *n* **1.** Feuer *nt*; **the house was on ~**
das Haus brannte; **to set ~ to sth, to
set sth on ~** etw anzünden; (*so as to destroy*) etw in Brand stecken; **to catch ~**
Feuer fangen; **you're playing with ~**
(*fig*) du spielst mit dem Feuer; **to open
~ on sb** das Feuer auf jdn eröffnen; **cannon ~** Kanonenschüsse *pl*; **to come under ~** unter Beschuss geraten **2.** (≈ *house
fire etc*) Brand *m*; **there was a ~ next
door** nebenan hat es gebrannt; **fire!**
Feuer! **3.** (*in grate*) (Kamin)feuer *nt*;
(≈ *electric fire, gas fire*) Ofen *m* **II** *v/t*
1. *pottery* brennen **2.** (*fig*) *imagination*
beflügeln; **to ~ sb with enthusiasm**
jdn begeistern **3.** *gun, arrow* abschießen;
shot abgeben; *rocket* zünden; **to ~ a gun
at sb** auf jdn schießen; **to ~ questions at
sb** Fragen auf jdn abfeuern **4.** (*infml* ≈
dismiss) feuern (*infml*) **III** *v/i* **1.** (≈
shoot) schießen (*at* auf +*acc*); **~!** (*gebt*)
Feuer! **2.** (*engine*) zünden; **the engine
is only firing on three cylinders** der
Motor läuft nur auf drei Zylinder
◆ **fire away** *v/i* (*infml*) losschießen
(*infml*) ◆ **fire off** *v/t sep* abfeuern; *letter*

loslassen ◆ **fire up** *v/t sep* (*fig*) anfeuern **fire alarm** *n* Feueralarm *m*; (≈ *apparatus*) Feuermelder *m* **firearm** *n* Feuerwaffe *f* **fireball** *n* **1.** (*of explosion etc*) Feuerball *m* **2.** (*fig infml* ≈ *person*) Energiebündel *nt* (*infml*) **fire brigade** *n* (*Br*) Feuerwehr *f* **firecracker** *n* Knallkörper *m* **fire department** *n* (*US*) Feuerwehr *f* **fire door** *n* Feuertür *f* **fire drill** *n* Probealarm *m* **fire-eater** *n* Feuerschlucker *m* **fire engine** *n* Feuerwehrauto *nt* **fire escape** *n* (≈ *staircase*) Feuertreppe *f*; (≈ *ladder*) Feuerleiter *f* **fire exit** *n* Notausgang *m* **fire-extinguisher** *n* Feuerlöscher *m* **firefighter** *n* Feuerwehrmann *m*/-frau *f* **firefighting** *adj attr* techniques, team zur Feuerbekämpfung; **~ equipment** Feuerlöschgeräte *pl* **fire hazard** *n* **to be a ~** feuergefährlich sein **firehouse** *n* (*US*) Feuerwache *f* **fire hydrant** *n* Hydrant *m* **firelight** *n* Schein *m* des Feuers **firelighter** *n* Feueranzünder *m* **fireman** *n* Feuerwehrmann *m* **fireplace** *n* Kamin *m* **firepower** *n* Feuerkraft *f* **fire prevention** *n* Brandschutz *m* **fireproof** *adj* feuerfest **fire raising** *n* (*esp Br*) Brandstiftung *f* **fire regulations** *pl* Brandschutzbestimmungen *pl* **fire retardant** *adj* Feuer hemmend **fireside** *n* **to sit by the ~** am Kamin sitzen **fire station** *n* Feuerwache *f* **fire truck** *n* (*US*) = **fire engine firewall** *n* IT Firewall *f* **firewoman** *n* Feuerwehrfrau *f* **firewood** *n* Brennholz *nt* **fireworks** *pl* **1.** Feuerwerkskörper *pl* **2.** (≈ *display*) Feuerwerk *nt* **firing** *n* MIL Feuer *nt*; (*of gun*) Abfeuern *nt* **firing line** *n* (MIL, *fig*) Schusslinie *f*; **to be in the ~** in der Schusslinie stehen **firing squad** *n* Exekutionskommando *nt*

firm[1] *n* Firma *f*; **~ of lawyers** Rechtsanwaltsbüro *nt*

firm[2] **I** *adj* (+*er*) fest; *stomach* straff; *hold* sicher, stabil; *decision* endgültig; *manner, action* entschlossen; *measure* durchgreifend; **to get or take a ~ hold on sth** etw festhalten; **to have a ~ understanding of sth** etw gut verstehen; **to set a ~ date for sth** einen festen Termin für etw vereinbaren; **to be ~ about sth** auf etw (*dat*) bestehen; **to be ~ with sb** jdm gegenüber bestimmt auftreten; **she's ~ with the children** sie ist streng mit den Kindern; **to take a ~ stand or line against sth** energisch gegen etw vorgehen; **they are ~ friends** sie sind eng be-

freundet; **to be a ~ favourite** (*Br*) *or* **favorite** (*US*) **(with sb)** (bei jdm) sehr beliebt sein **II** *adv* **to hold sth ~** etw festhalten; **to stand** *or* **hold ~** standhaft bleiben ◆ **firm up** *v/t sep muscles* kräftigen; *thighs* straffen

firmly *adv* **1.** (≈ *securely*) fest; *fix* sicher; **it was held ~ in place with a pin** es wurde von einer Nadel festgehalten; **to be ~ committed to sth** sich voll für etw einsetzen **2.** *say* bestimmt; **I shall tell her quite ~ that ...** ich werde ihr klipp und klar sagen, dass ... **firmness** *n* (*of person, manner*) Entschlossenheit *f*; (≈ *strictness*) Strenge *f*

first I *adj* erste(r, s); **his ~ novel** sein Erstlingsroman *m*; **he was ~ in the queue** (*Br*) *or* **in line** (*US*) er war der Erste in der Schlange; **he was ~ in Latin** er war der Beste in Latein; **who's ~?** wer ist der Erste?; **the ~ time I saw her ...** als ich sie zum ersten Mal sah, ...; **in ~ place** SPORTS *etc* an erster Stelle; **in the ~ place** zunächst einmal; **why didn't you say so in the ~ place?** warum hast du denn das nicht gleich gesagt? **II** *adv* **1.** zuerst; *arrive, leave* als Erste(r, s); **~ come ~ served** (*prov*) wer zuerst kommt, mahlt zuerst (*prov*); **you (go) ~** nach Ihnen; **he says ~ one thing then another** er sagt mal so, mal so; **he always puts his job ~** seine Arbeit kommt bei ihm immer vor allen anderen Dingen **2.** (≈ *before all else*) zunächst; (*in listing*) erstens; **~ of all** vor allem; **~ and foremost** zuallererst **3.** (≈ *for the first time*) zum ersten Mal; **when this model was ~ introduced** zu Anfang, als das Modell herauskam; **when it ~ became known that ...** als erstmals bekannt wurde, dass ...; **this work was ~ performed in 1997** dieses Werk wurde 1997 uraufgeführt **4.** (≈ *before: in time*) (zu)erst; **I must finish this ~** ich muss das erst fertig machen **5.** **I'd die ~!** lieber würde ich sterben! **III** *n* **1. the ~** der/die/das Erste; (≈ *former*) der/die/das Erstere; **he was the ~ to finish** er war als Erster fertig; (*in race*) er ging als Erster durchs Ziel; **this is the ~ I've heard of it** das ist mir ja ganz neu; **the ~ he knew about it was when he saw it in the paper** er hat erst davon erfahren, als er es in der Zeitung las; **at ~** zuerst, zunächst; **from the ~** von Anfang an **2.**

(*Br* UNIV) Eins *f*; *he got a* ~ er bestand (sein Examen) mit „Eins" *or* „sehr gut"
3. AUTO ~ *gear* der erste Gang; *in* ~ im ersten Gang **first aid** *n* Erste Hilfe **first-aid kit** *n* Verband(s)kasten *m* **first-born I** *adj* erstgeboren **II** *n* Erstgeborene(r) *m/f(m)*
first class I *n* erste Klasse **II** *adj pred that's absolutely* ~*!* das ist einfach spitze! (*infml*) **first-class I** *adj attr* **1.** (≈ *excellent*) erstklassig; *he's a* ~ *cook* er ist ein erstklassiger Koch **2.** *ticket* erster Klasse; *a* ~ *compartment* ein Erste- -Klasse-Abteil *nt*; ~ *passengers* Reisende *pl* in der ersten Klasse **3.** POST ~ *stamp* Briefmarke *für die bevorzugt beförderte Post*; ~ *letter* bevorzugt beförderter Brief **4.** (*Br* UNIV) ~ (*honours*) *degree* Examen *nt* mit „Eins" *or* „sehr gut"; *he graduated with* ~ *honours* er machte sein Examen mit „Eins" *or* „sehr gut" **II** *adv* **1.** *travel* erster Klasse **2.** POST *to send sth* ~ etw mit der bevorzugt beförderten Post schicken **first cousin** *n* Cousin *m*/Cousine *f* ersten Grades **first-degree** *adj burns etc* ersten Grades *pred* **first edition** *n* Erstausgabe *f* **first form** *n* (*Br* SCHOOL) erste Klasse **first-former** *n* (*Br* SCHOOL) Erstklässler(in) *m(f)* **first-hand I** *adj* aus erster Hand; *to have* ~ *knowledge of sth* etw aus eigener Erfahrung kennen; *they have* ~ *experience of charitable organizations* sie haben persönlich Erfahrungen mit Wohlfahrtsverbänden gemacht **II** *adv hear, experience* persönlich **First Lady** *n* First Lady *f* **first language** *n* Muttersprache *f* **firstly** *adv* zuerst; ~ *it's not yours and secondly ...* erstens einmal gehört es nicht dir und zweitens ... **First Minister** *n* (*Br* POL) Erster Minister, Erste Ministerin **first name** *n* Vorname *m*; *they're on* ~ *terms* sie reden sich mit Vornamen an **first night** *n* THEAT Premiere *f* **first person** *n the* ~ *plural* die erste Person Plural; *the story is in the* ~ die Geschichte wird von einem Icherzähler / einer Icherzählerin erzählt **first-rate** *adj* erstklassig **first thing I** *n* **she just says the** ~ *that comes into her head* sie sagt einfach das, was ihr zuerst einfällt; *the* ~ (*to do*) *is to ...* als Erstes muss man ...; *the* ~ *to remember is that she hates formality* man muss vor allem daran denken, dass sie Förmlichkeit nicht mag; ~*s first* eins nach dem anderen; (≈ *most important first*) das Wichtigste zuerst; *he doesn't know the* ~ *about cars* von Autos hat er nicht die geringste Ahnung **II** *adv* gleich; *I'll go* ~ *in the morning* ich gehe gleich morgen früh; *I'm not at my best* ~ (*in the morning*) früh am Morgen bin ich nicht gerade in Hochform **first-time buyer** *n jd, der zum ersten Mal ein Haus / eine Wohnung kauft*, Erstkäufer(in) *m(f)* **First World War** *n the* ~ der Erste Weltkrieg

firth *n* (*Scot*) Förde *f*, Meeresarm *m*
fir tree *n* Tannenbaum *m*
fiscal *adj* finanziell; ~ *policy* Finanzpolitik *f*
fish I *n*, *pl* - *or* (*verschiedene Arten*) **-es** Fisch *m*; *to drink like a* ~ (*infml*) wie ein Loch saufen (*infml*); *like a* ~ *out of water* wie ein Fisch auf dem Trockenen; *there are plenty more* ~ *in the sea* (*fig infml*) es gibt noch mehr (davon) auf der Welt **II** *v/i* fischen; (*with rod*) angeln; *to go* ~*ing* fischen / angeln gehen ♦ **fish for** *v/i* +*prep obj* **1.** (*lit*) fischen; (*with rod*) angeln nach **2.** (*fig*) *compliments* fischen nach; *they were fishing for information* sie waren auf Informationen aus ♦ **fish out** *v/t sep* herausfischen (*of or from sth* aus etw etw)

fish and chips *n* (*Br*) Fish and Chips *nt* **fishbone** *n* (Fisch)gräte *f* **fish cake** *n* Fischfrikadelle *f* **fisherman** *n*, *pl* **-men** Fischer *m*; (*amateur*) Angler *m* **fish farm** *n* Fischzucht(anlage) *f* **fishfinger** *n* Fischstäbchen *nt* **fish-hook** *n* Angelhaken *m* **fishing** *n* Fischen *nt*; (*with rod*) Angeln *nt*; (*as industry*) Fischerei *f* **fishing boat** *n* Fischerboot *nt* **fishing line** *n* Angelschnur *f* **fishing net** *n* Fischnetz *nt* **fishing rod** *n* Angelrute *f* **fishing tackle** *n* (*for sport*) Angelgeräte *pl* **fishing village** *n* Fischerdorf *nt* **fishmonger** *n* (*Br*) Fischhändler(in) *m(f)* **fishmonger's** *n* (*Br*) Fischgeschäft *nt* **fish pond** *n* Fischteich *m* **fish slice** *n* (*for serving*) Fischvorlegemesser *nt* **fish stick** *n* (*US*) = **fishfinger fish tank** *n* Aquarium *nt* **fishy** *adj* (+*er*) **1.** ~ *smell* Fischgeruch *m* **2.** (*infml*) verdächtig; *something* ~ *is going on* hier ist was faul (*infml*)

fissure *n* Riss *m*; (*deep*) Kluft *f*; (*narrow*) Spalt *m*
fist *n* Faust *f* **fistful** *n* Handvoll *f*; *a* ~ *of*

pound coins eine Handvoll Pfundmünzen

fit[1]**I** *adj* (+*er*) **1.** (≈ *suitable*) geeignet; ~ *to eat* essbar; ~ *to drink* trinkbar; *she's not* ~ *to be a mother* sie ist als Mutter völlig ungeeignet **2.** (≈ *right and proper*) richtig; *I'll do as I think or see* ~ ich handle, wie ich es für richtig halte; *to see* ~ *to do sth* es für richtig *or* angebracht halten, etw zu tun **3.** (*in health*) gesund; *sportsman etc* fit; *she is not yet* ~ *to travel* sie ist noch nicht reisefähig **4.** *to be* ~ *to drop* (*Br*) zum Umfallen müde sein **II** *n* (*of clothes*) Passform *f*; *it is a very good/bad* ~ es sitzt wie angegossen/ nicht gut; *it's a bit of a tight* ~ (*clothes*) es ist etwas eng; (*parking*) es geht so gerade (noch) **III** *v/t* **1.** (*cover etc*) passen auf (+*acc*); (*key etc*) passen in (+*acc*); (*clothes etc*) passen (+*dat*); *"one size* ~*s all"* „Einheitsgröße"; *that part won't* ~ *this machine* das Teil passt nicht für diese Maschine; *she was* ~*ted for her wedding dress* ihr Hochzeitskleid wurde ihr angepasst **2.** (≈ *attach*) anbringen (*to* an +*dat*); (≈ *put in*) einbauen (*in* in +*acc*); (≈ *furnish with*) ausstatten; *to* ~ *a car with an alarm* eine Alarmanlage in ein Auto einbauen; *to have a new kitchen* ~*ted* eine neue Küche einbauen lassen **3.** *facts* entsprechen (+*dat*) **IV** *v/i* **1.** (*dress etc, key*) passen **2.** (≈ *correspond*) zusammenpassen; *the facts don't* ~ die Fakten sind widersprüchlich; *it all* ~*s* es passt alles zusammen ♦ **fit in I** *v/t sep* **1.** (≈ *find space for*) unterbringen; *you can fit five people into this car* in diesem Auto haben fünf Personen Platz **2.** (≈ *find time for*) *person* einen Termin geben (+*dat*); *meeting* unterbringen; (≈ *squeeze in*) einschieben; *Sir Charles could fit you in at 3 o'clock* um 3 Uhr hätte Sir Charles Zeit für Sie **II** *v/i* (≈ *go into place*) hineinpassen; *the clothes won't* ~*(to) the case* die Sachen passen nicht in den Koffer; *how does this* ~? wie passt das ins Ganze?; *to* ~ *with sth* (*plans*) in etw (*acc*) passen; *he doesn't* ~ *here* er passt nicht hierhin ♦ **fit on I** *v/i* **1.** (≈ *be right size, shape*) passen **2.** (≈ *be fixed*) angebracht sein **II** *v/t sep* (≈ *put in place, fix on*) anbringen ♦ **fit out** *v/t sep ship, person* ausstatten; *they've fitted one room out as an office* sie haben eines der Zimmer als

Büro eingerichtet ♦ **fit up** *v/t sep* **to fit sb/sth up with sth** jdn/etw mit etw ausstatten

fit[2] *n* (*MED*, *fig*) Anfall *m*; ~ *of coughing* Hustenanfall *m*; *in a* ~ *of anger* in einem Anfall von Wut; *in* ~*s and starts* stoßweise; *to be in* ~*s* (*of laughter*) sich vor Lachen biegen (*infml*); *he'd have a* ~ (*fig infml*) er würde (ja) einen Anfall kriegen (*infml*)

fitful *adj* unbeständig; *progress* stoßweise; *sleep* unruhig **fitfully** *adv sleep* unruhig; *work* sporadisch

fitness *n* (≈ *condition*) Fitness *f* **fitness instructor** *n* Fitnesstrainer(in) *m(f)*

fitted *adj* **1.** *to be* ~ *with sth* mit etw ausgestattet sein **2.** (≈ *built-in*) Einbau-; *bedroom* mit Einbauelementen; ~ *wardrobe* Einbauschrank *m*; ~ *units* Einbauelemente *pl*; ~ *kitchen* Einbauküche *f* **3.** *jacket* tailliert; ~ *carpet* (*Br*) Teppichboden *m*; ~ *sheet* Spannbetttuch *nt* **4.** (*form* ≈ *suited*) *to be* ~ *to do sth* sich dazu eignen, etw zu tun **fitter** *n* (*TECH*, *for machines*) (Maschinen)schlosser(in) *m(f)* **fitting I** *adj* passend; *punishment* angemessen **II** *n* **1.** (*of clothes*) Anprobe *f* **2.** (≈ *part*) Zubehörteil *nt*; ~*s* Ausstattung *f*; *bathroom* ~*s* Badezimmereinrichtung *f*; *electrical* ~*s* Elektroinstallationen *pl* **fittingly** *adv* (+*adj*) angemessen **fitting room** *n* Anproberaum *m*; (≈ *cubicle*) Anprobekabine *f*

five I *adj* fünf **II** *n* Fünf *f*; → **six five-a- -side** *adj* mit fünf Spielern pro Mannschaft **fivefold I** *adj* fünffach **II** *adv* um das Fünffache **fiver** *n* (*infml*) Fünfpfund-/Fünfdollarschein *m* **five-star hotel** *n* Fünf-Sterne-Hotel *nt*

fix I *v/t* **1.** (≈ *make firm*) befestigen (*sth to sth* etw an/auf etw *dat*); (*fig*) *images* verankern; *to* ~ *sth in one's mind* sich (*dat*) etw fest einprägen **2.** *eyes, attention* richten (*on, upon* auf +*acc*); *camera* richten (*on* auf +*acc*); *everybody's attention was* ~*ed on her* alle sahen sie wie gebannt an **3.** *date, price* festlegen; (≈ *agree on*) ausmachen; *nothing has been* ~*ed yet* es ist noch nichts fest (ausgemacht *or* beschlossen worden) **4.** (≈ *arrange*) arrangieren; *tickets etc* besorgen, organisieren (*infml*); *have you got anything* ~*ed for tonight?* haben Sie (für) heute Abend schon etwas

vor? **5.** (*infml* ≈ *get even with*) **I'll ~ him**
dem werd ichs besorgen (*infml*) **6.** (≈ *repair*) in Ordnung bringen **7.** *drink, meal*
machen; **to ~ one's hair** sich frisieren **8.**
(*infml*) *race, fight* manipulieren; *prices*
absprechen; **the whole thing was ~ed**
das war eine abgekartete Sache (*infml*)
II *n* **1.** (*infml*) **to be in a ~** in der Klemme
sitzen (*infml*) **2.** (*infml: of drugs*) Druck
m (*sl*); **I need my daily ~** of chocolate
(*infml*) ich brauche meine tägliche
Schokoladenration **3.** (*infml*) **the fight
was a ~** der Kampf war eine abgekartete
Sache (*infml*) ♦ **fix on** *v/t sep* festmachen (*prep obj* auf +*dat*); (≈ *fit on*) anbringen ♦ **fix together** *v/t sep* zusam-
menmachen (*infml*) ♦ **fix up** *v/t sep* **1.**
(≈ *arrange*) arrangieren; *holidays etc*
festmachen; **have you got anything
fixed up for this evening?** haben Sie
(für) heute Abend schon etwas vor? **2.**
to fix sb up with sth jdm etw verschaffen **3.** *house* einrichten
fixation *n* PSYCH Fixierung *f*; **she has a ~
about** *or* **on cleanliness** sie hat einen
Sauberkeitsfimmel (*infml*) **fixative** *n* Fi-
xativ *nt* **fixed** *adj* **1.** *amount, time* fest
(-gesetzt); *position* unveränderlich;
there's no ~ agenda es gibt keine feste
Tagesordnung; **of no ~ abode** *or* **address** JUR ohne festen Wohnsitz; **~ assets** ECON Anlagevermögen *nt*; **~ price**
Festpreis *m*; **~ rate** FIN fester Zinssatz;
~ mortgage rate festverzinsliches Hy-
pothekendarlehen; **~ penalty** pauschale
Geldbuße **2.** *idea* fest; *smile, grin* starr **3.**
election, game manipuliert; **the whole
thing was ~** das war eine abgekartete
Sache (*infml*) **4.** (*infml*) **how are we ~
for time?** wie siehts mit der Zeit aus?;
how are you ~ for money *etc* **?** wie siehts
bei dir mit Geld *etc* aus? **fixed assets** *pl*
COMM feste Anlagen *pl* **fixed-interest**
adj **~ loan** Festzinsanleihe *f* **fixedly**
adv starr **fixed-rate** *adj* Festzins-; **~
mortgage** Festzinshypothek *f* **fixed-
-term contract** *n* Zeitvertrag *m*, befriste-
ter Vertrag **fixings** *pl* (*US* COOK) Beilagen *pl* **fixture** *n* **1.** **~s** Ausstattung *f*; **~s
and fittings** Anschlüsse und unbewegli-
ches Inventar (*form*) **2.** (*Br* SPORTS) Spiel
nt, Match *nt* (*esp Aus*)
fizz *v/i* perlen
fizzle *v/i* zischen ♦ **fizzle out** *v/i* (*firework, enthusiasm*) verpuffen; (*plan*)

im Sande verlaufen
fizzy *adj* (+*er*) sprudelnd; **to be ~** sprudeln; **a ~ drink** eine Brause
fjord *n* Fjord *m*
F key *n* IT Funktionstaste *f*
fl. *abbr of* **floor** St.
flab *n* (*infml*) Speck *m*; **to fight the ~**
(*hum*) etwas für die schlanke Linie tun
flabbergast *v/t* (*infml*) verblüffen; **I was
~ed to see him** ich war platt, als ich ihn
sah (*infml*)
flabby *adj* (+*er*) schlaff; **he's getting ~** er
setzt Speck an
flaccid *adj* (*liter*) schlaff; *prose* kraftlos
flag[1] *n* Fahne *f*; (*small*) Fähnchen *nt*; NAUT
Flagge *f*; **to fly the ~** (*for*) (*fig*) die Fahne
hochhalten (für) ♦ **flag down** *v/t sep*
taxi, person anhalten
flag[2] *v/i* erlahmen; **he's ~ging** er wird müde
flag[3] *n* (*a.* flagstone) Steinplatte *f*
flag day *n* **1.** (*Br*) Tag, an dem eine Stra-
ßensammlung für einen wohltätigen
Zweck durchgeführt wird **2.** **Flag Day**
(*US*) 14. Juni, Gedenktag der Einführung der amerikanischen Nationalflagge
flagged *adj* *floor* gefliest
flagon *n* (≈ *bottle*) Flasche *f*; (≈ *jug*) Krug
m
flagpole *n* Fahnenstange *f*
flagrant *adj* eklatant; *disregard* unverhohlen
flagship **I** *n* **II** *adj attr* Vorzeige-; **~ store**
Vorzeigeladen *m* **flagstone** *n* (Stein-)
platte *f*, Fliese *f*, Plättli *nt* (*Swiss*)
flail **I** *v/t* **he ~ed his arms about** *or*
around wildly er schlug wild (mit den
Armen) um sich **II** *v/i* **to ~** (*about*) herumfuchteln
flair *n* (≈ *talent*) Talent *nt*; (≈ *stylishness*)
Flair *nt*
flak *n* (*fig*) **he's been getting a lot of ~** (*for
it*) er ist (dafür) mächtig unter Beschuss
geraten (*infml*)
flake **I** *n* (*of snow, soap*) Flocke *f*; (*of
paint*) Splitter *m*; (*of skin*) Schuppe *f*;
(*of chocolate*) Raspel *m* **II** *v/i* (*stone
etc*) abbröckeln; (*paint*) abblättern
♦ **flake off** *v/i* (*plaster*) abbröckeln;
(*paint etc*) abblättern; (*skin*) sich schälen
♦ **flake out** *v/i* (*infml* ≈ *become exhausted*) abschlaffen (*infml*); (≈ *fall asleep*)
einpennen (*infml*)
flak jacket *n* kugelsichere Weste
flaky *adj* (+*er*) **1.** *paint* brüchig; *crust*

blättrig; *skin* schuppig **2.** (*esp US* ≈ *mad*) verrückt **flaky pastry** *n* Blätterteig *m*
flamboyance *n* Extravaganz *f* **flamboyant** *adj* extravagant; *gesture* großartig
flame I *n* **1.** Flamme *f*; *the house was in* ~*s* das Haus stand in Flammen **2.** IT Flame *f*, (persönlicher) Angriff **II** *v/t* IT *to* ~ *sb* jdm eine Flame schicken **flame retardant** *adj* Feuer hemmend **flaming** *adj* **1.** lodernd; ~ *red hair* feuerrotes Haar; *to have a* ~ *row* (*with sb*) sich (mit jdm) streiten, dass die Fetzen fliegen (*infml*) **2.** (*Br infml* ≈ *bloody*) verdammt (*infml*); *it's a* ~ *nuisance* Mensch, das ist vielleicht ein Mist (*infml*)
flamingo *n*, *pl* ~*(e)s* Flamingo *m*
flammable *adj* feuergefährlich
flan *n* Kuchen *m*; *fruit* ~ Obstkuchen *m*
flan case *n* Tortenboden *m*
flank I *n* (*of animal*, MIL) Flanke *f* **II** *v/t* flankieren
flannel I *n* **1.** Flanell *m* **2.** (*Br* ≈ *face flannel*) Waschlappen *m* **II** *adj* Flanell- **flannelette** *n* (*Br*) Baumwollflanell *m*; ~ *sheet* Biberbetttuch *nt*
flap I *n* **1.** (*of pocket*) Klappe *f*; (*of tent*) Eingang *m* **2.** (*Br infml*) *to get in(to)* *a* ~ in helle Aufregung geraten **II** *v/i* **1.** (*wings*) schlagen; (*sails etc*) flattern; *his coat* ~*ped about his legs* der Mantel schlackerte ihm um die Beine (*infml*) **2.** (*Br infml*) in heller Aufregung sein; *don't* ~ reg dich nicht auf **III** *v/t to* ~ *its wings* mit den Flügeln schlagen; *to* ~ *one's arms* mit den Armen rudern
flapjack *n* (*US*) Pfannkuchen *m*; (*Br*) Haferkeks *m*, Haferbiskuit *nt* (*Swiss*)
flare I *n* **1.** (≈ *signal*) Leuchtsignal *nt* **2.** FASHION (*a pair of*) ~*s* (*Br infml*) eine Schlaghose **II** *v/i* **1.** (*match*) aufleuchten **2.** (*trousers*) ausgestellt sein **3.** (*fig*, *trouble*) aufflammen; *tempers* ~*d* die Gemüter erhitzten sich ♦ **flare up** *v/i* (*situation*) aufflackern; *his acne flared up* seine Akne trat wieder auf; *she flared up at me* sie fuhr mich an
flared *adj trousers* ausgestellt
flash I *n* **1.** (*of light*) Aufblinken *nt no pl*; (*very bright*) Aufblitzen *nt no pl*; (*of metal, jewels etc*) Blitzen *nt no pl*; *there was a sudden* ~ *of light* plötzlich blitzte es hell auf; ~ *of lightning* Blitz *m* **2.** (*fig*) ~ *of colour* (*Br*) *or* *color* (*US*) Farbtupfer *m*; ~ *of inspiration* Geistesblitz *m*; *in a* ~ wie der Blitz; *as quick as a* ~ blitz-

schnell **3.** PHOT Blitz(licht *nt*) *m*; *to use a* ~ Blitzlicht benutzen **II** *v/i* **1.** (*light*) aufblinken; (*very brightly*) aufblitzen; (*repeatedly*) blinken; (*metal, jewels*) blitzen; *to* ~ *on and off* immer wieder aufblinken **2.** *to* ~ *past or by* vorbeisausen *etc*; (*holidays etc*) vorbeifliegen; *the thought* ~*ed through my mind that ...* mir kam plötzlich der Gedanke, dass ... **III** *v/t* **1.** *light* aufleuchten lassen; *to* ~ *one's headlights at sb* jdn mit der Lichthupe anblinken; *she* ~*ed him a look of contempt/gratitude* sie blitzte ihn verächtlich/dankbar an **2.** (*infml* ≈ *show*: *a.* **flash around**) protzen mit; *identity card* kurz vorzeigen; *don't* ~ *all that money around* wedel nicht so mit den vielen Geld herum (*infml*) **IV** *adj* (*infml* ≈ *showy*) protzig (*pej*); (≈ *smart*) chic ♦ **flash back** *v/i* FILM zurückblenden (*to* auf +*acc*); *his mind flashed back to the events of the last year* er erinnerte sich plötzlich an die Ereignisse des letzten Jahres
flashback *n* FILM Rückblende *f* **flash card** *n* SCHOOL Leselernkarte *f* **flasher** *n* (*infml*) Exhibitionist(in) *m(f)* **flash flood** *n* flutartige Überschwemmung **flashlight** *n* (*esp US*) Taschenlampe *f* **flashy** *adj* (+*er*) auffällig
flask *n* **1.** Flakon *m*; CHEM Glaskolben *m* **2.** (≈ *hip flask*) Flachmann *m* (*infml*) **3.** (≈ *vacuum flask*) Thermosflasche® *f*
flat¹ I *adj* (+*er*) **1.** flach; *tyre*, *feet* platt; *surface* eben; *he stood* ~ *against the wall* er stand platt gegen die Wand gedrückt; *as* ~ *as a pancake* (*infml*, *tyre*) total platt; (*countryside*) total flach; *to fall* ~ *on one's face* auf die Nase fallen; *to lie* ~ flach liegen **2.** (*fig*) fade; *trade* lustlos; *battery* leer; *beer* schal; *to fall* ~ (*joke*) nicht ankommen **3.** *refusal* deutlich **4.** MUS *instrument* zu tief (gestimmt); *voice* zu tief **5.** COMM Pauschal-; ~ *rate* Pauschale *f* **II** *adv* **1.** *turn down* kategorisch; *he told me* ~ (*out*) *that ...* er sagte mir klipp und klar, dass ...; *in ten seconds* ~ in sage und schreibe (nur) zehn Sekunden; ~ *broke* (*infml*) total pleite (*infml*); *to go* ~ *out* voll aufdrehen (*infml*); *to work* ~ *out* auf Hochtouren arbeiten **2.** MUS *to sing/play* ~ zu tief singen/spielen **III** *n* **1.** (*of hand*) Fläche *f*; (*of blade*) flache Seite **2.** MUS Erniedrigungszeichen *nt* **3.** AUTO Platte(r) *m*

(*infml*)

flat² *n* (*esp Br*) Wohnung *f*

flat bench *n* SPORTS Flachbank *f* **flat-chested** *adj* flachbrüstig **flat feet** *pl* Plattfüße *pl* **flat-hunting** *n* (*Br*) Wohnungssuche *f*; **to go/be∼** auf Wohnungssuche gehen/sein **flatly** *adv* refuse, deny kategorisch; *contradict* aufs Schärfste; **to be ∼ opposed to sth** etw rundweg ablehnen **flatmate** *n* (*Br*) Mitbewohner(in) *m(f)* **flatness** *n* (*of surface*) Ebenheit *f* **flat-pack** *adj* ∼ **furniture** Möbel *pl* zur Selbstmontage **flat racing** *n* Flachrennen *nt* **flat screen** *n*, **flat-screen monitor** *n* IT Flachbildschirm *m*

flatten I *v/t* **1.** *path, field* ebnen; (*storm etc*) *crops* niederdrücken; *town* dem Erdboden gleichmachen **2.** (*fig ≈ knock down*) niederschlagen **II** *v/r* **to∼ oneself against sth** sich platt gegen *or* an etw drücken ◆ **flatten out I** *v/i* (*countryside*) flach(er) werden **II** *v/t sep path* ebnen; *paper* glätten

flatter *v/t* schmeicheln (+*dat*); **I was very ∼ed by his remark** ich fühlte mich von seiner Bemerkung sehr geschmeichelt; **don't ∼ yourself!** bilde dir ja nichts ein! **flatterer** *n* Schmeichler(in) *m(f)* **flattering** *adj* schmeichelhaft; *colour* vorteilhaft **flattery** *n* Schmeicheleien *pl*

flatulence *n* Blähung(en) *f(pl)*

flatware *n* (*US*) Besteck *nt*

flaunt *v/t* zur Schau stellen; **to ∼ oneself** sich groß in Szene setzen

flautist *n* Flötist(in) *m(f)*

flavour, (*US*) **flavor I** *n* (*≈ taste*) Geschmack *m*; (*≈ flavouring*) Aroma *nt*; (*fig*) Beigeschmack *m*; **strawberry-∼ ice cream** Eis *nt* mit Erdbeergeschmack; **he is ∼ of the month** (*infml*) er ist diesen Monat in (*infml*) **II** *v/t* Geschmack verleihen (+*dat*); **pineapple-∼ed** mit Ananasgeschmack **flavouring**, (*US*) **flavoring** *n* COOK Aroma(stoff *m*) *nt*; **rum∼** Rumaroma *nt* **flavourless**, (*US*) **flavorless** *adj* geschmacklos

flaw *n* (*lit*) Fehler *m* **flawed** *adj* fehlerhaft; **his logic was ∼** seine Logik enthielt Fehler **flawless** *adj* *performance* fehlerlos; *complexion* makellos; **∼ English** fehlerloses Englisch

flax *n* BOT Flachs *m*

flay *v/t* (*≈ skin*) häuten

flea *n* Floh *m* **flea market** *n* Flohmarkt *m*

fleck I *n* (*of red etc*) Tupfen *m*; (*of mud, paint*) (*≈ blotch*) Fleck(en) *m*; (*≈ speckle*) Spritzer *m*; (*of dust*) Teilchen *nt* **II** *v/t* **∼ed wool** melierte Wolle; **blue∼ed with white** blau mit weißen Tupfen

fled *pret, past part of* **flee**

fledg(e)ling I *n* ORN Jungvogel *m* **II** *adj* *democracy* jung

flee *pret, past part* **fled I** *v/i* fliehen (*from* vor +*dat*) **II** *v/t* *town, country* fliehen aus; *danger* entfliehen (+*dat*)

fleece I *n* Vlies *nt*; (*≈ fabric*) Webpelz *m* **II** *v/t* (*fig infml*) **to ∼ sb** jdn schröpfen **fleecy** *adj* flauschig

fleet *n* **1.** NAUT Geschwader *nt*; (*≈ navy*) Flotte *f* **2.** (*of cars etc*) (Fuhr)park *m*; **he owns a ∼ of trucks** er hat einen Lastwagenpark

fleeting *adj* flüchtig; **a ∼ visit** eine Stippvisite (*infml*); **to catch a ∼ glimpse of sb/sth** einen flüchtigen Blick auf jdn/etw werfen können

Flemish I *adj* flämisch **II** *n* LING Flämisch *nt*

flesh *n* Fleisch *nt*; (*of fruit*) (Frucht)fleisch *nt*; (*of vegetable*) Mark *nt*; **one's own ∼ and blood** sein eigen(es) Fleisch und Blut; **I'm only ∼ and blood** ich bin auch nur aus Fleisch und Blut; **in the∼** in Person ◆ **flesh out** *v/t sep* ausgestalten; *details* eingehen auf (+*acc*)

flesh-coloured, (*US*) **flesh-colored** *adj* fleischfarben **flesh wound** *n* Fleischwunde *f* **fleshy** *adj* (+*er*) fleischig

flew *pret of* **fly²**

flex I *n* (*Br*) Schnur *f*; (*heavy duty*) Kabel *nt* **II** *v/t* *arm etc* beugen; **to ∼ one's muscles** seine Muskeln spielen lassen **flexibility** *n* **1.** (*lit*) Biegsamkeit *f* **2.** (*fig*) Flexibilität *f* **flexible** *adj* **1.** (*lit*) biegsam **2.** (*fig*) flexibel; **to work ∼ hours** Gleitzeit arbeiten; **to be ∼ about sth** in Bezug auf etw (*acc*) flexibel sein **flex(i)time** *n* Gleitzeit *f*

flick I *n* (*with finger*) Schnipsen *nt no pl*; **with a ∼ of the whip** mit einem Peitschenschnalzen; **a ∼ of the wrist** eine schnelle Drehung des Handgelenks **II** *v/t whip* knallen mit; *fingers* schnalzen mit; (*with fingers*) *switch* anknipsen; *dust* wegschnipsen; **she ∼ed her hair out of her eyes** sie strich sich (*dat*) die Haare aus den Augen; **he ∼ed the piece of paper onto the floor** er schnipste das Papier auf den Fußboden

◆ **flick through** v/i +prep obj book (schnell) durchblättern; pages (schnell) umblättern; TV channels (schnell) wechseln

flicker I v/i (flame, light) flackern; (TV) flimmern; **a smile ~ed across his face** ein Lächeln huschte über sein Gesicht **II** n (of flame, light) Flackern nt; (of TV) Flimmern nt

flick knife n (Br) Klappmesser nt

flicks pl (infml) Kintopp m (infml); **to/at the ~** in den/im Kintopp (infml)

flier n 1. (AVIAT ≈ pilot) Flieger(in) m(f); **to be a good/bad ~** (person) Fliegen gut/nicht vertragen 2. (≈ leaflet) Flugblatt nt

flies pl (Br: on trousers) (Hosen)schlitz m

flight[1] n 1. Flug m; **in ~** (bird) im Flug; AVIAT in der Luft 2. (group) **to be in the top ~** (fig) zur Spitze gehören 3. **~ of fancy** geistiger Höhenflug 4. **~ (of stairs)** Treppe f, Stiege f (Aus)

flight[2] n Flucht f; **to put the enemy to ~** den Feind in die Flucht schlagen; **to take ~** die Flucht ergreifen

flight attendant n Flugbegleiter(in) m(f) **flight bag** n Schultertasche f **flight deck** n 1. NAUT Flugdeck nt 2. AVIAT Cockpit nt **flight number** n Flugnummer f **flight path** n Flugbahn f **flight recorder** n Flugschreiber m **flight simulator** n Simulator m **flighty** adj (+er) (≈ fickle) unbeständig; (≈ empty-headed) gedankenlos

flimsy adj (+er) 1. structure leicht gebaut; material dünn; box instabil 2. (fig) evidence dürftig; excuse fadenscheinig

flinch v/i 1. zurückzucken; **without ~ing** ohne mit der Wimper zu zucken 2. (fig) **to ~ from sth** vor etw (dat) zurückschrecken

fling vb: pret, past part **flung I** n 1. (fig infml) **to have a final ~** sich noch einmal richtig austoben 2. (infml ≈ relationship) **to have a ~ (with sb)** eine Affäre (mit jdm) haben **II** v/t schleudern; **to ~ the window open** das Fenster aufstoßen; **the door was flung open** die Tür flog auf; **to ~ one's arms round sb's neck** jdm die Arme um den Hals werfen; **to ~ oneself into a chair/to the ground** sich in einen Sessel/auf den Boden werfen ◆ **fling off** v/t sep (lit) coat abwerfen ◆ **fling out** v/t sep object wegwerfen; person hinauswerfen ◆ **fling up** v/t sep **to fling one's arms up in horror**

entsetzt die Hände über dem Kopf zusammenschlagen

flint n Feuerstein m

flip I n **by the ~ of a coin** durch Hochwerfen einer Münze **II** v/t schnippen; switch knipsen; **to ~ a coin** eine Münze werfen **III** v/i (infml) durchdrehen (infml) ◆ **flip over I** v/t sep umdrehen **II** v/i (plane) sich in der Luft (um)drehen ◆ **flip through** v/i +prep obj book durchblättern; pages umblättern

flip chart n Flipchart f **flip-flop** n (Br) Gummilatsche f (infml)

flippant adj leichtfertig

flipper n Flosse f

flip phone n TEL Klapphandy nt, Klapp-Handy nt

flipping adj, adv (Br infml emph) verdammt (infml)

flip side n (of record) B-Seite f

flirt I v/i flirten; **to ~ with an idea** mit einem Gedanken spielen; **to ~ with danger** die Gefahr herausfordern **II** n **he is just a ~** er will nur flirten **flirtation** n Flirt m; (≈ flirting) Flirten nt **flirtatious** adj kokett **flirty** adj kokett

flit I v/i (bats, butterflies etc) flattern; (person, image) huschen; **to ~ in and out** (person) rein- und rausflitzen **II** n (Br) **to do a (moonlight) ~** bei Nacht und Nebel umziehen

float I n 1. (on fishing line, in cistern) Schwimmer m 2. (≈ vehicle) Festwagen m **II** v/i (on water) schwimmen; (≈ move gently) treiben; (in air) schweben; **the body ~ed (up) to the surface** die Leiche kam an die Wasseroberfläche **III** v/t COMM, FIN company gründen; (fig) ideas in den Raum stellen **floating voter** n (fig) Wechselwähler m

flock I n 1. (of sheep, also ECCL) Herde f; (of birds) Schwarm m 2. (of people) Haufen m (infml) **II** v/i in Scharen kommen; **to ~ around sb** sich um jdn scharen

flog v/t 1. auspeitschen; **you're ~ging a dead horse** (esp Br infml) Sie verschwenden Ihre Zeit 2. (Br infml ≈ sell) verscherbeln (infml) **flogging** n Tracht f Prügel; zur Prügelstrafe f; (of thief, mutineer) Auspeitschen nt

flood I n Flut f; **~s** Überschwemmung f; **the river is in ~** der Fluss führt Hochwasser; **she was in ~s of tears** sie war in Tränen gebadet **II** v/t überschwemmen; **the cellar was ~ed** der Keller war überschwemmt *or* stand unter Wasser; **to ~ the engine** den Motor absaufen lassen (*infml*); **~ed with complaints** mit Beschwerden überhäuft; **~ed with light** lichtdurchflutet **III** *v/i* **1.** (*river*) über die Ufer treten, überborden (*Swiss*); (*bath etc*) überlaufen; (*cellar*) unter Wasser stehen; (*land*) überschwemmt werden **2.** (*people*) strömen ♦ **flood back** *v/i* (*memories*) wieder aufwallen ♦ **flood in** *v/i* **the letters just flooded in** wir / sie *etc* hatten eine Flut von Briefen

floodgate *n* Schleusentor *nt*; **to open the ~s** (*fig*) Tür und Tor öffnen (*to +dat*) **flooding** *n* Überschwemmung *f* **floodlight** *n* Scheinwerfer *m* **floodlighting** *n* Flutlicht(anlage *f*) *nt* **floodlit** *adj* ~ **football match** Fußballspiel *nt* unter Flutlicht **flood protection** *n* Hochwasserschutz *m* **flood tide** *n* Flut *f*

floor I *n* **1.** (Fuß)boden *m*; (≈ *dance floor*) Tanzfläche *f*; **ocean ~** Meeresgrund *m*; **stone/tiled ~** Stein-/Fliesenboden *m*; **to take to the ~** (≈ *dance*) aufs Parkett gehen; **to hold** *or* **have the ~** (*speaker*) das Wort haben **2.** (≈ *storey*) Stock *m*; **first ~** (*Br*) erster Stock; (*US*) Erdgeschoss *nt*; **on the second ~** (*Br*) im zweiten Stock; (*US*) im ersten Stock **3.** (≈ *main part of chamber*) Plenarsaal *m*; (*of stock exchange*) Parkett *nt* **II** *v/t* **1.** (≈ *knock down*) zu Boden schlagen **2.** (≈ *bewilder*) verblüffen **floor area** *n* Bodenfläche *f* **floorboard** *n* Diele *f* **floor cloth** *n* Scheuer- *or* Putzlappen *m* **floor exercise** *n* Bodenübung *f* **flooring** *n* **1.** (≈ *floor*) (Fuß)boden *m* **2.** (≈ *material*) Fußbodenbelag *m* **floor plan** *n* Grundriss *m* (eines Stockwerkes) **floor polish** *n* Bohnerwachs *nt* **floor space** *n* Stellraum *m*; **if you've got a sleeping bag we have plenty of ~** wenn du einen Schlafsack hast, wir haben viel Platz auf dem Fußboden **floor trading** *n* ST EX Parketthandel *m* **floorwalker** *n* (*US* COMM) Ladenaufsicht *f*

floozie, floozy *n* (*infml*) Flittchen *nt* (*infml*)

flop I *v/i* **1.** (*person*) sich fallen lassen **2.** (*thing*) fallen **3.** (*infml*) (*scheme*) ein Reinfall *nt* sein (*infml*); (*play*) durchfallen **II** *n* (*infml*) Flop *m* (*infml*) **floppy I** *adj* (*+er*) schlaff; **~ hat** Schlapphut *m* **II** *n* (≈ *disk*) Diskette *f* **floppy disk** *n* IT Diskette *f*; **~ drive** Dis-

kettenlaufwerk *nt*

flora *n* Flora *f* **floral** *adj* **1.** *wallpaper etc* geblümt; **~ design** *or* **pattern** Blumenmuster *nt* **2.** (≈ *made of flowers*) Blumen- **florid** *adj* (*usu pej*) *language* schwülstig (*pej*) **florist** *n* Florist(in) *m(f)*; **~'s (shop)** Blumengeschäft *nt*

floss I *n* Zahnseide *f* **II** *v/t* mit Zahnseide reinigen **III** *v/i* sich (*dat*) die Zähne mit Zahnseide reinigen

flotation *n* (COMM: *of firm*) Gründung *f*; ST EX Börseneinführung *f*

flotilla *n* Flotille *f*

flotsam *n* ~ **and jetsam** (*floating*) Treibgut *nt*; (*washed ashore*) Strandgut *nt*

flounce *v/i* stolzieren; **to ~ out** herausstolzieren

flounder¹ *n* (≈ *fish*) Flunder *f*

flounder² *v/i* sich abstrampeln; **we ~ed about in the mud** wir quälten uns mühselig im Schlamm; **the economy was ~ing** der Wirtschaft ging es schlecht

flour *n* Mehl *nt*

flourish I *v/i* (*plants etc, person*) (prächtig) gedeihen; (*business*) florieren; **crime ~ed in poor areas** in den armen Gegenden gedieh das Verbrechen **II** *v/t* *stick etc* herumwedeln mit **III** *n* **1.** (≈ *decoration etc*) Schnörkel *m* **2.** (≈ *movement*) eleganter Schwung **flourishing** *adj* florierend *attr*; *career* erfolgreich; *plant* prächtig gedeihend *attr*

floury *adj* mehlig

flout *v/t* sich hinwegsetzen über (*+acc*)

flow I *v/i* **1.** fließen; **where the river ~s into the sea** wo der Fluss ins Meer mündet; **to keep the traffic ~ing** den Verkehr nicht ins Stocken kommen lassen **2.** (*hair etc*) wallen **II** *n* Fluss *m*; **the ~ of traffic** der Verkehrsfluss; **to go with the ~** (*fig*) mit dem Strom schwimmen; **he was in full ~** er war richtig in Fahrt **flow chart, flow diagram** *n* Flussdiagramm *nt*

flower I *n* Blume *f*; (≈ *blossom*) Blüte *f*; **to be in ~** in Blüte stehen **II** *v/i* blühen **flower arrangement** *n* Blumengesteck *nt* **flower arranging** *n* Blumenstecken *nt* **flowerbed** *n* Blumenbeet *nt* **flowering** *adj* Blüten-; **~ plant** Blütenpflanze *f*; **~ shrub** Zierstrauch *m* **flowerpot** *n* Blumentopf *m* **flower shop** *n* Blumenladen *m* **flowery** *adj* **1.** *wallpaper etc* geblümt **2.** (*fig*) blumig

flowing *adj* fließend; *gown* wallend; *style*

flüssig

flown *past part of* **fly²**

fl. oz. *abbr of* **fluid ounce(s)**

flu *n* Grippe *f*; **to get** *or* **catch/have (the)** ~ (die *or* eine) Grippe bekommen/haben

fluctuate *v/i* schwanken **fluctuation** *n* Schwankung *f*

flue *n* Rauchfang *m*

fluency *n* **1.** (*in a foreign language*) fließendes Sprechen; *this job requires* ~ *in German* für diese Stelle ist fließendes Deutsch Voraussetzung; ~ *in two foreign languages is a requirement* die Beherrschung von zwei Fremdsprachen ist Voraussetzung **2.** (*in native language*) Gewandtheit *f* **fluent** *adj* **1.** (*in a foreign language*) **to be** ~ die Sprache fließend sprechen; *to be* ~ *in German, to speak* ~ *German* fließend Deutsch sprechen; *she is* ~ *in six languages* sie beherrscht sechs Sprachen fließend **2.** (*in native language*) gewandt **3.** *action* flüssig **fluently** *adv* *speak, write* (*in a foreign language*) fließend; (*in native language*) flüssig

fluff I *n no pl* (*on animals*) Flaum *m*; (*from material*) Fusseln *pl*; *a bit of* ~ eine Fussel **II** *v/t* **1.** *pillow* aufschütteln **2.** *entrance* vermasseln (*infml*) ◆ **fluff up** *v/t sep pillow etc* aufschütteln

fluffy *adj* (+*er*) **1.** *slippers* flauschig; *rabbit* flaumweich; ~ *white clouds* weiße Schäfchenwolken; ~ *toy* Kuscheltier *nt* **2.** *rice* locker; *cake mixture* schaumig

fluid I *n* Flüssigkeit *f* **II** *adj* flüssig; *shape* fließend **fluid ounce** *n* Flüssigkeitsmaß (*Brit*: =28,4 ml, *US*: =29,6 ml)

fluke *n* (*infml*) *it was a* (*pure*) ~ das war (einfach) Dusel (*infml*)

flummox *v/t* (*infml*) durcheinanderbringen; *to be* ~*ed by sth* durch etw aus dem Konzept gebracht werden (*infml*)

flung *pret, past part of* **fling**

flunk *v/t* (*infml*) *test* verhauen (*infml*); *to* ~ *German/an exam* in Deutsch/bei einer Prüfung durchfallen (*infml*)

fluorescent *adj colour* leuchtend; *paint* fluoreszierend **fluorescent light** *n* Neonlampe *f* **fluorescent lighting** *n* Neonbeleuchtung *f*

fluoride *n* Fluorid *nt*; ~ *toothpaste* Fluorzahnpasta *f*

flurry *n* **1.** (*of snow*) Gestöber *nt* **2.** (*fig*) *a* ~ *of activity* eine Hektik; *a* ~ *of excite-*

ment hektische Aufregung

flush¹ I *n* **1.** (≈ *lavatory flush*) (Wasser)-spülung *f* **2.** (≈ *blush*) Röte *f* **II** *v/i* **1.** (*face*) rot werden (*with* vor +*dat*) **2.** (*lavatory*) spülen **III** *v/t* spülen; *to* ~ *the lavatory or toilet* spülen; *to* ~ *sth down the toilet* etw die Toilette hinunterspülen ◆ **flush away** *v/t sep* wegspülen ◆ **flush out** *v/t sep* **1.** *sink* ausspülen **2.** *spies* aufspüren

flush² *adj pred* bündig; *cupboards* ~ *with the wall* Schränke, die mit der Wand abschließen

flushed *adj* **to be** ~ *with success/happiness* über seinen Erfolg/vor Glück strahlen

fluster *v/t* nervös machen; (≈ *confuse*) durcheinanderbringen; *to be* ~*ed* nervös *or* aufgeregt sein; (≈ *confused*) durcheinander sein

flute *n* MUS Querflöte *f* **flutist** *n* (*US*) = **flautist**

flutter I *v/i* (*flag, bird etc*) flattern **II** *v/t fan* wedeln mit; *wings* flattern mit; *to* ~ *one's eyelashes* mit den Wimpern klimpern (*hum*) **III** *n* **1.** *all of a* ~ in heller Aufregung **2.** (*Br infml*) *to have a* ~ (≈ *gamble*) sein Glück (beim Wetten) versuchen

flux *n* Fluss *m*; *in a state of* ~ im Fluss

fly¹ *n* Fliege *f*; *he wouldn't hurt a* ~ er könnte keiner Fliege etwas zuleide tun; *that's the only* ~ *in the ointment* (*infml*) das ist das einzige Haar in der Suppe

fly² *vb: pret* **flew**, *past part* **flown I** *v/i* fliegen; (*time*) (ver)fliegen; (*flag*) wehen; *time flies!* wie die Zeit vergeht!; *the door flew open* die Tür flog auf; *to* ~ *into a rage* einen Wutanfall bekommen; *to* ~ *at sb* (*infml*) auf jdn losgehen; *he really let* ~ er legte kräftig los; *to send sb/sth* ~*ing* jdn/etw umwerfen (*infml*); *to go* ~*ing* (*person*) hinfallen; *to* ~ *in the face of authority/tradition* sich über jede Autorität/alle Traditionen hinwegsetzen **II** *v/t* fliegen; *kite* steigen lassen; *flag* wehen lassen ◆ **fly away** *v/i* (*bird*) wegfliegen ◆ **fly in** *v/t & v/i* einfliegen; *she flew in this morning* sie ist heute Morgen mit dem Flugzeug angekommen ◆ **fly off** *v/i* **1.** (*plane, person*) abfliegen; (*bird*) wegfliegen; *to* ~ *to the south* nach Süden fliegen **2.** (*hat, lid etc*) wegfliegen ◆ **fly out I** *v/i* ausfliegen;

I ~ **tomorrow** ich fliege morgen hin **II** v/t sep (*to an area*) hinfliegen; (*out of an area*) ausfliegen ◆ **fly past I** v/i **1.** vorbeifliegen **2.** (*time*) verfliegen **II** v/i +prep obj **to ~ sth** an etw (*dat*) vorbeifliegen

fly³ *n* (*on trousers*) (Hosen)schlitz *m*

fly-by-night *adj* FIN, COMM *operation* windig (*infml*) **fly-fishing** *n* Fliegenfischen *nt*

flying I *adj glass* herumfliegend **II** *n* Fliegen *nt*; **he likes ~** er fliegt gerne; **he's afraid of ~** er hat Flugangst **flying boat** *n* Flugboot *nt* **flying colours**, (*US*) **flying colors** *pl* **to pass with ~** glänzend abschneiden **flying leap** *n* **to take a ~** einen großen Satz machen **flying saucer** *n* fliegende Untertasse **flying start** *n* **to get off to a ~** SPORTS hervorragend wegkommen (*infml*); (*fig*) einen glänzenden Start haben **flying visit** *n* Stippvisite *f*

flyleaf *n* Vorsatzblatt *nt* **flyover** *n* **1.** Überführung *f* **2.** (*US* ≈ *fly-past*) Luftparade *f* **flypaper** *n* Fliegenfänger *m* **fly-past** *n* (*Br*) Luftparade *f* **fly sheet** *n* Überzelt *nt* **fly spray** *n* Fliegenspray *m* **fly swat (-ter)** *n* Fliegenklatsche *f* **fly-tipping** *n* illegales Müllabladen **flywheel** *n* Schwungrad *nt*

FM *abbr of* **frequency modulation** FM

foal I *n* Fohlen *nt* **II** v/i fohlen

foam I *n* Schaum *m* **II** v/i schäumen; **to ~ at the mouth** (*lit*) Schaum vorm Mund or (*Tier*) vorm Maul haben; (*fig*) schäumen **foam rubber** *n* Schaumgummi *m* **foamy** *adj* (+er) schäumend

fob v/t (*esp Br*) **to ~ sb off** jdn abspeisen; **to ~ sth off on sb** jdm etw andrehen

focal point *n* Brennpunkt *m*; **his family is the ~ of his life** seine Familie ist der Mittelpunkt seines Lebens **focus I** *n*, *pl* **foci** Brennpunkt *m*; **in ~** *camera* (scharf) eingestellt; *photo* scharf; **out of ~** *camera* unscharf eingestellt; *photo* unscharf; **to keep sth in ~** (*fig*) etw im Blickfeld behalten; **he was the ~ of attention** er stand im Mittelpunkt **II** v/t *instrument* einstellen (*on* auf +acc); *light* bündeln; (*fig*) *efforts* konzentrieren (*on* auf +acc); **to ~ one's mind** sich konzentrieren; **I should like to ~ your attention on a new problem** ich möchte Ihre Aufmerksamkeit auf ein neues Problem lenken **III** v/i **to ~ on sth** sich auf etw (*acc*) konzentrieren; **I can't ~ properly** ich kann nicht mehr klar sehen **fo-**

cus(s)ed *adj* (*fig*) fokussiert

fodder *n* Futter *nt*

foe *n* (*liter*) Widersacher(in) *m(f)* (*elev*)

foetal, (*esp US*) **fetal** *adj* fötal **foetus**, (*esp US*) **fetus** *n* Fötus *m*

fog I *n* Nebel *m* **II** v/t & v/i (*a.* **fog up** or **over**) beschlagen **fogbound** *adj* *ship*, *plane* durch Nebel festgehalten; *airport* wegen Nebel(s) geschlossen; **the main road to Edinburgh is ~** auf der Hauptstraße nach Edinburgh herrscht dichter Nebel

fogey *n* (*infml*) **old ~** alter Kauz (*infml*)

foggy *adj* (+er) **1.** neb(e)lig **2.** (*fig*) **I haven't the foggiest** (*idea*) (*infml*) ich habe keinen blassen Schimmer (*infml*) **foghorn** *n* NAUT Nebelhorn *nt* **fog lamp**, **fog light** *n* AUTO Nebelscheinwerfer *m*

fogy *n* = **fogey**

foible *n* Eigenheit *f*

foil¹ *n* (≈ *metal sheet*) Folie *f*

foil² v/t *plans* durchkreuzen; *attempts* vereiteln

foist v/t **to ~ sth (off) on sb** *goods* jdm etw andrehen; *task* etw auf jdn abschieben

fold I *n* Falte *f*; **~s of skin** Hautfalten *pl*; **~s of fat** Fettwülste *pl* **II** v/t **1.** *paper*, *blanket* zusammenfalten; **to ~ a newspaper in two** eine Zeitung falten; **to ~ one's arms** die Arme verschränken; **she ~ed her hands in her lap** sie faltete die Hände im Schoß zusammen **2.** (≈ *wrap up*) einwickeln (*in* in +acc) **3.** COOK **to ~ sth into sth** etw unter etw (*acc*) heben **III** v/i **1.** (*table*) sich zusammenklappen lassen **2.** (*business*) eingehen ◆ **fold away** v/i (*table*) zusammenklappbar sein ◆ **fold back** v/t sep *bedclothes* zurückschlagen ◆ **fold down** v/t sep *corner* kniffen ◆ **fold up** v/t sep *paper* zusammenfalten

folder *n* **1.** (*for papers*) Aktenmappe *f* **2.** IT Ordner *m* **folding** *adj attr* Klapp-; **~ chair** Klappstuhl *m* **folding doors** *pl* Falttür *f*

foliage *n* Blätter *pl*

folk *pl* (*a.* **folks**: *infml* ≈ *people*) Leute *pl*; **a lot of ~(s) believe ...** viele (Leute) glauben ...; **old ~** alte Menschen; **my ~s** meine Leute (*infml*) **folk dance** *n* Volkstanz *m* **folklore** *n* Folklore *f* **folk music** *n* Volksmusik *f* **folk singer** *n* Sänger(in) *m(f)* von Volksliedern; (*modern songs*) Folksänger(in) *m(f)* **folk song** *n* Volkslied *nt*; (*modern*) Folksong *m* **folksy** *adj*

(*US*) *manner* herzlich **folk tale** *n* Volksmärchen *nt*

follicle *n* Follikel *nt*

follow I *v/t* folgen (+*dat*); *course, career, news* verfolgen; *fashion* mitmachen; *advice, instructions* befolgen; *athletics etc* sich interessieren für; *speech* (genau) verfolgen; *he ~ed me about* er folgte mir überallhin; *he ~ed me out* er folgte mir nach draußen; *we're being ~ed* wir werden verfolgt; *he arrived first, ~ed by the ambassador* er kam als Erster, gefolgt vom Botschafter; *the dinner will be ~ed by a concert* im Anschluss an das Essen findet ein Konzert statt; *how do you ~ that?* das ist kaum zu überbieten; *I love lasagne ~ed by ice cream* besonders gern mag ich Lasagne und danach Eis; *do you ~ me?* können Sie mir folgen?; *to ~ one's heart* auf die Stimme seines Herzens hören; *which team do you ~?* für welche Mannschaft sind Sie? **II** *v/i* folgen; *his argument was as ~s* er argumentierte folgendermaßen; *to ~ in sb's footsteps* (*fig*) in jds Fußstapfen (*acc*) treten; *it doesn't ~ that ...* daraus folgt nicht, dass ...; *that doesn't ~* nicht unbedingt!; *I don't ~* das verstehe ich nicht ♦ **follow on** *v/i* nachkommen ♦ **follow through** *v/i* **to ~ with sth** (*with plan*) etw zu Ende verfolgen; (*with threat*) etw wahr machen ♦ **follow up** *v/t sep* **1.** *request* nachgehen (+*dat*); *offer* aufgreifen **2.** (≈ *investigate further*) sich näher beschäftigen mit; *matter* weiterverfolgen **3.** *success* ausbauen

follower *n* Anhänger(in) *m(f)*; *to be a ~ of fashion* sehr modebewusst sein; *he's a ~ of Blair* er ist Blair-Anhänger **following I** *adj* **1.** folgend; *the ~ day* der nächste *or* (darauf) folgende Tag **2.** *a ~ wind* Rückenwind *m* **II** *n* **1.** (≈ *followers*) Anhängerschaft *f* **2.** *he said the ~* er sagte Folgendes **III** *prep* nach **follow-up** *n* Fortsetzung *f* (*to* +*gen*)

folly *n* Verrücktheit *f*; *it is sheer ~* es ist der reinste Wahnsinn

fond *adj* (+*er*) **1.** *to be ~ of sb/sth* jdn / etw mögen; *she is very ~ of animals* sie ist sehr tierlieb(end); *to become* *or* *grow ~ of sb/sth* jdn / etw lieb gewinnen; *to be ~ of doing sth* etw gern tun **2.** *parent, look* liebevoll; *to have ~ memories of sth* schöne Erinnerungen an etw (*acc*) haben **3.** (≈ *foolish, vain*) *in the ~ hope/*

belief that ... in der vergeblichen Hoffnung, dass ...

fondant *n* Fondant *m*

fondle *v/t* (zärtlich) spielen mit; (≈ *stroke*) streicheln **fondly** *adv* **1.** liebevoll; *to remember sb ~* jdn in bester Erinnerung behalten; *to remember sth ~* sich gern an etw (*acc*) erinnern **2.** (≈ *naively*) naiverweise **fondness** *n* (*for people*) Zuneigung *f* (*for* zu); (*for food, place etc*) Vorliebe *f* (*for* für)

fondue *n* Fondue *nt*; *~ set* Fondueset *nt*

font *n* TYPO Schrift *f*

food *n* Essen *nt*; (*for animals*) Futter *nt*; (≈ *nourishment*) Nahrung *f*; (≈ *foodstuff*) Nahrungsmittel *nt*; (≈ *groceries*) Lebensmittel *pl*; *dog and cat ~* Hunde- und Katzenfutter; *~ and drink* Essen und Trinken; *I haven't any ~* ich habe nichts zu essen; *~ for thought* Stoff *m* zum Nachdenken **food additives** *pl* chemische Zusätze *pl* **food chain** *n* Nahrungskette *f* **food combining** *n* Trennkost *f* **food industry** *n* Lebensmittelindustrie *f* **food parcel** *n* Lebensmittelpaket *nt* **food poisoning** *n* Lebensmittelvergiftung *f* **food processor** *n* Küchenmaschine *f* **food stamp** *n* (*US*) Lebensmittelmarke *f* **foodstuff** *n* Nahrungsmittel *nt* **food technology** *n also* BRIT SCHOOL Lebensmitteltechnologie *f*

fool I *n* Dummkopf *m*; *don't be a ~!* sei nicht (so) dumm!; *he was a ~ not to accept* es war dumm von ihm, nicht anzunehmen; *to be ~ enough to ...* so dumm *or* blöd (*infml*) sein, zu ...; *to play* *or* *act the ~* herumalbern; *to make a ~ of sb* jdn lächerlich machen; *he made a ~ of himself* er hat sich blamiert **II** *v/i* herumalbern; *to ~ with sb/sth* mit jdm / etw spielen; *stop ~ing (around)!* lass den Blödsinn! **III** *v/t* zum Narren halten; (≈ *trick*) hereinlegen (*infml*); (*disguise etc*) täuschen; *I was completely ~ed* ich bin vollkommen darauf hereingefallen; *you had me ~ed* ich habe das tatsächlich geglaubt; *they ~ed him into believing that ...* sie haben ihm weisgemacht, dass ... ♦ **fool about** (*Brit*) *or* **fool around** *v/i* **1.** (≈ *waste time*) herumtrödeln **2.** (≈ *play the fool*) herumalbern; *to fool about* *or* *around with sth* mit etw Blödsinn machen **3.** (*sexually*) *he's fooling around with my wife* er treibt seine Spielchen mit meiner

Frau

foolhardy *adj* tollkühn **foolish** *adj* dumm; *don't do anything* ~ mach keinen Unsinn; *what a* ~ *thing to do* wie kann man nur so dumm sein; *it made him look* ~ dadurch hat er sich blamiert **foolishly** *adv act* unklug; *say* dummerweise **foolishness** *n* Dummheit *f* **foolproof** *adj method* unfehlbar; *recipe* idiotensicher (*infml*)

foot I *n, pl* **feet** Fuß *m*; (*of bed*) Fußende *nt*; *to be on one's feet* auf den Beinen sein; *to get back on one's feet* wieder auf die Beine kommen; *on* ~ zu Fuß; *I'll never set* ~ *here again!* hier kriegen mich keine zehn Pferde mehr her! (*infml*); *the first time he set* ~ *in the office* als er das erste Mal das Büro betrat; *to get to one's feet* aufstehen; *to jump to one's feet* aufspringen; *to put one's feet up* (*lit*) die Füße hochlegen; (*fig*) es sich (*dat*) bequem machen; *he never puts a* ~ *wrong* (*fig*) er macht nie einen Fehler; *3* ~ *or feet long* 3 Fuß lang; *he's 6* ~ *3* ≈ er ist 1,90 m; *to put one's* ~ *down* (≈ *act with authority*) ein Machtwort sprechen; AUTO Gas geben; *to put one's* ~ *in it* ins Fettnäpfchen treten; *to find one's feet* sich eingewöhnen; *to get/ be under sb's feet* jdm im Wege stehen *or* sein; *to get off on the wrong* ~ einen schlechten Start haben; *to stand on one's own two feet* auf eigenen Füßen stehen; *a nice area, my* ~*!* (*infml*) und das soll eine schöne Gegend sein! **II** *v/t bill* bezahlen **footage** *n* **1.** (≈ *length*) Gesamtlänge *f* (*in Fuß*) **2.** (*of film*) Filmmeter *pl* **foot-and-mouth (disease)** *n* (*Br*) Maul- und Klauenseuche *f*

football *n* **1.** Fußball *m* **2.** (≈ *American football*) (American) Football *m* **football boot** *n* Fußballschuh *m* **footballer** *n* **1.** (*Br*) Fußball(spiel)er(in) *m(f)* **2.** (*in American football*) Footballspieler *m* **football hooligan** *n* Fußballrowdy *or* -hooligan *m* **football pools** *pl* Fußballtoto *nt or m*

footbridge *n* Fußgängerbrücke *f* **-footed** *adj suf* -füßig; *four-footed* vierfüßig **footer** *n* IT Fußzeile *f* **foothills** *pl* (Gebirgs)ausläufer *pl* **foothold** *n* Halt *m*; *to gain a* ~ (*fig*) Fuß fassen **footing** *n* **1.** (*lit*) *to lose one's* ~ den Halt verlieren **2.** (*fig*) (≈ *foundation*) Basis *f*; (≈ *relationship*) Beziehung *f*; *on an equal* ~

auf gleicher Basis **footlights** *pl* THEAT Rampenlicht *nt* **footman** *n* Lakai *m* **footnote** *n* Fußnote *f*; (*fig*) Anmerkung *f* **foot passenger** *n* Fußgänger(in) *m(f)*, Fußpassagier(in) *m(f)* **footpath** *n* Fußweg *m* **footprint** *n* Fußabdruck *m* **footprints** *pl* Fußspuren *pl* **footrest** *n* Fußstütze *f* **footsore** *adj to be* ~ wunde Füße haben **footstep** *n* Schritt *m* **footstool** *n* Fußbank *f* **footwear** *n* Schuhe *pl* **footwork** *n no pl* SPORTS Beinarbeit *f*

for I *prep* **1.** für; (*purpose*) zu, für; (*destination*) nach; *a letter* ~ *me* ein Brief für mich; *destined* ~ *greatness* zu Höherem bestimmt; *what* ~*?* wofür?, wozu?; *what is this knife* ~*?* wozu dient dieses Messer?; *he does it* ~ *pleasure* er macht es zum *or* aus Vergnügen; *what did you do that* ~*?* warum *or* wozu haben Sie das getan?; *a bag* ~ *carrying books* (*in*) eine Tasche, um Bücher zu tragen; *to go to Spain* ~ *one's holidays* nach Spanien in Urlaub fahren; *the train* ~ *Stuttgart* der Zug nach Stuttgart; *to leave* ~ *the USA* in die USA *or* nach Amerika abreisen; *it's not* ~ *me to say* es steht mir nicht zu, mich dazu zu äußern; *I'll speak to her* ~ *you if you like* wenn Sie wollen, rede ich an Ihrer Stelle *or* für Sie mit ihr; *D* ~ *Daniel* D wie Daniel; *are you* ~ *or against it?* sind Sie dafür oder dagegen?; *I'm all* ~ *helping him* ich bin sehr dafür, ihm zu helfen; ~ *my part* was mich betrifft; *as* ~ *him* was ihn betrifft; *what do you want* ~ *your birthday?* was wünschst du dir zum Geburtstag?; *it's all very well* ~ *you to talk* Sie haben gut reden; ~ *further information see page 77* weitere Informationen finden Sie auf Seite 77; *his knack* ~ *saying the wrong thing* sein Talent, das Falsche zu sagen **2.** (≈ *because of*) aus; ~ *this reason* aus diesem Grund; *to go to prison* ~ *theft* wegen Diebstahls ins Gefängnis wandern; *to choose sb* ~ *his ability* jdn wegen seiner Fähigkeiten wählen; *if it were not* ~ *him* wenn er nicht wäre **3.** (≈ *in spite of*) trotz (+*gen or* (*inf*) +*dat*) **4.** (*in time*) seit; (*with future tense*) für; *I have not seen her* ~ *two years* ich habe sie seit zwei Jahren nicht gesehen; *he walked* ~ *two hours* er ist zwei Stunden lang marschiert; *I am going away* ~ *a few days* ich werde (für *or* auf) ein paar Tage wegfahren; *I shall be away ~ a month* ich werde einen Monat (lang) weg sein; *he won't be back ~ a week* er wird erst in einer Woche zurück sein; *can you get it done ~ Monday?* können Sie es bis *or* für Montag fertig haben?; *~ a while/ time* (für) eine Weile / einige Zeit; *the meeting was scheduled ~ 9 o'clock* die Besprechung sollte um 9 Uhr stattfinden **5.** (*distance*) *we walked ~ two miles* wir sind zwei Meilen weit gelaufen; *there are roadworks on the M8 ~ two miles* auf der M8 gibt es eine zwei Meilen lange Baustelle; *~ miles* meilenweit **6.** *it's easy ~ him to do it* er kann das leicht tun; *I brought it ~ you to see* ich habe es mitgebracht, damit Sie es sich (*dat*) ansehen können; *the best thing would be ~ you to leave* das Beste wäre, wenn Sie weggingen; *there's still time ~ him to come* er kann immer noch kommen; *you're (in) ~ it!* (*infml*) jetzt bist du dran! (*infml*) **II** *cj* denn **III** *adj pred* (≈ *in favour*) dafür

forage *v/i* nach Futter suchen; (*fig* ≈ *rummage*) herumstöbern (*for* nach)

foray *n* (Raub)überfall *m*; (*fig*) Ausflug *m* (*into* in *+acc*)

forbad(e) *pret of* **forbid**

forbid *pret* **forbad(e)**, *past part* **forbidden** *v/t* verbieten; *to ~ sb to do sth* jdm verbieten, etw zu tun; *God or Heaven ~!* Gott behüte *or* bewahre! **forbidden** *adj* verboten; *they are ~ to enter* sie dürfen nicht hereinkommen; *smoking is (strictly) ~* Rauchen ist (streng) verboten; *~ subject* Tabuthema *nt* **forbidding** *adj person* Furcht einflößend; *place* unwirtlich; *prospect* düster

force I *n* **1.** *no pl* (≈ *physical strength, power*) Kraft *f*; (*of impact*) Wucht *f*; (≈ *physical coercion*) Gewalt *f*; *by or through sheer ~ of numbers* aufgrund zahlenmäßiger Überlegenheit; *there is a ~ 5 wind blowing* es herrscht Windstärke 5; *they were there in ~* sie waren in großer Zahl da; *to come into/be in ~* in Kraft treten / sein **2.** *no pl* (*fig*) (*of argument*) Überzeugungskraft *f*; *by ~ of habit* aus Gewohnheit; *the ~ of circumstances* der Druck der Verhältnisse **3.** (≈ *powerful thing, person*) Macht *f*; *there are various ~s at work here* hier sind verschiedene Kräfte am Werk; *he is a powerful ~ in the reform move-* *ment* er ist ein einflussreicher Mann in der Reformbewegung **4.** *the ~s* MIL die Streitkräfte *pl*; *the (police)* ~ die Polizei; *to join ~s* sich zusammentun **II** *v/t* **1.** (≈ *compel*) zwingen; *to ~ sb/oneself to do sth* jdn / sich zwingen, etw zu tun; *he was ~d to conclude that ...* er sah sich zur Folgerung gezwungen *or* gedrängt, dass ...; *to ~ sth (up)on sb* jdm etw aufdrängen; *he ~d himself on her* (*sexually*) er tat ihr Gewalt an; *to ~ a smile* gezwungen lächeln **2.** (≈ *obtain by force*) erzwingen; *he ~d a confession out of me* er erzwang ein Geständnis von mir; *to ~ an error* SPORTS einen Fehler erzwingen **3.** (≈ *break open*) aufbrechen **4.** (≈ *push*) *to ~ books into a box* Bücher in eine Kiste zwängen; *if it won't open/go in, don't ~ it* wenn es nicht aufgeht / passt, wende keine Gewalt an; *to ~ one's way into sth* sich (*dat*) gewaltsam Zugang zu etw verschaffen; *to ~ a car off the road* ein Auto von der Fahrbahn drängen ◆ **force back** *v/t sep tears* unterdrücken ◆ **force down** *v/t sep food* hinunterquälen ◆ **force off** *v/t sep lid* mit Gewalt abmachen

forced *adj* **1.** (≈ *imposed*) Zwangs-; *repatriation* gewaltsam **2.** *smile, conversation* gezwungen **forced labour**, (*US*) **forced labor** *n* Zwangsarbeit *f* **force- -fed** *vb*: *pret, past part* **force-fed** *v/t* zwangsernähren **forceful** *adj* **1.** *blow* kräftig **2.** *manner* energisch; *character* stark; *style, reminder* eindringlich; *argument* überzeugend **forcefully** *adv* **1.** *remove* gewaltsam **2.** *act* entschlossen; *argue* eindringlich **forcefulness** *n* (*of person, manner, action*) energische *or* entschlossene Art; (*of character, personality*) Stärke *f*; (*of argument* ≈ *strength*) Eindringlichkeit *f*; (≈ *conviction*) Überzeugungskraft *f*

forceps *pl* (*a.* **pair of forceps**) Zange *f* **forcible** *adj*, **forcibly** *adv* gewaltsam

ford I *n* Furt *f* **II** *v/t* durchqueren

fore I *n* *to come to the ~* ins Blickfeld geraten **II** *adj attr* vordere(r, s) **forearm** *n* Unterarm *m* **forebear** *n* (*form*) Vorfahr(in) *m(f)* **foreboding** *n* (≈ *presentiment*) (Vor)ahnung *f*; (≈ *disquiet*) ungutes Gefühl **forecast I** *v/t* voraussagen **II** *n* Vorhersage *f* **forecaster** *n* METEO Meteorologe *m*, Meteorologin *f* **forecourt** *n* Vorhof *m* **forefather** *n* Ahn *m*, Vorfahr *m* **forefinger** *n* Zeigefinger *m* **forefront** *n* **at the ~ of** an der Spitze (+*gen*) **forego** *pret* **forewent**, *past part* **foregone** *v/t* verzichten auf (+*acc*) **foregone I** *past part of* **forego II** *adj* **it was a ~ conclusion** es stand von vornherein fest **foreground** *n* Vordergrund *m*; **in the ~** im Vordergrund **forehand** SPORTS **I** *n* Vorhand *f* **II** *attr* Vorhand-

forehead *n* Stirn *f*

foreign *adj* **1.** *person* ausländisch; *food, customs* fremdländisch; **to be ~** (*person*) Ausländer(in) *m(f)* sein; **~ countries** das Ausland; **~ travel** Auslandsreisen *pl*; **~ news** Auslandsnachrichten *pl* **2.** (≈ *alien*) Fremd-; **~ body** Fremdkörper *m*; **to be ~ to sb** jdm fremd sein **foreign affairs** *pl* Außenpolitik *f* **foreign aid** *n* Entwicklungshilfe *f* **foreign correspondent** *n* Auslandskorrespondent(in) *m(f)* **foreign currency** *n* Devisen *pl* **foreigner** *n* Ausländer(in) *m(f)* **foreign exchange** *n* **on the ~s** an den Devisenbörsen **foreign language I** *n* Fremdsprache *f* **II** *attr film* fremdsprachig; **~ assistant** Fremdsprachenassistent(in) *m(f)* **Foreign Minister** *n* Außenminister(in) *m(f)* **Foreign Office** *n* (*Br*) Auswärtiges Amt **foreign policy** *n* POL Außenpolitik *f* **Foreign Secretary** *n* (*Br*) Außenminister(in) *m(f)* **foreign trade** *n* Außenhandel *m*

foreleg *n* Vorderbein *nt* **foreman** *n*, *pl* **-men** (*in factory*) Vorarbeiter *m*; (*on building site*) Polier *m* **foremost I** *adj* führend; **~ among them was John** John führte mit ihnen **II** *adv* vor allem **forename** *n* Vorname *m*

forensic *adj* forensisch; (*Med*) gerichtsmedizinisch **forensic medicine** *n* Gerichtsmedizin *f* **forensic science** *n* Kriminaltechnik *f*

foreplay *n* Vorspiel *nt* **forerunner** *n* Vorläufer *m* **foresee** *pret* **foresaw**, *past part* **foreseen** *v/t* vorhersehen **foreseeable** *adj* voraussehbar; **in the ~ future** in absehbarer Zeit **foreshadow** *v/t* ahnen lassen **foresight** *n* Weitblick *m* **foreskin** *n* Vorhaut *f*

forest *n* Wald *m*; (*for lumber etc*) Forst *m* **forestall** *v/t sb* zuvorkommen (+*dat*) **forester** *n* Förster(in) *m(f)* **forest ranger** *n* (*US*) Förster(in) *m(f)* **forestry** *n* Forstwirtschaft *f*

foretaste *n* Vorgeschmack *m*; **to give sb**

a ~ of sth jdm einen Vorgeschmack von etw geben **foretell** *pret*, *past part* **foretold** *v/t* vorhersagen

forever *adv* **1.** ewig; *remember, go on* immer; **Scotland ~!** ein Hoch auf Schottland!; **it takes ~** (*infml*) es dauert ewig (*infml*); **these slate roofs last ~** (*infml*) diese Schieferdächer halten ewig **2.** *change* unwiderruflich; **the old social order was gone ~** das alte Gesellschaftssystem war für immer verschwunden; **to be ~ doing sth** (*infml*) (an)dauernd *or* ständig etw tun **forewarn** *v/t* vorher warnen **forewent** *pret of* **forego** **foreword** *n* Vorwort *nt*

forfeit I 1. *esp* JUR verwirken **2.** (*fig*) *one's life* einbüßen; *right, place* verlieren **II** *n* *esp* JUR Strafe *f*; (*fig*) Einbuße *f*; (*in game*) Pfand *nt* **forfeiture** *n* Verlust *m*, Einbuße *f*; (*of claim*) Verwirkung *f*

forgave *pret of* **forgive**

forge I *n* Schmiede *f* **II** *v/t* **1.** *metal, plan* schmieden; *alliance* schließen **2.** *signature* fälschen **III** *v/i* **to ~ ahead** vorwärtskommen **forger** *n* Fälscher(in) *m(f)* **forgery** *n* Fälschung *f*; **the signature was a ~** die Unterschrift war gefälscht

forget *pret* **forgot**, *past part* **forgotten I** *v/t* vergessen; *ability, language* verlernen; **and don't you ~ it!** und dass du das ja nicht vergisst!; **to ~ to do sth** vergessen, etw zu tun; **I ~ his name** sein Name ist mir entfallen; **not ~ting ...** nicht zu vergessen ...; **~ it!** schon gut!; **you might as well ~ it** (*infml*) das kannst du vergessen (*infml*) **II** *v/i* es vergessen; **don't ~!** vergiss (es) nicht!; **I never ~** ich vergesse nie etwas **III** *v/r* sich vergessen ◆ **forget about** *v/i +prep obj* vergessen

forgetful *adj* vergesslich **forgetfulness** *n* Vergesslichkeit *f* **forget-me-not** *n* BOT Vergissmeinnicht *nt* **forgettable** *adj* **it was an instantly ~ game** es war ein Spiel, das man sofort vergessen konnte **forgivable** *adj* verzeihbar

forgive *pret* **forgave**, *past part* **forgiven** *v/t* verzeihen; *sin* vergeben; **to ~ sb for sth** jdm etw verzeihen; **to ~ sb for doing sth** jdm verzeihen, dass er / sie etw getan hat **forgiveness** *n* no *pl* **to ask/beg (sb's) ~** (jdn) um Verzeihung *or* Vergebung (*esp* ECCL) bitten **forgiving** *adj* versöhnlich

forgo *pret* **forwent**, *past part* **forgone** *v/t* = **forego**

forgot *pret of* **forget forgotten** *past part of* **forget**

fork I *n* **1.** Gabel *f* **2.** *(in road)* Gabelung *f*; **take the left ~** nehmen Sie die linke Abzweigung **II** *v/i* *(road, branch)* sich gabeln; **to ~** *(to the)* **right** *(road)* nach rechts abzweigen ◆ **fork out** *(infml)* *v/i, v/t sep* blechen *(infml)*

forked *adj* gegabelt; *tongue* gespalten **fork-lift (truck)** *(infml)* *n* Gabelstapler *m*

forlorn *adj* **1.** *(≈ desolate)* verlassen; *(≈ miserable)* trostlos **2.** *attempt* verzweifelt; **in the ~ hope of finding a better life** in der verzweifelten Hoffnung auf ein besseres Leben **forlornly** *adv* **1.** *stand, wait* einsam und verlassen; *stare* verloren **2.** *hope, try* verzweifelt; *(≈ vainly)* vergeblich

form I *n* **1.** Form *f*; *(of person)* Gestalt *f*; **~ of address** Anrede *f*; **a ~ of apology** eine Art der Entschuldigung; **in the ~ of** in Form von *or* +*gen*; **in tablet ~** in Tablettenform; **to be in fine ~** in guter Form sein; **to be on/off ~** in/außer Form sein; **he was in great ~ that evening** er war an dem Abend in Hochform; **on past ~** auf dem Papier **2.** *(≈ document)* Formular *nt* **3.** *(Br* SCHOOL*)* Klasse *f* **II** *v/t* **1.** *object, character* formen *(into* zu*)* **2.** *liking, idea* entwickeln; *friendship* schließen; *opinion* sich *(dat)* bilden; *plan* entwerfen **3.** *government, part, circle* bilden; *company* gründen; **to ~ a queue** *(Br)* *or* **line** *(US)* eine Schlange bilden **III** *v/i* *(≈ take shape)* Gestalt annehmen

formal *adj* **1.** *person, language* förmlich; *talks, statement etc* formell; *occasion* feierlich; **to make a ~ apology** sich in aller Form entschuldigen; **~ dress** Gesellschaftskleidung *f* **2.** *style* formal **3.** *education* ordentlich **formality** *n* **1.** *no pl (of person, ceremony etc)* Förmlichkeit *f* **2.** *(≈ matter of form)* Formalität *f* **formalize** *v/t rules* formalisieren; *agreement* formell bekräftigen **formally** *adv behave, dress* förmlich; *announce etc* offiziell; *apologize* in aller Form; **~ charged** JUR offiziell angeklagt

format I *n (as regards size)* Format *nt*; *(as regards content)* Aufmachung *f*; RADIO, TV Struktur *f* **II** *v/t* IT formatieren **formation** *n* **1.** *(≈ act of forming)* Formung *f*; *(of government, committee)* Bildung *f*; *(of company)* Gründung *f* **2.** *(of aircraft)* Formation *f*; **battle ~** Gefechtsaufstel-

lung *f* **formative** *adj* prägend; **her ~ years** die charakterbildenden Jahre in ihrem Leben

former I *adj* **1.** *president, employee, hospital* ehemalig; *place, authority etc* früher; **his ~ wife** seine Exfrau; **in ~ times** *or* **days** in früheren Zeiten **2.** **the ~ alternative** die erstere Alternative **II** *n* **the ~** der/die/das Erstere; *(more than one)* die Ersteren *pl*

-former *n suf* *(Br* SCHOOL*)* -klässler(in) *m(f)*; **fifth-former** Fünftklässler(in) *m(f)*

formerly *adv* früher; **the ~ communist countries** die ehemals kommunistischen Länder; **we had ~ agreed that ...** wir hatten uns seinerzeit darauf geeinigt, dass ...

form feed *n* IT Papiervorschub *m* **Formica®** *n* Schichtstoff(platte *f*) *m* **formidable** *adj* *challenge, achievement, strength* gewaltig; *person, reputation* beeindruckend; *opponent* mächtig; *talents* außerordentlich **formidably** *adv* hervorragend; **~ gifted** *or* **talented** außerordentlich begabt *or* talentiert

form letter *n* IT Formbrief *m* **formula** *n, pl* **-s** *or* **-e 1.** Formel *f*; *(for lotion etc)* Rezeptur *f*; **there's no sure ~ for success** es gibt kein Patentrezept für Erfolg; **all his books follow the same ~** alle seine Bücher sind nach demselben Rezept geschrieben **2.** *no pl (a.* **formula milk***)* Säuglingsmilch *f* **Formula One** *n* MOTORING RACING Formel 1 **formulate** *v/t* formulieren **formulation** *n* Formulierung *f*

forsake *pret* **forsook**, *past part* **forsaken** *v/t* verlassen

forswear *pret* **forswore**, *past part* **forsworn** *v/t* abschwören (+*dat*)

fort *n* MIL Fort *nt*; **to hold the ~** *(fig)* die Stellung halten

forte *n (≈ strong point)* Stärke *f*

forth *adv (form, dated)* **1.** *(≈ out)* heraus-; *(≈ forward)* hervor-; **to come ~** herauskommen **2. and so ~** und so weiter **forthcoming** *adj (form)* **1.** *attr event* bevorstehend; *album* in Kürze erscheinend; *film* in Kürze anlaufend **2. to be ~** *(money)* zur Verfügung gestellt werden; *(aid)* geleistet werden **3. to be ~ about sth** offen über etw *(acc)* reden; **not to be ~ on** *or* **about sth** sich über etw *(acc)* zurückhalten **forthright** *adj (≈ direct)* direkt; *(≈*

frank) offen

fortieth I *adj* vierzigste(r, s) **II** *n* **1.** (≈ *fraction*) Vierzigstel *nt* **2.** (*in series*) Vierzigste(r, s); → **sixth**

fortifications *pl* MIL Befestigungen *pl* **fortified wine** *n* weinhaltiges Getränk **fortify** *v/t* MIL *town* befestigen; *person* bestärken

fortitude *n* (innere) Kraft

fortnight *n* (*esp Br*) vierzehn Tage **fortnightly** (*esp Br*) **I** *adj* vierzehntäglich; ~ **visits** Besuche *pl* alle vierzehn Tage **II** *adv* alle vierzehn Tage

fortress *n* Festung *f*

fortuitous *adj* **fortuitously** *adv* zufällig **fortunate** *adj* glücklich; **we are** ~ **that ...** wir können von Glück reden, dass ...; **it is** ~ **that ...** es ist ein Glück, dass ...; **it was** ~ **for him/Mr Fox that...** es war sein Glück / ein Glück für Mr Fox, dass ...

fortunately *adv* zum Glück; ~ **for me, my friend noticed it** zu meinem Glück hat mein Freund es bemerkt **fortune** *n* **1.** (≈ *fate*) Schicksal *nt*; **she followed his ~s with interest** sie verfolgte sein Geschick mit Interesse; **he had the good** ~ **to have rich parents** er hatte das Glück, reiche Eltern zu haben; **to tell sb's** ~ jdm wahrsagen **2.** (≈ *money*) Vermögen *nt*; **to make a** ~ ein Vermögen machen; **to make one's** ~ sein Glück machen; **it costs a** ~ es kostet ein Vermögen **fortune-teller** *n* Wahrsager(in) *m(f)*

forty I *adj* vierzig; **to have** ~ **winks** (*infml*) ein Nickerchen machen (*infml*) **II** *n* Vierzig *f*; → **sixty**

forum *n* Forum *nt*

forward I *adv* **1.** (*a.* **forwards** ≈ *onwards*) vorwärts; (≈ *to the front*) nach vorn; **to take two steps** ~ zwei Schritte vortreten; **to rush** ~ sich vorstürzen; **to go straight** ~ geradeaus gehen; **he drove backward(s) and** ~(s) **between the station and the house** er fuhr zwischen Haus und Bahnhof hin und her **2.** (*in time*) **from this time** ~ (≈ *from then*) seitdem; (≈ *from now*) von jetzt an **3. to come** ~ sich melden; **to bring** ~ **new evidence** neue Beweise *pl* vorlegen **II** *adj* **1.** (*in place*) vordere(r, s); (*in direction*) Vorwärts-; **this seat is too far** ~ dieser Sitz ist zu weit vorn **2.** *planning* Voraus- **3.** (≈ *presumptuous*) dreist **III** *n* SPORTS Stürmer(in) *m(f)* **IV** *v/t* **1.** *career* voranbringen **2.** *letter* nachsenden; *informa-*tion, e-mail weiterleiten **forwarding address** *n* Nachsendeadresse *f* **forward-looking** *adj* fortschrittlich **forwards** *adv* = **forward** I **1 forward slash** *n* TYPO Slash *m*, Schrägstrich *m*

forwent *pret of* **forgo**

fossil *n* (*lit*) Fossil *nt* **fossil fuel** *n* fossiler Brennstoff *m* **fossilized** *adj* versteinert

foster I *adj attr* ADMIN Pflege-; **their children are in** ~ **care** ihre Kinder sind in Pflege **II** *v/t* **1.** *child* in Pflege nehmen **2.** *development* fördern **foster child** *n* Pflegekind *nt* **foster family** *n* Pflegefamilie *f* **foster home** *n* Pflegestelle *f* **foster parents** *pl* Pflegeeltern *pl*

fought *pret, past part of* **fight**

foul I *adj* **1.** *place, taste* widerlich; *water* faulig; *air* stickig; *smell* ekelhaft **2.** *behaviour* abscheulich; *day* scheußlich (*infml*); **he was really** ~ **to her** er war wirklich gemein *or* fies (*infml*) zu ihr; **she has a** ~ **temper** sie ist ein ganz übellauniger Mensch; **to be in a** ~ **mood** *or* **temper** eine ganz miese Laune haben (*infml*); ~ **weather** scheußliches Wetter **3.** (≈ *offensive*) anstößig; ~ **language** Schimpfwörter *pl* **4. to fall** ~ **of the law** mit dem Gesetz in Konflikt geraten; **to fall** ~ **of sb** es sich (*dat*) mit jdm verderben **II** *v/t* **1.** *air* verpesten; *pavement* verunreinigen **2.** SPORTS foulen **III** *n* SPORTS Foul *nt* **foul-mouthed** *adj* unflätig **foul play** *n* **1.** SPORTS unfaires Spiel **2.** (*fig*) **the police do not suspect** ~ die Polizei hat keinen Verdacht auf einen unnatürlichen Tod

found[1] *pret, past part of* **find**

found[2] *v/t* (≈ *set up*) gründen; **to** ~ **sth (up)on sth** *opinion* etw auf etw (*dat*) gründen; **our society is** ~**ed on this** das ist die Grundlage unserer Gesellschaft; **the novel is** ~**ed on fact** der Roman basiert auf Tatsachen **foundation** *n* **1.** (≈ *institution*) Stiftung *f*; **research** ~ Forschungsstiftung *f* **2.** ~**s** *pl* (*of house etc*) Fundament *nt* **3.** (*fig* ≈ *basis*) Grundlage *f*; **to be without** ~ (*rumours*) jeder Grundlage entbehren **4.** (≈ *make-up*) Grundierungscreme *f* **foundation stone** *n* Grundstein *m*

founder[1] *n* Gründer(in) *m(f)*; (*of charity*) Stifter(in) *m(f)*

founder[2] *v/i* **1.** (*ship*) sinken **2.** (*fig: project*) scheitern

founder member *n* Gründungsmitglied

nt **Founding Fathers** *pl* (*US*) Väter *pl*
foundry *n* Gießerei *f*
fount *n* **1.** (*fig* ≈ *source*) Quelle *f* **2.** TYPO
Schrift *f*
fountain *n* Brunnen *m* **fountain pen** *n*
Füllfederhalter *m*
four I *adj* vier **II** *n* Vier *f*; **on all ~s** auf
allen vieren; → **six four-door** *adj attr*
viertürig **four-figure** *adj attr* vierstellig
fourfold I *adj* vierfach **II** *adv* um das
Vierfache **four-leaf clover** *n* vierblättriges Kleeblatt **four-legged** *adj* vierbeinig **four-letter word** *n* Vulgärausdruck
m **four-part** *adj attr* series, programme
vierteilig; *plan* aus vier Teilen bestehend; MUS für vier Stimmen; *harmony,*
choir vierstimmig **four-poster** (**bed**) *n*
Himmelbett *nt* **four-seater I** *adj* viersit-
zig **II** *n* Viersitzer *m* **foursome** *n* Quartett *nt* **four-star** *adj* Vier-Sterne-; **~ ho-**
tel/restaurant Vier-Sterne-Hotel/-Res-
taurant *nt* **four-star petrol** *n* (*Br*) Su-
per(benzin) *nt*
fourteen I *adj* vierzehn **II** *n* Vierzehn *f*
fourteenth I *adj* vierzehnte(r, s) **II** *n* **1.** (≈
fraction) Vierzehntel *nt* **2.** (*of series*)
Vierzehnte(r, s); → **sixteenth**
fourth I *adj* vierte(r, s) **II** *n* **1.** (≈ *fraction*)
Viertel *nt* **2.** (*in series*) Vierte(r, s); **in ~**
AUTO im vierten Gang; → **sixth fourthly**
adv viertens **four-wheel drive** *n* Vierradantrieb *m* **four-wheeler** *n* (*US*)
Quad *nt*
fowl *n* (≈ *poultry*) Geflügel *nt*; (≈ *one*
bird) Huhn *nt etc*
fox I *n* Fuchs *m* **II** *v/t* verblüffen **foxglove**
n BOT Fingerhut *m* **fox-hunting** *n* Fuchsjagd *f*; **to go ~** auf die *or* zur Fuchsjagd
gehen
foyer *n* (*in theatre*) Foyer *nt*; (*esp US, in*
house) Diele *f*
Fr 1. *abbr of* **Father 2.** *abbr of* **Friar**
fracas *n* Tumult *m*
fraction *n* **1.** MAT Bruch *m* **2.** (*fig*) Bruchteil *m*; **move it just a ~** verrücke es (um)
eine Spur; **for a ~ of a second** einen Augenblick lang **fractional** *adj* MAT Bruch-;
(*fig*) geringfügig; **~ part** Bruchteil *m*
fractionally *adv less, slower* geringfügig;
rise um einen Bruchteil
fractious *adj* verdrießlich; *child* aufsässig
fracture I *n* Bruch *m* **II** *v/t & v/i* brechen;
he ~d his shoulder er hat sich (*dat*) die
Schulter gebrochen; **~d skull** Schädelbruch *m*

fragile *adj object* zerbrechlich; *structure*
fragil; **"fragile (handle) with care"** „Vorsicht, zerbrechlich!"; **to feel ~** (*infml*)
sich angeschlagen fühlen **fragility** *n*
(*of glass, china, object*) Zerbrechlichkeit
f; (*of fabric*) Feinheit *f*; (*of health*) Zartheit *f*; (*of peace, ceasefire*) Brüchigkeit *f*;
(*of mental state, economy*) Labilität *f*
fragment I *n* Bruchstück *nt*; (*of glass*)
Scherbe *f*; (*of programme etc*) Bruchteil
m **II** *v/i* (*fig, society*) zerfallen **fragmen-**
tary *adj* (*lit, fig*) fragmentarisch, bruchstückhaft **fragmentation** *n* (*of society*)
Zerfall *m* **fragmented** *adj* bruchstückhaft; (≈ *broken up*) unzusammenhängend
fragrance *n* Duft *m* **fragrant** *adj* duftend;
~ smell Duft *m*
frail *adj* (+*er*) *person* gebrechlich; *health*
zart; *structure* fragil; **to look ~** (*of per-*
son) schwach aussehen **frailty** *n* (*of per-*
son) Gebrechlichkeit *f*
frame I *n* **1.** Rahmen *m*; (*of building, ship*)
Gerippe *nt*; (*of spectacles: a.* **frames**)
Gestell *nt* **2. ~ of mind** (≈ *mental state*)
Verfassung *f*; (≈ *mood*) Stimmung *f*; **in**
a cheerful ~ of mind in fröhlicher Stimmung **3.** FILM, PHOT (*Einzel*)bild *nt* **II** *v/t*
1. *picture* rahmen; (*fig*) *face etc* ein- *or*
umrahmen **2.** *answer, question* formulieren **3.** (*infml*) **he said he had been ~d** er
sagte, man habe ihm die Sache ange-
hängt (*infml*) **framework** *n* (*lit*) Grund-
gerüst *nt*; (*fig, of essay etc*) Gerippe *nt*;
(*of society etc*) grundlegende Struktur;
within the ~ of ... im Rahmen (+*gen*) ...
France *n* Frankreich *nt*
franchise *n* **1.** POL Wahlrecht *nt* **2.** COMM
Franchise *f*
Franco- *in cpds* Französisch-, Franko-
frank¹ *adj* (+*er*) offen; **to be ~ with sb** offen mit *or* zu jdm sein; **to be (perfectly)**
~ (with you) um (ganz) ehrlich zu sein
frank² *v/t letter* frankieren; (≈ *postmark*)
stempeln
frankfurter *n* (Frankfurter) Würstchen *nt*
frankincense *n* Weihrauch *m*
franking machine *n* Frankiermaschine *f*
frankly *adv talk* offen; (≈ *to be frank*)
ehrlich gesagt; **quite ~, I don't care** um
ganz ehrlich zu sein, es ist mir egal
frankness *n* Offenheit *f*
frantic *adj* **1.** *person, search* verzweifelt; *I*
was ~ ich war außer mir; **to drive sb ~**
jdn zur Verzweiflung treiben **2.** *day* hek-

tisch; **~ activity** (*generally*) hektisches Treiben; (*particular instance*) fieberhafte Tätigkeit **frantically** *adv* **1.** *try, search* verzweifelt **2.** *work, run around* hektisch; *wave, scribble* wie wild

fraternal *adj* brüderlich **fraternity** *n* (≈ *community*) Vereinigung *f*; (*US* UNIV) Verbindung *f*; **the legal ~** die Juristen *pl*; **the criminal ~** die Kriminellen *pl*

fraternize *v/i* (freundschaftlichen) Umgang haben (*with* mit)

fraud *n* **1.** (*no pl*) Betrug *m*; (≈ *trick*) Schwindel *m* **2.** (≈ *person*) Betrüger(in) *m(f)*; (*feigning illness*) Simulant(in) *m(f)* **fraudulent** *adj* betrügerisch **fraudulently** *adv act* betrügerisch; *obtain* auf betrügerische Weise

fraught *adj* **1.** **~ with difficulty** voller Schwierigkeiten; **~ with danger** gefahrvoll **2.** *atmosphere* gespannt; *person* angespannt

fray[1] *n* **to enter the ~** (*fig*) sich in den Kampf *or* Streit einschalten

fray[2] *v/i* (*cloth*) (aus)fransen; (*rope*) sich durchscheuern; **tempers began to ~** die Gemüter begannen sich zu erhitzen **frayed** *adj jeans etc* ausgefranst; **tempers were ~** die Gemüter waren erhitzt

frazzle *n* (*infml*) **burnt to a ~** (*Br*) völlig verkohlt; **worn to a ~** (≈ *exhausted*) total kaputt (*infml*) **II** *v/t* (*US infml* ≈ *fray*) ausfransen

freak **I** *n* **1.** (≈ *person, animal*) Missgeburt *f*; **~ of nature** Laune *f* der Natur **2.** (*infml*) **health ~** Gesundheitsfreak *m* (*infml*) **3.** (*infml* ≈ *weird person*) Irre(r) *m/f(m)* **II** *adj weather, conditions* anormal; *storm* ungewöhnlich stark; *accident* verrückt ◆ **freak out** (*infml*) **I** *v/i* ausflippen (*infml*) **II** *v/t sep* **it freaked me out** dabei bin ich ausgeflippt (*infml*)

freakish *adj weather* launisch

freckle *n* Sommersprosse *f* **freckled, freckly** *adj* sommersprossig

free **I** *adj* (+*er*) **1.** frei; **as ~ as a bird** frei wie ein Vogel; **to go ~** freigelassen werden; **you're ~ to choose** die Wahl steht Ihnen frei; **you're ~ to go now** Sie können jetzt gehen(, wenn Sie wollen); (*do*) **feel ~ to ask questions** fragen Sie ruhig; **feel ~!** (*infml*) bitte, gern(e)!; **his arms were left ~** (≈ *not tied*) seine Arme waren frei (gelassen); **~ elections** freie Wahlen *pl*; **~ from worry** sorgenfrei; **~ from blame** frei von Schuld; **~ of sth** frei

von etw; **~ of fear** ohne Angst; **at last I was ~ of her** endlich war ich sie los; **I wasn't ~ earlier** (≈ *was occupied*) ich hatte nicht eher Zeit **2.** (≈ *costing nothing*) kostenlos; COMM gratis; **it's ~** das kostet nichts; **admission ~** Eintritt frei; **to get sth ~** etw umsonst bekommen; **we got in ~** *or* **for ~** (*infml*) wir kamen umsonst rein; **~ delivery** (porto)freier Versand **3. to be ~ with one's money** großzügig mit seinem Geld umgehen; **to be ~ with one's advice** Ratschläge erteilen **II** *v/t* (≈ *release*) freilassen; (≈ *help escape*) befreien; (≈ *untie*) losbinden ◆ **free up** *v/t person, time* frei machen; *money* verfügbar machen

-free *adj suf* -frei **free-and-easy** *adj attr*, **free and easy** *adj pred* ungezwungen; (*morally*) locker **freebie, freebee** *n* (*infml*) Werbegeschenk *nt*

freedom *n* Freiheit *f*; **~ of speech** Redefreiheit *f*; **to give sb (the) ~ to do sth** jdm (die) Freiheit lassen, etw zu tun **freedom fighter** *n* Freiheitskämpfer(in) *m(f)* **free enterprise** *n* freies Unternehmertum **Freefone®** *n* (*Br*) **call ~ 0800** rufen Sie gebührenfrei unter 0800 an; **~ number** gebührenfreie Telefonnummer **free-for-all** *n* (≈ *fight*) allgemeine Schlägerei **free gift** *n* (Gratis)geschenk *nt* **freehand** *adv* aus freier Hand **freehold** **I** *n* Besitzrecht *nt* **II** *adj* **~ property** freier Grundbesitz **free house** *n* (*Br*) Wirtshaus, *das nicht an eine bestimmte Brauerei gebunden ist* **free kick** *n* SPORTS Freistoß *m* **freelance** **I** *adj journalist* frei (-schaffend); *work* freiberuflich **II** *adv* freiberuflich **III** *n* (*a.* **freelancer**) Freiberufler(in) *m(f)*; (*with particular firm*) freier Mitarbeiter, freie Mitarbeiterin **freeloader** *n* (*infml*) Schmarotzer(in) *m(f)* **freely** *adv* **1.** (≈ *liberally*) großzügig; **to use sth ~** reichlich von etw Gebrauch machen; **I ~ admit that ...** ich gebe gern zu, dass ... **2.** *move, talk* frei; *flow* ungehindert; **to be ~ available** ohne Schwierigkeiten zu haben sein **free-market economy** *n* freie Marktwirtschaft **Freemason** *n* Freimaurer *m* **freemasonry** *n* Freimaurerei *f* **Freepost®** *n* "**Freepost**" ≈ „Gebühr zahlt Empfänger" **free-range** *adj* (*Br*) *hen* frei laufend; *pig* aus Freilandhaltung; **~ eggs** Eier *pl* von frei laufenden Hühnern **free sample** *n* Gratisprobe *f* **free speech** *n*

Redefreiheit *f* **freestanding** *adj* frei stehend **freestyle** *n* SWIMMING Freistil *m* **free time** *n* freie Zeit; (≈ *leisure*) Freizeit *f* **free-to-air** *adj* (*Br* TV) *programme*, *channel* frei empfangbar **free trade** *n* Freihandel *m* **freeware** *n* IT Freeware *f* **freeway** *n* (*US*) Autobahn *f* **freewheel** *v/i* im Freilauf fahren **free will** *n* **he did it of his own ~** er hat es aus freien Stücken getan

freeze *vb: pret* **froze**, *past part* **frozen** I *v/i* **1.** METEO frieren; (*liquids*) gefrieren; (*lake*) zufrieren; (*pipes*) einfrieren; **to ~ to death** (*lit*) erfrieren; **meat ~s well** Fleisch lässt sich gut einfrieren **2.** (*fig: smile*) erstarren **3.** (≈ *keep still*) in der Bewegung verharren; **~!** keine Bewegung! II *v/t* **1.** *water* gefrieren; COOK einfrieren **2.** ECON *assets* festlegen; *credit*, *account* einfrieren; (≈ *stop*) *film* anhalten III *n* **1.** METEO Frost *m* **2.** ECON Stopp *m*; **a wage(s) ~, a ~ on wages** ein Lohnstopp *m* ♦ **freeze over** *v/i* (*lake*, *river*) überfrieren ♦ **freeze up** *v/i* zufrieren; (*pipes*) einfrieren

freeze-dry *v/t* gefriertrocknen

freezer *n* Tiefkühltruhe *f*; (*upright*) Gefrierschrank *m*; (*Br* ≈ *fridge compartment*) Gefrierfach *nt* **freezing** I *adj* **1.** (*lit*) *temperature* unter null; **~ weather** Frostwetter *nt* **2.** (≈ *extremely cold*) eiskalt; *wind* eisig; **in the ~ cold** bei klirrender Kälte; **it's ~ (cold)** es ist eiskalt; **I'm ~** mir ist eiskalt; **my hands/feet are ~** meine Hände/Füße sind eiskalt II *n* **1.** COOK Einfrieren *nt* **2.** (≈ *freezing point*) der Gefrierpunkt; **above/below ~** über/unter null **freezing point** *n* Gefrierpunkt *m*; **below ~** unter null

freight *n* Fracht *f* **freight depot** *n* (*US*) Güterbahnhof *m* **freighter** *n* NAUT Frachter *m* **freight train** *n* Güterzug *m*

French I *adj* französisch; **he is ~** er ist Franzose II *n* **1.** LING Französisch *nt*; **in ~** auf französisch **2.** **the ~** *pl* die Franzosen *pl* **French bean** *n* grüne Bohne, Fisole *f* (*Aus*) **French bread** *n* Baguette *nt* **French doors** *pl* Verandatür *f* **French dressing** *n* COOK **1.** (*Br* ≈ *oil and vinegar*) Vinaigrette *f* **2.** (*US* ≈ *tomato dressing*) French Dressing *nt* **French fries** *pl* Pommes frites *pl* **French horn** *n* MUS (Wald)horn *nt* **French kiss** *n* Zungenkuss *m* **French loaf** *n* Baguette *f* **Frenchman** *n* Franzose *m* **French stick** *n*

Baguette *f* **French toast** *n* in Ei getunktes gebratenes Brot **French windows** *pl* Verandatür *f*

Frenchwoman *n* Französin *f*

frenetic *adj* hektisch; *dancing* wild **frenetically** *adv* (+*vb*) wie wild; *work* fieberhaft; *dance* frenetisch

frenzied *adj activity*, *efforts* fieberhaft; *attack* wild **frenzy** *n* Raserei *f*; **in a ~** in wilder Aufregung; **he worked himself up into a ~** er steigerte sich in eine Raserei (hinein); **~ of activity** hektische Betriebsamkeit; **~ of excitement** helle Aufregung

frequency *n* Häufigkeit *f*; PHYS Frequenz *f*; **high/low ~** Hoch-/Niederfrequenz *f*

frequent I *adj* häufig; *reports* zahlreich; **there are ~ trains** es verkehren viele Züge; **violent clashes were a ~ occurrence** es kam oft zu gewalttätigen Zusammenstößen II *v/t* (*form*) *place* (oft) besuchen **frequently** *adv* oft, häufig

fresco *n* Fresko(gemälde) *nt*

fresh I *adj* frisch; *instructions* neu; *allegations*, *reports* weitere(r, s); *attack* erneut; *approach* erfrischend; **~ supplies** Nachschub *m*; **to make a ~ start** neu anfangen; **as ~ as a daisy** taufrisch II *adv* **1.** (≈ *straight*) **young men ~ out of university** junge Männer, die frisch von der Universität kommen; **cakes ~ from the oven** ofenfrische Kuchen **2.** (*infml*) **we're ~ out of cheese** uns ist gerade der Käse ausgegangen; **they are ~ out of ideas** ihnen sind die Ideen ausgegangen **fresh air** *n* frische Luft; **to go out into the ~** an die frische Luft gehen; **to go for a breath of ~** frische Luft schnappen gehen; **to be (like) a breath of ~** (*fig*) wirklich erfrischend sein **freshen** I *v/i* (*wind*) auffrischen; (*air*) frisch werden II *v/t chewing gum to ~ the breath* Kaugummi, um den Atem zu erfrischen ♦ **freshen up** I *v/i* & *v/r* (*person*) sich frisch machen II *v/t sep room etc* frischer aussehen lassen; *image* aufmöbeln (*infml*)

fresher *n* (*Br* UNIV *infml*) Erstsemester *nt* (*infml*) **freshly** *adv* frisch; **a ~ baked cake** ein frisch gebackener Kuchen **freshman** *n*, *pl* **-men** (*US* UNIV) Erstsemester *nt* (*infml*) **freshness** *n* Frische *f* **freshwater** *adj attr* **~ fish** Süßwasserfisch *m*

fret[1] *v/i* sich (*dat*) Sorgen machen (*about*

um); **don't ~** beruhige dich

fret² n (*on guitar etc*) Bund m

fretful adj child quengelig; adult wehleidig

fret saw n Laubsäge f

Freudian slip n (*spoken*) freudscher Versprecher

FRG abbr of **Federal Republic of Germany** BRD f

Fri abbr of **Friday** Fr.

friar n Mönch m; **Friar John** Bruder John

fricassee I n Frikassee nt **II** v/t frikassieren

friction n **1.** Reibung f **2.** (*fig*) Reibereien pl; **there is constant ~ between them** sie reiben sich ständig aneinander

Friday n Freitag m; → **Tuesday**

fridge n Kühlschrank m **fridge-freezer** n Kühl-Gefrierkombination f

fried I pret, past part of **fry II** adj gebraten; **~ egg** Spiegelei nt; **~ potatoes** Bratkartoffeln pl

friend n Freund(in) m(f); (*less intimate*) Bekannte(r) m/f(m); **to become** or **make ~s with sb** mit jdm Freundschaft schließen; **he makes ~s easily** er findet leicht Freunde; **he's no ~ of mine** er ist nicht mein Freund; **to be ~s with sb** mit jdm befreundet sein; **we're just (good) ~s** da ist nichts, wir sind nur gut befreundet **friendliness** n Freundlichkeit f; (*of relations, advice*) Freundschaftlichkeit f

friendly I adj (+er) **1.** person freundlich; argument, advice freundschaftlich; dog zutraulich; **to be ~ to sb** freundlich zu jdm sein; **to be ~ (with sb)** (mit jdm) befreundet sein; **~ relations** freundschaftliche Beziehungen pl; **to be on ~ terms with sb** mit jdm auf freundschaftlichem Fuße stehen; **to become** or **get ~ with sb** sich mit jdm anfreunden **2.** POL nation befreundet; government freundlich gesinnt (to +dat) **II** n (SPORTS ≈ match) Freundschaftsspiel nt

friendship n Freundschaft f

frier n COOK Fritteuse f **fries** pl (esp US infml) Pommes pl (infml)

Friesian (≈ cow) Deutsche Schwarzbunte f

frieze n (ARCH ≈ picture) Fries m; (≈ thin band) Zierstreifen m

frigate n NAUT Fregatte f

fright n Schreck(en) m; **to get a ~** sich erschrecken; **to give sb a ~** jdm einen Schreck(en) einjagen

frighten v/t (≈ give a sudden fright) erschrecken; (≈ make scared) Angst machen (+dat); **to be ~ed by sth** vor etw (dat) erschrecken; **to ~ the life out of sb** jdn zu Tode erschrecken ◆ **frighten away** or **off** v/t sep abschrecken; (deliberately) verscheuchen

frightened adj person ängstlich; look angsterfüllt; **to be ~ (of sb/sth)** (vor jdm/etw) Angst haben; **don't be ~** hab keine Angst; **they were ~ (that) there would be another earthquake** sie hatten Angst (davor), dass es noch ein Erdbeben geben könnte **frightening** adj experience furchterregend; situation, sight, thought, story erschreckend; **to look ~** zum Fürchten aussehen; **it is ~ to think what could happen** es ist beängstigend, wenn man denkt, was alles passieren könnte **frightful** adj (infml) furchtbar

frigid adj (sexually) frigide

frill n **1.** (on shirt) Rüsche f **2.** (fig) **with all the ~s** mit allem Drum und Dran (infml); **a simple meal without ~s** ein schlichtes Essen **frilly** adj (+er) clothing mit Rüschen; **to be ~** Rüschen haben; **~ dress** Rüschenkleid nt

fringe n **1.** (on shawl) Fransen pl **2.** (Br ≈ hair) Pony m **3.** (fig ≈ periphery) Rand m; **on the ~ of the forest** am Waldrand; **the ~s of a city** die Randbezirke pl einer Stadt **fringe benefits** pl zusätzliche Leistungen pl **fringed** adj skirt, shawl mit Fransen; lampshade mit Fransenkante **fringe group** n Randgruppe f **fringe theatre**, (US) **fringe theater** n avantgardistisches Theater

Frisbee® n Frisbee® nt

frisk v/t suspect etc filzen (infml)

frisky adj (+er) verspielt

fritter¹ v/t (Br: a. **fritter away**) vergeuden

fritter² n COOK Beignet m

frivolity n Frivolität f **frivolous** adj attitude, remark frivol; activity albern

frizzy adj (+er) hair kraus

fro adv → **to**; → **to-ing and fro-ing**

frock n Kleid nt

frog n Frosch m; **to have a ~ in one's throat** einen Frosch im Hals haben **frogman** n Froschmann m **frogmarch** v/t (Br) (weg)schleifen **frogspawn** n Froschlaich m **frog suit** n Taucheranzug m

frolic vb: pret, past part **frolicked** v/i (a.

frolic about *or* around) herumtoben

from *prep* **1.** (*indicating starting place, source, removal*) (+*dat*); (*indicating origin ≈ out of*) aus (+*dat*); *he has come ~ London* er ist von London gekommen; *he comes or is ~ Germany* er ist aus Deutschland; *where does he come ~?, where is he ~?* woher stammt er?; *the train ~ Manchester* der Zug aus Manchester; *the train ~ Manchester to London* der Zug von Manchester nach London; *~ house to house* von Haus zu Haus; *a representative ~ the company* ein Vertreter der Firma; *to take sth ~ sb* jdm etw wegnehmen; *to steal sth ~ sb* jdm etw stehlen; *where did you get that ~?* wo hast du das her?; *I got it ~ the supermarket/Kathy* ich habe es aus dem Supermarkt/von Kathy; *quotation ~ "Hamlet"/the Bible/Shakespeare* Zitat *nt* aus „Hamlet"/aus der Bibel/nach Shakespeare; *translated ~ the English* aus dem Englischen übersetzt; *made ~ ...* aus ... hergestellt; *he ran away ~ home* er rannte von zu Hause weg; *he escaped ~ prison* er entkam aus dem Gefängnis; *~ inside* von innen; *~ experience* aus Erfahrung; *to stop sb ~ doing sth* jdn davon zurückhalten, etw zu tun **2.** (*indicating time, in past*) seit (+*dat*); (*in future*) ab (+*dat*), von (+*dat*) ... an; *~ last week until or to yesterday* von letzter Woche bis gestern; *~ now on* von jetzt an, ab jetzt; *~ then on* von da an; *~ time to time* von Zeit zu Zeit; *as ~ the 6th May* vom 6. Mai an, ab (dem) 6. Mai; *5 years ~ now* in 5 Jahren **3.** (*indicating distance*) von (+*dat*) (... weg); (*from town etc*) von (+*dat*) ... (entfernt); *to work away ~ home* außer Haus arbeiten **4.** (*indicating lowest amount*) ab (+*dat*); *~ £2* (*upwards*) ab £ 2 (aufwärts); *dresses* (*ranging*) *~ £60 to £80* Kleider *pl* zwischen £ 60 und £ 80 **5.** (*indicating change*) *things went ~ bad to worse* es wurde immer schlimmer; *he went ~ office boy to director* er stieg vom Laufjungen zum Direktor auf; *a price increase ~ £1 to £1.50* eine Preiserhöhung von £ 1 auf £ 1,50 **6.** (*indicating difference*) *he is quite different ~ the others* er ist ganz anders als die andern; *to tell black ~ white* Schwarz und Weiß auseinanderhalten **7.** (*≈ due to*) *weak ~ hunger* schwach vor Hunger; *to suffer ~ sth* an etw (*dat*) leiden; *to shelter ~ the rain* sich vor dem Regen unterstellen; *to protect sb ~ sth* jdn vor etw (*dat*) schützen; *to judge ~ recent reports ...* nach neueren Berichten zu urteilen ...; *~ the look of things ...* (so) wie die Sache aussieht ... **8.** MAT *3 ~ 8 leaves 5* 8 weniger 3 ist 5; *take 12 ~ 18* nimm 12 von 18 weg; *£10 will be deducted ~ your account* £ 10 werden von Ihrem Konto abgebucht **9.** +*prep ~ over/across sth* über etw (*acc*) hinweg; *~ beneath sth* unter etw (*dat*) hervor; *~ among the trees* zwischen den Bäumen hervor; *~ inside the house* von drinnen

fromage frais *n* ≈ Quark *m*, ≈ Topfen *m* (*Aus*)

frond *n* **1.** (*of fern*) Farnwedel *m* **2.** (*of palm*) Palmwedel *m*

front I *n* **1.** (*≈ forward side, exterior*) Vorderseite *f*; (*≈ forward part*) Vorderteil *nt*; (*≈ façade*) Vorderfront *f*; *in ~* vorne; *in ~ of sb/sth* vor jdm/etw; *at the ~ of* (*inside*) vorne in (+*dat*); (*outside*) vor (+*dat*); (*≈ at the head of*) an der Spitze (+*gen*); *look in ~ of you* blicken Sie nach vorne; *the ~ of the queue* (*Br*) *or line* (*US*) die Spitze der Schlange; *she spilled tea down the ~ of her dress* sie verschüttete Tee vorn über ihr Kleid **2.** MIL, POL, METEO Front *f*; *on the wages ~* was die Löhne betrifft **3.** (*Br: of sea*) Strandpromenade *f* **4.** (*≈ outward appearance*) Fassade *f*; *to put on a bold ~* eine tapfere Miene zur Schau stellen; *it's just a ~* das ist nur Fassade **II** *adv up ~* vorne; *50% up ~* 50% Vorschuss **III** *v/t organization* leiten **IV** *adj* vorderste(r, s), Vorder-; *page* erste(r, s); *~ tooth/wheel* Vorderzahn *m*/-rad *nt*; *~ row* erste *or* vorderste Reihe **front** *adj attr ~ attack* Frontalangriff *m* **front bench** *n* PARL vorderste Reihe (*wo die führenden Politiker sitzen*) **frontbencher** *n* PARL führendes Fraktionsmitglied **front door** *n* Haustür *f* **front garden** *n* Vorgarten *m* **frontier** *n* Grenze *f*

front line *n* Front(linie) *f* **frontline** *adj* MIL Front- **front man** *n* (*pej*) Strohmann *m* **front page** *n* Titelseite *f* **front-page** *adj attr news* auf der ersten Seite; *to be or make ~ news* Schlagzeilen machen **frontrunner** *n* (*fig*) Spitzenreiter(in) *m(f)* **front seat** *n* Platz *m* in der ersten Reihe; AUTO Vordersitz *m* **front-seat passenger** *n* MOT Beifahrer(in) *m(f)* **front-wheel drive** *n* Vorderradantrieb *m*

frost I *n* Frost *m*; (*on leaves etc*) Raureif *m* **II** *v/t* (*esp US*) *cake* mit Zuckerguss überziehen **frostbite** *n* Frostbeulen *pl*; (*more serious*) Erfrierungen *pl* **frosted** *adj* (*esp US* ≈ *iced*) mit Zuckerguss überzogen **frosted glass** *n* Milchglas *nt* **frosting** *n* (*esp US*) Zuckerguss *m* **frosty** *adj* (+*er*) frostig; *ground* von Raureif bedeckt; *look* eisig; ~ **weather** Frostwetter *nt*

froth I *n* (*on liquids*, MED) Schaum *m* **II** *v/i* schäumen; *the dog was ~ing at the mouth* der Hund hatte Schaum vor dem Maul; *he was ~ing at the mouth* (*with rage*) er schäumte vor Wut **frothy** *adj* (+*er*) schäumend; *mixture* schaumig

frown I *n* Stirnrunzeln *nt no pl*; *to give a ~* die Stirn(e) runzeln **II** *v/i* die Stirn(e) runzeln (*at* über +*acc*) ◆ **frown (up)on** *v/i* +*prep obj* (*fig*) missbilligen; *this practice is frowned (up)on* diese Gewohnheit ist verpönt

froze *pret of* **freeze** **frozen I** *past part of* **freeze** **II** *adj* **1.** *ground* gefroren; *pipe* eingefroren; ~ *hard* hart gefroren; ~ (*over*) *lake* zugefroren; ~ *solid* ganz zugefroren **2.** *meat* tiefgekühlt; ~ *peas* gefrorene Erbsen **3.** (*infml*) *person* eiskalt; *I'm ~* mir ist eiskalt; *to be ~* steif gefroren sein **4.** (≈ *rigid*) starr; ~ *in horror* starr vor Schreck **frozen food** *n* Tiefkühlkost *f*

frugal *adj person* genügsam; *meal* karg

fruit *n* (*as collective*) Obst *nt*; (BOT, *fig*) Frucht *f*; *would you like some* or *a piece of ~?* möchten Sie etwas Obst? **fruitcake** *n* englischer Kuchen **fruit cocktail** *n* Obstsalat *m* **fruitful** *adj meeting* fruchtbar; *attempt* erfolgreich **fruition** *n* *to come to ~* sich verwirklichen **fruitless** *adj* fruchtlos; *attempt* vergeblich **fruit machine** *n* (*Br*) Spielautomat *m* **fruit salad** *n* Obstsalat *m* **fruit tree** *n* Obstbaum *m* **fruity** *adj* (+*er*) **1.** *taste* fruchtig **2.** *voice* volltönend

frump *n* (*pej*) Vogelscheuche *f* (*infml*) **frumpy** *adj* (*pej*) ohne jeden Schick

frustrate *v/t person* frustrieren; *plans* durchkreuzen; *he was ~d in his efforts* seine Anstrengungen waren vergebens **frustrated** *adj* frustriert; *I get ~ when ...* es frustriert mich, wenn ...; *he's a ~*

poet er wäre gern ein Dichter **frustrating** *adj* frustrierend **frustration** *n* Frustration *f no pl*

fry I *v/t meat etc* (in der Pfanne) braten; *to ~ an egg* ein Ei in die Pfanne schlagen **II** *v/i* braten **III** *n* (*US*) Barbecue *nt* **fryer** *n* COOK Fritteuse *f* **frying pan** *n* Bratpfanne *f*; *to jump out of the ~ into the fire* (*prov*) vom Regen in die Traufe kommen (*prov*) **fry-up** *n* Pfannengericht *nt*

FT *abbr of* **Financial Times** britische Wirtschaftszeitung

ft *abbr of* **foot / feet** ft

fuchsia *n* Fuchsie *f*

fuck (*vulg*) **I** *v/t* **1.** (*lit*) ficken (*vulg*) **2.** ~ *you!* leck mich am Arsch (*vulg*); ~ *him!* der kann mich doch am Arsch lecken (*vulg*) **II** *v/i* ficken (*vulg*) **III** *n* **1.** (*lit*) Fick *m* (*vulg*) **2.** *I don't give a ~* ich kümmere mich einen Scheiß darum (*infml*); *who the ~ is that?* wer ist denn das, verdammt noch mal? (*infml*) **IV** *int* (verdammte) Scheiße (*infml*) ◆ **fuck off** *v/i* (*vulg*) sich verpissen (*sl*); ~*!* verpiss dich! (*sl*) ◆ **fuck up** (*vulg*) **I** *v/t sep* versauen (*infml*); *piece of work* verpfuschen (*infml*); *she is really fucked up* sie ist total verkorkst (*infml*); *heroin will really fuck you up* Heroin macht dich echt kaputt (*infml*) **II** *v/i* Scheiß machen (*infml*)

fuck all (*vulg*) *n* einen Scheiß (*sl*); *he knows ~ about it* er hat null Ahnung (*infml*); *I've done ~ all day* ich hab den ganzen Tag nichts auf die Reihe gekriegt (*infml*) **fucker** *n* (*vulg*) Arsch *m* (*vulg*), Arschloch *nt* (*vulg*) **fucking** (*vulg*) **I** *adj* Scheiß- (*infml*); *this ~ machine* diese Scheißmaschine (*infml*); ~ *hell!* verdammte Scheiße! (*infml*) **II** *adv it's ~ cold* es ist arschkalt (*infml*); *a ~ awful film* ein total beschissener Film (*infml*)

fuddy-duddy *n* (*infml*) *an old ~* ein alter Kauz

fudge I *n* COOK Fondant *m* **II** *v/t issue* ausweichen (+*dat*)

fuel I *n* Brennstoff *m*; (*for vehicle*) Kraftstoff *m*; (≈ *petrol*) Benzin *nt*; AVIAT Treibstoff *m*; *to add ~ to the flames* or *fire* (*fig*) Öl in die Flammen or ins Feuer gießen **II** *v/t* (≈ *drive*) antreiben; (*fig*) *conflict* schüren; *speculation* Nahrung geben (+*dat*); *power stations fuelled* (*Br*) or *fueled* (*US*) *by oil* mit

Öl befeuerte Kraftwerke **fuel gauge** *n* Benzinuhr *f* **fueling station** *n* (*US*) Tankstelle *f* **fuel-injected** *adj* ~ **engine** Einspritzmotor *m* **fuel injection** *n* (Benzin)einspritzung *f* **fuel pump** *n* Benzinpumpe *f* **fuel tank** *n* Öltank *m*

fugitive I *n* Flüchtling *m* (*from* vor +*dat*) **II** *adj* flüchtig

fulfil, (*US*) **fulfill** *v/t* erfüllen; *task* ausführen; *ambition* verwirklichen; **to be or feel ~led** Erfüllung finden **fulfilling** *adj* **a ~ job** ein Beruf, in dem man Erfüllung findet **fulfilment**, (*US*) **fulfillment** *n* Erfüllung *f*

full I *adj* (+*er*) voll; *figure, skirt* füllig; *report* vollständig; **to be ~ of ...** voller (+*gen*) *or* voll von ... sein; **don't talk with your mouth ~** sprich nicht mit vollem Mund; **with his arms ~** mit vollgeladenen Armen; **I have a ~ day ahead of me** ich habe einen ausgefüllten Tag vor mir; **I am ~ (up)** (*infml*) ich bin voll (bis obenhin) (*infml*); **we are ~ up for July** wir sind für Juli völlig ausgebucht; **at ~ speed** in voller Fahrt; **to make ~ use of sth** etw voll ausnutzen; **that's a ~ day's work** damit habe ich *etc* den ganzen Tag zu tun; **I waited two ~ hours** ich habe zwei ganze Stunden gewartet; **the ~ details** die genauen Einzelheiten; **to be ~ of oneself** von sich (selbst) eingenommen sein; **she was ~ of it** sie hat gar nicht mehr aufgehört, davon zu reden **II** *adv* **it is a ~ five miles from here** es sind gute fünf Meilen von hier; **I know ~ well that ...** ich weiß sehr wohl, dass ... **III** *n* **in ~** ganz, vollständig; **to write one's name in ~** seinen Namen ausschreiben; **to pay in ~** den vollen Betrag bezahlen **fullback** *n* SPORTS Verteidiger(in) *m(f)* **full beam** *n* (*Br* AUTO) Fernlicht *nt*; **to drive (with one's headlights) on ~** mit Fernlicht fahren **full-blooded** *adj* (≈ *vigorous*) kräftig; **he's a ~ Scot** er ist Vollblutschotte **full-blown** *adj* *affair, war* richtig gehend; *heart attack* richtig; **~ Aids** Vollbild-Aids *nt* **full-bodied** *adj* *wine* vollmundig **full-cream milk** *n* Vollmilch *f* **full employment** *n* Vollbeschäftigung *f* **full-face** *adj* *portrait* mit zugewandtem Gesicht; **~ photograph** En-Face-Foto *nt* (*tech*) **full-fledged** *adj* (*US*) = **fully fledged full-frontal** *adj* Nackt-; (*fig*) *assault* direkt; **the ~ nudity in this play** die völlig nackten Schauspieler in diesem

Stück **full-grown** *adj* ausgewachsen **full house** *n* THEAT *etc* volles Haus; **they played to a ~** sie spielten vor vollem Haus **full-length** *adj* **1.** *film* abendfüllend; *novel* vollständig **2.** *dress* (boden)lang; *boots* hoch; *curtains* bodenlang; **~ mirror** großer Spiegel(, in dem man sich ganz sehen kann); **~ portrait** Ganzporträt *nt* **full member** *n* Vollmitglied *nt* **full moon** *n* Vollmond *m* **full name** *n* Vor- und Zuname *m* **full-page** *adj* ganzseitig **full professor** *n* UNIV Ordinarius *m* **full-scale** *adj* **1.** *war, riot* richtig gehend; *investigation* gründlich; *search* groß angelegt **2.** *drawing* in Originalgröße **full-size(d)** *adj* *bicycle etc* richtig (groß) **full-sized** *adj* *model* lebensgroß **full stop** *n* (*esp Br* GRAM) Punkt *m*; **to come to a ~** zum völligen Stillstand kommen; **I'm not going, ~!** (*infml*) ich gehe nicht und damit basta (*infml*) **full time I** *n* SPORTS reguläre Spielzeit; **at ~** nach Ablauf der regulären Spielzeit; **the whistle blew for ~** das Spiel wurde abgepfiffen **II** *adv* *work* ganztags **full-time** *adj* **1.** *worker* ganztags angestellt; **~ job** Ganztagsstelle *f*; **it's a ~ job** (*fig infml*) es hält einen ganz schön auf Trab (*infml*); **~ work** Ganztagsarbeit *f*; **~ student** Vollzeitstudent(in) *m(f)* **2.** SPORTS **the ~ score** der Schlussstand **fully** *adv* fit, *conscious* völlig; *operational, qualified* voll; *understand, recover* voll und ganz; **~ automatic** vollautomatisch; **~ booked** ausgebucht; **~ clothed** (ganz) angezogen; **a ~-equipped kitchen** eine komplett ausgestattete Küche **fully fledged** *adj member* richtig; *doctor etc* voll qualifiziert **fully qualified** *adj* voll qualifiziert

fumble I *v/i* (*a.* **fumble about** *or* **around**) umhertasten; **to ~ (about) for sth** nach etw tasten; (*in pocket, drawer*) nach etw wühlen **II** *v/t* vermasseln (*infml*); **to ~ the ball** den Ball nicht sicher fangen

fume *v/i* (*fig infml, person*) wütend sein **fumes** *pl* Dämpfe *pl*; (*of car*) Abgase *pl*; **petrol** (*Br*) *or* **gas** (*US*) **~** Benzindämpfe *pl* **fumigate** *v/t* ausräuchern

fun I *n* Spaß *m*, Hetz *f* (*Aus*); **to have great ~ doing sth** viel Spaß daran haben, etw zu tun; **this is ~!** das macht Spaß!; **we just did it for ~** wir haben das nur aus Spaß gemacht; **to spoil the ~** den Spaß verderben; **it's ~ doing this** es macht Spaß, das zu tun; **it's no**

~ **living on your own** es macht nicht gerade Spaß, allein zu leben; **he is great~** man kriegt mit ihm viel Spaß (infml); **the party was good~** die Party hat viel Spaß gemacht; **that sounds like~** das klingt gut; **I was just having a bit of~** ich hab doch nur Spaß gemacht; **to make~ of sb/sth** sich über jdn/etw lustig machen **II** adj attr (infml) **squash is a ~ game** Squash macht Spaß; **he's a real ~ person** er ist wirklich ein lustiger Kerl

function I n 1. (of heart, tool etc) Funktion f (also MAT) 2. (≈ meeting) Veranstaltung f; (≈ official ceremony) Feier f **II** v/i funktionieren; **to ~ as** fungieren als **functional** adj 1. (≈ able to operate) funktionsfähig 2. (≈ utilitarian) zweckmäßig; **~ food** Functional Food nt **functionary** n Funktionär(in) m(f) **function key** n IT Funktionstaste f

fund I n 1. FIN Fonds m 2. funds pl Mittel pl; **public~s** öffentliche Mittel pl; **to be short of~s** knapp bei Kasse sein (infml) **II** v/t finanzieren

fundamental I adj 1. issue grundlegend; reason eigentlich; point zentral; part wesentlich; **~ principle** Grundprinzip nt; **~ importance** von grundlegender Bedeutung 2. problem, difference grundsätzlich; change grundlegend; mistake fundamental; **~ structure** Grundstruktur f **II** pl **~s** (of subject) Grundbegriffe pl **fundamentalism** n Fundamentalismus m **fundamentalist I** adj fundamentalistisch **II** n Fundamentalist(in) m(f) **fundamentally** adv im Grunde (genommen); different, wrong grundlegend; disagree grundsätzlich; **the treaty is ~ flawed** der Vertrag enthält grundlegende Fehler

funding n Finanzierung f **fundraiser** n Spendensammler(in) m(f) **fundraising** n Geldbeschaffung f; **~ campaign** Aktion f zur Geldbeschaffung; (for donations) Spendenaktion f

funeral n Beerdigung f; **were you at his ~?** waren Sie auf seiner Beerdigung? **funeral director** n Beerdigungsunternehmer(in) m(f) **funeral home** n (US) Leichenhalle f **funeral parlour** n (Br) Leichenhalle f **funeral service** n Trauergottesdienst m

funfair n Kirmes f

fungal adj Pilz-; **~ infection** Pilzinfektion f **fungi** pl of **fungus** **fungicide** n Fungi-

zid nt **fungus** n, pl **fungi** BOT, MED Pilz m

fun-loving adj lebenslustig

funnel I n 1. (for pouring) Trichter m 2. NAUT, RAIL Schornstein m **II** v/t (fig) schleusen

funnily adv 1. (≈ strangely) komisch 2. (≈ amusingly) amüsant

funny I adj (+er) 1. (≈ comical, odd) komisch; (≈ witty) witzig; **don't try to be~** (infml) mach keine Witze!; **to see the~ side of sth** das Lustige an etw (dat) sehen; **it's not~!** das ist überhaupt nicht komisch!; **there's something~ about that place** der Ort ist irgendwie merkwürdig; **(it's)~ (that) you should say that** komisch, dass Sie das sagen; **I just feel a bit~** (infml) mir ist ein bisschen komisch; **I feel~ about seeing her again** (infml) mir ist komisch dabei zumute, sie wiederzusehen; **she's a bit~ (in the head)** sie spinnt ein bisschen (infml) 2. (infml) **~ business** faule Sachen pl (infml); **there's something~ going on here** hier ist's doch was faul (infml); **don't try anything~** keine faulen Tricks! (infml) **II** pl **the funnies** (US PRESS infml) die Comicstrips pl **funny bone** n Musikantenknochen m **fun run** n Volkslauf m (oft für wohltätige Zwecke durchgeführt)

fur I n 1. (on animal) Fell nt; (for clothing) Pelz m; **the cat has beautiful~** die Katze hat ein wunderschönes Fell; **a~-lined coat** ein pelzgefütterter Mantel 2. furs pl Pelze pl **II** attr Pelz-; **~ coat/collar** Pelzmantel m/-kragen m ♦ **fur up** v/i (kettle) verkalken

furious adj 1. wütend; debate, attack heftig; **he was~ that they had ignored him** er war wütend darüber, dass sie ihn ignoriert hatten; **to be~ about sth** wütend über etw (acc) sein; **to be~ at or with sb (for doing sth)** wütend auf jdn sein(, weil er/sie etw getan hat) 2. pace rasend; **at a~ pace** in rasendem Tempo; **the jokes came fast and~** die Witze kamen Schlag auf Schlag **furiously** adv 1. react wütend 2. scribble, search wie wild

furl v/t sail, flag einrollen; umbrella zusammenrollen

furlong n Achtelmeile f

furnace n Hochofen m; METAL Schmelzofen m

furnish v/t 1. house einrichten; **~ed room** möbliertes Zimmer 2. **to~ sb with sth**

jdm etw liefern **furnishings** pl Mobiliar nt; (with carpets etc) Einrichtung f; **with ~ and fittings** voll eingerichtet

furniture n Möbel pl; **a piece of ~** ein Möbelstück nt; **I must buy some ~** ich muss Möbel kaufen

furore, (US) **furor** n Protest(e) m(pl); **to cause a ~** einen Skandal verursachen

furred adj tongue belegt

furrow I n AGR Furche f; (on brow) Runzel f **II** v/t brow runzeln

furry adj (+er) **1.** body haarig; tail buschig; **~ animal** Tier nt mit Pelz; **the kitten is so soft and ~** das Kätzchen ist so weich und kuschelig **2.** material flauschig; **~ toy** Plüschtier nt

further I adv comp of **far** weiter; **~ on** weiter entfernt; **~ back** (in place, time) weiter zurück; (≈ in the past) früher; **nothing could be ~ from the truth** nichts könnte weiter von der Wahrheit entfernt sein; **he has decided not to take the matter any ~** er hat beschlossen, die Angelegenheit auf sich beruhen zu lassen; **in order to make the soup go ~** um die Suppe zu strecken; **~, I would like to say that ...** darüber hinaus möchte ich sagen, dass ... **II** adj **1.** = **farther 2.** (≈ additional) weiter; **will there be anything ~?** kann ich sonst noch etwas für Sie tun?; **~ details** nähere or weitere Einzelheiten pl **III** v/t interests, cause fördern; **to ~ one's education** sich weiterbilden; **to ~ one's career** beruflich vorankommen **further education** n Weiterbildung f **furthermore** adv außerdem, weiters (Aus) **furthermost** adj äußerste(r, s) **furthest I** adv am weitesten; **these fields are ~ (away) from his farm** diese Felder liegen am weitesten von seinem Hof entfernt; **this is the ~ north you can go** dies ist der nördlichste Punkt, den man erreichen kann; **it was the ~ the Irish team had ever got** so weit war die irische Mannschaft noch nie gekommen **II** adj am weitesten entfernt; **the ~ of the three villages** das entfernteste von den drei Dörfern; **5 km at the ~** höchstens 5 km

furtive adj verdächtig; look verstohlen

fury n Wut f; **in a ~** wütend

fuse, (US) **fuze I** v/t **1.** metals verschmelzen **2.** (Br ELEC) **to ~ the lights** die Sicherung durchbrennen lassen **3.** (fig) vereinigen **II** v/i **1.** (metals) sich verbinden;

(bones) zusammenwachsen **2.** (Br ELEC) durchbrennen; **the lights ~d** die Sicherung war durchgebrannt **3.** (fig: a. **fuse together**) sich vereinigen **III** n **1.** ELEC Sicherung f; **to blow the ~s** die Sicherung durchbrennen lassen **2.** (in bombs etc) Zündschnur f; **to light the ~** die Zündschnur anzünden; **she has got a short ~** (fig infml) sie explodiert schnell **fuse box** n Sicherungskasten m **fused** adj plug etc gesichert

fuselage n (Flugzeug)rumpf m

fusillade n Salve f

fusion n (fig) Verschmelzung f; PHYS (Kern)fusion f

fuss I n Theater nt (infml); **I don't know what all the ~ is about** ich weiß wirklich nicht, was der ganze Wirbel soll (infml); **without (any) ~** ohne großes Theater (infml); **to cause a ~** Theater machen (infml); **to kick up a ~** Krach schlagen (infml); **to make a ~ about sth** viel Wirbel um etw machen (infml); **to make a ~ of sb** um jdn viel Wirbel machen (infml) **II** v/i sich (unnötig) aufregen; **don't ~, mother!** ist ja gut, Mutter! ♦ **fuss over** v/i +prep obj details Theater machen um; guests sich (dat) große Umstände machen mit

fussed adj (Br infml) **I'm not ~ (about it)** es ist mir egal **fusspot** n (Br infml) Umstandskrämer(in) m(f) (infml) **fussy** adj (+er) (≈ choosy) wählerisch; (≈ petty) kleinlich; (≈ precise) genau; **to be ~ about one's appearance** großen Wert auf sein Äußeres legen; **she is not ~ about her food** sie ist beim Essen nicht wählerisch; **the child is a ~ eater** das Kind ist beim Essen wählerisch; **I'm not ~** (infml) das ist mir egal

fusty adj (+er) muffig

futile adj sinnlos **futility** n Sinnlosigkeit f

futon n Futon m

future I n **1.** Zukunft f; **in ~** in Zukunft; **in the foreseeable ~** in absehbarer Zeit; **what plans do you have for the ~?** was für Zukunftspläne haben Sie?; **the ~** GRAM das Futur **2.** ST EX **futures** pl Termingeschäfte pl **II** adj attr **1.** (zu)künftig; **at a** or **some ~ date** zu einem späteren Zeitpunkt; **his ~ plans** seine Zukunftspläne; **in ~ years** in den kommenden Jahren; **you can keep it for ~ reference** Sie können es behalten, um später darauf Bezug zu nehmen **2.** GRAM **the ~**

tense das Futur **futuristic** *adj* futuristisch

fuze *n*, *v*/*t* & *v*/*i* (*US*) = **fuse**

fuzz *n* Flaum *m* **fuzzy** *adj* (+*er*) **1.** *material* flauschig **2.** *picture, memory* verschwommen

fwd *abbr of* **forward**

f-word *n* (*infml*) **I try not to use the ~ in front of the children** ich versuche, vor den Kindern möglichst keine schlimmen Flüche zu gebrauchen

FYI *abbr of* **for your information** zu Ihrer Information

G

G, g *n* G *nt*, g *nt*; **G sharp** Gis *nt*, gis *nt*; **G flat** Ges *nt*, ges *nt*

G (*US*) *abbr of* **general audience** FILM jugendfrei

g *abbr of* **gram(s)**, **gramme(s)** g

gab (*infml*) **I** *n* **to have the gift of the ~** nicht auf den Mund gefallen sein **II** *v*/*i* quasseln (*infml*)

gabble (*Br*) **I** *v*/*i* brabbeln (*infml*) **II** *v*/*t* *prayer* herunterrasseln (*infml*); *excuse* brabbeln (*infml*)

gable *n* Giebel *m* **gabled** *adj* **~ house/roof** Giebelhaus/-dach *nt*

gadget *n* Gerät *nt*; **the latest electronic ~** die neueste elektronische Spielerei **gadgetry** *n* Geräte *pl*

Gaelic I *adj* gälisch **II** *n* LING Gälisch *nt*

gaffe *n* Fauxpas *m*; (*verbal*) taktlose Bemerkung; **to make a ~** einen Fauxpas begehen; (*by saying sth*) ins Fettnäpfchen treten (*infml*)

gag I *n* **1.** Knebel *m* **2.** (≈ *joke*) Gag *m* **II** *v*/*t* knebeln **III** *v*/*i* **1.** (≈ *retch*) würgen (*on* an +*dat*) **2. to be ~ging for sth** (*infml*) scharf auf etw (*acc*) sein

gaga *adj* (*Br infml*) plemplem (*infml*); *old person* verkalkt (*infml*)

gage *n*, *v*/*t* (*US*) = **gauge**

gaggle *n* (*of geese*) Herde *f*

gaily *adv* (≈ *happily*) fröhlich; *painted* farbenfroh

gain I *n* **1.** *no pl* (≈ *advantage*) Vorteil *m*; (≈ *profit*) Profit *m*; **his loss is our ~** sein Verlust ist unser Gewinn **2. gains** *pl* (≈ *winnings*) Gewinn *m*; (≈ *profits*) Gewinne *pl* **3.** (≈ *increase*) (*in* +*gen*) Zunahme *f*; **~ in weight, weight ~** Gewichtszunahme *f* **II** *v*/*t* gewinnen; *knowledge* erwerben; *advantage, respect, access* sich (*dat*) verschaffen; *control, the lead* übernehmen; *points* erzielen; (≈ *achieve*) *nothing etc* erreichen; **what does he**

hope to ~ by it? was verspricht er sich (*dat*) davon?; **to ~ independence** unabhängig werden; **to ~ sb's confidence** jds Vertrauen erlangen; **to ~ experience** Erfahrungen sammeln; **to ~ ground** (an) Boden gewinnen; (*rumours*) sich verbreiten; **to ~ time** Zeit gewinnen; **he ~ed a reputation as ...** er hat sich (*dat*) einen Namen als ... gemacht; **to ~ speed** schneller werden; **she has ~ed weight** sie hat zugenommen; **to ~ popularity** an Beliebtheit (*dat*) gewinnen; **my watch ~s five minutes each day** meine Uhr geht fünf Minuten pro Tag vor **III** *v*/*i* **1.** (*watch*) vorgehen **2.** (≈ *close gap*) aufholen **3.** (≈ *profit*) profitieren (*by* von); **society would ~ from that** das wäre für die Gesellschaft von Vorteil; **we stood to ~ from the decision** die Entscheidung war für uns von Vorteil **4. to ~ in confidence** mehr Selbstvertrauen bekommen; **to ~ in popularity** an Beliebtheit (*dat*) gewinnen ♦ **gain on** *v*/*i* +*prep obj* einholen

gainful *adj* einträglich; **to be in ~ employment** erwerbstätig sein **gainfully** *adv* **~ employed** erwerbstätig

gait *n* Gang *m*; (*of horse*) Gangart *f*

gala *n* großes Fest; THEAT, FILM Galaveranstaltung *f*; **swimming/sports ~** großes Schwimm-/Sportfest

galaxy *n* ASTRON Sternsystem *nt*; **the Galaxy** die Milchstraße

gale *n* **1.** Sturm *m*; **it was blowing a ~** ein Sturm tobte; **~ force 8** Sturmstärke 8 **2.** (*fig*) **~s of laughter** Lachsalven *pl* **gale-force winds** *pl* orkanartige Winde **gale warning** *n* Sturmwarnung *f*

gall I *n* (*infml*) **to have the ~ to do sth** die Frechheit besitzen, etw zu tun **II** *v*/*t* (*fig*) maßlos ärgern

gallant *adj* **1.** (≈ *courageous*) tapfer **2.** (≈

chivalrous) ritterlich **gallantly** *adv* **1.** (≈ *courageously*) tapfer **2.** (≈ *chivalrously*) ritterlich **gallantry** *n* **1.** (≈ *bravery*) Tapferkeit *f* **2.** (≈ *attentiveness to women*) Galanterie *f*

gall bladder *n* Gallenblase *f*

galleon *n* Galeone *f*

gallery *n* **1.** (≈ *balcony, corridor*) Galerie *f*; THEAT Balkon *m* **2.** ART (Kunst)galerie *f*

galley *n* (NAUT) (≈ *ship*) Galeere *f*; (≈ *kitchen*) Kombüse *f*

Gallic *adj* gallisch

galling *adj* äußerst ärgerlich

gallivant *v/i* **to ~ about** *or* **around** sich herumtreiben, strawanzen (*Aus*)

gallon *n* Gallone *f*

gallop I *n* Galopp *m*; **at a ~** im Galopp; **at full ~** im gestreckten Galopp **II** *v/i* galoppieren

gallows *n* Galgen *m*; **to send/bring sb to the ~** jdn an den Galgen bringen

gallstone *n* Gallenstein *m*

galore *adv* in Hülle und Fülle

galvanize *v/t* (*fig*) elektrisieren; **to ~ sb into doing** *or* **to do sth** jdm einen Stoß geben, etw sofort zu tun **galvanized** *adj* **steel** verzinkt

gamble I *n* (*fig*) Risiko *nt*; **it's a ~** es ist riskant; **I'll take a ~ on it/him** ich riskiere es/es mit ihm **II** *v/i* **1.** (*lit*) (um Geld) spielen (*with* mit); (*on horses etc*) wetten **2.** (*fig*) **to ~ on sth** sich auf etw (*acc*) verlassen **III** *v/t* **1.** *money* einsetzen; **to ~ sth on sth** etw auf etw (*acc*) setzen **2.** (*fig*) aufs Spiel setzen ♦ **gamble away** *v/t sep* verspielen

gambler *n* Spieler(in) *m(f)* **gambling** *n* Spielen *nt* (um Geld); (*on horses etc*) Wetten *nt*

gambol *v/i* herumtollen; (*lambs*) herumspringen

game¹ *n* **1.** Spiel *nt*; (≈ *sport*) Sport(art *f*) *m*; (≈ *scheme*) Vorhaben *nt*; (*of billiards, board games etc*) Partie *f*; **to have or play a ~ of football/chess** *etc* Fußball/Schach *etc* spielen; **do you fancy a quick ~ of chess?** hättest du Lust, ein bisschen Schach zu spielen?; **he had a good ~** er spielte gut; **~ of chance** Glücksspiel *nt*; **~ set and match to X** Satz und Spiel (geht an) X; **one ~ all** eins beide; **to play ~s with sb** (*fig*) mit jdm spielen; **the ~ is up** das Spiel ist aus; **two can play at that ~** wie du mir, so ich dir (*infml*); **to beat sb at his own ~** jdn mit

den eigenen Waffen schlagen; **to give the ~ away** alles verderben; **I wonder what his ~ is?** ich frage mich, was er im Schilde führt; **to be ahead of the ~** (*fig*) um eine Nasenlänge voraus sein **2. games** *pl* (≈ *sports event*) Spiele *pl* **3. games** *sg* SCHOOL Sport *m* **4.** (*infml*) Branche *f*; **how long have you been in this ~?** wie lange machen Sie das schon? **5.** HUNT, COOK Wild *nt*

game² *adj* (≈ *brave*) mutig; **to be ~** (≈ *willing*) mitmachen; **to be ~ for anything** für alles zu haben sein; **to be ~ for a laugh** jeden Spaß mitmachen

game bird *n* Federwild *nt no pl* **gamekeeper** *n* Wildhüter(in) *m(f)* **gamely** *adv* (≈ *bravely*) mutig **game reserve** *n* Wildschutzgebiet *nt* **game show** *n* TV Spielshow *f* **gamesmanship** *n* Ablenkungsmanöver *pl* **games software** *n* Software *f* für Computerspiele **game warden** *n* Jagdaufseher *m* **gaming** *n* = **gambling**

gammon *n* (≈ *bacon*) leicht geräucherter *or* (*Aus*) geselchter Vorderschinken; (≈ *ham*) (gekochter) Schinken; **~ steak** dicke Scheibe Vorderschinken zum Braten oder Grillen

gammy *adj* (*Br infml*) lahm

gamut *n* (*fig*) Skala *f*

gander *n* Gänserich *m*

gang *n* Haufen *m*; (*of criminals, youths*) Bande *f*; (*of friends etc*) Clique *f*; **there was a whole ~ of them** es war ein ganzer Haufen ♦ **gang up** *v/i* sich zusammentun; **to ~ against** *or* **on sb** sich gegen jdn verbünden

gangland *adj* Unterwelt-

gangling *adj* schlaksig

gangplank *n* Laufplanke *f*

gangrene *n* Brand *m*

gangster *n* Gangster(in) *m(f)*

gangway *n* **1.** NAUT Landungsbrücke *f* **2.** (≈ *passage*) Gang *m*

gantry *n* (*for crane*) Portal *nt*; (*on motorway*) Schilderbrücke *f*; RAIL Signalbrücke *f*

gaol *n, v/t = jail*

gap *n* Lücke *f*; (≈ *chink*) Spalt *m*; (*in surface*) Riss *m*; (*fig, in conversation*) Pause *f*; (≈ *gulf*) Kluft *f*; **to close the ~** (*in race*) (den Abstand) aufholen; **a ~ in one's knowledge** eine Bildungslücke; **a four-year ~** ein Abstand *m* von vier Jahren

gape v/i **1.** (*chasm etc*) klaffen **2.** (≈ *stare*) gaffen; **to ~ at sb/sth** jdn/etw (mit offenem Mund) anstarren **gaping** *adj hole* riesig; *chasm* klaffend

gap year n (*Br* SCHOOL) Überbrückungsjahr *nt*

garage n **1.** (*for parking*) Garage *f* **2.** (*Br*) (*for petrol*) Tankstelle *f*; (*for repairs etc*) (Reparatur)werkstatt *f* **garage sale** *n meist in einer Garage durchgeführter Verkauf von Haushaltsgegenständen und Trödel*

garbage n (*lit: esp US*) Müll *m*; (*fig* ≈ *useless things*) Schund *m*; (≈ *nonsense*) Quatsch *m* (*infml*); IT Garbage *m* **garbage can** n (*US*) Mülleimer *m*, Mistkübel *m* (*Aus*); (*outside*) Mülltonne *f* **garbage collector** n (*US*) Müllarbeiter *m*; **the ~s** die Müllabfuhr **garbage disposal unit** n (*esp US*) Müllschlucker *m* **garbage man** n (*US*) = **garbage collector**

garble v/t **to ~ one's words** sich beim Sprechen überschlagen **garbled** *adj message, instructions* konfus; *account* wirr

garden I n Garten *m*; **the Garden of Eden** der Garten Eden **II** v/i im Garten arbeiten **garden apartment** n (*US*) Souterrainwohnung *f* **garden centre**, (*US*) **garden center** n Gartencenter *nt* **gardener** n Gärtner(in) *m(f)* **garden flat** n (*Br*) Souterrainwohnung *f* **gardening** n Gartenarbeit *f*; **she loves ~** sie arbeitet gerne im Garten; **~ tools** Gartengeräte *pl* **garden party** n Gartenparty *f* **garden path** n **to lead sb up** (*esp Br*) **or down** (*esp US*) **the ~** (*fig*) jdn an der Nase herumführen (*infml*)

gargantuan *adj* gewaltig

gargle I v/i gurgeln **II** n (≈ *liquid*) Gurgelwasser *nt*

gargoyle n Wasserspeier *m*

garish *adj* (*pej*) *colours, neon sign* grell; *clothes* knallbunt

garland n Girlande *f*

garlic n Knoblauch *m* **garlic bread** n Knoblauchbrot *nt* **garlic crusher** n Knoblauchpresse *f* **garlic mushrooms** *pl* fritierte Pilze mit Knoblauch **garlic press** n Knoblauchpresse *f*

garment n Kleidungsstück *nt*

garner v/t sammeln; *support* gewinnen

garnet n Granat *m*

garnish I v/t garnieren **II** n Garnierung *f*

garret n Mansarde *f*

garrison I n Garnison *f* **II** v/t *troops* in Garnison legen; **to be ~ed** in Garnison liegen

garrulous *adj* geschwätzig

garter n Strumpfband *nt*; (*US*) Strumpfhalter *m* **garter belt** n (*US*) Strumpfgürtel *m*

gas I n **1.** Gas *nt*; **to cook with ~** mit Gas kochen **2.** (*US* ≈ *petrol*) Benzin *nt*; **to step on the ~** Gas geben **3.** (≈ *anaesthetic*) Lachgas *nt* **4.** MIL (Gift)gas *nt* **II** v/t vergasen; **to ~ oneself** sich mit Gas vergiften **gasbag** n (*infml*) Quasselstrippe *f* (*infml*) **gas chamber** n Gaskammer *f* **gas cooker** n Gasherd *m* **gaseous** *adj* gasförmig **gas fire** n Gasofen *m*

gash I n (≈ *wound*) klaffende Wunde; (≈ *slash*) tiefe Kerbe **II** v/t aufschlitzen; **he fell and ~ed his knee** er ist gestürzt und hat sich (*dat*) dabei das Knie aufgeschlagen

gas heater n Gasofen *m* **gas jet** n Gasdüse *f*

gasket n TECH Dichtung *f*

gas main n Gasleitung *f* **gasman** n Gasmann *m* (*infml*) **gas mask** n Gasmaske *f* **gas meter** n Gasuhr *f* **gasolene, gasoline** n (*US*) Benzin *nt* **gas oven** n Gasherd *m*

gasp I n (*for breath*) tiefer Atemzug; **to give a ~** (*of surprise/fear etc*) (vor Überraschung/Angst *etc*) nach Luft schnappen (*infml*) **II** v/i (*continually*) keuchen; (*once*) tief einatmen; (*with surprise etc*) nach Luft schnappen (*infml*); **to ~ for breath** *or* **air** nach Atem ringen; **he ~ed with astonishment** er war so erstaunt, dass es ihm den Atem verschlug; **I'm ~ing for a cup of tea** (*infml*) ich lechze nach einer Tasse Tee (*infml*)

gas pipe n Gasleitung *f* **gas pump** n (*US*) Zapfsäule *f* **gas ring** n Gasbrenner *m*; (*portable*) Gaskocher *m* **gas station** n (*US*) Tankstelle *f* **gas stove** n Gasherd *m*; (*portable*) Gaskocher *m* **gas tank** n (*US*) Benzintank *m* **gas tap** n Gashahn *m*

gastric *adj* Magen-, gastrisch (*tech*) **gastric flu** n Darmgrippe *f* **gastric juices** *pl* Magensäfte *pl* **gastric ulcer** n Magengeschwür *nt* **gastroenteritis** n Magen-Darm-Entzündung *f* **gastronomic** *adj* gastronomisch **gastronomy** n Gastronomie *f*

gasworks n *sg* or *pl* Gaswerk *nt*

gate *n* Tor *nt*; *(small ≈ garden gate)* Pforte *f*; *(in airport)* Flugsteig *m*

gateau *n, pl* **gateaux** *(esp Br)* Torte *f*

gate-crash *v/t (infml)* **to ~ a party** in eine Party reinplatzen *(infml)* **gate-crasher** *n* ungeladener Gast **gatehouse** *n* Pförtnerhaus *nt* **gate money** *n* SPORTS Einnahmen *pl* **gatepost** *n* Torpfosten *m* **gateway** *n* Tor *nt (to* zu)

gather I *v/t* **1.** *(≈ collect)* sammeln; *people* versammeln; *flowers* pflücken; *harvest* einbringen; *support* gewinnen; *(≈ collect up) broken glass etc* aufsammeln; *one's belongings* (zusammen)packen; **to ~ one's strength** Kräfte sammeln; **to ~ one's thoughts** seine Gedanken ordnen; *it just sat there ~ing dust* es stand nur da und verstaubte **2.** **to ~ speed** schneller werden; **to ~ strength** stärker werden **3.** *(≈ infer)* schließen *(from* aus); *I ~ed that* das dachte ich mir; *from what or as far as I can ~ (so)* wie ich es sehe; *I ~ she won't be coming* ich nehme an, dass sie nicht kommt; *as you might have ~ed …* wie Sie vielleicht bemerkt haben … **4.** SEWING raffen; *(at seam)* fassen **II** *v/i (people)* sich versammeln; *(objects, dust etc)* sich (an)sammeln; *(clouds)* sich zusammenziehen ♦ **gather (a)round** *v/i* zusammenkommen; *come on, children, ~!* kommt alle her, Kinder! ♦ **gather together** *v/t sep* einsammeln; *one's belongings* zusammenpacken; *people* versammeln ♦ **gather up** *v/t sep* aufsammeln; *one's belongings* zusammenpacken; *skirts* (hoch)raffen

gathering I *n* Versammlung *f*; *family ~* Familientreffen *nt*; *a social ~* ein geselliges Beisammensein **II** *adj storm* aufziehend

GATT HIST *abbr of* **General Agreement on Tariffs and Trade** GATT *nt*

gauche *adj (socially)* unbeholfen

gaudily *adv* knallbunt **gaudy** *adj* (+er) knallig *(infml)*

gauge I *n* **1.** *(≈ instrument)* Messgerät *nt*; *pressure ~* Druckmesser *m* **2.** RAIL Spurweite *f* **3.** *(fig)* Maßstab *m (of* für) **II** *v/t (fig) character, progress* beurteilen; *reaction* abschätzen; *mood* einschätzen; *(≈ guess)* schätzen; *I tried to ~ whether she was pleased or not* ich versuchte zu beurteilen, ob sie sich freute oder nicht

gaunt *adj (≈ haggard)* hager; *(≈ emaciated)* abgezehrt

gauntlet[1] *n* **to throw down the ~** *(fig)* den Fehdehandschuh hinwerfen

gauntlet[2] *n* **to (have to) run the ~ of sth** einer Sache *(dat)* ausgesetzt sein

gauze *n* Gaze *f*

gave *pret of* **give**

gawk *(infml) v/i* = **gawp**

gawky *adj* schlaksig

gawp *v/i (Br infml)* glotzen *(infml)*; **to ~ at sb/sth** jdn/etw anglotzen *(infml)*

gay I *adj* (+er) *person* schwul *(infml)*; **~ bar** Schwulenkneipe *f*; **the ~ community** die Schwulen *pl* **II** *n* Schwule(r) *m/f(m)*

gaze I *n* Blick *m*; *in the public ~* im Blickpunkt der Öffentlichkeit **II** *v/i* starren; **to ~ at sb/sth** jdn/etw anstarren; *they ~d into each other's eyes* sie blickten sich tief in die Augen

gazebo *n* Gartenlaube *f*

gazelle *n* Gazelle *f*

gazette *n (≈ magazine)* Zeitung *f*; *(≈ government publication)* Amtsblatt *nt*

GB *abbr of* **Great Britain** GB *nt*, Großbritannien *nt*

gbh *abbr of* **grievous bodily harm**

GCSE *(Br) abbr of* **General Certificate of Secondary Education** ≈ mittlere Reife

GDP *abbr of* **gross domestic product** BIP *nt*

GDR HIST *abbr of* **German Democratic Republic** DDR *f*

gear I *n* **1.** AUTO *etc* Gang *m*; **~s** *pl* Getriebe *nt*; *(on bicycle)* Gangschaltung *f*; *a bicycle with three ~s* ein Fahrrad *nt* mit Dreigangschaltung; *the car is in ~* der Gang ist eingelegt; *the car is/you're not in ~* das Auto ist im Leerlauf; *to change (esp Br) or shift (US) ~* schalten; *to change (esp Br) or shift (US) into third ~* in den dritten Gang schalten; *to get one's brain in(to) ~ (infml)* seine Gehirnwindungen in Gang setzen **2.** *(infml ≈ equipment)* Zeug *nt (infml)*; *(≈ belongings, clothing)* Sachen *pl (infml)* **II** *v/t (fig)* ausrichten *(to* auf +*acc)*; *to be ~ed to(wards) sb/sth* auf jdn/etw abgestellt sein; *(person, needs)* auf jdn/etw ausgerichtet sein ♦ **gear up** *v/t sep* **to gear oneself up for sth** *(fig)* sich auf etw *(acc)* einstellen

gearbox *n* Getriebe *nt* **gear lever**, *(US)* **gear shift**, **gear stick** *n* Schaltknüppel

m

gee *int* **1.** (*esp US infml*) Mensch (*infml*) **2.** ~ *up!* hü!

geek *n* (*esp US infml*) Waschlappen *m* (*infml*) **geek-speak** *n* (*esp US infml*) Fachchinesisch *nt* (*infml*)

geese *pl of* **goose**

geezer *n* (*infml*) Kerl *m* (*infml*); *old* ~ Opa *m* (*infml*)

Geiger counter *n* Geigerzähler *m*

gel I *n* Gel *nt* **II** *v/i* gelieren; (*fig, people*) sich verstehen

gelatin(e) *n* Gelatine *f* **gelatinous** *adj* gelatineartig

gelignite *n* Plastiksprengstoff *m*

gem *n* Edelstein *m*; (*fig* ≈ *person*) Juwel *nt*; (*of collection etc*) Prachtstück *nt*; *thanks Pat, you're a* ~ danke, Pat, du bist ein Schatz

Gemini *n* Zwillinge *pl*; *he's (a)* ~ er ist Zwilling

gemstone *n* Edelstein *m*

gen *n* (*Br infml*) Informationen *pl* ♦ **gen up** *v/i* (*Br infml*) *to* ~ *on sth* sich über etw (*acc*) informieren

gen. *abbr of* **general(ly)** allg.

gender *n* Geschlecht *nt*; *what* ~ *is this word?* welches Geschlecht hat dieses Wort?; *the feminine/masculine/neuter* ~ das Femininum / Maskulinum / Neutrum

gene *n* Gen *nt*

genealogy *n* Genealogie *f*

genera *pl of* **genus**

general I *adj* allgemein; *to be* ~ (*wording*) allgemein gehalten sein; (≈ *vague*) unbestimmt sein; *his* ~ *appearance* sein Aussehen im Allgemeinen; *there was* ~ *agreement among the two groups* die beiden Gruppen waren sich grundsätzlich einig; *I've got the* ~ *idea* ich habe eine Vorstellung, worum es geht; *in* ~ *terms* generell; *in the* ~ *direction of the village* ungefähr in Richtung des Dorfes; *as a* ~ *rule* im Allgemeinen **II** *n* **1.** *in* ~ im Allgemeinen **2.** MIL General(in) *m(f)* **general anaesthetic**, (*US*) **general anesthetic** *n* Vollnarkose *f* **General Certificate of Secondary Education** *n* (*Br*) Abschluss *m* der Sekundarstufe, ≈ mittlere Reife **general dealer** *n* (*US*) = **general store general delivery** *adv* (*US, Canada*) postlagernd **general election** *n* Parlamentswahlen *pl* **general headquarters** *n sg or pl* MIL Ge-

neralkommando *nt* **generality** *n* *to talk in generalities* ganz allgemein sprechen **generalization** *n* Verallgemeinerung *f* **generalize** *v/t* & *v/i* verallgemeinern; *to* ~ *about sth* etw verallgemeinern **general knowledge** *n* Allgemeinwissen *nt*

generally *adv* **1.** (≈ *on the whole*) im Großen und Ganzen **2.** (≈ *usually*) im Allgemeinen; *they are* ~ *cheapest* sie sind in der Regel am billigsten; ~ *speaking* im Allgemeinen **3.** *accepted* allgemein; *available* überall **general manager** *n* Hauptgeschäftsführer(in) *m(f)* **general meeting** *n* Vollversammlung *f*; (*of shareholders etc*) Hauptversammlung *f* **general practice** *n* (*Br* MED) Allgemeinmedizin *f*; *to be in* ~ praktischer Arzt / praktische Ärztin sein **general practitioner** *n* Arzt *m*/Ärztin *f* für Allgemeinmedizin **general public** *n* Öffentlichkeit *f* **general-purpose** *adj* Universal-; ~ *cleaner* Universalreiniger *m* **General Secretary** *n* Generalsekretär(in) *m(f)* **general store** *n* Gemischtwarenhandlung *f* **general strike** *n* Generalstreik *m* **generate** *v/t* erzeugen; *income* einbringen; *excitement* hervorrufen **generation** *n* **1.** Generation *f* **2.** (≈ *act of generating*) Erzeugung *f* **generation gap** *n* *the* ~ Generationsunterschied *m* **generator** *n* Generator *m*

generic *adj* artmäßig; ~ *name or term* Oberbegriff *m*; ~ *brand* (*US*) Hausmarke *f* **generic drug** *n* Generikum *nt*

generosity *n* Großzügigkeit *f*

generous *adj* **1.** großzügig; *terms* günstig; *portion* reichlich; *to be* ~ *in one's praise* mit Lob nicht geizen; *with the* ~ *support of ...* mit großzügiger Unterstützung von ... **2.** (≈ *kind*) großmütig **generously** *adv* **1.** *give* großzügigerweise; *reward* großzügig; *please give* ~ (*to ...*) wir bitten um großzügige Spenden (für ...) **2.** *offer, agree* großmütigerweise

genesis *n, pl* **geneses** Entstehung *f*

genetic *adj* genetisch **genetically** *adv* genetisch; ~ *engineered* genmanipuliert; ~ *modified* gentechnisch verändert **genetic engineering** *n* Gentechnologie *f* **geneticist** *n* Genetiker(in) *m(f)* **genetics** *n sg* Genetik *f*

Geneva *n* Genf *nt*; *Lake* ~ der Genfer See **genial** *adj person* herzlich; *atmosphere* angenehm; *a* ~ *host* ein warmherziger

Gastgeber

genie *n* dienstbarer Geist

genii *pl of* **genius**

genital *adj* Geschlechts-, Genital-; **~ organs** Geschlechtsorgane *pl* **genitals** *pl* Geschlechtsteile *pl*

genitive I *n* GRAM Genitiv *m*; **in the ~** im Genitiv **II** *adj* Genitiv-; **~ case** Genitiv *m*

genius *n*, *pl* **-es** *or* **genii** Genie *nt*; (≈ *mental capacity*) Schöpferkraft *f*; **a man of ~** ein Genie *nt*; **to have a ~ for sth/doing sth** (≈ *talent*) eine besondere Gabe für etw haben/dafür haben, etw zu tun

genocide *n* Völkermord *m*

genome *n* Genom *nt*

genre *n* Genre *nt* (*elev*)

gent *n* (*infml*) Herr *m*; **where is the ~s?** (*Br* ≈ *lavatory*) wo ist die Herrentoilette?

genteel *adj* vornehm **gentility** *n* Vornehmheit *f*

gentle *adj* (+*er*) **1.** sanft; *pressure, breeze* leicht; *pace, exercise* gemächlich; **cook over a ~ heat** bei geringer Hitze kochen; **to be ~ with sb** sanft mit jdm umgehen; **to be ~ with sth** vorsichtig mit etw umgehen **2.** (≈ *mild*) mild; *persuasion* freundlich; **a ~ hint** eine zarte Andeutung; **a ~ reminder** ein zarter Wink

gentleman *n*, *pl* **-men 1.** (*well-mannered, well-born*) Gentleman *m* **2.** (≈ *man*) Herr *m*; **gentlemen!** meine Herren!

gentlemanly *adj* ritterlich, gentlemanlike *pred*; **that is hardly ~ conduct** dieses Verhalten gehört sich nicht für einen Gentleman **gentlemen's agreement** *n* Gentlemen's Agreement *nt*; (*esp in business*) Vereinbarung *f* auf Treu und Glauben **gentleness** *n* Sanftheit *f* **gently** *adv* sanft; *cook* langsam; *treat* schonend; **she needs to be handled ~** mit ihr muss man behutsam umgehen; **~ does it!** sachte, sachte!

gentry *pl* niederer Adel

genuine *adj* **1.** (≈ *not fake*) echt; **the picture is ~ or the ~ article** das Bild ist echt **2.** (≈ *sincere*) aufrichtig; *concern, interest* ernsthaft; *offer* ernst gemeint; *mistake* wirklich; **she looked at me in ~ astonishment** sie sah mich aufrichtig erstaunt an **3.** (≈ *not affected*) *person* natürlich **genuinely** *adv* wirklich; **they are ~ concerned** sie machen sich ernsthafte

Sorgen **genuineness** *n* **1.** (≈ *authenticity*) Echtheit *f* **2.** (≈ *honesty, sincerity*) Aufrichtigkeit *f*

genus *n*, *pl* **genera** BIOL Gattung *f*

geographic(al) *adj* geografisch

geography *n* Geografie *f*

geological *adj* geologisch **geologist** *n* Geologe *m*, Geologin *f* **geology** *n* Geologie *f*

geometric(al) *adj* geometrisch **geometry** *n* MAT Geometrie *f*; **~ set** (Zirkelkasten *m* mit) Zeichengarnitur *f*

Georgian *adj* (*Br*) georgianisch

geranium *n* Geranie *f*

gerbil *n* Wüstenspringmaus *f*

geriatric *adj* **1.** MED geriatrisch **2.** (*pej infml*) altersschwach **geriatric care** *n* Altenpflege *f* **geriatrics** *n sg* Geriatrie *f*

germ *n* Keim *m*

German I *adj* deutsch; **he is ~** er ist Deutscher; **she is ~** sie ist Deutsche **II** *n* **1.** (≈ *person*) Deutsche(r) *m/f(m)*; **the ~s** die Deutschen **2.** LING Deutsch *nt*; **~ lessons** Deutschunterricht *m*; **in ~** auf Deutsch **German Democratic Republic** *n* HIST Deutsche Demokratische Republik **Germanic** *adj* HIST, LING germanisch **German measles** *n sg* Röteln *pl* **German shepherd (dog)**, (*US*) **German sheep dog** *n* Deutscher Schäferhund **German-speaking** *adj* deutschsprachig; **~ Switzerland** die Deutschschweiz

Germany *n* Deutschland *nt*

germ-free *adj* keimfrei

germinate *v/i* keimen; (*fig*) aufkeimen (*elev*) **germination** *n* (*lit*) Keimung *f*

germ warfare *n* bakteriologische Kriegsführung

gerund *n* Gerundium *nt*

gestation *n* (*lit, of animals*) Trächtigkeit *f*; (*of humans*) Schwangerschaft *f*; (*fig*) Reifwerden *nt*

gesticulate *v/i* gestikulieren; **to ~ at sb/sth** auf jdn/etw deuten

gesture I *n* Geste *f*; **to make a ~** eine Geste machen; **a ~ of defiance** eine herausfordernde Geste; **as a ~ of goodwill** als Zeichen des guten Willens **II** *v/i* gestikulieren; **to ~ at sb/sth** auf jdn/etw deuten; **he ~d with his head toward(s) the safe** er deutete mit dem Kopf auf den Safe

get *pret* **got**, *past part* **got** *or* (*US*) **gotten I** *v/t* **1.** (≈ *receive*) bekommen, kriegen (*infml*); *sun* abbekommen; *wound* sich (*dat*) zuziehen; *time, characteristics* haben (*from* von); (≈ *take*) *bus* fahren mit; *where did you ~ it (from)*? woher hast du das?; *he got the idea for his book while he was abroad* die Idee zu dem Buch kam ihm, als er im Ausland war; *I got quite a surprise* ich war ziemlich überrascht; *I ~ the feeling that ...* ich habe das Gefühl, dass ...; *to ~ sb by the leg* jdn am Bein packen; *(I've) got him!* (*infml*) ich hab ihn! (*infml*); *(I've) got it!* (*infml*) ich habs! (*infml*); *I'll ~ you for that!* (*infml*) das wirst du mir büßen!; *you've got me there!* (*infml*) da bin ich überfragt; *what do you ~ from it?* was hast du davon? **2.** (≈ *obtain*) *object* sich (*dat*) besorgen; *finance, job* finden; (≈ *buy*) kaufen; *car, cat* sich (*dat*) anschaffen; *to ~ sb/oneself sth, to ~ sth for sb/oneself* jdm/sich etw besorgen; *to need to ~ sth* etw brauchen; *to ~ a glimpse of sb/sth* jdn/etw kurz zu sehen bekommen; *we could ~ a taxi* wir könnten (uns *dat*) ein Taxi nehmen; *could you ~ me a taxi?* könnten Sie mir ein Taxi rufen?; *~ a load of that!* (*infml*) hat man Töne! (*infml*) **3.** (≈ *fetch*) holen; *to ~ sb from the station* jdn vom Bahnhof abholen; *can I ~ you a drink?* möchten Sie etwas zu trinken?; *I got him a drink* ich habe ihm etwas zu trinken geholt **4.** (≈ *hit*) treffen **5.** (TEL ≈ *contact*) erreichen; *you've got the wrong number* Sie sind falsch verbunden **6.** *meal* machen; *I'll ~ you some breakfast* ich mache dir etwas zum Frühstück **7.** (≈ *eat*) essen; *to ~ breakfast* frühstücken; *to ~ lunch* zu Mittag essen; *to ~ a snack* eine Kleinigkeit essen **8.** (≈ *take*) bringen; *to ~ sb to hospital* jdn ins Krankenhaus bringen; *they managed to ~ him home* sie schafften ihn nach Hause; *where does that ~ us?* (*infml*) was bringt uns (*dat*) das? (*infml*); *this discussion isn't ~ting us anywhere* diese Diskussion führt zu nichts; *to ~ sth to sb* jdm etw zukommen lassen; (≈ *take it oneself*) jdm etw bringen **9.** (≈ *understand*) kapieren (*infml*); (≈ *make a note of*) notieren; *I don't ~ it* (*infml*) da komme ich nicht mit (*infml*); *I don't ~ you* ich verstehe nicht, was du meinst; *~ it?* (*infml*) kapiert? (*infml*) **10.** (*to form passive*) werden; *when did it last ~ painted?* wann ist es zuletzt gestrichen worden?; *I got paid* ich wurde bezahlt **11.**

to ~ sb to do sth (≈ *have sth done by sb*) etw von jdm machen lassen; (≈ *persuade sb*) jdn dazu bringen, etw zu tun; *I'll ~ him to phone you back* ich sage ihm, er soll zurückrufen; *you'll never ~ him to understand* du wirst es nie schaffen, dass er das versteht; *you'll ~ yourself thrown out* du bringst es so weit, dass du hinausgeworfen wirst; *has she got the baby dressed yet?* hat sie das Baby schon angezogen?; *to ~ the washing done* die Wäsche waschen; *to ~ some work done* Arbeit erledigen; *to ~ things done* was fertig kriegen (*infml*); *to ~ sth made for sb/oneself* jdm/sich etw machen lassen; *I'll ~ the house painted soon* (*by sb else*) ich lasse bald das Haus streichen; *did you ~ your expenses paid?* haben Sie Ihre Spesen erstattet bekommen?; *to ~ sb/sth ready* jdn/etw fertig machen; *to ~ sth clean/open* etw sauber kriegen/aufkriegen (*infml*); *to ~ sb drunk* jdn betrunken machen; *to ~ one's hands dirty* (*lit, fig*) sich (*dat*) die Hände schmutzig machen; *he can't ~ the lid to stay open* er kriegt es nicht hin, dass der Deckel aufbleibt (*infml*); *can you ~ these two pieces to fit together?* kriegen Sie die beiden Teile zusammen?; *to ~ sth going* *machine* etw in Gang bringen; *party* etw in Fahrt bringen; *to ~ sb talking* jdn zum Sprechen bringen; *to have got sth* (*Br* ≈ *have*) etw haben **II** *v/i* **1.** (≈ *arrive*) kommen; *to ~ home* nach Hause kommen; *to ~ here* hier ankommen; *can you ~ to work by bus?* kannst du mit dem Bus zur Arbeit fahren?; *I've got as far as page 16* ich bin auf Seite 16; *to ~ there* (*fig infml* ≈ *succeed*) es schaffen (*infml*); *how's the work going? — we're ~ting there!* wie geht die Arbeit voran? — langsam wirds was! (*infml*); *to ~ somewhere/nowhere* (*with work, in discussion etc*) weiterkommen/nicht weiterkommen; *to ~ somewhere/nowhere (with sb)* (bei jdm) etwas/nichts erreichen; *you won't ~ far on £10* mit £ 10 kommst du nicht weit **2.** (≈ *become*) werden; *I'm ~ting cold* mir wird es kalt; *to ~ dressed etc* sich anziehen *etc*; *to ~ married* heiraten; *I'm ~ting bored* ich langweile mich langsam; *how stupid can you ~?* wie kann man nur so dumm sein?; *to ~ started* anfangen; *to ~ to know sb/sth* jdn/etw kennenlernen; *how did you ~ to know about that?* wie hast du davon erfahren?; *to ~ to like sb* jdn sympathisch finden; *to ~ to like sth* an etw *(dat)* Gefallen finden; *to ~ to do sth* die Möglichkeit haben, etw zu tun; *to ~ to see sb/sth* jdn/etw zu sehen bekommen; *to ~ to work* sich an die Arbeit machen; *to ~ working etc* anfangen zu arbeiten *etc*; *I got talking to him* ich kam mit ihm ins Gespräch; *to ~ going (person ≈ leave)* aufbrechen; *(party etc)* in Schwung kommen; *to have got to do sth* etw tun müssen; *I've got to* ich muss **III** *v/r (≈ convey oneself)* gehen; *(≈ come)* kommen; *I had to ~ myself to the hospital* ich musste ins Krankenhaus (gehen); *to ~ oneself pregnant* schwanger werden; *to ~ oneself washed* sich waschen; *you'll ~ yourself killed if you go on driving like that* du bringst dich noch um, wenn du weiter so fährst ◆ **get about** *v/i (Br)* *[prep obj* in +*dat)* **1.** *(person)* sich bewegen können; *(to different places)* herumkommen **2.** *(news)* sich herumsprechen; *(rumour)* sich verbreiten ◆ **get across** I *v/i* **1.** *(≈ cross)* hinüberkommen; *(+prep obj) road, river* kommen über *(+acc)* **2.** *(meaning)* klar werden *(to +dat)* **II** *v/t always separate* **1.** *(≈ transport)* herüberbringen; *(+prep obj)* (herüber)bringen/-bekommen über *(+acc)* **2.** *one's ideas* verständlich machen *(to sb* jdm) ◆ **get ahead** *v/i* vorankommen *(in* in +*dat)*; *to ~ of sb (in race ≈ overtake)* jdn überholen ◆ **get along** *v/i* **1.** *(≈ go)* gehen; *I must be getting along* ich muss jetzt gehen **2.** *(≈ manage)* zurechtkommen **3.** *(≈ progress)* vorankommen **4.** *(≈ be on good terms)* auskommen *(with* mit); *they ~ quite well* sie kommen ganz gut miteinander aus ◆ **get around I** *v/i = **get about II** v/t & v/i +prep obj = **get round** ◆ **get around to** *v/i +prep obj = **get round to** ◆ **get at** *v/i +prep obj* **1.** *(≈ gain access to)* herankommen an *(+acc)*; *food, money* gehen an *(+acc)*; *don't let him ~ the whisky* lass ihn nicht an den Whisky (ran) **2.** *truth* herausbekommen **3.** *(infml ≈ mean)* hinauswollen auf *(+acc)*; *what are you getting at?* worauf willst du hinaus? **4.** *to ~ sb (infml)* an jdm etwas

auszusetzen haben *(infml)* ◆ **get away** I *v/i* wegkommen; *(prisoner)* entkommen *(from sb* jdm); *I'd like to ~ early today* ich würde heute gern früher gehen; *you can't ~ or there's no getting away from the fact that ...* man kommt nicht um die Tatsache herum, dass ...; *to ~ from it all* sich von allem frei machen **II** *v/t always separate* **get her away from here** sehen Sie zu, dass sie hier wegkommt; *get him/that dog away from me* schaff ihn mir/schaff mir den Hund vom Leib ◆ **get away with** *v/i +prep obj (infml)* he'll (etc) never ~ that das wird nicht gut gehen; *he got away with it* er ist ungeschoren davongekommen *(infml)* ◆ **get back I** *v/i (≈ come back)* zurückkommen; *(≈ go back)* zurückgehen; *to ~ (home)* nach Hause kommen; *to ~ to bed* wieder ins Bett gehen; *to ~ to work (after interruption etc)* wieder arbeiten können; *(after break)* wieder arbeiten gehen; *~!* zurück(treten)! **II** *v/t sep* **1.** *(≈ recover)* zurückbekommen **2.** *(≈ bring back)* zurückbringen **3.** *I'll get you back for that* das werde ich dir heimzahlen ◆ **get back at** *v/i +prep obj (infml)* sich rächen an *(+dat)*; *to ~ sb for sth* jdm etw heimzahlen *(infml)* ◆ **get back to** *v/i +prep obj (≈ contact again)* sich wieder in Verbindung setzen mit; *I'll ~ you on that* ich werde darauf zurückkommen ◆ **get behind** *v/i* **1.** *+prep obj tree* sich stellen hinter *(+acc)*; *to ~ the wheel* sich ans *or* hinter das Steuer setzen **2.** *(fig, with schedule)* in Rückstand kommen ◆ **get by** *v/i* **1.** *let sb ~* jdn vorbeilassen **2.** *(infml)* she could just about ~ in German mit ihren Deutschkenntnissen könnte sie gerade so durchkommen *(infml)* **3.** *(infml ≈ manage)* durchkommen *(infml)*; *she gets by on very little money* sie kommt mit sehr wenig Geld aus ◆ **get down I** *v/i* **1.** *(≈ descend)* heruntersteigen *(prep obj, from* von); *(≈ manage to get down, in commands)* herunterkommen *(prep obj, from +acc)*; *to ~ the stairs* die Treppe hinuntergehen **2.** *(≈ bend down)* sich bücken; *(to hide)* sich ducken; *to ~ on all fours* sich auf alle Viere begeben **II** *v/t sep* **1.** *(≈ take down)* herunternehmen; *(≈ carry down)* herunterbringen **2.** *(≈ swallow) food* hinunterbringen **3.** *(infml ≈ depress)* fertigmachen *(infml)* ◆ **get**

down to *v/i* +*prep obj* sich machen an
(+*acc*); **to ~ business** zur Sache kommen ♦ **get in I** *v/i* **1.** (≈ *enter*) hereinkommen (*prep obj, -to* in +*acc*); (*into
car etc*) einsteigen (*prep obj, -to* in
+*acc*); **the smoke got in(to) my eyes**
ich habe Rauch in die Augen bekommen (*infml*) **2.** (*train, bus*) ankommen
(*-to* in +*dat*); (*plane*) landen **3.** (≈ *get
home*) nach Hause kommen **II** *v/t sep*
1. (≈ *bring in*) hereinbringen (*prep
obj, -to* in +*acc*) **2.** (≈ *fit*) hineinbekommen (*-to* in +*acc*); (*fig*) *request* anbringen **3.** *groceries* holen; **to ~ supplies** sich
(*dat*) Vorräte zulegen **4.** *plumber* kommen lassen ♦ **get in on** *v/i* +*prep obj*
(*infml*) mitmachen bei (*infml*); **to ~
the act** mitmischen (*infml*) ♦ **get into**
I *v/i* +*prep obj*; → **get in** I1 **1.** *debt, trouble
etc* geraten in (+*acc*); *fight* verwickelt
werden in (+*acc*); **to ~ bed** sich ins Bett
legen; **what's got into him?** (*infml*) was
ist bloß in ihn gefahren? (*infml*) **2.** *book*
sich einlesen bei; *work* sich einarbeiten
in (+*acc*) **3.** (≈ *put on*) anziehen; (≈ *fit
into*) hineinkommen in (+*acc*) **II** *v/t
+prep obj always separate debt etc* bringen in (+*acc*); **to get oneself into trouble** sich in Schwierigkeiten (*acc*) bringen ♦ **get in with** *v/i* +*prep obj* **1.** (≈ *associate with*) Anschluss finden an (+*acc*)
2. (≈ *ingratiate oneself with*) sich gut
stellen mit ♦ **get off I** *v/i* **1.** (*from bus
etc*) aussteigen (*prep obj* aus); (*from bicycle, horse*) absteigen (*prep obj* von); **to
tell sb where to ~** (*infml*) jdm gründlich
die Meinung sagen (*infml*) **2.** (*from ladder, furniture*) heruntersteigen (*prep obj*
von); **~!** (≈ *let me go*) lass (mich) los! **3.**
(≈ *weggehen*) loskommen; **it's time you
got off to school** es ist Zeit, dass ihr in
die Schule geht; **I'll see if I can ~** (**work**)
early ich werde mal sehen, ob ich früher
(von der Arbeit) wegkann (*infml*); **what
time do you ~ work?** wann hören Sie mit
der Arbeit auf? **4.** +*prep obj* (≈ *be excused*) *homework, task etc* nicht machen
müssen; **he got off tidying up his room**
er kam darum herum, sein Zimmer aufräumen zu müssen (*infml*) **5.** (*fig* ≈ *be let
off*) davonkommen (*infml*) **II** *v/t* **1.** *sep*
(≈ *remove*) wegbekommen (*prep obj*
von); *clothes* ausziehen; *lid* heruntertun
(*prep obj* von); (≈ *take away from*) abnehmen (*prep obj* +*dat*); **get your dirty**

hands off my clean shirt nimm deine
schmutzigen Hände von meinem saube-
ren Hemd; **get him off my property!**
schaffen Sie ihn von meinem Grundstück! **2.** +*prep obj always separate*
(*infml* ≈ *obtain*) kriegen (*infml*) (*prep
obj* von); **I got that idea off John** ich habe die Idee von John **3.** *sep mail* losschi-
cken; **to get sb off to school** jdn für die
Schule fertig machen **4.** *sep day* freibekommen ♦ **get off with** *v/i* +*prep obj*
(*infml*) aufreißen (*infml*) ♦ **get on I**
v/i **1.** (≈ *climb on*) hinaufsteigen; (+*prep
obj*) (hinauf)steigen auf (+*acc*); (*on
train etc*) einsteigen (*prep obj, -to* in
+*acc*); (*on bicycle, horse etc*) aufsteigen
(*prep obj, -to* auf +*acc*) **2.** (≈ *continue*)
weitermachen **3.** *time is getting on* es
wird langsam spät; **she is getting on** er
wird langsam alt **4.** (≈ *progress*) vorankommen; (*patient, pupil*) Fortschritte
machen; **to ~ in the world** es zu etwas
bringen **5.** (≈ *fare*) zurechtkommen;
how did you ~ in the exam? wie gings
(dir) in der Prüfung?; **how are you getting on?** wie gehts? **6.** (≈ *have a good
relationship*) sich verstehen **II** *v/t sep*
(*prep obj* auf +*acc*) *clothes* anziehen;
lid drauftun ♦ **get on for** *v/i* +*prep
obj* (*time, person in age*) zugehen auf
(+*acc*); **he's getting on for 40** er geht
auf die 40 zu; **there were getting on
for 60 people there** es waren fast 60
Leute da ♦ **get on to** *v/i* +*prep obj*
(*infml* ≈ *contact*) sich in Verbindung setzen mit; **I'll ~ him about it** ich werde ihn
daraufhin ansprechen ♦ **get onto** *v/i
+prep obj*; → **get on** I1 ♦ **get on with**
v/i +*prep obj* (≈ *continue*) weitermachen
mit; (≈ *manage to get on with*) weiterkommen mit; **~ it!** nun mach schon!
(*infml*); **to let sb ~ sth** jdn etw machen
lassen; **this will do to be getting on with**
das tuts wohl für den Anfang (*infml*)
♦ **get out I** *v/i* **1.** herauskommen (*of*
aus); (≈ *climb out*) herausklettern (*of*
aus); (*of bus, car*) aussteigen (*of* aus)
2. (≈ *leave*) weggehen (*of* aus); (*animal,
prisoner*) entkommen; (*news*) an die Öffentlichkeit dringen; **he has to ~ of the
country** er muss das Land verlassen; **~!**
raus! (*infml*); **~ of my house!** raus aus
meinem Haus! (*infml*); **to ~ of bed** aufstehen **3.** (≈ *go walking etc*) weggehen;
you ought to ~ more Sie müssten mehr

rauskommen (*infml*); **to ~ and about** herumkommen **II** *v/t sep* **1.** (≈ *remove*) (*of aus*) herausmachen; *people* hinausbringen; (≈ *manage to get out*) hinausbekommen; **I couldn't get it out of my head** *or mind* ich konnte es nicht vergessen **2.** (≈ *take out*) herausholen (*of aus*) **3.** (≈ *withdraw*) *money* abheben (*of von*) ◆ **get out of I** *v/i +prep obj*; → **get out I** *obligation, punishment* herumkommen um; **you can't ~ it now** jetzt kannst du nicht mehr anders; **I'll ~ practice** ich verlerne es; **to ~ the habit of doing sth** sich (*dat*) abgewöhnen, etw zu tun **II** *v/t +prep obj always separate confession, truth* herausbekommen aus; *money* herausholen aus; *pleasure* haben an (+*dat*); **to get the best/most out of sb/sth** das Beste aus jdm herausholen /etw machen; → **get out II** ◆ **get over I** *v/i* **1.** (≈ *cross*) hinübergehen (*prep obj* über +*acc*); (≈ *climb over*) hinüberklettern; (+*prep obj*) klettern über (+*acc*) **2.** +*prep obj disappointment, experience* (hin)wegkommen über (+*acc*); *shock, illness* sich erholen von; **I can't ~ it** (*infml*) da komm ich nicht drüber weg (*infml*) **II** *v/t sep ideas etc* verständlich machen (*to dat*) ◆ **get over with** *v/t always separate* hinter sich (*acc*) bringen; **let's get it over with** bringen wirs hinter uns ◆ **get past** *v/i* = **get by I** ◆ **get round** (*esp Br*) **I** *v/i* herumkommen (*prep obj* um); *difficulty, law* umgehen **II** *v/t always separate* +*prep obj* **I still can't get my head round it** (*infml*) ich kann es immer noch nicht begreifen ◆ **get round to** *v/i +prep obj* (*esp Br infml*) **to ~ sth** zu etw kommen; **to ~ doing sth** dazu kommen, etw zu tun ◆ **get through I** *v/i* **1.** (*through gap etc*) durchkommen (*prep obj* durch) **2. to ~ to the final** in die Endrunde kommen **3.** TEL durchkommen (*infml*) (*to sb* zu jdm, *to Germany* nach Deutschland) **4.** (≈ *be understood*) **he has finally got through to her** endlich hat er es geschafft, dass sie es begreift **5.** +*prep obj work* erledigen; *bottle* leer machen; *days, time* herumbekommen; (≈ *consume*) verbrauchen; *food* aufessen **II** *v/t always separate* **1.** *proposal* durchbringen (*prep obj* durch); **to get sb through an exam** (*teacher*) jdn durchs Examen bringen **2.** *message* durchgeben (*to* +*dat*); *supplies* durchbringen **3.**

(≈ *make understand*) **to get sth through** (**to sb**) (jdm) etw klarmachen ◆ **get to** *v/i +prep obj* **1.** (≈ *arrive at*) kommen zu; *hotel, town etc* ankommen in (+*dat*); **where did you ~ last night?** wo bist du gestern Abend abgeblieben? (*infml*) **2.** (*infml*) **I got to thinking/wondering** ich hab mir überlegt/mich gefragt **3.** (*infml* ≈ *annoy*) aufregen; **don't let them ~ you** ärgere dich nicht über sie ◆ **get together I** *v/i* zusammenkommen; (≈ *combine forces*) sich zusammenschließen; **why don't we ~ later?** warum treffen wir uns nicht später? **II** *v/t sep people, collection* zusammenbringen; *money* zusammenbekommen; **to get one's things together** seine Sachen zusammenpacken ◆ **get under** *v/i* darunter kriechen; (*under umbrella etc*) darunter kommen; (+*prep obj*) kriechen /kommen unter (+*acc*) ◆ **get up I** *v/i* **1.** (≈ *stand up, get out of bed*) aufstehen **2.** (≈ *climb up*) hinaufsteigen (*prep obj* auf +*acc*); (*vehicle*) hinaufkommen (*prep obj* +*acc*); **he couldn't ~ the stairs** er kam nicht die Treppe hinauf **II** *v/t sep always separate* (≈ *out of bed*) aus dem Bett holen; (≈ *help to stand up*) aufhelfen (+*dat*) **2.** *sep* **to ~ speed** sich beschleunigen; **to get one's strength up** wieder neue Kräfte sammeln; **to ~ an appetite** (*infml*) Hunger bekommen (*infml*) ◆ **get up to** *v/i +prep obj* **1.** (≈ *reach*) erreichen; *page* kommen bis; **as soon as he got up to me** sobald er neben mir stand **2.** (≈ *be involved in*) anstellen (*infml*); **what have you been getting up to?** was hast du getrieben? (*infml*)

getaway I *n* Flucht *f*; **II to make one's ~** sich davonmachen (*infml*) **II** *adj attr* **~ car** Fluchtauto *nt* **get-together** *n* (*infml*) Treffen *nt*; **family ~** Familientreffen *nt*

get-up *n* (*infml*) Aufmachung *f* (*infml*)

get-well card *n* Karte *f* mit Genesungswünschen

geyser *n* GEOL Geysir *m*

ghastly *adj* (+*er*) **1.** (*infml* ≈ *dreadful*) schrecklich **2.** *crime* grausig

gherkin *n* Gewürzgurke *f*

ghetto *n* Getto *nt* **ghetto blaster** *n* (*infml*) Gettoblaster *m* (*infml*)

ghost *n* **1.** Gespenst *nt*; (*of sb*) Geist *m* **2.** (*fig*) **I don't have** or **stand the ~ of a chance** ich habe nicht die geringste

Chance; **to give up the ~** (*dated infml*) seinen *or* den Geist aufgeben **ghostly** *adj* (*+er*) gespenstisch **ghost story** *n* Geister- *or* Gespenstergeschichte *f* **ghost town** *n* Geisterstadt *f* **ghost train** *n* (*Br, at funfair*) Geisterbahn *f*

ghoul *n* Ghul *m*

GHQ *abbr of* **General Headquarters**

GHz *abbr of* **gigahertz** GHz

GI (*US*) *abbr of* **government issue** *n* GI *m*

giant **I** *n* Riese *m*; (*fig*) (führende) Größe; (*≈ company*) Gigant *m*; **a ~ of a man** ein Riese (von einem Mann); **publishing ~** Großverlag *m* **II** *adj* riesig; **~ panda** *n* Riesenpanda *m*

gibber *v/i* (*ape*) schnattern; **a ~ing idiot** ein daherplappernder Idiot **gibberish** *n* Quatsch *m* (*infml*); (*≈ foreign language*) Kauderwelsch *nt*

gibe *n* Spöttelei *f*

giblets *pl* Geflügelinnereien *pl*

Gibraltar *n* Gibraltar *nt*

giddiness *n* Schwindelgefühl *nt* **giddy** *adj* (*+er*) **1.** (*lit*) schwind(e)lig; **I feel ~** mir ist schwind(e)lig **2.** *heights* schwindelnd **3.** (*fig ≈ excited*) ausgelassen

gift *n* **1.** Geschenk *nt*; **that question was a ~** (*infml*) die Frage war ja geschenkt (*infml*) **2.** (*≈ talent*) Gabe *f*; **to have a ~ for sth** ein Talent *nt* für etw haben; **she has a ~ for teaching** sie hat eine Begabung zur Lehrerin; **he has a ~ for music** er ist musikalisch begabt **gift certificate** *n* (*US*) Geschenkgutschein *m* **gifted** *adj* begabt (*in* für) **gift token, gift voucher** *n* Geschenkgutschein *m* **gift-wrap** **I** *v/t* in Geschenkpapier einwickeln **II** *n* Geschenkpapier *nt*

gig *n* (*infml ≈ concert*) Konzert *nt*, Gig *m* (*infml*); **to do a ~** ein Konzert geben, auftreten

gigabyte *n* IT Gigabyte *nt*

gigantic *adj* riesig

giggle **I** *n* Gekicher *nt no pl*; **to get the ~s** anfangen herumzukichern **II** *v/i* kichern **giggly** *adj* (*+er*) albern

gill *n* (*of fish*) Kieme *f*

gilt **I** *n* (*≈ material*) Vergoldung *f* **II** *adj* vergoldet

gimmick *n* effekthaschender Gag; (*≈ gadget*) Spielerei *f*; COMM verkaufsfördernde Maßnahme **gimmickry** *n* Effekthascherei *f*; (*in advertising*) Gags *pl*; (*≈ gadgetry*) Spielereien *pl* **gim-**

micky *adj* effekthascherisch

gin *n* (*≈ drink*) Gin *m*; **~ and tonic** Gin Tonic *m*

ginger **I** *n* Ingwer *m* **II** *adj* **1.** COOK Ingwer- **2.** *hair* kupferrot; *cat* rötlich gelb **ginger ale** *n* Gingerale *nt* **ginger beer** *n* Ingwerlimonade *f* **gingerbread** **I** *n* Lebkuchen *m* (*mit Ingwergeschmack*) **II** *adj attr* Lebkuchen- **gingerly** *adv* vorsichtig

gingham *n* Gingan *m*

gipsy *n*, *adj* = **gypsy**

giraffe *n* Giraffe *f*

girder *n* Träger *m*

girdle *n* Hüfthalter *m*

girl *n* Mädchen *nt*, Dirndl *nt* (*Aus*); (*≈ daughter*) Tochter *f*; (*≈ girlfriend*) Freundin *f*; **an English~** eine Engländerin; **I'm going out with the ~s tonight** ich gehe heute Abend mit meinen Freundinnen aus **girl Friday** *n* Allroundsekretärin *f*

girlfriend *n* Freundin *f* **Girl Guide** *n* (*Br*) Pfadfinderin *f* **girlhood** *n* Mädchenzeit *f*, Jugend *f*; **in her ~** in ihrer Jugend **girlie** *adj attr* (*infml*) girliehaft; *magazine* Girlie- **girlish** *adj* mädchenhaft **Girl Scout** *n* (*US*) Pfadfinderin *f*

giro *n* (*Br*) (*≈ bank giro*) Giro(verkehr *m*) *nt*; (*≈ post-office giro*) Postscheckverkehr *m*; **~ (cheque)** SOCIAL SECURITY Sozialhilfeüberweisung *f*; **to pay a bill by ~** eine Rechnung durch Überweisung bezahlen

girth *n* Umfang *m*

gismo *n* (*infml*) = **gizmo**

gist *n no pl* Wesentliche(s) *nt*; **I got the ~ of it** das Wesentliche habe ich verstanden

git *n* (*infml*) Schwachkopf *m*

give *vb: pret* **gave**, *past part* **given** **I** *v/t* **1.** geben; **to ~ sb sth** *or* **sth to sb** jdm etw geben; **the teacher gave us three exercises** der Lehrer hat uns drei Übungen gegeben; **to ~ sb one's cold** (*infml*) jdn mit seiner Erkältung anstecken; **to ~ sth for sth** (*≈ pay*) etw für etw ausgeben; (*≈ exchange*) etw gegen etw tauschen; **what will you ~ me for it?** was gibst du mir dafür?; **how much did you ~ for it?** wie viel hast du dafür bezahlt?; **six foot, ~ or take a few inches** ungefähr sechs Fuß **2.** (*as present*) schenken; (*≈ donate*) spenden; **to ~ sb sth** *or* **sth to sb** jdm etw schenken; **it was ~n to me by my uncle** ich habe es von meinem Onkel geschenkt bekommen **3.** *trouble, pleasure* machen; *to ~ sb support* jdn unterstützen; *to be ~n a choice* die Wahl haben; *to ~ sb a smile* jdn anlächeln; *to ~ sb a push* jdm einen Stoß geben; *to ~ one's hair a brush* sich (*dat*) die Haare bürsten; *who gave you that idea?* wer hat dich denn auf die Idee gebracht?; *what ~s you that idea?* wie kommst du denn auf die Idee?; *it ~s me great pleasure to ...* es ist mir eine große Freude ...; *to ~ sb a shock* jdm einen Schock versetzen; *to ~ a cry* aufschreien; *to ~ way* (≈ *yield*) nachgeben (*to +dat*); *~ way to oncoming traffic* (*Br*) der Gegenverkehr hat Vorfahrt; *"give way"* (*Br* MOT) „Vorfahrt beachten!", „Vortritt beachten!" (*Swiss*) **4.** (≈ *punish with*) erteilen; *he gave the child a smack* er gab dem Kind einen Klaps; *to ~ sb five years* jdn zu fünf Jahren verurteilen; *~ yourself time to recover* lassen Sie sich Zeit, um sich zu erholen; *it's an improvement, I'll ~ you that* es ist eine Verbesserung, das gestehe ich (dir) ein; *he's a good worker, I'll ~ him that* eines muss man ihm lassen, er arbeitet gut **5.** (≈ *tell*) *information, details, description, answer, advice* geben; *one's name* angeben; *decision, opinion, results* mitteilen; *~ him my regards* richten Sie ihm (schöne) Grüße von mir aus; *to ~ sb a warning* jdn warnen **6.** *party* geben; *speech* halten; *toast* ausbringen (*to sb* auf jdn); *~ us a song* sing uns was vor; *the child gave a little jump of excitement* das Kind machte vor Aufregung einen kleinen Luftsprung; *he gave a shrug* er zuckte mit den Schultern **II** *v/i* **1.** (≈ *collapse, yield*) nachgeben; (*rope, cable*) reißen **2.** (≈ *give money etc*) spenden; *you have to be prepared to ~ and take* (*fig*) man muss zu Kompromissen bereit sein **III** *n* Nachgiebigkeit *f*; (*of bed*) Federung *f* ♦ **give away** *v/t sep* **1.** weggeben; *gift, advantage* verschenken **2.** *bride* zum Altar führen **3.** *prizes etc* vergeben **4.** (*fig* ≈ *betray*) verraten (*to sb* an jdn); *to give the game away* (*infml*) alles verraten ♦ **give back** *v/t sep* zurückgeben ♦ **give in I** *v/i* (≈ *surrender*) sich ergeben (*to sb* jdm); (*in game*) aufgeben; (≈ *back down*) nachgeben (*to +dat*); *to ~ to temptation* der Versuchung erliegen **II** *v/t sep essay* einreichen ♦ **give**

off *v/t insep heat* abgeben; *smell* verbreiten ♦ **give out I** *v/i* (*supplies, strength*) zu Ende gehen; (*engine*) versagen; *my voice gave out* mir versagte die Stimme **II** *v/t sep* **1.** (≈ *distribute*) austeilen **2.** (≈ *announce*) bekannt geben **III** *v/t insep* = **give off** ♦ **give over I** *v/t sep* (≈ *hand over*) übergeben (*to +dat*) **II** *v/i* (*dial infml* ≈ *stop*) aufhören **III** *v/i +prep obj* aufhören; *~ tickling me!* hör auf, mich zu kitzeln! ♦ **give up I** *v/i* aufgeben **II** *v/t sep* **1.** aufgeben; *to ~ doing sth* es aufgeben, etw zu tun; *I'm trying to ~ smoking* ich versuche, das Rauchen aufzugeben; *to give sb/sth up as lost* jdn/etw verloren geben **2.** *seat* frei machen (*to* für); *to give oneself up* sich ergeben ♦ **give up on** *v/i +prep obj* abschreiben

give-and-take *n* (gegenseitiges) Geben und Nehmen **giveaway** *n* *it was a real ~ when he said ...* er verriet sich, als er sagte ... **given I** *past part of* **give II** *adj* **1.** (*with indef art*) bestimmt; (*with def art*) angegeben; *in a ~ period* in einem bestimmten Zeitraum; *within the ~ period* im angegebenen Zeitraum **2.** *~ name* (*esp US*) Vorname *m* **3.** *to be ~ to sth* zu etw neigen; *I'm not ~ to drinking on my own* ich habe nicht die Angewohnheit, allein zu trinken **III** *cj* **~** *that he ...* angesichts der Tatsache, dass er ...; *~ time, we can do it* wenn wir genug Zeit haben, können wir es schaffen; *~ the chance, I would ...* wenn ich die Gelegenheit hätte, würde ich ... **giver** *n* Spender(in) *m(f)*

gizmo *n* (*infml*) Ding *nt* (*infml*)

glacé *adj* kandiert

glacier *n* Gletscher *m*

glad *adj* (+*er*) *pred* froh; *to be ~ about sth* sich über etw (*acc*) freuen; *I'm ~ (about that)* das freut mich; *to be ~ of sth* froh über etw (*acc*) sein; *we'd be ~ of your help* wir wären froh, wenn Sie uns helfen könnten; *I'd be ~ of your opinion on this* ich würde gerne Ihre Meinung dazu hören; *I'm ~ you like it* ich freue mich, dass es Ihnen gefällt; *I'll be ~ to show you everything* ich zeige Ihnen gerne alles **gladden** *v/t* erfreuen

glade *n* Lichtung *f*

gladiator *n* Gladiator *m*

gladly *adv* gern(e)

glamor *n* (*US*) = **glamour** **glamorize** *v/t*

idealisieren; *violence* verherrlichen
glamorous *adj* glamourös; *occasion*
glanzvoll **glamour**, *(US)* **glamor** *n* Glamour *m*; *(of occasion)* Glanz *m*
glance I *n* Blick *m*; *at first* ~ auf den ersten Blick; *to take a quick* ~ *at sth* einen kurzen Blick auf etw *(acc)* werfen; *we exchanged* ~*s* wir sahen uns kurz an **II** *v/i* blicken; *to* ~ *at sb/sth* jdn / etw kurz ansehen; *to* ~ *at or through a report* einen kurzen Blick in einen Bericht werfen ♦ **glance off** *v/i (prep obj* von) *(bullet etc)* abprallen
gland *n* Drüse *f* **glandular** *adj* ~ *fever* Drüsenfieber *nt*
glare I *n* 1. greller Schein; *the* ~ *of the sun* das grelle Sonnenlicht 2. (≈ *stare)* stechender Blick **II** *v/i* 1. *(light, sun)* grell scheinen 2. (≈ *stare)* (zornig) starren; *to* ~ *at sb/sth* jdn / etw zornig anstarren **glaring** *adj* 1. *sun, light* grell 2. *example, omission* eklatant **glaringly** *adv* ~ *obvious fact, statement* überdeutlich; *it was* ~ *obvious that he had no idea* es war nur zu ersichtlich, dass er keine Ahnung hatte
glass I *n* 1. Glas *nt*; *a pane of* ~ eine Glasscheibe; *a* ~ *of wine* ein Glas Wein 2. (≈ *spectacles)* ~*es pl, pair of* ~*es* Brille *f* **II** *adj attr* Glas- **glass ceiling** *n (fig)* gläserne Decke; *she hit the* ~ sie kam als Frau beruflich nicht mehr weiter **glass fibre**, *(US)* **glass fiber** *n* Glasfaser *f* **glassful** *n* Glas *nt* **glasshouse** *n (Br* HORT) Gewächshaus *nt* **glassy** *adj (+er)* surface, *sea etc* spiegelglatt; ~-*eyed look* glasig
glaucoma *n* grüner Star
glaze I *n* Glasur *f* **II** *v/t* 1. *window* verglasen 2. *pottery, cake* glasieren **III** *v/i (eyes: a.* **glaze over**) glasig werden; *she had a* ~*d look in her eyes* sie hatte einen glasigen Blick **glazier** *n* Glaser(in) *m(f)* **glazing** *n* Glasur *f*
gleam I *n* Schimmer *m*; *(of metal, water)* Schimmern *nt*; *a* ~ *of light* ein Lichtschimmer *m*; *he had a* ~ *in his eye* seine Augen funkelten **II** *v/i* schimmern; *(eyes)* funkeln **gleaming** *adj* schimmernd; *eyes* funkelnd; ~ *white* strahlend weiß
glean *v/t (fig)* herausbekommen; *to* ~ *sth from sb/sth* etw von jdm erfahren / einer Sache *(dat)* entnehmen
glee *n* Freude *f*; *(malicious)* Schadenfreude *f*; *he shouted with* ~ er stieß einen

Freudenschrei aus **gleeful** *adj* vergnügt; *(maliciously)* schadenfroh
glen *n* Tal *nt*
glib *adj (+er) person* zungenfertig; *reply* leichtzüngig
glide *v/i* gleiten; *(through the air)* schweben; *(plane)* im Gleitflug fliegen **glider** *n* AVIAT Segelflugzeug *nt* **gliding** *n* AVIAT Segelfliegen *nt*
glimmer I *n* 1. *(of light etc)* Schimmer *m* 2. *(fig)* = **gleam I II** *v/i (light)* schimmern; *(fire)* glimmen
glimpse I *n* Blick *m*; *to catch a* ~ *of sb/sth* einen flüchtigen Blick auf jdn / etw werfen können **II** *v/t* einen Blick erhaschen von
glint I *n* Glitzern *nt no pl; a* ~ *of light* ein glitzernder Lichtstrahl; *he has a wicked* ~ *in his eyes* seine Augen funkeln böse **II** *v/i* glitzern; *(eyes)* funkeln
glisten *v/i* glänzen; *(dewdrops)* glitzern
glitch *n* IT Funktionsstörung *f; a technical* ~ eine technische Panne
glitter I *n* Glitzern *nt; (for decoration)* Glitzerstaub *m* **II** *v/i* glitzern; *(eyes, diamonds)* funkeln **glittering** *adj* glitzernd; *eyes, diamonds* funkelnd; *occasion* glanzvoll
glitzy *adj (+er) (infml) occasion* glanzvoll
gloat *v/i (with pride)* sich großtun *(over, about* mit); *(over sb's misfortune)* sich hämisch freuen *(over, about* über +*acc); there's no need to* ~ *(over me)!* das ist kein Grund zur Schadenfreude!
global *adj* global; *recession* weltweit; ~ *peace* Weltfrieden *m* **global economy** *n* Weltwirtschaft *f* **globalization** *n* Globalisierung *f* **globalize** *v/t & v/i* globalisieren **globally** *adv* 1. (≈ *worldwide)* global 2. (≈ *universally)* allgemein **global trade** *n* Welthandel *m* **global village** *n* Weltdorf *nt* **global warming** *n* Erwärmung *f* der Erdatmosphäre **globe** *n* (≈ *sphere)* Kugel *f*; (≈ *map)* Globus *m; all over the* ~ auf der ganzen Erde *or* Welt **globe artichoke** *n* Artischocke *f* **globetrotter** *n* Globetrotter(in) *m(f)* **globetrotting I** *n* Globetrotten *nt* **II** *attr* globetrottend
globule *n* Kügelchen *nt; (of oil, water)* Tröpfchen *nt*
gloom *n* 1. (≈ *darkness)* Düsterkeit *f* 2. (≈ *sadness)* düstere Stimmung **gloomily** *adv* niedergeschlagen; (≈ *pessimistically)* pessimistisch **gloomy** *adj (+er)* düs-

ter; *weather, light* trüb; *person* niederge-schlagen; (≈ *pessimistic*) pessimistisch (*about* über +*acc*); *outlook* trübe; **he is very ~ about his chances of success** er beurteilt seine Erfolgschancen sehr pessimistisch

glorification *n* Verherrlichung *f* **glorified** *adj* **I'm just a ~ secretary** ich bin nur eine bessere Sekretärin **glorify** *v/t* verherrlichen **glorious** *adj* **1.** (≈ *splendid*) herrlich **2.** *career* glanzvoll; *victory* ruhmreich **gloriously** *adv* herrlich; **~ happy** überglücklich **glory I** *n* **1.** (≈ *honour*) Ruhm *m*; **moment of ~** Ruhmes-stunde *f* **2.** (≈ *magnificence*) Herrlich-keit *f*; **they restored the car to its former ~** sie restaurierten das Auto, bis es seine frühere Schönheit wiederer-langt hatte **II** *v/i* **to ~ in one's/sb's success** sich in seinem/jds Erfolg sonnen

gloss¹ *n* Glanz *m*; **~ finish** (PHOT: *on paper*) Glanz(beschichtung *f*) *m*; (*of paint*) Lackanstrich *m* ◆ **gloss over** *v/t sep* **1.** (≈ *conceal*) vertuschen **2.** (≈ *make light of*) beschönigen

gloss² *n* (≈ *explanation*) Erläuterung *f*; **to put a ~ on sth** etw interpretieren

glossary *n* Glossar *nt*

gloss (**paint**) *n* Glanzlack(farbe *f*) *m* **glossy** *adj* (+*er*) glänzend; **~ magazine** (Hochglanz)magazin *nt*; **~ paper/paint** Glanzpapier *nt*/-lack *m*; **~ print** PHOT Hochglanzbild *nt*

glove *n* (Finger)handschuh *m*; **to fit (sb) like a ~** (jdm) wie angegossen passen **glove compartment** *n* AUTO Handschuh-fach *nt* **glove puppet** *n* (*Br*) Handpuppe *f*

glow I *v/i* glühen; (*hands of clock*) leuch-ten; (*lamp*) scheinen; **she/her cheeks ~ed with health** sie hatte ein blühendes Aussehen; **to ~ with pride** vor Stolz glü-hen **II** *n* Glühen *nt*; (*of lamp*) Schein *m*; (*of fire*) Glut *f*; **her face had a healthy ~** ihr Gesicht hatte eine blühende Farbe **glower** *v/i* **to ~ at sb** jdn finster ansehen **glowing** *adj account* begeistert; **to speak of sb/sth in ~ terms** voller Begeisterung von jdm/etw sprechen **glow-worm** *n* Glühwürmchen *nt*

glucose *n* Traubenzucker *m*

glue I *n* Leim *m*, Pick *m* (*Aus*) **II** *v/t* kle-ben, picken (*Aus*); **to ~ sth down/on** etw fest-/ankleben; **to ~ sth to sth** etw an etw (*dat*) festkleben; **to keep one's eyes ~d**

to sb/sth jdn/etw nicht aus den Augen lassen; **he's been ~d to the TV all eve-ning** er hängt schon den ganzen Abend vorm Fernseher (*infml*); **we were ~d to our seats** wir saßen wie gebannt auf un-seren Plätzen **glue-sniffing** *n* (Kleb-stoff)schnüffeln *nt*, Pickschnüffeln *m* (*Aus*)

glum *adj* (+*er*) niedergeschlagen **glumly** *adv* niedergeschlagen

glut *n* Schwemme *f*

glute *n usu pl* (*infml*) Hintern *m* (*infml*)

gluten *n* Gluten *nt*

glutinous *adj* klebrig

glutton *n* Vielfraß *m*; **she's a ~ for pun-ishment** sie ist die reinste Masochistin (*infml*) **gluttonous** *adj* (*lit, fig*) uner-sättlich; *person* gefräßig **gluttony** *n* Völ-lerei *f*

glycerin(e) *n* Glyzerin *nt*

GM *abbr of* **genetically modified**

gm *abbr of* **gram(s)**, **gramme(s)** g

GMO *n abbr of* **genetically modified or-ganism** genetisch veränderter Organis-mus, GVO *m*

GMT *abbr of* **Greenwich Mean Time** WEZ

gnarled *adj tree* knorrig; *fingers* knotig

gnash *v/t* **to ~ one's teeth** mit den Zäh-nen knirschen

gnat *n* (Stech)mücke *f*

gnaw I *v/t* nagen an (+*dat*); *hole* nagen **II** *v/i* nagen; **to ~ at or on sth** an etw (*dat*) nagen; **to ~ at sb** (*fig*) jdn quälen **gnaw-ing** *adj doubt, pain* nagend; *fear* quälend

gnome *n* Gnom *m*; (*in garden*) Garten-zwerg *m*

GNP *abbr of* **gross national product**

GNVQ (*Br* SCHOOL) *abbr of* **General Na-tional Vocational Qualification** ≈ Be-rufsschulabschluss *m*

go *vb: pret* **went**, *past part* **gone I** *v/i* **1.** ge-hen; (*vehicle*) fahren; (*plane*) fliegen; (≈ *travel*) reisen; (*road*) führen; **the doll goes everywhere with her** sie nimmt die Puppe überallhin mit; **you go first** geh du zuerst!; **you go next** du bist der Nächste; **there you go** (*giving sth*) bitte; (≈ *I told you so*) na bitte; **here we go again!** (*infml*) jetzt geht das schon wieder los! (*infml*); **where do we go from here?** (*lit*) wo gehen wir an-schließend hin?; (*fig*) und was (wird) jetzt?; **to go to church** in die Kirche ge-hen; **to go to evening classes** Abendkurse besuchen; *to go to work* zur Arbeit gehen; *what shall I go in?* was soll ich anziehen?; *the garden goes down to the river* der Garten geht bis zum Fluss hinunter; *to go to France* nach Frankreich fahren; *I have to go to the doctor* ich muss zum Arzt (gehen); *to go to war* Krieg führen (*over* wegen); *to go to sb for sth* (≈ *ask sb*) jdn wegen etw fragen; (≈ *fetch from sb*) bei jdm etw holen; *to go on a journey* eine Reise machen; *to go on a course* einen Kurs machen; *to go on holiday* (*Br*) *or vacation* (*US*) in Urlaub gehen; *to go for a walk* spazieren gehen; *to go for a newspaper* eine Zeitung holen gehen; *go and shut the door* mach mal die Tür zu; *he's gone and lost his new watch* (*infml*) er hat seine neue Uhr verloren; *now you've gone and done it!* (*infml*) na, jetzt hast du es geschafft!; *to go shopping* einkaufen gehen; *to go looking for sb/sth* nach jdm/etw suchen **2.** (≈ *depart*) gehen; (*vehicle*) (ab)fahren; (*plane*) (ab)fliegen; *has he gone yet?* ist er schon weg?; *we must go or be going* (*infml*) wir müssen gehen; *go!* SPORTS los!; *here goes!* jetzt gehts los! (*infml*) **3.** (≈ *vanish*) verschwinden; (≈ *be used up*) aufgebraucht werden; (*time*) vergehen; *it is or has gone* (≈ *disappeared*) es ist weg; *where has it gone?* wo ist es geblieben?; *all his money goes on computer games* er gibt sein ganzes Geld für Computerspiele aus; *£75 a week goes on rent* £ 75 die Woche sind für die Miete (weg); *it's just gone three* es ist kurz nach drei; *two days to go till ...* noch zwei Tage bis ...; *two exams down and one to go* zwei Prüfungen geschafft und eine kommt noch **4.** (≈ *be got rid of*) verschwinden; (≈ *be abolished*) abgeschafft werden; *that settee will have to go* das Sofa muss weg; *hundreds of jobs will go* Hunderte von Stellen werden verloren gehen **5.** (≈ *be sold*) *the hats aren't going very well* die Hüte gehen nicht sehr gut (weg); *it went for £5* es ging für £ 5 weg; *how much did the house go for?* für wie viel wurde das Haus verkauft?; *going, going, gone!* zum Ersten, zum Zweiten, und zum Dritten!; *he has gone so far as to accuse me* er ist so weit gegangen, mich zu beschuldigen **6.** (*prize etc*) gehen (*to* an +*acc*) **7.** (*watch*) gehen; (*car, machine*) laufen; *to make sth go* etw in Gang bringen; *to get going* in Schwung kommen; *to get sth going* etw in Gang bringen; *Party* etw in Fahrt bringen; *to keep going* (*person*) weitermachen; (*machine etc*) weiterlaufen; (*car*) weiterfahren; *keep going!* weiter!; *to keep the fire going* das Feuer anbehalten; *this prospect kept her going* diese Aussicht hat sie durchhalten lassen; *here's £50 to keep you going* hier hast du erst mal £ 50 **8.** (*event, evening*) verlaufen; *how does the story go?* wie war die Geschichte noch mal?; *we'll see how things go* (*infml*) wir werden sehen, wie es läuft (*infml*); *the way things are going I'll ...* so wie es aussieht, werde ich ...; *she has a lot going for her* sie ist gut dran; *how's it going?* (*infml*) wie gehts (denn so)? (*infml*); *how did it go?* wie wars?; *how's the essay going?* was macht der Aufsatz?; *everything is going well* alles läuft gut; *if everything goes well* wenn alles gut geht **9.** (≈ *fail*) kaputtgehen; (*strength, eyesight etc*) nachlassen; (*brakes*) versagen; *his mind is going* er lässt geistig sehr nach **10.** (≈ *become*) werden; *to go deaf* taub werden; *to go hungry* hungern; *I went cold* mir wurde kalt; *to go to sleep* einschlafen **11.** (≈ *fit*) gehen, passen; (≈ *belong*) hingehören; (*in drawer etc*) (hin)kommen; (≈ *match*) dazu passen; *4 into 12 goes 3* 4 geht in 12 dreimal; *4 into 3 won't go* 3 durch 4 geht nicht **12.** (≈ *make a sound*) machen; *to go bang* peng machen; *there goes the bell* es klingelt **13.** *anything goes!* alles ist erlaubt; *that goes for me too* (≈ *I agree with that*) das meine ich auch; *there are several jobs going* es sind mehrere Stellen zu haben; *large fries to go* (*US*) eine große Portion Pommes zum Mitnehmen; *the money goes to help the poor* das Geld soll den Armen helfen; *the money will go toward(s) a new car* das ist Geld für ein neues Auto; *he's not bad as bosses go* verglichen mit anderen Chefs ist er nicht übel **II** *aux vb* *I'm/I was going to do it* ich werde/wollte es tun; *I had been going to do it* ich habe es tun wollen; *it's going to rain* es wird wohl regnen **III** *v/t* **1.** *route* gehen; (*vehicle*) fahren; *to go it alone* sich selbstständig machen; *my mind went a complete blank* ich hatte ein Brett vor dem Kopf (*infml*) **2.** (≈ *say, infml*) sagen **IV** *n, pl* **goes 1.** (≈ *energy, infml*) Schwung *m*; *to be on the go* auf Trab sein (*infml*); *he's got two women on the go* er hat zwei Frauen gleichzeitig; *it's all go* es ist immer was los (*infml*) **2.** (≈ *attempt*) Versuch *m*; *at the first go* auf Anhieb (*infml*); *at the second go* beim zweiten Versuch; *at or in one go* auf einen Schlag (*infml*); (*drink*) in einem Zug (*infml*); *to have a go* (*Br*) es probieren; *to have a go at doing sth* versuchen, etw zu tun; *have a go!* versuchs *or* probiers (*infml*) doch mal!; *to have a go at sb* (*infml* ≈ *criticize*) jdn runterputzen (*infml*) **3.** (≈ *turn*) *it's your go* du bist an der Reihe; *miss one go* (*Br*) einmal aussetzen; *can I have a go?* darf ich mal? **4.** *to make a go of sth* in etw (*dat*) Erfolg haben; *from the word go* von Anfang an♦ **go about I** *v/i* **1.** (*Br*) herumlaufen; *to ~ with sb* mit jdm zusammen sein **2.** (*Br*) (*flu etc*) umgehen **II** *v/i +prep obj* **1.** *task* anpacken; *how does one ~ finding a job?* wie bekommt man eine Stelle? **2.** *work* erledigen; *to ~ one's business* sich um seine eigenen Geschäfte kümmern ♦ **go across I** *v/i +prep obj* überqueren **II** *v/i* hinübergehen; (*by vehicle*) hinüberfahren ♦ **go after** *v/i +prep obj* **1.** (≈ *follow*) nachgehen (+*dat*); (*in vehicle*) nachfahren (+*dat*); *the police went after the escaped criminal* die Polizei hat den entkommenen Verbrecher gejagt **2.** (≈ *try to obtain*) anstreben ♦ **go against** *v/i +prep obj* **1.** (*luck*) sein gegen; (*events*) ungünstig verlaufen für; *the verdict went against her* das Urteil fiel zu ihren Ungunsten aus; *the vote went against her* sie verlor die Abstimmung **2.** (≈ *be contrary to*) im Widerspruch stehen zu; *principles* sich entgegen gegen; (≈ *oppose*) *person* sich widersetzen (+*dat*); *wishes* zuwiderhandeln (+*dat*) ♦ **go ahead** *v/i* **1.** (≈ *go in front*) vorangehen; (*in race*) sich an die Spitze setzen; (≈ *go earlier*) vorausgehen; (*in vehicle*) vorausfahren; *to ~ of sb* vor jdm gehen; sich vor jdn setzen; jdm vorausgehen/-fahren **2.** (≈ *proceed, person*) es machen; (*project*) vorangehen; (*event*) stattfinden; *~!* nur zu!; *to ~ with sth*

etw durchführen ♦ **go along** *v/i* **1.** (≈ *walk along*) entlanggehen; (*to an event*) hingehen; *to ~ to sth* zu etw gehen; *as one goes along* (≈ *bit by bit*) nach und nach; (≈ *at the same time*) nebenbei; *I made the story up as I went along* ich habe mir die Geschichte beim Erzählen ausgedacht **2.** (≈ *accompany*) mitgehen (*with* mit) **3.** (≈ *agree*) zustimmen (*with* +*dat*)♦ **go around** *v/i* = **go about** I, **go round**♦ **go away** *v/i* (weg)gehen; (*for a holiday*) wegfahren ♦ **go back** *v/i* **1.** (≈ *return*) zurückgehen; (≈ *revert*) zurückkehren (*to* zu); *they have to ~ to Germany/school* sie müssen wieder nach Deutschland zurück / zur Schule; *when do the schools ~?* wann fängt die Schule wieder an?; *to ~ to the beginning* wieder von vorn anfangen; *there's no going back* es gibt kein Zurück mehr **2.** (≈ *date back*) zurückreichen (*to* bis zu); *we ~ a long way* wir kennen uns schon ewig **3.** (*clock*) zurückgestellt werden♦ **go back on** *v/i +prep obj* zurücknehmen; *decision* rückgängig machen; *I never ~ my word* was ich versprochen habe, halte ich auch♦ **go before I** *v/i* (≈ *happen before*) vorangehen; *everything that had gone before* alles Vorhergehende **II** *v/i +prep obj* *to ~ the court* vor Gericht erscheinen ♦ **go beyond** *v/i +prep obj* hinausgehen über (+*acc*)♦ **go by I** *v/i* vorbeigehen (*prep obj* an +*dat*); (*vehicle*) vorbeifahren (*prep obj* an +*dat*); (*time*) vergehen; *as time went by* mit der Zeit; *in days gone by* in längst vergangenen Tagen **II** *v/i +prep obj* **1.** (≈ *base decision on*) gehen nach; *watch etc* sich richten nach; *rules* sich halten an (+*acc*); *if that's anything to ~* wenn man danach gehen kann; *going by what he said* nach dem, was er sagte **2.** *to ~ the name of Smith* Smith heißen♦ **go down** *v/i* **1.** hinuntergehen (*prep obj* +*acc*); (*by vehicle, lift*) hinunterfahren (*prep obj* +*acc*); (*sun, ship*) untergehen; (*plane*) abstürzen; *to ~ on one's knees* sich hinknien; (*to apologize*) auf die Knie fallen **2.** (≈ *be accepted*) ankommen (*with* bei); *that won't ~ well with him* das wird er nicht gut finden **3.** (*floods, swelling*) zurückgehen; (*prices*) sinken; *he has gone down in my estimation* er ist in meiner Achtung gesunken; *to ~ in his-*

tory in die Geschichte eingehen; **to ~ with a cold** eine Erkältung bekommen **4.** (≈ *go as far as*) gehen (*to* bis); **I'll ~ to the bottom of the page** ich werde die Seite noch fertig machen **5.** IT ausfallen **6.** (SPORTS ≈ *be relegated*) absteigen; (≈ *be defeated*) verlieren; **they went down 2-1 to Rangers** sie verloren 2:1 gegen Rangers ◆ **go for** *v/i* +*prep obj* **1.** (*infml* ≈ *attack*) losgehen auf (+*acc*) (*infml*) **2.** (*infml* ≈ *like*) gut finden; (≈ *choose*) nehmen; **~ it!** nichts wie ran! (*infml*) ◆ **go in** *v/i* **1.** (≈ *enter*) hineingehen **2.** (*sun*) verschwinden **3.** (≈ *fit in*) hineinpassen ◆ **go in for** *v/i* +*prep obj* **1.** *competition* teilnehmen an (+*dat*) **2. to ~ sports** sich für Sport interessieren ◆ **go into** *v/i* +*prep obj* **1.** *building, politics* gehen in (+*acc*); *army etc* gehen zu; **to ~ teaching** Lehrer(in) werden **2.** (≈ *crash into*) *car* (hinein)fahren in (+*acc*); *wall* fahren gegen **3.** *trance* fallen in (+*acc*); **to ~ hysterics** hysterisch werden **4.** (≈ *look into*) sich befassen mit; (≈ *treat*) abhandeln; **to ~ detail** auf Einzelheiten eingehen; **a lot of effort has gone into it** da steckt viel Mühe drin ◆ **go off I** *v/i* **1.** (≈ *leave*) weggehen; (*by vehicle*) wegfahren (*on* mit); **he went off to the States** er fuhr in die Staaten; **to ~ with sb/sth** (*illicitly*) mit jdm/etw aufund davon gehen (*infml*) **2.** (*light*) ausgehen; (*electricity*) wegbleiben **3.** (*gun etc*) losgehen; (*alarm clock*) klingeln **4.** (*Br, food*) schlecht werden; (*milk*) sauer werden **5.** (≈ *take place*) verlaufen; **to ~ well/badly** gut/schlecht gehen **II** *v/i* +*prep obj* (*Br*) nicht mehr mögen; **I've gone off him** ich mache mir nichts mehr aus ihm ◆ **go on I** *v/i* **1.** (≈ *fit*) passen (*prep obj* auf +*acc*) **2.** (*light*) angehen **3.** (≈ *walk on*) weitergehen; (*by vehicle*) weiterfahren; **to ~ with sth** mit etw weitermachen; **to ~ trying** es weiter(hin) versuchen; **~ with your work** arbeite weiter; **to ~ speaking** weitersprechen; **~, tell me!** na, sag schon!; **to have enough to be going on with** fürs Erste genug haben; **he went on to say that ...** dann sagte er, dass ...; **I can't ~** ich kann nicht mehr **4.** (≈ *talk incessantly*) unaufhörlich reden; **don't ~** (*about it*) nun hör aber (damit) auf; **to ~ about sb/sth** stundenlang von jdm/etw erzählen **5.** (≈ *happen*) passieren; (*party etc*) im Gange sein; **this has been going**

on for a long time das geht schon lange so; **what's going on here?** was geht hier vor? **6.** (*time*) vergehen; **as time goes on** im Laufe der Zeit **7.** THEAT auftreten **II** *v/i* +*prep obj* **1.** *bus, bike etc* fahren mit; *tour* machen; **to ~ the swings** auf die Schaukel gehen **2.** (≈ *be guided by*) gehen nach; **we've got nothing to ~** wir haben keine Anhaltspunkte **3. to ~ the dole** (*Br*) stempeln gehen (*infml*); **to ~ a diet** eine Schlankheitskur machen; **to ~ the pill** die Pille nehmen; **to ~ television** im Fernsehen auftreten **4.** (≈ *approach*) *fifty etc* zugehen auf (+*acc*) ◆ **go on for** *v/i* +*prep obj* *fifty etc* zugehen auf (+*acc*); **there were going on for twenty people there** es waren fast zwanzig Leute da ◆ **go out** *v/i* **1.** (≈ *leave*) hinausgehen; **to ~ of a room** aus einem Zimmer gehen **2.** (*shopping etc*) weggehen; (*to theatre etc* ≈ *be extinguished, fire*) ausgehen; (*with girl-/boyfriend*) gehen; **to ~ for a meal** essen gehen; **to ~ to work** arbeiten gehen; **to ~ on strike** in den Streik treten **3.** (*tide*) zurückgehen **4. my heart went out to him** ich fühlte mit ihm mit; **the fun had gone out of it** es machte keinen Spaß mehr **5.** (SPORTS ≈ *be defeated*) ausscheiden **6.** (≈ *strive*) **to go all out** sich ins Zeug legen (*for* für) **7.** (RADIO, TV: *programme*) ausgestrahlt werden ◆ **go over I** *v/i* **1.** (≈ *cross*) hinübergehen; (*by vehicle*) hinüberfahren **2.** (≈ *change allegiance, diet etc*) übergehen (*to* zu) **3.** (TV, RADIO, *to another studio etc*) umschalten **II** *v/i* +*prep obj* durchgehen; **to ~ sth in one's mind** etw überdenken ◆ **go past** *v/i* vorbeigehen (*prep obj* an +*dat*); (*vehicle*) vorbeifahren (*prep obj* an +*dat*); (*time*) vergehen ◆ **go round** *v/i* (*esp Br*) **1.** (≈ *spin*) sich drehen **2.** (≈ *make a detour*) **to ~ sth** um etw herumgehen/-fahren; **to ~ the long way** ganz außen herumgehen/-fahren **3.** (≈ *visit*) vorbeigehen (*to* bei) **4.** (≈ *tour, round museum etc*) herumgehen (*prep obj* in +*dat*) **5.** (≈ *be sufficient*) (aus)reichen; **there's enough food to ~** es ist genügend zu essen da **6.** +*prep obj* (≈ *encircle*) herumgehen um **7.** = **go about I** ◆ **go through I** *v/i* durchgehen; (*deal*) abgeschlossen werden; (*divorce, bill*) durchkommen; SPORTS sich qualifizieren (*to* für) **II** *v/i* +*prep obj* **1.** *hole, cus-*

toms etc gehen durch **2.** *formalities* durchmachen **3.** *list, lesson* durchgehen **4.** *pocket* durchsuchen **5.** (≈ *use up*) aufbrauchen; *money* ausgeben ♦ **go through with** *v/i +prep obj crime* ausführen; *she couldn't ~ it* sie brachte es nicht fertig ♦ **go together** *v/i* (≈ *harmonize*) zusammenpassen ♦ **go under I** *v/i* (*ship, person*) untergehen; (*company*) eingehen (*infml*) **II** *v/i +prep obj* **1.** (≈ *pass under*) durchgehen unter (+*dat*); (≈ *fit under*) passen unter (+*acc*) **2. to ~ the name of Jones** als Jones bekannt sein ♦ **go up** *v/i* **1.** (*price etc*) steigen **2.** (≈ *climb*) hinaufsteigen (*prep obj +acc*); **to ~ to bed** nach oben gehen **3.** (*lift* ≈ *travel north*) hochfahren; (THEAT: *curtain*) hochgehen; (≈ *be built*) gebaut werden **4. to ~ in flames** in Flammen aufgehen **5.** (*cheer*) ertönen ♦ **go with** *v/i +prep obj* **1.** *sb* gehen mit **2.** (≈ *harmonize with*) passen zu ♦ **go without I** *v/i +prep obj* nicht haben; **to ~ food** nichts essen; **to ~ breakfast** nicht frühstücken; **to have to ~ sth** auf etw (*acc*) verzichten müssen **II** *v/i* darauf verzichten

goad *v/t* aufreizen; **to ~ sb into sth** jdn zu etw anstacheln

go-ahead I *adj* fortschrittlich **II** *n* **to give sb/sth the ~** jdm/für etw grünes Licht geben

goal *n* **1.** SPORTS Tor *nt*; **to score a ~** ein Tor erzielen **2.** (≈ *aim*) Ziel *nt*; **to set (oneself) a ~** (sich *dat*) ein Ziel setzen **goal area** *n* Torraum *m* **goal difference** *n* Tordifferenz *f* **goalie** *n* (*infml*) Tormann *m*/-frau *f* **goalkeeper** *n* Torhüter(in) *m(f)* **goal kick** *n* Abstoß *m* (vom Tor) **goal line** *n* Torlinie *f* **goalmouth** *n* unmittelbarer Torbereich *m* **goalpost** *n* Torpfosten *m*; **to move the ~s** (*fig infml*) die Spielregeln (ver)ändern

goat *n* Ziege *f*; **to get sb's ~** (*infml*) jdn auf die Palme bringen (*infml*) **goatee** (**beard**) *n* Spitzbart *m* **goat's cheese** *n* Ziegenkäse *m*

gob[1] *v/i* (*Br infml*) spucken; **to ~ at sb** jdn anspucken

gob[2] *n* (*Br infml* ≈ *mouth*) Schnauze *f* (*infml*); **shut your ~!** halt die Schnauze! (*infml*)

gobble *v/t* verschlingen ♦ **gobble down** *v/t sep* hinunterschlingen ♦ **gobble up** *v/t sep* verschlingen

gobbledegook, gobbledygook *n* (*infml*) Kauderwelsch *nt*

go-between *n*, *pl* **-s** Vermittler(in) *m(f)*

goblet *n* Pokal *m*

goblin *n* Kobold *m*

gobsmacked *adj* (*infml*) platt (*infml*)

go-cart *n* (≈ *child's cart*) Seifenkiste *f*; SPORTS Gokart *m*

god *n* Gott *m*; **God willing** so Gott will; **God (only) knows** (*infml*) wer weiß; **for God's sake!** (*infml*) um Himmels willen (*infml*); **what/why in God's name ...?** um Himmels willen, was/warum ...? **god-awful** *adj* (*infml*) beschissen (*infml*) **godchild** *n* Patenkind *nt* **goddammit** *int* verdammt noch mal! (*infml*) **goddamn, goddam** *adj* (*esp US infml*) gottverdammt (*infml*); **it's no ~ use!** es hat überhaupt keinen Zweck, verdammt noch mal! (*infml*) **goddamned** *adj* = **goddamn goddaughter** *n* Patentochter *f* **goddess** *n* Göttin *f* **godfather** *n* Pate *m*; **my ~** mein Patenonkel *m* **godforsaken** *adj* (*infml*) gottverlassen **godless** *adj* gottlos **godmother** *n* Patin *f*; **my ~** meine Patentante *f* **godparent** *n* Pate *m*, Patin *f* **godsend** *n* Geschenk *nt* des Himmels **godson** *n* Patensohn *m*

-goer *n suf* -gänger(in) *m(f)*; **cinemagoer** Kinogänger(in) *m(f)*

goes *3rd person sg pres of* **go**

go-getter *n* (*infml*) Ellbogentyp *m* (*pej infml*)

goggle *v/i* starren; **to ~ at sb/sth** jdn/etw anstarren **goggles** *pl* Schutzbrille *f*

going I *prp of* **go II** *n* **1.** (≈ *departure*) Weggang *m* **2. it's slow ~** es geht nur langsam voran; **that's good ~** das ist ein flottes Tempo; **it's heavy ~ talking to him** es ist sehr mühsam, sich mit ihm zu unterhalten; **while the ~ is good** (noch) rechtzeitig **III** *adj* **1.** *rate* üblich **2.** (*after superl*: *infml*) **the best thing ~** das Beste überhaupt **3. to sell a business as a ~ concern** ein bestehendes Unternehmen verkaufen **going-over** *n* Untersuchung *f*; **to give sth a good ~** contract etw gründlich prüfen **goings-on** *pl* (*infml*) Dinge *pl*

go-kart *n* Gokart *m*

gold I *n* **1.** Gold *nt* **2.** (*infml* ≈ *gold medal*) Goldmedaille *f* **II** *adj* golden; **~ jewellery** (*Br*) or **jewelry** (*US*) Goldschmuck *m*; **~ coin** Goldmünze *f* **gold disc** *n* goldene Schallplatte **gold dust** *n* **to be**

(*like*) ~ (*fig*) sehr schwer zu finden sein **golden** *adj* golden; *hair* goldblond; **fry until** ~ anbräunen; **a** ~ **opportunity** eine einmalige Gelegenheit **golden age** *n* (*fig*) Blütezeit *f* **golden eagle** *n* Steinadler *m* **golden goal** *n* FTBL Golden Goal *nt* **golden jubilee** *n* goldenes Jubiläum **golden rule** *n* goldene Regel; **my** ~ **is never to** ... ich mache es mir zu Regel, niemals zu ... **golden syrup** *n* (*Br*) (gelber) Sirup **golden wedding (anniversary)** *n* goldene Hochzeit **goldfish** *n* Goldfisch *m* **goldfish bowl** *n* Goldfischglas *nt* **gold leaf** *n* Blattgold *nt* **gold medal** *n* Goldmedaille *f* **gold mine** *n* Goldgrube *f* **gold-plate** *v/t* vergolden **gold rush** *n* Goldrausch *m* **goldsmith** *n* Goldschmied(in) *m(f)*

golf *n* Golf *nt* **golf bag** *n* Golftasche *f* **golf ball** *n* Golfball *m* **golf club** *n* **1.** (≈ *instrument*) Golfschläger *m* **2.** (≈ *association*) Golfklub *m* **golf course** *n* Golfplatz *m* **golfer** *n* Golfer(in) *m(f)*

gondola *n* Gondel *f*

gone I *past part of* **go II** *adj pred* (*infml* ≈ *pregnant*) **she was 6 months** ~ sie war im 7. Monat **III** *prep* **it's just** ~ **three** es ist gerade drei Uhr vorbei

gong *n* **1.** Gong *m* **2.** (*Br infml* ≈ *medal*) Blech *nt* (*infml*)

gonna (*incorrect*) = **going to**

gonorrhoea, (*US*) **gonorrhea** *n* Gonorrhö *f*, Tripper *m*

goo *n* (*infml*) Schmiere *f* (*infml*)

good I *adj, comp* **better**, *sup* **best 1.** gut; **that's a** ~ **one!** (*joke*) das ist ein guter Witz; (*usu iron: excuse*) wers glaubt, wird selig! (*infml*); **you've done a** ~ **day's work** du hast gute Arbeit (für einen Tag) geleistet; **a** ~ **meal** eine ordentliche Mahlzeit; **to be** ~ **with people** gut mit Menschen umgehen können; **it's too** ~ **to be true** es ist zu schön, um wahr zu sein; **to be** ~ **for sb** gut für jdn sein; **it's a** ~ **thing** *or* **job I was there** (nur) gut, dass ich dort war; ~ **nature** Gutmütigkeit *f*; **to be** ~ **to sb** gut zu jdm sein; **that's very** ~ **of you** das ist sehr nett von Ihnen; (**it was**) ~ **of you to come** nett, dass Sie gekommen sind; **would you be** ~ **enough to tell me** ... wären Sie so nett, mir zu sagen ... (*also iron*); ~ **old Charles!** der gute alte Charles!; **the car is** ~ **for another few years** das Auto hält noch ein paar Jahre; **she's** ~

for nothing sie ist ein Nichtsnutz; **that's always** ~ **for a laugh** darüber kann man immer lachen; **to have a** ~ **cry** sich ausweinen; **to have a** ~ **laugh** so richtig lachen (*infml*); **to take a** ~ **look at sth** sich (*dat*) etw gut ansehen; **it's a** ~ **8 km** es sind gute 8 km; **a** ~ **many people** ziemlich viele Leute; ~ **morning** guten Morgen; **to be** ~ **at sth** gut in etw (*dat*) sein; **to be** ~ **at sport/languages** gut im Sport/in Sprachen sein; **to be** ~ **at sewing** gut nähen können; **I'm not very** ~ **at it** ich kann es nicht besonders gut; **that's** ~ **enough** das reicht; **if he gives his word, that's** ~ **enough for me** wenn er sein Wort gibt, reicht mir das; **it's just not** ~ **enough!** so geht das nicht!; **to feel** ~ sich wohlfühlen; **I don't feel too** ~ **about it** mir ist nicht ganz wohl dabei; **to make** ~ **mistake** wiedergutmachen; *threat* wahr machen; **to make** ~ **one's losses** seine Verluste wettmachen; **as** ~ **as new** so gut wie neu; **he as** ~ **as called me a liar** er nannte mich praktisch einen Lügner **2.** *holiday, evening* schön; **did you have a** ~ **day?** wie wars heute?; **to have a** ~ **time** sich gut amüsieren; **have a** ~ **time!** viel Spaß! **3.** (≈ *well-behaved*) artig; (**as**) ~ **as gold** mustergültig; **be a** ~ **girl/boy** ... sei so lieb und ...; ~ **girl/boy!** (≈ *well done*) gut!; **that's a** ~ **dog!** guter Hund! **4.** *eye, leg* gesund **5.** (*in exclamations*) gut, prima; (**it's**) ~ **to see you** (es ist) schön, dich zu sehen; ~ **grief** *or* **gracious!** ach du liebe Güte! (*infml*); ~ **for you** *etc!* gut!, prima! **6.** (*emphatic use*) schön; **a** ~ **strong stick** ein schön(er) starker Stock; ~ **and hard** (*infml*) ganz schön fest (*infml*); ~ **and proper** (*infml*) ganz anständig (*infml*) **II** *adv* gut; **how are you? —** ~**!** wie gehts? — gut! **III** *n* **1.** Gute(s) *nt*; ~ **and evil** Gut und Böse; **to do** ~ Gutes tun; **to be up to no** ~ (*infml*) nichts Gutes im Schilde führen (*infml*) **2.** (≈ *benefit*) Wohl *nt*; **for the** ~ **of the nation** zum Wohl(e) der Nation; **I did it for your own** ~ ich habe es nur gut mit dir gemeint; **for the** ~ **of one's health** *etc* seiner Gesundheit *etc* zuliebe; **he'll come to no** ~ mit ihm wird es noch ein böses Ende nehmen; **what's the** ~ **of hurrying?** wozu eigentlich die Eile?; **if that is any** ~ **to you** wenn es dir hilft; **to do (some)** ~ (etwas) helfen *or* nützen; *to do sb ~* jdm helfen; (*rest, medicine etc*) jdm guttun; *what ~ will that do you?* was hast du davon?; *that's no ~* das ist nichts; *he's no ~ to us* er nützt uns (*dat*) nichts; *it's no ~ doing it like that* es hat keinen Sinn, das so zu machen; *he's no ~ at it* er kann es nicht **3.** *for ~* für immer

goodbye I *n* Abschied *m*; *to say ~* sich verabschieden; *to wish sb ~, to say ~ to sb* sich von jdm verabschieden; *to say ~ to sth* einer Sache (*dat*) Lebewohl sagen **II** *int* auf Wiedersehen, servus! (*Aus*) **III** *adj attr* Abschieds- **good-for--nothing** *n* Nichtsnutz *m*, Fink *m* (*Swiss*) **Good Friday** *n* Karfreitag *m* **good-humoured**, (*US*) **good-humored** *adj person* (*by nature*) gutmütig; (*on a certain occasion*) gut gelaunt; *event* friedlich **good-looking** *adj* gut aussehend **good--natured** *adj person* gutmütig; *demonstration* friedlich; *fun* harmlos **goodness** *n* Güte *f*; *out of the ~ of his/her heart* aus reiner Herzensgüte; *~ knows* weiß der Himmel (*infml*); *for ~'sake* um Himmels willen (*infml*); (*my*) *~!* meine Güte! (*infml*) **goodnight** *adj attr ~ kiss* Gutenachtkuss *m* **goods** *pl* Güter *pl*; *leather ~* Lederwaren *pl*; *stolen ~* Diebesgut *nt*; *~ train* Güterzug *m*; *if we don't come up with the ~ on time* (*infml*) wenn wir es nicht rechtzeitig schaffen **good-sized** *adj* ziemlich groß **good-tempered** *adj person* verträglich; *animal* gutartig; *behaviour* gutmütig **goodwill** *n* Wohlwollen *nt*; (*between nations*) Goodwill *m*; *a gesture of ~* ein Zeichen seines/ihres *etc* guten Willens **goody** (*infml*) *n* (≈ *delicacy*) Leckerbissen *m*; (≈ *sweet*) Süßigkeit *f* **goody--goody** (*infml*) *n* Musterkind *nt* (*infml*) **gooey** *adj* (+*er*) (*infml* ≈ *sticky*) klebrig **goof** (*infml*) *v/i* **1.** (≈ *blunder*) danebenhauen (*infml*) **2.** (*US* ≈ *loiter*: *a.* **goof around**) (herum)trödeln; *to ~ off* abzwitschern (*infml*) **goofy** *adj* (+*er*) (*infml*) doof (*infml*) **goose** *n, pl* **geese** Gans *f* **gooseberry** *n* Stachelbeere *f* **goose bumps** *pl*, **goose flesh** *n* Gänsehaut *f* **goose pimples** *pl* (*Br*) Gänsehaut *f* **goose-step** *v/i* im Stechschritt marschieren

gopher *n* Taschenratte *f*

gore¹ *n* (*liter*) Blut *nt*

gore² *v/t* durchbohren

gorge I *n* GEOG Schlucht *f* **II** *v/r* schlemmen; *to ~* (*oneself*) *on sth* etw verschlingen

gorgeous *adj* **1.** (≈ *lovely*) herrlich **2.** (*infml* ≈ *beautiful*) hinreißend; *present* toll (*infml*)

gorilla *n* Gorilla *m*

gormless *adj* (*Br infml*) doof (*infml*)

gory *adj* blutrünstig; *murder, detail* blutig

gosh *int* Mensch (*infml*), Mann (*infml*)

gospel *n* BIBLE Evangelium *nt*; *the Gospels* die Evangelien *pl* **gospel truth** *n* (*infml*) reine Wahrheit

gossip I *n* **1.** Klatsch *m*; (≈ *chat*) Schwatz *m*; *to have a ~ with sb* mit jdm schwatzen **2.** (≈ *person*) Klatschbase *f* **II** *v/i* schwatzen; (*maliciously*) klatschen **gossip column** *n* Klatschkolumne *or* -spalte *f*

got *pret, past part of* **get**

Gothic *adj* gotisch

gotta *contraction* = **got to**; *I ~ go* ich muss gehen

gotten (*esp US*) *past part of* **get**

gouge *v/t* bohren; *the river ~d a channel in the mountainside* der Fluss grub sich (*dat*) sein Bett in den Berg ♦ **gouge out** *v/t sep* herausbohren; *to gouge sb's eyes out* jdm die Augen ausstechen

goulash *n* Gulasch *nt*

gourd *n* Flaschenkürbis *m*; (*dried*) Kürbisflasche *f*

gourmet *n* Feinschmecker(in) *m(f)*

gout *n* MED Gicht *f*

Gov *abbr of* **governor**

govern I *v/t* **1.** *country* regieren; *province, school etc* verwalten **2.** (*laws etc*) bestimmen; *decision, actions* beeinflussen **II** *v/i* POL regieren **governess** *n* Gouvernante *f* **governing body** *n* leitendes Gremium

government I *n* **1.** Regierung *f* **2.** (≈ *system*) Regierungsform *f* **II** *attr* Regierungs-, der Regierung; *~ official* Regierungsbeamter *m*/-beamtin *f*; *~ backing* staatliche Unterstützung; *~ intervention* staatlicher Eingriff **governmental** *adj* Regierungs- **government department** *n* Ministerium *nt* **government--funded** *adj* mit staatlichen Mitteln finanziert **government spending** *n* öffentliche Ausgaben *pl* **governor** *n* **1.** (*of state etc*) Gouverneur(in) *m(f)* **2.** (*esp Br, of prison*) Direktor(in) *m(f)*; (*of school*) ≈ Mitglied *nt* des Schulbeirats; *the* (*board of*) ~s der Vorstand; (*of school*) ≈ der Schulbeirat **governor general** *n* Generalgouverneur(in) *m*(*f*)

govt *abbr of* **government** Reg.

gown *n* Kleid *nt*; (≈ *evening gown*) Robe *f*; (*in hospital*) Kittel *m*; (*of judge*) Talar *m*; **wedding ~** Hochzeitskleid *nt*

GP (*Br*) *abbr of* **general practitioner**; **to go to one's GP** zu seinem Hausarzt/ seiner Hausärztin gehen

GPS *n* *abbr of* **global positioning system** GPS *nt*

grab I *n* **to make a ~ at** *or* **for sth** nach etw greifen; **to be up for ~s** (*infml*) zu haben sein (*infml*) II *v*/*t* 1. packen; (*infml* ≈ *take*) wegschnappen (*infml*); (*infml* ≈ *catch*) *person* schnappen (*infml*); *chance* beim Schopf ergreifen (*infml*); **he ~bed** (*hold of*) **my sleeve** er packte mich am Ärmel; **I'll just ~ a sandwich** (*infml*) ich esse nur schnell ein Sandwich 2. (*infml*) **how does that ~ you?** wie findest du das? III *v*/*i* **to ~ at** greifen nach; **he ~bed at the chance of promotion** er ließ sich die Chance, befördert zu werden, nicht entgehen

grace I *n* 1. *no pl* Anmut *f*; **to do sth with** (**a**) **good**/**bad ~** etw anstandslos/widerwillig *or* unwillig tun 2. (≈ *respite*) Zahlungsfrist *f*; **to give sb a few days' ~** jdm ein paar Tage Zeit lassen 3. (≈ *prayer*) **to say ~** das Tischgebet sprechen 4. (≈ *mercy*) Gnade *f*; **by the ~ of God** durch die Gnade Gottes; **to fall from ~** in Ungnade fallen II *v*/*t* (≈ *honour*) beehren (*with* mit); *event etc* sich (*dat*) die Ehre geben bei (+*dat*) **graceful** *adj* anmutig; *bow, manner* elegant **gracefully** *adv* 1. anmutig 2. *accept, withdraw* anstandslos; **to grow old ~** in Würde alt werden **gracious** I *adj* (*form* ≈ *courteous*) liebenswürdig II *int* (*dated*) **good** *or* **goodness ~** (*me*)! ach du meine Güte!

gradation *n* Abstufung *f*

grade I *n* 1. (≈ *level*) Niveau *nt*; (*of goods*) (Güte)klasse *f*; **to make the ~** (*fig infml*) es schaffen (*infml*) 2. (≈ *job grade*) Position *f*; (≈ *salary grade*) Gehaltsstufe *f* 3. (SCHOOL ≈ *mark*) Note *f*; (*esp US* ≈ *class*) Klasse *f*; **to get good**/**poor ~s** gute/schlechte Noten bekommen II *v*/*t* 1. *goods* klassifizieren; *students etc* einstufen 2. (*US* SCHOOL ≈ *mark*) benoten **grade crossing** *n* (*US*) Bahnübergang *m* **-grader** *n* *suf* (*US* SCHOOL) -kläss-

ler(in) *m*(*f*); **sixth-grader** Sechstkläss-ler(in) *m*(*f*) **grade school** *n* (*US*) ≈ Grundschule *f*

gradient *n* (*esp Br*) Neigung *f*; **a ~ of 1 in 10** eine Steigung/ein Gefälle von 10%

gradual *adj* allmählich; *progress* langsam; *slope* sanft **gradually** *adv* allmählich; *slope* sanft

graduate I *n* (*Br* UNIV) (Hochschul)ab-solvent(in) *m*(*f*); (≈ *person with degree*) Akademiker(in) *m*(*f*); (*US* SCHOOL) Schulabgänger(in) *m*(*f*); **high-school ~** (*US*) ≈ Abiturient(in) *m*(*f*), ≈ Maturant(in) *m*(*f*) (*Aus*, *Swiss*) II *v*/*i* UNIV graduieren; (*US* SCHOOL) die Abschlussprüfung bestehen (*from* an +*dat*); **to ~ in English** einen Hochschulabschluss in Englisch machen; **she ~d to television from radio** sie arbeitete sich vom Radio zum Fernsehen hoch **graduate** *in cpds* (*Br*) für Akademiker; *unemployment* unter den Akademikern **graduate school** *n* (*US*) Hochschulabteilung *f* für Studenten mit abgeschlossenem Studium **graduate student** *n* (*US*) Student(in) *m*(*f*) mit abgeschlossenem Studium **graduation** *n* (UNIV, *US* SCHOOL) Abschlussfeier *f*

graffiti *pl* Graffiti *pl* **graffiti artist** *n* Graffitikünstler(in) *m*(*f*)

graft I *n* 1. MED Transplantat *nt* 2. (*esp US infml* ≈ *corruption*) Mauschelei *f* (*infml*) 3. (*Br infml* ≈ *hard work*) Schufterei *f* (*infml*) II *v*/*t* MED übertragen (*on* auf +*acc*)

grail *n* Gral *m*

grain *n* 1. *no pl* Getreide *nt* 2. (*of corn etc*) Korn *nt*; (*fig: of truth*) Körnchen *nt* 3. (*of wood*) Maserung *f*; **it goes against the** (*Br*) *or* **my** (*US*) **~** (*fig*) es geht einem gegen den Strich **grainy** *adj* (+*er*) *photograph* unscharf

gram, gramme *n* Gramm *nt*

grammar *n* Grammatik *f*; **that is bad ~** das ist grammat(ikal)isch falsch **grammar school** *n* (*Br*) ≈ Gymnasium *nt*; (*US*) ≈ Mittelschule *f* (*Stufe zwischen Grundschule und Höherer Schule*) **grammatical** *adj* 1. grammatisch; **~ error** Grammatikfehler *m* 2. (≈ *correct*) grammat(ikal)isch richtig; **his English is not ~** sein Englisch ist grammatikalisch falsch **grammatically** *adv* **~ correct** grammat(ikal)isch richtig

gramme *n* = **gram**

gramophone n (*Br old*) Grammofon *nt*; **~ record** Schallplatte *f*

gran n (*infml*) Oma *f* (*infml*)

granary n Kornkammer *f*

grand I adj (+er) (≈ *imposing*) grandios; *building* prachtvoll; *gesture* großartig; *ideas* hochfliegend; *manner* vornehm; **on a ~ scale** im großen Rahmen; **~ occasion** feierlicher Anlass; **the ~ opening** die große Eröffnung **II** n (FIN *infml*) Riese *m* (*infml*); **ten ~** zehn Riesen (*infml*)

grandchild n Enkel(kind *nt*) *m*

grand(d)ad n (*infml*) Opa *m* (*infml*)

granddaughter n Enkelin *f*

grandfather n Großvater *m* **grandfather clock** n Standuhr *f* **grand finale** n großes Finale **grandiose** adj (*pej*) *style* schwülstig; *idea* hochfliegend **grand jury** n (*US* JUR) Großes Geschworenengericht **grandly** adv **1.** (≈ *impressively*) eindrucksvoll; *named* grandios; **it is ~ described as/called/titled ...** es trägt die grandiose Bezeichnung ... **2.** (≈ *pompously*) großspurig; *say* hochtrabend

grandma n (*infml*) Oma *f* (*infml*)

grandmother n Großmutter *f*

grandpa n (*infml*) Opa *m* (*infml*)

grandparent n Großvater *m*/-mutter *f*

grandparents pl Großeltern *pl* **grand piano** n Flügel *m* **grand slam** n **to win the ~** SPORTS alle Wettbewerbe gewinnen

grandson n Enkel(sohn) *m* **grandstand** n Haupttribüne *f* **grand total** n Gesamtsumme *f*; **a ~ of £50** insgesamt £ 50

granite n Granit *m*

granny, grannie n (*infml*) Oma *f* (*infml*)

grant I v/t **1.** gewähren (*sb* jdm); *permission, visa* erteilen (*sb* jdm); *request* stattgeben (+*dat*) (*form*); *wish* erfüllen; **to ~ an amnesty to sb** jdn amnestieren **2.** (≈ *admit*) zugestehen; **to take sb/sth for ~ed** jdn/etw als selbstverständlich hinnehmen; **to take it for ~ed that ...** es selbstverständlich finden, dass ... **II** n (*of money*) Subvention *f*; (*for studying etc*) Stipendium *nt* **grant-maintained** adj staatlich finanziert

granulated sugar n Zuckerraffinade *f*

granule n Körnchen *nt*

grape n (Wein)traube *f*; **a bunch of ~s** eine (ganze) Weintraube **grapefruit** n Grapefruit *f* **grapevine** n Weinstock *m*; **I heard it on** or **through the ~** es ist mir zu Ohren gekommen

graph n Diagramm *nt* **graphic** adj **1.** *account* anschaulich; (*unpleasant*) drastisch; **to describe sth in ~ detail** etw in allen Einzelheiten anschaulich darstellen **2.** ART grafisch **graphically** adv anschaulich; (*unpleasantly*) auf drastische Art **graphical user interface** n IT grafische Benutzeroberfläche **graphic artist** n Grafiker(in) *m(f)* **graphic arts** pl, **graphic design** n Grafik *f* **graphic designer** n Grafiker(in) *m(f)* **graphic equalizer** n (Graphic) Equalizer *m* **graphics I** pl **1.** (≈ *drawings*) Zeichnungen pl **2.** IT Grafik *f* **II** adj attr IT Grafik- **graphics card** n IT Grafikkarte *f*

graphite n Grafit *m*

graph paper n Millimeterpapier *nt*

grapple v/i (*lit*) kämpfen; **to ~ with a problem** sich mit einem Problem herumschlagen

grasp I n **1.** (≈ *hold*) Griff *m*; **the knife slipped from her ~** das Messer rutschte ihr aus der Hand; **when fame was within their ~** als Ruhm in greifbare Nähe gerückt war **2.** (*fig* ≈ *understanding*) Verständnis *nt*; **to have a good ~ of sth** etw gut beherrschen **II** v/t **1.** (≈ *catch hold of*) ergreifen; (≈ *hold tightly*) festhalten; **he ~ed the bundle in his arms** er hielt das Bündel in den Armen **2.** (*fig* ≈ *understand*) begreifen **III** v/i **to ~ at sth** (*lit*) nach etw greifen; (*fig*) sich auf etw (*acc*) stürzen **grasping** adj (*fig*) habgierig

grass I n **1.** Gras *nt*; **blade of ~** Grashalm *m* **2.** no pl (≈ *lawn*) Rasen *m*; (≈ *pasture*) Weide(land *nt*) *f* **3.** (*infml* ≈ *marijuana*) Gras *nt* (*infml*) **II** v/i (*Br infml*) singen (*infml*) (*to* bei); **to ~ on sb** jdn verpfeifen (*infml*) **grasshopper** n Heuschrecke *f* **grassland** n Grasland *nt* **grass roots** pl Basis *f* **grass-roots** adj attr Basis-, an der Basis; **at ~ level** an der Basis; **a ~ movement** eine Bürgerinitiative **grass snake** n Ringelnatter *f* **grassy** adj (+er) grasig; **~ slope** Grashang *m*

grate¹ n (≈ *grid*) Gitter *nt*; (*in fire*) (Feuer)rost *m*

grate² I v/t COOK reiben II v/i (*fig*) wehtun (*on sb* jdm); **to ~ on sb's nerves** jdm auf die Nerven gehen

grateful adj dankbar; **I'm ~ to you for buying the tickets** ich bin dir dankbar (dafür), dass du die Karten gekauft hast **gratefully** adv dankbar

grater n Reibe *f*

gratification *n* Genugtuung *f* **gratify** *v/t*
1. (≈ *give pleasure*) erfreuen; *I was grat-
ified to hear that ...* ich habe mit Genugtuung gehört, dass ... **2.** (≈ *satisfy*) zufriedenstellen **gratifying** *adj* (sehr) erfreulich; *it is ~ to learn that ...* es ist erfreulich zu erfahren, dass ...

grating¹ *n* Gitter *nt*

grating² *adj* kratzend; *sound* quietschend; *voice* schrill

gratitude *n* Dankbarkeit *f* (*to* gegenüber)

gratuitous *adj* überflüssig **gratuity** *n*
Gratifikation *f*; (*form* ≈ *tip*) Trinkgeld *nt*

grave¹ *n* Grab *nt*; *to turn in one's ~* sich
im Grabe herumdrehen; *to dig one's
own ~* (*fig*) sein eigenes Grab graben
or schaufeln

grave² *adj* (+*er*) *danger, difficulty* groß;
situation, person ernst; *mistake, illness*
schwer; *doubt* stark

grave digger *n* Totengräber(in) *m(f)*

gravel I *n* Kies *m*; (*large*) Schotter *m* **II**
adj attr Kies-; *drive* mit Kies bedeckt

gravely *adv* **1.** *ill, wounded* schwer; *~ concerned* ernstlich besorgt **2.** *say* ernst

gravestone *n* Grabstein *m* **graveyard** *n*
Friedhof *m*

gravitate *v/i* (*lit*) angezogen werden (*to
(-wards*) von); (*fig*) hingezogen werden
(*to(wards*) zu) **gravitational** *adj* Gravi-
tations- **gravity** *n* **1.** PHYS Schwerkraft
f; *centre* (*Br*) *or* *center* (*US*) *of ~*
Schwerpunkt *m* **2.** (*of person, situation*)
Ernst *m*; (*of mistake, crime*) Schwere *f*;
the ~ of the news die schlimmen Nachrichten

gravy *n* (COOK ≈ *juice*) Bratensaft *m*; (≈
sauce) Soße *f* **gravy boat** *n* Sauciere *f*

gray *n, adj, v/i* (*US*) = **grey**

graze¹ **I** *v/i* (*cattle etc*) weiden **II** *v/t cattle*
weiden lassen

graze² **I** *v/t* (≈ *touch lightly*) streifen; *to ~
one's knees* sich (*dat*) die Knie auf-
schürfen; *to ~ oneself* sich (*dat*) die
Haut aufschürfen **II** *n* Abschürfung *f*

GRE (*US* UNIV) *abbr of* **Graduate Record
Examination** Zulassungsprüfung *für
ein weiterführendes Studium*

grease I *n* Fett *nt*; (≈ *lubricant*) Schmiere
f **II** *v/t* fetten; AUTO, TECH schmieren
greasepaint *n* THEAT (Fett)schminke *f*
greaseproof *adj ~ paper* Pergamentpapier *nt* **greasy** *adj* (+*er*) *food* fett; *hair,
skin* fettig; *surface* rutschig

great I *adj* (+*er*) **1.** groß; (≈ *huge*) riesig;

*there is a ~ need for economic devel-
opment* wirtschaftliche Entwicklung
ist dringend nötig; *of no ~ importance*
ziemlich unwichtig; *in ~ detail* ganz ausführlich; *to take a ~ interest in sth* sich
sehr für etw interessieren; *he did not
live to a ~ age* er erreichte kein hohes
Alter; *with ~ difficulty* mit großen
Schwierigkeiten; *to a ~ extent* in hohem
Maße; *it was ~ fun* es hat großen Spaß
gemacht; *a ~ many, a ~ number of* sehr
viele; *his ~est work* sein Hauptwerk *nt*;
he was a ~ friend of my father er war mit
meinem Vater sehr gut befreundet; *to
be a ~ believer in sth* sehr viel von
etw halten; *to be a ~ believer in doing
sth* grundsätzlich dafür sein, etw zu tun
2. (*infml* ≈ *terrific*) toll (*infml*), prima
(*infml*); *this whisk is ~ for sauces* dieser Schneebesen eignet sich besonders
gut für Soßen; *to be ~ at football* ein großer Fußballspieler sein; *to feel ~* sich toll
or prima fühlen (*infml*); *my wife isn't
feeling so ~* meiner Frau geht es nicht
besonders gut **3.** (≈ *excellent*) ausgezeichnet; *one of the ~ footballers of
our generation* einer der großen Fußballspieler unserer Generation **II** *int*
(*infml*) toll (*infml*); *oh ~* (*iron*) na wunderbar **III** *adv* **1.** (*infml* ≈ *well*) *she's doing ~* (*in job*) sie macht sich hervorra-
gend; (*healthwise*) sie macht große Fortschritte; *everything's going ~* alles
läuft nach Plan **2.** *~ big* (*emph infml*) riesengroß **IV** *n usu pl* (≈ *person*) Größe *f*

great ape *n* Menschenaffe *m* **great-aunt** *n*
Großtante *f*

Great Britain *n* Großbritannien *nt* **Great
Dane** *n* Deutsche Dogge **greater** *adj
comp of* **great** größer; *of ~ importance
is ...* noch wichtiger ist ... **Greater London** *n* Groß-London *nt* **greatest I** *adj
sup of* **great** größte(r, s); *with the ~
(of) pleasure* mit dem größten Vergnügen **II** *n* *he's the ~* (*infml*) er ist der
Größte

great-grandchild *n* Urenkel(in) *m(f)*
great-granddaughter *n* Urenkelin *f*
great-grandfather *n* Urgroßvater *m*
great-grandmother *n* Urgroßmutter *f*
great-grandparents *pl* Urgroßeltern *pl*
great-grandson *n* Urenkel *m* **Great
Lakes** *pl the ~* die Großen Seen *pl*
greatly *adv increase, exaggerated* stark;
admire, surprise sehr; *he was not ~ sur-*

prised er war nicht besonders überrascht **great-nephew** *n* Großneffe *m* **great-niece** *n* Großnichte *f* **great-uncle** *n* Großonkel *m*

Greece *n* Griechenland *nt*

greed *n* Gier *f* (*for* nach +*dat*); (≈ *gluttony*) Gefräßigkeit *f*; ~ *for money/power* Geld-/Machtgier *f* **greedily** *adv* gierig **greediness** *n* Gierigkeit *f*; (≈ *gluttony*) Gefräßigkeit *f* **greedy** *adj* (+*er*) gierig (*for* auf +*acc*, nach); (≈ *gluttonous*) gefräßig; ~ *for power* machtgierig; *don't be so ~!* sei nicht so unbescheiden

Greek I *adj* griechisch; *he is ~* er ist Grieche **II** *n* **1.** LING Griechisch *nt*; *Ancient ~* Altgriechisch *nt*; *it's all ~ to me* (*infml*) das sind böhmische Dörfer für mich (*infml*) **2.** (≈ *person*) Grieche *m*, Griechin *f*

green I *adj* (+*er*) grün; *consumer* umweltbewusst; *product, technology* umweltfreundlich; *to be ~ with envy* blass vor Neid sein **II** *n* **1.** (≈ *colour* ≈ *putting green*) Grün *nt* **2.** (≈ *area of grass*) Grünfläche *f*; (*village*) ~ Dorfwiese *f* **3.** **greens** *pl* (≈ *vegetables*) Grüngemüse *nt* **4.** POL *the Greens* die Grünen *pl* **III** *adv* POL grün **greenback** *n* (*US infml*) Lappen *m* (*sl*), Geldschein *m* **green bean** *n* grüne Bohne, Fisole *f* (*Aus*) **green belt** *n* Grüngürtel *m* **green card** *n* **1.** (*US* ≈ *residence permit*) Aufenthaltsgenehmigung *f* **2.** (*Br* INSUR) grüne Versicherungskarte **greenery** *n* Grün *nt*; (≈ *foliage*) grünes Laub **greenfield** *adj* ~ *site* Bauplatz *m* im Grünen **green fingers** *pl* (*Br*) *to have ~* eine Hand für Pflanzen haben **greenfly** *n* Blattlaus *f* **greengrocer** *n* (*esp Br*) (Obst- und) Gemüsehändler(in) *m(f)*; *at the ~'s* (*shop*) im Gemüseladen **greenhorn** *n* (*infml, inexperienced*) Greenhorn *nt*; (*gullible*) Einfaltspinsel *m* **greenhouse** *n* Gewächshaus *nt* **greenhouse effect** *m* Treibhauseffekt *m* **greenhouse gas** *n* Treibhausgas *nt* **greenish** *adj* grünlich **green light** *n* grünes Licht; *to give sb/sth the ~* jdm / einer Sache grünes Licht geben **green man** *n* (*at street crossing*) grünes Licht; (*as said to children*) grünes Männchen **green onion** *n* (*US*) Frühlingszwiebel *f* **Green Party** *n* *the ~* die Grünen *pl* **green pepper** *n* (grüne) Paprikaschote **greenroom** *n* THEAT ≈ Garderobe *f*

green thumb *n* (*US*) = *green fingers* **Greenwich (Mean) Time** *n* westeuropäische Zeit *f*

greet *v/t* (≈ *welcome*) begrüßen; (≈ *receive*) empfangen; (≈ *say hello to*) grüßen; *news* aufnehmen **greeting** *n* Gruß *m*; *~s* Grüße *pl*; *to send ~s to sb* Grüße an jdn senden; (*through sb else*) jdn grüßen lassen **greetings card** *n* Grußkarte *f*

gregarious *adj* gesellig

grenade *n* Granate *f*

grew *pret of* **grow**

grey (*US*) **gray I** *adj* (+*er*) **1.** grau; *sky* trüb; *to go or turn ~* (*person, hair*) grau werden **2.** *vote* Senioren- **II** *n* (≈ *colour*) Grau *nt* **grey area** *n* (*fig*) Grauzone *f* **grey-haired** *adj* grauhaarig **greyhound** *n* Windhund *m* **greyish** (*US*) **grayish** *adj* gräulich **grey matter** *n* (MED *infml*) graue Zellen *pl* **grey squirrel** *n* Grauhörnchen *nt*

grid *n* **1.** (≈ *grating, on map*) Gitter *nt* **2.** *the* (*national*) ~ ELEC das Überland(leitungs)netz **griddle** *n* COOK gusseiserne Platte zum Pfannkuchenbacken **gridiron** *n* **1.** COOK (Brat)rost *m* **2.** (*US* FTBL) Spielfeld *nt* **gridlock** *n* MOT totaler Stau; *total ~* MOT Verkehrskollaps *m* **gridlocked** *adj* road völlig verstopft **grid reference** *n* Planquadratangabe *f*

grief *n* Leid *nt*; (*because of loss*) große Trauer; *to come to ~* Schaden erleiden; (≈ *fail*) scheitern **grief-stricken** *adj* tieftraurig **grievance** *n* Klage *f*; (≈ *resentment*) Groll *m*; *to have a ~ against sb for sth* jdm etw übel nehmen **grieve I** *v/t* Kummer bereiten (+*dat*); *it ~s me to see that ...* ich sehe mit Schmerz or Kummer, dass ... **II** *v/i* trauern (*at, about* über +*acc*); *to ~ for sb/sth* um jdn/etw trauern **grievous** *adj* (*form*) schwer; *error* schwerwiegend; *~ bodily harm* JUR schwere Körperverletzung

grill I *n* **1.** (COOK, *on cooker etc*) Grill *m*; (≈ *gridiron*) (Brat)rost *m*; (≈ *food*) Grillgericht *nt* **2.** = *grille* **II** *v/t* **1.** COOK grillen **2.** (*infml*) *to ~ sb about sth* jdn über etw (*acc*) ausquetschen (*infml*)

grille *n* Gitter *nt*; (*on window*) Fenstergitter *nt*; (*to speak through*) Sprechgitter *nt* **grilling** *n* **1.** COOK Grillen *nt* **2.** (≈ *interrogation*) strenges Verhör **grill pan** *n* (*Br*) Grillpfanne *f*

grim *adj* (+*er*) **1.** (≈ *terrible*) grauenvoll;

reminder grauenhaft; *situation* ernst; (≈ *depressing*) trostlos; (≈ *stern*) grimmig; **to look ~** (*situation*, *future*) trostlos aussehen; (*person*) ein grimmiges Gesicht machen; **the Grim Reaper** der Sensenmann **2.** (*infml* ≈ *lousy*) fürchterlich (*infml*); **to feel ~** (≈ *unwell*) sich elend *or* mies (*infml*) fühlen

grimace I *n* Grimasse *f* **II** *v/i* Grimassen schneiden

grime *n* Dreck *m*

grimly *adv* **1.** *hold on* verbissen **2.** (≈ *sternly*) mit grimmiger Miene

grimy *adj* dreckig

grin I *n* (*showing pleasure*) Lächeln *nt*; (*showing scorn, stupidity*) Grinsen *nt* **II** *v/i* (*with pleasure*) lächeln; (*in scorn, stupidly*) grinsen; **to ~ and bear it** gute Miene zum bösen Spiel machen; **to ~ at sb** jdn anlächeln / angrinsen

grind *vb*: *pret, past part* **ground I** *v/t* **1.** (≈ *crush*) zermahlen; *coffee, flour* mahlen; **to ~ one's teeth** mit den Zähnen knirschen **2.** *lens, knife* schleifen **II** *v/i* **to ~ to a halt** *or* **standstill** (*lit*) quietschend zum Stehen kommen; (*fig*) stocken; (*production etc*) zum Erliegen kommen **III** *n* (*fig infml* ≈ *drudgery*) Schufterei *f* (*infml*); (*US infml* ≈ *swot*) Streber(in) *m(f)* (*infml*); **the daily ~** der tägliche Trott; **it's a real ~** das ist ganz schön mühsam (*infml*) ♦ **grind down** *v/t sep* (*fig*) zermürben ♦ **grind up** *v/t sep* zermahlen

grinder *n* **1.** (≈ *meat grinder*) Fleischwolf *m* **2.** (≈ *coffee grinder*) Kaffeemühle *f*

grinding *adj* **1. to come to a ~ halt** völlig zum Stillstand kommen **2.** *poverty* (er)drückend **grindstone** *n* **to keep one's nose to the ~** hart arbeiten; **back to the ~** wieder in die Tretmühle (*hum*)

grip I *n* **1.** Griff *m*; (*on rope, on road*) Halt *m*; **to get a ~ on the rope** am Seil Halt finden; **these shoes have got a good ~** diese Schuhe greifen gut; **to get a ~ on sth** (*on situation etc*) etw in den Griff bekommen; **to get a ~ on oneself** (*infml*) sich zusammenreißen (*infml*); **to let go** *or* **release one's ~** loslassen (*on sth* etw); **to lose one's ~** (*lit*) den Halt verlieren; (*fig*) nachlassen; **to lose one's ~ on reality** den Bezug zur Wirklichkeit verlieren; **the country is in the ~ of a general strike** das Land ist von einem Generalstreik lahmgelegt; **to get** *or* **come to ~s**

with sth etw in den Griff bekommen **2.** (*esp Br* ≈ *hair grip*) Klemmchen *nt* **II** *v/t* packen; **the tyre** (*Br*) *or* **tire** (*US*) **~s the road well** der Reifen greift gut **III** *v/i* greifen

gripe I *v/i* (*infml*) meckern (*infml*) **II** *n* (*infml*) Meckerei *f* (*infml*)

gripping *adj* packend

grisly *adj* (+*er*) grausig

grist *n* **it's all ~ to his/the mill** das kann er / man alles verwerten; (*for complaint*) das ist Wasser auf seine Mühle

gristle *n* Knorpel *m* **gristly** *adj* (+*er*) knorpelig

grit I *n* (≈ *dust*) Staub *m*; (≈ *gravel*) Splitt *m*; (*for roads*) Streusand *m* **II** *v/t* **1.** *road etc* streuen **2. to ~ one's teeth** die Zähne zusammenbeißen **gritty** *adj* (+*er*) **1.** (*fig*) *determination* zäh **2.** (*fig*) *drama* wirklichkeitsnah; *portrayal* ungeschminkt

grizzly *n* (*a.* **grizzly bear**) Grizzly(bär) *m*

groan I *n* Stöhnen *nt no pl*; **to let out** *or* **give a ~** (auf)stöhnen **II** *v/i* stöhnen (*with* vor +*dat*); (*planks*) ächzen (*with* vor +*dat*); **the table ~ed under the weight** der Tisch ächzte unter der Last

grocer *n* Lebensmittelhändler(in) *m(f)*; **at the ~'s** im Lebensmittelladen **grocery** *n* **1.** Lebensmittelgeschäft *nt* **2. groceries** *pl* Lebensmittel *pl*

groggy *adj* (+*er*) (*infml*) groggy *pred inv* (*infml*)

groin *n* ANAT Leiste *f*; **to kick sb in the ~** jdn in den Unterleib treten

groom I *n* **1.** (*in stables*) Stallbursche *m* **2.** (≈ *bridegroom*) Bräutigam *m* **II** *v/t* **1.** *horse* striegeln; **to ~ oneself** sich putzen; **well ~ed** gepflegt **2. he's being ~ed for the Presidency** er wird als zukünftiger Präsidentschaftskandidat aufgebaut

groove *n* Rille *f*

groovy *adj* (+*er*) (*infml*) irre (*sl*)

grope I *v/i* (*a.* **grope around** *or* **about**) (herum)tasten (*for* nach); (*for words*) suchen (*for* nach); **to be groping in the dark** im Dunkeln tappen; (≈ *try things at random*) vor sich (*acc*) hin wursteln (*infml*) **II** *v/t* (*infml*) *girlfriend* befummeln (*infml*); **to ~ one's way** sich vorwärtstasten **III** *n* (*infml*) **to have a ~** fummeln (*infml*)

gross[1] *n no pl* Gros *nt*

gross[2] *I adj* (+*er*) **1.** *exaggeration, error* grob; **that is a ~ understatement** das ist stark untertrieben **2.** (≈ *fat*) fett **3.**

(*infml* ≈ *disgusting*) abstoßend **4.** (≈ *total*) Gesamt-; (≈ *before deductions*) Brutto-; **~ amount** Gesamtbetrag *m*; **~ income** Bruttoeinkommen *nt* **II** *v/t* brutto verdienen **gross domestic product** *n* ECON Bruttoinlandsprodukt *nt* **grossly** *adv unfair, irresponsible* äußerst; *exaggerate* stark **gross national product** *n* ECON Bruttosozialprodukt *nt*

grotesque *adj* grotesk; *idea* absurd **grotesquely** *adv* auf groteske Art; *swollen* grauenhaft

grotto *n, pl* **-(e)s** Grotte *f*

grotty *adj* (+*er*) (*infml*) **1.** (≈ *foul*) grausig (*infml*); (≈ *filthy*) verdreckt (*infml*) **2.** (≈ *lousy*) mies (*infml*)

grouch *n* **1.** (≈ *complaint*) Klage *f*; **to have a ~** schimpfen (*about* über +*acc*) **2.** (*infml* ≈ *person*) Muffel *m* (*infml*) **grouchy** *adj* (+*er*) griesgrämig

ground[1] **I** *n* **1.** Boden *m*; *hilly* **~** hügeliges Gelände; **there is common ~ between us** uns verbindet einiges; **to be on dangerous ~** (*fig*) sich auf gefährlichem Boden bewegen; **on familiar ~** auf vertrautem Boden; **to gain/lose ~** Boden gewinnen/verlieren; **to lose ~ to sb/sth** gegenüber jdm/etw an Boden verlieren; **to give ~ to sb/sth** vor jdm/etw zurückweichen; **to break new ~** neue Gebiete erschließen; **to prepare the ~ for sth** den Boden für etw vorbereiten; **to cover a lot of ~** (*fig*) eine Menge Dinge behandeln; **to stand one's ~** (*lit*) nicht von der Stelle weichen; (*fig*) seinen Mann stehen; **above/below ~** über/unter der Erde; **to fall to the ~** (*lit*) zu Boden fallen; **to burn sth to the ~** etw niederbrennen; **it suits me down to the ~** das ist ideal für mich; **to get off the ~** (*plane etc*) abheben; (*fig: project etc*) sich realisieren; **to go to ~** untertauchen (*infml*) **2.** (≈ *pitch*) Platz *m* **3. grounds** *pl* (≈ *premises*) Gelände *nt*; (≈ *gardens*) Anlagen *pl* **4. grounds** *pl* (≈ *sediment*) Satz *m* **5.** (*US* ELEC) Erde *f* **6.** (≈ *reason*) Grund *m*; **to have ~(s) for sth** Grund zu etw haben; **~s for dismissal** Entlassungsgrund *m*/-gründe *pl*; **on the ~s of...** aufgrund ... (*gen*); **on the ~s that ...** mit der Begründung, dass ...; **on health ~s** aus gesundheitlichen Gründen **II** *v/t* **1.** AVIAT *plane* aus dem Verkehr ziehen; **to be ~ed by bad weather** wegen schlechten Wetters nicht starten können **2.** *child* Hausarrest

erteilen (+*dat*); **she was ~ed for a week** sie hatte eine Woche Hausarrest **3.** (*US* ELEC) erden **4. to be ~ed on sth** sich auf etw (*acc*) gründen

ground[2] **I** *pret, past part of* **grind II** *adj coffee* gemahlen; **freshly ~ black pepper** frisch gemahlener schwarzer Pfeffer; **~ meat** (*US*) Hackfleisch *nt*, Faschierte(s) *nt* (*Aus*)

ground-breaking *adj* umwälzend; *research etc* bahnbrechend **ground control** *n* AVIAT Bodenkontrolle *f* **ground crew** *n* Bodenpersonal *nt* **ground floor** *n* Erdgeschoss *nt*, Erdgeschoß *nt* (*Aus*) **ground frost** *n* Bodenfrost *m* **grounding** *n* Grundwissen *nt*; **to give sb a ~ in English** jdm die Grundlagen *pl* des Englischen beibringen **groundkeeper** *n* (*US*) **= groundsman groundless** *adj* grundlos **ground level** *n* Boden *m*; **below ~** unter dem Boden **groundnut** *n* Erdnuss *f* **ground plan** *n* Grundriss *m* **ground rules** *pl* Grundregeln *pl* **groundsheet** *n* Zeltboden(plane *f*) *m* **groundsman** *n, pl* **-men** (*esp Br*) Platzwart *m* **ground staff** *n* AVIAT Bodenpersonal *nt*; SPORTS Platzwarte *pl* **ground water** *n* Grundwasser *nt* **groundwork** *n* Vorarbeit *f*; **to do the ~ for sth** die Vorarbeit für etw leisten **ground zero** *n* **1.** (*of nuclear explosion*) Bodennullpunkt *m* **2.** HIST **Ground Zero** Ground Zero *m*, *Gelände in New York, auf dem das World Trade Center stand*

group I *n* Gruppe *f*; **a ~ of people** eine Gruppe Menschen; **a ~ of trees** eine Baumgruppe **II** *attr* Gruppen-; *activities* in der Gruppe **III** *v/t* gruppieren; **to ~ together** zusammentun **group booking** *n* Gruppenbuchung *f* **grouping** *n* Gruppierung *f*

grouse[1] *n, pl* **-** Waldhuhn *nt*; (≈ *red grouse*) Schottisches Moor(schnee)huhn

grouse[2] (*Br infml*) *v/i* meckern (*infml*) (*about* über +*acc*)

grove *n* Hain *m*

grovel *v/i* kriechen; **to ~ to or before sb** (*fig*) vor jdm kriechen **grovelling**, (*US*) **groveling** *n* Kriecherei *f* (*infml*)

grow *pret* **grew**, *past part* **grown I** *v/t* **1.** *plants* ziehen; (*commercially*) anbauen; (≈ *cultivate*) züchten **2. to ~ a beard** sich (*dat*) einen Bart wachsen lassen **II** *v/i* **1.** wachsen; (*in numbers*) zunehmen; (*in* *size)* sich vergrößern; **to ~ in popularity** immer beliebter werden; **fears were ~ing for her safety** man machte sich zunehmend Sorgen um ihre Sicherheit; **the economy is ~ing by 2% a year** die Wirtschaft wächst um 2% pro Jahr; **pressure is ~ing for him to resign** er gerät zunehmend unter Druck zurückzutreten **2.** (≈ *become*) werden; **to ~ to be sth** allmählich etw sein; **to ~ to hate sb** jdn hassen lernen; **I've ~n to like him** ich habe ihn mit der Zeit lieb gewonnen; **to ~ used to sth** sich an etw *(acc)* gewöhnen ◆ **grow apart** *v/i (fig)* sich auseinanderentwickeln ◆ **grow from** *v/i +prep obj* (≈ *arise from*) entstehen aus ◆ **grow into** *v/i +prep obj* **1.** *clothes, job* hineinwachsen in (+*acc*) **2.** (≈ *become*) sich entwickeln zu; **to ~ a man/woman** zum Mann/zur Frau heranwachsen ◆ **grow on** *v/i +prep obj* **it'll ~ you** das wird dir mit der Zeit gefallen ◆ **grow out** *v/i (perm, colour)* herauswachsen ◆ **grow out of** *v/i +prep obj* **1.** *clothes* herauswachsen aus; **to ~ a habit** eine Angewohnheit ablegen **2.** (≈ *arise from*) entstehen aus ◆ **grow up** *v/i* (≈ *spend childhood*) aufwachsen; (≈ *become adult*) erwachsen werden; *(fig, city)* entstehen; **what are you going to do when you ~?** was willst du mal werden, wenn du groß bist?; **~!, when are you going to ~?** werde endlich erwachsen!

grower *n (of fruit, vegetables)* Anbauer(in) *m(f)*; *(of flowers)* Züchter(in) *m(f)* **growing** *adj* wachsend; *child* heranwachsend; *importance, number etc* zunehmend

growl I *n* Knurren *nt no pl* **II** *v/i* knurren; **to ~ at sb** jdn anknurren **III** *v/t answer* knurren

grown I *past part of* **grow II** *adj* erwachsen; **fully ~** ausgewachsen **grown-up I** *adj* erwachsen; **they have a ~ family** sie haben schon erwachsene Kinder **II** *n* Erwachsene(r) *m/f(m)*

growth *n* **1.** Wachstum *nt*; *(in quantity, fig: of interest etc)* Zunahme *f*; *(in size)* Vergrößerung *f*; *(of capital etc)* Zuwachs *m*; **~ industry** Wachstumsindustrie *f*; **~ rate** ECON Wachstumsrate *f* **2.** (≈ *plants*) Vegetation *f*; *(of one plant)* Triebe *pl* **3.** MED Wucherung *f*

grub I *n* **1.** (≈ *larva*) Larve *f* **2.** *(infml ≈*

food) Fressalien *pl (hum infml)* **II** *v/i* (*a.* **grub about** *or* **around**) wühlen *(in* in +*dat, for* nach)

grubby *adj* (+*er*) dreckig; *person, clothes* schmuddelig *(infml)*

grudge I *n* Groll *m (against* gegen); **to bear sb a ~, to have a ~ against sb** jdm grollen; **I bear him no ~** ich trage ihm das nicht nach **II** *v/t* **to ~ sb sth** jdm etw nicht gönnen; **I don't ~ you your success** ich gönne Ihnen Ihren Erfolg **grudging** *adj* widerwillig

gruelling, (*US*) **grueling** *adj schedule, journey* (äußerst) anstrengend; *pace* mörderisch *(infml)*; *race* (äußerst) strapaziös

gruesome *adj* grausig

gruff *adj*, **gruffly** *adv* barsch

grumble *v/i* murren, sempern (*Aus*) *(about, over* über +*acc*)

grumpily *adv (infml)* mürrisch **grumpy** *adj* (+*er*) *(infml)* mürrisch

grunge *n* Grunge *nt* **grungy** *adj (infml)* mies *(infml)*

grunt I *n* Grunzen *nt no pl*; *(of pain, in exertion)* Ächzen *nt no pl* **II** *v/i* grunzen; *(with pain, exertion)* ächzen **III** *v/t* knurren

G-string *n* Tangahöschen *nt*

guarantee I *n* Garantie *f (of* für); **to have** *or* **carry a 6-month ~** 6 Monate Garantie haben; **there is a year's ~ on this watch** auf der Uhr ist ein Jahr Garantie; **while it is still under ~** solange noch Garantie darauf ist; **that's no ~ that ...** das heißt noch lange nicht, dass ... **II** *v/t* garantieren *(sb sth* jdm etw); **I can't ~ (that) he will be any good** ich kann nicht dafür garantieren, dass er gut ist **guaranteed** *adj* garantiert; **to be ~ for three months** *(goods)* drei Monate Garantie haben

guarantor *n* Garant(in) *m(f)*; JUR *also* Bürge *m*, Bürgin *f*

guard I *n* **1.** (≈ *soldier*) Wache *f*; **to change ~** Wachablösung machen; **to be under ~** bewacht werden; **to keep sb/sth under ~** jdn/etw bewachen; **to be on ~, to stand ~** Wache stehen; **to stand ~ over sth** etw bewachen **2.** (≈ *security guard*) Sicherheitsbeamte(r) *m*/-beamtin *f*; *(in park etc)* Wächter(in) *m(f)*; *(esp US ≈ prison guard)* Gefängniswärter(in) *m(f)*; *(Br* RAIL*)* Zugbegleiter(in) *m(f)*, Kondukteur(in) *m(f)* *(Swiss)* **3. to drop** *or* **lower one's ~**

(*lit*) seine Deckung vernachlässigen; (*fig*) seine Reserve aufgeben; *the invitation caught me off* ~ ich war auf die Einladung nicht vorbereitet; *to be on one's* ~ (*against sth*) (*fig*) (vor etw *dat*) auf der Hut sein; *to put sb on his* ~ (*against sth*) jdn (vor etw *dat*) warnen **4.** (≈ *safety device*) Schutz *m* (*against* gegen); (*on machinery*) Schutz (-vorrichtung *f*) *m* **II** *v/t prisoner, place, valuables* bewachen; *treasure* hüten; *luggage* aufpassen auf (+*acc*); *person, place* schützen (*from, against* vor +*dat*); *a closely* ~*ed secret* ein streng gehütetes Geheimnis ♦ **guard against** *v/i* +*prep obj being cheated etc* sich in Acht nehmen vor (+*dat*); *illness, attack* vorbeugen (+*dat*); *you must* ~ *catching cold* Sie müssen aufpassen, dass Sie sich nicht erkälten

guard dog *n* Wachhund *m* **guard duty** *n* *to be on* ~ auf Wache sein **guarded** *adj response etc* vorsichtig **guardian** *n* Hüter(in); JUR Vormund *m* **guardrail** *n* Schutzgeländer *nt* **guardsman** *n*, *pl* -**men** Gardist *m* **guard's van** *n* (*Br* RAIL) Dienstwagen *m*

Guernsey *n* Guernsey *nt*

guer(r)illa I *n* Guerillero *m*, Guerillera *f* **II** *attr* Guerilla- **guer(r)illa war, guer(r)illa warfare** *n* Guerillakrieg *m*

guess I *n* Vermutung *f*; (≈ *estimate*) Schätzung *f*; *to have or make a* ~ (*at sth*) (etw) raten; (≈ *estimate*) (etw) schätzen; *it's a good* ~ gut geschätzt; *it was just a lucky* ~ das war ein Zufallstreffer *m*; *I'll give you three* ~*es* dreimal darfst du raten; *at a rough* ~ grob geschätzt; *your* ~ *is as good as mine!* (*infml*) da kann ich auch nur raten!; *it's anybody's* ~ (*infml*) das wissen die Götter (*infml*) **II** *v/i* **1.** raten; *to keep sb* ~*ing* jdn im Ungewissen lassen; *you'll never* ~*!* das wirst du nie erraten **2.** (*esp US*) *I* ~ *not* wohl nicht; *he's right, I* ~ er hat wohl recht; *I think he's right — I* ~ *so* ich glaube, er hat recht — ja, das hat er wohl **III** *v/t* **1.** (≈ *surmise*) raten; (≈ *surmise correctly*) erraten; (≈ *estimate*) schätzen; *I* ~*ed as much* das habe ich mir schon gedacht; *you'll never* ~ *who* ... das errätst du nie, wer ...; ~ *what!* (*infml*) stell dir vor! (*infml*) **2.** (*esp US* ≈ *suppose*) *I* ~ *we'll just have to wait and see* wir werden wohl abwarten müs-

sen **guesswork** *n* (reine) Vermutung

guest *n* Gast *m*; ~ *of honour* (*Br*) *or honor* (*US*) Ehrengast *m*; *be my* ~ (*infml*) nur zu! (*infml*) **guest appearance** *n* Gastauftritt *m*; *to make a* ~ als Gast auftreten **guesthouse** *n* (Fremden)pension *f* **guest list** *n* Gästeliste *f* **guest room** *n* Gästezimmer *nt* **guest speaker** *n* Gastredner(in) *m(f)*

guffaw I *n* schallendes Lachen *no pl* **II** *v/i* schallend (los)lachen

GUI *abbr of* **graphical user interface**

guidance *n* (≈ *direction*) Leitung *f*; (≈ *counselling*) Beratung *f* (*on* über +*acc*); (*from superior etc*) Anleitung *f*; *to give sb* ~ *on sth* jdn bei etw beraten

guide I *n* **1.** Führer(in) *m(f)*; (*fig* ≈ *pointer*) Anhaltspunkt *m* (*to* für); (≈ *model*) Leitbild *nt* **2.** (*Br* ≈ *Girl Guide*) Pfadfinderin *f* **3.** (≈ *instructions*) Anleitung *f*; (≈ *manual*) Handbuch *nt* (*to* +*gen*); (≈ *travel guide*) Führer *m*; *as a rough* ~ als Faustregel **II** *v/t people* führen; *to be* ~*d by sb/sth* (*person*) sich von jdm/etw leiten lassen **guidebook** *n* (Reise)führer *m* (*to* von) **guided missile** *n* ferngelenktes Geschoss **guide dog** *n* Blindenhund *m* **guided tour** *n* Führung *f* (*of* durch) **guideline** *n* Richtlinie *f*; *safety* ~*s* Sicherheitshinweise *pl*; *I gave her a few* ~*s on looking after a kitten* ich gab ihr ein paar Hinweise, wie man eine junge Katze versorgt **guiding** *attr* ~ *force* leitende Kraft; ~ *principle* Leitmotiv *nt*; ~ *star* Leitstern *m*

guild *n* HIST Zunft *f*; (≈ *association*) Verein *m*

guile *n* (*Arg*)list *f*

guillotine I *n* **1.** Guillotine *f* **2.** (*for paper*) (Papier)schneidemaschine *f* **II** *v/t* mit der Guillotine hinrichten

guilt *n* Schuld *f* (*for, of* an +*dat*); *feelings of* ~ Schuldgefühle *pl*; ~ *complex* Schuldkomplex *m* **guiltily** *adv* schuldbewusst

guilty *adj* (+*er*) **1.** *smile, silence* schuldbewusst; *secret, pleasure* mit Schuldgefühlen verbunden; ~ *conscience* schlechtes Gewissen; ~ *feelings* Schuldgefühle *pl*; *to feel* ~ (*about doing sth*) ein schlechtes Gewissen haben(, weil man etw tut/getan hat); *to make sb feel* ~ jdm ein schlechtes Gewissen einreden **2.** (≈ *to blame*) schuldig (*of sth* einer Sache *gen*); *the* ~ *person* der/die Schuldige; **the ~ party** die schuldige Partei; **to find sb ~/not ~ (of sth)** jdn (einer Sache gen) für schuldig/nicht schuldig befinden; **to plead (not) ~ to a crime** sich eines Verbrechens (nicht) schuldig bekennen; **a ~ verdict, a verdict of ~** ein Schuldspruch m; **a not ~ verdict, a verdict of not ~** ein Freispruch m; **their parents are ~ of gross neglect** ihre Eltern haben sich grobe Fahrlässigkeit zuschulden kommen lassen; **we're all ~ of neglecting the problem** uns trifft alle die Schuld, dass das Problem vernachlässigt wurde

guinea pig n Meerschweinchen nt; (fig) Versuchskaninchen nt

guise n (≈ disguise) Gestalt f; (≈ pretence) Vorwand m; **in the ~ of a clown** als Clown verkleidet; **under the ~ of doing sth** unter dem Vorwand, etw zu tun

guitar n Gitarre f **guitarist** n Gitarrist(in) m(f)

guich n (US) Schlucht f

gulf n **1.** (≈ bay) Golf m; **the Gulf of Mexico** der Golf von Mexiko **2.** (≈ chasm) tiefe Kluft **Gulf States** pl **the ~** die Golfstaaten pl **Gulf Stream** n Golfstrom m **Gulf War** n Golfkrieg m

gull n Möwe f

gullible adj leichtgläubig

gully n **1.** (≈ ravine) Schlucht f, Tobel m (Aus) **2.** (≈ narrow channel) Rinne f

gulp I n Schluck m; **in one ~** auf einen Schluck **II** v/t (a. **gulp down**) drink runterstürzen; food runterschlingen **III** v/i (≈ try to swallow) würgen

gum¹ n ANAT Zahnfleisch nt no pl

gum² **I** n **1.** Gummi nt **2.** (≈ glue) Klebstoff m, Pick m (Aus) **3.** (≈ chewing gum) Kaugummi m **II** v/t kleben, picken (Aus) **gummy** adj (+er) klebrig; eyes verklebt

gumption n (infml) Grips m (infml)

gumshield n Zahnschutz m

gun I n (≈ cannon etc) Kanone f; (≈ rifle) Gewehr nt; (≈ pistol) Pistole f; **to carry a ~** (mit einer Schusswaffe) bewaffnet sein; **to draw a ~ on sb** jdn mit einer Schusswaffe bedrohen; **big ~** (fig infml) hohes or großes Tier (infml) (in in +dat); **to stick to one's ~s** nicht nachgeben; **to jump the ~** (fig) voreilig handeln; **to be going great ~s** (Br infml, team, person) toll in Schwung or Fahrt sein (infml); (car) wie geschmiert laufen (infml); (business) gut in Schuss sein (infml) **II** v/t (≈ kill: a. **gun down**) person erschießen **III** v/i (infml) **to be ~ning for sb** (fig) jdn auf dem Kieker haben (infml) **gunboat** n Kanonenboot nt **gunfight** n Schießerei f **gunfighter** n Revolverheld m **gunfire** n Schießerei f; MIL Geschützfeuer nt

gunge n (Br infml) klebriges Zeug (infml)

gunk n (esp US infml) = **gunge**

gunman n (mit einer Schusswaffe) Bewaffnete(r) m; **they saw the ~** sie haben den Schützen gesehen **gunner** n MIL Artillerist m **gunpoint** n **to hold sb at ~** jdn mit einer Schusswaffe bedrohen **gunpowder** n Schießpulver nt **gunrunner** n Waffenschmuggler(in) or -schieber(in) m(f) **gunrunning** n Waffenschmuggel m **gunshot** n Schuss m; **~ wound** Schusswunde f

gurgle I n (of liquid) Gluckern nt no pl; (of baby) Glucksen nt no pl **II** v/i (liquid) gluckern; (person) glucksen (with vor +dat)

gurney n (US) (Trag)bahre f

gush I n (of liquid) Strahl m; (of words) Schwall m; (of emotion) Ausbruch m **II** v/i **1.** (a. **gush out**) herausschießen **2.** (infml ≈ talk) schwärmen (infml) (about, over von) **gushing** adj **1.** water (heraus)schießend **2.** (fig) überschwänglich

gusset n Zwickel m

gust I n (of wind) Bö(e) f; **a ~ of cold air** ein Schwall m kalte Luft; **~s of up to 100 km/h** Böen von bis zu 100 km/h **II** v/i böig wehen

gusto n Begeisterung f; **to do sth with ~** etw mit Genuss tun

gusty adj (+er) böig

gut I n **1.** (≈ alimentary canal) Darm m **2.** (≈ paunch) Bauch m **3.** usu pl (infml ≈ stomach) Eingeweide nt; **to slog or work one's ~s out** (infml) wie blöd schuften (infml); **to hate sb's ~s** (infml) jdn auf den Tod nicht ausstehen können (infml); **~ reaction** rein gefühlsmäßige Reaktion, Bauchentscheidung f; **my ~ feeling is that ...** rein gefühlsmäßig würde ich sagen, dass ... **4. guts** pl (infml ≈ courage) Mumm m (infml) **II** v/t **1.** animal ausnehmen **2.** (fire) ausbrennen; (≈ remove contents) ausräumen; **it was completely ~ted by the fire** es war völlig ausgebrannt **gutless** adj (fig infml) feige **gutsy** adj (infml) person mutig; performance kämpferisch **gutted** adj (esp Br infml) **I was ~** ich war total am Boden (infml); **he was ~ by the news** die Nachricht machte ihn völlig fertig (infml)

gutter I n (on roof) Dachrinne f; (in street) Gosse f **II** v/i (flame) flackern **guttering** n Regenrinnen pl **gutter press** n (Br pej) Boulevardpresse f

guttural adj guttural

guy[1] n (infml) Typ m (infml); **hey, you ~s** he Leute (infml); **are you ~s ready?** seid ihr fertig?

guy[2] n (a. **guy-rope**) Halteseil nt; (for tent) Zeltschnur f

guzzle (infml) **I** v/t (≈ eat) futtern (infml); (≈ drink) schlürfen **II** v/t (≈ eat) futtern (infml); (≈ drink) schlürfen; fuel saufen (infml)

gym n **1.** (≈ gymnasium) Turnhalle f **2.** (for working out) Fitnesscenter nt **3.** (≈ gymnastics) Turnen nt **gymnasium**

n, pl **-s** or (form) **gymnasia** Turnhalle f **gymnast** n Turner(in) m(f) **gymnastic** adj turnerisch; **~ exercises** Turnübungen **gymnastics** n **1.** sg (≈ discipline) Gymnastik f, no pl; (with apparatus) Turnen nt no pl **2.** pl (≈ exercises) Übungen pl **gym shoe** n (Br) Turnschuh m **gym teacher** n Turnlehrer(in) m(f) **gym trainer** n Fitnesstrainer(in) m(f)

gynaecological, (US) **gynecological** adj gynäkologisch **gynaecologist**, (US) **gynecologist** n Gynäkologe m, Gynäkologin f **gynaecology**, (US) **gynecology** n Gynäkologie f

gypsy I n Zigeuner(in) m(f) (usu pej); **gypsies** Sinti und Roma pl **II** adj Zigeuner- (usu pej)

gyrate v/i (≈ whirl) (herum)wirbeln; (≈ rotate) sich drehen; (dancer) sich drehen und winden

gyroscope n Gyroskop nt

H

H, h n H nt, h nt
h abbr of **hour(s)** h

haberdashery n (Br) Kurzwaren pl; (US ≈ articles) Herrenbekleidung f

habit n **1.** Gewohnheit f; (esp undesirable) (An)gewohnheit f; **to be in the ~ of doing sth** die Angewohnheit haben, etw zu tun; **it became a ~** es wurde zur Gewohnheit; **from (force of) ~** aus Gewohnheit; **I don't make a ~ of inviting strangers in** (für) gewöhnlich bitte ich Fremde nicht herein; **to get into/ to get sb into the ~ of doing sth** sich/ jdm angewöhnen, etw zu tun; **to get into bad ~s** in schlechte Gewohnheiten verfallen; **to get out of/to get sb out of the ~ of doing sth** sich/jdm abgewöhnen, etw zu tun; **to have a ~ of doing sth** die Angewohnheit haben, etw zu tun **2.** (≈ addiction) Sucht f; **to have a cocaine ~** kokainsüchtig sein **3.** (≈ costume, esp monk's) Habit nt or m

habitable adj bewohnbar **habitat** n Heimat f **habitation** n **unfit for human ~** menschenunwürdig

habitual adj **1.** (≈ customary) gewohnt **2.** (≈ regular) gewohnheitsmäßig; **~ criminal** Gewohnheitsverbrecher(in) m(f) **habitually** adv ständig; (≈ regularly) regelmäßig

hack[1] **I** v/t **1.** (≈ cut) hacken; **to ~ sb/sth to pieces** (lit) jdn/etw zerstückeln **2.** (infml ≈ cope) **to ~ it** es bringen (sl) **II** v/i hacken (also IT); **he ~ed at the branch** er schlug auf den Ast; **to ~ into the system** in das System eindringen

hack[2] n **1.** (pej ≈ literary hack) Schreiberling m **2.** (US ≈ taxi) Taxi nt

hacker n IT Hacker(in) m(f) **hacking I** adj **~ cough** trockener Husten **II** n IT Hacken nt

hackles pl **to get sb's ~ up** jdn auf die Palme bringen (infml)

hackneyed adj (Br) abgedroschen (infml)

hacksaw n Metallsäge f

had pret, past part of **have**

haddock n Schellfisch m

hadn't contraction = **had not**

haemoglobin, (US) **hemoglobin** n Hämoglobin nt **haemophilia**, (US) **hemophilia** n Bluterkrankheit f **haemophiliac**, (US) **hemophiliac** n Bluter m **haemorrhage**, (US) **hemorrhage I** n Blutung *f* **II** *v/i* bluten **haemorrhoids** , (*US*)**hemorrhoids** *pl* Hämorr(ho)iden *pl*

hag *n* Hexe *f*

haggard *adj* ausgezehrt; (*from tiredness*) abgespannt

haggis *n schottisches Gericht aus gehackten Schafsinnereien und Hafer im Schafsmagen*

haggle *v/i* feilschen (*about or over* um)

haggling *n* Gefeilsche *nt*

Hague *n* **the ~** Den Haag *nt*

hail[1] **I** *n* Hagel *m*; *a ~ of blows* ein Hagel von Schlägen; *in a ~ of bullets* im Kugelhagel **II** *v/i* hageln

hail[2] **I** *v/t* **1.** *to ~ sb/sth as sth* jdn/etw als etw feiern **2.** (≈ *call loudly*) zurufen (+*dat*); *taxi* anhalten; *within ~ing distance* in Rufweite **II** *v/i* *they ~ from ...* sie kommen aus ... **III** *int* **the Hail Mary** das Ave Maria

hailstone *n* Hagelkorn *nt* **hailstorm** *n* Hagel(schauer) *m*

hair **I** *n* **1.** (*collective*) Haare *pl*, Haar *nt*; (≈ *total body hair*) Behaarung *f*; *body ~* Körperbehaarung *f*; *to do one's ~* sich frisieren; *to have one's ~ cut* sich (*dat*) die Haare schneiden lassen; *to let one's ~ down* (*fig*) aus sich (*dat*) herausgehen; *keep your ~ on!* (*Br infml*) ruhig Blut! **2.** (≈ *single hair, of animal*) Haar *nt*; *not a ~ out of place* (*fig*) wie aus dem Ei gepellt; *I'm allergic to cat ~* ich bin gegen Katzenhaare allergisch **II** *attr* Haar- **hairband** *n* Haarband *nt* **hairbrush** *n* Haarbürste *f* **hair clip** *n* Clip *m*

haircut *n* Haarschnitt *m*; *to have or get a ~* sich (*dat*) die Haare schneiden lassen

hairdo *n* (*infml*) Frisur *f*

hairdresser *n* Friseur *m*, Friseuse *f*; *the ~'s* der Friseur **hairdressing** *n* Frisieren *nt* **hairdressing salon** *n* Friseursalon *m* **hairdrier** *n* Haartrockner *m*; (*hand-held also*) Föhn *m* **-haired** *adj suf* -haarig; *long-haired* langhaarig **hair gel** *n* (Haar)gel *nt* **hairgrip** *n* (*Br*) Haarklemme *f* **hairline** *n* Haaransatz *m* **hairline crack** *n* Haarriss *m* **hairline fracture** *n* Haarriss *m* **hairnet** *n* Haarnetz *nt* **hairpiece** *n* Haarteil *nt*; (*for men*) Toupet *nt* **hairpin** *n* Haarnadel *f* **hairpin (bend)** *n* Haarnadelkurve *f* **hair-raising** *adj* haarsträubend **hair remover** *n* Haarentferner *m* **hair restorer** *n* Haarwuchsmittel *nt* **hair's breadth** *n* Haaresbreite *f*; *he* *was within a ~ of winning* er hätte um ein Haar gewonnen **hair slide** *n* (*Br*) Haarspange *f* **hairsplitting** *n* Haarspalterei *f* **hairspray** *n* Haarspray *m or nt* **hairstyle** *n* Frisur *f* **hair stylist** *n* Coiffeur *m*, Coiffeuse *f* **hairy** *adj* (+*er*) *person, spider* behaart; *chest* haarig

hake *n* See- *or* Meerhecht *m*

half **I** *n, pl* **halves** **1.** Hälfte *f*; *the first ~ of the year* die erste Jahreshälfte; *to cut sth in ~* etw halbieren; *to tear sth in ~* etw durchreißen; *~ of it/them* die Hälfte davon/von ihnen; *~ the money* die Hälfte des Geldes; *~ a million dollars* eine halbe Million Dollar; *he gave me ~* er gab mir die Hälfte; *~ an hour* eine halbe Stunde; *he's not ~ the man he used to be* er ist längst nicht mehr das, was er einmal war; *to go halves (with sb on sth)* (mit jdm mit etw) halbe-halbe machen (*infml*); *bigger by ~* anderthalbmal so groß; *to increase sth by ~* etw um die Hälfte vergrößern; *he is too clever by ~* (*Br infml*) das ist ein richtiger Schlaumeier; *one and a ~* eineinhalb, anderthalb; *an hour and a ~* eineinhalb *or* anderthalb Stunden; *~'s two and a ~* er ist zweieinhalb; *he doesn't do things by halves* er macht keine halben Sachen; *~ and ~* halb und halb; *my better (hum) or other ~* meine bessere Hälfte **2.** (SPORTS, *of match*) Halbzeit *f* **3.** (≈ *travel, admission fee ≈ child's ticket*) halbe Karte (*infml*); *two and a ~ (to London)* zweieinhalb(mal London) **4.** (≈ *beer*) kleines Bier **II** *adj* halb; *at or for ~ price* zum halben Preis; *~ man ~ beast* halb Mensch, halb Tier **III** *adv* **1.** halb; *I ~ thought ...* ich hätte fast gedacht ...; *the work is only ~ done* die Arbeit ist erst zur Hälfte erledigt; *to be ~ asleep* schon fast schlafen; *~ laughing, ~ crying* halb lachend, halb weinend; *he only ~ understands* er begreift *or* versteht nur die Hälfte; *she's ~ German* sie ist zur Hälfte Deutsche; *it's ~ past three or ~ three* es ist halb vier; *he is ~ as big as his sister* er ist halb so groß wie seine Schwester; *~ as big again* anderthalbmal so groß; *he earns ~ as much as you* er verdient halb so viel wie Sie **2.** (*Br infml*) *he's not ~ stupid* er ist unheimlich dumm; *it didn't ~ rain* es HAT vielleicht geregnet; *not ~!* und wie! **half-a-dozen** *n* halbes Dutzend **half-baked** *adj* (*fig*) unausgegoren **half board** *n* Halbpension *f* **half bottle** *n* **a** ~ **of wine** eine kleine Flasche Wein **half-breed** *n* **1.** (*dated* ≈ *person*) Mischling *m* **2.** (≈ *horse*) Halbblüter *m* **half-brother** *n* Halbbruder *m* **half--caste** *n* (*dated*, *pej*) Mischling *m* **half--circle** *n* Halbkreis *m* **half-day** *n* (≈ *holiday*) halber freier Tag; **we've got a** ~ wir haben einen halben Tag frei **half-dead** *adj* (*lit*, *fig*) halb tot (*with* vor +*dat*) **half-dozen** *n* halbes Dutzend **half--dressed** *adj* halb bekleidet **half-empty** *adj* halb leer **half-fare** *n* halber Fahrpreis **half-full** *adj* halb voll **half-hearted** *adj* halbherzig; *manner* lustlos; **he was rather** ~ **about accepting** er nahm eine rechte Lust an **half-heartedly** *adv* halben Herzens; **to do sth** ~ etw ohne rechte Überzeugung *or* Lust tun **half-hour** *n* halbe Stunde **half-hourly I** *adv* alle halbe Stunde **II** *adj* halbstündlich **half--mast** *n* **at** ~ (auf) halbmast **half measure** *n* halbe Maßnahme **half-moon** *n* Halbmond *m* **half-note** *n* (*US* MUS) halbe Note **half-pay** *n* halber Lohn; (*of salaried employee*) halbes Gehalt **half-pint** *n* **1.** ≈ Viertelliter *m or nt* **2.** (*of beer*) kleines Bier **half-pipe** *n* SPORTS Halfpipe *f* **half--price** *adj*, *adv* zum halben Preis; **to be** ~ die Hälfte kosten **half-sister** *n* Halbschwester *f* **half term** *n* (*Br*) Ferien *pl* in der Mitte des Trimesters; **we get three days at** ~ wir haben drei Tage Ferien in der Mitte des Trimesters **half--time I** *n* SPORTS Halbzeit *f*; **at** ~ zur Halbzeit **II** *attr* Halbzeit-, zur Halbzeit; ~ **score** Halbzeitstand *m* **half-truth** *n* Halbwahrheit *f* **half volley** *n* TENNIS Halfvolley *m* **halfway I** *adj attr measures* halb; **when we reached the** ~ **stage** *or* **point on our journey** als wir die Hälfte der Reise hinter uns (*dat*) hatten; **we're past the** ~ **stage** wir haben die Hälfte geschafft **II** *adv* ~ **to** auf halbem Weg nach; **we drove** ~ **to London** wir fuhren die halbe Strecke nach London; ~ **between ...** (genau) zwischen ...; **I live** ~ **up the hill** ich wohne auf halber Höhe des Berges; ~ **through a book** halb durch ein Buch (durch); **she dropped out** ~ **through the race** nach der Hälfte des Rennens gab sie auf; **to meet sb** ~ jdm (auf halbem Weg) entgegenkommen **halfway house** *n* (*fig*) Zwischending *nt* **halfwit** *n* (*fig*) Schwachkopf *m*

half-yearly *adv* halbjährlich **halibut** *n* Heilbutt *m* **halitosis** *n* schlechter Mundgeruch **hall** *n* **1.** (≈ *entrance hall*) Diele *f* **2.** (≈ *large building*) Halle *f*; (≈ *large room*) Saal *m*; (≈ *village hall*) Gemeindehaus *nt*; (≈ *school hall*) Aula *f* **3.** (≈ *mansion*) Herrenhaus *nt*; (*Br*: *a.* **hall of residence**) Studenten(wohn)heim *nt* **4.** (*US* ≈ *corridor*) Gang *m* **hallelujah I** *int* halleluja **II** *n* Halleluja *nt* **hallmark** *n* **1.** (Feingehalts)stempel *m* **2.** (*fig*) Kennzeichen *nt* (*of* +*gen*, für) **hallo** *int*, *n* = **hello** **hallowed** *adj* geheiligt; **on** ~ **ground** auf heiligem Boden **Halloween, Hallowe'en** *n* Halloween *nt* **hallucinate** *v/i* halluzinieren **hallucination** *n* Halluzination *f* **hallucinatory** *adj drug* Halluzinationen hervorrufend *attr*, halluzinogen (*tech*); *state*, *effect* halluzinatorisch **hallway** *n* Flur *m* **halo** *n*, *pl* -(e)s Heiligenschein *m* **halt I** *n* Pause *f*; **to come to a** ~ zum Stillstand kommen; **to bring sth to a** ~ etw zum Stillstand bringen; **to call a** ~ **to sth** einer Sache (*dat*) ein Ende machen; **the government called for a** ~ **to the fighting** die Regierung verlangte die Einstellung der Kämpfe **II** *v/i* zum Stillstand kommen; (*person*) stehen bleiben; MIL haltmachen **III** *v/t* zum Stillstand bringen; *fighting* einstellen **IV** *int* halt **halter** *n* (*horse's*) Halfter *nt* **halterneck** *adj* rückenfrei mit Nackenverschluss **halting** *adj voice* zögernd; *speech* stockend; *German* holprig **halt sign** *n* AUTO Stoppschild *nt* **halve** *v/t* **1.** (≈ *separate*) halbieren **2.** (≈ *reduce by half*) auf die Hälfte reduzieren **halves** *pl of* **half** **ham** *n* COOK Schinken *m*; ~ **sandwich** Schinkenbrot *nt* ♦ **ham up** *v/t sep* (*infml*) **to ham it up** zu dick auftragen **hamburger** *n* Hamburger *m* **ham-fisted** *adj* ungeschickt **hamlet** *n* kleines Dorf **hammer I** *n* Hammer *m*; **to go at it** ~ **and tongs** (*infml*) sich ins Zeug legen (*infml*); (≈ *quarrel*) sich in die Wolle kriegen (*infml*); **to go/come under the** ~ unter den Hammer kommen **II** *v/t* **1.** hämmern; **to** ~ **a nail into a wall** einen Nagel in die Wand schlagen **2.**

(*infml* ≈ *defeat badly*) eine Schlappe beibringen +*dat* (*infml*) **III** *v/i* hämmern; *to* ~ *on the door* an die Tür hämmern ♦ **hammer home** *v/t sep* Nachdruck verleihen (+*dat*); *he tried to hammer it home to the pupils that*... er versuchte, den Schülern einzubläuen *or* einzuhämmern, dass... ♦ **hammer out** *v/t sep* (*fig*) *agreement* ausarbeiten; *tune* hämmern

hammering *n* (*esp Br infml* ≈ *defeat*) Schlappe *f* (*infml*); *our team took a* ~ unsere Mannschaft musste eine Schlappe einstecken (*infml*)

hammock *n* Hängematte *f*

hamper[1] *n* (*esp Br*) (≈ *basket*) Korb *m*; (*as present*) Geschenkkorb *m*

hamper[2] *v/t* behindern; *to be* ~*ed* (*by sth*) (durch etw) gehandicapt sein; *the police were* ~*ed in their search by the shortage of clues* der Mangel an Hinweisen erschwerte der Polizei die Suche

hamster *n* Hamster *m*

hamstring *n* ANAT Kniesehne *f*

hand I *n* **1.** Hand *f*; (*of clock*) Zeiger *m*; *on* (*one's*) ~*s and knees* auf allen vieren; *to take sb by the* ~ jdn an die Hand nehmen; ~ *in* ~ Hand in Hand; *to go* ~ *in* ~ *with sth* mit etw einhergehen *or* Hand in Hand gehen; ~*s up!* Hände hoch!; ~*s up who knows the answer* Hand hoch, wer es weiß; ~*s off!* (*infml*) Hände weg!; *keep your* ~*s off my wife* lass die Finger von meiner Frau!; *made by* ~ handgearbeitet; *to deliver a letter by* ~ einen Brief persönlich überbringen; *to live (from)* ~ *to mouth* von der Hand in den Mund leben; *with a heavy/firm* ~ (*fig*) mit harter/fester Hand; *to get one's* ~*s dirty* (*fig*) sich (*dat*) die Hände schmutzig machen **2.** (≈ *side*) Seite *f*; *on my right* ~ rechts von mir; *on the one* ~ ... *on the other* ~ ... einerseits ..., andererseits ... **3.** *your future is in your own* ~*s* Sie haben Ihre Zukunft (selbst) in der Hand; *he put the matter in the* ~*s of his lawyer* er übergab die Sache seinem Anwalt; *to put oneself in(to) sb's* ~*s* sich jdm anvertrauen; *to fall into the* ~*s of sb* jdm in die Hände fallen; *to fall into the wrong* ~*s* in die falschen Hände geraten; *to be in good* ~*s* in guten Händen sein; *to change* ~*s* den Besitzer wechseln; *he suffered terribly at the* ~*s of the enemy* er machte in den Händen des Feindes Schreckliches durch; *he has too much time on his* ~*s* er hat zu viel Zeit zur Verfügung; *he has five children on his* ~*s* er hat fünf Kinder am Hals (*infml*); *everything she could get her* ~*s on* alles, was sie in die Finger bekommen konnte; *just wait till I get my* ~*s on him!* warte nur, bis ich ihn zwischen die Finger kriege! (*infml*); *to take sb/sth off sb's* ~*s* jdm jdn/etw abnehmen **4.** (≈ *worker*) Arbeiter(in) *m(f)*; *all* ~*s on deck!* alle Mann an Deck! **5.** (≈ *handwriting*) Handschrift *f* **6.** (*of horse*) ≈ 10 cm **7.** CARDS Blatt *nt*; (≈ *game*) Runde *f* **8.** *to ask for a lady's* ~ (*in marriage*) um die Hand einer Dame anhalten; *to have one's* ~*s full with sb/sth* mit jdm/etw alle Hände voll zu tun haben; *to wait on sb* ~ *and foot* jdn von vorne und hinten bedienen; *to have a* ~ *in sth* an etw (*dat*) beteiligt sein; *I had no* ~ *in it* ich hatte damit nichts zu tun; *to keep one's* ~ *in* in Übung bleiben; *to lend or give sb a* ~ jdm behilflich sein; *give me a* ~! hilf mir mal!; *to force sb's* ~ jdn zwingen; *to be* ~ *in glove with sb* mit jdm unter einer Decke stecken; *to win* ~*s down* mühelos *or* spielend gewinnen; *to have the upper* ~ die Oberhand behalten; *to get or gain the upper* ~ (*of sb*) (über jdn) die Oberhand gewinnen; *they gave him a big* ~ sie gaben ihm großen Applaus; *let's give our guest a big* ~ und nun großen Beifall für unseren Gast; *to be an old* ~ (*at sth*) ein alter Hase (in etw *dat*) sein; *to keep sth at* ~ etw in Reichweite haben; *at first* ~ aus erster Hand; *he had the situation well in* ~ er hatte die Situation im Griff; *to take sb in* ~ (≈ *discipline*) jdn in die Hand nehmen; (≈ *look after*) jdn in Obhut nehmen; *he still had £600 in* ~ er hatte £ 600 übrig; *the matter in* ~ die vorliegende Angelegenheit; *we still have a game in* ~ wir haben noch ein Spiel ausstehen; *there were no experts on* ~ es standen keine Experten zur Verfügung; *to eat out of sb's* ~ jdm aus der Hand fressen; *things got out of* ~ die Dinge sind außer Kontrolle geraten; *I dismissed the idea out of* ~ ich verwarf die Idee sofort; *I don't have the letter to* ~ ich habe den Brief gerade nicht zur Hand **II** *v/t* geben (*sth to* *sb, sb sth* jdm etw); **you've got to ~ it to him** (*fig infml*) das muss man ihm lassen (*infml*) ◆ **hand (a)round** *v/t sep* herumreichen; (≈ *distribute*) austeilen ◆ **hand back** *v/t sep* zurückgeben ◆ **hand down** *v/t sep* **1.** (*fig*) weitergeben; *tradition* überliefern; *heirloom etc* vererben (*to* +*dat*); **the farm's been handed down from generation to generation** der Hof ist durch die Generationen weitervererbt worden **2.** JUR *sentence* fällen ◆ **hand in** *v/t sep* abgeben; *resignation* einreichen ◆ **hand on** *v/t sep* weitergeben (*to* an +*acc*) ◆ **hand out** *v/t sep* verteilen (*to sb* an jdn); *advice* erteilen (*to sb* jdm) ◆ **hand over** *v/t sep* (≈ *pass over*) (herüber)reichen (*to dat*); (≈ *hand on*) weitergeben (*to* an +*acc*); (≈ *give up*) (her)geben (*to dat*); *prisoner* übergeben (*to dat*); (*to another state*) ausliefern; *powers* abgeben (*to* an +*acc*); *controls, property* übergeben (*to dat*, an +*acc*); **I now hand you over to our correspondent** ich übergebe nun an unseren Korrespondenten ◆ **hand up** *v/t sep* hinaufreichen

handbag *n* Handtasche *f* **hand baggage** *n* Handgepäck *nt* **handball I** *n* **1.** (≈ *game*) Handball *m* **2.** (FTBL ≈ *foul*) Handspiel *nt* **II** *int* FTBL Hand **hand basin** *n* Handwaschbecken *nt* **handbill** *n* Handzettel *m* **handbook** *n* Handbuch *nt* **handbrake** *n* (*esp Br*) Handbremse *f* **hand-carved** *adj* handgeschnitzt **hand cream** *n* Handcreme *f* **handcuff** *v/t* Handschellen anlegen (+*dat*) **handcuffs** *pl* Handschellen *pl* **handdrier** *n* Händetrockner *m* **handful** *n* **1.** Handvoll *f*; (*of hair*) Büschel *nt* **2.** (*fig*) **those children are a ~** die Kinder können einen ganz schön in Trab halten **hand grenade** *n* Handgranate *f* **handgun** *n* Handfeuerwaffe *f* **hand-held** *adj* computer Handheld-

handicap I *n* **1.** SPORTS Handicap *nt* **2.** (≈ *disadvantage*) Handicap *nt*; (*physical, mental*) Behinderung *f* **II** *v/t* **to be (physically/mentally) ~ped** (körperlich/geistig) behindert sein; **~ped children** behinderte Kinder *pl*
handicraft *n* (≈ *work*) Kunsthandwerk *nt*; **~s** (≈ *products*) Kunstgewerbe *nt*
handily *adv* situated günstig
handiwork *n no pl* **1.** (*lit*) Arbeit *f*; (≈ *needlework etc*) Handarbeit *f*; (**examples of**

the children's ~ Werkarbeiten / Handarbeiten *pl* der Kinder **2.** (*fig*) Werk *nt*; (*pej*) Machwerk *nt*
handkerchief *n* Taschentuch *nt*, Nastuch *nt* (*Swiss*)
handle I *n* Griff *m*; (*of door*) Klinke *f*, (Tür)falle *f* (*Swiss*); (*esp of broom, saucepan*) Stiel *m*; (*of basket, cup*) Henkel *m*; **to fly off the ~** (*infml*) an die Decke gehen (*infml*); **to have/get a ~ on sth** (*infml*) etw im Griff haben / in den Griff bekommen **II** *v/t* **1.** (≈ *touch*) berühren; **be careful how you ~ that** gehen Sie vorsichtig damit um; **"handle with care"** „Vorsicht - zerbrechlich" **2.** (≈ *deal with*) umgehen mit; *matter, problem* sich befassen mit; (≈ *succeed in coping with*) fertig werden mit; (≈ *resolve*) erledigen; *vehicle* steuern; **how would you ~ the situation?** wie würden Sie sich in der Situation verhalten?; **I can't ~ pressure** ich komme unter Druck nicht zurecht; **you keep quiet, I'll ~ this** sei still, lass mich mal machen **3.** COMM *goods* handeln mit *or* in (+*dat*); *orders* bearbeiten **III** *v/i* (*ship, plane*) sich steuern lassen; (*car*) sich fahren lassen **handlebar(s)** *n(pl)* Lenkstange *f* **handler** *n* (≈ *dog-handler*) Hundeführer(in) *m(f)*; **baggage ~** Gepäckmann *m* **handling** *n* Umgang *m* (*of* mit); (*of matter, problem*) Behandlung *f* (*of* +*gen*); (≈ *official handling of matters*) Bearbeitung *f*; **her adroit ~ of the economy** ihre geschickte Handhabung der Wirtschaft; **his ~ of the matter** die Art, wie er die Angelegenheit angefasst hat; **his successful ~ of the crisis** seine Bewältigung der Krise **handling charge** *n* Bearbeitungsgebühr *f*; (*in banking*) Kontoführungsgebühren *pl*
hand lotion *n* Handlotion *f* **hand luggage** *n* (*Br*) Handgepäck *nt* **handmade** *adj* handgearbeitet; **this is ~** das ist Handarbeit **hand mirror** *n* Handspiegel *m* **hand-operated** *adj* handbedient, handbetrieben **hand-out** *n* **1.** (≈ *money*) (Geld)zuwendung *f* **2.** (≈ *food*) Essensspende *f*; (*in school*) Arbeitsblatt *nt* **handover** *n* POL Übergabe *f*; **~ of power** Machtübergabe *f* **hand-picked** *adj* (*fig*) sorgfältig ausgewählt **hand puppet** *n* (*US*) Handpuppe *f* **handrail** *n* (*of stairs etc*) Geländer *nt*; (*of ship*) Reling *f* **handset** *n* TEL Hörer *m* **hands-free**

adj Freisprech-; ~ *kit* Freisprechset *nt or* -anlage *f* **handshake** *n* Händedruck *m* **hands-off** *adj* passiv

handsome *adj* **1.** (≈ *good-looking*) gut aussehend; *face, features* attraktiv; (≈ *elegant*) elegant; *he is* ~ er sieht gut aus **2.** *profit* ansehnlich; *reward* großzügig; *victory* deutlich **handsomely** *adv* *pay* großzügig; *reward* reichlich; *win* überlegen

hands-on *adj* aktiv, engagiert **handstand** *n* Handstand *m* **hand-to-hand** *adj* ~ *fighting* Nahkampf *m* **hand-to-mouth** *adj* kümmerlich **hand towel** *n* Händehandtuch *nt*

handwriting *n* Handschrift *f* **handwritten** *adj* handgeschrieben **handy** *adj* (+*er*) **1.** *device* praktisch; *hint* nützlich; *size* handlich; *to come in* ~ sich als nützlich erweisen; *my experience as a teacher comes in* ~ meine Lehrerfahrung kommt mir zugute **2.** (≈ *skilful*) geschickt; *to be* ~ *with a tool* mit einem Werkzeug gut umgehen können **3.** (≈ *conveniently close*) in der Nähe; *the house is* (*very*) ~ *for the shops* das Haus liegt (ganz) in der Nähe der Geschäfte; *to keep or have sth* ~ etw griffbereit haben **handyman** *n, pl* **-men** Heimwerker *m*; (*as job*) Hilfskraft *f*

hang *vb: pret, past part* **hung I** *v/t* **1.** hängen; *painting, curtains, clothes* aufhängen; *to* ~ *wallpaper* tapezieren; *to* ~ *sth from sth* etw an etw (*dat*) aufhängen; *to* ~ *one's head* den Kopf hängen lassen **2.** *pret, past part* **hanged** *criminal* hängen; *to* ~ *oneself* sich erhängen **3.** (*infml*) ~ *the cost!* ist doch piepegal, was es kostet (*infml*) **II** *v/i* **1.** (*curtains, painting*) hängen (*on* an +*dat*, *from* von); (*clothes, hair*) fallen **2.** (*gloom etc*) hängen (*over* über +*dat*) **3.** (*criminal*) gehängt werden; *to be sentenced to* ~ zum Tod durch Erhängen verurteilt werden **III** *n no pl* (*infml*) *to get the* ~ *of sth* den (richtigen) Dreh bei etw herauskriegen (*infml*) ◆ **hang about** (*Brit*) *or* **around I** *v/i* (*infml*) warten; (≈ *loiter*) sich herumtreiben (*infml*), strawanzen (*Aus*); *to keep sb hanging around* jdn warten lassen; *to hang around with sb* sich mit jdm herumtreiben (*infml*); *hang about, I'm just coming* wart mal, ich komm ja schon; (*infml*) *he doesn't hang around* (≈ *move quickly*)

er ist einer von der schnellen Truppe (*infml*) **II** *v/i +prep obj* **to hang around a place** sich an einem Ort herumtreiben (*infml*) ◆ **hang back** *v/i* (*lit*) sich zurückhalten ◆ **hang down** *v/i* herunterhängen ◆ **hang in** *v/i* (*infml*) *just* ~ *there!* bleib am Ball (*infml*) ◆ **hang on I** *v/i* **1.** (≈ *hold*) sich festhalten (*to sth* an etw *dat*) **2.** (≈ *hold out*) durchhalten; (*infml* ≈ *wait*) warten; ~ (*a minute*) einen Augenblick (mal) **II** *v/i +prep obj* **he hangs on her every word** er hängt an ihren Lippen; *everything hangs on his decision* alles hängt von seiner Entscheidung ab ◆ *v/i +prep obj* **1.** (*lit* ≈ *hold on to*) festhalten; (*fig*) *hope* sich klammern an (+*acc*) **2.** (≈ *keep*) behalten; *to* ~ *power* sich an die Macht klammern ◆ **hang out I** *v/i* **1.** (*tongue etc*) heraushängen **2.** (*infml*) sich aufhalten **II** *v/t sep* hinaushängen ◆ **hang together** *v/i* (*argument, ideas*) folgerichtig *or* zusammenhängend sein; (*alibi*) keinen Widerspruch enthalten; (*story, report etc*) zusammenhängen ◆ **hang up I** *v/i* TEL auflegen; *he hung up on me* er legte einfach auf **II** *v/t sep* *picture* aufhängen; *receiver* auflegen ◆ **hang upon** *v/i +prep obj* = **hang on** II

hangar *n* Hangar *m*

hanger *n* (*for clothes*) (Kleider)bügel *m* **hanger-on** *n, pl* **hangers-on** Satellit *m* **hang-glider** *n* (≈ *device*) Drachen *m* **hang-gliding** *n* Drachenfliegen *nt* **hanging** *n* **1.** (*of criminal*) Hinrichtung *f* (durch den Strang) **2. hangings** *pl* (≈ *tapestry*) Wandbehänge *pl* **hanging basket** *n* Blumenampel *f* **hangman** *n* Henker *m*; (≈ *game*) Galgen *m* **hang-out** *n* (*infml*) Stammlokal *nt*; (*of group*) Treff *m* (*infml*) **hangover** *n* Kater *m* (*infml*) **hang-up** *n* (*infml*) Komplex *m* (*about* wegen)

hanker *v/i* sich sehnen (*for or after sth* nach etw) **hankering** *n* Sehnsucht *f*; *to have a* ~ *for sth* Sehnsucht nach etw haben

hankie, hanky *n* (*infml*) Taschentuch *nt*, Nastuch *nt* (*Swiss*)

hanky-panky *n* (*infml, esp Br*) Gefummel *nt* (*infml*)

Hanover *n* Hannover *nt*

haphazard *adj* willkürlich; *in a* ~ *way* planlos

happen *v/i* **1.** (≈ *occur*) geschehen; (*spe-*

cial event) sich ereignen; (*unexpected or unpleasant event*) passieren; *it ~ed like this ...* es war so ...; *what's ~ing?* was ist los?; *it just ~ed* es ist (ganz) von allein passiert *or* gekommen; *as if nothing had ~ed* als ob nichts geschehen *or* gewesen wäre; *don't let it ~ again* dass das nicht noch mal passiert!; *what has ~ed to him?* was ist ihm passiert?; (≈ *what has become of him*) was ist aus ihm geworden?; *if anything should ~ to me* wenn mir etwas zustoßen *or* passieren sollte; *it all ~ed so quickly* es ging alles so schnell **2.** *to ~ to do sth* zufällig(erweise) etw tun; *do you ~ to know whether ...?* wissen Sie zufällig, ob ...?; *I picked up the nearest paper, which ~ed to be the Daily Mail* ich nahm die erstbeste Zeitung zur Hand, es war zufällig die Daily Mail; *as it ~s I don't like that kind of thing* so etwas mag ich nun einmal nicht **happening** *n* Ereignis *nt*; (*not planned*) Vorfall *m*; *there have been some strange ~s in that house* in dem Haus sind sonderbare Dinge vorgegangen

happily *adv* **1.** glücklich; *say, play* vergnügt; *it all ended ~* es ging alles gut aus; *they lived ~ ever after* (*in fairy tales*) und wenn sie nicht gestorben sind, dann leben sie noch heute **2.** (≈ *harmoniously*) *live together, combine* harmonisch **3.** (≈ *gladly*) gern; *I would ~ have lent her the money* ich hätte ihr das Geld ohne weiteres geliehen **4.** (≈ *fortunately*) glücklicherweise **happiness** *n* Glück *nt*; (≈ *contentment*) Zufriedenheit *f*

happy *adj* (+*er*) **1.** glücklich; *the ~ couple* das Brautpaar; *a ~ ending* ein Happy End *nt*; *~ birthday* (*to you*) herzlichen Glückwunsch zum Geburtstag; *Happy Easter/Christmas* frohe Ostern/Weihnachten **2.** (≈ *content*) (*not*) *to be ~ about or with sth* mit etw (nicht) zufrieden sein; *to be ~ to do sth* (≈ *willing*) etw gern tun; (≈ *relieved*) froh sein, etw zu tun; *I was ~ to hear that you passed your exam* es hat mich gefreut zu hören, dass du die Prüfung bestanden hast **happy-go-lucky** *adj* unbekümmert **happy hour** *n* Zeit, in der Getränke zu ermäßigten Preisen angeboten werden

harangue *v/t* eine (Straf)predigt halten (+*dat*)

harass *v/t* belästigen; *don't ~ me* dräng mich doch nicht so! **harassed** *adj* abgespannt; *a ~ father* ein (viel) geplagter Vater **harassment** *n* (≈ *act*) Belästigung *f*; *racial ~* rassistisch motivierte Schikanierung; *sexual ~* sexuelle Belästigung **harbour**, (*US*) **harbor** I *n* Hafen *m* II *v/t* **1.** *criminal etc* Unterschlupf gewähren (+*dat*) **2.** *doubts, resentment* hegen

hard I *adj* (+*er*) **1.** hart; *winter, frost* streng; *as ~ as rocks or iron* steinhart; *he leaves all the ~ work to me* die ganze Schwerarbeit überlässt er mir; *to be a ~ worker* sehr fleißig sein; *it was ~ going* man kam nur mühsam voran; *to be ~ on sb* (*person*) streng mit jdm sein; *to be ~ on sth* (≈ *cause strain*) etw strapazieren; *to have a ~ time* es nicht leicht haben; *I had a ~ time finding a job* ich hatte Schwierigkeiten, eine Stelle zu finden; *to give sb a ~ time* jdm das Leben schwer machen; *there are no ~ feelings between them* sie sind einander nicht böse; *no ~ feelings?* nimm es mir nicht übel; *to be as ~ as nails* knallhart sein (*infml*) **2.** (≈ *difficult*) schwer, schwierig; *~ to understand* schwer verständlich; *that is a very ~ question to answer* diese Frage lässt sich nur schwer beantworten; *she is ~ to please* man kann ihr kaum etwas recht machen; *it's ~ to tell* es ist schwer zu sagen; *I find it ~ to believe* ich kann es kaum glauben; *she found it ~ to make friends* es fiel ihr schwer, Freunde zu finden; *to play ~ to get* so tun, als sei man nicht interessiert **3.** *tug, kick* kräftig; *blow* heftig; *to give sb/sth a ~ push* jdm/etw einen harten Stoß versetzen; *it was a ~ blow (for them)* (*fig*) es war ein schwerer Schlag (für sie) **4.** *facts* gesichert; *~ evidence* sichere Beweise *pl* II *adv* *work* hart; *run* sehr schnell; *breathe* schwer; *study* eifrig; *listen* genau; *think* scharf; *push, pull* kräftig; *rain* stark; *I've been ~ at work since this morning* ich bin seit heute Morgen um schwer am Werk; *she works ~ at keeping herself fit* sie gibt sich viel Mühe, sich fit zu halten; *to try ~* sich wirklich Mühe geben; *no matter how ~ I try ...* wie sehr ich mich auch anstrenge, ...; *to be ~ pushed or put to do sth* es sehr schwer finden, etw zu tun; *to be ~ done by* übel dran sein; *they are ~ hit by the cuts* sie sind von den Kürzungen schwer getroffen; **~ left** scharf links; **to follow ~ upon sth** unmittelbar auf etw (*acc*) folgen **hard and fast** *adj* fest **hardback I** *adj* (*a.* **hardbacked**) *book* gebunden **II** *n* gebundene Ausgabe **hardboard** *n* Hartfaserplatte *f* **hard-boiled** *adj egg* hart gekocht **hard cash** *n* Bargeld *nt* **hard copy** *n* Ausdruck *m* **hard core** *n* (*fig*) harter Kern **hard-core** *adj* **1.** *pornography* hart; **~ film** harter Pornofilm **2.** *members* zum harten Kern gehörend **hardcover** *adj, n* (*US*) = **hardback hard currency** *n* harte Währung **hard disk** *n* IT Festplatte *f* **hard disk drive** *n* Festplattenlaufwerk *nt* **hard drug** *n* harte Droge **hard-earned** *adj cash* sauer verdient; *victory* hart erkämpft **hard-edged** *adj* (*fig*) hart, kompromisslos; *reality* hart **harden I** *v/t steel* härten; **this ~ed his attitude** dadurch hat sich seine Haltung verhärtet; **to ~ oneself to sth** (*physically*) sich gegen etw abhärten; (*emotionally*) gegen etw unempfindlich werden **II** *v/i* (*substance*) hart werden; (*fig, attitude*) sich verhärten; **his face ~ed** sein Gesicht bekam einen harten Ausdruck **hardened** *adj steel* gehärtet; *troops* abgehärtet; *arteries* verkalkt; **~ criminal** Gewohnheitsverbrecher(in) *m(f)*; **you become ~ to it after a while** daran gewöhnt man sich mit der Zeit **hard-fought** *adj battle* erbittert; *victory* hart erkämpft; *game* hart **hard hat** *n* Schutzhelm *m* **hardhearted** *adj* hartherzig **hard-hitting** *adj report* äußerst kritisch **hard labour**, (*US*) **hard labor** *n* Zwangsarbeit *f* **hard left** *n* POL **the ~** die extreme Linke **hard line** *n* **to take a ~** eine harte Linie verfolgen **hardline** *adj* kompromisslos **hardliner** *n* Hardliner(in) *m(f)* (*esp* POL) **hard luck** *n* (*infml*) Pech *nt* (*on* für); **~!** Pech gehabt! **hardly** *adv* **1.** (≈ *barely*) kaum; **~ ever** fast nie; **~ any money** fast kein Geld; **it's worth ~ anything** es ist fast nichts wert; **you've ~ eaten anything** du hast (ja) kaum etwas gegessen; **there was ~ anywhere to go** man konnte fast nirgends hingehen **2.** (≈ *certainly not*) wohl kaum **hardness** *n* **1.** Härte *f* **2.** (≈ *difficulty*) Schwierigkeit *f* **hard-nosed** *adj* (*infml*) *person* abgebrüht (*infml*); *attitude* rücksichtslos **hard on** *n* (*sl*) Ständer *m* (*infml*); **to have a ~** einen stehen haben (*infml*) **hard-pressed** *adj* hart bedrängt;

to be ~ to do sth es sehr schwer finden, etw zu tun **hard right** *n* POL **the ~** die extreme Rechte **hard sell** *n* aggressive Verkaufstaktik **hardship** *n* (≈ *condition*) Not *f*; (≈ *deprivation*) Entbehrung *f* **hard shoulder** *n* (*Br*) Seitenstreifen *m* **hardware I** *n* **1.** Eisenwaren *pl*; (≈ *household goods*) Haushaltswaren *pl* **2.** IT Hardware *f* **II** *attr* **1. ~ shop** *or* **store** Eisenwarenhandlung *f* **2.** IT Hardware-**hard-wearing** *adj* widerstandsfähig; *clothes* strapazierfähig **hard-won** *adj* schwer erkämpft **hardwood** *n* Hartholz *nt* **hard-working** *adj* fleißig **hardy** *adj* (+*er*) *person, animal* robust; *plant* winterhart

hare I *n* (Feld)hase *m* **II** *v/i* (*Br infml*) flitzen (*infml*) **harebrained** *adj* verrückt **harelip** *n* Hasenscharte *f*

harem *n* Harem *m*

haricot *n* **~** (**bean**) Gartenbohne *f*

♦ **hark back to** *v/i* +*prep obj* **this custom harks back to the days when ...** dieser Brauch geht auf die Zeit zurück, als ...

harm I *n* (*bodily*) Verletzung *f*; (*material, psychological*) Schaden *m*; **to do ~ to sb** jdm eine Verletzung/jdm Schaden zufügen; **to do ~ to sth** einer Sache (*dat*) schaden; **you could do somebody/ yourself ~ with that knife** mit dem Messer können Sie jemanden/sich verletzen; **he never did anyone any ~** er hat keiner Fliege jemals etwas zuleide getan; **you will come to no ~** es wird Ihnen nichts geschehen; **it will do more ~ than good** es wird mehr schaden als nützen; **it won't do you any ~** es wird dir nicht schaden; **to mean no ~** es wird nicht böse meinen; **no ~ done** es ist nichts Schlimmes passiert; **there's no ~ in asking** es kann nicht schaden, zu fragen; **where's** *or* **what's the ~ in that?** was kann denn das schaden?; **to keep** *or* **stay out of ~'s way** der Gefahr (*dat*) aus dem Weg gehen; **I've put those tablets in the cupboard out of ~'s way** ich habe die Tabletten im Schrank in Sicherheit gebracht **II** *v/t person* verletzen; *thing, environment* schaden (+*dat*) **harmful** *adj* schädlich (*to* für) **harmless** *adj* harmlos **harmlessly** *adv* harmlos; **the missile exploded ~ outside the town** die Rakete explodierte außerhalb der Stadt, ohne Schaden anzurichten **harmonic** *adj* harmonisch **harmonica** *n*

Harmonika *f* **harmonious** *adj*, **harmoniously** *adv* harmonisch **harmonize I** *v/t* harmonisieren; *ideas etc* miteinander in Einklang bringen **II** *v/i* **1.** (*colours etc*) harmonieren **2.** MUS mehrstimmig singen **harmony** *n* Harmonie *f*; (*fig*) Eintracht *f*; **to live in perfect ~ with sb** in Eintracht mit jdm leben

harness I *n* **1.** Geschirr *nt*; **to work in ~** (*fig*) zusammenarbeiten **2.** (*of parachute*) Gurtwerk *nt*; (*for baby*) Laufgurt *m* **II** *v/t* **1.** *horse* anschirren; **to ~ a horse to a carriage** ein Pferd vor einen Wagen spannen **2.** (≈ *utilize*) nutzen

harp *n* Harfe *f* ♦ **harp on** *v/i* (*infml*) **to ~ sth** auf etw (*dat*) herumreiten; **he's always harping on about ...** er spricht ständig von ...

harpoon I *n* Harpune *f* **II** *v/t* harpunieren

harpsichord *n* Cembalo *nt*

harrowing *adj story* erschütternd; *experience* grauenhaft

harry *v/t* (≈ *hassle*) bedrängen

harsh *adj* (+*er*) *winter* streng; *climate, environment, sound* rau; *conditions, treatment* hart; *criticism* scharf; *light* grell; *reality* bitter; **to be ~ with sb** jdn hart anfassen; **don't be too ~ with him** sei nicht zu streng mit *or* hart zu ihm **harshly** *adv* **1.** *judge, treat* streng; *criticize* scharf **2.** *say* schroff; **he never once spoke ~ to her** (≈ *unkindly*) er sprach sie nie in einem scharfen Ton an **harshness** *n* Härte *f*; (*of climate, environment*) Rauheit *f*; (*of criticism*) Schärfe *f*

harvest I *n* Ernte *f*; **a bumper potato ~** eine Rekordkartoffelernte **II** *v/t* (≈ *reap*) ernten **harvest festival** *n* Erntedankfest *nt*

has *3rd person sg pres of* **have** **has-been** *n* (*pej*) vergangene Größe

hash *n* **1.** (*fig*) **to make a ~ of sth** etw vermasseln (*infml*) **2.** TEL Doppelkreuz *nt* **3.** (*infml* ≈ *hashish*) Hasch *nt* (*infml*) **hash browns** *pl* ≈ Kartoffelpuffer *pl*, Erdäpfelpuffer *pl* (*Aus*)

hashish *n* Haschisch *nt*

hasn't *contraction* = **has not**

hassle (*infml*) **I** *n* **1.** Auseinandersetzung *f* **2.** (≈ *bother*) Mühe *f*; **we had a real ~ getting these tickets** es hat uns (*dat*) viel Mühe gemacht, diese Karten zu bekommen; **getting there is such a ~** es ist so umständlich, dorthin zu kommen **II** *v/t* bedrängen; **stop hassling me** lass

mich in Ruhe!; **I'm feeling a bit ~d** ich fühle mich etwas im Stress (*infml*)

haste *n* Eile *f*; (*nervous*) Hast *f*; **to do sth in ~** etw in Eile tun; **to make ~ to do sth** sich beeilen, etw zu tun **hasten I** *v/i* sich beeilen; **I ~ to add that ...** ich muss allerdings hinzufügen, dass ... **II** *v/t* beschleunigen **hastily** *adv* **1.** *arranged* eilig; *dress, eat* hastig; *add* schnell **2.** (≈ *too quickly*) übereilt **hasty** *adj* (+*er*) hastig; *departure* plötzlich; **to beat a ~ retreat** sich schnellstens aus dem Staub machen (*infml*) **2.** (≈ *too quick*) übereilt; **don't be ~!** nicht so schnell!; **I had been too ~** ich hatte voreilig gehandelt

hat *n* **1.** Hut *m*; **to put on one's ~** den *or* seinen Hut aufsetzen; **to take one's ~ off** den Hut abnehmen **2.** (*fig*) **I'll eat my ~ if ...** ich fresse einen Besen, wenn ... (*infml*); **I take my ~ off to him** Hut ab vor ihm!; **to keep sth under one's ~** (*infml*) etw für sich behalten; **at the drop of a ~** auf der Stelle; **that's old ~** (*infml*) das ist ein alter Hut (*infml*) **hat-box** *n* Hutschachtel *f*

hatch¹ I *v/t* (*a.* **hatch out**) ausbrüten **II** *v/i* (*a.* **hatch out:** *bird*) ausschlüpfen; **when will the eggs ~?** wann schlüpfen die Jungen aus?

hatch² *n* **1.** NAUT Luke *f*; (*in floor, ceiling*) Bodenluke *f* **2.** (*service*) ~ Durchreiche *f* **3.** **down the ~!** (*infml*) hoch die Tassen! (*infml*) **hatchback** *n* Hecktürmodell *nt*

hatchet *n* Beil *nt*; **to bury the ~** (*fig*) das Kriegsbeil begraben **hatchet job** *n* (*infml*) **to do a ~ on sb** jdn fertigmachen (*infml*)

hatchway *n* = **hatch²** 1

hate I *v/t* hassen; **to ~ to do sth** *or* **doing sth** es hassen, etw zu tun; **I ~ seeing** *or* **to see her in pain** ich kann es nicht ertragen, sie leiden zu sehen; **I ~ it when ...** ich kann es nicht ausstehen, wenn ...; **I ~ to bother you** es ist mir sehr unangenehm, dass ich Sie belästigen muss; **I ~ to admit it but ...** es fällt mir sehr schwer, das zugeben zu müssen, aber ...; **she ~s me having any fun** sie kann es nicht haben, wenn ich Spaß habe; **I'd ~ to think I'd never see him again** ich könnte den Gedanken, ihn nie wiederzusehen, nicht ertragen **II** *n* Hass *m* (*for, of* auf +*acc*); **one of his pet ~s is plastic cutlery/having to wait** Plastikbesteck/Warten ist ihm ein Gräuel **hate campaign** *n*

Hasskampagne *f* **hated** *adj* verhasst
hateful *adj* abscheulich; *person* unausstehlich **hate mail** *n* beleidigende Briefe *pl*
hatpin *n* Hutnadel *f*
hatred *n* Hass *m* (*for, of* auf +*acc*); **racial ~** Rassenhass *m*
hat stand , (*US*)**hat tree** *n* Garderobenständer *m* **hat trick** *n* Hattrick *m*; **to score a ~** einen Hattrick erzielen
haughty *adj* (+*er*) überheblich; *look* geringschätzig
haul I *n* 1. (≈ *journey*) **it's a long ~** es ist ein weiter Weg; **short/long/medium ~ aircraft** Kurz-/Lang-/Mittelstreckenflugzeug *nt*; **over the long ~** (*esp US*) langfristig 2. (*fig* ≈ *booty*) Beute *f*; (*of cocaine etc*) Fund *m* **II** *v/t* 1. (≈ *pull*) ziehen; **he ~ed himself to his feet** er wuchtete sich wieder auf die Beine 2. (≈ *transport*) befördern ♦ **haul in** *v/t sep* einholen; *rope* einziehen
haulage *n* (*Br*) Transport *m* **haulage business** *n* (*esp Br*) (≈ *firm*) Transportunternehmen *nt*, Spedition(sfirma) *f*; (≈ *trade*) Speditionsbranche *f* **haulier** , (*US*) **hauler** *n* (≈ *company*) Spedition *f*
haunch *n* **~es** Gesäß *nt*; (*of animal*) Hinterbacken *pl*; **to squat on one's ~es** in der Hocke sitzen
haunt I *v/t* 1. (*ghost*) spuken in (+*dat*) 2. *person* verfolgen; (*memory*) nicht loslassen **II** *n* (*of person* ≈ *pub etc*) Stammlokal *nt*; (≈ *favourite resort*) Lieblingsort *m*; **her usual childhood ~s** Stätten, die sie in ihrer Kindheit oft aufsuchte
haunted *adj* 1. Spuk-; **~ castle** Spukschloss *nt*; **this place is ~** hier spukt es; **is it ~?** spukt es da? 2. *look* gequält
haunting *adj* eindringlich; *music* schwermütig
have *pret, past part* **had**, *3rd person sg pres* **has I** *aux vb* 1. haben; **I ~/had seen** ich habe / hatte gesehen; **had I seen him, if I had seen him** wenn ich ihn gesehen hätte; **having seen him** (≈ *after I had*) als ich ihn gesehen hatte; **having realized this** (≈ *since I had*) nachdem ich das erkannt hatte; **I ~ lived** *or* **~ been living here for 10 years** ich wohne *or* lebe schon 10 Jahre hier 2. sein; **to ~ gone** gegangen sein; **you HAVE grown!** du bist aber gewachsen!; **to ~ been** gewesen sein 3. (*in tag questions etc*) **you've seen her, ~n't you?** du hast sie gesehen, oder

nicht?; **you ~n't seen her, ~ you?** du hast sie nicht gesehen, oder?; **you ~n't seen her — yes, I ~** du hast sie nicht gesehen — doch; **you've made a mistake — no, I ~n't** du hast einen Fehler gemacht — nein(, hab ich nicht); **I ~ seen a ghost — ~ you?** ich habe ein Gespenst gesehen — tatsächlich? **II** *modal aux* **to ~ to do sth** etw tun müssen; **I ~** (**got** *esp Brit*) **to do it** ich muss es tun *or* machen; **she was having to get up at 6 o'clock** sie musste um 6 Uhr aufstehen; **you didn't ~ to tell her** das hätten Sie ihr nicht unbedingt sagen müssen *or* brauchen **III** *v/t* 1. haben; **~ you** (**got** *esp Brit*) *or* **do you ~ a car?** hast du ein Auto?; **I ~n't** (**got** *esp Brit*) *or* **I don't ~ a pen** ich habe keinen Kugelschreiber; **I ~** (**got** *esp Brit*) **work/a translation to do** ich habe zu arbeiten / eine Übersetzung zu erledigen; **I must ~ more time** ich brauche mehr Zeit; **I must ~ something to eat** ich muss dringend etwas zu essen haben; **thanks for having me** vielen Dank für Ihre Gastfreundschaft; **he has diabetes** er ist zuckerkrank; **to ~ a heart attack** einen Herzinfarkt bekommen; **I've** (**got** *esp Br*)**) a headache** ich habe Kopfschmerzen; **to ~ a pleasant evening** einen netten Abend verbringen; **to ~ a good time** Spaß haben; **~ a good time!** viel Spaß!; **to ~ a walk** einen Spaziergang machen; **to ~ a swim** schwimmen gehen; **to ~ a baby** ein Baby bekommen; **he had the audience in hysterics** das Publikum kugelte sich vor Lachen; **he had the police baffled** die Polizei stand vor einem Rätsel; **as rumour** (*Br*) *or* **rumor** (*US*) **has it** Gerüchten zufolge; **I won't ~ this sort of rudeness!** diese Unhöflichkeit lasse ich mir ganz einfach nicht bieten; **I won't ~ him insulted** ich lasse es nicht zu *or* dulde es nicht, dass man ihn beleidigt; **to let sb ~ sth** jdm etw geben 2. **to ~ breakfast** frühstücken; **to ~ lunch** zu Mittag essen; **to ~ tea with sb** mit jdm (zusammen) Tee trinken; **will you ~ tea or coffee?** möchten Sie lieber Tee oder Kaffee?; **will you ~ a drink/cigarette?** möchten Sie etwas zu trinken / eine Zigarette?; **what will you ~? — I'll ~ the steak** was möchten Sie gern(e)? — ich hätte gern das Steak; **he had a cigarette** er rauchte eine Zigarette 3. (≈

hold) (gepackt) haben; *he had* (*got* (*esp Br*)) *me by the throat* er hatte mich am Hals gepackt; *you ~ me there* da bin ich überfragt **4.** *party* geben; *meeting* abhalten **5.** (≈ *wish*) mögen; *which one will you ~?* welche(n, s) möchten Sie haben *or* hätten Sie gern? **6.** *to ~ sth done* etw tun lassen; *to ~ one's hair cut* sich (*dat*) die Haare schneiden lassen; *he had his car stolen* man hat ihm sein Auto gestohlen; *I've had three windows broken* (bei) mir sind drei Fenster eingeworfen worden; *to ~ sb do sth* jdn etw tun lassen; *I had my friends turn against me* ich musste es erleben, wie *or* dass sich meine Freunde gegen mich wandten; *that coat has had it* (*infml*) der Mantel ist im Eimer (*infml*); *if I miss the bus, I've had it* (*infml*) wenn ich den Bus verpasse, bin ich geliefert (*infml*); *let him ~ it!* (*infml*) gibs ihm! (*infml*); *~ it your own way* halten Sie es, wie Sie wollen; *you've been had!* (*infml*) da hat man dich übers Ohr gehauen (*infml*) ♦ **have around** *v/t always separate he's a useful man to ~* es ist ganz praktisch, ihn zur Hand zu haben ♦ **have back** *v/t sep* zurückhaben ♦ **have in** *v/t always separate* **1.** (*in the house*) im Haus haben **2.** *to have it in for sb* (*infml*) jdn auf dem Kieker haben (*infml*) **3.** *I didn't know he had it in him* ich hätte ihm das nicht zugetraut ♦ **have off** *v/t always separate to have it off with sb* (*Br infml*) es mit jdm treiben (*infml*) ♦ **have on I** *v/t sep* (≈ *wear*) anhaben **II** *v/t always separate* **1.** (≈ *have arranged*) vorhaben; (≈ *be busy with*) zu tun haben **2.** (*infml* ≈ *trick*) übers Ohr hauen (*infml*); (≈ *tease*) auf den Arm nehmen (*infml*), pflanzen (*Aus*) ♦ **have out** *v/t always separate* **1.** (≈ *have taken out*) herausgenommen bekommen; *he had his tonsils out* ihm wurden die Mandeln herausgenommen **2.** (≈ *discuss*) *I'll have it out with him* ich werde mit ihm reden ♦ **have over** *or* (*esp Brit*) **round** *v/t always separate* (bei sich) zu Besuch haben; (≈ *invite*) (zu sich) einladen

haven *n* (*fig*) Zufluchtsstätte *f*

haven't *contraction* = **have not havens** *pl* (*infml*) *the ~ and the have-nots* die Betuchten und die Habenichtse

havoc *n* verheerender Schaden; (≈ *cha-*

os) Chaos *nt*; *to cause or create ~* ein Chaos verursachen; *to wreak ~ in/on/ with sth, to play ~ with sth* bei etw verheerenden Schaden anrichten; *this wreaked ~ with their plans* das brachte ihre Pläne völlig durcheinander

Hawaii *n* Hawaii *nt*

hawk[1] *n* **1.** ORN Habicht *m*; *to watch sb like a ~* jdn ganz genau beobachten **2.** (*fig* ≈ *politician*) Falke *m*

hawk[2] *v/t* hausieren (gehen) mit; (*in street*) verkaufen **hawker** *n* Hausierer(in) *m(f)*; (*in street*) Straßenhändler(in) *m(f)*

hawk-eyed *adj* scharfsichtig

hawthorn *n* (*a.* **hawthorn bush/tree**) Weißdorn *m*

hay *n* Heu *nt*; *to make ~ while the sun shines* (*prov*) das Eisen schmieden, solange es heiß ist (*prov*) **hay fever** *n* Heuschnupfen *m* **hayrick, haystack** *n* Heuhaufen *m* **haywire** *adj pred* (*infml*) *to go ~* durchdrehen (*infml*); (*plans*) über den Haufen geworfen werden (*infml*); (*machinery*) verrückt spielen (*infml*)

hazard I *n* **1.** Gefahr *f*; (≈ *risk*) Risiko *nt*; *it's a fire ~* es stellt eine Feuergefahr dar; *to pose a ~* (*to sb/sth*) eine Gefahr (für jdn/etw) darstellen **2.** **hazards** *pl* (AUTO: *a.* **hazard (warning) lights**) Warnblinklicht *nt* **II** *v/t* riskieren; *if I might ~ a suggestion* wenn ich mir einen Vorschlag erlauben darf; *to ~ a guess* (es) wagen, eine Vermutung anzustellen **hazardous** *adj* gefährlich; (≈ *risky*) riskant; *such jobs are ~ to one's health* solche Arbeiten gefährden die Gesundheit **hazardous waste** *n* Sondermüll *m*

haze *n* **1.** Dunst *m* **2.** (*fig*) *he was in a ~* er war vollkommen verwirrt

hazel *adj* (*colour*) haselnussbraun **hazelnut** *n* Haselnuss *f*

hazy *adj* (+*er*) *weather* diesig; *sunshine* trübe; *outline* verschwommen; *details* unklar; *I'm a bit ~ about that* ich bin mir nicht ganz im Klaren darüber

H-bomb *n* H-Bombe *f*

he I *pers pr* er; *Harry Rigg? who's he?* Harry Rigg? wer ist das denn? **II** *n* *it's a he* (*infml*) es ist ein Er **III** *pref* männlich

head I *n* **1.** Kopf *m*; (*of arrow*) Spitze *f*; (*of bed*) Kopf(ende *nt*) *m*; (*on beer*) Blume *f*; *from ~ to foot* von Kopf bis Fuß; *he* *can hold his* ~ *high* er kann sich sehen lassen; ~*s or tails?* Kopf oder Zahl?; ~*s you win* bei Kopf gewinnst du; *to keep one's* ~ *above water* (*fig*) sich über Wasser halten; *to go to one's* ~ einem zu Kopf steigen; *I can't make* ~ *nor tail of it* daraus werde ich nicht schlau; *use your* ~ streng deinen Kopf an; *it never entered his* ~ *that* ... es kam ihm nie in den Sinn, dass ...; *we put our* ~*s together* wir haben unsere Köpfe zusammengesteckt; *the joke went over his* ~ er verstand den Witz nicht; *to keep one's* ~ den Kopf nicht verlieren; *to lose one's* ~ den Kopf verlieren; ~ *of steam* Dampfdruck *m*; *at the* ~ *of the page/stairs* oben auf der Seite / an der Treppe; *at the* ~ *of the table* am Kopf(ende) des Tisches; *at the* ~ *of the queue* (*Br*) an der Spitze der Schlange; *a or per* ~ pro Kopf; *to be* ~ *and shoulders above sb* (*fig*) jdm haushoch überlegen sein; *to fall* ~ *over heels in love with sb* bis über beide Ohren in jdn verliebt sein; *to fall* ~ *over heels down the stairs* kopfüber die Treppe herunterfallen; *to stand on one's* ~ auf dem Kopf stehen; *to turn sth on its* ~ (*fig*) etw umkehren; *to laugh one's* ~ *off* (*infml*) sich fast totlachen (*infml*); *to shout one's* ~ *off* (*infml*) sich (*dat*) die Lunge aus dem Leib schreien (*infml*); *to scream one's* ~ *off* (*infml*) aus vollem Halse schreien; *he can't get it into his* ~ *that* ... es will ihm nicht in den Kopf, dass ...; *I can't get it into his* ~ *that* ... ich kann es ihm nicht begreiflich machen, dass ...; *to take it into one's* ~ *to do sth* sich (*dat*) in den Kopf setzen, etw zu tun; *don't put ideas into his* ~ bring ihn bloß nicht auf dumme Gedanken!; *to get sb/sth out of one's* ~ sich (*dat*) jdn /etw aus dem Kopf schlagen; *he is off his* ~ (*Br infml*) er ist (ja) nicht (ganz) bei Trost (*infml*); *he has a good* ~ *for figures* er ist ein guter Rechner; *you need a good* ~ *for heights* Sie müssen schwindelfrei sein; *to come to a* ~ sich zuspitzen; *to bring matters to a* ~ die Sache auf die Spitze treiben **2.** *twenty* ~ *of cattle* zwanzig Stück Vieh **3.** (*of family*) Oberhaupt *nt*; (*of organization*) Chef(in) *m(f)*; (*of department*) Leiter(in) *m(f)*; SCHOOL Schulleiter(in) *m(f)*; ~ *of department* (*in business*) Abteilungslei-

ter(in) *m(f)*; SCHOOL, UNIV Fachbereichsleiter(in) *m(f)*; ~ *of state* Staatsoberhaupt *nt* **II** *v/t* **1.** (≈ *be at the head of*) anführen; (≈ *be in charge of*) führen; *team* leiten; *a coalition government* ~*ed by Mrs Merkel* eine Koalitionsregierung unter der Führung von Frau Merkel **2.** *in the chapter* ~*ed* ... in dem Kapitel mit der Überschrift ... **3.** FTBL köpfen **III** *v/i* gehen; (*vehicle*) fahren; *the tornado was* ~*ing our way* der Tornado kam auf uns zu ♦ *head back v/i* zurückgehen/-fahren; *it's time we were heading back now* es ist Zeit, sich auf den Rückweg zu machen ♦ *head for v/i +prep obj* **1.** *place, person* zugehen /zufahren auf (+*acc*); *town, direction* gehen /fahren in Richtung (+*gen*); *door, pub* zusteuern auf (+*acc*) (*infml*); *where are you heading or headed for?* wo gehen /fahren Sie hin? **2.** (*fig*) zusteuern auf (+*acc*); *you're heading for trouble* du bist auf dem besten Weg, Ärger zu bekommen; *to* ~ *victory/defeat* auf einen Sieg / eine Niederlage zusteuern ♦ *head off* **I** *v/t sep* **1.** (≈ *divert*) umdirigieren **2.** *war, strike* abwenden **II** *v/i* (≈ *set off*) sich aufmachen

headache *n* Kopfschmerzen *pl*; (*infml* ≈ *problem*) Problem *nt*; *to have a* ~ Kopfschmerzen haben; *this is a bit of a* ~ (*for us*) das macht *or* bereitet uns ziemliches Kopfzerbrechen **headband** *n* Stirnband *nt* **headboard** *n* Kopfteil *nt* **head boy** *n* vom Schulleiter bestimmter Schulsprecher **headbutt** *v/t* mit dem Kopf stoßen **head cold** *n* Kopfgrippe *f* **headcount** *n* *to have or take a* ~ abzählen **headdress** *n* Kopfschmuck *m* **headed notepaper** *n* Schreibpapier *nt* mit Briefkopf **header** *n* FTBL Kopfball *m*, Köpfler *m* (*Aus, Swiss*) **headfirst** *adv* kopfüber **headgear** *n* Kopfbedeckung *f* **head girl** *n* vom Schulleiter bestimmte Schulsprecherin **head-hunt** *v/t* abwerben **head-hunter** *n* (*fig*) Headhunter(in) *m(f)* **heading** *n* Überschrift *f* **headlamp, headlight** *n* Scheinwerfer *m* **headland** *n* Landspitze *f* **headlight** *n* = *headlamp* **headline** *n* PRESS Schlagzeile *f*; *he is always in the* ~*s* er macht immer Schlagzeilen; *to hit or make the* ~*s* Schlagzeilen machen; *the news* ~*s* Kurznachrichten *pl* **headline news** *n* *no pl* *to be* ~ in den Schlagzeilen sein **headlong** *adv* Hals über Kopf (*infml*); *fall* vornüber;

he ran ~ down the stairs er rannte in Windeseile die Treppe hinunter **headmaster** n (esp Br) Schulleiter m **headmistress** n (esp Br) Schulleiterin f **head office** n Zentrale f **head-on** I adv **1.** collide frontal **2.** (fig) tackle direkt; **to confront sb/sth** ~ jdm/einer Sache ohne Umschweife entgegentreten II adj ~ **collision** Frontalzusammenstoß m **headphones** pl Kopfhörer pl **headquarters** n sg or pl MIL Hauptquartier nt; (of business) Zentrale f **headrest** n Kopfstütze f **headroom** n lichte Höhe; (in car) Kopfraum m **headscarf** n Kopftuch nt **headset** n Kopfhörer pl **head start** n Vorsprung m (on sb jdm gegenüber) **headstone** n Grabstein m **headstrong** adj dickköpfig **head teacher** n (Br) = **headmaster**, **headmistress head waiter** n Oberkellner m **headway** n **to make** ~ vorankommen **headwind** n Gegenwind m **headword** n (in dictionary) Stichwort nt **heady** adj (+er) berauschend

heal I v/i heilen II v/t **1.** MED heilen **2.** (fig) differences etc beilegen ♦ **heal up** v/i zuheilen

healer n Heiler(in) m(f) (elev) **healing** I n Heilung f; (of wound) (Zu)heilen nt II adj MED Heil-, heilend; ~ **process** Heilprozess m

health n Gesundheit f; **in good** ~ bei guter Gesundheit; **to suffer from poor** or **bad** ~ kränklich sein; **to be good/bad for one's** ~ gesund/ungesund sein; ~ **and safety regulations** Arbeitsschutzvorschriften pl; **to drink (to) sb's** ~ auf jds Wohl (acc) trinken; **your** ~! zum Wohl! **health authority** n Gesundheitsbehörde f **health care** n Gesundheitsfürsorge f **health centre** n (Br MED) Ärztezentrum nt **health club** n Fitnesscenter nt **health-conscious** adj gesundheitsbewusst **health farm** n Gesundheitsfarm f **health food** n Reformkost f **health food shop** (Br), **health food store** (esp US) n Bioladen m **healthily** adv eat, live gesund; grow kräftig **health insurance** n Krankenversicherung f **health problem** n **to have** ~s gesundheitliche Probleme haben **health resort** n Kurort m **Health Service** n (Br) **the** ~ das Gesundheitswesen **health warning** n (on cigarette packet) (gesundheitlicher) Warnhinweis

healthy adj (+er) gesund; **to earn a** ~ **profit** einen ansehnlichen Gewinn machen

heap I n Haufen m; **he fell in a** ~ **on the floor** er sackte zu Boden; **at the bottom/ top of the** ~ (fig) ganz unten/oben; ~**s of** (infml) ein(en) Haufen (infml); ~**s of times** zigmal (infml); ~**s of enthusiasm** jede Menge Enthusiasmus (infml) II v/t häufen; **to** ~ **praise on sb/sth** jdn/etw mit Lob überschütten; **a** ~**ed spoonful** ein gehäufter Löffel ♦ **heap up** v/t sep aufhäufen

hear pret, past part **heard** I v/t hören; **I** ~**d him say that** ... ich habe ihn sagen hören, dass ...; **there wasn't a sound to be** ~**d** es war kein Laut zu hören; **to make oneself** ~**d** sich (dat) Gehör verschaffen; **you're not going, do you** ~ **me!** du gehst nicht, hörst du (mich)!; **I** ~ **you play chess** ich höre, Sie spielen Schach; **I've** ~**d it all before** ich habe das schon hundertmal gehört; **I must be** ~**ing things** ich glaube, ich höre nicht richtig; **to** ~ **a case** JUR einen Fall verhandeln; **to** ~ **evidence** JUR Zeugen vernehmen II v/i hören; **he cannot** ~ **very well** er hört nicht sehr gut; ~, ~! (sehr) richtig!; PARL hört!, hört!; **he's left his wife — yes, so I** ~ er hat seine Frau verlassen — ja, ich habe es gehört; **to** ~ **about sth** von etw erfahren; **never** ~**d of him/it** nie (von ihm/davon) gehört; **he was never** ~**d of again** man hat nie wieder etwas von ihm gehört; **I've never** ~**d of such a thing!** das ist ja unerhört! ♦ **hear of** v/i +prep obj (fig) **I won't** ~ **it** ich will davon (gar) nichts hören ♦ **hear out** v/t sep person ausreden lassen

heard pret, past part of **hear hearing** n **1.** Gehör nt; **to have a keen sense of** ~ ein gutes Gehör haben **2.** **within/out of** ~ in/ außer Hörweite **3.** POL Anhörung f; JUR Verhandlung f; **disciplinary** ~ Disziplinarverfahren nt **hearing aid** n Hörgerät nt **hearsay** n Gerüchte pl; **to know sth from** or **by** ~ etw vom Hörensagen wissen

hearse n Leichenwagen m

heart n **1.** Herz nt; **to break sb's** ~ jdm das Herz brechen; **to have a change of** ~ sich anders besinnen; **to be close** or **dear to one's** ~ jdm am Herzen liegen; **to learn sth (off) by** ~ etw auswendig lernen; **he knew in his** ~ **she was right** er wusste im Grunde seines Herzens, dass sie recht hatte; **with all my ~** von ganzem Herzen; **from the bottom of one's ~** aus tiefstem Herzen; **to put (one's) ~ and soul into sth** sich mit Leib und Seele einer Sache (*dat*) widmen; **to take sth to ~** sich (*dat*) etw zu Herzen nehmen; **we (only) have your interests at ~** uns liegen doch nur Ihre Interessen am Herzen; **to set one's ~ on sth** sein Herz an etw (*acc*) hängen (*elev*); **to one's ~'s content** nach Herzenslust; **most men are boys at ~** die meisten Männer sind im Grunde (ihres Herzens) noch richtige Kinder; **his ~ isn't in it** er ist nicht mit dem Herzen dabei; **to give sb ~** jdm Mut machen; **to lose ~** den Mut verlieren; **to take ~** Mut fassen; **her ~ is in the right place** (*infml*) sie hat das Herz auf dem rechten Fleck (*infml*); **to have a ~ of stone** ein Herz aus Stein haben; **my ~ was in my mouth** (*infml*) mir schlug das Herz bis zum Hals; **I didn't have the ~ to say no** ich brachte es nicht übers Herz, Nein zu sagen; **she has a ~ of gold** sie hat ein goldenes Herz; **my ~ sank** mein Herz sank; (*with apprehension*) mir wurde bang ums Herz; **in the ~ of the forest** mitten im Wald; **the ~ of the matter** der Kern der Sache **2. hearts** *pl* cards Herz *nt*; bridge Coeur *nt*; **queen of ~s** Herz-/ Coeurdame *f* **heartache** *n* Kummer *m* **heart attack** *n* Herzanfall *m*; (≈ *thrombosis*) Herzinfarkt *m*; **I nearly had a ~** (*fig infml*) ich habe fast einen Herzschlag gekriegt (*infml*) **heartbeat** *n* Herzschlag *m* **heartbreak** *n* großer Kummer **heartbreaking** *adj* herzzerreißend **heartbroken** *adj* todunglücklich **heartburn** *n* Sodbrennen *nt* **heart condition** *n* Herzleiden *nt*; **he has a ~** er ist herzleidend **heart disease** *n* Herzkrankheit *f* **hearten** *v/t* ermutigen **heartening** *adj* ermutigend **heart failure** *n* Herzversagen *nt*; **he suffered ~** sein Herz hat versagt **heartfelt** *adj* thanks, apology aufrichtig; tribute, appeal tief empfunden

hearth *n* Feuerstelle *f*; (≈ *whole fireplace*) Kamin *m*

heartily *adv* **1.** laugh, say herzlich; eat tüchtig **2.** recommend uneingeschränkt; agree voll und ganz; welcome von Herzen; **to be ~ sick of sth** etw herzlich leid

sein heartless *adj* herzlos; (≈ *cruel also*) grausam **heartlessly** *adv* grausam **heart-rending** *adj* herzzerreißend **heartstrings** *pl* **to pull** or **tug at sb's ~** jdn zu Tränen rühren **heart-throb** *n* (*infml*) Schwarm *m* (*infml*) **heart-to--heart I** *adj* ganz offen; **to have a ~ talk with sb** sich mit jdm ganz offen aussprechen **II** *n* offene Aussprache; **it's time we had a ~** es ist Zeit, dass wir uns einmal offen aussprechen **heart transplant** *n* Herztransplantation *f* **heart trouble** *n* Herzbeschwerden *pl* **heart-warming** *adj* herzerfreuend **hearty** *adj* (+er) **1.** laugh, greeting herzlich; manner raubeinig **2.** endorsement uneingeschränkt; dislike tief; **~ welcome** herzlicher Empfang **3.** meal herzhaft, währschaft (*Swiss*); appetite gesund; **to be a ~ eater** einen gesunden Appetit haben

heat I *n* **1.** Hitze *f*; (*pleasant*, phys) Wärme *f*; **on** or **over (a) low ~** bei schwacher Hitze; **in the ~ of the moment** in der Hitze des Gefechts; (*when upset*) in der Erregung **2.** sports Vorlauf *m*; boxing *etc* Vorkampf *m* **3. on** (*Br*) or **in** (*esp US*) **~** brünstig; (*dog, cat*) läufig **II** *v/t* erhitzen; room heizen; house, pool beheizen **III** *v/i* warm werden ◆ **heat up I** *v/i* sich erwärmen **II** *v/t sep* erwärmen; food aufwärmen

heated *adj* **1.** (*lit*) swimming pool *etc* beheizt; room geheizt; towel rail heizbar **2.** (*fig*) debate hitzig; exchange heftig **heatedly** *adv* hitzig; argue heftig **heater** *n* Ofen *m*; (*in car*) Heizung *f*

heath *n* Heide *f*

heathen I *adj* heidnisch **II** *n* Heide *m*, Heidin *f*

heather *n* Heidekraut *nt*

heating *n* Heizung *f* **heating engineer** *n* Heizungsinstallateur(in) *m(f)* **heatproof** *adj* hitzebeständig **heat rash** *n* Hitzeausschlag *m* **heat recovery** *n* Wärmerückgewinnung *f* **heat-resistant** *adj* hitzebeständig **heatstroke** *n* Hitzschlag *m* **heat wave** *n* Hitzewelle *f*

heave I *v/t* **1.** (≈ *lift*) (hoch)hieven (onto auf +acc); (≈ *drag*) schleppen **2.** (≈ *throw*) werfen **3.** sigh ausstoßen **II** *v/i* **1.** (≈ *pull*) hieven **2.** (waves, bosom) wogen (*elev*); (stomach) sich umdrehen

heaven *n* Himmel *m*; **the ~s** (liter) der Himmel; **in ~** im Himmel; **to go to ~** in den Himmel kommen; **he is in (sev-**

enth) ~ er ist im siebten Himmel; *it was* ~ es war einfach himmlisch; *(good)* ~*s!* (du) lieber Himmel! *(infml)*; *would you like to? — (good)* ~*s no!* möchten Sie? — um Himmels willen, bloß nicht!; ~ *knows what ...* weiß der Himmel, was ... *(infml)*; ~ *forbid!* bloß nicht, um Himmels willen! *(infml)*; *for* ~*'s sake!* um Himmels willen!; *what in* ~*'s name ...?* was um Himmels willen ...? **heavenly** *adj* **1.** himmlisch, Himmels-; ~ *body* Himmelskörper *m* **2.** *(infml* ≈ *delightful)* himmlisch

heavily *adv* stark; *populated* dicht; *armed, breathe, lean, fall* schwer; *guarded* streng; *move* schwerfällig; ~ *disguised* völlig unkenntlich gemacht; *to lose* ~ hoch verlieren; *to be* ~ *involved in or with sth* sehr viel mit etw zu tun haben; *to be* ~ *into sth (infml)* voll auf etw *(acc)* abfahren *(infml)*; *to be* ~ *outnumbered* zahlenmäßig stark unterlegen sein; *to be* ~ *defeated* eine schwere Niederlage erleiden; ~ *laden* schwer beladen; ~ *built* kräftig gebaut

heavy *adj* (+er) **1.** schwer; *rain, traffic, drinker, period* stark; *fall* hart; *with a* ~ *heart* schweren Herzens; ~ *breathing* schweres Atmen; *the conversation was* ~ *going* die Unterhaltung war mühsam; *this book is very* ~ *going* das Buch liest sich schwer **2.** *silence* bedrückend; *sky* bedeckt **heavy-duty** *adj* strapazierfähig **heavy goods vehicle** *n* Lastkraftwagen *m* **heavy-handed** *adj* schwerfällig **heavy industry** *n* Schwerindustrie *f* **heavy metal** *n* MUS Heavymetal *m* **heavyweight** *n* **1.** SPORTS Schwergewichtler(in) *m(f)* **2.** *(fig infml)* großes Tier *(infml)*; *the literary* ~*s* die literarischen Größen *pl*

Hebrew I *adj* hebräisch **II** *n* **1.** Hebräer(in) *m(f)* **2.** LING Hebräisch *nt* **Hebrides** *pl* Hebriden *pl*

heck *int (infml)* **oh** ~*!* zum Kuckuck! *(infml)*; *ah, what the* ~*!* ach, was solls! *(infml)*; *what the* ~ *do you mean?* was zum Kuckuck soll das heißen? *(infml)*; *I've a* ~ *of a lot to do* ich habe irrsinnig viel zu tun *(infml)*

heckle I *v/t* (durch Zwischenrufe) stören **II** *v/i* Zwischenrufe machen **heckler** *n* Zwischenrufer(in) *m(f)* **heckling** *n* Zwischenrufe *pl*

hectare *n* Hektar *m or nt*

hectic *adj* hektisch

he'd *contraction* = **he would, he had**

hedge I *n* Hecke *f* **II** *v/i* ausweichen **III** *v/t* *to* ~ *one's bets* auf Nummer sicher gehen *(infml)* **hedgehog** *n* Igel *m* **hedgerow** *n* Hecke *f* **hedge trimmer** *n* Elektroheckenschere *f*

hedonism *n* Hedonismus *m*

heed I *n* *to pay* ~ *to sb/sth, to take* ~ *of sb/sth* jdm/einer Sache Beachtung schenken **II** *v/t* beachten; *he never* ~*s my advice* er hört nie auf meinen Rat **heedless** *adj* *to be* ~ *of sth* etw nicht beachten

heel I *n* Ferse *f*; *(of shoe)* Absatz *m*; *to be right on sb's* ~*s* jdm auf den Fersen folgen; *the police were hot on our* ~*s* die Polizei war uns dicht auf den Fersen; *to be down at* ~ heruntergekommen sein; *to take to one's* ~*s* sich aus dem Staub(e) machen; ~*!* *(to dog)* (bei) Fuß!; *to bring sb to* ~ jdn an die Kandare nehmen *(infml)* **II** *v/t* *these shoes need* ~*ing* diese Schuhe brauchen neue Absätze

hefty *adj* (+er) *(infml)* *person* kräftig (gebaut); *object* massiv; *fine, punch* saftig *(infml)*

heifer *n* Färse *f*

height *n* **1.** Höhe *f*; *(of person)* Größe *f*; *to be six feet in* ~ sechs Fuß hoch sein; *what* ~ *are you?* wie groß sind Sie?; *you can raise the* ~ *of the saddle* du kannst den Sattel höherstellen; *at shoulder* ~ in Schulterhöhe; *at the* ~ *of his power* auf der Höhe seiner Macht; *the* ~ *of luxury* das Nonplusultra an Luxus; *at the* ~ *of the season* in der Hauptsaison; *at the* ~ *of summer* im Hochsommer; *at its* ~ *the company employed 12,000 people* in ihrer Glanzzeit hatte die Firma 12.000 Angestellte; *during the war emigration was at its* ~ im Krieg erreichte die Auswanderungswelle ihren Höhepunkt; *to be the* ~ *of fashion* der letzte Schrei sein **2. heights** *pl* Höhen *pl*; *to be afraid of* ~*s* nicht schwindelfrei sein **heighten I** *v/t* (≈ *raise*) höhermachen; (≈ *emphasize*) hervorheben; *feelings, tension* verstärken; ~*ed awareness* erhöhte Aufmerksamkeit **II** *v/i (fig)* wachsen

heinous *adj* abscheulich

heir *n* Erbe *m*, Erbin *f (to* +*gen)*; ~ *to the throne* Thronfolger(in) *m(f)* **heiress** *n*

Erbin *f* **heirloom** *n* Erbstück *nt*
heist *n* (*esp US infml*) Raubüberfall *m*
held *pret, past part of* **hold**
helicopter *n* Hubschrauber *m* **helipad** *n*
Hubschrauberlandeplatz *m* **heliport** *n*
Heliport *m* **heliskiing** *n* Heliskiing *nt*
(*Skifahren mit einem Hubschrauber,
der den Skifahrer auf den Gipfel fliegt*)
helium *n* Helium *nt*
hell *n* **1.** Hölle *f*; *to go to ~* (*lit*) in die Hölle
kommen; *all ~ broke loose* die Hölle
war los; *it's ~ working there* es ist die
reine Hölle, dort zu arbeiten; *a living
~* die Hölle auf Erden; *to go through
~* Höllenqualen ausstehen; *she made
his life ~* sie machte ihm das Leben
zur Hölle; *to give sb ~* (*infml ≈ tell
off*) jdm die Hölle heiß machen; *there'll
be ~ to pay when he finds out* wenn er
das erfährt, ist der Teufel los (*infml*); *to
play ~ with sth* etw total durcheinanderbringen; *I did it (just) for the ~ of it*
(*infml*) ich habe es nur zum Spaß gemacht; *~ for leather* was das Zeug hält;
the mother-in-law from ~ die böse
Schwiegermutter, wie sie im Buche
steht; *the holiday from ~* der absolut katastrophale Urlaub **2.** (*infml*) *a ~ of a
noise* ein Höllenlärm *m* (*infml*); *I was
angry as ~* ich war stinksauer (*infml*);
to work like ~ arbeiten, was das Zeug
hält; *to run like ~* laufen, was die Beine
hergeben; *it hurts like ~* es tut wahnsinnig weh (*infml*); *we had a or one ~ of a
time* (*≈ bad, difficult*) es war grauenhaft; (*≈ good*) wir haben uns prima
amüsiert (*infml*); *a ~ of a lot* verdammt
viel (*infml*); *she's a or one ~ of a girl* die
ist schwer in Ordnung (*infml*); *that's
one or a ~ of a climb* das ist eine wahn-
sinnige Kletterei (*infml*); *to ~ with you*
hol dich der Teufel (*infml*); *to ~ with
it!* verdammt noch mal (*infml*); *go to
~!* scher dich zum Teufel! (*infml*); *where
the ~ is it?* wo ist es denn, verdammt
noch mal? (*infml*); *you scared the ~
out of me* du hast mich zu Tode erschreckt; *like ~ he will!* den Teufel wird
er tun (*infml*); *what the ~* was solls
(*infml*)
he'll *contraction =* **he shall, he will**
hellbent *adj* versessen (*on* auf +*acc*) **hellish** *adj* (*fig infml*) höllisch (*infml*); *traffic, cold* mörderisch (*infml*); *it's ~* es ist
die reinste Hölle (*infml*) **hellishly** *adv*

(*infml*) *hot* höllisch (*infml*); *difficult* verteufelt (*infml*)
hello **I** *int* hallo, servus (*Aus*), grüezi
(*Swiss*); *say ~ to your aunt* sag deiner
Tante mal schön „Guten Tag!"; *say ~
to your parents (from me)* grüß deine
Eltern (von mir) **II** *n* Hallo *nt*
hell-raiser *n* (*infml*) ausschweifender
Mensch
helm *n* NAUT Steuer *nt*
helmet *n* Helm *m*
help **I** *n no pl* Hilfe *f*; *with his brother's ~*
mithilfe seines Bruders; *his ~ with the
project* seine Mithilfe an dem Projekt;
to ask sb for ~ jdn um Hilfe bitten; *to
be of ~ to sb* jdm helfen; *he isn't much
~ to me* er ist mir keine große Hilfe **II** *v/t*
1. helfen (+*dat*); *to ~ sb (to) do sth* jdm
(dabei) helfen, etw zu tun; *to ~ sb with
the cooking/his bags* jdm beim Ko-
chen/mit seinen Taschen helfen; *~/* Hilfe!; *can I ~ you?* kann ich (Ihnen) behilflich sein?; *that won't ~ you* das wird Ihnen nichts nützen; *to ~ sb on/off with
his/her etc coat* jdm in den/aus dem
Mantel helfen; *to ~ sb up* (*from floor
etc*) jdm aufhelfen **2.** *to ~ oneself to
sth* sich (*dat*) etw nehmen; (*infml ≈
steal*) etw mitgehen lassen; *~ yourself!*
nehmen Sie sich doch! **3.** *he can't ~ it*
er kann nichts dafür; *not if I can ~ it*
nicht, wenn es nach mir geht; *I couldn't
~ laughing* ich konnte mir nicht helfen,
ich musste (einfach) lachen; *I couldn't ~
thinking ...* ich konnte nicht umhin zu
denken ...; *it can't be ~ed* das lässt sich
nicht ändern **III** *v/i* helfen; *and your attitude didn't ~ either* und Ihre Einstellung war auch nicht gerade hilfreich
♦ **help out I** *v/i* aushelfen (*with* bei)
II *v/t sep* helfen (+*dat*) (*with* mit)
help desk *n* telefonischer Informations-
dienst, Support *m* **helper** *n* Helfer(in)
m(f); (*≈ assistant*) Gehilfe *m*, Gehilfin
f **helpful** *adj* **1.** (*≈ willing to help*) hilfsbereit; (*≈ giving help*) hilfreich **2.** *advice, tool* nützlich **helpfully** *adv* **1.** (*≈
willing to help*) hilfsbereit; (*≈ giving
help*) hilfreich **2.** (*≈ thoughtfully*) lie-
benswürdigerweise **helping I** *n* Portion
f; *to take a second ~ of sth* sich (*dat*)
noch einmal von etw nehmen **II** *adj attr
to give or lend a ~ hand to sb* jdm behilflich sein **helpless** *adj* hilflos; *he was
~ to prevent it* er konnte es nicht verhin-

dern; *she was ~ with laughter* sie konnte sich vor Lachen kaum halten **helplessly** *adv* hilflos; *watch* machtlos **helplessness** *n* Hilflosigkeit *f*; (≈ *powerlessness*) Machtlosigkeit *f* **helpline** *n* Infor-
mationsdienst *m* **help screen** *n* IT Hilfs-
bildschirm *m*

helter-skelter *adv* Hals über Kopf
(*infml*)

hem I *n* Saum *m* **II** *v/t* säumen ♦ **hem in**
v/t sep einschließen; (*fig*) einengen

he-man *n, pl* **-men** (*infml*) sehr männlicher Typ

hemisphere *n* Hemisphäre *f*; *in the
northern ~* auf der nördlichen Halbkugel

hemline *n* Saum *m*

hemo- *in cpds* (*US*) = **haemo-**

hemp *n* BOT Hanf *m*

hen *n* **1.** Henne *f* **2.** (≈ *female bird*) Weibchen *nt*

hence *adv* **1.** (≈ *for this reason*) also; *~ the
name* daher der Name **2.** *two years ~* in
zwei Jahren **henceforth** *adv* von nun an

henchman *n, pl* **-men** (*pej*) Spießgeselle
m

henna I *n* Henna *f* **II** *v/t* mit Henna färben

hen night *n* für die Braut vor der Hochzeit arrangierte Damengesellschaft **hen
party** *n* (*infml*) Damenkränzchen *nt*;
(*before wedding*) für die Braut vor der
Hochzeit arrangierte Damengesellschaft
henpeck *v/t* **he is ~ed** er steht unterm
Pantoffel (*infml*)

hepatitis *n* Hepatitis *f*

her I *pers pr* (*dir obj, with prep +acc*) sie;
(*indir obj, with prep +dat*) ihr; *it's ~* sie
ists **II** *poss adj* ihr; → **my**

herald I *n* (*fig*) (Vor)bote *m* (*elev*) **II** *v/t*
ankündigen; *tonight's game is being
~ed as the match of the season* das
Spiel heute Abend wird als die Begegnung der Saison groß herausgebracht
heraldry *n* Wappenkunde *f*

herb *n* Kraut *nt* **herbaceous** *adj* krautig
herbaceous border *n* Staudenrabatte *f*
herbal *adj* Kräuter-; *~ tea* Kräutertee *m*
herb garden *n* Kräutergarten *m* **herbicide** *n* Herbizid *nt* **herbivorous** *adj*
(*form*) pflanzenfressend

herd I *n* (*of cattle etc*) Herde *f*; (*of deer*)
Rudel *nt* **II** *v/t* treiben **herdsman** *n* Hirte
m

here *adv* hier; (*with motion*) hierher, hierhin; *come ~!* komm her!; *~ I am* da *or*

hier bin ich; *~'s the taxi* das Taxi ist
da; *~ he comes* da kommt *or* ist er ja;
this one ~ der/die/das hier *or* da; *~
and now* auf der Stelle; *I won't be ~
for lunch* ich bin zum Mittagessen nicht
da; *~ and there* hier und da; *near ~* (hier)
in der Nähe; *I've read down to ~* ich habe bis hierher *or* hierhin gelesen; *it's in/
over ~* es ist hier (drin)/hier drüben; *put
it in ~* stellen Sie es hierherein; *~ you are*
(*giving sb sth*) hier(, bitte); (*on finding
sb*) da bist du ja!; *~ we are, home again*
so, da wären wir also wieder zu Hause; *~
we go again, another crisis* da hätten
wir also wieder eine Krise; *~ goes!* dann
mal los; *~, let me do that* komm, lass
mich das mal machen; *~'s to you!* auf
Ihr Wohl!; *it's neither ~ nor there* es
spielt keine Rolle; *I've had it up to ~
(with him/it)* (*infml*) ich habe die Nase
voll (von ihm/davon) (*infml*) **here-
bouts** *adv* hier (in der Gegend) **hereby**
adv (*form*) hiermit

hereditary *adj* erblich; *~ disease* Erbkrankheit *f*; *~ peer* Peer, der seine Peerswürde geerbt hat **heredity** *n* Vererbung *f*

heresy *n* Ketzerei *f* **heretic** *n* Ketzer(in)
m(f)

herewith *adv* (*form*) hiermit

heritage *n* Erbe *nt*

hermaphrodite *n* Zwitter *m*

hermetically *adv* *~ sealed* hermetisch
verschlossen

hermit *n* Einsiedler(in) *m(f)*

hernia *n* (Eingeweide)bruch *m*

hero *n, pl* **-es** Held *m* **heroic I** *adj* **1.** heldenhaft; (≈ *brave*) mutig; *action* hero-
isch; *~ action or deed* Heldentat *f*; *~ attempt* tapferer Versuch **2.** LIT Helden- **II**
n **heroics** *pl* Heldentaten *pl*

heroin *n* Heroin *nt*; *~ addict* Heroinsüch-
tige(r) *m/f(m)*

heroine *n* Heldin *f* **heroism** *n* Heldentum *nt*; (≈ *daring*) Kühnheit *f*

heron *n* Reiher *m*

hero worship *n* Verehrung *f* (*of +gen*); (*of
pop star etc*) Schwärmerei *f* (*of* für)

herpes *n* MED Herpes *m*

herring *n* Hering *m* **herringbone** *adj attr
~ pattern* Fischgrät(en)muster *nt*

hers *poss pr* ihre(r, s); → **mine**[1]

herself *pers pr* **1.** (*dir and indir obj, with
prep*) sich; → **myself** **2.** (*emph*) (sie)
selbst

he's *contraction* = **he is**, **he has**

hesitancy *n* Zögern *nt*; (≈ *indecision*) Unschlüssigkeit *f* **hesitant** *adj* zögernd; (≈ *undecided*) unschlüssig

hesitate *v/i* zögern; (*in speech*) stocken; *I am still hesitating about what I should do* ich bin mir immer noch nicht schlüssig, was ich tun soll; *don't ~ to contact me* zögern Sie nicht, sich an mich zu wenden **hesitation** *n* Zögern *nt*; *after some/a moment's ~* nach einigem/kurzem Zögern

heterogeneous *adj* heterogen

heterosexual I *adj* heterosexuell **II** *n* Heterosexuelle(r) *m/f(m)* **heterosexuality** *n* Heterosexualität *f*

het up *adj* (*Br infml*) aufgeregt; *to get ~ about/over sth* sich über etw (*acc*)/wegen einer Sache (*gen*) aufregen

hew *pret* **hewed**, *past part* **hewn** *or* **hewed** *v/t* hauen

hexagon *n* Sechseck *nt* **hexagonal** *adj* sechseckig

heyday *n* Glanzzeit *f*

HGV (*Br*) *abbr of* **heavy goods vehicle** Lkw *m*

hi *int* hallo, servus (*Aus*), grüezi (*Swiss*)

hiatus *n* Lücke *f*

hibernate *v/i* Winterschlaf halten **hibernation** *n* (*lit, fig*) Winterschlaf *m*

hiccough, hiccup I *n* Schluckauf *m*; (*fig infml* ≈ *problem*) Problemchen *nt* (*infml*); *to have the ~s* den Schluckauf haben; *without any ~s* ohne Störungen **II** *v/i* hicksen (*dial*); *he started ~ing* er bekam den Schluckauf

hick *n* (*US infml*) Hinterwäldler(in) *m(f)* (*infml*)

hide[1] *vb*: *pret* **hid**, *past part* **hid** *or* **hidden** **I** *v/t* verstecken (*from* vor +*dat*); *truth, feelings* verbergen (*from* vor +*dat*); *moon, rust* verdecken; *hidden from view* nicht zu sehen; *there is a hidden agenda* da steckt noch etwas anderes dahinter **II** *v/i* sich verstecken (*from sb* vor jdm); *he was hiding in the cupboard* er hielt sich im Schrank versteckt **III** *n* Versteck *nt* ♦ **hide away I** *v/i* sich verstecken **II** *v/t sep* verstecken ♦ **hide out** *v/i* sich verstecken

hide[2] *n* (*of animal*) Haut *f*; (*on furry animal*) Fell *nt*

hide-and-seek, **(*US*) hide-and-go-seek** *n* Versteckspiel *nt*; *to play ~* Verstecken spielen **hideaway** *n* Versteck *nt*; (≈ *refuge*) Zufluchtsort *m*

hideous *adj* grauenhaft **hideously** *adv* grauenhaft; (*emph*) *expensive* schrecklich; *~ ugly* potthässlich (*infml*)

hideout *n* Versteck *nt*

hiding[1] *n* *to be in ~* sich versteckt halten; *to go into ~* untertauchen

hiding[2] *n* **1.** (≈ *beating*) Tracht *f* Prügel; *to give sb a good ~* jdm eine Tracht Prügel geben **2.** (*infml*) *the team got a real ~* die Mannschaft musste eine schwere Schlappe einstecken (*infml*)

hiding place *n* Versteck *nt*

hierarchic(al) *adj* hierarchisch **hierarchy** *n* Hierarchie *f*

hieroglyphics *pl* Hieroglyphen *pl*

higgledy-piggledy *adj, adv* durcheinander

high I *adj* (+*er*) **1.** hoch *pred*, hohe(r, s) *attr*; *altitude* groß; *wind* stark; *a building 80 metres* (*Br*) *or* **meters** (*US*) *~, an 80-metre* (*Br*) *or* **80-meter** (*US*) *~ building* ein 80 Meter hohes Gebäude; *on one of the ~er floors* in einem der oberen Stockwerke; *the river is quite ~* der Fluss führt ziemlich viel Wasser; *to be left ~ and dry* auf dem Trockenen sitzen (*infml*); *on the ~est authority* von höchster Stelle; *to be ~ and mighty* erhaben tun; *of the ~est calibre* (*Br*) *or* **caliber** (*US*)/**quality** von bestem Format/bester Qualität; *casualties were ~* es gab viele Opfer; MIL es gab hohe Verluste; *the temperature was in the ~ twenties* die Temperatur lag bei fast 30 Grad; *to pay a ~ price for sth* etw teuer bezahlen; *to the ~est degree* im höchsten Grad *or* Maß; *in ~ spirits* in Hochstimmung; *~ in fat* fettreich; *it's ~ time you went home* es wird höchste Zeit, dass du nach Hause gehst **2.** (*infml, on drugs*) high (*infml*); *to get ~ on cocaine* sich mit Kokain anturnen (*sl*) **II** *adv* (+*er*) hoch; *~ up* (*position*) hoch oben; (*motion*) hoch hinauf; *~er up the hill was a small farm* etwas weiter oben am Berg lag ein kleiner Bauernhof; *~ up in the organization* weit oben in der Organisationsstruktur; *one floor ~er* ein Stockwerk höher; *to go as ~ as £200* bis zu £ 200 (hoch) gehen; *feelings ran ~* die Gemüter erhitzten sich; *to search ~ and low* überall suchen **III** *n* **1.** *the pound has reached a new ~* das Pfund hat einen neuen Höchststand erreicht; *sales have reached an all-*

time ~ die Verkaufszahlen sind so hoch wie nie zuvor; *the* ~*s and lows of my career* die Höhen und Tiefen *pl* meiner Laufbahn **2.** METEO Hoch *nt* **high altar** *n* Hochaltar *m* **high beam** *n* AUTO Fernlicht *nt* **highbrow** *adj interests* intellektuell; *tastes, music* anspruchsvoll **highchair** *n* Hochstuhl *m* **High Church** *n* Hochkirche *f* **high-class** *adj* erstklassig **high court** *n* oberstes Gericht **high- -density** *adj* IT *disk* mit hoher Schreibdichte **high-energy** *adj* energiereich **higher I** *adj comp of* **high II** *n* **Higher** *(Scot)* ≈ Abiturabschluss *m*, ≈ Matura *f (Aus, Swiss)*; *to take one's Highers* ≈ das Abitur machen; *three Highers* ≈ das Abitur in drei Fächern **higher education** *n* Hochschulbildung *f* **Higher National Certificate** *n (Br)* ≈ Berufsschulabschluss *m* **Higher National Diploma** *n (Br)* *Qualifikationsnachweis in technischen Fächern* **high explosive** *n* hochexplosiver Sprengstoff **high-fibre,** *(US)* **high-fiber** *adj* ballaststoffreich **high-flier, high-flyer** *n (infml)* Senkrechtstarter(in) *m(f)* **high-flying** *adj (fig) businessman etc* erfolgreich; *lifestyle* exklusiv **high ground** *n* **1.** hoch liegendes Land **2.** *(fig)* *to claim the moral* ~ die moralische Überlegenheit für sich beanspruchen **high-handed** *adj* selbstherrlich; *treatment* arrogant **high-heeled** *adj* hochhackig **high heels** *pl* hohe Absätze *pl* **high-interest** *adj* FIN hochverzinslich **high jinks** *pl (infml)* ausgelassene Späße *pl* **high jump** *n* SPORTS Hochsprung *m* **highland** *adj* hochländisch **Highlands** *pl* (schottische) Highlands *pl* **high-level** *adj talks* auf höchster Ebene; IT *language* höher **highlight I** *n* **1.** ~*s (in hair)* Strähnchen *pl* **2.** *(fig)* Höhepunkt *m* **II** *v/t* **1.** *problem* ein Schlaglicht werfen auf *(+acc)* **2.** *(with highlighter)* hervorheben; *(on computer)* markieren **highlighter** *n* Textmarker *m* **highly** *adv* **1.** (≈ *extremely*) äußerst; *inflammable* leicht; *unusual, significant* höchst; *to be* ~ *critical of sb/sth* jdn/etw scharf kritisieren; ~ *trained* äußerst gut ausgebildet; *skilled worker* hoch qualifiziert; ~ *skilled* äußerst geschickt; *worker, workforce* hoch qualifiziert; ~ *respected* hoch geachtet; ~ *intelligent* hochintelligent; ~ *unlikely or improbable* äußerst *or* höchst un-

wahrscheinlich **2.** *regard* hoch; *to speak* ~ *of sb/sth* sich sehr positiv über jdn/ etw äußern; *to think* ~ *of sb/sth* eine hohe Meinung von jdm/etw haben; ~ *recommended* sehr empfehlenswert **highly strung** *adj (Br)* nervös **High Mass** *n* Hochamt *nt* **high-minded** *adj ideals* hoch **highness** *n* **Her/Your Highness** Ihre/Eure Hoheit **high-performance** *adj* Hochleistungs- **high-pitched** *adj* hoch; *scream* schrill **high point** *n* Höhepunkt *m* **high-powered** *adj* **1.** *machine, computer* leistungsfähig; *gun* leistungsstark **2.** *job* anspruchsvoll **high- -pressure** *adj* METEO ~ *area* Hochdruckgebiet *nt* **high priest** *n* Hohepriester *m* **high priestess** *n* Hohepriesterin *f* **high- -profile** *adj* profiliert **high-quality** *adj* hochwertig **high-ranking** *adj* hoch(rangig) **high-resolution** *adj* hochauflösend **high-rise** *adj* ~ *building* Hochhaus *nt*; ~ *office (block)* Bürohochhaus *nt*; ~ *flats (Br)* (Wohn)hochhaus *nt* **high-risk** *adj* risikoreich; ~ *group* Risikogruppe *f* **high school** *n (Br)* ≈ Oberschule *f (für 11 bis 18-Jährige)*; *(US)* ≈ Oberschule *f (für 15 bis 18-Jährige)* **high-scoring** *adj game* torreich **high seas** *pl* **the** ~ die Meere *pl*; *on the* ~ auf hoher See **high season** *n* Hochsaison *f* **high-security** *adj* ~ *prison* Hochsicherheitsgefängnis *nt* **high-sided** *adj* ~ *vehicle* hohes Fahrzeug **high society** *n* Highsociety *f* **high-speed** *adj schnell*; ~ *car chase* wilde Verfolgungsjagd im Auto; ~ *train* Hochgeschwindigkeitszug *m*; ~ *film* hochempfindlicher Film **high spirits** *pl* Hochstimmung *f*; *youthful* ~ jugendlicher Übermut **high street** *n (Br)* Hauptstraße *f*; ~ *banks* Geschäftsbanken *pl*; ~ *shops* Geschäfte *pl* in der Innenstadt **high-strung** *adj (US)* nervös **high tea** *n* (frühes) Abendessen *or* Nachtmahl *(Aus)* or Nachtessen *(Swiss)* **hightech** *n, adj* = **hi tech, hi-tech** **high technology** *n* Hochtechnologie *f* **high tide** *n* Flut *f*, Hochwasser *nt* **high treason** *n* Hochverrat *m* **high-up** *adj person* hochgestellt **highway** *n* **1.** *(US)* Highway *m*, ≈ Autobahn *f* **2.** *(Br)* Landstraße *f*; *public* ~ öffentliche Straße **Highway Code** *n (Br)* Straßenverkehrsordnung *f* **high wire** *n* Drahtseil *nt* **hijack I** *v/t* entführen; *(fig)* für sich beanspruchen **II** *n* Entführung *f* **hijacker** *n*

Entführer(in) *m(f)* **hijacking** *n* Entführung *f*

hike *l* *v/i* wandern **II** *n* **1.** (*lit*) Wanderung *f* **2.** (*fig: in rates*) Erhöhung *f* ♦ **hike up** *v/t sep prices* erhöhen

hiker *n* Wanderer *m*, Wanderin *f* **hiking** *n* Wandern *nt* **hiking boots** *pl* Wanderstiefel *pl*

hilarious *adj* urkomisch (*infml*) **hilariously** *adv* sehr amüsant **hilarity** *n* Heiterkeit *f*; (≈ *gaiety*) Fröhlichkeit *f*; (≈ *laughter*) Gelächter *nt*

hill *n* Hügel *m*; (*higher*) Berg *m*; (≈ *incline*) Hang *m*; **to park on a ~** am Berg parken; **to be over the ~** (*fig infml*) die besten Jahre hinter sich (*dat*) haben **hillbilly** (*US infml*) *n* Hinterwäldler(in) *m(f)* (*pej*) **hillock** *n* Hügel *m* **hillside** *n* Hang *m* **hilltop** *n* Gipfel *m* **hill-walker** *n* Bergwanderer *m*, Bergwanderin *f* **hill-walking** *n* Bergwandern *nt* **hilly** *adj* (+*er*) hüg(e)lig

hilt *n* Heft *nt*; (**up**) **to the ~** (*fig*) voll und ganz

him *pers pr* **1.** (*dir obj, with prep +acc*) ihn; (*indir obj, with prep +dat*) ihm **2.** (*emph*) er; **it's ~** er ists

himself *pers pr* **1.** (*dir and indir obj, with prep*) sich; → **myself 2.** (*emph*) (er) selbst

hind [1] *n* ZOOL Hirschkuh *f*

hind [2] *adj* Hinter-; **~ legs** Hinterbeine *pl*

hinder *v/t* (≈ *impede*) behindern; **to ~ sb from doing sth** jdn daran hindern, etw zu tun

Hindi *n* Hindi *nt*

hindquarters *pl* Hinterteil *nt*; (*of horse*) Hinterhand *f*

hindrance *n* Behinderung *f*; (≈ *obstacle*) Hindernis *nt* (*to* für); **the children are a ~** die Kinder sind hinderlich

hindsight *n* **with ~ it's easy to criticize** im Nachhinein ist es leicht zu kritisieren; **it was, in ~, a mistaken judgement** es war, rückblickend betrachtet, ein Fehlurteil

Hindu *I* *adj* hinduistisch **II** *n* Hindu *m* **Hinduism** *n* Hinduismus *m*

hinge *I* *n* (*of door*) Angel *f*; (*of box etc*) Scharnier *nt* **II** *v/i* (*fig*) abhängen (*on* von)

hint *I* *n* **1.** (≈ *suggestion*) Andeutung *f*; **to give a/no ~ of sth** etw ahnen lassen/nicht ahnen lassen; **to drop sb a ~** jdm einen Wink geben; **OK, I can take a ~**

schon recht, ich verstehe **2.** (≈ *trace*) Spur *f*; **a ~ of garlic** eine Spur Knoblauch; **a ~ of irony** ein Hauch *m* von Spott; **with just a ~ of sadness in his smile** mit einem leichten Anflug von Traurigkeit in seinem Lächeln; **at the first ~ of trouble** beim ersten Zeichen von Ärger **3.** (≈ *tip*) Tipp *m* **II** *v/t* andeuten (*to* gegenüber) ♦ **hint** *at v/i* +*prep obj* **he hinted at changes in the cabinet** er deutete an, dass es Umbesetzungen im Kabinett geben würde; **he hinted at my involvement in the affair** er spielte auf meine Rolle in der Affäre an

hinterland *n* Hinterland *nt*

hip [1] *n* Hüfte *f*; **with one's hands on one's ~s** die Arme in die Hüften gestemmt

hip [2] *int* **~! ~!, hurrah!** hipp hipp, hurra!

hip [3] *adj* (*infml*) hip (*infml*)

hipbone *n* ANAT Hüftbein *nt* **hip flask** *n* Flachmann *m* (*infml*) **hip hop** *n* MUS Hip-Hop *m*

hippie *n* = **hippy**

hippo *n* (*infml*) Nilpferd *nt*

hip pocket *n* Gesäßtasche *f*

hippopotamus *n*, *pl* -*es or* **hippopotami** Flusspferd *nt*

hippy, hippie *n* Hippie *m*

hip replacement *n* Hüftoperation *f* **hipsters** *pl* Hipsters *pl*, Hüfthose *f*

hire (*esp Br*) *I* *n* (≈ *rental*) Mieten *nt*; (*of suit*) Leihen *nt*; (≈ *employment*) Einstellen *nt*; **the hall is available for ~** man kann den Saal mieten; **for ~** (*taxi*) frei **II** *v/t* **1.** (≈ *rent*) mieten; *suit* leihen; **~d car** Mietwagen *m* **2.** (≈ *employ*) einstellen ♦ **hire out** *v/t sep* (*esp Br*) vermieten

hire-purchase *n* (*Br*) Ratenkauf *m*; **on ~** auf Teilzahlung; **~ agreement** Teilzahlungs(kauf)vertrag *m*

his *I* *poss adj* sein; → **my II** *poss pr* seine(r, s); → **mine** [1]

Hispanic *I* *adj* hispanisch **II** *n* Hispanoamerikaner(in) *m(f)*

hiss *I* *v/i* zischen; (*cat*) fauchen **II** *v/t* zischen **III** *n* Zischen *nt*; (*of cat*) Fauchen *nt*

historian *n* Historiker(in) *m(f)* **historic** *adj* historisch **historical** *adj* historisch; **~ research** Geschichtsforschung *f* **historically** *adv* **1.** (≈ *traditionally*) traditionellerweise **2.** *important* historisch

history *n* Geschichte *f*; **that's all ~ now** (*fig*) das gehört jetzt alles der Vergangenheit an; **he's ~** er ist schon lange vergessen; **he has a ~** of violence er hat eine Vorgeschichte als Gewalttäter; **he has a ~ of heart disease** er hat schon lange ein Herzleiden

histrionics *pl* theatralisches Getue

hit *vb: pret, past part* **hit I** *n* **1.** (≈ *blow*) Schlag *m*; (*on target*) Treffer *m* **2.** (≈ *success*) Erfolg *m*; (≈ *song*) Hit *m*; **to be a ~ with sb** bei jdm gut ankommen **3.** (IT ≈ *visit to website*) Hit *m* **II** *v/t* **1.** (≈ *strike*) schlagen; IT *key* drücken; **to ~ one's head against sth** sich (*dat*) den Kopf an etw (*dat*) stoßen; **he ~ his head on the table** er schlug mit dem Kopf auf dem Tisch auf; **the car ~ a tree** das Auto fuhr gegen einen Baum; **he was ~ by a stone** er wurde von einem Stein getroffen; **the tree was ~ by lightning** der Baum wurde vom Blitz getroffen; **you won't know what has ~ you** (*infml*) du wirst dein blaues Wunder erleben (*infml*) **2.** *target* treffen; *speed, level* erreichen; **you've ~ it** (**on the head**) (*fig*) du hast es (genau) getroffen; **he's been ~ in the leg** (≈ *wounded*) er ist am Bein getroffen worden **3.** (≈ *affect adversely*) betreffen; **to be hard ~ by sth** von etw schwer getroffen werden **4.** (≈ *come to*) *beaches etc* erreichen; **to ~ the rush hour** in den Stoßverkehr kommen; **to ~ a problem** ein Problem stoßen **5.** (*fig infml*) **to ~ the bottle** zur Flasche greifen; **to ~ the roof** in die Luft gehen (*infml*); **to ~ the road** sich auf die Socken machen (*infml*) **III** *v/i* (≈ *strike*) schlagen ◆ **hit back** *v/i, v/t sep* zurückschlagen; **he ~ at his critics** er gab seinen Kritikern Kontra ◆ **hit off** *v/t sep* **to hit it off with sb** (*infml*) prima mit jdm auskommen (*infml*) ◆ **hit on** *v/i +prep obj* **1.** stoßen auf (+*acc*) **2.** (*esp US infml* ≈ *chat up*) anmachen (*infml*) ◆ **hit out** *v/i* **1.** (*lit*) einschlagen (*at sb* auf jdn) **2.** (*fig*) **to ~ at sb/sth** jdn/etw attackieren ◆ **hit upon** *v/i +prep obj* = **hit on** 1

hit-and-miss *adj* = **hit-or-miss hit-and-run** *adj* **~ accident** Unfall *m* mit Fahrerflucht; **~ driver** unfallflüchtiger Fahrer, unfallflüchtige Fahrerin

hitch I *n* Haken *m*; (*in plan*) Problem *nt*; **a technical ~** eine technische Panne; **without a ~** reibungslos; **there's been a ~** da ist ein Problem aufgetaucht **II** *v/t* **1.** (≈ *fasten*) festmachen (*sth to sth*

etw an etw *dat*) **2.** (*infml*) **to get ~ed** heiraten **3.** **to ~ a lift** *or* **ride** trampen; **she ~ed a lift** *or* **ride with a truck driver** ein Lastwagenfahrer nahm sie mit **III** *v/i* (*esp Br*) trampen ◆ **hitch up** *v/t sep* **1.** *trailer etc* anhängen **2.** *skirt* hochziehen

hitcher *n* (*esp Br infml*) Anhalter(in) *m(f)*

hitchhike *v/i* per Anhalter fahren, trampen **hitchhiker** *n* Anhalter(in) *m(f)* **hitchhiking** *n* Trampen *nt*

hi tech *n* Spitzentechnologie *f* **hi-tech** *adj* Hightech-

hither *adv* **~ and thither** (*liter*) hierhin und dorthin **hitherto** *adv* bisher

hit list *n* Abschussliste *f* **hitman** *n* (*infml*) Killer *m* (*infml*) **hit-or-miss** *adj* auf gut Glück *pred* **hit parade** *n* Hitparade *f* **hit record** *n* Hit *m* **hits counter** *n* INTERNET Besucherzähler *m*, Counter *m* **hit squad** *n* Killerkommando *nt*

HIV *abbr of* **human immunodeficiency virus** HIV *nt*; **~ positive** HIV-positiv

hive *n* **1.** (≈ *beehive*) Bienenstock *m*; (≈ *bees*) (Bienen)schwarm *m* **2.** (*fig*) **the office was a ~ of activity** das Büro glich einem Bienenhaus

HM *abbr of* **His/Her Majesty** S. M./I. M.

HMS (*Br*) *abbr of* **His/Her Majesty's Ship** HMS *f*

HNC (*Br*) *abbr of* **Higher National Certificate**

HND (*Br*) *abbr of* **Higher National Diploma**

hoard I *n* Vorrat *m*; **a ~ of weapons** ein Waffenlager *nt*; **~ of money** gehortetes Geld **II** *v/t* (*a.* **hoard up**) *food etc* hamstern; *supplies, weapons* horten **hoarder** *n* Hamsterer *m*, Hamsterin *f*

hoarding[1] *n* (*of food etc*) Hamstern *nt*

hoarding[2] *n* (*Br*) (**advertising**) ~ Plakatwand *f*

hoarfrost *n* (Rau)reif *m*

hoarse *adj* (+*er*) heiser; **you sound rather ~** deine Stimme klingt heiser

hoax *n* (≈ *joke*) Streich *m*; (≈ *false alarm*) blinder Alarm **hoax call** *n* **a ~** ein blinder Alarm

hob *n* (*on cooker*) Kochfeld *nt*

hobble I *v/i* humpeln **II** *v/t* (*fig*) behindern

hobby *n* Hobby *nt* **hobbyhorse** *n* Steckenpferd *nt*

hobnob *v/i* **she's been seen hobnobbing with the chairman** sie ist viel mit dem Vorsitzenden zusammen gesehen worden

hobo *n* (*US* ≈ *tramp*) Penner *m* (*infml*)

Hobson's choice *n* **it's ~** da habe ich (wohl) keine andere Wahl

hockey *n* Hockey *nt*; (*US*) Eishockey *nt* **hockey player** *n* Hockeyspieler(in) *m(f)*; (*US*) Eishockeyspieler(in) *m(f)* **hockey stick** *n* Hockeyschläger *m*

hodgepodge *n* (*US*) = **hotchpotch**

hoe I *n* Hacke *f* **II** *v/t & v/i* hacken

hog I *n* (Mast)schwein *nt*; (*US* ≈ *pig*) Schwein *nt* **II** *v/t* (*infml*) in Beschlag nehmen; *a lot of drivers ~ the middle of the road* viele Fahrer meinen, sie hätten die Straßenmitte gepachtet (*infml*); *to ~ the limelight* alle Aufmerksamkeit für sich beanspruchen

Hogmanay *n* (*Scot*) Silvester *nt*

hogwash *n* (*infml* ≈ *nonsense*) Quatsch *m*

hoist I *v/t* hochheben; (≈ *pull up*) hochziehen; *flag* hissen; *sails* aufziehen **II** *n* Hebevorrichtung *f*

hold *vb*: *pret*, *past part* **held I** *n* **1.** (≈ *grip*) Griff *m*; *to have/catch ~ of sth* (*lit*) etw festhalten / packen; *to keep ~ of sth* etw nicht loslassen; (≈ *keep*) etw behalten; *to grab ~ of sb/sth* jdn / etw packen; *grab ~ of my hand* fass mich bei der Hand; *to get ~ of sth* sich an etw (*dat*) festhalten; (*fig* ≈ *obtain*) etw finden *or* auftreiben (*infml*); *drugs* etw in die Finger bekommen; *story* etw in Erfahrung bringen; *to get ~ of sb* (*fig*) jdn auftreiben (*infml*); (*on phone etc*) jdn erreichen; *to lose one's ~* den Halt verlieren; *to take ~* (*idea*) sich durchsetzen; (*fire*) sich ausbreiten; *to be on ~* warten; (*fig*) auf Eis liegen; *to put sb on ~* TEL jdn auf Wartestellung schalten; *to put sth on ~* (*fig*) etw auf Eis legen; *when those two have a row, there are no ~s barred* (*fig*) wenn die beiden sich streiten, dann kennen sie nichts mehr (*infml*) **2.** (≈ *influence*) Einfluss *m* (*over* auf +*acc*); *to have a ~ over or on sb* (großen) Einfluss auf jdn ausüben; *he hasn't got any ~ on or over me* er kann mir nichts anhaben; *the president has consolidated his ~ on power* der Präsident hat seine Macht gefestigt **3.** NAUT, AVIAT Frachtraum *m* **II** *v/t* **1.** (≈ *grasp*) halten; *to ~ sb/sth tight* jdn / etw (ganz) festhalten; *this car ~s the road well* dieses Au-

to hat eine gute Straßenlage; *to ~ sth in place* etw (fest)halten; *to ~ hands* sich an der Hand halten; (*lovers, children etc*) Händchen halten **2.** (≈ *contain*) enthalten; (*bottle etc*) fassen; (*bus, hall etc*) Platz haben für; *this room ~s twenty people* in diesem Raum haben zwanzig Personen Platz; *what does the future ~?* was bringt die Zukunft? **3.** (≈ *believe*) meinen; (≈ *maintain*) behaupten; *I have always held that ...* ich habe schon immer behauptet, dass ...; *to ~ the view or opinion that ...* die Meinung vertreten, dass ...; *to ~ sb* (*for sth*) jdn (für etw) verantwortlich machen **4.** *hostages etc* festhalten; *to ~ sb* (*prisoner*) jdn gefangen halten; *to ~ sb hostage* jdn als Geisel festhalten; *there's no ~ing him* er ist nicht zu bremsen (*infml*); *~ the line!* bleiben Sie am Apparat!; *she can/can't ~ her drink* (*esp Br*) sie verträgt was / nichts; *to ~ one's fire* nicht schießen; *to ~ one's breath* (*lit*) den Atem anhalten; *don't ~ your breath!* (*iron*) erwarte nicht zu viel!; *~ it!* (*infml*) Moment mal (*infml*); *~ it there!* so ist gut **5.** *post* innehaben; *passport, permit* haben; *power, shares* besitzen; SPORTS *record* halten; MIL *position* halten; *to ~ office* im Amt sein; *to ~ one's own* sich behaupten (können); *to ~ sb's attention* jds Aufmerksamkeit fesseln; *I'll ~ you to that!* ich werde Sie beim Wort nehmen **6.** *meeting, election* abhalten; *talks* führen; *party* geben; ECCL *service* (ab)halten; *to ~ a conversation* eine Unterhaltung führen **III** *v/i* **1.** (*rope, nail etc*) halten; *to ~ firm or fast* halten; *to ~ still* still halten; *to ~ tight* festhalten; *will the weather ~?* wird sich das Wetter wohl halten?; *if his luck ~s* wenn ihm das Glück treu bleibt **2.** TEL *please ~!* bitte bleiben Sie am Apparat! **3.** (≈ *be valid*) gelten; *to ~ good* (*rule, promise etc*) gelten ♦ **hold against** *v/t always separate* **to hold sth against sb** jdm etw übel nehmen ♦ **hold back I** *v/i* sich zurückhalten; (≈ *fail to act*) zögern **II** *v/t sep* **1.** *crowd* zurückhalten; *floods* (auf)stauen; *emotions* unterdrücken; *to hold sb back from doing sth* jdn daran hindern, etw zu tun **2.** (≈ *hinder*) daran hindern, voranzukommen **3.** (≈ *withhold*) verheimlichen ♦ **hold down** *v/t sep* **1.** (*on ground*) niederhalten; (*in place*) (fest)halten **2.** *job* haben; **he can't hold any job down for long** er kann sich in keiner Stellung lange halten ♦ **hold in** *v/t sep* stomach einziehen ♦ **hold off I** *v/i* **1.** (≈ *not act*) warten; (*enemy*) nicht angreifen; **they held off eating until she arrived** sie warteten mit dem Essen, bis sie kam **2.** (*rain*) ausbleiben; **I hope the rain holds off** ich hoffe, dass es nicht regnet **II** *v/t sep* attack abwehren ♦ **hold on I** *v/i* **1.** (*lit* ≈ *maintain grip*) sich festhalten **2.** (≈ *endure*) aushalten **3.** (≈ *wait*) warten; **~ (a minute)!** Moment! **now ~ a minute!** Moment mal! **II** *v/t sep* (fest)halten; **to be held on by sth** mit etw befestigt sein ♦ **hold on to** *v/i +prep obj* **1.** (*lit*) festhalten; **they held on to each other** sie hielten sich aneinander fest **2.** (*fig*) hope nicht aufgeben **3.** (≈ *keep*) behalten; *position* beibehalten; **to ~ the lead** in Führung bleiben; **to ~ power** sich an der Macht halten ♦ **hold out I** *v/i* **1.** (*supplies etc*) reichen **2.** (≈ *endure*) aushalten; (≈ *refuse to yield*) nicht nachgeben; **to ~ for sth** auf etw (*dat*) bestehen **II** *v/t sep* **1.** (*lit*) ausstrecken; **to ~ sth to sb** jdm etw hinhalten; **hold your hand out** halt die Hand auf; **she held out her arms** sie breitete die Arme aus **2.** (*fig*) **I held out little hope of seeing him again** ich machte mir nur wenig Hoffnung, ihn wiederzusehen ♦ **hold to** *v/i +prep obj* festhalten an (+*dat*); **I ~ my belief that ...** ich bleibe dabei, dass ... ♦ **hold together** *v/i, v/t sep* zusammenhalten ♦ **hold up I** *v/i* (*theory*) sich halten lassen **II** *v/t sep* **1.** (≈ *raise*) hochheben; **~ your hand** heb die Hand; **to hold sth up to the light** etw gegen das Licht halten **2.** (≈ *support*) stützen; (*from beneath*) tragen **3. to hold sb up as an example** jdn als Beispiel hinstellen **4.** (≈ *stop*) anhalten; (≈ *delay*) people aufhalten; *traffic, production* ins Stocken bringen **5.** *bank* überfallen ♦ **hold with** *v/i +prep obj* (*infml*) **I don't ~ that** ich bin gegen so was (*infml*)

holdall *n* Reisetasche *f* **holder** *n* **1.** (≈ *person*) Besitzer(in) *m(f)*; (*of title, passport*) Inhaber(in) *m(f)* **2.** (≈ *object*) Halter *m*; (≈ *cigarette-holder*) Spitze *f* **holding** *n* **1.** (FIN, *of shares*) Anteil *m* (*in* an +*dat*) **2.** (*of land*) Landgut *nt* **holding company** *n* Holding(gesellschaft) *f* **hold-up** *n* **1.** (≈

delay) Verzögerung *f*; (*of traffic*) Stockung *f*; **what's the ~?** warum dauert das so lange? **2.** (≈ *robbery*) bewaffneter Raubüberfall

hole *n* **1.** Loch *nt*; (*fox's*) Bau *m*; **to be full of ~s** (*fig, plot, story*) viele Schwächen aufweisen; (*argument, theory*) unhaltbar sein **2.** (*infml* ≈ *awkward situation*) **to be in a ~** in der Patsche sitzen (*infml*); **to get sb out of a ~** jdm aus der Patsche *or* Klemme helfen (*infml*) **3.** (*pej infml*) Loch *nt* (*infml*); (≈ *town*) Kaff *nt* (*infml*) ♦ **hole up** *v/i* (*infml*) sich verkriechen (*infml*)

hole puncher *n* Locher *m*
holiday I *n* **1.** (≈ *day off*) freier Tag; (≈ *public holiday*) Feiertag *m*; **to take a ~** einen Tag frei nehmen **2.** (*esp Br* ≈ *period*) *often pl* Ferien *pl* (*esp* SCHOOL), Urlaub *m*; **the Christmas ~s** die Weihnachtsferien *pl*; **on ~** in den Ferien, auf *or* im Urlaub; **to go on ~** Ferien / Urlaub machen; **to take a month's ~** einen Monat Urlaub nehmen **II** *v/i* (*esp Br*) Urlaub machen **holiday camp** *n* Feriendorf *nt* **holiday entitlement** *n* Urlaubsanspruch *m* **holiday home** *n* Ferienhaus *nt*/-wohnung *f* **holiday-maker** *n* Urlauber(in) *m(f)* **holiday resort** *n* Ferienort *m* **holiday season** *n* Urlaubszeit *f*

holiness *n* Heiligkeit *f*; **His / Your Holiness** ECCL Seine / Eure Heiligkeit
holistic *adj* holistisch
Holland *n* Holland *nt*
holler *v/t & v/i* (*infml*: *a.* **holler out**) brüllen
hollow I *adj* hohl; (≈ *meaningless*) leer; *victory* geschenkt; (≈ *insincere*) unaufrichtig **II** *n* **1.** (≈ *cavity*) Höhlung *f* **2.** (≈ *depression*) Vertiefung *f*; (≈ *valley*) (Boden)senke *f* ♦ **hollow out** *v/t sep* aushöhlen

holly *n* Stechpalme *f*
holocaust *n* **1.** Inferno *nt* **2.** (*in Third Reich*) Holocaust *m*
hologram *n* Hologramm *nt*
hols (*Br infml*) *abbr of* **holidays**
holster *n* (Pistolen)halfter *nt or f*
holy *adj* REL heilig; *ground* geweiht **Holy Bible** *n* **the ~** die Heilige Schrift **Holy Communion** *n* das heilige Abendmahl **Holy Father** *n* **the ~** (≈ *the Pope*) der Heilige Vater **Holy Ghost** *n* = **Holy Spirit** **Holy Land** *n* **the ~** das Heilige Land

Holy Spirit n **the** ~ der Heilige Geist **holy water** n Weihwasser nt **Holy Week** n Karwoche f

homage n Huldigung f; **to pay ~ to sb** jdm huldigen

home I n **1.** (≈ where one lives) Zuhause nt; (≈ house) Haus nt; (≈ country, area etc) Heimat f; **his ~ is in Brussels** er ist in Brüssel zu Hause; **Bournemouth is his second ~** Bournemouth ist seine zweite Heimat (geworden); **he invited us round to his ~** er hat uns zu sich (nach Hause) eingeladen; **away from ~** von zu Hause weg; **he worked away from ~** er hat auswärts gearbeitet; **at ~** zu Hause; SPORTS auf eigenem Platz; **to be** or **feel at ~ with sb** sich in jds Gegenwart (dat) wohlfühlen; **he doesn't feel at ~ with English** er fühlt sich im Englischen nicht sicher or zu Hause; **to make oneself at ~** es sich (dat) gemütlich machen; **to make sb feel at ~** es jdm gemütlich machen; **to leave ~** von zu Hause weggehen; **Scotland is the ~ of the haggis** Schottland ist die Heimat des Haggis; **the city is ~ to some 1,500 students** in dieser Stadt wohnen etwa 1.500 Studenten **2.** (≈ institution) Heim nt; (for orphans) Waisenhaus nt **II** adv **1.** zu Hause; (with verb of motion) nach Hause; **to come ~** nach Hause kommen, heimkommen; **to go ~** (to house) nach Hause gehen/fahren; (to country) heimfahren; **to get ~** nach Hause kommen; **I have to get ~ before ten** ich muss vor zehn zu Hause sein; **to return ~ from abroad** aus dem Ausland zurückkommen **2. to bring sth ~ to sb** jdm etw klarmachen; **sth comes ~ to sb** etw wird jdm schmerzlich bewusst ♦ **home** in v/i (missiles) sich ausrichten (on sth auf etw acc); **to ~ on a target** ein Ziel finden or selbstständig ansteuern; **he homed in on the essential point** er hat den wichtigsten Punkt herausgegriffen

home address n Privatanschrift f **home-baked** adj selbst gebacken **home banking** n Homebanking nt **home-brew** n selbst gebrautes Bier **homecoming** n Heimkehr f **home computer** n Heimcomputer m **home cooking** n Hausmannskost f **Home Counties** pl Grafschaften, die an London angrenzen **home economics** n sg Hauswirt-

schaft(slehre) f **home entertainment system** n Home-Entertainment-System nt **home game** n SPORTS Heimspiel nt **home ground** n SPORTS eigener Platz; **to be on ~** (fig) sich auf vertrautem Terrain bewegen **home-grown** adj vegetables selbst gezogen; (fig) talent heimisch **home help** n Haushaltshilfe f **home key** n IT Hometaste f **homeland** n Heimat (-land nt) f **homeless I** adj obdachlos **II** pl **the** ~ die Obdachlosen pl **homelessness** n Obdachlosigkeit f **home life** n Familienleben nt **homely** adj (+er) **1.** atmosphere behaglich **2.** food bürgerlich **3.** (US) person unscheinbar **home-made** adj selbst gemacht **homemaker** n (US) Hausfrau f **home movie** n Amateurfilm m **home news** n Meldungen pl aus dem Inland **Home Office** n (Br) Innenministerium nt

homeopath etc (US) = **homoeopath** etc **homeowner** n (of house) Hauseigentümer(in) m(f); (of flat) Wohnungseigentümer(in) m(f) **home page** n IT Homepage f **home rule** n Selbstverwaltung f **home run** n BASEBALL Homerun m; **to hit a ~** um alle vier Male laufen **Home Secretary** n (Br) Innenminister(in) m(f) **home shopping** n Homeshopping nt **homesick** adj **to be ~** Heimweh haben (for nach) **homestead** n **1.** Heimstätte f **2.** (US) Heimstätte f für Siedler **home straight, home stretch** n SPORTS Zielgerade f; **we're in the ~ now** (fig infml) das Ende ist in Sicht **home team** n SPORTS Gastgeber pl **hometeam** n, (US) **hometown** n Heimatstadt f **home truth** n (Br) bittere Wahrheit; **to tell sb a few ~s** jdm die Augen öffnen **home video** n Amateurvideo nt **homeward** adj ~ **journey** Heimreise f; **we are ~ bound** es geht Richtung Heimat **homeward(s)** adv nach Hause or (Aus, Sw) nachhause

homework n SCHOOL Hausaufgaben pl; **to give sb sth as ~** jdm etw aufgeben **homeworker** n Heimarbeiter(in) m(f) **homeworking** n Heimarbeit f **homey** adj (+er) (US infml) gemütlich

homicidal adj gemeingefährlich; **that man is a ~ maniac** dieser Mann ist ein mordgieriger Verrückter **homicide** n Totschlag m

homily n Predigt f

homing pigeon n Brieftaube f

homoeopath, (US) **homeopath** n Homöopath(in) *m(f)* **homoeopathic,** (*US*) **homeopathy** *adj* homöopathisch **homoeopathy,** (*US*) **homeopathy** *n* Homöopathie *f*

homogeneous *adj* homogen **homogenize** *v/t* homogenisieren **homogenous** *adj* homogen

homophobia *n* Homophobie *f* **homophobic** *adj* homophob

homosexual I *adj* homosexuell **II** *n* Homosexuelle(r) *m/f(m)* **homosexuality** *n* Homosexualität *f*

homy *adj* (*+er*) (*US infml*) = **homey**

Hon 1. *abbr of* **honorary 2.** *abbr of* **Honourable**

hone *v/t blade* schleifen; (*fig*) *skills* vervollkommnen

honest I *adj* **1.** ehrlich; *to be ~ with sb* jdm die Wahrheit sagen; *to be ~ about sth* etw ehrlich darstellen; *to be perfectly ~ (with you)* ... um (ganz) ehrlich zu sein ...; *the ~ truth* die reine Wahrheit **2.** (≈ *law-abiding, decent*) *person* redlich; *to make an ~ living* sein Geld redlich verdienen **3.** *mistake* echt **II** *adv* (*infml*) *it's true,* ~ *it is* es stimmt, ganz ehrlich **honestly** *adv* ehrlich; *expect* wirklich; *I don't mind,* ~ es ist mir wirklich egal; *quite ~ I don't remember it* ehrlich gesagt *or* um ehrlich zu sein, ich kann mich daran nicht erinnern; ~*!* (*showing exasperation*) also wirklich!

honesty *n* Ehrlichkeit *f*; (≈ *being law-abiding, decent*) Redlichkeit *f*; *in all* ~ ganz ehrlich

honey *n* **1.** Honig *m* **2.** (*infml* ≈ *dear*) Schätzchen *nt* **honeybee** *n* (Honig)biene *f* **honeycomb** *n* (Bienen)wabe *f* **honeydew melon** *n* Honigmelone *f* **honeymoon I** *n* Flitterwochen *pl*; (≈ *trip*) Hochzeitsreise *f*; *to be on one's* ~ in den Flitterwochen/auf Hochzeitsreise sein **II** *v/i* seine Hochzeitsreise machen; *they are ~ing in Spain* sie sind in Spanien auf Hochzeitsreise **honeysuckle** *n* Geißblatt *nt*

honk I *v/i* **1.** (*car*) hupen **2.** (*geese*) schreien **II** *v/t horn* drücken auf (*+acc*)

honor *etc* (*US*) = **honour** *etc* **honorary** *adj* Ehren- **honorary degree** *n* ehrenhalber verliehener akademischer Grad

honour, (*US*) **honor I** *n* **1.** Ehre *f*; *sense of* ~ Ehrgefühl *nt*; *man of* ~ Ehrenmann *m*; *in* ~ *of sb/sth* zu Ehren von jdm/etw; *if you would do me the* ~ *of accepting* (*form*) wenn Sie mir die Ehre erweisen würden anzunehmen (*elev*) **2.** *Your Honour* Hohes Gericht; *His Honour* das Gericht **3.** (≈ *distinction*) ~*s* Auszeichnung(en) *f(pl)* **4.** *to do the* ~*s* (*infml*) den Gastgeber spielen **5.** UNIV ~*s* (*a.* **honours degree**) akademischer Grad mit Prüfung im Spezialfach; *to get first-class* ~*s* das Examen mit Auszeichnung *or* „sehr gut" bestehen **II** *v/t* **1.** *person* ehren; *I would be* ~*ed* es wäre mir eine Ehre; *I should be* ~*ed if you ...* ich würde mich geehrt fühlen, wenn Sie ... **2.** *cheque* annehmen; *debt* begleichen; *promise* halten; *agreement* erfüllen **honourable,** (*US*) **honorable** *adj* **1.** ehrenhaft; *discharge* ehrenvoll **2.** (*Br* PARL) *the Honourable member for X* der (Herr)/die (Frau) Abgeordnete für X **honourably,** (*US*) **honorably** *adv* in Ehren; *behave* ehrenhaft **honours degree** *n* = **honour** I5 **honours list** *n* (*Br*) Liste *f* der Titel- und Rangverleihungen (*die zweimal im Jahr veröffentlicht wird*)

hooch *n* (*esp US infml*) Stoff *m* (*sl*)

hood *n* **1.** Kapuze *f* **2.** (AUTO ≈ *roof*) Verdeck *nt*; (*US* ≈ *bonnet*) (Motor)haube *f*; (*on cooker*) Abzugshaube *f*

hoodlum *n* Rowdy *m*; (≈ *gangster*) Gangster *m* (*infml*)

hoodwink *v/t* (*infml*) (he)reinlegen (*infml*); *to* ~ *sb into doing sth* jdn dazu verleiten, etw zu tun

hoof *n, pl* **-s** *or* **hooves** Huf *m*

hook I *n* **1.** Haken *m*; *he fell for it* ~*, line and sinker* er ging auf den Leim; *by* ~ *or by crook* auf Biegen und Brechen; *that lets me off the* ~ (*infml*) damit bin ich aus dem Schneider; *to leave the phone off the* ~ den Hörer neben das Telefon legen; (*unintentionally*) nicht auflegen; *the phone was ringing off the* ~ (*US infml*) das Telefon klingelte pausenlos **II** *v/t* **1.** *to* ~ *a trailer to a car* einen Anhänger an ein Auto hängen; *to* ~ *one's arm around sth* seinen Arm um etw schlingen **2.** *to be/get* ~*ed on sth* (*infml*) *on drugs* von etw abhängig sein/werden; *on film, place etc* auf etw (*acc*) stehen (*infml*); *he's* ~*ed on the idea* er ist von der Idee besessen ♦ **hook on I** *v/i* (an)gehakt werden (*to* an *+acc*) **II** *v/t sep* anhaken (*to* an *+acc*) ♦ **hook up I** *v/i to* ~ *with sb* sich

jdm anschließen **II** *v/t sep* **1.** *dress etc* zu-
haken **2.** *trailer* ankoppeln **3.** *computer
etc* anschließen (*to* an +*acc*); RADIO, TV
anschließen (*with* an +*acc*)

hook and eye *n* Haken und Öse *no art, pl
vb* **hooked** *adj* ~ **nose** Hakennase *f*

hooker *n* (*esp US infml*) Nutte *f* (*infml*)

hooky *y* (*US infml*) **to play** ~ (die) Schule
schwänzen (*infml*)

hooligan *n* Rowdy *m* **hooliganism** *n*
Rowdytum *nt*

hoop *n* Reifen *m*; (*in basketball*) Korb *m*

hooray *int* = **hurrah**

hoot I *n* **1.** (*of owl*) Schrei *m*; ~**s of laughter** johlendes Gelächter; *I don't care or
give a* ~ *or two* ~**s** (*infml*) das ist mir
piepegal (*infml*) *or* völlig schnuppe
(*infml*); *to be a* ~ (*infml*) zum Schreien
(komisch) sein **2.** AUTO Hupen *nt no pl* **II**
v/i **1.** (*owl*) schreien; *to* ~ *with laughter*
in johlendes Gelächter ausbrechen **2.**
AUTO hupen **III** *v/t* (*esp Br* AUTO) *to* ~
one's/the horn hupen **hooter** *n* (*Br*) **1.**
AUTO Hupe *f*; (*at factory*) Sirene *f* **2.**
(*infml* ≈ *nose*) Zinken *m* (*infml*)

Hoover® *n* (*Br*) Staubsauger *m*

hoover (*Br*) *v/t & v/i* (staub)saugen
♦ **hoover up** *v/i* +*prep obj* (staub)sau-
gen

hoovering *n* **to do the** ~ (staub)saugen

hooves *pl of* **hoof**

hop¹ I *n* **1.** (kleiner) Sprung; (*of rabbit*)
Satz *m*; *to catch sb on the* ~ (*fig infml*)
jdn überraschen *or* überrumpeln **2.** (AVI-
AT *infml*) *a short* ~ ein Katzensprung *m*
(*infml*) **II** *v/i* (*animal*) hüpfen; (*rabbit*)
hoppeln; (*person*) (auf einem Bein) hüpfen; *to* ~ *on* aufsteigen; *to* ~ *on a train* in
einen Zug einsteigen; *he* ~*ped on his
bicycle* er schwang sich auf sein Fahrrad; *he* ~*ped over the wall* er sprang
über die Mauer **III** *v/t* (*Br infml*) ~ *it!*
zieh Leine (*infml*)

hop² *n* BOT Hopfen *m*

hope I *n* Hoffnung *f*; *beyond* ~ hoffnungslos; *in the* ~ *of doing sth* in der
Hoffnung, etw zu tun; *to have* (**high**
or **great**) ~**s of doing sth** hoffen, etw
zu tun; *don't get your* ~**s up** mach dir
keine großen Hoffnungen; *there's no*
~ *of that* da braucht man sich gar keine
Hoffnungen zu machen; *to give up* ~ *of
doing sth* die Hoffnung aufgeben, etw
zu tun; *some* ~*!* (*infml*) schön wärs!
(*infml*); *she hasn't got a* ~ *in hell of*

passing her exams (*infml*) es besteht
nicht die geringste Chance, dass sie ihre
Prüfung besteht **II** *v/i* hoffen (*for* auf
+*acc*); *to* ~ *for the best* das Beste hoffen;
a pay rise would be too much to ~ *for*
auf eine Gehaltserhöhung braucht man
sich (*dat*) gar keine Hoffnungen zu machen; *I* ~ *so* hoffentlich; *I* ~ *not* hoffentlich nicht **III** *v/t* hoffen; *I* ~ *to see you*
hoffentlich sehe ich Sie; *the party cannot* ~ *to win* für die Partei besteht keine
Hoffnung zu gewinnen; *to* ~ *against* ~
that ... trotz allem die Hoffnung nicht
aufgeben, dass ... **hopeful I** *adj* **1.** hoffnungsvoll; *he was still* ~ (*that ...*) er
machte sich (*dat*) immer noch Hoffnun-
gen(, dass ...); *they weren't very* ~ sie
hatten keine große Hoffnung; *he was
feeling more* ~ er war optimistischer
2. *it is not a* ~ *sign* es ist kein gutes Zeichen **II** *n* **presidential** ~**s** Anwärter *pl*
auf die Präsidentschaft **hopefully** *adv*
1. hoffnungsvoll **2.** (*infml* ≈ *with any
luck*) hoffentlich

hopeless *adj* hoffnungslos; *attempt, task*
aussichtslos; *drunk, romantic* unverbesserlich; *she's a* ~ *manager* als Managerin ist sie ein hoffnungsloser Fall; *I'm* ~
at maths in Mathe bin ich ein hoffnungsloser Fall; *to be* ~ *at doing sth*
etw überhaupt nicht können **hopeless-
ly** *adv* ~ *confused* völlig verwirrt; *I feel* ~
inadequate ich komme mir völlig minderwertig vor; *he got* ~ *lost* er hat sich
hoffnungslos verirrt **hopelessness** *n*
(*of situation*) Hoffnungslosigkeit *f*

hopping mad *adj* (*infml*) fuchsteufelswild (*infml*) **hopscotch** *n* Hopse *f*
(*infml*) **hop, skip and jump** *n*, **hop, step
and jump** *n* Dreisprung *m*; *it's a* ~ *from
here* es ist nur ein Katzensprung von
hier

horde *n* (*infml*) Masse *f*; (*of children etc*)
Horde *f* (*pej*)

horizon *n* Horizont *m*; *on the* ~ am Horizont; (*fig*) in Sicht; *below the* ~ hinter
dem Horizont **horizontal** *adj* horizontal; ~ *line* Waag(e)rechte *f* **horizontal
bar** *n* Reck *nt* **horizontally** *adv* horizontal

hormone *n* Hormon *nt* **hormone replacement therapy** *n* Hormonersatz-
therapie *f*

horn *n* **1.** Horn *nt*; *to lock* ~**s** (*fig*) die
Klingen kreuzen **2.** AUTO Hupe *f*; NAUT

(Signal)horn *nt*; *to sound or blow the* ~ AUTO hupen; NAUT tuten
hornet *n* Hornisse *f*
horn-rimmed *adj* ~ *glasses* Hornbrille *f*
horny *adj* (+*er*) **1.** (≈ *like horn*) hornartig; *hands etc* schwielig **2.** (*infml*) (≈ *sexually aroused*) geil (*infml*)
horoscope *n* Horoskop *nt*
horrendous *adj* **1.** *accident, experience* grauenhaft; *crime, attack* abscheulich **2.** (*infml*) *conditions* fürchterlich (*infml*); *loss, price* horrend; *children's shoes are a* ~ *price* Kinderschuhe sind horrend teuer **horrendously** *adv* (*infml*) *expensive* horrend
horrible *adj* **1.** (*infml*) schrecklich (*infml*); *food* grauenhaft (*infml*); *clothes, colour, taste* scheußlich; *person* gemein; *to be* ~ *to sb* gemein zu jdm sein **2.** *death, accident* grauenhaft **horribly** *adv* **1.** grauenhaft; *they died* ~ sie starben einen grauenhaften Tod **2.** (*infml*) *drunk, expensive* schrecklich (*infml*) **horrid** *adj* schrecklich; *don't be so* ~ sei nicht so gemein (*infml*) **horrific** *adj* entsetzlich **horrifically** *adv* grauenhaft **horrify** *v/t* entsetzen; *it horrifies me to think what* ... ich denke (nur) mit Entsetzen daran, was ... **horrifying** *adj* schrecklich **horror** **I** *n* **1.** Entsetzen *nt*; (≈ *dislike*) Horror *m* (*of* vor +*dat*); *to have a* ~ *of sth* einen Horror vor etw (*dat*) haben; *to have a* ~ *of doing sth* einen Horror davor haben, etw zu tun; *they watched in* ~ sie sahen entsetzt zu **2.** *usu pl* (*of war etc*) Schrecken *m* **3.** (*infml*) *you little* ~! du kleines Ungeheuer! (*infml*) **II** *attr* Horror-; ~ *film/story* Horrorfilm *m*/-geschichte *f* **horror-stricken, horror-struck** *adj* von Entsetzen gepackt
hors d'oeuvre *n* Vorspeise *f*
horse *n* Pferd *nt*; *to eat like a* ~ wie ein Scheunendrescher *m* essen *or* fressen (*infml*); *I could eat a* ~ ich könnte ein ganzes Pferd essen; *straight from the* ~*'s mouth* aus erster Hand ◆ **horse about** (*Brit*) *or* **around** *v/i* (*infml*) herumalbern (*infml*)
horseback *n* **on** ~ zu Pferd **horsebox** *n* (≈ *van*) Pferdetransporter *m*; (≈ *trailer*) Pferdetransportwagen *m* **horse chestnut** *n* Rosskastanie *f* **horse-drawn** *adj* ~ *cart* Pferdewagen *m*; ~ *carriage* Kutsche *f* **horseman** *n* Reiter *m* **horseplay** *n* Alberei *f* **horsepower** *n* Pferdestärke

f; *a 200* ~ *engine* ein Motor mit 200 PS **horse race** *n* Pferderennen *nt* **horse racing** *n* Pferderennsport *m*; (≈ *races*) Pferderennen *pl* **horseradish** *n* Meerrettich *m*, Kren *m* (*Aus*) **horse-riding** *n* Reiten *nt* **horseshoe** *n* Hufeisen *nt* **horse trading** *n* (*fig*) Kuhhandel *m* **horsewoman** *n* Reiterin *f*
horticultural *adj* Garten(bau)-; ~ *show* Gartenbauausstellung *f* **horticulture** *n* Gartenbau(kunst *f*) *m*
hose **I** *n* Schlauch *m* **II** *v/t* (*a.* **hose down**) abspritzen **hosepipe** *n* (*esp Br*) Schlauch *m*
hosiery *n* Strumpfwaren *pl*
hospice *n* Pflegeheim *nt* (*für unheilbar Kranke*)
hospitable *adj* **1.** *person* gastfreundlich; *to be* ~ *to sb* jdn gastfreundlich *or* gastlich aufnehmen **2.** *place, climate* gastlich
hospital *n* Krankenhaus *nt*, Spital *nt* (*Aus, Swiss*); *in* or (*US*) *in the* ~ im Krankenhaus
hospitality *n* Gastfreundschaft *f*
hospitalize *v/t* ins Krankenhaus *or* (*Aus, Swiss*) Spital einweisen; *he was* ~*d for three months* er lag drei Monate lang im Krankenhaus
Host *n* ECCL Hostie *f*
host¹ **I** *n* Gastgeber(in) *m(f)*; *to be or play* ~ *to sb* jds Gastgeber(in) *m(f)* sein **II** *v/t* TV *programme* Gastgeber(in) sein bei; *country, city*) *event* ausrichten
host² *n* Menge *f*; *he has a* ~ *of friends* er hat eine Menge Freunde
hostage *n* Geisel *f*; *to take/hold sb* ~ jdn als Geisel nehmen/halten **hostage-taker** *n* Geiselnehmer(in) *m(f)*
hostel *n* (Wohn)heim *nt*
hostess *n* **1.** Gastgeberin *f*; *to be or play* ~ *to sb* jds Gastgeberin sein **2.** (*in nightclub etc*) Hostess *f* **3.** (≈ *air hostess*) Stewardess *f*
hostile *adj* (≈ *antagonistic*) feindselig; *society, press* feindlich (gesinnt); *forces, bid* feindlich; *Bedingungen* unwirtlich; *to be* ~ *to sb* sich jdm gegenüber feindselig verhalten; *to be* ~ *to or toward(s) sth* einer Sache (*dat*) feindlich gegenüberstehen **hostility** *n* **1.** Feindseligkeit *f*; (*between people*) Feindschaft *f*; *he feels no* ~ *toward(s) anybody* er ist niemandem feindlich gesinnt; ~ *to foreigners* Ausländerfeindlichkeit *f* **2.** **hostilities** *pl* Feindseligkeiten *pl*

hot I adj (+er) **1.** heiß; *meal, tap, drink* warm; *I am or feel ~* mir ist (es) heiß; *with ~ and cold water* mit warm und kalt Wasser; *the room was ~* in dem Zimmer war es heiß; *I'm getting ~* mir wird (es) warm **2.** *curry etc* scharf **3.** (*infml* ≈ *good*) stark (*infml*); *he's pretty ~ at maths* in Mathe ist er ganz schön stark (*infml*) **4.** (*fig*) *to be* (a) *~ favourite* (*Br*) *or* *favorite* (*US*) der große Favorit sein; *~ tip* heißer Tipp; *~ news* das Neuste vom Neuen; *~ off the press* gerade erschienen; *to get into ~ water* in Schwulitäten kommen (*infml*); *to get* (all) *~ and bothered* (*infml*) ganz aufgeregt werden (*about* wegen); *to get ~ under the collar about sth* wegen etw in Rage geraten **II** adv (+er) *he keeps blowing ~ and cold* er sagt einmal hü und einmal hott **III** n *to have the ~s for sb* (*infml*) auf jdn scharf sein (*infml*) ♦ **hot up** v/i (*infml*) *things are hotting up in the Middle East* die Lage im Nahen Osten verschärft sich; *things are hotting up* es geht langsam los

hot air n (*fig*) leeres Gerede **hot-air balloon** n Heißluftballon m **hotbed** n (*fig*) Nährboden m (*of* für) **hot-blooded** adj heißblütig

hotchpotch n (*Br*) Mischmasch m

hot dog n Hot dog m *or* nt

hotel n Hotel nt **hotelier** n Hotelier m **hotel manager** n Hoteldirektor(in) m(f) **hotel room** n Hotelzimmer nt

hot flushes pl MED fliegende Hitze **hothead** n Hitzkopf m **hot-headed** adj hitzköpfig **hothouse I** n Treibhaus nt **II** adj attr (*lit*) Treibhaus- **hot key** n IT Hotkey m, Abkürzungstaste f **hot line** n POL heißer Draht; TV etc Hotline f **hotly** adv **1.** debate, deny heftig; contest, dispute heiß **2.** *he was ~ pursued by two policemen* zwei Polizisten waren ihm dicht auf den Fersen (*infml*) **hotplate** n (*of stove*) Kochplatte f **hot potato** n (*fig infml*) heißes Eisen **hot seat** n *to be in the ~* auf dem Schleudersitz sein **hotshot** (*infml*) n Ass nt (*infml*) **hot spot** n POL Krisenherd m; (*infml* ≈ *club etc*) heißer Schuppen (*infml*) **hot spring** n (*infml*) heiße Quelle **hot stuff** n (*infml*) *this is ~* (≈ *very good*) das ist große Klasse (*infml*); (≈ *provocative*) das ist Zündstoff; *she's/he's ~* (≈ *very good*) sie/er ist große Klasse (*infml*); (≈ *very sexy*) das ist

eine scharfe Braut (*sl*)/ein scharfer Typ (*infml*) **hot-tempered** adj leicht aufbrausend **hot-water** adj attr Heißwasser- **hot-water bottle** n Wärmflasche f, Bettflasche f (*Swiss*)

hoummos, houm(o)us n orientalische Creme aus Kichererbsen, Sesam und Knoblauch

hound I n HUNT (Jagd)hund m **II** v/t hetzen; *to be ~ed by the press* von der Presse verfolgt werden ♦ **hound out** v/t sep verjagen

hour n **1.** Stunde f; *half an ~, a half ~* eine halbe Stunde; *three-quarters of an ~* eine Dreiviertelstunde; *a quarter of an ~* eine viertel Stunde; *an ~ and a half* anderthalb *or* eineinhalb Stunden; *it's two ~s' walk* es sind zwei Stunden zu Fuß; *at fifteen hundred ~s* (*spoken*) um fünfzehn Uhr; *~ after ~* Stunde um Stunde; *on the ~* zur vollen Stunde; *every ~ on the ~* jede volle Stunde; *20 minutes past the ~* 20 Minuten nach; *at all ~s (of the day and night)* zu jeder (Tages- und Nacht)zeit; *what! at this ~ of the night!* was! zu dieser nachtschlafenden Zeit!; *to drive at 50 kilometres an ~* 50 Kilometer in der Stunde fahren; *to be paid by the ~* stundenweise bezahlt werden; *for ~s* stundenlang; *he took ~s to do it* er brauchte stundenlang dazu; *the man/hero of the ~* der Mann/Held der Stunde **2. hours** pl (*of shops etc*) Geschäftszeit(en) f(pl); (*of pubs etc*) Öffnungszeiten pl; (≈ *office hours*) Dienststunden pl; (≈ *working hours etc*) Arbeitszeit f; (*of doctor etc*) Sprechstunde f, Ordination f (*Aus*); *out of/after ~s* (*in pubs*) außerhalb der gesetzlich erlaubten Zeit; (*in office etc*) außerhalb der Arbeitszeit / nach Dienstschluss; *to work long ~s* einen langen Arbeitstag haben **hourglass** n Sanduhr f **hour hand** n kleiner Zeiger **hourly I** adj **1.** stündlich; *an ~ bus service* ein stündlich verkehrender Bus; *at ~ intervals* stündlich; *at two-~ intervals* alle zwei Stunden **2.** earnings pro Stunde; *~ wage or pay* Stundenlohn m; *~ rate* Stundensatz m; *on an ~ basis* stundenweise **II** adv **1.** (*lit*) jede Stunde **2.** pay stundenweise

house I n, pl **houses 1.** Haus nt; (≈ *household*) Haushalt m; *at my ~* bei mir (zu Hause *or* zuhause (*Aus, Swiss*)); *to my ~* zu mir (nach Hause *or* nachhause (*Aus, Swiss*)); **to keep ~** (**for sb**) (jdm) den Haushalt führen; **they set up ~ together** sie gründeten einen gemeinsamen Hausstand; **to put** or **set one's ~ in order** (*fig*) seine Angelegenheiten in Ordnung bringen; **they get on like a ~ on fire** (*infml*) sie kommen ausgezeichnet miteinander aus; **as safe as ~s** (*Br*) bombensicher (*infml*); **the upper/lower ~** POL das Ober-/Unterhaus; **House of Commons/Lords** (*Br*) (britisches) Unter-/Oberhaus; **House of Representatives** (*US*) Repräsentantenhaus *nt*; **the Houses of Parliament** das Parlament(sgebäude); **on the ~** auf Kosten des Hauses; **we ordered a bottle of ~ red** wir bestellten eine Flasche von dem roten Hauswein; **to bring the ~ down** (*infml*) ein Bombenerfolg (beim Publikum) sein (*infml*) **2.** (*in boarding school*) Gruppenhaus *nt* **3. full ~** CARDS Full House *nt*; (≈ *bingo*) volle Karte **II** *v/t* unterbringen; **this building ~s ten families** in diesem Gebäude sind zehn Familien untergebracht **house arrest** *n* Hausarrest *m* **housebound** *adj* ans Haus gefesselt **housebreaking** *n* Einbruch(sdiebstahl) *m* **house-broken** *adj* (*US*) stubenrein **housecoat** *n* Morgenmantel *m* **houseguest** *n* (Haus)gast *m*

household I *n* Haushalt *m* **II** *attr* Haushalts-; **~ appliance** Haushaltsgerät *nt*; **~ chores** Hausarbeit *f* **householder** *n* Haus-/Wohnungsinhaber(in) *m(f)* **household name** *n* **to be a ~** ein Begriff sein; **to become a ~** zu einem Begriff werden **household waste** *n* Hausmüll *m* **house-hunt** *v/i* auf Haussuche sein; **they have started ~ing** sie haben angefangen, nach einem Haus zu suchen **househusband** *n* Hausmann *m* **housekeeper** *n* Haushälterin *f* **housekeeping** *n* **1.** Haushalten *nt* **2.** (*Br: a.* **housekeeping money**) Haushaltsgeld *nt* **housemate** *n* **my ~s** meine Mitbewohner **House music** *n* Hausmusik *f* **house plant** *n* Zimmerpflanze *f* **house-proud** *adj* **she is ~** sie ist eine penible Hausfrau **house rules** *pl* Hausordnung *f* **house-to-house** *adj* **to conduct ~ inquiries** von Haus zu Haus gehen und fragen **house-trained** *adj* stubenrein **house-warming** (**party**) *n* Einzugsparty *f*; **to have a ~** Einzug feiern

housewife *n* Hausfrau *f* **house wine** *n* Hauswein *m* **housework** *n* Hausarbeit *f* **housing** *n* **1.** (*act*) Unterbringung *f* **2.** (≈ *houses*) Wohnungen *pl* **3.** TECH Gehäuse *nt* **housing association** *n* Wohnungsbaugesellschaft *f* **housing benefit** *n* (*Br*) Wohngeld *nt* **housing development** , (*Br also*) **housing estate** *n* Wohnsiedlung *f*

hovel *n* armselige Hütte; (*fig pej*) Bruchbude *f*

hover *v/i* **1.** schweben; **he was ~ing between life and death** er schwebte zwischen Leben und Tod; **the exchange rate is ~ing around 110 yen to the dollar** der Wechselkurs bewegt sich um die 110 Yen für den Dollar **2.** (*fig* ≈ *stand around*) herumstehen; **don't ~ over me** geh endlich weg ◆ **hover about** (*Brit*) or **around** *v/i* herumlungern; **he was hovering around, waiting to speak to us** er strich um uns herum und wartete auf eine Gelegenheit, mit uns zu sprechen

hovercraft *n* Luftkissenboot *nt*

how *adv* **1.** wie; **~ come?** (*infml*) wieso (denn das)?; **~ do you mean?** (*infml*) wie meinst du das?; **~ is it that we** or **~ come** (*infml*) **we earn less?** wieso or warum verdienen wir denn weniger?; **~ do you know that?** woher wissen Sie das?; **I'd like to learn ~ to swim** ich würde gerne schwimmen lernen; **~ nice!** wie nett!; **~ much** (+*vb*) wie sehr; (+*n, adj, adv, vbs of action*) wie viel; **~ many** wie viel, wie viele; **~ would you like to ...?** hätten Sie Lust, ... zu ...?; **~ do you do?** guten Tag/Abend!; **~ are you?** wie geht es Ihnen?; **~'s work?** was macht die Arbeit? (*infml*); **~ are things at school?** wie gehts in der Schule?; **~ did the job interview go?** wie ist das Bewerbungsgespräch gelaufen?; **~ about ...?** wie wäre es mit ...?; **~ about it?** (*about suggestion*) wie wäre es damit?; **~ about going for a walk?** wie wärs mit einem Spaziergang?; **I've had enough, ~ about you?** mir reichts, wie siehts bei dir aus?; **and ~!** und ob or wie!; **~ he's grown!** er ist aber groß geworden **2.** (≈ *that*) dass

however I *cj* jedoch, aber **II** *adv* **1.** (≈ *no matter how*) wie ... auch; (≈ *in whatever way*) wie; **~ you do it** wie immer du es machst; **~ much you cry** und wenn du noch so weinst; **wait 30 minutes or ~ long it takes** warte eine halbe Stunde oder so lange, wie es dauert **2.** (*in question*) wie ... bloß; **~ did you manage it?** wie hast du das bloß geschafft?

howl I *n* Schrei *m*; (*of animal, wind*) Heulen *nt no pl*; **~s of laughter** brüllendes Gelächter; **~s (of protest)** Protestgeschrei *nt* **II** *v/i* (*person*) brüllen; (*animal*) jaulen; (*wind* ≈ *weep*) heulen; (*baby*) schreien; **to ~ with laughter** in brüllendes Gelächter ausbrechen **III** *v/t* hinausbrüllen**howler** *n* (*Br infml*) Schnitzer *m* (*infml*); **he made a real ~** da hat er sich (*dat*) einen Hammer geleistet (*infml*)

HP, hp 1. *abbr of* **hire purchase 2.** *abbr of* **horse power** PS

HQ *abbr of* **headquarters**

hr *abbr of* **hour** Std.

HRH *abbr of* **His/ Her Royal Highness** S. M./I. M.

HRT *abbr of* **hormone replacement therapy**

HST (*US*) *abbr of* **Hawaiian Standard Time** hawaiische Zeit

ht *abbr of* **height**

HTML IT *abbr of* **hypertext mark-up language** HTML

hub *n* **1.** (*of wheel*) (Rad)nabe *f* **2.** (*fig*) Mittelpunkt *m*

hubbub *n* Tumult *m*; **a ~ of voices** ein Stimmengewirr *nt*

hubcap *n* Radkappe *f*

huddle I *n* (wirrer) Haufen *m*; (*of people*) Gruppe *f*; **in a ~** dicht zusammengedrängt **II** *v/i* (*a.* **to be huddled**) (sich) kauern; **they ~d under the umbrella** sie drängten sich unter dem Schirm zusammen; **we ~d around the fire** wir saßen eng zusammengedrängt um das Feuer herum♦ **huddle together** *v/i* sich aneinanderkauern; **to be huddled together** aneinanderkauern

hue *n* (≈ *colour*) Farbe *f*; (≈ *shade*) Schattierung *f*

huff *n* **to be/go off in a ~** beleidigt sein/ abziehen (*infml*) **huffy** *adj* (+*er*) (≈ *in a huff*) beleidigt; (≈ *touchy*) empfindlich; **to get/be ~ about sth** wegen etw eingeschnappt (*infml*) *or* beleidigt sein

hug I *n* Umarmung *f*; **to give sb a ~** jdn umarmen **II** *v/t* **1.** (≈ *hold close*) umarmen **2.** (≈ *keep close to*) sich dicht halten an (+*acc*) **III** *v/i* sich umarmen

huge *adj* (+*er*) riesig; *appetite, disap-*

pointment, deficit Riesen- (*infml*); *effort* gewaltig; **a ~ job** eine Riesenarbeit (*infml*); **~ numbers of these children** ungeheuer viele von diesen Kindern **hugely** *adv* (*emph*) außerordentlich; **the whole thing is ~ enjoyable** das Ganze macht ungeheuer viel Spaß **hugeness** *n* riesiges Ausmaß

hulk *n* **1.** NAUT (Schiffs)rumpf *m* **2.** (*infml* ≈ *person*) Hüne *m* (*infml*) **hulking** *adj* ~ **great, great** ~ massig

hull[1] *n* NAUT Schiffskörper *m*

hull[2] **I** *n* Hülse *f* **II** *v/t* schälen

hullabaloo *n* (*Br infml*) Spektakel *m*

hullo *int* (*Br*) = **hello**

hum I *n* (*of insect, person*) Summen *nt*; (*of engine*) Brummen *nt*; (*of small machine etc*) Surren *nt*; (*of voices*) Gemurmel *nt* **II** *v/i* **1.** (*insect, person*) summen; (*engine*) brummen; (*small machine*) surren **2.** (*fig infml*) in Schwung kommen; **the headquarters was ~ming with activity** im Hauptquartier ging es zu wie in einem Bienenstock **3. to ~ and haw** (*infml*) herumdrucksen (*infml*) (*over, about* um) **III** *v/t* summen

human I *adj* menschlich; *health* des Menschen; **~ error** menschliches Versagen; **~ shield** menschlicher Schutzschild; **I'm only ~** ich bin auch nur ein Mensch **II** *n* Mensch *m* **human being** *n* Mensch *m* **humane** *adj* human **humanely** *adv* *treat* human; *kill* (möglichst) schmerzlos **human interest** *n* (*in newspaper story etc*) Emotionalität *f*; **a ~ story** eine ergreifende Story**humanism** *n* Humanismus *m* **humanitarian I** *n* Vertreter(in) *m(f)* des Humanitätsgedankens **II** *adj* humanitär **humanitarianism** *n* Humanitarismus *m* **humanity** *n* **1.** (≈ *mankind*) die Menschheit **2.** (≈ *humaneness*) Humanität *f* **3. humanities** *pl* Geisteswissenschaften *pl* **humanize** *v/t* humanisieren **humankind** *n* die Menschheit **humanly** *adv* menschlich; **as far as ~ possible** soweit überhaupt möglich; **to do all that is ~ possible** alles Menschenmögliche tun **human nature** *n* die menschliche Natur; **it's ~ to do that** es liegt (nun einmal) in der Natur des Menschen, das zu tun **human race** *n* **the ~** die Menschheit**human resources** *pl* ECON Arbeitskräftepotenzial *nt* **human resources department** *n* Personalabteilung *f* **human rights** *pl* Menschenrechte *pl*; **~ organization** Menschenrechtsorganisation *f*

humble I *adj* (+er) bescheiden; *clerk* einfach; *origins* niedrig; **my ~ apologies!** ich bitte inständig um Verzeihung! **II** *v/t* demütigen; **to be/feel ~d** sich (*dat*) klein vorkommen

humbug *n* **1.** (*Br ≈ sweet*) Pfefferminzbonbon *m or nt* **2.** (*infml ≈ talk*) Humbug *m*

humdrum *adj* stumpfsinnig

humid *adj* feucht; **it's ~ today** es ist schwül heute **humidifier** *n* Luftbefeuchter *m* **humidity** *n* (Luft)feuchtigkeit *f*

humiliate *v/t* demütigen **humiliating** *adj* *defeat* demütigend **humiliation** *n* Demütigung *f* **humility** *n* Demut *f*; (*≈ unassumingness*) Bescheidenheit *f*

humming *n* Summen *nt* **hummingbird** *n* Kolibri *m*

hummus *n* = **hoummos**

humor *etc* (*US*) = **humour** *etc* **humorous** *adj* humorvoll; *situation* komisch; *idea* witzig **humorously** *adv* humorvoll; *reflect, say* heiter

humour, (*US*) **humor I** *n* **1.** Humor *m*; **a sense of ~** (Sinn *m* für) Humor *m* **2.** (*≈ mood*) Stimmung *f*; **to be in a good ~** gute Laune haben; **with good ~** gut gelaunt **II** *v/t* **to ~ sb** jdm seinen Willen lassen; **do it just to ~ him** tus doch, damit er seinen Willen hat **humourless,** (*US*) **humorless** *adj* humorlos

hump I *n* **1.** ANAT Buckel *m*; (*of camel*) Höcker *m* **2.** (*≈ hillock*) Hügel *m* **3.** (*Br infml*) **he's got the ~** er ist sauer (*infml*) **II** *v/t* (*infml ≈ carry*) schleppen **humpbacked** *adj* *bridge* gewölbt

hunch I *n* Gefühl *nt*; **to act on a ~** einem inneren Gefühl zufolge handeln; **your ~ paid off** du hattest die richtige Ahnung, es hat sich gelohnt **II** *v/t* (*a.* **hunch up**) **to ~ one's shoulders** die Schultern hochziehen; **he was~ed over his desk** er saß über seinen Schreibtisch gebeugt **hunchback** *n* Buck(e)lige(r) *m/f(m)* **hunchbacked** *adj* buck(e)lig

hundred I *adj* hundert; **a or one ~ years** (ein)hundert Jahre; **two/several ~ years** zweihundert/mehrere hundert Jahre; **a or one ~ and one** (*lit*) (ein)hundert-(und)eins; (*fig*) tausend; **(one) ~ and first** hundert(und)erste(r, s); **a or one ~ thousand** (ein)hunderttausend; **a or one ~ per cent** hundert Prozent; **a**

(one) ~ per cent increase eine Erhöhung von *or* um hundert Prozent; **I'm not a** *or* **one ~ per cent sure** ich bin nicht hundertprozentig sicher **II** *n* hundert *num*; (*written figure*) Hundert *f*; **~s** Hunderte *pl*; **one in a ~** einer unter hundert; **eighty out of a ~** achtzig von hundert; **~s of times** hundertmal; **~s and ~s** Hunderte und Aberhunderte; **~s of** *or* **and thousands** Hunderttausende *pl*; **he earns nine ~ a month** er verdient neunhundert im Monat; **to live to be a ~** hundert Jahre alt werden; **they came in their ~s** *or* **by the ~** sie kamen zu hunderten **hundredfold** *n, adv* hundertfach; **to increase a ~** um das Hundertfache steigern

hundredth I *adj* **1.** (*in series*) hundertste(r, s) **2.** (*of fraction*) hundertstel **II** *n* **1.** Hundertste(r, s) **2.** (*≈ fraction*) Hundertstel *nt*; → **sixth hundredweight** *n* Zentner *m*; (*Br*) 50,8 kg; (*US*) 45,4 kg

hung *pret, past part of* **hang**

Hungarian I *adj* ungarisch **II** *n* **1.** Ungar(in) *m(f)* **2.** LING Ungarisch *nt* **Hungary** *n* Ungarn *nt*

hunger *n* Hunger *m* (*for* nach); **to die of ~** verhungern ♦ **hunger after** *or* **for** *v/i +prep obj* (*liter*) hungern nach

hunger strike *n* **to be on (a) ~** sich im Hungerstreik befinden; **to go on (a) ~** in (den) Hungerstreik treten

hung over *adj* **to be ~** einen Kater haben (*infml*) **hung parliament** *n* Parlament *nt* ohne klare Mehrheitsverhältnisse; **the election resulted in a ~** die Wahl führte zu einem parlamentarischen Patt

hungrily *adv* (*lit, fig*) hungrig

hungry *adj* (+er) hungrig; **to be** *or* **feel/get ~** Hunger haben/bekommen; **to go ~** hungern; **~ for power** machthungrig; **to be ~ for news** sehnsüchtig auf Nachricht warten

hung up *adj* (*infml*) **to be/get ~ about sth** wegen etw einen Knacks weghaben (*infml*)/durchdrehen (*infml*); **he's ~ on her** (*infml*) er steht auf sie (*sl*)

hunk *n* **1.** Stück *nt* **2.** (*fig infml ≈ man*) **a gorgeous ~** ein MANN! (*infml*)

hunky-dory *adj* (*infml*) **that's ~** das ist in Ordnung

hunt I *n* Jagd *f*; (*fig ≈ search*) Suche *f*; **the ~ is on** die Suche hat begonnen; **to have a ~ for sth** nach etw fahnden (*infml*) **II** *v/t* HUNT jagen; *criminal* fahnden nach;

missing person, article etc suchen **III** *v/i*
1. HUNT jagen; *to go ~ing* auf die Jagd
gehen **2.** (≈ *search*) suchen (*for, after*
nach); *he is ~ing for a job* er sucht eine
Stelle ♦ **hunt down** *v/t sep* (unerbittlich) Jagd machen auf (+*acc*); (≈ *capture*) zur Strecke bringen ♦ **hunt out**
v/t sep heraussuchen
hunter *n* Jäger(in) *m(f)* **hunting** *n* die
Jagd
hurdle *n* (SPORTS, *fig*) Hürde *f*; *~s sg* (≈
race) Hürdenlauf *m*; *the 100m ~s* (die)
100 m Hürden; *to fall at the first ~*
(*fig*) (schon) über die erste *or* bei der
ersten Hürde stolpern **hurdler** *n* SPORTS
Hürdenläufer(in) *m(f)*
hurl *v/t* schleudern; *to ~ insults at sb* jdm
Beleidigungen entgegenschleudern
hurly-burly *n* Rummel *m* (*infml*); *the ~ of
politics* der Rummel der Politik
hurrah, hurray *int* hurra; *~ for the king!*
ein Hoch dem König!
hurricane *n* Orkan *m*; (*tropical*) Hurrikan *m*
hurried *adj* eilig; *ceremony* hastig durchgeführt; *departure* überstürzt **hurriedly**
adv eilig; *say* hastig; *leave* in großer Eile
hurry I *n* Eile *f*; *in my ~ to get it finished
...* vor lauter Eile, damit fertig zu werden
...; *to do sth in a ~* etw schnell *or* hastig
tun; *I need it in a ~* ich brauche es eilig;
to be in a ~ es eilig haben; *I won't do that
again in a ~!* (*infml*) das mache ich so
schnell nicht wieder!; *what's the ~?*
was soll die Eile?; *there's no ~* es eilt
nicht **II** *v/i* sich beeilen; (≈ *run/go
quickly*) laufen; *there's no need to ~*
kein Grund zur Eile; *don't ~!* lass dir
Zeit! **III** *v/t person* (≈ *make act quickly*)
(zur Eile) antreiben; (≈ *make move
quickly*) scheuchen (*infml*); *work etc* beschleunigen; (≈ *do too quickly*) überstürzen; *don't ~ me* hetz mich nicht
so! ♦ **hurry along I** *v/i* sich beeilen; *~
there, please!* schnell weitergehen, bitte! **II** *v/t sep person* weiterdrängen; (*with
work etc*) zur Eile antreiben; *things,
work etc* vorantreiben ♦ **hurry up I** *v/i*
sich beeilen; *~!* Beeilung!; *~ and put
your coat on!* mach schon und zieh
dir deinen Mantel an! **II** *v/t sep person*
zur Eile antreiben; *work* vorantreiben
hurt *vb*: *pret, past part* **hurt I** *v/t* **1.** (≈ *cause
pain*) wehtun (+*dat*); (≈ *injure*) verlet-
zen; *to ~ oneself* sich (*dat*) wehtun; *to*

~ one's arm sich (*dat*) am Arm wehtun;
(≈ *injure*) sich (*dat*) den Arm verletzen;
my arm is ~ing me mir tut der Arm weh;
*if you go on like that someone is
bound to get ~* wenn ihr so weitermacht,
verletzt sich bestimmt noch jemand **2.**
(≈ *harm*) schaden (+*dat*); *it won't ~
him to wait* es schadet ihm gar nicht(s),
wenn er etwas warten muss **II** *v/i* **1.** (≈ *be
painful, fig*) wehtun; *that ~s!* das tut
weh! **2.** (≈ *do harm*) schaden **III** *n*
Schmerz *m*; (*to feelings*) Verletzung *f*
(*to* +*gen*) **IV** *adj limb, feelings* verletzt;
look gekränkt **hurtful** *adj* verletzend
hurtle *v/i* rasen; *the car was hurtling
along* das Auto sauste dahin; *he came
hurtling round the corner* er kam um
die Ecke gerast
husband I *n* Ehemann *m*; *my ~* mein
Mann; *they are ~ and wife* sie sind Eheleute *or* verheiratet **II** *v/t resources* sparsam umgehen mit **husbandry** *n* (≈
farming) Landwirtschaft *f*
hush I *v/t person* zum Schweigen bringen
II *v/i* still sein **III** *n* Stille *f*; *a ~ fell over
the crowd* die Menge verstummte
plötzlich **IV** *int* pst; *~, ~, it's all right*
sch, sch, es ist ja gut ♦ **hush up** *v/t
sep* vertuschen
hushed *adj voices* gedämpft; *crowd*
schweigend; *courtroom* still; *in ~ tones*
mit gedämpfter Stimme **hush-hush** *adj*
(*infml*) streng geheim
husk *n* Schale *f*; (*of wheat*) Spelze *f*
husky¹ *adj* (+*er*) rau; (≈ *hoarse*) heiser
husky² *n* (≈ *dog*) Schlittenhund *m*
hussy *n* **1.** (≈ *pert girl*) Fratz *m* (*infml*) **2.**
(≈ *whorish woman*) Flittchen *nt* (*pej*)
hustings *pl* (*Br*) (≈ *campaign*) Wahlkampf *m*; (≈ *meeting*) Wahlveranstal-
tung *f*
hustle I *n ~ and bustle* geschäftiges Treiben **II** *v/t to ~ sb out of a building* jdn
schnell aus einem Gebäude befördern
(*infml*)
hut *n* Hütte *f*
hutch *n* Verschlag *m*
hyacinth *n* Hyazinthe *f*
hyaena, hyena *n* Hyäne *f*
hybrid I *n* BOT, ZOOL Kreuzung *f*; (*fig*)
Mischform *f* **II** *adj* BOT, ZOOL Misch-; *~
vehicle* Hybridfahrzeug *nt*
hydrant *n* Hydrant *m*
hydrate *v/t* hydratisieren
hydraulic *adj* hydraulisch **hydraulics** *n*

sg Hydraulik *f*
hydrocarbon *n* Kohlenwasserstoff *m* **hydrochloric acid** *n* Salzsäure *f* **hydroelectric power** *n* durch Wasserkraft erzeugte Energie **hydroelectric power station** *n* Wasserkraftwerk *nt* **hydrofoil** *n* (≈ *boat*) Tragflächenboot *nt* **hydrogen** *n* Wasserstoff *m* **hydrogen bomb** *n* Wasserstoffbombe *f* **hydrotherapy** *n* Wasserbehandlung *f*
hyena *n* = *hyaena*
hygiene *n* Hygiene *f*; **personal** ~ Körperpflege *f* **hygienic** *adj* hygienisch
hymn *n* Kirchenlied *nt* **hymn book** *n* Gesangbuch *nt*
hype (*infml*) **I** *n* Publicity *f*; **media** ~ Medienrummel *m* (*infml*); **all this** ~ **about** ... dieser ganze Rummel um ... (*infml*) **II** *v/t* (*a.* **hype up**) Publicity machen für; **the film was** ~**d up too much** um den Film wurde zu viel Rummel gemacht (*infml*) **hyped up** *adj* (*infml*) aufgeputscht; (≈ *excited*) aufgedreht (*infml*)
hyperactive *adj* überaktiv; **a** ~ **thyroid** eine Überfunktion der Schilddrüse **hypercritical** *adj* übertrieben kritisch **hyperlink** IT **I** *n* Hyperlink *m* **II** *v/t* per Hyperlink verbinden **hypermarket** *n* (*Br*) Verbrauchermarkt *m* **hypersensitive** *adj* überempfindlich **hypertension** *n* Hypertonie *f*, erhöhter Blutdruck **hypertext** *n* IT Hypertext *m* **hyperventilate** *v/i* hyperventilieren
hyphen *n* Bindestrich *m*; (*at end of line*) Trenn(ungs)strich *m* **hyphenate** *v/t* mit

Bindestrich schreiben; ~**d word** Bindestrichwort *nt* **hyphenation** *n* Silbentrennung *f*
hypnosis *n* Hypnose *f*; **under** ~ unter Hypnose **hypnotherapy** *n* Hypnotherapie *f* **hypnotic** *adj* **1.** *trance* hypnotisch; ~ **state** Hypnosezustand *m* **2.** *music, eyes* hypnotisierend **hypnotism** *n* Hypnotismus *m* **hypnotist** *n* Hypnotiseur(in) *m(f)* **hypnotize** *v/t* hypnotisieren; **to be** ~**d by sb/sth** (≈ *fascinated*) von jdm/etw wie hypnotisiert sein
hypo- *pref* hypo-; **hypoallergenic** hypoallergen
hypochondria *n* Hypochondrie *f* **hypochondriac** *n* Hypochonder *m*
hypocrisy *n* Heuchelei *f* **hypocrite** *n* Heuchler(in) *m(f)* **hypocritical** *adj* heuchlerisch
hypodermic needle *n* (Injektions)nadel *f* **hypodermic syringe** *n* (Injektions)-spritze *f*
hypothermia *n* Unterkühlung *f*
hypothesis *n*, *pl* **hypotheses** Hypothese *f* **hypothetical** *adj* hypothetisch **hypothetically** *adv* theoretisch
hysterectomy *n* Hysterektomie *f* (*tech*)
hysteria *n* Hysterie *f* **hysterical** *adj* **1.** hysterisch **2.** (*infml* ≈ *hilarious*) wahnsinnig komisch (*infml*) **hysterically** *adv* **1.** hysterisch **2.** (*infml*) ~ **funny** wahnsinnig komisch (*infml*) **hysterics** *pl* Hysterie *f*; **to have** ~ hysterisch werden; (*fig infml* ≈ *laugh*) sich totlachen
Hz *abbr of* **hertz** Hz

I

I[1], **i** *n* I *nt*, i *nt*
I[2] *pers pr* ich
ibid *abbr of* **ibidem** ib., ibd.
ice I *n* **1.** Eis *nt*; (*on roads*) (Glatt)eis *nt*; **to be as cold as** ~ eiskalt sein; **my hands are like** ~ ich habe eiskalte Hände; **to put sth on** ~ (*fig*) etw auf Eis legen; **to break the** ~ (*fig*) das Eis brechen; **to be skating on thin** ~ (*fig*) sich aufs Glatteis begeben/begeben haben; **that cuts no** ~ **with me** (*infml*) das kommt bei mir nicht an **2.** (*Br* ≈ *ice cream*) (Speise)eis *nt* **II** *v/t* **cake** mit Zuckerguss überziehen ◆ **ice over** *v/i* zufrieren;

(*windscreen*) vereisen ◆ **ice up** *v/i* (*windscreen etc*) vereisen; (*pipes etc*) einfrieren
ice age *n* Eiszeit *f* **ice axe**, (*US*) **ice ax** *n* Eispickel *m* **iceberg** *n* Eisberg *m* **iceberg lettuce** *n* Eisbergsalat *m* **icebound** *adj* *port, lake* zugefroren; *ship, place* vom Eis eingeschlossen **icebox** *n* (*Br: in refrigerator*) Eisfach *nt*; (*US*) Eisschrank *m* **icebreaker** *n* Eisbrecher *m* **ice bucket** *n* Eiskühler *m* **icecap** *n* (*polar*) Eiskappe *f* **ice-cold** *adj* eiskalt **ice-cool** *adj* (*fig*) *person* supercool (*infml*)
ice cream *n* Eis *nt* **ice-cream cone, ice-**

cream cornet *n* Eistüte *f* **ice-cream parlor**, (*US*) **ice-cream parlor** *n* Eisdiele *f* **ice cube** *n* Eiswürfel *m* **iced** *adj* **1.** *drink* eisgekühlt; **~ tea** Eistee *m* **2.** *bun* mit Zuckerguss überzogen **ice dancing** *n* Eistanz *m* **ice floe** *n* Eisscholle *f* **ice hockey** *n* Eishockey *nt* **Iceland** *n* Island *nt* **Icelandic I** *adj* isländisch **II** *n* LING Isländisch *nt* **ice lolly** *n* (*Br*) Eis *nt* am Stiel **ice pack** *n* (*on head*) Eisbeutel *m* **ice pick** *n* Eispickel *m* **ice rink** *n* (Kunst)eisbahn *f* **ice-skate** *v/i* Schlittschuh laufen **ice skate** *n* Schlittschuh *m* **ice-skater** *n* Schlittschuhläufer(in) *m(f)*; (≈ *figure-skater*) Eiskunstläufer(in) *m(f)* **ice-skating** *n* Schlittschuhlaufen *nt*; (≈ *figure-skating*) Eiskunstlauf *m* **ice storm** *n* (*US*) Eissturm *m* **ice water** *n* Eiswasser *nt* **icicle** *n* Eiszapfen *m* **icily** *adv* (*fig*) eisig; *smile* kalt **icing** *n* COOK Zuckerguss *m*; **this is the ~ on the cake** (*fig*) das ist die Krönung des Ganzen **icing sugar** *n* (*Br*) Puderzucker *m*

icon *n* **1.** Ikone *f* **2.** IT Icon *nt* **iconic** *adj* (*culturally*) **an ~ figure** eine Ikone

ICU *abbr of* **intensive care unit**

icy *adj* (+*er*) **1.** *road* vereist; **the ~ conditions on the roads** das Glatteis auf den Straßen; **when it's ~** bei Glatteis **2.** *wind, hands* eiskalt; **~ cold** eiskalt **3.** (*fig*) *stare* eisig; *reception* frostig

ID *n* abbr of **identification, identity**; **I don't have any ID on me** ich habe keinen Ausweis dabei

I'd *contraction* = **I would, I had**

ID card *n* Ausweis *m*; (*state-issued*) Personalausweis *m*

idea *n* **1.** Idee *f*; (*esp sudden*) Einfall *m*; **good ~!** gute Idee!; **that's not a bad ~** das ist keine schlechte Idee; **the very ~!** (nein,) so was!; **the very ~ of eating horse meat revolts me** der bloße Gedanke an Pferdefleisch ekelt mich; **he is full of (bright) ~s** ihm fehlt es nie an (guten) Ideen; **to hit upon the ~ of doing sth** den plötzlichen Einfall haben, etw zu tun; **that gives me an ~, we could ...** da fällt mir ein, wir könnten ...; **he got the ~ for his novel while having a bath** die Idee zu seinem Roman kam ihm in der Badewanne; **he's got the ~ into his head that ...** er bildet sich (*dat*) ein, dass ...; **where did you get the ~ that I was ill?** wie kommst du auf den

Gedanken, dass ich krank war?; **don't you go getting ~s about promotion** machen Sie sich (*dat*) nur keine falschen Hoffnungen auf eine Beförderung; **to put ~s into sb's head** jdm einen Floh ins Ohr setzen; **the ~ was to meet at 6** wir wollten uns um 6 treffen; **what's the big ~?** (*infml*) was soll das denn?; **the ~ is to reduce expenditure** es geht darum, die Ausgaben zu senken; **that's the ~** genau (das ists)!; **you're getting the ~** Sie verstehen langsam, worum es geht **2.** (≈ *opinion*) Meinung *f*; (≈ *conception*) Vorstellung *f*; **if that's your ~ of fun** wenn Sie das lustig finden; **this isn't my ~ of a holiday** so stelle ich mir den Urlaub nicht vor **3.** (≈ *knowledge*) Ahnung *f*; **you've no ~ how worried I've been** du kannst dir nicht vorstellen, welche Sorgen ich dir gemacht habe; **(I've) no ~** (ich habe) keine Ahnung; **I've got some ~ (of) what this is all about** ich weiß so ungefähr, worum es hier geht; **I have an ~ that ...** ich habe so das Gefühl, dass ...; **could you give me an ~ of how long ...?** könnten Sie mir ungefähr sagen, wie lange ...?; **to give you an ~ of how difficult it is** um Ihnen eine Vorstellung davon zu vermitteln, wie schwierig es ist

ideal I *n* Ideal *nt* (*of* +*gen*) **II** *adj* ideal; **~ solution** Ideallösung *f*; **he is ~ or the ~ person for the job** er ist für den Job ideal geeignet; **in an ~ world** im Idealfall **idealism** *n* Idealismus *m* **idealist** *n* Idealist(in) *m(f)* **idealistic** *adj* idealistisch **idealize** *v/t* idealisieren **ideally** *adv* **1.** (*introducing sentence*) idealerweise **2.** *suited* ideal

identical *adj* (≈ *exactly alike*) identisch; (≈ *same*) der-/die-/dasselbe; **~ twins** eineiige Zwillinge *pl*; **we have ~ views** wir haben die gleichen Ansichten

identifiable *adj* identifizierbar; **he is ~ by his red hair** er ist an seinem roten Haar zu erkennen **identification** *n* **1.** (*of criminal etc*) Identifizierung *f*; (*fig, of problems*) Erkennen *nt* **2.** (≈ *papers*) Ausweispapiere *pl* **3.** (≈ *sympathy*) Identifikation *f* **identification parade** *n* Gegenüberstellung *f* (zur Identifikation des Täters) **identifier** *n* IT Kennzeichnung *f* **identify** *v/t* identifizieren; *plant etc* bestimmen; (≈ *recognize*) erkennen; **to ~ one's goals** sich (*dat*) Ziele setzen; **to**

~ *sb/sth by sth* jdn/etw an etw (*dat*) erkennen **II** *v/r* **1.** *to* ~ *oneself* sich ausweisen **2.** *to* ~ *oneself with sb/sth* sich mit jdm/etw identifizieren **III** *v/i* (*with film hero etc*) sich identifizieren **Identikit®** *n* (≈ *picture*) Phantombild *nt* **identity** *n* Identität *f*; *to prove one's* ~ sich ausweisen; *proof of* ~ Legitimation *f* **identity card** *n* Ausweis *m*; (*state-issued*) Personalausweis *m* **identity crisis** *n* Identitätskrise *f* **identity papers** *pl* Ausweispapiere *pl* **identity parade** *n* Gegenüberstellung *f*

ideological *adj* ideologisch **ideology** *n* Ideologie *f*

idiom *n* **1.** (≈ *phrase*) Redewendung *f* **2.** (≈ *language*) Sprache *f*, Idiom *nt* **idiomatic** *adj* idiomatisch; *to speak* ~ *German* idiomatisch richtiges Deutsch sprechen; *an* ~ *expression* eine Redensart

idiosyncrasy *n* Eigenart *f* **idiosyncratic** *adj* eigenartig

idiot *n* Idiot *m*; *what an* ~*!* so ein Idiot *or* Dummkopf!; *what an* ~ *I am/was!* ich Idiot!; *to feel like an* ~ sich dumm vorkommen **idiotic** *adj* idiotisch

idle I *adj* **1.** (≈ *not working*) *person* müßig; *moment* ruhig; *his car was lying* ~ sein Auto stand unbenutzt herum **2.** (≈ *lazy*) faul **3.** (*in industry*) *person* unbeschäftigt; *machine* stillstehend *attr*, außer Betrieb; *the machine stood* ~ die Maschine stand still **4.** *promise, threat* leer; *speculation* müßig; ~ *curiosity* pure Neugier **II** *v/i* (*person*) faulenzen; *a day spent idling on the river* ein Tag, den man untätig auf dem Wasser verbringt ◆ **idle away** *v/t sep one's time etc* vertrödeln

idleness *n* **1.** (≈ *state of not working*) Untätigkeit *f*; (*pleasurable*) Müßiggang (*liter*) *m* **2.** (≈ *laziness*) Faulheit *f* **idler** *n* Faulenzer(in) *m(f)* **idly** *adv* **1.** (≈ *without working*) untätig; (≈ *pleasurably*) müßig; *to stand* ~ *by* untätig herumstehen **2.** (≈ *lazily*) faul **3.** *watch* gedankenverloren

idol *n* (*lit*) Götze *m*; (*fig*, FILM, TV *etc*) Idol *nt* **idolatry** *n* (*lit*) Götzendienst *m*; (*fig*) Vergötterung *f* **idolize** *v/t* abgöttisch verehren; *to* ~ *sth* etw anbeten

I'd've *contraction* = **I would have**

idyll *n* **1.** LIT Idylle *f* **2.** (*fig*) Idyll *nt* **idyllic** *adj* idyllisch

i.e. *abbr of* **id est** i.e., d.h.

if I *cj* wenn; (≈ *in case also*) falls; (≈ *whether, in direct clause*) ob; *I would be really pleased if you could do it* wenn Sie das tun könnten, wäre ich sehr froh; *I wonder if he'll come* ich bin gespannt, ob er kommt; *what if...?* was ist, wenn...?; *I'll let you know if and when I come to a decision* ich werde Ihnen mitteilen, ob und wenn ich mich entschieden habe; (*even*) *if* auch wenn; *even if they are poor, at least they are happy* sie sind zwar arm, aber wenigstens glücklich; *if only I had known!* wenn ich das nur gewusst hätte!; *he acts as if he were or was* (*infml*) *rich* er tut so, als ob er reich wäre; *it's not as if I meant to hurt her* es ist nicht so, dass ich ihr hätte wehtun wollen; *if necessary* falls nötig; *if so* wenn ja; *if not* falls nicht; *this is difficult, if not impossible* das ist schwer, wenn nicht sogar unmöglich; *if I were you* an Ihrer Stelle; *if anything this one is bigger* wenn überhaupt, dann ist dieses hier größer; *if I know Pete, he'll ...* so wie ich Pete kenne, wird er ...; *well, if it isn't old Jim!* (*infml*) ich werd verrückt, das ist doch der Jim (*infml*) **II** *n* **ifs and buts** Wenn und Aber *nt*

igloo *n* Iglu *m or nt*

ignite I *v/t* entzünden; (*fig*) erwecken **II** *v/i* sich entzünden **ignition** *n* AUTO Zündung *f* **ignition key** *n* Zündschlüssel *m*

ignominious *adj* schmachvoll

ignoramus *n* Ignorant(in) *m(f)* **ignorance** *n* Unwissenheit *f*; (*of subject*) Unkenntnis *f*; *to keep sb in* ~ *of sth* jdn in Unkenntnis über etw (*acc*) lassen **ignorant** *adj* **1.** unwissend; (*of plan*) nicht informiert (*of sth* +*acc*); *to be* ~ *of the facts* die Tatsachen nicht kennen **2.** (≈ *ill-mannered*) ungehobelt **ignore** *v/t* ignorieren; *remark* übergehen; *I'll* ~ *that* (*remark*) ich habe nichts gehört

ikon *n* = **icon**

ilk *n* **people of that** ~ solche Leute

ill I *adj* **1.** *pred* (≈ *sick*) krank; *to fall or be taken* ~ krank werden; *I feel* ~ mir ist nicht gut; *he is* ~ *with fever* er hat Fieber; *to be* ~ *with chicken pox* an Windpocken erkrankt sein **2.** *comp* **worse**, *sup* **worst** *effects* unerwünscht; ~ *will* böses Blut; *I don't bear them any* ~ *will* ich trage ihnen nichts nach; *to suffer* ~

health gesundheitlich angeschlagen sein; *due to ~ health* aus Gesundheitsgründen **II** n **1.** (*liter*) *to bode ~* Böses ahnen lassen; *to speak ~ of sb* schlecht über jdn reden **2. ills** *pl* (≈ *misfortunes*) Missstände *pl* **III** *adv* schlecht

ill. *abbr of* **illustrated, illustration** Abb., Abbildung *f*

I'll *contraction* = **I will, I shall**

ill-advised *adj* unklug; *you would be ~ to trust her* Sie wären schlecht beraten, wenn Sie ihr trauten **ill-at-ease** *adj* unbehaglich **ill-conceived** *adj* *plan* schlecht durchdacht **ill-disposed** *adj* *to be ~ to(wards) sb* jdm übel gesinnt sein

illegal *adj* unrechtmäßig; (≈ *against a specific law*) gesetzwidrig; *trade, immigration, drugs* illegal; *substance, organization* verboten **illegality** n Unrechtmäßigkeit *f*; (*against a specific law*) Gesetzwidrigkeit *f*; (*of trade, drug, organization*) Illegalität *f* **illegally** *adv* (≈ *against the law*) unrechtmäßig; (≈ *against a specific law*) gesetzwidrig; *~ imported* illegal eingeführt; *they were convicted of ~ possessing a handgun* sie wurden wegen unerlaubten Besitzes einer Handfeuerwaffe verurteilt

illegible *adj*, **illegibly** *adv* unleserlich **illegitimacy** n (*of child*) Unehelichkeit *f* **illegitimate** *adj* **1.** *child* unehelich **2.** *argument* unzulässig

ill-fated *adj* verhängnisvoll **ill-fitting** *adj* *clothes, dentures* schlecht sitzend; *shoes* schlecht passend **ill-gotten gains** *pl* unrechtmäßiger Gewinn

illicit *adj* illegal; *affair* verboten; *~ trade* Schwarzhandel *m*

ill-informed *adj* *person* schlecht informiert (*about* über)

illiteracy n Analphabetentum *nt* **illiterate** **I** *adj* des Schreibens und Lesens unkundig; *population* analphabetisch; *he's ~* er ist Analphabet; *many people are computer-~* viele Menschen kennen sich nicht mit Computern aus **II** n Analphabet(in) *m(f)*

ill-judged *adj* unklug **ill-mannered** *adj* unhöflich **ill-matched** *adj* nicht zusammenpassend; *they're ~* sie passen nicht zueinander **ill-natured** *adj* bösartig

illness n Krankheit *f*

illogical *adj* unlogisch

ill-tempered *adj* (*habitually*) missmutig,

übellaunig; (*on particular occasion*) schlecht gelaunt *pred* **ill-timed** *adj* unpassend **ill-treat** *v/t* misshandeln **ill-treatment** n Misshandlung *f*

illuminate *v/t* **1.** *room, building* beleuchten; *~d sign* Leuchtzeichen *nt* **2.** (*fig*) *subject* erläutern **illuminating** *adj* (≈ *instructive*) aufschlussreich **illumination** n (*of room, building*) Beleuchtung *f* **illuminations** *pl* festliche Beleuchtung

illusion n Illusion *f*; (≈ *misperception*) Täuschung *f*; *to be under the ~ that ...* sich (*dat*) einbilden, dass ...; *to be under or have no ~s* sich (*dat*) keine Illusionen machen; *it gives the ~ of space* es vermittelt die Illusion von räumlicher Weite **illusionist** n Illusionist(in) *m(f)* **illusory** *adj* illusorisch

illustrate *v/t* illustrieren; *his lecture was ~d by coloured slides* er veranschaulichte seinen Vortrag mit Farbdias; *~d* (*magazine*) Illustrierte *f* **illustration** n **1.** (≈ *picture*) Illustration *f* **2.** (*fig*) (≈ *example*) Beispiel *nt* **illustrative** *adj* veranschaulichend; *~ of* beispielhaft für **illustrator** n Illustrator(in) *m(f)*

illustrious *adj* glanzvoll; *person* berühmt

I'm *contraction* = **I am**

image n **1.** Bild *nt*; (≈ *mental picture also*) Vorstellung *f* **2.** (≈ *likeness*) Abbild *nt*; *he is the ~ of his father* er ist seinem Vater wie aus dem Gesicht geschnitten **3.** (≈ *public face*) Image *nt*; *brand ~* Markenimage *nt* **imagery** n Metaphorik *f*; *visual ~* Bildersymbolik *f* **imaginable** *adj* vorstellbar; *the easiest/fastest way ~* der denkbar einfachste/schnellste Weg **imaginary** *adj* *danger* eingebildet; *friend* erfunden; *~ world* Fantasiewelt *f*

imagination n (*creative*) Fantasie *f*; (*self-deceptive*) Einbildung *f*; *to have (a lively or vivid) ~* (eine lebhafte *or* rege) Fantasie haben; *use your ~* lassen Sie Ihre Fantasie spielen; *to lack ~* fantasielos *or* einfallslos sein; *it's just your ~!* das bilden Sie sich (*dat*) nur ein!; *to capture sb's ~* jdn in seinen Bann ziehen **imaginative** *adj*, **imaginatively** *adv* fantasievoll

imagine *v/t* **1.** sich (*dat*) vorstellen; *~ you're rich* stellen Sie sich mal vor, Sie wären reich; *you can ~ how I felt* Sie können sich vorstellen, wie mir zumute war; *I can't ~ living there* ich kann mir nicht vorstellen, dort zu leben **2.** (≈ *be under the illusion that*) sich (*dat*) einbilden; **don't~ that ...** bilden Sie sich nur nicht ein, dass ...; **you're (just) imagining things** (*infml*) Sie bilden sich das alles nur ein **3.** (≈ *suppose*) annehmen; **is that her father? — I would ~ so** ist das ihr Vater? — ich denke schon; **I would never have ~d he could have done that** ich hätte nie gedacht, dass er das tun würde

imbalance *n* Unausgeglichenheit *f*

imbecile *n* Schwachkopf *m*

imbue *v/t* (*fig*) durchdringen

IMF *abbr of* **International Monetary Fund** IWF *m*

imitate *v/t* imitieren, nachahmen **imitation I** *n* Imitation *f*, Nachahmung *f*; **to do an ~ of sb** jdn imitieren *or* nachahmen **II** *adj* unecht, künstlich; **~ leather** Kunstleder *nt*; **~ jewellery** unechter Schmuck **imitative** *adj* nachahmend, imitierend **imitator** *n* Nachahmer(in) *m(f)*, Imitator(in) *m(f)*

immaculate *adj* untadelig

immaterial *adj* unwesentlich; **that's (quite) ~** das spielt keine Rolle, das ist egal

immature *adj* unreif **immaturity** *n* Unreife *f*

immeasurable *adj* unermesslich

immediacy *n* **1.** Unmittelbarkeit *f* **2.** (≈ *urgency*) Dringlichkeit *f* **immediate** *adj* **1.** unmittelbar; *impact, successor* direkt; *reaction* sofortig; **the ~ family** die engste Familie; **our ~ plan is to go to France** wir fahren zuerst einmal nach Frankreich; **to take ~ action** sofort handeln; **with ~ effect** mit sofortiger Wirkung; **the matter requires your ~ attention** die Sache bedarf sofort Ihrer Aufmerksamkeit **2.** *problem, concern* dringendste(r, s); **my ~ concern was for the children** mein erster Gedanke galt den Kindern

immediately I *adv* **1.** (≈ *at once*) sofort, gleich; *return, depart* umgehend; **~ before that** unmittelbar davor **2.** (≈ *directly*) unmittelbar **II** *cj* (*Br*) sobald

immemorial *adj* uralt; **from time ~** seit undenklichen Zeiten

immense *adj* enorm; *ocean* gewaltig; *achievement* großartig **immensely** *adv* enorm

immerse *v/t* **1.** (*lit*) eintauchen (*in* in

+*acc*); **to ~ sth in water** etw in Wasser tauchen; **to be ~d in water** unter Wasser sein **2.** (*fig*) **to ~ oneself in one's work** sich in seine Arbeit vertiefen **immersion heater** *n* (*Br*) Boiler *m*

immigrant I *n* Einwanderer *m*, Einwanderin *f* **II** *attr* **the ~ community** die Einwanderer *pl* **immigrant workers** *pl* ausländische Arbeitnehmer *pl* **immigrate** *v/i* einwandern (*to* in +*dat*)

immigration *n* Einwanderung *f*; (*a.* **immigration control**) Einwanderungsstelle *f* **immigration authorities** *pl*, **immigration department** *n* Einwanderungsbehörde *f* **immigration officer** *n* (*at customs*) Grenzbeamte(r) *m*/-beamtin *f*

imminent *adj* nahe bevorstehend; **to be ~** nahe bevorstehen

immobile *adj* unbeweglich; (≈ *not able to move*) bewegungslos **immobilize** *v/t car, broken limb* stilllegen; *army* bewegungsunfähig machen; **to be ~d by fear/pain** sich vor Angst / Schmerzen nicht bewegen können **immobilizer** *n* AUTO Wegfahrsperre *f*

immoderate *adj desire* übermäßig; *views* übertrieben, extrem

immodest *adj* **1.** unbescheiden **2.** (≈ *indecent*) unanständig

immoral *adj* unmoralisch **immorality** *n* Unmoral *f* **immorally** *adv* unmoralisch

immortal I *adj* unsterblich; *life* ewig **II** *n* Unsterbliche(r) *m/f(m)* **immortality** *n* Unsterblichkeit *f* **immortalize** *v/t* verewigen

immovable *adj* (*lit*) unbeweglich; (*fig*) *obstacle* unüberwindlich

immune *adj* **1.** MED immun (*from, to* gegen) **2.** (*fig*) sicher (*from, to* vor +*dat*); (*to criticism etc*) immun (*to* gegen); **~ from prosecution** vor Strafverfolgung geschützt **immune system** *n* Immunsystem *nt* **immunity** *n* Immunität *f* (*to, against* gegen); **~ from prosecution** Schutz *m* vor Strafverfolgung **immunization** *n* Immunisierung *f* **immunize** *v/t* immunisieren

imp *n* Kobold *m*; (*infml* ≈ *child*) Racker *m* (*infml*)

impact *n* Aufprall *m* (*on, against* auf +*acc*); (*of two moving objects*) Zusammenprall *m*; (≈ *force*) Wucht *f*; (*fig*) (*Aus*)wirkung *f* (*on* auf +*acc*); **on ~ (with)** beim Aufprall (auf +*acc*)/Zusammenprall (mit) *etc*; **his speech had a great**

~ **on his audience** seine Rede machte großen Eindruck auf seine Zuhörer

impair v/t beeinträchtigen; *health* schaden (+*dat*) **impairment** n Schaden m; **visual** ~ Sehschaden m

impale v/t aufspießen (*on* auf +*dat*)

impart v/t **1.** *information* übermitteln; *knowledge* vermitteln **2.** (≈ *bestow*) verleihen

impartial adj unparteiisch **impartiality** n Unparteilichkeit f **impartially** adv act unparteiisch; *judge* unvoreingenommen

impassable adj unpassierbar

impasse n (fig) Sackgasse f; **to have reached an** ~ sich festgefahren haben

impassioned adj leidenschaftlich

impassive adj, **impassively** adv gelassen

impatience n Ungeduld f **impatient** adj ungeduldig; **to be** ~ **to do sth** unbedingt etw tun wollen **impatiently** adv ungeduldig

impeach v/t JUR (eines Amtsvergehens) anklagen; (*US*) *president* ein Amtsenthebungsverfahren einleiten gegen **impeachment** n JUR Anklage f (*wegen eines Amtsvergehens*); (*US: of president*) Amtsenthebungsverfahren nt

impeccable adj, **impeccably** adv tadellos

impede v/t *person* hindern; *traffic, process* behindern **impediment** n **1.** Hindernis nt **2.** MED Behinderung f; **speech** ~ Sprachfehler m

impel v/t **to** ~ **sb to do sth** jdn (dazu) nötigen, etw zu tun

impending adj bevorstehend; **a sense of** ~ **doom** eine Ahnung von unmittelbar drohendem Unheil

impenetrable adj undurchdringlich; *fortress* uneinnehmbar; *mystery* unergründlich

imperative I adj *need* dringend **II** n **1. 2.** GRAM Imperativ m; **in the** ~ im Imperativ

imperceptible adj (*to sb* für jdn) nicht wahrnehmbar **imperceptibly** adv kaum wahrnehmbar

imperfect I adj unvollkommen; *goods* fehlerhaft **II** n GRAM Imperfekt nt **imperfection** n Mangel m **imperfectly** adv unvollkommen; (≈ *incompletely*) unvollständig

imperial adj **1.** (≈ *of empire*) Reichs- **2.** (≈ *of emperor*) kaiserlich, Kaiser- **3.** *weights* englisch **imperialism** n Imperia-

lismus m (*often pej*)

imperil v/t gefährden

impermanent adj unbeständig

impermeable adj undurchlässig

impersonal adj unpersönlich (*also* GRAM) **impersonally** adv unpersönlich

impersonate v/t **1.** (≈ *pretend to be*) sich ausgeben als **2.** (≈ *take off*) imitieren, nachahmen **impersonation** n Imitation f, Nachahmung f; **he does** ~**s of politicians** er imitiert Politiker; **his Elvis** ~ seine Elvis-Imitation **impersonator** n Imitator(in) m(f)

impertinence n Unverschämtheit f **impertinent** adj unverschämt (*to* zu, *gegenüber*)

imperturbable adj unerschütterlich; **he is completely** ~ er ist durch nichts zu erschüttern

impervious adj **1.** undurchlässig; ~ **to water** wasserundurchlässig **2.** (fig) unzugänglich (*to* für); (*to criticism*) unberührt (*to* von)

impetuous adj ungestüm

impetus n Impuls m; (≈ *momentum*) Schwung m

impinge v/i (*on sb's life*) beeinflussen (*on* +*acc*); (*on sb's rights etc*) einschränken (*on* +*acc*)

impish adj schelmisch

implacable adj, **implacably** adv unerbittlich

implant I v/t **1.** (fig) einimpfen (*in sb* jdm) **2.** MED implantieren **II** n MED Implantat nt

implausible adj nicht plausibel

implement I n Gerät nt; (≈ *tool*) Werkzeug nt **II** v/t *law* vollziehen; *measure etc* durchführen **implementation** n (*of law*) Vollzug m; (*of plan etc*) Durchführung f

implicate v/t **to** ~ **sb in sth** jdn in etw verwickeln **implication** n Implikation f; **by** ~ implizit **implicit** adj **1.** implizit; *threat* indirekt; **to be** ~ **in sth** durch etw impliziert werden; *in contract etc* in etw (*dat*) impliziert sein **2.** *belief* absolut **implicitly** adv **1.** implizit **2. to trust sb** ~ jdm blind vertrauen **implied** adj impliziert

implode v/i implodieren

implore v/t anflehen **imploring** adj, **imploringly** adv flehentlich

imply v/t **1.** (≈ *suggest*) andeuten, implizieren; **are you** ~**ing** or **do you mean to** ~ **that ...?** wollen Sie damit vielleicht sagen *or* andeuten, dass ...? **2.** (≈ *lead to conclusion*) schließen lassen auf (+*acc*) **3.** (≈ *involve*) bedeuten

impolite *adj* unhöflich (*to sb* jdm gegenüber)

import I *n* **1.** COMM Import *m* **2.** (*of speech etc*) Bedeutung *f* **II** *v/t* importieren

importance *n* Wichtigkeit *f*; **to be of great ~** äußerst wichtig sein; **to attach the greatest ~ to sth** einer Sache (*dat*) größten Wert *or* größte Wichtigkeit beimessen

important *adj* wichtig; (≈ *influential*) einflussreich; **that's not ~** das ist unwichtig; **it's not ~** (≈ *doesn't matter*) das macht nichts; **the (most) ~ thing is to stay fit** das Wichtigste *or* die Hauptsache ist, fit zu bleiben; **he's trying to sound ~** er spielt sich auf; **to make sb feel ~** jdm das Gefühl geben, er/sie sei wichtig **importantly** *adv* **1.** (*usu pej* ≈ *self-importantly*) wichtigtuerisch (*pej*) **2. ... and, more ~, ...** ... und, was noch wichtiger ist, ...

importation *n* Import *m* **import duty** *n* Importzoll *m* **imported** *adj* importiert, Import-; **~ goods/cars** Importwaren/-autos *pl* **importer** *n* Importeur(in) *m(f)* (*of* von)

impose I *v/t* **1.** *conditions, opinions* aufzwingen (*on sb* jdm); *fine, sentence* verhängen (*on* gegen); **to ~ a tax on sth** mit einer Steuer belegen **2. to ~ oneself on sb** sich jdm aufdrängen; **he ~d himself on them for three months** er ließ sich einfach drei Monate bei ihnen nieder **II** *v/i* zur Last fallen (*on sb* jdm) **imposing** *adj* beeindruckend **imposition** *n* Zumutung *f* (*on* für); **I'd love to stay if it's not too much of an ~ (on you)** ich würde liebend gern bleiben, wenn ich Ihnen nicht zur Last falle

impossibility *n* Unmöglichkeit *f*

impossible I *adj* **1.** unmöglich; **~!** ausgeschlossen!; **it is ~ for him to leave** er kann unmöglich gehen; **this cooker is ~ to clean** es ist unmöglich, diesen Herd sauber zu kriegen; **to make it ~ for sb to do sth** es jdm unmöglich machen, etw zu tun **2.** *situation* aussichtslos; **an ~ choice** eine unmögliche Wahl; **you put me in an ~ position** du bringst mich in eine unmögliche Lage **3.** (*infml*) *person* unmöglich (*infml*) **II** *n* Unmögliche(s) *nt*; **to do the ~** (*in general*) Un-

mögliches tun; (*in particular case*) das Unmögliche tun **impossibly** *adv* unmöglich; **an ~ high standard** ein unerreichbar hohes Niveau

imposter, impostor *n* Betrüger(in) *m(f)*

impotence *n* **1.** (*sexual*) Impotenz *f* **2.** (*fig*) Machtlosigkeit *f* **impotent** *adj* **1.** (*sexually*) impotent **2.** (*fig*) machtlos

impound *v/t* **1.** *assets* beschlagnahmen **2.** *car* abschleppen (lassen)

impoverish *v/t* in Armut bringen **impoverished** *adj* arm

impracticable *adj* impraktikabel **impractical** *adj* unpraktisch **impracticality** *n* Unbrauchbarkeit *f*

imprecise *adj*, **imprecisely** *adv* ungenau **imprecision** *n* Ungenauigkeit *f*

impregnable *adj* MIL *fortress* uneinnehmbar; (*fig*) *position* unerschütterlich

impregnate *v/t* BIOL befruchten

impress I *v/t* **1.** *person* beeindrucken; (≈ *arouse admiration in*) imponieren (+*dat*); **he doesn't ~ me as a politician** als Politiker macht er keinen Eindruck auf mich **2.** (≈ *fix in mind*) einschärfen (*on sb* jdm); *idea* (deutlich) klarmachen (*on sb* jdm) **II** *v/i* Eindruck machen; (*deliberately*) Eindruck schinden (*infml*)

impression *n* **1.** Eindruck *m*; (≈ *feeling*) Gefühl *nt*; **the theatre made a lasting ~ on me** das Theater beeindruckte mich tief; **his words made an ~** seine Worte machten Eindruck; **to give sb the ~ that ...** jdm den Eindruck vermitteln, dass ...; **he gave the ~ of being unhappy** er wirkte unglücklich; **I was under the ~ that ...** ich hatte den Eindruck, dass ... **2.** (≈ *take-off*) Nachahmung *f*, Imitation *f*; **to do an ~ of sb** jdn nachahmen **impressionable** *adj* für Eindrücke empfänglich; **at an ~ age** in einem Alter, in dem man für Eindrücke besonders empfänglich ist **impressionism** *n* Impressionismus *m* **impressionist** *n* **1.** Impressionist(in) *m(f)* **2.** (≈ *impersonator*) Imitator(in) *m(f)* **impressive** *adj* beeindruckend **impressively** *adv* eindrucksvoll

imprint *v/t* (*fig*) einprägen (*on sb* jdm); **to be ~ed on sb's mind** sich jdm eingeprägt haben

imprison *v/t* inhaftieren; **to be ~ed** gefangen sein **imprisonment** *n* (≈ *action*) Inhaftierung *f*; (≈ *state*) Gefangenschaft *f*; **to sentence sb to life ~** jdn zu lebens-

länglicher Freiheitsstrafe verurteilen
improbability n Unwahrscheinlichkeit f
improbable adj unwahrscheinlich
impromptu adj improvisiert; **an ~ speech** eine Stegreifrede
improper adj (≈ unsuitable) unpassend; (≈ indecent) unanständig; use unsachgemäß; **~ use of drugs/one's position** Drogen-/Amtsmissbrauch m **improperly** adv act unpassend; use unsachgemäß; (≈ indecently) unanständig **impropriety** n Unschicklichkeit f; **financial ~** finanzielles Fehlverhalten
improve I v/t verbessern; knowledge erweitern; appearance verschönern; production steigern; **to ~ one's mind** sich weiterbilden **II** v/i sich verbessern; (appearance) schöner werden; (production) steigen; **the invalid is improving** dem Kranken geht es besser; **things are improving** es sieht schon besser aus **III** v/r **to ~ oneself** an sich (dat) arbeiten ♦ improve (up)on v/i +prep obj **1.** besser machen; performance verbessern **2.** offer überbieten
improved adj verbessert **improvement** n Verbesserung f; (of appearance) Verschönerung f; (in production) Steigerung f; (in health) Besserung f; **an ~ on the previous one** eine Verbesserung gegenüber dem Früheren; **to carry out ~s to a house** Ausbesserungs-/Verschönerungsarbeiten an einem Haus vornehmen
improvisation n Improvisation f **improvise** v/t & v/i improvisieren
imprudent adj, **imprudently** adv unklug
impudence n Unverschämtheit f **impudent** adj, **impudently** adv unverschämt
impulse n Impuls m; (≈ driving force) (Stoß)kraft f; on ~ impulsiv; **an ~ buy** ein Impulskauf m **impulse buying** n impulsives or spontanes Kaufen **impulsive** adj impulsiv
impunity n Straflosigkeit f; **with ~** ungestraft
impure adj unrein; motives unsauber **impurity** n Unreinheit f
in I prep **1.** in (+dat); (with motion) in (+acc); **it was in the bag** es war in der Tasche; **he put it in the bag** er steckte es in die Tasche; **in here/there** hier/da drin (infml); (with motion) hier/da hinein; **in the street** auf der/die Straße; **in (the) church** in der Kirche; **in Germa-**

ny/Switzerland/the United States in Deutschland/der Schweiz/den Vereinigten Staaten; **the highest mountain in Scotland** der höchste Berg Schottlands or in Schottland; **the best in the class** der Klassenbeste; **he doesn't have it in him to ...** er bringt es nicht fertig, ... zu ... **2.** (dates, seasons, time of day) in (+dat); **in 1999** (im Jahre) 1999; **in May 1999** im Mai 1999; **in the sixties** in den Sechzigerjahren; **in (the) spring** im Frühling; **in the morning(s)** morgens, am Vormittag; **in the afternoon** nachmittags, am Nachmittag; **in the daytime** tagsüber; **in those days** damals; **she is in her thirties** sie ist in den Dreißigern; **in old age** im Alter; **in my childhood** in meiner Kindheit; **she did it in three hours** sie machte es in drei Stunden; **in a week('s time)** in einer Woche; **I haven't seen him in years** ich habe ihn jahrelang nicht mehr gesehen; **in a moment or minute** sofort **3.** (quantities) zu; **to walk in twos** zu zweit gehen; **in small quantities** in kleinen Mengen **4.** (ratios) **he has a one in 500 chance of winning** er hat eine Gewinnchance von eins zu 500; **one (man) in ten** jeder Zehnte; **one book in ten** jedes zehnte Buch; **one in five children** ein Kind von fünf; **a tax of twenty pence in the pound** ein Steuersatz von zwanzig Prozent; **there are 12 inches in a foot** ein Fuß hat 12 Zoll **5.** (manner, state) **to speak in a loud voice** mit lauter Stimme sprechen; **to speak in German** Deutsch reden; **to pay in dollars** mit or in Dollar bezahlen; **to stand in a row/in groups** in einer Reihe/in Gruppen stehen; **in this way** so, auf diese Weise; **she squealed in delight** sie quietschte vor Vergnügen; **in surprise** überrascht; **to live in luxury** im Luxus leben; **in his shirt** im Hemd; **dressed in white** weiß gekleidet; **to write in ink** mit Tinte schreiben; **in marble** in Marmor, marmorn; **a rise in prices** ein Preisanstieg m; **ten feet in height** zehn Fuß hoch; **the latest thing in hats** der letzte Schrei bei Hüten **6.** (occupation) **he is in the army** er ist beim Militär; **he is in banking** er ist im Bankwesen (tätig) **7.** (in saying this, I ...) wenn ich das sage, ... ich; **in trying to save him she fell into the water herself** beim Versuch, ihn zu retten, fiel sie selbst ins Wasser; *in that* (≈ *seeing that*) insofern als; *the plan was unrealistic in that it didn't take account of the fact that ...* der Plan war unrealistisch, da *or* weil er nicht berücksichtigte, dass ... **II** *adv* da; *there is nobody in* es ist niemand da/zu Hause; *the tide is in* es ist Flut; *he's in for a surprise* er kann sich auf eine Überraschung gefasst machen; *we are in for rain* uns (*dat*) steht Regen bevor; *to have it in for sb* (*infml*) es auf jdn abgesehen haben (*infml*); *to be in on sth* an einer Sache beteiligt sein; *on secret etc* über etw (*acc*) Bescheid wissen; *to be (well) in with sb* sich gut mit jdm verstehen **III** *adj* (*infml*) in *inv* (*infml*); *long skirts are in* lange Röcke sind in (*infml*); *the in thing is to ...* es ist zurzeit in (*infml*) *or* Mode, zu ... **IV** *n* **1.** *the ins and outs* die Einzelheiten *pl*; *to know the ins and outs of sth* bei einer Sache genau Bescheid wissen **2.** (*US* POL) *the ins* die Regierungspartei

inability *n* Unfähigkeit *f*; **~ to pay** Zahlungsunfähigkeit *f*

inaccessible *adj* **1.** unzugänglich (*to sb/sth* für jdn/etw); *to be ~ by land/sea* auf dem Landweg/Seeweg nicht erreichbar sein **2.** (*fig*) *music, novel* unverständlich

inaccuracy *n* Ungenauigkeit *f*; (≈ *incorrectness*) Unrichtigkeit *f* **inaccurate** *adj* ungenau; (≈ *not correct*) unrichtig; *she was ~ in her judgement of the situation* ihre Beurteilung der Lage traf nicht zu; *it is ~ to say that ...* es ist nicht richtig zu sagen, dass ... **inaccurately** *adv* ungenau; (≈ *incorrectly*) unrichtig

inaction *n* Untätigkeit *f* **inactive** *adj* untätig; *mind* träge **inactivity** *n* Untätigkeit *f*

inadequacy *n* Unzulänglichkeit *f*; (*of measures*) Unangemessenheit *f* **inadequate** *adj* unzulänglich; *she makes him feel ~* sie gibt ihm das Gefühl der Unzulänglichkeit

inadmissible *adj* unzulässig

inadvertently *adv* versehentlich

inadvisable *adj* unratsam

inalienable *adj* *rights* unveräußerlich

inane *adj* dumm

inanimate *adj* leblos

inapplicable *adj* *answer* unzutreffend; *rules* nicht anwendbar (*to sb* auf jdn)

inappropriate *adj* unpassend; *time* ungünstig; *you have come at a most ~ time* Sie kommen sehr ungelegen **inappropriately** *adv* unpassend

inapt *adj* ungeschickt

inarticulate *adj* unklar ausgedrückt; *she's very ~* sie kann sich nur schlecht ausdrücken

inasmuch *adv* **~ as** da, weil; (≈ *to the extent that*) insofern als

inattention *n* Unaufmerksamkeit *f*; **~ to detail** Ungenauigkeit *f* im Detail **inattentive** *adj* unaufmerksam

inaudible *adj*, **inaudibly** *adv* unhörbar (*to* für)

inaugural *adj* *lecture* Antritts-; *meeting, speech* Eröffnungs- **inaugurate** *v/t* **1.** *president etc* in sein/ihr Amt einführen **2.** *building* einweihen **inauguration** *n* **1.** (*of president etc*) Amtseinführung *f* **2.** (*of building*) Einweihung *f*

inauspicious *adj* Unheil verheißend; *to get off to an ~ start* (*campaign*) sich nicht gerade vielversprechend anlassen

in-between *adj* (*infml*) Mittel-; *it is sort of ~* es ist so ein Mittelding; **~ stage** Zwischenstadium *nt*

inborn *adj* angeboren

inbound *adj* *flight* ankommend

inbox *n* EMAIL Posteingang *m*

inbred *adj* angeboren (*in sb* jdm) **inbreeding** *n* Inzucht *f*

inbuilt *adj* *safety features etc* integriert; *dislike* instinktiv

Inc (*US*) *abbr of* **Incorporated**

incalculable *adj* unermesslich

incandescent *adj* (*lit*) (weiß) glühend

incantation *n* Zauber(spruch) *m*

incapability *n* Unfähigkeit *f* **incapable** *adj* unfähig; *to be ~ of doing sth* nicht imstande sein, etw zu tun; *she is physically ~ of lifting it* sie ist körperlich nicht in der Lage, es zu heben; **~ of working** arbeitsunfähig

incapacitate *v/t* unfähig machen (*from doing sth* etw zu tun); **~d by his broken ankle** durch seinen gebrochenen Knöchel behindert **incapacity** *n* Unfähigkeit *f* (*for* für) **incapacity benefit** *n* (*Br*) Invalidenunterstützung *f*

in-car *adj attr* Auto-; *stereo* im Auto; **~ computer** Autocomputer *m*

incarcerate *v/t* einkerkern **incarceration** *n* (≈ *act*) Einkerkerung *f*; (≈ *period*) Kerkerhaft *f*

incarnate *adj* *he's the devil ~* er ist der

Teufel in Person

incautious *adj,* **incautiously** *adv* unvorsichtig

incendiary *adj* Brand- **incendiary device** *n* Brandsatz *m*

incense[1] *v/t* wütend machen; **~d** wütend (*at, by* über +*acc*)

incense[2] *n* ECCL Weihrauch *m*

incentive *n* Anreiz *m;* **~ scheme** IND Anreizsystem *nt*

inception *n* Beginn *m*

incessant *adj* unaufhörlich

incest *n* Inzest *m* **incestuous** *adj* blutschänderisch

inch **I** *n* Zoll *m;* **3.5 ~ disk** 3,5-Zoll-Diskette *f;* **he came within an ~ of being killed** er ist dem Tod um Haaresbreite entgangen; **they beat him (to) within an ~ of his life** sie haben ihn so geschlagen, dass er fast gestorben wäre; **the lorry missed me by ~es** der Lastwagen hat mich um Haaresbreite verfehlt; **he knows every ~ of the area** er kennt die Gegend wie seine Westentasche; **he is every ~ a soldier** er ist jeder Zoll ein Soldat; **they searched every ~ of the room** sie durchsuchten das Zimmer Zentimeter für Zentimeter **II** *v/i* **to ~ forward** sich millimeterweise vorwärtsschieben **III** *v/t* langsam manövrieren; **he ~ed his way through** er schob sich langsam durch

incidence *n* Häufigkeit *f;* **a high ~ of crime** eine hohe Verbrechensquote **incident** *n* **1.** Ereignis *nt,* Vorfall *m;* **a day full of ~** ein ereignisreicher Tag; **an ~ from his childhood** ein Kindheitserlebnis *nt* **2.** (*diplomatic etc*) Zwischenfall *m;* (≈ *disturbance etc*) Vorfall *m;* **without ~** ohne Zwischenfälle **incidental** *adj* nebensächlich; *remark* beiläufig **incidentally** *adv* übrigens **incidental music** *n* Begleitmusik *f*

incinerate *v/t* verbrennen **incineration** *n* Verbrennung *f* **incinerator** *n* (Müll)verbrennungsanlage *f*

incision *n* Schnitt *m;* MED Einschnitt *m* **incisive** *adj style, tone* prägnant; *person* scharfsinnig **incisively** *adv speak* prägnant; *argue* scharfsinnig **incisor** *n* Schneidezahn *m*

incite *v/t* aufhetzen; *violence* aufhetzen zu **incitement** *n no pl* Aufhetzung *f*

incl *abbr of* **inclusive,** **including** incl., inkl.

inclement *adj weather* rau

inclination *n* Neigung *f;* **my (natural) ~ is to carry on** ich neige dazu, weiterzumachen; **I have no ~ to see him again** ich habe keinerlei Bedürfnis, ihn wiederzusehen; **he showed no ~ to leave** er schien nicht gehen zu wollen **incline** **I** *v/t* **1.** *head* neigen **2.** (≈ *dispose*) veranlassen; **this ~s me to think that he must be lying** das lässt mich vermuten, dass er lügt **II** *v/i* **1.** (≈ *slope*) sich neigen; (*ground*) abfallen **2.** (≈ *tend towards*) neigen **III** *n* Neigung *f;* (*of hill*) Abhang *m* **incline bench** *n* SPORTS Schrägbank *f* **inclined** *adj* **to be ~ to do sth** (≈ *wish to*) Lust haben, etw zu tun; (≈ *have tendency to*) dazu neigen, etw zu tun; **I am ~ to think that ...** ich neige zu der Ansicht, dass ...; **I'm ~ to disagree** ich möchte da doch widersprechen; **it's ~ to break** das bricht leicht; **if you feel ~** wenn Sie Lust haben *or* dazu aufgelegt sind; **if you're that way ~** wenn Ihnen so etwas liegt; **artistically ~** künstlerisch veranlagt

include *v/t* einschließen, enthalten; (*on list, in group etc*) aufnehmen; **your name is not ~d on the list** Ihr Name ist nicht auf der Liste; **service not ~d** Bedienung nicht inbegriffen; **everyone, children ~d** alle einschließlich der Kinder; **does that ~ me?** gilt das auch für mich? **including** *prep* einschließlich, inklusive; **that makes seven ~ you** mit Ihnen sind das sieben; **many people, ~ my father, had been invited** viele Leute, darunter mein Vater, waren eingeladen; **~ the service charge, ~ service** Bedienung (mit) inbegriffen; **up to and ~ March 4th** bis einschließlich 4. März **inclusion** *n* Aufnahme *f* **inclusive** *adj* inklusive; **~ price** Inklusivpreis *m;* **from 1st to 6th May ~** vom 1. bis einschließlich 6. Mai

incognito *adv* inkognito

incoherent *adj style, speech* zusammenhanglos; *person* sich undeutlich ausdrückend; *drunk etc* schwer verständlich **incoherently** *adv* zusammenhanglos

income *n* Einkommen *nt;* **low-~ families** einkommensschwache Familien *pl* **income bracket** *n* Einkommensklasse *f* **income support** *n* (*Br*) ≈ Sozialhilfe *f* **income tax** *n* Lohnsteuer *f;* (*on private income*) Einkommensteuer *f*

incoming adj **1.** ankommend; mail eingehend; ~ **tide** Flut f; **to receive** ~ **(phone) calls** (Telefon)anrufe entgegennehmen **2.** president etc neu

incommunicado adj pred ohne jede Verbindung zur Außenwelt; **to be** ~ (fig) für niemanden zu sprechen sein

incomparable adj nicht vergleichbar; beauty, skill unvergleichlich

incompatibility n (of characters, ideas) Unvereinbarkeit f; (of drugs, colours) Unverträglichkeit f; (of technical systems) Inkompatibilität f; **divorce on grounds of** ~ Scheidung aufgrund der Unvereinbarkeit der Charaktere der Ehepartner **incompatible** adj characters, ideas unvereinbar; technical systems nicht kompatibel; drugs, colours nicht miteinander verträglich; **we are** ~, **she said** wir passen überhaupt nicht zusammen or zueinander, sagte sie; **to be** ~ **with sb/sth** nicht zu jdm/etw passen

incompetence n Unfähigkeit f **incompetent** adj unfähig; management inkompetent; piece of work unzulänglich **incompetently** adv schlecht

incomplete adj collection unvollständig; information lückenhaft

incomprehensible adj unverständlich (to sb jdm)

incomprehension n Unverständnis nt

inconceivable adj unvorstellbar

inconclusive adj result unbestimmt; discussion, investigation ergebnislos; evidence nicht überzeugend **inconclusively** adv ergebnislos

incongruity n no pl (of remark, presence) Unpassende(s); (of situation) Absurdität f; (of behaviour) Unangebrachtheit f **incongruous** adj couple, mixture wenig zusammenpassend attr; thing to do, remark unpassend; behaviour unangebracht

inconsequential adj unbedeutend

inconsiderable adj unerheblich

inconsiderate adj, **inconsiderately** adv rücksichtslos

inconsistency n **1.** (≈ contradictoriness) Widersprüchlichkeit f **2.** (of work etc) Unbeständigkeit f **inconsistent** adj **1.** (≈ contradictory) widersprüchlich; **to be** ~ **with sth** zu etw im Widerspruch stehen **2.** work unbeständig; person inkonsequent **inconsistently** adv **1.** argue, be-

have widersprüchlich **2.** work ungleichmäßig

inconsolable adj untröstlich

inconspicuous adj unauffällig; **to make oneself** ~ so wenig Aufsehen wie möglich erregen

incontestable adj unbestreitbar

incontinence n MED Inkontinenz f **incontinent** adj MED inkontinent

incontrovertible adj unbestreitbar; evidence unwiderlegbar

inconvenience I n Unannehmlichkeit f (to sb für jdn); **it was something of an** ~ **not having a car** es war eine ziemlich lästige or leidige Angelegenheit, kein Auto zu haben; **I don't want to cause you any** ~ ich möchte Ihnen keine Umstände machen **II** v/t Unannehmlichkeiten bereiten (+dat); **don't** ~ **yourself** machen Sie keine Umstände **inconvenient** adj ungünstig; **if it's** ~, **I can come later** wenn es Ihnen ungelegen ist, kann ich später kommen; **it is** ~ **to have to wait** es ist lästig, warten zu müssen **inconveniently** adv ungünstig

incorporate v/t **1.** (≈ integrate) aufnehmen (into in +acc) **2.** (≈ contain) enthalten **3.** ~d **company** (US) Aktiengesellschaft f **incorporation** n Aufnahme f (into, in in +acc)

incorrect adj **1.** falsch; **that is** ~ das stimmt nicht; **you are** ~ Sie haben unrecht **2.** behaviour inkorrekt **incorrectly** adv (≈ wrongly) falsch; (≈ improperly) inkorrekt; **I had** ~ **assumed that ...** ich hatte fälschlich(erweise) angenommen, dass ...

incorrigible adj unverbesserlich

incorruptible adj person charakterstark; (≈ not bribable) unbestechlich

increase I v/i zunehmen; (taxes) erhöht werden; (strength) wachsen; (price, sales, demand) steigen; **to** ~ **in breadth/size/number** breiter/größer/mehr werden; **to** ~ **in size/number** größer/mehr werden; **industrial output** ~d **by 2% last year** die Industrieproduktion wuchs im letzten Jahr um 2% **II** v/t vergrößern; noise, effort verstärken; trade, sales erweitern; taxes, price, speed, demand erhöhen; chances verbessern; **he** ~d **his efforts** er strengte sich mehr an; **they** ~d **her salary by £2,000** sie erhöhten ihr Jahresgehalt um £ 2.000 **III** n Zunahme f; (in size) Vergrößerung f; (in *speed*) Erhöhung *f* (*in +gen*); (*in sales*) Zuwachs *m*; (*of demand*) Verstärkung *f*; (*of salary*) Gehaltserhöhung *f*; **to get an ~ of £5 per week** £ 5 pro Woche mehr bekommen; **to be on the ~** ständig zunehmen; **~ in value** Wertsteigerung *f*; **rent ~** Mieterhöhung *f* **increasing** *adj* zunehmend; **an ~ number of people** mehr und mehr Leute; **there are ~ signs that ...** es gibt immer mehr Anzeichen dafür, dass ... **increasingly** *adv* zunehmend; **~, people are finding that ...** man findet in zunehmendem Maße, dass ...

incredible *adj* unglaublich; *scenery, music* sagenhaft; **it seems ~ to me that ...** ich kann es nicht fassen, dass ...; **you're ~** (*infml*) du bist wirklich unschlagbar **incredibly** *adv* unglaublich, unwahrscheinlich; **~, he wasn't there** unglaublicherweise war er nicht da

incredulity *n* Ungläubigkeit *f* **incredulous** *adj*, **incredulously** *adv* ungläubig

increment *n* Zuwachs *m* **incremental** *adj* (*Br*) zunehmend; **~ costs** Grenzkosten *pl*

incriminate *v/t* belasten **incriminating, incriminatory** *adj* belastend

in-crowd *n* (*infml*) Schickeria *f* (*infml*)

incubate I *v/t egg* ausbrüten; *bacteria* züchten **II** *v/i* ausgebrütet werden **incubation** *n* (*of egg*) Ausbrüten *nt*; (*of bacteria*) Züchten *nt* **incubator** *n* (*for babies*) Brutkasten *m*

incumbent (*form*) **I** *adj* **to be ~ upon sb** jdm obliegen (*form*) **II** *n* Amtsinhaber(in) *m(f)*

incur *v/t* **1. to ~ the wrath of sb** jds Zorn auf sich (*acc*) ziehen **2.** FIN *loss* erleiden; *expenses* machen

incurable *adj* MED unheilbar; (*fig*) unverbesserlich

incursion *n* Einfall *m* (*into* in +*acc*)

indebted *adj* **1.** (*fig*) verpflichtet; **to be ~ to sb for sth** jdm für etw (zu Dank) verpflichtet sein **2.** FIN verschuldet (*to sb* bei jdm) **indebtedness** *n* (*fig*) Verpflichtung *f* (*to* gegenüber); FIN Verschuldung *f*

indecency *n* Unanständigkeit *f* **indecent** *adj* unanständig; *joke* schmutzig; *amount* unerhört; **with ~ haste** mit ungebührlicher Eile *or* Hast **indecent assault** *n* Notzucht *f* **indecently** *adv* unanständig; **to be ~ assaulted** sexuell miss-

braucht werden

indecipherable *adj* nicht zu entziffern *attr*

indecision *n* Unentschlossenheit *f* **indecisive** *adj* **1.** *person* unentschlossen (*in or about or over sth* in Bezug auf etw *acc*) **2.** *vote* ergebnislos; *result* nicht eindeutig

indeed *adv* **1.** tatsächlich; **I feel, ~ I know he is right** ich habe das Gefühl, ja ich weiß (sogar), dass er recht hat; **isn't that strange? — ~ (it is)** ist das nicht seltsam? — allerdings; **are you coming? — ~ I am!** kommst du? — aber natürlich; **are you pleased? — yes, ~!** bist du zufrieden? — oh ja, das kann man wohl sagen!; **did you/is it/has she** *etc* **~?** tatsächlich?; **~?** ach wirklich?; **where ~?** ja, wo?; **if ~ ...** falls ... wirklich **2.** (*as intensifier*) wirklich; **very ... ~** wirklich sehr ...; **thank you very much ~** vielen herzlichen Dank

indefatigable *adj*, **indefatigably** *adv* unermüdlich

indefensible *adj behaviour etc* unentschuldbar; *policy* unhaltbar; **morally ~** moralisch nicht vertretbar

indefinable *adj colour* undefinierbar; *feeling* unbestimmt

indefinite *adj* unbestimmt **indefinite article** *n* GRAM unbestimmter Artikel **indefinitely** *adv wait etc* endlos; *postpone, close* auf unbestimmte Zeit; **we can't go on like this ~** wir können nicht endlos so weitermachen

indelible *adj* (*fig*) *impression* unauslöschlich

indelicate *adj person* taktlos

indent *v/t* TYPO einrücken **indentation** *n* (*in edge*) Kerbe *f*; TYPO Einrückung *f*

independence *n* Unabhängigkeit *f* (*of* von); **to gain or achieve/declare ~** die Unabhängigkeit erlangen/erklären **Independence Day** *n* (*US*) der Unabhängigkeitstag

independent I *adj* unabhängig (*of sb/sth* von jdm/etw); **a man of ~ means** eine Person mit Privateinkommen; **to become ~** (*country*) die Unabhängigkeit erlangen; **~ retailer** (*US*) selbstständiger Einzelhändler, selbstständige Einzelhändlerin *m/f(m)* **II** *n* POL Unabhängige(r) *m/f(m)* **independently** *adv* unabhängig (*of sb/sth* von jdm/etw); *live* ohne fremde Hilfe; *work* selbstständig; **they each**

came ~ *to the same conclusion* sie kamen unabhängig voneinander zur gleichen Schlussfolgerung **independent school**n unabhängige Schule
in-depth adj gründlich; *interview* ausführlich
indescribable adj unbeschreiblich; (*infml* ≈ *terrible*) schrecklich
indestructibleadj unzerstörbar
indeterminateadj unbestimmt; *of* ~ *sex* von unbestimmbarem Geschlecht
indexn 1. pl **-es** (*in book*) Index m; (*in library*) Katalog m; (≈ *card index*) Kartei f 2. pl **-es** or **indices** (≈ *number showing ratio*) Index m; *cost-of-living* ~ Lebenshaltungskostenindex m **index card**n Karteikarte f **index finger**n Zeigefinger m **index-linked**adj *rate* indexgebunden; *pensions* dynamisch
Indian Indien nt **India ink**n (*US*) Tusche f
Indian I adj 1. indisch 2. (≈ *American Indian*) indianisch, Indianer- **II** n 1. Inder(in) m(f) 2. (≈ *American Indian*) Indianer(in) m(f) **Indian ink**n Tusche f **Indian Ocean**n Indischer Ozean **Indian summer**n Altweibersommer m
indicate I v/t 1. zeigen; (≈ *point to*) zeigen auf (+acc); *large towns are* ~d *in red* Großstädte sind rot gekennzeichnet; *to* ~ *one's intention to do sth* seine Absicht anzeigen, etw zu tun 2. (≈ *suggest*) erkennen lassen; *opinion polls* ~ *that ...* die Meinungsumfragen deuten darauf hin, dass ... 3. *temperature* (an)zeigen **II** v/i (*esp Br* AUTO) blinken **indication** n (An)zeichen nt (*of* für); *he gave a clear* ~ *of his intentions* er ließ seine Absichten deutlich erkennen; *he gave no* ~ *that he was ready* nichts wies darauf hin, dass er bereit war; *that is some* ~ *of what we can expect* das gibt uns einen Vorgeschmack auf das, was wir zu erwarten haben **indicative I** adj 1. bezeichnend (*of* für); *to be* ~ *of sth* auf etw (*acc*) hindeuten 2. GRAM ~ *mood* Indikativ m **II** n GRAM Indikativ m; *in the* ~ im Indikativ, in der Wirklichkeitsform **indicator** n (≈ *instrument*) Anzeiger m; (≈ *needle*) Zeiger m; (*esp Br* AUTO) Blinker m; (*fig*) Messlatte f; *pressure* ~ Druckmesser m; *this is an* ~ *of economic recovery* dies ist ein Indikator für den Aufschwung
indices pl of **index**
indict v/t anklagen (*on a charge of sth* einer Sache *gen*); (*US* JUR) Anklage erheben gegen (*for sth* +*gen*) **indictment** n (*of person*) Anschuldigung f; *to be an* ~ *of sth* (*fig*) ein Armutszeugnis nt für etw sein
indifferencen Gleichgültigkeit f (*to, towards* gegenüber); *it's a matter of complete* ~ *to me* das ist mir völlig egal or gleichgültig **indifferent**adj 1. gleichgültig (*to, towards* gegenüber); *he is quite* ~ *about it/to her* es/sie ist ihm ziemlich gleichgültig 2. (≈ *mediocre*) mittelmäßig
indigenousadj einheimisch (*to* in +*dat*); *plants* ~ *to Canada* in Kanada heimische Pflanzen
indigestibleadj MED unverdaulich **indigestion** n Verdauungsbeschwerden pl
indignantadj, **indignantly**adv entrüstet (*at, about, with* über +*acc*) **indignation**n Entrüstung f (*at, about, with* über +*acc*)
indignityn Demütigung f
indigo adj indigofarben
indirect adj indirekt; *by an* ~ *route* auf Umwegen; *to make an* ~ *reference to sb/sth* auf jdn/etw anspielen or indirekt Bezug nehmen **indirectly** adv indirekt **indirect object**n GRAM Dativobjekt nt **indirect speech**n GRAM indirekte Rede
indiscernibleadj nicht erkennbar; *noise* nicht wahrnehmbar
indisciplinen Disziplinlosigkeit f
indiscreetadj indiskret; (≈ *tactless*) taktlos; *to be* ~ *about sth* in Bezug auf etw (*acc*) indiskret sein **indiscreetly**adv indiskret; (≈ *tactlessly*) taktlos **indiscretion** n 1. Indiskretion f; (≈ *tactlessness*) Taktlosigkeit f 2. (≈ *affair*) Affäre f
indiscriminateadj wahllos; *choice* willkürlich **indiscriminately** adv wahllos; *choose* willkürlich
indispensableadj unentbehrlich
indisposed adj (≈ *unwell*) indisponiert (*elev*)
indisputableadj unbestreitbar; *evidence* unanfechtbar
indistinct adj unklar; *noise* schwach **indistinctly** adv *see* verschwommen; *speak* undeutlich; *remember* dunkel
indistinguishableadj nicht unterscheidbar; *the twins are* ~ (*from one another*) man kann die Zwillinge nicht (voneinander) unterscheiden
individual I adj 1. (≈ *separate*) einzeln; ~ *cases* Einzelfälle pl 2. (≈ *own*) eigen; ~ *portion* Einzelportion f 3. (≈ *distinctive*)

inevitable

individuell **II** n Individuum nt **individualistic** adj individualistisch **individuality** n Individualität f **individually** adv individuell; (≈ separately) einzeln
indivisible adj unteilbar
Indo- pref Indo-
indoctrinate v/t indoktrinieren **indoctrination** n Indoktrination f
indolence n Trägheit f **indolent** adj träge
indomitable adj person, courage unbezwingbar; will eisern
Indonesia n Indonesien nt **Indonesian I** adj indonesisch **II** n Indonesier(in) m(f)
indoor adj Innen-; ~ **market** überdachter Markt; ~ **plant** Zimmerpflanze f; ~ **swimming pool** (public) Hallenbad nt
indoors adv drin(nen) (infml), innen; (≈ at home) zu Hause; (≈ into house) ins Haus; **to stay** ~ im Haus bleiben; **go and play** ~ geh ins Haus or nach drinnen spielen
indorse etc = **endorse**
induce v/t **1. to** ~ **sb to do sth** jdn dazu bringen, etw zu tun **2.** reaction, sleep herbeiführen; vomiting verursachen; labour einleiten; **a stress-/drug-~d condition** ein durch Stress / Drogen ausgelöstes Leiden
induction n **1.** (of bishop etc) Amtseinführung f; (of employee) Einarbeitung f; (US MIL) Einberufung f **2.** (of labour) Einleitung f **induction course** n Einführungskurs m
indulge I v/t nachgeben (+dat); (≈ overindulge) children verwöhnen; **he** ~**s her every whim** er erfüllt ihr jeden Wunsch; **she** ~**d herself with a glass of wine** sie gönnte sich (dat) ein Glas Wein **II** v/i **to** ~ **in sth** sich (dat) etw gönnen; in vice, daydreams sich einer Sache (dat) hingeben; **dessert came, but I didn't** ~ (infml) der Nachtisch kam, aber ich konnte mich beherrschen **indulgence** n **1.** Nachsicht f; (≈ overindulgence) Verwöhnung f **2.** (≈ thing indulged in) Luxus m; (≈ food, pleasure) Genuss m **indulgent** adj, **indulgently** adv nachsichtig (to gegenüber)
industrial adj industriell, Industrie-; ~ **nation** Industriestaat m; **the Industrial Revolution** die industrielle Revolution **industrial action** n Arbeitskampfmaßnahmen pl; **to take** ~ in den Ausstand treten **industrial dispute** n Auseinandersetzungen pl zwischen Arbeitgebern

und Arbeitnehmern; (about pay also) Tarifkonflikt m; (≈ strike) Streik m **industrial estate** n (Br) Industriegebiet nt **industrialist** n Industrielle(r) m/f(m) **industrialization** n Industrialisierung f **industrialize** v/t & v/i industrialisieren; ~**d nation** Industrienation f **industrial park** n (US) Industriegelände nt **industrial relations** pl Beziehungen pl zwischen Arbeitgebern und Gewerkschaften **industrial site** n Industriegelände nt **industrial tribunal** n Arbeitsgericht nt **industrial unrest** n Arbeitsunruhen pl **industrial waste** n Industriemüll m **industrious** adj, **industriously** adv fleißig
industry n Industrie f; **heavy** ~ Schwerindustrie f
inebriated adj (form) betrunken
inedible adj nicht essbar; (≈ unpleasant) ungenießbar
ineffable adj (form) unsäglich (elev)
ineffective adj ineffektiv; person, management unfähig; **to be** ~ **against sth** nicht wirksam gegen etw sein **ineffectively** adv ineffektiv **ineffectiveness** n Ineffektivität f; (of person) Unfähigkeit f **ineffectual** adj ineffektiv
inefficiency n (of person) Unfähigkeit f; (of machine) geringe Leistung; (of company) Unproduktivität f **inefficient** adj person unfähig; machine leistungsschwach; method unrationell; company unproduktiv; **to be** ~ **at doing sth** etw schlecht machen **inefficiently** adv schlecht; **to work** ~ (person) unrationell arbeiten; (machine) unwirtschaftlich arbeiten
inelegant adj, **inelegantly** adv unelegant
ineligible adj (for benefits) nicht berechtigt (for zu Leistungen +gen); (for job, office) ungeeignet; ~ **for military service** wehruntauglich; **to be** ~ **for a pension** nicht pensionsberechtigt sein
inept adj ungeschickt **ineptitude**, **ineptness** n Ungeschick nt
inequality n Ungleichheit f
inert adj unbeweglich **inert gas** n CHEM Edelgas nt **inertia** n Trägheit f
inescapable adj unvermeidlich; fact unausweichlich
inessential adj unwesentlich
inestimable adj unschätzbar
inevitability n Unvermeidlichkeit f **inevitable I** adj unvermeidlich; **defeat**

seemed ~ die Niederlage schien unabwendbar **II** *n* **the** ~ das Unvermeidliche

inevitably *adv* zwangsläufig; **one question** ~ **leads to another** eine Frage zieht unweigerlich weitere nach sich; ~, **he got drunk** es konnte ja nicht ausbleiben, dass er sich betrank; **as** ~ **happens on these occasions** wie es bei solchen Anlässen immer ist

inexact *adj* ungenau

inexcusable *adj* unverzeihlich

inexhaustible *adj* unerschöpflich

inexorable *adj* unaufhaltsam

inexpensive *adj*, **inexpensively** *adv* billig

inexperience *n* Unerfahrenheit *f* **inexperienced** *adj* unerfahren; *skier etc* ungeübt; **to be** ~ **in doing sth** wenig Erfahrung darin haben, etw zu tun

inexpertly *adv* unfachmännisch

inexplicable *adj* unerklärlich **inexplicably** *adv* (+*adj*) unerklärlich; (+*vb*) unerklärlicherweise

inexpressible *adj* unbeschreiblich

inextricable *adj* *tangle* unentwirrbar; *link* untrennbar **inextricably** *adv* *entangled* unentwirrbar; *linked* untrennbar

infallibility *n* Unfehlbarkeit *f* **infallible** *adj* unfehlbar

infamous *adj* berüchtigt (*for* wegen) **infamy** *n* Verrufenheit *f*

infancy *n* frühe Kindheit; (*fig*) Anfangsstadium *nt*; **in early** ~ in frühester Kindheit; **when radio was still in its** ~ als das Radio noch in den Kinderschuhen steckte **infant** *n* (≈ *baby*) Säugling *m*; (≈ *young child*) Kleinkind *nt*; **she teaches** ~**s** sie unterrichtet Grundschulkinder; ~ **class** (*Br*) *erste und zweite Grundschulklasse* **infantile** *adj* (≈ *childish*) kindisch **infant mortality** *n* Säuglingssterblichkeit *f*

infantry *n* MIL Infanterie *f* **infantryman** *n*, *pl* **-men** Infanterist *m*

infant school *n* (*Br*) *Grundschule für die ersten beiden Jahrgänge*

infatuated *adj* vernarrt (*with* in +*acc*); **to become** ~ **with sb** sich in jdn vernarren **infatuation** *n* Vernarrtheit *f* (*with* in +*acc*)

infect *v/t* *wound, blood* infizieren; *person* anstecken; **to be** ~**ed with sth** sich mit etw angesteckt haben; **his wound became** ~**ed** seine Wunde entzündete sich

infected *adj* infiziert

infection *n* Infektion *f*

infectious *adj* ansteckend

infer *v/t* **1.** (≈ *deduce*) schließen (*from* aus) **2.** (≈ *imply*) andeuten **inference** *n* Schluss(folgerung *f*) *m*

inferior I *adj* (*in quality*) minderwertig; *person* unterlegen; (*in rank*) untergeordnet; **an** ~ **workman** ein weniger guter Handwerker; **to be** ~ **to sth** (*in quality*) von minderer Qualität sein als etw; **to be** ~ **to sb** jdm unterlegen sein; (*in rank*) jdm untergeordnet sein; **he feels** ~ er kommt sich (*dat*) unterlegen *or* minderwertig vor **II** *n* **one's** ~**s** (*in rank*) seine Untergebenen *pl* **inferiority** *n* (*in quality*) Minderwertigkeit *f*; (*of person*) Unterlegenheit *f* (*to* gegenüber); (*in rank*) untergeordnete Stellung **inferiority complex** *n* Minderwertigkeitskomplex *m*

infernal *adj* (*infml*) *nuisance* verteufelt; *noise* höllisch **inferno** *n* Flammenmeer *nt*; **a blazing** ~ ein flammendes Inferno

infertile *adj* *soil, person* unfruchtbar; *animal* fortpflanzungsunfähig **infertility** *n* (*of person*) Unfruchtbarkeit *f* **infertility treatment** *n* Sterilitätsbehandlung *f*

infest *v/t* (*rats, lice*) herfallen über (+*acc*); **to be** ~**ed with rats** mit Ratten verseucht sein

infidel *n* HIST, REL Ungläubige(r) *m/f(m)* **infidelity** *n* Untreue *f*

in-fighting *n* (*fig*) interner Machtkampf

infiltrate *v/t* POL *organization* unterwandern; *spies* einschleusen **infiltration** *n* POL Unterwanderung *f* **infiltrator** *n* POL Unterwanderer *m*

infinite *adj* (*lit*) unendlich; *possibilities* unendlich viele **infinitely** *adv* unendlich; *better* unendlich viel **infinitesimal** *adj* unendlich klein

infinitive *n* GRAM Infinitiv *m*; **in the** ~ im Infinitiv

infinity *n* (*lit*) Unendlichkeit *f*; MAT das Unendliche; **to** ~ (bis) ins Unendliche

infirm *adj* gebrechlich **infirmary** *n* (≈ *hospital*) Krankenhaus *nt*, Spital *nt* (*Aus, Swiss*); (*in school etc*) Krankenzimmer *nt*; (*in prison*) Krankenstation *f* **infirmity** *n* Gebrechlichkeit *f*; **the infirmities of (old) age** die Altersgebrechen *pl*

inflame *v/t* **1.** MED entzünden; **to become** ~**d** sich entzünden **2.** *situation* anheizen

inflammable *adj* (*lit*) feuergefährlich;

fabric leicht entflammbar; **"highly ~"** „feuergefährlich" **inflammation** *n* MED Entzündung *f* **inflammatory** *adj rhetoric* aufrührerisch; **~ speech/pamphlet** Hetzrede/-schrift *f*
inflatable I *adj* aufblasbar; **~ dinghy** Schlauchboot *nt* **II** *n* (≈ *boat*) Gummiboot *nt* **inflate I** *v/t* **1.** (*lit*) aufpumpen; (*by mouth*) aufblasen **2.** ECON *prices* hochtreiben **II** *v/i* sich mit Luft füllen **inflated** *adj price* überhöht; *ego* übersteigert **inflation** *n* ECON Inflation *f*; **~ rate** Inflationsrate *f* **inflationary** *adj* inflationär; **~ pressures/politics** Inflationsdruck *m*/-politik *f*
inflected *adj* GRAM *form, ending* flektiert, gebeugt; *language* flektierend **inflection** *n* = **inflexion**
inflexibility *n* (*fig*) Unbeugsamkeit *f* **inflexible** *adj* (*lit*) starr; (*fig*) unbeugsam
inflexion *n* **1.** (GRAM, *of word*) Flexion *f* **2.** (*of voice*) Tonfall *m*
inflict *v/t punishment* verhängen (*on, upon* gegen); *suffering, damage* zufügen (*on or upon sb* jdm); *defeat* beibringen (*on or upon sb* jdm) **infliction** *n* (*of suffering*) Zufügen *nt*
in-flight *adj* während des Fluges; *service* an Bord; **~ magazine** Bordmagazin *nt*
inflow *n* **1.** (*of water, air*) (≈ *action*) Zustrom *m*, Zufließen *nt*; **~ pipe** Zuflussrohr *nt* **2.** (*fig*) (*of people, goods*) Zustrom *m*; (*of ideas etc*) Eindringen *nt*
influence I *n* Einfluss *m* (*over* auf +*acc*); **to have an ~ on sb/sth** (*person*) Einfluss auf jdn/etw haben; **the book had or was a great ~ on him** das Buch hat ihn stark beeinflusst; **he was a great~ in ...** er war ein bedeutender Faktor bei ...; **to use one's ~** seinen Einfluss einsetzen; **a man of~** eine einflussreiche Person; **under the ~ of sb/sth** unter jds Einfluss/ dem Einfluss einer Sache; **under the ~ of drink** unter Alkoholeinfluss; **under the~** (*infml*) betrunken; **one of my early ~s was Beckett** einer der Schriftsteller, die mich schon früh beeinflusst haben, war Beckett **II** *v/t* beeinflussen; **to be easily ~d** leicht beeinflussbar *or* zu beeinflussen sein **influential** *adj* einflussreich
influenza *n* Grippe *f*
influx *n* (*of capital, goods*) Zufuhr *f*; (*of people*) Zustrom *m*
info *n* (*infml*) = **information**

inform I *v/t* informieren (*about* über +*acc*); **to ~ sb of sth** jdn über etw informieren; **I am pleased to ~ you that ...** ich freue mich, Ihnen mitteilen zu können, dass ...; **to ~ the police** die Polizei verständigen; **to keep sb ~ed** jdn auf dem Laufenden halten (*of* über +*acc*) **II** *v/i* **to ~ against** *or* **on sb** jdn denunzieren
informal *adj* **1.** *esp* POL *meeting* nicht formell; *visit* inoffiziell **2.** *atmosphere, manner* zwanglos; *language* ungezwungen **informality** *n* **1.** (*esp* POL, *of meeting*) nicht formeller Charakter; (*of visit*) inoffizieller Charakter **2.** (*of atmosphere, manner*) Zwanglosigkeit *f*; (*of language*) informeller Charakter **informally** *adv* **1.** (≈ *unofficially*) inoffiziell **2.** (≈ *casually*) zwanglos
informant *n* **1.** Informant(in) *m(f)*; **according to my ~ the book is out of print** wie man mir mitteilt, ist das Buch vergriffen **2.** (*police*) ~ Polizeispitzel *m*
information *n* Informationen *pl*; **a piece of ~** eine Auskunft *or* Information; **for your ~** zu Ihrer Information; (*indignantly*) damit Sie es wissen; **to give sb ~ about** *or* **on sb/sth** jdm Auskunft *or* Informationen über jdn/etw geben; **to get ~ about** *or* **on sb/sth** sich über jdn/etw informieren; **"information"** „Auskunft"; **we have no ~ about that** wir wissen darüber nicht Bescheid; **for further ~ please contact this number** ... Näheres erfahren Sie unter Telefonnummer ... **information desk** *n* Informationsschalter *m* **information pack** *n* Informationsmaterial *nt* **information superhighway** *n* Datenautobahn *f* **information technology** *n* Informationstechnik *f* **informative** *adj* aufschlussreich **informed** *adj observer* informiert; *guess* fundiert **informer** *n* Informant(in) *m(f)*; **police ~** Polizeispitzel *m*
infotainment *n* TV Infotainment *nt*
infrared *adj* infrarot
infrastructure *n* Infrastruktur *f*
infrequency *n* Seltenheit *f* **infrequent** *adj* selten; **at ~ intervals** in großen Abständen **infrequently** *adv* selten
infringe I *v/t* verstoßen gegen; *rights* verletzen **II** *v/i* **to ~ (up)on sb's rights** jds Rechte verletzen **infringement** *n* **an ~ (of a rule)** ein Regelverstoß *m*; **the ~ of sb's rights** die Verletzung von jds

Rechten

infuriate v/t zur Raserei bringen **infuriating** adj (äußerst) ärgerlich; **an ~ person** ein Mensch, der einen rasend machen kann

infuse I v/t courage etc einflößen (into sb jdm) **II** v/i ziehen **infusion** n (tea-like) Tee m

ingenious adj, **ingeniously** adv genial **ingenuity** n Genialität f

ingenuous adj **1.** aufrichtig **2.** (≈ naïve) naiv

ingot n Barren m

ingrained adj **1.** (fig) habit eingefleischt; prejudice tief verwurzelt; **to be (deeply) ~** fest verwurzelt sein **2.** dirt tief eingedrungen

ingratiate v/r **to ~ oneself with sb** sich bei jdm einschmeicheln

ingratitude n Undank m; **sb's ~** jds Undankbarkeit f

ingredient n Bestandteil m; (for recipe) Zutat f; **all the ~s for success** alles, was man zum Erfolg braucht

ingrowing adj MED eingewachsen

inhabit v/t bewohnen; (animals) leben in (+dat) **inhabitable** adj bewohnbar **inhabitant** n Bewohner(in) m(f)

inhale I v/t einatmen; MED inhalieren **II** v/i (in smoking) inhalieren; **do you ~?** rauchen Sie auf Lunge? **inhaler** n Inhalationsapparat m

inherent adj innewohnend, eigen (to, in +dat) **inherently** adv von Natur aus

inherit v/t & v/i erben; **the problems which we ~ed from the last government** die Probleme, die uns die letzte Regierung hinterlassen or vererbt hat **inheritance** n Erbe nt **inherited** adj ererbt

inhibit v/t hemmen; ability beeinträchtigen **inhibited** adj gehemmt **inhibition** n Hemmung f; **he has no ~s about speaking French** er hat keine Hemmungen, Französisch zu sprechen

inhospitable adj ungastlich; climate, terrain unwirtlich

in-house I adj hausintern; staff im Haus **II** adv hausintern

inhuman adj unmenschlich **inhumane** adj inhuman; treatment menschenunwürdig **inhumanity** n Unmenschlichkeit f

inimitable adj unnachahmlich

iniquitous adj ungeheuerlich

initial I adj anfänglich, Anfangs-; **my ~ reaction** meine anfängliche Reaktion; **in the ~ stages** im Anfangsstadium **II** n Initiale f **III** v/t document mit seinen Initialen unterzeichnen **initially** adv anfangs

initiate v/t **1.** (≈ set in motion) den Anstoß geben zu, initiieren (elev); discussion eröffnen **2.** (into club etc) feierlich aufnehmen **3.** (≈ instruct) einweihen; **to ~ sb into sth** jdn in etw (acc) einführen **initiation** n (into society) Aufnahme f **initiation ceremony** n Aufnahmezeremonie f **initiative** n Initiative f; **to take the ~** die Initiative ergreifen; **on one's own ~** aus eigener Initiative; **to have the ~** überlegen sein; **to lose the ~** seine Überlegenheit verlieren **initiator** n Initiator(in) m(f)

inject v/t (ein)spritzen; drugs spritzen; **to ~ sb with sth** MED jdm etw spritzen; **he ~ed new life into the team** er brachte neues Leben in das Team **injection** n Injektion f; **to give sb an ~** jdm eine Injektion geben; **a £250 million cash ~** eine Finanzspritze von 250 Millionen Pfund

injudicious adj, **injudiciously** adv unklug

injunction n JUR gerichtliche Verfügung; **to take out a court ~** eine gerichtliche Verfügung erwirken

injure v/t verletzen; reputation schaden (+dat); **to ~ one's leg** sich (dat) das Bein verletzen; **how many were ~d?, how many ~d were there?** wie viele Verletzte gab es?; **the ~d** die Verletzten pl; **the ~d party** JUR der / die Geschädigte **injurious** adj schädlich

injury n Verletzung f (to +gen); **to do sb/ oneself an ~** jdn / sich verletzen; **to play ~ time** (Br SPORTS) or **~ overtime** (US SPORTS) nachspielen

injustice n Ungerechtigkeit f; **to do sb an ~** jdm unrecht tun

ink n Tinte f; ART Tusche f; TYPO Druckfarbe f **ink drawing** n Tuschzeichnung f **ink-jet (printer)** n Tintenstrahldrucker m

inkling n dunkle Ahnung; **he didn't have an ~** er hatte nicht die leiseste Ahnung

ink pad n Stempelkissen nt **inkstain** n Tintenfleck m **inky** adj (+er) (lit) tintenbeschmiert; **~ fingers** Tintenfinger pl

inlaid adj eingelegt

inland I adj binnenländisch; **~ town** Stadt f im Landesinneren; **~ waterway** Binnenwasserstraße f **II** adv landeinwärts **inland lake** n Binnensee m **Inland Revenue** n (Br) ≈ Finanzamt nt **inland sea** n Binnenmeer nt

inlaw n angeheirateter Verwandter, angeheiratete Verwandte; **~s** (≈ parents-in--law) Schwiegereltern pl

inlay n Einlegearbeit f, Intarsien pl

inlet n **1.** (of sea) Meeresarm m; (of river) Flussarm m **2.** TECH Zuleitung f

in-line skates pl Inline-Skates pl

inmate n Insasse m, Insassin f

inmost adj = **innermost**

inn n Gasthaus nt

innards pl Innereien pl

innate adj angeboren **innately** adv von Natur aus

inner adj innere(r, s); **~ city** Innenstadt f **inner-city** adj attr Innenstadt-; (≈ of cities generally) in den Innenstädten; problem der Innenstadt/der Innenstädte **innermost** adj innerste(r, s) **inner tube** n Schlauch m

innings n CRICKET Innenrunde f; **he has had a good ~** er hatte ein langes, ausgefülltes Leben

innkeeper n (Gast)wirt(in) m(f)

innocence n Unschuld f **innocent I** adj **1.** unschuldig; **she is ~ of the crime** sie ist an dem Verbrechen unschuldig **2.** question naiv; remark arglos **II** n Unschuld f **innocently** adv unschuldig; **the quarrel began ~ enough** der Streit begann ganz harmlos

innocuous adj, **innocuously** adv harmlos

innovate v/i Neuerungen einführen **innovation** n Innovation f **innovative** adj innovativ; idea originell **innovator** n Neuerer m, Neuerin f

innuendo n, pl **-es** versteckte Andeutung; **sexual ~** sexuelle Anspielung

innumerable adj unzählig

inoculate v/t impfen (against gegen) **inoculation** n Impfung f

inoffensive adj harmlos

inoperable adj inoperabel

inoperative adj **1.** law außer Kraft **2. to be ~** (machine) nicht funktionieren

inopportune adj inopportun; **to be ~** ungelegen kommen

inordinate adj unmäßig; number, sum übermäßig; demand übertrieben **inordinately** adv unmäßig; large übermäßig

inorganic adj anorganisch

inpatient n stationär behandelter Patient/behandelte Patientin

input I n **1.** (into computer) Eingabe f; (of capital) Investition f; (into project etc) Beitrag m **2.** (≈ input terminal) Eingang m **II** v/t IT eingeben

inquest n JUR gerichtliche Untersuchung der Todesursache; (fig) Manöverkritik f

inquire I v/t sich erkundigen nach; **he ~d whether...** er erkundigte sich, ob ... **II** v/i sich erkundigen (about nach); **"inquire within"** „Näheres im Geschäft" ♦ **inquire about** or **after** v/i +prep obj sich erkundigen nach ♦ **inquire into** v/i +prep obj untersuchen

inquiring adj fragend; mind forschend

inquiry n **1.** (≈ question) Anfrage f (about über +acc); (for direction etc) Erkundigung f (about über +acc, nach); **to make inquiries** Erkundigungen einziehen; (police etc) Nachforschungen anstellen (about sb über jdn, about sth nach etw); **he is helping the police with their inquiries** (euph) er wird von der Polizei vernommen **2.** (≈ investigation) Untersuchung f; **to hold an ~ into the cause of the accident** eine Untersuchung der Unfallursache durchführen

inquisitive adj neugierig

inroad n (fig) **the Japanese are making ~s into the British market** die Japaner dringen in den britischen Markt ein

insane I adj (lit) geisteskrank; (fig infml) wahnsinnig; **to drive sb ~** (lit) jdn um den Verstand bringen; (fig infml) jdn wahnsinnig machen **II** pl **the ~** die Geisteskranken pl **insanely** adv irrsinnig

insanitary adj unhygienisch

insanity n Wahnsinn m

insatiable adj unersättlich

inscribe v/t **1.** (sth on sth etw in etw acc) (on ring etc) eingravieren; (on stone, wood) einmeißeln **2.** book eine Widmung schreiben in (+acc); **a watch, ~d ...** eine Uhr mit der Widmung ... **inscription** n **1.** Inschrift f; (on coin) Aufschrift f **2.** (in book) Widmung f

inscrutable adj unergründlich (to für)

insect n Insekt nt **insect bite** n Insektenstich m **insecticide** n Insektengift nt, Insektizid nt (form) **insect repellent** n Insektenbekämpfungsmittel nt

insecure adj **1.** unsicher; **if they feel ~ in their jobs** wenn sie sich in ihrem Arbeitsplatz nicht sicher fühlen **2.** load ungesichert **insecurity** n Unsicherheit f

inseminate v/t befruchten; *cattle* besamen **insemination** n Befruchtung f; (*of cattle*) Besamung f

insensitive adj **1.** (≈ *uncaring*) gefühllos; *remark* taktlos; **to be ~ to** or **about sb's feelings** auf jds Gefühle keine Rücksicht nehmen **2.** (≈ *unappreciative*) unempfänglich **3.** (*physically*) unempfindlich (*to* gegen); **~ to pain** schmerzunempfindlich **insensitivity** n (≈ *uncaring attitude*) Gefühllosigkeit f (*towards* gegenüber); (*of remark*) Taktlosigkeit f

inseparable adj untrennbar; *friends* unzertrennlich; **these two issues are ~** diese beiden Fragen sind untrennbar miteinander verbunden **inseparably** adv untrennbar

insert I v/t (≈ *stick into*) hineinstecken; (≈ *place in*) hineinlegen; (≈ *place between*) einfügen; *coin* einwerfen; IT *disk* einlegen; **to ~ sth in(to) sth** (≈ *stick into*) etw in etw (*acc*) stecken; (≈ *place in*) etw in etw (*acc*) hineinlegen; (≈ *place between*) etw in etw (*acc*) einfügen **II** n (*in book*) Einlage f; (≈ *advertisement*) Inserat nt **insertion** n (≈ *sticking into*) Hineinstecken nt; (≈ *placing in*) Hineinlegen nt; (≈ *placing between*) Einfügen nt

in-service adj attr **~ training** (berufsbegleitende) Fortbildung

inset n (a. **inset map**) Nebenkarte f; (*on diagram*) Nebenbild nt

inshore I adj Küsten- **II** adv in Küstennähe

inside I n **1.** Innere(s) nt; (*of pavement*) Innenseite f; **you'll have to ask someone on the ~** Sie müssen einen Insider or Eingeweihten fragen; **locked from** or **on the ~** von innen verschlossen; **the wind blew the umbrella ~ out** der Wind hat den Schirm umgestülpt; **your sweater's ~ out** du hast deinen Pullover links herum an; **to turn sth ~ out** etw umdrehen; **to know sth ~ out** etw in- und auswendig kennen **2.** (*infml* ≈ *stomach: a.* **insides**) Eingeweide nt **II** adj Innen-, innere(r, s); **~ leg measurement** innere Beinlänge; **~ pocket** Innentasche f **III** adv innen; (≈ *indoors*) drin(nen); (*direction*) nach innen, herein; **look ~** sehen Sie hinein; (≈ *search*) sehen Sie innen nach; **come ~!** kommen Sie herein!; **let's go ~** gehen wir hinein; **I heard mu-**sic coming from ~ ich hörte von innen Musik; **to be ~** (*infml* ≈ *in prison*) sitzen (*infml*) **IV** prep (*esp US: a.* **inside of**) **1.** (*place*) innen in (+*dat*); (*direction*) in (+*acc*) ... (hinein); **don't let him come ~ the house** lassen Sie ihn nicht ins Haus (herein); **he was waiting ~ the house** er wartete im Haus **2.** (*time*) innerhalb **inside information** n Insiderinformationen pl **inside lane** n SPORTS Innenbahn f; AUTO Innenspur f **insider** n Insider(in) m(f) **insider dealing**, **insider trading** n FIN Insiderhandel m

insidious adj, **insidiously** adv heimtückisch

insight n **1.** no pl Verständnis nt; **his ~ into my problems** sein Verständnis für meine Probleme **2.** Einblick m (*into* in +*acc*); **to gain (an) ~ into sth** (einen) Einblick in etw gewinnen

insignia pl Insignien pl

insignificance n Bedeutungslosigkeit f **insignificant** adj unbedeutend

insincere adj unaufrichtig **insincerity** n Unaufrichtigkeit f

insinuate v/t andeuten (*sth to sb* etw jdm gegenüber); **what are you insinuating?** was wollen Sie damit sagen? **insinuation** n Anspielung f (*about* auf +*acc*); **he objected strongly to any ~ that ...** er wehrte sich heftig gegen jede Andeutung, dass ...

insipid adj fade; *colour* langweilig, fad (*Aus*)

insist I v/i **I ~!** ich bestehe darauf!; **if you ~** wenn Sie darauf bestehen; **he ~s on his innocence** er behauptet beharrlich, unschuldig zu sein; **to ~ on a point** auf einem Punkt beharren; **to ~ on doing sth** darauf bestehen, etw zu tun; **he will ~ on calling her by the wrong name** er redet sie beharrlich beim falschen Namen an **II** v/t **to ~ that ...** darauf beharren or bestehen, dass ...; **he ~s that he is innocent** er behauptet beharrlich, unschuldig zu sein **insistence** n Bestehen nt (*on* auf +*dat*); **I did it at his ~** ich tat es auf sein Drängen **insistent** adj **1.** *person* hartnäckig; *salesman etc* aufdringlich; **he was most ~ about it** er bestand hartnäckig darauf **2.** *demand* nachdrücklich **insistently** adv mit Nachdruck

insofar adv **~ as** soweit

insole n Einlegesohle f

insolence n Unverschämtheit f **insolent**

adj, **insolently** *adv* unverschämt
insoluble *adj* **1.** *substance* unlöslich **2.** *problem* unlösbar
insolvency *n* Zahlungsunfähigkeit *f* **insolvent** *adj* zahlungsunfähig
insomnia *n* Schlaflosigkeit *f* **insomniac** *n* **to be an ~** an Schlaflosigkeit leiden
insomuch *adv* = **inasmuch**
inspect *v/t* prüfen; *school etc* inspizieren; **to ~ sth for sth** etw auf etw (*acc*) (hin)prüfen *or* kontrollieren **inspection** *n* Prüfung *f*; (*of school etc*) Inspektion *f*; **to make an ~ of sth** etw kontrollieren *or* prüfen; *of school etc* etw inspizieren; **on ~** bei näherer Betrachtung **inspector** *n* (*on buses*) Kontrolleur(in) *m(f)*, Kondukteur(in) *m(f)* (*Swiss*); (*of schools*) Schulrat *m*, Schulrätin *f*; (*of police*) Polizeiinspektor(in) *m(f)*; (*higher*) Kommissar(in) *m(f)*
inspiration *n* Inspiration *f* (*for* zu *or* für); **he gets his ~ from ...** er lässt sich von ... inspirieren; **his courage has been an ~ to us all** sein Mut hat uns alle inspiriert **inspirational** *adj* inspirativ **inspire** *v/t* **1.** *respect* einflößen (*in sb* jdm); *hope etc* (er)wecken (*in* in +*dat*); *hate* hervorrufen (*in* bei) **2.** *person* inspirieren; **the book was ~d by a real person** die Inspiration zu dem Buch kommt von einer wirklichen Person **inspired** *adj* genial; *performer etc* inspiriert; **it was an ~ choice** das war genial gewählt **inspiring** *adj* inspirierend
instability *n* Instabilität *f*
install *v/t* installieren; *bathroom* einbauen; *person* (in ein Amt) einführen; **to have electricity ~ed** ans Elektrizitätsnetz angeschlossen werden **installation** *n* **1.** (≈ *action*) Installation *f*; (*of telephone*) Anschluss *m*; (*of kitchen etc*) Einbau *m*; **~ program** IT Installationsprogramm *nt* **2.** (≈ *machine etc*) Anlage *f* **installment plan** *n* (*US*) Ratenzahlung *f*; **to buy on the ~** auf Raten kaufen **instalment**, (*US*) **installment** *n* **1.** (*of story, serial*) Fortsetzung *f*; RADIO, TV (Sende)folge *f* **2.** FIN, COMM Rate *f*; **monthly ~** Monatsrate *f*; **to pay in or by ~s** in Raten *or* ratenweise bezahlen
instance *n* (≈ *example*) Beispiel *nt*; (≈ *case*) Fall *m*; **for ~** zum Beispiel; **in the first ~** zunächst (einmal)
instant I *adj* **1.** unmittelbar **2.** COOK Instant-; **~ mashed potatoes** fertiger Kar-

toffelbrei **II** *n* Augenblick *m*; **this ~** auf der Stelle; **it was all over in an ~** in einem Augenblick war alles vorbei; **he left the ~ he heard the news** er ging sofort, als er die Nachricht hörte **instant access** *n* FIN, IT sofortiger Zugriff (*to* auf) **instantaneous** *adj* unmittelbar; **death was ~** der Tod trat sofort ein **instantaneously** *adv* sofort **instant camera** *n* Sofortbildkamera *f* **instant coffee** *n* Instantkaffee *m* **instantly** *adv* sofort **instant messaging** *n* INTERNET Instant Messaging *nt* **instant replay** *n* TV Wiederholung *f*
instead I *prep* **~ of** statt (+*gen or* (*inf*) +*dat*), anstelle von; **~ of going to school** (an)statt zur Schule zu gehen; **~ of that** stattdessen; **his brother came ~ of him** sein Bruder kam an seiner Stelle **II** *adv* stattdessen; **if he doesn't want to go, I'll go ~** wenn er nicht gehen will, gehe ich (stattdessen)
instep *n* ANAT Spann *m*
instigate *v/t* anstiften; *violence* aufrufen zu; *reform etc* initiieren **instigation** *n* **at sb's ~** auf jds Veranlassung **instigator** *n* (*of crime etc*) Anstifter(in) *m(f)*; (*of reform etc*) Initiator(in) *m(f)*
instil, (*US*) **instill** *v/t* einflößen (*into sb* jdm); *knowledge, discipline* beibringen (*into sb* jdm)
instinct *n* Instinkt *m*; **the survival ~** der Überlebenstrieb; **by or from ~** instinktiv; **to follow one's ~s** sich auf seinen Instinkt verlassen **instinctive** *adj*, **instinctively** *adv* instinktiv
institute I *v/t* **1.** *reforms etc* einführen; *search* einleiten **2.** JUR *inquiry* einleiten; *proceedings* anstrengen (*against* gegen) **II** *n* Institut *nt*; **Institute of Technology** technische Hochschule; **women's ~** Frauenverein *m* **institution** *n* Institution *f*; (≈ *building*) Anstalt *f* **institutional** *adj* institutionell; **~ care** Anstaltspflege *f* **institutionalized** *adj* institutionalisiert
in-store *adj attr* im Laden
instruct *v/t* **1.** (≈ *teach*) unterrichten **2.** (≈ *tell*) anweisen; (≈ *command*) die Anweisung erteilen (+*dat*) **instruction** *n* **1.** (≈ *teaching*) Unterricht *m* **2.** (≈ *order, command*) Anweisung *f*; **what were your ~s?** welche Instruktionen *or* Anweisungen hatten Sie?; **~s for use** Gebrauchsanweisung *f*; **~ manual** TECH Bedienungsanleitung *f* **instructive** *adj* ins-

truktiv **instructor**n Lehrer m; (US) Dozent m **instructress**n Lehrerin f; (US) Dozentin f
instrument n **1.** Instrument nt **2.** (fig) Werkzeug nt **instrumental** adj **1.** role entscheidend; **to be ~** bei etw eine entscheidende Rolle spielen **2.** MUS Instrumental-; **~ music/version** Instrumentalmusik f/-version f **instrumentalist** n Instrumentalist(in) m(f) **instrumentation** n Instrumentation f **instrument panel** n AVIAT Instrumententafel f; AUTO Armaturenbrett nt
insubordinate adj aufsässig **insubordination** n Aufsässigkeit f
insubstantial adj wenig substanziell; accusation gegenstandslos; amount gering (-fügig); meal dürftig
insufferable adj, **insufferably** adv unerträglich
insufficient adj nicht genügend; **~ evidence** Mangel m an Beweisen; **~ funds** FIN mangelnde Deckung **insufficiently** adv unzulänglich
insular adj (≈ narrow-minded) engstirnig
insulate v/t (lit) isolieren **insulating material** n Isoliermaterial nt **insulating tape** n Isolierband nt **insulation** n (lit) Isolierung f; (≈ material) Isoliermaterial nt
insulin n Insulin® nt
insult I v/t beleidigen II n Beleidigung f; **an ~ to my intelligence** eine Beleidigung meiner Intelligenz; **to add ~ to injury** das Ganze noch schlimmer machen **insulting** adj beleidigend; question unverschämt; **he was very ~ to her** er hat sich ihr gegenüber sehr beleidigend geäußert **insultingly** adv beleidigend; behave in beleidigender Weise
insuperable adj unüberwindlich
insurance n Versicherung f; **to take out ~** eine Versicherung abschließen (against gegen) **insurance broker** n Versicherungsmakler(in) m(f) **insurance company** n Versicherungsgesellschaft f **insurance policy** n Versicherungspolice f; **to take out an ~** eine Versicherung abschließen
insure v/t/i versichern (lassen) (against gegen); **he ~d his house contents for £10,000** er schloss eine Hausratsversicherung über £ 10.000 ab; **to ~ one's life** eine Lebensversicherung abschließen **insured** adj versichert (by, with bei); **~**

~ against fire feuerversichert **insurer** n Versicherer m
insurmountable adj unüberwindlich
insurrection n Aufstand m
intact adj intakt; **not one window was left ~** kein einziges Fenster blieb ganz or heil; **his confidence remained ~** sein Vertrauen blieb ungebrochen or unerschüttert
intake n **1.** food ~ Nahrungsaufnahme f; **(sharp) ~ of breath** (plötzlicher) Atemzug m **2.** (SCHOOL, of immigrants) Aufnahme f
intangible adj unbestimmbar
integer n ganze Zahl
integral adj wesentlich; **to be ~ to sth** ein wesentlicher Bestandteil einer Sache (gen) sein
integrate v/t integrieren; **to ~ sb/sth into** or **with sth** jdn/etw in etw (acc) integrieren; **to ~ sth with sth** etw auf etw (acc) abstimmen **integrated** adj integriert; plan einheitlich; school ohne Rassentrennung **integration** n Integration f (into in +acc); **(racial) ~** Rassenintegration f
integrity n **1.** (≈ honesty) Integrität f **2.** (≈ wholeness) Einheit f
intellect n Intellekt m **intellectual** I adj intellektuell; freedom, property geistig II n Intellektuelle(r) m/f(m)
intelligence n **1.** Intelligenz f **2.** (≈ information) Informationen pl **3.** MIL etc Nachrichtendienst m **intelligence service** n POL Nachrichtendienst m
intelligent adj, **intelligently** adv intelligent **intelligentsia** n Intelligenz f **intelligible** adj verständlich (to sb für jdn)
intend v/t beabsichtigen; **I ~ed no harm** es war (von mir) nicht böse gemeint; (with action) ich hatte nichts Böses beabsichtigt; **it was ~ed as a compliment** das sollte ein Kompliment sein; **I wondered what he ~ed by that remark** ich fragte mich, was er mit dieser Bemerkung beabsichtigte; **this park is ~ed for the general public** dieser Park ist für die Öffentlichkeit bestimmt; **I ~ to leave next year** ich beabsichtige or habe vor, nächstes Jahr zu gehen; **what do you ~ to do about it?** was beabsichtigen Sie, dagegen zu tun?; **this is ~ed to help me** das soll mir helfen; **did you ~ that to happen?** hatten Sie das beabsichtigt? **intended** I adj effect beabsichtigt; vic-

tim ausgeguckt; *target* anvisiert **II** *n* **my~** (*infml*) mein Zukünftiger (*infml*), meine Zukünftige (*infml*)

intense *adj* intensiv; *disappointment* bitter; *pressure* enorm; *joy* riesig; *heat* ungeheuer; *desire* brennend; *competition, fighting, speculation* heftig; *hatred* rasend; *person* ernsthaft **intensely** *adv* **1.** (≈ *extremely*) äußerst; *I dislike it ~* ich kann es absolut nicht ausstehen **2.** *stare, study* intensiv **intensification** *n* Intensivierung *f* **intensify I** *v/t* intensivieren; *fears* verstärken; *conflict* verschärfen **II** *v/i* zunehmen **intensity** *n* Intensität *f* **intensive** *adj* intensiv, Intensiv-; *to be in ~ care* MED auf der Intensivstation sein; *~ care unit* Intensivstation *f*; *~ farming* intensive Landwirtschaft **intensively** *adv* intensiv

intent I *n* Absicht *f*; *to all ~s and purposes* im Grunde **II** *adj* **1.** *look* durchdringend **2.** *to be ~ on achieving sth* fest entschlossen sein, etw zu erreichen; *they were ~ on winning* sie wollten unbedingt gewinnen **intention** *n* Absicht *f*; *what was your ~ in publishing the article?* mit welcher Absicht haben Sie den Artikel veröffentlicht?; *it is my ~ to punish you severely* ich beabsichtige, Sie streng zu bestrafen; *I have every ~ of doing it* ich habe die feste Absicht, das zu tun; *to have no ~ of doing sth* nicht die Absicht haben, etw zu tun; *with the best of ~s* in der besten Absicht; *with the ~ of ...* in der Absicht zu ... **intentional** *adj* absichtlich **intentionally** *adv* absichtlich

intently *adv* konzentriert

inter *v/t* (*form*) bestatten

inter- *pref* zwischen-, Zwischen-; (*esp with foreign words*) inter-, Inter-; *interpersonal* zwischenmenschlich

interact *v/i* aufeinanderwirken; PSYCH, SOCIOL interagieren **interaction** *n* gegenseitige Einwirkung; PSYCH, SOCIOL Interaktion *f* **interactive** *adj* interaktiv

interbreed *v/i* (≈ *inbreed*) sich untereinander vermehren; (≈ *crossbreed*) sich kreuzen

intercede *v/i* sich einsetzen (*with* bei, *for, on behalf of* für); (*in argument*) vermitteln

intercept *v/t* abfangen; *they ~ed the enemy* sie schnitten dem Feind den Weg ab

intercession *n* Fürsprache *f*; (*in argument*) Vermittlung *f*

interchange *n* **1.** (*of roads*) Kreuzung *f*; (*of motorways*) (Autobahn)kreuz *nt* **2.** (≈ *exchange*) Austausch *m* **interchangeable** *adj* austauschbar **interchangeably** *adv* **they are used ~** sie können ausgetauscht werden

intercity *adj* Intercity-

intercom *n* (Gegen)sprechanlage *f*; (*in ship, plane*) Bordverständigungsanlage *f*

interconnect I *v/t* **~ed events** zusammenhängende Ereignisse **II** *v/i* in Zusammenhang stehen

intercontinental *adj* interkontinental, Interkontinental-

intercourse *n* Verkehr *m*; (**sexual**) **~** (Geschlechts)verkehr *m*

intercultural *adj* interkulturell

interdepartmental *adj relations* zwischen den Abteilungen; *committee* abteilungsübergreifend

interdependent *adj* wechselseitig voneinander abhängig

interest I *n* **1.** Interesse *nt* (*in* für); *do you have any ~ in chess?* interessieren Sie sich für Schach?; *to take an ~ in sb/sth* sich für jdn/etw interessieren; *to show (an) ~ in sb/sth* Interesse für jdn/etw zeigen; *is it of any ~ to you?* (≈ *do you want it?*) sind Sie daran interessiert?; *he has lost ~* er hat das Interesse verloren; *his ~s are ...* er interessiert sich für ...; *in the ~(s) of sth* im Interesse einer Sache (*gen*) **2.** FIN Zinsen *pl* **3.** (COMM ≈ *stake*) Anteil *m*; *German ~s in Africa* deutsche Interessen *pl* in Afrika **II** *v/t* interessieren (*in* für, an +*dat*); *to ~ sb in doing sth* jdn dafür interessieren, etw zu tun; *can I ~ you in a drink?* kann ich Sie zu etwas Alkoholischem überreden?

interested *adj* **1.** interessiert (*in* an +*dat*); *I'm not ~* das interessiert mich nicht; *to be ~ in sb/sth* sich für jdn/etw interessieren, an jdm/etw interessiert sein; *I'm going to the cinema, are you ~* (*in coming*)? ich gehe ins Kino, haben Sie Lust mitzukommen?; *I'm selling my car, are you ~?* ich verkaufe meinen Wagen, sind Sie interessiert?; *the company is ~ in expanding its sales* die Firma hat Interesse daran *or* ist daran interessiert, ihren Absatz zu vergrößern; *to get*

sb ~ (in sth) jdn (für etw) interessieren **2.**
he is an ~ party er ist befangen, er ist daran beteiligt
interest-free *adj, adv* zinslos
interest group *n* Interessengruppe *f*
interesting *adj* interessant; **the ~ thing about it is that ...** das Interessante daran ist, dass ... **interestingly** *adv* **~ enough, I saw him yesterday** interessanterweise habe ich ihn gestern gesehen
interest rate *n* FIN Zinssatz *m*
interface *n* **1.** Grenzfläche *f* **2.** IT Schnittstelle *f*
interfere *v/i* sich einmischen (*in* in +*acc*); (*with machinery, property*) sich zu schaffen machen (*with* an +*dat*); (*euph: sexually*) sich vergehen (*with* an +*dat*); **don't ~ with the machine** lass die Finger von der Maschine; **to ~ with sth** (≈ *disrupt*) etw stören; *with work* etw beeinträchtigen; **to ~ with sb's plans** jds Pläne durchkreuzen **interference** *n* **1.** (≈ *meddling*) Einmischung *f* **2.** (≈ *disruption,* RADIO, TV) Störung *f* (*with* +*gen*) **interfering** *adj person* sich ständig einmischend
intergovernmental *adj* zwischenstaatlich
interim I *n* Zwischenzeit *f*; **in the ~** in der Zwischenzeit **II** *adj* vorläufig; **~ agreement** Übergangsabkommen *nt*; **~ report** Zwischenbericht *m*; **~ government** Übergangsregierung *f*
interior I *adj* Innen-; **~ minister** Innenminister(in) *m(f)*; **~ ministry** Innenministerium *nt* **II** *n* (*of country*) Innere(s) *nt*; (*of house*) Innenausstattung *f*; **Department of the Interior** (*US*) Innenministerium *nt*; **the ~ of the house has been newly decorated** das Haus ist innen neu gemacht **interior decoration** *f* **interior decorator** *n* Innenausstatter(in) *m(f)* **interior design** *n* Innenarchitektur *f* **interior designer** *n* Innenarchitekt(in) *m(f)*
interject *v/t* einwerfen **interjection** *n* (≈ *exclamation*) Ausruf *m*; (≈ *remark*) Einwurf *m*
interlink *v/i* ineinanderhängen; (*fig: theories etc*) zusammenhängen
interlock *v/i* ineinandergreifen
interlocutor *n* Gesprächspartner(in) *m(f)*
interloper *n* Eindringling *m*
interlude *n* Periode *f*; (THEAT) (≈ *interval*)

Pause *f*; (≈ *performance*) Zwischenspiel *nt*; MUS Interludium *nt*
intermarry *v/i* untereinander heiraten
intermediary I *n* (Ver)mittler(in) *m(f)* **II** *adj* **1.** (≈ *intermediate*) mittlere(r, s) **2.** (≈ *mediating*) vermittelnd
intermediate *adj* Zwischen-; *French etc* für fortgeschrittene Anfänger; **~ stage** Zwischenstadium *nt*; **the ~ stations** die dazwischenliegenden Bahnhöfe; **an ~ student** ein fortgeschrittener Anfänger, eine fortgeschrittene Anfängerin
interminable *adj* endlos
intermingle *v/i* sich mischen (*with* unter +*acc*)
intermission *n* THEAT, FILM Pause *f*
intermittent *adj* periodisch auftretend **intermittently** *adv* periodisch
intern[1] *v/t person* internieren
intern[2] *n* (*US*) **1.** (≈ *junior doctor*) Assistenzarzt *m*/-ärztin *f* **2.** (≈ *trainee*) Praktikant(in) *m(f)*
internal *adj* innere(r, s); (≈ *within country*) Binnen-; (≈ *within organization*) intern; **~ call** internes *or* innerbetriebliches Gespräch; **~ flight** Inlandsflug *m*; **Internal Revenue Service** (*US*) Finanzamt *nt*; **~ wall** Innenwand *f* **internal affairs** *pl* innere Angelegenheiten *pl* **internal bleeding** *n* innere Blutungen *pl* **internal combustion engine** *n* Verbrennungsmotor *m* **internalize** *v/t* verinnerlichen **internally** *adv* innen, im Inneren; (≈ *in body*) innerlich; (≈ *in country*) landesintern; (≈ *in organization*) intern; **"not to be taken ~"** „nicht zum Einnehmen" **internal market** *n* ECON Binnenmarkt *m*; (*within organization*) marktwirtschaftliche Struktur
international I *adj* international; **~ code** TEL internationale Vorwahl; **~ money order** Auslandsanweisung *f* **II** *n* SPORTS **1.** (≈ *match*) Länderspiel *nt* **2.** (≈ *player*) Nationalspieler(in) *m(f)* **International Court of Justice** *n* Internationaler Gerichtshof **International Date Line** *n* Datumsgrenze *f* **internationalize** *v/t* internationalisieren **international law** *n* internationales Recht **internationally** *adv* international; *compete* auf internationaler Ebene **International Monetary Fund** *n* ECON Internationaler Währungsfonds **International Phonetic Alphabet** *n* internationale Lautschrift

internee *n* Internierte(r) *m/f(m)*
Internet *n the* ~ das Internet; *to surf the* ~ im Internet surfen **Internet banking** *n* Internetbanking *nt* **Internet café** *n* Internetcafé *nt* **Internet connection** *n* Internet-Anschluss *m* **Internet service provider** *n* Internet-Anbieter *m*
internment *n* Internierung *f*
internship *n* (*US*) **1.** MED Medizinalpraktikum *nt* **2.** (*as trainee*) Praktikum *nt*
interplay *n* Zusammenspiel *nt*
interpose *v/t* **1.** *object* dazwischenstellen/-legen; *to* ~ *oneself between* ... sich zwischen ... (*acc*) stellen **2.** *remark* einwerfen
interpret I *v/t* **1.** (≈ *translate orally*) dolmetschen **2.** (≈ *explain*) interpretieren; *dream* deuten; *how would you* ~ *what he said?* wie würden Sie seine Worte verstehen *or* auffassen? II *v/i* dolmetschen **interpretation** *n* (≈ *explanation*) Interpretation *f*; (*of dream*) Deutung *f*
interpreter *n* **1.** Dolmetscher(in) *m(f)* **2.** IT Interpreter *m* **interpreting** *n* (≈ *profession*) Dolmetschen *nt*
interrelate I *v/t to be* ~*d* zueinander in Beziehung stehen II *v/i* zueinander in Beziehung stehen
interrogate *v/t* verhören **interrogation** *n* Verhör *nt* **interrogative** I *adj* GRAM Interrogativ-; ~ *pronoun/clause* Interrogativpronomen *nt*/-satz *m* II *n* (GRAM ≈ *pronoun*) Interrogativpronomen *nt*; (≈ *mood*) Interrogativ *m*; *in the* ~ in der Frageform **interrogator** *n* Vernehmungsbeamte(r) *m/f(m)* (*form*); *my* ~*s* die, die mich verhören
interrupt I *v/t* unterbrechen II *v/i* unterbrechen; (≈ *interrupt sb's work etc*) stören; *stop* ~*ing!* fall mir/ihm *etc* nicht dauernd ins Wort! **interruption** *n* Unterbrechung *f*
intersect *v/i* sich kreuzen; GEOMETRY sich schneiden **intersection** *n* (≈ *crossroads*) Kreuzung *f*; GEOMETRY Schnittpunkt *m*; *point of* ~ Schnittpunkt *m*
intersperse *v/t* verteilen; ~*d with sth* mit etw dazwischen; *a speech* ~*d with quotations* eine mit Zitaten gespickte Rede; *periods of sunshine* ~*d with showers* von Schauern unterbrochener Sonnenschein
interstate I *adj* (*US*) zwischen den (US--Bundes)staaten; ~ *highway* Interstate Highway *m* II *n* (*US*) Interstate (High-

way) *m*
intertwine *v/i* sich ineinander verschlingen
interval *n* **1.** (*in space, time*) Abstand *m*; *at* ~*s* in Abständen; *at two-weekly* ~*s* in Abständen von zwei Wochen; *sunny* ~*s* METEO Aufheiterungen *pl* **2.** THEAT *etc* Pause *f*
intervene *v/i* (*person*) intervenieren; (*event, fate*) dazwischenkommen **intervening** *adj* dazwischenliegend; *in the* ~ *period* in der Zwischenzeit **intervention** *n* Intervention *f*
interview I *n* **1.** (*for job*) Vorstellungsgespräch *nt*; (*with authorities etc*) Gespräch *nt* **2.** PRESS, TV *etc* Interview *nt* II *v/t* **1.** *job applicant* ein/das Vorstellungsgespräch führen mit **2.** PRESS, TV *etc* interviewen **interviewee** *n* (*for job*) Kandidat(in) *m(f)* (für die Stelle); PRESS, TV *etc* Interviewte(r) *m/f(m)* **interviewer** *n* (*for job*) Leiter(in) *m(f)* des Vorstellungsgesprächs; PRESS, TV *etc* Interviewer(in) *m(f)*
interwar *adj* zwischen den Weltkriegen
interweave I *v/t* verweben II *v/i* sich verweben
intestate *adj* JUR *to die* ~ ohne Testament sterben
intestinal *adj* Darm- **intestine** *n* Darm *m*; *small/large* ~ Dünn-/Dickdarm *m*
intimacy *n* Vertrautheit *f*
intimate[1] *adj* eng; (*sexually, fig*) intim; *to be on* ~ *terms with sb* mit jdm auf vertraulichem Fuß stehen; *to be/become* ~ *with sb* mit jdm vertraut sein/werden; (*sexually*) mit jdm intim sein/werden; *to have an* ~ *knowledge of sth* über etw (*acc*) in allen Einzelheiten Bescheid wissen
intimate[2] *v/t* andeuten; *he* ~*d to them that they should stop* er gab ihnen zu verstehen, dass sie aufhören sollten
intimately *adv acquainted* bestens; *related* eng; *know* genau
intimidate *v/t* einschüchtern; *they* ~*d him into not telling the police* sie schüchterten ihn so ein, dass er der Polizei nichts erzählte **intimidation** *n* Einschüchterung *f*
into *prep* **1.** in (+*acc*); *crash* gegen; *to translate sth* ~ *French* etw ins Französische übersetzen; *to change euros* ~ *pounds* Euro in Pfund umtauschen; *to divide 3* ~ *9* 9 durch 3 teilen *or* divi-

dieren; **3 ~ 9 goes 3** 3 geht dreimal in 9; **he's well ~ his sixties** er ist in den späten Sechzigern; **research ~ cancer** Krebsforschung *f* 2. (*infml*) **to be ~ sb/sth** (≈ *like*) auf jdn/etw (*acc*) stehen (*infml*); **to be ~ sth** (≈ *use*) *drugs etc* etw nehmen; **he's ~ wine** (≈ *likes*) er ist Weinliebhaber; (≈ *is expert*) er ist Weinkenner; **he's~ computers** er ist Computerfan (*infml*)

intolerable *adj*, **intolerably** *adv* unerträglich **intolerance** *n* Intoleranz *f* (*of* gegenüber) **intolerant** *adj* intolerant (*of* gegenüber)

intonation *n* Intonation *f*

intoxicated *adj* berauscht; **to become ~** sich berauschen (*by, with* an +*dat*, von); **~ by** *or* **with success** vom Erfolg berauscht **intoxication** *n* Rausch *m*; **in a state of ~** (*form*) im Rausch

intractable *adj problem* hartnäckig

intranet *n* IT Intranet *nt*

intransigence *n* Unnachgiebigkeit *f* **intransigent** *adj* unnachgiebig

intransitive *adj* intransitiv

intrastate *adj* (*US*) innerhalb des (Bundes)staates

intrauterine device *n* Intrauterinpessar *nt*

intravenous *adj* intravenös; **~ drug user** Drogenabhängige(r) *m/f(m)*, der/die intravenös spritzt

in-tray *n* Ablage *f* für Eingänge

intrepid *adj* kühn

intricacy *n* Kompliziertheit *f*; (*of chess etc*) Feinheit *f* **intricate** *adj*, **intricately** *adv* kompliziert

intrigue I *v/i* intrigieren **II** *v/t* (≈ *arouse interest of*) faszinieren; (≈ *arouse curiosity of*) neugierig machen; **to be ~d with** *or* **by sth** von etw fasziniert sein; **I would be ~d to know why ...** es würde mich schon interessieren, warum ... **III** *n* (≈ *plot*) Intrige *f* **intriguing** *adj* faszinierend

intrinsic *adj value* immanent; (≈ *essential*) wesentlich **intrinsically** *adv* an sich

intro *n* (*infml*) *abbr of* **introduction** Intro *nt* (*infml*)

introduce *v/t* 1. (*to person*) vorstellen (*to sb* jdm); (*to subject*) einführen (*to* in +*acc*); **I don't think we've been ~d** ich glaube nicht, dass wir uns kennen; **allow me to** *or* **let me ~ myself** darf ich mich vorstellen? 2. *practice, reform* einführen; PARL *bill* einbringen; *subject* einleiten; *speaker* ankündigen; **to ~ sth onto the market** etw auf dem Markt einführen

introduction *n* 1. (*to person*) Vorstellung *f*; **to make the ~s** die Vorstellung übernehmen; **letter of ~** Einführungsschreiben *nt* 2. (*to book, music*) Einleitung *f* (*to* zu) 3. (*of practice, reform etc*) Einführung *f*; (*of bill*) Einbringen *nt*; **an ~ to French** (≈ *elementary course*) eine Einführung ins Französische **introductory** *adj paragraph* einleitend; *remarks* einführend; *course, offer* Einführungs-

introspection *n* Selbstbeobachtung *f*, Introspektion *f* **introspective** *adj* introspektiv

introvert *n* PSYCH Introvertierte(r) *m/f(m)*; **to be an ~** introvertiert sein **introverted** *adj* introvertiert

intrude *v/i* stören; **to ~ on sb** jdn stören; **to ~ on sb's privacy** jds Privatsphäre verletzen **intruder** *n* Eindringling *m* **intrusion** *n* Störung *f*; **forgive the ~, I just wanted to ask ...** entschuldigen Sie, wenn ich hier so eindringe, ich wollte nur fragen ... **intrusive** *adj person* aufdringlich; *presence* störend

intuition *n* Intuition *f* **intuitive** *adj* intuitiv

inundate *v/t* überschwemmen; (*with work*) überhäufen; **have you a lot of work on? — I'm ~d** haben Sie viel Arbeit? — ich ersticke darin

invade *v/t* MIL einmarschieren in (+*acc*); (*fig*) überfallen **invader** *n* MIL Invasor *m* **invading** *adj* einmarschierend; **~ army** Invasionsarmee *f*

invalid[1] **I** *adj* 1. krank; (≈ *disabled*) körperbehindert 2. (≈ *for invalids*) Kranken-, Invaliden- **II** *n* Kranke(r) *m/f(m)*; (≈ *disabled person*) Körperbehinderte(r) *m/f(m)*

invalid[2] *adj esp* JUR ungültig; **to declare sth ~** etw für ungültig erklären **invalidate** *v/t* ungültig machen

invaluable *adj* unbezahlbar; *help, contribution* unschätzbar; *advice* von unschätzbarem Wert; **to be ~ (to sb)** (für jdn) von unschätzbarem Wert sein

invariable *adj* unveränderlich **invariably** *adv* ständig

invasion *n* Invasion *f*; (*of privacy etc*) Eingriff *m* (*of* in +*acc*); **the German ~ of Poland** der Einmarsch *or* Einfall der Deutschen in Polen **invasive** *adj* MED invasiv

invective *n* Beschimpfungen *pl* (*against* +*gen*)

invent *v/t* erfinden

invention *n* **1.** Erfindung *f* **2.** (≈ *inventiveness*) Fantasie *f* **inventive** *adj* **1.** *powers* schöpferisch; *design, menu* einfallsreich **2.** (≈ *resourceful*) erfinderisch **inventiveness** *n* Einfallsreichtum *m* **inventor** *n* Erfinder(in) *m(f)*

inventory *n* Bestandsaufnahme *f*; *to make or take an ~ of sth* Inventar von etw *or* den Bestand einer Sache (*gen*) aufnehmen

inverse I *adj* umgekehrt **II** *n* Gegenteil *nt* **inversion** *n* (*fig*) Umkehrung *f* **invert** *v/t* umkehren

invertebrate *n* Wirbellose(r) *m*

inverted commas *pl* (*Br*) Anführungszeichen *pl*; *his new job, in ~* sein sogenannter neuer Job

invest I *v/t* **1.** FIN investieren (*in* in +*acc or dat*) **2.** (*form*) *to ~ sb/sth with sth* jdm / einer Sache etw verleihen **II** *v/i* investieren (*in* in +*acc or dat, with* bei); *to ~ in a new car* sich (*dat*) ein neues Auto anschaffen

investigate I *v/t* untersuchen; *to ~ a case* in einem Fall ermitteln **II** *v/i* nachforschen; (*police*) ermitteln **investigation** *n* **1.** Untersuchung *f* (*into* +*gen*); *to order an ~ into or of sth* anordnen, dass in einer Sache (*dat*) ermittelt wird; *on ~ it turned out that ...* bei näherer Untersuchung stellte (es) sich heraus, dass ...; *to be under ~* überprüft werden; *he is under ~* (*by police*) gegen ihn wird ermittelt **2.** (≈ *scientific research*) Forschung *f* **investigative** *adj* investigativ; *~ journalism* Enthüllungsjournalismus *m* **investigator** *n* Ermittler(in) *m(f)*; (≈ *private investigator*) (Privat)detektiv(in) *m(f)*

investiture *n* (*of president etc*) Amtseinführung *f*; (*of royalty*) Investitur *f*

investment *n* FIN Investition *f*; *we need more ~ in industry* in die Industrie muss mehr investiert werden; *foreign ~* Auslandsinvestition(en *pl*) *f*; *this company is a good ~* diese Firma ist eine gute (Kapital)anlage; *a portable TV is a good ~* ein tragbarer Fernseher macht sich bezahlt **investment grant** *n* ECON Investitionszulage *f* **investment trust**

n Investmenttrust *m* **investor** *n* Investor(in) *m(f)*

inveterate *adj hatred* tief verwurzelt; *liar* unverbesserlich; *~ criminal* Gewohnheitsverbrecher(in) *m(f)*

invigilate (*Br*) **I** *v/t* Aufsicht führen bei **II** *v/i* Aufsicht führen **invigilator** *n* (*Br*) Aufsichtsperson *f*

invigorate *v/t* beleben, kräftigen **invigorating** *adj climate* gesund; *sea air* erfrischend

invincible *adj* unbesiegbar

inviolable *adj* unantastbar; *law, oath* heilig

invisible *adj* unsichtbar; *~ to the naked eye* mit dem bloßen Auge nicht erkennbar **invisible earnings** *pl* ECON geldwerte Leistungen *pl*

invitation *n* Einladung *f*; *by ~ (only)* nur auf Einladung; *at sb's ~* auf jds Aufforderung (*acc*) (hin); *~ to tender* Ausschreibung *f*

invite I *v/t* **1.** *person* einladen; *to ~ sb to do sth* jdn auffordern, etw zu tun **2.** *suggestions* bitten um; *ridicule* auslösen **II** *n* (*infml*) Einladung *f* ◆ **invite (a)round** *v/t sep* (zu sich) einladen ◆ **invite in** *v/t sep* hereinbitten; *could I invite you in for (a) coffee?* möchten Sie auf eine Tasse Kaffee hereinkommen? ◆ **invite out** *v/t sep* einladen; *I invited her out* ich habe sie gefragt, ob sie mit mir ausgehen möchte; *to invite sb out for a meal* jdn in ein Restaurant einladen

inviting *adj* einladend; *prospect, meal* verlockend

in vitro *adj* BIOL *~ fertilization* In-vitro--Fertilisation, künstliche Befruchtung

invoice I *n* (Waren)rechnung *f* **II** *v/t goods* berechnen; *to ~ sb for sth* jdm für etw eine Rechnung ausstellen; *we'll ~ you* wir senden Ihnen die Rechnung

invoke *v/t* **1.** *God, the law* anrufen **2.** *treaty etc* sich berufen auf (+*acc*)

involuntarily *adv* unabsichtlich; (≈ *automatically*) unwillkürlich **involuntary** *adj* unbeabsichtigt; *repatriation* unfreiwillig; *twitch etc* unwillkürlich

involve *v/t* **1.** (≈ *entangle*) verwickeln (*sb in sth* jdn in etw *acc*); (≈ *include*) beteiligen (*sb in sth* jdn an etw *dat*); (≈ *concern*) betreffen; *the book doesn't ~ the reader* das Buch fesselt *or* packt den Leser nicht; *it wouldn't ~ you at all* du hättest damit gar nichts zu tun; *to be ~d in*

sth etwas mit etw zu tun haben; **to get ~d in sth** in etw (acc) verwickelt werden; **to ~ oneself in sth** sich in etw (dat) engagieren; **I didn't want to get ~d** ich wollte damit/mit ihm etc nichts zu tun haben; **the person ~d** die betreffende Person; **to be/get ~d with sth** etwas mit etw zu tun haben; (≈ have part in) an etw (dat) beteiligt sein; **to be ~d with sb** (sexually) mit jdm ein Verhältnis haben; **to get ~d with sb** sich mit jdm einlassen (pej); **he got ~d with a girl** er hat eine Beziehung mit einem Mädchen angefangen **2.** (≈ entail) mit sich bringen; (≈ encompass) umfassen; (≈ mean) bedeuten; **what does the job ~?** worin besteht die Arbeit?; **will the post ~ much foreign travel?** ist der Posten mit vielen Auslandsreisen verbunden?; **he doesn't understand what's ~d** er weiß nicht, worum es geht; **about £1,000 was ~d** es ging dabei um etwa £ 1.000; **it would ~ moving to Germany** das würde bedeuten, nach Deutschland umzuziehen **involved** adj kompliziert **involvement** n Beteiligung f (in an +dat); (in crime etc) Verwicklung f (in in +acc); **she denied any ~ in or with drugs** sie leugnete, dass sie etwas mit Drogen zu tun hatte

invulnerable adj unverwundbar; fortress uneinnehmbar; position unangreifbar

inward I adj **1.** (≈ inner) innere(r, s) **2.** (≈ incoming) nach innen **II** adv = **inwards inward-looking** adj in sich gekehrt **inwardly** adv innerlich **inwards** adv nach innen

in-your-face, in-yer-face adj (infml) attitude etc provokativ

iodine n Jod nt

ion n Ion nt

iota **not one ~** nicht ein Jota

IOU abbr of **I owe you** Schuldschein m

IPA abbr of **International Phonetic Alphabet**

IQ abbr of **intelligence quotient** IQ m, Intelligenzquotient m; **IQ test** Intelligenztest m

IRA abbr of **Irish Republican Army** IRA f

Iran n (der) Iran **Iranian I** adj iranisch **II** n Iraner(in) m(f)

Iraq n (der) Irak **Iraqi I** adj irakisch **II** n Iraker(in) m(f)

irascible adj reizbar

irate adj zornig; crowd wütend

Ireland n Irland nt; **Northern ~** Nordir-

land nt; **Republic of ~** Republik f Irland

iris n Iris f

Irish I adj irisch; **~man** Ire m; **~woman** Irin f **II** n **1.** pl **the ~** die Iren pl **2.** LING Irisch nt **Irish Sea** n Irische See

irksome adj lästig

iron I n **1.** Eisen nt; **to pump ~** (infml) Krafttraining machen **2.** (≈ electric iron) Bügeleisen nt; **he has too many ~s in the fire** er macht zu viel auf einmal; **to strike while the ~ is hot** (prov) das Eisen schmieden, solange es heiß ist (prov) **II** adj **1.** (≈ made of iron) Eisen-, eisern **2.** (fig) eisern **III** v/t & v/i bügeln, glätten (Swiss) ◆ **iron out** v/t sep ausbügeln

Iron Age n Eisenzeit f **Iron Curtain** n Eiserne(r) Vorhang

ironic(al) adj ironisch; **it's really ~** das ist wirklich witzig (infml) **ironically** adv ironisch; **and then, ~, it was he himself who had to do it** und dann hat ausgerechnet er es tun müssen

ironing n **1.** (≈ process) Bügeln nt, Glätten nt (Swiss) **2.** (≈ clothes) Bügelwäsche f; **to do the ~** (die Wäsche) bügeln or (Swiss) glätten **ironing board** n Bügelbrett nt

ironmonger's (shop) n (Br) Eisen- und Haushaltswarenhandlung f

irony n Ironie f no pl; **the ~ of it is that ...** das Ironische daran ist, dass ...

irrational adj irrational

irreconcilable adj unvereinbar

irredeemable adj loss unwiederbringlich **irredeemably** adv lost rettungslos; **democracy was ~ damaged** die Demokratie hatte irreparablen Schaden genommen

irrefutable adj unbestreitbar

irregular adj **1.** (≈ uneven, GRAM) unregelmäßig; shape ungleichmäßig; surface uneben; **he's been a bit ~ recently** (infml) er hat in letzter Zeit ziemlich unregelmäßigen Stuhlgang **2.** (≈ contrary to rules) unvorschriftsmäßig; **well, it's a bit ~, but I'll ...** eigentlich dürfte ich das nicht tun, aber ich ... **irregularity** n **1.** (≈ unevenness) Unregelmäßigkeit f; (of shape) Ungleichmäßigkeit f; (of surface) Unebenheit f **2.** (≈ non-observation of rules) Unvorschriftsmäßigkeit f **irregularly** adv (≈ unevenly) unregelmäßig; shaped ungleichmäßig; occur etc in unregelmäßigen Abständen

irrelevance *n* Irrelevanz *f no pl*; *it's be- come something of an ~* es ist ziemlich irrelevant geworden **irrelevant** *adj* irre- levant; *information* unwesentlich; *these issues are ~ to the younger generation* diese Fragen sind für die jüngere Gene- ration irrelevant

irreparable *adj* irreparabel **irreparably** *adv* irreparabel; *his reputation was ~ damaged* sein Ruf war unwiderruflich geschädigt

irreplaceable *adj* unersetzlich

irrepressible *adj urge, energy* unbe- zähmbar; *person* nicht kleinzukriegen

irreproachable *adj* tadellos

irresistible *adj* unwiderstehlich (*to* für)

irresolute *adj* unentschlossen

irrespective *adj ~ of* ungeachtet (+*gen*); ~ *of whether they want to or not* egal, ob sie wollen oder nicht

irresponsibility *n* (*of action*) Unverant- wortlichkeit *f*; (*of person*) Verantwor- tungslosigkeit *f* **irresponsible** *adj action* unverantwortlich; *person* verantwor- tungslos **irresponsibly** *adv* unverant- wortlich

irretrievable *adj* nicht mehr wiederzube- kommen; *loss* unersetzlich; *the infor- mation is ~* die Information kann nicht mehr abgerufen werden **irretrievably** *adv ~ lost* für immer verloren; ~ *dam- aged* irreparabel

irreverent *adj behaviour* unehrerbietig; *remark, book* respektlos

irreversible *adj* nicht rückgängig zu ma- chen; *decision* unwiderruflich; *damage* bleibend **irreversibly** *adv* für immer; *the peace process has been ~ dam- aged* der Friedensprozess hat einen nicht wiedergutzumachenden Schaden davongetragen

irrevocable *adj*, **irrevocably** *adv* unwi- derruflich

irrigate *v/t* bewässern **irrigation** *n* AGR Be- wässerung *f*

irritable *adj* (*as characteristic*) reizbar; (*on occasion*) gereizt **irritant** *n* MED Reizerreger *m*; (≈ *noise etc*) Ärgernis *nt* **irritate** *v/t* (≈ *annoy*) ärgern; (*deliber- ately*, MED) reizen; (≈ *get on nerves of*) irritieren; *to get ~d* ärgerlich werden; *I get ~d with him* er ärgert mich **irritating** *adj* ärgerlich; *cough* lästig; *I find his jokes ~* seine Witze regen mich auf; *the ~ thing is that ...* das Ärgerliche

ist, dass ... **irritation** *n* **1.** (≈ *state*) Ärger *m*; (≈ *thing that irritates*) Ärgernis *nt* **2.** MED Reizung *f*

IRS *abbr of* **Internal Revenue Service**

is *3rd person sg pres of* **be**

ISA *n abbr of* **Individual Savings Ac- count** (*Br* FIN) *von* Zinsabschlagsteuer befreites Sparkonto

ISDN *abbr of* **Integrated Services Digital Network** ISDN *nt*

Islam *n* (≈ *religion*) der Islam **Islamic** *adj* islamisch

island *n* Insel *f* **islander** *n* Inselbewoh- ner(in) *m(f)* **isle** *n* *the Isle of Man/ Wight* die Insel Man / Wight

isn't *contraction* = **is not**

isobar *n* Isobare *f*

isolate *v/t* **1.** isolieren; (≈ *separate*) abson- dern; *to ~ oneself from other people* sich (von anderen) abkapseln **2.** (≈ *pin- point*) herausfinden **isolated** *adj* **1.** iso- liert; (≈ *remote*) abgelegen; *existence* zu- rückgezogen; *the islanders feel ~* die Inselbewohner fühlen sich von der Au- ßenwelt abgeschnitten **2.** (≈ *single*) ein- zeln **isolation** *n* (≈ *state*) Isoliertheit *f*; (≈ *remoteness*) Abgelegenheit *f*; *he was in ~ for three months* (*in hospital*) er war drei Monate auf der Isolierstati- on; *to live in ~* zurückgezogen leben; *to consider sth in ~* etw gesondert *or* iso- liert betrachten **isolation ward** *n* Isolier- station *f*

isosceles *adj ~ triangle* gleichschenkli- ges Dreieck

ISP IT *abbr of* **Internet service provider**

Israel *n* Israel *nt* **Israeli I** *adj* israelisch **II** *n* Israeli *m/f(m)*

issue I *v/t documents etc* ausstellen; *tick- ets, banknotes, ammunition* ausgeben; *stamps* herausgeben; *order* erteilen (*to* +*dat*); *warning, declaration* abgeben; *ul- timatum* stellen; *to ~ sth to sb/sb with sth* etw an jdn ausgeben; *all troops are ~d with ...* alle Truppen sind mit ... aus- gerüstet **II** *v/i* (*liquid, gas*) austreten (*from* aus) **III** *n* **1.** (≈ *question*) Frage *f*; (≈ *matter*) Angelegenheit *f*; (*problem- atic*) Problem *nt*; *she raised the ~ of hu- man rights* sie brachte die Frage der Menschenrechte zur Sprache; *the whole future of the country is at ~* es geht um die Zukunft des Landes; *this matter is not at ~* diese Angelegenheit steht nicht zur Debatte; *to take ~ with*

jaundice n Gelbsucht f

jaunt n Spritztour f; **to go for a ~** eine Spritztour machen

jauntily adv munter, fröhlich; **with his hat perched ~ over one ear** den Hut keck auf einem Ohr **jaunty** adj (+er) munter

javelin n Speer m; **in the ~** SPORTS im Speerwurf

jaw n Kiefer m, Kinnlade f; **the lion opened its ~s** der Löwe riss seinen Rachen auf; **his ~ dropped** sein Unterkiefer klappte herunter **jawbone** n Kieferknochen m

jay n Eichelhäher m

jaywalking n Unachtsamkeit f (eines Fußgängers) im Straßenverkehr

jazz I n MUS Jazz m **II** attr Jazz- ♦ **jazz up** v/t sep aufmöbeln (infml)

jazzy adj (+er) **1.** colour, dress, tie knallig (infml); pattern auffallend **2.** music verjazzt

JCB® n Erdräummaschine f

jealous adj husband etc eifersüchtig; (of sb's success etc) neidisch; **to be ~ of sb** auf jdn eifersüchtig sein; (≈ envious) jdn beneiden **jealously** adv **1.** eifersüchtig **2.** (≈ enviously) neidisch **jealousy** n **1.** Eifersucht f (of auf +acc) **2.** (≈ envy) Neid m

jeans pl Jeans pl; **a pair of ~** (ein Paar) Jeans pl

Jeep® n Jeep® m

jeer I n **~s** Johlen nt no pl **II** v/i höhnische Bemerkungen machen; (≈ boo) buhen; **to ~ at sb** jdn (laut) verhöhnen **III** v/t verhöhnen **jeering** n höhnische Bemerkungen pl; (≈ booing) Gejohle nt

Jehovah's Witness n Zeuge m/Zeugin f Jehovas

Jell-O® n (US) Wackelpeter m (infml) **jelly** n Gelee nt; (esp Br ≈ dessert) Wackelpeter m (infml); (esp US ≈ jam) Marmelade f; (round meat etc) Aspik m or nt; **my legs were like ~** ich hatte Pudding in den Beinen (infml) **jelly baby** n (Br) ≈ Gummibärchen nt **jellyfish** n Qualle f **jelly jar** n (US) = **jam jar**

jeopardize v/t gefährden **jeopardy** n Gefahr f; **in ~** gefährdet; **to put sb/sth in ~** jdn/etw gefährden

jerk I n **1.** Ruck m; (≈ twitch) Zucken nt no pl; **to give sth a ~** einer Sache (dat) einen Ruck geben; rope an etw (dat) ruckartig ziehen; **the train stopped with a ~** der Zug hielt mit einem Ruck an **2.** (infml ≈ person) Trottel m (infml) **II** v/t rucken an (+dat); **the impact ~ed his head forward/back** beim Aufprall wurde sein Kopf nach vorn/hinten geschleudert; **he ~ed his head back** er riss den Kopf zurück **III** v/i the car ~ed forward der Wagen machte einen Ruck nach vorn; **the car ~ed to a stop** das Auto hielt ruckweise an ♦ **jerk off** v/i (sl) sich (dat) einen runterholen (infml)

jerky adj (+er) ruckartig

Jersey n **1.** Jersey nt **2.** (≈ cow) Jersey (-rind) nt

jersey n Pullover m; FTBL etc Trikot nt, Leiberl nt (Aus), Leibchen nt (Aus, Swiss)

Jerusalem n Jerusalem nt **Jerusalem artichoke** n Erdartischocke f

jest n Scherz m, Witz m; **in ~** im Spaß **jester** n HIST Narr m

Jesuit n Jesuit m

Jesus I n Jesus m; **~ Christ** Jesus Christus **II** int (sl) Mensch (infml); **~ Christ!** Menschenkind! (infml)

jet I n **1.** (of water) Strahl m; **a thin ~ of water** ein dünner Wasserstrahl **2.** (≈ nozzle) Düse f **3.** (a. **jet plane**) Düsenflugzeug nt, Jet m **II** attr AVIAT Düsen-, Jet- ♦ **jet off** v/i düsen (infml) (to nach)

jet-black adj kohl(pech)rabenschwarz **jet engine** n Düsentriebwerk nt **jet fighter** n Düsenjäger m **jet foil** n Tragflügelboot nt **jet lag** n Jetlag nt; **he's suffering from ~** er hat Jetlag **jetlagged** adj **to be ~** an Jetlag leiden **jet plane** n Düsenflugzeug nt **jet propulsion** n Düsenantrieb m **jet-propelled** adj mit Düsenantrieb **jet set** n Jetset m **jet-setter** n Jetsetter(in) m(f) **jet ski** n Wassermotorrad nt

jettison v/t **1.** NAUT, AVIAT (als Ballast) abwerfen **2.** (fig) plan über Bord werfen; articles wegwerfen

jetty n Pier m

Jew n Jude m, Jüdin f

jewel n Edelstein m; (≈ piece of jewellery) Schmuckstück nt **jeweller**, (US) **jeweler** n Juwelier(in) m(f); (making jewellery) Goldschmied(in) m(f); **at the ~'s (shop)** beim Juwelier

jewellery, (US) **jewelry** n Schmuck m no pl; **a piece of ~** ein Schmuckstück nt

Jewish adj jüdisch

jibe n = **gibe**

jiffy, **jiff** n (infml) Minütchen nt (infml); **I**

won't be a ~ ich komme sofort *or* gleich; (≈ *back soon*) ich bin sofort *or* gleich wieder da; **in a** ~ sofort **Jiffy bag®** *n* (*Br*) (gepolsterte) Versandtasche

jig I *n* lebhafter Volkstanz **II** *v/i* (*fig: a.* **jig about**) herumhüpfen; **to** ~ **up and down** herumspringen

jiggle I *v/t* wackeln mit; *handle* rütteln an (+*dat*) **II** *v/i* (*a.* **jiggle about**) herumzappeln

jigsaw *n* **1.** TECH Tischlerbandsäge *f* **2.** (*a.* **jigsaw puzzle**) Puzzle(spiel) *nt*

jilt *v/t* *lover* den Laufpass geben (+*dat*); ~**ed** verschmäht

jingle I *n* (*advertising*) ~ Jingle *m* **II** *v/i* (*keys etc*) klimpern; (*bells*) bimmeln **III** *v/t keys* klimpern mit; *bells* bimmeln lassen

jingoism *n* Hurrapatriotismus *m*

jinx *n* **there must be** *or* **there's a** ~ **on it** das ist verhext; **to put a** ~ **on sth** etw verhexen **jinxed** *adj* verhext

jitters *pl* (*infml*) **he had the** ~ er hatte das große Zittern (*infml*); **to give sb the** ~ jdn ganz rappelig machen (*infml*) **jittery** *adj* (*infml*) rappelig (*infml*)

jive *v/i* swingen

Jnr *abbr of junior* jun., jr.

job *n* **1.** (≈ *piece of work*) Arbeit *f*; **I have a** ~ **to do** ich habe zu tun; **I have a little** ~ **for you** ich habe da eine kleine Arbeit *or* Aufgabe für Sie; **to make a good** ~ **of sth** bei etw gute Arbeit leisten; **we could do a better** ~ **of running the company** wir könnten die Firma besser leiten; **I had a** ~ **convincing him** es war gar nicht so einfach, ihn zu überzeugen **2.** (≈ *employment*) Stelle *f*, Job *m* (*infml*); **to look for/get/have a** ~ eine Stelle suchen/bekommen/haben; **to lose one's** ~ seine Stelle verlieren; **500** ~**s lost** 500 Arbeitsplätze verloren gegangen **3.** (≈ *duty*) Aufgabe *f*; **that's not my** ~ dafür bin ich nicht zuständig; **it's not my** ~ **to tell him** es ist nicht meine Aufgabe, ihm das zu sagen; **I had the** ~ **of breaking the news to her** es fiel mir zu, ihr die Nachricht beizubringen; **he's not doing his** ~ er erfüllt seine Aufgabe(n) nicht; **I'm only doing my** ~ ich tue nur meine Pflicht **4.** **that's a good** ~**!** so ein Glück; **it's a good** ~ **I brought my cheque book** nur gut, dass ich mein Scheckbuch mitgenommen habe; **to give sb/sth up as a bad** ~ jdn/etw auf-

geben; **to make the best of a bad** ~ das Beste daraus machen; **that should do the** ~ das müsste hinhauen (*infml*); **this is just the** ~ das ist genau das Richtige **5.** (*infml* ≈ *operation*) Korrektur *f*; **to have a nose** ~ eine Nasenkorrektur machen lassen **job advertisement** *n* Stellenanzeige *f* **jobbing** *adj* Gelegenheits- **Jobcentre** *n* (*Br*) Arbeitsamt *nt* **job creation** *n* Arbeitsbeschaffung *f*; ~ **scheme** Arbeitsbeschaffungsmaßnahme *f* **job cuts** *pl* Arbeitsplatzabbau *m* **job description** *n* Tätigkeitsbeschreibung *f* **job-hunting** *n* Jobsuche *f*; **to be** ~ auf Jobsuche sein **job interview** *n* Vorstellungsgespräch *nt* **jobless** *adj* arbeitslos **job loss** *n* **there were 1,000** ~**es** 1 000 Arbeitsplätze gingen verloren **job lot** *n* COMM (Waren)posten *m* **job satisfaction** *n* Zufriedenheit *f* am Arbeitsplatz **job security** *n* Arbeitsplatzsicherheit *f* **jobseeker** *n* Arbeitssuchende(r) *m/f(m)*; ~**'s allowance** (*Br*) Arbeitslosengeld *nt* **job sharing** *n* Jobsharing *nt*

jockey I *n* Jockey *m* **II** *v/i* **to** ~ **for position** (*fig*) rangeln **jockey shorts** *pl* Jockeyshorts *pl*

jockstrap *n* Suspensorium *nt*

jocular *adj* lustig

jodhpurs *pl* Reithose(n) *f(pl)*

jog I *v/t* stoßen an (+*acc*) *or* gegen; *person* anstoßen; **to** ~ **sb's memory** jds Gedächtnis (*dat*) nachhelfen **II** *v/i* trotten; SPORTS joggen **III** *n* SPORTS Dauerlauf *m*; **to go for a** ~ SPORTS joggen (gehen) ◆ **jog along** *v/i* **1.** (≈ *go along: person, vehicle*) entlangzuckeln **2.** (*fig*) vor sich (*acc*) hin wursteln (*infml*)

jogger *n* Jogger(in) *m(f)* **jogging** *n* Jogging *nt*, Joggen *nt* **jogging pants** *pl* Jogginghose *f*

john *n* (*esp US infml*) (≈ *toilet*) Klo *nt* (*infml*), Häus(e)l *nt* (*Aus*)

John Bull *n* die Engländer *pl*

John Doe *n* (*US*) Otto Normalverbraucher *m* (*infml*)

John Hancock *n* (*infml* ≈ *signature*) Friedrich Wilhelm *m* (*infml*)

join I *v/t* **1.** (≈ *unite*) verbinden (*to* mit); **to** ~ **two things together** zwei Dinge (miteinander) verbinden; **to** ~ **hands** sich (*dat*) *or* einander die Hände reichen **2.** *army* gehen zu; *the EU* beitreten (+*dat*); *political party, club* eintreten in (+*acc*); *firm* anfangen bei; *group* sich anschließen (+*dat*); **to ~ the queue** sich in die Schlange stellen; **he ~ed us in France** er stieß in Frankreich zu uns; **I'll ~ you in five minutes** ich bin in fünf Minuten bei Ihnen; **may I ~ you?** kann ich mich Ihnen anschließen?; (≈ *sit with you*) darf ich mich zu Ihnen setzen?; (*in game etc*) kann ich mitmachen?; **will you ~ us?** machen Sie mit?; (≈ *sit with us*) wollen Sie sich (nicht) zu uns setzen?; (≈ *come with us*) kommen Sie mit?; **will you ~ me in a drink?** trinken Sie ein Glas mit mir? **3.** (*river, road*) einmünden in (+*acc*) **II** *v/i* **1.** (*a.* **join together**) (≈ *be attached*) (miteinander) verbunden sein; (≈ *be attachable*) sich (miteinander) verbinden lassen; (*rivers*) zusammenfließen; (*roads*) sich treffen; **to ~ together in doing sth** etw gemeinsam tun **2.** (*club member*) beitreten **III** *n* Naht (-stelle) *f* ◆ **join in** *v/i* (*in activity*) mitmachen (*prep obj* bei); (*in protest*) sich anschließen (*prep obj* +*dat*); (*in conversation*) sich beteiligen (*prep obj* an +*dat*); **everybody joined in the chorus** sie sangen alle zusammen den Refrain; **he didn't want to ~ the fun** er wollte nicht mitmachen ◆ **join up** **I** *v/i* **1.** (*Br* MIL) Soldat werden **2.** (*roads etc*) sich treffen **II** *v/t sep* (miteinander) verbinden

joiner *n* Schreiner(in) *m(f)*

joint I *n* **1.** ANAT Gelenk *nt*; **ankle ~** Knöchel *m* **2.** (*in woodwork*) Fuge *f*; (*in pipe etc*) Verbindung(sstelle) *f* **3.** (*Br* COOK) Braten *m*; **a ~ of beef** ein Rinderbraten *m* **4.** (*infml*) (≈ *place*) Laden *m* (*infml*) **5.** (*infml: of marijuana*) Joint *m* (*infml*) **II** *adj attr* gemeinsam; *strength* vereint; **he finished ~ second** *or* **in ~ second place** (*Br*) er belegte gemeinsam mit einem anderen den zweiten Platz; **it was a ~ effort** das ist in Gemeinschaftsarbeit entstanden **joint account** *n* gemeinsames Konto **jointed** *adj* mit Gelenken versehen **jointly** *adv* gemeinsam; **to be ~ owned by ...** im gemeinsamen Besitz von ... sein **joint owner** *n* Mitbesitzer(in) *m(f)* **joint ownership** *n* Mitbesitz *m* **joint stock** *n* Aktienkapital *nt* **joint stock company** *n* ≈ Kapitalgesellschaft *f* **joint venture** *n* Jointventure *nt* (COMM)

joist *n* Balken *m*; (*of metal, concrete*) Träger *m*

joke I *n* Witz *m*; (≈ *hoax*) Scherz *m*; (≈ *prank*) Streich *m*; **for a ~** zum Spaß; **I**

don't see the ~ ich möchte wissen, was daran so lustig ist *or* sein soll; **he can't take a ~** er versteht keinen Spaß; **what a ~!** zum Totlachen! (*infml*); **it's no ~** das ist nicht witzig; **this is getting beyond a ~** das geht (langsam) zu weit; **to play a ~ on sb** jdm einen Streich spielen; **to make a ~ of sth** Witze über etw (*acc*) machen; **to make ~s about sb/sth** sich über jdn/etw lustig machen **II** *v/i* Witze machen (*about* über +*acc*); (≈ *pull sb's leg*) Spaß machen; **I'm not joking** ich meine das ernst; **you must be joking!** das soll wohl ein Witz sein; **you're joking!** mach keine Witze! **joker** *n* **1.** (≈ *person*) Witzbold *m* **2.** CARDS Joker *m* **joking I** *adj tone* scherzhaft; **it's no ~ matter** darüber macht man keine Witze **II** *n* Witze *pl*; **~ apart** *or* **aside** Spaß beiseite **jokingly** *adv* im Spaß **joky** *adj* lustig

jolly I *adj* (+*er*) (*esp Br*) vergnügt **II** *adv* (*dated Br infml*) ganz schön (*infml*); *nice* mächtig (*infml*); **~ good** prima (*infml*); **I should ~ well hope/think so!** das will ich auch hoffen/gemeint haben!

jolt I *v/i* (*vehicle*) holpern; (≈ *give one a jolt*) einen Ruck machen **II** *v/t* (*lit*) (≈ *shake*) durchschütteln; (*once*) einen Ruck geben (+*dat*); (*fig*) aufrütteln; **she was ~ed awake** sie wurde wach gerüttelt **III** *n* **1.** (≈ *jerk*) Ruck *m* **2.** (*fig infml*) Schock *m*

jostle I *v/i* drängeln **II** *v/t* anrempeln

jot *n* (*infml*) Körnchen *nt*; **it won't do a ~ of good** das nützt gar nichts; **this won't affect my decision one ~** das wird meine Entscheidung nicht im Geringsten beeinflussen ◆ **jot down** *v/t sep* sich (*dat*) notieren; **to ~ notes** Notizen machen

jotter *n* (*Br*) Notizheft(chen) *nt*

journal *n* **1.** (≈ *magazine*) Zeitschrift *f* **2.** (≈ *diary*) Tagebuch *nt*; **to keep a ~** Tagebuch führen **journalese** *n* Pressejargon *m* **journalism** *n* Journalismus *m* **journalist** *n* Journalist(in) *m(f)*

journey I *n* Reise *f*; **to go on a ~** verreisen; **it's a ~ of 50 miles** es liegt 50 Meilen entfernt; **it's a two-day ~ to get to ... from here** man braucht zwei Tage, um von hier nach ... zu kommen; **a train ~** eine Zugfahrt; **the ~ home** die Heimreise; **he has quite a ~ to get to work** er muss ziemlich weit fahren, um zur Arbeit zu kommen; **a ~ of discovery** eine Entdeckungsreise **II** *v/i* reisen

jovial *adj* fröhlich

jowl *n* (*often pl*) Hängebacke *f*

joy *n* **1.** Freude *f*; **to my great ~** zu meiner großen Freude; **this car is a ~ to drive** es ist eine Freude, dieses Auto zu fahren; **one of the ~s of this job is ...** eine der erfreulichen Seiten dieses Berufs ist ... **2.** *no pl* (*Br infml* ≈ *success*) Erfolg *m*; **any ~?** hat es geklappt? (*infml*); **you won't get any ~ out of him** bei ihm werden Sie keinen Erfolg haben **joyful** *adj* freudig **joyous** *adj* (*liter*) freudig **joyrider** *n* Joyrider(in) *m(f)*, Strolchenfahrer(in) *m(f)* (*Swiss*) **joyriding** *n* Joyriding *nt*, Strolchenfahrten *pl* (*Swiss*) **joystick** *n* AVIAT Steuerknüppel *m*; IT Joystick *m*

JPEG *n abbr of* **Joint Photographic Experts Group** JPEG *nt*

Jr *abbr of* **junior** jr., jun.

jubilant *adj* überglücklich **jubilation** *n* Jubel *m* **jubilee** *n* Jubiläum *nt*

Judaism *n* Judaismus *m*

judder *v/i* (*Br*) erzittern; (*car etc*) ruckeln; **the train ~ed to a halt** der Zug kam ruckartig zum Stehen

judge **I** *n* **1.** JUR Richter(in) *m(f)*; (*of competition*) Preisrichter(in) *m(f)*; SPORTS Kampfrichter(in) *m(f)* **2.** (*fig*) Kenner(in) *m(f)*; **a good ~ of character** ein guter Menschenkenner; **I'll be the ~ of that** das müssen Sie mich schon selbst beurteilen lassen **II** *v/t* **1.** JUR *case* verhandeln **2.** *competition* bewerten; SPORTS Kampfrichter sein bei **3.** (*fig* ≈ *pass judgement on*) ein Urteil fällen über (*+acc*); **you shouldn't ~ people by appearances** Sie sollten Menschen nicht nach ihrem Äußeren beurteilen; **you can ~ for yourself** Sie können es selbst beurteilen; **how would you ~ him?** wie würden Sie ihn beurteilen *or* einschätzen? **4.** *speed etc* einschätzen **III** *v/i* **1.** (*at competition*) Preisrichter sein **2.** (*fig*) (≈ *pass judgement*) ein Urteil fällen; (≈ *form an opinion*) (be)urteilen; **as or so far as one can ~** soweit man (es) beurteilen kann; **judging by sth** nach etw zu urteilen; **to ~ by appearances** nach dem Äußeren urteilen; **he let me ~ for myself** er überließ es meinem Urteil

judg(e)ment *n* **1.** JUR (Gerichts)urteil *nt*;

to pass *or* **give ~** das Urteil sprechen (*on* über +*acc*) **2.** (≈ *opinion*) Meinung *f*; (*of speed etc*) Einschätzung *f*; **in my ~** meiner Meinung nach; **against one's better ~** wider besseres Wissen **3.** (≈ *discernment*) Urteilsvermögen *nt* **judg(e)mental** *adj* wertend **Judg(e)ment Day** *n* Tag *m* des Jüngsten Gerichts

judicial *adj* JUR gerichtlich; **~ system** Justizsystem *nt* **judiciary** *n* Gerichtsbehörden *pl*

judo *n* Judo *nt*

jug *n* (*with lid*) Kanne *f*; (*without lid*) Krug *m*

juggernaut *n* (*Br*) Schwerlaster *m*

juggle **I** *v/i* jonglieren **II** *v/t balls* jonglieren (mit); *figures* so hindrehen, dass sie passen; **many women have to ~** (*the demands of*) **family and career** viele Frauen müssen (die Anforderungen von) Familie und Beruf miteinander vereinbaren **juggler** *n* (*lit*) Jongleur(in) *m(f)*

jugular *n* ~ (**vein**) Drosselvene *f*

juice *n* (*lit*, *fig infml*) Saft *m* **juicy** *adj* (*+er*) saftig

jukebox *n* Jukebox *f*

Jul *abbr of* **July**

July *n* Juli *m*; → **September**

jumble **I** *v/t* (*a.* **jumble up**) **1.** (*lit*) durcheinanderwerfen; **~d up** durcheinander; **a ~d mass of wires** ein Wirrwarr *m* von Kabeln; **his clothes are ~d together on the bed** seine Kleider liegen in einem unordentlichen Haufen auf dem Bett **2.** (*fig*) *facts* durcheinanderbringen **II** *n* **1.** (*of objects*) Durcheinander *nt*; (*of words*) Wirrwarr *m* **2.** *no pl* (*for jumble sale*) gebrauchte Sachen *pl* **jumble sale** *n* (*Br*) Flohmarkt *m*; (*for charity*) Wohltätigkeitsbasar *m*

jumbo *n* (≈ *jumbo jet*) Jumbo(jet) *m* **jumbo-sized** *adj* riesig, Riesen-

jump **I** *n* **1.** Sprung *m*; (*on race-course*) Hindernis *nt*; (*of prices*) (sprunghafter) Anstieg **2.** (≈ *start*) **to give a ~** zusammenfahren **II** *v/i* **1.** springen; (*prices*) sprunghaft ansteigen; **to ~ for joy** einen Freudensprung machen; **to ~ to one's feet** aufspringen; **to ~ to conclusions** vorschnelle Schlüsse ziehen; **~ to it!** mach schon!; **the film suddenly ~s from the 18th into the 20th century** der Film macht plötzlich einen Sprung vom 18. ins 20. Jahrhundert; **if you keep ~ing**

from one thing to another wenn Sie nie an einer Sache bleiben **2.** (≈ *start*) zusammenzucken; ***you made me*** ~ du hast mich (aber) erschreckt **III** *v/t fence etc* überspringen; ***to*** ~ **the lights** bei Rot über die Kreuzung fahren; ***to*** ~ **the queue** (*Br*) sich vordrängeln ♦ **jump at** *v/i +prep obj chance* sofort beim Schopf ergreifen ♦ **jump down** *v/i* herunterspringen (*from* von); ***to*** ~ **sb's throat** jdn anfahren ♦ **jump in** *v/i* hineinspringen; ~***!*** (*to car*) steig ein! ♦ **jump off** *v/i* herunterspringen (*prep obj* von); (*from train, bus*) aussteigen (*prep obj* aus); (*when moving*) abspringen (*prep obj* von) ♦ **jump on** *v/i* (*lit, onto vehicle*) einsteigen (*prep obj,* -*to* in +*acc*); ***to*** ~***(to)*** **sb/sth** auf jdn/etw springen ♦ **jump out** *v/i* hinausspringen; (*from vehicle*) aussteigen (*of* aus); (*when moving*) abspringen (*of* von); ***to*** ~ **of the window** aus dem Fenster springen ♦ **jump up** *v/i* hochspringen; (*onto* sth) hinaufspringen (*onto* auf +*acc*)

jumper *n* **1.** (*Br*) Pullover *m* **2.** (*US* ≈ *dress*) Trägerkleid *nt* **jumper cables** *n* (*US* AUTO) = **jump leads jump leads** *pl* (*Br* AUTO) Starthilfekabel *nt* **jump rope** *n* (*US*) Hüpf- *or* Sprungseil *nt* **jump suit** *n* Overall *m* **jumpy** *adj* (+*er*) (*infml*) *person* nervös

Jun *abbr of* **June**

junction *n* RAIL Gleisanschluss *m*; (*of roads*) Kreuzung *f* **junction box** *n* ELEC Verteilerkasten *m*

juncture *n* **at this** ~ zu diesem Zeitpunkt

June *n* Juni *m*; → **September**

jungle *n* Dschungel *m*

junior I *adj* **1.** (≈ *younger*) jünger; ***Hiram Schwarz,*** ~ Hiram Schwarz junior **2.** *employee* untergeordnet; *officer* rangniedriger; ***to be*** ~ **to sb** unter jdm stehen **3.** SPORTS Junioren- **II** *n* **1. he is two years my** ~ er ist zwei Jahre jünger als ich **2.** (*Br* SCHOOL) Grundschüler(in) *m(f)* **3.** (*US* UNIV) Student(in) im vorletzten Studienjahr **junior high (school)** *n* (*US*) ≈ Mittelschule *f* **junior minister** *n* Staatssekretär(in) *m(f)* **junior partner** *n* jüngerer Teilhaber; (*in coalition*) kleinerer (Koalitions)partner **junior school** *n* (*Br*) Grundschule *f*

junk *n* **1.** (≈ *discarded objects*) Trödel *m* **2.** (*infml* ≈ *trash*) Ramsch *m* **junk car** *n* Schrottauto *nt* (*infml*) **junk food** *n* Junk-

food *nt* (*infml*) **junkie** *n* (*infml*) Junkie *m* (*infml*) **junk mail** *n* (Post)wurfsendungen *pl* **junk shop** *n* Trödelladen *m*

Jupiter *n* Jupiter *m*

jurisdiction *n* Gerichtsbarkeit *f*; (≈ *range of authority*) Zuständigkeit(sbereich *m*) *f*

juror *n* Schöffe *m*, Schöffin *f*; (*for capital crimes*) Geschworene(r) *m/f(m)* **jury** *n* **1.** JUR **the** ~ die Schöffen *pl*; (*for capital crimes*) die Geschworenen *pl*; ***to sit or be on the*** ~ Schöffe/Geschworener sein **2.** (*for competition*) Jury *f* **jury service** *n* Schöffenamt *nt*; (*for capital crimes*) Amt *nt* des Geschworenen

just¹ *adv* **1.** (*with time*) gerade; ***they have*** ~ **left** sie sind gerade gegangen; ***she left*** ~ **before I came** sie war, kurz bevor ich kam, weggegangen; ~ ***after lunch*** gleich nach dem Mittagessen; ***he's*** ~ **coming** er kommt gerade; ***I'm*** ~ **coming** ich komme ja schon; ***I was*** ~ **going to ...** ich wollte gerade ...; ~ ***as I was going*** gerade, als ich gehen wollte; ~ **now** (*in past*) gerade erst; ***not*** ~ **now** im Moment nicht; ~ **now?** jetzt gleich? **2.** (≈ *barely*) gerade noch; ***it*** ~ **missed** es hat beinahe getroffen; ***I've got only*** ~ **enough to live on** mir reicht es gerade so noch zum Leben; ***I arrived*** ~ **in time** ich bin gerade (noch) rechtzeitig gekommen **3.** (≈ *exactly*) genau; ***that's*** ~ **like you** das sieht dir ähnlich; ***that's*** ~ **it!** das ist es ja gerade!; ***that's*** ~ **what I was going to say** genau das wollte ich (auch) sagen **4.** (≈ *only*) nur, bloß; ~ **you and me** nur wir beide; ***he's*** ~ **a boy** er ist doch noch ein Junge; ***I*** ~ **don't like it** ich mag es eben nicht; ~ **like that** (ganz) einfach so; ***you can't*** ~ **assume ...** Sie können doch nicht ohne Weiteres annehmen ...; ***it's*** ~ **not good enough** es ist einfach nicht gut genug **5.** (*with position*) gleich; ~ **above the trees** direkt über den Bäumen; ***put it*** ~ **over there** stells mal da drüben hin; ~ **here** (genau) hier **6.** (≈ *absolutely*) wirklich; ***it's*** ~ **terrible** das ist ja schrecklich! **7.** ~ **as** genauso; ***the blue hat is*** ~ **as nice as the red one** der blaue Hut ist genauso hübsch wie der rote; ***it's*** ~ **as well ...** nur gut, dass ...; ~ **as I thought!** ich habe es mir doch gedacht!; ~ **about** in etwa; ***I am*** ~ **about ready** ich bin so gut wie fertig; ***did he make it in time?** — ~ **about** hat ers (rechtzeitig) geschafft? —

so gerade; **I am ~ about fed up with it!** (*infml*) so langsam aber sicher hängt es mir zum Hals raus (*infml*); **~ listen** hör mal; **~ shut up!** sei bloß still!; **~ wait here a moment** warten Sie hier mal (für) einen Augenblick; **~ a moment!** Moment mal!; **I can ~ see him as a soldier** ich kann ihn mir gut als Soldat vorstellen; **can I ~ finish this?** kann ich das eben noch fertig machen?

just² *adj* (+*er*) gerecht (*to* gegenüber); **I had ~ cause to be alarmed** ich hatte guten Grund, beunruhigt zu sein

justice *n* **1.** Gerechtigkeit *f*; (*system*) Justiz *f*; **to bring sb to ~** jdn vor Gericht bringen; **to do him ~** um ihm gegenüber gerecht zu sein; **this photograph doesn't do her ~** auf diesem Foto ist sie nicht gut getroffen; **you didn't do yourself ~ in the exams** Sie haben im Examen nicht gezeigt, was Sie können; **ministry of ~** (*Br*), **Department of Justice** (*US*) Justizministerium *nt* **2.** (≈

judge) Richter(in) *m(f)*; **Justice of the Peace** Friedensrichter(in) *m(f)*

justifiable *adj* gerechtfertigt **justifiably** *adv* mit *or* zu Recht **justification** *n* Rechtfertigung *f* (*of* +*gen*, *for* für); **as (a) ~ for his action** zur Rechtfertigung seiner Handlungsweise **justify** *v/t* **1.** rechtfertigen (*sth to sb* etw vor jdm *or* jdm gegenüber); **he was justified in doing that** es war gerechtfertigt, dass er das tat **2.** TYPO justieren; IT ausrichten **justly** *adv* zu Recht; *treat* gerecht

jut *v/i* (*a.* **jut out**) hervorstehen; **the peninsula ~s out into the sea** die Halbinsel ragt ins Meer hinaus; **to ~ out over the street** über die Straße hinausragen

juvenile I *n* ADMIN Jugendliche(r) *m/f(m)* **II** *adj* für Jugendliche; **~ crime** Jugendkriminalität *f* **juvenile delinquency** *n* Jugendkriminalität *f* **juvenile delinquent** *n* jugendlicher Straftäter, jugendliche Straftäterin

juxtapose *v/t* nebeneinanderstellen

K

K, k *n* K *nt*, k *nt*
K *abbr* (*in salaries etc*) -tausend; **15 K** 15.000
k *n* IT *abbr of* **kilobyte** KB
kaleidoscope *n* Kaleidoskop *nt*
kangaroo *n* Känguru *nt*
karaoke *n* Karaoke *nt*
karate *n* Karate *nt*
kayak *n* Kajak *m or nt*
kcal *abbr of* **kilocalorie** kcal
kebab *n* Kebab *m*
keel *n* NAUT Kiel *m*; **he put the business back on an even ~** er brachte das Geschäft wieder auf die Beine (*infml*)
♦ **keel over** *v/i* (*fig infml*) umkippen
keen *adj* (+*er*) **1.** *interest* stark; *intelligence* scharf; *sight* gut **2.** (≈ *enthusiastic*) begeistert; (≈ *interested*) stark interessiert; **~ to learn** lernbegierig; **to be ~ on sb** von jdm sehr angetan sein; (*sexually*) scharf auf jdn sein (*infml*); *on pop group etc* von jdm begeistert sein; **to be ~ on sth** etw sehr gern mögen; **to be ~ on doing sth** (≈ *like to do*) etw mit Begeisterung tun; **to be ~ to do sth** scharf darauf sein, etw zu tun (*infml*); **to be ~ on danc-**

ing leidenschaftlicher Tänzer sein; **he is very ~ on golf** er ist ein Golffan *m*; **I'm not very ~ on him** ich bin von ihm/nicht gerade begeistert; **he's not ~ on her coming** er legt keinen (gesteigerten) Wert darauf, dass sie kommt; **he's very ~ for us to go** er legt sehr großen Wert darauf, dass wir gehen **3.** *blade, wind* scharf **keenly** *adv* **1.** *feel* leidenschaftlich; *interested* stark **2.** (≈ *enthusiastically*) mit Begeisterung; **~ awaited** mit Ungeduld erwartet **keenness** *n* (≈ *enthusiasm*) Begeisterung *f*; (*of applicant, learner*) starkes Interesse

keep *vb*: *pret, past part* **kept I** *v/t* **1.** (≈ *retain*) behalten; **you can ~ this book** du kannst dieses Buch behalten; **to ~ a place for sb** einen Platz für jdn frei halten; **to ~ a note of sth** sich (*dat*) etw notieren **2.** (≈ *maintain*) halten; **he kept his hands in his pockets** er hat die Hände in der Tasche gelassen; **the garden was well kept** der Garten war (gut) gepflegt; **to ~ sb waiting** jdn warten lassen; **can't you ~ him talking?** können Sie ihn nicht in ein Gespräch verwickeln?; **to ~ the traffic moving** den Verkehr am Fließen halten; **to ~ the conversation going** das Gespräch in Gang halten; **to ~ one's dress clean** sein Kleid nicht schmutzig machen; **to ~ sb quiet** dafür sorgen, dass jd still ist; **just to ~ her happy** damit sie zufrieden ist; **to ~ sb alive** jdn am Leben halten; **to ~ oneself busy** sich selbst beschäftigen; **to ~ oneself warm** sich warm halten **3.** (≈ *have in certain place*) aufbewahren; **where do you ~ your spoons?** wo sind die Löffel? **4.** (≈ *put aside*) aufheben; **I've been ~ing it for you** ich habe es für Sie aufgehoben **5.** (≈ *detain*) aufhalten; **I mustn't ~ you** ich will Sie nicht aufhalten; **what kept you?** wo waren Sie denn so lang?; **what's ~ing him?** wo bleibt er denn?; **to ~ sb prisoner** jdn gefangen halten; **they kept him in hospital** sie haben ihn im Krankenhaus behalten **6.** *shop* führen; *pigs* halten **7.** (≈ *support*) versorgen; **I earn enough to ~ myself** ich verdiene genug für mich (selbst) zum Leben; **I have six children to ~** ich habe sechs Kinder zu unterhalten **8.** *promise* halten; *rule* befolgen; *appointment* einhalten **9.** *diary* führen (*of* über *+acc*) **II** *v/i* **1. to ~ to the left** sich links halten; AUTO links fahren **2.** (≈ *remain*) bleiben; **how are you ~ing?** wie geht es Ihnen so?; **to ~ fit** fit bleiben; **to ~ quiet** still sein; **to ~ silent** schweigen; **to ~ calm** ruhig bleiben; **to ~ doing sth** (≈ *not stop*) etw weiter tun; (*constantly*) etw dauernd tun; **to ~ walking** weitergehen; **~ going** machen Sie weiter; **I ~ hoping she's still alive** ich hoffe immer noch, dass sie noch lebt; **I ~ thinking ...** ich denke immer ... **3.** (*food etc*) sich halten **III** *n* (≈ *livelihood, food*) Unterhalt *m*; **I got £300 a week and my ~** ich bekam £ 300 pro Woche und freie Kost und Logis; **to earn one's ~** seinen Lebensunterhalt verdienen; **for ~s** (*infml*) für immer ♦ **keep at I** *v/i +prep obj* weitermachen mit; **~ it** machen Sie weiter so **II** *v/t +prep obj* **to keep sb (hard) at it** jdn hart rannehmen (*infml*) ♦ **keep away I** *v/i* (*lit*) wegbleiben; **~!** nicht näher kommen!; **~ from that place** gehen Sie da nicht hin; **I just can't ~** es zieht mich immer wieder hin; **~ from him** lassen Sie die Finger von ihm **II** *v/t always separate* fernhalten (*from*

von); **to keep sth away from sth** etw nicht an etw (*acc*) kommen lassen; **to keep sb away from school** jdn nicht in die Schule (gehen) lassen ♦ **keep back I** *v/i* zurückbleiben; **~!** bleiben Sie, wo Sie sind!; **please ~ from the edge** bitte gehen Sie nicht zu nahe an den Rand **II** *v/t sep* **1.** *person, hair* zurückhalten; *tears* unterdrücken; **to keep sb/sth back from sb** jdn/etw von jdm abhalten **2.** *money* einbehalten; *information* verschweigen (*from sb* jdm) ♦ **keep down I** *v/i* unten bleiben **II** *v/t sep* **1.** *head* ducken; **keep your voices down** reden Sie nicht so laut **2.** *weeds etc* unter Kontrolle halten; *taxes, prices* niedrig halten; *costs* drücken; **to keep numbers down** die Zahlen gering halten; **to keep one's weight down** nicht zunehmen **3.** *food* bei sich behalten ♦ **keep from** *v/t +prep obj* **1.** *sb* hindern an (*+dat*); **I couldn't keep him from doing it** ich konnte ihn nicht daran hindern *or* davon abhalten, das zu tun; **the bells keep me from sleeping** die Glocken lassen mich nicht schlafen; **keep them from getting wet** verhindern Sie es, dass sie nass werden; **to keep sb from harm** jdn vor Schaden (*dat*) bewahren **2. to keep sth from sb** jdm etw verschweigen; **can you keep this from your mother?** können Sie das vor Ihrer Mutter geheim halten *or* verbergen? ♦ **keep in** *v/t sep schoolboy* nachsitzen lassen; **his parents have kept him in** seine Eltern haben ihn nicht gehen lassen ♦ **keep in with** *v/i +prep obj* sich gut stellen mit; **he's just trying to ~ her** er will sich nur bei ihr lieb Kind machen ♦ **keep off I** *v/i* (*person*) wegbleiben; **if the rain keeps off** wenn es nicht regnet; **"keep off!"** „Betreten verboten!" **II** *v/t sep person* fernhalten (*prep obj* von); *one's hands* wegnehmen (*prep obj* von); **to keep one's mind off sth** nicht an etw (*acc*) denken; **keep your hands off** Hände weg! **III** *v/i +prep obj* vermeiden; **"keep off the grass"** „Betreten des Rasens verboten" ♦ **keep on** *v/i* **1.** (≈ *continue*) weitermachen; **to ~ doing sth** etw weiter tun; (*incessantly*) etw dauernd tun; **I ~ telling you** ich sage dir ja immer; **to ~ at sb** (*infml*) dauernd an jdm herummeckern (*infml*); **they kept on at him until he agreed** sie haben ihm so lange keine Ruhe gelassen, bis er zustimmte; **to ~ about sth** (*infml*) unaufhörlich von etw reden; **there's no need to ~ about it** (*infml*) es ist wirklich nicht nötig, ewig darauf herumzuhacken (*infml*) **2.** (≈ *keep going*) weitergehen/ -fahren; **keep straight on** immer geradeaus **II** *v/t sep* **1.** *employee* weiterbeschäftigen **2.** *coat etc* anbehalten; *hat* aufbehalten ♦ **keep out I** *v/i* (*of room, building*) draußen bleiben; (*of area*) etw nicht betreten; **"keep out"** „Zutritt verboten"; **to ~ of the sun** nicht in die Sonne gehen; **to ~ of sight** sich nicht zeigen; **you ~ of this!** halten Sie sich da raus! **II** *v/t sep person* nicht hereinlassen (*of in* +*acc*); *light, rain* abhalten; **this screen keeps the sun out of your eyes** diese Blende schützt Ihre Augen vor Sonne ♦ **keep to I** *v/i* +*prep obj* ~ **the main road** bleiben Sie auf der Hauptstraße; **to ~ the schedule/plan** den Zeitplan einhalten; **to ~ the speed limit** sich an die Geschwindigkeitsbegrenzung halten; **to ~ the subject** beim Thema bleiben; **to keep (oneself) to oneself** nicht sehr gesellig sein; **they keep (themselves) to themselves** (*as a group*) sie bleiben unter sich **II** *v/t* +*prep obj* **to keep sb to his word/promise** jdn beim Wort nehmen; **to keep sth to a minimum** etw auf ein Minimum beschränken; **to keep sth to oneself** etw für sich behalten; **keep your hands to yourself!** nehmen Sie Ihre Hände weg! ♦ **keep together** *v/t sep* etw zusammen aufbewahren; (≈ *unite*) *things, people* zusammenhalten ♦ **keep up I** *v/i* **1.** (*rain*) (an)dauern; (*strength*) nicht nachlassen **2. to ~ (with sb/sth)** (mit jdm/etw) Schritt halten; (*in comprehension*) (jdm/einer Sache) folgen können; **to ~ with the news** sich auf dem Laufenden halten **II** *v/t sep* **1.** *tent* aufrecht halten; **to keep his trousers up** damit die Hose nicht herunterrutscht **2.** (≈ *not stop*) nicht aufhören mit; *study etc* fortsetzen; *quality, prices* aufrechterhalten; *speed* halten; **I try to ~ my Spanish** ich versuche, mit meinem Spanisch nicht aus der Übung zu kommen; **to keep one's morale up** den Mut nicht verlieren; **keep it up!** (machen Sie) weiter so!; **he couldn't keep it up** er hat schlappgemacht (*infml*) **3.** (≈ *from bed*) am Schlafenge-

hen hindern; **that child kept me up all night** das Kind hat mich die ganze Nacht nicht schlafen lassen

keeper *n* (*in zoo*) Wärter(in) *m(f)*; (*Br infml* ≈ *goalkeeper*) Torhüter(in) *m(f)* **keep fit** *n* Fitnessübungen *pl* **keeping** *n* **in ~ with** in Einklang mit **keepsake** *n* Andenken *nt*

keg *n* **1.** kleines Fass **2.** (*a.* **keg beer**) Bier *nt* vom Fass

kennel *n* **1.** Hundehütte *f* **2. ~s** (*boarding*) (Hunde)heim *nt*; **to put a dog in ~s** einen Hund in Pflege geben

Kenya *n* Kenia *nt*

kept *pret, past part of* **keep**

kerb *n* (*Br*) Bordkante *f* **kerb crawler** *n* Freier *m* im Autostrich (*infml*) **kerb crawling** *n* Autostrich *m*

kernel *n* Kern *m*

kerosene *n* Kerosin *nt*

kestrel *n* Turmfalke *m*

ketchup *n* Ketchup *nt or m*

kettle *n* Kessel *m*; **I'll put the ~ on** ich stelle mal eben (Kaffee-/Tee)wasser auf; **the ~'s boiling** das Wasser kocht

key I *n* **1.** Schlüssel *m* **2.** (≈ *answers*) Lösungen *pl*; SCHOOL Schlüssel *m*; (*for maps etc*) Zeichenerklärung *f* **3.** (*of piano*, IT) Taste *f* **4.** MUS Tonart *f*; **to sing off ~** falsch singen **II** *adj attr* Schlüssel-; *witness* wichtigste(r, s) **III** *v/t* IT *text* eingeben ♦ **key in** *v/t sep* IT eingeben ♦ **key up** *v/t sep* **to be keyed up about sth** wegen etw ganz aufgedreht sein (*infml*)

keyboard *n* (*of piano*) Klaviatur *f*; IT Tastatur *f*; ~ **skills** IT Fertigkeiten *pl* in der Texterfassung **key card** *n* Schlüsselkarte *f* **keyhole** *n* Schlüsselloch *nt* **keynote** *adj attr* ~ **speech** programmatische Rede **keypad** *n* IT Tastenfeld *nt* **keyring** *n* Schlüsselring *m* **keyword** *n* (≈ *significant word*) Schlüsselwort *nt*; (*in index*) Schlagwort *nt*

kg *abbr of* **kilogramme(s)**, **kilogram(s)** kg

khaki I *n* Khaki *nt* **II** *adj* khaki(braun *or* -farben)

kick I *n* **1.** Tritt *m*; **to give sth a ~** einer Sache (*dat*) einen Tritt versetzen; **what he needs is a good ~ up the backside** *or* **in the pants** (*infml*) er braucht mal einen kräftigen Tritt in den Hintern (*infml*) **2.** (*infml*) **she gets a ~ out of it** es macht ihr einen Riesenspaß (*infml*); **to do sth for ~s** etw zum Spaß tun; **how**

do you get your ~s? was machen Sie zu ihrem Vergnügen? **II** v/i (person) treten; (animal) ausschlagen **III** v/t **1.** einen Tritt versetzen (+dat); football kicken (infml); **to ~ sb in the stomach** jdm in den Bauch treten; **to ~ the bucket** (infml) ins Gras beißen (infml); **I could have ~ed myself** (infml) ich hätte mir in den Hintern beißen können (infml) **2.** (infml) **to ~ the habit** es sich (dat) abgewöhnen ♦ **kick about** (Brit) or **around I** v/i (infml) (person) rumhängen (infml) (prep obj in +dat); (thing) rumliegen (infml) (prep obj in +dat) **II** v/t sep **to kick a ball about** or **around** (herum)bolzen (infml) ♦ **kick down** v/t sep door eintreten ♦ **kick in I** v/t sep door eintreten; **to kick sb's teeth in** jdm die Zähne einschlagen **II** v/i (drug etc) wirken ♦ **kick off I** v/i FTBL anstoßen; (fig infml) losgehen (infml); **who's going to ~?** (fig infml) wer fängt an? **II** v/t sep wegtreten; shoes von sich schleudern; **they kicked him off the committee** (infml) sie warfen ihn aus dem Ausschuss ♦ **kick out** v/t sep hinauswerfen (of aus) ♦ **kick up** v/t sep (fig infml) **to ~ a fuss** Krach schlagen (infml)

kickboxing n Kickboxen nt **kickoff** n SPORTS Anstoß m

kid I n **1.** (≈ goat) Kitz nt **2.** (infml ≈ child) Kind nt; **when I was a ~** als ich klein war; **to get the ~s to bed** die Kleinen ins Bett bringen; **it's ~'s stuff** (≈ for children) das ist was für kleine Kinder (infml); (≈ easy) das ist doch ein Kinderspiel **II** adj attr (infml) **~ sister** kleine Schwester **III** v/t (infml) **to ~ sb** (≈ tease) jdn aufziehen (infml); (≈ deceive) jdn an der Nase rumführen (infml); **don't ~ yourself!** machen Sie sich doch nichts vor!; **who is she trying to ~?, who is she ~ding?** wem will sie was weismachen? **IV** v/i (infml) Jux machen (infml); **no ~ding** im Ernst; **you've got to be ~ding!** das ist doch wohl nicht dein Ernst! **kid gloves** pl Glacéhandschuhe pl; **to handle** or **treat sb with ~** (fig) jdn mit Samthandschuhen anfassen

kidnap v/t entführen, kidnappen **kidnapper** n Entführer(in) m(f), Kidnapper(in) m(f) **kidnapping** n Entführung f

kidney n Niere f **kidney bean** n Kidneybohne f **kidney stone** n MED Nierenstein m

kill I v/t **1.** töten, umbringen; pain beseitigen; weeds vernichten; **to be ~ed in action** fallen; **to be ~ed in battle/in the war** im Kampf/Krieg fallen; **to be ~ed in a car accident** bei einem Autounfall ums Leben kommen; **she ~ed herself** sie brachte sich um; **many people were ~ed by the plague** viele Menschen sind der Pest zum Opfer gefallen; **to ~ time** die Zeit totschlagen; **we have two hours to ~** wir haben noch zwei Stunden übrig; **to ~ two birds with one stone** (prov) zwei Fliegen mit einer Klappe schlagen (prov); **she was ~ing herself (laughing)** (infml) sie hat sich totgelacht (infml); **a few more weeks won't ~ you** (infml) noch ein paar Wochen bringen dich nicht um (infml); **my feet are ~ing me** (infml) mir brennen die Füße; **I'll do it (even) if it ~s me** (infml) ich mache es, und wenn es mich umbringt (infml) **2.** TECH engine etc abschalten **II** v/i töten; **cigarettes can ~** Zigaretten können tödlich sein **III** n to move in for the ~ (fig) zum entscheidenden Schlag ausholen ♦ **kill off** v/t sep **1.** vernichten, töten **2.** (fig) speculation ein Ende machen (+dat)

killer n Killer(in) m(f) (infml); **this disease is a ~** diese Krankheit ist tödlich; **it's a ~** (infml, race, job etc) das ist der glatte Mord (infml) **killer whale** n Schwertwal m **killing** n **1.** Töten nt; **three more ~s in Belfast** drei weitere Morde in Belfast **2.** (fig) **to make a ~** einen Riesengewinn machen **killjoy** n Spielverderber(in) m(f)

kiln n (Brenn)ofen m

kilo n Kilo nt **kilobyte** n Kilobyte nt **kilogramme**, (US) **kilogram** n Kilogramm nt **kilohertz** n Kilohertz nt **kilometre**, (US) **kilometer** n Kilometer m **kilowatt** n Kilowatt nt; **~-hour** Kilowattstunde f

kilt n Kilt m, Schottenrock m

kin n Familie f

kind[1] n Art f; (of coffee, paint etc) Sorte f; **several ~s of flour** mehrere Mehlsorten; **this ~ of book** diese Art Buch; **all ~s of ...** alle möglichen ...; **what ~ of ...?** was für ein(e) ...?; **the only one of its ~** das Einzige seiner Art; **a funny ~ of name** ein komischer Name; **he's not that ~ of person** so ist er nicht; **they're two of a ~** die beiden sind vom gleichen Typ; (*people*) sie sind vom gleichen Schlag; *this ～ of thing* so etwas; *you know the ～ of thing I mean* Sie wissen, was ich meine; *... of all ～s* alle möglichen ...; *something of the ～* so etwas Ähnliches; *you'll do nothing of the ～* du wirst das schön bleiben lassen!; *it's not my ～ of holiday* solche Ferien sind nicht mein Fall (*infml*); *a ～ of ...* eine Art ..., so ein(e) ...; *he was ～ of worried-looking* (*infml*) er sah irgendwie bedrückt aus; *are you nervous? — ～ of* (*infml*) bist du nervös? — ja, schon (*infml*); *payment in ～* Bezahlung *f* in Naturalien

kind[2] *adj* (+*er*) *person* nett (*to* zu); *face, words* freundlich; *he's ～ to animals* er ist gut zu Tieren; *would you be ～ enough to open the door* wären Sie so nett, die Tür zu öffnen; *it was very ～ of you* das war wirklich nett von Ihnen

kindergarten *n* Kindergarten *m*

kind-hearted *adj* gütig

kindle *v/t* entfachen

kindliness *n* Freundlichkeit *f* **kindly I** *adv* **1.** *act, treat* freundlich; *give* großzügig; *I don't take ～ to not being asked* es ärgert mich, wenn ich nicht gefragt werde **2. ～ shut the door** machen Sie doch bitte die Tür zu **II** *adj* (+*er*) freundlich **kindness** *n* **1.** *no pl* Freundlichkeit *f* (*towards* gegenüber); *out of the ～ of one's heart* aus reiner Nächstenliebe **2.** (≈ *act of kindness*) Gefälligkeit *f*

kindred I *n no pl* Verwandtschaft *f* **II** *adj* verwandt; *～ spirit* Gleichgesinnte(r) *m/f(m)*

kinetic *adj* kinetisch

king *n* König *m*; *to live like a ～* leben wie ein Fürst

kingdom *n* **1.** (*lit*) Königreich *nt* **2.** REL *～ of heaven* Himmelreich *nt*; *to blow sth to ～ come* (*infml*) etw in die Luft jagen (*infml*); *you can go on doing that till ～ come* (*infml*) Sie können (so) bis in alle Ewigkeit weitermachen **3.** *the animal ～* das Tierreich **kingpin** *n* (*fig* ≈ *person*) Stütze *f* **king prawn** *n* Königskrabbe *f* **king-size(d)** *adj* (*infml*) großformatig; *cigarettes* Kingsize; *bed* extra groß

kink *n* (*in rope etc*) Knick *m*; (*in hair*) Welle *f* **kinky** *adj* (+*er*) (*infml*) abartig; *underwear, leather gear* sexy *inv*

kinship *n* Verwandtschaft *f*

kiosk *n* **1.** Kiosk *m* **2.** (*Br* TEL) (Telefon)-zelle *f*

kip (*Br infml*) **I** *n* Schläfchen *nt*; *I've got to get some ～* ich muss mal 'ne Runde pennen (*infml*) **II** *v/i* (*a.* **kip down**) pennen (*infml*)

kipper *n* Räucherhering *m*

kirk *n* (*Scot*) Kirche *f*

kiss I *n* Kuss *m*, Busserl *nt* (*Aus*); *～ of life* Mund-zu-Mund-Beatmung *f*; *that will be the ～ of death for them* das wird ihnen den Todesstoß versetzen **II** *v/t* küssen, busseln (*Aus*); *to ～ sb's cheek* jdn auf die Wange küssen; *to ～ sb good night* jdm einen Gutenachtkuss geben; *to ～ sth goodbye* (*fig infml*) sich (*dat*) etw abschminken (*infml*) **III** *v/i* küssen, busseln (*Aus*); (≈ *kiss each other*) sich küssen; *to ～ and make up* sich mit einem Kuss versöhnen

kit *n* **1.** (≈ *equipment, clothes*) Ausrüstung *f*; *gym ～* Sportzeug *nt*; *get your ～ off!* (*infml*) zieh dich aus! **2.** (≈ *belongings*) Sachen *pl* **3.** (*for self-assembly*) Bastelsatz *m* ◆ **kit out** *or* **up** *v/t sep* (*Br*) ausrüsten; (≈ *clothe*) einkleiden

kitbag *n* Seesack *m*

kitchen *n* Küche *f* **kitchenette** *n* Kochnische *f* **kitchen foil** *n* Alufolie *f* **kitchen garden** *n* Gemüsegarten *m* **kitchen knife** *n* Küchenmesser *nt* **kitchen roll** *n* Küchenrolle *f* **kitchen scales** *pl* Küchenwaage *f* **kitchen sink** *n* *I've packed everything but the ～* (*infml*) ich habe den ganzen Hausrat eingepackt **kitchen unit** *n* Küchenschrank *m*

kite *n* Drachen *m*; *to fly a ～* (*lit*) einen Drachen steigen lassen

Kite mark *n* (*Br*) dreieckiges Gütezeichen

kitschy *adj* (+*er*) kitschig

kitten *n* Kätzchen *nt*; *to have ～s* (*fig infml*) Zustände kriegen (*infml*)

kitty *n* (gemeinsame) Kasse

kiwi *n* **1.** Kiwi *m* **2.** (*a.* **kiwi fruit**) Kiwi (-frucht) *f* **3.** (*infml* ≈ *New Zealander*) Neuseeländer(in) *m(f)*, Kiwi *m* (*infml*)

Kleenex® *n* Taschentuch *nt*, Nastuch *nt* (*Swiss*)

km *abbr of* **kilometre(s)** km

km/h, kmph *abbr of* **kilometres per hour** km/h

knack *n* Trick *m*; (≈ *talent*) Talent *nt*; *there's a (special) ～ to opening it* da ist ein Trick dabei, wie man das aufbekommt; *you'll soon get the ～ of it* Sie werden den Dreh bald rausbekommen

knackered *adj* (*Br infml*) **1.** (≈ *exhaust-*

ed) geschafft (*infml*) **2.** (≈ *broken*) kaputt (*infml*)

knapsack *n* Proviantbeutel *m*

knead *v/t dough* kneten; *muscles* massieren

knee I *n* Knie *nt*; **to be on one's ~s** auf den Knien liegen; **to go (down) on one's ~s** (*lit*) niederknien **II** *v/t* **to ~ sb in the groin** jdm das Knie zwischen die Beine stoßen **kneecap** *n* Kniescheibe *f* **knee-deep** *adj* knietief **knee-high** *adj* kniehoch

kneel *pret, past part* **knelt** *or* **kneeled** *v/i* (*before* vor +*dat*) knien; (*a.* **kneel down**) niederknien **knee-length** *adj skirt* knielang; *boots* kniehoch; **~ socks** Kniestrümpfe *pl* **kneepad** *n* Knieschützer *m* **knelt** *pret, past part of* **kneel**

knew *pret of* **know**

knickers *pl* (*Br*) Schlüpfer *m*; **don't get your ~ in a twist!** (*infml*) dreh nicht gleich durch! (*infml*)

knick-knack *n* ≈ Krimskrams *m*

knife I *n, pl* **knives** Messer *nt*; **~, fork and spoon** Besteck *nt*; **you could have cut the atmosphere with a ~** die Stimmung war zum Zerreißen gespannt **II** *v/t* einstechen auf (+*acc*) **knife edge** *n* **to be balanced on a ~** (*fig*) auf Messers Schneide stehen **knife-point** *n* **to hold sb at ~** jdn mit einem Messer bedrohen

knight I *n* Ritter *m*; CHESS Springer *m* **II** *v/t* zum Ritter schlagen **knighthood** *n* Ritterstand *m*; **to receive a ~** in den Adelsstand erhoben werden

knit *pret, past part* **knitted** *or* **knit I** *v/t* stricken; **~ three, purl two** drei rechts, zwei links **II** *v/i* **1.** stricken **2.** (*bones: a.* **knit together**) verwachsen **knitted** *adj* gestrickt; *dress etc* Strick- **knitting** *n* Stricken *nt*; (≈ *material being knitted*) Strickzeug *nt* **knitting machine** *n* Strickmaschine *f* **knitting needle** *n* Stricknadel *f* **knitwear** *n* Strickwaren *pl*

knives *pl of* **knife**

knob *n* **1.** (*on door*) Knauf *m*; (*on instrument etc*) Knopf *m* **2. a ~ of butter** ein Stich *m* Butter **3.** (*sl* ≈ *penis*) Lanze *f* (*sl*) **knobbly** *adj* (+*er*) *surface* uneben; **~ knees** Knubbelknie *pl* (*infml*)

knock I *n* **1.** (*esp Br*) (≈ *blow*) Stoß *m*; **I got a ~ on the head** ich habe einen Schlag auf den Kopf bekommen; **the car took a few ~s** mit dem Auto hat

es ein paarmal gebumst (*infml*) **2. there was a ~ at the door** es hat (an der Tür) geklopft; **I heard a ~** ich habe es klopfen hören **3.** (*esp Br*) (*fig* ≈ *setback*) (Rück)-schlag *m* **II** *v/t* **1.** stoßen; (*with hand, tool etc*) schlagen; *one's head etc* anstoßen (*on* an +*dat*); (≈ *nudge, jolt*) stoßen gegen; **to ~ one's head** *etc* sich (*dat*) den Kopf *etc* anstoßen; **he ~ed his foot against the table** er stieß mit dem Fuß gegen den Tisch; **to ~ sb to the ground** jdn zu Boden werfen; **to ~ sb unconscious** jdn bewusstlos werden lassen; (*person*) jdn bewusstlos schlagen; **he ~ed some holes in the side of the box** er machte ein paar Löcher in die Seite der Kiste; **she ~ed the glass to the ground** sie stieß gegen das Glas und es fiel zu Boden **2.** (*infml* ≈ *criticize*) (he)runtermachen (*infml*) **III** *v/i* **1.** klopfen; **to ~ at** *or* **on the door** anklopfen; **to ~ at** *or* **on the window** gegen das Fenster klopfen **2.** (≈ *bump*) stoßen (*into, against* gegen); **he ~ed into the gatepost** er rammte den Türpfosten; **his knees were ~ing** ihm zitterten die Knie ◆ **knock about** (*Brit*) *or* **around I** *v/i* (*infml*) **1.** (*person*) herumziehen (*prep obj* in +*dat*) **2.** (*object*) herumliegen (*prep obj* in +*dat*) **II** *v/t sep* **1.** (≈ *ill-treat*) verprügeln **2.** (≈ *damage*) beschädigen **3. to knock a ball about** *or* **around** ein paar Bälle schlagen ◆ **knock back** *v/t sep* (*infml*) **he knocked back his whisky** er kippte sich (*dat*) den Whisky hinter die Binde (*infml*) ◆ **knock down** *v/t sep* **1.** umwerfen; *opponent* niederschlagen; (*car*) anfahren; *building* abreißen; **she was knocked down and killed** sie wurde überfahren **2.** *price* (*buyer*) herunterhandeln (*to* auf +*acc*) ◆ **knock off I** *v/i* (*infml*) Feierabend machen (*infml*) **II** *v/t sep* **1.** (*lit*) *vase, person etc* hinunterstoßen **2.** (*infml* ≈ *reduce price by*) nachlassen (*for sb* jdm) **3.** (*infml*) *essay* hinhauen (*infml*) **4.** (*infml*) **to ~ work** Feierabend machen; **knock it off!** nun hör schon auf! ◆ **knock on** *v/i* (*Br infml*) **he's knocking on for fifty** er geht auf die fünfzig zu ◆ **knock out** *v/t sep* **1.** *tooth* ausschlagen; *Nagel* herausschlagen (*of* aus) **2.** (≈ *stun*) bewusstlos werden lassen; (*by hitting*) bewusstlos schlagen **3.** (*from competition*) besiegen (*of* in +*dat*); **to**

be knocked out ausscheiden (*of* aus)
♦ **knock over** *v/t sep* umwerfen; (*car*)
anfahren ♦ **knock up** *v/t sep meal* auf
die Beine stellen (*infml*); *shelter* zusam-
menzimmern

knockdown *adj attr* ~ **price** Schleuderpreis *m* **knocker** *n* **1.** (≈ *door knocker*)
(Tür)klopfer *m* **2.** (*infml*) ~**s** Titten *pl*
(*sl*) **knock-kneed** *adj* x-beinig; *to be* ~
X-Beine haben **knock-on effect** *n*
(*Br*) Folgewirkungen *pl* (*on* auf +*acc*)
knockout I *n* **1.** BOXING K. o. *m* **2.** (*infml*
≈ *person*) Wucht *f* (*infml*) **II** *attr* ~ **competition** Ausscheidungskampf *m*

knot I *n* **1.** Knoten *m*; *to tie/untie a* ~ einen Knoten machen / aufmachen; *to tie
the* ~ (*fig*) den Bund fürs Leben schließen **2.** (*in wood*) Verwachsung *f* **II** *v/t* einen Knoten machen in (+*acc*); (≈ *knot
together*) verknoten

know *vb: pret* **knew**, *past part* **known I** *v/t*
1. (≈ *have knowledge about*) wissen; *answer, facts* kennen; *to know what one is
talking about* wissen, wovon man redet;
he might even be dead for all I know
vielleicht ist er sogar tot, was weiß ich;
that's worth knowing das ist ja interessant; *before you know where you are*
ehe man sichs versieht; *she's angry!
— don't I know it!* (*infml*) sie ist wütend!
— wem sagst du das! (*infml*) **2.** (≈ *be acquainted with*) kennen; *if I know John,
he'll already be there* wie ich John kenne, ist er schon da; *he didn't want to
know me* er wollte nichts mit mir zu
tun haben **3.** (≈ *recognize*) erkennen;
to know sb by his voice jdn an der Stimme erkennen; *the welfare system as we
know it* das uns bekannte Wohlfahrts-
system **4.** (≈ *be able to distinguish*) unterscheiden können; *do you know the
difference between...?* wissen Sie,
was der Unterschied zwischen ... ist?
5. (≈ *experience*) erleben; *I've never
known it to rain so heavily* so einen
starken Regen habe ich noch nie erlebt;
to know that ... wissen, dass ...; *to know
how to do sth* etw tun können; *I don't
know how you can say that!* wie kannst
du das nur sagen!; *to get to know sb* jdn
kennenlernen; *to get to know sth methods etc* etw lernen; *habits etc* etw herausfinden; *to get to know a place* einen Ort
kennenlernen; *to let sb know sth* jdm
von etw Bescheid geben; *(if you)* know

what I mean du weißt schon; *there's no
knowing what he'll do* man weiß nie,
was er noch tut; *what do you know!*
(*infml*) sieh mal einer an!; *to be known*
(*to sb*) (jdm) bekannt sein; *it is* (*well*)
known that ... es ist (allgemein) bekannt, dass ...; *to be known for sth*
für etw bekannt sein; *he is known as
Mr Smith* man kennt ihn als Herrn
Smith; *she wishes to be known as
Mrs White* sie möchte Frau White genannt werden; *to make sth known*
etw bekannt machen; *to make oneself
known* sich melden (*to sb* bei jdm); *to
become known* bekannt werden; *to
let it be known that ...* bekannt geben,
dass ... **II** *v/i* wissen; *who knows?* wer
weiß?; *I know!* ich weiß!; (*having a good
idea*) ich weiß was!; *I don't know* (das)
weiß ich nicht; *as far as I know* soviel
ich weiß; *he just didn't want to know*
er wollte einfach nicht hören; *I wouldn't
know* (*infml*) weiß ich (doch) nicht
(*infml*); *how should I know?* wie soll
ich das wissen?; *I know better than that*
ich bin ja nicht ganz dumm; *I know better than to say something like that* ich
werde mich hüten, so etwas zu sagen;
he/you ought to have known better
das war dumm (von ihm/dir); *they
don't know any better* sie kennens nicht
anders; *OK, you know best* o.k., Sie
müssens wissen; *you know, we could
... weißt du, wir könnten ...; *it's raining,
you know* es regnet; *wear the black
dress, you know, the one with the
red belt* zieh das schwarze Kleid an,
du weißt schon, das mit dem roten Gürtel; *you never know* man kann nie wissen **III** *n* *to be in the know* (*infml*) Bescheid wissen (*infml*)
♦ **know about I** *v/i* +*prep obj history* sich
auskennen in (+*dat*); *women, horses* sich
auskennen mit; (≈ *have been told about*)
wissen von; *I* ~ *that* das weiß ich; *did you
* ~ *Maggie?* weißt du über Maggie Bescheid?; *to get to* ~ *sb/sth* von jdm/
etw hören; *I don't* ~ *that* davon weiß
ich nichts; (≈ *don't agree*) da bin ich aber
nicht so sicher; *I don't* ~ *you, but I'm
hungry* ich weiß nicht, wie es Ihnen
geht, aber ich habe Hunger **II** *v/t sep*
+*prep obj* *to know a lot about sth* viel
über etw (*acc*) wissen; (*in history etc*)
in etw (*dat*) gut Bescheid wissen; (*about*

cars, horses etc) viel von etw verstehen; *I know all about that* da kenne ich mich aus; (≈ *I'm aware of that*) das weiß ich; (≈ *I've been told about it*) ich weiß Bescheid ♦ **know of** *v/i +prep obj café, method* kennen; *sb* gehört haben von; *not that I ~* nicht, dass ich wüsste

know-all *n* (*Br infml*) Alleswisser(in) *m(f)* **know-how** *n* Know-how *nt* **knowing** *adj smile* wissend **knowingly** *adv* **1.** (≈ *consciously*) absichtlich **2.** *smile* wissend **know-it-all** *n* (*US infml*) = **know-all**

knowledge *n* **1.** (≈ *understanding*) Wissen *nt*; *to have ~ of* wissen von; *to have no ~ of* nichts wissen von; *to my ~* soviel ich weiß; *not to my ~* nicht, dass ich wüsste **2.** (≈ *facts learned*) Kenntnisse *pl*; *my ~ of English* meine Englischkenntnisse *pl*; *my ~ of D.H. Lawrence* was ich von D. H. Lawrence kenne; *the police have no ~ of him* die Polizei weiß nichts über ihn **knowledgeable**

adj kenntnisreich; *to be ~* viel wissen (*about* über +*acc*) **known I** *past part of* **know II** *adj* bekannt

knuckle *n* (Finger)knöchel *m*; (*of meat*) Hachse *f* ♦ **knuckle down** *v/i* (*infml*) sich dahinter klemmen (*infml*); ♦ **knuckle under** *v/i* (*infml*) spuren (*infml*); (*to demands*) sich beugen (*to* +*dat*)

Koran *n* Koran *m*

Korea *n* Korea *nt* **Korean I** *adj* koreanisch; *~ war* Koreakrieg *m* **II** *n* Koreaner(in) *m(f)*

kosher *adj* **1.** koscher **2.** (*infml*) in Ordnung

kph *abbr of* **kilometres per hour** kph

Kraut *n, adj als Schimpfwort gebrauchte Bezeichnung für Deutsche und Deutsches, Piefke m (Aus)*

Kremlin *n the ~* der Kreml

kumquat *n* Kumquat *f*, *kleine Orange*

kw *abbr of* **kilowatt(s)** kW

L

L, l *n* L *nt*, l *nt*
L 1. (*Br* mot) *abbr of* **Learner 2.** *abbr of* **large**
l 1. *abbr of* **litre(s)** l. **2.** *abbr of* **left** l
lab *abbr of* **laboratory**

label I *n* **1.** (*lit*) Etikett *nt*; (*tied on*) Anhänger *m*; (*adhesive*) Aufkleber *m*, Pickerl *nt* (*Aus*) **2.** (*of record company*) Label *nt* **II** *v/t* **1.** (*lit*) etikettieren; (≈ *write on*) beschriften; *the bottle was labelled* (*Br*) *or* **labeled** (*US*) *"poison"* die Flasche trug die Aufschrift „Gift" **2.** (*fig, pej*) abstempeln

labor *etc* (*US*) = **labour** *etc*; **labor union** (*US*) Gewerkschaft *f* **labor day** *n* (*US*) = Tag *m* der Arbeit

laboratory *n* Labor(atorium) *nt*; *~ assistant* Laborant(in) *m(f)*

laborious *adj* mühsam

labour, (*US*)**labor I** *n* **1.** (≈ *work*) Arbeit *f*; *it was a ~ of love* ich/er *etc* tat es aus Liebe zur Sache **2.** (≈ *persons*) Arbeitskräfte *pl* **3.** (*Br* pol) **Labour** die Labour Party **4.** med Wehen *pl*; *to be in ~* in den Wehen liegen; *to go into ~* die Wehen bekommen **II** *v/t point* auswalzen **III**

v/i **1.** (*in fields etc*) arbeiten **2.** (≈ *move etc with effort*) sich quälen; *to ~ up a hill* sich einen Hügel hinaufquälen **labour camp** *n* Arbeitslager *nt* **Labour Day** *n* der Tag der Arbeit **laboured** *adj* schwerfällig; *breathing* schwer **labourer** *n* (Hilfs)arbeiter(in) *m(f)*; (≈ *farm labourer*) Landarbeiter(in) *m(f)* **labour force** *n* Arbeiterschaft *f* **labour-intensive** *adj* arbeitsintensiv **labour market** *n* Arbeitsmarkt *m* **labour pains** *pl* Wehen *pl* **Labour Party** *n* (*Br*) Labour Party *f* **labour-saving** *adj* arbeitssparend

Labrador (≈ *dog*) *n* Labradorhund *m*

labyrinth *n* Labyrinth *nt*

lace I *n* **1.** (≈ *fabric*) Spitze *f* **2.** (*of shoe*) Schnürsenkel *m* **II** *v/t* **1.** *shoe* zubinden **2.** *to ~ a drink with drugs/poison* Drogen/Gift in ein Getränk mischen; *~d with brandy* mit einem Schuss Weinbrand ♦ **lace up** *v/t sep* (zu)schnüren

laceration *n* Fleischwunde *f*; (≈ *tear*) Risswunde *f*

lace-up (shoe) *n* Schnürschuh *m*

lack I *n* Mangel *m*; *for* or *through ~ of sth* aus Mangel an etw (*dat*); *though it*

wasn't for ~ of trying nicht, dass er sich *etc* nicht bemüht hätte; **there was a complete ~ of interest** es bestand überhaupt kein Interesse; **~ of time** Zeitmangel *m*; **there was no ~ of applicants** es fehlte nicht an Bewerbern **II** *v/t* **they ~ talent** es fehlt ihnen an Talent **III** *v/i* **to be ~ing** fehlen; **he is ~ing in confidence** ihm fehlt es an Selbstvertrauen; **he is completely ~ing in any sort of decency** er besitzt überhaupt keinen Anstand

lackadaisical *adj* lustlos

lackey *n* (*lit, fig*) Lakai *m*

lacking *adj* **to be found ~** sich nicht bewähren **lacklustre**, (*US*) **lackluster** *adj* langweilig, fad (*Aus*)

lacquer I *n* **1.** Lack *m* **2.** (≈ *hair lacquer*) Haarspray *nt* **II** *v/t* lackieren; *hair* sprayen

lactose *n* Laktose *f*

lacy *adj* (+*er*) Spitzen-; **~ underwear** Spitzenunterwäsche

lad *n* Junge *m*, Bub *m* (*Aus, Swiss*); (*in stable etc*) Bursche *m*; **young ~** junger Mann; **he's a bit of a ~** (*infml*) er ist ein ziemlicher Draufgänger; **he likes a night out with the ~s** (*Br infml*) er geht gern mal mit seinen Kumpels weg (*infml*)

ladder I *n* **1.** Leiter *f*; **to be at the top of the ~** ganz oben auf der Leiter stehen; **to move up the social/career ~** gesellschaftlich/beruflich aufsteigen **2.** (*Br: in stocking*) Laufmasche *f* **II** *v/t* (*Br*) **I've ~ed my tights** ich habe mir eine Laufmasche geholt **III** *v/i* (*Br: stocking*) Laufmaschen bekommen

laden *adj* beladen (*with* mit)

ladle I *n* (Schöpf)kelle *f* **II** *v/t* schöpfen ♦ **ladle out** *v/t sep* austeilen

lady *n* **1.** Dame *f*; **"Ladies"** „Damen"; **where is the ladies?** wo ist die Damentoilette?; **ladies and gentlemen!** sehr geehrte Damen und Herren!; **ladies' bicycle** Damen(fahr)rad *nt* **2.** (≈ *noble*) Adlige *f*; **Lady** (*as a title*) Lady *f* **ladybird**, (*US*) **ladybug** *n* Marienkäfer *m* **lady doctor** *n* Ärztin *f* **lady-in-waiting** *n* Ehren- *or* Hofdame *f* **lady-killer** *n* (*infml*) Herzensbrecher *m* **ladylike** *adj* damenhaft

lag¹ I *n* (≈ *time-lag*) Zeitabstand *m* **II** *v/i* (*in pace*) zurückbleiben ♦ **lag behind** *v/i* zurückbleiben; **the government is**

lagging behind in the polls die Regierung liegt in den Meinungsumfragen zurück

lag² *v/t pipe* isolieren

lager *n* helles Bier; **a glass of ~** ein (Glas) Helles

lagging *n* Isolierschicht *f*; (≈ *material*) Isoliermaterial *nt*

lagoon *n* Lagune *f*

laid *pret, past part of* **lay³ laid-back** *adj* (*infml*) cool (*infml*)

lain *past part of* **lie²**

lair *n* Lager *nt*; (≈ *den*) Bau *m*

laity *n* Laien *pl*

lake *n* See *m* **Lake District** *n* Lake District *m* (*Seengebiet im NW Englands*)

lamb *n* **1.** (≈ *young sheep*) Lamm *nt* **2.** (≈ *meat*) Lamm(fleisch) *nt* **3.** **you poor ~!** du armes Lämmchen!; **like a ~ to the slaughter** wie das Lamm zur Schlachtbank **lamb chop** *n* Lammkotelett *nt* **lambswool** *n* Lammwolle *f*

lame *adj* (+*er*) **1.** lahm; **to be ~ in one leg** auf einem Bein lahm sein; **the animal was ~** das Tier lahmte **2.** (*fig*) *excuse* faul

lament I *n* **1.** (Weh)klage *f* **2.** LIT, MUS Klagelied *nt* **II** *v/t* **to ~ the fact that ...** die Tatsache bedauern, dass ... **lamentable** *adj* beklagenswert

laminated *adj* geschichtet; *card* laminiert; **~ glass** Verbundglas *nt*; **~ plastic** Resopal® *nt*

lamp *n* Lampe *f*; (*in street*) Laterne *f* **lamplight** *n* **by ~** bei Lampenlicht; **in the ~** im Schein der Lampe(n)

lampoon *v/t* verspotten

lamppost *n* Laternenpfahl *m* **lampshade** *n* Lampenschirm *m*

LAN IT *abbr of* **local area network** LAN *nt*

lance I *n* Lanze *f* **II** *v/t* MED öffnen **lance corporal** *n* Obergefreite(r) *m/f(m)*

land I *n* **1.** Land *nt*; (≈ *soil*) Boden *m*; **by ~** auf dem Landweg; **to see how the ~ lies** (*fig*) die Lage peilen; **to work on the ~** das Land bebauen; **to live off the ~** sich vom Lande ernähren **2.** (*as property*) Grund und Boden *m*; (≈ *estates*) Ländereien *pl*; **to own ~** Land besitzen; **a piece of ~** ein Stück *nt* Land; (*for building*) ein Grundstück *nt* **II** *v/t* **1.** *passengers* absetzen; *troops* landen; *goods* (*from boat*) an Land bringen; *fish on hook* an Land ziehen; **to ~ a plane** (mit einem Flugzeug) landen **2.** (*infml*

≈ *obtain*) kriegen (*infml*); *job* an Land ziehen (*infml*) **3.** (*Br infml*) *blow* landen (*infml*); *he ~ed him one, he ~ed him a punch on the jaw* er versetzte ihm einen Kinnhaken **4.** (*infml* ≈ *place*) bringen; *behaviour* (*Br*) *or* *behavior* (*US*) *like that will ~ you in jail* bei einem solchen Betragen wirst du noch mal im Gefängnis landen; *it ~ed me in a mess* dadurch bin ich in einen ganz schönen Schlamassel gekommen (*infml*); *I've ~ed myself in a real mess* ich bin (ganz schön) in die Klemme geraten (*infml*) **5.** (*infml*) *to ~ sb with sth* jdm etw andrehen (*infml*); *I got ~ed with him for two hours* ich hatte ihn zwei Stunden lang auf dem Hals **III** *v/i* landen; (*from ship*) an Land gehen; *we're coming in to ~* wir setzen zur Landung an; *the bomb ~ed on the building* die Bombe fiel auf das Gebäude; *to ~ on one's feet* (*lit*) auf den Füßen landen; (*fig*) auf die Füße fallen; *to ~ on one's head* auf den Kopf fallen ◆ **land up** *v/i* (*infml*) landen (*infml*); *you'll ~ in trouble* du wirst noch mal Ärger bekommen; *I landed up with nothing* ich hatte schließlich nichts mehr

landed *adj ~ gentry* Landadel *m* **landing** *n* **1.** AVIAT Landung *f* **2.** (*on stairs*) Treppenabsatz *m*, Stiegenabsatz *m* (*Aus*) **landing card** *n* Einreisekarte *f* **landing gear** *n* Fahrgestell *nt* **landing strip** *n* Landebahn *f* **landlady** *n* (*of flat etc*) Vermieterin *f*; (*of pub*) Wirtin *f* **land line** *n* TEL Landkabel *nt* **landlocked** *adj* von Land eingeschlossen **landlord** *nm* (*of flat etc*) Vermieter *m*; (*of pub*) Wirt *m* **landmark I** *n* **1.** NAUT Landmarke *f* **2.** (≈ *well-known thing*) Wahrzeichen *nt*; (*fig*) Meilenstein *m* **II** *adj ruling* historisch **land mine** *n* Landmine *f* **landowner** *n* Grundbesitzer(in) *m(f)* **land register** *n* (*Br*) Grundbuch *nt* **landscape I** *n* Landschaft *f* **II** *v/t garden* gärtnerisch gestalten **landscape gardening** *n* Landschaftsgärtnerei *f* **landslide** *n* Erdrutsch *m*

lane *n* (*in country*) Sträßchen *nt*; (*in town*) Gasse *f*; SPORTS Bahn *f*; (*on road*) Spur *f*; (≈ *shipping lane*) Schifffahrtsweg *m*; *"get in ~"* „einordnen"

language *n* Sprache *f*; *your ~ is appalling* deine Ausdrucksweise ist entsetzlich; *bad ~* Kraftausdrücke *pl*; *strong ~* Schimpfwörter *pl* **language barrier** *n* Sprachbarriere *f* **language course** *n* Sprachkurs(us) *m* **language lab(oratory)** *n* Sprachlabor *nt* **language school** *n* Sprachschule *f*

languid *adj* träge
languish *v/i* schmachten
lank *adj hair* strähnig
lanky *adj* (+*er*) schlaksig
lantern *n* Laterne *f*
lap[1] *n* Schoß *m*; *in or on her ~* auf dem/ihrem Schoß; *to live in the ~ of luxury* ein Luxusleben führen
lap[2] SPORTS **I** *n* (≈ *round*) Runde *f*; (*fig* ≈ *stage*) Etappe *f* **II** *v/t* überrunden
lap[3] *v/i* (*waves*) plätschern (*against* an +*acc*) ◆ **lap up** *v/t sep* **1.** *liquid* auflecken **2.** *praise* genießen
lapel *n* Revers *nt or m*
lapse I *n* **1.** (≈ *error*) Fehler *m*; (*moral*) Fehltritt *m*; *he had a ~ of concentration* seine Konzentration ließ nach; *memory ~s* Gedächtnisschwäche *f*; *a serious security ~* ein schwerer Verstoß gegen die Sicherheitsvorkehrungen **2.** (*of time*) Zeitraum *m*; *time ~* Zeitraum *m*; *a ~ in the conversation* eine Gesprächspause **II** *v/i* **1.** (≈ *decline*) verfallen (*into* in +*acc*); *he ~d into silence* er versank in Schweigen; *he ~d into a coma* er sank in ein Koma **2.** (≈ *expire*) ablaufen; *after two months have ~d* nach (Ablauf von) zwei Monaten **lapsed** *adj Catholic* abtrünnig
laptop IT **I** *n* Laptop *m* **II** *attr* Laptop-
larch *n* (*a.* **larch tree**) Lärche *f*
lard *n* Schweineschmalz *nt*
larder *n* (*esp Br*) (≈ *room*) Speisekammer *f*; (≈ *cupboard*) Speiseschrank *m*
large I *adj* (+*er*) groß; *person* korpulent; *meal* reichlich; *~ print* Großdruck *m*; *a ~r size* eine größere Größe; *as ~ as life* in voller Lebensgröße **II** *n* **1.** *the world at ~* die Allgemeinheit **2.** *to be at ~* (≈ *free*) frei herumlaufen
largely *adv* zum größten Teil **large-print** *adj book* in Großdruck **large-scale** *adj* groß angelegt; *changes* in großem Rahmen; *map* in großem Maßstab **largesse** *n* Großzügigkeit *f*
lark[1] *n* ORN Lerche *f*
lark[2] *n* (*infml, esp Br* ≈ *fun*) Spaß *m*, Hetz *f* (*Aus*); *to do sth for a ~* etw (nur) zum Spaß machen ◆ **lark about** *or* **around** *v/i* (*Br infml*) herumblödeln

larva *n, pl* **-e** Larve *f*
laryngitis *n* Kehlkopfentzündung *f* **larynx** *n* Kehlkopf *m*
lascivious *adj* lasziv (*elev*)
laser *n* Laser *m* **laser disc** *n* Laserdisc *f*
laser printer *n* Laserdrucker *m* **laser
surgery** *n* Laserchirurgie *f*
lash¹ *n* (≈ *eyelash*) Wimper *f*
lash² **I** *n* (*as punishment*) (Peitschen)-
schlag *m* **II** *v/t* **1.** (≈ *beat*) peitschen;
(*rain*) peitschen gegen **2.** (≈ *tie*) festbinden (*to* an +*dat*); **to ~ sth together** etw
zusammenbinden **III** *v/i* **to ~ against**
peitschen gegen ♦ **lash out** *v/i* **1.** (*physically*) (wild) um sich schlagen; **to ~ at sb**
auf jdn losgehen **2.** (*in words*) vom Leder ziehen (*infml*); **to ~ at sb** gegen
jdn wettern
lass *n* (junges) Mädchen
lasso I *n, pl* **-(e)s** Lasso *m or nt* **II** *v/t* mit
dem Lasso einfangen
last¹ I *adj* letzte(r, s); **he was ~ to arrive** er
kam als Letzter; **the ~ person** der
Letzte; **the ~ but one**, **the second ~**
der/die/das Vorletzte; **~ Monday** letzten
Montag; **~ year** letztes Jahr; **~ but not
least** nicht zuletzt, last not least; **the ~
thing** das Letzte; **that was the ~ thing
I expected** damit hatte ich am wenigsten gerechnet **II** *n* der/die/das Letzte;
he was the ~ to leave er ging als Letzter;
I'm always the ~ to know ich erfahre immer alles als Letzter; **the ~ of his money**
sein letztes Geld; **the ~ of the cake** der
Rest des Kuchens; **that was the ~ we
saw of him** danach haben wir ihn nicht
mehr gesehen; **the ~ I heard, they were
getting married** das Letzte, was ich gehört habe, war, dass sie heiraten; **we
shall never hear the ~ of it** das werden
wir noch lange zu hören kriegen; **at ~**
endlich; **at long ~** schließlich und endlich **III** *adv* **when did you ~ have a
bath?** wann hast du das letzte Mal gebadet?; **he spoke ~** er sprach als Letzter;
the horse came in ~ das Pferd ging
als letztes durchs Ziel
last² **I** *v/t* **the car has ~ed me eight years**
das Auto hat acht Jahre (lang) gehalten;
these cigarettes will ~ me a week diese
Zigaretten reichen mir eine Woche; **he
won't ~ the week** er hält die Woche nicht
durch **II** *v/i* **1.** (≈ *continue*) (≈ *remain intact*) halten; **it can't ~** es hält
nicht an; **it won't ~** es wird nicht lange

so bleiben; **it's too good to ~** das ist
zu schön, um wahr zu sein; **he won't ~
long in this job** er wird in dieser Stelle
nicht alt werden (*infml*); **the boss only
~ed a week** der Chef blieb nur eine Woche
last-ditch *adj* allerletzte(r, s); *attempt* in
letzter Minute
lasting *adj relationship* dauerhaft; *shame
etc* anhaltend
lastly *adv* schließlich **last-minute** *adj* in
letzter Minute **last rites** *pl* Letzte Ölung
latch *n* Riegel *m*; **to be on the ~** nicht verschlossen sein; **to leave the door on the
~** die Tür nur einklinken ♦ **latch on** *v/i*
(*infml*) **1.** (≈ *attach o.s.*) sich anschließen
(*to* +*dat*) **2.** (≈ *understand*) kapieren
(*infml*)
late I *adj* (+*er*) **1.** spät; **to be ~ (for sth)** (zu
etw) zu spät kommen; **the bus is (five
minutes) ~** der Bus hat (fünf Minuten)
Verspätung; **he is ~ with his rent** er
hat seine Miete noch nicht bezahlt; **that
made me ~ for work** dadurch bin ich zu
spät zur Arbeit gekommen; **due to the ~
arrival of ...** wegen der verspäteten Ankunft ... (+*gen*); **it's too ~ in the day (for
you)** to do that es ist zu spät (für dich),
das noch zu tun; **it's getting ~** es ist
schon spät; **~ train** Spätzug *m*; **they work
~ hours** sie arbeiten bis spät (am
Abend); **they had a ~ dinner yesterday**
sie haben gestern spät zu Abend gegessen; **"late opening until 7pm"** „verlän-
gerte Öffnungszeiten bis 19 Uhr"; **he's a
~ developer** er ist ein Spätentwickler;
they scored two ~ goals sie erzielten
zwei Tore in den letzten Spielminuten;
in the ~ eighties Ende der Achtzigerjahre; **a man in his ~ eighties** ein Mann
hoch in den Achtzigern; **in the ~ morning** am späten Vormittag; **in ~ June** Ende Juni **2.** (≈ *deceased*) verstorben; **the ~
John F. Kennedy** John F. Kennedy **II**
adv spät; **to arrive ~** (*person*) zu spät
kommen; (*train*) Verspätung haben; **I'll
be home ~ today** ich komme heute spät
nach Hause; **the train was running ~**
der Zug hatte Verspätung; **the baby
was born two weeks ~** das Baby kam
zwei Wochen nach dem Termin; **we're
running ~** wir sind spät dran; **better ~
than never** besser spät als gar nicht;
to stay up ~ lange aufbleiben; **the
chemist is open ~** die Apotheke hat

länger geöffnet; *to work ~ at the office* länger im Büro arbeiten; *~ at night* spät abends; *~ last night* spät gestern Abend; *~ into the night* bis spät in die Nacht; *~ in the afternoon* am späten Nachmittag; *~ in the year* (gegen) Ende des Jahres; *they scored ~ in the second half* gegen Ende der zweiten Halbzeit gelang ihnen ein Treffer; *we decided rather ~ in the day to come too* wir haben uns ziemlich spät entschlossen, auch zu kommen; *of ~* in letzter Zeit; *it was as ~ as 1900 before child labour* (*Br*) *or* labor (*US*) *was abolished* erst 1900 wurde die Kinderarbeit abgeschafft **latecomer** *n* Nachzügler(in) *m(f)* (*infml*)

lately *adv* in letzter Zeit **late-night** *adj ~ movie* Spätfilm *m*; *~ shopping* Einkauf *m* am (späten) Abend

latent *adj* latent; *energy* ungenutzt

later *adj, adv* später; *at a ~ time* später; *the weather cleared up ~* (*on*) *in the day* das Wetter klärte sich im Laufe des Tages auf; *~* (*on*) *in the play* im weiteren Verlauf des Stückes; *I'll tell you ~* (*on*) ich erzähle es dir später; *see you ~!* bis später; *no ~ than Monday* bis spätestens Montag

lateral *adj*, **laterally** *adv* seitlich

latest **I** *adj* **1.** *fashion* neu(e)ste(r, s); *technology* modernste(r, s); *the ~ news* das Neu(e)ste; *the ~ attempt* der jüngste Versuch **2.** späteste(r, s); *what is the ~ date you can come?* wann kannst du spätestens kommen? **II** *n the ~ in a series* der jüngste in einer Reihe; *what's the ~* (*about John*)*?* was gibts Neues (über John)?; *wait till you hear the ~!* warte, bis du das Neueste gehört hast!; *at the ~* spätestens

latex *n* Latex *m*

lathe *n* Drehbank *f*

lather *n* (Seifen)schaum *m*; *to work oneself up into a ~* (*about sth*) (*infml*) sich (über etw *acc*) aufregen

Latin **I** *adj charm* südländisch **II** *n* LING Latein(isch) *nt* **Latin America** *n* Lateinamerika *nt* **Latin American** **I** *adj* lateinamerikanisch **II** *n* Lateinamerikaner(in) *m(f)*

latitude *n* Breite *f*; (*fig*) Spielraum *m*

latrine *n* Latrine *f*

latter **I** *adj* **1.** (≈ *second*) letztere(r, s) **2.** *the ~ part of the book/story is better*

gegen Ende wird das Buch/die Geschichte besser; *the ~ half of the week* die zweite Hälfte der Woche **II** *n the ~* der/die/das/Letztere **latter-day** *adj* modern **latterly** *adv* (≈ *recently*) in letzter Zeit

lattice *n* Gitter *nt*

Latvia *n* Lettland *nt*

laudable *adj* lobenswert

laugh **I** *n* **1.** Lachen *nt*; *with a ~* lachend; *she gave a loud ~* sie lachte laut auf; *to have a good ~ about sth* sich köstlich über etw (*acc*) amüsieren; *it'll give us a ~* (*infml*) das wird lustig; *to have the last ~* es jdm zeigen (*infml*); *to get a ~* einen Lacherfolg verbuchen **2.** (*infml* ≈ *fun*) *what a ~* (das ist ja) zum Totlachen (*infml*)!; *for a ~* aus Spaß; *it'll be a ~* es wird bestimmt lustig; *he's a* (*good*) *~* er ist urkomisch (*infml*) **II** *v/i* lachen (*about, at* über +*acc*); *to ~ at sb* sich über jdn lustig machen; *you'll be ~ing on the other side of your face* (*Br*) *or mouth* (*US*) *soon* dir wird das Lachen noch vergehen; *to ~ out loud* laut auflachen; *to ~ in sb's face* jdm ins Gesicht lachen; *don't make me ~!* (*iron infml*) dass ich nicht lache! (*infml*) ♦ **laugh off** *v/t* **1.** *always separate to laugh one's head off* sich totlachen (*infml*) **2.** *sep* (≈ *dismiss*) mit einem Lachen abtun

laughable *adj* lachhaft **laughing** **I** *adj it's no ~ matter* das ist nicht zum Lachen **II** *n* Lachen *nt* **laughing gas** *n* Lachgas *nt* **laughing stock** *n* Witzfigur *f*

laughter *n* Gelächter *nt*

launch **I** *n* **1.** (≈ *vessel*) Barkasse *f* **2.** (*of ship*) Stapellauf *m*; (*of rocket*) Abschuss *m* **3.** (*of company*) Gründung *f*; (*of product*) Einführung *f*; (*of film, book*) Lancierung *f* **II** *v/i* **1.** *vessel* vom Stapel lassen; *lifeboat* aussetzen; *rocket* abschießen **2.** *company* gründen; *product* einführen; *film, book* lancieren; *investigation* in die Wege leiten; *career* starten; *the attack was ~ed at 15.00 hours* der Angriff fand um 15.00 Uhr statt; *to ~ a takeover bid* COMM ein Übernahmeangebot machen ♦ **launch into** *v/i* +*prep obj* angreifen; *he launched into a description of his house* er legte mit einer Beschreibung seines Hauses los (*infml*)

launch(ing) pad *n* Abschussrampe *f*

launder *v/t* waschen und bügeln *or* (*Swiss*) glätten; (*fig*) *money* waschen **Launderette®**, **laundrette** *n* (*Br*) Waschsalon *m* **Laundromat®** *n* (*US*) Waschsalon *m*

laundry *n* **1.** (≈ *establishment*) Wäscherei *f* **2.** (≈ *clothes*) Wäsche *f*; **to do the ~** (Wäsche) waschen **laundry basket** *n* Wäschekorb *m*

laurel *n* Lorbeer *m*; **to rest on one's ~s** sich auf seinen Lorbeeren ausruhen

lava *n* Lava *f*

lavatory *n* Toilette *f* **lavatory attendant** *n* Toilettenfrau *f*/-mann *m* **lavatory paper** *n* Toilettenpapier *nt* **lavatory seat** *n* Toilettensitz *m*

lavender *n* Lavendel *m*

lavish I *adj gifts* großzügig; *praise* überschwänglich; *banquet* üppig; **to be ~ with sth** mit etw verschwenderisch umgehen **II** *v/t* **to ~ sth on sb** jdn mit etw überhäufen **lavishly** *adv equipped* großzügig; *praise* überschwänglich; *entertain* reichlich; **~ furnished** luxuriös eingerichtet

law *n* **1.** Gesetz *nt*; (≈ *system*) Recht *nt*; **it's the ~** das ist Gesetz; **to become ~** rechtskräftig werden; **is there a ~ against it?** ist das verboten?; **under French ~** nach französischem Recht; **he is above the ~** er steht über dem Gesetz; **to keep within the ~** sich im Rahmen des Gesetzes bewegen; **in ~** vor dem Gesetz; **civil/criminal ~** Zivil-/ Strafrecht *nt*; **to practise** (*Br*) *or* **practice** (*US*) **~** eine Anwaltspraxis haben; **to take the ~ into one's own hands** das Recht selbst in die Hand nehmen; **~ and order** Recht und Ordnung **2.** (*as study*) Jura *no art* **3. the ~** (*infml*) die Bullen (*sl*) **law-abiding** *adj* gesetzestreu **law court** *n* Gerichtshof *m* **lawful** *adj* rechtmäßig **lawfully** *adv* rechtmäßig; **he is ~ entitled to compensation** er hat einen Rechtsanspruch auf Entschädigung **lawless** *adj act* gesetzwidrig; *society* gesetzlos **lawlessness** *n* Gesetzlosigkeit *f*

lawn *n* Rasen *m no pl* **lawn mower** *n* Rasenmäher *m* **lawn tennis** *n* Rasentennis *nt*

law school *n* (*US*) juristische Fakultät **lawsuit** *n* Prozess *m*; **to bring a ~ against sb** gegen jdn einen Prozess anstrengen

lawyer *n* (Rechts)anwalt *m*, (Rechts)anwältin *f*

lax *adj* (+*er*) lax; *morals* locker; **to be ~ about sth** etw vernachlässigen

laxative I *adj* abführend **II** *n* Abführmittel *nt*

laxity *n* Laxheit *f*

lay[1] *adj* Laien-

lay[2] *pret of* **lie**[2]

lay[3] *vb: pret, past part* **laid I** *v/t* **1.** legen (*sth on sth* etw auf etw *acc*); *wreath* niederlegen; *cable* verlegen; *carpet* (ver)legen; **to ~ (one's) hands on** (≈ *get hold of*) erwischen; (≈ *find*) finden **2.** *plans* schmieden; (*esp Br*) *table* decken; **to ~ a trap for sb** jdm eine Falle stellen; **to ~ the blame for sth on sb/sth** jdm/einer Sache die Schuld an etw (*dat*) geben; **to ~ waste** verwüsten **3.** *eggs* (*hen*) legen; (*fish, insects*) ablegen; **to ~ bets on sth** auf etw (*acc*) wetten **II** *v/i* (*hen*) legen ♦ **lay about I** *v/i* um sich schlagen **II** *v/t sep* losschlagen gegen ♦ **lay aside** *v/t sep work etc* weglegen; (≈ *save*) auf die Seite legen ♦ **lay down** *v/t sep* **1.** *book etc* hinlegen; **he laid his bag down on the table** er legte seine Tasche auf den Tisch **2. to ~ one's arms** die Waffen niederlegen; **to ~ one's life** sein Leben geben **3.** *rules* aufstellen; **to ~ the law** (*infml*) Vorschriften machen (*to sb* jdm) ♦ **lay into** *v/i* +*prep obj* (*infml*) **to ~ sb** auf jdn losgehen; (*verbally*) jdn fertigmachen (*infml*) ♦ **lay off I** *v/i* (*infml*) aufhören (*prep obj* mit); **you'll have to ~ smoking** du wirst das Rauchen aufgeben müssen (*infml*); **~ my little brother, will you!** lass bloß meinen kleinen Bruder in Ruhe! **II** *v/t sep workers* entlassen; **to be laid off** Feierschichten einlegen müssen; (*permanently*) entlassen werden ♦ **lay on** *v/t sep entertainment* sorgen für; *extra buses* einsetzen ♦ **lay out** *v/t sep* **1.** (≈ *spread out*) ausbreiten **2.** (≈ *present*) darlegen **3.** *clothes* zurechtlegen; *corpse* (waschen und) aufbahren **4.** (≈ *arrange*) anlegen ♦ **lay over** *v/i* (*US*) Aufenthalt haben ♦ **lay up** *v/t sep* **to be laid up (in bed)** auf der Nase (*infml*) *or* im Bett liegen

layabout *n* (*Br*) Arbeitsscheue(r) *m/f(m)*

lay-by *n* (*Br*) (*in town*) Parkbucht *f*; (*in country*) Parkplatz *m*

layer I *n* Schicht *f*, Lage *f*; **to arrange sth in ~s** etw schichten; **several ~s of cloth-**

ing mehrere Kleidungsstücke übereinander **II** v/t **1.** *hair* abstufen **2.** *vegetables etc* schichten

layman n Laie m **lay-off** n further ~s **were unavoidable** weitere Arbeiter mussten entlassen werden **layout** n Anordnung f; TYPO Layout nt; **we have changed the ~ of this office** wir haben dieses Büro anders aufgeteilt **layover** n (US) Aufenthalt m **layperson** n Laie m

laze v/i (a. **laze about, laze around**) faulenzen **lazily** adv faul; (≈ languidly) träge **laziness** n Faulheit f

lazy adj (+er) **1.** faul; **to be ~ about doing sth** zu faul sein, etw zu tun **2.** (≈ slow-moving) träge; *evening* gemütlich **lazy-bones** n sg (infml) Faulpelz m

lb n (weight) ≈ Pfd.

LCD abbr of **liquid crystal display** LCD nt

lead¹ n **1.** (≈ metal) Blei nt **2.** (in pencil) Mine f

lead² vb: pret, past part **led I** n **1.** (≈ leading position) Führung f; **to be in the ~** in Führung liegen; **to take the ~, to move into the ~** in Führung gehen; (in league) Tabellenführer werden **2.** (≈ distance, time ahead) Vorsprung m; **to have two minutes' ~ over sb** zwei Minuten Vorsprung vor jdm haben **3.** (≈ example) **to take the ~** mit gutem Beispiel vorangehen **4.** (≈ clue) Anhaltspunkt m; **the police have a ~** die Polizei hat eine Spur **5.** (THEAT) (≈ part) Hauptrolle f; (≈ person) Hauptdarsteller(in) m(f) **6.** (≈ leash) Leine f; **on a ~** an der Leine **7.** ELEC Kabel nt **II** v/t **1.** führen; **to ~ sb in** jdn hineinführen; **that road will ~ you back to the station** auf dieser Straße kommen Sie zum Bahnhof zurück; **to ~ the way** vorangehen; **all this talk is ~ing us nowhere** dieses ganze Gerede bringt uns nicht weiter; **to ~ sb to do sth** jdn dazu bringen, etw zu tun; **what led him to change his mind?** wie kam er dazu, seine Meinung zu ändern?; **I am led to believe that ...** ich habe Grund zu der Annahme, dass ...; **to ~ sb into trouble** jdn in Schwierigkeiten bringen **2.** (≈ be leader of) (an)führen; *team* leiten; **to ~ a party** den Parteivorsitz führen **3.** (≈ be first in) anführen; **they led us by 30 seconds** sie lagen um 30 Sekunden vor uns (dat); **Britain ~s the world in textiles** Großbritannien ist auf dem Gebiet

der Textilproduktion führend in der Welt **III** v/i **1.** führen; **it ~s into that room** es führt zu diesem Raum; **all this talk is ~ing nowhere** dieses ganze Gerede führt zu nichts; **remarks like that could ~ to trouble** solche Bemerkungen können unangenehme Folgen haben **2.** (≈ go in front) vorangehen; (in race) in Führung liegen; (in race) der/die Erste ◆ **lead away** v/t sep wegführen; *prisoner* abführen ◆ **lead off** v/i (street) abgehen; **several streets led off the square** mehrere Straßen gingen von dem Platz ab ◆ **lead on** v/t sep (≈ deceive) anführen (infml) ◆ **lead on to** v/i +prep obj führen zu ◆ **lead up I** v/t sep führen (to zu); **to lead sb up the garden path** (fig) jdn an der Nase herumführen **II** v/i **the events that led up to the war** die Ereignisse, die dem Krieg vorausgingen; **what are you leading up to?** worauf willst du hinaus?; **what's all this leading up to?** was soll das Ganze?

leaded adj petrol verbleit **leaden** adj bleiern; *steps* bleischwer

leader n **1.** Führer(in) m(f); (of party) Vorsitzende(r) m/f(m); (military) Befehlshaber(in) m(f); (of gang) Anführer(in) m(f); (of project) Leiter(in) m(f); (SPORTS, in league) Tabellenführer m; (in race) der/die Erste; (of orchestra) Konzertmeister(in) m(f); **to be the ~** (in race) in Führung liegen; **the ~s** (in race) die Spitzengruppe; **~ of the opposition** Oppositionsführer(in) m(f) **2.** (Br PRESS) Leitartikel m **leadership** n Führung f; (≈ office) Vorsitz m; **under the ~ of** unter (der) Führung von

lead-free I adj bleifrei **II** n bleifreies Benzin

leading adj **1.** (≈ first) vorderste(r, s) **2.** person, writer, politician, company führend; **~ product/sportsman** Spitzenprodukt nt/-sportler m; **~ role** THEAT Hauptrolle f; (in bei) **leading article** n Leitartikel m **leading lady** n Hauptdarstellerin f **leading light** n Nummer eins f **leading man** n Hauptdarsteller m **leading question** n Suggestivfrage f

lead singer n Leadsänger(in) m(f) **lead story** n Hauptartikel m

leaf I n, pl **leaves 1.** Blatt nt; **he swept the leaves into a pile** er fegte das Laub auf einen Haufen **2.** (of paper) Blatt nt; **to**

take a ~ out of or **from sb's book** sich (*dat*) von jdm eine Scheibe abschneiden; **to turn over a new ~** einen neuen Anfang machen **II** *v/i* **to ~ through a book** ein Buch durchblättern **leaflet** *n* Prospekt *m*; (≈ *single page*) Handzettel *m*; (≈ *handout*) Flugblatt *nt* **leafy** *adj* *tree* belaubt; *lane* grün

league *n* Liga *f*; **League of Nations** Völkerbund *m*; **to be in ~ with sb** mit jdm gemeinsame Sache machen; **the club is top of the ~** der Klub ist Tabellenführer; **he was not in the same ~** (*fig*) er hatte nicht das gleiche Format; **this is way out of your ~!** das ist einige Nummern zu groß für dich! **league table** *n* Tabelle *f*; (*esp Br, of schools etc*) Leistungstabelle *f*

leak I *n* undichte Stelle; (*in container*) Loch *nt*; (≈ *escape of liquid*) Leck *nt*; **to have a ~** undicht sein; (*bucket etc*) lecken **II** *v/t* **1.** (*lit*) durchlassen; *fuel* verlieren; **that tank is ~ing acid** aus diesem Tank läuft Säure aus **2.** (*fig*) *information etc* zuspielen (*to sb* jdm) **III** *v/i* (*ship, receptacle*) lecken; (*roof*) undicht sein; (*pen, liquid*) auslaufen; (*gas*) ausströmen; **water is ~ing** (**in**) **through the roof** es regnet durch (das Dach durch) ◆ **leak out** *v/i* **1.** (*liquid*) auslaufen **2.** (*news*) durchsickern

leakage *n* (≈ *act*) Auslaufen *nt* **leaky** *adj* (+er) undicht; *boat also* leck

lean[1] *adj* (+er) mager; *person* hager; **to go through a ~ patch** eine Durststrecke durchlaufen

lean[2] *pret, past part* **leant** (*esp Brit*) or **leaned I** *v/t* **1.** lehnen (*against* gegen, an +*acc*); **to ~ one's head on sb's shoulder** seinen Kopf an jds Schulter (*acc*) lehnen **2.** (≈ *rest*) aufstützen (*on* auf +*dat or acc*); **to ~ one's elbow on sth** sich mit dem Ellbogen auf etw (*acc*) stützen **II** *v/i* **1.** (≈ *be off vertical*) sich neigen (*to* nach); **he ~ed across the counter** er beugte sich über den Ladentisch **2.** (≈ *rest*) sich lehnen; **she ~ed on my arm** sie stützte sich auf meinen Arm; **to ~ on one's elbow** sich mit dem Ellbogen aufstützen **3.** **to ~ toward(s) socialism** zum Sozialismus tendieren ◆ **lean back** *v/i* sich zurücklehnen ◆ **lean forward** *v/i* sich vorbeugen ◆ **lean on** *v/i* (≈ *depend on*) **to ~ sb** sich auf jdn verlassen; (*infml* ≈ *put pressure on*) jdn bearbeiten

(*infml*) ◆ **lean out** *v/i* sich hinauslehnen (*of* aus)

leaning I *adj* schräg, schief **II** *n* Neigung *f* **leant** (*esp Br*) *pret, past part of* **lean**[2]

leap *vb: pret, past part* **leapt** (*esp Brit*) or **leaped I** *n* Sprung *m*; (*fig: in profits etc*) sprunghafter Anstieg; **a great ~ forward** (*fig*) ein großer Sprung nach vorn; **a ~ into the unknown, a ~ in the dark** (*fig*) ein Sprung ins Ungewisse; **by ~s and bounds** (*fig*) sprunghaft **II** *v/i* springen; **to ~ to one's feet** aufspringen; **the shares ~t by 21p** die Aktien stiegen mit einem Sprung um 21 Pence ◆ **leap at** *v/i* +*prep obj* **to ~ a chance** eine Gelegenheit beim Schopf packen ◆ **leap out** *v/i* hinausspringen (*of* aus +*dat*); **he leapt out of the car** er sprang aus dem Auto ◆ **leap up** *v/i* (*prices*) sprunghaft ansteigen

leapfrog *n* Bockspringen *nt*; **to play ~** Bockspringen spielen **leapt** (*esp Br*) *pret, past part of* **leap** **leap year** *n* Schaltjahr *nt*

learn *pret, past part* **learnt** (*Brit*) or **learned I** *v/t* **1.** lernen; *poem etc* auswendig lernen; **I ~ed** (**how**) **to swim** ich habe schwimmen gelernt **2.** (≈ *be informed*) erfahren **II** *v/i* **1.** lernen; **to ~ from experience** aus der Erfahrung or durch Erfahrung lernen **2.** (≈ *find out*) erfahren (*about, of* von) **learned** *adj* gelehrt; **a ~ man** ein Gelehrter *m* **learner** *n* **1.** Lerner(in) *m(f)* **2.** (≈ *learner driver*) Fahrschüler(in) *m(f)* **learning** *n* (≈ *act*) Lernen *nt*; **a man of ~** ein Gelehrter *m* **learning curve** *n* **to be on a steep ~** viel dazulernen **learnt** (*Br*) *pret, past part of* **learn**

lease I *n* Pacht *f*; (≈ *contract*) Pachtvertrag *m*; (*of flat*) Miete *f*; (≈ *contract*) Mietvertrag *m*; (*of equipment*) Leasing *nt*; (≈ *contract*) Leasingvertrag *m*; **a new ~ of life** ein neuer Aufschwung **II** *v/t* (≈ *take*) pachten (*from* von); *flat* mieten (*from* von); *equipment* leasen (*from* von); (≈ *give: a.* **lease out**) verpachten (*to* an +*acc*); *flat* vermieten (*to* an +*acc*); *equipment* leasen (*to* an +*acc*) **leasehold I** *n* Pachtbesitz *m*; (≈ *contract*) Pachtvertrag *m* **II** *adj* gepachtet; **~ property** Pachtbesitz *m* **leaseholder** *n* Pächter(in) *m(f)*

leash *n* Leine *f*; **on a ~** an der Leine **leasing** *n* Leasing *nt*

least I *adj* **1.** geringste(r, s) **2.** (*with un-*

countable nouns) wenigste(r, s); *he has the ~ money* er hat am wenigsten Geld **II** *adv* **1.** (+*vb*) am wenigsten; *~ of all would I wish to offend him* auf gar keinen Fall möchte ich ihn beleidigen **2.** (+*adj*) *the ~ expensive car* das billigste Auto; *the ~ talented player* der am wenigsten talentierte Spieler; *the~ known* der / die/das Unbekannteste; *not the~ bit* kein bisschen **III** *n the~* der / die/das Geringste; *that's the ~ of my worries* darüber mache ich mir die wenigsten Sorgen; *it's the~ I can do* das ist das wenigste, was ich tun kann; *at ~* wenigstens; *there were at ~ eight* es waren mindestens acht da; *we need three at the very ~* allermindestens brauchen wir drei; *all nations love football, not ~ the British* alle Völker lieben Fußball, nicht zuletzt die Briten; *he was not in the~ upset* er war kein bisschen verärgert; *to say the~* um es milde zu sagen

leather I *n* Leder *nt* **II** *adj* Leder-, ledern; *~ jacket/shoes* Lederjacke *f/*-schuhe *pl*
leathery *adj skin* ledern

leave *vb*: *pret, past part* **left I** *n* **1.** (≈ *permission)* Erlaubnis *f; to ask sb's~ to do sth* jdn um Erlaubnis bitten, etw zu tun **2.** (≈ *time off)* Urlaub *m; to be on ~* auf Urlaub sein; *I've got ~ to attend the conference* ich habe freibekommen, um an der Konferenz teilzunehmen; *~ of absence* Beurlaubung *f* **3.** *to take ~ of sb* sich von jdm verabschieden; *to take ~ of one's senses* den Verstand verlieren **II** *vt* **1.** *place, person* verlassen; *the train left the station* der Zug fuhr aus dem Bahnhof; *when the plane left Rome* als das Flugzeug von Rom abflog; *when he left Rome* als er von Rom wegging/wegfuhr *etc*; *to ~ the country* das Land verlassen; (*permanently)* auswandern; *to ~ home* von zu Hause weggehen; *to ~ school* die Schule verlassen; *to ~ the table* vom Tisch aufstehen; *to ~ one's job* seine Stelle aufgeben; *to ~ the road* (≈ *crash)* von der Straße abkommen; (≈ *turn off)* von der Straße abbiegen; *I'll ~ you at the station* (*in car)* ich setze dich am Bahnhof ab **2.** (≈ *cause to remain)* lassen; *message, scar* hinterlassen; *I'll ~ my address with you* ich lasse Ihnen meine Adresse da; *to ~ one's supper* sein Abendessen stehen lassen; *this ~s me free for the after-*

noon dadurch habe ich den Nachmittag frei; *~ the dog alone* lass den Hund in Ruhe; *to ~ sb to do sth* es jdm überlassen, etw zu tun; *I'll ~ you to it* ich lasse Sie jetzt allein weitermachen; *let's ~ it at that* lassen wir es dabei (bewenden); *to ~ sth to the last minute* mit etw bis zur letzten Minute warten; *let's ~ this now* (≈ *stop)* lassen wir das jetzt mal **3.** (≈ *forget)* liegen lassen, stehen lassen **4.** (*after death)* money hinterlassen **5.** *to be left* (≈ *remain)* übrig bleiben; *all I have left* alles, was ich noch habe; *I've (got) £6 left* ich habe noch 6 Pfund (übrig); *how many are there left?* wie viele sind noch übrig?; *3 from 10 ~s 7* 10 minus 3 ist 7; *there was nothing left for me to do but to sell it* mir blieb nichts anderes übrig, als es zu verkaufen **6.** (≈ *entrust)* überlassen (*up to sb* jdm); *~ it to me* lass mich nur machen; *to ~ sth to chance* etw dem Zufall überlassen **III** *v/i* (*person)* (weg)gehen; (*in vehicle)* abfahren; (*in plane)* abfliegen; *we ~ for Sweden tomorrow* wir fahren morgen nach Schweden ◆ **leave behind** *v/t sep* **1.** *car* zurücklassen; *chaos* hinterlassen; *the past* hinter sich (*dat)* lassen; *we've left all that behind us* das alles liegt hinter uns; *he left all his fellow students behind* er stellte alle seine Kommilitonen in den Schatten **2.** (≈ *forget)* liegen lassen ◆ **leave off I** *v/t sep lid* nicht darauftun; *lights* auslassen; *you left her name off the list* Sie haben ihren Namen nicht in die Liste aufgenommen **II** *v/i, v/i +prep obj* (*infml)* aufhören; *~!* lass das!; *he picked up where he left off* er machte weiter, wo er aufgehört hatte ◆ **leave on** *v/t sep clothes* anbehalten; *lights* anlassen ◆ **leave out** *v/t sep* **1.** (≈ *not bring in)* draußen lassen **2.** (≈ *omit)* auslassen; (≈ *exclude)* people ausschließen (*of* von); *you leave my wife out of this* lassen Sie meine Frau aus dem Spiel; *he got left out of things* er wurde nicht mit einbezogen **3.** (≈ *not put away)* liegen lassen ◆ **leave over** *v/t sep to be left over* übrig (geblieben) sein

leaves *pl of* **leaf**
leaving party *n* Abschiedsfeier *or* -party *f*

lecher *n* Lüstling *m*; (*hum)* Lustmolch *m f*
lecherous *adj* lüstern

lectern *n* Pult *nt*

lecture I *n* 1. Vortrag *m*; UNIV Vorlesung *f*; **to give a ~** einen Vortrag / eine Vorlesung halten (*to* für, *on sth* über etw *acc*) 2. (≈ *scolding*) (Straf)predigt *f* II *v/t* 1. **to ~ sb on sth** jdm einen Vortrag / eine Vorlesung über etw (*acc*) halten; **he ~s us in French** wir hören bei ihm (Vorlesungen in) Französisch 2. (≈ *scold*) **to ~ sb** jdm eine Strafpredigt halten (*on* wegen) III *v/i* einen Vortrag halten; UNIV eine Vorlesung halten; **he ~s in English** er ist Dozent für Anglistik; **he ~s at Princeton** er lehrt in Princeton **lecture hall** *n* Hörsaal *m* **lecture notes** *pl* (*professor's*) Manuskript *nt*; (*student's*) Aufzeichnungen *pl*; (≈ *handout*) Vorlesungsskript *nt* **lecturer** *n* Dozent(in) *m(f)*; (≈ *speaker*) Redner(in) *m(f)*; **assistant ~** ≈ Assistent(in) *m(f)*; **senior ~** Dozent(in) *in höherer Position* **lectureship** *n* Dozentenstelle *f* **lecture theatre**, (*US*) **lecture theater** *n* Hörsaal *m*

led *pret, past part of* **lead**[2]

ledge *n* Leiste *f*; (*of window*) (*inside*) Fensterbrett *nt*; (*outside*) (Fenster)sims *nt or m*; (≈ *mountain ledge*) (Fels)vorsprung *m*

ledger *n* Hauptbuch *nt*

leech *n* Blutegel *m*

leek *n* Porree *m*

leer I *n* anzügliches Grinsen II *v/i* **he ~ed at the girl** er warf dem Mädchen lüsterne Blicke zu

leeway *n* (*fig*) Spielraum *m*; (*in a decision*) Freiheit *f*; **he has given them too much ~** er hat ihnen zu viel Freiheit *or* Spielraum gelassen

left[1] *pret, past part of* **leave**

left[2] I *adj* linke(r, s); **no ~ turn** Linksabbiegen verboten; **he's got two ~ feet** (*infml*) er ist sehr ungelenk II *adv* links (*of* von); **keep ~** links fahren III *n* 1. Linke(r, s); **on the ~** links (*of* von); **on** *or* **to sb's ~** links von jdm; **take the first** (**on the**) **~ after the church** biegen Sie hinter der Kirche die erste (Straße) links ab; **the third** *etc* **... from the ~** der / die/das dritte *etc* ... von links; **to keep to the ~** sich links halten 2. POL Linke *f*; **to move to the ~** nach links rücken **left back** *n* linker Verteidiger **left-click** IT I *v/i* links klicken II *v/t* links klicken auf (+*acc*) **left-hand** *adj* **~ drive** Linkssteuerung *f*; **~ side** linke Seite *f*; **he stood on the ~ side of the king** er stand

zur Linken des Königs; **take the ~ turn** bieg links ab **left-handed** *adj* linkshändig; *tool* für Linkshänder; **both the children are ~** beide Kinder sind Linkshänder II *adv* mit links **left-hander** *n* Linkshänder(in) *m(f)* **leftist** *adj* linksgerichtet **left-luggage locker** *n* (*Br*) Gepäckschließfach *nt* **left-luggage** (**office**) *n* (*Br*) Gepäckaufbewahrung *f*

left-of-centre, (*US*) **left-of-center** *adj* *politician* links von der Mitte stehend; **~ party** Mitte-Links-Partei *f*

leftover I *adj* übrig geblieben II *n* 1. **~s** (Über)reste *pl* 2. (*fig*) **to be a ~ from the past** ein Überbleibsel *nt* aus der Vergangenheit sein

left wing *n* linker Flügel; **on the ~** POL, SPORTS auf dem linken Flügel **left-wing** *adj* linke(r, s) **left-winger** *n* POL Linke(r) *m/f(m)*; SPORTS Linksaußen *m*

leg *n* 1. Bein *nt*; **to be on one's last ~s** auf dem letzten Loch pfeifen (*infml*); **he hasn't** (**got**) **a ~ to stand on** (*fig* ≈ *no excuse*) er kann sich nicht herausreden; (≈ *no proof*) das kann er nicht belegen 2. (*as food*) Keule *f*, Schlögel *m* (*Aus*); **~ of lamb** Lammkeule *f*, Lammschlögel *m* (*Aus*) 3. (≈ *stage*) Etappe *f*

legacy *n* Vermächtnis *nt*; (*fig pej*) Hinterlassenschaft *f*

legal *adj* 1. (≈ *lawful*) legal; *obligation, limit* gesetzlich; **to make sth ~** etw legalisieren; **it is not ~ to sell drink to children** es ist gesetzlich verboten, Alkohol an Kinder zu verkaufen; **~ limit** Promillegrenze *f*; **women had no ~ status** Frauen waren nicht rechtsfähig 2. (≈ *relating to the law*) Rechts-; *matters, advice* juristisch; *inquiry* gerichtlich; **for ~ reasons** aus rechtlichen Gründen; **~ charges** *or* **fees** *or* **costs** (*solicitor's*) Anwaltskosten *pl*; (*court's*) Gerichtskosten *pl*; **the British ~ system** das britische Rechtssystem; **the ~ profession** die Juristenschaft **legal action** *n* Klage *f*; **to take ~ against sb** gegen jdn Klage erheben **legal adviser** *n* Rechtsberater(in) *m(f)* **legal aid** *n* Rechtshilfe *f* **legality** *n* Legalität *f*; (*of claim*) Rechtmäßigkeit *f*; (*of contract, decision*) Rechtsgültigkeit *f* **legalize** *v/t* legalisieren **legally** *adv* *acquire* legal; *married* rechtmäßig; *obliged* gesetzlich; **~ responsible** vor dem Gesetz verantwortlich; **to be ~ entitled to sth** einen

Rechtsanspruch auf etw (*acc*) haben; ~ **binding** rechtsverbindlich **legal tender** *n* gesetzliches Zahlungsmittel

legend *n* Legende *f*; (*fictitious*) Sage *f*; **to become a ~ in one's lifetime** schon zu Lebzeiten zur Legende werden **legendary** *adj* **1.** legendär **2.** (≈ *famous*) berühmt

-legged *adj suf* -beinig; **bare-legged** ohne Strümpfe **leggings** *pl* Leggings *pl*

legible *adj* lesbar **legibly** *adv* lesbar; *write* leserlich

legion *n* Legion *f* **legionary** *n* Legionär *m*

legislate *v/i* Gesetze / ein Gesetz erlassen **legislation** *n* (≈ *laws*) Gesetze *pl* **legislative** *adj* gesetzgebend **legitimacy** *n* Rechtmäßigkeit *f* **legitimate** *adj* **1.** legitim; *excuse* begründet **2.** *child* ehelich **legitimately** *adv* legitim; (≈ *with reason*) berechtigterweise **legitimize** *v/t* legitimieren

legless *adj* (*Br infml*) sternhagelvoll (*infml*) **leg press** *n* SPORTS Beinpresse *f* **legroom** *n* Beinfreiheit *f* **leg-up** *n* **to give sb a ~** jdm hochhelfen

leisure *n* Freizeit *f*; **do it at your ~** tun Sie es, wenn Sie Zeit dazu haben **leisure activities** *pl* Freizeitbeschäftigungen *pl* **leisure centre** *n* (*Br*) Freizeitzentrum *nt* **leisure hours** *pl* Freizeit *f* **leisurely** *adj* geruhsam; **to go at a ~ pace** (*person*) gemächlich gehen; **to have a ~ breakfast** in aller Ruhe frühstücken **leisure time** *n* Freizeit *f* **leisurewear** *n* Freizeitbekleidung *f*

lemma *pl* **-s** *or* **-ta** *n* LING Lemma *nt*

lemon I *n* Zitrone *f* II *adj* Zitronen- **lemonade** *n* Limonade *f*, Kracherl *nt* (*Aus*); (*with lemon flavour*) Zitronenlimonade *f* **lemon grass** *n* BOT, COOK Zitronengras *nt* **lemon juice** *n* Zitronensaft *m* **lemon sole** *n* Rotzunge *f* **lemon squeezer** *n* Zitronenpresse *f*

lend *pret, past part* **lent** I *v/t* **1.** leihen (*to sb* jdm); (*banks*) *money* verleihen (*to* an +*acc*) **2.** (*fig* ≈ *give*) verleihen (*to* +*dat*); **to ~ (one's) support to sb/sth** jdn / etw unterstützen; **to ~ a hand** helfen II *v/r* **to ~ oneself to sth** (≈ *be suitable*) sich für etw eignen ♦ **lend out** *v/t sep* verleihen

lender *n* (*professional*) Geldverleiher(in) *m(f)* **lending library** *n* Leihbücherei *f* **lending rate** *n* (Darlehens)zinssatz *m*

length *n* **1.** Länge *f*; **to be 4 feet in ~** 4 Fuß lang sein; **what ~ is it?** wie lang ist es?; **along the whole ~ of the river** den ganzen Fluss entlang **2.** (*of rope*) Stück *nt*; (*of pool*) Bahn *f* **3.** (*of time*) Dauer *f*; **for any ~ of time** für längere Zeit; **at ~** ausführlich **4. to go to any ~s to do sth** vor nichts zurückschrecken, um etw zu tun; **to go to great ~s to do sth** sich (*dat*) sehr viel Mühe geben, um etw zu tun **lengthen** I *v/t* verlängern; *clothes* länger machen; **to ~ one's stride** größere Schritte machen II *v/i* länger werden **lengthways, lengthwise** I *adj* Längen-, Längs- II *adv* der Länge nach **lengthy** *adj* (+*er*) sehr lang; (≈ *dragging on*) langwierig; *speech* ausführlich, langatmig (*pej*); *meeting* lang andauernd

lenience, leniency *n* Nachsicht *f* (*towards* gegenüber); (*of judge, sentence*) Milde *f* **lenient** *adj* nachsichtig (*towards* gegenüber); *judge, sentence* milde; **to be ~ with sb** mit jdm milde umgehen **leniently** *adv* nachsichtig; *judge* milde

lens *n* Linse *f*; (*in spectacles*) Glas *nt*; (≈ *camera part*) Objektiv *nt*; (*for stamps etc*) Lupe *f* **lens cap** *n* Schutzkappe *f*

Lent *n* Fastenzeit *f*

lent *pret, past part of* **lend**

lentil *n* Linse *f*

Leo *n* ASTROL Löwe *m*; **he's (a) ~** er ist Löwe

leopard *n* Leopard *m*

leotard *n* Trikot *nt*, Leiberl *nt* (*Aus*), Leibchen *nt* (*Aus, Swiss*); GYMNASTICS Gymnastikanzug *m*

leper *n* Leprakranke(r) *m/f(m)* **leprosy** *n* Lepra *f*

lesbian I *adj* lesbisch; **~ and gay rights** Rechte *pl* der Lesben und Schwulen II *n* Lesbe *f* (*infml*)

lesion *n* Verletzung *f*

less I *adj, adv, n* weniger; **~ noise, please!** nicht so laut, bitte!; **to grow ~** weniger werden; (≈ *decrease*) abnehmen; **~ and ~** immer weniger; **she saw him ~ and ~** (*often*) sie sah ihn immer seltener; **a sum ~ than £1** eine Summe unter £ 1; **it's nothing ~ than disgraceful** es ist wirklich eine Schande; **~ beautiful** nicht so schön; **~ quickly** nicht so schnell; **none the ~** nichtsdestoweniger; **can't you let me have it for ~?** können Sie es mir nicht etwas billiger lassen?; **~ of that!** komm mir nicht so! II *prep* weniger; COMM abzüglich; **6 ~ 4**

is 2 6 weniger 4 ist 2 **lessen I** *v/t* verringern; *impact* abschwächen; *pain* lindern **II** *v/i* nachlassen **lesser** *adj* geringer; *to a ~ extent* in geringerem Maße; *a ~ amount* ein kleinerer Betrag

lesson *n* **1.** SCHOOL *etc* Stunde *f*; (≈ *unit of study*) Lektion *f*; *~s* Unterricht *m*; *a* **French ~** eine Französischstunde; *to give or teach a ~* eine Stunde geben **2.** (*fig*) Lehre *f*; *he has learned his ~* er hat seine Lektion gelernt; *to teach sb a ~* jdm eine Lektion erteilen

lest *cj* (*form* ≈ *in order that … not*) damit … nicht

let *pret, past part* **let** *v/t* **1.** lassen; *to ~ sb do sth* jdn etw tun lassen; *she ~ me borrow the car* sie lieh mir das Auto; *we can't ~ that happen* wir dürfen das nicht zulassen; *he wants to but I won't ~ him* er möchte gern, aber ich lasse ihn nicht *or* erlaube es ihm nicht; *~ me know what you think* sagen Sie mir (Bescheid), was Sie davon halten; *to ~ sb be* jdn (in Ruhe) lassen; *to ~ sb/sth go, to ~ go of sb/ sth* jdn/etw loslassen; *to ~ oneself go* (≈ *neglect oneself*) sich gehen lassen; *we'll ~ it pass or go this once* (≈ *disregard*) *error* wir wollen es mal durchgehen lassen **2.** *~ alone* (≈ *much less*) geschweige denn **3.** *~'s go!* gehen wir!; *yes, ~'s* oh ja!; *~'s not* lieber nicht; *don't ~'s or ~'s not fight* wir wollen uns doch nicht streiten; *~'s be friends* wir wollen Freunde sein; *~ him try (it)!* das soll er nur versuchen!; *~ me think or see, where did I put it?* warte mal, wo habe ich das nur hingetan?; *~ us pray* lasst uns beten; *~ us suppose …* nehmen wir (mal) an, dass … **4.** (*esp Br* ≈ *hire out*) vermieten; *"to ~"* „zu vermieten"; *we can't find a house to ~* wir können kein Haus finden, das zu mieten ist ♦ **let down** *v/t sep* **1.** (≈ *lower*) herunterlassen; *I tried to let him down gently* (*fig*) ich versuchte, ihm das schonend beizubringen. **2.** *dress* länger machen; *hem* auslassen **3.** *to let a tyre* (*Br*) *or tire* (*US*) *down* die Luft aus einem Reifen lassen **4.** (≈ *fail to help*) *to let sb down* jdn im Stich lassen (*over* mit); *the weather let us down* das Wetter machte uns einen Strich durch die Rechnung **5.** (≈ *disappoint*) enttäuschen; *to feel ~* enttäuscht sein; *to let oneself down* sich blamieren ♦ **let in** *v/t sep* **1.** *water*

durchlassen **2.** *air, visitor* hereinlassen; (*to club etc*) zulassen (*to* zu); *he let himself in* (*with his key*) er schloss die Tür auf und ging hinein; *to let oneself in for sth* sich auf etw (*acc*) einlassen; *to let sb in on sth* jdn in etw (*acc*) einweihen ♦ **let off I** *v/t sep* **1.** *gun* abfeuern **2.** *firework* hochgehen lassen **3.** *gases* absondern; *smell* verbreiten; *to ~ steam* Dampf ablassen **II** *v/t always separate* **1.** *to let sb off* jdm etw durchgehen lassen; *I'll let you off this time* diesmal drücke ich noch ein Auge zu; *to let sb off with a warning* jdn mit einer Verwarnung davonkommen lassen **2.** (≈ *allow to go*) gehen lassen; *we were ~ early* wir durften früher gehen ♦ **let on** *v/i* (*infml*) verraten; *don't ~ you know* lass dir bloß nicht anmerken, dass du das weißt ♦ **let out** *v/t sep* **1.** *cat, air* herauslassen; *I'll let myself out* ich finde alleine hinaus; *to ~ a groan* (auf)stöhnen **2.** *prisoner* entlassen ♦ **let through** *v/t sep* durchlassen ♦ **let up** *v/i* (≈ *ease up*) nachlassen

letdown *n* (*infml*) Enttäuschung *f*

lethal *adj* **1.** tödlich; *~ injection* Todesspritze *f* **2.** (*fig*) *opponent* äußerst gefährlich

lethargic *adj* träge **lethargy** *n* Trägheit *f*

let's *contraction* = **let us**

letter *n* **1.** (*of alphabet*) Buchstabe *m*; *to the ~* buchstabengetreu **2.** (≈ *message*) Brief *m*; COMM *etc* Schreiben *nt* (*form*) (*to* an +*acc*); *by ~* schriftlich; *to write a ~ of complaint/apology* sich schriftlich beschweren/entschuldigen; *~ of recommendation* (*US*) Arbeitszeugnis *nt* **3.** LIT *~s* Literatur *f* **letter bomb** *n* Briefbombe *f*

letter box *n* (*Br*) Briefkasten *m* **letterhead** *n* Briefkopf *m* **lettering** *n* Beschriftung *f* **letters page** *n* PRESS Leserbriefseite *f*

lettuce *n* Kopfsalat *m*

let-up *n* (*infml*) Pause *f*; (≈ *easing up*) Nachlassen *nt*

leukaemia, (*US*) **leukemia** *n* Leukämie *f*

level I *adj* **1.** *surface* eben; *spoonful* gestrichen **2.** (≈ *at the same height*) auf gleicher Höhe (*with* mit); (≈ *parallel*) parallel (*with* zu); *the bedroom is ~ with the ground* das Schlafzimmer liegt ebenerdig **3.** (≈ *equal*) gleichauf; (*fig*) gleich gut; *Jones was almost ~ with the win-*

ner Jones kam fast auf gleiche Höhe mit dem Sieger **4.** (≈ *steady*) *tone of voice* ruhig; (≈ *well-balanced*) ausgeglichen; **to have a ~ head** einen kühlen Kopf haben **II** *adv* ~ **with** in Höhe (+*gen*); *it should lie ~ with* ... es sollte gleich hoch sein wie ...; *to draw ~ with sb* mit jdm gleichziehen **III** *n* **1.** (≈ *altitude*) Höhe *f*; *on a ~ (with)* auf gleicher Höhe (mit); *at eye ~* in Augenhöhe; *the trees were very tall, almost at roof ~* die Bäume waren sehr hoch, sie reichten fast bis zum Dach **2.** (≈ *storey*) Etage *f* **3.** (≈ *position on scale*) Ebene *f*; (*social etc*) Niveau *nt*; *to raise the ~ of the conversation* der Unterhaltung etwas mehr Niveau geben; *if profit stays at the same ~* wenn sich der Gewinn auf dem gleichen Stand hält; *the ~ of inflation* die Inflationsrate; *a high ~ of interest* sehr großes Interesse; *a high ~ of support* sehr viel Unterstützung; *the talks were held at a very high ~* die Gespräche fanden auf hoher Ebene statt; *on a purely personal ~* rein persönlich **4.** (≈ *amount*) *a high ~ of hydrogen* ein hoher Wasserstoffanteil; *the ~ of alcohol in the blood* der Alkoholspiegel im Blut; *cholesterol ~* Cholesterinspiegel *m*; *the ~ of violence* das Ausmaß der Gewalttätigkeit **IV** *v/t* **1.** ground einebnen; *town* dem Erdboden gleichmachen **2.** *weapon* richten (*at* auf +*acc*); *accusation* erheben (*at* gegen) **3.** SPORTS *to ~ the match* den Ausgleich erzielen; *to ~ the score* gleichziehen ◆ **level out** *v/i* (*a.* **level off**, *ground*) eben werden; (*fig*) sich einpendeln

level crossing *n* (*Br*) (beschrankter) Bahnübergang **level-headed** *adj* ausgeglichen

lever I *n* Hebel *m*; (*fig*) Druckmittel *nt* **II** *v/t* (hoch)stemmen; *he ~ed the machine-part into place* er hob das Maschinenteil durch Hebelwirkung an seinen Platz; *he ~ed the box open* er stemmte die Kiste auf **leverage** *n* Hebelkraft *f*; (*fig*) Einfluss *m*; *to use sth as ~* (*fig*) etw als Druckmittel benutzen

levy I *n* (≈ *act*) (Steuer)einziehung *f*; (≈ *tax*) Steuer *f* **II** *v/t tax* erheben

lewd *adj* (+*er*) unanständig; *remark* anzüglich

lexicon *n* Wörterbuch *nt*; (*in linguistics*) Lexikon *nt*

liability *n* **1.** (≈ *burden*) Belastung *f* **2.** (≈ *responsibility*) Haftung *f*; *we accept no ~ for* ... wir übernehmen keine Haftung für ... **3.** FIN **liabilities** Verbindlichkeiten *pl* **liable** *adj* **1.** *to be ~ for or to sth* einer Sache (*dat*) unterliegen; *to be ~ for tax* steuerpflichtig sein; *to be ~ to prosecution* der Strafverfolgung unterliegen **2.** (≈ *prone to*) anfällig **3.** (≈ *responsible*) *to be ~ for sth* für etw haftbar sein **4.** *to be ~ to do sth* (*in future*) wahrscheinlich etw tun (werden); (*habitually*) dazu neigen, etw zu tun; *we are ~ to get shot here* wir können hier leicht beschossen werden; *if you don't write it down I'm ~ to forget it* wenn Sie das nicht aufschreiben, kann es durchaus sein, dass ich es vergesse; *the car is ~ to run out of petrol* (*Br*) *or gas* (*US*) *any minute* dem Auto kann jede Minute das Benzin ausgehen **liaise** *v/i* (≈ *be the contact person*) als Verbindungsperson fungieren; (≈ *be in contact*) in Verbindung stehen; *social services and health workers ~ closely* das Sozialamt und die Gesundheitsdienst arbeiten eng zusammen **liaison** *n* **1.** (≈ *coordination*) Verbindung *f* **2.** (≈ *affair*) Liaison *f*

liar *n* Lügner(in) *m(f)*

lib *n abbr of* **liberation**

Lib Dem (*Br* POL) *abbr of* **Liberal Democrat**

libel I *n* (schriftlich geäußerte) Verleumdung (*on* +*gen*) **II** *v/t* verleumden **libellous**, (*US*) **libelous** *adj* verleumderisch

liberal I *adj* **1.** *offer* großzügig; *helping* reichlich; *to be ~ with one's praise/comments* mit Lob/seinen Kommentaren freigebig sein; *to be ~ with one's praise* mit Lob freigebig sein **2.** (≈ *broad-minded*, POL) liberal **II** *n* POL Liberale(r) *m/f(m)* **liberal arts** *pl* **the ~** (*esp US*) die geisteswissenschaftlichen Fächer **Liberal Democrat** (*Br* POL) **I** *n* Liberaldemokrat(in) *m(f)* **II** *adj* liberaldemokratisch; *policy* der Liberaldemokraten **liberalism** *n* Liberalität *f*; **Liberalism** POL der Liberalismus **liberalization** *n* Liberalisierung *f* **liberalize** *v/t* liberalisieren **liberally** *adv* (≈ *generously*) großzügig; (≈ *in large quantities*) reichlich **liberal-minded** *adj* liberal

liberate *v/t* befreien **liberated** *adj women* emanzipiert **liberation** *n* Befreiung *f* **liberty** *n* **1.** Freiheit *f*; *to be at ~ to do sth* (≈

be permitted) etw tun dürfen **2.** *I have taken the ~ of giving your name* ich habe mir erlaubt, Ihren Namen anzugeben
libido *n* Libido *f*
Libra *n* Waage *f*; *she's* **(a)** *~* sie ist Waage
librarian *n* Bibliothekar(in) *m(f)*
library *n* **1.** Bibliothek *f*; (*public*) Bücherei *f* **2.** (≈ *collection of books*) (Bücher)-sammlung *f* **library book** *n* Leihbuch *nt* **library ticket** *n* Leserausweis *m*
lice *pl of* **louse**
licence, (*US*) **license** *n* **1.** Genehmigung *f*; COMM Lizenz *f*; (≈ *driving licence*) Führerschein *m*; (≈ *hunting licence*) Jagdschein *m*; *you have to have a* (*television*) *~* man muss Fernsehgebühren bezahlen; *a ~ to practise medicine* (*Br*), *a license to practice medicine* (*US*) die Approbation; *the restaurant has lost its ~* das Restaurant hat seine Schankerlaubnis verloren **2.** (≈ *freedom*) Freiheit *f* **licence fee** *n* (*Br* TV) ≈ Fernsehgebühr *f* **licence number**, (*US*) **license number** *n* AUTO Kraftfahrzeug- *or* Kfz-Kennzeichen *nt* **licence plate**, (*US*) **license plate** *n* AUTO Nummernschild *nt* **license I** *n* (*US*) = **licence II** *v/t* eine Lizenz/Konzession vergeben an (*+acc*); *to be ~d to do sth* die Genehmigung haben, etw zu tun; *we are not ~d to sell alcohol* wir haben keine Schankerlaubnis **licensed** *adj* **1.** *pilot* mit Pilotenschein; *physician* approbiert **2.** *~ bar* Lokal *nt* mit Schankerlaubnis; *fully ~* mit voller Schankerlaubnis **licensee** *n* (*of bar*) Inhaber(in) *m(f)* einer Schankerlaubnis **licensing** *adj* *~ hours* Ausschankzeiten *pl*; *~ laws* Gesetz *nt* über den Ausschank und Verkauf alkoholischer Getränke
lichen *n* Flechte *f*
lick I *n* **1.** *to give sth a ~* an etw (*dat*) lecken **2.** (*infml*) *a ~ of paint* etwas Farbe **II** *v/t* **1.** lecken; *he ~ed the ice cream* er leckte am Eis; *to ~ one's lips* sich (*dat*) die Lippen lecken; (*fig*) sich (*dat*) die Finger lecken; *to ~ sb's boots* (*fig*) vor jdm kriechen (*infml*) **2.** (*flames*) züngeln an (*+dat*) **3.** (*infml* ≈ *defeat*) in die Pfanne hauen (*infml*); *I think we've got it ~ed* ich glaube, wir haben die Sache jetzt im Griff
licorice *n* = **liquorice**
lid *n* Deckel *m*; *to keep a ~ on sth* etw unter Kontrolle halten; *on information* etw

geheim halten
lie¹ I *n* Lüge *f*; *to tell a ~* lügen; *I tell a ~*, *it's tomorrow* ich hab mich vertan, es ist morgen **II** *v/i* lügen; *to ~ to sb* jdn belügen
lie² *vb*: *pret* **lay**, *past part* **lain I** *n* (≈ *position*) Lage *f* **II** *v/i* liegen; (≈ *lie down*) sich legen; *~ on your back* leg dich auf den Rücken; *the runner lying third* (*esp Br*) der Läufer auf dem dritten Platz; *our road lay along the river* unsere Straße führte am Fluss entlang; *to ~ asleep* (daliegen und) schlafen; *to ~ dying* im Sterben liegen; *to ~ low* untertauchen; *that responsibility ~s with your department* dafür ist Ihre Abteilung verantwortlich ◆ **lie about** (*Brit*) *or* **around** *v/i* herumliegen ◆ **lie ahead** *v/i* *what lies ahead of us* was vor uns liegt, was uns (*dat*) bevorsteht ◆ **lie back** *v/i* (≈ *recline*) sich zurücklehnen ◆ **lie behind** *v/i* +*prep obj decision* stehen hinter (*+dat*) ◆ **lie down** *v/i* **1.** (*lit*) sich hinlegen; *he lay down on the bed* er legte sich aufs Bett **2.** (*fig*) *he won't take that lying down!* das lässt er sich nicht bieten! ◆ **lie in** *v/i* (≈ *stay in bed*) im Bett bleiben
lie detector *n* Lügendetektor *m*
lie-down *n* (*infml*) *to have a ~* ein Nickerchen machen (*infml*) **lie-in** *n* (*Br infml*) *to have a ~* (sich) ausschlafen
lieu *n* (*form*) *money in ~* stattdessen Geld; *in ~ of X* anstelle von X; *I work weekends and get time off in ~* (*esp Br*) ich arbeite an Wochenenden und kann mir dafür (an anderen Tagen) freinehmen
lieutenant *n* Leutnant *m*; (*Br*) Oberleutnant *m*
life *n*, *pl* **lives 1.** Leben *nt*; *plant ~* die Pflanzenwelt; *this is a matter of ~ and death* hier geht es um Leben und Tod; *to bring sb back to ~* jdn wiederbeleben; *his book brings history to ~* sein Buch lässt die Geschichte lebendig werden; *to come to ~* (*fig*) lebendig werden; *at my time of ~* in meinem Alter; *a job for ~* eine Stelle auf Lebenszeit; *he's doing ~* (*for murder*) (*infml*) er sitzt lebenslänglich (wegen Mord) (*infml*); *he got ~* (*infml*) er hat lebenslänglich gekriegt (*infml*); *how many lives were lost?* wie viele (Menschen) sind ums Leben gekommen?; *to take one's own ~*

sich (*dat*) das Leben nehmen; *to save sb's* ~ (*lit*) jdm das Leben retten; (*fig*) jdn retten; *I couldn't do it to save my* ~ ich kann es beim besten Willen nicht; *the church is my* ~ die Kirche ist mein ganzes Leben; *early in* ~, *in early* ~ in frühen Jahren; *later in* ~, *in later* ~ in späteren Jahren; *she leads a busy* ~ bei ihr ist immer etwas los; *all his* ~ sein ganzes Leben lang; *I've never been to London in my* ~ ich war in meinem ganzen Leben noch nicht in London; *to fight for one's* ~ um sein Leben kämpfen; *run for your lives!* rennt um euer Leben!; *I can't for the* ~ *of me* ... (*infml*) ich kann es beim besten Willen nicht ...; *never in my* ~ *have I heard such nonsense* ich habe noch nie im Leben so einen Unsinn gehört; *not on your* ~*!* (*infml*) ich bin doch nicht verrückt! (*infml*); *get a* ~*!* (*infml*) sonst hast du keine Probleme? (*infml*); *it seemed to have a* ~ *of its own* es scheint seinen eigenen Willen zu haben; *full of* ~ lebhaft; *the city centre* (*Br*) *or center* (*US*) *was full of* ~ im Stadtzentrum ging es sehr lebhaft zu; *he is the* ~ *and soul* (*Br*) *or* ~ (*US*) *of every party* er bringt Leben in jede Party; *village* ~ das Leben auf dem Dorf; *this is the* ~*!* ja, ist das ein Leben!; *that's* ~ so ist das Leben; *the good* ~ das süße Leben **2.** (≈ *useful or active life*) Lebensdauer *f* **3.** (≈ *biography*) Biografie *f* **life assurance** *n* (*Br*) Lebensversicherung *f* **lifebelt** *n* Rettungsgürtel *m* **lifeboat** *n* Rettungsboot *nt* **lifebuoy** *n* Rettungsring *m* **life cycle** *n* Lebenszyklus *m* **life expectancy** *n* Lebenserwartung *f* **lifeguard** *n* (*on beach*) Rettungsschwimmer(in) *m(f)*; (*in baths*) Bademeister(in) *m(f)* **life imprisonment** *n* lebenslängliche Freiheitsstrafe **life insurance** *n* = **life assurance life jacket** *n* Schwimmweste *f* **lifeless** *adj* leblos **lifelike** *adj* lebensecht **lifeline** *n* (*fig*) Rettungsanker *m*; *the telephone is a* ~ *for many old people* das Telefon ist für viele alte Leute lebenswichtig **lifelong** *adj* lebenslang; *they are* ~ *friends* sie sind schon ihr Leben lang Freunde; *his* ~ *devotion to the cause* die Sache, in deren Dienst er sein Leben gestellt hat **life membership** *n* Mitgliedschaft *f* auf Lebenszeit **life-or-death** *adj* ~ *struggle* Kampf *m* auf Leben und Tod

life peer *n* Peer *m* auf Lebenszeit **life preserver** *n* (*US*) Schwimmweste *f* **life raft** *n* Rettungsfloß *nt* **life-saver** *n* (*fig*) Retter *m* in der Not; *it was a real* ~*!* das hat mich gerettet **life-saving I** *n* Rettungsschwimmen *nt* **II** *adj apparatus* zur Lebensrettung; *drug* lebensrettend **life sentence** *n* lebenslängliche Freiheitsstrafe **life-size(d)** *adj* lebensgroß **lifespan** *n* (*of people*) Lebenserwartung *f* **life story** *n* Lebensgeschichte *f* **lifestyle** *n* Lebensstil *m* **life support machine** *n* Herz-Lungen-Maschine *f* **life support system** *n* Lebenserhaltungssystem *nt* **life-threatening** *adj* lebensbedrohend **lifetime** *n* **1.** Lebenszeit *f*; (*of battery, animal*) Lebensdauer *f*; *once in a* ~ einmal im Leben; *during or in my* ~ während meines Lebens; *the chance of a* ~ eine einmalige Chance **2.** (*fig*) Ewigkeit *f*

lift I *n* **1.** (≈ *lifting*) *give me a* ~ *up* heb mich mal hoch **2.** (*emotional*) *to give sb a* ~ jdn aufmuntern **3.** (*in car etc*) Mitfahrgelegenheit *f*; *to give sb a* ~ jdn mitnehmen; *want a* ~*?* möchten Sie mitkommen?, soll ich dich fahren? **4.** (*Br* ≈ *elevator*) Fahrstuhl *m*; (*for goods*) Aufzug *m*; *he took the* ~ er fuhr mit dem Fahrstuhl **II** *v/t* **1.** (*a.* **lift up**) hochheben; *head* heben **2.** (*fig: a.* **lift up**) *to* ~ *the spirits* die Stimmung heben; *the news* ~*ed him out of his depression* durch die Nachricht verflog seine Niedergeschlagenheit **3.** *restrictions etc* aufheben **4.** (*infml* ≈ *steal*) klauen (*infml*); (≈ *plagiarize*) abkupfern (*infml*) **III** *v/i* (*mist*) sich lichten; (*mood*) sich heben **liftoff** *n* SPACE Start *m*; *we have* ~ der Start ist erfolgt

ligament *n* Band *nt*; *he's torn a* ~ *in his shoulder* er hat einen Bänderriss in der Schulter

light¹ *vb*: *pret, past part* **lit** *or* **lighted I** *n* **1.** Licht *nt*; (≈ *lamp*) Lampe *f*; *by the* ~ *of a candle* im Schein einer Kerze; *at first* ~ bei Tagesanbruch; *to shed* ~ *on sth* (*fig*) Licht in etw (*acc*) bringen; *to see sb/sth in a different* ~ jdn / etw in einem anderen Licht sehen; *to see sth in a new* ~ etw mit anderen Augen betrachten; *in the* ~ *of* angesichts (+*gen*); *to bring sth to* ~ etw ans Tageslicht bringen; *to come to* ~ ans Tageslicht kommen; *finally I saw the* ~ (*infml*) endlich ging mir ein

Licht auf (*infml*); **to see the ~ of day** (*report*) veröffentlicht werden; (*project*) verwirklicht werden; **put out the ~s** mach das Licht aus; (*traffic*) **~s** Ampel *f*; **the ~s** (*of a car*) die Beleuchtung; **~s out!** Licht aus(machen)! **2. have you** (**got**) **a ~?** haben Sie Feuer?; **to set ~ to sth** etw anzünden **II** *adj* (+*er*) hell; **~ green** hellgrün; **it's getting ~** es wird hell **III** *v/t* **1.** (≈ *illuminate*) beleuchten; *lamp* anmachen **2.** (≈ *ignite*) anzünden **IV** *v/i* **this fire won't ~** das Feuer geht nicht an ◆ **light up I** *v/i* **1.** (≈ *be lit, eyes*) aufleuchten; (*face*) sich erhellen **2.** **the men took out their pipes and lit up** die Männer holten ihre Pfeifen hervor und zündeten sie an **II** *v/t sep* **1.** beleuchten; **a smile lit up his face** ein Lächeln erhellte sein Gesicht; **Piccadilly Circus was all lit up** der Piccadilly Circus war hell erleuchtet; **flames lit up the night sky** Flammen erleuchteten den Nachthimmel **2.** *cigarette etc* anzünden

light² I *adj* (+*er*) leicht; **~ industry** Leichtindustrie *f*; **~ opera** Operette *f*; **~ reading** Unterhaltungslektüre *f*; **with a ~ heart** leichten Herzens; **as ~ as a feather** federleicht; **to make ~ of one's difficulties** seine Schwierigkeiten auf die leichte Schulter nehmen; **you shouldn't make ~ of her problems** du solltest dich über ihre Probleme nicht lustig machen; **to make ~ work of** spielend fertig werden mit **II** *adv* **to travel ~** mit leichtem Gepäck reisen ◆ **light (up)on** *v/i* +*prep obj* (*infml*) entdecken

light bulb *n* Glühlampe *or* -birne *f*

light-coloured, (*US*) **light-colored** *adj*, *comp* **lighter-colo(u)red**, *sup* **lightest-colo(u)red** **light cream** *n* (*US*) Sahne *f*, Obers *m* (*Aus*), Nidel *m* (*Swiss*, *mit geringem Fettgehalt*)

lighten¹ **I** *v/t* erhellen; *colour* aufhellen **II** *v/i* hell werden; (*mood*) sich heben

lighten² *v/t load* leichter machen; **to ~ sb's workload** jdm etwas Arbeit abnehmen

◆ **lighten up** *v/i* (*infml*) die Dinge leichter nehmen; **~!** nimms leicht!

lighter *n* Feuerzeug *nt* **lighter fuel** *n* Feuerzeugbenzin *nt*

light-fingered *adj*, *comp* **lighter-fingered**, *sup* **lightest-fingered** langfingerig **light fitting**, **light fixture** *n* (≈ *light-*

bulb holder) Fassung *f*; (≈ *bracket*) (Lampen)halterung *f* **light-headed** *adj*, *comp* **lighter-headed**, *sup* **lightest-headed** benebelt (*infml*) **light-hearted** *adj* unbeschwert; *comedy* leicht **light-heartedly** *adv* unbekümmert; (≈ *jokingly*) scherzhaft **lighthouse** *n* Leuchtturm *m* **lighting** *n* Beleuchtung *f* **lightish** *adj colour* hell **lightly** *adv* **1.** leicht; *tread* leise; **to sleep ~** einen leichten Schlaf haben; **to get off ~** glimpflich davonkommen; **to touch ~ on a subject** ein Thema nur berühren *or* streifen **2. to speak ~ of sb/sth** sich abfällig über jdn / etw äußern; **to treat sth too ~** etw nicht ernst genug nehmen; **a responsibility not to be ~ undertaken** eine Verantwortung, die man nicht unüberlegt auf sich nehmen sollte **light meter** *n* Belichtungsmesser *m* **lightness** *n* Helligkeit *f*

lightning I *n* Blitz *m*; **a flash of ~** ein Blitz *m*; (*doing damage*) ein Blitzschlag *m*; **struck by ~** vom Blitz getroffen; **we had some ~ an hour ago** vor einer Stunde hat es geblitzt; **like** (**greased**) **~** wie der Blitz **II** *attr* blitzschnell, Blitz-; **~ strike** spontaner Streik; **with ~ speed** blitzschnell; **~ visit** Blitzbesuch *m* **lightning conductor**, (*US*) **lightning rod** *n* Blitzableiter *m*

light pen *n* IT Lichtgriffel *m* **light show** *n* Lightshow *f* **light switch** *n* Lichtschalter *m* **lightweight I** *adj* leicht; (*fig*) schwach **II** *n* Leichtgewicht *nt* **light year** *n* Lichtjahr *nt*

likable *adj* = **likeable**

like¹ I *adj* (≈ *similar*) ähnlich **II** *prep* wie; **to be ~ sb** jdm ähnlich sein; **they are very ~ each other** sie sind sich (*dat*) sehr ähnlich; **to look ~ sb** jdm ähnlich sehen; **what's he ~?** wie ist er?; **he's bought a car - what is it ~?** er hat sich ein Auto gekauft - wie sieht es aus?; **she was ~ a sister to me** sie war wie eine Schwester zu mir; **that's just ~ him!** das sieht ihm ähnlich!; **it's not ~ him** es ist nicht seine Art; **I never saw anything ~ it** so (et)was habe ich noch nie gesehen; **that's more ~ it!** so ist es schon besser!; **that hat's nothing ~ as nice as this one** der Hut ist bei Weitem nicht so hübsch wie dieser; **there's nothing ~ a nice cup of tea!** es geht nichts über eine schöne Tasse Tee!; **is this what you had in mind? — it's something/nothing ~ it**

hattest du dir so etwas vorgestellt? — ja, so ähnlich/nein, überhaupt nicht; *Americans are ~ that* so sind die Amerikaner; *people ~ that* solche Leute; *a car ~ that* so ein Auto; *I found one ~ it* ich habe ein Ähnliches gefunden; *it will cost something ~ £10* es wird so ungefähr £ 10 kosten; *that sounds ~ a good idea* das hört sich gut an; *~ mad* (*Br infml*), *~ anything* (*infml*) wie verrückt (*infml*); *it wasn't ~ that at all* so wars doch gar nicht **III** *cj* (*strictly incorrect*) *~ I said* wie gesagt **IV** *n* *we shall not see his ~ again* so etwas wie ihn bekommen wir nicht wieder (*infml*); *and the ~, and such ~* und dergleichen; *I've no time for the ~s of him* (*infml*) mit solchen Leuten gebe ich mich nicht ab (*infml*)

like² **I** *v/t* **1.** *person* mögen, gernhaben; *how do you ~ him?* wie gefällt er dir?; *I don't ~ him* ich kann ihn nicht leiden; *he is well ~d here* er ist hier sehr beliebt **2.** *I ~ black shoes* ich mag schwarze Schuhe, mir gefallen schwarze Schuhe; *I ~ it* das gefällt mir; *I ~ football* (≈ *playing*) ich spiele gerne Fußball; (≈ *watching*) ich finde Fußball gut; *I ~ dancing* ich tanze gern; *we ~ it here* es gefällt uns hier; *that's one of the things I ~ about you* das ist eines der Dinge, die ich an dir mag; *how do you ~ London?* wie gefällt Ihnen London?; *how would you ~ to go for a walk?* was hältst du von einem Spaziergang? **3.** *I'd ~ an explanation* ich hätte gerne eine Erklärung; *I should ~ more time* ich würde mir gerne noch etwas Zeit lassen; *they would have ~d to come* sie wären gern gekommen; *I should ~ you to do it* ich möchte, dass du es tust; *whether he ~s it or not* ob es ihm passt oder nicht; *I didn't ~ to disturb him* ich wollte ihn nicht stören; *what would you ~?* was hätten *or* möchten Sie gern?; *would you ~ a drink?* möchten Sie etwas trinken? **II** *v/i* *as you ~* wie Sie wollen; *if you ~* wenn Sie wollen **-like** *adj suf* -ähnlich, -artig **likeable** (*Br*), **likable** *adj* sympathisch, gefreut (*Swiss*)

likelihood *n* Wahrscheinlichkeit *f*; *the ~ is that ...* es ist wahrscheinlich, dass ...; *is there any ~ of him coming?* besteht die Möglichkeit, dass er kommt? **likely I**

adj (+*er*) **1.** wahrscheinlich; *he is not ~ to come* es ist unwahrscheinlich, dass er kommt; *they are ~ to refuse* sie werden wahrscheinlich ablehnen; *a ~ story!* (*iron*) das soll mal einer glauben! **2.** (*infml* ≈ *suitable*) geeignet; *he is a ~ person for the job* er kommt für die Stelle infrage; *~ candidates* aussichtsreiche Kandidaten **II** *adv* wahrscheinlich; *it's more ~ to be early than late* es wird eher früh als spät werden; *not ~!* (*infml iron infml*) wohl kaum (*infml*)

like-minded *adj* gleich gesinnt; *~ people* Gleichgesinnte *pl* **liken** *v/t* vergleichen (*to* mit) **likeness** *n* Ähnlichkeit *f*; *the painting is a good ~ of him* er ist auf dem Gemälde gut getroffen **likewise** *adv* ebenso; *he did ~* er tat das Gleiche; *have a nice weekend — ~* schönes Wochenende! — danke gleichfalls! **liking** *n* *to have a ~ for sb* jdn gernhaben; *she took a ~ to him* er war ihr sympathisch; *to have a ~ for sth* eine Vorliebe für etw haben; *to be to sb's ~* nach jds Geschmack sein

lilac I *n* **1.** (≈ *plant*) Flieder *m* **2.** (≈ *colour*) (Zart)lila *nt* **II** *adj* (zart)lila **Lilo®** *n* (*Br*) Luftmatratze *f* **lilt** *n* singender Tonfall **lilting** *adj accent* singend; *tune* beschwingt **lily** *n* Lilie *f* **limb** *n* **1.** ANAT Glied *nt*; *~s pl* Gliedmaßen *pl*; *to tear sb ~ from ~* jdn in Stücke reißen; *to risk life and ~* Leib und Leben riskieren **2.** *to be out on a ~* (*fig*) exponiert sein; *to go out on a ~* (*fig*) sich exponieren ♦ **limber up** *v/i* Lockerungsübungen machen

limbo *n* (*fig*) Übergangsstadium *nt*; *our plans are in ~* unsere Pläne sind in der Schwebe; *I'm in a sort of ~* ich hänge in der Luft (*infml*)

lime¹ *n* GEOL Kalk *m*

lime² *n* (BOT ≈ *linden, a.* **lime tree**) Linde(nbaum *m*) *f*

lime³ *n* (BOT ≈ *citrus fruit*) Limone(lle) *f*

limelight *n* Rampenlicht *nt*; *to be in the ~* im Licht der Öffentlichkeit stehen **limerick** *n* Limerick *m* **limestone** *n* Kalkstein *m*

limit I *n* **1.** Grenze *f*; (≈ *limitation*) Begrenzung *f*; (≈ *speed limit*) Geschwindigkeitsbegrenzung *f*; COMM Limit *nt*; *the city ~s* die Stadtgrenzen *pl*; *a 40-mile ~* eine Vierzigmeilengrenze;

the 50 km/h ~ die Geschwindigkeitsbegrenzung von 50 Stundenkilometern; *is there any* ~ *on the size?* ist die Größe beschränkt?; *to put a* ~ *on sth* etw begrenzen; *there is a* ~ *to what one person can do* ein Mensch kann nur so viel tun und nicht mehr; *off* ~*s to military personnel* Zutritt für Militär verboten; *over the* ~ zu viel; *your baggage is over the* ~ Ihr Gepäck hat Übergewicht; *you shouldn't drive, you're over the* ~ du solltest dich nicht ans Steuer setzen, du hast zu viel getrunken; *he was three times over the* ~ er hatte dreimal so viel Promille wie gesetzlich erlaubt; *50 pages is my* ~ 50 Seiten sind mein Limit **2.** (*infml*) *that's the* ~*!* das ist die Höhe (*infml*); *that child is the* ~*!* dieses Kind ist eine Zumutung! (*infml*) **II** *v/t* begrenzen; *freedom, spending* einschränken; *to* ~ *sb/sth to sth* jdn/etw auf etw (*acc*) beschränken **limitation** *n* Beschränkung *f*; (*of freedom, spending*) Einschränkung *f*; *damage* ~ Schadensbegrenzung *f*; *there is no* ~ *on exports of coal* es gibt keine Beschränkungen für den Kohleexport; *to have one's/its* ~*s* seine Grenzen haben **limited** *adj* **1.** begrenzt; *this offer is for a* ~ *period only* dieses Angebot ist (zeitlich) befristet; *this is only true to a* ~ *extent* dies ist nur in gewissem Maße wahr **2.** (*esp Br* COMM) *liability* beschränkt; *ABC Travel Limited* ≈ ABC-Reisen GmbH **limited company** *n* (*esp Br* COMM) ≈ Gesellschaft *f* mit beschränkter Haftung **limited edition** *n* limitierte Auflage **limited liability company** *n* (*esp Br* COMM) = *limited company* **limitless** *adj* grenzenlos

limo *n* (*infml*) Limousine *f* **limousine** *n* Limousine *f*

limp[1] **I** *n* Hinken *nt*, Hatschen *nt* (*Aus*); *to walk with a* ~ hinken, hatschen (*Aus*) **II** *v/i* hinken, hatschen (*Aus*)

limp[2] *adj* (+*er*) schlapp; *flowers* welk

limpet *n* Napfschnecke *f*; *to stick to sb like a* ~ (*infml*) wie eine Klette an jdm hängen

limply *adv* schlapp

linchpin *n* (*fig*) Stütze *f*

linden *n* (*a.* **linden tree**) Linde *f*

line[1] **I** *n* **1.** (*for washing, fishing*) Leine *f* **2.** (*on paper etc*) Linie *f* **3.** (≈ *wrinkle*) Falte *f* **4.** (≈ *boundary*) Grenze *f*; *the* (*fine or thin*) ~ *between right and wrong* der

(feine) Unterschied zwischen Recht und Unrecht; *to draw a* ~ *between* (*fig*) einen Unterschied machen zwischen **5.** (≈ *row, of people, cars*) (*side by side*) Reihe *f*; (*US* ≈ *queue*) Schlange *f*; SPORTS Linie *f*; *in* (*a*) ~ in einer Reihe; *in a straight* ~ geradlinig; *a* ~ *of traffic* eine Autoschlange; *to stand in* ~ Schlange stehen; *to be in* ~ (*buildings etc*) geradlinig sein; *to be in* ~ (*with*) (*fig*) in Einklang stehen (mit); *to keep sb in* ~ (*fig*) dafür sorgen, dass jd nicht aus der Reihe tanzt; *to bring sth into* ~ (*with sth*) (*fig*) etw auf die gleiche Linie (wie etw) bringen; *to fall* or *get into* ~ (≈ *abreast*) sich in Reih und Glied aufstellen; (≈ *behind one another*) sich in einer Reihe aufstellen; *to be out of* ~ nicht geradlinig sein; *to step out of* ~ (*fig*) aus der Reihe tanzen; *he was descended from a long* ~ *of farmers* er stammte aus einem alten Bauerngeschlecht; *it's the latest in a long* ~ *of tragedies* es ist die neueste Tragödie in einer ganzen Serie; *to be next in* ~ als Nächste(r) an der Reihe sein; *to draw up the battle* ~*s or the* ~*s of battle* (*fig*) (Kampf)stellung beziehen; *enemy* ~*s* feindliche Stellungen *pl*; ~*s of communication* Verbindungswege *pl* **6.** (≈ *company, of aircraft etc*) Linie *f*; (≈ *shipping company*) Reederei *f* **7.** RAIL Strecke *f*; ~*s pl* Gleise *pl*; *to reach the end of the* ~ (*fig*) am Ende sein **8.** TEL Leitung *f*; *this is a very bad* ~ die Verbindung ist sehr schlecht; *to be on the* ~ *to sb* mit jdm telefonieren; *hold the* ~ bleiben Sie am Apparat! **9.** (*written*) Zeile *f*; *the teacher gave me 200* ~*s* der Lehrer ließ mich 200 mal ... schreiben; *to learn one's* ~*s* einen Text auswendig lernen; *to drop sb a* ~ jdm ein paar Zeilen schreiben **10.** (≈ *direction*) ~ *of attack* (*fig*) Taktik *f*; ~ *of thought* Denkrichtung *f*; *to be on the right* ~*s* (*fig*) auf dem richtigen Weg sein; *he took the* ~ *that ...* er vertrat den Standpunkt, dass ... **11.** (≈ *field*) Branche *f*; *what's his* ~ (*of work*)? was macht er beruflich?; *it's all in the* ~ *of duty* das gehört zu meinen/seinen *etc* Pflichten **12.** (*in shop* ≈ *range*) Kollektion *f* **13.** *somewhere along the* ~ irgendwann; *all along the* ~ (*fig*) auf der ganzen Linie; *to be along the* ~*s of ...* ungefähr so etwas wie ... sein; *some-*

thing along these ~**s** etwas in dieser Art; *I was thinking along the same* ~**s** ich hatte etwas Ähnliches gedacht; *to put one's life etc on the* ~ (*infml*) sein Leben *etc* riskieren **II** *v/t* (≈ *border*) säumen; *the streets were* ~**d with cheering crowds** eine jubelnde Menge säumte die Straßen; *portraits* ~**d the walls** an den Wänden hing ein Porträt neben dem andern ◆ **line up I** *v/i* (≈ *stand in line*) sich aufstellen; (≈ *queue*) sich anstellen **II** *v/t sep* **1.** *prisoners* antreten lassen; *books* in einer Reihe aufstellen **2.** *entertainment* sorgen für; *what have you got lined up for me today?* was haben Sie heute für mich geplant?; *I've lined up a meeting with the directors* ich habe ein Treffen mit den Direktoren arrangiert

line² *v/t clothes* füttern; *pipe* auskleiden; ~ *the box with paper* den Karton mit Papier auskleiden; *the membranes which* ~ *the stomach* die Schleimhäute, die den Magen auskleiden; *to* ~ *one's pockets* (*fig*) in die eigene Tasche wirtschaften (*infml*)

lineage *n* Abstammung *f*

linear *adj* linear

lined *adj face* faltig; *paper* liniert **line dancing** *n* Line-Country-Dance *m* **line drawing** *n* Zeichnung *f* **line manager** *n* Vorgesetzte(r) *m/f(m)*

linen I *n* Leinen *nt*; (≈ *sheets etc*) Wäsche *f* **II** *adj* Leinen- **linen basket** *n* (*esp Br*) Wäschekorb *m* **linen closet, linen cupboard** *n* Wäscheschrank *m*

line printer *n* IT Zeilendrucker *m*

liner *n* (≈ *ship*) Liniendampfer *m*

linesman *n, pl* **-men** SPORTS Linienrichter *m* **line spacing** *n* Zeilenabstand *m* **line--up** *n* SPORTS Aufstellung *f*; *she picked the thief out of the* ~ sie erkannte den Dieb bei der Gegenüberstellung

linger *v/i* **1.** (*a.* **linger on**) (zurück)bleiben, verweilen (*liter*); (*doubts*) zurückbleiben; (*scent*) sich halten; *many of the guests* ~*ed in the hall* viele Gäste standen noch im Flur herum; *to* ~ *over a meal* sich (*dat*) bei einer Mahlzeit Zeit lassen **2.** (≈ *delay*) sich aufhalten

lingerie *n* (Damen)unterwäsche *f*

lingering *adj* ausgedehnt; *doubt* zurückbleibend; *kiss* innig

lingo *n* (*infml*) Sprache *f*; (≈ *jargon*) Jargon *m* **linguist** *n* **1.** (≈ *speaker of lan-*

guages) Sprachkundige(r) *m/f(m)* **2.** (≈ *specialist in linguistics*) Linguist(in) *m(f)* **linguistic** *adj* **1.** (≈ *of language*) sprachlich; ~ *competence or ability* Sprachfähigkeit *f* **2.** (≈ *of linguistics*) linguistisch **linguistics** *n sg* Linguistik *f*

lining *n* **1.** (*of clothes etc*) Futter *nt* **2.** (*of brake*) (Brems)belag *m* **3.** *the* ~ *of the stomach* die Magenschleimhaut

link I *n* **1.** (*of chain, fig*) (*person*) Verbindungsmann *m*/-frau *f* **2.** (≈ *connection*) Verbindung *f*; *a rail* ~ eine Bahnverbindung; *cultural* ~**s** kulturelle Beziehungen *pl*; *the strong* ~**s between Britain and Australia** die engen Beziehungen zwischen Großbritannien und Australien **3.** IT Link *m* **II** *v/t* **1.** verbinden; *to* ~ *arms* sich unterhaken (*with* bei); *do you think these murders are* ~*ed?* glauben Sie, dass zwischen den Morden eine Verbindung besteht?; *his name has been* ~*ed with several famous women* sein Name ist mit mehreren berühmten Frauen in Verbindung gebracht worden **2.** IT per Link verbinden **III** *v/i* **1.** *to* ~ (*together*) (*parts of story*) sich zusammenfügen lassen; (*parts of machine*) verbunden werden **2.** IT *to* ~ *to a site* einen Link zu einer Website haben ◆ **link up I** *v/i* zusammenkommen **II** *v/t sep* miteinander verbinden

link road *n* (*Br*) Verbindungsstraße *f*

linkup *n* Verbindung *f*

lino (*esp Br*), **linoleum** *n* Linoleum *nt*

linseed *n* Leinsamen *m* **linseed oil** *n* Leinöl *nt*

lintel *n* ARCH Sturz *m*

lion *n* Löwe *m*; *the* ~'s *share* der Löwenanteil **lioness** *n* Löwin *f*

lip *n* **1.** ANAT Lippe *f*; *to keep a stiff upper* ~ Haltung bewahren; *to lick one's* ~**s** sich (*dat*) die Lippen lecken; *the question on everyone's* ~**s** die Frage, die sich (*dat*) jeder stellt **2.** (*of cup*) Rand *m* **3.** (*infml* ≈ *cheek*) Frechheit *f*; *none of your* ~*!* sei nicht so frech **lip gloss** *n* Lipgloss *m*

liposuction *n* Fettabsaugung *f*

lip-read *v/i* von den Lippen ablesen **lip ring** *n* Lippenring *m* **lip salve** *n* Lippenpflegestift *m* **lip service** *n* *to pay* ~ *to an idea* ein Lippenbekenntnis zu einer Idee ablegen **lipstick** *n* Lippenstift *m*

liquefy I *v/t* verflüssigen **II** *v/i* sich verflüssigen

liqueur n Likör m
liquid I adj flüssig **II** n Flüssigkeit f **liquidate** v/t liquidieren **liquidation** n COMM Liquidation f; **to go into** ~ in Liquidation gehen **liquid-crystal** adj ~ **display** Flüssigkristallanzeige f **liquidize** v/t (im Mixer) pürieren **liquidizer** n Mixgerät nt
liquor n (≈ whisky etc) Spirituosen pl; (≈ alcohol) Alkohol m
liquorice, licorice n Lakritze f
liquor store n (US) ≈ Wein- und Spirituosengeschäft nt
Lisbon n Lissabon nt
lisp I n Lispeln nt; **to speak with a** ~ lispeln **II** v/t & v/i lispeln
list[1] **I** n Liste f; (≈ shopping list) Einkaufszettel m; **it's not on the** ~ es steht nicht auf der Liste; ~ **of names** Namensliste f; (esp in book) Namensverzeichnis nt **II** v/t notieren; (verbally) aufzählen; **it is not** ~**ed** es ist nicht aufgeführt
list[2] NAUT v/i Schlagseite haben
listed adj (Br) building unter Denkmalschutz (stehend attr); **it's a** ~ **building** es steht unter Denkmalschutz
listen v/i **1.** (≈ hear) hören (to sth etw acc); **to** ~ **to the radio** Radio hören; **if you** ~ **hard, you can hear the sea** wenn du genau hinhörst, kannst du das Meer hören; **she** ~**ed carefully to everything he said** sie hörte ihm genau zu; **to** ~ **for sth** auf etw (acc) horchen; **to** ~ **for sb** horchen or hören, ob jd kommt **2.** (≈ heed) zuhören; ~ **to me!** hör mir zu!; ~, **I know what we'll do** pass auf, ich weiß, was wir machen; **don't** ~ **to him** hör nicht auf ihn ♦ **listen in** v/i mithören (on sth etw acc); **I'd like to** ~ **on** or **to your discussion** ich möchte mir Ihre Diskussion mit anhören
listener n Zuhörer(in) m(f); RADIO Hörer(in) m(f); **to be a good** ~ gut zuhören können
listing n **1.** Verzeichnis nt **2. listings** TV, RADIO, FILM Programm nt
listless adj lustlos
lit pret, past part of **light**[1]
litany n Litanei f
liter n (US) = **litre**
literacy n Fähigkeit f lesen und schreiben zu können; ~ **test** Lese- und Schreibtest m
literal adj **1.** meaning wörtlich; **in the** ~ **sense (of the word)** im wörtlichen Sinne

2. that is the ~ **truth** das ist die reine Wahrheit **literally** adv **1.** (≈ word for word) (wort)wörtlich; **to take sb/sth** ~ jdn/etw wörtlich nehmen **2.** (≈ really) buchstäblich; **I was** ~ **shaking with fear** ich zitterte regelrecht vor Angst
literary adj literarisch; **the** ~ **scene** die Literaturszene **literary critic** n Literaturkritiker(in) m(f) **literary criticism** n Literaturwissenschaft f **literate** adj **1. to be** ~ lesen und schreiben können **2.** (≈ well-educated) gebildet
literature n Literatur f; (infml ≈ brochures etc) Informationsmaterial nt
lithe adj (+er) geschmeidig
lithograph n Lithografie f
Lithuania n Litauen nt
litigation n Prozess m
litmus paper n Lackmuspapier nt **litmus test** n (fig) entscheidender Test
litre, (US) **liter** n Liter m or nt
litter I n **1.** Abfälle pl; (≈ papers, wrappings) Papier nt; **the park was strewn with** ~ der Park war mit Papier und Abfällen übersät **2.** ZOOL Wurf m **3.** (≈ cat litter) Katzenstreu f **II** v/t **to be** ~**ed with sth** mit etw übersät sein; **glass** ~**ed the streets** Glasscherben lagen überall auf den Straßen herum **litter bin** n (Br) Abfalleimer m, Mistkübel m (Aus); (bigger) Abfalltonne f **litter lout** n (infml) Umweltverschmutzer(in) m(f), Dreckspatz m (infml)
little I adj klein; **a** ~ **house** ein Häuschen nt; **the** ~ **ones** die Kleinen pl; **a nice** ~ **profit** ein hübscher Gewinn; **he will have his** ~ **joke** er will auch einmal ein Witzchen machen; **a** ~ **while ago** vor Kurzem; **in a** ~ **while** bald **II** adv, n **1.** wenig; **of** ~ **importance** von geringer Bedeutung; ~ **better than** kaum besser als; ~ **more than a month ago** vor kaum einem Monat; ~ **did I think that ...** ich hätte kaum gedacht, dass ...; ~ **does he know that ...** er hat keine Ahnung, dass ...; **as** ~ **as possible** so wenig wie möglich; **to spend** ~ **or nothing** so gut wie (gar) nichts ausgeben; **every** ~ **helps** Kleinvieh macht auch Mist (prov); **he had** ~ **to say** er hatte nicht viel zu sagen; **I see very** ~ **of her nowadays** ich sehe sie in letzter Zeit sehr selten; **there was** ~ **we could do** wir konnten nicht viel tun; ~ **by** ~ nach und nach **2.** **a** ~ ein wenig, ein bisschen; **a** ~ (**bit**)

hot ein bisschen heiß; *with a ~ effort* mit etwas Anstrengung; *I'll give you a ~ advice* ich gebe dir einen kleinen Tipp; *a ~ after five* kurz nach fünf; *we walked on for a ~* wir liefen noch ein bisschen weiter; *for a ~* für ein Weilchen

liturgy *n* Liturgie *f*

live[1] **I** *v/t life* führen; *to ~ one's own life* sein eigenes Leben leben **II** *v/i* **1.** leben; *long ~ Queen Anne!* lang lebe Königin Anne!; *to ~ and let ~* leben und leben lassen; *to ~ like a king* wie Gott in Frankreich leben; *not many people ~ to be a hundred* nicht viele Menschen werden hundert (Jahre alt); *to ~ to a ripe old age* ein hohes Alter erreichen; *his name will ~ for ever* sein Ruhm wird nie vergehen; *his music will ~ for ever* seine Musik ist unvergänglich; *he ~d through two wars* er hat zwei Kriege miterlebt; *to ~ through an experience* eine Erfahrung durchmachen; *you'll ~ to regret it* das wirst du noch bereuen **2.** (≈ *reside*) wohnen; (*animals*) leben; *he ~s at 19 Marktstraße* er wohnt in der Marktstraße Nr. 19; *he ~s with his parents* er wohnt bei seinen Eltern; *a house not fit to ~ in* ein unbewohnbares Haus ♦ **live down** *v/t sep he'll never live it down* das wird man ihm nie vergessen ♦ **live in** *v/i* im Haus *etc* wohnen ♦ **live off** *v/i +prep obj* **1.** *to ~ one's relations* auf Kosten seiner Verwandten leben **2.** = *live on* **II** ♦ **live on I** *v/i* (≈ *continue*) weiterleben **II** *v/i +prep obj to ~ eggs* sich von Eiern ernähren; *to earn enough to ~* genug verdienen, um davon zu leben ♦ **live out** *v/t sep life* verbringen ♦ **live together** *v/i* zusammenleben ♦ **live up** *v/t always separate to live it up* (*infml*) die Puppen tanzen lassen (*infml*) ♦ **live up to** *v/i +prep obj to ~ expectations* den Vorstellungen entsprechen; *to ~ one's reputation* seinem Ruf gerecht werden; *he's got a lot to ~* in ihn werden große Erwartungen gesetzt

live[2] **I** *adj* **1.** (≈ *alive*) lebend; *a real ~ duke* ein waschechter Herzog **2.** *shell* scharf; ELEC geladen **3.** RADIO, TV live; *a ~ programme* (*Br*) *or* *program* (*US*) eine Livesendung **II** *adv* RADIO, TV live

live-in *adj cook* in Haus wohnend

livelihood *n* Lebensunterhalt *m*; *fishing is their ~* sie verdienen ihren Lebensun-

terhalt mit Fischfang; *to earn a ~* sich (*dat*) seinen Lebensunterhalt verdienen

liveliness *n* Lebhaftigkeit *f* **lively** *adj* (+*er*) lebhaft; *account, imagination* lebendig; *tune* schwungvoll; *things are getting ~* es geht hoch her (*infml*); *look ~!* mach schnell! **liven up I** *v/t sep* beleben **II** *v/i* in Schwung kommen; (*person*) aufleben

liver *n* Leber *f* **liver sausage, liverwurst** (*esp US*) *n* Leberwurst *f*

lives *pl of* **life**

livestock *n* Vieh *nt*

livid *adj* (*infml* ≈ *furious*) wütend (*about, at* über *+acc*)

living I *adj* lebend; *example* lebendig; *the greatest ~ playwright* der bedeutendste noch lebende Dramatiker; *I have no ~ relatives* ich habe keine Verwandten mehr; *a ~ creature* ein Lebewesen *nt*; (*with*)*in ~ memory* seit Menschengedenken **II** *n* **1. the living** *pl* die Lebenden *pl* **2.** *healthy ~* gesundes Leben **3.** (≈ *livelihood*) Lebensunterhalt *m*; *to earn or make a ~* sich (*dat*) seinen Lebensunterhalt verdienen; *what does he do for a ~?* womit verdient er sich (*dat*) seinen Lebensunterhalt?; *to work for one's ~* arbeiten, um sich (*dat*) seinen Lebensunterhalt zu verdienen **living conditions** *pl* Wohnverhältnisse *pl* **living expenses** *pl* Spesen *pl* **living quarters** *pl* Wohnräume *pl*; (*for soldiers, sailors*) Quartier *nt*

living room *n* Wohnzimmer *nt*

lizard *n* Eidechse *f*

llama *n* Lama *nt*

load I *n* **1.** Last *f*; (*on girder etc*) Belastung *f*; (≈ *cargo*) Ladung *f*; (*work*) ~ (Arbeits)pensum *nt*; *I put a ~ in the washing machine* ich habe die Maschine mit Wäsche gefüllt; *that's a ~ off my mind!* da fällt mir ein Stein vom Herzen! **2.** (ELEC, *supplied*) Leistung *f*; (*carried*) Spannung *f* **3.** (*infml*) ~*s of, a ~ of* jede Menge (*infml*); *we have ~s* wir haben jede Menge (*infml*); *it's a ~ of old rubbish* (*Br*) das ist alles Blödsinn (*infml*); *get a ~ of this!* (≈ *listen*) hör dir das mal an!; (≈ *look*) guck dir das mal an! (*infml*) **II** *v/t* laden; *lorry etc* beladen; *the ship was ~ed with bananas* das Schiff hatte Bananen geladen; *to ~ a camera* einen Film (in einen Fotoapparat) einlegen **III** *v/i* laden ♦ **load up I** *v/i* aufladen **II** *v/t sep* **1.** *lorry* beladen; *goods* aufladen **2.** IT laden

loaded *adj* beladen; *dice* präpariert; *gun, software* geladen; *a* **~ question** eine Fangfrage; *he's* **~** (*infml*) (≈ *rich*) er ist stinkreich (*infml*) **loading bay** *n* Ladeplatz *m*

loaf *n, pl* **loaves** Brot *nt*; (*unsliced*) (Brot)laib *m*; *a* **~ of bread** ein (Laib) Brot; *a small white* **~** ein kleines Weißbrot ◆ **loaf about** (*Brit*) *or* **around** *v/i* (*infml*) faulenzen

loafer *n* (≈ *shoe*) Halbschuh *m*

loan **I** *n* **1.** (≈ *thing lent*) Leihgabe *f*; (*from bank etc*) Darlehen *nt*; *my friend let me have the money as a* **~** mein Freund hat mir das Geld geliehen; *he let me have the money as a* **~** er hat mir das Geld geliehen **2.** *he gave me the* **~** *of his bicycle* er hat mir sein Fahrrad geliehen; *it's on* **~** es ist geliehen; (≈ *out on loan*) es ist ausgeliehen; *to have sth on* **~** etw geliehen haben (*from* von) **II** *v/t* leihen (*to sb* jdm) **loan shark** *n* (*infml*) Kredithai *m* (*infml*)

loath, loth *adj* *to be* **~** *to do sth* etw ungern tun; *he was* **~** *for us to go* er ließ uns ungern gehen

loathe *v/t* verabscheuen; *spinach, jazz etc* nicht ausstehen können; *I* **~** *doing it* ich hasse es, das zu tun **loathing** *n* Abscheu *m*

loaves *pl of* **loaf**

lob **I** *n* TENNIS Lob *m* **II** *v/t* *ball* lobben; (≈ *throw*) in hohem Bogen werfen; *he* **~** *bed the grenade over the wall* er warf die Granate im hohen Bogen über die Mauer

lobby **I** *n* Eingangshalle *f*; (*of hotel, theatre*) Foyer *nt*; POL Lobby *f* **II** *v/t* *to* **~** *one's Member of Parliament* auf seinen Abgeordneten Einfluss nehmen **III** *v/i* *the farmers are* **~** *ing for higher subsidies* die Bauernlobby will höhere Subventionen durchsetzen

lobe *n* (ANAT) (*of ear*) Ohrläppchen *nt*

lobster *n* Hummer *m*

local **I** *adj* örtlich; (≈ *in this area*) hiesig; (≈ *in that area*) dortig; **~** *radio station* Regionalsender *m*; **~** *newspaper* Lokalzeitung *f*; *the* **~** *residents* die Ortsansässigen; **~** *community* Kommune *f*; *at* **~** *level* auf lokaler Ebene; **~** *train* Nahverkehrszug *m*; **~** *time* Ortszeit *f*; *go into your* **~** *branch* gehen Sie zu Ihrer

Zweigstelle; **~** *anaesthetic or* **anesthetic** (*US*) örtliche Betäubung **II** *n* **1.** (*Br infml* ≈ *pub*) *the* **~** das Stammlokal **2.** (*born in*) Einheimische(r) *m/f(m)*; (*living in*) Einwohner(in) *m(f)* **local area network** *n* IT lokales Rechnernetz, LAN *nt* **local authority** *n* Kommunalbehörde *f*

local call *n* TEL Ortsgespräch *nt*

local education authority *n* örtliche Schulbehörde **local government** *n* Kommunalverwaltung *f*; **~** *elections* Kommunalwahlen *pl* **locality** *n* Gegend *f* **localize** *v/t* *this custom is very* **~** *d* die Sitte ist auf wenige Orte begrenzt **locally** *adv* am Ort; *I prefer to shop* **~** ich kaufe lieber im Ort ein; *was she well-known* **~** ? war sie in dieser Gegend sehr bekannt?; **~** *grown* in der Region angebaut

lo-carb *adj* = **low-carb**

locate *v/t* **1.** *to be* **~** *d at or in* sich befinden in (+*dat*); *the hotel is centrally* **~** *d* das Hotel liegt zentral **2.** (≈ *find*) ausfindig machen **location** *n* **1.** (≈ *position*) Lage *f*; (*of building*) Standort *m*; *this would be an ideal* **~** *for the airport* das wäre ein ideales Gelände für den Flughafen **2.** (≈ *positioning, siting*) *they discussed the* **~** *of the proposed airport* sie diskutierten, wo der geplante Flughafen gebaut werden sollte **3.** FILM Drehort *m*; *to be on* **~** *in Mexico* (*person*) bei Außenaufnahmen in Mexiko sein; *part of the film was shot on* **~** *in Mexico* ein Teil der Außenaufnahmen für den Film wurde in Mexiko gedreht

loch *n* (*Scot*) See *m*

lock[1] *n* (*of hair*) Locke *f*

lock[2] **I** *n* **1.** (*on door*) Schloss *nt*; *to put sth under* **~** *and key* etw wegschließen **2.** (≈ *canal lock*) Schleuse *f* **II** *v/t* *door etc* ab- *or* zuschließen; *to* **~** *sb in a room* jdn in einem Zimmer einschließen; **~** *ed in combat* in Kämpfe verwickelt; *they were* **~** *ed in each other's arms* sie hielten sich fest umschlungen; *this bar* **~** *s the wheel in position* diese Stange hält das Rad fest **III** *v/i* schließen; (*wheel*) blockieren ◆ **lock away** *v/t sep* wegschließen; *person* einsperren ◆ **lock in** *v/t sep* einschließen; *to be locked in* eingesperrt sein ◆ **lock on** *v/i the missile locks onto its target* das Geschoss richtet sich auf das Ziel ◆ **lock out** *v/t sep* *workers* aussperren; *I've locked myself out* ich habe mich ausgesperrt ◆ **lock up I** *v/t sep* abschließen; *person* einsperren; *to lock sth up in sth* etw in etw (*dat*) einschließen **II** *v/i* abschließen

locker *n* Schließfach *nt*; NAUT, MIL Spind *m* **locker room** *n* Umkleideraum *m*

locket *n* Medaillon *nt*

lockout *n* Aussperrung *f* **locksmith** *n* Schlosser(in) *m(f)*

locomotive *n* Lokomotive *f*

locum (tenens) *n* (*Br*) Vertreter(in) *m(f)*

locust *n* Heuschrecke *f*

lodge I *n* (*in grounds*) Pförtnerhaus *nt*; (≈ *shooting lodge etc*) Hütte *f* **II** *v/t* **1.** (*Br*) *person* unterbringen **2.** *complaint* einlegen (*with* bei); *to ~ an appeal* Einspruch erheben; JUR *Berufung* einlegen **3.** (≈ *insert*) *to be ~d* (fest)stecken **III** *v/i* **1.** (*Br* ≈ *live*) (zur *or* in Untermiete) wohnen (*with sb, at sb's* bei jdm) **2.** (*object*) stecken bleiben **lodger** *n* Untermieter(in) *m(f)* **lodging** *n* **1.** Unterkunft *f* **2. lodgings** *pl* ein möbliertes Zimmer

loft *n* Boden *m*, Estrich *m* (*Swiss*); *in the ~* auf dem Boden **loft conversion** *n* Dachausbau *m*

loftily *adv* hochmütig **lofty** *adj* (+er) **1.** *ambitions* hochfliegend **2.** (≈ *haughty*) hochmütig

log¹ *n* Baumstamm *m*; (*for a fire*) Scheit *nt*; *to sleep like a ~* wie ein Stein schlafen

log² **I** *n* (≈ *record*) Aufzeichnungen *pl*; NAUT Logbuch *nt*; *to keep a ~ of sth* über etw (*acc*) Buch führen **II** *v/t* Buch führen über (+*acc*); NAUT (ins Logbuch) eintragen; *details are ~ged in the computer* Einzelheiten sind im Computer gespeichert ◆ **log in** *v/i* IT einloggen ◆ **log off** IT *v/i* ausloggen ◆ **log on** IT *v/i* einloggen ◆ **log out** *v/i* IT ausloggen

logarithm *n* Logarithmus *m*

logbook *n* NAUT Logbuch *nt*; AVIAT Bordbuch *nt*; (*of lorries*) Fahrtenbuch *nt* **log cabin** *n* Blockhaus *nt*

loggerheads *pl* *to be at ~* (*with sb*) (*esp Br*) sich (*dat*) (mit jdm) in den Haaren liegen (*infml*)

logic *n* Logik *f*; *there's no ~ in that* das ist völlig unlogisch **logical** *adj* logisch

logistic *adj* logistisch **logistics** *n sg* Logistik *f*

logo *n* Logo *nt*

loiter *v/i* herumlungern

loll *v/i* **1.** sich lümmeln **2.** (*head*) hängen; (*tongue*) heraushängen ◆ **loll about** (*Brit*) *or* **around** *v/i* herumlümmeln

lollipop *n* Lutscher *m* **lollipop lady** *n* (*Br infml*) ≈ Schülerlotsin *f* **lollipop man** *n* (*Br infml*) ≈ Schülerlotse *m* **lolly** *n* (*Br infml* ≈ *lollipop*) Lutscher *m*; *an ice ~* ein Eis *nt* am Stiel

London I *n* London *nt* **II** *adj* Londoner **Londoner** *n* Londoner(in) *m(f)*

lone *adj* (≈ *single*) einzeln; (≈ *isolated*) einsam; *~ parent* Alleinerziehende(r) *m/f(m)*; *~ parent family* Einelternfamilie *f* **loneliness** *n* Einsamkeit *f*

lonely *adj* (+er) einsam; *~ hearts column* Kontaktanzeigen *pl*; *~ hearts club* Singletreff *m* **loner** *n* Einzelgänger(in) *m(f)* **lonesome** *adj* (*esp US*) einsam

long¹ **I** *adj* (+er) lang; *journey* weit; *it is 6 feet ~* es ist 6 Fuß lang; *to pull a ~ face* ein langes Gesicht machen; *it's a ~ way* das ist weit; *a ~ memory* ein gutes Gedächtnis; *it's a ~ time since I saw her* ich habe sie schon lange nicht mehr gesehen; *he's been here (for) a ~ time* er ist schon lange hier; *she was abroad for a ~ time* sie war (eine) lange Zeit im Ausland; *to take a ~ look at sth* etw lange *or* ausgiebig betrachten; *how ~ is the film?* wie lange dauert der Film? **II** *adv* lang(e); *don't be ~!* beeil dich!; *don't be too ~ about it* lass dir nicht zu viel Zeit; *I shan't be ~* (*in finishing*) ich bin gleich fertig; (*in returning*) ich bin gleich wieder da; *all night ~* die ganze Nacht; *~ ago* vor langer Zeit; *not ~ ago* vor Kurzem; *not ~ before I met you* kurz bevor ich dich kennenlernte; *as ~ as, so ~ as* (≈ *provided that*) solange; *I can't wait any ~er* ich kann nicht mehr länger warten; *if that noise goes on any ~er* wenn der Lärm weitergeht; *no ~er* (≈ *not any more*) nicht mehr; *so ~!* (*infml*) tschüs(s)! (*infml*), servus! (*Aus*) **III** *n* *before ~* bald; *are you going for ~?* werden Sie länger weg sein?; *it won't take ~* das dauert nicht lange; *I won't take ~* ich brauche nicht lange (dazu)

long² *v/i* sich sehnen (*for* nach); *he ~ed for his wife to return* er wartete sehnsüchtig auf die Rückkehr seiner Frau; *he is ~ing for me to make a mistake* er möchte zu gern, dass ich einen Fehler mache; *I am ~ing to go abroad* ich brenne darauf, ins Ausland zu gehen; *I'm ~ing to see that film* ich will den Film unbedingt sehen

long-distance I *adj* ~ **call** Ferngespräch *nt*; ~ **lorry driver** (*Br*) Fernfahrer(in) *m(f)*; ~ **runner** Langstreckenläufer(in) *m(f)*; ~ **journey** Fernreise *f* **II** *adv* **to call** ~ ein Ferngespräch führen **long division** *n* schriftliche Division **long-drawn-out** *adj speech* langatmig; *process* langwierig

longed-for *adj* ersehnt

long-grain *adj* ~ **rice** Langkornreis *m* **long-haired** *adj* langhaarig **longhand** *adv* in Langschrift **long-haul** *adj* ~ **truck driver** Fernfahrer(in) *m(f)*

longing I *adj* sehnsüchtig **II** *n* Sehnsucht *f* (*for* nach) **longingly** *adv* sehnsüchtig

longish *adj* ziemlich lang

longitude *n* Länge *f*

long johns *pl* (*infml*) lange Unterhosen *pl* **long jump** *n* Weitsprung *m* **long-life** *adj* battery *etc* mit langer Lebensdauer **long-life milk** *n* H-Milch *f* **long-lived** *adj* langlebig; *success* dauerhaft **long-lost** *adj* person verloren geglaubt **long-playing** *adj* ~ **record** Langspielplatte *f* **long-range** *adj* gun mit hoher Reichweite; *forecast* langfristig; ~ **missile** Langstreckenrakete *f* **long-running** *adj* series lange laufend; *feud* lange andauernd **longshoreman** *n* (*US*) Hafenarbeiter *m* **long shot** *n* (*infml*) **it's a ~, but ...** es ist gewagt, aber ...; **not by a ~** bei Weitem nicht **long-sighted** *adj* weitsichtig **long-standing** *adj* alt; *friendship* langjährig **long-stay** *adj* (*Br*) car park Dauer- **long-suffering** *adj* schwer geprüft **long term** *n* **in the** ~ langfristig gesehen **long-term** *adj* langfristig; ~ **memory** Langzeitgedächtnis *nt*; **the** ~ **unemployed** die Langzeitarbeitslosen *pl* **long vacation** *n* UNIV (Sommer)semesterferien *pl*; SCHOOL große Ferien *pl* **long wave** *n* Langwelle *f* **long-winded** *adj* umständlich; *speech* langatmig

loo *n* (*Br infml*) Klo *nt* (*infml*), Häus(e)l *nt* (*Aus*); **to go to the** ~ aufs Klo gehen (*infml*); **in the** ~ auf dem Klo (*infml*)

look I *n* **1.** (≈ *glance*) Blick *m*; **she gave me a dirty** ~ sie warf mir einen vernichtenden Blick zu; **she gave me a** ~ **of disbelief** sie sah mich ungläubig an; **to have** *or* **take a** ~ **at sth** sich (*dat*) etw ansehen; **can I have a** ~? darf ich mal sehen?; **to take a good** ~ **at sth** sich (*dat*) etw genau ansehen; **to have a** ~ **for sth** sich nach etw umsehen; **to have a** ~ **(a)round** sich umsehen; **shall we have a** ~ **(a)round the town?** sollen wir uns (*dat*) die Stadt ansehen? **2.** (≈ *appearance*) Aussehen *nt*; **there was a** ~ **of despair in his eyes** ein verzweifelter Blick war in seinen Augen; **I don't like the** ~ **of him** er gefällt mir gar nicht; **by the** ~ **of him** so, wie er aussieht **3. looks** *pl* Aussehen *nt*; **good** ~**s** gutes Aussehen **II** *v/t* **he** ~**s his age** man sieht ihm sein Alter an; **he's not** ~**ing himself these days** er sieht in letzter Zeit ganz verändert aus; **I want to** ~ **my best tonight** ich möchte heute Abend besonders gut aussehen; ~ **what you've done!** sieh dir mal an, was du da angestellt hast!; ~ **where you're going!** pass auf, wo du hintrittst!; ~ **who's here!** guck mal, wer da ist! (*infml*) **III** *v/i* **1.** (≈ *see*) gucken (*infml*); **to** ~ **(a)round** sich umsehen; **to** ~ **carefully** genau hinsehen; **to** ~ **and see** nachsehen; ~ **here!** hör (mal) zu!; ~**, I know you're tired, but ...** ich weiß ja, dass du müde bist, aber ...; ~**, there's a better solution** da gibt es doch eine bessere Lösung; ~ **before you leap** (*prov*) erst wägen, dann wagen (*prov*) **2.** (≈ *search*) suchen **3.** (≈ *seem*) aussehen; **it** ~**s all right to me** es scheint mir in Ordnung zu sein; **how does it** ~ **to you?** was meinst du dazu?; **the car** ~**s about 10 years old** das Auto sieht so aus, als ob es 10 Jahre alt wäre; **to** ~ **like** aussehen wie; **the picture doesn't** ~ **like him** das Bild sieht ihm nicht ähnlich; **it** ~**s like rain** es sieht nach Regen aus; **it** ~**s as if we'll be late** es sieht (so) aus, als würden wir zu spät kommen ◆ **look after** *v/i* +prep obj **1.** sich kümmern um; **to** ~ **oneself** auf sich (*acc*) aufpassen **2.** (*temporarily*) sehen nach; *children* aufpassen auf (+*acc*) ◆ **look ahead** *v/i* (*fig*) vorausschauen ◆ **look around** *v/i* sich umsehen (*for sth* nach etw) ◆ **look at** *v/i* +prep obj **1.** (≈ *observe*) ansehen; ~ **him!** sieh dir den an!; ~ **the time** so spät ist es schon; **he looked at his watch** er sah auf die Uhr **2.** (≈ *examine*) sich (*dat*) ansehen **3.** (≈ *view*) betrachten **4.** possibilities sich (*dat*) überlegen ◆ **look away** *v/i* wegsehen ◆ **look back** *v/i* sich umsehen; (*fig*) zurückblicken (*on sth, to sth* auf etw *acc*); **he's never looked back** (*fig infml*) es ist ständig mit ihm bergauf gegangen ◆ **look down** *v/i* hinteruntesehen ◆ **look down on** *v/i +prep obj* herabsehen auf (*+acc*) ◆ **look for** *v/i +prep obj* suchen; **he's looking for trouble** er wird sich (*dat*) Ärger einhandeln; (*actively*) er sucht Streit ◆ **look forward to** *v/i +prep obj* sich freuen auf (*+acc*) ◆ **look in** *v/i* (≈ *visit*) vorbeikommen (*on sb* bei jdm) ◆ **look into** *v/i +prep obj* **1.** *to* ~ *sb's face* jdm ins Gesicht sehen; *to* ~ *the future* in die Zukunft sehen *or* blicken **2.** (≈ *investigate*) untersuchen; *matter* prüfen ◆ **look on** *v/i* **1.** zusehen **2.** *to* ~*to* (*window*) (hinaus)gehen auf (*+acc*); (*building*) liegen an (*+dat*) **3.** *+prep obj* betrachten ◆ **look out** *v/i* **1.** (*of window etc*) hinaussehen; *to* ~ (*of*) *the window* zum Fenster hinaussehen **2.** (≈ *take care*) aufpassen; ~*!* Vorsicht! ◆ **look out for** *v/i +prep obj* **1.** (≈ *try to find*) Ausschau halten nach **2.** ~ *pickpockets* nimm dich vor Taschendieben in Acht ◆ **look over** *v/t sep notes* durchsehen ◆ **look round** *v/i* (*esp Br*) = **look around** ◆ **look through** *v/i +prep obj* **he looked through the window** er sah zum Fenster herein / hinaus **II** *v/t sep* (≈ *examine*) durchsehen; (≈ *read*) durchlesen ◆ **look to** *v/i +prep obj* **1.** (≈ *rely on*) sich verlassen auf (*+acc*); **they looked to him to solve the problem** sie verließen sich darauf, dass er das Problem lösen würde; **we** ~ **you for support** wir rechnen auf Ihre *or* mit Ihrer Hilfe **2.** *to* ~ *the future* in die Zukunft blicken ◆ **look toward(s)** *v/i +prep obj* blicken auf (*+acc*); (*room*) liegen *or* hinausgehen nach ◆ **look up** *v/i* **1.** (*lit*) aufblicken **2.** (≈ *improve*) besser werden; **things are looking up** es geht bergauf **II** *v/t sep* **1.** (≈ *visit*) **to look sb up** bei jdm vorbeischauen **2.** *word* nachschlagen; *phone number* heraussuchen ◆ **look upon** *v/i +prep obj* = **look on** ◆ **look up to** *v/i +prep obj* *to* ~ *sb* zu jdm aufsehen

lookalike *n* Doppelgänger(in) *m(f)*; *a Rupert Murdoch* ~ ein Doppelgänger von Rupert Murdoch **look-in** *n* (*infml*) Chance *f* **lookout** *n* **1.** ~ *tower* Beobachtungsturm *m* **2.** (MIL ≈ *person*) Wachtposten *m* **3.** *to be on the* ~ *for, to keep*

a ~ *for* = **look out for**
loom[1] *n* Webstuhl *m*
loom[2] *v/i* (*a.* **loom ahead** *or* **up**) sich abzeichnen; (*exams*) bedrohlich näher rücken; *to* ~ *up out of the mist* bedrohlich aus dem Nebel auftauchen; *to* ~ *large* eine große Rolle spielen
loony (*infml*) **I** *adj* (+*er*) bekloppt (*infml*) **II** *n* Verrückte(r) *m/f(m)* (*infml*) **loony bin** *n* (*infml*) Klapsmühle *f* (*infml*)
loop I *n* **1.** Schlaufe *f*; (*of wire*) Schlinge *f* **2.** AVIAT *to* ~ *the* ~ einen Looping machen **3.** IT Schleife *f* **II** *v/t rope etc* schlingen
loophole *n* (*fig*) Hintertürchen *nt*; *a* ~ *in the law* eine Lücke im Gesetz
loose I *adj* (+*er*) **1.** lose; *morals, arrangement* locker; *dress* weit; *tooth, screw, translation* frei; *a* ~ *connection* ELEC ein Wackelkontakt *m*; *to come* ~ (*screw etc*) sich lockern; (*cover etc*) sich (los)lösen; (*button*) abgehen; ~ *talk* leichtfertiges Gerede **2.** *to break or get* ~ (*person, animal*) sich losreißen (*from* von); (≈ *break out*) ausbrechen; *to turn* ~ *animal* frei herumlaufen lassen; *prisoner* freilassen; *to be at a* ~ *end* (*fig*) nichts mit sich anzufangen wissen; *to tie up the* ~ *ends* (*fig*) ein paar offene Probleme lösen **II** *n* (*infml*) *to be on the* ~ frei herumlaufen **III** *v/t* **1.** (≈ *untie*) losmachen **2.** (≈ *slacken*) lockern **loose change** *n* Kleingeld *nt* **loose-fitting** *adj* weit **loose-leaf** *n* ~ *binder* Ringbuch *nt*; ~ *pad* Ringbucheinlage *f* **loosely** *adv* **1.** lose, locker **2.** ~ *based on Shakespeare* frei nach Shakespeare
loosen I *v/t* **1.** lösen **2.** (≈ *slacken*) lockern; *belt* weiter machen; *collar* aufmachen; *to* ~ *one's grip on sth* (*lit*) seinen Griff um etw lockern; (*fig*) *on the party, on power* etw nicht mehr so fest im Griff haben **II** *v/i* sich lockern ◆ **loosen up I** *v/t sep muscles* lockern; *soil* auflockern **II** *v/i* (*muscles*) locker werden; (*athlete*) sich (auf)lockern
loot II *n* Beute *f* **II** *v/t & v/i* plündern **looter** *n* Plünderer *m*
lop *v/t* (*a.* **lop off**) abhacken
lopsided *adj* schief
lord I *n* **1.** (≈ *master*) Herr *m* **2.** (*Br* ≈ *nobleman*) Lord *m*; **the (House of) Lords** das Oberhaus **3.** REL **Lord** Herr *m*; **the Lord (our) God** Gott, der Herr; (*good*) **Lord!** (*infml*) ach, du lieber Himmel! (*infml*); **Lord knows** (*infml*) wer weiß

II *v/t* **to ~ it over sb** jdn herumkommandieren **Lord Chancellor** *n* (*Br*) Lordkanzler *m* **Lord Mayor** *n* (*Br*) ≈ Oberbürgermeister *m* **Lordship** *n* **His/Your ~** Seine/Eure Lordschaft **Lord's Prayer** *n* REL **the ~** das Vaterunser

lore *n* Überlieferungen *pl*

Lorraine *n* GEOG Lothringen *nt*

lorry *n* (*Br*) Last(kraft)wagen *m*, Lkw *m* **lorry driver** *n* (*Br*) Lkw-Fahrer(in) *m(f)*

lose *pret, past part* **lost I** *v/t* **1.** verlieren; *pursuer* abschütteln; **to ~ one's job** die Stelle verlieren; **many men ~ their hair** vielen Männern gehen die Haare aus; **to ~ one's way** (*lit*) sich verirren; (*fig*) die Richtung verlieren; **that mistake lost him the game** dieser Fehler kostete ihn den Sieg; **she lost her brother in the war** sie hat ihren Bruder im Krieg verloren; **he lost the use of his legs in the accident** seit dem Unfall kann er seine Beine nicht mehr bewegen; **to ~ no time in doing sth** etw sofort tun; **my watch lost three hours** meine Uhr ist drei Stunden nachgegangen **2.** *opportunity* verpassen **3. to be lost** (*things*) verschwunden sein; (*people*) sich verlaufen haben; **I can't follow the reasoning, I'm lost** ich kann der Argumentation nicht folgen, ich verstehe nichts mehr; **he was soon lost in the crowd** er hatte sich bald in der Menge verloren; **to be lost at sea** auf See geblieben sein; **all is (not) lost!** (noch ist nicht) alles verloren!; **to get lost** sich verirren; (*boxes etc*) verloren gehen; **get lost!** (*infml*) verschwinde! (*infml*); **to give sth up for lost** etw abschreiben; **I'm lost without my watch** ohne meine Uhr bin ich verloren or aufgeschmissen (*infml*); **classical music is lost on him** er hat keinen Sinn für klassische Musik; **the joke was lost on her** der Witz kam bei ihr nicht an; **to be lost for words** sprachlos sein; **to be lost in thought** in Gedanken versunken sein **II** *v/i* verlieren; (*watch*) nachgehen; **you can't ~** du kannst nichts verlieren ♦ **lose out** *v/i* (*infml*) schlecht wegkommen (*infml*); **to ~ sb/sth** von jdm/etw verdrängt werden

loser *n* Verlierer(in) *m(f)*; **what a ~!** (*infml*) was für eine Null! (*infml*) **losing** *adj* **the ~ team** die unterlegene Mannschaft; **to fight a ~ battle** einen aussichtslosen Kampf führen; **to be on the ~ side** verlieren

loss *n* **1.** Verlust *m*; **hair ~** Haarausfall *m*; **weight ~** Gewichtsverlust *m*; **memory ~** Gedächtnisverlust *m*; **the factory closed with the ~ of 300 jobs** mit der Schließung der Fabrik gingen 300 Stellen verloren; **he felt her ~ very deeply** ihr Tod war ein schwerer Verlust für ihn; **there was a heavy ~ of life** viele kamen ums Leben; **job ~es** Stellenkürzungen *pl*; **his business is running at a ~** er arbeitet mit Verlust; **to sell sth at a ~** etw mit Verlust verkaufen; **it's your ~** es ist deine Sache; **a dead ~** (*Br infml*) ein böser Reinfall (*infml*); (≈ *person*) ein hoffnungsloser Fall (*infml*); **to cut one's ~es** (*fig*) Schluss machen, ehe der Schaden (noch) größer wird **2. to be at a ~** nicht mehr weiterwissen; **we are at a ~ for what to do** wir wissen nicht mehr aus noch ein; **to be at a ~ to explain sth** etw nicht erklären können; **to be at a ~ for words** nicht wissen, was man sagen soll

lost I *pret, past part of* **lose II** *adj attr* verloren; *cause* aussichtslos; *person* vermisst, abgängig (*esp Aus*); *dog* entlaufen; *glasses etc* verlegt **lost-and-found** (**department**) *n* (*US*) Fundbüro *nt* **lost property** *n* (*Br*) **1.** (≈ *items*) Fundstücke *pl* **2.** = **lost property office lost property office** *n* (*Br*) Fundbüro *nt*

lot¹ *n* **1. to draw ~s** losen, Lose ziehen; **they drew ~s to see who would begin** sie losten aus, wer anfangen sollte **2.** (≈ *destiny, at auction*) Los *nt*; **to throw in one's ~ with sb** sich mit jdm zusammentun; **to improve one's ~** seine Lage verbessern **3.** (≈ *plot*) Parzelle *f*; **building ~** Bauplatz *m*; **parking ~** (*US*) Parkplatz *m* **4.** (*esp Br*) **where shall I put this ~?** wo soll ich das Zeug hintun? (*infml*); **can you carry that ~ by yourself?** kannst du das (alles) alleine tragen?; **divide the books up into three ~s** teile die Bücher in drei Stapel ein; **he is a bad ~** (*infml*) er taugt nichts **5.** (*esp Br infml* ≈ *group*) Haufen *m*; **are you all coming to the pub?** kommt ihr (alle) in die Kneipe? **6. the ~** (*infml*) alle; alles; **that's the ~** das ist alles

lot² *n, adv* **a ~, ~s** viel; **a ~ of** viel; **a ~ of money** eine Menge Geld; **a ~ of books**, **~s of books** viele Bücher; **such a ~** so viel; **what a ~!** was für eine Menge!; **such a ~ of books** so viele Bücher!; **~s and ~s of mistakes** eine Unmenge Fehler; **we see a ~ of John** wir sehen John sehr oft; **things have changed a ~** es hat sich Vieles geändert; **I like him a ~** ich mag ihn sehr; **I feel ~s** or **a ~ better** es geht mir sehr viel besser

lotion n Lotion f

lottery n Lotterie f

loud I adj (+er) **1.** laut; *protest* lautstark **2.** *tie* knallbunt **II** adv laut; **~ and clear** laut und deutlich; **to say sth out ~** etw laut sagen **loud-hailer** n Megafon nt **loudly** adv laut; *criticize* lautstark **loudmouth** n (infml) Großmaul nt (infml) **loudness** n Lautstärke f **loudspeaker** n Lautsprecher m

lounge I n (in house) Wohnzimmer nt; (in hotel) Gesellschaftsraum m; (at airport) Warteraum m **II** v/i faulenzen; **to ~ about** (Br) or **around** herumliegen/-sitzen; **to ~ against a wall** sich lässig gegen eine Mauer lehnen **lounge bar** n Salon m (vornehmerer Teil einer Gaststätte)

louse n, pl **lice** ZOOL Laus f **lousy** adj (infml) mies (infml); *trick etc* fies (infml); **I'm ~ at arithmetic** in Mathe bin ich miserabel (infml); **he is a ~ golfer** er spielt miserabel Golf (infml); **to feel ~** sich mies fühlen (infml); **a ~ £3** lausige drei Pfund (infml)

lout n Rüpel m **loutish** adj rüpelhaft

louvre, (US) **louver** n Jalousie f

lovable, loveable adj liebenswert

love I n **1.** Liebe f; **to have a ~ for** or **of sth** etw sehr lieben; **~ of learning** Freude f am Lernen; **~ of adventure** Abenteuerlust f; **~ of books** Liebe f zu Büchern; **for the ~ of** aus Liebe zu; **to be in ~ (with sb)** (in jdn) verliebt sein; **to fall in ~ (with sb)** sich (in jdn) verlieben; **to make ~** miteinander schlafen; **to make ~ to sb** mit jdm schlafen; **yes, (my) ~** ja, Liebling; **the ~ of my life** die große Liebe meines Lebens **2.** (≈ greetings) **with all my ~** mit herzlichen Grüßen; **~ from Anna** herzliche Grüße von Anna; **give him my ~** grüß ihn von mir; **he sends his ~** er lässt grüßen **3.** (infml: form of address) mein Lieber/meine Liebe **4.** TENNIS null **II** v/t lieben; (≈ like) gern mögen; **they ~ each other** sie lieben sich; **I ~ tennis** ich mag Tennis sehr gern; **I'd ~ a cup of tea** ich hätte (liebend) gern(e) eine Tasse Tee;

I'd ~ to come ich würde sehr gern kommen; **we'd ~ you to come** wir würden uns sehr freuen, wenn du kommen würdest; **I ~ the way she smiles** ich mag es, wie sie lächelt **III** v/i lieben **loveable** adj = **lovable love affair** n Verhältnis nt **lovebite** n Knutschfleck m (infml) **love-hate relationship** n Hassliebe f; **they have a ~** zwischen ihnen besteht eine Hassliebe **loveless** adj marriage ohne Liebe **love letter** n Liebesbrief m **love life** n Liebesleben nt

lovely adj (+er) (≈ beautiful) wunderschön; *baby* niedlich; (≈ likeable) liebenswürdig; *smile* gewinnend; **that dress looks ~ on you** dieses Kleid steht dir sehr gut; **we had a ~ time** es war sehr schön; **it's ~ and warm** es ist schön warm; **have a ~ holiday** (esp Br) or **vacation** (US)! schöne Ferien!; **it's been ~ to see you** es war schön, dich zu sehen **lovemaking** n (sexual) Liebe f **lover** n **1.** Liebhaber(in) m(f); **the ~s** das Liebespaar **2.** **a ~ of books** Bücherfreund(in) m(f); **a ~ of good food** ein(e) Liebhaber(in) m(f) von gutem Essen; **music-~** Musikliebhaber(in) m(f) or -freund(in) m(f) **lovesick** adj liebeskrank; **to be ~** Liebeskummer m haben **love song** n Liebeslied nt **love story** n Liebesgeschichte f **loving** adj liebend; *relationship* liebevoll; **your ~ son ...** in Liebe Euer Sohn ... **lovingly** adv liebevoll

low I adj (+er) niedrig; *bow, note* tief; *density, quality* gering; *food supplies* knapp; **the sun was ~ in the sky** die Sonne stand tief am Himmel; **the river is ~** der Fluss führt wenig Wasser; **a ridge of ~ pressure** ein Tiefdruckkeil m; **to speak in a ~ voice** leise sprechen; **how ~ can you get!** wie kann man nur so tief sinken!; **to feel ~** niedergeschlagen sein **II** adv aim nach unten; *speak* leise; *fly, bow* tief; **he's been laid ~ with the flu** (Br) er liegt mit Grippe im Bett; **to run** or **get ~** knapp werden; **we are getting ~ on petrol** (Br) or **gas** (US) uns (dat) geht das Benzin aus **III** n (METEO, fig) Tief nt; **to reach a new ~** einen neuen Tiefstand erreichen **low-alcohol** adj alkoholarm **lowbrow** adj (geistig) anspruchslos **low-cal** adj (infml), **low-calorie** adj kalorienarm **low-carb** adj (infml) kohlenhydratarm **low-cost** adj preiswert **Low Countries** *pl the ~* die Niederlande *pl* **low-cut** *adj dress* tief ausgeschnitten **lowdown** *n* (*infml*) Informationen *pl*; **what's the ~ on Kowalski?** was wissen *or* haben (*infml*) wir über Kowalski?; **he gave me the ~ on it** er hat mich darüber aufgeklärt **low- -emission** *adj car* schadstoffarm, abgasarm

lower I *adj* **1.** (*in height*) niedriger; *part, limb* untere(r, s); *note* tiefer; GEOG Nieder-; **the Lower Rhine** der Niederrhein; **~ leg** Unterschenkel *m*; **the ~ of the two holes** das untere der beiden Löcher; **the ~ deck** (*of bus*) das untere Deck; (*of ship*) das Unterdeck **2.** *rank, level, animals* niedere(r, s); **the ~ classes** SOCIOL die unteren Schichten; **a ~ middle-class family** eine Familie aus der unteren Mittelschicht; **the ~ school** die unteren Klassen **II** *adv* tiefer; **~ down the mountain** weiter unten am Berg; **~ down the list** weiter unten auf der Liste **III** *v/t* **1.** *boat, load* herunterlassen; *eyes, gun* senken; *flag* einholen; **he ~ed himself into an armchair** er ließ sich in einen Sessel nieder **2.** *pressure, risk* verringern; *price, temperature* senken; **~ your voice** sprich leiser; **to ~ oneself** sich hinunterlassen **lower case I** *n* Kleinbuchstaben *pl* **II** *adj* klein **Lower Chamber** *n* Unterhaus *nt* **lower-class** *adj* der Unterschicht **lower-income** *adj* mit niedrigem Einkommen **lower sixth (form)** *n* (*Br* SCHOOL) *vorletztes Schuljahr* **low-fat** *adj milk, cheese* fettarm, Mager- **low-fly-ing** *adj* **~ plane** Tieffllieger *m* **low-heeled** *adj* mit flachem Absatz **low-income** *adj* einkommensschwach **low-key** *adj approach* gelassen; *reception* reserviert **lowland I** *n* **the Lowlands of Scotland** das schottische Tiefland; **the ~s of Central Europe** die Tiefebenen *pl* Mitteleuropas **II** *adj* des Flachlands; (*of Scotland*) des Tieflands **low-level** *adj radiation* niedrig **lowlife** *n* niederes Milieu **lowly** *adj* (*+er*) bescheiden **low-lying** *adj* tief gelegen **low-necked** *adj* tief ausgeschnitten **low-pitched** *adj* tief **low-profile** *adj* wenig profiliert **low-rise** *attr* niedrig (gebaut) **low season** *n* Nebensaison *f* **low-tar** *adj* teerarm **low-tech** *adj* nicht mit Hightech ausgestattet; **it's pretty ~** es ist nicht gerade hightech **low tide, low water** *n* Niedrigwasser *nt*;

at ~ bei Niedrigwasser **low-wage** *adj attr* Niedriglohn-

loyal *adj* (*+er*) **1.** treu; **he was very ~ to his friends** er hielt (treu) zu seinen Freunden; **he remained ~ to his wife/ the king** er blieb seiner Frau/dem König treu **2.** (*to party etc*) loyal (*to* gegenüber) **loyalist I** *n* Loyalist(in) *m(f)* **II** *adj* loyal; *troops* regierungstreu **loyally** *adv* **1.** treu **2.** (*≈ without emotional involvement*) loyal **loyalty** *n* **1.** Treue *f* **2.** (*to party etc*) Loyalität *f* **loyalty card** *n* (*Br* COMM) Paybackkarte *f*

lozenge *n* **1.** MED Pastille *f* **2.** (*≈ shape*) Raute *f*

LP *abbr of* **long player, long-playing record** LP *f*

LPG *abbr of* **liquefied petroleum gas** Autogas *nt*

L-plate *n* Schild mit der Aufschrift „L" (*für Fahrschüler*)

LSD *abbr of* **lysergic acid diethylamide** LSD *nt*

Ltd *abbr of* **Limited** GmbH

lubricant *n* Schmiermittel *nt* **lubricate** *v/t* schmieren

lucid *adj* (*+er*) **1.** klar **2.** (*≈ sane*) **he was ~ for a few minutes** ein paar Minuten lang war er bei klarem Verstand **lucidly** *adv* klar; *explain* einleuchtend; *write* verständlich

luck *n* Glück *nt*; **by ~** durch einen glücklichen Zufall; **bad ~** Pech *nt*; **bad ~!** so ein Pech!; **good ~** Glück *nt*; **good ~!** viel Glück!; **no such ~!** schön wärs! (*infml*); **just my ~!** Pech (gehabt), wie immer!; **with any ~** mit etwas Glück; **any ~?** (*≈ did it work?*) hats geklappt?; (*≈ did you find it?*) hast du es gefunden?; **worse ~!** wie schade; **to be in ~** Glück haben; **to be out of ~** kein Glück haben; **he was a bit down on his ~** er hatte eine Pechsträhne; **to bring sb good/bad ~** jdm Glück/Unglück bringen; **as ~ would have it** wie es der Zufall wollte; **Bernstein kisses his cuff links for ~** Bernstein küsst seine Manschettenknöpfe, damit sie ihm Glück bringen; **to try one's ~** sein Glück versuchen **luckily** *adv* glücklicherweise; **~ for me** zu meinem Glück

lucky *adj* (*+er*) Glücks-; *coincidence, winner* glücklich; **you ~ thing!, ~ you!** du Glückliche(r) *m/f(m)*; **the ~ winner** der glückliche Gewinner, die glückliche

Gewinnerin; *to be* ~ Glück haben; *I was* ~ *enough to meet him* ich hatte das (große) Glück, ihn kennenzulernen; *you are* ~ *to be alive* du kannst von Glück sagen, dass du noch lebst; *you were* ~ *to catch him* du hast Glück gehabt, dass du ihn erwischt hast; *you'll be* ~ *to make it in time* wenn du das noch schaffst, hast du (aber) Glück; *I want another £500 — you'll be* ~*!* ich will noch mal £ 500 haben – viel Glück!; *to be* ~ *that* ... Glück haben, dass ...; ~ *charm* Glücksbringer *m*; *it must be my* ~ *day* ich habe wohl heute meinen Glückstag; *to be* ~ *(number etc)* Glück bringen; *it was* ~ *I stopped him* ein Glück, dass ich ihn aufgehalten habe; *that was a* ~ *escape* da habe ich / hast du *etc* noch mal Glück gehabt **lucky dip** *n* ≈ Glückstopf *m*

lucrative *adj* lukrativ

ludicrous *adj* lächerlich; *idea, prices* haarsträubend **ludicrously** *adv* grotesk; *small* lächerlich; *high* haarsträubend; ~ *expensive* absurd teuer

lug *v/t* schleppen

luggage *n* Gepäck *nt* **luggage allowance** *n* AVIAT Freigepäck *nt* **luggage locker** *n* Gepäckschließfach *nt* **luggage rack** *n* RAIL *etc* Gepäckablage *f* **luggage trolley** *n* Kofferkuli *m* **luggage van** *n* (*Br* RAIL) Gepäckwagen *m*

lukewarm *adj* lauwarm; *he's* ~ *about or on the idea / about her* er ist von der Idee / von ihr nur mäßig begeistert

lull I *n* Pause *f*; *a* ~ *in the fighting* eine Gefechtspause **II** *v/t* *to* ~ *a baby to sleep* ein Baby in den Schlaf wiegen; *he* ~*ed them into a false sense of security* er wiegte sie in trügerische Sicherheit

lullaby *n* Schlaflied *nt*

lumbago *n* Hexenschuss *m*

lumber[1] **I** *n* (*esp US*) (Bau)holz *nt* **II** *v/t* (*Br infml*) *to* ~ *sb with sth* jdm etw aufhalsen (*infml*); *I got* ~*ed with her for the evening* ich hatte den ganzen Abend auf dem Hals (*infml*)

lumber[2] *v/i* (*cart*) rumpeln; (*elephant, person*) trampeln

lumberjack *n* Holzfäller *m* **lumber room** *n* Rumpelkammer *f* **lumberyard** *n* (*US*) Holzlager *nt*

luminary *n* (*fig*) Koryphäe *f* **luminous** *adj* leuchtend; ~ *paint* Leuchtfarbe *f*

lump I *n* **1.** Klumpen *m*; (*of sugar*) Stück *nt* **2.** (≈ *swelling*) Beule *f*; (*inside the body*) Geschwulst *f*; *with a* ~ *in one's throat* (*fig*) mit einem Kloß im Hals; *it brings a* ~ *to my throat* dabei schnürt sich mir die Kehle zu **II** *v/t* (*esp Br infml*) *if he doesn't like it he can* ~ *it* wenns ihm nicht passt, hat er eben Pech gehabt (*infml*) ◆ **lump together** *v/t sep* **1.** (≈ *put together*) zusammentun **2.** (≈ *judge together*) in einen Topf werfen

lump sum *n* Pauschalbetrag *m*; *to pay sth in a* ~ etw pauschal bezahlen **lumpy** *adj* (+*er*) *liquid, mattress* klumpig; *to go* ~ (*sauce, rice*) klumpen

lunacy *n* Wahnsinn *m*

lunar *adj* Mond- **lunar eclipse** *n* Mondfinsternis *f*

lunatic I *adj* wahnsinnig **II** *n* Wahnsinnige(r) *m/f(m)* **lunatic asylum** *n* Irrenanstalt *f*

lunch I *n* Mittagessen *nt*; *to have* ~ (zu) Mittag essen; *let's do* ~ (*infml*) wir sollten uns zum Mittagessen treffen; *how long do you get for* ~*?* wie lange haben Sie Mittagspause?; *he's at* ~ er ist beim Mittagessen **II** *v/i* (zu) Mittag essen **lunchbox** *n* Lunchbox *f* **lunch break** *n* Mittagspause *f* **luncheon** *n* (*form*) Mittagessen *nt* **luncheon meat** *n* Frühstücksfleisch *nt* **luncheon voucher** *n* Essensmarke *f* **lunch hour** *n* Mittagsstunde *f*; (≈ *lunch break*) Mittagspause *f* **lunchpail** *n* (*US*) Lunchbox *f* **lunchtime** *n* Mittagspause *f*; *they arrived at* ~ sie kamen gegen Mittag an

lung *n* Lunge *f* **lung cancer** *n* Lungenkrebs *m*

lunge I *n* Satz *m* nach vorn **II** *v/i* (sich) stürzen; *to* ~ *at sb* sich auf jdn stürzen

lurch[1] *n* *to leave sb in the* ~ (*infml*) jdn hängen lassen (*infml*)

lurch[2] **I** *n* *to give a* ~ einen Ruck machen **II** *v/i* **1.** einen Ruck machen **2.** (≈ *move with lurches*) sich ruckartig bewegen; *the train* ~*ed to a standstill* der Zug kam mit einem Ruck zum Stehen

lure I *n* Lockmittel *nt*; (*fig: of sea etc*) Verlockungen *pl* **II** *v/t* anlocken; *to* ~ *sb away from sth* jdn von etw weglocken; *to* ~ *sb into a trap* jdn in eine Falle locken

lurid *adj* **1.** *colour* grell **2.** (*fig*) *description* reißerisch; *detail* widerlich

lurk *v/i* lauern; *a nasty suspicion* ~*ed at the back of his mind* er hegte einen

fürchterlichen Verdacht ◆ **lurk about** (*Brit*) *or* **around** *v/i* herumschleichen
lurking *adj* heimlich; *doubt* nagend
luscious *adj* **1.** (≈ *delicious*) köstlich **2.** *girl* zum Anbeißen (*infml*); *figure* üppig
lush I *adj* **1.** *grass* saftig; *vegetation* üppig **2.** (*infml*) *hotel* feudal
lust I *n* Wollust *f*; (≈ *greed*) Gier *f* (*for* nach); **~ for power** Machtgier *f* II *v/i* **to ~ after** (*sexually*) begehren (+*acc*); (*greedily*) gieren nach **lustful** *adj* lüstern
lustily *adv eat* herzhaft; *sing* aus voller Kehle; *cry, cheer* aus vollem Hals(e)
lustre, (*US*) **luster** *n* **1.** Schimmer *m* **2.** (*fig*) Glanz *m*
lute *n* Laute *f*
Luxembourg *n* Luxemburg *nt*

luxuriant *adj* üppig **luxuriate** *v/i* **to ~ in sth** (*people*) sich in etw (*dat*) aalen **luxurious** *adj* luxuriös; **a ~ hotel** ein Luxushotel *nt* **luxury** I *n* Luxus *m*; **to live a life of ~** ein Luxusleben führen II *adj attr* Luxus-
LW *abbr of* **long wave** LW
lychee *n* Litschi *f*
Lycra® *n* Lycra® *nt*
lying I *adj* verlogen II *n* Lügen *nt*; **that would be ~** das wäre gelogen
lynch *v/t* lynchen
lyric I *adj* lyrisch II *n* (*often pl: of pop song*) Text *m* **lyrical** *adj* lyrisch; **to wax ~ about sth** über etw (*acc*) ins Schwärmen geraten **lyricist** *n* MUS Texter(in) *m(f)*

M

M, m *n* M *nt*, m *nt*
M *abbr of* **medium**
m 1. *abbr of* **million(s)** Mio. **2.** *abbr of* **metre(s)** m **3.** *abbr of* **mile(s)** m **4.** *abbr of* **masculine** m.
MA *abbr of* **Master of Arts** M. A.
ma *n* (*infml*) Mama *f* (*infml*)
ma'am *n* gnä' Frau *f* (*form*); → **madam**
mac *n* (*Br infml*) Regenmantel *m*
macabre *adj* makaber
macaroni *n* Makkaroni *pl*
macaroon *n* Makrone *f*
mace *n* (*mayor's*) Amtsstab *m*
Macedonia *n* Mazedonien *nt*
machete *n* Buschmesser *nt*
machination *n usu pl* Machenschaften *pl*
machine I *n* Maschine *f*; (≈ *vending machine*) Automat *m* II *v/t* TECH maschinell herstellen **machine gun** *n* Maschinengewehr *nt* **machine language** *n* IT Maschinensprache *f* **machine operator** *n* Maschinenarbeiter(in) *m(f)* **machine-readable** *adj* IT maschinenlesbar **machinery** *n* Maschinerie *f*; **the ~ of government** der Regierungsapparat **machine tool** *n* Werkzeugmaschine *f* **machine-washable** *adj* waschmaschinenfest **machinist** *n* TECH Maschinist(in) *m(f)*; SEWING Näherin *f*
macho *adj* macho *pred*, Macho-
mackerel *n* Makrele *f*
mackintosh *n* Regenmantel *m*

macro *n* IT Makro *nt* **macro-** *pref* makro-, Makro- **macrobiotic** *adj* makrobiotisch
macrocosm *n* Makrokosmos *m*
mad I *adj* (+*er*) **1.** wahnsinnig (*with* vor +*dat*); (≈ *insane*) geisteskrank; (*infml* ≈ *crazy*) verrückt; **to go ~** wahnsinnig werden; (*lit*) den Verstand verlieren; **to drive sb ~** jdn wahnsinnig machen; (*lit*) jdn um den Verstand bringen; **it's enough to drive you ~** es ist zum Verrücktwerden; **you must be ~!** du bist wohl wahnsinnig!; **I must have been ~ to believe him** ich war wohl von Sinnen, ihm zu glauben; **they made a ~ rush or dash for the door** sie stürzten wie wild zur Tür; **why the ~ rush?** warum diese Hektik? **2.** (*infml* ≈ *angry*) sauer (*infml*); **to be ~ at sb** auf jdn sauer sein (*infml*); **to be ~ about sth** über etw (*acc*) sauer sein (*infml*); **this makes me ~** das bringt mich auf die Palme (*infml*) **3.** (*esp Br infml* ≈ *keen*) **to be ~ about or on sth** auf etw (*acc*) verrückt sein; **I'm not exactly ~ about this job** ich bin nicht gerade versessen auf diesen Job; **I'm (just) ~ about you** ich bin (ganz) verrückt nach dir!; **don't go ~!** (≈ *don't overdo it*) übertreib es nicht II *adv* (*infml*) **like ~** wie verrückt; **he ran like ~** er rannte wie wild
madam *n* gnädige Frau (*old, form*); **can I help you, ~?** kann ich Ihnen behilflich

sein?; *Dear Madam* (*esp Br*) sehr geehrte gnädige Frau
madcap *adj idea* versponnen **mad cow
disease** *n* Rinderwahn(sinn) *m* **mad-
den** *v/t* ärgern **maddening** *adj* unerträglich; *habit* aufreizend **maddeningly** *adv*
unerträglich; *the train ride was ~ slow*
es war zum Verrücktwerden, wie langsam der Zug fuhr
made *pret, past part of* **make** **made-to-
-measure** *adj* (*Br*) maßgeschneidert;
curtains nach Maß; *~ suit* Maßanzug
m **made-up** *adj* **1.** (≈ *invented*) erfunden
2. (≈ *wearing make-up*) geschminkt
madhouse *n* Irrenhaus *nt* **madly** *adv* **1.**
wie verrückt **2.** (*infml* ≈ *extremely*)
wahnsinnig; *to be ~ in love* (*with sb*)
bis über beide Ohren (in jdn) verliebt
sein **madman** *n, pl* **-men** Verrückte(r)
m **madness** *n* Wahnsinn *m* **madwoman**
n Verrückte *f*
Mafia *n* Mafia *f*
mag *n* (*infml*) Magazin *nt*; *porn ~* Pornoheft *nt*
magazine *n* **1.** Magazin *nt* **2.** (MIL ≈ *store*)
Depot *nt* **magazine rack** *n* Zeitungs-
ständer *m*
maggot *n* Made *f*
Magi *pl the ~* die Heiligen Drei Könige
magic I *n* **1.** Magie *f*; *a display of ~* ein
paar Zauberkunststücke; *he made the
spoon disappear by ~* er zauberte
den Löffel weg; *as if by ~* wie durch Zauberei; *it worked like ~* (*infml*) es klappte
wie am Schnürchen (*infml*) **2.** (≈ *charm*)
Zauber *m* **II** *adj* **1.** Zauber-; *powers* magisch; *he hasn't lost his ~ touch* er hat
nichts von seiner Genialität verloren **2.**
(*infml* ≈ *fantastic*) toll (*infml*) **magical**
adj powers magisch; *atmosphere* unwirklich **magically** *adv* wunderbar; *~
transformed* auf wunderbare Weise
verwandelt **magic carpet** *n* fliegender
Teppich **magician** *n* Magier *m*; (≈ *conjuror*) Zauberkünstler(in) *m(f)*; *I'm not
a ~!* ich kann doch nicht hexen! **magic
spell** *n* Zauber *m*; (≈ *words*) Zauberspruch *m*; *to cast a ~ on sb* jdn verzaubern **magic wand** *n* Zauberstab *m*; *to
wave a ~* den Zauberstab schwingen
magistrate *n* Schiedsmann *m*/-frau *f*
magistrates' court *n* (*Br*) Schiedsgericht *nt*
magnanimity *n* Großmut *f* **magnanimous** *adj* großmütig

magnate *n* Magnat *m*
magnesium *n* Magnesium *nt*
magnet *n* Magnet *m* **magnetic** *adj* (*lit*)
magnetisch; *he has a ~ personality* er
hat ein sehr anziehendes Wesen **magnetic disk** *n* IT Magnetplatte *f* **magnetic
field** *n* Magnetfeld *nt* **magnetic strip,
magnetic stripe** *n* Magnetstreifen *m*
magnetism *n* Magnetismus *m*; (*fig*) Anziehungskraft *f*
magnification *n* Vergrößerung *f*; *high/
low ~* starke / geringe Vergrößerung
magnificence *n* **1.** Großartigkeit *f* **2.** (≈
appearance) Pracht *f* **magnificent** *adj*
1. großartig; *he has done a ~ job* er
hat das ganz hervorragend gemacht **2.**
(≈ *in appearance*) prächtig **magnificently** *adv* großartig
magnify *v/t* **1.** vergrößern **2.** (≈ *exaggerate*) aufbauschen **magnifying glass** *n*
Vergrößerungsglas *nt*
magnitude *n* Ausmaß *nt*; (≈ *importance*)
Bedeutung *f*; *operations of this ~* Vorhaben dieser Größenordnung
magnolia *n* Magnolie *f*
magpie *n* Elster *f*
mahogany I *n* Mahagoni *nt* **II** *adj* Maha-
goni-
maid *n* (≈ *servant*) Dienstmädchen *nt*; (*in
hotel*) Zimmermädchen *nt*
maiden I *n* (*liter*) Mädchen *nt*, Dirndl *nt*
(*Aus*) **II** *adj attr* Jungfern-; *~ voyage*
Jungfernfahrt *f* **maiden name** *n* Mäd-
chenname *m*
maid of honour, (*US*) **maid of honor** *n*
Brautjungfer *f* **maidservant** *n* Haus-
mädchen *nt*
mail I *n* Post *f*; INTERNET *also* Mail *f*; *to
send sth by ~* etw mit der Post schicken;
is there any ~ for me? ist Post für mich
da? **II** *v/t* **1.** aufgeben; (≈ *put in letter
box*) einwerfen; (≈ *send by mail*) mit
der Post schicken **2.** (≈ *send by e-mail*)
per E-Mail senden, mailen (*infml*); *to ~
sb* jdm eine E-Mail senden **mailbag** *n*
Postsack *m* **mailbox** *n* **1.** (*US*) Briefkasten *m* **2.** IT Mailbox *f* **mailing address** *n*
(*US*) Postanschrift *f* **mailing list** *n* Ad-
ressenliste *f*
mailman *n* (*US*) Briefträger *m* **mail
merge** *n* IT Mailmerge *nt* **mail order** *n*
Postversand *m* **mail-order** *adj* *~ catalogue* (*Br*) *or* **catalog** (*US*) Versand-
hauskatalog *m*; *~ firm* Versandhaus *nt*
mailroom *n* (*esp US*) Poststelle *f* **mail-**

shot *n* (*Br*) Mailshot *m* **mail van** *n* (*on roads*) Postauto *nt*; (*Br* RAIL) Postwagen *m* **mailwoman** *n* (*US*) Briefträgerin *f*

maim *v/t* (≈ *mutilate*) verstümmeln; (≈ *cripple*) zum Krüppel machen; **to be ~ed for life** sein Leben lang ein Krüppel bleiben

main I *adj attr* Haupt-; **the ~ thing is to ...** die Hauptsache ist, dass ...; **the ~ thing is you're still alive** Hauptsache, du lebst noch **II** *n* **1.** (≈ *pipe*) Hauptleitung *f*; **the ~s** (*of town*) das öffentliche Versorgungsnetz; (*for electricity*) das Stromnetz; (*of house*) der Haupthahn; (*for electricity*) der Hauptschalter; **the water/electricity was switched off at the ~s** der Haupthahn/Hauptschalter für Wasser/Elektrizität wurde abgeschaltet **2. in the ~** im Großen und Ganzen **main clause** *n* GRAM Hauptsatz *m* **main course** *n* Hauptgericht *nt* **mainframe (computer)** *n* Mainframe *m* **mainframe network** *n* IT vernetzte Großanlage **mainland** *n* Festland *nt*; **on the ~ of Europe** auf dem europäischen Festland **main line** *n* RAIL Hauptstrecke *f* **mainly** *adv* hauptsächlich **main office** *n* Zentrale *f* **main road** *n* Hauptstraße *f* **mains-operated, mains-powered** *adj* für Netzbetrieb **mainstay** *n* (*fig*) Stütze *f* **mainstream I** *n* Hauptrichtung *f* **II** *adj* **1.** *politician* der Mitte; *opinion* vorherrschend; *education* regulär; **~ society** die Mitte der Gesellschaft **2. ~ cinema** Mainstreamkino *nt* **main street** *n* Hauptstraße *f*

maintain *v/t* **1.** (≈ *keep up*) aufrechterhalten; *peace* wahren; *speed* beibehalten; **to ~ sth at a constant temperature** etw bei gleichbleibender Temperatur halten **2.** *family* unterhalten **3.** *machine* warten; *roads* instand halten; **products which help to ~ healthy skin** Produkte, die die Haut gesund erhalten **4.** (≈ *claim*) behaupten; **he still ~ed his innocence** er beteuerte immer noch seine Unschuld **maintenance** *n* **1.** (≈ *keeping up*) Aufrechterhaltung *f*; (*of peace*) Wahrung *f* **2.** (*Br*) (*of family*) Unterhalt *m*; (≈ *social security*) Unterstützung *f*; **he has to pay ~** er ist unterhaltspflichtig **3.** (*of machine*) Wartung *f*; (*of road etc*) Instandhaltung *f*; (*of gardens*) Pflege *f*; (≈ *cost*) Unterhalt *m* **maintenance costs** *pl* Unterhaltskosten *pl* **mainte-**

nance payments *pl* Unterhaltszahlungen *pl*

maisonette *n* Appartement *nt*

maître d' *n* (*US*) Oberkellner *m*

maize *n* Mais *m*

majestic *adj* majestätisch **majesty** *n* Majestät *f*; **His/Her Majesty** Seine/Ihre Majestät; **Your Majesty** Eure Majestät

major I *adj* **1.** Haupt-; (≈ *important*) bedeutend; (≈ *extensive*) groß; *cause* wesentlich; *incident* schwerwiegend; *role* führend; **a ~ road** eine Hauptverkehrsstraße; **a ~ operation** eine größere Operation **2.** MUS Dur-; **A ~** A-Dur *nt* **II** *n* **1.** MIL Major(in) *m(f)* **2.** (*US* ≈ *subject*) Hauptfach *nt*; **he's a psychology ~** Psychologie ist/war sein Hauptfach **III** *v/i* (*US*) **to ~ in French** Französisch als Hauptfach studieren

Majorca *n* Mallorca *nt*

majorette *n* Majorette *f*

majority *n* **1.** Mehrheit *f*; **to be in a or the ~** in der Mehrzahl sein; **to be in a ~ of 3** eine Mehrheit von 3 Stimmen haben; **to have/get a ~** die Mehrheit haben/bekommen **2.** JUR Volljährigkeit *f* **majority decision** *n* Mehrheitsbeschluss *m*

make *vb*: *pret*, *past part* **made I** *v/t* **1.** machen; *bread* backen; *cars* herstellen; *dress* nähen; *coffee* kochen; *peace* stiften; *speech* halten; *choice*, *decision* treffen; **she made it into a suit** sie machte einen Anzug daraus; **to ~ a guess** raten; **made in Germany** in Deutschland hergestellt; **it's made of gold** es ist aus Gold; **to show what one is made of** zeigen, was in einem steckt; **the job is made for him** die Arbeit ist wie für ihn geschaffen; **they're made for each other** sie sind wie geschaffen füreinander; **to ~ sb happy** jdn glücklich machen; **he was made a judge** man ernannte ihn zum Richter; **Shearer made it 1-0** Shearer erzielte das 1:0; **we decided to ~ a day/night of it** wir beschlossen, den ganzen Tag dafür zu nehmen/(die Nacht) durchzumachen; **to ~ something of oneself** etwas aus sich machen; **he's got it made** (*infml*) er hat ausgesorgt; **you've made my day** ich könnte dir um den Hals fallen! (*infml*) **2. to ~ sb do sth** (≈ *cause to do*) jdn dazu bringen, etw zu tun; (≈ *compel to do*) jdn zwingen, etw zu tun; **what made you come to this town?** was hat Sie dazu veranlasst, in diese Stadt zu kommen?; *what ~s you say that?* warum sagst du das?; *what ~s you think you can do it?* was macht Sie glauben, dass Sie es schaffen können?; *you can't ~ me!* mich kann keiner zwingen!; *what made it explode?* was hat die Explosion bewirkt?; *it ~s the room look smaller* es lässt den Raum kleiner wirken; *the chemical ~s the plant grow faster* die Chemikalie bewirkt, dass die Pflanze schneller wächst; *that made the cloth shrink* dadurch ging der Stoff ein; *to ~ do with sth* sich mit etw begnügen; *to ~ do with less money* mit weniger Geld auskommen **3.** *money* verdienen; *profit, fortune* machen (*on* bei) **4.** (≈ *reach, achieve*) schaffen; *we made good time* wir kamen schnell voran; *sorry I couldn't ~ your party* tut mir leid, ich habe es einfach nicht zu deiner Party geschafft; *we'll never ~ the airport in time* wir kommen garantiert nicht rechtzeitig zum Flughafen; *to ~ it* (≈ *succeed*) es schaffen; *he just made it* er hat es gerade noch geschafft; *he'll never ~ it through the winter* er wird den Winter nie überstehen **5.** (≈ *be*) abgeben; *he made a good father* er gab einen guten Vater ab; *he'll never ~ a soldier* aus dem wird nie ein Soldat; *he'd ~ a good teacher* er wäre ein guter Lehrer; *they ~ a good couple* sie sind ein gutes Paar **6.** (≈ *equal*) (er)geben; *2 plus 2 ~s 4* 2 und 2 ist 4; *that ~s £55 you owe me* Sie schulden mir damit (nun) £ 55; *how much does that ~ altogether?* was macht das insgesamt? **7.** (≈ *reckon*) schätzen auf (+*acc*); *I ~ the total 107* ich komme auf 107; *what time do you ~ it?* wie spät hast du es?; *I ~ it 3.15* ich habe 3.15 Uhr; *I ~ it 3 miles* ich schätze 3 Meilen; *shall we ~ it 7 o'clock?* sagen wir 7 Uhr? **II** *v/i* *to ~ as if to do sth* Anstalten machen, etw zu tun; (*as deception*) so tun, als wolle man etw tun; *to ~ like...* (*infml*) so tun, als ob... **III** *v/r to ~ oneself comfortable* es sich (*dat*) bequem machen; *you'll ~ yourself ill!* du machst dich damit krank!; *to ~ oneself heard* sich (*dat*) Gehör verschaffen; *to ~ oneself understood* sich verständlich machen; *to ~ oneself sth* sich (*dat*) etw machen; *she made herself a lot of money on the deal* sie hat bei dem Geschäft eine

Menge Geld verdient; *to ~ oneself do sth* sich dazu zwingen, etw zu tun; *he's just made himself look ridiculous* er hat sich nur lächerlich gemacht **IV** *n* (≈ *brand*) Marke *f*; *what ~ of car do you have?* welche (Auto)marke fahren Sie? ◆ **make for** *v/i* +*prep obj* **1.** (≈ *head for*) zuhalten auf (+*acc*); (*vehicle*) losfahren auf (+*acc*); *we are making for London* wir wollen nach London; (*by vehicle*) wir fahren Richtung London **2.** (≈ *promote*) führen zu ◆ **make of** *v/i* +*prep obj* halten von; *don't make too much of it* überbewerten Sie es nicht ◆ **make off** *v/i* sich davonmachen ◆ **make out** *v/t sep* **1.** *cheque* ausstellen (*to auf* +*acc*); *list* aufstellen **2.** (≈ *see*) ausmachen; (≈ *decipher*) entziffern; (≈ *understand*) verstehen; *I can't ~ what he wants* ich komme nicht dahinter, was er will **3.** (≈ *claim*) behaupten **4.** *to ~ that...* es so hinstellen, als ob ...; *he made out that he was hurt* er tat, als sei er verletzt; *to make sb out to be clever/a genius* jdn als klug/Genie hinstellen ◆ **make up I** *v/t sep* **1.** (≈ *constitute*) bilden; *to be made up of* bestehen aus **2.** *food, bed* zurechtmachen; *parcel* packen; *list, team* zusammenstellen **3.** *to make it up (with sb)* sich (mit jdm) aussöhnen **4.** *face* schminken; *to make sb/oneself up* jdn/sich schminken **5.** *to ~ one's mind* (*to do sth*) sich (dazu) entschließen(, etw zu tun); *my mind is made up* mein Entschluss steht fest; *to ~ one's mind about sb/sth* sich (*dat*) eine Meinung über jdn/etw bilden; *I can't ~ my mind about him* ich weiß nicht, was ich von ihm halten soll **6.** (≈ *invent*) erfinden; *you're making that up!* jetzt schwindelst du aber! (*infml*) **7.** (≈ *complete*) vollständig machen; *I'll ~ the other £20* ich komme für die restlichen £ 20 auf **8.** *loss* ausgleichen; *time* aufholen; *to make it up to sb (for sth)* jdm etw wiedergutmachen **II** *v/i* (*after quarrel*) sich wieder vertragen ◆ **make up for** *v/i* +*prep obj* *to ~ sth* etw ausgleichen; *to ~ lost time* verlorene Zeit aufholen; *that still doesn't ~ the fact that you were very rude* das macht noch lange nicht ungeschehen, dass du sehr unhöflich warst

make-believe I *adj attr* Fantasie- **II** *n* Fantasie *f* **make-or-break** *adj attr* (*infml*) entscheidend **makeover** *n* (≈ *beauty treatment*) Schönheitskur *f*; (*of building*) Verschönerung *f* **maker** *n* (≈ *manufacturer*) Hersteller(in) *m(f)* **makeshift** *adj* improvisiert; *tool* behelfsmäßig; **~ accommodation** Notunterkunft *f*

make-up *n* **1.** Make-up *nt*; THEAT Maske *f*; **she spends hours on her ~** sie braucht Stunden zum Schminken **2.** (*of team etc*) Zusammenstellung *f*; (≈ *character*) Veranlagung *f* **make-up bag** *n* Kosmetiktasche *f* **making** *n* **1.** (≈ *production*) Herstellung *f*; **the film was three months in the ~** der Film wurde in drei Monaten gedreht; **a star in the ~** ein werdender Star; **it's a disaster in the ~** es bahnt sich eine Katastrophe an; **her problems are of her own ~** an ihren Problemen ist sie selbst schuld; **it was the ~ of him** das hat ihn zu dem gemacht, was er (heute) ist **2.** **makings** *pl* Voraussetzungen *pl* (*of* zu); **he has the ~s of an actor** er hat das Zeug zu einem Schauspieler; **the situation has all the ~s of a strike** die Situation bietet alle Voraussetzungen für einen Streik

maladjusted *adj* verhaltensgestört **malady** *n* Leiden *nt* **malaise** *n* (*fig*) Unbehagen *nt* **malaria** *n* Malaria *f* **malcontent** *n* Unzufriedene(r) *m/f(m)* **male I** *adj* männlich; *choir*, *voice* Männer-; **a ~ doctor** ein Arzt *m*; **~ nurse** Krankenpfleger *m*; **~ crocodile** Krokodilmännchen *nt* **II** *n* (≈ *animal*) Männchen *nt*; (*infml* ≈ *man*) Mann *m* **male chauvinism** *n* Chauvinismus *m* **male chauvinist** *n* Chauvi *m* (*infml*) **malevolence** *n* Boshaftigkeit *f* **malevolent** *adj* boshaft **malformed** *adj* missgebildet **malfunction I** *n* (*of liver etc*) Funktionsstörung *f*; (*of machine*) Defekt *m* **II** *v/i* (*liver etc*) nicht richtig arbeiten; (*machine*) nicht richtig funktionieren **malice** *n* Bosheit *f* **malicious** *adj* boshaft; *action* böswillig; *phone call* bedrohend **maliciously** *adv* *act* böswillig; *say* boshaft

malign I *adj* (*liter*) *influence* unheilvoll **II** *v/t* verleumden; (≈ *run down*) schlechtmachen **malignant** *adj* bösartig **malingerer** *n* Simulant(in) *m(f)*

mall *n* (*US*: *a.* **shopping mall**) Einkaufszentrum *nt* **mallard** *n* Stockente *f* **malleable** *adj* formbar **mallet** *n* Holzhammer *m* **malnourished** *adj* (*form*) unterernährt **malnutrition** *n* Unterernährung *f* **malpractice** *n* Berufsvergehen *nt* **malt** *n* Malz *nt* **maltreat** *v/t* schlecht behandeln; (*using violence*) misshandeln **maltreatment** *n* schlechte Behandlung; (*violent*) Misshandlung *f* **malt whisky** *n* Malt Whisky *m* **mam(m)a** *n* (*infml*) Mama *f* (*infml*) **mammal** *n* Säugetier *nt* **mammary** *adj* Brust-; **~ gland** Brustdrüse *f* **mammoth I** *n* Mammut *nt* **II** *adj* Mammut-; *proportions* riesig **man I** *n*, *pl* **men** **1.** Mann *m*; **to make a ~ out of sb** jdn zum Mann machen; **he took it like a ~** er hat es wie ein Mann ertragen; **~ and wife** Mann und Frau; **the ~ in the street** der Mann auf der Straße; **~ of God** Mann *m* Gottes; **~ of letters** (≈ *writer*) Literat *m*; (≈ *scholar*) Gelehrter *m*; **~ of property** vermögender Mann; **a ~ of the world** ein Mann *m* von Welt; **to be ~ enough** Manns genug sein; **~'s bicycle** Herrenfahrrad *nt*; **the right ~** der Richtige; **you've come to the right ~** da sind Sie bei mir richtig; **he's not the ~ for the job** er ist nicht der Richtige für diese Aufgabe; **he's not a ~ to ...** er ist nicht der Typ, der ...; **he's a family ~** er ist sehr häuslich; **it's got to be a local ~** es muss jemand aus dieser Gegend sein; **follow me, men!** mir nach, Leute! **2.** (≈ *human race*: *a.* **Man**) der Mensch, die Menschen **3.** (≈ *person*) man; **no ~** niemand; **any ~** jeder; **that ~!** dieser Mensch!; **they are communists to a ~** sie sind allesamt Kommunisten **II** *v/t* *post* bemannen; *barricades* besetzen; *pump*, *telephone* bedienen; **the ship is ~ned by a crew of 30** das Schiff hat 30 Mann Besatzung **manacle** *n* *usu pl* Ketten *pl* **manage I** *v/t* **1.** *company* leiten; *affairs* regeln; *resources* einteilen; *pop group* managen **2.** (≈ *handle*) *person*, *animal* zurechtkommen mit **3.** *task* bewältigen; **two hours is the most I can ~** ich kann mir höchstens zwei Stunden erlauben;

I'll ~ it das werde ich schon schaffen; *he ~d it very well* er hat das sehr gut gemacht; *can you ~ the cases?* kannst du die Koffer (allein) tragen?; *thanks, I can ~ them* danke, das geht schon; *she can't ~ the stairs* sie schafft die Treppe nicht; *can you ~ two more in the car?* kriegst du noch zwei Leute in dein Auto? (*infml*); *can you ~ 8 o'clock?* 8 Uhr, ginge *or* geht das?; *can you ~ another cup?* darfs noch eine Tasse sein?; *I could ~ another piece of cake* ich könnte noch ein Stück Kuchen vertragen; *she ~d a weak smile* sie brachte ein schwaches Lächeln über sich (*acc*); *to ~ to do sth* es schaffen, etw zu tun; *we have ~d to reduce our costs* es ist uns gelungen, die Kosten zu senken; *can you ~ to control himself* es gelang ihm, sich zu beherrschen **II** *v/i* zurechtkommen; *can you ~?* geht es?; *thanks, I can ~* danke, es geht schon; *how do you ~?* wie schaffen Sie das bloß?; *to ~ without sth* ohne etw auskommen; *I can ~ by myself* ich komme (schon) allein zurecht; *how do you ~ on £100 a week?* wie kommen Sie mit £100 pro Woche aus? **manageable** *adj amount, task* zu bewältigen; *hair* leicht frisierbar; *number* überschaubar; *the situation is ~* die Situation lässt sich in den Griff bekommen; *pieces of a more ~ size* Stücke, die leichter zu handhaben sind

management *n* **1.** (≈ *act*) Leitung *f*; (*of money*) Verwaltung *f*; (*of affairs*) Regelung *f*; *time ~* Zeitmanagement *nt* **2.** (≈ *persons*) Unternehmensleitung *f*; (*of single unit or small factory*) Betriebsleitung *f*; (*non-commercial*) Leitung *f*; *"under new ~"* „neuer Inhaber"; (*shop*) „neu eröffnet" **management consultant** *n* Unternehmensberater(in) *m(f)* **management team** *n* Führungsriege *f* **manager** *n* COMM *etc* Geschäftsführer(in) *m(f)*; (*of small firm*) Betriebsleiter(in) *m(f)*; (*of bank, chain store*) Filialleiter(in) *m(f)*; (*of department*) Abteilungsleiter(in) *m(f)*; (*of hotel*) Direktor(in) *m(f)*; (*of pop group etc*) Manager(in) *m(f)*; (*of football team etc*) Trainer(in) *m(f)*; *sales ~* Verkaufsleiter(in) *m(f)* **manageress** *n* COMM *etc* Geschäftsführerin *f*; (*of chain store*) Filialleiterin *f*; (*of hotel*) Direktorin *f* **managerial** *adj*

geschäftlich; (≈ *executive*) Management-; *staff* leitend; *at ~ level* auf der Führungsebene; *proven ~ skills* nachgewiesene Leitungsfähigkeit *f* **managing director** *n* Geschäftsführer(in) *m(f)*

mandarin *n* **1.** (≈ *official*) hoher Funktionär **2.** LING *Mandarin* Hochchinesisch *nt* **3.** (≈ *fruit*) Mandarine *f*

mandate *n* Auftrag *m*; POL Mandat *nt* **mandatory** *adj* **1.** obligatorisch **2.** JUR *sentence etc* vorgeschrieben

mandolin(e) *n* Mandoline *f*

mane *n* Mähne *f*

man-eating *adj* menschenfressend

maneuver *n, v/t & v/i* (*US*) = **manoeuvre**

manfully *adv* mutig

manger *n* Krippe *f*

mangetout *n* (*Br: a.* **mangetout pea**) Zuckererbse *f*

mangle *v/t* (*a.* **mangle up**) (übel) zurichten

mango *n* **1.** (≈ *fruit*) Mango *f* **2.** (≈ *tree*) Mangobaum *m*

mangy *adj* (+*er*) *dog* räudig

manhandle *v/t* **1.** *person* grob behandeln; *he was ~d into the back of the van* er wurde recht unsanft in den Laderaum des Wagens verfrachtet **2.** *piano etc* hieven **manhole** *n* Kanalschacht *m* **manhood** *n* **1.** (≈ *state*) Mannesalter *nt* **2.** (≈ *manliness*) Männlichkeit *f* **man-hour** *n* Arbeitsstunde *f*

mania *n* Manie *f*; *he has a ~ for collecting things* er hat einen Sammeltick (*infml*) **maniac** *n* **1.** Wahnsinnige(r) *m/f(m)* **2.** (*fig*) *sports ~s* Sportfanatiker *pl*; *you ~* du bist ja wahnsinnig!

manic *adj* **1.** *activity* fieberhaft; *person* rasend **2.** PSYCH manisch **manic-depressive I** *adj* manisch-depressiv **II** *n* Manisch-Depressive(r) *m/f(m)*

manicure I *n* Maniküre *f*; *to have a ~* sich (*dat*) (die Hände) maniküren lassen **II** *v/t* maniküren **manicured** *adj nails* maniküurt; *lawn* gepflegt

manifest I *adj* offenbar **II** *v/t* bekunden **III** *v/r* sich zeigen; SCI, PSYCH *etc* sich manifestieren **manifestation** *n* Anzeichen *nt* **manifestly** *adv* offensichtlich **manifesto** *n, pl -(e)s* Manifest *nt*

manifold *adj* vielfältig

manila, manilla *n ~ envelopes* braune Umschläge

manipulate *v/t* **1.** manipulieren; *to ~ sb into doing sth* jdn so manipulieren, dass er / sie etw tut **2.** *machine etc* handhaben **manipulation** *n* Manipulation *f* **manipulative** *adj* (*pej*) manipulativ; **he was very ~** er konnte andere sehr gut manipulieren

mankind *n* die Menschheit **manly** *adj* (+*er*) männlich **man-made** *adj* **1.** (≈ *artificial*) künstlich; **~ fibres** (*Br*) *or* **fibers** (*US*) Kunstfasern *pl* **2.** *disaster* vom Menschen verursacht **manned** *adj satellite etc* bemannt

manner *n* **1.** Art *f*; **in this ~** auf diese Art und Weise; **in the Spanish ~** im spanischen Stil; **in such a ~ that ...** so ..., dass ...; **in a ~ of speaking** sozusagen; **all ~ of birds** die verschiedensten Arten von Vögeln; **we saw all ~ of interesting things** wir sahen so manches Interessante **2. manners** *pl* (*good etc*) Benehmen *nt*; **it's bad ~s to ...** es gehört sich nicht, zu ...; **he has no ~s** er kann sich nicht benehmen **mannerism** *n* (*in behaviour*) Eigenheit *f*

mannish *adj* männlich wirkend

manoeuvrable, (*US*) **maneuverable** *adj* manövrierfähig; **easily ~** leicht zu manövrieren **manoeuvre**, (*US*) **maneuver** **I** *n* **1. manoeuvres** *pl* MIL Manöver *nt or pl* **2.** (≈ *plan*) Manöver *nt* **II** *v/t & v/i* manövrieren; **to ~ a gun into position** ein Geschütz in Stellung bringen; **to ~ for position** sich in eine günstige Position manövrieren; **room to ~** Spielraum *m*

manor *n* (Land)gut *nt* **manor house** *n* Herrenhaus *nt*

manpower *n* Leistungspotenzial *nt*; MIL Stärke *f* **manservant** *n*, *pl* **menservants** Diener *m*

mansion *n* Villa *f*; (*of ancient family*) Herrenhaus *nt*

manslaughter *n* Totschlag *m*

mantelpiece *n* Kaminsims *nt or m*

man-to-man *adj*, *adv* von Mann zu Mann

manual **I** *adj* manuell; *labour* körperlich; **~ labourer** (*Br*) *or* **laborer** (*US*) Schwerarbeiter(in) *m(f)*; **~ worker** Handarbeiter(in) *m(f)* **II** *n* (≈ *book*) Handbuch *nt* **manual gearbox** *n* (*Br*) Schaltgetriebe *nt* **manually** *adv* manuell; **~ operated** handbetrieben **manual transmission** *n* Schaltgetriebe *nt*

manufacture **I** *n* Herstellung *f* **II** *v/t* (*lit*) herstellen; **~d goods** Industriegüter *pl* **manufacturer** *n* Hersteller *m* **manufacturing** **I** *adj* Herstellungs-; *industry* ver-

arbeitend; **~ company** Herstellerfirma *f* **II** *n* Herstellung *f*

manure *n* Mist *m*; (*esp artificial*) Dünger *m*

manuscript *n* Manuskript *nt*

Manx *adj* der Insel Man

many *adj*, *pron* viele; **she has ~** sie hat viele (davon); **as ~ again** noch einmal so viele; **there's one too ~** einer ist zu viel; **he's had one too ~** (*infml*) er hat einen zu viel getrunken (*infml*); **a good/great ~ houses** eine (ganze) Anzahl Häuser; **~ a time** so manches Mal **many-coloured**, (*US*) **many-colored** *adj* vielfarbig **many-sided** *adj* vielseitig

map *n* (Land)karte *f*; (*of town*) Stadtplan *m*; **this will put Cheam on the ~** (*fig*) das wird Cheam zu einem Namen verhelfen

◆ **map out** *v/t sep* (*fig* ≈ *plan*) entwerfen

maple *n* Ahorn *m* **maple syrup** *n* Ahornsirup *m*

Mar *abbr of* **March** Mrz.

mar *v/t* verderben; *beauty* mindern

marathon **I** *n* (*lit*) Marathon(lauf) *m*; **~ runner** Marathonläufer(in) *m(f)* **II** *adj* Marathon-

marauder *n* Plünderer *m*, Plünderin *f*

marble **I** *n* **1.** Marmor *m* **2.** (≈ *glass ball*) Murmel *f*; **he's lost his ~s** (*infml*) er hat nicht mehr alle Tassen im Schrank (*infml*) **II** *adj* Marmor- **marbled** *adj* marmoriert; **~ effect** Marmoreffekt *m*

March *n* März *m*; → **September**

march **I** *n* **1.** MIL, MUS Marsch *m*; (≈ *demonstration*) Demonstration *f* **2.** (*of time*) Lauf *m* **II** *v/t & v/i* marschieren; **to ~ sb off** jdn abführen; **forward ~!** vorwärts(, marsch)!; **quick ~!** im Laufschritt, marsch!; **she ~ed straight up to him** sie marschierte schnurstracks auf ihn zu **marcher** *n* (*in demo*) Demonstrant(in) *m(f)* **marching orders** *pl* (*Br*) **the new manager got his ~** der neue Manager ist gegangen worden (*infml*); **she gave him his ~** sie hat ihm den Laufpass gegeben

marchioness *n* Marquise *f*

Mardi Gras *n* Karneval *m*

mare *n* Stute *f*

margarine, marge (*infml*) *n* Margarine *f*

margin *n* **1.** (*on page*) Rand *m*; **a note** (**written**) **in the ~** eine Randbemerkung **2.** (≈ *extra amount*) Spielraum *m*; **to allow for a ~ of error** etwaige Fehler mit einkalkulieren; **by a narrow ~** knapp

3. (COMM: *a.* **profit margin**) Gewinnspanne *f* **marginal** *adj* **1.** difference geringfügig **2.** SOCIOL *groups* randständig **3.** (*Br* PARL) *seat* mit knapper Mehrheit **marginalize** *v/t* marginalisieren (*elev*) **marginally** *adv* geringfügig; *faster etc* etwas

marigold *n* Tagetes *f*

marihuana, marijuana *n* Marihuana *nt*

marina *n* Jachthafen *m*

marinade *n* Marinade *f* **marinate** *v/t* marinieren

marine I *adj* Meeres- **II** *n* Marineinfanterist(in) *m(f)*; **the ~s** die Marinetruppen *pl* **mariner** *n* Seemann *m*

marionette *n* Marionette *f*

marital *adj* ehelich **marital status** *n* Familienstand *m*

maritime *adj* See-; **~ regions** Küstenregionen *pl*

marjoram *n* Majoran *m*

mark[1] *n* (HIST ≈ *currency*) Mark *f*

mark[2] **I** *n* **1.** (≈ *stain*) Fleck *m*; (≈ *scratch*) Kratzer *m*; (*on skin*) Mal *nt*; **to make a ~ on sth** einen Fleck / Kratzer auf etw (*acc*) machen; **dirty ~s** Schmutzflecken *pl* **2.** (*in exam*) Note *f*; **high** *or* **good ~s** gute Noten *pl*; **there are no ~s for guessing** (*fig*) das ist ja wohl nicht schwer zu erraten; **he gets full ~s for punctuality** (*fig*) in Pünktlichkeit verdient er eine Eins **3.** (≈ *sign*) Zeichen *nt*; **the ~s of genius** geniale Züge **4. the temperature reached the 35° ~** die Temperatur stieg bis auf 35° an **5. Cooper Mark II** Cooper, II **6. to be quick off the ~** SPORTS einen guten Start haben; (*fig*) blitzschnell handeln; **to be slow off the ~** SPORTS einen schlechten Start haben; (*fig*) nicht schnell genug reagieren; **to be up to the ~** den Anforderungen entsprechen; **to leave one's ~ (on sth)** seine Spuren (an etw *dat*) hinterlassen; **to make one's ~** sich (*dat*) einen Namen machen; **on your ~s!** auf die Plätze!; **to be wide of the ~** (*fig*) danebentippen; **to hit the ~** ins Schwarze treffen **II** *v/t* **1.** (*adversely*) beschädigen; (≈ *stain*) schmutzig machen; (≈ *scratch*) zerkratzen **2.** (*for recognition*) markieren; **the bottle was ~ed "poison"** die Flasche trug die Aufschrift „Gift"; **~ where you have stopped in your reading** mach dir ein Zeichen, bis wohin du gelesen hast; **to ~ sth with an asterisk** etw mit einem

Sternchen versehen; **the teacher ~ed him absent** der Lehrer trug ihn als fehlend ein; **it's not ~ed on the map** es ist nicht auf der Karte eingezeichnet; **it's ~ed with a blue dot** es ist mit einem blauen Punkt gekennzeichnet **3.** (≈ *characterize*) kennzeichnen; **a decade ~ed by violence** ein Jahrzehnt, das im Zeichen der Gewalt stand; **to ~ a change of policy** auf einen politischen Kurswechsel hindeuten; **it ~ed the end of an era** damit ging eine Ära zu Ende **4.** *exam* korrigieren (und benoten); **to ~ sth wrong** etw anstreichen **5.** **~ my words** das kann ich dir sagen **6.** SPORTS *opponent* decken ◆ **mark down** *v/t sep price* heruntersetzen ◆ **mark off** *v/t sep* kennzeichnen; *danger area etc* absperren ◆ **mark out** *v/t sep* **1.** *tennis court etc* abstecken **2.** (≈ *note*) bestimmen (*for* für); **he's been marked out for promotion** er ist zur Beförderung vorgesehen ◆ **mark up** *v/t sep price* erhöhen

marked *adj* **1.** *contrast* deutlich; *improvement* spürbar; **in ~ contrast (to sb/sth)** in scharfem Gegensatz (zu jdm / etw) **2.** **he's a ~ man** er steht auf der schwarzen Liste **markedly** *adv improve* merklich; *quicker, more* wesentlich **marker** *n* **1.** Marke *f* **2.** (*for exams*) Korrektor(in) *m(f)* **3.** FTBL Beschatter(in) *m(f)* **4.** (≈ *pen*) Markierstift *m*

market I *n* **1.** Markt *m*; **at the ~** auf dem Markt; **to go to ~** auf den Markt gehen; **to be in the ~ for sth** an etw (*dat*) interessiert sein; **to be on the ~** auf dem Markt sein; **to come on(to) the ~** auf den Markt kommen; **to put on the ~** *house* zum Verkauf anbieten **2.** (≈ *stock market*) Börse *f* **II** *v/t* vertreiben; **to ~ a product** ein Produkt auf den Markt bringen **marketable** *adj* marktfähig **market day** *n* Markttag *m* **market economy** *n* Marktwirtschaft *f* **market forces** *pl* Marktkräfte *pl* **market garden** *n* Gemüseanbaubetrieb *m* **marketing** *n* Marketing *nt* **market leader** *n* Marktführer *m* **marketplace** *n* **1.** Marktplatz *m* **2.** (≈ *world of trade*) Markt *m* **market price** *n* Marktpreis *m*; **at ~s** zu Marktpreisen **market research** *n* Marktforschung *f* **market sector** *n* Marktsegment *nt or* -sektor *m* **market share** *n* Marktanteil *m* **market town** *n* Marktstädtchen *nt* **market trader** *n* (*Br*) Markthändler(in) *m(f)* **market value** *n* Marktwert *m*

marking *n* **1.** Markierung *f*; (*on animal*) Zeichnung *f* **2.** (≈ *correcting*) Korrektur *f*; (≈ *grading*) Benotung *f* **3.** sports Deckung *f*

marksman *n, pl* **-men** Schütze *m*; (*police etc*) Scharfschütze *m*

mark-up *n* Handelsspanne *f*; (≈ *amount added*) Preisaufschlag *m*; ~ **price** Verkaufspreis *m*

marmalade *n* Marmelade *f* aus Zitrusfrüchten; (**orange**) ~ Orangenmarmelade *f*

maroon¹ *adj* kastanienbraun

maroon² *v/t* **~ed** von der Außenwelt abgeschnitten; **~ed by floods** vom Hochwasser eingeschlossen

marquee *n* Festzelt *nt*

marquess, marquis *n* Marquis *m*

marriage *n* (*state*) Ehe *f*; (≈ *wedding*) Hochzeit *f*; (≈ *marriage ceremony*) Trauung *f*; ~ **of convenience** Vernunftehe *f*; **to be related by** ~ miteinander verschwägert sein; **an offer of** ~ ein Heiratsantrag *m* **marriage ceremony** *n* Trauzeremonie *f* **marriage certificate** *n* Heiratsurkunde *f* **marriage guidance counsellor**, (*US*) **marriage guidance counselor** *n* Eheberater(in) *m(f)* **marriage licence**, (*US*) **marriage license** *n* Eheerlaubnis *f* **marriage vow** *n* Ehegelübde *nt*

married *adj* verheiratet (*to sb* mit jdm); **just** *or* **newly** ~ frisch vermählt; ~ **couple** Ehepaar *nt*; ~ **couple's allowance** Steuerfreibetrag *m* für Verheiratete; ~ **life** das Eheleben; **he is a** ~ **man** er ist verheiratet **married name** *n* Ehename *m*

marrow *n* **1.** anat (Knochen)mark *nt*; **to be frozen to the** ~ völlig durchgefroren sein **2.** (*Br* bot) Gartenkürbis *m* **marrowbone** *n* Markknochen *m*

marry **I** *v/t* **1.** (≈ *get married to*) heiraten; **will you** ~ **me?** willst du mich heiraten? **2.** (*priest*) trauen **II** *v/i* (*a.* **get married**) heiraten; **to** ~ **into a rich family** in eine reiche Familie einheiraten ♦ **marry off** *v/t sep* an den Mann/die Frau bringen (*infml*); **he has married off his daughter to a rich young lawyer** er hat dafür gesorgt, dass seine Tochter einen reichen jungen Anwalt heiratet

Mars *n* Mars *m*

marsh *n* Sumpf *m*

marshal **I** *n* (*at demo etc*) Ordner(in) *m(f)* **II** *v/t* (≈ *lead*) geleiten, führen

marshland *n* Marschland *nt* **marshmallow** *n* (≈ *sweet*) Marshmallow *nt* **marshy** *adj* (+*er*) sumpfig

marsupial *n* Beuteltier *nt*

martial *adj music* kriegerisch **martial art** *n* **the** ~**s** die Kampfkunst **martial law** *n* Kriegsrecht *nt*

Martian *n* Marsmensch *m*

martyr **I** *n* Märtyrer(in) *m(f)* **II** *v/t* **thousands of Christians were** ~**ed** Tausende von Christen starben den Märtyrertod **martyrdom** *n* (≈ *suffering*) Martyrium *nt*; (≈ *death*) Märtyrertod *m*

marvel **I** *n* Wunder *nt*; **it's a** ~ **to me how he does it** (*infml*) es ist mir einfach unerklärlich, wie er das macht **II** *v/i* staunen (*at* über +*acc*) **marvellous**, (*US*) **marvelous** *adj* wunderbar; **isn't it** ~**?** ist das nicht herrlich?; **they've done a** ~ **job** das haben sie hervorragend gemacht **marvellously**, (*US*) **marvelously** *adv* (*with adj*) herrlich; (*with vb*) großartig

Marxism *n* der Marxismus **Marxist** **I** *adj* marxistisch **II** *n* Marxist(in) *m(f)*

marzipan *n* Marzipan *nt or m*

mascara *n* Wimperntusche *f*

mascot *n* Maskottchen *nt*

masculine **I** *adj* männlich; *woman* maskulin; gram maskulin **II** *n* gram Maskulinum *nt* **masculinity** *n* Männlichkeit *f*

mash **I** *n* Brei *m*; (≈ *potatoes*) Püree *nt* **II** *v/t* zerstampfen **mashed** *adj* ~ **potatoes** Kartoffelbrei *m*, Kartoffelstock *m* (*Swiss*), Erdäpfelpüree *nt* (*Aus*) **masher** *n* (*for potatoes*) Kartoffelstampfer *m*

mask **I** *n* Maske *f*; **surgeon's** ~ Mundschutz *m* **II** *v/t* maskieren **masked** *adj* maskiert **masked ball** *n* Maskenball *m*

masochism *n* Masochismus *m* **masochist** *n* Masochist(in) *m(f)* **masochistic** *adj* masochistisch

mason *n* **1.** Steinmetz(in) *m(f)* **2.** (≈ *freemason*) Freimaurer *m* **masonic** *adj* Freimaurer- **masonry** *n* Mauerwerk *nt*

masquerade **I** *n* Maskerade *f* **II** *v/i* **to** ~ **as** ... (*fig*) sich ausgeben als ...

mass¹ *n* eccl Messe *f*; **to go to** ~ zur Messe gehen

mass² **I** *n* **1.** Masse *f*; (*of people*) Menge *f*; **a** ~ **of snow** eine Schneemasse; **a** ~ **of rubble** ein Schutthaufen *m*; **the** ~**es** die Masse(n *pl*); **the great** ~ **of the pop-**

ulation die (breite) Masse der Bevölkerung **2. masses** *pl* (*infml*) massenhaft; *he has ~es of money* er hat massenhaft Geld; *the factory is producing ~es of cars* die Fabrik produziert Unmengen von Autos; *I've got ~es to do* ich habe noch massig zu tun (*infml*) **II** *v/i* MIL sich massieren; (*demonstrators etc*) sich versammeln; *they're ~ing for an attack* sie sammeln sich zum Angriff

massacre I *n* Massaker *nt* **II** *v/t* massakrieren

massage I *n* Massage *f* **II** *v/t* massieren **massage parlour**, (*US*) **massage parlor** *n* Massagesalon *m*

mass destruction *n* **weapons of ~** Massenvernichtungswaffen *pl* **massed** *adj* *troops* zusammengezogen; *people* dicht gedrängt; *~ ranks* dicht gedrängte Reihen

masseur *n* Masseur *m* **masseuse** *n* Masseuse *f*

mass grave *n* Massengrab *nt* **mass hysteria** *n* Massenhysterie *f*

massive *adj* riesig; *task* gewaltig; *attack, support, heart attack* massiv; *on a ~ scale* in riesigem Umfang **massively** *adv* enorm

mass market *n* Massenmarkt *m* **mass media** *pl* Massenmedien *pl* **mass meeting** *n* Massenveranstaltung *f* **mass murderer** *n* Massenmörder(in) *m(f)* **mass-produce** *v/t* in Massenproduktion herstellen **mass production** *n* Massenproduktion *f* **mass protests** *pl* Massenproteste *pl* **mass tourism** *n* Massentourismus *m* **mass unemployment** *n* Massenarbeitslosigkeit *f*

mast *n* NAUT Mast(baum) *m*; RADIO *etc* Sendeturm *m*

mastectomy *n* Brustamputation *f*

master I *n* **1.** (*of house etc*) Herr *m*; *to be ~ of the situation* Herr *m* der Lage sein **2.** NAUT Kapitän *m* **3.** (*≈ musician etc*) Meister(in) *m(f)* **4.** (*≈ teacher*) Lehrer *m* **II** *v/t* meistern; *emotions* unter Kontrolle bringen; *technique* beherrschen **master bedroom** *n* großes Schlafzimmer **master copy** *n* Original *nt* **master craftsman** *n* Handwerksmeister *m* **master disk** *n* Hauptplatte *f* **master file** *n* IT Stammdatei *f* **masterful** *adj* gebieterisch **master key** *n* Generalschlüssel *m* **masterly** *adj* meisterhaft **mastermind I** *n* (führender) Kopf **II** *v/t* *who*

~ed the robbery? wer steckt hinter dem Raubüberfall? **Master of Arts/Science** *n* ≈ Magister *m* (der philosophischen/naturwissenschaftlichen Fakultät) **master of ceremonies** *n* (*at function*) Zeremonienmeister(in) *m(f)*; (*on stage*) Conférencier *m* **masterpiece** *n* Meisterwerk *nt* **master plan** *n* Gesamtplan *m* **masterstroke** *n* Meisterstück *nt* **master tape** *n* Originalband *nt*; IT Stammband *nt* **masterwork** *n* Meisterwerk *nt* **mastery** *n* (*of language etc*) Beherrschung *f*; (≈ *skill*) Können *nt*

masturbate *v/i* masturbieren **masturbation** *n* Masturbation *f*

mat *n* Matte *f*; (≈ *door mat*) Fußmatte *f*; (*on table*) Untersetzer *m*

match¹ *n* Streichholz *nt*

match² **I** *n* **1. to be ~ or make a good ~** gut zusammenpassen; *I want a ~ for this yellow paint* ich möchte Farbe in diesem Gelbton; *to be a/no ~ for sb* jdm gewachsen/nicht gewachsen sein; *to meet one's ~* seinen Meister finden **2.** (≈ *marriage*) *she made a good ~* sie hat eine gute Partie gemacht **3.** SPORTS Wettkampf *m*; (≈ *team game*) Spiel *nt*, Match *nt* (*esp Aus*); TENNIS Match *nt*; BOXING Kampf *m*; *athletics ~* Leichtathletikkampf *m*; *we must have another ~ some time* wir müssen wieder einmal gegeneinander spielen **II** *v/t* **1.** (≈ *pair off*) (einander) anpassen **2.** (≈ *equal*) gleichkommen (+*dat*) (*in an* +*dat*); *a quality that has never been ~ed since* eine Qualität, die bislang unerreicht ist **3.** (≈ *correspond to*) entsprechen (+*dat*) **4.** (*clothes, colours*) passen zu; *to ~ textures and fabrics so that ...* Strukturen und Stoffe so aufeinander abstimmen, dass ... **5. to be ~ed against sb** gegen jdn antreten; *to ~ one's strength against sb* seine Kräfte mit jdm messen **III** *v/i* zusammenpassen; *with a skirt to ~* mit (dazu) passendem Rock ♦ **match up I** *v/i* zusammenpassen **II** *v/t sep* *colours* aufeinander abstimmen; *I matched the lampshade up with the wallpaper* ich fand den passenden Lampenschirm zu der Tapete

matchbook *n* (*esp US*) Streichholzheftchen *nt* **matchbox** *n* Streichholzschachtel *f*

matched *adj* zusammenpassend; *they're well ~* (*couple*) die beiden passen gut zusammen; *the boxers were well* ~ die Boxer waren einander ebenbürtig matching*adj* (dazu) passend; *they form a* ~ *pair* sie passen zusammen; *a* ~ *set of wine glasses* ein Satz *m* Weingläser matchmaker *n* Ehestifter(in) *m(f)*, Kuppler(in) *m(f)* *(pej)*

match point *n* TENNIS Matchball *m*

matchstick *n* Streichholz *nt*

mate I *n* **1.** (≈ *helper*) Gehilfe *m*, Gehilfin *f* **2.** NAUT Maat *m* **3.** *(of animal)* *(male)* Männchen *nt*; *(female)* Weibchen *nt*; *his* ~ das Weibchen **4.** *(infml* ≈ *friend)* Freund(in) *m(f)*; *listen,* ~ hör mal, Freundchen! *(infml)* **II** *v/i* ZOOL sich paaren

material I *adj* **1.** materiell; ~ *damage* Sachschaden *m* **2.** *esp* JUR *witness* wesentlich **II** *n* (*a.* **materials**) *pl* Material *nt*; *(for report etc* ≈ *cloth)* Stoff *m*; *raw* ~*s* Rohstoffe *pl*; *writing* ~*s* Schreibzeug *nt* materialism *n* Materialismus *m* materialistic *adj* materialistisch materialize *v/i* sich verwirklichen; *the meeting never* ~*d* das Treffen kam nie zustande; *the money never* ~*d* von dem Geld habe ich *etc* nie etwas gesehen

maternal *adj* mütterlich; ~ *grandfather* Großvater mütterlicherseits; ~ *affection or love* Mutterliebe *f* maternity allowance, *maternity benefit n (Br)* Mutterschaftshilfe *f* maternity dress *n* Umstandskleid *nt* maternity leave *n* Mutterschaftsurlaub *m* maternity pay *n (Br)* Mutterschaftsgeld *nt (als Lohnfortzahlung)* maternity rights *pl* Anspruchsberechtigung *f* von Müttern maternity ward *n* Entbindungsstation *f*

math *n (US infml)* Mathe *f (infml)* mathematical *adj* mathematisch mathematician *n* Mathematiker(in) *m(f)*

mathematics *n sg* Mathematik *f* maths *n sg (Br infml)* Mathe *f (infml)*

matinée *n* Matinee *f; (in the afternoon)* Frühvorstellung *f*

mating *n* Paarung *f* mating call *n* Lockruf *m* mating season *n* Paarungszeit *f*

matriarch *n* Matriarchin *f* matriarchal *adj* matriarchalisch matriarchy *n* Matriarchat *nt*

matriculate *v/i* sich immatrikulieren matriculation *n* Immatrikulation *f*

matrimonial *adj* ehelich matrimony *n (form)* Ehe *f*

matron *n (in hospital)* Oberin *f; (in*

school) Schwester *f* matronly *adj* matronenhaft

matt *adj* matt; *a paint with a* ~ *finish* ein Mattlack *m*

matted *adj* verfilzt; *hair* ~ *with blood/ mud* mit Blut/Schlamm verkrustetes Haar

matter I *n* **1.** (≈ *substance)* die Materie **2.** *(particular kind)* Stoff *m*; *vegetable* ~ pflanzliche Stoffe *pl* **3.** (≈ *question)* Sache *f*; (≈ *topic)* Thema *nt*; *a* ~ *of great urgency* eine äußerst dringende Angelegenheit; *there's the* ~ *of my expenses* da ist (noch) die Sache mit meinen Ausgaben; *that's quite another* ~ das ist etwas (ganz) anderes; *it will be no easy* ~ *(to)* ... es wird nicht einfach sein, zu ...; *the* ~ *is closed* der Fall ist erledigt; *for that* ~ eigentlich; *it's a* ~ *of time* das ist eine Frage der Zeit; *it's a* ~ *of opinion* das ist Ansichtssache; *it's a* ~ *of adjusting this part exactly* es geht darum, dieses Teil genau einzustellen; *it's a* ~ *of life and death* es geht um Leben und Tod; *it will be a* ~ *of a few weeks* es wird ein paar Wochen dauern; *in a* ~ *of minutes* innerhalb von Minuten; *it's not just a* ~ *of increasing the money supply* es ist nicht damit getan, die Geldzufuhr zu erhöhen; *as a* ~ *of course* selbstverständlich; *no* ~*!* macht nichts; *no* ~ *how etc* ... egal, wie *etc* ...; *no* ~ *how you do it* wie du es auch machst; *no* ~ *how hard he tried* so sehr er sich auch anstrengte; *sth is the* ~ *with sb/ sth* etw ist mit jdm/etw los; *(ill)* etw fehlt jdm; *what's the* ~*?* was ist (denn) los?; *what's the* ~ *with you this morning? — nothing's the* ~ was hast du denn heute Morgen? — gar nichts; *something's the* ~ *with the lights* mit dem Licht ist irgendetwas nicht in Ordnung **4.** **matters** *pl* Angelegenheiten *pl*; *to make* ~*s worse* zu allem Unglück (noch) **II** *v/i* *it doesn't* ~ macht nichts; *I forgot it, does it* ~*? — yes, it does* ~ ich habs vergessen, ist das schlimm? — ja, das ist schlimm; *why should it* ~ *to me?* warum sollte mir das etwas ausmachen?; *it doesn't* ~ *to me what you do* es ist mir (ganz) egal, was du machst; *the things which* ~ *in life* was im Leben wichtig ist matter-of-fact *adj* sachlich; *he was very* ~ *about it* er blieb sehr sachlich

matting *n* Matten *pl*

mattress *n* Matratze *f*

mature I *adj* (+*er*) reif; *wine* ausgereift **II** *v/i* **1.** (*person*) reifer werden **2.** (*wine, cheese*) reifen **3.** COMM fällig werden **maturely** *adv behave* vernünftig **mature student** *n* Spätstudierende(r) *m/f(m)*

maturity *n* **1.** Reife *f*; *to reach* ~ (*person*) erwachsen werden; (*legally*) volljährig werden **2.** COMM Fälligkeit *f*

maudlin *adj* sentimental

maul *v/t* übel zurichten

mausoleum *n* Mausoleum *nt*

mauve I *adj* mauve **II** *n* Mauvein *nt*

maverick *n* Einzelgänger(in) *m(f)*

mawkish *adj* sentimental

max *n abbr of* **maximum** max.

maxim *n* Maxime *f*

maximize *v/t* maximieren **maximum I** *adj attr* Höchst-; *length* maximal; ~ *penalty* Höchststrafe *f*; ~ *fine* maximale Geldstrafe; *for* ~ *effect* um die größte Wirkung zu erzielen; *he scored* ~ *points* er hat die höchste Punktzahl erreicht; ~ *security prison* Hochsicherheitsgefängnis *nt* **II** *n*, *pl* **-s** *or* **maxima** Maximum *nt*; *up to a* ~ *of £8* bis zu maximal £ 8; *temperatures reached a* ~ *of 34°* die Höchsttemperatur betrug 34° **III** *adv* (≈ *at the most*) maximal; *drink two cups of coffee a day* ~ trinken Sie maximal zwei Tassen Kaffee pro Tag

May *n* Mai *m*

may *v/i, pret* **might**; → **might¹ 1.** (*possibility: a.* **might**) können; *it* ~ *rain* es könnte regnen; *it* ~ *be that ...* es könnte sein, dass ...; *although it* ~ *have been useful* obwohl es hätte nützlich sein können; *he* ~ *not be hungry* vielleicht hat er keinen Hunger; *they* ~ *be brothers* es könnte sein, dass sie Brüder sind; *that's as* ~ *be* (*not might*) das mag ja sein (, aber ...); *you* ~ *well ask* das kann man wohl fragen **2.** (*permission*) dürfen; ~ *I go now?* darf ich jetzt gehen? **3.** *I had hoped he might succeed this time* ich hatte gehofft, es würde ihm diesmal gelingen; *we* ~ *or might as well go* ich glaube, wir können (ruhig) gehen; ~ *you be very happy together* ich wünsche euch, dass ihr sehr glücklich miteinander werdet; ~ *the Lord have mercy on your soul* der Herr sei deiner Seele gnädig; *who* ~ *or might you be?* und wer sind Sie?

maybe *adv* vielleicht; *that's as* ~ kann schon sein; ~, ~ *not* vielleicht, vielleicht auch nicht

May Day *n* der 1. Mai **Mayday** *n* Maydaysignal *nt*; (*said*) Mayday

mayhem *n* Chaos *nt*

mayo *n* (*US infml*) Majo *f* (*infml*) **mayonnaise** *n* Mayonnaise *f*

mayor *n* Bürgermeister(in) *m(f)* **mayoress** *n* Frau *f* Bürgermeister; (≈ *lady mayor*) Bürgermeisterin *f*

maypole *n* Maibaum *m*

maze *n* Irrgarten *m*; (≈ *puzzle*) Labyrinth *nt*; (*fig*) Gewirr *nt*

MB¹ *abbr of* **Bachelor of Medicine**

MB² *abbr of* **megabyte** MB, Mbyte

MBA *abbr of* **Master of Business Administration**; *he's doing an* ~ er studiert Betriebswirtschaft

MBE *abbr of* **Member of the Order of the British Empire** *britischer Verdienstorden*

MC *abbr of* **Master of Ceremonies**

MD 1. *abbr of* **Doctor of Medicine** Dr. med. **2.** *abbr of* **managing director**

me *pron* **1.** (*dir obj, with prep +acc*) mich; (*indir obj, with prep +dat*) mir; *he's older than me* er ist älter als ich **2.** (*emph*) ich; *it's me* ich bins

meadow *n* Wiese *f*; *in the* ~ auf der Wiese

meagre, (*US*) **meager** *adj* spärlich; *amount* kläglich; *he earns a* ~ *£500 a month* er verdient magere £500 im Monat

meal¹ *n* Schrot(mehl *nt*) *m*

meal² *n* Mahlzeit *f*; (≈ *food*) Essen *nt*; *come round for a* ~ komm zum Essen (zu uns); *to go for a* ~ essen gehen; *to have a* (*good*) ~ (gut) essen; *to make a* ~ *of sth* (*infml*) etw auf sehr umständliche Art machen **mealtime** *n* Essenszeit *f*; *at* ~*s* während des Essens

mean¹ *adj* (+*er*) **1.** (*esp Br* ≈ *miserly*) geizig; *you* ~ *thing!* du Geizhals! **2.** (≈ *unkind*) gemein; *you* ~ *thing!* du Miststück! (*infml*) **3.** *birth* niedrig **4.** (≈ *vicious*) bösartig **5.** *he is no* ~ *player* er ist ein beachtlicher Spieler; *he plays a* ~ *game of poker* er ist ein ausgefuchster Pokerspieler (*infml*); *that's no* ~ *feat* diese Aufgabe ist nicht zu unterschätzen

mean² *n* MAT Mittelwert *m*

mean³ *pret, past part* **meant** *v/t* **1.** bedeuten; (*person* ≈ *refer to*) meinen; *what do*

you ~ by that? was willst du damit sagen?; **the name ~s nothing to me** der Name sagt mir nichts; **it ~s starting all over again** das bedeutet, dass wir wieder ganz von vorne anfangen müssen; **he ~s a lot to me** er bedeutet mir viel **2.** (≈ *intend*) beabsichtigen; **to ~ to do sth** etw tun wollen; (≈ *do on purpose*) etw absichtlich tun; **to be ~t for sb/sth** für jdn/etw bestimmt sein; **sth is ~t to be sth** etw soll etw sein; **of course it hurt, I ~t it to** *or* **it was ~t to** natürlich tat das weh, das war Absicht; **I ~t it as a joke** das sollte ein Witz sein; **I was ~t to do that** ich hätte das tun sollen; **I thought it was ~t to be hot in the south** ich dachte immer, dass es im Süden so heiß sei; **this pad is ~t for drawing** dieser Block ist zum Zeichnen gedacht; **he ~s well/no harm** er meint es gut/nicht böse; **to ~ sb no harm** es gut mit jdm meinen; (*physically*) jdm nichts tun wollen; **I ~t no harm by what I said** was ich da gesagt habe, war nicht böse gemeint **3.** (≈ *be serious about*) ernst meinen; **I ~ it!** das ist mein Ernst!; **do you ~ to say you're not coming?** willst du damit sagen, dass du nicht kommst?; **I ~ what I say** ich sage das im Ernst

meander *v/i* (*river*) sich (dahin)schlängeln; (*person, walking*) schlendern

meaning *n* Bedeutung *f*; **what's the ~ of** (**the word**) **"hick"?** was soll das Wort „hick" bedeuten?; **you don't know the ~ of love** du weißt ja gar nicht, was Liebe ist; **what's the ~ of this?** was hat denn das zu bedeuten? **meaningful** *adj* **1.** *statement* mit Bedeutung; *poem, look* bedeutungsvoll; **to be ~** eine Bedeutung haben **2.** (≈ *purposeful*) sinnvoll; *relationship* tiefer gehend **meaningfully** *adv* **1.** *look* bedeutungsvoll; *say, add* vielsagend **2.** *spend one's time, participate, negotiate* sinnvoll **meaningless** *adj* bedeutungslos; **my life is ~** mein Leben hat keinen Sinn **meanly** *adv behave* gemein **meanness** *n* **1.** (*esp Br* ≈ *miserliness*) Geiz *m* **2.** (≈ *unkindness*) Gemeinheit *f* **3.** (≈ *viciousness*) Bösartigkeit *f*

means *n* **1.** *sg* (≈ *method*) Möglichkeit *f*; (≈ *instrument*) Mittel *nt*; **a ~ of transport** ein Beförderungsmittel *nt*; **a ~ of escape** eine Fluchtmöglichkeit; **a ~ to an end** ein Mittel *nt* zum Zweck; **there is no ~ of doing it** es ist unmöglich, das zu tun; **is there any ~ of doing it?** ist es irgendwie möglich, das zu tun?; **we've no ~ of knowing** wir können nicht wissen; **by ~ of sth** durch etw; **by ~ of doing sth** dadurch, dass man etw tut **2.** *sg by all ~!* (aber) selbstverständlich!; **by no ~ ~!** keineswegs **3.** *pl* (≈ *wherewithal*) Mittel *pl*; **a man of ~** ein vermögender Mann; **to live beyond one's ~** über seine Verhältnisse leben **means test** *n* Vermögensveranlagung *f*

meant *pret, past part of* **mean**[3]

meantime I *adv* inzwischen **II** *n* **in the ~** in der Zwischenzeit

meanwhile *adv* inzwischen

measles *n sg* Masern *pl*

measly *adj* (+er) (*infml*) mick(e)rig (*infml*)

measurably *adv* deutlich

measure I *n* **1.** Maß *nt*; (*fig*) Maßstab *m* (*of* für); **a ~ of length** ein Längenmaß *nt*; **to have sth made to ~** etw nach Maß anfertigen lassen; **the furniture has been made to ~** die Möbel sind Maßarbeit; **beyond ~** grenzenlos; **some ~ of** ein gewisses Maß an **2.** (≈ *amount measured*) Menge *f*; **a small ~ of flour** ein wenig Mehl; **for good ~** sicherheitshalber; **to get the ~ of sb/sth** jdn/etw (richtig) einschätzen **3.** (≈ *step*) Maßnahme *f*; **to take ~s to do sth** Maßnahmen ergreifen, um etw zu tun **II** *v/t* messen; (*fig*) beurteilen **III** *v/i* messen; **what does it ~?** wie groß ist es? ♦ **measure out** *v/t sep* abmessen; *weights* abwiegen ♦ **measure up** *v/i* **he didn't ~** er hat enttäuscht; **to ~ to sth** an etw (*acc*) herankommen

measured *adj tone* bedächtig; *response* maßvoll; **at a ~ pace** in gemäßigtem Tempo **measurement** *n* **1.** (≈ *act*) Messung *f* **2.** (≈ *measure*) Maß *nt*; (≈ *figure*) Messwert *m*; (*fig*) Maßstab *m*; **to take sb's ~s** an jdm *or* bei jdm Maß nehmen **measuring jug** *n* Messbecher *m*

meat *n* Fleisch *nt*; **assorted cold ~s** Aufschnitt *m* **meatball** *n* Fleischkloß *m* **meat loaf** *n* ≈ Fleischkäse *m* **meaty** *adj* (+er) **1.** mit viel Fleisch; **~ chunks** Fleischbrocken *pl* **2.** *hands* fleischig **3.** (*fig*) *role* anspruchsvoll

Mecca *n* Mekka *nt*

mechanic *n* Mechaniker(in) *m(f)*

mechanical *adj* mechanisch; *toy* technisch; **a ~ device** ein Mechanismus *m*

mechanical engineer *n* Maschinenbauer(in) *m(f)* **mechanical engineering** *n* Maschinenbau *m* **mechanics** *n* **1.** *sg* Mechanik *f* **2.** *pl (fig: of writing etc)* Technik *f* **mechanism** *n* Mechanismus *m* **mechanization** *n* Mechanisierung *f* **mechanize** *v/t* mechanisieren

medal *n* Medaille *f*; (≈ *decoration*) Orden *m* **medallion** *n* Medaillon *nt*; (≈ *medal*) Medaille *f* **medallist**, (*US*) **medalist** *n* Medaillengewinner(in) *m(f)*

meddle *v/i* (≈ *interfere*) sich einmischen (*in* in +*acc*); (≈ *tamper*) sich zu schaffen machen (*with* an +*dat*); **to ~ with sb** sich mit jdm einlassen **meddlesome** *adj*, **meddling** *adj attr* **she's a ~ old busybody** sie mischt sich dauernd in alles ein

media *n pl of* **medium** Medien *pl*; **he works in the ~** er ist im Mediensektor tätig; **to get ~ coverage** Publicity bekommen

mediaeval *adj* = **medieval**

media event *n* Medienereignis *nt*

median *adj* mittlere(r, s) **median strip** *n* (*US*) Mittelstreifen *m*

media studies *pl* Medienwissenschaft *f*

mediate *v/i* vermitteln *v/t* aushandeln **mediation** *n* Vermittlung *f* **mediator** *n* Vermittler(in) *m(f)*

medic *n* (*infml*) Mediziner(in) *m(f)* (*infml*) **Medicaid** *n* (*US*) staatliche Krankenversicherung und Gesundheitsfürsorge für Einkommensschwache unter 65 in den USA

medical I *adj* medizinisch; *treatment*, *staff* ärztlich; **the ~ profession** die Ärzteschaft; **~ condition** Erkrankung *f* **II** *n* (ärztliche) Untersuchung **medical assistant** *n* medizinischer Assistent, medizinische Assistentin **medical certificate** *n* ärztliches Attest **medical history** *n* **her ~** ihre Krankengeschichte **medical insurance** *n* Krankenversicherung *f* **medical officer** *n* **1.** MIL Stabsarzt *m* **2.** (≈ *official*) Amtsarzt *m* **medical practice** *n* (≈ *business*) Arztpraxis *f*, Ordination *f* (*Aus*) **medical practitioner** *n* Arzt *m*, Ärztin *f* **medical school** *n* ≈ medizinische Fakultät **medical science** *n* die ärztliche Wissenschaft **medical student** *n* Medizinstudent(in) *m(f)* **Medicare** *n* (*US*) *staatliche Krankenversicherung und Gesundheitsfürsorge für ältere Bürger in den USA* **medicated** *adj* medizinisch **medication** *n* Medikamente *pl*

medicinal *adj* Heil-, heilend; **for ~ purposes** zu medizinischen Zwecken; **the ~ properties of various herbs** die Heilkraft verschiedener Kräuter

medicine *n* **1.** Medizin *f* (*infml*); (≈ *single preparation*) Medikament *nt*; **to take one's ~** seine Arznei einnehmen; **to give sb a taste of his own ~** (*fig*) es jdm mit gleicher Münze heimzahlen **2.** (≈ *science*) Medizin *f*; **to practise** (*Br*) *or* **practice** (*US*) **~** den Arztberuf ausüben

medieval *adj* mittelalterlich; **in ~ times** im Mittelalter

mediocre *adj* mittelmäßig **mediocrity** *n* Mittelmäßigkeit *f*

meditate *v/i* nachdenken (*upon, on* über +*acc*); REL, PHIL meditieren **meditation** *n* Nachdenken *nt*; REL, PHIL Meditation *f*

Mediterranean I *n* Mittelmeer *nt*; **in the ~** (≈ *in region*) am Mittelmeer **II** *adj* Mittelmeer-; *character* südländisch; **~ cruise** Kreuzfahrt *f* im Mittelmeer **Mediterranean Sea** *n* **the ~** das Mittelmeer

medium I *adj* mittlere(r, s); *steak* medium; (≈ *medium-sized*) mittelgroß; **of ~ height/size** mittelgroß; **cook over a ~ heat** bei mittlerer Hitze kochen; **in/over the ~ term** mittelfristig **II** *n*, *pl* **media** *or* **-s 1.** (≈ *means*) Mittel *nt*; TV, RADIO, PRESS Medium *nt*; ART Ausdrucksmittel *nt*; **advertising ~** Werbeträger *m* **2.** **to strike a happy ~** den goldenen Mittelweg finden **3.** (≈ *spiritualist*) Medium *nt* **medium-dry** *adj* halbtrocken **medium-range** *adj* **~ aircraft** Mittelstreckenflugzeug *nt* **medium-rare** *adj* rosa **medium-sized** *adj* mittelgroß **medium wave** *n* Mittelwelle *f*

medley *n* Gemisch *nt*; MUS Medley *nt*

meek *adj* (+*er*) sanft(mütig); (*pej*) duckmäuserisch **meekly** *adv* sanft; (*pej*) duckmäuserisch; *agree* widerspruchslos; *submit, accept* widerstandslos

meet *vb: pret, past part* **met I** *v/t* **1.** treffen; **to arrange to ~ sb** sich mit jdm verabreden; **to ~ a challenge** sich einer Herausforderung (*dat*) stellen; **there's more to it than ~s the eye** da steckt mehr dahinter, als man auf den ersten Blick meint **2.** (≈ *get to know*) kennenlernen; (≈ *be introduced to*) bekannt gemacht werden mit; **pleased to ~ you!** guten Tag/Abend **3.** (≈ *collect*) abholen (*at* an

+*dat*, von) **4.** *target* erfüllen; *requirement* gerecht werden (+*dat*); *needs* decken **II** *v/i* **1.** (≈ *encounter*) (*people*) sich begegnen; (*by arrangement*) sich treffen; (*committee etc*) zusammenkommen; sports aufeinandertreffen; **to ~ halfway** einen Kompromiss schließen **2.** (≈ *become acquainted*) sich kennenlernen; (≈ *be introduced*) bekannt gemacht werden; **we've met before** wir kennen uns bereits; **haven't we met before?** sind wir uns nicht schon mal begegnet? **3.** (≈ *join*) sich treffen; (≈ *converge*) sich vereinigen; (≈ *intersect*) sich schneiden; (≈ *touch*) sich berühren; **our eyes met** unsere Blicke trafen sich **III** *n* (*US* athletics) Sportfest *nt* ♦ **meet up** *v/i* sich treffen ♦ **meet with** *v/i* +*prep obj* **1.** *opposition* stoßen auf (+*acc*); *success, accident* haben; *approval* finden; **I was met with a blank stare** sie / er *etc* starrte mich unwissend an **2.** *person* treffen

meeting *n* **1.** Begegnung *f*; (*arranged*) Treffen *nt*; (≈ *business meeting*) Besprechung *f*; **the minister had a ~ with the ambassador** der Minister traf zu Gesprächen mit dem Botschafter zusammen **2.** (*of committee*) Sitzung *f*; (*of members, employees*) Versammlung *f*; **the committee has three ~s a year** der Ausschuss tagt dreimal im Jahr **3.** sports Veranstaltung *f*; (*between teams, opponents*) Begegnung *f* **meeting place** *n* Treffpunkt *m*

mega- *pref* Mega- **megabyte** *n* it Megabyte *nt*; **a 40-~ memory** ein 40-Megabyte-Speicher *m*

megalomania *n* Größenwahn *m* **megalomaniac** *n* Größenwahnsinnige(r) *m/f(m)*

megaphone *n* Megafon *nt* **megastar** *n* Megastar *m* **megastore** *n* Großmarkt *m*

melancholic *adj* melancholisch **melancholy I** *adj* melancholisch; *place* trist **II** *n* Melancholie *f*

mellow I *adj* (+*er*) **1.** *wine* ausgereift; *flavour* mild; *colour, light* warm; *voice* sanft **2.** *person* abgeklärt **II** *v/i* (*person*) abgeklärter werden

melodic *adj*, **melodically** *adv* melodisch **melodious** *adj* melodiös, melodisch

melodrama *n* Melodrama *nt* **melodramatic** *adj*, **melodramatically** *adv* melodramatisch

melody *n* Melodie *f*

melon *n* Melone *f*

melt I *v/t* **1.** (*lit*) schmelzen; *butter* zerlassen **2.** (*fig*) *heart etc* erweichen **II** *v/i* **1.** schmelzen **2.** (*fig: person*) dahinschmelzen ♦ **melt away** *v/i* **1.** (*lit*) (weg)schmelzen **2.** (*fig*) sich auflösen; (*crowd*) dahinschmelzen; (*anger*) verfliegen ♦ **melt down** *v/t sep* einschmelzen

meltdown *n* Kernschmelze *f*; (≈ *disaster*) Katastrophe *f* **melting pot** *n* (*fig*) Schmelztiegel *m*

member *n* **1.** Mitglied *nt*; **~ of the family** Familienmitglied *nt*; **if any ~ of the audience ...** falls einer der Zuschauer / Zuhörer ...; **the ~ states** die Mitgliedsstaaten *pl* **2.** parl Abgeordnete(r) *m/f(m)*, Mandatar(in) *m(f)* (*Aus*); **~ of parliament** Parlamentsmitglied *nt* **membership** *n* **1.** Mitgliedschaft *f* (*of* in +*dat*) **2.** (≈ *number of members*) Mitgliederzahl *f* **membership card** *n* Mitgliedsausweis *m* **membership fee** *n* Mitgliedsbeitrag *m*

membrane *n* Membran *f*

memento *n*, *pl* -(e)s Andenken *nt* (*of* an +*acc*)

memo *n abbr of* **memorandum** Memo *nt* **memoir** *n* **1.** Kurzbiografie *f* **2.** **memoirs** *pl* Memoiren *pl* **memo pad** *n* Notizblock *m* **memorable** *adj* unvergesslich; (≈ *important*) denkwürdig **memorandum** *n*, *pl* **memoranda** Mitteilung *f* **memorial I** *adj* Gedenk- **II** *n* Denkmal *nt* (*to* für) **Memorial Day** *n* (*US*) ≈ Volkstrauertag *m* **memorial service** *n* Gedenkgottesdienst *m* **memorize** *v/t* sich (*dat*) einprägen

memory *n* **1.** Gedächtnis *nt*; **from ~** aus dem Kopf; **to lose one's ~** das Gedächtnis verlieren; **to commit sth to ~** sich (*dat*) etw einprägen; **~ for faces** Personengedächtnis *nt*; **if my ~ serves me right** wenn ich mich recht entsinne **2.** (≈ *thing remembered*) Erinnerung *f* (*of* an +*acc*); **I have no ~ of it** ich kann mich nicht daran erinnern; **he had happy memories of his father** er verband angenehme Erinnerungen mit seinem Vater; **in ~ of** zur Erinnerung an (+*acc*) **3.** it Speicher *m* **memory bank** *n* it Datenbank *f* **memory expansion card** *n* it Speichererweiterungskarte *f* **memory stick** *n* it Memory Stick *m*

men *pl of* **man**

menace I *n* **1.** Bedrohung *f* (*to* +*gen*) **2.**

(*infml* ≈ *nuisance*) (Land)plage *f*; **she's a ~ on the roads** sie gefährdet den ganzen Verkehr **II** *v/t* bedrohen **menacing** *adj* drohend; **to look~** bedrohlich aussehen **menacingly** *adv* drohend; **..., he said~** ..., sagte er mit drohender Stimme

mend **I** *n* **to be on the ~** sich (langsam) erholen **II** *v/t* **1.** reparieren; *clothes* flicken **2.** **to ~ one's ways** sich bessern; **you'd better ~ your ways** das muss aber anders werden mit dir! **III** *v/i* (*bone*) (ver)heilen

menial *adj* niedrig

meningitis *n* Hirnhautentzündung *f*

menopause *n* Wechseljahre *pl*

men's room *n* (*esp US*) Herrentoilette *f*

menstrual cycle *n* Menstruationszyklus *m* **menstruate** *v/i* menstruieren **menstruation** *n* Menstruation *f*

menswear *n* Herrenbekleidung *f*

mental *adj* **1.** geistig; *strain* psychisch; **to make a ~ note of sth** sich (*dat*) etw merken; **~ process** Denkvorgang *m* **2.** (*infml* ≈ *mad*) übergeschnappt (*infml*) **mental arithmetic** *n* Kopfrechnen *nt* **mental block** *n* **to have a ~** ein Brett vor dem Kopf haben (*infml*) **mental breakdown** *n* Nervenzusammenbruch *m* **mental health** *n* Geisteszustand *m* **mental hospital** *n* Nervenklinik *f* **mental illness** *n* Geisteskrankheit *f* **mentality** *n* Mentalität *f* **mentally** *adv* geistig; **~ handicapped** geistig behindert; **he is ~ ill** er ist geisteskrank

menthol *n* Menthol *nt*

mention **I** *n* Erwähnung *f*; **to get or receive a ~** erwähnt werden; **to give sb/ sth a ~** jdn/etw erwähnen; **there is no ~ of it** es wird nicht erwähnt; **his contribution deserves special ~** sein Beitrag verdient es, besonders hervorgehoben zu werden **II** *v/t* erwähnen (*to sb* jdm gegenüber); **not to ~ ...** nicht zu vergessen ...; **France and Spain, not to ~ Holland** Frankreich und Spanien, von Holland ganz zu schweigen; **don't ~ it!** (bitte,) gern geschehen!; **to ~ sb in one's will** jdn in seinem Testament berücksichtigen

mentor *n* Mentor(in) *m(f)*

menu *n* (≈ *bill of fare*) Speisekarte *f*; (≈ *dishes*) Menü *nt* (*also* IT); **may we see the ~?** können Sie uns bitte die Karte bringen?; **what's on the ~?** was gibt es heute (zu essen)? **menu bar** *n* IT Menü-

zeile *f* **menu-driven** *adj* IT menügesteuert

MEP *abbr of* **Member of the European Parliament** Mitglied *nt* des Europäischen Parlaments

mercenary **I** *adj* (≈ *greedy*) geldgierig; **don't be so ~** sei doch nicht so hinter dem Geld her (*infml*) **II** *n* Söldner(in) *m(f)*

merchandise *n* (Handels)ware *f* **merchant** *n* Kaufmann *m*/-frau *f*; **corn~** Getreidehändler(in) *m(f)* **merchant bank** *n* (*Br*) Handelsbank *f* **merchant marine** *n* (*US*) Handelsmarine *f* **merchant navy** *n* (*Br*) Handelsmarine *f*

merciful *adj* gnädig (*to sb* jdm gegenüber) **mercifully** *adv* **1.** *act* barmherzig; *treat sb* gnädig **2.** (≈ *fortunately*) glücklicherweise **merciless** *adj* unbarmherzig **mercilessly** *adv* erbarmungslos

Mercury *n* Merkur *m*

mercury *n* Quecksilber *nt*

mercy *n* **1.** *no pl* (≈ *compassion*) Erbarmen *nt*; (≈ *action*) Gnade *f*; **to beg for ~** um Gnade bitten; **to have ~/no ~ on sb** mit jdm Erbarmen/kein Erbarmen haben; **to show sb ~/no ~** Erbarmen/ kein Erbarmen mit jdm haben; **to be at the ~ of sb/sth** jdm/einer Sache (*dat*) ausgeliefert sein; **we're at your ~** wir sind in Ihrer Hand **2.** (*infml* ≈ *blessing*) Segen *m*

mere *adj* **1.** bloß; **he's a ~ clerk** er ist bloß ein kleiner Angestellter; **a ~ 3%/two hours** bloß 3%/zwei Stunden; **the ~ thought of food made me hungry** schon beim Gedanken an Essen bekam ich Hunger **2.** **the ~st ...** der/die/das kleinste ...

merely *adv* lediglich, bloß

merge **I** *v/i* **1.** zusammenkommen; (*colours*) ineinander übergehen; (*roads*) zusammenführen; (*US* AUTO) sich einordnen; **to ~ with sth** sich mit etw vereinigen; **to ~ (in) with/into the crowd** in der Menge untergehen/untertauchen; **to ~ into sth** in etw (*acc*) übergehen **2.** COMM fusionieren **II** *v/t* **1.** miteinander vereinen; IT *files* mischen **2.** COMM fusionieren **merger** *n* COMM Fusion *f*

meringue *n* Baiser *nt*

merit **I** *n* (≈ *achievement*) Verdienst *nt*; (≈ *advantage*) Vorzug *m*; **a work of great literary ~** ein Werk von großem literarischem Wert; **she was elected on ~** sie gewann die Wahl aufgrund persönlicher Fähigkeiten; *to judge a case on its ~s* einen Fall gesondert behandeln; *to pass an exam with ~* ein Examen mit Auszeichnung bestehen **II** *v/t* verdienen

mermaid *n* Meerjungfrau *f*

merrily *adv* vergnügt **merriment** *n* Heiterkeit *f*; (≈ *laughter*) Gelächter *nt* **merry** *adj* (+er) **1.** fröhlich; *Merry Christmas!* frohe Weihnachten! **2.** (*Br infml* ≈ *tipsy*) beschwipst (*infml*) **merry-go-round** *n* Karussell *nt*, Ringelspiel *nt* (*Aus*)

mesh I *n* **1.** (≈ *hole*) Masche *f* **2.** (≈ *wire mesh*) Maschendraht *m* **II** *v/i* **1.** MECH eingreifen (*with* in +*acc*) **2.** (*fig: views*) sich vereinen lassen

mesmerize *v/t* hypnotisieren; (*fig*) fesseln; *the audience sat ~d* die Zuschauer saßen wie gebannt **mesmerizing** *adj* *effect* hypnotisch; *smile* faszinierend

mess¹ I *n* **1.** Durcheinander *nt*; (*dirty*) Schweinerei *f*; *to be* (*in*) *a ~* in einem fürchterlichen Zustand sein; (≈ *disorganized*) ein einziges Durcheinander sein; (*fig: one's life etc*) verkorkst sein (*infml*); *to be a ~* (*piece of work*) eine Schweinerei sein (*infml*); (*person*) (*in appearance*) unordentlich aussehen; (*psychologically*) verkorkst sein (*infml*); *to make a ~* (≈ *be untidy*) Unordnung machen; (≈ *be dirty*) eine Schweinerei machen (*infml*); *to make a ~ of sth* (≈ *bungle*) etw verpfuschen; *of one's life* etw verkorksen (*infml*); *you've really made a ~ of things* du hast alles total vermasselt (*infml*); *what a ~!* das sieht ja vielleicht aus!; (*fig*) ein schöner Schlamassel! (*infml*); *I'm not tidying up your ~* ich räume nicht für dich auf **2.** (≈ *predicament*) Schwierigkeiten *pl* **3.** (*euph* ≈ *excreta*) Dreck *m*; *the cat has made a ~ on the carpet* die Katze hat auf den Teppich gemacht **II** *v/i* = *mess about* ♦ **mess about** (*Brit*) *or* **around** (*infml*) **I** *v/t* *sep person* an der Nase herumführen (*infml*) **II** *v/i* **1.** (≈ *play the fool*) herumalbern **2.** (≈ *do nothing*) herumgammeln (*infml*) **3.** (≈ *tinker*) herumfummeln (*infml*) (*with* an +*dat*); (*as hobby etc*) herumbasteln (*with* an +*dat*) (*infml*) **4.** *he was messing about or around with my wife* er trieb es mit meiner Frau ♦ **mess up** *v/t sep* durcheinanderbringen; (≈ *make*

dirty) verdrecken; (≈ *botch*) verpfuschen; *life* verkorksen (*infml*); *that's really messed things up* das hat wirklich alles verdorben

mess² *n* MIL Kasino *nt*; (*on ships*) Messe *f*

message *n* **1.** Nachricht *f*; (≈ *report*) Meldung *f*; *to give sb a ~* (*verbal*) jdm etwas ausrichten; (*written*) jdm eine Nachricht geben; *would you give John a ~* (*for me*)? könnten Sie John etwas (von mir) ausrichten?; *to send sb a ~* jdn benachrichtigen; *to leave a ~ for sb* (*written*) jdm eine Nachricht hinterlassen; (*verbal*) jdm etwas ausrichten lassen; *can I take a ~* (*for him*)? (*on telephone*) kann ich (ihm) etwas ausrichten? **2.** (≈ *moral*) Botschaft *f*; *to get one's ~ across to sb* es jdm verständlich machen **3.** (*fig infml*) *to get the ~* kapieren (*infml*) **message board** *n* INTERNET Forum *nt*, Message Board *nt* **messenger** *n* Bote *m*, Botin *f*

Messiah *n* Messias *m*

messily *adv* unordentlich

mess kit *n* (*US*) Essgeschirr *nt*

messy *adj* (+er) **1.** (≈ *dirty*) schmutzig **2.** (≈ *untidy*) unordentlich; *he's a ~ eater* er kann nicht ordentlich essen **3.** (*fig*) *situation* verfahren; *process* schwierig

met *pret, past part of* **meet**

meta- *pref* meta-, Meta- **metabolic** *adj* Stoffwechsel-, metabolisch **metabolism** *n* Stoffwechsel *m*

metal *n* Metall *nt* **metal detector** *n* Metallsuchgerät *nt* **metallic** *adj* metallisch; *~ paint* Metalliclack *m*; *~ blue* blaumetallic; *a ~ blue car* ein Auto *nt* in Blaumetallic **metallurgy** *n* Metallurgie *f* **metalwork** *n* Metall *nt*; *we did ~ at school* wir haben in der Schule Metallarbeiten gemacht

metamorphosis *n, pl* **metamorphoses** Metamorphose *f*; (*fig*) Verwandlung *f*

metaphor *n* Metapher *f* **metaphorical** *adj* metaphorisch **metaphorically** *adv* metaphorisch; *~ speaking* bildlich gesprochen

metaphysical *adj* metaphysisch

mete *v/t to ~ out punishment to sb* jdn bestrafen

meteor *n* Meteor *m* **meteoric** *adj* (*fig*) kometenhaft **meteorite** *n* Meteorit *m* **meteorological** *adj* meteorologisch **meteorologist** *n* Meteorologe *m*, Meteorologin *f* **meteorology** *n* Meteorologie *f*

meter[1] **I** n Zähler m; (≈ water meter) Wasseruhr f; (≈ parking meter) Parkuhr f; **to turn the water off at the ~** das Wasser am Hauptschalter abstellen **II** v/t messen

meter[2] n (US) = **metre**

methane n Methan nt

method n Methode f; (≈ process) Verfahren nt; **~ of payment** Zahlungsweise f **methodical** adj, **methodically** adv methodisch

Methodist I adj methodistisch **II** n Methodist(in) m(f)

meths n sg abbr of **methylated spirits** methylated spirits n sg Äthylalkohol m

meticulous adj genau; **to be ~ about sth** es mit etw sehr genau nehmen **meticulously** adv sorgfältig

me time n Ichzeit f

met office n (Br) Wetteramt nt

metre, (US) **meter** n **1.** Meter m or nt **2.** POETRY Metrum nt **metric** adj metrisch; **to go ~** auf das metrische Maßsystem umstellen

metronome n Metronom nt

metropolis n Metropole f **metropolitan** adj weltstädtisch **metrosexual** adj metrosexuell

mettle n Courage f

mew I n Miau(en) nt **II** v/i miauen

Mexican I adj mexikanisch **II** n Mexikaner(in) m(f) **Mexico** n Mexiko nt

mezzanine n Mezzanin nt

mg abbr of **milligram(s)**, **milligramme(s)** mg

MI5 (Br) abbr of **Military Intelligence**, **section 5** MI5 m, Spionageabwehrdienst der britischen Regierung

MI6 (Br) abbr of **Military Intelligence**, **section 6** MI6 m, britischer Auslandsgeheimdienst

miaow (Br) **I** n Miau(en) nt **II** v/i miauen

mice pl of **mouse**

mickey n (Br infml) **to take the ~ out of sb** jdn auf den Arm nehmen (infml), jdn pflanzen (Aus); **are you taking the ~?** du willst mich/ihn etc wohl auf den Arm nehmen (infml)

micro- pref mikro-, Mikro- **microbe** n Mikrobe f **microbiology** n Mikrobiologie f **microchip** n Mikrochip nt **microcomputer** n Mikrocomputer m **microcosm** n Mikrokosmos m **microfibre**, (US) **microfiber** n Mikrofaser f **microfiche** n Mikrofiche m or nt **microfilm** n Mikrofilm m **microlight** n Ultraleichtflugzeug nt **microorganism** n Mikroorganismus m **microphone** n Mikrofon nt **microprocessor** n Mikroprozessor m **micro scooter** n Mini-Roller m, City--Roller m **microscope** n Mikroskop nt **microscopic** adj (in size) mikroskopisch (klein); **in ~ detail** bis ins kleinste Detail **microsurgery** n Mikrochirurgie f **microwavable** adj mikrowellengeeignet **microwave** n Mikrowelle f **microwave oven** n Mikrowellenherd m

mid adj **in ~ June** Mitte Juni; **in the ~ 1950s** Mitte der Fünfzigerjahre; **temperatures in the ~ eighties** Temperaturen um 85° Fahrenheit; **to be in one's ~ forties** Mitte vierzig sein; **in ~ morning/ afternoon** am Vormittag/Nachmittag; **a ~-morning break** eine Frühstückspause; **a ~-morning snack** ein zweites Frühstück; **in ~ air** in der Luft; **in ~ flight** während des Flugs **midday I** n Mittag m; **at ~** mittags **II** adj attr mittäglich; **~ meal** Mittagessen nt; **~ sun** Mittagssonne f

middle I n Mitte f; (of book, film etc) Mittelteil m; (of fruit etc) Innere(s) nt; **in the ~ of the table** mitten auf dem Tisch; **in the ~ of the night/day** mitten in der Nacht/am Tag; **in the ~ of nowhere** am Ende der Welt; **in the ~ of summer** mitten im Sommer; (≈ height of summer season) im Hochsommer; **in the ~ of May** Mitte Mai; **we were in the ~ of lunch** wir waren mitten beim Essen; **to be in the ~ of doing sth** mitten dabei sein, etw zu tun; **down the ~** in der Mitte **II** adj mittlere(r, s); **to be in one's ~ twenties** Mitte zwanzig sein **middle age** n mittleres Lebensalter **middle--aged** adj in den mittleren Jahren **Middle Ages** pl Mittelalter nt **Middle America** n (≈ class) die amerikanische Mittelschicht **middle-class** adj bürgerlich **middle class(es)** n(pl) Mittelstand m **middle-distance runner** n Mittelstreckenläufer(in) m(f) **Middle East** n Naher Osten **Middle England** n (fig ≈ middle classes) die englische Mittelschicht **middle finger** n Mittelfinger m **middle-income** adj family mit mittlerem Einkommen **middleman** n Mittelsmann m; COMM Zwischenhändler m **middle management** n mittleres Management **middle name** n zweiter (Vor)name; **modesty is my ~** (fig) ich bin die Bescheidenheit in Person **middle-of-the--road** adj **1.** (≈ *moderate*) gemäßigt **2.** (≈ *conventional*) konventionell **middle school** n (*Br*) Schule für 9-12-jährige **middling** adj mittelmäßig; *how are you?* — ~ wie geht es dir? — einigermaßen (*infml*) **midfield I** n Mittelfeld nt **II** adj Mittelfeld-; ~ *player* Mittelfeldspieler(in) m(f)

midge n (*Br*) Mücke f

midget I n Liliputaner(in) m(f) **II** adj winzig

Midlands pl **the ~** die Midlands **midlife crisis** n Midlife-Crisis f

midnight I n Mitternacht f; *at* ~ um Mitternacht **II** adj attr mitternächtlich, Mitternachts-; ~ *mass* Mitternachtsmesse f; *the ~ hour* die Mitternachtsstunde **midpoint** n mittlerer Punkt **midriff** n Taille f **midst** n Mitte f; *in the ~ of* mitten in; *in our ~* unter uns **midstream** n *in ~* (*lit*) in der Mitte des Flusses; (*fig*) auf halber Strecke **midsummer I** n Hochsommer m **II** adj im Hochsommer **Midsummer's Day** n Sommersonnenwende f **midterm** adj ~ *elections* POL Zwischenwahlen pl **midway I** adv auf halbem Weg; *Düsseldorf is ~ between Krefeld and Cologne* Düsseldorf liegt auf halber Strecke zwischen Krefeld und Köln; ~ *through sth* mitten in etw (*dat*) **II** adj *we've now reached the ~ point or stage in the project* das Projekt ist jetzt zur Hälfte fertig **midweek I** adv mitten in der Woche **II** adj attr *he booked a ~ flight* er buchte einen Flug für Mitte der Woche **Midwest** n Mittelwesten m **Midwestern** adj mittelwestlich

midwife n, pl **-wives** Hebamme f

midwinter I n Wintermitte f **II** adj mittwinterlich

miff v/t (*infml*) *to be ~ed about sth* über etw (*acc*) verärgert sein

might[1] pret of **may**; *they ~ be brothers* sie könnten Brüder sein; *as you ~ expect* wie zu erwarten war; *you ~ try Smith's* Sie könnten es ja mal bei Smiths versuchen; *he ~ at least have apologized* er hätte sich wenigstens entschuldigen können; *I ~ have known* das hätte ich mir denken können; *she was thinking of what ~ have been* sie dachte an das, was hätte sein können

might[2] n Macht f; *with all one's ~* mit aller Kraft **mightily** adv (*infml*) ~ *impres-*

sive höchst beeindruckend; *I was ~ relieved* ich war überaus erleichtert

mightn't contraction = **might not**

mighty I adj **1.** army mächtig **2.** (≈ *massive*) gewaltig; *cheer* lautstark **II** adv (*esp US infml*) mächtig (*infml*)

migraine n Migräne f

migrant I adj ~ *bird* Zugvogel m; ~ *worker* Migrant(in) m(f) **II** n **1.** (≈ *bird*) Zugvogel m **2.** (≈ *worker*) Migrant(in) m(f) **migrate** v/i (ab)wandern; (*birds*) nach Süden ziehen **migration** n Wanderung f; (*of birds*) (Vogel)zug m **migratory** adj ~ *worker* Wanderarbeiter(in) m(f); ~ *birds* Zugvögel pl

mike n (*infml*) Mikro nt (*infml*)

Milan n Mailand nt

mild I adj (+*er*) mild; *breeze, cigarettes* leicht; *person* sanft **II** n (*Br*) leichtes dunkles Bier

mildew n Schimmel m; (*on plants*) Mehltau m

mildly adv leicht; *say* sanft; *to put it ~* gelinde gesagt **mildness** n Milde f; (*of breeze*) Sanftheit f; (*of person*) Sanftmütigkeit f

mile n Meile f; *how many ~s per gallon does your car do?* wie viel verbraucht Ihr Auto?; *a fifty-~ journey* eine Fahrt von fünfzig Meilen; *~s (and ~s)* (*infml*) meilenweit; *they live ~s away* sie wohnen meilenweit weg; *sorry, I was ~s away* (*infml*) tut mir leid, ich war mit meinen Gedanken ganz woanders (*infml*); *it stands out a ~* das sieht ja ein Blinder (mit Krückstock) (*infml*); *he's ~s better at tennis* er spielt hundertmal besser Tennis (*infml*) **mileage** n Meilen pl; (*on odometer*) Meilenstand m **mileometer** n (*Br*) ≈ Kilometerzähler m **milestone** n Meilenstein m

militant I adj militant **II** n militantes Element

militarism n Militarismus m **militaristic** adj militaristisch

military I adj militärisch; ~ *personnel* Militärangehörige pl **II** n **the ~** das Militär **military base** n Militärstützpunkt m **military police** n Militärpolizei f **military policeman** n Militärpolizist m **military service** n Militärdienst m, Präsenzdienst m (*Aus*); *to do one's ~* seinen Militärdienst ableisten; *he's doing his ~* er ist gerade beim Militär

militia n Miliz f **militiaman** n, pl **-men** Milizsoldat *m*

milk I *n* Milch *f*; *it's no use crying over spilled ~* (*prov*) was passiert ist, ist passiert **II** *v/t* melken **milk bar** *n* Milchbar *f* **milk chocolate** *n* Vollmilchschokolade *f* **milk float** *n* Milchauto *nt* **milking** *n* Melken *nt* **milkman** *n* Milchmann *m* **milkshake** *n* Milchshake *m* **milk tooth** *n* Milchzahn *m* **milky** *adj* (+er) milchig; *~ coffee* Milchkaffee *m* **Milky Way** *n* Milchstraße *f*

mill *n* **1.** Mühle *f*; *in training you're really put through the ~* (*infml*) im Training wird man ganz schön hart rangenommen (*infml*) **2.** (≈ *paper mill etc*) Fabrik *f*; (*for cloth*) Weberei *f* ◆ **mill about** (*Brit*) *or* **around** *v/i* umherlaufen

millennium *n*, *pl* **-s** *or* **millennia** Jahrtausend *nt*

miller *n* Müller(in) *m(f)*

millet *n* Hirse *f*

milli- *pref* Milli-; *millisecond* Millisekunde *f* **milligram(me)** *n* Milligramm *nt* **millilitre**, (*US*) **milliliter** *n* Milliliter *m or nt* **millimetre**, (*US*) **millimeter** *n* Millimeter *m or nt*

million *n* Million *f*; *4 ~ people* 4 Millionen Menschen; *for ~s and ~s of years* für Millionen und Abermillionen von Jahren; *she's one in a ~* (*infml*) sie ist einsame Klasse (*infml*); *~s of times* (*infml*) tausendmal **millionaire** *n* Millionär *m* **millionairess** *n* Millionärin *f*

millionth I *adj* **1.** (≈ *fraction*) millionstel **2.** (*in series*) millionste(r, s) **II** *n* Millionstel *nt*

millipede *n* Tausendfüß(l)er *m*

millpond *n* Mühlteich *m*

millstone *n* Mahlstein *m*; *she's a ~ around his neck* sie ist für ihn ein Klotz am Bein

mime I *n* Pantomime *f* **II** *v/t* pantomimisch darstellen **III** *v/i* Pantomimen spielen **mime artist** *n* Pantomine *m*, Pantomimin *f*

mimic I *n* Imitator(in) *m(f)*; *he's a very good ~* er kann sehr gut Geräusche / andere Leute nachahmen **II** *v/t* nachahmen **mimicry** *n* Nachahmung *f*

min 1. *abbr of* *minute(s)* min **2.** *abbr of* *minimum* min.

mince *I* *n* (*esp Br*) Hackfleisch *nt*, Faschierte(s) *nt* (*Aus*) **II** *v/t* (*esp Br*) durch den Fleischwolf drehen, faschieren (*Aus*); *he doesn't ~ his words* er nimmt

kein Blatt vor den Mund **III** *v/i* (*Br*) (≈ *walk*) tänzeln **mincemeat** *n* süße Gebäckfüllung *aus Dörrobst und Sirup*; *to make ~ of sb* (*infml*) (*physically*) Hackfleisch aus jdm machen (*infml*); (*verbally*) jdn zur Schnecke machen (*infml*) **mince pie** *n* mit Mincemeat gefülltes Gebäck **mincer** *n* (*esp Br*) Fleischwolf *m*

mind I *n* **1.** (≈ *intellect*) Geist *m*, Verstand *m*; (≈ *thoughts*) Gedanken *pl*; *it's all in the ~* das ist alles Einbildung; *to blow sb's ~* (*infml*) jdn umwerfen (*infml*); *to have a logical ~* logisch veranlagt sein; *state or frame of ~* Geisteszustand *m*; *to put or set one's ~ to sth* sich anstrengen, etw zu tun; *he had something on his ~* ihn beschäftigte etwas; *I've a lot on my ~* ich muss mich um (so) viele Dinge kümmern; *you are always on my ~* ich denke ständig an dich; *keep your ~ on the job* bleib mit den Gedanken bei der Arbeit; *she couldn't get the song out of her ~* das Lied ging ihr nicht aus dem Kopf; *to take sb's ~ off sth* jdn etw vergessen lassen; *my ~ isn't on my work* ich kann mich nicht auf meine Arbeit konzentrieren; *the idea never entered my ~* daran hatte ich überhaupt nicht gedacht; *nothing was further from my ~* nichts lag mir ferner; *in my ~'s eye* vor meinem inneren Auge; *to bring sth to ~* an etw (*acc*) erinnern; *it's a question of ~ over matter* es ist eine Willensfrage **2.** (≈ *inclination*) Lust *f*; (≈ *intention*) Absicht *f*; *I've a good ~ to ...* ich hätte große Lust, zu ... **3.** (≈ *opinion*) Meinung *f*; *to make up one's ~* sich entscheiden; *to change one's ~* seine Meinung ändern (*about* über +*acc*); *to be in two ~s about sth* sich (*dat*) über etw (*acc*) nicht im Klaren sein; *to have a ~ of one's own* (*person*) eine eigene Meinung haben; (*hum, machine etc*) seine Mucken haben (*infml*) **4.** (≈ *sanity*) Verstand *m*; *to lose one's ~* den Verstand verlieren; *nobody in his right ~* kein normaler Mensch **5.** *to bear sth in ~* etw nicht vergessen; *to bear sb in ~* an jdn denken; *with this in ~ ...* mit diesem Gedanken im Hinterkopf ...; *to have sth/sb in ~* an etw/jdn denken; *it puts me in ~ of sb/sth* es weckt in mir Erinnerungen an jdn/etw; *to go out of one's ~* den Verstand verlieren;

I'm bored out of my~ ich langweile mich zu Tode **II** *v/t* **1.** (≈ *be careful of, look after*) aufpassen auf (+*acc*); (≈ *pay attention to*) achten auf (+*acc*); ~ *what you're doing!* pass (doch) auf!; ~ *your language!* drück dich anständig aus!; ~ *the step!* (*Br*) Vorsicht Stufe!; ~ *your head!* (*Br*) Kopf einziehen (*infml*); ~ *your own business* kümmern Sie sich um Ihre eigenen Angelegenheiten **2.** (≈ *care about*) sich kümmern um; (≈ *object to*) etwas haben gegen; *I don't* ~ *the cold* die Kälte macht mir nichts aus; *I don't* ~ *what he does* es ist mir egal, was er macht; *do you* ~ *coming with me?* würde es dir etwas ausmachen mitzukommen?; *would you* ~ *opening the door?* wären Sie so freundlich, die Tür aufzumachen?; *do you* ~ *my smoking?* macht es Ihnen etwas aus, wenn ich rauche?; *don't* ~ *me* lass dich (durch mich) nicht stören; *I wouldn't* ~ *a cup of tea* ich hätte nichts gegen eine Tasse Tee; *never* ~ *that now* das ist jetzt nicht wichtig; *never* ~ *him* kümmere dich nicht um ihn **III** *v/i* **1.** (≈ *care, worry*) sich (*dat*) etwas daraus machen; (≈ *object*) etwas dagegen haben; *nobody seemed to* ~ niemand schien etwas dagegen zu haben; *I'd prefer to stand, if you don't* ~ ich würde lieber stehen, wenn es Ihnen recht ist; *do you* ~*?* macht es Ihnen etwas aus?; *do you* ~*!* (*iron*) ich möchte doch sehr bitten!; *I don't* ~ *if I do* ich hätte nichts dagegen; *never* ~ macht nichts; (*in exasperation*) schon gut; *never* ~, *you'll find another* mach dir nichts draus, du findest bestimmt einen anderen; *oh, never* ~, *I'll do it myself* ach, schon gut, ich mache es selbst; *never* ~ *about that now!* das ist doch jetzt nicht wichtig; *I'm not going to finish school, never* ~ *go to university* ich werde die Schule nicht beenden und schon gar nicht zur Universität gehen **2.** ~ *you get that done* sieh zu, dass du das fertig bekommst; ~ *you* allerdings; ~ *you, he did try* er hat es immerhin versucht; *he's quite good,* ~ *you* er ist eigentlich ganz gut ♦ **mind out** *v/i* (*Br*) aufpassen (*for* auf +*acc*)

mind-blowing *adj* (*infml*) Wahnsinns- (*infml*) **mind-boggling** *adj* (*infml*) irrsinnig (*infml*) **-minded** *adj suf* **she's very politically-minded** sie interessiert

sich sehr für Politik **minder** *n* (*infml*) Aufpasser(in) *m(f)* **mindful** *adj* **to be** ~ **of sth** etw bedenken **mindless** *adj destruction* sinnlos; *routine* stumpfsinnig **mind-reader** *n* Gedankenleser(in) *m(f)* **mindset** *n* Mentalität *f*

mine[1] *poss pr* meine(r, s); *this car is* ~ dieses Auto gehört mir; *his friends and* ~ seine und meine Freunde; *a friend of* ~ ein Freund von mir; *a favourite* (*Br*) *or favorite* (*US*) *expression of* ~ einer meiner Lieblingsausdrücke

mine[2] **I** *n* **1.** MIN Bergwerk *nt*; *to work down the* ~*s* unter Tage arbeiten **2.** MIL *etc* Mine *f* **3.** (*fig*) *he is a* ~ *of information* er ist ein wandelndes Lexikon (*infml*) **II** *v/t coal* fördern **III** *v/i to* ~ *for sth* nach etw graben **minefield** *n* Minenfeld *nt*; *to enter a* (*political*) ~ sich auf (politisch) gefährliches Terrain begeben **miner** *n* Bergarbeiter(in) *m(f)*

mineral I *n* Mineral *nt* **II** *adj* mineralisch; ~ *deposits* Mineralbestände *pl* **mineral water** *n* Mineralwasser *nt* **minesweeper** *n* Minensucher *m* **mingle** *v/i* sich vermischen; (*people*) sich untereinander vermischen; (*at party*) sich unter die Gäste mischen

mini- *pref* Mini- **miniature I** *n* ART Miniatur *f*; (≈ *bottle*) Miniflasche *f*; *in* ~ im Kleinen **II** *adj attr* Miniatur- **miniature golf** *n* Minigolf *nt* **minibar** *n* Minibar *f* **mini-break** *n* Kurzurlaub *m* **minibus** *n* Kleinbus *m* **minicab** *n* Kleintaxi *nt* **minicam** *n* Minicam *f* **Minidisc®** *n* MUS Minidisc *f*; ~ *player* Minidisc-Spieler *m* **minim** *n* (*Br* MUS) halbe Note

minimal *adj* minimal; *at* ~ *cost* zu minimalen Kosten; *with* ~ *effort* mit minimalem Aufwand **minimalism** *n* Minimalismus *m* **minimize** *v/t* minimieren (*form*) **minimum I** *n* Minimum *nt*; *what is the* ~ *you will accept?* was ist für Sie das Minimum *or* der Mindestbetrag?; *a* ~ *of 2 hours/10 people* mindestens 2 Stunden/10 Leute; *to keep sth to a* ~ etw auf ein Minimum beschränken **II** *adj attr* Mindest-; ~ *age* Mindestalter *nt*; ~ *temperature* Tiefsttemperatur *f* **minimum wage** *n* Mindestlohn *m*

mining *n* MIN Bergbau *m* **mining industry** *n* Bergbau *m* **mining town** *n* Bergarbeiterstadt *f*

minion *n* (*fig*) Trabant *m*

miniskirt *n* Minirock *m*, Minijupe *m*

(*Swiss*)

minister I *n* **1.** POL Minister(in) *m(f)* **2.** ECCL Pfarrer(in) *m(f)* **II** *v/i* **to~ to sb** sich um jdn kümmern; **to~ to sb's needs** jds Bedürfnisse (*acc*) befriedigen **ministerial** *adj* POL ministeriell; **~ post** Ministerposten *m*; **his ~ duties** seine Pflichten als Minister **ministry** *n* **1.** POL Ministerium *nt*; **~ of education** Bildungsministerium *nt* **2.** ECCL **to go into the ~** Geistliche(r) werden

mink *n* Nerz *m*; **~ coat** Nerzmantel *m*

minor I *adj* **1.** (≈ *smaller*) kleiner; (≈ *less important*) unbedeutend; *offence, operation* leicht; **~ road** Nebenstraße *f* **2.** MUS Moll-; **~ key** Molltonart *f*; **G~** g-Moll *nt* **II** *n* **1.** JUR Minderjährige(r) *m/f(m)* **2.** (*US* UNIV) Nebenfach *nt* **III** *v/i* (*US* UNIV) im Nebenfach studieren (*in +acc*)

Minorca *n* Menorca *nt*

minority I *n* Minderheit *f*; **to be in a or the ~** in der Minderheit sein **II** *adj attr* Minderheits-; **~ group** Minderheit *f*; (**ethnic**) **~ students** Studenten *pl*, die einer (ethnischen) Minderheit angehören **minority government** *n* Minderheitsregierung *f*

minor league *adj* **~ baseball** (*US*) Baseball *m or nt* in den unteren Ligen

minster *n* Münster *nt*

minstrel *n* Spielmann *m*

mint¹ I *n* Münzanstalt *f*; **to be worth a ~** (*infml*) unbezahlbar sein **II** *adj* **in ~ condition** in tadellosem Zustand **III** *v/t* prägen

mint² I *n* **1.** BOT Minze *f* **2.** (≈ *sweet*) Pfefferminz *nt* **mint sauce** *n* Minzsoße *f* **mint tea** *n* Pfefferminztee *m*

minus I *prep* **1.** minus; **£100 ~ taxes** £ 100 abzüglich (der) Steuern **2.** (≈ *without*) ohne **II** *adj* Minus-; **~ point** Minuspunkt *m*; **~ three degrees** drei Grad minus; **an A ~** eine Eins minus **III** *n* (≈ *sign*) Minus (-zeichen) *nt*

minuscule *adj* winzig

minus sign *n* Minuszeichen *nt*

minute¹ I *n* **1.** (*of time*) Minute *f*; **it's 23 ~s past 3** es ist 3 Uhr und 23 Minuten; **in a ~** gleich; **this ~!** auf der Stelle!; **I shan't be a ~** es dauert nicht lang; **just a ~!** einen Moment bitte!; **any ~ (now)** jeden Augenblick; **tell me the ~ he comes** sag mir sofort Bescheid, wenn er kommt; **have you got a ~?** hast du mal eine Minute Zeit?; **I don't believe for a or one ~**

that ... ich glaube nicht einen Augenblick, dass...; **at the last ~** in letzter Minute **2.** (≈ *official note*) **~s** Protokoll *nt*; **to take the ~s** das Protokoll führen

minute² *adj* (≈ *small*) winzig; *detail* kleinste(r, s)

minute hand *n* Minutenzeiger *m*

minutiae *pl* genaue Einzelheiten *pl*

miracle *n* Wunder *nt*; **to work or perform ~s** (*lit*) Wunder vollbringen; **I can't work ~s** ich kann nicht hexen; **by some ~** (*fig*) wie durch ein Wunder; **it'll take a ~ for us or we'll need a ~ to be finished on time** da müsste schon ein Wunder geschehen, wenn wir noch rechtzeitig fertig werden sollen **miracle drug** *n* Wunderdroge *f* **miraculous** *adj* **1.** *escape* wundersam; **that is nothing/little short of ~** das grenzt an ein Wunder **2.** (≈ *wonderful*) wunderbar **miraculously** *adv* **~ the baby was unhurt** es war wie ein Wunder, dass das Baby unverletzt blieb

mirage *n* Fata Morgana *f*; (*fig*) Trugbild *nt*

mire *n* Morast *m*

mirror I *n* Spiegel *m* **II** *v/t* (wider)spiegeln **mirror image** *n* Spiegelbild *nt*

mirth *n* Heiterkeit *f*

misadventure *n* Missgeschick *nt*

misanthrope *n* Misanthrop(in) *m(f)*

misapply *v/t* falsch anwenden

misapprehension *n* Missverständnis *nt*; **he was under the ~ that ...** er hatte fälschlicherweise angenommen, dass ...

misappropriate *v/t* entwenden; *money* veruntreuen

misbehave *v/i* sich schlecht benehmen

miscalculate I *v/t* falsch berechnen; (≈ *misjudge*) falsch einschätzen **II** *v/i* sich verrechnen; (≈ *misjudge*) sich verschätzen **miscalculation** *n* Rechenfehler *m*; (≈ *wrong estimation*) Fehlkalkulation *f*; (≈ *misjudgement*) Fehleinschätzung *f*

miscarriage *n* **1.** MED Fehlgeburt *f* **2.** **~ of justice** Justizirrtum *m* **miscarry** *v/i* MED eine Fehlgeburt haben

miscellaneous *adj* verschieden; **~ expenses/income** sonstige Aufwendungen / Erträge

mischief *n* **1.** (≈ *roguery*) Schalk *m*; (≈ *foolish behaviour*) Unfug *m*; **he's always getting into ~** er stellt dauernd etwas an; **to keep out of ~** keinen Unfug machen **2. to cause ~** Unfrieden stiften **3.** (≈ *damage, physical injury*) Schaden *m*; **to do sb/oneself a ~** jdm/sich Schaden zufügen; (*physically*) jdm/sich etwas (an)tun **mischievous** *adj* (≈ *roguish*) verschmitzt; **her son is really~** ihr Sohn ist ein Schlingel **mischievously** *adv* (≈ *roguishly*) *smile, say* verschmitzt

misconceived *adj idea* falsch **misconception** *n* fälschliche Annahme

misconduct *n* schlechtes Benehmen; **gross ~** grobes Fehlverhalten

misconstrue *v/t* missdeuten, falsch auslegen; **you have ~d my meaning** Sie haben mich falsch verstanden

misdemeanour, (*US*) **misdemeanor** *n* JUR Vergehen *nt*

misdiagnose *v/t* MED *illness* falsch diagnostizieren

misdirect *v/t letter* fehlleiten; *person* in die falsche Richtung schicken

miser *n* Geizhals *m*

miserable *adj* **1.** (≈ *unhappy*) unglücklich; (≈ *ill-tempered*) griesgrämig; **to make life ~ for sb, to make sb's life ~** jdm das Leben zur Qual machen **2.** *weather* grässlich; *existence* erbärmlich; *place* trostlos **3.** (≈ *contemptible*) jämmerlich; *sum* kläglich; **to be a ~ failure** kläglich versagen **miserably** *adv* **1.** (≈ *unhappily*) unglücklich **2.** *fail* kläglich

miserly *adj* geizig; *offer* knauserig; **a ~ £8** mickrige £8 (*infml*); **to be ~ with sth** mit etw geizen

misery *n* **1.** (≈ *sadness*) Trauer *f* **2.** (≈ *suffering*) Qualen *pl*; (≈ *wretchedness*) Elend *nt*; **to make sb's life a ~** jdm das Leben zur Hölle machen; **to put an animal out of its ~** ein Tier von seinen Qualen erlösen; **to put sb out of his ~** (*fig*) jdn nicht länger auf die Folter spannen

misfire *v/i* (*engine*) fehlzünden; (*plan*) fehlschlagen

misfit *n* Außenseiter(in) *m(f)*

misfortune *n* **1.** (≈ *ill fortune*) (schweres) Schicksal *nt* **2.** (≈ *bad luck*) Pech *nt no pl*; **it was my ~ or I had the ~ to ...** ich hatte das Pech, zu ...

misgiving *n* Bedenken *pl*; **I had ~s about the scheme** bei dem Vorhaben war mir nicht ganz wohl

misguided *adj* töricht; *opinions* irrig

mishandle *v/t case* falsch handhaben

mishap *n* Missgeschick *nt*; **he's had a slight ~** ihm ist ein kleines Missgeschick passiert

mishear *pret, past part* **misheard** **I** *v/t* falsch hören **II** *v/i* sich verhören

mishmash *n* Mischmasch *m*

misinform *v/t* falsch informieren; **you've been ~ed** Sie sind falsch informiert **misinformation** *n* Fehlinformation(en *pl*) *f*

misinterpret *v/t* falsch auslegen; **he ~ed her silence as agreement** er deutete ihr Schweigen fälschlich als Zustimmung **misinterpretation** *n* falsche Auslegung

misjudge *v/t* falsch einschätzen **misjudgement** *n* Fehleinschätzung *f*

mislay *pret, past part* **mislaid** *v/t* verlegen

mislead *pret, past part* **misled** *v/t* irreführen; **you have been misled** Sie irren *or* täuschen sich **misleading** *adj* irreführend **misled** *pret, past part of* **mislead**

mismanage *v/t company* schlecht verwalten; *affair* schlecht handhaben **mismanagement** *n* Misswirtschaft *f*

mismatch *n* **to be a ~** nicht zusammenpassen

misogynist *n* Frauenfeind *m*

misplace *v/t* verlegen

misprint *n* Druckfehler *m*

mispronounce *v/t* falsch aussprechen

misquote *v/t* falsch zitieren

misread *pret, past part* **misread** *v/t* falsch lesen; (≈ *misinterpret*) falsch verstehen

misrepresent *v/t* falsch darstellen

miss[1] **I** *n* **1.** (≈ *shot*) Fehlschuss *m*; **his first shot was a ~** sein erster Schuss ging daneben; **it was a near ~** (*fig*) das war eine knappe Sache; **we had a near ~ with that car** wir wären fast mit diesem Auto zusammengestoßen **2. to give sth a ~** (*infml*) sich (*dat*) etw schenken **II** *v/t* **1.** (≈ *fail to catch, attend etc: by accident*) verpassen; (≈ *fail to hear or perceive*) nicht mitbekommen; **to ~ breakfast** nicht frühstücken; (≈ *be too late for*) das Frühstück verpassen; **they ~ed each other in the crowd** sie verpassten sich in der Menge; **to ~ the boat or bus** (*fig*) den Anschluss verpassen; **he ~ed school for a week** er hat eine Woche lang die Schule versäumt; **~ a turn** einmal aussetzen; **he doesn't ~ much** (*infml*) ihm entgeht so schnell nichts **2.** (≈ *fail to achieve*) *prize* nicht bekommen; **he narrowly ~ed being first/becoming president** er wäre beinahe auf den ersten Platz gekommen/Präsident geworden **3.** (≈ *avoid*) *obstacle* (noch) ausweichen können (+*dat*); (≈ *es-*

cape) entgehen (+*dat*); **the car just ~ed the tree** das Auto wäre um ein Haar gegen den Baum gefahren **4.** (≈ *overlook*) übersehen **5.** (≈ *regret absence of*) vermissen; **I ~ him** er fehlt mir; **he won't be ~ed** keiner wird ihn vermissen **III** *v/i* (≈ *not hit*) nicht treffen; (*shooting*) danebenschießen; (≈ *not catch*) danebengreifen ◆ **miss out I** *v/t sep* auslassen; *last line etc* weglassen **II** *v/i* (*infml*) zu kurz kommen; **to ~ on sth** etw verpassen

miss² *n* **Miss** Fräulein *nt*, Frl. *abbr*

misshapen *adj* missgebildet

missile *n* **1.** (≈ *stone etc*) (Wurf)geschoss *nt* **2.** (≈ *rocket*) Rakete *f*

missing *adj* (≈ *lost*) *person* vermisst, abgängig (*esp Aus*); *object* verschwunden; (≈ *not there*) fehlend; **to be ~/have gone ~** fehlen; (*person*) vermisst werden; **to go ~** (*person*) vermisst werden; (*object*) verloren gehen; **~ in action** vermisst

missing person *n* Vermisste(r) *m*/*f*(*m*)

mission *n* **1.** (≈ *task*) Auftrag *m*; (≈ *calling*) Berufung *f*; (MIL ≈ *operation*) Einsatz *m*; **~ accomplished** (MIL, *fig*) Befehl ausgeführt **2.** (≈ *people on mission*) Delegation *f*

missionary I *n* Missionar(in) *m*(*f*) **II** *adj* missionarisch

misspell *pret, past part* **misspelled** or **misspelt** *v/t* falsch schreiben

misspent *adj* **I regret my ~ youth** ich bedaure es, meine Jugend so vergeudet zu haben

mist *n* Nebel *m* ◆ **mist over** *v/i* (*a.* **mist up**) (sich) beschlagen

mistake I *n* Fehler *m*; **to make a ~** (*in writing etc*) einen Fehler machen; (≈ *be mistaken*) sich irren; **to make the ~ of asking too much** den Fehler machen, zu viel zu verlangen; **by ~** aus Versehen; **there must be some ~** da muss ein Fehler vorliegen **II** *v/t, pret* **mistook**, *past part* **mistaken** falsch verstehen; **there's no mistaking her writing** ihre Schrift ist unverkennbar; **there's no mistaking what he meant** was er hat sich unmissverständlich ausgedrückt; **there was no mistaking his anger** er war eindeutig wütend; **to ~ A for B** A mit B verwechseln; **to be ~n about sth/sb** sich in etw/jdm irren; **to be ~n in thinking that ...** fälschlicherweise annehmen, dass ...; **if I am not ~n ...** wenn mich nicht alles

täuscht ... **mistaken** *adj idea* falsch; **a case of ~ identity** eine Verwechslung **mistakenly** *adv* irrtümlicherweise

mister *n* Herr *m*

mistime *v/t* einen ungünstigen Zeitpunkt wählen für

mistletoe *n* Mistel *f*; (≈ *sprig*) Mistelzweig *m*

mistook *pret of* **mistake**

mistranslate *v/t* falsch übersetzen

mistreat *v/t* schlecht behandeln; (*violently*) misshandeln **mistreatment** *n* schlechte Behandlung; (*violent*) Misshandlung *f*

mistress *n* **1.** (*of house, dog*) Herrin *f* **2.** (≈ *lover*) Geliebte *f*

mistrust I *n* Misstrauen *nt* (*of* gegenüber) **II** *v/t* misstrauen (+*dat*) **mistrustful** *adj* misstrauisch; **to be ~ of sb/sth** jdm/einer Sache misstrauen

misty *adj* (+*er*) neblig

misunderstand *pret, past part* **misunderstood I** *v/t* missverstehen; **don't ~ me ...** verstehen Sie mich nicht falsch ... **II** *v/i* **I think you've misunderstood** ich glaube, Sie haben das missverstanden **misunderstanding** *n* Missverständnis *nt*; **there must be some ~** da muss ein Missverständnis vorliegen **misunderstood I** *past part of* **misunderstand II** *adj* unverstanden; *artist* verkannt

misuse I *n* Missbrauch *m*; **~ of power/authority** Macht-/Amtsmissbrauch *m* **II** *v/t* missbrauchen

mite¹ *n* ZOOL Milbe *f*

mite² *adv* (*infml*) **a ~ surprised** etwas überrascht

mitigate *v/t* **mitigating circumstances** mildernde Umstände *pl*

mitt *n* **1.** = **mitten 2.** (≈ *baseball glove*) Baseballhandschuh *m* **mitten** *n* Fausthandschuh *m*

mix I *n* Mischung *f*; **a real ~ of people** eine bunte Mischung von Menschen; **a broad racial ~** ein breites Spektrum verschiedener Rassen **II** *v/t* (ver)mischen; *drinks* (≈ *prepare*) mixen; *ingredients* verrühren; *dough* zubereiten; *salad* wenden; **you shouldn't ~ your drinks** man sollte nicht mehrere Sachen durcheinandertrinken; **to ~ sth into sth** etw unter etw (*acc*) mengen; **I never ~ business with or and pleasure** ich vermische nie Geschäftliches und Privates **III** *v/i* **1.** (≈ *combine*) sich mischen lassen

2. (≈ *go together*) zusammenpassen **3.** (*people*) (≈ *mingle*) sich vermischen; (≈ *associate*) miteinander verkehren; **he finds it hard to ~** er ist nicht sehr gesellig ♦ **mix in** *v/t sep* egg unterrühren ♦ **mix up** *v/t sep* **1.** (≈ *get in a muddle*) durcheinanderbringen; (≈ *confuse*) verwechseln **2. to be mixed up in sth** in etw (*acc*) verwickelt sein; **he's got himself mixed up with that gang** er hat sich mit dieser Bande eingelassen

mixed *adj* gemischt; (≈ *good and bad*) unterschiedlich; **~ nuts** Nussmischung *f*; **of ~ race** *or* **parentage** gemischtrassig; **a class of ~ ability** eine Klasse mit Schülern unterschiedlicher Leistungsstärke; **to have ~ feelings about sth** etw mit gemischten Gefühlen betrachten **mixed--ability** *adj group* mit unterschiedlicher Leistungsstärke **mixed bag** *n* bunte Mischung **mixed blessing** *n* **it's a ~** das ist ein zweischneidiges Schwert **mixed doubles** *pl* SPORTS gemischtes Doppel **mixed grill** *n* Grillteller *m* **mixed-race** *adj* gemischtrassig **mixed-up** *adj attr*, **mixed up** *adj pred* durcheinander *pred*; (≈ *muddled*) *person also*, *ideas* konfus; **I'm all mixed up** ich bin völlig durcheinander; **he got all mixed up** er hat alles durcheinandergebracht **mixer** *n* **1.** (≈ *food mixer*) Mixer *m*; (≈ *cement mixer*) Mischmaschine *f* **2.** *Tonic etc zum Auffüllen von alkoholischen Mixgetränken* **mixture** *n* Mischung *f*; COOK Gemisch *nt*; (≈ *cake mixture*) Teig *m*; **fold the eggs into the cheese ~** heben Sie die Eier in die Käsemischung unter **mix-up** *n* Durcheinander *nt*; (≈ *mistake*) Verwechslung *f*; **there seemed to be some ~ about which train ...** es schien völlig unklar, welchen Zug ...; **there must have been a ~** da muss irgendetwas schiefgelaufen sein (*infml*)

ml 1. *abbr of* **millilitre** ml **2.** *abbr of* **mile**

mm *abbr of* **millimetre(s)** mm

mo *n* (*infml*) *abbr of* **moment**

moan I *n* **1.** (≈ *groan*) Stöhnen *nt* **2. to have a ~ about sth** über etw (*acc*) jammern **II** *v/i* **1.** (≈ *groan*) stöhnen **2.** (≈ *grumble*) jammern, sempern (*Aus*) (*about* über +*acc*) **III** *v/t* ..., **he ~ed** ... stöhnte er **moaning** *n* **1.** Stöhnen *nt* **2.** (≈ *grumbling*) Gestöhn(e) *nt*

moat *n* Wassergraben *m*; (*of castle*) Burggraben *m*

mob I *n* **1.** (≈ *crowd*) Horde *f*; (*violent*) Mob *m no pl* **2.** (*infml*) (≈ *criminal gang*) Bande *f* **II** *v/t* herfallen über (+*acc*); *pop star* belagern

mobile I *adj* **1.** *person* beweglich **2.** *X-ray unit etc* fahrbar; *laboratory* mobil **II** *n* **1.** (≈ *mobile phone*) Handy *nt* **2.** (≈ *decoration*) Mobile *nt* **mobile home** *n* Wohnwagen *m*

mobile phone *n* Handy *nt* **mobility** *n* (*of person*) Beweglichkeit *f*; (*of work force*) Mobilität *f*; **a car gives you ~** ein Auto macht Sie beweglicher **mobilization** *n* Mobilisierung *f* **mobilize I** *v/t* mobilisieren **II** *v/t* mobil machen

moccasin *n* Mokassin *m*

mocha *n* Mokka *m*

mock I *n* **mocks** (*Br* SCHOOL *infml*) Probeprüfungen *pl* **II** *adj attr examination* simuliert; *execution* gestellt; **~ leather** Kunstleder *nt* **III** *v/t* sich lustig machen über (+*acc*) **IV** *v/i* **don't ~** mokier dich nicht! **mockery** *n* **1.** Spott *m* **2. to make a ~ of sth** etw lächerlich machen **mocking** *adj*, **mockingly** *adv* spöttisch

MOD (*Br*) *abbr of* **Ministry of Defence** *britisches Verteidigungsministerium*

modal *adj* modal; **~ verb** Modalverb *nt*

mod cons *pl* (*Br infml*) *abbr of* **modern conveniences** mod. Komf.

mode *n* **1.** (≈ *way*) Art *f* (und Weise); (≈ *form*) Form *f*; **~ of transport** Transportmittel *nt* **2.** IT Modus *m*, Mode *m*

model I *n* **1.** Modell *nt*; (≈ *fashion model*) Mannequin *nt*; (≈ *male model*) Dressman *m* **2.** (≈ *perfect example*) Muster *nt* (*of* an +*dat*); **to hold sb up as a ~** jdn als Vorbild hinstellen **II** *adj* **1.** Modell-; **~ railway** (*Br*) *or* **railroad** (*US*) Modelleisenbahn *f* **2.** (≈ *perfect*) vorbildlich; **~ pupil** Musterschüler(in) *m(f)* **III** *v/t* **1. to ~ X on Y** Y als Muster für X benutzen; **X is modelled** (*Br*) *or* **modeled** (*US*) **on Y** Y dient als Muster für X; **the system was modelled** (*Br*) *or* **modeled** (*US*) **on the American one** das System war nach amerikanischem Muster aufgebaut; **to ~ oneself on sb** sich (*dat*) jdn zum Vorbild nehmen **2.** *dress etc* vorführen **IV** *v/i* FASHION als Mannequin/Dressman arbeiten **modelling**, (*US*) **modeling** *n* **to do some ~** FASHION als Mannequin/Dressman arbeiten

modem *n* Modem *nt*

moderate I *adj* gemäßigt; *increase* mäßig; *improvement* leicht; *demands* vernünftig; *drinker* maßvoll; *success* bescheiden; **a~amount** einigermaßen viel **II** *n* POL Gemäßigte(r) *m/f(m)* **III** *v/t* mäßigen **moderately** *adv* **1.** (*with adj/adv*) einigermaßen; *increase, decline* mäßig; **a~priced suit** ein nicht allzu teurer Anzug **2.** *eat, exercise* in Maßen **moderation** *n* Mäßigung *f*; **in ~** mit Maß(en)

modern *adj* modern; *history* neuere und neueste; **Modern Greek** *etc* Neugriechisch *nt etc* **modern-day** *adj* modern; **~ America** das heutige Amerika **modernism** *n* Modernismus *m* **modernist I** *adj* modernistisch **II** *n* Modernist(in) *m(f)* **modernization** *n* Modernisierung *f* **modernize** *v/t* modernisieren **modern languages** *pl* neuere Sprachen *pl*; UNIV Neuphilologie *f*

modest *adj* bescheiden; *price* mäßig; **to be ~ about one's successes** nicht mit seinen Erfolgen prahlen; **on a ~ scale** in bescheidenem Rahmen **modesty** *n* Bescheidenheit *f*

modicum *n* **a ~ (of)** ein wenig

modification *n* (Ver)änderung *f*; (*of wording*) Modifizierung *f*; **to make ~s to sth** (Ver)änderungen an etw (*dat*) vornehmen; etw modifizieren **modifier** *n* GRAM Bestimmungswort *nt* **modify** *v/t* (ver)ändern; *wording* modifizieren

modular *adj* aus Elementen zusammengesetzt; IT modular; (*esp Br* SCHOOL, UNIV) modular aufgebaut

modulate *v/t & v/i* MUS, RADIO modulieren **modulation** *n* MUS, RADIO Modulation *f*

module *n* (Bau)element *nt*; (*in education*) Kurs *m*; IT Modul *nt*; SPACE Raumkapsel *f*

mohair *n* Mohair *m*

moist *adj* (+er) feucht (*from, with* vor +*dat*) **moisten** *v/t* anfeuchten **moisture** *n* Feuchtigkeit *f* **moisturizer, moisturizing cream** *n* Feuchtigkeitscreme *f*

molar (**tooth**) *n* Backenzahn *m*, Stockzahn *m* (*Aus*)

molasses *n* Melasse *f*

mold *etc* (*US*) = **mould** *etc*

mole[1] *n* ANAT Leberfleck *m*

mole[2] *n* ZOOL Maulwurf *m*, Schermaus *f* (*Swiss*); (*infml* ≈ *secret agent*) Spion(in) *m(f)* **molehill** *n* Maulwurfshaufen *m* **molecular** *adj* Molekular- **molecule** *n*

Molekül *nt*

molest *v/t* belästigen

mollusc *n* Weichtier *nt*

mollycoddle *v/t* verhätscheln

molt *v/i* (*US*) = **moult**

molten *adj* geschmolzen; *lava* flüssig

mom *n* (*US infml*) = **mum**[2]

moment *n* Augenblick *m*; **any~now, (at) any~** jeden Augenblick; **at the~** im Augenblick; **not at the ~** im Augenblick nicht; **at this (particular) ~ in time** augenblicklich; **for the ~** vorläufig; **not for a or one ~ ...** nie(mals) ...; **I didn't hesitate for a ~** ich habe keinen Augenblick gezögert; **in a ~** gleich; **to leave things until the last ~** alles erst im letzten Moment erledigen; **just a ~!, wait a ~!** Moment mal!; **I shan't be a ~** ich bin gleich wieder da; (≈ *nearly ready*) ich bin gleich so weit; **I have just this ~ heard about it** ich habe es eben *or* gerade erst erfahren; **we haven't a ~ to lose** wir haben keine Minute zu verlieren; **not a ~'s peace** keine ruhige Minute; **one ~ she was laughing, the next she was crying** zuerst lachte sie, einen Moment später weinte sie; **the ~ I saw him I knew ...** als ich ihn sah, wusste ich sofort ...; **tell me the ~ he comes** sagen Sie mir sofort Bescheid, wenn er kommt; **the ~ of truth** die Stunde der Wahrheit; **the film has its ~s** streckenweise hat der Film was (*infml*) **momentarily** *adv* (für) einen Augenblick **momentary** *adj* kurz; *lapse* momentan; **there was a ~ silence** einen Augenblick lang herrschte Stille

momentous *adj* bedeutungsvoll

momentum *n* Schwung *m*; **to gather or gain ~** (*lit*) sich beschleunigen; (*fig*) in Gang kommen; **to lose ~** Schwung verlieren

Mon *abbr of* **Monday** Mo

monarch *n* Monarch(in) *m(f)* **monarchist** *n* Monarchist(in) *m(f)* **monarchy** *n* Monarchie *f*

monastery *n* (Mönchs)kloster *nt* **monastic** *adj* klösterlich; **~ order** Mönchsorden *m*

Monday *n* Montag *m*; → **Tuesday**

monetary *adj* währungspolitisch; **~ policy** Währungspolitik *f*; **~ union** Währungsunion *f* **monetary unit** *n* Währungseinheit *f*

money *n* Geld *nt*; **to make ~** (*person*) (viel) Geld verdienen; (*business*) etwas einbringen; **to lose ~** (*person*) Geld verlieren; (*business*) Verluste haben; **to be in the ~** (*infml*) Geld wie Heu haben; **what's the ~ like in this job?** wie wird der Job bezahlt?; **to earn good ~** gut verdienen; **to get one's ~'s worth** etwas für sein Geld bekommen; **to put one's ~ where one's mouth is** (*infml*) (nicht nur reden, sondern) Taten sprechen lassen **money belt** *n* ≈ Gürteltasche *f* **moneybox** *n* Sparbüchse *f* **money laundering** *n* Geldwäsche *f* **moneylender** *n* Geldverleiher(in) *m(f)* **money market** *n* Geldmarkt *m* **money order** *n* Zahlungsanweisung *f* **money-spinner** *n* (*infml*) Verkaufsschlager *m* (*infml*) **money supply** *n* Geldvolumen *nt*

mongrel *n* Promenadenmischung *f*; (*pej*) Köter *m*

monitor I *n* **1.** SCHOOL **book ~** Bücherwart(in) *m(f)* **2.** (TV, TECH ≈ *screen*) Monitor *m* **3.** (≈ *observer*) Überwacher(in) *m(f)* **II** *v/t* **1.** *telephone conversation* abhören; *TV programme* mithören **2.** (≈ *check*) überwachen; *expenditure etc* kontrollieren

monk *n* Mönch *m*

monkey I *n* Affe *m*; (*fig* ≈ *child*) Schlingel *m*; **I don't give a ~'s** (*Br infml*) das ist mir scheißegal (*infml*) **II** *v/i* **to ~ around** (*infml*) herumalbern; **to ~ around with sth** an etw (*dat*) herumfummeln (*infml*) **monkey business** *n* (*infml*) **no ~!** mach(t) mir keine Sachen! (*infml*) **monkey wrench** *n* Engländer *m*

mono I *n* Mono *nt* **II** *adj* Mono-, mono- **monochrome** *adj* monochrom

monocle *n* Monokel *nt*

monogamous *adj* monogam **monogamy** *n* Monogamie *f*

monolingual *adj* einsprachig

monolithic *adj* (*fig*) gigantisch

monologue, (*US*) **monolog** *n* Monolog *m*

monopolization *n* (*lit*) Monopolisierung *f* **monopolize** *v/t* (*lit*) *market* monopolisieren; (*fig*) *person etc* mit Beschlag belegen; *conversation* beherrschen **monopoly** *n* (*lit*) Monopol *nt*

monorail *n* Einschienenbahn *f*

monosyllabic *adj* (*fig*) einsilbig

monotone *n* monotoner Klang; (≈ *voice*) monotone Stimme **monotonous** *adj* monoton; **it's getting ~** es wird allmählich langweilig **monotony** *n* Monotonie

f

monoxide *n* Monoxid *nt*

monsoon *n* Monsun *m*; **the ~s**, **the ~ season** die Monsunzeit

monster I *n* **1.** (≈ *big thing*) Ungetüm *nt*; (≈ *animal*) Ungeheuer *nt* **2.** (≈ *abnormal animal*) Monster *nt* **3.** (≈ *cruel person*) Unmensch *m* **II** *attr* (≈ *enormous*) riesenhaft **monstrosity** *n* (≈ *thing*) Monstrosität *f* **monstrous** *adj* **1.** (≈ *huge*) riesig **2.** (≈ *horrible*) abscheulich; *crime* grässlich

montage *n* Montage *f*

month *n* Monat *m*; **in** *or* **for ~s** seit Langem; **it went on for ~s** es hat sich monatelang hingezogen; **one ~'s salary** ein Monatsgehalt; **by the ~** monatlich

monthly I *adj*, *adv* monatlich; **~ magazine** Monats(zeit)schrift *f*; **~ salary** Monatsgehalt *nt*; **they have ~ meetings** sie treffen sich einmal im Monat; **to pay on a ~ basis** monatlich zahlen; **twice ~** zweimal pro Monat **II** *n* Monats(zeit)schrift *f*

monty *n* (*infml*) **the full ~** absolut alles

monument *n* Denkmal *nt*; (*fig*) Zeugnis *nt* (*to +gen*) **monumental** *adj* enorm; **on a ~ scale** *disaster* von riesigem Ausmaß; *building* monumental

moo *v/i* muhen

mooch (*infml*) *v/i* tigern (*infml*); **I spent all day just ~ing about** (*Br*) *or* **around the house** ich habe den ganzen Tag zu Hause herumgegammelt (*infml*)

mood¹ *n* (*of party etc*) Stimmung *f*; (*of one person*) Laune *f*; **he's in one of his ~s** er hat mal wieder eine seiner Launen; **he was in a good/bad ~** er hatte gute / schlechte Laune; **to be in a cheerful ~** gut aufgelegt sein; **to be in a festive/forgiving ~** feierlich / versöhnlich gestimmt sein; **I'm in no ~ for laughing** mir ist nicht nach *or* zum Lachen zumute; **to be in the ~ for sth** zu etw aufgelegt sein; **to be in the ~ to do sth** dazu aufgelegt sein, etw zu tun; **to be in no ~ to do sth** nicht in der Stimmung sein, etw zu tun; **I'm not in the ~ to work** ich habe keine Lust zum Arbeiten; **I'm not in the ~** ich bin nicht dazu aufgelegt

mood² *n* GRAM Modus *m*; **indicative ~** Indikativ *m*

moodiness *n* Launenhaftigkeit *f* **moody** *adj* (+*er*) launisch; (≈ *bad-tempered*) schlecht gelaunt

moon *n* Mond *m*; *is there a ~ tonight?* scheint heute der Mond?; *when the ~ is full* bei Vollmond; *to promise sb the ~* jdm das Blaue vom Himmel versprechen; *to be over the ~* (*infml*) überglücklich sein ◆ **moon about** (*Brit*) *or* **around** *v/i* (vor sich *acc* hin) träumen; *to moon about* or *around (in) the house* zu Hause hocken

moonbeam *n* Mondstrahl *m* **moonless** *adj* mondlos **moonlight I** *n* Mondlicht *nt*; *it was ~* der Mond schien **II** *v/i* (*infml*) schwarzarbeiten, pfuschen (*Aus*) **moonlighting** *n* (*infml*) Schwarzarbeit *f*, Pfusch *m* (*Aus*) **moonlit** *adj object* mondbeschienen; *landscape* mondhell **moonshine** *n* (≈ *moonlight*) Mondschein *m*

moor[1] *n* (Hoch)moor *nt*

moor[2] *v/t & v/i* festmachen **mooring** *n* (≈ *place*) Anlegeplatz *m*; *~s* (≈ *ropes*) Verankerung *f*

moose *n, pl* - Elch *m*

moot *adj a ~ point* eine fragliche Sache

mop I *n* (≈ *floor mop*) Mopp *m*; *her ~ of curls* ihr Wuschelkopf *m* **II** *v/t floor* wischen; *to ~ one's brow* sich (*dat*) den Schweiß von der Stirn wischen ◆ **mop up I** *v/t sep water etc* aufwischen; *she mopped up the sauce with a piece of bread* sie tunkte die Soße mit einem Stück Brot auf **II** *v/i* (auf)wischen

mope *v/i* Trübsal blasen (*infml*) ◆ **mope about** (*Brit*) *or* **around** *v/i* mit einer Jammermiene herumlaufen; *to mope about* or *around the house* zu Hause hocken und Trübsal blasen (*infml*)

moped *n* Moped *nt*

moral I *adj* moralisch; *~ values* sittliche Werte *pl*; *to give sb ~ support* jdn moralisch unterstützen **II** *n* **1.** (≈ *lesson*) Moral *f* **2. morals** *pl* (≈ *principles*) Moral *f*

morale *n* Moral *f*; *to boost sb's ~* jdm (moralischen) Auftrieb geben

moralistic *adj* moralisierend **morality** *n* Moralität *f*; (≈ *moral system*) Ethik *f* **moralize** *v/i* moralisieren **morally** *adv* (≈ *ethically*) moralisch

morass *n a ~ of problems* ein Wust *m* von Problemen

moratorium *n* Stopp *m*; (*on treaty etc*) Moratorium *nt*

morbid *adj* krankhaft; *sense of humour etc* makaber; *thoughts* düster; *person*

trübsinnig; *don't be so ~!* sieh doch nicht alles so schwarz!

more I *n, pron* mehr; (*countable*) noch welche; *~ and ~* immer mehr; *three ~* noch drei; *many/much ~* viel mehr; *not many/much ~* nicht mehr viele/viel; *no ~* nichts mehr; (*countable*) keine mehr; *some ~* noch etwas; (*countable*) noch welche; *there isn't/aren't any ~* mehr gibt es nicht; (*left over*) es ist nichts/es sind keine mehr da; *is/are there any ~?* gibt es noch mehr?; (*left over*) ist noch etwas/sind noch welche da?; *even ~* noch mehr; *let's say no ~ about it* reden wir nicht mehr darüber; *there's ~ to come* das ist noch nicht alles; *what ~ do you want?* was willst du denn noch?; *there's ~ to it* da steckt (noch) mehr dahinter; *there's ~ to bringing up children than ...* zum Kindererziehen gehört mehr als ...; *and what's ~, ...* und außerdem ...; *(all) the ~* umso mehr; *the ~ you give him, the ~ he wants* je mehr du ihm gibst, desto mehr verlangt er; *the ~ the merrier* je mehr, desto besser **II** *adj* mehr; (*in addition*) noch mehr; *two ~ bottles* noch zwei Flaschen; *a lot/a little ~ money* viel/etwas mehr Geld; *a few ~ weeks* noch ein paar Wochen; *no ~ friends* keine Freunde mehr; *no ~ squabbling!* Schluss mit dem Zanken!; *do you want some ~ tea/books?* möchten Sie noch etwas Tee/noch ein paar Bücher?; *there isn't any ~ wine* es ist kein Wein mehr da; *there aren't any ~ books* mehr Bücher gibt es nicht; (*here, at the moment*) es sind keine Bücher mehr da **III** *adv* **1.** mehr; *~ and ~* immer mehr; *it will weigh/grow a bit ~* es wird etwas mehr wiegen/noch etwas wachsen; *to like sth ~ than* etw lieber mögen; *~ than* mehr als; *it will ~ than meet the demand* das wird die Nachfrage mit als genügend befriedigen; *he's ~ lazy than stupid* er ist eher faul als dumm; *no ~ than* nicht mehr als; *he's ~ like a brother to me* er ist eher wie ein Bruder (für mich); *once ~* noch einmal; *no ~, not any ~* nicht mehr; *to be no ~* (*thing*) nicht mehr existieren; *if he comes here any ~ ...* wenn er noch länger hierherkommt ...; *~ or less* mehr oder weniger; *neither ~ nor less, no ~, no less* nicht mehr und nicht weniger **2.** (*comp of adj, adv*) -er (*than* als); ~ *beautiful* schöner; ~ *and ~ beau-tiful* immer schöner; ~ *seriously* erns-ter; *no ~ stupid than I am* (auch) nicht dümmer als ich **moreover** *adv* zudem

morgue *n* Leichenschauhaus *nt*

Mormon I *adj* mormonisch; ~ *church* Mormonenkirche *f* **II** *n* Mormone *m*, Mormonin *f*

morning I *n* Morgen *m*; *in the~* morgens; (≈ *tomorrow*) morgen früh; *early in the ~* am frühen Morgen; (≈ *tomorrow*) morgen früh; (*at*) *7 in the ~* (um) 7 Uhr morgens; *at 2 in the ~* um 2 Uhr früh; *this/yesterday ~* heute / gestern Morgen; *tomorrow ~* morgen früh; *it was the~ after* es war am nächsten Morgen **II** *attr* am Morgen; (*regular*) morgendlich; ~ *flight* Vormittagsflug *m* **morning paper** *n* Morgenzeitung *f* **morning sickness** *n* (Schwanger-schafts)übelkeit *f*

Morocco *n* Marokko *nt*

moron *n* (*infml*) Trottel *m* (*infml*) **moronic** *adj* (*infml*) idiotisch (*infml*)

morose *adj*, **morosely** *adv* missmutig

morphine *n* Morphium *nt*

morphology *n* Morphologie *f*

morse *n* (*a.* **Morse code**) Morseschrift *f*

morsel *n* (*of food*) Bissen *m*

mortal I *adj* **1.** sterblich **2.** (≈ *causing death*) tödlich; *to deal* (*sb/sth*) *a ~ blow* (jdm / einer Sache) einen tödlichen Schlag versetzen; ~ *enemy* Todfeind(in) *m(f)* **II** *n* Sterbliche(r) *m/f(m)* **mortality** *n ~ rate* Sterblichkeitsziffer *f* **mortally** *adv* tödlich; ~ *ill* todkrank **mortal sin** *n* Todsünde *f*

mortar *n* Mörtel *m* **mortarboard** *n* UNIV Doktorhut *m*

mortgage I *n* Hypothek *f* (*on* auf +*acc* / *dat*); *a ~ for £50,000* eine Hypothek über £ 50.000 **II** *v/t* hypothekarisch belasten **mortgage rate** *n* Hypothekenzinssatz *m*

mortician *n* (*US*) Bestattungsunterneh-mer(in) *m(f)*

mortify *v/t* *he was mortified* es war ihm äußerst peinlich

mortuary *n* Leichenhalle *f*

mosaic *n* Mosaik *nt*

Moscow *n* Moskau *nt*

Moselle *n* Mosel *f*

Moslem I *adj* muslimisch **II** *n* Muslim(in) *m(f)*

mosque *n* Moschee *f*

mosquito *n*, *pl* **-es** Stechmücke *f*; (*in*

tropics) Moskito *m*

moss *n* Moos *nt* **mossy** *adj* (+*er*) moos-bedeckt

most I *adj sup* **1.** meiste(r, s); *pleasure etc* größte(r, s); *who has* (*the*) ~ *money?* wer hat am meisten Geld?; *for the~ part* größtenteils; (≈ *by and large*) im Gro-ßen und Ganzen **2.** (≈ *the majority of*) die meisten; ~ *people* die meisten (Leu-te) **II** *n*, *pron* (*uncountable*) das meiste; (*countable*) die meisten; ~ *of it* das meis-te; ~ *of them* die meisten (von ihnen); ~ *of the money* das meiste Geld; ~ *of his friends* die meisten seiner Freunde; ~ *of the day* fast den ganzen Tag über; ~ *of the time* die meiste Zeit; (≈ *usually*) meist(ens); *at ~* höchstens; *to make the ~ of sth* (≈ *make good use of*) etw voll ausnützen; (≈ *enjoy*) etw in vollen Zügen genießen **III** *adv* **1.** *sup* (+*vbs*) am meisten; (+*adj*) -ste(r, s); (+*adv*) am -sten; *the ~ beautiful ...* der / die/das schönste ...; *what ~ displeased him ...*, *what displeased him ~ ...* was ihm am meisten missfiel ...; ~ *of all* am allermeis-ten **2.** (≈ *very*) äußerst; ~ *likely* höchst-wahrscheinlich

mostly *adv* (≈ *principally*) hauptsäch-lich; (≈ *most of the time*) meistens; (≈ *by and large*) zum größten Teil; *they are ~ women* die meisten sind Frauen

MOT (*Br*) **I** *n* ~ (*test*) ≈ TÜV *m*; *it failed its ~* ≈ es ist nicht durch den TÜV ge-kommen **II** *v/t* *to get one's car ~'d* ≈ sein Auto zum TÜV bringen; *I got my car ~'d* (*successfully*) ≈ mein Auto ist durch den TÜV gekommen

motel *n* Motel *nt*

moth *n* **1.** Nachtfalter *m* **2.** (*wool-eating*) Motte *f* **mothball** *n* Mottenkugel *f*

mother I *n* Mutter *f*; *she's a ~ of three* sie hat drei Kinder **II** *attr* Mutter- **III** *v/t* (≈ *cosset*) bemuttern **motherboard** *n* IT Mutterplatine *f* **mother country** *n* (≈ *native country*) Heimat *f*; (≈ *head of em-pire*) Mutterland *nt* **mother figure** *n* Mutterfigur *f* **motherhood** *n* Mutter-schaft *f*

mother-in-law *n*, *pl* **mothers-in-law** Schwiegermutter *f* **motherland** *n* Hei-mat *f* **motherly** *adj* mütterlich **mother--of-pearl I** *n* Perlmutt *nt* **II** *adj* Perlmutt- **Mother's Day** *n* Muttertag *m* **mother--to-be** *n*, *pl* **mothers-to-be** werdende Mutter **mother tongue** *n* Muttersprache *f*

motif *n* ART, MUS Motiv *nt*; SEWING Muster *nt*

motion I *n* **1.** Bewegung *f*; *to be in* ~ sich bewegen; (*train etc*) fahren; *to set or put sth in* ~ etw in Gang setzen; *to go through the* ~*s of doing sth* etw der Form halber tun **2.** (≈ *proposal*) Antrag *m* **II** *v/t to* ~ *sb to do sth* jdm ein Zeichen geben, dass er etw tun solle; *he* ~*ed me to a chair* er wies mir einen Stuhl an **III** *v/i to* ~ *to sb to do sth* jdm ein Zeichen geben, dass er etw tun solle **motionless** *adj* reg(ungs)los; *to stand* ~ bewegungslos dastehen **motion picture** *n* (*esp US*) Film *m* **motion sickness** *n* MED Kinetose *f* (*tech*), Seekrankheit *f*; (*in the air*) Luftkrankheit *f*; (*in car*) Autokrankheit *f*

motivate *v/t* motivieren **motivated** *adj* motiviert; *he's not* ~ *enough* es fehlt ihm die nötige Motivation **motivation** *n* Motivation *f* **motive** *n* Motiv *nt* **motiveless** *adj* unmotiviert

motley *adj* kunterbunt

motor I *n* **1.** Motor *m* **2.** (*Br infml* ≈ *car*) Auto *nt* **II** *attr* **1.** PHYSIOL motorisch **2.** (≈ *relating to motor vehicles*) Kraftfahrzeug- **motorbike** *n* Motorrad *nt*, Töff *m* (*Swiss*) **motorboat** *n* Motorboot *nt* **motorcade** *n* Fahrzeugkolonne *f* **motorcar** *n* (*form*) Auto *nt* **motorcycle** *n* Motorrad *nt*, Töff *m* (*Swiss*) **motorcycling** *n* Motorradfahren *nt*, Töfffahren *nt* (*Swiss*); SPORTS Motorradsport *m* **motorcyclist** *n* Motorradfahrer(in) *m(f)*, Töfffahrer(in) *m(f)* (*Swiss*) **motor industry** *n* Kraftfahrzeugindustrie *f* **motoring** (*esp Br*) **I** *adj attr* Auto-; ~ *offence* Verkehrsdelikt *nt* **II** *n* **school of** ~ Fahrschule *f* **motorist** *n* Autofahrer(in) *m(f)* **motorize** *v/t to be* ~*d* motorisiert sein **motor lodge** *n* (*US*) Motel *nt* **motor mechanic** *n* Kraftfahrzeugmechaniker(in) *m(f)* **motor racing** *n* Rennsport *m* **motor sport** *n* Motorsport *m* **motor vehicle** *n* (*form*) Kraftfahrzeug *nt*

motorway *n* (*Br*) Autobahn *f*; ~ *driving* das Fahren auf der Autobahn

mottled *adj* gesprenkelt

motto *n*, *pl* **-es** Motto *nt*

mould¹, (*US*) **mold I** *n* **1.** (≈ *shape*) Form *f* **2.** (*fig*) *to be cast in or from the same/a different* ~ (*people*) vom gleichen / von

einem anderen Schlag sein; *to break the* ~ (*fig*) mit der Tradition brechen **II** *v/t* formen (*into* zu)

mould², (*US*) **mold** *n* (≈ *fungus*) Schimmel *m* **mouldy**, (*US*) **moldy** *adj* (+*er*) verschimmelt; *to go* ~ (*food*) verschimmeln

moult, (*US*) **molt** *v/i* (*bird*) sich mausern; (*mammals*) sich haaren

mound *n* **1.** (≈ *hill*) Hügel *m*; (≈ *earthwork*) Wall *m*; BASEBALL Wurfmal *nt* **2.** (≈ *pile*) Haufen *m*; (*of books*) Stapel *m*

Mount *n* ~ *Etna etc* der Ätna *etc*; ~ *Everest* Mount Everest *m*; *on* ~ *Sinai* auf dem Berg(e) Sinai

mount I *n* **1.** (≈ *horse etc*) Reittier *nt* **2.** (*of machine*) Sockel *m*; (*of jewel*) Fassung *f*; (*of picture*) Passepartout *nt* **II** *v/t* **1.** (≈ *climb onto*) besteigen **2.** (≈ *place in / on mount*) montieren; *picture* aufziehen; *jewel* (ein)fassen **3.** *attack, expedition* organisieren; *to* ~ *a guard* eine Wache aufstellen **4.** (≈ *mate with*) bespringen **III** *v/i* **1.** (≈ *get on*) aufsteigen; (*on horse*) aufsitzen **2.** (*a.* **mount up**) zunehmen; (*evidence*) sich häufen; *the death toll has* ~*ed to 800* die Todesziffer ist auf 800 gestiegen; *pressure is* ~*ing on him to resign* er sieht sich wachsendem Druck ausgesetzt, zurückzutreten

mountain *n* Berg *m*; *in the* ~*s* in den Bergen; *to make a* ~ *out of a molehill* aus einer Mücke einen Elefanten machen (*infml*) **mountain bike** *n* Mountainbike *nt* **mountain chain** *n* Bergkette *f* **mountaineer** *n* Bergsteiger(in) *m(f)* **mountaineering** *n* Bergsteigen *nt* **mountainous** *adj* gebirgig; (*fig* ≈ *huge*) riesig **mountain range** *n* Gebirgszug *m* **mountainside** *n* (Berg)hang *m*

mounted *adj* (≈ *on horseback*) beritten **Mountie** *n* (*infml*) berittener kanadischer Polizist

mounting *adj* wachsend; *there is* ~ *evidence that …* es häufen sich die Beweise dafür, dass …

mourn I *v/t* betrauern; (*fig*) nachtrauern (+*dat*) **II** *v/i* trauern; *to* ~ *for or over sb* um jdn trauern **mourner** *n* Trauernde(r) *m/f(m)* **mournful** *adj person, occasion* traurig; *cry* klagend **mourning** *n* (≈ *period etc*) Trauerzeit *f*; (≈ *dress*) Trauer (-kleidung) *f*; *to be in* ~ *for sb* um jdn trauern; *next Tuesday has been de-*

clared *a day of national* ~ für den kommenden Dienstag wurde Staatstrauer angeordnet

mouse *n, pl* **mice** Maus *f* (*also* IT) **mouse button** *n* IT Maustaste *f* **mouse click** *n* IT Mausklick *m* **mousehole** *n* Mauseloch *nt* **mouse mat, mouse pad** *n* Mauspad *nt*, Mausmatte *f* **mousetrap** *n* Mausefalle *f* **mousey** *adj* = **mousy**

mousse *n* **1.** Creme(speise) *f* **2.** (*a.* **styling mousse**) Schaumfestiger *m*

moustache, (*US*) **mustache** *n* Schnurrbart *m*, Schnauz *m* (*Swiss*)

mousy, mousey *adj* (+*er*) *colour* mausgrau

mouth I *n* (*of person*) Mund *m*; (*of animal*) Maul *nt*; (*of bird*) Rachen *m*; (*of bottle etc*) Öffnung *f*; (*of river*) Mündung *f*; *to keep one's* (*big*) ~ *shut* (*about sth*) (*infml*) (über etw *acc*) die Klappe halten (*infml*); *me and my big* ~*!* (*infml*) ich konnte wieder nicht die Klappe halten (*infml*); *he has three* ~*s to feed* er hat drei Mäuler zu stopfen (*infml*) **II** (*soundlessly*) mit Lippensprache sagen

mouthful *n* (*of drink*) Schluck *m*; (*of food*) Bissen *m*; (*fig*) (≈ *difficult word*) Zungenbrecher *m* **mouth organ** *n* Mundharmonika *f* **mouthpiece** *n* Mundstück *nt*; (*fig*) Sprachrohr *nt* **mouth-to-mouth** *adj* ~ **resuscitation** Mund-zu-Mund-Beatmung *f* **mouthwash** *n* Mundwasser *nt* **mouthwatering** *adj* lecker; (*fig*) verlockend

movable *adj* beweglich

move I *v/t* **1.** bewegen; *wheel* (an)treiben; *objects, furniture* woanders hinstellen; (≈ *move away*) wegstellen; (≈ *shift about*) umräumen; *chair* rücken; *vehicle* wegfahren; (≈ *remove*) *obstacle* aus dem Weg räumen; *chess piece etc* ziehen mit; (≈ *take away*) *arm* wegnehmen; *hand* wegziehen; *patient* (≈ *transfer*) verlegen; *employee* versetzen; *to* ~ *sth to a different place* etw an einen anderen Platz stellen; *I can't* ~ *this handle* der Griff lässt sich nicht bewegen; *you'll have to* ~ *these books* Sie müssen diese Bücher wegräumen; *his parents* ~*d him to another school* seine Eltern haben ihn in eine andere Schule getan **2.** (≈ *change location/timing of*) verlegen; (IT ≈ *postpone*) verschieben; *we've been* ~*d to a new office* wir mussten in ein anderes Büro umziehen; *to* ~

house (*Br*) umziehen, zügeln (*Swiss*) **3.** (≈ *cause emotion in*) rühren; (≈ *upset*) erschüttern; *to be* ~*d* gerührt/erschüttert sein; *to* ~ *sb to tears* jdn zu Tränen rühren; *to* ~ *sb to do sth* jdn dazu bringen, etw zu tun **II** *v/i* **1.** sich bewegen; (*vehicle*) fahren; (*traffic*) vorankommen; *the wheel began to* ~ das Rad setzte sich in Bewegung; *nothing* ~*d* nichts rührte sich; *don't* ~*!* stillhalten!; *to keep moving* nicht stehen bleiben; *to keep sb/sth moving* jdn/etw in Gang halten; *to* ~ *away from sth* sich von etw entfernen; *to* ~ *closer to sth* sich einer Sache (*dat*) nähern; *things are moving at last* endlich kommen die Dinge in Gang; *to* ~ *with the times* mit der Zeit gehen; *to* ~ *in royal circles* in königlichen Kreisen verkehren **2.** (≈ *move house*) umziehen, zügeln (*Swiss*); *we* ~*d to London/to a bigger house* wir sind nach London/in ein größeres Haus umgezogen; *they* ~*d to Germany* sie sind nach Deutschland gezogen **3.** (≈ *change place*) gehen; (*in vehicle*) fahren; *he has* ~*d to room 52* er ist jetzt in Zimmer 52; *she has* ~*d to a different company* sie hat die Firma gewechselt; ~*!* weitergehen!; (≈ *go away*) verschwinden Sie!; *don't* ~ gehen Sie nicht weg **4.** (≈ *go fast, infml*) ein Tempo draufhaben (*infml*); *he can really* ~ der ist unheimlich schnell (*infml*) **5.** (≈ *act, fig*) etwas unternehmen; *we'll have to* ~ *quickly* wir müssen schnell handeln **III** *n* **1.** (*in game*) Zug *m*; (*fig*) (≈ *step*) Schritt *m*; (≈ *measure taken*) Maßnahme *f*; *it's my* ~ ich bin am Zug; *to make a* ~ einen Zug machen; *to make the first* ~ (*fig*) den ersten Zug machen **2.** (≈ *movement*) Bewegung *f*; *to watch sb's every* ~ jdn nicht aus den Augen lassen; *it's time we made a* ~ es wird Zeit, dass wir gehen; *to make a* ~ *to do sth* (*fig*) Anstalten machen, etw zu tun; *to be on the* ~ unterwegs sein; *to get a* ~ *on* (*infml* ≈ *hurry up*) sich beeilen; *get a* ~ *on!* nun mach schon! (*infml*) **3.** (*of house etc*) Umzug *m*; (*to different job*) Stellenwechsel *m* ◆ **move about II** *v/t sep* umarrangieren; *furniture* umräumen **II** *v/i* sich (hin und her) bewegen; (≈ *travel*) unterwegs sein; *I can hear him moving about* ich höre ihn herumlaufen ◆ **move along I** *v/t sep* weiterrücken; *they are*

trying to move things along sie versuchen, die Dinge voranzutreiben **II** *v/i* (*along seat etc*) aufrücken; (*along pavement*) weitergehen ◆ **move around** *v/t & v/i sep* = **move about** ◆ **move aside I** *v/t sep* zur Seite schieben **II** *v/i* zur Seite gehen ◆ **move away I** *v/t sep* wegräumen; **to move sb away from sb/sth** jdn von jdm/etw entfernen **II** *v/i* **1.** (≈ *leave*) weggehen; (*vehicle*) losfahren; (≈ *move house*) wegziehen (*from* aus, von) **2.** (*fig*) sich entfernen (*from* von) ◆ **move back I** *v/t sep* **1.** (*to former place*) zurückstellen; (*into old house*) wieder unterbringen (*into* in +*dat*) **2.** (*to the rear*) *things* zurückschieben; *car* zurückfahren **II** *v/i* **1.** (*to former place*) zurückkommen; (*into house*) wieder einziehen (*into* in +*acc*) **2.** (*to the rear*) zurückweichen; ~**, please!** bitte zurücktreten! ◆ **move down I** *v/t sep* (*downwards*) (weiter) nach unten stellen; (*along*) (weiter) nach hinten stellen **II** *v/i* (*downwards*) nach unten rücken; (*along*) weiterrücken; (*in bus etc*) nach hinten aufrücken; **he had to ~ a year** (*pupil*) er musste eine Klasse zurück ◆ **move forward I** *v/t sep* **1.** *person* vorgehen lassen; *chair* vorziehen; *car* vorfahren **2.** (*fig*) *event* vorverlegen **II** *v/i* (*person*) vorrücken; (*car*) vorwärtsfahren ◆ **move in** *v/i* **1.** (*into accommodation*) einziehen (*-to* in +*acc*) **2.** (≈ *come closer*) sich nähern (*on* dat); (*police, troops*) anrücken; (*workers*) (an)kommen ◆ **move off I** *v/t sep* wegschicken **II** *v/i* (≈ *go away*) weggehen ◆ **move on I** *v/t sep* **the policeman moved them on** der Polizist forderte sie auf weiterzugehen **II** *v/i* (*people*) weitergehen; (*vehicles*) weiterfahren; **it's about time I was moving on** (*fig, to new job etc*) es wird Zeit, dass ich (mal) etwas anderes mache; **time is moving on** die Zeit vergeht ◆ **move out I** *v/t sep* **1.** (*of room*) hinausräumen **2.** *troops* abziehen; **they moved everybody out of the danger zone** alle mussten die Gefahrenzone räumen **II** *v/i* (*of house*) ausziehen; (≈ *withdraw* ≈ *YYY, troops*) abziehen ◆ **move over I** *v/t sep* herüberschieben; **he moved the car over to the side** er fuhr an die Seite heran **II** *v/i* zur Seite rücken; ~**!** rück mal ein Stück! (*infml*); **to ~ to a new system** ein neues System einführen ◆ **move up**

I *v/t sep* (weiter) nach oben stellen; (≈ *promote*) befördern; *pupil* versetzen; **they moved him up two places** sie haben ihn zwei Plätze vorgerückt **II** *v/i* (*fig*) aufsteigen

moveable *adj* = **movable**

movement *n* **1.** Bewegung *f*; (*fig* ≈ *trend*) Trend *m* (*towards* zu); **the ~ of traffic** der Verkehrsfluss **2.** (≈ *transport*) Beförderung *f* **3.** MUS Satz *m* **mover** *n* **1.** (≈ *walker, dancer etc*) **he is a good/poor** *etc* ~ seine Bewegungen sind schön/plump *etc* **2. to be a fast ~** (*infml*) von der schnellen Truppe sein (*infml*)

movie *n* (*esp US*) Film *m*; (**the**) ~**s** der Film; **to go to the ~s** ins Kino gehen **moviegoer** *n* Kinogänger(in) *m(f)* **movie star** *n* Filmstar *m* **movie theater** *n* Kino *nt*

moving *adj* **1.** beweglich **2.** (≈ *touching*) ergreifend **moving company** *n* (*US*) Umzugsunternehmen *nt*

mow *pret* **mowed**, *past part* **mown** or **mowed** *v/t & v/i* mähen ◆ **mow down** *v/t sep* (*fig*) niedermähen

mower *n* Rasenmäher *m* **mown** *past part of* **mow**

MP (*Br* POL) *abbr of* **Member of Parliament**

MP3® *n* MP3®; ~ **player** MP3-Player *m* **MPEG** *n abbr of* **Moving Pictures Experts Group** MPEG *nt*

mpg *abbr of* **miles per gallon**

mph *abbr of* **miles per hour**

MPV *n abbr of* **multi-purpose vehicle** Minivan *m*

Mr *abbr of* **Mister** Herr *m*

MRI *n* MED *abbr of* **magnetic resonance imaging** Kernspintomografie *f*

Mrs *abbr of* **Mistress** Frau *f*

MS *n abbr of* **multiple sclerosis**

Ms *n* Frau *f* (*auch für Unverheiratete*)

MSc *abbr of* **Master of Science**

MSP (*Br* POL) *abbr of* **Member of the Scottish Parliament** Abgeordnete(r) *m/f(m)* or Mandatar(in) *m(f)* (*Aus*) des schottischen Parlaments

Mt *abbr of* **Mount**

mth *abbr of* **month**

much I *adj, n* viel *inv*; **how ~** wie viel *inv*; **not ~** nicht viel; **that ~** so viel; **but that ~ I do know** aber DAS weiß ich; **we don't see ~ of each other** wir sehen uns nur selten; **it's not up to ~** (*infml*) es ist nicht gerade berühmt (*infml*); **I'm not ~ of a**

cook ich bin keine große Köchin; *that wasn't ~ of a party* die Party war nicht gerade besonders; *I find that a bit (too) ~ after all I've done for him* nach allem was ich für ihn getan habe, finde ich das ein ziemlich starkes Stück (*infml*); *that insult was too ~ for me* die Beleidigung ging mir zu weit; *this job is too ~ for me* ich bin der Arbeit nicht gewachsen; *far too ~* viel zu viel; *(just) as ~* genauso viel *inv*; *not as ~* nicht so viel; *as ~ as you want* so viel du willst; *as ~ as £2m* zwei Millionen Pfund; *as ~ again* noch einmal so viel; *I thought as ~* das habe ich mir gedacht; *so ~* so viel *inv*; *it's not so ~ a problem of modernization as ...* es ist nicht so sehr ein Problem der Modernisierung, als ...; *I couldn't make ~ of that chapter* mit dem Kapitel konnte ich nicht viel anfangen (*infml*) **II** *adv* **1.** viel; *a ~-admired woman* eine viel bewunderte Frau; *so ~* so viel; so sehr; *too ~* zu viel, zu sehr; *I like it very ~* es gefällt mir sehr gut; *I don't like him ~* ich kann ihn nicht besonders leiden; *thank you very ~* vielen Dank; *I don't ~ care or care ~* es ist mir ziemlich egal; *however ~ he tries* wie sehr er sich auch bemüht; *~ as I like him* sosehr ich ihn mag **2.** (≈ *by far*) weitaus; *I would ~ rather stay* ich würde viel lieber bleiben **3.** (≈ *almost*) beinahe; *they are produced in ~ the same way* sie werden auf sehr ähnliche Art hergestellt

muck *n* (≈ *dirt*) Dreck *m*; (≈ *manure*) Mist *m* ◆ **muck about** *or* **around** (*Br infml*) **I** *v/t sep* **to muck sb about** jdn verarschen (*infml*) **II** *v/i* **1.** herumalbern (*infml*) **2.** (≈ *tinker with*) herumfummeln (*with* an +*dat*) ◆ **muck in** *v/i* (*Br infml*) mit anpacken (*infml*) ◆ **muck out** (*Br*) **I** *v/t sep* (aus)misten **II** *v/i* ausmisten ◆ **muck up** *v/t sep* (*Br infml* ≈ *spoil*) vermasseln (*infml*)

mucky *adj* (+*er*) schmutzig; *you ~ pup!* (*Br infml*) du Ferkel! (*infml*)

mucous *adj* schleimig, Schleim-

mucus *n* Schleim *m*

mud *n* **1.** Schlamm *m*; (*on roads etc*) Matsch *m* **2.** (*fig*) *his name is ~* (*infml*) er ist unten durch (*infml*)

muddle I *n* Durcheinander *nt*; *to get in (-to) a ~* (*things*) durcheinandergeraten; (*person*) konfus werden; *to get oneself*

in(to) a ~ over sth mit etw nicht klarkommen (*infml*); *to be in a ~* völlig durcheinander sein **II** *v/t* durcheinanderbringen; *two things* verwechseln; *person* verwirren ◆ **muddle along** *v/i* vor sich (*acc*) hinwursteln (*infml*) ◆ **muddle through** *v/i* sich (irgendwie) durchschlagen ◆ **muddle up** *v/t sep* = **muddle II**

muddled *adj* konfus; *thoughts* wirr; *to get ~ (up)* (*things*) durcheinandergeraten; (*person*) konfus werden

muddy *adj* (+*er*) schmutzig; *ground* matschig; *I'm all ~* ich bin ganz voll Schlamm

mudflap *n* (*Br*) (*on cycles*) Schutzblech *nt*; (*on cars*) Kotflügel *m* **mudpack** *n* Schlammpackung *f*

muesli *n* Müsli *nt*

muff¹ *n* Muff *m*

muff² *v/t* (*infml*) vermasseln (*infml*); *shot* danebensetzen (*infml*)

muffin *n* **1.** Muffin *m*, kleiner Kuchen **2.** (*Br*) weiches, flaches Milchbrötchen, *meist warm gegessen*

muffle *v/t* dämpfen **muffled** *adj* gedämpft

muffler *n* (*US* AUTO) Auspuff(topf) *m*

mug I *n* **1.** (≈ *cup*) Becher *m*, Haferl *nt* (*Aus*); (*for beer*) Krug *m* **2.** (*esp Br infml* ≈ *dupe*) Trottel *m* (*infml*) **II** *v/t* überfallen ◆ **mug up** *v/t sep* (*Br infml*: *a.* **mug up on**) *to mug sth/one's French up, to ~ on sth/one's French* etw/Französisch pauken (*infml*)

mugger *n* Straßenräuber(in) *m(f)* **mugging** *n* Straßenraub *m no pl*

muggy *adj* (+*er*) schwül; *heat* drückend

mulch HORT **I** *n* Krümelschicht *f* **II** *v/t* abdecken

mule¹ *n* Maultier *nt*; *(as) stubborn as a ~* (so) störrisch wie ein Maulesel

mule² *n* (≈ *slipper*) Pantoffel *m* ◆ **mull over** *v/t sep* sich (*dat*) durch den Kopf gehen lassen

mulled wine *n* Glühwein *m*

multicoloured, (*US*) **multicolored** *adj* mehrfarbig; *material* bunt **multicultural** *adj* multikulturell **multifocals** *pl* Gleitsichtgläser *pl*; (≈ *spectacles*) Gleitsichtbrille *f* **multilateral** *adj* POL multilateral **multilingual** *adj* mehrsprachig **multimedia** *adj* multimedial; IT Multimedia- **multimillionaire** *n* Multimillionär(in) *m(f)* **multinational I** *n* Multi *m* (*infml*) **II** *adj* multinational **multiparty** *adj* POL

Mehrparteien-
multiple I adj **1.** (with sing n) mehrfach; ~ **collision** Massenkarambolage f **2.** (with pl n) mehrere; **he died of ~ injuries** er erlag seinen zahlreichen Verletzungen **II** n MAT Vielfache(s) nt; **eggs are usually sold in ~s of six** Eier werden gewöhnlich in Einheiten zu je sechs verkauft **multiple choice** n Multiple-
-Choice-Verfahren nt **multiple sclerosis** n multiple Sklerose **multiplex I** n (≈ cinema) Multiplexkino nt **II** adj TECH Mehrfach-, Vielfach- **multiplication** n MAT Multiplikation f **multiplication sign** n MAT Multiplikationszeichen nt **multiplication table** n MAT Multiplikationstabelle f; **he knows his ~s** er kann das Einmaleins **multiplicity** n Vielzahl f **multiply I** v/t MAT multiplizieren; **4 multiplied by 6 is 24** 4 mal 6 ist 24 **II** v/i **1.** (fig) sich vervielfachen **2.** (≈ breed) sich vermehren
multipurpose adj Mehrzweck- **multiracial** adj gemischtrassig **multistorey**, (US) **multistory** adj mehrstöckig; **~ flats** (Br), **multistory apartments** (US) (Wohn)hochhäuser pl; **~ car park** (Br) Park(hoch)haus nt **multitasking** n IT Multitasking nt
multitude n Menge f; **a ~ of** eine Vielzahl von, eine Menge
multivitamin I n Multivitaminpräparat nt **II** adj Multivitamin-
mum[1] adj (infml) **to keep ~** den Mund halten (about über +acc) (infml)
mum[2] n (Br infml) Mutter f; (as address) Mutti f (infml)
mumble I v/t murmeln **II** v/i vor sich hin murmeln
mumbo jumbo n (≈ empty ritual, superstition) Hokuspokus m; (≈ gibberish) Kauderwelsch nt
mummy[1] n (≈ corpse) Mumie f
mummy[2] n (Br infml ≈ mother) Mama f (infml)
mumps n sg Mumps m or f (infml) no art
munch v/t & v/i mampfen (infml)
mundane adj (fig) alltäglich
Munich n München nt
municipal adj städtisch; **~ elections** Gemeinderatswahl f **municipality** n Gemeinde f
munition n usu pl Waffen pl und Munition f
mural n Wandgemälde nt

murder I n **1.** (lit) Mord m; **the ~ of John F. Kennedy** der Mord an John F. Kennedy **2.** (fig infml) **it was ~** es war mörderisch; **it'll be ~** es wird schrecklich werden; **to get away with ~** sich (dat) alles erlauben können **II** v/t (lit) ermorden **murderer** n Mörder(in) m(f) **murderess** n Mörderin f **murderous** adj blutrünstig; **~ attack** Mordanschlag m
murk n **1.** Düsternis f **2.** (in water) trübes Wasser **murky** adj (+er) trüb; **street ~** düster; **past** dunkel; **it's really ~ outside** draußen ist es so düster
murmur I n Murmeln nt; **there was a ~ of discontent** ein unzufriedenes Murmeln erhob sich; **without a ~** ohne zu murren **II** v/t murmeln; (with discontent) murren **III** v/i murmeln; (with discontent) murren (about, against über +acc); (fig) rauschen **murmuring** n ~**s** (of discontent) Unmutsäußerungen pl (from +gen)
muscle n Muskel m; (fig ≈ power) Macht f; **he never moved a ~** er rührte sich nicht ♦ **muscle in** v/i (infml) mitmischen (infml) (on bei)
muscle building n Muskelaufbau m **muscl(e)y** adj (infml) muskelbepackt (infml) **muscular** adj **1.** Muskel-; ~ **cramp or spasm** Muskelkrampf m **2.** torso muskulös **muscular dystrophy** n Muskelschwund m
muse I v/i nachgrübeln (about, on über +acc) **II** n Muse f
museum n Museum nt
mush n Brei m
mushroom I n (essbarer) Pilz, Schwammerl nt (Aus); (≈ button mushroom) Champignon m **II** attr Pilz- **III** v/i (grow rapidly) wie die Pilze aus dem Boden schießen; **unemployment has ~ed** die Arbeitslosigkeit ist explosionsartig angestiegen
mushy adj (+er) matschig; consistency breiig; **to go ~** zu Brei werden **mushy peas** pl Erbsenmus nt
music n Musik f; (≈ written score) Noten pl; **to set or put sth to ~** etw vertonen; **it was (like) ~ to my ears** das war Musik in meinen Ohren; **to face the ~** (fig) dafür gradestehen
musical I adj **1.** musikalisch; ~ **note** Note f **2.** (≈ tuneful) melodisch **II** n Musical nt **musical box** n Spieluhr f **musical chairs** n sg Reise f nach Jerusalem mu-

sical instrument *n* Musikinstrument *nt*
musically *adv* musikalisch **musical
score** *n* (*written*) Partitur *f*; (*for film
etc*) Musik *f* **music box** *n* Spieldose *f*
music hall *n* Varieté *nt*
musician *n* Musiker(in) *m(f)* **music
stand** *n* Notenständer *m*
musk *n* Moschus *m* **musky** *adj* (*+er*) ~
smell *or* **scent** Moschusduft *m*
Muslim *adj*, *n* = **Moslem**
muslin *n* Musselin *m*
muss (*US infml*) *v/t* (*a*. **muss up**) in Unordnung bringen
mussel *n* (Mies)muschel *f*
must I *vb/aux present tense only* **1.** müssen; **you** ~ (**go and**) **see this church** Sie
müssen sich (*dat*) diese Kirche unbedingt ansehen; **if you** ~ **know** wenn du
es unbedingt wissen willst; ~ **I?** muss
das sein?; **I** ~ **have lost it** ich muss es
wohl verloren haben; **he** ~ **be older than
that** er muss älter sein; **I** ~ **have been
dreaming** da habe ich wohl geträumt;
you ~ **be crazy!** du bist ja wahnsinnig!
2. (*in neg sentences*) dürfen; **I**~**n't forget
that** ich darf das nicht vergessen II *n*
(*infml*) Muss *nt*; **a sense of humour**
(*Br*) *or* **humor** (*US*) **is a** ~ man braucht
unbedingt Humor
mustache *n* (*US*) = **moustache**
mustard I *n* Senf *m* II *attr* Senf-
muster *v/t* (*fig: a.* **muster up**) *courage*
aufbringen
mustn't *contraction* = **must not**
musty *adj* (*+er*) moderig
mutant *n* Mutation *f* **mutation** *n* Variante
f; BIOL Mutation *f*
mute *adj* stumm **muted** *adj* gedämpft;
(*fig*) leise
mutilate *v/t* verstümmeln **mutilation** *n*
Verstümmelung *f*
mutinous *adj* NAUT meuterisch; (*fig*) rebellisch **mutiny** I *n* Meuterei *f* II *v/i* meutern
mutter I *n* Murmeln *nt* II *v/t* murmeln III
v/i murmeln; (*with discontent*) murren
muttering *n* Gemurmel *nt no pl*
mutton *n* Hammel(fleisch *nt*) *m*
mutual *adj* *trust etc* gegenseitig; *efforts*
beiderseitig; *interest etc* gemeinsam;
the feeling is ~ das beruht (ganz) auf
Gegenseitigkeit **mutually** *adv* beide;

beneficial für beide Seiten
Muzak® *n* Berieselungsmusik *f* (*infml*)
muzzle I *n* **1.** (≈ *snout*) Maul *nt* **2.** (*for dog
etc*) Maulkorb *m* **3.** (*of gun*) Mündung *f*
II *v/t animal* einen Maulkorb umlegen
(*+dat*)
MW *abbr of* **medium wave** MW
my *poss adj* mein; **I've hurt my leg** ich habe mir das Bein verletzt; **in my country**
bei uns
myriad I *n* **a** ~ **of** Myriaden von II *adj* un-
zählige
myrrh *n* Myrrhe *f*
myself *pers pr* **1.** (*dir obj, with prep +acc*)
mich; (*indir obj, with prep +dat*) mir; **I
said to** ~ ich sagte mir; **singing to** ~
vor mich hin singend; **I wanted to see
(it) for** ~ ich wollte es selbst sehen **2.**
(*emph*) (ich) selbst; **my wife and** ~ meine
Frau und ich; **I thought so** ~ das habe ich
auch gedacht; **... if I say so or it** ~ ... auch
wenn ich es selbst sage; (*all*) **by** ~ (ganz)
allein(e) **3.** (≈ *one's normal self*) **I'm not
(feeling)** ~ **today** mit mir ist heute etwas
nicht in Ordnung; **I just tried to be** ~ ich
versuchte, mich ganz natürlich zu benehmen
mysterious *adj* mysteriös; *stranger* geheimnisvoll; **for some** ~ **reason** aus un-
erfindlichen Gründen
mystery *n* (≈ *puzzle*) Rätsel *nt*; (≈ *secret*)
Geheimnis *nt*; **to be shrouded** *or* **surrounded in** ~ von einem Geheimnis umgeben sein **mystery story** *n* Kriminalgeschichte *f* **mystery tour** *n* Fahrt *f* ins
Blaue
mystic *n* Mystiker(in) *m(f)* **mystical** *adj*
mystisch **mysticism** *n* Mystizismus *m*
mystified *adj* verblüfft; **I am** ~ **as to how
this could happen** es ist mir ein Rätsel,
wie das passieren konnte **mystify** *v/t* vor
ein Rätsel stellen **mystifying** *adj* rätselhaft
mystique *n* geheimnisvoller Nimbus
myth *n* Mythos *m*; (*fig*) Märchen *nt*
mythical *adj* **1.** (*of myth*) mythisch;
the ~ **figure / character of Arthur** die Sa-
gengestalt des Artus **2.** *proportions, figure* legendär **3.** (≈ *unreal*) fantastisch
mythological *adj* mythologisch **mythology** *n* Mythologie *f*

N

N, n *n* N *nt*, n *nt*
N *abbr of* **north** N
n/a *abbr of* **not applicable** entf.
nab *v/t* (*infml*) **1.** (≈ *catch*) erwischen **2.** (≈ *take*) sich (*dat*) grapschen (*infml*); **somebody had ~bed my seat** mir hatte jemand den Platz geklaut (*infml*)
nadir *n* **1.** ASTRON Nadir *m* **2.** (*fig*) Tiefstpunkt *m*
naff *adj* (*Br infml*) **1.** (≈ *stupid*) blöd (*infml*) **2.** *design, car* ordinär
nag¹ I *v/t* (≈ *find fault with*) herumnörgeln an (+*dat*); (≈ *pester*) keine Ruhe lassen (+*dat*) (*for* wegen); **don't ~ me** nun lass mich doch in Ruhe!; **to ~ sb about sth** jdm wegen etw keine Ruhe lassen; **to ~ sb to do sth** jdm schwer zusetzen, damit er etw tut **II** *v/i* (≈ *find fault*) herumnörgeln; (≈ *be insistent*) keine Ruhe geben; **stop ~ging** hör auf zu meckern (*infml*) **III** *n* Nörgler(in) *m(f)*; (*pestering*) Quälgeist *m*
nag² *n* Mähre *f*
nagging *adj pain* dumpf; *doubt* quälend
nail I *n* Nagel *m*; **as hard as ~s** knallhart (*infml*); **to hit the ~ on the head** (*fig*) den Nagel auf den Kopf treffen; **to be a ~ in sb's coffin** (*fig*) ein Nagel zu jds Sarg sein **II** *v/t* **1.** nageln; **to ~ sth to the floor** etw an den Boden nageln **2.** (*infml*) **to ~ sb** sich (*dat*) jdn schnappen (*infml*); (≈ *charge*) jdn drankriegen (*infml*) ♦ **nail down** *v/t sep* festnageln
nail-biting *adj* (*infml*) *match* spannungsgeladen **nailbrush** *n* Nagelbürste *f* **nail clippers** *pl* Nagelzwicker *m* **nailfile** *n* Nagelfeile *f* **nail polish** *n* Nagellack *m* **nail polish remover** *n* Nagellackentferner *m* **nail scissors** *pl* Nagelschere *f* **nail varnish** *n* (*Br*) Nagellack *m*
naïve *adj* (+*er*) naiv
naked *adj* nackt; *flame* ungeschützt; **invisible to the ~ eye** mit bloßem Auge nicht erkennbar
name I *n* **1.** Name *m*; **what's your ~?** wie heißen Sie?; **my ~ is ...** ich heiße ...; **what's the ~ of this street?** wie heißt diese Straße?; **a man by the ~ of Gunn** ein Mann namens Gunn; **to know sb by ~** jdn mit Namen kennen; **to refer to sb/**

sth by ~ jdn/etw namentlich *or* mit Namen nennen; **what ~ shall I say?** wie ist Ihr Name, bitte?; (*on telephone*) wer ist am Apparat?; (*before showing sb in*) wen darf ich melden?; **in the ~ of** im Namen (+*gen*); **I'll put your ~ down** (*on list, in register etc*) ich trage dich ein; (*for school, class etc*) ich melde dich an (*for* zu, *for a school* in einer Schule); **to call sb ~s** jdn beschimpfen; **not to have a penny/cent to one's ~** völlig pleite sein (*infml*) **2.** (≈ *reputation*) Ruf *m*; **to have a good/bad ~** einen guten/schlechten Ruf haben; **to get a bad ~** in Verruf kommen; **to give sb a bad ~** jdn in Verruf bringen; **to make a ~ for oneself as** sich (*dat*) einen Namen machen als **II** *v/t* **1.** *person* nennen; *ship etc* einen Namen geben (+*dat*); **I ~ this child/ship X** ich taufe dieses Kind/ Schiff auf den Namen X; **the child is ~d Peter** das Kind hat den Namen Peter; **they refused to ~ the victim** sie hielten den Namen des Opfers geheim; **to ~ ~s** Namen nennen; **~ three US states** nennen Sie drei US-Staaten; **you ~ it, he's done it** es gibt nichts, was er noch nicht gemacht hat **2.** (≈ *appoint*) ernennen; **to ~ sb as leader** jdn zum Führer ernennen; **they ~d her as the winner of the award** sie haben ihr den Preis verliehen; **to ~ sb as one's heir** jdn zu seinem Erben bestimmen **name-dropping** *n* (*infml*) Angeberei *f* mit berühmten Bekannten **nameless** *adj* **a person who shall remain ~** jemand, der ungenannt bleiben soll **namely** *adv* nämlich **nameplate** *n* Namensschild *nt* **namesake** *n* Namensvetter(in) *m(f)* **name tag** *n* (≈ *badge*) Namensschild *nt*
nan(a) *n* Oma *f* (*infml*)
nan bread *n* warm serviertes, fladenförmiges Weißbrot als Beilage zu indischen Fleischgerichten
nanny *n* Kindermädchen *nt*
nanotechnology *n* Nanotechnologie *f*
nap I *n* Nickerchen *nt*; **afternoon ~** Nachmittagsschläfchen *nt*; **to have** *or* **take a ~** ein Nickerchen machen **II** *v/i* **to catch sb ~ping** (*fig*) jdn überrumpeln

nape *n* ~ *of the/one's neck* Genick *nt*

napkin *n* Serviette *f*

Naples *n* Neapel *nt*

nappy *n* (*Br*) Windel *f* **nappy rash** *n*
Jonathan's got ~ Jonathan ist wund

narcissism *n* Narzissmus *m* **narcissistic**
adj narzisstisch

narcotic *n* **1.** ~(*s*) Rauschgift *nt* **2.** MED
Narkotikum *nt*

narrate *v/t* erzählen **narration** *n* Erzählung *f* **narrative I** *n* (≈ *story*) Erzählung
f; (≈ *account*) Schilderung *f* **II** *adj* erzäh-
lend **narrator** *n* Erzähler(in) *m(f)*; *first-
-person* ~ Icherzähler(in) *m(f)*

narrow I *adj* (+*er*) eng; *hips* schmal; *views*
engstirnig; *defeat, lead* knapp; *to have a*
~ *escape* mit knapper Not davonkommen **II** *v/t road etc* verengen; *they decided to* ~ *the focus of their investigation* sie beschlossen, ihre Untersuchung
einzuengen **III** *v/i* sich verengen ◆ **narrow down** *v/t sep* (*to* auf +*acc*) beschränken; *that narrows it down a bit* dadurch
wird die Auswahl kleiner

narrowly *adv* **1.** *fail, avoid* knapp; *escape*
mit knapper Not; *he* ~ *escaped being
knocked down* er wäre beinahe überfahren worden **2.** *define* eng; *to focus
too* ~ *on sth* sich zu sehr auf etw (*acc*)
beschränken **narrow-minded** *adj*, nar-
row-mindedly *adv* engstirnig **narrow-
-mindedness** *n* Engstirnigkeit *f*

nasal *adj* **1.** ANAT, MED Nasen- **2.** LING nasal; *voice* näselnd **nasal spray** *n* Nasenspray *nt*

nastily *adv* gemein; *to speak* ~ *to sb* zu
jdm gehässig sein **nasty** *adj* (+*er*) **1.** (≈
unpleasant) scheußlich; *weather, habit,
names* abscheulich; *surprise, fall* böse;
situation, accident schlimm; *virus, bend*
gefährlich; *that's a* ~*-looking cut* der
Schnitt sieht böse aus; *to turn* ~ (*person*)
unangenehm werden; (*weather*)
schlecht umschlagen **2.** (≈ *malicious*)
gemein; *he has a* ~ *temper* mit ihm
ist nicht gut Kirschen essen; *to be* ~
about sb gemein über jdn reden; *that
was a* ~ *thing to say/do* das war gemein;
what a ~ *man* was für ein ekelhafter
Mensch

nation *n* Nation *f*; *to address the* ~ zum
Volk sprechen; *the whole* ~ *watched
him do it* das ganze Land sah ihm dabei
zu

national I *adj* national; *strike, scandal*
landesweit; *press etc* überregional; *the*
~ *average* der Landesdurchschnitt; ~
character Nationalcharakter *m*; ~ *language* Landessprache *f* **II** *n* Staatsbür-
ger(in) *m(f)*; *foreign* ~ Ausländer(in)
m(f) **national anthem** *n* Nationalhymne
f **national costume**, **national dress** *n*
Nationaltracht *f* **national debt** *n* Staats-
verschuldung *f* **national flag** *n* Nationalflagge *f* **National Front** *n* (*Br*) rechtsra-
dikale Partei **National Guard** *n* (*esp US*)
Nationalgarde *f* **National Health (Service)** *n* (*Br*) staatlicher Gesundheitsdienst; *I got it on the* ~ ≈ das hat die
Krankenkasse bezahlt **national holiday**
n gesetzlicher Feiertag **national insurance** *n* (*Br*) Sozialversicherung *f*; ~ *contributions* Sozialversicherungsbeiträge
pl **nationalism** *n* Nationalismus *m* **nationalist I** *adj* nationalistisch **II** *n* Natio-
nalist(in) *m(f)* **nationalistic** *adj* nationalistisch

nationality *n* Staatsangehörigkeit *f*; *what*
~ *is he?* welche Staatsangehörigkeit hat
er?; *she is of German* ~ sie hat die deutsche Staatsangehörigkeit **nationalize**
v/t verstaatlichen **National Lottery** *n*
(*Br*) ≈ Lotto *nt* **nationally** *adv* (≈ *nationwide*) landesweit **national park** *n*
Nationalpark *m* **national security** *n*
Staatssicherheit *f* **national service** *n*
Wehrdienst *m*, Präsenzdienst *m* (*Aus*)
National Trust *n* (*Br*) National Trust
m, *Natur- und Denkmalschutzverein in
Großbritannien* **nationwide** *adj*, *adv*
landesweit; *we have 300 branches* ~
wir haben 300 Niederlassungen im ganzen Land

native I *adj* einheimisch; *population* eingeboren; ~ *town* Heimatstadt *f*; ~ *language* Muttersprache *f*; *a* ~ *German*
ein gebürtiger Deutscher, eine gebürtige Deutsche; *an animal* ~ *to India* ein in
Indien beheimatetes Tier **II** *n* **1.** (≈ *person*) Einheimische(r) *m/f(m)*; (*in colo-
nies*) Eingeborene(r) *m/f(m)*; *a* ~ *of Britain* ein gebürtiger Brite, eine gebürtige
Britin **2.** *to be a* ~ *of ...* (*plant, animal*) in
... beheimatet sein

Native American I *adj* indianisch **II** *n* In-
dianer(in) *m(f)* **native country** *n* Heimatland *nt* **native speaker** *n* Mutter-
sprachler(in) *m(f)*; *I'm not a* ~ *of English* Englisch ist nicht meine Muttersprache

nativity *n* **the Nativity** Christi Geburt *f*; **~ play** Krippenspiel *nt*

NATO *abbr of* **North Atlantic Treaty Organization** NATO *f*

natter (*Br infml*) **I** *v/i* schwatzen (*infml*) **II** *n* **to have a ~** einen Schwatz halten (*infml*)

natty *adj* (+*er*) (*infml*) chic

natural I *adj* **1.** natürlich; *laws, silk* Natur-; *mistake* verständlich; **~ resources** Rohstoffquellen *pl*; **it is (only) ~ for him to think** ... es ist nur natürlich, dass er denkt ...; **the ~ world** die Natur; **to die of ~ causes** eines natürlichen Todes sterben; **~ remedy** Naturheilmittel *nt*; **she is a ~ blonde** sie ist von Natur aus blond **2.** *ability* angeboren; **a ~ talent** eine natürliche Begabung; **he is a ~ comedian** er ist der geborene Komiker **2.** *parents* leiblich **II** *n* **1.** (MUS) (≈ *symbol*) Auflösungszeichen *nt*; **D ~** D, d **2.** (*infml* ≈ *person*) Naturtalent *nt* **natural childbirth** *n* natürliche Geburt **natural disaster** *n* Naturkatastrophe *f* **natural gas** *n* Erdgas *nt* **natural history** *n* Naturkunde *f* **naturalist** *n* Naturforscher(in) *m(f)* **naturalistic** *adj* naturalistisch **naturalization** *n* Einbürgerung *f*; **~ papers** Einbürgerungsurkunde *f* **naturalize** *v/t person* einbürgern; **to become ~d** eingebürgert werden **naturally** *adv* **1.** natürlich; (≈ *understandably*) verständlicherweise **2.** (≈ *by nature*) von Natur aus; **he is ~ artistic/lazy** er ist künstlerisch veranlagt / von Natur aus faul; **to do what comes ~ to him** seiner Natur folgen; **it comes ~ to him** das fällt ihm leicht **natural science** *n* Naturwissenschaft *f*

nature *n* **1.** Natur *f*; **Nature** die Natur; **laws of ~** Naturgesetze *pl*; **it is not in my ~ to say that** es entspricht nicht meiner Art, das zu sagen; **it is in the ~ of young people to want to travel** es liegt im Wesen junger Menschen, reisen zu wollen **2.** (*of object*) Beschaffenheit *f*; **the ~ of the case is such** ... der Fall liegt so ... **3.** (≈ *type*) Art *f*; **things of this ~** derartiges; **... or something of that ~** ... oder etwas in der Art **nature reserve** *n* Naturschutzgebiet *nt* **nature study** *n* Naturkunde *f* **nature trail** *n* Naturlehrpfad *m*

naturism *n* Freikörperkultur *f*, FKK *no art* **naturist I** *n* FKK-Anhänger(in) *m(f)* **II** *adj* FKK-; **~ beach** FKK-Strand

naughtily *adv* frech; *behave* unartig **naughty** *adj* (+*er*) **1.** frech; *child, dog* unartig; **it was ~ of him to break it** das war aber gar nicht lieb von ihm, dass er das kaputt gemacht hat **2.** *joke, word* unanständig

nausea *n* MED Übelkeit *f* **nauseating** *adj* ekelerregend **nauseous** *adj* MED **that made me (feel) ~** dabei wurde mir übel **nautical** *adj* nautisch **nautical mile** *n* Seemeile *f*

naval *adj* der Marine **naval base** *n* Flottenbasis *f* **naval battle** *n* Seeschlacht *f* **naval officer** *n* Marineoffizier(in) *m(f)*

nave *n* (*of church*) Hauptschiff *nt*

navel *n* ANAT Nabel *m* **navel piercing** *n* Nabelpiercing *nt*

navigable *adj* schiffbar **navigate I** *v/i* (*in plane, ship*) navigieren; (*in car*) den Fahrer dirigieren; **I don't know the route, you'll have to ~** ich kenne die Strecke nicht, du musst mich dirigieren **II** *v/t* **1.** *aircraft, ship* navigieren **2.** (≈ *journey through*) durchfahren; (*plane*) durchfliegen; *ocean* durchqueren **navigation** *n* Navigation *f* **navigator** *n* NAUT Navigationsoffizier(in) *m(f)*; AVIAT Navigator(in) *m(f)*; MOT Beifahrer(in) *m(f)*

navy I *n* **1.** (Kriegs)marine *f*; **to serve in the ~** in der Marine dienen **2.** (*a.* **navy blue**) Marineblau *nt* **II** *adj* **1.** *attr* Marine- **2.** (*a.* **navy-blue**) marineblau

NB *abbr of* **nota bene** NB

NBC 1. (*US*) *abbr of* **National Broadcasting Company** NBC *f* **2.** MIL *abbr of* **nuclear, biological and chemical** ABC- **NE** *abbr of* **north-east** NO

near (+*er*) **I** *adv* **1.** nahe; **he lives quite ~** er wohnt ganz in der Nähe; **you live ~er/~est** du wohnst näher/am nächsten; **could you move ~er together?** könnten Sie enger zusammenrücken?; **that was the ~est I ever got to seeing him** da hätte ich ihn fast gesehen; **to be ~ at hand** zur Hand sein; (*shops*) in der Nähe sein; (*help*) ganz nahe sein **2.** (≈ *accurately*) genau; **as ~ as I can tell** soweit ich es beurteilen kann; (**that's**) **~ enough** das haut so ungefähr hin (*infml*) **3.** (≈ *almost*) fast; **he very ~ succeeded** fast wäre es ihm gelungen **4.** (*negative*) **it's nowhere ~ enough** das ist bei Weitem nicht genug; **we're not ~er (to) solving the problem** wir sind der Lösung des

Problems kein bisschen näher gekommen; *he is nowhere or not anywhere ~ as clever as you* er ist bei Weitem nicht so klug wie du **II** *prep* (*a.* **near to**) **1.** nahe an (+*dat*); (*with motion*) nahe an (+*acc*); (≈ *in the vicinity of*) in der Nähe von *or* +*gen*; *the hotel is very ~* (*to*) *the station* das Hotel liegt ganz in der Nähe des Bahnhofs; *move the chair ~er* (*to*) *the table* rücken Sie den Stuhl näher an den Tisch; *to get ~/~er* (*to*) *sb/sth* nahe/näher an jdn/etw herankommen; *keep ~ me* bleib in meiner Nähe; *~ here/there* hier/dort in der Nähe; *don't come ~ me* komm mir nicht zu nahe; *~* (*to*) *where ...* nahe der Stelle, wo ...; *to be ~est to sth* einer Sache (*dat*) am nächsten sein; *take the chair ~est* (*to*) *you* nehmen Sie den Stuhl direkt neben Ihnen; *to be ~* (*to*) *tears* den Tränen nahe sein; *the project is ~* (*to*) *completion* das Projekt steht vor seinem Abschluss **2.** (*in time*) gegen; *~ death* dem Tode nahe; *come back ~er* (*to*) *3 o'clock* kommen Sie gegen 3 Uhr wieder; *~ the end of the play* gegen Ende des Stücks; *I'm ~ the end of the book* ich habe das Buch fast zu Ende gelesen; *her birthday is ~* (*to*) *mine* ihr und mein Geburtstag liegen nahe beieinander **3.** (≈ *similar to*) ähnlich (+*dat*); *German is ~er* (*to*) *Dutch than English is* Deutsch ist dem Holländischen ähnlicher als Englisch **III** *adj* **1.** nahe; *to be ~* in der Nähe sein; (*danger, end*) nahe sein; (*event*) bevorstehen; *to be ~er/~est* näher/am nächsten sein; *it looks very ~* es sieht so aus, als ob es ganz nah wäre; *his answer was ~er than mine/~est* seine Antwort traf eher zu als meine/traf die Sachlage am ehesten zu **2.** (*fig*) *escape* knapp; *a ~ disaster* fast ein Unglück *nt*; *his ~est rival* sein schärfster Rivale, seine schärfste Rivalin; *round up the figure to the ~est pound* runden Sie die Zahl auf das nächste Pfund auf; *£50 or ~est offer* COMM Verhandlungsbasis £ 50; *that's the ~est thing you'll get to an answer* eine bessere Antwort kannst du kaum erwarten; *my ~est and dearest* meine Lieben *pl* **IV** *v/t* sich nähern (+*dat*); *to be ~ing sth* (*fig*) auf etw (*acc*) zugehen; *she was ~ing fifty* sie ging auf die Fünfzig zu; *to ~ completion* kurz vor dem Abschluss stehen **V** *v/i* nä-

her rücken **nearby I** *adv* (*a.* **near by**) in der Nähe **II** *adj* nahe gelegen **Near East** *n* Naher Osten; *in the ~* im Nahen Osten **nearly** *adv* fast; *I ~ laughed* ich hätte fast gelacht; *we are ~ there* (*at a place*) wir sind fast da; (*with a job*) wir sind fast so weit; *he very ~ drowned* er wäre um ein Haar ertrunken; *not ~* bei Weitem nicht **nearly-new** *adj ~ shop* Second-Hand-Laden *m* **near miss** *n* AVIAT Beinahezusammenstoß *m* **nearside** AUTO **I** *adj* auf der Beifahrerseite **II** *n* Beifahrerseite *f* **near-sighted** *adj* kurzsichtig **near thing** *n that was a ~* das war knapp

neat *adj* (+*er*) **1.** (≈ *tidy*) ordentlich; *appearance* gepflegt; *~ and tidy* hübsch ordentlich **2.** *fit* genau **3.** *solution* elegant; *trick* schlau **4.** (*esp Br*) *to drink one's whisky ~* Whisky pur trinken **5.** (*US infml* ≈ *excellent*) prima (*infml*) **neatly** *adv* **1.** (≈ *tidily*) ordentlich **2.** (≈ *skilfully*) gewandt **neatness** *n* Ordentlichkeit *f*

necessarily *adv* notwendigerweise; *not ~* nicht unbedingt **necessary I** *adj* **1.** notwendig; *it is ~ to ...* man muss ...; *is it really ~ for me to come?* muss ich denn wirklich kommen?; *it's not ~ for you to come* Sie brauchen nicht zu kommen; *all the ~ qualifications* alle erforderlichen Qualifikationen; *if/when ~* wenn nötig; *that won't be ~* das wird nicht nötig sein; *to make the ~ arrangements* die notwendigen Maßnahmen treffen; *to do everything ~* alles Nötige tun **2.** *change* unausweichlich **II** *n usu pl the ~ or* **necessaries** das Notwendige **necessitate** *v/t* notwendig machen **necessity** *n* Notwendigkeit *f*; *out of ~* aus Not; *the bare necessities* das Notwendigste

neck *n* **1.** Hals *m*; *to break one's ~* sich (*dat*) den Hals brechen; *to risk one's ~* Kopf und Kragen riskieren; *to save one's ~* seinen Hals aus der Schlinge ziehen; *to be up to one's ~ in work* bis über den Hals in der Arbeit stecken; *to stick one's ~ out* seinen Kopf riskieren; *in this ~ of the woods* (*infml*) in diesen Breiten **2.** (*of dress etc*) Ausschnitt *m*; *it has a high ~* es ist hochgeschlossen **neck and neck** *adv* Kopf an Kopf **necklace** *n* (Hals)kette *f* **neckline** *n* Ausschnitt *m* **necktie** *n* (*esp US*) Krawatte *f* **nectar** *n* Nektar *m*

nectarine *n* Nektarine *f*
née *adj* **Mrs Smith,** ~ **Jones** Frau Smith, geborene Jones
need I *n* **1.** *no pl* (≈ *necessity*) Notwendigkeit *f* (*for* +*gen*); **if** ~ **be** nötigenfalls; **(there is) no** ~ **for sth** etw ist nicht nötig; **(there is) no** ~ **to do sth** etw braucht nicht getan werden; **to be (badly) in** ~ **of sth** etw (dringend) brauchen; **in** ~ **of repair** reparaturbedürftig; **to have no** ~ **of sth** etw nicht brauchen **2.** *no pl* (≈ *misfortune*) Not *f*; **in time(s) of** ~ in schwierigen Zeiten; **those in** ~ die Notleidenden *pl* **3.** (≈ *requirement*) Bedürfnis *nt*; **your** ~ **is greater than mine** Sie haben es nötiger als ich; **there is a great** ~ **for ...** es besteht ein großer Bedarf an (+*dat*) ... **II** *v/t* brauchen; **much** ~**ed** dringend notwendig; **just what I** ~**ed** genau das Richtige; **that's all I** ~**ed** (*iron*) das hat mir gerade noch gefehlt; **this incident** ~**s some explanation** dieser Vorfall bedarf einer Erklärung (*gen*); **it** ~**s a coat of paint** es muss gestrichen werden; **sth** ~**s doing** etw muss gemacht werden; **to** ~ **to do sth** etw tun müssen; **not to** ~ **to do sth** etw nicht zu tun brauchen; **you shouldn't** ~ **to be told** das müsste man dir nicht erst sagen müssen **III** *vb*/*aux* **1.** (*positive*) müssen; ~ **he go?** muss er gehen?; **no-one** ~ **go** *or* ~**s to go home yet** es braucht noch keiner nach Hause zu gehen; **you only** ~**ed to ask** du hättest nur (zu) fragen brauchen **2.** (*negative*) brauchen; **we** ~**n't have gone** wir hätten gar nicht gehen brauchen; **you** ~**n't have bothered** das war nicht nötig; **that** ~**n't be the case** das muss nicht unbedingt der Fall sein
needle *n* Nadel *f*; **it's like looking for a** ~ **in a haystack** es ist, als ob man eine Stecknadel im Heuhaufen suchte
needless *adj* unnötig; *death, destruction* sinnlos; ~ **to say, ...** natürlich ... **needlessly** *adv* unnötig(erweise); *destroy, kill* sinnlos; **you are worrying quite** ~ Ihre Sorgen sind vollkommen unbegründet
needlework *n* Handarbeit *f*
needy I *adj* (+*er*) bedürftig **II** *n* **the** ~ die Bedürftigen *pl*
negate *v/t* zunichtemachen **negative I** *adj* negativ; *answer* verneinend; GRAM verneint **II** *n* **1.** Verneinung *f*; **to answer in the** ~ eine verneinende Antwort ge-

ben; **put this sentence into the** ~ verneinen Sie diesen Satz **2.** PHOT Negativ *nt* **III** *int* nein
neglect I *v/t* vernachlässigen; **to** ~ **to do sth** es versäumen, etw zu tun **II** *n* Nachlässigkeit *f*; **to be in a state of** ~ verwahrlost sein **neglected** *adj* vernachlässigt; *garden etc* verwahrlost **neglectful** *adj* nachlässig
négligé(e) *n* Negligé *nt*
negligence *n* Nachlässigkeit *f*; (*causing danger,* JUR) Fahrlässigkeit *f* **negligent** *adj* nachlässig; (*causing danger, damage*) fahrlässig **negligently** *adv* nachlässig; (≈ *causing danger, damage*) fahrlässig
negligible *adj* unwesentlich
negotiable *adj* **these terms are** ~ über diese Bedingungen kann verhandelt werden **negotiate I** *v/t* **1.** (≈ *discuss*) verhandeln über (+*acc*); (≈ *bring about*) aushandeln **2.** *bend* nehmen **II** *v/i* verhandeln (*for* über +*acc*) **negotiation** *n* Verhandlung *f*; **the matter is still under** ~ über diese Sache wird noch verhandelt **negotiator** *n* Unterhändler(in) *m(f)*
Negro I *adj* Schwarzen- **II** *n* Schwarze(r) *m/f(m)*
neigh *v/i* wiehern
neighbour, (*US*) **neighbor** *n* Nachbar(in) *m(f)*; (*at table*) Tischnachbar(in) *m(f)*
neighbourhood, (*US*) **neighborhood** *n* (≈ *district*) Gegend *f*; (≈ *people*) Nachbarschaft *f* **neighbouring,** (*US*) **neighboring** *adj* benachbart; ~ **village** Nachbardorf *nt* **neighbourly,** (*US*) **neighborly** *adj* *person* nachbarlich; *act* gutnachbarlich
neither I *adv* ~ **... nor** weder ... noch; **he** ~ **knows nor cares** er weiß es nicht und will es auch nicht wissen **II** *cj* auch nicht; **if you don't go,** ~ **shall I** wenn du nicht gehst, gehe ich auch nicht; **he didn't do it (and)** ~ **did his sister** weder er noch seine Schwester haben es getan **III** *adj* keine(r, s) (der beiden); ~ **one of them** keiner von beiden **IV** *pron* keine(r, s); ~ **of them** keiner von beiden
neoclassical *adj* klassizistisch
neon *adj attr* Neon-
neo-Nazi I *n* Neonazi *m* **II** *adj* neonazistisch
neon sign *n* (≈ *name*) Neonschild *nt*; (≈ *advertisement*) Neonreklame *f*

nephew *n* Neffe *m*

Neptune *n* ASTRON, MYTH Neptun *m*

nerd *n* (*infml*) Dumpfbacke *f* (*sl*); **computer ~** Computerfreak *m* (*infml*)

nerve *n* **1.** Nerv *m*; **to get on sb's ~s** (*infml*) jdm auf die Nerven gehen; **to touch a ~** einen wunden Punkt berühren **2.** *no pl* (≈ *courage*) Mut *m*; **to lose one's ~** die Nerven verlieren; **to have the ~ to do sth** sich trauen, etw zu tun **3.** *no pl* (*infml* ≈ *impudence*) Frechheit *f*; **to have the ~ to do sth** die Frechheit besitzen, etw zu tun; **he's got a ~!** der hat Nerven! (*infml*) **nerve centre,** (*US*) **nerve center** *n* (*fig*) Schaltzentrale *f* **nerve-racking, nerve-wracking** *adj* nervenaufreibend

nervous *adj* **1.** *disorder* nervös; **~ tension** Nervenanspannung *f* **2.** (≈ *timid*) ängstlich; (≈ *on edge*) nervös; **to be or feel ~** (≈ *be afraid*) Angst haben; (≈ *be worried*) sich (*dat*) Sorgen machen; (≈ *be on edge*) nervös sein; **I am ~ about the exam** mir ist bange vor dem Examen; **I was rather ~ about giving him the job** mir war nicht wohl bei dem Gedanken, ihm die Stelle zu geben; **I am rather ~ about diving** ich habe eine ziemliche Angst vor dem Tauchen **nervous breakdown** *n* Nervenzusammenbruch *m* **nervous energy** *n* Vitalität *f* **nervously** *adv* (≈ *apprehensively*) ängstlich; (≈ *on edge*) nervös **nervous system** *n* Nervensystem *nt* **nervous wreck** *n* (*infml*) **to be a ~** mit den Nerven völlig am Ende sein

nest I *n* **1.** Nest *nt* **2.** (*of boxes etc*) Satz *m* **II** *v/i* nisten **nest egg** *n* (*fig*) Notgroschen *m*

nestle *v/i* **to ~ up to sb** sich an jdn schmiegen; **to ~ against sth** sich an jdn anschmiegen; **the village nestling in the hills** das Dorf, das zwischen den Bergen eingebettet liegt

Net *n* (*infml*) **the ~** IT das Internet

net¹ I *n* **1.** Netz *nt*; **to slip through the ~** (*criminal*) durch die Maschen schlüpfen **2.** (*for curtains*) Tüll *m* **II** *v/t fish* mit dem Netz fangen

net² *adj* **1.** *price, weight* Netto-; **~ disposable income** verfügbares Nettoeinkommen **2.** (*fig*) End-; **~ result** Endergebnis *nt*

netball *n* (*Br*) Korbball *m* **net curtain** *n* (*Br*) Tüllgardine *f*

Netherlands *pl* **the ~** die Niederlande *pl*

netiquette *n* IT Netiquette *f*

net profit *n* Reingewinn *m*

netspeak *n* (INTERNET, *infml*) Chat-Slang *m* (*infml*), Internetjargon *m*

netting *n* Netz *nt*; (≈ *wire netting*) Maschendraht *m*; (*for curtains etc*) Tüll *m*

nettle I *n* BOT Nessel *f*; **to grasp the ~** (*fig*) in den sauren Apfel beißen **II** *v/t* (*fig infml*) *person* wurmen (*infml*)

net weight *n* Nettogewicht *nt*

network I *n* **1.** Netz *nt* **2.** RADIO, TV Sendenetz *nt*; ELEC, IT Netzwerk *nt*; **~ driver/ server** IT Netzwerktreiber *m*/-server *m* **II** *v/t programme* im ganzen Netzbereich ausstrahlen; IT vernetzen **III** *v/i* (*people*) im Netzwerk arbeiten **networking** *n* **1.** IT Networking *nt* **2.** (≈ *making contacts*) Knüpfen *nt* von Kontakten

neurological *adj* neurologisch **neurologist** *n* Neurologe *m*, Neurologin *f* **neurology** *n* Neurologie *f* **neurosis** *n, pl* **neuroses** Neurose *f* **neurosurgery** *n* Neurochirurgie *f* **neurotic I** *adj* neurotisch; **to be ~ about sth** in Bezug auf etw (*acc*) neurotisch sein **II** *n* Neurotiker(in) *m(f)*

neuter I *adj* GRAM sächlich **II** *v/t cat, dog* kastrieren

neutral I *adj* neutral; (≈ *colourless*) farblos **II** *n* **1.** (≈ *person*) Neutrale(r) *m/f(m)* **2.** AUTO Leerlauf *m*; **to be in ~** im Leerlauf sein; **to put the car in ~** den Gang herausnehmen **neutrality** *n* Neutralität *f* **neutralize** *v/t* neutralisieren

neutron *n* Neutron *nt*

never *adv* **1.** nie, niemals (*elev*); **~ again** nie wieder; **~ before** noch nie; **~ even** nicht einmal **2.** (*emph* ≈ *not*) **I ~ slept a wink** (*infml*) ich habe kein Auge zugetan; **Spurs were beaten — ~!** (*infml*) Spurs ist geschlagen worden — nein!; **well I ~ (did)!** (*infml*) nein, so was!; **~ fear** keine Angst **never-ending** *adj* endlos **nevertheless** *adv* dennoch

new *adj* (+*er*) neu; **the ~ people at number five** die Neuen in Nummer fünf; **that's nothing ~** das ist nichts Neues; **what's ~?** (*infml*) was gibts Neues? (*infml*); **I'm ~ to this job** ich bin neu in dieser Stelle; **she's ~ to the game** SPORTS sie ist erst seit Kurzem bei diesem Sport dabei; (*fig*) sie ist neu auf diesem Gebiet **New Age Traveller** *n* (*Br*) Aussteiger(in) *m(f)* **new blood** *n* (*fig*) frisches Blut **newborn** *adj* neugeboren **newcomer**

n Neuankömmling *m*; (*in job etc*) Neuling *m* (*to* in +*dat*); **they are ~s to this town** sie sind neu in dieser Stadt **New England** *n* Neuengland *nt* **newfangled** *adj* neumodisch **new-found** *adj* **happiness** neu(gefunden); **confidence** neugeschöpft **Newfoundland** *n* Neufundland *nt* **newish** *adj* ziemlich neu **newly** *adv* frisch; **~ made** ganz neu; *bread, cake etc* frisch gebacken; **~ arrived** neu angekommen; **~ married** frisch vermählt **newlyweds** *pl* (*infml*) Frischvermählte *pl* **new moon** *n* Neumond *m*; **there's a ~ tonight** heute Nacht ist Neumond **news** *n no pl* **1.** (≈ *report*) Nachricht *f*; (≈ *recent development*) Neuigkeit(en) *f(pl)*; **a piece of ~** eine Neuigkeit; **I have no ~ of him** ich habe nicht von ihm gehört; **there is no ~** es gibt nichts Neues zu berichten; **have you heard the ~?** haben Sie schon (das Neueste) gehört?; **tell us your ~** erzähl uns das Neueste; **I have ~ for you** (*iron*) ich habe eine Überraschung für dich; **good ~** gute Nachrichten; **that's bad ~ for ...** das ist ein schwerer Schlag für ...; **who will break the ~ to him?** wer wird es ihm sagen *or* beibringen?; **that is ~ to me!** das ist mir ganz neu! **2.** PRESS, RADIO, TV Nachrichten *pl*; **~ in brief** Kurznachrichten *pl*; **financial ~** Wirtschaftsbericht *m*; **it was on the ~** das kam in den Nachrichten; **to be in the ~** von sich reden machen **news agency** *n* Nachrichtenagentur *f* **newsagent** *n* (*Br*) Zeitungshändler(in) *m(f)* **news bulletin** *n* Bulletin *nt* **newscaster** *n* Nachrichtensprecher(in) *m(f)* **newsdealer** *n* (*US*) Zeitungshändler(in) *m(f)* **newsflash** *n* Kurzmeldung *f* **newsgroup** *n* INTERNET Newsgroup *f* **news headlines** *pl* Kurznachrichten *pl* **newsletter** *n* Rundschreiben *nt* **newspaper** *n* Zeitung *f*; **daily ~** Tageszeitung *f* **newspaper article** *n* Zeitungsartikel *m* **newsreader** *n* Nachrichtensprecher(in) *m(f)* **newsroom** *n* Nachrichtenredaktion *f* **newsstand** *n* Zeitungsstand *m*

new-style *adj* im neuen Stil **news vendor** *n* Zeitungsverkäufer(in) *m(f)* **newsworthy** *adj* **to be ~** Neuigkeitswert haben

newt *n* Wassermolch *m*

New Testament *n* **the ~** das Neue Testament **new wave I** *n* neue Welle **II** *adj attr* der neuen Welle **New World** *n* **the ~** die Neue Welt

New Year *n* neues Jahr; (≈ *New Year's Day*) Neujahr *nt*; **to see in the ~** das neue Jahr begrüßen; **Happy ~!** (ein) gutes neues Jahr!; **at ~** an Neujahr; **~ resolution** (guter) Vorsatz für das neue Jahr **New Year's Day** *n* Neujahr *nt* **New Year's Eve** *n* Silvester *nt* **New Zealand I** *n* Neuseeland *nt* **II** *adj attr* neuseeländisch **New Zealander** *n* Neuseeländer(in) *m(f)*

next I *adj* nächste(r, s); **he came back the ~ day** er kam am nächsten Tag wieder; **(the) ~ time** das nächste Mal; **(the) ~ moment** im nächsten Moment; **from one moment to the ~** von einem Moment zum anderen; **this time ~ week** nächste Woche um diese Zeit; **the year after ~** übernächstes Jahr; **the ~ day but one** der übernächste Tag; **who's ~?** wer ist der Nächste?; **you're ~** Sie sind an der Reihe; **my name is ~ on the list** mein Name kommt als nächster auf der Liste; **the ~ but one** der/die/das Übernächste; **the ~ thing I knew I ...** bevor ich wusste, wie mir geschah, ... ich ...; (*after fainting etc*) das Nächste, woran ich mich erinnern kann, war, dass ich ...; **the ~ size up/down** die nächstkleinere/nächstgrößere Größe **II** *adv* **1.** (≈ *the next time*) das nächste Mal; (≈ *afterwards*) danach; **what shall we do ~?** und was sollen wir als Nächstes machen?; **whatever ~?** (*in surprise*) Sachen gibts! (*infml*) **2. ~ to sb/sth** neben jdm/etw; (*with motion*) neben jdn/etw; **the ~ to last row** die vorletzte Reihe; **~ to nothing** so gut wie nichts; **~ to impossible** nahezu unmöglich **3. the ~ best** der/die/das Nächstbeste; **this is the ~ best thing** das ist das Nächstbeste; **the ~ oldest boy** der zweitälteste Junge **III** *n* Nächste(r) *m/f(m)* **next door** *adv* nebenan; **let's go ~** gehen wir nach nebenan; **they live ~ to us** sie wohnen (direkt) neben uns; **he has the room ~ to me** er hat das Zimmer neben mir; **we live ~ to each other** wir wohnen Tür an Tür; **the boy ~** der Junge von nebenan **next-door** *adj* **the ~ neighbour** (*Br*) *or* **neighbor** (*US*) der direkte Nachbar; **we are ~ neighbours** (*Br*) *or* **neighbors** (*US*) wir wohnen Tür an Tür; **the ~ house** das Nebenhaus **next of kin** *n, pl* - nächster Verwandter, nächste Verwandte

NFL (*US*) *abbr of* **National Football League** *amerikanische Fußball-Nationalliga*

NGO *abbr of* **nongovernmental organization** Nicht-Regierungs-Organisation *f*, NRO *f*

NHS (*Br*) *abbr of* **National Health Service**

nib *n* Feder *f*

nibble I *v/t* knabbern **II** *v/i* (*at* an +*dat*) knabbern **III** *n* ~s (*Br*) Knabbereien *pl*

nice *adj* (+*er*) **1.** nett, fesch (*Aus*); *weather, smell, meal, work* gut; *feeling, car* schön; *to have a* ~ *time* sich gut amüsieren; *have a* ~ *day!* (*esp US*) schönen Tag noch!; *the* ~ *thing about Venice* das Schöne an Venedig; *it's* ~ *to see you again* es freut mich, Sie wieder zu treffen; *it's been* ~ *meeting you* ich habe mich gefreut, Sie kennenzulernen; *I had a* ~ *rest* ich habe mich schön ausgeruht; ~ *one!* toll! (*infml*) **2.** (*intensifier*) schön; *a* ~ *long bath* ein schönes, langes Bad; ~ *and warm* schön warm; *take it* ~ *and easy* überanstrengen Sie sich nicht **3.** (*iron*) *you're in a* ~ *mess* du sitzt schön im Schlamassel (*infml*); *that's a* ~ *way to talk to your mother* das ist ja eine schöne Art, mit deiner Mutter zu sprechen; **nice-looking** *adj* schön; *woman, man* gut aussehend; *to be* ~ gut aussehen; **nicely** *adv* (≈ *pleasantly*) nett; (≈ *well*) *go, speak, behave, placed* gut; *to be coming along* ~ sich gut machen; *to ask* ~ höflich fragen; *say thank you* ~! sag mal schön Danke!; *that will do* ~ das reicht vollauf; *he's doing very* ~ *for himself* er ist sehr gut gestellt, er scheffelt Geld (*infml*); *to be* ~ *spoken* sich gepflegt ausdrücken; ~ *done* gut gemacht; **niceties** *pl* Feinheiten *pl*

niche *n* Nische *f*; (*fig*) Plätzchen *nt*

nick¹ I *n* **1.** Kerbe *f* **2.** *in the* ~ *of time* gerade noch (rechtzeitig) **3.** (*Br infml*) *in good/bad* ~ gut/nicht gut in Schuss (*infml*) **II** *v/t* *to* ~ *oneself* (*infml*) sich schneiden

nick² (*Br*) **I** *v/t* (*infml*) **1.** (≈ *arrest*) einsperren (*infml*) **2.** (≈ *steal*) klauen (*infml*) **II** *n* (*infml* ≈ *prison*) Knast *m* (*infml*)

nickel *n* **1.** (≈ *metal*) Nickel *nt* **2.** (*US*) Fünfcentstück *nt* **nickel-plated** *adj* vernickelt

nickname I *n* Spitzname *m* **II** *v/t* **they** ~**d him Baldy** sie gaben ihm den Spitznamen Baldy

nicotine *n* Nikotin *nt* **nicotine patch** *n* Nikotinpflaster *nt*

niece *n* Nichte *f*

nifty *adj* (+*er*) (*infml*) flott (*infml*); *gadget* schlau (*infml*); *a* ~ *little car* ein netter kleiner Flitzer (*infml*)

niggardly *adj* *person* knaus(e)rig; *amount* armselig

niggle I *v/i* (≈ *complain*) herumkritteln (*infml*) (*about* an +*dat*) **II** *v/t* (≈ *worry*) quälen **niggling** *adj* *doubt, pain* quälend; *feeling* ungut

nigh I *adj* (*old, liter*) nahe **II** *adv* ~ *on* nahezu (*elev*)

night I *n* Nacht *f*; (≈ *evening*, THEAT) Abend *m*; *last* ~ gestern Abend; letzte Nacht; *tomorrow* ~ morgen Abend/Nacht; *on Friday* ~ Freitagabend/-nacht; *11 o'clock at* ~ 11 Uhr nachts; *6 o'clock at* ~ 6 Uhr abends; *she works at* ~ sie arbeitet nachts; *in/during the* ~ in/während der Nacht; *the* ~ *before* am Abend/die Nacht zuvor; *the* ~ *before last* vorgestern Abend/vorletzte Nacht; *to spend the* ~ *at a hotel* in einem Hotel übernachten; *to have a good/bad* ~ *or* ~*'s sleep* gut/schlecht schlafen; ~~*!* (*infml*) gut Nacht! (*infml*); *all* ~ (*long*) die ganze Nacht; *to have a* ~ *out* (abends) ausgehen; *to have an early* ~ früh schlafen gehen; *to be on* ~*s* Nachtdienst haben; (*shift worker*) Nachtschicht haben **II** *adv* ~*s* (*esp US*) nachts **nightcap** *n* (≈ *drink*) Schlaftrunk *m* (*infml*) **nightclub** *n* Nachtklub *m* **nightdress** *n* Nachthemd *nt* **nightfall** *n* *at* ~ bei Einbruch der Dunkelheit **nightgown** *n* Nachthemd *nt* **nightie** *n* (*infml*) Nachthemd *nt* **nightingale** *n* Nachtigall *f* **nightlife** *n* Nachtleben *nt* **night-light** *n* (*for child etc*) Nachtlicht **nightly I** *adj* (≈ *every night*) (all)nächtlich; (≈ *every evening*) (all)abendlich **II** *adv* (≈ *every night*) jede Nacht; (≈ *every evening*) jeden Abend **nightmare** *n* Albtraum *m*; *that was a* ~ *of a journey* die Reise war ein Albtraum **night owl** *n* (*infml*) Nachteule *f* (*infml*) **night safe** *n* Nachttresor *m* **night school** *n* Abendschule *f* **night shift** *n* Nachtschicht *f*; *to be on* ~ Nachtschicht haben **nightshirt** *n* (Herren)nachthemd *nt* **nightspot** *n* Nachtlo-

kal nt **night stick** n (US) Schlagstock m
night-time I n Nacht f; **at ~** nachts **II** adj
attr nächtlich; **~ temperature** Nachttemperatur f **night watchman** n Nachtwächter(in) m(f)
nihilistic adj nihilistisch
nil n (≈ zero) null; (≈ nothing) nichts; **the
score was one-~** es stand eins zu null;
→ **zero**
Nile n Nil m
nimble adj (+er) (≈ quick) flink; (≈ agile)
gelenkig; mind beweglich **nimbly** adv
gelenkig
nine I adj neun; **~ times out of ten** in neun
Zehntel der Fälle **II** n Neun f; **dressed
(up) to the ~s** in Schale (infml); **to call
999** (Br) or **911** (US) den Notruf wählen; → **six nine-eleven, 9/11** n die Angriffe auf das World Trade Center am
11. September 2001
nineteen I adj neunzehn **II** n Neunzehn f;
she talks ~ to the dozen (Br infml) sie
redet wie ein Wasserfall (infml)
nineteenth I adj **1.** (in series) neunzehnte(r, s) **2.** (as fraction) neunzehntel **II** n **1.**
Neunzehnte(r, s) **2.** (≈ fraction) Neunzehntel nt; → **sixteenth**
ninetieth I adj **1.** (in series) neunzigste(r,
s) **2.** (as fraction) neunzigstel **II** n **1.**
Neunzigste(r, s) **2.** (≈ fraction) Neunzigstel nt
nine-to-five adj Büro-; **~ job** Bürojob m
ninety I adj neunzig **II** n Neunzig f; → **sixty**
ninth I adj **1.** (in series) neunte(r, s) **2.** (as
fraction) neuntel **II** n **1.** Neunte(r, s) **2.** (≈
fraction) Neuntel nt; → **sixth**
nip [1] n **1.** (≈ pinch) Kniff m; (≈ bite: from
animal etc) Biss m **2. there's a ~ in the air**
es ist ganz schön frisch **II** v/t **1.** (≈ pinch)
kneifen, zwicken (Aus); **the dog ~ped
his ankle** der Hund hat ihn am Knöchel
gezwickt **2. to ~ sth in the bud** (fig) etw
im Keim ersticken **III** v/i (Br infml) sausen (infml); **to ~ up(stairs)** hochflitzen
(infml); **I'll just ~ down to the shops**
ich gehe mal kurz einkaufen (infml)
♦ **nip out** v/i (Br infml) kurz weggehen
(infml)
nip [2] n (infml ≈ drink) Schlückchen nt
nipple n ANAT Brustwarze f, Nippel m
(infml); (US: on baby's bottle) Sauger m
nippy adj (+er) **1.** (Br infml) flott; car
spritzig **2.** weather frisch
nit n **1.** ZOOL Nisse f **2.** (Br infml)

Schwachkopf m (infml) **nit-pick** v/i
(infml) pingelig sein (infml)
nitrate n Nitrat nt
nitric acid n Salpetersäure f
nitrogen n Stickstoff m
nitty-gritty n (infml) **to get down to the ~**
zur Sache kommen
nitwit n (infml) Schwachkopf m (infml)
No, no abbr of **number** Nr.
no I adv **1.** (negative) nein; **to answer no**
mit Nein antworten **2.** (with comp)
nicht; **I can bear it no longer** ich kann
es nicht länger ertragen; **I have no more
money** ich habe kein Geld mehr; **he returned to England in an aircraft carrier
no less** er kehrte auf nichts Geringerem
als einem Flugzeugträger nach England
zurück **II** adj kein; **no one person could
do it** keiner könnte das allein tun; **no
other man** kein anderer; **it's of no interest** das ist belanglos; **it's no use** or **no
good** das hat keinen Zweck; **no smoking** Rauchen verboten; **there's no telling what he'll do** man kann nie wissen,
was er tun wird; **there's no denying it** es
lässt sich nicht leugnen; **there's no
pleasing him** ihm kann man es auch
nie recht machen; **he's no genius** er
ist nicht gerade ein Genie; **this is no
place for children** das ist hier nichts
für Kinder; **in no time** im Nu; **at no little
expense** zu großen Kosten; **there is no
such thing** so etwas gibt es nicht; **I'll do
no such thing** ich werde mich hüten **III**
n, pl **-es** Nein nt; (≈ no vote) Neinstimme f; **I won't take no for an answer** ich
bestehe darauf
Nobel n **~ prize** Nobelpreis m; **~ peace
prize** Friedensnobelpreis m
nobility n no pl **1.** (≈ people) (Hoch)adel
m **2.** (≈ quality) Edle(s) nt **noble I** adj
(+er) **1.** (≈ aristocratic) adlig; **to be of
~ birth** adlig sein **2.** (≈ fine) person, deed,
thought etc nobel; attempt heldenhaft **II**
n Adlige(r) m/f(m) **nobleman** n Adlige(r) m **noblewoman** n Adlige f **nobly**
adv **1.** (≈ finely) vornehm; (≈ bravely)
heldenhaft **2.** (infml ≈ selflessly) großmütig
nobody I pron niemand; **~ else** sonst niemand; **~ else but you can do it** außer dir
kann das niemand; **~ else offered to
give them money** sonst hat sich niemand angeboten, ihnen Geld zu geben;
like ~'s business wie nichts **II** n Nie-

mand *m no pl*
no-claim(s) bonus *n* Schadenfreiheitsrabatt *m*
nocturnal *adj* nächtlich; **~ animal** Nacht-
tier *nt*
nod I *n* Nicken *nt*; **to give a ~** nicken II *v/i*
nicken; **to ~ to sb** jdm zunicken; **to ~ to-
ward(s) sth** mit dem Kopf auf etw zeigen III *v/t* **to ~ one's head** mit dem Kopf
nicken ♦ **nod off** *v/i* einnicken (*infml*)
node *n* 1. Knoten *m* 2. IT Node *m*, Knoten
m
nodule *n* Knötchen *nt*
no-frills *adj attr deal* ohne (alle) Extras;
style einfach **no-go area** *n* Sperrgebiet
nt **no-good** *adj* nichtsnutzig **no-holds-
-barred** *adj* kompromisslos
noise *n* Geräusch *nt*; (*loud, irritating*)
Lärm *m*; **what was that ~?** was war
das für ein Geräusch?; **the ~ of the traffic** der Straßenlärm; **it made a lot of ~** es
war sehr laut; **don't make a ~!** sei leise!;
stop making such a ~ hör auf, solchen
Lärm zu machen **noiselessly** *adv* geräuschlos **noise level** *n* Geräuschpegel
m **noisily** *adv* laut; *protest* lautstark
noisy *adj* (+*er*) laut; *protest* lautstark;
this is a ~ house in dem Haus ist es laut
nomad *n* Nomade *m*, Nomadin *f* **nomadic** *adj* nomadisch; **~ lifestyle** Nomaden-
leben *nt*
no-man's-land *n* Niemandsland *nt*
nominal *adj* nominell **nominal value** *n*
Nennwert *m*
nominate *v/t* 1. (≈ *appoint*) ernennen; **he
was ~d chairman** er wurde zum Vorsitzenden ernannt 2. (≈ *propose*) nominieren; **he was ~d for the presidency** er
wurde als Präsidentschaftskandidat
aufgestellt; **to ~ sb for sth** jdn für etw
nominieren **nomination** *n* 1. (≈ *appointment*) Ernennung *f* 2. (≈ *proposal*) Nominierung *f*
nominative GRAM I *n* Nominativ *m* II *adj*
(**the**) **~ case** der Nominativ
nominee *n* Kandidat(in) *m*(*f*)
nonaggression *n* **~ treaty** Nichtangriffspakt *m* **nonalcoholic** *adj* alkoholfrei
nonattendance *n* Nichtteilnahme *f* (*at*
an +*dat*)
nonchalance *n* Lässigkeit *f* **nonchalant**
adj, **nonchalantly** *adv* lässig
noncommissioned *adj* MIL **~ officer** Un-
teroffizier(in) *m*(*f*) **noncommittal** *adj*
zurückhaltend; **to be ~ about whether**

... sich nicht festlegen, ob ... **noncom-
mittally** *adv* unverbindlich **noncon-
formist** I *n* Nonkonformist(in) *m*(*f*) II
adj nonkonformistisch **nondescript**
adj taste, colour unbestimmbar; *appearance* unauffällig **nondrinker** *n* Nicht-
trinker(in) *m*(*f*) **nondriver** *n* Nichtfah-
rer(in) *m*(*f*)
none I *pron* keine(r, s); **~ of the boys/
them** keiner der Jungen/von ihnen; **~
of the girls** keines der Mädchen; **~ of
this/the cake** nichts davon/von dem
Kuchen; **~ of this is any good** das ist alles nicht gut; **do you have any bread/
apples? — ~ (at all)** haben Sie Brot/
Äpfel? — nein, gar keines/keine; **there
is ~ left** es ist nichts übrig; **their guest
was ~ other than** ... ihr Gast war kein
anderer als ...; **he would have ~ of it**
er wollte davon nichts wissen II *adv* **to
be ~ the wiser** um nichts klüger sein;
she looks ~ the worse for her ordeal
trotz allem, was sie durchzustehen hatte, sieht sie gut aus; **he was ~ too happy
about it** er war darüber gar nicht erfreut; **~ too sure/easy** durchaus nicht si-
cher/einfach
nonentity *n* unbedeutende Figur **nones-
sential** I *adj* unnötig II *n* **nonessentials**
pl nicht (lebens)notwendige Dinge *pl*
nonetheless *adv* trotzdem
nonevent *n* (*infml*) Reinfall *m* (*infml*)
nonexecutive *adj* **~ director** ≈ Auf-
sichtsratsmitglied *nt* (*ohne Entschei-
dungsbefugnis*) **nonexistent** *adj* nicht
vorhanden; **discipline is ~ here** hier
herrscht keine Disziplin **non-fat** *adj*
fettlos **nonfattening** *adj* nicht dick machend *attr*; **fruit is ~** Obst macht nicht
dick **nonfiction** I *n* Sachbücher *pl* II
adj **~ book** Sachbuch *nt* **nonflammable**
adj nicht entzündbar **nonmember** *n*
open to ~s Gäste willkommen **non-ne-
gotiable** *adj* **the price is ~** über den Preis
lässt sich nicht verhandeln
no-no *n* (*infml*) **that's a ~!** das gibts nicht!
no-nonsense *adj* (kühl und) sachlich
nonpayment *n* Nichtzahlung *f* **nonplus**
v/t **completely ~sed** völlig verdutzt
nonpolitical *adj* nicht politisch **non-
-profit-making**, (*US*)**nonprofit** *adj* keinen Gewinn anstrebend *attr* **non-re-
deemable** *adj* FIN nicht einlösbar **non-
-renewable** *adj* nicht erneuerbar **non-
resident** *n* Nicht(orts)ansässige(r)

m/*f*(*m*); (*in hotel*) nicht im Haus wohnender Gast; **open to** ~*s* auch für Nichthotelgäste **nonreturnable** *adj* ~ *bottle* Einwegflasche *f*; ~ *deposit* Anzahlung *f* **nonsense** *n* no *pl* Unsinn *m*; (≈ *silly behaviour*) Dummheiten *pl*; ~*!* Unsinn!; *I've had enough of this* ~ jetzt reichts mir aber; *what's all this* ~ *about a cut in salary?* was soll all das Gerede von einer Gehaltskürzung?; *he will stand no* ~ *from anybody* er lässt nicht mit sich spaßen **nonsensical** *adj* unsinnig

nonslip *adj* rutschfest **nonsmoker** *n* Nichtraucher(in) *m*(*f*) **nonsmoking** *adj* Nichtraucher-; **we have a** ~ *policy* bei uns herrscht Rauchverbot **nonstarter** *n* (*fig* ≈ *idea*) Blindgänger *m* **nonstick** *adj* antihaftbeschichtet **nonstop** **I** *adj train* durchgehend; *journey* ohne Unterbrechung; ~ *flight* Nonstop-Flug *m* **II** *adv work* ununterbrochen; *fly* nonstop **nonswimmer** *n* Nichtschwimmer(in) *m*(*f*) **nontaxable** *adj* nicht steuerpflichtig **nontoxic** *adj* ungiftig **nonverbal** *adj* nicht verbal **nonviolence** *n* Gewaltlosigkeit *f* **nonviolent** *adj* gewaltlos; *crime, offender* nicht gewalttätig

noodle *n* COOK Nudel *f*

nook *n* Winkel *m*; *in every* ~ *and cranny* in jedem Winkel

nookie, nooky *n* (*infml*) *to have a bit of* ~ (ein) bumsen (*infml*)

noon **I** *n* Mittag *m*; *at* ~ um 12 Uhr mittags **II** *adj* 12-Uhr-

no-one, no one *pron* = *nobody*

noontime (*esp US*) **I** *n* Mittagszeit *f*; *at* ~ um die Mittagsstunde (*elev*) **II** *adj* zur Mittagszeit

noose *n* Schlinge *f*

nope *adv* (*infml*) ne(e) (*dial*), nein

no place *adv* (*esp US infml*) = *nowhere*

nor *cj* **1.** noch; *neither ... ~* weder ... noch **2.** (≈ *and not*) und ... auch nicht; *I shan't go, ~ will you* ich gehe nicht, und du auch nicht; ~ *do I* ich auch nicht

Nordic *adj* nordisch; ~ *walking* Nordic Walking *nt*

norm *n* Norm *f*

normal **I** *adj* normal; (≈ *customary*) üblich; *it's* ~ *practice* das ist so üblich; *he is not his* ~ *self* er ist so anders; *a higher than* ~ *risk of infection* ein Infektionsrisiko, das über dem Normalen liegt **II** *n* no *pl* *below* ~ unter dem Durchschnitt; *her temperature is be-*

low/*above* ~ sie hat Untertemperatur/erhöhte Temperatur; *when things are back to* or *return to* ~ wenn sich alles wieder normalisiert hat; *carry on as* ~ machen Sie normal weiter **normality** *n* Normalität *f*; *to return to* ~ sich wieder normalisieren **normally** *adv* **1.** (≈ *usually*) normalerweise **2.** (≈ *in normal way*) normal

Norman **I** *adj* normannisch; *the* ~ *Conquest* der normannische Eroberungszug **II** *n* Normanne *m*, Normannin *f* **Normandy** *n* Normandie *f*

Norse *adj* altnordisch

north **I** *n* Norden *m*; *in*/*from the* ~ im/aus dem Norden; *to the* ~ *of* nördlich von; *the wind is in the* ~ es ist Nordwind; *to face* ~ nach Norden liegen; *the North of Scotland* Nordschottland *nt* **II** *adj attr* Nord-; *North German* norddeutsch **III** *adv* nach Norden; ~ *of* nördlich von **North Africa** *n* Nordafrika *nt* **North America** *n* Nordamerika *nt* **North American** **I** *adj* nordamerikanisch **II** *n* Nordamerikaner(in) *m*(*f*) **North Atlantic** *n* Nordatlantik *m* **northbound** *adj carriageway* nach Norden (führend); *traffic* in Richtung Norden **northeast** **I** *n* Nordosten *m*; *in the* ~ im Nordosten; *from the* ~ von Nordost **II** *adj* Nordost-, nordöstlich; ~ *England* Nordostengland *nt* **III** *adv* nach Nordosten; ~ *of* nordöstlich von **northeasterly** *adj* nordöstlich **northerly** *adj* nördlich

northern *adj* nördlich; ~ *Germany* Norddeutschland *nt*; *Northern Irish* nordirisch **northerner** *n* Nordengländer(in) *m*(*f*) *etc*; *he is a* ~ er kommt aus dem Norden (des Landes) **Northern Ireland** *n* Nordirland *nt* **northernmost** *adj* nördlichste(r, s) **North Pole** *n* Nordpol *m* **North Sea** **I** *n* Nordsee *f* **II** *adj* Nordsee- **North-South divide** *n* Nord-Süd-Gefälle *nt* **northward** **I** *adj* nördlich **II** *adv* (*a.* **northwards**) nordwärts **northwest** **I** *n* Nordwesten *m* **II** *adj* Nordwest-, nordwestlich; ~ *England* Nordwestengland *nt* **III** *adv* nach Nordwest(en); ~ *of* nordwestlich von **northwesterly** *adj* nordwestlich

Norway *n* Norwegen *nt*

Norwegian **I** *adj* norwegisch **II** *n* **1.** Norweger(in) *m*(*f*) **2.** LING Norwegisch *nt*

Nos., nos. *abbr of* **numbers** Nrn.

nose **I** *n* Nase *f*; *to hold one's* ~ sich (*dat*)

die Nase zuhalten; *my ~ is bleeding* ich habe Nasenbluten; *follow your ~* immer der Nase nach; *she always has her ~ in a book* sie hat dauernd den Kopf in einem Buch (vergraben); *to do sth under sb's ~* etw vor jds Augen tun; *it was right under his ~* er hatte es direkt vor der Nase; *he can't see beyond or further than the end of his ~* er kann nicht weiter sehen, als sein eigener Schatten reicht; *to get up sb's ~* (*fig infml*) jdm auf den Geist gehen (*infml*); *to poke one's ~ into sth* (*fig*) seine Nase in etw (*acc*) stecken; *you keep your ~ out of this* (*infml*) halt du dich da raus (*infml*); *to cut off one's ~ to spite one's face* (*prov*) sich ins eigene Fleisch schneiden; *to look down one's ~ at sb/sth* auf jdn/etw herabblicken; *to pay through the ~* (*infml*) sich dumm und dämlich zahlen (*infml*); *~ to tail* cars Stoßstange an Stoßstange **II** *v/t the car ~d its way into the stream of traffic* das Auto schob sich in den fließenden Verkehr vor ♦ **nose about** (*Brit*) *or* **around** *v/i* herumschnüffeln (*infml*)

nosebleed *n* Nasenbluten *nt*; *to have a ~* Nasenbluten haben **nosedive I** *n* AVIAT Sturzflug *m*; *the company's profits took a ~* mit der Firma ging es rapide bergab **II** *v/i* (*plane*) im Sturzflug herabgehen; (*fig*) den Bach runtergehen (*infml*) **nosedrops** *pl* Nasentropfen *pl* **nose ring** *n* Nasenring *m* **nosey** *adj* = **nosy**

nosh (*Br sl*) *n* (≈ *food*) Futter *nt* (*infml*) **no-smoking** *adj* = **nonsmoking** **nostalgia** *n* Nostalgie *f* (*for* nach); *to feel ~ for sth* sich nach etw zurücksehnen **nostalgic** *adj* nostalgisch; (≈ *wistful*) wehmütig; *to feel ~ for sth* sich nach etw zurücksehnen

nostril *n* Nasenloch *nt*; (*of horse etc*) Nüster *f*

nosy *adj* (+*er*) (*infml*) neugierig **nosy parker** *n* (*Br infml*) Schnüffler(in) *m(f)* (*infml*)

not *adv* **1.** nicht; *he told me ~ to do that* er sagte, ich solle das nicht tun; *~ a word* kein Wort; *~ a bit* kein bisschen; *~ one of them* kein Einziger; *~ a thing* überhaupt nichts; *~ any more* nicht mehr; *~ yet* noch nicht; *~ even* nicht einmal; *~ so* (*as reply*) nein; *he's decided ~ to do it — I should think/hope ~* er hat sich

entschlossen, es nicht zu tun — das möchte ich auch meinen/hoffen; *~ at all* (≈ *in no way*) überhaupt nicht; (≈ *you're welcome*) gern geschehen; *~ that I care* nicht, dass es mir etwas ausmacht(e); *~ that I know of* nicht, dass ich wüsste; *it's ~ that I don't believe him* ich glaube ihm ja **2.** (*in tag questions*) *it's hot, isn't it?* es ist heiß, nicht wahr *or* nicht? (*infml*); *isn't it hot?* (es ist) heiß, nicht wahr?; *isn't he naughty!* ist er nicht frech?; *you are coming, aren't you* Sie kommen doch, oder?

notable *adj* **1.** (≈ *eminent*) bedeutend; (≈ *big*) beträchtlich **2.** (≈ *conspicuous*) auffallend; *with a few ~ exceptions* bis auf einige rühmliche Ausnahmen **notably** *adv* **1.** (≈ *strikingly*) auffallend **2.** (≈ *in particular*) insbesondere; *most ~* vor allem

notary (public) *n* Notar(in) *m(f)*

notch *n* Kerbe *f* ♦ **notch up** *v/t sep points* erzielen; *success* verzeichnen können

note I *n* **1.** Notiz *f*; (≈ *letter*) Briefchen *nt*; *~s* (≈ *summary*) Aufzeichnungen *pl*; (≈ *draft*) Konzept *nt*; *to speak without ~s* frei sprechen; *to leave sb a ~* jdm ein paar Zeilen hinterlassen; *to take or make ~s* Notizen machen; *to take or make a ~ of sth* sich (*dat*) etw notieren **2.** *no pl* *to take ~ of sth* von etw Notiz nehmen **3.** *no pl* *nothing of ~* nichts Erwähnenswertes **4.** (MUS ≈ *sign*) Note *f*; (≈ *quality* ≈ *sound*) Ton *m*; *to play the right/wrong ~* richtig/falsch spielen; *to strike the right ~* (*fig*) den richtigen Ton treffen; *on a personal ~* persönlich gesprochen; *on a more positive ~* aus positiver Sicht; *to sound a ~ of caution* zur Vorsicht mahnen; *there was a ~ of warning in his voice* seine Stimme hatte einen warnenden Unterton **5.** (*Br* FIN) Schein *m*; *a £5 ~, a five-pound ~* ein Fünfpfundschein *m* **II** *v/t* **1.** (≈ *notice*) bemerken **2.** (≈ *pay attention to*) beachten **3.** = **note down** ♦ **note down** *v/t sep* notieren; (*as reminder*) sich (*dat*) notieren

notebook *n* Notizbuch *nt*; *~* (**computer**) Notebook *m* **noted** *adj* berühmt (*for* für, wegen) **notelet** *n* Briefkarte *f* **notepad** *n* Notizblock *m* **notepaper** *n* Briefpapier *nt* **noteworthy** *adj* beachtenswert

nothing I *n*, *pron*, *adv* nichts; *it was reduced to ~* es blieb nichts davon übrig;

it was all or ~ es ging um alles oder nichts; *£500 is* ~ *to her* £ 500 sind für sie gar nichts; *it came to* ~ da ist nichts draus geworden; *I can make* ~ *of it* das sagt mir nichts; *he thinks* ~ *of doing that* er findet nichts dabei(, das zu tun); *think* ~ *of it* keine Ursache!; *there was* ~ *doing at the club* (*infml*) im Klub war nichts los; *for* ~ umsonst; *there's* ~ (*else*) *for it but to leave* da bleibt einem nichts übrig als zu gehen; *there was* ~ *in it for me* das hat sich für mich nicht gelohnt; *there's* ~ *in the rumour* (*Br*) *or rumor* (*US*) an dem Gerücht ist nichts (Wahres); *there's* ~ *to it* (*infml*) das ist kinderleicht (*infml*); ~ *but* nur; ~ *else* sonst nichts; ~ *more* sonst nichts; *I'd like* ~ *more than that* ich möchte nichts lieber als das; ~ *much* nicht viel; ~ *if not polite* äußerst höflich; ~ *new* nichts Neues; *it was* ~ *like as big* es war lange nicht so groß **II** *n* **1.** MAT Null *f* **2.** (≈ *thing, person*) Nichts *nt*; *thank you — it was* ~ danke — das war doch selbstverständlich; *what's wrong with you? —* (*it's*) ~ was ist mit dir los? — nichts **nothingness** *n* Nichts *nt*

no through road *n it's a* ~ es ist keine Durchfahrt

notice I *n* **1.** (≈ *warning*) Bescheid *m*; (≈ *written notification*) Mitteilung *f*; (*of future event*) Ankündigung *f*; *we need three weeks'* ~ wir müssen drei Wochen vorher Bescheid wissen; *to give* ~ *of sth* von etw Bescheid geben; *to give sb* ~ *of sth* jdm etw mitteilen; *he didn't give us much* ~ er hat uns nicht viel Zeit gegeben; *at short* ~ kurzfristig; *at a moment's* ~ jederzeit; *at three days'* ~ innerhalb von drei Tagen; *until further* ~ bis auf Weiteres **2.** (*on notice board etc*) Anschlag *m*; (≈ *sign*) Schild *nt*; (*of birth*) Anzeige *f*; *I saw a* ~ *in the paper about the concert* ich habe das Konzert in der Zeitung angekündigt gesehen **3.** (*to end employment, residence*) Kündigung *f*; *to give sb* ~ jdm kündigen; *to give or hand or turn* (*US*) *in one's* ~ kündigen; *a month's* ~ eine einmonatige Kündigungsfrist; *she gave me or I was given a month's* ~ mir wurde zum nächsten Monat gekündigt **4.** *to take* ~ *of sth* von etw Notiz nehmen; (≈ *heed*) etw beachten; *to take no* ~ *of sb/sth* von jdm/etw keine Notiz nehmen;

take no ~*!* kümmern Sie sich nicht darum!; *to bring sth to sb's* ~ jdn auf etw (*acc*) aufmerksam machen; (*in letter etc*) jdn von etw in Kenntnis setzen **II** *v/t* bemerken; (≈ *recognize*) zur Kenntnis nehmen; *without my noticing it* ohne dass ich etwas bemerkt habe; *I* ~*d her hesitating* ich merkte, dass sie zögerte; *to get oneself* ~*d* auf sich (*acc*) aufmerksam machen; (*negatively*) auffallen **noticeable** *adj* erkennbar; (≈ *visible*) sichtbar; (≈ *obvious*) deutlich; *relief etc* merklich; *the stain is very* ~ der Fleck fällt ziemlich auf; *it is* ~ *that ...* man merkt, dass ... **noticeably** *adv* deutlich; *relieved etc* sichtlich **notice board** *n* (*esp Br*) Anschlagbrett *nt*

notification *n* Benachrichtigung *f* **notify** *v/t* benachrichtigen; *to* ~ *sb of sth* jdn von etw benachrichtigen; *authorities* jdm etw melden

notion *n* (≈ *idea*) Idee *f*; (≈ *conception*) Vorstellung *f*; (≈ *vague knowledge*) Ahnung *f*; *I have no* ~ *of time* ich habe überhaupt kein Zeitgefühl; *he got the* ~ (*into his head*) *that she wouldn't help him* irgendwie hat er sich (*dat*) eingebildet, sie würde ihm nicht helfen

notoriety *n* traurige Berühmtheit **notorious** *adj* berüchtigt; *gambler* notorisch; *a* ~ *woman* eine Frau von schlechtem Ruf **notoriously** *adv* bekanntlich; *it is* ~ *difficult to treat* es lässt sich bekanntlich nur sehr schwer behandeln; *to be* ~ *unreliable* für seine Unzuverlässigkeit berüchtigt sein

notwithstanding (*form*) **I** *prep* ungeachtet (+*gen*) (*form*) **II** *adv* nichtsdestotrotz

nougat *n* Nugat *m*

nought *n* **1.** (≈ *number*) Null *f* **2.** (*liter*) Nichts *nt*; *to come to* ~ sich zerschlagen **noughties** *pl* (*infml*) *das erste Jahrzehnt des dritten Jahrtausends*, Nullerjahre *pl* (*infml*)

noun *n* Substantiv *nt*

nourish *v/t* **1.** (*lit*) nähren; *person* ernähren **2.** (*fig*) *hopes etc* hegen **nourishing** *adj* nahrhaft, währschaft (*Swiss*) **nourishment** *n* Nahrung *f*

nouveau riche *n*, *pl* **-x -s** Neureiche(r) *m/f(m)*

Nov *abbr of* **November** Nov.

Nova Scotia *n* Neuschottland *nt*

novel[1] *n* Roman *m*

novel[2] *adj* neu(artig)

novelist *n* Romanschriftsteller(in) *m(f)*

novella *n* Novelle *f*

novelty *n* **1.** Neuheit *f*; **the ~ has worn off** der Reiz des Neuen ist vorbei **2.** (≈ *trinket*) Krimskrams *m*

November *n* November *m*; → *September*

novice *n* (*fig*) Anfänger(in) *m(f)* (*at* bei)

now **I** *adv* jetzt; (≈ *immediately*) sofort; (≈ *at this very moment*) gerade; (≈ *nowadays*) heute; *just ~* gerade; (≈ *immediately*) sofort; *it's ~ or never* jetzt oder nie; *what is it ~?* was ist denn nun schon wieder?; *by ~* inzwischen; *before ~* bis jetzt; *we'd have heard before ~* das hätten wir (inzwischen) schon gehört; *for ~* vorläufig; *even ~* selbst jetzt noch; *any day ~* jetzt jeden Tag; *from ~ on(wards)* von nun an; *between ~ and the end of the week* bis zum Ende der Woche; *in three days from ~* (heute) in drei Tagen; (*every*) *~ and then*, *~ and again* ab und zu **II** *cj* ~ (*that*) *you've seen him* jetzt, wo Sie ihn gesehen haben **III** *int* also; *~, ~!* na, na!; *well ~* also; *~ then* also (jetzt); *~, why didn't I think of that?* warum habe ich bloß nicht daran gedacht?

nowadays *adv* heute

no way *adv* → *way*

nowhere *adv* nirgendwo; (*with motion*) nirgendwohin; *they have ~* (*else*) *to go* sie können (sonst) nirgends unterkommen; *there was ~ to hide* man konnte sich nirgends verstecken; *to appear out of ~* aus heiterem Himmel auftauchen; *we're getting ~* wir kommen nicht weiter; *rudeness will get you ~* Grobheit bringt dir gar nichts ein

no-win situation *n* *it's a ~* wie mans macht ists falsch

noxious *adj* **1.** (≈ *harmful*) schädlich **2.** (≈ *toxic*) giftig

nozzle *n* Düse *f*

nuance *n* Nuance *f*

nubile *adj* gut entwickelt

nuclear *adj* Atom-; *fuel* nuklear **nuclear deterrent** *n* nukleares Abschreckungsmittel **nuclear disarmament** *n* nukleare Abrüstung **nuclear energy** *n* = *nuclear power* **nuclear family** *n* Kleinfamilie *f* **nuclear-free** *adj* atomwaffenfrei **nuclear missile** *n* Atomrakete *f* **nuclear physics** *n* Kernphysik *f* **nuclear power** *n* Atomkraft *f* **nuclear power station** *n* Atomkraftwerk *nt* **nuclear reactor** *n*

Atomreaktor *m* **nuclear reprocessing plant** *n* nukleare Wiederaufbereitungsanlage **nuclear test** *n* Atom(waffen)test *m* **nuclear war** *n* Atomkrieg *m* **nuclear waste** *n* Atommüll *m* **nuclear weapon** *n* Atomwaffe *f*

nucleus *n* **nuclei** *pl* Kern *m*

nude **I** *adj* nackt; ART Akt-; *~ figure* Akt *m* **II** *n* ART Akt *m*; *in the ~* nackt

nudge **I** *v/t* anstoßen **II** *n* Stups *m*

nudist *n* Nudist(in) *m(f)* **nudist beach** *n* Nacktbadestrand *m* **nudity** *n* Nacktheit *f*

nugget *n* Klumpen *m*; (*fig: of information*) Brocken *m*

nuisance *n* **1.** (≈ *person*) Plage *f*; *sorry to be a ~* entschuldigen Sie, wenn ich störe; *to make a ~ of oneself* lästig werden **2.** (≈ *thing*) *to be a ~* lästig sein; (*annoying*) ärgerlich sein; *what a ~* wie ärgerlich **nuisance call** *n* TEL Schockanruf *m*; *~s* *pl* Telefonterror *m* (*infml*)

null *adj* JUR (null und) nichtig **nullify** *v/t* annullieren

numb **I** *adj* (+*er*) taub; (*emotionally*) benommen; *hands ~ with cold* Hände, die vor Kälte taub sind **II** *v/t* (*cold*) taub machen; (*injection, fig*) betäuben

number **I** *n* **1.** MAT Zahl *f*; (≈ *numeral*) Ziffer *f* **2.** (≈ *amount*) Anzahl *f*; *a ~ of problems* eine (ganze) Anzahl von Problemen; *large ~s of people* (sehr) viele Leute; *on a ~ of occasions* des Öfteren; *boys and girls in equal ~s* ebenso viele Jungen wie Mädchen; *in a small ~ of cases* in wenigen Fällen; *ten in ~* zehn an der Zahl; *to be found in large ~s* zahlreich vorhanden sein; *in small/large ~s* in kleinen/großen Mengen; *any ~ can play* beliebig viele Spieler können teilnehmen **3.** (*of house etc*) Nummer *f*; *at ~ 4* (in) Nummer 4; *the ~ 47 bus* die Buslinie 47; *I've got the wrong ~* ich habe mich verwählt; *it was a wrong ~* ich/er etc war falsch verbunden; *the ~ one tennis player* (*infml*) der Tennisspieler Nummer eins (*infml*); *the single went straight to or straight in at ~ one* die Single stieg gleich auf Nummer eins ein; *to look after ~ one* (*infml*) (vor allem) an sich (*acc*) selbst denken **4.** (≈ *act*) Nummer *f*; (≈ *dress*) Kreation *f* **5.** *one of their/our ~* eine(r) aus ihren/unseren Reihen **II** *v/t* **1.** (≈ *give a number to*) nummerieren **2.** (≈

amount to) zählen (*among* zu); **the group ~ed 50** es waren 50 (Leute in der Gruppe); **his days are ~ed** seine Tage sind gezählt **numbering** n Nummerierung f **numberplate** n (*Br*) Nummernschild nt **numbers lock** n IT Zahlenverriegelung f

numbly adv benommen **numbness** n Taubheit f

numeracy n Rechnen nt **numeral** n Ziffer f **numerate** adj rechenkundig; **to be ~** rechnen können **numeric** adj **~ keypad** numerisches Tastenfeld **numerical** adj *order* numerisch; *superiority* zahlenmäßig **numerically** adv zahlenmäßig; **~ controlled** numerisch gesteuert **numerous** adj zahlreich; **on ~ occasions** bei vielen Gelegenheiten

nun n Nonne f

Nuremberg n Nürnberg nt

nurse I n (Kranken)schwester f; (≈ *nanny*) Kindermädchen nt; **male ~** Krankenpfleger m **II** v/t **1.** pflegen; **to ~ sb back to health** jdn gesund pflegen; **he stood there nursing his bruised arm** er stand da und hielt seinen verletzten Arm **2.** (≈ *suckle*) *child* stillen

nursery n **1.** (≈ *room*) Kinderzimmer nt **2.** (≈ *institution*) Kindergarten m; (*all-day*) Kindertagesstätte f **3.** AGR, HORT Gärtnerei f; (*for trees*) Baumschule f **nursery nurse** n Kindermädchen nt **nursery rhyme** n Kinderreim m **nursery school** n Kindergarten m **nursery school teacher** n Kindergärtner(in) m(f) **nursery slope** n SKI Idiotenhügel m (*hum*)

nursing I n **1.** (≈ *care*) Pflege f **2.** (≈ *profession*) Krankenpflege f **II** adj attr Pfle-

ge-; **~ staff** Pflegepersonal nt; **the ~ profession** die Krankenpflege; (≈ *nurses collectively*) die Pflegeberufe pl **nursing home** n Pflegeheim nt

nurture v/t *talent* entwickeln; *idea* hegen

nut n **1.** BOT Nuss f; **a tough ~ to crack** (*fig*) eine harte Nuss **2.** (*infml* ≈ *person*) Spinner(in) m(f) (*infml*) **3.** MECH (Schrauben)mutter f **nutcase** n (*infml*) Spinner(in) m(f) (*infml*) **nutcracker** n, **nutcrackers** pl Nussknacker m **nutmeg** n Muskatnuss f

nutrient n Nährstoff m **nutrition** n Ernährung f **nutritional** adj Nähr-; **~ value** Nährwert m; **~ information** Nährwertangaben pl **nutritionist** n Ernährungswissenschaftler(in) m(f) **nutritious** adj nahrhaft, währschaft (*Swiss*)

nuts adj pred (*infml*) **to be ~** spinnen (*infml*); **to be ~ about sb/sth** ganz verrückt nach jdm/auf etw (*acc*) sein (*infml*) **nutshell** n **in a ~** (*fig*) mit einem Wort **nutter** n (*Br infml*) Spinner(in) m(f) (*infml*); (*dangerous*) Verrückte(r) m/f(m); **he's a ~** er hat einen Stich (*infml*) **nutty** adj (+er) **1.** (≈ *like nuts*) nussartig; (≈ *with nuts*) mit Nüssen **2.** (*infml* ≈ *crazy*) bekloppt (*infml*)

nuzzle I v/t beschnüffeln **II** v/i **to ~ (up) against sb** (*person, animal*) sich an jdn schmiegen

NW abbr of **north-west** NW

nylon I n **1.** TEX Nylon® nt **2. nylons** pl Nylonstrümpfe pl **II** adj Nylon-®; **~ shirt** Nylonhemd nt

nymph n MYTH Nymphe f

nymphomaniac n Nymphomanin f

NZ abbr of **New Zealand**

O

O, o n O nt, o nt

oaf n Flegel m

oak n Eiche f

OAP (*Br*) abbr of **old-age pensioner**

oar n Ruder nt

oasis n, pl **oases** Oase f

oat n usu pl Hafer m; **~s** pl COOK Haferflocken pl **oatcake** n Haferkeks m, Haferbiskuit nt (*Swiss*)

oath n **1.** Schwur m; JUR Eid m; **to take or**

swear an ~ schwören; JUR einen Eid leisten; **he took an ~ of loyalty to the government** er schwor der Regierung Loyalität; **to be under ~** JUR unter Eid stehen **2.** (≈ *curse*) Fluch m

oatmeal n no pl Haferschrot m

OBE abbr of **Officer of the Order of the British Empire** britischer Verdienstorden

obedience n no pl Gehorsam m **obedi-**

ent *adj* gehorsam; **to be ~** gehorchen (*to dat*) **obediently** *adv* gehorsam

obelisk *n* ARCH Obelisk *m*

obese *adj* fettleibig **obesity** *n* Fettleibig-keit *f*

obey I *v/t* gehorchen (+*dat*); *rules, order* befolgen; *I expect to be ~ed* ich erwarte, dass man meine Anordnungen befolgt II *v/i* gehorchen

obituary *n* Nachruf *m*

object[1] *n* **1.** (≈ *thing*) Gegenstand *m*; *he was an ~ of scorn* er war die Zielscheibe der Verachtung **2.** (≈ *aim*) Ziel *nt*; *the ~ of the exercise* der Zweck der Übung; *that defeats the ~* das verfehlt seinen Zweck **3.** *money is no ~* Geld spielt keine Rolle **4.** GRAM Objekt *nt*

object[2] I *v/i* dagegen sein; (≈ *protest*) pro-testieren; (≈ *raise objection*) Einwände erheben; *to ~ to sth* etw missbilligen; *I don't ~ to that* ich habe nichts dagegen (einzuwenden); *he ~s to my drinking* er nimmt daran Anstoß, dass ich trinke; *I ~ to people smoking in my house* ich ver-bitte mir, dass in meinem Haus geraucht wird; *I ~ to him bossing me around* ich wehre mich dagegen, dass er mich (so) herumkommandiert II *v/t* einwenden **objection** *n* Einwand *m* (*to* gegen); *to make an ~ (to sth)* einen Einwand (ge-gen etw) machen; *I have no ~ to his go-ing away* ich habe nichts dagegen (ein-zuwenden), dass er weggeht; *are there any ~s?* irgendwelche Einwände?; *~!* JUR Einspruch! **objectionable** *adj* stö-rend; *remark* anstößig; *he's a most ~ person* er ist unausstehlich

objective I *adj* objektiv II *n* (≈ *aim*) Ziel *nt* **objectivity** *n* Objektivität *f*

objector *n* Gegner(in) *m(f)* (*to* +*gen*)

objet d'art *n* Kunstgegenstand *m*

obligation *n* Verpflichtung *f*; *to be under an ~ to do sth* verpflichtet sein, etw zu tun **obligatory** *adj* obligatorisch; *~ sub-ject* Pflichtfach *nt*; *biology is ~* Biologie ist Pflicht; *attendance is ~* Anwesenheit ist vorgeschrieben; *identity cards were made ~* Personalausweise wurden Vor-schrift **oblige** I *v/t* **1.** (≈ *compel*) zwin-gen; (*because of duty*) verpflichten (*sb to do sth* jdn, etw zu tun); *to feel ~d to do sth* sich verpflichtet fühlen, etw zu tun; *you are not ~d to answer this question* Sie brauchen diese Frage nicht zu beantworten **2.** (≈ *do a favour*

to) einen Gefallen tun (+*dat*); *much ~d!* herzlichen Dank!; *I am much ~d to you for this!* ich bin Ihnen dafür sehr dank-bar II *v/i* *she is always ready to ~* sie ist immer sehr gefällig; *anything to ~* stets zu Diensten! **obliging** *adj* entgegen-kommend **obligingly** *adv* entgegen-kommenderweise

oblique I *adj* **1.** *line* schräg; *angle* schief **2.** (*fig*) indirekt II *n* Schrägstrich *m* **obliquely** *adv* (*fig*) indirekt

obliterate *v/t* auslöschen; *city* vernichten

oblivion *n* Vergessenheit *f*; *to fall into ~* in Vergessenheit geraten **oblivious** *adj* *to be ~ of or to sth* sich (*dat*) einer Sache (*gen*) nicht bewusst sein; *he was quite ~ of his surroundings* er nahm seine Umgebung gar nicht wahr **obliviously** *adv* *to carry on ~* einfach (unbeirrt) wei-termachen

oblong I *adj* rechteckig II *n* Rechteck *nt*

obnoxious *adj* widerwärtig; *behaviour* unausstehlich; *an ~ person* ein Ekel *nt* (*infml*) **obnoxiously** *adv* widerlich; *behave* unausstehlich

oboe *n* Oboe *f*

obscene *adj* obszön; *~ publication* Ver-öffentlichung *f* mit pornografischem In-halt **obscenity** *n* Obszönität *f*; *he used an ~* er gebrauchte einen ordinären Aus-druck

obscure I *adj* (+*er*) **1.** (≈ *hard to under-stand*) dunkel; *style* undurchsichtig; *lan-guage, poet* schwer verständlich; *for some ~ reason* aus einem unergründli-chen Grund **2.** (≈ *unknown*) obskur; *poet* unbekannt II *v/t* **1.** *view* verdecken **2.** *truth* verschleiern **obscurely** *adv* un-deutlich **obscurity** *n* **1.** (*of style, argu-ment*) Unklarheit *f* **2.** *no pl* (*of birth, ori-gins*) Dunkel *nt*; *to live in ~* zurückgezo-gen leben; *to sink into ~* in Vergessen-heit geraten

obsequious *adj* unterwürfig (*to(wards)* gegenüber)

observable *adj* erkennbar **observance** *n* (*of law*) Befolgung *f* **observant** *adj* auf-merksam; *that's very ~ of you* das hast du aber gut bemerkt **observation** *n* **1.** Beobachtung *f*; *to keep sb/sth under ~* jdn/etw unter Beobachtung halten; (*by police*) jdn/etw observieren (*form*); *he's in hospital for ~* er ist zur Beobach-tung im Krankenhaus **2.** (≈ *remark*) Be-merkung *f* **observatory** *n* Observatori-

um *nt* **observe** *v/t* **1.** beobachten; (*police*) überwachen **2.** (≈ *remark*) bemerken **3.** (≈ *obey*) achten auf (+*acc*); *rule, custom* einhalten; *anniversary etc* begehen; *to ~ a minute's silence* eine Schweigeminute einlegen **observer** *n* Zuschauer(in) *m(f)*; MIL, POL Beobachter(in) *m(f)*
obsess *v/t* *to be ~ed by or with sb/sth* von jdm/etw besessen sein **obsession** *n* **1.** (≈ *fixed idea*) fixe Idee; (≈ *fear etc*) Zwangsvorstellung *f* **2.** (≈ *state*) Besessenheit *f* (*with* von); *this ~ with order* dieser Ordnungswahn *m* **obsessive** *adj* zwanghaft; *to be ~ about sth* von etw besessen sein; *to become ~* zum Zwang werden **obsessively** *adv* wie besessen
obsolescent *adj* *to be ~* anfangen zu veralten; (*machine*) technisch (fast) überholt sein **obsolete** *adj* überholt; *to become ~* veralten
obstacle *n* Hindernis *nt*; *to be an ~ to sb/sth* jdm/einer Sache im Weg(e) stehen
obstetrician *n* Geburtshelfer(in) *m(f)* **obstetrics** *n sg* Geburtshilfe *f*
obstinacy *n* Hartnäckigkeit *f* **obstinate** *adj* hartnäckig
obstruct *v/t* **1.** (≈ *block*) blockieren; *view* versperren; *you're ~ing my view* Sie versperren mir die Sicht **2.** (≈ *hinder*) behindern; SPORTS sperren; *to ~ the police* die Arbeit der Polizei behindern **obstruction** *n* **1.** (≈ *hindering*) Behinderung *f*; SPORTS Sperren *nt*; *to cause an ~* den Verkehr behindern **2.** (≈ *obstacle*) Hindernis *nt*; *there is an ~ in the pipe* das Rohr ist verstopft **obstructive** *adj* obstruktiv
obtain *v/t* erhalten; *knowledge* erwerben; *to ~ sth through hard work* etw durch harte Arbeit erreichen; *possession* sich (*dat*) etw mühsam erarbeiten; *to ~ sth for sb* jdm etw beschaffen; *they ~ed the release of the hostages* sie erreichten die Freilassung der Geiseln **obtainable** *adj* erhältlich
obtrusive *adj* aufdringlich; *building* zu auffällig
obtuse *adj* **1.** GEOMETRY stumpf **2.** *person* begriffsstutzig
obverse *n* Kehrseite *f*
obvious *adj* offensichtlich; (≈ *not subtle*) plump; *fact* eindeutig; *dislike* sichtlich; *that's the ~ solution* das ist die nächstliegende Lösung; *for ~ reasons* aus naheliegenden Gründen; *it was ~ he did-*

n't want to come er wollte offensichtlich nicht kommen; *it's quite ~ he doesn't understand* es ist doch klar, dass er nicht versteht; *I would have thought that was perfectly ~* das liegt doch auf der Hand; (≈ *noticeable*) das springt doch ins Auge; *with the ~ exception of ...* natürlich mit Ausnahme von ... **obviously** *adv* offensichtlich; *he's ~ French* er ist eindeutig ein Franzose; *~!* natürlich!; *~ he's not going to like it* das wird ihm natürlich nicht gefallen; *he's ~ not going to get the job* er bekommt die Stelle nicht, das ist ja klar (*infml*)
occasion *n* **1.** (≈ *point in time*) Gelegenheit *f*; *on that ~* zu jener Gelegenheit; *on another ~* ein anderes Mal; *on several ~s* mehrmals; (*on*) *the first ~* beim ersten Mal; *to rise to the ~* sich der Lage gewachsen zeigen **2.** (≈ *special time*) Ereignis *nt*; *on the ~ of his birthday* anlässlich seines Geburtstages (*elev*) **3.** (≈ *reason*) Anlass *m*; *should the ~ arise* sollte es nötig werden **occasional** *adj* gelegentlich; *he likes an or the ~ cigar* er raucht gelegentlich ganz gern eine Zigarre; *she made ~ visits to England* sie fuhr ab und zu nach England **occasionally** *adv* gelegentlich; *very ~* sehr selten
occult I *adj* okkult **II** *n* Okkulte(s) *nt*
occupancy *n* Bewohnen *nt*; (≈ *period*) Wohndauer *f* **occupant** *n* (*of house*) Bewohner(in) *m(f)*; (*of post*) Inhaber(in) *m(f)*; (*of car*) Insasse *m*, Insassin *f*
occupation *n* **1.** (≈ *employment*) Beruf *m*; *what is his ~?* was ist er von Beruf? **2.** (≈ *pastime*) Beschäftigung *f* **3.** MIL Okkupation *f*; *army of ~* Besatzungsarmee *f* **occupational** *adj* Berufs-, beruflich **occupational pension (scheme)** *n* betriebliche Altersversorgung **occupational therapy** *n* Beschäftigungstherapie *f*
occupied *adj* **1.** *house, seat* belegt; *a room ~ by four people* ein von vier Personen bewohntes Zimmer **2.** MIL *etc country* besetzt **3.** (≈ *busy*) beschäftigt; *to keep sb ~* jdn beschäftigen; *he kept his mind ~* er beschäftigte sich geistig **occupier** *n* (*of house*) Bewohner(in) *m(f)*
occupy *v/t* **1.** *house* bewohnen; *seat* belegen **2.** MIL *etc* besetzen **3.** *post* innehaben

4. (≈ *take up*) beanspruchen; *space* einnehmen; *time* in Anspruch nehmen **5.** (≈ *busy*) beschäftigen

occur *v/i* **1.** (*event*) geschehen; (*difficulty*) sich ergeben; (*change*) stattfinden; *that doesn't~ very often* das gibt es nicht oft **2.** (≈ *be found*) vorkommen **3.** (≈ *come to mind*) einfallen (*to sb* jdm); *it~s to me that* ... ich habe den Eindruck, dass ...; *it just~red to me* es ist mir gerade eingefallen; *it never~red to me* darauf bin ich noch nie gekommen; *it didn't even~ to him to ask* er kam erst gar nicht auf den Gedanken, zu fragen **occurrence** *n* **1.** (≈ *event*) Ereignis *nt* **2.** (≈ *taking place*) Auftreten *nt*; *further~s of this nature must be avoided* weitere Vorkommnisse dieser Art müssen vermieden werden

ocean *n* Ozean *m* **ocean-going** *adj* hochseetauglich **Oceania** *n* Ozeanien *nt* **ocean liner** *n* Ozeandampfer *m* **oceanography** *n* Meereskunde *f*

o'clock *adv* **at 5 ~** um 5 Uhr; *5 ~ in the morning/evening* 5 Uhr morgens/abends; *the 9 ~ train* der 9-Uhr-Zug

Oct *abbr of* **October** Okt.

octagon *n* Achteck *nt* **octagonal** *adj* achteckig

octane *n* Oktan *nt*

octave *n* MUS Oktave *f*

October *n* Oktober *m*; → **September**

octopus *n* Tintenfisch *m*

OD (*infml*) *v/i* eine Überdosis nehmen

odd I *adj* (+*er*) **1.** (≈ *peculiar*) seltsam; *how~* (wie) seltsam; *the ~ thing about it is that* ... das Merkwürdige daran ist, dass ...; *it seemed ~ to me* es kam mir komisch vor **2.** *number* ungerade **3.** *shoe, glove* einzeln; *he is (the) ~ one out* er ist überzählig; (*in character*) er steht (immer) abseits; *in each group underline the word which is the ~ man or one out* unterstreichen Sie in jeder Gruppe das nicht dazugehörige Wort **4.** *600-~ pounds* gut 600 Pfund **5.** (≈ *surplus*) übrig; *the ~ one left over* der/die/das Überzählige **6.** *at~ times* ab und zu; *he likes the~ drink* er trinkt gerne mal einen; *he does all the ~ jobs* er macht alles, was an Arbeit anfällt **II** *adv* (*infml*) *he was acting a bit~* er benahm sich etwas komisch **oddball** (*infml*) *n* Spinner(in) *m(f)* **oddity** *n* (≈ *odd thing*) Kuriosität *f* **odd-jobman** Mädchen *nt*

für alles **oddly** *adv* merkwürdig; *an ~ shaped room* ein Raum, der eine seltsame Form hat **oddment** *n usu pl* Restposten *m*

odds *pl* **1.** BETTING Odds *pl*; (*of bookmaker*) Kurse *pl*; *the~ are 6 to 1* die Chancen stehen 6 zu 1; *to pay over the ~* (*infml*) zu viel bezahlen **2.** (≈ *chances*) Chance(n) *f(pl)*; *the ~ were against us* alles sprach gegen uns; *the ~ were in our favour* (*Br*) *or* *favor* (*US*) alles sprach für uns; *against all the ~* entgegen allen Erwartungen; *the~ are that* ... es sieht ganz so aus, als ob ... **3.** *to be at~ with sb over sth* mit jdm in etw (*dat*) nicht übereinstimmen **odds and ends** *pl* Krimskrams *m* **odds-on I** *adj* *the ~ favourite* (*Br*) *or* *favorite* (*US*) der klare Favorit **II** *adv* *it's ~ that* ... es ist so gut wie sicher, dass ...

ode *n* Ode *f* (*to*, *on* an +*acc*)

odious *adj* *person* abstoßend; *action* abscheulich

odometer *n* Kilometerzähler *m*

odour *n*, (*US*) **odor** *n* Geruch *m* **odourless,** (*US*) **odorless** *adj* geruchlos

Odyssey *n* Odyssee *f*

OECD *abbr of* **Organization for Economic Cooperation and Development** OECD *f*

oesophagus, (*US*) **esophagus** *n* Speiseröhre *f*

oestrogen *n* (*Br*) Östrogen *nt*

of *prep* **1.** von (+*dat*); *the wife of the doctor* die Frau des Arztes, die Frau vom Arzt; *a friend of ours* ein Freund/eine Freundin von uns; *of it* davon; *the first of May* der Erste Mai; *that damn dog of theirs* (*infml*) ihr verdammter Hund (*infml*); *it is very kind of you* es ist sehr freundlich von Ihnen; *south of Paris* südlich von Paris; *a quarter of six* (*US*) Viertel vor sechs; *fear of God* Gottesfurcht *f*; *his love of his father* die Liebe zu seinem Vater; *the whole of the house* das ganze Haus; *half of the house* das halbe Haus; *how many of them?* wie viele (davon)?; *there were six of us* wir waren zu sechst; *he is not one of us* er gehört nicht zu uns; *one of the best* einer der Besten; *he asked the six of us to lunch* er lud uns sechs zum Mittagessen ein; *of the ten only one was absent* von den zehn fehlte nur einer; *today of all days* ausgerechnet heute; *you of all people* gerade Sie; *he warned us of the danger* er warnte uns vor der Gefahr; *what of it?* ja und? **2.** *(indicating cause)* *he died of cancer* er starb an Krebs; *he died of hunger* er verhungerte; *it tastes of garlic* es schmeckt nach Knoblauch **3.** *(indicating material)* aus **4.** *(indicating quality etc)* *a man of courage* ein mutiger Mensch; *a girl of ten* ein zehnjähriges Mädchen; *the city of Paris* die Stadt Paris; *that idiot of a waiter* dieser Idiot von Kellner **5.** *(in time phrases)* *of late* in letzter Zeit; *of an evening* *(infml)* abends

off I *adv* **1.** *(distance)* *the house is 5 km* ~ das Haus ist 5 km entfernt; *it's a long way* ~ das ist weit weg; *(time)* das liegt in weiter Ferne; *August isn't very far* ~ es ist nicht mehr lang bis August **2.** *(departure)* *to be/go* ~ gehen; *he's* ~ *to school* er ist zur Schule gegangen; *I must be* ~ ich muss (jetzt) weg *(infml)*; *where are you* ~ *to?* wohin gehen Sie denn?; ~ *we go!* los!; *they're* ~ *SPORTS* sie sind vom Start; *she's* ~ *again* *(infml ≈ complaining etc)* sie legt schon wieder los *(infml)* **3.** *(removal)* *he helped me* ~ *with my coat* er half mir aus dem Mantel; *the handle has come* ~ der Griff ist abgegangen **4.** *(≈ discount)* *3%* ~ COMM 3% Nachlass; *to give sb £5* ~ jdm £ 5 Ermäßigung geben; *he let me have £5* ~ er gab es mir (um) £ 5 billiger **5.** *(≈ not at work)* *to have time* ~ *to do sth* (Zeit) freibekommen haben, um etw zu tun; *I've got a day* ~ ich habe einen Tag frei (-bekommen); *to be* ~ *sick* wegen Krankheit fehlen **6.** ~ *and on, on and* ~ ab und zu; *straight* ~ gleich **II** *adj* **1.** *attr day etc* schlecht; *I'm having an* ~ *day today* ich bin heute nicht in Form **2.** *pred (Br ≈ not fresh)* verdorben; *milk* schlecht; *to go* ~ schlecht werden **3.** *pred match, talks* abgesagt; *I'm afraid veal is* ~ *today* Kalbfleisch gibt es heute leider nicht; *their engagement is* ~ ihre Verlobung ist gelöst **4.** TV, *light, machine* aus(geschaltet); *tap* zu(gedreht); *the electricity was* ~ der Strom war abgeschaltet **5.** *they are badly/well* ~ sie sind nicht gut/(ganz) gut gestellt; *he is better* ~ *staying in England* er steht sich in England besser; *he was quite a bit* ~ *in his calculations* er hatte sich in seinen Berechnungen ziemlich vertan **6.**

pred (infml) *that's a bit* ~*!* das ist ein dicker Hund! *(infml)* **III** *prep* **1.** von (+*dat*); *he jumped* ~ *the roof* er sprang vom Dach; *I got it* ~ *my friend* *(infml)* ich habs von meinem Freund (gekriegt) *(infml)*; *we live* ~ *cheese on toast* wir leben von Käse und Toastbrot; *he got £2* ~ *the shirt* er bekam das Hemd £ 2 billiger; *the lid had been left* ~ *the tin* jemand hatte den Deckel nicht wieder auf die Büchse getan **2.** *the house was just* ~ *the main road* das Haus lag in unmittelbarer Nähe der Hauptstraße; *a road* ~ *Bank Street* eine Querstraße zur Bank Street; ~ *the map* nicht auf der Karte; *I'm* ~ *sausages* Wurst kann mich zurzeit nicht reizen **off air** *adv* TV, RADIO nicht auf Sendung; *to go* ~ *(broadcast)* enden

offal *n no pl* Innereien *pl*

offbeat *adj* unkonventionell **off-centre**, *(US)* **off-center I** *adj* nicht in der Mitte **II** *adv* schief **off chance** *n I just did it on the* ~ ich habe es auf gut Glück getan; *I came on the* ~ *of seeing her* ich kam in der Hoffnung, sie vielleicht zu sehen **off-colour**, *(US)* **off-color** *adj* *(esp Br ≈ unwell)* unwohl; *to feel/be* ~ sich nicht wohlfühlen **off-duty** *adj attr* außer Dienst

offence, *(US)* **offense** *n* **1.** JUR Straftat *f*; *(minor)* Vergehen *nt*; *to commit an* ~ sich strafbar machen; *it is an* ~ *to ... ...* ist bei Strafe verboten **2.** *no pl (to sb's feelings)* Kränkung *f*; *(to decency)* Anstoß *m*; *to cause* ~ *to sb* jdn kränken; *to take* ~ *at sth* wegen etw gekränkt sein; *no* ~ *to the Germans, of course!* damit will ich natürlich nichts gegen die Deutschen gesagt haben; *no* ~ *(meant)* nichts für ungut **3.** *(US ≈ part of team)* Angriff *m*

offend I *v/t (≈ hurt)* kränken; *(≈ be disagreeable to)* Anstoß erregen bei **II** *v/i* (ein) Unrecht tun ◆ **offend against** *v/i* +*prep obj* verstoßen gegen

offended *adj* beleidigt; *to be* ~ *by sth* sich von etw verletzt fühlen **offender** *n* (Straf)täter(in) *m(f)*; *sex* ~ Sexualstraftäter(in) *m(f)* **offending** *adj* **1.** *person* zuwiderhandelnd **2.** *(≈ causing problem)* störend; *part* defekt

offense *n (US)* = **offence** **offensive I** *adj* **1.** MIL Offensiv- **2.** *smell* abstoßend; *language, film* anstößig; *remark, behaviour* beleidigend; **to find sb/sth ~** jdn/etw abstoßend finden; **he was ~ to her** er beleidigte sie **II** n (MIL, SPORTS) Offensive f; **to take the ~** in die Offensive gehen; **to go on to the ~** zum Angriff übergehen **offensively** adv (≈ *unpleasantly*) widerlich; (*in moral sense*) anstößig; (≈ *abusively*) beleidigend

offer I n Angebot nt; **did you have many ~s of help?** haben Ihnen viele Leute ihre Hilfe angeboten?; **any ~s?** ist jemand interessiert?; **he made me an ~ (of £50)** er machte mir ein Angebot (von £ 50); **on ~** (≈ *on special offer*) im Angebot **II** v/t **1.** anbieten; *reward*, *prize* aussetzen; **to ~ to do sth** anbieten, etw zu tun; (≈ *offer one's services*) sich bereit erklären, etw zu tun; **he ~ed to help** er bot seine Hilfe an; **did he ~ to?** hat er sich angeboten?; **to ~ an opinion** sich (dazu) äußern; **to ~ one's resignation** seinen Rücktritt anbieten **2.** *resistance* bieten **III** v/i **did he ~?** hat er es angeboten? **offering** n Gabe f; (REL) (≈ *collection*) Opfergabe f; (≈ *sacrifice*) Opfer nt **offhand I** adj lässig; **to be ~ with sb** sich jdm gegenüber lässig benehmen **II** adv so ohne Weiteres; **I couldn't tell you ~** das könnte ich Ihnen auf Anhieb nicht sagen

office n **1.** Büro nt; (≈ *part of organization*) Abteilung f; (≈ *branch*) Geschäftsstelle f; **at the ~** im Büro **2.** (≈ *position*) Amt nt; **to take ~** das Amt antreten; **to be in or hold ~** im Amt sein **office block** n Bürogebäude nt **office chair** n Bürostuhl m **office holder** n Amtsinhaber(in) m(f) **office hours** pl Dienstzeit f; (*on sign*) Geschäftszeiten pl; **to work ~** normale Arbeitszeiten haben **office job** n Stelle f im Büro **office manager(ess)** n Büroleiter(in) m(f) **office party** n Büroparty f

officer n **1.** MIL, NAUT, AVIAT Offizier(in) m(f) **2.** (≈ *official*) Beamte(r) m, Beamtin f **3.** (≈ *police officer*) Polizist(in) m(f) **office supplies** pl Bürobedarf m **office worker** n Büroangestellte(r) m/f(m) **official I** adj offiziell; (≈ *formal*) formell; **~ language** Amtssprache f; **is that ~?** ist das amtlich?; (≈ *publicly announced*) ist das offiziell? **II** n (≈ *railway official etc*) Beamte(r) m, Beamtin f; (*of club, trade union*) Funktionär(in) m(f) **officialdom** n (*pej*) Beamtentum nt **officialese** n Be-

hördensprache f **officially** adv offiziell **officiate** v/i amtieren (*at* bei) **officious** adj (dienst)beflissen

offing n **in the ~** in Sicht

off key adj pred MUS falsch **off-licence** n (*Br*) Wein- und Spirituosenhandlung f **off limits** adj pred **this area is ~** das Betreten dieses Gebiets ist verboten; **this room is ~ to** or **for the kids** die Kinder dürfen diesen Raum nicht betreten; → **limit** off **line** IT **I** adj pred offline **II** adv off line; **to go ~** auf Offlinebetrieb schalten **off-load** v/t goods entladen; *passengers* aussteigen lassen **off-peak** adj **~ electricity** Nachtstrom m; **at ~ times, during ~ hours** außerhalb der Stoßzeiten; TEL außerhalb der Spitzenzeiten; **~ service** RAIL Zugverkehr m außerhalb der Hauptverkehrszeit **off-putting** adj (*esp Br*) *behaviour, sight* abstoßend; *idea* wenig ermutigend; (≈ *daunting*) entmutigend **off-road** adj *driving* im Gelände; **~ vehicle** Geländefahrzeug nt **off-screen** adj, adv FILM, TV im wirklichen Leben **off season** n Nebensaison f; **in the ~** außerhalb der Saison **off-season** adj außerhalb der Saison **offset** pret, past part **offset** v/t ausgleichen **offshoot** n (*fig*) (*of organization*) Nebenzweig m **offshore I** adj **1.** *island* küstennah; *wind* ablandig; *oilfield* im Meer **2.** FIN im Ausland **II** adv **20 miles ~** 20 Meilen vor der Küste **offside I** adj **1.** SPORTS im Abseits; **to be ~** (*player*) im Abseits sein **2.** AUTO auf der Fahrerseite **II** n AUTO Fahrerseite f **III** adv SPORTS abseits **offspring** n pl (*form, hum, of people*) Nachkommen pl; (*of animals*) Junge pl **offstage I** adj hinter den Kulissen; *voice* aus den Kulissen **II** adv go, walk von der Bühne; *stand* hinter den Kulissen **off-street parking** n (≈ *single place*) Stellplatz m; (≈ *spaces*) Stellplätze pl **off-the-cuff** adj aus dem Stegreif **off--the-peg** adj attr, **off the peg** adj pred (*Br*), **off-the-rack** adj attr, **off the rack** adj pred (*US*) von der Stange **off-the--record** adj attr, **off the record** adj pred inoffiziell; (≈ *confidential*) vertraulich **off-the-shoulder** adj dress schulterfrei **off-the-wall** adj attr, **off the wall** adj pred (*infml*) irre (*infml*), verrückt **off-white I** adj gebrochen weiß **II** n gebrochenes Weiß

oft adv (*liter*) oft

often *adv* oft; *more ~ than not* meistens; *every so ~* öfters; *how ~?* wie oft?; *it is not ~ that ...* es kommt selten vor, dass ...

ogle *v/t* kein Auge lassen von

ogre *n* (*fig*) Ungeheuer *nt*

oh *int* ach; (*surprised, disappointed*) oh; *oh good!* prima! (*infml*); *oh well* na ja!; *oh dear!* o je!

OHP *abbr of* **overhead projector**

oil I *n* **1.** Öl *nt* **2.** (*≈ petroleum*) (Erd)öl *nt*; *to strike ~* auf Öl stoßen **II** *v/t* ölen **oil can** *n* Ölkanne *f* **oil company** *n* Ölkonzern *m* **oil-field** *n* Ölfeld *nt* **oil-fired** *adj* Öl-, mit Öl befeuert; *~ power station* Ölkraftwerk *nt* **oil lamp** *n* Öllampe *f* **oil paint** *n* Ölfarbe *f* **oil painting** *n* (*≈ picture*) Ölgemälde *nt*; (*≈ art*) Ölmalerei *f* **oil platform** *n* Bohrinsel *f* **oil refinery** *n* (Erd)-ölraffinerie *f* **oil rig** *n* (Öl)bohrinsel *f* **oil slick** *n* Ölteppich *m* **oil spill** *n* Ölkatastrophe *f* **oil tanker** *n* (*≈ ship*) (Öl)tanker *m*; (*≈ lorry*) Tankwagen *m* **oil well** *n* Ölquelle *f* **oily** *adj* (+*er*) ölig; *hair, skin, food* fettig; *fingers* voller Öl; *~ fish* Fisch *m* mit hohem Ölgehalt

ointment *n* Salbe *f*

OK, okay (*infml*) **I** *int* okay (*infml*); *OK, OK!* ist ja gut! (*infml*); *OK, let's go!* also, gehen wir! **II** *adj* in Ordnung, okay (*infml*); *that's OK with or by me* von mir aus; *is it OK (with you) if ...?* macht es (dir) etwas aus, wenn ...?; *how's your mother? — she's OK* wie gehts deiner Mutter? — gut *or* (*schlechter*) so einigermaßen (*infml*); *I feel OK* es geht mir einigermaßen (*infml*); *to be OK (for time)* (noch) genug (Zeit) haben; *is that OK?* geht das?; *what do you think of him? — he's OK* was halten Sie von ihm? — der ist in Ordnung (*infml*) **III** *adv* **1.** (*≈ well*) gut; (*≈ not too badly*) einigermaßen (gut); *to do OK* ganz gut zurechtkommen; *can you manage it OK?* kommst du damit klar? **2.** (*≈ admittedly*) na gut; *OK it's difficult but ...* zugegeben, es ist schwer, aber ... **IV** *v/t plan* gutheißen; *you have to OK it with the boss* das muss der Chef bewilligen

ol' *adj* (*esp US infml*) = **old**

old I *adj* (+*er*) **1.** alt; *~ people or folk(s)* alte Leute; *~ Mr Smith*, *~ man Smith* (*esp US*) der alte (Herr) Smith; *40 years ~* 40 Jahre alt; *at ten months ~* im Alter

von zehn Monaten; *two-year-~* Zweijährige(r) *m/f(m)*; *the ~* (*part of*) *town* die Altstadt; *in the ~ days* früher; *the good ~ days* die gute alte Zeit; *my ~ school* meine alte Schule **2.** (*infml*) *she dresses any ~ how* die ist vielleicht immer angezogen (*infml*); *any ~ thing* irgendwas; *any ~ bottle* irgendeine Flasche; *good ~ Tim* (*infml*) der gute alte Tim; *always the same ~ excuse* immer wieder dieselbe Ausrede **II** *n pl* (*≈ old people*) *the ~* die Alten

old age *n* das Alter; *in one's ~* im Alter **old-age pension** *n* (Alters)rente *f* **old-age pensioner** *n* Rentner(in) *m(f)* **old boy** *n* (*Br* SCHOOL) Ehemalige(r) *m* **olden** *adj* (*liter*) *in ~ times or days* in alten Zeiten

old-fashioned *adj* altmodisch **old girl** *n* (*Br* SCHOOL) Ehemalige *f* **Old Glory** *n* (*US ≈ flag*) das Sternenbanner **old hand** *n* alter Hase (*at sth* in etw *dat*) **old lady** *n* (*infml*) *my ~* meine Alte (*infml*) **old maid** *n* alte Jungfer **old man** *n* (*infml*) *my ~* mein Alter (*infml*) **old people's home** *n* Altenheim *nt* **old-style** *adj* im alten Stil **Old Testament** *n* BIBLE Altes Testament **old-timer** *n* Veteran(in) *m(f)* **old wives' tale** *n* Ammenmärchen *nt*

O level *n* (*Br formerly*) *≈* mittlere Reife; *to do one's ~s ≈* die mittlere Reife machen; *to have an ~ in English ≈* bis zur mittleren Reife Englisch gelernt haben; *3 ~s ≈* die mittlere Reife in 3 Fächern **oligarchy** *n* Oligarchie *f*

olive I *n* **1.** Olive *f*; (*a. olive tree*) Olivenbaum *m* **2.** (*≈ colour*) Olive *nt* **II** *adj* (*a. olive-coloured*) olivgrün **olive oil** *n* Olivenöl *nt*

Olympic I *adj* olympisch; *~ medallist* (*Br*) *or* **medalist** (*US*) Olympiamedaillengewinner(in) *m(f)* **II** *n* **Olympics** *pl* *the ~s* die Olympiade **Olympic champion** *n* Olympiasieger(in) *m(f)* **Olympic Games** *pl the ~* die Olympischen Spiele

ombudsman *n, pl* **-men** Ombudsmann *m*

omelette, (*US*) **omelet** *n* Omelett(e) *nt*

omen *n* Omen *nt*

ominous *adj* bedrohlich; *that's ~* das lässt nichts Gutes ahnen; *that sounds/looks ~* (*fig*) das verspricht nichts Gutes **ominously** *adv* bedrohlich; *say* in einem Unheil verkündenden

Ton

omission *n* (≈ *omitting*) Auslassen *nt*; (≈ *thing left out*) Auslassung *f*

omit *v/t* **1.** (≈ *leave out*) auslassen **2.** (≈ *fail*) (*to do sth* etw zu tun) unterlassen; (*accidentally*) versäumen

omnibus *n* (*a.* **omnibus edition**) (≈ *book*) Sammelband *m*

omnipotence *n no pl* Omnipotenz *f* **omnipotent** *adj* omnipotent

omnipresent *adj* allgegenwärtig

omniscient *adj* allwissend

omnivore *n* Allesfresser *m* **omnivorous** *adj* (*lit*) allesfressend; *an ~ reader* ein Vielfraß *m*, was Bücher angeht

on **I** *prep* **1.** (*indicating position*) auf (+*dat*); (*with motion*) auf (+*acc*); (*on vertical surface, part of body*) an (+*dat*); (*with motion*) an (+*acc*); *the book is on the table* das Buch ist auf dem Tisch; *he put the book on the table* er legte das Buch auf den Tisch; *he hung it on the wall* er hängte es an die Wand; *on the coast* am Meer; *with a smile on her face* mit einem Lächeln auf den Lippen; *a ring on his finger* ein Ring am Finger; *on TV/the radio* im Fernsehen/Radio; *on video* auf Video; *on computer* auf Computer (*dat*); *who's on his show?* wer ist in seiner Show?; *I have no money on me* ich habe kein Geld bei mir; *on the train* im Zug; → **onto 2.** (≈ *by means of*) *we went on the train/bus* wir fuhren mit dem Zug/Bus; *on a bicycle* mit dem (Fahr)rad; *to run on oil* mit Öl betrieben werden; *on the violin* auf der Geige; *on drums* am Schlagzeug **3.** (≈ *about*) über (+*acc*) **4.** (*in expressions of time*) an (+*dat*); *on Sunday* (am) Sonntag; *on Sundays* sonntags; *on December the first* am ersten Dezember; *on or about the twentieth* um den Zwanzigsten herum **5.** (≈ *at the time of*) bei (+*dat*); *on examination* bei der Untersuchung; *on hearing this he left* als er das hörte, ging er **6.** (≈ *as a result of*) auf ... (*acc*) hin; *on receiving my letter* auf meinen Brief hin **7.** (*indicating membership*) in (+*dat*); *he is on the committee* er sitzt im Ausschuss; *he is on the teaching staff* er gehört zum Lehrpersonal **8.** (≈ *compared with*) im Vergleich zu; *prices are up on last year('s)* im Vergleich zum letzten Jahr sind die Preise gestiegen; *year on year* jährlich **9.** *to*

be on drugs Drogen nehmen; *what is he on?* (*infml*) er tickt wohl nicht ganz richtig! (*infml*); *I'm on £28,000 a year* ich bekomme £ 28.000 im Jahr; *he retired on a good pension* er trat mit einer guten Rente in den Ruhestand; *this round is on me* diese Runde geht auf meine Kosten **II** *adv* **1.** *he screwed the lid on* er schraubte den Deckel drauf; *she had nothing on* sie hatte nichts an; *he had his hat on crooked* er hatte den Hut schief auf; *sideways on* längs **2.** *from that day on* von diesem Tag an; *she went on and on* sie hörte gar nicht mehr auf; *he's always on at me to get my hair cut* er liegt mir dauernd in den Ohren, dass ich mir die Haare schneiden lassen soll; *she's always on about her experiences in Italy* (*infml*) sie kommt dauernd mit ihren Italienerfahrungen (*infml*); *what's he on about?* wovon redet er nun schon wieder? **III** *adj* **1.** *lights, TV* an; *electricity* an(gestellt); *to leave the engine on* den Motor laufen lassen; *the "on" switch* der Einschalter **2.** *lid* drauf **3.** (≈ *taking place*) *there's a match on at the moment* ein Spiel ist gerade im Gang; *there's a match on tomorrow* morgen findet ein Spiel statt; *I have nothing on tonight* ich habe heute Abend nichts vor; *what's on in London?* was ist los in London?; *the search is on for a new managing director* jetzt wird nach einem neuen Geschäftsführer gesucht; *to be on* (*in theatre, cinema*) gegeben werden; (*on TV, radio*) gesendet werden; *what's on tonight?* was steht heute Abend auf dem Programm?; *tell me when Madonna is on* sagen Sie mir, wenn Madonna dran ist **4.** *you're on!* abgemacht!; *are you on for dinner?* sehen wir uns zum Abendessen?; *it's just not on* (*Br infml*) das ist einfach nicht drin (*infml*)

once **I** *adv* **1.** einmal; *~ a week* einmal in der Woche; *~ again or more* noch einmal; *~ again we find that ...* wir stellen erneut fest, dass ...; *~ or twice* (*fig*) nur ein paarmal; *~ and for all* ein für alle Mal; (*every*) *~ in a while* ab und zu mal; (*just*) *this ~* dieses eine Mal; *for ~* ausnahmsweise einmal; *he was ~ famous* er war früher einmal berühmt; *~ upon a time there was ...* es war einmal ... **2. at ~** (≈ *immediately*) sofort; (≈ *at the same time*) auf einmal; **all at ~** auf einmal; (≈ *suddenly*) ganz plötzlich; **they came all at ~** sie kamen alle zur gleichen Zeit **II** *cj* wenn; (*with past tense*) als; **~ you understand, it's easy** wenn Sie es einmal verstehen, ist es einfach; **~ the sun had set, it turned cold** als die Sonne erst einmal untergegangen war, wurde es kalt

oncoming *adj car* entgegenkommend; **the ~ traffic** der Gegenverkehr

one I *adj* **1.** (≈ *number*) ein/eine/ein; (*counting*) eins; **~ person too many** einer zu viel; **~ girl was pretty, the other was ugly** das eine Mädchen war hübsch, das andere hässlich; **the baby is ~** (*year old*) das Kind ist ein Jahr (alt); **it is ~** (*o'clock*) es ist ein Uhr; **~ hundred pounds** (ein)hundert Pfund **2. ~ day ...** eines Tages ...; **~ day next week** nächste Woche einmal; **~ day soon** bald einmal **3. ~ Mr Smith** ein gewisser Herr Smith; **my ~** (**and only**) **hope** meine einzige Hoffnung; **the ~ and only Brigitte Bardot** die unvergleichliche Brigitte Bardot; **they all came in the ~ car** sie kamen alle in dem einen Auto; **~ and the same thing** ein und dasselbe **II** *pron* **1.** eine(r, s); **the ~ who ...** der(jenige), der .../die (-jenige), die .../das(jenige), das ...; **he/ that was the ~** er/das wars; **the red ~** der/die/das Rote; **he has some very fine ~s** er hat sehr Schöne; **my ~** (*infml*) meiner/meine/mein(e)s; **not (a single) ~ of them** nicht eine(r, s) von ihnen; **any ~** irgendeine(r, s); **every ~** jede(r, s); **this ~** diese(r, s); **that ~** der/die/das, jene(r, s) (*elev*); **which ~?** welche(r, s)?; **I am not much of a ~ for cakes** (*infml*) ich bin kein großer Freund von Kuchen (*infml*); **he's never ~ to say no** er sagt nie Nein; **I, for ~, ...** ich, zum Beispiel, ...; **~ by ~** einzeln; **~ after the other** eine(r, s) nach dem/der anderen; **take ~ or the other** nehmen Sie das eine oder das andere; **he is ~ of us** er ist einer von uns **2.** (*impers*) (*nom*) man; (*acc*) einen; (*dat*) einem; **~ must learn** man muss lernen; **to hurt ~'s foot** sich (*dat*) den Fuß verletzen **III** *n* (≈ *written figure*) Eins *f*; **in ~s and twos** in kleinen Gruppen; (*all*) **in ~** in einem; **to be ~ up on sb** (*infml*) jdm eins voraus sein; **Rangers were ~ up** Rangers hatten

ein Tor Vorsprung **one-act play** *n* Einakter *m* **one another** = **each other**; → **each** **one-armed bandit** *n* (*infml*) einarmiger Bandit **one-day** *adj course* eintägig **one-dimensional** *adj* eindimensional **one-man band** *n* Einmannkapelle *f*; (*fig infml*) Einmannbetrieb *m* **one- -man show** *n* Einmannshow *f* **one-night stand** *n* (*fig*) One-Night-Stand *m* **one- -off** (*Br infml*) **I** *adj* einmalig **II** *n* **a ~** etwas Einmaliges; **that mistake etc was just a ~** dieser Fehler *etc* war eine Ausnahme **one-one, one-on-one** *adj, adv, n* (*US*) = **one-to-one** **one-parent family** *n* Einelternteilfamilie *f* **one-party** *adj* POL **~ state** Einparteienstaat *m* **one-piece I** *adj* einteilig **II** *n* (≈ *bathing costume*) Einteiler *m* **one-room** *attr*, **one- -roomed** *adj* **~ flat** (*Br*) *or* **apartment** Einzimmerwohnung *f*

onerous *adj* schwer

oneself *pron* **1.** (*dir and indir, with prep*) sich; (≈ *oneself personally*) sich selbst **2.** (*emph*) (sich) selbst; → **myself**

one-sided *adj* einseitig **one-time** *adj* ehemalig **one-to-one I** *adj meeting* unter vier Augen; **~ tuition** Einzelunterricht *m* **II** *adv* unter vier Augen **III** *n* **to have a ~ with sb** ein Gespräch *nt* unter vier Augen mit jdm führen **one- -touch** *adj* Berührungs- **one-track** *adj* **he's got a ~ mind** der hat immer nur das eine im Sinn **one-way** *adj traffic etc* in einer Richtung; **~ street** Einbahnstraße *f*; **~ system** System *nt* von Einbahnstraßen; **~ ticket** (*US* RAIL) einfache Fahrkarte; **~ trip** einfache Fahrt **one-woman** *adj* Einfrau-; **~ show** Einfraushow *f*

ongoing *adj* laufend; (≈ *long-term*) *development, relationship* andauernd; **~ crisis** Dauerkrise *f*; **this is an ~ situation** diese Situation ist von Dauer

onion *n* Zwiebel *f* **onion soup** *n* Zwiebelsuppe *f*

on line IT *adj pred, adv* online; **to go ~** auf Onlinebetrieb schalten **on-line** *adj attr* IT Online-; **~ banking** Online-Banking *nt*

onlooker *n* Zuschauer(in) *m(f)*

only I *adj attr* einzige(r, s); **he's an ~ child** er ist ein Einzelkind *nt*; **the ~ one** *or* **person** der/die Einzige; **the ~ ones** *or* **people** die Einzigen; **he was the ~ one to leave** er ist als Einziger gegangen; **the**

~ *thing* das Einzige; *the* ~ *thing I have against it is that* ... ich habe nur eins dagegen einzuwenden, nämlich, dass ...; *the* ~ *thing or problem is* ... nur ...; *my* ~ *wish* das Einzige, was ich mir wünsche **II** *adv* nur; *it's* ~ *five o'clock* es ist erst fünf Uhr; ~ *yesterday* erst gestern; *I* ~ *hope he gets here in time* ich hoffe nur, dass es noch rechtzeitig hier eintrifft; *you* ~ *have to ask* Sie brauchen nur zu fragen; *"members* ~*"* „(Zutritt) nur für Mitglieder"; *I'd be* ~ *too pleased to help* ich würde nur zu gerne helfen; *if* ~ *that hadn't happened* wenn das nur nicht passiert wäre; *we* ~ *just caught the train* wir haben den Zug gerade noch gekriegt; *he has* ~ *just arrived* er ist gerade erst angekommen; *not* ~ *... but also ...* nicht nur ..., sondern auch ... **III** *cj* bloß, nur; *I would do it myself,* ~ *I haven't time* ich würde es selbst machen, ich habe nur keine Zeit

ono *abbr of* **or near(est)** *offer*

on-off switch *n* Ein- und Ausschalter *m*

onrush *n* (*of people*) Ansturm *m*

on-screen I *adj* **1.** IT auf dem Bildschirm **2.** TV Bildschirm-; FILM Film- **II** *adv* FILM auf der Leinwand; TV, IT auf dem Bildschirm

onset *n* Beginn *m*; (*of illness*) Ausbruch *m*

onshore I *adj* an Land; ~ *wind* Seewind *m* **II** *adv* (*a.* **on shore**) an Land

onside *adv* FTBL nicht im Abseits

on-site *adj* vor Ort

onslaught *n* Angriff *m*

on-the-job training *n* Ausbildung *f* am Arbeitsplatz **on-the-spot** *adj fine* an Ort und Stelle verhängt; *decision* an Ort und Stelle; *reporting* vom Ort des Geschehens

onto *prep* **1.** (≈ *upon*) auf (+*acc*); (*on sth vertical*) an (+*acc*); *to clip sth* ~ *sth* etw an etw (*acc*) anklemmen; *to get* ~ *the committee* in den Ausschuss kommen **2.** *to come* ~ *the market* auf den Markt kommen; *to get* ~ *the next chapter* zum nächsten Kapitel kommen; *to be* ~ *or on to sb* (≈ *find sb out*) jdm auf die Schliche gekommen sein (*infml*); (*police*) jdm auf der Spur sein; *I think we're* ~ *something* ich glaube, hier sind wir auf etwas gestoßen

onus *n no pl* Pflicht *f*; (≈ *burden*) Last *f*; *the* ~ *is on him* es liegt an ihm

onward I *adj* ~ *flight* Anschlussflug *m*; ~ *journey* Weiterreise *f* **II** *adv* (*a.* **onwards**) vorwärts; *march* weiter; *from this time* ~ von der Zeit an

oomph *n* (*infml* ≈ *energy*) Pep *m* (*infml*)

ooze I *n* Schlamm *m* **II** *v/i* (*lit*) triefen; (*wound*) nässen; (*resin, mud, glue*) (heraus)quellen **III** *v/t* **1.** absondern; *blood* triefen von; *my shoes were oozing water* das Wasser quoll mir aus den Schuhen **2.** (*fig*) *charm* triefen von (*pej*); *confidence* strotzen von ◆ **ooze out** *v/i* herausquellen; (*water etc*) heraussickern

op *n* (*infml*) = **operation**

opaque *adj* opak; *glass* undurchsichtig; *stockings* blickdicht

open I *adj* **1.** offen; (≈ *open for business*) geöffnet; *view* frei (*to* für); *meeting* öffentlich; *to hold the door* ~ die Tür offen halten; *the baker is* ~ der Bäcker hat geöffnet; *in the* ~ *air* im Freien; ~ *to traffic* für den Verkehr freigegeben; *"road* ~ *to traffic"* „Durchfahrt frei"; *to be* ~ *to sb* (*competition, membership, possibility*) jdm offenstehen; (*place*) für jdn geöffnet sein; (*park*) jdm zur Verfügung stehen; ~ *to the public* der Öffentlichkeit zugänglich; *she gave us an* ~ *invitation to visit* sie lud uns ein, jederzeit bei ihr vorbeizukommen; *to be* ~ *to suggestions* Vorschlägen gegenüber offen sein; *I'm* ~ *to persuasion* ich lasse mich gern überreden; *to keep one's options* ~ es offenlassen; *to keep an* ~ *mind* alles offenlassen; *to be* ~ *to debate* zur Debatte stehen **2.** (≈ *officially in use*) *building* eingeweiht; *road* (offiziell) freigegeben **3.** *to be* ~ *to criticism* der Kritik ausgesetzt sein; *to lay oneself* ~ *to criticism/attack* sich der Kritik/Angriffen aussetzen; *to be* ~ *to abuse* sich leicht missbrauchen lassen **II** *n* *in the* ~ (≈ *outside*) im Freien; (≈ *on open ground*) auf freiem Feld; *to bring sth out into the* ~ mit etw nicht länger hinterm Berg halten **III** *v/t* **1.** öffnen **2.** (*officially*) *exhibition* eröffnen; *building* einweihen **3.** *trial, account, shop* eröffnen; *debate* beginnen; *school* einrichten; *to* ~ *fire* MIL das Feuer eröffnen (*on* auf +*acc*) **IV** *v/i* **1.** aufgehen; (*eyes, door, flower*) sich öffnen; *I couldn't get the box to* ~ ich habe die Schachtel nicht aufbekommen **2.** (*shop, museum*) öffnen **3.** (≈ *start*) beginnen; *the play* ~ *s next week* das Stück wird ab nächster Woche gegeben ◆ **open on to** *v/i* +*prep obj* (*door*) gehen auf (+*acc*) ◆ **open out I** *v/i* **1.** (*river, street*) sich verbreitern (*into* zu) **2.** (*map*) sich ausfalten lassen **II** *v/t sep map* auseinanderfalten ◆ **open up I** *v/i* **1.** (*fig*) (*prospects*) sich eröffnen **2.** (≈ *become expansive*) gesprächiger werden; **to get sb to ~** jdn zum Reden bringen **3.** (≈ *unlock doors*) aufschließen; **~!** aufmachen! **II** *v/t sep* **1.** *mine, new horizons* erschließen **2.** *house etc* aufschließen **3.** (≈ *start*) *shop* eröffnen

open-air *adj* im Freien **open-air concert** *n* Freilichtkonzert *nt* **open-air swimming pool** *n* Freibad *nt* **open-air theatre**, (*US*) **open-air theater** *n* Freilichtbühne *f* **open day** *n* (*Br*) Tag *m* der offenen Tür **open-ended** *adj* (*fig*) *contract* zeitlich nicht begrenzt; *offer* unbegrenzt

opener *n* Öffner *m* **open-face sandwich** *n* (*US*) belegtes Brot **open-heart surgery** *n* Eingriff *m* am offenen Herzen **open house** *n* **to keep ~** ein offenes Haus führen **opening I** *n* **1.** Öffnung *f*; (*in traffic*) Lücke *f*; (≈ *clearing*) Lichtung *f* **2.** (≈ *beginning*) Anfang *m* **3.** (≈ *official opening*) Eröffnung *f*; (*of motorway*) Freigabe *f* (für den Verkehr) **4.** (≈ *vacancy*) (freie) Stelle **II** *attr* (≈ *initial*) erste(r, s); *remarks* einführend; **~ speech** Eröffnungsrede *f* **opening ceremony** *n* Eröffnungsfeierlichkeiten *pl* **opening hours** *pl* Öffnungszeiten *pl* **opening night** *n* Eröffnungsvorstellung *f* (am Abend) **opening time** *n* Öffnungszeit *f*; **what are the bank's ~s?** wann hat die Bank geöffnet? **openly** *adv* offen; (≈ *publicly*) öffentlich; **he was ~ gay** er machte keinen Hehl aus seiner Homosexualität **open-minded** *adj* aufgeschlossen **open-mouthed** *adj* mit offenem Mund **open-necked** *adj* *shirt* mit offenem Kragen **openness** *n* Offenheit *f* **open-plan** *adj* **~ office** Großraumbüro *nt* **open sandwich** *n* (*Br*) belegtes Brot **Open University** *n* (*Br*) Fernuniversität *f*; **to do an ~ course** ein Fernstudium machen *or* absolvieren

opera *n* Oper *f*; **to go to the ~** in die Oper gehen

operable *adj* MED operabel

opera house *n* Opernhaus *nt* **opera singer** *n* Opernsänger(in) *m(f)*

operate I *v/i* **1.** (*machine*) funktionieren; (≈ *be powered*) betrieben werden (*by, on* mit); (≈ *be in operation*) laufen; **to ~ at maximum capacity** Höchstleistung bringen **2.** (*law*) sich auswirken; (*system*) arbeiten **3.** (≈ *carry on business*) operieren; (*airport etc*) in Betrieb sein; **I don't like the way he ~s** ich mag seine Methoden nicht **4.** MED operieren (*on sb* / *sth* jdn / etw); **to be ~d on** operiert werden **II** *v/t* **1.** (*person*) *machine* bedienen; (*lever etc*) betätigen; (*electricity etc*) betreiben **2.** *business* führen

operatic *adj* Opern-

operating *adj attr* **1.** TECH, COMM Betriebs-; **~ costs** *or* **expenses** Betriebsausgaben *pl* **2.** MED Operations- **operating room** *n* (*US* MED) Operationssaal *m* **operating system** *n* IT Betriebssystem *nt* **operating theatre** *n* (*Br* MED) Operationssaal *m*

operation *n* **1. to be in ~** (*machine*) in Betrieb sein; (*law*) in Kraft sein; **to come into ~** (*law*) in Kraft treten; (*plan*) zur Anwendung gelangen **2.** MED Operation *f* (*on* an +*dat*); **to have an ~** operiert werden; **to have a heart ~** sich einer Herzoperation unterziehen; **to have an ~ for a hernia** wegen eines Bruchs operiert werden **3.** (≈ *enterprise, Mil*) Operation *f* **4.** IT Arbeitsgang *m*, Operation *f* **operational** *adj* **1.** (≈ *ready for use*) *machine* betriebsbereit; *army unit etc* einsatzbereit **2.** (≈ *in use*) *machine, airport* in Betrieb; *army unit etc* im Einsatz **3.** TECH, COMM Betriebs-; MIL Einsatz-; *problems* operativ **operative I** *adj measure* wirksam; *law* geltend; *system* operativ **II** *n* (*of machinery*) Maschinenarbeiter(in) *m(f)*; (≈ *spy*) Agent(in) *m(f)*

operator *n* **1.** TEL ≈ Vermittlung *f* **2.** (*of machinery*) (Maschinen)arbeiter(in) *m(f)*; (*of computer etc*) Operator(in) *m(f)* **3.** (≈ *private company*) Unternehmen *nt*; (≈ *company owner*) Unternehmer(in) *m(f)* **4.** (*infml*) **to be a smooth ~** raffiniert vorgehen

operetta *n* Operette *f*

ophthalmic *adj* Augen- **ophthalmologist** *n* Ophthalmologe *m*, Ophthalmologin *f*

opinion *n* Meinung *f* (*about, on* zu); (*professional*) Gutachten *nt*; **in my ~** meiner Meinung nach; **in the ~ of the experts** nach Ansicht der Experten; **to be of**

the ~ that ... der Meinung sein, dass ...; *to ask sb's ~* jdn nach seiner Meinung fragen; *it is a matter of ~* das ist Ansichtssache; *to have a good or high/low or poor ~ of sb/sth* eine gute/schlechte Meinung von jdm/etw haben; *it is the ~ of the court that ...* das Gericht ist zu der Auffassung gekommen, dass ...; *to seek or get a second ~ esp* MED ein zweites Gutachten einholen **opinionated** *adj* rechthaberisch **opinion poll** *n* Meinungsumfrage *f*

opium *n* Opium *nt*

opponent *n* Gegner(in) *m(f)*

opportune *adj time* günstig; *event* rechtzeitig; *at an ~ moment* zu einem günstigen Zeitpunkt **opportunism** *n* Opportunismus *m* **opportunist I** *n* Opportunist(in) *m(f)* **II** *adj* opportunistisch

opportunity *n* **1.** Gelegenheit *f*; *at the first ~* bei der erstbesten Gelegenheit; *to take the ~ to do sth* die Gelegenheit nutzen, etw zu tun; *as soon as I get the ~* sobald ich die Gelegenheit ergibt **2.** (≈ *to better oneself*) Chance *f*; *opportunities for promotion* Aufstiegschancen *pl*; *equality of ~* Chancengleichheit *f*

oppose *v/t* **1.** (≈ *be against*) ablehnen; (≈ *fight against*) sich entgegensetzen (+*dat*); *orders, plans* sich widersetzen (+*dat*); *he ~s our coming* er ist absolut dagegen, dass wir kommen **2.** (*candidate*) kandidieren gegen **opposed** *adj* **1.** *pred* dagegen; *to be ~ to sb/sth* gegen jdn/etw sein; *I am ~ to your going away* ich bin dagegen, dass Sie gehen **2.** *as ~ to* im Gegensatz zu **opposing** *adj team* gegnerisch; *views* gegensätzlich; *to be on ~ sides* auf entgegengesetzten Seiten stehen

opposite I *adj* entgegengesetzt (*to, from* +*dat*, zu); (≈ *facing*) gegenüberliegend *attr*; *to be ~* gegenüberliegen *etc*; *on the ~ page* auf der gegenüberliegenden Seite; *in the ~ direction* in entgegengesetzter Richtung; *the ~ sex* das andere Geschlecht; *it had the ~ effect* es bewirkte das genaue Gegenteil **II** *n* Gegenteil *nt*; *quite the ~!* ganz im Gegenteil! **III** *adv* gegenüber; *they sat ~* sie saßen uns *etc* gegenüber **IV** *prep* gegenüber (+*dat*); *~ one another* sich gegenüber; *they live ~ us* sie wohnen uns gegenüber **opposite number** *n* Pendant *nt* **opposition** *n* **1.** Opposition *f*; *the Oppo-*

sition (*esp Br* PARL) die Opposition **2.** SPORTS Gegner *m*

oppress *v/t* **1.** (≈ *tyrannize*) unterdrücken **2.** (≈ *weigh down*) bedrücken **oppression** *n* Unterdrückung *f* **oppressive** *adj* **1.** *regime* repressiv **2.** (*fig*) drückend; *mood* bedrückend

opt *v/i* *to ~ for sth* sich für etw entscheiden; *to ~ to do sth* sich entscheiden, etw zu tun ◆ **opt in** *v/i* beitreten (+*dat*) ◆ **opt out** *v/i* sich anders entscheiden; (*of scheme*) kündigen (*of* +*acc*); (*Br: hospital*) aus der Kontrolle der Kommunalverwaltung austreten

optic, optical *adj* optisch **optical character reader** *n* IT optischer Klarschriftleser **optical disk** *n* optische Platte **optical fibre**, (*US*) **optical fiber** *n* (≈ *material*) Glasfaser *f*; (≈ *cable*) Glasfaserkabel *nt* **optical illusion** *n* optische Täuschung **optician** *n* Optiker(in) *m(f)* **optic nerve** *n* Sehnerv *m* **optics** *n sg* Optik *f*

optimal *adj* optimal

optimism *n* Optimismus *m* **optimist** *n* Optimist(in) *m(f)* **optimistic** *adj* optimistisch; *to be ~ about sth* in Bezug auf etw (*acc*) optimistisch sein; *I'm not very ~ about it* da bin ich nicht sehr optimistisch **optimistically** *adv* optimistisch

optimize *v/t* optimieren **optimum** *adj* optimal

option *n* **1.** (≈ *choice*) Wahl *f no pl*; (≈ *course of action*) Möglichkeit *f*; *you have the ~ of leaving or staying* Sie haben die Wahl, ob Sie gehen oder bleiben wollen; *to give sb the ~ of doing sth* jdm die Wahl lassen, etw zu tun; *I have little/no ~* mir bleibt kaum eine/keine andere Wahl; *he had no ~ but to come* ihm blieb nichts anderes übrig, als zu kommen; *to keep one's ~s open* sich (*dat*) alle Möglichkeiten offenlassen **2.** UNIV, SCHOOL Wahlfach *nt* **optional** *adj* (≈ *not compulsory*) freiwillig; (≈ *not basic*) *trim, mirror etc* auf Wunsch erhältlich; *"evening dress ~"* „Abendkleidung nicht Vorschrift"; *~ extras* Extras *pl*; *~ subject* SCHOOL, UNIV Wahlfach *nt*

optometrist *n* (*US* ≈ *optician*) Optiker(in) *m(f)*

opt-out *adj attr* *~ clause* Rücktrittsklausel *f*

or *cj* **1.** oder; *he could not read or write* er

konnte weder lesen noch schreiben; *in a day or two* in ein bis zwei Tagen **2.** (≈ *that is*) (oder) auch; *Rhodesia, or rather, Zimbabwe* Rhodesien, beziehungsweise Simbabwe **3.** (≈ *otherwise*) sonst; *you'd better go or (else) you'll be late* gehen Sie jetzt besser, sonst kommen Sie zu spät

oracle *n* Orakel *nt*; (≈ *person*) Seher(in) *m(f)*

oral I *adj* **1.** oral; *vaccine* oral verabreicht **2.** (≈ *verbal*) mündlich **II** *n* Mündliche(s) *nt***orally** *adv* **1.** oral **2.** (≈ *verbally*) mündlich **oral sex** *n* Oralverkehr *m*

orange I *n* **1.** (≈ *fruit*) Orange *f*; (≈ *drink*) Orangensaft *m* **2.** (≈ *colour*) Orange *nt* **II** *adj* **1.** Orangen- **2.** (*colour*) orange *inv*, orange(n)farben **orange juice** *n* Orangensaft *m* **Orange Order** *n* Oranierorden *m*, *protestantische Vereinigung* **orange squash** *n* (*Br*) Orangenkonzentrat *nt*; (*diluted*) Orangengetränk *nt*

orang-outang, orang-utan *n* Orang-Utan *m*

orator *n* Redner(in) *m(f)***oratory** *n* Redekunst *f*

orbit I *n* (≈ *path*) Umlaufbahn *f*; (≈ *single circuit*) Umkreisung *f*; *to be in* ~ ((a)round the earth) in der (Erd)umlaufbahn sein; *to go into* ~ ((a)round the sun) in die (Sonnen)umlaufbahn eintreten **II** *v/t* umkreisen **orbital** *n* (a. **orbital motorway**) Ringautobahn *f*

orchard *n* Obstgarten *m*; (*commercial*) Obstplantage *f*; *apple/cherry* ~ Obstgarten *m* mit Apfel-/Kirschbäumen; (*commercial*) Apfel-/Kirschplantage *f*

orchestra *n* Orchester *nt* **orchestral** *adj* Orchester-; ~ *music* Orchestermusik *f* **orchestra pit** *n* Orchestergraben *m* **orchestrate** *v/t* orchestrieren **orchestrated** *adj* (*fig*) *campaign* gezielt

orchid *n* Orchidee *f*

ordain *v/t* **1.** ECCL *priest* weihen **2.** (≈ *decree*) bestimmen; (*ruler*) verfügen

ordeal *n* Tortur *f*; (≈ *torment*) Qual *f*

order I *n* **1.** (≈ *sequence*) (Reihen)folge *f*; *are they in* ~/in the right ~? sind sie geordnet/in der richtigen Reihenfolge?; *in* ~ *of preference/merit* in der bevorzugten/in der ihren Auszeichnungen entsprechenden Reihenfolge; *to put sth in (the right)* ~ etw ordnen; *to be in the wrong* ~ durcheinander sein **2.** (≈ *system, discipline*) Ordnung *f*; *his pass-*

port was in ~ sein Pass war in Ordnung; *to put one's affairs in* ~ Ordnung in seine Angelegenheiten bringen; *to keep* ~ die Ordnung wahren; *to keep the children in* ~ die Kinder unter Kontrolle halten; *to be out of* ~ (*at meeting etc*) gegen die Verfahrensordnung verstoßen; (*fig*) aus dem Rahmen fallen; *to call the meeting to* ~ die Versammlung zur Ordnung rufen; *congratulations are in* ~ Glückwünsche sind angebracht **3.** (≈ *working condition*) Zustand *m*; *to be out of* ~ nicht funktionieren; "out of ~" „außer Betrieb" **4.** (≈ *command*) Befehl *m*; *I don't take* ~s from anyone ich lasse mir von niemandem befehlen; *to be under* ~s to do sth Instruktionen haben, etw zu tun **5.** (*in restaurant etc*, COMM) Bestellung *f*; (≈ *contract to supply*) Auftrag *m*; *to place an* ~ with sb eine Bestellung bei jdm aufgeben/jdm einen Auftrag geben; *to be on* ~ bestellt sein; *two* ~s of French fries (*esp US*) zwei Portionen Pommes frites; *made to* ~ auf Bestellung (gemacht *or* hergestellt) **6.** *in* ~ *to do sth* um etw zu tun; *in* ~ *that* damit **7.** (*fig* ≈ *class, degree*) Art *f*; *something in the* ~ of ten per cent in der Größenordnung von zehn Prozent; *something in the* ~ of one in ten applicants etwa einer von zehn Bewerbern **8.** (ECCL: *of monks etc*) Orden *m* **9.** orders *pl* (holy) ~s ECCL Weihe *f*; (*of priesthood*) Priesterweihe *f*; *to take* (holy) ~s die Weihe empfangen **II** *v/t* **1.** (≈ *command*) befehlen; *to* ~ sb to do sth jdm befehlen, etw zu tun; *to* ~ sb's arrest jds Verhaftung anordnen; *he* ~ed his gun to be brought (to him) er ließ sich (*dat*) sein Gewehr bringen **2.** *one's affairs* ordnen **3.** *goods, dinner, taxi* bestellen; (*to be manufactured*) in Auftrag geben (*from sb* bei jdm) **III** *v/i* bestellen ◆ **order about** (*Brit*) *or* **around** *v/t sep* herumkommandieren

order confirmation *n* Auftragsbestätigung *f* **order form** *n* Bestellformular *nt*

orderly I *adj* **1.** (≈ *methodical*) ordentlich; *person* methodisch; *in an* ~ manner geordnet **2.** *demonstration* friedlich **II** *n* (medical) ~ Pfleger(in) *m(f)*; MIL Sanitäter(in) *m(f)*

ordinal number *n* MAT Ordinalzahl *f*

ordinarily *adv* gewöhnlich

ordinary I *adj* gewöhnlich; (≈ *average*)

durchschnittlich; **the ~ Englishman** der normale Engländer **II** n **out of the ~** außergewöhnlich; **nothing/something out of the ~** nichts/etwas Außergewöhnliches

ordination n Ordination f

ordnance MIL n (≈ artillery) (Wehr)material nt

ore n Erz nt

oregano n Oregano m

organ n **1.** Organ nt; (≈ mouthpiece) Sprachrohr nt **2.** MUS Orgel f **organ donor** n Organspender(in) m(f)

organic adj **1.** (SCI, MED, fig) organisch **2.** vegetables biodynamisch; **~ wine** Wein m aus biologisch kontrolliertem Anbau; **~ meat** Fleisch nt aus biologisch kontrolierter Zucht **organically** adv organisch; farm also biodynamisch **organic chemistry** n organische Chemie **organic farm** n Bio-Landwirtschaftsbetrieb m

organism n Organismus m

organist n Organist(in) m(f)

organization n Organisation f **1.** (≈ arrangement) Ordnung f **2.** COMM Unternehmen nt **organizational** adj organisatorisch **organize** v/t (≈ systematize) ordnen; (≈ arrange) organisieren; time (into groups) einteilen; food, for party sorgen für; **to get (oneself) ~d** (≈ get ready) alles vorbereiten; (≈ sort things out) seine Sachen in Ordnung bringen; **to ~ things so that ...** es so einrichten, dass ...; **they ~d (it) for me to go to London** sie haben meine Londonreise arrangiert **organized** adj organisiert; **he isn't very ~** bei ihm geht alles drunter und drüber (infml); **you have to be ~** du musst mit System vorgehen **organizer** n **1.** Organisator(in) m(f) **2.** = **personal organizer**

organ transplant n (≈ operation) Organtransplantation f

orgasm n Orgasmus m

orgy n Orgie f

orient I n (a. **Orient**) Orient m **II** v/t = **orientate oriental** adj orientalisch; **~ rug** Orientteppich m

orientate I v/r sich orientieren (by an +dat, by the map nach der Karte) **II** v/t ausrichten (towards auf +acc); thinking orientieren (towards an +dat); **money-~d** materiell ausgerichtet; **family-~d** familienorientiert **orientation** n (fig) Orientierung f; (≈ leaning) Ausrichtung

f (towards auf +acc); **sexual ~** sexuelle Orientierung -**oriented** adj -orientiert **orienteering** n Orientierungslauf m

orifice n Öffnung f

origin n Ursprung m; (of person) Herkunft f; **to have its ~ in sth** auf etw (acc) zurückgehen; **country of ~** Herkunftsland nt; **nobody knew the ~ of that story** niemand wusste, wie die Geschichte entstanden war

original I adj **1.** (≈ first) ursprünglich; **~ inhabitants** Ureinwohner pl; **~ version** (of book) Urfassung f; (of film) Originalversion f **2.** painting original; idea, writer originell **II** n Original nt **originality** n Originalität f **originally** adv ursprünglich **original sin** n die Erbsünde **originate I** v/t hervorbringen **II** v/i **1.** entstehen; **to ~ from a country** aus einem Land stammen **2.** (US: bus etc) ausgehen (in von) **originator** n (of idea) Urheber(in) m(f)

Orkney Islands, Orkneys pl Orkneyinseln pl

ornament n **1.** (≈ decorative object) Verzierung f; (on mantelpiece etc) Ziergegenstand m **2.** no pl (≈ ornamentation) Ornamente pl **ornamental** adj dekorativ; **to be purely ~** zur Verzierung (da) sein; **~ garden** Ziergarten m **ornamentation** n Verzierungen pl **ornate** adj kunstvoll; style reich **ornately** adv kunstvoll; written in reicher Sprache

ornithologist n Ornithologe m, Ornithologin f **ornithology** n Ornithologie f

orphan I n Waisenkind nt; **the accident left him an ~** der Unfall machte ihn zum Waisenkind **II** v/t zur Waise machen; **to be ~ed** zur Waise werden **orphanage** n Waisenhaus nt

orthodontic adj kieferorthopädisch

orthodox adj **1.** REL orthodox; **the Orthodox (Eastern) Church** die orthodoxe (Ost)kirche **2.** (fig) konventionell; approach orthodox **orthodoxy** n **1.** (fig) Konventionalität f; (of view, method, approach etc) Orthodoxie f **2.** (≈ orthodox belief, practice etc) orthodoxe Konvention

orthopaedic, (US) **orthopedic** adj orthopädisch; **~ surgeon** orthopädischer Chirurg, orthopädische Chirurgin

oscillate v/i PHYS schwingen; (needle, fig) schwanken

ostensible *adj*, **ostensibly** *adv* angeblich

ostentation *n* (*of wealth etc*) Pomp *m*; (*of skills etc*) Großtuerei *f* **ostentatious** *adj* **1.** (≈ *pretentious*) pompös **2.** (≈ *conspicuous*) ostentativ

osteopath *n* Osteopath(in) *m(f)*

ostracize *v/t* ächten

ostrich *n* Strauß *m*

other I *adj*, *pron* andere(r, s); **~ people** andere (Leute); **any ~ questions?** sonst noch Fragen?; **no ~ questions** sonst keine Fragen; **it was none ~ than my father** es war niemand anders als mein Vater; **the ~ day** neulich; **some ~ time** (*in future*) ein andermal; **every ~ ...** jede(r, s) zweite ...; **~ than** (≈ *except*) außer (+*dat*); **some time or ~** irgendwann (einmal); **some writer or ~** irgendein Schriftsteller; **he doesn't like hurting ~s** er mag niemandem wehtun; **there are 6 ~s** da sind noch 6 (andere); **there were no ~s there** es waren sonst keine da; **something/someone ~** irgendetwas/-jemand; **can you tell one from the ~?** kannst du sie auseinanderhalten? **II** *adv* **I've never seen her ~ than with her husband** ich habe sie immer nur mit ihrem Mann gesehen; **somehow or ~** irgendwie; **somewhere or ~** irgendwo

otherwise I *adv* **1.** (≈ *in a different way*) anders; **I am ~ engaged** (*form*) ich bin anderweitig beschäftigt; **Richard I, ~ known as the Lionheart** Richard I., auch bekannt als Löwenherz; **you seem to think ~** Sie scheinen anderer Meinung zu sein **2.** (≈ *in other respects*) ansonsten **II** *cj* (≈ *or else*) sonst **otherworldly** *adj* weltfern

OTT (*infml*) *abbr of* **over the top**

otter *n* Otter *m*

ouch *int* autsch

ought *v/aux* **I ~ to do it** ich sollte es tun; **he ~ to have come** er hätte kommen sollen; **~ I to go too? — yes, you ~ (to)/no, you ~n't (to)** sollte ich auch (hin)gehen? — ja doch/nein, das sollen Sie nicht; **~n't you to have left by now?** hätten Sie nicht schon gehen müssen?; **you ~ to see that film** den Film sollten Sie sehen; **you ~ to have seen her face** sein Gesicht hätten Sie sehen müssen; **she ~ to have been a teacher** sie hätte Lehrerin werden sollen; **he ~ to win the race** er müsste (eigentlich) das Rennen gewinnen; **he ~ to have left by now** er müsste inzwischen

gegangen sein; **... and I ~ to know!** ... und ich muss es doch wissen!

ounce *n* Unze *f*; **there's not an ~ of truth in it** daran ist kein Fünkchen Wahrheit

our *poss adj* unser; **Our Father** Vater unser; → **my**

ours *poss pr* unsere(r, s); → **mine**

ourselves *pers pr* (*dir*, *indir obj* +*prep*) uns; (*emph*) selbst; → **myself**

oust *v/t* herausbekommen; *politician* ausbooten (*infml*); **to ~ sb from office/his position** jdn aus seinem Amt/seiner Stellung entfernen *or* (*durch Intrige*) hinausmanövrieren; **to ~ sb from power** jdn von der Macht verdrängen

out I *adv* **1.** (≈ *not in container, car etc*) außen; (≈ *not in building, room*) draußen; (*indicating motion*) (*from inside*) hinaus; (*from outside*) heraus; **to be ~** weg sein; (*to visitors*) nicht da sein; **they are ~ shopping** sie sind zum Einkaufen (gegangen); **she was ~ all night** sie war die ganze Nacht weg; **~ here/there** hier/dort draußen; **~ you go!** hinaus mit dir! (*infml*); **at weekends I like to be ~ and about** an den Wochenenden will ich (immer) raus; **we had a day ~ in London** wir haben einen Tag in London verbracht; **the book is ~** (*from library*) das Buch ist ausgeliehen; **school is ~** die Schule ist aus; **the tide is ~** es ist Ebbe; **their secret was ~** ihr Geheimnis war herausgekommen; **~ with it!** heraus damit!; **before the day is ~** vor Ende des Tages **2. when he was ~ in Russia** als er in Russland war; **to go ~ to China** nach China fahren; **the boat was ten miles ~** das Schiff war zehn Meilen weit draußen **3. to be ~** (*sun*) (he)raus sein; (*stars, moon*) am Himmel sein; (*flowers*) blühen; (≈ *be published*) herausgekommen sein; **when will it be ~?** (≈ *be published*) wann kommt es heraus?; **there's a warrant ~ for him** *or* **for his arrest** es besteht Haftbefehl gegen ihn **4.** (*light, fire, sports*) aus; (*stain*) (he)raus; **to be ~** (*unconscious*) bewusstlos sein **5. his calculations were ~** er hatte sich in seinen Berechnungen geirrt; **you're not far ~** Sie haben es fast (getroffen); **we were £5 ~** wir hatten uns um £ 5 verrechnet **6. to be ~ for sth** auf etw (*acc*) aus sein; **he's ~ to get her** er ist hinter ihr her; **he's just ~ to make money** ihm geht es nur um Geld **II** *n* → **in III** *prep* aus

(+*dat*); *to go* ~ *the door* zur Tür hinausgehen; → *out of* IV *v/t homosexual* outen **out-and-out** *adj* liar, lie ausgemacht;
racist eingefleischt; *winner* überragend
outback *n* (*in Australia*) **the** ~ das Hinterland **outbid** *pret, past part* **outbid** *v/t*
überbieten **outboard** *adj* ~ *motor* Au-
ßenbordmotor *m* **outbound** *adj* ~ *flight*
Hinflug *m* **outbox** *n* EMAIL Postausgang
m **outbreak** *n* Ausbruch *m* **outbuilding**
n Nebengebäude *nt* **outburst** *n* Ausbruch *m*; ~ *of anger* Wutanfall *m* **out-
cast** *n* Ausgestoßene(r) *m/f(m)* **out-
class** *v/t* in den Schatten stellen **outcome** *nt* Ergebnis *nt* **outcrop** *n* GEOL
an ~ (*of rock*) eine Felsnase **outcry** *n*
Aufschrei *m* der Empörung (*against*
über +*acc*); (≈ *public protest*) Protest-
welle *f* (*against* gegen); *to cause an* ~
against sb/sth zu lautstarkem Protest
gegen jdn / etw führen **outdated** *adj idea*
überholt; *equipment, method* veraltet;
practice überkommen **outdid** *pret of*
outdo **outdistance** *v/t* hinter sich (*dat*)
lassen **outdo** *pret* **outdid**, *past part* **out-
done** *v/t* übertreffen (*sb in sth* jdn an etw
dat); *but Jimmy was not to be* ~*ne* aber
Jimmy wollte da nicht zurückstehen
outdoor *adj* im Freien; ~ *café* Café *nt*
im Freien; (*in street*) Straßencafé *nt*; ~
clothes Kleidung *f* für draußen; ~
swimming pool Freibad *nt*
outdoors I *adv* im Freien; *to go* ~ nach
draußen gehen II *n* *the great* ~ (*hum*)
die freie Natur
outer *adj attr* äußere(r, s) **Outer London** *n*
die Peripherie Londons **outermost** *adj*
äußerste(r, s) **outer space** *n* der Weltraum
outfit *n* 1. (≈ *clothes*) Kleidung *f*, Gewand
nt (*Aus*); (≈ *fancy dress*) Kostüm *nt* 2.
(*infml* ≈ *organization*) Verein *m* (*infml*)
outfitter *n* *gentlemen's* ~*'s* Herrenaus-
statter *m*; *sports* ~*'s* Sport(artikel)ge-
schäft *nt* **outflank** *v/t* MIL von den Flanken angreifen **outflow** *n* (*of water etc*)
Ausfluss *m*; (*of money*) Abfluss *m*; (*of
refugees*) Strom *m* **outgoing** I *adj* 1. *office holder* scheidend; *flight* hinausge-
hend; *call* abgehend 2. *personality* kon-
taktfreudig II *pl* ~*s* Ausgaben *pl* **outgrow** *pret* **outgrew**, *past part* **outgrown**
v/t 1. *clothes* herauswachsen aus 2. *habit*
entwachsen (+*dat*) **outhouse** *n* Seiten-
gebäude *nt*

outing *n* 1. Ausflug *m*; *school/firm's* ~
Schul-/Betriebsausflug *m*; *to go on an*
~ einen Ausflug machen 2. (*of homosexual*) Outen *nt*
outlandish *adj* absonderlich; *appearance*
ausgefallen **outlast** *v/t* (*thing*) länger
halten als; (*idea etc*) überdauern **outlaw**
I *n* Geächtete(r) *m/f(m)*; (*in Western etc*)
Bandit *m* II *v/t* ächten **outlay** *n* (*Kosten*)aufwand *m*, Kosten *pl* **outlet** *n* 1.
(*for water etc*) Abfluss *m*; (*of river*) Ausfluss *m* 2. (≈ *shop*) Verkaufsstelle *f* 3.
(*fig, for emotion*) Ventil *nt* **outline** I *n*
1. Umriss *m*; (≈ *silhouette*) Silhouette
f; *he drew the* ~ *of a head* er zeichnete
einen Kopf im Umriss 2. (*fig* ≈ *summary*) Abriss *m*; *just give* (*me*) *the broad*
~*s* umreißen Sie es (mir) grob II *v/t* 1.
the mountain was ~*d against the sky*
die Umrisse des Berges zeichneten sich
gegen den Himmel ab 2. (≈ *summarize*)
umreißen **outlive** *v/t person* überleben;
to have ~*d its usefulness* ausgedient
haben **outlook** *n* 1. (≈ *view*) Aussicht *f*
(*over* über +*acc*, *on to* auf +*acc*) 2. (≈
prospects, Met) Aussichten *pl* 3. (≈ *attitude*) Einstellung *f*; *his* ~ (*up*)*on life* seine Lebensauffassung; *narrow* ~ beschränkter Horizont **outlying** *adj* (≈
distant) entlegen; (≈ *outside town*) umliegend; ~ *district* Außenbezirk *m* **out-
manoeuvre**, (*US*) **outmaneuver** *v/t*
(*fig*) ausmanövrieren **outmoded** *adj* altmodisch; *technology* veraltet **outnum-
ber** *v/t* zahlenmäßig überlegen sein
(+*dat*); *we were* ~*ed* (*by them*) wir waren (ihnen) zahlenmäßig unterlegen
out of *prep* 1. (≈ *outside, away from, position*) nicht in (+*dat*); (*motion*) aus
(+*dat*); (*fig*) außer (+*dat*); *I'll be* ~ *town*
ich werde nicht in der Stadt sein; ~ *the
country* außer Landes; *he went* ~ *the
door* er ging zur Tür hinaus; *to look* ~
the window aus dem Fenster sehen; *I
saw him* ~ *the window* ich sah ihn
durchs Fenster; *to keep* ~ *the sun* nicht
in die Sonne gehen; ~ *danger* außer Gefahr; *he's* ~ *the tournament* er ist aus
dem Turnier ausgeschieden; *he feels* ~
it (*infml*) er fühlt sich ausgeschlossen;
10 miles ~ *London* 10 Meilen außerhalb
Londons 2. (*cause, origins*) aus (+*dat*); ~
curiosity aus Neugier; *to drink* ~ *a glass*
aus einem Glas trinken; *made* ~ *silver*
aus Silber (gemacht) 3. (≈ *from among*)

von (+*dat*); *in seven cases ~ ten* in sieben von zehn Fällen; *he picked one ~ the pile* er nahm einen aus dem Stapel (heraus) **4.** *we are ~ money* wir haben kein Geld mehr

out-of-bounds *adj ~ area* Sperrgebiet *nt* **out-of-court** *adj* außergerichtlich **out--of-date** *adj attr,* **out of date** *adj pred* **1.** *methods, ideas* veraltet **2.** *ticket* abgelaufen; *food* mit abgelaufenem Verfallsdatum **out-of-doors** *adv* = **outdoors** **out--of-place** *adj attr,* **out of place** *adj pred remark etc* unangebracht, deplatziert **out-of-pocket** *adj attr,* **out of pocket** *adj pred; I was £5 out of pocket* ich habe £ 5 aus eigener Tasche bezahlt **out-of--the-way** *adj attr,* **out of the way** *adj pred* (≈ *remote*) abgelegen **out-of-town** *adj cinema* außerstädtisch **outpace** *v/t* schneller sein als **outpatient** *n* ambulanter Patient, ambulante Patientin; *~s' (department)* Ambulanz *f* **outperform** *v/t* ausstechen (*infml*) **outplay** *v/t* SPORTS besser spielen als **outpost** *n* Vorposten *m* **outpouring** *n often pl* Erguss *m* **output** *n* Produktion *f*; ELEC Leistung *f*; (≈ *of computer*) Output *m or nt*

outrage I *n* **1.** (≈ *wicked deed*) Untat *f*; (*cruel*) Gräueltat *f* **2.** (≈ *injustice*) Skandal *m* **3.** (≈ *sense of outrage*) Entrüstung *f* (*at* über +*acc*) **II** *v/t person* empören **outraged** *adj* empört (*at, about* über +*acc*) **outrageous** *adj remark, price, behaviour* unerhört; *demand, lie* unverschämt; *clothes etc* unmöglich (*infml*); *it's absolutely ~ that ...* es ist einfach unerhört, dass ... **outrageously** *adv expensive* unerhört

outran *pret of* **outrun**

outrider *n* (*on motorcycle*) Kradbegleiter(in) *m(f)*

outright I *adv* **1.** *reject* rundweg; *own* vollständig; *to win ~* einen klaren Sieg davontragen **2.** (≈ *at once*) sofort; *he was killed ~* er war sofort tot **3.** (≈ *openly*) geradeheraus **II** *adj* total; *lie* glatt (*infml*); *majority* absolut; *winner* klar

outrun *pret* **outran**, *past part* **outrun** *v/t* schneller laufen als; (≈ *outdistance*) davonlaufen (+*dat*) **outset** *n* Anfang *m*; *at the ~* zu Anfang **outshine** *pret, past part* **outshone** *v/t* (*fig*) in den Schatten stellen

outside I *n* Außenseite *f*; *the ~ of the car is green* das Auto ist (von) außen grün; *to open the door from the ~* die Tür von außen öffnen; *to overtake on the ~* (*Br*) außen überholen **II** *adj* **1.** (≈ *external*) äußere(r, s); *examiner* extern; *an ~ broadcast from Wimbledon* eine Sendung aus Wimbledon; *~ line* TEL Amtsleitung *f* **2.** *an ~ chance* eine kleine Chance **III** *adv* außen; (*of house, room, vehicle*) draußen; *to be ~* draußen sein; *to go ~* nach draußen gehen **IV** *prep* (*a.* **outside of**) außerhalb (+*gen*); *~ California* außerhalb Kaliforniens; *~ London* außerhalb von London; *to go ~ sth* aus etw gehen; *he went ~ the house* er ging nach draußen; *~ the door* vor der Tür; *the car ~ the house* das Auto vorm Haus; *~ office hours* nach Büroschluss **outside lane** *n* Überholspur *f* **outside line** *n* TEL Amtsanschluss *m* **outsider** *n* Außenseiter(in) *m(f)* **outside toilet** *n* Außentoilette *f* **outside wall** *n* Außenwand *f* **outside world** *n* Außenwelt *f*

outsize *adj* übergroß **outskirts** *pl* (*of town*) Stadtrand *m* **outsmart** *v/t* (*infml*) überlisten **outsource** *v/t* ECON *work* outsourcen, auslagern **outspoken** *adj person, speech, book* freimütig; *attack* direkt

outstanding *adj* **1.** (≈ *exceptional*) hervorragend; *talent, beauty* außerordentlich **2.** (≈ *prominent*) bemerkenswert **3.** *business* unerledigt; *amount, bill* ausstehend; *~ debts* Außenstände *pl* **outstandingly** *adv* hervorragend; *good, beautiful* außergewöhnlich

outstay *v/t I don't want to ~ my welcome* ich will eure Gastfreundschaft nicht überbeanspruchen **outstretched** *adj* ausgestreckt; *arms also* ausgebreitet **outstrip** *v/t* (*fig*) übertreffen (*in* an +*dat*) **outtake** *n* Outtake *m* **out tray** *n* Ablage *f* für Ausgänge **outvote** *v/t* überstimmen

outward I *adj* **1.** *appearance* äußere(r, s); *he put on an ~ show of confidence* er gab sich den Anstrich von Selbstsicherheit **2.** *~ journey* Hinreise *f*; *~ flight* Hinflug *m* **II** *adv* nach außen; *~ bound ship* auslaufend **outwardly** *adv* nach außen hin **outwards** *adv* nach außen

outweigh *v/t* mehr Gewicht haben als **outwit** *v/t* überlisten

outworker n **1.** (away from the office/factory) Außenarbeiter(in) m(f) **2.** (≈ homeworker) Heimarbeiter(in) m(f)

oval adj oval

ovary n ANAT Eierstock m

ovation n Ovation f; **to give sb an ~** jdm eine Ovation darbringen

oven n COOK (Back)ofen m, Backrohr nt (Aus); **to cook in a hot/moderate/slow ~** bei starker/mittlerer/schwacher Hitze backen; **it's like an ~ in here** hier ist ja der reinste Backofen **oven glove** n (Br) Topfhandschuh m **ovenproof** adj feuerfest **oven-ready** adj bratfertig

over I prep **1.** (indicating motion) über (+acc); (indicating position) über (+dat); **he spilled coffee ~ it** er goss Kaffee darüber; **to hit sb ~ the head** jdm auf den Kopf schlagen; **to look ~ the wall** über die Mauer schauen; **~ the page** auf der nächsten Seite; **he looked ~ my shoulder** er sah mir über die Schulter; **the house ~ the road** das Haus gegenüber; **it's just ~ the road from us** das ist von uns (aus) nur über die Straße; **the bridge ~ the river** die Brücke über den Fluss; **we're ~ the main obstacles now** wir haben jetzt die größten Hindernisse hinter uns (dat) **2.** (≈ across every part of) **they came from all ~ England** sie kamen aus ganz England; **you've got ink all ~ you** Sie sind ganz voller Tinte **3.** (≈ more than, longer than) über (+acc); (≈ during) während (+gen), in (+dat); **~ and above that** darüber hinaus, weiters (Aus); **well ~ a year ago** vor gut einem Jahr; **~ Christmas** über Weihnachten; **~ the summer** den Sommer über; **~ the years** im Laufe der Jahre; **the visits were spread ~ several months** die Besuche verteilten sich über mehrere Monate **4.** **let's discuss that ~ dinner** besprechen wir das beim Essen; **they'll be a long time ~ it** sie werden dazu lange brauchen; **~ the phone** am Telefon; **a voice came ~ the intercom** eine Stimme kam über die Sprechanlage **5.** (≈ about) über (+acc); **it's not worth arguing ~** es lohnt (sich) nicht, darüber zu streiten **II** adv **1.** (≈ across) hinüber, herüber; (≈ on the other side) drüben; **come ~ tonight** kommen Sie heute Abend vorbei; **he is ~ here/there** er ist hier/dort drüben; **~ to you!** Sie sind daran; **and now ~ to Paris**

where ... und nun (schalten wir um) nach Paris, wo ...; **to go ~ to America** nach Amerika fahren; **famous the world ~** in der ganzen Welt berühmt; **I've been looking for it all ~** ich habe überall danach gesucht; **I am aching all ~** mir tut alles weh; **he was shaking all ~** er zitterte am ganzen Leib; **I'm wet all ~** ich bin völlig nass; **that's Fred all ~** das ist typisch (für) Fred **2.** (≈ ended) zu Ende; **the danger was ~** es bestand keine Gefahr mehr; **when this is ~** wenn das vorbei ist; **it's all ~ between us** es ist aus zwischen uns **3.** **to start (all) ~ again** (Br) or ~ (US) (noch einmal (ganz) von vorn anfangen; **~ and ~ (again)** immer (und immer) wieder; **he did it five times ~** er hat es fünfmal wiederholt **4.** (≈ remaining) übrig; **there was no meat (left) ~** es war kein Fleisch mehr übrig **5.** **children of 8 and ~** Kinder ab 8; **three hours or ~** drei oder mehr Stunden **6.** TEL **come in, please, ~** bitte kommen, over; **~ and out** Ende der Durchsage; AVIAT over and out **overact** v/i übertreiben **overactive** adj überaktiv **overage** adj zu alt

overall¹ I adj **1.** gesamt, Gesamt-; **~ majority** absolute Mehrheit; **~ control** vollständige Kontrolle **2.** (≈ general) allgemein; **the ~ effect of this was to ...** dies hatte das Endergebnis, dass ... **II** adv **1.** insgesamt; **he came second ~** SPORTS er belegte in der Gesamtwertung den zweiten Platz **2.** (≈ in general) im Großen und Ganzen

overall² n (Br) Kittel m **overalls** pl Overall m; (US ≈ dungarees) Latzhose f

overambitious adj zu ehrgeizig **overanxious** adj übertrieben besorgt **overarm** adj, adv SPORTS throw mit gestrecktem (erhobenem) Arm **overate** pret of **overeat** **overawe** v/t (≈ intimidate) einschüchtern **overbalance** v/i aus dem Gleichgewicht kommen

overbearing adj herrisch

overboard adv **1.** NAUT über Bord; **to fall ~** über Bord gehen or fallen; **man ~!** Mann über Bord! **2.** (fig infml) **there's no need to go ~ (about it)** übertreib es nicht **overbook** v/i zu viele Buchungen vornehmen **overburden** v/t (fig) überlasten **overcame** pret of **overcome** **overcast** adj bedeckt **overcautious** adj übervorsichtig **overcharge I** v/t per-

son zu viel berechnen (+*dat*) (*for* für); **they ~d me by £2** sie haben mir £ 2 zu viel berechnet **II** *v/i* zu viel verlangen (*for* für) **overcoat** *n* Mantel *m* **overcome** *pret* **overcame**, *past part* **overcome** *v/t* *enemy* überwältigen; *nerves*, *obstacle* überwinden; **he was ~ by the fumes** die giftigen Gase machten ihn bewusstlos; **he was ~ by by emotion** Rührung übermannte ihn; **he was ~ by remorse** Reue überkam ihn; **~ (with emotion)** ergriffen **overcompensate** *v/i* **to ~ for sth** etw überkompensieren **overconfident** *adj* übertrieben selbstsicher **overcook** *v/t* verbraten; (≈ *boil*) verkochen **overcrowded** *adj* überfüllt; (≈ *overpopulated*) überbevölkert **overcrowding** *n* Überfüllung *f*; (*of town*) Überbevölkerung *f*

overdo *pret* **overdid**, *past part* **overdone** *v/t* **1.** (≈ *exaggerate*) übertreiben; **you are ~ing it** (≈ *going too far*) Sie gehen zu weit; (≈ *tiring yourself*) Sie übernehmen sich; **I'm afraid you've rather overdone it with the garlic** ich fürchte, du hast es mit dem Knoblauch etwas zu gut gemeint **2.** *meat* verbraten; *vegetables* verkochen **overdone** *adj* **1.** (≈ *exaggerated*) übertrieben **2.** *meat* verbraten; *vegetables* verkocht

overdose I *n* (*lit*) Überdosis *f* **II** *v/i* eine Überdosis nehmen; **to ~ on heroin** eine Überdosis Heroin nehmen

overdraft *n* Kontoüberziehung *f*; **to have an ~ of £100** (≈ *be in debt*) sein Konto um £ 100 überzogen haben **overdraft facility** *n* Überziehungskredit *m* **overdrawn** *adj* FIN *account* überzogen; **to be ~ by £100** sein Konto um £ 100 überzogen haben

overdress *v/t* **to be ~ed** zu vornehm angezogen sein **overdue** *adj* überfällig; *sum of money* fällig; **long ~** schon seit Langem fällig **overeager** *adj* übereifrig **overeat** *pret* **overate**, *past part* **overeaten** *v/i* sich überessen **overeating** *n* Überessen *nt* **overemphasis** *n* Überbetonung *f* **overemphasize** *v/t* überbetonen **overenthusiastic** *adj* übertrieben begeistert **overestimate I** *v/t* überschätzen **II** *n* zu hohe Schätzung **overexcited** *adj* *person* überreizt; *children* aufgedreht **overexpose** *v/t* PHOT überbelichten **overfamiliar** *adj* **to be ~ with sb** etwas zu vertraulich mit jdm sein; **I'm not ~**

with their methods ich bin nicht allzu vertraut mit ihren Methoden **overfeed** *pret, past part* **overfed** *v/t* überfüttern **overfill** *v/t* überfüllen

overflow I *n* (≈ *outlet*) Überlauf *m* **II** *v/i* **the river has ~ed its banks** der Fluss ist über die Ufer getreten **III** *v/i* **1.** (*liquid*, *river*, *container*) überlaufen; (*room*) überfüllt sein; **full to ~ing** *bowl*, *cup* zum Überlaufen voll; *room* überfüllt; **the crowd at the meeting ~ed into the street** die Leute bei der Versammlung standen bis auf die Straße **2.** (*fig*) überfließen (*with* von) **overflow pipe** *n* Überlaufrohr *nt*

overgrown *adj* überwachsen (*with* von) **overhang** *vb*: *pret, past part* **overhung I** *v/i* hängen über (+*acc*); (*rocks*) hinausragen über (+*acc*) **II** *n* Überhang *m* **overhaul I** *n* Überholung *f* **II** *v/t* *engine* überholen; *plans* überprüfen

overhead[1] *adv* oben; (≈ *in the sky*) am Himmel; **a plane flew ~** ein Flugzeug flog über uns *etc* (*acc*) (hinweg) **overhead**[2] *n* (*US*) = **overheads** **overhead cable** *n* Hochspannungsleitung *f* **overhead projector** *n* Overheadprojektor *m* **overheads** *pl* (*Br*) allgemeine Unkosten *pl* **overhear** *pret, past part* **overheard** *v/t* zufällig mit anhören; **we don't want him to ~ us** wir wollen nicht, dass er uns zuhören kann; **I ~d them plotting** ich hörte zufällig, wie sie etwas ausheckten **overheat I** *v/t* *engine* überhitzen; *room* überheizen **II** *v/i* (*engine*) heiß laufen **overheated** *adj* heiß gelaufen; *room* überheizt **overhung** *pret, past part of* **overhang** **overimpressed** *adj* **I'm not ~ with him** er imponiert mir nicht besonders

overjoyed *adj* überglücklich (*at, by, with* über +*acc*)

overkill *n* **to be ~** des Guten zu viel sein **overladen** *adj* überladen **overlaid** *pret, past part of* **overlay** **overland I** *adj* auf dem Landweg **II** *adv* über Land **overlap I** *n* Überschneidung *f*; (*spatial*) Überlappung *f* **II** *v/i* **1.** (*tiles*) überlappen **2.** (*dates*) sich überschneiden; (*ideas*) sich teilweise decken **III** *v/t* liegen über (+*dat*) **overlay** *vb*: *pret, past part* **overlaid** *v/t* überziehen **overleaf** *adv* umseitig; **the illustration ~** die umseitige Abbildung **overload** *v/t* überladen; ELEC, MECH überlasten **overlook** *v/t* **1.** (≈ *look* onto) überblicken; **a room ~ing the park** ein Zimmer mit Blick auf den Park **2.** (≈ *not notice*) übersehen **3.** (≈ *ignore*) hinwegsehen über (+*acc*); **I am prepared to ~ it this time** diesmal will ich noch ein Auge zudrücken

overly *adv* allzu

overnight I *adv* über Nacht; **we drove ~** wir sind die Nacht durchgefahren; **to stay ~ (with sb)** (bei jdm) übernachten **II** *adj* **1.** Nacht-; **~ accommodation** Übernachtungsmöglichkeit *f* **2.** (*fig* ≈ *sudden*) ganz plötzlich; **an ~ success** ein Blitzerfolg *m* **overnight bag** *n* Reisetasche *f* **overnight stay** *n* Übernachtung *f*

overpass *n* Überführung *f* **overpay** *pret, past part* **overpaid** *v/t* überbezahlen **overpopulated** *adj* überbevölkert **overpopulation** *n* Überbevölkerung *f*

overpower *v/t* überwältigen **overpowering** *adj* überwältigend; *smell* penetrant; *person* aufdringlich; **I felt an ~ desire ...** ich fühlte den unwiderstehlichen Drang, ...

overprice *v/t* **at £50 it's ~d** £ 50 ist zu viel dafür **overproduction** *n* Überproduktion *f* **overprotective** *adj* überängstlich **overran** *pret of* **overrun** **overrate** *v/t* **to be ~d** überschätzt werden **overreach** *v/i* sich übernehmen **overreact** *v/i* übertrieben reagieren (*to* auf +*acc*)

override *pret* **overrode**, *past part* **overridden** *v/t* *decision* aufheben **overriding** *adj* *principle* vorrangig; *priority* vordringlich

overripe *adj* überreif **overrode** *pret of* **override** **overrule** *v/t* ablehnen; *decision* aufheben; **we were ~d** unser Vorschlag/unsere Entscheidung *etc* wurde abgelehnt **overrun** *pret* **overran**, *past part* **overrun I** *v/t* **1.** (*weeds*) überwuchern; **to be ~ by tourists/mice** von Touristen überlaufen/voller Mäuse sein **2.** (*troops*) einfallen in (+*dat*) **3.** *mark* hinauslaufen über (+*acc*) **II** *v/i* (*in time*) überziehen; **his speech overran by ten minutes** seine Rede dauerte zehn Minuten zu lang

overseas I *adj* **1.** (≈ *beyond the sea*) in Übersee *pred*; *market* überseeisch **2.** (≈ *abroad*) ausländisch; **an ~ visitor** ein Besucher *m* aus dem Ausland; **~ trip** Auslandsreise *f* **II** *adv* **to be ~** in Übersee/im Ausland sein; **to go ~** nach Über-

see/ins Ausland gehen; **from ~** aus Übersee/dem Ausland

oversee *pret* **oversaw**, *past part* **overseen** *v/t* beaufsichtigen **overseer** *n* Aufseher(in) *m(f)*; (≈ *foreman*) Vorarbeiter(in) *m(f)* **oversensitive** *adj* überempfindlich **overshadow** *v/t* überschatten **overshoot** *pret, past part* **overshot** *v/t* *target, runway* hinausschießen über (+*acc*) **oversight** *n* Versehen *nt*; **through an ~** aus Versehen **oversimplification** *n* (zu) grobe Vereinfachung **oversimplify** *v/t* zu sehr vereinfachen **oversleep** *pret, past part* **overslept** *v/i* verschlafen **overspend** *vb: pret, past part* **overspent** *v/i* zu viel ausgeben; **we've overspent by £10** wir haben £ 10 zu viel ausgegeben **overstaffed** *adj* überbesetzt **overstate** *v/t* übertreiben **overstatement** *n* Übertreibung *f* **overstay** *v/t* = **outstay** **overstep** *v/t* überschreiten; **to ~ the mark** zu weit gehen **overstretch** *v/t* (*fig*) *resources* zu sehr belasten; **to ~ oneself** sich übernehmen **oversubscribe** *v/t* FIN überzeichnen; **the zoo outing was ~d** zu viele (Leute) hatten sich für den Ausflug in den Zoo angemeldet

overt *adj* offen; *hostility* unverhohlen **overtake** *pret* **overtook**, *past part* **overtaken I** *v/t* **1.** *competitor* einholen; *runner, car etc* überholen **2.** (*by fate*) ereilen (*elev*) **II** *v/i* überholen **overtaking** *n* Überholen *nt* **overtax** *v/t* (*fig*) überlasten **over-the-counter** *adj* *drugs* nicht rezeptpflichtig **overthrow** *vb: pret* **overthrew**, *past part* **overthrown I** *v/t* (*of dictator etc*) Sturz *m* **II** *v/t* stürzen **overtime I** *n* **1.** Überstunden *pl*; **I am doing ~** ich mache Überstunden **2.** (*US SPORTS*) Verlängerung *f* **II** *adv* **to work ~** Überstunden machen **overtime pay** *n* Überstundenlohn *m* **overtone** *n* (*fig*) Unterton *m* **overtook** *pret of* **overtake**

overture *n* **1.** MUS Ouvertüre *f* **2.** *usu pl* **to make ~s to sb** Annäherungsversuche bei jdm machen

overturn I *v/t* **1.** (*lit*) umkippen; *boat* zum Kentern bringen **2.** (*fig*) *regime* stürzen; *ban, conviction* aufheben **II** *v/i* (*chair*) umkippen; (*boat*) kentern **overuse I** *n* übermäßiger Gebrauch **II** *v/t* übermäßig oft gebrauchen **overview** *n* Überblick *m* (*of* über +*acc*) **overweight** *adj* *person* übergewichtig; **to be five kilos**

~fünf Kilo Übergewicht haben; **you're~** Sie haben Übergewicht

overwhelm *v/t* **1.** überwältigen; **he was ~ed when they gave him the present** er war zutiefst gerührt, als sie ihm das Geschenk gaben **2.** (*fig, with praise, work*) überhäufen **overwhelming** *adj* überwältigend; *desire* unwiderstehlich; **they won despite ~ odds** sie gewannen obwohl ihre Chancen sehr schlecht standen **overwhelmingly** *adv reject* mit überwältigender Mehrheit; *positive* größtenteils

overwork **I** *n* Überarbeitung *f* **II** *v/t person* überanstrengen **III** *v/i* sich überarbeiten **overwrite** *pret* **overwrote**, *past part* **overwritten** *v/t & v/i* IT überschreiben **overwrought** *adj* überreizt **overzealous** *adj* übereifrig

ovulate *v/i* ovulieren **ovulation** *n* Eisprung *m*

owe **I** *v/t* **1.** *money* schulden (*sb sth, sth to sb* jdm etw); **how much do I ~ you?** (*in shop etc*) was bin ich schuldig? **2.** *loyalty* schulden (*to sb* jdm) **3.** *life, success* verdanken (*sth to sb* jdm etw); **you ~ it to yourself to keep fit** du bist es dir schuldig, fit zu bleiben; **you ~ me an explanation** du bist mir eine Erklärung schuldig **II** *v/i* **to ~ sb for sth** jdm Geld für etw schulden; **I still ~ him for the meal** ich muss ihm das Essen noch bezahlen **owing** **I** *adj* unbezahlt; **how much is still ~?** wie viel steht noch aus? **II** *prep* **~ to** infolge (+*gen*); **~ to the circumstances** umständehalber

owl *n* Eule *f*

own¹ *v/t* **1.** (≈ *possess*) besitzen; **who ~s that?** wem gehört das?; **he looks as if he ~s the place** er sieht so aus, als wäre er hier zu Hause **2.** (≈ *admit*) zugeben

◆ **own up** *v/i* es zugeben; **to ~ to sth** etw zugeben; **he owned up to stealing the money** er gab zu, das Geld gestohlen zu haben

own² **I** *adj attr* eigen; **his ~ car** sein eigenes Auto; **one's ~ car** ein eigenes Auto; **he does (all) his ~ cooking** er kocht für sich selbst; **thank you, I'm quite capable of finding my ~ way out** danke, ich finde schon gut alleine hinaus **II** *pron* **1. to make sth one's ~** sich (*dat*) etw zu eigen machen; **a house of one's ~** ein eigenes Haus; **I have money of my ~** ich habe selbst Geld; **it has a beauty all its ~ or of its ~** es hat eine ganz eigene Schönheit **2. to get one's ~ back on sb** (*esp Br*) es jdm heimzahlen; **(all) on one's ~** (ganz) allein; **on its ~** von selbst; **the goalkeeper came into his ~ with a series of brilliant saves** der Torwart zeigte sich von seiner besten Seite, als er eine Reihe von Bällen geradezu fantastisch abwehrte **own brand** *n* Hausmarke *f*

owner *n* Besitzer(in) *m(f)*; (*of shop, firm*) Inhaber(in) *m(f)*; (*of dogs, car*) Halter(in) *m(f)* **owner-occupier** *n* Bewohner(in) *m(f)* im eigenen Haus **ownership** *n* Besitz *m*; **under new ~** unter neuer Leitung

own goal *n* Eigentor *nt*; **to score an ~** ein Eigentor schießen

ox *n, pl* **-en** Ochse *m*

Oxbridge **I** *n* Oxford und/oder Cambridge **II** *adj people* der Universität (*gen*) Oxford oder Cambridge

oxide *n* CHEM Oxid *nt* **oxidize** *v/t & v/i* oxidieren

oxtail soup *n* Ochsenschwanzsuppe *f*

oxygen *n* Sauerstoff *m* **oxygen mask** *n* Sauerstoffmaske *f*

oyster *n* Auster *f*; **the world's his ~** die Welt steht ihm offen

oz *abbr of* **ounce(s)**

ozone *n* Ozon *nt* **ozone-friendly** *adj* FCKW-frei **ozone layer** *n* Ozonschicht *f*; **a hole in the ~** ein Ozonloch *nt*

P

P, p *n* P *nt*, p *nt*

p **1.** *abbr of* **page** S. **2.** *abbr of* **penny, pence**

PA 1. *abbr of* **personal assistant 2.** *abbr of* **public address (system)**

pa *n* (*infml*) Papa *m* (*infml*)

p.a. *abbr of* **per annum**

pace **I** *n* **1.** (≈ *step*) Schritt *m*; **to put sb through his ~s** (*fig*) jdn auf Herz und Nieren prüfen **2.** (≈ *speed*) Tempo *nt*;

at a good ~ recht schnell; *at a slow* ~ langsam; *at one's own* ~ in seinem eigenen Tempo; *to keep* ~ *with sth* mit etw mitkommen; *to set the* ~ das Tempo angeben; *to quicken one's* ~ seinen Schritt beschleunigen; *(working)* sein Tempo beschleunigen; *I'm getting old, I can't stand the* ~ *any more (infml)* ich werde alt, ich kann nicht mehr mithalten **II** *v/t* auf und ab gehen in (+*dat*) **III** *v/i to* ~ *up and down* auf und ab gehen **pacemaker** *n* **I** MED Schrittmacher *m* **II** SPORTS Tempomacher(in) *m(f)*

Pacific *n the* ~ *(Ocean)* der Pazifik; *a* ~ *island* eine Insel im Pazifik; *the* ~ *Rim* die Pazifikanrainerstaaten *pl* **Pacific Standard Time** *n* pazifische Zeit

pacifier *n (US: for baby)* Schnuller *m* **pacifism** *n* Pazifismus *m* **pacifist** *n* Pazifist(in) *m(f)* **pacify** *v/t baby* beruhigen; *critics* besänftigen

pack I *n* **1.** *(on animal)* Last *f* **2.** (≈ *rucksack)* Rucksack *m*; MIL Gepäck *nt no pl* **3.** (≈ *packet)* Paket *nt*; *(esp US: of cigarettes)* Packung *f*; *a* ~ *of six* ein Sechserpack *m* **4.** *(of wolves)* Rudel *nt* **5.** *(pej* ≈ *group)* Horde *f*; *a* ~ *of thieves* eine Diebesbande; *it's all a* ~ *of lies* es ist alles erlogen **6.** *(of cards)* (Karten)spiel *nt* **II** *v/t* **1.** *crate etc* vollpacken; *meat in tin etc* abpacken **2.** *case* packen; *clothes etc* einpacken; *the box was* ~*ed full of explosives* die Kiste war voll mit Sprengstoff; *to be* ~*ed* (≈ *full)* gerammelt voll sein *(infml)*; *a weekend* ~*ed with excitement* ein Wochenende voller aufregender Erlebnisse **3.** *soil etc* festdrücken; *the snow on the path was* ~*ed hard* der Schnee auf dem Weg war festgetrampelt; *the film* ~*s a real punch (fig)* der Film ist total spannend **III** *v/i* **1.** *(person)* packen **2.** *the crowds* ~*ed into the stadium* die Menge drängte sich in das Stadion; *we all* ~*ed into one car* wir haben uns alle in ein Auto gezwängt **3.** *(infml) to send sb* ~*ing* jdn kurz abfertigen ◆ **pack away** *v/t sep* wegpacken; *I've packed all your books away in the attic* ich habe alle deine Bücher auf den Boden geräumt ◆ **pack in I** *v/t sep* **1.** *people* hineinpferchen in (+*acc)* **2.** *(Br infml) job* hinschmeißen *(infml)*; *pack it in!* lass es gut sein! **II** *v/i (Br infml) (engine)* seinen Geist aufgeben *(hum)*; *(person)* Feierabend machen *(infml)* ◆ **pack off** *v/t sep she packed them off to bed* sie schickte sie ins Bett ◆ **pack out** *v/t sep usu pass to be packed out* überfüllt sein ◆ **pack up I** *v/t sep* zusammenpacken **II** *v/i* **1.** packen; *he just packed up and left* er packte seine Sachen und ging **2.** *(Br infml) (engine)* seinen Geist aufgeben *(hum)*; *(person)* Feierabend machen *(infml)*

package I *n* Paket *nt*; *software* ~ Softwarepaket *nt* **II** *v/t goods* verpacken **package deal** *n* Pauschalangebot *nt* **package holiday, package tour** *n* Pauschalreise *f* **packaging** *n* **1.** (≈ *material)* Verpackung *f* **2.** (≈ *presentation)* Präsentation *f*

packed lunch *n (Br)* Lunchpaket *nt* **packet** *n (esp Br)* **1.** Paket *nt*; *(of cigarettes* ≈ *small box)* Schachtel *f* **2.** *(Br infml) to make a* ~ ein Schweinegeld verdienen *(infml)*; *that must have cost a* ~ *das* muss ein Heidengeld gekostet haben *(infml)* **packet soup** *n (esp Br)* Tütensuppe *f*

pack ice *n* Packeis *nt* **packing** *n* (≈ *act)* Packen *nt*; (≈ *material)* Verpackung *f*; *to do one's* ~ packen **packing case** *n* Kiste *f*

pact *n* Pakt *m*; *to make a* ~ *with sb* mit jdm einen Pakt schließen

pad[1] *v/i to* ~ *around (Br)* umhertapsen **pad**[2] **I** *n* **1.** *(for comfort etc)* Polster *nt*; *(for protection)* Schützer *m*; (≈ *brake pad etc)* Belag *m* **2.** *(of paper)* Block *m* **3.** *(infml* ≈ *home)* Bude *f (infml)* **II** *v/t* polstern ◆ **pad out** *v/t sep (fig) essay* auffüllen

padded *adj shoulders, bra* wattiert; *seat* gepolstert; ~ *envelope* gefütterter (Brief)umschlag **padding** *n* (≈ *material)* Polsterung *f*

paddle I *n* **1.** (≈ *oar)* Paddel *nt* **2.** *to have a* ~ durchs Wasser waten **II** *v/t boat* paddeln **III** *v/i* **1.** *(in boat)* paddeln **2.** *(in water)* waten **paddle boat** *n* Raddampfer *m*; *(small)* Paddelboot *nt* **paddle steamer** *n* Raddampfer *m* **paddling pool** *n (Br)* Planschbecken *nt*

paddock *n* Koppel *f*; *(of racecourse)* Sattelplatz *m*

paddy *n (a.* **paddy field**) Reisfeld *nt* **padlock I** *n* Vorhängeschloss *nt* **II** *v/t* (mit einem Vorhängeschloss) verschließen

paediatric, (*US*) **pediatric** *adj* Kinder-paediatrician, (*US*) **pediatrician** *n* Kinderarzt *m*/-ärztin *f* **paediatrics**, (*US*) **pediatrics** *n* Kinderheilkunde *f*

paedophile, (*US*) **pedophile** *n* Pädophile(r) *m*/*f*(*m*)

pagan I *adj* heidnisch **II** *n* Heide *m*, Heidin *f* **paganism** *n* Heidentum *nt*

page[1] **I** *n* (*a.* **pageboy**) Page *m* **II** *v*/*t* **to ~ sb** jdn ausrufen lassen; **paging Mr Cousin** Herr Cousin, bitte!

page[2] *n* Seite *f*; **on ~ 14** auf Seite 14; **write on both sides of the ~** beschreiben Sie beide Seiten; **to be on the same ~** (*US* ≈ *in agreement*) auf der gleichen Wellenlänge liegen

pageant *n* (≈ *show*) Historienspiel *nt*; (≈ *procession*) Festzug *m* **pageantry** *n* Prunk *m*

pageboy *n* Page *m*; (*Br* ≈ *at wedding*) *Junge, der bei der Hochzeitszeremonie assistiert* **page break** *n* IT Seitenwechsel *m* **page number** *n* Seitenzahl *f* **page preview** *n* IT Preview *m* **page printer** *n* IT Seitendrucker *m* **pager** *n* TEL Funkempfänger *m* **pagination** *n* Paginierung *f*

pagoda *n* Pagode *f*

paid I *pret, past part of* **pay II** *adj* **1.** *work* bezahlt **2.** (*esp Br*) **to put ~ to sth** etw zunichtemachen; **that's put ~ to my weekend** damit ist mein Wochenende geplatzt **III** *n* **the low/well ~** die Gering-/Gutverdienenden *pl* **paid-up** *adj* **fully ~ member** Mitglied *nt* ohne Beitragsrückstände

pail *n* Eimer *m*

pain I *n* **1.** Schmerz *m*; (*mental*) Qualen *pl*; **to be in ~** Schmerzen haben; **he screamed in ~** er schrie vor Schmerzen; **chest ~s** Brustschmerzen *pl*; **my ankle is causing me a lot of ~** mein Knöchel tut mir sehr weh; **I felt a ~ in my leg** ich hatte Schmerzen im Bein **2. pains** *pl* (≈ *efforts*) Mühe *f*; **to be at** (*great*) **~s to do sth** sich (*dat*) (große) Mühe geben, etw zu tun; **to take ~s to do sth** sich (*dat*) Mühe geben, etw zu tun; **she takes great ~s with her appearance** sie verwendet sehr viel Sorgfalt auf ihr Äußeres **3. on** *or* **under ~ of death** bei Todesstrafe **4.** (*infml: a.* **pain in the neck** *or* **arse** *Br sl*) **to be a** (*real*) **~** einem auf den Wecker gehen (*infml*) **II** *v*/*t* (*mentally*) schmerzen; **it ~s me to see their**

ignorance ihre Unwissenheit tut schon weh **pained** *adj* **expression** schmerzerfüllt

painful *adj* *injury* schmerzhaft; (≈ *distressing*) schmerzlich; **is it ~?** tut es weh? **painfully** *adv* **1.** (*physically*) schmerzhaft; *move* unter Schmerzen **2.** (≈ *very*) schrecklich; *thin* furchtbar; **it was ~ obvious** es war nicht zu übersehen **painkiller** *n* schmerzstillendes Mittel **painless** *adj* schmerzlos; **don't worry, it's quite ~** (*infml*) keine Angst, es tut gar nicht weh **painstaking** *adj*, **painstakingly** *adv* sorgfältig

paint I *n* **1.** Farbe *f*; (*on car*) Lack *m* **2. paints** *pl* Farben *pl*; **box of ~s** Farbkasten *m* **II** *v*/*t* **1.** *wall* streichen; *car* lackieren; **to ~ one's face** (*with make-up*) sich anmalen (*infml*); **to ~ the town red** (*infml*) die Stadt unsicher machen (*infml*) **2.** *picture* malen; **he ~ed a very convincing picture of life on the moon** er zeichnete ein sehr überzeugendes Bild vom Leben auf dem Mond **III** *v*/*i* malen; (≈ *decorate*) (an)streichen **paintbox** *n* Farbkasten *m* **paintbrush** *n* Pinsel *m*

painter *n* ART Maler(in) *m*(*f*); (≈ *decorator*) Anstreicher(in) *m*(*f*)

painting *n* **1.** (≈ *picture*) Gemälde *nt* **2.** *no pl* ART Malerei *f* **paint pot** *n* Farbtopf *m* **paint stripper** *n* Abbeizmittel *nt* **paintwork** *n* (*on car etc*) Lack *m*; (*on wall*) Anstrich *m*

pair I *n* Paar *nt*; **these socks are a ~** diese beiden Socken gehören zusammen; **a ~ of scissors** eine Schere; **a new ~** (*of trousers*) eine neue; (*of shoes*) ein Paar neue; **I've only got one ~ of hands** ich habe auch nur zwei Hände; **to be** *or* **have a safe ~ of hands** zuverlässig sein; **in ~s** paarweise; *hunt, go out* zu zweit **II** *v*/*i* **I was ~ed with Bob for the next round** in der nächsten Runde musste ich mit Bob ein Paar bilden
♦ **pair off I** *v*/*t sep* in Zweiergruppen einteilen **II** *v*/*i* Paare bilden (*with* mit)

pajamas *pl* (*US*) = **pyjamas**

pak-choi *n* (*Br*) Pak Choi *m*, chinesischer Blätterkohl

Paki (*pej infml*) **I** *n* (≈ *person*) Pakistani *m*/*f*(*m*) **II** *adj* pakistanisch **Pakistan** *n* Pakistan *nt* **Pakistani I** *adj* pakistanisch **II** *n* Pakistani *m*/*f*(*m*)

pal *n* (*infml*) Kumpel *m* (*infml*), Spezi *m*

(*Aus*)

palace *n* Palast *m*; **royal** ~ (Königs-)schloss *nt*

palatable *adj* **1.** genießbar **2.** (*fig*) attraktiv **palate** *n* (*lit*) Gaumen *m*

palatial *adj* palastartig

palaver *n* (*infml*) Theater *nt* (*infml*)

pale I *adj* (+er) blass; (*unhealthily*) bleich; *light, moon* fahl; ~ **green** zartgrün **II** *v/i* (*person*) erbleichen; **to ~ (into insignificance) alongside sth** neben etw (*dat*) bedeutungslos sein **paleness** *n* Blässe *f*

Palestine *n* Palästina *nt* **Palestinian I** *adj* palästinensisch **II** *n* Palästinenser(in) *m(f)*

palette *n* Palette *f* **palette knife** *n* Palettenmesser *nt*

palisade *n* Palisade *f*

pallbearer *n* Sargträger(in) *m(f)*

pallet *n* Palette *f*

pallid *adj* blass; (≈ *unhealthy looking*) bleich **pallor** *n* Blässe *f*

pally *adj* (+er) (*Br infml*) **they're very ~** sie sind dicke Freunde (*infml*); **to be ~ with sb** mit jdm gut Freund sein; **to get ~ with sb** sich mit jdm anfreunden

palm[1] *n* BOT Palme *f*

palm[2] *n* ANAT Handteller *m*; **he had the audience in the ~ of his hand** er hielt das Publikum ganz in seinem Bann; **to read sb's ~** jdm aus der Hand lesen ◆ **palm off** *v/t sep* (*infml*) *rubbish* andrehen (*on(to*) *sb* jdm) (*infml*); *person* abspeisen (*infml*); **they palmed him off on me** sie haben ihn mir aufgehalst (*infml*)

palmcorder *n* Palmcorder *m* **palmistry** *n* Handlesekunst *f*

palm leaf *n* Palmwedel *m* **palm oil** *n* Palmöl *nt* **Palm Sunday** *n* Palmsonntag *m*

palmtop *n* IT Palmtop *m*

palm tree *n* Palme *f*

palpable *adj* vollkommen **palpably** *adv* eindeutig

palpitate *v/i* (*heart*) heftig klopfen **palpitation** *n* Herzklopfen *nt*; **to have ~s** Herzklopfen haben

palsy *n* Lähmung *f*

paltry *adj* armselig; **he gave some ~ excuse** er brachte irgendeine armselige Entschuldigung hervor

pamper *v/t* verwöhnen

pamphlet *n* (*informative*) Broschüre *f*;

(*political, flyer*) Flugblatt *nt*

pan *n* COOK Pfanne *f*; (≈ *saucepan*) Topf *m* ◆ **pan out** *v/i* (*infml*) sich entwickeln; **it didn't ~** es hat nicht geklappt (*infml*)

panache *n* Schwung *m*

Panama *n* ~ **Canal** Panamakanal *m*

Pan-American *adj* panamerikanisch

pancake *n* Pfannkuchen *m*; (*stuffed also*) Palatschinke *f* (*Aus*)

pancreas *n* Bauchspeicheldrüse *f*

panda *n* Panda *m* **panda car** *n* (*Br*) (Funk)streifenwagen *m*

pandemonium *n* Chaos *nt*

pander *v/i* nachgeben (*to* +dat); **to ~ to sb's whims** jds Launen (*acc*) befriedigen wollen

p and p *abbr of* **post(age) and packing**

pane *n* Glasscheibe *f*

panel *n* **1.** (*of wood*) Tafel *f*; (*in door*) Feld *nt* **2.** (*of instruments etc*) Schalttafel *f*; **instrument ~** Armaturenbrett *nt*; (*on machine*) Kontrolltafel *f* **3.** (*of interviewers etc*) Gremium *nt*; (*in discussion*) Diskussionsrunde *f*; (*in quiz*) Rateteam *nt*; **a ~ of judges** eine Jury **panel discussion** *n* Podiumsdiskussion *f* **panel game** *n* Ratespiel *nt* **panelled**, (*US*) **paneled** *adj* paneeliert **panelling**, (*US*) **paneling** *n* Täfelung *f* **panellist**, (*US*) **panelist** *n* Diskussionsteilnehmer(in) *m(f)*

pang *n* **a ~ of conscience** Gewissensbisse *pl*; **a ~ of jealousy** ein Eifersuchtsanfall *m*; **~s of hunger** quälender Hunger

panic *vb*: *pret, past part* **panicked I** *n* Panik *f*; **in a (blind) ~** in (heller) Panik; **to flee in ~** panikartig die Flucht ergreifen; **the country was thrown into a (state of) ~** das Land wurde von Panik erfasst **II** *v/i* in Panik geraten; **don't ~** nur keine Panik! **III** *v/t* Panik auslösen unter (+*dat*) **panic attack** *n* PSYCH Panikanfall *m*; **to have a ~** einen Panikanfall bekommen **panicky** *adj person* überängstlich; **to feel ~** panische Angst haben **panic-stricken** *adj* von panischem Schrecken ergriffen; *look* panisch

pannier *n* (*on motor-cycle etc*) Satteltasche *f*

panorama *n* Panorama *nt* (*of* +gen) **panoramic** *adj* Panorama- **panoramic view** *n* Panoramablick *m*; **a ~ of the hills** ein Blick *m* auf das Bergpanorama

pansy *n* **1.** BOT Stiefmütterchen *nt* **2.** (*Br pej* ≈ *homosexual*) Schwuchtel *f* (*pej infml*)

pant *v/i* keuchen; (*dog*) hecheln; **to ~ for breath** nach Luft schnappen (*infml*)

panther *n* Panther *m*

panties *pl* Höschen *nt*; **a pair of ~** ein Höschen *nt*

pantomime *n* **1.** (*in GB*) ≈ Weihnachtsmärchen *nt* **2.** (≈ *mime*) Pantomime *f*

pantry *n* Speisekammer *f*

pants I *pl* (*esp US* ≈ *trousers*) Hose *f*; (*Br* ≈ *underpants*) Unterhose *f*; **a pair of ~** eine Hose / Unterhose *f*; **to charm the ~ off sb** (*infml*) jdm um den Bart gehen **II** *adj* (*Br infml* ≈ *awful*) **to be ~** beknackt *or* beschissen sein (*infml*) **pantsuit** *n* (*US*) Hosenanzug *m* **pantyhose** *n* (*US*) Strumpfhose *f* **panty-liner** *n* Slipeinlage *f*

papal *adj* päpstlich

papaya *n* Papayabaum *f*; (≈ *fruit*) Papaya *f*

paper I *n* **1.** Papier *nt*; **to get** *or* **put sth down on ~** etw schriftlich festhalten **2.** (≈ *newspaper*) Zeitung *f*; **in the ~s** in der Zeitung **3. papers** *pl* (≈ *identity papers*) Papiere *pl* **4.** (≈ *exam*) (UNIV) Klausur *f*; SCHOOL Arbeit *f* **5.** (*academic*) Referat *nt* **II** *v/t room* tapezieren **paperback** *n* Taschenbuch *nt* **paper bag** *n* Papiertüte *f* **paperboy** *n* Zeitungsjunge *m* **paper chain** *n* Girlande *f* **paperclip** *n* Büroklammer *f* **paper cup** *n* Pappbecher *m* **paper feed** *n* IT Papiervorschub *m* **paper girl** *n* Zeitungsmädchen *nt* **paper money** *n* Papiergeld *nt* **paper plate** *n* Pappteller *m* **paper round** *n* (*Br*) **to do a ~** Zeitungen austragen **paper route** *n* (*US*) = **paper round** paper shop *n* (*Br*) Zeitungsladen *m* **paper-thin** *adj* hauchdünn **paper tissue** *n* Papiertuch *nt* **paper tray** *n* IT Papierschacht *m* **paperweight** *n* Briefbeschwerer *m* **paperwork** *n* Schreibarbeit *f*

papier mâché I *n* Pappmaschee *nt* **II** *adj* aus Pappmaschee

paprika *n* Paprika *m*

par *n* **1. to be on a ~ with sb/sth** sich mit jdm / etw messen können **2. below ~** (*fig*) unter Niveau; **I'm feeling below ~** ich fühle mich nicht auf der Höhe **3.** GOLF Par *nt*; **~ three** Par 3; **that's ~ for the course for him** (*fig infml*) das kann man von ihm erwarten

parable *n* Parabel *f*

paracetamol *n* Schmerztablette *f*

parachute I *n* Fallschirm *m* **II** *v/i* (*a.* **par-**

achute down) (mit dem Fallschirm) abspringen **parachute drop** *n* (*of supplies*) (Fallschirm)abwurf *m* **parachute jump** *n* Absprung *m* (mit dem Fallschirm) **parachutist** *n* Fallschirmspringer(in) *m(f)*

parade I *n* (≈ *procession*) Umzug *m*; (MIL, *of circus* ≈ *display*) Parade *f*; **to be on ~** MIL eine Parade abhalten **II** *v/t* **1.** *troops* aufmarschieren lassen; *placards* vor sich her tragen **2.** (≈ *show off*) zur Schau stellen **III** *v/i* MIL aufmarschieren; **to ~ through the town** (*strikers*) durch die Stadt ziehen; **to ~ up and down** (≈ *show off*) auf und ab stolzieren

paradise *n* Paradies *nt*; **a shopper's ~** ein Einkaufsparadies *nt*; **an architect's ~** ein Paradies *nt* für Architekten

paradox *n* Paradox *nt* **paradoxical** *adj* paradox **paradoxically** *adv* paradoxerweise

paraffin *n* Paraffin *nt*

paragliding *n* Gleitschirmfliegen *nt*

paragraph *n* Abschnitt *m*

paralegal (*esp US*) *n* Rechtsassistent(in) *m(f)*

parallel I *adj* parallel; *development* parallel verlaufend; **~ to** *or* **with** parallel zu *or* mit; **~ interface** IT Parallelschnittstelle *f*; **the two systems developed along ~ lines** die Entwicklung der beiden Systeme verlief vergleichbar **II** *adv* **to run ~** parallel verlaufen (*to sth* zu etw) **III** *n* (*fig*) Parallele *f*; **without ~** ohne Parallele; **to draw a ~ between X and Y** eine Parallele zwischen X und Y ziehen **IV** *v/t* (*fig*) gleichen (+*dat*); **a case ~led only by...** ein Fall, zu dem es nur eine einzige Parallele gibt, nämlich ...

Paralympics *n* SPORTS Paralympics *pl*

paralysis *n*, *pl* **paralyses** Lähmung *f* **paralytic** (*Br infml* ≈ *very drunk*) voll dicht (*sl*) **paralyze** *v/t* **1.** (*lit*) lähmen **2.** (*fig*) lahmlegen **paralyzed** *adj* **1.** (*lit*) gelähmt; **he was left ~** er behielt Lähmungen zurück; **~ from the waist down** von der Hüfte abwärts gelähmt **2.** (*fig*) **to be ~ with fear** vor Angst (wie) gelähmt sein **paralyzing** *adj* (*fig*) lähmend

paramedic *n* Sanitäter(in) *m(f)*

parameters *pl* Rahmen *m*

paramilitary *adj* paramilitärisch

paramount *adj* Haupt-; **to be ~** Priorität haben; **of ~ importance** von höchster Wichtigkeit

paranoia n Paranoia f; (infml) Verfolgungswahn m **paranoid** adj paranoid; **or am I just being ~?** oder bilde ich mir das nur ein?; **to be ~ about sth** von etw Wahnvorstellungen haben

paranormal I adj paranormal **II** n **the ~** das Paranormale

parapet n (on rampart, of bridge) Brüstung f; **to put one's head above the ~** (fig) sich in die Schusslinie begeben

paraphernalia pl Drum und Dran nt

paraphrase v/t umschreiben

paraplegic n Paraplegiker(in) m(f) (tech)

parasite n (lit) Parasit m; (fig) Schmarotzer(in) m(f)

parasol n Sonnenschirm m

paratrooper n Fallschirmjäger(in) m(f) **paratroops** pl Fallschirmjäger pl

parboil v/t vorkochen

parcel n (esp Br) Paket nt ◆ **parcel up** v/t sep als Paket verpacken

parcel bomb n (Br) Paketbombe f

parched adj ausgetrocknet; **I'm ~** ich habe furchtbaren Durst

parchment n Pergament nt

pardon I n **1.** JUR Begnadigung f; **to grant sb a ~** jdn begnadigen **2. to beg sb's ~** jdn um Verzeihung bitten; **~?** (Br), **I beg your ~?** (Br) (wie) bitte?; **I beg your ~** (apology) Entschuldigung; (in surprise) erlauben Sie mal! **II** v/t **1.** JUR begnadigen **2.** (≈ forgive) verzeihen; **to ~ sb for sth** jdm etw verzeihen; **~ me, but could you ...?** entschuldigen Sie bitte, könnten Sie ...?; **~ me!** Entschuldigung!; **~ me?** (US) (wie) bitte?

◆ **pare down** v/t sep (fig) expenses einschränken

parent n Elternteil m; **parents** Eltern pl **parentage** n Herkunft f; **children of racially mixed ~** gemischtrassige Kinder pl **parental** adj elterlich attr; **~ leave** Elternschaftsurlaub m **parental leave** n Elternurlaub m **parent company** n Muttergesellschaft f

parenthesis n, pl **parentheses** Klammer f; **in ~** in Klammern

parenthood n Elternschaft f **parents-in-law** pl Schwiegereltern pl **parent teacher association** n SCHOOL Lehrer- und Elternverband m

parish n Gemeinde f **parish church** n Pfarrkirche f **parish council** n Gemeinderat m **parishioner** n Gemeinde(mit)glied nt **parish priest** n Pfarrer m

parity n **1.** (≈ equality) Gleichstellung f **2.** FIN, SCI, IT Parität f

park I n Park m; **national ~** Nationalpark m **II** v/t **1.** car parken; bicycle abstellen; **a ~ed car** ein parkendes Auto **2.** (infml ≈ put) abstellen; **he ~ed himself right in front of the fire** er pflanzte sich direkt vor den Kamin (infml) **III** v/i parken; **there was nowhere to ~** es gab nirgendwo einen Parkplatz; **to find a place to ~** einen Parkplatz finden **park-and-ride** n Park-and-Ride-System nt **park bench** n Parkbank f

parking n Parken nt; **there's no ~ on this street** in dieser Straße ist Parken verboten or ist Parkverbot; **"no ~"** „Parken verboten"; **"parking for 50 cars"** „50 (Park)plätze" **parking attendant** n Parkplatzwächter(in) m(f) **parking bay** n Parkbucht f **parking fine** n Geldbuße f (für Parkvergehen) **parking garage** n (US) Parkhaus nt **parking lot** n (US) Parkplatz m **parking meter** n Parkuhr f **parking place** n Parkplatz m **parking space** n Parkplatz m **parking ticket** n Strafzettel m

Parkinson's (disease) n parkinsonsche Krankheit

park keeper n Parkwächter(in) m(f) **parkland** n Grünland nt **park ranger**, **park warden** n (in national park) Aufseher(in) m(f) in einem Nationalpark **parkway** n (US) Allee f

parliament n Parlament nt; **the German ~** der Bundestag; **the Swiss ~** die Bundesversammlung; **the Austrian ~** der Nationalrat **parliamentary** adj parlamentarisch; **~ seat** Parlamentssitz m **parliamentary candidate** n Parlamentskandidat(in) m(f) **parliamentary election** n Parlamentswahlen pl

parlour, (US) **parlor** n (≈ beauty parlour etc) Salon m; **ice-cream ~** Eisdiele f **parlour game**, (US) **parlor game** n Gesellschaftsspiel nt

parody I n **1.** Parodie f (of auf +acc) **2.** (≈ travesty) Abklatsch m **II** v/t parodieren

parole I n JUR Bewährung f; (≈ temporary release) Strafunterbrechung f; **to let sb out on ~** jdn auf Bewährung entlassen; (temporarily) jdm Strafunterbrechung gewähren; **to be on ~** unter Bewährung stehen; (temporarily) auf Kurzurlaub sein **II** v/t auf Bewährung entlassen; (temporarily) Strafunterbrechung gewähren (+*dat*)

parquet *n* Parkett *nt*; **~ floor** Parkett-(fuß)boden *m*

parrot *n* Papagei *m*; *he felt as sick as a* **~** (*Br infml*) ihm war kotzübel (*infml*) **parrot-fashion** *adv* **to repeat sth ~** etw wie ein Papagei nachplappern; *to learn sth* **~** etw stur auswendig lernen

parry *v/t & v/i* (*fig*) parieren; BOXING abwehren

parsley *n* Petersilie *f*

parsnip *n* Pastinake *f*

parson *n* Pfarrer *m* **parsonage** *n* Pfarrhaus *nt*

part I *n* **1.** Teil *m*; *the best* **~** das Beste; *in* **~** teilweise; *a* **~** *of the country*/*city I don't know* eine Gegend, die ich nicht kenne; *for the most* **~** zum größten Teil; *in the latter* **~** *of the year* gegen Ende des Jahres; *it's all* **~** *of growing up* das gehört alles zum Erwachsenwerden dazu; *it is* **~** *and parcel of the job* das gehört zu der Arbeit dazu; *spare* **~** Ersatzteil *nt* **2.** GRAM **~** *of speech* Wortart *f* **3.** (*of series*) Folge *f*; (*of serial*) Fortsetzung *f*; *end of* **~** *one* TV Ende des ersten Teils **4.** (≈ *share, role*) (An)teil *m*; THEAT Rolle *f*; *to play one's* **~** (*fig*) seinen Beitrag leisten; *to take* **~** *in sth* an etw (*dat*) teilnehmen; *who is taking* **~?** wer macht mit?; *he's taking* **~** *in the play* er spielt in dem Stück mit; *he looks the* **~** (*fig*) so sieht (d)er auch aus; *to play a* **~** eine Rolle spielen; *to play no* **~** *in sth* (*person*) nicht an etw (*dat*) beteiligt sein; *we want no* **~** *of it* wir wollen damit nichts zu tun haben **5. parts** *pl* (≈ *region*) Gegend *f*; *from all* **~s** von überall her; *in or around these* **~s** in dieser Gegend; *in foreign* **~s** in fremden Ländern; *he's not from these* **~s** er ist nicht aus dieser Gegend **6.** (≈ *side*) Seite *f*; *to take sb's* **~** für jdn Partei ergreifen; *for my* **~** was mich betrifft; *on my* **~** meinerseits; *on the* **~** *of* seitens (+*gen*) **7.** (*US: in hair*) Scheitel *m* **II** *adv* teils, teilweise; **~** *one and* **~** *the other* teils, teils; **~** *iron and* **~** *copper* teils aus Eisen und teils aus Kupfer **III** *v/t* **1.** *hair* scheiteln **2.** (≈ *separate*) trennen; *to* **~** *sb from sb*/*sth* jdn von jdm/etw trennen; *till death us do* **~** bis dass der Tod uns scheidet; *to* **~** *company with sb*/*sth* sich von jdm/etw trennen **IV** *v/i* **1.** (≈ *divide*) sich teilen; (*curtains*) sich öffnen; *her lips* **~ed** *in a smile* ihre

Lippen öffneten sich zu einem Lächeln **2.** (≈ *separate*) (*people*) sich trennen; (*things*) sich lösen; *to* **~** *from sb* sich von jdm trennen; *we* **~ed** *friends* wir gingen als Freunde auseinander; *to* **~** *with sth* sich von etw trennen; *to* **~** *with money* Geld ausgeben

parterre *n* (*US*) Parterre *nt*

part exchange *n to offer sth in* **~** etw in Zahlung geben

partial *adj* teilweise; *a* **~** *success* ein Teilerfolg *m*; *to make a* **~** *recovery* eine teilweise Erholung durchmachen **partially** *adv* teilweise; **~** *deaf* eingeschränkt hörfähig **partially sighted** *adj* eingeschränkt sehfähig

participant *n* Teilnehmer(in) *m(f)* (*in* an +*dat*) **participate** *v/i* sich beteiligen (*in* an +*dat*); *to* **~** *in sport* SCHOOL am Schulsport teilnehmen **participation** *n* Beteiligung *f*; (*in competition etc*) Teilnahme *f*

participle *n* Partizip *nt*

particle *n* (*of sand etc*) Körnchen *nt*; PHYS Teilchen *n*

particular I *adj* **1.** *this* **~** *house* dies (eine) Haus; *in this* **~** *instance* in diesem besonderen Fall; *one* **~** *city* eine bestimmte Stadt **2.** (≈ *special*) besonder(r, s); *in* **~** insbesondere; *the wine in* **~** *was excellent* vor allem der Wein war hervorragend; *nothing in* **~** nichts Besonderes; *is there anything in* **~** *you'd like?* haben Sie einen besonderen Wunsch?; *did you want to speak to anyone in* **~?** wollten Sie mit jemand(em) Bestimmtem sprechen?; *for no* **~** *reason* aus keinem besonderen Grund; *at a* **~** *time* zu einer bestimmten Zeit; *at that* **~** *time* zu (genau) diesem Zeitpunkt; *to be of* **~** *concern to sb* jdm ein besonderes Anliegen sein **3.** (≈ *fussy*) eigen; (≈ *choosy*) wählerisch; *he is very* **~** *about cleanliness* er nimmt es mit der Sauberkeit; *he's* **~** *about his car* er ist sehr eigen mit seinem Auto (*infml*) **II** *n* **particulars** *pl* Einzelheiten *pl*; (*about person*) Personalien *pl*; *for further* **~s** *apply to ...* weitere Auskünfte erteilt ... **particularly** *adv* besonders; *do you want it* **~** *for tomorrow?* brauchen Sie es unbedingt morgen?; *not* **~** nicht besonders; *it's important,* **~** *since ...* es ist wichtig, zumal ...

parting I *n* **1.** Abschied *m* **2.** (*Br: in hair*) Scheitel *m* **II** *adj* abschließend; *his* **~** *words* seine Abschiedsworte *pl*

partisan *n* MIL Partisan(in) *m(f)*

partition I *n* **1.** Teilung *f* **2.** (≈ *wall*) Trennwand *f* II *v/t country* teilen; *room* aufteilen

part load *n* COMM Teilladung *f*

partly *adv* teilweise

partner *n* Partner(in) *m(f)* **partnership** *n* **1.** Partnerschaft *f*; *to do sth in* ~ *with sb* etw mit jdm gemeinsam machen **2.** COMM Personengesellschaft *f*; *to enter into a* ~ in eine Gesellschaft eintreten; *to go into* ~ *with sb* mit jdm eine Personengesellschaft gründen

part owner *n* Mitbesitzer(in) *m(f)* **part payment** *n* Teilzahlung *f* **part-time** I *adj* ~ *job* Teilzeitarbeit *f*; *I'm just* ~ ich arbeite nur Teilzeit; *on a* ~ *basis* auf Teilzeitbasis II *adv* **can I do the job** ~*?* kann ich (auf) Teilzeit arbeiten?; *she only teaches* ~ sie unterrichtet nur stundenweise; *she is studying* ~ sie ist Teilzeitstudentin

party I *n* **1.** (POL, JUR, *fig*) Partei *f*; *to be a member of the* ~ Parteimitglied sein; *a third* ~ ein Dritter *m* **2.** (≈ *group*) Gruppe *f*; *a* ~ *of tourists* eine Reisegesellschaft **3.** (≈ *celebration*) Party *f*; (*formal*) Gesellschaft *f*; *to have a* ~ eine Party geben; *at the* ~ auf der Party; (*more formal*) bei der Gesellschaft II *v/i* (*infml*) feiern **party dress** *nt* Partykleid **partygoer** *n* Partygänger(in) *m(f)* **party political broadcast** *n* parteipolitische Sendung **party pooper** *n* (*infml*) Partymuffel *m* (*infml*)

pass I *n* **1.** (≈ *permit*) Ausweis *m*; MIL *etc* Passierschein *m* **2.** GEOG, SPORTS Pass *m* **3.** *things had come to such a* ~ *that ...* die Lage hatte sich so zugespitzt, dass ... **4.** *to make a* ~ *at sb* bei jdm Annäherungsversuche machen II *v/t* **1.** (≈ *move past*) vorbeigehen an (+*dat*); *he* ~*ed me without even saying hello* er ging ohne zu grüßen an mir vorbei **2.** (≈ *overtake*) überholen **3.** *frontier etc* passieren **4.** (≈ *hand*) reichen; *they* ~*ed the photograph around* sie reichten das Foto herum; ~ (*me*) *the salt, please* reich mir doch bitte das Salz!; *the characteristics which he* ~*ed to his son* die Eigenschaften, die er an seinen Sohn weitergab **5.** *exam* bestehen; *candidate* bestehen lassen **6.** *motion* annehmen; PARL verabschieden **7.** SPORTS *to* ~ *the ball to sb* jdm den Ball zuspielen **8.** ~ *the*

thread through the hole führen Sie den Faden durch die Öffnung **9.** *time* verbringen; *he did it to* ~ *the time* er tat das, um sich (*dat*) die Zeit zu vertreiben **10.** JUR *sentence* verhängen; *judgement* fällen; *to* ~ *comment* (*on sth*) einen Kommentar (zu etw) abgeben **11.** *blood* ausscheiden; *to* ~ *water* Wasser lassen III *v/i* **1.** (≈ *move past*) vorbeigehen/-fahren; *the street was too narrow for the cars to* ~ die Straße war so eng, dass die Wagen nicht aneinander vorbeikamen; *we* ~*ed in the corridor* wir gingen im Korridor aneinander vorbei **2.** (≈ *overtake*) überholen **3.** *what has* ~*ed between us* was sich zwischen uns zugetragen hat; *if you* ~ *by the grocer's ...* wenn du beim Kaufmann vorbeikommst ...; *the procession* ~*ed down the street* die Prozession zog die Straße entlang; *the virus* ~*es easily from one person to another* der Virus ist leicht von einer Person auf die andere übertragbar; *the land has now* ~*ed into private hands* das Land ist jetzt in Privatbesitz übergegangen; *to* ~ *out of sight* außer Sichtweite geraten; *the thread* ~*es through this hole* der Faden geht durch diese Öffnung **4.** (*time: a.* **pass by**) vergehen; (*deadline*) verfallen **5.** (*anger, era etc*) vorübergehen; (*storm*) vorüberziehen; (*rain*) vorbeigehen; *to let an opportunity* ~ eine Gelegenheit verstreichen lassen **6.** (≈ *be acceptable*) gehen; *to let sth* ~ etw durchgehen lassen; *let it* ~*!* vergiss es! **7.** (≈ *be accepted*) angesehen werden (*for or as sth* als etw); *this little room has to* ~ *for an office* dieses kleine Zimmer dient als Büro; *she could* ~ *for 25* sie könnte für 25 durchgehen **8.** (*in exam*) bestehen **9.** SPORTS abspielen; *to* ~ *to sb* jdm zuspielen **10.** CARDS passen; (*I*) ~*!* passe! ◆ **pass away** *v/i* (*euph* ≈ *die*) entschlafen ◆ **pass by** I *v/i* vorbeigehen; (*car etc*) vorbeifahren; (*time*) vergehen II *v/t sep* (≈ *ignore*) übergehen; *life has passed her by* das Leben ist an ihr vorübergegangen ◆ **pass down** *v/t sep traditions* überliefern (*to* +*dat*); *characteristics* weitergeben (*to* an +*acc*) ◆ **pass off** I *v/i* **1.** (≈ *take place*) ablaufen **2.** (≈ *be taken as*) durchgehen (*as* als) II *v/t sep to pass sb/sth off as sth* jdn / etw als etw ausgeben ◆ **pass on** I *v/i* **1.**

(*euph* ≈ *die*) entschlafen **2.** (≈ *proceed*) übergehen (*to* zu) **II** *v/t sep news, cost etc* weitergeben; *disease* übertragen; **pass it on!** weitersagen!; **take a leaflet and pass them on** nehmen Sie ein Blatt und geben Sie die anderen weiter ◆ **pass out** *v/i* (≈ *faint*) in Ohnmacht fallen ◆ **pass over** *v/t sep* übergehen ◆ **pass round** *v/t sep* herumreichen; **to be passed round** herumgereicht werden, die Runde machen (*infml*) ◆ **pass through** *v/i* **I'm only passing through** ich bin nur auf der Durchreise ◆ **pass up** *v/t sep chance* vorübergehen lassen

passable *adj* **1.** passierbar **2.** (≈ *tolerable*) passabel

passage *n* **1.** (≈ *transition*) Übergang *m*; **in** *or* **with the ~ of time** mit der Zeit **2.** (≈ *right of passage*) Durchreisegenehmigung *f* **3.** (≈ *corridor*) Gang *m*; **secret ~** Geheimgang *m* **4.** (*in book, Mus*) Passage *f*; **a ~ from Shakespeare** eine Shakespearestelle **passageway** *n* Durchgang *m*

passbook *n* Sparbuch *nt*

passenger *n* **1.** (*on bus, in taxi*) Fahrgast *m*; (*on train*) Reisende(r) *m/f(m)*; (*on ship, plane*) Passagier(in) *m(f)* **2.** (*in car, on motorcycle*) Beifahrer(in) *m(f)* **passenger aircraft** *n* Passagierflugzeug *nt* **passenger door** *n* Beifahrertür *f* **passenger ferry** *n* Personenfähre *f* **passenger seat** *n* Beifahrersitz *m*

passer-by *n*, *pl* **passers-by** Passant(in) *m(f)* **passing I** *n* **1.** Vorübergehen *nt*; **to mention sth in ~** etw beiläufig erwähnen **2.** (≈ *overtaking*) Überholen *nt* **3.** (*euph* ≈ *death*) Heimgang *m* **4.** FTBL Ballabgabe *f* **II** *adj* **1.** *car* vorbeifahrend; **with each ~ day** mit jedem Tag, der vergeht **2.** *thought, interest* flüchtig; *comments* beiläufig; **to make** (**a**) **~ reference to sth** auf etw (*acc*) beiläufig hinweisen; **to bear a ~ resemblance to sb/sth** mit jdm/etw eine flüchtige Ähnlichkeit haben

passion *n* Leidenschaft *f*; (≈ *fervour*) Leidenschaftlichkeit *f*; **to have a ~ for sth** eine Leidenschaft für etw haben; **his ~ is Mozart** Mozart ist seine Passion **passionate** *adj* leidenschaftlich; **to be ~ about sth** für etw eine Leidenschaft haben **passionately** *adv* leidenschaftlich; **to be ~ fond of sth** etw unwahrscheinlich gernhaben **passion fruit** *n* Passions-

frucht *f* **Passion play** *n* Passionsspiel *nt* **Passion Week** *n* Karwoche *f*

passive I *adj* **1.** passiv **2.** GRAM Passiv-; **~ form** Passivform *f* **II** *n* GRAM Passiv *nt*; **in the ~** im Passiv **passively** *adv* passiv; *accept* widerspruchslos; *watch etc* tatenlos **passive smoking** *n* Passivrauchen *nt*

passkey *n* Hauptschlüssel *m*

Passover *n* Passah *nt*

passport *n* (*Reise*)pass *m*; (*fig*) Schlüssel *m* (*to* zu) **passport control** *n* Passkontrolle *f* **passport holder** *n* Passinhaber(in) *m(f)*; **are you a British ~?** haben Sie einen britischen Pass? **passport office** *n* Passamt *nt*

password *n* Kennwort *nt*; IT Passwort *nt*

past I *adj* **1.** frühe(r, s) *attr*; **for some time ~** seit einiger Zeit; **all that is now ~** das ist jetzt alles vorüber; **in the ~ week** vergangene Woche **2.** GRAM **~ tense** Vergangenheit *f* **II** *n* Vergangenheit *f*; **in the ~** in der Vergangenheit; **to be a thing of the ~** der Vergangenheit (*dat*) angehören; **that's all in the ~ now** das ist jetzt alles Vergangenheit; **the verb is in the ~** das Verb steht in der Vergangenheit **III** *prep* **1.** (*motion*) an (+*dat*) ... vorbei; (*position* ≈ *beyond*) hinter (+*dat*) **2.** (*time*) nach (+*dat*); **ten** (**minutes**) **~ three** zehn (Minuten) nach drei; **half ~ four** halb fünf; **a quarter ~ nine** Viertel nach neun; **it's ~ 12** es ist schon nach 12; **the trains run at a quarter ~ the hour** die Züge gehen jeweils um Viertel nach; **it's** (**well**) **~ your bedtime** du solltest schon längst im Bett liegen **3.** (≈ *beyond*) über (+*acc*); **~ forty** über vierzig; **the patient is ~ saving** der Patient ist nicht mehr zu retten; **we're ~ caring** es kümmert uns nicht mehr; **to be ~ sth** für etw zu alt sein; **I wouldn't put it ~ him** (*infml*) ich würde es ihm schon zutrauen **IV** *adv* vorüber; **to walk ~** vorübergehen; **to run ~** vorbeirennen

pasta *n* Nudeln *pl*

paste I *n* **1.** (*for sticking*) Kleister *m* **2.** (≈ *spread*) Brotaufstrich *m*; (≈ *tomato paste*) Mark *nt* **II** *v/t wallpaper etc* einkleistern; IT einfügen; **to ~ sth to sth** etw an etw (*acc*) kleben

pastel I *n* (≈ *crayon*) Pastellstift *m*; (≈ *colour*) Pastellton *m* **II** *adj attr* **~ colour** (*Br*) *or* **color** (*US*) Pastellfarbe *f*; **~ drawing** Pastellzeichnung *f*

pasteurize *v/t* pasteurisieren

pastille *n* Pastille *f*

pastime *n* Zeitvertreib *m*
pastor *n* Pfarrer(in) *m(f)* **pastoral** *adj*
land ländlich; ART, MUS, ECCL pastoral;
duties seelsorgerisch
past participle *n* Partizip Perfekt *nt* **past
perfect** *n* Plusquamperfekt *nt*
pastry *n* Teig *m*; (≈ *cake etc*) Stückchen
nt; **pastries** *pl* Gebäck *nt*
pasture *n* **1.** (≈ *field*) Weide *f*; **to move on
to ~s new** (*fig*) sich (*dat*) etwas Neues
suchen **2.** *no pl* (*a.* **pasture land**) Weideland *nt*
pasty[1] *adj colour* blässlich; *look* kränklich
pasty[2] *n* (*esp Br*) Pastete *f*
pasty-faced *adj* bleichgesichtig
pat[1] *n* **1.** (*of butter*) Portion *f* **2. cow ~**
Kuhfladen *m*
pat[2] *adv* **to know sth off ~** etw wie aus
dem Effeff können (*infml*); **to learn
sth off ~** etw in- und auswendig lernen
pat[3] **I** *n* Klaps *m*; **he gave his nephew a ~
on the head** er tätschelte seinem Neffen
den Kopf; **to give one's horse a ~** sein
Pferd tätscheln; **to give sb a ~ on the
back** (*fig*) jdm auf die Schulter klopfen;
that's a ~ on the back for you das ist ein
Kompliment für dich **II** *v/t* tätscheln; **to
~ sb on the head** jdm den Kopf tätscheln; **to ~ sth dry** etw trocken tupfen;
to ~ sb on the back (*lit*) jdm auf den Rücken klopfen; (*fig*) jdm auf die Schulter
klopfen ◆ **pat down** *v/t sep* festklopfen;
hair festdrücken
patch I *n* **1.** (*for mending*) Flicken *m* **2.** (≈
eye patch) Augenklappe *f* **3.** (≈ *small area, stain*) Fleck *m*; (*of land*) Stück *nt*; (*of
garden*) Beet *nt*; (≈ *part*) Stelle *f*; (*infml,
of policeman etc*) Revier *nt*; **a ~ of blue
sky** ein Stückchen *nt* blauer Himmel;
he's going through a bad ~ ihm gehts
nicht sonderlich gut; **it's/he's not a ~
on ...** (*Br infml*) das/er ist gar nichts gegen ... **II** *v/t* flicken ◆ **patch up** *v/t sep*
zusammenflicken; *quarrel* beilegen; **I
want to patch things up between us**
ich möchte unsere Beziehung wieder
ins Lot bringen
patchwork *n* Patchwork *nt*; **~ quilt** Fli-
ckendecke *f* **patchy** *adj* (+*er*) **1.** *knowledge* lückenhaft **2.** (*lit*) *beard* licht; **~
fog** stellenweise Nebel
pâté *n* Pastete *f*
patent I *n* Patent *nt* **II** *v/t* patentieren lassen **patent leather** *n* Lackleder *nt*; **~**

shoes Lackschuhe *pl* **patently** *adv* offensichtlich; **~ obvious** ganz offensichtlich
paternal *adj* väterlich; **my ~ grandmother** *etc* meine Großmutter *etc* väterlicherseits **paternity** *n* Vaterschaft *f* **paternity
leave** *n* Vaterschaftsurlaub *m*
path *n* Weg *m*; (≈ *trajectory*) Bahn *f*; IT
Pfad *m*
pathetic *adj* **1.** (≈ *piteous*) mitleiderregend; **a ~ sight** ein Bild des Jammers
2. (≈ *poor*) erbärmlich; **honestly you're
~** ehrlich, dich kann man zu nichts brauchen **pathetically** *adv* **1.** (≈ *piteously*)
mitleiderregend; **~ thin** erschreckend
dünn **2.** *slow* erbärmlich
path name *n* IT Pfad(name) *m*
pathological *adj* (*lit, fig*) pathologisch
pathologically *adv* krankhaft **pathologist** *n* Pathologe *m*, Pathologin *f* **pathology** *n* (*science*) Pathologie *f*
pathway *n* Weg *m*
patience *n* **1.** Geduld *f*; **to lose ~** (**with sb/
sth**) (mit jdm/etw) die Geduld verlieren;
to try *or* **test sb's ~** jds Geduld auf die
Probe stellen **2.** (*Br* CARDS) Patience *f*; **to
play ~** eine Patience legen
patient I *adj* geduldig; **to be ~ with sb/sth**
mit jdm/etw geduldig sein **II** *n* Pati-
ent(in) *m(f)* **patiently** *adv* geduldig
patio *n* Terrasse *f*; **~ door(s)** Terrassentür
f
patriarchal *adj* patriarchalisch **patriarchy** *n* Patriarchat *nt*
patriot *n* Patriot(in) *m(f)* **patriotic** *adj*,
patriotically *adv* patriotisch **patriotism**
n Patriotismus *m*
patrol I *n* (*police*) Streife *f*; MIL Patrouille
f; **the navy carry out** *or* **make weekly ~s
of the area** die Marine patrouilliert das
Gebiet wöchentlich; **on ~** MIL auf Patrouille; (*police*) auf Streife **II** *v/t* MIL patrouillieren; (*policeman, watchman*) seine Runden machen in (+*dat*) **III** *v/i* MIL
patrouillieren; (*policeman*) seine Streife
machen; (*watchman*) seine Runden machen **patrol car** *n* Streifenwagen *m* **patrolman** *n* (*US*) Polizist *m* **patrol wagon**
n (*US*) Gefangenenwagen *m* **patrol-
woman** *n* (*US*) Polizistin *f*
patron *n* (*of shop*) Kunde *m*, Kundin *f*;
(*of restaurant, hotel*) Gast *m*; (*of society*)
Schirmherr(in) *m(f)*; (*of artist*) Förderer
m, Förderin *f*; **~ of the arts** Kunstmä-
zen(in) *m(f)* **patronage** *n* Schirmherr-

schaft *f*; **his lifelong ~ of the arts** seine lebenslange Förderung der Künste patronize *v/t* **1.** (≈ *treat condescendingly*) herablassend behandeln **2.** (≈ *support*) fördern **patronizing** *adj* herablassend; **to be ~ toward(s) sb** jdn herablassend behandeln **patron saint** *n* Schutzpatron(in) *m(f)*

patter I *n* **1.** (*of feet*) Getrippel *nt*; (*of rain*) Platschen *nt* **2.** (*of salesman etc*) Sprüche *pl* (*infml*) II *v/i* (*feet*) trippeln; (*rain*: a. **patter down**) platschen

pattern I *n* **1.** Muster *nt*; (*fig: set*) Schema *nt*; **to make a ~** ein Muster bilden; **there's a distinct ~/no ~ to these crimes** in diesen Verbrechen steckt ein bestimmtes Schema/kein Schema; **the ~ of events** der Ablauf der Ereignisse; **eating ~s** Essverhalten *nt*; **to follow the usual/same ~** nach dem üblichen/ gleichen Schema verlaufen **2.** SEWING Schnittmuster *nt*; KNITTING Strickanleitung *f* **3.** (*fig* ≈ *model*) Vorbild *nt* II *v/t* (*esp US* ≈ *model*) machen (*on* nach); **to be ~ed on sth** einer Sache (*dat*) nachgebildet sein **patterned** *adj* gemustert

paunch *n* Bauch *m*

pauper *n* Arme(r) *m/f(m)*

pause I *n* Pause *f*; **a pregnant ~** ein vielsagendes Schweigen; **there was a ~ while** ... es entstand eine Pause, während ... II *v/i* stehen bleiben; (*speaker*) innehalten; **he ~d for breath** er machte eine Pause, um Luft zu holen; **to ~ for thought** (zum Nachdenken) innehalten; **he spoke for thirty minutes without once pausing** er sprach eine halbe Stunde ohne eine einzige Pause; **it made him ~** das machte ihn nachdenklich

pave *v/t* befestigen (*in, with* mit); *road* pflastern; **to ~ the way for sb/sth** (*fig*) jdm/einer Sache (*dat*) den Weg ebnen **pavement** *n* (*Br*) Gehsteig *m*; (*US* ≈ *paved road*) Straße *f*

pavilion *n* Pavillon *m*; (*Br* SPORTS) Klubhaus *nt*

paving stone *n* Platte *f*

paw I *n* (*of animal*) Pfote *f*; (*of lion, bear*) Tatze *f*; (*pej infml* ≈ *hand*) Pfote *f* (*infml*) II *v/t* (≈ *touch*) tätscheln III *v/i* **to ~ at sb/sth** jdn/etw betätscheln

pawn[1] *n* CHESS Bauer *m*; (*fig*) Schachfigur *f*

pawn[2] *v/t* verpfänden **pawnbroker** *n*

Pfandleiher(in) *m(f)* **pawnbroker's (shop)**, **pawnshop** *n* Pfandhaus *nt*

pay *vb*: *pret, past part* **paid** I *n* Lohn *m*; (≈ *salary*) Gehalt *nt*; MIL Sold *m*; **three months' ~** drei Monatslöhne; (*of salaried employees*) drei Monatsgehälter; **what's the ~ like?** wie ist die Bezahlung?; **it comes out of my ~** es wird mir vom Lohn/Gehalt abgezogen II *v/t* **1.** zahlen; *person, bill, debt* bezahlen; **how much is there still to ~?** wie viel steht noch aus?; **to be** or **get paid** seinen Lohn/sein Gehalt bekommen; **to ~ the price for sth** den Preis für etw zahlen **2. to ~** (*sb/a place*) **a visit**, **to ~ a visit to sb/a place** jdn/einen Ort besuchen; **to ~ a visit to the doctor** den Arzt aufsuchen III *v/i* **1.** zahlen; **they ~ well for this sort of work** diese Arbeit wird gut bezahlt; **to ~ for sth** etw bezahlen; **it's already paid for** es ist schon bezahlt; **to ~ for sb** für jdn zahlen; **I'll ~ for you this time** dieses Mal zahle ich; **they paid for her to go to America** sie zahlten ihr die Reise nach Amerika **2.** (≈ *be profitable*) sich lohnen; **crime doesn't ~** (*prov*) Verbrechen lohnt sich nicht **3.** (*fig* ≈ *suffer*) **to ~ for sth** für etw bezahlen; **you'll ~ for that!** dafür wirst du (mir) büßen; **to make sb ~** (*for sth*) jdn (für etw) büßen lassen ♦ **pay back** *v/t sep* **1.** *money* zurückzahlen **2. to pay sb back** (*for insult*) es jdm heimzahlen ♦ **pay in** *v/i, v/t sep* einzahlen; **to pay money into an account** Geld auf ein Konto einzahlen ♦ **pay off** I *v/t sep debt* abbezahlen; *mortgage* abtragen II *v/i* sich auszahlen ♦ **pay out** I *v/t sep money* ausgeben II *v/i* bezahlen ♦ **pay up** *v/i* zahlen

payable *adj* zahlbar; (≈ *due*) fällig; **to make a cheque** (*Br*) **or check** (*US*) **~ to sb** einen Scheck auf jdn ausstellen **pay-and-display** *adj* (*Br*) **~ parking space** Parkplatz, auf dem den Parkschein sichtbar im Wagen ausgelegt werden muss **pay-as-you-earn** *attr* **~ tax system** Lohnsteuerabzugsverfahren *nt* **pay-as-you-go** (*mobile phone*) *n* Handy *nt* mit Guthabenkarte **payback** *n* (*fig* ≈ *revenge*) Rache *f*; **it's ~ time** die Zeit der Rache ist gekommen **pay cheque**, (*US*) **paycheck** *n* Lohn-/Gehaltsscheck *m* **pay claim** *n* Lohn-/Gehaltsforderung *f* **payday** *n* Zahltag *m*

PAYE (*Br*) *abbr of* **pay-as-you-earn**
payee *n* Zahlungsempfänger(in) *m(f)*
payer *n* Zahler(in) *m(f)* **pay increase**
n Lohn-/Gehaltserhöhung *f* **paying**
adj ~ **guest** zahlender Gast **paying-in
slip** *n* (*Br*) Einzahlungsschein *m* **payment** *n* (≈ *paying*) Bezahlung *f*; (*of debt,
mortgage*) Rückzahlung *f*; (*of interest etc*
≈ *sum paid*) Zahlung *f*; **three monthly
~s** drei Monatsraten; **in ~ of a debt** in
Begleichung einer Schuld; **on ~ of** bei
Begleichung/Bezahlung von; **to make
a ~** eine Zahlung leisten; **to stop ~s**
die Zahlungen *pl* einstellen **payoff** *n*
1. (≈ *final payment*) Abschlusszahlung
f **2.** (*infml* ≈ *bribe*) Bestechungsgeld *nt*
payout *n* (*from insurance*) (Aus)zahlung
f **pay packet** *n* Lohntüte *f* **pay-per-view**
attr Pay-per-View- **payphone** *n* Münzfernsprecher *m* **pay rise** *n* Lohn-/Ge-
haltserhöhung *f* **payroll** *n* **they have
500 people on the ~** sie haben 500 Beschäftigte **payslip** *n* Lohn-/Gehalts-
streifen *m* **pay talks** *pl* Lohnverhand-
lungen *pl*; (*for profession, area of industry*) Tarifverhandlungen *pl* **pay television, pay TV** *n* Pay-TV *nt*
PC (*Br*) **1.** *abbr of* **Police Constable 2.**
abbr of **personal computer** PC *m* **3.**
abbr of **politically correct**
pcm *abbr of* **per calendar month** monatl.
PDA *n* IT *abbr of* **personal digital assistant** PDA *m*
PDF *n* IT *abbr of* **portable document format** PDF *nt*
PDQ (*infml*) *abbr of* **pretty damned
quick** verdammt schnell (*infml*)
PDSA (*Br*) *abbr of* **People's Dispensary
for Sick Animals** kostenloses Behand-
lungszentrum für Haustiere
PE *abbr of* **physical education**
pea *n* Erbse *f*
peace *n* **1.** Frieden *m*; **to be at ~ with sb/
sth** mit jdm/etw in Frieden leben; **the
two countries are at ~** zwischen den beiden Ländern herrscht Frieden; **to make
(one's) ~ (with sb)** sich (mit jdm) versöhnen; **to make ~ between ...** Frieden stiften zwischen (+*dat*) ...; **to keep the ~**
(JUR, *citizen*) die öffentliche Ordnung
wahren **2.** (≈ *tranquillity*) Ruhe *f*; **~ of
mind** innere Ruhe; **~ and quiet** Ruhe
und Frieden; **to give sb some ~** jdn in
Ruhe *or* Frieden lassen; **to give sb no
~** jdm keine Ruhe lassen; **to get some**

~ zur Ruhe kommen **peace campaigner**
n Friedenskämpfer(in) *m(f)* **peaceful**
adj friedlich; (≈ *peaceable*) friedfertig;
sleep etc ruhig **peacefully** *adv* friedlich;
to die ~ sanft sterben **peacefulness** *n*
Friedlichkeit *f*; (*of place*) Ruhe *f*; **the ~
of the demonstration** der friedliche
Charakter der Demonstration **peace-
keeper** *n* Friedenswächter(in) *m(f)*
peacekeeping I *n* Friedenssicherung *f*
II *adj* zur Friedenssicherung; **~ troops**
Friedenstruppen *pl*; **UN troops have a
purely ~ role** die UN-Truppen sind eine
reine Friedenstruppe; **a ~ operation**
Maßnahmen *pl* zur Sicherung des Frie-
dens **peace-loving** *adj* friedliebend
peacemaker *n* Friedensstifter(in) *m(f)*
peace process *n* Friedensprozess *m*
peace talks *pl* Friedensverhandlungen
pl **peacetime** *n* Friedenszeiten *pl*
peach I *n* (≈ *fruit*) Pfirsich *m* **II** *adj* pfir-
sichfarben
peacock *n* Pfau *m* **pea-green** *adj* erbsen-
grün
peak I *n* **1.** (*of mountain*) Gipfel *m*; (≈
point) Spitze *f* **2.** (*of cap*) Schirm *m* **3.**
(≈ *maximum*) Höhepunkt *m*; **when
his career was at its ~** als er auf den
Höhepunkt seiner Karriere war **II** *adj*
attr höchste(r, s); **in ~ condition** in
Höchstform; **at ~ time** TV, RADIO zur
Hauptsendezeit **III** *v/i* den Höchststand
erreichen; (*athlete*) seine Spitzenform
erreichen; **inflation ~ed at 9%** die Inflationsrate erreichte ihren Höchstwert bei
9% **peaked** *adj cap etc* spitz **peak hours**
pl (*of traffic*) Hauptverkehrszeit *f*; TEL,
ELEC Hauptbelastungszeit *f* **peak rate**
n TEL Höchsttarif *m* **peak season** *n*
Hochsaison *f* **peak-time** *adj* (*Br*) zu
Spitzenzeiten; **~ traffic** Stoßverkehr *m*;
~ train services Zugverbindungen *pl*
während der Hauptbelastungszeit **peak
times** *pl* Hauptbelastungszeit *f*
peaky *adj* (+*er*) (*Br infml*) *complexion*
blass; *face* abgehärmt; *look, child*
kränklich
peal I *n* ~ **of bells** Glockenläuten *nt*; **~s of
laughter** schallendes Gelächter; **~ of
thunder** Donnerrollen *nt* **II** *v/i* (*bell*)
läuten
peanut *n* Erdnuss *f*; **the pay is ~s** die Bezahlung ist lächerlich (*infml*) **peanut
butter** *n* Erdnussbutter *f*
peapod *n* Erbsenschote *f*

pear *n* **1.** Birne *f* **2.** (≈ *tree*) Birnbaum *m*
pearl I *n* Perle *f*; **~ of wisdom** weiser Spruch **II** *adj* **~ necklace** Perlenkette *f*
pearly-white *adj* strahlend weiß; *teeth* perlweiß
pear-shaped *adj* birnenförmig; **to go ~** (*Br fig infml*) völlig danebengehen (*infml*)
peasant I *n* (*lit*) (armer) Bauer, (arme) Bäuerin **II** *adj attr* bäuerlich; **~ boy** Bauernjunge *m*; **~ farmer** (armer) Bauer
peasantry *n* Bauernschaft *f*
peat *n* Torf *m*
pebble *n* Kieselstein *m* **pebbly** *adj* steinig
pecan *n* Pecannuss *f*
peck I *n* (*infml* ≈ *kiss*) Küsschen *nt* **II** *v/t* (*bird*) picken **III** *v/i* picken (*at* nach)
pecking order *n* Hackordnung *f* **peckish** *adj* (*Br infml*) **I'm (feeling) a bit ~** ich könnte was zwischen die Zähne gebrauchen (*infml*)
pecs *pl* (*infml*) *abbr of* **pectorals** (Brust)muskeln *pl*; **big ~** Muckis *pl* (*infml*)
peculiar *adj* **1.** (≈ *strange*) seltsam **2.** (≈ *exclusive*) eigentümlich; **to be ~ to sth** für etw eigentümlich sein; **his own ~ style** der ihm eigene Stil **peculiarity** *n* **1.** (≈ *strangeness*) Seltsamkeit *f* **2.** (≈ *unusual feature*) Eigentümlichkeit *f* **peculiarly** *adv* seltsam
pedagogical *adj* (*form*) pädagogisch
pedal I *n* Pedal *nt*; (*on bin etc*) Trethebel *m* **II** *v/i* treten; **he ~led for all he was worth** er trat in die Pedale, er strampelte (*infml*) so sehr er konnte **pedal bin** *n* (*Br*) Treteimer *m* **pedal boat** *n* Tretboot *nt* **pedal car** *n* Tretauto *nt*
pedantic *adj* pedantisch; **to be ~ about sth** in Bezug auf etw (*acc*) pedantisch sein
peddle *v/t* verkaufen; **to ~ drugs** mit Drogen handeln
pedestal *n* Sockel *m*; **to put or set sb (up) on a ~** (*fig*) jdn in den Himmel heben
pedestrian I *n* Fußgänger(in) *m(f)* **II** *adj attr* **~ lights** Fußgängerampel *f*; **~ precinct** *or* (*US*) **zone** Fußgängerzone *f* **pedestrian crossing** *n* Fußgängerüberweg *m* **pedestrianize** *v/t* in eine Fußgängerzone umwandeln
pediatric *etc* (*US*) = **paediatric** *etc*
pedicure *n* Pediküre *f*
pedigree I *n* Stammbaum *m* **II** *attr* reinrassig
pedophile *etc* (*US*) = **paedophile** *etc*

pee (*infml*) **I** *n* Urin *m*, Pipi *nt* (*baby talk*); **to need a ~** pinkeln müssen (*infml*) **II** *v/i* pinkeln (*infml*)
peek I *n* kurzer Blick; (*furtive*) verstohlener Blick; **to take** *or* **have a ~** kurz/verstohlen gucken (*at* nach); **to get a ~ at sb/sth** jdn/etw kurz zu sehen bekommen **II** *v/i* gucken (*at* nach)
peel I *n* Schale *f* **II** *v/t* schälen **III** *v/i* (*wallpaper*) sich lösen; (*paint*) abblättern; (*skin*) sich schälen ◆ **peel away** *v/i* sich lösen (*from* von) ◆ **peel off I** *v/t sep* (+*prep obj* von) *tape, wallpaper* abziehen; *wrapper, glove* abstreifen **II** *v/i* = **peel away**
peep[1] **I** *n* (*of bird etc*) Piep *m*; (*of horn, infml: of person*) Ton *m*; **~! ~!** (*of horn*) tut! tut! **II** *v/i* (*bird etc*) piepen; (*horn*) tuten **III** *v/t* **I ~ed my horn at him** ich habe ihn angehupt (*infml*)
peep[2] **I** *n* (≈ *look*) kurzer Blick; (*furtive*) verstohlener Blick; **to get a ~ at sth** etw kurz zu sehen bekommen; **to take a ~ (at sth)** kurz/verstohlen (nach etw) gucken **II** *v/i* gucken (*at* nach); **to ~ from behind sth** hinter etw (*dat*) hervorschauen; **no ~ing!, don't ~!** (aber) nicht gucken! ◆ **peep out** *v/i* herausgucken; **the sun peeped out from behind the clouds** die Sonne kam hinter den Wolken hervor
peephole *n* Guckloch *nt*; (*in door*) Spion *m* **Peeping Tom** *n* Spanner *m* (*infml*), Voyeur *m* **peepshow** *n* Peepshow *f*
peer[1] *n* **1.** (≈ *noble*) Peer *m* **2.** (≈ *equal*) Gleichrangige(r) *m/f(m)*; **he was well--liked by his ~s** er war bei seinesgleichen beliebt
peer[2] *v/i* **to ~ at sb/sth** jdn/etw anstarren; (*short-sightedly*) jdn/etw anschielen; **to ~ through the fog** angestrengt versuchen, im Nebel etwas zu erkennen
peerage *n* **1.** (≈ *peers*) Adelsstand *m*; (*in GB*) Peers *pl* **2.** (≈ *rank*) Adelswürde *f*; (*in GB*) Peerswürde *f*; **to get a ~** geadelt werden **peer group** *n* Peergroup *f* **peer pressure** *n* Gruppendruck *m* (*vonseiten Gleichaltriger*)
peeved *adj* (*infml*) eingeschnappt **peevish** *adj* gereizt
peg I *n* (≈ *stake*) Pflock *m*; (≈ *tent peg*) Hering *m*; (*Br* ≈ *clothes peg*) (Wäsche)klammer *f*; **off the ~** von der Stange; **to take** *or* **bring sb down a ~ or two** (*infml*) jdm einen Dämpfer geben **II** *v/t* (*with*

stake) anpflocken; *(with clothes peg)* anklammern; *(with tent peg)* festpflocken

pejorative *adj*, **pejoratively** *adv* abwertend

pekin(g)ese *n*, *pl* - (≈ *dog*) Pekinese *m*

pelican crossing *n (Br)* Fußgängerüberweg *m (mit Ampel)*

pellet *n* Kügelchen *nt*; *(for gun)* Schrotkugel *m*

pelt I *v/t* schleudern *(at* nach); **to ~ sb/sth (with sth)** jdn/etw (mit etw) bewerfen **II** *v/i (infml* ≈ *go fast)* pesen *(infml)* **III** *n (infml)* **at full ~** volle Pulle *(infml)*
♦ **pelt down** *v/i* **it's pelting down** es regnet in Strömen

pelvis *n* Becken *nt*

pen[1] *n* (≈ *fountain pen*) Füller *m*; (≈ *ballpoint pen*) Kugelschreiber *m*; **to put~ to paper** zur Feder greifen

pen[2] *n (for cattle etc)* Pferch *m*; *(for sheep)* Hürde *f*; *(for pigs)* Koben *m*

penal *adj* **~ reform** Strafrechtsreform *f* **penal code** *n* Strafgesetzbuch *nt* **penal colony** *n* Strafkolonie *f* **penalize** *v/t* **1.** bestrafen **2.** *(fig)* benachteiligen **penal system** *n* Strafrecht *nt* **penalty** *n* **1.** (≈ *punishment*) Strafe *f*; *(for late payment)* Säumniszuschlag *m*; **the ~ (for this) is death** darauf steht die Todesstrafe; **"penalty £50"** „bei Zuwiderhandlung wird eine Geldstrafe von £ 50 erhoben"; **to carry the death ~** mit dem Tod bestraft werden; **to pay the ~** dafür büßen **2.** SPORTS Strafstoß *m*; FTBL Elfmeter *m*, Penalty *m (Swiss)* **penalty area** *n* Strafraum *m* **penalty kick** *n* Strafstoß *m*, Penalty *m (Swiss)* **penalty point** *n* AUTO, JUR, SPORTS Strafpunkt *m* **penalty shoot-out** *n* FTBL Elfmeterschießen *nt*, Penaltyschiessen *nt (Swiss)* **penalty spot** *n* FTBL Elfmeterpunkt *m*, Penaltypunkt *m (Swiss)*

penance *n* REL Buße *f*; *(fig)* Strafe *f*; **to do ~** Buße tun; *(fig)* büßen

pence *n pl cf* **penny** Pence *pl*

pencil I *n* Bleistift *m* **II** *attr* Bleistift-
♦ **pencil in** *v/t sep (provisionally)* vorläufig vormerken; **can I pencil you in for Tuesday?** kann ich Sie erst mal für Dienstag vormerken?

pencil case *n* Federmäppchen *nt* **pencil sharpener** *n* (Bleistift)spitzer *m*

pendant *n* Anhänger *m*

pending I *adj* anstehend; **to be ~** *(decision etc)* noch anstehen **II** *prep* **~ a decision** bis eine Entscheidung getroffen worden ist

pendulum *n* Pendel *nt*

penetrate I *v/t* eindringen in (+acc); *walls etc* durchdringen **II** *v/i* eindringen; (≈ *go right through*) durchdringen **penetrating** *adj gaze* durchdringend; *analysis* treffend **penetration** *n* Eindringen *nt (into* in +acc); (≈ *going right through*) Durchdringen *nt (of +gen)*; *(during sex)* Penetration *f* **penetrative** *adj* **~ sex** penetrativer Sex

pen friend *n* Brieffreund(in) *m(f)*

penguin *n* Pinguin *m*

penicillin *n* Penizillin *nt*

peninsula *n* Halbinsel *f*

penis *n* Penis *m*

penitence *n* Reue *f* **penitent** *adj* reuig **penitentiary** *n (esp US)* Strafanstalt *f*

penknife *n* Taschenmesser *nt*

penniless *adj* mittellos; **to be ~** kein Geld haben

penny *n*, *pl* **pennies** *or (sum)* **pence** Penny *m*; *(US)* Centstück *nt*; **to spend a ~** *(Br infml)* mal eben verschwinden *(infml)*; **the ~ dropped** *(infml)* der Groschen ist gefallen *(infml)*

pen pal *n (infml)* Brieffreund(in) *m(f)*

pension *n* Rente *f*; **company ~** betriebliche Altersversorgung; **to get a ~** eine Rente etc beziehen **pensioner** *n* Rentner(in) *m(f)* **pension fund** *n* Rentenfonds *m* **pension scheme** *n* Rentenversicherung *f*

pensive *adj*, **pensively** *adv* nachdenklich

pentagon *n* **the Pentagon** das Pentagon

pentathlon *n* Fünfkampf *m*

Pentecost *n (Jewish)* Erntefest *nt*; *(Christian)* Pfingsten *nt*

penthouse *n* Penthouse *nt*

pent up *adj pred*, **pent-up** *adj attr emotions etc* aufgestaut

penultimate *adj* vorletzte(r, s)

people *pl* **1.** Menschen *pl*, Leute *pl*; **French ~** die Franzosen *pl*; **all ~ with red hair** alle Rothaarigen; **some ~ don't like it** manche Leute mögen es nicht; **why me of all ~?** warum ausgerechnet ich/mich?; **of all ~ who do you think I should meet?** stell dir mal vor, wen ich getroffen habe?; **what do you ~ think?** was haltet ihr denn davon?; **poor ~** arme Leute *pl*; **disabled ~** Behinderte *pl*; **middle-aged ~** Menschen *pl* mittleren Alters; **old ~** Senioren *pl*; **city ~**

Stadtmenschen *pl*; *country~* Menschen *pl* vom Land; *some ~!* Leute gibts!; *some ~ have all the luck* manche Leute haben einfach Glück **2.** (≈ *inhabitants*) Bevölkerung *f*; *Madrid has over 5 million ~* Madrid hat über 5 Millionen Einwohner **3.** (≈ *one, they*) man; (≈ *people in general*) die Leute; *~ say that ...* man sagt, dass ...; *what will ~ think!* was sollen die Leute denken! **4.** (≈ *nation, masses*) Volk *nt*; *People's Republic etc* Volksrepublik *f etc* **people carrier** *n* AUTO Großraumlimousine *f*, Van *m*

pep *n* (*infml*) Pep *m* (*infml*) ♦ **pep up** *v/t sep* (*infml*) Schwung bringen in (+*acc*); *food* pikanter machen; *person* munter machen

pepper *n* Pfeffer *m*; (≈ *green, red pepper*) Paprika *m*; *two ~s* zwei Paprikaschoten **peppercorn** *n* Pfefferkorn *nt* **pepper mill** *n* Pfeffermühle *f* **peppermint** *n* Pfefferminz *nt* **pepper pot** *n* Pfefferstreuer *m* **peppery** *adj* gepfeffert

pep talk *n* (*infml*) *to give sb a ~* jdm ein paar aufmunternde Worte sagen

per *prep* pro; *£500 ~ annum* £ 500 im Jahr; *60 km ~ hour* 60 km pro Stunde; *£2 ~ dozen* das Dutzend für £ 2 **per capita** *adj* Pro-Kopf-

perceive *v/t* wahrnehmen; (≈ *realize*) erkennen; *to ~ oneself as ...* sich als ... empfinden

per cent, (*US*) **percent** *n* Prozent *nt*; *a 10 ~ discount* 10 Prozent Rabatt; *a ten ~ increase* eine zehnprozentige Steigerung; *I'm 99 ~ certain that ...* ich bin (zu) 99 Prozent sicher, dass ... **percentage I** *n* Prozentsatz *m*; (≈ *proportion*) Teil *m*; *what ~?* wie viel Prozent? **II** *attr* *on a ~ basis* auf Prozentbasis

perceptible *adj* wahrnehmbar; *improvement* spürbar **perceptibly** *adv* merklich **perception** *n* **1.** *no pl* Wahrnehmung *f*; *his powers of ~* sein Wahrnehmungsvermögen *nt* **2.** (≈ *conception*) Auffassung *f* (*of* von) **3.** *no pl* (≈ *perceptiveness*) Einsicht *f* **perceptive** *adj* scharfsinnig **perceptiveness** *n* Scharfsinnigkeit *f*

perch I *n* (*of bird*) Stange *f*; (*in tree*) Ast *m* **II** *v/i* hocken; (≈ *alight*) sich niederlassen **perched** *adj* **1.** (≈ *situated*) *~ on* thronend auf +*dat*; *a village ~ on a hillside* ein Dorf, das auf dem Hang thront **2.** (≈ *seated*) *to be ~ on sth* auf etw (*dat*) hocken **3.** *with his glasses ~ on the end of*

his nose mit der Brille auf der Nasenspitze

percolator *n* Kaffeemaschine *f*

percussion *n* MUS Schlagzeug *nt* **percussion instrument** *n* MUS Schlaginstrument *nt* **percussionist** *n* Schlagzeuger(in) *m(f)*

perennial *adj plant* mehrjährig; (≈ *perpetual*) immerwährend

perfect I *adj* **1.** perfekt; *to be ~ for doing sth* bestens geeignet sein, um etw zu tun; *the ~ moment* genau der richtige Augenblick; *in a ~ world* in einer idealen Welt **2.** (≈ *absolute*) völlig; *a ~ stranger* ein wildfremder Mensch **3.** GRAM *~ tense* Perfekt *nt* **II** *n* GRAM Perfekt *nt*; *in the ~* im Perfekt **III** *v/t* vervollkommnen; *technique* perfektionieren **perfection** *n* **1.** Perfektion *f* **2.** (≈ *perfecting*) Perfektionierung *f* **perfectionist** *n* Perfektionist(in) *m(f)* **perfectly** *adv* **1.** (≈ *completely*) perfekt; *the climate suited us ~* das Klima war ideal für uns; *I understand you ~* ich weiß genau, was Sie meinen **2.** (≈ *absolutely*) vollkommen; *we're ~ happy about it* wir sind damit völlig zufrieden; *you know ~ well that ...* du weißt ganz genau, dass ...; *to be ~ honest, ...* um ganz ehrlich zu sein, ...; *a Lada is a ~ good car* ein Lada ist durchaus ein gutes Auto

perform I *v/t play* aufführen; *part* spielen; *miracle* vollbringen; *task* erfüllen; *operation* durchführen **II** *v/i* **1.** (≈ *appear*) auftreten **2.** (*car, football team etc*) leisten; (*candidate*) abschneiden; *to ~ well* (*company etc*) gute Leistungen erbringen; *the choir ~ed very well* der Chor hat sehr gut gesungen

performance *n* **1.** (*of play etc*) Aufführung *f*; (*cinema*) Vorstellung *f*; (*by actor*) Leistung *f*; (*of a part*) Darstellung *f*; *he gave a splendid ~* er hat eine ausgezeichnete Leistung geboten; *we are going to hear a ~ of Beethoven's 5th* wir werden Beethovens 5. Sinfonie hören **2.** (*of task*) Erfüllung *f*; (*of operation*) Durchführung *f* **3.** (*of vehicle, sportsman*) Leistung *f*; (*of candidate*) Abschneiden *nt*; *he put up a good ~* er hat sich gut geschlagen (*infml*) **4.** (*infml* ≈ *palaver*) Umstand *m* **performer** *n* Künstler(in) *m(f)* **performing** *adj animal* dressiert; *the ~ arts* die darstellenden Künste

perfume *n* **1.** (≈ *substance*) Parfüm *nt* **2.** (≈ *smell*) Duft *m* **perfumed** *adj* **1.** parfümiert **2.** *flowers, air* duftend

perhaps *adv* vielleicht; **~ the greatest exponent of the art** der möglicherweise bedeutendste Vertreter dieser Kunst; **~ so** das mag sein; **~ not** vielleicht (auch) nicht; **~ I might keep it for a day or two?** könnte ich es vielleicht für ein oder zwei Tage behalten?

peril *n* Gefahr *f*; **he is in great ~** er schwebt in großer Gefahr **perilous** *adj* gefährlich **perilously** *adv* gefährlich; **we came ~ close to bankruptcy** wir waren dem Bankrott gefährlich nahe; **she came ~ close to falling** sie wäre um ein Haar heruntergefallen

perimeter *n* MAT Umfang *m*

period *n* **1.** (≈ *length of time*) Zeit *f*; (≈ *age*) Zeitalter *nt*; (≈ *menstruation*) Periode *f*; **for a ~ of eight weeks** für einen Zeitraum von acht Wochen; **for a three-month ~** drei Monate lang; **at that ~** zu diesem Zeitpunkt; **a ~ of cold weather** eine Kaltwetterperiode; **she missed a ~** sie bekam ihre Periode nicht **2.** SCHOOL (Schul)stunde *f*; **double ~** Doppelstunde *f* **3.** (*US* ≈ *full stop*) Punkt *m*; **I'm not going ~!** (*US*) ich gehe nicht, und damit basta (*infml*)! **periodic** *adj* periodisch **periodical I** *adj* = **periodic II** *n* Zeitschrift *f* **periodically** *adv* periodisch; (≈ *regularly also*) regelmäßig **period pains** *pl* Menstruationsbeschwerden *pl*

peripheral I *adj* Rand-; (*fig*) peripher; **~ role** Nebenrolle *f* **II** *n* IT Peripheriegerät *nt* **periphery** *n* Peripherie *f*

periscope *n* Periskop *nt*

perish *v/i* (*liter*) (≈ *die*) umkommen **perishable I** *adj food* verderblich **II** *pl* **~s** leicht verderbliche Ware(n) **perished** *adj* (*infml: with cold*) durchgefroren **perishing** *adj* (*Br infml*) eisig kalt; **I'm ~** ich geh fast ein vor Kälte (*infml*)

perjury *n* Meineid *m*; **to commit ~** einen Meineid leisten

perk *n* Vergünstigung *f*♦ **perk up I** *v/t sep* **to perk sb up** (≈ *make lively*) jdn munter machen; (≈ *make cheerful*) jdn aufheitern **II** *v/i* (≈ *liven up*) munter werden; (≈ *cheer up*) aufleben

perky *adj* (+*er*) munter

perm *abbr of* **permanent wave I** *n* Dauerwelle *f* **II** *v/t* **to ~ sb's hair** jdm eine Dauerwelle machen **permanence, permanency** *n* Dauerhaftigkeit *f* **permanent I** *adj* permanent; *arrangement, position* fest; *job, relationship, effect* dauerhaft; *damage* bleibend; *staff* fest angestellt; **~ employees** Festangestellte *pl*; **on a ~ basis** dauerhaft; **~ memory** IT Festspeicher *m*; **~ address** fester Wohnsitz **II** *n* (*US*) = **perm I permanently** *adv* permanent; *fixed* fest; *damage* bleibend; *change, tired* ständig; *closed* dauernd; **~ employed** fest angestellt; **are you living ~ in Frankfurt?** ist Frankfurt Ihr fester Wohnsitz? **permanent wave** *n* → **perm I**

permeate I *v/t* durchdringen **II** *v/i* dringen (*into* in +*acc*, *through* durch) **permeable** *adj* durchlässig

permissible *adj* erlaubt (*for sb* jdm)

permission *n* Erlaubnis *f*; **to get ~** eine Erlaubnis erhalten; **to get sb's ~** jds Erlaubnis erhalten; **to give ~** die Erlaubnis erteilen; **to give sb ~ (to do sth)** jdm erlauben(, etw zu tun); **to ask sb's ~** jdn um Erlaubnis bitten **permissive** *adj* nachgiebig; **the ~ society** die permissive Gesellschaft

permit I *v/t sth* erlauben; **to ~ sb/oneself to do sth** jdm/sich (*dat*) erlauben, etw zu tun **II** *v/i weather ~ting** wenn es das Wetter erlaubt **III** *n* Genehmigung *f*; **~ holder** Inhaber(in) *m(f)* eines Berechtigungsscheins; **"permit holders only"** (*for parking*) „Parken nur mit Parkausweis"

pernickety *adj* (*infml*) pingelig (*infml*)

perpendicular I *adj* senkrecht (*to* zu) **II** *n* Senkrechte *f*

perpetrate *v/t* begehen **perpetration** *n* Begehen *nt* **perpetrator** *n* Täter(in) *m(f)*; **the ~ of this crime** derjenige, der dieses Verbrechen begangen hat

perpetual *adj* ständig **perpetuate** *v/t* aufrechterhalten

perplex *v/t* verblüffen **perplexed** *adj*, **perplexedly** *adv* verblüfft **perplexing** *adj* verblüffend

persecute *v/t* verfolgen **persecution** *n* Verfolgung *f* (*of* von) **persecutor** *n* Verfolger(in) *m(f)*

perseverance *n* Ausdauer *f* (*with* mit) **persevere** *v/i* durchhalten; **to ~ in one's attempts to do sth** unermüdlich weiter versuchen, etw zu tun **persevering** *adj*, **perseveringly** *adv* beharrlich

Persian Persien nt **Persian**adj persisch; **the ~ Gulf** der Persische Golf **Persian carpet**n Perser(teppich) m

persist v/i (≈ *persevere*) nicht lockerlassen; (≈ *be tenacious*) beharren (*in* auf +dat); (≈ *continue*) anhalten; **we shall ~ in** or **with our efforts** wir werden in unseren Bemühungen nicht nachlassen **persistence, persistency**n (≈ *tenacity*) Beharrlichkeit f; (≈ *perseverance*) Ausdauer f **persistent**adj demands beharrlich; *person* hartnäckig; *attempts* ausdauernd; *threats* ständig; *pain, noise* anhaltend; **~ offender** Wiederholungstäter(in) m(f) **persistently**adv deny, ask beharrlich; *claim* hartnäckig; *criticize* ständig

person n **1.** *pl* **people** or (*form*) **-s** Mensch m, Person f; **I like him as a ~** ich mag ihn als Mensch; **I know no such ~** so jemanden kenne ich nicht; **any~** jeder; **per~** pro Person; **I'm more of a cat~** ich bin mehr ein Katzentyp m **2.** *pl* **-s** GRAM Person f; **first~ singular**erste Person Singular **3.** *pl* **-s** (≈ *body*) Körper m; **in ~** persönlich **personable**adj von angenehmer Erscheinung

personaladj persönlich; **~ hygiene** Körperpflege f; **it's nothing ~ but ...** ich habe nichts gegen Sie *etc* persönlich, aber ...; **~ call** Privatgespräch nt; **~ friend** persönlicher Freund, persönliche Freundin; **her~ life** ihr Privatleben nt **personal ad**n (*infml*) private Kleinanzeige **personal allowance** n (*for tax purposes*) persönlicher Freibetrag **personal assistant** n persönlicher Assistent, persönliche Assistentin **personal column** n Familienanzeigen pl

personal computern Personal Computer m, PC m **personal hygiene** n Körperpflege f **personality**n Persönlichkeit f **personal loan**n Privatdarlehen nt **personally**adv persönlich; **~, I think that ...** ich persönlich bin der Meinung, dass ...; **to hold sb ~ responsible** jdn persönlich verantwortlich machen; **to be ~ involved**persönlich beteiligt sein **personal organizer**n Terminplaner m; (*electronic*) elektronisches Notizbuch **personal stereo**n Walkman® m **personal trainer** n persönlicher Fitnesstrainer, persönliche Fitnesstrainerin

personificationn Personifizierung f; **he is the ~ of good taste** er ist der personifizierte gute Geschmack **personify** v/t personifizieren; **evil personified** das personifizierte Böse

personnel I n sg or pl **1.** Personal nt; (*on plane, ship*) Besatzung f; MIL Leute pl **2.** (≈ *personnel department*) die Personalabteilung II attr Personal- **personnel department**n Personalabteilung f **personnel manager** n Personalchef(in) m(f)

perspective n Perspektive f; **try to get things in ~** versuchen Sie, das nüchtern und sachlich zu sehen; **to get sth out of ~** (*fig*) etw verzerrt sehen; **to see things from a different ~** die Dinge aus einem anderen Blickwinkel betrachten **Perspex®**n Acrylglas nt

perspirationn (≈ *perspiring*) Schwitzen nt; (≈ *sweat*) Schweiß m **perspire** v/i schwitzen

persuade v/t überreden; (≈ *convince*) überzeugen; **to ~ sb to do sth** jdn überreden, etw zu tun; **to ~ sb out of doing sth** jdn dazu überreden, etw nicht zu tun; **to ~ sb that ...** jdn davon überzeugen, dass ...; **she is easily ~d** sie ist leicht zu überreden/überzeugen **persuasion** n **1.** (≈ *persuading*) Überredung f; **her powers of ~** ihre Überredungskünste **2.** (≈ *belief*) Überzeugung f **persuasive** adj salesman beredsam; *arguments etc* überzeugend; **he can be very ~** er kann einen gut überreden; (≈ *convincing*) er kann einen leicht überzeugen **persuasively** adv überzeugend **persuasiveness** n (*of person*) Überredungskunst f; (*of argument etc*) Überzeugungskraft f

pertadj (+er) keck

perturbedadj beunruhigt

perverse adj (≈ *contrary*) abwegig; (≈ *perverted*) pervers **perversely** adv (≈ *paradoxically*) paradoxerweise; *decide* abwegigerweise **perversion** n **1.** (*esp sexual*, PSYCH) Perversion f **2.** (*of truth etc*) Verzerrung f **perversity**n Perversität f **pervert** I v/t *truth* verzerren; **to ~ the course of justice** JUR die Rechtsfindung behindern II n Perverse(r) m/f(m) **perverted**adj pervertiert

pesky adj (+er) (*esp US infml*) nervtötend (*infml*)

pessaryn (≈ *contraceptive*) Pessar nt

pessimismn Pessimismus m **pessimist** n Pessimist(in) m(f) **pessimistic** adj pessimistisch; *I'm rather ~ about it* da bin ich ziemlich pessimistisch; *I'm ~ about our chances of success* ich bin pessimistisch, was unsere Erfolgschancen angeht **pessimistically** *adv* pessimistisch

pest *n* **1.** ZOOL Schädling *m*; *~ control* Schädlingsbekämpfung *f* **2.** (*fig*) (≈ *person*) Nervensäge *f*; (≈ *thing*) Plage *f*

pester *v/t* belästigen; *she ~ed me for the book* sie ließ mir keine Ruhe wegen des Buches; *to ~ sb to do sth* jdn bedrängen, etw zu tun

pesticide *n* Pestizid *nt*

pet **I** *adj attr* **1.** *her ~ dogs* ihre Hunde **2.** (≈ *favourite*) Lieblings-; *~ theory* Lieblingstheorie *f*; *a ~ name* ein Kosename *m* **II** *n* **1.** (≈ *animal*) Haustier *nt* **2.** (≈ *favourite*) Liebling *m*; *teacher's ~* Streber(in) *m(f)* **III** *v/t* streicheln

petal *n* Blütenblatt *nt*

Pete *n for ~'s sake* (*infml*) um Himmels willen

peter out *v/i* langsam zu Ende gehen; (*noise*) verhallen; (*interest*) sich verlieren

petit bourgeois *adj* kleinbürgerlich **petite** *adj* zierlich **petite bourgeoisie** *n* Kleinbürgertum *nt*

petition **I** *n* Unterschriftenliste *f*; *to get up a ~* Unterschriften sammeln **II** *v/t* (≈ *hand petition to*) eine Unterschriftenliste vorlegen (+*dat*) **III** *v/i* eine Unterschriftenliste einreichen

pet passport *n* (*Br*) Tierpass *m*

petrified *adj* (*fig*) *I was ~* (*with fear*) ich war starr vor Schrecken; *she is ~ of spiders* sie hat panische Angst vor Spinnen; *to be ~ of doing sth* panische Angst davor haben, etw zu tun **petrify** *v/t* (≈ *frighten*) Liebling *m*; *he really petrifies me* er jagt mir schreckliche Angst ein; *a ~ing experience* ein schreckliches Erlebnis; *to be petrified by sth* sich panisch vor etw fürchten

petrochemical *n* petrochemisches Erzeugnis

petrol *n* (*Br*) Benzin *nt* **petrol bomb** *n* Benzinbombe *f* **petrol can** *n* Reservekanister *m* **petrol cap** *n* Tankdeckel *m* **petroleum** *n* Petroleum *nt* **petrol gauge** *n* Benzinuhr *f* **petrol pump** *n* Zapfsäule *f* **petrol station** *n* Tankstelle *f* **petrol tank** *n* Benzintank *m* **petrol tanker** *n* (Benzin)Tankwagen *m*

petticoat *n* Unterrock *m*

pettiness *n* (≈ *small-mindedness*) Kleinlichkeit *f*

petting *n* Petting *nt*; *heavy ~* Heavy Petting *nt*

petty *adj* (+*er*) **1.** (≈ *trivial*) belanglos **2.** (≈ *small-minded*) kleinlich **petty bourgeois** *adj* = *petit bourgeois* **petty bourgeoisie** *n* = *petite bourgeoisie* **petty cash** *n* Portokasse *f* **petty crime** *n no pl* (≈ *illegal activities*) Kleinkriminalität *f* **petty theft** *n* einfacher Diebstahl

petulant *adj* verdrießlich; *child* bockig (*infml*)

pew *n* ECCL (Kirchen)bank *f*; (*hum* ≈ *chair*) Platz *m*

phallic *adj* phallisch; *~ symbol* Phallussymbol *nt* **phallus** *n*, *pl* **-es** or **phalli** Phallus *m*

phantasy *n* = *fantasy*

phantom **I** *n* Phantom *nt*; (≈ *ghost*) Geist *m* **II** *adj attr* (≈ *imagined*) eingebildet; (≈ *mysterious*) Phantom-

Pharaoh *n* Pharao *m*

pharmaceutical **I** *adj* pharmazeutisch **II** *n usu pl* Arzneimittel *nt*; *~(s) company* Pharmaunternehmen *nt*

pharmacist *n* Apotheker(in) *m(f)* **pharmacology** *n* Pharmakologie *f* **pharmacy** *n* Apotheke *f*

phase **I** *n* Phase *f*; *a passing ~* ein vorübergehender Zustand; *he's just going through a ~* das ist nur so eine Phase bei ihm **II** *v/t* *a ~d withdrawal* ein schrittweiser Rückzug ◆ **phase in** *v/t sep* allmählich einführen ◆ **phase out** *v/t sep* auslaufen lassen

phat *adj* (*sl*) abgefahren (*sl*), geil (*sl*), fett (*sl*)

PhD *n* Doktor *m*, Dr.; *~ thesis* Doktorarbeit *f*; *to do one's ~* promovieren; *to get one's ~* den Doktor bekommen; *he has a ~ in English* er hat in Anglistik promoviert

pheasant *n* Fasan *m*

phenix *n* (*US*) = *phoenix*

phenomena *pl of* **phenomenon** **phenomenal** *adj* phänomenal; *person, figure* fabelhaft; *at a ~ rate* in phänomenalem Tempo **phenomenally** *adv* außerordentlich; *bad etc* unglaublich **phenomenon** *n*, *pl* **phenomena** Phänomen *nt*

phew *int* puh

phial *n* Fläschchen *nt*; (*for serum*) Ampulle *f*

philanderer *n* Schwerenöter *m*
philanthropist *n* Philanthrop(in) *m(f)*
philanthropy *n* Philanthropie *f*
-phile *n suf* -phile(r) *m/f(m)*, -freund(in) *m(f)*
philharmonic I *adj* philharmonisch **II** *n* **Philharmonic** Philharmonie *f*
Philippines *pl* Philippinen *pl*
philistine *n (fig)* Banause *m*, Banausin *f*
philology *n* Philologie *f*
philosopher *n* Philosoph(in) *m(f)* **philosophic(al)** *adj* philosophisch; *(fig)* gelassen; *to be philosophical about sth* etw philosophisch betrachten **philosophically** *adv* philosophisch; *(fig)* gelassen **philosophize** *v/i* philosophieren *(about, on* über *+acc)* **philosophy** *n* Philosophie *f*
phlegm *n* Schleim *m* **phlegmatic** *adj* phlegmatisch
-phobe *n suf* -phobe(r) *m/f(m)*, -feind(in) *m(f)* **phobia** *n* Phobie *f*; *she has a ~ about it* sie hat krankhafte Angst davor **-phobic** *adj suf* -phob, -feindlich
phoenix, *(US)* **phenix** *n* Phönix *m*; *like a ~ from the ashes* wie ein Phönix aus der Asche
phone I *n* Telefon *nt*; *to be on the ~ (≈ be a subscriber)* Telefon haben; *(≈ be speaking)* am Telefon sein; *I'll give you a ~ (infml)* ich ruf dich an **II** *v/t person* anrufen **III** *v/i* telefonieren ◆ **phone back** *v/t & v/i sep* zurückrufen ◆ **phone in I** *v/i* anrufen; *to ~ sick* sich telefonisch krankmelden **II** *v/t sep order* telefonisch aufgeben ◆ **phone up I** *v/i* telefonieren **II** *v/t sep* anrufen
phone bill *n* Telefonrechnung *f*
phone booth *n* **1.** Fernsprechhaube *f* **2.** *(US ≈ call box)* Telefonzelle *f*
phonecard *n* Telefonkarte *f* **phone-in** *n* Phone-in *nt*
phonetic *adj*, **phonetically** *adv* phonetisch **phonetics** *n sg* Phonetik *f*
phoney *(infml) adj* **1.** *(≈ fake)* unecht; *name, accent* falsch; *passport* gefälscht; *a ~ company* eine Schwindelfirma; *a ~ war* kein echter Krieg **2.** *(≈ insincere) person* falsch **II** *n (≈ thing)* Fälschung *f*; *(≈ bogus person)* Schwindler(in) *m(f)*; *(≈ show-off)* Angeber(in) *m(f)* **phony** *adj, n (US infml)* = *phoney*
phosphate *n* CHEM Phosphat *nt* **phosphorescent** *adj* phosphoreszierend **phosphorus** *n* Phosphor *m*

photo *n* Foto *nt* **photo booth** *n* Passbildautomat *m* **photocopier** *n* (Foto)kopierer *m* **photocopy I** *n* Fotokopie *f* **II** *v/t* fotokopieren **III** *v/i this won't ~* das lässt sich nicht fotokopieren **photo finish** *n* Fotofinish *nt* **Photofit®** *n (a.* **Photofit picture)** Phantombild *nt* **photogenic** *adj* fotogen
photograph I *n* Fotografie *f*; *to take a ~ (of sb/sth)* (jdn/etw) fotografieren; *~ album* Fotoalbum *nt* **II** *v/t* fotografieren **photographer** *n* Fotograf(in) *m(f)* **photographic** *adj* fotografisch
photography *n* Fotografie *f* **photojournalism** *n* Fotojournalismus *m* **photojournalist** *n* Fotojournalist(in) *m(f)*
photon *n* Photon *nt*
photo opportunity *n* Fototermin *m* **photo session** *n* Fotosession *f* **photosynthesis** *n* Fotosynthese *f*
phrasal verb *n* Verb *nt* mit Präposition **phrase I** *n* **1.** GRAM Satzteil *m*; *(spoken)* Phrase *f* **2.** *(≈ expression)* Ausdruck *m*; *(≈ idiom)* Redewendung *f* **II** *v/t* formulieren **phrase book** *n* Sprachführer *m*
pH-value *n* pH-Wert *m*
physalis *n* Physalis *f*, Kapstachelbeere *f* **physical I** *adj* **1.** physisch; *(≈ of the body)* körperlich; *you don't get enough ~ exercise* Sie bewegen sich nicht genug **2.** *(≈ of physics)* physikalisch; *it's a ~ impossibility* es ist ein Ding der Unmöglichkeit **II** *n* ärztliche Untersuchung; MIL Musterung *f* **physical education** *n* Sport *m* **physical education teacher** *n* Sportlehrer(in) *m(f)* **physical fitness** *n* körperliche Fitness *f* **physically** *adv* physisch; *restrain* körperlich; *to be ~ sick* sich übergeben; *~ impossible* praktisch unmöglich; *they removed him ~ from the meeting* sie haben ihn mit Gewalt aus der Versammlung entfernt; *as long as is ~ possible* so lange wie nur irgend möglich **physical science** *n* Naturwissenschaft *f* **physician** *n* Arzt *m*, Ärztin *f*
physicist *n* Physiker(in) *m(f)*
physics *n (sing ≈ subject)* Physik *f*
physio *n (esp Br infml)* Physiotherapeut(in) *m(f)* **physiological** *adj* physiologisch **physiology** *n* Physiologie *f*
physiotherapist *n* Physiotherapeut(in) *m(f)* **physiotherapy** *n* Physiotherapie *f*
physique *n* Körperbau *m*
pianist *n* Klavierspieler(in) *m(f)*; *(≈ con-*

cert pianist) Pianist(in) *m(f)*

piano *n* (*upright*) Klavier *nt*; (≈ *grand piano*) Flügel *m* **piano player** *n* Klavierspieler(in) *m(f)* **piano teacher** *n* Klavierlehrer(in) *m(f)*

piccolo *n* Piccoloflöte *f*

pick I *n* **1.** (≈ *pickaxe*) Spitzhacke *f* **2.** (≈ *choice*) **she could have her ~ of any man in the room** sie könnte jeden Mann im Raum haben; **to have first~** die erste Wahl haben; **take your~!** such dir etwas / einen *etc* aus! **3.** (≈ *best*) Beste(s) *nt* **II** *v/t* **1.** (≈ *choose*) (aus)wählen; **to ~ a team** eine Mannschaft aufstellen; **to ~ sb to do sth** jdn auswählen, etw zu tun; **to ~ sides** wählen; **to ~ one's way through sth** seinen Weg durch etw finden **2.** *scab* kratzen an (+*dat*); *hole* bohren; **to ~ one's nose** sich (+*dat*) in der Nase bohren; **to ~ a lock** ein Schloss knacken; **to ~ sth to pieces** (*fig*) etw verreißen; **to ~ holes in sth** (*fig*) etw bemäkeln; **to ~ a fight (with sb)** (mit jdm) einen Streit vom Zaun brechen; **to ~ sb's pocket** jdn bestehlen; **to ~ sb's brains (about sth)** jdn (nach etw) ausfragen **3.** *flowers, fruit* pflücken **III** *v/i* (≈ *choose*) wählen; **to ~ and choose** wählerisch sein ♦ **pick at** *v/i* +*prep obj* **to ~ one's food** im Essen herumstochern ♦ **pick off** *v/t sep* (≈ *remove*) wegzupfen; (≈ *pluck*) pflücken ♦ **pick on** *v/i* +*prep obj* (*esp Br*) herumhacken auf (+*dat*); **why ~ me?** (*infml*) warum gerade ich?; **~ somebody your own size!** (*infml*) leg dich doch mit einem Gleichstarken an! (*infml*) ♦ **pick out** *v/t sep* **1.** (≈ *choose*) auswählen **2.** (≈ *remove*) heraussuchen **3.** (≈ *distinguish*) ausmachen **4.** MUS **to ~ a tune** eine Melodie improvisieren ♦ **pick over** *or* **through** *v/i* +*prep obj* durchsehen ♦ **pick up I** *v/t sep* **1.** (≈ *take up*) aufheben; (*momentarily*) hochheben; **to ~ a child in one's arms** ein Kind auf den Arm nehmen; **to pick oneself up** aufstehen; **to ~ the phone** (den Hörer) abnehmen; **you just have to ~ the phone** du brauchst nur anzurufen; **to ~ the bill** die Rechnung bezahlen; **to ~ a story** mit einer Geschichte fortfahren; **to ~ the pieces** die Scherben aufsammeln **2.** (≈ *get*) bekommen; (≈ *buy*) kaufen; *habit* sich (*dat*) angewöhnen; *illness* sich (*dat*) holen; (≈ *earn*) verdienen; **to pick sth up at a sale** etw im Ausverkauf erwi-

schen; **to ~ speed** schneller werden; **he picked up a few extra points** er hat ein paar Extrapunkte gemacht **3.** *skill etc* sich (*dat*) aneignen; *language* lernen; *accent, word* aufschnappen; *information* herausbekommen; *idea* aufgreifen; **you'll soon pick it up** du wirst das schnell lernen; **where did you ~ that idea?** wo hast du denn die Idee her? **4.** *person, goods* abholen; (*bus etc*) *passengers* aufnehmen; (*in car*) mitnehmen; (≈ *arrest*) schnappen (*infml*) **5.** (*infml*) *girl* aufgabeln (*infml*) **6.** RADIO *station* hereinbekommen **7.** (≈ *identify*) finden **II** *v/i* **1.** (≈ *improve*) besser werden; (*business*) sich erholen **2.** **to ~ where one left off** da weitermachen, wo man aufgehört hat

pickaxe, (*US*) **pickax** *n* Spitzhacke *f*

picket I *n* (*of strikers*) Streikposten *m* **II** *v/t factory* Streikposten aufstellen vor (+*dat*) **picketing** *n* Aufstellen *nt* von Streikposten **picket line** *n* Streikpostenkette *f*; **to cross a ~** eine Streikpostenkette durchbrechen

picking *n* **pickings** *pl* Ausbeute *f*

pickle I *n* **1.** (≈ *food*) Pickles *pl* **2.** (*infml*) **he was in a bit of a ~** er steckte in einer Klemme (*infml*); **to get (oneself) into a ~** in ein Kuddelmuddel geraten (*infml*) **II** *v/t* einlegen **pickled** *adj* (*infml*)

pickpocket *n* Taschendieb(in) *m(f)* **pick-up** *n* **1.** (*a.* **pick-up truck**) Kleintransporter *m* **2.** (≈ *collection*) Abholen *nt*; **~ point** Treffpunkt *m* **picky** *adj* (+*er*) (*infml*) pingelig (*infml*); *eater* wählerisch

picnic *vb*: *pret, past part* **picnicked I** *n* Picknick *nt*; **to have a ~** picknicken; **to go for** *or* **on a ~** ein Picknick machen **II** *v/i* picknicken **picnic basket, picnic hamper** *n* Picknickkorb *m* **picnic site** *n* Rastplatz *m* **picnic table** *n* Campingtisch *m*

picture I *n* **1.** Bild *nt*; (≈ *drawing*) Zeichnung *f*; (*as*) **pretty as a ~** bildschön; **to give you a ~ of what life is like here** damit Sie sich (*dat*) ein Bild vom Leben hier machen können; **to be in the ~** im Bilde sein; **to put sb in the ~** jdn ins Bild setzen; **I get the ~** (*infml*) ich habs kapiert (*infml*); **his face was a ~** sein Gesicht war ein Bild für die Götter (*infml*); **she was the ~ of health** sie sah wie die Gesundheit in Person aus **2.** FILM Film *m*; *the ~s* (*Br*) das Kino; *to go to the ~s* (*Br*) ins Kino gehen **II** *v/t* sich (*dat*) vorstellen; *to ~ sth to oneself* sich (*dat*) etw vorstellen **picture book** *n* Bilderbuch *nt* **picture frame** *n* Bilderrahmen *m* **picture gallery** *n* Gemäldegalerie *f* **picture postcard** *n* Ansichts(post)karte *f* **picturesque** *adj*, **picturesquely** *adv* malerisch

piddling *adj* (*infml*) lächerlich

pie *n* Pastete *f*; (*sweet*) Obstkuchen *m*; (*individual*) Törtelett *nt*; *that's all ~ in the sky* (*infml*) das sind nur verrückte Ideen; *as easy as ~* (*infml*) kinderleicht; *she's got a finger in every ~* (*fig infml*) sie hat überall ihre Finger drin (*infml*)

piece *n* **1.** Stück *nt*; (*≈ part of set*) Teil *nt*; (*≈ component*) Einzelteil *nt*; (*of glass etc*) Scherbe *f*; (*in draughts etc*) Stein *m*; (*in chess*) Figur *f*; *a 50p ~* ein 50-Pence-Stück; *a ~ of cake* ein Stück *nt* Kuchen; *a ~ of furniture* ein Möbelstück *nt*; *a ~ of news* eine Nachricht; *a ~ of information* eine Information; *a ~ of advice* ein Rat *m*; *a ~ of luck* ein Glücksfall *m*; *a ~ of work* eine Arbeit; *~ by ~* Stück für Stück; *to take sth to ~s* etw in seine Einzelteile zerlegen; *to come to ~s* (*collapsible furniture etc*) sich zerlegen lassen; *to fall to ~s* (*book etc*) auseinanderfallen; *to be in ~s* (*≈ taken apart*) (in Einzelteile) zerlegt sein; (*≈ broken*) zerbrochen sein; *to smash sth to ~s* etw kaputt schlagen; *he tore the letter (in)to ~s* er riss den Brief in Stücke; *he tore me to ~s during the debate* er zerriss mich förmlich während der Debatte **2.** *to go to ~s* (*≈ crack up*) durchdrehen (*infml*); (*≈ lose grip*) die Kontrolle verlieren; *all in one ~* heil; *are you still in one ~ after your trip?* hast du deine Reise heil überstanden?; *to give sb a ~ of one's mind* jdm ordentlich die Meinung sagen ◆ **piece together** *v/t sep* (*fig*) sich (*dat*) zusammenreimen; *evidence* zusammenfügen

piecemeal *adj*, *adv* stückweise **piecework** *n* Akkordarbeit *f*

pie chart *n* Kreisdiagramm *nt*

pier *n* Pier *m or f*

pierce *v/t* durchstechen; (*knife, bullet*) durchbohren; (*fig*) durchdringen; *to have one's ears ~d* sich (*dat*) die Ohren durchstechen lassen **pierced** *adj object* durchstochen; *nipple* gepierct **piercing**

adj durchdringend; *wind, stare* stechend

piety *n* Pietät *f*

pig I *n* **1.** Schwein *nt*; (*greedy*) Vielfraß *m* (*infml*); *to make a ~ of oneself* sich (*dat*) den Bauch vollschlagen (*infml*); *~s might fly* (*Br prov*) wers glaubt, wird selig **2.** (*sl ≈ policeman*) Bulle *m* (*sl*) **II** *v/r to ~ oneself* (*infml*) sich vollstopfen (*infml*) ◆ **pig out** *v/i* (*infml*) sich vollstopfen (*infml*)

pigeon *n* Taube *f* **pigeonhole I** *n* (*in desk etc*) Fach *nt* **II** *v/t* (*fig*) einordnen

piggy *adj* (+*er*) *attr ~ eyes* Schweinsaugen *pl* **piggyback** *n to give sb a ~* jdn huckepack nehmen **piggy bank** *n* Sparschwein *nt* **pig-headed** *adj* stur **piglet** *n* Ferkel *nt*

pigment *n* Pigment *nt*

Pigmy *n* = **Pygmy**

pigpen *n* (*US*) = **pigsty pigsty** *n* Schweinestall *m* **pigswill** *n* Schweinefutter *nt* **pigtail** *n* Zopf *m*

pike *n* (*≈ fish*) Hecht *m*

pilchard *n* Sardine *f*

pile I *n* **1.** Stapel *m*; *to put things in a ~* etw (auf)stapeln; *to be in a ~* auf einem Haufen liegen; *at the bottom/top of the ~* (*fig*) untenan/obenauf **2.** (*infml ≈ large amount*) Menge *f*; *~s of money* jede Menge Geld (*infml*); *a ~ of things to do* massenhaft zu tun (*infml*) **II** *v/t* stapeln; *a table ~d high with books* ein Tisch mit Stapeln von Büchern; *the sideboard was ~d high with presents* auf der Anrichte stapelten sich die Geschenke ◆ **pile in I** *v/i* (*infml*) (-*to* in +*acc*) hineindrängen; (*≈ get in*) einsteigen **II** *v/t sep* einladen (-*to* in +*acc*) ◆ **pile on I** *v/i* (*infml*) hineindrängen (-*to* in +*acc*) **II** *v/t sep* (*lit*) aufhäufen (-*to* auf +*acc*); *she piled rice on(to) my plate* sie häufte Reis auf meinen Teller; *they are really piling on the pressure* sie setzen uns/euch *etc* ganz gehörig unter Druck ◆ **pile out** *v/i* (*infml*) hinausdrängen (*of* aus) ◆ **pile up I** *v/i* sich anhäufen; (*traffic*) sich stauen; (*evidence*) sich verdichten **II** *v/t sep* (auf)stapeln

piles *pl* Hämorr(ho)iden *pl*

pile-up *n* (Massen)karambolage *f*

pilfer *v/t* stehlen

pilgrim *n* Pilger(in) *m(f)*; *the Pilgrim Fathers* die Pilgerväter *pl* **pilgrimage** *n* Pilgerfahrt *f*; *to go on a ~* eine Pilgerfahrt machen

pill *n* Tablette *f*; **the ~** die Pille; **to be/go on the ~** die Pille nehmen

pillar *n* Säule *f*; **a ~ of society** eine Stütze der Gesellschaft **pillar box** *n* (*Br*) Briefkasten *m*

pillion *adv* **to ride ~** auf dem Soziussitz mitfahren

pillow *n* (Kopf)kissen *nt* **pillowcase** *n* (Kopf)kissenbezug *m* **pillow fight** *n* Kissenschlacht *f* **pillowslip** *n* = **pillowcase** **pillow talk** *n* Bettgeflüster *nt*

pilot I *n* **1.** AVIAT Pilot(in) *m(f)* **2.** TV **~** (**episode**) Pilotfilm *m* **II** *v/t* **plane** fliegen **pilot light** *n* Zündflamme *f* **pilot scheme** *n* Pilotprojekt *nt* **pilot study** *n* Pilotstudie *f*

pimp *n* Zuhälter *m*

pimple *n* Pickel *m*, Wimmerl *nt* (*Aus*), Bibeli *nt* (*Swiss*)

PIN *n* *abbr of* **personal identification number**; **~ number** Geheimzahl *f*

pin I *n* **1.** SEWING Stecknadel *f*; (≈ *tie pin, hair pin*) Nadel *f*; MECH Bolzen *m*; (≈ *small nail*) Stift *m*; **a two-~ plug** ein zweipoliger Stecker; **I've got ~s and needles in my foot** mir ist der Fuß eingeschlafen; **you could have heard a ~ drop** man hätte eine Stecknadel fallen hören können **2.** (*esp US*) (≈ *brooch*) Brosche *f*; (≈ *badge*) Abzeichen *nt* **II** *v/t* **1. to ~ sth to sth** etw an etw (*acc*) heften; **to ~ one's hair back** sein Haar hinten zusammenstecken **2.** (*fig*) **to ~ sb to the ground** jdn an den Boden pressen; **to ~ sb's arm behind his back** jdm den Arm auf den Rücken drehen; **to ~ one's hopes on sb/sth** seine Hoffnungen auf jdn/etw setzen; **to ~ the blame (for sth) on sb** (*infml*) jdm die Schuld (an etw (*dat*)) anhängen (*infml*) ◆ **pin down** *v/t sep* **1.** (≈ *weight down*) niederhalten; **to pin sb down** (*on floor*) jdn zu Boden drücken **2.** (*fig* ≈ *identify*) einordnen; **to pin sb down** (**to sth**) (*date etc*) jdn (auf etw *acc*) festnageln ◆ **pin up** *v/t sep notice* anheften

pinafore *n* Schürze *f*

pinball *n* Flipper *m*; **~ machine** Flipper *m*

pincers *pl* **1.** Kneifzange *f*; **a pair of ~** eine Kneifzange **2.** ZOOL Schere *f*

pinch I *n* **1.** (*with fingers*) Kneifen *nt no pl*, Zwicken *nt no pl* (*Aus*) **2.** COOK Prise *f* **3. to feel the ~** die schlechte Lage zu spüren bekommen; **at** (*Br*) *or* **in** (*US*)

a ~ zur Not **II** *v/t* **1.** (*with fingers*) kneifen, zwicken (*Aus*); **to ~ sb's bottom** jdn in den Hintern kneifen; **to ~ oneself** sich kneifen **2.** (*Br infml* ≈ *steal*) klauen (*infml*); **don't let anyone ~ my seat** pass auf, dass mir niemand den Platz wegnimmt; **he ~ed Johnny's girlfriend** er hat Johnny (*dat*) die Freundin ausgespannt (*infml*) **III** *v/i* (*shoe*) drücken

pincushion *n* Nadelkissen *nt*

pine¹ *n* Kiefer *f*

pine² *v/i* **1. to ~ for sb/sth** sich nach jdm/etw sehnen **2.** (≈ *pine away*) sich vor Kummer verzehren ◆ **pine away** *v/i* sich (vor Kummer) verzehren

pineapple *n* Ananas *f*; **~ juice** Ananassaft *m*

pine cone *n* Kiefernzapfen *m* **pine forest** *n* Kiefernwald *m* **pine needle** *n* Kiefernnadel *f* **pine tree** *n* Kiefer *f* **pine wood** *n* (≈ *material*) Kiefernholz *nt*

ping pong *n* Pingpong *nt*; **~ ball** Pingpongball *m*

pink I *n* (≈ *colour*) Rosa *nt* **II** *adj* rosa *inv*; *cheeks* rosig; **to go** *or* **turn ~** erröten

pinnacle *n* (*fig*) Gipfel *m*

PIN number *n* Geheimzahl *f*

pinpoint I *n* Punkt *m*; **a ~ of light** ein Lichtpunkt *m* **II** *v/t* (≈ *locate*) genau aufzeigen; (≈ *identify*) genau feststellen **pinprick** *n* Nadelstich *m* **pinstripe** *n* **~d suit** Nadelstreifenanzug *m*

pint *n* **1.** (≈ *measure*) Pint *nt* **2.** (*esp Br*) (*of milk, beer*) ≈ halber Liter (Milch/Bier); **to have a ~** ein Bier trinken; **to go** (**out**) **for a ~** auf ein Bier ausgehen; **he likes a ~** er hebt ganz gern mal einen (*infml*); **she's had a few ~s** (*infml*) sie hat ein paar intus (*infml*)

pin-up *n* (≈ *picture*) Pin-up-Foto *nt*; (≈ *woman*) Pin-up-Girl *nt*; (≈ *man*) Idol *nt*

pioneer I *n* (*fig*) Pionier(in) *m(f)* **II** *v/t* (*fig*) Pionierarbeit *f* leisten für; **to ~ the use of sth** etw zum ersten Mal anwenden **pioneering** *adj attr research* wegbereitend; **~ spirit** Pioniergeist *m*

pious *adj* fromm

pip¹ *n* **1.** BOT Kern *m* **2.** RADIO, TEL **the ~s** das Zeitzeichen; (*in telephone*) das Tut-Tut-Tut

pip² *v/t* (*Br infml*) **to ~ sb at the post** jdn um Haaresbreite schlagen; (*fig*) jdm um Haaresbreite zuvorkommen

pipe I *n* **1.** (*for water etc*) Rohr *nt*; (≈ *fuel pipe*) Leitung *f* **2.** MUS **~s** (≈ *bagpipes*)

Dudelsack *m* **3.** (*for smoking*) Pfeife *f*; **to smoke a ~** Pfeife rauchen **II** *v/t water etc* in Rohren leiten ♦ **pipe down** *v/i* (*infml*) die Luft anhalten (*infml*) ♦ **pipe up** *v/i* (*infml*) den Mund aufmachen; **suddenly a little voice piped up** plötzlich machte sich ein Stimmchen bemerkbar

pipe dream *n* Hirngespinst *nt*; **that's just a ~** das ist ja wohl nur ein frommer Wunsch **pipeline** *n* (Rohr)leitung *f*; **to be in the ~** (*fig*) in Vorbereitung sein; **the pay rise hasn't come through yet but it's in the ~** die Lohnerhöhung ist noch nicht durch, steht aber kurz bevor **piper** *n* (*on bagpipes*) Dudelsackpfeifer(in) *m(f)* **pipe tobacco** *n* Pfeifentabak *m* **piping I** *n* (≈ *pipework*) Rohrleitungssystem *nt* **II** *adv* **~ hot** kochend heiß

piquant *adj* pikant

pique *n* Groll *m*; **he resigned in a fit of ~** er kündigte, weil er vergrämt war

piracy *n* Piraterie *f*; (*of record*) Raubpressung *f* **pirate I** *n* Pirat(in) *m(f)* **II** *v/t idea* stehlen; **a ~d copy of the record** eine Raubpressung; **~d edition** Raubdruck *m*

pirouette *n* Pirouette *f*

Pisces *pl* Fische *pl*; **I'm (a) ~** ich bin Fisch **piss** (*sl*) **I** *n* Pisse *f* (*vulg*); **to have a ~** pissen (*vulg*); **to take the ~ out of sb/sth** (*Br sl*) jdn/etw verarschen (*infml*) **II** *v/i* pissen (*infml*); **it's ~ing with rain** (*infml*) es pisst (*sl*) **III** *v/r* sich bepissen (*vulg*); **we ~ed ourselves (laughing)** wir haben uns bepisst (*sl*) ♦ **piss about** or **around** *v/i* (*Br infml*) herummachen (*infml*) ♦ **piss down** *v/i* (*Br infml*) **it's pissing down** es pisst (*sl*) ♦ **piss off I** *v/i* (*esp Br sl*) sich verpissen (*sl*); **~!** (≈ *go away*) verpiss dich! (*sl*) **II** *v/t* (*esp Br infml*) ankotzen (*sl*); **to be pissed off with sb/sth** von jdm/etw die Schnauze vollhaben (*infml*)

piss artist *n* (*infml*) (≈ *drunk*) Säufer(in) *m(f)*; (≈ *boaster*) Großmaul *nt* (*infml*); (≈ *incompetent*) Niete *f* (*infml*) **pissed** *adj* (*infml*) (*Br* ≈ *drunk*) stockbesoffen (*infml*); (*US* ≈ *angry*) stocksauer (*infml*) **piss-take** *n* (*Br sl*) Verarschung *f* (*infml*) **piss-up** *n* (*Br sl*) Saufgelage *nt* (*infml*)

pistachio *n* Pistazie *f*

piste *n* SKI Piste *f*

pistol *n* Pistole *f*

piston *n* Kolben *m*

pit¹ I *n* **1.** (≈ *hole*) Grube *f*; (*Br* ≈ *mine*) Zeche *f*; **to have a sinking feeling in the ~ of one's stomach** ein ungutes Gefühl in der Magengegend haben; **he works down the ~(s)** er arbeitet unter Tage **2.** SPORTS **to make a ~ stop** einen Boxenstopp machen **3.** (THEAT ≈ *orchestra pit*) Orchestergraben *m* **4. the ~s** (*infml*) das Allerletzte **II** *v/t* **1. the moon is ~ted with craters** der Mond ist mit Kratern übersät **2. to ~ one's wits against sb/sth** seinen Verstand an jdm/etw messen; **A is ~ted against B** A und B stehen sich gegenüber

pit² (*US*) **I** *n* Stein *m* **II** *v/t* entsteinen

pita (bread) *n* (*US*) = **pitta (bread)**

pit babe *n* (*infml*) Boxenluder *nt* (*infml*)

pitch I *n* **1.** (≈ *throw*) Wurf *m* **2.** (*esp Br* SPORTS) Platz *m* **3.** (*Br: in market etc*) Stand *m*, Standl *nt* (*Aus*) **4.** (*infml* ≈ *sales pitch*) Sermon *m* (*infml*) **5.** PHON Tonhöhe *f*; (*of instrument*) Tonlage *f*; (*of voice*) Stimmlage *f* **6.** (*fig* ≈ *degree*) Grad *m* **II** *v/t* **1. ball** werfen **2.** (MUS ≈ *hit*) *note* treffen; **she ~ed her voice higher** sie sprach mit einer höheren Stimme **3.** (*fig*) **the production must be ~ed at the right level for London audiences** das Stück muss auf das Niveau des Londoner Publikums abgestimmt werden **4. tent** aufschlagen **III** *v/i* **1.** (≈ *fall*) fallen; **to ~ forward** vornüberfallen **2.** NAUT stampfen; AVIAT absacken **3.** BASEBALL werfen ♦ **pitch in** *v/i* (*infml*) einspringen; **so we all pitched in together** also packten wir alle mit an

pitch-black *adj* pechschwarz **pitch-dark I** *adj* pechschwarz **II** *n* (tiefe) Finsternis *f* **pitcher¹** *n* (*esp US*) Krug *m* **pitcher²** *n* BASEBALL Werfer(in) *m(f)* **pitchfork** *n* Heugabel *f*, Mistgabel *f* **piteous** *adj* mitleiderregend **pitfall** *n* (*fig*) Falle *f* **pith** *n* BOT Mark *nt*; (*of orange, lemon etc*) weiße Haut; (*fig* ≈ *core*) Kern *m* **pitiful** *adj* **1.** *sight, story* mitleiderregend; *cry* jämmerlich; **to be in a ~ state** in einem erbärmlichen Zustand sein **2.** (≈ *wretched*) erbärmlich **pitifully** *adv* **1.** jämmerlich **2.** *inadequate* erbärmlich **pitiless** *adj* mitleidlos **pits** *pl* → **pit¹** **pitta (bread)** *n* ≈ Fladenbrot *nt* **pittance** *n* Hungerlohn *m*

pity I n **1.** Mitleid nt; **for ~'s sake!** um Himmels willen!; **to have** or **take ~ on sb** mit jdm Mitleid haben; **to move sb to ~** jds Mitleid (acc) erregen **2.** (what a) **~!** (wie) schade!; **what a ~ he can't come** (wie) schade, dass er nicht kommen kann; **more's the ~!** leider; **it is a ~ that ...** es ist schade, dass ...; **it would be a ~ if he lost** or **were to lose this job** es wäre bedauerlich, wenn er seine Arbeit verlieren sollte **II** v/t bedauern

pivot pret, past part **pivoted** v/i sich drehen; **to ~ on sth** (fig) sich um etw drehen

pivotal adj (fig) zentral

pixel n IT Pixel nt

pizza n Pizza f **pizzeria** n Pizzeria f

placard n Plakat nt

placate v/t beschwichtigen

place I n **1.** (general) Platz m, Stelle f; **water is coming through in several ~s** an mehreren Stellen kommt Wasser durch; **from ~ to ~** von einem Ort zum anderen; **in another ~** woanders; **we found a good ~ to watch the procession from** wir fanden einen Platz, von dem wir den Umzug gut sehen konnten; **in the right/wrong ~** an der richtigen/falschen Stelle; **some/any ~** irgendwo; **a poor man with no ~ to go** ein armer Mann, der nicht weiß, wohin; **this is no ~ for you** das ist kein Platz für dich; **it was the last ~ I expected to find him** da hätte ich ihn zuletzt vermutet; **this isn't the ~ to discuss politics** dies ist nicht der Ort, um über Politik zu sprechen; **I can't be in two ~s at once!** ich kann doch nicht an zwei Stellen gleichzeitig sein **2.** (≈ location, district) Gegend f; (≈ town) Ort m; (in street names) Platz m; **in this ~** hier **3.** (≈ home) Haus nt; **come round to my ~** komm doch mal vorbei; **let's go back to my ~** lass uns zu mir gehen; **I've never been to his ~** ich bin noch nie bei ihm gewesen; **at Peter's ~** bei Peter **4.** (at table, in team) Platz m; (at university) Studienplatz m; (≈ job, in book etc) Stelle f; SPORTS Platzierung f; **~s for 500 students** 500 Studienplätze; **to give up one's ~** (in a queue) jdm den Vortritt lassen; **to lose one's ~** (in a queue) sich wieder hinten anstellen müssen; (in book) die Seite verblättern; (on page) die Zeile verlieren; **to take the ~ of sb/sth** den Platz von jdm/etw einnehmen; **to win first ~** Erste(r, s) sein **5.**

(in hierarchy) Rang m; **people in high ~s** Leute in hohen Positionen; **to know one's ~** wissen, was sich (für einen) gehört; **it's not my ~ to comment** es steht mir nicht zu, einen Kommentar abzugeben; **to keep** or **put sb in his ~** jdn in seine Schranken weisen **6.** MAT Stelle f; **to three decimal ~s** auf drei Stellen nach dem Komma **7.** **~ of birth** Geburtsort m; **~ of residence** Wohnort m; **~ of work** Arbeitsstelle f; **in ~s** stellenweise; **everything was in ~** alles war an seiner Stelle; **the legislation is already in ~** die gesetzlichen Regelungen gelten schon; **to be out of ~** (≈ in the wrong place) nicht an der richtigen Stelle sein; **to look out of ~** fehl am Platz wirken; **all over the ~** (≈ everywhere) überall; **in ~ of** statt (+gen); **to fall into ~** Gestalt annehmen; **in the first ~** (≈ firstly) erstens; **she shouldn't have been there in the first ~** sie hätte überhaupt nicht dort sein sollen; **to take ~** stattfinden; **to go ~s** (≈ travel) herumreisen **II** v/t **1.** (≈ put) setzen, stellen; (≈ lay down) legen; **she slowly ~d one foot in front of the other** sie setzte langsam einen Fuß vor den anderen; **she ~d a finger on her lips** sie legte den Finger auf die Lippen; **to ~ a strain on sth** etw belasten; **to ~ confidence in sb/sth** Vertrauen in jdn/ etw setzen; **to be ~d** (town etc) liegen; **how are you ~d for time?** wie sieht es mit deiner Zeit aus?; **we are well ~d for the shops** was Einkaufsmöglichkeiten angeht, wohnen wir günstig; **Liverpool are well ~d in the league** Liverpool liegt gut in der Tabelle **2.** (≈ rank) stellen; **that should be ~d first** das sollte an erster Stelle stehen; **the German runner was ~d third** der deutsche Läufer wurde Dritter **3.** order erteilen (with sb jdm)

placebo n MED Placebo nt

place mat n Set nt **placement** n **1.** (≈ act) Platzierung f; (≈ finding job for) Vermittlung f **2.** (Br) (≈ period: of trainee) Praktikum nt; **I'm here on a six-month ~** (for in-service training etc) ich bin hier für sechs Monate zur Weiterbildung; (on secondment) ich bin für sechs Monate hierhin überwiesen worden **place name** n Ortsname m **place setting** n Gedeck nt

placid adj ruhig; person gelassen

plagiarism n Plagiat nt **plagiarize** v/t plagiieren

plague I *n* MED Seuche *f*; (BIBLE, *fig*) Plage *f*; **the ~** die Pest; **to avoid sb/sth like the ~** jdn/etw wie die Pest meiden **II** *v/t* plagen; **to be ~d by doubts** von Zweifeln geplagt werden; **to ~ sb with questions** jdn ständig mit Fragen belästigen

plaice *n* *no pl* Scholle *f*

plain I *adj* (+*er*) **1.** klar; *truth* schlicht; (≈ *obvious*) offensichtlich; **it is ~ to see that ...** es ist offensichtlich, dass ...; **to make sth ~ to sb** jdm etw klarmachen; **the reason is ~ to see** der Grund ist leicht einzusehen; **I'd like to make it quite ~ that ...** ich möchte gern klarstellen, dass ... **2.** (≈ *simple*) einfach; *food* (gut)bürgerlich; *paper* unliniert; *colour* einheitlich **3.** (≈ *sheer*) rein **4.** (≈ *not beautiful*) unattraktiv **II** *adv* **1.** (*infml* ≈ *simply*) (ganz) einfach **2. I can't put it ~er than that** deutlicher kann ich es nicht sagen **III** *n* GEOG Ebene *f*; **the ~s** das Flachland **plain chocolate** *n* (*Br*) (Zart)bitterschokolade *f* **plain-clothes** *adj* in Zivil **plain flour** *n* Mehl *nt* (*ohne Backpulver*) **plainly** *adv* **1.** (≈ *clearly*) eindeutig; *remember, visible* klar; **~, these new techniques are impractical** es ist ganz klar, dass diese neuen Verfahren unpraktisch sind **2.** (≈ *frankly*) offen **3.** (≈ *unsophisticatedly*) einfach **plain-spoken** *adj* offen, direkt; **to be ~** sagen, was man denkt

plaintiff *n* Kläger(in) *m(f)*

plait I *n* (*esp Br*) Zopf *m* **II** *v/t* flechten

plan I *n* Plan *m*; (≈ *town plan*) Stadtplan *m*; **~ of action** Aktionsprogramm *nt*; **the ~ is to meet at six** es ist geplant, sich um sechs zu treffen; **to make ~s (for sth)** Pläne (für etw) machen; **have you any ~s for tonight?** hast du (für) heute Abend (schon) etwas vor?; **according to ~** planmäßig **II** *v/t* **1.** planen; *buildings etc* entwerfen **2.** (≈ *intend*) vorhaben; **we weren't ~ning to** wir hatten es nicht vor **III** *v/i* planen; **to ~ ahead** vorausplanen ♦ **plan on** *v/i* +*prep obj* **1. to ~ doing sth** vorhaben, etw zu tun **2. to ~ sth** mit etw rechnen ♦ **plan out** *v/t sep* in Einzelheiten planen

plane *n* **1.** (≈ *aeroplane*) Flugzeug *nt*; **to go by ~** fliegen **2.** (*fig*) Ebene *f* **plane-load** *n* Flugzeugladung *f*

planet *n* Planet *m* **planetarium** *n* Planetarium *nt*

plank *n* Brett *nt*; NAUT Planke *f*

plankton *n* Plankton *nt*

planned *adj* geplant **planner** *n* Planer(in) *m(f)* **planning** *n* Planung *f*; **~ permission** Baugenehmigung *f*

plant I *n* **1.** BOT Pflanze *f*; **rare/tropical ~s** seltene/tropische Gewächse *pl* **2.** *no pl* (≈ *equipment*) Anlagen *pl*; (≈ *factory*) Werk *nt*; **~ manager** (*US*) Werks- *or* Betriebsleiter(in) *m(f)* **II** *attr* **~ life** Pflanzenwelt *f* **III** *v/t* **1.** *plants* pflanzen; *field* bepflanzen **2.** (≈ *place*) setzen; *bomb* legen; *kiss* drücken **3. to ~ sth on sb** (*infml*) jdm etw unterjubeln (*infml*) ♦ **plant out** *v/t sep* auspflanzen

plantation *n* Plantage *f*; (*of trees*) Anpflanzung *f* **planter** *n* **1.** Pflanzer(in) *m(f)* **2.** (≈ *plant pot*) Übertopf *m* **plant pot** *n* (*esp Br*) Blumentopf *m*

plaque *n* **1.** Plakette *f*; (*on building etc*) Tafel *f* **2.** (*on teeth*) (Zahn)belag *m*

plasma *n* Plasma *nt*

plaster I *n* **1.** BUILD (Ver)putz *m* **2.** (ART, MED: *a.* **plaster of Paris**) Gips *m*; **to have one's leg in ~** das Bein in Gips haben **3.** (*Br* ≈ *sticking plaster*) Pflaster *nt* **II** *v/t* **1.** *wall* verputzen **2.** (*infml*) **to ~ one's face with make-up** sein Gesicht mit Make-up vollkleistern (*infml*); **~ed with mud** schlammbedeckt **plaster cast** *n* MED Gipsverband *m* **plastered** *adj pred* (*infml*) voll (*infml*); **to get ~** sich volllaufen lassen (*infml*)

plastic I *n* **1.** Plastik *nt*; **~s** Kunststoffe *pl* **2.** (*infml* ≈ *credit cards*) Kreditkarten *pl* **II** *adj* Plastik- **plastic bag** *n* Plastiktüte *f* **plastic explosive** *n* Plastiksprengstoff *m*

Plasticine® *n* (*Br*) Modelliermasse *f*

plastic surgeon *n* plastischer Chirurg **plastic surgery** *n* plastische Chirurgie *f*; **she decided to have ~ on her nose** sie entschloss sich zu einer Schönheitsoperation an ihrer Nase **plastic wrap** *n* (*US*) Frischhaltefolie *f*

plate *n* **1.** Teller *m*; **to have sth handed to one on a ~** (*Br fig infml*) etw auf einem Tablett serviert bekommen (*infml*); **to have a lot on one's ~** (*fig infml*) viel am Hals haben (*infml*) **2.** TECH, PHOT Platte *f*; (≈ *name plate*) Schild *nt*

plateau *n*, *pl* **-s** *or* **-x** GEOG Hochebene *f*

plateful *n* Teller *m*

platform *n* Plattform *f*; (≈ *stage*) Bühne *f*; RAIL Bahnsteig *m*; IT (System)plattform *f*

platform shoe *n* Plateauschuh *m*
platinum *n* Platin *nt*
platitude *n* Plattitüde *f*
platonic *adj* platonisch
platoon *n* MIL Zug *m*
platter *n* Teller *m*; (≈ *serving dish*) Platte *f*; **to have sth handed to one on a** (*silver*) ~ (*fig*) etw auf einem (silbernen) Tablett serviert bekommen
plausibility *n* Plausibilität *f* **plausible** *adj* plausibel
play I *n* **1.** Spiel *nt*; ~ **on words** Wortspiel *nt*; **to abandon** ~ SPORTS das Spiel abbrechen; **to be in** ~/**out of** ~ (*ball*) im Spiel/im Aus sein **2.** THEAT (Theater)stück *nt*; RADIO Hörspiel *nt*; TV Fernsehspiel *nt*; **the** ~**s of Shakespeare** Shakespeares Dramen **3.** (*fig*) **to come into** ~ ins Spiel kommen; **to bring sth into** ~ etw aufbieten **II** *v/t* spielen; **to** ~ **sb** (*at a game*) gegen jdn (ein Spiel) spielen; **to** ~ **a joke on sb** jdm einen Streich spielen; **to** ~ **a trick on sb** jdn hereinlegen; **to** ~ **it safe** auf Nummer sicher gehen (*infml*); **to** ~ **the fool** den Clown spielen; **to** ~ **the piano** Klavier spielen **III** *v/i* spielen; (THEAT ≈ *be performed*) gespielt werden; **to go out to** ~ rausgehen und spielen; **can Johnny come out to** ~? darf Johnny zum Spielen rauskommen?; **to** ~ **at cowboys and Indians** Cowboy und Indianer spielen; **to** ~ **at being a fireman** Feuerwehrmann spielen; **to** ~ **in defence** SPORTS in der Abwehr spielen; **to** ~ **in goal** im Tor stehen; **what are you** ~**ing at?** (*infml*) was soll (denn) das? (*infml*); **to** ~ **for money** um Geld spielen; **to** ~ **for time** (*fig*) Zeit gewinnen wollen; **to** ~ **into sb's hands** (*fig*) jdm in die Hände spielen; **to** ~ **to sb** MUS jdm vorspielen ◆ **play about** (*Brit*) **or around** *v/i* spielen; **to play around with sth** mit etw (herum)spielen; **he's been playing around** (**with another woman**) er hat mit einer anderen Frau herumgemacht (*infml*) ◆ **play along** *v/i* mitspielen; **to** ~ **with a suggestion** auf einen Vorschlag scheinbar eingehen; **to** ~ **with sb** jdm zustimmen ◆ **play back** *v/t sep* *recording* abspielen; *answering machine* abhören ◆ **play down** *v/t sep* herunterspielen ◆ **play off** *v/t sep* **to play X off against Y** X gegen Y ausspielen ◆ **play on I** *v/i* weiterspielen **II** *v/i +prep obj* (*a.* **play upon**) *sb's fears* geschickt ausnut-

zen; **the hours of waiting played on my nerves** das stundenlange Warten zermürbte mich ◆ **play through** *v/i +prep obj a few bars etc* durchspielen ◆ **play up I** *v/i* (*Br infml* ≈ *cause trouble*) Schwierigkeiten machen **II** *v/t sep* (*infml*) **to play sb up** jdm Schwierigkeiten machen ◆ **play upon** *v/i +prep obj* = **play on II** ◆ **play with** *v/i +prep obj* **we don't have much time to** ~ wir haben zeitlich nicht viel Spielraum; **to** ~ **oneself** an sich (*dat*) herumfummeln
play-acting *n* (*fig*) Theater *nt* **playbill** *n* (*US*) Theaterprogramm *nt* **playboy** *n* Playboy *m*
player *n* Spieler(in) *m(f)* **playful** *adj* neckisch; *child, animal* verspielt; **the dog is just being** ~ der Hund spielt nur **playfulness** *n* (*of child, animal*) Verspieltheit *f* **playground** *n* Spielplatz *m*; SCHOOL (Schul)hof *m* **playgroup** *n* Spielgruppe *f* **playhouse** *n* **1.** (*US* ≈ *doll's house*) Puppenstube *f* **2.** THEAT Schauspielhaus *nt* **playing card** *n* Spielkarte *f* **playing field** *n* Sportplatz *m* **playmate** *n* Spielkamerad(in) *m(f)* **play-off** *n* Ausscheidungsspiel *nt*, Play-off *nt* **play park** *n* Spielpark *m* **playpen** *n* Laufstall *m* **playschool** *n* (*esp Br*) Kindergarten *m* **playtime** *n* SCHOOL große Pause **playwright** *n* Dramatiker(in) *m(f)*
plaza *n* Piazza *f*; (*US* ≈ *shopping complex*) Einkaufszentrum *nt*
plc (*Br*) *abbr of* **public limited company** ≈ AG *f*
plea *n* **1.** Bitte *f*; **to make a** ~ **for sth** zu etw aufrufen **2.** JUR Plädoyer *nt* **plead** *pret, past part* **pleaded** *or* (*Scot, US*) **pled I** *v/t ignorance* sich berufen auf (+*acc*) **II** *v/i* **1.** bitten (*for* um); **to** ~ **with sb to do sth** jdn bitten, etw zu tun; **to** ~ **with sb for sth** jdn um etw bitten **2.** JUR das Plädoyer halten; **to** ~ **guilty/not guilty** sich schuldig/nicht schuldig bekennen **pleading** *adj*, **pleadingly** *adv* flehend
pleasant *adj* angenehm; *news* erfreulich, gefreut (*Swiss*); *person* nett, fesch (*Aus*); *manner* freundlich **pleasantly** *adv* angenehm; *smile, speak* freundlich **pleasantness** *n* Freundlichkeit *f* **pleasantry** *n* Nettigkeit *f*
please I *int* bitte; (**yes,**) ~ (ja,) bitte; (*enthusiastic*) oh ja, gerne; ~ **pass the salt, pass the salt,** ~ würden Sie mir bitte das

Salz reichen?; **may I? — ~ do!** darf ich? — bitte sehr! **II** v/i **1. (**just**) as you ~** ganz wie du willst; **to do as one ~s** tun, was einem gefällt **2. (**≈ cause satisfaction**)** gefallen; **eager to ~** darum bemüht, alles richtig zu machen **III** v/t **(**≈ give pleasure to**)** eine Freude machen (+dat); **the idea ~d him** die Idee hat ihm gefallen; **just to ~ you** nur dir zuliebe; **it ~s me to see him so happy** es freut mich, dass er so glücklich ist; **you can't ~ everybody** man kann es nicht allen recht machen; **there's no pleasing him** er ist nie zufrieden; **he is easily ~d** er ist leicht zufriedenzustellen **IV** v/r **to ~ oneself** tun, was einem gefällt; **~ yourself!** wie Sie wollen!; **you can ~ yourself about where you sit** es ist Ihnen überlassen, wo Sie sitzen **pleased** adj **(**≈ happy**)** freudig; **(**≈ satisfied**)** zufrieden; **to be ~ (about sth)** sich (über etw acc) freuen; **I'm ~ to hear that ...** es freut mich zu hören, dass ...; **~ to meet you** freut mich; **we are ~ to inform you that ...** wir freuen uns, Ihnen mitteilen zu können, dass ...; **to be ~ with sb/sth** mit jdm/etw zufrieden sein; **I was only too ~ to help** es war mir wirklich eine Freude zu helfen **pleasing** adj angenehm; sight erfreulich, gefreut (Swiss)

pleasurable adj angenehm; anticipation freudig

pleasure n **1.** Freude f; **it's a ~, (my) ~** gern (geschehen)!; **with ~** sehr gerne; **it's my very great ~ ...** es ist mir ein großes Vergnügen, ...; **to have the ~ of doing sth** das Vergnügen haben, etw zu tun; **to do sth for ~** etw zum Vergnügen tun; **to get ~ out of doing sth** Spaß daran haben, etw zu tun; **he takes ~ in annoying me** es bereitet ihm Vergnügen, mich zu ärgern **2. (**≈ amusement**)** Vergnügen nt; **business or ~?** geschäftlich oder zum Vergnügen?; **it's a ~ to meet you** es freut mich, Sie kennenzulernen; **he's a ~ to teach** es ist ein Vergnügen, ihn zu unterrichten **pleasure boat** n Vergnügungsdampfer m

pleat I n Falte f **II** v/t fälteln **pleated** adj gefältelt; **~ skirt** Faltenrock m

plectrum n Plektrum nt

pled (US, Scot) pret, past part of **plead**

pledge I n **1. (**≈ token**)** Pfand nt **2. (**≈ promise**)** Versprechen nt; **as a ~ of** als Zeichen (+gen); **election ~s** Wahlver-

sprechen pl **II** v/t **(**≈ pawn**)** verpfänden **2. (**≈ promise**)** zusichern; **to ~ support for sb/sth** jdm/einer Sache seine Unterstützung zusichern; **to ~ (one's) allegiance to sb/sth** jdm/einer Sache Treue geloben

plenary adj **~ session** Plenarsitzung f, Vollversammlung f; **~ powers** unbeschränkte Vollmachten pl

plentiful adj reichlich; minerals etc reichlich vorhanden; **to be in ~ supply** reichlich vorhanden sein

plenty I n **1.** eine Menge; **in ~** im Überfluss; **three kilos will be ~** drei Kilo sind reichlich; **there's ~ here for six** es gibt mehr als genug für sechs; **that's ~, thanks!** danke, das ist reichlich; **you've had ~** du hast reichlich gehabt; **to see ~ of sb** jdn oft sehen; **there's ~ to do es** gibt viel zu tun; **there's ~ more where that came from** davon gibt es genug; **there are still ~ left** es sind immer noch eine ganze Menge da **2. ~ of** viel; **~ of time** viel Zeit; **~ of eggs** viele Eier; **there is no longer ~ of oil** Öl ist nicht mehr im Überfluss vorhanden; **a country with ~ of natural resources** ein Land mit umfangreichen Bodenschätzen; **has everyone got ~ of potatoes?** hat jeder reichlich Kartoffeln?; **there will be ~ to drink** es gibt dort ausreichend zu trinken; **he had been given ~ of warning** er ist genügend oft gewarnt worden; **to arrive in ~ of time** rechtzeitig kommen; **there's ~ of time** es ist noch viel Zeit; **take ~ of exercise** Sie müssen viel Sport treiben **II** adv (esp US infml) **I like it ~** ich mag das sehr

pliable, pliant adj **1.** biegsam; leather geschmeidig **2. (**≈ docile**)** fügsam

pliers pl (a. **pair of pliers**) (Kombi)zange f

plight n Elend nt; (of economy etc) Verfall m; **the country's economic ~** die wirtschaftliche Misere des Landes

plod v/i **1. (**≈ trudge**)** trotten; **to ~ up a hill** einen Hügel hinaufstapfen; **to ~ along** weiterstapfen **2.** (fig) **to ~ away at sth** sich mit etw abmühen

plonk¹ v/t (infml: a. **plonk down**) hinschmeißen (infml); **to ~ oneself (down)** sich hinpflanzen (infml)

plonk² n (Br infml ≈ wine) (billiger) Wein

plonker n (Br infml) **1. (**≈ stupid person**)** Niete f **2. (**≈ penis**)** Pimmel m (infml)

plop I *n* Plumps *m*; *(in water)* Platsch *m* **II** *v/i* **1.** *(in liquid)* platschen **2.** *(infml ≈ fall)* plumpsen *(infml)*

plot I *n* **1.** AGR Stück *nt* Land; *(≈ building plot)* Grundstück *nt*; *(≈ allotment)* Parzelle *f*; **a ~ of land** ein Stück *nt* Land **2.** *(US, of building)* Grundriss *m* **3.** *(≈ conspiracy)* Verschwörung *f* **4.** LIT, THEAT Handlung *f*; **to lose the ~** *(fig infml)* den Faden verlieren **II** *v/t* **1.** *(≈ plan)* planen; **they ~ted to kill him** sie planten gemeinsam, ihn zu töten **2.** *course* feststellen; *(on map)* einzeichnen **III** *v/i* **to ~ against sb** sich gegen jdn verschwören

plotter *n* IT Plotter *m*

plough, *(US)* **plow I** *n* Pflug *m*; **the Plough** ASTRON der Wagen **II** *v/t & v/i* AGR pflügen ◆ **plough back** *v/t sep* COMM reinvestieren *(into* in *+acc)* ◆ **plough into I** *v/i +prep obj car etc* hineinrasen in *(+acc)* **II** *v/t sep* money reinstecken in *(+acc)* *(infml)* ◆ **plough through I** *v/i +prep obj* **1. we ploughed through the snow** wir kämpften uns durch den Schnee; **the car ploughed through the fence** der Wagen brach durch den Zaun **2.** *(infml)* **to ~ a novel** *etc* sich durch einen Roman *etc* hindurchquälen **II** *v/t sep* **1. we ploughed our way through the long grass** wir bahnten uns unseren Weg durch das hohe Gras **2.** *(infml)* **to plough one's way through a novel** *etc* sich durch einen Roman *etc* durchackern *(infml)* ◆ **plough up** *v/t sep* umpflügen

ploughing, *(US)* **plowing** *n* Pflügen *nt* **ploughman,** *(US)* **plowman** *n* Pflüger *m* **ploughman's lunch** *n* *(Br)* Käse und Brot als Imbiss **plow** *etc* *(US)* = **plough** *etc*

ploy *n* Trick *m*

pls *abbr of* **please** b.

pluck *v/t* **1.** *fruit, flower* pflücken; *chicken* rupfen; *guitar, eyebrows* zupfen; **to ~** *(at)* **sb's sleeve** jdn am Ärmel zupfen; **she was ~ed from obscurity to become a film star** sie wurde von einer Unbekannten zum Filmstar gemacht; **he was ~ed to safety** er wurde in Sicherheit gebracht; **to ~ sth out of the air** etw aus der Luft greifen; **to ~ up (one's) courage** all seinen Mut zusammennehmen **2.** *(a.* **pluck out)** *hair* auszupfen

plucky *adj* *(+er)* *person, smile* tapfer; *action* mutig

plug I *n* **1.** *(≈ stopper)* Stöpsel *m*; *(for leak)* Propfen *m*; *(in barrel)* Spund *m*; **to pull the ~ on sb/sth** *(fig infml)* jdm / einer Sache den Boden unter den Füßen wegziehen **2.** ELEC Stecker *m*; *(AUTO ≈ spark plug)* (Zünd)kerze *f* **3.** *(infml: piece of publicity)* Schleichwerbung *f no pl*; **to give sb/sth a ~** für jdn / etw Werbung machen **II** *v/t* **1.** *hole, leak* zustopfen **2.** *(infml ≈ publicize)* Schleichwerbung machen für ◆ **plug away** *v/i* *(infml)* ackern *(infml)*; **to ~ at sth** sich mit etw herumschlagen *(infml)*; **keep plugging away** (nur) nicht lockerlassen ◆ **plug in I** *v/t sep* einstöpseln; **to be plugged in** angeschlossen sein **II** *v/i* sich anschließen lassen ◆ **plug up** *v/t sep* hole zustopfen

plug-and-play *attr* IT Plug-and-Play-**plughole** *n* *(Br)* Abfluss *m*; **to go down the ~** *(fig infml)* kaputtgehen *(infml)*

plum I *n* Pflaume *f*, Zwetschke *f* *(Aus)*; *(≈ Victoria plum)* Zwetsch(g)e *f* **II** *adj attr* *(infml)* job Bomben- *(infml)*

plumage *n* Gefieder *nt*

plumb I *adv* **1.** *(infml)* *(≈ completely)* total *(infml)* **2.** *(≈ exactly)* genau **II** *v/t* **to ~ the depths of despair** die tiefste Verzweiflung erleben; **to ~ new depths** einen neuen Tiefstand erreichen ◆ **plumb in** *v/t sep* *(Br)* anschließen

plumber *n* Klempner(in) *m(f)* **plumbing** *n* *(≈ fittings)* Leitungen *pl*

plume *n* Feder *f*; *(on helmet)* Federbusch *m*; **~ of smoke** Rauchfahne *f*

plummet *v/i* *(plane etc)* hinunterstürzen; *(sales etc)* stark zurückgehen; *(shares etc)* fallen; **the euro has ~ted to £0.60** der Euro ist auf £ 0,60 gefallen

plump I *adj* *(+er)* mollig; *legs etc* stämmig; *face* rundlich; *chicken etc* gut genährt; *fruit* prall **II** *v/t* **to ~ sth down** etw hinfallen lassen / hinwerfen; **she ~ed herself down in the armchair** sie ließ sich in den Sessel fallen ◆ **plump for** *v/i +prep obj* sich entscheiden für ◆ **plump up** *v/t sep* cushion aufschütteln

plumpness *n* Molligkeit *f*; *(of legs etc)* Stämmigkeit *f*; *(of face)* Pausbäckigkeit *f*; *(of chicken)* Wohlgenährtheit *f*

plum pudding *n* Plumpudding *m* **plum tomato** *n* italienische Tomate

plunder I *n* Beute *f* **II** *v/t* **1.** *place* plündern **2.** *thing* rauben **III** *v/i* plündern

plunge I v/t **1.** (≈ *thrust*) stecken; *(into water etc)* tauchen; **he ~d the knife into his victim's back** er jagte seinem Opfer das Messer in den Rücken **2.** *(fig)* **to ~ the country into war** das Land in einen Krieg stürzen; **~d into darkness** in Dunkelheit getaucht **II** v/i **1.** (≈ *dive*) tauchen **2.** (≈ *rush*) stürzen; *(sales)* fallen; **to ~ to one's death** zu Tode stürzen; **he ~d into the crowd** er stürzte sich in die Massen **III** v/r *(into job etc)* sich stürzen *(into in +acc)* **IV** n **1.** Sturz m; **shares took a ~** es kam zu einem Kurssturz **2.** (≈ *dive*) (Kopf)sprung m; **to take the ~** *(fig infml)* den Sprung wagen ◆ **plunge in I** v/t *sep knife* hineinjagen; *hand* hineinstecken; *(into water)* hineintauchen; **he was plunged straight in (at the deep end)** *(fig)* er musste gleich richtig ran *(infml)* **II** v/i (≈ *dive*) hineinspringen

plunger n Sauger m **plunging** adj **1.** *neckline* tief **2.** *prices* stark fallend

pluperfect I n Plusquamperfekt nt **II** adj **~ tense** Plusquamperfekt nt

plural I adj GRAM Plural-; **~ ending** Pluralendung f **II** n Plural m; **in the ~** im Plural

plus I prep plus (+dat); (≈ *together with*) und (außerdem); **~ or minus 10%** plus minus 10% **II** adj **1. a ~ figure** eine positive Zahl; **on the ~ side** auf der Habenseite; **~ 10 degrees** 10 Grad über null **2. he got B ~** ≈ er hat eine Zwei plus bekommen; **50 pages ~** über 50 Seiten **III** n (≈ *sign*) Pluszeichen nt; (≈ *positive factor*) Pluspunkt m; (≈ *extra*) Plus nt

plush adj (+er) *(infml)* feudal *(infml)*; **a ~ hotel** ein Nobelhotel nt *(infml)*

plus sign n Pluszeichen nt

Pluto n ASTRON Pluto m

plutonium n Plutonium nt

ply v/t **1.** *trade* ausüben **2. to ~ sb with questions** jdn mit Fragen überhäufen; **to ~ sb with drink(s)** jdn immer wieder zum Trinken auffordern

plywood n Sperrholz nt

PM *(Br infml)* abbr of **Prime Minister**

pm abbr of **post meridiem**; **2 pm** 2 Uhr nachmittags; **12 pm** 12 Uhr mittags

PMS n abbr of **pre-menstrual syndrome** PMS nt

PMT n *(Br)* abbr of **pre-menstrual tension**

pneumatic drill n Pressluftbohrer m

pneumonia n Lungenentzündung f

PO abbr of **post office** PA

poach[1] v/t *egg* pochieren; *fish* dünsten; **~ed egg** verlorenes Ei

poach[2] **I** v/t unerlaubt fangen; *(fig)* *idea* stehlen; *customers* abwerben **II** v/i *(lit)* wildern *(for auf +acc)* **poacher** n Wilderer m, Wilderin f **poaching** n Wildern nt

P.O. box n Postfach nt

pocket I n **1.** Tasche f; *(in suitcase, file etc)* Fach nt; BILLIARDS Loch nt; **to be in sb's ~** *(fig)* jdm hörig sein; **to live in each other's or one another's ~s** *(fig)* unzertrennlich sein **2.** (≈ *resources*) Geldbeutel m; **to be a drain on one's ~** jds Geldbeutel strapazieren *(infml)*; **to pay for sth out of one's own ~** etw aus der eigenen Tasche bezahlen **3.** (≈ *area*) Gebiet nt; **~ of resistance** Widerstandsnest nt **II** adj Taschen- **III** v/t (≈ *put in one's pocket*) einstecken **pocketbook** n **1.** (≈ *notebook*) Notizbuch nt **2.** *(esp US ≈ wallet)* Brieftasche f **pocket calculator** n Taschenrechner m **pocketful** n **a ~** eine Taschevoll **pocketknife** n Taschenmesser nt **pocket money** n *(esp Br)* Taschengeld nt **pocket-size(d)** adj im Taschenformat; **~ camera / TV** Miniaturkamera f/-fernseher m

pockmarked adj *face* pockennarbig; *surface* narbig

pod I n BOT Hülse f **II** v/t *peas* enthülsen

podgy adj (+er) *(Br infml)* pummelig; *face* schwammig; **~ fingers** Wurstfinger pl

podiatrist n *(esp US)* Fußspezialist(in) m(f)

podium n Podest nt

poem n Gedicht nt

poet n Dichter m **poetic** adj poetisch **poetic licence** n dichterische Freiheit **poet laureate** n Hofdichter(in) m(f) **poetry** n **1.** Dichtung f; **to write ~** Gedichte schreiben **2.** *(fig)* **~ in motion** in Bewegung umgesetzte Poesie

pogrom n Pogrom nt

poignancy n Ergreifende(s) nt; *(of memories)* Wehmut f **poignant** adj ergreifend; *memories* wehmütig

point I n **1.** Punkt m; **~s for/against** Plus-/Minuspunkte pl; **to win on ~s** nach Punkten gewinnen; **(nought) ~ seven (0.7)** null Komma sieben (0,7); **up to a ~** bis zu einem gewissen Grad **2.** *(of needle)* Spitze f **3.** (≈ *place, time*) Stelle f; **at this ~** (≈ *then*) in diesem Augenblick; (≈ *now*) jetzt; **from that ~ on**

von da an; *at what~ ...?* an welcher Stelle ...?; *at no ~* nie; *at no ~ in the book* nirgends in dem Buch; *~ of departure* Ausgangspunkt *m*; *severe to the ~ of cruelty* streng bis an die Grenze der Grausamkeit; *the ~ of no return* (*fig*) der Punkt, von dem an es kein Zurück gibt; *~ of view* Standpunkt *m*; *from my ~ of view* von meinem Standpunkt aus; *from the ~ of view of productivity* von der Produktivität her gesehen; *to be on the ~ of doing sth* im Begriff sein, etw zu tun; *he was on the ~ of telling me the story when ...* er wollte mir gerade die Geschichte erzählen, als ... **4.** (≈ *matter, question*) Punkt *m*; *a useful ~* ein nützlicher Hinweis; *~ by ~* Punkt für Punkt; *my ~ was ...* was ich sagen wollte, war ...; *you have a ~ there* darin mögen Sie recht haben; *to make a/one's ~* ein / sein Argument *nt* vorbringen; *he made the ~ that ...* er betonte, dass ...; *you've made your ~!* das hast du ja schon gesagt!; *what ~ are you trying to make?* worauf wollen Sie hinaus?; *I take your ~, ~ taken* ich akzeptiere, was Sie sagen; *do you take my ~?* verstehst du mich?; *a ~ of interest* ein interessanter Punkt; *a ~ of law* eine Rechtsfrage **5.** (≈ *purpose*) Sinn *m*; *there's no ~ in staying* es hat keinen Sinn zu bleiben; *I don't see the ~ of carrying on* ich sehe keinen Sinn darin, weiterzumachen; *what's the ~?* was solls?; *the ~ of this is ...* Sinn und Zweck davon ist ...; *what's the ~ of trying?* wozu (es) versuchen?; *the ~ is that ...* die Sache ist die, dass ...; *that's the whole ~* das ist es ja gerade; *that's the whole ~ of doing it this way* gerade darum machen wir das so; *the ~ of the story* die Pointe; *that's not the ~* darum geht es nicht; *to get or see the ~* verstehen, worum es geht; *do you see the ~ of what I'm saying?* weißt du, worauf ich hinauswill?; *to miss the ~* nicht verstehen, worum es geht; *he missed the ~ of what I was saying* er hat nicht begriffen, worauf ich hinauswollte; *to come to the ~* zur Sache kommen; *to keep or stick to the ~* beim Thema bleiben; *beside the ~* irrelevant; *I'm afraid that's beside the ~* das ist nicht relevant; *a case in ~* ein einschlägiger Fall; *to make a ~ of doing sth* Wert darauf legen, etw zu tun **6.** (≈ *characteristic*) *good/bad ~s* gute / schlechte

Seiten *pl* **II points** *pl* (RAIL, *Br*) Weichen *pl* **III** *v/t* **1.** *gun etc* richten (*at* auf +*acc*) **2.** (≈ *show*) zeigen; *to ~ the way* den Weg weisen **3.** *toes* strecken **IV** *v/i* **1.** (*with finger etc*) zeigen (*at, to* auf +*acc*); *it's rude to ~* (*at strangers*) es ist unhöflich, mit dem Finger (auf Fremde) zu zeigen; *he ~ed toward(s) the house* er zeigte zum Haus **2.** (≈ *indicate*) hindeuten (*to* auf +*acc*); *everything ~s that way* alles weist in diese Richtung; *all the signs ~ to success* alle Zeichen stehen auf Erfolg **3.** (*gun etc*) gerichtet sein; (*building*) liegen ♦ **point out** *v/t sep* zeigen auf (+*acc*); *to point sth out to sb* jdn auf etw (*acc*) hinweisen; (≈ *mention*) jdn auf etw (*acc*) aufmerksam machen; *could you point him out to me?* kannst du mir zeigen, wer er ist?; *may I ~ that ...?* darf ich darauf aufmerksam machen, dass ...?

point-blank I *adj* direkt; *refusal* glatt; *at ~ range* aus kürzester Entfernung **II** *adv* *fire* aus kürzester Entfernung; *ask* rundheraus; *refuse* rundweg

pointed *adj* **1.** spitz **2.** *remark, comment, look* spitz; *reference* unverblümt; *question* gezielt; *absence, gesture* ostentativ; *that was rather ~* das war ziemlich deutlich **pointedly** *adv* *speak* spitz; *refer* unverblümt; *stay away* ostentativ **pointer** *n* **1.** (≈ *indicator*) Zeiger *m* **2.** (≈ *stick*) Zeigestock *m* **3.** IT Mauszeiger *m* **4.** (*fig*) Hinweis *m* **pointless** *adj* sinnlos; *it is ~ her going or for her to go* es ist sinnlos, dass sie geht; *a ~ exercise* eine sinnlose Angelegenheit **pointlessly** *adv* sinnlos **pointlessness** *n* Sinnlosigkeit *f*
poise I *n* **1.** (*of head, body*) Haltung *f*; (≈ *grace*) Grazie *f* **2.** (≈ *self-possession*) Selbstsicherheit *f* **II** *v/t* balancieren; *to hang ~d* (*bird, sword*) schweben; *the tiger was ~d ready to spring* der Tiger lauerte sprungbereit; *we sat ~d on the edge of our chairs* wir balancierten auf den Stuhlkanten **poised** *adj* **1.** (≈ *ready*) bereit; *to be ~ to do sth* bereit sein, etw zu tun; *to be ~ for sth* für etw bereit sein; *the enemy are ~ to attack* der Feind steht angriffsbereit; *he was ~ to become champion* er war auf dem besten Weg, die Meisterschaft zu gewinnen; *to be ~ on the brink of sth* am Rande von etw stehen **2.** (≈ *self-possessed*) selbstsicher

poison I *n* Gift *nt* **II** *v/t* vergiften; *atmosphere, rivers* verpesten; **to ~ sb's mind against sb** jdn gegen jdn aufstacheln **poisoned** *adj* vergiftet **poisoning** *n* Vergiftung *f*

poisonous *adj* giftig; **~ snake** Giftschlange *f* **poison-pen letter** *n* anonymer Brief

poke I *n* Stoß *m*; **to give sb/sth a ~** (*with stick*) jdn/etw stoßen; (*with finger*) jdn/etw stupsen **II** *v/t* **1.** (≈ *jab*) (*with stick*) stoßen; (*with finger*) stupsen; **to ~ the fire** das Feuer schüren; **he accidentally ~d me in the eye** er hat mir aus Versehen ins Auge gestoßen **2. to ~ one's finger into sth** seinen Finger in etw (*acc*) stecken; **he ~d his head round the door** er streckte seinen Kopf durch die Tür **3.** *hole* bohren **III** *v/i* **to ~ at sth** in etw (*dat*) stochern; **she ~d at her food with a fork** sie stocherte mit einer Gabel in ihrem Essen herum ♦ **poke about** (*Brit*) *or* **around** *v/i* **1.** (≈ *prod*) herumstochern **2.** (*infml* ≈ *nose about*) schnüffeln (*infml*) ♦ **poke out I** *v/i* vorstehen **II** *v/t sep* **1.** (≈ *extend*) hinausstrecken **2.** *he poked the dirt out with his fingers* er kratzte den Schmutz mit den Fingern heraus; **to poke sb's eye out** jdm ein Auge ausstechen

poker *n* CARDS Poker *nt* **poker-faced** *adj* mit einem Pokergesicht

poky *adj* (+*er*) (*pej*) winzig; **it's so ~ in here** es ist so eng hier

Poland *n* Polen *nt*

polar *adj* Polar-, polar **polar bear** *n* Eisbär *m* **polar circle** *n* Polarkreis *m* **polarize I** *v/t* polarisieren **II** *v/i* sich polarisieren

Polaroid® *n* (≈ *camera*) Polaroidkamera® *f*; (≈ *photograph*) Sofortbild *nt*

Pole *n* Pole *m*, Polin *f*

pole¹ *n* Stange *f*; (*for vaulting*) Stab *m*

pole² *n* GEOG, ASTRON, ELEC Pol *m*; **they are ~s apart** sie (*acc*) trennen Welten

polemical *adj* polemisch

pole position *n* MOTORING RACING Poleposition *f*; **to be or start in ~** aus der Poleposition starten **pole star** *n* Polarstern *m* **pole vault** *n* Stabhochsprung *m* **pole-vaulter** *n* Stabhochspringer(in) *m(f)*

police I *n* Polizei *f*; **to join the ~** zur Polizei gehen; **he is in the ~** er ist bei der Polizei; **hundreds of ~** Hunderte von Polizisten **II** *v/t* kontrollieren **police car** *n* Polizeiwagen *m* **police constable** *n* (*Br*) Polizist(in) *m(f)* **police dog** *n* Polizeihund *m* **police force** *n* Polizei *f* **police headquarters** *n sg or pl* Polizeipräsidium *nt*

policeman *n* Polizist *m* **police officer** *n* Polizeibeamte(r) *m/f(m)* **police presence** *n* Polizeiaufgebot *nt*

police station *n* (Polizei)wache *f*, Wachzimmer *nt* (*Aus*) **policewoman** *n* Polizistin *f* **policing** *n* Kontrolle *f*

policy¹ *n* **1.** Politik *f no pl*; (≈ *principle*) Grundsatz *m*; **our ~ on recruitment** unsere Einstellungspolitik; **a ~ of restricting immigration** eine Politik zur Einschränkung der Einwanderung; **a matter of ~** eine Grundsatzfrage; **your ~ should always be to give people a second chance** du solltest es dir zum Grundsatz machen, Menschen eine zweite Chance zu geben; **my ~ is to wait and see** meine Devise heißt abwarten **2.** (≈ *prudence*) Taktik *f*; **it was good/bad ~** das war (taktisch) klug/unklug

policy² *n* (*a.* **insurance policy**) (Versicherungs)police *f*; **to take out a ~** eine Versicherung abschließen

polio *n* Kinderlähmung *f*

Polish I *adj* polnisch **II** *n* LING Polnisch *nt*

polish I *n* **1.** (≈ *shoe polish*) Creme *f*; (≈ *floor polish*) Bohnerwachs *nt*; (≈ *furniture polish*) Politur *f*; (≈ *metal polish*) Poliermittel *nt*; (≈ *nail polish*) Lack *m* **2. to give sth a ~** etw polieren; *floor* etw bohnern **3.** (≈ *shine*) Glanz *m* **II** *v/t* (*lit*) polieren; *floor* bohnern ♦ **polish off** *v/t sep* (*infml*) *food* verputzen (*infml*) ♦ **polish up** *v/t sep* **1.** polieren **2.** (*fig*) *style, one's French* aufpolieren; *work* überarbeiten

polished *adj* **1.** *furniture* poliert; *floor* gebohnert **2.** *style etc* verfeinert; *performance* brillant

polite *adj* (+*er*) höflich; **to be ~ to sb** höflich zu jdm sein **politeness** *n* Höflichkeit *f*

political *adj* politisch **political asylum** *n* politisches Asyl; **he was granted ~** ihm wurde politisches Asyl gewährt **political correctness** *n* politische Korrektheit **politically** *adv* politisch **politically correct** *adj* politisch korrekt **politically incorrect** *adj* politisch inkorrekt **political party** *n* politische Partei **political pris-**

oner *n* politischer Gefangener, politische Gefangene
politician *n* Politiker(in) *m(f)*
politics *n* Politik *f*; (≈ *views*) politische Ansichten *pl*; **to go into** ~ in die Politik gehen; **interested in** ~ politisch interessiert; **office** ~ Bürorangeleien *pl*
polka *n* Polka *f* **polka dot I** *n* Tupfen *m* **II** *adj* getupft
poll I *n* **1.** (POL) (≈ *voting*) Abstimmung *f*; (≈ *election*) Wahl *f*; **a** ~ **was taken among the villagers** unter den Dorfbewohnern wurde abgestimmt; **they got 34% of the** ~ sie bekamen 34% der Stimmen **2.** ~**s** (≈ *election*) Wahl *f*; **to go to the** ~**s** zur Wahl gehen; **a crushing defeat at the** ~**s** eine vernichtende Wahlniederlage **3.** (≈ *opinion poll*) Umfrage *f*; **a telephone** ~ eine telefonische Abstimmung **II** *v/t* **1.** *votes* erhalten **2.** (*in opinion poll*) befragen
pollen *n* Pollen *m* **pollen count** *n* Pollenzahl *f* **pollinate** *v/t* bestäuben **pollination** *n* Bestäubung *f*
polling *n* Wahl *f* **polling booth** *n* Wahlkabine *f*; **polling card** *n* Wahlausweis *m* **polling day** *n* (*esp Br*) Wahltag *m* **polling station** *n* (*Br*) Wahllokal *nt*
poll tax *n* Kopfsteuer *f*
pollutant *n* Schadstoff *m*
pollute *v/t* verschmutzen; *atmosphere etc* verunreinigen **polluter** *n* Umweltverschmutzer(in) *m(f)*
pollution *n* (*of environment*) Umweltverschmutzung *f*; (*of atmosphere*) Verunreinigung *f*
polo *n* Polo *nt* **polo neck** (*Br*) **I** *n* (≈ *sweater*) Rollkragenpullover *m* **II** *adj* ~ **sweater** Rollkragenpullover *m*
poltergeist *n* Poltergeist *m*
polyester *n* Polyester *m*
polygamy *n* Polygamie *f*
polystyrene® **I** *n* Polystyrol *nt* **II** *adj* Polystyrol-
polysyllabic *adj* mehrsilbig
polytechnic *n* (*Br*) ≈ Polytechnikum *nt*; (*degree-awarding*) technische Hochschule
polythene *n* (*Br*) Polyäthylen *nt*; ~ **bag** Plastiktüte *f*
polyunsaturated *adj* mehrfach ungesättigt; ~ **fats** mehrfach ungesättigte Fettsäuren *pl*
pomegranate *n* Granatapfel *m*
Pomerania *n* Pommern *nt*

pomp *n* Pomp *m*
pompom *n* Troddel *f*
pomposity *n* (*of person*) Aufgeblasenheit *f*; (*of language*) Schwülstigkeit *f*
pompous *adj* *person* aufgeblasen; *language* schwülstig **pompously** *adv* *write, speak* schwülstig; *behave* aufgeblasen
poncy *adj* (+er) (*Br infml*) *walk, actor* tuntig (*infml*)
pond *n* Teich *m*
ponder I *v/t* nachdenken über (+acc) **II** *v/i* nachdenken (*on, over* über +acc)
ponderous *adj* schwerfällig
pong (*Br infml*) **I** *n* Gestank *m*; **there's a bit of a** ~ **in here** hier stinkts **II** *v/i* stinken
pony *n* Pony *nt* **ponytail** *n* Pferdeschwanz *m*; **she was wearing her hair in a** ~ sie trug einen Pferdeschwanz **pony trekking** *n* Ponyreiten *nt*
poo *n, v/i* (*baby talk*) = **pooh** II, III
pooch *n* (*infml*) Hündchen *nt*
poodle *n* Pudel *m*
poof(ter) *n* (*dated Br pej infml*) Schwule(r) *m* (*infml*)
pooh I *int* puh **II** *n* (*baby talk*) Aa *nt* (*baby talk*); **to do a** ~ Aa machen (*baby talk*) **III** *v/i* (*baby talk*) Aa machen (*baby talk*)
pool[1] *n* **1.** Teich *m* **2.** (*of rain*) Pfütze *f* **3.** (*of liquid*) Lache *f*; **a** ~ **of blood** eine Blutlache **4.** (≈ *swimming pool*) Swimmingpool *m*; (≈ *swimming baths*) Schwimmbad *nt*; **to go to the (swimming)** ~ ins Schwimmbad gehen
pool[2] **I** *n* **1.** (≈ *fund*) (gemeinsame) Kasse **2.** (≈ *typing pool*) Schreibzentrale *f* **3.** (≈ *car pool*) Fuhrpark *m* **4.** **pools** *pl* (*Br*) **the** ~**s** Toto *m or nt*; **to do the** ~**s** Toto spielen; **he won £1000 on the** ~**s** er hat £ 1000 im Toto gewonnen **5.** (≈ *form of snooker*) Poolbillard *nt* **II** *v/t* *resources* zusammenlegen; *efforts* vereinen (*elev*)
pool attendant *n* Bademeister(in) *m(f)*
pool hall *n* Billardzimmer *nt* **pool table** *n* Billardtisch *m*
poop *v/t* (*infml* ≈ *exhaust*) schlauchen (*infml*)
pooper scooper *n* (*infml*) Schaufel *f* für Hundekot
poor I *adj* (+er) **1.** arm; **to get** *or* **become** ~**er** verarmen; **he was now one thousand pounds** ~**er** er war nun um eintausend Pfund ärmer; ~ **relation** (*fig*) Sorgenkind *nt*; **you** ~ **(old) chap**

(*infml*) du armer Kerl (*infml*); ~ **you!** du Ärmste(r)!; **she's all alone,** ~ **woman** sie ist ganz allein, die arme Frau; ~ **things, they look cold** die Ärmsten, ihnen scheint kalt zu sein **2.** (≈ *not good*) schlecht; (≈ *meagre*) mangelhaft; *leadership* schwach; *a* ~ *substitute* ein armseliger Ersatz; *a* ~ *chance of success* schlechte Erfolgsaussichten *pl*; *that's* ~ *consolation* das ist ein schwacher Trost; **he has a** ~ **grasp of the subject** er beherrscht das Fach schlecht **II** *pl* **the** ~ die Armen *pl* **poorly I** *adv* **1.** arm; *furnished* ärmlich; ~ *off* schlecht gestellt **2.** (≈ *badly*) schlecht; ~*-attended* schlecht besucht; ~*-educated* ohne (ausreichende) Schulbildung; ~*-equipped* schlecht ausgerüstet; *to do* ~ (*at sth*) (in etw *dat*) schlecht abschneiden **II** *adj pred* (*Br* ≈ *ill*) krank; *to be or feel* ~ sich krank fühlen

pop[1] *n* (*esp US infml*) (≈ *father*) Papa *m* (*infml*)

pop[2] **I** *n* **1.** (≈ *sound*) Knall *m* **2.** (≈ *fizzy drink*) Limo *f* (*infml*) **II** *adv* **to go** ~ (*cork*) knallen; (*balloon*) platzen; ~*!* peng! **III** *v/t* **1.** *balloon* zum Platzen bringen **2.** (*infml* ≈ *put*) stecken; *to* ~ *a letter into the postbox* (*Br*) *or mailbox* (*US*) einen Brief einwerfen; *he* ~*ped his head round the door* er streckte den Kopf durch die Tür; *to* ~ *a jacket on* sich (*dat*) ein Jackett überziehen; *to* ~ *the question* einen (Heirats)antrag machen **IV** *v/i* (*infml*) **1.** (*cork*) knallen; (*balloon*) platzen; (*ears*) knacken; *his eyes were* ~*ping out of his head* ihm fielen fast die Augen aus dem Kopf (*infml*) **2.** *to* ~ *along/down to the baker's* schnell zum Bäcker laufen; *I'll just* ~ *upstairs* ich laufe mal eben nach oben; ~ *round sometime* komm doch mal auf einen Sprung bei mir vorbei (*infml*) ◆ **pop back** (*infml*) **I** *v/t sep* (schnell) zurücktun (*infml*); *pop it back in(to) the box* tu es wieder in die Schachtel **II** *v/i* schnell zurücklaufen ◆ **pop in** (*infml*) **I** *v/t sep* hineintun; *to pop sth in(to) sth* etw in etw (*acc*) stecken **II** *v/i* (≈ *visit*) auf einen Sprung vorbeikommen (*infml*); *to* ~ *for a short chat* auf einen kleinen Schwatz hereinschauen (*infml*); *we just popped into the pub* wir gingen kurz in die Kneipe; *just* ~ *any time* komm doch irgendwann mal vorbei

◆ **pop off** *v/i* (*Br infml* ≈ *go off*) verschwinden (*infml*) (*to* nach) ◆ **pop out** *v/i* (*infml*) **1.** (≈ *go out*) (schnell) rausgehen (*infml*); *he has just popped out for a beer* er ist schnell auf ein Bierchen gegangen (*infml*); *he has just popped out to the shops* er ist schnell zum Einkaufen gegangen **2.** (*eyes*) vorquellen ◆ **pop up** (*infml*) **I** *v/t sep head* hochstrecken **II** *v/i* **1.** (≈ *appear suddenly*) auftauchen; (*head*) hochschießen (*infml*) **2.** (≈ *come up*) (mal eben) raufkommen (*infml*); (≈ *go up*) (mal eben) raufgehen (*infml*)

pop concert *n* Popkonzert *nt* **popcorn** *n* Popcorn *nt*

Pope *n* Papst *m*

pop group *n* Popgruppe *f* **popgun** *n* Spielzeugpistole *f* **pop icon** *n* Popikone *f*, Popidol *nt*

pop music *n* Popmusik *f*

poppy *n* Mohn *m* **Poppy Day** *n* (*Br*) ≈ Volkstrauertag *m* **poppy seed** *n* Mohn *m*

Popsicle® *n* (*US*) Eis *nt* am Stiel

pop singer *n* Popsänger(in) *m(f)* **pop song** *n* Popsong *m* **pop star** *n* Popstar *m*

populace *n* Bevölkerung *f*; (≈ *masses*) breite Öffentlichkeit

popular *adj* **1.** (≈ *well-liked*) beliebt (*with* bei); *he was a very* ~ *choice* seine Wahl fand großen Anklang **2.** (≈ *for general public*) populär; *music* leicht; ~ *appeal* Massenappeal *m*; ~ *science* Populärwissenschaft *f* **3.** *belief* verbreitet; *contrary to* ~ *opinion* entgegen der landläufigen Meinung; *fruit teas are becoming increasingly* ~ Früchtetees erfreuen sich zunehmender Beliebtheit **4.** POL *support* des Volkes; *vote, demand* allgemein; ~ *uprising* Volksaufstand *m*; *by* ~ *request* auf allgemeinen Wunsch **popular culture** *n* Populärkultur *f* **popularity** *n* Beliebtheit *f*; *he'd do anything to win* ~ er würde alles tun, um sich beliebt zu machen; *the sport is growing in* ~ dieser Sport wird immer populärer **popularize** *v/t* **1.** (≈ *make well-liked*) populär machen **2.** (≈ *make understandable*) *science, ideas* popularisieren, popularisieren **popularly** *adv* allgemein; *he is* ~ *believed to be rich* er ist nach allgemeiner Ansicht reich; *to be* ~ *known as sb/sth* allgemeinhin als jd/etw bekannt sein

populate v/t (≈ inhabit) bevölkern; (≈ colonize) besiedeln; **~d by** bevölkert von; **this area is ~d mainly by immigrants** in diesem Stadtteil leben hauptsächlich Einwanderer; **densely ~d areas** dicht besiedelte Gebiete pl; **densely ~d cities** dicht bevölkerte Städte pl

population n (of region, country) Bevölkerung f; (of town) Bewohner pl; (≈ number of inhabitants) Bevölkerungszahl f; **the growing black ~ of London** die wachsende Zahl von Schwarzen in London **populous** adj country dicht besiedelt; town einwohnerstark

pop-up I adj book Hochklapp- (infml); **~ menu/window** IT Pop-up-Menü nt/Fenster nt **II** n IT Pop-up(-Menü) nt

porcelain I n Porzellan nt **II** adj Porzellan-

porch n (of house) Vorbau m; (US) Veranda f

porcupine n Stachelschwein nt

pore n Pore f; **in/from every ~** (fig) aus allen Poren ◆ **pore over** v/i +prep obj genau studieren; **to ~ one's books** über seinen Büchern hocken

pork n Schweinefleisch nt **pork chop** n Schweinskotelett nt **pork pie** n Schweinefleischpastete f **pork sausage** n Schweinswurst f **porky** (infml) **I** adj (+er) (≈ fat) fett **II** n Schwindelei f

porn (infml) **I** n Pornografie f; **soft ~** weicher Porno; **hard ~** harter Porno **II** adj pornografisch; **~ shop** Pornoladen m (infml) **porno** (infml) **I** n Porno m **II** adj Porno- **pornographic** adj, **pornographically** adv pornografisch **pornography** n Pornografie f

porous adj rock porös

porridge n (esp Br) Haferbrei m

port[1] n Hafen m; **~ of call** Halt m; **any ~ in a storm** (prov) in der Not frisst der Teufel Fliegen (prov)

port[2] n IT Port m

port[3] **I** n (NAUT, AVIAT ≈ left side) Backbord m **II** adj auf der Backbordseite

port[4] n (a. **port wine**) Portwein m

portable I adj **1.** computer tragbar; generator, toilets mobil; **easily ~** leicht zu tragen; **~ radio** Kofferradio nt **2.** software übertragbar **II** n (≈ computer, TV) Portable nt

portal n IT Portal n

porter n (of office etc) Pförtner(in) m(f); (≈ hospital porter) Assistent(in) m(f); (at hotel) Portier m, Portiersfrau f; RAIL Gepäckträger(in) m(f)

portfolio n **1.** (Akten)mappe f **2.** FIN Portefeuille nt **3.** (of artist) Kollektion f

porthole n Bullauge nt

portion n **1.** (≈ piece) Teil m; (of ticket) Abschnitt m; **my ~** mein Anteil m **2.** (of food) Portion f

portrait n Porträt nt; **to have one's ~ painted** sich malen lassen; **to paint a ~ of sb** jdn porträtieren **portrait painter** n Porträtmaler(in) m(f) **portray** v/t **1.** darstellen **2.** (≈ paint) malen **portrayal** n Darstellung f

Portugal n Portugal nt

Portuguese I adj portugiesisch; **he is** ~ er ist Portugiese **II** n Portugiese m, Portugiesin f; LING Portugiesisch nt

pose I n Haltung f **II** v/t **1.** question vortragen **2.** difficulties aufwerfen; threat darstellen **III** v/i **1.** (≈ model) posieren; **to ~ (in the) nude** für einen Akt posieren **2. to ~ as** sich ausgeben als **poser** n Angeber(in) m(f)

posh (infml) adj (+er) vornehm

position I n **1.** Platz m; (of microphone, statue etc) Standort m; (of town, house etc) Lage f; (of plane, ship, SPORTS) Position f; MIL Stellung f; **to be in/out of ~** an der richtigen/falschen Stelle sein; **what do you play?** auf welcher Position spielst du?; **he was in fourth ~** er lag auf dem vierten Platz **2.** (≈ posture) Haltung f; (in love-making) Stellung f; **in a sitting ~** sitzend **3.** (≈ standing) Position f; (≈ job) Stelle f; **a ~ of trust** eine Vertrauensstellung; **to be in a ~ of power** eine Machtposition innehaben **4.** (fig ≈ situation) Lage f; **to be in a ~ to do sth** in der Lage sein, etw zu tun **5.** (fig ≈ point of view) Standpunkt m; **what is the government's ~ on ...?** welchen Standpunkt vertritt die Regierung zu ...? **II** v/t microphone, guards aufstellen; soldiers postieren; IT cursor positionieren; **he ~ed himself where he could see her** er stellte/setzte sich so, dass er sie sehen konnte

positive I adj **1.** (≈ affirmative) positiv; criticism konstruktiv; ~ **pole** Pluspol m; **he is a very ~ person** er hat eine sehr positive Einstellung zum Leben; **to take ~ action** positive Schritte unternehmen

2. *evidence, answer* eindeutig; **to be ~ that ...** sicher sein, dass ...; **to be ~ about or of sth** sich (*dat*) einer Sache (*gen*) absolut sicher sein; **are you sure? — ~** bist du sicher? — ganz bestimmt; **this is a ~ disgrace** das ist wirklich eine Schande; **a ~ genius** ein wahres Genie **II** *adv* **1.** MED **to test~** einen positiven Befund haben **2. to think~** positiv denken **positive feedback** *n* **to get~** (*about sb/sth*) eine positive Rückmeldung (zu jdm/etw) erhalten **positively** *adv* **1.** (≈ *affirmatively*) positiv **2.** (≈ *definitely*) definitiv; **to test ~ for drugs** positiv auf Drogen getestet werden **3.** (≈ *absolutely*) wirklich; (*emph* ≈ *actively*) eindeutig; **Jane doesn't mind being photographed, she~ loves it** Jane hat nichts dagegen, fotografiert zu werden, im Gegenteil, sie hat es sehr gern

posse *n* (*US*) Aufgebot *nt*; (*fig*) Gruppe *f*

possess *v/t* besitzen; (*form*) *facts* verfügen über (+*acc*); **to be ~ed by demons** von Dämonen besessen sein; **like a man ~ed** wie ein Besessener; **whatever ~ed you to do that?** was ist bloß in Sie gefahren, so etwas zu tun?

possession *n* Besitz *m*; **to have sth in one's ~** etw in seinem Besitz haben; **to have/take ~ of sth** etw in Besitz haben/nehmen; **to get ~ of sth** in den Besitz von etw kommen; **to be in ~ of sth** im Besitz von etw sein; **all his ~s** sein gesamter Besitz **possessive I** *adj* (*of belongings*) eigen; *boyfriend* besitzergreifend; **to be ~ about sth** seine Besitzansprüche auf etw (*acc*) betonen **II** *n* GRAM Possessiv(um) *nt* **possessively** *adv* (*about things*) eigen; (*towards people*) besitzergreifend **possessiveness** *n* eigene Art (*about* mit); (*towards people*) besitzergreifende Art (*towards* gegenüber) **possessive pronoun** *n* GRAM Possessivpronomen *nt* **possessor** *n* Besitzer(in) *m(f)*

possibility *n* Möglichkeit *f*; **there's not much ~ of success** die Aussichten auf Erfolg sind nicht sehr groß; **the ~ of doing sth** die Möglichkeit, etw zu tun; **it's a distinct ~ that ...** es besteht eindeutig die Möglichkeit, dass ...; **there is a ~ that ...** es besteht die Möglichkeit, dass ...

possible I *adj* möglich; **anything is ~** möglich ist alles; **as soon as ~** so bald

wie möglich; **the best ~ ...** der/die/das bestmögliche ...; **if (at all) ~** falls (irgend) möglich; **it's just ~ that I'll see you before then** eventuell sehe ich dich vorher noch; **no ~ excuse** absolut keine Entschuldigung; **the only ~ choice, the only choice ~** die einzig mögliche Wahl; **it will be ~ for you to return the same day** Sie haben die Möglichkeit, am selben Tag zurückzukommen; **to make sth ~** etw ermöglichen; **to make it ~ for sb to do sth** es jdm ermöglichen, etw zu tun; **where ~** wo möglich; **wherever ~** wo immer möglich **II** *n* **he is a ~ for the English team** er kommt für die englische Mannschaft infrage **possibly** *adv* **1.** *I couldn't~ do that* das könnte ich unmöglich tun; **nobody could ~ tell the difference** es war unmöglich, einen Unterschied zu erkennen; **very** *or* **quite ~** durchaus möglich; **how could he~ have known that?** wie konnte er das nur wissen?; **he did all he ~ could** er tat, was er nur konnte; **I made myself as comfortable as I ~ could** ich habe es mir so bequem wie möglich gemacht; **if I ~ can** wenn ich irgend kann **2.** (≈ *perhaps*) vielleicht; **~ not** vielleicht nicht

post¹ I *n* (≈ *pole*) Pfosten *m*; (≈ *lamp post*) Pfahl *m*; (≈ *telegraph post*) Mast *m*; **a wooden ~** ein Holzpfahl *m*; **finishing ~** Zielpfosten *m* **II** *v/t* (≈ *display*; *a.* **post up**) anschlagen

post² I *n* **1.** (*Br* ≈ *job*) Stelle *f*; **to take up a ~** eine Stelle antreten; **to hold a ~** eine Stelle innehaben **2.** MIL Posten *m*; **a border ~** ein Grenzposten *m* **II** *v/t* (≈ *send*) versetzen; MIL abkommandieren

post³ I *n* (*Br* ≈ *mail*) Post *f*; **by ~** mit der Post; **it's in the ~** es ist in der Post; **to catch the~** (*person*) rechtzeitig zur Leerung kommen; **to miss the ~** (*person*) die Leerung verpassen; **there is no ~ today** (≈ *no delivery*) heute kommt keine Post; (≈ *no letters*) heute ist keine Post (für uns) gekommen; **has the ~ been?** war die Post schon da? **II** *v/t* **1.** (*Br* ≈ *put in the post*) aufgeben; (*in letterbox*) einwerfen; (≈ *send by post*) mit der Post schicken; (IT ≈ *by e-mail*) mailen; (*on internet*) posten; **I~ed it to you on Monday** ich habe es am Montag an Sie abgeschickt/gemailt **2. to keep sb ~ed** jdn auf dem Laufenden halten ◆ **post off** *v/t sep* abschicken

post- *pref* nach-; post-

postage *n* Porto *nt*; ~ **and packing** Porto und Verpackung; ~ **paid** Entgelt bezahlt **postage stamp** *n* Briefmarke *f*

postal *adj* Post- **postal address** *n* Postanschrift *f* **postal code** *n* (*Br*) Postleitzahl *f* **postal order** *n* (*Br*) ≈ Postanweisung *f* **postal service** *n* Postdienst *m* **postal vote** *n* **to have a** ~ per Briefwahl wählen **postal worker** *n* Postbeamte(r) *m*, Postbeamtin *f*

postbag *n* (*Br*) Postsack *m* **postbox** *n* (*Br*) Briefkasten *m*

postcard *n* Postkarte *f*; (**picture**) ~ Ansichtskarte *f* **post code** *n* (*Br*) Postleitzahl *f*

postdate *v/t* vordatieren **postedit** *v/t* & *v/i* IT redaktionell nachbearbeiten

poster *n* Plakat *nt*

posterior *n* (*hum*) Allerwerteste(r) *m* (*hum*)

posterity *n* die Nachwelt

post-free *adj*, *adv* portofrei **postgraduate I** *n* jd, der seine Studien nach dem ersten akademischen Grad weiterführt, Postgraduierte(r) *m/f(m)* **II** *adj* weiterführend; ~ **course** Anschlusskurs *m*; ~ **degree** zweiter akademischer Grad; ~ **student** Postgraduierte(r) *m/f(m)*

posthumous *adj*, **posthumously** *adv* post(h)um

posting *n* (≈ *transfer, assignment*) Versetzung *f*; **he's got a new** ~ er ist wieder versetzt worden

Post-it®, Post-it note *n* Post-it® *nt*, Haftnotiz *f*

postman *n* (*Br*) Briefträger *m* **postmark I** *n* Poststempel *m* **II** *v/t* (ab)stempeln; **the letter is** ~**ed "Birmingham"** der Brief ist in Birmingham abgestempelt

postmodern *adj* postmodern **postmodernism** *n* Postmodernismus *m* **postmortem** *n* (*a*. **postmortem examination**) Obduktion *f* **postnatal** *adj* nach der Geburt

post office *n* Postamt *nt*; **the Post Office** die Post®; ~ **box** Postfach *nt* **post-paid I** *adj* portofrei; *envelope* frankiert **II** *adv* portofrei

postpone *v/t* aufschieben; **it has been** ~**d till Tuesday** es ist auf Dienstag verschoben worden **postponement** *n* (≈ *act*) Verschiebung *f*; (≈ *result*) Aufschub *m* **postscript(um)** *n* (*to letter*) Postskriptum *nt*; (*to book etc*) Nachwort *nt*

posture I *n* Haltung *f*; (*pej*) Pose *f* **II** *v/i* sich in Positur *or* Pose werfen

post-war *adj* Nachkriegs-; ~ **era** Nachkriegszeit *f*

postwoman *n* (*esp Br*) Briefträgerin *f*

pot I *n* Topf *m*; (≈ *teapot*) Kanne *f*; **to go to** ~ (*infml*) (*person, business*) auf den Hund kommen (*infml*); (*plan, arrangement*) ins Wasser fallen (*infml*) **2.** (*infml*) **to have** ~**s of money** jede Menge Geld haben (*infml*) **3.** (*infml* ≈ *marijuana*) Pot *nt* (*sl*) **II** *v/t* **1.** *plant* eintopfen **2.** BILLIARDS *ball* einlochen

potassium *n* Kalium *nt*

potato *n, pl* **-es** Kartoffel *f*, Erdapfel *m* (*Aus*) **potato chip** *n* **1.** (*esp US*) = **potato crisp 2.** (*Br* ≈ *chip*) Pomme frite *m* **potato crisp** *n* (*Br*) Kartoffelchip *m* **potato masher** *n* Kartoffelstampfer *m* **potato peeler** *n* Kartoffelschäler *m* **potato salad** *n* Kartoffelsalat *m*

potbellied *adj* spitzbäuchig; (*through hunger*) blähbäuchig **potbelly** *n* (*from overeating*) Spitzbauch *m*; (*from malnutrition*) Blähbauch *m*

potency *n* (*of drug etc*) Stärke *f*; (*of image*) Schlagkraft *f* **potent** *adj* stark; *argument etc* durchschlagend; *reminder* beeindruckend

potential I *adj* potenziell **II** *n* Potenzial *nt*; ~ **for growth** Wachstumspotenzial *nt*; **to have** ~ ausbaufähig sein (*infml*); **he shows quite a bit of** ~ es steckt einiges in ihm; **to achieve or fulfil or realize one's** ~ die Grenze seiner Möglichkeiten verwirklichen; **to have great** ~ (**as/for**) große Möglichkeiten bergen (als/für); **to have the** ~ **to do sth** das Potenzial haben, um etw zu tun; **to have no/little** ~ kein/kaum Potenzial haben; **she has management** ~ sie hat das Zeug zur Managerin **potentially** *adv* potenziell; ~, **these problems are very serious** diese Probleme könnten sich als gravierend herausstellen

pothole *n* **1.** (*in road*) Schlagloch *nt* **2.** GEOL Höhle *f*

potion *n* Trank *m*

pot luck *n* **to take** ~ nehmen, was es gerade gibt; **we took** ~ **and went to the nearest pub** wir gingen aufs Geratewohl in die nächste Kneipe **pot plant** *n* Topfpflanze *f*

potpourri *n* (*lit*) Duftsträußchen *nt*

pot roast *n* Schmorbraten *m* **pot shot** *n*

to take a ~ at sb/sth aufs Geratewohl auf jdn/etw schießen

potted adj **1.** *meat* eingemacht; **~ plant** Topfpflanze f **2.** (≈ *shortened*) gekürzt

potter¹ n Töpfer(in) m(f)

potter², (*US also*) **putter** v/i (≈ *do jobs*) herumwerkeln; (≈ *wander*) herumschlendern; **she ~s away in the kitchen for hours** sie hantiert stundenlang in der Küche herum; **to ~ round the house** im Haus herumwerkeln; **to ~ round the shops** einen Geschäftebummel machen; **to ~ along the road** (*car, driver*) dahinzuckeln

pottery n (≈ *workshop, craft*) Töpferei f; (≈ *pots*) Töpferwaren pl; (*glazed*) Keramik f

potting compost n Pflanzerde f **potting shed** n Schuppen m

potty¹ n Töpfchen nt, Haferl nt (*Aus*); **~-trained** (*Br*) sauber

potty² adj (+er) (*Br infml* ≈ *mad*) verrückt; **to drive sb ~** jdn zum Wahnsinn treiben; **he's ~ about her** er ist verrückt nach ihr

pouch n Beutel m

poultice n Umschlag m

poultry n Geflügel nt **poultry farm** n Geflügelfarm f **poultry farmer** n Geflügelzüchter(in) m(f)

pounce I n Satz m **II** v/i (*cat etc*) einen Satz machen; **to ~ on sb/sth** sich auf jdn/etw stürzen

pound¹ n **1.** (≈ *weight*) ≈ Pfund nt; **two ~s of apples** zwei Pfund Äpfel; **by the ~** pfundweise **2.** (≈ *money*) Pfund nt; **five ~s** fünf Pfund

pound² **I** v/t **1.** (≈ *strike*) hämmern; *table* hämmern auf (+acc); *door* hämmern gegen; (*waves*) schlagen gegen; (*guns*) ununterbrochen beschießen **2.** (≈ *pulverize*) *corn etc* (zer)stampfen **II** v/i hämmern; (*heart*) (wild) pochen; (*waves*) schlagen (*on, against* gegen); (*drums*) dröhnen; (≈ *stamp*) stapfen ♦ **pound away** v/i hämmern; (*music, guns*) dröhnen; **he was pounding away at the typewriter** er hämmerte auf der Schreibmaschine herum

pound³ n (*for stray dogs*) städtischer Hundezwinger; (*esp Br: for cars*) Abstellplatz m (*für amtlich abgeschleppte Fahrzeuge*)

-pounder n suf -pfünder m; **quarter--pounder** Viertelpfünder m

pounding I n Hämmern nt; (*of heart*) Pochen nt; (*of music*) Dröhnen nt; (*of waves*) Schlagen nt; (*of feet etc*) Stampfen nt; (*of guns*) Bombardement nt; **the ship took a ~** das Schiff wurde stark mitgenommen **II** adj *heart* klopfend; *feet* trommelnd; *drums, waves* donnernd; *headache* pochend

pour I v/t *liquid* gießen; *sugar etc* schütten; *drink* eingießen; **to ~ sth for sb** jdm etw eingießen; **to ~ money into a project** Geld in ein Projekt pumpen (*infml*) **II** v/i **1.** strömen; **the sweat ~ed off him** der Schweiß floss in Strömen an ihm herunter; **it's ~ing (with rain)** es gießt (in Strömen), es schüttet (*infml*) **2.** (≈ *pour out tea etc*) eingießen; **this jug doesn't ~ well** dieser Krug gießt nicht gut ♦ **pour away** v/t sep weggießen ♦ **pour in** v/i hereinströmen; (*donations*) in Strömen eintreffen ♦ **pour out I** v/i herausströmen; (*of* aus); (*words*) herausprudeln (*of* aus) **II** v/t sep **1.** *liquid* ausgießen; *sugar etc* ausschütten; *drink* eingießen **2.** (*fig*) *feelings* sich (*dat*) von der Seele reden; **to ~ one's heart (to sb)** (jdm) sein Herz ausschütten

pouring adj **~ rain** strömender Regen, Schnürlregen m (*Aus*)

pout I n Schmollmund m **II** v/i **1.** einen Schmollmund machen **2.** (≈ *sulk*) schmollen

poverty n Armut f; **to be below the ~ line** unterhalb der Armutsgrenze leben **poverty-stricken** adj Not leidend; **to be ~** Armut leiden

POW abbr of **prisoner of war**

powder I n **1.** Pulver nt; (≈ *talcum powder etc*) Puder m **2.** (≈ *dust*) Staub m **II** v/t *face* pudern; **to ~ one's nose** (*euph*) kurz verschwinden (*euph*) **powdered** adj **1.** *face* gepudert **2.** (≈ *in powder form*) löslich; **~ sugar** (*US*) Puderzucker m, Staubzucker m (*Aus*) **powdered milk** n Milchpulver nt **powder keg** n Pulverfass nt **powder room** n Damentoilette f **powdery** adj **1.** (≈ *like powder*) pulvrig **2.** (≈ *crumbly*) bröckelig

power I n **1.** no pl (≈ *physical strength*) Kraft f; (≈ *force: of blow etc*) Stärke f, Wucht f; (*fig: of argument etc*) Überzeugungskraft f; **the ~ of love** die Macht der Liebe; **purchasing** or **spending ~** Kaufkraft f **2.** (≈ *faculty*) Vermögen nt no pl;

his **~s of hearing** sein Hörvermögen *nt*; **mental ~s** geistige Kräfte *pl* **3.** (≈ *capacity etc, nation*) Macht *f*; **he did everything in his ~** er tat alles, was in seiner Macht stand; **a naval ~** eine Seemacht **4.** (*no pl* ≈ *authority*) Macht *f*; (JUR, *parental*) Gewalt *f*; (*usu pl* ≈ *authorization*) Befugnis *f*; **he has the ~ to act** er ist handlungsberechtigt; **the ~ of the police** die Macht der Polizei; **to be in sb's ~** in jds Gewalt (*dat*) sein; **~ of attorney** JUR (Handlungs)vollmacht *f*; **the party in ~** die Partei, die an der Macht ist; **to fall from ~** abgesetzt werden; **to come into ~** an die Macht kommen; **I have no ~ over her** ich habe keine Gewalt über sie **5.** (≈ *person etc having authority*) Autorität *f*; **to be the ~ behind the throne** die graue Eminenz sein; **the ~s that be** (*infml*) die da oben (*infml*); **the ~s of evil** die Mächte des Bösen **6.** (*nuclear power etc*) Energie *f*; **they cut off the ~** (≈ *electricity*) sie haben den Strom abgestellt **7.** (*of machine*) Leistung *f*; **on full ~** bei voller Leistung **8.** MAT Potenz *f*; **to the ~ (of) 2** hoch 2 **9.** (*infml*) **that did me a ~ of good** das hat mir unheimlich gut getan (*infml*) **II** *v/t* (*engine*) antreiben; (*fuel*) betreiben; **~ed by electricity** mit Elektroantrieb ♦ **power down** *v/t sep* herunterfahren ♦ **power up** *v/i, v/t sep* starten

power-assisted *adj* AUTO, TECH Servo-; **~ steering** Servolenkung *f* **power base** *n* Machtbasis *f* **power cable** *n* Stromkabel *nt* **power cut** *n* Stromsperre *f*; (*accidental*) Stromausfall *m* **power drill** *n* Bohrmaschine *f* **power-driven** *adj* mit Motorantrieb **power failure** *n* Stromausfall *m*

powerful *adj* **1.** (≈ *influential*) mächtig **2.** (≈ *strong*) stark; *build, kick* kräftig; *swimmer, detergent* kraftvoll; *storm, smell* massiv **3.** (*fig*) *speaker* mitreißend; *film, performance* ausdrucksvoll; *argument* durchschlagend **powerfully** *adv* **1.** *influence* mächtig; **~ built** kräftig gebaut **2.** (*fig*) *speak* kraftvoll; **~ written** mitreißend geschrieben **powerhouse** *n* (*fig*) treibende Kraft (*behind* hinter +*dat*) **powerless** *adj* machtlos; **to be ~ to resist** nicht die Kraft haben, zu widerstehen; **the government is ~ to deal with inflation** die Regierung steht der Inflation machtlos gegenüber **power**

plant n = **power station** **power point** *n* ELEC Steckdose *f* **power politics** *pl* Machtpolitik *f* **power sharing** *n* POL Machtteilung *f*

power station *n* Kraftwerk *nt* **power steering** *n* AUTO Servolenkung *f* **power structure** *n* Machtstruktur *f* **power struggle** *n* Machtkampf *m* **power supply** *n* ELEC Stromversorgung *f* **power tool** *n* Elektrowerkzeug *nt*

PR *n abbr of* **public relations** PR *f*

practicability *n* Durchführbarkeit *f* **practicable** *adj* durchführbar

practical *adj* praktisch; **for (all) ~ purposes** in der Praxis; **to be of no ~ use** ohne (jeden) praktischen Nutzen sein **practicality** *n* **1.** *no pl* (*of scheme etc*) Durchführbarkeit *f* **2.** (≈ *practical detail*) praktisches Detail **practical joke** *n* Streich *m* **practical joker** *n* Witzbold *m* (*infml*) **practically** *adv* praktisch; **~ speaking** konkret gesagt

practice I *n* **1.** (≈ *custom*) (*of individual*) Gewohnheit *f*; (*of group*) Brauch *m*; (≈ *bad habit*) Unsitte *f*; (*in business*) Praktik *f*; **this is normal business ~** das ist im Geschäftsleben so üblich; **that's common ~** das ist allgemein üblich **2.** (≈ *exercise*) Übung *f*; (≈ *rehearsal*) Probe *f*; SPORTS Training *nt*; **~ makes perfect** (*prov*) Übung macht den Meister (*prov*); **this piece of music needs a lot of ~** für dieses (Musik)stück muss man viel üben; **to do 10 minutes' ~** 10 Minuten (lang) üben; **to be out of ~** aus der Übung sein; **to have a ~ session** üben; (≈ *rehearse*) Probe haben; SPORTS trainieren **3.** (≈ *not theory, of doctor etc*) Praxis *f*, Ordination *f* (*Aus*); **in ~** in der Praxis; **that won't work in ~** das lässt sich praktisch nicht durchführen; **to put sth into ~** etw in die Praxis umsetzen **II** *v/t & v/i* (*US*) = **practise practice teacher** *n* (*US* SCHOOL) Referendar(in) *m(f)*

practise, (*US*) **practice I** *v/t* **1.** üben; *song* proben; *self-denial* praktizieren; **to ~ the violin** Geige üben; **to ~ doing sth** etw üben; **I'm practising my German on him** ich probiere mein Deutsch an ihm aus **2.** *profession, religion* ausüben; **to ~ law** als Anwalt praktizieren **II** *v/i* **1.** (*to acquire skill*) üben **2.** (*doctor etc*) praktizieren **practising,** (*US*) **practicing** *adj* praktizierend

practitioner *n* (≈ *medical practitioner*)

praktischer Arzt, praktische Ärztin
pragmatic adj, **pragmatically** adv pragmatisch **pragmatism** n Pragmatismus m **pragmatist** n Pragmatiker(in) m(f)
Prague n Prag nt
prairie n Grassteppe f; (in North America) Prärie f
praise I v/t loben; **to ~ sb for having done sth** jdn dafür loben, etw getan zu haben **II** n Lob nt no pl; **a hymn of ~** eine Lobeshymne; **he made a speech in ~ of their efforts** er hielt eine Lobrede auf ihre Bemühungen; **to win ~** (person) Lob ernten; **I have nothing but ~ for him** ich kann ihn nur loben; **~ be!** Gott sei Dank! **praiseworthy** adj lobenswert
praline n Praline f mit Nuss-Karamellfüllung
pram n (Br) Kinderwagen m
prance v/i tänzeln; (≈ jump around) herumtanzen
prank n Streich m; **to play a ~ on sb** jdm einen Streich spielen **prankster** n Schelm(in) m(f)
prat n (Br infml) Trottel m (infml)
prattle I n Geplapper nt **II** v/i plappern
prawn n Garnele f
pray v/i beten; **to ~ for sb/sth** für jdn/um etw beten; **to ~ for sth** (≈ want it badly) stark auf etw (acc) hoffen
prayer n Gebet nt; (≈ service) Andacht f; **to say one's ~s** beten **prayer book** n Gebetbuch nt **prayer meeting** n Gebetsstunde f
preach I v/t predigen; **to ~ a sermon** eine Predigt halten; **to ~ the gospel** das Evangelium verkünden **II** v/i predigen; **to ~ to the converted** (prov) offene Türen einrennen **preacher** n Prediger(in) m(f) **preaching** n Predigen nt
prearrange v/t im Voraus vereinbaren **prearranged, pre-arranged** adj meeting im Voraus verabredet; location im Voraus bestimmt
precarious adj unsicher; situation prekär; **at a ~ angle** in einem gefährlich aussehenden Winkel **precariously** adv unsicher; **to be ~ balanced** auf der Kippe stehen; **~ perched on the edge of the table** gefährlich nahe am Tischrand
precaution n Vorsichtsmaßnahme f; **security ~s** Sicherheitsmaßnahmen pl; **fire ~s** Brandschutzmaßnahmen pl; **to take ~s against sth** Vorsichtsmaßnahmen pl gegen etw treffen; **do you take**

~s? (euph ≈ use contraception) nimmst du (irgend)etwas?; **to take the ~ of doing sth** vorsichtshalber etw tun **precautionary** adj Vorsichts-; **~ measure** Vorsichtsmaßnahme f
precede v/t vorangehen (+dat) **precedence** n (of person) vorrangige Stellung (over gegenüber); (of problem etc) Vorrang m (over vor +dat); **to take ~ over sb/sth** vor jdm/etw Vorrang haben; **to give ~ to sb/sth** jdm/einer Sache Vorrang geben **precedent** n Präzedenzfall m; **without ~** noch nie da gewesen; **to establish** or **create** or **set a ~** einen Präzedenzfall schaffen **preceding** adj vorhergehend
precinct n **1.** (Br) (≈ pedestrian precinct) Fußgängerzone f; (≈ shopping precinct) Einkaufsviertel nt; (US) (≈ police precinct) Revier nt **2.** **precincts** pl Umgebung f
precious I adj (≈ costly, rare) kostbar; (≈ treasured) wertvoll **II** adv (infml) **~ little/few** herzlich wenig/wenige (infml); **~ little else** herzlich wenig sonst **precious metal** n Edelmetall nt **precious stone** n Edelstein m
precipice n Abgrund m
precipitate v/t (≈ hasten) beschleunigen
precipitation n **1.** METEO Niederschlag m **2.** (≈ haste) Hast f, Eile f
precise adj genau; (≈ meticulous) präzise; **at that ~ moment** genau in dem Augenblick; **please be more ~** drücken Sie sich bitte etwas genauer aus; **18, to be ~** 18, um genau zu sein; **or, to be more ~, ...** oder, um es genauer zu sagen, ... **precisely** adv genau; **at ~ 7 o'clock**, **at 7 o'clock ~** Punkt 7 Uhr; **that is ~ why I don't want it** genau deshalb will ich es nicht; **or more ~ ...** oder genauer ... **precision** n Genauigkeit f
preclude v/t ausschließen
precocious adj frühreif
preconceived adj vorgefasst; **to have ~ ideas about sth** eine vorgefasste Meinung zu etw haben **preconception** n vorgefasste Meinung
precondition n (Vor)bedingung f
precook v/t vorkochen
precursor n Vorläufer(in) m(f); (≈ herald) Vorbote m, Vorbotin f
predate v/t (≈ precede) zeitlich vorangehen (+dat); cheque zurückdatieren
predator n Raubtier nt **predatory** adj be-

haviour räuberisch

predecessor *n* (≈ *person*) Vorgänger(in) *m(f)*; (≈ *thing*) Vorläufer(in) *m(f)*

predestine *v/t* prädestinieren

predetermined *adj outcome* im Voraus festgelegt; *position* vorherbestimmt

predicament *n* Dilemma *nt*

predict *v/t* vorhersagen **predictability** *n* Vorhersagbarkeit *f* **predictable** *adj reaction* vorhersagbar; *person* durchschaubar; **to be ~** vorhersagbar sein; **you're so ~** man weiß doch genau, wie Sie reagieren **predictably** *adv react* vorhersagbar; **~ (enough), he was late** wie vorauszusehen, kam er zu spät **prediction** *n* Prophezeiung *f*

predispose *v/t* geneigt machen; **to ~ sb toward(s) sb/sth** jdn für jdn/etw einnehmen **predisposition** *n* Neigung *f* (*to* zu)

predominance *n* Überwiegen *nt*; **the ~ of women in the office** die weibliche Überzahl im Büro **predominant** *adj idea* vorherrschend; *person, animal* beherrschend **predominantly** *adv* überwiegend **predominate** *v/i* (*in numbers*) vorherrschen; (*in influence etc*) überwiegen

pre-election *adj* vor der Wahl (durchgeführt); **~ promise** Wahlversprechen *nt*

pre-eminent *adj* überragend

pre-empt *v/t* zuvorkommen (+*dat*) **pre-emptive** *adj* präventiv, Präventiv-; **~ attack** Präventivschlag *m*; **~ right** (*US FIN*) Vorkaufsrecht *nt*

preen I *v/t* putzen **II** *v/i* (*bird*) sich putzen **III** *v/r* **to ~ oneself** (*bird*) sich putzen

pre-existent *adj* vorher vorhanden

prefabricated *adj* vorgefertigt; **~ building** Fertighaus *nt*

preface *n* Vorwort *nt*

prefect *n* (*Br* SCHOOL) Aufsichtsschüler(in) *m(f)*

prefer *v/t* (≈ *like better*) vorziehen (*to* Dat); (≈ *be more fond of*) lieber haben (*to* als); **he ~s coffee to tea** er trinkt lieber Kaffee als Tee; **I ~ it that way** es ist mir lieber so; **which (of them) do you ~?** (*of people*) wen ziehen Sie vor?; (*emotionally*) wen mögen Sie lieber?; (*of things*) welche(n, s) finden Sie besser?; **to ~ to do sth** etw lieber tun; **I ~ not to say** ich sage es lieber nicht; **would you ~ me to drive?** soll ich lieber fahren?; **I would ~ you to do it today** *or that*

you did it today mir wäre es lieber, wenn Sie es heute täten **preferable** *adj* **X is ~ to Y** X ist Y (*dat*) vorzuziehen; **anything would be ~ to sharing a flat with Sophie** alles wäre besser, als mit Sophie zusammen wohnen zu müssen; **it would be ~ to do it that way** es wäre besser, es so zu machen; **infinitely ~** hundertmal besser **preferably** *adv* am liebsten; **tea or coffee? — coffee, ~** Tee oder Kaffee? — lieber Kaffee; **but ~ not Tuesday** aber, wenn möglich, nicht Dienstag **preference** *n* **1.** (≈ *liking*) Vorliebe *f*; **just state your ~** nennen Sie einfach Ihre Wünsche; **I have no ~** mir ist das eigentlich gleich **2. to give ~ to sb/sth** jdn/etw bevorzugen (*over* gegenüber) **preferential** *adj* bevorzugt; **to give sb ~ treatment** jdn bevorzugt behandeln; **to get ~ treatment** eine Vorzugsbehandlung bekommen

prefix *n* GRAM Präfix *nt*

pregnancy *n* Schwangerschaft *f*; (*of animal*) Trächtigkeit *f* **pregnancy test** *n* Schwangerschaftstest *m* **pregnant** *adj* **1.** *woman* schwanger; *animal* trächtig; **3 months ~** im vierten Monat schwanger; **Gill was ~ by her new boyfriend** Gill war von ihrem neuen Freund schwanger; **to become** *or* **get ~** (*woman*) schwanger werden **2.** (*fig*) *pause* bedeutungsschwer

preheat *v/t* vorheizen

prehistoric *adj* prähistorisch **prehistory** *n* Vorgeschichte *f*

prejudge *v/t* im Voraus beurteilen; (*negatively*) im Voraus verurteilen

prejudice I *n* Vorurteil *nt*; **his ~ against ...** seine Voreingenommenheit gegen ...; **to have a ~ against sb/sth** gegen jdn/etw voreingenommen sein; **racial ~** Rassenvorurteile *pl* **II** *v/t* beeinflussen **prejudiced** *adj person* voreingenommen (*against* gegen); **to be ~ in favour of sb/sth** für jdn/etw voreingenommen sein; **to be racially ~** Rassenvorurteile haben

preliminary I *adj measures* vorbereitend; *report, tests* vorläufig; *stage* früh; **~ hearing** (*US* JUR) gerichtliche Voruntersuchung; **~ round** Vorrunde *f* **II** *n* (≈ *preparatory measure*) Vorbereitung *f*; SPORTS Vorspiel *nt*; **preliminaries** *pl* Präliminarien *pl* (*elev*, JUR); SPORTS Vorrunde *f* **preliminary hearing** *n* JUR Voruntersuchung *f*

prelude *n* (*fig*) Auftakt *m*

premarital *adj* vorehelich

premature *adj* vorzeitig; *action* verfrüht; *the baby was three weeks ~* das Baby wurde drei Wochen zu früh geboren; *~ baby* Frühgeburt *f*; *~ ejaculation* vorzeitiger Samenerguss **prematurely** *adv* vorzeitig; *act* voreilig; *he was born ~* er war eine Frühgeburt

premeditated *adj* vorsätzlich

premenstrual syndrome, premenstrual tension *n* (*esp Br*) prämenstruelles Syndrom

premier I *adj* führend **II** *n* Premierminister(in) *m(f)*

première I *n* Premiere *f* **II** *v/t* uraufführen

Premier League, Premiership *n* FTBL Erste Liga

premise *n* **1.** *esp* LOGIC Voraussetzung *f* **2. premises** *pl* (*of factory etc*) Gelände *nt*; (≈ *building*) Gebäude *nt*; (≈ *shop*) Räumlichkeiten *pl*; *business ~s* Geschäftsräume *pl*; *that's not allowed on these ~s* das ist hier nicht erlaubt

premium I *n* (≈ *bonus*) Bonus *m*; (≈ *surcharge*) Zuschlag *m*; (≈ *insurance premium*) Prämie *f* **II** *adj* **1.** (≈ *top-quality*) erstklassig; *~ petrol* (*Br*) *or gas* (*US*) Superbenzin *nt* **2. ~ price** Höchstpreis *m*; *callers are charged a ~ rate of £1.50 a minute* Anrufern wird ein Höchsttarif von £ 1,50 pro Minute berechnet **premium-rate** *adj* TEL zum Höchsttarif

premonition *n* **1.** (≈ *presentiment*) (böse) Vorahnung *f* **2.** (≈ *forewarning*) Vorwarnung *f*

prenatal *adj* pränatal

preoccupation *n her ~ with making money was such that …* sie war so sehr mit dem Geldverdienen beschäftigt, dass …; *that was his main ~* das war sein Hauptanliegen **preoccupied** *adj* gedankenverloren; *to be ~ with sth* nur an etw (*acc*) denken; *he has been (looking) rather ~ recently* er sieht in letzter Zeit so aus, als beschäftige ihn etwas **preoccupy** *v/t* (stark) beschäftigen

prepackaged, prepacked *adj* abgepackt

prepaid I *past part of* **prepay II** *adj goods* vorausbezahlt; *envelope* freigemacht; *~ mobile phone* Handy *nt* (*mit im Voraus entrichteter Grundgebühr*)

preparation *n* Vorbereitung *f*; (*of meal etc*) Zubereitung *f*; *in ~ for sth* als Vorbereitung für etw; *~s for war/a journey* Kriegs-/Reisevorbereitungen *pl*; *to make ~s* Vorbereitungen treffen **preparatory** *adj* vorbereitend; *~ work* Vorbereitungsarbeit *f*

prepare I *v/t* vorbereiten (*sb for sth* jdn auf etw *acc*, *sth for sth* etw für etw); *meal* zubereiten; *room* zurechtmachen; *~ yourself for a shock!* mach dich auf einen Schock gefasst! **II** *v/i to ~ for sth* sich auf etw (*acc*) vorbereiten; *the country is preparing for war* das Land trifft Kriegsvorbereitungen; *to ~ to do sth* Anstalten machen, etw zu tun **prepared** *adj* **1.** (*a.* **ready prepared**) vorbereitet (*for* auf +*acc*); *~ meal* Fertiggericht *nt*; *~ for war* bereit zum Krieg **2.** (≈ *willing*) *to be ~ to do sth* bereit sein, etw zu tun

prepay *pret*, *past part* **prepaid** *v/t* im Voraus bezahlen

pre-pay *adj attr* im Voraus zahlbar

preponderance *n* Übergewicht *nt*

preposition *n* Präposition *f*

prepossessing *adj* einnehmend

preposterous *adj* grotesk

preprinted *adj* vorgedruckt

preprogram *v/t* vorprogrammieren

prerecord *v/t* vorher aufzeichnen

prerequisite *n* Vorbedingung *f*

prerogative *n* Vorrecht *nt*

Presbyterian I *adj* presbyterianisch **II** *n* Presbyterianer(in) *m(f)*

preschool *adj attr* vorschulisch; *of ~ age* im Vorschulalter; *~ education* Vorschulerziehung *f*

prescribe *v/t* **1.** (≈ *order*) vorschreiben **2.** MED verschreiben (*sth for sb* jdm etw) **prescription** *n* MED Rezept *nt*; *on ~* auf Rezept **prescription charge** *n* Rezeptgebühr *f* **prescription drugs** *pl* verschreibungspflichtige Medikamente *pl*

preseason *adj* SPORTS vor der Saison

preselect *v/t* vorher auswählen

presence *n* **1.** Anwesenheit *f*; *in sb's ~, in the ~ of sb* in jds (*dat*) Anwesenheit; *to make one's ~ felt* sich bemerkbar machen; *a police ~* Polizeipräsenz *f* **2.** (≈ *bearing*) Auftreten *nt*; (*a.* **stage presence**) Ausstrahlung *f* **presence of mind** *n* Geistesgegenwart *f*

present[1] **I** *adj* **1.** (≈ *in attendance*) anwesend; *to be ~* anwesend sein; *all those ~* alle Anwesenden **2.** (≈ *existing in sth*) vorhanden **3.** (≈ *at the present time*) gegenwärtig; *year etc* laufend; *at the ~ mo-ment* zum gegenwärtigen Zeitpunkt; *the ~ day* (≈ *nowadays*) heutzutage; *un-til the ~ day* bis zum heutigen Tag; *in the ~ circumstances* unter den gegenwärtigen Umständen **4.** GRAM *in the ~ tense* im Präsens; *~ participle* Partizip *nt* Präsens **II** *n* **1.** Gegenwart *f*; *at ~* zurzeit; *up to the ~* bis jetzt; *there's no time like the ~* (*prov*) was du heute kannst besorgen, das verschiebe nicht auf morgen (*prov*); *that will be all for the ~* das ist vorläufig alles **2.** GRAM Präsens *nt*; *~ continuous* erweitertes Präsens

present² **I** *n* (≈ *gift*) Geschenk *nt*; *I got it as a ~* das habe ich geschenkt bekommen **II** *v/t* **1.** *to ~ sb with sth*, *to ~ sth to sb* jdm etw übergeben; (*as a gift*) jdm etw schenken **2.** (≈ *put forward*) vorlegen **3.** *opportunity* bieten; *his ac-tion ~ed us with a problem* seine Tat stellte uns vor ein Problem **4.** RADIO, TV präsentieren; THEAT aufführen; (*com-mentator*) moderieren **5.** (≈ *introduce*) vorstellen; *to ~ Mr X to Miss Y* Herrn X Fräulein Y (*dat*) vorstellen; *may I ~ Mr X?* (*form*) erlauben Sie mir, Herrn X vorzustellen (*form*) **III** *v/r* (*opportu-nity etc*) sich ergeben; *he was asked to ~ himself for interview* er wurde gebeten, zu einem Vorstellungsgespräch zu erscheinen **presentable** *adj* präsentabel; *to look ~* (*person*) präsentabel aussehen; *to make oneself ~* sich zurechtmachen **presentation** *n* **1.** (*of gift etc*) Überreichung *f*; (*of prize*) Verleihung *f*; (≈ *ceremony*) Verleihung(szeremonie) *f*; *to make the ~* die Preise/Auszeichnung *etc* verleihen **2.** (*of report etc*) Vorlage; (JUR, *of evidence*) Darlegung *f* **3.** (≈ *manner of presenting*) Darbietung *f* **4.** THEAT Inszenierung *f*; TV, RADIO Produktion *f*

present-day *adj attr* heutig; *~ Britain* das heutige Großbritannien

presenter *n* (*esp Br*: TV, RADIO) Moderator(in) *m(f)*

presently *adv* **1.** (≈ *soon*) bald **2.** (≈ *at present*) derzeit

preservation *n* **1.** (≈ *maintaining*) Erhaltung *f* **2.** (*to prevent decay*) Konservierung *f*; *to be in a good state of ~* gut erhalten sein **preservative** *n* Konservierungsmittel *nt* **preserve I** *v/t* **1.** erhalten; *dignity* wahren; *memory* aufrechterhal-

ten **2.** (*from decay*) konservieren; *wood* schützen **II** *n* **1.** **preserves** *pl* COOK Eingemachtes *nt*; *peach ~* Pfirsichmarmelade *f* **2.** (≈ *domain*) Ressort *nt*; *this was once the ~ of the wealthy* dies war einst eine Domäne der Reichen **preserved** *adj* **1.** *food* konserviert **2.** (≈ *conserved*) erhalten; *well-~* gut erhalten

preset *pret, past part* **preset** *v/t* vorher einstellen

preside *v/i* (*at meeting etc*) den Vorsitz haben (*at bei*); *to ~ over an organization etc* eine Organisation *etc* leiten

presidency *n* Präsidentschaft *f*

president *n* Präsident(in) *m(f)*; (*esp US: of company*) Aufsichtsratsvorsitzende(r) *m/f(m)* **presidential** *adj* POL des Präsidenten **presidential campaign** *n* Präsidentschaftskampagne *f* **presidential candidate** *n* Präsidentschaftskandidat(in) *m(f)* **presidential election** *n* Präsidentenwahl *f*

press I *n* **1.** (≈ *machine, newspapers etc*) Presse *f*; *to get a bad ~* eine schlechte Presse bekommen **2.** TYPO (Drucker)-presse; *to go to ~* in Druck gehen **3.** (≈ *push*) Druck *m* **II** *v/t* **1.** (≈ *push, squeeze*) drücken (*to* an +*acc*); *button, pedal* drücken auf (+*acc*) **2.** (≈ *iron*) bügeln, glätten (*Swiss*) **3.** (≈ *urge*) bedrängen; *to ~ sb hard* jdm (hart) zusetzen; *to ~ sb for an answer* auf jds Antwort (*acc*) drängen; *to be ~ed for time* unter Zeitdruck stehen **III** *v/i* **1.** (≈ *exert pressure*) drücken **2.** (≈ *urge*) drängen (*for* auf +*acc*) **3.** (≈ *move*) sich drängen; *to ~ ahead* (*with sth*) (*fig*) (mit etw) weitermachen ◆ **press on** *v/i* weitermachen; (*with journey*) weiterfahren

press agency *n* Presseagentur *f* **press box** *n* Pressetribüne *f* **press conference** *n* Pressekonferenz *f* **press cutting** *n* (*esp Br, from newspaper*) Zeitungsausschnitt *m* **press-gang** *v/t* (*esp Br infml*) *to ~ sb into* (*doing*) *sth* jdn drängen, etw zu tun **pressing** *adj issue* brennend; *task* dringend **press office** *n* Pressestelle *f* **press officer** *n* Pressesprecher(in) *m(f)* **press photographer** *n* Pressefotograf(in) *m(f)* **press release** *n* Pressemitteilung *f* **press stud** *n* (*Br*) Druckknopf *m* **press-up** *n* (*Br*) Liegestütz *m*

pressure *n* Druck *m*; *at high/full ~* unter Hochdruck; *parental ~* Druck vonseiten der Eltern; **to be under**~ **to do sth** unter Druck (*dat*) stehen, etw zu tun; **to be under**~ **from sb** von jdm gedrängt werden; **to put**~ **on sb** jdn unter Druck (*dat*) setzen; **the**~**s of modern life** die Belastungen *pl* des modernen Lebens **pressure cooker** *n* Schnellkochtopf *m* **pressure gauge** *n* Manometer *nt* **pressure group** *n* Pressuregroup *f* **pressurize** *v/t* **1.** *cabin* auf Normaldruck halten **2. to**~ **sb into doing sth** jdn so unter Druck setzen, dass er schließlich etw tut **pressurized** *adj* **1.** *container* mit Druckausgleich **2.** *gas* komprimiert **3. to feel**~ sich unter Druck (gesetzt) fühlen; **to feel**~ **into doing sth** sich dazu gedrängt fühlen, etw zu tun

prestige *n* Prestige *nt* **prestigious** *adj* Prestige-; **to be**~ Prestigewert haben

presumably *adv* vermutlich; ~ **he'll come later** er wird voraussichtlich später kommen **presume I** *v/t* vermuten; ~**d dead** mutmaßlich verstorben; **to be**~**d innocent** als unschuldig gelten; **he is**~**d to be living in Spain** es wird vermutet, dass er in Spanien lebt **II** *v/i* **1.** (≈ *suppose*) vermuten **2.** (≈ *be presumptuous*) **I didn't want to**~ ich wollte nicht aufdringlich sein **presumption** *n* (≈ *assumption*) Vermutung *f* **presumptuous** *adj* anmaßend; **it would be**~ **of me to ...** es wäre eine Anmaßung von mir, zu ...

presuppose *v/t* voraussetzen

pre-tax *adj* unversteuert; ~ **profit** Gewinn *m* vor Abzug der Steuer

pretence, (*US*) **pretense** *n* **it's all a**~ das ist alles nur gespielt **1.** (≈ *feigning*) Heuchelei *f*; **to make a**~ **of doing sth** so tun, als ob man etw tut **2.** (≈ *pretext*) Vorwand *m*; **on** *or* **under the**~ **of doing sth** unter dem Vorwand, etw zu tun **pretend I** *v/t* so tun, als ob; (≈ *feign*) vorgeben; **to**~ **to be interested** so tun, als ob man interessiert wäre; **to**~ **to be sick** eine Krankheit vortäuschen; **to**~ **to be asleep** sich schlafend stellen **II** *v/i* so tun, als ob; (≈ *keep up facade*) sich verstellen; **he is only**~**ing** er tut nur so (als ob); **let's stop**~**ing** hören wir auf, uns (*dat*) etwas vorzumachen

pretension *n* (≈ *claim*) Anspruch *m* **pretentious** *adj* anmaßend; *style, book* hochtrabend **pretentiously** *adv* say hochtrabend **pretentiousness** *n* Anmaßung *f*

preterite I *adj* **the**~ **tense** das Imperfekt **II** *n* Imperfekt *nt*

pretext *n* Vorwand *m*; **on** *or* **under the**~ **of doing sth** unter dem Vorwand, etw zu tun

prettily *adv* nett **prettiness** *n* hübsches Aussehen; (*of place*) Schönheit *f* **pretty I** *adj* (+*er*) **1.** nett, fesch (*Aus*); *speech* artig; **to be**~ hübsch sein; **she's not just a**~ **face!** (*infml*) sie hat auch Köpfchen!; **it wasn't a**~ **sight** das war kein schöner Anblick **2.** (*infml*) hübsch; **it'll cost a**~ **penny** das wird eine schöne Stange Geld kosten (*infml*) **II** *adv* (≈ *rather*) ziemlich; ~ **well finished** so gut wie fertig (*infml*); **how's the patient?** — ~ **much the same** was macht der Patient? — immer noch so ziemlich gleich

prevail *v/i* **1.** (≈ *gain mastery*) sich durchsetzen (*over*, *against* gegenüber) **2.** (≈ *be widespread*) weitverbreitet sein **prevailing** *adj* *conditions* derzeitig; *opinion*, *wind* vorherrschend **prevalence** *n* Vorherrschen *nt*; (*of disease*) Häufigkeit *f* **prevalent** *adj* vorherrschend; *opinion*, *disease* weitverbreitet; *conditions* herrschend

prevent *v/t* verhindern; *disease* vorbeugen (+*dat*); **to**~ **sb (from) doing sth** jdn daran hindern, etw zu tun; **the gate is there to**~ **them from falling down the stairs** das Gitter ist dazu da, dass sie nicht die Treppe hinunterfallen; **to**~ **sb from coming** jdn am Kommen hindern; **to**~ **sth (from) happening** verhindern, dass etw geschieht **preventable** *adj* vermeidbar **prevention** *n* Verhinderung *f*; (*of disease*) Vorbeugung *f* (*of* gegen) **preventive** *adj* präventiv

preview I *n* **1.** (*of film*) Vorpremiere *f*; (*of exhibition*) Vorbesichtigung *f*; **to give sb a**~ **of sth** (*fig*) jdm eine Vorschau auf etw (*acc*) geben **2.** (FILM, TV ≈ *trailer*) Vorschau *f* (*of* auf +*acc*) **II** *v/t* (≈ *view beforehand*) vorher ansehen; (≈ *show beforehand*) vorher aufführen

previous *adj* vorherig; *page, day* vorhergehend; **the**~ **page/year** die Seite / das Jahr davor; **the/a**~ **holder of the title** der vorherige / ein früherer Titelträger; **in**~ **years** in früheren Jahren; **he's already been the target of two**~ **attacks** er war schon das Opfer von zwei früheren Angriffen; **on a**~ **occasion** bei einer früheren Gelegenheit; **I have a**~ **en-**

gagement ich habe schon einen Termin; *no ~ experience necessary* Vorkenntnisse (sind) nicht erforderlich; *to have a ~ conviction* vorbestraft sein; *~ owner* Vorbesitzer(in) *m(f)* **previously** *adv* vorher

pre-war *adj* Vorkriegs-

prey I *n* Beute *f*; *bird of ~* Raubvogel *m*; *to fall ~ to sb/sth* (*fig*) ein Opfer von jdm/etw werden **II** *v/i to ~ (up)on* (*animals*) Beute machen auf (+*acc*); (*swindler etc*) als Opfer aussuchen; (*doubts*) nagen an (+*dat*); *it ~ed (up)on his mind* es ließ ihn nicht los

price I *n* **1.** Preis *m*; *the ~ of coffee* die Kaffeepreise *pl*; *to go up or rise/to go down or fall in ~* teurer/billiger werden; *they range in ~ from £10 to £30* die Preise dafür bewegen sich zwischen £ 10 und £ 30; *what is the ~ of that?* was kostet das?; *at a ~* zum entsprechenden Preis; *the ~ of victory* der Preis des Sieges; *but at what ~!* aber zu welchem Preis!; *not at any ~* um keinen Preis; *to put a ~ on sth* einen Preis für etw nennen **2.** (BETTING ≈ *odds*) Quote *f* **II** *v/t* (≈ *fix price of*) den Preis festsetzen von; (≈ *put price label on*) auszeichnen (*at mit*); *it was ~d at £5* (≈ *marked £5*) es war mit £ 5 ausgezeichnet; (≈ *cost £5*) es kostete £ 5; *tickets ~d at £20* Karten zum Preis von £ 20; *reasonably ~d* angemessen im Preis **price bracket** *n* = *price range* **price cut** *n* Preissenkung *f* **price increase** *n* Preiserhöhung *f* **priceless** *adj* unschätzbar; (*infml*) (*joke*) köstlich; (*person*) unbezahlbar **price limit** *n* Preisgrenze *f* **price list** *n* Preisliste *f* **price range** *n* Preisklasse *f* **price rise** *n* Preiserhöhung *f* **price tag** *n* Preisschild *nt* **price war** *n* Preiskrieg *m* **pricey** *adj* (*infml*) kostspielig **pricing** *n* Preisgestaltung *f*

prick I *n* **1.** Stich *m*; *~ of conscience* Gewissensbisse *pl* **2.** (*sl* ≈ *penis*) Schwanz *m* (*sl*) **3.** (*sl* ≈ *person*) Arsch *m* (*vulg*) **II** *v/t* stechen; *to ~ one's finger* sich (*dat*) in den Finger stechen; *to ~ one's finger (on sth)* sich (*dat*) (an etw *dat*) den Finger stechen; *she ~ed his conscience* sie bereitete ihm Gewissensbisse ♦ **prick up** *v/t sep to ~ its/one's ears* die Ohren spitzen

prickle I *n* **1.** (≈ *sharp point*) Stachel *m* **2.** (≈ *sensation*) Stechen *nt*; (≈ *tingle*) Pri-

ckeln *nt* **II** *v/i* stechen; (≈ *tingle*) prickeln

prickly *adj* (+*er*) **1.** *plant, animal* stach(e)lig; *sensation* stechend; (≈ *tingling*) prickelnd **2.** (*fig*) *person* bissig

pride I *n* Stolz *m*; (≈ *arrogance*) Hochmut *m*; *to take (a) ~ in sth* auf etw (*acc*) stolz sein; *to take (a) ~ in one's appearance* Wert auf sein Äußeres legen; *her ~ and joy* ihr ganzer Stolz; *to have or take ~ of place* den Ehrenplatz einnehmen **II** *v/r to ~ oneself on sth* sich einer Sache (*gen*) rühmen

priest *n* Priester(in) *m(f)* **priestess** *n* Priesterin *f*

prim *adj* (+*er*) (*a*. **prim and proper**) etepetete *pred* (*infml*); *woman, manner* steif

primaeval *adj* = *primeval* **primal** *adj* ursprünglich, Ur-

primarily *adv* hauptsächlich **primary I** *adj* Haupt-; *our ~ concern* unser Hauptanliegen; *of ~ importance* von größter Bedeutung **II** *n* **1.** (*esp Br* ≈ *primary school*) Grundschule *f* **2.** (*US* ≈ *election*) Vorwahl **primary colour**, (*US*) **primary color** *n* Grundfarbe *f* **primary education** *n* Grundschul(aus)bildung *f* **primary election** *n* (*US*) Vorwahl *f* **primary school** *n* (*esp Br*) Grundschule *f* **primary school teacher** *n* (*esp Br*) Grundschullehrer(in) *m(f)*

prime I *adj* **1.** Haupt-, wesentlich; *target, cause* hauptsächlich; *candidate* erste(r, s); *~ suspect* Hauptverdächtige(r) *m/f(m)*; *of ~ importance* von größter Bedeutung; *my ~ concern* mein Hauptanliegen *nt* **2.** (≈ *excellent*) erstklassig **II** *n in the ~ of life* in der Blüte seiner Jahre; *he is in his ~* er ist in den besten Jahren **primed** *adj* *person* gerüstet **prime minister** *n* Premierminister(in) *m(f)* **prime number** *n* MAT Primzahl *f* **prime time** *n* Hauptsendezeit *f*

primeval *adj* urzeitlich, Ur-

primitive *adj* primitiv

primly *adv* sittsam

primrose *n* BOT Erdschlüsselblume *f*

primula *n* Primel *f*

prince *n* (≈ *king's son*) Prinz *m*; (≈ *ruler*) Fürst *m* **princely** *adj* fürstlich **princess** *n* Prinzessin *f*

principal I *adj* Haupt-, hauptsächlich; *my ~ concern* mein Hauptanliegen *nt* **II** *n* (*of school*) Rektor(in) *m(f)* **principality** *n* Fürstentum *nt* **principally** *adv* in erster Linie

principle *n* Prinzip *nt*; (*no pl* ≈ *integrity*) Prinzipien *pl*; *in/on* ~ im/aus Prinzip; *a man of* ~(*s*) ein Mensch mit Prinzipien; *it's a matter of* ~, *it's the* ~ *of the thing* es geht dabei ums Prinzip **principled** *adj* mit Prinzipien

print I *n* **1.** (≈ *characters*) Schrift *f*; (≈ *printed matter*) Gedruckte(s) *nt*; *out of* ~ vergriffen; *to be in* ~ erhältlich sein; *in large* ~ in Großdruck **2.** (≈ *picture*) Druck *m* **3.** PHOT Abzug *m* **4.** (*of foot etc*) Abdruck *m*; *a thumb* ~ ein Daumenabdruck *m* **II** *v/t* **1.** *book* drucken; IT (aus)drucken **2.** (≈ *write clearly*) in Druckschrift schreiben **III** *v/i* **1.** drucken **2.** (≈ *write clearly*) in Druckschrift schreiben ♦ **print out** *v/t sep* IT ausdrucken

printed *adj* Druck-, gedruckt; (≈ *written in capitals*) in Großbuchstaben; ~ *matter/papers* Büchersendung *f*

printer *n* Drucker *m* **print head** *n* IT Druckkopf *m* **printing** *n* (≈ *process*) Drucken *nt* **printing press** *n* Druckerpresse *f* **printmaking** *n* Grafik *f* **print-out** *n* IT Ausdruck *m* **print queue** *n* IT Druckerwarteschlange *f* **printwheel** *n* IT Typenrad *nt*

prior *adj* **1.** vorherig; (≈ *earlier*) früher; *a* ~ *engagement* eine vorher getroffene Verabredung; ~ *to sth* vor etw (*dat*); ~ *to this/that* zuvor; ~ *to going out* bevor ich/er *etc* ausging **2.** *obligation* vorrangig

prioritize *v/t* **1.** (≈ *arrange in order of priority*) der Priorität nach ordnen **2.** (≈ *make a priority*) Priorität einräumen (+*dat*) **priority** *n* Priorität *f*; (≈ *thing having precedence*) vorrangige Angelegenheit; *a top* ~ eine Sache von höchster Priorität; *it must be given top* ~ das muss vorrangig behandelt werden; *to give* ~ *to sth* einer Sache (*dat*) Priorität geben; *in order of* ~ nach Dringlichkeit; *to get one's priorities right* seine Prioritäten richtig setzen; *high/low on the list of priorities or the* ~ *list* oben/unten auf der Prioritätenliste

prise, (*US*) **prize** *v/t to* ~ *sth open* etw aufbrechen; *to* ~ *the lid off* den Deckel abbekommen

prison I *n* Gefängnis *nt*; *to be in* ~ im Gefängnis sein; *to go to* ~ *for 5 years* für 5 Jahre ins Gefängnis gehen; *to send sb to* ~ jdn ins Gefängnis schicken **II** *attr* Gefängnis-

prisoner *n* Gefangene(r) *m/f(m)*; *to hold sb* ~ jdn gefangen halten; *to take sb* ~ jdn gefangen nehmen; ~ *of war* Kriegsgefangene(r) *m/f(m)* **prison officer** *n* (*Br*) Gefängnisaufseher(in) *m(f)*

pristine *adj condition* makellos

privacy *n* Privatleben *nt*; *in the* ~ *of one's own home* im eigenen Heim; *in the strictest* ~ unter strengster Geheimhaltung

private I *adj* **1.** privat; *matter* vertraulich; (≈ *secluded*) abgelegen; *wedding* im engsten Kreis; *person* reserviert; ~ *and confidential* streng vertraulich; *to keep sth* ~ etw für sich behalten; *his* ~ *life* sein Privatleben *nt* **2.** ~ *address* Privatanschrift *f*; ~ *education* Ausbildung *f* in Privatschulen; ~ *individual* Einzelne(r) *m/f(m)*; ~ *limited company* ≈ Aktiengesellschaft *f* (*die nicht an der Börse notiert ist*); ~ *tutor* Privatlehrer(in) *m(f)* **II** *n* **1.** MIL Gefreite(r) *m/f(m)*; *Private X* der Gefreite X **2. privates** *pl* (≈ *genitals*) Geschlechtsteile *pl* **3. in** ~ privat; *we must talk in* ~ wir müssen das unter uns besprechen **private company** *n* Privatgesellschaft *f* **private detective** *n* Privatdetektiv(in) *m(f)* **private enterprise** *n* Privatunternehmen *nt*; (≈ *free enterprise*) freies Unternehmertum **private investigator** *n* Privatdetektiv(in) *m(f)* **privately** *adv* **1.** (≈ *not publicly*) privat; *have operation* auf eigene Kosten; *the meeting was held* ~ das Treffen wurde in kleinem Kreis abgehalten; ~ *owned* in Privatbesitz **2.** (≈ *secretly*) persönlich **private parts** *pl* Geschlechtsteile *pl* **private practice** *n* (*Br*) Privatpraxis *f*; *he is in* ~ er hat Privatpatienten **private property** *n* Privateigentum *nt* **private school** *n* Privatschule *f* **private secretary** *n* Privatsekretär(in) *m(f)* **private sector** *n* privater Sektor **private tuition** *n* Privatunterricht *m* **privatization** *n* Privatisierung *f* **privatize** *v/t* privatisieren

privilege *n* Privileg *nt*; (≈ *honour*) Ehre *f* **privileged** *adj person* privilegiert; *for a* ~ *few* für wenige Privilegierte; *to be* ~ *to do sth* das Privileg genießen, etw zu tun; *I was* ~ *to meet him* ich hatte die Ehre, ihm vorgestellt zu werden

Privy Council *n* Geheimer Rat

prize[1] **I** *n* Preis *m* **II** *adj* **1.** *sheep* preisgekrönt **2.** ~ *medal* (Sieger)medaille *f* **3.** ~ *competition* Preisausschreiben *nt* **III** *v/t* (hoch) schätzen; *to* ~ *sth highly* etw sehr *or* hoch schätzen; ~*d possession* wertvollster Besitz

prize² *v/t* (*US*) = *prize*

prize day *n* SCHOOL (Tag *m* der) Preisverleihung *f* **prize draw** *n* Lotterie *f* **prize money** *n* Geldpreis *m* **prizewinner** *n* (Preis)gewinner(in) *m(f)* **prizewinning** *adj* preisgekrönt; ~ *ticket* Gewinnlos *nt*

pro¹ *n* (*infml*) Profi *m*

pro² **I** *prep* (≈ *in favour of*) für **II** *n* *the* ~*s and cons* das Pro und Kontra

pro- *pref* pro-, Pro-; ~*European* proeuropäisch

proactive *adj* proaktiv

probability *n* Wahrscheinlichkeit *f*; *in all* ~ aller Wahrscheinlichkeit nach; *what's the* ~ *of that happening?* wie groß ist die Wahrscheinlichkeit, dass das geschieht?

probable *adj* wahrscheinlich

probably *adv* wahrscheinlich; *most* ~ höchstwahrscheinlich; ~ *not* wahrscheinlich nicht

probation *n* **1.** JUR Bewährung *f*; *to put sb on* ~ (*for a year*) jdm (ein Jahr) Bewährung geben; *to be on* ~ Bewährung haben **2.** (*of employee*) Probe *f*; (≈ *probation period*) Probezeit *f* **probationary** *adj* Probe-; ~ *period* Probezeit *f*; JUR Bewährungsfrist *f* **probation officer** *n* Bewährungshelfer(in) *m(f)*

probe **I** *n* (≈ *investigation*) Untersuchung *f* (*into* +*gen*) **II** *v/t* untersuchen **III** *v/i* forschen (*for* nach); *to* ~ *into sb's private life* in jds Privatleben (*dat*) herumschnüffeln **probing** **I** *n* Untersuchung *f*; *all this* ~ *into people's private affairs* dieses Herumschnüffeln in den privaten Angelegenheiten der Leute **II** *adj* prüfend

problem *n* Problem *nt*; *what's the* ~? wo fehlt's?; *he's got a drink(ing)* ~ er trinkt (zu viel); *I had no* ~ *in getting the money* ich habe das Geld ohne Schwierigkeiten bekommen; *no* ~! (*infml*) kein Problem! **problematic(al)** *adj* problematisch **problem-solving** *n* Problemlösung *f*

procedure *n* Verfahren *nt*; *what would be the correct* ~ *in such a case?* wie geht man in einem solchen Falle vor?

proceed **I** *v/i* **1.** (*form*) *please* ~ *to gate 3* begeben Sie sich zum Ausgang 3 **2.** (*form* ≈ *go on*) weitergehen; (*vehicle*) weiterfahren **3.** (≈ *continue*) fortfahren (*with* mit); *can we now* ~ *to the next item on the agenda?* können wir jetzt zum nächsten Punkt der Tagesordnung übergehen?; *everything is* ~*ing smoothly* alles läuft bestens; *negotiations are* ~*ing well* die Verhandlungen kommen gut voran; *you may* ~ (≈ *speak*) Sie haben das Wort **4.** (≈ *set about sth*) vorgehen **II** *v/t to* ~ *to do sth* (dann) etw tun **proceeding** *n* **1.** (≈ *action*) Vorgehen *nt* **2.** **proceedings** *pl* (≈ *function*) Veranstaltung *f* **3.** **proceedings** *pl esp* JUR Verfahren *nt*; *to take* ~*s against sb* gegen jdn gerichtlich vorgehen **proceeds** *pl* (≈ *yield*) Ertrag *m*; (*from raffle*) Erlös *m*; (≈ *takings*) Einnahmen *pl*

process **I** *n* Prozess *m*; (≈ *specific technique*) Verfahren *nt*; *in the* ~ dabei; *in the* ~ *of learning* beim Lernen; *to be in the* ~ *of doing sth* dabei sein, etw zu tun **II** *v/t data, waste* verarbeiten; *food* konservieren; *application* bearbeiten; *film* entwickeln **processing** *n* (*of data, waste*) Verarbeitung *f*; (*of food*) Konservierung *f*; (*of application*) Bearbeitung *f*; (*of film*) Entwicklung *f* **processing language** *n* IT Prozesssprache *f* **processing plant** *n* Aufbereitungsanlage *f* **processing speed** *n* IT Verarbeitungsgeschwindigkeit *f*

procession *n* (*organized*) Umzug *m*; (≈ *line*) Reihe *f*; *carnival* ~ Karnevalszug *m*

processor *n* IT Prozessor *m*

proclaim *v/t* erklären; *the day had been* ~*ed a holiday* der Tag war zum Feiertag erklärt worden **proclamation** *n* Proklamation *f*

procrastinate *v/i* zaudern; *he always* ~*s* er schiebt die Dinge immer vor sich (*dat*) her **procrastination** *n* Zaudern *nt*

procreate *v/i* sich fortpflanzen **procreation** *n* Fortpflanzung *f*

procure *v/t* (≈ *obtain*) beschaffen; (≈ *bring about*) herbeiführen; *to* ~ *sth for sb/oneself* jdm/sich etw beschaffen

prod **I** *n* **1.** (*lit*) Stoß *m*; *to give sb a* ~ jdm einen Stoß versetzen **2.** (*fig*) *to give sb a* ~ jdn anstoßen **II** *v/t* **1.** (*lit*) stoßen; *he* ~*ded the hay with his stick* er stach mit seinem Stock ins Heu; *..., he said,* ~*ding the map with his finger* ..., sagte er und stieß mit dem Finger auf die Kar-

te **2.** (*fig*) ansporn en (*into sth* zu etw) **III**
v/i stoßen
prodigiously *adv talented etc* außerordentlich
prodigy *n* Wunder *nt*; **child** ~ Wunderkind *nt*
produce I *n no pl* AGR Erzeugnisse *pl*; ~ **of Italy** italienisches Erzeugnis **II** *v/t* **1.** (≈ *yield*) produzieren; *heat* erzeugen; *crop* abwerfen; *article* schreiben; *ideas* hervorbringen; **the sort of environment that ~s criminal types** das Milieu, das Kriminelle hervorbringt **2.** (≈ *show*) *wallet* hervorholen (*from, out of* aus); *Pistole* ziehen (*from, out of* aus); *proof, results* liefern; *effect* erzielen; *documents* vorzeigen **3.** *play* inszenieren; *film* produzieren **4.** (≈ *cause*) hervorrufen **III** *v/i* (*factory*) produzieren; (*tree*) tragen **producer** *n* Produzent(in) *m(f)*; THEAT Regisseur(in) *m(f)* **-producing** *adj suf* produzierend; **oil-producing country** Öl produzierendes Land; **wine-producing area** Weinregion *f*
product *n* Produkt *nt*; **food~s** Nahrungsmittel *pl*; ~ **range** IND Sortiment *nt*
production *n* **1.** Produktion *f*; (*of heat*) Erzeugung *f*; (*of crop*) Anbau *m*; (*of article*) Schreiben *nt*; (*of ideas*) Hervorbringung *f*; **to put sth into** ~ die Produktion von etw aufnehmen; **is it still in** ~? wird das noch hergestellt?; **to take sth out of** ~ etw aus der Produktion nehmen **2.** (*of ticket, documents*) Vorzeigen *nt*; (*of proof*) Lieferung *f* **3.** (*of play*) Inszenierung *f*; (*of film*) Produktion *f* **production costs** *pl* Produktionskosten *pl* **production line** *n* Fertigungsstraße *f* **productive** *adj* produktiv; *land* fruchtbar; *business* rentabel; **to lead a** ~ **life** ein aktives Leben führen **productively** *adv* produktiv **productivity** *n* Produktivität *f*; (*of land*) Fruchtbarkeit *f*; (*of business*) Rentabilität *f*
Prof *abbr of* **Professor** Prof.
profess I *v/t interest* bekunden; *disbelief* kundtun; *ignorance* zugeben; **to** ~ **to be sth** behaupten, etw zu sein **II** *v/r* **to** ~ **oneself satisfied** seine Zufriedenheit bekunden (*with* über +*acc*)
profession *n* **1.** Beruf *m*; **the teaching** ~ der Lehrberuf; **by** ~ von Beruf **2.** **the medical** ~ die Ärzteschaft; **the whole** ~ der gesamte Berufsstand **3.** ~ **of faith** Glaubensbekenntnis *nt*

professional I *adj* **1.** beruflich; *opinion* fachlich; *football* professionell; ~ **army** Berufsarmee *m*; **our relationship is purely** ~ unsere Beziehung ist rein geschäftlich(er Natur); **he's now doing it on a** ~ **basis** er macht das jetzt hauptberuflich; **in his** ~ **capacity as ...** in seiner Eigenschaft als ...; **to be a** ~ **singer** *etc* von Beruf Sänger *etc* sein; **to seek/ take** ~ **advice** fachmännischen Rat suchen / einholen; **to turn** ~ Profi werden **2.** *work* fachgerecht; *person* gewissenhaft; *approach* professionell; *performance* kompetent **II** *n* Profi *m* **professionalism** *n* Professionalismus *m* **professionally** *adv* beruflich; **he plays** ~ er ist Berufsspieler; **to know sb** ~ jdn beruflich kennen
professor *n* Professor(in) *m(f)*; (*US* ≈ *lecturer*) Dozent(in) *m(f)*
proficiency *n* **her** ~ **as a secretary** ihre Tüchtigkeit als Sekretärin; **his** ~ **in English** seine Englischkenntnisse; **her** ~ **in translating** ihr Können als Übersetzerin **proficient** *adj* tüchtig; **he is just about** ~ **in German** seine Deutschkenntnisse reichen gerade aus; **to be** ~ **in Japanese** Japanisch beherrschen
profile I *n* Profil *nt*; (≈ *picture*) Profilbild *nt*; (≈ *biographical profile*) Porträt *nt*; **in** ~ im Profil; **to keep a low** ~ sich zurückhalten **II** *v/t* porträtieren
profit I *n* **1.** COMM Gewinn *m*; ~ **and loss account** (*Br*) *or* **statement** (*US*) Gewinn-und-Verlust-Rechnung *f*; **to make a** ~ (**out of** *or* **on sth**) (mit etw) ein Geschäft machen; **to show** *or* **yield a** ~ einen Gewinn verzeichnen; **to sell sth at a** ~ etw mit Gewinn verkaufen; **the business is now running at a** ~ das Geschäft rentiert sich jetzt **2.** (*fig*) Nutzen *m*; **you might well learn something to your** ~ Sie können etwas lernen, was Ihnen von Nutzen ist **II** *v/i* profitieren (*by, from* von), Nutzen ziehen (*by, from* aus) **profitability** *n* Rentabilität *f* **profitable** *adj* COMM gewinnbringend; (*fig*) nützlich **profiteering** *n* Wucher *m* **profit-making** *adj* **1.** rentabel **2.** (≈ *profit-oriented*) auf Gewinn gerichtet **profit margin** *n* Gewinnspanne *f* **profit-sharing** *n* Gewinnbeteiligung *f* **profit warning** *n* COMM Gewinnwarnung *f*
pro forma (invoice) *n* Pro-forma-Rechnung *f*

profound *adj sorrow* tief; *idea* tiefsinnig; *thinker, knowledge, regret* tief (gehend); *hatred, ignorance* tief sitzend; *influence, implications* weitreichend **profoundly** *adv different* zutiefst; ~ **deaf** vollkommen taub

profusely *adv bleed* stark; *thank* überschwänglich; *he apologized* ~ er bat vielmals um Entschuldigung **profusion** *n* Überfülle *f*

prognosis *n, pl* **prognoses** Prognose *f*

program I *n* **1.** IT Programm *nt* **2.** (*US*) = **programme II** *v/t* programmieren **programmable** *adj* programmierbar

programme, (*US*) **program I** *n* Programm *nt*; *what's the* ~ *for tomorrow?* was steht für morgen auf dem Programm? **II** *v/t* programmieren **programmer** *n* Programmierer(in) *m(f)* **programming** *n* Programmieren *nt*; ~ **language** Programmiersprache *f*

progress I *n* **1.** *no pl* (≈ *movement forwards*) Vorwärtskommen *nt*; *we made slow* ~ *through the mud* wir kamen im Schlamm nur langsam vorwärts; *in* ~ im Gange; *"silence please, meeting in* ~*"* „Sitzung! Ruhe bitte"; *the work still in* ~ die noch zu erledigende Arbeit **2.** *no pl* (≈ *advance*) Fortschritt *m*; *to make (good/slow)* ~ (gute / langsame) Fortschritte machen **II** *v/i* **1.** (≈ *move forward*) sich vorwärtsbewegen **2.** *as the work* ~*es* mit dem Fortschreiten der Arbeit; *as the game* ~*ed* im Laufe des Spiels; *while negotiations were actually* ~*ing* während die Verhandlungen im Gange waren **3.** (≈ *improve*) Fortschritte machen; *how far have you* ~*ed?* wie weit sind Sie gekommen?; *as you* ~ *through the ranks* bei Ihrem Aufstieg durch die Ränge **progression** *n* Folge *f*; (≈ *development*) Entwicklung *f*; *his* ~ *from a junior clerk to managing director* sein Aufstieg vom kleinen Angestellten zum Direktor **progressive** *adj* (≈ *increasing*) zunehmend; *disease* fortschreitend **progressively** *adv* zunehmend **progress report** *n* Fortschrittsbericht *m*

prohibit *v/t* untersagen; *to* ~ *sb from doing sth* jdm untersagen, etw zu tun; *"smoking* ~*ed"* „Rauchen verboten" **prohibitive** *adj* unerschwinglich; *the costs of producing this model have become* ~ die Kosten für die Herstel-

lung dieses Modells sind untragbar geworden

project¹ *n* Projekt *nt*; (≈ *scheme*) Vorhaben *nt*; SCHOOL, UNIV Referat *nt*; (*in primary school*) Arbeit *f*

project² **I** *v/t* **1.** *film, emotions* projizieren (*onto* auf +*acc*); *to* ~ *one's voice* seine Stimme zum Tragen bringen **2.** *plan* (voraus)planen; *costs* überschlagen **3.** (≈ *propel*) abschießen **II** *v/i* (≈ *jut out*) hervorragen (*from* aus) **projectile** *n* Geschoss *nt* **projection** *n* **1.** (*of films, feelings*) Projektion *f* **2.** (≈ *estimate*) (Voraus)planung *f*; (*of cost*) Überschlagung *f* **projectionist** *n* Filmvorführer(in) *m(f)* **projector** *n* FILM Projektor *m*

proletarian *adj* proletarisch **proletariat** *n* Proletariat *nt*

pro-life *adj* gegen Abtreibung *pred*

proliferate *v/i* (*number*) sich stark erhöhen **proliferation** *n* (*in numbers*) starke Erhöhung; (*of weapons*) Weitergabe *f* **prolific** *adj* **1.** fruchtbar; *writer* sehr produktiv **2.** (≈ *abundant*) üppig

prologue, (*US*) **prolog** *n* Prolog *m*; (*of book*) Vorwort *nt*

prolong *v/t* verlängern; (*unpleasantly*) hinauszögern

prom *n* (*infml*) (*Br* ≈ *concert*) Konzert *nt*; (*US* ≈ *ball*) Studenten-/Schülerball *m* **promenade** *n* (*esp Br* ≈ *esplanade*) (Strand)promenade *f*; (*US* ≈ *ball*) Studenten-/Schülerball *m*; ~ **concert** (*Br*) Konzert *nt*

prominence *n* (*of ideas*) Beliebtheit *f*; (*of politician etc*) Bekanntheit *f*; *to rise to* ~ bekannt werden **prominent** *adj* **1.** *cheekbones, teeth* vorstehend *attr*; *to be* ~ vorstehen/-springen **2.** *markings* auffällig; *feature* hervorstechend; *position, publisher* prominent; *put it in a* ~ *position* stellen Sie es deutlich sichtbar hin **3.** *role* führend; (≈ *significant*) wichtig **prominently** *adv place* deutlich sichtbar; *he figured* ~ *in the case* er spielte in dem Fall eine bedeutende Rolle

promiscuity *n* Promiskuität *f* **promiscuous** *adj* (*sexually*) promisk; *to be* ~ häufig den Partner wechseln; ~ **behaviour** häufiger Partnerwechsel

promise I *n* **1.** Versprechen *nt*; *their* ~ *of help* ihr Versprechen zu helfen; *is that a* ~*?* ganz bestimmt?; *to make sb a* ~ jdm ein Versprechen geben; *I'm not making any* ~*s* versprechen kann ich nichts; ~*s,*

~s! Versprechen, nichts als Versprechen! **2.** (≈ *prospect*) Hoffnung *f*; **to show ~** zu den besten Hoffnungen berechtigen **II** *v/t* versprechen; (≈ *forecast*) hindeuten auf (+*acc*); **to ~ (sb) to do sth** (jdm) versprechen, etw zu tun; **to ~ sb sth, to ~ sth to sb** jdm etw versprechen; **to ~ sb the earth** jdm das Blaue vom Himmel herunter versprechen; **~ me one thing** versprich mir eins; **I won't do it again, I ~** ich werde es nie wieder tun, das verspreche ich; **it ~d to be another scorching day** der Tag versprach wieder heiß zu werden **III** *v/i* versprechen; (**do you**) **~?** versprichst du es?; **~!** (≈ *I promise*) ehrlich!; **I'll try, but I'm not promising** ich werde es versuchen, aber ich kann nichts versprechen **IV** *v/r* **to ~ oneself sth** sich (*dat*) etw versprechen; **I've ~d myself never to do it again** ich habe mir geschworen, dass ich das nicht noch einmal mache **promising** *adj*, **promisingly** *adv* vielversprechend

promontory *n* Vorgebirge *nt*, Kap *nt*

promote *v/t* **1.** (*in rank*) befördern; **our team was ~d** FTBL unsere Mannschaft ist aufgestiegen **2.** (≈ *foster*) fördern **3.** (≈ *advertise*) werben für **promoter** *n* Promoter(in) *m(f)* **promotion** *n* **1.** (*in rank*) Beförderung *f*; (*of team*) Aufstieg *m*; **to get or win ~** befördert werden; (*team*) aufsteigen **2.** (≈ *fostering*) Förderung *f* **3.** (≈ *advertising*) Werbung *f* (*of* für); (≈ *advertising campaign*) Werbekampagne *f*

prompt I *adj* (+*er*) prompt; *action* unverzüglich; (≈ *on time*) pünktlich **II** *adv* **at 6 o'clock ~** pünktlich um 6 Uhr **III** *v/t* **1.** (≈ *motivate*) **to ~ sb to do sth** jdn (dazu) veranlassen, etw zu tun **2.** *feelings* wecken **3.** (≈ *help with speech*) vorsagen (*sb* jdm); THEAT soufflieren (*sb* jdm) **IV** *n* IT Eingabeaufforderung *f* **prompter** *n* Souffleur *m*, Souffleuse *f* **promptly** *adv* **1.** prompt; **they left ~ at 6** sie gingen Punkt 6 Uhr **2.** (≈ *without further ado*) unverzüglich

prone *adj* **1. to be** or **lie ~** auf dem Bauch liegen; **in a ~ position** in Bauchlage **2. to be ~ to sth** zu etw neigen; **to be ~ to do sth** dazu neigen, etw zu tun **proneness** *n* Neigung *f* (*to* zu)

prong *n* Zacke *f* **-pronged** *adj suf* -zackig; **a three-pronged attack** ein Angriff mit drei Spitzen

pronoun *n* Pronomen *nt*

pronounce *v/t* **1.** *word etc* aussprechen; **Russian is hard to ~** die russische Aussprache ist schwierig **2.** (≈ *declare*) erklären für; **the doctors ~d him unfit for work** die Ärzte erklärten ihn für arbeitsunfähig; **to ~ oneself in favour of/ against sth** sich für/gegen etw aussprechen **pronounced** *adj* ausgesprochen; *accent* ausgeprägt; **he has a ~ limp** er hinkt sehr stark **pronouncement** *n* Erklärung *f*; **to make a ~** eine Erklärung abgeben **pronunciation** *n* Aussprache *f*

proof 1. Beweis *m* (*of* für); **as ~ of** zum Beweis für; **that is ~ that ...** das ist der Beweis dafür, dass ...; **show me your ~** beweisen Sie (mir) das; **~ of purchase** Kaufbeleg *m* **2.** (*of alcohol*) Alkoholgehalt *m*; **70% ~** ≈ 40 Vol-% **proofread** *v/t* & *v/i* Korrektur lesen

prop[1] **I** *n* (*lit*) Stütze *f*; (*fig*) Halt *m* **II** *v/t* **to ~ the door open** die Tür offen halten; **to ~ oneself/sth against sth** sich/etw gegen etw lehnen ♦ **prop up** *v/t sep* stützen; *wall* abstützen; **to prop oneself/ sth up against sth** sich/etw gegen etw lehnen; **to prop oneself up on sth** sich auf etw (*acc*) stützen

prop[2] *abbr of* **proprietor**

propaganda *n* Propaganda *f*

propagate *v/t* (≈ *disseminate*) verbreiten **propagation** *n* (≈ *dissemination*) Verbreitung *f*

propane *n* Propan *nt*

propel *v/t* antreiben **propeller** *n* Propeller *m*

proper *adj* **1.** (≈ *actual*) eigentlich; **a ~ job** ein richtiger Job **2.** (≈ *fitting, infml* ≈ *real*) richtig; **in the ~ way** richtig; **it's only right and ~** es ist nur recht und billig; **to do the ~ thing** das tun, was sich gehört; **the ~ thing to do would be to apologize** es gehört sich eigentlich, dass man sich entschuldigt **3.** (≈ *seemly*) anständig **4.** (≈ *prim and proper*) korrekt **properly** *adv* **1.** (≈ *correctly*) richtig **2.** (≈ *in seemly fashion*) anständig **proper name, proper noun** *n* Eigenname *m*

property *n* **1.** (≈ *characteristic*) Eigenschaft *f*; **healing properties** heilende Kräfte **2.** (≈ *thing owned*) Eigentum *nt*; **common ~** (*lit*) gemeinsames Eigentum; (*fig*) Gemeingut *nt* **3.** (≈ *building*) Haus *nt*; (≈ *office*) Gebäude *nt*; (≈ *land*) Besitztum *nt*; (≈ *estate*) Besitz *m*; (*no pl*

≈ *houses etc*) Immobilien *pl*; **~ in London is dearer** die Preise auf dem Londoner Immobilienmarkt sind höher **property developer** *n* Häusermakler(in) *m(f)* **property market** *n* Immobilienmarkt *m*

prophecy *n* Prophezeiung *f* **prophesy I** *v/t* prophezeien **II** *v/i* Prophezeiungen machen **prophet** *n* Prophet(in) *m(f)* **prophetic** *adj*, **prophetically** *adv* prophetisch

proponent *n* Befürworter(in) *m(f)*

proportion *n* **1.** (*in number*) Verhältnis *nt* (*of x to y* zwischen x und y); (*in size*) Proportionen *pl*; **~s** (≈ *size*) Ausmaß *nt*; (*of building etc*) Proportionen *pl*; **to be in/ out of~** (**to one another**) (*in number*) im richtigen/nicht im richtigen Verhältnis zueinander stehen; (*in size*, ART) in den Proportionen stimmen/nicht stimmen; (*in time, effort etc*) im richtigen/in keinem Verhältnis zueinander stehen; **to be in/out of ~ to sth** im Verhältnis/in keinem Verhältnis zu etw stehen; (*in size*) in den Proportionen zu etw passen/ nicht zu etw passen; **to get sth in ~** ART etw proportional richtig darstellen; (*fig*) etw objektiv betrachten; **he has let it all get out of~** (*fig*) er hat den Blick für die Proportionen verloren; **it's out of all ~!** das geht über jedes Maß hinaus!; **sense of ~** Sinn *m* für Proportionen **2.** (≈ *part*) Teil *m*; (≈ *share*) Anteil *m*; **a certain ~ of the population** ein bestimmter Teil der Bevölkerung; **the ~ of drinkers in our society is rising constantly** der Anteil der Trinker in unserer Gesellschaft nimmt ständig zu **proportional** *adj* proportional (*to* zu) **proportional representation** *n* POL Verhältniswahlrecht *nt* **proportionate** *adj* proportional **proportionately** *adv* proportional; *more, less* entsprechend

proposal *n* Vorschlag *m* (*on, about* zu); (≈ *proposal of marriage*) (Heirats)antrag *m*; **to make sb a ~** jdm einen Vorschlag machen **propose I** *v/t* **1.** (≈ *suggest*) vorschlagen; **to ~ marriage to sb** jdm einen (Heirats)antrag machen **2.** (≈ *have in mind*) beabsichtigen; **how do you ~ to pay for it?** wie wollen Sie das bezahlen? **II** *v/i* einen (Heirats)antrag machen (*to* +dat) **proposition I** *n* (≈ *proposal*) Vorschlag *m*; (≈ *argument*) These *f* **II** *v/t* **he ~ed me** er hat mich gefragt, ob ich mit ihm schlafen würde

proprietor *n* (*of pub*) Inhaber(in) *m(f)*; (*of house, newspaper*) Besitzer(in) *m(f)*

propriety *n* (≈ *decency*) Anstand *m*

propulsion *n* Antrieb *m*

pro rata *adj, adv* anteil(s)mäßig; **on a ~ basis** auf einer proportionalen Basis

proscribe *v/t* (≈ *forbid*) verbieten

prose *n* **1.** Prosa *f* **2.** (≈ *style*) Stil *m*

prosecute I *v/t* strafrechtlich verfolgen (*for* wegen); **"trespassers will be ~d"** „widerrechtliches Betreten wird strafrechtlich verfolgt" **II** *v/i* Anzeige erstatten; **Mr Jones, prosecuting, said ...** Herr Jones, der Vertreter der Anklage, sagte ... **prosecution** *n* (JUR ≈ *act of prosecuting*) strafrechtliche Verfolgung; (*in court* ≈ *side*) Anklage *f* (*for* wegen); **(the) counsel for the ~** die Anklage(vertretung); **witness for the ~** Zeuge *m*/Zeugin *f* der Anklage **prosecutor** *n* Ankläger(in) *m(f)*

prospect *n* (≈ *outlook*) Aussicht *f* (*of auf* +acc); **a job with no ~s** eine Stelle ohne Zukunft **prospective** *adj attr* (≈ *likely to happen*) voraussichtlich; *son-in-law* zukünftig; *buyer* interessiert; **~ earnings** voraussichtliche Einkünfte *pl*

prospectus *n* Prospekt *m*; SCHOOL, UNIV Lehrprogramm *nt*

prosper *v/i* blühen; (*financially*) florieren **prosperity** *n* Wohlstand *m* **prosperous** *adj person* wohlhabend; *business* florierend; *economy* blühend **prosperously** *adv live* im Wohlstand

prostate (gland) *n* Prostata *f*

prostitute I *n* Prostituierte(r) *m/f(m)* **II** *v/r* sich prostituieren **prostitution** *n* Prostitution *f*

prostrate I *adj* ausgestreckt **II** *v/r* sich niederwerfen (*before* vor +dat)

protagonist *n esp* LIT Protagonist(in) *m(f)*

protect I *v/t* schützen (*against* gegen, *from* vor +dat); (*person, animal*) beschützen (*against* gegen, *from* vor +dat); IT sichern; **don't try to ~ the culprit** versuchen Sie nicht, den Schuldigen zu decken **II** *v/i* schützen (*against* vor +dat)

protection *n* Schutz *m* (*against* gegen, *from* vor +dat); **to be under sb's ~** unter jds Schutz (*dat*) stehen **protectionism** *n* Protektionismus *m* **protective** *adj* Schutz-; *attitude* beschützend; *equip-*

ment schützend; *the mother is very ~ toward(s) her children* die Mutter ist sehr fürsorglich ihren Kindern gegenüber **protective clothing** *n* Schutzkleidung *f* **protective custody** *n* Schutzhaft *f* **protectively** *adv* schützend; *(towards people)* beschützend **protector** *n* 1. (≈ *defender*) Beschützer(in) *m(f)* 2. (≈ *protective wear*) Schutz *m*

protégé, protégée *n* Schützling *m*

protein *n* Protein *nt*

protest I *n* Protest *m*; (≈ *demonstration*) Protestkundgebung *f*; *in ~* aus Protest; *to make a/one's ~* Protest erheben **II** *v/i (against, about* gegen) protestieren; (≈ *demonstrate*) demonstrieren **III** *v/t* 1. *innocence* beteuern 2. (≈ *dispute*) protestieren gegen

Protestant I *adj* protestantisch **II** *n* Protestant(in) *m(f)*

protestation *n* (≈ *protest*) Protest *m* **protester** *n* Protestierende(r) *m/f(m)*; *(in demo)* Demonstrant(in) *m(f)* **protest march** *n* Protestmarsch *m*

protocol *n* Protokoll *nt*

proton *n* Proton *nt*

prototype *n* Prototyp *m*

protracted *adj* langwierig; *dispute* längere(r, s)

protrude *v/i (from* aus) vorstehen; *(ears)* abstehen **protruding** *adj* vorstehend; *ears* abstehend; *chin* vorspringend; *ribs* hervortretend

proud I *adj* stolz *(of* auf *+acc)*; *it made his parents feel very ~* das erfüllte seine Eltern mit Stolz; *to be ~ that ...* stolz (darauf) sein, dass ...; *to be ~ to do sth* stolz darauf sein, etw zu tun **II** *adv* *to do sb/ oneself ~* jdn/sich verwöhnen **proudly** *adv* stolz

prove *pret* **proved**, *past part* **proved** or **proven I** *v/t* beweisen; *he ~d that ...* er wies nach, dass ...; *to ~ sb innocent* jds Unschuld nachweisen; *he was ~d right* er hat recht behalten; *he did it just to ~ a point* er tat es nur der Sache wegen **II** *v/i* *to ~ (to be) useful* sich als nützlich erweisen; *if it ~s otherwise* wenn sich das Gegenteil herausstellt **III** *v/r* 1. (≈ *show one's value etc*) sich bewähren 2. *to ~ oneself to be sth* sich als etw erweisen **proven I** *past part of* **prove II** *adj* bewährt

proverb *n* Sprichwort *nt* **proverbial** *adj (lit, fig)* sprichwörtlich

provide I *v/t* zur Verfügung stellen; *personnel* vermitteln; *money* bereitstellen; *food etc* sorgen für; *ideas, electricity* liefern; *light* spenden; *X ~d the money and Y (~d) the expertise* X stellte das Geld bereit und Y lieferte das Fachwissen; *candidates must ~ their own pens* die Kandidaten müssen ihr Schreibgerät selbst stellen; *to ~ sth for sb* etw für jdn stellen; (≈ *make available*) jdm etw zur Verfügung stellen; (≈ *supply*) jdm etw besorgen; *to ~ sb with sth with food etc* jdn mit etw versorgen; (≈ *equip*) jdn mit etw ausstatten **II** *v/r* *to ~ oneself with sth* sich mit etw ausstatten ◆ **provide against** *v/i +prep obj* vorsorgen für ◆ **provide for** *v/i +prep obj* sorgen für; *emergencies* vorsorgen für

provided (that) *cj* vorausgesetzt(, dass)

providence *n* die Vorsehung

provider *n (for family)* Ernährer(in) *m(f)* **providing (that)** *cj* vorausgesetzt(, dass)

province *n* 1. Provinz *f* 2. **provinces** *pl* *the ~s* die Provinz **provincial** *adj* Provinz-; *accent* ländlich; *(pej)* provinzlerisch

provision *n* 1. (≈ *supplying*) *(for others)* Bereitstellung *f*; *(for one's own)* Beschaffung *f*; *(of food, water etc)* Versorgung *f (of* mit, *to sb* jds) 2. (≈ *supply*) Vorrat *m (of* an *+dat)* 3. *~s pl* (≈ *food*) Lebensmittel *pl* 4. (≈ *arrangement*) Vorkehrung *f*; (≈ *stipulation*) Bestimmung *f*; *with the ~ that ...* mit dem Vorbehalt, dass ...; *to make ~ for sb* für jdn Vorsorge treffen; *to make ~ for sth* etw vorsehen **provisional** *adj* provisorisch; *offer* vorläufig; *~ driving licence (Br)* vorläufige Fahrerlaubnis für Fahrschüler **provisionally** *adv* vorläufig **proviso** *n* Vorbehalt *m*; *with the ~ that ...* unter der Bedingung, dass ...

provocation *n* Provokation *f*; *he acted under ~* er wurde dazu provoziert; *he hit me without any ~* er hat mich geschlagen, ohne dass ich ihn dazu provoziert hätte **provocative** *adj* provozierend; *remark, behaviour* herausfordernd **provocatively** *adv* provozierend; *say, behave* herausfordernd; *~ dressed* aufreizend gekleidet **provoke** *v/t* provozieren; *animal* reizen; *reaction* hervorrufen; *to ~ an argument (person)* Streit suchen; *to ~ sb into doing sth* jdn dazu treiben, dass er etw tut **provoking** *adj* provozierend

prow *n* Bug *m*

prowess *n* (≈ *skill*) Fähigkeiten *pl*; **his (sexual)** ~ seine Manneskraft

prowl I *n* Streifzug *m*; **to be on the ~** (*cat*) auf Streifzug sein; (*boss*) herumschleichen II *v/i* (*a.* **prowl about** *or* **around**) herumstreichen; **he ~ed round the house** er schlich im Haus **prowler** *n* Herumtreiber(in) *m(f)*

proximity *n* Nähe *f*; **in close ~ to** in unmittelbarer Nähe (+*gen*)

proxy *n* **by ~** durch einen Stellvertreter

prude *n* **to be a ~** prüde sein

prudence *n* (*of person*) Umsicht *f*; (*of action*) Klugheit *f* **prudent** *adj person* umsichtig; *action* klug **prudently** *adv* wohlweislich; *act* umsichtig

prudish *adj* prüde

prune[1] *n* Backpflaume *f*

prune[2] *v/t* (*a.* **prune down**) beschneiden; (*fig*) *expenditure* kürzen **pruning** *n* Beschneiden *nt*; (*fig*) (*of expenditure*) Kürzung *f*

Prussia *n* Preußen *nt* **Prussian** I *adj* preußisch II *n* Preuße *m*, Preußin *f*

pry[1] *v/i* neugierig sein; (*in drawers etc*) (herum)schnüffeln (*in* in +*dat*); **I don't mean to ~, but ...** es geht mich ja nichts an, aber ...; **to ~ into sb's affairs** seine Nase in jds Angelegenheiten (*acc*) stecken

pry[2] *v/t* (*US*) = **prise**

prying *adj* neugierig

PS *abbr of* **postscript** PS

psalm *n* Psalm *m*

pseudonym *n* Pseudonym *nt*

PST (*US*) *abbr of* **Pacific Standard Time** pazifische Zeit

psych *v/t* (*infml*) **to ~ sb (out)** jdn durchschauen ♦ **psych out** *v/t sep* (*infml*) psychologisch fertigmachen (*infml*) ♦ **psych up** *v/t sep* (*infml*) hochputschen (*infml*); **to psych oneself up** sich hochputschen (*infml*)

psyche *n* Psyche *f*

psychedelic *adj* psychedelisch

psychiatric *adj* psychiatrisch; *illness* psychisch; ~ **hospital** psychiatrische Klinik; ~ **nurse** Psychiatrieschwester *f* **psychiatrist** *n* Psychiater(in) *m(f)* **psychiatry** *n* Psychiatrie *f*

psychic I *adj* **1.** übersinnlich; *powers* übernatürlich; **you must be ~!** Sie müssen hellsehen können! **2.** PSYCH psy-

chisch II *n* Mensch *m* mit übernatürlichen Kräften

psycho *n* (*infml*) Verrückte(r) *m/f(m)*

psychoanalyse, (*US*) **psychoanalyze** *v/t* psychoanalytisch behandeln **psychoanalysis** *n* Psychoanalyse *f* **psychoanalyst** *n* Psychoanalytiker(in) *m(f)*

psychological *adj* psychologisch; (≈ *mental*) psychisch; **he's not really ill, it's all ~** er ist nicht wirklich krank, das ist alles psychisch bedingt **psychologically** *adv* (≈ *mentally*) psychisch; (≈ *concerning psychology*) psychologisch **psychological thriller** *n* FILM, LIT Psychothriller *m* **psychologist** *n* Psychologe *m*, Psychologin *f* **psychology** *n* (≈ *science*) Psychologie *f*

psychopath *n* Psychopath(in) *m(f)*

psychosomatic *adj* psychosomatisch

psychotherapist *n* Psychotherapeut(in) *m(f)* **psychotherapy** *n* Psychotherapie *f*

psychotic *adj* psychotisch

pt *abbr of* **part, pint, point**

PTA *abbr of* **parent-teacher association**

pto *abbr of* **please turn over** b.w.

pub *n* (*esp Br*) Kneipe *f* (*infml*); (*in the country*) Gasthaus *nt*; **let's go to the ~** komm, wir gehen in die Kneipe (*infml*) **pub-crawl** *n* (*esp Br infml*) **to go on a ~** einen Kneipenbummel machen (*infml*)

puberty *n* die Pubertät; **to reach ~** in die Pubertät kommen

pubic *adj* Scham-; ~ **hair** Schamhaar *nt*

public I *adj* öffentlich; **to be ~ knowledge** allgemein bekannt sein; **to become ~** publik werden; **at ~ expense** aus öffentlichen Mitteln; ~ **pressure** Druck *m* der Öffentlichkeit; **a ~ figure** eine Persönlichkeit des öffentlichen Lebens; **in the ~ eye** im Blickpunkt der Öffentlichkeit; **to make sth ~** etw publik machen; (*officially*) etw öffentlich bekannt machen; ~ **image** Bild *nt* in der Öffentlichkeit; **in the ~ interest** im öffentlichen Interesse II *n sg or pl* Öffentlichkeit *f*; **in ~** in der Öffentlichkeit; *ad-mit* öffentlich; **the (general) ~** die (breite) Öffentlichkeit; **the viewing ~** das Fersehpublikum **public access channel** *n* öffentlicher Fernsehkanal **public address system** *n* Lautsprecheranlage *f*

publican *n* (*Br*) Gastwirt(in) *m(f)*

publication *n* Veröffentlichung *f*

public company *n* Aktiengesellschaft *f*

public convenience *n* (*Br*) öffentliche Toilette **public defender** *n* (*US*) Pflichtverteidiger(in) *m(f)* **public enemy** *n* Staatsfeind(in) *m(f)* **public gallery** *n* Besuchertribüne *f* **public health** *n* die öffentliche Gesundheit **public holiday** *n* gesetzlicher Feiertag **public housing** *n* (*US*) Sozialwohnungen *pl* **public inquiry** *n* öffentliche Untersuchung **publicist** *n* Publizist(in) *m(f)* **publicity** *n* **1.** Publicity *f* **2.** COMM Werbung *f* **publicity campaign** *n* Publicitykampagne *f*; COMM Werbekampagne *f* **publicity stunt** *n* Werbegag *m* **publicity tour** *n* Werbetour *f* **publicize** *v/t* **1.** (≈ *make public*) bekannt machen **2.** *film, product* Werbung machen für

public law *n* öffentliches Recht **public life** *n* öffentliches Leben **public limited company** *n* Aktiengesellschaft *f* **publicly** *adv* öffentlich; **~ funded** durch öffentliche Mittel finanziert **public money** *n* öffentliche Gelder *pl* **public opinion** *n* die öffentliche Meinung **public ownership** *n* staatlicher Besitz; **under** *or* **in ~** in staatlichem Besitz **public property** *n* öffentliches Eigentum **public prosecutor** *n* Staatsanwalt *m*/-anwältin *f* **public relations** *n pl or sg* Öffentlichkeitsarbeit *f*; **~ exercise** PR-Kampagne *f* **public school** *n* (*Br*) Privatschule *f*; (*US*) staatliche Schule **public sector** *n* öffentlicher Sektor **public servant** *n* Arbeitnehmer(in) *m(f)* im öffentlichen Dienst **public service** *n* (*Civil Service*) öffentlicher Dienst **public speaking** *n* Redenhalten *nt*; **I'm no good at ~** ich kann nicht in der Öffentlichkeit reden **public spending** *n* Ausgaben *pl* der öffentlichen Hand **public television** *n* (*US*) öffentliches Fernsehen **public transport** *n* öffentlicher Nahverkehr; **by ~** mit öffentlichen Verkehrsmitteln **public utility** *n* öffentlicher Versorgungsbetrieb

publish *v/t* veröffentlichen; **~ed by Collins** bei Collins erschienen; **"published monthly"** „erscheint monatlich" **publisher** *n* (≈ *person*) Verleger(in) *m(f)*; (≈ *firm*: *a.* **publishers**) Verlag *m* **publishing** *n* das Verlagswesen; **~ company** Verlagshaus *nt*

puck *n* SPORTS Puck *m*

pucker I *v/t* (*a.* **pucker up**, *for kissing*) spitzen **II** *v/i* (*a.* **pucker up**) (*lips, to be kissed*) sich spitzen

pud *n* (*Br infml*) = **pudding** pudding *n* (*Br*) **1.** (≈ *dessert*) Nachtisch *m*; (≈ *instant whip etc*) Pudding *m*; **what's for ~?** was gibt es als Nachtisch? **2.** **black ~** ≈ Blutwurst *f*

puddle *n* Pfütze *f*

pudgy *adj* (**+er**) = **podgy**

puff I *n* **1.** (*of engine*) Schnaufen *nt no pl*; (*on cigarette etc*) Zug *m* (*at, of* an +*dat*); **a ~ of wind** ein Windstoß *m*; **a ~ of smoke** eine Rauchwolke; **our hopes vanished in a ~ of smoke** unsere Hoffnungen lösten sich in nichts auf; **to be out of ~** (*Br infml*) außer Puste sein (*infml*) **2.** COOK **cream ~** Windbeutel *m* **II** *v/t* smoke ausstoßen **III** *v/i* (*person, train*) schnaufen; **to ~** (*away*) **on a cigar** an einer Zigarre paffen ♦ **puff out** *v/t sep* **1.** *chest* herausstrecken; *cheeks* aufblasen **2.** (≈ *emit*) ausstoßen ♦ **puff up I** *v/t sep* feathers (auf)plustern **II** *v/i* (*face etc*) anschwellen

puffed *adj* (*infml*) außer Puste (*infml*)

puffin *n* Papageientaucher *m*

puffiness *n* Verschwollenheit *f* **puff pastry,** (*US*) **puff paste** *n* Blätterteig *m* **puffy** *adj* (**+er**) *face* geschwollen

puke (*sl*) **I** *v/i* kotzen (*infml*); **he makes me ~** er kotzt mich an (*sl*) **II** *n* Kotze *f* (*vulg*) ♦ **puke up** *v/i* (*infml*) kotzen (*infml*)

pull I *n* Ziehen *nt*; (*short*) Ruck *m*; (≈ *attraction*) Anziehungskraft *f*; **he gave the rope a ~** er zog am Seil; **I felt a ~ at my sleeve** ich spürte, wie mich jemand am Ärmel zog **II** *v/t* **1.** ziehen; *tooth* ziehen; *beer* zapfen; **to ~ a gun on sb** jdn mit der Pistole bedrohen; **he ~ed the dog behind him** er zog den Hund hinter sich (*dat*) her; **to ~ a door shut** eine Tür zuziehen **2.** *handle, rope* ziehen an (+*dat*); **he ~ed her hair** er zog sie an den Haaren; **to ~ sth to pieces** (*fig* ≈ *criticize*) etw verreißen; **to ~ sb's leg** (*fig infml*) jdn am Arm nehmen (*infml*), jdn pflanzen (*Aus*); **~ the other one(, it's got bells on)** (*Br infml*) das glaubst du ja selber nicht!; **she was the one ~ing the strings** sie war es, die alle Fäden in der Hand hielt **3.** *muscle* sich (*dat*) zerren **4.** *crowd* anziehen **III** *v/i* **1.** ziehen (*on, at* an +*dat*); **to ~ to the left** (*car*) nach links ziehen; **to ~ on one's cigarette** an seiner Zigarette ziehen **2.** (*car etc*) fahren; **he ~ed across**

to the left-hand lane er wechselte auf die linke Spur über; *he ~ed into the side of the road* er fuhr an den Straßenrand; *to ~ alongside* seitlich heranfahren; *to ~ off the road* am Straßenrand anhalten **3.** (*Br infml, sexually*) jemanden rumkriegen (*infml*) ♦ **pull ahead** *v/i* **to ~ of sb/ sth** (*in race etc*) einen Vorsprung vor jdm/etw gewinnen; (*in contest*) jdm/einer Sache (*dat*) davonziehen ♦ **pull apart I** *v/t sep* **1.** (≈ *separate*) auseinanderziehen; *radio etc* auseinandernehmen **2.** (*fig infml*) (≈ *search*) auseinandernehmen (*infml*); (≈ *criticize*) verreißen **II** *v/i* (*by design*) sich auseinandernehmen lassen ♦ **pull away I** *v/t sep* wegziehen; *she pulled it away from him* sie zog es von ihm weg; (*from his hands*) sie zog es ihm aus den Händen **II** *v/i* (≈ *move off*) wegfahren; *the car pulled away from the others* der Wagen setzte sich (von den anderen) ab ♦ **pull back I** *v/t sep* zurückziehen ♦ **pull down I** *v/t sep* **1.** (≈ *move down*) herunterziehen **2.** *buildings* abreißen **II** *v/i* (*blind etc*) sich herunterziehen lassen ♦ **pull in I** *v/t sep* **1.** *rope, smoke* einziehen; *to pull sb/sth in(to) sth* jdn/etw in etw (*acc*) ziehen **2.** *crowds* anziehen **II** *v/i* **1.** (*into station*) einfahren (*into* in +*acc*) **2.** (≈ *stop*) anhalten ♦ **pull off** *v/t sep* **1.** *wrapping* abziehen; *cover* abnehmen; *clothes* ausziehen **2.** (*infml* ≈ *succeed in*) schaffen (*infml*); *deal, coup* zuwege bringen (*infml*) ♦ **pull on** *v/t sep* *coat etc* sich (*dat*) überziehen ♦ **pull out I** *v/t sep* **1.** (≈ *extract*) (*of* aus) herausziehen; *tooth* ziehen; *page* heraustrennen; *to pull the rug out from under sb* (*fig*) jdm den Boden unter den Füßen wegziehen **2.** (≈ *withdraw*) zurückziehen; *troops* abziehen **II** *v/i* **1.** (≈ *come out*) sich herausziehen lassen **2.** (≈ *elongate*) sich ausziehen lassen **3.** (≈ *withdraw*) aussteigen (*of* aus) (*infml*); (*troops*) abziehen **4.** (*train etc*) herausfahren (*of* aus); *the car pulled out from behind the lorry* der Wagen scherte hinter dem Lastwagen aus ♦ **pull over I** *v/t sep* **1.** (≈ *move over*) herüberziehen (*prep obj* über +*acc*) **2.** (≈ *topple*) umreißen **3.** *the police pulled him over* die Polizei stoppte ihn am Straßenrand **II** *v/i* (*car, driver*) zur Seite fahren ♦ **pull through I** *v/t sep* (*lit*) durchziehen; *to*

pull sb/sth through sth (*lit*) jdn/etw durch etw ziehen; *to pull sb through a difficult time* jdm helfen, eine schwierige Zeit zu überstehen **II** *v/i* (*fig*) durchkommen; *to ~ sth* (*fig*) etw überstehen ♦ **pull together I** *v/i* (*fig*) am gleichen Strang ziehen **II** *v/r* sich zusammenreißen ♦ **pull up I** *v/t sep* **1.** (≈ *raise*) hochziehen **2.** (≈ *uproot*) herausreißen **3.** *chair* heranrücken **II** *v/i* (≈ *stop*) anhalten

pull-down *adj bed* Klapp-; **~ menu** IT Pull-down-Menü *nt*

pulley *n* **1.** (≈ *wheel*) Rolle *f* **2.** (≈ *block*) Flaschenzug *m*

pull-out I *n* (≈ *withdrawal*) Abzug *m* **II** *attr supplement* heraustrennbar **pullover** *n* Pullover *m*

pulp I *n* **1.** Brei *m*; *to beat sb to a ~* (*infml*) jdn zu Brei schlagen (*infml*) **2.** (*of fruit etc*) Fruchtfleisch *nt* **II** *v/t fruit etc* zerdrücken; *paper* einstampfen

pulpit *n* Kanzel *f*

pulsate *v/i* pulsieren **pulse I** *n* ANAT Puls *m*; PHYS Impuls *m*; *to feel sb's ~* jdm den Puls fühlen; *he still has or keeps his finger on the ~ of economic affairs* er hat in Wirtschaftsfragen immer noch den Finger am Puls der Zeit **II** *v/i* pulsieren

pulverize *v/t* pulverisieren

pummel *v/t* eintrommeln auf (+*acc*)

pump¹ I *n* Pumpe *f* **II** *v/t* pumpen; *stomach* auspumpen; *to ~ water out of sth* Wasser aus etw (heraus)pumpen; *to ~ money into sth* Geld in etw (*acc*) hineinpumpen; *to ~ sb (for information)* jdn aushorchen; *to ~ iron* (*infml*) Gewichte stemmen **III** *v/i* pumpen; (*water, blood*) herausschießen; *the piston pumped up and down* der Kolben ging auf und ab ♦ **pump in** *v/t sep* hineinpumpen ♦ **pump out** *v/t sep* herauspumpen ♦ **pump up** *v/t sep tyre etc* aufpumpen; *prices* hochtreiben

pump² *n* (≈ *gym shoe*) Turnschuh *m*; (*US* ≈ *court shoe*) Pumps *m*

pumpkin *n* Kürbis *m*

pun *n* Wortspiel *nt*

Punch *n* (*Br*) **~ and Judy show** Kasper(le)theater *nt*; *to be (as) pleased as ~* (*infml*) sich wie ein Schneekönig freuen (*infml*)

punch¹ I *n* **1.** (≈ *blow*) Schlag *m* **2.** *no pl* (*fig* ≈ *vigour*) Schwung *m* **II** *v/t* boxen; *I*

wanted to ~ him in the face ich hätte ihm am liebsten ins Gesicht geschlagen
punch² I *n (hole puncher)* Locher *m* II *v/t ticket etc* lochen, zwicken *(Aus); holes* stechen◆ **punch in** *v/t sep* IT *data* eingeben
punch³ *n* (≈ *drink*) Bowle *f; (hot)* Punsch *m*

punchbag *n* Sandsack *m* **punchbowl** *n* Bowle *f* **punching bag** *n (US)* Sandsack *m* **punch line** *n* Pointe *f* **punch-up** *n (Br infml)* Schlägerei *f*
punctual *adj* pünktlich; *to be ~* pünktlich kommen **punctuality** *n* Pünktlichkeit *f*
punctually *adv* pünktlich
punctuate *v/t* 1. GRAM interpunktieren 2. (≈ *intersperse*) unterbrechen **punctuation** *n* Interpunktion *f*
puncture I *n* 1. *(in tyre etc)* Loch *nt* 2. (≈ *flat tyre*) Reifenpanne *f* II *v/t* stechen in (+*acc*); *tyre* Löcher/ein Loch machen in (+*acc*)
pundit *n* Experte *m*, Expertin *f*
pungent *adj* scharf; *smell* durchdringend
punish *v/t* 1. bestrafen; *he was ~ed by a fine* er wurde mit einer Geldstrafe belegt; *the other team ~ed us for that mistake* die andere Mannschaft ließ uns für diesen Fehler büßen 2. *(fig infml* ≈ *drive hard)* strapazieren; *oneself* schinden **punishable** *adj* strafbar; *to be ~ by 2 years' imprisonment* mit 2 Jahren Gefängnis bestraft werden **punishing** *adj routine* strapaziös; *workload* erdrückend
punishment *n* 1. (≈ *penalty*) Strafe *f;* (≈ *punishing*) Bestrafung *f; you know the ~ for such offences* Sie wissen, welche Strafe darauf steht 2. *(fig infml)* **to take a lot of ~** *(car etc)* stark strapaziert werden
Punjabi I *adj* pandschabisch II *n* 1. Pandschabi *m/f(m)* 2. LING Pandschabi *nt*
punk I *n* 1. *(a.* **punk rocker**) Punker(in) *m(f); (a.* **punk rock**) Punkrock *m* 2. *(US infml* ≈ *hoodlum)* Ganove *m (infml)* II *adj* Punk-
punter *n* 1. *(Br infml)* (≈ *better*) Wetter(in) *m(f)* 2. *(esp Br infml* ≈ *customer etc)* Kunde *m,* Kundin *f*
puny *adj* (+*er*) *person* schwächlich; *effort* kläglich
pup *n* Junge(s) *nt*
pupil¹ *n* (SCHOOL, *fig*) Schüler(in) *m(f)*

pupil² *n* ANAT Pupille *f*
puppet *n* (≈ *glove puppet*) Handpuppe *f;* (≈ *string puppet, also fig*) Marionette *f*
puppeteer *n* Puppenspieler(in) *m(f)*
puppet regime *n* Marionettenregime *nt* **puppet show** *n* Puppenspiel *nt*
puppy *n* junger Hund
purchase I *n* Kauf *m; to make a ~* einen Kauf tätigen II *v/t* kaufen **purchase order** *n* Auftragsbestätigung *f* **purchase price** *n* Kaufpreis *m* **purchaser** *n* Käufer(in) *m(f)* **purchasing** *adj department* Einkaufs-; *price, power* Kauf-
pure *adj* (+*er*) rein; *in ~ disbelief* ganz ungläubig; *by ~ chance* rein zufällig; *malice ~ and simple* reine Bosheit **purebred** *adj* reinrassig
purée I *n* Püree *nt; tomato ~* Tomatenmark *nt,* Paradeismark *nt (Aus)* II *v/t* pürieren
purely *adv* rein; *~ and simply* schlicht und einfach
purgatory *n* REL das Fegefeuer
purge *v/t* reinigen
purification *n* Reinigung *f* **purification plant** *n* Kläranlage *f* **purify** *v/t* reinigen
puritan I *adj* puritanisch II *n* Puritaner(in) *m(f)* **puritanical** *adj* puritanisch
purity *n* Reinheit *f*
purple I *adj* lila; *face* hochrot II *n* (≈ *colour*) Lila *nt*
purpose *n* 1. (≈ *intention*) Absicht *f;* (≈ *set goal*) Zweck *m; on ~* absichtlich; *what was your ~ in doing this?* was haben Sie damit beabsichtigt?; *for our ~s* für unsere Zwecke; *for the ~s of this meeting* zum Zweck dieser Konferenz; *for all practical ~s* in der Praxis; *to no ~* ohne Erfolg 2. *no pl* (≈ *determination*) Entschlossenheit *f; to have a sense of ~* zielbewusst sein **purpose-built** *adj (esp Br)* speziell angefertigt; *construction* speziell gebaut **purposeful** *adj,* **purposefully** *adv* entschlossen
purr I *v/i (cat, person)* schnurren; *(engine)* surren II *n* Schnurren *nt no pl; (of engine)* Surren *nt no pl*
purse I *n* 1. *(for money)* Portemonnaie *nt; to hold the ~ strings (Br fig)* über die Finanzen bestimmen 2. *(US* ≈ *handbag)* Handtasche *f* II *v/t* **to ~ one's lips** einen Schmollmund machen
pursue *v/t* verfolgen; *success* nachjagen (+*dat*); *happiness* streben nach; *studies* nachgehen (+*dat*); *subject* weiterführen

pursuer *n* Verfolger(in) *m(f)* **pursuit** *n*
1. (*of person, goal*) Verfolgung *f* (*of
+gen*); (*of knowledge, happiness*) Streben *nt* (*of* nach); (*of pleasure*) Jagd *f*
(*of* nach); **he set off in ~** er rannte/
fuhr hinterher; **to go in ~ of sb/sth** sich
auf die Jagd nach jdm/etw machen; **in
hot ~ of sb** hart auf jds Fersen (*dat*);
to set off/be in hot ~ of sb/sth jdm/
einer Sache nachjagen; **in (the) ~ of his
goal** in Verfolgung seines Ziels **2.** (≈ *occupation*) Beschäftigung *f*; (≈ *pastime*)
Zeitvertreib *m*
pus *n* Eiter *m*
push I *n* **1.** Schubs *m* (*infml*); (*short*) Stoß
m; **to give sb/sth a ~** jdm/einer Sache
einen Stoß versetzen; **to give a car a ~** einen Wagen anschieben; **he needs a little ~ now and then** (*fig*) den muss man
mal ab und zu in die Rippen stoßen
(*infml*); **to get the ~** (*Br infml*) (*employee*) (raus)fliegen (*infml*) (*from* aus);
(*boyfriend*) den Laufpass kriegen
(*infml*); **to give sb the ~** (*Br infml*) *employee* jdn rausschmeißen (*infml*); *boyfriend* jdm den Laufpass geben (*infml*);
at a ~ (*infml*) notfalls; **if/when ~ comes
to shove** (*infml*) wenn der schlimmste
Fall eintritt **2.** (≈ *effort*) Anstrengung
f; MIL Offensive *f* **II** *v/t* **1.** (≈ *shove*) schieben; (*quickly*) stoßen; *button* drücken;
to ~ a door open/shut eine Tür auf-/zuschieben; **he ~ed his way through the
crowd** er drängte sich durch die Menge;
**he ~ed the thought to the back of his
mind** er schob den Gedanken beiseite
2. (*fig*) *product* massiv Werbung machen für; *drugs* schieben; **to ~ home
one's advantage** seinen Vorteil ausnützen; **don't ~ your luck** treibs nicht zu
weit!; **he's ~ing his luck trying to do
that** er legt es wirklich darauf an, wenn
er das versucht **3.** (*fig* ≈ *put pressure on*)
drängen; **to ~ sb into doing sth** jdn dazu
treiben, etw zu tun; **they ~ed him to the
limits** sie trieben ihn bis an seine Grenzen; **that's ~ing it a bit** (*infml*) das ist ein
bisschen übertrieben; **to be ~ed (for
time)** (*infml*) mit der Zeit knapp dran
sein; **to ~ oneself hard** sich schinden
III *v/i* (≈ *shove*) schieben; (*quickly*) stoßen; (≈ *press*) drücken; (*in a crowd*)
drängeln (*infml*); (≈ *apply pressure*)
drängen ◆ **push ahead** *v/i* sich ranhalten (*infml*); **to ~ with one's plans** seine

Pläne vorantreiben ◆ **push around** *v/t
sep* **1.** (*lit*) herumschieben **2.** (*fig infml*
≈ *bully*) *child* herumschubsen; *adult* herumkommandieren ◆ **push aside** *v/t
sep* beiseiteschieben; (*quickly*) beiseitestoßen; (*fig*) einfach abtun ◆ **push
away** *v/t sep* wegschieben; (*quickly*)
wegstoßen ◆ **push back** *v/t sep* *people*
zurückdrängen; (*with one push*) zurückstoßen; *cover, hair* zurückschieben
◆ **push by** *v/i* = **push past** ◆ **push
down I** *v/t sep* **1.** (≈ *press down*) nach unten drücken **2.** (≈ *knock down*) umstoßen
II *v/i* (≈ *press down*) hinunterdrücken
◆ **push for** *v/i +prep obj* drängen auf
(+*acc*) ◆ **push forward** *v/i* = **push
ahead** ◆ **push in I** *v/t sep* hineinschieben; (*quickly*) hineinstoßen; **to push
sb/sth in(to) sth** jdn/etw in etw (*acc*)
schieben/stoßen; **to push one's way
in** sich hineindrängen **II** *v/i* (*lit: in queue
etc*) sich hineindrängeln (*infml*) ◆ **push
off I** *v/t sep* hinunterschieben; (*quickly*)
hinunterstoßen; **to push sb off sth** jdn
von etw schieben/stoßen **II** *v/i* (*Br infml*
≈ *leave*) abhauen (*infml*); **~!** zieh ab!
(*infml*) ◆ **push on** *v/i* (*with journey*)
weiterfahren/-gehen; (*with job*) weitermachen ◆ **push out** *v/t sep* hinausschieben; (*quickly*) hinausstoßen; **to push
sb/sth out of sth** jdn/etw aus etw schieben/stoßen; **to push one's way out (of
sth**) sich (aus etw) hinausdrängen
◆ **push over** *v/t sep* (≈ *knock over*) umwerfen ◆ **push past** *v/i* sich vorbeidrängen (*prep obj* an +*dat*) ◆ **push through
I** *v/t sep* **1.** durchschieben; (*quickly*)
durchstoßen; **to push sb/sth through
sth** etw durch etw schieben/stoßen;
**she pushed her way through the
crowd** sie drängte sich durch die Menge
2. *bill* durchpeitschen (*infml*), durchstieren (*Swiss*) **II** *v/i* (*through crowd*)
sich durchdrängen ◆ **push to** *v/t always
separate door* anlehnen ◆ **push up** *v/t
sep* **1.** (*lit*) hinaufschieben; (*quickly*) hinaufstoßen **2.** (*fig* ≈ *raise*) hochdrücken
push-bike *n* (*Br infml*) Fahrrad *nt*, Velo
nt (*Swiss*) **push-button** *n* Druckknopf
m; **~ telephone** Tastentelefon *nt* **pushchair** *n* (*Br*) Sportwagen *m* **pusher** *n*
(*infml, of drugs*) Pusher(in) *m(f)* (*infml*)
pushover *n* (*infml*) (≈ *job etc*) Kinderspiel *nt* **push-start** *v/t* anschieben
push-up *n* (*US*) Liegestütz *m* **pushy**

adj (+*er*) (*infml*) penetrant (*pej*)

pussy *n* 1. (≈ *cat*) Mieze *f* (*infml*) 2. (*sl* ≈ *female genitals*) Muschi *f* (*infml*) **pussycat** *n* (*baby talk*) Miezekatze *f* (*baby talk*)

put *pret, past part* **put** *v/t* 1. (≈ *place*) stellen, setzen; (≈ *lay down*) legen; (≈ *push in*) stecken; **they ~ a plank across the stream** sie legten ein Brett über den Bach; **to ~ sth in a drawer** etw in eine Schublade legen; **he ~ his hand in his pocket** er steckte die Hand in die Tasche; **~ the dog in the kitchen** tu den Hund in die Küche; **to ~ sugar in one's coffee** Zucker in den Kaffee tun; **to ~ sb in a good mood** jdn fröhlich stimmen; **to ~ a lot of effort into sth** viel Mühe in etw (*acc*) stecken; **to ~ money into sth** (sein) Geld in etw (*acc*) stecken; **~ the lid on the box** tu den Deckel auf die Schachtel; **he ~ his head on my shoulder** er legte seinen Kopf auf meine Schulter; **her aunt ~ her on the train** ihre Tante setzte sie in den Zug; **to ~ money on a horse** auf ein Pferd setzen; **to ~ one's hand over sb's mouth** jdm die Hand vor den Mund halten; **he ~ his head (a)round the door** er steckte den Kopf zur Tür herein; **to ~ a glass to one's lips** ein Glas zum Mund(e) führen; **she ~ the shell to her ear** sie hielt (sich *dat*) die Muschel ans Ohr; **to ~ sb to bed** jdn ins Bett bringen; **to ~ sb to great expense** jdm große Ausgaben verursachen; **we'll each ~ £5 toward(s) it** jeder von uns gibt £ 5 (zum Betrag) dazu; **they ~ her to work on the new project** ihr wurde das neue Projekt als Arbeitsbereich zugewiesen; **to stay ~** stehen *etc* bleiben; (*person* ≈ *not move*) sich nicht von der Stelle rühren; **just stay ~!** bleib, wo du bist! 2. (≈ *write*) schreiben; *comma* machen; (≈ *draw*) zeichnen; **to ~ a cross/tick against sb's name** jds Namen ankreuzen/abhaken 3. *question, proposal* vorbringen; **I ~ it to you that ...** ich behaupte, dass ...; **it was ~ to me that ...** es wurde mir nahegelegt, dass ... 4. (≈ *express*) ausdrücken; **that's one way of ~ting it** so kann mans auch sagen; **how shall I ~ it?** wie soll ich (es) sagen?; **to ~ it bluntly** um es klipp und klar zu sagen 5. (≈ *rate*) schätzen (*at* auf +*acc*); **he ~s money before his family's happiness** er stellt Geld

über das Glück seiner Familie ◆ **put across** *v/t sep* *ideas* verständlich machen (*to sb* jdm); **to put oneself across** den richtigen Eindruck von sich geben ◆ **put aside** *v/t sep* 1. *book etc* beiseitelegen 2. (≈ *save for later*) zurücklegen 3. (*fig* ≈ *forget*) ablegen; *anger* begraben; *differences* vergessen ◆ **put away** *v/t sep* 1. einräumen; *toys* aufräumen; (≈ *tidy away*) wegräumen; **to put the car away** das Auto wegstellen 2. (≈ *save*) zurücklegen 3. (*infml* ≈ *consume*) schaffen (*infml*) 4. (*in prison*) einsperren ◆ **put back** *v/t sep* 1. (≈ *replace*) zurückstellen/-legen/-setzen 2. (*esp Br* ≈ *postpone*) verschieben; *plans, production* zurückwerfen; *watch etc* zurückstellen ◆ **put by** *v/t sep* (*Br*) zurücklegen ◆ **put down** *v/t sep* 1. (≈ *set down*) *object* wegstellen/-setzen/-legen; **put it down on the floor** stellen Sie es auf den Boden; **I couldn't put that book down** ich konnte das Buch nicht aus der Hand legen; **to ~ the phone** (den Hörer) auflegen 2. *umbrella* zumachen; *lid* zuklappen 3. (≈ *land*) landen 4. *rebellion* niederschlagen 5. (≈ *pay*) anzahlen; *deposit* machen 6. (*esp Br*) *pet* einschläfern 7. (≈ *write down*) niederschreiben; (*on form*) angeben; **to put one's name down for sth** sich (in eine Liste) für etw eintragen; **you can put me down for £10** für mich können Sie £ 10 eintragen; **put it down under sundries** schreiben Sie es unter Verschiedenes auf 8. (≈ *attribute*) zurückführen (*to auf* +*acc*) ◆ **put forward** *v/t sep* 1. *suggestion* vorbringen; *person* (*for job etc*) vorschlagen; (*as candidate*) aufstellen 2. (*esp Br*) *meeting* vorverlegen (*to auf* +*acc*); *watch etc* vorstellen ◆ **put in** I *v/t sep* 1. (≈ *place in*) hineinstellen/-legen/-stecken 2. (≈ *insert in speech etc*) einfügen; (≈ *add*) hinzufügen 3. *claim* einreichen 4. *central heating* einbauen 5. *time* zubringen (*with* mit); **to ~ a few hours' work at the weekend** am Wochenende ein paar Stunden Arbeit einschieben; **to ~ a lot of work on sth** eine Menge Arbeit in etw (*acc*) stecken II *v/i* **to ~ for sth** *for job* sich um etw bewerben; *for rise* etw beantragen ◆ **put inside** *v/t sep* (*infml, in prison*) einsperren (*infml*) ◆ **put off** *v/t sep* 1. (≈ *postpone*) verschieben; *decision* aufschieben; *sth unpleasant* hinauszögern;

to put sth off for 10 days/until January etw um 10 Tage aufschieben/auf Januar verschieben **2.** (≈ *be evasive with*) hinhalten **3.** (≈ *discourage*) die Lust nehmen (+*dat*); *to put sb off sth* jdm die Lust an etw (*dat*) nehmen; *don't let his rudeness put you off* störe dich nicht an seiner Flegelhaftigkeit; *are you trying to put me off?* versuchst du, mir das zu verleiden? (*infml*); *to put sb off doing sth* jdn davon abbringen, etw zu tun **4.** (≈ *distract*) ablenken (*prep obj* von); *I'd like to watch you if it won't put you off* ich würde dir gern zusehen, wenn es dich nicht stört **5.** (≈ *switch off*) ausschalten ◆ **put on** *v/t sep* **1.** *coat* anziehen; *hat* (sich *dat*) aufsetzen; *make-up* auflegen; (*fig*) *front* vortäuschen; *to ~ one's make-up* sich schminken **2.** *to ~ weight* zunehmen; *to ~ a pound* ein Pfund zunehmen; *ten pence was ~ the price of petrol* (*Br*) *or* *gas* (*US*) der Benzinpreis wurde um zehn Pence erhöht **3.** *play* aufführen; *exhibition* veranstalten; *bus* einsetzen; (*fig*) *act* abziehen (*infml*) **4.** (*on telephone*) *to put sb on to sb* jdn mit jdm verbinden; *would you put him on?* könnten Sie ihn mir geben? **5.** *TV* einschalten; *to put the kettle on* das Wasser aufsetzen **6.** *to put sb on to sth* (≈ *inform about*) jdm etw vermitteln ◆ **put out** *v/t sep* **1.** *rubbish etc* hinausbringen; *cat* vor die Tür setzen; *to put the washing out* (*to dry*) die Wäsche (zum Trocknen) raushängen; *to put sb out of business* jdn aus dem Markt drängen; *that goal put them out of the competition* mit diesem Tor waren sie aus dem Wettbewerb ausgeschieden; *she could not put him out of her mind* er ging ihr nicht aus dem Sinn **2.** *hand* ausstrecken; *tongue* herausstrecken; *to put one's head out of the window* den Kopf zum Fenster hinausstrecken **3.** *cutlery* auflegen **4.** *statement* abgeben; *appeal* durchgeben; (*on TV, radio*) senden **5.** *fire, light* löschen **6.** (≈ *vex*) *to be ~ (by sth)* (über etw *acc*) verärgert sein **7.** (≈ *inconvenience*) *to put sb out* jdm Umstände machen; *to put oneself out* (*for sb*) sich (*dat*) (wegen jdm) Umstände machen ◆ **put over** *v/t sep* = **put across** ◆ **put through** *v/t sep* **1.** *reform* durchbringen; (+*prep obj*) bringen

durch **2.** +*prep obj* (≈ *cause to undergo*) durchmachen lassen; *he has put his family through a lot (of suffering)* seine Familie hat seinetwegen viel durchgemacht **3.** (*by telephone*) *person* verbinden (*to* mit); *call* durchstellen (*to* zu) ◆ **put together** *v/t sep* (*in same room etc*) zusammentun; (≈ *seat together, assemble*) zusammensetzen; *menu* zusammenstellen; *collection* zusammentragen; *he's better than all the others ~* er ist besser als alle anderen zusammen ◆ **put up** *v/t sep* **1.** *hand* hochheben; *umbrella* aufklappen; *hair* hochstecken **2.** *flag* hissen; *picture, decorations* aufhängen; *notice* anbringen; *building, fence* errichten; *tent* aufschlagen **3.** (≈ *increase*) erhöhen **4.** *to put sth up for sale* etw zum Verkauf anbieten; *to put one's child up for adoption* sein Kind zur Adoption freigeben; *to ~ resistance* Widerstand leisten; *to put sb up to sth* jdn zu etw anstiften **5.** (≈ *accommodate*) unterbringen ◆ **put up with** *v/i* +*prep obj* sich abfinden mit; *I won't ~ that* das lasse ich mir nicht gefallen

put-down *n* Abfuhr *f* **put-on** (*infml*) *adj* vorgetäuscht

putrefy *v/i* verwesen **putrid** *adj* verfault

putt I *n* Schlag *m* (*mit dem man einlocht*) **II** *v/t & v/i* putten

putter (*US*) *v/i* = **potter²**

putty *n* Kitt *m*

puzzle I *n* **1.** (≈ *wordgame, mystery*) Rätsel *nt* **2.** (≈ *jigsaw*) Puzzle(spiel) *nt* **II** *v/t* **1.** verblüffen; *to be ~d about sth* sich über etw (*acc*) im Unklaren sein **2.** *to ~ sth out* etw (her)austüfteln **III** *v/i* *to ~ over sth* sich (*dat*) über etw (*acc*) den Kopf zerbrechen **puzzled** *adj look* verdutzt; *person* verwirrt **puzzlement** *n* Verwirrung *f* **puzzling** *adj* rätselhaft; *story, question* verwirrend

Pygmy, Pigmy I *n* Pygmäe *m* **II** *adj* Pygmäen-

pyjamas, (*US*) **pajamas** *pl* Schlafanzug *m*, Pyjama *m* (*esp Aus, Swiss*)

pylon *n* Mast *m*

pyramid *n* Pyramide *f*

pyre *n* Scheiterhaufen *m*

Pyrenean *adj* pyrenäisch **Pyrenees** *pl* Pyrenäen *pl*

Pyrex® *n* feuerfestes Glas

python *n* Python *m*

Q

Q, q n Q nt, q nt
qtr abbr of **quarter**
quack I n Schnattern nt no pl **II** v/i
schnattern
quad bike n (Br) Quad nt **quadrangle** n
1. MAT Viereck nt **2.** ARCH (viereckiger)
(Innen)hof **quadruple I** adj vierfach **II**
v/t vervierfachen **III** v/i sich vervierfachen **quadruplet** n Vierling m
quagmire n Sumpf m
quail n ORN Wachtel f
quaint adj (+er) (≈ picturesque) idyllisch;
pub urig; idea kurios
quake v/i zittern (with vor +dat); (earth
etc) beben
Quaker n Quäker(in) m(f)
qualification n **1.** Qualifikation f; (≈ document) Zeugnis nt; (≈ prerequisite) Voraussetzung f **2.** (≈ qualifying) Abschluss m **3.** (≈ limitation) Einschränkung f **qualified** adj **1.** (≈ trained) ausgebildet; (≈ with degree) Diplom-; ~ engineer Diplom-Ingenieur(in) m(f); **highly ~** hoch qualifiziert; **to be ~ to do
sth** qualifiziert sein, etw zu tun; **he is/
is not ~ to teach** er besitzt die/keine
Lehrbefähigung; **he was not ~ for the
job** ihm fehlte die Qualifikation für
die Stelle; **to be well ~ for sth** für etw
hoch qualifiziert sein; **he is fully ~** er
ist voll ausgebildet **2.** (≈ entitled) berechtigt **3.** (≈ limited) nicht uneingeschränkt **qualify I** v/t **1.** qualifizieren;
to ~ sb to do sth (≈ entitle) jdn berechtigen, etw zu tun **2.** statement einschränken **II** v/i **1.** (≈ acquire degree etc) seine
Ausbildung abschließen; **to ~ as a law-
yer/doctor** sein juristisches/medizini-
sches Staatsexamen machen; **to ~ as a
teacher** die Lehrbefähigung erhalten
2. SPORTS sich qualifizieren (for für) **3.**
(≈ fulfil conditions) infrage kommen
(for für); **does he ~ for admission to
the club?** erfüllt er die Bedingungen
für die Aufnahme in den Klub? **qualifying** adj SPORTS Qualifikations-; ~ **match**
or **game/group** Qualifikationsspiel
nt/-gruppe f
quality I n **1.** Qualität f; **of good ~** von guter Qualität; **they vary in ~** sie sind qua-

litativ verschieden **2.** (≈ characteristics)
Eigenschaft f **3.** (of sound) Klangfarbe f
II attr **1.** Qualitäts-; ~ **goods** Qualitätsware f **2.** (infml ≈ good) erstklassig
(infml); newspaper seriös **quality time**
n intensiv genutzte Zeit
qualm n **1.** (≈ scruple) Skrupel m; **without
a ~** ohne jeden Skrupel **2.** (≈ misgiving)
Bedenken nt
quandary n Verlegenheit f; **he was in a ~
about what to do** er wusste nicht, was er
tun sollte
quango n (Br) abbr of **quasi-autono-
mous nongovernmental organization**
(unabhängige) Nicht-Regierungs-Organisation
quantify v/t quantifizieren
quantitative adj, **quantitatively** adv
quantitativ
quantity n **1.** Quantität f; (≈ amount)
Menge f; (≈ proportion) Anteil m (of
an +dat); **in ~, in large quantities** in großen Mengen; **in equal quantities** zu
gleichen Teilen **2.** (MAT, fig) Größe f
quantum leap n (fig) Riesenschritt m
quantum mechanics n sg Quantenme-
chanik f
quarantine I n Quarantäne f; **to put sb in
~** jdn unter Quarantäne stellen **II** v/t unter Quarantäne stellen
quarrel I n Streit m; (≈ dispute) Auseinandersetzung f; **they have had a ~** sie haben sich gestritten; **I have no ~ with him**
ich habe nichts gegen ihn **II** v/i **1.** sich
streiten (with mit, about, over über
+acc) **2.** (≈ find fault) etwas auszusetzen
haben (with an +dat) **quarrelling,** (US)
quarreling n Streiterei f **quarrelsome**
adj streitsüchtig
quarry¹ I n Steinbruch m **II** v/t brechen
quarry² n (≈ prey) Beute f
quarter I n **1.** (of amount ≈ area) Viertel
nt; **to divide sth into ~s** etw in vier Teile
teilen; **a ~/three ~s full** viertel/drei viertel voll; **a mile and a ~** eineinviertel Meilen; **a ~ of a mile** eine viertel Meile; **for a
~ (of) the price** zu einem Viertel des
Preises; **a ~ of an hour** eine viertel Stunde; **a ~ to seven, a ~ of seven** (US) (ein)
Viertel vor sieben; **a ~ past six, a ~ after**

six (*US*) (ein) Viertel nach sechs; **an hour and a ~** eineinviertel Stunden; **in these ~s** in dieser Gegend **2.** (≈ *fourth of year*) Vierteljahr *nt* **3.** (*US*) Vierteldollar *m* **4.** (≈ *side*) Seite *f*; (≈ *place*) Stelle *f*; **he won't get help from that ~** von dieser Seite wird er keine Hilfe bekommen; **in various ~s** an verschiedenen Stellen; **at close ~s** aus der Nähe **5. quarters** *pl* (≈ *lodgings*) Quartier *nt* (*also* MIL) **6.** (≈ *mercy in battle*) Pardon *m*; **he gave no ~** er kannte kein Pardon **II** *adj* Viertel-; **~ pound** Viertelpfund *nt* **III** *v/t* vierteln **quarterback** *n* (*US* FTBL) Quarterback *m* **quarterfinal** *n* Viertelfinalspiel *nt* **quarterfinalist** *n* Teilnehmer(in) *m(f)* am Viertelfinale **quarterly I** *adj, adv* vierteljährlich **II** *n* Vierteljahresschrift *f* **quarter note** *n* (*US* MUS) Viertel(note *f*) *nt* **quarter-pipe** *n* SPORTS Quarterpipe *f* **quarter-pounder** *n* COOK Viertelpfünder *m*

quartet(te) *n* Quartett *nt*

quartz *n* Quarz *m*

quash *v/t* **1.** JUR *verdict* aufheben **2.** *rebellion* unterdrücken

quaver I *n* **1.** (≈ *Br* MUS) Achtel(note *f*) *nt* **2.** (*in voice*) Zittern *nt* **II** *v/i* zittern **quavering, quavery** *adj voice* zitternd; *notes* tremolierend

quay *n* Kai *m*; **alongside the ~** am Kai **quayside** *n* Kai *m*

queasiness *n* Übelkeit *f* **queasy** *adj* (+*er*) gereizt; **I feel ~** mir ist (leicht) übel

queen *n* **1.** Königin *f* **2.** CARDS, CHESS Dame *f*; **~ of spades** Pikdame **queen bee** *n* Bienenkönigin *f* **queenly** *adj* königlich **queen mother** *n* Königinmutter *f* **queen's English** *n* englische Hochsprache **Queen's Speech** *n* Thronrede *f*

queer I *adj* (+*er*) **1.** (≈ *strange*) eigenartig; (≈ *eccentric*) komisch; **he's a bit ~ in the head** (*infml*) er ist nicht ganz richtig im Kopf (*infml*) **2.** (≈ *suspicious*) verdächtig; **there's something ~ about it** da ist etwas faul dran (*infml*) **3.** (*infml*) **I feel ~** (≈ *unwell*) mir ist nicht gut **4.** (*pej infml* ≈ *homosexual*) schwul (*infml*) **II** *n* (*pej infml* ≈ *homosexual*) Schwule(r) *m*/*f(m)* (*infml*)

quell *v/t riot* unterdrücken

quench *v/t* löschen

query I *n* Frage *f*; IT Abfrage *f* **II** *v/t* **1.** bezweifeln; *statement* infrage stellen; *bill* reklamieren **2. to ~ sth with sb** etw

mit jdm abklären **3.** IT abfragen

quest *n* Suche *f* (*for* nach); (*for knowledge etc*) Streben *nt* (*for* nach)

question I *n* **1.** Frage *f* (*to* an +*acc*); **to ask sb a ~** jdm eine Frage stellen; **don't ask so many ~s** frag nicht so viel; **a ~ of time** eine Frage der Zeit; **it's a ~ of whether ...** es geht darum, ob ... **2.** *no pl* (≈ *doubt*) Zweifel *m*; **without ~** ohne (jeden) Zweifel; **your sincerity is not in ~** niemand zweifelt an Ihrer Aufrichtigkeit; **to call sth into ~** etw infrage stellen **3.** *no pl* **there's no ~ of a strike** von einem Streik kann keine Rede sein; **that's out of the ~** das kommt nicht infrage; **the person in ~** die fragliche Person **II** *v/t* **1.** fragen (*about* nach); (*police etc*) befragen (*about* zu); **my father started ~ing me about where I'd been** mein Vater fing an, mich auszufragen, wo ich gewesen war; **they were ~ed by the immigration authorities** ihnen wurden von der Einwanderungsbehörde viele Fragen gestellt **2.** (≈ *doubt*) bezweifeln; (≈ *dispute*) infrage stellen **questionable** *adj* fragwürdig; *figures* fraglich **questioner** *n* Frager(in) *m(f)* **questioning I** *adj look* fragend **II** *n* Verhör *nt*; (*of candidate*) Befragung *f*; **after hours of ~ by the immigration authorities** nach stundenlanger Befragung durch die Einwanderungsbehörde; **they brought him in for ~** sie holten ihn, um ihn zu vernehmen **questioningly** *adv* fragend **question mark** *n* Fragezeichen *nt* **questionnaire** *n* Fragebogen *m* **question tag** *n* LING Frageanhängsel *nt*

queue I *n* (*Br*) Schlange *f*; **to form a ~** eine Schlange bilden; **to stand in a ~** Schlange stehen; **to join the ~** sich (hinten) anstellen; **a ~ of cars** eine Autoschlange; **a long ~ of people** eine lange Schlange **II** *v/i* (*Br*: *a.* **queue up**) Schlange stehen; (≈ *form a queue*) eine Schlange bilden; (*people*) sich anstellen; **they were queuing for the bus** sie standen an der Bushaltestelle Schlange; **to ~ for bread** nach Brot anstehen

quibble *v/i* (≈ *be petty-minded*) kleinlich sein (*over, about* wegen); (≈ *argue*) sich herumstreiten (*over, about* wegen); **to ~ over details** auf Einzelheiten herumreiten

quiche *n* Quiche *f*

quick I *adj* (+*er*) **1.** schnell; **be ~!** mach

schnell!; **and be ~ about it** aber ein bisschen dalli (infml); **you were ~** das war ja schnell; **he's a ~ worker** er arbeitet schnell; **it's ~er by train** mit dem Zug geht es schneller; **what's the ~est way to the station?** wie komme ich am schnellsten zum Bahnhof? **2.** kiss flüchtig; speech, rest kurz; **let me have a ~ look** lass mich mal schnell sehen; **to have a ~ chat** ein paar Worte wechseln; **could I have a ~ word?** könnte ich Sie mal kurz sprechen?; **I'll just write him a ~ note** ich schreibe ihm mal kurz; **time for a ~ beer** genügend Zeit, um schnell ein Bierchen zu trinken **3.** mind wach; person schnell von Begriff (infml); temper hitzig; eye scharf **II** adv (+er) schnell **quicken I** v/t (a. **quicken up**) beschleunigen **II** v/i (a. **quicken up**) sich beschleunigen **quick fix** n Schnelllösung f **quickly** adv schnell **quickness** n (≈ speed) Schnelligkeit f **quicksand** n Treibsand m **quick-tempered** adj hitzig; **to be ~** leicht aufbrausen **quick-witted** adj geistesgegenwärtig

quid n, pl - (Br infml) Pfund nt; **20 ~** 20 Eier (sl)

quiet I adj (+er) **1.** still; person, area, time ruhig; music, voice leise; **she was as ~ as a mouse** sie war mucksmäuschenstill (infml); **(be) ~!** Ruhe!; **to keep ~** (≈ not speak) still sein; (≈ not make noise) leise sein; **that book should keep him ~** das Buch sollte ihn beschäftigt halten; **to keep ~ about sth** über etw (acc) nichts sagen; **to go ~** still werden; (music etc) leise werden; **things are very ~ at the moment** im Augenblick ist nicht viel los; **business is ~** das Geschäft ist ruhig; **to have a ~ word with sb** mit jdm ein Wörtchen (im Vertrauen) reden; **he kept the matter ~** er behielt die Sache für sich **2.** character sanft; child ruhig **3.** wedding im kleinen Rahmen; dinner im kleinen Kreis **II** n Ruhe f; **in the ~ of the night** in der Stille der Nacht; **on the ~** heimlich **III** v/t = quieten

quieten v/t (Br) sb zum Schweigen bringen ♦ **quieten down** (Br) **I** v/i (≈ become silent) leiser werden; (≈ become calm) sich beruhigen; **~, boys!** ein bisschen ruhiger, Jungens!; **things have quietened down a lot** es ist viel ruhiger geworden **II** v/t sep person beruhigen; **to quieten things down** die Lage beruhi-

gen

quietly adv leise; (≈ peacefully) ruhig; (≈ secretly) still und heimlich; **to live ~** ruhig leben; **he's very ~ spoken** er spricht sehr leise; **to be ~ confident** insgeheim sehr sicher sein; **I was ~ sipping my wine** ich trank in aller Ruhe meinen Wein; **he refused to go ~** er weigerte sich, unauffällig zu gehen; **he slipped off ~** er machte sich in aller Stille davon (infml) **quietness** n **1.** Stille f **2.** (≈ peacefulness) Ruhe f

quilt n Steppdecke f

quintet(te) n MUS Quintett nt **quintuplet** n Fünfling m

quip I n witzige Bemerkung **II** v/t & v/i witzeln

quirk n Schrulle f; (of fate) Laune f; **by a strange ~ of fate** durch eine Laune des Schicksals **quirky** adj (+er) schrullig

quit vb: pret, past part **quitted** or **quit I** v/t **1.** town, army verlassen; job aufgeben; **I've given her notice to ~ the flat** (form) ich habe ihr die Wohnung gekündigt **2.** (infml ≈ stop) aufhören mit; **to ~ doing sth** aufhören, etw zu tun **II** v/i **1.** (≈ leave job) kündigen; **notice to ~** Kündigung f **2.** (≈ go away) weggehen **3.** (≈ accept defeat) aufgeben

quite adv **1.** (≈ entirely) ganz; (emph) völlig; **I am ~ happy where I am** ich fühle mich hier ganz wohl; **it's ~ impossible to do that** das ist völlig unmöglich; **you're being ~ impossible** du bist einfach unmöglich; **are you ~ finished?** bist du jetzt fertig?; **I ~ agree with you** ich stimme völlig mit Ihnen überein; **that's ~ another matter** das ist doch etwas ganz anderes; **that's ~ enough for me** das reicht wirklich; **that's ~ enough of that** das reicht jetzt aber; **it was ~ some time ago** es war vor einiger Zeit; **not ~** nicht ganz; **not ~ tall enough** ein bisschen zu klein; **I don't ~ see what he means** ich verstehe nicht ganz, was er meint; **you don't ~ understand** Sie verstehen mich anscheinend nicht richtig; **it was not ~ midnight** es war noch nicht ganz Mitternacht; **sorry! — that's ~ all right** entschuldige! — das macht nichts; **I'm ~ all right, thanks** danke, mir gehts gut; **thank you — that's ~ all right** danke — bitte schön **2.** (≈ to some degree) ziemlich; **~ likely** sehr wahrscheinlich; **~ a few** ziemlich viele; **I ~ like this paint-**

ing dieses Bild gefällt mir ganz gut; **yes, I'd ~ like to** ja, eigentlich ganz gern **3.** (≈ *really*) wirklich; **she's ~ a girl** *etc* sie ist ein tolles Mädchen *etc*; **it's ~ delightful** es ist entzückend; **it was ~ a shock** es war ein ziemlicher Schock; **it was ~ a party** das war vielleicht eine Party! (*infml*); **it was ~ an experience** das war schon ein Erlebnis

quits *adj* quitt; **to be ~ with sb** mit jdm quitt sein; **shall we call it ~?** lassen wirs (dabei bewenden)?; (*when owing money*) sind wir quitt?

quiver *v/i* zittern (*with* vor +*dat*); (*lips, eyelids*) zucken

quiz I *n* **1.** Quiz *nt* **2.** (*US* SCHOOL *infml*) Prüfung *f* **II** *v/t* **1.** ausfragen (*about* über +*acc*) **2.** (*US* SCHOOL *infml*) abfragen

quizmaster *n* Quizmaster *m* **quiz show**

n Quiz *nt* **quizzical** *adj* look fragend; **quizzically** *adv* look fragend; *smile* zweifelnd

Quorn® *n* Quorn® *nt, Gemüsesubstanz als Fleischersatz*

quota *n* **1.** (*of work*) Pensum *nt* **2.** (≈ *permitted amount*) Quantum *nt*; (*of goods*) Kontingent *nt*

quotation *n* **1.** Zitat *nt* **2.** FIN Notierung *f* **3.** (COMM ≈ *estimate*) Kostenvoranschlag *m* **quotation marks** *pl* Anführungszeichen *pl* **quote I** *v/t* **1.** zitieren; **he was ~d as saying that ...** er soll gesagt haben, dass ... **2.** *example* anführen **3.** COMM *price* nennen; *reference* angeben **II** *v/i* **1.** zitieren **2.** COMM einen Kostenvoranschlag machen **III** *n* **1.** Zitat *nt* **2.** *in ~s* in Anführungszeichen **3.** COMM Kostenvoranschlag *m*

R

R, r *n* R *nt*, r *nt*
R *abbr of* **river**
rabbi *n* Rabbiner *m*; (*as title*) Rabbi *m*
rabbit I *n* Kaninchen *nt* **II** *v/i* (*Br infml*: *a.* **rabbit on**) quasseln (*infml*) **rabbit hole** *n* Kaninchenbau *m*
rabble *n* lärmende Menge; (*pej* ≈ *lower classes*) Pöbel *m*
rabies *n* Tollwut *f*
RAC *abbr of* **Royal Automobile Club** britischer Automobilklub
raccoon *n* = **racoon**
race¹ I *n* Rennen *nt*; **100 metres ~** 100-Meter-Lauf *m*; **to run a ~** (**against sb**) (mit jdm um die Wette) laufen; **to go to the ~s** zum Pferderennen gehen; **a ~ against time** ein Wettlauf *m* mit der Zeit **II** *v/t* um die Wette laufen *etc* mit; SPORTS laufen *etc* gegen; **I'll ~ you to school** ich mache mit dir ein Wettrennen bis zur Schule **III** *v/i* **1.** (≈ *compete*) laufen *etc*; **to ~ against sb** mit jdm um die Wette laufen *etc* **2.** (≈ *rush*) rasen; **to ~ after sb/sth** hinter jdm/etw herhetzen; **he ~d through his work** er jagte durch sein Arbeitspensum **3.** (*engine*) durchdrehen; (*heart*) rasen; (*pulse, mind*) jagen
race² *n* (≈ *ethnic group*) Rasse *f*; **of mixed ~** gemischtrassig

racecourse *n* (*Br*) Rennbahn *f* **racehorse** *n* Rennpferd *nt* **race relations** *n pl* Beziehungen *pl* zwischen den Rassen
racetrack *n* Rennbahn *f*
racial *adj* rassisch, Rassen-; **~ discrimination** Rassendiskriminierung *f*; **~ equality** Rassengleichheit *f*; **~ harassment** rassistisch motivierte Schikanierung; **~ minority** rassische Minderheit **racially** *adv offensive* in Bezug auf die Rasse; *abused* aufgrund seiner/ihrer Rasse; **a ~ motivated attack** ein ausländerfeindlicher Angriff
racing *n* (≈ *horse-racing*) Pferderennsport *m*; (≈ *motor racing*) Motorrennen *nt*; **he often goes ~** er geht oft zu Pferderennen/Motorrennen **racing bicycle** *n* Rennrad *nt* **racing car** *n* Rennwagen *m* **racing driver** *n* Rennfahrer(in) *m(f)*
racing pigeon *n* Brieftaube *f*
racism *n* Rassismus *nt* **racist I** *n* Rassist(in) *m(f)* **II** *adj* rassistisch
rack¹ I *n* **1.** (*for hats etc*) Ständer *m*; (*for plates*) Gestell *nt* **2.** (≈ *luggage rack*) Gepäcknetz *nt*; (*on car*) Gepäckträger *m* **II** *v/t* **1.** (*to cause pain*) quälen **2. to ~ one's brains** sich (*dat*) den Kopf zerbrechen
rack² *n* **to go to ~ and ruin** (*country*) herunterkommen
racket¹ *n* SPORTS Schläger *m*

racket[2]*n* **1.** (≈ *uproar*) Lärm *m*; **to make a ~** Lärm machen **2.** (*infml* ≈ *dishonest business*) Schwindelgeschäft *nt* (*infml*); **the drugs ~** das Drogengeschäft

racketeering*n* **1.** Gaunereien *pl* (*infml*) **2.** (≈ *organized crime*) organisiertes Verbrechen

raconteur*n* Erzähler(in) *m(f)* von Anekdoten

racoon*n* Waschbär *m*

racquet *n* (*Br* SPORTS) Schläger *m* **racquetball***n no pl* Racquetball *m*

racy*adj* (+*er*) gewagt

radar*n* Radar *m or n*

radiance*n* (*of sun*, *smile*) Strahlen *nt* **radiant***adj* strahlend; **to be ~ with joy** vor Freude strahlen **radiantly***adv* **1.** *happy* strahlend **2.** (*liter*) *shine* hell **radiate I** *v/i* Strahlen aussenden; (*heat*, *light*) ausgestrahlt werden **II** *v/t* ausstrahlen **radiation***n* (*of heat etc*) (Aus)strahlung *f*; (≈ *rays*) radioaktive Strahlung; **contaminated by** or **with ~** strahlenverseucht **radiator***n* Heizkörper *m*; AUTO Kühler *m*

radical I *adj* radikal; **~ Islamic** radikalislamisch **II** *n* POL Radikale(r) *m/f(m)*

radicchio *n* (*variety of chicory*) Radicchio *m*

radio I *n* **1.** Rundfunk *m*; (*a.* **radio set**) Radio *nt*; **to listen to the ~** Radio hören; **on the ~** im Radio; **he was on the ~ yesterday** er kam gestern im Radio **2.** (*in taxi etc*) Funkgerät *nt*; **over the ~** über Funk **II** *v/t person* über Funk verständigen; *message* funken **III** *v/i* **to ~ for help** per Funk einen Hilferuf durchgeben **radioactive***adj* radioaktiv **radioactivity***n* Radioaktivität *f* **radio alarm (clock)** *n* Radiowecker *m* **radio broadcast***n* Radiosendung *f* **radio cassette recorder***n* (*Br*) Radiorekorder *m* **radio contact***n* Funkkontakt *m* **radio-controlled** *adj* ferngesteuert **radiology** *n* Radiologie *f*; (*X-ray also*) Röntgenologie *f* **radio programme***n* Radioprogramm *nt* **radio station***n* Rundfunkstation *f* **radiotherapy***n* Röntgentherapie *f*

radish*n* **1.** Rettich *m* **2.** (*small red*) Radieschen *nt*

radius*n* **radii** *pl* MAT Radius *m*; **within a 6 km ~** in einem Umkreis von 6 km

RAF*abbr of* **Royal Air Force**

raffle I *n* Verlosung *f* **II** *v/t* (*a.* **raffle off**) verlosen **raffle ticket***n* Los *nt*

raft*n* Floß *nt*

rafter *n* (Dach)sparren *m*

rag*n* **1.** Lumpen *m*; (*for cleaning*) Lappen *m*; **in ~s** zerlumpt; **to go from ~s to riches** (*by luck*) vom armen Schlucker zum reichen Mann/zur reichen Frau werden; (*by work*) vom Tellerwäscher zum Millionär werden; **to lose one's ~** (*infml*) in die Luft gehen (*infml*) **2.** (*pej infml* ≈ *newspaper*) Käseblatt *nt* **ragbag** *n* (*fig*) Sammelsurium *nt* (*infml*) **rag doll** *n* Flickenpuppe *f*

rage I *n* Wut *f*; **to be in a ~** wütend sein; **to fly into a ~** einen Wutanfall bekommen; **fit of ~** Wutanfall *m*; **to send sb into a ~** jdn wütend *or* rasend machen; **to be all the ~** (*infml*) der letzte Schrei sein (*infml*) **II** *v/i* toben

ragged *adj person*, *clothes* zerlumpt; *beard* zottig; *coastline* zerklüftet; *edge* ausgefranst

raging *adj person* wütend; *thirst* brennend; *toothache* rasend; *storm* tobend; **he was ~** er tobte

raid I *n* Überfall *m*; (≈ *air raid*) Luftangriff *m*; (≈ *police raid*) Razzia *f* **II** *v/t* **1.** (*lit*) überfallen; (*police*) eine Razzia durchführen in (+*dat*); (*thieves*) einbrechen in (+*acc*) **2.** (*fig hum*) plündern **raider** *n* (≈ *thief*) Einbrecher(in) *m(f)*; (*in bank*) Bankräuber(in) *m(f)*

rail[1]*n* **1.** (*on stairs etc*) Geländer *nt*; NAUT Reling *f*; (≈ *curtain rail*) Schiene *f*; (≈ *towel rail*) Handtuchhalter *m* **2.** (*for train*) Schiene *f*; **to go off the ~s** (*Br fig: mentally*) zu spinnen anfangen (*infml*) **3.** (≈ *rail travel*) die (Eisen)bahn; **to travel by ~** mit der Bahn fahren

rail[2]*v/i* **to ~ at sb/sth** jdn/etw beschimpfen; **to ~ against sb/sth** über jdn/etw schimpfen

railcard *n* (*Br* RAIL) ≈ Bahncard® *f* **rail company** *n* Bahngesellschaft *f*

railing*n* (≈ *rail*) Geländer *nt*; (≈ *fence*: *a.* **railings**) Zaun *m*

railroad*n* (*US*) (Eisen)bahn *f*; **~ car** Waggon *m* **rail strike***n* Bahnstreik *m*

railway *n* (*Br*) **1.** (Eisen)bahn *f* **2.** (≈ *track*) Gleis *nt* **railway carriage***n* Eisenbahnwagen *m* **railway crossing***n* Bahnübergang *m* **railway engine***n* Lokomotive *f* **railway line***n* (Eisen)bahnlinie *f*; (≈ *track*) Gleis *nt* **railway network** *n* Bahnnetz *nt*

rain I *n* **1.** Regen *m* **2.** (*fig: of blows*) Hagel *m* **II** *v/i impers* regnen; **it is ~ing** es regnet; *it never ~s but it pours* (*Br prov*), *when it ~s, it pours* (*US prov*) ein Unglück kommt selten allein (*prov*) **III** *v/t impers it's ~ing cats and dogs* (*infml*) es gießt wie aus Kübeln ◆ **rain down** *v/i* (*blows etc*) niederprasseln (*upon* auf +*acc*) ◆ **rain off, rain out** (*US*) *v/t sep to be rained off* wegen Regen nicht stattfinden

rainbow *n* Regenbogen *m* **rainbow trout** *n* Regenbogenforelle *f* **rain check** *n* (*esp US*) **I'll take a ~ on that** (*fig infml*) das verschiebe ich auf ein andermal **rain cloud** *n* Regenwolke *f* **raincoat** *n* Regenmantel *m* **raindrop** *n* Regentropfen *m* **rainfall** *n* Niederschlag *m* **rain forest** *n* Regenwald *m* **rainstorm** *n* schwere Regenfälle *pl* **rainswept** *adj attr* regengepeitscht **rainwater** *n* Regenwasser *nt*

rainy *adj* (+*er*) regnerisch, Regen-; **~ season** Regenzeit *f*; *to save sth for a ~ day* (*fig*) etw für schlechte Zeiten aufheben

raise I *v/t* **1.** *object, arm* heben; *blinds, eyebrow* hochziehen; THEAT *curtain* hochziehen; *to ~ one's glass to sb* jdm zutrinken; *to ~ sb from the dead* jdn von den Toten erwecken; *to ~ one's voice* lauter sprechen; *to ~ sb's hopes* jdm Hoffnung machen **2.** (*in height or amount*) (*to* auf +*acc*) (*by* um) erhöhen, anheben **3.** *statue* errichten **4.** *question* aufwerfen; *objection* erheben; *suspicion* (er)wecken; *to ~ a cheer* Beifall ernten; *to ~ a smile* ein Lächeln hervorrufen **5.** *children, animals* aufziehen; *crops* anbauen; *to ~ a family* Kinder großziehen **6.** *army* aufstellen; *taxes* erheben; *funds* aufbringen **II** *n* (*in salary*) Gehaltserhöhung *f*; (*in wages*) Lohnerhöhung *f* ◆ **raise up** *v/t sep* heben; *he raised himself up on his elbow* er stützte sich auf den Ellbogen

raised *adj arm* angehoben; *voice* erhoben

raisin *n* Rosine *f*

rake I *n* Harke *f* **II** *v/t* harken **III** *v/i to ~ around* (herum)stöbern ◆ **rake in** *v/t sep* (*infml*) *money* kassieren (*infml*) ◆ **rake up** *v/t sep* **1.** *leaves* zusammenharken **2.** (*fig*) *to ~ the past* in der Vergangenheit wühlen

rally I *n* **1.** Versammlung *f*; (*with speaker*) Kundgebung *f*; AUTO Rallye *f*; *electoral ~* Wahlversammlung *f*; *peace ~* Friedenskundgebung *f* **2.** TENNIS *etc* Ball-

wechsel *m* **II** *v/t* versammeln; *to ~ one's strength* all seine Kräfte sammeln; *~ing cry* Slogan *m* **III** *v/i* **1.** (*sick person*) Fortschritte machen; ST EX sich erholen **2.** (*troops*) sich versammeln ◆ **rally (a)round I** *v/i +prep obj leader* sich scharen um **II** *v/i* sich seiner *etc* annehmen

RAM *n* IT *abbr of* **random access memory** RAM *m or nt*; *128 megabytes of ~* 128 Megabyte RAM

ram I *n* Widder *m* **II** *v/t* (≈ *push*) stoßen; (≈ *crash into*) rammen; (≈ *pack*) zwängen; *to ~ home a message* eine Botschaft an den Mann bringen; *to ~ sth down sb's throat* (*infml*) jdm etw eintrichtern (*infml*); *the car ~med a lamppost* das Auto prallte gegen einen Laternenpfahl ◆ **ram down** *v/t sep* *earth* feststampfen

ramble I *n* (*esp Br* ≈ *hike*) Wanderung *f*; *to go on a ~* eine Wanderung machen **II** *v/i* **1.** (*esp Br* ≈ *go on hike*) wandern **2.** (*in speech*) faseln (*infml*); (*pej: a.* **ramble on**) schwafeln (*infml*) **rambler** *n* (*esp Br*) Spaziergänger(in) *m(f)* **rambling I** *adj* **1.** *speech* weitschweifig; *old person* faselnd (*infml*); *garden* weitläufig **2.** *~ club* (*esp Br*) Wanderklub *m* **II** *n* **1.** (*esp Br* ≈ *hiking*) Wandern *nt*; *to go ~* wandern gehen **2.** (*in speech: a.* **ramblings**) Gefasel *nt* (*infml*)

ramification *n* (*lit*) Verzweigung *f*; (*smaller*) Verästelung *f*

ramp *n* Rampe *f*

rampage I *n to be/go on the ~* randalieren **II** *v/i* (*a.* **rampage about** *or* **around**) herumwüten

rampant *adj growth* üppig; *evil* wild wuchernd *attr*; *inflation* wuchernd; *to be ~* (wild) wuchern; *to run ~* (*condition*) um sich greifen

rampart *n* Wall *m*

ramshackle *adj building* baufällig; *group* schlecht organisiert

ramsons *n sg* BOT Bärlauch *m*

ran *pret of* **run**

ranch *n* Ranch *f*; *~ hand* Farmhelfer(in) *m(f)*

rancid *adj* ranzig

R & D *n abbr of* **research and development** Forschung und Entwicklung *f*

random I *n at ~* aufs Geratewohl; *shoot* ziellos; *take* wahllos; *a few examples taken at ~* ein paar willkürlich gewählte Beispiele; *I (just) chose one at ~* ich

wählte einfach irgendeine (Beliebige) **II** *adj selection* willkürlich; *sequence* zufällig; **~ drug test** Stichprobe *f* auf Drogen
random access *n* IT wahlfreier Zugriff
random access memory *n* IT Direktzugriffsspeicher *m* **randomly** *adv* wahllos
random number *n* Zufallszahl *f* **random sample** *n* Stichprobe *f*
randy *adj* (+er) (*Br*) geil
rang *pret of* **ring²**
range I *n* **1.** (*of gun*) Reichweite *f*; **at a~ of** auf eine Entfernung von; **at close ~** auf kurze Entfernung; **to be out of ~** außer Reichweite sein; (*of gun*) außer Schussweite sein; **within (firing) ~** in Schussweite; **~ of vision** Gesichtsfeld *nt* **2.** (≈ *selection*) Reihe *f*; (*of goods*) Sortiment *nt*; (*of sizes*) Angebot *nt* (*of* an +*dat*); (*of abilities*) Palette *f*; (≈ *mountain range*) Kette *f*; **a wide ~** eine große Auswahl; **in this price ~** in dieser Preisklasse; **a ~ of prices** unterschiedliche Preise *pl*; **we have the whole ~ of models** wir führen sämtliche Modelle; **we cater for the whole ~ of customers** wir sind auf alle Kundenkreise eingestellt **3.** (*a.* **shooting range**) (MIL) Schießplatz *m*; (≈ *rifle range*) Schießstand *m* **II** *v/i* **1. to ~ (from ... to)** gehen (von ... bis); (*temperature, value*) liegen (zwischen ... und); (*interests*) reichen (von ... bis) **2.** (≈ *roam*) streifen **ranger** *n* **1.** (*of forest etc*) Förster(in) **2.** (*US*) (≈ *mounted patrolman*) Ranger *m*
rank¹ I *n* **1.** MIL Rang *m*; **officer of high ~** hoher Offizier **2.** (≈ *status*) Stand *m*; **a person of ~** eine hochgestellte Persönlichkeit **3.** (≈ *row*) Reihe *f* **4.** (*Br* ≈ *taxi rank*) Taxistand *m* **5.** (MIL ≈ *formation*) Glied *nt*; **to break ~(s)** aus dem Glied treten; **the ~s** MIL die Mannschaften und die Unteroffiziere; **the ~ and file of the party** die Basis der Partei; **to rise from the ~s** aus dem Mannschaftsstand zum Offizier aufsteigen; (*fig*) sich hocharbeiten **II** *v/t* **to ~ sb among the best** jdn zu den Besten zählen; **where would you ~ Napoleon?** wie würden Sie Napoleon einstufen? **III** *v/i* **to ~ among** zählen zu; **to ~ above sb** bedeutender als jd sein; **to ~ high among the world's statesmen** einer der großen Staatsmänner sein; **he ~s high among her friends** er hat eine Sonderstellung unter ihren Freunden; **to ~ 6th** den 6. Rang belegen

rank² *adj* (+er) **1.** *smell* übel; **to be ~** stinken **2.** *attr injustice* schreiend; *outsider* absolut
rankings *pl* SPORTS **the ~** die Platzierungen *pl*
rankle *v/i* **to ~ (with sb)** jdn wurmen
ransack *v/t* *cupboards* durchwühlen; *house* plündern; *town* herfallen über (+*acc*)
ransom I *n* Lösegeld *nt*; **to hold sb to** (*Br*) *or* **for** (*US*) **~** (*lit*) jdn als Geisel halten **II** *v/t* gegen Lösegeld freilassen
rant I *v/i* eine Schimpfkanonade loslassen (*infml*); (≈ *talk nonsense*) irres Zeug reden (*infml*); **to ~ (and rave)** herumschimpfen; **what's he ~ing (on) about?** worüber lässt er sich denn da aus? (*infml*) **II** *n* Schimpfkanonade *f* (*infml*)
ranting *n* (≈ *outburst*) Geschimpfe *nt*; (≈ *incoherent talk*) irres Zeug
rap¹ I *n* Klopfen *nt no pl*; **he got a ~ on the knuckles for that** dafür hat er eins auf die Finger bekommen (*infml*) **II** *v/t table* klopfen auf (+*acc*); *window* klopfen an (+*acc*); **to ~ sb's knuckles** jdm auf die Finger klopfen **III** *v/i* klopfen; **to ~ at or on the door** an die Tür klopfen
rap² MUS **I** *n* Rap *m* **II** *v/i* rappen
rape¹ I *n* Vergewaltigung *f* **II** *v/t* vergewaltigen
rape² *n* (≈ *plant*) Raps *m*
rapid I *adj* schnell; *decline, rise* rapide; *descent* steil **II** *n* **rapids** *pl* GEOG Stromschnellen *pl* **rapidity** *n* Schnelligkeit *f*; (*of decline, rise*) Steilheit *f* **rapidly** *adv* schnell; *act, decline, rise* rapide
rapist *n* Vergewaltiger *m*
rappel *v/i* (*US*) = **abseil**
rapport *n* **the ~ I have with my father** das enge Verhältnis zwischen mir und meinem Vater
rapt *adj attention* höchste(r, s); *audience* hingerissen; **~ in thought** in Gedanken versunken
rapture *n* (≈ *delight*) Entzücken *nt*; (≈ *ecstasy*) Verzückung *f*; **to be in ~s** entzückt sein (*over* über +*acc*, *about* von); **to go into ~s (about sb/sth)** (über jdn/etw) ins Schwärmen geraten **rapturous** *adj applause* stürmisch
rare *adj* (+er) **1.** selten; **with very ~ exceptions** mit sehr wenigen Ausnahmen; **it's ~ for her to come** sie kommt nur selten **2.** *steak* blutig **rarefied** *adj atmosphere* dünn

rarely *adv* selten

raring *adj* **to be ~ to go** (*infml*) in den Startlöchern sein

rarity *n* Seltenheit *f*

rascal *n* Gauner *m*, Bazi *m* (*Aus*); (≈ *child*) Schlingel *m*

rash[1] *n* MED Ausschlag *m*; **to come out in a ~** einen Ausschlag bekommen

rash[2] *adj* (+*er*) voreilig; *person* unbesonnen; **don't do anything ~** tu ja nichts Überstürztes

rasher *n* Streifen *m*; **~ of bacon** Speckstreifen *m*

rashly *adv* voreilig **rashness** *n* Voreiligkeit *f*; (*of person*) Unbesonnenheit *f*

rasp I *n* (≈ *tool*) Raspel *f*; (≈ *noise*) Kratzen *nt no pl* II *v/i* kratzen; (*breath*) rasseln

raspberry I *n* Himbeere *f*; (≈ *plant*) Himbeerstrauch *m*; **to blow a ~** (**at sth**) (*infml*) (über etw) verächtlich schnauben II *adj* Himbeer-

rasping I *adj* kratzend; *cough* keuchend II *n* Kratzen *nt*

rat *n* ZOOL Ratte *f*; (*pej infml* ≈ *person*) elender Verräter (*infml*)

rate I *n* 1. (≈ *ratio*) Rate *f*; (≈ *speed*) Tempo *nt*; (*of unemployment*) Quote *f*; **the failure ~ on this course** die Durchfallrate bei diesem Kurs; **the failure ~ for small businesses** die Zahl der Konkurse bei Kleinunternehmen; **at a ~ of 100 litres** (*Br*) **or liters** (*US*) **an hour** (in einem Tempo von) 100 Liter pro Stunde; **at a ~ of knots** (*infml*) in irrsinnigem Tempo (*infml*); **at the ~ you're going you'll be dead before long** wenn du so weitermachst, bist du bald unter der Erde; **at any ~** auf jeden Fall 2. COMM, FIN Satz *m*; ST EX Kurs *m*; **~ of exchange** Wechselkurs *m*; **what's the ~ at the moment?** wie steht der Kurs momentan?; **what's the ~ of pay?** wie hoch ist der Satz (für die Bezahlung)?; **~ of interest** Zinssatz *m*; **~ of taxation** Steuersatz *m*; **insurance ~s** Versicherungsgebühren *pl*; **there is a reduced ~ for children** Kinderermäßigung wird gewährt; **to pay sb at the ~ of £10 per hour** jdm einen Stundenlohn von £ 10 bezahlen II *v/t* 1. (≈ *estimate value of*) (ein)schätzen; **to ~ sb/sth among ...** jdn/etw zu ... zählen; **how does he ~ that film?** was hält er von dem Film?; **to ~ sb/sth as sth** jdn/etw für etw halten;

to ~ sb/sth highly jdn/etw hoch einschätzen 2. (≈ *deserve*) verdienen 3. (*infml* ≈ *think highly of*) gut finden (*infml*); **I really/don't really ~ him** ich finde ihn wirklich gut/mag ihn nicht besonders III *v/i* **to ~ as ...** gelten als ...; **to ~ among ...** zählen zu ...

rather *adv* 1. lieber; **I would ~ be happy than rich** ich wäre lieber glücklich als reich; **I'd ~ not** lieber nicht; **I'd ~ not go** ich würde lieber nicht gehen; **it would be better to phone ~ than (to) write** es wäre besser zu telefonieren als zu schreiben 2. (≈ *more accurately*) vielmehr; **he is, ~ was, a soldier** er ist, beziehungsweise war, Soldat; **a car, or ~ an old banger** ein Auto, genauer gesagt eine alte Kiste 3. (≈ *considerably*) ziemlich; (≈ *somewhat*) etwas; **it's ~ more difficult than you think** es ist um einiges schwieriger, als du denkst; **I ~ think ...** ich glaube fast, ...

ratification *n* Ratifizierung *f* **ratify** *v/t* ratifizieren

rating *n* 1. (≈ *assessment*) (Ein)schätzung *f* 2. (≈ *category*) Klasse *f*; **to boost ~s** TV die Werte stark verbessern

ratio *n* Verhältnis *nt*; **the ~ of men to women** das Verhältnis von Männern zu Frauen; **in a ~ of 100 to 1** im Verhältnis 100 zu 1

ration I *n* Ration *f*; (*fig*) Quantum *nt*; **~s** (≈ *food*) Rationen *pl* II *v/t* rationieren; **he ~ed himself to five cigarettes a day** er erlaubte sich (*dat*) nur fünf Zigaretten pro Tag

rational *adj* rational; *solution* vernünftig **rationale** *n* Gründe *pl* **rationality** *n* Rationalität *f* **rationalize** *v/t & v/i* rationalisieren **rationally** *adv* rational

rationing *n* Rationierung *f*

rat race *n* ständiger Konkurrenzkampf

rattle I *v/i* klappern; (*chains*) rasseln; (*bottles*) klirren II *v/t* 1. *box, keys* schütteln; *bottles* zusammenschlagen; *chains* rasseln mit; *windows* rütteln an (+*dat*) 2. (*infml* ≈ *alarm*) *person* durcheinanderbringen III *n* 1. (≈ *sound*) Klappern *nt no pl*; (*of chains*) Rasseln *nt no pl*; (*of bottles*) Klirren *nt no pl* 2. (*child's*) Rassel *f* ♦ **rattle off** *v/t sep* herunterrasseln (*infml*) ♦ **rattle on** *v/i* (*infml*) (unentwegt) quasseln (*infml*) (*about* über +*acc*) ♦ **rattle through** *v/i* +*prep obj speech etc* herunterrasseln; *work* rasen durch

rattlesnake *n* Klapperschlange *f* **rattling**
I *n* Klappern *nt*; *(of chains)* Rasseln *nt*;
(of bottles) Klirren *nt* **II** *adj* klappernd;
chains rasselnd; *bottles* klirrend

ratty *adj (+er) (infml)* **1.** *(Br ≈ irritable)*
gereizt **2.** *(US ≈ run-down)* verlottert
(infml)

raucous *adj voice, laughter* heiser; *bird
cry* rau

raunchy *adj (+er) (infml) person* sexy;
film, novel erotisch

ravage I *n* ~s *(of war)* Verheerung *f (of
durch)*; *(of disease)* Zerstörung *f (of
durch)* **II** *v/t* verwüsten

rave I *v/i* fantasieren; *(furiously)* toben;
(infml: enthusiastically) schwärmen
(about, over von) **II** *n* **1.** *(Br infml)* Rave
m (sl) **2.** *(infml)* **a ~ review** *(infml)* eine
glänzende Kritik

raven *n* Rabe *m*

ravenous *adj* ausgehungert; *appetite* gewaltig; *I'm* ~ ich habe einen Bärenhunger *(infml)* **ravenously** *adv eat* wie ein
Wolf; *to be* ~ **hungry** ausgehungert sein

ravine *n* Schlucht *f*, Tobel *m (Aus)*

raving I *adj (≈ delirious)* im Delirium; *a* ~
lunatic *(infml)* ein kompletter Idiot
(infml) **II** *adv* ~ **mad** *(infml)* total verrückt *(infml)*

ravishing *adj woman, sight* atemberaubend; *beauty* hinreißend **ravishingly**
adv beautiful hinreißend

raw I *adj (+er)* **1.** *meat* roh; *sewage* ungeklärt; *to get a* ~ **deal** schlecht wegkommen *(infml)* **2.** *emotion, energy* nackt;
courage elementar; *account* unge-
schönt; ~ **data** IT unaufbereitete Daten
pl **3.** *recruit* neu **4.** *skin* wund **5.** *wind*
rau **II** *in the* ~ *(infml)* im Naturzustand
raw material *n* Rohmaterial *nt*

ray *n* Strahl *m*; *a* ~ **of hope** ein Hoffnungsschimmer *m*; *a* ~ **of sunshine** *(fig)* ein
kleiner Trost

raze *v/t* **to** ~ **sth to the ground** etw dem
Erdboden gleichmachen

razor *n* Rasierapparat *m*; *electric* ~ Elektrorasierer *m* **razor blade** *n* Rasierklinge
f **razor-sharp** *adj knife* scharf (wie ein
Rasiermesser); *(fig) mind* messerscharf

razzmatazz *n (esp Br infml)* Rummel *m*

RC *abbr of* **Roman Catholic** r.-k.

Rd *abbr of* **Road** Str.

re *prep* ADMIN *etc* betreffs *(+gen)*

reach I *n* Reichweite *f*; *(of influence)* Ein-

flussbereich *m*; *within/out of sb's* ~ in/
außer jds Reichweite *(dat)*; *within arm's*
~ in greifbarer Nähe; *keep out of* ~ *of
children* von Kindern fernhalten; *within easy* ~ *of the sea* in unmittelbarer
Nähe des Meers; *I keep it within easy*
~ ich habe es in greifbarer Nähe **II** *v/i*
1. *(≈ arrive at)* erreichen; *point* ankommen an *(+dat)*; *town, country* ankommen in *(+dat)*; *agreement* erzielen; *conclusion* kommen zu; *when we* ~**ed him
he was dead** als wir zu ihm kamen, war
er tot; *to* ~ *the terrace you have to
cross the garden* um auf die Terrasse
zu kommen, muss man durch den Garten gehen; *this advertisement is geared to* ~ *a younger audience* diese Werbung soll junge Leute ansprechen; *you
can* ~ *me at my hotel* Sie erreichen mich
in meinem Hotel **2.** *to be able to* ~ *sth*
an etw *(acc)* (heran)reichen können; *can
you* ~ *it?* kommen Sie dran? **3.** *(≈ go
down to etc)* reichen bis zu **III** *v/i* **to** ~
for sth nach etw greifen; *can you* ~*?*
kommen Sie dran? ♦ **reach across** *v/i*
hinübergreifen ♦ **reach down** *v/i (curtains etc)* herunterreichen *(to* bis); *(person)* hinuntergreifen *(for* nach) ♦ **reach
out I** *v/i sep he reached out his hand for
the cup* er griff nach der Tasse **II** *v/i* die
Hand/Hände ausstrecken; *to* ~ *for sth*
nach etw greifen ♦ **reach over** *v/i* =
reach across ♦ **reach up** *v/i* **1.** *(level)*
(herauf)reichen *(to* bis) **2.** *(person)* hi-
naufgreifen *(for* nach)

reachable *adj* erreichbar

react *v/i* reagieren *(to* auf *+acc)*; *to* ~
against negativ reagieren auf *(+acc)* **reaction** *n* Reaktion *f (to* auf *+acc, against*
gegen)

reactivate *v/t* reaktivieren

reactor *n* PHYS Reaktor *m*

read[1] *vb: pret, past part* **read I** *v/t* **1.** lesen;
(to sb) vorlesen *(to +dat)*; *(≈ understand)*
verstehen; ~ *my lips!* *(infml)* höre meine
Worte!; *to take sth as read* *(fig)* etw als
selbstverständlich voraussetzen; *to* ~
sb's mind jds Gedanken lesen; *don't*
~ *too much into his words* interpretieren Sie nicht zu viel in seine Worte hinein **2.** *thermometer etc* ablesen **3.** *(meter)*
(an)zeigen **II** *v/i* **1.** lesen; *(to sb)* vorlesen
(to +dat); *to* ~ *aloud or out loud* laut lesen **2.** *this paragraph* ~*s well* dieser Abschnitt liest sich gut; *the letter* ~*s as fol-*

lows der Brief lautet folgendermaßen **III** *n* **she enjoys a good ~** sie liest gern; **to be a good ~** sich gut lesen ◆ **read back** *v/t sep* (*to sb*) noch einmal vorlesen ◆ **read off** *v/t sep* ablesen; (*without pause*) herunterlesen ◆ **read on** *v/i* weiterlesen ◆ **read out** *v/t sep* vorlesen ◆ **read over** *or* **through** *v/t sep* durchlesen ◆ **read up** *v/i* nachlesen (*on* über +*acc*)

read[2] **I** *pret, past part of* **read**[1] **II** *adj* **he is well ~** er ist sehr belesen

readable *adj* **1.** (≈ *legible*) lesbar **2.** (≈ *worth reading*) lesenswert

reader *n* **1.** Leser(in) *m(f)* **2.** (≈ *book*) Lesebuch *nt* **readership** *n* Leser *pl*

readily *adv* bereitwillig; (≈ *easily*) leicht; **~ available** leicht erhältlich **readiness** *n* Bereitschaft *f*

reading *n* **1.** (≈ *action*) Lesen *nt* **2.** (≈ *reading matter*) Lektüre *f* **3.** (≈ *recital*) Lesung *f* (*also* PARL); **the Senate gave the bill its first ~** der Senat beriet das Gesetz in erster Lesung **4.** (≈ *interpretation*) Interpretation *f* **5.** (*from meter*) Zählerstand *m* **reading age** *n* **a ~ of 7** die Lesefähigkeit eines 7-jährigen **reading book** *n* Lesebuch *nt* **reading glasses** *pl* Lesebrille *f* **reading list** *n* Leseliste *f* **reading matter** *n* Lesestoff *m*

readjust I *v/t instrument* neu einstellen; (≈ *correct*) nachstellen; *prices* anpassen **II** *v/i* sich neu anpassen (*to* an +*acc*) **readjustment** *n* (*of instrument*) Neueinstellung *f*; (≈ *correction*) Nachstellung *f*; (*of prices*) Anpassung *f*

read only memory *n* IT Festwertspeicher *m* **readout** *n* IT *etc* Anzeige *f* **read-write head** *n* IT Schreib-/Lesekopf *m* **read-write memory** *n* IT Schreib-/Lesespeicher *m*

ready I *adj* **1.** fertig; (≈ *prepared*) bereit; *excuse* vorformuliert; *smile* rasch; *supply* griffbereit; **~ to do sth** (≈ *willing*) bereit, etw zu tun; (≈ *quick*) schnell dabei, etw zu tun; **he was ~ to cry** er war den Tränen nahe; **~ to leave** abmarschbereit; (*for journey*) abfahrtbereit; **~ to use** gebrauchsfertig; **~ to serve** tischfertig; **~ for action** bereit zum Angriff, klar zum Gefecht; **~ for anything** zu allem bereit; "**dinner's ~**" „essen kommen"; **are you ~ to go?** sind Sie so weit?; **are you ~ to order?** möchten Sie jetzt bestellen?; **well, I think we're ~** ich glau-

be, wir sind so weit; **I'm not quite ~ yet** ich bin noch nicht ganz fertig; **everything is ~ for his visit** alles ist für seinen Besuch vorbereitet; **~ for boarding** zum Einsteigen bereit; **I'm ~ for him!** er soll nur kommen; **to get** (*oneself*) **~** sich fertig machen; **to get ~ to go out** sich zum Ausgehen fertig machen; **to get ~ for sth** sich auf etw (*acc*) vorbereiten; **to get sth/sb ~** (*for sth*) etw/jdn fertig machen (für etw); **~ and waiting** startbereit; **~ when you are** ich bin bereit; **~, steady, go!** (*Br*) auf die Plätze, fertig, los! **2.** *reply* prompt; *wit* schlagfertig **3. ~ money** jederzeit verfügbares Geld; **~ cash** Bargeld *nt*; **to pay in ~ cash** auf die Hand bezahlen **II** *n* **at the ~** (*fig*) fahrbereit *etc*; **with his pen at the ~** mit gezücktem Federhalter **ready-cooked** *adj* vorgekocht **ready-made** *adj* **1.** *curtains* fertig; *meal* vorgekocht **2.** *replacement* nahtlos; **~ solution** Patentlösung *f* **ready meal** *n* Fertiggericht *nt* **ready-to-eat** *adj* tafelfertig **ready-to-serve** *adj* tischfertig **ready-to-wear** *adj attr*, **ready to wear** *adj pred* von der Stange (*infml*)

reaffirm *v/t* **1.** (≈ *assert again*) beteuern **2.** *doubts* bestätigen

real I *adj* **1.** (≈ *genuine*) echt; (≈ *complete*) richtig; (≈ *true*) wirklich; *idiot, disaster* komplett; **in ~ life** im wirklichen Leben; **the danger was very ~** das war eine ganz reale Gefahr; **it's the ~ thing** *or* **McCoy, this whisky!** dieser Whisky ist der echte; **it's not the ~ thing** das ist nicht das Wahre; (≈ *not genuine*) das ist nicht echt; **it's a ~ shame** es ist wirklich schade; **he doesn't know what ~ contentment is** er weiß ja nicht, was Zufriedenheit wirklich ist; **that's what I call a ~ car** das nenne ich ein Auto; **in ~ trouble** in großen Schwierigkeiten **2.** FIN *cost* tatsächlich; **in ~ terms** effektiv **II** *adv* (*esp US infml*) echt (*infml*); **~ soon** wirklich bald **III** *adj* **for ~** echt (*infml*) **real coffee** *n* Bohnenkaffee *m* **real estate** *n* Immobilien *pl* **realism** *n* Realismus *m* **realist** *n* Realist(in) *m(f)* **realistic** *adj* realistisch **realistically** *adv hope for* realistischerweise

reality *n* Realität *f*; **to become ~** sich verwirklichen; **in ~** (≈ *in fact*) in Wirklichkeit; (≈ *actually*) eigentlich; **the realities of the situation** der wirkliche Sachverhalt **reality check** *n* Realitäts-

kürzlich

receptacle *n* Behälter *m*

reception *n* no pl (of person, RADIO, TV) Empfang *m*; (of book etc) Aufnahme *f*; **to give sb a warm ~** jdn herzlich empfangen; **at ~** (in hotel etc) am Empfang **reception desk** *n* Rezeption *f* **receptionist** *n* (in hotel) Empfangschef *m*, Empfangsdame *f*; (with firm) Herr *m*/Dame *f* am Empfang; (at doctor's etc) Arzthilfe *f*, Ordinationshilfe *f* (Aus) **receptive** *adj person* aufnahmefähig; *audience* empfänglich

recess *n* **1.** (of law courts) Ferien *pl*; (US SCHOOL) Pause *f* **2.** (≈ alcove) Nische *f*

recession *n* ECON Rezession *f*

recharge I *v/t battery* aufladen; **to ~ one's batteries** (fig) auftanken **II** *v/i* sich wieder aufladen **rechargeable** *adj battery* wiederaufladbar

recipe *n* Rezept *nt*; **that's a ~ for disaster** das führt mit Sicherheit in die Katastrophe

recipient *n* Empfänger(in) *m(f)*

reciprocal *adj* (≈ mutual) gegenseitig; (≈ done in return) als Gegenleistung **reciprocate** *v/i* sich revanchieren

recital *n* Vortrag *m*; (≈ piano recital etc) Konzert *nt* **recite** *v/t & v/i* vortragen

reckless *adj behaviour* leichtsinnig; *driver* rücksichtslos; *attempt* gewagt **recklessly** *adv behave, disregard* leichtsinnig; *drive* rücksichtslos; *attempt* gewagt **recklessness** *n* (of person) Leichtsinn *m*; (of driver) Rücksichtslosigkeit *f*; (of attempt) Gewagtheit *f*

reckon *v/t* **1.** (≈ calculate) berechnen; **he ~ed the cost to be £40.51** er berechnete die Kosten auf £ 40,51 **2.** (≈ judge) zählen (among zu) **3.** (≈ think) glauben; (≈ estimate) schätzen; **what do you ~?** was meinen Sie?; **I ~ he must be about forty** ich schätze, er müsste so um die vierzig sein ◆ **reckon on** *v/i +prep obj* zählen auf (+acc); **I was reckoning on doing that tomorrow** ich wollte das morgen machen ◆ **reckon up I** *v/t sep* zusammenrechnen **II** *v/i* abrechnen (with mit) ◆ **reckon with** *v/i +prep obj* rechnen mit

reckoning *n* (Be)rechnung *f*; **the day of ~** der Tag der Abrechnung

reclaim I *v/t* **1.** land gewinnen **2.** tax zurückverlangen; lost item abholen **II** *n* **baggage** or **luggage ~** Gepäckausgabe

f

recline *v/i* (person) zurückliegen; (seat) sich verstellen lassen; **she was reclining on the sofa** sie ruhte auf dem Sofa **recluse** *n* Einsiedler(in) *m(f)*

recognition *n* **1.** (≈ acknowledgement) Anerkennung *f*; **in ~ of** in Anerkennung (+gen) **2.** (≈ identification) Erkennen *nt*; **it has changed beyond ~** es ist nicht wiederzuerkennen **recognizable** *adj*, **recognizably** *adv* erkennbar **recognize** *v/t* **1.** (≈ know again) wiedererkennen; (≈ identify, be aware) erkennen (by an +dat); (≈ admit) eingestehen **2.** (≈ acknowledge) anerkennen (as, to be als)

recoil *v/i* (person) (from vor +dat) zurückweichen; (in disgust) zurückschaudern

recollect I *v/t* sich erinnern an (+acc) **II** *v/i* sich erinnern **recollection** *n* (≈ memory) Erinnerung *f* (of an +acc); **I have no ~ of it** ich kann mich nicht daran erinnern

recommend *v/t* **1.** empfehlen (as als); **what do you ~ for a cough?** was empfehlen Sie gegen Husten?; **to ~ sb/sth to sb** jdm jdn/etw empfehlen; **to ~ doing sth/against doing sth** empfehlen/davon abraten, etw zu tun **2.** (≈ make acceptable) sprechen für; **this book has little to ~ it** das Buch ist nicht gerade empfehlenswert **recommendation** *n* Empfehlung *f*; **letter of ~** Empfehlung *f* **recommended price** *n* unverbindlicher Richtpreis

reconcile *v/t people* versöhnen; *differences* beilegen; **they became** or **were ~d** sie versöhnten sich; **to become ~d to sth** sich mit etw abfinden **reconciliation** *n* (of persons) Versöhnung *f*

reconnaissance *n* AVIAT, MIL Aufklärung *f*; **~ mission** Aufklärungseinsatz *m*

reconsider I *v/t decision* noch einmal überdenken; *facts* neu erwägen **II** *v/i* **there's time to ~** es ist nicht zu spät, seine Meinung zu ändern **reconsideration** *n* (of decision) Überdenken *nt*; (of facts) erneute Erwägung

reconstruct *v/t* rekonstruieren; *cities, building* wiederaufbauen **reconstruction** *n* Rekonstruktion *f*; (of city, building) Wiederaufbau *m*

record I *v/t* (person) aufzeichnen; (diary etc) dokumentieren; (in register) eintragen; one's thoughts festhalten **II** *v/i* (Tonband)aufnahmen machen **III** *n* **1.**

(≈ *account*) Aufzeichnung *f*; (*of meeting*) Protokoll *nt*; (≈ *official document*) Akte *f*; (*of past etc*) Dokument *nt*; **to keep a ~ of sth** über etw (*acc*) Buch führen; (*official*) etw registrieren; **to keep a personal ~ of sth** sich (*dat*) etw notieren; **it is on ~ that ...** es gibt Belege dafür, dass ...; (*in files*) es ist aktenkundig, dass ...; **he's on ~ as having said ...** es ist belegt, dass er gesagt hat, ...; **to set the ~ straight** für klare Verhältnisse sorgen; **just to set the ~ straight** nur damit Klarheit herrscht; **for the ~** der Ordnung halber; **off the ~** inoffizell **2.** (≈ *police record*) Vorstrafen *pl*; **~s** (≈ *files*) Strafregister *nt*; **he's got a ~** er ist vorbestraft **3.** (≈ *history*) Vorgeschichte *f*; (≈ *achievements*) Leistungen *pl*; **to have an excellent ~** ausgezeichnete Leistungen vorweisen können; **he has a good ~ of service** er ist ein verdienter Mitarbeiter; **to have a good safety ~** in Bezug auf Sicherheit einen guten Ruf haben **4.** MUS (Schall)platte *f* **5.** (SPORTS, *fig*) Rekord *m*; **to hold the ~** den Rekord halten; **~ amount** Rekordbetrag *m* **6.** IT Datensatz *m* **record-breaking** *adj* (SPORTS, *fig*) rekordbrechend, Rekord- **record company** *n* Plattenfirma *f* **recorded** *adj music* aufgezeichnet; **~ message** Ansage *f* **recorded delivery** *n* (*Br*) **by ~** per Einschreiben **recorder** *n* **1. cassette ~** Kassettenrekorder *m*; **tape ~** Tonbandgerät *nt* **2.** MUS Blockflöte *f* **record holder** *n* SPORTS Rekordhalter(in) *m(f)* **recording** *n* (*of sound*) Aufnahme *f*

record player *n* Plattenspieler *m*

recount *v/t* (≈ *relate*) erzählen

re-count I *v/t* nachzählen **II** *n* Nachzählung *f*

recoup *v/t amount* wieder hereinbekommen; *losses* wiedergutmachen

recourse *n* Zuflucht *f*

recover I *v/t sth lost* wiederfinden; *balance* wiedergewinnen; *property* zurückgewinnen; *stolen goods* sicherstellen; *body* bergen; *losses* wiedergutmachen; IT *file* retten; **to ~ consciousness** wieder zu Bewusstsein kommen; **to ~ oneself** or **one's composure** seine Fassung wiedererlangen; **to be quite ~ed** sich ganz erholt haben **II** *v/i* sich erholen **recovery** *n* **1.** (*of sth lost*) Wiederfinden *nt*; (*of property*) Zurückgewinnung *f*; (*of

body*) Bergung *f*; (*of losses*) Wiedergutmachung *f* **2.** (*after illness*, ST EX, FIN) Erholung *f*; **to be on the road to ~** auf dem Weg der Besserung sein; **he is making a good ~** er erholt sich gut **recovery vehicle** *n* Abschleppwagen *m*

recreate *v/t atmosphere* wiederschaffen; *scene* nachstellen

recreation *n* Erholung *f* **recreational** *adj* Freizeit-; **~ facilities** Freizeiteinrichtungen *pl* **recreational drug** *n* Freizeit- or Partydroge *f*

recrimination *n* Gegenbeschuldigung *f*

recruit I *n* MIL Rekrut(in) *m(f)* (*to* +*gen*); (*to club*) neues Mitglied (*to* in +*dat*); (*to staff*) Neue(r) *m/f(m)* (*to* in +*dat*) **II** *v/t soldier* rekrutieren; *member* werben; *staff* einstellen **III** *v/i* MIL Rekruten anwerben; (*employer*) neue Leute einstellen **recruitment** *n* (*of soldiers*) Rekrutierung *f*; (*of members*) (An)werbung *f*; (*of staff*) Einstellung *f* **recruitment agency** *n* Personalagentur *f*

rectangle *n* Rechteck *nt* **rectangular** *adj* rechteckig

rectify *v/t* korrigieren; *problem* beheben

rector *n* UNIV Rektor(in) *m(f)*

rectum *n*, *pl* **-s** or **recta** Mastdarm *m*

recuperate I *v/i* sich erholen **II** *v/t losses* wettmachen **recuperation** *n* Erholung *f*; (*of losses*) Wiedergutmachung *f*

recur *v/i* wiederkehren; (*error, event*) sich wiederholen; (*idea*) wieder auftauchen **recurrence** *n* Wiederkehr *f*; (*of error, event*) Wiederholung *f*; (*of idea*) Wiederauftauchen *nt* **recurrent** *adj idea, illness, dream* (ständig) wiederkehrend *attr*; *problem* häufig (vorkommend) **recurring** *adj attr* = **recurrent**

recyclable *adj* recycelbar

recycle *v/t* wiederverwerten, wiederaufbereiten; **made from ~d paper** aus Altpapier (hergestellt) **recycling** *n* Recycling *nt*; **~ site** Recycling- or Wertstoffhof *m* **recycling bin** *n* Recyclingbehälter *m*

red I *adj* rot; **the lights are ~** AUTO es ist rot; **~ as a beetroot** rot wie eine Tomate; **to go ~ in the face** rot anlaufen; **she turned ~ with embarrassment** sie wurde rot vor Verlegenheit **II** *n* Rot *nt*; **to go through the lights on ~** bei Rot über die Ampel fahren; **to be (£100) in the ~** (mit £ 100) in den roten Zahlen sein; **this pushed the company into the ~** das brachte die Firma in die roten Zahlen;

to see ~ (*fig*) rotsehen **red alert** *n* Alarmstufe *f* rot; *to be on* ~ in höchster Alarmbereitschaft sein **red cabbage** *n* Rotkohl *m* **red card** *n* FTBL Rote Karte; *to show sb the* ~ (*also fig*) jdm die Rote Karte zeigen **red carpet** *n* roter Teppich; *to roll out the* ~ *for sb*, *to give sb the* ~ *treatment* (*infml*) den roten Teppich für jdn ausrollen **Red Cross** *n* Rotes Kreuz **redcurrant** *n* (*Br*) rote Johannisbeere, rote Ribisel (*Aus*) **red deer** *n* Rothirsch *m*; (*pl*) Rotwild *nt* **redden** *v/i* (*face*) sich röten; (*person*) rot werden **reddish** *adj* rötlich

redecorate *v/t & v/i* (≈ *paper*) neu tapezieren; (≈ *paint*) neu streichen

redeemable *adj coupons* einlösbar **redeeming** *adj quality* ausgleichend; ~ *feature* aussöhnendes Moment

redefine *v/t* neu definieren

redemption *n* **beyond** *or* **past** ~ (*fig*) nicht mehr zu retten

redeploy *v/t troops* umverlegen; *staff* umsetzen **redeployment** *n* (*of troops*) Umverlegung *f*; (*of staff*) Umsetzung *f*

redesign *v/t* umgestalten

redevelop *v/t area* sanieren **redevelopment** *n* Sanierung *f*

red-eyed *adj* mit geröteten Augen **red--faced** *adj* mit rotem Kopf **red-haired** *adj* rothaarig **red-handed** *adv* *to catch sb* ~ jdn auf frischer Tat ertappen **redhead** *n* Rothaarige(r) *m/f(m)* **red-headed** *adj* rothaarig **red herring** *n* (*fig*) falsche Spur **red-hot** *adj* (*lit*) rot glühend; ~ *favourite* brandheißer Favorit

redial TEL I *v/t & v/i* nochmals wählen II *n* **automatic** ~ automatische Wahlwiederholung

redirect *v/t letter* umadressieren; (≈ *forward*) nachsenden; *traffic* umleiten

rediscover *v/t* wiederentdecken **rediscovery** *n* Wiederentdeckung *f*

redistribute *v/t wealth* neu verteilen; *work* neu zuteilen **redistribution** *n* (*of wealth*) Neuverteilung *f*; (*of work*) Neuzuteilung *f*

red-letter day *n* besonderer Tag **red light** *n* (*lit*) rotes Licht; (≈ *traffic light*) Rotlicht *nt*; *to go through the* ~ MOT bei Rot über die Ampel fahren; *the red--light district* das Rotlichtviertel **red meat** *n* Rind-, Lamm- und Rehfleisch **redness** *n* Röte *f*

redo *v/t* noch einmal machen

redouble *v/t efforts* verdoppeln

red rag *n* *it's like a* ~ *to a bull* das wirkt wie ein rotes Tuch

redress *v/t grievance* beseitigen; *balance* wiederherstellen

Red Sea *n* Rotes Meer **red tape** *n* (*fig*) Papierkrieg *m* (*infml*)

reduce I *v/t* reduzieren; *taxes, costs* senken; (≈ *shorten*) verkürzen; (*in price*) heruntersetzen; *to* ~ *speed* MOT langsamer fahren; *it has been* ~*d to nothing* es ist zu nichts zusammengeschmolzen; *to* ~ *sb to tears* jdn zum Weinen bringen II *v/i* (*esp US* ≈ *slim*) abnehmen **reduced** *adj* reduziert; *goods* heruntergesetzt; *circumstances* beschränkt; *at a* ~ *price* zu einem reduzierten Preis **reduction** *n* **1.** *no pl* (*in sth Gen*) Reduzierung *f*; (*in taxes, costs*) Senkung *f*; (*in size*) Verkleinerung *f*; (≈ *shortening*) Verkürzung *f*; (*of goods*) Herabsetzung *f* **2.** (≈ *amount reduced*) (*in sth Gen*) (*in temperature*) Rückgang *m*; (*of speed*) Verlangsamung *f*; (*in prices*) Ermäßigung *f*

redundancy *n* (*Br* IND) Arbeitslosigkeit *f*; **redundancies** Entlassungen *pl* **redundancy payment** *n* (*Br* IND) Abfindung *f* **redundant** *adj* **1.** überflüssig **2.** (*Br* IND) arbeitslos; *to make sb* ~ jdn entlassen; *to be made* ~ den Arbeitsplatz verlieren

red wine *n* Rotwein *m*

reed *n* BOT Schilf(rohr) *nt*

re-educate *v/t* umerziehen

reef *n* Riff *nt*

reek I *n* Gestank *m* II *v/i* stinken (*of* nach)

reel I *n* Spule *f*; FISH (Angel)rolle *f* II *v/i* (*person*) taumeln; *the blow sent him* ~*ing* er taumelte unter dem Schlag; *the whole country is still* ~*ing from the shock* das ganze Land ist noch tief erschüttert von diesem Schock ◆ **reel off** *v/t sep list* herunterrasseln (*infml*)

re-elect *v/t* wiederwählen **re-election** *n* Wiederwahl *f*

re-emerge *v/i* (*object, swimmer*) wieder auftauchen

re-enact *v/t event, crime* nachstellen **re--enactment** *n* (*of event, crime*) Nachstellen *nt*

re-enter *v/t* **1.** *room* wieder betreten; *country* wieder einreisen in (+*acc*); *race* sich wieder beteiligen an (+*dat*) **2.** *name* wieder eintragen **re-entry** *n also* SPACE Wiedereintritt *m*; (*into country*) Wiedereinreise f (*into* in +*acc*)

re-establish *v/t order* wiederherstellen; *control* wiedererlangen; *dialogue* wiederaufnehmen **re-establishment** n (*of order*) Wiederherstellung f; (*of control*) Wiedererlangen nt; (*of diplomatic relations, dialogue*) Wiederaufnahme f; (*in a position, office*) Wiedereinsetzung f

re-examination n erneute Prüfung; (*of role*) genaue Überprüfung **re-examine** *v/t* erneut prüfen

ref[1] n (SPORTS *infml*) *abbr of* **referee** Schiri m (*infml*)

ref[2] *abbr of* **reference** (**number**)

refectory n (*in college*) Mensa f

refer I *v/t matter* weiterleiten (*to* an +*acc*); **to ~ sb to sb/sth** jdn an jdn/auf etw (*acc*) verweisen; **to ~ sb to a specialist** jdn an einen Spezialisten überweisen II *v/i* 1. **to ~ to** (≈ *mention*) erwähnen; (*words*) sich beziehen auf (+*acc*); **I am not ~ring to you** ich meine nicht Sie; **what can he be ~ring to?** was meint er wohl? 2. **to ~ to** *notes* nachschauen in (+*dat*) ◆ **refer back** I *v/i* 1. (*person, remark*) sich beziehen (*to* auf +*acc*) 2. (≈ *consult again*) zurückgehen (*to* zu) II *v/t sep matter* zurückverweisen; **he referred me back to you** er hat mich an Sie zurückverwiesen

referee I n 1. Schiedsrichter(in) m(f) 2. (*Br: for job*) Referenz f II *v/t* Schiedsrichter(in) sein bei III *v/i* Schiedsrichter(in) sein

reference n 1. (≈ *act of mentioning*) Erwähnung f (*to* sb/sth jds/einer Sache); (≈ *allusion*) Anspielung f (*to* auf +*acc*); **to make (a) ~ to sth** etw erwähnen; **in** or **with ~ to** was ... anbetrifft; COMM bezüglich (+*gen*) 2. (≈ *testimonial, a.* **references**) Referenz f *usu pl* 3. (*in book etc*) Verweis m 4. (*esp US*) = **referee** I2 **reference book** n Nachschlagewerk nt **reference library** n Präsenzbibliothek f **reference number** n Nummer f

referendum n, pl **referenda** Referendum nt; **to hold a ~** ein Referendum abhalten

refill I *v/t* nachfüllen II n (*for lighter*) Nachfüllpatrone f; (*for ballpoint pen*) Ersatzmine f; **would you like a ~?** (*infml* ≈ *drink*) darf ich nachschenken? **refillable** adj nachfüllbar

refine *v/t* 1. *oil, sugar* raffinieren 2. *techniques* verfeinern **refined** adj *taste* fein;

person vornehm **refinement** n 1. *no pl* (*of person, style*) Vornehmheit f 2. (*in technique etc*) Verfeinerung f (*in sth gen*) **refinery** n Raffinerie f

reflect I *v/t* reflektieren; (*fig*) widerspiegeln; **to be ~ed in sth** sich in etw (*dat*) spiegeln; **I saw myself ~ed in the mirror** ich sah mich im Spiegel; **to ~ the fact that ...** die Tatsache widerspiegeln, dass ... II *v/i* nachdenken (*on, about* über +*acc*) ◆ **reflect (up)on** *v/i +prep obj* etwas aussagen über (+*acc*)

reflection n 1. (≈ *image*) Spiegelbild nt; (*fig*) Widerspiegelung f; **to see one's ~ in a mirror** sich im Spiegel sehen 2. *no pl* (≈ *consideration*) Überlegung f; (≈ *contemplation*) Reflexion f; **(up)on ~** wenn ich mir das recht überlege; **on further ~** bei genauerer Überlegung; **this is no ~ on your ability** damit soll gar nichts über Ihr Können gesagt sein **reflective** adj *clothing* reflektierend

reflex I adj Reflex- II n Reflex m **reflexive** GRAM I adj reflexiv II n Reflexiv nt **reflexology** n MED Reflexologie f; (≈ *practice*) Reflexzonenmassage f

reform I n Reform f II *v/t* reformieren; *person* bessern III *v/i* (*person*) sich bessern

reformat *v/t* IT *disk* neu formatieren

Reformation n **the ~** die Reformation **reformed** adj reformiert; *communist* ehemalig; **he's a ~ character** er hat sich gebessert **reformer** n POL Reformer(in) m(f); REL Reformator m

refrain *v/i* **he ~ed from comment** er enthielt sich eines Kommentars; **please ~ from smoking** bitte nicht rauchen!

refresh *v/t* 1. erfrischen; **to ~ oneself** (*with a bath*) sich erfrischen; **to ~ one's memory** sein Gedächtnis auffrischen; **let me ~ your memory** ich will Ihrem Gedächtnis nachhelfen 2. IT *screen* neu laden **refreshing** adj, **refreshingly** adv erfrischend

refreshment n (*light*) **~s** (kleine) Erfrischungen pl

refrigerate *v/t* kühlen; **"refrigerate after opening"** „nach dem Öffnen kühl aufbewahren" **refrigeration** n Kühlung f

refrigerator n Kühlschrank m

refuel *v/t* & *v/i* auftanken

refuge n Zuflucht f (*from* vor +*dat*); **a ~ for battered women** ein Frauenhaus nt; **to seek ~** Zuflucht suchen; **to take**

~ sich flüchten (*in* in +*acc*)
refugee *n* Flüchtling *m*
refund I *v/t money* zurückerstatten; *to ~ the difference* die Differenz erstatten II *n* (*of money*) Rückerstattung *f*; *to get a ~* (*on sth*) sein Geld (für etw) wiederbekommen; *they wouldn't give me a ~* man wollte mir das Geld nicht zurückgeben; *I'd like a ~ on this blouse, please* ich hätte gern mein Geld für diese Bluse zurück **refundable** *adj* zurückzahlbar
refurbish *v/t* renovieren
refurnish *v/t* neu möblieren
refusal *n* Ablehnung *f*; (*to do sth*) Weigerung *f*; *to get a ~* eine Absage erhalten
refuse[1] I *v/t offer* ablehnen; *invitation* absagen; *permission* verweigern; *to ~ to do sth* sich weigern, etw zu tun; *I ~ to be blackmailed* ich lasse mich nicht erpressen; *they were ~d permission* (*to leave*) es wurde ihnen nicht gestattet (wegzugehen) II *v/i* ablehnen; (*to do sth*) sich weigern
refuse[2] *n* Müll *m*; (≈ *food waste*) Abfall *m* **refuse collection** *n* Müllabfuhr *f* **refuse dump** *n* Müllablageplatz *m*
refute *v/t* widerlegen
reg. *adj abbr of* **registered** reg.
regain *v/t* wiedererlangen; *control, title* wiedergewinnen; *to ~ consciousness* das Bewusstsein wiedererlangen; *to ~ one's strength* wieder zu Kräften kommen; *to ~ one's balance* das Gleichgewicht wiederfinden; *to ~ possession of sth* wieder in den Besitz einer Sache (*gen*) gelangen; *to ~ the lead* (*in sport*) wieder in Führung gehen
regal *adj* königlich; (*fig*) hoheitsvoll
regale *v/t* (*with stories*) ergötzen (*elev*)
regard I *v/t* **1.** betrachten; *to ~ sb/sth as sth* jdn/etw für etw halten; *to be ~ed as ...* als ... angesehen werden; *he is highly ~ed* er ist hoch angesehen **2.** *as ~s that* was das betrifft II *n* **1.** (≈ *concern*) Rücksicht *f* (*for* auf +*acc*); *to have some ~ for sb/sth* auf jdn/etw Rücksicht nehmen; *to show no ~ for sb/sth* keine Rücksichtnahme für jdn/etw zeigen **2.** *in this ~* diesbezüglich; *with or in ~ to* in Bezug auf (+*acc*) **3.** (≈ *respect*) Achtung *f*; *to hold sb in high ~* jdn sehr schätzen **4.** **regards** *pl* *to send sb one's ~s* jdn grüßen lassen; *give him my ~s* grüßen Sie ihn von mir; (*kindest*) *~s* mit freundlichen Grüßen **regarding** *prep* bezüglich

(+*gen*) **regardless** I *adj* *~ of* ohne Rücksicht auf (+*acc*); *~ of what it costs* egal, was es kostet II *adv* trotzdem
regatta *n* Regatta *f*
regd *abbr of* **registered** reg.
regenerate *v/t* erneuern; *to be ~d* sich erneuern **regeneration** *n* Erneuerung *f*
regent *n* Regent(in) *m(f)*
regime *n* POL Regime *nt*
regiment *n* MIL Regiment *nt*
region *n* Region *f*; (*fig*) Bereich *m*; *in the ~ of 5 kg* um die 5 kg **regional** *adj* regional
register I *n* (≈ *book*) Register *nt*; (*at school*) Namensliste *f*; (*in hotel*) Gästebuch *nt*; (*of members etc*) Mitgliedsbuch *nt*; *~ of births, deaths and marriages* Personenstandsbuch *nt* II *v/t* registrieren; (*in book*) eintragen; *fact* erfassen; *birth, company, vehicle* anmelden; *student* einschreiben; *he is ~ed (as) blind* er hat einen Sehbehindertenausweis III *v/i* (*on list*) sich eintragen; (*in hotel*) sich anmelden; (*student*) sich einschreiben; *to ~ with the police* sich polizeilich melden; *to ~ for a course* sich für einen Kurs anmelden; UNIV einen Kurs belegen **registered** *adj* **1.** *company, name* eingetragen **2.** POST eingeschrieben; *by ~ post* per Einschreiben **Registered Trademark** *n* eingetragene Marke **registrar** *n* (*Br* ADMIN) Standesbeamte(r) *m*/-beamtin *f* **registrar's office** (*Br* ADMIN) Standesamt *nt* **registration** *n* **1.** (*by authorities*) Registrierung *f*; (*in files, of company*) Eintragung *f*; (*of fact*) Erfassung *f* **2.** (*by individual, COMM*) Anmeldung *f*; (*of student*) Einschreibung *f* **registration number** *n* (*Br* AUTO) Kraftfahrzeugkennzeichen *nt* **registry** *n* **1.** Sekretariat *nt* **2.** (*Br* ≈ *registry office*) Standesamt *nt* **registry office** *n* (*Br*) Standesamt *nt*; *to get married in a ~* standesamtlich heiraten
regress *v/i* (*form*) sich rückwärts bewegen; (*fig: society*) sich rückläufig entwickeln
regret I *v/t* bedauern; *lost opportunity* nachtrauern (+*dat*); *to ~ the fact that ...* (die Tatsache) bedauern, dass ...; *I ~ to say that ...* ich muss Ihnen leider mitteilen, dass ...; *we ~ any inconvenience caused* für eventuelle Unannehmlichkeiten bitten wir um Verständnis; *you won't ~ it!* Sie werden es nicht bereuen

II *n* Bedauern *nt no pl*; **I have no ~s** ich bereue nichts; **he sends his ~s** er lässt sich entschuldigen **regretfully** *adv* (≈ *with regret*) mit Bedauern **regrettable** *adj* bedauerlich **regrettably** *adv* bedauerlicherweise

regroup *v/i* sich umgruppieren

regular I *adj* **1.** regelmäßig; *rhythm, surface* gleichmäßig; *employment* fest; *size, time* normal; **at ~ intervals** in regelmäßigen Abständen; **on a ~ basis** regelmäßig; **to be in ~ contact** regelmäßig Kontakt haben; **to eat ~ meals** regelmäßig essen; **he has a ~ place in the team** er ist ein ordentliches Mannschaftsmitglied; **~ customer** Stammkunde *m*/-kundin *f*; **his ~ pub** (*Br*) seine Stammkneipe (*infml*) **2.** (*esp US* ≈ *ordinary*) gewöhnlich; **he's just a ~ guy** er ist ein ganz normaler Typ (*infml*) **II** *n* (*in shop etc*) Stammkunde *m*/-kundin *f*; (*in pub*) Stammgast *m* **regularity** *n* Regelmäßigkeit *f* **regularly** *adv* regelmäßig

regulate *v/t* regulieren; *flow, traffic* regeln **regulation** *n* **1.** (≈ *regulating*) Regulierung *f*; (*of traffic*) Regelung *f* **2.** (≈ *rule*) Vorschrift *f*; **~s** (*of society*) Satzung *f*; **to be contrary to ~s** gegen die Vorschrift(en)/Satzung verstoßen **regulator** *n* (≈ *instrument*) Regler *m* **regulatory** *adj* **~ authority** Regulierungsbehörde *f*

regurgitate *v/t* wieder hochbringen; (*fig*) wiederkäuen

rehab *abbr of* **rehabilitation** rehabilitate *v/t* ex-criminal rehabilitieren; *drug addict* therapieren **rehabilitation** *n* (*of ex-criminal*) Rehabilitation *f*; (*of drug addict*) Therapie *f*

rehearsal *n* THEAT, MUS Probe *f* **rehearse** *v/t & v/i* THEAT, MUS proben; **to ~ what one is going to say** einüben, was man sagen will

reheat *v/t* aufwärmen

rehouse *v/t* unterbringen

reign I *n* Herrschaft *f* **II** *v/i* herrschen (*over* über +*acc*) **reigning** *adj attr* regierend; *champion* amtierend

reimburse *v/t* person entschädigen; *costs* erstatten **reimbursement** *n* (*of person*) Entschädigung *f*; (*of loss*) Ersatz *m*; (*of expenses, costs*) (Rück)erstattung *f*

rein *n* Zügel *m*; **to keep a tight ~ on sb/ sth** bei jdm/etw die Zügel kurz halten; **to give sb free ~ to do sth** jdm freie Hand

lassen, etw zu tun ♦ **rein in** *v/t sep horse, passions* zügeln; *spending* in Schranken halten

reincarnate *v/t* reinkarnieren; **to be ~d** wiedergeboren werden **reincarnation** *n* Reinkarnation *f*

reindeer *n, pl* - Ren(tier) *nt*

reinforce *v/t* verstärken; *belief* stärken; **to ~ the message** der Botschaft (*dat*) mehr Nachdruck verleihen **reinforcement** *n* Verstärkung *f*; (*of beliefs*) Stärkung *f*; **~s** (MIL, *fig*) Verstärkung *f*

reinsert *v/t* wieder einfügen; *coin* wieder einwerfen; *needle* wieder einstecken

reinstate *v/t* person wiedereinstellen (*in* in +*acc*); *death penalty* wiedereinführen **reinstatement** *n* (*of person*) Wiedereinstellung *f*; (*of death penalty*) Wiedereinführung *f*

reintegrate *v/t* wiedereingliedern (*into* in +*acc*) **reintegration** *n* Wiedereingliederung *f*

reintroduce *v/t* measure wiedereinführen

reinvent *v/t* **to ~ the wheel** das Rad neu erfinden; **to ~ oneself** sich (*dat*) ein neues Image geben

reissue I *v/t* book neu auflegen; *stamps, recording* neu herausgeben **II** *n* (*of book*) Neuauflage *f*; (*of stamps, recording*) Neuausgabe *f*

reiterate *v/t* wiederholen

reject I *v/t* request etc ablehnen (*also* MED); (*stronger*) abweisen; *idea* verwerfen **II** *n* COMM Ausschuss *m no pl*; **~ goods** Ausschussware *f* **rejection** *n* (*of request, offer etc*) Ablehnung *f* (*also* MED); (*stronger*) Abweisung *f*; (*of idea*) Verwerfen *nt*

rejoice *v/i* sich freuen **rejoicing** *n* Jubel *m*

rejoin *v/t* person sich wieder anschließen (+*dat*); *club* wieder eintreten in (+*acc*)

rejuvenate *v/t* verjüngen; (*fig*) erfrischen

rekindle *v/t* (*fig*) passions wiederentzünden; *interest* wiedererwecken

relapse I *n* MED Rückfall *m* **II** *v/i* MED einen Rückfall haben

relate I *v/t* **1.** story erzählen; *details* aufzählen **2.** (≈ *associate*) in Verbindung bringen (*to, with* mit) **II** *v/i* **1.** (≈ *refer*) zusammenhängen (*to* mit) **2.** (≈ *form relationship*) eine Beziehung finden (*to* zu)

related *adj* **1.** (*in family*) verwandt (*to* mit); **~ by marriage** angeheiratet **2.** (≈

connected) zusammenhängend; *elements, issues* verwandt; *to be ~ to sth* mit etw zusammenhängen, mit etw verwandt sein; *the two events are not~* die beiden Ereignisse haben nichts miteinander zu tun; *two closely ~ questions* zwei eng miteinander verknüpfte Fragen; *health-~ problems* gesundheitliche Probleme *pl*; *earnings-~ pensions* einkommensabhängige Renten *pl* **relation** *n* **1.** (≈ *person*) Verwandte(r) *m/f(m)*; *he's a/no ~ (of mine)* er ist/ist nicht mit mir verwandt **2.** (≈ *relationship*) Beziehung *f*; *to bear no ~ to* in keinerlei Beziehung stehen zu; *to bear little ~ to* wenig Beziehung haben zu; *in ~ to* (≈ *as regards*) in Bezug auf (+*acc*); (≈ *compared with*) im Verhältnis zu **3.** **relations** *pl* (≈ *dealings*) Beziehungen *pl*; *to have business ~s with sb* geschäftliche Beziehungen zu jdm haben

relationship *n* **1.** (*in family*) Verwandtschaft *f* (*to* mit); *what is your ~ (to him)?* wie sind Sie (mit ihm) verwandt? **2.** (*between events etc*) Beziehung *f*; (≈ *relations*) Verhältnis *nt*; (*in business*) Verbindung *f*; *to have a* (*sexual*) *~ with sb* ein Verhältnis *nt* mit jdm haben; *to have a good ~ with sb* gute Beziehungen zu jdm haben

relative I *adj* **1.** (≈ *comparative*, SCI) relativ; *in ~ terms* relativ gesehen **2.** (≈ *respective*) jeweilig **3.** (≈ *relevant*) *~ to* sich beziehend auf (+*acc*) **4.** GRAM Relativ- **II** *n* = **relation** 1 **relatively** *adv* relativ

relax I *v/t* lockern; *muscles, mind* entspannen **II** *v/i* (sich) entspannen; (≈ *rest*) (sich) ausruhen; (≈ *calm down*) sich beruhigen; *~!* immer mit der Ruhe! **relaxation** *n* Entspannung *f*; *reading is her form of ~* sie entspannt sich durch Lesen; *~ technique* Entspannungstechnik *f* **relaxed** *adj* locker; *person* entspannt; *atmosphere* zwanglos; *to feel ~* (*physically*) entspannt sein; (*mentally*) sich wohlfühlen; *to feel ~ about sth* etw ganz gelassen sehen **relaxing** *adj* entspannend

relay I *n* (SPORTS, *a.* **relay race**) Staffellauf *m* **II** *v/t* **1.** RADIO, TV *etc* (weiter) übertragen **2.** *message* ausrichten (*to sb* jdm)

release I *v/t* **1.** *animal, person* freilassen; (*from prison*) entlassen **2.** (≈ *let go of*) loslassen; *handbrake* lösen; PHOT *shutter* auslösen; *to ~ one's hold* (*on sth*) (etw)

loslassen **3.** *film, record* herausbringen **4.** *news, statement* veröffentlichen **5.** *energy* freisetzen; *pressure* ablassen **II** *n* **1.** (*of animal, person*) Freilassung *f*; (*from prison*) Entlassung *f* **2.** (≈ *letting go*) Loslassen *nt*; (≈ *mechanism*) Auslöser *m* **3.** (*of film, record*) Herausbringen *nt*; (≈ *film*) Film *m*; (≈ *CD*) CD *f*; *on general ~* überall zu sehen **4.** (*of news, statement*) Veröffentlichung *f*; (≈ *statement*) Verlautbarung *f* **5.** (*of energy*) Freisetzung *f*

relegate *v/t* degradieren; SPORTS absteigen lassen (*to* in +*acc*); *to be ~d* SPORTS absteigen **relegation** *n* Degradierung *f*; SPORTS Abstieg *m*

relent *v/i* (*person*) nachgeben **relentless** *adj* **1.** *attitude* unnachgiebig **2.** *pain, cold* nicht nachlassend; *search* unermüdlich **3.** (≈ *merciless*) erbarmungslos **relentlessly** *adv* **1.** *maintain* unnachgiebig **2.** *hurt* unaufhörlich **3.** (≈ *mercilessly*) erbarmungslos

relevance, relevancy *n* Relevanz *f*; *to be of particular ~* (*to sb*) (für jdn) besonders relevant sein **relevant** *adj* relevant (*to* für); *authority, person* zuständig; *time* betreffend

reliability *n* Zuverlässigkeit *f* **reliable** *adj* zuverlässig; *firm* vertrauenswürdig **reliably** *adv* zuverlässig; *I am ~ informed that ...* ich weiß aus zuverlässiger Quelle, dass ...

reliance *n* Vertrauen *nt* (*on* auf +*acc*) **reliant** *adj* angewiesen (*on, upon* auf +*acc*)

relic *n* Relikt *nt*; REL Reliquie *f*

relief I *n* **1.** (*from pain*) Erleichterung *f*; *that's a ~!* mir fällt ein Stein vom Herzen; *it was a ~ to find it* ich *etc* war erleichtert, als ich *etc* es fand; *it was a ~ to get out of the office* es war eine Wohltat, aus dem Büro wegzukommen **2.** (≈ *assistance*) Hilfe *f* **3.** (≈ *substitute*) Ablösung *f* **II** *attr* **1.** (≈ *aid*) Hilfs-; *the ~ effort* die Hilfsaktion **2.** (≈ *replacement*) *driver etc* zur Entlastung **relief supplies** *pl* Hilfsgüter *pl* **relief workers** *pl* Rettungshelfer *pl*; (*in disaster*) Katastrophenhelfer *pl* **relieve** *v/t* **1.** *person* erleichtern; *to feel ~d* erleichtert sein; *to be ~d at sth* bei etw erleichtert aufatmen; *to ~ sb of sth* *of duty* jdn einer Sache (*gen*) entheben (*elev*) **2.** *pain* lindern; (*completely*) stillen; *pressure, symptoms* abschwächen; *to ~ oneself*

(*euph*) sich erleichtern **3.** (≈ *take over from*) ablösen

religion *n* Religion *f*; (≈ *set of beliefs*) Glaube(n) *m*; **the Christian** ~ der christliche Glaube

religious *adj* **1.** religiös; *order* geistlich; ~ **leader** Religionsführer(in) *m(f)* **2.** *person* gläubig **religiously** *adv* (*fig* ≈ *conscientiously*) gewissenhaft

relinquish *v/t* aufgeben; *title* ablegen; **to** ~ **one's hold on sb/sth** jdn/etw loslassen

relish **I** *n* **1. to do sth with** ~ etw mit Genuss tun **2.** COOK **tomato** ~ Tomatenchutney *nt* **II** *v/t* genießen; *idea, task* großen Gefallen finden an (+*dat*); **I don't** ~ **the thought of getting up at 5 a.m.** der Gedanke, um 5 Uhr aufzustehen, behagt mir gar nicht

relive *v/t* noch einmal durchleben

reload *v/t* neu beladen; *gun* nachladen

relocate **I** *v/t* umsiedeln **II** *v/i* (*individual*) umziehen, zügeln (*Swiss*); (*company*) den Standort wechseln **relocation** *n* Umzug *m*; (*of company*) Standortwechsel *m*

reluctance *n* Widerwillen *m*; **to do sth with** ~ etw widerwillig *or* ungern tun **reluctant** *adj* widerwillig; **he is** ~ **to do it** es widerstrebt ihm, es zu tun; **he seems** ~ **to admit it** er scheint es nicht zugeben zu wollen **reluctantly** *adv* widerwillig

rely *v/i* **to** ~ (**up**)**on sb/sth** sich auf jdn/etw verlassen; (≈ *dependent*) auf jdn/etw angewiesen sein; **I** ~ **on him for my income** ich bin finanziell auf ihn angewiesen

remain *v/i* bleiben; (≈ *be left over*) übrig bleiben; **all that** ~**s is for me to wish you every success** ich möchte Ihnen nur noch viel Erfolg wünschen; **that** ~**s to be seen** das bleibt abzuwarten; **to** ~ **silent** weiterhin schweigen **remainder** *n* **1.** Rest *m* **2. remainders** *pl* COMM Restbestände *pl* **remaining** *adj* restlich; **the** ~ **four** die vier Übrigen **remains** *pl* (*of meal*) Reste *pl*; (≈ *archaeological remains*) Ruinen *pl*; **human** ~ menschliche Überreste *pl*

remake *pret, past part* **remade** *v/t* neu machen; **to** ~ **a film** ein Thema neu verfilmen

remand **I** *v/t* JUR **he was** ~**ed in custody** er blieb in Untersuchungshaft **II** *n* **to be on** ~ in Untersuchungshaft sein

remark **I** *n* Bemerkung *f* **II** *v/i* **to** ~ (**up**)**on sth** über etw (*acc*) eine Bemerkung machen; **nobody** ~**ed on it** niemand hat etwas dazu gesagt **remarkable** *adj* bemerkenswert; *escape* wundersam **remarkably** *adv* bemerkenswert; ~ **little** erstaunlich wenig

remarry *v/i* wieder heiraten

remedial *adj attr* Hilfs-; MED Heil-

remedy **I** *n* Mittel *nt* (*for* gegen); (≈ *medication*) Heilmittel *nt* (*for* gegen) **II** *v/t* (*fig*) *problem* beheben; *situation* bessern

remember **I** *v/t* **1.** (≈ *recall*) sich erinnern an (+*acc*); (≈ *bear in mind*) denken an (+*acc*); **we must** ~ **that he's only a child** wir sollten bedenken, dass er noch ein Kind ist; **to** ~ **to do sth** daran denken, etw zu tun; **I** ~ **doing it** ich erinnere mich daran, dass ich es getan habe; **I can't** ~ **the word** das Wort fällt mir nicht ein; **do you** ~ **when ...?** (*reminiscing*) weißt du noch, als ...?; (*asking facts*) weißt du (noch), wann ...?; **I don't** ~ **a thing about it** ich kann mich überhaupt nicht daran erinnern; (*about book etc*) ich weiß nichts mehr davon; **I can never** ~ **phone numbers** ich kann mir Telefonnummern einfach nicht merken **2.** (*Br*) ~ **me to your mother** grüßen Sie Ihre Mutter von mir **II** *v/i* sich erinnern; **I can't** ~ ich weiß das nicht mehr; **not as far as I** ~ soweit ich mich erinnere, nicht! **remembrance** *n* **in** ~ **of** zur Erinnerung an (+*acc*) **Remembrance Day** *n* (*Br*) ≈ Volkstrauertag *m*

remind *v/t* erinnern (*of* an +*acc*); **you are** ~**ed that ...** wir weisen darauf hin, dass ...; **that** ~**s me!** da(bei) fällt mir was ein **reminder** *n* Gedächtnisstütze *f*; (*letter of*) Mahnung *f*; **his presence was a** ~ **of ...** seine Gegenwart erinnerte mich *etc* an (+*acc*) ...

reminisce *v/i* sich in Erinnerungen ergehen (*about* über +*acc*) **reminiscent** *adj* **to be** ~ **of sth** an etw (*acc*) erinnern

remission *n* (*form*) **1.** (*Br* JUR) (Straf)erlass *m* **2.** MED Besserung *f*; **to be in** ~ (*patient*) sich auf dem Wege der Besserung befinden; (*illness*) abklingen

remittance *n* Überweisung *f* (*to* an +*acc*) **remittance advice** *n* Überweisungsbescheid *m*

remnant *n* Rest *m*; (*fig*) Überrest *m*

remodel *v/t* umformen; (*fig*) umgestalten

remorse n Reue f (at, over über +acc); **without ~** (≈ merciless) erbarmungslos **remorseful** adj reumütig; **to feel ~** Reue spüren **remorseless** adj (fig ≈ merciless) unbarmherzig **remorselessly** adv ohne Reue; (fig ≈ mercilessly) erbarmungslos

remote I adj (+er) **1.** place, possibility entfernt; (≈ isolated) entlegen; IT rechnerfern; **in a ~ spot** an einer entlegenen Stelle **2.** (≈ aloof) unnahbar **3.** (≈ remote-controlled) handset zur Fernbedienung **II** n (≈ remote control) Fernbedienung f **remote access** n TEL, IT Fernzugriff m **remote control** n Fernsteuerung f; RADIO, TV Fernbedienung f **remote-controlled** adj ferngesteuert **remotely** adv **1.** **it's just ~ possible** es ist gerade eben noch möglich; **he didn't say anything ~ interesting** er sagte nichts, was im Entferntesten interessant war; **I'm not ~ interested in her** ich bin nicht im Geringsten an ihr interessiert **2.** situated entfernt **remoteness** n **1.** (≈ isolation) Abgelegenheit f **2.** (≈ aloofness) Unnahbarkeit f

removable adj cover abnehmbar; (from container) herausnehmbar **removal** n **1.** Entfernung f; (of stain) Beseitigung f; (of troops) Abzug m; (from container) Herausnehmen nt; (of obstacle) Ausräumung f **2.** (Br ≈ house removal) Umzug m **removal firm** n (Br) Spedition f **removal van** n (Br) Möbelwagen m

remove v/t entfernen; bandage abnehmen; clothes ausziehen; stain beseitigen; troops abziehen; (from container) herausnehmen (from aus); word streichen; obstacle aus dem Weg räumen; doubt, fear zerstreuen; **to ~ sth from sb** jdm etw wegnehmen; **to ~ one's clothes** die Kleider ablegen; **to be far ~d from ...** weit entfernt sein von ...; **a cousin once ~d** ein Cousin m ersten Grades

remunerate v/t bezahlen; (≈ reward) belohnen **remuneration** n Bezahlung f

Renaissance n Renaissance f

rename v/t umbenennen; **Leningrad was ~d St Petersburg** Leningrad wurde in St. Petersburg umbenannt

render v/t **1.** (form) service leisten; **to ~ assistance** Hilfe leisten **2.** (form ≈ make) machen **rendering** n Wiedergabe f; (of music, poem) Vortrag m

rendezvous n **1.** (≈ place) Treffpunkt m **2.** (≈ agreement to meet) Rendezvous nt

rendition n (form) = **rendering**

renegade I n Renegat(in) m(f) **II** adj abtrünnig

renegotiate v/t neu aushandeln

renew v/t **1.** erneuern; contract etc verlängern; (holder) verlängern lassen; attack, attempts wiederaufnehmen **renewable** adj contract, resource erneuerbar **renewal** n Erneuerung f; (of attack, attempts) Wiederaufnahme f **renewed** adj erneut; **~ efforts** neue Anstrengungen; **~ strength** frische Kraft; **~ outbreaks of rioting** erneute Krawalle pl

renounce v/t right, violence verzichten auf (+acc); terrorism abschwören (+dat)

renovate v/t/i renovieren **renovation** n Renovierung f

renown n guter Ruf; **of great ~** von hohem Ansehen **renowned** adj berühmt (for für)

rent I n (for house) Miete f, Zins m (Aus); (for farm) Pacht f **II** v/t **1.** house mieten; farm pachten; car etc leihen; video ausleihen **2.** (a. rent out) vermieten; verpachten; verleihen **III** v/i (≈ rent house) mieten; (≈ rent farm) pachten **rental** n (≈ amount paid) Miete f, Zins m (Aus); **~ car** Mietwagen m; **~ library** (US) Leihbücherei f **rent boy** n (Br infml) Strichjunge m (infml) **rent collector** n Mietkassierer(in) m(f) **rent-free** adj, adv mietfrei

renunciation n (of right, violence) Verzicht m (of auf +acc); (of terrorism) Aufgabe f

reoffend v/i erneut straffällig werden

reopen I v/t wieder öffnen; school, shop wiedereröffnen; debate wiederaufnehmen; JUR case wieder aufrollen **II** v/i wieder aufgehen; (shop etc) wieder eröffnen **reopening** n (of shop etc) Wiedereröffnung f

reorder v/t & v/i nachbestellen

reorganization n Neuorganisation f; (of books) Umordnung f; (of work) Neueinteilung f **reorganize** v/t neu organisieren; books umordnen; work neu einteilen; company umstrukturieren

rep COMM abbr of **representative** Vertreter(in) m(f); **holiday** or **travel ~** Reiseleiter(in) m(f)

repaid pret, past part of **repay**

repaint v/t neu streichen

repair I v/t reparieren; (fig) damage wiedergutmachen **II** n **1.** (lit) Reparatur f; **to be under~** (machine) in Reparatur sein; **beyond ~** nicht mehr zu reparieren; **closed for~s** wegen Reparaturarbeiten geschlossen **2.** no pl **to be in bad ~** in schlechtem Zustand sein **repairable** adj reparabel **repair shop** n Reparaturwerkstatt f **reparation** n (for damage) Entschädigung f; (usu pl: after war) Reparationen pl

repartee n Schlagabtausch m

repatriation n Repatriierung f

repay pret, past part **repaid** v/t money zurückzahlen; expenses erstatten; debt abzahlen; kindness vergelten; **I'll ~ you on Saturday** ich zahle dir das Geld am Samstag zurück; **how can I ever ~ you?** wie kann ich das jemals wiedergutmachen? **repayable** adj rückzahlbar **repayment** n (of money) Rückzahlung f **repayment mortgage** n Tilgungshypothek f

repeal I v/t law aufheben **II** n Aufhebung f

repeat I v/t wiederholen; (to sb else) weitersagen (to sb jdm); **to ~ oneself** sich wiederholen **II** v/i wiederholen; **~ after me** sprecht mir nach **III** n RADIO, TV Wiederholung f **repeated** adj, **repeatedly** adv wiederholt **repeat function** n IT Wiederholungsfunktion f **repeat performance** n he gave a ~ (fig) er machte es noch einmal **repeat prescription** n MED erneut verschriebenes Rezept

repel v/t **1.** attack zurückschlagen; insects abwehren **2.** (≈ disgust) abstoßen **repellent I** adj (≈ disgusting) abstoßend **II** n (≈ insect repellent) Insektenschutzmittel nt

repent I v/i Reue empfinden (of über +acc) **II** v/t bereuen **repentance** n Reue f **repentant** adj reuevoll

repercussion n Auswirkung f (on auf +acc); **that is bound to have~s** das wird Kreise ziehen; **to have ~s on sth** sich auf etw (acc) auswirken

repertoire n THEAT, MUS Repertoire nt **repertory** n **1.** (a. **repertory theatre**) Repertoire-Theater nt **2.** = **repertoire**

repetition n Wiederholung f **repetitive** adj sich dauernd wiederholend; work monoton; **to be ~** sich dauernd wiederholen

rephrase v/t neu formulieren, umformulieren

replace v/t **1.** (≈ put back) zurücksetzen; (standing up) zurückstellen; (flat) zurücklegen; **to ~ the receiver** TEL (den Hörer) auflegen **2.** person, parts ersetzen; **to ~ sb/sth with sb/sth** jdn/etw durch jdn/etw ersetzen **replaceable** adj ersetzbar **replacement** n Ersatz m; (≈ deputy) Vertretung f; **~ part** Ersatzteil nt **replay** SPORTS **I** n Wiederholung f **II** v/t wiederholen

replenish v/t wieder auffüllen; glass auffüllen; shelves nachfüllen

replica n (of painting) Reproduktion f; (of ship, building etc) Nachbildung f **replicate** v/t wiederholen

reply I n Antwort f; **in~** (als Antwort) darauf; **in~ to your letter** in Beantwortung Ihres Briefes (form) **II** v/t **to ~** (**to sb**) **that ...** (jdm) antworten, dass ... **III** v/i antworten (to sth auf etw +acc)

report I n **1.** Bericht m (on über +acc); PRESS, RADIO, TV Reportage f (on über +acc); **to give a ~ on sth** Bericht über etw (acc) erstatten; RADIO, TV eine Reportage über etw (acc) machen; **an official ~ on the motor industry** ein Gutachten nt über die Autoindustrie; (school) **~** Zeugnis nt **2.** **there are ~s that ...** es wird gesagt, dass ... **II** v/t **1.** findings berichten über (+acc); (officially) melden; **he is ~ed as having said ...** er soll gesagt haben ... **2.** (to sb jdm) accident, crime melden; **to ~ sb for sth** jdn wegen etw melden; **nothing to ~** keine besonderen Vorkommnisse! **III** v/i **1.** **to ~ for duty** sich zum Dienst melden; **to ~ sick** sich krankmelden **2.** (≈ give a report) berichten (on über +acc) ◆ **report back** v/i Bericht erstatten (to sb jdm) ◆ **report to** v/i +prep obj (in organization) unterstellt sein (+dat)

reported adj gemeldet **reportedly** adv angeblich **reported speech** n GRAM indirekte Rede **reporter** n PRESS, RADIO, TV Reporter(in) m(f); (on the spot) Korrespondent(in) m(f)

reposition v/t anders aufstellen

repository n Lager nt

repossess v/t wieder in Besitz nehmen **repossession** n Wiederinbesitznahme f

reprehensible adj verwerflich

represent v/t **1.** darstellen; (≈ stand for) stehen für **2.** PARL, JUR vertreten **repre-**

sentation n Darstellung f; PARL, JUR Vertretung f **representative I** adj (of für) repräsentativ; **a ~ body** eine Vertretung; **~ assembly** Abgeordnetenversammlung f **II** n COMM Vertreter(in) m(f); JUR Bevollmächtigte(r); (US POL) Abgeordnete(r) m/f(m), Mandatar(in) m(f) (Aus)

repress v/t unterdrücken; PSYCH verdrängen **repressed** adj unterdrückt; PSYCH verdrängt **repression** n Unterdrückung f; PSYCH Verdrängung f **repressive** adj repressiv

reprieve I n JUR Begnadigung f; (fig) Gnadenfrist f **II** v/t **he was ~d** JUR er wurde begnadigt

reprimand I n Tadel m; (official) Verweis m **II** v/t tadeln

reprint I v/t nachdrucken **II** n Nachdruck m

reprisal n Vergeltungsmaßnahme f

reproach I n Vorwurf m; **a look of ~** ein vorwurfsvoller Blick; **beyond ~** über jeden Vorwurf erhaben **II** v/t Vorwürfe machen (+dat); **to ~ sb for having done sth** jdm Vorwürfe dafür machen, dass er etw getan hat **reproachful** adj, **reproachfully** adv vorwurfsvoll

reprocess v/t sewage, atomic waste wiederaufbereiten **reprocessing plant** n Wiederaufbereitungsanlage f

reproduce I v/t (≈ copy) wiedergeben; (electronically) reproduzieren **II** v/i BIOL sich fortpflanzen **reproduction** n **1.** (≈ procreation) Fortpflanzung f **2.** (≈ copying, copy) Reproduktion f **reproductive** adj Fortpflanzungs-

reptile n Reptil nt

republic n Republik f **republican I** adj republikanisch **II** n Republikaner(in) m(f) **republicanism** n Republikanismus m

repugnance n Abneigung f (towards, for gegen) **repugnant** adj abstoßend

repulse v/t MIL zurückschlagen; **sb is ~d by sth** (fig) etw stößt jdn ab **repulsion** n Widerwille m (for gegen) **repulsive** adj abstoßend; **to be ~ to sb** für jdn abstoßend sein

reputable adj ehrenhaft; firm seriös **reputation** n Ruf m; (≈ bad reputation) schlechter Ruf; **he has a ~ for being ...** er hat den Ruf, ... zu sein; **to have a ~ for honesty** als ehrlich gelten; **you don't want to get (yourself) a ~, you know** du willst dich doch sicherlich

nicht in Verruf bringen **repute** v/t **he is ~d to be ...** man sagt, dass er ... ist; **he is ~d to be the best** er gilt als der Beste **reputedly** adv wie man annimmt

request I n Bitte f; **at sb's ~** auf jds Bitte; **on ~** auf Wunsch **II** v/t bitten um; RADIO record sich (dat) wünschen; **to ~ sth of or from sb** jdn um etw bitten **request stop** n (Br) Bedarfshaltestelle f

requiem mass n Totenmesse f

require v/t **1.** (≈ need) benötigen; action erfordern; **what qualifications are ~d?** welche Qualifikationen sind erforderlich?; **if ~d** falls nötwendig; **as ~d** nach Bedarf **2. to ~ sb to do sth** von jdm verlangen, dass er etw tut **required** adj erforderlich; **the ~ amount** die benötigte Menge **requirement** n **1.** (≈ need) Bedürfnis nt; (≈ desire) Wunsch m; **to meet sb's ~s** jds Wünschen (dat) entsprechen **2.** (≈ condition) Erfordernis nt; (for job) Anforderung f

reran pret of **rerun**

reread pret, past part **reread** v/t nochmals lesen

reroute v/t bus umleiten

rerun vb: pret **reran**, past part **rerun I** v/t tape wieder abspielen; race, programme wiederholen **II** n (of race, programme) Wiederholung f

resat pret, past part of **resit**

reschedule v/t meeting verlegen

rescue I n (≈ saving) Rettung f; **to come to sb's ~** jdm zu Hilfe kommen; **it was Bob to the ~** Bob war unsere/seine etc Rettung; **~ attempt** Rettungsversuch m **II** v/t (≈ save) retten **rescuer** n Retter(in) m(f) **rescue services** pl Rettungsdienst m, Rettung f (Aus, Swiss)

research I n Forschung f (into, on über +acc); **to do ~** forschen; **to carry out ~ into the effects of sth** Forschungen über die Auswirkungen einer Sache (gen) anstellen **II** v/i forschen; **to ~ into sth** etw erforschen **III** v/t erforschen **research assistant** n wissenschaftlicher Assistent, wissenschaftliche Assistentin **researcher** n Forscher(in) m(f)

resemblance n Ähnlichkeit f; **to bear a strong ~ to sb/sth** starke Ähnlichkeit mit jdm/etw haben **resemble** v/t gleichen (+dat); **they ~ each other** sie gleichen sich (dat)

resent v/t remarks übel nehmen; person ein Ressentiment haben gegen; **he**

~*ed her for the rest of his life* er nahm ihr das sein Leben lang übel; *he ~ed the fact that ...* er ärgerte sich darüber, dass ...; *to ~ sb's success* jdm seinen Erfolg missgönnen; *I~ that* das gefällt mir nicht **resentful** *adj* verärgert; (≈ *jealous*) voller Ressentiments (*of* gegen); *to be ~ about sth/of sb* über etw/jdn verärgert sein; *to feel ~ toward(s) sb for doing sth* es jdm übel nehmen, dass er/sie *etc* etw getan hat **resentment** *n* Ärger *m no pl* (*of* über +*acc*)

reservation *n* **1.** (≈ *doubt*) Vorbehalt *m*; *without ~* vorbehaltlos; *with ~s* unter Vorbehalt(en); *to have ~s about sb/sth* Bedenken in Bezug auf jdn/etw haben **2.** (≈ *booking*) Reservierung *f*; *to make a ~ etc* reservieren lassen; *to have a ~ (for a room)* ein Zimmer reserviert haben **3.** (*of land*) Reservat *nt*

reserve I *v/t* **1.** (≈ *keep*) aufsparen; *to ~ judgement* mit einem Urteil zurückhalten; *to ~ the right to do sth* sich (*dat*) (das Recht) vorbehalten, etw zu tun **2.** (≈ *book*) reservieren lassen **II** *n* **1.** (≈ *store*) (*of an* +*dat*) Vorrat *m*; FIN Reserve *f*; *to keep sth in ~* etw in Reserve halten; (≈ *land*) Reservat *nt* **2.** (≈ *reticence*) Zurückhaltung *f* **3.** SPORTS Reservespieler(in) *m(f)* **reserved** *adj* reserviert **reservist** *n* MIL Reservist(in) *m(f)*

reservoir *n* (*lit*) Reservoir *nt*

reset *pret, past part* **reset** *v/t* **1.** *watch* neu stellen (*to* auf +*acc*); *machine* neu einstellen; IT rücksetzen; *~ switch or button* IT Resettaste *f* **2.** MED *bone* wieder einrichten

resettle *v/t refugees* umsiedeln; *land* wieder besiedeln **resettlement** *n* (*of refugees*) Umsiedlung *f*; (*of land*) Neubesied(e)lung *f*

reshape *v/t clay etc* umformen; *policy* umstellen

reshuffle I *v/t cards* neu mischen; (*fig*) *Cabinet* umbilden **II** *n* (*fig*) Umbildung *f*

reside *v/i* (*form*) seinen Wohnsitz haben **residence** *n* **1.** (≈ *house*) Wohnhaus *nt*; (*for students*) Wohnheim *nt*; (*of monarch etc*) Residenz *f* **2.** *no pl country of ~* Aufenthaltsland *nt*; *place of ~* Wohnort *m*; *after 5 years' ~ in Britain* nach 5 Jahren Aufenthalt in Großbritannien **residence permit** *n* Aufenthaltsgenehmigung *f* **residency** *n* **1.**

(*US*) = *residence* 2 **2.** (*Br*) Residenz *f* **resident I** *n* Bewohner(in) *m(f)*; (*in town*) Einwohner(in) *m(f)*; (*in hotel*) Gast *m*; *"residents only"* „Anlieger frei", „Anrainer frei" (*Aus*) **II** *adj* wohnhaft; *staff, population* ansässig; *the ~ population* die ansässige Bevölkerung **residential** *adj* *~ property* Wohngebäude *nt*; *~ street* Wohnstraße *f* **residential area** *n* Wohngebiet *nt* **residential home** *n* Wohnheim *nt*

residual *adj* restlich **residue** *n* Rest *m*; CHEM Rückstand *m*

resign I *v/t* **1.** *post* abgeben **2.** *to ~ oneself to sth* sich mit etw abfinden; *to ~ oneself to doing sth* sich damit abfinden, etw zu tun **II** *v/i* (*minister, chairman*) zurücktreten; (*employee*) kündigen; *to ~ from office* sein Amt niederlegen; *to ~ from one's job* (seine Stelle) kündigen **resignation** *n* **1.** (*of minister, chairman*) Rücktritt *m*; (*of employee*) Kündigung *f*; (*of civil servant*) Amtsniederlegung *f*; *to hand in one's ~* seinen Rücktritt/seine Kündigung einreichen/sein Amt niederlegen **2.** (≈ *mental state*) Resignation *f* (*to* gegenüber +*dat*) **resigned** *adj person* resigniert; *to become ~ to sth* sich mit etw abfinden; *to be ~ to one's fate* sich in sein Schicksal ergeben haben

resilience *n* **1.** (*of material*) Federn *nt* **2.** (*fig, of person*) Unverwüstlichkeit *f* **resilient** *adj* **1.** *material* federnd *attr*; *to be ~* federn **2.** (*fig*) *person* unverwüstlich

resin *n* Harz *nt*

resist I *v/t* **1.** (≈ *oppose*) sich widersetzen (+*dat*); *advances, attack* Widerstand leisten gegen **2.** *temptation, sb* widerstehen (+*dat*); *I couldn't ~ (eating) another piece of cake* ich konnte der Versuchung nicht widerstehen, noch ein Stück Kuchen zu essen **II** *v/i* **1.** (≈ *be opposed*) sich widersetzen; (*faced with advances, attack*) Widerstand leisten **2.** (*faced with temptation*) widerstehen

resistance *n* (*to* gegen) Widerstand *m*; *to meet with ~* auf Widerstand stoßen; *to offer no ~ (to sb/sth)* (*to attacker, advances etc*) (jdm/gegen etw) keinen Widerstand leisten; (*to proposals*) sich (jdm/einer Sache) nicht widersetzen **resistant** *adj material* strapazierfähig; MED immun (*to* gegen)

resit *vb: pret, past part* **resat** (*Br*) **I** *v/t exam* wiederholen **II** *n* Wiederholung(sprüfung) *f*

resolute *adj* energisch; *refusal* entschieden; **resolutely** *adv* entschieden; **to be ~ opposed to sth** entschieden gegen etw sein **resolution** *n* **1.** (≈ *decision*) Beschluss *m*; *esp* POL Resolution *f*; (≈ *intention*) Vorsatz *m* **2.** *no pl* (≈ *resoluteness*) Entschlossenheit *f* **3.** *no pl* (*of problem*) Lösung *f* **4.** IT Auflösung *f* **resolve I** *v/t* **1.** *problem* lösen; *dispute* beilegen; *differences, issue* klären **2. to ~ to do sth** beschließen, etw zu tun **II** *n no pl* Entschlossenheit *f* **resolved** *adj* (fest) entschlossen

resonate *v/i* widerhallen

resort I *n* **1. as a last ~** als Letztes; *you were my last ~* du warst meine letzte Rettung **2.** (≈ *place*) Urlaubsort *m*; *seaside ~* Seebad *nt* **II** *v/i* **to ~ to sth** zu etw greifen; *to ~ to violence* gewalttätig werden

resound *v/i* (wider)hallen (*with* von) **resounding** *adj noise* widerhallend; *laugh* schallend; (*fig*) *victory* gewaltig; *success* durchschlagend; *defeat* haushoch; **the response was a ~ "no"** die Antwort war ein überwältigendes „Nein" **resoundingly** *adv* **to be ~ defeated** eine vernichtende Niederlage erleiden

resource I *n* **resources** *pl* Mittel *pl*, Ressourcen *pl*; **financial ~s** Geldmittel *pl*; **mineral ~s** Bodenschätze *pl*; **natural ~s** Rohstoffquellen *pl*; **human ~s** Arbeitskräfte *pl* **II** *v/t* (*Br*) *project* finanzieren **resourceful** *adj*, **resourcefully** *adv* einfallsreich **resourcefulness** *n* Einfallsreichtum *m*

respect I *n* **1.** (≈ *esteem*) Respekt *m* (*for* vor +*dat*); **to have ~ for** Respekt haben vor (+*dat*); *I have the highest ~ for his ability* ich halte ihn für außerordentlich fähig; **to hold sb in (great) ~** jdn (sehr) achten **2.** (≈ *consideration*) Rücksicht *f* (*for* auf +*acc*); **to treat with ~** *person* rücksichtsvoll behandeln; *clothes etc* schonend behandeln; **she has no ~ for other people** sie nimmt keine Rücksicht auf andere; **with (due) ~, I still think that ...** bei allem Respekt, meine ich dennoch, dass ... **3.** (≈ *reference*) **with ~ to ...** was ... anbetrifft **4.** (≈ *aspect*) Hinsicht *f*; **in some/many ~s** in gewisser/vieler Hinsicht; **in this ~** in dieser Hinsicht **5. respects** *pl* **to pay one's ~s to sb** jdm seine Aufwartung machen; **to**

pay one's last ~s to sb jdm die letzte Ehre erweisen **II** *v/t* respektieren; *ability* anerkennen; *a ~ed company* eine angesehene Firma **respectability** *n* **1.** (≈ *estimable quality, of person*) Ehrbarkeit *f*; (*of life, district*) Anständigkeit *f* **2.** (*socially, of person*) Angesehenheit *f*; (*of businessman, hotel*) Seriosität *f* **respectable** *adj* **1.** (≈ *estimable*) *person* ehrbar; *life, district* anständig **2.** (*socially*) *person* angesehen; *businessman, hotel* seriös; *clothes, behaviour* korrekt; *in ~ society* in guter Gesellschaft; *a perfectly ~ way to earn one's living* eine völlig akzeptable Art und Weise, seinen Lebensunterhalt zu verdienen **3.** *size, sum* ansehnlich **4.** *score* beachtlich **respectably** *adv* *dress, behave* anständig **respectful** *adj* respektvoll (*towards* gegenüber); **to be ~ of sth** etw respektieren **respectfully** *adv* respektvoll **respecting** *prep* bezüglich (+*gen*) **respective** *adj* jeweilig; **they each have their ~ merits** jeder von ihnen hat seine eigenen Vorteile respectively** *adv* **the girls' dresses are green and blue ~** die Mädchen haben grüne beziehungsweise blaue Kleider **respiration** *n* Atmung *f* **respiratory** *adj* Atem-; *disease* der Atemwege **respite** *n* **1.** (≈ *rest*) Ruhepause *f* (*from* von); (≈ *easing off*) Nachlassen *nt* **2.** (≈ *reprieve*) Aufschub *m* **resplendent** *adj* *person* strahlend **respond** *v/i* **1.** (≈ *reply*) antworten; **to ~ to a question** eine Frage beantworten **2.** (≈ *react*) reagieren (*to* auf +*acc*); **the patient ~ed to treatment** der Patient sprach auf die Behandlung an **response** *n* **1.** (≈ *reply*) Antwort *f*; **in ~ (to)** als Antwort (auf +*acc*) **2.** (≈ *reaction*) Reaktion *f*; **to meet with no ~** keine Resonanz finden

responsibility *n* **1.** *no pl* Verantwortung *f*; **to take ~ (for sth)** die Verantwortung (für etw) übernehmen; **that's his ~** dafür ist er verantwortlich **2.** (≈ *duty*) Verpflichtung *f* (*to* für)

responsible *adj* **1.** (≈ *answerable*) verantwortlich; (≈ *to blame*) schuld (*for* an +*dat*); **what's ~ for the hold-up?** woran liegt die Verzögerung?; **who is ~ for breaking the window?** wer hat das Fenster eingeschlagen?; **to hold sb ~ for sth** jdn für etw verantwortlich machen; **she is ~ for popularizing the**

sport (*her task*) sie ist dafür verantwortlich, die Sportart populärer zu machen; (*her merit*) es ist ihr zu verdanken, dass die Sportart populär geworden ist **2.** *attitude* verantwortungsbewusst; *job* verantwortungsvoll **responsibly** *adv act* verantwortungsbewusst

responsive *adj person* interessiert; *steering* leicht reagierend

rest¹ I *n* **1.** (≈ *relaxation*) Ruhe *f*; (≈ *pause*) Pause *f*; (*on holiday*) Erholung *f*; ***a day of ~*** ein Ruhetag *m*; ***I need a ~*** ich muss mich ausruhen; (≈ *vacation*) ich brauche Urlaub; ***to have a ~*** (≈ *relax*) (sich) ausruhen; (≈ *pause*) (eine) Pause machen; ***to have a good night's ~*** sich ordentlich ausschlafen; ***give it a ~!*** (*infml*) hör doch auf!; ***to lay to ~*** (*euph*) zur letzten Ruhe betten; ***to set at ~*** *fears, doubts* beschwichtigen; ***to put sb's mind at ~*** jdn beruhigen; ***to come to ~*** (*ball etc*) zum Stillstand kommen; (*bird*) sich niederlassen **2.** (≈ *support*) Auflage *f* **II** *v/i* **1.** (≈ *take rest*) ruhen (*elev*); (≈ *relax*) sich ausruhen; ***she never ~s*** sie arbeitet ununterbrochen; ***to be ~ing*** ruhen (*elev*); ***let the matter ~!*** lass es dabei!; ***may he ~ in peace*** er ruhe in Frieden **2.** (*decision etc*) liegen (*with* bei); ***the matter must not ~ there*** man kann die Sache so nicht belassen; (***you may***) ***~ assured that ...*** Sie können versichert sein, dass ... **3.** (≈ *lean*) lehnen (*on an* +*dat, against* gegen); (*roof, gaze etc*) ruhen (*on auf* +*dat*); (*case*) sich stützen (*on auf* +*acc*); ***her elbows were ~ing on the table*** ihre Ellbogen waren auf den Tisch gestützt; ***her head was ~ing on the table*** ihr Kopf lag auf dem Tisch **III** *v/t* **1.** *one's eyes* ausruhen; ***to feel ~ed*** sich ausgeruht fühlen **2.** *ladder* lehnen (*against* gegen, *on an* +*acc*); *elbow* stützen (*on auf* +*acc*); ***to ~ one's hand on sb's shoulder*** jdm die Hand auf die Schulter legen

rest² *n* (≈ *remainder*) Rest *m*; ***the ~ of the boys*** die übrigen Jungen; ***she's no different from the ~*** sie ist wie alle anderen; ***all the ~ of the money*** der ganze Rest des Geldes; ***all the ~ of the books*** alle übrigen Bücher

restart I *v/t race* neu starten; *game* neu beginnen; *engine* wieder anlassen; *machine* wieder anschalten **II** *v/i* (*machine*) wieder starten; (*engine*) wieder anspringen

restate *v/t* **1.** (≈ *express again*) *argument* erneut vortragen; *case* erneut darstellen **2.** (≈ *express differently*) umformulieren; *case* neu darstellen

restaurant *n* Restaurant *nt* **restaurant car** *n* (*Br* RAIL) Speisewagen *m*

restful *adj colour* ruhig; *place* friedlich **rest home** *n* Pflegeheim *nt* **restive** *adj* rastlos **restless** *adj* (≈ *unsettled*) unruhig; (≈ *wanting to move on*) rastlos **restlessness** *n* Unruhe *f*; (≈ *desire to move on*) Rastlosigkeit *f*

restock *v/t shelves* wiederauffüllen

restoration *n* (*of order*) Wiederherstellung *f*; (*to office*) Wiedereinsetzung *f* (*to* in +*acc*); (*of work of art*) Restaurierung *f* **restore** *v/t* **1.** (≈ *give back*) zurückgeben; (≈ *bring back*) zurückbringen; *order* wiederherstellen; ***~d to health*** wiederhergestellt **2.** (*to post*) wiedereinsetzen (*to* in +*acc*); ***to ~ to power*** wieder an die Macht bringen **3.** *painting etc* restaurieren

restrain *v/t person* zurückhalten; *prisoner* mit Gewalt festhalten; *animal, madman* bändigen; ***to ~ sb from doing sth*** jdn davon abhalten, etw zu tun; ***to ~ oneself*** sich beherrschen **restrained** *adj person* zurückhaltend; *manner* beherrscht **restraint** *n* **1.** (≈ *restriction*) Beschränkung *f*; ***without ~*** unbeschränkt **2.** (≈ *moderation*) Beherrschung *f*; ***to show a lack of ~*** wenig Beherrschung zeigen; ***he said with great ~ that ...*** er sagte sehr beherrscht, dass ...; ***wage ~*** Zurückhaltung *f* bei Lohnforderungen

restrict *v/t* beschränken (*to auf* +*acc*); *freedom, authority* einschränken **restricted** *adj view* beschränkt; *diet* eingeschränkt; *information* geheim; ***within a ~ area*** (≈ *within limited area*) auf begrenztem Gebiet **restricted area** *n* Sperrgebiet *nt* **restriction** *n* (*on sth etw gen*) Beschränkung *f*; (*of freedom, authority*) Einschränkung *f*; ***to place ~s on sth*** etw beschränken **restrictive** *adj* restriktiv

rest room *n* (*US*) Toilette *f*

restructure COMM, IND **I** *v/t* umstrukturieren **II** *v/i* sich umstrukturieren **restructuring** *n* COMM, IND Umstrukturierung *f*

rest stop *n* (*US* AUTO ≈ *place*) Rastplatz *m*; (≈ *break*) Rast *f*

result I *n* **1.** Folge *f*; ***as a ~ he failed*** folglich fiel er durch; ***as a ~ of this*** und folglich; *as a ~ of which he ...* was zur Folge hatte, dass er ...; *to be the ~ of* resultieren aus **2.** (*of election etc*) Resultat *nt*; *~s* (*of test*) Werte *pl*; *to get ~s* (*person*) Resultate erzielen; *as a ~ of my inquiry* auf meine Anfrage (hin); *what was the ~?* SPORTS wie ist es ausgegangen? **II** *v/i* resultieren (*from* aus) ♦ **result in** *v/i* +*prep obj* führen zu; *this resulted in his being late* das führte dazu, dass er zu spät kam

resume I *v/t* **1.** (≈ *restart*) wiederaufnehmen; *journey* fortsetzen **2.** *command* wieder übernehmen **II** *v/i* wieder beginnen

résumé *n* **1.** Zusammenfassung *f* **2.** (*US* ≈ *curriculum vitae*) Lebenslauf *m*

resumption *n* (*of activity*) Wiederaufnahme *f*; (*of journey*) Fortsetzung *f*; (*of classes*) Wiederbeginn *m*

resurface *v/i* (*diver*) wieder auftauchen; (*fig*) wieder auftauchen

resurgence *n* Wiederaufleben *nt*

resurrect *v/t* (*fig*) *custom, career* wiederbeleben **resurrection** *n* **1. the Resurrection** REL die Auferstehung **2.** (*fig, of custom*) Wiederbelebung *f*

resuscitate *v/t* MED wiederbeleben **resuscitation** *n* MED Wiederbelebung *f*

retail I *n* Einzelhandel *m* **II** *v/i* **to ~ at ...** im Einzelhandel ... kosten **III** *adv* im Einzelhandel **retailer** *n* Einzelhändler(in) *m(f)* **retailing** *n* der Einzelhandel **retail park** *n* (*Br*) Shoppingcenter *nt* **retail price** *n* Einzelhandelspreis *m* **retail therapy** *n* (*hum*) Shopping- or Einkaufstherapie *f* **retail trade** *n* Einzelhandel *m*

retain *v/t* **1.** (≈ *keep*) behalten; *possession* zurück(be)halten; *flavour* beibehalten; *moisture* speichern **2.** (*computer*) *information* speichern

retake *pret* **retook**, *past part* **retaken** *v/t* **1.** MIL zurückerobern **2.** *exam* wiederholen (*also* SPORTS)

retaliate *v/i* Vergeltung üben; (*for insults etc*) sich revanchieren (*against sb* an jdm); (SPORTS, *in fight, in argument*) kontern; *he ~d by pointing out that ...* er konterte, indem er darauf hinwies, dass ...; *then she ~d by calling him a pig* sie revanchierte sich damit, dass sie ihn ein Schwein nannte **retaliation** *n* Vergeltung *f*; (*in argument*) Konterschlag *m*; *in ~* zur Vergeltung

retarded *adj* **mentally ~** geistig zurückgeblieben

retch *v/i* würgen

retd *abbr of* **retired** i. R., a. D.

retell *pret, past part* **retold** *v/t* wiederholen; (*novelist*) nacherzählen

retention *n* Beibehaltung *f*; (*of possession*) Zurückhaltung *f*; (*of water*) Speicherung *f*

rethink *vb: pret, past part* **rethought I** *v/t* überdenken **II** *n* (*infml*) Überdenken *nt*; *we'll have to have a ~* wir müssen das noch einmal überdenken

reticence *n* Zurückhaltung *f* **reticent** *adj* zurückhaltend

retina *n, pl* **-e** *or* **-s** Netzhaut *f*

retinue *n* Gefolge *nt*

retire *v/i* **1.** (*from job*) aufhören zu arbeiten; (*civil servant*) in den Ruhestand treten; (*player etc*) aufhören; *to ~ from business* sich zur Ruhe setzen **2.** (≈ *withdraw*, SPORTS) aufgeben; (*jury*) sich zurückziehen; *to ~ from public life* sich aus dem öffentlichen Leben zurückziehen **retired** *adj worker* aus dem Arbeitsleben ausgeschieden (*form*); *civil servant* pensioniert; *he is ~* er arbeitet nicht mehr; *~ people* Leute, die im Ruhestand sind; *a ~ worker* ein Rentner **retirement** *n* **1.** (≈ *stopping work*) Ausscheiden *nt* aus dem Arbeitsleben (*form*); (*of civil servant*) Pensionierung *f*; *~ at 65* Altersgrenze *f* bei 65; *to come out of ~* wieder zurückkommen **2.** SPORTS Aufgabe *f* **retirement age** *n* Rentenalter *nt*; (*of civil servant*) Pensionsalter *nt* **retirement home** *n* Seniorenheim *nt* **retirement pension** *n* Altersruhegeld *nt* (*form*)

retold *pret, past part of* **retell**

retook *pret of* **retake**

retrace *v/t past* zurückverfolgen; *to ~ one's steps* denselben Weg zurückgehen

retract *v/t offer* zurückziehen; *statement* zurücknehmen **retraction** *n* **1.** (*of offer*) Rückzug *m*; (*of statement*) Rücknahme *f* **2.** (≈ *thing retracted*) Rückzieher *m*

retrain I *v/t* umschulen **II** *v/i* sich umschulen lassen **retraining** *n* Umschulung *f*

retreat I *n* **1.** MIL Rückzug *m*; *in ~* auf dem Rückzug; *to beat a* (*hasty*) *~* (*fig*) (schleunigst) das Feld räumen **2.** (≈ *place*) Zufluchtsort *m* **II** *v/i* MIL den Rückzug antreten

retrial *n* JUR Wiederaufnahmeverfahren *nt*

retribution *n* Vergeltung *f*

retrievable *adj* IT *data* abrufbar; (*after a crash*) wiederherstellbar **retrieval** *n* (≈ *recovering*) Heraus-/Herunterholen *etc nt*; (IT: *of information*) Abrufen *nt*; (*after a crash*) Wiederherstellen *nt* **retrieve** *v/t* (≈ *recover*) heraus-/herunterholen *etc*; (≈ *rescue*) retten; IT abrufen; (*after a crash*) wiederherstellen **retriever** *n* (≈ *breed*) Retriever *m*

retro- *pref* rück-, Rück- **retroactive** *adj*, **retroactively** *adv* rückwirkend **retrograde** *adj* rückläufig; **~ step** Rückschritt *m* **retrospect** *n* **in ~** im Nachhinein; **in ~, what would you have done?** was hätten Sie rückblickend gemacht? **retrospective** *adj* rückblickend; **a ~ look** (*at*) ein Blick *m* zurück (auf +*acc*) **retrospectively** *adv* (≈ *in retrospect*) rückblickend

retry *v/t* JUR *case* neu verhandeln; *person* neu verhandeln gegen

return I *v/i* (≈ *come back*) zurückkommen; (≈ *go back*) zurückgehen/-fahren; (*symptoms, fears*) wiederkommen; **to ~ to London/the group** nach London/zur Gruppe zurückkehren; **to ~ to school** wieder in die Schule gehen; **to ~ to (one's) work** (*after pause*) wieder an seine Arbeit gehen; **to ~ to a subject** auf ein Thema zurückkommen; **to ~ home** nach Hause kommen/gehen **II** *v/t* **1.** (≈ *give back*) zurückgeben (*to sb* jdm); (≈ *bring back*) zurückbringen (*to sb* jdm); (≈ *put back*) zurücksetzen *etc*; (≈ *send back*) *letter etc* zurückschicken (*to* an +*acc*); **to ~ sb's (phone) call** jdn zurückrufen; **to ~ a book to the shelf/box** ein Buch auf das Regal zurückstellen/in die Kiste zurücklegen; **to ~ fire** MIL das Feuer erwidern **2. to ~ a verdict of guilty (on sb)** JUR (jdn) schuldig sprechen **3.** FIN *profit* abwerfen **III** *n* **1.** (≈ *coming/going back*) Rückkehr *f*; **on my ~** bei meiner Rückkehr; **~ home** Heimkehr *f*; **by ~ (of post)** (*Br*) postwendend; **many happy ~s (of the day)!** herzlichen Glückwunsch zum Geburtstag! **2.** (≈ *giving back*) Rückgabe *f*; (≈ *bringing back*) Zurückbringen *nt*; (≈ *putting back*) Zurücksetzen *etc nt* **3.** (*Br: a.* **return ticket**) Rückfahrkarte *f* **4.** (*from investments*) Einkommen *nt* (*on* aus); (*on capital*) Gewinn *m* (*on* aus) **5.** (*fig*) **in ~** dafür; **in ~ for** für **6. tax ~** Steuererklärung *f* **7.** TENNIS Return *m* **returnable** *adj* (≈ *reusable*) Mehrweg-; **~ bottle** Mehrwegflasche *f*; (*with deposit*) Pfandflasche *f* **return fare** *n* (*Br*) Preis *m* für eine Rückfahrkarte *or* (AVIAT) ein Rückflugticket *nt* **return flight** *n* (*Br*) (Hin- und) Rückflug *m* **return journey** *n* (*Br*) Rückreise *f* **return key** *n* IT Returntaste *f*

return ticket *n* (*Br*) Rückfahrkarte *f*; AVIAT Rückflugticket *nt* **return visit** *n* (*to place*) zweiter Besuch; **to make a ~ (to a place)** (an einen Ort) zurückkehren

reunification *n* Wiedervereinigung *f*

reunion *n* (≈ *gathering*) Zusammenkunft *f* **reunite I** *v/t* wiedervereinigen; **they were ~d at last** sie waren endlich wieder vereint **II** *v/i* (*countries etc*) sich wiedervereinigen

reusable *adj* wiederverwertbar **reuse** *v/t* wiederverwenden

Rev, Revd *abbr of* **Reverend**

rev I *v/i* (*driver*) den Motor auf Touren bringen **II** *v/t* *engine* aufheulen lassen

♦ **rev up** *v/t & v/i* AUTO = **rev**

revalue *v/t* FIN aufwerten

revamp *v/t* (*infml*) *book, image* aufmotzen (*infml*); *company* auf Vordermann bringen (*infml*)

reveal *v/t* **1.** (≈ *make visible*) zum Vorschein bringen; (≈ *show*) zeigen **2.** *truth* aufdecken; *identity* enthüllen; *name, details* verraten; **he could never ~ his feelings for her** er konnte seine Gefühle für sie nie zeigen; **what does this ~ about the motives of the hero?** was sagt das über die Motive des Helden aus? **revealing** *adj* aufschlussreich; *skirt etc* viel zeigend

revel I *v/i* **to ~ in sth** etw in vollen Zügen genießen; **to ~ in doing sth** seine wahre Freude daran haben, etw zu tun **II** *n* **revels** *pl* Feiern *nt*

revelation *n* Enthüllung *f*

reveller, (*US*) **reveler** *n* Feiernde(r) *m/f(m)* **revelry** *n usu pl* Festlichkeit *f*

revenge *n* Rache *f*; SPORTS Revanche *f*; **to take ~ on sb (for sth)** sich an jdm (für etw) rächen; **to get one's ~** sich rächen; SPORTS sich revanchieren; **in ~ for** als Rache für

revenue *n* (*of state*) öffentliche Einnahmen *pl*; (≈ *tax revenue*) Steueraufkommen *nt*

reverberate v/i (sound) nachhallen

reverence n Ehrfurcht f; **to treat sth with** ~ etw ehrfürchtig behandeln

reverend I adj **the Reverend Robert Martin** ≈ Pfarrer Robert Martin **II** n (infml) ≈ Pfarrer m

reverently adv ehrfürchtig

reversal n (of order) Umkehren nt; (of process) Umkehrung f; (of policy) Umkrempeln nt; (of decision) Rückgängigmachen nt **reverse I** adj (≈ opposite) umgekehrt **II** n **1.** (≈ opposite) Gegenteil nt; **quite the ~!** ganz im Gegenteil! **2.** (≈ back) Rückseite f **3.** AUTO Rückwärtsgang m; **in ~** im Rückwärtsgang; **to put a/the car into ~** den Rückwärtsgang einlegen **III** v/t **1.** order, process umkehren; policy umkrempeln; decision rückgängig machen; **to ~ the charges** (Br TEL) ein R-Gespräch führen **2. to ~ one's car into a tree** (esp Br) rückwärts gegen einen Baum fahren **IV** v/i (esp Br: in car) zurücksetzen **reverse gear** n AUTO Rückwärtsgang m **reversible** adj decision rückgängig zu machen pred, rückgängig zu machend attr; process umkehrbar **reversible jacket** n Wendejacke f **reversing light** n Rückfahrscheinwerfer m

reversion n (to former state) Umkehr f (to zu) **revert** v/i (to former state) zurückkehren (to zu)

review I n **1.** (≈ look back) Rückblick m (of auf +acc); (≈ report) Überblick m (of über +acc) **2.** (≈ re-examination) nochmalige Prüfung; **the agreement comes up for ~ or comes under ~ next year** das Abkommen wird nächstes Jahr nochmals geprüft; **his salary is due for ~ in January** im Januar wird sein Gehalt neu festgesetzt **3.** (of book etc) Kritik f **II** v/t **1.** the past etc zurückblicken auf (+acc) **2.** situation, case erneut (über)-prüfen **3.** book etc besprechen **4.** (US: before exam) wiederholen **reviewer** n Kritiker(in) m(f)

revise I v/t **1.** (≈ change) revidieren **2.** (Br ≈ learn up) wiederholen **II** v/i (Br) (den Stoff) wiederholen **revised** adj **1.** revidiert; offer neu **2.** edition überarbeitet **revision** n **1.** (of opinion) Revidieren nt **2.** (Br, for exam) Wiederholung f (des Stoffs) **3.** (≈ revised version) überarbeitete Ausgabe

revisit v/t wieder besuchen

revitalize v/t neu beleben

revival n **1.** (of play) Wiederaufnahme f **2.** (≈ return: of custom etc) Wiederaufleben nt; **an economic ~** ein wirtschaftlicher Wiederaufschwung **revive I** v/t person wiederbeleben; economy wieder ankurbeln; memories wieder lebendig werden lassen; custom wieder aufleben lassen; career wiederaufnehmen; **to ~ interest in sth** neues Interesse an etw (dat) wecken **II** v/i (person, from fainting) wieder zu sich kommen; (from fatigue) wieder munter werden; (trade) wieder aufblühen

revoke v/t law aufheben; decision widerrufen; licence entziehen

revolt I n Revolte f **II** v/i revoltieren (against gegen) **III** v/t abstoßen; **I was ~ed by it** es hat mich abgestoßen (infml) **revolting** adj (≈ repulsive) abstoßend; meal ekelhaft; (infml ≈ unpleasant) colour, dress scheußlich; person widerlich

revolution n **1.** Revolution f **2.** (≈ turn) Umdrehung f **revolutionary I** adj revolutionär **II** n Revolutionär(in) m(f) **revolutionize** v/t revolutionieren

revolve I v/t drehen **II** v/i sich drehen **revolver** n Revolver m **revolving door** n Drehtür f

revue n THEAT Revue f; (satirical) Kabarett nt

revulsion n Ekel m (at vor +dat)

reward I n Belohnung f; **the ~s of this job** die Vorzüge dieser Arbeit **II** v/t belohnen **reward card** n COMM Paybackkarte f **rewarding** adj lohnend; work dankbar; **bringing up a child is ~** ein Kind großzuziehen ist eine lohnende Aufgabe

rewind pret, past part **rewound** v/t tape zurückspulen; ~ **button** Rückspultaste f

reword v/t umformulieren

rewound pret, past part of **rewind**

rewrite pret **rewrote**, past part **rewritten** v/t (≈ write out again) neu schreiben; (≈ recast) umschreiben; **to ~ the record books** einen neuen Rekord verzeichnen

Rhaeto-Romanic n Rätoromanisch nt

rhapsody n MUS Rhapsodie f; (fig) Schwärmerei f

Rhenish adj rheinisch

rhetoric n Rhetorik f **rhetorical** adj, rhetorically adv rhetorisch

rheumatic n **rheumatics** sg Rheumatismus m **rheumatism** n Rheuma nt

Rhine*n* Rhein *m* **Rhineland***n* Rheinland *nt*

rhino, rhinoceros *n* Nashorn *nt*

rhododendron*n* Rhododendron *m or nt*

rhombus *n* Rhombus *m*

rhubarb *n* Rhabarber *m*

rhyme I *n* **1.** (≈ *rhyming word*) Reim *m*; **there's no ~ or reason to it** das hat weder Sinn noch Verstand **2.** (≈ *poem*) Gedicht *nt*; *in* **~** in Reimen **II** *v/i* sich reimen

rhythm*n* Rhythmus *m* **rhythmic(al)** *adj*, **rhythmically** *adv* rhythmisch

rib I *n* Rippe *f*; **to poke sb in the ~s** jdn in die Rippen stoßen **II** *v/t* (*infml* ≈ *tease*) necken **ribbed** *adj* gerippt

ribbon *n* **1.** (*for hair*) Band *nt*; (*for typewriter*) Farbband *nt*; (*fig, strip*) Streifen *m* **2. to tear sth to ~s** etw zerfetzen

rib cage *n* Brustkorb *m*

rice *n* Reis *m* **rice pudding** *n* (*esp Br*) Milchreis *m*

rich I *adj* (+*er*) reich; *style* prächtig; *food* schwer; *soil* fruchtbar; *smell* stark; **that's ~!** (*iron*) das ist stark (*infml*); **to be ~ in sth** reich an etw (*dat*) sein; **~ in protein** eiweißreich; **~ in minerals** reich an Bodenschätzen; **a ~ diet** reichhaltige Kost **II** *n* **1. the ~** *pl* die Reichen *pl* **2. riches** *pl* Reichtümer *pl* **richly** *adv* *dress, decorate* prächtig; *rewarded* reichlich; **he ~ deserves it** er hat es mehr als verdient **richness***n* Reichtum *m* (*in an* +*dat*); (*of style*) Pracht *f*; (*of food*) Schwere *f*; (*of soil*) Fruchtbarkeit *f*; **the ~ of his voice** seine volle Stimme

rickety *adj* *furniture etc* wack(e)lig

ricochet I *n* Abprall *m* **II** *v/i* abprallen (*off* von)

rid *pret, past part* **rid** *or* **ridded** *v/t* **to ~ of** befreien von; **to ~ oneself of sb/sth** jdn / etw loswerden; (*of pests also* sich von etw befreien; **to get ~ of sb/sth** jdn / etw loswerden; **to be ~ of sb/sth** jdn / etw los sein; **get ~ of it** sieh zu, dass du das loswirst; **you are well ~ of him** ein Glück, dass du den los bist **riddance***n* **good ~!** (*infml*) ein Glück, dass wir das *etc* los sind

ridden I *past part of* **ride II** *adj* **debt-~** hoch verschuldet; **disease-~** von Krankheiten befallen

riddle¹ *v/t* **~d with holes** völlig durchlöchert; **~d with woodworm** wurmzerfressen; **~d with corruption** von der Korruption zerfressen; **~d with mistakes** voller

Fehler

riddle² *n* Rätsel *nt*; **to speak in ~s** in Rätseln sprechen

ride *vb: pret* **rode**, *past part* **ridden I** *n* Fahrt *f*; (*on horse*) Ritt *m*; (*for pleasure*) Ausritt *m*; **to go for a ~** eine Fahrt machen; (*on horse*) reiten gehen; **cycle ~** Radfahrt *f*; **to go for a ~ in the car** mit dem Auto wegfahren; **I just went along for the ~** (*fig infml*) ich bin nur zum Vergnügen mitgegangen; **to take sb for a ~** (*infml* ≈ *deceive*) jdn anschmieren (*infml*); **he gave me a ~ into town in his car** er nahm mich im Auto in die Stadt mit; **can I have a ~ on your bike?** kann ich mal mit deinem Rad fahren? **II** *v/i* **1.** (*on a horse etc*, SPORTS) reiten (*on* auf +*dat*); **to go riding** reiten gehen **2.** (*in vehicle, by cycle*) fahren; **he was riding on a bicycle** er fuhr mit einem Fahrrad **III** *v/t* *Pferd* reiten; *bicycle* fahren mit; **to ~ a motorbike** Motorrad fahren ♦ **ride on** *v/i* +*prep obj* (*reputation*) hängen an (+*dat*) ♦ **ride up** *v/i* (*skirt etc*) hochrutschen

rider*n* (*on horse*) Reiter(in) *m(f)*; (*on bicycle, motorcycle*) Fahrer(in) *m(f)*

ridge*n* (*on fabric etc*) Rippe *f*; (*of mountains*) Rücken *m*; **a ~ of hills** eine Hügelkette; **a ~ of mountains** ein Höhenzug *m*; **a ~ of high pressure** METEO ein Hochdruckkeil *m*

ridicule I *n* Spott *m* **II** *v/t* verspotten **ridiculous** *adj* lächerlich; **don't be ~** red keinen Unsinn; **to make oneself (look) ~** sich lächerlich machen; **to be made to look ~** der Lächerlichkeit preisgegeben werden; **to go to ~ lengths (to do sth)** großen Aufwand betreiben(, um etw zu tun) **ridiculously** *adv* lächerlich

riding*n* Reiten *nt*; **I enjoy ~** ich reite gern

rife *adj* weitverbreitet; **to be ~** grassieren; **~ with** voll von, voller +*gen*

rifle¹ *v/t* (*a.* **rifle through**) durchwühlen

rifle² *n* (≈ *gun*) Gewehr *nt* **rifle range** *n* Schießstand *m*

rift *n* Spalt *m*; (*fig*) Riss *m*

rig I *n* (≈ *oil rig*) (Öl)förderturm *m*; (*offshore*) Ölbohrinsel *f* **II** *v/t* (*fig*) *election etc* manipulieren

right I *adj* **1.** richtig; **he thought it ~ to warn me** er hielt es für richtig, mich zu warnen; **it seemed only ~ to give him the money** es schien richtig, ihm das Geld zu geben; **it's only ~ (and**

proper) es ist nur recht und billig; **to be ~** (_person_) recht haben; (_answer_) stimmen; **what's the ~ time?** wie viel Uhr ist es genau?; **you're quite ~** Sie haben ganz recht; **you were~ to refuse** Sie hatten recht, als Sie ablehnten; **to put ~** _error_ korrigieren; _situation_ wieder in Ordnung bringen; **I tried to put things ~ after their quarrel** ich versuchte, nach ihrem Streit wieder einzulenken; **what's the ~ thing to do in this case?** was tut man da am besten?; **to do sth the ~ way** etw richtig machen; **Mr/Miss Right** (_infml_) der/die Richtige (_infml_); **we will do what is ~ for the country** wir werden tun, was für das Land gut ist; **the medicine soon put him ~** die Medizin hat ihn schnell wiederhergestellt; **he's not ~ in the head** (_infml_) bei ihm stimmts nicht im Oberstübchen (_infml_) **2. ~!** okay (_infml_); **that's ~!** das stimmt!; **so they came in the end — is that ~?** und so kamen sie schließlich — wirklich?; **~ enough!** (das) stimmt! **3.** (≈ _not left_) rechte(r, s) **II** _adv_ **1.** (≈ _directly_) direkt; (≈ _exactly_) genau; **~ in front of you** direkt vor Ihnen; **~ away** sofort; **~ now** (≈ _at this moment_) in diesem Augenblick; (≈ _immediately_) sofort; **~ here** genau hier; **~ in the middle** genau in der Mitte; **~ at the beginning** gleich am Anfang; **I'll be ~ with you** ich bin gleich da **2.** (≈ _completely_) ganz **3.** (≈ _correctly_) richtig; **nothing goes ~ for them** nichts klappt bei ihnen (_infml_) **4.** (≈ _not left_) rechts; **turn ~** biegen Sie rechts ab **III** _n_ **1.** _no pl_ (_moral, legal_) Recht _nt_; **to be in the ~** im Recht sein; (**to have**) **a ~ to sth** einen Anspruch auf etw (_acc_) (haben); **he is within his ~s** das ist sein gutes Recht; **by~s** rechtmäßig; **in one's own~** selber **2. rights** _pl_ COMM Rechte _pl_ **3. to put** or **set sth to~s** etw (wieder) in Ordnung bringen; **to put the world to~s** die Welt verbessern **4.** (≈ _not left_) rechte Seite; **to drive on the ~** rechts fahren; **to keep to the~** sich rechts halten; **on my~** rechts (von mir); **on** or **to the ~ of the church** rechts von der Kirche; **the Right** POL die Rechte **IV** _v/t_ **1.** (≈ _make upright_) aufrichten **2.** _wrong_ wiedergutmachen **right angle** _n_ rechter Winkel; **at ~s (to)** rechtwinklig (zu) **right-angled** _adj_ rechtwinklig **right-click** IT **I** _v/i_ rechts klicken **II** _v/t_ rechts klicken auf (+_acc_)

righteous _adj_ **1.** rechtschaffen **2.** _anger_ gerecht **rightful** _adj_ rechtmäßig **rightfully** _adv_ rechtmäßig; **they must give us what is ~ ours** sie müssen uns geben, was uns rechtmäßig zusteht **right-hand** _adj_ **~ drive** rechtsgesteuert **right-handed** _adj, adv_ rechtshändig **right-hander** _n_ Rechtshänder(in) _m(f)_ **right-hand man** _n_ rechte Hand **rightly** _adv_ richtig; **they are ~ regarded as ...** sie werden zu Recht als ... angesehen; **if I remember ~** wenn ich mich recht erinnere; **and ~ so** und zwar mit Recht **right-minded** _adj_ vernünftig **right of way** _n_ (_across property_) Durchgangsrecht _nt_; MOT Vorfahrt _f_, Vortritt _m_ (_Swiss_) **right wing** _n_ POL rechter Flügel **right-wing** _adj_ POL rechtsgerichtet; **~ extremist** Rechtsextremist(in) _m(f)_ **right-winger** _n_ SPORTS Rechtsaußen _m_; POL Rechte(r) _m/f(m)_

rigid _adj_ _material, system_ starr; _principles_ streng; **~ with fear** starr vor Angst; **to be bored~** sich zu Tode langweilen **rigidity** _n_ (_of board, material, system_) Starrheit _f_; (_of character_) Striktheit _f_; (_of discipline, principles_) Strenge _f_ **rigidly** _adv_ **1.** (_lit_) _stand etc_ starr **2.** (_fig_) _treat_ strikt

rigor _n_ (_US_) = **rigour rigorous** _adj_ _person, method_ strikt; _measures_ rigoros; _tests_ gründlich **rigorously** _adv_ _enforce_ rigoros; _test_ gründlich **rigour**, (_US_)**rigor** _n_ **rigours** _pl_ (_of climate etc_) Unbilden _pl_

rim _n_ (_of cup, hat_) Rand _m_; (_of spectacles_) Fassung _f_; (_of wheel_) Felge _f_ **rimmed** _adj_ mit Rand; **gold-~ spectacles** Brille _f_ mit Goldfassung

rind _n_ (_of cheese_) Rinde _f_; (_of bacon_) Schwarte _f_; (_of fruit_) Schale _f_

ring¹ I _n_ Ring _m_; (_at circus_) Manege _f_; **to run ~s round sb** (_infml_) jdn in die Tasche stecken (_infml_) **II** _v/t_ (≈ _surround_) umringen; (≈ _put ring round_) einkreisen

ring² vb: _pret_ **rang**, _past part_ **rung I** _n_ **1.** (_sound_) Klang _m_; (≈ _ringing_) (_of bell_) Läuten _nt_; (_of alarm clock_) Klingeln _nt_; **there was a ~ at the door** es hat geklingelt **2.** (_esp Br_ TEL) **to give sb a ~** jdn anrufen **II** _v/i_ **1.** (≈ _make sound_) klingen; (_bell_) läuten; (_alarm clock, phone_) klingeln; **the (door)bell rang** es hat geklingelt **2.** (_esp Br_ TEL) anrufen **3.** (≈ _sound_) tönen; **to ~ true** wahr klingen **III** _v/t_ **1.** _bell_ läuten; **to ~ the doorbell** (an der Tür) klingeln; **that ~s a bell** (_fig infml_) das kommt mir bekannt vor **2.** (*esp Br: a.* **ring up**) anrufen ◆ **ring back** *v/i*, *v/t sep* (*esp Br*) zurückrufen ◆ **ring off** *v/i* (*esp Br* TEL) auflegen ◆ **ring out** *v/i* (*bell*) ertönen; (*shot*) knallen ◆ **ring up** *v/t sep* **1.** (*esp Br* TEL) anrufen **2.** (*cashier*) eintippen

ring binder *n* Ringbuch *nt* **ring finger** *n* Ringfinger *m* **ringing I** *adj bell* läutend; **~ tone** (*Br* TEL) Rufzeichen *nt* **II** *n* (*of bell*) Läuten *nt*; (*of alarm clock*, *phone*) Klingeln *nt*; (*in ears*) Klingen *nt* **ringleader** *n* Anführer(in) *m(f)* **ringmaster** *n* Zirkusdirektor *m* **ring road** *n* (*Br*) Umgehung(sstraße) *f*, Umfahrung(s-straße) *f* (*Aus*) **ring tone**, **ringtone** *n* TEL Klingelton *m*

rink *n* **1.** Eisbahn *f* **2.** (≈ *roller-skating rink*) Rollschuhbahn *f*

rinse I *n* Spülung *f*; (≈ *colourant*) Tönung *f*; **to give sth a ~** *clothes*, *hair* etw spülen; *plates* etw abspülen; *cup*, *mouth* etw ausspülen **II** *v/t clothes*, *hair* spülen; *plates* abspülen; *cup*, *mouth* ausspülen ◆ **rinse out** *v/t sep* auswaschen

riot I *n* POL Aufruhr *m no pl*; (*by mob*) Krawall *m*; (*fig*) Orgie *f*; **to run ~** (*people*) randalieren; (*vegetation*) wuchern **II** *v/i* randalieren **rioter** *n* Randalierer(in) *m(f)* **rioting** *n* Krawalle *pl* **riotous** *adj person* randalierend; *behaviour* wild

rip I *n* Riss *m* **II** *v/t* zerreißen; **to ~ open** aufreißen **III** *v/i* **1.** reißen **2.** (*infml*) **to let ~** loslegen (*infml*) ◆ **rip off** *v/t sep* **1.** (*lit*) abreißen (*prep obj* von); *clothing* herunterreißen **2.** (*infml*) *person* abzocken (*infml*) ◆ **rip up** *v/t sep* zerreißen

ripe *adj* (+*er*) **1.** reif; **to live to a ~ old age** ein hohes Alter erreichen; **to be ~ for the picking** pflückreif sein **2.** (*infml*) *smell* durchdringend **ripen I** *v/t* reifen lassen **II** *v/i* reifen **ripeness** *n* Reife *f*

rip-off *n* (*infml*) Wucher *m*; (≈ *cheat*) Schwindel *m*; (≈ *copy*) Abklatsch *m*

ripple I *n* **1.** kleine Welle **2. a ~ of laughter** ein kurzes Lachen **II** *v/i* (*water*) sich kräuseln **III** *v/t water* kräuseln; *muscles* spielen lassen

rise *vb*: *pret* **rose**, *past part* **risen I** *n* **1.** (≈ *increase*) (*in sth* etw *Gen*) Anstieg *m*; (*in number*) Zunahme *f*; **a (pay) ~** (*Br*) eine Gehaltserhöhung; **there has been a ~ in the number of participants** die Zahl der Teilnehmer ist gestiegen **2.** (*of sun*) Aufgehen *nt*; (*fig*: *to fame etc*) Aufstieg *m* (*to* zu) **3.** (≈ *small hill*) Erhebung

f; (≈ *slope*) Steigung *f* **4. to give ~ to sth** etw verursachen **II** *v/i* **1.** (*from sitting*, *lying*) aufstehen; **~ and shine!** (*infml*) raus aus den Federn! (*infml*) **2.** (≈ *go up*) steigen; (*curtain*) sich heben; (*sun*, *bread*) aufgehen; (*voice*) sich erheben; **to ~ to the surface** an die Oberfläche kommen; **her spirits rose** ihre Stimmung hob sich; **to ~ to a crescendo** zu einem Crescendo anschwellen; **to ~ to fame** Berühmtheit erlangen; **he rose to be President** er stieg zum Präsidenten auf **3.** (*ground*) ansteigen **4.** (*a.* **rise up**) (≈ *revolt*) sich erheben; **to ~ (up) in protest** (*at sth*) sich protestierend (gegen etw) erheben ◆ **rise above** *v/i* +*prep obj level* ansteigen um mehr als; *insults etc* erhaben sein über (+*acc*) ◆ **rise up** *v/i* (*person*) aufstehen; (*mountain etc*) sich erheben

risen *past part of* **rise** **rising I** *n* **1.** (≈ *rebellion*) Aufstand *m* **2.** (*of sun*) Aufgehen *nt*; (*of prices*) (An)steigen *nt* **II** *adj* **1.** *sun* aufgehend; *tide* steigend **2.** (≈ *increasing*) steigend; *crime* zunehmend **3.** (*fig*) **a ~ politician** ein kommender Politiker

risk I *n* Risiko *nt*; **health ~** Gesundheitsgefahr *f*; **to take ~s/a ~** Risiken / ein Risiko eingehen; **to run the ~ of doing sth** das Risiko eingehen, etw zu tun; **"cars parked at owners' ~"** „Parken auf eigene Gefahr"; **to be at ~** gefährdet sein; **to put sb at ~** jdn gefährden; **to put sth at ~** etw riskieren; **fire ~** Feuerrisiko **II** *v/t* riskieren; **you'll ~ losing your job** Sie riskieren dabei, Ihre Stelle zu verlieren **risky** *adj* (+*er*) riskant

risqué *adj* gewagt

rite *n* Ritus *m*; **burial ~s** Bestattungsriten *pl*

ritual I *adj* **1.** rituell **2.** *visit* üblich **II** *n* Ritual *nt*

rival I *n* Rivale *m*, Rivalin *f* (*for* um, *to* für); COMM Konkurrent(in) *m(f)* **II** *adj groups* rivalisierend; *claims* konkurrierend **III** *v/t* COMM konkurrieren mit; **his achievements ~ yours** seine Leistungen können sich mit deinen messen **rivalry** *n* Rivalität *f*; COMM Konkurrenzkampf *m*

river *n* Fluss *m*; **down ~** flussabwärts; **up ~** flussaufwärts; **the ~ Rhine** (*Br*), **the Rhine ~** (*US*) der Rhein **riverbed** *n* Flussbett *nt* **riverside** *n* Flussufer *nt*;

on/by the ~ am Fluss

rivet I *n* Niete *f* **II** *v/t* (*fig*) *attention* fesseln; *his eyes were ~ed to the screen* sein Blick war auf die Leinwand geheftet **riveting** *adj* fesselnd

road *n* **1.** Straße *f*; *by* ~ (*send sth*) per Spedition; (*travel*) mit dem Bus *etc*; *across the* ~ (*from us*) gegenüber (von uns); *my car is off the* ~ *just now* ich kann mein Auto momentan nicht benutzen; *this vehicle shouldn't be on the* ~ das Fahrzeug ist nicht verkehrstüchtig; *to take to the* ~ sich auf den Weg machen; *to be on the* ~ (≈ *travelling*) unterwegs sein; (*theatre company*) auf Tournee sein; *is this the* ~ *to London?* geht es hier nach London?; *to have one for the* ~ (*infml*) zum Abschluss noch einen trinken **2.** (*fig*) Weg *m*; *you're on the right* ~ Sie sind auf dem richtigen Weg; *on the* ~ *to ruin* auf dem Weg ins Verderben **road accident** *n* Verkehrsunfall *m* **roadblock** *n* Straßensperre *f* **road hog** *n* (*infml*) Verkehrsrowdy *m* (*infml*) **road map** *n* Straßenkarte *f* **road rage** *n* Aggressivität *f* im Straßenverkehr **road safety** *n* Verkehrssicherheit *f* **road show** *n* THEAT Tournee *f* **roadside** *n* Straßenrand *m*; *by the* ~ am Straßenrand **roadsign** *n* (Straßen)verkehrszeichen *nt* **road tax** *n* (*Br*) Kraftfahrzeugsteuer *f* **road transport** *n* Straßengüterverkehr *m* **roadway** *n* Fahrbahn *f* **roadworks** *pl* (*Br*) Straßenbauarbeiten *pl* **roadworthy** *adj* verkehrstüchtig

roam I *v/i* wandern durch; *to* ~ *the streets* (in den Straßen) herumstreunen **II** *v/i* (herum)wandern ◆ **roam about** (*Brit*) *or* **around** *v/i* herumwandern

roar I *v/i* (*person, lion, bull*) brüllen (*with* vor +*dat*); (*wind, engine*) heulen; *to* ~ *at sb* jdn anbrüllen **II** *v/t* (*a.* **roar out**) brüllen; *to* ~ *one's approval* zustimmend grölen **III** *n* no *pl* (*of person, lion, bull*) Gebrüll *nt*; (*of wind, engine*) Heulen *nt*; (*of traffic*) Donnern *nt*; ~*s of laughter* brüllendes Gelächter; *the* ~*s of the crowd* das Brüllen der Menge **roaring I** *adj person, lion, bull* brüllend; *a* ~ *success* ein voller Erfolg; *to do a* ~ *trade (in sth)* ein Riesengeschäft *nt* (mit etw) machen **II** *n* = **roar III**

roast I *n* Braten *m* **II** *adj pork* gebraten; *potatoes* in Fett im Backofen gebraten; ~ *chicken* Brathähnchen *nt*; ~ *beef* Roast-

beef *nt* **III** *v/t meat* braten; *coffee beans* rösten **IV** *v/i* (*meat*) braten; (*infml: person*) irrsinnig schwitzen (*infml*) **roasting** *adj* (*infml* ≈ *hot*) knallheiß (*infml*) **roasting tin, roasting tray** *n* Bräter *m*

rob *v/t person* bestehlen; *bank* ausrauben; *to* ~ *sb of sth* jdm etw rauben; *I've been ~bed!* ich bin bestohlen worden!

robber *n* Räuber(in) *m(f)*

robbery *n* Raub *m no pl*; (≈ *burglary*) Einbruch *m* (*of* in +*acc*); *armed* ~ bewaffneter Raubüberfall; *bank* ~ Bankraub *m*

robe *n* Robe *f*; (*esp US: for house*) Morgenrock *m*

robin *n* Rotkehlchen *nt*

robot *n* Roboter *m*

robust *adj* robust; *build* kräftig

rock¹ I *v/t* **1.** (≈ *swing*) schaukeln; (*gently*) wiegen **2.** (≈ *shake*) *town, building* erschüttern; (*fig infml*) *to* ~ *the boat* (*fig*) für Unruhe sorgen **II** *v/i* **1.** (*gently*) schaukeln **2.** (*violently, building, tree*) schwanken **III** *n* MUS Rock *m*

rock² *n* **1.** (≈ *substance*) Stein *m*; (≈ *rock face*) Fels *m*; GEOL Gestein *nt* **2.** (*large mass*) Fels(en) *m*; (*smaller*) (großer) Stein; *the Rock (of Gibraltar)* der Felsen von Gibraltar; *as solid as a* ~ *structure* massiv wie ein Fels; *firm, marriage* unerschütterlich wie ein Fels; *on the* ~*s* (*infml* ≈ *with ice*) mit Eis; (*marriage etc*) kaputt (*infml*)

rock bottom *n* *to be at* ~ auf dem Tiefpunkt sein; *to hit* ~ den Tiefpunkt erreichen **rock-bottom** *adj* (*infml*) ~ *prices* Niedrigstpreise *pl* **rock-climber** *n* (Felsen)kletterer(in) *m(f)* **rock climbing** *n* Klettern *nt* (im Fels) **rockery** *n* Steingarten *m*

rocket¹ I *n* Rakete *f* **II** *v/i* (*prices*) hochschießen

rocket² *n* COOK Rucola *m*

rocket science *n* (*lit*) Raketentechnik *f*; *it's not* ~ (*infml*) dazu muss man kein Genie sein

rock face *n* Felswand *f* **rock fall** *n* Steinschlag *m* **rock garden** *n* Steingarten *m* **Rockies** *pl the* ~ die Rocky Mountains *pl* **rocking chair** *n* Schaukelstuhl *m* **rocking horse** *n* Schaukelpferd *nt* **rock pool** *n* Wasserlache zwischen Felsen **rock star** *n* MUS Rockstar *m*

rocky¹ *adj* (≈ *unsteady*) wackelig

rocky² *adj* (+er) *mountain* felsig; *road* steinig **Rocky Mountains** *pl* **the** ~ die Rocky Mountains *pl*
rod *n* Stab *m*; (*in machinery*) Stange *f*; (*for punishment, fishing*) Rute *f*
rode *pret of* **ride**
rodent *n* Nagetier *nt*
rodeo *n* Rodeo *nt*
roe¹ *n*, *pl* -(s) (*species*: *a.* **roe deer**) Reh *nt*; ~**buck** Rehbock *m*; ~ **deer** (*female*) Reh *nt*
roe² *n*, *pl* - (*of fish*) Rogen *m*
rogue I *n* (≈ *scoundrel*) Gauner(in) *m(f)*, Bazi *m* (*Aus*); (≈ *scamp*) Schlingel *m* II *adj* **1.** (≈ *maverick*) einzelgängerisch **2.** (≈ *abnormal*) abnormal
role *n* Rolle *f* **role model** *n* PSYCH Rollenbild *nt* **role-play** I *v/i* ein Rollenspiel durchführen II *v/t* als Rollenspiel durchführen **role-playing** *n* Rollenspiel *nt*
roll I *n* **1.** Rolle *f*; (*of flesh*) Wulst *m* **2.** (COOK: *a.* **bread roll**) Brötchen *nt* **3.** (*of thunder*) Rollen *nt*; (≈ *somersault*, AVIAT) Rolle *f*; (*of drums*) Wirbel *m*; **to be on a** ~ (*infml*) eine Glückssträhne haben **4.** (≈ *register*) Register *nt*; ~ **of honour** (*Br*) Ehrenliste *f* II *v/t* **1.** (*person, object*) rollen; (*ship*) schlingern; **to** ~ **down the hill** den Berg hinunterrollen; **tears were** ~**ing down her cheeks** Tränen rollten ihr über die Wangen; **to** ~ **in the mud** sich im Schlamm wälzen; **he's** ~**ing in it** (*infml*) er schwimmt im Geld (*infml*) **2.** (*camera*) laufen III *v/t ball* rollen; *cigarette* drehen; *pastry* ausrollen; **to** ~ **one's eyes** die Augen rollen; **he** ~**ed himself in a blanket** er wickelte sich in eine Decke; **kitchen and dining room** ~**ed into one** Küche und Esszimmer in einem ♦ **roll about** (*Brit*) *or* **around** *v/i* (*balls*) herumrollen; (*person, dog*) sich herumwälzen; (*infml*: *with laughter*) sich kugeln (*infml*) ♦ **roll back** *v/t* & *v/i sep* zurückrollen ♦ **roll down** I *v/i* hinunterrollen II *v/t sep window* herunterlassen ♦ **roll out** *v/t sep pastry* ausrollen ♦ **roll over** I *v/i* herumrollen; (*vehicle*) umkippen; (*person*) sich umdrehen II *v/t sep* umdrehen ♦ **roll up** I *v/i* ~! treten Sie näher! II *v/t sep* zusammenrollen; *sleeves* hochkrempeln
roller *n* (*for lawn*) Walze *f*; (≈ *hair roller*) (Locken)wickler *m*; **to put one's hair in** ~**s** sich (*dat*) die Haare aufdrehen **roller-**

ball pen *n* Tintenroller *m* **roller blind** *n* Springrollo *nt* **roller coaster** *n* Achterbahn *f* **roller skate** *n* Rollschuh *m* **roller-skate** *v/i* Rollschuh laufen **roller-skating** *n* Rollschuhlaufen *nt* **rolling** *adj* **1.** *hills* gewellt; *landscape* wellig **2.** *programme* kontinuierlich **rolling pin** *n* Nudelholz *nt* **rollneck** *n* Rollkragen *m* **rollneck(ed)** *adj* Rollkragen- **roll-on** *n* (Deo)roller *m* **rollover** *n* (*Br: in National Lottery*) ~ **week** Woche mit Lotto-Jackpot, da es in der vorhergehenden Woche keinen Hauptgewinner gab; ~ **jackpot** Jackpot *m* **roll-up** *n* (*Br infml*) Selbstgedrehte *f*
roly-poly *adj* (*infml*) kugelrund
ROM *n* IT *abbr of* **read only memory** ROM *m or nt*
Roman I *n* **1.** Römer(in) *m(f)* **2.** (TYPO: *a.* **Roman type**) Magerdruck *m* II *adj* römisch; ~ **times** Römerzeit *f* **Roman Catholic** I *adj* (römisch-)katholisch; **the** ~ **Church** die (römisch-)katholische Kirche II *n* Katholik(in) *m(f)* **Roman Catholicism** *n* römisch-katholischer Glaube
romance I *n* **1.** (≈ *love story*) Liebesgeschichte *f* **2.** (≈ *love affair*) Romanze *f* **3.** *no pl* (≈ *romanticism*) Romantik *f* II *adj* **Romance** *language etc* romanisch
Romanesque *adj* romanisch
Romania *n* Rumänien *nt* **Romanian** I *adj* rumänisch II *n* **1.** Rumäne *m*, Rumänin *f* **2.** (≈ *language*) Rumänisch *nt*
Roman numeral *n* römische Ziffer
romantic *adj* romantisch **romanticism** *n* Romantik *f* **romanticize** *v/i* romantisieren
Romany I *n* **1.** Roma *m/f(m)* **2.** LING Romani *nt* II *adj culture* der Roma
Rome *n* Rom *nt*; **when in** ~ (**do as the Romans do**) (*prov*) ≈ andere Länder, andere Sitten (*prov*); ~ **wasn't built in a day** (*prov*) Rom ist auch nicht an einem Tag erbaut worden (*prov*)
romp I *n* Tollerei *f* II *v/i* (*children*) herumtollen; **to** ~ **home** (≈ *win*) spielend gewinnen; **to** ~ **through sth** mit etw spielend fertig werden
roof *n* Dach *nt*; (*of tunnel*) Gewölbe *nt*; **the** ~ **of the mouth** der Gaumen; **without a** ~ **over one's head** ohne Dach über dem Kopf; **to live under the same** ~ **as sb** mit jdm unter demselben Dach wohnen; **to go through the** ~ (*infml*: *person*)

an die Decke gehen (*infml*); (*prices etc*) untragbar werden **roof rack** *n* Dach(ge-päck)träger *m* **rooftop** *n* Dach *nt*; *to shout sth from the ~s* (*fig*) etw überall herumposaunen (*infml*)

rook *n* **1.** (≈ *bird*) Saatkrähe *f* **2.** CHESS Turm *m*

rookie *n* (*esp* MIL *sl*) Grünschnabel *m* (*infml*)

room *n* **1.** (*in building*) Zimmer *nt*; (≈ *public hall etc*) Saal *m* **2.** *no pl* (≈ *space*) Platz *m*; (*fig*) Spielraum *m*; *there is ~ for two* (*people*) es ist genügend Platz für zwei (Leute); *to make ~ for sb/sth* für jdn/etw Platz machen; *there is ~ for improvement* es könnte um einiges besser sein; *~ for manoeuvre* (*Br*) *or maneuver* (*US*) Spielraum *m* **roomful** *n* *a ~ of people* ein Zimmer voll(er) Leute **roommate** *n* (*Br*) Zimmergenosse *m*, Zimmergenossin *f*; (*US* ≈ *flatmate*) Mitbewohner(in) *m(f)* **room service** *n* Zimmerservice *m* **room temperature** *n* Zimmertemperatur *f* **roomy** *adj* (+er) geräumig

roost I *n* (≈ *pole*) Stange *f*; *to come home to ~* (*fig*) auf den Urheber zurückfallen II *v/i* auf der Stange schlafen

rooster *n* Hahn *m*

root I *n* **1.** Wurzel *f*; *by the ~s* mit der Wurzel; *to take ~* Wurzeln schlagen; *her ~s are in Scotland* sie ist in Schottland verwurzelt; *to put down ~s in a country* in einem Land Fuß fassen; *to get to the ~(s) of the problem* dem Problem auf den Grund gehen **2.** LING Stamm *m* II *v/i* Wurzeln schlagen ♦ **root about** (*Brit*) *or* **around** *v/i* herumwühlen (*for* nach) ♦ **root for** *v/i* +*prep obj* **to ~ sb** jdn anfeuern ♦ **root out** *v/t sep* (*fig*) mit der Wurzel ausreißen

root beer *n* (*US*) Art Limonade **rooted** *adj* verwurzelt; *to stand ~ to the spot* wie angewurzelt dastehen **root vegetable** *n* Wurzelgemüse *nt*

rope *n* Seil *nt*; NAUT Tau *nt*; *to know the ~s* (*infml*) sich auskennen; *to show sb the ~s* (*infml*) jdn in alles einweihen; *to learn the ~s* (*infml*) sich einarbeiten ♦ **rope in** *v/t sep* (*esp Br fig*) rankriegen (*infml*); *how did you get roped into that?* wie bist du denn da reingeraten? (*infml*) ♦ **rope off** *v/t sep* mit einem Seil abgrenzen

rope ladder *n* Strickleiter *f*

rosary *n* REL Rosenkranz *m*

rose¹ *pret of* **rise**

rose² I *n* Rose *f*; *everything's coming up ~s* (*infml*) alles läuft bestens (*infml*); *to come up smelling of ~s* (*infml*) gut dastehen; *that will put the ~s back in your cheeks* davon bekommst du wieder etwas Farbe im Gesicht II *adj* rosarot

rosé I *adj* rosé II *n* Rosé *m*

rosebush *n* Rosenstrauch *m* **rosehip** *n* Hagebutte *f*

rosemary *n* Rosmarin *m*

rosette *n* Rosette *f*

roster *n* Dienstplan *m*

rostrum *n*, *pl* **rostra** Rednerpult *nt*

rosy *adj* (+er) rosarot; *cheeks* rosig; *to paint a ~ picture of sth* etw in den rosigsten Farben ausmalen

rot I *n* **1.** Fäulnis *f no pl*; *to stop the ~* den Fäulnisprozess aufhalten; *then the ~ set in* (*fig*) dann setzte der Fäulnisprozess ein **2.** (*infml* ≈ *rubbish*) Quatsch *m* (*infml*) II *v/i* verrotten; (*teeth, plant*) verfaulen; *to ~ in jail* im Gefängnis verrotten III *v/t* verfaulen lassen

rota *n* (*Br*) Dienstplan *m*

rotary *adj* rotierend, Dreh-

rotate I *v/t* rotieren lassen; *crops* im Wechsel anbauen II *v/i* **1.** rotieren **2.** (≈ *take turns*) sich (turnusmäßig) abwechseln **rotating** *adj* rotierend **rotation** *n* Rotation *f*; (≈ *taking turns*) turnusmäßiger Wechsel; *in ~* im Turnus; *crop ~* Fruchtwechsel *m*

rote *n* *by ~ learn* auswendig

rotten *adj* **1.** faul; (*fig* ≈ *corrupt*) korrupt; *~ to the core* (*fig*) durch und durch verdorben; *~ apple* (*fig*) schwarzes Schaf **2.** (*infml*) (≈ *poor*) mies (*infml*); (≈ *dreadful*) scheußlich (*infml*); (≈ *mean*) gemein; *to be ~ at sth* in etw (*dat*) schlecht sein; *what ~ luck!* so ein Pech!; *that was a ~ trick* das war ein übler Trick; *that's a ~ thing to say* es ist gemein, so etwas zu sagen; *to feel ~* sich elend fühlen; *to look ~* schlecht aussehen; *to feel ~ about doing sth* mies vorkommen, etw zu tun (*infml*); *to spoil sb ~* jdn nach Strich und Faden verwöhnen (*infml*) **rotting** *adj* verfaulend; *fruit* faulig

rotund *adj person* rundlich; *object* rund

rough I *adj* (+er) **1.** *ground* uneben; *surface, skin, cloth* rau **2.** (≈ *coarse*) *person*

ungehobelt; *manners, estimate* grob; **~ sketch** Faustskizze *f*; *at a* **~ guess** grob geschätzt; **to have a ~ idea** eine ungefähre Ahnung haben **3.** (≈ *violent) person, treatment* grob; *game* wild; *sport* hart; *neighbourhood* rau; *sea* stürmisch **4.** (*infml*) **he had a ~ time (of it)** es ging ihm ziemlich dreckig (*infml*); **to give sb a ~ time** jdn ganz schön rannehmen (*infml*); **to get a ~ ride** Schwierigkeiten bekommen; **to give sb a ~ ride** jdm die Hölle heißmachen (*infml*); **when the going gets ~ ...** wenn es hart wird, ...; **to feel ~** sich mies fühlen (*infml*) **II** *adv live* wüst; **to sleep ~** im Freien übernachten **III** *n* **1. to take the ~ with the smooth** das Leben nehmen, wie es kommt **2.** (≈ *draft*) Rohentwurf *m*; *in* **~** im Rohzustand **roughage** *n* Ballaststoffe *pl* **rough-and-ready** *adj method* provisorisch; *person* rau(beinig) **rough-and-tumble** *n* (≈ *play*) Balgerei *f*; (≈ *fighting*) Keilerei *f* **rough copy** *n* Konzept *nt* **rough draft** *n* Rohentwurf *m* **roughen** *v/t skin, cloth* rau machen; *surface* aufrauen **roughly** *adv* **1.** (≈ *not gently*) grob; *play* rau **2.** (≈ *approximately*) ungefähr; **~** (*speaking*) grob gesagt; **~ half** ungefähr die Hälfte; **~ similar** in etwa ähnlich **roughness** *n* **1.** (*of ground*) Unebenheit *f*; (*of surface, skin, cloth*) Rauheit *f* **2.** (≈ *coarseness, of person*) Ungehobeltheit *f*; (*of manners*) Grobheit *f* **rough paper** *n* Konzeptpapier *nt* **roughshod** *adv* **to ride ~ over sb/sth** rücksichtslos über jdn/etw hinweggehen **roulette** *n* Roulette *nt*

round I *adj* (+*er*) rund; **~ number** runde Zahl **II** *adv* (*esp Br*) **there was a wall right~** *or all~* rundherum war eine Mauer; **you'll have to go~** Sie müssen außen herum gehen; **the long way~** der längere Weg; **~ and~** rundherum; **I asked him ~ for a drink** ich lud ihn auf ein Glas Bier *etc* bei mir ein; **I'll be~ at 8 o'clock** ich werde um 8 Uhr da sein; **for the second time ~** zum zweiten Mal; **all year ~** das ganze Jahr über; **all ~** (*lit*) ringsherum; (*esp Br fig: for everyone*) für alle **III** *prep* **1.** (*esp Br*) um (... herum); **all ~ the house** (*inside*) im ganzen Haus; (*outside*) um das ganze Haus herum; **to look ~ a house** sich (*dat*) ein Haus ansehen; **to show sb ~ a town** jdm eine Stadt zeigen; **they went ~ the cafés looking for**

him sie gingen in alle Cafés, um nach ihm zu suchen **2.** (≈ *approximately*) ungefähr; **~** (*about* (*esp Br*)) **7 o'clock** ungefähr um 7 Uhr; **~** (*about* (*esp Br*)) **£800** um die £ 800 **IV** *n* (≈ *delivery round*, SPORTS, *of talks*) Runde *f*; **~(s)** (*of policeman, doctor*) Runde *f*; **to do the~s** (*story etc*) reihum gehen; **he does a paper~** (*Br*) er trägt Zeitungen aus; *a* **~ (of drinks)** eine Runde; **~ of ammunition** Ladung *f*; **a~ of applause** Applaus *m* **V** *v/t corner* gehen/fahren um ◆ **round down** *v/t sep number* abrunden ◆ **round off** *v/t sep number* vollmachen; *meal* abrunden; *meeting* abschließen ◆ **round up** *v/t sep* **1.** *people* zusammentrommeln (*infml*); *cattle* zusammentreiben; *criminals* hochnehmen (*infml*) **2.** *number* aufrunden

roundabout I *adj answer* umständlich; **~ route** Umweg *m*; **to say sth in a~ way** etw auf Umwegen sagen **II** *n* (*Br: in playground*) Karussell *nt*, Ringelspiel *nt* (*Aus*); MOT Kreisverkehr *m* **rounded** *adj* rundlich; *edges* abgerundet **roundly** *adv condemn, criticize* rundum; *defeat* klar **round-the-clock** *adj* (*Br*) rund um die Uhr *not attr*

round trip *n* Rundreise *f*

round-trip ticket *n* (*US*) Rückfahrkarte *f*; AVIAT Hin- und Rückflugticket *nt* **roundup** *n* (*of cattle*) Zusammentreiben *nt*; (*of people*) Zusammentrommeln *nt* (*infml*); (*of news*) Zusammenfassung *f*

rouse *v/t* **1.** (*from sleep etc*) wecken **2.** (≈ *stimulate*) *person* bewegen; *admiration, interest* wecken; *hatred, suspicions* erregen **rousing** *adj speech* mitreißend; *music* schwungvoll

rout II *n* Schlappe *f* **II** *v/t* in die Flucht schlagen

route I *n* **1.** Strecke *f*; (*bus service*) Linie *f*; (*fig*) Weg *m* **2.** (*US* ≈ *delivery round*) Runde *f* **II** *v/t train* legen; *telephone call* leiten; **my baggage was~d through Amsterdam** mein Gepäck wurde über Amsterdam geschickt

routine I *n* **1.** Routine *f* **2.** DANCING Figur *f* **II** *adj* Routine-, routinemäßig; **~ examination** Routineuntersuchung *f*; **it was quite~** es war eine reine Formsache; **reports of bloodshed had become almost~** Berichte über Blutvergießen waren fast an der Tagesordnung **routinely** *adv use* regelmäßig; *test* routinemäßig

roving *adj* **he has a ~ eye** er riskiert gern ein Auge

row[1] *n* Reihe *f*; **4 failures in a ~** 4 Misserfolge hintereinander; **arrange them in ~s** stell sie in Reihen auf

row[2] *v/t & v/i* rudern

row[3] **I** *n* (*esp Br infml*) (≈ *noise*) Lärm *m*; (≈ *quarrel*) Streit *m*; **to make a ~** Krach schlagen (*infml*); **to have a ~ with sb** mit jdm Streit haben; **to get a ~** Krach bekommen (*infml*) **II** *v/i* (≈ *quarrel*) (sich) streiten

rowan *n* Vogelbeere *f*

rowboat *n* (*US*) Ruderboot *nt*

rowdy *adj* (+*er*) (≈ *noisy*) laut; *football fans* randalierend; *behaviour* grob

rower *n* **1.** Ruderer *m*, Ruderin *f* **2.** (≈ *rowing machine*) Rudergerät *nt*

row house *n* (*US*) Reihenhaus *nt*

rowing[1] *n* Rudern *nt*

rowing[2] *n* (*esp Br* ≈ *quarrelling*) Streiterei *f*

rowing boat *n* (*Br*) Ruderboot *nt* **rowing machine** *n* Rudermaschine *f*

royal I *adj* königlich; **the ~ family** die königliche Familie **II** *n* (*infml*) Angehörige(r) *m/f(m)* der königlichen Familie **Royal Air Force** *n* (*Br*) Königliche Luftwaffe **royal-blue** *adj* königsblau **Royal Highness** *n* **Your~** Eure Königliche Hoheit **Royal Mail** *n* (*Br*) britischer Postdienst **Royal Marines** *pl* (*Br*) britische Marineinfanterie **Royal Navy** (*Br*) *n* Königliche Marine **royalty** *n* **1.** (*collectively*) das Königshaus; **he's ~** er gehört zur königlichen Familie **2. royalties** *pl* (*from book*) Tantiemen *pl*

RP *abbr of* **received pronunciation** hochsprachliche Aussprache

rpm *abbr of* **revolutions per minute** U/min

RSVP *abbr of* **répondez s'il vous plaît** u. A. w. g.

Rt Hon (*Br*) *abbr of* **Right Honourable**; **the ~ John Williams MP** der Abgeordnete John Williams

rub I *n* Reiben *nt*; **to give sth a ~** etw reiben **II** *v/t* reiben; **to ~ lotion into sth** etw mit einer Lotion einreiben; **to ~ one's hands (together)** sich (*dat*) die Hände reiben; **to ~ sb's nose in sth** (*fig*) jdm etw dauernd unter die Nase reiben; **to ~ shoulders** (*esp Br*) *or* **elbows** (*esp US*) **with all sorts of people** (*fig*) mit allen möglichen Leuten in Berührung

kommen; **to ~ sb the wrong way** (*US*) bei jdm anecken **III** *v/i* (*against* an +*Dat*) reiben; (*collar*) scheuern; **the cat ~bed against my legs/the tree** die Katze strich mir um die Beine ◆ **rub down** *v/t sep person* abrubbeln (*infml*) ◆ **rub in** *v/t sep* **1.** *lotion* einreiben (*prep obj*, *-to* in +*acc*) **2.** (*fig*) **don't rub it in!** reite nicht so darauf herum! ◆ **rub off** *v/i* abgehen; **to ~ on sb** (*fig*) auf jdn abfärben ◆ **rub out** *v/t sep* (*with eraser*) ausradieren ◆ **rub up I** *v/t sep* **to rub sb up the wrong way** (*Br*) bei jdm anecken **II** *v/i* **the cat rubbed up against my leg** die Katze strich mir um die Beine

rubber I *n* (≈ *material*) Gummi *m*; (*Br* ≈ *eraser*) (Radier)gummi *m*; (*esp US sl* ≈ *contraceptive*) Gummi *m* (*infml*) **II** *adj* Gummi- **rubber band** *n* Gummiband *nt* **rubber dinghy** *n* Schlauchboot *nt* **rubber stamp** *n* Stempel *m* **rubber-stamp** *v/t* (*fig infml*) genehmigen **rubbery** *adj* *material* gummiartig

rubbish (*esp Br*) **I** *n* **1.** Abfall *m*; (*fig* ≈ *trashy record etc*) Mist *m*; **household ~** Hausmüll *m* **2.** (*infml* ≈ *nonsense*) Quatsch *m* (*infml*); **don't talk ~!** red keinen Quatsch! (*infml*) **II** *attr* (*infml*) **1.** = **rubbishy 2. I'm ~ at it** ich bin zu blöd dazu (*infml*) **rubbish bin** *n* Mülleimer *m*, Mistkübel *m* (*Aus*) **rubbish collection** *n* Müllabfuhr *f* **rubbish dump** *n* Müllabladeplatz *m* **rubbishy** *adj* (*Br infml*) *goods* minderwertig; *film* mies (*infml*); *ideas* blödsinnig

rubble *n* Trümmer *pl*; (*smaller pieces*) Schutt *m*

ruby I *n* (≈ *stone*) Rubin *m* **II** *adj* Rubinrot

ruck *n* (≈ *wrinkle*) Falte *f* ◆ **ruck up** *v/i* (*shirt etc*) sich hochschieben; (*rug*) Falten schlagen

rucksack *n* (*esp Br*) Rucksack *m*

ruckus *n* (*infml*) Krawall *m*

rudder *n* Ruder *nt*

ruddy *adj* (+*er*) *complexion* rot

rude *adj* (+*er*) **1.** (≈ *impolite*) unhöflich; (*stronger*) unverschämt; (≈ *rough*) grob; **to be ~ to sb** unhöflich zu jdm sein; **it's ~ to stare** es gehört sich nicht, Leute anzustarren; **don't be so ~!** so was sagt man/tut man nicht! **2.** (≈ *obscene*) unanständig; **a ~ gesture** eine anstößige Geste **3.** *reminder* unsanft **rudely** *adv* **1.** (≈ *impolitely*) unhöflich; (*stronger*) unver-

schämt; (≈ *roughly*) grob **2.** (≈ *obscenely*) unanständig **3.** *remind* unsanft **rudeness** *n* (≈ *impoliteness*) Unhöflichkeit *f*; (*stronger*) Unverschämtheit *f*
rudimentary *adj equipment* primitiv; *system* rudimentär; **~ knowledge** Grundkenntnisse *pl* **rudiments** *pl* Grundlagen *pl*
rueful *adj* reuevoll
ruffian *n* Rüpel *m*; (*violent*) Schläger *m*
ruffle *v/t* **1.** *hair, feathers* zerzausen; *surface* kräuseln; **the bird ~d (up) its feathers** der Vogel plusterte sich auf **2.** (*fig* ≈ *upset*) aus der Ruhe bringen; **to ~ sb's feathers** jdn aufregen **ruffled** *adj* **1.** (≈ *flustered*) aufgebracht **2.** *bedclothes* zerwühlt; *hair* zerzaust **3.** *shirt* gekräuselt
rug *n* **1.** Teppich *m*; **to pull the ~ from under sb** (*fig*) jdm den Boden unter den Füßen wegziehen **2.** (≈ *blanket*) (Woll)decke *f*
rugby *n* (*a*. **rugby football**) Rugby *nt*
rugged *adj* rau; *mountains* zerklüftet; *features* markig
ruin I *n* **1.** *no pl* (*of thing, person*) Untergang *m*; (*of event*) Ende *nt*; (*financial, social*) Ruin *m*; **the palace was going to ~ or falling into ~** der Palast verfiel (zur Ruine); **to be the ~ of sb** jdn ruinieren **2.** (≈ *building*) Ruine *f*; **~s** (*of building*) Ruinen *pl*; (*of hopes*) Trümmer *pl*; **to be or lie in ~s** (*lit*) eine Ruine sein; (*fig*) zerstört sein **II** *v/t* (≈ *destroy*) zerstören; (*financially, socially*) ruinieren; (≈ *spoil*) verderben **ruined** *adj* **1.** *building* in Ruinen *pred*, zerfallen **2.** *career* ruiniert
rule I *n* **1.** Regel *f*; ADMIN Vorschrift *f*; **to play by the ~s** die Spielregeln einhalten; **to bend the ~s** es mit den Regeln / Vorschriften nicht so genau nehmen; **to be against the ~s** nicht erlaubt sein; **to do sth by ~** etw vorschriftsmäßig tun; **as a ~ of thumb** als Faustregel **2.** (≈ *authority*) Herrschaft *f*; (≈ *period*) Regierungszeit *f*; **the ~ of law** die Rechtsstaatlichkeit **II** *v/t* **1.** (≈ *govern*) regieren; (*fig*) *emotions etc* beherrschen; **to ~ the roost** (*fig*) Herr im Haus sein (*infml*); **to be ~d by emotions** sich von Gefühlen beherrschen lassen; **he let his heart ~ his head** er ließ sich von seinem Herzen und nicht von seinem Verstand leiten **2.** JUR, ADMIN entscheiden **3.** *line* ziehen; **~d paper** liniertes Papier **III** *v/i* **1.** (≈ *reign*) herrschen (*over* über +*acc*) **2.**

JUR entscheiden (*against* gegen, *in favour of* für, *on* in +*dat*) ◆ **rule out** *v/t sep* (*fig*) ausschließen
ruler *n* **1.** (*for measuring*) Lineal *nt* **2.** (≈ *sovereign*) Herrscher(in) *m(f)* **ruling I** *adj body* herrschend; **the ~ party** die Regierungspartei **II** *n* ADMIN, JUR Entscheidung *f*
rum *n* Rum *m*
Rumania *etc* = **Romania** *etc*
rumble I *n* (*of thunder*) Grollen *nt no pl*; (*of stomach*) Knurren *nt no pl*; (*of train*) Rumpeln *nt no pl* **II** *v/i* (*thunder*) grollen; (*stomach*) knurren; (*train*) rumpeln
ruminate *v/i* (*fig*) grübeln (*over, about, on* über +*acc*)
rummage I *n* **to have a good ~ in sth** etw gründlich durchwühlen **II** *v/i* (*a*. **rummage about, rummage around**) herumwühlen (*among, in* in +*dat*, *for* nach)
rumour, (*US*) **rumor I** *n* Gerücht *nt*; **~ has it that ...** es geht das Gerücht, dass ...; **there are ~s of war** es gehen Kriegsgerüchte um **II** *v/t* **it is ~ed that ...** es geht das Gerücht, dass ...; **he is ~ed to be in London** Gerüchten zufolge ist er in London; **he is ~ed to be rich** er soll angeblich reich sein
rump *n* Hinterbacken *pl*; (*infml: of person*) Hinterteil *nt*; **~ steak** Rumpsteak *nt*
rumple *v/t* (*a*. **rumple up**) *clothes* zerknittern **rumpled** *adj clothes* zerknittert; *hair* zerzaust
rumpus *n* (*infml*) Krach *m* (*infml*); **to make a ~** (≈ *make noise*) einen Heidenlärm machen (*infml*); (≈ *complain*) Krach schlagen (*infml*) **rumpus room** *n* (*US*) Spielzimmer *nt*
run *vb: pret* **ran**, *past part* **run I** *n* **1.** Lauf *m*; **to go for a 2-km ~** einen 2-km-Lauf machen; **he set off at a ~** er rannte los; **to break into a ~** zu laufen anfangen; **to make a ~ for it** weglaufen; **on the ~** (*from the police etc*) auf der Flucht; **we've got them on the ~!** wir haben sie in die Flucht geschlagen!; **to give sb a good ~ for his money** (*infml*) jdn auf Trab halten (*infml*) **2.** (≈ *route*) Strecke *f*; **to go for a ~ in the car** eine Fahrt / einen Ausflug im Auto machen; **in the long ~** auf die Dauer; **in the short ~** fürs Nächste **3. to have the ~ of a place** einen Ort zur freien Verfügung haben **4.** (≈ *series*) Folge *f*, Serie *f*; THEAT Spielzeit *f*; **a ~ of bad luck** eine Pechsträhne **5.** (≈ *great*

demand) **~ on** Ansturm *m* auf (+*acc*) **6.** **ski ~** Abfahrt(sstrecke) *f* **7.** (≈ *enclosure*) Gehege *nt* **8.** (*infml* ≈ *diarrhoea*) **the ~s** der flotte Otto (*infml*) **II** *v/i* **1.** laufen, rennen; (≈ *flee*) wegrennen; **she came ~ning out** sie kam herausgelaufen; **he's trying to ~ before he can walk** (*fig*) er sollte erst einmal langsam machen; **to ~ for the bus** zum Bus rennen; **she ran to meet him** sie lief ihm entgegen; **she ran to help him** sie kam ihm schnell zu Hilfe; **to ~ for one's life** um sein Leben rennen; **~ for it!** rennt, was ihr könnt! **2.** (*story, lyrics*) gehen; **he ran down the list** er ging die Liste durch; **a shiver ran down her spine** ein Schauer lief ihr über den Rücken; **to ~ in the family** in der Familie liegen **3.** (*as candidate*) kandidieren; **to ~ for President** für die Präsidentschaft kandidieren **4.** **I'm ~ning late** ich bin spät dran; **all planes are ~ning late** alle Flugzeuge haben Verspätung; **the project is ~ning late/to schedule** das Projekt hat sich verzögert/geht ganz nach Plan voran; **supplies are ~ning low** die Vorräte sind knapp; **his blood ran cold** das Blut fror ihm in den Adern; **to ~ dry** (*river*) austrocknen; **to be ~ning at** (≈ *stand*) betragen; **interest rates are ~ning at record levels/15%** die Zinssätze sind auf Rekordhöhe/stehen auf 15% **5.** (*water, tears, tap, nose*) laufen; (*river, electric current*) fließen; (*eyes*) tränen; (*paint*) zerfließen; (*dye*) färben; **where the river ~s into the sea** wo der Fluss ins Meer mündet **6.** (*play, contract*) laufen; **the expenditure ~s into thousands of pounds** die Ausgaben gehen in die Tausende (von Pfund) **7.** (*bus etc*) fahren; **the train doesn't ~ on Sundays** der Zug fährt sonntags nicht **8.** (≈ *function*) laufen (*also* IT); **to ~ on diesel** mit Diesel fahren; **the radio ~s off batteries** das Radio läuft auf Batterie; **things are ~ning smoothly** alles läuft glatt **9.** (*road*) führen; **to ~ (a)round sth** (*wall etc*) sich um etw ziehen; **the railway line ~s for 300 km** die Bahnlinie ist 300 m lang; **to ~ through sth** (*theme*) sich durch etw ziehen **III** *v/t* **1.** laufen; **to ~ errands** Botengänge machen; **to ~ its course** seinen Lauf nehmen; **to ~ a temperature** Fieber haben; **to ~ sb off his feet** (*infml*) jdn ständig auf Trab halten

(*infml*); **I'll ~ you a bath** ich lasse dir ein Bad einlaufen **2.** *vehicle* fahren; *extra buses* einsetzen; **he ran the car into a tree** er fuhr das Auto gegen einen Baum; **this company ~s a bus service** diese Firma unterhält einen Busdienst **3.** *machine* betreiben; *computer* laufen lassen; *software* benutzen; *program* laden; *test* durchführen; **I can't afford to ~ a car** ich kann es mir nicht leisten, ein Auto zu unterhalten; **this car is cheap to ~** dieses Auto ist billig im Unterhalt **4.** (≈ *manage*) leiten; *shop* führen; (≈ *organize*) *course of study, competition* durchführen; **he ~s a small hotel** er hat ein kleines Hotel; **I want to ~ my own life** ich möchte mein eigenes Leben leben; **she's the one who really ~s everything** sie ist diejenige, die den Laden schmeißt (*infml*) **5.** **to ~ one's fingers over sth** die Finger über etw (*acc*) gleiten lassen; **to ~ one's fingers through one's hair** sich (*dat*) mit den Fingern durch die Haare fahren **6.** *rope* führen; *pipe* (ver)legen **7.** PRESS *article* bringen **8.** *film* zeigen ◆ **run about** (*Brit*) *or* **around** *v/i* herumlaufen ◆ **run across** I *v/i* (*lit*) hinüberlaufen II *v/i* +*prep obj person* zufällig treffen; *object* stoßen auf (+*acc*) ◆ **run after** *v/i* +*prep obj* nachlaufen (+*dat*) ◆ **run along** *v/i* laufen; **~!** nun geh mal schön! ◆ **run around** *v/i* = **run about** ◆ **run away** *v/i* **1.** weglaufen **2.** (*water*) auslaufen ◆ **run away with** *v/i* +*prep obj prize* spielend gewinnen; **he lets his enthusiasm ~ him** seine Begeisterung geht leicht mit ihm durch ◆ **run back** I *v/i* (*lit*) zurücklaufen II *v/t sep person* zurückfahren ◆ **run down** I *v/i* **1.** (*lit: person*) hinunterrennen **2.** (*battery*) leer werden II *v/t sep* **1.** (≈ *knock down*) umfahren; (≈ *run over*) überfahren **2.** *stocks* abbauen **3.** (≈ *disparage*) schlechtmachen ◆ **run in** *v/i* (*lit*) hineinlaufen ◆ **run into** *v/i* +*prep obj* (≈ *meet*) zufällig treffen; (≈ *collide with*) rennen/ fahren gegen; **to ~ trouble** Ärger bekommen; **to ~ problems** auf Probleme stoßen ◆ **run off** I *v/i* = **run away** I1 II *v/t sep copy* abziehen ◆ **run on** *v/i* **1.** (*lit*) weiterlaufen **2.** (*fig*) **it ran on for four hours** das zog sich über vier Stunden hin **3.** (*time*) weitergehen ◆ **run out** *v/i* **1.** (*person*) hinauslaufen; (*liquid*) herauslaufen; (*through leak*) auslaufen **2.** (*time*) ablaufen; (*supplies*) ausgehen ◆ **run out of** *v/i +prep obj* **he ran out of supplies** ihm gingen die Vorräte aus; **she ran out of time** sie hatte keine Zeit mehr; **we're running out of time** wir haben nicht mehr viel Zeit ◆ **run over I** *v/i* **1.** (*to neighbour etc*) kurz hinübergehen **2.** (≈ *overflow*) überlaufen **II** *v/i +prep obj* details durchgehen; *notes* durchsehen **III** *v/t sep* (*in vehicle*) überfahren ◆ **run through I** *v/i* (*lit*) durchlaufen **II** *v/i +prep obj* **1.** *play* durchspielen; *ceremony, list* durchgehen **2.** = **run over II** ◆ **run to** *v/i +prep obj* **the poem runs to several hundred lines** das Gedicht geht über mehrere Hundert Zeilen ◆ **run up I** *v/i* (*lit*) hinauflaufen; (≈ *approach quickly*) hinrennen (*to* zu); **to~ against difficulties** auf Schwierigkeiten stoßen **II** *v/t sep* **1.** *flag* hochziehen **2. to~ a bill** eine Rechnung zusammenkommen lassen; **to~ a debt** Schulden machen

runaround *n* (*infml*) **to give sb the~** jdn an der Nase herumführen (*infml*)**runaway I** *n* Ausreißer(in) *m(f)* **II** *adj* **1.** *person, horse* ausgerissen; **a~ train** ein Zug, der sich selbstständig gemacht hat **2.** (*fig*) *winner* überragend; **a~ success** ein Riesenerfolg *m***rundown** *n* (*infml*) **to give sb a~ on sth** jdn über etw (*acc*) informieren **run-down** *adj* (≈ *dilapidated*) heruntergekommen; (≈ *tired*) abgespannt

rung[1] *past part of* **ring**[2]

rung[2] *n* (*of ladder*) Sprosse *f*

run-in *n* (*infml*) Streit *m***runner** *n* **1.** (≈ *athlete*) Läufer(in) *m(f)* **2.** (*on skate*) Kufe *f*; (*for drawer*) Laufschiene *f* **3. to do a~** (*Br infml*) die Fliege machen (*sl*)**runner bean** *n* (*Br*) Stangenbohne *f*, Fisole *f* (*Aus*) **runner-up** *n* Zweite(r) *m/f(m)*; **the runners-up** die weiteren Plätze**running I** *n* **1.** Laufen *nt*; **to be in the~** im Rennen liegen; **out of the~** aus dem Rennen **2.** (≈ *management*) Leitung *f*; (*of country, shop*) Führung *f*; (*of course*) Durchführung *f* **3.** (*of machine*) Unterhaltung *f* **II** *adj water* fließend; *tap* laufend **III** *adv* (*for*) **five days~** fünf Tage hintereinander; **for the third year~** im dritten Jahr hintereinander; **sales have fallen for the third year~** die Verkaufszahlen sind seit drei Jahren rückläufig

running battle *n* (*fig*) Kleinkrieg *m***running commentary** *n* RADIO, TV fortlaufender Kommentar **running costs** *pl* Betriebskosten *pl*; (*of car*) Unterhaltskosten *pl***running mate** *n* (*US* POL) Kandidat für die Vizepräsidentschaft **running shoe** *n* Rennschuh *m***running total** *n* laufende Summe; **to keep a~ of sth** (*lit, fig*) etw fortlaufend festhalten**runny** *adj* (+*er*) *egg* flüssig; *nose* laufend; *eyes* tränend; *sauce* dünnflüssig**run-of-the-mill** *adj* gewöhnlich**run-through** *n* **let's have a final~** gehen wir das noch einmal durch **run-up** *n* SPORTS Anlauf *m*; (*fig*) Vorbereitungszeit *f*; **in the~ to the election** in der Zeit vor der Wahl **runway** *n* AVIAT Start- und Landebahn *f*

rupture I *n* Bruch *m* **II** *v/t & v/i* brechen; **to~ oneself** (*infml*) sich (*dat*) einen Bruch heben (*infml*)**ruptured** *adj pipe* geplatzt

rural *adj* ländlich; *landscape* bäuerlich; **~ land** ländlicher Raum**rural life** *n* Landleben *nt***rural population** *n* Landbevölkerung *f*

ruse I *n* List *f*

rush I *n* **1.** (*of crowd*) Andrang *m*; (*of air*) Stoß *m*; **they made a~ for the door** sie drängten zur Tür; **there was a~ for the seats** alles stürzte sich auf die Sitze; **there's been a~ on these goods** diese Waren sind rasend weggegangen; **the Christmas~** der Weihnachtsbetrieb; **a~ of orders** eine Flut von Aufträgen; **a~ of blood to the head** Blutandrang *m* im Kopf **2.** (≈ *hurry*) Eile *f*; (*stronger*) Hast *f*; **to be in a~** in Eile sein; **I did it in a~** ich habe es sehr hastig gemacht; **is there any~ for this?** eilt das?; **it all happened in such a~** das ging alles so plötzlich **II** *v/i* (≈ *hurry*) eilen; (*stronger*) hasten; (≈ *run*) stürzen; (*wind*) brausen; (*water*) schießen; **they~ed to help her** sie eilten ihr zu Hilfe; **I'm~ing to finish it** ich beeile mich, es fertig zu machen; **don't~, take your time** überstürzen Sie nichts, lassen Sie sich Zeit; **you shouldn't just go~ing into things** Sie sollten die Dinge nicht so überstürzen; **to~ through town** hetzen durch; *work* hastig erledigen; **to~ past** (*person*) vorbeistürzen; (*vehicle*) vorbeischießen; **to~ in etc** hineinstürzen *etc*; **the ambulance~ed to the scene** der Krankenwagen raste zur Unfallstelle; **the blood~ed**

to his face das Blut schoss ihm ins Gesicht **III** v/t **1.** (≈ do hurriedly) schnell machen; (≈ do badly) schludern bei (pej); (≈ force to hurry) hetzen; **to be ~ed off one's feet** dauernd auf Trab sein (infml); **to ~ sb to hospital** jdn schnellstens ins Krankenhaus bringen **2.** (≈ charge at) stürmen ◆ **rush about** (Brit) or **around** v/i herumhasten ◆ **rush at** v/i +prep obj (lit) losstürzen auf (+acc) ◆ **rush down** v/i (person) hinuntereilen; (very fast, also water etc) hinunterstürzen ◆ **rush out I** v/i hinauseilen; **he rushed out and bought one** er kaufte sofort eines **II** v/t sep troops, supplies eilends hintransportieren ◆ **rush through** v/t sep order durchjagen; legislation durchpeitschen

rushed adj **1.** meal hastig; decision übereilt **2.** (≈ busy) gehetzt

rush hour(s) n(pl) Stoßzeit(en) f(pl); **rush-hour traffic** Stoßverkehr m **rush job** n eiliger Auftrag; (pej ≈ bad work) Schluderarbeit f (infml)

Russia n Russland nt

Russian I adj russisch **II** n **1.** Russe m, Russin f **2.** LING Russisch nt

rust I n Rost m **II** v/t (lit) rosten lassen **III** v/i rosten **rusted** adj (esp US) rostig

rustic adj bäuerlich; style rustikal

rustiness n Rostigkeit f; (fig) eingerostete Kenntnisse pl (of in +dat)

rustle I n Rascheln nt; (of foliage) Rauschen nt **II** v/i (leaves, papers) rascheln; (foliage, skirts) rauschen ◆ **rustle up** v/t sep (infml) meal improvisieren (infml); money auftreiben; **can you ~ a cup of coffee?** können Sie eine Tasse Kaffee beschaffen?

rustler n (≈ cattle thief) Viehdieb(in) m(f) **rustling I** adj raschelnd **II** n **1.** (of leaves, paper) Rascheln nt; (of material) Rauschen nt **2.** (≈ cattle theft) Viehdiebstahl m

rustproof adj rostfrei **rusty** adj (+er) (lit) rostig; **I'm a bit ~** ich bin etwas aus der Übung; **to get ~** (lit) verrosten; (fig: person) aus der Übung kommen

rut n (in path) Spur f; (fig) Trott m (infml); **to be in a ~** (fig) im Trott sein (infml); **to get into a ~** (fig) in einen Trott geraten (infml)

rutabaga n (US) Steckrübe f

ruthless adj person, deed rücksichtslos; treatment schonungslos **ruthlessly** adv suppress rücksichtslos; **~ ambitious** skrupellos ehrgeizig **ruthlessness** n (of person, deed) Rücksichtslosigkeit f; (of treatment) Schonungslosigkeit f

RV abbr of **recreational vehicle** Wohnmobil nt

Rwanda n Ruanda nt

rye n (≈ grain) Roggen m **rye whisk(e)y** n Ryewhisky m

S

S, s n S nt, s nt

's 1. he's = he is/ has; what's = what is/ has/does? 2. John's book Johns Buch; **my brother's car** das Auto meines Bruders; **at the butcher's** beim Fleischer **3. let's = let us**

Sabbath n Sabbat m

sabotage I n Sabotage f **II** v/t sabotieren **saboteur** n Saboteur(in) m(f)

saccharin(e) n Sacharin nt

sachet n Beutel m; (of shampoo) Briefchen nt

sack I n **1.** Sack m; **2 ~s of coal** 2 Sack Kohlen **2.** (infml) **to get the ~** rausfliegen (infml); **to give sb the ~** jdn rausschmeißen (infml) **3.** (infml) **to hit the ~** sich in die Falle hauen (sl) **II** v/t (infml ≈ dismiss) rausschmeißen (infml) **sackful** n Sack m; **two ~s of potatoes** zwei Sack Kartoffeln **sacking** n (infml ≈ dismissal) Entlassung f

sacrament n Sakrament nt

sacred adj heilig; building, rite sakral

sacrifice I n Opfer nt; **to make ~s** Opfer bringen **II** v/t opfern (sth to sb jdm etw) **sacrificial** adj Opfer-

sacrilege n Sakrileg nt

SAD MED abbr of **seasonal affective disorder** Winterdepression f

sad adj (+er) **1.** traurig; loss schmerzlich; **to feel ~** traurig sein; **he was ~ to see her go** er war betrübt, dass sie wegging **2.** (infml ≈ pathetic) bedauernswert **sadden** v/t betrüben

saddle I n Sattel m **II** v/t **1.** horse satteln **2.** (infml) **to ~ sb/oneself with sb/sth** jdm/sich jdn/etw aufhalsen (infml); **how did I get ~d with him?** wie kommt es (nur), dass ich ihn am Hals habe?

saddlebag n Satteltasche f

sadism n Sadismus m **sadist** n Sadist(in) m(f) **sadistic** adj, **sadistically** adv sadistisch

sadly adv **1.** traurig; **she will be ~ missed** sie wird (uns/ihnen) allen sehr fehlen **2.** (≈ unfortunately) leider **3.** (≈ woefully) bedauerlicherweise; **to be ~ mistaken** sich arg täuschen **sadness** n Trauigkeit f; **our ~ at his death** unsere Trauer über seinen Tod

s.a.e. abbr of **stamped addressed envelope**

safari n Safari f; **to be/go on ~** auf Safari sein/gehen **safari park** n Safaripark m

safe¹ n Safe m

safe² adj (+er) sicher; (≈ out of danger) in Sicherheit; (≈ not dangerous) ungefährlich; method zuverlässig; **to keep sth ~** etw sicher aufbewahren; **~ journey!** gute Fahrt/Reise!; **thank God you're ~** Gott sei Dank ist dir nichts passiert; **~ and sound** gesund und wohlbehalten; **the secret is ~ with me** bei mir ist das Geheimnis gut aufgehoben; **not ~** gefährlich; **is it ~ to light a fire?** ist es auch nicht gefährlich, ein Feuer anzumachen?; **it is ~ to eat** das kann man gefahrlos essen; **it is ~ to assume or a ~ assumption that ...** man kann mit ziemlicher Sicherheit annehmen, dass ...; **it's ~ to say that ...** man kann ruhig sagen, dass ...; **to be on the ~ side** um ganz sicher zu sein; **better ~ than sorry** Vorsicht ist besser als Nachsicht (prov) **safe-conduct** n freies Geleit **safe-deposit box** n Banksafe m or nt **safeguard I** n Schutz m **II** v/t schützen (against vor +dat); interests wahrnehmen **III** v/i **to ~ against sth** sich gegen etw absichern **safe haven** n (fig) sicherer Zufluchtsort **safe keeping** n sichere Verwahrung; **to give sb sth for ~** jdm etw zur (sicheren) Aufbewahrung geben **safely** adv (≈ unharmed) wohlbehalten; (≈ without risk) gefahrlos; (≈ not dangerously) ungefährlich; **we were all ~ inside** wir waren alle sicher drinnen; **I think I can ~ say ...** ich glaube, ich kann ruhig sagen ...; **the election is now ~ out of the way** die

Wahlen haben wir jetzt zum Glück hinter uns; **to put sth away ~** etw an einem sicheren Ort verwahren; **once the children are ~ tucked up in bed** wenn die Kinder erst mal im Bett sind **safe passage** n sicheres Geleit **safe seat** n POL ein sicherer Sitz **safe sex** n Safer Sex m

safety n Sicherheit f; **for his (own) ~** zu seiner (eigenen) Sicherheit; **(there's) ~ in numbers** zu mehreren ist man sicherer; **to reach ~** in Sicherheit gelangen; **when we reached the ~ of the opposite bank** als wir sicher das andere Ufer erreicht hatten **safety belt** n Sicherheitsgurt m **safety catch** n (on gun) (Abzugs)sicherung f **safety harness** n Sicherheitsgurt m **safety margin** n Sicherheitsmarge f **safety measure** n Sicherheitsmaßnahme f **safety net** n Sicherheitsnetz nt **safety pin** n Sicherheitsnadel f **safety precaution** n Sicherheitsvorkehrung f **safety technology** n Sicherheitstechnik f

saffron n Safran m

sag v/i absacken; (in the middle) durchhängen; (shoulders) herabhängen; (spirit) sinken

saga n Saga f; (fig) Geschichte f

sage n BOT Salbei m

sagging adj **1.** ceiling, rope durchhängend **2.** skin schlaff **saggy** (+er) adj mattress durchgelegen; bottom schlaff

Sagittarius n Schütze m; **he's (a) ~** er ist Schütze

Sahara n Sahara f; **the ~ Desert** die (Wüste) Sahara

said I pret, past part of **say II** adj (form) besagt

sail I n **1.** Segel nt; (of windmill) Flügel m; **to set ~ (for ...)** losfahren (nach ...); (in yacht) absegeln (nach ...) **2.** (≈ trip) Fahrt f; **to go for a ~** segeln gehen **II** v/t ship segeln mit; **to ~ the Atlantic** den Atlantik durchkreuzen **III** v/i **1.** NAUT fahren; (with yacht) segeln; **are you flying? — no, ~ing** fliegen Sie? — nein, ich fahre mit dem Schiff **2.** (≈ leave) (for nach) abfahren; (in yacht) absegeln **3.** (fig) (swan etc) gleiten; (moon) ziehen; (ball) fliegen; **she ~ed past/out of the room** sie rauschte vorbei/aus dem Zimmer (infml); **she ~ed through all her exams** sie schaffte alle Prüfungen spielend **sailboard** n Windsurfbrett nt **sailboarding** n Windsurfen nt **sailboat**

n (*US*) Segelboot *nt* **sailing** *n* Segeln *nt*
sailing boat *n* (*Br*) Segelboot *nt* **sailing
ship** *n* Segelschiff *nt*
sailor *n* Seemann *m*; (*in navy*) Matrose *m*,
Matrosin *f*
saint *n* Heilige(r) *m/f(m)*; **St John** Sankt
Johannes, St. Johannes; **St Mark's
(Church)** die Markuskirche **saintly** *adj*
(+*er*) heilig; (*fig pej*) frömmlerisch
Saint Valentine's Day *n* Valentinstag *m*
sake *n* **for the ~ of ...** um (+*gen*) ... willen;
for my ~ meinetwegen; (≈ *to please me*)
mir zuliebe; **for your own ~** dir selbst zuliebe; **for the ~ of your career** deiner
Karriere zuliebe; **for heaven's ~!** (*infml*)
um Gottes willen!; **for heaven's** or
Christ's ~ shut up (*infml*) nun halt doch
endlich die Klappe (*infml*); **for old
times' ~** in Erinnerung an alte Zeiten;
for the ~ of those who ... für diejenigen,
die ...; **and all for the ~ of a few pounds**
und alles wegen ein paar Pfund
salable *adj* (*US*) = **saleable**
salad *n* Salat *m* **salad bar** *n* Salatbüffet *nt*
salad bowl *n* Salatschüssel *f* **salad
cream** *n* ≈ Mayonnaise *f* **salad dressing**
n Salatsoße *f*
salami *n* Salami *f*
salaried *adj* **~ post** Angestelltenposten
m; **~ employee** Gehaltsempfänger(in)
m(f) **salary** *n* Gehalt *nt*; **what is his
~?** wie hoch ist sein Gehalt? **salary increase** *n* Gehaltserhöhung *f*
sale *n* **1.** (≈ *selling*) Verkauf *m*; (*instance*)
Geschäft *nt*; (≈ *auction*) Auktion *f*; **for ~**
zu verkaufen; **to put sth up for ~** etw
zum Verkauf anbieten; **is it up for ~?**
steht es zum Verkauf?; **not for ~** nicht
verkäuflich; **to be on ~** verkauft werden;
~s *pl* (≈ *turnover*) Absatz *m* **2. sales** *sg*
(≈ *department*) Verkaufsabteilung *f* **3.**
(*at reduced prices*) Rabattaktion *f*; (*at
end of season*) Schlussverkauf *m*; **in
the ~, on ~** (*US*) im (Sonder)angebot
saleable, (*US*) **salable** *adj* (≈ *marketable*) absatzfähig; (≈ *in saleable condition*) verkäuflich; *skill* vermarktbar
sales clerk *n* (*US*) Verkäufer(in) *m(f)*
sales department *n* Verkaufsabteilung
f **sales figures** *pl* Verkaufsziffern *pl*
salesgirl *n* Verkäuferin *f* **salesman** *n*
Verkäufer *m*; (≈ *representative*) Vertreter *m* **sales manager** *n* Verkaufslei-
ter(in) *m(f)* **salesperson** *n* Verkäufer(in)
m(f) **sales pitch** *n* Verkaufstechnik *f*

sales rep *n* (*infml*), **sales representative**
n Vertreter(in) *m(f)* **sales tax** *n* (*US*)
Verkaufssteuer *f* **saleswoman** *n* Verkäuferin *f*; (≈ *representative*) Vertreterin *f*
saliva *n* Speichel *m* **salivate** *v/i* Speichel
produzieren
sallow *adj* bleich; *colour* fahl
salmon *n*, *pl* - Lachs *m*; (≈ *colour*) Lachs
(-rosa) *nt*
salmonella *n* Salmonellenvergiftung *f*
salon *n* Salon *m*
saloon *n* (*Br* AUTO) Limousine *f*
saloon bar *n* (*Br*) *vornehmerer Teil eines
Lokals*
salt I *n* Salz *nt*; (*for icy roads*) Streusalz *nt*;
to take sth with a pinch (*Br*) or **grain**
(*US*) **of ~** (*fig*) etw nicht ganz für bare
Münze nehmen; **to rub ~ into sb's
wounds** (*fig*) Salz in jds Wunde streuen
II *adj* **~ water** Salzwasser *nt* **III** *v/t* **1.** (≈
cure) einsalzen; (≈ *flavour*) salzen **2.**
road mit Salz streuen **saltcellar** *n* Salz-
fässchen *nt*; (≈ *shaker*) Salzstreuer *m*
salted *adj* gesalzen **salt shaker** *n* Salzstreuer *m* **saltwater** *adj* **~ fish** Meeresfisch *m* **salty** *adj* (+*er*) salzig; **~ water**
Salzwasser *nt*
salute I *n* Gruß *m*; (*of guns*) Salut *m*; **in ~**
zum Gruß; **a 21-gun ~** 21 Salutschüsse **II**
v/t MIL *flag etc* grüßen; *person* salutieren
vor (+*dat*) **III** *v/i* MIL salutieren
salvage I *n* **1.** (≈ *act*) Bergung *f* **2.** (≈ *objects*) Bergungsgut *nt* **II** *v/t* bergen (*from*
aus); (*fig*) retten (*from* von) **salvage operation** *n* Bergungsaktion *f*
salvation *n* Rettung *f*; *esp* REL Heil *nt*
Salvation Army *n* Heilsarmee *f*
salve *n* Salbe *f*
Samaritan *n* Samariter(in) *m(f)*; **good ~**
barmherziger Samariter
same I *adj* **the ~** der / die/das gleiche; (≈
one and the same) der-/die-/dasselbe;
they were both wearing the ~ dress
sie hatten beide das gleiche Kleid an;
they both live in the ~ house sie wohnen beide in demselben Haus; **they
are all the ~** sie sind alle gleich; **that's
the ~ tie as I've got** so eine Krawatte habe ich auch; **she just wasn't the ~ person** sie war ein anderer Mensch; **it's the
~ thing** das ist das Gleiche; **see you tomorrow, ~ time ~ place** bis morgen, gleicher Ort, gleiche Zeit; **we sat at the ~
table as usual** wir saßen an unserem üblichen Tisch; **how are you? — ~ as usu-**

al wie gehts? — wie immer; **he is the ~ age as his wife** er ist (genau) so alt wie seine Frau; (**on**) **the very ~ day** genau am gleichen Tag; **in the ~ way** (genau) gleich **II** *pron* **1. the ~** der-/die-/dasselbe; **and I would do the ~ again** und ich würde es wieder tun; **he left and I did the ~** er ist gegangen, und ich auch; **another drink? — thanks, (the) ~ again** noch etwas zu trinken? — ja bitte, das Gleiche noch mal; **~ again, Joe** und noch einen, Joe; **she's much the ~** sie hat sich kaum geändert; (*in health*) es geht ihr kaum besser; **he will never be the ~ again** er wird niemals mehr derselbe sein; **frozen chicken is not the ~ as fresh** tiefgefrorene Hähnchen sind kein Vergleich zu frischen; **it's always the ~** es ist immer das Gleiche; **it comes** *or* **amounts to the ~** das kommt *or* läuft aufs Gleiche hinaus **2. to pay everybody the ~** alle gleich bezahlen; **things go on just the ~** (**as always**) es ändert sich nichts; **it's not the ~ as before** es ist nicht wie früher; **I still feel the ~ about you** an meinen Gefühlen dir gegenüber hat sich nichts geändert; **if it's all the ~ to you** wenn es Ihnen egal ist; **all** *or* **just the ~** (≈ *nevertheless*) trotzdem; **thanks all the ~** trotzdem vielen Dank; **~ here** ich/wir auch; **~ to you** (danke) gleichfalls **same-day** *adj* delivery am gleichen Tag **same-sex** *adj* gleichgeschlechtlich

sample I *n* (≈ *example*) Beispiel *nt* (*of* für); (*for tasting, fig*) Kostprobe *f*; COMM Warenprobe *f*; (*of cloth etc*) Muster *nt*; (*of blood etc*) Probe *f*; **a ~ of the population** eine Auswahl aus der Bevölkerung **II** *adj attr* Probe-; **a ~ section of the population** eine Auswahl aus der Bevölkerung **III** *v/t* **1.** food probieren; *atmosphere* testen; **to ~ wines** eine Weinprobe machen **2.** MUS sampeln, samplen

sanatorium *n, pl* **sanatoria** (*Br*) Sanatorium *nt*

sanction I *n* **1.** (≈ *permission*) Zustimmung *f* **2.** (≈ *enforcing measure*) Sanktion *f* **II** *v/t* sanktionieren

sanctity *n* Heiligkeit *f*; (*of rights*) Unantastbarkeit *f*

sanctuary *n* **1.** (≈ *holy place*) Heiligtum *nt* **2.** (≈ *refuge*) Zuflucht *f* **3.** (*for animals*) Schutzgebiet *nt*

sand I *n* Sand *m no pl*; **~s** (*of desert*) Sand *m*; (≈ *beach*) Sandstrand *m* **II** *v/t* **1.** (≈ *smooth*) schmirgeln **2.** (≈ *sprinkle with sand*) streuen ◆ **sand down** *v/t sep* (ab-)schmirgeln

sandal *n* Sandale *f*

sandalwood *n* Sandelholz *nt*

sandbag *n* Sandsack *m* **sandbank** *n* Sandbank *f* **sand castle** *n* Sandburg *f* **sand dune** *n* Sanddüne *f* **sandpaper I** *n* Schmirgelpapier *nt* **II** *v/t* schmirgeln **sandpit** *n* Sandkasten *m* **sandstone I** *n* Sandstein *m* **II** *adj* Sandstein-, aus Sandstein **sandstorm** *n* Sandsturm *m*

sandwich I *n* Sandwich *nt*; **open ~** belegtes Brot **II** *v/t* (*a.* **sandwich in**) hineinzwängen **sandwich bar** *n* Snackbar *f* **sandwich board** *n* Reklametafel *f*

sandy *adj* (+*er*) **1.** sandig; **~ beach** Sandstrand *m* **2.** (*colour*) rötlich; *hair* rotblond

sane *adj* (+*er*) *person* normal; PSYCH geistig gesund

sang *pret of* **sing**

sanitarium *n* (*US*) = **sanatorium**

sanitary *adj* hygienisch **sanitary napkin** *n* (*US*) = Damenbinde *f* **sanitary towel** *n* Damenbinde *f* **sanitation** *n* Hygiene *f*; (≈ *toilets etc*) sanitäre Anlagen *pl* **sanitation man** *n, pl* **sanitation men** (*US*) Stadtreiniger *m*

sanity *n* (≈ *mental balance*) geistige Gesundheit *f*; (*esp of individual*) gesunder Verstand

sank *pret of* **sink¹**

Sanskrit I *adj* sanskritisch **II** *n* Sanskrit *nt*

Santa (Claus) *n* der Weihnachtsmann

sap¹ *n* BOT Saft *m*

sap² *v/t* (*fig*) untergraben; **to ~ sb's strength** jdn entkräften

sapling *n* junger Baum

sapphire *n* Saphir *m*

sarcasm *n* Sarkasmus *m* **sarcastic** *adj* sarkastisch; **to be ~ about sth** über etw (*acc*) sarkastische Bemerkungen machen **sarcastically** *adv* sarkastisch

sardine *n* Sardine *f*; **packed (in) like ~s** wie die Sardinen

Sardinia *n* Sardinien *nt*

sardonic *adj*, **sardonically** *adv* süffisant

sarnie *n* (*Br infml*) Sandwich *nt*

SARS MED *abbr of* **severe acute respiratory syndrome** SARS *nt*

SASE *n* (*US*) *abbr of* **self-addressed stamped envelope**

sash n Schärpe f **sash window** n Schiebefenster nt

Sat abbr of **Saturday** Sa.

sat pret, past part of **sit**

Satan n Satan m **satanic** adj satanisch

satchel n Schultasche f

satellite n Satellit m **satellite dish** n Satellitenantenne f **satellite television** n Satellitenfernsehen nt **satellite town** n Satellitenstadt f

satiate v/t appetite etc stillen (elev); person sättigen

satin I n Satin m II adj Satin-; skin samtig

satire n Satire f (on auf +acc) **satirical** adj film etc satirisch; (≈ mocking) ironisch **satirically** adv satirisch; (≈ mockingly, jokingly) ironisch **satirist** n Satiriker(in) m(f) **satirize** v/t satirisch darstellen

satisfaction n **1.** (of person, needs etc) Befriedigung f; (of conditions) Erfüllung f **2.** (≈ state) Zufriedenheit f (at mit); **to feel a sense of ~ at sth** Genugtuung über etw (acc) empfinden; **she would not give him the ~ of seeing how annoyed she was** sie wollte ihm nicht die Genugtuung geben, ihren Ärger zu sehen; **we hope the meal was to your complete ~** wir hoffen, Sie waren mit dem Essen zufrieden; **to get ~ out of sth** Befriedigung in etw (dat) finden; (≈ find pleasure) Freude f an etw (dat) haben; **he gets ~ out of his job** seine Arbeit befriedigt ihn; **I get a lot of ~ out of listening to music** Musik gibt mir viel **3.** (≈ redress) Genugtuung f **satisfactorily** adv zufriedenstellend; **does that answer your question ~?** ist damit Ihre Frage hinreichend beantwortet?; **was it done ~?** waren Sie damit zufrieden? **satisfactory** adj zufriedenstellend; (≈ just good enough) ausreichend; excuse angemessen; (in exams) befriedigend; **to be in a ~ condition** MED sich in einem zufriedenstellenden Zustand befinden; **this is just not ~!** das geht so nicht!; (≈ not enough) das reicht einfach nicht (aus)! **satisfied** adj (≈ content) zufrieden; (≈ convinced) überzeugt; **to be ~ with sth** mit etw zufrieden sein; (are you) **~?** (iron) (bist du nun) zufrieden? **satisfy** I v/t **1.** befriedigen; customers zufriedenstellen; hunger stillen; conditions erfüllen; requirements genügen (+dat) **2.** (≈ convince) überzeugen II v/r **to ~ oneself that ...** sich davon über-

zeugen, dass ... **satisfying** adj befriedigend; meal sättigend, währschaft (Swiss)

satsuma n Satsuma f

saturate v/t **1.** (with liquid) (durch)tränken; (rain) durchnässen **2.** (fig) market sättigen **saturation point** n (fig) **to reach ~** den Sättigungsgrad erreichen

Saturday n Samstag m; → **Tuesday**

Saturn n ASTRON, MYTH Saturn m

sauce n Soße f; **white ~** Mehlsoße f

saucepan n Kochtopf m

saucer n Untertasse f

saucy adj (+er) (≈ cheeky) frech; (≈ suggestive) anzüglich

Saudi Arabia n Saudi-Arabien nt

sauna n Sauna f

saunter v/i schlendern; **he ~ed up to me** er schlenderte auf mich zu

sausage n Wurst f; **not a ~** (Br infml) rein gar nichts (infml) **sausagemeat** n Wurstbrät nt **sausage roll** n ≈ Bratwurst f im Schlafrock

sauté v/t potatoes rösten; (≈ sear) (kurz) anbraten

savage I adj wild; fighter, conflict brutal; animal gefährlich; measures drastisch; **to make a ~ attack on sb** (fig) jdn scharf angreifen II n Wilde(r) m/f(m) III v/t **1.** (animal) anfallen **2.** (fig ≈ criticize) verreißen **savagely** adv attack, fight brutal; criticize schonungslos **savagery** n (≈ cruelty) Grausamkeit f; (of attack) Brutalität f

save I n FTBL etc Ballabwehr f; **what a ~!** eine tolle Parade! **to make a ~** (den Ball) abwehren II v/t **1.** (≈ rescue) retten; **to ~ sb from sth** jdn vor etw (dat) retten; **he ~d me from falling** er hat mich davor bewahrt hinzufallen; **to ~ sth from sth** etw aus etw retten; **to ~ the day** die Rettung sein; **God ~ the Queen** Gott schütze die Königin; **to be ~d by the bell** (infml) gerade noch einmal davonkommen; **to ~ one's neck or ass** (US sl) or **butt** (US infml) seinen Kopf retten; **to ~ sb's neck or ass** (US sl) or **butt** (US infml) jdn rauspauken (infml) **2.** (≈ put by) aufheben; time, money sparen; strength schonen; (≈ save up) strength, fuel etc aufsparen; (≈ collect) stamps etc sammeln; **~ some of the cake for me** lass mir etwas Kuchen übrig; **~ me a seat** halte mir einen Platz frei; **~ it for later, I'm busy now** (infml) spar dirs für später auf, ich habe jetzt zu tun

(*infml*); **to ~ the best for last** das Beste
bis zum Schluss aufheben; **going by
plane will ~ you four hours on the train
journey** der Flug spart dir vier Stunden
Reisezeit im Vergleich zum Zug; **he's
saving himself for the right woman**
er spart sich für die Richtige auf **3. it
~d us having to do it again** das hat es
uns (*dat*) erspart, es noch einmal machen zu müssen **4. goal** verhindern; *penalty* halten; **well ~d!** gut gehalten! **5.** IT
sichern; **to ~ sth to disk** etw auf Diskette
abspeichern **III** *v/i* (*with money*) sparen;
to ~ for sth für *or* auf etw (*acc*) sparen
♦ **save up I** *v/i* sparen (*for* für, auf
+*acc*) **II** *v/t sep* (≈ *not spend*) sparen
saver *n* (*with money*) Sparer(in) *m(f)*
saving *n* **1.** *no pl* (≈ *rescue*, REL) Rettung *f*
2. *no pl* (*of money*) Sparen *nt* **3.** (*of cost
etc*) Einsparung *f*; (≈ *amount saved*) Ersparnis *f* **4. savings** *pl* Ersparnisse *pl*;
(*in account*) Spareinlagen *pl*; **~s and
loan association** genossenschaftliche
Bausparkasse **saviour**, (*US*) **savior** *n*
Retter(in) *m(f)*
savour, (*US*) **savor** *v/t* **1.** (*form*) kosten
(*elev*) **2.** (*fig liter*) genießen
savoury, (*US*) **savory I** *adj* (≈ *not sweet*)
pikant **II** *n* (*Br*) Häppchen *nt*
saw[1] *pret of* **see**[1]
saw[2] *vb: pret* **sawed**, *past part* **sawed** *or*
sawn I *n* Säge *f* **II** *v/t & v/i* sägen; **to ~ sth
in two** etw entzweisägen ♦ **saw off** *v/t
sep* absägen
sawdust *n* Sägemehl *nt* **sawn** *past part of*
saw[2] **sawn-off**, **sawed-off** (*US*) *adj* **~
shotgun** Gewehr *nt* mit abgesägtem
Lauf
Saxon I *n* Sachse *m*, Sächsin *f*; HIST (Angel)sachse *m*/-sächsin *f* **II** *adj* sächsisch;
HIST (angel)sächsisch **Saxony** *n* Sachsen
nt
saxophone *n* Saxofon *nt*
say *vb: pret, past part* **said I** *v/t & v/i* **1.**
sagen; *prayer* sprechen; (≈ *pronounce*)
aussprechen; **~ after me** ... sprechen
Sie mir nach ...; **you can ~ what you like**
(**about it/me**) Sie können (darüber/
über mich) sagen, was Sie wollen; **I never
thought I'd hear him ~ that** ich hätte nie
gedacht, dass er das sagen würde; **that's
not for him to ~** das kann er nicht entscheiden; **though I ~ it myself** wenn
ich das mal selbst sagen darf; **well, all
I can ~ is ...** na ja, da kann ich nur sagen

...; **who ~s?** wer sagt das?; **what does it
mean? — I wouldn't like to ~** was bedeutet das? — das kann ich auch nicht
sagen; **having said that, I must point
out ...** ich muss allerdings darauf hinweisen ...; **what have you got to ~ for yourself?** was haben Sie zu Ihrer Verteidigung zu sagen?; **if you don't like it, ~
so** wenn Sie es nicht mögen, dann sagen
Sie es doch; **if you ~ so** wenn Sie meinen
2. it ~s in the papers that ... in den Zeitungen steht, dass ...; **the rules ~ that ...**
in den Regeln heißt es, dass ...; **what
does the weather forecast ~?** wie ist
der Wetterbericht?; **that ~s a lot about
his state of mind** das lässt tief auf seinen
Gemütszustand schließen; **that's not
~ing much** das will nicht viel heißen;
there's no ~ing what might happen
was (dann) passiert, das kann keiner vorhersagen; **there's something/a lot to be
said for being based in London** es
spricht einiges/viel für ein Zuhause *or*
(*Firma*) für einen Sitz in London **3.** *if
it happens on, ~, Wednesday?* wenn
es am, sagen wir mal, Mittwoch passiert? **4.** (*in suggestions*) **what would
you ~ to a whisky?** wie wärs mit einem
Whisky?; **shall we ~ £50?** sagen wir £
50?; **what do you ~?** was meinen Sie?;
I wouldn't ~ no to a cup of tea ich hätte
nichts gegen eine Tasse Tee **5.** (*exclama-
tory*) **~, what a great idea!** (*esp US*)
Mensch, tolle Idee! (*infml*); **I should ~
so!** das möchte ich doch meinen!; **you
don't ~!** was du nicht sagst!; **you said
it!** Sie sagen es!; **you can ~ that again!**
das kann man wohl sagen!; **~ no more!**
ich weiß Bescheid!; **~s you!** (*infml*) das
meinst auch nur du! (*infml*); **~s who?**
(*infml*) wer sagt das? **6.** (*it's*) **easier said
than done** das ist leichter gesagt als getan; **no sooner said than done** gesagt,
getan; **when all is said and done** letzten
Endes; **they ~ ..., it is said ...** es heißt ...;
he is said to be very rich er soll sehr
reich sein; **it goes without ~ing that
...** es versteht sich von selbst, dass ...;
that is to ~ das heißt; **to ~ nothing of
the costs** *etc* von den Kosten *etc* mal
ganz abgesehen; **enough said!** genug!
II *n* **1. let him have his ~** lass ihn mal seine Meinung äußern **2. to have no/a ~ in
sth** bei etw kein/ein Mitspracherecht haben; **to have the last** *or* **final ~** (**in sth**)

(etw) letztlich entscheiden **saying** n Redensart f; (≈ *proverb*) Sprichwort nt; **as the ~ goes** wie man so sagt

scab n (*on cut*) Schorf m

scaffold n (*on building*) Gerüst nt; (*for execution*) Schafott nt **scaffolding** n Gerüst nt; **to put up ~** ein Gerüst aufbauen

scalawag n (*US*) = **scallywag**

scald v/t verbrühen **scalding** adv **~ hot** siedend heiß

scale[1] n (*of fish*) Schuppe f

scale[2] n (*pair of*) **~s** pl, **~** (*form*) Waage f

scale[3] n **1.** Skala f; (≈ *table*) Tabelle f **2.** (≈ *instrument*) Messgerät nt **3.** MUS Tonleiter f; **the ~ of G** die G(-Dur)-Tonleiter **4.** (*of map etc*) Maßstab m; **on a ~ of 5 km to the cm** in einem Maßstab von 5 km zu 1 cm; (**drawn/true**) **to ~** maßstabgerecht **5.** (*fig* ≈ *size*) Ausmaß nt; **to entertain on a small ~** Feste im kleineren Rahmen geben; **small in ~** von kleinem Umfang; **it's similar but on a smaller ~** es ist ähnlich, nur kleiner; **on a national ~** auf nationaler Ebene ◆ **scale down** v/t sep (*lit*) verkleinern; (*fig*) verringern

scale[4] v/t *wall* erklettern

scallion n (*US*) = **spring onion**

scallop n ZOOL Kammmuschel f

scallywag n (*Br infml*) Schlingel m (*infml*)

scalp n Kopfhaut f

scalpel n Skalpell nt

scaly adj (+er) schuppig

scam n (*infml* ≈ *deception*) Betrug m

scamp n (*infml*) Frechdachs m

scamper v/i (*person*) tollen; (*mice*) huschen

scan I v/t schwenken über (+*acc*); (*person*) seine Augen wandern lassen über (+*acc*); *newspaper* überfliegen; *horizon* absuchen; *luggage* durchleuchten **II** n MED Scan m; (*in pregnancy*) Ultraschalluntersuchung f ◆ **scan in** v/t sep IT scannen

scandal n **1.** Skandal m; **to cause/create a ~** einen Skandal verursachen; (*amongst neighbours etc*) allgemeines Aufsehen erregen **2.** no pl (≈ *gossip*) Skandalgeschichten pl; **the latest ~** der neueste Klatsch **scandalize** v/t schockieren **scandalous** adj skandalös **Scandinavia** n Skandinavien nt **Scandinavian I** adj skandinavisch **II** n Skandinavier(in) m(f)

scanner n IT, MED Scanner m

scant adj (+er) wenig *inv*; *success* gering; **to pay ~ attention to sth** etw kaum beachten **scantily** adv spärlich **scanty** adj (+er) *information* spärlich; *clothing* knapp

scapegoat n Sündenbock m; **to use sb/ sth as a ~, to make sb/sth one's ~** jdm / einer Sache die Schuld zuschieben

scar I n Narbe f; (*fig: emotional*) Wunde f **II** v/t **he was ~red for life** (*lit*) er behielt bleibende Narben zurück; (*fig*) er war fürs Leben gezeichnet

scarce adj (+er) (≈ *in short supply*) knapp; (≈ *rare*) selten; **to make oneself ~** (*infml*) verschwinden (*infml*)

scarcely adv kaum; (≈ *not really*) wohl kaum; **~ anything** fast nichts; **I ~ know what to say** ich weiß nicht recht, was ich sagen soll **scarceness, scarcity** n (≈ *shortage*) Knappheit f; (≈ *rarity*) Seltenheit f

scare I n (≈ *fright*) Schreck(en) m; (≈ *alarm*) Hysterie f (*about* wegen); **to give sb a ~** jdm einen Schrecken einjagen; **to cause a ~** eine Panik auslösen **II** v/t einen Schrecken einjagen (+*dat*); (≈ *worry*) Angst machen (+*dat*); (≈ *frighten*) erschrecken; **to be easily ~d** sehr schreckhaft sein; (≈ *easily worried*) sich (*dat*) leicht Angst machen lassen; **to ~ sb to death** (*infml*) jdn zu Tode erschrecken (*infml*) **III** v/i **I don't ~ easily** ich bekomme nicht so schnell Angst ◆ **scare away** or **off** v/t sep verscheuchen; *people* verjagen

scarecrow n Vogelscheuche f **scared** adj ängstlich; **to be ~** (*of sb/sth*) (vor jdm / etw) Angst haben; **to be ~ to death** (*infml*) Todesängste ausstehen; **she was too ~ to speak** sie konnte vor Angst nicht sprechen; **he's ~ of telling her the truth** er getraut sich nicht, ihr die Wahrheit zu sagen **scare tactics** pl Panikmache(rei) f (*infml*)

scarf n, pl **scarves** Schal m; (≈ *neck scarf*) Halstuch nt; (≈ *head scarf*) Kopftuch nt

scarlet adj (scharlach)rot; **to go ~** rot anlaufen (*infml*)

scarves pl of **scarf**

scary adj (+er) (*infml*) unheimlich; *film* grus(e)lig (*infml*); **it was pretty ~** da konnte man schon Angst kriegen (*infml*); **that's a ~ thought** das ist ein beängstigender Gedanke scathing *adj* bissig; *look* vernichtend; **to be ~** bissige Bemerkungen *pl* machen (*about* über +*acc*); **to make a ~ attack on sb/sth** jdn/etw scharf angreifen

scatter **I** *v/i* **1.** (≈ *distribute*) verstreuen; *seeds* streuen (*on, onto* auf +*acc*) **2.** (≈ *disperse*) auseinandertreiben **II** *v/i* sich zerstreuen (*to* in +*acc*) **scatterbrained** *adj* (*infml*) schuss(e)lig (*infml*) **scattered** *adj population* weitverstreut; *objects* verstreut; *showers* vereinzelt

scavenge **I** *v/t* ergattern **II** *v/i* (*lit*) Nahrung suchen; **to ~ for sth** nach etw suchen **scavenger** *n* (≈ *animal*) Aasfresser *m*; (*fig*) Aasgeier *m*

scenario *n* Szenario *nt*

scene *n* **1.** (≈ *setting*) Schauplatz *m*; (*of play*) Ort *m* der Handlung; **the ~ of the crime** der Tatort; **to set the ~** den Rahmen geben; **a change of ~** ein Tapetenwechsel *m*; **to appear on the ~** auf der Bildfläche erscheinen; **the police were first on the ~** die Polizei war als erste zur Stelle **2.** (≈ *incident, fuss*, THEAT) Szene *f*; **behind the ~s** hinter den Kulissen; **to make a ~** eine Szene machen **3.** (≈ *sight*) Anblick *m*; (≈ *tableau*) Szene *f* **4.** (*infml*) Szene *f*; **the drug ~** die Drogenszene; **that's not my ~** da steh ich nicht drauf (*infml*)

scenery *n* **1.** (≈ *landscape*) Landschaft *f*; **do you like the ~?** gefällt Ihnen die Gegend? **2.** THEAT Bühnendekoration *f* **scenic** *adj* (≈ *of landscape*) landschaftlich; (≈ *picturesque*) malerisch; **to take the ~ route** die landschaftlich schöne Strecke nehmen; (*hum*) einen kleinen Umweg machen

scent *n* **1.** (≈ *smell*) Duft *m* **2.** (≈ *perfume*) Parfüm *nt* **3.** (*of animal*) Fährte *f*; **to put or throw sb off the ~** jdn von der Fährte abbringen **scented** *adj soap* parfümiert; *flower* duftend; **~ candle** Duftkerze *f*

sceptre, (*US*) scepter *n* Zepter *nt*

sceptic, (*US*) skeptic *n* Skeptiker(in) *m(f)* **sceptical**, (*US*) **skeptical** *adj* skeptisch; **to be ~ about** *or* **of sth** über etw (*acc*) skeptisch sein **scepticism**, (*US*) **skepticism** *n* Skepsis *f* (*about* gegenüber)

schedule **I** *n* (*of events*) Programm *nt*; (*of work*) Zeitplan *m*; (*esp US* ≈ *timetable*) Fahr-/Flugplan *m*; **according to ~** planmäßig; **the train is behind ~** der Zug hat Verspätung; **the bus was on ~** der Bus

war pünktlich; **the building will be opened on ~** das Gebäude wird wie geplant eröffnet werden; **the work is ahead of/behind ~** wir *etc* sind (mit der Arbeit) dem Zeitplan voraus/im Rückstand; **we are working to a very tight ~** unsere Termine sind sehr eng (*infml*) **II** *v/t* planen; **the work is ~d for completion in 3 months** die Arbeit soll (laut Zeitplan) in 3 Monaten fertig (-gestellt) sein; **it is ~d to take place tomorrow** es soll morgen stattfinden; **she is ~d to speak tomorrow** ihre Rede ist für morgen geplant; **the plane is ~d to take off at 2 o'clock** planmäßiger Abflug ist 2 Uhr **scheduled** *adj* geplant; *departure etc* planmäßig **scheduled flight** *n* Linienflug *m*

schematic *adj*, **schematically** *adv* schematisch

scheme **I** *n* **1.** (≈ *plan*) Plan *m*; (≈ *project*) Projekt *nt*; (≈ *insurance scheme*) Programm *nt*; (≈ *idea*) Idee *f* **2.** (≈ *plot*) (raffinierter) Plan **3.** (*of room etc*) Einrichtung *f* **II** *v/i* Pläne schmieden **scheming I** *n* raffiniertes Vorgehen; (*of politicians etc*) Machenschaften *pl* **II** *adj methods*, *businessman* raffiniert; *politician* gewieft (*infml*)

schizophrenia *n* Schizophrenie *f* **schizophrenic** *n* Schizophrene(r) *m/f(m)*

schnap(p)s *n* Schnaps *m*

scholar *n* Gelehrte(r) *m/f(m)* **scholarly** *adj* wissenschaftlich; (≈ *learned*) gelehrt **scholarship** *n* **1.** (≈ *learning*) Gelehrsamkeit *f* **2.** (≈ *award*) Stipendium *nt*; **~ holder** Stipendiat(in) *m(f)*

school[1] *n* **1.** Schule *f*; (*US*) College *nt*; Universität *f*; **at ~** in der Schule/im College/an der Universität; **to go to ~** in die Schule/ins College/zur Universität gehen; **there's no ~ tomorrow** morgen ist schulfrei **2.** (UNIV ≈ *department*) Fachbereich *m*; (*of medicine, law*) Fakultät *f*

school[2] *n* (*of fish*) Schule *f*

school age *n* Schulalter *nt* **schoolboy** *n* Schüler *m* **school bus** *n* Schulbus *m* **schoolchildren** *pl* Schüler *pl* **school days** *pl* Schulzeit *f* **school dinner** *n* Schulessen *nt* **school fees** *pl* Schulgeld *nt* **schoolfriend** *n* Schulfreund(in) *m(f)* **schoolgirl** *n* Schülerin *f* **schooling** *n* Ausbildung *f* **school-leaver** *n* (*Br*) Schulabgänger(in) *m(f)* **schoolmate** *n*

(*Br*) Schulkamerad(in) *m(f)* **school meals** *pl* Schulessen *nt* **school report** *n* Schulzeugnis *nt* **schoolteacher** *n* Lehrer(in) *m(f)* **school uniform** *n* Schuluniform *f* **schoolwork** *n* Schulaufgaben *pl* **schoolyard** *n* Schulhof *m*

science *n* Wissenschaft *f*; (≈ *natural science*) Naturwissenschaft *f* **science fiction** *n* Science-Fiction *f* **scientific** *adj* naturwissenschaftlich; *methods* wissenschaftlich **scientifically** *adv* ~ **proven** wissenschaftlich erwiesen **scientist** *n* (Natur)wissenschaftler(in) *m(f)* **sci-fi** *n* (*infml*) = **science fiction**

Scillies, Scilly Isles *pl* Scillyinseln *pl*

scintillating *adj* (*fig*) *performance* sprühend *attr*; *person, speech* vor Geist sprühend *attr*

scissors *n pl* Schere *f*; **a pair of** ~ eine Schere

scoff[1] *v/i* spotten; **to** ~ **at sb/sth** sich abschätzig über jdn/etw äußern

scoff[2] (*Br infml*) *v/t* futtern (*infml*), in sich (*acc*) hineinstopfen (*infml*)

scold I *v/t* ausschimpfen (*for* wegen) II *v/i* schimpfen **scolding** *n* **1.** Schelte *f no pl* **2.** (≈ *act*) Schimpferei *f*

scollop *n* = **scallop**

scone *n* (*Br*) brötchenartiges Buttergebäck

scoop I *n* (≈ *instrument*) Schaufel *f*; (*for ice cream*) Portionierer *m*; (*of ice cream*) Kugel *f* II *v/t* **1.** (*with scoop*) Schaufel; *liquid* schöpfen **2.** *prize* gewinnen ◆ **scoop out** *v/t sep* **1.** (≈ *take out*) herausschaufeln; *liquid* herausschöpfen **2.** *melon* aushöhlen ◆ **scoop up** *v/t sep* aufschaufeln; *liquid* aufschöpfen; **she scooped the child up** sie raffte das Kind an sich (*acc*)

scooter *n* (Tret)roller *m*, Trottinett *nt* (*Swiss*); (≈ *motor scooter*) (Motor)roller *m*

scope *n* **1.** (*of investigation, knowledge*) Umfang *m*; (*of duties, department*) Kompetenzbereich *m*; **sth is beyond the** ~ **of sth** etw geht über etw (*acc*) hinaus; **this project is more limited in** ~ dieses Projekt ist auf einen engeren Rahmen begrenzt **2.** (≈ *opportunity*) Möglichkeit(en) *f(pl)*; **there is** ~ **for further growth in the tourist industry** die Tourismusindustrie ist noch ausbaufähig; **to give sb** ~ **to do sth** jdm den nötigen Spielraum geben, etw zu tun

scorch I *n* (*a.* **scorch mark**) Brandfleck *m* II *v/t* versengen **scorching** *adj sun* glühend heiß; *day* brütend heiß

score I *n* **1.** (≈ *points*) (Punkte)stand *m*; (*of game*) (Spiel)stand *m*; (≈ *final score*) Spielergebnis *nt*; **the** ~ **was Rangers 3, Celtic 0** es stand 3:0 für Rangers (gegen Celtic); (≈ *final score*) Rangers schlug Celtic (mit) 3:0; **to keep** ~ (mit)zählen; **what's the** ~? wie steht es?; **to know the** ~ (*fig*) wissen, was gespielt wird (*infml*) **2.** (≈ *grudge*) Rechnung *f*; **to settle old** ~**s** alte Schulden begleichen; **to have a** ~ **to settle with sb** mit jdm eine alte Rechnung zu begleichen haben **3.** MUS Noten *pl*; (*of film*) Musik *f* **4.** (≈ *line*) Kerbe *f* **5.** (≈ *20*) zwanzig; ~**s of ...** (≈ *many*) Hunderte von ... **6. on that** ~ deshalb II *v/t* **1.** erzielen; **I** ~**d ten points** ich habe zehn Punkte **2.** (≈ *mark*) Kratzer/einen Kratzer machen in (+*acc*) III *v/i* **1.** (≈ *win points etc*) einen Punkt erzielen; FTBL *etc* ein Tor schießen; **to** ~ **well/badly** gut/schlecht abschneiden **2.** (≈ *keep score*) (mit)zählen ◆ **score off** *v/t sep* (≈ *delete*) ausstreichen ◆ **score out** *or* **through** *v/t sep* durchstreichen

scoreboard *n* Anzeigetafel *f*; (*on TV*) Tabelle *f* der Spielergebnisse **scoreline** *n* SPORTS Endstand *m* **scorer** *n* **1.** FTBL *etc* Torschütze *m*/-schützin *f* **2.** (SPORTS ≈ *official*) Anschreiber(in) *m(f)*

scorn I *n* Verachtung *f*; **to pour** ~ **on sb/sth** jdn/etw verächtlich abtun II *v/t* verachten; (*condescendingly*) verächtlich behandeln **scornful** *adj* verächtlich; *person* spöttisch; **to be** ~ **of sb/sth** jdn/etw verachten; (*verbally*) jdn/etw verhöhnen **scornfully** *adv* verächtlich

Scorpio *n* Skorpion *m*; **he's (a)** ~ er ist Skorpion

scorpion *n* Skorpion *m*

Scot *n* Schotte *m*, Schottin *f* **Scotch** I *adj* schottisch II *n* (≈ *Scotch whisky*) Scotch *m* **Scotch tape**® *n* Klebeband *nt*

scot-free *adv* **to get off** ~ ungeschoren davonkommen

Scotland *n* Schottland *nt* **Scots** I *adj* schottisch II *n* LING Schottisch *nt*; **the** ~ (≈ *people*) die Schotten *pl*

Scotsman *n* Schotte *m*

Scotswoman *n* Schottin *f*

Scottish *adj* schottisch

scoundrel *n* Bengel *m*, Bazi *m* (*Aus*)

scour[1] *v/t pan* scheuern, fegen (*Swiss*)
scour[2] *v/t area* absuchen (*for* nach);
newspaper durchkämmen (*for* nach)
scourer *n* Topfkratzer *m*; (≈ *sponge*)
Scheuerschwamm *m*
scourge *n* Geißel *f*
scouring pad *n* = **scourer**
Scouse I *adj* Liverpooler **II** *n* **1.** (≈ *person*) Liverpooler(in) *m(f)* **2.** (≈ *dialect*) Liverpooler Dialekt *m*
scout I *n* **1.** (MIL ≈ *person*) Kundschafter(in) *m(f)* **2.** **to have a ~ (a)round for sth** sich nach etw umsehen **3.** *Scout* (≈ *boy scout*) Pfadfinder *m*; (*US* ≈ *girl scout*) Pfadfinderin *f* **4.** (≈ *talent scout*) Talentsucher(in) *m(f)* **II** *v/i* auskundschaften; **to ~ for sth** nach etw Ausschau halten **III** *v/t area, country* erkunden ♦ **scout around** *v/i* sich umsehen (*for* nach)
scouting *n* (≈ *looking*) Suche *f* (*for* nach); (*for talent*) Talentsuche *f* **scoutmaster** *n* Gruppenführer *m*
scowl I *n* finsterer Blick **II** *v/i* ein finsteres Gesicht machen; **to ~ at sb** jdn böse ansehen
scrabble *v/i* (*a.* **scrabble about** (*Brit*) or **around**) (herum)tasten; (*among movable objects*) (herum)wühlen
scraggly *adj* (+er) *beard, hair* zottig; *plant* kümmerlich
scraggy *adj* (+er) (≈ *scrawny*) dürr; *meat* sehnig
scram *v/i* (*infml*) abhauen (*infml*); **~!** verschwinde!
scramble I *n* **1.** (≈ *climb*) Kletterei *f* **2.** (≈ *dash*) Gerangel *nt* **II** *v/t* **1.** *pieces* (untereinander) mischen **2.** *eggs* verquirlen **3.** TEL *message* verschlüsseln **III** *v/i* **1.** (≈ *climb*) klettern; **to ~ out** herausklettern; **he ~d to his feet** er rappelte sich auf (*infml*); **to ~ up sth** auf etw (*acc*) hinaufklettern **2.** **to ~ for sth** sich um etw raufen; *for ball etc* um etw kämpfen; *for good site* sich um etw drängeln **scrambled egg(s)** *n(pl)* Rührei(er) *nt(pl)*
scrap I *n* **1.** (≈ *small piece*) Stückchen *nt*; (*fig*) bisschen *no pl*; (*of paper, news*) Fetzen *m*; **there isn't a ~ of food** es ist überhaupt nichts zu essen da; **a few ~s of information** ein paar magere Auskünfte; **not a ~ of evidence** nicht der geringste Beweis **2.** (*usu pl* ≈ *leftover*) Rest *m* **3.** (≈ *waste material*) Altmaterial *nt*; (≈ *metal*) Schrott *m*; **to sell sth for ~** etw

zum Verschrotten verkaufen **II** *v/t car* verschrotten; *idea* fallen lassen **scrapbook** *n* Sammelalbum *nt* **scrap car** *n* Schrottauto *nt* (*infml*)
scrape I *n* (≈ *mark*) Schramme *f* **II** *v/t* **1.** *potatoes etc* schaben; *plate, shoes* abkratzen; *saucepan* auskratzen; **to ~ a living** gerade so sein Auskommen haben; **that's really scraping the (bottom of the) barrel** (*fig*) das ist wirklich das Letzte vom Letzten **2.** (≈ *mark*) *car* schrammen; *wall* streifen; *arm* aufschürfen **3.** (≈ *grate against*) kratzen an (+*dat*) **III** *v/i* (≈ *grate*) kratzen (*against* an +*dat*); (≈ *rub*) streifen (*against* +*acc*); **the car just ~d past the gatepost** der Wagen fuhr um Haaresbreite am Torpfosten vorbei ♦ **scrape by** *v/i* (*lit*) sich vorbeizwängen; (*fig*) sich durchwursteln (*infml*) (*on mit*) ♦ **scrape off** *v/t sep* abkratzen (*prep obj* von) ♦ **scrape out** *v/t sep* auskratzen ♦ **scrape through I** *v/i* (*in exam*) durchrutschen (*infml*) **II** *v/i* +*prep obj gap* sich durchzwängen durch; *exam* durchrutschen durch (*infml*) ♦ **scrape together** *v/t sep money* zusammenkratzen
scraper *n* (≈ *tool*) Spachtel *m*
scrap heap *n* Schrotthaufen *m*; **to be thrown on the ~** (*person*) zum alten Eisen geworfen werden; **to end up on the ~** (*person*) beim alten Eisen landen
scrapings *pl* (*of food*) Reste *pl*; (≈ *potato scrapings*) Schalen *pl*
scrap merchant *n* Schrotthändler(in) *m(f)* **scrap metal** *n* Schrott *m* **scrap paper** *n* (*esp Br*) Schmierpapier *nt* **scrappy** *adj* (+er) zusammengestückelt; *match* orientierungslos **scrapyard** *n* (*esp Br*) Schrottplatz *m*
scratch I *n* (≈ *mark*) Kratzer *m*; (≈ *act*) **to have a ~** sich kratzen; **to start from ~** (ganz) von vorn(e) anfangen; **to learn a language from ~** eine Sprache von Grund auf erlernen; **to be up to ~** (*infml*) den Anforderungen entsprechen **II** *v/t* kratzen; (≈ *leave scratches on*) zerkratzen; **she ~ed the dog's ear** sie kratzte den Hund am Ohr; **to ~ one's head** sich am Kopf kratzen; **to ~ the surface of sth** (*fig*) etw oberflächlich berühren **III** *v/i* **1.** kratzen; (≈ *scratch oneself*) sich kratzen **2.** MUS scratchen ♦ **scratch about** (*Brit*) or **around** *v/i*

(*fig infml*) sich umsehen (*for* nach)

scratchcard *n* (*Br*) Rubbellos *nt* **scratching** *n* MUS Scratching *nt* **scratch pad** *n* (*US* IT) Notizblock *m* **scratch paper** *n* (*US*) Notizpapier *nt* **scratchy** *adj* (+*er*) *sound, pen* kratzend *attr; sweater* kratzig

scrawl I *n* Krakelei *f;* (≈ *handwriting*) Klaue *f* (*infml*) **II** *v/t* hinkritzeln

scrawny *adj* (+*er*) dürr

scream I *n* **1.** Schrei *m;* (*of engines*) Heulen *nt;* **to give a** ~ einen Schrei ausstoßen **2.** (*fig infml*) **to be a** ~ zum Schreien sein (*infml*) **II** *v/t* schreien; **to** ~ **sth at sb** jdm etw zuschreien; **to** ~ **one's head off** (*infml*) sich (*dat*) die Lunge aus dem Leib *or* Hals schreien **III** *v/i* schreien; (*wind, engine*) heulen; **to** ~ **at sb** jdn anschreien; **to** ~ **for sth** nach etw schreien; **to** ~ **in** *or* **with pain** vor Schmerzen schreien; **to** ~ **with laughter** vor Lachen kreischen **screaming I** *adj* schreiend; *tyres* kreischend; *wind, engine* heulend **II** *n* **to have a** ~ **match** sich gegenseitig anbrüllen (*infml*)

screech I *n* Kreischen *nt no pl* **II** *v/t* schreien; *high notes* quietschen **III** *v/i* kreischen; **to** ~ **with laughter** vor Lachen kreischen; **to** ~ **with delight** vor Vergnügen quietschen

screen I *n* **1.** (*protective*) Schirm *m;* (*for privacy etc*) Wandschirm *m;* (*fig*) Schutz *m* **2.** FILM Leinwand *f;* TV (Bild)schirm *m;* **stars of the** ~ Filmstars *pl;* **the big** ~ die Leinwand; **the small** ~ die Mattscheibe **3.** IT Bildschirm *m;* **on** ~ auf Bildschirm (*dat*); **to work on** ~ am Bildschirm arbeiten **II** *v/t* **1.** (≈ *hide*) verdecken; (≈ *protect*) abschirmen; **he** ~ed **his eyes from the sun** er schützte die Augen vor der Sonne **2.** *TV programme* senden; *film* vorführen **3.** *applicants* überprüfen; *calls* überwachen; MED untersuchen **III** *v/i* **to** ~ **for sth** MED auf etw (*acc*) untersuchen ◆ **screen off** *v/t sep* abtrennen

screening *n* **1.** (*of applicants*) Überprüfung *f* **2.** (*of film*) Vorführung *f;* TV Sendung *f* **screenplay** *n* Drehbuch *nt* **screen-printing** *n* Siebdruck *m* **screensaver** *n* IT Bildschirmschoner *m* **screenwriter** *n* Drehbuchautor(in) *m(f)*

screw I *n* MECH Schraube *f;* **he's got a** ~ **loose** (*infml*) bei dem ist eine Schraube locker (*infml*); **to turn the** ~ **on sb** (*infml*) jdm die Daumenschrauben anlegen **II** *v/t* **1.** (*using screws*) schrauben (*to* an +*acc, onto* auf +*acc*); **she** ~ed **her handkerchief into a ball** sie knüllte ihr Taschentuch zu einem Knäuel zusammen **2.** (*sl* ≈ *have sex with*) vögeln (*infml*); ~ **you!** (*sl*) leck mich am Arsch! (*vulg*), du kannst mich mal! (*infml*) **III** *v/i* (*sl* ≈ *have sex*) vögeln (*infml*) ◆ **screw down** *v/t sep* an- *or* festschrauben ◆ **screw in** *v/t sep* (hin)einschrauben (*prep obj, -to* in +*acc*) **II** *v/i* (hin)eingeschraubt werden (*prep obj, -to* in +*acc*) ◆ **screw off** *v/t sep* abschrauben (*prep obj* von) **II** *v/i* abgeschraubt werden (*prep obj* von) ◆ **screw on** *v/t sep* anschrauben; **to screw sth on**(**to**) **sth** etw an etw (*acc*) schrauben; *lid, top* etw auf etw (*acc*) schrauben **II** *v/i* aufgeschraubt werden; (≈ *with screws*) angeschraubt werden ◆ **screw together I** *v/t sep* zusammenschrauben **II** *v/i* zusammengeschraubt werden ◆ **screw up** *v/t sep* **1.** *paper* zusammenknüllen; *eyes* zusammenkneifen; *face* verziehen; **to** ~ **one's courage** seinen ganzen Mut zusammennehmen **2.** (*infml* ≈ *spoil*) vermasseln (*infml*) **3.** (*infml*) *sb* neurotisch machen; **he's so screwed up** der hat einen Schaden (*infml*) **II** *v/i* (*infml* ≈ *make a mess*) Scheiße bauen (*infml*) (*on sth* bei etw)

screwdriver *n* Schraubenzieher *m* **screw top** *n* Schraubverschluss *m*

scribble I *n* Gekritzel *nt no pl* **II** *v/t* hinkritzeln; **to** ~ **sth on sth** etw auf etw (*acc*) kritzeln; **to** ~ **sth down** etw hinkritzeln **III** *v/i* kritzeln

scribe *n* Schreiber(in) *m(f)*

scrimp *v/i* sparen, knausern; **to** ~ **and save** geizen und sparen

script *n* **1.** (≈ *writing*) Schrift *f* **2.** (*of play*) Text *m;* (≈ *screenplay*) Drehbuch *nt*

scripture *n* **Scripture, the Scriptures** die (Heilige) Schrift

scriptwriter *n* Textautor(in) *m(f)*; (*of screenplay*) Drehbuchautor(in) *m(f)*

scroll I *n* **1.** Schriftrolle *f*; (*decorative*) Schnörkel *m* **2.** IT Scrollen *nt* **II** *v/i* IT scrollen ◆ **scroll down** *v/t & v/i sep* vorscrollen ◆ **scroll up** *v/t & v/i sep* zurückscrollen

scroll bar *n* IT Bildlaufleiste *f*

Scrooge *n* Geizhals *m*

scrotum *n* Hodensack *m*

scrounge (*infml*) **I** *v/t & v/i* schnorren (*infml*) (*off, from* bei) **II** *n* **to be on the ~** am Schnorren sein (*infml*) **scrounger** *n* (*infml*) Schnorrer(in) *m(f)* (*infml*)

scrub[1] *n* (≈ *scrubland*) Gebüsch *nt*

scrub[2] **I** *n* Schrubben *nt no pl*, Fegen *nt no pl* (*Swiss*); **to give sth a ~** etw schrubben **II** *v/t* schrubben, fegen (*Swiss*); *vegetables* putzen♦ **scrub down** *v/t sep* abschrubben, abfegen (*Swiss*) ♦ **scrub out** *v/t sep pans etc* ausscheuern, ausfegen (*Swiss*)

scrubbing brush (*Br*), **scrub brush** (*US*) *n* Scheuerbürste *f* **scrubland** *n* → **scrub**[1]

scruff[1] *n* **by the ~ of the neck** am Genick

scruff[2] *n* (*infml* ≈ *scruffy person*) (≈ *woman*) Schlampe *f* (*pej infml*); (≈ *man*) abgerissener Typ (*infml*) **scruffily** *adv* (*infml*) schlampig (*infml*) **scruffy** *adj* (+*er*) (*infml*) gammelig (*infml*)

scrum *n* (*of reporters etc*, RUGBY) Gedränge *nt*

scrumptious *adj* (*infml*) lecker

scrunch I *v/t* **to ~ sth (up) into a ball** etw zusammenknüllen **II** *v/i* knirschen

scruple *n* Skrupel *m*; **~s** (*moralische*) Bedenken *pl*; **to have no ~s about sth** bei einer Sache keine Skrupel haben **scrupulous** *adj* gewissenhaft; **he is not too ~ in his business dealings** er hat keine allzu großen Skrupel bei seinen Geschäften; **to be ~ about sth** mit etw sehr gewissenhaft sein **scrupulously** *adv* (≈ *conscientiously*) gewissenhaft; (≈ *meticulously*) sorgfältig; *clean* peinlich; *fair* äußerst

scrutinize *v/t* **1.** (≈ *examine*) (genau) untersuchen; (≈ *check*) genau prüfen **2.** (≈ *stare at*) prüfend ansehen **scrutiny** *n* **1.** (≈ *examination*) Untersuchung *f*; (≈ *checking*) (Über)prüfung *f* **2.** (≈ *stare*) prüfender Blick

scuba diving *n* Sporttauchen *nt*

scud *v/i* flitzen; (*clouds*) jagen

scuff I *v/t* abwetzen **II** *v/i* schlurfen

scuffle I *n* Handgemenge *nt* **II** *v/i* sich raufen

sculpt *v/t* = **sculpture** II

sculptor *n* Bildhauer(in) *m(f)*

sculpture I *n* (≈ *art*) Bildhauerkunst *f*; (≈ *work*) Bildhauerei *f*; (≈ *object*) Skulptur *f* **II** *v/t* formen; (*in stone*) hauen

scum *n* **1.** (*on liquid*) Schaum *m*; (≈ *residue*) Rand *m* **2.** (*pej infml*) Abschaum *m*; **the ~ of the earth** der Abschaum der Menschheit **scumbag** *n* (*infml*) Schleimscheißer *m* (*infml*)

scupper *v/t* **1.** NAUT versenken **2.** (*Br infml* ≈ *ruin*) zerschlagen

scurrilous *adj* verleumderisch

scurry *v/i* (*person*) hasten; (*animals*) huschen; **they all scurried out of the classroom** sie hatten es alle eilig, aus dem Klassenzimmer zu kommen

scuttle[1] *v/i* (*person*) trippeln; (*animals*) hoppeln; (*spiders etc*) krabbeln

scuttle[2] *v/t* NAUT versenken

scythe *n* Sense *f*

SE *abbr of* **south-east** SO

sea *n* Meer *nt*, See *f*; **by ~** auf dem Seeweg; **by the ~** am Meer; **at ~** auf See; **to be all at ~** (*fig*) nicht durchblicken (*with* bei) (*infml*); **to go to ~** zur See gehen; **heavy ~s** schwere See **sea anemone** *n* Seeanemone *f* **seabed** *n* Meeresboden *m* **sea bird** *n* Seevogel *m* **seaboard** *n* (*US*) Küste *f* **sea breeze** *n* Seewind *m* **sea change** *n* totale Veränderung **sea defences** , (*US*)**sea defenses** *pl* Hochwasserschutzmaßnahmen *pl* **seafish** *n* Meeresfisch *m*

seafood *n* Meeresfrüchte *pl*; **~ restaurant** Fischrestaurant *nt* **seafront** *n* (≈ *promenade*) Strandpromenade *f* **seagull** *n* Möwe *f* **sea horse** *n* Seepferdchen *nt*

seal[1] *n* ZOOL Seehund *m*

seal[2] **I** *n* **1.** (*in wax*) Siegel *nt*; **~ of approval** offizielle Zustimmung **2.** (≈ *airtight closure*) Verschluss *m* **II** *v/t* versiegeln; (*with wax*) siegeln; *area* abriegeln; (≈ *make air- or watertight*) abdichten; (*fig* ≈ *finalize*) besiegeln; **~ed envelope** verschlossener Briefumschlag; **my lips are ~ed** meine Lippen sind versiegelt; **this ~ed his fate** dadurch war sein Schicksal besiegelt♦ **seal in** *v/t sep* einschließen ♦ **seal off** *v/t sep* abriegeln ♦ **seal up** *v/t sep* versiegeln; *parcel* zukleben

sea level *n* Meeresspiegel *m* **sea lion** *n* Seelöwe *m*

seam *n* Naht *f*; **to come apart at the ~s** aus den Nähten gehen; **to be bursting at the ~s** aus allen Nähten platzen (*infml*) **seamstress** *n* Näherin *f*

seamy *adj* (+*er*) *club, person* herunterge-

kommen; *area, past* zwielichtig

séance *n* Séance *f*

search I *n (for lost object etc)* Suche *f (for* nach); *(of luggage etc)* Durchsuchung *f (of +gen)*; IT Suchlauf *m*; **to go in ~ of sb/sth** auf die Suche nach jdm/etw gehen; **to carry out a ~ of a house** eine Haus(durch)suchung machen; **they arranged a ~ for the missing child** sie veranlassten eine Suchaktion nach dem vermissten Kind; **to do a ~ (and replace) for sth** IT etw suchen (und ersetzen) **II** *v/t (for* nach) durchsuchen; *records* suchen in *(+dat)*; *memory* durchforschen; **to ~ a place for sb/sth** einen Ort nach jdm/ etw absuchen **III** *v/i* suchen *(for* nach) ♦ **search around** *v/i* herumstöbern *(in* in *+dat)* ♦ **search out** *v/t sep* heraussuchen; *person* aufspüren ♦ **search through** *v/i +prep obj* durchsuchen; *papers* durchsehen

search engine *n* IT Suchmaschine *f* **searcher** *n* **the ~s** die Suchmannschaft *f* **searching** *adj look* forschend; *question* bohrend **searchlight** *n* Suchscheinwerfer *m* **search party** *n* Suchmannschaft *f* **search warrant** *n* Durchsuchungsbefehl *m*

searing *adj heat* glühend

seashell *n* Muschel(schale) *f* **seashore** *n* Strand *m*; **on the ~** am Strand **seasick** *adj* seekrank **seasickness** *n* Seekrankheit *f* **seaside I** *n* **at the ~** am Meer; **to go to the ~** ans Meer fahren **II** *attr* See-; *town* am Meer **seaside resort** *n* Seebad *nt*

season I *n* **1.** *(of the year)* Jahreszeit *f*; **rainy ~** Regenzeit *f* **2.** *(≈ social season etc)* Saison *f*; **hunting ~** Jagdzeit *f*; **strawberries are in ~/out of ~ now** für Erdbeeren ist jetzt die richtige/nicht die richtige Zeit; **their bitch is in ~** ihre Hündin ist läufig; **to go somewhere out of/in ~** an einen Ort fahren *or* gehen, wenn keine Saison/wenn Saison ist; **at the height of the ~** in der Hochsaison; **the ~ of good will** die Zeit der Nächstenliebe; **"Season's greetings"** „fröhliche Weihnachten und ein glückliches neues Jahr" **3.** THEAT Spielzeit *f*; **a ~ of Dustin Hoffman films** eine Serie von Dustin-Hoffman-Filmen **II** *v/t food* würzen

seasonal *adj* jahreszeitlich bedingt; **~ fruit** Früchte *pl* der Saison **seasonally** *adv* **~ adjusted** saisonbereinigt **sea-**

soned *adj* **1.** *food* gewürzt **2.** *timber* abgelagert **3.** *(fig ≈ experienced)* erfahren **seasoning** *n* COOK Gewürz *nt* **season ticket** *n* RAIL Zeitkarte *f*; THEAT Abonnement *nt*

seat I *n (≈ chair, on committee)* Sitz *m*; *(≈ place to sit)* (Sitz)platz *m*; *(usu pl ≈ seating)* Sitzgelegenheit *f*; *(of trousers)* Hosenboden *m*; **will you keep my ~ for me?** würden Sie mir meinen Platz frei halten? **II** *v/t* setzen; **to ~ oneself** sich setzen; **to be ~ed** sitzen; **please be ~ed** bitte, setzen Sie sich; **the table/ sofa ~s 4** am Tisch/auf dem Sofa ist Platz für 4 Personen; **the hall ~s 900** die Halle hat 900 Sitzplätze

seat belt *n* Sicherheitsgurt *m*; **to fasten one's ~** sich anschnallen **seating** *n* Sitzplätze *pl* **seating arrangements** *pl* Sitzordnung *f*

sea view *n* Seeblick *m* **sea water** *n* Meerwasser *nt* **seaweed** *n* (See)tang *m* **seaworthy** *adj* seetüchtig

sec *abbr* of **second(s)** Sek.; **wait a ~** *(infml)* Moment mal

secluded *adj spot* abgelegen **seclusion** *n* Abgeschiedenheit *f*; *(of spot)* Abgelegenheit *f*

second¹ I *adj* zweite(r, s); **the ~ floor** *(Br)* der zweite Stock; *(US)* der erste Stock; **to be ~** Zweite(r, s) sein; **in ~ place** SPORTS *etc* an zweiter Stelle; **to be** *or* **lie in ~ place** auf dem zweiten Platz sein *or* liegen; **to finish in ~ place** den zweiten Platz belegen; **to be ~ in command** MIL stellvertretender Kommandeur sein; **~ time around** beim zweiten Mal; **you won't get a ~ chance** die Möglichkeit kriegst du so schnell nicht wieder *(infml)* **II** *adv* **1.** *(+adj)* zweit-; *(+vb)* an zweiter Stelle; **the ~ largest house** das zweitgrößte Haus; **to come/lie ~** Zweite(r) werden/sein **2.** *(≈ secondly)* zweitens **III** *v/t motion* unterstützen **IV** *n* **1.** *(of time)* Sekunde *f*; *(infml ≈ short time)* Augenblick *m*; **just a ~!** (einen) Augenblick!; **it won't take a ~** es dauert nicht lange; **I'll only be a ~** ich komme gleich; *(≈ back soon)* ich bin gleich wieder da **2.** **the ~** *(in order)* der/die/das Zweite **3.** AUTO **~** **(gear)** der zweite Gang **4.** **seconds** *pl (infml ≈ second helping)* Nachschlag *m (infml)* **5.** COMM **~s** *pl* Waren *pl* zweiter Wahl

second² *v/t (Br)* abordnen

secondary *adj* **1.** sekundär **2.** *education* höher; **~ school** höhere Schule **second best I** *n* Zweitbeste(r, s); **I won't settle for ~** ich gebe mich nicht mit dem Zweitbesten zufrieden **II** *adv* **to come off ~** den Kürzeren ziehen **second-best** *adj* zweitbeste(r, s) **second class** *n* zweite Klasse **second-class I** *adj ticket, mail* zweiter Klasse *pred*; **~ stamp** Briefmarke *f für nicht bevorzugt beförderte Briefsendungen* **II** *adv travel* zweiter Klasse; **to send sth ~** etw mit nicht bevorzugter Post schicken **second cousin** *n* Cousin *m*/Cousine *f* zweiten Grades **second-degree** *adj attr* zweiten Grades **second-guess** *v/t* **1. to ~ sb** vorhersagen, was jd machen/sagen wird **2.** (*US*) im Nachhinein kritisieren **second hand** *n* Sekundenzeiger *m* **second-hand I** *adj clothes* getragen; (*fig*) *information* aus zweiter Hand; **a ~ car** ein Gebrauchtwagen *m*, eine Occasion (*Swiss*); **~ bookshop** Antiquariat *nt* **II** *adv* gebraucht **secondly** *adv* zweitens; (≈ *secondarily*) an zweiter Stelle **secondment** *n* (*Br*) Abordnung *f*; **to be on ~** abgeordnet sein **second name** *n* Nachname *m* **second nature** *n* **to become ~** (**to sb**) (jdm) in Fleisch und Blut übergehen **second-rate** *adj* (*pej*) zweitklassig **second sight** *n* das Zweite Gesicht; **you must have ~** du musst hellsehen können **second thought** *n* **without a ~** ohne lange darüber nachzudenken; **I didn't give it a ~** ich habe daran überhaupt keinen Gedanken verschwendet; **to have ~s about sth** sich (*dat*) etw anders überlegen; **on ~s maybe I'll do it myself** vielleicht mache ich es doch besser selbst **Second World War** *n* **the ~** der Zweite Weltkrieg **secrecy** *n* (*of person*) Geheimnistuerei *f*; (*of event*) Heimlichkeit *f*; **in ~** im Geheimen

secret I *adj* geheim; *admirer, ambition* heimlich; **to keep sth ~** (**from sb**) etw (vor jdm) geheim halten **II** *n* Geheimnis *nt*; **to keep sb/sth a ~** (**from sb**) jdn/etw (vor jdm) geheim halten; **to tell sb a ~** jdm ein Geheimnis anvertrauen; **in ~** im Geheimen; **they met in ~** sie trafen sich heimlich; **to let sb in on** or **into a ~** jdn in ein Geheimnis einweihen; **to keep a ~** ein Geheimnis für sich behalten; **can you keep a ~?** kannst du

schweigen?; **to make no ~ of sth** kein Geheimnis or keinen Hehl aus etw machen; **the ~ of success** das Erfolgsgeheimnis **secret agent** *n* Geheimagent(in) *m(f)*

secretarial *adj job* als Sekretärin/Sekretär; **~ work** Sekretariatsarbeit *f*; **~ staff** Sekretärinnen und Schreibkräfte *pl*

secretary *n* Sekretär(in) *m(f)*; (*of society*) Schriftführer(in) *m(f)*; (POL ≈ *minister*) Minister(in) *m(f)* **secretary-general** *n*, *pl* **secretaries-general, secretary-generals** Generalsekretär(in) *m(f)* **Secretary of State** *n* (*Br*) Minister(in) *m(f)*; (*US*) Außenminister(in) *m(f)*

secrete *v/t & v/i* MED absondern **secretion** *n* (MED ≈ *substance*) Sekret *nt*

secretive *adj person* (*by nature*) verschlossen; (*in action*) geheimnistuerisch; *organization* verschwiegen; **to be ~ about sth** mit etw geheimnisvoll tun **secretly** *adv* im Geheimen; *meet, film* heimlich; (≈ *privately*) im Stillen **secret police** *n* Geheimpolizei *f* **secret service** *n* Geheimdienst *m* **secret weapon** *n* Geheimwaffe *f*

sect *n* Sekte *f* **sectarian** *adj* sektiererisch; *differences* konfessionell; **~ violence** Gewalttätigkeiten *pl* mit konfessionellem Hintergrund

section *n* **1.** (≈ *part*) Teil *m*; (*of book, motorway*) Abschnitt *m*; (*of document*) Absatz *m*; (*of orange*) Stück *nt*; **the string ~** die Streicher *pl* **2.** (≈ *department*, MIL) Abteilung *f*; (*esp of academy etc*) Sektion *f* **3.** (≈ *diagram, cutting*) Schnitt *m* ♦ **section off** *v/t sep* abteilen

sector *n also* IT Sektor *m*

secular *adj* weltlich, säkular; *art* profan **secure I** *adj* (+*er*) sicher; (*emotionally*) geborgen; *income, door* gesichert; *grip, knot* fest; **~ in the knowledge that ...** ruhig in dem Bewusstsein, dass ...; **to make sb feel ~** jdm das Gefühl der Sicherheit geben; **financially ~** finanziell abgesichert **II** *v/t* **1.** (≈ *fasten*) festmachen; *door* fest zumachen; (≈ *make safe*) sichern (*from, against* gegen) **2.** (≈ *obtain*) sich (*dat*) sichern; *votes, order* erhalten; (≈ *buy*) erstehen; **to ~ sth for sb** jdm etw sichern **securely** *adv* (≈ *firmly*) fest; (≈ *safely*) sicher

security *n* **1.** Sicherheit *f*; (*emotional*) Geborgenheit *f*; (≈ *security measures*)

Sicherheitsmaßnahmen *pl*; (≈ *security department*) Sicherheitsdienst *m*; (≈ *guarantor*) Bürge *m*, Bürgin *f*; **for ~** zur Sicherheit **2. securities** *pl* FIN (Wert)papiere *pl*; **securities market** Wertpapiermarkt *m* **security camera** *n* Überwachungskamera *f* **security check** *n* Sicherheitskontrolle *f* **security firm** *n* Wach- und Sicherheitsdienst *m* **security gap** *n* Sicherheitslücke *f* **security guard** *n* Wache *f* **security man** *n* Wache *f*, Wächter *m*; **one of the security men** einer der Sicherheitsleute **security risk** *n* Sicherheitsrisiko *nt*

sedan *n* **1.** (*a.* **sedan chair**) Sänfte *f* **2.** (*US* AUTO) Limousine *f*

sedate I *adj* (+*er*) gesetzt; *life* geruhsam **II** *v/t* Beruhigungsmittel geben (+*dat*); **he was heavily ~d** er stand stark unter dem Einfluss von Beruhigungsmitteln **sedation** *n* Beruhigungsmittel *pl*; **to put sb under ~** jdm Beruhigungsmittel geben **sedative** *n* Beruhigungsmittel *nt*

sedentary *adj* sitzend *attr*; **to lead a ~ life** sehr viel sitzen

sediment *n* (Boden)satz *m*; (*in river*) Ablagerung *f*

seduce *v/t* verführen **seduction** *n* Verführung *f* **seductive** *adj* verführerisch; *offer* verlockend

see[1] *pret* **saw**, *past part* **seen I** *v/t* **1.** sehen; (≈ *check*) nachsehen; *film* sich (*dat*) ansehen; **to ~ sb do sth** sehen, wie jd etw macht; **I saw it happen** ich habe gesehen, wie es passiert ist; **I wouldn't like to ~ you unhappy** ich möchte doch nicht, dass du unglücklich bist; **~ page 8** siehe Seite 8; **what does she ~ in him?** was findet sie an ihm?; **you must be ~ing things** du siehst wohl Gespenster!; **worth ~ing** sehenswert; **we'll ~ if we can help** mal sehen, ob wir helfen können; **that remains to be ~n** das wird sich zeigen; **let's ~ what happens** wollen wir mal abwarten, was passiert; **I ~ you still haven't done that** wie ich sehe, hast du das immer noch nicht gemacht; **try to ~ it my way** versuchen Sie doch einmal, es aus meiner Sicht zu sehen; **I don't ~ it that way** ich sehe das anders **2.** (≈ *visit*) besuchen; (*on business*) aufsuchen; **to call** *or* **go and ~ sb** jdn besuchen (gehen); **to ~ the doctor** zum Arzt gehen **3.** (≈ *meet with*) sehen; (≈ *talk to*) sprechen; (≈ *receive*) empfangen; **the doctor will ~ you now** der Herr Doktor ist jetzt frei; **I'll have to ~ my wife about that** das muss ich mit meiner Frau besprechen; **~ you (soon)!** bis bald!, servus! (*Aus*); **~ you later!** bis später! **4.** (≈ *have relationship with*) befreundet sein mit; **I'm not ~ing anyone** ich habe keinen Freund / keine Freundin **5. to ~ sb to the door** jdn zur Tür bringen **6.** (≈ *visualize*) sich (*dat*) vorstellen; **I can't ~ that working** ich kann mir kaum vorstellen, dass das klappt **7.** (≈ *experience*) erleben; **I've never ~n anything like it!** so etwas habe ich ja noch nie gesehen!; **it's ~n a lot of hard wear** das ist schon sehr strapaziert worden **8.** (≈ *understand*) verstehen; (≈ *recognize*) einsehen; (≈ *realize*) erkennen; **I can ~ I'm going to be busy** ich sehe schon, ich werde viel zu tun haben; **I fail to** *or* **don't ~ how anyone could ...** ich begreife einfach nicht, wie jemand nur ... kann; **I ~ from this report that ...** ich ersehe aus diesem Bericht, dass ...; **(do you) ~ what I mean?** verstehst du(, was ich meine)?; (≈ *didn't I tell you!*) siehst dus jetzt!; **I ~ what you mean** ich verstehe, was du meinst; (≈ *you're right*) ja, du hast recht; **to make sb ~ sth** jdm etw klarmachen **9. ~ that it is done by tomorrow** sieh zu, dass es bis morgen fertig ist **II** *v/i* **1.** sehen; **let me ~, let's ~** lassen Sie mich mal sehen; **who was it?** — **I couldn't/didn't ~** wer war das? — ich konnte es nicht sehen; **as far as the eye can ~** so weit das Auge reicht; **~ for yourself!** sieh doch selbst!; **will he come?** — **we'll soon ~** kommt er? — das werden wir bald sehen; **you'll ~!** du wirst es (schon) noch sehen! **2.** (≈ *find out*) nachsehen; **is he there?** — **I'll ~** ich sehe mal nach *or* ich guck mal nach (*infml*); **~ for yourself!** sieh doch selbst (nach)! **3.** (≈ *understand*) verstehen; **as far as I can ~ ...** so wie ich das sehe ...; **he's dead, don't you ~?** er ist tot, begreifst du das denn nicht?; **as I ~ from your report** wie ich aus Ihrem Bericht ersehe; **it's too late, (you) ~** (siehst du,) es ist zu spät!; **(you) ~, it's like this** es ist nämlich so; **I ~!** aha!; (*after explanation*) ach so! **4.** (≈ *consider*) **we'll ~** mal sehen; **let me ~, let's ~** lassen Sie mich mal überlegen ♦ **see about** *v/i* +*prep obj* (≈ *attend to*) sich kümmern um; **he came to ~ the**

rent er ist wegen der Miete gekommen ♦ **see in** I *v/i* hineinsehen II *v/t sep* to **see the New Year in** das neue Jahr begrüßen ♦ **see into** *v/i +prep obj* hineinsehen in (+*acc*) ♦ **see off** *v/t sep* **1.** (≈ *bid farewell to*) verabschieden; *are you coming to see me off* (at the airport *etc*)? kommt ihr mit mir (zum Flughafen *etc*)? **2.** (≈ *chase off*) Beine machen (+*dat*) (*infml*) ♦ **see out** I *v/i* hinaussehen; *I can't ~ of the window* ich kann nicht zum Fenster hinaussehen II *v/t sep* (≈ *show out*) hinausbegleiten (*of* aus); *I'll see myself out* ich finde (schon) alleine hinaus ♦ **see through** I *v/i* (*lit*) (hin)durchsehen (*prep obj* durch) II *v/i +prep obj* (*fig*) *deceit* durchschauen III *v/t always separate* **1.** (≈ *help through difficult time*) beistehen (+*dat*); *he had £100 to see him through the term* er hatte £ 100 für das ganze Semester **2.** *job* zu Ende bringen ♦ **see to** *v/i +prep obj* sich kümmern um ♦ **see up** *v/i +prep obj* (≈ *look up*) hinaufsehen; *I could ~ her skirt* ich konnte ihr unter den Rock sehen

see² *n* Bistum *nt*

seed I *n* **1.** (BOT, *single*) Samen *m*; (*of grain etc*) Korn *nt*; (*in fruit*) (Samen)kern *m*; (≈ *grain*) Saatgut *nt*; (*fig: of idea*) Keim *m* (*of* zu); *to sow the ~s of doubt* (in *sb's mind*) (bei jdm) Zweifel säen **2.** SPORTS *the number one ~* der/die als Nummer eins Gesetzte II *v/t* SPORTS *~ed number one* als Nummer eins gesetzt **seedling** *n* Sämling *m*

seedy *adj* (+*er*) zwielichtig

seeing I *n* Sehen *nt*; *I'd never have thought it possible but ~ is believing* ich hätte es nie für möglich gehalten, aber ich habe es mit eigenen Augen gesehen II *cj* **~** (*that or as*) da **Seeing Eye Dog** *n* (*US*) Blindenhund *m*

seek *pret, past part* **sought** *v/t* suchen; *fame* streben nach; *to ~ sb's advice* jdn um Rat fragen; *to ~ to do sth* sich bemühen, etw zu tun ♦ **seek out** *v/t sep* ausfindig machen

seem *v/i* scheinen; *he ~s younger than he is* er wirkt jünger, als er ist; *he doesn't ~* (to be) *able to concentrate* er scheint sich nicht konzentrieren zu können; *things aren't what they ~* Vieles ist anders, als es aussieht; *I ~ to have heard that before* das habe ich doch

schon mal gehört; *what ~s to be the trouble?* worum geht es denn?; (*doctor*) was kann ich für Sie tun?; *it ~s to me that ...* mir scheint, dass ...; *we are not welcome, it ~s* wir sind scheinbar nicht willkommen; *so it ~s* es sieht (ganz) so aus; *how does it ~ to you?* was meinen SIE?; *how did she ~ to you?* wie fandst du sie?; *it ~s a shame to leave now* es ist irgendwie schade, jetzt zu gehen; *it just doesn't ~ right* das ist doch irgendwie nicht richtig; *I can't ~ to do it* ich kann das anscheinend *or* scheinbar *or* irgendwie nicht; *it only ~s like it* das kommt einem nur so vor; *I ~ to remember telling him that* es kommt mir so vor, als hätte ich ihm das schon gesagt **seeming** *adj attr* scheinbar **seemingly** *adv* scheinbar, anscheinend

seen *past part of* **see¹**

seep *v/i* sickern; *to ~ through sth* durch etw durchsickern

seesaw *n* Wippe *f*

seethe *v/i* (≈ *be crowded*) wimmeln (*with* von); (≈ *be angry*) kochen (*infml*)

see-through *adj* durchsichtig

segment *n* Teil *m*; (*of orange*) Stück *nt*; (*of circle*) Abschnitt *m*

segregate *v/t* *individuals* absondern; *group of population* nach Rassen *etc* trennen **segregation** *n* Trennung *f*

seismic *adj* seismisch; (*fig*) *changes, events* dramatisch; *forces* ungeheuer

seize *v/t* ergreifen; (≈ *confiscate*) beschlagnahmen; *town* einnehmen; *power* an sich (*acc*) reißen; *opportunity* ergreifen; *to ~ sb's arm, to ~ sb by the arm* jdn am Arm packen; *to ~ the day* den Tag nutzen; *to ~ control of sth* etw unter Kontrolle bringen ♦ **seize on** *or* upon *v/i +prep obj* *idea* sich stürzen auf (+*acc*) ♦ **seize up** *v/i* **1.** (*engine*) sich verklemmen **2.** (*infml*) *my back seized up* es ist mir in den Rücken gefahren (*infml*)

seizure *n* **1.** (≈ *confiscation*) Beschlagnahmung *f*; (≈ *capture*) Einnahme *f* **2.** MED Anfall *m*; (≈ *apoplexy*) Schlaganfall *m*

seldom *adv* selten

select I *v/t & v/i* (aus)wählen; SPORTS auswählen; (*for match*) aufstellen II *adj* (≈ *exclusive*) exklusiv; (≈ *chosen*) auserwählt; *a ~ few* eine kleine Gruppe Auserwählter **selection** *n* **1.** (≈ *choosing*)

(Aus)wahl *f* **2.** (≈ *thing selected*) Wahl *f*; **to make one's ~** seine Wahl treffen **3.** (≈ *range*) Auswahl *f* (*of* an +*dat*) **selective** *adj* wählerisch **selector** *n* SPORTS *jd, der die Mannschaftsaufstellung vornimmt* **self** *n, pl* **selves** Ich *nt*, Selbst *nt no pl*; *he showed his true ~* er zeigte sein wahres Ich *or* Gesicht; *he's quite his old ~ again, he's back to his usual ~* er ist wieder ganz der Alte (*infml*) **self-absorbed** *adj* mit sich selbst beschäftigt **self-addressed** *adj envelope* adressiert **self-addressed stamped envelope** *n* (*US*) frankierter Rückumschlag **self--adhesive** *adj* selbstklebend **self-appointed** *adj* selbst ernannt **self-assertive** *adj* selbstbewusst **self-assured** *adj* selbstsicher **self-awareness** *n* Selbsterkenntnis *f* **self-belief** *n* Glaube *m* an sich (*acc*) selbst **self-catering** (*Br*) **I** *n* Selbstversorgung *f*; *to go ~* Urlaub *m* für Selbstversorger machen **II** *adj* für Selbstversorger **self-centred,** (*US*) **self-centered** *adj* egozentrisch **self-confessed** *adj* erklärt *attr* **self--confidence** *n* Selbstvertrauen *nt* **self--confident** *adj* selbstsicher **self-conscious** *adj* gehemmt; *to be ~ about sth* sich (*dat*) einer Sache (*gen*) sehr bewusst sein **self-consciously** *adv* (≈ *uncomfortably*) verlegen **self-consciousness** *n* Befangenheit *f*, Gehemmtheit *f*; (*of style etc*) Bewusstheit *f* **self-contained** *adj* **1.** *person* distanziert **2.** (≈ *self-sufficient*) selbstgenügsam **3.** *flat* separat; *group* geschlossen **self-control** *n* Selbstbeherrschung *f* **self-deception** *n* Selbstbetrug *m* **self-defence,** (*US*) **self-defense** *n* Selbstverteidigung *f*; JUR Notwehr *f* **self-delusion** *n* Selbsttäuschung *f* **self-denial** *n* Selbstzucht *f* **self-deprecating** *adj person* bescheiden; *remark* sich selbst herabwürdigend *attr*; *to be ~* (*person*) sich selbst abwerten **self-destruct I** *v/i* sich selbst zerstören **II** *adj attr ~ button* Knopf *m* zur Selbstzerstörung **self-destruction** *n* Selbstzerstörung *f* **self-destructive** *adj* selbstzerstörerisch **self-determination** *n* Selbstbestimmung *f* (*also* POL) **self--discipline** *n* Selbstdisziplin *f* **self-doubt** *n* Zweifel *m* an sich (*dat*) selbst **self-educated** *adj* autodidaktisch **self-effacing** *adj* zurückhaltend **self-employed** *adj* selbstständig; *journalist* freiberuflich

self-esteem *n* Selbstachtung *f*; *to have high/low ~* sehr/wenig selbstbewusst sein **self-evident** *adj* offensichtlich **self-explanatory** *adj* unmittelbar verständlich **self-government** *n* Selbstverwaltung *f* **self-help** *n* Selbsthilfe *f* **self--important** *adj* aufgeblasen **self-improvement** *n* Weiterbildung *f* **self-indulgence** *n* genießerische Art; (*in eating*) Maßlosigkeit *f* **self-indulgent** *adj* genießerisch; (*in eating*) maßlos **self-inflicted** *adj wounds* sich (*dat*) selbst zugefügt *attr* **self-interest** *n* eigenes Interesse

selfish *adj* egoistisch; *for ~ reasons* aus selbstsüchtigen Gründen **selfishly** *adv* egoistisch **selfishness** *n* Egoismus *m* **self-justification** *n* Rechtfertigung *f* **self-knowledge** *n* Selbsterkenntnis *f* **selfless** *adj*, **selflessly** *adv* selbstlos **selflessness** *n* Selbstlosigkeit *f* **self-made** *adj* ~ *man* Selfmademan *m*; *he's a ~ millionaire* er hat es aus eigener Kraft zum Millionär gebracht **self-opinionated** *adj* rechthaberisch **self-perception** *n* Selbstwahrnehmung *f* **self--pity** *n* Selbstmitleid *nt* **self-portrait** *n* Selbstporträt *nt* **self-possessed** *adj* selbstbeherrscht **self-preservation** *n* Selbsterhaltung *f* **self-raising,** (*US*) **self-rising** *adj flour* selbsttreibend, *mit bereits beigemischtem Backpulver* **self-reliant** *adj* selbstständig **self-respect** *n* Selbstachtung *f*; *have you no ~?* schämen Sie sich gar nicht? **self-respecting** *adj* anständig; *no ~ person would ...* niemand, der etwas auf sich hält, würde ... **self-restraint** *n* Selbstbeherrschung *f* **self-righteous** *adj* selbstgerecht **self-rising** *adj* (*US*) = **self-raising** **self-sacrifice** *n* Selbstaufopferung *f* **self-satisfied** *adj* selbstgefällig **self-service,** (*esp US*) **self-serve I** *adj* Selbstbedienungs- **II** *n* Selbstbedienung *f* **self-sufficiency** *n* (*of person*) Selbstständigkeit *f*; (*of country*) Autarkie *f*; (*of community*) Selbstversorgung *f* **self-sufficient** *adj person* selbstständig; *country* autark **self-taught** *adj he is ~* er hat sich (*dat*) das selbst beigebracht **self--worth** *n* Selbstachtung *f*

sell *pret, past part* **sold I** *v/t* **1.** verkaufen (*sb sth, sth to sb* jdm etw, etw an jdn); *what are you ~ing it for?* wie viel verlangen Sie dafür?; *to be sold on sb/sth*

(*infml*) von jdm / etw begeistert sein **2.** (≈ *stock*) führen; (≈ *deal in*) vertreiben **3.** (≈ *promote the sale of*) einen guten Absatz verschaffen (+*dat*); **to~ oneself** sich verkaufen (*to* an +*acc*) **4.** (*fig* ≈ *betray*) verraten; **to~ sb down the river** (*infml*) jdn ganz schön verschaukeln (*infml*) **II** *v/i* (*person*) verkaufen (*to sb* an jdn); (*article*) sich verkaufen (lassen); **what are they ~ing for?** wie viel kosten sie?
♦ **sell off** *v/t sep* verkaufen; (*quickly, cheaply*) abstoßen ♦ **sell out I** *v/t sep* ausverkaufen; **we're sold out of ice cream** das Eis ist ausverkauft **II** *v/i* **1.** alles verkaufen; **we sold out in two days** wir waren in zwei Tagen ausverkauft **2.** (*infml*) **he sold out to the enemy** er hat sich an den Feind verkauft ♦ **sell up** (*esp Br*) *v/i* sein Haus *etc* verkaufen

sell-by date *n* ≈ Haltbarkeitsdatum *nt*
seller *n* **1.** Verkäufer(in) *m(f)* **2.** **this book is a good~** das Buch verkauft sich gut **selling** *n* Verkauf *m* **selling point** *n* Verkaufsanreiz *m* **selloff** *n* Verkauf *m*
Sellotape® (*Br*) **I** *n* Klebeband *nt* **II** *v/t* **to sellotape** (**down**) mit Klebeband festkleben
sellout *n* THEAT, SPORTS **to be a~** ausverkauft sein
selves *pl of* **self**
semantics *n sg* Semantik *f*
semaphore *n* Signalsprache *f*
semblance *n* (*with def art*) Anschein *m* (*of* von); (*with indef art*) Anflug *m* (*of* von)
semen *n* Sperma *nt*
semester *n* Semester *nt*
semi *n* **1.** (*Br infml*) = **semidetached 2.** (*infml*) = **semifinal semi-** *pref* halb-, Halb- **semicircle** *n* Halbkreis *m* **semicolon** *n* Semikolon *nt* **semiconscious** *adj* halb bewusstlos **semidetached** (*Br*) **I** *adj* **~ house** Doppelhaushälfte *f* **II** *n* Doppelhaushälfte *f* **semifinal** *n* Halbfinalspiel *nt*; **~s** Halbfinale *nt* **semifinalist** *n* Teilnehmer(in) *m(f)* am Halbfinale
seminar *n* Seminar *nt*
seminary *n* Priesterseminar *nt*
semiprecious *adj* **~ stone** Halbedelstein *m* **semiquaver** *n* (*esp Br*) Sechzehntel (-note *f*) *nt* **semiskilled** *adj* **worker** angelernt **semi-skimmed milk** *n* (*Br*) Halbfettmilch *f* **semitrailer** *n* (*Br*) Sattelschlepper *m*; (≈ *part*) Sattelauflieger *m*

semolina *n* Grieß *m*
sen *abbr of* **senior** sen.
Sen (*US*) *abbr of* **senator**
senate *n* Senat *m* **senator** *n* Senator(in) *m(f)*
send *pret, past part* **sent** *v/t* **1.** schicken; *letter, signal* senden; **it~s the wrong signal** or **message** (*fig*) das könnte falsch verstanden werden; **to ~ sb for sth** jdn nach etw schicken; **she ~s her love** sie lässt grüßen; **~ him my best wishes** grüßen Sie ihn von mir **2.** (≈ *propel*) *arrow, ball* schießen; (*hurl*) schleudern; **the blow sent him sprawling** der Schlag schleuderte ihn zu Boden; **to ~ sth off course** etw vom Kurs abbringen; **this sent him into a fury** das machte ihn wütend; **this sent him (off) into fits of laughter** das ließ ihn in einen Lachkrampf ausbrechen; **to ~ prices soaring** die Preise in die Höhe treiben ♦ **send away I** *v/t sep* wegschicken **II** *v/i* **to ~ for sth** etw anfordern ♦ **send back** *v/t sep* zurückschicken; *food* zurückgehen lassen ♦ **send down** *v/t sep* **1.** *temperature, prices* fallen lassen; (*gradually*) senken **2.** *prisoner* verurteilen (*for* zu) ♦ **send for** *v/i* +*prep obj* **1.** *person* kommen lassen; *doctor* rufen; *help* herbeirufen; (*person in authority*) *pupil* zu sich bestellen; **I'll ~ you when I want you** ich lasse Sie rufen, wenn ich Sie brauche **2.** *catalogue* anfordern ♦ **send in** *v/t sep* einsenden; *person* hereinschicken; *troops* einsetzen ♦ **send off I** *v/t sep* **1.** *parcel* abschicken **2.** *children to school* wegschicken **3.** SPORTS vom Platz stellen (*for* wegen); **send him off, ref!** Platzverweis! **II** *v/i* = **send away II** ♦ **send on** *v/t sep* **1.** *letter* nachschicken **2.** *luggage etc* vorausschicken **3.** *substitute* einsetzen ♦ **send out** *v/t sep* **1.** (*of room*) hinausschicken (*of* aus); **she sent me out to buy a paper** sie hat mich losgeschickt, um eine Zeitung zu kaufen **2.** *signals* aussenden; *light* ausstrahlen **3.** *invitations* verschicken ♦ **send out for I** *v/i* +*prep obj* holen lassen **II** *v/t sep* **to send sb out for sth** jdn nach etw schicken ♦ **send up** *v/t sep* (*Br infml* ≈ *satirize*) verulken (*infml*)
sender *n* Absender(in) *m(f)* **sendoff** *n* Verabschiedung *f*; **to give sb a good ~** jdn ganz groß verabschieden (*infml*)
senile *adj* senil

senior I *adj* (*in age*) älter; (*in rank*) übergeordnet; *rank*, *civil servant* höher; *officer* ranghöher; *editor etc* leitend; **he is ~ to me** er ist mir übergeordnet; **the ~ management** die Geschäftsleitung; **~ consultant** Chefarzt *m*/-ärztin *f*, Primararzt *m*/-ärztin *f* (*Aus*); **my ~ officer** mein Vorgesetzter; **J. B. Schwartz, Senior** J. B. Schwartz senior **II** *n* SCHOOL Oberstufenschüler(in) *m(f)*; (*US* UNIV) Student(in) *m(f)* im letzten Studienjahr; **he is two years my ~** er ist zwei Jahre älter als ich **senior citizen** *n* älterer (Mit)bürger, ältere (Mit)bürgerin **seniority** *n* (*in rank*) (höhere) Position; MIL (höherer) Rang; (*in civil service etc*) (höherer) Dienstgrad **senior partner** *n* Seniorpartner(in) *m(f)* **senior school**, (*US*) **senior high school** *n* Oberstufe *f*

sensation *n* **1.** (≈ *feeling*) Gefühl *nt*; (*of cold etc*) Empfindung *f*; **a ~ of falling** das Gefühl zu fallen **2.** (≈ *success*) Sensation *f*; **to cause a ~** (großes) Aufsehen erregen **sensational** *adj* **1.** sensationell; *book* reißerisch aufgemacht **2.** (*infml* ≈ *very good etc*) sagenhaft (*infml*)

sense I *n* **1.** Sinn *m*; **~ of smell** Geruchssinn *m* **2. senses** *pl* Verstand *m*; **to come to one's ~s** zur Vernunft kommen **3.** (≈ *feeling*) Gefühl *nt*; **to have a ~ that** ... das Gefühl haben, dass ...; **~ of duty** Pflichtbewusstsein *nt*; **a false ~ of security** ein falsches Gefühl der Sicherheit **4.** (**common**) **~** gesunder Menschenverstand; **he had the (good) ~ to** ... er war so vernünftig und ...; **there is no ~ in doing that** es ist sinnlos, das zu tun; **to talk ~** vernünftig sein; **to make sb see ~** jdn zur Vernunft bringen; **to make ~** (*sentence etc*) (einen) Sinn ergeben; (≈ *be rational*) Sinn machen; **it doesn't make ~ doing it that way** es ist doch Unsinn, es so zu machen; **he/his theory doesn't make ~** er/seine Theorie ist völlig unverständlich; **it all makes ~ now** jetzt wird einem alles klar; **to make ~ of sth** etw verstehen **5.** (≈ *meaning*) Sinn *m no pl*; **in every ~ of the word** in der vollen Bedeutung des Wortes **6.** **in a ~** in gewisser Hinsicht; **in every ~** in jeder Hinsicht; **in what ~?** inwiefern? **II** *v/t* spüren **senseless** *adj* **1.** (≈ *unconscious*) bewusstlos **2.** (≈ *stupid*) unsinnig; (≈ *futile*) sinnlos **sensibility** *n* Empfindsamkeit *f*; **sensibilities** Zartgefühl *nt*

sensible *adj* vernünftig **sensibly** *adv* vernünftig; **he very ~ ignored the question** er hat die Frage vernünftigerweise ignoriert

sensitive *adj* (*emotionally*) sensibel; (≈ *easily upset, physically sensitive*) empfindlich; (≈ *understanding*) einfühlsam; *film* einfühlend; (*fig*) *topic* heikel; **to be ~ about sth** in Bezug auf etw (*acc*) empfindlich sein; **she is very ~ to criticism** sie reagiert sehr empfindlich auf Kritik; **he has access to some highly ~ information** er hat Zugang zu streng vertraulichen Informationen **sensitively** *adv* (≈ *sympathetically*) einfühlsam **sensitivity** *n* (*emotional*) Sensibilität *f*; (≈ *getting easily upset, physical sensitivity*) Empfindlichkeit *f*; (≈ *understanding*) Einfühlsamkeit *f*; (*fig: of topic*) heikle Natur

sensor *n* Sensor *m* **sensory** *adj* sensorisch; **~ organ** Sinnesorgan *nt*

sensual *adj* sinnlich **sensuality** *n* Sinnlichkeit *f* **sensuous** *adj*, **sensuously** *adv* sinnlich

sent *pret*, *past part of* **send**

sentence I *n* **1.** GRAM Satz *m*; **~ structure** Satzbau *m* **2.** JUR Strafe *f*; **the judge gave him a 6-month ~** der Richter verurteilte ihn zu 6 Monaten Haft **II** *v/t* JUR **to ~ sb to sth** jdn zu etw verurteilen

sentient *adj* empfindungsfähig

sentiment *n* **1.** (≈ *feeling*) Gefühl *nt* **2.** (≈ *sentimentality*) Sentimentalität *f* **3.** (≈ *opinion*) Meinung *f* **sentimental** *adj* sentimental; *value* gefühlsmäßig; **for ~ reasons** aus Sentimentalität

sentry *n* Wache *f*; **to be on ~ duty** auf Wache sein

Sep *abbr of* **September**

separable *adj* trennbar

separate I *adj* **1.** gesondert (*from* von); *beds*, *accounts* getrennt; *entrance* separat; **a ~ issue** eine andere Frage; **on two ~ occasions** bei zwei verschiedenen Gelegenheiten; **on a ~ occasion** bei einer anderen Gelegenheit; **they live ~ lives** sie gehen getrennte Wege; **to keep two things ~** zwei Dinge auseinanderhalten **2.** (≈ *individual*) einzeln; **everybody has a ~ task** jeder hat seine eigene Aufgabe **II** *n* **separates** *pl* Röcke, Blusen *etc* **III** *v/t* trennen; (≈ *divide up*) aufteilen (*into* in *+acc*); **he is ~d**

from his wife er lebt von seiner Frau getrennt **IV** *v/i* sich trennen **separated** *adj* getrennt; *the couple are* ~ das Paar lebt getrennt **separately** *adv* **1.** separat; *live* getrennt **2.** (≈ *singly*) einzeln **separation** *n* Trennung *f* **separatist I** *adj* separatistisch **II** *n* Separatist(in) *m(f)*

Sept *abbr of* **September**

September I *n* September *m*; *the first of* ~ der erste September; *on 19th* ~ (*written*), *on the 19th of* ~ (*spoken*) am 19. September; ~ *3rd, 1990, 3rd* ~ *1990* (*on letter*) 3. September 1990; *in* ~ im September; *at the beginning/end of* ~ Anfang/Ende September **II** *adj attr* September-

septic *adj* **to turn** ~ eitern **septic tank** *n* Klärbehälter *m*

sepulchre , (*US*)**sepulcher** *n* Grabstätte *f*

sequel *n* Folge *f* (*to* von); (*of book, film*) Fortsetzung *f* (*to* von)

sequence *n* **1.** Folge *f*; ~ *of words* Wortfolge *f*; *in* ~ der Reihe nach **2.** FILM Sequenz *f* **sequencer** *n* IT Ablaufsteuerung *f*

sequin *n* Paillette *f*

Serb *n* Serbe *m*, Serbin *f* **Serbia** *n* Serbien *nt* **Serbian I** *adj* serbisch **II** *n* **1.** Serbe *m*, Serbin *f* **2.** LING Serbisch *nt* **Serbo-Croat** *n* **1.** LING Serbokroatisch *nt* **2.** *the* ~*s pl* die Serben und Kroaten

serenade I *n* Serenade *f* **II** *v/t* ein Ständchen bringen (+*dat*)

serene *adj* gelassen **serenity** *n* Gelassenheit *f*

sergeant *n* **1.** MIL Feldwebel(in) *m(f)* **2.** POLICE Polizeimeister(in) *m(f)* **sergeant major** *n* Oberfeldwebel(in) *m(f)*

serial I *adj* Serien-; IT seriell **II** *n* (≈ *novel*) Fortsetzungsroman *m*; (*in periodical, TV*) Serie *f*; RADIO Sendereihe *f* (in Fortsetzungen); *it was published as a* ~ es wurde in Fortsetzungen veröffentlicht **serialize** *v/t* in Fortsetzungen veröffentlichen; RADIO, TV in Fortsetzungen senden; (≈ *put into serial form*) in Fortsetzungen umarbeiten **serial killer** *n* Serienmörder(in) *m(f)* **serial number** *n* (*on goods*) Fabrikationsnummer *f* **serial port** *n* IT serielle Schnittstelle *f*

series *n, pl* - Serie *f*; (*of films, talks*) Reihe *f*; RADIO Sendereihe *f*

serious *adj* ernst; *offer, suggestion* seriös; *contender* ernst zu nehmen *attr*; *ac-*

cident, mistake, illness schwer; *to be* ~ *about doing sth* etw im Ernst tun wollen; *I'm* ~ (*about it*) das ist mein Ernst; *he is* ~ *about her* er meint es ernst mit ihr; *you can't be* ~*!* das kann nicht dein Ernst sein!; *to give* ~ *thought or consideration to sth* sich (*dat*) etw ernsthaft *or* ernstlich überlegen; *to earn* ~ *money* (*infml*) das große Geld verdienen **seriously** *adv* **1.** ernst; *interested, threaten* ernsthaft; (≈ *not jokingly*) im Ernst; *wounded* schwer; *worried* ernstlich; *to take sb/sth* ~ jdn/etw ernst nehmen; *to take oneself too* ~ sich selbst zu wichtig nehmen; ~ *?* im Ernst?; *do you mean that* ~*?* ist das Ihr Ernst?; *there is something* ~ *wrong with that* irgendetwas ist damit überhaupt nicht in Ordnung **2.** (*infml* ≈ *really*) ehrlich (*infml*); ~ *rich* schwerreich **seriousness** *n* Ernst *m*; (*of accident, injury*) Schwere *f*

sermon *n* **1.** ECCL Predigt *f* **2.** (≈ *homily*) Moralpredigt *f*; (≈ *scolding*) Strafpredigt *f*

serotonin *n* MED, BIOL Serotonin *nt*

serrated *adj* gezackt; ~ *knife* Sägemesser *nt*

servant *n* Diener(in) *m(f)*

serve I *v/t* **1.** (≈ *work for*) dienen (+*dat*); (≈ *be of use*) nützen (+*dat*); *if my memory* ~*s me right* wenn ich mich recht erinnere; *to* ~ *its purpose* seinen Zweck erfüllen; *it* ~*s a variety of purposes* es hat viele verschiedene Verwendungsmöglichkeiten; *it* ~*s no useful purpose* es hat keinen praktischen Wert; *it has* ~*d us well* es hat uns gute Dienste geleistet; *his knowledge of history* ~*d him well* seine Geschichtskenntnisse kamen ihm sehr zugute; (*it*) ~*s you right!* (*infml*) das geschieht dir (ganz) recht! **2.** (≈ *work out*) ableisten; *term* durchlaufen; *apprenticeship* durchmachen; *sentence* verbüßen **3.** *customers* bedienen; *food* servieren; *are you being* ~*d?* werden Sie schon bedient?; *I'm being* ~*d, thank you* danke, ich werde schon bedient *or* ich bekomme schon (*infml*); *dinner is* ~*d* (*host, hostess*) darf ich zu Tisch bitten?; *"serves three"* (*on packet etc*) „(ergibt) drei Portionen" **4.** TENNIS *etc* aufschlagen **II** *v/i* **1.** (≈ *do duty*) dienen; *to* ~ *on a committee* einem Ausschuss angehören; *it* ~*s to show ...* das zeigt ... **2.** (*at table*) aufgeben; (*waiter* *etc*) servieren (*at table* bei Tisch) **3.** TENNIS *etc* aufschlagen **III** *n* TENNIS *etc* Aufschlag *m* ♦ **serve out** *v/t sep time* ableisten; *apprenticeship* abschließen; *term* ausüben; *sentence* absitzen ♦ **serve up** *v/t sep food* servieren

server *n* **1.** TENNIS Aufschläger(in) *m(f)* **2.** IT Server *m*

service I *n* **1.** Dienst *m*; *her* ~s *to industry/the country* ihre Verdienste in der Industrie/um das Land; *to be of* ~ nützlich sein; *to be of* ~ *to sb* jdm nützen; *to be at sb's* ~ jdm zur Verfügung stehen; *can I be of* ~ *to you?* kann ich Ihnen behilflich sein?; *out of* ~ außer Betrieb **2.** MIL Militärdienst *m* **3.** (*in shop etc*) Bedienung *f* **4.** (≈ *bus service etc*) Bus-/Zug-/Flugverbindung *f*; *there's no* ~ *to Oban on Sundays* sonntags besteht kein Zug-/Busverkehr nach Oban **5.** ECCL Gottesdienst *m* **6.** (*of machines*) Wartung *f*; (AUTO ≈ *major service*) Inspektion *f*; *my car is in for a* ~ mein Auto wird gewartet/ist zur Inspektion **7.** (≈ *tea set*) Service *nt* **8.** TENNIS Aufschlag *m* **9.** **services** *pl* (*commercial*) Dienstleistungen *pl*; (*gas etc*) Versorgungsnetz *nt* **II** *v/t* **1.** *machine* warten; *to send a car to be* ~*d* ein Auto warten lassen; (*major service*) ein Auto zur Inspektion geben **2.** FIN *debt* bedienen **service charge** *n* Bedienung *f* **service industry** *n* Dienstleistungsbranche *f* **serviceman** *n* Militärangehörige(r) *m* **service provider** *n* IT Provider *m* **service sector** *n* Dienstleistungssektor *m* **service station** *n* Tankstelle *f* (mit Reparaturwerkstatt); (*Br* ≈ *service area*) Tankstelle und Raststätte *f* **servicewoman** *n* Militärangehörige *f*

serviette *n* (*Br*) Serviette *f*

serving I *adj politician* amtierend; MIL **II** *n* (≈ *helping*) Portion *f* **serving dish** *n* Servierplatte *f* **serving spoon** *n* Vorlegelöffel *m*

sesame seed *n* Sesamkorn *nt*

session *n* Sitzung *f*; JUR, PARL Sitzungsperiode *f*; *to be in* ~ eine Sitzung abhalten; JUR, POL tagen; *photo* ~ Fotosession *f*

set *vb: pret, past part* **set I** *n* **1.** Satz *m*; (*of two*) Paar *nt*; (*of cutlery etc*) Garnitur *f*; (*of tablemats etc*) Set *nt*; *a* ~ *of tools* Werkzeug *nt*; *a* ~ *of teeth* ein Gebiss *nt* **2.** (*of people*) Kreis *m* **3.** TENNIS Satz

m **4.** THEAT Bühnenbild *nt*; FILM Szenenaufbau *m* **5.** (≈ *TV etc*) Apparat *m*; ~ *of headphones* Kopfhörer *m* **6.** (*of shoulders*) Haltung *f* **II** *adj* **1.** *he is* ~ *to become the new champion* ihm werden die besten Chancen auf den Meistertitel eingeräumt; *to be* ~ *to continue all week* voraussichtlich die ganze Woche über andauern **2.** (≈ *ready*) fertig, bereit; *are we all* ~? sind wir alle bereit?; *all* ~? alles klar?; *to be all* ~ *to do sth* sich darauf eingerichtet haben, etw zu tun; (*mentally*) fest entschlossen sein, etw zu tun; *we're all* ~ *to go* wir sind startklar **3.** (≈ *rigid*) starr; *expression* feststehend; *to be* ~ *in one's ways* in seinen Gewohnheiten festgefahren sein **4.** (≈ *fixed*) festgesetzt; *task* bestimmt; ~ *book(s)* Pflichtlektüre *f*; ~ *menu* Tageskarte *f*; ~ *meal* Tagesgericht *nt* **5.** (≈ *resolved*) entschlossen; *to be dead* ~ *on doing sth* etw auf Biegen oder Brechen tun wollen; *to be* (*dead*) ~ *against sth/doing sth/sb doing sth* (absolut) gegen etw sein/dagegen sein, etw zu tun/dagegen sein, dass jd etw tut **III** *v/t* **1.** (≈ *place*) stellen; (*flat*) legen; (*carefully*) setzen; *to* ~ *a value/price on sth* einen Wert/Preis für etw festsetzen; *to* ~ *sth in motion* etw in Bewegung bringen; *to* ~ *sth to music* etw vertonen; *to* ~ *a dog/the police on sb* einen Hund/die Polizei auf jdn ansetzen; *to* ~ *sth/things right* etw/die Dinge in Ordnung bringen; *to* ~ *sb right* (*about sth*) jdn (in Bezug auf etw *acc*) berichtigen; *to* ~ *sb straight* jdn berichtigen **2.** *controls* einstellen (*at* auf +*acc*); *clock* stellen (*by* nach, *to* auf +*acc*); *trap, record* aufstellen; *to* ~ *a trap for sb* (*fig*) jdm eine Falle stellen **3.** *target etc* festlegen; *task, question* stellen (*sb* jdm); *homework* aufgeben; *exam* zusammenstellen; *time, date* festsetzen **4.** *gem* fassen (*in* in +*dat*); *table* decken **5.** *a house* ~ *on a hillside* ein am Berghang gelegenes Haus; *the book is* ~ *in Rome* das Buch spielt in Rom; *he* ~ *the book in 19th century France* er wählte das Frankreich des 19. Jahrhunderts als Schauplatz für sein Buch **6.** *bone* MED einrichten **IV** *v/i* **1.** (*sun*) untergehen **2.** (*cement*) fest werden; (*bone*) zusammenwachsen ♦ **set about** *v/i* +*prep obj* **1.** *to* ~ *doing sth* sich daranmachen, etw zu tun **2.** (≈ *attack*) herfallen über (+*acc*) ♦ **set apart** *v/t sep* (≈ *distinguish*) unterscheiden ♦ **set aside** *v/t sep book etc* zur Seite legen; *money* beiseitelegen; *time* einplanen; *land* reservieren; *differences* beiseiteschieben ♦ **set back** *v/t sep* **1.** *to be ~ from the road* etwas von der Straße abliegen **2.** (≈ *retard*) verzögern, behindern **3.** (*infml* ≈ *cost*) kosten ♦ **set down** *v/t sep suitcase* absetzen ♦ **set in** *v/i* (≈ *start*) einsetzen; (*panic*) ausbrechen; (*night*) anbrechen ♦ **set off** **I** *v/t sep* **1.** (≈ *ignite*) losgehen lassen **2.** (≈ *start*) führen zu; *that set us all off laughing* das brachte uns (*acc*) alle zum Lachen **3.** (≈ *enhance*) hervorheben **II** *v/i* (≈ *depart*) aufbrechen; (*in car*) losfahren; *to ~ on a journey* eine Reise antreten; *to ~ for Spain* nach Spanien abfahren; *the police ~ in pursuit* die Polizei nahm die Verfolgung auf ♦ **set on** *v/t sep* +*prep obj dogs* ansetzen auf (+*acc*) ♦ **set out** **I** *v/t sep* (≈ *display*) ausbreiten; (≈ *arrange*) aufstellen **II** *v/i* **1.** (≈ *depart*) = **set off** **II 2.** (≈ *intend*) beabsichtigen; (≈ *start*) sich daranmachen ♦ **set to** *v/i* +*prep obj* *to ~ work* sich an die Arbeit machen; *to ~ work doing or to do sth* beginnen, etw zu tun ♦ **set up** **I** *v/i* *to ~ in business* sein eigenes Geschäft aufmachen **II** *v/t sep* **1.** *statue* aufstellen; *stall* aufbauen; *meeting* vereinbaren; *to set sth up for sb* etw für jdn vorbereiten **2.** (≈ *establish*) gründen; *school, system* einrichten; *to set sb up in business* jdm zu einem Geschäft verhelfen; *to be ~ for life* für sein ganzes Leben ausgesorgt haben; *to ~ camp* das Lager aufschlagen; *they've ~ home in Spain* sie haben sich in Spanien niedergelassen **3.** (*infml* ≈ *frame*) *to set sb up* jdm etwas anhängen; *I've been ~* das will mir einer anhängen (*infml*) *or* in die Schuhe schieben ♦ **set upon** *v/t sep* +*prep obj* überfallen

setback *n* Rückschlag *m*
settee *n* Sofa *nt*
setting *n* **1.** (*of sun*) Untergang *m* **2.** (≈ *surroundings*) Umgebung *f*; (*of novel etc*) Schauplatz *m* **3.** (*on dial etc*) Einstellung *f*
settle **I** *v/t* **1.** (≈ *decide*) entscheiden; (≈ *sort out*) regeln; *problem* klären; *dispute* beilegen; *to ~ one's affairs* seine Angelegenheiten in Ordnung bringen; *to ~ a*

case out of court einen Fall außergerichtlich klären; *that's ~d then* das ist also klar; *that ~s it* damit wäre der Fall (ja wohl) erledigt **2.** *bill* begleichen; *account* ausgleichen **3.** *nerves* beruhigen **4.** (≈ *place*) legen; (*upright*) stellen; *to ~ oneself comfortably in an armchair* es sich (*dat*) in einem Sessel bequem machen **5.** *land* besiedeln **II** *v/i* **1.** (≈ *put down roots*) sesshaft werden; (*in country, town*) sich niederlassen; (*as settler*) sich ansiedeln **2.** (≈ *become calm*) sich beruhigen **3.** (*person, bird*) sich niederlassen; (*dust*) sich legen **4.** JUR *to ~ (out of court)* sich vergleichen ♦ **settle back** *v/i* sich (gemütlich) zurücklehnen ♦ **settle down** **I** *v/i* **1.**; → **settle** **II1**; *it's time he settled down* es ist Zeit, dass er ein geregeltes Leben anfängt; *to marry and ~* heiraten und sesshaft werden; *to ~ at school* sich an einer Schule einleben; *to ~ in a new job* sich in einer neuen Stellung eingewöhnen; *~, children!* ruhig, Kinder!; *to ~ to work* sich an die Arbeit machen; *to ~ to watch TV* es sich (*dat*) vor dem Fernseher gemütlich machen **2.** = **settle** **II2** **II** *v/t sep* (≈ *calm down*) beruhigen ♦ **settle for** *v/i* +*prep obj* sich zufriedengeben mit ♦ **settle in** *v/i* (*in house, town*) sich einleben; (*in job, school*) sich eingewöhnen; *how are you settling in?* haben Sie sich schon eingelebt / eingewöhnt? ♦ **settle on** *or* **upon** *v/i* +*prep obj* sich entscheiden für ♦ **settle up** *v/i* (be)zahlen; *to ~ with sb* mit jdm abrechnen

settled *adj weather* beständig; *way of life* geregelt **settlement** *n* **1.** (≈ *sorting out*) Erledigung *f*; (*of problem etc*) Klärung *f*; (*of dispute etc*) Beilegung *f*; (≈ *contract etc*) Übereinkunft *f*; *an out-of-court ~* JUR ein außergerichtlicher Vergleich; *to reach a ~* sich einigen **2.** (*of money*) Überschreibung *f* (*on* auf +*acc*) **3.** (≈ *colony*) Siedlung *f*; (≈ *colonization*) Besiedlung *f* **settler** *n* Siedler(in) *m(f)*
set-top box *n* TV Digitalreceiver *m*, d-box® *f*
setup *n* **1.** (*infml* ≈ *situation*) Umstände *pl* **2.** (≈ *way of organization*) Organisation *f* **3.** IT Setup *nt* **4.** (*infml* ≈ *rigged contest*) abgekartete Sache
seven **I** *adj* sieben **II** *n* Sieben *f*; → **six**
sevenfold **I** *adj* siebenfach **II** *adv* um das Siebenfache

seventeen I *adj* siebzehn **II** *n* Siebzehn *f*
seventeenth I *adj* siebzehnte(r, s) **II** *n* **1.**
(≈ *fraction*) Siebzehntel *nt* **2.** (*of series*)
Siebzehnte(r, s)
seventh I *adj* siebte(r, s) **II** *n* **1.** (≈ *fraction*) Siebtel *nt* **2.** (*in series*) Siebte(r, s); → *sixth*
seventieth I *adj* siebzigste(r, s) **II** *n* **1.** (≈ *fraction*) Siebzigstel *nt* **2.** (*in series*) Siebzigste(r, s)
seventy I *adj* siebzig **II** *n* Siebzig *f*
sever I *v/t* (≈ *cut through*) durchtrennen; (≈ *cut off*) abtrennen; (*fig*) *ties* lösen; *relations* abbrechen **II** *v/i* (durch)reißen
several *adj* (≈ *some*) einige, mehrere; (≈ *different, various*) verschiedene; *I've seen him ~ times already* ich habe ihn schon mehrmals gesehen **II** *pron* einige; ~ *of the houses* einige (der) Häuser; ~ *of us* einige von uns
severance pay *n* Abfindung *f*
severe *adj* (+er) *damage, blow, draught* schwer; *pain, storm* stark; *punishment, test* hart; *weather* rau; *manner* streng; *expression* ernst **severely** *adv* *affect, damage, disabled* schwer; *disrupt, limit* stark; *punish* hart; *criticize* scharf **severity** *n* (*of punishment, test*) Härte *f*; (*of injury, blow, storm etc*) Schwere *f*
sew *pret* **sewed**, *past part* **sewn** *v/t* & *v/i* nähen; *to ~ sth on* etw annähen ◆ **sew up** *v/t sep* **1.** (*lit*) nähen; *opening* zunähen **2.** (*fig*) unter Dach und Fach bringen; *we've got the game all sewn up* das Spiel ist gelaufen (*infml*)
sewage *n* Abwasser *nt* **sewage works** *n sg or pl* Kläranlage *f*
sewer[1] *n* Näher(in) *m(f)*
sewer[2] *n* Abwasserkanal *m* **sewerage** *n* Kanalisation *f*
sewing *n* (≈ *activity*) Nähen *nt*; (≈ *piece of work*) Näharbeit *f* **sewing machine** *n* Nähmaschine *f* **sewn** *past part of* **sew**
sex I *n* **1.** BIOL Geschlecht *nt* **2.** (≈ *sexuality*) Sexualität *f*; (≈ *sexual intercourse*) Sex *m* (*infml*), Geschlechtsverkehr *m* (*form*); *to have ~* (Geschlechts)verkehr haben **II** *adj attr* Geschlechts-, Sexual- **sex appeal** *n* Sex-Appeal *m* **sex change** *n* Geschlechtsumwandlung *f* **sex discrimination** *n* Diskriminierung *f* aufgrund des Geschlechts **sex drive** *n* Sexualtrieb *m* **sex education** *n* Sexualerziehung *f* **sexism** *n* Sexismus *m* **sexist I** *n* Sexist(in) *m(f)* **II** *adj* sexistisch **sex**

life *n* Geschlechtsleben *nt* **sex maniac** *n* *he is a ~* (*infml*) er ist ganz verrückt nach Sex (*infml*) **sex offender** *n* Sexualtäter(in) *m(f)* **sex shop** *n* Sexshop *m* **sex symbol** *n* Sexsymbol *nt*
sextet(te) *n* Sextett *nt*
sextuplet *n* Sechsling *m*
sexual *adj* **1.** sexuell **2.** PHYSIOL Sexual- **sexual abuse** *n* sexueller Missbrauch **sexual equality** *n* Gleichberechtigung *f* (der Geschlechter) **sexual harassment** *n* sexuelle Belästigung **sexual intercourse** *n* Geschlechtsverkehr *m* **sexuality** *n* Sexualität *f* **sexually** *adv* sexuell; ~ *transmitted disease* Geschlechtskrankheit *f*; *to be ~ attracted to sb* sich zu jdm sexuell hingezogen fühlen **sexual organ** *n* Geschlechtsorgan *nt* **sexual partner** *n* Sexualpartner(in) *m(f)* **sex worker** *n* (*euph*) Prostituierte *f* **sexy** *adj* (+er) (*infml*) sexy *inv usu pred* (*infml*)
shabbily *adv* (*lit, fig*) schäbig **shabbiness** *n* Schäbigkeit *f* **shabby** *adj* (+er) schäbig
shack *n* Schuppen *m*
shackle I *n usu pl* Kette *f* **II** *v/t* in Ketten legen
shade I *n* **1.** Schatten *m*; *30° in the ~* 30 Grad im Schatten; *to provide ~* Schatten spenden **2.** (≈ *lampshade*) (Lampen)schirm *m*; (*esp US* ≈ *blind*) Jalousie *f*; (≈ *roller blind*) Springrollo *nt*; ~*s* (*infml* ≈ *sunglasses*) Sonnenbrille *f* **3.** (*of colour*) (Farb)ton *m*; (*fig, of meaning*) Nuance *f* **4.** (≈ *small quantity*) Spur *f*; *it's a ~ too long* es ist etwas *or* eine Spur zu lang **II** *v/t* **1.** (≈ *protect from light*) abschirmen; *he ~d his eyes with his hand* er hielt die Hand vor die Augen(, um nicht geblendet zu werden) **2.** *to ~ sth in* etw ausschraffieren **shading** *n* ART Schattierung *f*
shadow I *n* **1.** Schatten *m*; *in the ~s* im Dunkel; *to be in sb's ~* (*fig*) in jds Schatten (*dat*) stehen; *to be just a ~ of one's former self* nur noch ein Schatten seiner selbst sein **2.** (≈ *trace*) Spur *f*; *without a ~ of a doubt* ohne den geringsten Zweifel **II** *attr* (*Br* POL) Schatten- **III** *v/t* (≈ *follow*) beschatten (*infml*) **shadow cabinet** *n* (*Br* POL) Schattenkabinett *nt* **shadowy** *adj* schattig; *a ~ figure* (*fig*) eine undurchsichtige Gestalt
shady *adj* (+er) **1.** *place* schattig; *tree*

Schatten spendend **2.** (*infml* ≈ *dubious*) zwielichtig

shaft *n* **1.** Schaft *m*; (*of tool etc*) Stiel *m*; (*of light*) Strahl *m*; MECH Welle *f* **2.** (*of lift*) Schacht *m*

shag (*Br sl*) **I** *n* Nummer *f* (*infml*); *to have a ~* eine Nummer machen (*infml*) **II** *v/t & v/i* bumsen (*infml*)

shaggy *adj* (*+er*) (≈ *long-haired*) zottig; (≈ *unkempt*) zottelig

shake *vb: pret* **shook**, *past part* **shaken I** *n* **1.** Schütteln *nt*; *to give a rug a ~* einen Läufer ausschütteln; *with a ~ of her head* mit einem Kopfschütteln; *to be no great ~s* (*infml*) nicht umwerfend sein (*at* in +*dat*) **2.** (≈ *milkshake*) Milchshake *m* **II** *v/t head, object* schütteln; *building* (≈ *shock*) erschüttern; *to ~ one's fist at sb* jdm mit der Faust drohen; *to ~ hands* sich (*dat*) die Hand geben; *to ~ hands with sb* jdm die Hand geben/schütteln; *it was a nasty accident, he's still rather badly ~n* es war ein schlimmer Unfall, der Schreck sitzt ihm noch in den Knochen; *she was badly ~n by the news* die Nachricht hatte sie sehr mitgenommen **III** *v/i* wackeln; (*hand, voice*) zittern; (*earth*) beben; *to ~ like a leaf* zittern wie Espenlaub; *he was shaking all over* er zitterte am ganzen Körper; *to ~ in one's shoes* (*infml*) das große Zittern kriegen (*infml*); *~ (on it)!* (*infml*) Hand drauf!
♦ **shake off** *v/t sep dust, pursuer* abschütteln; *illness, feeling* loswerden ♦ **shake out** *v/t sep* (*lit*) herausschütteln; *tablecloth* ausschütteln ♦ **shake up** *v/t sep* **1.** *bottle, liquid* schütteln **2.** (≈ *upset*) erschüttern; *he was badly shaken up by the accident* der Unfall hat ihm einen schweren Schock versetzt; *she's still a bit shaken up* sie ist immer noch ziemlich mitgenommen **3.** *management, recruits* auf Zack bringen (*infml*); *system* umkrempeln (*infml*); *country, industry* wachrütteln; *to shake things up* die Dinge in Bewegung bringen

shaken *past part of* **shake** **shake-up** *n* (*infml* ≈ *reorganization*) Umbesetzung *f* **shakily** *adv* wackelig; *pour* zitterig **shaking** *n* Zittern *nt* **shaky** *adj* (*+er*) *chair* wackelig; *voice, hands* zitt(e)rig; *to get off to a ~ start* (*fig*) einen holprigen Anfang nehmen; *to be on ~ ground*

(*fig*) sich auf schwankendem *or* unsicherem Boden bewegen

shall *pret* **should** *modal aux vb* **1.** (*future*) *I ~ or I'll go to France this year* ich fahre dieses Jahr nach Frankreich; *no, I ~ not or I shan't* nein, das tue ich nicht **2.** *what ~ we do?* was sollen wir machen?, was machen wir?; *let's go in, ~ we?* komm, gehen wir hinein!; *I'll buy 3, ~ I?* soll ich 3 kaufen?

shallot *n* Schalotte *f*

shallow I *adj* flach; *person* seicht; *soil* dünn **II** *n* **shallows** *pl* Untiefe *f* **shallowness** *n* Flachheit *f*; (*of water also, person, novel*) Seichtheit *f*; (*of soil*) Dünne *f*

sham I *n* **1.** (≈ *pretence*) Heuchelei *f*; *their marriage had become a ~* ihre Ehe war zur Farce geworden **2.** (≈ *person*) Scharlatan *m* **II** *adj* *a ~ marriage* eine Scheinehe **III** *v/t* vortäuschen **IV** *v/i* so tun, simulieren

shamble *v/i* trotten

shambles *n sg* heilloses Durcheinander; (*esp of room etc*) Tohuwabohu *nt*; *the room was a ~* im Zimmer herrschte das reinste Tohuwabohu; *the economy is in a ~* die Wirtschaft befindet sich in einem Chaos; *the game was a ~* das Spiel war das reinste Kuddelmuddel (*infml*)

shame I *n* **1.** (≈ *feeling of shame*) Scham *f*; (≈ *cause of shame*) Schande *f*; *he hung his head in ~* er senkte beschämt den Kopf; (*fig*) er schämte sich; *to bring ~ upon sb/oneself* jdm/sich Schande machen; *have you no ~?* schämst du dich (gar) nicht?; *to put sb/sth to ~* (*fig*) jdn/etw in den Schatten stellen; *~ on you!* du solltest dich schämen! **2.** *it's a ~ you couldn't come* schade, dass du nicht kommen konntest; *what a ~!* (das ist aber) schade! **II** *v/t* Schande machen (+*dat*) **shamefaced** *adj*, **shamefacedly** *adv* betreten **shameful** *adj* schändlich **shameless** *adj* schamlos

shampoo I *n* (≈ *liquid*) Shampoo *nt* **II** *v/t hair* waschen; *carpet* reinigen

shamrock *n* Klee *m*; (≈ *leaf*) Kleeblatt *nt*

shandy *n* (*Br*) Bier *nt* mit Limonade

shan't *contraction = shall not*; *~!* (*infml*) will nicht! (*infml*)

shantytown *n* Slum(vor)stadt *f*

shape I *n* **1.** (≈ *form, outline*) Form *f*; (≈ *figure, guise*) Gestalt *f*; *what ~ is it?* welche Form hat es?; *it's rectangular etc in* ~ es ist rechteckig *etc*; *to take* ~ (*lit*) Form bekommen; (*fig*) Konturen annehmen; *of all* ~*s and sizes* aller Art; *I don't accept gifts in any* ~ *or form* ich nehme überhaupt keine Geschenke an **2.** (*fig*) *to be in good/bad* ~ (*sportsman*) in Form/nicht in Form sein; (*healthwise*) in guter/schlechter Verfassung sein; *to be out of* ~ (*physically*) nicht in Form sein **II** *v/t* (*lit*) *clay etc* formen (*into* zu); (*fig*) *ideas* prägen; *development* gestalten ◆ **shape up** *v/i to* ~ *well* sich gut entwickeln

shaped *adj* geformt; ~ *like a* ... in der Form einer/eines ... **-shaped** *adj suf* -förmig **shapeless** *adj* formlos **shapely** *adj* (+*er*) *figure* wohlproportioniert; *legs* wohlgeformt

shard *n* (Ton)scherbe *f*

share I *n* **1.** Anteil *m* (*in or of* an +*dat*); *I want my fair* ~ ich will meinen (An)teil; *he didn't get his fair* ~ er ist zu kurz gekommen; *to take one's* ~ *of the blame* sich mitschuldig erklären; *to do one's* ~ das Seine tun **2.** FIN (Geschäfts)anteil *m*; (*in a public limited company*) Aktie *f* **II** *v/t* teilen **III** *v/i* teilen; *to* ~ *and* ~ *alike* (brüderlich) mit (den) anderen teilen; *to* ~ *in sth* sich an etw (*dat*) beteiligen; *in success* an etw (*dat*) Anteil nehmen ◆ **share out** *v/t sep* verteilen

share capital *n* Aktienkapital *nt* **shareholder** *n* Aktionär(in) *m(f)* **share index** *n* Aktienindex *m* **shareware** *n* IT Shareware *f*

shark *n* **1.** Hai(fisch) *m* **2.** (*infml* ≈ *swindler*) Schlitzohr *nt* (*infml*); *loan* ~ Kreditshai *m* (*infml*)

sharp I *adj* (+*er*) **1.** scharf; *point, angle* spitz; (≈ *intelligent*) schlau; *drop* steil; *pain* heftig; *person* schroff; *temper* hitzig; *be* ~ *about it!* (*infml*) (ein bisschen) dalli! (*infml*) **2.** (*pej* ≈ *cunning*) raffiniert **3.** MUS *note* zu hoch; (≈ *raised a semitone*) (um einen Halbton) erhöht; *F* ~ fis *nt* **II** *adv* (+*er*) **1.** MUS zu hoch **2.** (≈ *punctually*) pünktlich; *at 5 o'clock* ~ Punkt 5 Uhr **3.** *look* ~*!* dalli! (*infml*); *to pull up* ~ plötzlich anhalten **sharpen** *v/t knife* schleifen; *pencil* spitzen **sharpener** *n* **1.** Schleifgerät *nt* **2.** (≈ *pencil sharpener*) (Bleistift)spitzer *m* **sharp-eyed** *adj* scharfsichtig **sharpness** *n* **1.** Schärfe *f*; (*of point etc*) Spitzheit *f*; (≈ *intelli-*

gence) Schläue *f* **2.** (*of pain*) Heftigkeit *f* **sharp-tongued** *adj* scharfzüngig **sharp-witted** *adj* scharfsinnig

shat *pret, past part of* **shit**

shatter I *v/t* **1.** (*lit*) zertrümmern; *hopes* zunichtemachen; *the blast* ~*ed all the windows* durch die Explosion zersplitterten alle Fensterscheiben **2.** (*Br fig infml*) *I'm* ~*ed!* ich bin total kaputt (*infml*) **II** *v/i* zerbrechen; (*windscreen*) (zer)splittern **shattering** *adj* **1.** *blow* wuchtig; *explosion* gewaltig; *defeat* vernichtend **2.** (*fig infml* ≈ *exhausting*) erschöpfend **3.** (*infml*) *news* erschütternd

shave *vb*: *pret* **shaved**, *past part* **shaved** *or* **shaven I** *n* Rasur *f*; *to have a* ~ sich rasieren; *that was a close* ~ das war knapp **II** *v/t* rasieren **III** *v/i* (*person*) sich rasieren; (*razor*) rasieren ◆ **shave off** *v/t sep* sich (*dat*) abrasieren

shaven *adj head etc* kahl geschoren **shaver** *n* (≈ *razor*) Rasierapparat *m* **shaver point**, (*US*) **shaver outlet** *n* Steckdose *f* für Rasierapparate **shaving** *n* **1.** Rasieren *nt* **2.** **shavings** *pl* Späne *pl*

shawl *n* (Umhänge)tuch *nt*

she I *pron* sie; (*of boats etc*) es **II** *n* Sie *f* **she-** *pref* weiblich; ~*bear* Bärin *f*

sheaf *n*, *pl* **sheaves** (*of corn*) Garbe *f*; (*of papers*) Bündel *nt*

shear *pret* **sheared**, *past part* **shorn** *v/t sheep* scheren ◆ **shear off** *v/i* abbrechen **shears** *pl* (große) Schere; (*for hedges*) Heckenschere *f*

sheath *n* **1.** (*for sword etc*) Scheide *f* **2.** (≈ *contraceptive*) Kondom *m or nt* **sheathe** *v/t sword* in die Scheide stecken

sheaves *pl of* **sheaf**

shed[1] *pret, past part* **shed** *v/t* **1.** *hair etc* verlieren; *to* ~ *its skin* sich häuten; *to* ~ *a few pounds* ein paar Pfund abnehmen **2.** *tears* vergießen **3.** *light* verbieten; *to* ~ *light on sth* (*fig*) Licht auf etw (*acc*) werfen

shed[2] *n* Schuppen *m*; (≈ *cattle shed*) Stall *m*

she'd *contraction* = **she would**, **she had**

sheen *n* Glanz *m*

sheep *n*, *pl* – Schaf *nt*; *to separate the* ~ *from the goats* (*fig*) die Schafe von den Böcken trennen **sheepdog** *n* Hütehund *m* **sheepish** *adj* verlegen **sheepskin** *n* Schaffell *nt*

sheer I *adj* (+*er*) **1.** (≈ *absolute*) rein; *by* ~ *chance* rein zufällig; *by* ~ *hard work* durch nichts als harte Arbeit; **~ hell** die (reinste) Hölle (*infml*) **2.** *drop* steil; **there is a ~ drop of 200 feet** es fällt 200 Fuß steil *or* senkrecht ab **3.** *cloth etc* (hauch)dünn **II** *adv* **1.** steil **2.** (≈ *vertically*) senkrecht

sheet *n* **1.** (*for bed*) (Bett)laken *nt* **2.** (*of paper*) Blatt *nt*; (*big*) Bogen *m* **3.** (*of metal*) Platte *f*; (*of glass*) Scheibe *f*; (*of ice*) Fläche *f*; **a ~ of ice covered the lake** eine Eisschicht bedeckte den See **sheet ice** *n* Glatteis *nt* **sheeting** *n* **plastic ~** Plastiküberzug *m* **sheet metal** *n* Walzblech *nt* **sheet music** *n* Notenblätter *pl*

sheik(h) *n* Scheich *m*

shelf *n, pl* **shelves** Bord *nt*; (*for books*) Bücherbord *nt*; (*in shop*) Regal *nt*; **shelves** (≈ *bookcase*) Regal *nt* **shelf life** *n* (*lit*) Lagerfähigkeit *f*; (*fig*) Dauer *f*

shell I *n* **1.** (*of egg, nut, mollusc*) Schale *f*; (*on beach*) Muschel *f* **2.** (*of snail*) (Schnecken)haus *nt*; (*of tortoise*) Panzer *m*; **to come out of one's ~** (*fig*) aus seinem Schneckenhaus kommen **3.** (*of building*) Rohbau *m*; (*of car*) Karosserie *f* **4.** MIL Granate *f*; (*esp US* ≈ *cartridge*) Patrone *f* **II** *v/t* **1.** *peas etc* enthülsen; *eggs, nuts* schälen **2.** MIL (mit Granaten) beschießen ◆ **shell out** (*infml*) **I** *v/t sep* blechen (*infml*) **II** *v/i* **to ~ for sth** für etw blechen (*infml*)

she'll *contraction* = **she will, she shall**

shellfire *n* Granatfeuer *nt* **shellfish** *n* Schaltier(e *pl*) *nt*; COOK Meeresfrüchte *pl* **shelling** *n* Granatfeuer *nt* (*of* auf +*acc*) **shell-shocked** *adj* **to be ~** (*lit*) unter einer Kriegsneurose leiden; (*fig*) verstört sein **shell suit** *n* modischer leichter Jogginganzug

shelter I *n* (≈ *protection*) Schutz *m*; (≈ *place*) Unterstand *m*; (≈ *air-raid shelter*) Luftschutzkeller *m*; (≈ *bus shelter*) Wartehäuschen *nt*; (*for the night*) Unterkunft *f*; **a ~ for homeless people** ein Obdachlosenheim *nt*; **to take ~** sich in Sicherheit bringen; (*from rain*) sich unterstellen; **to run for ~** Zuflucht suchen; **to provide ~ for sb** jdm Schutz bieten; (≈ *accommodation*) jdn beherbergen **II** *v/t* schützen (*from* vor +*dat*); *criminal* verstecken **III** *v/i* **there was nowhere to ~** (*from rain etc*) man konnte sich nirgends unterstellen; **we ~ed in a shop doorway** wir stellten uns in einem Ladeneingang unter **sheltered** *adj place*

geschützt; *life* behütet **sheltered housing** *n* Wohnungen *pl* für Senioren / Behinderte

shelve *v/t problem* aufschieben; *plan* ad acta legen **shelves** *pl of* **shelf** **shelving** *n* Regale *pl*, Stellagen *pl* (*Aus*); (≈ *material*) Bretter *pl*

shepherd I *n* Schäfer *m* **II** *v/t* führen **shepherd's pie** *n* *Auflauf aus Hackfleisch und Kartoffelbrei*

sherbet *n* **1.** (≈ *powder*) Brausepulver *nt* **2.** (*US* ≈ *water ice*) Fruchteis *nt*

sheriff *n* Sheriff *m*; (*Scot*) Friedensrichter(in) *m(f)*

sherry *n* Sherry *m*

she's *contraction* = **she is, she has**

Shetland *n*, **Shetland Islands** *pl*, **Shetlands** *pl* Shetlandinseln *pl*

shiatsu *n* Shiatsu *nt*

shield I *n* MIL, HERALDRY Schild *m*; (*on machine*) Schutzschild *m*; (*fig*) Schutz *m* **II** *v/t* schützen (*sb from sth* jdn vor etw *dat*); **she tried to ~ him from the truth** sie versuchte, ihm die Wahrheit zu ersparen

shift I *n* **1.** (≈ *change*) Änderung *f*; (*in place*) Verlegung *f*; **a ~ in public opinion** ein Meinungsumschwung *m* in der Bevölkerung **2.** (AUTO ≈ *gear shift*) Schaltung *f* **3.** (*at work*) Schicht *f*; **to work (in) ~s** in Schichten arbeiten **II** *v/t* **1.** (≈ *move*) (von der Stelle) bewegen; *furniture* verrücken; *arm* wegnehmen; (*from one place to another*) verlagern; *rubble* wegräumen; **to ~ the blame onto somebody else** die Verantwortung auf jemand anders schieben; **~ the table over to the wall** rück den Tisch an die Wand (rüber)! **2.** (*US* AUTO) **to ~ gears** schalten **III** *v/i* (≈ *move*) sich bewegen; **~ over!** rück mal rüber!; **he refused to ~** (*fig*) er war nicht umzustimmen **shift key** *n* (*on typewriter*) Umschalttaste *f*; IT Shifttaste *f* **shiftwork** *n* Schichtarbeit *f*; **to do ~** Schicht arbeiten

shifty *adj* (+*er*) zwielichtig

shilling *n* (*Br old*) Shilling *m*

shimmer I *n* Schimmer *m* **II** *v/i* schimmern

shin I *n* Schienbein *nt*; (*of meat*) Hachse *f*; **to kick sb on the ~** jdn vors Schienbein treten **II** *v/i* **to ~ up** (geschickt) hinaufklettern **shinbone** *n* Schienbein *nt*

shine *vb: pret, past part* **shone I** *n* Glanz *m*; **she's taken a real ~ to him** (*infml*) er

hat es ihr wirklich angetan **II** _v/t_ **1.** _pret,
past part usu_ **shined** blank putzen; _shoes_
polieren **2.** _to ~ a light on sth_ etw beleuchten **III** _v/i_ leuchten; _(metal)_ glänzen; _(sun, lamp)_ scheinen; _to ~ at/in
sth (fig)_ bei/in etw _(dat)_ glänzen
♦ **shine down** _v/i_ herabscheinen _(on
auf +acc)_

shingle _n no pl_ Kiesel _m_

shingles _n sg_ MED Gürtelrose _f_

shining _adj_ leuchtend; _light_ strahlend; _a
~ light (fig)_ eine Leuchte; _he's my
knight in ~ armour (Br) or armor
(US)_ er ist mein Märchenprinz **shiny**
adj (+er) glänzend

ship I _n_ Schiff _nt_; _on board ~_ an Bord **II**
v/t (≈ transport) versenden; _grain etc_
verfrachten; _(esp by sea)_ verschiffen
♦ **ship out** _v/t sep_ versenden; _grain etc_
verfrachten

shipbuilding _n_ Schiffbau _m_ **shipmate** _n_
Schiffskamerad(in) _m(f)_ **shipment** _n_
Sendung _f_; _(of grain etc)_ Transport _m_;
(by sea) Verschiffung _f_ **shipping I** _n
no pl_ **1.** Schifffahrt _f_; _(≈ ships)_ Schiffe
_pl_ **2.** _(≈ transportation)_ Verschiffung _f_;
(by rail etc) Versand _m_ **II** _adj attr ~ costs_
Frachtkosten _pl_ **shipping company** _n_
Reederei _f_ **shipping lane** _n_ Schifffahrtsstraße _f_ **shipping note** _n_ Verladeschein
_m_ **shipshape** _adj, adv_ tipptopp _(infml)_
shipwreck I _n_ Schiffbruch _m_ **II** _v/t_ **to
be ~ed** schiffbrüchig sein **shipyard** _n_
(Schiffs)werft _f_

shirk I _v/t_ sich drücken vor _(+dat)_ **II** _v/i_
sich drücken

shirt _n (men's)_ (Ober)hemd _nt_; FTBL Trikot _nt_, Leiberl _nt (Aus)_, Leibchen _nt
(Aus, Swiss)_; _(women's)_ Hemdbluse _f_;
keep your ~ on (Br infml) reg dich nicht
auf! **shirtsleeve** _n_ **shirtsleeves** _pl_
Hemdsärmel _pl_; _in his/their ~s_ in
Hemdsärmeln

shit _vb: pret, past part_ **shat** _(sl)_ **I** _n_ **1.** Scheiße _f (vulg)_; _to have a ~_ scheißen _(vulg)_;
to have the ~s Dünnschiss haben
(infml); _to be up ~ creek (without a paddle)_ bis zum Hals in der Scheiße stecken
(vulg); _to be in deep ~_ in der Scheiße
stecken _(vulg)_; _I don't give a ~_ das ist
mir scheißegal _(infml)_; _tough ~!_ Scheiße
auch! _(infml)_ **2.** _(≈ person)_ Arschloch _nt_
(vulg) **II** _adj attr_ beschissen _(infml)_ **III**
_v/i_ scheißen _(vulg)_ **IV** _v/r_ **to ~ oneself**
(with fear) sich _(dat)_ vor Angst in die

Hosen scheißen _(vulg)_ **V** _int_ Scheiße
(infml) **shitface** _(sl)_ **n** Scheißkerl
m (infml), Scheißtyp _m_
(infml) **shit-hot** _adj (Br sl)_ geil _(sl)_, krass
_(sl)_ **shitless** _adj_ **to be scared ~** _(sl)_ sich
(dat) vor Angst in die Hosen scheißen
(vulg) **shitty** _adj (+er) (infml)_ beschissen _(infml)_

shiver I _n_ Schauer _m_; _a ~ ran down my
spine_ es lief mir kalt den Rücken hinunter; _his touch sent ~s down her spine_
es durchzuckte sie bei seiner Berührung; _it gives me the ~s (fig)_ ich kriege
davon eine Gänsehaut **II** _v/i_ zittern
(with vor _+dat)_

shoal _n (of fish)_ Schwarm _m_

shock¹ I _n_ **1.** _(of explosion, impact)_
Wucht _f_ **2.** ELEC Schlag _m_; MED (Elekt-
ro)schock _m_ **3.** _(emotional)_ Schock _m_;
to suffer from ~ einen Schock (erlitten)
haben; _to be in (a state of) ~_ unter
Schock stehen; _a ~ to one's system_
ein Kreislaufschock; _it comes as a ~
to hear that ..._ mit Bestürzung höre
ich/hören wir, dass ...; _to give sb a ~_
jdn erschrecken; _it gave me a nasty ~_
es hat mir einen bösen Schreck(en) ein-
gejagt; _to get the ~ of one's life_ den
Schock seines Lebens kriegen; _he is
in for a ~! (infml)_ der wird sich wundern
(infml) **II** _v/t (emotionally)_ erschüttern;
(≈ make indignant) schockieren; _to be
~ed by sth_ über etw _(acc)_ erschüttert
_or_ bestürzt sein; _(morally)_ über etw
(acc) schockiert sein

shock² _n (a._ **shock of hair)** (Haar)schopf
_m_

shock absorber _n_ Stoßdämpfer _m_
shocked _adj_ erschüttert; _(≈ outraged)_
schockiert **shocking** _adj_ **1.** schockie-
rend; _~ pink_ knallrosa _(infml)_ **2.** _(infml
≈ very bad)_ entsetzlich; _what a ~ thing
to say!_ wie kann man bloß so etwas
Schreckliches sagen! **shock tactics** _pl_
(fig) Schocktherapie _f_ **shock troops**
_pl_ Stoßtruppen _pl_ **shock wave** _n (lit)_
Druckwelle _f_; _(fig)_ Schock _m no pl_

shod _pret, past part of_ **shoe**

shoddy _adj (+er)_ schäbig; _work_ schludrig; _goods_ minderwertig

shoe _vb: pret, past part_ **shod I** _n_ **1.** Schuh
_m_; _I wouldn't like to be in his ~s_ ich
möchte nicht in seiner Haut stecken;
to put oneself in sb's ~s sich in jds Lage
(acc) versetzen; _to step into or fill sb's_

~s an jds Stelle (*acc*) treten *or* rücken **2.** (≈ *horseshoe*) (Huf)eisen *nt* **II** *v/t horse* beschlagen**shoehorn** *n* Schuhanzieher *m* **shoelace** *n* Schnürsenkel *m* **shoemaker** *n* Schuster(in) *m(f)***shoe polish** *n* Schuhcreme *f***shoe shop** *n* Schuhgeschäft *nt* **shoe size** *n* Schuhgröße *f*; **what~ are you?** welche Schuhgröße haben Sie?**shoestring** *n* **1.** (*US* ≈ *shoelace*) Schnürsenkel *m* **2.** (*fig*) **to be run on a ~** mit ganz wenig Geld finanziert werden **shoestring budget** *n* Minibudget *nt* (*infml*) **shoetree** *n* (Schuh)spanner *m*

shone *pret, past part of* **shine**

shoo *v/t* **to ~ sb away** jdn verscheuchen

shook *pret of* **shake**

shoot *vb: pret, past part* **shot I** *n* **1.** BOT Trieb *m* **2.** (≈ *photo shoot*) Fotosession *f* **II** *v/t* **1.** MIL *etc*, SPORTS schießen **2.** (≈ *hit*) anschießen; (≈ *wound*) niederschießen; (≈ *kill*) erschießen; **to ~ sb dead** jdn erschießen; **he shot himself** er hat sich erschossen; **he shot himself in the foot** er schoss sich (*dat*) in den Fuß; (*fig infml*) er hat ein Eigentor geschossen (*infml*); **he was shot in the leg** er wurde ins Bein getroffen **3. to ~ sb a glance** jdm einen (schnellen) Blick zuwerfen; **to ~ the lights** eine Ampel (bei Rot) überfahren **4.** PHOT *film* drehen **5.** (*infml*) *drug* drücken (*sl*) **III** *v/i* **1.** (*with gun*, SPORTS) schießen; (*as hunter*) jagen; **stop or I'll ~!** stehen bleiben oder ich schieße!; **to ~ at sb/sth** auf jdn/etw schießen **2.** (≈ *move rapidly*) schießen (*infml*); **to ~ into the lead** an die Spitze vorpreschen; **he shot down the stairs** er schoss *or* jagte die Treppe hinunter; **to ~ to fame** auf einen Schlag berühmt werden; **~ing pains** stechende Schmerzen *pl* **3.** PHOT knipsen (*infml*); FILM drehen ◆ **shoot down** *v/t sep plane* abschießen◆ **shoot off** *v/i* (≈ *rush off*) davonschießen ◆ **shoot out I** *v/i* (≈ *emerge*) herausschießen (*of* aus) **II** *v/t sep hand etc* blitzschnell ausstrecken ◆ **shoot up I** *v/i* **1.** (*hand, prices*) in die Höhe schnellen; (≈ *grow rapidly, children*) in die Höhe schießen; (*buildings*) aus dem Boden schießen **2.** (*infml*: DRUGS) sich (*dat*) einen Schuss setzen (*infml*) **II** *v/t sep* (*infml*) *drug* drücken (*sl*)

shooting *n* **1.** (≈ *shots*, SPORTS) Schießen *nt* **2.** (≈ *murder*) Erschießung *f* **3.** HUNT Jagd *f*; **to go ~** auf die Jagd gehen **4.** FILM Drehen *nt* **shooting gallery** *n* Schießstand *m***shooting range** *n* Schießplatz *m* **shooting star** *n* Sternschnuppe *f* **shoot-out** *n* Schießerei *f*

shop I *n* **1.** (*esp Br*) Geschäft *nt*; (*large*) Kaufhaus *nt*; **to go to the ~s** einkaufen gehen; **to go to the ~s** einkaufen gehen; **to shut up** *or* **close up ~** zumachen, schließen; **to talk ~** fachsimpeln **2.** (*Br*) **to do one's weekly ~** seinen wöchentlichen Einkauf erledigen **II** *v/i* einkaufen; **to go ~ping** einkaufen gehen; **to ~ for fish** Fisch kaufen gehen ◆ **shop around** *v/i* sich umsehen (*for* nach)

shop assistant *n* (*esp Br*) Verkäufer(in) *m(f)***shop floor** *n* **on the ~** unter den Arbeitern**shop front** *n* (*esp Br*) Ladenfassade *f***shopkeeper** *n* (*esp Br*) Ladenbesitzer(in) *m(f)* **shoplifter** *n* Ladendieb(in) *m(f)***shoplifting** *n* Ladendiebstahl *m***shopper** *n* Käufer(in) *m(f)*

shopping *n* (≈ *act*) Einkaufen *nt*; (≈ *goods bought*) Einkäufe *pl*; **to do one's ~** einkaufen**shopping bag** *n* Einkaufstasche *f***shopping basket** *n* Einkaufskorb *m* **shopping cart** *n* (*US*) = **shopping trolley** shopping centre , (*US*) **shopping center** *n* Einkaufszentrum *nt* **shopping channel** *n* TV Teleshoppingsender *m***shopping list** *n* Einkaufszettel *m***shopping mall** *n* Shoppingcenter *nt***shopping spree** *n* Einkaufsbummel *m***shopping street** *n* Einkaufsstraße *f***shopping trolley** *n* (*Br*) Einkaufswagen *m*

shopsoiled *adj* (*Br*) leicht beschädigt **shop steward** *n* (gewerkschaftlicher) Vertrauensmann**shop window** *n* Schaufenster *nt*

shore[1] *n* **1.** (≈ *lake shore*) Ufer *nt*; (≈ *beach*) Strand *m*; **a house on the ~s of the lake** ein Haus am Seeufer **2. on ~** an Land

shore[2] *v/t* (*a.* **shore up**) (ab)stützen; (*fig*) stützen

shoreline *n* Uferlinie *f*

shorn I *past part of* **shear II** *adj* geschoren

short I *adj* (+*er*) **1.** kurz; *person* klein; **a ~ time ago** vor Kurzem; **in a ~ while** in Kürze; **time is ~** die Zeit ist knapp; **~ and sweet** kurz und ergreifend; **in ~** kurz gesagt; **she's called Pat for ~** sie wird einfach Pat genannt; **Pat is ~ for**

Patricia Pat ist die Kurzform von Patricia **2**. (≈ *curt*) *reply* knapp; (≈ *rude*) barsch; *manner* schroff; **to have a ~ temper** unbeherrscht sein; **to be ~ with sb** jdn schroff behandeln **3**. (≈ *insufficient*) zu wenig *inv*; **to be in ~ supply** knapp sein; **we are (£3) ~** wir haben (£ 3) zu wenig; **we are seven ~** uns (*dat*) fehlen sieben; **we are not ~ of volunteers** wir haben genug Freiwillige; **to be ~ of time** wenig Zeit haben; **I'm a bit ~ (of cash)** (*infml*) ich bin etwas knapp bei Kasse (*infml*); **we are £2,000 ~ of our target** wir liegen £ 2.000 unter unserem Ziel; **not far or much ~ of £100** nicht viel weniger als £ 100 **II** *adv* **1**. **to fall ~** (*shot*) zu kurz sein; (*supplies etc*) nicht ausreichen; **to fall ~ of sth** etw nicht erreichen; **to go ~** (*of food etc*) zu wenig (*zu essen etc*) haben; **we are running ~ (of time)** wir haben nicht mehr viel (Zeit); **water is running ~** Wasser ist knapp **2**. (≈ *abruptly*) plötzlich; **to pull up ~** abrupt anhalten; **to stop ~** (*while talking*) plötzlich innehalten; **I'd stop ~ of murder** vor Mord würde ich Halt machen; **to be caught ~** (*infml* ≈ *unprepared*) überrascht werden; (≈ *without money, supplies*) zu knapp (dran) sein; (≈ *need the toilet*) dringend mal müssen (*infml*) **3**. **~ of** (≈ *except*) außer (+*dat*); **nothing ~ of a revolution can ...** nur eine Revolution kann ...; **it's little ~ of madness** das grenzt an Wahnsinn; **~ of telling him a lie ...** außer ihn zu belügen ... **III** *n* (*infml* ≈ *short drink*) Kurze(r) *m* (*infml*); (≈ *short film*) Kurzfilm *m* **shortage** *n* Knappheit *f no pl* (*of an* +*dat*); (*of people*) Mangel *m no pl* (*of an* +*dat*); **a ~ of staff** ein Personalmangel *m* **shortbread** *n* Shortbread *nt*, ≈ Butterkeks *m* **short-change** *v/t* **to ~ sb** (*lit*) jdm zu wenig Wechselgeld geben **short circuit** *n* Kurzschluss *m* **short-circuit I** *v/t* kurzschließen; (*fig*) umgehen **II** *v/i* einen Kurzschluss haben **shortcoming** *n* (*esp pl*) Mangel *m*; (*of person*) Fehler *m*; (*of system*) Unzulänglichkeit *f* **shortcrust** *n* (*a*. **shortcrust pastry**) Mürbeteig *m* **short cut** *n* Abkürzung *f*; (*fig*) Schnellverfahren *nt* **shorten** *v/t* verkürzen; *name* abkürzen; *dress, programme etc* kürzen **shortfall** *n* Defizit *nt* **short-haired** *adj* kurzhaarig **shorthand** *n* Stenografie *f*; **to take sth down in ~** etw ste-

nografieren **short-handed** *adj* **to be ~** zu wenig Personal haben **shorthand typist** *n* Stenotypist(in) *m(f)* **short haul** *n* Nahtransport *m* **short-haul jet** *n* Kurzstreckenflugzeug *nt* **short list** *n* (*esp Br*) **to be on the ~** in der engeren Wahl sein **short-list** *v/t* (*esp Br*) **to ~ sb** jdn in die engere Wahl nehmen **short-lived** *adj* kurzlebig; **to be ~** (*success etc*) von kurzer Dauer sein **shortly** *adv* (≈ *soon*) bald; *before, afterwards* kurz **shortness** *n* Kürze *f*; (*of person*) Kleinheit *f*; **~ of breath** Kurzatmigkeit *f* **short-range** *adj* mit geringer Reichweite; **~ missile** Kurzstreckenrakete *f* **shorts** *pl* **1**. Shorts *pl* **2**. (*esp US* ≈ *underpants*) Unterhose *f* **short-sighted** *adj* kurzsichtig **short-sightedness** *n* (*lit, fig*) Kurzsichtigkeit *f* **short-sleeved** *adj* kurzärmelig **short-staffed** *adj* **to be ~** zu wenig Personal haben **short story** *n* Kurzgeschichte *f* **short-tempered** *adj* unbeherrscht **short term** *n* **in the ~** auf kurze Sicht **short-term** *adj, adv* kurzfristig; **on a ~ basis** kurzfristig **short-term contract** *n* Kurzzeitvertrag *m* **short-wave** *adj* **~ radio** ein Kurzwellenempfänger *m*

shot[1] **I** *pret, past part of* **shoot II** *n* **1**. (*from gun etc*, FTBL *etc*) Schuss *m*; (≈ *throw*) Wurf *m*; TENNIS, GOLF Schlag *m*; **to take a ~ at goal** aufs Tor schießen; **to fire a ~ at sb/sth** einen Schuss auf jdn/etw abfeuern; **to call the ~s** (*fig*) das Sagen haben (*infml*); **like a ~** (*infml*) *run away* wie der Blitz (*infml*); *do sth, agree* sofort **2**. (*no pl* ≈ *lead shot*) Schrot *m* **3**. (≈ *person*) Schütze *m*, Schützin *f* **4**. (≈ *attempt*) Versuch *m*; **to have a ~ (at it)** (≈ *try*) es (mal) versuchen; **to give sth one's best ~** (*infml*) sich nach Kräften um etw bemühen **5**. (≈ *injection*) Spritze *f*; (≈ *immunization*) Impfung *f*; (*of alcohol*) Schuss *m* **6**. PHOT Aufnahme *f*; **out of ~** nicht im Bild **7**. (≈ *shot-putting*) **the ~** Kugelstoßen *nt*; (≈ *weight*) die Kugel **shot**[2] *adj* **~ to pieces** völlig zerstört **shotgun** *n* Schrotflinte *f* **shot put** *n* (≈ *event*) Kugelstoßen *nt* **shot-putter** *n* Kugelstoßer(in) *m(f)*

should *pret of* **shall** *modal aux vb* **1**. (*expressing duty, advisability*) **I ~ do that** ich sollte das tun; **I ~ have done it** ich hätte es tun sollen *or* müssen; **which is as it ~ be** und so soll(te) es auch sein; **you really ~ see that film** den Film sollten Sie wirklich sehen; **he's coming to apologize — I ~ think so** er will sich entschuldigen — das möchte ich auch meinen *or* hoffen; **... and I ~ know** ... und ich müsste es ja wissen; **how ~ I know?** woher soll ich das wissen? **2.** (*expressing probability*) **he ~ be there by now** er müsste eigentlich schon da sein; **this book ~ help you** dieses Buch wird Ihnen bestimmt helfen; **this ~ be good!** (*infml*) das wird bestimmt gut! **3.** (*in tentative statements*) **I ~ think there were about 40** ich würde schätzen, dass etwa 40 dort waren; **~ I open the window?** soll ich das Fenster aufmachen?; **I ~ like to know ...** ich möchte gern wissen ...; **I ~ like to apply for the job** ich würde mich gern um die Stelle bewerben **4.** (*expressing surprise*) **who ~ I see but Anne!** und wen sehe ich? Anne!; **why ~ he want to do that?** warum will er das wohl machen? **5.** (*subjunc, conditional*) **I ~ go if ...** ich würde gehen, wenn ...; **if they ~ send for me** falls sie nach mir schicken sollten; **I ~n't (do that) if I were you** ich würde das an Ihrer Stelle nicht tun

shoulder I *n* Schulter *f*; (*of meat*) Bug *m*; **to shrug one's ~s** mit den Schultern zucken; **to cry on sb's ~** sich an jds Brust (*dat*) ausweinen; **a ~ to cry on** jemand, bei dem man sich ausweinen kann; **~ to ~** Schulter an Schulter **II** *v/t* (*fig*) *responsibilities* auf sich (*acc*) nehmen
shoulder bag *n* Umhängetasche *f*
shoulder blade *n* Schulterblatt *nt*
shoulder-length *adj* *hair* schulterlang
shoulder pad *n* Schulterpolster *nt*
shoulder strap *n* (*of satchel, bag etc*) (Schulter)riemen *m*
shouldn't *contraction* = **should not**
shout I *n* Ruf *m*, Schrei *m*; **~s of laughter** Lachsalven *pl*; **to give a ~** einen Schrei ausstoßen; **to give sb a ~** jdn rufen; **give me a ~ when you're ready** (*infml*) sag Bescheid, wenn du fertig bist **II** *v/t* schreien; (*≈ call*) rufen; **to ~ a warning to sb** jdm eine Warnung zurufen **III** *v/i* (*≈ call out*) rufen; (*loudly*) schreien; (*angrily*) brüllen; **to ~ for sb/sth** nach jdm / etw rufen; **she ~ed for Jane to come** sie rief, Jane solle kommen; **to ~ at sb** mit jdm schreien; (*abusively*) jdn anschreien; **to ~ to sb** jdm zurufen; **to ~ for help** um Hilfe rufen; **it was nothing to ~ about** (*infml*) es war nicht umwerfend

IV *v/r* **to ~ oneself hoarse** sich heiser schreien ◆ **shout down** *v/t sep* *person* niederbrüllen ◆ **shout out** *v/t sep* ausrufen
shouting *n* (*≈ act*) Schreien *nt*; (*≈ sound*) Geschrei *nt*
shove I *n* Stoß *m*; **to give sb a ~** jdn stoßen; **to give sth a ~** etw rücken; *door* gegen etw stoßen **II** *v/t* **1.** (*≈ push*) schieben; (*with one short push*) stoßen; (*≈ jostle*) drängen **2.** (*infml ≈ put*) **to ~ sth on(to) sth** etw auf etw (*acc*) werfen (*infml*); **to ~ sth in(to) sth** etw in etw (*acc*) stecken; **he ~d a book into my hand** er drückte mir ein Buch in die Hand **III** *v/i* (*≈ jostle*) drängeln ◆ **shove back** *v/t sep* (*infml*) **1.** *chair etc* zurückschieben **2.** (*≈ replace*) zurücktun; (*into pocket etc*) wieder hineinstecken ◆ **shove off** (*infml ≈ leave*) abschieben (*infml*) ◆ **shove over** (*infml*) *v/i* (*a.* **shove up**) rutschen
shovel I *n* Schaufel *f* **II** *v/t* schaufeln
show *vb: pret* **showed,** *past part* **shown I** *n* **1.** **~ of force** Machtdemonstration *f*; **~ of hands** Handzeichen *nt*; **to put up a good/poor ~** (*esp Br infml*) eine gute / schwache Leistung zeigen **2.** (*≈ appearance*) Schau *f*; (*of hatred, affection*) Kundgebung *f*; **it's just for ~** das ist nur zur Schau da **3.** (*≈ exhibition*) Ausstellung *f*; **fashion ~** Modenschau *f*; **to be on ~** zu sehen sein **4.** THEAT Aufführung *f*; TV Show *f*; RADIO Sendung *f*; **to go to a ~** (*esp Br: in theatre*) ins Theater gehen; **the ~ must go on** es muss trotz allem weitergehen **5.** (*infml*) **he runs the ~** er schmeißt hier den Laden (*infml*) **II** *v/t* **1.** zeigen; *film also* vorführen; (*at exhibition*) ausstellen; *ticket* vorzeigen; (*≈ prove*) beweisen; *kindness* erweisen; *respect* bezeigen; **~ me how to do it** zeigen Sie mir, wie man das macht; **it's been ~n on television** das kam im Fernsehen; **to ~ one's face** sich zeigen; **he has nothing to ~ for all his effort** seine ganze Mühe hat nichts gebracht; **I'll ~ him!** (*infml*) dem werd ichs zeigen! (*infml*); **that ~ed him!** (*infml*) dem habe ichs aber gezeigt! (*infml*); **it all** *or* **just goes to ~ that** ... das zeigt doch nur, dass ...; **it ~ed signs of having been used** man sah, dass es gebraucht worden war; **to ~ sb in/out** jdn hereinbringen / hinausbegleiten; **to ~ sb to the door** jdn zur Tür brin-

gen; *they were ~n (a)round the factory* ihnen wurde die Fabrik gezeigt **2.** (≈ *register*) (an)zeigen; (*thermometer*) stehen auf (+*dat*); *as ~n in the illustration* wie in der Illustration dargestellt; *the roads are ~n in red* die Straßen sind rot (eingezeichnet) **III** *v/i* (≈ *be visible*) sichtbar sein; (*film*) laufen; *the dirt doesn't ~* man sieht den Schmutz nicht; *it just goes to ~!* da sieht mans mal wieder!

♦ **show around** *v/t sep* herumführen ♦ **show in** *v/t sep* hereinführen ♦ **show off I** *v/i* angeben (*to, in front of* vor +*dat*) **II** *v/t sep* **1.** *knowledge, medal* angeben mit; *new car* vorführen (*to sb* jdm) **2.** (≈ *enhance*) *beauty, picture* hervorheben; *figure* betonen ♦ **show out** *v/t sep* hinausführen ♦ **show round** *v/t sep* herumführen ♦ **show up I** *v/i* **1.** (≈ *be seen*) zu erkennen sein; (≈ *stand out*) hervorstechen **2.** (*infml* ≈ *turn up*) auftauchen **II** *v/t sep* **1.** (≈ *highlight*) (deutlich) erkennen lassen **2.** *flaws* zum Vorschein bringen **3.** (≈ *shame*) blamieren; *he always gets drunk and shows her up* er betrinkt sich immer und bringt sie dadurch in eine peinliche Situation

show biz *n* (*infml*) = **show business**
show business *n* Showbusiness *nt*; *to be in ~* im Showgeschäft (tätig) sein
showcase *n* Vitrine *f*; (*fig*) Schaufenster *nt* **showdown** *n* (*infml*) Kraftprobe *f*
shower I *n* **1.** (*of rain etc*) Schauer *m*; (*of bullets*) Hagel *m* **2.** (≈ *shower bath*) Dusche *f*; *to take or have a ~* (sich) duschen **II** *v/t* *to ~ sb with sth praise etc* jdn mit etw überschütten **III** *v/i* (≈ *wash*) duschen **shower cubicle** *n* Duschkabine *f* **shower curtain** *n* Duschvorhang *m* **showery** *adj* regnerisch
showing *n* (*of film*) Vorstellung *f*; (*of programme*) Ausstrahlung *f* **showing-off** *n* Angeberei *f* **showjumping** *n* Springreiten *nt* **showmanship** *n* (*of person*) Talent *nt* für effektvolle Darbietung **shown** *past part of* **show** **show-off** *n* (*infml*) Angeber(in) *m(f)* **showpiece** *n* Schaustück *nt* **showroom** *n* Ausstellungsraum *m* **show stopper** *n* (*infml*) Publikumshit *m* (*infml*); (*fig*) Clou *m* des Abends / der Party *etc* **show trial** *n* Schauprozess *m* **showy** *adj* (+*er*) protzig (*infml*); *décor* bombastisch
shrank *pret of* **shrink**
shrapnel *n* Schrapnell *nt*

shred I *n* (≈ *scrap*) Fetzen *m*; (*fig*) Spur *f*; (*of truth*) Fünkchen *nt*; *not a ~ of evidence* keinerlei Beweis; *his reputation was in ~s* sein (guter) Ruf war ruiniert; *to tear sth to ~s* etw in Stücke reißen; (*fig*) etw verreißen **II** *v/t* **1.** *food* zerkleinern; (≈ *grate*) *carrots* raspeln; *cabbage* hobeln; *paper* (*in shredder*) schreddern **2.** (≈ *tear*) in kleine Stücke reißen
shredder *n* Schredder *m*; (*esp for wastepaper*) Reißwolf *m*
shrew *n* Spitzmaus *f*; (*fig*) Xanthippe *f*
shrewd *adj* (+*er*) *person, move* clever (*infml*); *investment, argument* klug; *assessment, mind* scharf; *smile* verschmitzt **shrewdness** *n* (*of person, move*) Cleverness *f* (*infml*); (*of investment, argument*) Klugheit *f*
shriek I *n* (schriller) Schrei; *~s of laughter* kreischendes Lachen **II** *v/t* kreischen **III** *v/i* aufschreien; *to ~ with laughter* vor Lachen quietschen
shrift *n* *to give sb/sth short ~* jdn/etw kurz abfertigen
shrill I *adj* (+*er*) schrill **II** *v/i* schrillen
shrimp *n* Garnele *f*
shrine *n* **1.** Schrein *m* **2.** (≈ *tomb*) Grabstätte *f*
shrink *vb*: *pret* **shrank**, *past part* **shrunk I** *v/t* einlaufen lassen **II** *v/i* **1.** schrumpfen; (*clothes etc*) einlaufen; (*fig, popularity*) abnehmen **2.** (*fig* ≈ *recoil*) zurückschrecken; *to ~ from doing sth* davor zurückschrecken, etw zu tun; *to ~ away from sb* vor jdm zurückweichen **III** *n* (*infml*) Seelenklempner(in) *m(f)* (*infml*) **shrinkage** *n* (*of material*) Einlaufen *nt*; COMM Schwund *m* **shrink-wrap** *v/t* einschweißen
shrivel I *v/t* *plants* welk werden lassen; (*heat*) austrocknen **II** *v/i* schrumpfen; (*plants*) welk werden; (*through heat*) austrocknen; (*fruit, skin*) runzlig werden ♦ **shrivel up** *v/i, v/t sep* = **shrivel**
shrivelled, (*US*) **shriveled** *adj* verwelkt; *body part* runz(e)lig; *fruit* verschrumpelt
shroud I *n* Leichentuch *nt* **II** *v/t* (*fig*) hüllen; *to be ~ed in mystery* von einem Geheimnis umgeben sein
Shrove Tuesday *n* Fastnachtsdienstag *m*
shrub *n* Busch *m*, Strauch *m* **shrubbery** *n* Sträucher *pl*
shrug I *n* Achselzucken *nt no pl*; *to give a ~* mit den Achseln zucken **II** *v/t* zucken

(mit) ◆ **shrug off** *v/t sep* mit einem Achselzucken abtun

shrunk *past part of* **shrink** shrunken *adj* (ein)geschrumpft; *old person* geschrumpft

shuck (*US*) *v/t* (≈ *shell*) schälen; *peas* enthülsen

shudder I *n* Schau(d)er *m*; **to give a ~** (*person*) erschaudern (*elev*); (*ground*) beben; **she realized with a ~ that ...** schaudernd erkannte sie, dass ... **II** *v/i* (*person*) schau(d)ern; (*ground*) beben; (*train*) geschüttelt werden; **the train ~ed to a halt** der Zug kam rüttelnd zum Stehen; **I ~ to think** mir graut, wenn ich nur daran denke

shuffle I *n* **1.** Schlurfen *nt no pl* **2.** (≈ *change round*) Umstellung *f* **II** *v/t* **1. to ~ one's feet** mit den Füßen scharren **2.** *cards* mischen; **he ~d the papers on his desk** er durchwühlte die Papiere auf seinem Schreibtisch **3.** (*fig*) *cabinet* umbilden **III** *v/i* **1.** (≈ *walk*) schlurfen, hatschen (*Aus*) **2.** CARDS mischen **shuffling** *adj* schlurfend

shun *v/t* meiden; *publicity, light* scheuen

shunt *v/t* RAIL rangieren

shut *vb: pret, past part* **shut I** *v/t* *eyes, door etc* zumachen, schließen; *book* zuklappen; *office* schließen; **~ your mouth!** (*infml*) halts Maul! (*infml*); **to ~ sb/sth in(to) sth** jdn/etw in etw (*dat*) einschließen **II** *v/i* schließen; (*eyes*) sich schließen **III** *adj* geschlossen, zu *pred* (*infml*); **sorry sir, we're ~** wir haben leider geschlossen; **the door swung ~** die Tür schlug zu ◆ **shut away** *v/t sep* (≈ *put away*) wegschließen; (*in sth*) einschließen (*in* in +*dat*); **to shut oneself away** sich zurückziehen ◆ **shut down I** *v/t sep* *shop, factory* schließen **II** *v/i* (*shop, factory etc*) schließen; (*engine*) sich ausschalten ◆ **shut in** *v/t sep* einschließen (*prep obj, -to* in +*dat*) ◆ **shut off I** *v/t sep* **1.** *gas etc* abstellen; *light, engine* ab- or ausschalten; **the kettle shuts itself off** der Wasserkessel schaltet von selbst ab **2.** (≈ *isolate*) (ab)trennen **II** *v/i* abschalten ◆ **shut out** *v/t sep* **1.** *person* aussperren (*of* aus); *light, world* nicht hereinlassen (*of* in +*acc*); **she closed the door to ~ the noise** sie schloss die Tür, damit kein Lärm hereinkam **2.** (*fig*) *memory* unterdrücken ◆ **shut up I** *v/t sep* **1.** *house* verschließen

2. (≈ *imprison*) einsperren **3.** (*infml* ≈ *silence*) zum Schweigen bringen; **that'll soon shut him up** das wird ihm schon den Mund stopfen (*infml*) **II** *v/i* (*infml*) den Mund halten (*infml*); **~!** halt die Klappe! (*infml*)

shutter *n* (Fenster)laden *m*; PHOT Verschluss *m* **shutter release** *n* PHOT Auslöser *m*

shuttle I *n* **1.** (*of loom*) Schiffchen *nt* **2.** (≈ *shuttle service*) Pendelverkehr *m*; (≈ *plane etc*) Pendelflugzeug *nt etc*; (≈ *space shuttle*) Spaceshuttle *m* **II** *v/t* hin- und hertransportieren **III** *v/i* (*people*) pendeln; (*goods*) hin- und hertransportiert werden **shuttle bus** *n* Shuttlebus *m* **shuttlecock** *n* Federball *m* **shuttle service** *n* Pendelverkehr *m*

shy I *adj* (+*er*) schüchtern, gschamig (*Aus*); *animal* scheu; **don't be ~** nur keine Hemmungen! (*infml*); **to be ~ of/with sb** Hemmungen vor/gegenüber jdm haben; **to feel ~** schüchtern sein **II** *v/i* (*horse*) scheuen (*at* vor +*dat*) ◆ **shy away** *v/i* (*horse*) zurückscheuen; (*person*) zurückweichen; **to ~ from sth** vor etw (*dat*) zurückschrecken

shyly *adv* schüchtern, gschamig (*Aus*) **shyness** *n* Schüchternheit *f*; (*esp of animals*) Scheu *f*

Siamese *adj* siamesisch **Siamese twins** *pl* siamesische Zwillinge *pl*

Siberia *n* Sibirien *nt*

sibling *n* Geschwister *nt* (*form*)

Sicily *n* Sizilien *nt*

sick I *n* (≈ *vomit*) Erbrochene(s) *nt* **II** *adj* (+*er*) **1.** (≈ *ill*) krank; **the ~** die Kranken *pl*; **to be (off) ~** (wegen Krankheit) fehlen; **to call in ~** (telefonisch) krankmelden; **she's off ~ with tonsillitis** sie ist wegen einer Mandelentzündung krankgeschrieben **2.** (≈ *vomiting or about to vomit*) **to be ~** sich übergeben; (*esp cat, baby*) spucken; **he was ~ all over the carpet** er hat den ganzen Teppich vollgespuckt; **I think I'm going to be ~** ich glaube, ich muss mich übergeben; **I felt ~** mir war übel; **the smell makes me feel ~** bei dem Geruch wird mir übel; **it makes you ~ the way he's always right** (*infml*) es ist zum Weinen, dass er immer recht hat; **I was worried ~** mir ist vor Sorge ganz schlecht **3.** (*infml* ≈ *fed up*) **to be ~ of sth/sb** etw/jdn satthaben; **to be ~ of doing sth** es satthaben, etw zu tun; *I'm ~ and tired of it* ich habe davon die Nase (gestrichen) voll (*infml*); *I'm ~ of the sight of her* ich habe ihren Anblick satt **4.** (*infml* ≈ *tasteless*) geschmacklos; *joke* makaber; *person* pervers **sickbag** *n* Spucktüte *f* **sickbay** *n* Krankenrevier *nt* **sickbed** *n* Krankenlager *nt* **sicken I** *v/t* (≈ *disgust*) anwidern; (≈ *upset greatly*) krank machen (*infml*) **II** *v/i* krank werden; *he's definitely ~ing for something* er wird bestimmt krank **sickening** *adj* (*lit*) ekelerregend; (≈ *upsetting*) erschütternd; (≈ *disgusting, annoying*) ekelhaft

sickle *n* Sichel *f*

sick leave *n* *to be on ~* krankgeschrieben sein; *employees are allowed six weeks' ~ per year* Angestellte dürfen insgesamt sechs Wochen pro Jahr wegen Krankheit fehlen **sickly** *adj* (+*er*) *appearance* kränklich; *smell, sentimentality, colour* ekelhaft; *smile* matt **sickness** *n* MED Krankheit *f*; *in ~ and in health* in guten und in schlechten Zeiten **sickness benefit** *n* (*Br*) Krankengeld *nt* **sick note** *n* (*Br infml*) Krankmeldung *f* **sick pay** *n* Gehalts-/Lohnfortzahlung *f* im Krankheitsfall

side I *n* **1.** Seite *f*; (*of mountain*) Hang *m*; (*of business etc*) Zweig *m*; *this ~ up!* oben!; *by/at the ~ of sth* seitlich von etw; *the path goes down the ~ of the house* der Weg führt seitlich am Haus entlang; *it's this/the other ~ of London* (*out of town*) es ist auf dieser/auf der anderen Seite Londons; (*in town*) es ist in diesem Teil/am anderen Ende von London; *the enemy attacked them on or from all ~s* der Feind griff sie von allen Seiten an; *he moved over or stood to one ~* er trat zur Seite; *he stood to one ~ and did nothing* (*lit*) er stand daneben und tat nichts; (*fig*) er hielt sich raus; *to put sth on one ~* etw beiseitelegen; (*shopkeeper*) etw zurücklegen; *I'll put that issue on or to one ~* ich werde diese Frage vorerst zurückstellen; *on the other ~ of the boundary* jenseits der Grenze; *this ~ of Christmas* vor Weihnachten; *from ~ to ~* hin und her; *by sb's ~* neben jdm; *by ~* Seite an Seite; *I'll be by your ~* (*fig*) ich werde Ihnen zur Seite stehen; *on one's father's ~* väterlicherseits; *your ~ of the story* Ihre Version (der Geschichte); *to look on the bright*

~ (≈ *be optimistic*) zuversichtlich sein; (≈ *look on the positive side*) die positive Seite betrachten **2.** (≈ *edge*) Rand *m*; *at the ~ of the road* am Straßenrand; *on the far ~ of the wood* am anderen Ende des Waldes **3.** *we'll take £50 just to be on the safe ~* wir werden vorsichtshalber £ 50 mitnehmen; *to get on the right ~ of sb* jdn für sich einnehmen; *on the right ~ of the law* auf dem Boden des Gesetzes; *to make a bit (of money) on the ~* (*infml*) sich (*dat*) etwas nebenbei verdienen (*infml*); (*a bit*) *on the large ~* etwas (zu) groß **4.** SPORTS Mannschaft *f*; (*fig*) Seite *f*; *with a few concessions on the government ~* mit einigen Zugeständnissen vonseiten der Regierung; *to change ~s* sich auf die andere Seite schlagen; *to take ~s* parteiisch sein; *to take ~s with sb* für jdn Partei ergreifen; *to be on sb's ~* auf jds Seite (*dat*) stehen **II** *adj attr* Seiten-; (≈ *not main*) Neben-; *~ road* Seiten-/Nebenstraße *f* **III** *v/i to ~ with/against sb* Partei für/gegen jdn ergreifen **sideboard** *n* Anrichte *f* **sideboards** (*Br*), **sideburns** *pl* Koteletten *pl*; (*longer*) Backenbart *m* **sidecar** *n* Beiwagen *m*; *esp* SPORTS Seitenwagen *m* **-sided** *adj suf* -seitig; *one-sided* einseitig **side dish** *n* Beilage *f* **side effect** *n* Nebenwirkung *f* **sidekick** *n* (*infml*) Handlanger(in) *m(f)* (*pej*) **sidelight** *n* (*Br* AUTO) Parklicht *nt*; (*incorporated in headlight*) Standlicht *nt* **sideline I** *n* (≈ *extra business*) Nebenerwerb *m* **II** *v/t to be ~d* aus dem Rennen sein **sidelines** *pl* Seitenlinien *pl*; *to be on the ~* (*fig*) unbeteiligter Zuschauer sein **sidelong** *adj to give sb a ~ glance* jdn kurz aus den Augenwinkeln anblicken **side-on** *adj ~ collision* Seitenaufprall *m*; *~ view* Seitenansicht *f* **side order** *n* COOK Beilage *f* **side salad** *n* Salat *m* (als Beilage) **sideshow** *n* Nebenvorstellung *f* **side step** *n* Schritt *m* zur Seite; SPORTS Ausfallschritt *m* **sidestep I** *v/t* ausweichen (+*dat*) **II** *v/i* ausweichen **side street** *n* Seitenstraße *f* **sidetrack I** *n* (*esp US*) = **siding II** *v/t* ablenken; *I got ~ed onto something else* ich wurde durch irgendetwas abgelenkt; (*from topic*) ich wurde irgendwie vom Thema abgebracht **side view** *n* Seitenansicht *f* **sidewalk** *n* (*US*) Bürgersteig *m* **sidewalk café** *n* (*US*) Straßencafé

nt **sideward** *adj* = **sidewards** I **sidewards** I *adj movement* zur Seite; *glance* von der Seite II *adv move* zur Seite **sideways** I *adj movement* zur Seite; *glance* von der Seite II *adv* **1.** *move* zur Seite; *it goes in* ~ es geht seitwärts hinein **2.** *sit* seitlich; ~ *on* seitlich (*to sth* zu etw) **3.** (*in career*) *to move* ~ sich auf gleichem Niveau verändern **siding** *n* Rangiergleis *nt*; (≈ *dead end*) Abstellgleis *nt*

sidle *v/i to* ~ *up to sb* sich an jdn heranschleichen

SIDS *n* MED *abbr of* **sudden infant death syndrome** plötzlicher Kindstod

siege *n* (*of town*) Belagerung *f*; (*by police*) Umstellung *f*; *to be under* ~ belagert werden; (*by police*) umstellt sein; *to lay* ~ *to a town* eine Stadt belagern

sieve I *n* Sieb *nt* II *v/t* = **sift** I

sift I *v/t* (*lit*) sieben II *v/i* (*fig*) sieben; *to* ~ *through the evidence* das Beweismaterial durchgehen ◆ **sift out** *v/t sep stones, applicants* aussieben

sigh I *n* Seufzer *m*; *a* ~ *of relief* ein Seufzer *m* der Erleichterung II *v/i* seufzen; (*wind*) säuseln; *to* ~ *with relief* erleichtert aufatmen III *v/t* seufzen

sight I *n* **1.** (≈ *faculty*) Sehvermögen *nt*; *long/short* ~ Weit-/Kurzsichtigkeit *f*; *to lose/regain one's* ~ sein Augenlicht verlieren / wiedergewinnen; *to lose one's* ~ sein Augenlicht verlieren **2.** *it was my first* ~ *of Paris* das war das Erste, was ich von Paris gesehen habe; *to hate sb at first* ~ jdn vom ersten Augenblick an nicht leiden können; *to shoot on* ~ sofort schießen; *love at first* ~ Liebe auf den ersten Blick; *to know sb by* ~ jdn vom Sehen kennen; *to catch* ~ *of sb/sth* jdn / etw entdecken; *to lose* ~ *of sb/sth* jdn / etw aus den Augen verlieren **3.** (≈ *sth seen*) Anblick *m*; *the* ~ *of blood makes me sick* wenn ich Blut sehe, wird mir übel; *I hate the* ~ *of him* ich kann ihn (einfach) nicht ausstehen; *what a horrible* ~*!* das sieht ja furchtbar aus!; *it was a* ~ *for sore eyes* es war eine wahre Augenweide; *you're a* ~ *for sore eyes* es ist schön, dich zu sehen; *to be or look a* ~ (*infml*) (*funny*) zum Schreien aussehen (*infml*); (*horrible*) fürchterlich aussehen **4.** (≈ *range of vision*) Sicht *f*; *to be in or within* ~ in Sicht sein; *to keep out of* ~ sich verborgen halten; *to keep sb/sth out of* ~ jdn / etw nicht sehen lassen;

keep out of my ~*!* lass dich bloß bei mir nicht mehr blicken; *to be out of* ~ außer Sicht sein; *don't let it out of your* ~ lass es nicht aus den Augen; *out of* ~*, out of mind* (*prov*) aus den Augen, aus dem Sinn (*prov*) **5.** *usu pl* (*of city etc*) Sehenswürdigkeit *f*; *to see the* ~*s of a town* eine Stadt besichtigen **6.** (*on telescope etc*) Visiereinrichtung *f*; (*on gun*) Visier *nt*; *to set one's* ~*s too high* (*fig*) seine Ziele zu hoch stecken; *to lower one's* ~*s* (*fig*) seine Ansprüche herabsetzen *or* herunterschrauben; *to set one's* ~*s on sth* (*fig*) ein Auge auf etw (*acc*) werfen II *v/t* (≈ *see*) sichten; *person* ausmachen **-sighted** *adj suf* (MED, *fig*) -sichtig **sighting** *n* Sichten *nt* **sightless** *adj person* blind **sight-read** *v/t & v/i* vom Blatt spielen *etc*

sightseeing I *n* Besichtigungen *pl*; *to go* ~ auf Besichtigungstour gehen II *adj* ~ *tour* Rundreise *f*; (*in town*) (Stadt)rundfahrt *f* **sightseer** *n* Tourist(in) *m(f)*

sign I *n* **1.** (≈ *gesture, written symbol*) Zeichen *nt* **2.** (≈ *indication*, MED) Anzeichen *nt* (*of* für, *+gen*); (≈ *evidence*) Zeichen *nt* (*of* von, *+gen*); (≈ *trace*) Spur *f*; *a* ~ *of the times* ein Zeichen unserer Zeit; *it's a* ~ *of a true expert* daran erkennt man den wahren Experten; *there is no* ~ *of their agreeing* nichts deutet darauf hin, dass sie zustimmen werden; *to show* ~*s of sth* Anzeichen von etw erkennen lassen; *there was no* ~ *of life in the village* es gab keine Spur *or* kein Anzeichen von Leben im Dorf; *there was no* ~ *of him* von ihm war keine Spur zu sehen; *is there any* ~ *of him yet?* ist er schon zu sehen? **3.** (≈ *road sign, shop sign*) Schild *nt* II *v/t* **1.** *letter, contract* unterschreiben; *book* signieren; *to* ~ *the register* sich eintragen; *to* ~ *one's name* unterschreiben; *he* ~*s himself J.G. Jones* er unterschreibt mit J. G. Jones **2.** *football player etc* unter Vertrag nehmen III *v/i* (*with signature*) unterschreiben; *Fellows has just* ~*ed for United* Fellows hat gerade bei United unterschrieben ◆ **sign away** *v/t sep* verzichten auf (*+acc*) ◆ **sign for** *v/i +prep obj* den Empfang (*+gen*) bestätigen ◆ **sign in** I *v/t sep* eintragen II *v/i* sich eintragen ◆ **sign off** *v/i* RADIO, TV sich verabschieden; (*in letter*) Schluss machen ◆ **sign on** I *v/t sep* = **sign up** I II *v/i* **1.** = **sign**

up II 2. (*Br*) **to ~** (*as unemployed*) sich arbeitslos melden; *he's still signing on* er ist immer noch arbeitslos ♦ **sign out I** *v/i* sich austragen **II** *v/t sep* austragen ♦ **sign up I** *v/t sep* (≈ *enlist*) verpflichten; *employees* anstellen **II** *v/i* sich verpflichten; (*employees, players*) unterschreiben; (*for class*) sich einschreiben

signal I *n* **1.** (≈ *sign*) Zeichen *nt*; (*as part of code*) Signal *nt* **2.** RAIL, TEL Signal *nt*; *the ~ is at red* das Signal steht auf Rot **II** *v/t* (≈ *indicate*) anzeigen; *arrival etc* ankündigen; *to ~ sb to do sth* jdm ein Zeichen geben, etw zu tun **III** *v/i* ein Zeichen geben; *he signalled* (*Br*) *or signaled* (*US*) *to the waiter* er winkte dem Ober **signal box** *n* Stellwerk *nt* **signalman** *n* RAIL Stellwerkswärter *m*

signatory *n* Unterzeichner(in) *m(f)*

signature *n* Unterschrift *f*, Visum *nt* (*Swiss*); (*of artist*) Signatur *f* **signature tune** *n* (*Br*) Erkennungsmelodie *f*

signet ring *n* Siegelring *m*

significance *n* Bedeutung *f*; *what is the ~ of this?* welche Bedeutung hat das?; *of no ~* belanglos **significant** *adj* **1.** (≈ *having consequence*) bedeutend; (≈ *important*) wichtig **2.** (≈ *meaningful*) bedeutungsvoll; *it is ~ that ...* es ist bezeichnend, dass ... **significantly** *adv* **1.** (≈ *considerably*) bedeutend; *it is not ~ different* da besteht kein wesentlicher Unterschied **2.** (≈ *meaningfully*) bedeutungsvoll **signify** *v/t* **1.** (≈ *mean*) bedeuten **2.** (≈ *indicate*) andeuten

signing *n* **1.** (*of document*) Unterzeichnen *nt* **2.** (*of football player etc*) Untervertragnahme *f*; (≈ *football player etc*) neu unter Vertrag Genommene(r) *m/f(m)* **sign language** *n* Zeichensprache *f* **signpost** *n* Wegweiser *m*

Sikh *n* Sikh *m/f(m)*

silence I *n* Stille *f*; (≈ *absence of talk also*) Schweigen *nt*; (*on subject*) (Still)schweigen *nt*; *~!* Ruhe!; *in ~* still; *there was ~* alles war still; *there was a short ~* es herrschte für kurze Zeit Stille; *to break the ~* die Stille durchbrechen **II** *v/t* zum Schweigen bringen

silent *adj* still; (≈ *not talking also*) schweigsam; *to fall ~* still werden; *be ~!* sei still!; *~ film* (*esp Br*) *or movie* (*esp US*) Stummfilm *m*; *to be ~* (*person*) schweigen; *to keep or remain ~* sich

nicht äußern **silently** *adv* lautlos; (≈ *without talking*) schweigend **silent partner** *n* (*US* COMM) stiller Teilhaber *or* Gesellschafter

Silesia *n* Schlesien *nt*

silhouette I *n* Silhouette *f* **II** *v/t* **to be ~d against sth** sich (als Silhouette) gegen *or* von etw abzeichnen

silicon chip *n* Siliziumchip *nt*

silicone *n* Silikon *nt*

silk I *n* Seide *f* **II** *adj* Seiden-, seiden **silken** *adj* seidig **silkiness** *n* seidige Weichheit *f* **silky** *adj* (+*er*) seidig; *voice* samtig; *~ smooth* seidenweich

sill *n* Sims *m or nt*

silliness *n* Albernheit *f* **silly** *adj* (+*er*) albern, dumm; *don't be ~* (≈ *say silly things*) red keinen Unsinn; *it was a ~ thing to say* es war dumm, das zu sagen; *I hope he doesn't do anything ~* ich hoffe, er macht keine Dummheiten; *he was ~ to resign* es war dumm von ihm zurückzutreten; *I feel ~ in this hat* mit diesem Hut komme ich mir albern vor; *to make sb look ~* jdn lächerlich machen

silt I *n* Schwemmsand *m*; (≈ *river mud*) Schlick *m* **II** *v/i* (*a.* **silt up**) verschlammen

silver I *n* Silber *nt*; (≈ *coins*) Silber(geld) *nt* **II** *adj* Silber-, silbern **silver birch** *n* Weißbirke *f* **silver foil** *n* Alu(minium)folie *f* **silver jubilee** *n* 25-jähriges Jubiläum **silver medal** *n* Silbermedaille *f* **silver paper** *n* Silberpapier *nt* **silverware** *n* Silber *nt*, Silberzeug *nt* (*infml*) **silver wedding** *n* Silberhochzeit *f* **silvery** *adj* silbrig

SIM card *n* TEL *abbr of* **Subscriber Identity Module card** SIM-Karte *f*

similar *adj* ähnlich; *amount, size* ungefähr gleich; *she and her sister are very ~, she is very ~ to her sister* ihre Schwester und sie sind sich sehr ähnlich; *they are very ~ in character* sie ähneln sich charakterlich sehr; *~ in size* fast gleich groß; *to taste ~ to sth* ähnlich wie etw schmecken **similarity** *n* Ähnlichkeit *f* (*to* mit) **similarly** *adv* ähnlich; (≈ *equally*) ebenso

simile *n* Gleichnis *nt*

simmer I *v/t* auf kleiner Flamme kochen lassen **II** *v/i* auf kleiner Flamme kochen ♦ **simmer down** *v/i* sich beruhigen

simple *adj* (+*er*) **1.** einfach; *the camcorder is ~ to use* der Camcorder ist ein-

fach zu bedienen; **it's as ~ as ABC** es ist kinderleicht; **"chemistry made ~"** „Chemie leicht gemacht"; **in ~ terms** in einfachen Worten; **the ~ fact is ...** es ist einfach so, dass ... **2.** (≈ *simple- -minded*) einfältig **simple-minded** *adj* einfältig **simplicity** *n* Einfachheit *f* **simplification** *n* Vereinfachung *f* **simplified** *adj* vereinfacht **simplify** *v/t* vereinfachen **simplistic** *adj* simpel **simply** *adv* einfach; (≈ *merely*) nur, bloß

simulate *v/t emotions* vortäuschen; *illness, conditions* simulieren **simulation** *n* **1.** (*of emotions*) Vortäuschung *f*; (≈ *simulated appearance*) Imitation *f* **2.** (≈ *reproduction*) Simulation *f*

simultaneous *adj*, **simultaneously** *adv* gleichzeitig

sin I *n* Sünde *f*; **to live in ~** (*infml*) in wilder Ehe leben **II** *v/i* sich versündigen (*against* an +*dat*)

since I *adv* (≈ *in the meantime*) inzwischen; (≈ *up to now*) seitdem; **ever ~** seither; **long ~** schon lange; **not long ~** erst vor Kurzem **II** *prep* seit; **ever ~ 1900** (schon) seit 1900; **I've been coming here ~ 1992** ich komme schon seit 1992 hierher; **he left in June, ~ when we have not heard from him** er ging im Juni fort und seitdem haben wir nichts mehr von ihm gehört; **how long is it ~ the accident?** wie lange ist der Unfall schon her?; **~ when?** (*infml*) seit wann denn das? (*infml*) **III** *cj* **1.** (*time*) seit(dem); **ever ~ I've known him** seit (-dem) ich ihn kenne **2.** (≈ *because*) da, weil

sincere *adj* aufrichtig **sincerely** *adv* aufrichtig; **yours ~** (*Br*) mit freundlichen Grüßen **sincerity** *n* Aufrichtigkeit *f*

sinew *n* Sehne *f*

sinful *adj* sündig

sing *pret* **sang**, *past part* **sung** *v/t & v/i* singen; **to ~ the praises of sb/sth** ein Loblied auf jdn/etw singen ◆ **sing along** *v/i* mitsingen

Singapore *n* Singapur *nt*

singe I *v/t* sengen; *eyebrows* absengen **II** *v/i* sengen

singer *n* Sänger(in) *m(f)* **singer-songwriter** *n* Liedermacher(in) *m(f)* **singing** *n* Singen *nt*; (*of person, bird also*) Gesang *m*

single I *adj* **1.** (≈ *one only*) einzige(r, s); **every ~ day** jeder (einzelne) Tag; **not**

a ~ thing überhaupt nichts; **in ~ figures** in einstelligen Zahlen **2.** (≈ *not double etc*) einzeln; (*Br*) *ticket* einfach **3.** (≈ *not married*) unverheiratet, ledig; **~ people** Ledige *pl*, Unverheiratete *pl* **II** *n* (*Br* ≈ *ticket*) Einzelfahrschein *m*; (≈ *room*) Einzelzimmer *nt*; (≈ *record*) Single *f*; **two ~s to Ayr** (*Br*) zweimal einfach nach Ayr ◆ **single out** *v/t sep* (≈ *choose*) auswählen; *victim* sich (*dat*) herausgreifen; (≈ *distinguish*) herausheben (*from* über +*acc*)

single bed *n* Einzelbett *nt* **single combat** *n* Nahkampf *m* **single cream** *n* (*Br*) Sahne *f*, Obers *m* (*Aus*), Nidel *m* (*Swiss*, *mit geringem Fettgehalt*) **single currency** *n* Einheitswährung *f* **single-density** *adj* IT *disk* mit einfacher Dichte **single European market** *n* Europäischer Binnenmarkt **single file** *n* **in ~** im Gänsemarsch **single-handed I** *adj* (ganz) allein *pred* **II** *adv* (*a.* **single-handedly**) ohne Hilfe **single-minded** *adj* zielstrebig; **to be ~ about doing sth** zielstrebig darin sein, etw zu tun **single-mindedness** *n* Zielstrebigkeit *f* **single mother** *n* alleinerziehende Mutter **single parent** *n* Alleinerziehende(r) *m/f(m)* **single-parent** *adj* **a ~ family** eine Einelternfamilie **single room** *n* Einzelzimmer *nt* **singles** *n sg or pl* SPORTS Einzel *nt* **single-sex** *adj* **a ~ school** eine reine Jungen-/Mädchenschule **single-sided** *adj* IT *disk* einseitig **single-storey**, (*US*) **single-story** *adj* einstöckig **singly** *adv* einzeln

singsong *n* **we often have a ~** wir singen oft zusammen

singular I *adj* **1.** GRAM im Singular **2.** (≈ *outstanding*) einzigartig **II** *n* Singular *m*; **in the ~** im Singular **singularly** *adv* außerordentlich

sinister *adj* unheimlich; *person* finster; *development* unheilvoll

sink¹ *pret* **sank**, *past part* **sunk I** *v/t* **1.** *ship, object* versenken; **to be sunk in thought** in Gedanken versunken sein **2.** (*fig*) *theory* zerstören **3.** *shaft* senken; *hole* ausheben; **to ~ money into sth** Geld in etw (*acc*) stecken **4.** *teeth* schlagen; **to ~ one's teeth into a juicy steak** in ein saftiges Steak beißen **II** *v/i* sinken; (*sun*) versinken; (*land*) sich senken; *person, object* untergehen; **to ~ to the bottom** auf den Grund sinken; **he sank up to his knees in the mud** er sank bis zu

den Knien im Schlamm ein; *the sun sank beneath the horizon* die Sonne versank am Horizont; *to ~ to one's knees* auf die Knie sinken ♦ **sink in** *v/i* **1.** *(into mud etc)* einsinken *(prep obj, -to in +acc)* **2.** *(infml ≈ be understood)* kapiert werden *(infml)*; *it's only just sunk in that it really did happen* ich kapiere / er kapiert *etc* erst jetzt, dass das tatsächlich passiert ist *(infml)*

sink² *n* Ausguss *m*, Schüttstein *m* *(Swiss)*

sinking I *n (of ship)* Untergang *m*; *(deliberately)* Versenkung *f*; *(of shaft)* Senken *nt*; *(of well)* Bohren *nt* II *adj* *a~ ship* ein sinkendes Schiff; *~ feeling* flaues Gefühl (im Magen) *(infml)*

sinner *n* Sünder(in) *m(f)*

sinuous *adj* gewunden

sinus *n* ANAT Sinus *m* *(tech)*; *(in head)* Stirnhöhle *f*

sip I *n* Schluck *m*; *(very small)* Schlückchen *nt* II *v/t* in kleinen Schlucken trinken; *(daintily)* nippen an *(+dat)* III *v/i* *to ~ at sth* an etw *(dat)* nippen

siphon *n* Heber *m*; *(≈ soda siphon)* Siphon *m* ♦ **siphon off** *v/t sep* **1.** *(lit)* absaugen; *petrol* abzapfen; *(into container)* (mit einem Heber) umfüllen **2.** *(fig)* *money* abziehen

sir *n* **1.** *(in address)* mein Herr *(form)*, Herr X; *no, ~* nein(, Herr X); MIL nein, Herr Leutnant *etc*; *Dear Sir (or Madam),* ... Sehr geehrte (Damen und) Herren! **2.** *(≈ knight etc)* **Sir** Sir *m* **3.** *(SCHOOL infml ≈ teacher)* er *(SCHOOL sl)*; *please ~!* Herr X!

sire *v/t* zeugen

siren *n* Sirene *f*

sirloin *n* COOK Lendenfilet *nt*

sirup *n (US)* = **syrup**

sissy *(infml)* I *n* Waschlappen *m* *(infml)*

sister *n* **1.** Schwester *f* **2.** *(Br ≈ nurse)* Oberschwester *f*

sister-in-law *n*, *pl* **sisters-in-law** Schwägerin *f*

sit *vb: pret, past part* **sat** I *v/i* **1.** *(≈ be sitting)* sitzen *(in / on* in / auf *+dat)*; *(≈ sit down)* sich setzen *(in / on* in / auf *+acc)*; *a place to ~* ein Sitzplatz *m*; *~ by / with me* setz dich zu mir / neben mich; *to ~ for a painter* für einen Maler Modell sitzen; *don't just ~ there, do something!* sitz nicht nur tatenlos da (herum), tu (endlich) was! **2.** *(assembly)* tagen; *to ~ on a committee* einen Sitz in einem

Ausschuss haben **3.** *(object ≈ be placed)* stehen II *v/t* **1.** *(a.* **sit down**) setzen *(in* in *+acc, on* auf *+acc)*; *object* stellen; *to ~ a child on one's knee* sich *(dat)* ein Kind auf die Knie setzen **2.** *(Br) examination* ablegen *(form)* III *v/r* *to ~ oneself down* sich gemütlich hinsetzen ♦ **sit about** *(Brit) or* **around** *v/i* herumsitzen ♦ **sit back** *v/i* sich zurücklehnen; *(fig ≈ do nothing)* die Hände in den Schoß legen ♦ **sit down** *v/i (lit)* sich (hin)setzen; *to ~ in a chair* sich auf einen Stuhl setzen ♦ **sit in** *v/i (≈ attend)* dabeisitzen *(on sth* bei etw*)* ♦ **sit on** *v/i +prep obj committee* sitzen in *(+dat)* ♦ **sit out** *v/t sep* **1.** *meeting* bis zum Ende bleiben bei; *storm* auf das Ende *(+gen)* warten **2.** *dance* auslassen ♦ **sit through** *v/i +prep obj* durchhalten ♦ **sit up** I *v/i* **1.** *(≈ be sitting upright)* aufrecht sitzen; *(≈ action)* sich aufsetzen **2.** *(≈ sit straight)* gerade sitzen; *~!* setz dich gerade hin!; *to make sb ~ (and take notice)* *(fig infml)* jdn aufhorchen lassen II *v/t sep* aufsetzen

sitcom *n (infml)* Situationskomödie *f*

sit-down I *n (infml ≈ rest)* Verschnaufpause *f (infml)* II *adj attr* *a ~ meal* eine richtige Mahlzeit

site I *n* **1.** Stelle *f*, Platz *m* **2.** ARCHEOL Stätte *f* **3.** *(≈ building site)* Baustelle *f* **4.** *(≈ camping site)* Campingplatz *m* **5.** IT Site *f* II *v/t* anlegen; *to be ~d* liegen

sits vac *pl abbr of* **situations vacant** Stellenangebote *pl*

sitter *n* **1.** ART Modell *nt* **2.** *(≈ baby-sitter)* Babysitter(in) *m(f)* **sitting** I *adj* sitzend; *to be in a ~ position* aufsitzen; *to get into a ~ position* sich aufsetzen II *n (of committee, parliament, for portrait)* Sitzung *f*; *they have two ~s for lunch* sie servieren das Mittagessen in zwei Schüben **sitting duck** *n (fig)* leichte Beute **sitting room** *n (esp Br)* Wohnzimmer *nt*

situate *v/t* legen **situated** *adj* gelegen; *it is ~ in the High Street* es liegt an der Hauptstraße; *a pleasantly ~ house* ein Haus in angenehmer Lage

situation *n* **1.** Lage *f*; *(≈ state of affairs also)* Situation *f* **2.** *(≈ job)* Stelle *f*; *"situations vacant" (Br)* „Stellenangebote"; *"situations wanted" (Br)* „Stellengesuche" **situation comedy** *n* Situationskomödie *f*

six I *adj* sechs; *she is ~ (years old)* sie ist sechs (Jahre alt); *at (the age of) ~* im Al-

ter von sechs Jahren; *it's ~ (o'clock)* es ist sechs (Uhr); *there are ~ of us* wir sind sechs; *~ and a half* sechseinhalb **II** *n* Sechs *f*; *to divide sth into ~* etw in sechs Teile teilen; *they are sold in ~es* sie werden in Sechserpackungen verkauft; *to knock sb for ~ (Br infml)* jdn umhauen *(infml)* **sixfold I** *adj* sechsfach **II** *adv* um das Sechsfache **six hundred I** *adj* sechshundert **II** *n* Sechshundert *f* **sixish** *adj* um sechs herum **six million** *adj, n* sechs Millionen **six-pack** *n* Sechserpackung *f*
sixteen I *adj* sechzehn **II** *n* Sechzehn *f*
sixteenth I *adj* sechzehnte(r, s); *a ~ part* ein Sechzehntel *nt*; *a ~ note (esp US* MUS*)* eine Sechzehntelnote **II** *n* **1.** (≈ *fraction)* Sechzehntel *nt* **2.** *(in series)* Sechzehnte(r, s) **3.** (≈ *date) the ~* der Sechzehnte
sixth I *adj* sechste(r, s); *a ~ part* ein Sechstel *nt*; *he was or came ~* er wurde Sechster; *he was ~ from the left* er war der Sechste von links **II** *n* **1.** (≈ *fraction)* Sechstel *nt* **2.** *(in series)* Sechste(r, s); *Charles the Sixth* Karl der Sechste **3.** (≈ *date) the ~* der Sechste; *on the ~* am Sechsten; *the ~ of September, September the ~* der sechste September **III** *adv* *he did it ~* (≈ *the sixth person to do it)* er hat es als Sechster gemacht; (≈ *the sixth thing he did)* er hat es als Sechstes gemacht **sixth form** *n (Br)* Abschlussklasse *f*, ≈ Prima *f* **sixth grade** *n (US* SCHOOL*)* sechstes Schuljahr
six thousand I *adj* sechstausend **II** *n* Sechstausend *f*
sixtieth I *adj* sechzigste(r, s); *a ~ part* ein Sechzigstel *nt* **II** *n* **1.** (≈ *fraction)* Sechzigstel *nt* **2.** *(in series)* Sechzigste(r, s)
sixty I *adj* sechzig; *~-one* einundsechzig **II** *n* Sechzig *f*; *the sixties* die Sechzigerjahre; *to be in one's sixties* in den Sechzigern sein; *to be in one's late/early sixties* Ende/Anfang sechzig sein; → *six* **sixtyish** *adj* um die Sechzig *(infml)*
six-year-old I *adj* sechsjährig *attr*, sechs Jahre alt *pred* **II** *n* Sechsjährige(r) *m/f(m)*
size *n* Größe *f*; *(of problem also)* Ausmaß *nt*; *waist ~* Taillenweite *f*; *dress ~* Kleidergröße *f*; *he's about your ~* er ist ungefähr so groß wie du; *what ~ is it?* wie groß ist es?; *(clothes etc)* welche Größe ist es?; *it's two ~s too big* es ist zwei Nummern zu groß; *do you want to try*

it for ~? möchten Sie es anprobieren, ob es Ihnen passt? ◆ *size up* *v/t sep* abschätzen
sizeable *adj* ziemlich groß **-size(d)** *adj suf* -groß; *medium-size(d)* mittelgroß
sizzle *v/i* brutzeln
skate[1] *n* (≈ *fish)* Rochen *m*
skate[2] **I** *n* (≈ *ice skate)* Schlittschuh *m*; (≈ *roller skate)* Rollschuh *m*; *get your ~s on (fig infml)* mach/macht mal ein bisschen dalli! *(infml)* **II** *v/i* Schlittschuh laufen; (≈ *roller-skate)* Rollschuh laufen; *he ~d across the pond* er lief (auf Schlittschuhen) über den Teich ◆ *skate* (a)*round or over* *v/i +prep obj* links liegen lassen; *problem* einfach übergehen
skateboard *n* Skateboard *nt* **skateboarding** *n* Skateboardfahren *nt* **skateboard park** *n* Skateboardanlage *f* **skater** *n* Schlittschuhläufer(in) *m(f)*; (≈ *roller-skater)* Rollschuhläufer(in) *m(f)* **skating** *n* Schlittschuhlauf *m*; (≈ *roller-skating)* Rollschuhlauf *m* **skating rink** *n* Eisbahn *f*; *(for roller-skating)* Rollschuhbahn *f*
skeletal *adj person* bis aufs Skelett abgemagert; *trees* skelettartig **skeleton I** *n* Skelett *nt*; *a ~ in one's cupboard (Br)* or *closet (US)* eine Leiche im Keller **II** *adj plan etc* provisorisch; *~ service* Notdienst *m*
skeptic *etc (US)* = *sceptic* *etc*
sketch I *n* Skizze *f*; (≈ *draft also)* Entwurf *m*; THEAT Sketch *m* **II** *v/t* skizzieren **III** *v/i* Skizzen machen ◆ *sketch out* *v/t sep* grob skizzieren
sketchbook *n* Skizzenbuch *nt* **sketching** *n* ART Skizzenzeichnen *nt* **sketch pad** *n* Skizzenblock *m* **sketchy** *adj* (+er) *account* flüchtig
skew *v/t* (≈ *make crooked)* krümmen; *(fig ≈ distort)* verzerren
skewer I *n* Spieß *m* **II** *v/t* aufspießen
ski I *n* Ski *m* **II** *v/i* Ski laufen; *they ~ed down the slope* sie fuhren (auf ihren Skiern) den Hang hinunter
skid I *n* AUTO *etc* Schleudern *nt* **II** *v/i (car, objects)* schleudern; *(person)* ausrutschen **skidmark** *n* Reifenspur *f*
skier *n* Skiläufer(in) *m(f)* **skiing** *n* Skilaufen *nt*; *to go ~* Ski laufen gehen **ski-jumping** *n* Skispringen *nt*
skilful, *(US)* **skillful** *adj* geschickt **skilfully,** *(US)* **skillfully** *adv* geschickt; *play the piano also* gewandt; *paint, sculpt etc*

kunstvoll
ski lift n Skilift m
skill n **1.** no pl (≈ skilfulness) Geschick nt
2. (≈ acquired technique) Fertigkeit f; (≈
ability) Fähigkeit f **skilled** adj **1.** (≈ skilful) geschickt (at in +dat) **2.** (≈ trained)
ausgebildet; (≈ requiring skill) fachmännisch **skilled worker** n Facharbei-
ter(in) m(f)
skillet n Bratpfanne f
skillful etc (US) = **skilful** etc
skim v/t **1.** (≈ remove) abschöpfen; milk
entrahmen **2.** (≈ pass low over) streifen
über (+acc) **3.** (≈ read quickly) überfliegen ♦ **skim through** v/i +prep obj book
etc überfliegen
skimmed milk, (US)**skim milk** n Magermilch f
skimp v/i sparen (on an +dat) **skimpily**
adv dressed spärlich **skimpy** adj (+er)
dürftig; clothes knapp
skin I n Haut f; (≈ fur) Fell nt; (of fruit etc)
Schale f; **to be soaked to the ~** bis auf
die Haut nass sein; **that's no ~ off my
nose** (esp Br infml) das juckt mich nicht
(infml); **to save one's own ~** die eigene
Haut retten; **to jump out of one's ~**
(infml) erschreckt hochfahren; **to get
under sb's ~** (infml ≈ irritate) jdm auf
die Nerven gehen (infml); (≈ fascinate,
music, voice) jdm unter die Haut gehen;
(person) jdn faszinieren; **to have a
thick/thin ~** (fig) ein dickes Fell (infml)/eine dünne Haut haben; **by the ~
of one's teeth** (infml) mit Ach und
Krach (infml) II v/t **1.** animal· häuten
2. (≈ graze) abschürfen **skinflint** n
(infml) Geizkragen m (infml)**skin graft**
n Hauttransplantation f **skinhead** n
Skin(head) m **skinny** adj (+er) (infml)
dünn
skint adj (Br infml) **to be ~** pleite sein
(infml)
skintight adj hauteng
skip[1] I n Hüpfer m II v/i hüpfen; (with
rope) seilspringen III v/t **1.** school etc
schwänzen (infml); chapter etc überspringen; **my heart ~ped a beat** mein
Herzschlag setzte für eine Sekunde
aus; **to ~ lunch** das Mittagessen ausfallen lassen **2.** (US) **to ~ rope** seilspringen
3. (US infml) **to ~ town** aus der Stadt
verschwinden (infml) ♦ **skip over** v/i
+prep obj überspringen ♦ **skip through**
v/i +prep obj book durchblättern

skip[2] n BUILD (Schutt)container m
ski pass n Skipass m**ski pole** n Skistock
m
skipper I n Kapitän(in) m(f) II v/t anführen
skipping n Seilspringen nt**skipping rope**
n (Br) Hüpf- or Sprungseil nt
ski resort n Skiort m
skirmish n MIL Gefecht nt; (≈ scrap, fig)
Zusammenstoß m
skirt I n Rock m, Kittel m (Aus), Jupe m
(Swiss) II v/t (a. **skirt around**) umgehen
skirting (board) n (Br) Fußleiste f
ski run n Skipiste f**ski stick** n Skistock m
ski tow n Schlepplift m
skitter v/i rutschen
skittish adj unruhig
skive (Br infml) v/i blaumachen (infml);
(from school etc) schwänzen (infml)
♦ **skive off** v/i (Br infml) sich drücken
(infml)
skulk v/i (≈ move) schleichen; (≈ lurk)
sich herumdrücken
skull n Schädel m; **~ and crossbones** Totenkopf m
skunk n Stinktier nt
sky n Himmel m; **in the ~** am Himmel
sky-blue adj himmelblau **skydiving** n
Fallschirmspringen nt **sky-high** I adj
prices schwindelnd hoch; confidence
unermesslich II adv zum Himmel; **to
blow a bridge ~** (infml) eine Brücke
in die Luft sprengen (infml); **to blow
a theory ~** (infml) eine Theorie zum
Einsturz bringen **skylight** n Oberlicht
nt; (in roof) Dachfenster nt **skyline** n
(≈ horizon) Horizont m; (of city) Skyline f **sky marshal** n (esp US AVIAT)
Sky-Marshal m, zur Verhinderung von
Flugzeugentführungen mitfliegender Si-
cherheitsbeamter**skyscraper** n Wolkenkratzer m
slab n **1.** (of wood etc) Tafel f; (of stone)
Platte f **2.** (≈ slice) dicke Scheibe; (of
cake) großes Stück
slack I adj (+er) **1.** (≈ not tight) locker **2.**
(≈ negligent) nachlässig **3.** COMM period
ruhig; **business is ~** das Geschäft geht
schlecht II n (of rope etc) durchhängen-
des Teil (des Seils etc); **to cut sb some ~**
(fig infml) mit jdm nachsichtig sein III
v/i bummeln
slacken I v/t **1.** (≈ loosen) lockern **2.** (≈
reduce) vermindern II v/i (speed) sich
verringern; (rate of development) sich

verlangsamen ◆ **slacken off** *v/i* (≈ *diminish*) nachlassen; (*work*) abnehmen
slackness *n* **1.** (*of rope, reins*) Schlaffheit *f*, Durchhängen *nt* **2.** (*of business, market etc*) Flaute *f*
slag *n* **1.** Schlacke *f* **2.** (*Br sl* ≈ *woman*) Schlampe *f* (*pej infml*) ◆ **slag off** *v/t sep* (*Br infml*) runtermachen (*infml*)
slain *past part of* **slay**
slalom *n* Slalom *m*
slam I *n* (*of door etc*) Zuknallen *nt no pl* II *v/t* **1.** (≈ *close*) zuknallen; **to ~ the door in sb's face** jdm die Tür vor der Nase zumachen **2.** (*infml* ≈ *throw*) knallen (*infml*); **to ~ the brakes on** (*infml*) auf die Bremse latschen (*infml*) **3.** (*infml* ≈ *criticize*) verreißen; *person* herunterputzen (*infml*) III *v/i* zuknallen; **to ~ into sth** etw (*acc*) knallen ◆ **slam down** *v/t sep* hinknallen (*infml*); *phone* aufknallen (*infml*)
slander I *n* Verleumdung *f* II *v/t* verleumden
slang I *n* **1.** Slang *m* **2.** (≈ *army slang etc*) Jargon *m* II *adj* Slang-
slant I *n* Neigung *f*; **to put a ~ on sth** etw biegen; **to be on a ~** sich neigen II *v/i* verschieben III *v/i* sich neigen **slanting** *adj* schräg
slap I *n* Schlag *m*; **a ~ across the face** (*lit*) eine Ohrfeige, eine Watsche (*Aus*); **a ~ in the face** (*fig*) ein Schlag *m* ins Gesicht; **to give sb a ~ on the back** jdm (anerkennend) auf den Rücken klopfen; (*fig*) jdn loben; **to give sb a ~ on the wrist** (*fig infml*) jdn zurechtweisen, jdm einen Anpfiff geben (*infml*) II *adv* (*infml*) direkt III *v/t* (≈ *hit*) schlagen; **to ~ sb's face** jdm eine runterhauen (*infml*); **to ~ sb on the back** jdm auf den Rücken klopfen ◆ **slap down** *v/t sep* (*infml*) hinknallen ◆ **slap on** *v/t sep* (*infml*) **1.** (≈ *apply carelessly*) draufklatschen (*infml*) **2.** (*fig*) *tax, money* draufhauen (*infml*)
slap-bang *adv* (*esp Br infml*) mit Karacho (*infml*); **it was ~ in the middle** es war genau in der Mitte; **to run ~ into sb/sth** mit jdm/etw zusammenknallen (*infml*) **slapdash** *adj* schludrig (*pej*) **slapper** *n* (*Br infml*) Flittchen *nt* (*infml*) **slap-up meal** *n* (*Br infml*) Schlemmermahl *nt* (*infml*)
slash I *n* **1.** (≈ *action*) Streich *m*; (≈ *wound*) Schnitt *m* **2.** TYPO Schrägstrich

m II *v/t* **1.** (≈ *cut*) zerfetzen; *face, tyres* aufschlitzen **2.** (*infml*) *price* radikal herabsetzen
slat *n* Leiste *f*
slate I *n* (≈ *rock*) Schiefer *m*; (≈ *roof slate*) Schieferplatte *f*; **put it on the ~** (*Br infml*) schreiben Sie es mir an; **to wipe the ~ clean** (*fig*) reinen Tisch machen II *adj* Schiefer- III *v/t* (*Br infml* ≈ *criticize*) verreißen; *person* zusammenstauchen (*infml*) **slating** *n* (*Br infml*) Verriss *m*; **to get a ~** zusammengestaucht werden (*infml*); (*play, performance etc*) verrissen werden
slaughter I *n* (*of animals*) Schlachten *nt no pl*; (*of persons*) Gemetzel *nt no pl* II *v/t* schlachten; *persons* (*lit*) abschlachten; (*fig*) fertigmachen (*infml*) **slaughterhouse** *n* Schlachthof *m*
Slav I *adj* slawisch II *n* Slawe *m*, Slawin *f*
slave I *n* Sklave *m*, Sklavin *f* II *v/i* sich abplagen; **to ~ (away) at sth** sich mit etw herumschlagen **slave-driver** *n* Sklaventreiber(in) *m(f)* **slave labour**, (*US*) **slave labor** *n* **1.** (≈ *work*) Sklavenarbeit *f* **2.** (≈ *work force*) Sklaven *pl*
slaver *v/i* geifern; **to ~ over sb/sth** nach jdm/etw geifern
slavery *n* Sklaverei *f*
Slavic, Slavonic I *adj* slawisch II *n* das Slawische
slay *pret* **slew**, *past part* **slain** *v/t* erschlagen **slaying** *n* (*esp US* ≈ *murder*) Mord *m*
sleaze *n* (*infml* ≈ *depravity*) Verderbtheit *f*; (*esp* POL ≈ *corruption*) Skandalgeschichten *pl* **sleazy** *adj* (+*er*) (*infml*) schäbig
sledge, sled (*esp US*) I *n* Schlitten *m*, Rodel *f* (*Aus*) II *v/i* Schlitten fahren, schlitteln (*Swiss*) **sledge(hammer)** *n* Vorschlaghammer *m*
sleek *adj* (+*er*) *fur* geschmeidig; (*in appearance*) gepflegt
sleep *vb*: *pret, past part* **slept** I *n* Schlaf *m*; **to go to ~** einschlafen; **to drop off to ~** (*person*) einschlafen; **to be able to get to ~** einschlafen können; **try and get some ~** versuche, etwas zu schlafen; **to have a ~** (etwas) schlafen; **to have a good night's ~** sich richtig ausschlafen; **to put sb to ~** jdn zum Schlafen bringen; (*drug*) jdn einschläfern; **to put to ~** (*euph*) *animal* einschläfern; **that film sent me to ~** bei dem Film bin ich ein-

geschlafen **II** v/t (≈ *accommodate*) unterbringen; *the house ~s 10* in dem Haus können 10 Leute übernachten **III** v/i schlafen; *to ~ like a log* wie ein Murmeltier schlafen; *to ~ late* lange schlafen ♦ **sleep around** v/i (*infml*) mit jedem schlafen (*infml*) ♦ **sleep in** v/i (≈ *lie in*) ausschlafen; (*infml* ≈ *oversleep*) verschlafen ♦ **sleep off** v/t sep (*infml*) *to sleep it off* seinen Rausch ausschlafen ♦ **sleep on** I v/i weiterschlafen **II** v/i +prep obj *problem etc* überschlafen ♦ **sleep through** v/i +prep obj weiterschlafen bei; *to ~ the alarm* (*clock*) den Wecker verschlafen
sleeper n **1.** (≈ *person*) Schläfer(in) m(f); *to be a light ~* einen leichten Schlaf haben **2.** (*Br* RAIL) Schlafwagen(zug) $
sleepily adv verschlafen **sleeping bag** n Schlafsack m **sleeping car** n Schlafwagen m **sleeping partner** n (*Br*) stiller Teilhaber **sleeping pill** n Schlaftablette f **sleeping policeman** n Bodenschwelle f **sleepless** adj schlaflos **sleepover** n Übernachtung f (*bei Freunden etc*) **sleepwalk** v/i schlafwandeln; *he was ~ing* er hat *or* ist geschlafwandelt **sleepy** adj (+er) **1.** (≈ *drowsy*) schläfrig; (≈ *not yet awake*) verschlafen **2.** *place* verschlafen
sleet I n Schneeregen m **II** v/i *it was ~ing* es gab Schneeregen
sleeve n **1.** Ärmel m; *to roll up one's ~s* (*lit*) sich (*dat*) die Ärmel hochkrempeln; *to have sth up one's ~* (*fig infml*) etw in petto haben **2.** (*for record etc*) Hülle f
sleeveless adj ärmellos
sleigh n (Pferde)schlitten m
slender adj schlank; *lead* knapp; *chance* gering
slept pret, past part of **sleep**
sleuth n (*infml*) Spürhund m (*infml*)
slew pret of **slay**
slice I n **1.** (*lit*) Scheibe f **2.** (*fig*) Teil m; *a ~ of luck* eine Portion Glück **II** v/t **1.** (≈ *cut*) durchschneiden; *bread etc* (in Scheiben) schneiden **2.** *ball* (an)schneiden **III** v/i schneiden; *to ~ through sth* etw durchschneiden ♦ **slice off** v/t sep abschneiden
sliced adj (in Scheiben) geschnitten; *bread, sausage* (auf)geschnitten **slicer** n (≈ *cheese-slicer etc*) Hobel m; (≈ *machine ≈ bread-slicer*) Brot(schneide)maschine f; (≈ *bacon-slicer*) ≈ Wurst-

schneidemaschine f
slick I adj (+er) **1.** (*often pej ≈ clever*) clever (*infml*); *answer, performance, style* glatt **2.** (*US ≈ slippery*) glatt **II** n (≈ *oil slick*) (Öl)teppich m ♦ **slick back** v/t sep *to slick one's hair back* sich (*dat*) die Haare anklatschen (*infml*)
slide vb: pret, past part **slid I** n **1.** (≈ *chute*) Rutschbahn f; (*in playground*) Rutsche f **2.** (*fig ≈ fall*) Abfall m **3.** (*esp Br: for hair*) Spange f **4.** PHOT Dia nt; (≈ *microscope slide*) Objektträger m **II** v/t (≈ *push*) schieben; (≈ *slip*) gleiten lassen **III** v/i **1.** (≈ *slip*) rutschen; *to let things ~* (*fig*) die Dinge schleifen lassen **2.** (≈ *move smoothly*) sich schieben lassen **3.** *he slid into the room* er kam ins Zimmer geschlichen **slide projector** n Diaprojektor m **slide show** n Diavortrag m **sliding door** n Schiebetür f
slight I adj (+er) **1.** *person* zierlich **2.** (≈ *trivial*) leicht; *change* geringfügig; *problem* klein; *the wall's at a ~ angle* die Mauer ist leicht *or* etwas geneigt; *to have a ~ cold* eine leichte Erkältung haben; *just the ~est bit short* ein ganz kleines bisschen zu kurz; *it doesn't make the ~est bit of difference* es macht nicht den geringsten Unterschied; *I wasn't the ~est bit interested* ich war nicht im Geringsten interessiert; *he is upset by at the ~est thing* er ist wegen jeder kleinsten Kleinigkeit gleich verärgert; *I don't have the ~est idea (of) what he's talking about* ich habe nicht die geringste *or* leiseste Ahnung, wovon er redet **II** n (≈ *affront*) Affront m (*on gegen*) **III** v/t (≈ *offend*) kränken **slightly** adv **1.** *~ built person* zierlich **2.** (≈ *to a slight extent*) ein klein(es) bisschen; *know* flüchtig; *~ injured* leicht verletzt; *he hesitated ever so ~* er zögerte fast unmerklich
slim I adj (+er) **1.** schlank; *waist* schmal; *volume* dünn **2.** *chances* gering; *majority* knapp **II** v/i eine Schlankheitskur machen ♦ **slim down** I v/t sep (*fig*) *business etc* verschlanken **II** v/i (*person*) abnehmen
slime n Schleim m **sliminess** n Schleimigkeit f
slimline adj *diary* dünn; *figure* schlank **slimming** I adj schlank machend attr; *black is ~* schwarz macht schlank **II** n Abnehmen nt **slimness** n Schlankheit

f; (*of waist*) Schmalheit *f*; (*of volume*) Dünne *f*

slimy *adj* (+er) schleimig

sling *vb: pret, past part* **slung I** *n* **1.** Schlinge *f*; (*for baby*) (Baby)trageschlinge *f*; **to have one's arm in a ~** den Arm in der Schlinge tragen **2.** (≈ *weapon*) Schleuder *f* **II** *v/t* (≈ *throw*) schleudern; **he slung the box onto his back** er warf sich (*dat*) die Kiste auf den Rücken ♦ **sling out** *v/t sep* (*infml*) rausschmeißen (*infml*)

slink *pret, past part* **slunk** *v/i* schleichen; **to ~ off** sich davonschleichen

slip I *n* **1.** (≈ *mistake*) Patzer *m*; **to make a (bad) ~** sich (übel) vertun (*infml*); **a ~ of the tongue** ein Versprecher *m* **2. to give sb the ~** (*infml*) jdm entwischen **3.** (≈ *undergarment*) Unterrock *m* **4.** (*of paper*) Zettel *m*; **~s of paper** *pl* **II** *v/t* **1.** (≈ *move smoothly*) schieben; (≈ *slide*) gleiten lassen; **she ~ped the dress over her head** sie streifte sich (*dat*) das Kleid über den Kopf; **to ~ a disc** MED sich (*dat*) einen Bandscheibenschaden zuziehen **2.** (≈ *escape from*) sich losreißen von; **it ~ped my mind** ich habe es vergessen **III** *v/i* **1.** (≈ *slide, person*) (aus)rutschen; (*feet*) (weg)rutschen; *knife* abrutschen; **it ~ped out of her hand** es rutschte ihr aus der Hand; **the beads ~ped through my fingers** die Perlen glitten durch meine Finger; **to let sth ~ through one's fingers** sich (*dat*) etw entgehen lassen; **to let (it) ~ that ...** fallen lassen, dass ... **2.** (≈ *move quickly*) schlüpfen; (≈ *move smoothly*) rutschen **3.** (*standards etc*) fallen ♦ **slip away** *v/i* sich wegschleichen ♦ **slip back** *v/i* **1.** unbemerkt zurückgehen **2.** (*quickly*) schnell zurückgehen ♦ **slip behind** *v/i* zurückfallen ♦ **slip by** *v/i* (*person*) sich vorbeischleichen (*prep obj* an +*dat*); (*years*) nur so dahinschwinden ♦ **slip down** *v/i* **1.** (≈ *fall*) ausrutschen **2.** (≈ *go down*) hinunterlaufen ♦ **slip in I** *v/i* (sich) hineinschleichen **II** *v/t sep* **1. to slip sth into sb's pocket** jdm etw in die Tasche gleiten lassen **2.** (≈ *mention*) einfließen lassen ♦ **slip off I** *v/i* sich wegschleichen **II** *v/t sep shoes* abstreifen ♦ **slip on** *v/t sep* schlüpfen in (+*acc*) ♦ **slip out** *v/i* **1.** (≈ *leave*) kurz weggehen **2.** (≈ *be revealed*) herauskommen ♦ **slip past** *v/i*

= **slip by** ♦ **slip up** *v/i* (*infml* ≈ *err*) sich vertun (*infml*) (*over, in* bei)

slip-ons *pl* (*a.* **slip-on shoes**) Slipper *pl*

slipper *n* Hausschuh *m*

slippery *adj* **1.** schlüpfrig; *ground, shoes* glatt; *fish* glitschig; **he's on the ~ slope** (*fig*) er ist auf der schiefen Bahn **2.** (*pej infml*) *person* glatt; **a ~ customer** ein aalglatter Kerl (*infml*) **slippy** *adj* glatt

slip road *n* (*Br*: *onto motorway*) (Autobahn)auffahrt *f*; (*off motorway*) (Autobahn)ausfahrt *f*

slipshod *adj* schludrig

slip-up *n* (*infml*) Schnitzer *m*

slit *vb: pret, past part* **slit I** *n* Schlitz *m* **II** *v/t* (auf)schlitzen; **to ~ sb's throat** jdm die Kehle aufschlitzen

slither *v/i* rutschen; (*snake*) gleiten

sliver *n* **1.** (*of wood etc*) Splitter *m* **2.** (≈ *slice*) Scheibchen *nt*

slob *n* (*infml*) Drecksau *f* (*infml*)

slobber *v/i* sabbeln; (*dog*) geifern

slog (*infml*) **I** *n* Schinderei *f* **II** *v/i* **to ~ away** (**at sth**) sich (mit etw) abrackern

slogan *n* Slogan *m*

slop I *v/i* **to ~ over** (**into sth**) überschwappen (in etw *acc*) **II** *v/t* (≈ *spill*) verschütten; (≈ *pour out*) schütten

slope I *n* **1.** (≈ *angle*) Neigung *f*; (*of roof*) Schräge *f* **2.** (≈ *sloping ground*) (Ab)hang *m*; **on a ~** am Hang; **halfway up the ~** auf halber Höhe **II** *v/i* sich neigen; **the picture is sloping to the left/right** das Bild hängt schief; **his handwriting ~s to the left** seine Handschrift ist nach links geneigt ♦ **slope down** *v/i* sich neigen ♦ **slope up** *v/i* ansteigen

sloping *adj* **1.** *road* (*upwards*) ansteigend; (*downwards*) abfallend; *roof, floor* schräg; *garden* am Hang **2.** (≈ *not aligned*) schief

sloppiness *n* (*infml*) Schlampigkeit *f* (*infml*); (*of work, writing*) Schlud(e)rigkeit *f* (*infml*)

sloppy *adj* (+er) (*infml*) **1.** (≈ *careless*) schlampig (*infml*); *work* schlud(e)rig (*infml*) **2.** (≈ *sentimental*) rührselig

slosh (*infml*) **I** *v/t* (≈ *splash*) klatschen **II** *v/i* **to ~ around** (*herum*)schwappen; **to ~ through mud/water** durch Matsch/Wasser waten

slot *n* (≈ *opening*) Schlitz *m*; (≈ *groove*) Rille *f*; IT Steckplatz *m*; TV (gewohnte) Sendezeit *f* ♦ **slot in I** *v/t sep* hineinstecken; **to slot sth into sth** etw in etw *(acc)* stecken **II** *v/i* sich einfügen lassen; *suddenly everything slotted into place* plötzlich passte alles zusammen ◆ **slot together I** *v/i (parts)* sich zusammenfügen lassen **II** *v/t sep* zusammenfügen

slot machine *n* Münzautomat *m; (for gambling)* Spielautomat *m*

slouch I *n* (≈ *posture)* krumme Haltung **II** *v/i* (≈ *stand, sit)* herumhängen; (≈ *move)* latschen, hatschen *(Aus); he was ~ed over his desk* er hing über seinem Schreibtisch

Slovak I *adj* slowakisch **II** *n* **1.** Slowake *m,* Slowakin *f* **2.** LING Slowakisch *nt* **Slovakia** *n* die Slowakei

Slovene I *adj* slowenisch **II** *n* **1.** Slowene *m,* Slowenin *f* **2.** LING Slowenisch *nt* **Slovenia** *n* Slowenien *nt* **Slovenian** *adj, n =* **Slovene**

slovenly *adj* schlud(e)rig *(infml)*

slow I *adj (+er)* **1.** langsam; (≈ *stupid)* begriffsstutzig; *it's ~ work* das braucht seine Zeit; *he's a ~ learner* er lernt langsam; *it was ~ going* es ging nur langsam voran; *to get off to a ~ start (race)* schlecht vom Start kommen; *(project)* nur langsam in Gang kommen; *to be ~ to do sth* sich *(dat)* mit etw Zeit lassen; *to be ~ in doing sth* sich *(dat)* Zeit damit lassen, etw zu tun; *he is ~ to make up his mind* er braucht lange, um sich zu entscheiden; *to be (20 minutes) ~ (clock)* (20 Minuten) nachgehen **2.** (COMM ≈ *slack)* flau; *business is ~* das Geschäft ist flau *or* geht schlecht **II** *adv (+er)* langsam **III** *v/i* sich verlangsamen; (≈ *drive/walk more slowly)* langsamer fahren/gehen ◆ **slow down** *or* **up** *v/i* sich verlangsamen; (≈ *drive/walk more slowly)* langsamer fahren/gehen **II** *v/t sep (lit)* verlangsamen; *(fig) project* verzögern; *you just slow me up or down* du hältst mich nur auf

slowcoach *n (Br infml)* Langweiler(in) *m(f)* **slowdown** *n* Verlangsamung *f (in, of +gen)* **slow lane** *n* AUTO Kriechspur *f* **slowly** *adv* langsam; *~ but surely* langsam aber sicher **slow motion** *n* **in ~** in Zeitlupe **slow-moving** *adj* sich (nur) langsam bewegend; *traffic* kriechend **slowness** *n* Langsamkeit *f; their ~ to act* ihr Zaudern **slowpoke** *n (US infml)* = **slowcoach**

sludge *n* Schlamm *m;* (≈ *sediment)*

schmieriger Satz

slug[1] *n* Nacktschnecke *f*

slug[2] *n (infml) a ~ of whisky* ein Schluck *m* Whisky

sluggish *adj* träge

sluice I *n* Schleuse *f;* MIN (Wasch)rinne *f* **II** *v/t ore* waschen; *to ~ sth (down)* etw abspritzen **III** *v/i* *to ~ out* herausschießen

slum I *n (usu pl* ≈ *area)* Slum *m;* (≈ *house)* Elendsquartier *nt* **II** *v/t & v/i (infml: a.* **slum it)** primitiv leben

slumber *(liter)* **I** *n* Schlummer *m (elev)* **II** *v/i* schlummern *(elev)*

slump I *n (in sth* etw *Gen) (in numbers etc)* (plötzliche) Abnahme; *(in sales)* Rückgang *m;* (≈ *state)* Tiefstand *m;* FIN Sturz *m* **II** *v/i* **1.** *(a.* **slump off,** *prices)* stürzen; *(sales)* plötzlich zurückgehen; *(fig: morale etc)* sinken **2.** (≈ *sink)* sinken; *he was ~ed over the wheel* er war über dem Steuer zusammengesackt; *he was ~ed on the floor* er lag in sich *(dat)* zusammengesunken auf dem Fußboden

slung *pret, past part of* **sling**

slunk *pret, past part of* **slink**

slur I *n* (≈ *insult)* Beleidigung *f* **II** *v/t* undeutlich artikulieren; *words* (halb) verschlucken

slurp I *v/t & v/i (infml)* schlürfen **II** *n* Schlürfen *nt*

slurred *adj* undeutlich

slush *n* (Schnee)matsch *m* **slushy** *adj (+er)* snow matschig

slut *(infml) n* Schlampe *(pej infml)*

sly I *adj (+er)* **1.** (≈ *cunning)* gerissen **2.** (≈ *mischievous)* look, wink verschmitzt **II** *n* **on the ~** heimlich, still und leise *(hum)*

smack I *n* **1.** (klatschender) Schlag; (≈ *sound)* Klatschen *nt; you'll get a ~* du fängst gleich eine *(infml)* **2.** *(infml* ≈ *kiss) to give sb a ~ on the cheek* jdn einen Schmatz auf die Backe geben *(infml)* **II** *v/t* (≈ *slap)* knallen *(infml); to ~ a child* einem Kind eine runterhauen *(infml); I'll ~ your bottom* ich versohl dir gleich den Hintern! *(infml)* **III** *adv (infml)* direkt; *to be ~ in the middle of sth* mittendrin in etw *(dat)* sein

small I *adj (+er)* klein; *supply* gering; *sum* bescheiden; *voice* leise, klein; *a ~ number of people* eine geringe Anzahl von Leuten; *the ~est possible number of books* so wenig Bücher wie möglich;

to feel ~ (*fig*) sich (ganz) klein (und hässlich) vorkommen **II** *n* **the ~ of the back** das Kreuz **III** *adv* **to chop sth up ~** etw klein hacken **small arms** *pl* Handfeuerwaffen *pl* **small business** *n* Kleinunternehmen *nt* **small change** *n* Kleingeld *nt* **small fry** *pl* (*fig*) kleine Fische *pl* (*infml*) **small hours** *pl* früher Morgen; **in the (wee) ~** in den frühen Morgenstunden **smallish** *adj* (eher) kleiner; **he is ~** er ist eher klein **small letter** *n* Kleinbuchstabe *m* **small-minded** *adj* engstirnig **smallness** *n* Kleinheit *f*; (*of sum*) Bescheidenheit *f* **smallpox** *n* Pocken *pl* **small print** *n* **the ~** das Kleingedruckte **small-scale** *adj* *model* in verkleinertem Maßstab; *project* klein angelegt **small screen** *n* TV **on the ~** auf dem Bildschirm **small-sized** *adj* klein **small talk** *n* Small Talk *m*; **to make ~** plaudern, Small Talk machen **small-time** *adj* (*infml*) *crook* klein **small-town** *adj* Kleinstadt-

smarmy *adj* (+er) (*Br infml*) schmierig

smart I *adj* (+er) **1.** chic; *person, clothes* flott, fesch (*esp Aus*); *appearance* gepflegt; **the ~ set** die Schickeria (*infml*) **2.** (≈ *clever*) clever (*infml*); (*pej*) superklug; IT, MIL intelligent; **that wasn't very ~ (of you)** das war nicht besonders intelligent (von dir) **3.** (≈ *quick*) (blitz)schnell; *pace* rasch **II** *v/i* brennen; **to ~ from sth** (*fig*) unter etw (*dat*) leiden **smart alec(k)** *n* (*infml*) Schlauberger(in) *m(f)* (*infml*) **smartarse**, (*US*) **smartass** (*sl*) *n* Klugscheißer(in) *m(f)* (*infml*) **smart bomb** *n* intelligente Bombe **smart card** *n* Chipkarte *f* **smarten** (*a.* **smarten up**) **I** *v/t house* herausputzen; *appearance* aufmöbeln (*infml*); **to ~ oneself up** (≈ *dress up*) sich in Schale werfen (*infml*); (*generally*) mehr Wert auf sein Äußeres legen; **you'd better ~ up your ideas** (*infml*) du solltest dich am Riemen reißen (*infml*) **II** *v/i* (≈ *dress up*) sich in Schale werfen (*infml*); (≈ *improve appearance*) sich herausmachen **smartly** *adv* **1.** (≈ *elegantly*) chic **2.** (≈ *cleverly*) clever (*infml*) **3.** (≈ *quickly*) (blitz)schnell **smart money** *n* FIN Investitionsgelder *pl*; **the ~ is on him winning** Insider setzen darauf, dass er gewinnt **smartness** *n* **1.** (≈ *elegance*) Schick *m*; (*of appearance*) Gepflegtheit *f* **2.** (≈ *cleverness*) Cleverness *f* (*infml*), Schlau-

heit *f* **smartphone** *n* TEL Smartphone *nt*

smash I *v/t* **1.** zerschlagen; *window* einschlagen; *record* haushoch schlagen **2.** (≈ *strike*) schmettern **II** *v/i* **1.** (≈ *break*) zerschlagen; **it ~ed into a thousand pieces** es (zer)sprang in tausend Stücke **2.** (≈ *crash*) prallen; **the car ~ed into the wall** das Auto krachte gegen die Mauer **III** *n* **1.** (≈ *noise*) Krachen *nt* **2.** (≈ *collision*) Unfall *m*, Havarie *f* (*Aus*); (*esp with another vehicle*) Zusammenstoß *m* **3.** (≈ *blow*) Schlag *m*; TENNIS Schmetterball *m* **4.** (*infml*: *a.* **smash hit**) Riesenhit *m* ◆ **smash in** *v/t sep* einschlagen ◆ **smash up** *v/t sep* zertrümmern; *car* kaputt fahren

smashed *adj pred* (*infml* ≈ *drunk*) total zu (*infml*) **smash hit** *n* (*infml*) Superhit *m* (*infml*)

smashing *adj* (*esp Br infml*) klasse *inv* (*infml*)

smattering *n* **a ~ of French** ein paar Brocken Französisch

SME *abbr of* **small and medium-sized enterprises** mittelständische Betriebe *pl*

smear I *n* verschmierter Fleck; (*fig*) Verleumdung *f*; MED Abstrich *m* **II** *v/t* **1.** *grease* schmieren; (≈ *spread*) verschmieren; (≈ *make dirty*) beschmieren; *face* einschmieren **2.** (*fig*) *person* verunglimpfen **III** *v/i* (*paint, ink*) verlaufen **smear campaign** *n* Verleumdungskampagne *f* **smear test** *n* MED Abstrich *m*

smell *vb*: *pret, past part* **smelt** (*esp Brit*) *or* **smelled I** *n* Geruch *m*; **it has a nice ~** es riecht gut; **there's a funny ~ in here** hier riecht es komisch; **to have a ~ at sth** an etw (*acc*) riechen **II** *v/t* **1.** (*lit*) riechen; **can** *or* **do you ~ burning?** riechst du, dass etwas brennt *or* (COOK) anbrennt? **2.** (*fig*) *danger* wittern; **to ~ trouble** Ärger *or* Stunk (*infml*) kommen sehen; **to ~ a rat** (*infml*) den Braten riechen **III** *v/i* riechen; **to ~ of sth** nach etw riechen; **his breath ~s** er hat Mundgeruch **smelly** *adj* (+er) übel riechend; **it's ~ in here** hier drin stinkt es

smelt¹ (*esp Br*) *pret, past part of* **smell**

smelt² *v/t ore* schmelzen; (≈ *refine*) verhütten

smile I *n* Lächeln *nt*; **she gave a little ~** sie lächelte schwach; **to give sb a ~** jdm zulächeln **II** *v/i* lächeln; **he's always smiling** er lacht immer; **to ~ at sb** jdn anlä-

cheln; **to ~ at sth** über etw (acc) lächeln
smiley adj face, person freundlich **smiling** adj, **smilingly** adv lächelnd
smirk I n Grinsen nt **II** v/i grinsen
smith n Schmied(in) m(f)
smithereens pl **to smash sth to ~** etw in tausend Stücke schlagen
smithy n Schmiede f
smitten adj **he's really ~ with her** (infml) er ist wirklich vernarrt in sie
smock n Kittel m; (as top) Hänger m
smog n Smog m
smoke I n Rauch m; **to go up in ~** in Rauch (und Flammen) aufgehen; (fig) sich in Wohlgefallen auflösen; **to have a ~** eine rauchen **II** v/t **1.** cigarette rauchen **2.** fish etc räuchern, selchen (Aus) **III** v/i rauchen **smoke alarm** n Rauchmelder m **smoked** adj fish geräuchert, geselcht (Aus) **smoke detector** n Rauchmelder m **smoke-free** adj rauchfrei **smokeless** adj fuel rauchlos
smoker n Raucher(in) m(f); **to be a heavy ~** stark rauchen **smoke screen** n (fig) Vorwand m **smoke signal** n Rauchzeichen nt **smoking** n Rauchen nt; **"no ~"** „Rauchen verboten" **smoking compartment** n, (US) **smoking car** n Raucherabteil nt **smoky** adj (+er) fire rauchend; atmosphere verraucht; flavour rauchig
smolder v/i (US) = **smoulder**
smooch (infml) v/i knutschen (infml)
smooth I adj (+er) **1.** glatt; hair, gear change weich; surface eben; flight ruhig; paste sämig; flavour mild; **as ~ as silk** seidenweich; **worn ~** steps glatt getreten; knife abgeschliffen; tyre abgefahren **2.** transition, relations reibungslos **3.** (≈ polite: often pej) glatt **II** v/t surface glätten; dress glatt streichen; (fig) feelings beruhigen ♦ **smooth back** v/t sep hair zurückstreichen ♦ **smooth down** v/t sep glatt machen; feathers, dress glatt streichen ♦ **smooth out** v/t sep crease glätten; (fig) difficulty aus dem Weg räumen ♦ **smooth over** v/t sep (fig) quarrel geradebiegen (infml)
smoothie n (≈ drink) Smoothie m, Fruchtdrink m **smoothly** adv change gear weich; **to run ~** (engine) ruhig laufen; **to go ~** glatt über die Bühne gehen; **to run ~** (event) reibungslos verlaufen **smoothness** n **1.** Glätte f; (of surface) Ebenheit f **2.** (of flight) Ruhe f **3.** (of

transition) Reibungslosigkeit f
smother I v/t **1.** person, fire ersticken; (fig) yawn unterdrücken **2.** (≈ cover) bedecken; **fruit ~ed in cream** Obst, das in Sahne schwimmt **II** v/i ersticken
smoulder, (US) **smolder** v/i glimmen **smouldering,** (US) **smoldering** adj **1.** fire, resentment schwelend **2.** **a ~ look** ein glühender Blick
SMS TEL abbr of **Short Message Service** SMS
smudge I n Fleck m; (of ink) Klecks m **II** v/t verwischen **III** v/i verschmieren
smug adj (+er) selbstgefällig
smuggle v/t & v/i schmuggeln; **to ~ sb/ sth in** jdn/etw einschmuggeln; **to ~ sb/ sth out** jdn/etw herausschmuggeln
smuggler n Schmuggler(in) m(f)
smuggling n Schmuggel m
smugly adv selbstgefällig **smugness** n Selbstgefälligkeit f
smutty adj (+er) (fig) schmutzig
snack n Imbiss m, Jause f (Aus); **to have a ~** eine Kleinigkeit essen, jausnen (Aus)
snack bar n Imbissstube f
snag I n **1.** Haken m; **there's a ~** die Sache hat einen Haken; **to hit a ~** in Schwierigkeiten (acc) kommen **2.** (≈ in clothes) gezogener Faden **II** v/t sich (dat) einen Faden ziehen; **I ~ged my tights** ich habe mir an den Strumpfhosen einen Faden gezogen
snail n Schnecke f; **at a ~'s pace** im Schneckentempo **snail mail** n (hum) Schneckenpost f (infml)
snake n Schlange f **snakebite** n **1.** Schlangenbiss m **2.** (≈ drink) Getränk aus Cidre und Bier **snakeskin** adj Schlangenleder-, aus Schlangenleder
snap I n **1.** (≈ sound) Schnappen nt; (of sth breaking) Knacken nt **2.** PHOT Schnappschuss m **3.** CARDS ≈ Schnippschnapp nt **4.** **cold ~** Kälteeinbruch m **II** adj attr plötzlich **III** int **I bought a green one — ~!** (Br infml) ich hab mir ein grünes gekauft — ich auch! **IV** v/t **1.** fingers schnipsen mit **2.** (≈ break) zerbrechen **3.** PHOT knipsen **V** v/i **1.** (≈ click) (zu)schnappen; (≈ break) zerbrechen; **to ~ shut** zuschnappen **2.** (≈ speak sharply) schnappen (infml); **to ~ at sb** jdn anschnauzen (infml) **3.** (of dog etc, fig) schnappen (at nach) **4.** (infml) **something ~ped (in him)** da hat (bei ihm) etwas ausgehakt (infml) ♦ **snap**

off *v/t sep* abbrechen ◆ **snap out** I *v/t sep* **to snap sb out of sth** jdn aus etw herausreißen II *v/i* **to ~ of sth** sich aus etw herausreißen; **~ of it!** reiß dich zusammen! ◆ **snap up** *v/t sep* wegschnappen

snap fastener *n* Druckknopf *m* **snappy** *adj* (+er) **1.** (*infml*) **and make it ~!** und zwar ein bisschen dalli! (*infml*) **2.** (*infml*) *phrase* zündend **snapshot** *n* Schnappschuss *m*

snare *n* (≈ *trap*) Falle *f*

snarl I *n* Knurren *nt no pl* II *v/i* knurren; **to ~ at sb** jdn anknurren ◆ **snarl up** *v/t sep* (*infml*) *traffic* durcheinanderbringen

snatch I *n* Stück *nt*; (*of conversation*) Fetzen *m*; (*of music*) ein paar Takte II *v/t* **1.** (≈ *grab*) greifen; **to ~ sth from sb** jdm etw entreißen; **to ~ sth out of sb's hand** jdm etw aus der Hand reißen **2.** *some sleep etc* ergattern; **to ~ a quick meal** schnell etwas essen; **to ~ defeat from the jaws of victory** einen sicheren Sieg in eine Niederlage verwandeln **3.** (*infml*) (≈ *steal*) klauen (*infml*); *handbag* aus der Hand reißen; (≈ *kidnap*) entführen III *v/i* greifen (*at* nach) ◆ **snatch away** *v/t sep* wegreißen (*sth from sb* jdm etw)

sneak I *n* Schleicher(in) *m(f)* II *v/t* **to ~ sth into a room** etw in ein Zimmer schmuggeln; **to ~ a look at sb/sth** auf jdn/etw schielen III *v/i* **to ~ away** *or* **off** sich wegschleichen; **to ~ in** sich einschleichen; **to ~ past sb** (sich) an jdm vorbeischleichen; **to ~ up on sb** sich an jdn heranschleichen **sneakers** *pl* (*esp US*) Freizeitschuhe *pl* **sneaking** *adj attr* **to have a ~ feeling that ...** ein schleichendes Gefühl haben, dass ...

sneak preview *n* (*of film etc*) Vorschau *f* **sneaky** *adj* (+er) (*pej infml*) gewieft (*infml*)

sneer I *n* höhnisches Lächeln II *v/i* spotten; (≈ *look sneering*) höhnisch grinsen; **to ~ at sb** jdn verhöhnen **sneering** *adj*, **sneeringly** *adv* höhnisch

sneeze I *n* Nieser *m* II *v/i* niesen; **not to be ~d at** nicht zu verachten

snide *adj* abfällig

sniff I *n* Schniefen *nt no pl* (*infml*); (*of dog*) Schnüffeln *nt no pl*; **have a ~ at this** riech mal hieran II *v/t* riechen; *air* schnuppern III *v/i* (*person*) schniefen (*infml*); (*dog*) schnüffeln; **to ~ at sth**

(*lit*) an etw (*dat*) schnuppern; **not to be ~ed at** nicht zu verachten ◆ **sniff around** (*infml*) *v/i* (*for information*) herumschnüffeln (*infml*) ◆ **sniff out** *v/t sep* (*lit, fig infml*) aufspüren

sniffle *n, v/i* = **snuffle**

snigger *n* Gekicher *nt* II *v/i* kichern (*at, about* wegen)

snip I *n* **1.** (≈ *cut*) Schnitt *m* **2.** (*esp Br infml*) **at only £2 it's a real ~** für nur £ 2 ist es unheimlich günstig II *v/t* **to ~ sth off** etw abschnippeln (*infml*)

sniper *n* Heckenschütze *m*/-schützin *f*

snippet *n* Stückchen *nt*; (*of information*) (Bruch)stück *nt*; **~s of (a) conversation** Gesprächsfetzen *pl*

snivel *v/i* heulen **snivelling**, (*US*) **sniveling** *adj* heulend, flennend (*infml*)

snob *n* Snob *m* **snobbery** *n* Snobismus *m* **snobbish** *adj* snobistisch; **to be ~ about sth** bei etw wählerisch sein

snog (*Br infml*) I *n* Knutscherei *f* (*infml*); **to have a ~ with sb** mit jdm rumknutschen (*infml*) II *v/i* rumknutschen (*infml*) III *v/t* abknutschen (*infml*)

snooker *n* Snooker *nt*

snoop I *n* **1.** Schnüffler(in) *m(f)* **2.** **I'll have a ~ around** ich gucke mich mal (ein bisschen) um II *v/i* schnüffeln; **to ~ about** (*Br*) *or* **around** herumschnüffeln

snooty *adj* (+er), **snootily** *adv* (*infml*) hochnäsig

snooze I *n* Nickerchen *nt*; **to have a ~** ein Schläfchen machen II *v/i* ein Nickerchen machen

snore I *n* Schnarchen *nt no pl* II *v/i* schnarchen **snoring** *n* Schnarchen *nt*

snorkel *n* Schnorchel *m* **snorkelling**, (*US*) **snorkeling** *n* Schnorcheln *nt*

snort I *n* Schnauben *nt no pl*; (*of boar*) Grunzen *nt no pl* II *v/i* schnauben; (*boar*) grunzen III *v/t* (*person*) schnauben

snot *n* (*infml*) Rotz *m* (*infml*) **snotty** *adj* (+er) (*infml*) rotzig (*infml*)

snout *n* Schnauze *f*

snow I *n* Schnee *m*; **as white as ~** schneeweiß II *v/i* schneien ◆ **snow in** *v/t sep* (*usu pass*) **to be** *or* **get snowed in** einschneien ◆ **snow under** *v/t sep* (*infml, usu pass*) **to be snowed under** (*with work*) reichlich eingedeckt sein

snowball I *n* Schneeball *m* II *v/i* eskalieren **snowboard** I *n* Snowboard *nt* II *v/i*

Snowboard fahren **snowboarding** *n* Snowboarding *nt* **snowbound** *adj* eingeschneit **snowcapped** *adj* schneebedeckt **snow-covered** *adj* verschneit **snowdrift** *n* Schneewehe *f* **snowdrop** *n* Schneeglöckchen *nt* **snowfall** *n* Schneefall *m* **snowflake** *n* Schneeflocke *f* **snowman** *n* Schneemann *m* **snowmobile** *n* Schneemobil *nt* **snowplough**, (*US*) **snowplow** *n* Schneepflug *m* **snowstorm** *n* Schneesturm *m* **snow-white** *adj* schneeweiß **snowy** *adj* (+*er*) *weather* schneereich; *hills* verschneit

SNP *abbr of* **Scottish National Party** schottische Partei, die sich für die Unabhängigkeit des Landes einsetzt

snub I *n* Brüskierung *f* **II** *v/t* **1.** *person* brüskieren **2.** (≈ *ignore*) schneiden

snub nose *n* Stupsnase *f*

snuff I *n* Schnupftabak *m* **II** *v/t candle* (*a.* **snuff out**) auslöschen

snuffle I *n* Schniefen *nt no pl*; **to have the ~s** (*infml*) einen leichten Schnupfen haben **II** *v/i* schnüffeln; (*with cold, from crying*) schniefen (*infml*)

snug *adj* (+*er*) (≈ *cosy*) gemütlich; (≈ *close-fitting*) gut sitzend *attr*

snuggle *v/i* sich schmiegen; **to ~ up (to sb)** sich (an jdn) anschmiegen; **I like to ~ up with a book** ich mache es mir gern mit einem Buch gemütlich

snugly *adv* **1.** (≈ *cosily*) gemütlich, behaglich **2.** (≈ *tightly*) *close* fest; *fit* gut

so I *adv* **1.** so; *pleased* sehr; *love, hate* so sehr; **so much tea** so viel Tee; **so many flies** so viele Fliegen; **he was so stupid (that)** er war so *or* dermaßen dumm(, dass); **not so ... as** nicht so ... wie; **I am not so stupid as to believe that** *or* **that I believe that** so dumm bin ich nicht, dass ich das glaube(n würde); **would you be so kind as to open the door?** wären Sie bitte so freundlich und würden die Tür öffnen?; **how are things? — not so bad!** wie gehts? — nicht schlecht!; **that's so kind of you** das ist wirklich sehr nett von Ihnen; **so it was that ...** so kam es, dass ...; **and so it was** und so war es auch; **by so doing he has ...** indem er das tat, hat er ...; **and so on** *or* **forth** und so weiter **2.** (*replacing sentence*) **I hope so** hoffentlich; (*emphatic*) das hoffe ich doch sehr; **I think so** ich glaube schon; **I never said so** das habe ich nie gesagt; **I told**

you so ich habe es dir ja gesagt; **why? — because I say so** warum? — weil ich es sage; **I suppose so** (≈ *very well*) meinetwegen; (≈ *I believe so*) ich glaube schon; **so I believe** ja, ich glaube schon; **so I see** ja, das sehe ich; **so be it** nun gut; **if so** wenn ja; **he said he would finish it this week, and so he did** er hat gesagt, er würde es diese Woche fertig machen und das hat er auch (gemacht); **how so?** wieso das?; **or so they say** oder so heißt es jedenfalls; **it is so!** doch!; **that is so** das stimmt; **is that so?** ja? **3.** (*unspecified amount*) **how high is it?** — oh, about **so high** wie hoch ist das? — oh, ungefähr so; **a week or so** ungefähr eine Woche; **50 or so** etwa 50 **4.** (≈ *likewise*) auch; **so am/would I** ich auch **5. he walked past and didn't so much as look at me** er ging vorbei, ohne mich auch nur anzusehen; **he didn't say so much as thank you** er hat nicht einmal Danke gesagt; **so much for that!** (*infml*) das wärs ja wohl gewesen! (*infml*); **so much for his promises** und er hat solche Versprechungen gemacht **II** *cj* **1.** (*expressing purpose*) damit; **we hurried so as not to be late** wir haben uns beeilt, um nicht zu spät zu kommen **2.** (≈ *therefore, in questions, exclamations*) also; **so you see ...** wie du siehst ...; **so you're Spanish?** Sie sind also Spanier(in)?; **so there you are!** hier steckst du also!; **so what did you do?** und was haben Sie (da) gemacht?; **so (what)?** (*infml*) (na) und?; **I'm not going, so there!** (*infml*) ich geh nicht, fertig, aus!

soak I *v/t* **1.** (≈ *wet*) durchnässen **2.** (≈ *steep*) einweichen (*in in +dat*) **II** *v/i leave it to ~* weichen Sie es ein; **to ~ in a bath** sich einweichen (*infml*); **rain has ~ed through the ceiling** der Regen ist durch die Decke gesickert **III** *n* **I had a long ~ in the bath** ich habe lange in der Wanne gelegen ♦ **soak up** *v/t sep liquid* aufsaugen; *sunshine* genießen; *atmosphere* in sich (*acc*) hineinsaugen

soaked *adj* durchnässt; **his T-shirt was ~ in sweat** sein T-shirt war schweißgetränkt; **to be ~ to the skin** bis auf die Haut nass sein **soaking I** *adj* klitschnass **II** *adv ~ wet* triefend nass

so-and-so *n* (*infml*) **1. ~ up at the shop** Herr / Frau Soundso im Laden **2.** (*pej*)

you old ~ du bist vielleicht einer/eine
soap I *n* Seife *f* **II** *v/t* einseifen **soapbox** *n*
to get up on one's ~ *(fig)* Volksreden *pl*
halten **soap opera** *n* *(infml)* Seifenoper
f (infml), Soap-Opera *f (infml)* **soap
powder** *n* Seifenpulver *nt* **soapsuds**
pl Seifenschaum *m* **soapy** *adj* (+er) seifig; **~ water** Seifenwasser *nt*
soar *v/i* **1.** (*a.* **soar up**) aufsteigen **2.**
(fig, building) hochragen; *(cost)* hochschnellen; *(popularity, hopes)* einen Aufschwung nehmen; *(spirits)* einen Aufschwung bekommen **soaring** *adj bird*
aufsteigend; *prices* in die Höhe schnel-
lend
sob I *n* Schluchzen *nt no pl*; **..., he said
with a ~** ..., sagte er schluchzend **II** *v/t*
& *v/i* schluchzen *(with* vor *+dat)*
♦ **sob out** *v/t sep* **to sob one's heart
out** sich *(dat)* die Seele aus dem Leib
weinen
sobbing I *n* Schluchzen *nt* **II** *adj* schluchzend
sober *adj* nüchtern; *expression, occasion*
ernst; (≈ *not showy*) dezent ♦ **sober up
I** *v/t sep (lit)* nüchtern machen **II** *v/i (lit)*
nüchtern werden
sobering *adj* ernüchternd
Soc. *abbr of* **society**
so-called *adj* sogenannt; (≈ *supposed)*
angeblich
soccer *n* Fußball *m*; **~ player** Fußbal-
ler(in) *m(f)*, Fußballspieler(in) *m(f)*
sociable *adj* (≈ *gregarious)* gesellig; (≈
friendly) freundlich
social *adj* **1.** sozial; *life, status, event* gesellschaftlich; *visit* privat; **~ reform** So-
zialreform *f*; **~ justice** soziale Gerechtigkeit; **to be a ~ outcast/misfit** ein sozialer Außenseiter/eine soziale Außen-
seiterin sein; **a room for ~ functions**
ein Gesellschaftsraum *m*; **there isn't
much ~ life around here** hier in der Gegend wird gesellschaftlich nicht viel geboten; **how's your ~ life these days?**
(infml) und was treibst du so privat?
(infml); **to have an active ~ life** ein ausgefülltes Privatleben haben; **to be a ~
smoker** nur in Gesellschaft rauchen; **a
~ acquaintance** ein Bekannter, eine Bekannte **2.** *evening, person* gesellig **social
anthropology** *n* Sozialanthropologie *f*
social climber *n* Emporkömmling *m*
(pej), sozialer Aufsteiger, soziale Aufsteigerin **social club** *n* Verein *m* **social**

democracy *n* Sozialdemokratie *f* **social
democrat** *n* Sozialdemokrat(in) *m(f)*
socialism *n* Sozialismus *m* **socialist I**
adj sozialistisch **II** *n* Sozialist(in) *m(f)*
socialite *n* *(infml)* Angehörige(r)
m/f(m) der feinen Gesellschaft **socialize** *v/i* **to ~ with sb** mit jdm gesellschaftlich verkehren **socially** *adv* gesellschaftlich; *deprived etc* sozial; **to know sb ~**
jdn privat kennen **social science** *n* So-
zialwissenschaft *f* **social security** *n (Br)*
Sozialhilfe *f*; *(US)* Sozialversicherungs-
leistungen *pl*; (≈ *scheme)* Sozialversicherung *f*; **to be on ~** *(Br)* Sozialhilfe-
empfänger(in) sein; *(US)* Sozialhilfe-
leistungen erhalten **social ser-
vices** *pl* Sozialdienste *pl* **social studies**
n sg or pl ≈ Gemeinschaftskunde *f* **social work** *n* Sozialarbeit *f* **social worker**
n Sozialarbeiter(in) *m(f)*
society *n* **1.** (≈ *social community)* die Gesellschaft **2.** (≈ *club)* Verein *m*; UNIV
Klub *m*
sociologist *n* Soziologe *m*, Soziologin *f*
sociology *n* Soziologie *f*
sock[1] *n* Socke *f*; *(knee-length)* Kniestrumpf *m*; **to pull one's ~s up** *(Br
infml)* sich am Riemen reißen *(infml)*;
put a ~ in it! *(Br infml)* hör auf damit!;
to work one's ~s off *(infml)* bis zum
Umkippen arbeiten *(infml)*
sock[2] *v/t (infml* ≈ *hit)* hauen *(infml)*; **he
~ed her right in the eye** er verpasste
ihr eine aufs Auge *(infml)*
socket *n* **1.** *(of eye)* Augenhöhle *f* **2.** *(of
joint)* Gelenkpfanne *f*; **to pull sb's
arm out of its ~** jdm den Arm auskugeln
3. ELEC Steckdose *f*; MECH Fassung *f*
sod[1] *n* (≈ *turf)* Grassode *f*
sod[2] *(Br infml)* **I** *n* Sau *f (infml)*; **the poor
~s** die armen Schweine *(infml)* **II** *v/t* **~ it!**
verdammte Scheiße! *(infml)*; **~ him** der
kann mich mal *(infml) or* mal am Arsch
lecken *(vulg)*!♦ **sod off** *v/i (Br infml)* **~!**
zieh Leine, du Arsch! *(vulg)*
soda *n* **1.** CHEM Soda *nt*; (≈ *caustic soda)*
Ätznatron *nt* **2.** (≈ *drink)* Soda(wasser)
nt
sod all *n (Br infml* ≈ *nothing)* rein gar
nichts
soda siphon *n* Siphon *m* **soda water** *n*
Sodawasser *nt*
sodden *adj* durchnässt
sodding *(Br infml)* **I** *adj* verflucht
(infml), Scheiß- *(infml)* **II** *adv* ver-

dammt (*infml*), verflucht (*infml*)
sodium *n* Natrium *nt* **sodium bicarbonate** *n* Natron *nt* **sodium chloride** *n* Natriumchlorid *nt*, Kochsalz *nt*
sodomy *n* Analverkehr *m*
sofa *n* Sofa *nt*; **~ bed** Sofabett *nt*
soft *adj* (+*er*) **1.** weich; *skin* zart; *hair* seidig; *drink* alkoholfrei; **~ cheese** Weichkäse *m*; **~ porn film** weicher Porno **2.** (≈ *gentle*) sanft; *light, music* gedämpft **3.** (≈ *weak*) schwach; **to be ~ on sb** jdm gegenüber nachgiebig sein **4.** *job, life* bequem **5.** (≈ *kind*) *smile* warm; **to have a ~ spot for sb** (*infml*) eine Schwäche für jdn haben **softball** *n* Softball *m* **soft-boiled** *adj* weich (gekocht) **soft-centred** *adj* mit Cremefüllung
soften I *v/t* weich machen; *effect* mildern **II** *v/i* weich werden; (*voice*) sanft werden ◆ **soften up I** *v/t sep* **1.** (*lit*) weich machen **2.** (*fig*) *opposition* milde stimmen; (*by bullying*) einschüchtern **II** *v/i* (*material*) weich werden
softener *n* (≈ *fabric softener*) Weichspüler *m* **soft focus** *n* FILM, PHOT Weichzeichnung *f* **soft fruit** *n* (*Br*) Beerenobst *nt* **soft furnishings** *pl* (*Br*) Vorhänge, Teppiche etc **soft-hearted** *adj* weichherzig **softie** *n* (*infml: too tender-hearted*) gutmütiger Trottel (*infml*); (*sentimental*) sentimentaler Typ (*infml*); (*effeminate, cowardly*) Weichling *m* (*infml*) **softly** *adv* (≈ *gently*) sanft; (≈ *not loud*) leise; **to be ~ spoken** eine angenehme Stimme haben **softness** *n* Weichheit *f*; (*of skin*) Zartheit *f* **soft skills** *pl* Soft Skills *pl* **soft-spoken** *adj* *person* leise sprechend *attr*; **to be ~** eine angenehme Stimme haben **soft target** *n* leichte Beute **soft top** *n* (*esp US* AUTO) Kabriolett *nt* **soft toy** *n* (*Br*) Stofftier *nt*
software *n* Software *f* **software company** *n* Softwarehaus *nt* **software package** *n* Softwarepaket *nt* **softy** *n* (*infml*) = **softie**
sogginess *n* triefende Nässe; (*of food*) Matschigkeit *f* (*infml*); (*of cake, bread*) Klitschigkeit *f* **soggy** *adj* (+*er*) durchnässt; *food* matschig (*infml*); *bread* klitschig; **a ~ mess** eine Matsche
soil¹ *n* Erde *f*, Boden *m*; **native/British ~** heimatlicher / britischer Boden, heimatliche / britische Erde
soil² *v/t* (*lit*) schmutzig machen; (*fig*) beschmutzen **soiled** *adj* schmutzig; *goods* verschmutzt
solace *n* Trost *m*
solar *adj* Sonnen-, Solar-; **~ power** Sonnenkraft *f* **solar eclipse** *n* Sonnenfinsternis *f* **solar energy** *n* Sonnenenergie *f* **solarium** *n, pl* **solaria** Solarium *nt* **solar-powered** *adj* mit Sonnenenergie betrieben **solar power plant** *n* Solarkraftwerk *nt* **solar system** *n* Sonnensystem *nt*
sold *pret, past part of* **sell**
soldier *n* Soldat(in) *m(f)*
sole¹ *n* Sohle *f*
sole² *n* (≈ *fish*) Seezunge *f*
sole³ *adj reason* einzig; *responsibility* alleinig; *use* ausschließlich; **with the ~ exception of ...** mit alleiniger Ausnahme +*gen* ...; **for the ~ purpose of ...** einzig und allein zu dem Zweck +*gen* ... **solely** *adv* nur
solemn *adj* feierlich; *person, warning* ernst; *promise, duty* heilig **solemnity** *n* Feierlichkeit *f* **solemnly** *adv* feierlich; *say* ernsthaft; *swear* bei allem, was einem heilig ist
soliciting *n* Aufforderung *f* zur Unzucht **solicitor** *n* (JUR, *Br*) Rechtsanwalt *m*/-anwältin *f*; (*US*) Justizbeamte(r) *m*/-beamtin *f*
solid I *adj* **1.** fest; *gold, rock* massiv; *layer, traffic etc* dicht; *line* ununterbrochen; (≈ *heavily-built*) *person* stämmig; *house, relationship* stabil; *piece of work, character, knowledge* solide; **to be frozen ~** hart gefroren sein; **the square was packed ~ with cars** die Autos standen dicht an dicht auf dem Platz; **they worked for two ~ days** sie haben zwei Tage ununterbrochen gearbeitet **2.** *reason* handfest **3.** *support* voll **II** *adv* **1.** (≈ *completely*) völlig **2.** **for eight hours ~** acht Stunden lang ununterbrochen **III** *n* **1.** fester Stoff **2.** **solids** *pl* (≈ *food*) feste Nahrung *no pl*
solidarity *n* Solidarität *f*
solidify *v/i* fest werden **solidity** *n* **1.** (*of substance*) Festigkeit *f* **2.** (*of support*) Geschlossenheit *f* **solidly** *adv* **1.** *stuck, secured* fest; **~ built** *house* solide gebaut, währschaft (*Swiss*); *person* kräftig gebaut **2.** *argued* stichhaltig **3.** (≈ *uninterruptedly*) ununterbrochen **4.** **to be ~ behind sb/sth** geschlossen hinter jdm / etw stehen
solitary *adj* **1.** *life, person* einsam; *place*

abgelegen; *a few ~ houses* ein paar vereinzelte Häuser; *a ~ person* ein Einzelgänger *m*, eine Einzelgängerin **2.** *example*, *goal* einzig **solitary confinement** *n* Einzelhaft *f*; *to be held in ~* in Einzelhaft gehalten werden **solitude** *n* Einsamkeit *f*

solo I *n* Solo *nt*; *piano ~* Klaviersolo *nt* **II** *adj* Solo- **III** *adv* allein; MUS solo; *to go ~* eine Solokarriere einschlagen **soloist** *n* Solist(in) *m(f)*

solstice *n* Sonnenwende *f*

soluble *adj* **1.** löslich; *~ in water* wasserlöslich **2.** *problem* lösbar **solution** *n* Lösung *f* (*to +gen*)

solvable *adj* *problem* lösbar **solve** *v/t* *problem* lösen; *mystery* enträtseln; *crime* aufklären **solvent I** *adj* FIN zahlungsfähig, solvent **II** *n* CHEM Lösungsmittel *nt*

sombre, (*US*) **somber** *adj* (≈ *gloomy*) düster; *news* traurig; *music* trist **sombrely**, (*US*) **somberly** *adv* say düster; *watch* finster

some I *adj* **1.** (*with plural nouns*) einige; (≈ *a few*) ein paar; *did you bring ~ CDs?* hast du CDs mitgebracht?; *~ records of mine* einige meiner Platten; *would you like ~ more biscuits?* möchten Sie noch (ein paar) Kekse? **2.** (*with singular nouns*) etwas; (≈ *a little*) ein bisschen; *there's ~ ink on your shirt* Sie haben Tinte auf dem Hemd; *~ more tea?* noch etwas Tee? **3.** (≈ *certain*) manche(r, s); *~ people say ...* manche Leute sagen ...; *~ people just don't care* es gibt Leute, denen ist das einfach egal; *in ~ ways* in gewisser Weise **4.** (*indeterminate*) irgendein; *~ book or other* irgendein Buch; *~ woman, whose name I forget ...* eine Frau, ich habe ihren Namen vergessen, ...; *in ~ way or another* irgendwie; *or ~ such* oder so etwas Ähnliches; *or ~ such name* oder so ein ähnlicher Name; *~ time or other* irgendwann einmal; *~ other time* ein andermal; *~ day* eines Tages; *~ day next week* irgendwann nächste Woche **5.** (*intensifier*) ziemlich; (*in exclamations*, *iron*) vielleicht ein (*infml*); *it took ~ courage* dazu brauchte man schon ziemlichen Mut; (*that was*) *~ party!* das war vielleicht eine Party! (*infml*); *this might take ~ time* das könnte einige Zeit dauern; *quite ~ time* ziemlich lange; *to speak at ~ length* ziemlich lange

sprechen; *~ help you are* du bist mir vielleicht eine Hilfe (*infml*); *~ people!* Leute gibts! **II** *pron* **1.** (*referring to plural nouns*) (≈ *a few*) einige; (≈ *certain ones*) manche; (*in "if" clauses*, *questions*) welche; *~ of these books* einige dieser Bücher; *~ of them are here* einige sind hier; *~ ..., others ...* manche ..., andere ...; *they're lovely, try ~* die schmecken gut, probieren Sie mal; *I've still got ~* ich habe noch welche **2.** (*referring to singular nouns*) (≈ *a little*) etwas; (≈ *a certain amount*) manches; (*in "if" clauses*, *questions*) welche(r, s); *I drank ~ of the milk* ich habe (etwas) von der Milch getrunken; *have ~!* bedienen Sie sich; *it's lovely cake, would you like ~?* das ist ein sehr guter Kuchen, möchten Sie welchen?; *try ~ of this cake* probieren Sie doch mal diesen Kuchen; *would you like ~ money/tea? — no, I've got ~* möchten Sie Geld / Tee? — nein, ich habe Geld / ich habe noch; *have you got money? — no, but he has ~* haben Sie Geld? — nein, aber er hat welches; *~ of it had been eaten* einiges (davon) war gegessen worden; *he only believed ~ of it* er hat es nur teilweise geglaubt; *~ of the finest poetry in the English language* einige der schönsten Gedichte in der englischen Sprache **III** *adv* ungefähr

somebody I *pron* jemand; *~ else* jemand anders; *~ or other* irgendjemand; *~ knocked at the door* es klopfte jemand an die Tür; *we need ~ German* wir brauchen einen Deutschen; *you must have seen ~* Sie müssen doch irgendjemand(en) gesehen haben **II** *n* *to be (a) ~* wer (*infml*) *or* jemand sein **someday** *adv* eines Tages

somehow *adv* irgendwie

someone *pron* = **somebody** I

someplace *adv* (*US infml*) *be* irgendwo; *go* irgendwohin; *~ else* *be* woanders; *go* woandershin

somersault I *n* Purzelbaum *m*; (SPORTS, *fig*) Salto *m*; *to do a ~* einen Purzelbaum schlagen; SPORTS einen Salto machen **II** *v/i* (*person*) einen Purzelbaum schlagen; SPORTS einen Salto machen

something I *pron* **1.** etwas; *~ nice etc* etwas Nettes *etc*; *~ or other* irgendetwas; *there's ~ I don't like about him* irgendetwas gefällt mir an ihm nicht; *well*, *that's* ~ (das ist) immerhin etwas; *he's* ~ *to do with the Foreign Office* er ist irgendwie beim Außenministerium; *she's called Rachel* ~ sie heißt Rachel Soundso; *three hundred and* ~ dreihundert und ein paar (Zerquetschte (*infml*)); *or* ~ (*infml*) oder so (was); *are you drunk or* ~? (*infml*) bist du betrunken oder was? (*infml*); *she's called Maria or* ~ *like that* sie heißt Maria oder so ähnlich **2.** (*infml* ≈ *something special*) *it was* ~ *else* (*esp US*) *or quite* ~ das war schon toll (*infml*) **II** *n a little* ~ eine Kleinigkeit; *a certain* ~ ein gewisses Etwas **III** *adv* ~ *over 200* etwas über 200; ~ *like 200* ungefähr 200; *you look* ~ *like him* du siehst ihm irgendwie ähnlich; *it's* ~ *of a problem* das ist schon ein Problem; ~ *of a surprise* eine ziemliche Überraschung

-something *suf he's twenty-something* er ist in den Zwanzigern

sometime *adv* irgendwann; ~ *or other it will have to be done* irgendwann muss es gemacht werden; *write to me* ~ *soon* schreib mir (doch) bald (ein)mal; ~ *before tomorrow* heute noch

sometimes *adv* manchmal

somewhat *adv* ein wenig; *the system is* ~ *less than perfect* das System funktioniert irgendwie nicht ganz

somewhere *adv* **1.** *be* irgendwo; *go* irgendwohin; ~ *else* irgendwo anders, irgendwo anders hin; *to take one's business* ~ *else* seine Geschäfte woanders machen; *from* ~ irgendwoher; *I know* ~ *where ...* ich weiß, wo ...; *I needed* ~ *to live in London* ich brauchte irgendwo in London eine Unterkunft; *we just wanted* ~ *to go after school* wir wollten bloß einen Ort, wo wir nach der Schule eingehen können; ~ *around here* irgendwo hier in der Nähe; ~ *nice* irgendwo, wo es nett ist; *the ideal place to go is* ~ *like New York* am besten fährt man in eine Stadt wie New York; *don't I know you from* ~? kenne ich Sie nicht von irgendwoher? **2.** (*fig*) ~ *about 40° C* ungefähr 40° C; ~ *about £50* um (die) £ 50 herum; *now we're getting* ~ jetzt kommen wir voran

son *n* Sohn *m*; (*as address*) mein Junge; *Son of God* Gottessohn $; *he's his father's* ~ er ist ganz der Vater; ~ *of a bitch* (*esp US sl*) Scheißkerl *m* (*infml*)

sonar *n* Echolot *nt*

sonata *n* Sonate *f*

song *n* **1.** Lied *nt*; (≈ *singing, bird song*) Gesang *m*; *to burst into* ~ ein Lied anstimmen **2.** (*Br fig infml*) *to make a* ~ *and dance about sth* eine Haupt- und Staatsaktion aus etw machen (*infml*); *to be on* ~ (*Br*) in Hochform sein; *it was going for a* ~ das gab es für einen Apfel und ein Ei **songbird** *n* Singvogel *m* **songbook** *n* Liederbuch *nt* **songwriter** *n* Texter(in) *m(f)* und Komponist(in) *m(f)*

sonic *adj* Schall-

son-in-law *n, pl* **sons-in-law** Schwiegersohn *m*

sonnet *n* Sonett *nt*

soon *adv* bald; (≈ *early*) früh; (≈ *quickly*) schnell; *it will* ~ *be Christmas* bald ist Weihnachten; ~ *after his death* kurz nach seinem Tode; *how* ~ *can you be ready?* wann kannst du fertig sein?; *we got there too* ~ wir kamen zu früh an; *as* ~ *as* sobald; *as* ~ *as possible* so schnell wie möglich; *when can I have it? — as* ~ *as you like* wann kann ichs kriegen? — wann du willst!; *I would (just)* ~ *you didn't tell him* es wäre mir lieber, wenn du es ihm nicht erzählen würdest **sooner** *adv* **1.** (*time*) früher; *no* ~ *had we arrived than ...* wir waren gerade angekommen, da ...; *no* ~ *said than done* gesagt, getan **2.** (*preference*) lieber; *I would* ~ *not do it* ich würde es lieber nicht tun

soot *n* Ruß *m*

soothe *v/t* beruhigen; *pain* lindern **soothing** *adj* beruhigend; (≈ *pain-relieving*) schmerzlindernd

sophisticated *adj* **1.** (≈ *worldly*) kultiviert; *audience* anspruchsvoll; *dress* raffiniert; *she thinks she looks more* ~ *with a cigarette* sie glaubt, mit einer Zigarette mehr darzustellen **2.** (≈ *complex*) hoch entwickelt; *method* durchdacht; *device* ausgeklügelt **3.** (≈ *subtle*) subtil; *system, approach* komplex **sophistication** *n* **1.** (≈ *worldliness*) Kultiviertheit *f*; (*of audience*) hohes Niveau **2.** (≈ *complexity*) hoher Entwicklungsgrad; (*of method*) Durchdachtheit *f*; (*of device*) Ausgeklügeltheit *f* **3.** (≈ *subtlety*) Subtilität *f*; (*of system, approach*) Komplexheit *f*

sophomore *n* (*US*) Student(in) im zweiten *Jahr*

sopping *adj* (*a.* **sopping wet**) durchnässt; *person* klitschnass

soppy *adj* (*Br infml*) *book, song* schmalzig (*infml*); *person* sentimental

soprano I *n* Sopran *m* **II** *adj* Sopran- **sorbet** *n* Sorbet *nt or m*

sorcerer *n* Hexenmeister *m* **sorcery** *n* Hexerei *f*

sordid *adj* eklig; *conditions* erbärmlich; *affair* schmutzig; **spare me the~ details** erspar mir die schmutzigen Einzelheiten

sore I *adj* (+*er*) **1.** weh; (≈ *inflamed*) entzündet; **to have a ~ throat** Halsschmerzen haben; **my eyes are ~** mir tun die Augen weh; **my wrist feels ~** mein Handgelenk tut weh; **to have ~ muscles** Muskelkater haben; **a ~ point** (*fig*) ein wunder Punkt; **to be in ~ need of sth** etw unbedingt *or* dringend brauchen **2.** (*esp US infml* ≈ *angry*) verärgert (*about sth* über etw *acc*, *at sb* über jdn) **II** *n* MED wunde Stelle **sorely** *adv* tempted sehr; *needed* dringend; *missed* schmerzlich; **he has been ~ tested** *or* **tried** seine Geduld wurde auf eine sehr harte Probe gestellt; **to be ~ lacking** bedauerlicherweise fehlen **soreness** *n* (≈ *ache*) Schmerz *m*

sorority *n* (*US* UNIV) Studentinnenvereinigung *f*

sorrow *n no pl* (≈ *sadness*) Traurigkeit *f*; (≈ *grief*) Trauer *f*; (≈ *trouble*) Sorge *f*; **to drown one's ~s** seine Sorgen ertränken **sorrowful** *adj*, **sorrowfully** *adv* traurig

sorry *adj* (+*er*) traurig; *excuse* faul; **I was ~ to hear that** es tat mir leid, das zu hören; **we were ~ to hear about your mother's death** es tat uns leid, dass deine Mutter gestorben ist; **I can't say I'm ~ he lost** es tut mir wirklich nicht leid, dass er verloren hat; **this work is no good, I'm ~ to say** diese Arbeit taugt nichts, das muss ich leider sagen; **to be** *or* **feel ~ for sb/oneself** jdn/sich selbst bemitleiden; **I feel ~ for the child** das Kind tut mir leid; **you'll be ~ (for this)!** das wird dir noch leidtun!; **~!** Entschuldigung!; **I'm/he's ~** es tut mir/ihm leid; **can you lend me £5? — ~** kannst du mir £ 5 leihen? — bedaure, leider nicht; **~?** (≈ *pardon*) wie bitte?; **he's from England, ~ Scotland** er ist aus England, nein, Entschuldigung, aus Schottland;

to say ~ (**to sb for sth**) sich (bei jdm für etw) entschuldigen; **I'm ~ about that vase** es tut mir leid um die Vase; **I'm ~ about (what happened on) Thursday** es tut mir leid wegen Donnerstag; **to be in a ~ state** (*person*) in einer jämmerlichen Verfassung sein; (*object*) in einem jämmerlichen Zustand sein

sort I *n* **1.** (≈ *kind*) Art *f*; (≈ *type, model*) Sorte *f*; **a ~ of** eine Art (+*nom*); **an odd ~ of novel** ein komischer Roman; **what ~ of (a) man is he?** was für ein Mensch ist er?; **he's not the ~ of man to do that** er ist nicht der Mensch, der das täte; **this ~ of thing** so etwas; **all ~s of things** alle Mögliche; **something of the ~** (irgend) so (et)was; **he's some ~ of administrator** er hat irgendwie in der Verwaltung zu tun; **he's got some ~ of job with ...** er hat irgendeinen Job bei ...; **you'll do nothing of the ~!** von wegen!, das wirst du schön bleiben lassen!; **that's the ~ of person I am** ich bin nun mal so!; **I'm not that ~ of girl** ich bin nicht so eine; **he's a good ~** er ist ein prima Kerl; **he's not my ~** er ist nicht mein Typ; **I don't trust his ~** solchen Leuten traue ich nicht; **to be out of ~s** (*Br*) nicht ganz auf der Höhe *or* auf dem Damm (*infml*) sein **2.** IT Sortiervorgang *m* **II** *adv* **~ of** (*infml*) irgendwie; **is it tiring? — ~ of** ist das anstrengend? — irgendwie schon; **it's ~ of finished** es ist eigentlich schon fertig; **aren't you pleased? — ~ of** freust du dich nicht? — doch, eigentlich schon; **is this how he did it? — well, ~ of** hat er das so gemacht? — ja, so ungefähr **III** *v/t* **1.** sortieren **2. to get sth ~ed** etw auf die Reihe bekommen; **everything is ~ed** es ist alles (wieder) in Ordnung **IV** *v/i* **1. to ~ through sth** etw durchsehen **2.** IT sortieren ◆ **sort out** *v/t sep* **1.** (≈ *arrange*) sortieren; (≈ *select*) aussortieren **2.** *problem* lösen; *situation* klären; **the problem will sort itself out** das Problem wird sich von selbst lösen *or* erledigen; **to sort oneself out** sich (*dat*) über sich (*acc*) selbst klar werden **3.** (*esp Br infml*) **to sort sb out** sich (*dat*) jdn vorknöpfen (*infml*)

sort code *n* FIN Bankleitzahl *f* **sorting office** *n* (*Br*) Sortierstelle *f*

SOS *n* SOS *nt*

so-so *adj pred, adv* (*infml*) soso, so la la **soufflé** *n* Soufflé *nt*

sought *pret, past part of* **seek**•**sought-after** *adj* begehrt

soul *n* **1.** Seele *f*; **All Souls' Day** Allerheiligen *nt*; **God rest his ~!** Gott hab ihn selig!; **poor ~!** (*infml*) Ärmste(r)!; **he's a good ~** er ist ein guter Mensch; **not a ~** keine Menschenseele. (≈ *inner being*) Wesen *nt*; **he loved her with all his ~** er liebte sie von ganzem Herzen **3.** (≈ *finer feelings*) Herz *nt*, Gefühl *nt* **4.** MUS Soul *m*•**soul-destroying** *adj* geisttötend•**soulful** *adj* seelenvoll•**soulless** *adj* person seelenlos; *place* gottverlassen•**soul mate** *n* Seelenfreund(in) *m(f)*•**soul--searching** *n* Gewissensprüfung *f*

sound[1] *I adj* (+er) **1.** *constitution* gesund; *condition* einwandfrei; **to be of ~ mind** *esp* JUR im Vollbesitz seiner geistigen Kräfte sein (JUR) **2.** (≈ *dependable*) solide; *argument* fundiert; *person* verlässlich; *advice* vernünftig **3.** (≈ *thorough*) gründlich **4.** *sleep* tief, fest **II** *adv* (+er) **to be ~ asleep** fest schlafen

sound[2] *n* Geräusch *nt*; PHYS Schall *m*; MUS Klang *m*; (*verbal, FILM etc*) Ton *m*; **don't make a ~** still!; **not a ~ was to be heard** man hörte keinen Ton; **I don't like the ~ of it** das klingt gar nicht gut; **from the ~ of it he had a hard time** es hört sich so an *or* es klingt, als sei es ihm schlecht gegangen **II** *v/t* **~ your horn** hupen!; **to ~ the alarm** Alarm schlagen; **to ~ the retreat** zum Rückzug blasen **III** *v/i* **1.** (≈ *emit sound*) erklingen **2.** (≈ *give impression*) klingen; **he ~s angry** es hört sich so an, als wäre er wütend; **he ~s French (to me)** er hört sich (für mich) wie ein Franzose an; **he ~s like a nice man** er scheint ein netter Mensch zu sein; **it ~s like a sensible idea** das klingt ganz vernünftig; **how does it ~ to you?** wie findest du das? ◆ **sound off** *v/i* (*infml*) sich auslassen (*about* über +*acc*) ◆ **sound out** *v/t sep* **to sound sb out about sth** bei jdm in Bezug auf etw (*acc*) vorfühlen

sound barrier *n* Schallmauer *f*•**sound bite** *n* Soundclip *m*•**sound card** *n* IT Soundkarte *f*•**sound effects** *pl* Toneffekte *pl*•**sound engineer** *n* Toningenieur(in) *m(f)*•**sounding board** *n* (*fig*) Resonanzboden *m*; **he used the committee as a ~ for his ideas** er benutzte den Ausschuss, um die Wirkung seiner Vorschläge zu sondieren•**soundlessly**

adv move geräuschlos•**soundly** *adv built* solide, währschaft (*Swiss*); *defeat* vernichtend; *based* fest; **our team was ~ beaten** unsere Mannschaft wurde klar geschlagen; **to sleep ~** (tief und) fest schlafen•**soundness** *n* **1.** (≈ *good condition*) gesunder Zustand; (*of building*) guter Zustand **2.** (≈ *validity, dependability*) Solidität *f*; (*of argument, analysis*) Fundiertheit *f*; (*of economy, currency*) Stabilität *f*; (*of idea, advice, move, policy*) Vernünftigkeit *f*•**soundproof** *adj* schalldicht•**soundtrack** *n* Filmmusik *f*

soup *n* Suppe *f*•**soup kitchen** *n* Volksküche *f*•**soup plate** *n* Suppenteller *m*•**soup spoon** *n* Suppenlöffel *m*

sour *I adj* (+er) **1.** sauer; *wine, smell* säuerlich; **to go** *or* **turn ~** (*lit*) sauer werden **2.** (*fig*) *expression* griesgrämig; **it's just ~ grapes** die Trauben hängen zu hoch **II** *v/i* (*fig: relationship*) sich verschlechtern

source *I n* Quelle *f*; (*of troubles etc*) Ursache *f*; **he is a ~ of embarrassment to us** er bringt uns ständig in Verlegenheit; **I have it from a good ~ that ...** ich habe es aus sicherer Quelle, dass ... **II** *v/t* COMM beschaffen•**source code** *n* IT Quellcode *m*

sour(ed) cream *n* saure Sahne•**sourness** *n* (*of lemon, milk*) saurer Geschmack; (*of smell*) Säuerlichkeit *f*; (*fig: of expression*) Griesgrämigkeit *f*

south *I n* Süden *m*; **in the ~ of** im Süden +*gen*; **to the ~ of** südlich von; **from the ~** aus dem Süden; (*wind*) aus Süden; **the wind is in the ~** es ist Südwind; **the South of France** Südfrankreich *nt*; **which way is ~?** in welcher Richtung ist Süden?; **down ~** unten im Süden; **go runter in den Süden II** *adj* südlich; (*in names*) Süd-; **South German** süddeutsch **III** *adv* im Süden; (≈ *towards the south*) nach Süden; **to be further ~** weiter südlich sein; **~ of** südlich von•**South Africa** *n* Südafrika *nt*•**South African I** *adj* südafrikanisch; **he's ~** er ist Südafrikaner **II** *n* Südafrikaner(in) *m(f)*•**South America** *n* Südamerika *nt*•**South American I** *adj* südamerikanisch; **he's ~** er ist Südamerikaner **II** *n* Südamerikaner(in) *m(f)*•**southbound** *adj* (in) Richtung Süden•**southeast I** *n* Südosten *m*; **from the ~** aus dem Südosten; (*wind*) von Südosten **II** *adj* südöstlich; (*in names*) Südost- **III** *adv* nach Südosten; **~** *of* südöstlich von **Southeast Asia** *n* Südostasien *nt* **southeasterly** *adj* südöstlich **southeastern** *adj* südöstlich; **~ England** Südostengland *nt* **southerly** *adj* südlich; *wind* aus Süden

southern *adj* südlich; (*in names*) Süd-; (≈ *Mediterranean*) südländisch **southerner** *n* Bewohner(in) *m(f)* des Südens, Südengländer(in) *m(f)* *etc*; (*US*) Südstaatler(in) *m(f)* **southernmost** *adj* südlichste(r, s) **south-facing** *adj* *wall* nach Süden gerichtet; *garden* nach Süden gelegen **South Korea** *n* Südkorea *nt* **South Korean I** *adj* südkoreanisch **II** *n* Südkoreaner(in) *m(f)* **South Pacific** *n* Südpazifik *m* **South Pole** *n* Südpol *m* **South Seas** *pl* Südsee *f* **south-south-east I** *adj* südsüdöstlich **II** *adv* nach Südsüdost(en) **south-south-west I** *adj* südsüdwestlich **II** *adv* nach Südsüdwest(en); **~** *of* südsüdwestlich von **southward(s) I** *adj* südlich **II** *adv* nach Süden **southwest I** *n* Südwesten *m*; **from the ~** aus dem Südwesten; (*wind*) von Südwesten **II** *adj* südwestlich **III** *adv* nach Südwest(en); **~** *of* südwestlich von **southwesterly** *adj* südwestlich **southwestern** *adj* südwestlich

souvenir *n* Souvenir *nt* (*of* an +acc)

sovereign *I* *n* (≈ *monarch*) Herrscher(in) *m(f)* **II** *adj* (≈ *supreme*) höchste(r, s); *state* souverän **sovereignty** *n* **1.** Oberhoheit *f* **2.** (≈ *right of self-determination*) Souveränität *f*

soviet HIST **I** *n* Sowjet *m* **II** *adj attr* sowjetisch, Sowjet- **Soviet Union** *n* HIST Sowjetunion *f*

sow[1] *pret* **sowed**, *past part* **sown** *or* **sowed** *v/t corn* säen; *seed* aussäen; **this field has been ~n with barley** auf diesem Feld ist Gerste gesät; **to ~ (the seeds of) hatred/discord** Hass/Zwietracht säen

sow[2] *n* (≈ *pig*) Sau *f*

sowing *n* (≈ *action*) Aussaat *f* **sown** *past part of* **sow**[1]

soya, soy *n* Soja *f* **soya bean** *n* Sojabohne *f* **soya milk** *n* Sojamilch *f* **soya sauce** *n* Sojasoße *f* **soybean** *n* (*US*) = **soya bean** **soy sauce** *n* Sojasoße *f*

spa *n* (≈ *town*) Kurort *m*

space I *n* **1.** Raum *m*; (≈ *outer space*) der Weltraum; **to stare into ~** ins Leere starren **2.** *no pl* (≈ *room*) Platz *m*; **to take up a lot of ~** viel Platz wegnehmen; **to clear/leave some ~ for sb/sth** für jdn/etw Platz schaffen/lassen; **parking ~** Platz *m* zum Parken **3.** (≈ *gap*) Platz *m no art*; (*between objects, words, lines*) Zwischenraum *m*; (≈ *parking space*) Lücke *f*; **to leave a ~ for sb/sth** für jdn/etw Platz lassen **4.** (*of time*) Zeitraum *m*; **in a short ~ of time** in kurzer Zeit; **in the ~ of ... innerhalb ...** (*gen*) **II** *v/t* (*a.* **space out**) in Abständen verteilen; **~ them out more**, **~ them further out** *or* **further apart** lassen Sie etwas mehr Zwischenraum *or* Abstand (dazwischen) **space-bar** *n* TYPO Leertaste *f*

spacecraft *n* Raumfahrzeug *nt* **spaced out** *adj* (*infml* ≈ *confused etc*) geistig weggetreten (*infml*); (≈ *on drugs*) high (*infml*)

space flight *n* Weltraumflug *m* **space heater** *n* (*esp US*) Heizgerät *nt* **spaceman** *n* (Welt)raumfahrer *m* **space rocket** *n* Weltraumrakete *f* **space-saving** *adj* platzsparend **spaceship** *n* Raumschiff *nt*

space shuttle *n* Raumfähre *f* **space sickness** *n* Weltraumkrankheit *f* **space station** *n* (Welt)raumstation *f* **spacesuit** *n* Raumanzug *m* **space travel** *n* die Raumfahrt **space walk** *n* Weltraumspaziergang *m* **spacewoman** *n* (Welt)raumfahrerin *f* **spacing** *n* Abstände *pl*; (*between two objects*) Abstand *m*; (*a.* **spacing out**) Verteilung *f*; **single ~** TYPO einzeiliger Abstand **spacious** *adj* geräumig **spaciousness** *n* Geräumigkeit *f*; (*of garden, park*) Weitläufigkeit *f*

spade *n* **1.** (≈ *tool*) Spaten *m*; (≈ *children's spade*) Schaufel *f* **2.** CARDS Pik *nt*; **the Queen of Spades** die Pikdame

spaghetti *n* Spaghetti *pl*

Spain *n* Spanien *nt*

spam IT **I** *n* Spam *m* **II** *v/t* mit Werbung bombardieren **spamming** *n* IT Spamming *nt*, Bombardierung *f* mit Werbung

span[1] **I** *n* **1.** (*of hand*) Spanne *f*; (*of bridge etc*) Spannweite *f* **2.** (≈ *time span*) Zeitspanne *f* **3.** (≈ *range*) Umfang *m* **II** *v/t* **1.** (*rope*) sich spannen über (+acc) **2.** (≈ *encircle*) umfassen **3.** (*in time*) sich erstrecken über (+acc)

span[2] (*old*) *pret of* **spin**

Spaniard *n* Spanier(in) *m(f)*

spaniel *n* Spaniel *m*

Spanish I *adj* spanisch; *he is* ~ er ist Spanier II *n* 1. *the* ~ die Spanier *pl* 2. LING Spanisch *nt*

spank I *n* Klaps *m* II *v/t* versohlen; *to* ~ *sb's bottom* jdm den Hintern versohlen

spanking *n* Tracht *f* Prügel

spanner *n* (*Br*) Schraubenschlüssel *m*; *to throw a* ~ *in the works* (*fig*) jdm einen Knüppel zwischen die Beine werfen

spar *v/i* BOXING sparren; (*fig*) sich kabbeln; (*infml*) (*about* um)

spare I *adj* übrig *pred*; (≈ *surplus*) überzählig; ~ *bed* Gästebett *nt*; *have you any* ~ *string?* kannst du mir (einen) Bindfaden geben?; *I have a* ~ *one* ich habe noch einen/eine/eins; *take a* ~ *pen* nehmen Sie noch einen Stift mit; *take some* ~ *clothes* nehmen Sie Kleider zum Wechseln mit; *when you have a few minutes* ~ wenn Sie mal ein paar freie Minuten haben II *n* Ersatzteil *nt*; (≈ *tyre*) Reserverad *nt* III *v/t* 1. *usu neg expense, effort* scheuen; *no expense* ~*d* es wurden keine Kosten gescheut *or* gespart 2. *money etc* übrig haben; *room* frei haben; *time* (übrig) haben; *to* ~ *sb sth* jdm etw überlassen *or* geben; *money* jdm etw geben; *can you* ~ *the time to do it?* haben Sie Zeit, das zu machen?; *there is none to* ~ es ist keine(r, s) übrig; *to have a few minutes to* ~ ein paar Minuten Zeit haben; *I got to the airport with two minutes to* ~ ich war zwei Minuten vor Abflug am Flughafen 3. (≈ *do without*) entbehren; *can you* ~ *this?* brauchst du das?; *to* ~ *a thought for sb/sth* an jdn/etw denken 4. (≈ *show mercy to*) verschonen; *to* ~ *sb's life* jds Leben verschonen 5. (≈ *save*) *to* ~ *sb/oneself sth* jdm/sich etw ersparen; ~ *me the details* verschone mich mit den Einzelheiten

spare part *n* Ersatzteil *nt* **spare ribs** *pl* COOK Spareribs *pl* **spare room** *n* Gästezimmer *nt* **spare time** *n* Freizeit *f* **spare tyre**, (*US*) **spare tire** *n* Ersatzreifen *m*

sparing *adj* sparsam **sparingly** *adv* sparsam; *spend, drink, eat* in Maßen; *to use sth* ~ mit etw sparsam umgehen

spark I *n* Funke *m*; *a bright* ~ (*iron*) ein Intelligenzbolzen *m* (*iron*) II *v/t* (*a.* **spark off**) entzünden; *explosion* verursachen; (*fig*) auslösen; *quarrel* entfachen **sparkle** I *n* Funkeln *nt* II *v/i* funkeln (*with* vor +*dat*); *her eyes* ~*d with*

excitement ihre Augen blitzten vor Erregung **sparkler** *n* Wunderkerze *f* **sparkling** *adj* funkelnd; *wine* perlend; ~ (*mineral*) *water* Selterswasser *nt*; ~ *wine* (*as type*) Sekt *m*; (≈ *slightly sparkling*) Perlwein *m*; *in* ~ *form* in glänzender Form **spark plug** *n* Zündkerze *f*

sparring partner *n* Sparringpartner(in) *m(f)*

sparrow *n* Sperling *m*, Spatz *m*

sparse *adj* spärlich; *hair* schütter; *furnishings, resources* dürftig **sparsely** *adv* spärlich; *populated* dünn **sparseness** *n* Spärlichkeit *f*; (*of population*) geringe Dichte

Spartan *adj* (*fig: a.* **spartan**) spartanisch

spasm *n* MED Krampf *m* **spasmodic** *adj* MED krampfartig; (*fig*) sporadisch

spastic I *adj* spastisch II *n* Spastiker(in) *m(f)*

spat *pret, past part of* **spit**[1]

spate *n* (*of river*) Hochwasser *nt*; (*fig*) (*of orders etc*) Flut *f*; (*of burglaries*) Serie *f*

spatter I *v/t* bespritzen; *to* ~ *sb with water* jdn nass spritzen II *v/i* *it* ~*ed all over the room* es verspritzte im ganzen Zimmer III *n a* ~ *of rain* ein paar Tropfen Regen

spatula *n* Spachtel *m*; MED Spatel *m*

spawn I *n* (*of frogs*) Laich *m* II *v/i* laichen III *v/t* (*fig*) hervorbringen

speak *pret* **spoke**, *past part* **spoken** I *v/t* 1. sagen; *one's thoughts* äußern; *to* ~ *one's mind* seine Meinung sagen 2. *language* sprechen II *v/i* 1. sprechen, reden (*about* über +*acc*, *von*, *on* zu); (≈ *converse*) reden, sich unterhalten (*with* mit); (≈ *give opinion*) sich äußern (*on*, *to* zu); *to* ~ *to or with sb* mit jdm sprechen; *did you* ~? haben Sie etwas gesagt?; *I'm not* ~*ing to you* mit dir rede *or* spreche ich nicht mehr; *I'll* ~ *to him about it* (*euph* ≈ *admonish*) ich werde ein Wörtchen mit ihm reden; ~*ing of X ...* da wir gerade von X sprechen ...; *it's nothing to* ~ *of* es ist nicht weiter erwähnenswert; *to* ~ *well of sb/sth* jdn/etw loben; *so to* ~ sozusagen; *roughly* ~*ing* grob gesagt; *strictly* ~*ing* genau genommen; *generally* ~*ing* im Allgemeinen; ~*ing personally ...* wenn Sie mich fragen ...; ~*ing as a member ...* als Mitglied ...; *to* ~ *in public* in der Öffentlichkeit reden 2. TEL ~*ing!* am Apparat!; *Jones* ~*ing!* (hier) Jones!; *who is* ~*ing?* wer ist da, bitte? III *n suf*

Euro-~ Eurojargon *m* ◆ **speak for** *v/i* +*prep obj* **to ~ sb** in jds Namen (*dat*) sprechen; **speaking for myself ...** was mich angeht ...; **~ yourself!** du vielleicht!; **to ~ itself** für sich sprechen ◆ **speak out** *v/i* seine Meinung deutlich vertreten; **to ~ against sth** sich gegen etw aussprechen ◆ **speak up** *v/i* **1.** (≈ *raise voice*) lauter sprechen **2.** (*fig*) **to ~ for sb/sth** für jdn/etw eintreten; **what's wrong? ~!** was ist los? heraus mit der Sprache!

speaker *n* **1.** (*of language*) Sprecher *m*; **all German ~s** alle, die Deutsch sprechen **2.** (≈ *public speaker*) Redner(in) *m(f)*; **Speaker** PARL Sprecher(in) *m(f)* **3.** (≈ *loudspeaker*) Lautsprecher *m*; (*on hi-fi etc*) Box *f* **speaking** *n* Sprechen *nt* **-speaking** *adj suf* -sprechend; **English-speaking** englischsprachig **speaking terms** *pl* **to be on ~ with sb** mit jdm reden

spear *n* Speer *m* **spearmint** *n* Grüne Minze

spec *n* (*infml*) **on ~** auf gut Glück

special I *adj* (≈ *particular*) besondere(r, s); (≈ *out of ordinary also*) Sonder-; *friend, occasion* speziell; **I have no ~ person in mind** ich habe eigentlich an niemanden Bestimmtes gedacht; **nothing ~** nichts Besonderes; **he's very ~ to her** er bedeutet ihr sehr viel; **what's so ~ about her?** was ist denn an ihr so besonders?; **what's so ~ about that?** das ist doch nichts Besonderes!; **to feel ~** sich als etwas ganz Besonderes vorkommen; **~ discount** Sonderrabatt *m* **II** *n* TV, RADIO Sonderprogramm *nt*; COOK Tagesgericht *nt*; **chef's ~** Spezialität *f* des Küchenchefs **special agent** *n* Agent(in) *m(f)* **special delivery** *n* Eilzustellung *f*; **by ~** per Eilboten **specialist I** *n* Spezialist(in) *m(f)*; MED Facharzt *m*/-ärztin *f* **II** *adj attr* Fach- **speciality,** (*US*) **specialty** *n* Spezialität *f* **specialization** *n* Spezialisierung *f* (*in* auf +*acc*); (≈ *special subject*) Spezialgebiet *nt* **specialize** *v/i* sich spezialisieren (*in* auf +*acc*) **specially** *adv* besonders; (≈ *specifically*) extra; **don't go to the post office ~ for me** gehen Sie meinetwegen nicht extra zur Post **special needs** *pl* (*Br*) **~ children** Kinder *pl* mit Behinderungen **special offer** *n* Sonderangebot *nt* **special school** *n* (*Br*)

Sonderschule *f* **specialty** *n* (*US*) = **speciality**

species *n, pl* - Art *f*

specific *adj* (≈ *definite*) bestimmt; (≈ *precise*) genau; *example* ganz bestimmt; **9.3, to be ~** 9,3, um genau zu sein; **can you be a bit more ~?** können Sie sich etwas genauer äußern?; **he was quite ~ on that point** er hat sich zu diesem Punkt recht spezifisch geäußert **specifically** *adv* **1.** *mention* ausdrücklich; *designed* speziell **2.** (≈ *precisely*) genau; (≈ *in particular*) im Besonderen **specification** *n* **1.** **~s** *pl* genaue Angaben *pl*; (*of car, machine*) technische Daten *pl* **2.** (≈ *stipulation*) Bedingung *f* **specified** *adj* bestimmt **specify** *v/t* angeben; (≈ *stipulate*) vorschreiben

specimen *n* Exemplar *nt*; (*of urine etc*) Probe *f*; (≈ *sample*) Muster *nt*; **a beautiful or fine ~** ein Prachtexemplar *nt*

speck *n* Fleck *m*; (*of dust*) Körnchen *nt* **speckle I** *n* Tupfer *m* **II** *v/t* sprenkeln **specs** *pl* (*infml*) Brille *f*

spectacle *n* **1.** (≈ *show*) Schauspiel *nt*; **to make a ~ of oneself** unangenehm auffallen **2. spectacles** *pl* (*a.* **pair of spectacles**) Brille *f* **spectacle case** *n* Brillenetui *nt*

spectacular *adj* sensationell; *scenery* atemberaubend **spectacularly** *adv* sensationell; *good* unglaublich

spectate *v/i* (*infml*) zuschauen (*at* bei) **spectator** *n* Zuschauer(in) *m(f)*

spectre, (*US*) **specter** *n* Gespenst *nt* **spectrum** *n, pl* **spectra** Spektrum *nt* **speculate** *v/i* **1.** spekulieren (*about, on* über +*acc*) **2.** FIN spekulieren (*in* mit, *on* an +*dat*) **speculation** *n* Spekulation *f* (*on* über +*acc*) **speculator** *n* Spekulant(in) *m(f)*

sped *pret, past part of* **speed**

speech *n* **1.** *no pl* (≈ *faculty of speech*) Sprache *f*; **freedom of ~** Redefreiheit *f* **2.** (≈ *oration*) Rede *f* (*on, about* über +*acc*); **to give or make a ~** eine Rede halten **3.** (*Br* GRAM) **direct/indirect or reported ~** direkte/indirekte Rede **speech bubble** *n* Sprechblase *f* **speech defect** *n* Sprachfehler *m* **speechless** *adj* sprachlos (*with* vor); **his remark left me ~** seine Bemerkung verschlug mir die Sprache **speech recognition** *n* IT Spracherkennung *f*; **~ software** Spracherkennungssoftware *f* **speech therapist**

n Logopäde *m*, Logopädin *f* **speech therapy** *n* Logopädie *f*

speed *vb*: *pret, past part* **sped** *or* **speeded** I *n* 1. Schnelligkeit *f*; (*of moving object or person*) Tempo *nt*; **at ~** äußerst schnell; **at high/low ~** mit hoher/niedriger Geschwindigkeit; **at full** *or* **top ~** mit Höchstgeschwindigkeit; **at a ~ of** ... mit einer Geschwindigkeit *or* einem Tempo von ...; **to gather ~** schneller werden; (*fig*) sich beschleunigen; **to bring sb up to ~** (*infml*) jdn auf den neuesten Stand bringen; **full ~ ahead!** NAUT volle Kraft voraus! 2. (AUTO, TECH ≈ *gear*) Gang *m* II *v/i* 1. *pret, past part* **sped** flitzen; **the years speed by** die Jahre vergingen wie im Fluge 2. *pret, past part* **speeded** (AUTO ≈ *exceed speed limit*) die Geschwindigkeitsbegrenzung überschreiten ◆ **speed off** *pret, past part* **speeded** *or* **sped off** *v/i* davonjagen ◆ **speed up** *pret, past part* **speeded up** I *v/i* (*car*) beschleunigen; (*person*) schneller machen; (*work*) schneller werden II *v/t sep* beschleunigen

speedboat *n* Rennboot *nt* **speed bump** *n* Bodenschwelle *f* **speed camera** *n* POLICE Blitzgerät *nt* **speed dial**(**ing**) *n* (*esp US* TEL) Kurzwahl *f* **speedily** *adv* schnell; *reply, return* prompt **speeding** *n* Geschwindigkeitsüberschreitung *f*; **to get a ~ fine** eine Geldstrafe wegen Geschwindigkeitsüberschreitung bekommen **speed limit** *n* Geschwindigkeitsbegrenzung *f*; **a 30 mph ~** eine Geschwindigkeitsbegrenzung von 50 km/h **speedometer** *n* Tachometer *m* **speed ramp** *n* MOT Bodenschwelle *f* **speed skating** *n* Eisschnelllauf *m* **speed trap** *n* Radarfalle *f* (*infml*) **speedway** *n* 1. SPORTS Speedway-Rennen *nt* 2. (*US* ≈ *expressway*) Schnellstraße *f* **speedy** *adj* (+*er*) schnell; **we wish Joan a ~ recovery** wir wünschen Joan eine rasche Genesung

spell[1] *n* Zauber *m*; (≈ *incantation*) Zauberspruch *m*; **to be under a ~** (*lit*) verhext sein; (*fig*) wie verzaubert sein; **to put a ~ on sb** (*lit*) jdn verhexen; (*fig*) jdn in seinen Bann ziehen; **to be under sb's ~** (*fig*) in jds Bann (*dat*) stehen; **to break the ~** den Zauber lösen

spell[2] *n* (≈ *period*) Weile *f*; **for a ~** eine Weile; **cold ~** Kältewelle *f*; **dizzy ~**

Schwächeanfall *m*; **a short ~ of sunny weather** eine kurze Schönwetterperiode; **they're going through a bad ~** sie machen eine schwierige Zeit durch

spell[3] *pret, past part* **spelt** (*esp Brit*) *or* **spelled** I *v/i* (orthografisch) richtig schreiben; **she can't ~** sie kann keine Rechtschreibung II *v/t* 1. schreiben; (*aloud*) buchstabieren; **how do you ~ "onyx"?** wie schreibt man „Onyx"?; **how do you ~ your name?** wie schreibt sich Ihr Name?; **what do these letters ~?** welches Wort ergeben diese Buchstaben? 2. (≈ *denote*) bedeuten ◆ **spell out** *v/t sep* (≈ *spell aloud*) buchstabieren; (≈ *read slowly*) entziffern; (≈ *explain*) verdeutlichen

spellbinding *adj* fesselnd **spellbound** *adj*, *adv* (*fig*) gebannt

spellchecker *n* IT Rechtschreibprüfung *f* **speller** *n* **to be a good ~** in Rechtschreibung gut sein

spelling *n* Rechtschreibung *f*; (*of a word*) Schreibweise *f* **spelling mistake** *n* (Recht)schreibfehler *m* **spelt** (*esp Br*) *pret, past part of* **spell**[3]

spend *pret, past part* **spent** *v/t* 1. *money* ausgeben (*on* für); *energy* verbrauchen; *time* brauchen 2. *time, evening* verbringen; **to ~ the night** übernachten; **he ~s his time reading** er verbringt seine Zeit mit Lesen **spending** *n no pl* Ausgaben *pl*; **~ cuts** Kürzungen *pl* **spending money** *n* Taschengeld *nt* **spending power** *n* Kaufkraft *f* **spending spree** *n* Großeinkauf *m*; **to go on a ~** groß einkaufen gehen **spent** I *pret, past part of* **spend** II *adj* *cartridge* verbraucht; *person* erschöpft

sperm *n* Samenfaden *m*; (≈ *fluid*) Sperma *nt* **sperm bank** *n* Samenbank *f* **spermicide** *n* Spermizid *nt*

spew I *v/i* 1. (*infml* ≈ *vomit*) brechen, spucken 2. (*a.* **spew out**) sich ergießen (*elev*); (*esp liquid*) hervorsprudeln II *v/t* 1. (*a.* **spew up**) (*infml* ≈ *vomit*) erbrechen 2. (*fig*: *a.* **spew out**) *lava* auswerfen; *water* ablassen

sphere *n* 1. Kugel *f* 2. (*fig*) Sphäre *f*; (*of person*) Bereich *m*; (*of knowledge etc*) Gebiet *nt*; **his ~ of influence** sein Einflussbereich **spherical** *adj* kugelförmig

sphincter *n* ANAT Schließmuskel *m*

spice *n* 1. Gewürz *nt* 2. (*fig*) Würze *f* ◆ **spice up** *v/t* (*fig*) würzen

spiced *adj* COOK würzig; **~ wine** Glühwein *m*; **highly ~** pikant (gewürzt)
spick-and-span *adj* blitzsauber
spicy *adj* (+er) würzig; *(fig) story etc* pikant
spider *n* Spinne *f*; **~'s web** Spinnwebe *f*
spider veins *pl* MED Besenreiser *pl* **spi-
derweb** *n* (*US*) Spinnwebe *f* **spidery** *adj*
writing krakelig
spike I *n* *(on railing)* Spitze *f*; *(on plant)*
Stachel *m*; *(on shoe)* Spike *m* **II** *v/t drink*
einen Schuss zusetzen (+*dat*) **spiky** *adj*
(+er) *leaf* spitz; *hair* hochstehend
spill *vb*: *pret, past part* **spilt** *(esp Brit)* or
spilled I *n* Lache *f*; *oil* **~** Ölkatastrophe
f **II** *v/t* verschütten; **to ~ the beans** alles
ausplaudern; **to ~ the beans about sth**
etw ausplaudern **III** *v/i* verschüttet werden; *(large quantity)* sich ergießen
♦ **spill out** *v/i* (*of* aus) *(liquid)* heraus-
schwappen; *(money)* herausfallen; *(fig:
people)* (heraus)strömen ♦ **spill over**
v/i *(liquid)* überlaufen
spilt *(esp Br)* *pret, past part of* **spill**
spin *vb*: *pret* **spun** or (*old*) **span**, *past part*
spun I *n* **1.** (≈ *revolution*) Drehung *f*; *(on
washing machine)* Schleudern *nt no pl* **2.**
(on ball) Drall *m*; **to put ~ on the ball**
dem Ball einen Drall geben; *(with racquet)* den Ball anschneiden **3.** *(political)*
Image *nt*; **to put a different ~ on sth** (≈
interpretation) etw anders interpretieren
4. AVIAT Trudeln *nt no pl*; **to go into a ~** zu
trudeln anfangen **II** *v/t* **1.** *(spider)* spinnen **2.** (≈ *turn*) drehen; *(fast)* herumwirbeln; *washing* schleudern; SPORTS Ball
einen Drall geben (+*dat*) **III** *v/i* **1.** *(person)* spinnen **2.** (≈ *revolve*) sich drehen;
(fast) (herum)wirbeln; *(plane etc)* trudeln; *(in washing machine)* schleudern;
to ~ round and round sich im Kreis drehen; **the car spun out of control** der
Wagen begann, sich unkontrollierbar
zu drehen; **to send sb/sth ~ning** jdn/
etw umwerfen; **my head is ~ning** mir
dreht sich alles ♦ **spin (a)round I** *v/i*
sich drehen; *(fast)* (herum)wirbeln **II**
v/t sep (schnell) drehen; *(fast)* herumwirbeln ♦ **spin out** *v/t sep* *(infml) money* strecken *(infml)* *holiday* in die Länge
ziehen; *story* ausspinnen
spinach *n* Spinat *m*
spinal column *n* Wirbelsäule *f* **spinal
cord** *n* Rückenmark *nt*
spindle *n* Spindel *f* **spindly** *adj* (+er)

spindeldürr *(infml)*, zaundürr *(Aus)*
spin doctor *n* (POL *infml*) PR-Berater(in)
m(f) **spin-drier** *n* (*Br*) (Wäsche)schleu-
der *f* **spin-dry** *v/t & v/i* schleudern **spin-
-dryer** *n* = **spin-drier**
spine *n* **1.** ANAT Rückgrat *nt* **2.** *(of book)*
(Buch)rücken *m* **3.** (≈ *spike*) Stachel *m*
spine-chilling *adj* *(infml)* schaurig
spineless *adj* *(fig) person* ohne Rückgrat; *compromise, refusal* feige **spine-
-tingling** *adj* (≈ *frightening*) schaurig,
schaudererregend
spin-off *n* Nebenprodukt *nt*
spinster *n* Unverheiratete *f*; *(pej)* alte
Jungfer *(pej)*
spiny *adj* (+er) stach(e)lig
spiral I *adj* spiralförmig **II** *n* Spirale *f* **III**
v/i (*a.* **spiral up**) sich (hoch)winden **spiral staircase** *n* Wendeltreppe *f*
spire *n* Turm *m*
spirit I *n* **1.** Geist *m*; (≈ *mood*) Stimmung
f; **I'll be with you in ~** im Geiste werde
ich bei euch sein; **to enter into the ~
of sth** bei etw mitmachen; **that's the
~!** *(infml)* so ists recht! *(infml)*; **to take
sth in the right/wrong ~** etw richtig/
falsch auffassen **2.** *no pl* (≈ *courage*)
Mut *m*; (≈ *vitality*) Elan *m*, Schwung
m **3.** **spirits** *pl* (≈ *state of mind*) Laune
f; (≈ *courage*) Mut *m*; **to be in high ~s**
bester Laune sein; **to be in good/low ~s**
guter/schlechter Laune sein; **to keep up
one's ~s** den Mut nicht verlieren; **my ~s
rose** ich bekam (neuen) Mut; **her ~s fell**
ihr sank der Mut **4. spirits** *pl* (≈ *alcohol*)
Spirituosen *pl* **II** *v/t* **to ~ sb/sth away**
jdn/etw wegzaubern **spirited** *adj* **1.** temperamentvoll **2.** (≈ *courageous*) mutig
spirit level *n* Wasserwaage *f* **spiritual**
adj geistig; *person* spirituell; ECCL geistlich; **~ life** Seelenleben *nt* **spirituality** *n*
Geistigkeit *f*
spit[1] *vb*: *pret, past part* **spat I** *n* Spucke *f* **II**
v/t spucken **III** *v/i* spucken; *(fat)* sprit-
zen; **to ~ at sb** jdn anspucken; **it is ~ting
(with rain)** (*Br*) es tröpfelt ♦ **spit out** *v/t
sep* ausspucken; *words* ausstoßen; **spit it
out!** *(fig infml)* spucks aus! *(infml)*, heraus mit der Sprache!
spit[2] *n* **1.** COOK (Brat)spieß *m* **2.** *(of land)*
Landzunge *f*
spite I *n* **1.** Gehässigkeit *f* **2. in ~ of** trotz
(+*gen*); **it was a success in ~ of him** dennoch war es ein Erfolg; **in ~ of the fact
that ...** obwohl ... **II** *v/t* ärgern **spiteful**

adj boshaft

spitting image *n* (*infml*) **to be the ~ of sb** jdm wie aus dem Gesicht geschnitten sein

spittle *n* Speichel *m*

splash I *n* **1.** (≈ *spray*) Spritzen *nt no pl*; (≈ *noise*) Platschen *nt no pl*; **to make a ~** (*fig*) Furore machen; (*news*) wie eine Bombe einschlagen **2.** (≈ *sth splashed*) Spritzer *m*; (*of colour*) Tupfen *m*; (≈ *patch*) Fleck *m* **II** *v/t water etc* spritzen; (≈ *pour*) gießen; *person, object* bespritzen **III** *v/i* (*liquid*) spritzen; (*rain*) klatschen; (*when playing*) planschen ♦ **splash about** (*Brit*) *or* **around** *v/i* herumspritzen; (*in water*) herumplanschen ♦ **splash out** *v/i* (*Br infml*) **to ~ on sth** sich (*dat*) etw spendieren (*infml*)

splat *n* Platschen *nt*

splatter I *n* Fleck *m*; (*of paint etc*) Klecks *m* **II** *v/i* spritzen **III** *v/t* bespritzen; (*with paint etc*) beklecksen

splay I *v/t fingers* spreizen; *feet* nach außen stellen **II** *v/i* **he was ~ed out on the ground** er lag auf der Erde und hatte alle viere von sich gestreckt

spleen *n* ANAT Milz *f*; (*fig*) Zorn *m*

splendid *adj* **1.** (≈ *excellent*) hervorragend; *rider etc, idea* glänzend **2.** (≈ *magnificent*) herrlich **splendidly** *adv* **1.** (≈ *magnificently*) prächtig **2.** (≈ *excellently*) hervorragend **splendour**, (*US*) **splendor** *n* Pracht *f no pl*

splint *n* Schiene *f*; **to put a ~ on sth** etw schienen

splinter *n* Splitter *m* **splinter group** *n* Splittergruppe *f*

split *vb*: *pret, past part* **split I** *n* **1.** Riss *m* (*in* in +*dat*); (*esp in wall, rock, wood*) Spalt *m* (*in* in +*dat*) **2.** (*fig* ≈ *division*) Bruch *m* (*in* in +*dat*); POL, ECCL Spaltung *f* (*in* +*gen*); **a three-way ~ of the profits** eine Drittelung des Gewinns **3.** *pl* **to do the ~s** (einen) Spagat machen **II** *adj* gespalten (*on, over* in +*dat*) **III** *v/t* (≈ *cleave*) (zer)teilen; *wood, atom* (≈ *divide*) spalten; *work, costs, etc* (sich *dat*) teilen; **to ~ hairs** (*infml*) Haarspalterei treiben (*infml*); **to ~ sth open** etw aufbrechen; **to ~ one's head open** sich (*dat*) den Kopf aufschlagen; **to ~ sth into three parts** etw in drei Teile aufteilen; **to ~ sth three ways** etw in drei Teile teilen; **to ~ the difference** (*lit*: *with money etc*) sich (*dat*) die Differenz teilen **IV** *v/i*

1. (*wood, stone*) (entzwei)brechen; POL, ECCL sich spalten (*on, over* wegen); (*seam etc*) platzen; (≈ *divide*) sich teilen; (*people*) sich aufteilen; **to ~ open** aufplatzen; **my head is ~ting** (*fig*) mir platzt der Kopf **2.** (*infml* ≈ *leave*) abhauen (*infml*) ♦ **split off** *v/i* abbrechen; (*fig*) sich trennen (*from* von) ♦ **split up** *v/t sep work* (auf)teilen; *party* spalten; *two people* trennen; *crowd* zerstreuen **II** *v/i* zerbrechen; (≈ *divide*) sich teilen; (*meeting, crowd*) sich spalten; (*partners*) sich voneinander trennen

split ends *pl* Spliss *m* **split screen** *n* IT geteilter Bildschirm **split second** *n* **in a ~** in Sekundenschnelle **split-second** *adj* **~ timing** Abstimmung *f* auf die Sekunde **splitting** *adj headache* rasend

splodge, splotch (*US*) *n* Klecks *m*; (*of cream etc*) Klacks *m*

splurge (out) on *v/i* +*prep obj* (*infml*) sich in Unkosten stürzen mit

splutter I *n* (*of engine*) Stottern *nt* **II** *v/i* stottern; (*fat*) zischen **III** *v/t* (hervor)stoßen

spoil *vb*: *pret, past part* **spoilt** (*Brit*) *or* **spoiled I** *n usu pl* Beute *f no pl* **II** *v/t* **1.** (≈ *ruin*) verderben; *town, looks etc* verschandeln; *life* ruinieren; **to ~ sb's fun** jdm den Spaß verderben; **it ~ed our evening** das hat uns (*dat*) den Abend verdorben **2.** *children* verwöhnen; **to be ~ed for choice** die Qual der Wahl haben **III** *v/i* **1.** (*food*) verderben **2. to be ~ing for a fight** Streit suchen **spoiler** *n* **1.** AUTO Spoiler *m* **2.** PRESS Publikation, *die zur gleichen Zeit wie ein Konkurrenzprodukt erscheint* **spoil-sport** *n* (*infml*) Spielverderber(in) *m(f)* (*infml*) **spoilt** (*Br*) **I** *pret, past part* of **spoil II** *adj child* verwöhnt

spoke[1] *n* Speiche *f*

spoke[2] *pret of* **speak spoken I** *past part of* **speak II** *adj* gesprochen; **his ~ English is better than ...** er spricht Englisch besser als ... **spokesman** *n*, *pl* **-men** Sprecher *m* **spokesperson** *n* Sprecher(in) *m(f)* **spokeswoman** *n*, *pl* **-women** Sprecherin *f*

sponge I *n* **1.** Schwamm *m* **2.** (COOK, *a.* **sponge cake**) Rührkuchen *m* **II** *v/t* (*infml* ≈ *scrounge*) schnorren (*infml*) (*from* bei) ♦ **sponge down** *v/t sep person* (schnell) waschen; *walls also* abwaschen; *horse* abreiben ♦ **sponge off** *v/t*

sep stain, liquid abwischen ♦ **sponge off** *or* **on** *v/i +prep obj* (*infml*) **to ~ sb** jdm auf der Tasche liegen (*infml*)
sponge bag *n* (*Br*) Waschbeutel *m*
sponge cake *n* Rührkuchen *m* **sponge pudding** *n* Mehlpudding *m* **sponger** *n* (*infml*) Schmarotzer(in) *m(f)* **spongy** *adj* (+*er*) weich
sponsor I *n* Förderer *m*, Förderin *f*; (*for event*) Schirmherr(in) *m(f)*; TV, SPORTS Sponsor(in) *m(f)*; (*for fund-raising*) Spender(in) *m(f)* **II** *v/t* unterstützen; (*financially*) fördern; *event* sponsern **sponsored** *adj* (*Br:*) *walk etc* gesponsert **sponsorship** *n* Unterstützung *f*; TV, SPORTS Finanzierung *f*
spontaneity *n* Spontaneität *f* **spontaneous** *adj* spontan **spontaneously** *adv* spontan; (≈ *voluntarily also*) von sich aus, von selbst
spoof (*infml*) *n* Parodie *f* (*of* auf +*acc*)
spook (*infml*) **I** *n* Gespenst *nt* **II** *v/t* (*esp US*) einen Schrecken einjagen (+*dat*) **spooky** *adj* (+*er*) (*infml*) **1.** gespenstisch **2.** (≈ *strange*) sonderbar; **it was really ~** das war wirklich ein sonderbares *or* eigenartiges Gefühl
spool *n* Spule *f*
spoon I *n* Löffel *m* **II** *v/t* löffeln ♦ **spoon out** *v/t sep* (löffelweise) ausschöpfen
spoon-feed *pret, past part* **spoon-fed** *v/t baby* füttern; (*fig*) füttern (*infml*) **spoonful** *n* Löffel *m*
sporadic *adj* sporadisch **sporadically** *adv* sporadisch; (≈ *occasionally also*) gelegentlich
spore *n* Spore *f*
sporran *n* über dem Schottenrock getragene Felltasche
sport I *n* **1.** Sport *m no pl*; (≈ *type of sport*) Sportart *f*; **to be good at ~(s)** sportlich sein **2. sports** *pl* (a. **sports meeting**) Sportveranstaltung *f* **3.** (≈ *amusement*) Spaß *m*, Hetz *f* (*Aus*) **4.** (*infml*) **to be a** (**good**) **~** alles mitmachen; **be a ~!** sei kein Spielverderber! **II** *v/t tie* anhaben; *beard* herumlaufen mit (*infml*) **III** *adj attr* (*US*) = **sports** **sporting** *adj* sportlich; (*fig*) fair; (≈ *decent*) anständig; **~ events** Wettkämpfe *pl* **sports**, (*US also*) **sport** *in cpds* Sport- **sports bra** *n* Sport-BH *m* **sports car** *n* Sportwagen *m* **sports centre**, (*US*) **sports center** *n* Sportzentrum *nt* **sports field**, **sports ground** *n* (*Br*) Sportplatz *m*

sports jacket *n* Sakko *m or nt* **sportsman** *n* Sportler *m* **sportsmanlike** *adj* sportlich; (*fig*) fair **sportsmanship** *n* Sportlichkeit *f* **sportsperson** *n* Sportler(in) *m(f)* **sportswear** *n* **1.** Sportkleidung *f* **2.** (≈ *leisure wear*) Freizeitkleidung *f* **sportswoman** *n* Sportlerin *f* **sporty** *adj* (+*er*) (*infml*) *person* sportbegeistert; *car* sportlich
spot I *n* **1.** Punkt *m*; ZOOL Fleck *m*; (≈ *place*) Stelle *f*; **~s of blood** Blutflecken *pl*; **a pleasant ~** ein schönes Fleckchen (*infml*); **on the ~** an Ort und Stelle, sofort **2.** MED *etc* Fleck *m*; (≈ *pimple*) Pickel *m*, Wimmerl *nt* (*Aus*), Bibeli *nt* (*Swiss*); **to break out** *or* **come out in ~s** Flecken/Pickel bekommen **3.** (*Br infml*) **a ~ of** ein bisschen; **we had a ~ of rain/a few ~s of rain** wir hatten ein paar Tropfen Regen; **a ~ of bother** etwas Ärger; **we're in a ~ of bother** wir haben Schwierigkeiten **4.** **to be in a** (**tight**) **~** in der Klemme sitzen (*infml*); **to put sb on the ~** jdn in Verlegenheit bringen **II** *v/t* entdecken; *difference, opportunity* erkennen; *mistake* finden **spot check** *n* Stichprobe *f* **spotless** *adj* tadellos sauber **spotlessly** *adv* **~ clean** blitzsauber **spotlight spotlighted** *v/t* **1.** (≈ *lamp*) Scheinwerfer *m*; (*small*) Strahler *m* **2.** (≈ *light*) Rampenlicht *nt*; **to be in the ~** (*lit*) im Scheinwerferlicht *or* Rampenlicht stehen; (*fig*) im Rampenlicht der Öffentlichkeit stehen **spot-on** *adj* (*Br infml*) exakt **spotted** *adj* gefleckt; (≈ *with dots*) getüpfelt; **~ with blood** blutbespritzt **spotty** *adj* (+*er*) (≈ *pimply*) pick(e)lig
spouse *n* (*form*) Gatte *m*, Gattin *f*
spout I *n* **1.** Ausguss *m*; (*on tap*) Ausflussrohr *nt*; (*on watering can*) Rohr *nt*; **up the ~** (*Br infml: plans etc*) im Eimer (*infml*) **2.** (*of water etc*) Fontäne *f* **II** *v/t* **1.** (*fountain etc*) (heraus)spritzen **2.** (*infml*) *nonsense* von sich geben **III** *v/i* (*water etc*) spritzen (*from* aus); **to ~ out** (*of sth*) (aus etw) hervorspritzen
sprain I *n* Verstauchung *f* **II** *v/t* verstauchen; **to ~ one's ankle** sich (*dat*) den Fuß verstauchen
sprang *pret of* **spring**
sprawl I *n* (≈ *posture*) Flegeln *nt no pl* (*infml*); (*of buildings etc*) Ausbreitung *f*; **urban ~** wild wuchernde Ausbreitung des Stadtgebietes **II** *v/i* (≈ *fall*) der Län-

ge nach hinfallen; (≈ *lounge*) sich hinflegeln; (*town*) (wild) wuchern; **to send sb ~ing** jdn zu Boden werfen **III** *v/t* **to be ~ed over sth/on sth** (*body*) ausgestreckt auf etw (*dat*) liegen **sprawling** *adj* *city* wild wuchernd; *house* großflächig; *figure* hingeflegelt

spray¹ *n* (≈ *bouquet*) Strauß *m*

spray² **I** *n* **1.** Sprühregen *m*; (*of sea*) Gischt *m* **2.** (≈ *implement*) Sprühdose *f* **3.** (*hairspray etc*) Spray *m* or *nt* **II** *v/t* *plants etc* besprühen; (*with insecticide*) spritzen; *hair* sprayen; *perfume* (ver)sprühen **III** *v/i* sprühen; (*water*) spritzen **spray can** *n* Sprühdose *f* **sprayer** *n* = **spray²** I2

spread *vb*: *pret*, *past part* **spread I** *n* **1.** (*of wings*) Spannweite *f*; (*of interests*) Spektrum *nt*; **middle-age ~** Altersspeck *m* (*infml*) **2.** (≈ *growth*) Ausbreitung *f*; (*spatial*) Ausdehnung *f* **3.** (*infml, of food etc*) Festessen *nt* **4.** (*for bread*) (Brot)aufstrich *m*; *cheese* ~ Streichkäse *m* **5.** PRESS, TYPO Doppelseite *f*; **a full--page/double** ~ ein ganz-/zweiseitiger Bericht; (≈ *advertisement*) eine ganz-/zweiseitige Anzeige **II** *v/t* **1.** (*a.* **spread out**) *rug*, *arms* ausbreiten; *goods* auslegen; *hands*, *legs* spreizen; **he was lying with his arms and legs ~ out** er lag mit ausgestreckten Armen und Beinen da **2.** *bread*, *surface* bestreichen; *butter etc* (ver- or auf)streichen; *table* decken; ~ **the paint evenly** verteilen Sie die Farbe gleichmäßig; **to ~ a cloth over sth** ein Tuch über etw (*acc*) breiten **3.** (≈ *distribute*: *a.* **spread out**) verteilen (*over* über +*acc*); *sand* streuen **4.** *news*, *panic*, *disease* verbreiten **III** *v/i* sich erstrecken (*over*, *across* über +*acc*); (*liquid*, *smile*) sich ausbreiten (*over*, *across* über +*acc*); (*towns*) sich ausdehnen; (*smell*, *disease*, *trouble*, *fire*) sich verbreiten; **to ~ to sth** etw erreichen ♦ **spread about** (*Brit*) *or* **around** *v/t sep* *toys etc* verstreuen ♦ **spread out I** *v/t sep* = **spread** II 1, 3 **II** *v/i* **1.** (*countryside etc*) sich ausdehnen **2.** (*runners*) sich verteilen

spread-eagle *v/t* **to lie ~d** alle viere von sich (*dat*) strecken (*infml*) **spreadsheet** *n* IT Tabellenkalkulation *f*

spree *n* *spending or shopping* ~ Großeinkauf *m*; *drinking* ~ Zechtour *f* (*infml*); **to go on a ~** (*drinking*) eine Zechtour machen; (*spending*) groß einkaufen gehen

sprig *n* Zweig *m*

sprightly *adj* (+*er*) *tune* lebhaft; *old person* rüstig

spring *vb*: *pret* **sprang** or (*US*) **sprung**, *past part* **sprung I** *n* **1.** (≈ *source*) Quelle *f* **2.** (≈ *season*) Frühling *m*; **in (the)** ~ im Frühling **3.** (≈ *leap*) Sprung *m* **4.** MECH Feder *f* **5.** *no pl* **with a ~ in one's step** mit federnden Schritten **II** *adj attr* **1.** (*seasonal*) Frühlings- **2.** ~ **mattress** Federkernmatratze *f* **III** *v/t* **to ~ a leak** (*pipe*) (plötzlich) undicht werden; (*ship*) (plötzlich) ein Leck bekommen; **to ~ sth on sb** (*fig*) jdn mit etw konfrontieren **IV** *v/i* **1.** (≈ *leap*) springen; **to ~ open** aufspringen; **to ~ to one's feet** aufspringen; **tears sprang to her eyes** ihr schossen die Tränen in die Augen; **to ~ into action** in Aktion treten; **to ~ to mind** einem einfallen; **to ~ to sb's defence** jdm zu Hilfe eilen; **to ~ (in)to life** (plötzlich) lebendig werden **2.** (*a.* **spring forth**, *fig*, *idea*) entstehen (*from* aus); (*interest etc*) herrühren (*from* von) ♦ **spring up** *v/i* (*plant*) hervorsprießen; (*weeds*, *building*) aus dem Boden schießen; (*person*) aufspringen; (*fig*: *firm*) entstehen

spring binder *n* Klemmhefter *m* **springboard** *n* Sprungbrett *nt* **spring-clean I** *v/t* gründlich putzen **II** *v/i* Frühjahrsputz machen **spring-cleaning** *n* Frühjahrsputz *m* **spring-loaded** *adj* mit einer Sprungfeder **spring onion** *n* (*Br*) Frühlingszwiebel *f* **spring roll** *n* Frühlingsrolle *f* **springtime** *n* Frühlingszeit *f* **spring water** *n* Quellwasser *nt* **springy** *adj* (+*er*) federnd; *rubber etc* elastisch

sprinkle *v/t* *water* sprenkeln; *sugar etc* streuen; *cake* bestreuen **sprinkler** *n* Berieselungsapparat *m*; (*for firefighting*) Sprinkler *m* **sprinkling** *n* (*of rain*) ein paar Tropfen; (*of sugar etc*) Prise *f*; **a ~ of people** ein paar vereinzelte Leute

sprint I *n* Lauf *m*; **a ~ finish** ein Endspurt *m* **II** *v/i* (*in race*) sprinten; (≈ *dash*) rennen **sprinter** *n* Sprinter(in) *m(f)*

sprout I *n* **1.** (*of plant*) Trieb *m*; (*from seed*) Keim *m* **2.** (≈ *Brussels sprout*) (Rosenkohl)röschen *nt*; ~**s** *pl* Rosenkohl *m*, Kohlsprossen *pl* (*Aus*) **II** *v/t* *leaves* treiben; *horns etc* entwickeln; (*infml*) *beard* sich (*dat*) wachsen lassen

III *v/i* 1. (≈ *grow*) sprießen; (*seed etc*) keimen; (*potatoes etc*) Triebe *pl* bekommen 2. (*a.* **sprout up**, *plants*) sprießen; (*buildings*) aus dem Boden schießen

spruce¹ *n* (*a.* **spruce fir**) Fichte *f*

spruce² *adj* (+*er*) gepflegt ◆ **spruce up** *v/t sep house* auf Vordermann bringen (*infml*); **to spruce oneself up** sein Äußeres pflegen

sprung **I** *past part of* **spring** **II** *adj* gefedert

spud *n* (*infml*) Kartoffel *f*, Erdapfel *m* (*Aus*)

spun *pret, past part of* **spin**

spur **I** *n* Sporn *m*; (*fig*) Ansporn *m* (*to* für); **on the ~ of the moment** ganz spontan; **a ~-of-the-moment decision** ein spontaner Entschluss **II** *v/t* (*a.* **spur on**, *fig*) anspornen

spurious *adj claim, claimant* unberechtigt; *account* falsch; *interest* nicht echt; *argument* fadenscheinig

spurn *v/t* verschmähen

spurt **I** *n* 1. (≈ *flow*) Strahl *m* 2. (*of speed*) Spurt *m*; **a final ~** ein Endspurt *m*; **to put a ~ on** einen Spurt vorlegen; **to work in ~s** (nur) sporadisch arbeiten **II** *v/i* 1. (≈ *gush*: *a.* **spurt out**) (heraus)spritzen (*from* aus) 2. (≈ *run*) spurten **III** *v/t* **the wound ~ed blood** aus der Wunde spritzte Blut

sputter *v/i* zischen; (*fat*) spritzen; (*engine*) stottern; (*in speech*) sich ereifern (*about* über +*acc*)

spy **I** *n* Spion(in) *m(f)*; (≈ *police spy*) Spitzel *m* **II** *v/t* erspähen (*elev*) **III** *v/i* spionieren; **to ~ on sb** jdn bespitzeln ◆ **spy out** *v/t sep* ausfindig machen; **to ~ the land** (*fig*) die Lage peilen

spy hole *n* Guckloch *nt*, Spion *m*

sq *abbr* = **square**; **sq m** qm, m²

squabble **I** *n* Zank *m* **II** *v/i* (sich) zanken (*about, over* um)**squabbling** *n* Zankerei *f*

squad *n* MIL Korporalschaft *f*; (≈ *special unit*) Kommando *nt*; (≈ *police squad*) Dezernat *nt*; SPORTS Mannschaft *f*

squadron *n* AVIAT Staffel *f*; NAUT Geschwader *nt*

squalid *adj house* schmutzig und verwahrlost; *conditions* elend **squalor** *n* Schmutz *m*; **to live in ~** in unbeschreiblichen Zuständen leben

squander *v/t* verschwenden; *opportunity* vertun

square **I** *n* 1. Quadrat *nt*; (*on chessboard etc*) Feld *nt*; (*on paper*) Kästchen *nt*; **cut it in ~s** schneiden Sie es quadratisch zu; **to go back to ~ one** (*fig*), **to start (again) from ~ one** (*fig*) noch einmal von vorne anfangen; **we're back to ~ one** jetzt sind wir wieder da, wo wir angefangen haben 2. (*in town*) Platz *m* **II** *adj* (+*er*) 1. (*in shape*) quadratisch; *block* vierkantig; **to be a ~ peg in a round hole** am falschen Platz sein 2. *jaw* kantig 3. MAT Quadrat-; **3 ~ kilometres** 3 Quadratkilometer; **3 metres ~** 3 Meter im Quadrat 4. *attr meal* ordentlich 5. (*fig*) **we are (all) ~** SPORTS wir stehen beide / alle gleich; (*fig*) jetzt sind wir quitt **III** *v/t* 1. **to ~ a match** in einem Spiel gleichziehen 2. MAT quadrieren; **3 ~d is 9** 3 hoch 2 ist 9 ◆ **square up** *v/i* (*boxers, fighters*) in Kampfstellung gehen; **to ~ to sb** sich vor jdm aufpflanzen (*infml*); (*fig*) jdm die Stirn bieten

square bracket *n* eckige Klammer **squared** *adj paper* kariert **squarely** *adv* (≈ *directly*) direkt, genau; (*fig* ≈ *firmly*) fest; **to hit sb ~ in the stomach** jdn voll in den Magen treffen; **to place the blame for sth ~ on sb** jdm voll und ganz die Schuld an etw (*dat*) geben **square root** *n* Quadratwurzel *f*

squash¹ **I** *n* 1. (*Br* ≈ *fruit concentrate*) Fruchtsaftkonzentrat *nt*; (≈ *drink*) Fruchtnektar *m* 2. **it's a bit of a ~** es ist ziemlich eng **II** *v/t* 1. zerdrücken 2. (≈ *squeeze*) quetschen; **to be ~ed up against sb** gegen jdn gequetscht werden **III** *v/i* **could you ~ up?** könnt ihr etwas zusammenrücken?; (*one person*) kannst du dich etwas kleiner machen?

squash² *n* SPORTS Squash *nt*

squash³ *n no pl* (*US*) (Pâtisson)kürbis *m*

squat **I** *adj* (+*er*) gedrungen **II** *v/i* 1. hocken 2. (*a.* **squat down**) sich (hin)kauern 3. **to ~** (*in a house*) ein Haus besetzt haben **III** *n* (*infml* ≈ *place*) Unterschlupf *m* (*für Hausbesetzer*)**squatter** *n* (*in house*) Hausbesetzer(in) *m(f)*

squawk **I** *n* heiserer Schrei; **he let out a ~** er kreischte auf **II** *v/i* schreien

squeak **I** *n* (*of hinge etc*) Quietschen *nt no pl*; (*of person*) Quiekser *m*; (*of animal*) Quieken *nt no pl*; (*of mouse*) Piepsen *nt no pl*; (*fig infml* ≈ *sound*) Pieps *m* (*infml*) **II** *v/i* (*door etc*) quietschen; (*person*) quieksen; (*animal*) quieken;

lung f **stamp duty** n (Br) Stempelgebühr f
stampede I n (of cattle) wilde Flucht; (of
people) Massenansturm m (on auf +acc)
II v/i durchgehen; (crowd) losstürmen
(for auf +acc)
stamp tax n (US) Stempelgebühr f
stance n Haltung f
stand vb: pret, past part **stood I** n **1.** (fig)
Standpunkt m (on zu); **to take a ~** einen
Standpunkt vertreten **2.** MIL Widerstand
m; **to make a ~** Widerstand leisten **3.** (≈
market stall etc) Stand m, Standl nt (Aus)
4. (≈ music stand etc) Ständer m **5.** (Br
SPORTS) Tribüne f; **to take the ~** JUR in
den Zeugenstand treten **II** v/t **1.** (≈
place) stellen **2.** pressure etc (object)
standhalten (+dat); (person) gewachsen
sein (+dat); test bestehen; heat ertragen
3. (infml ≈ put up with) aushalten; **I can't
~ being kept waiting** ich kann es nicht
leiden, wenn man mich warten lässt **4.**
to ~ trial vor Gericht stehen (for wegen)
III v/i **1.** stehen; (≈ get up) aufstehen;
(offer) gelten; **don't just ~ there!** stehen
Sie nicht nur (dumm) rum, tun Sie was!
(infml); **to ~ as a candidate** kandidieren
2. (≈ measure, tree etc) hoch sein **3.** (record) stehen (at auf +dat) **4.** (fig) **we ~ to
gain a lot** wir können sehr viel gewinnen; **what do we ~ to gain by it?** was
springt für uns dabei heraus? (infml);
I'd like to know where I ~ (with him)
ich möchte wissen, woran ich (bei
ihm) bin; **where do you ~ on this issue?**
welchen Standpunkt vertreten Sie in
dieser Frage?; **as things ~** nach Lage
der Dinge; **as it ~s** so wie die Sache aussieht; **to ~ accused of sth** einer Sache
(gen) angeklagt sein; **to ~ firm** festblei-
ben; **nothing now ~s between us** es
steht nichts mehr zwischen uns ◆ **stand
about** (Brit) or **around** v/i herumstehen
◆ **stand apart** v/i (lit) abseitsstehen;
(fig) sich fernhalten ◆ **stand aside** v/i
(lit) zur Seite treten ◆ **stand back** v/i
(≈ move back) zurücktreten ◆ **stand
by I** v/i **1. to ~ and do nothing** tatenlos
zusehen **2.** (≈ be on alert) sich bereithalten **II** v/i +prep obj **to ~ sb** zu jdm halten
◆ **stand down** v/i (≈ withdraw) zurücktreten ◆ **stand for** v/i +prep obj **1. to ~
election** (in einer Wahl) kandidieren
2. (≈ represent) stehen für **3.** (≈ put up
with) sich (dat) gefallen lassen ◆ **stand**
in v/i einspringen ◆ **stand out** v/i (≈ be
noticeable) hervorstechen; **to ~ against
sth** sich gegen etw or von etw abheben
◆ **stand over** v/i +prep obj (≈ supervise)
auf die Finger sehen (+dat) ◆ **stand up**
I v/i **1.** (≈ get up) aufstehen; (≈ be standing) stehen; **~ straight!** stell dich gerade
hin **2.** (argument) überzeugen; JUR bestehen **3. to ~ for sb/sth** für jdn / etw eintreten; **to ~ to sb** sich jdm gegenüber behaupten **II** v/t sep **1.** (≈ put upright) hinstellen **2.** (infml) sb versetzen
standard I n **1.** (≈ norm) Norm f; (≈ criterion) Maßstab m; (usu pl ≈ moral
standards) (sittliche) Maßstäbe pl; **to
be up to ~** den Anforderungen genügen;
he sets himself very high ~s er stellt
hohe Anforderungen an sich (acc)
selbst; **by any ~(s)** egal, welche Maßstäbe man anlegt; **by today's ~(s)** aus heutiger Sicht **2.** (≈ level) Niveau nt; **~ of living** Lebensstandard m **3.** (≈ flag) Flagge
f **II** adj **1.** (≈ usual) üblich; (≈ average)
durchschnittlich; (≈ widely referred to)
Standard-; **to be ~ practice** üblich sein
2. LING (allgemein) gebräuchlich; **~ English** korrektes Englisch; **~ German**
Hochdeutsch nt **standard class** n RAIL
zweite Klasse **standardization** n (of
style, approach) Vereinheitlichung f;
(of format, sizes) Standardisierung f
standardize v/t approach vereinheitlichen; format standardisieren **standard
lamp** n Stehlampe f
stand-by I n **1.** (≈ person) Ersatzperson f;
(≈ thing) Reserve f; (≈ ticket) Stand-by-
-Ticket nt **2. on ~** in Bereitschaft **II** adj
attr Reserve-, Ersatz-; **~ ticket** Stand-
-by-Ticket nt **stand-in** n Ersatz m **standing I** n **1.** (social) Rang m, Stellung f;
(professional) Position f **2.** (≈ repute)
Ruf m **3.** (≈ duration) Dauer f; **her husband of five years'** ~ ihr Mann, mit dem
sie seit fünf Jahren verheiratet ist **II** adj
attr **1.** (≈ permanent) ständig; army stehend; **it's a ~ joke** das ist schon zu einem
Witz geworden **2.** (≈ from a standstill)
aus dem Stand; **~ room only** nur Stehplätze; **to give sb a ~ ovation** jdm eine
stehende Ovation darbringen **standing
charge** n Grundgebühr f **standing order** n (Br FIN) Dauerauftrag m; **to pay
sth by ~** etw per Dauerauftrag bezahlen
standing stone n Menhir m **standoff** n
Patt nt **standoffish** adj, **standoffishly**

adv (*infml*) distanziert **standpoint** *n* Standpunkt *m*; *from the ~ of the teacher* vom Standpunkt des Lehrers (aus) gesehen **standstill** *n* Stillstand *m*; *to be at a ~* (*traffic*) stillstehen; (*factory*) ruhen; *to bring production to a ~* die Produktion lahmlegen *or* zum Erliegen bringen; *to come to a ~* (*person*) stehen bleiben; (*vehicle*) zum Stehen kommen; (*traffic*) zum Stillstand kommen; (*industry etc*) zum Erliegen kommen **stand-up** *adj attr ~ comedian* Bühnenkomiker(in) *m(f)*; *~ comedy* Stand-up Comedy *f*

stank *pret of* **stink**

stanza *n* Strophe *f*

staple[1] **I** *n* Klammer *f*; (*for paper*) Heftklammer *f* **II** *v/t* heften

staple[2] **I** *adj* Haupt- **II** *n* **1.** (≈ *product*) Hauptartikel *m* **2.** (≈ *food*) Hauptnahrungsmittel *nt*

stapler *n* Heftgerät *nt*

star I *n* **1.** Stern *m*; *the Stars and Stripes* das Sternenbanner; *you can thank your lucky ~s that ...* Sie können von Glück sagen, dass ... **2.** (≈ *person*) Star *m* **II** *adj attr* Haupt-; *~ player* Star *m* **III** *v/t* FILM *etc to ~ sb* jdn in der Hauptrolle zeigen; *a film ~ring Greta Garbo* ein Film mit Greta Garbo (in der Hauptrolle) **IV** *v/i* FILM *etc* die Hauptrolle spielen

starboard I *n* Steuerbord *nt* **II** *adj* Steuerbord- **III** *adv* (nach) Steuerbord

starch I *n* Stärke *f* **II** *v/t* stärken

stardom *n* Ruhm *m*

stare I *n* (starrer) Blick **II** *v/t* *the answer was staring us in the face* die Antwort lag klar auf der Hand; *to ~ defeat in the face* der Niederlage ins Auge blicken **III** *v/i* (*vacantly etc*) (vor sich hin) starren; (*in surprise*) große Augen machen; *to ~ at sb/sth* jdn/etw anstarren

starfish *n* Seestern *m* **star fruit** *n* Sternfrucht *f*

staring *adj* starrend *attr*; *~ eyes* starrer Blick

stark I *adj* (+*er*) *contrast* krass; *reality* nackt; *choice* hart; *landscape* kahl **II** *adv ~ raving mad* (*infml*) total verrückt (*infml*); *~ naked* splitter(faser)nackt (*infml*)

starlight *n* Sternenlicht *nt*

starling *n* Star *m*

starlit *adj* stern(en)klar **starry** *adj* (+*er*) *night* stern(en)klar; *~ sky* Sternenhimmel *m* **star sign** *n* Sternzeichen *nt*

star-spangled banner *n* **The Star-spangled Banner** das Sternenbanner **star-studded** *adj* (*fig*) *~ cast* Starbesetzung *f*

start[1] **I** *n* *to give a ~* zusammenfahren; *to give sb a ~* jdn erschrecken; *to wake with a ~* aus dem Schlaf hochschrecken **II** *v/i* zusammenfahren

start[2] **I** *n* **1.** (≈ *beginning*) Beginn *m*, Anfang *m*; (≈ *departure*) Aufbruch *m*; (*bei Rennen*) Start *m*; (*of trouble, journey*) Ausgangspunkt *m*; *for a ~* fürs Erste; (≈ *firstly*) zunächst einmal; *from the ~* von Anfang an; *from ~ to finish* von Anfang bis Ende; *to get off to a good ~* gut vom Start wegkommen; (*fig*) einen glänzenden Start haben; *to make a ~* (*on sth*) (mit etw) anfangen **2.** (≈ *advantage*, SPORTS) Vorsprung *m* (*over* vor +*dat*) **II** *v/t* **1.** (≈ *begin*) anfangen mit; *argument, career* beginnen; *new job, journey* antreten; *to ~ work* anfangen zu arbeiten **2.** *race, machine* starten; *conversation, fight* anfangen; *engine* anlassen; *fire* legen; *enterprise* gründen **III** *v/i* anfangen, beginnen; (*engine*) starten; *~ing from Tuesday* ab Dienstag; *to ~ (off) with* (≈ *firstly*) erstens; (≈ *at the beginning*) zunächst; *I'd like soup to ~ (off) with* ich möchte erst mal eine Suppe; *to get ~ed* anfangen; (*on journey*) aufbrechen; *to ~ on a task/journey* sich an eine Aufgabe/auf eine Reise machen; *to ~ talking or to talk* zu sprechen beginnen; *he ~ed by saying ...* er sagte zunächst ... ♦ **start back** *v/i* sich auf den Rückweg machen ♦ **start off I** *v/i* (≈ *begin*) anfangen; (*on journey*) aufbrechen; *to ~ with* = **start**[2] III **II** *v/t sep* anfangen; *that started the dog off* (*barking*) da fing der Hund an zu bellen; *to start sb off on sth* jdn auf etw (*acc*) bringen; *a few stamps to start you off* ein paar Briefmarken für den Anfang ♦ **start out** *v/i* (≈ *begin*) anfangen; (≈ *on journey*) aufbrechen (*for* nach) ♦ **start up I** *v/i* (≈ *begin*) anfangen; (*machine*) angehen (*infml*); (*motor*) anspringen **II** *v/t sep* **1.** (≈ *switch on*) anmachen (*infml*) **2.** (≈ *begin*) eröffnen; *conversation* anknüpfen

starter *n* **1.** SPORTS Starter(in) *m(f)* **2.** (*Br infml* ≈ *first course*) Vorspeise *f* **3.** *for ~s* (*infml*) für den Anfang (*infml*) **starting gun** *n* Startpistole *f* **starting point** *n*

Ausgangspunkt *m*

startle *v/t* erschrecken **startling** *adj news* überraschend; (≈ *bad*) alarmierend; *coincidence, change* erstaunlich; *discovery* sensationell

start-up *n* ~ *costs* Startkosten *pl*

starvation *n* Hunger *m*; *to die of* ~ verhungern **starve I** *v/t* **1.** hungern lassen; (*a.* **starve out**) aushungern; (*a.* **starve to death**) verhungern lassen; *to* ~ *oneself* hungern **2.** (*fig*) *to* ~ *sb of sth* jdm etw vorenthalten **II** *v/i* hungern; (*a.* **starve to death**) verhungern; *you must be starving!* du musst doch halb verhungert sein! (*infml*) **starving** *adj* (*lit*) hungernd *attr*; (*fig*) hungrig

stash *v/t* (*infml: a.* **stash away**) bunkern (*sl*); *money* beiseiteschaffen

state I *n* **1.** (≈ *condition*) Zustand *m*; ~ *of mind* Geisteszustand *m*; *the present* ~ *of the economy* die gegenwärtige Wirtschaftslage; *he's in no (fit)* ~ *to do that* er ist auf gar keinen Fall in der Verfassung, das zu tun; *what a* ~ *of affairs!* was sind das für Zustände!; *look at the* ~ *of your hands!* guck dir bloß mal deine Hände an!; *the room was in a terrible* ~ im Zimmer herrschte ein fürchterliches Durcheinander; *to get into a* ~ (*about sth*) (*infml*) wegen etw durchdrehen (*infml*); *to be in a terrible* ~ (*infml*) in heller Aufregung *or* ganz durchgedreht (*infml*) sein; *to lie in* ~ (feierlich) aufgebahrt sein **2.** POL Staat *m*; (≈ *federal state*) (Bundes)staat *m*; (*in Germany, Austria*) (Bundes)land *nt*; *the States* die (Vereinigten) Staaten; *the State of Florida* der Staat Florida **II** *v/t* darlegen; *name, purpose* angeben; *to* ~ *that ...* erklären, dass ...; *to* ~ *one's case* seine Sache vortragen; *as* ~*d in my letter I ...* wie in meinem Brief erwähnt, ... ich ... **state** *in cpds* Staats-; *control, industry* staatlich; (*US etc*) bundesstaatlich **stated** *adj* **1.** (≈ *declared*) genannt **2.** (≈ *fixed*) fest(gesetzt) **State Department** *n* (*US*) Außenministerium *nt* **state education** *n* staatliche Erziehung **state-funded** *adj* staatlich finanziert **state funding** *n* staatliche Finanzierung **statehouse** *n* (*US*) Parlamentsgebäude *nt* **stateless** *adj* staatenlos **stately** *adj* (+*er*) *person* würdevoll; ~ *home* herrschaftliches Anwesen **statement** *n* **1.** (*of thesis etc*) Darstellung *f*; (*of problem*) Darlegung *f* **2.** (≈ *claim*) Behauptung *f*; (≈ *official*) Erklärung *f*; (*to police*) Aussage *f*; *to make a* ~ *to the press* eine Presseerklärung abgeben **3.** (FIN: *a.* **bank statement**) Kontoauszug *m*

state-of-the-art *adj* hochmodern; ~ *technology* Spitzentechnologie *f* **state-owned** *adj* staatseigen **state school** *n* (*Br*) öffentliche Schule **state secret** *n* Staatsgeheimnis *nt* **stateside** (*US infml*) **I** *adj* in den Staaten (*infml*) **II** *adv* nach Hause **statesman** *n, pl* **-men** Staatsmann *m* **statesmanlike** *adj* staatsmännisch **statesmanship** *n* Staatskunst *f* **stateswoman** *n, pl* **-women** Staatsmännin *f*

static I *adj* statisch; (≈ *not moving*) konstant; ~ *electricity* statische Aufladung **II** *n* PHYS Reibungselektrizität *f*

station *n* **1.** Station *f*; (≈ *police station*) Wache *f*, Wachzimmer *nt* (*Aus*) **2.** (≈ *railway station, bus station*) Bahnhof *m* **3.** RADIO, TV Sender *m* **4.** (≈ *position*) Platz *m* **5.** (≈ *rank*) Rang *m*

stationary *adj* parkend *attr*, haltend *attr*; *to be* ~ (*traffic*) stillstehen

stationer *n* Schreibwarenhändler(in) *m(f)* **stationery** *n* Schreibwaren *pl* **station house** *n* (*US* POLICE) (Polizei)wache *f*, Wachzimmer *nt* (*Aus*) **stationmaster** *n* Bahnhofsvorsteher(in) *m(f)* **station wagon** *n* (*US*) Kombi(wagen) *m*

statistic *n* Statistik *f* **statistical** *adj*, **statistically** *adv* statistisch **statistics** *n* **1.** *sg* Statistik *f* **2.** *pl* (≈ *data*) Statistiken *pl*

statue *n* Statue *f*; *Statue of Liberty* Freiheitsstatue *f* **statuesque** *adj* standbildhaft

stature *n* **1.** Wuchs *m*; (*esp of man*) Statur *f*; *of short* ~ von kleinem Wuchs **2.** (*fig*) Format *nt*

status *n* Stellung *f*; *equal* ~ Gleichstellung *f*; *marital* ~ Familienstand *m* **status quo** *n* Status quo *m* **status symbol** *n* Statussymbol *nt*

statute *n* Gesetz *nt*; (*of organization*) Satzung *f* **statute book** *n* (*esp Br*) Gesetzbuch *nt* **statutory** *adj* gesetzlich; (*in organization*) satzungsgemäß; *right* verbrieft

staunch[1] *adj* (+*er*) *ally* unerschütterlich; *Catholic* überzeugt; *support* standhaft **staunch**[2] *v/t flow* stauen; *bleeding* stillen **staunchly** *adv* treu; *defend* standhaft;

Catholic streng

stave *n* **1.** (≈ *stick*) Knüppel *m* **2.** MUS Notenlinien *pl* ♦ **stave off** *v/t sep attack* zurückschlagen; *threat* abwehren; *defeat* abwenden

stay **I** *n* Aufenthalt *m* **II** *v/t* **to ~ the night** übernachten **III** *v/i* **1.** (≈ *remain*) bleiben; **to ~ for** *or* **to supper** zum Abendessen bleiben **2.** (≈ *reside*) wohnen; (*at hostel etc*) übernachten; **to ~ at a hotel** im Hotel übernachten; **I ~ed in Italy for a few weeks** ich habe mich ein paar Wochen in Italien aufgehalten; **when I was ~ing in Italy** als ich in Italien war; **he is ~ing at Chequers for the weekend** er verbringt das Wochenende in Chequers; **my brother came to ~** mein Bruder ist zu Besuch gekommen ♦ **stay away** *v/i* (*from* von) wegbleiben; (*from person*) sich fernhalten ♦ **stay behind** *v/i* zurückbleiben; (SCHOOL: *as punishment*) nachsitzen ♦ **stay down** *v/i* (≈ *keep down*) unten bleiben; SCHOOL wiederholen ♦ **stay in** *v/i* (*at home*) zu Hause bleiben; (*in position*) drinbleiben ♦ **stay off** *v/i* +*prep obj* **to ~ school** nicht zur Schule gehen ♦ **stay on** *v/i* (*lid etc*) draufbleiben; (*light*) anbleiben; **to ~ at school** (in der Schule) weitermachen ♦ **stay out** *v/i* draußen bleiben; (≈ *not come home*) wegbleiben; **to ~ of sth** sich aus etw heraushalten; **he never managed to ~ of trouble** er war dauernd in Schwierigkeiten ♦ **stay up** *v/i* **1.** (*person*) aufbleiben **2.** (*tent*) stehen bleiben; (*picture*) hängen bleiben; **his trousers won't ~** seine Hosen rutschen immer

St Bernard *n* Bernhardiner *m*

STD 1. (*Br* TEL) *abbr of* **subscriber trunk dialling** der Selbstwählferndienst **2.** *abbr of* **sexually transmitted disease STD code** *n* Vorwahl(nummer) *f*

stead *n* **to stand sb in good ~** jdm zugutekommen **steadfast** *adj* fest

steadily *adv* **1.** (≈ *firmly*) ruhig **2.** (≈ *constantly*) ständig; *rain* ununterbrochen; **the atmosphere in the country is getting ~ more tense** die Stimmung im Land wird immer gespannter **3.** (≈ *reliably*) zuverlässig **4.** (≈ *regularly*) gleichmäßig

steady **I** *adj* (+*er*) **1.** *hand* ruhig; *voice, job, boyfriend* fest; **to hold sth ~** etw ruhig halten; *ladder* etw festhalten **2.** *progress* kontinuierlich; *drizzle* ununter-

brochen; *income* geregelt; **at a ~ pace** in gleichmäßigem Tempo **3.** (≈ *reliable*) zuverlässig **II** *adv* **~!** (≈ *carefully*) vorsichtig!; **to go ~ (with sb)** (*infml*) mit jdm (fest) gehen (*infml*) **III** *v/t nerves* beruhigen; **to ~ oneself** festen Halt finden

steak *n* Steak *nt*; (*of fish*) Filet *nt*

steal *vb: pret* **stole**, *past part* **stolen I** *v/t* stehlen; **to ~ sth from sb** jdm etw stehlen; **to ~ the show** die Schau stehlen; **to ~ a glance at sb** verstohlen zu jdm hinschauen **II** *v/i* **1.** (≈ *thieve*) stehlen **2.** **to ~ away** *or* **off** sich weg- *or* davonstehlen; **to ~ up on sb** sich an jdn heranschleichen

stealth *n* List *f*; **by ~** durch List **stealthily** *adv* verstohlen **stealthy** *adj* (+*er*) verstohlen

steam **I** *n* Dampf *m*; **full ~ ahead** NAUT volle Kraft voraus; **to get pick up ~** (*fig*) in Schwung kommen; **to let off ~** Dampf ablassen; **to run out of ~** (*fig*) Schwung verlieren **II** *v/t* dämpfen **III** *v/i* dampfen ♦ **steam up I** *v/t sep window* beschlagen lassen; **to be (all) steamed up** (ganz) beschlagen sein; (*fig infml*) (ganz) aufgeregt sein **II** *v/i* beschlagen

steamboat *n* Dampfschiff *nt* **steam engine** *n* Dampflok *f* **steamer** *n* **1.** (≈ *ship*) Dampfer *m* **2.** COOK Dampf(koch)topf *m* **steam iron** *n* Dampfbügeleisen *nt* **steamroller** *n* Dampfwalze *f* **steamship** *n* Dampfschiff *nt* **steamy** *adj* (+*er*) dampfig; (*fig*) *affair* heiß

steel **I** *n* Stahl *m* **II** *adj attr* Stahl- **III** *v/t* **to ~ oneself** sich wappnen (*for* gegen); **to ~ oneself to do sth** allen Mut zusammennehmen, um etw zu tun **steel band** *n* Steelband *f* **steely** *adj* (+*er*) *expression* hart

steep¹ *adj* (+*er*) **1.** steil; **it's a ~ climb** es geht steil hinauf **2.** (*fig infml*) *price* unverschämt

steep² *v/t* **1.** (*in liquid*) eintauchen; *washing* einweichen **2.** (*fig*) **to be ~ed in sth** von etw durchdrungen sein; **~ed in history** geschichtsträchtig

steepen *v/i* (*slope*) steiler werden; (*ground*) ansteigen

steeple *n* Kirchturm *m* **steeplechase** *n* (*for horses*) Hindernisrennen *nt*; (*for runners*) Hindernislauf *m*

steepness *n* Steilheit *f*

steer¹ **I** *v/t* lenken; *ship* steuern **II** *v/i* (*in* *car)* lenken; *(in ship)* steuern

steer[2] *n* junger Ochse

steering *n (in car etc)* Lenkung *f* **steering wheel** *n* Steuer(rad) *nt*

stellar *adj* stellar

stem I *n (of plant, glass)* Stiel *m; (of shrub, word)* Stamm *m; (of grain)* Halm *m* II *v/t* (≈ *stop)* aufhalten III *v/i* **to ~ from sth** von etw herrühren; (≈ *have as origin)* aus etw (her)stammen **stem cell** *n* BIOL, MED Stammzelle *f*

stench *n* Gestank *m*

stencil *n* Schablone *f*

step I *n* **1.** (≈ *pace, move)* Schritt *m;* **to take a ~** einen Schritt machen; **~ by ~** Schritt für Schritt; **to watch one's ~** achtgeben; **to be one ~ ahead of sb** *(fig)* jdm einen Schritt voraus sein; **to be in ~** *(lit)* im Gleichschritt sein; *(fig)* im Gleichklang sein; **to be out of ~** *(lit)* nicht im Tritt sein; *(fig)* nicht im Gleichklang sein; **the first ~ is to form a committee** als Erstes muss ein Ausschuss gebildet werden; **that would be a ~ back/in the right direction for him** das wäre für ihn ein Rückschritt / ein Schritt in die richtige Richtung; **to take ~s to do sth** Maßnahmen ergreifen, (um) etw zu tun **2.** (≈ *stair)* Stufe *f;* *(in process)* Abschnitt *m;* **~s** *(outdoors)* Treppe *f*, Stiege *f (Aus);* **mind the ~** Vorsicht Stufe **3.** **steps** *pl (Br ≈ stepladder)* Trittleiter *f* II *v/i* gehen; **to ~ into/out of sth** in etw *(acc)*/aus etw treten; **to ~ on(to) sth** *train* in etw *(acc)* steigen; *platform* auf etw *(acc)* steigen; **to ~ on sth** auf etw *(acc)* treten; **he ~ped on my foot** er ist mir auf den Fuß getreten; **to ~ inside/outside** hinein-/hinaustreten; **~ on it!** *(in car)* gib Gas! ◆ **step aside** *v/i* **1.** *(lit)* zur Seite treten **2.** *(fig)* Platz machen ◆ **step back** *v/i* *(lit)* zurücktreten ◆ **step down** *v/i* **1.** *(lit)* hinabsteigen **2.** *(fig ≈ resign)* zurücktreten ◆ **step forward** *v/i* vortreten; *(fig)* sich melden ◆ **step in** *v/i* **1.** *(lit)* eintreten *(-to, +prep obj* in *+acc)* **2.** *(fig)* eingreifen ◆ **step off** *v/i* *+prep obj (off bus)* aussteigen *(prep obj* aus); **to ~ the pavement** vom Bürgersteig treten ◆ **step up** I *v/t sep* steigern; *campaign, search* verstärken; *pace* erhöhen II *v/i* **to ~ to sb** auf jdn zugehen / zukommen; **he stepped up onto the stage** er trat auf die Bühne

step- *pref* Stief-; **stepbrother** Stiefbruder *m*

stepladder *n* Trittleiter *f* **step machine** *n* SPORTS Stepper *m* **stepping stone** *n* (Tritt)stein *m;* *(fig)* Sprungbrett *nt*

stereo I *n* Stereo *nt;* (≈ *stereo system)* Stereoanlage *f* II *adj* Stereo-

stereotype I *n (fig)* Klischee(vorstellung *f)* II *attr* stereotyp **stereotyped** *adj*, **stereotypical** *adj* stereotyp

sterile *adj* steril; *soil* unfruchtbar **sterility** *n (of animal, soil)* Unfruchtbarkeit *f; (of person also)* Sterilität *f* **sterilization** *n* Sterilisation *f* **sterilize** *v/t* sterilisieren

sterling I *adj* **1.** FIN Sterling-; **in pounds ~** in Pfund Sterling **2.** *(fig)* gediegen II *n no art* das Pfund Sterling; **in ~** in Pfund Sterling

stern[1] *n* NAUT Heck *nt*

stern[2] *adj* (+er) (≈ *strict)* streng; *test* hart **sternly** *adv* *say, rebuke* ernsthaft; *look* streng

steroid *n* Steroid *nt*

stethoscope *n* Stethoskop *nt*

stew I *n* **1.** Eintopf *m* **2.** *(infml)* **to be in a ~ (over sth)** (über etw *(acc)* *or* wegen etw) (ganz) aufgeregt sein II *v/t* *meat* schmoren; *fruit* dünsten III *v/i* **to let sb ~** jdn (im eigenen Saft) schmoren lassen

steward *n* Steward *m;* *(on estate etc)* Verwalter(in) *m(f);* *(at meeting)* Ordner(in) *m(f)*

stewardess *n* Stewardess *f*

stick[1] *n* **1.** Stock *m*, Stecken *m (esp Aus, Swiss);* (≈ *twig)* Zweig *m;* (≈ *hockey stick)* Schläger *m;* **to give sb/sth some/a lot of ~** *(Br infml)* jdn/etw heruntermachen *(infml) or* herunterputzen *(infml);* **to get the wrong end of the ~** *(fig infml)* etw falsch verstehen; **in the ~s** in der hintersten Provinz **2.** *(of celery etc)* Stange *f*

stick[2] *pret, past part* **stuck** I *v/t* **1.** *(with glue etc)* kleben, picken *(Aus)* **2.** (≈ *pin)* stecken **3.** *knife* stoßen; **he stuck a knife into her arm** er stieß ihr ein Messer in den Arm **4.** *(infml ≈ put)* tun *(infml); (esp in sth)* stecken *(infml);* **~ it on the shelf** tus ins Regal; **he stuck his head round the corner** er steckte seinen Kopf um die Ecke II *v/i* **1.** *(glue etc)* kleben *(to an +dat)*, picken *(to an +dat) (Aus);* **the name seems to have stuck** der Name scheint ihm / ihr geblieben zu sein **2.** (≈ *become caught)* stecken bleiben; (*drawer*) klemmen **3.** (*sth pointed*) stecken (*in* in +*dat*); **it stuck in my foot** das ist mir im Fuß stecken geblieben **4. his toes are ~ing through his socks** seine Zehen kommen durch die Socken **5.** (≈ *stay*) bleiben; **to ~ in sb's mind** jdm im Gedächtnis bleiben ♦ **stick around** *v/i* (*infml*) dableiben; **~!** warts ab! ♦ **stick at** *v/i* +*prep obj* (≈ *persist*) bleiben an (+*dat*) (*infml*); **to ~ it** dranbleiben (*infml*) ♦ **stick by** *v/i* +*prep obj sb* halten zu; *rules* sich halten an ♦ **stick down** *v/t sep* **1.** (≈ *glue*) ankleben; *envelope* zukleben **2.** (*infml* ≈ *put down*) abstellen ♦ **stick in** *v/t sep* (≈ *glue*, *put in*) hineinstecken; *knife etc* hineinstechen; **to stick sth in(to) sth** etw in etw (*acc*) stecken; *knife* in etw (*acc*) stechen ♦ **stick on** *v/t sep* **1.** *label* aufkleben (*prep obj* auf +*acc*) **2.** (≈ *add*) draufschlagen; (+*prep obj*) aufschlagen auf (+*acc*) ♦ **stick out I** *v/i* vorstehen (*of* aus); (*ears*) abstehen; (*fig* ≈ *be noticeable*) auffallen **II** *v/t sep* herausstrecken ♦ **stick to** *v/i* +*prep obj* **1.** (≈ *adhere to*) bleiben bei; *principles etc* treu bleiben (+*dat*); (≈ *follow*) *rules*, *diet* sich halten an (+*dat*) **2.** *task* bleiben an (+*dat*) ♦ **stick together** *v/i* (*fig*: *partners etc*) zusammenhalten ♦ **stick up I** *v/t sep* **1.** (*with tape etc*) zukleben **2.** (*infml*) **stick 'em up!** Hände hoch!; **three pupils stuck up their hands** drei Schüler meldeten sich **II** *v/i* (*nail etc*) vorstehen; (*hair*) abstehen; (*collar*) hochstehen ♦ **stick up for** *v/i* +*prep obj* eintreten für; **to ~ oneself** sich behaupten ♦ **stick with** *v/i* +*prep obj* bleiben bei

sticker *n* (≈ *label*) Aufkleber *m*, Pickerl *nt* (*Aus*); (≈ *price sticker*) Klebeschildchen *nt*

stickler *n* **to be a ~ for sth** es mit etw peinlich genau nehmen

stick-up *n* (*infml*) Überfall *m* **sticky** *adj* (+*er*) **1.** klebrig; *atmosphere* schwül; (≈ *sweaty*) *hands* verschwitzt; **~ tape** (*Br*) Klebeband *nt* **2.** (*fig infml*) *situation* heikel; **to go through a ~ patch** eine schwere Zeit durchmachen; **to come to a ~ end** ein böses Ende nehmen

stiff *adj* (+*er*) steif; *paste* fest; *opposition*, *drink* stark; *brush*, *competition* hart; *test* schwierig; *price* hoch; *door* klemmend; **to be (as) ~ as a board** or **poker** steif wie ein Brett sein **stiffen** (*a.* **stiffen up**) **I** *v/t*

steif machen **II** *v/i* steif werden

stifle I *v/t* ersticken; (*fig*) unterdrücken **II** *v/i* ersticken **stifling** *adj* **1.** *heat* drückend; **it's ~ in here** es ist ja zum Ersticken hier drin (*infml*) **2.** (*fig*) beengend

stigma *n*, *pl* **-s** Stigma *nt* **stigmatize** *v/t* **to ~ sb as sth** jdn als etw brandmarken

stile *n* (Zaun)übertritt *m*

stiletto *n* Schuh *m* mit Pfennigabsatz

still[1] **I** *adj*, *adv* (+*er*) **1.** (≈ *motionless*) bewegungslos; *waters* ruhig; **to keep ~** stillhalten; **to hold sth ~** etw ruhig halten; **to lie ~** still *or* reglos daliegen; **time stood ~** die Zeit stand still **2.** (≈ *quiet*) still; **be ~!** (*US*) sei still! **II** *adj* *drink* ohne Kohlensäure **III** *n* FILM Standfoto *nt*

still[2] **I** *adv* **1.** noch; (*for emphasis*, *in negative*) immer noch; **is he ~ coming?** kommt er noch?; **do you mean you ~ don't believe me?** willst du damit sagen, dass du mir immer noch nicht glaubst?; **it ~ hasn't come** es ist immer noch nicht gekommen; **there are ten weeks ~ to go** es bleiben noch zehn Wochen; **worse ~, ...** schlimmer noch, ... **2.** (*infml* ≈ *nevertheless*) trotzdem; **~, it was worth it** es hat sich trotzdem gelohnt; **~, he's not a bad person** na ja, er ist eigentlich kein schlechter Mensch **II** *cj* (und) dennoch

stillbirth *n* Totgeburt *f*, Fehlgeburt *f* **stillborn** *adj* tot geboren; **the child was ~** das Kind kam tot zur Welt **still life** *n*, *pl* **still lifes** Stillleben *nt* **stillness** *n* **1.** (≈ *motionlessness*) Unbewegtheit *f*; (*of person*) Reglosigkeit *f* **2.** (≈ *quietness*) Stille *f*

stilt *n* Stelze *f* **stilted** *adj* gestelzt

stimulant *n* Anregungsmittel *nt* **stimulate** *v/t* *body*, *mind* anregen; (*sexually*) erregen; (*fig*) *person* animieren; (*intellectually*) *growth* stimulieren; *economy* ankurbeln **stimulating** *adj* anregend; *music* belebend; (*mentally*) stimulierend **stimulation** *n* **1.** (≈ *act*) Anregung *f*; (*intellectual*) Stimulation *f*; (≈ *state*, *sexual*) Erregung *f* **2.** (*of economy*) Ankurbelung *f* (*to* +*gen*) **stimulus** *n*, *pl* **stimuli** Anreiz *m*; PHYSIOL Reiz *m*

sting *vb*: *pret*, *past part* **stung I** *n* **1.** (≈ *organ*) Stachel *m*; **to take the ~ out of sth** etw entschärfen; **to have a ~ in its tail** (*story*, *film*) ein unerwartet fatales Ende nehmen; (*remark*) gesalzen sein **2.** (≈ *act*, *wound*) Stich *m* **3.** (≈ *pain*, *from nee-*

dle etc) Stechen nt; (from nettle) Brennen nt **II** v/t (insect) stechen; (jellyfish) verbrennen; **she was stung by the nettles** sie hat sich an den Nesseln verbrannt; **to ~ sb into action** jdn aktiv werden lassen **III** v/i **1.** (insect) stechen; (nettle, jellyfish etc) brennen **2.** (comments) schmerzen **stinging** adj pain, blow, comment stechend; cut, ointment brennend; rain peitschend; attack scharf **stinging nettle** n Brennnessel f

stingy adj (+er) (infml) person knauserig (infml); sum popelig (infml)

stink vb: pret **stank**, past part **stunk I** n **1.** Gestank m (of nach) **2.** (infml ≈ fuss) Stunk m (infml); **to kick up** or **make a ~** Stunk machen (infml) **II** v/i stinken **stinking I** adj **1.** (lit) stinkend **2.** (infml) beschissen (infml) **II** adv (infml) ~ **rich** (Br) stinkreich (infml) **stinky** adj (+er) (infml) stinkend

stint I n (≈ allotted work) Aufgabe f; (≈ share) Anteil m (of an +dat); **a 2-hour ~** eine 2-Stunden Schicht; **he did a five--year ~ on the oil rigs** er hat fünf Jahre auf Ölplattformen gearbeitet; **would you like to do a ~ at the wheel?** wie wärs, wenn du auch mal fahren würdest? **II** v/i **to ~ on sth** mit etw sparen or knausern

stipend n (esp Br: for official) Gehalt nt; (US: for student) Stipendium nt

stipulate v/t **1.** (≈ demand) zur Auflage machen **2.** amount, price festsetzen; quantity vorschreiben

stir I n **1.** (lit) Rühren nt; **to give sth a ~** etw rühren; tea etc etw umrühren **2.** (fig ≈ excitement) Aufruhr m; **to cause a ~** Aufsehen erregen **II** v/t **1.** tea umrühren; cake mixture rühren **2.** (≈ move) bewegen **3.** (fig) emotions aufwühlen; imagination anregen **III** v/i (≈ move) sich regen; (leaves, animal) sich bewegen ♦ **stir up** v/t sep **1.** liquid umrühren **2.** (fig) erregen; the past wachrufen; opposition entfachen; **to ~ trouble** Unruhe stiften

stir-fry I n Stirfrygericht nt **II** v/t (unter Rühren) kurz anbraten **stirring** adj bewegend; (stronger) aufwühlend

stirrup n Steigbügel m

stitch I n **1.** Stich m; (in knitting etc) Masche f; (≈ kind of stitch) Muster nt; **to need ~es** MED genäht werden müssen **2.** (≈ pain) Seitenstiche pl; **to be in**

~**es** (infml) sich schieflachen (infml) **II** v/t SEWING, MED nähen **III** v/i nähen (at an +dat) ♦ **stitch up** v/t sep **1.** seam, wound nähen **2.** (Br infml ≈ frame) **I've been stitched up** man hat mich reingelegt (infml)

stitching n **1.** (≈ seam) Naht f **2.** (≈ embroidery) Stickerei f

stoat n Wiesel nt

stock I n **1.** (≈ supply) Vorrat m (of an +dat); COMM Bestand m (of an +dat); **to have sth in ~** etw vorrätig haben; **to be in ~/out of ~** vorrätig/nicht vorrätig sein; **to keep sth in ~** etw auf Vorrat haben; **to take ~ of sth** of one's life Bilanz aus etw ziehen **2.** (≈ livestock) Viehstand m **3.** COOK Brühe f **4.** FIN **~s and shares** (Aktien und) Wertpapiere pl **II** adj attr (COMM, fig) Standard- **III** v/t **1.** goods führen **2.** cupboard füllen; shop ausstatten ♦ **stock up I** v/i sich eindecken (on mit); **I must ~ on rice, I've almost run out** mein Reis ist fast alle, ich muss meinen Vorrat auffüllen **II** v/t sep shop, larder etc auffüllen

stockbroker n Börsenmakler(in) m(f) **stock company** n FIN Aktiengesellschaft f **stock control** n Lager(bestands)kontrolle f **stock cube** n Brühwürfel m **stock exchange** n Börse f **stockholder** n (US) Aktionär(in) m(f) **stockily** adv ~ **built** stämmig

stocking n Strumpf m; (knee-length) Kniestrumpf m; **in one's ~(ed) feet** in Strümpfen

stockist n (Br) (Fach)händler(in) m(f); (≈ shop) Fachgeschäft nt **stock market** n Börse f **stockpile I** n Vorrat m (of an +dat); (of weapons) Lager nt **II** v/t Vorräte an (+dat) ... anlegen **stock room** n Lager nt **stocktaking** n Inventur f

stocky adj (+er) stämmig

stockyard n Schlachthof m

stodgy adj (+er) food schwer

stoical adj, **stoically** adv stoisch **stoicism** n (fig) stoische Ruhe, Gleichmut m

stoke v/t fire schüren

stole[1] n Stola f

stole[2] pret of **steal stolen I** past part of **steal II** adj gestohlen; **to receive ~ goods** Hehler m sein

stomach n Magen m; (≈ belly) Bauch m; (fig ≈ appetite) Lust f (for auf +acc); **to lie on one's ~** auf dem Bauch liegen; **to**

have a pain in one's ~ Magen-/Bauch-schmerzen haben; **on an empty** ~ *take medicine etc* auf leeren Magen **stomach ache** *n* Magenschmerzen *pl* **stomach upset** *n* Magenverstimmung *f*

stomp *v/i* stapfen

stone I *n* **1.** Stein *m*; **a** ~**'s throw from ...** nur einen Katzensprung von ...; **to leave no** ~ **unturned** nichts unversucht lassen **2.** (*Br* ≈ *weight*) britische Gewichtsein-heit = 6,35 kg **II** *adj* Stein-, aus Stein **III** *v/t* **1.** (≈ *kill*) steinigen **2.** (*infml*) **to be** ~**d** total zu sein (*infml*) **Stone Age** *n* Steinzeit *f* **stone-broke** *adj* (*US infml*) völlig abgebrannt (*infml*) **stone circle** *n* (*Br*) Steinkreis *m* **stone-cold I** *adj* eis-kalt **II** *adv* ~ **sober** stocknüchtern (*infml*) **stone-deaf** *adj* stocktaub (*infml*) **stonemason** *n* Steinmetz *m* **stonewall** *v/i* (*fig*) ausweichen **stone-work** *n* Mauerwerk *nt* **stony** *adj* (+*er*) steinig; (*fig*) *silence* eisern; *face* un-durchdringlich **stony-broke** *adj* (*Br infml*) völlig abgebrannt (*infml*) **stony-faced** *adj* mit steinerner Miene

stood *pret, past part of* **stand**

stool *n* **1.** (≈ *seat*) Hocker *m*, Stockerl *nt* (*Aus*); **to fall between two** ~**s** sich zwi-schen zwei Stühle setzen **2.** (*esp* MED ≈ *faeces*) Stuhl *m*

stoop[1] **I** *n* Gebeugtheit *f* **II** *v/i* sich beu-gen (*over* über +*acc*); (*a.* **stoop down**) sich bücken; **to** ~ **to sth** (*fig*) sich zu etw herablassen

stoop[2] *n* (*US*) Treppe *f*, Stiege *f* (*Aus*)

stop I *n* **1. to come to a** ~ (*car, machine*) anhalten; (*traffic*) stocken; (*fig: project*) eingestellt werden; (*conversation*) ver-stummen; **to put a** ~ **to sth** einer Sache (*dat*) einen Riegel vorschieben **2.** (≈ *stay*) Aufenthalt *m*; (≈ *break*) Pause *f*; **we made three** ~**s** wir haben dreimal haltgemacht **3.** (*for bus etc*) Haltestelle *f* **4. to pull out all the** ~**s** (*fig*) alle Regis-ter ziehen **II** *v/t* **1.** (≈ *stop when moving*) anhalten; *engine* abstellen; (*stop from continuing*) *thief, attack, progress, traffic* aufhalten; (≈ *keep out*) *noise* auffangen; ~ **thief!** haltet den Dieb! **2.** *activity* ein Ende machen (+*dat*); *nonsense, noise* unterbinden; *match, work* beenden; *production* zum Stillstand bringen **3.** (≈ *cease*) aufhören mit; **to** ~ **doing sth** aufhören, etw zu tun; **to** ~ **smoking** mit dem Rauchen aufhören; **I'm trying**

to ~ **smoking** ich versuche, das Rauchen aufzugeben; ~ **it!** lass das!, hör auf! **4.** (≈ *suspend*) stoppen; *production, fighting* einstellen; *cheque* sperren; *proceedings* abbrechen **5.** (≈ *stop from happening*) *sth* verhindern; (≈ *stop from doing*) *sb* abhalten; **to** ~ **oneself** sich beherrschen; **there's no** ~**ping him** (*infml*) er ist nicht zu bremsen (*infml*); **there's nothing** ~**ping you** *or* **to** ~ **you** es hindert Sie nichts; **to** ~ **sb** (**from**) **doing sth** jdn da-von abhalten *or* daran hindern, etw zu tun; **to** ~ **oneself from doing sth** sich zu-rückhalten und etw nicht tun **III** *v/i* **1.** (*train, car*) (an)halten; (*driver*) haltma-chen; (*pedestrian, clock*) stehen blei-ben; (*machine*) nicht mehr laufen; ~ **right there!** halt!, stopp!; **we** ~**ped for a drink at the pub** wir machten in der Kneipe Station, um etwas zu trinken; **to** ~ **at nothing** (**to do sth**) (*fig*) vor nichts haltmachen(, um etw zu tun); **to** ~ **dead** *or* **in one's tracks** plötzlich ste-hen bleiben **2.** (≈ *finish, cease*) aufhö-ren; (*heart*) stehen bleiben; (*production, payments*) eingestellt werden; **to** ~ **do-ing sth** aufhören, etw zu tun; **he** ~**ped in mid sentence** er brach mitten im Satz ab; **if you had** ~**ped to think** wenn du nur einen Augenblick nachgedacht hät-test; **he never knows when** *or* **where to** ~ er weiß nicht, wann er aufhören muss **3.** (*Br infml* ≈ *stay*) bleiben (*at* in +*dat*, *with* bei) ◆ **stop by** *v/i* kurz vorbei-schauen ◆ **stop off** *v/i* (kurz) haltma-chen (*at sb's place* bei jdm) ◆ **stop over** *v/i* Zwischenstation machen (*in* in +*dat*); AVIAT zwischenlanden ◆ **stop up** *v/t sep* verstopfen

stopcock *n* Absperrhahn *m* **stopgap** *n* Notlösung *f* **stoplight** *n* (*esp US*) rotes Licht **stopover** *n* Zwischenstation *f*; AVIAT Zwischenlandung *f* **stoppage** *n* **1.** (*temporary*) Unterbrechung *f* **2.** (≈ *strike*) Streik *m* **stopper** *n* Stöpsel *m* **stop sign** *n* Stoppschild *nt* **stopwatch** *n* Stoppuhr *f*

storage *n* (*of goods*) Lagerung *f*; (*of wa-ter, data*) Speicherung *f*; **to put sth into** ~ etw (ein)lagern **storage capacity** *n* (*of computer*) Speicherkapazität *f* **storage device** *n* IT Speichereinheit *f* **storage heater** *n* (Nachtstrom)speicherofen *m* **storage space** *n* (*in house*) Schränke und Abstellräume *pl*

store I *n* **1.** (≈ *stock*) Vorrat *m* (*of* an +*dat*); (*fig*) Fülle *f* (*of* an +*dat*); **~s** *pl* (≈ *supplies*) Vorräte *pl*; **to have** *or* **keep sth in ~** (*in shop*) etw auf Lager *or* etw vorrätig haben; **to be in ~ for sb** jdm bevorstehen; **what has the future in ~ for us?** was wird uns (*dat*) die Zukunft bringen? **2.** (≈ *place*) Lager *nt* **3.** (≈ *large shop*) Geschäft *nt*; (≈ *department store*) Kaufhaus *nt* **II** *v/t* lagern; *furniture* unterstellen; (*in depository*) einlagern; *information, electricity* speichern; **to ~ sth away** etw verwahren; **to ~ sth up** einen Vorrat an etw (*dat*) anlegen; (*fig*) etw anstauen **store card** *n* Kundenkreditkarte *f* **store detective** *n* Kaufhausdetektiv(in) *m(f)* **storehouse** *n* Lager(haus) *nt* **storekeeper** *n* (*esp US*) Ladenbesitzer(in) *m(f)* **storeroom** *n* Lagerraum *m*

storey *n*, (*esp US*) **story** *n*, *pl* **-s** *or* (*US*) **stories** Stock *m*, Etage *f*; **a nine-~ building** ein neunstöckiges Gebäude; **he fell from the third-~ window** er fiel aus dem Fenster des dritten *or* (*US*) zweiten Stock(werk)s *or* der dritten *or* (*US*) zweiten Etage

stork *n* Storch *m*

storm I *n* **1.** Unwetter *nt*; (≈ *thunderstorm*) Gewitter *nt*; (≈ *strong wind*) Sturm *m* **2.** (*fig: of abuse*) Flut *f* (*of* von); (*of criticism*) Sturm *m* (*of* +*gen*); **to take sth/sb by ~** etw / jdn im Sturm erobern **II** *v/t* stürmen **III** *v/i* **1.** (≈ *talk angrily*) wüten (*at* gegen) **2. to ~ out of a room** aus einem Zimmer stürmen **storm cloud** *n* Gewitterwolke *f* **storm troopers** *pl* (Sonder)einsatzkommando *nt* **stormy** *adj* (+*er*) stürmisch

story[1] *n* **1.** (≈ *tale*) Geschichte *f*; *esp* LIT Erzählung *f*; **the ~ goes that ...** man erzählt sich, dass ...; **to cut a long ~ short** um es kurz zu machen; **it's the (same) old ~** es ist das alte Lied **2.** (PRESS ≈ *newspaper story*) Artikel *m* **3.** (*infml* ≈ *lie*) Märchen *nt*; **to tell stories** Märchen erzählen

story[2] *n* (*US*) = **storey**

storybook *n* Geschichtenbuch *nt* **story line** *n* Handlung *f* **storyteller** *n* Geschichtenerzähler(in) *m(f)*

stout I *adj* (+*er*) **1.** *man* korpulent; *woman* füllig **2.** *stick* kräftig; *shoes* fest **3.** *defence* hartnäckig **II** *n* (*Br*) Stout *m*, dunkles, obergäriges Bier; (≈ *sweet stout*) Malzbier *nt*

stove *n* Ofen *m*; (*for cooking*) Herd *m*;

gas ~ Gasherd *m*

stow *v/t* (*a.* **stow away**) verstauen (*in* in +*dat*) ◆ **stow away** *v/i* als blinder Passagier fahren

stowaway *n* blinder Passagier

straddle *v/t* (*standing*) breitbeinig stehen über (+*dat*); (*sitting*) rittlings sitzen auf (+*dat*); (*fig*) *border* überspannen

straggle *v/i* **1.** (*houses, trees*) verstreut liegen; (*plant*) (in die Länge) wuchern **2. to ~ behind** hinterherzockeln (*infml*) **straggler** *n* Nachzügler(in) *m(f)*

straight I *adj* (+*er*) **1.** gerade; *answer* direkt; *hair* glatt; *skirt* gerade geschnitten; (≈ *honest*) *person, dealings* ehrlich; **to be ~ with sb** offen und ehrlich zu jdm sein; **your tie isn't~** deine Krawatte sitzt schief; **the picture isn't ~** das Bild hängt schief; **is my hat on ~?** sitzt mein Hut gerade?; **to keep a ~ face** ernst bleiben; **with a ~ face** ohne die Miene zu verziehen **2.** (≈ *clear*) klar; **to get things ~ in one's mind** sich (*dat*) der Dinge klar werden **3.** *drink* pur; *choice* einfach **4. for the third ~ day** drei Tage ohne Unterbrechung; **to have ten ~ wins** zehnmal hintereinander gewinnen **5.** *pred room* ordentlich; **to put things ~** (≈ *clarify*) alles klären; **let's get this ~** das wollen wir mal klarstellen; **to put** *or* **set sb ~ about sth** jdm etw klarmachen; **if I give you a fiver, then we'll be ~** (*infml*) wenn ich dir einen Fünfer gebe, sind wir quitt **6.** (*infml* ≈ *heterosexual*) hetero (*infml*) **II** *adv* **1.** (≈ *in straight line*) gerade; (≈ *directly*) direkt; **~ through sth** glatt durch etw; **it went ~ up in the air** es flog senkrecht in die Luft; **~ ahead** geradeaus; **to drive ~ on** geradeaus weiterfahren **2.** (≈ *immediately*) sofort; **~ away** sofort; **to come ~ to the point** sofort *or* gleich zur Sache kommen **3.** *think, see* klar **4.** (≈ *frankly*) offen; **~ out** (*infml*) unverblümt (*infml*) **5.** *drink* pur **III** *n* (*on race track*) Gerade *f* **straightaway** *adv* (*US*) = **straight** II2

straighten I *v/t* **1.** *legs* gerade machen; *picture* gerade hinhängen; *tie* gerade ziehen **2.** (≈ *tidy*) in Ordnung bringen **II** *v/i* (*road etc*) gerade werden; (*person*) sich aufrichten **III** *v/r* **to ~ oneself** sich aufrichten ◆ **straighten out I** *v/t sep* **1.** *legs etc* gerade machen **2.** *problem* klären; **to straighten oneself out** ins richtige Gleis kommen; **to straighten things**

out die Sache in Ordnung bringen **II** *v/i* (*road etc*) gerade werden; (*hair*) glatt werden ◆ **straighten up I** *v/i* sich aufrichten **II** *v/t sep* **1**. (≈ *make straight*) gerade machen **2**. (≈ *tidy*) aufräumen **straight-faced** *adj* **to be ~** keine Miene verziehen **straightforward** *adj person* aufrichtig; *explanation* natürlich; *choice, instructions* einfach; *process* unkompliziert **straight-laced** *adj* prüde **straight-out** *adv* (*infml*) unverblümt (*infml*)

strain[1] **I** *n* **1**. (MECH, *fig*) Belastung *f* (*on* für); (≈ *effort*) Anstrengung *f*; (≈ *pressure, of job etc also*) Beanspruchung *f* (*of* durch); **to take the ~ off sth** etw entlasten; **to be under a lot of ~** großen Belastungen ausgesetzt sein; **I find it a ~** ich finde das anstrengend; **to put a ~ on sb/ sth** jdn/etw stark belasten **2**. (≈ *muscle- strain*) (Muskel)zerrung *f*; (*on eyes etc*) Überanstrengung *f* (*on* +*gen*) **II** *v/t* **1**. (≈ *stretch*) spannen **2**. *rope* belasten; *nerves, resources* strapazieren; (*too much*) überlasten; **to ~ one's ears to ...** angestrengt lauschen, um zu ...; **don't ~ yourself!** (*iron infml*) reiß dir bloß kein Bein aus! (*infml*) **3**. MED *muscle* zerren; *back, eyes* strapazieren **4**. (≈ *filter*) (durch)sieben; *vegetables* abgießen **III** *v/i* (≈ *pull*) zerren; (*fig* ≈ *strive*) sich bemühen

strain[2] *n* **1**. (≈ *streak*) Hang *m*, Zug *m*; (*hereditary*) Veranlagung *f* **2**. (≈ *breed, of animal*) Rasse *f*; (*of plants*) Sorte *f*; (*of virus etc*) Art *f*

strained *adj expression* gekünstelt; *conversation* gezwungen; *relationship* angespannt; *atmosphere* gespannt **strainer** *n* COOK Sieb *nt*

strait *n* **1**. GEOG Straße *f* **2**. **straits** *pl* (*fig*) **to be in dire ~s** in großen Nöten sein **straitjacket** *n* Zwangsjacke *f* **strait- -laced** *adj* prüde

strand[1] *v/t* **to be ~ed** (*ship, fish*) gestrandet sein; **to be (left) ~ed** (*person*) festsitzen; **to leave sb ~ed** jdn seinem Schicksal überlassen

strand[2] *n* Strang *m*; (*of hair*) Strähne *f*; (*of thread*) Faden *m*

strange *adj* (+*er*) **1**. (≈ *odd*) seltsam; **to think/find it ~ that ...** es seltsam finden, dass ... **2**. (≈ *unfamiliar*) *activity* ungewohnt; **don't talk to ~ men** sprich nicht mit fremden Männern; **I felt rather**

~ at first zuerst fühlte ich mich ziemlich fremd; **I feel ~ in a skirt** ich komme mir in einem Rock komisch vor (*infml*) **strangely** *adv* (≈ *oddly*) seltsam, merkwürdig; *act also* komisch (*infml*); **~ enough** seltsamerweise, merkwürdigerweise **strangeness** *n* **1**. (≈ *oddness*) Seltsamkeit *f* **2**. (≈ *unfamiliarity*) Fremdheit *f*; (*of activity*) Ungewohntheit *f*

stranger *n* Fremde(r) *m/f(m)*; **I'm a ~ here myself** ich bin selbst fremd hier; **he is no ~ to London** er kennt sich in London aus; **hullo, ~!** (*infml*) hallo, lange nicht gesehen

strangle *v/t* erwürgen; (*fig*) ersticken **strangled** *adj cry* erstickt **stranglehold** *n* (*fig*) absolute Machtposition *f* (*over* gegenüber) **strangulation** *n* Erwürgen *nt*

strap I *n* Riemen *m*; (*esp for safety*) Gurt *m*; (*in bus etc*) Schlaufe *f*; (≈ *watch strap*) Band *nt*; (≈ *shoulder strap*) Träger *m* **II** *v/t* **1**. festschnallen (*to an* +*dat*); **to ~ sb/ sth down** jdn/etw festschnallen; **to ~ sb/ oneself in** jdn/sich anschnallen **2**. (MED: *a.* **strap up**) bandagieren **3**. (*infml*) **to be ~ped (for cash)** pleite *or* blank sein (*infml*) **strapless** *adj* trägerlos **strapping** *adj* (*infml*) stramm

Strasbourg *n* Straßburg *nt*

strata *pl of* **stratum**

strategic *adj* strategisch **strategically** *adv* strategisch; (*fig also*) taktisch; **to be ~ placed** eine strategisch günstige Stellung haben **strategist** *n* Stratege *m*, Strategin *f* **strategy** *n* Strategie *f*

stratosphere *n* Stratosphäre *f*

stratum *n, pl* **strata** Schicht *f*

straw I *n* **1**. (≈ *stalk*) Strohhalm *m*; (*collectively*) Stroh *nt no pl*; **that's the final ~!** (*infml*) das ist der Gipfel! (*infml*); **to clutch at ~s** sich an einen Strohhalm klammern; **to draw the short ~** den Kürzeren ziehen **2**. (≈ *drinking straw*) Trinkhalm *m* **II** *adj attr* Stroh-

strawberry *n* Erdbeere *f*

straw poll, straw vote *n* Probeabstimmung *f*; (*in election*) Wählerbefragung *f*

stray I *v/i* (*a.* **stray away**) sich verirren; (*a.* **stray about**) (umher)streunen; (*fig: thoughts*) abschweifen; **to ~ (away) from sth** von etw abkommen **II** *adj bullet* verirrt; *dog* streunend *attr*; *hairs* vereinzelt **III** *n* (≈ *dog, cat*) streunendes Tier

streak I *n* Streifen *m*; (*fig* ≈ *trace*) Spur *f*;

~s (*in hair*) Strähnchen *pl*; **~ of lightning** Blitz(strahl) *m*; **a winning ~** eine Glückssträhne; **a mean ~** ein gemeiner Zug **II** *v/t* streifen; **the sky was ~ed with red** der Himmel hatte rote Streifen; **hair ~ed with grey** Haar mit grauen Strähnchen **III** *v/i* **1.** (*lightning*) zucken; (*infml* ≈ *move quickly*) flitzen (*infml*) **2.** (≈ *run naked*) flitzen **streaker** *n* Flitzer(in) *m(f)* **streaky** *adj* (+*er*) streifig; **~ bacon** (*Br*) durchwachsener Speck

stream I *n* **1.** (≈ *small river*) Bach *m*; (≈ *current*) Strömung *f* **2.** (*of liquid, people*) Strom *m*; (*of words*) Schwall *m* **II** *v/i* **1.** strömen; (*eyes*) tränen; **the walls were ~ing with water** die Wände trieften vor Nässe; **her eyes were ~ing with tears** Tränen strömten ihr aus den Augen **2.** (*flag, hair*) wehen ♦ **stream down** *v/i* (*liquid*) in Strömen fließen; (+*prep obj*) herunterströmen; **tears streamed down her face** Tränen strömten über ihr Gesicht ♦ **stream in** *v/i* hereinströmen ♦ **stream out** *v/i* hinausströmen (*of* aus); (*liquid also*) herausfließen (*of* aus)

streamer *n* Luftschlange *f* **streaming** *adj* windows triefend; *eyes also* tränend; **I have a ~ cold** (*Br*) ich habe einen fürchterlichen Schnupfen **streamlined** *adj* stromlinienförmig; (*fig*) rationalisiert

street *n* Straße *f*; **in** *or* **on the ~** auf der Straße; **to live in** *or* **on a ~** in einer Straße wohnen; **it's right up my ~** (*Br fig infml*) das ist genau mein Fall (*infml*); **to be ~s ahead of sb** (*fig infml*) jdm haushoch überlegen sein (*infml*); **to take to the ~s** (*demonstrators*) auf die Straße gehen **streetcar** *n* (*US*) Straßenbahn *f*, Tram *nt* (*Swiss*) **street lamp**, **street light** *n* Straßenlaterne *f* **street map** *n* Stadtplan *m* **street party** *n* Straßenfest *nt* **street people** *pl* Obdachlose *pl* **street plan** *n* Stadtplan *m* **street sweeper** *n* **1.** (≈ *person*) Straßenkehrer(in) *m(f)* **2.** (≈ *machine*) Kehrmaschine *f* **streetwear** *f* FASHION Streetwear *f* **streetwise** *adj* clever (*infml*)

strength I *n* **1.** Stärke *f*; (*of person, feelings*) Kraft *f*; (*of evidence*) Überzeugungskraft *f*; **on the ~ of sth** aufgrund einer Sache (*gen*); **to save one's ~** mit seinen Kräften haushalten; **to go from ~ to ~** einen Erfolg nach dem anderen haben; **to be at full ~** vollzählig sein;

to turn out in ~ zahlreich erscheinen **2.** (*of constitution*) Robustheit *f*; **when she has her ~ back** wenn sie wieder bei Kräften ist **3.** (*of solution*) Konzentration *f* **strengthen I** *v/t* stärken **II** *v/i* stärker werden

strenuous *adj* **1.** (≈ *exhausting*) anstrengend **2.** *attempt* unermüdlich; *effort* hartnäckig **strenuously** *adv* **1.** *exercise* anstrengend **2.** *deny* entschieden

stress I *n* **1.** Stress *m*; MECH Belastung *f*; MED Überlastung *f*; (≈ *pressure*) Druck *m*; (≈ *tension*) Spannung *f*; **to be under ~** großen Belastungen ausgesetzt sein; (*at work*) im Stress sein **2.** (≈ *accent*) Betonung *f*; (*fig* ≈ *emphasis*) (Haupt)gewicht *nt*; **to put** *or* **lay (great) ~ on sth** einer Sache (*dat*) großes Gewicht beimessen; *fact etw* (besonders) betonen **II** *v/t* (≈ *emphasize*) betonen **stress ball** *n* (Anti)stressball *m* **stressed** *adj* gestresst **stressed out** *adj* gestresst **stressful** *adj* stressig

stretch I *n* **1.** (≈ *stretching*) Strecken *nt*; **to have a ~** sich strecken; **to be at full ~** (*lit*) bis zum Äußersten gedehnt sein; (*fig*: *person*) mit aller Kraft arbeiten; (*factory etc*) auf Hochtouren arbeiten (*infml*); **by no ~ of the imagination** beim besten Willen nicht; **not by a long ~** bei Weitem nicht **2.** (≈ *expanse*) Stück *nt*; (*of road etc*) Strecke *f*; (*of journey*) Abschnitt *m* **3.** (≈ *stretch of time*) Zeitraum *m*; **for hours at a ~** stundenlang; **three days at a ~** drei Tage an einem Stück *or* ohne Unterbrechung **II** *adj attr* ~ **trousers** Stretchhose *f* **III** *v/t* **1.** strecken; *elastic, shoes* dehnen; (≈ *spread*) *wings etc* ausbreiten; *rope* spannen; *athlete* fordern; **to ~ sth tight** etw straffen; *cover* etw stramm ziehen; **to ~ one's legs** sich (*dat*) die Beine vertreten (*infml*); **to ~ sb/sth to the limit(s)** jdn/etw bis zum äußersten belasten; **to be fully ~ed** (*esp Br, person*) voll ausgelastet sein **2.** *truth, rules* es nicht so genau nehmen mit; **that's ~ing it too far** das geht zu weit **IV** *v/i* (*after sleep etc*) sich strecken; (≈ *be elastic*) dehnbar sein; (*area, authority*) sich erstrecken (*to* bis, *over* über +*acc*); (*food, money*) reichen (*to* für); (≈ *become looser*) weiter werden; **to ~ to reach sth** sich recken, um etw zu erreichen; **he ~ed across and touched her cheek** er reichte herüber und berührte ihre Wange; *the fields ~ed away into the distance* die Felder dehnten sich bis in die Ferne aus; *our funds won't ~ to that* das lassen unsere Finanzen nicht zu **V** v/r *(after sleep etc)* sich strecken ◆ **stretch out I** v/t *sep* arms ausbreiten; *hand* ausstrecken; *story* ausdehnen **II** v/i *(infml ≈ lie down)* sich hinlegen; *(countryside)* sich ausbreiten

stretcher n MED (Trag)bahre f **stretchy** adj (+er) elastisch

strew pret **strewed**, past part **strewed** or **strewn** v/t verstreuen; *flowers, gravel* streuen; *floor etc* bestreuen

stricken adj *(liter)* leidgeprüft; *ship* in Not; *to be ~ by drought* von Dürre heimgesucht werden **-stricken** adj *suf (with emotion)* -erfüllt; *(by catastrophe)* von ... heimgesucht; *grief-stricken* schmerzerfüllt

strict adj (+er) streng; *Catholic* strenggläubig; *in the ~ sense of the word* genau genommen; *in (the) ~est confidence* in strengster Vertraulichkeit; *there is a ~ time limit on that* das ist zeitlich genau begrenzt **strictly** adv streng; *(≈ precisely)* genau; *~ forbidden* streng verboten; *~ business* rein geschäftlich; *~ personal* privat; *~ speaking* genau genommen; *not ~ true* nicht ganz richtig; *~ between ourselves* ganz unter uns; *unless ~ necessary* wenn nicht unbedingt erforderlich; *the car park is ~ for the use of residents* der Parkplatz ist ausschließlich für Anwohner vorgesehen **strictness** n Strenge f

stride vb: pret **strode**, past part **stridden I** n *(≈ step)* Schritt m; *(fig)* Fortschritt m; *to take sth in one's ~ (Br)* or *in ~ (US)* mit etw spielend fertig werden; *to put sb off his/her ~* jdn aus dem Konzept bringen **II** v/i schreiten *(elev)*

strife n Unfriede m

strike vb: pret **struck**, past part **struck I** n **1.** Streik m; *to be on ~* streiken; *to come out on ~, to go on ~* in den Streik treten **2.** *(of oil etc)* Fund m **3.** MIL Angriff m **II** v/t **1.** *(≈ hit, sound)* schlagen; *table* schlagen auf (+acc); *(blow, disaster)* treffen; *note* anschlagen; *to be struck by lightning* vom Blitz getroffen werden; *to ~ the hour* die volle Stunde schlagen; *to ~ 4* 4 schlagen **2.** *(≈ collide with, person)* stoßen gegen; *(car)* fahren gegen; *ground* auftreffen auf (+acc) **3.** *(≈ occur*

to) in den Sinn kommen (+dat); *that ~s me as a good idea* das kommt mir sehr vernünftig vor; *it struck me how ... (≈ occurred to me)* mir ging plötzlich auf, wie ...; *(≈ I noticed)* mir fiel auf, wie ... **4.** *(≈ impress)* beeindrucken; *how does it ~ you?* wie finden Sie das?; *she struck me as being very competent* sie machte auf mich einen sehr fähigen Eindruck **5.** *(fig)* truce sich einigen auf (+acc); *pose* einnehmen; *to ~ a match* ein Streichholz anzünden; *to be struck dumb* mit Stummheit geschlagen werden *(elev)* **6.** *oil, path* finden; *to ~ gold (fig)* auf eine Goldgrube stoßen **III** v/i **1.** *(≈ hit)* treffen; *(lightning)* einschlagen; MIL *etc* angreifen; *to be/come within striking distance of sth* einer Sache *(dat)* nahe sein **2.** *(clock)* schlagen **3.** *(workers)* streiken ◆ **strike back** v/i, v/t *sep* zurückschlagen ◆ **strike out I** v/i *(≈ hit out)* schlagen; *to ~ at sb* jdn angreifen; *to ~ on one's own (lit)* allein losziehen; *(fig)* eigene Wege gehen **II** v/t *sep* (aus)streichen ◆ **strike up** v/t *insep* **1.** *tune* anstimmen **2.** *friendship* schließen; *conversation* anfangen

striker n **1.** *(≈ worker)* Streikende(r) **2.** FTBL Stürmer(in) m(f) **striking** adj colour, resemblance etc auffallend; *person* bemerkenswert **strikingly** adv similar auffallend; *attractive* bemerkenswert **striking distance** n *(of missile etc)* Reichweite f

Strimmer® n Rasentrimmer m

string vb: pret, past part **strung I** n **1.** Schnur f; *(of puppet)* Faden m; *(of vehicles)* Schlange f; *(fig ≈ series)* Reihe f; *(of lies)* Haufen m; *to pull ~s (fig)* Beziehungen spielen lassen; *with no ~s attached* ohne Bedingungen **2.** *(of instrument, racquet etc)* Saite f; *to have two ~s or a second ~ or more than one ~ to one's bow* zwei Eisen im Feuer haben **3.** strings *pl the ~s* die Streichinstrumente *pl*; *(≈ players)* die Streicher *pl* **II** v/t violin etc (mit Saiten) bespannen ◆ **string along** v/t *sep* jdn *(infml)* v/t *to string sb along* jdn hinhalten ◆ **string together** v/t *sep* sentences aneinanderreihen ◆ **string up** v/t *sep* aufhängen

string bean n *(esp US)* grüne Bohne, Fisole f *(Aus)* **stringed** adj ~ *instrument* Saiteninstrument nt

stringent *adj standards, laws* streng; *rules, testing* hart

string instrument *n* Saiteninstrument *nt*

string vest *n* Netzhemd *nt* **stringy** *adj* (+er) *meat* sehnig

strip I *n* **1.** Streifen *m*; (*of metal*) Band *nt* **2.** (*Br* SPORTS) Trikot *nt*, Leiberl *nt* (*Aus*), Leibchen *nt* (*Aus, Swiss*) **II** *v/t* **1.** *person* ausziehen; *bed, wallpaper* abziehen; *paint* abbeizen **2.** (*fig* ≈ *deprive of*) berauben (*of* +*gen*) **III** *v/i* (≈ *remove clothes*) sich ausziehen; (*at doctor's*) sich frei machen; (≈ *perform striptease*) strippen (*infml*); **to ~ naked** sich bis auf die Haut ausziehen ♦ **strip down I** *v/t sep engine* zerlegen **II** *v/i* **to ~ to one's underwear** sich bis auf die Unterwäsche ausziehen ♦ **strip off I** *v/t sep clothes* ausziehen; *paper* abziehen (*prep obj* von) **II** *v/i* sich ausziehen; (*at doctor's*) sich frei machen

strip cartoon *n* (*Br*) Comic(strip) *m* **strip club** *n* Stripteaseklub *m*

stripe *n* Streifen *m* **striped** *adj* gestreift

strip lighting *n* (*esp Br*) Neonlicht *nt*

stripper *n* **1.** Stripperin *f*; *male* **~** Stripper *m* **2.** (≈ *paint stripper*) Farbentferner *m* **strip-search I** *n* Leibesvisitation *f* **II** *v/t* einer Leibesvisitation (*dat*) unterziehen **striptease** *n* Striptease *m or nt*; **to do a ~** strippen (*infml*)

stripy *adj* (+er) (*infml*) gestreift

strive *pret* **strove**, *past part* **striven** *v/i* **to ~ to do sth** bestrebt *or* bemüht sein, etw zu tun; **to ~ for** nach etw streben

strobe *n* stroboskopische Beleuchtung

strode *pret of* **stride**

stroke I *n* Schlag *m* (*also* MED); (SWIMMING ≈ *movement*) Zug *m*; (≈ *type of stroke*) Stil *m*; (*of brush*) Strich *m*; **he doesn't do a ~** (*of work*) er tut keinen Schlag (*infml*); **a ~ of genius** ein genialer Einfall; **a ~ of luck** ein Glücksfall *m*; **we had a ~ of luck** wir hatten Glück; **at a** *or* **one ~** mit einem Schlag; **on the ~ of twelve** Punkt zwölf (Uhr); **to have a ~** MED einen Schlag(anfall) bekommen **II** *v/t* streicheln

stroll I *n* Spaziergang *m*; **to go for** *or* **take a ~** einen Spaziergang machen **II** *v/i* spazieren; **to ~ around the town** durch die Stadt bummeln; **to ~ up to sb** auf jdn zuschlendern **stroller** *n* (*US* ≈ *pushchair*) Sportwagen *m*

strong I *adj* (+er) **1.** stark; (*physically*)

person, light kräftig; *wall* stabil; *constitution* robust; *teeth, heart* gut; *character, views* fest; *candidate* aussichtsreich; *argument* überzeugend; *solution* konzentriert; **his ~ point** seine Stärke; **there is a ~ possibility that ...** es ist überaus wahrscheinlich, dass ...; **a group 20 ~** eine 20 Mann starke Gruppe; **a ~ drink** ein harter Drink **2.** (≈ *committed*) begeistert; *supporter* überzeugt **II** *adv* (+er) (*infml*) **to be going ~** (*old person, thing*) gut in Schuss sein (*infml*) **strongbox** *n* (Geld)kassette *f* **stronghold** *n* (*fig*) Hochburg *f* **strongly** *adv* stark; *support, built* (*person*) kräftig; *constructed* stabil; *believe* fest; *protest* energisch; **to feel ~ about sth** in Bezug auf etw (*acc*) stark engagiert sein; **I feel very ~ that ...** ich vertrete entschieden die Meinung, dass ...; **to be ~ in favour of sth** etw stark befürworten; **to be ~ opposed to sth** etw scharf ablehnen **strong-minded** *adj* willensstark **strong point** *n* Stärke *f* **strongroom** *n* Stahlkammer *f* **strong-willed** *adj* willensstark; (*pej*) eigensinnig

stroppy *adj* (+er) (*Br infml*) **1.** fuchtig (*infml*); *answer, children* pampig (*infml*) **2.** *bouncer etc* aggressiv

strove *pret of* **strive**

struck I *pret, past part of* **strike II** *adj pred* **to be ~ with sb/sth** (≈ *impressed*) von jdm/etw angetan sein

structural *adj* Struktur-; (*of building*) *alterations, damage* strukturell, baulich **structurally** *adv* strukturell; **~ sound** sicher **structure I** *n* (≈ *organization*) Struktur *f* **II** *v/t* strukturieren; *argument* aufbauen **structured** *adj society* strukturiert; *approach* durchdacht

struggle I *n* Kampf *m* (*for* um); (*fig* ≈ *effort*) Anstrengung *f*; **to put up a ~** sich wehren; **it is a ~** es ist mühsam **II** *v/i* **1.** (≈ *contend*) kämpfen; (*in self-defence*) sich wehren; (*financially*) in Schwierigkeiten sein; (*fig* ≈ *strive*) sich sehr anstrengen; **to ~ with sth** *with problem* sich mit etw herumschlagen; *with injury, feelings* mit etw zu kämpfen haben; *with luggage, subject* sich mit etw abmühen; **this firm is struggling** diese Firma hat (schwer) zu kämpfen; **are you struggling?** hast du Schwierigkeiten? **2. to ~ to one's feet** mühsam auf die Beine kommen; **to ~ on** (*lit*) sich weiterkämp-

fen; (*fig*) weiterkämpfen **struggling** *adj artist etc* am Hungertuch nagend *attr*
strum *v/t tune* klimpern; *guitar* klimpern auf (+*dat*)
strung *pret, past part of* **string**
strut[1] *v/i* stolzieren
strut[2] *n* (*horizontal*) Strebe *f*; (*vertical*) Pfeiler *m*
stub I *n* (*of pencil, tail*) Stummel *m*; (*of cigarette*) Kippe *f*; (*of ticket*) Abschnitt *m* **II** *v/t* **to ~ one's toe** (**on** *or* **against sth**) sich (*dat*) den Zeh (an etw *dat*) stoßen; **to ~ out a cigarette** eine Zigarette ausdrücken
stubble *n no pl* Stoppeln *pl*
stubborn *adj* **1.** *person* stur; *animal, child* störrisch; **to be ~ about sth** stur auf etw (*dat*) beharren **2.** *refusal, stain* hartnäckig **stubbornly** *adv* **1.** *refuse* stur; *say* trotzig **2.** (≈ *persistently*) hartnäckig **stubbornness** *n* (*of person*) Sturheit *f*; (*of animal, child*) störrische Art
stubby *adj* (+*er*) *tail* stummelig
stuck I *pret, past part of* **stick**[2] **II** *adj* **1.** (≈ *baffled*) (**on, over** mit) **to be ~** nicht zurechtkommen; **to get ~** nicht weiterkommen **2. to be ~** (*door etc*) verkeilt sein; **to get ~** stecken bleiben **3.** (≈ *trapped*) **to be ~** festsitzen **4.** (*infml*) **she is ~ for sth** es fehlt ihr an etw (*dat*); **to be ~ with sb/sth** jdn/etw am Hals haben (*infml*) **5.** (*Br infml*) **to get ~ into sth** sich in etw (*acc*) richtig reinknien (*infml*) **stuck-up** *adj* (*infml*) hochnäsig
stud[1] **I** *n* **1.** (*decorative*) Ziernagel *m*; (*Br: on boots*) Stollen *m* **2.** (≈ *earring*) Ohrstecker *m* **II** *v/t* (*usu pass*) übersäen
stud[2] *n* (≈ *group of horses: for breeding*) Gestüt *nt*; (≈ *stallion*) (Zucht)hengst *m*; (*infml* ≈ *man*) Hengst *m* (*infml*)
student I *n* UNIV Student(in) *m(f)*; (*esp US: at school*) Schüler(in) *m(f)*; **he is a French ~** UNIV er studiert Französisch **II** *adj attr* Studenten-; **~ nurse** Krankenpflegeschüler(in) *m(f)*; **~ teacher** *n* Referendar(in) *m(f)* **student loan** *n* Studentendarlehen *nt*
stud farm *n* Gestüt *nt*
studio *n* Studio *nt* **studio apartment,** (*Br*) **studio flat** *n* Studiowohnung *f*
studious *adj person* fleißig **studiously** *adv* fleißig; *avoid* gezielt
study I *n* **1.** (≈ *studying, esp* UNIV) Studium *nt*; (*at school*) Lernen *nt*; (*of evi-*

dence) Untersuchung *f*; **African studies** UNIV Afrikanistik *f* **2.** (≈ *piece of work*) Studie *f* (*of* über +*acc*) **3.** (≈ *room*) Arbeitszimmer *nt* **II** *v/t* studieren; SCHOOL lernen; *text etc* sich befassen mit; (≈ *research into*) erforschen; (≈ *examine*) untersuchen **III** *v/i* studieren; *esp* SCHOOL lernen; **to ~ to be a teacher** ein Lehrerstudium machen; **to ~ for an exam** sich auf eine Prüfung vorbereiten
stuff I *n* **1.** Zeug *nt*; (≈ *possessions*) Sachen *pl*; **there is some good ~ in that book** in dem Buch stecken ein paar gute Sachen; **it's good ~** das ist gut; **this book is strong ~** das Buch ist starker Tobak; **he brought me some ~ to read** er hat mir etwas zum Lesen mitgebracht; **books and ~** Bücher und so (*infml*); **and ~ like that** und so was (*infml*); **all that ~ about how he wants to help us** all das Gerede, dass er uns helfen will; **~ and nonsense** Quatsch *m* (*infml*) **2.** (*infml*) **that's the ~!** so ists richtig!; **to do one's ~** seine Nummer abziehen (*infml*); **to know one's ~** wissen, wovon man redet **II** *v/t* **1.** *container* vollstopfen; *hole* zustopfen; *object, books* (hinein)stopfen (*into* in +*acc*); **to ~ one's face** (*infml*) sich vollstopfen (*infml*); **to be ~ed up** verschnupft sein **2.** *cushion, pie* füllen; **a ~ed toy** ein Stofftier *nt* **3.** (*Br infml*) **get ~ed!** du kannst mich mal (*infml*)!; **you can ~ your job** *etc* du kannst deinen blöden Job *etc* behalten (*infml*) **III** *v/r* **to ~ oneself** sich vollstopfen (*infml*) **stuffed animal** *n* (*US*) Stofftier *nt* **stuffing** *n* (*of pillow, pie*) Füllung *f*; (*in toys*) Füllmaterial *nt* **stuffy** *adj* (+*er*) **1.** *room* stickig **2.** (≈ *narrow-minded*) spießig
stumble *v/i* stolpern; (*in speech*) stocken; **to ~ on sth** (*fig*) auf etw (*acc*) stoßen **stumbling block** *n* (*fig*) **to be a ~ to sth** einer Sache (*dat*) im Weg stehen
stump I *n* (*of tree, limb*) Stumpf *m*; (*of pencil, tail*) Stummel *m* **II** *v/t* (*fig infml*) **you've got me ~ed** da bin ich überfragt ◆ **stump up** (*Br infml*) **I** *v/t insep* springen lassen (*infml*) **II** *v/i* blechen (*infml*) (*for sth* für etw)
stumpy *adj* (+*er*) *person* stämmig, untersetzt; *legs* kurz
stun *v/t* (≈ *make unconscious*) betäuben; (≈ *daze*) benommen machen; (*fig* ≈ *shock*) fassungslos machen; (≈ *amaze*)

verblüffen; **he was ~ned by the news** (*bad news*) er war über die Nachricht fassungslos; (*good news*) die Nachricht hat ihn überwältigt

stung *pret, past part of* **sting**

stunk *past part of* **stink**

stunned *adj* (≈ *unconscious*) betäubt; (≈ *dazed*) benommen; (*fig* ≈ *shocked*) fassungslos; (≈ *amazed*) sprachlos; **there was a ~ silence** benommenes Schweigen breitete sich aus **stunning** *adj* (*fig*) *news* toll (*infml*); *dress, view* atemberaubend **stunningly** *adv* atemberaubend; *beautiful* überwältigend

stunt[1] *n* Kunststück *nt*; (≈ *publicity stunt, trick*) Gag *m*

stunt[2] *v/t growth* hemmen **stunted** *adj plant* verkümmert; *child* unterentwickelt

stuntman *n* Stuntman *m*, Double *nt*

stupendous *adj* fantastisch

stupid *adj* **1.** dumm; (≈ *foolish also*) blöd(e) (*infml*); **don't be ~** sei nicht so blöd (*infml*); **that was a ~ thing to do** das war dumm; **to make sb look ~** jdn blamieren **2. to bore sb ~** jdn zu Tode langweilen **stupidity** *n* Dummheit *f* **stupidly** *adv* (≈ *unintelligently*) dumm; (≈ *foolishly also*) blöd (*infml*); *say* dummerweise; *grin* albern

stupor *n* Benommenheit *f*; **to be in a drunken ~** sinnlos betrunken sein

sturdily *adv* stabil; **~ built** *person* kräftig *or* stämmig gebaut **sturdy** *adj* (+*er*) *person* kräftig, stämmig; *material* robust; *building, car* stabil

stutter I *n* Stottern *nt no pl*; **he has a ~** er stottert **II** *v/t & v/i* stottern

sty *n* Schweinestall *m*

sty(e) *n* MED Gerstenkorn *nt*

style I *n* **1.** Stil *m*; **~ of management** Führungsstil *m*; **that house is not my ~** so ein Haus ist nicht mein Stil; **the man has ~** der Mann hat Format; **to do things in ~** alles im großen Stil tun; **to celebrate in ~** groß feiern **2.** (≈ *type*) Art *f*; **a new ~ of car** *etc* ein neuer Autotyp *etc* **3.** FASHION Stil *m no pl*; (≈ *cut*) Schnitt *m*; (≈ *hairstyle*) Frisur *f* **II** *v/t hair* stylen **-style** *adj suf* nach ... Art **styling** *n* **~ mousse** Schaumfestiger *m* **stylish** *adj* **1.** elegant; *film* stilvoll **2.** *clothes* modisch **stylishly** *adv* **1.** (≈ *elegantly*) elegant; *furnished* stilvoll **2.** *dress* modisch **stylist** *n* (≈ *hair stylist*) Friseur *m*, Fri-

seuse *f* **stylized** *adj* stilisiert

Styria *n* Steiermark *f*

suave *adj*, **suavely** *adv* weltmännisch, aalglatt (*pej*)

subcategory *n* Subkategorie *f* **subcommittee** *n* Unterausschuss *m* **subconscious I** *adj* unterbewusst **II** *n* **the ~** das Unterbewusstsein **subconsciously** *adv* im Unterbewusstsein **subcontinent** *n* Subkontinent *m* **subcontract** *v/t* (vertraglich) weitervergeben (*to* an +*acc*) **subcontractor** *n* Subunternehmer(in) *m(f)* **subdivide I** *v/t* unterteilen **II**

subdue *v/t rebels* unterwerfen; *rioters* überwältigen; (*fig*) unterdrücken **subdued** *adj lighting, voice* gedämpft; *person* ruhig, still; *atmosphere* gedrückt

subheading *n* Untertitel *m* **subhuman** *adj* unmenschlich

subject I *n* **1.** POL Staatsbürger(in) *m(f)*; (*of king etc*) Untertan *m*, Untertanin *f* **2.** GRAM Subjekt *nt* **3.** (≈ *topic*) Thema *nt*; **to change the ~** das Thema wechseln; **on the ~ of ...** zum Thema (+*gen*) ...; **while we're on the ~** da wir gerade beim Thema sind **4.** SCHOOL, UNIV Fach *nt* **II** *adj* **to be ~ to sth** *to law, change* einer Sache (*dat*) unterworfen sein; *to approval* von etw abhängig sein; **all trains are ~ to delay** bei allen Zügen muss mit Verspätung gerechnet werden; **~ to flooding** überschwemmungsgefährdet; **to be ~ to taxation** besteuert werden; **offers are ~ to availability** Angebote nur so weit verfügbar **III** *v/t* **to ~ sb to sth** jdn einer Sache (*dat*) unterziehen

subjective *adj* **1.** subjektiv **2.** GRAM **case** Nominativ *m* **subjectively** *adv* subjektiv **subject matter** *n* (≈ *theme*) Stoff *m*; (≈ *content*) Inhalt *m*

subjugate *v/t* unterwerfen

subjunctive I *adj* konjunktivisch; **the ~ mood** der Konjunktiv **II** *n* Konjunktiv *m*

sublet *pret, past part* **sublet** *v/t & v/i* untervermieten (*to* an +*acc*)

sublime *adj beauty, scenery* erhaben

submachine gun *n* Maschinenpistole *f*

submarine *n* U-Boot *nt*

submenu *n* IT Untermenü *nt*

submerge I *v/t* untertauchen; (≈ *flood*) überschwemmen; **to ~ sth in water** etw in Wasser (ein)tauchen **II** *v/i* tauchen **submerged** *adj rocks* unter Wasser; *wreck* gesunken; **the house was completely ~** das Haus stand völlig unter Wasser

submission *n* **1.** *to force sb into* ~ jdn zwingen, sich zu ergeben **2.** (≈ *presentation*) Eingabe *f* **submissive** *adj* unterwürfig (*pej*) (*to* gegenüber) **submit I** *v/t* (≈ *put forward*) vorlegen (*to* +*dat*); *application* einreichen (*to* bei) **II** *v/i* (≈ *yield*) sich beugen, nachgeben; *to* ~ *to sth to sb's orders, judgement* sich einer Sache (*dat*) beugen *or* unterwerfen; *to pressure* einer Sache (*dat*) nachgeben; *to* ~ *to blackmail* sich erpressen lassen **III** *v/r to* ~ *oneself to sth* sich einer Sache (*dat*) unterziehen

subnormal *adj temperature* unterdurchschnittlich; *person* minderbegabt

subordinate I *adj officer* rangniedriger; *rank, role* untergeordnet; *to be* ~ *to sb/ sth* jdm/einer Sache untergeordnet sein **II** *n* Untergebene(r) *m/f(m)* **subordinate clause** *n* GRAM Nebensatz *m*

subplot *n* Nebenhandlung *f*

subpoena JUR **I** *n* Vorladung *f* **II** *v/t* vorladen

sub-post office *n* (*Br*) Poststelle *f* **subroutine** *n* IT Unterprogramm *nt*

subscribe *v/i* **1.** *to* ~ *to a magazine* eine Zeitschrift abonnieren **2.** (≈ *support*) *to* ~ *to sth to opinion, theory* sich einer Sache (*dat*) anschließen **subscriber** *n* (*to paper*) Abonnent(in) *m(f)*; TEL Teilnehmer(in) *m(f)* **subscription** *n* (≈ *money*) Beitrag *m*; (*to newspaper etc*) Abonnement *nt* (*to* +*gen*); *to take out a* ~ *to sth* etw abonnieren

subsection *n* Unterabteilung *f*; JUR Paragraf *m*

subsequent *adj* (nach)folgend; (*in time*) anschließend **subsequently** *adv* (≈ *afterwards*) anschließend; (≈ *from that time*) von da an

subservient *adj* (*pej*) unterwürfig (*to* gegenüber)

subside *v/i* (*flood, fever*) sinken; (*land, building*) sich senken; (*storm*) abflauen; (*noise*) nachlassen **subsidence** *n* Senkung *f*

subsidiary I *adj* untergeordnet; ~ *role* Nebenrolle *f*; ~ *subject* Nebenfach *nt*; ~ *company* Tochtergesellschaft *f* **II** *n* Tochtergesellschaft *f*

subsidize *v/t* subventionieren; *housing* finanziell unterstützen **subsidized** *adj* subventioniert; *housing* finanziell unterstützt **subsidy** *n* Subvention *f*

subsist *v/i* (*form*) sich ernähren (*on* von) **subsistence** *n* (≈ *means of subsistence*) (Lebens)unterhalt *m*

subsistence level *n* Existenzminimum *nt*

subsoil *n* Untergrund *m*

substance *n* **1.** Substanz *f* **2.** *no pl* (≈ *weight*) Gewicht *nt*; *a man of* ~ ein vermögender Mann **substance abuse** *n* Drogen- und Alkoholmissbrauch *m*

substandard *adj* minderwertig

substantial *adj* **1.** *person* kräftig; *building* solide, währschaft (*Swiss*); *book* umfangreich; *meal* reichhaltig, währschaft (*Swiss*) **2.** *loss, amount* beträchtlich; *part, improvement* wesentlich **3.** (≈ *weighty*) bedeutend; *proof* überzeugend **substantially** *adv* **1.** (≈ *considerably*) beträchtlich **2.** (≈ *essentially*) im Wesentlichen

substation *n* ELEC Umspann(ungs)werk *nt*

substitute I *n* Ersatz *m no pl*; SPORTS Ersatzspieler(in) *m(f)*; *to find a* ~ *for sb* für jdn Ersatz finden; *to use sth as a* ~ etw als Ersatz benutzen **II** *adj attr* Ersatz- **III** *v/t to* ~ *A for B* B durch A ersetzen **IV** *v/i to* ~ *for sb* jdn vertreten **substitute teacher** *n* (*US*) Aushilfslehrer(in) *m(f)* **substitution** *n* Ersetzen *nt* (*of X for Y* von Y durch X); SPORTS Austausch *m* (*of X for Y* von Y gegen X)

subterfuge *n* (≈ *trickery*) List *f*; (≈ *trick*) Trick *m*

subterranean *adj* unterirdisch

subtitle I *n* Untertitel *m* (*also* FILM) **II** *v/t film* mit Untertiteln versehen

subtle *adj* **1.** (≈ *delicate*) fein; *flavour, hint* zart **2.** *point* scharfsinnig; *pressure* sanft **subtlety** *n* Feinheit *f* **subtly** *adv* fein; *change* geringfügig; ~ *different* auf subtile Weise unterschiedlich

subtotal *n* Zwischensumme *f*

subtract *v/t & v/i* subtrahieren (*from* von) **subtraction** *n* Subtraktion *f*

subtropical *adj* subtropisch

suburb *n* Vorort *m*; *in the* ~*s* am Stadtrand **suburban** *adj* vorstädtisch; ~ *street* Vorortstraße *f* **suburbia** *n* (*usu pej*) die Vororte *pl*; *to live in* ~ am Stadtrand wohnen

subversion *n no pl* Subversion *f* **subversive** *adj* subversiv

subway *n* Unterführung *f*; (*esp US* RAIL) U-Bahn *f*

subzero *adj* unter dem Nullpunkt
succeed I *v/i* **1.** erfolgreich sein; **I ~ed in doing it** es gelang mir, es zu tun **2. to ~ to the throne** die Thronfolge antreten **II** *v/t* (≈ *come after*) folgen (+*dat*); **to ~ sb in a post/in office** jds Stelle/Amt (*acc*) übernehmen **succeeding** *adj* folgend; **~ generations** spätere *or* nachfolgende Generationen *pl*
success *n* Erfolg *m*; **without ~** erfolglos; **to make a ~ of sth** mit etw Erfolg haben; **to meet with ~** Erfolg haben
successful *adj* erfolgreich; **to be ~ at doing sth** etw erfolgreich tun **successfully** *adv* erfolgreich, mit Erfolg
succession *n* **1.** Folge *f*; **in ~** hintereinander; **in quick** *or* **rapid ~** in rascher Folge **2.** (*to throne*) Thronfolge *f*; **her ~ to the throne** ihre Thronbesteigung **successive** *adj* aufeinanderfolgend *attr*; **for the third ~ time** zum dritten Mal hintereinander **successor** *n* Nachfolger(in) *m(f)* (*to* +*gen*); (*to throne*) Thronfolger(in) *m(f)*
succinct *adj* knapp **succinctly** *adv* kurz und bündig; **write** in knappem Stil
succulent *adj* saftig
succumb *v/i* erliegen (*to dat*)
such I *adj* solche(r, s); **~ a person** so *or* solch ein Mensch, ein solcher Mensch; **~ a thing** so etwas; **I said no ~ thing** das habe ich nie gesagt; **you'll do no ~ thing** du wirst dich hüten; **there's no ~ thing** so etwas gibt es nicht; **~ as** wie (etwa); **writers ~ as Agatha Christie, ~ writers as Agatha Christie** (solche) Schriftsteller wie Agatha Christie; **I'm not ~ a fool as to believe that** ich bin nicht so dumm, dass ich das glaube; **he did it in ~ a way that ...** er machte es so, dass ...; **~ beauty!** welche Schönheit! **II** *adv* so, solch (*elev*); **it's ~ a long time ago** es ist so lange her **III** *pron* **~ is life!** so ist das Leben!; **as ~** an sich; **~ as?** (wie) zum Beispiel?; **~ as it is** so, wie es nun mal ist **such-and-such** (*infml*) *adj* **~ a town** die und die Stadt **suchlike** (*infml*) **I** *adj* solche **II** *pron* dergleichen
suck I *v/t* saugen; *sweet* lutschen; *lollipop*, *thumb* lutschen an (+*dat*) **II** *v/i* **1.** (*at* an +*dat*) saugen **2.** (*US infml*) **this city ~s** diese Stadt ist echt Scheiße (*infml*) ◆ **suck in** *v/t sep air* ansaugen; *stomach* einziehen ◆ **suck up I** *v/t sep* aufsaugen **II** *v/i* (*infml*) **to ~ to sb** vor

jdm kriechen
sucker *n* **1.** (≈ *rubber sucker*, ZOOL) Saugnapf *m* **2.** (*infml* ≈ *fool*) Trottel *m* (*infml*); **to be a ~ for sth** (immer) auf etw (*acc*) hereinfallen **suckle I** *v/t child* stillen; *animal* säugen **II** *v/i* saugen **suction** *n* Saugwirkung *f*
sudden I *adj* plötzlich; *bend* unerwartet; **this is all so ~** das kommt alles so plötzlich **II** *n* **all of a ~** (ganz) plötzlich **suddenly** *adv* plötzlich **suddenness** *n* Plötzlichkeit *f*
sudoku *n* Sudoku *nt*
suds *pl* Seifenlauge *f*
sue I *v/t* JUR verklagen; **to ~ sb for sth** jdn auf etw (*acc*) verklagen **II** *v/i* JUR klagen; **to ~ for divorce** die Scheidung einreichen
suede I *n* Wildleder *nt* **II** *adj* Wildleder-
suet *n* Nierenfett *nt*
Suez Canal *n* Suezkanal *m*
suffer I *v/t* (≈ *be subjected to*) erleiden; *headache, effects etc* leiden unter *or* an (+*dat*) **II** *v/i* leiden (*from* unter +*dat*, *from illness* an +*dat*); **he was ~ing from shock** er hatte einen Schock (erlitten); **you'll ~ for this!** das wirst du büßen! **sufferer** *n* MED Leidende(r) *m/f(m)* (*from* an +*dat*) **suffering** *n* Leiden *nt*
suffice (*form*) **I** *v/i* genügen, (aus)reichen **II** *v/t* **~ it to say ...** es reicht wohl, wenn ich sage, ... **sufficiency** *n* (≈ *adequacy*) Hinlänglichkeit *f* **sufficient** *adj* ausreichend; *reason* hinreichend; **to be ~** ausreichen **sufficiently** *adv* genug; **a ~ large number** eine ausreichend große Anzahl
suffix *n* LING Suffix *nt*
suffocate *v/t & v/i* ersticken **suffocating** *adj* (*lit*) erstickend *attr*; *heat* drückend *attr*; *room* stickig; (*fig*) *atmosphere* erdrückend *attr*; **it's ~ in here** es ist stickig hier drinnen **suffocation** *n* Ersticken *nt*
suffrage *n* Wahlrecht *nt*
sugar *n* Zucker *m* **sugar bowl** *n* Zuckerdose *f* **sugar candy** *n* Kandis(zucker) *m*; (*US* ≈ *sweet*) Bonbon *nt or m*, Zuckerl *nt* (*Aus*) **sugar cane** *n* Zuckerrohr *nt* **sugar-coated** *adj* mit Zucker überzogen **sugar cube** *n* Zuckerwürfel *m* **sugar-free** *adj* ohne Zucker **sugary** *adj taste* süß; (≈ *full of sugar*) zuckerig
suggest *v/t* **1.** (≈ *propose*) vorschlagen; **are you ~ing I should tell a lie?** soll das heißen, dass ich lügen soll? **2.** *explanation* vorbringen **3.** (≈ *indicate*) andeu-

ten; *what are you trying to ~?* was wollen Sie damit sagen?

suggestion n **1.** (≈ *proposal*) Vorschlag m; *Rome was your ~* Rom war deine Idee; *I'm open to ~s* Vorschläge sind or jeder Vorschlag ist willkommen **2.** (≈ *hint*) Andeutung f **3.** (≈ *trace*) Spur f **suggestive** adj *remark etc* anzüglich

suicidal adj selbstmörderisch; *she was ~* sie war selbstmordgefährdet **suicide** n Selbstmord m; *to commit ~* Selbstmord begehen **suicide attack** n Selbstmordanschlag m **suicide attacker** n, **suicide bomber** n Selbstmordattentäter(in) m(f) **suicide note** n Abschiedsbrief m

suit I n **1.** Anzug m; (*woman's*) Kostüm nt; *~ of armour* Rüstung f **2.** CARDS Farbe f; *to follow ~* (*fig*) jds Beispiel (*dat*) folgen **II** v/t **1.** passen (+*dat*); (*climate*) bekommen (+*dat*); (*job*) gefallen (+*dat*); (≈ *please*) zufriedenstellen; *~s me!* (*infml*) ist mir recht (*infml*); *that would ~ me nicely* (*arrangement*) das würde mir gut passen; *when would it ~ you to come?* wann würde es Ihnen passen?; *to be ~ed for/to* geeignet sein für; *he is not ~ed to be a doctor* er eignet sich nicht zum Arzt; *they are well ~ed* (*to each other*) sie passen gut zusammen; *you can't ~ everybody* man kann es nicht jedem recht machen **2.** (*clothes*) (gut) stehen (+*dat*) **III** v/r *he ~s himself* er tut, was er will or was ihm passt; *you can ~ yourself whether you come or not* du kannst kommen oder nicht, ganz wie du willst; *~ yourself!* wie du willst!

suitability n Angemessenheit f; (*for job*) Eignung f

suitable adj geeignet; (≈ *appropriate*) angemessen; *to be ~ for sb* jdm passen; (*film, job*) für jdn geeignet sein; *to be ~ for sth* sich für etw eignen; *none of the dishes is ~ for freezing* keines der Rezepte eignet sich zum Einfrieren; *the most ~ man for the job* der am besten geeignete Mann für den Posten **suitably** adv angemessen; *~ impressed* gehörig beeindruckt

suitcase n Koffer m

suite n (*of rooms, MUS*) Suite f; *3-piece ~* dreiteilige Sitzgarnitur

suitor n **1.** (*old, of woman*) Freier m (*old*) **2.** JUR Kläger(in) m(f)

sulk I v/i schmollen **II** n *to have a ~* schmollen **sulkily** adv beleidigt **sulky**

adj (+*er*) eingeschnappt

sullen adj mürrisch **sullenly** adv mürrisch **sullenness** n (*of person*) Verdrießlichkeit f

sulphate, (*US*) **sulfate** n Sulfat nt

sulphur, (*US*) **sulfur** n Schwefel m **sulphuric acid**, (*US*) **sulfuric acid** n Schwefelsäure f

sultan n Sultan m

sultana n (*Br* ≈ *fruit*) Sultanine f

sultry adj *atmosphere* schwül; *voice, look* glutvoll

sum n **1.** Summe f **2.** (*esp Br* ≈ *calculation*) Rechenaufgabe f; *to do ~s* rechnen; *that was the ~ (total) of his achievements* das war alles, was er geschafft hatte ◆ **sum up I** v/t sep **1.** (≈ *summarize*) zusammenfassen **2.** (≈ *evaluate*) einschätzen **II** v/i zusammenfassen

summarize v/t zusammenfassen **summary** n Zusammenfassung f

summer I n Sommer m; *in (the) ~* im Sommer **II** adj attr Sommer- **summer holidays** pl (*esp Br*) Sommerferien pl **summer school** n Sommerkurs m **summertime** n Sommer m **summery** adj sommerlich

summing-up n JUR Resümee nt

summit n Gipfel m

summon v/t **1.** *fire brigade etc* (herbei)rufen; *help* holen; *meeting* einberufen **2.** JUR vorladen ◆ **summon up** v/t sep *courage* zusammennehmen; *strength* aufbieten

summons n JUR Vorladung f

sumptuous adj luxuriös; *food etc* üppig

Sun abbr of **Sunday** So.

sun n Sonne f; *you've caught the ~* dich hat die Sonne erwischt; *he's tried everything under the ~* er hat alles Menschenmögliche versucht **sunbathe** v/i sonnenbaden **sunbathing** n Sonnenbaden nt **sunbeam** n Sonnenstrahl m **sun bed** n Sonnenbank f **sun block** n Sonnenschutzcreme f **sunburn** n Sonnenbrand m **sunburnt** adj *to get ~* (einen) Sonnenbrand bekommen

sundae n Eisbecher m

Sunday I n Sonntag m; → *Tuesday* **II** adj attr Sonntags- **Sunday school** n Sonntagsschule f

sundial n Sonnenuhr f **sundown** n (*Br*) Sonnenuntergang m; *at/before ~* bei/ vor Sonnenuntergang **sun-drenched** adj sonnenüberflutet **sun-dried** adj sonnengetrocknet **sunflower** *n* Sonnenblume *f*

sung *past part of* **sing**

sunglasses *pl* Sonnenbrille *f* **sunhat** *n* Sonnenhut *m*

sunk *past part of* **sink**¹ **sunken** *adj treasure* versunken; *garden* abgesenkt

sun lamp *n* Höhensonne® *f* **sunlight** *n* Sonnenlicht *nt*; **in the ~** in der Sonne **sunlit** *adj* sonnig **sun lounger** *n* Sonnenliege *f*

sunny *adj* (+er) sonnig; **to look on the ~ side (of things)** die Dinge von der angenehmen Seite nehmen

sunrise *n* Sonnenaufgang *m*; **at ~** bei Sonnenaufgang **sunroof** *n* Schiebedach *nt* **sunscreen** *n* Sonnenschutzmittel *nt*

sunset *n* Sonnenuntergang *m*; **at ~** bei Sonnenuntergang **sunshade** *n* Sonnenschirm *m*

sunshine *n* Sonnenschein *m* **sunstroke** *n* **to get ~** einen Sonnenstich bekommen **suntan** *n* Sonnenbräune *f*; **to get a ~** braun werden; **~ lotion** Sonnenöl *nt* **suntanned** *adj* braun gebrannt **sunup** *n* (*US*) Sonnenaufgang *m*; **at ~** bei Sonnenaufgang

super *adj* (*esp Br infml*) klasse *inv* (*infml*) **superb** *adj*, **superbly** *adv* großartig **supercilious** *adj*, **superciliously** *adv* hochnäsig

superficial *adj* oberflächlich; *resemblance* äußerlich **superficially** *adv* oberflächlich; *similar, different* äußerlich **superfluous** *adj* überflüssig **superglue**® *n* Sekundenkleber *m* **superhighway** *n* (*US*) ≈ Autobahn *f*; **the information ~** die Datenautobahn **superhuman** *adj* übermenschlich **superimpose** *v/t* **to ~ sth on sth** etw auf etw (*acc*) legen; PHOT etw über etw (*acc*) fotografieren

superintendent *n* (*US: in building*) Hausmeister(in) *m(f)*, Abwart(in) *m(f)* (*Swiss*); (*of police, Br*) ≈ Kommissar(in) *m(f)*; (*US*) ≈ Polizeipräsident(in) *m(f)*

superior I *adj* **1.** (≈ *better*) besser (*to* als); *ability* überlegen (*to sb/sth* jdm/einer Sache); **he thinks he's so ~** er hält sich für so viel besser **2.** (≈ *excellent*) großartig **3.** (*in rank*) höher; **~ officer** Vorgesetzte(r) *m/f(m)*; **to be ~ to sb** jdm übergeordnet sein **4.** *forces* stärker (*to* als); *strength* größer (*to* als) **5.** (≈ *snobbish*) überheblich **II** *n* (*in rank*) Vorgesetzte(r)

m/f(m) **superiority** *n* **1.** Überlegenheit *f* **2.** (≈ *excellence*) Großartigkeit *f* **3.** (*in rank*) höhere Stellung

superlative I *adj* überragend; GRAM superlativisch **II** *n* Superlativ *m*

supermarket *n* Supermarkt *m* **supernatural I** *adj* übernatürlich **II** *n* **the ~** das Übernatürliche **superpower** *n* POL Supermacht *f* **superscript** *adj* hochgestellt

supersede *v/t* ablösen

supersonic *adj* Überschall- **superstar** *n* (Super)star *m*

superstition *n* Aberglaube *m* no pl **superstitious** *adj* abergläubisch; **to be ~ about sth** in Bezug auf etw (*acc*) abergläubisch sein

superstore *n* Verbrauchermarkt *m* **superstructure** *n* Überbau *m* **supertanker** *n* Supertanker *m*

supervise I *v/t* beaufsichtigen **II** *v/i* Aufsicht führen **supervision** *n* Aufsicht *f*; (≈ *action*) Beaufsichtigung *f*; (*of work*) Überwachung *f* **supervisor** *n* (*of work*) Aufseher(in) *m(f)*; (*Br UNIV*) ≈ Tutor(in) *m(f)* **supervisory board** *n* COMM, IND Aufsichtsrat *m*

supper *n* (≈ *meal*) Abendessen *nt*, Nachtmahl *nt* (*Aus*), Nachtessen *nt* (*Swiss*); (≈ *snack*) (später) Imbiss; **to have ~** zu Abend essen **suppertime** *n* Abendessenszeit *f*; **at ~** zur Abendbrotzeit

supplant *v/t* ersetzen

supple *adj* (+er) geschmeidig; *person* beweglich

supplement I *n* **1.** Ergänzung *f* (*to* +gen); (≈ *food supplement*) Zusatz *m* **2.** (≈ *colour supplement etc*) Beilage *f* **II** *v/t* ergänzen **supplementary** *adj* ergänzend

suppleness *n* Geschmeidigkeit *f*; (*of person*) Beweglichkeit *f*

supplier *n* COMM Lieferant(in) *m(f)*

supply I *n* **1.** (≈ *supplying*) Versorgung *f*; (≈ *delivery*) Lieferung *f* (*to* an +acc); ECON Angebot *nt*; **electricity ~** Stromversorgung *f*; **~ and demand** Angebot und Nachfrage; **to cut off the ~** (*of gas, water etc*) das Gas/Wasser abstellen **2.** (≈ *stock*) Vorrat *m*; **supplies** *pl* Vorräte *pl*; **to get or lay in supplies** or **a ~ of sth** sich (*dat*) einen Vorrat an etw (*dat*) anlegen or zulegen; **a month's ~** ein Monatsbedarf *m*; **to be in short ~** knapp sein; **to be in good ~** reichlich vorhanden sein; **medical supplies** Arzneimittel *pl* **II** *v/t* **1.** *food etc* sorgen für; (≈ *deliver*) liefern; (≈ *put at sb's disposal*) stellen; **pens and paper are supplied by the firm** Schreibmaterial wird von der Firma gestellt **2.** (*with* mit) *person, army* versorgen; COMM beliefern **supply teacher** *n* (*Br*) Aushilfslehrer(in) *m(f)*

support I *n* (≈ *person*) Stütze *f*; (*fig: no pl* ≈ *backing*) Unterstützung *f*; **to give ~ to sb/sth** jdn/etw stützen; **to lean on sb for ~** sich auf jdn stützen; **in ~ of** zur Unterstützung (+*gen*) **II** *attr* Hilfs- **III** *v/t* **1.** (*lit*) stützen; (≈ *weight*) tragen **2.** (*fig*) unterstützen; *plan* befürworten; (≈ *give moral support to*) beistehen (+*dat*); *theory* untermauern; *family* unterhalten; **he ~s Arsenal** er ist Arsenal-Anhänger *m*; **which team do you ~?** für welche Mannschaft bist du?; **without his family to ~ him** ohne die Unterstützung seiner Familie **IV** *v/r* (*physically*) sich stützen (*on* auf +*acc*); (*financially*) seinen Unterhalt (selbst) bestreiten **support band** *n* Vorgruppe *f*

supporter *n* Anhänger(in) *m(f)* **support group** *n* Unterstützungsgruppe *f* **supporting** *adj* **1. ~ role** Nebenrolle *f* **2.** TECH stützend **supporting actor** *n* FILM, THEAT Nebendarsteller *m* **supporting actress** *n* FILM, THEAT Nebendarstellerin *f* **supportive** *adj* (*fig*) unterstützend *attr*; **if his parents had been more ~** wenn seine Eltern ihn mehr unterstützt hätten

suppose *v/t* **1.** (≈ *imagine*) sich (*dat*) vorstellen; (≈ *assume*) annehmen; **let us ~ we are living in the 8th century** stellen wir uns einmal vor, wir lebten im 8. Jahrhundert; **let us ~ that X equals 3** angenommen, X sei gleich 3; **I don't ~ he'll come** ich glaube kaum, dass er kommt; **I ~ that's the best thing, that's the best thing, I ~** das ist *or* wäre vermutlich das Beste; **you're coming, I ~?** ich nehme an, du kommst?; **I don't ~ you could lend me a pound?** Sie könnten mir nicht zufällig ein Pfund leihen?; **will he be coming? — I ~ so** kommt er? — ich denke *or* glaube schon; **you ought to be leaving — I ~ so** du solltest jetzt gehen — stimmt wohl; **don't you agree with me? — I ~ so** bist du da nicht meiner Meinung? — na ja, schon; **I don't ~ so** ich glaube kaum; **so you see, it can't be true — I ~ not** da siehst du selbst, es kann nicht stimmen — du

wirst wohl recht haben; **he can't refuse, can he? — I ~ not** er kann nicht ablehnen, oder? — eigentlich nicht; **he's ~d to be coming** er soll (angeblich) kommen; **~ you have a wash?** wie wärs, wenn du dich mal wäschst? **2.** (≈ *ought*) **to be ~d to do sth** etw tun sollen; **he's the one who's ~d to do it** er müsste es eigentlich tun; **he isn't ~d to find out** er darf es nicht erfahren **supposed** *adj* angeblich **supposedly** *adv* angeblich **supposing** *cj* angenommen; **but ~ ...** aber wenn ...; **~ he can't do it?** und wenn er es nicht schafft?

suppress *v/t* unterdrücken; *information* zurückhalten **suppression** *n* Unterdrückung *f*; (*of appetite*) Zügelung *f*; (*of information, evidence*) Zurückhalten *nt*

supremacy *n* Vormachtstellung *f*; (*fig*) Supremat *nt or m* **supreme** *adj* **1.** (*in authority*) höchste(r, s); *court* oberste(r, s) **2.** *indifference etc* äußerste(r, s) **supreme commander** *n* Oberbefehlshaber(in) *m(f)* **supremely** *adv confident* äußerst; *important* überaus; **she does her job ~ well** sie macht ihre Arbeit außerordentlich gut

surcharge *n* Zuschlag *m*

sure I *adj* (+*er*) sicher; *method* zuverlässig; **it's ~ to rain** es regnet ganz bestimmt; **be ~ to turn the gas off** vergiss nicht, das Gas abzudrehen; **be ~ to go and see her** du musst sie unbedingt besuchen; **to make ~** (≈ *check*) nachsehen; **make ~ the window's closed** achten Sie darauf, dass das Fenster zu ist; **make ~ you take your keys** denk daran, deine Schlüssel mitzunehmen; **I've made ~ that there's enough coffee** ich habe dafür gesorgt, dass genug Kaffee da ist; **I'll find out for ~** ich werde das genau herausfinden; **do you know for ~?** wissen Sie das ganz sicher?; **I'm ~ she's right** ich bin sicher, sie hat recht; **do you want to see that film? — I'm not ~** willst du diesen Film sehen? — ich bin mir nicht sicher; **I'm not so ~ about that** da bin ich nicht so sicher; **to be ~ of oneself** (*generally*) selbstsicher sein **II** *adv* **1.** (*infml*) **will you do it? — ~!** machst du das? — klar! (*infml*) **2. and ~ enough he did come** und er ist tatsächlich gekommen

surely *adv* **1.** bestimmt, sicher; **~ not!** das kann doch nicht stimmen!; **~ someone must know** irgendjemand muss es doch wissen; *but ~ you can't expect us to believe that* Sie können doch wohl nicht erwarten, dass wir das glauben! **2.** (≈ *inevitably*) zweifellos **3.** (≈ *confidently*) mit sicherer Hand; *slowly but ~* langsam aber sicher

surf I *n* Brandung *f* **II** *v/i* surfen **III** *v/t* *to ~ the Net* (*infml*) im (Inter)net surfen (*infml*)

surface I *n* **1.** Oberfläche *f*; *on the ~* oberflächlich; (*of person*) nach außen hin **2.** MIN *on the ~* über Tage **II** *adj attr* **1.** oberflächlich **2.** (≈ *not by air*) auf dem Land-/Seeweg **III** *v/i* auftauchen **surface area** *n* Fläche *f* **surface mail** *n* *by ~* auf dem Land-/Seeweg **surface-to-air** *adj attr ~* **missile** Boden-Luft-Rakete *f*

surfboard *n* Surfbrett *nt*

surfeit *n* Übermaß *nt* (*of* an +*dat*)

surfer *n* Surfer(in) *m(f)* **surfing** *n* Surfen *nt*

surge I *n* (*of water*) Schwall *m*; ELEC Spannungsstoß *m*; *he felt a sudden ~ of rage* er fühlte, wie die Wut in ihm aufstieg; *a ~ in demand* ein rascher Nachfrageanstieg **II** *v/i* (*river*) anschwellen; *they ~d toward(s) him* sie drängten auf ihn zu; *to ~ ahead/forward* vorpreschen

surgeon *n* Chirurg(in) *m(f)* **surgery** *n* **1.** Chirurgie *f*; *to have ~* operiert werden; *to need (heart) ~* (am Herzen) operiert werden müssen; *to undergo ~* sich einer Operation unterziehen **2.** (*Br* ≈ *room*) Sprechzimmer *nt*, Ordination *f* (*Aus*); (≈ *consultation*) Sprechstunde *f*; *~ hours* Sprechstunden *pl*, Ordination *f* (*Aus*) **surgical** *adj* operativ; *technique* chirurgisch **surgically** *adv* operativ **surgical mask** *n* OP-Maske *f*

surly *adj* (+*er*) verdrießlich

surmise *v/t* vermuten, mutmaßen

surmount *v/t* überwinden

surname *n* Nachname *m*

surpass I *v/t* übertreffen **II** *v/r* sich selbst übertreffen

surplus I *n* Überschuss *m* (*of* an +*dat*) *adj* überschüssig; (*of countable objects*) überzählig

surprise I *n* Überraschung *f*; *in ~* überrascht; *it came as a ~ to us* wir waren überrascht; *to give sb a ~* jdn überraschen; *to take sb by ~* jdn überraschen; *~, ~, it's me!* rate mal, wer hier ist?; *~, ~!*

(*iron*) was du nicht sagst! **II** *attr* Überraschungs-, überraschend **III** *v/t* überraschen; *I wouldn't be ~d if ...* es würde mich nicht wundern, wenn ...; *go on, ~ me!* ich lass mich überraschen! **surprising** *adj* überraschend **surprisingly** *adv* überraschend; *not ~ it didn't work* wie zu erwarten (war), hat es nicht geklappt

surreal *adj* unwirklich **surrealism** *n* Surrealismus *m*

surrender I *v/i* sich ergeben (*to* +*dat*); (*to police*) sich stellen (*to* +*dat*); *I ~!* ich ergebe mich! **II** *v/t* MIL übergeben; *title, lead* abgeben **III** *n* **1.** MIL Kapitulation *f* (*to* vor +*dat*) **2.** (≈ *handing over*) Übergabe *f* (*to* an +*acc*); (*of title, lead*) Abgabe *f*

surrogate *attr* Ersatz- **surrogate mother** *n* Leihmutter *f*

surround I *n* (*esp Br*) *the ~s* die Umgebung **II** *v/t* umgeben; MIL umzingeln **surrounding** *adj* umliegend; *in the ~ area* in der Umgebung

surroundings *pl* Umgebung *f* **surround sound** *n* Surround-Sound(-System *nt*) *m* **surround-sound** *adj attr speakers* Surround-Sound-

surveillance *n* Überwachung *f*; *to be under ~* überwacht werden; *to keep sb under ~* jdn überwachen *or* observieren (*form*)

survey I *n* **1.** (SURVEYING: *of land*) Vermessung *f*; (*of house*) Begutachtung *f*; (≈ *report*) Gutachten *nt* **2.** (≈ *inquiry*) Untersuchung *f* (*of, on* über +*acc*); (*by opinion poll etc*) Umfrage *f* (*of, on* über +*acc*) **II** *v/t* **1.** (≈ *look at*) betrachten **2.** (≈ *study*) untersuchen **3.** SURVEYING *land* vermessen; *building* inspizieren **surveyor** *n* **1.** (≈ *land surveyor*) Landvermesser(in) *m(f)* **2.** (≈ *building surveyor*) Bauinspektor(in) *m(f)*

survival *n* Überleben *nt*

survive I *v/i* überleben; (*treasures*) erhalten bleiben; (*custom*) weiterleben; *only five copies ~ or have ~d* nur fünf Exemplare sind erhalten **II** *v/t* überleben; (*objects*) *fire, flood* überstehen **surviving** *adj* **1.** (≈ *still living*) noch lebend **2.** (≈ *remaining*) noch existierend **survivor** *n* Überlebende(r) *m/f(m)*; JUR Hinterbliebene(r) *m/f(m)*; *he's a ~* (*fig, in politics etc*) er ist ein Überlebenskünstler

susceptible *adj ~ to sth* *to flattery etc* für etw empfänglich; *to colds* für etw anfällig

suspect I adj verdächtig **II** n Verdächtige(r) m/f(m) **III** v/t person verdächtigen (of sth einer Sache gen); (≈ think likely) vermuten; **I ~ her of having stolen it** ich habe sie im Verdacht or ich verdächtige sie, es gestohlen zu haben; **the ~ed bank robber** etc der mutmaßliche Bankräuber etc; **he ~s nothing** er ahnt nichts; **does he~ anything?** hat er Verdacht geschöpft?; **I ~ed as much** das habe ich mir doch gedacht; **he was taken to hospital with a ~ed heart attack** er wurde mit dem Verdacht auf Herzinfarkt ins Krankenhaus eingeliefert

suspend v/t **1.** (≈ hang) (auf)hängen (from an +dat) **2.** payment (zeitweilig) einstellen; talks aussetzen; flights aufschieben; **he was given a ~ed sentence** seine Strafe wurde zur Bewährung ausgesetzt **3.** person suspendieren; SPORTS sperren **suspender** n usu pl **1.** (Br) Strumpfhalter m; **~ belt** Strumpf(halter)gürtel m **2.** (US) **suspenders** pl Hosenträger pl **suspense** n Spannung f; **the ~ is killing me** ich bin gespannt wie ein Flitzebogen (hum infml); **to keep sb in ~** jdn auf die Folter spannen (infml) **suspension** n **1.** (of payment) zeitweilige Einstellung; (of flights) Aufschub m; (of talks) Aussetzung f **2.** (of person) Suspendierung f; SPORTS Sperrung f **3.** AUTO Federung f **suspension bridge** n Hängebrücke f

suspicion n Verdacht m no pl; **to arouse sb's ~s** jds Verdacht erregen; **to have one's ~s about sth/sb** seine Zweifel bezüglich einer Sache/Person (gen) haben; **to be under ~** unter Verdacht stehen; **to arrest sb on ~ of murder** jdn wegen Mordverdachts festnehmen **suspicious** adj **1.** (≈ feeling suspicion) misstrauisch (of gegenüber); **to be ~ about sth** etw mit Misstrauen betrachten **2.** (≈ causing suspicion) verdächtig **suspiciously** adv **1.** (≈ with suspicion) argwöhnisch, misstrauisch **2.** (≈ causing suspicion, probably) verdächtig

suss v/t (Br infml) **to ~ sb out** jdm auf den Zahn fühlen (infml); **I can't ~ him out** bei ihm blicke ich nicht durch (infml); **I've got him ~ed (out)** ich habe ihn durchschaut; **to ~ sth out** etw herausbekommen

sustain v/t **1.** weight aushalten; life erhalten; body bei Kräften halten **2.** effort aufrechterhalten; growth beibehalten; JUR **objection ~ed** Einspruch stattgegeben **3.** injury, damage erleiden **sustainable** adj aufrechtzuerhalten pred, aufrechterhaltend attr; development nachhaltig; resources erneuerbar; level haltbar **sustained** adj anhaltend **sustenance** n Nahrung f

SW abbr **1.** of south-west SW **2.** of short wave KW

swab n MED Tupfer m

Swabia n Schwaben nt

swag n (infml) Beute f

swagger v/i **1.** (≈ strut) stolzieren **2.** (≈ boast) angeben

swallow[1] **I** n Schluck m **II** v/t & v/i schlucken ◆ **swallow down** v/t sep hinunterschlucken ◆ **swallow up** v/t sep (fig) verschlingen

swallow[2] n (≈ bird) Schwalbe f

swam pret of **swim**

swamp I n Sumpf m **II** v/t überschwemmen

swan I n Schwan m **II** v/i (Br infml) **to ~ off** abziehen (infml); **to ~ around (the house)** zu Hause herumschweben (infml)

swap I n **to do a ~ (with sb)** (mit jdm) tauschen **II** v/t stamps etc tauschen; stories, insults austauschen; **to ~ sth for sth** etw für etw eintauschen; **to ~ places with sb** mit jdm tauschen; **to ~ sides** die Seiten wechseln **III** v/i tauschen

swarm I n Schwarm m **II** v/i schwärmen; **to ~ with** wimmeln von

swarthy adj (+er) dunkel

swastika n Hakenkreuz nt

swat I v/t fly totschlagen **II** n (≈ fly swat) Fliegenklatsche f

swathe v/t wickeln (in in +acc)

sway I n **1.** (of hips) Wackeln nt **2. to hold ~ over sb** jdn beherrschen **II** v/i (trees) sich wiegen; (hanging object) schwingen; (building, person) schwanken; **she ~s as she walks** sie wiegt beim Gehen die Hüften **III** v/t **1.** hips wiegen **2.** (≈ influence) beeinflussen

swear vb: pret **swore**, past part **sworn I** v/t allegiance schwören; oath leisten; **I ~ it!** ich kann das beschwören!; **to ~ sb to secrecy** jdn schwören lassen, dass er nichts verrät **II** v/i **1.** (solemnly) schwören; **to ~ to sth** etw beschwören **2.** (≈ use swearwords) fluchen (about über +*acc*); *to ~ at sb/sth* jdn/etw beschimpfen ◆ **swear by** *v/i +prep obj* (*infml*) schwören auf (+*acc*) ◆ **swear in** *v/t sep witness etc* vereidigen

swearing *n* Fluchen *nt* **swearword** *n* Fluch *m*, Kraftausdruck *m*

sweat I *n* Schweiß *m no pl* **II** *v/i* schwitzen (*with* vor +*dat*); *to ~ like a pig* (*infml*) wie ein Affe schwitzen (*infml*) ◆ **sweat out** *v/t sep* **to sweat it out** (*fig infml*) durchhalten; (≈ *sit and wait*) abwarten

sweatband *n* Schweißband *nt*

sweater *n* Pullover *m* **sweat pants** *pl* (*esp US*) Jogginghose *f* **sweatshirt** *n* Sweatshirt *nt* **sweatshop** *n* (*pej*) Ausbeuterbetrieb *m* (*pej*) **sweaty** *adj* (+*er*) *hands* schweißig; *body, socks* verschwitzt

Swede *n* Schwede *m*, Schwedin *f*

swede *n* (*esp Br*) Kohlrübe *f*

Sweden *n* Schweden *nt*

Swedish I *adj* schwedisch; *he is ~* er ist Schwede **II** *n* **1.** LING Schwedisch *nt* **2.** *the ~* die Schweden *pl*

sweep *vb: pret, past part* **swept I** *n* **1.** *to give sth a ~* etw kehren *or* (*Swiss*) wischen **2.** (≈ *chimney sweep*) Schornsteinfeger(in) *m(f)* **3.** (*of arm*) Schwung *m*; *to make a clean ~* (*fig*) gründlich aufräumen **4.** (*of river*) Bogen *m* **II** *v/t* **1.** *floor* fegen, wischen (*Swiss*); *chimney* fegen; *snow* wegfegen; *to ~ sth under the carpet* (*fig*) etw unter den Teppich kehren **2.** (≈ *scan*) absuchen (*for* nach) **3.** (≈ *move quickly over, wind*) fegen über (+*acc*); (*waves, violence*) überrollen; (*disease*) um sich greifen in (+*dat*) **III** *v/i* **1.** (*with broom*) kehren, wischen (*Swiss*) **2.** (≈ *move, person*) rauschen; (*vehicle*) schießen; (*majestically*) gleiten; (*river*) in weitem Bogen führen; *the disease swept through Europe* die Krankheit breitete sich in Europa aus ◆ **sweep along** *v/t sep* mitreißen ◆ **sweep aside** *v/t sep* wegfegen ◆ **sweep away** *v/t sep leaves etc* wegfegen; (*avalanche*) wegreißen; (*flood etc*) wegschwemmen ◆ **sweep off** *v/t sep* **he swept her off her feet** (*fig*) sie hat sich Hals über Kopf in ihn verliebt (*infml*) ◆ **sweep out I** *v/i* hinausrauschen **II** *v/t sep room* ausfegen, wischen (*Swiss*); *dust* hinausfegen ◆ **sweep up I** *v/i* (*with broom*) zusammenfegen **II** *v/t sep* zusammenfegen

sweeper *n* (≈ *carpet sweeper*) Teppich-

kehrer *m* **sweeping** *adj* **1.** *curve* weit ausholend; *staircase* geschwungen **2.** (*fig*) *change* radikal

sweet I *adj* (+*er*) süß; (≈ *kind*) lieb; *to have a ~ tooth* gern Süßes essen **II** *n* (*Br*) **1.** (≈ *candy*) Bonbon *nt*, Zuckerl *nt* (*Aus*) **2.** (≈ *dessert*) Nachtisch *m* **sweet-and-sour** *adj* süßsauer **sweetcorn** *n* Mais *m* **sweeten** *v/t* süßen; *to ~ the pill* die bittere Pille versüßen **sweetener** *n* COOK Süßstoff *m* **sweetheart** *n* Schatz *m* **sweetly** *adv* *say, scented* süßlich; *smile* süß **sweetness** *n* Süße *f* **sweet potato** *n* Süßkartoffel *f* **sweet shop** *n* (*Br*) Süßwarenladen *m* **sweet-talk** *v/t* (*infml*) *to ~ sb into doing sth* jdn mit süßen Worten dazu bringen, etw zu tun

swell *vb: pret* **swelled**, *past part* **swollen** *or* **swelled I** *n* (*of sea*) Wogen *nt no pl* **II** *adj* (*esp US dated* ≈ *excellent*) klasse (*infml*) **III** *v/t sail* blähen; *numbers* anwachsen lassen **IV** *v/i* **1.** (*ankle etc: a.* **swell up**) (an)schwellen **2.** (*river*) anschwellen; (*sails: a.* **swell out**) sich blähen; (*in number*) anwachsen **swelling I** *n* **1.** Verdickung *f*; MED Schwellung *f* **2.** (*of population etc*) Anwachsen *nt* **II** *adj attr* *numbers* anwachsend

swelter *v/i* (vor Hitze) vergehen **sweltering** *adj* *day* glühend heiß; *heat* glühend; *it's ~ in here* (*infml*) hier verschmachtet man ja! (*infml*)

swept *pret, past part of* **sweep**

swerve I *n* Bogen *m* **II** *v/i* einen Bogen machen; (*car*) ausschwenken; (*ball*) im Bogen fliegen; *the road ~s* (*round*) *to the right* die Straße schwenkt nach rechts; *the car ~d in and out of the traffic* der Wagen schoss im Slalom durch den Verkehrsstrom **III** *v/t car etc* herumreißen; *ball* anschneiden

swift *adj* (+*er*) schnell **swiftly** *adv* schnell; *react* prompt

swig (*infml*) **I** *n* Schluck *m*; *to have* *or* *take a ~ of beer* einen Schluck Bier trinken **II** *v/t* (*a.* **swig down**) herunterkippen (*infml*)

swill I *n* **1.** (≈ *animal food*) (Schweine)futter *nt* **2.** *to give sth a ~* (*out*) = **swill II** **II** *v/t* **1.** (*esp Br: a.* **swill out**) auswaschen; *cup* ausschwenken **2.** (*infml*) *beer etc* kippen (*infml*)

swim *vb: pret* **swam**, *past part* **swum I** *n* *that was a nice ~* das (Schwimmen) hat

Spaß gemacht!; **to have a ~** schwimmen **II** *v/t* schwimmen; *river* durchschwimmen **III** *v/i* schwimmen; **my head is ~ming** mir dreht sich alles **swimmer** *n* Schwimmer(in) *m(f)* **swimming** *n* Schwimmen *nt*; **do you like ~?** schwimmen Sie gern? **swimming bath** *n usu pl* (*Br*) Schwimmbad *nt* **swimming cap** *n* (*Br*) Badekappe *f* **swimming costume** *n* (*Br*) Badeanzug *m* **swimming instructor** *n* Schwimmlehrer(in) *m(f)* **swimming pool** *n* Schwimmbad *nt* **swimming trunks** *pl* (*Br*) Badehose *f* **swimsuit** *n* Badeanzug *m*

swindle I *n* Schwindel *m*, Pflanz *m* (*Aus*) **II** *v/t person* betrügen; **to ~ sb out of sth** jdm etw abschwindeln **swindler** *n* Schwindler(in) *m(f)*

swine *n* **1.** *pl* - (*old, form*) Schwein *nt* **2.** *pl* **-s** (*pej infml* ≈ *man*) (gemeiner) Hund (*infml*)

swing *vb*: *pret, past part* **swung I** *n* **1.** Schwung *m*; (*to and fro*) Schwingen *nt*; (*fig, pol*) (Meinungs)umschwung *m*; **to go with a ~** (*fig*) ein voller Erfolg sein (*infml*); **to be in full ~** voll im Gang sein; **to get into the ~ of sth** *of new job etc* sich an etw (*acc*) gewöhnen; **to get into the ~ of things** (*infml*) reinkommen (*infml*) **2.** (≈ *seat for swinging*) Schaukel *f* **II** *v/t* **1.** schwingen; (*to and fro*) hin und her schwingen; (*on swing*) schaukeln; *arms* schwingen (mit); (≈ *dangle*) baumeln mit; **he swung himself over the wall** er schwang sich über die Mauer **2.** *election* beeinflussen; **his speech swung the decision in our favour** seine Rede ließ die Entscheidung zu unseren Gunsten ausfallen **III** *v/i* schwingen; (*on swing*) schaukeln; (≈ *dangle*) baumeln; **to ~ open** aufschwingen; **to ~ shut** zuschlagen; **to ~ into action** in Aktion treten ♦ **swing (a)round I** *v/i* (*person*) sich umdrehen; (*car, plane*) herumschwenken **II** *v/t sep* herumschwenken ♦ **swing back** *v/i* zurückschwingen ♦ **swing to** *v/i* (*door*) zuschlagen

swing door *n* (*Br*) Pendeltür *f* **swinging** *adj* **~ door** (*US*) Pendeltür *f*

swipe I *n* (≈ *blow*) Schlag *m*; **to take a ~ at sb/sth** nach jdm/etw schlagen **II** *v/t* **1.** *person, ball etc* schlagen **2.** (*infml* ≈ *steal*) klauen (*infml*) **3.** *card* durchziehen **swipe card** *n* Magnetstreifenkarte *f*

swirl I *n* Wirbel *m* **II** *v/t & v/i* wirbeln

swish I *n* (*of cane*) Zischen *nt*; (*of skirts, water*) Rauschen *nt* **II** *v/t cane* zischen lassen; *tail* schlagen mit; *skirt* rauschen mit; *water* schwenken **III** *v/i* (*cane*) zischen; (*skirts, water*) rauschen

Swiss I *adj* Schweizer, schweizerisch; **he is ~** er ist Schweizer; **the ~-German part of Switzerland** die deutsch(sprachig)e Schweiz **II** *n* Schweizer(in) *m(f)*; **the ~** *pl* die Schweizer *pl* **Swiss army knife** *n* Schweizermesser *nt* **Swiss franc** *n* Schweizer Franken *m* **Swiss French** *n* **1.** (≈ *person*) Welschschweizer(in) *m(f)* **2.** LING Schweizer Französisch *nt* **Swiss German** *n* **1.** (≈ *person*) Deutschschweizer(in) *m(f)* **2.** LING Schweizerdeutsch *nt*, Schwyzerdütsch *nt* **Swiss roll** *n* (*Br*) Biskuitrolle *f*

switch I *n* **1.** ELEC *etc* Schalter *m* **2.** (≈ *change*) Wechsel *m*; (*in plans*) Änderung *f* (*in* +*gen*); (≈ *exchange*) Tausch *m* **II** *v/t* **1.** (≈ *change*) wechseln; *plans* ändern; *allegiance* übertragen (*to* auf +*acc*); *attention, conversation* lenken (*to* auf +*acc*); **to ~ sides** die Seiten wechseln; **to ~ channels** auf einen anderen Kanal umschalten **2.** (≈ *move*) *production* verlegen; *object* umstellen **3.** (≈ *exchange*) tauschen; (*a.* **switch over, switch round**) *objects* vertauschen **4.** ELEC (um)schalten **III** *v/i* (≈ *change*: *a.* **switch over**) (über)wechseln (*to* zu); TV umschalten (*to* auf +*acc*); (≈ *exchange*: *a.* **switch round, switch over**) tauschen ♦ **switch (a)round I** *v/t sep* (≈ *swap round*) umstellen **II** *v/i* = **switch III** ♦ **switch back I** *v/i* TV zurückschalten (*to* zu) **II** *v/t sep* **to switch the light back on** das Licht wieder anschalten ♦ **switch off I** *v/t sep light, TV* ausschalten; *machine* abschalten; *water supply* abstellen **II** *v/i* (*light, TV*) ausschalten; (*machine, infml: person*) abschalten ♦ **switch on I** *v/t sep gas* anstellen; *machine* anschalten; *TV, light* einschalten; *engine* anlassen **II** *v/i* (*machine*) anschalten; (*light*) einschalten ♦ **switch over I** *v/i* = **switch III II** *v/t sep* = **switch** II3

switchboard *n* (TEL ≈ *exchange*) Vermittlung *f*; (*in office etc*) Zentrale *f*

Switch card® *n* (*Br*) Switch Card® *f*, Switch-Karte® *f*

Switzerland *n* die Schweiz; **to ~** in die Schweiz

swivel I *attr* Dreh- II *v/t* (*a.* **swivel round**) (herum)drehen III *v/i* (*a.* **swivel round**) sich drehen; (*person*) sich herumdrehen

swollen I *past part of* **swell** II *adj* (an)geschwollen; *river* angestiegen

swoon *v/i* (*fig*) beinahe ohnmächtig werden (*over sb/sth* wegen jdm/einer Sache)

swoop I *v/i* (*lit: a.* **swoop down**, *bird*) herabstoßen (*on* auf +*acc*); (*fig, police*) einen Überraschungsangriff machen (*on* auf +*acc*) II *n* (*of bird*) Sturzflug *m*; *at* or *in one ~* auf einen Schlag

swop *n*, *v/t & v/i* = **swap**

sword *n* Schwert *nt* **swordfish** *n* Schwertfisch *m*

swore *pret of* **swear** **sworn** I *past part of* **swear** II *adj enemy* eingeschworen; *~ statement* JUR Aussage *f* unter Eid

swot (*Br infml*) I *v/i* büffeln (*infml*); *to ~ up* (**on**) *one's maths* Mathe pauken (*infml*) II *n* (*pej*) Streber(in) *m(f)*

swum *past part of* **swim**

swung *pret, past part of* **swing**

sycamore *n* Bergahorn *m*; (*US ≈ plane tree*) nordamerikanische Platane

syllable *n* Silbe *f*

syllabus *n*, *pl* **-es** *or* **syllabi** (*esp Br:* SCHOOL, UNIV) Lehrplan *m*

symbol *n* Symbol *nt* (*of* für) **symbolic(al)** *adj* symbolisch (*of* für); *to be ~ of sth* etw symbolisieren **symbolism** *n* Symbolik *f* **symbolize** *v/t* symbolisieren

symmetrical *adj*, **symmetrically** *adv* symmetrisch **symmetry** *n* Symmetrie *f*

sympathetic *adj* **1.** (*≈ showing pity*) mitfühlend; (*≈ understanding*) verständnisvoll; (*≈ well-disposed*) wohlwollend; *to be* or *feel ~ to(wards)* **sb** (*≈ showing pity*) mit jdm mitfühlen; (*≈ understanding*) jdm Verständnis entgegenbringen; (*≈ being well-disposed*) mit jdm sympathisieren; *he was most ~ when I told him all my troubles* er zeigte sehr viel Mitgefühl für all meine Sorgen **2.** (*≈ likeable*) sympathisch **sympathetically** *adv* (*≈ showing pity*) mitfühlend; (*≈ with understanding*) verständnisvoll; (*≈ well-disposed*) wohlwollend **sympathize** *v/i* (*≈ feel compassion*) Mitleid haben (*with* mit); (*≈ understand*) Verständnis haben (*with* für); (*≈ agree*) sympathisieren (*with* mit) (*esp* POL); *to ~ with sb over sth* mit jdm in einer Sache mitfühlen können; *I really do ~* (*≈ have pity*) das tut mir wirklich leid; (*≈ understand your feelings*) ich habe wirklich vollstes Verständnis **sympathizer** *n* Sympathisant(in) *m(f)*

sympathy *n* **1.** (*≈ pity*) Mitleid *nt* (*for* mit); *to feel ~ for sb* Mitleid mit jdm haben; *my/our deepest sympathies* herzliches Beileid **2.** (*≈ understanding*) Verständnis *nt*; (*≈ agreement*) Sympathie *f*; *to be in ~ with sb/sth* mit jdm/etw einhergehen; *to come out* or *strike in ~* IND in Sympathiestreik treten

symphony *n* Sinfonie *f* **symphony orchestra** *n* Sinfonieorchester *nt*

symptom *n* (*lit, fig*) Symptom *nt* **symptomatic** *adj* symptomatisch (*of* für)

synagogue *n* Synagoge *f*

sync *n* (FILM, TV *infml*) *abbr of* **synchronization**; *in ~* synchron; *out of ~* nicht synchron **synchronization** *n* Abstimmung *f*; FILM Synchronisation *f*; (*of clocks*) Gleichstellung *f* **synchronize** I *v/t* abstimmen (*with* auf +*acc*); *movements* aufeinander abstimmen; FILM synchronisieren (*with* mit); *clocks* gleichstellen (*with* mit) II *v/i* FILM synchron sein (*with* mit); (*clocks*) gleich gehen; (*movements*) in Übereinstimmung sein (*with* mit)

syndicate *n* Interessengemeinschaft *f*; COMM Syndikat *nt*; PRESS (Presse)zentrale *f*; (*≈ crime syndicate*) Ring *m*

syndrome *n* MED Syndrom *nt*; (*fig*, SOCIOL) Phänomen *nt*

synod *n* Synode *f*

synonym *n* Synonym *nt* **synonymous** *adj* synonym

synopsis *n*, *pl* **synopses** Abriss *m* der Handlung; (*of article, book*) Zusammenfassung *f*

syntax *n* Syntax *f*

synthesis *n*, *pl* **syntheses** Synthese *f* **synthesize** *v/t* synthetisieren **synthesizer** *n* MUS Synthesizer *m* **synthetic** I *adj* synthetisch II *n* Kunststoff *m*; *~s* Synthetik *f*

syphon *n* = **siphon**

Syria *n* Syrien *nt*

syringe *n* MED Spritze *f*

syrup, (*US also*) **sirup** *n* Sirup *m*

system *n* System *nt*; *digestive ~* Verdauungsapparat *m*; *it was a shock to his ~* er hatte schwer damit zu schaffen; *to get sth out of one's ~* (*fig infml*) sich (*dat*) etw von der Seele schaffen; *~ disk* Systemdiskette *f*; ~ **software** Systemsoftware *f* **systematic** *adj* systematisch **systematize** *v/t* systematisieren **systems administrator** *n* IT Systembetreuer(in) *m(f)* **systems analyst** *n* Systemanalyti-

ker(in) *m(f)* **systems disk** *n* IT Systemdiskette *f* **systems engineer** *n* Systemtechniker(in) *m(f)* **systems software** *n* Systemsoftware *f*

T

T, t *n* T *nt*, t *nt*
ta *int* (*Br infml*) danke
tab[1] *n* **1.** (≈ *loop*) Aufhänger *m* **2.** (≈ *name tab*, *of owner*) Namensschild *nt*; (*of maker*) Etikett *nt*; **to keep ~s on sb/ sth** (*infml*) jdn / etw genau im Auge behalten **3. to pick up the ~** die Rechnung übernehmen
tab[2] IT *etc n* Tab *m*; (*on typewriter*) Tabulator *m*
tabby *n* (*a.* **tabby cat**) getigerte Katze
tab key *n* Tabtaste *f*; (*on typewriter*) Tabulatortaste *f*
table I *n* **1.** Tisch *m*; **at the ~** am Tisch; **to sit at ~** sich zu Tisch setzen; **to sit down at a ~** sich an einen Tisch setzen; **to turn the ~s (on sb)** (gegenüber jdm) den Spieß umdrehen **2.** (≈ *people at a table*) Tischrunde *f* **3.** (*of figures etc*) Tabelle *f*; (*multiplication*) **~s** Einmaleins *nt*; **~ of contents** Inhaltsverzeichnis *nt* II *v/t* **1.** *motion etc* einbringen **2.** (*US* ≈ *postpone*) *bill* zurückstellen
tablecloth *n* Tischdecke *f* **table lamp** *n* Tischlampe *f* **table manners** *pl* Tischmanieren *pl* **tablespoon** *n* Esslöffel *m* **tablespoonful** *n* Esslöffel(voll) *m*
tablet *n* **1.** PHARM Tablette *f* **2.** (*of soap*) Stückchen *nt*
table tennis *n* Tischtennis *nt*
tabloid *n* (*a.* **tabloid newspaper**) *bebilderte, kleinformatige Zeitung*; (*pej*) Boulevardzeitung *f* **tabloid press** *n* Boulevardpresse *f*
taboo, tabu I *n* Tabu *nt*; **to be a ~** tabu sein II *adj* tabu
tacit *adj*, **tacitly** *adv* stillschweigend
taciturn *adj* wortkarg
tack I *n* **1.** (≈ *nail*) kleiner Nagel; (*esp US* ≈ *drawing pin*) Reißzwecke *f* **2.** (NAUT ≈ *course*) Schlag *m*; **to try another ~** (*fig*) es anders versuchen **3.** (*for horse*) Sattel- und Zaumzeug *nt* II *v/t* **1.** (*with nail*) annageln (*to* an +*dat or acc*); (*with pin*)

feststecken (*to* an +*dat*) **2.** (*Br* SEWING) heften III *v/i* NAUT aufkreuzen ◆ **tack on** *v/t sep* (*fig*) anhängen (*-to* +*dat*)
tackle I *n* **1.** (≈ *equipment*) Ausrüstung *f* **2.** SPORTS Angriff *m*, Tackling *nt* II *v/t* **1.** (*physically*, SPORTS) angreifen; RUGBY fassen; (*verbally*) zur Rede stellen (*about* wegen) **2.** *problem* angehen; (≈ *cope with*) bewältigen; *fire* bekämpfen
tacky[1] *adj* (+*er*) klebrig
tacky[2] *adj* (+*er*) (*infml*) billig; *area* heruntergekommen; *clothes* geschmacklos
tact *n no pl* Takt *m* **tactful** *adj* taktvoll; **to be ~ about sth** etw mit Feingefühl behandeln **tactfully** *adv* taktvoll
tactic *n* Taktik *f* **tactical** *adj*, **tactically** *adv* taktisch **tactician** *n* Taktiker(in) *m(f)* **tactics** *n sg* Taktik *f*
tactless *adj*, **tactlessly** *adv* taktlos
tadpole *n* Kaulquappe *f*
taffeta *n* Taft *m*
taffy *n* (*US*) Toffee *nt*
tag I *n* **1.** (≈ *label*) Schild(chen) *nt*; (*on clothes*) Etikett *nt* **2.** (≈ *loop*) Aufhänger *m* II *v/t garment, goods* (*with price*) auszeichnen ◆ **tag along** *v/i* **why don't you ~?** (*infml*) warum kommst / gehst du nicht mit? ◆ **tag on** *v/t sep* anhängen (*to* an +*acc*)
tahini *n no pl* Sesampaste *f*
tail I *n* **1.** Schwanz *m*; **to turn ~** die Flucht ergreifen; **he was right on my ~** er saß mir direkt im Nacken **2.** **~s** *pl* (*on coin*) Rückseite *f* **3.** **tails** *pl* (≈ *jacket*) Frack *m* II *v/t person* beschatten (*infml*); *car etc* folgen (+*dat*) ◆ **tail back** *v/i* (*Br*) sich gestaut haben ◆ **tail off** *v/i* (≈ *diminish*) abnehmen; (*sounds*) schwächer werden; (*sentence*) mittendrin abbrechen
tailback *n* (*Br*) Rückstau *m* **tail end** *n* Ende *nt* **tail-light** *n* AUTO Rücklicht *nt*
tailor I *n* Schneider(in) *m(f)* II *v/t* **1.** *dress etc* schneidern **2.** (*fig*) *holiday, policy* zuschneiden (*to* auf +*acc*); *products* ab-

stimmen (*to* auf +*acc*) **tailor-made** *adj* maßgeschneidert

tailpipe *n* (*US*) Auspuffrohr *nt* **tailwind** *n* Rückenwind *m*

taint I *n* (*fig* ≈ *blemish*) Makel *m* **II** *v/t* (*fig*) *reputation* beschmutzen **tainted** *adj* **1.** (*fig*) *reputation* beschmutzt **2.** (≈ *contaminated*) *food* verdorben; *air* verpestet

Taiwan *n* Taiwan *nt*

take *vb*: *pret* **took**, *past part* **taken I** *v/t* **1.** nehmen; (≈ *remove from its place*) wegnehmen; **to ~ sth from sb** jdm etw wegnehmen **2.** (≈ *carry*) bringen; (≈ *take with one*) mitnehmen; **let me ~ your case** komm, ich nehme *or* trage deinen Koffer; **I'll ~ you to the station** ich bringe Sie zum Bahnhof; **this bus will ~ you into town** der Bus fährt in die Stadt; **this road will ~ you to Paris** diese Straße führt nach Paris **3.** (≈ *capture*) fangen; *town etc* einnehmen; **to ~ sb prisoner** jdn gefangen nehmen **4.** (≈ *accept*) nehmen; *job* annehmen; *command* übernehmen; *phone call* entgegennehmen; **~ that!** da!; **~ it from me!** das können Sie mir glauben; **let's ~ it from the beginning of Act 2** fangen wir mit dem Anfang vom zweiten Akt an; **to be ~n ill** krank werden; **(you can) ~ it or leave it** ja oder nein(, ganz wie Sie wollen) **5.** (≈ *occupy, possess*) sich (*dat*) nehmen; **~ a seat!** nehmen Sie Platz!; **this seat is ~n** dieser Platz ist besetzt **6.** *test, course, photo, walk* machen; *exam* ablegen; *trip* unternehmen; *church service* (ab)halten **7.** (≈ *teach*) *subject, class* unterrichten; *lesson* geben; **who ~s you for Latin?** (*Br*), **who are you taking for Latin?** (*US*) wer unterrichtet *or* gibt bei euch Latein?; **to ~ the chair at a meeting** den Vorsitz bei einer Versammlung führen **8.** *taxi, train* nehmen; *bend* (*car*) fahren um; **to ~ the plane** fliegen; **we took a wrong turning** (*Br*) **or turn** (*US*) wir sind falsch abgebogen **9.** *drugs* nehmen; **to ~ a sip** ein Schlückchen trinken; **do you ~ sugar?** nehmen Sie Zucker? **10.** *details* (sich *dat*) notieren; **to ~ notes** sich (*dat*) Notizen machen **11. to ~ the measurements of a room** ein Zimmer ausmessen; **to ~ sb's temperature** bei jdm Fieber messen **12.** *climate* vertragen; *weight* aushalten; **I can ~ it** ich werde damit fertig; **I just can't ~ any more**

ich bin am Ende; **I just can't ~ it any more** das halte ich nicht mehr aus **13.** *news* reagieren auf (+*acc*); **she never knows how to ~ him** sie weiß nie, woran sie bei ihm ist; **she took his death badly** sein Tod hat sie mitgenommen **14.** **I would ~ that to mean ...** ich würde das so auffassen *or* verstehen ... **15.** (≈ *assume*) annehmen; **to ~ sb/sth for or to be ...** jdn/etw für ... halten **16.** (≈ *extract*) entnehmen (*from* +*dat*) **17.** (≈ *require*) brauchen; *clothes size* haben; **the journey ~s 3 hours** die Fahrt dauert 3 Stunden; **it ~s five hours ...** man braucht fünf Stunden ...; **it took ten men to complete it** es wurden zehn Leute benötigt, um es zu erledigen; **it took a lot of courage** dazu gehörte viel Mut; **it ~s time** es braucht (seine) Zeit; **it took a long time** es hat lange gedauert; **it took me a long time** ich habe lange gebraucht; **it won't ~ long** das dauert nicht lange; **she's got what it ~s** (*infml*) sie ist nicht ohne (*infml*); **~ room for)** Platz haben für **19.** GRAM stehen mit; (*preposition*) gebraucht werden mit; **verbs that ~ "haben"** Verben, die mit „haben" konjugiert werden **II** *n* FILM Aufnahme *f* ◆ **take aback** *v/t sep* überraschen; **I was completely taken aback** ich war völlig perplex ◆ **take after** *v/i* +*prep obj* nachschlagen (+*dat*); (*in looks*) ähnlich sein (+*dat*) ◆ **take along** *v/t sep* mitnehmen ◆ **take apart** *v/t sep* (*lit, fig infml*) auseinandernehmen ◆ **take (a)round** *v/t sep* (≈ *show around*) herumführen ◆ **take away** *v/t sep* **1.** (≈ *subtract*) abziehen; **6 ~ 2** 6 weniger 2 **2.** (≈ *remove*) wegnehmen (*from sb* jdm); (≈ *lead, carry away*) wegbringen (*from* von); (≈ *fetch*) abholen; **to take sb/sth away (with one)** jdn/etw mitnehmen **3.** *food* mitnehmen; **pizza to ~** Pizza zum Mitnehmen ◆ **take back** *v/t sep* **1.** (≈ *get back*) sich (*dat*) zurückgeben lassen; *toy etc* wieder wegnehmen; (*fig* ≈ *retract*) zurücknehmen **2.** (≈ *return*) zurückbringen; **that takes me back** das ruft Erinnerungen wach **3.** *employee* wiedereinstellen ◆ **take down** *v/t sep* **1.** (*lit*) herunternehmen; *decorations* abnehmen; **to take one's trousers down** seine Hose herunterlassen **2.** *tent* abbauen **3.** (≈ *write down*) (sich *dat*) notieren ◆ **take home** *v/t sep* £400 per week netto verdienen *or* bekommen ◆ **take in** *v/t sep* **1.** (≈ *bring in*) hereinbringen; *I'll take the car in(to work) on Monday* ich fahre am Montag mit dem Auto (zur Arbeit) **2.** *stray dog* zu sich nehmen; *she takes in lodgers* sie vermietet (Zimmer) **3.** *dress* enger machen **4.** *surroundings* wahrnehmen; (≈ *understand*) *meaning* begreifen; *sights* aufnehmen; *situation* erfassen **5.** (≈ *deceive*) hereinlegen; *to be taken in by sb/sth* auf jdn/ etw hereinfallen ◆ **take off I** *v/i* **1.** (*plane*) starten; (*fig: project*) anlaufen; (*career*) abheben **2.** (*infml* ≈ *leave*) sich davonmachen (*infml*) **II** *v/t sep* **1.** *hat, lid* abnehmen (*prep obj* von); (≈ *deduct*) abziehen (*prep obj* von); (*from price*) nachlassen; *coat etc* (sich *dat*) ausziehen; *to take sth off sb* jdm etw abnehmen; *he took his clothes off* er zog sich aus; *to take sb's mind off sth* jdn von etw ablenken; *to take the weight off one's feet* seine Beine ausruhen; *to take sth/sth off sb's hands* jdm etw abnehmen **2.** *Monday* freinehmen; *to take time off (work)* sich (*dat*) freinehmen **3.** (*Br* ≈ *imitate*) nachahmen ◆ **take on** *v/t sep* **1.** *job* annehmen; *responsibility* übernehmen; (≈ *employ*) einstellen; *when he married her he took on more than he bargained for* als er sie heiratete, hat er sich (*dat*) mehr aufgeladen, als er gedacht hatte **2.** *opponent* antreten gegen ◆ **take out** *v/t sep* **1.** (≈ *bring out*) (hinaus)bringen (*of* aus) **2.** (*to theatre etc*) ausgehen mit; *to take the dog out (for a walk)* mit dem Hund spazieren gehen; *to take sb out to* or *for dinner* jdn zum Essen einladen **3.** (≈ *pull out*) herausnehmen; *tooth* ziehen; *nail* herausziehen (*of* aus); *to take sth out of sth* etw aus etw (heraus)nehmen; *to take time out from sth* von etw (eine Zeit lang) Urlaub nehmen; *to take time out from doing sth* eine Zeit lang nicht tun; *to take sth out on sb* (*infml*) etw an jdm auslassen (*infml*); *to take it out on sb* sich an jdm abreagieren; *to take it out of sb* (≈ *tire*) jdn ziemlich schlauchen (*infml*) **4.** (*from bank*) abheben **5.** *insurance* abschließen; *mortgage* aufnehmen **6.** (*US*) = **take away** 3 ◆ **take over I** *v/i* (≈ *assume government*) an die Macht kommen; (*new boss etc*) die Leitung übernehmen; (*tourists etc*)

sich breitmachen (*infml*); *to ~* (*from sb*) jdn ablösen; *he's ill so I have to ~* da er krank ist, muss ich (für ihn) einspringen **II** *v/t sep* (≈ *take control of*) übernehmen ◆ **take round** *v/t sep* (*esp Br*) **1.** *I'll take it round (to her place)* ich bringe es zu ihr **2.** (≈ *show round*) führen (*prep obj* durch) ◆ **take to** *v/i +prep obj* **1.** *person* sympathisch finden; *sb takes to a place* ein Ort sagt jdm zu; *I don't know how she'll ~ him* ich weiß nicht, wie sie auf ihn reagieren wird; *to ~ doing sth* anfangen, etw zu tun; *to ~ drink* zu trinken anfangen **2.** *hills* sich flüchten in (+*acc*) ◆ **take up** *v/t sep* **1.** aufnehmen; *carpet* hochnehmen; *dress* kürzen; *conversation* weiterführen **2.** (*upstairs etc*) *visitor* (mit) hinaufnehmen; *thing* hinauftragen **3.** *time* in Anspruch nehmen; *space* einnehmen **4.** *photography* zu seinem Hobby machen; *to ~ painting* anfangen zu malen **5.** *cause* sich einsetzen für; *to ~ a position* (*lit*) eine Stellung einnehmen; *to be taken up with sb/sth* (≈ *busy*) mit jdm/etw sehr beschäftigt sein **6.** *challenge, invitation* annehmen; *post* antreten; *he left to ~ a job as a headmaster* er ist gegangen, um eine Stelle als Schulleiter zu übernehmen; *to ~ residence* sich niederlassen (*at, in* +*dat*); *to take sb up on his/ her invitation/offer* von jds Einladung/ Angebot Gebrauch machen; *I'll take you up on that* ich werde davon Gebrauch machen ◆ **take upon** *v/t +prep obj* *he took it upon himself to answer for me* er meinte, er müsse für mich antworten

takeaway (*esp Br*) **I** *n* **1.** (≈ *meal*) Essen *nt* zum Mitnehmen; *let's get a ~* wir können uns ja etwas (zu essen) holen *or* mitnehmen **2.** (≈ *restaurant*) Imbissstube *f* **II** *adj attr food* zum Mitnehmen **take- -home pay** *n* Nettolohn *m* **taken I** *past part of* **take II** *adj* *to be ~ with sb/sth* von jdm/etw angetan sein

takeoff *n* **1.** AVIAT Start *m*; (≈ *moment of leaving ground*) Abheben *nt*; *ready for ~* startbereit **2.** (*Br*) *to do a ~ of sb* jdn nachahmen **takeover** *n* COMM Übernahme *f* **taker** *n* *any ~s?* (*fig*) wer ist daran interessiert?; *there were no ~s* (*fig*) niemand war daran interessiert **taking** *n* **1.** *it's yours for the ~* das können Sie (umsonst) haben **2. takings** *pl* COMM Einnahmen *pl*

talc, talcum , talcum powder *n* Talkumpuder *m*

tale *n* **1.** Geschichte *f*; LIT Erzählung *f*; *at least he lived to tell the ~* zumindest hat er die Sache überlebt; *thereby hangs a ~* das ist eine lange Geschichte **2.** *to tell ~s* petzen (*infml*) (*to* +*dat*); *to tell ~s about sb* jdn verpetzen (*infml*) (*to* bei)

talent *n* Talent *nt* **talented** *adj* talentiert

talisman *n, pl* **-s** Talisman *m*

talk I *n* **1.** Gespräch *nt*; *to have a ~* sich unterhalten (*with sb about sth* mit jdm über etw *acc*); *could I have a ~ with you?* könnte ich Sie mal sprechen?; *to hold* or *have ~s* Gespräche führen **2.** *no pl* (≈ *talking*) Reden *nt*; (≈ *rumour*) Gerede *nt*; *he's all ~* (*and no action*) der führt bloß große Reden; *there is some~ of his returning* es heißt, er kommt zurück; *it's the ~ of the town* es ist Stadtgespräch **3.** (≈ *lecture*) Vortrag *m*; *to give a ~* einen Vortrag halten (*on* über +*acc*) **II** *v/i* **1.** reden (*of* von, *about* über +*acc*); (≈ *speak*) sprechen (*of* von, *about* über +*acc*); (≈ *have conversation*) sich unterhalten (*of, about* über +*acc*); *to ~ to* or *with sb* mit jdm sprechen *or* reden (*about* über +*acc*); *could I ~ to Mr Smith please?* kann ich bitte Herrn Smith sprechen?; *it's easy* or *all right for you to ~* (*infml*) du hast gut reden (*infml*); *don't ~ to me like that!* wie redest du denn mit mir?; *that's no way to ~ to your parents* so redet man doch nicht mit seinen Eltern!; *to get ~ing to sb* mit jdm ins Gespräch kommen; *you can ~!* (*infml*) du kannst gerade reden!; *to ~ to oneself* Selbstgespräche führen; *now you're ~ing!* das lässt sich schon eher hören!; *he's been ~ing of going abroad* er hat davon gesprochen *or* geredet, dass er ins Ausland fahren will; *~ing of films ...* da wir gerade von Filmen sprechen ...; *~ about rude!* so was von unverschämt! (*infml*); *to make sb ~* jdn zum Reden bringen; *we're ~ing about at least £2,000* es geht um mindestens £ 2.000 **2.** (≈ *chatter*) schwatzen; *stop ~ing!* sei/seid ruhig! **3.** (≈ *gossip*) klatschen **III** *v/t a language* sprechen; *nonsense* reden; *business* reden über (+*acc*); *we're ~ing big money etc here* (*infml*) hier gehts um große Geld *etc* (*infml*); *to ~ sb/oneself into*

doing sth jdn/sich dazu bringen, etw zu tun; *to ~ sb out of sth* jdn von etw abbringen ◆ **talk back** *v/i* (≈ *be cheeky*) frech antworten (*to sb* jdm) ◆ **talk down** *v/i to ~ to sb* mit jdm herablassend reden ◆ **talk round** *v/t always separate* (*Br*) umstimmen ◆ **talk through** *v/t sep* besprechen; *to talk sb through sth* jdm etw erklären

talkative *adj* gesprächig **talker** *n* Redner(in) *m(f)* **talking** *n* Sprechen *nt*; *no ~ please!* bitte Ruhe!; *his constant ~* sein dauerndes Gerede **talking point** *n* Gesprächsthema *nt* **talking-to** *n* (*infml*) *to give sb a good ~* jdm eine Standpauke halten (*infml*) **talk show** *n* Talkshow *f* **talk time** *n* (*on mobile phone*) Gesprächszeit *f*

tall *adj* (+*er*) **1.** *person* groß; *how ~ are you?* wie groß sind Sie?; *6 ft ~* 1,80 m groß **2.** *building, tree* hoch **3.** (*infml*) *that's a ~ order* das ist ganz schön viel verlangt

tally I *n to keep a ~ of* Buch führen über (+*acc*) **II** *v/t* (*a.* **tally up**) zusammenzählen

talon *n* Kralle *f*

tambourine *n* Tamburin *nt*

tame I *adj* (+*er*) **1.** *animal* zahm **2.** (≈ *dull*) *adventure, story, joke etc* lahm (*infml*) **II** *v/t animal* zähmen

Tampax® *n* Tampon *m*

◆ **tamper with** *v/i* +*prep obj* sich (*dat*) zu schaffen machen an (+*dat*); *system* herumpfuschen an (+*dat*) (*infml*)

tampon *n* Tampon *m*

tan I *n* **1.** (≈ *suntan*) Bräune *f*; *to get a ~* braun werden; *she's got a lovely ~* sie ist schön braun **2.** (≈ *colour*) Hellbraun *nt* **II** *adj* hellbraun **III** *v/i* braun werden

tandem *n* Tandem *nt*; *in ~* (*with*) (*fig*) zusammen (mit)

tang *n* **1.** (≈ *smell*) scharfer Geruch **2.** (≈ *taste*) starker Geschmack

tangent *n to go off at a ~* (*fig*) (plötzlich) vom Thema abschweifen

tangerine *n* Mandarine *f*

tangible *adj* (*fig*) *result* greifbar; *proof* handfest

tangle I *n* (*lit*) Gewirr *nt*; (*fig*) Wirrwarr *m*; *to get into a ~* sich verheddern **II** *v/t to get ~d* sich verheddern ◆ **tangle up** *v/t sep to get tangled up* durcheinandergeraten

tangy *adj* (+*er*) scharf

tank *n* **1.** (≈ *container*) Tank *m*; (*esp for water*) Wasserspeicher *m*; (≈ *oxygen tank*) Flasche *f* **2.** MIL Panzer *m* **tanker** *n* **1.** (≈ *boat*) Tanker *m* **2.** (≈ *vehicle*) Tankwagen *m* **tankful** *n* Tank(voll) *m* **tank top** *n* Pullunder *m*

tanned *adj person* braun (gebrannt)

tannin *n* Tannin *nt*

Tannoy® *n* Lautsprecheranlage *f*

tantalizing *adj* verführerisch

tantrum *n* **to have a** ~ einen Wutanfall bekommen

Taoiseach *n* (*Ir*) Premierminister(in) *m(f)*

tap¹ **I** *n* (*esp Br*) Hahn *m*; **on** ~ (*beer etc*) vom Fass **II** *v/t* (*fig*) *market* erschließen; **to** ~ **telephone wires** Telefonleitungen anzapfen ◆ **tap into** *v/i +prep obj system* anzapfen; (≈ *exploit*) *fear* ausnutzen

tap² **I** *n* **1.** (≈ *knock*) Klopfen *nt* **2.** (≈ *touch*) Klaps *m* **II** *v/t & v/i* klopfen; **he** ~**ped me on the shoulder** er klopfte mir auf die Schulter; **to** ~ **at the door** sachte an die Tür klopfen **tap-dance** *v/i* steppen ◆ **tape down** *v/t sep* (mit Klebeband *etc*) festkleben ◆ **tape over I** *v/i +prep obj* überspielen **II** *v/t sep* **to tape A over B** B mit A überspielen ◆ **tape up** *v/t sep parcel* mit Klebeband *etc* verkleben

tape I *n* **1.** Band *nt*; (≈ *sticky paper*) Klebeband *nt*; (≈ *Sellotape* ® *etc*) Kleb(e)streifen *m* **2.** (*magnetic*) (Ton)band *nt*; **on** ~ auf Band **II** *v/t* (≈ *tape-record*) (auf Band) aufnehmen; (≈ *video-tape*) (auf Video) aufnehmen ◆ **tape down** *v/t sep* (mit Klebeband *etc*) festkleben ◆ **tape over I** *v/i +prep obj* überspielen **II** *v/t sep* **to tape A over B** B mit A überspielen ◆ **tape up** *v/t sep parcel* mit Klebeband *etc* verkleben

tape deck *n* Tapedeck *nt* **tape measure** *n* Maßband *nt*

taper *v/i* sich zuspitzen ◆ **taper off** *v/i* (*fig*) langsam aufhören

tape-record *v/t* auf Band aufnehmen **tape recorder** *n* Tonbandgerät *nt*; (≈ *cassette recorder*) Kassettenrekorder *m* **tape recording** *n* Bandaufnahme *f*

tapestry *n* Wandteppich *m*

tapeworm *n* Bandwurm *m*

tapioca *n* Tapioka *f*

tap water *n* Leitungswasser *nt*

tar I *n* Teer *m* **II** *v/t* teeren

tarantula *n* Tarantel *f*

tardy *adj* (+*er*) (*US* ≈ *late*) **to be** ~ (*person*) zu spät kommen

target I *n* Ziel *nt*; (SPORTS, *fig*) Zielscheibe *f*; **to be off/on** ~ (*missile*) danebengehen / treffen; (*shot at goal*) ungenau / sehr genau sein; **production is above/on/below** ~ das Produktionssoll ist überschritten / erfüllt / nicht erfüllt; **to be on** ~ (*project*) auf Kurs sein **II** *v/t* sich (*dat*) zum Ziel setzen; *audience* als Zielgruppe haben **target group** *n* Zielgruppe *f*

tariff *n* **1.** (*esp Br: in hotels*) Preisliste *f* **2.** (≈ *tax*) Zoll *m*

tarmac I *n* **Tarmac**® Asphalt *m* **II** *v/t* asphaltieren

tarnish I *v/t* **1.** *metal* stumpf werden lassen **2.** (*fig*) *reputation* beflecken **II** *v/i* (*metal*) anlaufen

tarot card *n* Tarockkarte *f*

tarpaulin *n* Plane *f*; NAUT Persenning *f*

tarragon *n* Estragon *m*

tart¹ *adj* (+*er*) *flavour* herb, sauer (*pej*); *fruit* sauer

tart² *n* COOK Obstkuchen *m*; (*individual*) Obsttörtchen *nt*

tart³ *n* (*Br infml* ≈ *prostitute*) Nutte *f* (*infml*) ◆ **tart up** *v/t sep* (*esp Br infml*) aufmachen (*infml*); *oneself* aufdonnern (*infml*)

tartan I *n* (≈ *pattern*) Schottenkaro *nt*; (≈ *material*) Schottenstoff *m* **II** *adj* im Schottenkaro

tartar(e) sauce *n* ≈ Remouladensoße *f*

task *n* Aufgabe *f*; **to set sb a** ~ jdm eine Aufgabe stellen; **to take sb to** ~ jdn ins Gebet nehmen (*for, about wegen*) **task bar** *n* IT Taskleiste *f* **task force** *n* Sondereinheit *f* **taskmaster** *n* **he's a hard** ~ er ist ein strenger Meister

tassel *n* Quaste *f*

taste I *n* Geschmack *m*; (≈ *sense*) Geschmackssinn *m*; (≈ *small amount*) Kostprobe *f*; **I don't like the** ~ das schmeckt mir nicht; **to have a** ~ (*of sth*) (etw) probieren; (*fig*) eine Kostprobe (von etw) bekommen; **to acquire a** ~ **for sth** Geschmack an etw (*dat*) finden; **it's an acquired** ~ das ist etwas für Kenner; **my** ~ **in music** mein musikalischer Geschmack; **to be to sb's** ~ nach jds Geschmack sein; **it is a matter of** ~ das ist Geschmack(s)sache; **for my** ~ **...** für meinen Geschmack ...; **she has very good** ~ sie hat einen sehr guten Geschmack; **a man of** ~ ein Mann mit Geschmack; **in good** ~ geschmackvoll; **in bad** ~ geschmacklos **II** *v/t* **1.** *flavour* schmecken **2.** (≈ *take a little*) probieren, kosten **3.** *wine* verkosten **4.** (*fig*) *freedom* erleben **III** v/i schmecken; **to ~ good** or **nice** (gut) schmecken; **it ~s all right to me** ich schmecke nichts; (≈ *I like it*) ich finde, das schmeckt nicht schlecht; **to ~ of sth** nach etw schmecken **tasteful** adj, **tastefully** adv geschmackvoll **tasteless** adj geschmacklos **tasty** adj (+er) dish schmackhaft; **his new girlfriend is very ~** (infml) seine neue Freundin ist zum Anbeißen (infml)

tattered adj clothes zerlumpt; sheet zerfleddert **tatters** pl **to be in ~** (clothes) in Fetzen sein; (confidence) (sehr) angeschlagen sein

tattoo I v/t tätowieren **II** n Tätowierung f

tatty adj (+er) (esp Br infml) schmuddelig; clothes schäbig

taught pret, past part of **teach**

taunt I n Spöttelei f **II** v/t verspotten (about wegen)

Taurus n ASTRON, ASTROL Stier m; **he's (a) ~** er ist Stier

taut adj (+er) straff; muscles stramm; **to pull sth ~** etw stramm ziehen **tauten I** v/t rope spannen; muscle anspannen **II** v/i sich spannen

tavern n (old) Taverne f

tax I n Steuer f; **before ~** brutto; **after ~** netto; **to put a ~ on sb/sth** jdn/etw besteuern **II** v/t **1.** besteuern **2.** (fig) patience strapazieren **taxable** adj **~ income** zu versteuerndes Einkommen **tax allowance** n Steuervergünstigung f; (≈ tax-free income) Steuerfreibetrag m **taxation** n Besteuerung f **tax bill** n Steuerbescheid m **tax bracket** n Steuergruppe f or -klasse f **tax-deductible** adj (steuerlich) absetzbar **tax demand** n Steuerbescheid m **tax disc** n (Br) Steuerplakette f **tax-exempt** adj (US) income steuerfrei **tax-free** adj, adv steuerfrei **tax haven** n Steuerparadies nt

taxi I n Taxi nt; **to go by ~** mit dem Taxi fahren **II** v/i AVIAT rollen **taxicab** n (esp US) Taxi nt

taxidermist n Tierausstopfer(in) m(f)

taxi driver n Taxifahrer(in) m(f)

tax inspector n (Br) Finanzbeamte(r) m/f(m)

taxi rank (Br), **taxi stand** (esp US) n Taxistand m

taxman n **the ~ gets 35%** das Finanzamt bekommt 35% **taxpayer** n Steuerzahler(in) m(f) **tax return** n Steuererklärung f

TB abbr of **tuberculosis** Tb f, Tbc f

T-bone steak n T-Bone-Steak nt

tea n **1.** Tee m; **a cup of ~** eine Tasse Tee **2.** (Br) (≈ afternoon tea) ≈ Kaffee und Kuchen; (≈ meal) Abendbrot nt **tea bag** n Teebeutel m **tea break** n (esp Br) Pause f **tea caddy** n (esp Br) Teedose f **teacake** n (Br) Rosinenbrötchen nt

teach vb: pret, past part **taught I** v/t unterrichten, lehren (elev); **to ~ sb sth** jdm etw beibringen; (teacher) jdn in etw (dat) unterrichten; **to ~ sb to do sth** jdm beibringen, etw zu tun; **the accident taught me to be careful** durch diesen Unfall habe ich gelernt, vorsichtiger zu sein; **who taught you to drive?** bei wem haben Sie Fahren gelernt?; **that'll ~ her** das wird ihr eine Lehre sein; **that'll ~ you to break the speed limit** das hast du (nun) davon, dass du die Geschwindigkeitsbegrenzung überschritten hast **II** v/i unterrichten; **he can't ~** (≈ no ability) er gibt keinen guten Unterricht

teacher n Lehrer(in) m(f); **English ~s** Englischlehrer pl **teacher-training** n Lehrer(aus)bildung f; **~ college** (for primary teachers) pädagogische Hochschule; (for secondary teachers) Studienseminar nt

tea chest n (Br) Kiste f

teaching n **1.** das Unterrichten; (as profession) der Lehrberuf; **she enjoys ~** sie unterrichtet gern **2.** (≈ doctrine: a. **teachings**) Lehre f

teaching time n Unterrichtszeit f

tea cloth n (Br) Geschirrtuch nt **tea cosy**, (US) **tea cozy** n Teewärmer m **teacup** n Teetasse f

teak n (≈ wood) Teak(holz) nt

tea leaf n Teeblatt nt

team n Team nt; SPORTS Mannschaft f ♦ **team up** v/i (people) sich zusammentun (with mit)

team effort n Teamarbeit f **team game** n Mannschaftsspiel nt **team-mate** n Mannschaftskamerad(in) m(f) **team member** n Teammitglied nt **team spirit** n Gemeinschaftsgeist m; SPORTS Mannschaftsgeist m **teamwork** n Teamwork nt

tea party n Teegesellschaft f **teapot** n Teekanne f

tear[1] vb: pret **tore**, past part **torn I** v/t zerreißen; hole reißen; **to ~ sth in two** etw (in zwei Stücke) zerreißen; **to ~ sth to pieces** etw in Stücke reißen; (fig) play *etc* etw verreißen; **to ~ sth open** etw aufreißen; **to ~ one's hair (out)** sich (*dat*) die Haare raufen; **to be torn between two things** (*fig*) zwischen zwei Dingen hin und her gerissen sein **II** *v/i* **1.** (*material etc*) (zer)reißen; **~ along the dotted line** an der gestrichelten Linie abtrennen **2.** (≈ *move quickly*) rasen **III** *n* Riss *m* ♦ **tear along** *v/i* entlangrasen ♦ **tear apart** *v/t sep place* völlig durcheinanderbringen; *country* zerreißen; **it tore me apart to leave you** es hat mir schier das Herz zerrissen, dich zu verlassen ♦ **tear at** *v/i* +*prep obj* zerren an (+*dat*) ♦ **tear away** *v/t sep* **if you can tear yourself away** wenn du dich losreißen kannst ♦ **tear down** *v/t sep poster* herunterreißen; *house* abreißen ♦ **tear into** *v/i* +*prep obj* (≈ *attack verbally*) abkanzeln; (*critic*) keinen Faden lassen an (+*dat*) ♦ **tear off** **I** *v/i* **1.** (≈ *rush off*) wegrasen **2.** (*cheque*) sich abtrennen lassen **II** *v/t sep wrapping* abreißen; *clothes* herunterreißen ♦ **tear out** **I** *v/i* hinausrasen, wegrasen **II** *v/t sep* (her)ausreißen (*of* aus) ♦ **tear up** *v/t sep* **1.** *paper etc* zerreißen **2.** *post* (her)ausreißen **3.** *ground* aufwühlen

tear[2] *n* Träne *f*; **in ~s** in Tränen aufgelöst; **there were ~s in her eyes** ihr standen Tränen in den Augen; **the news brought ~s to her eyes** als sie das hörte, stiegen ihr die Tränen in die Augen; **the ~s were running down her cheeks** ihr Gesicht war tränenüberströmt

tearaway *n* (*Br infml*) Rabauke *m* (*infml*)

teardrop *n* Träne *f* **tearful** *adj face* tränenüberströmt; *farewell* tränenreich; **to become ~** zu weinen anfangen **tearfully** *adv look* mit Tränen in den Augen; *say* unter Tränen **tear gas** *n* Tränengas *nt*

tearoom *n* (*Br*) Teestube *f*, Café *nt*, Kaffeehaus *nt* (*Aus*)

tear-stained *adj* verweint

tease **I** *v/t person* necken; (≈ *make fun of*) hänseln (*about* wegen) **II** *v/i* Spaß machen **III** *n* (*infml* ≈ *person*) Scherzbold *m* (*infml*)

tea service, tea set *n* Teeservice *nt* **teashop** *n* Teestube *f*

teasing *adj manner* neckend

teaspoon *n* **1.** Teelöffel *m* **2.** (*a.* **teaspoonful**) Teelöffel(voll) *m* **tea strainer** *n* Teesieb *nt*

teat *n* (*of animal*) Zitze *f*; (*Br: on bottle*)

(Gummi)sauger *m*

teatime *n* (*Br*) (*for afternoon tea*) Teestunde *f*; (≈ *mealtime*) Abendessen *nt*, Nachtmahl *nt* (*Aus*), Nachtessen *nt* (*Swiss*); **at ~** am späten Nachmittag **tea towel** *n* (*Br*) Geschirrtuch *nt* **tea trolley**, (*US*) **tea wagon** *n* Teewagen *m*

technical *adj* **1.** technisch **2.** (*of particular branch*) fachlich, Fach-; *problems* fachspezifisch; **~ dictionary** Fachwörterbuch *nt*; **~ term** Fachausdruck *m* **technical college** *n* (*esp Br*) technische Fachschule **technical drawing** *n* technische Zeichnung **technicality** *n* (≈ *technical detail*) technische Einzelheit; (*fig*, JUR) Formsache *f* **technically** *adv* **1.** technisch **2.** **~ speaking** streng genommen **technical school** *n* (*US*) technische Fachschule **technical support** *n* IT technische Unterstützung **technician** *n* Techniker(in) *m(f)*

technique *n* Technik *f*; (≈ *method*) Methode *f*

technological *adj* technologisch; *information* technisch **technologically** *adv* technologisch **technologist** *n* Technologe *m*, Technologin *f*

technology *n* Technologie *f*; **communications ~** Kommunikationstechnik *f*

teddy (bear) *n* Teddy(bär) *m*

tedious *adj* langweilig, fad (*Aus*) **tedium** *n* Lang(e)weile *f*

tee *n* GOLF Tee *nt*

teem *v/i* **1.** (*with insects etc*) wimmeln (*with* von) **2.** **it's ~ing with rain** es gießt in Strömen (*infml*) **teeming** *adj rain* strömend

teen *adj* (*esp US*) *movie* für Teenager; **~ idol** Teenie-Idol *nt* **teenage** *adj* Teenager-; *son, girl* im Teenageralter; **~ idol** Teenie-Idol *nt* **teenaged** *adj* im Teenageralter; **~ boy/girl** Teenager *m* **teenager** *n* Teenager *m* **teens** *pl* Teenageralter *nt*; **to be in one's ~** im Teenageralter sein

teeny(weeny) *adj* (*infml*) klitzeklein (*infml*)

tee shirt *n* = **T-shirt**

teeter *v/i* taumeln; **to ~ on the brink** or **edge of sth** (*lit*) am Rand von etw taumeln; (*fig*) am Rand von etw sein

teeth *pl of* **tooth** **teethe** *v/i* zahnen **teething ring** *n* Beißring *m* **teething troubles** *pl* (*Br fig*) Kinderkrankheiten *pl*

teetotal *adj person* abstinent **teetotaller**

(US) **teetotaler** *n* Abstinenzler(in) *m(f)*
TEFL *abbr of Teaching of English as a Foreign Language*
tel *abbr of telephone (number)* Tel.
telebanking *n* Telebanking *nt*
telecommunications *n* **1.** *pl* Fernmeldewesen *nt* **2.** *sg* (≈ *science*) Fernmeldetechnik *f*
telecommuting *n* Telearbeit *f*
telegram *n* Telegramm *nt*
telegraph *v/t* telegrafisch übermitteln **telegraph pole** *n* (*Br*) Telegrafenmast *m*
telepathic *adj* telepathisch; **you must be ~!** du musst ja ein Hellseher sein!
telepathy *n* Telepathie *f*
telephone I *n* Telefon *nt*; **there's somebody on the ~ for you** Sie werden am Telefon verlangt; **have you got a ~?** haben Sie Telefon?; **he's on the ~** (≈ *is using the telephone*) er telefoniert gerade; **by ~** telefonisch; **I've just been on the ~ to him** ich habe eben mit ihm telefoniert; **I'll get on the ~ to her** ich werde sie anrufen **II** *v/t* anrufen **III** *v/i* telefonieren; **to ~ for an ambulance** einen Krankenwagen rufen **telephone banking** *n* Telefonbanking *nt* **telephone box**, (*US*) **telephone booth** *n* Telefonzelle *f* **telephone call** *n* Telefongespräch *nt* **telephone directory** *n* Telefonbuch *nt* **telephone exchange** *n* (*esp Br*) Fernsprechamt *nt* **telephone kiosk** *n* Telefonzelle *f* **telephone line** *n* Telefonleitung *f* **telephone number** *n* Telefonnummer *f* **telephone operator** *n* (*esp US*) Telefonist(in) *m(f)* **telephone pole** *n* (*US*) Telegrafenmast *m*
telephoto (lens) *n* Teleobjektiv *nt*
telesales *n sg or pl* Verkauf *m* per Telefon
telescope *n* Teleskop *nt* **telescopic** *adj* **aerial** *etc* ausziehbar **telescopic lens** *n* Fernrohrlinse *f*
Teletext® *n* Videotext *m*
televise *v/t* (im Fernsehen) übertragen
television *n* Fernsehen *nt*; (≈ *set*) Fernseher *m*; **to watch ~** fernsehen; **to be on ~** im Fernsehen kommen; **what's on ~?** was gibt es im Fernsehen? **television camera** *n* Fernsehkamera *f* **television licence** *n* (*Br*) *Bescheinigung über die Entrichtung der Fernsehgebühren* **television screen** *n* Bildschirm *m* **television set** *n* Fernseher *m*
teleworker *n* Telearbeiter(in) *m(f)*
telex I *n* Telex *nt* **II** *v/t* **message** per Telex

mitteilen; *person* ein Telex schicken (+*dat*)
tell *pret, past part* **told I** *v/t* **1.** *story* erzählen (*sb sth, sth to sb* jdm etw *acc*); (≈ *say, order*) sagen (*sb sth* jdm etw *acc*); **to ~ lies** lügen; **to ~ tales** petzen (*infml*); **to ~ sb's fortune** jdm wahrsagen; **to ~ sb a secret** jdm ein Geheimnis anvertrauen; **I can't ~ you how pleased I am** ich kann Ihnen gar nicht sagen, wie sehr ich mich freue; **could you ~ me the way to the station, please?** könn(t)en Sie mir bitte sagen, wie ich zum Bahnhof komme?; (*I'll*) **~ you what, let's go to the cinema** weißt du was, gehen wir doch ins Kino!; **don't ~ me you can't come!** sagen Sie bloß nicht, dass Sie nicht kommen können!; **I won't do it, I ~ you!** und ich sage dir, das mache ich nicht!; **I told you so** ich habe es (dir) ja gesagt; **we were told to bring sandwiches with us** es wurde uns gesagt, dass wir belegte Brote mitbringen sollten; **don't you ~ me what to do!** Sie haben mir nicht zu sagen, was ich tun soll!; **do as** *or* **what you are told!** tu, was man dir sagt! **2.** (≈ *distinguish, discern*) erkennen; **to ~ the time** die Uhr kennen; **to ~ the difference** den Unterschied sehen; **you can ~ that he's clever** man sieht *or* merkt, dass er intelligent ist; **you can't ~ whether it's moving** man kann nicht sagen *or* sehen, ob es sich bewegt; **to ~ sb/sth by sth** jdn / etw an etw (*dat*) erkennen; **I can't ~ butter from margarine** ich kann Butter nicht von Margarine unterscheiden; **to ~ right from wrong** Recht von Unrecht unterscheiden **3.** (≈ *know*) wissen; **how can I ~ that?** wie soll ich das wissen? **II** *v/i* +*indir obj* es sagen (+*dat*); **I won't ~ you again** ich sage es dir nicht noch einmal; **you're ~ing me!** wem sagen Sie das! **III** *v/i* **1.** (≈ *be sure*) wissen; **as** *or* **so far as one can ~** soweit man weiß; **who can ~?** wer weiß?; **you never can ~, you can never ~** man kann nie wissen **2.** (≈ *talk*) sprechen; **promise you won't ~** du musst versprechen, dass du nichts sagst ♦ **tell off** *v/t sep* (*infml*) ausschimpfen (*for* wegen); **he told me off for being late** er schimpfte (mich aus), weil ich zu spät kam ♦ **tell on** *v/i* +*prep obj* (*infml* ≈ *inform on*) verpetzen

(*infml*)

teller I (*in bank*) Kassierer(in) *m(f)*

telling I *adj* **1.** (≈ *effective*) wirkungsvoll **2.** (≈ *revealing*) aufschlussreich II *n* **1.** (≈ *narration*) Erzählen *nt* **2. there is no ~ what he may do** man kann nicht sagen, was er tut **telling-off** *n* (*Br infml*) **to give sb a good ~** jdm eine (kräftige) Standpauke halten (*infml*) **telltale** *n* (*Br*) Petze *f*

telly *n* (*Br infml*) Fernseher *m*; **on ~** im Fernsehen; **to watch ~** fernsehen; → **television**

temerity *n* Kühnheit *f*, Unerhörtheit *f* (*pej*)

temp I *n* Aushilfskraft *m* II *v/i* als Aushilfskraft arbeiten

temper *n* (≈ *angry mood*) Wut *f*; **to be in a ~** wütend sein; **to be in a good/bad ~** guter/schlechter Laune sein; **she's got a quick ~** sie kann sehr jähzornig sein; **she's got a terrible ~** sie kann sehr unangenehm werden; **to lose one's ~** die Beherrschung verlieren (*with sb* bei jdm); **to keep one's ~** sich beherrschen (*with sb* bei jdm); **to fly into a ~** einen Wutanfall bekommen; **he has quite a ~** er kann ziemlich aufbrausen

temperament *n* (≈ *disposition*) Veranlagung *f*; (*of a people*) Temperament *nt* **temperamental** *adj* **1.** temperamentvoll **2.** *car* launisch (*hum*)

temperate *adj climate* gemäßigt

temperature *n* Temperatur *f*; **to take sb's ~** bei jdm Fieber messen; **he has a ~** er hat Fieber; **he has a ~ of 39°C** er hat 39° Fieber

-tempered *adj suf* ... gelaunt

tempestuous *adj* (*fig*) stürmisch

temping agency *n* Zeitarbeitsfirma *f*

template, templet *n* Schablone *f*

temple[1] *n* REL Tempel *m*

temple[2] *n* ANAT Schläfe *f*

tempo *n* (MUS, *fig*) Tempo *nt*

temporarily *adv* vorübergehend **temporary** *adj* vorübergehend; *address* vorläufig; **she is a ~ resident here** sie wohnt hier nur vorübergehend

tempt *v/t* in Versuchung führen; (*successfully*) verführen; **to ~ sb to do or into doing sth** jdn dazu verführen, etw zu tun; **I am ~ed to accept** ich bin versucht anzunehmen; **may I ~ you to have a little more wine?** kann ich Sie noch zu etwas Wein überreden?; **to ~ fate or provi-**

dence (*fig*) sein Schicksal herausfordern; (*in words*) den Teufel an die Wand malen **temptation** *n* Versuchung *f*; **to yield to** or **to give way to ~** der Versuchung erliegen **tempting** *adj*, **temptingly** *adv* verlockend

ten I zehn II *n* Zehn *f*; → **six**

tenacious *adj* hartnäckig **tenacity** *n* Hartnäckigkeit *f*

tenancy *n* **conditions of ~** Mietbedingungen *pl*; (*of farm*) Pachtbedingungen *pl* **tenant** *n* Mieter(in) *m(f)*; (*of farm*) Pächter(in) *m(f)*

tend[1] *v/t* sich kümmern um; *sheep* hüten; *machine* bedienen

tend[2] *v/i* **1. to ~ to be/do sth** gewöhnlich etw sein/tun; **the lever ~s to stick** der Hebel bleibt oft hängen; **that would ~ to suggest that ...** das würde gewissermaßen darauf hindeuten, dass ... **2. to ~ toward(s)** (*measures etc*) führen zu; (*person, views etc*) tendieren zu **tendency** *n* Tendenz *f*; *artistic tendencies* künstlerische Neigungen *pl*; **to have a ~ to be/do sth** gewöhnlich etw sein/tun

tender[1] I *v/t money, services* (an)bieten; *resignation* einreichen II *n* COMM Angebot *nt*

tender[2] *adj* **1.** *spot* empfindlich; *plant, meat* zart; **at the ~ age of 7** im zarten Alter von 7 Jahren **2.** (≈ *affectionate*) liebevoll; *kiss* zärtlich; **~ loving care** Liebe und Zuneigung *f* **tenderhearted** *adj* gutherzig **tenderly** *adv* liebevoll **tenderness** *n* **1.** (≈ *soreness*) Empfindlichkeit *f* **2.** (≈ *affection*) Zärtlichkeit *f*

tendon *n* Sehne *f*

tenement *n* (*a.* **tenement house**) ≈ Mietshaus *nt*

Tenerife *n* Teneriffa *nt*

tenfold I *adj* zehnfach II *adv* um das Zehnfache; **to increase ~** sich verzehnfachen

tenner *n* (*Br infml*) Zehner *m* (*infml*)

tennis *n* Tennis *nt* **tennis ball** *n* Tennisball *m* **tennis court** *n* Tennisplatz *m* **tennis player** *n* Tennisspieler(in) *m(f)* **tennis racket, tennis racquet** *n* Tennisschläger *m*

tenor I *n* Tenor *m* II *adj* MUS Tenor-

tenpin bowling, tenpins (*US*) *n* Bowling *nt*

tense[1] *n* GRAM Zeit *f*; **present ~** Gegenwart *f*; **past ~** Vergangenheit *f*; **future ~** Zukunft *f*

tense² **I** *adj* (+er) *atmosphere* gespannt; *muscles, situation* (an)gespannt; *person* angespannt; *to grow ~* (*person*) nervös werden **II** *v/t* anspannen **III** *v/i* sich (an)spannen ♦ **tense up** *v/i* sich anspannen

tension *n* (*lit*) Spannung *f*; (≈ *nervous strain*) Anspannung *f*

tent *n* Zelt *nt*

tentacle *n* ZOOL Tentakel *m or nt* (*tech*)

tentative *adj* (≈ *not definite*) vorläufig; *offer* unverbindlich; (≈ *hesitant*) *conclusion, suggestion* vorsichtig; *smile* zögernd; **we've a ~ arrangement to play tennis tonight** wir haben halb abgemacht, heute Abend Tennis zu spielen

tentatively *adv* (≈ *hesitantly*) *smile* zögernd; (≈ *gingerly*) *move* vorsichtig; (≈ *provisionally*) *agree* vorläufig

tenterhooks *pl* **to be on ~** wie auf glühenden Kohlen sitzen (*infml*); **to keep sb on ~** jdn zappeln lassen

tenth **I** *adj* (*in series*) zehnte(r, s); **a ~ part** ein Zehntel *nt* **II** *n* **1.** (≈ *fraction*) Zehntel *nt* **2.** (*in series*) Zehnte(r, s); → **sixth**

tent peg *n* Zeltpflock *m*, Hering *m* **tent pole** *n* Zeltstange *f*

tenuous *adj* (*fig*) *connection etc* schwach; *position* unsicher; **to have a ~ grasp of sth** etw nur ansatzweise verstehen

tenure *n* **1.** (≈ *holding of office*) Anstellung *f*; (≈ *period of office*) Amtszeit *f* **2.** **during her ~ of the farm** während sie die Farm innehatte

tepid *adj* lau(warm)

term **I** *n* **1.** (≈ *period of time*) Zeitraum *m*; (≈ *limit*) Frist *f*; **~ of office** Amtszeit *f*; **~ of imprisonment** Gefängnisstrafe *f*; **elected for a three-year ~** auf *or* für drei Jahre gewählt; **in the short ~** auf kurze Sicht **2.** (SCHOOL) (*three in year*) Trimester *nt*; (*two in year*) Halbjahr *nt*; UNIV Semester *nt* **3.** (≈ *expression*) Ausdruck *m*; **in simple ~s** in einfachen Worten **4.** **in ~s of production we are doing well** was die Produktion betrifft, stehen wir gut da **5. terms** *pl* (≈ *conditions*) Bedingungen *pl*; **~s of surrender/payment** Kapitulations-/Zahlungsbedingungen *pl*; **on equal ~s** auf gleicher Basis; **to come to ~s (with sb)** sich (mit jdm) einigen **6. terms** *pl* **to be on good/bad ~s with sb** gut/nicht (gut) mit jdm auskommen **II** *v/t* bezeichnen

terminal **I** *adj* (≈ *final*) End-; MED unheilbar; **to be in ~ decline** sich in unaufhaltsamem Niedergang befinden **II** *n* **1.** RAIL Endbahnhof *m*; (*for tram, buses*) Endstation *f*; **air** *or* **airport ~** (Flughafen)terminal *m*; **railway** (*Br*) *or* **railroad** (*US*) Zielbahnhof *m* **2.** ELEC Pol *m* **3.** IT Terminal *nt* **terminally** *adv* **~ ill** unheilbar krank **terminal station** *n* RAIL Endbahnhof *m*

terminate **I** *v/t* beenden; *contract etc* lösen; *pregnancy* unterbrechen **II** *v/i* enden **termination** *n* (≈ *bringing to an end*) Beendigung *f*; (*of contract etc* ≈ *cancellation*) Lösung *f*; **~ of pregnancy** Schwangerschaftsabbruch *m*

terminology *n* Terminologie *f*

terminus *n* RAIL, BUS Endstation *f*

termite *n* Termite *f*

terrace *n* **1.** Terrasse *f* **2.** (*Br* ≈ *row of houses*) Häuserreihe *f* **terraced** *adj* **1.** *hillside etc* terrassenförmig angelegt **2.** (*esp Br*) **~ house** Reihenhaus *nt*

terrain *n* Terrain *nt*

terrestrial *adj* terrestrisch

terrible *adj* furchtbar; **I feel ~** (≈ *feel ill*) mir ist fürchterlich schlecht; (≈ *feel guilty*) es ist mir furchtbar peinlich **terribly** *adv* schrecklich; *disappointed, sorry* furchtbar; *sing* fürchterlich; *important* schrecklich (*infml*); **I'm not ~ good with money** ich kann nicht besonders gut mit Geld umgehen

terrier *n* Terrier *m*

terrific *adj* unheimlich (*infml*); *speed* unwahrscheinlich (*infml*); **that's ~ news** das sind tolle Nachrichten (*infml*); **~!** prima! (*infml*)

terrified *adj* verängstigt; **to be ~ of sth** vor etw schreckliche Angst haben; **he was ~ in case ...** er hatte fürchterliche Angst davor, dass ... **terrify** *v/t* in Angst versetzen **terrifying** *adj* film grauenerregend; *thought, sight* entsetzlich; *speed* angsterregend

territorial *adj* territorial **Territorial Army** *n* (*Br*) Territorialheer *nt* **territory** *n* Territorium *nt*; (*of animals*) Revier *nt*; (*fig*) Gebiet *nt*

terror *n* **1.** *no pl* Terror *m*; (≈ *fear*) panische Angst (*of* vor +*dat*) **2.** (≈ *terrible event*) Schrecken *m* **terrorism** *n* Terrorismus *m*; **an act of ~** ein Terrorakt *m* **terrorist** **I** *n* Terrorist(in) *m(f)* **II** *adj attr* terroristisch; **~ attack** Terroranschlag *m* **terrorize** *v/t* terrorisieren

terse *adj* (+er) knapp, **tersely** *adv* knapp, kurz; *say, answer* kurz (angebunden)
TESL *abbr of* **Teaching of English as a Second Language**
TESOL *abbr of* **Teaching of English as a Second or Other Language**
test I *n* Test *m*; SCHOOL Klassenarbeit *f*; UNIV Klausur *f*; (≈ *driving test*) (Fahr)prüfung *f*; (≈ *check*) Untersuchung *f*; *he gave them a vocabulary ~* er ließ eine Vokabelarbeit schreiben; (*orally*) er hat sie Vokabeln abgefragt; *to put sb/ sth to the ~* jdn /etw auf die Probe stellen **II** *adj attr* Test- **III** *v/t* **1.** testen; SCHOOL prüfen; (*orally*) abfragen; (*fig*) auf die Probe stellen **2.** (*chemically*) untersuchen; *to ~ sth for sugar* etw auf seinen Zuckergehalt untersuchen **IV** *v/i* Tests / einen Test machen ♦ **test out** *v/t sep* ausprobieren (*on* bei *or* an +*dat*)
testament *n* BIBLE **Old / New Testament** Altes / Neues Testament
test case *n* Musterfall *m* **test-drive** *v/t* Probe fahren
testicle *n* Hoden *m*
testify I *v/t* **to ~ that ...** JUR bezeugen, dass ... **II** *v/i* JUR aussagen
testimonial *n* **1.** (≈ *recommendation*) Referenz *f* **2.** SPORTS Gedenkspiel *nt* **testimony** *n* Aussage *f*; *to bear ~ to sth* etw bezeugen
testing *adj* hart
test match *n* (*Br* SPORTS) Testmatch *nt*
testosterone *n* Testosteron *nt*
test results *pl* Testwerte *pl* **test tube** *n* Reagenzglas *nt* **test-tube baby** *n* Retortenbaby *nt*
testy *adj* (+er) gereizt
tetanus *n* Tetanus *m*
tether I *n* (*lit*) Strick *m*; *he was at the end of his ~* (*Br fig infml* ≈ *desperate*) er war am Ende (*infml*) **II** *v/t* (*a.* **tether up**) anbinden
text I *n* Text *m* **II** *v/t* **to ~ sb** jdm eine Textnachricht *or* eine SMS schicken
textbook I *n* Lehrbuch *nt* **II** *adj* **~ case** Paradefall *m*
textile *n* Stoff *m*; **~s** Textilien *pl*
text message *n* Textnachricht *f*, SMS *f* **text messaging** *n* TEL SMS-Messaging *nt* **textual** *adj* Text-
texture *n* (stoffliche) Beschaffenheit; (*of food*) Substanz *f*; (*of material*) Griff *m* und Struktur
Thai I *adj* thailändisch **II** *n* **1.** Thailänder(in) *m(f)* **2.** (≈ *language*) Thai *nt*
Thailand *n* Thailand *nt*
Thames *n* Themse *f*
than *cj* als; *I'd rather do anything ~ that* das wäre das Letzte, was ich tun wollte; *no sooner had I sat down ~ he began to talk* kaum hatte ich mich hingesetzt, als er auch schon anfing zu reden; *who better to help us ~ he?* wer könnte uns besser helfen als er?
thank *v/t* danken (+*dat*); *he has his brother / he only has himself to ~ for this* das hat er seinem Bruder zu verdanken / sich selbst zuzuschreiben; *~ you* danke (schön); *~ you very much* vielen Dank; *no ~ you* nein, danke; *yes, ~ you* ja, bitte *or* danke; *~ you for coming — not at all, ~ YOU!* vielen Dank, dass Sie gekommen sind — ICH habe zu danken; *to say ~ you* Danke sagen (*to sb* jdm); *~ goodness or heavens or God* (*infml*) Gott sei Dank! (*infml*) **thankful** *adj* dankbar (*to sb* jdm); *to be ~ to sb for sth* jdm für etw dankbar sein **thankfully** *adv* **1.** dankbar **2.** (≈ *luckily*) zum Glück **thankless** *adj* undankbar
thanks I *pl* Dank *m*; *to accept sth with ~* etw dankend *or* mit Dank annehmen; *and that's all the ~ I get* und das ist jetzt der Dank dafür; *to give ~ to God* Gott danksagen; *~ to* wegen (+*gen*); *it's all ~ to you that we're so late* bloß deinetwegen kommen wir so spät; *it was no ~ to him that ...* ich hatte / wir hatten *etc* es nicht ihm zu verdanken, dass ... **II** *int* (*infml*) danke (*for* für); *many ~* herzlichen Dank (*for* für); *~ a lot* vielen Dank; *~ for nothing!* (*iron*) vielen Dank auch! **Thanksgiving (Day)** *n* (*US*) Thanksgiving Day *m* **thank you** *n* Dankeschön *nt*; **thank-you letter** Dankschreiben *nt*
that [1] *I dem pron, pl* **those 1.** das; *what is ~?* was ist das?; *~ is Joe* (*over there*) das (dort) ist Joe; *if she's as stupid as (all) ~* wenn sie so dumm ist; *... and all ~* ... und so (*infml*); *like ~* so; *~ is (to say)* das heißt; *oh well, ~'s ~* nun ja, damit ist der Fall erledigt; *you can't go and ~'s ~* du darfst nicht gehen, und damit hat sichs (*infml*); *well, ~'s ~ then* das wärs dann also; *~'s it!* das ist es!; (≈ *the right way*) gut so!; (≈ *the last straw*) jetzt reichts!; *after / before ~* danach / davor; *you can get it in any supermarket and quite cheaply at ~* man kann es

in jedem Supermarkt, und zwar ganz billig, bekommen; **what do you mean by ~?** was wollen Sie damit sagen?; (*annoyed*) was soll (denn) das heißen?; **as for ~** was das betrifft *or* angeht **2.** (*opposed to "this" and "these"*) das (da), jenes (*old*, *elev*); **~'s the one I like, not this one** das (dort) mag ich, nicht dies (hier) **3.** (*followed by rel pron*) **this theory is different from ~ which ...** diese Theorie unterscheidet sich von derjenigen, die ...; **~ which we call ...** das, was wir ... nennen **II** *dem adj*, *pl* **those** der / die/das, jene(r, s); **what was ~ noise?** was war das für ein Geräusch?; **~ dog!** dieser Hund!; **~ poor girl!** das arme Mädchen!; **I like ~ one** ich mag das da; **I'd like ~ one, not this one** ich möchte das da, nicht dies hier; **~ dog of yours!** Ihr Hund, dieser Hund von Ihnen (*infml*) **III** *dem adv* (*infml*) so; **it's not ~ good** *etc* so gut *etc* ist es auch wieder nicht

that² *rel pr* der / die/das, die; **all ~ ...** alles, was ...; **the best** *etc* **~ ...** das Beste *etc*, das *or* was ...; **the girl ~ I told you about** das Mädchen, von dem ich Ihnen erzählt habe

that³ *cj* dass; **she promised ~ she would come** sie versprach zu kommen; **~ things** *or* **it should come to this!** dass es so weit kommen konnte!

thatched *adj* (*with straw*) strohgedeckt; (*with reeds*) reetgedeckt; **~ roof** Stroh-/ Reetdach *nt*

thaw I *v/t* auftauen (lassen) **II** *v/i* auftauen; (*snow*) tauen **III** *n* Tauwetter *nt* ◆ **thaw out I** *v/i* auftauen **II** *v/t sep* (*lit*) auftauen (lassen)

the I *def art* der / die/das; **in ~ room** im *or* in dem Zimmer; **to play ~ piano** Klavier spielen; **all ~ windows** all die *or* alle Fenster; **have you invited ~ Browns?** haben Sie die Browns *or* die Familie Brown eingeladen?; **Henry ~ Eighth** Heinrich der Achte; **by ~ hour** pro Stunde; **the car does thirty miles to ~ gallon** das Auto verbraucht 11 Liter auf 100 Kilometer **II** *adv* (*with comp*) **all ~ more** umso mehr; **~ more he has ~ more he wants** je mehr er hat, desto mehr will er; **~ sooner ~ better** je eher, desto besser

theatre , (*US*)**theater** *n* **1.** Theater *nt*; **to go to the ~** ins Theater gehen; **what's on at the ~?** was wird im Theater gegeben?

2. (*Br* ≈ *operating theatre*) Operationssaal *m* **theatre company** *n* Theaterensemble *nt* **theatregoer** *n* Theaterbesucher(in) *m(f)* **theatrical** *adj* Theater-

theft *n* Diebstahl *m*

their *poss adj* **1.** ihr **2.** (*infml* ≈ *belonging to him or her*) seine(r, s); → **my**

theirs *poss pr* **1.** ihre(r, s) **2.** (*infml* ≈ *belonging to him or her*) seine(r, s); → **mine¹**

them *pers pr pl* (*dir obj*, *with prep +acc*, *emph*) sie; (*indir obj*, *with prep +dat*) ihnen; **both of ~** beide; **neither of ~** keiner von beiden; **a few of ~** einige von ihnen; **none of ~** keiner (von ihnen); **it's ~** sie sinds

theme *n* Thema *nt* **theme music** *n* FILM Titelmusik *f*; TV Erkennungsmelodie *f* **theme park** *n* Themenpark *m* **theme tune** *n* = **theme music**

themselves *pers pr pl* **1.** (*reflexive*) sich **2.** (*emph*) selbst; → **myself**

then I *adv* **1.** (≈ *next, in that case*) dann; (≈ *furthermore also*) außerdem; **and ~ what happened?** und was geschah dann?; **I don't want that — ~ what DO you want?** ich will das nicht — was willst du denn?; **but ~ that means that ...** das bedeutet ja aber dann, dass ...; **all right ~** also meinetwegen; **(so) I was right ~** ich hatte also recht; **but ~ ... aber ... auch; but ~ again he is my friend** aber andererseits ist er mein Freund; **now ~, what's the matter?** na, was ist denn los?; **come on ~** nun komm doch **2.** (≈ *at this time*) da; (≈ *in those days*) damals; **there and ~** auf der Stelle; **from ~ on(wards)** von da an; **before ~** vorher; **they had gone by ~** da waren sie schon weg; **we'll be ready by ~** bis dahin sind wir fertig; **since ~** seitdem; **until ~** bis dahin **II** *adj attr* damalig

theologian *n* Theologe *m*, Theologin *f* **theological** *adj* theologisch **theology** *n* Theologie *f*

theoretic(al) *adj*, **theoretically** *adv* theoretisch **theorize** *v/i* theoretisieren **theory** *n* Theorie *f*; **in ~** theoretisch

therapeutic(al) *adj* therapeutisch **therapist** *n* Therapeut(in) *m(f)* **therapy** *n* Therapie *f*; **to be in ~** sich einer Therapie unterziehen

there I *adv* dort, da; (*with movement*) dorthin, dahin; **look, ~'s Joe** guck mal, da ist Joe; *it's under ~* es liegt da drunter; *put it in ~* stellen Sie es dort hinein; *~ and back* hin und zurück; *is Gordon ~ please?* (*on telephone*) ist Gordon da?; *you've got me ~* da bin ich überfragt; *~ is/are* es *or* da ist/sind; (≈ *there exists/exist also*) es gibt; *~ were three of us* wir waren zu dritt; *~ is a mouse in the room* es ist eine Maus im Zimmer; *is ~ any beer?* ist Bier da?; *afterwards ~ was coffee* anschließend gab es Kaffee; *~ seems to be no- -one at home* es scheint keiner zu Hause zu sein; *hi ~!* hallo!, servus! (*Aus*), grüezi! (*Swiss*); *so ~!* ätsch!; *~ you are* (*giving sb sth*) hier(, bitte)!; (*on finding sb*) da sind Sie ja!; *~ you are, you see* na, sehen Sie **II** *int ~! ~!* na, na!; *stop crying now, ~'s a good boy* hör auf zu weinen, na komm; *now ~'s a good boy, don't tease your sister* komm, sei ein braver Junge und ärgere deine Schwester nicht; *hey, you ~!* (*infml*) he, Sie da! **thereabouts** *adv* *fifteen or ~* so um fünfzehn (herum) **thereafter** *adv* (*form*) danach **thereby** *adv* dadurch

therefore *adv* daher; *so ~ I was wrong* ich hatte also unrecht **there's** *contraction* = **there is**, **there has thereupon** *adv* (≈ *then*) darauf(hin)

thermal I *adj* **1.** PHYS Wärme- **2.** *clothing* Thermo- **II** *n* **thermals** *pl* (*infml* ≈ *thermal underwear*) Thermounterwäsche *f* **thermal spring** *n* Thermalquelle *f* **thermometer** *n* Thermometer *nt* **Thermos**® *n* (*a.* **Thermos flask** *or* (*US*) **bottle**) Thermosflasche® *f* **thermostat** *n* Thermostat *m* **thesaurus** *n* Thesaurus *m* **these** *adj, pron* diese; → **this** **thesis** *n, pl* **theses** UNIV **1.** (*for PhD*) Dissertation *f* **2.** (*for diploma*) Diplomarbeit *f* **thespian** (*liter, hum*) **I** *adj* dramatisch **II** *n* Mime *m*, Mimin *f* **they** *pers pr pl* **1.** sie; *~ are very good people* es sind sehr gute Leute; *~ who* diejenigen, die *or* welche, wer (+*sg vb*) **2.** (≈ *people in general*) *~ say that...* man sagt, dass ...; *~ are thinking of changing the law* es ist beabsichtigt, das Gesetz zu ändern; *if anyone looks at this closely, ~ will notice ...* (*infml*) wenn sich das jemand näher ansieht, wird er bemerken ... **they'd** *contraction* = **they had**, **they**

would they'll *contraction* = **they will they're** *contraction* = **they are they've** *contraction* = **they have**

thick I *adj* (+*er*) **1.** dick; *lips* voll; *hair, fog, smoke, forest* dicht; *liquid* dick (flüssig); *accent* breit; *a wall three feet ~* eine drei Fuß starke Wand **2.** (*Br infml*) *person* dumm, doof (*infml*); *to get sth into or through sb's ~ head* etw in jds dicken Schädel bekommen (*infml*) **II** *n* *in the ~ of it* mittendrin; *through ~ and thin* durch dick und dünn **III** *adv* (+*er*) *spread, cut* dick; *the snow lay ~* es lag eine dichte Schneedecke; *the jokes came ~ and fast* die Witze kamen Schlag auf Schlag **thicken I** *v/t* *sauce etc* eindicken **II** *v/i* **1.** (*fog, crowd, forest*) dichter werden; (*smoke*) sich verdichten; (*sauce*) dick werden **2.** (*fig: mystery*) immer undurchsichtiger werden; *aha, the plot ~s!* aha, jetzt wirds interessant! **thicket** *n* Dickicht *nt* **thickly** *adv* *spread, cut* dick; *populated* dicht **thickness** *n* **1.** Dicke *f* **2.** (≈ *layer*) Schicht *f* **thickset** *adj* gedrungen **thick- -skinned** *adj* (*fig*) dickfellig **thief** *n, pl* **thieves** Dieb(in) *m(f)* **thieve** *v/t & v/i* stehlen **thigh** *n* (Ober)schenkel *m* **thigh-length** *adj boots* übers Knie reichend **thimble** *n* Fingerhut *m* **thin I** *adj* (+*er*) **1.** dünn; (≈ *narrow*) schmal; *hair* schütter; *he's a bit ~ on top* bei ihm lichtet es sich oben schon ein wenig; *to be ~ on the ground* (*fig*) dünn gesät sein; *to vanish into ~ air* (*fig*) sich in Luft auflösen **2.** (*fig*) *smile, plot* schwach **II** *adv* (+*er*) *spread, cut* dünn; *lie* spärlich **III** *v/t* *paint* verdünnen; *trees* lichten; *blood* dünner werden lassen **IV** *v/i* (*fog, crowd*) sich lichten ◆ **thin down** *v/t sep* *paint* verdünnen ◆ **thin out I** *v/i* (*crowd*) kleiner werden; (*trees*) sich lichten **II** *v/t sep* ausdünnen; *forest* lichten

thing *n* **1.** Ding *nt*; *a ~ of beauty* etwas Schönes; *she likes sweet ~s* sie mag Süßes; *what's that ~?* was ist das?; *I don't have a ~ to wear* ich habe nichts zum Anziehen; *poor little ~* das arme (kleine) Ding!; *you poor ~!* du Arme(r)! **2.** **things** *pl* (≈ *equipment, belongings*) Sachen *pl*; *have you got your swimming ~s?* hast du dein Badezeug *or* deine Badesachen dabei? **3.** (≈ *affair, subject*) Sache *f*; **the odd ~ about it is ...** das Seltsame daran ist, ...; **it's a good ~ I came** nur gut, dass ich gekommen bin; **he's on to** *or* **onto a good ~** (*infml*) er hat da was Gutes aufgetan (*infml*); **what a (silly) ~ to do** wie kann man nur so was (Dummes) tun!; **there is one/one other ~ I want to ask you** eines/und noch etwas möchte ich Sie fragen; **I must be hearing ~s!** ich glaube, ich höre nicht richtig!; **~s are going from bad to worse** es wird immer schlimmer; **as ~s stand at the moment, as ~s are ...** so wie die Dinge im Moment liegen; **how are ~s (with you)?** wie gehts (bei) Ihnen?; **it's been one ~ after the other** es kam eins zum anderen; **if it's not one ~ it's the other** es ist immer irgendetwas; **(what) with one ~ and another I haven't had time to do it** ich bin einfach nicht dazu gekommen; **it's neither one ~ nor the other** es ist weder das eine noch das andere; **one ~ led to another** eins führte zum anderen; **for one ~ it doesn't make sense** erst einmal ergibt das überhaupt keinen Sinn; **not to understand a ~** (absolut) nichts verstehen; **he knows a ~ or two about cars** er kennt sich mit Autos aus; **it's just one of those ~s** so was kommt eben vor (*infml*); **the latest ~ in ties** der letzte Schrei in der Krawattenmode; **the postman comes first ~ in the morning** der Briefträger kommt früh am Morgen; **I'll do that first ~ in the morning** ich werde das gleich morgen früh tun; **last ~ at night** vor dem Schlafengehen; **the ~ is to know when ...** man muss wissen, wann ...; **yes, but the ~ is ...** ja, aber ...; **the ~ is we haven't got enough money** die Sache ist die, wir haben nicht genug Geld; **to do one's own ~** (*infml*) tun, was man will; **she's got this ~ about Sartre** (*infml* ≈ *can't stand*) sie kann Sartre einfach nicht ausstehen; (≈ *is fascinated by*) sie hat einen richtigen Sartrefimmel (*infml*) **thingamajig** *n* Dingsbums *nt or* (*for people*) *mf*

think *vb: pret, past part* **thought I** *v/i* denken; **to ~ to oneself** sich (*dat*) denken; **to act without ~ing** unüberlegt handeln; **it makes you ~** es stimmt einen nachdenklich; **I need time to ~** ich brauche Zeit zum Nachdenken; **it's so noisy you can't hear yourself ~** bei so einem Lärm kann doch kein Mensch denken; **now**

let me ~ lass (mich) mal überlegen; **it's a good idea, don't you ~?** es ist eine gute Idee, meinst du nicht auch?; **just ~** stellen Sie sich (*dat*) bloß mal vor; **listen, I've been ~ing, ...** hör mal, ich habe mir überlegt ...; **sorry, I just wasn't ~ing** Entschuldigung, da habe ich geschlafen (*infml*) **II** *v/t* **1.** denken; (≈ *be of opinion also*) glauben, meinen; **what do you ~?** was meinen Sie?; **I ~ you'd better go** ich denke, Sie gehen jetzt besser; **I ~ so** ich denke schon; **I ~ so too** das meine ich auch; **I don't ~ so, I shouldn't ~ so** ich glaube nicht; **I should ~ so!** das will ich (aber) auch gemeint haben; **I should ~ not!** das will ich auch nicht hoffen; **what do you ~ I should do?** was soll ich Ihrer Meinung nach tun?; **I ~ I'll go for a walk** ich glaube, ich mache einen Spaziergang; **do you ~ you can manage?** glauben Sie, dass Sie es schaffen?; **I never thought to ask you** ich habe gar nicht daran gedacht, Sie zu fragen; **I thought so** das habe ich mir schon gedacht **2. you must ~ me very rude** Sie müssen mich für sehr unhöflich halten **3.** (≈ *imagine*) sich (*dat*) vorstellen; **I don't know what to ~** ich weiß nicht, was ich davon halten soll; **that's what you ~!** denkste! (*infml*); **that's what he ~s** hat der eine Ahnung! (*infml*); **who do you ~ you are!** für wen hältst du dich eigentlich?; **anyone would ~ he was dying** man könnte beinahe glauben, er läge im Sterben; **who would have thought it?** wer hätte das gedacht?; **to ~ that she's only ten!** wenn man bedenkt, dass sie erst zehn ist **III** *n* **have a ~ about it** denken Sie mal darüber nach; **to have a good ~** gründlich nachdenken ♦ **think about** *v/i* +*prep obj* **1.** (≈ *reflect on*) nachdenken über (+*acc*); **I'll ~ it** ich überlege es mir; **what are you thinking about?** woran denken Sie gerade?; **to think twice about sth** sich (*dat*) etw zweimal überlegen; **that'll give him something to ~** das wird ihm zu denken geben **2.** (*progressive* ≈ *half intend to*) daran denken, vorhaben **3.**; → **think of** 1, 4 ♦ **think ahead** *v/i* vorausdenken ♦ **think back** *v/i* sich zurückversetzen (*to* in +*acc*) ♦ **think of** *v/i* +*prep obj* **1.** denken an (+*acc*); **he thinks of nobody but himself** er denkt bloß an sich; **what was I thinking of!** (*infml*) was habe ich mir da(bei) bloß gedacht?; **come to ~ it** wenn ich es mir recht überlege; **I can't ~ her name** ich komme nicht auf ihren Namen **2.** ($\approx$ *imagine*) sich (*dat*) vorstellen **3.** *solution, idea* sich (*dat*) ausdenken; **who thought of that idea?** wer ist auf diese Idee gekommen? **4.** ($\approx$ *have opinion of*) halten von; **to think highly of sb/sth** viel von jdm/etw halten; **to think little** *or* **not to think much of sb/sth** wenig *or* nicht viel von jdm/etw halten; **I told him what I thought of him** ich habe ihm gründlich die *or* meine Meinung gesagt ♦ **think over** *v/t sep* nachdenken über (+*acc*) ♦ **think through** *v/t sep* (gründlich) durchdenken ♦ **think up** *v/t sep* sich (*dat*) ausdenken; **who thought up that idea?** wer ist auf die Idee gekommen?

thinker *n* Denker(in) *m(f)* **thinking I** *adj* denkend **II** *n* **to my way of ~** meiner Meinung nach **think-tank** *n* Expertenkommission *f*

thinly *adv* **1.** dünn **2.** (*fig*) *disguised* dürftig **thinner** *n* Verdünnungsmittel *nt* **thinness** *n* Dünnheit *f*; (*of material*) Leichtheit *f*; (*of paper*) Feinheit *f*; (*of person*) Magerkeit *f* **thin-skinned** *adj* (*fig*) empfindlich

third I *adj* **1.** (*in series*) dritte(r, s); **to be ~** Dritte(r, s) sein; **in ~ place** SPORTS *etc* an dritter Stelle; **she came ~ in her class** sie war die Drittbeste in der Klasse; **he came ~ in the race** er belegte den dritten Platz beim Rennen; **~ time lucky** beim dritten Anlauf gelingt's **2.** (*of fraction*) **a ~ part** ein Drittel *nt* **II** *n* **1.** (*of series*) Dritte(r, s) **2.** ($\approx$ *fraction*) Drittel *nt*; → **sixth third-class** *adv, adj* dritter Klasse; **~ degree** (*Br* UNIV) Abschluss *m* mit „Befriedigend" **third-degree** *adj attr* **~ burn** MED Verbrennung *f* dritten Grades **thirdly** *adv* drittens **third-party** (*Br*) *adj attr* **~ insurance** Haftpflichtversicherung *f* **third person I** *adj* in der dritten Person **II** *n* **the ~ singular** GRAM die dritte Person Singular **third-rate** *adj* drittklassig **Third World I** *n* Dritte Welt **II** *attr* der Dritten Welt

thirst *n* Durst *m*; **to die of ~** verdursten **thirsty** *adj* (+*er*) durstig; **to be/feel ~** Durst haben

thirteen I *adj* dreizehn **II** *n* Dreizehn *f* **thirteenth I** *adj* (*in series*) dreizehnte(r, s); **a ~ part** ein Dreizehntel *nt* **II** *n* **1.**

(*in series*) Dreizehnte(r, s) **2.** ($\approx$ *fraction*) Dreizehntel *nt*; → **sixth**

thirtieth I *adj* (*in series*) dreißigste(r, s); **a ~ part** ein Dreißigstel *nt* **II** *n* **1.** (*in series*) Dreißigste(r, s) **2.** ($\approx$ *fraction*) Dreißigstel *nt*; → **sixth**

thirty I *adj* dreißig; **a ~-second note** (*US* MUS) ein Zweiunddreißigstel *nt* **II** *n* Dreißig *f*; **the thirties** ($\approx$ *era*) die Dreißigerjahre; **one's thirties** die Dreißiger; → **sixty**

this I *dem pron, pl* **these** dies, das; **what is ~?** was ist das (hier)?; **~ is John** das ist John; **these are my children** das sind meine Kinder; **~ is where I live** hier wohne ich; **under ~** darunter; **it ought to have been done before ~** es hätte schon vorher getan werden sollen; **what's all ~?** was soll das?; **~ and that** mancherlei; **~, that and the other** alles Mögliche; **it was like ~** es war so; **~ is Mary (speaking)** hier (ist) Mary; **~ is it!** ($\approx$ *now*) jetzt!; (*showing sth*) das da!; ($\approx$ *exactly*) genau! **II** *dem adj, pl* **these** diese(r, s); **~ month** diesen Monat; **~ evening** heute Abend; **~ time last week** letzte Woche um diese Zeit; **~ time** diesmal; **these days** heutzutage; **to run ~ way and that** hin und her rennen; **I met ~ guy who...** (*infml*) ich habe (so) einen getroffen, der ...; **~ friend of hers** dieser Freund von ihr (*infml*), ihr Freund **III** *dem adv* so; **it was ~ long** es war so lang

thistle *n* Distel *f*

thong *n* **1.** ($\approx$ *fastening*) Lederriemen *m* **2.** ($\approx$ *G-string*) Tangaslip *m* **3.** thongs (*US, Austral* $\approx$ *flip-flops*) Gummisandalen *pl*

thorn *n* Dorn *m*; **to be a ~ in sb's flesh** *or* **side** (*fig*) jdm ein Dorn im Auge sein **thorny** *adj* (+*er*) (*lit*) dornig; (*fig*) haarig

thorough *adj* gründlich; **she's a ~ nuisance** sie ist wirklich eine Plage **thoroughbred I** *n* reinrassiges Tier; ($\approx$ *horse*) Vollblut(pferd) *nt* **II** *adj* reinrassig **thoroughfare** *n* Durchgangsstraße *f* **thoroughly** *adv* **1.** gründlich **2.** ($\approx$ *extremely*) durch und durch; *convinced* völlig; **we ~ enjoyed our meal** wir haben unser Essen von Herzen genossen; **I ~ enjoyed myself** es hat mir aufrichtig Spaß gemacht; **I ~ agree** ich stimme voll und ganz zu **thoroughness** *n* Gründlichkeit *f*

those *pl of* **that I** *dem pron* das (da) *sg*; **what are ~?** was ist das (denn) da?; **whose are ~?** wem gehören diese da?; **above ~** darüber; **~ who want to go, may** wer möchte, kann gehen; **there are ~ who say ...** einige sagen ... **II** *dem pron* diese *or* die (da), jene (*old, liter*); **it was just one of ~ days** das war wieder so ein Tag; **he is one of ~ people who ...** er ist einer von denjenigen, die ...

though I *cj* obwohl; **even ~** obwohl; **strange ~ it may seem ...** so seltsam es auch scheinen mag ...; **~ I say it or so myself** auch wenn ich es selbst sage; **as ~** als ob **II** *adv* **1.** (≈ *nevertheless*) doch; **he didn't do it ~** er hat es aber (doch) nicht gemacht; **nice day — rather windy ~** schönes Wetter! — aber ziemlich windig! **2.** (≈ *really*) **but will he ~?** wirklich?

thought I *pret, past part of* **think II** *n* **1.** *no pl* Denken *nt*; **to be lost in ~** ganz in Gedanken sein **2.** (≈ *idea, opinion*) Gedanke *m*; (*sudden*) Einfall *m*; **that's a ~!** (≈ *problem*) das ist wahr!; (≈ *good idea*) das ist ein guter Gedanke; **it's the ~ that counts, not how much you spend** es kommt nur auf die Idee an, nicht auf den Preis **3.** *no pl* (≈ *consideration*) Überlegung *f*; **to give some ~ to sth** sich (*dat*) Gedanken über etw (*acc*) machen; **I never gave it a moment's ~** ich habe mir nie darüber Gedanken gemacht **thoughtful** *adj* **1.** *expression, person* nachdenklich; *present* gut ausgedacht **2.** (≈ *considerate*) rücksichtsvoll; (≈ *attentive*) aufmerksam **thoughtfully** *adv* **1.** *say* nachdenklich **2.** (≈ *considerately*) rücksichtsvoll; (≈ *attentively*) aufmerksam **thoughtfulness** *n* **1.** (*of expression, person*) Nachdenklichkeit *f* **2.** (≈ *consideration*) Rücksicht(nahme) *f*; (≈ *attentiveness*) Aufmerksamkeit *f* **thoughtless** *adj* rücksichtslos **thoughtlessly** *adv* (≈ *inconsiderately*) rücksichtslos **thoughtlessness** *n* (≈ *lack of consideration*) Rücksichtslosigkeit *f* **thought--provoking** *adj* zum Nachdenken anregend

thousand I *adj* tausend; **a ~** (ein)tausend; **a ~ times** tausendmal; **a ~ and one** tausend(und)eins; **I have a ~ and one things to do** (*infml*) ich habe tausend Dinge zu tun **II** *n* Tausend *nt*; **people ar-**rived in their ~s** die Menschen kamen zu Tausenden

thousandth I *adj* (*in series*) tausendste(r, s); **a or one ~ part** ein Tausendstel *nt* **II** *n* **1.** (*in series*) Tausendste(r, s) **2.** (≈ *fraction*) Tausendstel *nt*; → **sixth**

thrash I *v/t* **1.** (≈ *beat*) verprügeln **2.** (*infml*) *opponent* (vernichtend) schlagen **3.** *arms* fuchteln mit; *legs* strampeln mit **II** *v/i* **to ~ around** um sich schlagen **thrashing** *n* (≈ *beating*) Prügel *pl*; **to give sb a good ~** jdm eine ordentliche Tracht Prügel verpassen

thread I *n* **1.** (*of cotton etc*) Faden *m*; SEWING Garn *nt*; (≈ *strong thread*) Zwirn *m*; **to hang by a ~** (*fig*) an einem (seidenen *or* dünnen) Faden hängen **2.** (*fig: of story*) (roter) Faden; **he lost the ~ of what he was saying** er hat den Faden verloren **3.** INTERNET (Diskussions)thema *nt* **II** *v/t* **1.** *needle* einfädeln; *beads* auffädeln (*on* auf +*acc*) **2.** **to ~ one's way through the crowd** *etc* sich durch die Menge *etc* hindurchschlängeln **threadbare** *adj* abgewetzt

threat *n* **1.** Drohung *f*; **to make a ~** drohen (*against sb* jdm); **under ~ of sth** unter Androhung von etw **2.** (≈ *danger*) Gefahr *f* (*to* für)

threaten I *v/t* bedrohen; *violence* androhen; **don't you ~ me!** von Ihnen lasse ich mir nicht drohen!; **to ~ to do sth** (an)drohen, etw zu tun; **to ~ sb with sth** jdm etw androhen; **the rain ~ed to spoil the harvest** der Regen drohte, die Ernte zu zerstören **II** *v/i* (*danger, storm etc*) drohen **threatened** *adj* **1.** *he felt ~* er fühlte sich bedroht **2.** (≈ *under threat*) gefährdet **threatening** *adj* drohend; **a ~ letter** ein Drohbrief *m*; **~ behaviour** Drohungen *pl*

three I *adj* drei **II** *n* Drei *f*; **~'s a crowd** drei Leute sind schon zu viel; → **six three-D I** *n* **to be in ~** dreidimensional sein **II** *adj* dreidimensional **three-dimensional** *adj* dreidimensional **threefold** *adj, adv* dreifach **three-fourths** *n* (*US*) = **three-quarters three-piece suite** *n* (*esp Br*) dreiteilige Sitzgarnitur **three-quarter** *attr* Dreiviertel- **three--quarters I** *n* drei Viertel *pl*; **~ of an hour** eine Dreiviertelstunde **II** *adv* drei viertel **threesome** *n* Trio *nt*; **in a ~** zu dritt **threshold** *n* Schwelle *f*

threw *pret of* **throw**

thrifty *adj* (+*er*) sparsam

thrill I *n* Erregung *f*; *it was quite a ~ for me* es war ein richtiges Erlebnis **II** *v/t person* (*story*) fesseln; (*experience*) eine Sensation sein für; *I was ~ed to get your letter* ich habe mich riesig über deinen Brief gefreut; *to be ~ed to bits* (*infml*) sich freuen wie ein Kind; (*esp child*) ganz aus dem Häuschen sein vor Freude

thriller *n* Reißer *m* (*infml*); (≈ *whodunnit*) Krimi *m*, Thriller *m* **thrilling** *adj* aufregend; *book* fesselnd; *experience* überwältigend

thrive *v/i* (≈ *be in good health*) (gut) gedeihen; (≈ *do well, business*) blühen
♦ **thrive on** *v/i +prep obj the baby thrives on milk* mit Milch gedeiht das Baby prächtig; *he thrives on praise* Lob bringt ihn erst zur vollen Entfaltung

thriving *adj plant* prächtig gedeihend; *person, community* blühend

thro' *abbr of* **through**

throat *n* (*external*) Kehle *f*; (*internal*) Rachen *m*; *to cut sb's ~* jdm die Kehle durchschneiden; *to clear one's ~* sich räuspern; *to ram or force one's ideas down sb's ~* (*infml*) jdm seine eigenen Ideen aufzwingen

throb *v/i* klopfen; (*painfully: wound*) pochen; (*strongly*) hämmern; (*fig: with life*) pulsieren (*with* vor +*dat*, mit); *my head is ~bing* ich habe rasende Kopfschmerzen **throbbing I** *n* (*of engine*) Klopfen *nt*; (*of pulse*) Pochen *nt* **II** *adj pain, place* pulsierend; *headache* pochend

throes *pl* (*fig*) *we are in the ~ of moving* wir stecken mitten im Umzug

thrombosis *n* Thrombose *f*

throne *n* Thron *m*; *to come to the ~* den Thron besteigen

throng I *n* Scharen *pl* **II** *v/i* sich drängen **III** *v/t* belagern; *to be ~ed with* wimmeln von

throttle I *v/t* (*lit*) *person* erwürgen **II** *n* (*on engine*) Drossel *f*; (AUTO *etc* ≈ *lever*) Gashebel *m*; *at full ~* mit Vollgas

through, (*US*) **thru** *I prep* **1.** durch; *to get ~ a hedge* durch eine Hecke durchkommen; *to get ~ a red light* bei Rot durchfahren; *to be halfway ~ a book* ein Buch zur Hälfte durchhaben (*infml*); *that happens halfway ~ the book* das passiert in der Mitte des Buches; *all ~ his life* sein ganzes Leben lang; *he won't*

live ~ the night er wird über die Nacht nicht überleben; *~ the post* (*Br*) *or mail* (*US*) mit der Post, per Post **2.** (*US*) *Monday ~ Friday* von Montag bis (einschließlich) Freitag **II** *adv* durch; *~ and ~* durch und durch; *to let sb ~* jdn durchlassen; *to be wet ~* bis auf die Haut nass sein; *to read sth ~* etw durchlesen; *he's ~ in the other office* er ist (drüben) im anderen Büro **III** *adj pred* **1.** (≈ *finished*) *to be ~ with sb/sth* mit jdm/etw fertig sein (*infml*); *I'm ~ with him* der ist für mich gestorben (*infml*) **2.** (*Br* TEL) *to be ~* (*to sb/London*) mit jdm/London verbunden sein; *to get ~* (*to sb/London*) zu jdm/nach London durchkommen **through flight** *n* Direktflug *m*

throughout I *prep* **1.** (*place*) überall in (+*dat*); *~ the world* in der ganzen Welt **2.** (*time*) den ganzen/die/das ganze ... über; *~ his life* sein ganzes Leben lang **II** *adv* **1.** *to be carpeted ~* ganz mit Teppichboden ausgelegt sein **2.** (*time*) die ganze Zeit hindurch **through ticket** *n can I get a ~ to London?* kann ich bis London durchlösen? **through traffic** *n* Durchgangsverkehr *m* **throughway** *n* (*US*) Schnellstraße *f*

throw *vb: pret* **threw**, *past part* **thrown I** *n* **1.** (*of ball etc*) Wurf *m*; *it's your ~* du bist dran; *have another ~* werfen Sie noch einmal **2.** (*for furniture*) Überwurf *m* **II** *v/t* **1.** werfen; *water* schütten; *to ~ the dice* würfeln; *to ~ sth to sb* jdm etw zuwerfen; *to ~ sth at sb* etw nach jdm werfen; *paint etc* jdn mit etw bewerfen; *to ~ a ball 20 metres* einen Ball 20 Meter weit werfen; *to ~ oneself into the job* sich in die Arbeit stürzen; *to ~ doubt on sth* etw in Zweifel ziehen **2.** *switch* betätigen **3.** (*infml* ≈ *disconcert*) aus dem Konzept bringen **4.** *party* geben, schmeißen (*infml*); *fit* kriegen (*infml*) **III** *v/i* werfen ♦ **throw about** (*Brit*) *or* **around** *v/t always separate* **1.** (≈ *scatter*) verstreuen; (*fig*) *money* um sich werfen mit **2.** (≈ *toss*) herumwerfen ♦ **throw away** *v/t sep* **1.** (≈ *discard*) wegwerfen **2.** (≈ *waste*) *money* verschwenden (*on sth* auf *or* für etw, *on sb* an jdn) ♦ **throw down** *v/t sep* herunterwerfen; *it's throwing it down* (*infml* ≈ *raining*) es gießt (in Strömen) ♦ **throw in** *v/t sep* **1.** *extra* (gratis) dazugeben **2.** (*fig*) *to ~ the towel* das Handtuch werfen (*infml*) ◆ **throw off** *v/t sep clothes* abwerfen; *pursuer* abschütteln; *cold* loswerden ◆ **throw on** *v/t sep clothes* sich (*dat*) überwerfen ◆ **throw open** *v/t sep door* aufreißen ◆ **throw out** *v/t sep* **1.** *rubbish etc* wegwerfen **2.** *Vorschlag, bill* ablehnen; *case* verwerfen **3.** *person* hinauswerfen (*of* aus) **4.** *calculations etc* über den Haufen werfen (*infml*) ◆ **throw together** *v/t sep* **1.** (≈ *make quickly*) hinhauen **2.** *people* zusammenführen ◆ **throw up I** *v/i* (*infml*) sich übergeben; **it makes you want to ~** da kann einem schlecht werden **II** *v/t sep* **1.** *ball, hands* hochwerfen **2.** (≈ *vomit up*) erbrechen **3.** (≈ *produce*) hervorbringen; *questions* aufwerfen

throwback *n* (*fig* ≈ *return*) Rückkehr *f* (*to* zu) **thrower** *n* Werfer(in) *m(f)* **thrown** *past part of* **throw**

thru *prep, adv, adj* (*US*) = **through**

thrush[1] *n* ORN Drossel *f*

thrush[2] *n* MED Schwämmchen *nt*; (*of vagina*) Pilzkrankheit *f*

thrust *vb: pret, past part* **thrust I** *n* **1.** Stoß *m*; (*of knife*) Stich *m* **2.** TECH Druckkraft *f* **II** *v/t* **1.** stoßen; **to ~ one's hands into one's pockets** die Hände in die Tasche stecken **2.** (*fig*) **I had the job ~ upon me** die Arbeit wurde mir aufgedrängt; **to ~ one's way through a crowd** sich durch die Menge schieben **III** *v/i* stoßen (*at* nach); (*with knife*) stechen (*at* nach) ◆ **thrust aside** *v/t sep* beiseiteschieben

thruway *n* (*US*) Schnellstraße *f*

thud I *n* dumpfes Geräusch; **he fell to the ground with a ~** er fiel mit einem dumpfen Aufschlag zu Boden **II** *v/i* dumpf aufschlagen

thug *n* Schlägertyp *m*

thumb I *n* Daumen *m*; **to be under sb's ~** unter jds Pantoffel (*dat*) stehen; **she has him under her ~** sie hat ihn unter ihrer Fuchtel; **the idea was given the ~s up/ down** für den Vorschlag wurde grünes/ rotes Licht gegeben **II** *v/t* **to ~ a ride** (*infml*) per Anhalter fahren ◆ **thumb through** *v/i +prep obj book* durchblättern

thumb index *n* Daumenregister *nt* **thumbnail** *n* IT Thumbnail *nt*, Miniaturansicht *f* (*einer Grafik oder Datei*) **thumbtack** *n* (*US*) Reißzwecke *f*

thump I *n* (≈ *blow*) Schlag *m*; (≈ *noise*) (dumpfes) Krachen **II** *v/t table* schlagen

auf (+*acc*); (*esp Br infml*) *person* verhauen (*infml*); **he ~ed his fist on the desk** er donnerte die Faust auf den Tisch; **he ~ed the box down on my desk** er knallte die Schachtel auf meinen Tisch **III** *v/i* (*heart*) heftig schlagen; **he ~ed on the door** er schlug gegen die Tür

thunder I *n* Donner *m* **II** *v/i donnern* **III** *v/t* (≈ *shout*) brüllen **thunderbolt** *n* (*lit*) Blitz *m* **thunderclap** *n* Donnerschlag *m* **thundercloud** *n* Gewitterwolke *f* **thunderous** *adj* stürmisch

thunderstorm *n* Gewitter *nt* **thunderstruck** *adj* (*fig*) wie vom Donner gerührt

Thuringia *n* Thüringen *nt*

Thurs *abbr of* **Thursday** Do.

Thursday *n* Donnerstag *m*; → **Tuesday**

thus *adv* **1.** (≈ *in this way*) so, auf diese Art **2.** (≈ *consequently*) folglich **3.** (+*past part or adj*) **~ far** so weit

thwack I *n* (≈ *blow*) Schlag *m*; (≈ *noise*) Klatschen *nt* **II** *v/t* schlagen

thwart *v/t* vereiteln

thyme *n* Thymian *m*

thyroid *n* (*a.* **thyroid gland**) Schilddrüse *f*

tic *n* MED Tick *m*

tick[1] **I** *n* **1.** (*of clock etc*) Ticken *nt* **2.** (*Br infml* ≈ *moment*) Augenblick *m*; **I'll be ready in a ~** or **two ~s** bin sofort fertig (*infml*) **3.** (*esp Br* ≈ *mark*) Häkchen *nt* **II** *v/i* **1.** (*clock*) ticken **2.** (*infml*) **what makes him ~?** was geht in ihm vor? **III** *v/t* (*Br*) *name* abhaken; *box* ankreuzen ◆ **tick off** *v/t sep* (*Br*) **1.** *name etc* abhaken **2.** (*infml* ≈ *scold*) ausschimpfen (*infml*) ◆ **tick over** *v/i* **1.** (*engine*) im Leerlauf sein **2.** (*fig*) ganz ordentlich laufen; (*pej*) auf Sparflamme sein (*infml*)

tick[2] *n* ZOOL Zecke *f*

ticket *n* **1.** (≈ *rail ticket, bus ticket*) Fahrkarte *f*, Billett *nt* (*Swiss*); (≈ *plane ticket*) Ticket *nt*; THEAT *etc* (Eintritts)karte *f*, Billett *nt* (*Swiss*); (*for dry cleaner's etc*) Abschnitt *m*; (≈ *raffle ticket*) Los *nt*; (≈ *lottery ticket*) Lottoschein *m*; (≈ *price ticket*) Preisschild *nt* **2.** JUR Strafzettel *m* **ticket collector** *n* Schaffner(in) *m(f)*, Kondukteur(in) *m(f)* (*Swiss*) **ticket inspector** *n* (Fahrkarten)kontrolleur(in) *m(f)*, Kondukteur(in) *m(f)* (*Swiss*) **ticket machine** *n* **1.** (*public transport*) Fahrkartenautomat *m* **2.** (*in car park*) Parkscheinautomat *m*

ticket office *n* RAIL Fahrkartenschalter

m; THEAT Kasse *f*, Kassa *f* (*Aus*)

ticking *n* (*of clock*) Ticken *nt*

ticking-off *n* (*Br infml*) Rüffel *m*

tickle **I** *v/t* **1.** (*lit*) kitzeln **2.** (*fig infml* ≈ *amuse*) amüsieren **II** *v/i* kitzeln; (*wool*) kratzen **III** *n* Kitzeln *nt*; **to have a ~ in one's throat** einen Hustenreiz haben

ticklish *adj* kitz(e)lig; **~ cough** Reizhusten *m*

tidal *adj* Gezeiten-**tidal wave** *n* (*lit*) Flutwelle *f*

tidbit *n* (*US*) = **titbit**

tiddlywinks *n* Floh(hüpf)spiel *nt*

tide *n* **1.** (*lit*) Gezeiten *pl*; (*at*) **high ~** (bei) Flut *f*; (*at*) **low ~** (bei) Ebbe *f*; **the ~ is in/out** es ist Flut/Ebbe; **the ~ comes in very fast** die Flut kommt sehr schnell **2.** (*fig*) **the ~ of public opinion** der Trend der öffentlichen Meinung; **to swim against/with the ~** gegen den/mit dem Strom schwimmen; **the ~ has turned** das Blatt hat sich gewendet
◆ **tide over** *v/t always separate* **is that enough to tide you over?** reicht Ihnen das vorläufig?

tidiness *n* (*of room*) Aufgeräumtheit *f*; (*of desk*) Ordnung *f*

tidy **I** *adj* (+*er*) **1.** (≈ *orderly*) ordentlich; *appearance* gepflegt; *room* aufgeräumt; **to keep sth ~** etw in Ordnung halten **2.** (*infml* ≈ *considerable*) ordentlich (*infml*); *drawer, desk* aufräumen ◆ **tidy away** *v/t sep* wegräumen ◆ **tidy out** *v/t sep* entrümpeln ◆ **tidy up** **I** *v/i* Ordnung machen **II** *v/t sep* aufräumen; *essay* in Ordnung bringen

tie **I** *n* **1.** (*a.* **neck tie**) Krawatte *f* **2.** (*fig* ≈ *bond*) (Ver)bindung *f*; *family* **~s** familiäre Bindungen *pl* **3.** (≈ *hindrance*) Belastung *f* (*on* für) **4.** (SPORTS *etc* ≈ *result*) Unentschieden *nt*; (≈ *drawn match*) unentschiedenes Spiel; **there was a ~ for second place** es gab zwei zweite Plätze **II** *v/t* **1.** binden (*to* an +*acc*); (≈ *fasten*) befestigen (*to* an +*dat*); **to ~ a knot in sth** einen Knoten in etw (*acc*) machen; **my hands are ~d** (*fig*) mir sind die Hände gebunden **2.** (*fig* ≈ *link*) verbinden **3.** **the match was ~d** das Spiel ging unentschieden aus **III** *v/i* SPORTS unentschieden spielen; (*in competition*) gleichstehen; **they ~d for first place** sie teilten sich den ersten Platz ◆ **tie back** *v/t sep* zurückbinden ◆ **tie down** *v/t sep*

1. (*lit*) festbinden (*to* an +*dat*) **2.** (*fig* ≈ *restrict*) binden (*to* an +*acc*) ◆ **tie in** *v/i* **to ~ with sth** zu etw passen ◆ **tie on** *v/t sep* **to tie sth on(to) sth** etw an etw (*dat*) anbinden ◆ **tie up** *v/t sep* **1.** *parcel* verschnüren; *shoelaces* binden **2.** *boat* festmachen; *animal* festbinden (*to* an +*dat*); *prisoner* fesseln **3.** FIN *capital* (fest) anlegen **4.** (≈ *link*) **to be tied up with sth** mit etw zusammenhängen **5.** (≈ *keep busy*) beschäftigen

tie-break, tie-breaker *n* Tiebreak *m*

tier *n* (*of cake*) Etage *f*; (*of stadium*) Rang *m*; (*fig*) Stufe *f*

tiff *n* (*infml*) Krach *m* (*infml*)

tiger *n* Tiger *m*

tight **I** *adj* (+*er*) **1.** *clothes, bend, space* eng; **~ curls** kleine Locken **2.** (≈ *stiff*) unbeweglich; (≈ *firm*) *screw* fest angezogen; *lid, embrace* fest; *security* streng; **to have/keep a ~ hold of sth** (*lit*) etw gut festhalten **3.** *rope* straff; *knot* fest (angezogen) **4.** *race, money* knapp; *schedule* knapp bemessen **5.** (≈ *difficult*) *situation* schwierig; **in a ~ spot** (*fig*) in der Klemme (*infml*) **6.** *voice* fest; *smile* verkrampft **7.** (*infml* ≈ *miserly*) knick(e)rig (*infml*) **II** *adv* (+*er*) *hold, shut* fest; *stretch* straff; **to hold sb/sth ~** jdn/etw festhalten; **to pull sth ~** etw festziehen; **sleep ~!** schlaf(t) gut!; **hold ~!** festhalten! **III** *adj suf* -dicht; *watertight* wasserdicht**tighten** (*a.* **tighten up**) **I** *v/t* **1.** *knot* fester machen; *screw* anziehen; (≈ *re-tighten*) nachziehen; *muscles* anspannen; *rope* straffen; **to ~ one's grip on sth** (*lit*) etw fester halten; (*fig*) etw besser unter Kontrolle bringen **2.** (*fig*) *security* verschärfen **II** *v/i* (*rope*) sich straffen; (*knot*) sich zusammenziehen ◆ **tighten up** **I** *v/i* **1.** = **tighten** **II 2. to ~ on security** die Sicherheitsvorkehrungen verschärfen **II** *v/t sep* **1.** = **tighten** I1 **2.** *procedure* straffen

tightfisted *adj* knick(e)rig (*infml*)**tight-fitting** *adj* eng anliegend**tightknit** *adj* *community* eng (miteinander) verbunden**tight-lipped** *adj* **1.** (≈ *silent*) verschwiegen **2.** (≈ *angry*) *person* verbissen; *smile* verkniffen**tightly** *adv* **1.** fest; *wrapped* eng; *stretch* straff; **~ fitting** eng anliegend **2.** **~ packed** dicht gedrängt **3.** (≈ *rigorously*) streng**tightness** *n* **1.** (*of clothes*) enges Anliegen **2.** (≈ *tautness*, *of rope, skin*) Straffheit *f* **3.** (*in chest*) Beengtheit *f* **tightrope***n* Seil *nt*; *to walk a* ~ (*fig*) einen Balanceakt vollführen **tightrope walker** *n* Seiltänzer(in) *m(f)*

tights *pl* (*Br*) Strumpfhose *f*; *a pair of* ~ eine Strumpfhose

tile I *n* (*on roof*) (Dach)ziegel *m*; (≈ *ceramic tile, carpet tile*) Fliese *f*; (*on wall*) Kachel *f*, Plättli *nt* (*Swiss*); (≈ *lino tile etc*) Platte *f* **II** *v/t roof* (mit Ziegeln) decken; *floor* mit Fliesen / Platten auslegen; *wall* kacheln, plätteln (*Swiss*) **tiled** *adj floor* gefliest, geplättelt (*Swiss*); *wall* gekachelt, geplättelt (*Swiss*); ~ *roof* Ziegeldach *nt*

till[1] *prep*, *cj* = *until*

till[2] *n* (*Br*) Kasse *f*, Kassa *f* (*Aus*)

tilt I *n* (≈ *slope*) Neigung *f* **II** *v/t* kippen; *head* (seitwärts) neigen **III** *v/i* sich neigen ◆ **tilt back I** *v/i* sich nach hinten neigen **II** *v/t sep* nach hinten neigen ◆ **tilt forward I** *v/i* sich nach vorne neigen **II** *v/t sep* nach vorne neigen ◆ **tilt up I** *v/i* nach oben kippen **II** *v/t sep bottle* kippen

timber *n* **1.** Holz *nt*; (*for building*) (Bau)holz *nt* **2.** (≈ *beam*) Balken *m* **timber- -framed** *adj* ~ *house* Fachwerkhaus *nt*

time I *n* **1.** Zeit *f*; *how* ~ *flies!* wie die Zeit vergeht!; *only* ~ *will tell whether* ... es muss sich erst herausstellen, ob ...; *it takes* ~ *to do that* das braucht (seine) Zeit; *to take* (*one's*) ~ (*over sth*) sich (*dat*) (bei etw) Zeit lassen; *in* (*the course of*) ~ mit der Zeit; *in* (*next to*) *no* ~ im Nu; *at this moment in* ~ zum gegenwärtigen Zeitpunkt; *to have a lot of* / *no* ~ *for sb* / *sth* viel / keine Zeit für jdn / etw haben; (*fig* ≈ *be for* / *against*) viel / nichts für jdn / etw übrig haben; *to make* ~ (*for sb* / *sth*) sich (*dat*) Zeit (für jdn / etw) nehmen; *in or given* ~ mit der Zeit; *don't rush, do it in your own* ~ nur keine Hast, tun Sie es, wie Sie es können; *for some* ~ *past* seit einiger Zeit; *I don't know what she's saying half the* ~ (*infml*) meistens verstehe ich gar nicht, was sie sagt; *in two weeks'* ~ in zwei Wochen; *for a* ~ eine Zeit lang; *not before* ~ (*Br*) das wurde auch (langsam) Zeit; *this is hardly the* ~ *or the place to* ... dies ist wohl kaum die rechte Zeit oder der rechte Ort, um ...; *this is no* ~ *to quarrel* jetzt ist nicht die Zeit, sich zu streiten; *there are* ~*s when* ... es gibt Augenblicke, wo ...; *at the or that*

~ zu der Zeit; *at the present* ~ zurzeit; *sometimes* ..., (*at*) *other* ~*s* ... (manch)mal ..., (manch)mal ...; *this* ~ *last year* letztes Jahr um diese Zeit; *my* ~ *is up* meine Zeit ist um; *it happened before my* ~ das war vor meiner Zeit; *of all* ~ aller Zeiten; *he is ahead of his* ~ er ist seiner Zeit (weit) voraus; *in Victorian* ~*s* im Viktorianischen Zeitalter; ~*s are hard* die Zeiten sind hart *or* schwer; *to be behind the* ~*s* rückständig sein; (≈ *be out of touch*) nicht auf dem Laufenden sein; *all the* ~ (≈ *always*) immer; (≈ *all along*) die ganze Zeit; *to be in good* ~ rechtzeitig dran sein; *all in good* ~ alles zu seiner Zeit; *he'll let you know in his own good* ~ er wird Ihnen Bescheid sagen, wenn er so weit ist; (*for*) *a long* ~ lange; *I'm going away for a long* ~ ich fahre auf längere Zeit weg; *it's a long* ~ (*since* ...) es ist schon lange her(, seit ...); (*for*) *a short* ~ kurz; *a short* ~ *ago* vor Kurzem; *for the* ~ *being* (≈ *provisionally*) vorläufig; (≈ *temporarily*) vorübergehend; *when the* ~ *comes* wenn es so weit ist; *at* ~*s* manchmal; *at all* ~*s* derzeit; *by the* ~ *it finished* als es zu Ende war; *by the* ~ *we arrive* bis wir ankommen; *by that* ~ *we knew* inzwischen wussten wir es; *by that* ~ *we'll know* bis dahin wissen wir es; *by this* ~ inzwischen; *by this* ~ *tomorrow* morgen um diese Zeit; *from* ~ *to* ~ von Zeit zu Zeit; *this* ~ *of the year* diese Jahreszeit; *now's the* ~ *to do it* jetzt ist der richtige Zeitpunkt *or* die richtige Zeit, es zu tun **2.** *what* ~ *is it?, what's the* ~? wie spät ist es?, wie viel Uhr ist es?; *what* ~ *do you make it?* wie spät haben Sies?; *the* ~ *is 2.30* es ist 2.30 Uhr; *local* ~ Ortszeit *f*; *it's* ~ (*for me*) *to go, it's* ~ *I was going, it's* ~ *I went* es wird Zeit, dass ich gehe; *to tell the* ~ die Uhr kennen; *to make good* ~ gut vorankommen; *it's about* ~ *he was here* (*he has arrived*) es wird (aber) auch Zeit, dass er kommt; (*he has not arrived*) es wird langsam Zeit, dass er kommt; (*and*) *about* ~ *too!* das wird aber auch Zeit!; *ahead of* ~ zu früh; *behind* ~ zu spät; *at any* ~ *during the day* zu jeder Tageszeit; *not at this* ~ *of night!* nicht zu dieser nachtschlafenden Zeit *or* Stunde!; *at one* ~ früher; *at any* ~ jederzeit; *at no* ~ niemals; *at the same* ~ (*lit*) gleichzeitig; *they arrived at*

the same ~ as us sie kamen zur gleichen Zeit an wie wir; **but at the same ~, you must admit that ...** aber andererseits müssen Sie zugeben, dass ...; **in/on ~** rechtzeitig; **to be in ~ for sth** rechtzeitig zu etw kommen; **on ~** pünktlich **3.** (≈ *occasion*) Mal *nt*; **this ~** diesmal; **every** *or* **each ~** ... jedes Mal, wenn ...; **for the last ~** zum letzten Mal; **and he's not very bright at the best of ~s** und er ist ohnehin *or* sowieso nicht sehr intelligent; **~ and (~) again, ~ after ~** immer wieder; **I've told you a dozen ~s** ... ich habe dir schon x-mal gesagt ...; **nine ~s out of ten** ... neun vor zehn Malen ...; **three ~s a week** dreimal pro Woche; **they came in one/three** *etc* **at a ~** sie kamen einzeln/immer zu dritt *etc* herein; **four at a ~** vier auf einmal; **for weeks at a ~** wochenlang; **(the) next ~** nächstes Mal, das nächste Mal; **(the) last ~** letztes Mal, das letzte Mal **4.** MAT **2 ~s 3 is 6** 2 mal 3 ist 6; **it was ten ~s the size of ...** es war zehnmal so groß wie ... **5. to have the ~ of one's life** sich glänzend amüsieren; **what a ~ we had** *or* **that was!** das war eine Zeit!; **to have a hard ~** es schwer haben; **to give sb a bad/rough** *etc* **~ (of it)** jdm das Leben schwer machen; **we had a good ~** es hat uns (*dat*) gut gefallen; **have a good ~!** viel Spaß! **6.** (≈ *rhythm*) Takt *m*; **to keep ~** den Takt angeben **II** *v/t* **1. to ~ sth perfectly** genau den richtigen Zeitpunkt für etw wählen **2.** (*with stopwatch*) stoppen; *speed* messen; **to ~ sb (over 1000 metres)** jdn (auf 1000 Meter) stoppen; **~ how long it takes you, ~ yourself** sieh auf die Uhr, wie lange du brauchst; (*with stopwatch*) stopp, wie lange du brauchst **time bomb** *n* Zeitbombe *f* **time-consuming** *adj* zeitraubend **time difference** *n* Zeitunterschied *m* **time frame, timeframe** *n* Zeitrahmen *m* **time-honoured,** (*US*) **time-honored** *adj* althergebracht **time-lag** *n* Zeitverschiebung *f* **time-lapse** *adj* **~ photography** Zeitraffertechnik *f* **timeless** *adj* zeitlos; (≈ *everlasting*) immerwährend **time limit** *n* zeitliche Begrenzung; (*for the completion of a job*) Frist *f* **timely** *adj* rechtzeitig **time management** *n* Zeitmanagement *nt* **time-out** *n* (*US*) **1.** FTBL Auszeit *f* **2. to take ~** Pause machen **timer** *n* Zeitmesser *m*; (≈ *switch*)

Schaltuhr *f* **time-saving** *adj* zeitsparend **timescale** *n* zeitlicher Rahmen **timeshare I** *n* Wohnung *f etc* auf Timesharingbasis **II** *adj attr* Timesharing- **time sheet** *n* Stundenzettel *m* **time signal** *n* (*Br*) Zeitzeichen *nt* **time signature** *n* Taktvorzeichnung *f* **time span** *n* Zeitspanne *f* **time switch** *n* Schaltuhr *f* **timetable** *n* TRANSPORT Fahrplan *m*; (*Br* SCHOOL) Stundenplan *m*; **to have a busy ~** ein volles Programm haben **time zone** *n* Zeitzone *f*

timid *adj* scheu **timidly** *adv say* zaghaft; *enter* schüchtern

timing *n* (≈ *choice of time*) Timing *nt*; **the ~ of the statement was wrong** die Erklärung kam zum falschen Zeitpunkt

tin *n* **1.** Blech *nt*; CHEM Zinn *nt* **2.** (*esp Br* ≈ *can*) Dose *f* **tin can** *n* (Blech)dose *f*

tinder *n* Zunder *m*

tinfoil *n* (≈ *aluminium foil*) Aluminiumfolie *f*

tinge I *n* Spur *f*; (*of colour*) Hauch *m* **II** *v/t* **1.** (≈ *colour*) (leicht) tönen **2.** (*fig*) **~d with ...** mit einer Spur von ...

tingle I *v/i* prickeln (*with* vor +*dat*) **II** *n* Prickeln *nt* **tingling I** *n* Prickeln *nt* **II** *adj* prickelnd **tingly** *adj* prickelnd; **my arm feels (all) ~** mein Arm kribbelt (*infml*)

tinker I *n* (*Br pej*) **you little ~!** (*infml*) du kleiner Stromer! (*infml*) **II** *v/i* **1.** herumbasteln (*with, on* an +*dat*) **2.** (*unskilfully*) herumpfuschen (*with* an +*dat*)

tinkle I *v/i* **1.** (*bells etc*) klingen **2.** (*infml* ≈ *urinate*) pinkeln (*infml*) **II** *n* Klingeln *nt no pl*; (*of glass*) Klirren *nt no pl* **tinkling I** *n* (*of bells etc*) Klingen *nt*; (*of glass*) Klirren *nt* **II** *adj bells* klingend

tinned *adj* (*esp Br*) aus der Dose; **~ food** Dosennahrung *f*

tinnitus *n* MED Tinnitus *m*, Ohrenpfeifen *nt*

tinny *adj* (+*er*) *sound* blechern **tin-opener** *n* (*esp Br*) Dosenöffner *m*

tinsel *n* Girlanden *pl* aus Rauschgold *etc*

tint I *n* Ton *m*; (*for hair*) Tönung(smittel *nt*) *f* **II** *v/t hair* tönen **tinted** *adj* getönt

tiny *adj* (+*er*) winzig; *baby* ganz klein; **~ little** winzig klein

tip¹ I *n* Spitze *f*; **on the ~s of one's toes** auf Zehenspitzen; **it's on the ~ of my tongue** es liegt mir auf der Zunge; **the ~ of the iceberg** (*fig*) die Spitze des Eisbergs **II** *v/t steel-~ped** mit Stahlspitze

tip² I *n* **1.** (≈ *gratuity*) Trinkgeld *nt* **2.** (≈ *advice*) Tipp *m* **II** *v/t* **1.** *waiter* Trinkgeld geben (+*dat*) **2.** *to be ~ped to win* der Favorit sein ◆ **tip off** *v/t sep* einen Tipp geben +*dat* (*about* über +*acc*)

tip³ I *v/t* (≈ *tilt*) kippen; (≈ *pour also, empty*) schütten; (≈ *overturn*) umkippen; *to ~ sth backwards/forwards* etw nach hinten/vorne kippen; *to ~ the balance* (*fig*) den Ausschlag geben **II** *v/i* (≈ *incline*) kippen **III** *n* (*Br: for rubbish*) Müllkippe *f*; (*for coal*) Halde *f*; (*infml* ≈ *untidy place*) Saustall *m* (*infml*) ◆ **tip back** I *v/i* (*chair, person*) nach hinten (weg)kippen **II** *v/t sep* nach hinten kippen; *head* nach hinten neigen ◆ **tip out** I *v/t sep* auskippen; *load* abladen **II** *v/i* herauskippen; (*liquid*) herauslaufen ◆ **tip over** *v/i, v/t sep* (≈ *overturn*) umkippen ◆ **tip up** *v/i, v/t sep* (≈ *tilt*) kippen; (≈ *overturn*) umkippen; (*folding seat*) hochklappen

tip-off *n* (*infml*) Tipp *m*

Tipp-Ex® I *n* Tipp-Ex® *nt* **II** *v/t* **to ~ (out)** mit Tipp-Ex® löschen

tipsy *adj* (+*er*) beschwipst

tiptoe I *v/i* auf Zehenspitzen gehen **II** *n on ~* auf Zehenspitzen **tip-up truck** *n* Kipplaster *m*

tirade *n* Schimpfkanonade *f*

tire¹ I *v/t* müde machen **II** *v/i* müde werden; *to ~ of sb/sth* jdn/etw satthaben; *she never ~s of talking about her son* sie wird es nie müde, über ihren Sohn zu sprechen ◆ **tire out** *v/t sep* (völlig) erschöpfen

tire² *n* (*US*) = **tyre**

tired *adj* müde; *~ out* völlig erschöpft; *to be ~ of sb/sth* jdn/etw satthaben; *to get ~ of sb/sth* jdn/etw sattbekommen **tiredness** *n* Müdigkeit *f* **tireless** *adj* unermüdlich **tiresome** *adj* lästig **tiring** *adj* anstrengend

Tirol *n* = **Tyrol**

tissue *n* **1.** (ANAT, *fig*) Gewebe *nt* **2.** (≈ *handkerchief*) Papier(taschen)tuch *nt* **3.** (*a.* **tissue paper**) Seidenpapier *nt*

tit¹ *n* (≈ *bird*) Meise *f*

tit² *n* **~ for tat** wie du mir, so ich dir

tit³ *n* (*sl* ≈ *breast*) Titte *f* (*sl*); *he gets on my ~s* er geht mir auf den Sack (*sl*)

titbit, (*US*) **tidbit** *n* **1.** Leckerbissen *m* **2.** (≈ *information*) Pikanterie *f*

titillate *v/t person, senses* anregen; *interest* erregen

title *n* **1.** Titel *m*; (*of chapter*) Überschrift *f*; FILM Untertitel *m* **2.** (≈ *form of address*) Anrede *f* **title deed** *n* Eigentumsurkunde *f* **titleholder** *n* SPORTS Titelträger(in) *m(f)* **title page** *n* TYPO Titelseite *f* **title role** *n* Titelrolle *f*

titter I *v/t & v/i* kichern **II** *n* Gekicher *nt*

T-junction *n* (*Br*) T-Kreuzung *f*

TM *abbr of* **trademark**

to I *prep* **1.** (≈ *towards*) zu; *to go to the station/doctor's* zum Bahnhof/Arzt gehen; *to go to the opera etc* in die Oper etc gehen; *to go to France/London* nach Frankreich/London fahren; *to the left/west* nach links/Westen; *I have never been to India* ich war noch nie in Indien **2.** (≈ *as far as, until*) bis; *to count (up) to 20* bis 20 zählen; *it's 90 kms to Paris* nach Paris sind es 90 km; *8 years ago to the day* auf den Tag genau vor 8 Jahren **3.** *he nailed it to the wall/floor etc* er nagelte es an die Wand/auf den Boden etc; *they tied him to the tree* sie banden ihn am Baum fest **4.** (*with indirect object*) *to give sth to sb* jdm etw geben; *I said to myself ...* ich habe mir gesagt ...; *to mutter to oneself* vor sich hin murmeln; *he is kind to everyone* er ist zu allen freundlich; *it's a great help to me* das ist eine große Hilfe für mich; *he has been a good friend to us* er war uns (*dat*) ein guter Freund; *to Lottie* (*toast*) auf Lottie (*acc*); *to drink to sb* jdm zutrinken **5.** (*with position*) *close to sb/sth* nahe bei jdm/etw; *at right angles to the wall* im rechten Winkel zur Wand; *to the west (of)/the left (of)* westlich/links (von) **6.** (*with time*) vor; *20 (minutes) to 2* 20 (Minuten) vor 2 **7.** (≈ *in relation to*) zu; *they won by four goals to two* sie haben mit vier zu zwei Toren gewonnen; *3 to the power of 4* 3 hoch 4 **8.** (≈ *per*) pro **9.** *what would you say to a beer?* was hältst du von einem Bier?; *there's nothing to it* es ist nichts dabei; *that's all there is to it* das ist alles; *to the best of my knowledge* nach bestem Wissen; *it's not to my taste* das ist nicht nach meinem Geschmack **10.** (*infinitive*) *to begin to do sth* anfangen, etw zu tun; *he decided to come* er beschloss zu kommen; *I want to do it* ich will es tun; *I want him to do it* ich will, dass er es tut; *to work to live* arbeiten, um zu leben; **to get to the point**, ... um zur Sache zu kommen, ...; **I arrived to find she had gone** als ich ankam, war sie weg **11.** (*omitting verb*) **I don't want to** ich will nicht; **I'll try to** ich werde es versuchen; **you have to** du musst; **I'd love to** sehr gerne; **buy it, it would be silly not to** kaufe es, es wäre dumm, es nicht zu tun **12. there's no-one to help us** es ist niemand da, der uns helfen könnte; **he was the first to arrive** er kam als Erster an; **who was the last to see her?** wer hat sie zuletzt gesehen?; **what is there to do here?** was gibt es hier zu tun?; **to be ready to do sth** (≈ *willing*) bereit sein, etw zu tun; **it's hard to understand** es ist schwer zu verstehen **II** *adj* **door** (≈ *shut*) zu **III** *adv* **to and fro** hin und her; *walk* auf und ab

toad *n* Kröte *f* **toadstool** *n* (nicht essbarer) Pilz

toast[1] **I** *n* Toast *m*; **a piece of** ~ ein Toast *m* **II** *v/t* toasten

toast[2] **I** *n* Toast *m*, Trinkspruch *m*; **to drink a** ~ **to sb** auf jdn trinken; **to propose a** ~ einen Toast ausbringen (*to* auf +*acc*); **she was the** ~ **of the town** sie war der gefeierte Star der Stadt **II** *v/t* **to** ~ **sb/sth** auf jds Wohl trinken

toaster *n* Toaster *m* **toast rack** *n* Toastständer *m*

tobacco *n* Tabak *m* **tobacconist** *n* Tabak(waren)händler(in) *m(f)*, Trafikant(in) *m(f)* (*Aus*); (≈ *shop*) Tabak(waren)laden *m*

to-be *adj* **the bride-**~ die zukünftige Braut; **the mother-**~ die werdende Mutter

toboggan I *n* Schlitten *m*, Rodel *f* (*Aus*) **II** *v/i* **to go** ~**ing** Schlitten fahren, schlitteln (*Swiss*)

today *adv, n* **1.** heute; **a week/fortnight** ~ heute in einer Woche/zwei Wochen; **a year ago** ~ heute vor einem Jahr; **from** ~ ab heute; **later** ~ später (am Tag); ~**'s paper** die Zeitung von heute; **what's** ~**'s date?** der Wievielte ist heute?; **here** ~ **and gone tomorrow** (*fig*) heute hier und morgen da **2.** (≈ *these days*) heutzutage; **the youth of** ~ die Jugend von heute

toddle *v/i* **1.** (*child*) wackelnd laufen **2.** (*infml*: *a.* **toddle off**) abzwitschern (*infml*) **toddler** *n* Kleinkind *nt*

to-do *n* (*infml*) Theater *nt* (*infml*)

toe I *n* Zehe *f*; (*of sock*) Spitze *f*; **to tread or step on sb's** ~**s** (*lit*) jdm auf die Zehen treten; (*fig*) jdm ins Handwerk pfuschen (*infml*); **to be on one's** ~**s** (*fig*) auf Zack sein (*infml*) **II** *v/t* (*fig*) **to** ~ **the line** sich einfügen, spuren (*infml*)

TOEFL *abbr of* **Test of English as a Foreign Language** TOEFL-Test *m*, englische Sprachprüfung für ausländische Studenten

toehold *n* Halt *m* für die Fußspitzen; (*fig*) Einstieg *m* **toenail** *n* Zehennagel *m*

toff *n* (*Br infml*) feiner Pinkel (*infml*)

toffee *n* (*Br*) (≈ *substance*) (Sahne)karamell *m*; (≈ *sweet*) Toffee *nt*

tofu *n* Tofu *nt*

together I *adv* zusammen; **to do sth** ~ etw zusammen tun; (≈ *with one another*) *discuss, play etc also* etw miteinander tun; **to go** ~ (≈ *match*) zusammenpassen; **all** ~ **now** jetzt alle zusammen **II** *adj* (*infml*) cool (*infml*)

toggle I *n* Knebel *m*; (*on clothes*) Knebelknopf *m* **II** *v/i* IT hin- und herschalten **toggle key** *n* IT Umschalttaste *f* **toggle switch** *n* Kipp(hebel)schalter *m*

togs *pl* (*infml*) Sachen *pl*, Klamotten *pl* (*infml*)

toil I *v/i* (*liter* ≈ *work*) sich plagen (*at, over* mit) **II** *n* (*liter*) Plage *f* (*elev*)

toilet *n* Toilette *f*; **to go to the** ~ (*esp Br*) auf die Toilette gehen; **she's in the** ~ sie ist auf der Toilette **toilet bag** *n* (*Br*) Kulturbeutel *m* **toilet brush** *n* Klosettbürste *f* **toilet paper** *n* Toilettenpapier *nt* **toiletries** *pl* Toilettenartikel *pl* **toilet roll** *n* Rolle *f* Toilettenpapier **toilet seat** *n* Toilettensitz *m* **toilet tissue** *n* Toilettenpapier *nt* **toilet water** *n* Eau de Toilette *nt*

to-ing and fro-ing *n* (*esp Br*) Hin und Her *nt*

token I *n* **1.** (≈ *sign*) Zeichen *nt*; **by the same** ~ ebenso; (*with neg*) aber auch **2.** (*for gambling etc*) Spielmarke *f* **3.** (*Br* ≈ *gift token*) Gutschein *m* **II** *attr* Schein-; ~ **gesture** leere Geste

Tokyo *n* Tokio *nt*

told *pret, past part of* **tell**

tolerable *adj* erträglich **tolerance** *n* Toleranz *f* (*of, for, towards* gegenüber) **tolerant** *adj* **1.** (*of, towards, with* gegenüber) tolerant **2.** TECH **to be** ~ **of heat** hitzebeständig sein **tolerate** *v/t* **1.** *noise etc* ertragen **2.** *person, behaviour* tolerieren **toleration** *n* Tolerierung *f*

toll¹ **I** v/t & v/i läuten **II** n Läuten nt
toll² n **1.** (≈ *bridge toll*) Maut f **2.** *the death ~ on the roads* die Zahl der Verkehrstoten **tollbooth** n Mautstelle f **toll bridge** n Mautbrücke f **toll-free** (*US* TEL) adj, adv gebührenfrei **toll road** n Mautstraße f

tomahawk n Tomahawk m

tomato n, pl **-es** Tomate f, Paradeiser m (*Aus*) **tomato ketchup** n (Tomaten)ketchup m or nt **tomato puree** n Tomatenmark nt, Paradeismark nt (*Aus*)

tomb n (≈ *grave*) Grab nt; (≈ *building*) Grabmal nt

tomboy n Wildfang m

tombstone n Grabstein m

tomcat n Kater m

tomorrow adv, n morgen; (≈ *future*) Morgen nt; *a week~* morgen in einer Woche; *a fortnight ~* morgen in zwei Wochen; *a year ago ~* morgen vor einem Jahr; *the day after ~* übermorgen; *~ morning/evening* morgen früh/Abend; *early ~* morgen früh; (*as*) *from ~* ab morgen; *see you ~!* bis morgen!; *~'s paper* die Zeitung von morgen

ton n **1.** (britische) Tonne; *it weighs a ~* (*fig infml*) das wiegt ja eine Tonne **2.** **tons** pl (*infml* ≈ *lots*) jede Menge (*infml*)

tone I n Ton m (*also* MUS); (*US* ≈ *note*) Note f; (≈ *quality of colour*) Klang m; (*of colour*) (Farb)ton m; *... he said in a friendly ~ ...* sagte er in freundlichem Ton; *the new people have lowered the ~ of the neighbourhood* die neuen Leute haben dem Ruf des Viertels geschadet **II** v/t *muscles* in Form bringen ♦ **tone down** v/t sep abmildern; *demands* mäßigen ♦ **tone up** v/t sep *muscles* kräftigen

tone-deaf adj *he's ~* er hat kein Gehör für Tonhöhen

toner n **1.** (*for copier*) Toner m **2.** (≈ *cosmetic*) Tönung f **toner cartridge** n Tonerpatrone f

tongs pl **1.** Zange f; *a pair of ~* eine Zange **2.** (*electric*) Lockenstab m

tongue n Zunge f; *to put or stick one's ~ out at sb* jdm die Zunge herausstrecken; *to hold one's ~* den Mund halten **tongue in cheek** adj pred *remark* ironisch gemeint **tongue-tied** adj *to be ~* keinen Ton herausbringen **tongue twister** n Zungenbrecher m

tonic n **1.** MED Tonikum nt **2.** ~ (**water**)

Tonic(water) nt

tonight I adv (≈ *this evening*) heute Abend; (≈ *during the night*) heute Nacht; *see you ~!* bis heute Abend! **II** n (≈ *this evening*) der heutige Abend; (≈ *the coming night*) die heutige Nacht; *~'s party* die Party heute Abend

tonne n Tonne f

tonsil n Mandel f **tonsillitis** n Mandelentzündung f

too adv **1.** (*+adj or adv* ≈ *very*) zu; *~ much* zu viel inv; *~ many* zu viele; *he's had ~ much to drink* er hat zu viel getrunken; *don't worry ~ much* mach dir nicht zu viel Sorgen; *~ right!* (*infml*) das kannste laut sagen (*infml*); *all ~ ...* allzu ...; *he wasn't ~ interested* er war nicht allzu interessiert; *I'm not ~ sure* ich bin nicht ganz sicher **2.** (≈ *also*) auch **3.** (≈ *moreover*) auch noch

took pret of **take**

tool n Werkzeug nt **toolbar** n IT Symbolleiste f **toolbox** n Werkzeugkasten m **toolkit** n Werkzeug(ausrüstung f) nt **tool shed** n Geräteschuppen m

toot I v/t *to ~ a horn* (*in car*) hupen **II** v/i (*in car*) hupen

tooth n, pl **teeth** Zahn m; *to have a ~ out* sich (*dat*) einen Zahn ziehen lassen; *to get one's teeth into sth* (*fig*) sich in etw (*dat*) festbeißen; *to fight ~ and nail* bis aufs Blut kämpfen; *to lie through or in one's teeth* das Blaue vom Himmel herunterlügen; *I'm fed up to the* (**back**) *teeth with that* (*infml*) es hängt mir zum Hals heraus (*infml*)

toothache n Zahnschmerzen pl

toothbrush n Zahnbürste f **tooth decay** n Karies f **toothpaste** n Zahnpasta f **toothpick** n Zahnstocher m

top I n **1.** (≈ *highest part*) oberer Teil; (*of spire etc, fig: of league etc*) Spitze f; (*of mountain*) Gipfel m; (*of tree*) Krone f; (*of road*) oberes Ende; (*of table, sheet*) Kopfende nt; *at the ~* oben; *at the ~ of the page* oben auf der Seite; *at the ~ of the league/stairs* oben in der Tabelle/an der Treppe; *at the ~ of the table* am oberen Ende des Tisches; *to be ~ of the class* Klassenbeste(r) sein; *near the ~* (ziemlich) weit oben; *five lines from the ~* in der fünften Zeile von oben; *from ~ to toe* von Kopf bis Fuß; *from ~ to bottom* von oben bis unten; *at the ~ of one's voice* aus vollem Hals;

off the ~ of my head (*fig*) grob gesagt; *to go over the ~* zu viel des Guten tun; *that's a bit over the ~* das geht ein bisschen zu weit **2.** (≈ *upper surface*) Oberfläche *f*; *to be on ~* oben sein *or* liegen; (*fig*) obenauf sein; *it was on ~ of/on the ~ of the cupboard etc* es war auf/oben auf dem Schrank *etc*; *on ~ of* (*in addition to*) zusätzlich zu; *things are getting on ~ of me* die Dinge wachsen mir über den Kopf; *and, on ~ of that ...* und außerdem ...; *he felt he was on ~ of the situation* er hatte das Gefühl, die Situation unter Kontrolle zu haben; *to come out on ~* sich durchsetzen **3.** (*infml: of body*) Oberkörper *m*; *to blow one's ~* an die Decke gehen (*infml*) **4.** (≈ *working surface*) Arbeitsfläche *f* **5.** (≈ *bikini top*) Oberteil *nt*; (≈ *blouse*) Top *nt* **6.** (≈ *lid, of jar*) Deckel *m*; (*of bottle*) Verschluss *m*; (*of pen*) Hülle *f*; (*of car*) Dach *nt* **II** *adj* (≈ *upper*) obere(r, s); (≈ *highest*) oberste(r, s); (≈ *best*) Spitzen-; *marks beste(r, s); today's ~ story* die wichtigste Meldung von heute; *on the ~ floor* im obersten Stockwerk; *at ~ speed* mit Höchstgeschwindigkeit; *in ~ form* in Höchstform **III** *adv* **1.** *to come ~* SCHOOL Beste(r) werden **2.** *~s* (*infml*) höchstens, maximal **IV** *v/t* **1.** (≈ *cover*) bedecken; *fruit ~ped with cream* Obst mit Sahne darauf **2.** *to ~ the list* ganz oben auf der Liste stehen **3.** (*fig* ≈ *surpass*) übersteigen; *and to ~ it all ...* (*infml*) und um das Maß vollzumachen ... ◆ **top off** *v/t sep* **1.** abrunden **2.** (*US*) = **top up** ◆ **top up** *v/t sep* (*Br*) auffüllen; *income* ergänzen; *can I top you up?* (*infml*) darf ich dir nachschenken?

top gear *n* höchster Gang **top hat** *n* Zylinder *m* **top-heavy** *adj* kopflastig

topic *n* Thema *nt*; *~ of conversation* Gesprächsthema *nt* **topical** *adj* aktuell

topless I *adj* oben ohne, Oben-ohne- **II** *adv* oben ohne **top-level** *adj* Spitzen-; *negotiations* auf höchster Ebene **top management** *n* Spitzenmanagement *nt* **topmost** *adj* oberste(r, s) **top-of--the-range** *adj attr* Spitzen-, der Spitzenklasse **topping** *n* COOK *with a ~ of cream etc* mit Sahne *etc* (oben) darauf **top--quality** *adj attr* Spitzen-; *~ product* Spitzenprodukt *nt*

topple I *v/i* **1.** wackeln **2.** (≈ *fall*) fallen **II** *v/t* (*fig*) *government etc* stürzen ◆ **top-**

ple down *v/i* +*prep obj* hinunterfallen ◆ **topple over** *v/i* schwanken und fallen (*prep obj* über +*acc*)

top-ranking *adj* von hohem Rang; *tennis player etc* der Spitzenklasse **top-secret** *adj* streng geheim **topsoil** *n* AGR Ackerkrume *f*

topsy-turvy (*infml*) *adj* (*lit* ≈ *in disorder*) kunterbunt durcheinander *pred*; (*fig*) auf den Kopf gestellt

top-up (*Br*) **I** *n* (*infml*) *would you like a ~?* darf man dir noch nachschenken? **II** *adj* Zusatz- **top-up card** *n* (*for mobile phone*) (wieder aufladbare) Prepaidkarte *f*

torch *n* Fackel *f*; (*Br* ≈ *flashlight*) Taschenlampe *f*

tore *pret of* **tear**[1]

torment I *n* Qual *f*; *to be in ~* Qualen leiden **II** *v/t* quälen; (≈ *tease*) plagen

torn *past part of* **tear**[1]

tornado *n, pl* **-es** Tornado *m*

torpedo I *n, pl* **-es** Torpedo *m* **II** *v/t* torpedieren

torpor *n* (≈ *lethargy*) Trägheit *f*; (≈ *apathy*) Abgestumpftheit *f*

torrent *n* reißender Strom; (*fig: of words*) Schwall *m*; *a ~ of abuse* ein Schwall *m* von Beschimpfungen **torrential** *adj rain* sintflutartig

torso *n* Körper *m*

tortoise *n* Schildkröte *f* **tortoiseshell** *n* Schildpatt *m*

tortuous *adj* (*lit*) *path* gewunden; (*fig*) verwickelt **torture I** *n* Folter *f*; (*fig*) Qual *f* **II** *v/t* **1.** (*lit*) foltern **2.** (*fig* ≈ *torment*) quälen **torture chamber** *n* Folterkammer *f* **torturer** *n* (*lit*) Folterknecht *m*

Tory (*Br* POL) **I** *n* Tory *m*, Konservative(r) *m/f(m)* **II** *adj* konservativ, Tory-

toss I *n* **1.** (≈ *throw*) Wurf *m* **2.** (*of coin*) Münzwurf *m*; *to win the ~* die Seitenwahl gewinnen **II** *v/t* **1.** (≈ *throw*) werfen; *salad* anmachen; *pancake* wenden; *to ~ sth to sb* jdm etw zuwerfen; *to ~ a coin* eine Münze (zum Losen) hochwerfen; *to ~ sb for sth* mit jdm (durch Münzenwerfen) um etw knobeln **2.** (≈ *move*) schütteln; *to ~ one's head* den Kopf zurückwerfen **III** *v/i* **1.** (*ship*) rollen; *to ~ and turn* sich hin und her wälzen **2.** (*with coin*) (durch Münzenwerfen) knobeln; *to ~ for sth* um etw knobeln ◆ **toss about** (*Brit*) *or* **around** *v/t sep* (≈ *move*) durchschütteln; *ball herum-*

werfen; (*fig*) *ideas* zur Debatte stellen ♦ **toss away** *v/t sep* wegwerfen ♦ **toss out** *v/t sep rubbish* wegwerfen; *person* hinauswerfen ♦ **toss up** *v/t sep* werfen **toss-up** *n* **it was a ~ whether ...** (*infml*) es war völlig offen, ob ...

tot *n* **1.** (≈ *child*) Knirps *m* (*infml*) **2.** (*esp Br: of alcohol*) Schlückchen *nt* ♦ **tot up** *v/t sep* (*esp Br infml*) zusammenzählen

total I *adj stranger* völlig; *amount* Gesamt-; *eclipse* total; **what is the ~ number of rooms you have?** wie viele Zimmer haben Sie (insgesamt)?; **to be in ~ ignorance (of sth)** (von etw) überhaupt nichts wissen **II** *n* Gesamtzahl *f*; (≈ *money, figures*) Endsumme *f*; **a ~ of 50 people** insgesamt 50 Leute; **this brings the ~ to £100** das bringt die Gesamtsumme auf £ 100; **in ~** insgesamt **III** *v/t* **1.** (≈ *amount to*) sich belaufen auf (+*acc*) **2.** (≈ *add: a.* **total up**) zusammenzählen **totalitarian** *adj* totalitär **totally** *adv* total

tote bag *n* (*US*) (Einkaufs)tasche *f*
totem pole *n* Totempfahl *m*
totter *v/i* schwanken
touch I *n* **1.** (≈ *sense of touch*) (Tast)gefühl *nt*; **to be cold to the ~** sich kalt anfühlen **2.** (≈ *act of touching*) Berührung *f*; **at the ~ of a button** auf Knopfdruck **3.** (≈ *skill*) Hand *f*; (≈ *style*) Stil *m*; **he's losing his ~** er wird langsam alt; **a personal ~** eine persönliche Note **4.** (*fig*) Einfall *m*; **a nice ~** eine hübsche Note; **to put the finishing ~es to sth** letzte Hand an etw (*acc*) legen **5.** (≈ *small quantity*) Spur *f*; **a ~ of flu** eine leichte Grippe **6. to be in ~ with sb** mit jdm in Verbindung stehen; **to keep in ~ with developments** auf dem Laufenden bleiben; **I'll be in ~!** ich melde mich!; **keep in ~!** lass wieder einmal von dir hören!; **to be out of ~** nicht auf dem Laufenden sein; **you can get in ~ with me at this number** Sie können mich unter dieser Nummer erreichen; **to get in ~ with sb** sich mit jdm in Verbindung setzen; **to lose ~ (with sb)** den Kontakt (zu jdm) verlieren; **to put sb in ~ with sb** jdn mit jdm in Verbindung bringen **7.** FTBL Aus *nt*; **in ~** im Aus **II** *v/t* **1.** berühren; (≈ *get hold of*) anfassen; **her feet hardly ~ed the ground** (*fig*) sie schwebte in den Wolken **2.** *criminal, drink* anrühren; (≈ *use*) antasten; **the police can't ~ me** die

Polizei kann mir nichts anhaben **3.** (≈ *move emotionally*) rühren; (≈ *affect*) berühren **III** *v/i* sich berühren; **don't ~!** Finger weg! ♦ **touch up** *v/t sep paintwork* ausbessern ♦ **touch (up)on** *v/i +prep obj subject* antippen; **he barely touched on the question** er hat die Frage kaum berührt

touch-and-go *adj* **to be ~** riskant sein; **it's ~ whether ...** es steht auf des Messers Schneide, ob ... **touchdown** *n* **1.** AVIAT, SPACE Aufsetzen *nt* **2.** (*US* FTBL) Versuch *m, Niederlegen des Balles im Malfeld des Gegners* **touched** *adj pred* (≈ *moved*) gerührt **touching** *adj*, **touchingly** *adv* rührend **touchline** *n* (*esp Br* SPORTS) Seitenlinie *f* **touchpaper** *n* Zündpapier *nt* **touch-sensitive** *adj* **~ screen** Touch-Screen *m* **touch-tone** *adj* Tonwahl- **touch-type** *v/i* blindschreiben **touchy** *adj* empfindlich (*about* in Bezug auf +*acc*); *subject* heikel

tough *adj* (+*er*) zäh; (≈ *resistant*) widerstandsfähig; *cloth* strapazierfähig; *opponent, problem* hart; *city* rau; *journey* anstrengend; *choice* schwierig; **(as) as old boots** (*Br hum infml*) *or* **shoe leather** (*US hum infml*) zäh wie Leder (*infml*); **he'll get over it, he's ~** er wird schon darüber hinwegkommen, er ist hart im Nehmen (*infml*); **to get ~ (with sb)** (*fig*) hart durchgreifen (gegen jdn); **it was ~ going** es war eine Strapaze; **to have a ~ time of it** nichts zu lachen haben; **I had a ~ time controlling my anger** es fiel mir schwer, meinen Zorn unter Kontrolle zu halten; **she's a ~ customer** sie ist zäh wie Leder (*infml*); **was ~ on the others** (*infml*) das war hart für die andern; **~ (luck)!** (*infml*) Pech!

toughen *v/t glass* härten ♦ **toughen up I** *v/t sep person* stählen (*elev*); *regulations* verschärfen **II** *v/i* hart werden; **to ~ on sth** härter gegen etw vorgehen

toughness *n* (*of meat etc*) Zähheit *f*; (*of person*) Zähigkeit *f*; (≈ *resistance*) Widerstandsfähigkeit *f*; (*of bargaining, opponent, fight, controls*) Härte *f*

toupee *n* Toupet *nt*

tour I *n* **1.** Tour *f*; (*of town, exhibition etc*) Rundgang *m* (*of* durch); (*a.* **guided tour**) Führung *f* (*of* durch); (*by bus*) Rundfahrt *f* (*of* durch); **to go on a ~ of Scotland** auf eine Schottlandreise gehen **2.** (*a.* **tour of inspection**) Runde *f* (*of* durch) **3.** THEAT Tournee *f* (*of* durch); *to take a play on ~* mit einem Stück auf Gastspielreise *or* Tournee gehen **II** *v/t* **1.** *country etc* fahren durch; (≈ *travel around*) bereisen; *to ~ the world* um die Welt reisen **2.** *town, exhibition* einen Rundgang machen durch **3.** THEAT eine Tournee machen durch **III** *v/i* **1.** (*on holiday*) eine Reise *or* Tour machen; *we're ~ing* (*around*) wir reisen herum **2.** THEAT eine Tournee machen; *to be ~ing* auf Tournee sein **tour de force** *n* Glanzleistung *f* **tour guide** *n* Reiseleiter(in) *m(f)* **touring** *n* (Herum)reisen *nt* **tourism** *n* Tourismus *m*

tourist I *n* Tourist(in) *m(f)* **II** *attr* Touristen-; *~ season* Reisesaison *or* -zeit *f* **tourist-class** *adj* der Touristenklasse **tourist guide** *n* Fremdenführer(in) *m(f)* **tourist information centre** *n* (*Br*) Touristen-Informationsbüro *nt* **tourist office** *n* Fremdenverkehrsbüro *nt*

tournament *n* Turnier *nt*
tourniquet *n* Aderpresse *f*
tour operator *n* Reiseveranstalter *m*
tousled *adj* hair zerzaust
tout (*infml*) **I** *n* (≈ *ticket tout*) (Karten-) schwarzhändler(in) *m(f)* **II** *v/i* *to ~ for business* (aufdringlich) Reklame machen; *to ~ for customers* auf Kundenfang sein (*infml*)
tow I *n to give sb a ~* jdn abschleppen; *in ~* (*fig*) im Schlepptau **II** *v/t* schleppen; *trailer* ziehen ♦ **tow away** *v/t sep car* (gebührenpflichtig) abschleppen
toward(s) *prep* **1.** (*with motion*) auf (+*acc*) ... zu; *to sail ~ China* in Richtung China segeln; *it's further north, ~ Dortmund* es liegt weiter im Norden, Richtung Dortmund; *~ the south* nach Süden; *he turned ~ her* er wandte sich ihr zu; *with his back ~ the wall* mit dem Rücken zur Wand; *they are working ~ a solution* sie arbeiten auf eine Lösung hin; *to get some money ~ sth* etwas Geld als Beitrag zu etw bekommen **2.** (≈ *in relation to*) ... (*dat*) gegenüber; *what are your feelings ~ him?* was empfinden Sie für ihn? **3.** *~ ten o'clock* gegen zehn Uhr; *~ the end of the year* gegen Ende des Jahres
towbar *n* Anhängerkupplung *f*
towel *n* Handtuch *nt* ♦ **towel down** *v/t sep* (ab)trocknen

towelling *n* Frottee(stoff) *m*
tower I *n* **1.** Turm *m* **2.** (*fig*) *a ~ of strength* ein starker (Rück)halt **3.** IT Tower *m* **II** *v/i* ragen ♦ **tower above** *or* **over** *v/i* +*prep obj* **1.** (*buildings etc*) emporragen über (+*acc*) **2.** (*people*) überragen
tower block *n* (*Br*) Hochhaus *nt* **towering** *adj* (*fig*) *achievement* überragend
town *n* Stadt *f*; *to go into ~* in die Stadt gehen; *he's out of ~* er ist nicht in der Stadt; *to go to ~ on sth* (*fig infml*) sich (*dat*) bei etw einen abbrechen (*infml*) **town centre** , (*US*) **town center** *n* Stadtmitte *f*, (Stadt)zentrum *nt* **town council** *n* Stadtrat *m* **town councillor** , (*US*) **town councilor** *n* Stadtrat *m*, Stadträtin *f*
town hall *n* Rathaus *nt* **town house** *n* Stadthaus *nt*; (≈ *type of house*) Reihenhaus *nt* **town planner** *n* Stadtplaner(in) *m(f)* **town planning** *n* Stadtplanung *f* **townsfolk** *pl* Bürger *pl* **township** *n* (*US*) Verwaltungsbezirk *m*; (*in South Africa*) Township *f* **townspeople** *pl* Bürger *pl*
towpath *n* Treidelpfad *nt* **towrope** *n* AUTO Abschleppseil *nt* **tow truck** *n* (*US*) Abschleppwagen *m*
toxic *adj* giftig, Gift- **toxic waste** *n* Giftmüll *m* **toxin** *n* Giftstoff *m*
toy I *n* Spielzeug *nt* **II** *v/i to ~ with an idea etc* mit einer Idee *etc* spielen **toy boy** *n* (*infml*) jugendlicher Liebhaber **toyshop** *n* Spielwarenladen *m*
trace I *n* Spur *f*; *I can't find any ~ of your file* Ihre Akte ist spurlos verschwunden; *to sink without ~* spurlos versinken **II** *v/t* **1.** (≈ *copy*) nachziehen; (*with tracing paper*) durchpausen **2.** *progress* verfolgen; *steps* folgen (+*dat*); *to ~ a phone call* einen Anruf zurückverfolgen; *she was ~d to ...* ihre Spur führte zu ... **3.** (≈ *find*) ausfindig machen; *I can't ~ your file* ich kann Ihre Akte nicht finden ♦ **trace back** *v/t sep descent* zurückverfolgen; *problem etc* zurückführen (*to* auf +*acc*)
tracing paper *n* Pauspapier *nt*
track I *n* **1.** Spur *f*; *to be on sb's ~* jdm auf der Spur sein; *to keep ~ of sb/sth* (≈ *follow*) jdn/etw im Auge behalten; (≈ *keep up to date with*) über jdn/etw auf dem Laufenden bleiben; *how do you keep ~ of the time without a watch?* wie können Sie wissen, wie spät es ist, wenn Sie keine Uhr haben?; *I can't keep ~ of your*

girlfriends du hast so viele Freundinnen, da komme ich nicht mit (*infml*); **to lose ~ of sb/sth** (≈ *lose contact with*) jdn/etw aus den Augen verlieren; (≈ *not be up to date with*) über jdn/etw nicht mehr auf dem Laufenden sein; **to lose ~ of time** die Zeit ganz vergessen; **to lose ~ of what one is saying** den Faden verlieren **2.** (*fig*) **we must be making ~s** (*infml*) wir müssen uns auf die Socken (*infml*) *or* auf den Weg machen; **he stopped dead in his ~s** er blieb abrupt stehen **3.** (≈ *path*) Weg *m*; **to be on ~** (*fig*) auf Kurs sein; **to be on the right/wrong ~** (*fig*) auf der richtigen/falschen Spur sein; **to get sth back on ~** etw wieder auf Kurs bringen **4.** RAIL Gleise *pl*; (*US* ≈ *platform*) Bahnsteig *m* **5.** SPORTS Rennbahn *f*; ATHLETICS Bahn *f* **6.** (≈ *song etc*) Stück *nt* **II** *v/t animal* verfolgen ♦ **track down** *v/t sep* aufspüren (*to* in +*dat*); *thing* aufstöbern

track-and-field *adj* Leichtathletik- **trackball** *n* IT Trackball *m*; (*in mouse*) Rollkugel *f* **tracker dog** *n* Spürhund *m* **track event** *n* Laufwettbewerb *m* **track record** *n* (*fig*) **to have a good ~** gute Leistungen vorweisen können **tracksuit** *n* Trainingsanzug *m*

tractor *n* Traktor *m*

trade I *n* **1.** Gewerbe *nt*; (≈ *commerce*) Handel *m*; **how's ~?** wie gehen die Geschäfte?; **to do a good ~** gute Geschäfte machen **2.** (≈ *line of business*) Branche *f* **3.** (≈ *job*) Handwerk *nt*; **he's a bricklayer by ~** er ist Maurer von Beruf **II** *v/t* tauschen; **to ~ sth for sth else** etw gegen etw anderes (ein)tauschen **III** *v/i* COMM Handel treiben; **to ~ in sth** mit etw handeln ♦ **trade in** *v/t sep* in Zahlung geben (*for* für)

trade barrier *n* Handelsschranke *f* **trade deficit** *n* Handelsdefizit *nt* **trade fair** *n* Handelsmesse *f* **trademark** *n* (*lit*) Marke *f* **trade name** *n* Markenname *m* **trade-off** *n* **there's always a ~** etwas geht immer verloren **trader** *n* Händler(in) *m(f)* **trade route** *n* Handelsweg *m* **trade school** *n* Gewerbeschule *f* **trade secret** *n* Betriebsgeheimnis *nt* **tradesman** *n* **1.** (≈ *trader*) Händler *m* **2.** (≈ *plumber etc*) Handwerker *m* **tradespeople** *pl* Geschäftsleute *pl* **trades union** *n* (*Br*) = **trade union**

trade union *n* (*Br*) Gewerkschaft *f* **trade**

unionist *n* (*Br*) Gewerkschaft(l)er(in) *m(f)* **trading** *n* Handel *m* (*in* mit) **trading estate** *n* Industriegelände *nt* **trading links** *pl* Handelsverbindungen *pl* **trading partner** *n* Handelspartner(in) *m(f)* **tradition** *n* Tradition *f* **traditional** *adj* traditionell; **it's ~ for us to ...** es ist bei uns Brauch, dass ... **traditionalist** *n* Traditionalist(in) *m(f)* **traditionally** *adv* traditionell; (≈ *customarily*) üblicherweise; **turkey is ~ eaten at Christmas** es ist Tradition *or* ein Brauch, Weihnachten Truthahn zu essen

traffic I *n* **1.** Verkehr *m* **2.** (*usu pej* ≈ *trading*) Handel *m* (*in* mit) **II** *v/i* (*usu pej*) handeln (*in* mit) **traffic calming** *n* Verkehrsberuhigung *f*; **~ measures** verkehrsberuhigende Maßnahmen **traffic circle** *n* (*US*) Kreisverkehr *m* **traffic cone** *n* Pylon *m*, Leitkegel *m* **traffic island** *n* Verkehrsinsel *f* **traffic jam** *n* Verkehrsstauung *f* **trafficker** *n* (*usu pej*) Händler(in) *m(f)* **trafficking** *n* Handel *m* (*in* mit)

traffic lights *pl*, (*US*) **traffic light** *n* Verkehrsampel *f* **traffic police** *pl* Verkehrspolizei *f* **traffic policeman** *n* Verkehrspolizist *m* **traffic signals** *pl* = **traffic lights traffic warden** *n* (*Br*) ≈ Verkehrspolizist(in) *m(f)* ohne polizeiliche Befugnisse

tragedy *n* Tragödie *f*; (*no pl* ≈ *tragic quality*) Tragische(s) *nt* **tragic** *adj* tragisch **tragically** *adv* **her career ended ~ at the age of 19** ihre Karriere endete tragisch, als sie 19 Jahre alt war; **her husband's ~ early death** der tragisch frühe Tod ihres Mannes

trail I *n* **1.** Spur *f*; **to be on sb's ~** jdm auf der Spur sein **2.** (≈ *path*) Weg *m* **II** *v/t* **1.** (≈ *drag*) schleppen; (*US* ≈ *tow*) ziehen **2.** *rival* zurückliegen hinter (+*dat*) **III** *v/i* **1.** (*on floor*) schleifen **2.** (≈ *walk*) trotten **3.** (*in competition etc*) weit zurückliegen; **to ~ by 3 points** mit 3 Punkten im Rückstand sein ♦ **trail away** *or* **off** *v/i* (*voice*) sich verlieren (*into* in +*dat*) ♦ **trail behind** *v/i* hinterhertrotten (+*prep obj* hinter +*dat*); (*in competition etc*) zurückgefallen sein (+*prep obj* hinter +*acc*)

trailer *n* **1.** AUTO Anhänger *m*; (*esp US: of lorry*) Sattelauflieger *m* **2.** (*US*) Wohnwagen *m* **3.** FILM, TV Trailer *m*

train¹ *n* **1.** RAIL Zug *m*; **to go by ~** mit dem Zug fahren; **to take the 11 o'clock ~** den

Elfuhrzug nehmen; **to change ~s** umsteigen; **on the ~** im Zug **2.** (≈ *line*) Kolonne f **3.** (*of events*) Folge f; **~ of thought** Gedankengang m **4.** (*of dress*) Schleppe f

train² I v/t **1.** *person* ausbilden; *staff* weiterbilden; *animal* abrichten; SPORTS trainieren; **this dog has been ~ed to kill** dieser Hund ist aufs Töten abgerichtet **2.** (≈ *aim*) *gun, telescope* richten (*on* auf +*acc*) **3.** *plant* wachsen lassen (*over* über +*acc*) II v/i **1.** *esp* SPORTS trainieren (*for* für) **2.** (≈ *study*) ausgebildet werden; **he ~ed as a teacher** er hat eine Lehrerausbildung gemacht

train driver n Zugführer(in) m(f)

trained adj *worker* gelernt; *nurse* ausgebildet; **to be highly ~** hoch qualifiziert sein

trainee n Auszubildende(r) m/f(m); (*academic, technical*) Praktikant(in) m(f); (*management*) Trainee m **trainee teacher** n (*in primary school*) ≈ Praktikant(in) m(f); (*in secondary school*) ≈ Referendar(in) m(f) **trainer** n **1.** SPORTS Trainer(in) m(f); (*of animals*) Dresseur(in) m(f) **2.** (*Br* ≈ *shoe*) Turnschuh m

training n **1.** Ausbildung f; (*of staff*) Schulung f **2.** SPORTS Training nt; **to be in ~** im Training stehen *or* sein **training centre**, (*US*) **training center** n Ausbildungszentrum nt **training course** n Ausbildungskurs m **training ground** n Trainingsgelände nt **training scheme** n Ausbildungsprogramm nt **training shoes** pl (*Br*) Turnschuhe pl

trainload n (*of goods*) Zugladung f; **~s of holidaymakers** (*Br*) or **vacationers** (*US*) ganze Züge voller Urlauber **train service** n Zugverkehr m; (*between two places*) (Eisen)bahnverbindung f **train set** n (Spielzeug)eisenbahn f **trainspotting** n Hobby, bei dem Züge begutachtet und deren Nummern notiert werden

traipse (*infml*) v/i latschen (*infml*), hatschen (*Aus*)

trait n Eigenschaft f

traitor n Verräter(in) m(f)

trajectory n Flugbahn f

tram n (*esp Br*) Straßenbahn f, Tram nt (*Swiss*); **to go by ~** mit der Straßenbahn fahren

tramp I v/i (≈ *walk heavily*) stapfen II v/t (≈ *walk*) *streets* latschen durch (*infml*)

III n **1.** (≈ *vagabond*) Landstreicher(in) m(f); (*in town*) Stadtstreicher(in) m(f) **2.** (≈ *sound*) Stapfen nt **3.** (*infml* ≈ *loose woman*) Flittchen nt (*pej*)

trample v/t niedertrampeln; **to ~ sth underfoot** auf etw (*dat*) herumtrampeln
◆ **trample down** v/t sep niedertreten
◆ **trample on** v/i +*prep obj* herumtrampeln auf (+*dat*)

trampoline n Trampolin nt

trance n Trance f; **to go into a ~** in Trance verfallen

tranquil adj still; *life* friedlich **tranquillity**, (*US*) **tranquility** n Stille f **tranquillize**, (*US*) **tranquilize** v/t beruhigen **tranquillizer**, (*US*) **tranquilizer** n Beruhigungsmittel nt

transact v/t abwickeln; *business also, deal* abschließen **transaction** n (≈ *piece of business*) Geschäft nt; FIN, ST EX Transaktion f

transatlantic adj transatlantisch, Transatlantik-

transcend v/t übersteigen

transcribe v/t *manuscripts* transkribieren; *speech* niederschreiben **transcript** n (*of proceedings*) Protokoll nt; (≈ *copy*) Abschrift f

transfer I v/t übertragen (*to* auf +*acc*); *prisoner* überführen (*to* in +*acc*); *account* verlegen (*to* in +*acc*; *employee* versetzen (*to* in +*acc, to town* nach); *player* transferieren (*to* zu); *money* überweisen (*to* auf +*acc*); **he ~red the money from the box to his pocket** er nahm das Geld aus der Schachtel und steckte es in die Tasche II v/i (≈ *move*) überwechseln (*to* zu) III n Übertragung f; (*of prisoner*) Überführung f; (*of account*) Verlegung f; (*of employee*) Versetzung f; (*of player*) Transfer m; (*of money*) Überweisung f **transferable** adj übertragbar **transfer list** FTBL n Transferliste f **transfer passenger** n *esp* AVIAT Transitreisende(r) m/f(m)

transfix v/t (*fig*) **he stood as though ~ed** er stand da wie angewurzelt

transform v/t umwandeln (*into* zu); *ideas* (von Grund auf) verändern; *person, life, caterpillar* verwandeln **transformation** n Umwandlung f; (*of person, caterpillar etc*) Verwandlung f

transfusion n (a. **blood transfusion**) (Blut)transfusion f; (**blood**) **~ service** Blutspendedienst m

transgression n **1.** (of law) Verstoß m **2.** (≈ sin) Sünde f

transient I adj life kurz; pleasure vorübergehend **II** n (US) Durchreisende(r) m/f(m)

transistor n ELEC Transistor m

transit n Durchfahrt f; (of goods) Transport m; **the books were damaged in ~** die Bücher wurden auf dem Transport beschädigt **transit camp** n Durchgangslager nt **transition** n Übergang m (from ... to von ... zu); **period of ~, ~ period** Übergangsperiode or -zeit f **transitional** adj Übergangs- **transitive** adj transitiv **transitory** adj life kurz; joy vorübergehend; **the ~ nature of sth** die Kurzlebigkeit von etw **Transit (van)®** n (Br) Transporter m

translatable adj übersetzbar

translate I v/t **1.** (lit) übersetzen; **to ~ sth from German (in)to English** etw aus dem Deutschen ins Englische übersetzen; **it is ~d as ...** es wird mit ... übersetzt **2.** (fig) übertragen **II** v/i **1.** (lit) übersetzen **2.** (fig) übertragbar sein

translation n Übersetzung f (from aus); (fig) Übertragung f; **to do a ~ of sth** von etw eine Übersetzung machen or anfertigen; **it loses (something) in ~** es verliert (etwas) bei der Übersetzung

translator n Übersetzer(in) m(f)

translucent adj glass etc lichtdurchlässig; skin durchsichtig

transmission n **1.** Übertragung f; (of heat) Leitung f; (≈ programme) Sendung f; **~ rate** TEL Übertragungsgeschwindigkeit f **2.** AUTO Getriebe nt **transmit I** v/t message übermitteln; illness übertragen; heat etc leiten; TV programme senden **II** v/i senden **transmitter** n TECH Sender m

transparency n **1.** Transparenz f **2.** PHOT Dia(positiv) nt **transparent** adj **1.** transparent **2.** (fig) lie durchschaubar; **you're so ~** du bist so leicht zu durchschauen

transpire v/i **1.** (≈ become clear) sich herausstellen **2.** (≈ happen) passieren (infml)

transplant I v/t **1.** HORT umpflanzen **2.** MED transplantieren (tech) **II** n Transplantation f

transport I n **1.** (of goods) Transport m; **have you got your own ~?** bist du motorisiert?; **public ~** öffentliche Verkehrsmittel pl; **~ will be provided** für An- und

Abfahrt wird gesorgt **2.** (US ≈ shipment) (Schiffs)fracht f **II** v/t befördern **transportation** n Transport m; (≈ means) Beförderungsmittel nt; (public) Verkehrsmittel nt **transport café** n (Br) Fernfahrerlokal nt **transport plane** n Transportflugzeug nt **transport system** n Verkehrswesen nt

transsexual n Transsexuelle(r) m/f(m)

transverse adj Quer-

transvestite n Transvestit(in) m(f)

trap I n **1.** Falle f; **to set a ~ for sb** (fig) jdm eine Falle stellen; **to fall into a ~** in die Falle gehen **2.** (infml) **shut your ~!** (halt die) Klappe! (infml) **II** v/t **1.** animal (mit einer Falle) fangen **2.** (fig) person in die Falle locken **3. to be ~ped** (miners etc) eingeschlossen sein; **to be ~ped in the snow** im Schnee festsitzen; **my arm was ~ped behind my back** mein Arm war hinter meinem Rücken eingeklemmt; **to ~ one's finger in the door** sich (dat) den Finger in der Tür einklemmen **trap door** n Falltür f; THEAT Versenkung f

trapeze n Trapez nt

trappings pl (fig) äußere Aufmachung; **~ of office** Amtsinsignien pl

trash I n **1.** (US ≈ refuse) Abfall m **2.** (≈ poor quality item) Schund m; (≈ film etc) Mist m (infml) **3.** (pej infml ≈ people) Gesindel nt **II** v/t (infml) place verwüsten **trash can** n (US) Abfalleimer m, Mistkübel m (Aus) **trashy** adj (+er) goods minderwertig; **~ novel** Schundroman m

trauma n Trauma nt **traumatic** adj traumatisch **traumatize** v/t traumatisieren

travel I v/i **1.** reisen; **he ~s to work by car** er fährt mit dem Auto zur Arbeit; **they have travelled** (Br) or **traveled** (US) **a long way** sie haben eine weite Reise hinter sich (dat); **to ~ (a)round the world** eine Reise um die Welt machen; **to ~ around a country** ein Land bereisen **2.** (≈ go, move) sich bewegen; (sound, light) sich fortpflanzen; **to ~ at 80 kph** 80 km/h fahren; **his eye travelled** (Br) or **traveled** (US) **over the scene** seine Augen wanderten über die Szene **II** v/t area bereisen; distance zurücklegen **III** n **1.** no pl (≈ travelling) Reisen nt **2. travels** pl Reisen pl; **if you meet him on your ~s** wenn Sie ihm auf einer Ihrer Reisen begegnen; **he's off on his**

~s tomorrow er verreist morgen
travel agency *n* Reisebüro *nt* **travel agent** *n* Reisebürokaufmann *m*/-kauffrau *f*; **~('s)** (≈ *travel agency*) Reisebüro *nt* **travel brochure** *n* Reiseprospekt *m* **travel expenses** *pl* (*esp US*) Reisekosten *pl* **travel insurance** *n* Reiseversicherung *f* **travelled**, (*US*) **traveled** *adj* **well-~** *person* weit gereist; *route* viel befahren

traveller, (*US*) **traveler** *n* Reisende(r) *m*/*f(m)* **traveller's cheque**, (*US*) **traveler's check** *n* Reisescheck *m* **travelling**, (*US*) **traveling** *n* Reisen *nt* **travelling expenses** *pl* Reisekosten *pl*; (*on business*) Reisespesen *pl* **travelling salesman** *n* Vertreter *m* **travel-sick** *adj* reisekrank **travel-sickness** *n* Reisekrankheit *f*

travesty *n* LIT Travestie *f*; **a ~ of justice** ein Hohn *m* auf die Gerechtigkeit

trawl I *v/i* **to ~ (for fish)** mit dem Schleppnetz fischen; (*US*) mit einer Grundleine fischen **II** *v/t* (*esp Br*) *Internet etc* durchkämmen **trawler** *n* Trawler *m*

tray *n* Tablett *nt*; (*for papers*) Ablage *f*

treacherous *adj* **1.** *person* verräterisch **2.** (≈ *unreliable*) trügerisch; (≈ *dangerous*) tückisch; *corner* gefährlich; *journey* gefahrvoll **treachery** *n* Verrat *m*

treacle *n* (*Br*) Sirup *m*

tread *vb*: *pret* **trod**, *past part* **trodden I** *n* **1.** (≈ *noise*) Schritt *m* **2.** (*of tyre*) Profil *nt* **II** *v/i* **1.** (≈ *walk*) gehen **2.** (≈ *bring foot down*) treten (*on* auf +*acc*); **he trod on my foot** er trat mir auf den Fuß; **to ~ carefully** (*fig*) vorsichtig vorgehen **III** *v/t path* (≈ *make*) treten; (≈ *follow*) gehen; **to ~ a fine line between ...** sich vorsichtig zwischen ... bewegen; **it got trodden underfoot** es wurde zertreten; **to ~ water** Wasser treten; (*fig*) auf der Stelle treten **treadle** *n* (*of sewing machine*) Pedal *nt*; (*of lathe also*) Fußhebel *m* **treadmill** *n* (*fig*) Tretmühle *f*; SPORTS Laufband *nt*

treason *n* Verrat *m* (*to* an +*dat*)

treasure I *n* Schatz *m* **II** *v/t* zu schätzen wissen; **I shall ~ this memory** ich werde das in lieber Erinnerung behalten **treasure hunt** *n* Schatzsuche *f* **treasurer** *n* (*of club*) Kassenwart(in) *m(f)*; (≈ *city treasurer*) Stadtkämmerer *m*/-kämmerin *f* **treasure trove** *n* Schatzfund *m*; (≈ *market*) Fundgrube *f* **treasury** *n* **1.** POL **the**

Treasury (*Br*), **the Treasury Department** (*US*) das Finanzministerium **2.** (*of society*) Kasse *f*

treat I *v/t* **1.** behandeln; (≈ *handle*) umgehen mit; *sewage* klären; **the doctor is ~ing him for nervous exhaustion** er ist wegen Nervenüberlastung in Behandlung **2.** (≈ *consider*) betrachten (*as* als); **to ~ sth seriously** etw ernst nehmen **3.** (≈ *pay for*) einladen; **to ~ sb to sth** jdm etw spendieren; **to ~ oneself to sth** sich (*dat*) etw gönnen **II** *n* (≈ *outing, present*) besondere Freude; **I thought I'd give myself a ~** ich dachte, ich gönne mir mal etwas; **I'm taking them to the circus as or for a ~** ich mache ihnen eine Freude und lade sie in den Zirkus ein; **it's my ~** das geht auf meine Rechnung

treatise *n* Abhandlung *f* (*on* über +*acc*)

treatment *n* Behandlung *f*; (*of sewage*) Klärung *f*; **their ~ of foreigners** ihre Art, Ausländer zu behandeln; **to be having ~ for sth** wegen etw in Behandlung sein

treaty *n* Vertrag *m*; **the Treaty of Rome** die Römischen Verträge *pl*

treble[1] **I** *adj* dreifach **II** *v/t* verdreifachen **III** *v/i* sich verdreifachen

treble[2] *n* (MUS ≈ *boy's voice*) (Knaben)sopran *m*; (≈ *highest part*) Oberstimme *f* **treble clef** *n* MUS Violinschlüssel *m*

tree *n* Baum *m*; **an oak ~** eine Eiche; **money doesn't grow on ~s** das Geld fällt nicht vom Himmel **tree house** *n* Baumhaus *nt* **tree line** *n* Baumgrenze *f* **tree-lined** *adj* baumbestanden **tree structure** *n* IT Baumstruktur *f* **treetop** *n* Baumkrone *f* **tree trunk** *n* Baumstamm *m*

trek I *v/i* trecken; (*infml*) latschen (*infml*); **they ~ked across the desert** sie zogen durch die Wüste **II** *n* Treck *m*; (*infml*) anstrengender Marsch **trekking** *n* Trekking *nt*

trellis *n* Gitter *nt*

tremble *v/i* zittern (*with* vor) **trembling I** *adj* zitternd **II** *n* Zittern *nt*

tremendous *adj* **1.** gewaltig; *number, crowd* riesig; **a ~ success** ein Riesenerfolg *m* **2.** (≈ *very good*) toll (*infml*); **she has done a ~ job** sie hat fantastische Arbeit geleistet **tremendously** *adv* sehr; *grateful, difficult* äußerst; **they enjoyed themselves ~** sie haben sich prächtig *or* prima amüsiert (*infml*)

tremor n Zittern nt; MED Tremor m; (≈ earth tremor) Beben nt

trench n Graben m; MIL Schützengraben m **trench warfare** n Stellungskrieg m

trend n **1.** (≈ tendency) Tendenz f; **upward~** Aufwärtstrend m; **to set a~** richtungweisend sein **2.** (≈ fashion) Trend m; **the latest ~** der letzte Schrei (infml) **trendily** adv modern **trendsetter** n Trendsetter(in) m(f) **trendy** adj (+er) modern, in pred (infml); image modisch; **to be~** große Mode sein; **it's no longer~ to smoke** Rauchen ist nicht mehr in (infml)

trepidation n Ängstlichkeit f

trespass v/i (on property) unbefugt betreten (on sth etw acc); **"no ~ing"** „Betreten verboten" **trespasser** n Unbefugte(r) m/f(m); **"trespassers will be prosecuted"** „widerrechtliches Betreten wird strafrechtlich verfolgt"

trestle table n auf Böcken stehender Tisch

trial n **1.** JUR Prozess m; (≈ hearing) (Gerichts)verhandlung f; **to be on~ for theft** des Diebstahls angeklagt sein; **at the ~** bei or während der Verhandlung; **to bring sb to ~** jdn vor Gericht stellen; **~ by jury** Schwurgerichtsverfahren nt **2.** (≈ test) Versuch m; **~s** (of machine) Test(s) m(pl); **to give sth a~** etw ausprobieren; **on ~** auf Probe; **by ~ and error** durch Ausprobieren **3.** (≈ hardship) Widrigkeit f; (≈ nuisance) Plage f (to für); **~s and tribulations** Schwierigkeiten pl **trial offer** n Einführungsangebot nt **trial period** n Probezeit f **trial run** n Generalprobe f; (of machine) Probelauf m

triangle n Dreieck nt; MUS Triangel m **triangular** adj MAT dreieckig

triathlon n SPORTS Triathlon nt

tribal adj Stammes- **tribe** n Stamm m

tribulation n Kummer m no pl; **~s** Sorgen pl

tribunal n Gericht nt; (≈ inquiry) Untersuchungsausschuss m

tribune n (≈ platform) Tribüne f

tributary n Nebenfluss m

tribute n Tribut m; **to pay ~ to sb/sth** jdm/einer Sache (den schuldigen) Tribut zollen; **to be a ~ to sb** jdm Ehre machen

trice n (Br) **in a ~** im Nu

triceps n, pl **-(es)** Trizeps m

trick I n **1.** (≈ ruse) Trick m; (≈ trap) Falle

f; **it's a~ of the light** da täuscht das Licht **2.** (≈ mischief) Streich m; **to play a~ on sb** jdm einen Streich spielen; **unless my eyes are playing ~s on me** wenn meine Augen mich nicht täuschen; **he's up to his (old) ~s again** jetzt macht er wieder seine (alten) Mätzchen (infml) **3.** (≈ skilful act) Kunststück nt; **that should do the ~** (infml) das müsste eigentlich hinhauen (infml) **4. to have a~ of doing sth** die Eigenart haben, etw zu tun **II** attr cigar als Scherzartikel **III** v/t hereinlegen (infml); **to ~ sb into doing sth** jdn (mit List) dazu bringen, etw zu tun; **to ~ sb out of sth** jdm etw abtricksen (infml) **trickery** n Tricks pl (infml) **trickiness** n Schwierigkeit f

trickle I v/i **1.** (liquid) tröpfeln; **tears ~d down her cheeks** Tränen kullerten ihr über die Wangen; **the sand ~d through his fingers** der Sand rieselte ihm durch die Finger **2.** (fig) **to ~ in** (people) vereinzelt hereinkommen; (donations) langsam eintrudeln (infml) **II** n **1.** (of liquid) Tröpfeln nt; (≈ stream) Rinnsal nt **2.** (fig) **there is a~ of people** es kommen vereinzelt Leute

trick or treat n Spiel zu Halloween, bei dem Kinder von Tür zu Tür gehen und von den Bewohnern entweder Geld oder Geschenke erhalten oder ihnen einen Streich spielen **trick question** n Fangfrage f **tricky** adj (+er) **1.** (≈ difficult) schwierig; (≈ fiddly) knifflig **2.** situation, problem heikel **3. a ~ customer** ein schwieriger Typ

tricycle n Dreirad nt

tried-and-tested, tried and tested adj bewährt

trifle n **1.** Kleinigkeit f; **a~ hot** etc ein bisschen heiß etc **2.** (Br COOK) Trifle nt ◆ **trifle with** v/i +prep obj affections spielen mit; **he is not a person to be trifled with** mit ihm ist nicht zu spaßen **trifling** adj unbedeutend

trigger I n (of gun) Abzug(shahn) m; **pull the ~** abdrücken **II** v/t (a. **trigger off**) auslösen

trigonometry n Trigonometrie f

trill I n **1.** (of bird) Trillern nt; (of voice) Tremolo nt **2.** MUS Triller m **3.** PHON rollende Aussprache **II** v/t (person) trällern **III** v/i (bird) trillern; (person) trällern

trillion n Billion f; (dated Br) Trillion f

trilogy n Trilogie f

trim I *adj* (+*er*) **1.** *appearance* gepflegt **2.** *person* schlank; **to stay ~** in Form bleiben **II** *n* **1.** (*Br*) **to get into ~** sich trimmen **2. to give sth a ~** etw schneiden **3.** (*of garment*) Rand *m* **III** *v/t* **1.** *hair* nachschneiden; *hedge* stutzen **2.** (*fig*) *essay* kürzen **3.** *Christmas tree* schmücken ♦ **trim back** *v/t sep* *hedge, roses* zurückschneiden; *costs* senken; *staff* reduzieren ♦ **trim down** *v/t sep* *essay* kürzen (*to* auf +*acc*) ♦ **trim off** *v/t sep* abschneiden

trimmings *pl* Zubehör *nt*; **roast beef with all the ~** Roastbeef mit allen Beilagen

Trinity *n* Dreieinigkeit *f*

trinket *n* Schmuckstück *nt*

trio *n* Trio *nt*

trip I *n* **1.** (≈ *journey*) Reise *f*; (≈ *excursion*) Ausflug *m*; (*esp shorter*) Trip *m*; **let's go on a ~ to the seaside** machen wir doch einen Ausflug ans Meer!; **he is away on a ~** er ist verreist; **to take a ~** (**to**) eine Reise machen (nach) **2.** (*infml: on drugs*) Trip *m* (*infml*) **II** *v/i* stolpern (*on, over* über +*acc*); **a phrase which ~s off the tongue** ein Ausdruck, der einem leicht von der Zunge geht **III** *v/t* stolpern lassen; (*deliberately*) ein Bein stellen (+*dat*) ♦ **trip over** *v/i* stolpern (+*prep obj* über +*acc*) ♦ **trip up** *I* *v/i* **1.** (*lit*) stolpern **2.** (*fig*) sich vertun **II** *v/t sep* **1.** stolpern lassen; (*deliberately*) zu Fall bringen **2.** (*fig*) eine Falle stellen (+*dat*)

tripartite *adj* dreiseitig

tripe *n* **1.** COOK Kaldaunen *pl*, Kutteln *pl* (*Aus, Swiss*) **2.** (*fig infml*) Quatsch *m*, Stuss *m* (*infml*)

triple I *adj* dreifach **II** *adv* dreimal so viel **III** *v/t* verdreifachen **IV** *v/i* sich verdreifachen **triple jump** *n* Dreisprung *m*

triplet *n* Drilling *m*

triplicate *n* **in ~** in dreifacher Ausfertigung

tripod *n* PHOT Stativ *nt*

trip switch *n* ELEC Sicherheitsschalter *m*

tripwire *n* Stolperdraht *m*

triumph I *n* Triumph *m*; **in ~** triumphierend **II** *v/i* den Sieg davontragen (*over* über +*acc*) **triumphant** *adj* triumphierend; **to emerge ~** triumphieren **triumphantly** *adv* triumphierend

trivia *pl* belangloses Zeug **trivial** *adj* trivial; *loss, mistake* belanglos **trivialize** *v/t*

trivialisieren

trod *pret of* **tread** **trodden** *past part of* **tread**

trolley *n* **1.** (*Br: in supermarket*) Einkaufswagen *m*; (*in station*) Kofferkuli *m*; (*in factory etc*) Sackkarre *f* **2.** (*Br* ≈ *tea trolley*) Teewagen *m* **trolleybus** *n* Obus *m* **trolley car** *n* (*US*) Straßenbahn *f*, Tram *nt* (*Swiss*)

trombone *n* MUS Posaune *f*

troop I *n* **1.** (MIL: *of cavalry*) Trupp *m*; (≈ *unit*) Schwadron *f* **2. troops** *pl* MIL Truppen *pl*; **200 ~s** 200 Soldaten **3.** (*of people*) Schar *f* **II** *v/i* **to ~ out** hinausströmen; **to ~ past sth** an etw (*dat*) vorbeiziehen **troop carrier** *n* Truppentransporter *m* **trooper** *n* MIL Kavallerist *m*; (*US* ≈ *state trooper*) Staatspolizist(in) *m*(*f*)

trophy *n* Trophäe *f*

tropic *n* **1.** *Tropic of Cancer/Capricorn* Wendekreis *m* des Krebses/Steinbocks **2. tropics** *pl* Tropen *pl* **tropical** *adj* tropisch, Tropen- **tropical rainforest** *n* tropischer Regenwald

trot I *n* **1.** Trab *m* **2.** (*infml*) **for five days on the ~** fünf Tage lang in einer Tour; **he won three games on the ~** er gewann drei Spiele hintereinander **II** *v/i* traben

trotter *n* (*of animal*) Fuß *m*

trouble I *n* **1.** Schwierigkeiten *pl*; (*bothersome*) Ärger *m*; **to be in ~** in Schwierigkeiten sein; **to be in ~ with sb** mit jdm Schwierigkeiten haben; **to get into ~** in Schwierigkeiten geraten; (*with authority*) Ärger bekommen (*with* mit); **to keep or stay out of ~** nicht in Schwierigkeiten kommen; **to make ~** (≈ *cause a row etc*) Krach schlagen (*infml*); **that's /you're asking for ~** das kann ja nicht gut gehen; **to look for ~, to go around looking for ~** sich (*dat*) Ärger einhandeln; **there'll be ~ if he finds out** wenn er das erfährt, gibts Ärger; **what's the ~?** was ist los?; **the ~ is that ...** das Problem ist, dass ...; **money ~s** Geldsorgen *pl*; **the child is nothing but ~ to his parents** das Kind macht seinen Eltern nur Sorgen; **he's been no ~ at all** (*of child*) er war ganz lieb **2.** (≈ *bother*) Mühe *f*; **it's no ~ (at all)!** das mache ich doch gern; **thank you — (it was) no ~** vielen Dank — (das ist) gern geschehen; **it's not worth the ~** das ist nicht der Mühe wert; **it's more ~ than it's worth** es macht mehr Ärger *or* Umstände als es wert ist; *to take the* ~ (*to do sth*) sich (*dat*) die Mühe machen(, etw zu tun); *to go to a lot of* ~ (*over or with sth*) sich (*dat*) (mit etw) viel Mühe geben; *to put sb to a lot of* ~ jdm viel Mühe machen **3.** MED Leiden *nt*; (*fig*) Schaden *m*; *heart* ~ Herzleiden *nt*; *engine* ~ (ein) Motorschaden *m* **4.** (≈ *unrest*) Unruhe *f*; *there's* ~ *at the factory/in Iran* in der Fabrik / im Iran herrscht Unruhe **II** *v/t* **1.** (≈ *worry*) beunruhigen; (≈ *disturb*) bekümmern; *to be* ~*d by sth* wegen etw besorgt *or* beunruhigt / bekümmert sein **2.** (≈ *bother*) bemühen, belästigen; *I'm sorry to* ~ *you, but* ... entschuldigen Sie die Störung, aber ... **troubled** *adj* unruhig; (≈ *grieved*) bekümmert; *relationship* gestört **trouble-free** *adj process* problemlos **troublemaker** *n* Unruhestifter(in) *m(f)* **troubleshooter** *n* Störungssucher(in) *m(f)*; (POL, IND ≈ *mediator*) Vermittler(in) *m(f)* **troublesome** *adj* lästig; *person, problem* schwierig **trouble spot** *n* Unruheherd *m*

trough *n* Trog *m*

trounce *v/t* SPORTS vernichtend schlagen

troupe *n* THEAT Truppe *f*

trouser leg *n* Hosenbein *nt*

trousers *pl* (*a.* **pair of trousers**) Hose *f*; *she was wearing* ~ sie hatte Hosen *or* eine Hose an; *to wear the* ~ (*fig infml*) die Hosen anhaben (*infml*) **trouser suit** *n* (*Br*) Hosenanzug *m*

trout *n* Forelle *f*

trowel *n* Kelle *f*

truancy *n* (Schule)schwänzen *nt* **truant** *n* (Schul)schwänzer(in) *m(f)*; *to play* ~ (*from sth*) (etw) schwänzen (*infml*)

truce *n* Waffenstillstand *m*

truck *n* **1.** (*esp Br* RAIL) Güterwagen *m* **2.** (≈ *lorry*) Last(kraft)wagen *m* **truck driver** *n* Lastwagenfahrer(in) *m(f)* **trucker** *n* (*esp US* ≈ *truck driver*) Lastwagenfahrer(in) *m(f)* **truck farm** *n* (*US*) Gemüsefarm *f* **trucking** *n* (*esp US*) Transport *m* **truckload** *n* Wagenladung *f* **truckstop** *n* (*US*) Fernfahrerlokal *nt*

trudge *v/i to* ~ *out* hinaustrotten

true I *adj* **1.** wahr; (≈ *genuine*) echt; *to come* ~ (*dream*) wahr werden; (*prophecy*) sich verwirklichen; *that's* ~ das stimmt; ~*!* richtig!; *we mustn't generalize, (it's)* ~*, but* ... wir sollten natürlich nicht verallgemeinern, aber ...; *the*

reverse is ~ ganz im Gegenteil; *the frog is not a* ~ *reptile* der Frosch ist kein echtes Reptil; *spoken like a* ~ *football fan* so spricht ein wahrer Fußballfan; ~ *love* die wahre Liebe; (≈ *person*) Schatz *m*; *to be* ~ *of sb/sth* auf jdn / etw zutreffen **2.** *account* wahrheitsgetreu; *likeness* (lebens)getreu; *in the* ~ *sense* (*of the word*) im wahren Sinne (des Wortes) **3.** (≈ *faithful*) treu; *to be* ~ *to sb* jdm treu sein / bleiben; *to be* ~ *to one's word* (treu) zu seinem Wort stehen; ~ *to life* lebensnah; ART lebensecht **4.** *wall* gerade **5.** ~ *north* der geografische Norden **6.** MUS *note* richtig **II** *n* *out of* ~ *upright* schief **true-life** *adj attr* aus dem Leben gegriffen

truffle *n* Trüffel *f or m*

truly *adv* **1.** wirklich; (*really and*) ~*?* wirklich und wahrhaftig?; *I am* ~ *sorry* es tut mir aufrichtig leid **2.** *serve, love* treu

trump I *n* Trumpf *m*; *to come up* ~*s* (*Br infml*) sich als Sieger erweisen **II** *v/t* CARDS stechen; (*fig*) übertrumpfen **trump card** *n* Trumpf *m*; *to play one's* ~ (*lit, fig*) seinen Trumpf ausspielen

trumpet *n* MUS Trompete *f*

truncate *v/t* kürzen

truncheon *n* (Gummi)knüppel *m*

trundle I *v/t* **1.** (≈ *push*) rollen **2.** (≈ *pull*) ziehen **II** *v/i to* ~ *along* entlangzockeln

trunk *n* **1.** (*of tree*) Stamm *m*; (*of body*) Rumpf *m* **2.** (*of elephant*) Rüssel *m* **3.** (≈ *case*) Schrankkoffer *m* **4.** (*US* AUTO) Kofferraum *m* **5.** **trunks** *pl* (*for swimming*) Badehose *f*; *a pair of* ~*s* eine Badehose **trunk call** *n* (*Br* TEL) Ferngespräch *nt* **trunk road** *n* (*Br*) Fernstraße *f*

truss *n* MED Bruchband *nt* ♦ **truss up** *v/t sep* COOK dressieren; (*infml*) *person* fesseln

trust I *n* **1.** Vertrauen *nt* (*in* zu); *to put one's* ~ *in sb* Vertrauen in jdn setzen; *position of* ~ Vertrauensstellung *f* **2.** JUR, FIN Treuhand(schaft) *f* **3.** (COMM: *a.* **trust company**) Trust *m* **II** *v/t* **1.** trauen (+*dat*); *person* (ver)trauen (+*dat*); *to* ~ *sb to do sth* jdm zutrauen, dass er etw tut; *to* ~ *sb with sth* jdm etw anvertrauen; *can he be* ~*ed not to lose it?* kann man sich darauf verlassen, dass er es nicht verliert? **2.** (*iron infml*) ~ *you!* typisch!; ~ *him to break it!* er muss es natürlich kaputt machen **3.** (≈ *hope*) hoffen **III** *v/i* vertrauen; *to ~ in sb* auf jdn vertrauen; *to ~ to luck* sich auf sein Glück verlassen **trusted** *adj method* bewährt; *friend* getreu **trustee** *n* **1.** (*of estate*) Treuhänder(in) *m(f)* **2.** (*of institution*) Verwalter(in) *m(f)*; *~s* Vorstand *m* **trust fund** *n* Treuhandvermögen *nt* **trusting** *adj person* gutgläubig **trustworthy** *adj* vertrauenswürdig

truth *n, pl* -*s no pl* Wahrheit *f*; *to tell the ~* ... um ehrlich zu sein ...; *the ~ of it is that* ... die Wahrheit ist, dass ...; *there's some ~ in that* da ist etwas Wahres dran (*infml*); *in ~* in Wahrheit **truthful** *adj* ehrlich **truthfulness** *n* Ehrlichkeit *f*

try I *n* Versuch *m*; *to have a ~* es versuchen; *let me have a ~* lass mich mal versuchen!; *to have a ~ at doing sth* (sich daran) versuchen, etw zu tun; *it was a good ~* das war schon ganz gut **II** *v/t* **1.** (≈ *attempt*) versuchen; *to ~ one's best* sein Bestes versuchen; *to ~ one's hand at sth* etw probieren; *I'll ~ anything once* ich probiere alles einmal **2.** (≈ *try out*) ausprobieren; *newsagent* es versuchen (bei); *~ sitting on it* setz dich doch mal drauf! **3.** (≈ *taste*) *beer, olives* probieren **4.** *patience* auf die Probe stellen **5.** JUR *person* vor Gericht stellen; *to be tried for theft* wegen Diebstahls vor Gericht stehen **III** *v/i* versuchen; *~ and arrive on time* versuch mal, pünktlich zu sein; *~ as he might, he didn't succeed* sosehr er es auch versuchte, er schaffte es einfach nicht; *he didn't even ~* er hat sich (*dat*) überhaupt keine Mühe gegeben; (≈ *didn't attempt it*) er hat es überhaupt nicht versucht ◆ **try for** *v/i +prep obj* sich bemühen um ◆ **try on** *v/t sep clothes* anprobieren ◆ **try out** *v/t sep* ausprobieren (*on* bei, an +*dat*)

trying *adj* anstrengend

tsar *n* Zar *m*

T-shirt *n* T-Shirt *nt*

tsp(s) *abbr of* **teaspoonful(s)**, **teaspoon(s)** Teel.

tub *n* **1.** Kübel *m*; (*for rainwater*) Tonne *f*; (*for washing*) Bottich *m*; (*of margarine*) Becher *m* **2.** (*infml* ≈ *bath tub*) Wanne *f*

tuba *n* Tuba *f*

tubby *adj* (+*er*) (*infml*) dick

tube *n* **1.** (≈ *pipe*) Rohr *nt*; (*of rubber*) Schlauch *m* **2.** (*of toothpaste*) Tube *f*; (*of sweets*) Rolle *f* **3.** (*Br* ≈ *London underground*) U-Bahn *f* **4.** ANAT, TV Röhre *f*

tuber *n* BOT Knolle *f*

tuberculosis *n* Tuberkulose *f*

tube station *n* (*Br*) U-Bahnstation *f* **tubing** *n* Schlauch *m*

TUC (*Br*) *abbr of* **Trades Union Congress** ≈ DGB *m*

tuck I *n* SEWING Saum *m* **II** *v/t* (≈ *put*) stecken; *to ~ sth under one's arm* sich (*dat*) etw unter den Arm stecken ◆ **tuck away** *v/t sep* wegstecken; *he tucked it away in his pocket* er steckte es in die Tasche ◆ **tuck in I** *v/i* (*Br infml*) zulangen; *~!* langt zu!, haut rein! (*infml*); *to ~ to sth* sich (*dat*) etw schmecken lassen **II** *v/t sep flap etc* hineinstecken; *to tuck one's shirt in(to) one's trousers*, *to tuck one's shirt in* das Hemd in die Hose stecken; *to tuck sb in* (*in bed*) jdn zudecken ◆ **tuck up** *v/t sep* (*Br*) *to tuck sb up* (*in bed*) jdn zudecken

tuck shop *n* (*Br*) Bonbonladen *m*

Tue(s) *abbr of* **Tuesday** Di.

Tuesday *n* Dienstag *m*; *on ~* (am) Dienstag; *on ~s*, *on a ~* dienstags; *on ~ morning/evening* (am) Dienstagmorgen/-abend; *on ~ mornings* dienstagmorgens; *last/next/this ~* letzten/nächsten/diesen Dienstag; *a year* (*ago*) *last ~* letzten Dienstag vor einem Jahr; *~'s newspaper* die Zeitung vom Dienstag; *~ December 5th* Dienstag, den 5. Dezember

tuft *n* Büschel *nt*; *a ~ of hair* ein Haarbüschel *nt*

tug I *v/t* zerren, ziehen; *she ~ged his sleeve* sie zog an seinem Ärmel **II** *v/i* zerren (*at* an +*dat*) **III** *n* **1.** *to give sth a ~* an etw (*dat*) ziehen **2.** (*a.* **tugboat**) Schleppkahn *m* **tug-of-war** *n* Tauziehen *nt*

tuition *n* Unterricht *m*

tulip *n* Tulpe *f*

tumble I *n* (≈ *fall*) Sturz *m* **II** *v/i* straucheln; (*fig: prices*) fallen; *to ~ over sth* über etw (*acc*) stolpern ◆ **tumble down** *v/i* (*person*) hinfallen; (*object*) herunterfallen; *to ~ the stairs* die Treppe hinunterfallen ◆ **tumble over** *v/i* umfallen

tumbledown *adj* baufällig **tumble drier**, **tumble dryer** *n* Wäschetrockner *m* **tumbler** *n* (≈ *glass*) (Becher)glas *nt*

tummy *n* (*infml*) Bauch *m*

tumour, (*US*) **tumor** *n* Tumor *m*

tumult n Tumult m; **his mind was in a ~** sein Inneres befand sich in Aufruhr **tumultuous** adj stürmisch

tuna (**fish**) n Thunfisch m, Thon m (Swiss)

tundra n Tundra f

tune I n **1.** (≈ melody) Melodie f; **to change one's ~** (fig) seine Meinung ändern; **to call the ~** (fig) den Ton angeben; **to the ~ of £100** in Höhe von £ 100 **2. to sing in ~/out of ~** richtig/falsch singen; **the piano is out of ~** das Klavier ist verstimmt; **to be in ~ with sb/sth** (fig) mit jdm/etw harmonieren **II** v/t **1.** MUS instrument stimmen **2.** RADIO, TV, AUTO einstellen ◆ **tune in I** v/i RADIO einschalten; **to ~ to Radio London** Radio London hören **II** v/t sep radio einschalten (to +acc) ◆ **tune up** v/i MUS (sein Instrument) stimmen

tuneful adj, **tunefully** adv melodisch

tungsten n Wolfram nt

tunic n **1.** Kasack m **2.** (of uniform) Uniformrock m

Tunisia n Tunesien nt

tunnel n Tunnel m; MIN Stollen m; **at last we can see the light at the end of the ~** (fig) endlich sehen wir wieder Licht **II** v/i einen Tunnel bauen (into in +acc, through durch) **tunnel vision** n MED Gesichtsfeldeinengung f; (fig) Engstirnigkeit f

tuppence n (Br) zwei Pence

turban n Turban m

turbine n Turbine f

turbo-charged adj mit Turboaufladung

turbot n Steinbutt m

turbulence n (of career, period) Turbulenz f; **air ~** Turbulenzen pl **turbulent** adj stürmisch; career, period turbulent

turd n (sl) Haufen m (infml)

tureen n (Suppen)terrine f

turf n, pl **-s** or **turves** (no pl ≈ lawn) Rasen m; (≈ square of grass) Sode f

turgid adj (fig) schwülstig

Turk n Türke m, Türkin f

Turkey n die Türkei

turkey n Truthahn m/-henne f

Turkish I adj türkisch; **she is ~** sie ist Türkin **II** n LING Türkisch nt **Turkish delight** n Lokum nt

turmeric n Kurkuma f, Gelbwurz f

turmoil n Aufruhr m; (≈ confusion) Durcheinander nt; **her mind was in a** ~ sie war völlig verwirrt

turn I n **1.** (≈ movement) Drehung f; **to give sth a ~** etw drehen **2.** (in road) Kurve f; SPORTS Wende f; **take the left-hand ~** biegen Sie links ab; **"no left ~"** „Linksabbiegen verboten"; **things took a ~ for the worse** die Dinge wendeten sich zum Schlechten; **at the ~ of the century** um die Jahrhundertwende; **~ of phrase** Ausdrucksweise f; **he was thwarted at every ~** ihm wurde auf Schritt und Tritt ein Strich durch die Rechnung gemacht **3. it's your ~** du bist an der Reihe, du bist dran; **it's your ~ to wash the dishes** du bist mit (dem) Abwaschen an der Reihe or dran; **it's my ~ next** ich komme als Nächste(r) an die Reihe or dran; **wait your ~** warten Sie, bis Sie an der Reihe sind; **to miss a ~** eine Runde aussetzen; **to take (it in) ~s to do sth** etw abwechselnd tun; **to answer in ~** der Reihe nach antworten; (2 people) abwechselnd antworten; **out of ~** außer der Reihe **4. to do sb a good ~** jdm einen guten Dienst erweisen; **one good ~ deserves another** (prov) eine Hand wäscht die andere (prov) **II** v/t **1.** (≈ rotate) drehen; **to ~ the key in the lock** den Schlüssel im Schloss herumdrehen; **he ~ed his head toward(s) me** er wandte mir den Kopf zu; **as soon as his back is ~ed** sobald er den Rücken kehrt; **the sight of all that food quite ~ed my stomach** beim Anblick des vielen Essens drehte sich mir regelrecht der Magen um; **he can ~ his hand to anything** er kann alles **2.** (≈ turn over/round) wenden; page umblättern; chair etc umdrehen **3.** (≈ direct) **to ~ one's attention to sth** seine Aufmerksamkeit einer Sache (dat) zuwenden; **to ~ a gun on sb** ein Gewehr auf jdn richten **4.** (≈ transform) verwandeln (in(to) in +acc); **to ~ the lights down low** das Licht herunterdrehen; **to ~ a profit** (esp US) einen Gewinn machen; **to ~ sth into a film** etw verfilmen; **to ~ sb loose** jdn loslassen **III** v/i **1.** (≈ rotate) sich drehen; **he ~ed to me and smiled** er drehte sich mir zu und lächelte; **to ~ upside down** umkippen **2.** (≈ change direction: person, car) abbiegen; (≈ turn around) wenden; (person) sich umdrehen; (tide) wechseln; **to ~ (to the) left** links abbiegen **3. I don't know which way to ~** ich weiß nicht, was ich machen soll; *to ~ to sb* sich an jdn wenden; *our thoughts ~ to those who ...* wir gedenken derer, die ...; *to ~ to sth* sich einer Sache (*dat*) zuwenden; *~ to page 306* blättern Sie weiter bis Seite 306; *the conversation ~ed to the accident* das Gespräch kam auf den Unfall **4.** (*leaves*) sich (ver)färben; (*weather*) umschlagen; *to ~ to stone* zu Stein werden; *his admiration ~ed to scorn* seine Bewunderung verwandelte sich in Verachtung; *to ~ into sth* sich in etw (*acc*) verwandeln; (≈ *develop into*) sich zu etw entwickeln; *the whole thing ~ed into a nightmare* die ganze Sache wurde zum Albtraum **5.** (≈ *become*) werden; *to ~ violent* gewalttätig werden; *to ~ red* (*leaves etc*) sich rot färben; (*person*) rot werden; (*traffic lights*) auf Rot umspringen; *he has just ~ed 18* er ist gerade 18 geworden; *it has ~ed 2 o'clock* es ist 2 Uhr vorbei ◆ **turn against I** *v/i* +*prep obj* sich wenden gegen **II** *v/t sep* +*prep obj* *to turn sb against sb* jdn gegen jdn aufbringen ◆ **turn around I** *v/t sep* wenden; *argument* umdrehen; *company* aus der Krise führen **II** *v/i* +*prep obj corner* biegen um **III** *v/i* (*person*) sich umdrehen; (*car etc*) wenden ◆ **turn away I** *v/i* sich abwenden **II** *v/t sep* **1.** *head* abwenden **2.** *person* abweisen ◆ **turn back I** *v/i* **1.** umkehren; (≈ *look back*) sich umdrehen; *there's no turning back now* (*fig*) jetzt gibt es kein Zurück mehr **2.** (*in book*) zurückblättern (*to* auf +*acc*) **II** *v/t sep* **1.** *bedclothes* zurückschlagen **2.** *person* zurückschicken; *they were turned back at the frontier* sie wurden an der Grenze zurückgewiesen **3.** *clock* zurückstellen; *to turn the clock back fifty years* (*fig*) die Uhr um fünfzig Jahre zurückdrehen ◆ **turn down I** *v/t sep* **1.** *bedclothes* zurückschlagen; *collar* herunterklappen; *corner of page* umknicken **2.** *heat* kleiner stellen; *volume* leiser stellen; *lights* herunterdrehen **3.** *offer* ablehnen; *invitation* ausschlagen **II** *v/i* +*prep obj* *he turned down a side street* er bog in eine Seitenstraße ab ◆ **turn in I** *v/i* **1.** *the car turned in at the top of the drive* das Auto bog in die Einfahrt ein **2.** (*infml* ≈ *go to bed*) sich hinhauen (*infml*) **II** *v/t sep* (*infml*) *to turn sb in* jdn anzeigen *or* verpfeifen (*infml*); *to turn oneself in* sich

(der Polizei) stellen ◆ **turn into** *v/t & v/i* +*prep obj* = **turn** II4, III4 ◆ **turn off I** *v/i* abbiegen (*for* nach, *prep obj von*) **II** *v/t sep* **1.** *light, radio* ausmachen; *gas* abdrehen; *tap* zudrehen; *TV programme* abschalten; *electricity, machine* abstellen **2.** (*infml*) *to turn sb off* jdm die Lust verderben ◆ **turn on** *v/t sep* **1.** *gas, machine* anstellen; *television* einschalten; *light* anmachen; *tap* aufdrehen **2.** (*infml*) *sth turns sb on* jd steht auf etw (*acc*) (*sl*); *whatever turns you on* wenn du das gut findest (*infml*) **3.** (*infml*: *sexually*) anmachen (*infml*); *she really turns me on* auf sie kann ich voll abfahren (*infml*) *v/i* +*prep obj* (≈ *turn against*) sich wenden gegen; (≈ *attack*) angreifen ◆ **turn out I** *v/i* **1.** (≈ *appear, attend*) erscheinen **2.** (*police*) ausrücken **3.** *the car turned out of the drive* das Auto bog aus der Einfahrt **4.** (≈ *transpire*) sich herausstellen; *he turned out to be the murderer* es stellte sich heraus, dass er der Mörder war **5.** (≈ *develop*) sich entwickeln; *how did it ~?* (≈ *what happened?*) was ist daraus geworden?; (*cake etc*) wie ist er *etc* geworden?; *as it turned out* wie sich herausstellte; *everything will ~ all right* es wird sich schon alles ergeben; *it turned out nice in the afternoon* (*Br*) am Nachmittag wurde es noch schön **II** *v/t sep* **1.** *light* ausmachen **2.** (≈ *produce*) produzieren **3.** (≈ *expel*) vertreiben (*of* aus); *tenant* kündigen (+*dat*) **4.** *pockets* (aus)leeren **5.** (*usu pass*) *well turned-out* gut gekleidet ◆ **turn over I** *v/i* **1.** (*person*) sich umdrehen; (*car*) sich überschlagen; *he turned over on(to) his stomach* er drehte sich auf den Bauch **2.** *please ~* (*with pages*) bitte wenden **3.** (AUTO: *engine*) laufen **4.** TV, RADIO umschalten (*to* auf +*acc*) **II** *v/t sep* **1.** umdrehen; *mattress* wenden; (≈ *turn upside down*) umkippen; *page* umblättern **2.** (≈ *hand over*) übergeben (*to dat*) ◆ **turn round** (*esp Br*) **I** *v/i* (≈ *face other way*) sich umdrehen; (≈ *go back*) umkehren; *one day she'll just ~ and leave you* eines Tages wird sie dich ganz einfach verlassen **II** *v/i* +*prep obj* *we turned round the corner* wir bogen um die Ecke **III** *v/t sep* **1.** *head* drehen; *box* umdrehen **2.** = **turn around I** ◆ **turn to** *v/i* +*prep obj* *to ~ sb/sth*; → **turn** III3 ◆ **turn up I** *v/i* **1.** (≈ *arrive*) erscheinen; *I* *was afraid you wouldn't* ~ ich hatte Angst, du würdest nicht kommen **2.** (≈ *be found*) sich (an)finden **3.** (≈ *happen*) passieren **4.** *a turned-up nose* eine Stupsnase; *to* ~ *at the ends* sich an den Enden hochbiegen **II** *v/t sep* **1.** *collar* hochklappen; *hem* umnähen; *to* ~ *one's nose at sth* (*fig*) die Nase über etw (*acc*) rümpfen **2.** *heat, volume* aufdrehen; *radio* lauter drehen

turnaround, turnround *n* **1.** (*a.* **turnabout:** *in position*) Kehrtwendung *f* **2.** (*of situation, company*) Umschwung *m* **turncoat** *n* Überläufer(in) *m(f)* **turning** *n* (*in road*) Abzweigung *f*; *the second* ~ *on the left* die zweite Abfahrt links **turning point** *n* Wendepunkt *m*

turnip *n* Rübe *f*; (≈ *swede*) Steckrübe *f*

turn-off *n* **1.** Abzweigung *f*; (*on motorway*) Abfahrt *f* **2.** (*infml*) *it was a real* ~ das hat einem die Lust verdorben **turnout** *n* (≈ *attendance*) Beteiligung *f*; *there was a good* ~ (*for a match etc*) das Spiel *etc* war gut besucht **turnover** *n* (≈ *total business*) Umsatz *m*; (*of capital*) Umlauf *m*; (*of staff*) Fluktuation *f* **turnpike** *n* (*US*) gebührenpflichtige Autobahn **turnround** *n* = **turnaround** **turn signal** *n* (*US* AUTO) Fahrtrichtungsanzeiger *m* **turnstile** *n* Drehkreuz *nt* **turntable** *n* (*on record player*) Plattenteller *m* **turn-up** *n* (*Br*) **1.** (*on trousers*) Aufschlag *m* **2.** (*infml*) *a* ~ *for the books* eine echte Überraschung

turpentine *n* Terpentin(öl) *nt*

turquoise I *n* **1.** (≈ *colour*) Türkis *nt* **II** *adj* türkis(farben)

turret *n* ARCH Mauerturm *m*; (*on tank*) Turm *m*

turtle *n* (Wasser)schildkröte *f* **turtleneck** (pullover) *n* Pullover *m* mit Stehkragen

turves *pl of* **turf**

Tuscany *n* die Toskana

tusk *n* (*of elephant*) Stoßzahn *m*

tussle I *n* Gerangel *nt* **II** *v/i* sich rangeln (*with sb for sth* mit jdm um etw)

tutor I *n* **1.** (≈ *private teacher*) Privatlehrer(in) *m(f)* **2.** (*Br* UNIV) Tutor(in) *m(f)* **II** *v/t* privat unterrichten **tutorial** *n* (*Br* UNIV) Kolloquium *nt* **II** *adj* Tutoren-; ~ *group* Seminargruppe *f*

tutu *n* Tutu *nt*

tux (*infml*), **tuxedo** *n* (*esp US*) Smoking *m*

TV *n* (*infml*) *abbr of* ***television*** Fernsehen *nt*; (≈ *set*) Fernseher *m* (*infml*); *on TV* im Fernsehen; *TV programme* (*Br*) *or* *program* (*US*) Fernsehsendung *f*; → ***television***

twang *v/i* (*guitar etc*) einen scharfen Ton von sich geben; (*rubber band*) pitschen (*infml*)

tweak I *v/t* (≈ *pull gently*) kneifen, zwicken (*Aus*) **II** *n* (≈ *gentle pull*) *to give sth a* ~ an etw (*dat*) (herum)zupfen

twee *adj* (+*er*) (*Br infml*) niedlich

tweed I *n* (≈ *cloth*) Tweed *m* **II** *adj* Tweed-

tweet I *n* (*of birds*) Piepsen *nt no pl* **II** *v/i* piepsen

tweezers *pl* (*a.* **pair of tweezers**) Pinzette *f*

twelfth I *adj* zwölfte(r, s); *a* ~ *part* ein Zwölftel *nt* **II** *n* **1.** (*in series*) Zwölfte(r, s) **2.** (≈ *fraction*) Zwölftel *nt*; → ***sixth*** **Twelfth Night** *n* Dreikönige; (≈ *evening*) Dreikönigsabend *m*

twelve I *adj* zwölf; ~ *noon* zwölf Uhr (mittags) **II** *n* Zwölf *f*; → ***six***

twentieth I *adj* zwanzigste(r, s); *a* ~ *part* ein Zwanzigstel *nt* **II** *n* **1.** (*in series*) Zwanzigste(r, s) **2.** (≈ *fraction*) Zwanzigstel *nt*; → ***sixth***

twenty I *adj* zwanzig **II** *n* Zwanzig *f*; → ***sixty*** **twenty-four seven, 24/7** *I n* Geschäft, das sieben Tage die Woche und 24 Stunden am Tag geöffnet hat **II** *adj attr* rund um die Uhr; ~ *service* Service, der rund um die Uhr zur Verfügung steht

twerp *n* (*infml*) Einfaltspinsel *m* (*infml*)

twice *adv* zweimal; ~ *as much/many* doppelt so viel/so viele; ~ *as long as* ... doppelt *or* zweimal so lange wie ...; ~ *a week* zweimal wöchentlich; *I'd think* ~ *before trusting him with it* ihm würde ich das nicht so ohne Weiteres anvertrauen

twiddle *v/t* herumdrehen an (+*dat*); *to* ~ *one's thumbs* Däumchen drehen

twig *n* Zweig *m*

twilight *n* Dämmerung *f*; *at* ~ in der Dämmerung

twin I *n* Zwilling *m*; *her* ~ ihr Zwillingsbruder/ihre Zwillingsschwester **II** *adj attr* **1.** Zwillings-; ~ *boys/girls* Zwillingsjungen *pl*/-mädchen *pl* **2.** (≈ *double*) ~ *peaks* Doppelgipfel *pl* **III** *v/t* (*Br*) *town* verschwistern; *Oxford was* ~*ned with Bonn* Oxford und Bonn wurden zu Partnerstädten/waren Partnerstädte **twin beds** *pl* zwei (gleiche) Ein-

zelbetten *pl* **twin brother** *n* Zwillingsbruder *m*

twine **I** *n* Schnur *f* **II** *v/t* winden **III** *v/i*
(*around* um +*acc*) sich winden

twinge *n* Zucken *nt*; *a ~ of pain* ein zuck-
ender Schmerz

twinkle **I** *v/i* funkeln **II** *n* Funkeln *nt*; *with*
a ~ in his/her eye augenzwinkernd
twinkling *n* *in the ~ of an eye* im Handumdrehen

twin sister *n* Zwillingsschwester *f* **twin
town** *n* (*Br*) Partnerstadt *f*

twirl **I** *v/t* (herum)wirbeln **II** *v/i* wirbeln
III *n* Wirbel *m*; (*in dance*) Drehung *f*;
give us a ~ dreh dich doch mal

twist **I** *n* **1.** *to give sth a ~* etw (herum)dre-
hen **2.** (≈ *bend*) Kurve *f*; (*fig: in story etc*)
Wendung *f* **3.** (*Br infml*) **to drive sb
round the ~** jdn wahnsinnig machen **II**
v/t **1.** (≈ *turn*) drehen; (≈ *coil*) wickeln
(*into* zu +*dat*); *to ~ the top off a jar*
den Deckel von einem Glas abdrehen;
to ~ sth (*a*)*round sth* etw um etw
(*acc*) wickeln **2.** (≈ *distort*) verbiegen;
words verdrehen; *to ~ sth out of shape*
etw verbiegen; *she had to ~ my arm*
(*fig*) sie musste mich sehr überreden;
to ~ one's ankle sich (*dat*) den Fuß vertreten; *his face was ~ed with pain* sein
Gesicht war verzerrt vor Schmerz **III** *v/i*
(≈ *wind*) sich drehen; (*plant*) sich ran-
ken; (*road, river*) sich schlängeln
♦ **twist around** *v/t sep* = **twist round**
II ♦ **twist off** **I** *v/i* **the top twists off**
der Deckel lässt sich abschrauben **II**
v/t sep abdrehen; *lid* abschrauben
♦ **twist round** (*esp Br*) **I** *v/i* sich umdrehen; (*road etc*) eine Biegung machen **II**
v/t sep herumdrehen

twisted *adj rope* (zusammen)gedreht; (≈
bent) verbogen; (≈ *tangled, fig pej* ≈
warped) verdreht; *ankle* verrenkt; *bitter
and ~* verbittert und verwirrt

twit *n* (*esp Br infml*) Trottel *m* (*infml*)

twitch **I** *n* (≈ *tic*) Zucken *nt* **II** *v/i* (*muscles*)
zucken **III** *v/t nose* zucken mit

twitter **I** *v/i* zwitschern **II** *n* (*of birds*)
Zwitschern *nt*

two **I** *adj* zwei; *to cut sth in ~* etw in zwei
Teile schneiden; *~ by ~*, *in ~s* zu zweien;
in ~s and threes immer zwei oder drei
(Leute) auf einmal; *to put ~ and ~ together* (*fig*) zwei und zwei zusammenzählen; *~'s company, three's a crowd*
ein Dritter stört nur; *~ can play at that*

game (*infml*) den Spieß kann man auch
umdrehen; → *six* **II** *n* Zwei *f*; *just the ~
of us* nur wir beide **two-dimensional**
adj zweidimensional; (*fig* ≈ *superficial*)
flach **two-door** *adj* zweitürig **two-
-edged** *adj* **a ~ sword** (*fig*) ein zweischneidiges Schwert **two-faced** *adj*
(*fig*) falsch **twofold** *adj* zweifach, doppelt; *a ~ increase* ein Anstieg um das
Doppelte; *the advantages are ~* das
hat einen doppelten Vorteil **two-handed** *adj* beidhändig **two-legged** *adj* zweibeinig; *a ~ animal* ein Zweibeiner *m*
two-percent milk *n* (*US*) Halbfettmilch
f **two-piece** *adj* zweiteilig **two-pin plug**
n Stecker *m* mit zwei Kontakten **two-
-seater** *adj* zweisitzig **twosome** *n* (≈ *people*) Paar *nt* **two-storey**, (*US*) **two-story**
adj zweistöckig **two-time** *v/t* (*infml*)
boyfriend betrügen **two-way** *adj* *relationship* wechselseitig; *~ traffic* Gegenverkehr *m* **two-way radio** *n* Funksprechgerät *nt*

tycoon *n* Magnat(in) *m(f)*

type[1] *n* **1.** (≈ *kind*) Art *f*; (*of produce,
plant*) Sorte *f*; (≈ *character*) Typ *m*; *different ~s of roses* verschiedene Rosen-
sorten *pl*; *what ~ of car is it?* was für ein
Auto(typ) ist das?; *Cheddar-~ cheese*
eine Art Cheddar; *they're totally different ~s of person* sie sind von Typ her
völlig verschieden; *that ~ of behaviour*
(*Br*) *or* *behavior* (*US*) ein solches Benehmen; *it's not my ~ of film* diese
Art Film gefällt mir nicht; *he's not
my ~* er ist nicht mein Typ **2.** (*infml* ≈
man) Typ *m*

type[2] **I** *n* TYPO Type *f*; *large ~* große Schrift
II *v/t* tippen **III** *v/i* tippen (*infml*) ♦ **type
in** *v/t sep* eintippen; *esp* IT eingeben
♦ **type out** *v/t sep* tippen

typecast *pret, past part* **typecast** *v/t*
THEAT (auf eine bestimmte Rolle) festle-
gen **typeface** *n* Schrift *f* **typescript** *n* Ty-
poskript *nt* (*elev*) **typewriter** *n* Schreibmaschine *f* **typewritten** *adj* maschinengeschrieben

typhoid *n* (*a.* **typhoid fever**) Typhus *m*

typhoon *n* Taifun *m*

typhus *n* Fleckfieber *nt*

typical *adj* typisch (*of* für); *~ male!* typisch Mann!

typing *n* Tippen *nt* (*infml*) **typing error** *n*
Tippfehler *m*

typist *n* (*professional*) Schreibkraft *f*

tyrannic(al) *adj,* **tyrannically** *adv* tyrannisch **tyrannize** *v/t* tyrannisieren **tyranny** *n* Tyrannei *f* **tyrant** *n* Tyrann(in) *m(f)*

tyre, *(US)* **tire** *n* Reifen *m,* Pneu *m (Swiss)*
Tyrol *n* **the ~** Tirol *nt*
tzar *n* = **tsar**

U

U, u *n* U *nt,* u *nt*
ubiquitous *adj* allgegenwärtig
udder *n* Euter *nt*
UFO *abbr of* **unidentified flying object** UFO *nt*
ugliness *n* Hässlichkeit *f*
ugly *adj* (+er) hässlich übel; *situation* bedrohlich; **to turn ~** *(infml)* gemein werden
UHF *abbr of* **ultrahigh frequency** UHF
UHT *abbr of* **ultra heat treated** ultrahocherhitzt; **~ milk** H-Milch *f*
UK *abbr of* **United Kingdom** UK *nt*
Ukraine *n* **the ~** die Ukraine **Ukrainian I** *adj* ukrainisch; **he is ~** er ist Ukrainer **II** *n* Ukrainer(in) *m(f)*
ulcer *n* MED Geschwür *nt*
ulterior *adj purpose* verborgen; **~ motive** Hintergedanke *m*
ultimata *pl of* **ultimatum** **ultimate I** *adj* **1.** (≈ *final*) letzte(r, s); *decision* endgültig; *control* oberste(r, s); **~ goal** Endziel *nt;* **what is your ~ ambition in life?** was streben Sie letzten Endes im Leben an? **2.** (≈ *perfect*) vollendet, perfekt; **the ~ insult** der Gipfel der Beleidigung **II** *n* Nonplusultra *nt;* **that is the ~ in comfort** das ist das Höchste an Komfort **ultimately** *adv* (≈ *in the end*) letzten Endes **ultimatum** *n, pl* **-s** *or* **ultimata** Ultimatum *nt;* **to deliver an ~ to sb** jdm ein Ultimatum stellen
ultrahigh frequency *n* Ultrahochfrequenz *f* **ultrasound** *n* **1.** Ultraschall *m* **2.** (≈ *scan*) Ultraschalluntersuchung *f*
ultraviolet *adj* ultraviolett
umbilical cord *n* Nabelschnur *f*
umbrella *n* **1.** (Regen)schirm *m* **2.** (≈ *sun umbrella*) Sonnenschirm *m* **umbrella organization** *n* Dachorganisation *f*
umpire I *n* Schiedsrichter(in) *m(f)* **II** *v/t* Schiedsrichter(in) sein bei **III** *v/i* (*in* bei) Schiedsrichter(in) sein
umpteen *adj* (*infml*) zig (*infml*) **umpteenth** *adj* (*infml*) x-te(r, s); **for the ~ time** zum x-ten Mal

UN *abbr of* **United Nations** UNO *f,* UN *pl*
unabated *adj* unvermindert; **the storm continued ~** der Sturm ließ nicht nach
unable *adj pred* **to be ~ to do sth** etw nicht tun können
unabridged *adj* ungekürzt
unacceptable *adj terms* unannehmbar; *excuse, offer* nicht akzeptabel; *conditions* untragbar; **it's quite ~ that we should be expected to ...** es kann doch nicht von uns verlangt werden, dass ...; **it's quite ~ for young children to ...** es kann nicht zugelassen werden, dass kleine Kinder ... **unacceptably** *adv* untragbar; *high* unannehmbar; *bad* unzumutbar
unaccompanied *adj person* ohne Begleitung
unaccountable *adj* (≈ *inexplicable*) unerklärlich **unaccountably** *adv* unerklärlicherweise; *disappear* auf unerklärliche Weise **unaccounted for** *adj* ungeklärt; **£30 is still ~** es ist noch ungeklärt, wo die £ 30 geblieben sind; **three passengers are still ~** drei Passagiere werden noch vermisst
unaccustomed *adj* **to be ~ to sth** etw nicht gewohnt sein; **to be ~ to doing sth** es nicht gewohnt sein, etw zu tun
unacquainted *adj pred* **to be ~ with sth** etw nicht kennen
unadulterated *adj* **1.** unverfälscht **2.** (*fig*) *nonsense* schier; *bliss* ungetrübt
unadventurous *adj life* wenig abenteuerlich; *style* einfallslos; *person* wenig unternehmungslustig
unaffected *adj* **1.** (≈ *not damaged*) nicht angegriffen **2.** (≈ *not influenced*) unbeeinflusst; (≈ *not involved*) nicht betroffen; (≈ *unmoved*) ungerührt; **he remained quite ~ by all the noise** der Lärm berührte *or* störte ihn überhaupt nicht
unafraid *adj* **to be ~ of sb/sth** vor jdm / etw keine Angst haben
unaided *adv* ohne fremde Hilfe

unalike *adj pred* ungleich

unalterable *adj fact* unabänderlich; *laws* unveränderlich **unaltered** *adj* unverändert

unambiguous *adj*, **unambiguously** *adv* eindeutig

unambitious *adj person, plan* nicht ehrgeizig (genug); *theatrical production* anspruchslos

unamused *adj* she was ~ (by this) sie fand es *or* das überhaupt nicht lustig

unanimous *adj* einmütig; *decision* einstimmig; they were ~ in their condemnation of him sie haben ihn einmütig verdammt; by a ~ vote einstimmig **unanimously** *adv* einmütig; *vote* einstimmig

unannounced *adj, adv* unangemeldet

unanswered *adj* unbeantwortet

unapologetic *adj* unverfroren; he was so ~ about it es schien ihm überhaupt nicht leidzutun

unappealing *adj* nicht ansprechend; *prospect* nicht verlockend

unappetizing *adj* unappetitlich; *prospect* wenig verlockend

unappreciated *adj* nicht geschätzt *or* gewürdigt; she felt she was ~ by him sie hatte den Eindruck, dass er sie nicht zu schätzen wusste **unappreciative** *adj* undankbar; *audience* verständnislos

unapproachable *adj* unzugänglich

unarmed *adj, adv* unbewaffnet

unashamed *adj* schamlos **unashamedly** *adv* unverschämt; *say, admit* ohne Scham; *romantic, in favour of, partisan* unverhohlen

unassuming *adj* bescheiden

unattached *adj* 1. (≈ *not fastened*) unbefestigt 2. (*emotionally*) ungebunden

unattainable *adj* unerreichbar

unattended *adj children* unbeaufsichtigt; *luggage* unbewacht; to leave sth ~ *car, luggage* etw unbewacht lassen; *shop* etw unbeaufsichtigt lassen; to be *or* go ~ to (*wound, injury*) nicht behandelt werden

unattractive *adj place* wenig reizvoll; *offer, woman* unattraktiv

unauthorized *adj* unbefugt

unavailable *adj* nicht erhältlich; *person* nicht zu erreichen *pred*; the minister was ~ for comment der Minister lehnte eine Stellungnahme ab

unavoidable *adj* unvermeidlich **unavoidably** *adv* notgedrungen; to be ~ detained verhindert sein

unaware *adj pred* to be ~ of sth sich (*dat*) einer Sache (*gen*) nicht bewusst sein; I was ~ of his presence ich hatte nicht bemerkt, dass er da war; I was ~ that there was a meeting going on ich wusste nicht, dass da gerade eine Besprechung stattfand **unawares** *adv* to catch *or* take sb ~ jdn überraschen

unbalanced *adj* 1. *painting, diet* unausgewogen; *report* einseitig 2. (*a.* mentally unbalanced) nicht ganz normal

unbearable *adj*, **unbearably** *adv* unerträglich

unbeatable *adj* unschlagbar **unbeaten** *adj* ungeschlagen; *record* ungebrochen

unbecoming *adj behaviour, language etc* unschicklich, unziemlich (*elev*); *clothes* unvorteilhaft

unbelievable *adj* unglaublich **unbelievably** *adv* unglaublich; *good, pretty etc also* sagenhaft (*infml*) **unbeliever** *n* Ungläubige(r) *m/f(m)*

unbias(s)ed *adj* unvoreingenommen

unblemished *adj* makellos

unblock *v/t* frei machen; *pipe* die Verstopfung beseitigen in (+*dat*)

unbolt *v/t* aufriegeln; he left the door ~ed er verriegelte die Tür nicht

unborn *adj* ungeboren

unbowed *adj* (*fig*) ungebrochen; *pride* ungebeugt

unbreakable *adj glass* unzerbrechlich; *rule* unumstößlich

unbridgeable *adj* unüberbrückbar

unbridled *adj passion* ungezügelt

unbroken *adj* 1. (≈ *intact*) unbeschädigt 2. (≈ *continuous*) ununterbrochen 3. *record* ungebrochen

unbuckle *v/t* aufschnallen

unburden *v/t* (*fig*) to ~ oneself to sb jdm sein Herz ausschütten

unbutton *v/t* aufknöpfen

uncalled-for *adj* (≈ *unnecessary*) unnötig

uncannily *adv* unheimlich; to look ~ like sb/sth jdm/einer Sache auf unheimliche Weise ähnlich sehen **uncanny** *adj* unheimlich; to bear an ~ resemblance to sb jdm auf unheimliche Weise ähnlich sehen

uncared-for *adj garden* ungepflegt; *child* vernachlässigt **uncaring** *adj* gleichgültig; *parents* lieblos

unceasing *adj*, **unceasingly** *adv* unaufhörlich

uncensored *adj* unzensiert

unceremoniously *adv* (≈ *abruptly*) ohne Umschweife

uncertain *adj* **1.** (≈ *unsure*) unsicher; **to be ~ of** *or* **about sth** sich (*dat*) einer Sache (*gen*) nicht sicher sein **2.** *weather* unbeständig **3.** *in no ~ terms* klar und deutlich

uncertainty *n* (≈ *state*) Ungewissheit *f*; (≈ *indefiniteness*) Unbestimmtheit *f*; (≈ *doubt*) Zweifel *m*, Unsicherheit *f*; *there is still some ~ as to whether ...* es besteht noch Ungewissheit, ob ...

unchallenged *adj* unangefochten

unchanged *adj* unverändert **unchanging** *adj* unveränderlich

uncharacteristic *adj* untypisch (*of* für) **uncharacteristically** *adv* auf untypische Weise

uncharitable *adj* *remark* unfreundlich; *view, person* herzlos; *attitude* hartherzig

uncharted *adj* *to enter ~ territory* (*fig*) sich in unbekanntes Terrain begeben

unchecked *adj* (≈ *unrestrained*) ungehemmt; **to go ~** (*advance*) nicht gehindert werden

uncivil *adj* unhöflich **uncivilized** *adj* unzivilisiert

unclaimed *adj* *prize* nicht abgeholt

unclassified *adj* **1.** (≈ *not arranged*) nicht klassifiziert **2.** (≈ *not secret*) nicht geheim

uncle *n* Onkel *m*

unclean *adj* unsauber

unclear *adj* unklar; **to be ~ about sth** sich (*dat*) über etw (*acc*) im Unklaren sein

unclog *v/t* die Verstopfung beseitigen in (+*dat*)

uncoil I *v/t* abwickeln **II** *v/i & v/r* (*snake*) sich langsam strecken

uncollected *adj* *rubbish* nicht abgeholt; *tax* nicht eingezogen

uncombed *adj* ungekämmt

uncomfortable *adj* **1.** unbequem **2.** *feeling* ungut; *silence* peinlich; **to feel ~** sich unbehaglich fühlen; *I felt ~ about it/about doing it* ich hatte ein ungutes Gefühl dabei; **to put sb in an ~ position** jdn in eine heikle Lage bringen **3.** *fact, position* unerfreulich **uncomfortably** *adv* **1.** unbequem **2.** (≈ *uneasily*) unbehaglich **3.** (≈ *unpleasantly*) unangenehm

uncommon *adj* **1.** (≈ *unusual*) ungewöhnlich **2.** (≈ *outstanding*) außerge-

wöhnlich

uncommunicative *adj* verschlossen

uncomplaining *adj* duldsam

uncomplicated *adj* unkompliziert

uncomplimentary *adj* unschmeichelhaft

uncomprehending *adj*, **uncomprehendingly** *adv* verständnislos

uncompromising *adj* kompromisslos; *commitment* hundertprozentig

unconcerned *adj* (≈ *unworried*) unbekümmert; (≈ *indifferent*) gleichgültig; **to be ~ about sth** sich nicht um etw kümmern; **to be ~ by sth** von etw unberührt sein

unconditional *adj* vorbehaltlos; *surrender* bedingungslos; *support* uneingeschränkt

unconfirmed *adj* unbestätigt

unconnected *adj* **the two events are ~** es besteht keine Beziehung zwischen den beiden Ereignissen

unconscious I *adj* **1.** MED bewusstlos; *the blow knocked him ~* durch den Schlag wurde er bewusstlos **2.** *pred* **to be ~ of sth** sich (*dat*) einer Sache (*gen*) nicht bewusst sein; *I was ~ of the fact that ...* ich war mir nicht bewusst, dass ... **3.** PSYCH unbewusst; **at** *or* **on an ~ level** auf der Ebene des Unbewussten **II** *n* PSYCH **the ~** das Unbewusste **unconsciously** *adv* unbewusst

unconstitutional *adj*, **unconstitutionally** *adv* verfassungswidrig

uncontaminated *adj* nicht verseucht; *people* (*fig*) unverdorben

uncontested *adj* unbestritten; *election* ohne Gegenkandidat

uncontrollable *adj* unkontrollierbar; *rage* unbezähmbar; *desire* unwiderstehlich **uncontrollably** *adv* unkontrollierbar; *weep* hemmungslos; *laugh* unkontrolliert

unconventional *adj* unkonventionell

unconvinced *adj* nicht überzeugt (*of* von); *his arguments leave me ~* seine Argumente überzeugen mich nicht **unconvincing** *adj* nicht überzeugend; *rather ~* wenig überzeugend **unconvincingly** *adv* wenig überzeugend

uncooked *adj* ungekocht, roh

uncooperative *adj* *attitude* stur; *witness* wenig hilfreich

uncoordinated *adj* unkoordiniert

uncork *v/t* entkorken

uncorroborated *adj* unbestätigt; *evidence* nicht bekräftigt

uncountable *adj* GRAM unzählbar

uncouple *v/t* abkoppeln

uncouth *adj person* ungehobelt; *behaviour* unflätig

uncover *v/t* aufdecken

uncritical *adj*, **uncritically** *adv* unkritisch (*of, about* in Bezug auf +*acc*)

uncross *v/t* **he ⌄ed his legs** er nahm das Bein vom Knie; **she ⌄ed her arms** sie löste ihre verschränkten Arme

uncrowded *adj* nicht überlaufen

uncrowned *adj* (*lit, fig*) ungekrönt

uncultivated *adj* unkultiviert

uncurl *v/i* glatt werden; (*snake*) sich langsam strecken

uncut *adj* **1.** ungeschnitten; **⌄ diamond** Rohdiamant *m* **2.** (≈ *unabridged*) ungekürzt

undamaged *adj* unbeschädigt; (*fig*) makellos

undaunted *adj* unverzagt

undecided *adj person* unentschlossen; **he is ⌄ as to whether he should go or not** er ist (sich) noch unschlüssig, ob er gehen soll oder nicht; **to be ⌄ about sth** sich (*dat*) über etw (*acc*) im Unklaren sein

undefeated *adj team* unbesiegt; *champion* ungeschlagen

undelete *v/t* IT **to ⌄ sth** das Löschen von etw rückgängig machen

undemanding *adj* anspruchslos; *task* wenig fordernd

undemocratic *adj*, **undemocratically** *adv* undemokratisch

undemonstrative *adj* zurückhaltend

undeniable *adj* unbestreitbar **undeniably** *adv* zweifellos; *successful* unbestreitbar

under I *prep* **1.** unter (+*dat*); (*with motion*) unter (+*acc*); **⌄ it** darunter; **to come out from ⌄ the bed** unter dem Bett hervorkommen; **it's ⌄ there** es ist da drunter (*infml*); **⌄ an hour** weniger als eine Stunde; **there were ⌄ 50 of them** es waren weniger als 50; **he died ⌄ the anaesthetic** (*Br*) or **anesthetic** (*US*) er starb in der Narkose; **⌄ construction** im Bau; **the matter ⌄ discussion** der Diskussionsgegenstand; **to be ⌄ the doctor** in (ärztlicher) Behandlung sein; **an assumed name** unter falschem Namen **2.** (≈ *according to*) gemäß (+*dat*) **II** *adv* **1.** (≈ *be-*

neath) unten; (≈ *unconscious*) bewusstlos; **to go ⌄** untergehen **2.** (≈ *less*) darunter **under-** *pref* (*in rank*) Unter-; **for the ⌄twelves** für Kinder unter zwölf **underachiever** *n* **Johnny is an ⌄** Johnnys Leistungen bleiben hinter den Erwartungen zurück **underage** *adj attr* minderjährig

underarm I *adj* **1.** Unterarm- **2.** *throw* von unten **II** *adv* von unten **undercarriage** *n* AVIAT Fahrwerk *nt* **undercharge** *v/t* **he ⌄d me by 50p** er berechnete mir 50 Pence zu wenig **underclass** *n* Unterklasse *f* **underclothes** *pl* Unterwäsche *f* **undercoat** *n* (≈ *paint*) Grundierfarbe *f*; (≈ *coat*) Grundierung *f* **undercook** *v/t* nicht durchgaren **undercover I** *adj* geheim; **⌄ agent** Geheimagent(in) *m(f)* **II** *adv* **to work ⌄** als verdeckter Ermittler/verdeckte Ermittlerin arbeiten **undercurrent** *n* Unterströmung *f* **undercut** *pret, past part* **undercut** *v/t competitor, fare* (im Preis) unterbieten **underdeveloped** *adj* unterentwickelt **underdog** *n* Benachteiligte(r) *m/f(m)* **underdone** *adj* nicht gar; *steak* nicht durchgebraten **underestimate I** *v/t* unterschätzen **II** *n* Unterschätzung *f* **underfoot** *adv* am Boden; **it is wet ⌄** der Boden ist nass; **to trample sb/sth ⌄** auf jdm/etw herumtrampeln **underfunded** *adj* unterfinanziert **underfunding** *n* Unterfinanzierung *f* **undergo** *pret* **underwent**, *past part* **undergone** *v/t process* durchmachen; *training* mitmachen; *test, operation* sich unterziehen (+*dat*); **to ⌄ repairs** in Reparatur sein **undergrad** (*infml*), **undergraduate I** *n* Student(in) *m(f)* **II** *attr course* für nicht graduierte Studenten

underground I *adj* **1.** *lake, passage* unterirdisch **2.** (*fig* ≈ *secret*) Untergrund- **3.** (≈ *alternative*) Underground- **II** *adv* **1.** unterirdisch; MIN unter Tage; **3 m ⌄** 3 m unter der Erde **2.** (*fig*) **to go ⌄** untertauchen **III** *n* **1.** (*Br* RAIL) U-Bahn *f* **2.** (≈ *movement*) Untergrundbewegung *f*; (≈ *subculture*) Underground *m* **underground station** *n* (*Br* RAIL) U-Bahnhof *m*

undergrowth *n* Gestrüpp *nt* **underhand** *adj* hinterhältig **underinvestment** *n* mangelnde *or* unzureichende Investitionen *pl* **underlay** *n* Unterlage *f* **underlay**, *past part* **underlain** *v/t* (*fig*) zugrunde liegen (+*dat*) **underline** *v/t* unterstreichen **un-**

derlying *adj* **1.** *rocks* tiefer liegend **2.** *cause* eigentlich; *problem* zugrunde liegend; *tension* unterschwellig **undermine** *v/t* **1.** (≈ *weaken*) schwächen **2.** (*fig*) unterminieren

underneath I *prep* (*place*) unter (+*dat*); (*direction*) unter (+*acc*); ~ **it** darunter; **to come out from ~ sth** unter etw (*dat*) hervorkommen **II** *adv* darunter **III** *n* Unterseite *f*

undernourished *adj* unterernährt **underpants** *pl* Unterhose(n) *f*(*pl*); **a pair of ~** eine Unterhose **underpass** *n* Unterführung *f* **underpin** *v/t* (*fig*) *argument, claim* untermauern; *economy, market etc* (ab)stützen **underpopulated** *adj* unterbevölkert **underprivileged** *adj* unterprivilegiert **underqualified** *adj* unterqualifiziert **underrated** *adj* unterschätzt **undersea** *adj* Unterwasser- **undershirt** *n* (*US*) Unterhemd *nt*, Leiberl *nt* (*Aus*), Leibchen *nt* (*Aus, Swiss*) **undershorts** *pl* (*US*) Unterhose(n) *f*(*pl*) **underside** *n* Unterseite *f* **undersigned** *n* **we the ~** wir, die Unterzeichneten **undersized** *adj* klein **underskirt** *n* Unterrock *m* **understaffed** *adj* *office* unterbesetzt; *hospital* mit zu wenig Personal

understand *pret, past part* **understood I** *v/t* **1.** verstehen; **I don't ~ Russian** ich verstehe kein Russisch; **what do you ~ by "pragmatism"?** was verstehen Sie unter „Pragmatismus"? **2.** **I ~ that you are going to Australia** ich höre, Sie gehen nach Australien; **I understood (that) he was abroad** ich dachte, er sei im Ausland; **am I to ~ that ...?** soll das etwa heißen, dass ...?; **as I ~ it,** ... soweit ich weiß, ... **II** *v/i* **1.** verstehen; **but you don't ~, I must have the money now** aber verstehen Sie doch, ich brauche das Geld jetzt! **2.** (≈ *believe*) **so I ~** es scheint so **understandable** *adj* verständlich **understandably** *adv* verständlicherweise **understanding I** *adj* verständnisvoll **II** *n* **1.** (≈ *intelligence*) Auffassungsgabe *f*; (≈ *knowledge*) Kenntnisse *pl*; (≈ *sympathy*) Verständnis *nt*; **my ~ of the situation is that ...** ich verstehe die Situation so, dass ...; **it was my ~ that ...** ich nahm an, dass ... **2.** (≈ *agreement*) Abmachung *f*; **to come to an ~ with sb** eine Abmachung mit jdm treffen; **Susie and I have an ~** Susie

und ich haben unsere Abmachung **3.** (≈ *assumption*) **on the ~ that ...** unter der Voraussetzung, dass ...

understate *v/t* herunterspielen **understated** *adj* *film etc* subtil; *colours* gedämpft; *performance* zurückhaltend **understatement** *n* Untertreibung *f*

understood I *pret, past part of* **understand II** *adj* **1.** (≈ *clear*) klar; **to make oneself ~** sich verständlich machen; **do I make myself ~?** ist das klar?; **I thought that was ~!** ich dachte, das sei klar **2.** (≈ *believed*) angenommen; **he is ~ to have left** es heißt, dass er gegangen ist

understudy *n* THEAT zweite Besetzung **undertake** *pret* **undertook**, *past part* **undertaken** *v/t* **1.** *job* übernehmen **2.** (≈ *agree*) sich verpflichten **undertaker** *n* (Leichen)bestatter(in) *m*(*f*); (≈ *company*) Bestattungsinstitut *nt* **undertaking** *n* (≈ *enterprise*) Vorhaben *nt*; (≈ *project*) Projekt *nt* **undertone** *n* **1. in an ~** mit gedämpfter Stimme **2.** (*fig*) **an ~ of racism** ein rassistischer Unterton **undertook** *pret of* **undertake** **undertow** *n* Unterströmung *f* **undervalue** *v/t* *person* zu wenig schätzen **underwater I** *adj* Unterwasser- **II** *adv* unter Wasser **underwear** *n* Unterwäsche *f* **underweight** *adj* untergewichtig; **to be ~** Untergewicht haben **underwent** *pret of* **undergo** **underworld** *n* Unterwelt *f* **underwrite** *pret* **underwrote**, *past part* **underwritten** *v/t* (≈ *guarantee*) bürgen für; (≈ *insure*) versichern

undeserved *adj* unverdient **undeservedly** *adv* unverdient(ermaßen) **undeserving** *adj* unwürdig

undesirable I *adj* *effect* unerwünscht; *influence, characters* übel **II** *n* (≈ *person*) unerfreuliches Element

undetected *adj* unentdeckt; **to go ~** nicht entdeckt werden

undeterred *adj* keineswegs entmutigt; **the teams were ~ by the weather** das Wetter schreckte die Mannschaften nicht ab

undeveloped *adj* unentwickelt; *land* ungenutzt

undid *pret of* **undo**

undies *pl* (*infml*) (Unter)wäsche *f*

undignified *adj* (≈ *inelegant*) unelegant

undiluted *adj* unverdünnt; (*fig*) *truth* unverfälscht

undiminished *adj* unvermindert

undiplomatic *adj*, **undiplomatically** *adv* undiplomatisch

undisciplined *adj person* undiszipliniert

undisclosed *adj* geheim gehalten; *fee* ungenannt

undiscovered *adj* unentdeckt

undisputed *adj* unbestritten

undisturbed *adj papers, village* unberührt; *sleep* ungestört

undivided *adj attention* ungeteilt; *support* voll; *loyalty* absolut

undo *pret* **undid**, *past part* **undone** *v/t* **1.** (≈ *unfasten*) aufmachen; *button, dress, parcel* öffnen; *knot* lösen **2.** *decision* rückgängig machen; IT *command* rückgängig machen **undoing** *n* Verderben *nt* **undone** **I** *past part of* **undo** **II** *adj* **1.** (≈ *unfastened*) offen; *to come ~* aufgehen **2.** *task* unerledigt; *to leave sth ~* etw ungetan lassen

undoubted *adj* unbestritten **undoubtedly** *adv* zweifellos

undreamt-of, (*US*) **undreamed-of** *adj* ungeahnt

undress **I** *v/t* ausziehen; *to get ~ed* sich ausziehen **II** *v/i* sich ausziehen

undrinkable *adj* ungenießbar

undulating *adj countryside* hügelig; *path* auf und ab führend

unduly *adv* übermäßig; *optimistic* zu; *you're worrying ~* Sie machen sich (*dat*) unnötige Sorgen

undying *adj love* unsterblich

unearth *v/t* ausgraben; (*fig*) *evidence* zutage bringen **unearthly** *adj calm* unheimlich; (*infml*) *racket* schauerlich

unease *n* Unbehagen *nt* **uneasily** *adv* unbehaglich; *sleep* unruhig **uneasiness** *n* (≈ *awkwardness*) Beklommenheit *f*; (≈ *anxiety*) Unruhe *f* **uneasy** *adj silence* unbehaglich; *peace* unsicher; *alliance* instabil; *feeling* beklemmend; *to be ~* (≈ *ill at ease*) beklommen sein; (≈ *worried*) beunruhigt sein; *I am or feel ~ about it* mir ist nicht wohl dabei; *to make sb ~* jdn beunruhigen; *to grow or become ~ about sth* sich über etw (*acc*) beunruhigen

uneconomic(al) *adj* unwirtschaftlich

uneducated *adj* ungebildet

unemotional *adj* nüchtern

unemployed **I** *adj person* arbeitslos **II** *pl* **the ~** *pl* die Arbeitslosen *pl*

unemployment *n* Arbeitslosigkeit *f* **un-**

employment benefit, (*US*) **unemployment compensation** *n* Arbeitslosenunterstützung *f*

unending *adj* (≈ *everlasting*) ewig; (≈ *incessant*) endlos

unenthusiastic *adj* wenig begeistert **unenthusiastically** *adv* ohne Begeisterung

unenviable *adj* wenig beneidenswert

unequal *adj* ungleich; *~ in length* unterschiedlich lang; *to be ~ to a task* einer Aufgabe (*dat*) nicht gewachsen sein **unequalled**, (*US*) **unequaled** *adj* unübertroffen

unequivocal *adj* **1.** unmissverständlich; *proof* unzweifelhaft **2.** *support* rückhaltlos **unequivocally** *adv* unmissverständlich; *state, answer also* eindeutig; *support* rückhaltlos

unerring *adj accuracy* unfehlbar

unethical *adj* unmoralisch

uneven *adj surface* uneben; *number* ungerade; *contest* ungleich **unevenly** *adv spread* unregelmäßig; *share* ungleichmäßig **unevenness** *n* (*of surface*) Unebenheit *f*; (*of pace, colour, distribution*) Ungleichmäßigkeit *f*; (*of quality*) Unterschiedlichkeit *f*; (*of contest, competition*) Ungleichheit *f*

uneventful *adj day* ereignislos; *life* ruhig

unexceptional *adj* alltäglich, durchschnittlich

unexciting *adj* nicht besonders aufregend; (≈ *boring*) langweilig, fad (*Aus*)

unexpected *adj* unerwartet **unexpectedly** *adv* unerwartet; *arrive, happen also* unvorhergesehen

unexplained *adj* ungeklärt; *mystery* unaufgeklärt

unexplored *adj* unerforscht

unfailing *adj* unerschöpflich; *support, accuracy* beständig

unfair *adj* unfair; *to be ~ to sb* jdm gegenüber unfair sein **unfair dismissal** *n* ungerechtfertigte Entlassung **unfairly** *adv* unfair; *accuse, dismissed* zu Unrecht **unfairness** *n* Ungerechtigkeit *f*

unfaithful *adj lover* untreu **unfaithfulness** *n* (*of lover*) Untreue *f*

unfamiliar *adj* ungewohnt; *subject, person* fremd; *~ territory* (*fig*) Neuland *nt*; *to be ~ with sth* mit etw nicht vertraut sein; *with machine etc* sich mit etw nicht auskennen **unfamiliarity** *n* (*of surroundings*) Ungewohntheit *f*; (*of subject, per-*

son) Fremdheit *f*; **because of my ~ with ...** wegen meiner mangelnden Vertrautheit mit ...

unfashionable *adj* unmodern; *district* wenig gefragt; *subject* nicht in Mode

unfasten I *v/t* aufmachen; *tag, horse etc* losbinden **II** *v/i* aufgehen

unfavourable , (*US*)**unfavorable** *adj* ungünstig **unfavourably** , (*US*) **unfavorably** *adv react* ablehnend; *regard* ungünstig; **to compare ~ with sth** im Vergleich mit etw schlecht abschneiden

unfeasible *adj* nicht machbar

unfeeling *adj* gefühllos

unfinished *adj* unfertig; *work of art* unvollendet; **~ business** unerledigte Geschäfte *pl*

unfit *adj* **1.** (≈ *unsuitable*) ungeeignet; (≈ *incompetent*) unfähig; **to be ~ to do sth** (*physically*) nicht fähig sein, etw zu tun; (*mentally*) außerstande sein, etw zu tun; **~ to drive** fahruntüchtig; **he is ~ to be a lawyer** er ist als Jurist untauglich; **to be ~ for (human) consumption** nicht zum Verzehr geeignet sein **2.** (SPORTS ≈ *injured*) nicht fit; (*in health*) schlecht in Form; **~ (for military service)** (dienst)untauglich; **to be ~ for work** arbeitsunfähig sein

unflagging *adj enthusiasm* unerschöpflich; *interest* unverändert stark

unflappable *adj* (*infml*) unerschütterlich; **to be ~** die Ruhe weghaben (*infml*)

unflattering *adj* wenig schmeichelhaft

unflinching *adj* unerschrocken; *support* unbeirrbar

unfocus(s)ed *adj eyes* unkoordiniert; *debate* weitschweifig; *campaign* zu allgemein angelegt

unfold I *v/t paper* auseinanderfalten; *wings* ausbreiten; *arms* lösen **II** *v/i* (*story*) sich abwickeln

unforced *adj* ungezwungen

unforeseeable *adj* unvorhersehbar **unforeseen** *adj* unvorhergesehen; **due to ~ circumstances** aufgrund unvorhergesehener Umstände

unforgettable *adj* unvergesslich

unforgivable *adj*, **unforgivably** *adv* unverzeihlich **unforgiving** *adj* unversöhnlich

unformatted *adj* IT unformatiert

unforthcoming *adj* nicht sehr mitteilsam; **to be ~ about sth** sich nicht zu etw äußern wollen

unfortunate *adj* unglücklich; *person* glücklos; *event, error* unglückselig; **to be ~** (*person*) Pech haben; **it is ~ that ...** es ist bedauerlich, dass ...

unfortunately *adv* leider

unfounded *adj* unbegründet; *allegations* aus der Luft gegriffen

unfriendliness *n* Unfreundlichkeit **unfriendly** *adj* unfreundlich (*to sb* zu jdm)

unfulfilled *adj* unerfüllt; *person, life* unausgefüllt

unfurl I *v/t flag* aufrollen; *sail* losmachen **II** *v/i* sich entfalten

unfurnished *adj* unmöbliert

ungainly *adj* unbeholfen

ungenerous *adj* kleinlich

ungodly *adj* (*infml*) *hour* unchristlich (*infml*)

ungraceful *adj* nicht anmutig

ungracious *adj* unhöflich; (≈ *gruff*) *grunt, refusal* schroff; *answer* rüde **ungraciously** *adv say, respond* schroff

ungrammatical *adj*, **ungrammatically** *adv* grammatikalisch falsch

ungrateful *adj*, **ungratefully** *adv* undankbar (*to* gegenüber)

unguarded *adj* **1.** (≈ *undefended*) unbewacht **2.** (*fig* ≈ *careless*) unachtsam; **in an ~ moment he ...** als er einen Augenblick nicht aufpasste, ... er ...

unhampered *adj* ungehindert

unhappily *adv* unglücklich **unhappiness** *n* **1.** Traurigkeit *f* **2.** (≈ *discontent*) Unzufriedenheit *f*

unhappy *adj* (+er) **1.** unglücklich; *look* traurig **2.** (≈ *not pleased*) unzufrieden (*about* mit); (≈ *uneasy*) unwohl; **to be ~ with sb/sth** mit jdm/etw unzufrieden sein; **to be ~ about doing sth** nicht glücklich darüber sein, etw zu tun; **if you feel ~ about it** (≈ *worried*) wenn Ihnen dabei nicht wohl ist

unharmed *adj* unverletzt

unhealthy *adj* **1.** *person* nicht gesund; *life, complexion* ungesund **2.** *interest* krankhaft; **it's an ~ relationship** das ist eine verderbliche Beziehung

unheard *adj* **to go ~** ungehört bleiben **unheard-of** *adj* (≈ *unknown*) gänzlich unbekannt; (≈ *unprecedented*) noch nicht da gewesen

unheeded *adj* **to go ~** auf taube Ohren stoßen

unhelpful *adj person* nicht hilfreich; *advice* wenig hilfreich; **you are being very**

~ du bist aber wirklich keine Hilfe **unhelpfully** *adv* wenig hilfreich

unhesitating *adj* prompt **unhesitatingly** *adv* ohne Zögern

unhindered *adj (by luggage etc)* unbehindert; *(by regulations)* ungehindert

unhitch *v/t horse (from post)* losbinden; *(from wagon)* ausspannen; *caravan, engine* abkoppeln

unholy *adj* (+*er*) REL *alliance* übel; *mess* heillos; *hour* unchristlich *(infml)*

unhook I *v/t latch* loshaken; *dress* aufhaken II *v/i* sich aufhaken lassen

unhurried *adj pace, person* gelassen **unhurriedly** *adv* in aller Ruhe

unhurt *adj* unverletzt

unhygienic *adj* unhygienisch

unicorn *n* Einhorn *nt*

unidentifiable *adj object, smell, sound* unidentifizierbar; *body* nicht identifizierbar **unidentified** *adj* unbekannt; *body* nicht identifiziert

unification *n (of country)* Einigung *f*

uniform I *adj length, colour* einheitlich; *temperature* gleichbleibend II *n* Uniform *f*; **in** ~ in Uniform; **out of** ~ in Zivil **uniformity** *n* Einheitlichkeit *f*; *(of temperature)* Gleichmäßigkeit *f* **uniformly** *adv measure, paint, tax* einheitlich; *heat* gleichmäßig; *treat* gleich; *(pej)* einförmig *(pej)*

unify *v/t* einigen

unilateral *adj* einseitig **unilaterally** *adv* einseitig; POL *also* unilateral

unimaginable *adj* unvorstellbar **unimaginative** *adj*, **unimaginatively** *adv* fantasielos

unimpaired *adj* unbeeinträchtigt

unimpeachable *adj reputation, character* untadelig; *proof, honesty* unanfechtbar; *person* über jeden Zweifel erhaben

unimpeded *adj* ungehindert

unimportant *adj* unwichtig

unimposing *adj* unscheinbar

unimpressed *adj* unbeeindruckt; **I was** ~ **by his story** seine Geschichte hat mich überhaupt nicht beeindruckt **unimpressive** *adj* wenig beeindruckend

uninformed *adj* (≈ *not knowing*) nicht informiert *(about* über +*acc*); (≈ *ignorant also*) unwissend; *criticism* blindwütig; *comment, rumour* unfundiert; **to be** ~ **about sth** über etw *(acc)* nicht Bescheid wissen

uninhabitable *adj* unbewohnbar **uninhabited** *adj* unbewohnt

uninhibited *adj person* ohne Hemmungen

uninitiated I *adj* nicht eingeweiht II *n* **the** ~ *pl* Nichteingeweihte *pl*

uninjured *adj* unverletzt

uninspired *adj performance* fantasielos **uninspiring** *adj* trocken; *idea* nicht gerade aufregend

uninstall *v/t* IT deinstallieren

unintelligent *adj* unintelligent

unintelligible *adj person* nicht zu verstehen; *speech, writing* unverständlich

unintended, unintentional *adj* unabsichtlich **unintentionally** *adv* unabsichtlich, unbeabsichtigt; *funny* unfreiwillig

uninterested *adj* desinteressiert; **to be** ~ **in sth** an etw *(dat)* nicht interessiert sein

uninteresting *adj* uninteressant

uninterrupted *adj* ununterbrochen; *view* ungestört

uninvited *adj guest* ungeladen **uninviting** *adj prospect* nicht (gerade) verlockend

union I *n* (≈ *act, association*) Vereinigung *f*; (≈ *trade union*) Gewerkschaft *f*; (≈ *students' union*) Studentenklub *m* II *adj attr* (≈ *trade union*) Gewerkschafts-**unionist** I *n* **1.** (≈ *trade unionist*) Gewerkschaftler(in) *m(f)* **2.** POL Unionist(in) *m(f)* II *adj* POL unionistisch **Union Jack** *n* Union Jack *m*

unique *adj* einzig *attr*; (≈ *outstanding*) einzigartig; **such cases are not** ~ **to Britain** solche Fälle sind nicht nur auf Großbritannien beschränkt **uniquely** *adv* (≈ *solely*) einzig und allein, nur; (≈ *outstandingly*) einmalig *(infml)*

unisex *adj* für Männer und Frauen

unison *n* MUS Einklang *m*; **in** ~ einstimmig; **to act in** ~ **with sb** *(fig)* in Übereinstimmung mit jdm handeln

unit *n* Einheit *f*; (≈ *set of equipment*) Anlage *f*; *(of machine)* Teil *nt*; *(of course book)* Lektion *f*; ~ **of length** Längeneinheit *f*

unite I *v/t* vereinigen; *(ties)* (ver)einen II *v/i* sich zusammenschließen; **to** ~ **in doing sth** gemeinsam etw tun; **to** ~ **in grief/opposition to sth** gemeinsam trauern/gegen etw Opposition machen

united *adj* verbunden; *front* geschlossen; *people, nation* einig; **a** ~ **Ireland** ein vereintes Irland; **to be** ~ **in the** *or* **one's belief that ...** einig sein in seiner Überzeugung, dass ...

United Arab Emirates *pl* Vereinigte Arabische Emirate *pl*

United Kingdom *n* Vereinigtes Königreich (*Großbritannien und Nordirland*)

United Nations (Organization) *n* Vereinte Nationen *pl*

United States (of America) *pl* Vereinigte Staaten *pl* (von Amerika)

unity *n* Einheit *f*; **national ~** (nationale) Einheit

universal *adj* universell; *approval, peace* allgemein **universally** *adv* allgemein

universe *n* Universum *nt*

university I *n* Universität *f*; **which ~ does he go to?** wo studiert er?; **to be at/go to ~** studieren; **to be at/go to London University** in London studieren **II** *adj attr* Universitäts-; *education* akademisch; **~ teacher** Hochschullehrer(in) *m(f)*

unjust *adj* ungerecht (*to* gegen) **unjustifiable** *adj* nicht zu rechtfertigend *attr*, nicht zu rechtfertigen *pred* **unjustifiably** *adv expensive, critical, act* ungerechtfertigt; *criticize, dismiss* zu Unrecht **unjustified** *adj* ungerechtfertigt **unjustly** *adv* zu Unrecht; *judge, treat* ungerecht

unkempt *adj* ungepflegt; *hair* ungekämmt

unkind *adj* (+*er*) (≈ *not nice*) unfreundlich; (≈ *cruel*) gemein; **don't be (so) ~!** das ist aber gar nicht nett (von dir)!

unkindly *adv* unfreundlich; (≈ *cruelly*) gemein **unkindness** *n* Unfreundlichkeit *f*; (≈ *cruelty*) Gemeinheit *f*

unknowingly *adv* unwissentlich

unknown I *adj* unbekannt; **~ territory** Neuland *nt* **II** *n* **the ~** das Unbekannte; **a journey into the ~** eine Fahrt ins Ungewisse **III** *adv* **~ to me** ohne dass ich es wusste

unlawful *adj* gesetzwidrig **unlawfully** *adv* gesetzwidrig, illegal; *imprison* ungesetzlich

unleaded I *adj* bleifrei **II** *n* bleifreies Benzin

unleash *v/t* (*fig*) entfesseln

unleavened *adj* ungesäuert

unless *cj* es sei denn; (*at beginning of sentence*) wenn ... nicht; **don't do it ~ I tell you to** mach das nicht, es sei denn, ich sage es dir; **~ I tell you to, don't do it** wenn ich es dir nicht sage, mach das nicht; **~ I am mistaken ...** wenn *or* falls ich mich nicht irre ...

unlicensed *adj premises* ohne (Schank)-konzession

unlike *prep* **1.** im Gegensatz zu **2.** (≈ *uncharacteristic of*) **to be quite ~ sb** jdm (gar) nicht ähnlichsehen **3.** **this house is ~ their former one** dieses Haus ist ganz anders als ihr früheres

unlikeable *adj* unsympathisch

unlikely *adj* (+*er*) unwahrscheinlich; **it is (most) ~/not ~ that ...** es ist (höchst) unwahrscheinlich/kann durchaus sein, dass ...; **she is ~ to come** sie kommt höchstwahrscheinlich nicht; **he's ~ to be chosen** es ist unwahrscheinlich, dass er gewählt wird; **in the ~ event of war** im unwahrscheinlichen Fall eines Krieges

unlimited *adj* unbegrenzt; *access* uneingeschränkt

unlisted *adj company, items* nicht verzeichnet; **the number is ~** (*US* TEL) die Nummer steht nicht im Telefonbuch

unlit *adj road* unbeleuchtet; *lamp* nicht angezündet; *fire, cigarette* unangezündet

unload I *v/t ship, gun* entladen; *luggage, car* ausladen; *cargo* löschen **II** *v/i* (*ship*) löschen; (*truck*) abladen

unlock *v/t door etc* aufschließen; **the door is ~ed** die Tür ist nicht abgeschlossen; **to leave a door ~ed** eine Tür nicht abschließen

unloved *adj* ungeliebt

unluckily *adv* zum Pech; **~ for him** zu seinem Pech **unlucky** *adj* (+*er*) *person, action* unglückselig; *loser, coincidence* unglücklich; **to be ~** Pech haben; (≈ *bring bad luck*) Unglück bringen; **it was ~ for her that she was seen** Pech für sie, dass man sie gesehen hat; **~ number** Unglückszahl *f*

unmanageable *adj size* unhandlich; *number* nicht zu bewältigen; *person, hair* widerspenstig; *situation* unkontrollierbar

unmanly *adj* unmännlich

unmanned *adj* unbemannt

unmarked *adj* **1.** (≈ *unstained*) ohne Flecken; (≈ *without marking*) ungezeichnet; *police car* nicht gekennzeichnet; *grave* anonym **2.** SPORTS *player* ungedeckt **3.** SCHOOL *papers* unkorrigiert

unmarried *adj* unverheiratet; **~ mother** ledige Mutter

unmask *v/t* (*lit*) demaskieren; (*fig*) entlarven

unmatched *adj* unübertroffen (*for* in Bezug auf *+acc*); **~ by anyone** von niemandem übertroffen

unmentionable *adj* tabu *pred*

unmissable *adj* (*Br infml*) **to be ~** ein Muss sein

unmistak(e)able *adj* unverkennbar; (*visually*) unverwechselbar **unmistak(e)ably** *adv* unverkennbar

unmitigated *adj* (*infml*) *disaster* vollkommen; *success* total

unmotivated *adj* unmotiviert; *attack also* grundlos

unmoved *adj person* ungerührt; **they were ~ by his playing** sein Spiel(en) ergriff sie nicht

unnamed *adj* (≈ *anonymous*) ungenannt

unnatural *adj* unnatürlich; **to die an ~ death** keines natürlichen Todes sterben **unnaturally** *adv* unnatürlich; (≈ *extraordinarily also*) *loud, anxious* ungewöhnlich

unnecessarily *adv* unnötigerweise; *strict* unnötig **unnecessary** *adj* unnötig; (≈ *not requisite*) nicht nötig

unnerve *v/t* entnerven; (*gradually*) zermürben; (≈ *discourage*) entmutigen; **~d by their reaction** durch ihre Reaktion aus der Ruhe gebracht **unnerving** *adj* entnervend

unnoticed *adj* unbemerkt

unobservant *adj* unaufmerksam; **to be ~** ein schlechter Beobachter sein **unobserved** *adj* unbemerkt

unobstructed *adj view* ungehindert

unobtainable *adj* nicht erhältlich; *goal* unerreichbar

unobtrusive *adj*, **unobtrusively** *adv* unauffällig

unoccupied *adj person* unbeschäftigt; *house* leer stehend; *seat* frei

unofficial *adj* inoffiziell **unofficially** *adv* inoffiziell

unopened *adj* ungeöffnet

unorganized *adj* unsystematisch; *person also* unmethodisch; *life* ungeregelt

unoriginal *adj* wenig originell

unorthodox *adj* unkonventionell

unpack *v/t & v/i* auspacken

unpaid *adj* unbezahlt

unparalleled *adj* beispiellos

unpatriotic *adj* unpatriotisch

unpaved *adj* nicht gepflastert

unperfumed *adj* nicht parfümiert

unperturbed *adj* nicht beunruhigt (*by* von, durch)

unpick *v/t* auftrennen

unpin *v/t dress, hair* die Nadeln entfernen aus

unplanned *adj* ungeplant

unplayable *adj* unspielbar; *pitch* unbespielbar

unpleasant *adj* unangenehm; *person, remark* unfreundlich; **to be ~ to sb** unfreundlich zu jdm sein **unpleasantly** *adv reply* unfreundlich; *warm* unangenehm **unpleasantness** *n* **1.** (≈ *quality*) Unangenehmheit *f*; (*of person*) Unfreundlichkeit *f* **2.** (≈ *bad feeling*) Unstimmigkeit *f*

unplug *v/t radio, lamp, plug* rausziehen

unpolluted *adj* unverschmutzt

unpopular *adj person* unbeliebt (*with sb* bei jdm); *decision* unpopulär **unpopularity** *n* Unbeliebtheit *f*; (*of decision*) geringe Popularität

unpractical *adj* unpraktisch

unprecedented *adj* noch nie da gewesen; *step* unerhört

unprepared *adj* unvorbereitet; **to be ~ for sth** (≈ *be surprised*) auf etw (*acc*) nicht gefasst sein

unprepossessing *adj* wenig einnehmend

unpretentious *adj* schlicht

unprincipled *adj* skrupellos

unprintable *adj* nicht druckfähig

unproductive *adj meeting* unergiebig; *factory* unproduktiv

unprofessional *adj* unprofessionell

unprofitable *adj business etc* unrentabel; (*fig*) nutzlos; **the company was ~** die Firma machte keinen Profit *or* warf keinen Profit ab

unpromising *adj* nicht sehr vielversprechend; **to look ~** nicht sehr hoffnungsvoll *or* gut aussehen

unpronounceable *adj* unaussprechbar; **that word is ~** das Wort ist nicht auszusprechen

unprotected *adj* schutzlos; *skin, sex* ungeschützt

unproven, unproved *adj* unbewiesen

unprovoked *adj* grundlos

unpublished *adj* unveröffentlicht

unpunished *adj* **to go ~** ohne Strafe bleiben

unqualified *adj* **1.** unqualifiziert; **to be ~** nicht qualifiziert sein; **he is ~ to do it** er ist dafür nicht qualifiziert **2.** *success* voll

(-ständig)

unquenchable adj thirst, desire unstillbar; optimism unerschütterlich

unquestionable adj authority unbestritten **unquestionably** adv zweifellos **unquestioning** adj bedingungslos **unquestioningly** adv accept bedingungslos; obey blind

unravel I v/t knitting aufziehen; (≈ untangle) entwirren; mystery lösen II v/i (knitting) sich aufziehen; (fig) sich entwirren

unreadable adj writing unleserlich; book schwer lesbar

unreal adj unwirklich; **this is just ~!** (infml ≈ unbelievable) das gibts doch nicht! (infml); **he's ~** er ist unmöglich

unrealistic adj unrealistisch **unrealistically** adv high, low unrealistisch; optimistic unangemessen

unreasonable adj unzumutbar; expectations übertrieben; person uneinsichtig; **to be ~ about sth** (≈ be overdemanding) in Bezug auf etw (acc) zu viel verlangen; **it is ~ to ...** es ist zu viel verlangt, zu ...; **you are being very ~!** das ist wirklich zu viel verlangt!; **an ~ length of time** übermäßig or übertrieben lange **unreasonably** adv long, strict etc übertrieben; **you must prove that your employer acted ~** Sie müssen nachweisen, dass Ihr Arbeitgeber ungerechtfertigt gehandelt hat; **not ~** nicht ohne Grund

unrecognizable adj nicht wiederzuerkennen pred, nicht wiederzuerkennend attr **unrecognized** adj unerkannt; **to go ~** nicht anerkannt werden

unrefined adj petroleum etc nicht raffiniert

unregulated adj unkontrolliert

unrehearsed adj (≈ spontaneous) spontan

unrelated adj 1. **the two events are ~** die beiden Ereignisse stehen in keinem Zusammenhang miteinander, ohne Beziehung (to zu) 2. (by family) nicht verwandt

unrelenting adj pressure unablässig; struggle unerbittlich; pain, pace unvermindert; person, heat unbarmherzig

unreliability n Unzuverlässigkeit f **unreliable** adj unzuverlässig

unremarkable adj nicht sehr bemerkenswert

unremitting adj efforts unaufhörlich, unablässig

unrepeatable adj words nicht wiederholbar

unrepentant adj reu(e)los

unreported adj events nicht berichtet; crime nicht angezeigt

unrepresentative adj ~ of sth nicht repräsentativ für etw

unrequited adj love unerwidert

unreserved adj apology, support uneingeschränkt

unresolved adj ungelöst

unresponsive adj (physically) nicht reagierend attr; (emotionally) unempfänglich; **to be ~** nicht reagieren (to auf +acc); **an ~ audience** ein Publikum, das nicht mitgeht

unrest n Unruhen pl

unrestrained adj unkontrolliert; joy ungezügelt

unrestricted adj 1. power, growth uneingeschränkt; access ungehindert 2. view ungehindert

unrewarded adj unbelohnt; **to go ~** unbelohnt bleiben **unrewarding** adj undankbar

unripe adj unreif

unroll I v/t aufrollen II v/i sich aufrollen

unruffled adj person gelassen

unruly adj (+er) wild

unsaddle v/t horse absatteln

unsafe adj nicht sicher; (≈ dangerous) gefährlich; sex ungeschützt; **this is ~ to eat/drink** das ist nicht genießbar/trinkbar; **it is ~ to walk there at night** es ist gefährlich, dort nachts spazieren zu gehen; **to feel ~** sich nicht sicher fühlen

unsaid adj **to leave sth ~** etw unausgesprochen lassen

unsaleable, (US) **unsalable** adj unverkäuflich; **to be ~** sich nicht verkaufen lassen

unsanitary adj unhygienisch

unsatisfactory adj unbefriedigend; figures nicht ausreichend; SCHOOL mangelhaft; **this is highly ~** das lässt sehr zu wünschen übrig **unsatisfied** adj person unzufrieden; **the book's ending left us ~** wir fanden den Schluss des Buches unbefriedigend **unsatisfying** adj unbefriedigend; meal unzureichend

unsaturated adj CHEM ungesättigt

unsavoury, (US) **unsavory** adj smell widerwärtig; appearance abstoßend; subject unerfreulich; characters zwielichtig

unscathed *adj* (*lit*) unversehrt; (*fig*) unbeschadet

unscented *adj* geruchlos

unscheduled *adj stop* außerfahrplanmäßig; *meeting* außerplanmäßig

unscientific *adj* unwissenschaftlich

unscramble *v/t* entwirren; TEL entschlüsseln

unscrew *v/t* losschrauben

unscrupulous *adj* skrupellos

unsealed *adj* unverschlossen

unseasonable *adj* nicht der Jahreszeit entsprechend *attr* **unseasonably** *adv* (für die Jahreszeit) ungewöhnlich *or* außergewöhnlich

unseat *v/t rider* abwerfen

unseeded *adj* unplatziert

unseeing *adj* blind; *gaze* leer

unseemly *adj* ungebührlich

unseen *adj* ungesehen; (≈ *unobserved*) unbemerkt

unselfconscious *adj*, **unselfconsciously** *adv* unbefangen

unselfish *adj*, **unselfishly** *adv* selbstlos

unsentimental *adj* unsentimental

unsettle *v/t* (≈ *agitate*) aufregen; *person* (*news*) beunruhigen **unsettled** *adj* **1.** *question* ungeklärt **2.** *weather, market* unbeständig; **to be ~** durcheinander sein; (≈ *thrown off balance*) aus dem Gleis geworfen sein; **to feel ~** sich nicht wohlfühlen **unsettling** *adj change* aufreibend; *thought, news* beunruhigend

unshak(e)able *adj*, **unshak(e)ably** *adv* unerschütterlich **unshaken** *adj* unerschüttert

unshaven *adj* unrasiert

unsightly *adj* unansehnlich

unsigned *adj painting* unsigniert; *letter* nicht unterzeichnet

unskilled *adj worker* ungelernt; **~ labour** (*Br*) *or* **labor** (*US*) (≈ *workers*) Hilfsarbeiter *pl*

unsociable *adj* ungesellig

unsocial *adj* **to work ~ hours** außerhalb der normalen Arbeitszeiten arbeiten

unsold *adj* unverkauft; **to be left ~** nicht verkauft werden

unsolicited *adj* unerbeten

unsolved *adj problem etc* ungelöst; *crime* unaufgeklärt

unsophisticated *adj person, style, machine* einfach; *tastes* schlicht

unsound *adj* **1.** *construction* unsolide; **structurally ~** *building* bautechnische

Mängel aufweisend *attr* **2.** *argument* nicht stichhaltig; *advice* unvernünftig; JUR *conviction* ungesichert; **of ~ mind** JUR unzurechnungsfähig; **environmentally ~** umweltschädlich; **the company is ~** die Firma steht auf schwachen Füßen

unsparing *adj* **1.** (≈ *lavish*) großzügig, verschwenderisch; **to be ~ in one's efforts** keine Kosten und Mühen scheuen **2.** (≈ *unmerciful*) *criticism* schonungslos; **the report was ~ in its criticism** der Bericht übte schonungslos Kritik

unspeakable *adj*, **unspeakably** *adv* unbeschreiblich

unspecified *adj time, amount* nicht genau angegeben; *location* unbestimmt

unspectacular *adj* wenig eindrucksvoll

unspoiled, unspoilt *adj* unberührt

unspoken *adj thoughts* unausgesprochen; *agreement* stillschweigend

unsporting, unsportsmanlike *adj* unsportlich

unstable *adj* instabil; PSYCH labil

unsteadily *adj* unsicher **unsteady** *adj hand, steps* unsicher; *ladder* wack(e)lig

unstinting *adj support* uneingeschränkt; **to be ~ in one's efforts** keine Kosten und Mühen scheuen

unstoppable *adj* nicht aufzuhalten

unstressed *adj* PHON unbetont

unstructured *adj* unstrukturiert

unstuck *adj* **to come ~** (*stamp*) sich lösen; (*infml: plan*) schiefgehen (*infml*); **where they came ~ was ...** sie sind daran gescheitert, dass ...

unsubstantiated *adj rumour* unbegründet; **these reports remain ~** diese Berichte sind weiterhin unbestätigt

unsubtle *adj* plump

unsuccessful *adj* erfolglos; *candidate* abgewiesen; *attempt* vergeblich; **to be ~ in doing sth** keinen Erfolg damit haben, etw zu tun; **to be ~ in one's efforts to do sth** erfolglos in seinem Bemühen sein, etw zu tun **unsuccessfully** *adv* erfolglos; *try* vergeblich; *apply* ohne Erfolg

unsuitability *n* Ungeeignetsein *nt*; **his ~ for the job** seine mangelnde Eignung für die Stelle **unsuitable** *adj* unpassend; *candidate* ungeeignet; **~ for children** für Kinder ungeeignet; **she is ~ for him** sie ist nicht die Richtige für ihn **unsuitably** *adv dressed* (*for weather conditions*) un-

zweckmäßig; (*for occasion*) unpassend
unsuited *adj* **to be ~ for** *or* **to sth** für
etw untauglich sein; **to be ~ to sb** nicht
zu jdm passen
unsure *adj person* unsicher; **to be ~ of**
oneself unsicher sein; **to be ~ (of sth)**
sich (*dat*) (einer Sache *gen*) nicht sicher
sein; **I'm ~ of him** ich bin mir bei ihm
nicht sicher
unsurpassed *adj* unübertroffen
unsurprising *adj*, **unsurprisingly** *adv*
wenig überraschend
unsuspecting *adj*, **unsuspectingly** *adv*
nichts ahnend
unsweetened *adj* ungesüßt
unswerving *adj loyalty* unerschütterlich
unsympathetic *adj* **1.** (≈ *unfeeling*) gefühllos **2.** (≈ *unlikeable*) unsympathisch
unsympathetically *adv* ohne Mitgefühl; *say also* gefühllos
unsystematic *adj*,**unsystematically** *adv*
unsystematisch
untalented *adj* unbegabt
untamed *adj animal* ungezähmt; *jungle,*
beauty wild
untangle *v/t* entwirren
untapped *adj resources* ungenutzt; *mar-*
ket unerschlossen
untenable *adj* unhaltbar
untested *adj* unerprobt
unthinkable *adj* undenkbar **unthinking**
adj (≈ *thoughtless*) unbedacht, gedankenlos; (≈ *uncritical*) bedenkenlos,
blind **unthinkingly** *adv* unbedacht
untidily *adv* unordentlich **untidiness** *n*
(*of room*) Unordnung *f*; (*of person*) Un-
ordentlichkeit *f* **untidy** *adj* (+*er*) unordentlich
untie *v/t knot* lösen; *parcel* aufknoten;
person, apron losbinden
until I *prep* bis; **from morning~ night** von
morgens bis abends; **~ now** bis jetzt; **~**
then bis dahin; **not ~** (*in future*) nicht
vor (+*dat*); (*in past*) erst; **I didn't leave**
him ~ the following day ich bin bis
zum nächsten Tag bei ihm geblieben
II *cj* bis; **not ~** (*in future*) erst wenn;
(*in past*) erst als; **he won't come ~ you**
invite him er kommt erst, wenn Sie
ihn einladen; **they did nothing ~ we**
came bis wir kamen, taten sie nichts
untimely *adj death* vorzeitig; **to come to**
or **meet an ~ end** ein vorzeitiges Ende
finden
untiring *adj*,**untiringly** *adv* unermüdlich

untitled *adj painting* ohne Titel
untold *adj story* nicht erzählt; *damage,*
suffering unermesslich; **this story is**
better left ~ über diese Geschichte
schweigt man besser; **~ thousands** unzählig viele
untouchable *adj* unantastbar **un-**
touched *adj* **1.** unberührt; *bottle etc*
nicht angebrochen **2.** (≈ *unharmed*) unversehrt
untrained *adj person* unausgebildet;
voice, mind ungeschult; **to the ~ eye**
dem ungeschulten Auge
untranslatable *adj* unübersetzbar
untreated *adj* unbehandelt
untried *adj person* unerprobt; *method*
ungetestet
untroubled *adj* **to be ~ by the news** eine
Nachricht gleichmütig hinnehmen; **he**
seemed ~ by the heat die Hitze schien
ihm nichts auszumachen
untrue *adj* falsch
untrustworthy *adj* nicht vertrauenswürdig
untruthful *adj statement* unwahr; *person*
unaufrichtig **untruthfully** *adv* fälschlich
untypical *adj* untypisch (*of* für)
unusable *adj* unbrauchbar
unused [1] *adj* (≈ *new*) ungebraucht; (≈ *not*
made use of) ungenutzt
unused [2] *adj* **to be ~ to sth** etw (*acc*) nicht
gewohnt sein; **to be ~ to doing sth** es
nicht gewohnt sein, etw zu tun
unusual *adj* (≈ *uncommon*) ungewöhnlich; (≈ *exceptional*) außergewöhnlich;
it's ~ for him to be late er kommt normalerweise nicht zu spät; **that's ~ for him**
das ist sonst nicht seine Art; **that's**
not ~ for him das wundert mich überhaupt nicht; **how ~!** das kommt selten
vor; (*iron*) welch Wunder! **unusually**
adv ungewöhnlich; **~ for her, she was**
late ganz gegen ihre Gewohnheit kam
sie zu spät
unvarying *adj* gleichbleibend
unveil *v/t statue, plan* enthüllen
unverified *adj* unbewiesen
unwaged *adj* ohne Einkommen
unwanted *adj* **1.** (≈ *unwelcome*) unerwünscht **2.** (≈ *superfluous*) überflüssig
unwarranted *adj* ungerechtfertigt
unwavering *adj resolve* unerschütterlich; *course* beharrlich
unwelcome *adj visitor* unerwünscht;
news unerfreulich; *reminder* unwillkom-

men; **to make sb feel ~** sich jdm gegenüber abweisend verhalten **unwelcoming** adj manner abweisend; place ungastlich

unwell adj pred unwohl, nicht wohl; **he's rather ~** es geht ihm gar nicht gut

unwholesome adj ungesund; food minderwertig; desire schmutzig

unwieldy adj tool unhandlich; object also sperrig; (≈ clumsy) body, system schwerfällig

unwilling adj widerwillig; accomplice unfreiwillig; **to be ~ to do sth** nicht bereit sein, etw zu tun; **to be ~ for sb to do sth** nicht wollen, dass jd etw tut **unwillingness** n Widerwillen nt

unwind pret, past part **unwound I** v/t abwickeln **II** v/i (infml ≈ relax) abschalten (infml)

unwise adj, **unwisely** adv unklug

unwitting adj accomplice unbewusst; victim ahnungslos; involvement unabsichtlich **unwittingly** adv unbewusst

unworkable adj undurchführbar

unworldly adj life weltabgewandt

unworried adj unbekümmert

unworthy adj nicht wert (of +gen)

unwound pret, past part of **unwind**

unwrap v/t auswickeln

unwritten adj story, constitution ungeschrieben; agreement stillschweigend **unwritten law** n (JUR, fig) ungeschriebenes Gesetz

unyielding adj unnachgiebig

unzip v/t **1.** zip aufmachen; trousers den Reißverschluss aufmachen an (+dat) **2.** IT file entzippen

up I adv **1.** (≈ in high or higher position) oben; (≈ to higher position) nach oben; **up there** dort oben; **on your way up** auf dem Weg hinauf; **to climb all the way up** den ganzen Weg hochklettern; **halfway up** auf halber Höhe; **5 floors up** 5 Stockwerke hoch; **I looked up** ich schaute nach oben; **this side up** diese Seite oben!; **a little further up** ein bisschen weiter oben; **to go a little further up** ein bisschen höher hinaufgehen; **from up on the hill** vom Berg oben; **up on top (of the cupboard)** ganz oben (auf dem Schrank); **up in the sky** oben am Himmel; **the temperature was up in the thirties** die Temperatur war über dreißig Grad; **the sun is up** die Sonne ist aufgegangen; **to move up into the**

lead nach vorn an die Spitze kommen **2. to be up** (building) stehen; (notice) angeschlagen sein; (shelves) hängen; **the new houses went up very quickly** die neuen Häuser sind sehr schnell gebaut or hochgezogen (infml) worden; **to be up (and running)** (computer system etc) in Betrieb sein; **to be up and running** laufen; (committee etc) in Gang sein; **to get sth up and running** etw zum Laufen bringen; committee etc etw in Gang setzen **3.** (≈ not in bed) auf; **to be up and about** auf sein **4.** (≈ north) oben; **up in Inverness** oben in Inverness; **to go up to Aberdeen** nach Aberdeen (hinauf)fahren; **to live up north** im Norden wohnen; **to go up north** in den Norden fahren **5.** (in price, value) gestiegen (on gegenüber) **6. to be 3 goals up** mit 3 Toren führen (on gegenüber) **7.** (infml) **what's up?** was ist los?; **something is up** (≈ wrong) da stimmt irgendetwas nicht; (≈ happening) da ist irgendetwas im Gange **8.** (≈ knowledgeable) firm; **to be well up on sth** sich in etw (dat) auskennen **9. time's up** die Zeit ist um; **to eat sth up** etw aufessen **10. it was up against the wall** es war an die Wand gelehnt; **to be up against an opponent** einem Gegner gegenüberstehen; **I fully realize what I'm up against** mir ist völlig klar, womit ich es hier zu tun habe; **they were really up against it** sie hatten wirklich schwer zu schaffen; **to walk up and down** auf und ab gehen; **to be up for sale** zu verkaufen sein; **to be up for discussion** zur Diskussion stehen; **to be up for election** (candidate) zur Wahl aufgestellt sein; (candidates) zur Wahl stehen; **up to** bis; **up to now/here** bis jetzt/hier; **to count up to 100** bis 100 zählen; **up to £100** bis zu £ 100; **what page are you up to?** bis zu welcher Seite bist du gekommen?; **I don't feel up to it** ich fühle mich dem nicht gewachsen; (≈ not well enough) ich fühle mich nicht wohl genug dazu; **it isn't up to much** damit ist nicht viel los (infml); **it isn't up to his usual standard** das ist nicht sein sonstiges Niveau; **it's up to us to help him** wir sollten ihm helfen; **if it were up to me** wenn es nach mir ginge; **it's up to you whether you go or not** es bleibt dir überlassen, ob du gehst oder nicht; **it isn't up to me**

das hängt nicht von mir ab; **that's up to you** das müssen Sie selbst wissen; **what colour shall I choose?** — (**it's**) **up to you** welche Farbe soll ich nehmen? — das ist deine Entscheidung; **it's up to the government to do it** es ist Sache der Regierung, das zu tun; **what's he up to?** (≈ *doing*) was macht er da?; (≈ *planning etc*) was hat er vor?; **what have you been up to?** was hast du angestellt?; **he's up to no good** er führt nichts Gutes im Schilde **II** *prep* oben auf (+*dat*); (*with movement*) hinauf (+*acc*); **further up the page** weiter oben auf der Seite; **to live up the hill** am Berg wohnen; **to go up the hill** den Berg hinaufgehen; **they live further up the street** sie wohnen weiter die Straße entlang; **he lives up a dark alley** er wohnt am Ende einer dunklen Gasse; **up the road from me** (von mir) die Straße entlang; **he went off up the road** er ging (weg) die Straße hinauf; **the water goes up this pipe** das Wasser geht durch dieses Rohr; **to go up to sb** auf jdn zugehen **III** *n* **ups and downs** gute und schlechte Zeiten *pl* **IV** *adj escalator* nach oben **V** *v/t* (*infml*) *price* hinaufsetzen

up-and-coming *adj* **an ~ star** ein Star, der im Kommen ist

up-and-down *adj* **1.** (*lit*) **~ movement** Auf- und Abbewegung *f* **2.** (*fig*) *career etc* wechselhaft

up arrow *n* IT Aufwärtspfeil *m*

upbeat *adj* (*infml*) (≈ *cheerful*) fröhlich; (≈ *optimistic*) optimistisch; **to be ~ about sth** über etw (*acc*) optimistisch gestimmt sein

upbringing *n* Erziehung *f*; **we had a strict ~** wir hatten (als Kinder) eine strenge Erziehung

upcoming *adj* (≈ *coming soon*) kommend

update I *v/t* aktualisieren; **to ~ sb on sth** jdn über etw (*acc*) auf den neuesten Stand bringen **II** *n* **1.** Aktualisierung *f* **2.** (≈ *progress report*) Bericht *m*

upend *v/t box* hochkant stellen

upfront I *adj* **1.** *person* offen; **to be ~ about sth** sich offen über etw (*acc*) äußern **2. an ~ fee** eine Gebühr, die im Voraus zu entrichten ist **II** *adv pay* im Voraus; **we'd like 20% ~** wir hätten gern 20% (als) Vorschuss

upgrade I *n* **1.** IT Upgrade *nt* **2.** (*US*) Stei-

gung *f* **II** *v/t employee* befördern; (≈ *improve*) verbessern; *computer* nachrüsten

upgrad(e)able *adj computer* nachrüstbar (*to* auf +*acc*)

upheaval *n* (*fig*) Aufruhr *m*; **social/political ~s** soziale/politische Umwälzungen *pl*

upheld *pret, past part of* **uphold**

uphill I *adv* bergauf; **to go ~** bergauf gehen; (*road also*) bergauf führen; (*car*) den Berg hinauffahren **II** *adj road* bergauf (führend); (*fig*) *struggle* mühsam

uphold *pret, past part* **upheld** *v/t tradition* wahren; *the law* hüten; *right* schützen; *decision* (unter)stützen; JUR *verdict* bestätigen

upholster *v/t* polstern; (≈ *cover*) beziehen; **~ed furniture** Polstermöbel *pl* **upholstery** *n* Polsterung *f*

upkeep *n* (≈ *running*) Unterhalt *m*; (≈ *maintenance*) Instandhaltung *f*; (*of gardens*) Pflege *f*

upland I *n* (*usu pl*) Hochland *nt no pl* **II** *adj* Hochland-

uplift *v/t* **with ~ed arms** mit erhobenen Armen; **to feel ~ed** sich erbaut fühlen

uplifting *adj experience* erhebend; *story* erbaulich

upload *v/t* IT uploaden

up-market I *adj person* vornehm; *image, hotel* exklusiv **II** *adv* **his shop has gone ~** in seinem Laden verkauft er jetzt Waren der höheren Preisklasse

upon *prep* = **on**

upper I *adj* obere(r, s); (ANAT, GEOG) Ober-; **temperatures in the ~ thirties** Temperaturen hoch in den dreißig; **~ body** Oberkörper *m* **II** *n* **uppers** *pl* (*of shoe*) Obermaterial *nt* **upper-case** *adj* großupper circle *n* (*Br* THEAT) zweiter Rangupper class *n* **the ~es** die Oberschichtupper-class *adj* vornehm; *sport, attitude* der OberschichtUpper House *n* PARL Oberhaus *nt* uppermost **I** *adj* oberste(r, s); **safety is ~ in my mind** Sicherheit steht für mich an erster Stelle **II** *adv face* ~ mit dem Gesicht nach oben **upper school** *n* Oberschule *f*

upright I *adj* aufrecht; (≈ *honest*) rechtschaffen; *post* senkrecht **II** *adv* (≈ *erect*) aufrecht; (*vertical*) senkrecht; **to pull sb/oneself ~** jdn/sich aufrichten **III** *n* Pfosten *m*

uprising *n* Aufstand *m*

upriver *adv* flussaufwärts

uproar n Aufruhr m; **the whole room was in ~** der ganze Saal war in Aufruhr
uproariously adv lärmend; *laugh* brüllend
uproot v/t plant entwurzeln; **he ~ed his whole family (from their home) and moved to New York** er riss seine Familie aus ihrer gewohnten Umgebung und zog nach New York
upset vb: pret, past part **upset I** v/t **1.** (≈ knock over) umstoßen **2.** (news, death) bestürzen; (question etc) aus der Fassung bringen; (experience etc) mitnehmen (infml); (≈ offend) wehtun (+dat); (≈ annoy) ärgern; **don't ~ yourself** regen Sie sich nicht auf **3.** calculations durcheinanderbringen; **the rich food ~ his stomach** das schwere Essen ist ihm nicht bekommen **II** adj **1.** (about accident etc) mitgenommen (infml) (about von); (about bad news etc) bestürzt (about über +acc); (≈ sad) betrübt (about über +acc); (≈ distressed) aufgeregt (about wegen); (≈ annoyed) aufgebracht (about über +acc); (≈ hurt) gekränkt (about über +acc); **she was pretty ~ about it** das ist ihr ziemlich nahegegangen; (≈ distressed, worried) sie hat sich deswegen ziemlich aufgeregt; (≈ annoyed) das hat sie ziemlich geärgert; (≈ hurt) das hat sie ziemlich gekränkt; **she was ~ about something** irgendetwas hatte sie aus der Fassung gebracht; **she was ~ about the news** es hat sie ziemlich mitgenommen, als sie das hörte (infml); **would you be ~ if I decided not to go after all?** wärst du traurig, wenn ich doch nicht ginge?; **to get ~** sich aufregen (about über +acc); **don't get ~ about it, you'll find another** nimm das doch nicht so tragisch, du findest bestimmt einen anderen; **to feel ~** gekränkt sein; **to sound/look ~** verstört klingen/aussehen **2. to have an ~ stomach** sich (dat) den Magen verdorben haben **III** n (≈ disturbance) Störung f; (emotional) Aufregung f; (infml ≈ unexpected defeat etc) böse Überraschung; **stomach ~** Magenverstimmung f **upsetting** adj (≈ saddening) traurig; (stronger) bestürzend; (≈ disturbing) situation schwierig; (≈ annoying) ärgerlich; **that must have been very ~ for you** das war bestimmt nicht einfach für Sie; **it is ~ (for them) to see such terrible

things** es ist schlimm (für sie), so schreckliche Dinge zu sehen; **the divorce was very ~ for the child** das Kind hat unter der Scheidung sehr gelitten
upshot n **the ~ of it all was that ...** es lief darauf hinaus, dass ...
upside down adv verkehrt herum; **to turn sth ~** (lit) etw umdrehen; (fig) etw auf den Kopf stellen (infml) **upside-down** adj **to be ~** (picture) verkehrt herum hängen; (world) kopfstehen
upstage v/t **to ~ sb** (fig) jdm die Schau stehlen (infml)
upstairs I adv oben; (with movement) nach oben; **the people ~** die Leute über uns **II** adj im oberen Stock(werk) **III** n oberes Stockwerk
upstanding adj rechtschaffen
upstart n Emporkömmling m
upstate (US) **I** adj im Norden (des Bundesstaates); **to live in ~ New York** im Norden des Staates New York wohnen **II** adv im Norden (des Bundesstaates); (with movement) in den Norden (des Bundesstaates)
upstream adv flussaufwärts
upsurge n Zunahme f; (of fighting) Eskalation f (pej)
upswing n Aufschwung m
uptake n (infml) **to be quick on the ~** schnell verstehen; **to be slow on the ~** eine lange Leitung haben (infml)
uptight adj (infml ≈ nervous) nervös; (≈ inhibited) verklemmt (infml); (≈ angry) sauer (infml); **to get ~ (about sth)** sich (wegen etw) aufregen; (auf etw acc) verklemmt reagieren (infml); (wegen etw) sauer werden (infml)
up-to-date adj attr, **up to date** adj pred auf dem neuesten Stand; information aktuell; **to keep ~ with the news** mit den Nachrichten auf dem Laufenden bleiben; **to keep sb up to date** jdn auf dem Laufenden halten; **to bring sb up to date on developments** jdn über den neuesten Stand der Dinge informieren
up-to-the-minute adj allerneuste(r, s)
uptown (US) **I** adj (≈ in residential area) im Villenviertel; store vornehm **II** adv im Villenviertel; (with movement) ins Villenviertel
uptrend n ECON Aufwärtstrend m
upturn n (fig) Aufschwung m **upturned** adj box etc umgedreht; face nach oben

gewandt; *collar* aufgeschlagen; **~ nose** Stupsnase *f*

upward I *adj* Aufwärts-, nach oben II *adv* (*esp US*) = **upwards upwards** *adv* (*esp Br*) 1. *move* aufwärts, nach oben; **to look ~** nach oben sehen; **face ~** mit dem Gesicht nach oben 2. **prices from £4 ~** Preise ab £ 4; **~ of 3000** über 3000

upwind *adj, adv* im Aufwind; **to be ~ of sb** gegen den Wind zu jdm sein

uranium *n* Uran *nt*

Uranus *n* ASTRON Uranus *m*

urban *adj* städtisch; **~ decay** Verfall *m* der Städte **urban development** *n* Stadtentwicklung *f* **urbanization** *n* Urbanisierung *f* **urbanize** *v/t* urbanisieren, verstädtern (*pej*)

urchin *n* Gassenkind *nt*

urge I *n* (≈ *need*) Verlangen *nt*; (≈ *drive*) Drang *m no pl*; (*physical, sexual*) Trieb *m*; **to feel the ~ to do sth** das Bedürfnis verspüren, etw zu tun; **I resisted the ~ (to contradict him)** ich habe mich beherrscht (und ihm nicht widersprochen) II *v/t* 1. **to ~ sb to do sth** (≈ *plead with*) jdn eindringlich bitten, etw zu tun; (≈ *earnestly recommend*) darauf dringen, dass jd etw tut; **to ~ sb to accept** jdn drängen, anzunehmen; **to ~ sb onward** jdn vorwärtstreiben 2. *measure etc* drängen auf (+*acc*); **to ~ caution** zur Vorsicht mahnen ♦ **urge on** *v/t sep* antreiben

urgency *n* Dringlichkeit *f*; **it's a matter of ~** das ist dringend

urgent *adj* dringend; **is it ~?** (≈ *important*) ist es dringend?; (≈ *needing speed*) eilt es?, pressiert es? (*Aus*); **the letter was marked "urgent"** der Brief trug einen Dringlichkeitsvermerk **urgently** *adv required* dringend; *talk* eindringlich; **he is ~ in need of help** er braucht dringend Hilfe

urinal *n* (≈ *room*) Pissoir *nt*; (≈ *vessel*) Urinal *nt* **urinate** *v/i* urinieren (*elev*) **urine** *n* Urin *m*

URL IT *abbr of* **uniform resource locator** URL-Adresse *f*

urn *n* 1. Urne *f* 2. (*a.* **tea urn**) Kessel *m*

US *abbr of* **United States** USA *pl*

us *pers pr* (*dir and indir obj*) uns; **give it (to) us** gib es uns; **who, us?** wer, wir?; **younger than us** jünger als wir; **it's us** wir sinds; **us and them** wir und die

USA *abbr of* **United States of America** USA *pl*

usable *adj* verwendbar **usage** *n* 1. (≈ *custom*) Brauch *m*; **it's common ~** es ist allgemein üblich 2. LING Gebrauch *m no pl*

USB *n* IT *abbr of* **universal serial bus** USB *m*; **~ interface** USB-Schnittstelle *f*

use¹ I *v/t* 1. benutzen; *idea* verwenden; *word* gebrauchen; *method, force* anwenden; *drugs* einnehmen; **I have to ~ the toilet before I go** ich muss noch einmal zur Toilette, bevor ich gehe; **to ~ sth for sth** etw zu etw verwenden; **what did you ~ the money for?** wofür haben Sie das Geld verwendet?; **what sort of fuel do you ~?** welchen Treibstoff verwenden Sie?; **why don't you ~ a hammer?** warum nehmen Sie nicht einen Hammer dazu?; **to ~ sb's name** jds Namen verwenden *or* benutzen; **~ your imagination!** zeig mal ein bisschen Fantasie!; **I'll have to ~ some of your men** ich brauche ein paar Ihrer Leute; **I could ~ a drink** (*infml*) ich könnte etwas zu trinken vertragen (*infml*) 2. (≈ *make use of, exploit*) *information, one's training, talents, resources, opportunity* (aus)nutzen; *waste products* verwerten; **you can ~ the leftovers to make a soup** Sie können die Reste zu einer Suppe verwerten 3. (≈ *use up, consume*) verbrauchen 4. (*pej* ≈ *exploit*) ausnutzen; **I feel (I've just been) ~d** ich habe das Gefühl, man hat mich ausgenutzt; (*sexually*) ich komme mir missbraucht vor II *n* 1. Benutzung *f*; (*of calculator, word*) Gebrauch *m*; (*of method, force*) Anwendung *f*; (*of personnel etc*) Einsatz *m*; (*of drugs*) Einnahme *f*; **directions for ~** Gebrauchsanweisung *f*; **for the ~ of** für; **for external ~** zur äußerlichen Anwendung; **ready for ~** gebrauchsfertig; *machine* einsatzbereit; **to make ~ of sth** von etw Gebrauch machen; **can you make ~ of that?** können Sie das brauchen?; **in ~/out of ~** in *or* im/außer Gebrauch 2. (≈ *exploitation, making use of*) Nutzung *f*; (*of waste products*) Verwertung *f*; (≈ *way of using*) Verwendung *f*; **to make ~ of sth** etw nutzen; **to put sth to good ~** etw gut nutzen; **it has many ~s** es ist vielseitig verwendbar; **to find a ~ for sth** für etw Verwendung finden; **to have no ~ for** keine Verwendung haben für 3. (≈ *usefulness*) Nutzen *m*; **to be of ~ to sb** für jdn von Nutzen sein; **is this (of) any ~ to you?** können

Sie das brauchen?; *he's no ~ as a goal-keeper* er ist als Torhüter nicht zu gebrauchen; *it's no ~ you or your protesting* es hat keinen Sinn *or* es nützt nichts, wenn du protestierst; *what's the ~ of telling him?* was nützt es, wenn man es ihm sagt?; *what's the ~ in trying?* wozu überhaupt versuchen?; *it's no ~* es hat keinen Zweck; *ah, what's the ~!* ach, was solls! **4.** (≈ *right*) Nutznießung *f* (JUR); *to have the ~ of a car* ein Auto zur Verfügung haben; *to give sb the ~ of sth* jdn etw benutzen lassen; *of car also* jdm etw zur Verfügung stellen; *to have lost the ~ of one's arm* seinen Arm nicht mehr benutzen können ◆ **use up** *v/t sep* verbrauchen; *scraps etc* verwerten; *the butter is all used up* die Butter ist alle (*infml*)

use² *vb/aux* **I didn't ~ to smoke** ich habe früher nicht geraucht

use-by-date *n* Mindesthaltbarkeitsdatum *nt*

used¹ *adj* (≈ *second-hand*) gebraucht; (≈ *soiled*) *towel etc* benutzt

used² *vb/aux* (*only in past*) *I ~ to swim every day* ich bin früher täglich geschwommen; *he ~ to be a singer* er war einmal ein Sänger; *there ~ to be a field here* hier war (früher) einmal ein Feld; *things aren't what they ~ to be* es ist alles nicht mehr (so) wie früher; *life is more hectic than it ~ to be* das Leben ist hektischer als früher

used³ *adj* *to be ~ to sb* an jdn gewöhnt sein; *to be ~ to sth* etw gewohnt sein; *to be ~ to doing sth* es gewohnt sein, etw zu tun; *I'm not ~ to it* ich bin das nicht gewohnt; *to get ~ to sb/sth* sich an jdn/etw gewöhnen; *to get ~ to doing sth* sich daran gewöhnen, etw zu tun

useful *adj* **1.** nützlich; *tool, language* praktisch; *person, contribution* wertvoll; *discussion* fruchtbar; *to make oneself ~* sich nützlich machen; *to come in ~* sich als nützlich erweisen; *that's a ~ thing to know* es ist gut das zu wissen **2.** (*infml*) *player* fähig; *score* wertvoll **usefulness** *n* Nützlichkeit *f*

useless *adj* **1.** nutzlos; (≈ *unusable*) unbrauchbar; *to be ~ to sb* für jdn ohne Nutzen sein; *it is ~ (for you) to complain* es hat keinen Sinn, sich zu beschweren; *he's ~ as a goalkeeper* er ist als Torwart nicht zu gebrauchen; *to*

be ~ at doing sth unfähig dazu sein, etw zu tun; *I'm ~ at languages* Sprachen kann ich überhaupt nicht; *to feel ~* sich unnütz fühlen **2.** (≈ *pointless*) sinnlos **uselessness** *n* (≈ *worthlessness*) Nutzlosigkeit *f*; (*of sth unusable*) Unbrauchbarkeit *f*

user *n* Benutzer(in) *m(f)* **user-friendly** *adj* benutzerfreundlich **user group** *n* Nutzergruppe *f*; IT Anwendergruppe *f* **user identification** *n* IT Benutzercode *m* **user-interface** *n esp* IT Benutzerschnittstelle *f*

usher **I** *n* Platzanweiser(in) *m(f)* **II** *v/t* *to ~ sb into a room* jdn in ein Zimmer bringen ◆ **usher in** *v/t sep* hineinführen **usherette** *n* Platzanweiserin *f*

USSR HIST *abbr of* **Union of Soviet Socialist Republics** UdSSR *f*

usual **I** *adj* (≈ *customary*) üblich; (≈ *normal*) normal; *beer is his ~ drink* er trinkt gewöhnlich Bier; *when shall I come? — oh, the ~ time* wann soll ich kommen? — oh, zur üblichen Zeit; *as is ~ with second-hand cars* wie gewöhnlich bei Gebrauchtwagen; *it wasn't ~ for him to arrive early* es war nicht typisch für ihn, zu früh da zu sein; *to do sth in the or one's ~ way or manner* etw auf die einem übliche Art und Weise tun; *as ~* wie üblich; *business as ~* normaler Betrieb; (*in shop*) Verkauf geht weiter; *to carry on as ~* weitermachen wie immer; *later/less than ~* später/weniger als sonst **II** *n* (*infml*) der/die/das Übliche; *what sort of mood was he in? — the ~* wie war er gelaunt? — wie üblich

usually *adv* gewöhnlich; *is he ~ so rude?* ist er sonst auch so unhöflich?

usurp *v/t* sich (*dat*) widerrechtlich aneignen; *throne* sich bemächtigen (+*gen*) (*elev*); *person* verdrängen **usurper** *n* unrechtmäßiger Machthaber, unrechtmäßige Machthaberin; (*fig*) Eindringling *m*

usury *n* Wucher *m*

utensil *n* Utensil *nt*

uterus *n* Gebärmutter *f*

utility *n* **1. public ~** (≈ *company*) Versorgungsbetrieb *m*; (≈ *service*) Leistung *f* der Versorgungsbetriebe **2.** IT Hilfsprogramm *nt* **utility company** *n* Versorgungsbetrieb *m* **utility program** *n* IT Hilfsprogramm *nt* **utility room** *n* Allzweckraum *m* **utilization** *n* Verwendung *f*; *(of resources)* Verwertung *f* **utilize** *v/t* verwenden; *wastepaper etc* verwerten

utmost I *adj ease* größte(r, s); *caution* äußerste(r, s); **with the ~ speed** so schnell wie nur möglich; **it is of the ~ importance that ...** es ist äußerst wichtig, dass ... **II** *n* **to do one's ~ (to do sth)** sein Mög-

utter[1] *adj* total; *misery* grenzenlos

utter[2] *v/t* von sich *(dat)* geben; *word* sagen; *cry* ausstoßen

uttermost *n, adj* = **utmost**

U-turn *n* Wende *f*; **to do a ~** *(fig)* seine Meinung völlig ändern

V

V, v *n* V *nt*, v *nt*

V, v *abbr of* **versus**

vacancy *n* **1.** *(in boarding house)* (freies) Zimmer; **have you any vacancies for August?** haben Sie im August noch Zimmer frei?; **"no vacancies"** „belegt"; **"vacancies"** „Zimmer frei" **2.** (≈ *job*) offene Stelle; **we have a ~ in our personnel department** in unserer Personalabteilung ist eine Stelle zu vergeben; **vacancies** *pl* offene Stellen *pl* **vacant** *adj* **1.** *post* offen; *WC, seat* frei; *house* leer stehend; **~ lot** unbebautes Grundstück **2.** *stare* leer **vacate** *v/t seat* frei machen; *post* aufgeben; *premises* räumen **vacation I** *n* **1.** UNIV Semesterferien *pl* **2.** *(US)* Urlaub *m*; **on ~** im Urlaub; **to take a ~** Urlaub machen; **where are you going for your ~?** wohin fahren Sie in Urlaub? **II** *v/i* *(US)* Urlaub machen **vacationer, vacationist** *n (US)* Urlauber(in) *m(f)*

vaccinate *v/t* impfen **vaccination** *n* (Schutz)impfung *f* **vaccine** *n* Impfstoff *m*

vacillate *v/i (lit, fig)* schwanken

vacuum *n* **I** *n* **1.** Vakuum *nt* **2.** (≈ *vacuum cleaner*) Staubsauger *m* **II** *v/t* (staub)saugen **vacuum bottle** *n (US)* Thermosflasche® *f* **vacuum cleaner** *n* Staubsauger *m* **vacuum flask** *n (Br)* Thermosflasche® *f* **vacuum-packed** *adj* vakuumverpackt

vagabond *n* Vagabund *m*

vagina *n* Scheide *f*, Vagina *f*

vagrant *n* Landstreicher(in) *m(f)*; *(in town)* Stadtstreicher(in) *m(f)*

vague *adj* (+er) **1.** (≈ *not clear*) vage; *report* ungenau; *outline* verschwommen; **I haven't the ~st idea** ich habe nicht die leiseste Ahnung; **there's a ~ resemblance** es besteht eine entfernte Ähn-

lichkeit **2.** (≈ *absent-minded*) geistesabwesend **vaguely** *adv* vage; *understand* in etwa; *interested* flüchtig; *surprised* leicht; **to be ~ aware of sth** ein vages Bewusstsein von etw haben; **they're ~ similar** sie haben eine entfernte Ähnlichkeit; **it sounded ~ familiar** es kam einem irgendwie bekannt vor

vain *adj* **1.** (+er) *(about looks)* eitel; *(about qualities)* eingebildet **2.** (≈ *useless*) vergeblich; **in ~** umsonst, vergeblich **vainly** *adv* (≈ *to no effect*) vergeblich

valedictory I *adj (form)* Abschieds- **II** *n (US* SCHOOL) Entlassungsrede *f*

valentine *n* **~ (card)** Valentinskarte *f*; **St Valentine's Day** Valentinstag *m*

valet *n* Kammerdiener *m*; **~ service** Reinigungsdienst *m*

valiant *adj* **she made a ~ effort to smile** sie versuchte tapfer zu lächeln

valid *adj ticket, passport* gültig; *claim* berechtigt; *argument* stichhaltig; *excuse, reason* einleuchtend; **that's a ~ point** das ist ein wertvoller Hinweis **validate** *v/t document* für gültig erklären; *claim* bestätigen **validity** *n (of ticket etc)* Gültigkeit *f*; *(of claim)* Berechtigung *f*; *(of argument)* Stichhaltigkeit *f*

valley *n* Tal *nt*; *(big and flat)* Niederung *f*; **to go up/down the ~** talaufwärts/talabwärts gehen/fließen *etc*

valour, *(US)* **valor** *n (liter)* Heldenmut *m* *(liter)*

valuable I *adj* wertvoll; *time* kostbar; *help* nützlich **II** *n* **valuables** *pl* Wertsachen *pl*

valuation *n* Schätzung *f*

value I *n* **1.** Wert *m*; (≈ *usefulness*) Nutzen *m*; **to be of ~** wertvoll/nützlich sein; **of no ~** wert-/nutzlos; **what's the ~ of your house?** wie viel ist Ihr Haus wert?; **it's good ~** es ist preisgünstig; **to get ~ for money** etwas für sein Geld bekommen;

this TV was good ~ dieser Fernseher ist sein Geld wert; ***to the*** ~ ***of £500*** im Wert von £ 500 **2. values** *pl* (≈ *moral standards*) (sittliche) Werte *pl* **II** *v/t* schätzen; ***to be*** ~***d at £100*** auf £ 100 geschätzt werden; ***I*** ~ ***her*** (***highly***) ich weiß sie (sehr) zu schätzen **value-added tax** *n* (*Br*) Mehrwertsteuer *f* **valued** *adj* (hoch) geschätzt

valve *n* ANAT Klappe *f*; TECH Absperrhahn *m*

vampire *n* Vampir(in) *m(f)*

van *n* **1.** (*Br* AUTO) Transporter *m* **2.** (*Br* RAIL) Waggon *m*

vandal *n* (*fig*) Vandale *m*, Vandalin *f*; ***it was damaged by*** ~***s*** es ist mutwillig beschädigt worden **vandalism** *n* Vandalismus *m* **vandalize** *v/t* mutwillig beschädigen; *building* verwüsten

vanguard *n* Vorhut *f*

vanilla I *n* Vanille *f* **II** *adj* Vanille-

vanish *v/i* verschwinden; (*hopes*) schwinden

vanity *n* Eitelkeit *f* **vanity case** *n* Kosmetikkoffer *m*

vantage point *n* MIL (günstiger) Aussichtspunkt

vapour, (*US*) **vapor** *n* Dunst *m*; (*steamy*) Dampf *m*

variability *n* (*of weather, mood*) Unbeständigkeit *f* **variable I** *adj* **1.** veränderlich, variabel; *weather, mood* unbeständig **2.** *speed* regulierbar **II** *n* Variable *f* **variance** *n* ***to be at*** ~ ***with sth*** nicht mit etw übereinstimmen **variant I** *n* Variante *f* **II** *adj* andere(r, s) **variation** *n* **1.** (≈ *varying*) Veränderung *f*; (*of temperature*) Schwankung(en) *f(pl)*; (*of prices*) Schwankung *f* **2.** (≈ *different form*) Variante *f*

varicose veins *pl* Krampfadern *pl*

varied *adj* unterschiedlich; *life* bewegt; *selection* reichhaltig; *interests* vielfältig; *diet* abwechslungsreich; ***a*** ~ ***group of people*** eine gemischte Gruppe **variety** *n* **1.** (≈ *diversity*) Abwechslung *f* **2.** (≈ *assortment*) Vielfalt *f*; COMM Auswahl *f* (*of* an +*dat*); ***in a*** ~ ***of colours*** (*Br*) **or colors** (*US*) in den verschiedensten Farben; ***for a*** ~ ***of reasons*** aus verschiedenen Gründen **3.** (≈ *type*) Art *f*; (*of potato*) Sorte *f* **variety show** *n* THEAT Varietévorführung *f*; TV Fernsehshow *f* **various** *adj* **1.** (≈ *different*) verschieden **2.** (≈ *several*) mehrere **variously** *adv* verschiedentlich

varnish I *n* (*lit*) Lack *m*; (*on painting*) Firnis *m* **II** *v/t* lackieren; *painting* firnissen

vary I *v/i* **1.** (≈ *diverge, differ*) sich unterscheiden (*from* von); ***opinions*** ~ ***on this point*** in diesem Punkt gehen die Meinungen auseinander **2.** (≈ *be different*) unterschiedlich sein; ***the price varies from shop to shop*** der Preis ist von Geschäft zu Geschäft verschieden; ***it varies*** es ist unterschiedlich **3.** (≈ *fluctuate*) sich (ver)ändern; (*prices*) schwanken **II** *v/t* (≈ *alter*) abwandeln; (≈ *give variety*) abwechslungsreich(er) gestalten **varying** *adj* (≈ *changing*) veränderlich; (≈ *different*) unterschiedlich; ***of*** ~ ***sizes/abilities*** unterschiedlich groß/begabt

vase *n* Vase *f*

vasectomy *n* Sterilisation *f* (*des Mannes*)

vassal *n* Vasall *m*

vast *adj* (+*er*) gewaltig, riesig; *knowledge, improvement* enorm; *majority* überwältigend; *wealth* unermesslich; ***a*** ~ ***expanse*** eine weite Ebene **vastly** *adv* erheblich; *experienced* äußerst; ***he is*** ~ ***superior to her*** er ist ihr haushoch überlegen **vastness** *n* (*of size*) gewaltiges Ausmaß; (*of area*) riesige Weite; (*of knowledge*) gewaltiger Umfang

VAT (*Br*) *abbr of* ***value-added tax*** MwSt.

vat *n* Fass *nt*; (*without lid*) Bottich *m*

Vatican *n* Vatikan *m*

vault[1] *n* **1.** (≈ *cellar*) (Keller)gewölbe *nt* **2.** (≈ *tomb*) Gruft *f* **3.** (*in bank*) Tresor (-raum) *m* **4.** ARCH Gewölbe *nt*

vault[2] **I** *n* Sprung *m* **II** *v/i* springen **III** *v/t* springen über (+*acc*)

VCR *abbr of* ***video cassette recorder*** Videorekorder *m*

VD *abbr of* ***venereal disease*** Geschlechtskrankheit *f*

VDU *abbr of* ***visual display unit***

veal *n* Kalbfleisch *nt*; ~ ***cutlet*** Kalbsschnitzel *nt*

veer *v/i* (*wind*) (sich) drehen (*to* nach); (*ship*) abdrehen; (*car*) ausscheren; (*road*) scharf abbiegen; ***the car*** ~***ed to the left*** das Auto scherte nach links aus; ***the car*** ~***ed off the road*** das Auto kam von der Straße ab; ***to*** ~ ***off course*** vom Kurs abkommen; ***he*** ~***ed away from the subject*** er kam (völlig) vom Thema ab

veg (*esp Br*) *n no pl abbr of* ***vegetable***

vegan I *n* Veganer(in) *m(f)* **II** *adj* veganisch; **to be ~** Veganer(in) *m(f)* sein

vegetable *n* Gemüse *nt* **vegetable oil** *n* COOK Pflanzenöl *nt* **vegetarian I** *n* Vegetarier(in) *m(f)* **II** *adj* vegetarisch; **~ cheese** Käse *m* für Vegetarier **vegetate** *v/i (fig)* dahinvegetieren **vegetation** *n* Vegetation *f* **veggie** *(infml)* **I** *n* **1.** (≈ *vegetarian*) Vegetarier(in) *m(f)* **2.** *veggies pl (US)* = **vegetables II** *adj* vegetarisch **veggieburger** *n* Gemüseburger *m*

vehemence *n* Vehemenz *f (elev)* **vehement** *adj* vehement *(elev)*; *opponent* scharf; *supporter* leidenschaftlich **vehemently** *adv* vehement *(elev)*, heftig; *love, hate also* leidenschaftlich; *protest also* mit aller Schärfe; *attack* scharf

vehicle *n* **1.** Fahrzeug *nt* **2.** *(fig* ≈ *medium)* Mittel *nt*

veil I *n* Schleier *m*; **to draw** *or* **throw a ~ over sth** den Schleier des Vergessens über etw *(acc)* breiten; **under a ~ of secrecy** unter dem Mantel der Verschwiegenheit **II** *v/t (fig)* **the town was ~ed by mist** die Stadt lag in Nebel gehüllt **veiled** *adj threat etc* versteckt

vein *n* **1.** Ader *f*; **~s and arteries** Venen und Arterien *pl*; **the ~ of humour** *(Br) or* **humor** *(US)* **which runs through the book** ein humorvoller Zug, der durch das ganze Buch geht **2.** *(fig* ≈ *mood)* Stimmung *f*; **in the same ~** in derselben Art

Velcro® *n* Klettband *nt*

velocity *n* Geschwindigkeit *f*

velvet I *n* Samt *m* **II** *adj* Samt-

vendetta *n* Fehde *f*; *(of gangsters)* Vendetta *f*

vending machine *n* Automat *m* **vendor** *n* Verkäufer(in) *m(f)*; **street ~** Straßenhändler(in) *m(f)*

veneer *n (lit)* Furnier *nt*; *(fig)* Politur *f*; **he had a ~ of respectability** nach außen hin machte er einen sehr ehrbaren Eindruck

venerable *adj* ehrwürdig **venerate** *v/t* verehren; *sb's memory* ehren

venereal disease *n* Geschlechtskrankheit *f*

Venetian blind *n* Jalousie *f*

vengeance *n* Rache *f*; **with a ~** *(infml)* gewaltig *(infml)* **vengeful** *adj* rachsüchtig

Venice *n* Venedig *nt*

venison *n* Reh(fleisch) *nt*

venom *n (lit)* Gift *nt*; *(fig)* Gehässigkeit *f* **venomous** *adj* giftig; **~ snake** Gift-

schlange *f*

vent I *n (for gas, liquid)* Öffnung *f*; *(for feelings)* Ventil *nt*; **to give ~ to one's feelings** seinen Gefühlen freien Lauf lassen **II** *v/t feelings* abreagieren *(on* an +*dat)*; **to ~ one's spleen** sich *(dat)* Luft machen **ventilate** *v/t* belüften **ventilation** *n* Belüftung *f* **ventilation shaft** *n* Luftschacht *m* **ventilator** *n* **1.** Ventilator *m* **2.** MED Beatmungsgerät *nt*; **to be on a ~** künstlich beatmet werden

ventriloquist *n* Bauchredner(in) *m(f)*

venture I *n* Unternehmung *f*; **mountain-climbing is his latest ~** seit neuestem hat er sich aufs Bergsteigen verlegt; **the astronauts on their ~ into the unknown** die Astronauten auf ihrer abenteuerlichen Reise ins Unbekannte **II** *v/t* **1.** *life, money* riskieren *(on* bei) **2.** *guess* wagen; *opinion* zu äußern wagen; **I would ~ to say that ...** ich wage sogar zu behaupten, dass ... **III** *v/i* sich wagen; **to ~ out of doors** sich vor die Tür wagen ♦ **venture out** *v/i* sich hinauswagen

venture capital *n* Risikokapital *nt*

venue *n* (≈ *meeting place*) Treffpunkt *m*; SPORTS Austragungsort *m*

Venus *n* Venus *f*

veracity *n (of report)* Richtigkeit *f*

veranda(h) *n* Veranda *f*

verb *n* Verb *nt*

verbal *adj* **1.** *agreement* mündlich; **~ abuse** Beschimpfung *f*; **~ attack** Verbalattacke *f* **2.** *skills* sprachlich **verbally** *adv* mündlich; *threaten* verbal; **to ~ abuse sb** jdn beschimpfen

verbatim I *adj* wörtlich **II** *adv* wortwörtlich

verbose *adj* wortreich, langatmig

verdant *adj (liter)* grün

verdict *n* Urteil *nt*; **a ~ of guilty/not guilty** ein Schuldspruch *m*/Freispruch *m*; **what's the ~?** wie lautet das Urteil?; **what's your ~ on this wine?** wie beurteilst du diesen Wein?; **to give one's ~ about** *or* **on sth** sein Urteil über etw *(acc)* abgeben

verge *n (fig, Br lit)* Rand *m*; **to be on the ~ of ruin** am Rande des Ruins stehen; **to be on the ~ of tears** den Tränen nahe sein; **to be on the ~ of doing sth** im Begriff sein, etw zu tun ♦ **verge on** *v/i +prep obj* grenzen an (+*acc*); **she was verging on madness** sie stand am Rande des Wahnsinns

verify v/t (≈ check up) (über)prüfen; (≈ confirm) bestätigen

veritable adj genius wahr; **a ~ disaster** die reinste Katastrophe

vermin n no pl (≈ animal) Schädling m; (≈ insects) Ungeziefer nt

vermouth n Wermut m

vernacular n 1. (≈ dialect) Mundart f 2. (≈ not official language) Landessprache f

verruca n Warze f

versatile adj vielseitig **versatility** n Vielseitigkeit f

verse n 1. (≈ stanza) Strophe f 2. no pl (≈ poetry) Dichtung f; **in ~** in Versform 3. (of Bible) Vers m **versed** adj (a. well versed) bewandert (in in +dat); **he's well ~ in the art of judo** er beherrscht die Kunst des Judos

version n Version f; (of text) Fassung f

versus prep gegen (+acc)

vertebra n, pl -e Rückenwirbel m **vertebrate** n Wirbeltier nt

vertical adj senkrecht; **~ cliffs** senkrecht abfallende Klippen; **~ stripes** Längsstreifen pl; **there is a ~ drop from the cliffs into the sea below** die Klippen fallen steil or senkrecht ins Meer ab **vertically** adv senkrecht

vertigo n Schwindel m; MED Gleichgewichtsstörung f; **he suffers from ~** ihm wird leicht schwindlig

verve n Schwung m

very I adv 1. sehr; **I'm ~ sorry** es tut mir sehr leid; **that's not ~ funny** das ist überhaupt nicht lustig; **I'm not ~ good at maths** ich bin in Mathe nicht besonders gut; **~ little** sehr wenig; **~ much** sehr; **thank you ~ much** vielen Dank; **I liked it ~ much** es hat mir sehr gut gefallen; **~ much bigger** sehr viel größer 2. (≈ absolutely) aller-; **~ best quality** allerbeste Qualität; **~ last** allerletzte(r, s); **~ first** allererste(r, s); **at the ~ latest** allerspätestens; **to do one's ~ best** sein Äußerstes tun; **at the ~ most** allerhöchstens; **at the ~ least** allerwenigstens; **to be in the ~ best of health** sich bester Gesundheit erfreuen; **they are the ~ best of friends** sie sind die dicksten Freunde 3. **the ~ same hat** genau der gleiche Hut; **we met again the ~ next day** wir trafen uns am nächsten Tag schon wieder; **my ~ own car** mein eigenes Auto; **~ well, if that's what you want** nun gut, wenn du das willst; **I couldn't ~ well say no** ich konnte schlecht Nein sagen II adj 1. (≈ exact) genau; **that ~ day** genau an diesem Tag; **at the ~ heart of the organization** direkt im Zentrum der Organisation; **before my ~ eyes** direkt vor meinen Augen; **the ~ thing I need** genau das, was ich brauche; **the ~ thing!** genau das Richtige! 2. (≈ extreme) äußerste(r, s); **in the ~ beginning** ganz am Anfang; **at the ~ end** ganz am Ende; **at the ~ back** ganz hinten; **go to the ~ end of the road** gehen Sie die Straße ganz entlang or durch 3. **the ~ thought of it** allein schon der Gedanke daran; **the ~ idea!** nein, so etwas!

vessel n 1. NAUT Schiff nt 2. (form ≈ receptacle) Gefäß nt

vest[1] n 1. (Br) Unterhemd nt, Leiberl nt (Aus), Leibchen nt (Aus, Swiss) 2. (US) Weste f

vest[2] v/t (form) **to have a ~ed interest in sth** ein persönliches Interesse an etw (dat) haben

vestibule n Vorhalle f; (of hotel) Foyer nt

vestige n Spur f

vestment n (of priest) Ornat m; (≈ ceremonial robe) Robe f

vestry n Sakristei f

vet I n abbr of **veterinary surgeon, veterinarian** II v/t überprüfen

veteran n Veteran(in) m(f)

veterinarian n (US) Tierarzt m/-ärztin f

veterinary adj Veterinär- **veterinary medicine** n Veterinärmedizin f **veterinary practice** n Tierarztpraxis f **veterinary surgeon** n Tierarzt m/-ärztin f

veto I n, pl -es Veto nt; **power of ~** Vetorecht nt II v/t sein Veto einlegen gegen

vetting n Überprüfung f

vexed adj question schwierig **vexing** adj ärgerlich

VHF RADIO abbr of **very high frequency** UKW

via prep über (+acc); **they got in ~ the window** sie kamen durchs Fenster herein

viability n (of plan, project) Durchführbarkeit f, Realisierbarkeit f; (of firm) Rentabilität f **viable** adj company rentabel; plan machbar; alternative gangbar; option realisierbar; **the company is not economically ~** die Firma ist unrentabel; **a ~ form of government** eine funktionsfähige Regierungsform

viaduct *n* Viadukt *m*

vibes *pl* (*infml*) **this town is giving me bad**~ diese Stadt macht mich ganz fertig (*infml*)

vibrant *adj* **1.** *personality etc* dynamisch; *community* lebendig; *economy* boomend **2.** *colour* leuchtend

vibrate I *v/i* beben (*with* vor +*dat*); (*machine, string*) vibrieren **II** *v/t* zum Vibrieren bringen; *string* zum Schwingen bringen **vibration** *n* (*of string*) Schwingung *f*; (*of machine*) Vibrieren *nt* **vibrator** *n* Vibrator *m*

vicar *n* Pfarrer(in) *m(f)* **vicarage** *n* Pfarrhaus *nt*

vice¹ *n* Laster *nt*

vice², (*US*) **vise** *n* Schraubstock *m*

vice-chairman *n* stellvertretender Vorsitzender **vice-chairwoman** *n* stellvertretende Vorsitzende **vice chancellor** *n* (*Br* UNIV) ≈ Rektor(in) *m(f)* **vice president** *n* Vizepräsident(in) *m(f)*

vice versa *adv* umgekehrt

vicinity *n* Umgebung *f*; **in the**~ in der Nähe (*of* von, *gen*); **in the**~ **of £500** um die £ 500 (herum)

vicious *adj* **1.** *animal* bösartig; *blow, attack* brutal; **to have a**~ **temper** jähzornig sein **2.** (≈ *nasty*) gemein **vicious circle** *n* Teufelskreis *m* **viciously** *adv* (≈ *violently*) bösartig; *murder* auf grauenhafte Art

victim *n* Opfer *nt*; **to fall**~ **to sth** einer Sache (*dat*) zum Opfer fallen **victimize** *v/t* ungerecht behandeln; (≈ *pick on*) schikanieren

victor *n* Sieger(in) *m(f)*

Victorian I *n* Viktorianer(in) *m(f)* **II** *adj* viktorianisch

victorious *adj army* siegreich; *campaign* erfolgreich; **to be**~ **over sb/sth** jdn/etw besiegen

victory *n* Sieg *m*; **to win a**~ **over sb/sth** einen Sieg über jdn/etw erringen

video I *n* **1.** (≈ *film*) Video *nt* **2.** (≈ *recorder*) Videorekorder *m* **II** *v/t* (auf Video) aufnehmen **video camera** *n* Videokamera *f* **video cassette** *n* Videokassette *f* **video conferencing** *n* Videokonferenzschaltung *f*, Video Conferencing *nt* **video disc** *n* Bildplatte *f* **video game** *n* Telespiel *nt* **video library** *n* Videothek *f* **video nasty** *n* (*Br*) Horrorvideo *nt* **videophone** *n* Fernsehtelefon *nt* **video recorder** *n* Videorekorder *m* **video re-**

cording *n* Videoaufnahme *f* **video rental** *n* Videoverleih *m*; ~ **shop** (*esp Br*) or **store** Videothek *f* **video shop** *n* Videothek *f* **video tape** *n* Videoband *nt* **video-tape** *v/t* (auf Video) aufzeichnen

vie *v/i* wetteifern; **to**~ **with sb for sth** mit jdm um etw wetteifern

Vienna I *n* Wien *nt* **II** *adj* Wiener

Vietnam *n* Vietnam *nt* **Vietnamese I** *adj* vietnamesisch **II** *n* Vietnamese *m*, Vietnamesin *f*

view I *n* **1.** (≈ *range of vision*) Sicht *f*; **to come into**~ in Sicht kommen; **to keep sth in**~ etw im Auge behalten; **the house is within**~ **of the sea** vom Haus aus ist das Meer zu sehen; **hidden from**~ verborgen **2.** (≈ *prospect, sight*) Aussicht *f*; **a good**~ **of the sea** ein schöner Blick auf das Meer; **a room with a**~ ein Zimmer mit schöner Aussicht; **he stood up to get a better**~ er stand auf, um besser sehen zu können **3.** (≈ *photograph etc*) Ansicht *f* **4.** (≈ *opinion*) Ansicht *f*; **in my**~ meiner Meinung nach; **to have**~**s on sth** Ansichten über etw (*acc*) haben; **what are his**~**s on this?** was meint er dazu?; **I have no**~**s on that** ich habe keine Meinung dazu; **to take the**~ **that** ... die Ansicht vertreten, dass ...; **an overall**~ **of a problem** ein umfassender Überblick über ein Problem; **in**~ **of** angesichts (+*gen*) **5.** (≈ *intention*) Absicht *f*; **with a**~ **to doing sth** mit der Absicht, etw zu tun **II** *v/t* **1.** (≈ *see*) betrachten **2.** *house* besichtigen **3.** *problem etc* sehen **III** *v/i* (≈ *watch television*) fernsehen **viewer** *n* TV Zuschauer(in) *m(f)* **viewfinder** *n* Sucher *m* **viewing** *n* **1.** (*of house etc*) Besichtigung *f* **2.** TV Fernsehen *nt* **viewing figures** *pl* TV Zuschauerzahlen *pl* **viewpoint** *n* **1.** Standpunkt *m*; **from the**~ **of economic growth** unter dem Gesichtspunkt des Wirtschaftswachstums; **to see sth from sb's**~ etw aus jds Sicht sehen **2.** (*for scenic view*) Aussichtspunkt *m*

vigil *n* (Nacht)wache *f* **vigilance** *n* Wachsamkeit *f* **vigilant** *adj* wachsam; **to be**~ **about sth** auf etw (*acc*) achten **vigilante I** *n* Mitglied einer Selbstschutzorganisation *f* **II** *adj attr* Selbstschutz-

vigor *n* (*US*) = **vigour vigorous** *adj* energisch; *activity* dynamisch; *opponent* engagiert **vigorously** *adv* energisch; *de-*

fend engagiert; *oppose* heftig **vigour,** (*US*) **vigor** *n* Energie *f*

Viking I *n* Wikinger(in) *m(f)* **II** *adj* Wikinger-

vile *adj* abscheulich; *weather, food* scheußlich

villa *n* Villa *f*

village *n* Dorf *nt* **village hall** *n* Gemeindesaal *m* **villager** *n* Dörfler(in) *m(f)*, Dorfbewohner(in) *m(f)*

villain *n* (≈ *scoundrel*) Schurke *m*, Schurkin *f*; (*infml* ≈ *criminal*) Ganove *m* (*infml*); (*in novel*) Bösewicht *m*

vim *n* (*infml*) Schwung *m*

vinaigrette *n* Vinaigrette *f* (COOK); (*for salad*) Salatsoße *f*

vindicate *v/t* **1.** *action* rechtfertigen **2.** (≈ *exonerate*) rehabilitieren **vindication** *n* **1.** (*of opinion, action, decision*) Rechtfertigung *f* **2.** (≈ *exoneration*) Rehabilitation *f*

vindictive *adj* rachsüchtig **vindictiveness** *n* **1.** Rachsucht *f* **2.** (*of mood*) Unversöhnlichkeit *f*

vine *n* (≈ *grapevine*) Rebe *f*

vinegar *n* Essig *m*

vine leaf *n* Rebenblatt *nt* **vineyard** *n* Weinberg *m*

vintage I *n* (*of wine, fig*) Jahrgang *m* **II** *adj attr* (≈ *old*) uralt; (≈ *high quality*) glänzend **vintage car** *n* Vorkriegsmodell *nt* **vintage wine** *n* edler Wein **vintage year** *n* **a ~ for wine** ein besonders gutes Weinjahr

vinyl *n* Vinyl *nt*

viola *n* MUS Bratsche *f*

violate *v/t* **1.** *treaty* brechen; (*partially*) verletzen; *law* verstoßen gegen; *rights* verletzen **2.** *holy place* entweihen **violation** *n* **1.** (*of law*) Verstoß *m* (*of* gegen); (*of rights*) Verletzung *f*; **a ~ of a treaty** ein Vertragsbruch *m*; **traffic ~** Verkehrsvergehen *nt* **2.** (*of holy place*) Entweihung *f*; (*of privacy*) Eingriff *m* (*of* in +*acc*)

violence *n* **1.** (≈ *strength*) Heftigkeit *f* **2.** (≈ *brutality*) Gewalt *f*; (*of people*) Gewalttätigkeit *f*; (*of actions*) Brutalität *f*; **act of ~** Gewalttat *f*; **was there any ~?** kam es zu Gewalttätigkeiten?

violent *adj person, game* brutal; *crime* Gewalt-; *attack, protest* heftig; *film* gewalttätig; *impact* gewaltig; *storm, dislike* stark; **to have a ~ temper** jähzornig sein; **to turn ~** gewalttätig werden **violently**

adv beat, attack brutal; *shake* heftig; *disagree* scharf; **to be ~ against sth or opposed to sth** ein scharfer Gegner/eine scharfe Gegnerin einer Sache (*gen*) sein; **to be ~ ill or sick** sich furchtbar übergeben; **to cough ~** gewaltig husten

violet I *n* Veilchen *nt*; (≈ *colour*) Violett *nt* **II** *adj* violett

violin *n* Geige *f* **violinist, violin player** *n* Geiger(in) *m(f)*

VIP *n* Promi *m* (*hum infml*); **he got/we gave him ~ treatment** er wurde/wir haben ihn als Ehrengast behandelt

viral *adj* Virus-; **~ infection** Virusinfektion *f*

virgin I *n* Jungfrau *f*; **the Virgin Mary** die Jungfrau Maria; **he's still a ~** er ist noch unschuldig **II** *adj* (*fig*) *forest etc* unberührt; **~ olive oil** natives Olivenöl **virginity** *n* Unschuld *f*

Virgo *n* Jungfrau *f*; **he's (a) ~** er ist Jungfrau

virile *adj* (*lit*) männlich **virility** *n* (*lit*) Männlichkeit *f*; (≈ *sexual power*) Potenz *f*

virtual *adj attr* **1.** *certainty* fast völlig; **she was a ~ prisoner** sie war so gut wie eine Gefangene; **it was a ~ admission of guilt** es war praktisch ein Schuldgeständnis **2.** IT virtuell **virtually** *adv* **1.** praktisch; **to be ~ certain** sich (*dat*) so gut wie sicher sein **2.** IT virtuell **virtual reality** *n* virtuelle Realität

virtue *n* **1.** (≈ *moral quality*) Tugend *f* **2.** (≈ *chastity*) Keuschheit *f* **3.** (≈ *advantage*) Vorteil *m*; **by ~ of** aufgrund +*gen*

virtuoso I *n esp* MUS Virtuose *m*, Virtuosin *f* **II** *adj* virtuos

virtuous *adj* **1.** tugendhaft **2.** (*pej* ≈ *self-satisfied*) selbstgerecht **virtuously** *adv* (*pej* ≈ *self-righteously*) selbstgerecht

virulent *adj* **1.** MED bösartig **2.** (*fig*) *attack* scharf

virus *n* MED, IT Virus *nt or m*; **polio ~** Polioerreger *m*; **she's got a ~** (*infml*) sie hat sich (*dat*) was eingefangen (*infml*) **virus scanner** *n* IT Virensuchprogramm *nt*

visa *n* Visum *nt*

vis-à-vis *prep* in Anbetracht (+*gen*)

viscose *n* Viskose *f*

viscount *n* Viscount *m* **viscountess** *n* Viscountess *f*

vise *n* (*US*) = **vice²**

visibility *n* **1.** Sichtbarkeit *f* **2.** METEO

Sichtweite *f*; **poor~** schlechte Sicht **visible** *adj* **1.** sichtbar; **~ to the naked eye** mit dem bloßen Auge zu erkennen; **to be ~ from the road** von der Straße aus zu sehen sein; **with a ~ effort** mit sichtlicher Mühe **2.** (≈ *obvious*) sichtlich; **at management level women are becoming increasingly ~** auf Führungsebene treten Frauen immer deutlicher in Erscheinung **visibly** *adv* sichtbar, sichtlich

vision *n* **1.** (≈ *power of sight*) Sehvermögen *nt*; **within ~** in Sichtweite **2.** (≈ *foresight*) Weitblick *m* **3.** (*in dream*) Vision *f* **4.** (≈ *image*) Vorstellung *f* **visionary I** *adj* visionär **II** *n* Visionär(in) *m(f)*

visit I *n* Besuch *m*; (*of doctor*) Hausbesuch *m*; **to pay sb/sth a ~** jdn/etw besuchen; **to pay a ~** (*euph*) mal verschwinden (müssen); **to have a ~ from sb** von jdm besucht werden; **to be on a ~ to London** zu einem Besuch in London sein **II** *v/t* **1.** besuchen; *doctor* aufsuchen **2.** (≈ *inspect*) inspizieren **III** *v/i* einen Besuch machen; **come and~ some time** komm mich mal besuchen; **I'm only ~ing** ich bin nur auf Besuch **visiting** *adj* expert Gast-; *dignitary* der/die zu Besuch ist **visiting hours** *pl* Besuchszeiten *pl* **visiting time** *n* Besuchszeit *f*

visitor *n* Besucher(in) *m(f)*; (*in hotel*) Gast *m*; **to have ~s/a ~** Besuch haben

visor *n* (*on helmet*) Visier *nt*; (*on cap*) Schirm *m*; AUTO Blende *f*

vista *n* Aussicht *f*

visual *adj* Seh-; *image* visuell **visual aids** *pl* Anschauungsmaterial *nt* **visual arts** *n* **the ~** die darstellenden Künste *pl* **visual display unit** *n* Sichtgerät *nt* **visualize** *v/t* sich (*dat*) vorstellen **visually** *adv* visuell; **~ attractive** attraktiv anzusehen **visually handicapped, visually impaired** *adj* sehbehindert

vital *adj* **1.** (≈ *of life*) vital; (≈ *necessary for life*) lebenswichtig **2.** (≈ *essential*) unerlässlich; **of ~ importance** von größter Wichtigkeit; **this is ~** das ist unbedingt notwendig; **how ~ is this?** wie wichtig ist das? **3.** (≈ *critical*) entscheidend; *error* schwerwiegend **vitality** *n* (≈ *energy*) Vitalität *f* **vitally** *adv* important äußerst **vital signs** *pl* MED Lebenszeichen *pl* **vital statistics** *pl* Bevölkerungsstatistik *f*; (*infml: of woman*) Maße *pl*

vitamin *n* Vitamin *nt*

vitro *n*; → **in vitro**

viva *n* (*Br*) = **viva voce**

vivacious *adj* lebhaft **vivaciously** *adv* say, laugh munter

viva voce *n* (*Br*) mündliche Prüfung

vivid *adj* light hell; *colour* kräftig; *imagination* lebhaft; *description* lebendig; *example* deutlich; **in ~ detail** in allen plastischen Einzelheiten; **the memory of that day is still quite ~** der Tag ist mir noch in lebhafter Erinnerung; **to be a ~ reminder of sth** lebhaft an etw (*acc*) erinnern **vividly** *adv* coloured lebhaft; *shine* leuchtend; *portray* anschaulich; *demonstrate* klar und deutlich; **the red stands out ~ against its background** das Rot hebt sich stark vom Hintergrund ab **vividness** *n* (*of colour, imagination, memory*) Lebhaftigkeit *f*; (*of light*) Helligkeit *f*; (*of style*) Lebendigkeit *f*; (*of description, image*) Anschaulichkeit *f*

vivisection *n* Vivisektion *f*

viz *adv* nämlich

V-neck *n* V-Ausschnitt *m* **V-necked** *adj* mit V-Ausschnitt

vocabulary *n* Wortschatz *m*

vocal I *adj* **1.** (≈ *using voice*) Stimm- **2.** (≈ *voicing opinions*) lautstark; **to be/become ~** sich zu Wort melden **II** *n* **~s:** *Van Morrison* Gesang: Van Morrison; **featuring Madonna on ~s** mit Madonna als Sängerin; **backing ~s** Hintergrundgesang *m*; **lead ~s ...** Leadsänger(in) *m(f)* ... **vocal cords** *pl* Stimmbänder *pl* **vocalist** *n* Sänger(in) *m(f)*

vocation *n* REL *etc* Berufung *f* **vocational** *adj* Berufs-; *qualifications* beruflich; **~ training** Berufsausbildung *f* **vocational school** *n* (*US*) ≈ Berufsschule *f*

vociferous *adj* lautstark

vodka *n* Wodka *m*

vogue *n* Mode *f*; **to be in ~** (in) Mode sein

voice I *n* **1.** Stimme *f*; **I've lost my ~** ich habe keine Stimme mehr; **in a deep ~** mit tiefer Stimme; **in a low ~** mit leiser Stimme; **to like the sound of one's own ~** sich gern(e) reden hören; **his ~ has broken** er hat den Stimmbruch hinter sich; **to give ~ to sth** einer Sache (*dat*) Ausdruck verleihen **2.** GRAM Genus *nt*; **the passive ~** das Passiv **II** *v/t* zum Ausdruck bringen **voice-activated** *adj* IT sprachgesteuert **voice mail** *n* Voicemail *f* **voice-operated** *adj* sprachgesteuert **voice-over** *n* Filmkommentar *m* **voice**

recognition n Spracherkennung f
void I n Leere f **II** adj **1.** (≈ *empty*) leer; ~ *of any sense of decency* ohne jegliches Gefühl für Anstand **2.** JUR ungültig
vol abbr of **volume** Bd.
volatile adj **1.** CHEM flüchtig **2.** *person* (*in moods*) impulsiv; *relationship* wechselhaft; *situation* brisant
vol-au-vent n (Königin)pastetchen nt
volcanic adj (*lit*) Vulkan-; *rock, activity* vulkanisch **volcano** n Vulkan m
vole n **1.** Wühlmaus f **2.** (≈ *common vole*) Feldmaus f
volition n Wille m; *of one's own* ~ aus freiem Willen
volley I n **1.** (*of shots*) Salve f **2.** TENNIS Volley m **II** v/t **to** ~ **a ball** TENNIS einen Volley spielen **III** v/i TENNIS einen Volley schlagen **volleyball** n Volleyball m
volt n Volt nt **voltage** n Spannung f
volume n **1.** Band m; *a six-*~ *dictionary* ein sechsbändiges Wörterbuch; *that speaks* ~*s* (*fig*) das spricht Bände (*for* für) **2.** (*of container*) Volumen nt **3.** (≈ *amount*) Ausmaß nt (*of an* +*dat*); *the* ~ *of traffic* das Verkehrsaufkommen **4.** (≈ *sound*) Lautstärke f; *turn the* ~ *up/down* stell (das Gerät) lauter/leiser **volume control** n RADIO, TV Lautstärkeregler m **voluminous** adj voluminös (*elev*)
voluntarily adv freiwillig; (≈ *unpaid*) ehrenamtlich
voluntary adj **1.** freiwillig; ~ *worker* freiwilliger Helfer, freiwillige Helferin; (*overseas*) Entwicklungshelfer(in) m(f) **2.** *body* karitativ; *a* ~ *organization for social work* ein freiwilliger Wohlfahrtsverband **voluntary redundancy** n freiwilliges Ausscheiden; *to take* ~ sich abfinden lassen **volunteer I** n Freiwillige(r) m/f(m); *any* ~*s?* wer meldet sich freiwillig? **II** v/t *help* anbieten; *information* geben **III** v/i **1.** sich freiwillig melden; *to* ~ *for sth* sich freiwillig für etw zur Verfügung stellen; *to* ~ *to do sth* sich anbieten, etw zu tun; *who will* ~ *to clean the windows?* wer meldet sich freiwillig zum Fensterputzen? **2.** MIL sich freiwillig melden (*for* zu)
voluptuous adj *woman* sinnlich; *body* verlockend
vomit I n Erbrochene(s) nt **II** v/t spucken; *food* erbrechen **III** v/i sich übergeben
voracious adj *person* gefräßig; *collector*

besessen; *she is a* ~ *reader* sie verschlingt die Bücher geradezu
vote I n Stimme f; (≈ *act of voting*) Abstimmung f; (≈ *result*) Abstimmungsergebnis nt; (≈ *franchise*) Wahlrecht nt; *to put sth to the* ~ über etw (*acc*) abstimmen lassen; *to take a* ~ *on sth* über etw (*acc*) abstimmen; *he won by 22* ~*s* er gewann mit einer Mehrheit von 22 Stimmen; *the Labour* ~ die Labourstimmen pl **II** v/t **1.** (≈ *elect*) wählen; *he was* ~*d chairman* er wurde zum Vorsitzenden gewählt **2.** (*infml* ≈ *judge*) wählen zu; *I* ~ *we go back* ich schlage vor, dass wir umkehren **III** v/i wählen; *to* ~ *for/against sth* für/gegen etw stimmen ◆ **vote in** v/t sep law beschließen; *person* wählen ◆ **vote on** v/i +prep obj abstimmen über (+*acc*) ◆ **vote out** v/t sep abwählen; *amendment* ablehnen
voter n Wähler(in) m(f) **voting** n Wahl f; *a system of* ~ ein Wahlsystem nt; ~ *was heavy* die Wahlbeteiligung war hoch **voting booth** n Wahlkabine f **voting paper** n Stimmzettel m
vouch v/i *to* ~ *for sb/sth* sich für jdn/etw verbürgen; (*legally*) für jdn/etw bürgen **voucher** n Gutschein m
vow I n Gelöbnis nt; REL Gelübde nt; *to make a* ~ *to do sth* geloben, etw zu tun; *to take one's* ~*s* sein Gelübde ablegen **II** v/t geloben
vowel n Vokal m; ~ *sound* Vokal(laut) m
voyage n Reise f; (*by sea*) Seereise f; *to go on a* ~ auf eine Reise *etc* gehen
voyeur n Voyeur(in) m(f)
vs abbr of **versus**
V-sign n (*Br*) (*victory*) Victoryzeichen nt; (*rude*) ≈ Stinkefinger m (*infml*); *he gave me the* ~ ≈ er zeigte mir den Stinkefinger (*infml*)
vulgar adj (*pej*) (≈ *unrefined*) vulgär; *joke* ordinär; (≈ *tasteless*) geschmacklos
vulnerability n Verwundbarkeit f; (≈ *susceptibility*) Verletzlichkeit f; (*fig*) Verletzbarkeit f; (*of fortress*) Ungeschütztheit f **vulnerable** adj verwundbar; (≈ *exposed*) verletzlich; (*fig*) verletzbar; *fortress* ungeschützt; *to be* ~ *to disease* anfällig für Krankheiten sein; *to be* ~ *to attack* Angriffen schutzlos ausgesetzt sein
vulture n Geier m
vulva n Vulva f (*elev*)

W

W, w *n* W *nt*, w *nt*
W *abbr of* **west** W
wacky *adj* (+er) (*infml*) verrückt (*infml*)
wad *n* (*of cotton wool etc*) Bausch *m*; (*of papers, banknotes*) Bündel *nt* **wadding** *n* (*for packing*) Material *nt* zum Ausstopfen
waddle *v/i* watscheln
wade *v/i* waten ♦ **wade in** *v/i* **1.** (*lit*) hineinwaten **2.** (*fig infml*) sich hineinknien (*infml*) ♦ **wade into** *v/i +prep obj* (*fig infml* ≈ *attack*) **to ~ sb** auf jdn losgehen; **to ~ sth** etw in Angriff nehmen ♦ **wade through** *v/i +prep obj* (*lit*) waten durch
waders *pl* Watstiefel *pl* **wading pool** *n* (*US*) Planschbecken *nt*
wafer *n* **1.** (≈ *biscuit*) Waffel *f* **2.** ECCL Hostie *f* **wafer-thin** *adj* hauchdünn
waffle[1] *n* COOK Waffel *f*
waffle[2] (*Br infml*) **I** *n* Geschwafel *nt* (*infml*) **II** *v/i* (*a.* **waffle on**) schwafeln (*infml*)
waffle iron *n* Waffeleisen *nt*
waft I *n* Hauch *m* **II** *v/t & v/i* wehen; *a delicious smell ~ed up from the kitchen* ein köstlicher Geruch zog aus der Küche herauf
wag[1] **I** *v/t tail* wedeln mit; *to ~ one's finger at sb* jdm mit dem Finger drohen **II** *v/i* (*tail*) wedeln
wag[2] *n* (≈ *wit, clown*) Witzbold *m* (*infml*)
wage[1] *n usu pl* Lohn *m*
wage[2] *v/t war* führen; *to ~ war against sth* (*fig*) gegen etw einen Feldzug führen
wage claim *n* Lohnforderung *f* **wage earner** *n* (*esp Br*) Lohnempfänger(in) *m(f)* **wage increase** *n* Lohnerhöhung *f* **wage packet** *n* (*esp Br*) Lohntüte *f*
wager *n* Wette *f* (*on* auf +*acc*); *to make a ~* eine Wette abschließen
wages *pl* Lohn *m* **wage settlement** *n* Tarifabschluss *m*
waggle I *v/t* wackeln mit **II** *v/i* wackeln
waggon *n* (*Br*) = **wagon** **wagon** *n* **1.** (*horse-drawn*) Fuhrwerk *nt*; (≈ *covered wagon*) Planwagen *m* **2.** (*Br* RAIL) Waggon *m* **wagonload** *n* Wagenladung *f*
wail I *n* (*of baby*) Geschrei *nt*; (*of mourner*) Klagen *nt*; (*of sirens, wind*) Heulen

nt **II** *v/i* (*baby, cat*) schreien; (*mourner*) klagen; (*siren, wind*) heulen
waist *n* Taille *f* **waistband** *n* Rock-/Hosenbund *m* **waistcoat** *n* (*Br*) Weste *f* **waist-deep** *adj* hüfthoch; *we stood ~ in ...* wir standen bis zur Hüfte in ... **waist-high** *adj* hüfthoch **waistline** *n* Taille *f*
wait I *v/i* **1.** warten (*for* auf +*acc*); *to ~ for sb to do sth* darauf warten, dass jd etw tut; *it was definitely worth ~ing for* es hat sich wirklich gelohnt, darauf zu warten; *well, what are you ~ing for?* worauf wartest du denn (noch)?; *this work is still ~ing to be done* diese Arbeit muss noch erledigt werden; *~ a minute or moment or second* (einen) Augenblick *or* Moment (mal); (*just*) *you ~!* warte nur ab!; (*threatening*) warte nur!; *I can't ~* ich kanns kaum erwarten; (*out of curiosity*) ich bin gespannt; *I can't ~ to see his face* da bin ich (aber) auf sein Gesicht gespannt; *I can't ~ to try out my new boat* ich kann es kaum noch erwarten, bis ich mein neues Boot ausprobiere; *"repairs while you ~"* „Sofortreparaturen"; *~ and see!* abwarten und Tee trinken! (*infml*) **2.** *to ~ one's turn* (ab)warten, bis man an der Reihe ist **2.** (*US*) *to ~ a table* servieren **III** *n* Wartezeit *f*; *to have a long ~* lange warten müssen; *to lie in ~ for sb/sth* jdm/einer Sache auflauern ♦ **wait about** (*Brit*) *or* **around** *v/i* warten (*for* auf +*acc*) ♦ **wait on** *v/i +prep obj* **1.** (*a.* **wait upon**) bedienen **2.** (*US*) *to ~ table* servieren **3.** (≈ *wait for*) warten auf (+*acc*) ♦ **wait up** *v/i* aufbleiben (*for* wegen, für)
waiter *n* Kellner *m*, Ober *m*; *~!* (Herr) Ober! **waiting** *n* Warten *nt*; *all this ~* (*around*) diese ewige Warterei (*infml*) **waiting list** *n* Warteliste *f*
waiting room *n* Warteraum *m*; (*at doctor's*) Wartezimmer *nt*; (*in railway station*) Wartesaal *m*
waitress I *n* Kellnerin *f*, Serviertochter *f* (*Swiss*); *~!* Fräulein! **II** *v/i* kellnern **waitressing** *n* Kellnern *nt*
waive *v/t rights, fee* verzichten auf (+*acc*);

rules außer Acht lassen **waiver** *n* JUR Verzicht *m* (*of* auf +*acc*); (≈ *document*) Verzichterklärung *f*

wake[1] *n* NAUT Kielwasser *nt*; *in the ~ of* (*fig*) im Gefolge (+*gen*)

wake[2] *pret* **woke**, *past part* **woken** *or* **waked I** *v/t* (auf)wecken **II** *v/i* aufwachen; *he woke to find himself in prison* als er aufwachte, fand er sich im Gefängnis wieder ♦ **wake up I** *v/i* aufwachen; *to ~ to sth* (*fig*) sich (*dat*) einer Sache (*gen*) bewusst werden **II** *v/t sep* (*lit*) aufwecken

waken I *v/t* (auf)wecken **II** *v/i* erwachen (*elev*) **waking** *adj* *one's ~ hours* von früh bis spät

Wales *n* Wales *nt*; *Prince of ~* Prinz *m* von Wales

walk I *n* **1.** (≈ *stroll*) Spaziergang *m*; (≈ *hike*) Wanderung *f*; SPORTS Gehen *nt*; *it's 10 minutes' ~* es sind 10 Minuten zu Fuß; *it's a long ~ to the shops* zu den Läden ist es weit zu Fuß; *to go for a ~* einen Spaziergang machen; *to take the dog for a ~* mit dem Hund spazieren gehen **2.** (≈ *gait*) Gang *m* **3.** (≈ *route*) Weg *m*; (*signposted etc*) Wander-/ Spazierweg *m*; *he knows some good ~s in the Lake District* er kennt ein paar gute Wanderungen im Lake District **4.** *from all ~s of life* aus allen Schichten und Berufen **II** *v/t dog* ausführen; *distance* gehen; *to ~ sb home* jdn nach Hause bringen; *to ~ the streets* (*prostitute*) auf den Strich gehen (*infml*); (*aimlessly*) durch die Straßen streichen **III** *v/i* **1.** gehen; *to learn to ~* laufen lernen; *to ~ in one's sleep* schlaf- or nachtwandeln; *to ~ with a stick* am Stock gehen **2.** (≈ *not ride*) zu Fuß gehen; (≈ *stroll*) spazieren gehen; (≈ *hike*) wandern; *you can ~ there in 5 minutes* da ist man in 5 Minuten zu Fuß; *to ~ home* nach Hause laufen (*infml*) ♦ **walk about** (*Brit*) *or* **around** *v/i* herumlaufen (*infml*) ♦ **walk away** *v/i* weggehen; *to ~ with a prize etc* einen Preis *etc* kassieren ♦ **walk in on** *v/i +prep obj* hereinplatzen bei (*infml*) ♦ **walk into** *v/i +prep obj room* hereinkommen in (+*acc*); *person* anrempeln; *wall* laufen gegen; *to ~ a trap* in eine Falle gehen; *he just walked into the first job he applied for* er hat gleich die erste Stelle bekommen, um die er sich beworben hat; *to walk right into sth* (*lit*) mit voller Wucht gegen etw rennen ♦ **walk off I** *v/t sep* *to ~ one's lunch etc* einen Verdauungsspaziergang machen **II** *v/i* weggehen ♦ **walk off with** *v/i +prep obj* (*infml*) **1.** (≈ *take*) (*unintentionally*) abziehen mit (*infml*); (*intentionally*) abhauen mit (*infml*) **2.** *prize* kassieren ♦ **walk on I** *v/i +prep obj grass etc* betreten **II** *v/i* (≈ *continue walking*) weitergehen ♦ **walk out** *v/i* **1.** (≈ *quit*) gehen; *to ~ of a meeting* eine Versammlung verlassen; *to ~ on sb* jdn verlassen; *girlfriend etc* jdn sitzen lassen (*infml*) **2.** (≈ *strike*) streiken ♦ **walk over** *v/i +prep obj* *to walk all over sb* (*infml*) (≈ *dominate*) jdn unterbuttern (*infml*); (≈ *treat harshly*) jdn fertigmachen (*infml*) ♦ **walk up** *v/i* **1.** (≈ *ascend*) hinaufgehen **2.** (≈ *approach*) zugehen (*to* auf +*acc*); *a man walked up to me/her* ein Mann kam auf mich zu/ging auf sie zu

walkabout *n* (*esp Br: by king etc*) *to go on a ~* ein Bad in der Menge nehmen **walkaway** *n* (*US*) = **walkover walker** *n* **1.** (≈ *stroller*) Spaziergänger(in) *m(f)*; (≈ *hiker*) Wanderer *m*, Wanderin *f*; SPORTS Geher(in) *m(f)*; *to be a fast ~* schnell gehen **2.** (*for baby*) Gehhilfe *f*; (*for invalid*) Gehwagen *m* **walkie-talkie** *n* Sprechfunkgerät *nt* **walk-in** *adj* *a ~ cupboard* ein begehbarer Wandschrank **walking I** *n* Gehen *nt*; (*as recreation*) Spazierengehen *nt*; (≈ *hiking*) Wandern *nt*; *we did a lot of ~ while we were in Wales* als wir in Wales waren, sind wir viel gewandert **II** *adj attr miracle etc* wandelnd; *at (a) ~ pace* im Schritttempo; *the ~ wounded* die Leichtverwundeten *pl*; *it's within ~ distance* dahin kann man zu Fuß gehen **walking boots** *pl* Wanderstiefel *pl* **walking frame** *n* Gehwagen *m* **walking stick** *n* Spazierstock *m* **Walkman**® *n* Walkman® *m* **walk-on** *adj* *~ part* THEAT Statistenrolle *f* **walkout** *n* (≈ *strike*) Streik *m*; *to stage a ~* (*from conference etc*) demonstrativ den Saal verlassen **walkover** *n* (≈ *easy victory*) spielender Sieg **walkway** *n* Fußweg *m*

wall *n* (*outside*) Mauer *f*; (*inside*) Wand *f*; *the Great Wall of China* die Chinesische Mauer; *to go up the ~* (*infml*) die Wände hochgehen (*infml*); *I'm climbing the ~s* (*infml*) ich könnte die Wände hochgehen (*infml*); *he drives me up the ~* (*infml*) er bringt mich auf die Palme (*infml*); **this constant noise is driving me up the ~** (*infml*) bei diesem ständigen Lärm könnte ich die Wände hochgehen (*infml*); **to go to the ~** (*infml*) kaputtgehen (*infml*) ◆ **wall off** *v/t sep* durch eine Mauer (ab)trennen

wall chart *n* Plantafel *f* **wall clock** *n* Wanduhr *f*

wallet *n* Brieftasche *f*

wallop *v/t* (*esp Br infml*) (≈ *hit*) schlagen

wallow *v/i* **1.** (*lit: animal*) sich suhlen **2.** (*fig*) **to ~ in self-pity** *etc* im Selbstmitleid *etc* schwelgen

wall painting *n* Wandmalerei *f* **wallpaper I** *n* Tapete *f* **II** *v/t* tapezieren **wall socket** *n* Steckdose *f* **wall-to-wall** *adj* **~ carpeting** Teppichboden *m*

wally *n* (*Br infml*) Trottel *m* (*infml*)

walnut *n* **1.** (≈ *nut*) Walnuss *f* **2.** (≈ *walnut tree*) (Wal)nussbaum *m*

walrus *n* Walross *nt*

waltz I *n* Walzer *m* **II** *v/i* Walzer tanzen ◆ **waltz in** *v/i* (*infml*) hereintanzen (*infml*); **to come waltzing in** angetanzt kommen (*infml*) ◆ **waltz off** *v/i* (*infml*) abtanzen (*infml*) ◆ **waltz off with** *v/i* +*prep obj* (*infml*) *prizes* abziehen mit

wan *adj* bleich; *light, smile* matt

wand *n* (≈ *magic wand*) Zauberstab *m*

wander I *n* Spaziergang *m*; **to go for a ~ (a)round the shops** einen Ladenbummel machen **II** *v/t* **to ~ the streets** durch die Straßen wandern **III** *v/i* **1.** herumlaufen; (*more aimlessly*) umherwandern (*through, about* in +*dat*); (*leisurely*) schlendern; **he ~ed past me in a dream** er ging wie im Traum an mir vorbei; **he ~ed over to me** er kam zu mir herüber; **the children had ~ed out onto the street** die Kinder waren auf die Straße gelaufen **2.** (*fig*) herumschweifen; **to let one's mind ~** seine Gedanken schweifen lassen; **during the lecture his mind ~ed a bit** während der Vorlesung schweiften seine Gedanken ab; **to ~ off the subject** vom Thema abschweifen ◆ **wander about** (*Brit*) *or* **around** *v/i* umherwandern ◆ **wander in** *v/i* ankommen (*infml*) ◆ **wander off** *v/i* weggehen; **he must have wandered off somewhere** er muss (doch) irgendwohin verschwunden sein

wandering *adj refugees* umherziehend; *thoughts* (ab)schweifend; *path* gewunden; **to have ~ hands** (*hum*) seine Finger nicht bei sich (*dat*) behalten können

wane I *n* **to be on the ~** (*fig*) im Schwinden sein **II** *v/i* (*moon*) abnehmen; (*fig*) schwinden

wangle (*infml*) *v/t* organisieren (*infml*); **to ~ money out of sb** jdm Geld abluchsen (*infml*)

wank (*Br vulg*) *v/i* (*a.* **wank off**) wichsen (*sl*) **wanker** *n* (*Br vulg*) Wichser *m* (*sl*); (≈ *idiot*) Schwachkopf *m* (*infml*)

wanna *contraction* = **want to**; **I ~ go** ich will gehen **wannabe** (*infml*) **I** *n* Möchtegern *m* (*infml*) **II** *adj* Möchtegern-(*infml*)

want I *n* **1.** (≈ *lack*) Mangel *m* (*of an* +*dat*); **for ~ of** aus Mangel an (+*dat*); **though it wasn't for ~ of trying** nicht, dass er sich / ich mich *etc* nicht bemüht hätte **2.** (≈ *need*) Bedürfnis *nt*; (≈ *wish*) Wunsch *m*; **to be in ~ of sth** etw benötigen **II** *v/t* **1.** (≈ *desire*) wollen; (*more polite*) mögen; **to ~ to do sth** etw tun wollen; **I ~ you to come here** ich will *or* möchte, dass du herkommst; **I ~ it done now** ich will *or* möchte das sofort erledigt haben; **what does he ~ with me?** was will er von mir?; **I don't ~ strangers coming in** ich wünsche *or* möchte nicht, dass Fremde (hier) hereinkommen **2.** (≈ *need*) brauchen; **you ~ to see a lawyer** Sie sollten zum Rechtsanwalt gehen; **he ~s to be more careful** (*infml*) er sollte etwas vorsichtiger sein; **"wanted"** „gesucht"; **he's a ~ed man** er wird (polizeilich) gesucht; **to feel ~ed** das Gefühl haben, gebraucht zu werden; **you're ~ed on the phone** Sie werden am Telefon verlangt; **all the soup ~s is a little salt** das Einzige, was an der Suppe fehlt, ist etwas Salz **III** *v/i* **1.** (≈ *desire*) wollen; (*more polite*) mögen; **you can go if you ~ (to)** wenn du willst *or* möchtest, kannst du gehen; **I don't ~ to** ich will *or* möchte nicht; **do as you ~** tu, was du willst **2.** **they ~ for nothing** es fehlt ihnen an nichts **want ad** *n* Kaufgesuch *nt* **wanting** *adj* **it's good, but there is something ~** es ist gut, aber irgendetwas fehlt; **his courage was found ~** sein Mut war nicht groß genug

wanton *adj destruction* mutwillig

WAP *n* IT *abbr of* **Wireless Application Protocol** WAP *nt*

war *n* Krieg *m*; **this is ~!** (*fig*) das bedeutet Krieg!; **the ~ against disease** der

Warsaw

Kampf gegen die Krankheit; **~ of words** Wortgefecht nt; **to be at ~** sich im Krieg(szustand) befinden; **to declare ~** den Krieg erklären (on +dat); **to go to ~** (≈ start) (einen) Krieg anfangen (against mit); **to make ~** Krieg führen (on, against gegen); **I hear you've been in the ~s recently** (infml) ich höre, dass du zurzeit ganz schön angeschlagen bist (infml)

warble I n Trällern nt **II** v/t & v/i trällern

war correspondent n Kriegsberichterstatter(in) m(f) **war crime** n Kriegsverbrechen nt **war criminal** n Kriegsverbrecher(in) m(f)

ward n **1.** (part of hospital) Station f; (≈ room) (Kranken)saal m **2.** (JUR ≈ person) Mündel nt; **~ of court** Mündel nt unter Amtsvormundschaft **3.** ADMIN Stadtbezirk m; (≈ election ward) Wahlbezirk m ♦ **ward off** v/t sep abwehren

warden n (of youth hostel) Herbergsvater m, Herbergsmutter f; (≈ game warden) Jagdaufseher(in) m(f); UNIV Heimleiter(in) m(f); (US: of prison) Gefängnisdirektor(in) m(f)

warder n (Br) Wärter(in) m(f)

wardrobe n **1.** (esp Br ≈ cupboard) (Kleider)schrank m, (Kleider)kasten m (Aus, Swiss) **2.** (≈ clothes) Garderobe f

warehouse n Lager(haus) nt **wares** pl Waren pl

warfare n Krieg m; (≈ techniques) Kriegskunst f **war game** n Kriegsspiel nt **warhead** n Sprengkopf m **war hero** n Kriegsheld m **warhorse** n (lit, fig) Schlachtross nt

warily adv vorsichtig; (≈ suspiciously) misstrauisch; **to tread ~** sich vorsehen **wariness** n Vorsicht f; (≈ mistrust) Misstrauen nt

warlike adj kriegerisch **warlord** n Kriegsherr m

warm I adj (+er) **1.** warm; (≈ hearty) herzlich; **I am or feel ~** mir ist warm; **come and get ~** komm und wärm dich **2.** (in games) **am I ~?** ist es (hier) warm? **II** n **to get into the ~** ins Warme kommen; **to give sb a ~** etw wärmen **III** v/t wärmen **IV** v/i **the milk was ~ing on the stove** die Milch wurde auf dem Herd angewärmt; **I ~ed to him** er wurde mir sympathischer ♦ **warm up I** v/i warm werden; (game) in Schwung kommen; SPORTS sich aufwärmen **II** v/t sep engine

warm laufen lassen; food etc aufwärmen **warm-blooded** adj warmblütig **warm-hearted** adj person warmherzig **warmly** adv warm; welcome herzlich; recommend wärmstens **warmth** n Wärme f **warm-up** n SPORTS Aufwärmen nt; **the teams had a ~ before the game** die Mannschaften wärmten sich vor dem Spiel auf

warn v/t warnen (of, about, against vor +dat); (police etc) verwarnen; **to ~ sb not to do sth** jdn davor warnen, etw zu tun; **I'm ~ing you** ich warne dich!; **you have been ~ed!** sag nicht, ich hätte dich nicht gewarnt; **to ~ sb that ...** (≈ inform) jdn darauf hinweisen, dass ...; **you might have ~ed us that you were coming** du hättest uns ruhig vorher Bescheid sagen können, dass du kommst ♦ **warn off** v/t sep warnen; **he warned me off** er hat mich davor gewarnt

warning I n Warnung f; (from police etc) Verwarnung f; **without ~** ohne Vorwarnung; **they had no ~ of the enemy attack** der Feind griff sie ohne Vorwarnung an; **he had plenty of ~** (early enough) er wusste früh genug Bescheid; **to give sb a ~** jdn warnen; (police etc) jdm eine Verwarnung geben; **let this be a ~ to you** lassen Sie sich (dat) das eine Warnung sein!; **please give me a few days' ~** bitte sagen or geben Sie mir ein paar Tage vorher Bescheid **II** adj Warn-; look, tone warnend **warning light** n Warnleuchte f

warp I v/t wood wellen **II** v/i (wood) sich verziehen

warpath n **on the ~** auf dem Kriegspfad **warped** adj **1.** (lit) verzogen **2.** (fig) sense of humour abartig; judgement verzerrt **warrant I** n (≈ search warrant) Durchsuchungsbefehl m; (≈ death warrant) Hinrichtungsbefehl m; **a ~ of arrest** ein Haftbefehl m **II** v/t **1.** (≈ justify) rechtfertigen **2.** (≈ merit) verdienen **warranted** adj berechtigt **warranty** n COMM Garantie f; **it's still under ~** darauf ist noch Garantie

warren n (≈ rabbit warren) Kaninchenbau m; (fig) Labyrinth nt

warring adj sides gegnerisch; factions sich bekriegend **warrior** n Krieger(in) m(f)

Warsaw n Warschau nt; **~ Pact** Warschauer Pakt m

warship n Kriegsschiff nt

wart n Warze f

wartime I n Kriegszeit f; **in ~** in Kriegszeiten **II** adj Kriegs-; **in ~ England** in England während des Krieges **wartorn** adj vom Krieg erschüttert

wary adj (+er) vorsichtig; **to be ~ of sb/ sth** vor jdm/einer Sache auf der Hut sein; **to be ~ of** or **about doing sth** seine Zweifel haben, ob man etw tun soll; **be ~ of talking to strangers** hüte dich davor, mit Fremden zu sprechen

war zone n Kriegsgebiet nt

was pret of **be**

wash I n 1. **to give sb/sth a ~** jdn/etw waschen; **to have a ~** sich waschen 2. (≈ laundry) Wäsche f **II** v/t 1. waschen; dishes abwaschen; floor aufwaschen; parts of body sich (dat) waschen; **to ~ one's hands of sb/sth** mit jdm/etw nichts mehr zu tun haben wollen 2. (≈ carry) spülen; **to be ~ed downstream** flussabwärts getrieben werden; **to ~ ashore** anschwemmen **III** v/i 1. (≈ have a wash) sich waschen 2. (≈ do laundry) waschen; (Br ≈ wash up) abwaschen; **a material that ~es well** ein Stoff, der sich gut wäscht 3. (sea etc) schlagen; **the sea ~ed over the promenade** das Meer überspülte die Strandpromenade ◆ **wash away** v/t sep (lit) (hin)wegspülen ◆ **wash down** v/t sep 1. walls abwaschen 2. food runterspülen (infml) ◆ **wash off I** v/i sich rauswaschen lassen **II** v/t sep abwaschen; **wash that grease off your hands** wasch dir die Schmiere von den Händen (ab)! ◆ **wash out I** v/i sich (r)auswaschen lassen **II** v/t sep 1. (≈ clean) auswaschen; mouth ausspülen 2. game etc ins Wasser fallen lassen (infml) ◆ **wash over** v/i +prep obj **he lets everything just ~ him** er lässt alles einfach ruhig über sich ergehen ◆ **wash up I** v/i 1. (Br ≈ clean dishes) abwaschen 2. (US ≈ have a wash) sich waschen **II** v/t sep 1. (Br) dishes abwaschen 2. (sea etc) anschwemmen

washable adj waschbar **washbag** n (US) Kulturbeutel m **washbasin** n Waschbecken nt, Lavabo nt (Swiss) **washcloth** n (US) Waschlappen m **washed out** adj pred, **washed-out** adj attr (infml) erledigt (infml); **to look ~** mitgenommen aussehen **washer** n 1. TECH Dichtungsring m 2. (≈ washing machine) Wasch-

maschine f

washing n Waschen nt; (≈ clothes) Wäsche f; **to do the ~** Wäsche waschen **washing line** n Wäscheleine f

washing machine n Waschmaschine f **washing powder** n Waschpulver nt **washing-up** n (Br) Abwasch m; **to do the ~** den Abwasch machen **washing-up liquid** n (Br) Spülmittel nt **washout** n (infml) Reinfall m (infml) **washroom** n Waschraum m

wasn't contraction = **was not**

wasp n Wespe f

wastage n Schwund m; (≈ action) Verschwendung f

waste I adj (≈ superfluous) überschüssig; (≈ left over) ungenutzt; land brachliegend; **~ material** Abfallstoffe pl **II** n 1. Verschwendung f; **it's a ~ of time** es ist Zeitverschwendung; **it's a ~ of effort** das ist nicht der Mühe (gen) wert; **to go to ~** (food) umkommen; (training, money) ungenutzt sein/bleiben; (talent etc) verkümmern 2. (≈ waste material) Abfallstoffe pl; (≈ rubbish) Abfall m 3. (≈ land) Wildnis f no pl **III** v/t verschwenden (on an +acc, für); life, time vergeuden; opportunity vertun; **you're wasting your time** das ist reine Zeitverschwendung; **don't ~ my time** stiehl mir nicht meine Zeit; **you didn't ~ much time getting here!** (infml) da bist du ja schon, du hast ja nicht gerade getrödelt! (infml); **all our efforts were ~d** all unsere Bemühungen waren umsonst; **I wouldn't ~ my breath talking to him** ich würde doch nicht für den meine Spucke vergeuden! (infml); **Beethoven is ~d on him** Beethoven ist an den verschwendet ◆ **waste away** v/i (physically) dahinschwinden (elev)

wastebasket, wastebin n (esp US) Papierkorb m **wasted** adj 1. **I've had a ~ journey** ich bin umsonst hingefahren 2. (≈ emaciated) geschwächt **waste disposal** n Abfallentsorgung f **waste disposal unit** n Müllschlucker m **wasteful** adj verschwenderisch; process aufwendig **wastefulness** n (of person) verschwenderische Art; (in method, organization, of process etc) Aufwendigkeit f **wasteland** n Ödland nt **wastepaper** n Papierabfall m

wastepaper basket n Papierkorb m **waste pipe** n Abflussrohr nt **waste**

product *n* Abfallprodukt *nt*
watch[1] *n* (Armband)uhr *f*
watch[2] **I** *n* Wache *f*; *to be on the ~ for sb/ sth* nach jdm/etw Ausschau halten; *to keep ~* Wache halten; *to keep a close ~ on sb/sth* jdn/etw scharf bewachen; *to keep ~ over sb/sth* bei jdm/etw wachen *or* Wache halten **II** *v/t* **1.** (≈ *guard*) aufpassen auf (+*acc*); (*police etc*) überwachen **2.** (≈ *observe*) beobachten; *match* zuschauen bei; *film* sich (*dat*) ansehen; *to ~ TV* fernsehen; *to ~ sb doing sth* jdm bei etw zuschauen; *I'll come and ~ you play* ich komme und sehe dir beim Spielen zu; *he just stood there and ~ed her drown* er stand einfach da und sah zu, wie sie ertrank; *I ~ed her coming down the street* ich habe sie beobachtet, wie *or* als sie die Straße entlang kam; *~ the road!* pass auf die Straße auf!; *~ this!* pass auf!; *just ~ me!* guck *or* schau mal, wie ich das mache!; *we are being ~ed* wir werden beobachtet **3.** (≈ *be careful of*) aufpassen auf (+*acc*); *time* achten auf (+*acc*); (*you'd better*) *~ it!* (*infml*) pass (bloß) auf! (*infml*); *~ yourself* sieh dich vor!; *~ your language!* drück dich bitte etwas gepflegter aus!; *~ how you go!* machs gut!; (*on icy surface etc*) pass beim Laufen/Fahren auf! **III** *v/i* (≈ *observe*) zusehen; *to ~ for sb/sth* nach jdm/etw Ausschau halten; *they ~ed for a signal from the soldiers* sie warteten auf ein Signal von den Soldaten; *to ~ for sth to happen* darauf warten, dass etw geschieht ♦ **watch out** *v/i* **1.** (≈ *look carefully*) Ausschau halten (*for sb/sth* nach jdm/ etw) **2.** (≈ *be careful*) achtgeben (*for* auf +*acc*); *~!* Achtung! ♦ **watch over** *v/i* +*prep obj* wachen über (+*acc*)
watchdog *n* (*lit*) Wachhund *m*; (*fig*) Aufpasser *m* (*infml*) **watchful** *adj* wachsam; *to keep a ~ eye on sb/sth* ein wachsames Auge auf jdn/etw werfen **watchmaker** *n* Uhrmacher(in) *m(f)* **watchman** *n* (*a.* **night watchman**) Nachtwächter(in) *m(f)* **watchstrap** *n* Uhrarmband *nt* **watchtower** *n* Wachtturm *m* **watchword** *n* Parole *f*
water I *n* **1.** Wasser *nt*; *to be under ~* unter Wasser stehen; *to take in ~* (*ship*) lecken; *to hold ~* wasserdicht sein; *~s* Gewässer *pl*; *to pass ~* Wasser lassen **2.** (*fig phrases*) *to keep one's head above ~*

sich über Wasser halten; *to pour cold ~ on sb's idea* jds Idee miesmachen (*infml*); *to get* (*oneself*) *into deep ~(s)* ins Schwimmen kommen; *a lot of ~ has flowed under the bridge since then* seitdem ist so viel Wasser den Berg or den Bach hinuntergeflossen; *to get into hot ~* (*infml*) in Teufels Küche geraten (*infml*) (*over wegen* +*gen*) **II** *v/t* **1.** *garden* sprengen; *plant* (be)gießen **2.** *horses* tränken **III** *v/i* (*mouth*) wässern; (*eye*) tränen; *the smoke made his eyes ~* ihm tränten die Augen vom Rauch; *my mouth ~ed* mir lief das Wasser im Mund zusammen; *to make sb's mouth ~* jdm den Mund wässerig machen ♦ **water down** *v/t sep* verwässern; *liquids* (mit Wasser) verdünnen
water bed *n* Wasserbett *nt* **waterborne** *adj* *a ~ disease* eine Krankheit, die durch das Wasser übertragen wird **water bottle** *n* Wasserflasche *f* **water butt** *n* Regentonne *f* **water cannon** *n* Wasserwerfer *m* **water closet** *n* (*esp Br*) Wasserklosett *nt* **watercolour**, (*US*) **watercolor I** *n* Aquarellfarbe *f*; (≈ *picture*) Aquarell *nt* **II** *attr* Aquarell-; *a ~ painting* ein Aquarell *nt* **water cooler** *n* Wasserspender *m* **watercourse** *n* **1.** (≈ *stream*) Wasserlauf *m*; (*artificial*) Kanal *m* **2.** (≈ *bed*) Flussbett *nt* **watercress** *n* (Brunnen)kresse *f* **watered-down** *adj* verwässert **waterfall** *n* Wasserfall *m* **waterfowl** *pl* Wassergeflügel *nt* **waterfront I** *n* Hafenviertel *nt*; *we drove down to the ~* wir fuhren hinunter zum Wasser **II** *attr* am Wasser **water gun** *n* (*esp US*) = **water pistol** **water heater** *n* Heißwassergerät *nt* **watering can** *n* Gießkanne *f* **watering hole** *n* (*for animals*) Wasserstelle *f* **water jump** *n* Wassergraben *m* **water level** *n* Wasserstand *m* **water lily** *n* Seerose *f* **water line** *n* Wasserlinie *f* **waterlogged** *adj* *the fields are ~* die Felder stehen unter Wasser **water main** *n* Haupt(wasser)leitung *f*; (≈ *pipe*) Hauptwasserrohr *nt* **watermark** *n* (*on paper*) Wasserzeichen *nt* **watermelon** *n* Wassermelone *f* **water meter** *n* Wasseruhr *f* **water mill** *n* Wassermühle *f* **water pistol** *n* Wasserpistole *f* **water pollution** *n* Wasserverschmutzung *f* **water polo** *n* Wasserball *m* **water power** *n* Wasserkraft *f* **waterproof I** *adj* *watch* wasserdicht; *clothes*, *roof* wasserun-

durchlässig **II** *n* **~s** (*esp Br*) Regenhaut®
f **III** *v/t* wasserundurchlässig machen
water-repellent *adj* Wasser abstoßend
water-resistant *adj* wasserbeständig;
sunscreen wasserfest **watershed** *n* (*fig*)
Wendepunkt *m* **waterside I** *n* Ufer *nt*
II *attr* am Wasser **water-ski I** *n* Wasserski *m* **II** *v/i* Wasserski laufen **water-ski-
ing** *n* Wasserskilaufen *nt* **water slide** *n*
Wasserrutsche *f* **water softener** *n* Wasserenthärter *m* **water-soluble** *adj* wasserlöslich **water sports** *pl* Wassersport
m **water supply** *n* Wasserversorgung *f*
water table *n* Grundwasserspiegel *m*
water tank *n* Wassertank *m* **watertight**
adj wasserdicht **water tower** *n* Wasserturm *m* **waterway** *n* Wasserstraße *f* **water wings** *pl* Schwimmflügel *pl* **water-
works** *n sg or pl* Wasserwerk *nt* **watery**
adj wäss(e)rig; *eye* tränend; *sun* blass
watt *n* Watt *nt*

wave I *n* **1.** (*of water*, PHYS, *fig*) Welle *f*; **a ~
of strikes** eine Streikwelle; **to make ~s**
(*fig infml*) Unruhe stiften **2. to give sb a
~** jdm (zu)winken; **with a ~ of his hand**
mit einer Handbewegung **II** *v/t* (*as sign
or greeting*) winken mit (*at*, *to sb* jdm); (≈
wave about) schwenken; **to ~ sb goodbye** jdm zum Abschied winken; **he ~d
his hat** er schwenkte seinen Hut; **he
~d me over** er winkte mich zu sich he-
rüber **III** *v/i* **1.** (*person*) winken; **to ~ at
or to sb** jdm (zu)winken **2.** (*flag*) wehen;
(*branches*) sich hin und her bewegen
♦ **wave aside** *v/t sep* (*fig*) *suggestions
etc* zurückweisen ♦ **wave on** *v/t sep*
the policeman waved us on der Polizist
winkte uns weiter

wavelength *n* Wellenlänge *f*; **we're not
on the same ~** (*fig*) wir haben nicht dieselbe Wellenlänge

waver *v/i* **1.** (*flame*) flackern; (*voice*) zittern **2.** (*courage*) wanken; (*support*)
nachlassen **3.** (≈ *hesitate*) schwanken
(*between* zwischen +*dat*) **wavering** *adj*
1. *voice* bebend; *loyalty* unsicher; *determination* wankend; *support* nachlassend

wavy *adj* (+*er*) wellig; **~ line** Schlangenlinie *f*

wax[1] **I** *n* **1.** Wachs *nt* **2.** (≈ *ear wax*) Ohrenschmalz *nt* **II** *adj* Wachs-; **~ crayon**
Wachsmalstift *m* **III** *v/t car* wachsen;
floor bohnern; *legs* mit Wachs behandeln

wax[2] *v/i* (*moon*) zunehmen; **to ~ and
wane** (*fig*) kommen und gehen

waxworks *n sg or pl* Wachsfigurenkabinett *nt*

way I *n* **1.** (≈ *road*) Weg *m*; **across** or **over
the ~** gegenüber; (*motion*) rüber; **to ask
the ~** nach dem Weg fragen; **along the ~**
learn skill etc nebenbei; **to go the wrong
~** sich verlaufen; (*in car*) sich verfahren;
to go down the wrong ~ (*food*) in die
falsche Kehle kommen; **there's no ~
out** (*fig*) es gibt keinen Ausweg; **to find
a ~ in** hineinfinden; **the ~ up** der Weg
nach oben; **the ~ there/back** der Hin-/
Rückweg; **prices are on the ~ up/
down** die Preise steigen/fallen; **to bar
the ~** den Weg versperren; **to be** or
stand in sb's ~ jdm im Weg stehen; **to
get in the ~** in den Weg kommen;
(*fig*) stören; **he lets nothing stand in
his ~** er lässt sich durch nichts aufhalten
or beirren; **get out of the/my ~!** (geh)
aus dem Weg!; **to get sth out of the ~**
work etw hinter sich (*acc*) bringen; *problems* etw aus dem Weg räumen; **to stay
out of sb's/the ~** (≈ *not get in the way*)
jdm nicht in den Weg kommen; (≈
avoid) (jdm) aus dem Weg gehen; **stay
out of my ~!** komm mir nicht mehr über
den Weg!; **to make ~ for sb/sth** (*lit*, *fig*)
für jdn/etw Platz machen; **the ~ to the
station** der Weg zum Bahnhof; **can
you tell me the ~ to the town hall,
please?** können Sie mir bitte sagen,
wie ich zum Rathaus komme?; **the shop
is on the ~** der Laden liegt auf dem Weg;
to stop on the ~ unterwegs anhalten; **on
the ~** (*here*) auf dem Weg (hierher);
they're on their ~ sie sind unterwegs;
if it is out of your ~ wenn es ein Umweg
für Sie ist; **to go out of one's ~ to do sth**
(*fig*) sich besonders anstrengen, um etw
zu tun; **please, don't go out of your ~
for us** (*fig*) machen Sie sich (*dat*) bitte
unsertwegen keine Umstände; **to get
under ~** in Gang kommen; **to be well
under ~** in vollem Gang sein; **the ~ in**
der Eingang; **on the ~ in** beim Herein-
gehen; **the ~ out** der Ausgang; **please
show me the ~ out** bitte zeigen Sie
mir, wie ich hinauskomme; **can you find
your own ~ out?** finden Sie selbst hinaus?; **on the ~ out** beim Hinausgehen;
to be on the ~ out (*fig infml*) am Aussterben sein; **I know my ~ around the**

town ich kenne mich in der Stadt aus; **can you find your ~ home?** finden Sie nach Hause?; **to make one's ~ to somewhere** sich an einen Ort begeben; **I made my own ~ there** ich ging allein dorthin; **to make one's ~ home** nach Hause gehen; **to push one's ~ through the crowd** sich einen Weg durch die Menge bahnen; **to go one's own ~** (*fig*) eigene Wege gehen; **they went their separate ~s** ihre Wege trennten sich; **to pay one's ~** für sich selbst bezahlen; (*company, project, machine*) sich rentieren **2.** (≈ *direction*) Richtung *f*; **which ~ are you going?** in welche Richtung gehen Sie?; **look both ~s** schau nach beiden Seiten; **to look the other ~** (*fig*) wegsehen; **if a good job comes my ~** wenn ein guter Job für mich auftaucht; **to split sth three/ten ~s** etw dritteln/in zehn Teile teilen; **it's the wrong ~ up** es steht verkehrt herum; **"this ~ up"** „hier oben"; **it's the other ~ (a)round** es ist (genau) umgekehrt; **put it the right ~ up/the other ~ (a)round** stellen Sie es richtig (herum) hin/andersherum hin; **this ~, please** hier entlang, bitte; **look this ~** schau hierher!; **he went that ~** er ging in diese Richtung; **this ~ and that** hierhin und dorthin; **every which ~** ungeordnet, durcheinander **3.** (≈ *distance*) Weg *m*, Strecke *f*; **a little ~ away** *or* **off** nicht weit weg; **all the ~ there** auf der ganzen Strecke; **I'm behind you all the ~** (*fig*) ich stehe voll (und ganz) hinter Ihnen; **that's a long ~ away** bis dahin ist es weit *or* (*zeitlich*) noch lange; **a long ~ out of town** weit von der Stadt weg; **he's come a long ~ since then** (*fig*) er hat sich seitdem sehr gebessert; **he'll go a long ~** (*fig*) er wird es weit bringen; **to have a long ~ to go** weit vom Ziel entfernt sein; **it should go a long ~ toward(s) solving the problem** das sollte *or* müsste bei dem Problem schon ein gutes Stück weiterhelfen; **not by a long ~** bei Weitem nicht **4.** (≈ *manner*) Art *f*, Weise *f*; **that's his ~ of saying thank you** das ist seine Art, sich zu bedanken; **the French ~ of doing it** (die Art,) wie man es in Frankreich macht; **to learn the hard ~** aus dem eigenen Schaden lernen; **~ of thinking** Denkweise *f*; **what a ~ to live!** (≈ *unpleasant*) so möchte ich

nicht leben; **to get one's (own) ~** seinen Willen durchsetzen; **have it your own ~!** wie du willst!; **one ~ or another/the other** so oder so; **it does not matter (to me) one ~ or the other** es macht (mir) so oder so nichts aus; **either ~** so oder so; **no ~!** (*infml*) ausgeschlossen!; **there's no ~ I'm going to agree** (*infml*) auf keinen Fall werde ich zustimmen; **that's no ~ to speak to your mother** so spricht man nicht mit seiner Mutter; **you can't have it both ~s** du kannst nicht beides haben; **he wants it both ~s** er will das eine haben und das andere nicht lassen; **this ~** (≈ *like this*) so; **that ~** (≈ *like that*) in dieser Hinsicht; **the ~ (that) ...** (≈ *how*) wie; **the ~ she walks** (so) wie sie geht; **that's not the ~ we do things here** so *or* auf die Art machen wir das hier nicht; **you could tell by the ~ he was dressed** das merkte man schon an seiner Kleidung; **that's the ~ it goes!** so ist das eben; **the ~ things are going** so, wie die Dinge sich entwickeln; **do it the ~ I do** machen Sie es so wie ich; **to show sb the ~ to do sth** jdm zeigen, wie etw gemacht wird; **show me the ~ to do it** zeig mir, wie (ich es machen soll); **that's not the right ~ to do it** so geht das nicht **5.** (≈ *method, habit*) Art *f*; **there are many ~s of solving it** es gibt viele Wege, das zu lösen; **the best ~ is to wash it** am besten wäscht man es; **he has a ~ with children** er versteht es, mit Kindern umzugehen; **~ of life** Lebensstil *m*; (*of nation*) Lebensart *f* **6.** (≈ *respect*) Hinsicht *f*; **in a ~** in gewisser Weise; **in no ~** in keiner Weise; **in many/some ~s** in vieler/gewisser Hinsicht; **in more ~s than one** in mehr als nur einer Hinsicht **7.** (≈ *state*) Zustand *m*; **he's in a bad ~** er ist in schlechter Verfassung **II** *adv* (*infml*) **~ up** weit oben; **it's too big** das ist viel zu groß; **that was ~ back** das ist schon lange her; **his guess was ~ out** seine Annahme war weit gefehlt **waylay** *pret, past part* **waylaid** *v/t* (≈ *stop*) abfangen **way-out** *adj* (*infml*) extrem (*dated sl*) **wayside** *n* (*of path*) Wegrand *m*; (*of road*) Straßenrand *m*; **to fall by the ~** (*fig*) auf der Strecke bleiben **wayward** *adj* eigensinnig

WC (*esp Br*) *abbr of* **water closet** WC *nt*
we *pron* wir
weak *adj* (+*er*) schwach; *character* labil;

tea dünn; *he was ~ from hunger* ihm war schwach vor Hunger; *to go ~ at the knees* weiche Knie bekommen; *what are his ~ points?* wo liegen seine Schwächen? **weaken I** *v/t* schwächen; *walls* angreifen; *hold* lockern **II** *v/i* nachlassen; (*person*) schwach werden **weakling** *n* Schwächling *m* **weakly** *adv* schwach **weakness** *n* Schwäche *f*; (≈ *weak point*) schwacher Punkt; *to have a ~ for sth* für etw eine Schwäche *or* Vorliebe haben **weak-willed** *adj* willensschwach

wealth *n* **1.** Reichtum *m*; (≈ *private fortune*) Vermögen *nt* **2.** (*fig*) Fülle *f* **wealthy I** *adj* (+*er*) reich **II** *n the ~ pl* die Reichen *pl*

wean *v/t to ~ sb off sb/sth* jdn jdm/einer Sache entwöhnen (*elev*)

weapon *n* (*lit*, *fig*) Waffe *f* **weaponry** *n* Waffen *pl*

wear *vb*: *pret* **wore**, *past part* **worn I** *n* **1.** *to get a lot of ~ out of a jacket* eine Jacke viel tragen; *there isn't much ~ left in this carpet* dieser Teppich hält nicht mehr lange; *for everyday ~* für jeden Tag **2.** (≈ *clothing*) Kleidung *f*, Gewand *nt* (*Aus*) **3.** (≈ *damage*: *a.* **wear and tear**) Verschleiß *m*; *to show signs of ~* (*lit*) anfangen, alt auszusehen; *to look the worse for ~* (*lit*) (*curtains*, *carpets etc*) verschlissen aussehen; (*clothes*) abgetragen aussehen; (*furniture etc*) abgenutzt aussehen; (*fig*) verbraucht aussehen; *I felt a bit the worse for ~* (*infml*) ich fühlte mich etwas angeknackst (*infml*) **II** *v/t* **1.** tragen; *what shall I ~?* was soll ich anziehen?; *I haven't a thing to ~!* ich habe nichts anzuziehen **2.** (≈ *damage*) abnutzen; *steps* austreten; *tyres* abfahren; *to ~ holes in sth* etw durchwetzen; *in shoes* etw durchlaufen; *to ~ smooth* (*by handling*) abgreifen; (*by walking*) austreten; *sharp edges* glatt machen **III** *v/i* **1.** (≈ *last*) halten **2.** (≈ *become worn*) (*material*) sich abnutzen; *to ~ smooth* (*by water*) glatt gewaschen sein; (*by weather*) verwittern; *my patience is ~ing thin* meine Geduld geht langsam zu Ende ♦ **wear away I** *v/t sep* *steps* austreten; *rock* abtragen; *inscription* verwischen **II** *v/i* sich abschleifen; (*inscription*) verwittern ♦ **wear down I** *v/t sep* **1.** (*lit*) abnutzen; *heel* ablaufen **2.** (*fig*) *opposition* zermür-

ben; *person* fix und fertig machen (*infml*) **II** *v/i* sich abnutzen; (*heels*) sich ablaufen ♦ **wear off** *v/i* **1.** (≈ *diminish*) nachlassen; *don't worry, it'll ~!* keine Sorge, das gibt sich **2.** (≈ *disappear*) abgehen ♦ **wear on** *v/i* sich hinziehen; (*year*) voranschreiten; *as the evening etc wore on* im Laufe des Abends etc ♦ **wear out I** *v/t sep* **1.** (*lit*) kaputt machen; *carpet* abtreten; *clothes* kaputt tragen; *machinery* abnutzen **2.** (*fig*) (*physically*) erschöpfen; (*mentally*) fertigmachen (*infml*); *to be worn out* erschöpft *or* erledigt sein; (*mentally*) am Ende sein (*infml*); *to wear oneself out* sich kaputtmachen (*infml*) **II** *v/i* kaputtgehen; (*clothes*, *carpets*) verschleißen ♦ **wear through** *v/i* sich durchwetzen; (*shoes*) sich durchlaufen

wearable *adj* (≈ *not worn out etc*) tragbar **wearily** *adv say* müde; *smile* matt **weariness** *n* (*physical*) Müdigkeit *f*; (*mental*) Lustlosigkeit *f*

wearing *adj* (≈ *exhausting*) anstrengend **weary** *adj* (+*er*) lustlos; (≈ *fed up*) müde; *smile* matt; *to grow ~ of sth* etw leid werden

weasel *n* Wiesel *nt*

weather I *n* Wetter *nt*; *in cold ~* bei kaltem Wetter; *what's the ~ like?* wie ist das Wetter?; *to be under the ~* (*infml*) angeschlagen sein (*infml*) **II** *v/t* **1.** (*storms etc*) angreifen **2.** (*a.* **weather out**) *crisis* überstehen; *to ~ the storm* den Sturm überstehen **III** *v/i* (*rock etc*) verwittern **weather-beaten** *adj face* vom Wetter gegerbt; *stone* verwittert **weather chart** *n* Wetterkarte *f* **weathercock** *n* Wetterhahn *m* **weather conditions** *pl* Witterungsverhältnisse *pl* **weathered** *adj* verwittert **weather forecast** *n* Wettervorhersage *f* **weatherman** *n* Wettermann *m* (*infml*) **weatherproof** *adj* wetterfest **weather report** *n* Wetterbericht *m* **weather vane** *n* Wetterfahne *f*

weave *vb*: *pret* **wove**, *past part* **woven I** *v/t* **1.** *cloth* weben (*into* zu); *cane* flechten (*into* zu) **2.** (*fig*) *plot* erfinden; *details* einflechten (*into* in +*acc*) **3.** *pret also* **weaved** *to ~ one's way through sth* sich durch etw schlängeln **II** *v/i* **1.** (*lit*) weben **2.** *pret also* **weaved** (≈ *twist and turn*) sich schlängeln **weaver** *n* Weber(in) *m(f)*

web *n* **1.** Netz *nt* **2.** IT *the Web* das (World

Wide) Web **webbed** *adj* ~ **feet** Schwimmfüße *pl* **web browser** IT *n* Browser *m* **webcam** IT *n* Webcam *f* **webcast** *n* IT Webcast *m* **web designer** *n* IN-TERNET Webdesigner(in) *m(f)* **webmaster** IT *n* Webmaster(in) *m(f)* **web page** IT *n* Web-Seite *f* **website** IT *n* Web-Site *f*

Wed *abbr of* **Wednesday** Mittw.

wed (*old*) *pret, past part* **wed** *or* **wedded** *v/i* heiraten

we'd *contraction* = **we would, we had**

wedding *n* Hochzeit *f*; (≈ *ceremony*) Trauung *f*; **to have a registry office** (*Br*)**/church** ~ sich standesamtlich/kirchlich trauen lassen; **to go to a** ~ zu einer *or* auf eine Hochzeit gehen **wedding anniversary** *n* Hochzeitstag *m* **wedding cake** *n* Hochzeitskuchen *m* **wedding day** *n* Hochzeitstag *m* **wedding dress** *n* Hochzeitskleid *nt* **wedding reception** *n* Hochzeitsempfang *m* **wedding ring** *n* Trauring *m* **wedding vows** *pl* Ehegelübde *nt*

wedge I *n* 1. (*of wood etc, fig*) Keil *m* 2. (*of cake etc*) Stück *nt*; (*of cheese*) Ecke *f* II *v/t* 1. verkeilen; **to** ~ **a door open/shut** eine Tür festklemmen 2. (*fig*) **to** ~ **oneself/sth** sich/etw zwängen (*in* in +*acc*); **to be** ~**d between two people** zwischen zwei Personen eingekeilt sein ◆ **wedge in** *v/t sep* **to be wedged in** (*person etc*) eingekeilt sein

Wednesday *n* Mittwoch *m*; → **Tuesday**

Weds *abbr of* **Wednesday** Mittw.

wee¹ *adj* (+*er*) (*infml*) winzig; (*Scot*) klein

wee² (*Br infml*) I *n* **to have** *or* **do a** ~ Pipi machen (*infml*) II *v/i* Pipi machen (*infml*)

weed I *n* 1. Unkraut *nt no pl* 2. (*infml* ≈ *person*) Schwächling *m* II *v/t & v/i* jäten ◆ **weed out** *v/t sep* (*fig*) aussondern

weeding *n* **to do some** ~ Unkraut *nt* jäten **weedkiller** *n* Unkrautvernichter *m* **weedy** *adj* (+*er*) (*infml*) *person* schmächtig

week *n* Woche *f*; **it'll be ready in a** ~ in einer Woche *or* in acht Tagen ist es fertig; **my husband works away during the** ~ mein Mann arbeitet die Woche über auswärts; ~ **in,** ~ **out** Woche für Woche; **twice a** ~ zweimal pro Woche; **a** ~ **today** heute in einer Woche; **a** ~ **on Tuesday** Dienstag in acht Tagen; **a** ~ (**ago**) **last Monday** letzten Montag vor einer Woche; **for** ~**s** wochenlang; **a** ~**'s**

holiday (*Br*) *or* **vacation** (*US*) ein einwöchiger Urlaub; **a 40-hour** ~ eine Vierzigstundenwoche; **two** ~**s' holiday** (*Br*) *or* **vacation** (*US*) zwei Wochen Ferien **weekday** I *n* Wochentag *m* II *attr morning* eines Werktages

weekend I *n* Wochenende *nt*; **to go/be away for the** ~ am Wochenende verreisen/nicht da sein; **at** (*Br*) *or* **on** (*esp US*) **the** ~ am Wochenende; **to take a long** ~ ein langes Wochenende machen II *attr* Wochenend-; ~ **bag** Reisetasche *f*

weekly I *adj* Wochen-; *meeting* wöchentlich; *visit* allwöchentlich II *adv* wöchentlich; **twice** ~ zweimal die Woche III *n* Wochenzeitschrift *f*

weep *vb*: *pret, past part* **wept** *v/t & v/i* weinen (*over* über +*acc*); **to** ~ **with** *or* **for joy** vor *or* aus Freude weinen **weepy** (*infml*) *adj* (+*er*) *person* weinerlich; (*infml*) *film* rührselig

wee-wee *n, v/i* (*baby talk*) = **wee²**

weigh I *v/t* 1. (*lit*) wiegen; **could you** ~ **these bananas for me?** könnten Sie mir diese Bananen abwiegen? 2. (*fig*) *words etc* abwägen II *v/i* 1. (*lit*) wiegen 2. (*fig* ≈ *be a burden*) lasten (*on* auf +*dat*) 3. (*fig* ≈ *be important*) gelten; **his age** ~**ed against him** sein Alter wurde gegen ihn in die Waagschale geworfen ◆ **weigh down** *v/t sep* 1. niederbeugen; **she was weighed down with packages** sie war mit Paketen überladen 2. (*fig*) niederdrücken ◆ **weigh out** *v/t sep* abwiegen ◆ **weigh up** *v/t sep* abwägen; *person* einschätzen

weighing scales *pl* Waage *f*

weight I *n* 1. Gewicht *nt*; SPORTS Gewichtsklasse *f*; **3 kilos in** ~ 3 Kilo Gewicht; **the branches broke under the** ~ **of the snow** die Zweige brachen unter der Schneelast; **to gain** *or* **put on** ~ zunehmen; **to lose** ~ abnehmen; **it's worth its** ~ **in gold** das ist Gold(es) wert; **to lift** ~**s** Gewichte heben; **she's quite a** ~ sie ist ganz schön schwer 2. (*fig* ≈ *burden*) Last *f*; **that's a** ~ **off my mind** mir fällt ein Stein vom Herzen 3. (*fig* ≈ *importance*) Bedeutung *f*; **to carry** ~ Gewicht haben; **to add** ~ **to sth** einer Sache (*dat*) zusätzliches Gewicht geben *or* verleihen; **to pull one's** ~ seinen Beitrag leisten; **to throw** *or* **chuck** (*infml*) **one's** ~ **about** (*Br*) *or* **around** seinen Einfluss geltend machen II *v/t* 1. (≈ *make heav-*

ier) beschweren **2.** (*fig*) **to be ~ed in fa-vour** (*Br*) or **favor** (*US*) **of sb/sth** so angelegt sein, dass es zugunsten einer Person/Sache ist **weightlessness** *n* Schwerelosigkeit *f* **weightlifting** *n* Gewichtheben *nt* **weight loss** *n no pl* Gewichtsverlust *m* **weight training** *n* Krafttraining *nt* **weighty** *adj* (+er) (*fig*) *argument* gewichtig; *responsibility* schwerwiegend

weir *n* (≈ *barrier*) Wehr *nt*

weird *adj* (+er) (≈ *eerie*) unheimlich; (*infml* ≈ *odd*) seltsam **weirdo** *n* (*infml*) verrückter Typ (*infml*)

welcome I *n* Willkommen *nt*; **to give sb a warm ~** jdm einen herzlichen Empfang bereiten **II** *adj* willkommen; *news* angenehm; **the money is very ~** das Geld kommt sehr gelegen; **to make sb ~** jdn sehr freundlich aufnehmen; **you're ~!** nichts zu danken!; **you're ~ to use my room** Sie können gerne mein Zimmer benutzen **III** *v/t* begrüßen; **they ~d him home with a big party** sie veranstalteten zu seiner Heimkehr ein großes Fest **IV** *int* **~ home/to Scotland!** willkommen daheim/in Schottland!; **~ back!** willkommen zurück! **welcoming** *adj* zur Begrüßung; *smile, room* einladend

weld *v/t* TECH schweißen **welder** *n* Schweißer(in) *m(f)*

welfare *n* **1.** (≈ *wellbeing*) Wohl *nt* **2.** (≈ *welfare work*) Fürsorge *f* **3.** (*US* ≈ *social security*) Sozialhilfe *f*; **to be on ~** Sozialhilfeempfänger(in) *m(f)* sein **welfare benefits** *pl* (*US*) Sozialhilfe *f* **welfare services** *pl* soziale Einrichtungen *pl* **welfare state** *n* Wohlfahrtsstaat *m*

well¹ I *n* (≈ *water well*) Brunnen *m*; (*a.* **oil well**) Ölquelle *f* **II** *v/i* quellen; **tears ~ed in her eyes** Tränen stiegen *or* schossen ihr in die Augen ◆ **well up** *v/i* emporquellen; (*fig*) aufsteigen; (*noise*) anschwellen; **tears welled up in her eyes** Tränen schossen ihr in die Augen

well² *comp* **better**, *sup* **best I** *adv* **1.** gut; **to do ~ at school** gut in der Schule sein; **to do ~ in an exam** in einer Prüfung gut abschneiden; **his business is doing ~** sein Geschäft geht gut; **the patient is doing ~** dem Patienten geht es gut; **if you do ~ you'll be promoted** wenn Sie sich bewähren, werden Sie befördert; **~ done!** gut gemacht!; **~ played!** gut gespielt!; **everything went ~** es ging alles gut; **to**

speak/think ~ of sb von jdm positiv sprechen/denken; **to do ~ out of sth** von etw ordentlich profitieren; **you might as ~ go** du könntest eigentlich ebenso gut gehen; **are you coming? — I might as ~** kommst du? — ach, warum nicht; **we were ~ beaten** wir sind gründlich geschlagen worden; **only too ~** nur (all)zu gut; **~ and truly** (ganz) gründlich; **it was ~ worth the trouble** das hat sich sehr gelohnt; **~ out of sight** weit außer Sichtweite; **~ past midnight** lange nach Mitternacht; **it continued ~ into 1996/the night** es zog sich bis weit ins Jahr 1996/in die Nacht hin; **he's ~ over fifty** er ist weit über fünfzig **2.** (≈ *probably*) ohne Weiteres; **I may ~ be late** es kann leicht *or* ohne Weiteres sein, dass ich spät komme; **it may ~ be that ...** es ist ohne Weiteres möglich, dass ...; **you may ~ be right** Sie mögen wohl recht haben; **you may ~ ask!** (*iron*) das kann man wohl fragen; **I couldn't very ~ stay** ich konnte schlecht bleiben **3.** **as ~** auch; **x as ~ as y** sowohl als auch y **II** *adj* **1.** (≈ *in good health*) gesund; **get ~ soon!** gute Besserung; **are you ~?** geht es Ihnen gut?; **I'm very ~** es geht mir sehr gut; **she's not been ~ lately** ihr ging es in letzter Zeit (gesundheitlich) gar nicht gut; **I don't feel at all ~** ich fühle mich gar nicht wohl **2.** (≈ *satisfactory*) gut; **that's all very ~, but ...** das ist ja alles schön und gut, aber ...; **it's all very ~ for you to suggest ...** Sie können leicht vorschlagen ...; **it's all very ~ for you** Sie haben gut reden; **it would be as ~ to ask first** es wäre wohl besser, sich erst mal zu erkundigen; **it's just as ~ he came** es ist gut, dass er gekommen ist; **all's ~ that ends ~** Ende gut, alles gut **III** *int* also, na; (*doubtfully*) na ja; **~, ~!** **~ I never!** also, so was!; **very ~ then!** also gut!; (*indignantly*) also bitte (sehr)! **IV** *n* Gute(s) *nt*; **to wish sb ~** jdm alles Gute wünschen

we'll *contraction* = **we shall, we will**

well-adjusted *adj attr*, **well adjusted** *adj pred* PSYCH gut angepasst **well-advised** *adj attr*, **well advised** *adj pred* **to be well advised to ...** wohlberaten sein zu ... **well-balanced** *adj attr*, **well balanced** *adj pred* **1.** *person* ausgeglichen **2.** *diet* (gut) ausgewogen **well-behaved** *adj attr*, **well behaved** *adj pred child* artig; *animal* gut erzogen **wellbeing** *n* Wohl *nt*

well-bred *adj attr,* **well bred** *adj pred person* wohlerzogen **well-built** *adj attr,* **well built** *adj pred person* kräftig **well--connected** *adj attr,* **well connected** *adj pred* **to be well connected** Beziehungen in höheren Kreisen haben **well-deserved** *adj attr,* **well deserved** *adj pred* wohlverdient **well-disposed** *adj attr,* **well disposed** *adj pred* **to be well disposed toward(s)** *sb/sth* jdm / einer Sache freundlich gesonnen sein **well-done** *adj attr,* **well done** *adj pred steak* durchgebraten **well-dressed** *adj attr,* **well dressed** *adj pred* gut gekleidet **well-earned** *adj attr,* **well earned** *adj pred* wohlverdient **well-educated** *adj attr,* **well educated** *adj pred* gebildet **well-equipped** *adj attr,* **well equipped** *adj pred office, studio* gut ausgestattet; *army* gut ausgerüstet **well-established** *adj attr,* **well established** *adj pred practice* fest; *company* bekannt **well-fed** *adj attr,* **well fed** *adj pred* wohlgenährt **well--founded** *adj attr,* **well founded** *adj pred* wohlbegründet **well-informed** *adj attr,* **well informed** *adj pred* gut informiert

wellington (boot) *n* (*Br*) Gummistiefel *m*

well-kept *adj attr,* **well kept** *adj pred garden, hair etc* gepflegt; *secret* streng gehütet **well-known** *adj attr,* **well known** *adj pred* bekannt; *it's well known that ...* es ist allgemein bekannt, dass ... **well--loved** *adj attr,* **well loved** *adj pred* viel geliebt **well-mannered** *adj attr,* **well mannered** *adj pred* mit guten Manieren **well-meaning** *adj attr,* **well meaning** *adj pred* wohlmeinend **well-nigh** *adv* ~ **impossible** nahezu unmöglich **well-off** *adj attr,* **well off** *adj pred* reich (≈ *affluent*) reich **well-paid** *adj attr,* **well paid** *adj pred* gut bezahlt **well-read** *adj attr,* **well read** *adj pred* belesen **well-spoken** *adj attr,* **well spoken** *adj pred* **to be well spoken** gutes Deutsch *etc* sprechen **well-stocked** *adj attr,* **well stocked** *adj pred* gut bestückt **well-timed** *adj attr,* **well timed** *adj pred* zeitlich günstig **well--to-do** *adj* wohlhabend **well-wisher** *n* **cards from** ~**s** Karten von Leuten, die ihm / ihr *etc* alles Gute wünschten **well--worn** *adj attr,* **well worn** *adj pred carpet etc* abgelaufen; *path* ausgetreten

welly *n* (*Br infml*) Gummistiefel *m*

Welsh I *adj* walisisch **II** *n* **1.** LING Walisisch

nt **2. the Welsh** *pl* die Waliser *pl* **Welsh-man** *n* Waliser *m* **Welsh rabbit, Welsh rarebit** *n* überbackene Käseschnitte **Welshwoman** *n* Waliserin *f*

wend *v/t* **to** ~ **one's way home** sich auf den Heimweg begeben

went *pret of* **go**

wept *pret, past part of* **weep**

were *2nd person sg, 1st, 2nd, 3rd person pl pret of* **be**

we're *contraction* = **we are**

weren't *contraction* = **were not**

werewolf *n* Werwolf *m*

west I *n* **the** ~**, the West** der Westen; **in the** ~ im Westen; **to the** ~ nach Westen; **to the** ~ **of** westlich von; **to come from the** ~ (*person*) aus dem Westen kommen; (*wind*) von West(en) kommen **II** *adj* West- **III** *adv* nach Westen, westwärts; **it faces** ~ es geht nach Westen; ~ **of** westlich von **westbound** *adj traffic etc* (in) Richtung Westen; **to be** ~ nach Westen unterwegs sein **westerly** *adj* westlich; ~ **wind** Westwind *m*; **in a** ~ **direction** in westlicher Richtung

western I *adj* westlich; **Western Europe** Westeuropa *nt* **II** *n* Western *m* **Western Isles** *pl* **the** ~ die Hebriden *pl* **westernize** *v/t* (*pej*) verwestlichen **westernmost** *adj* westlichste(r, s) **West Germany** *n* Westdeutschland *nt* **West Indian I** *adj* westindisch **II** *n* Westindier(in) *m(f)* **West Indies** *pl* Westindische Inseln *pl* **Westminster** *n* (*a.* **City of Westminster**) Westminster *nt,* Londoner Stadtbezirk **Westphalia** *n* Westfalen *nt* **westward, westwardly I** *adj direction* westlich **II** *adv* (*a.* **westwards**) westwärts

wet *vb: pret, past part* **wet** *or* **wetted I** *adj* (+*er*) **1.** nass; *climate* feucht; **to be** ~ (*paint*) feucht sein; **to be** ~ **through** völlig durchnässt sein; **"wet paint"** (*esp Br*) „Vorsicht, frisch gestrichen"; **to be** ~ **behind the ears** (*infml*) noch feucht *or* noch nicht trocken hinter den Ohren sein (*infml*); **yesterday was** ~ gestern war es regnerisch **2.** (*Br infml* ≈ *weak*) weichlich **II** *n* **1.** (≈ *moisture*) Feuchtigkeit *f* **2.** (≈ *rain*) Nässe *f* **III** *v/t* nass machen; *lips* befeuchten; **to** ~ **the bed/oneself** das Bett / sich nass machen; **I nearly** ~ **myself** (*infml*) ich habe mir fast in die Hose gemacht (*infml*) **wet blanket** *n* (*infml*) Miesmacher(in) *m(f)* (*infml*) **wetness** *n* Nässe *f* **wet nurse** *n* Amme

f **wet suit** *n* Taucheranzug *m*
we've *contraction* = **we have**
whack I *n* (*infml* ≈ *blow*) (knallender) Schlag; **to give sth a ~** auf etw (*acc*) schlagen **II** *v/t* (*infml*) hauen (*infml*)
whacked *adj* (*Br infml* ≈ *exhausted*) kaputt (*infml*) **whacking** *adj* (*Br infml*) Mords- (*infml*); **~ great** riesengroß
whacky *adj* (+*er*) (*infml*) = **wacky**
whale *n* **1.** Wal *m* **2.** (*infml*) **to have a ~ of a time** sich prima amüsieren **whaling** *n* Walfang *m*
wharf *n, pl* **-s** *or* **wharves** Kai *m*
what I *pron* **1.** (*interrog*) was; **~ is this called?** wie heißt das?; **~'s the weather like?** wie ist das Wetter?; **you need (a) ~?** WAS brauchen Sie?; **~ is it now?** was ist denn?; **~'s that to you?** was geht dich das an?; **~ for?** wozu?; **~'s that tool for?** wofür ist das Werkzeug?; **~ did you do that for?** warum hast du denn das gemacht?; **~ about ...?** wie wärs mit ...?; **you know that restaurant? — ~ about it?** kennst du das Restaurant? — was ist damit?; **~ of or about it?** na und? (*infml*); **~ if ...?** was ist, wenn ...?; **so ~?** (*infml*) ja *or* na und?; **~ does it matter?** was macht das schon?; **you ~?** (*infml*) wie bitte?; **~-d'you-call-him/-it** (*infml*) wie heißt er/es gleich **2.** (*rel*) was; **that's exactly ~ I want** genau das möchte ich; **do you know ~ you are looking for?** weißt du, wonach du suchst?; **he didn't know ~ he was objecting to** er wusste nicht, was er ablehnte; **~ I'd like is a cup of tea** was ich jetzt gerne hätte, (das) wäre ein Tee; **~ with one thing and the other** wie das so ist; **and ~'s more** und außerdem; **he knows ~'s ~** (*infml*) der weiß Bescheid (*infml*); **(I'll) tell you ~** (*infml*) weißt du was? **II** *adj* **1.** (*interrog*) welche(r, s), was für (ein/eine) (*infml*); **~ age is he?** wie alt ist er?; **~ good would that be?** (*infml*) wozu sollte das gut sein?; **~ sort of** was für ein/eine; **~ else** was noch; **~ more could a girl ask for?** was könnte sich ein Mädchen sonst noch wünschen **2.** (*rel*) der/die/das; **~ little I had** das wenige, das ich hatte; **buy ~ food you like** kauf das Essen, das du willst **3.** (*in interj*) was für (ein/eine); **~ luck!** so ein Glück; **~ a fool I am!** ich Idiot! **III** *int* was; **is he good-looking, or ~?** sieht der aber gut aus! (*infml*)

whatever I *pron* was (auch) (immer); (≈ *no matter what*) egal was; **~ you like** was (immer) du (auch) möchtest; **shall we go? — ~ you say** gehen wir? — ganz wie du willst; **... or ~ they're called** ... oder wie sie sonst heißen; **~ does he want?** was will er wohl?; **~ do you mean?** was meinst du denn bloß? **II** *adj* **1.** egal welche(r, s); **~ book you choose** welches Buch Sie auch wählen; **~ else you do** was immer du auch sonst machst **2.** (*with neg*) **it's of no use ~** es hat absolut keinen Zweck **what's** *contraction* = **what is, what has whatsit** *n* (*infml*) Dingsbums *nt* (*infml*), Dingsda *nt* (*infml*) **whatsoever** *pron, adj* = **whatever**
wheat *n* Weizen *m* **wheat germ** *n* Weizenkeim *m*
wheedle *v/t* **to ~ sth out of sb** jdm etw abschmeicheln
wheel I *n* Rad *nt*; (≈ *steering wheel*) Lenkrad *nt*; **at the ~** am Steuer **II** *v/t* (≈ *push*) schieben; **wheelchair** fahren **III** *v/i* (≈ *turn*) drehen; (*birds*) kreisen ◆ **wheel (a)round** *v/i* sich (rasch) umdrehen
wheelbarrow *n* Schubkarre *f* **wheelchair** *n* Rollstuhl *m* **wheel clamp** *n* (*Br*) (Park)kralle *f* **-wheeled** *adj suf* -räd(e)rig **wheelie bin** *n* (*Br infml*) Mülltonne *f* auf Rollen **wheeling and dealing** *n* Geschäftemacherei *f*
wheeze *v/i* pfeifend atmen; (*machines, asthmatic*) keuchen **wheezy** *adj* (+*er*) **old man** mit pfeifendem Atem; **cough** keuchend
when I *adv* **1.** wann **2.** (*rel*) **on the day ~** an dem Tag, als **II** *cj* **1.** wenn; (*with past*) als; **you can go ~ I have finished** du kannst gehen, sobald *or* wenn ich fertig bin **2.** (+*gerund*) beim; (≈ *at or during which time*) wobei **3.** (≈ *although*) wo ... doch
whenever *adv* **1.** (≈ *each time*) jedes Mal wenn **2.** (≈ *at whatever time*) wann (auch) immer; (≈ *as soon as*) sobald; **~ you like!** wann du willst!
where *adv, cj* wo; **~ are you going (to)?** wohin gehst du?; **~ are you from?** woher kommen Sie?; **the bag is ~ you left it** die Tasche ist da, wo du sie liegen gelassen hast; **that's ~ I used to live** da habe ich (früher) gewohnt; **this is ~ we got to** bis hierhin sind wir gekommen **whereabouts I** *adv* wo **II** *n sg or pl* Verbleib

m **whereas** *cj* (≈ *whilst*) während; (≈ *while on the other hand*) wohingegen
wherever I *cj* **1.** (≈ *no matter where*) wo (auch) immer **2.** (≈ *in or to whatever place*) wohin; ~ *that is* or *may be* wo auch immer das sein mag **3.** (≈ *everywhere*) überall wo **II** *adv* wo nur; ~ *did you get that hat?* wo haben Sie nur diesen Hut her?

whet *v/t appetite etc* anregen

whether *cj* ob; (≈ *no matter whether*) ganz gleich, ob

which I *adj* welche(r, s); ~ *one?* welche(r, s)?; *to tell* ~ *key is* ~ die Schlüssel auseinanderhalten; ... *und zu dieser Zeit schlief ich (bereits)* **II** *pron* **1.** (*interrog*) welche(r, s); ~ *of the children* welches Kind; ~ *is* ~? (*of people*) wer ist wer?; (*of things*) welche(r, s) ist welche(r, s)? **2.** (*rel*) (*with n antecedent*) der/die/das, welche(r, s) (*elev*); (*with clause antecedent*) was; *the bear* ~ *I saw* der Bär, den ich sah; *it rained,* ~ *upset her plans* es regnete, was ihre Pläne durcheinanderbrachte; ~ *reminds me ...* dabei fällt mir ein, ...; *the shelf on* ~ *I put it* das Brett, auf das *or* worauf ich es gelegt habe **whichever I** *adj* welche(r, s) auch immer; (≈ *no matter which*) ganz egal welche(r, s) **II** *pron* welche(r, s) auch immer; ~ *(of you) has the money* wer immer (von euch) das Geld hat

whiff *n* Hauch *m*; (*pleasant*) Duft *m*; (*fig* ≈ *trace*) Spur *f*

while I *n* Weile *f*; *for a* ~ eine Zeit lang; *a good* or *long* ~ eine ganze Weile; *for quite a* ~ recht lange; *a little* or *short* ~ ein Weilchen (*infml*); *it'll be ready in a short* ~ es wird bald fertig sein; *a little* ~ *ago* vor Kurzem; *a long* ~ *ago* vor einer ganzen Weile; *to be worth (one's)* ~ *to ...* sich (für jdn) lohnen, zu ... **II** *cj* während; (≈ *as long as*) solange; *she fell asleep* ~ *reading* sie schlief beim Lesen ein; *he became famous* ~ *still young* er wurde berühmt, als er noch jung war; ~ *one must admit there are difficulties ...* (≈ *although*) man muss zwar zugeben, dass es Schwierigkeiten gibt, trotzdem ... ♦ **while away** *v/t sep time* sich (*dat*) vertreiben

whilst *cj* = **while** II

whim *n* Laune *f*; *on a* ~ aus Jux und Tollerei (*infml*)

whimper I *n* (*of dog*) Winseln *nt no pl*; (*of person*) Wimmern *nt no pl* **II** *v/i* (*dog*) winseln; (*person*) wimmern

whimsical *adj* wunderlich; *tale* schnurrig

whine I *n* Heulen *nt no pl*; (*of dog*) Jaulen *nt no pl* **II** *v/i* **1.** heulen; (*dog*) jaulen **2.** (≈ *whinge*) jammern; (*child*) quengeln

whinge (*Br infml*) *v/i* jammern, raunzen (*Aus*)

whining I *n* (*of dog*) Gejaule *nt*, Gejammer *nt* **II** *adj* **1.** (≈ *complaining*) *voice* weinerlich **2.** *sound* wimmernd; *dog* jaulend

whinny I *n* Wiehern *nt no pl* **II** *v/i* wiehern

whip I *n* **1.** Peitsche *f* **2.** (≈ *riding whip*) Reitgerte *f* **II** *v/t* **1.** *people* auspeitschen; *horse* peitschen; COOK schlagen; *to* ~ *sb/ sth into shape* (*fig*) jdn/etw zurechtschleifen **2.** (*fig*) *he* ~*ped his hand out of the way* er zog blitzschnell seine Hand weg **III** *v/i* (≈ *move quickly: person*) schnell (mal) laufen ♦ **whip off** *v/t sep clothes* herunterreißen; *tablecloth* wegziehen ♦ **whip out** *v/t sep camera* zücken ♦ **whip up** *v/t sep* (*infml*) *meal* hinzaubern; (*fig*) *interest* entfachen; *support* finden

whiplash *n* (MED: *a.* **whiplash injury**) Peitschenschlagverletzung *f* **whipped cream** *n* Schlagsahne *f*, Schlagobers *m* (*Aus*), (geschwungener) Nidel (*Aus*)

whirl I *n* (≈ *spin*) Wirbeln *nt no pl*; *to give sth a* ~ (*fig infml* ≈ *try out*) etw ausprobieren **II** *v/t* wirbeln; *to* ~ *sb/sth round* jdn/etw herumwirbeln **III** *v/i* wirbeln; *to* ~ *(a)round* herumwirbeln; (*water*) strudeln; (*person*) herumfahren; *my head is* ~*ing* mir schwirrt der Kopf **whirlpool** *n* Strudel *m*; (*in health club*) ≈ Kneippbecken *nt* **whirlwind** *n* Wirbelwind *m*; (*fig*) Trubel *m*; *a* ~ *romance* eine stürmische Romanze

whirr I *n* (*of wings*) Schwirren *nt*; (*of machine*) Surren *nt*; (*louder*) Brummen *nt* **II** *v/i* (*wings*) schwirren; (*machine*) surren; (*louder*) brummen

whisk I *n* COOK Schneebesen *m*; (*electric*) Rührgerät *nt* **II** *v/t* **1.** COOK schlagen; *eggs* verquirlen **2.** *she* ~*ed it out of my hand* sie riss es mir aus der Hand ♦ **whisk away** *or* **off** *v/t sep he whisked her away to the Bahamas* er entführte sie auf die Bahamas

whisker *n* Schnurrhaar *nt*; (*of person*) Barthaar *nt*; ~*s* Schnurrbart *m*, Schnauz

m (*Swiss*); (≈ *side whiskers*) Backenbart *m*; **by a ~** um Haaresbreite
whisky, (*US*, *Ir*) **whiskey** *n* Whisky *m*
whisper I *n* Geflüster *nt no pl*; **to talk in ~s** im Flüsterton sprechen **II** *v/t* flüstern; **to ~ sth to sb** jdm etw zuflüstern **III** *v/i* flüstern **whispering** *n* Geflüster *nt no pl*
whist *n* Whist *nt*
whistle I *n* **1.** (≈ *sound*) Pfiff *m*; (*of wind*) Pfeifen *nt* **2.** (≈ *instrument*) Pfeife *f*; **to blow a ~** pfeifen **II** *v/t & v/i* pfeifen; **~ at sb** jdm nachpfeifen **whistle-stop** *attr* **~ tour** POL Wahlreise *f*; (*fig*) *Reise mit Kurzaufenthalten an allen Orten*
white I *adj* (+*er*) weiß; **as ~ as a sheet** leichenblass **II** *n* (≈ *colour*) Weiß *nt*; (≈ *person*) Weiße(r) *m/f(m)*; (*of egg*) Eiweiß *nt*; (*of eye*) Weiße(s) *nt* **whiteboard** *n* Weißwandtafel *f* **white coffee** *n* (*Br*) Kaffee *m* mit Milch **white-collar** *adj* **~ worker** Schreibtischarbeiter(in) *m(f)*; **~ job** Schreibtisch- *or* Büroposten *m* **white goods** *pl* COMM Haushaltsgeräte *pl* **white-haired** *adj* weißhaarig **Whitehall** *n* (≈ *British government*) Whitehall *no art* **white-hot** *adj* weiß glühend **White House** *n* **the ~** das Weiße Haus **white lie** *n* Notlüge *f* **white meat** *n* helles Fleisch **whiten I** *v/t* weiß machen **II** *v/i* weiß werden **whiteness** *n* Weiße *f*; (*of skin*) Helligkeit *f* **White-Out®** *n* (*US*) Korrekturflüssigkeit *f* **whiteout** *n* starkes Schneegestöber **white paper** *n* POL Weißbuch *nt* (*on* zu) **white sauce** *n* helle Soße **white spirit** *n* (*Br*) Terpentinersatz *m* **white stick** *n* Blindenstock *m* **white tie** *n* **a ~ occasion** eine Veranstaltung mit Frackzwang **white trash** *n* (*US pej infml*) weißes Pack (*pej infml*) **whitewash I** *n* Tünche *f*; (*fig*) Augenwischerei *f* **II** *v/t* tünchen; (*fig*) schönfärben **white-water rafting** *n* Rafting *nt* **white wedding** *n* Hochzeit *f* in Weiß **white wine** *n* Weißwein *m*
Whit Monday *n* (*Br*) Pfingstmontag *m* **Whitsun** (*Br*) *n* Pfingsten *nt* **Whit Sunday** *n* (*Br*) Pfingstsonntag *m* **Whitsuntide** *n* (*Br*) Pfingstzeit *f*
whittle *v/t* schnitzen ♦ **whittle away** *v/t sep* allmählich abbauen; *rights* nach und nach beschneiden ♦ **whittle down** *v/t sep* reduzieren (*to* auf +*acc*)
whiz(z) I *n* (*infml*) Kanone *f* (*infml*); **a computer ~** ein Computergenie *nt* (*infml*) **II** *v/i* (*arrow*) schwirren **whiz(z)**

kid *n* (*infml*) Senkrechtstarter(in) *m(f)*
who *pron* **1.** (*interrog*) wer; (*acc*) wen; (*dat*) wem; **~ do you think you are?** für wen hältst du dich eigentlich?; **~ did you stay with?** bei wem haben Sie gewohnt? **2.** (*rel*) der/die/das, welche(r, s); **any man ~ ...** jeder (Mensch), der ... **who'd** *contraction* = **who had, who would whodun(n)it** *n* (*infml*) Krimi *m* (*infml*)
whoever *pron* wer (auch immer); (*acc*) wen (auch immer); (*dat*) wem (auch immer); (≈ *no matter who*) ganz gleich wer/wen/wem
whole I *adj ganz; truth* voll; **the ~ lot** das Ganze; (*of people*) alle; **a ~ lot better** (*infml*) ein ganzes Stück besser (*infml*); **the ~ thing** das Ganze; **the figures don't tell the ~ story** die Zahlen sagen nicht alles **II** *n* Ganze(s) *nt*; **the ~ of the month** der ganze *or* gesamte Monat; **the ~ of the time** die ganze Zeit; **the ~ of London** ganz London; **as a ~** als Ganzes; **on the ~** im Großen und Ganzen **wholefood** *adj attr* (*esp Br*) Vollwert(kost)-; **~ shop** Bioladen *m* **wholehearted** *adj* uneingeschränkt **wholeheartedly** *adv* voll und ganz **wholemeal** (*Br*) *adj* Vollkorn- **wholesale I** *n* Großhandel *m* **II** *adj attr* **1.** COMM Großhandels- **2.** (*fig*) umfassend **III** *adv* **1.** im Großhandel **2.** (*fig*) massenhaft **wholesaler** *n* Großhändler(in) *m(f)* **wholesale trade** *n* Großhandel *m* **wholesome** *adj* **1.** gesund **2.** *entertainment* erbaulich **whole-wheat** *n* Voll(korn)weizen *m*
who'll *contraction* = **who will, who shall**
wholly *adv* völlig
whom *pron* **1.** (*interrog*) (*acc*) wen; (*dat*) wem **2.** (*rel*) (*acc*) den/die/das; (*dat*) dem/der/dem; **..., all of ~ were drunk** ..., die alle betrunken waren; **none/all of ~** von denen keine(r, s)/alle
whoop *v/i* jauchzen **whooping cough** *n* Keuchhusten *m*
whoosh I *n* (*of water*) Rauschen *nt*; (*of air*) Zischen *nt* **II** *v/i* rauschen; (*air*) zischen
whopping *adj* (*infml*) Riesen-
whore *n* Hure *f*
whorl *n* Kringel *m*; (*of shell*) (Spiral)windung *f*
who's *contraction* = **who has, who is**
whose *poss pr* **1.** (*interrog*) wessen; **~ is this?** wem gehört das?; **~ car did you**

go in? bei wem sind Sie gefahren? **2.** (*rel*) dessen; (*after f and pl*) deren **why I** *adv* warum, weshalb; (*asking for purpose*) wozu; (≈ *how come that ...*) wieso; **~ not ask him?** warum fragst du/fragen wir *etc* ihn nicht?; **~ wait?** warum *or* wozu (noch) warten?; **~ do it this way?** warum denn so?; **that's ~** darum **II** *int* **~, of course, that's right!** ja doch, das stimmt so!; **~, if it isn't Charles!** na so was, das ist doch (der) Charles!

wick *n* Docht *m*

wicked *adj* **1.** böse; (≈ *immoral*) schlecht; *satire* boshaft; *smile* frech; **that was a ~ thing to do** das war aber gemein (von dir/ihm *etc*); **it's ~ to tell lies** Lügen ist hässlich **2.** (*sl* ≈ *very good*) geil (*sl*) **wickedly** *adv smile, look, grin* frech **wickedness** *n* **1.** Schlechtigkeit *f*; (≈ *immorality*) Verderbtheit *f* **2.** (≈ *mischievousness*) Boshaftigkeit *f*

wicker *adj attr* Korb- **wicker basket** *n* (Weiden)korb *m* **wickerwork I** *n* (≈ *articles*) Korbwaren *pl* **II** *adj* Korb-

wide I *adj* (+er) **1.** breit; *skirt* weit; *eyes, variety* groß; *experience, choice* reich; **it is three feet ~** es ist drei Fuß breit; **the big ~ world** die (große) weite Welt **2.** **it was ~ of the target** es ging daneben **II** *adv* **1.** weit; **~ apart** weit auseinander; **open ~!** bitte weit öffnen; **the law is ~ open to abuse** das Gesetz öffnet dem Missbrauch Tür und Tor **2.** **to go ~ of sth** an etw (*dat*) vorbeigehen **-wide** *adj suf* in dem/der gesamten; **Europe--wide** europaweit **wide-angle (lens)** *n* PHOT Weitwinkel(objektiv *nt*) *m* **wide area network** *n* IT Weitverkehrsnetz *nt* **wide-awake** *adj attr*, **wide awake** *adj pred* hellwach **wide-eyed** *adj* mit großen Augen **widely** *adv smile*; (≈ *by or to many people*) allgemein; *vary* stark; *differing* völlig; *available* fast überall; **his remarks were ~ publicized** seine Bemerkungen fanden weite Verbreitung; **a ~ read student** ein sehr belesener Student **widen I** *v/t road* verbreitern; *passage, scope* erweitern; *appeal* erhöhen **II** *v/i* breiter werden; (*interests etc*) sich ausweiten ♦ **widen out** *v/i* sich erweitern (*into* zu)

wideness *n* Breite *f* **wide-open** *adj attr*, **wide open** *adj pred* **1.** *window* weit offen; *eyes* weit aufgerissen **2.** *contest etc* völlig offen **wide-ranging**, **wide-reach-**

-ing *adj* weitreichend **wide-screen** *adj* FILM Breitwand-; **~ television set** Breitbildfernseher *m* **widespread** *adj* weitverbreitet *attr*; **to become ~** weite Verbreitung erlangen

widow I *n* Witwe *f* **II** *v/t* zur Witwe/zum Witwer machen; **she was twice ~ed** sie ist zweimal verwitwet **widowed** *adj* verwitwet **widower** *n* Witwer *m*

width *n* Breite *f*; (*of skirts etc*) Weite *f*; **six feet in ~** sechs Fuß breit; **what is the ~ of the material?** wie breit liegt dieser Stoff? **widthways** *adv* der Breite nach

wield *v/t pen, sword* führen; *axe* schwingen; *power* ausüben

wife *n, pl* **wives** (Ehe)frau *f*

wig *n* Perücke *f*

wiggle I *v/t* wackeln mit **II** *v/i* wackeln **wiggly** *adj* wackelnd; **~ line** Schlangenlinie *f*; (*drawn*) Wellenlinie *f*

wigwam *n* Wigwam *m*

wild I *adj* (+er) **1.** (≈ *not domesticated*) wild; *people* unzivilisiert; *flowers* wild wachsend; **~ animals** Tiere *pl* in freier Wildbahn; **a lion is a ~ animal** der Löwe lebt in freier Wildbahn **2.** *weather, sea* stürmisch **3.** (≈ *excited, riotous*) wild (*with* vor +*dat*); *desire* unbändig; **to be ~ about sb/sth** (*infml*) auf jdn/etw wild sein (*infml*) **4.** (*infml* ≈ *angry*) wütend (*with* at mit, auf +*acc*); **it drives me ~** das macht mich ganz wild *or* rasend **5.** (≈ *extravagant*) verrückt; *exaggeration* maßlos; *imagination* kühn; **never in my ~est dreams** auch in meinen kühnsten Träumen nicht **6.** (≈ *wide of the mark*) Fehl-; **~ throw** Fehlwurf *m*; **it was just a ~ guess** es war nur so (wild) drauflosgeraten **II** *adv grow* wild; **to let one's imagination run ~** seiner Fantasie (*dat*) freien Lauf lassen; **he lets his kids run ~** (*pej*) er lässt seine Kinder auf der Straße aufwachsen **III** *n* **in the ~** in freier Wildbahn; **the ~s** die Wildnis **wildcat strike** *n* wilder Streik **wilderness** *n* Wildnis *f*; (*fig*) Wüste *f* **wildfire** *n* **to spread like ~** sich wie ein Lauffeuer ausbreiten **wildfowl** *n no pl* Wildgeflügel *nt* **wild-goose chase** *n* fruchtloses Unterfangen **wildlife** *n* die Tierwelt; **~ sanctuary** Wildschutzgebiet *nt* **wildly** *adv* wild; (≈ *excitedly*) aufgeregt; *exaggerated* maßlos **wildness** *n* Wildheit *f*

wile *n usu pl* List *f*

wilful, (*US*) **willful** *adj* **1.** (≈ *self-willed*) eigensinnig **2.** *damage* mutwillig

will[1] *pret* **would I** *modal aux vb* **1.** (*future*) werden; **I'm sure that he ~ come** ich bin sicher, dass er kommt; **you ~ come to see us, won't you?** Sie kommen uns doch besuchen, ja?; **you won't lose it, ~ you?** du wirst es doch nicht verlieren, oder? **2.** (*emphatic*) **~ you be quiet!** willst du jetzt wohl ruhig sein!; **he says he ~ go and I say he won't** er sagt, er geht, und ich sage, er geht nicht; **he ~ interrupt all the time** er muss ständig dazwischenreden **3.** (*expressing willingness, capability*) wollen; **he won't sign** er unterschreibt nicht; **he wouldn't help me** er wollte mir nicht helfen; **wait a moment, ~ you?** jetzt warte doch mal einen Moment!; **the door won't open** die Tür lässt sich nicht öffnen *or* geht nicht auf (*infml*) **4.** (*in questions*) **~ you have some more tea?** möchten Sie noch Tee?; **~ you accept these conditions?** akzeptieren Sie diese Bedingungen?; **there isn't any tea, ~ coffee do?** es ist kein Tee da, darf es auch Kaffee sein? **5.** (*tendency*) **sometimes he ~ go to the pub** manchmal geht er auch in die Kneipe **II** *v/i* wollen; **as you ~!** wie du willst!

will[2] **I** *n* **1.** Wille *m*; **to have a ~ of one's own** einen eigenen Willen haben; (*hum*) so seine Mucken haben (*infml*); **the ~ to live** der Wille, zu leben, der Lebenswille; **against one's ~** gegen seinen Willen; **at ~** nach Lust und Laune; **of one's own free ~** aus freien Stücken; **with the best ~ in the world** beim *or* mit (dem) (aller)besten Willen **2.** (≈ *testament*) Testament *nt* **II** *v/t* (durch Willenskraft) erzwingen; **to ~ sb to do sth** jdn durch die eigene Willensanstrengung dazu bringen, dass er etw tut **willful** (*US*) = **wilful**

willie *n* (*Br infml* ≈ *penis*) Pimmel *m* (*infml*)

willies *pl* (*infml*) **it/he gives me the ~** da/bei dem wird mir ganz anders (*infml*)

willing *adj* **1. to be ~ to do sth** bereit sein, etw zu tun; **he was ~ for me to take it** es war ihm recht, dass ich es nahm **2.** *helpers* bereitwillig

willingly *adv* bereitwillig **willingness** *n* Bereitschaft *f*

willow *n* (*a.* **willow tree**) Weide *f*

willpower *n* Willenskraft *f*

willy *n* (*Br infml*) = **willie**

willy-nilly *adv* **1.** *choose* aufs Geratewohl **2.** (≈ *willingly or not*) wohl oder übel

wilt *v/i* **1.** (*flowers*) welken **2.** (*person*) matt werden

wily *adj* (+*er*) listig, hinterlistig (*pej*)

wimp *n* (*infml*) Waschlappen *m* (*infml*)

win *vb*: *pret, past part* **won I** *n* Sieg *m* **II** *v/t* gewinnen; *contract* bekommen; *victory* erringen **III** *v/i* siegen; **OK, you ~, I was wrong** okay, du hast gewonnen, ich habe mich geirrt; **whatever I do, I just can't ~** egal, was ich mache, ich machs immer falsch ♦ **win over** *v/t sep* für sich gewinnen ♦ **win round** *v/t sep* (*esp Br*) = **win over**

wince *v/i* zusammenzucken

winch I *n* Winde *f* **II** *v/t* winschen

wind[1] **I** *n* **1.** Wind *m*; **the ~ is from the east** der Wind kommt aus dem Osten; **to put the ~ up sb** (*Br infml*) jdn ins Bockshorn jagen; **to get ~ of sth** von etw Wind bekommen; **to throw caution to the ~s** Bedenken in den Wind schlagen **2.** (*from bowel*) Blähung *f*; **to break ~** einen Wind streichen lassen **II** *v/t* (*Br*) **he was ~ed by the ball** der Ball nahm ihm den Atem

wind[2] *vb*: *pret, past part* **wound I** *v/t* **1.** *bandage* wickeln; *turban etc* winden; (*on reel*) spulen **2.** *handle* kurbeln; *clock, toy* aufziehen **3.** **to ~ one's way** sich schlängeln **II** *v/i* (*river etc*) sich winden ♦ **wind around I** *v/t sep* +*prep obj* wickeln um; **wind it twice around the post** wickele es zweimal um den Pfosten; **to wind itself around sth** sich um etw schlingen **II** *v/i* (*road*) sich winden **III** *v/i* +*prep obj* (*road*) sich schlängeln durch ♦ **wind back** *v/t sep tape* zurückspulen ♦ **wind down I** *v/t sep* **1.** *windows* herunterkurbeln **2.** *operations* reduzieren **II** *v/i* (*infml* ≈ *relax*) entspannen ♦ **wind forward** *or* **on** *v/t sep film* weiterspulen ♦ **wind round** *v/t* & *v/i sep* (*esp Br*) = **wind around** ♦ **wind up I** *v/t sep* **1.** *window* hinaufkurbeln **2.** *mechanism*, (*Br fig infml*) *person* aufziehen; **to be wound up about sth** (*fig*) über etw (*acc*) erregt sein **3.** (≈ *end*) zu Ende bringen **II** *v/i* (*infml*) enden; **to ~ in hospital** im Krankenhaus landen; **to ~ doing sth** am Ende etw tun

windbreak *n* Windschutz *m* **Windbreaker**® (*US*), **windcheater** (*Br*) *n*

Windjacke *f* **wind-chill factor** *n* Wind-Kälte-Faktor *m* **winded** *adj* atemlos, außer Atem **wind energy** *n* Windenergie *f* **windfall** *n* Fallobst *nt*; (*fig*) unerwartetes Geschenk **wind farm** *n* Windfarm *f* **winding** *adj* gewunden **winding staircase** *n* Wendeltreppe *f* **winding-up** *n* (*of project*) Abschluss *m*; (*of company, society*) Auflösung *f*

wind instrument *n* Blasinstrument *nt* **windmill** *n* Windmühle *f*

window *n* Fenster *nt*; (≈ *shop window*) (Schau)fenster *nt* **window box** *n* Blumenkasten *m* **windowcleaner** *n* Fensterputzer(in) *m(f)* **window display** *n* (Schaufenster)auslage *f* **window-dressing** *n* Auslagen- *or* Schaufensterdekoration *f*; (*fig*) Mache *f*, Schau *f* (*infml*); *that's just* ~ das ist alles nur Mache **window ledge** *n* = **windowsill windowpane** *n* Fensterscheibe *f* **window-shopping** *n* **to go** ~ einen Schaufensterbummel machen **windowsill** *n* Fensterbank *f*

windpipe *n* Luftröhre *f* **wind power** *n* Windkraft *f* **windscreen**, (*US*) **windshield** *n* Windschutzscheibe *f* **windscreen washer**, (*US*) **windshield washer** *n* Scheibenwaschanlage *f* **windscreen wiper**, (*US*) **windshield wiper** *n* Scheibenwischer *m* **windsurf** *v/i* windsurfen **windsurfer** *n* **1.** (≈ *person*) Windsurfer(in) *m(f)* **2.** (≈ *board*) Windsurfbrett *nt* **windsurfing** *n* Windsurfen *nt* **windswept** *adj beach* über den/die/das der Wind fegt; *person* (vom Wind) zerzaust **wind tunnel** *n* Windkanal *m* **wind turbine** *n* Windturbine *f*

wind-up *n* (*Br infml* ≈ *joke*) Witz *m* **windy** *adj* (+*er*) windig

wine I *n* Wein *m*; *cheese and* ~ *party* Party, bei der Wein und Käse gereicht wird **II** *adj* (*colour*) burgunderrot **wine bar** *n* Weinlokal *nt* **wine bottle** *n* Weinflasche *f* **wine cellar** *n* Weinkeller *m* **wineglass** *n* Weinglas *nt* **wine growing** *adj* Wein(an)bau-; ~ *region* Wein(an)baugebiet *nt* **wine list** *n* Weinkarte *f* **wine tasting** *n* Weinprobe *f*

wing I *n* **1.** Flügel *m*; (*Br* AUTO) Kotflügel *m*; *to take sb under one's* ~ (*fig*) jdn unter seine Fittiche nehmen; *to spread one's* ~*s* (*fig*) flügge werden; *to play on the* (*left/right*) ~ SPORTS auf dem (linken/rechten) Flügel spielen **2. wings** *pl* THEAT Kulisse *f*; *to wait in the* ~*s* in den Kulissen warten **II** *v/t* **to** ~ *one's way* fliegen **III** *v/i* fliegen **winger** *n* SPORTS Flügelspieler(in) *m(f)* **wing nut** *n* Flügelmutter *f* **wingspan** *n* Flügelspannweite *f*

wink I *n* Zwinkern *nt*; *I didn't sleep a* ~ (*infml*) ich habe kein Auge zugetan **II** *v/t* zwinkern mit (+*dat*) **III** *v/i* (*meaningfully*) zwinkern; *to* ~ *at sb* jdm zuzwinkern

winkle *n* (*Br*) Strandschnecke *f*

winner *n* (*competition*) Sieger(in) *m(f)*; (*of pools etc*) Gewinner(in) *m(f)*; *to be onto a* ~ (*infml*) das große Los gezogen haben (*infml*) **winning I** *adj* **1.** *person, entry* der/die gewinnt; *team* siegreich; *goal* Sieges- **2.** *smile* gewinnend **II** *n* **winnings** *pl* Gewinn *m* **winning post** *n* Zielpfosten *m*

wino *n* (*infml*) Saufbruder *m* (*infml*)

winter I *n* Winter *m* **II** *adj attr* Winter- **Winter Olympics** *pl* Winterolympiade *f* **winter sports** *pl* Wintersport *m* **wintertime** *n* Winter *m* **wintery, wintry** *adj* winterlich

wipe I *n* Wischen *nt*; *to give sth a* ~ etw abwischen **II** *v/t* wischen; *floor* aufwischen; *hands* abwischen; *to* ~ *sb/sth dry* jdn/etw abtrocknen; *to* ~ *sb/sth clean* jdn/etw sauber wischen; *to* ~ *one's eyes* sich (*dat*) die Augen wischen; *to* ~ *one's nose* sich (*dat*) die Nase putzen; *to* ~ *one's feet* sich (*dat*) die Füße abtreten; *to* ~ *the floor with sb* (*fig infml*) jdn fertigmachen (*infml*); *to be wiped off the map or the face of the earth* von der Landkarte *or* Erdoberfläche getilgt werden ◆ **wipe away** *v/t sep* wegwischen ◆ **wipe off** *v/t sep* abwischen; *wipe that smile off your face* (*infml*) hör auf zu grinsen (*infml*) ◆ **wipe out** *v/t sep* **1.** *bowl* auswischen **2.** *sth on blackboard* (aus)löschen **3.** *disease, race* ausrotten; *enemy* aufreiben ◆ **wipe up I** *v/t sep liquid* aufwischen; *dishes* abtrocknen **II** *v/i* abtrocknen

wire I *n* **1.** Draht *m*; (*for electricity*) Leitung *f*; (≈ *insulated flex*) Schnur *f*; *you've got your* ~*s crossed there* (*infml*) Sie verwechseln da etwas **2.** TEL Telegramm *nt* **3.** (≈ *microphone*) Wanze *f* (*infml*) **II** *v/t* **1.** *plug* anschließen; *house* neue (elektrischen) Leitungen verlegen in (+*dat*) **2.** TEL telegrafieren **3.** (≈ *fix with wire*) mit Draht zusammenbinden ◆ **wire up** *v/t sep lights* anschließen

wireless I *n* (*esp Br dated*) Radio *nt* **II** *adj programme* Radio-; *technology* drahtlos; **~ phone** drahtloses Telefon **Wireless Application Protocol** *n* IT WAP- -Protokoll *nt* **wire netting** *n* Maschendraht *m* **wiretap** *v/t phone, conversation* abhören; *building* abhören in (+*dat*) **wiring** *n* elektrische Leitungen *pl* **wiry** *adj* (+*er*) drahtig

wisdom *n* Weisheit *f* **wisdom tooth** *n* Weisheitszahn *m*

wise *adj* (+*er*) weise; *move etc* klug; **the Three Wise Men** die drei Weisen; **I'm none the ~r** (*infml*) ich bin nicht klüger als vorher; **nobody will be any the ~r** (*infml*); **you'd be ~ to ...** du tätest gut daran, ...; **to get ~ to sb/sth** (*infml*) jd/etw spitzkriegen (*infml*); **to be ~ to sb/sth** (*infml*) jdn/etw kennen; **he fooled her twice, then she got ~ to him** zweimal hat er sie hereingelegt, dann ist sie ihm auf die Schliche gekommen **-wise** *adv suf* -mäßig, in Bezug auf (+*acc*) **wisecrack** *n* Stichelei *f*; **to make a ~** (**about sb/sth**) witzeln (über jdn/etw) **wise guy** *n* (*infml*) Klugscheißer *m* (*infml*) **wisely** *adv* weise; (≈ *sensibly*) klugerweise

wish I *n* Wunsch *m* (*for* nach); **I have no great ~ to see him** ich habe keine große Lust, ihn zu sehen; **to make a ~** sich (*dat*) etwas wünschen; **with best ~es** alles Gute; **he sends his best ~es** er lässt (vielmals) grüßen **II** *v/t* wünschen; **he ~es to be alone** er möchte allein sein; **how he ~ed that his wife was** *or* **were there** wie sehr er sich (*dat*) wünschte, dass seine Frau hier wäre; **~ you were here** ich wünschte, du wärest hier; **to ~ sb good luck** jdm viel Glück wünschen ◆ **wish for** *v/i* +*prep obj* **to ~ sth** sich (*dat*) etw wünschen ◆ **wish on** *or* **upon** *v/t sep* +*prep obj* (*infml*) **to wish sb/sth on** *or* **upon sb** jdm jdn/etw aufhängen (*infml*)

wishful *adj* **that's just ~ thinking** das ist reines Wunschdenken

wishy-washy *adj person* farblos; *colour* verwaschen; *argument* schwach (*infml*)

wisp *n* (*of straw etc*) kleines Büschel; (*of cloud*) Fetzen *m*; (*of smoke*) Wölkchen *nt* **wispy** *adj* (+*er*) **~ clouds** Wolkenfet-

zen *pl*; **~ hair** dünne Haarbüschel

wistful *adj*, **wistfully** *adv* wehmütig

wit *n* **1.** (≈ *understanding*) Verstand *m*; **to be at one's ~s' end** mit seinem Latein am Ende sein (*hum infml*); **to be scared out of one's ~s** zu Tode erschreckt sein; **to have one's ~s about one** seine (fünf) Sinne beisammenhaben **2.** (≈ *wittiness*) Geist *m*, Witz *m* **3.** (≈ *person*) geistreicher Kopf

witch *n* Hexe *f* **witchcraft** *n* Hexerei *f* **witch doctor** *n* Medizinmann *m* **witch-hunt** *n* Hexenjagd *f*

with *prep* **1.** mit; **are you pleased ~ it?** bist du damit zufrieden?; **bring a book ~ you** bring ein Buch mit; **~ no ...** ohne ...; **to walk ~ a stick** am *or* mit einem Stock gehen; **put it ~ the rest** leg es zu den anderen; **how are things ~ you?** wie gehts?; **it varies ~ the temperature** es verändert sich je nach Temperatur; **is he ~ us or against us?** ist er für oder gegen uns? **2.** (≈ *at house of, in company of etc, on person*) bei; **I'll be ~ you in a moment** einen Augenblick bitte, ich bin gleich da; **10 years ~ the company** 10 Jahre bei *or* in der Firma **3.** (*cause*) vor (+*dat*); **to shiver ~ cold** vor Kälte zittern **4.** (≈ *while sb/sth is*) wo; **you can't go ~ your mother ill** wo deine Mutter krank ist, kannst du nicht gehen; **~ the window open** bei offenem Fenster **5.** (*infml: expressing comprehension*) **I'm not ~ you** da komm ich nicht mit (*infml*); **to be ~ it** (≈ *alert*) bei der Sache sein

withdraw *pret* **withdrew**, *past part* **withdrawn I** *v/t object, charge, offer* zurückziehen; *money* abheben; *comment* widerrufen **II** *v/i* sich zurückziehen; (≈ *move away*) zurücktreten **withdrawal** *n* (*of objects, charge*) Zurückziehen *nt*; (*of money*) Abheben *nt*; (*of words*) Zurücknehmen *nt*; (*of troops*) Rückzug *m*; (*from drugs*) Entzug *m*; **to make a ~ from a bank** von einer Bank Geld abheben **withdrawn I** *past part of* **withdraw II** *adj person* verschlossen **withdrew** *pret of* **withdraw**

wither *v/i* **1.** (*lit*) verdorren; (*limb*) verkümmern **2.** (*fig*) welken ◆ **wither away** *v/i* = **wither**

withered *adj* verdorrt **withering** *adj heat* ausdörrend; *look* vernichtend

withhold *pret, past part* **withheld** *v/t* vorenthalten; (≈ *refuse*) verweigern; **to ~**

sth from sb jdm etw vorenthalten/verweigern

within I *prep* innerhalb (+*gen*); ***to be~ 100 feet of the finish*** auf den letzten 100 Fuß vor dem Ziel sein; ***we came ~ 50 feet of the summit*** wir kamen bis auf 50 Fuß an den Gipfel heran **II** *adv* (*old, liter*) innen; ***from ~*** von drinnen

without I *prep* ohne; ***~ speaking*** ohne zu sprechen, wortlos; ***~ my noticing it*** ohne dass ich es bemerkte **II** *adv* (*old, liter*) außen; ***from ~*** von draußen

withstand *pret, past part* **withstood** *v/t* standhalten (+*dat*)

witless *adj* **to be scared ~** zu Tode erschreckt sein

witness I *n* 1. (≈ *person*) Zeuge *m*, Zeugin *f*; ***~ for the defence*** (*Br*) *or* **defense** (*US*) Zeuge *m*/Zeugin *f* der Verteidigung 2. (≈ *evidence*) Zeugnis *nt*; ***to bear ~ to sth*** Zeugnis über etw (*acc*) ablegen **II** *v/t* 1. *accident* Zeuge/Zeugin sein bei *or* (+*gen*); *scenes* (mit)erleben; *changes* erleben 2. *signature* bestätigen **witness box**, (*US*) **witness stand** *n* Zeugenstand *m*

witty *adj* (+*er*) witzig, geistreich

wives *pl of* **wife**

wizard *n* 1. Zauberer *m* 2. (*infml*) Genie *nt*

wizened *adj* verschrumpelt

wk *abbr of* **week** Wo.

WMD *abbr of* **weapons of mass destruction**

wobble I *n* Wackeln *nt* **II** *v/i* wackeln; (*cyclist*) schwanken; (*jelly*) schwabbeln **III** *v/t* rütteln an (+*dat*) **wobbly** *adj* (+*er*) wackelig; *jelly* (sch)wabbelig; ***to feel ~*** wackelig auf den Beinen sein (*infml*)

woe *n* 1. (*liter, hum* ≈ *sorrow*) Jammer *m*; ***~ (is me)!*** weh mir!; ***~ betide him who ...!*** wehe dem, der ...! 2. (*esp pl* ≈ *trouble*) Kummer *m* **woeful** *adj* traurig; *lack* bedauerlich

wok *n* COOK Wok *m*

woke *pret of* **wake woken** *past part of* **wake**

wolf I *n*, *pl* **wolves** Wolf *m*; ***to cry ~*** blinden Alarm schlagen **II** *v/t* (*infml*: *a.* **wolf down**) *food* hinunterschlingen **wolf whistle** (*infml*) *n* bewundernder Pfiff **wolves** *pl of* **wolf**

woman I *n*, *pl* **women** Frau *f*; **cleaning ~** Putzfrau *f* **II** *adj attr* ***~ doctor*** Ärztin *f*; ***~ driver*** Frau *f* am Steuer **womanhood** *n*

to reach~ (zur) Frau werden **womanize** *v/i* hinter den Frauen her sein **womanizer** *n* Schürzenjäger *m*

womb *n* Gebärmutter *f*

women *pl of* **woman women's lib** *n* (*infml*) Frauen(rechts)bewegung *f* **women's refuge** *n* Frauenhaus *nt* **women's room** *n* (*US*) Damentoilette *f*

won *pret, past part of* **win**

wonder I *n* 1. (≈ *feeling*) Staunen *nt*; ***in ~*** voller Staunen 2. (≈ *cause of wonder*) Wunder *nt*; ***it is a~ that...*** es ist ein Wunder, dass ...; ***no ~*** (**he refused**)! kein Wunder(, dass er abgelehnt hat)!; ***to do*** *or* ***work ~s*** Wunder wirken; ***~s will never cease!*** es geschehen noch Zeichen und Wunder! **II** *v/t* **I ~ what he'll do now** ich bin gespannt, was er jetzt tun wird (*infml*); **I ~ why he did it** ich wüsste zu gern, warum er das getan hat; **I was ~ing if you'd like to come too** möchten Sie nicht vielleicht auch kommen? **III** *v/i* 1. (≈ *ask oneself*) sich fragen; **why do you ask? — oh, I was just ~ing** warum fragst du? — ach, nur so; ***to ~ about sth*** (*dat*) über etw (*acc*) Gedanken machen; **I expect that will be the end of the matter — I ~!** ich denke, damit ist die Angelegenheit erledigt — da habe ich meine Zweifel; ***to ~ about doing sth*** daran denken, etw zu tun; **John, I've been ~ing, is there really any point?** John, ich frage mich, ob es wirklich (einen) Zweck hat 2. (≈ *be surprised*) sich wundern; **I ~ (that) he ...** es wundert mich, dass er ... **wonderful** *adj*, **wonderfully** *adv* wunderbar **wondrous** (*old, liter*) *adj* wunderbar

wonky *adj* (+*er*) (*Br infml*) *chair, marriage, grammar* wackelig; *machine* nicht (ganz) in Ordnung; **your collar's all ~** dein Kragen sitzt ganz schief

won't *contraction* = **will not**

woo *v/t person* umwerben; (*fig*) *audience etc* für sich zu gewinnen versuchen

wood I *n* 1. (≈ *material*) Holz *nt*; **touch ~!** (*esp Br*), **knock on ~!** (*esp US*) dreimal auf Holz geklopft! 2. (≈ *small forest*: *a.* **woods**) Wald *m*; **we're not out of the ~s yet** (*fig*) wir sind noch nicht über den Berg *or* aus dem Schneider (*infml*); **he can't see the ~ for the trees** (*Br prov*) er sieht den Wald vor (lauter) Bäumen nicht (*prov*) **II** *adj attr* (≈ *made of wood*)

Holz- **wood carving** n (Holz)schnitze-
rei f **woodcutter** n Holzfäller(in) m(f);
(of logs) Holzhacker(in) m(f) **wooded**
adj bewaldet

wooden adj **1.** Holz- **2.** (fig) performance
hölzern **wooden spoon** n (lit) Holzlöf-
fel m; (fig) Trostpreis m **woodland** n
Waldland nt **woodpecker** n Specht m
woodpile n Holzhaufen m **woodwind**
n Holzblasinstrument nt; **the ~ section**
die Holzbläser pl **woodwork** n **1.** Holz-
arbeit f; (≈ craft) Tischlerei f **2.** (≈ wood-
en parts) Holzteile pl; **to come out of
the ~** (fig) aus dem Unterholz or der Versenkung hervorkommen **woodworm** n
Holzwurm m **woody** adj (+er) (in texture) holzig

woof I n (of dog) Wuff nt II v/i ~, ~! wau,
wau!

wool I n Wolle f; (≈ cloth) Wollstoff m; **to
pull the ~ over sb's eyes** (infml) jdm
Sand in die Augen streuen (infml) II
adj Woll-

woollen, (US) **woolen** I adj Woll- II n
woollens pl (≈ garments) Wollsachen
pl; (≈ fabrics) Wollwaren pl **woolly**,
(US) **wooly** adj (+er) wollig; **winter
woollies** (esp Br ≈ sweaters etc) dicke
Wollsachen pl (infml); (esp US ≈ underwear) Wollene pl (infml)

woozy adj (+er) (infml) duselig (infml)

Worcester sauce n Worcestersoße f

word I n **1.** Wort nt; **foreign ~s** Fremdwör-
ter pl; **~ for ~** Wort für Wort; **~s cannot
describe it** so etwas kann man mit Worten gar nicht beschreiben; **too funny for
~s** unbeschreiblich komisch; **to put
one's thoughts into ~s** seine Gedanken
in Worte fassen; **to put sth into ~s** etw in
Worte fassen; **in a ~** kurz gesagt; **in other
~s** mit anderen Worten; **in one's own ~s**
mit eigenen Worten; **the last ~** (fig) der
letzte Schrei (in an +dat); **a ~ of advice**
ein Rat(schlag) m; **by ~ of mouth** durch
mündliche Überlieferung; **to say a few
~s** ein paar Worte sprechen; **to be lost
for ~s** nicht wissen, was man sagen soll;
to take sb at his ~ jdn beim Wort nehmen; **to have a ~ with sb** (≈ talk to) mit
jdm sprechen (about über +acc); (≈ reprimand) jdn ins Gebet nehmen; **John,
could I have a ~?** John, kann ich dich
mal sprechen?; **you took the ~s out of
my mouth** du hast mir das Wort aus
dem Mund genommen; **to put in or**
say a (good) ~ for sb für jdn ein gutes
Wort einlegen; **don't say a ~ about it** sag
aber bitte keinen Ton davon; **to have ~s
with sb** (≈ quarrel) mit jdm eine Auseinandersetzung haben; **~ of honour** (Br)
or **honor** (US) Ehrenwort nt; **a man of
his ~** ein Mann, der zu seinem Wort
steht; **to keep one's ~** sein Wort halten;
take my ~ for it das kannst du mir glauben; **it's his ~ against mine** Aussage
steht gegen Aussage; **just say the ~**
sag nur ein Wort **2. words** pl (≈ text) Text
m **3.** no pl (≈ news) Nachricht f; **is there
any ~ from John yet?** schon von John
gehört?; **to send ~** Nachricht geben;
to send ~ to sb jdn benachrichtigen;
to spread the ~ (infml) es allen sagen
(infml) II v/t formulieren **word game**
n Buchstabenspiel nt **wording** n Formulierung f **word order** n Satzfolge f **word-
-perfect** adj **to be ~** den Text perfekt beherrschen **wordplay** n Wortspiel nt
word processing n Textverarbeitung f
word processor n (≈ machine) Text-
(verarbeitungs)system nt **wordy** adj
(+er) wortreich

wore pret of **wear**

work I n **1.** Arbeit f; (ART, LIT ≈ product)
Werk nt; **he doesn't like ~** er arbeitet
nicht gern; **that's a good piece of ~**
das ist gute Arbeit; **is this all your
own ~?** haben Sie das alles selbst gemacht?; **when ~ begins on the new
bridge** wenn die Arbeiten an der neuen
Brücke anfangen; **to be at ~ (on sth)** (an
etw dat) arbeiten; **nice ~!** gut gemacht!;
**you need to do some more ~ on your
accent** Sie müssen noch an Ihrem Akzent arbeiten; **to get to ~ on sth** sich
an etw (acc) machen; **to get some ~
done** arbeiten; **to put a lot of ~ into
sth** eine Menge Arbeit in etw (acc) stecken; **to get on with one's ~** sich (wieder) an die Arbeit machen; **to be
(out) at ~** arbeiten sein; **to go out to ~**
arbeiten gehen; **to be out of ~** arbeitslos
sein; **to be in ~** eine Stelle haben; **how
long does it take you to get to ~?** wie
lange brauchst du, um zu deiner Arbeitsstelle zu kommen?; **at ~** am Arbeitsplatz; **to be off ~** (am Arbeitsplatz)
fehlen; **a ~ of art** ein Kunstwerk nt; **a
fine piece of ~** eine schöne Arbeit **2.
works** sg or pl (Br ≈ factory) Betrieb
m; **steel ~s** Stahlwerk nt **3.** (infml) **the**

works *pl* alles Drum und Dran **II** *v/i* **1.** *person* arbeiten (*at* an +*dat*) **2.** (≈ *function*) funktionieren; (*medicine, spell*) wirken; (≈ *be successful*) klappen (*infml*); **it won't ~** das klappt nicht; **to get sth ~ing** etw in Gang bringen **3. to ~ loose** sich lockern; **OK, I'm ~ing (a)round to it** okay, das mache ich schon noch **III** *v/t* **1. to ~ sb hard** jdn nicht schonen **2.** *machine* bedienen **3. to ~ it (so that ...)** es so deichseln(, dass ...) (*infml*) **4.** *wood, land* bearbeiten; **~ the flour in gradually** mischen Sie das Mehl allmählich unter **5. to ~ sth loose** etw losbekommen; **to ~ one's way to the top** sich nach oben arbeiten; **to ~ one's way up from nothing** sich von ganz unten hocharbeiten ◆ **work in** *v/t sep* (≈ *rub in*) einarbeiten ◆ **work off** *v/t sep fat* abarbeiten; *energy* loswerden ◆ **work on** *v/i* +*prep obj* **1.** *book, accent* arbeiten an (+*dat*); *case* bearbeiten; **we haven't solved it yet but we're still working on it** wir haben es noch nicht gelöst, aber wir sind dabei **2.** *assumption* ausgehen von; *principle* (*person*) ausgehen von; (*machine*) arbeiten nach ◆ **work out** *v/i* **1.** (*puzzle etc*) aufgehen **2. that works out at £105** das macht £ 105; **it works out more expensive** es kommt teurer **3.** (≈ *succeed*) funktionieren; **things didn't ~ for him** es ist ihm alles schiefgegangen; **things didn't ~ that way** es kam ganz anders **4.** (*in gym etc*) trainieren **II** *v/t sep* **1.** *mathematical problem* lösen; *problem* fertig werden mit; *sum* ausrechnen; **work it out for yourself** das kannst du dir (doch) selbst denken **2.** *scheme* (sich *dat*) ausdenken **3.** (≈ *understand*) schlau werden aus (+*dat*); (≈ *find out*) herausfinden; **I can't ~ why it went wrong** ich kann nicht verstehen, wieso es nicht geklappt hat ◆ **work through** *v/i* +*prep obj* sich (durch)arbeiten durch ◆ **work up** *v/t sep enthusiasm* aufbringen; *appetite* sich (*dat*) holen; *courage* sich (*dat*) machen; **to ~ a sweat** richtig ins Schwitzen kommen; **to get worked up** sich aufregen ◆ **work up to** *v/i* +*prep obj proposal etc* zusteuern auf (+*acc*)

workable *adj plan, system* durchführbar; *solution* machbar **workaholic** *n* (*infml*) Arbeitstier *nt* **workbench** *n* Werkbank *f* **workbook** *n* Arbeitsheft *nt* **workday** *n*

(*esp US*) Arbeitstag *m*

worker *n* Arbeiter(in) *m(f)* **work ethic** *n* Arbeitsmoral *f* **workforce** *n* Arbeitskräfte *pl* **workhorse** *n* (*lit, fig*) Arbeitspferd *nt* **working I** *adj* **1.** *population, woman* berufstätig; **~ man** Arbeiter *m* **2.** (≈ *used for working*) Arbeits-; **~ hours** Arbeitszeit *f*; **in good ~ order** voll funktionsfähig; **~ knowledge** Grundkenntnisse *pl* **3.** *farm* in Betrieb **II** *n* **workings** *pl* (≈ *way sth works*) Arbeitsweise *f*; **in order to understand the ~s of this machine** um zu verstehen, wie die Maschine funktioniert **working class** *n* (*a.* **working classes**) Arbeiterklasse *f* **working-class** *adj* der Arbeiterklasse; **to be ~** zur Arbeiterklasse gehören **working environment** *n* Arbeitsumfeld *nt* **working lunch** *n* Arbeitsessen *nt* **working party** *n* (Arbeits)ausschuss *m* **working relationship** *n* **to have a good ~ with sb** mit jdm gut zusammenarbeiten **workload** *n* Arbeit(slast) *f* **workman** *n* Handwerker *m* **workmanship** *n* Arbeit(squalität) *f* **work-out** *n* SPORTS Training *nt* **work permit** *n* Arbeitserlaubnis *f* **workplace** *n* Arbeitsplatz *m*; **in the ~** am Arbeitsplatz **workroom** *n* Arbeitszimmer *nt* **works** *pl* = **work** I 2, 3 **works council** *n* (*esp Br*) Betriebsrat *m* **worksheet** *n* Arbeitsblatt *nt* **workshop** *n* Werkstatt *f*; **a music ~** ein Musik-Workshop *m* **work station** *n* Arbeitsplatz *m*; IT Arbeitsplatzstation *f* **work surface** *n* Arbeitsfläche *f* **worktop** *n* (*Br*) Arbeitsfläche *f*

world *n* Welt *f*; **in the ~** auf der Welt; **all over the ~** auf der ganzen Welt; **he jets all over the ~** er jettet in der Weltgeschichte herum; **to go (a)round the ~** eine Weltreise machen; **to feel or be on top of the ~** munter und fidel sein; **it's not the end of the ~!** (*infml*) davon geht die Welt nicht unter! (*infml*); **it's a small ~** wie klein doch die Welt ist; **to live in a ~ of one's own** in seiner eigenen (kleinen) Welt leben; **the Third World** die Dritte Welt; **the business ~** die Geschäftswelt; **woman of the ~** Frau *f* von Welt; **to go down in the ~** herunterkommen; **to go up in the ~** es (in der Welt) zu etwas bringen; **he had the ~ at his feet** die ganze Welt lag ihm zu Füßen; **to lead the ~ in sth** in etw (*dat*) in der Welt führend sein; **to come**

into the~ zur Welt kommen; *to have the best of both ~s* das eine tun und das andere nicht lassen; *out of this ~* (*infml*) fantastisch; *to bring sb into the ~* jdn zur Welt bringen; *nothing in the ~* nichts auf der Welt; *who in the ~* wer in aller Welt; *to do sb a ~ of good* jdm (unwahrscheinlich) guttun; *to mean the ~ to sb* jdm alles bedeuten; *to think the ~ of sb* große Stücke auf jdn halten **world champion** *n* Weltmeister(in) *m(f)* **world championship** *n* Weltmeisterschaft *f* **world-class** *adj* Weltklasse-, der Weltklasse **world-famous** *adj* weltberühmt **world leader** *n* **1.** POL *the ~s* die führenden Regierungschefs der Welt **2.** COMM weltweiter Marktführer **worldly** *adj* (+er) **1.** *success* materiell **2.** weltlich; *person* weltlich gesinnt; *manner* weltmännisch **world music** *n* Weltmusik *f* **world peace** *n* Weltfrieden *m* **world power** *n* Weltmacht *f* **world record** *m* Weltrekord *m* **world record holder** *n* Weltrekordinhaber(in) *m(f)* **world trade** *n* Welthandel *m* **world-view** *n* Weltbild *nt* **World War One, World War I** *n* Erster Weltkrieg **World War Two, World War II** *n* Zweiter Weltkrieg **world-weary** *adj* lebensmüde **worldwide** *adj, adv* weltweit **World Wide Web** *n* World Wide Web *nt*

worm I *n* **1.** Wurm *m*; *~s* MED Würmer *pl*; *to open a can of ~s* in ein Wespennest stechen **2.** IT, INTERNET Wurm *m* II *v/t* zwängen; *to ~ one's way through sth* sich durch etw (*acc*) durchschlängeln; *to ~ one's way into a group* sich in eine Gruppe einschleichen

worn I *past part of* **wear** II *adj coat* abgetragen; *carpet* abgetreten; *tyre* abgefahren **worn-out** *adj attr,* **worn out** *adj pred carpet* abgetreten; *person* erschöpft

worried *adj* besorgt (*about, by* wegen)

worry I *n* Sorge *f*; *no worries!* (*infml*) kein Problem! II *v/t* **1.** (≈ *concern*) Sorgen machen (+*dat*); *to ~ oneself sick or silly* (*about or over sth*) (*infml*) sich krank machen vor Sorge (um *or* wegen etw) (*infml*) **2.** (≈ *bother*) stören; *to ~ sb with sth* jdn mit etw stören III *v/i* sich (*dat*) Sorgen machen (*about, over* um, wegen); *don't ~!, not to ~!* keine Sorge!; *don't ~, I'll do it* lass mal, das mach ich schon; *don't ~ about letting me know* es macht nichts, wenn du mich nicht be-

nachrichtigen kannst **worrying** *adj problem* beunruhigend; *it's very ~* es macht mir große Sorge

worse I *adj comp of* **bad** schlechter; (*morally, with bad consequences*) schlimmer; *the patient is getting ~* der Zustand des Patienten verschlechtert sich; *and to make matters ~* und zu allem Übel; *it could have been ~* es hätte schlimmer kommen können; *~ luck!* (so ein) Pech! II *adv comp of* **badly** schlechter; *to be ~ off than …* schlechter dran sein als … (*infml*) III *n* Schlechtere(s) *nt*; (*morally, with regard to consequences*) Schlimmere(s) *nt*; *there is ~ to come* es kommt noch schlimmer **worsen** I *v/t* verschlechtern II *v/i* sich verschlechtern

worship I *n* **1.** Verehrung *f*; *place of ~* Andachtsstätte *f* **2.** (*Br*) *Your Worship* (*to judge*) Euer Ehren/Gnaden; (*to mayor*) (verehrter) Herr Bürgermeister II *v/t* anbeten

worst I *adj sup of* **bad** schlechteste(r, s); (*morally, with regard to consequences*) schlimmste(r, s); *the ~ possible time* die ungünstigste Zeit II *adv sup of* **badly** am schlechtesten III *n* *the ~ is over* das Schlimmste ist vorbei; *at ~* schlimmstenfalls; *if the ~ comes to the ~, if ~ comes to ~* (*US*) wenn alle Stricke reißen (*infml*) **worst-case scenario** *n* Schlimmstfall *m*

worth I *adj* wert; *it's ~ £5* es ist £ 5 wert; *it's not ~ £5* es ist keine £ 5 wert; *what's this ~?* was *or* wie viel ist das wert?; *it's ~ a great deal to me* (*sentimentally*) es bedeutet mir sehr viel; *will you do this for me? — what's it ~ to you?* tust du das für mich? — was ist es dir wert?; *he's ~ all his brothers put together* er ist so viel wert wie all seine Brüder zusammen; *for all one is ~* so sehr man nur kann; *you need to exploit the idea for all it's ~* du musst aus der Idee machen, was du nur kannst; *for what it's ~, I personally don't think …* wenn mich einer fragt, ich persönlich glaube nicht, dass …; *to be ~ it* sich lohnen; *it's not ~ the trouble* es ist der Mühe nicht wert; *to be ~ a visit* einen Besuch wert sein; *is there anything ~ seeing?* gibt es etwas Sehenswertes?; *hardly ~ mentioning* kaum der Rede wert II *n* Wert *m*; *hundreds of pounds' ~ of books* Bücher im

Werte von hunderten von Pfund **worthless** *adj* wertlos **worthwhile** *adj* lohnend *attr*; **to be** ~ sich lohnen **worthy** *adj* (+*er*) **1.** ehrenwert; *opponent* würdig; *cause* löblich **2.** *pred* **to be** ~ **of sb/sth** jds / einer Sache würdig sein (*elev*)

would *pret of* **will**[1] *modal aux vb* **1.** (*conditional*) **if you asked him he** ~ **do it** wenn du ihn fragtest, würde er es tun; **if you had asked him he** ~ **have done it** wenn du ihn gefragt hättest, hätte er es getan; **you** ~ **think** ... man sollte meinen ... **2.** (*emph*) **I** ~**n't know** keine Ahnung; **you** ~**!** das sieht dir ähnlich!; **you** ~ **say that,** ~**n't you!** von dir kann man ja nichts anderes erwarten; **it** ~ **have to rain** es muss auch ausgerechnet regnen!; **he** ~**n't listen** er wollte partout nicht zuhören **3.** (*conjecture*) **it** ~ **seem so** es sieht wohl so aus; **you** ~**n't have a cigarette,** ~ **you?** Sie hätten nicht zufällig eine Zigarette? **4.** (≈ *wish*) möchten; **what** ~ **you have me do?** was soll ich tun? **5.** (*in questions*) ~ **he come?** würde er vielleicht kommen?; ~ **you mind closing the window?** würden Sie bitte das Fenster schließen?; ~ **you care for some tea?** hätten Sie gerne etwas Tee? **6.** (*habit*) **he** ~ **paint it each year** er strich es jedes Jahr **would-be** *adj attr* ~ **poet** Möchtegerndichter(in) *m(f)* **wouldn't** *contraction* = **would not**

wound[1] **I** *n* Wunde *f*; **to open** *or* **re-open old** ~**s** (*fig*) alte Wunden öffnen **II** *v/t* (*lit*) verwunden; (*fig*) verletzen **III** *n* **the** ~**ed** *pl* die Verwundeten *pl*

wound[2] *pret, past part of* **wind**[2]

wove *pret of* **weave** **woven** *past part of* **weave**

WPC (*Br*) *n abbr of* **Woman Police Constable** Polizistin *f*

wrack *n, v/t* = **rack**[1], **rack**[2]

wrangle I *n* Gerangel *nt no pl* **II** *v/i* rangeln (*about* um)

wrap I *n* **1.** (≈ *garment*) Umhangtuch *nt* **2.** **under** ~**s** (*lit*) verhüllt; (*fig*) geheim **II** *v/t* einwickeln; **shall I** ~ **it for you?** soll ich es Ihnen einwickeln?; **to** ~ **sth** (**a**)**round sth** etw um etw wickeln; **to** ~ **one's arms** (**a**)**round sb** jdn in die Arme schließen ♦ **wrap up I** *v/t sep* **1.** einwickeln **2.** (*infml*) *deal* unter Dach und Fach bringen; **that wraps things up for today** das wärs für heute **II** *v/i* (*warmly*) sich warm einpacken (*infml*)

wrapper *n* Verpackung *f*; (*of sweets*) Papier(chen) *nt* **wrapping** *n* Verpackung *f* (*round* +*gen*, von) **wrapping paper** *n* Packpapier *nt*; (*decorative*) Geschenkpapier *nt*

wrath *n* Zorn *m*

wreak *v/t* anrichten

wreath *n, pl* **-s** Kranz *m*

wreathe *v/t* (um)winden; (*mist*) umhüllen

wreck I *n* Wrack *nt*; *car* ~ (*US*) Autounfall *m*, Havarie *f* (*Aus*); **I'm a** ~, **I feel a** ~ ich bin ein (völliges) Wrack; (≈ *exhausted*) ich bin vollkommen fertig *or* erledigt **II** *v/t* **1.** *ship, train* einen Totalschaden verursachen an (+*dat*); *car* zu Schrott fahren (*infml*); *machine* kaputt machen (*infml*); *furniture* zerstören **2.** (*fig*) *plans, chances* zunichtemachen; *marriage* zerrütten; *career, sb's life* ruinieren; *party* verderben **wreckage** *n* Trümmer *pl* **wrecker** *n* (*US* ≈ *breakdown van*) Abschleppwagen *m*

wren *n* Zaunkönig *m*

wrench I *n* **1.** (≈ *tug*) Ruck *m*; **to be a** ~ (*fig*) wehtun **2.** (≈ *tool*) Schraubenschlüssel *m* **II** *v/t* **1.** (≈ *tug*) winden; **to** ~ **a door open** eine Tür aufzwingen **2.** MED **to** ~ **one's ankle** sich (*dat*) den Fuß verrenken

wrest *v/t* **to** ~ **sth from sb/sth** jdm / einer Sache abringen; *leadership, title* jdm etw entreißen

wrestle I *v/t* ringen mit **II** *v/i* **1.** (*lit*) ringen (*for sth* um etw) **2.** (*fig*) ringen (*with* mit) **wrestler** *n* Ringkämpfer *m*; (*modern*) Ringer(in) *m(f)* **wrestling** *n* Ringen *nt*

wretch *n* **1.** (*miserable*) armer Schlucker (*infml*) **2.** (≈ *nuisance*) Blödmann *m* (*infml*); (≈ *child*) Schlingel *m* **wretched** *adj* **1.** elend; *conditions* erbärmlich **2.** (≈ *unhappy*) (tod)unglücklich **3.** *weather* miserabel (*infml*)

wriggle I *v/t toes* wackeln mit; **to** ~ **one's way through sth** sich durch etw (hin)durchwinden **II** *v/i* (*a.* **wriggle about** *or* **around**) (*worm*) sich schlängeln; (*fish, person*) zappeln; **to** ~ **free** sich loswinden ♦ **wriggle out** *v/i* sich herauswinden (*of* aus); **he's wriggled** (**his way**) **out of it** er hat sich gedrückt

wring *vb: pret, past part* **wrung** *v/t* **1.** (*a.* **wring out**) *clothes etc* auswringen; **to** ~ **sth out of sb** etw aus jdm herausquetschen **2.** *hands* ringen; **to** ~ **sb's neck** jdm den Hals umdrehen **wringing** *adj*

(*a.* **wringing wet**) tropfnass
wrinkle I *n* (*in clothes, paper*) Knitter *m*;
(*on skin, in stocking*) Falte *f* **II** *v/t* ver-
knittern; **to ~ one's nose** die Nase
rümpfen; **to ~ one's brow** die Stirne runzeln **III** *v/i* (*material*) (ver)knittern;
(*skin etc*) faltig werden **wrinkled** *adj*
skirt zerknittert; *skin* faltig; *brow* gerun-
zelt; *apple, old man* schrumpelig **wrin-
kly** *adj* (+*er*) schrumpelig
wrist *n* Handgelenk *nt* **wristband** *n*
SPORTS Schweißband *nt* **wristwatch** *n*
Armbanduhr *f*
writ *n* JUR Verfügung *f*
write *pret* **wrote**, *past part* **written I** *v/t*
schreiben; *cheque* ausstellen; *notes* sich
(*dat*) machen; **he wrote me a letter** er
schrieb mir einen Brief; **he wrote himself a note so that he wouldn't forget** er
machte sich (*dat*) eine Notiz, um sich zu
erinnern; **how is that written?** wie
schreibt man das?; **to ~ sth to disk**
etw auf Diskette schreiben; **it was written all over his face** es stand ihm im *or*
auf dem Gesicht geschrieben **II** *v/i*
schreiben; **to ~ to sb** jdm schreiben;
we ~ to each other wir schreiben uns;
that's nothing to ~ home about (*infml*)
das ist nichts Weltbewegendes ◆ **write
back** *v/i* zurückschreiben ◆ **write down**
v/t sep (≈ *make a note of*) aufschreiben;
(≈ *put in writing*) niederschreiben
◆ **write in** *v/i* schreiben (*to* an +*acc*);
to ~ for sth etw anfordern ◆ **write off
I** *v/i* = **write in II** *v/t sep* **1.** (FIN, *fig*) abschreiben **2.** *car etc* zu Schrott fahren
(*infml*) ◆ **write out** *v/t sep* **1.** *notes* ausarbeiten; *name etc* ausschreiben **2.**
cheque ausstellen ◆ **write up** *v/t sep*
notes ausarbeiten; *report* schreiben
write-off *n* (≈ *car etc*) Totalschaden *m*;
(*infml* ≈ *holiday etc*) Katastrophe *f*
(*infml*) **write-protected** *adj* IT schreibgeschützt
writer *n* Schreiber(in) *m(f)*; (*as profession*) Schriftsteller(in) *m(f)* **write-up** *n*
Pressebericht *m*; (*of film*) Kritik *f*
writhe *v/i* sich winden (*with, in* vor +*dat*)
writing *n* Schrift *f*; (≈ *act, profession*)
Schreiben *nt*; (≈ *inscription*) Inschrift
f; **in ~** schriftlich; **his ~s** seine Werke
or Schriften; **the ~ is on the wall for
them** ihre Stunde hat geschlagen **writing desk** *n* Schreibtisch *m* **writing pad**
n Notizblock *m* **written I** *past part of*

write II *adj exam, statement* schriftlich;
language Schrift-; *word* geschrieben
wrong I *adj* **1.** falsch; **to be ~** nicht stimmen; (*person*) unrecht haben; (*watch*)
falsch gehen; **it's all ~** das ist völlig verkehrt *or* falsch; (≈ *not true*) das stimmt
alles nicht; **I was ~ about him** ich habe
mich in ihm getäuscht; **to take a ~ turning** eine falsche Abzweigung nehmen;
to do the ~ thing das Falsche tun; **the
~ side of the fabric** die linke Seite des
Stoffes; **you've come to the ~ man** *or*
person/place da sind Sie an den Fal-
schen/an die Falsche/an die falsche Adresse geraten; **to do sth the ~ way** etw
verkehrt machen; **something is ~** (irgend)etwas stimmt nicht (*with* mit); **is
anything ~?** ist was? (*infml*); **there's
nothing ~** (es ist) alles in Ordnung;
what's ~? was ist los?; **what's ~ with
you?** was fehlt Ihnen?; **I hope there's
nothing ~ at home** ich hoffe, dass zu
Hause alles in Ordnung ist **2.** (*morally*)
schlecht, unrecht; (≈ *unfair*) ungerecht;
it's ~ to steal es ist unrecht zu stehlen;
that was ~ of you das war nicht richtig
von dir; **it's ~ that he should have to
ask** es ist unrecht *or* falsch, dass er überhaupt fragen muss; **what's ~ with working on Sundays?** was ist denn schon dabei, wenn man sonntags arbeitet?; **I
don't see anything ~ in** *or* **with that**
ich finde nichts daran auszusetzen **II**
adv falsch; **to get sth ~** sich mit etw vertun; **he got the answer ~** er hat die falsche Antwort gegeben; MAT er hat sich
verrechnet; **you've got him (all) ~** (≈
he's not like that) Sie haben sich in
ihm getäuscht; **to go ~** (*on route*) falsch
gehen/fahren; (*in calculation*) einen
Fehler machen; (*plan etc*) schiefgehen;
you can't go ~ du kannst gar nichts verkehrt machen **III** *n* Unrecht *nt no pl*; **to
be in the ~** im Unrecht sein; **he can do
no ~** er macht natürlich immer alles
richtig **IV** *v/t* **to ~ sb** jdm unrecht tun
wrong-foot *v/t* auf dem falschen Fuß erwischen **wrongful** *adj* ungerechtfertigt
wrongfully *adv* zu Unrecht **wrongly**
adv (≈ *improperly*) unrecht; (≈ *incorrectly*) falsch; *accused* zu Unrecht
wrote *pret of* **write**
wrought *v/t* **the accident ~ havoc with
his plans** der Unfall durchkreuzte alle
seine Pläne; **the storm ~ great destruc-**

tion der Sturm richtete große Verheerungen an **wrought-iron** *adj* schmiedeeisern *attr*, aus Schmiedeeisen; **~ gate** schmiedeeisernes Tor
wrung *pret, past part of* **wring**

wry *adj* ironisch
wt *abbr of* **weight** Gew.
WTO *abbr of* **World Trade Organization** Welthandelsorganisation *f*
WWW IT *abbr of* **World Wide Web** WWW

X

X, x *n* **1.** X *nt*, x *nt* **2.** (MAT, *fig*) x; **Mr X** Herr X; **X marks the spot** die Stelle ist mit einem Kreuzchen gekennzeichnet
xenophobia *n* Fremdenfeindlichkeit *f*
xenophobic *adj* fremdenfeindlich
Xerox® **I** *n* (≈ *copy*) Xerokopie *f* **II** *v/t* xerokopieren

XL *abbr of* **extra large** XL
Xmas *n* = **Christmas** Weihnachten *nt*
X-ray I *n* Röntgenstrahl *m*; (*a.* **X-ray photograph**) Röntgenbild *nt*; **to take an ~ of sth** etw röntgen **II** *v/t person* röntgen; *baggage* durchleuchten
xylophone *n* Xylofon *nt*

Y

Y, y *n* Y *nt*, y *nt*
yacht I *n* Jacht *f* **II** *v/i* **to go ~ing** segeln gehen **yachting** *n* Segeln *nt* **yachtsman** *n, pl* **-men** Segler *m* **yachtswoman** *n, pl* **-women** Seglerin *f*
Yale lock® *n* Sicherheitsschloss *nt*
Yank (*infml*) *n* Ami *m* (*infml*)
yank I *n* Ruck *m* **II** *v/t* **to ~ sth** mit einem Ruck an etw (*dat*) ziehen ♦ **yank out** *v/t sep* ausreißen
Yankee (*infml*) *n* Yankee *m* (*infml*)
yap I *v/i* **1.** (*dog*) kläffen **2.** (≈ *talk*) quatschen (*infml*) **II** *n* (*of dog*) Kläffen *nt*
yard[1] *n* MEASURE Yard *nt* (*0.91 m*)
yard[2] *n* **1.** (*of house etc*) Hof *m*; **in the ~** auf dem Hof **2. builder's ~** Bauhof *m*; **shipbuilding ~** Werft *f*; **goods ~, freight ~** (*US*) Güterbahnhof *m* **3.** (*US* ≈ *garden*) Garten *m*
yardstick *n* (*fig*) Maßstab *m*
yarn *n* **1.** TEX Garn *nt* **2.** (≈ *tale*) Seemannsgarn *nt*; **to spin a ~** Seemannsgarn spinnen
yawn I *v/t & v/i* gähnen **II** *n* Gähnen *nt* **yawning I** *adj chasm etc* gähnend **II** *n* Gähnen *nt*
yd *abbr of* **yard**
yeah *adv* (*infml*) ja
year *n* **1.** Jahr *nt*; **last ~** letztes Jahr; **every other ~** jedes zweite Jahr; **three times a ~** dreimal pro *or* im Jahr; **in the ~ 1989**

im Jahr(e) 1989; **~ after ~** Jahr für Jahr; **~ by ~, from ~ to ~** von Jahr zu Jahr; **~ in, ~ out** jahrein, jahraus; **all (the) ~ round** das ganze Jahr über; **as (the) ~s go by** mit den Jahren; **~s (and ~s) ago** vor (langen) Jahren; **a ~ last January** (im) Januar vor einem Jahr; **it'll be a ~ in or next January** es wird nächsten Januar ein Jahr (her) sein; **a ~ from now** nächstes Jahr um diese Zeit; **a hundred-~-old tree** ein hundert Jahre alter Baum; **he is six ~s old** *or* **six ~s of age** er ist sechs Jahre (alt); **he is in his fortieth ~** er ist im vierzigsten Lebensjahr; **I haven't laughed so much in ~s** ich habe schon lange nicht mehr so gelacht; **to get on in ~s** in die Jahre kommen **2.** (UNIV, SCHOOL, *of coin, wine*) Jahrgang *m*; **the academic ~** das akademische Jahr; **first-~ student, first ~** Student(in) *m(f)* im ersten Jahr; **she was in my ~ at school** sie war im selben Schuljahrgang wie ich **yearbook** *n* Jahrbuch *nt* **yearlong** *adj* einjährig **yearly** *adj, adv* jährlich
yearn *v/i* sich sehnen (*after, for* nach) **yearning** *n* Sehnsucht *f*, Verlangen *nt* (*for* nach)
yeast *n no pl* Hefe *f*, Germ *m* (*Aus*)
yell I *n* Schrei *m* **II** *v/t & v/i* (*a.* **yell out**) schreien (*with* vor +*dat*); **he ~ed at her** er

schrie *or* brüllte sie an; *just ~ if you need help* ruf, wenn du Hilfe brauchst
yellow I *adj* (+er) **1.** gelb **2.** (*infml ≈ cowardly*) feige **II** *n* Gelb *nt* **III** *v/i* gelb werden; (*pages*) vergilben **yellow card** *n* FTBL Gelbe Karte **yellow fever** *n* Gelbfieber *nt* **yellow line** *n* (*Br*) Halteverbot *nt*; **double ~** absolutes Halteverbot; *to be parked on a* (**double**) ~ im (absoluten) Halteverbot stehen **Yellow Pages®** *n sg* **the ~** die Gelben Seiten *pl*

yelp I *n* (*of animal*) Jaulen *nt no pl*; (*of person*) Aufschrei *m*; *to give a ~* (*animal*) (auf)jaulen; (*person*) aufschreien **II** *v/i* (*animal*) (auf)jaulen; (*person*) aufschreien

yes I *adv* ja; (*answering neg question*) doch; *to say ~* Ja sagen; *he said ~ to all my questions* er hat alle meine Fragen bejaht *or* mit Ja beantwortet; *if they say ~ to an increase* wenn sie eine Lohnerhöhung bewilligen; *to say ~ to 35%* 35% akzeptieren; *she says ~ to everything* sie kann nicht Nein sagen; *~ indeed* allerdings **II** *n* Ja *nt*

yesterday I *n* Gestern *nt* **II** *adv* gestern; *~ morning* gestern Morgen; *he was at home all (day) ~* er war gestern den ganzen Tag zu Hause; *the day before ~* vorgestern; *a week ago ~* gestern vor einer Woche

yet I *adv* **1.** (≈ *still*) noch; (≈ *thus far*) bis jetzt; *they haven't ~ returned or returned ~* sie sind noch nicht zurückgekommen; *not ~* noch nicht; *not just ~* jetzt noch nicht; *we've got ages ~* wir haben noch viel Zeit; *I've ~ to learn how to do it* ich muss erst noch lernen, wie man es macht; *~ again* und noch einmal; *another arrived and ~ another* es kam noch einer und noch einer **2.** (*with interrog*) schon; *has he arrived ~?* ist er schon angekommen?; *do you have to go just ~?* müssen Sie jetzt schon gehen? **II** *cj* doch, trotzdem

yew *n* (*a.* **yew tree**) Eibe *f*

Y-fronts® *pl* (*esp Br*) (Herren-)Slip *m*

Yiddish I *adj* jiddisch **II** *n* LING Jiddisch *nt*

yield I *v/t* **1.** *crop* hervorbringen; *fruit* tragen; *profit* abwerfen; *result* (hervor)bringen; *clue* ergeben; *this ~ed a weekly increase of 20%* das brachte eine wöchentliche Steigerung von 20% **2.** (≈ *surrender*) aufgeben; *to ~ sth to sb* etw an jdn abtreten; *to ~ ground to*

sb vor jdm zurückstecken **II** *v/i* nachgeben; *he ~ed to her requests* er gab ihren Bitten nach; *to ~ to temptation* der Versuchung erliegen; *to ~ under pressure* (*fig*) dem Druck weichen; *to ~ to oncoming traffic* MOT den Gegenverkehr vorbeilassen; *"yield"* (*US, Ir* MOT) „Vorfahrt beachten!", „Vortritt beachten!" (*Swiss*) **III** *n* (*of land, business*) Ertrag *m*; (≈ *profit*) Gewinne *pl*

yob, yobbo *n* (*Br infml*) Rowdy *m*

yodel *v/t & v/i* jodeln

yoga *n* Yoga *m or nt*

yoghourt, yog(h)urt *n* Joghurt *m or nt*

yoke *n* Joch *nt*

yokel *n* (*pej*) Bauerntölpel *m*

yolk *n* (*of egg*) Eigelb *nt*

you *pron* **1.** (*familiar*) (*sing*) (*nom*) du; (*acc*) dich; (*dat*) dir; (*pl*) (*nom*) ihr; (*acc, dat*) euch; (*polite: sing, pl*) (*nom, acc*) Sie; (*dat*) Ihnen; *all of ~* (*pl*) ihr alle / Sie alle; *if I were ~* an deiner / Ihrer Stelle; *it's ~* du bist es / ihr seids / Sie sinds; *now there's a woman for ~!* das ist mal eine (tolle) Frau!; *that hat just isn't ~* (*infml*) der Hut passt einfach nicht zu dir / zu Ihnen **2.** (*indef*) (*nom*) man; (*acc*) einen; (*dat*) einem; *~ never know* man kann nie wissen; *it's not good for ~* es ist nicht gut **you'd** *contraction = you would, you had* **you'd've** *contraction = you would have* **you'll** *contraction = you will, you shall*

young I *adj* (+er) jung; *they have a ~ family* sie haben kleine Kinder; *he is ~ at heart* er ist innerlich jung geblieben; *at a ~ age* in frühen Jahren **II** *adv marry* jung **III** *pl* **1.** (≈ *people*) **the ~** die jungen Leute **2.** (≈ *animals*) Junge *pl* **youngest I** *adj attr sup of* **young** jüngste(r, s) **II** *n* **the ~** der / die / das Jüngste; (*pl*) die Jüngsten *pl* **youngish** *adj* ziemlich jung **young offender** *n* jugendlicher Straftäter **youngster** *n* (≈ *child*) Kind *nt*; *he's just a ~* er ist eben noch jung *or* ein Kind

your *poss adj* (*familiar*) (*sing*) dein / deine / dein; (*pl*) euer / eure / euer; (*polite: sing, pl*) Ihr / Ihre / Ihr; *one of ~ friends* einer deiner / Ihrer Freunde; *the climate here is bad for ~ health* das Klima hier ist ungesund **you're** *contraction = you are*

yours *poss pr* (*familiar, sing*) deiner / deine / deins; (*pl*) euer / eure / euers; (*polite: sing, pl*) Ihrer / Ihre / Ihr(e)s; *this is*

my book and that is ~ dies ist mein Buch und das (ist) deins/Ihres; **a cousin of** ~ eine Cousine von dir; **that is no business of** ~ das geht dich/Sie nichts an; ~ (in letter) Ihr/Ihre; ~ **faithfully** (on letter) mit freundlichen Grüßen

yourself pron, pl **yourselves 1.** (reflexive) (familiar) (sing) (acc) dich; (dat) dir; (pl) euch; (polite: sing, pl) sich; **have you hurt** ~? hast du dir/haben Sie sich wehgetan?; **you never speak about** ~ du redest nie über dich (selbst)/Sie reden nie über sich (selbst) **2.** (emph) selbst; **you** ~ **told me, you told me** ~ du hast/Sie haben mir selbst gesagt; **you are not quite** ~ **today** du bist heute gar nicht du selbst; **you will see for** ~ du wirst/Sie werden selbst sehen; **did you do it by** ~? hast du/haben Sie das allein gemacht?

youth n **1.** no pl Jugend f; **in my** ~ in meiner Jugend(zeit) **2.** pl **-s** (≈ young man) junger Mann, Jugendliche(r) m **3. youth** pl (≈ young men and women) Jugend f **youth club** n Jugendklub m **youthful** adj jugendlich **youthfulness** n Jugendlichkeit f

youth hostel n Jugendherberge f **youth worker** n Jugendarbeiter(in) m(f)

you've contraction = **you have**

yowl v/i (person) heulen; (dog) jaulen; (cat) kläglich miauen

Yugoslav I adj jugoslawisch **II** n Jugoslawe m, Jugoslawin f **Yugoslavia** n Jugoslawien nt **Yugoslavian** adj jugoslawisch

Yuletide n Weihnachtszeit f

yummy (infml) adj (+er) food lecker

yuppie, yuppy I n Yuppie m **II** adj yuppiehaft

Z

Z, z n Z nt, z nt
zap (infml) **I** v/t (IT ≈ delete) löschen **II** v/i (infml ≈ change channel) umschalten
zeal n no pl Eifer m **zealot** n Fanatiker(in) m(f) **zealous** adj, **zealously** adv eifrig
zebra n Zebra nt **zebra crossing** n (Br) Zebrastreifen m
zenith n (ASTRON, fig) Zenit m
zero I n, pl **-(e)s** Null f; (≈ point on scale) Nullpunkt m; **below** ~ unter null; **the needle is at or on** ~ der Zeiger steht auf null **II** adj ~ **degrees** null Grad; ~ **growth** Nullwachstum nt **zero-emission** adj emissionsfrei **zero gravity** n Schwerelosigkeit f **zero hour** n (MIL, fig) die Stunde X **zero tolerance** n Nulltoleranz f
zest n **1.** (≈ enthusiasm) Begeisterung f; ~ **for life** Lebensfreude f **2.** (in style) Pfiff m (infml) **3.** (≈ peel) Zitronen-/Orangenschale f
zigzag I n Zickzack m or nt; **in a** ~ im Zickzack **II** adj Zickzack- **III** v/i im Zickzack laufen/fahren etc
Zimbabwe n Simbabwe nt
Zimmer® n (Br: a. **Zimmer frame**) Gehwagen m
zinc n Zink nt
Zionism n Zionismus m

zip I n **1.** (Br ≈ fastener) Reißverschluss m **2.** (infml ≈ energy) Schwung m **II** v/t IT file zippen; ~**ped file** gezippte Datei **III** v/i (infml) flitzen (infml); **to** ~ **past** vorbeiflitzen (infml) ◆ **zip up I** v/t sep **to** ~ **a dress** den Reißverschluss eines Kleides zumachen; **will you zip me up please?** kannst du mir bitte den Reißverschluss zumachen? **II** v/i **it zips up at the back** der Reißverschluss ist hinten
zip code n (US) Postleitzahl f **zip fastener** n (Br) Reißverschluss m **zip file** n IT Zip-Datei f
zipper n (US) Reißverschluss m
zit n (infml ≈ spot) Pickel m, Wimmerl nt (Aus), Bibeli nt (Swiss)
zodiac n Tierkreis m; **signs of the** ~ Tierkreiszeichen pl
zombie n (fig) Idiot(in) m(f) (infml), Schwachkopf m (infml); **like** ~**s/a** ~ wie im Tran
zone n Zone f; (US ≈ postal zone) Post-(zustell)bezirk m; **no-parking** ~ Parkverbot nt
zoo n Zoo m **zoo keeper** n Tierpfleger(in) m(f) **zoological** adj zoologisch **zoologist** n Zoologe m, Zoologin f **zoology** n Zoologie f

zoom I *n* (PHOT: *a.* **zoom lens**) Zoom(objektiv) *nt* **II** *v/i* **1.** (*infml*) sausen (*infml*);
we were ~ing along at 90 wir sausten
mit 90 daher (*infml*) **2.** AVIAT steil (auf)-
steigen ♦ **zoom in** *v/i* PHOT hinzoomen;
to ~ on sth etw heranholen
zucchini *n* (*esp US*) Zucchini *pl*
Zurich *n* Zürich *nt*

Numbers

Cardinal Numbers

Kardinalzahlen

English		German
zero, nought	0	null
one	1	eins
two	2	zwei
three	3	drei
four	4	vier
five	5	fünf
six	6	sechs
seven	7	sieben
eight	8	acht
nine	9	neun
ten	10	zehn
eleven	11	elf
twelve	12	zwölf
thirteen	13	dreizehn
fourteen	14	vierzehn
fifteen	15	fünfzehn
sixteen	16	sechzehn
seventeen	17	siebzehn
eighteen	18	achtzehn
nineteen	19	neunzehn
twenty	20	zwanzig
twenty-one	21	einundzwanzig
twenty-two	22	zweiundzwanzig
thirty	30	dreißig
thirty-one	31	einunddreißig
forty	40	vierzig
fifty	50	fünfzig
sixty	60	sechzig
seventy	70	siebzig
eighty	80	achtzig
ninety	90	neunzig
a *or* one hundred	100	hundert
a hundred (and) one	101	hundert(und)eins
two hundred	200	zweihundert
three hundred	300	dreihundert
five hundred (and) seventy-two	572	fünfhundert(und)zweiundsiebzig
a *or* one thousand	1000	(ein)tausend
a *or* one thousand (and) two	1002	(ein)tausend(und)zwei

1,000,000	a *or* one million	1 000 000	eine Million
2,000,000	two million	2 000 000	zwei Millionen
1,000,000,000	a *or* one billion	1 000 000 000	eine Milliarde
1,000,000,000,000	a *or* one trillion	10^{12}	eine Billion

Years

Jahreszahlen

ten sixty-six	1066	tausendsechsundsechzig
two thousand	2000	zweitausend
two thousand (and) eight	2008	zweitausend(und)acht

Ordinal Numbers

Ordinalzahlen

first	1st	erste
second	2nd	zweite
third	3rd	dritte
fourth	4th	vierte
fifth	5th	fünfte
sixth	6th	sechste
seventh	7th	siebte
eighth	8th	achte
ninth	9th	neunte
tenth	10th	zehnte
eleventh	11th	elfte
twelfth	12th	zwölfte
thirteenth	13th	dreizehnte
fourteenth	14th	vierzehnte
fifteenth	15th	fünfzehnte
sixteenth	16th	sechzehnte
seventeenth	17th	siebzehnte
eighteenth	18th	achtzehnte
nineteenth	19th	neunzehnte
twentieth	20th	zwanzigste
twenty-first	21st	einundzwanzigste
twenty-second	22nd	zweiundzwanzigste
twenty-third	23rd	dreiundzwanzigste
thirtieth	30th	dreißigste
thirty-first	31st	einunddreißigste
fortieth	40th	vierzigste
fiftieth	50th	fünfzigste
sixtieth	60th	sechzigste
seventieth	70th	siebzigste
eightieth	80th	achtzigste
ninetieth	90th	neunzigste
(one) hundredth	100th	hundertste
(one or a) hundred and first	101st	hundertunderste
two hundredth	200th	zweihundertste
three hundredth	300th	dreihundertste
(one) thousandth	1000th	tausendste
one thousand nine hundred and fiftieth	1950th	(ein)tausendneunhundert-fünfzigste
two thousandth	2000th	zweitausendste

Fractions, decimals and mathematical calculation methods		Bruchzahlen, Dezimalzahlen und Rechenvorgänge
one *or* a half	½	ein halb
one and a half	1 ½	anderthalb
two and a half	2 ½	zweieinhalb
one *or* a third	⅓	ein Drittel
two thirds	⅔	zwei Drittel
one *or* a quarter, one fourth	¼	ein Viertel
three quarters, three fourths	¾	drei Viertel
one *or* a fifth	⅕	ein Fünftel
three and four fifths	3 ⅘	drei vier Fünftel
five eighths		fünf Achtel
seventy-five per cent, *US* percent	75%	fünfundsiebzig Prozent
(nought [nɔːt]) point four five	0.45	null Komma vier fünf
two point five	2.5	zwei Komma fünf
seven and eight are fifteen	7 + 8 = 15	sieben und *od* plus acht ist fünfzehn
nine minus *or* less four is five	9 − 4 = 5	neun minus *od* weniger vier ist fünf
two times three is *or* makes six	2 × 3 = 6	zwei mal drei ist sechs
twenty divided by five is four	20 : 5 = 4	zwanzig dividiert *od* geteilt durch fünf ist vier

Temperatures

Celsius – Fahrenheit

°C	°F
220	428
200	392
180	356
100	212
60	140
40	104
30	86
20	68
10	50
0	32
−10	14
−15	5
−20	−4

Fahrenheit – Celsius

°F	°C
430	221
390	199
360	182
200	93
140	60
100	38
80	27
60	16
50	10
32	0
0	−18
−4	−20
−15	−26

How to convert Celsius into Fahrenheit and vice versa

To convert Celsius into Fahrenheit multiply by 9, divide by 5 and add 32.
To convert Fahrenheit into Celsius subtract 32, multiply by 5 and divide by 9.

British and American weights and measures

Linear measures

1 inch	= 2,54 cm
1 foot	= 12 inches
	= 30,48 cm
1 yard	= 3 feet = 91,44 cm
1 (statute) mile	= 1760 yards
	= 1,609 km

Cubic measures

1 cubic inch	= 16,387 cm^3
1 cubic foot	= 1728 cubic inches
	= 0,02832 m^3
1 cubic yard	= 27 cubic feet
	= 0,7646 m^3

Square measures

1 square inch	= 6,452 cm^2
1 square foot	= 144 square inches
	= 929,029 cm^2
1 square yard	= 9 square feet
	= 8361,26 cm^2
1 acre	= 4840 square yards
	= 4046,8 m^2
1 square mile	= 640 acres
	= 259 ha = 2,59 km^2

British liquid measures

1 pint	= 0,568 l
1 quart	= 2 pints
	= 1,136 l
1 gallon	= 4 quarts
	= 4,5459 l

Avoirdupois weights

1 ounce		= 28,35 g
1 pound		= 16 ounces
		= 453,59 g
1 stone		= 14 pounds
		= 6,35 kg
1 hundred-		= 1 quintal
weight	*Br*	= 112 pounds
		= 50,802 kg
	US	= 100 pounds
		= 45,359 kg
1 long ton		= 20 hundredweights
	Br	= 1016,05 kg
1 short ton		= 20 hundredweights
	US	= 907,185 kg
1 metric ton		= 1000 kg

American liquid measures

1 pint	= 0,4732 l
1 quart	= 2 pints
	= 0,9464 l
1 gallon	= 4 quarts
	= 3,7853 l
1 barrel petroleum	= 42 gallons
	= 158,97 l
	= 1 Barrel Rohöl

German weights and measures

Linear measures

1 mm	**Millimeter**	millimetre (*Br*), millimeter (*US*)	= 0.039 inches
1 cm	**Zentimeter**	centimetre (*Br*), centimeter (*US*)	= 0.39 inches
1 dm	**Dezimeter**	decimetre (*Br*), decimeter (*US*)	= 3.94 inches
1 m	**Meter**	metre (*Br*), meter (*US*)	= 1.094 yards = 3.28 feet = 39.37 inches
1 km	**Kilometer**	kilometre (*Br*), kilometer (*US*)	= 1,093.637 yards = 0.621 British *or* Statute Miles
1 sm	**Seemeile**	nautical mile	= 1,852 metres (*Br*), meters (*US*)

Square measures

1 mm²	**Quadrat-millimeter**	square millimetre (*Br*), square millimeter (*US*)	= 0.0015 square inches
1 cm²	**Quadrat-zentimeter**	square centimetre (*Br*), square centimeter (*US*)	= 0.155 square inches
1 m²	**Quadratmeter**	square metre (*Br*), square meter (*US*)	= 1.195 square yards = 10.76 square feet
1 ha	**Hektar**	hectare	= 11,959.90 square yards = 2.47 acres
1 km²	**Quadrat-kilometer**	square kilometre (*Br*), square kilometer (*US*)	= 247.11 acres = 0.386 square miles

Cubic measures

1 cm³	**Kubikzentimeter**	cubic centimetre (*Br*), cubic centimeter (*US*)	= 0.061 cubic inches
1 dm³	**Kubikdezimeter**	cubic decimetre (*Br*), cubic decimeter (*US*)	= 61.025 cubic inches
1 m³	**Kubikmeter**	cubic metre (*Br*), cubic meter (*US*)	= 1.307 cubic yards = 35.31 cubic feet

Liquid measures

1 l	Liter	litre (*Br*), liter (*US*)	*Br*	= 1.76 pints
				= 0.88 quarts
				= 0.22 gallons
			US	= 2.11 pints
				= 1.06 quarts
				= 0.26 gallons
1 hl	Hektoliter	hectolitre (*Br*), hectoliter (*US*)	*Br* *US*	= 22.009 gallons = 26.42 gallons

Weights

1 Pfd.	Pfund	pound (German)	= ½ kilogram(me)
			= 500 gram(me)s
			= 1.102 pounds (avdp.*)
			= 1.34 pounds (troy)
1 kg	Kilogramm, Kilo	kilogram(me)	= 2.204 pounds (avdp.*)
			= 2.68 pounds (troy)
1 Ztr.	Zentner	centner	= 100 pounds (German)
			= 50 kilogram(me)s
			= 110.23 pounds (avdp.*)
			= 0.98 British hundred-weights
			= 1.102 U.S. hundred-weights
1 t	Tonne	ton	= 0.984 British tons
			= 1.102 U.S. tons
			= 1.000 metric tons

* **avdp. = avoirdupois** Handelsgewicht

European currency

Germany and Austria

1 euro (€) = 100 cents (ct)

coins

1 ct
2 ct
5 ct
10 ct
20 ct
50 ct
€ 1
€ 2

bank notes (*Br*), bills (*US*)

€   5
€ 10
€ 20
€ 50
€ 100
€ 200
€ 500

Switzerland

1 Swiss franc (Sfr) = 100 Rappen (Rp) / centimes (c)

coins

1 Rp
5 Rp
10 Rp
20 Rp
$^{1}/_{2}$ Sfr (50 Rp)
1 Sfr
2 Sfr
5 Sfr

bank notes (*Br*), bills (*US*)

10 Sfr
20 Sfr
50 Sfr
100 Sfr
200 Sfr
1000 Sfr

German irregular verbs

infinitive	3rd person singular	past tense	past participle
backen	backt/bäckt	backte	gebacken
bedingen	bedingt	bedang (bedingte)	bedungen (conditional: bedingt)
befehlen	befiehlt	befahl	befohlen
beginnen	beginnt	begann	begonnen
beißen	beißt	biss	gebissen
bergen	birgt	barg	geborgen
bersten	birst	barst	geborsten
bewegen	bewegt	bewog	bewogen
biegen	biegt	bog	gebogen
bieten	bietet	bot	geboten
binden	bindet	band	gebunden
bitten	bittet	bat	gebeten
blasen	bläst	blies	geblasen
bleiben	bleibt	blieb	geblieben
bleichen	bleicht	blich	geblichen
braten	brät	briet	gebraten
brauchen	braucht	brauchte	gebraucht (v/aux brauchen)
brechen	bricht	brach	gebrochen
brennen	brennt	brannte	gebrannt
bringen	bringt	brachte	gebracht
denken	denkt	dachte	gedacht
dreschen	drischt	drosch	gedroschen
dringen	dringt	drang	gedrungen
dürfen	darf	durfte	gedurft (v/aux dürfen)
empfangen	empfängt	empfing	empfangen
empfehlen	empfiehlt	empfahl	empfohlen
empfinden	empfindet	empfand	empfunden
erlöschen	erlischt	erlosch	erloschen
erschrecken	erschrickt	erschrak	erschrocken
essen	isst	aß	gegessen
fahren	fährt	fuhr	gefahren
fallen	fällt	fiel	gefallen
fangen	fängt	fing	gefangen
fechten	ficht	focht	gefochten
finden	findet	fand	gefunden
flechten	flicht	flocht	geflochten
fliegen	fliegt	flog	geflogen
fliehen	flieht	floh	geflohen
fließen	fließt	floss	geflossen

infinitive	3rd person singular	past tense	past participle
fressen	frisst	fraß	gefressen
frieren	friert	fror	gefroren
gären	gärt	gor (*esp fig* gärte)	gegoren (*esp fig* gegärt)
gebären	gebärt (gebiert)	gebar	geboren
geben	gibt	gab	gegeben
gedeihen	gedeiht	gedieh	gediehen
gehen	geht	ging	gegangen
gelingen	gelingt	gelang	gelungen
gelten	gilt	galt	gegolten
genesen	genest	genas	genesen
genießen	genießt	genoss	genossen
geschehen	geschieht	geschah	geschehen
gewinnen	gewinnt	gewann	gewonnen
gießen	gießt	goss	gegossen
gleichen	gleicht	glich	geglichen
gleiten	gleitet	glitt	geglitten
glimmen	glimmt	glomm	geglommen
graben	gräbt	grub	gegraben
greifen	greift	griff	gegriffen
haben	hat	hatte	gehabt
halten	hält	hielt	gehalten
hängen	hängt	hing	gehangen
hauen	haut	haute (hieb)	gehauen
heben	hebt	hob	gehoben
heißen	heißt	hieß	geheißen
helfen	hilft	half	geholfen
kennen	kennt	kannte	gekannt
klingen	klingt	klang	geklungen
kneifen	kneift	kniff	gekniffen
kommen	kommt	kam	gekommen
können	kann	konnte	gekonnt (*v/aux* können)
kriechen	kriecht	kroch	gekrochen
laden	lädt	lud	geladen
lassen	lässt	ließ	gelassen (*v/aux* lassen)
laufen	läuft	lief	gelaufen
leiden	leidet	litt	gelitten
leihen	leiht	lieh	geliehen
lesen	liest	las	gelesen
liegen	liegt	lag	gelegen
lügen	lügt	log	gelogen

infinitive	3rd person singular	past tense	past participle
mahlen	mahlt	mahlte	gemahlen
meiden	meidet	mied	gemieden
melken	melkt	melkte (molk)	gemolken (gemelkt)
messen	misst	maß	gemessen
misslingen	misslingt	misslang	misslungen
mögen	mag	mochte	gemocht (*v/aux* mögen)
müssen	muss	musste	gemusst (*v/aux* müssen)
nehmen	nimmt	nahm	genommen
nennen	nennt	nannte	genannt
pfeifen	pfeift	pfiff	gepfiffen
preisen	preist	pries	gepriesen
quellen	quillt	quoll	gequollen
raten	rät	riet	geraten
reiben	reibt	rieb	gerieben
reißen	reißt	riss	gerissen
reiten	reitet	ritt	geritten
rennen	rennt	rannte	gerannt
riechen	riecht	roch	gerochen
ringen	ringt	rang	gerungen
rinnen	rinnt	rann	geronnen
rufen	ruft	rief	gerufen
salzen	salzt	salzte	gesalzen (gesalzt)
saufen	säuft	soff	gesoffen
saugen	saugt	sog	gesogen
schaffen	schafft	schuf	geschaffen
schallen	schallt	schallte (scholl)	geschallt (*for* **er-schallen** *also* er-schollen)
scheiden	scheidet	schied	geschieden
scheinen	scheint	schien	geschienen
scheißen	scheißt	schiss	geschissen
scheren	schert	schor	geschoren
schieben	schiebt	schob	geschoben
schießen	schießt	schoss	geschossen
schinden	schindet	schund	geschunden
schlafen	schläft	schlief	geschlafen
schlagen	schlägt	schlug	geschlagen
schleichen	schleicht	schlich	geschlichen
schleifen	schleift	schliff	geschliffen
schließen	schließt	schloss	geschlossen
schlingen	schlingt	schlang	geschlungen
schmeißen	schmeißt	schmiss	geschmissen

infinitive	3rd person singular	past tense	past participle
schmelzen	schmilzt	schmolz	geschmolzen
schneiden	schneidet	schnitt	geschnitten
schreiben	schreibt	schrieb	geschrieben
schreien	schreit	schrie	geschrie(e)n
schreiten	schreitet	schritt	geschritten
schweigen	schweigt	schwieg	geschwiegen
schwellen	schwillt	schwoll	geschwollen
schwimmen	schwimmt	schwamm	geschwommen
schwinden	schwindet	schwand	geschwunden
schwingen	schwingt	schwang	geschwungen
schwören	schwört	schwor	geschworen
sehen	sieht	sah	gesehen
sein	ist	war	gewesen
senden	sendet	sandte	gesandt
sieden	siedet	sott	gesotten
singen	singt	sang	gesungen
sinken	sinkt	sank	gesunken
sinnen	sinnt	sann	gesonnen
sitzen	sitzt	saß	gesessen
sollen	soll	sollte	gesollt (*v/aux* sollen)
spalten	spaltet	spaltete	gespalten (gespaltet)
speien	speit	spie	gespie(e)n
spinnen	spinnt	spann	gesponnen
sprechen	spricht	sprach	gesprochen
sprießen	sprießt	spross	gesprossen
springen	springt	sprang	gesprungen
stechen	sticht	stach	gestochen
stecken	steckt	steckte (stak)	gesteckt
stehen	steht	stand	gestanden
stehlen	stiehlt	stahl	gestohlen
steigen	steigt	stieg	gestiegen
sterben	stirbt	starb	gestorben
stinken	stinkt	stank	gestunken
stoßen	stößt	stieß	gestoßen
streichen	streicht	strich	gestrichen
streiten	streitet	stritt	gestritten
tragen	trägt	trug	getragen
treffen	trifft	traf	getroffen
treiben	treibt	trieb	getrieben
treten	tritt	trat	getreten
trinken	trinkt	trank	getrunken
trügen	trügt	trog	getrogen
tun	tut	tat	getan
überwinden	überwindet	überwand	überwunden

infinitive	3rd person singular	past tense	past participle
verderben	verdirbt	verdarb	verdorben
verdrießen	verdrießt	verdross	verdrossen
vergessen	vergisst	vergaß	vergessen
verlieren	verliert	verlor	verloren
verschleißen	verschleißt	verschliss	verschlissen
verschwinden	verschwindet	verschwand	verschwunden
verzeihen	verzeiht	verzieh	verziehen
wachsen	wächst	wuchs	gewachsen
wägen	wägt	wog (*rare* wägte)	gewogen (*rare* gewägt)
waschen	wäscht	wusch	gewaschen
weben	webt	wob	gewoben
weichen	weicht	wich	gewichen
weisen	weist	wies	gewiesen
wenden	wendet	wandte	gewandt
werben	wirbt	warb	geworben
werden	wird	wurde	geworden (worden*)
werfen	wirft	warf	geworfen
wiegen	wiegt	wog	gewogen
winden	windet	wand	gewunden
wissen	weiß	wusste	gewusst
wollen	will	wollte	gewollt (*v/aux* wollen)
wringen	wringt	wrang	gewrungen
ziehen	zieht	zog	gezogen
zwingen	zwingt	zwang	gezwungen

* only in connection with the past participles of other verbs, e. g. **er ist gesehen worden** he has been seen

Important abbreviations and labels used in this dictionary

a.	also
abbr	abbreviation
acc	accusative
adj	adjective
ADMIN	administration
adv	adverb
AGR	agriculture
ANAT	anatomy
ARCH	architecture
ARCHEOL	arch(a)eology
art	article
ART	art
ASTROL	astrology
ASTRON	astronomy
attr	attributive
Aus	Austrian
Austral	Australian
AUTO	automobiles
AVIAT	aviation
baby talk	baby talk
BIBLE	biblical
BIOL	biology
BOT	botany
Br	British English (only)
BUILD	building
CARDS	cards
CHEM	chemistry
CHESS	chess
cj	conjunction
COMM	commerce
comp	comparative
COOK	cooking and gastronomy
cpd	compound
dat	dative
dated	dated
decl	declension
def	definite
dem	demonstrative
dial	dialect(al)
dim	diminutive
dir obj	direct object
E Ger	East German
ECCL	ecclesiastical
ECON	economics
ELEC	electricity, electrical engineering
elev	elevated (style)
emph	emphatic
esp	especially
etc	etc.
etw	something
euph	euphemism
f	feminine
FASHION	fashion
fig	figurative
FIN	finance
FISH	fishing, ichthyology
FOREST	forestry
form	formal
FTBL	football, soccer
gen	genitive (case)
GEOG	geography
GEOL	geology
Ger	Germany
GRAM	grammar
HERALDRY	heraldry
HIST	historical, history
HORT	horticulture
hum	humorously
HUNT	hunting
imp	imperative (mood)
impers	impersonal
IND	industry
indef	indefinite
indef art	indefinite article
indir obj	indirect object
inf	infinitive
infml	familiar, informal
insep	inseparable
INSUR	insurance
int	interjection
interrog	interrogative
inv	invariable
Ir	Irish (English)
iron	ironical
irr	irregular
IT	computers, information technology

jd	jemand – somebody, someone	PHOT	photography
jdm	jemandem – (to) somebody	PHYS	physics
		PHYSIOL	physiology
jdn	jemanden – somebody	*pl*	plural
jds	jemandes – somebody's, of somebody	*poet*	poetic, poetically
		POETRY	poetry
JUR	law	POL	politics
LING	linguistics	*poss*	possessive
LIT	literature	*pp*	present participle
lit	literal(ly)	*pred*	predicative(ly)
liter	literary	*pref*	prefix
m	masculine	*prep*	preposition
MAT	mathematics	*pres*	present (tense)
MECH	mechanics	PRESS	press
MED	medicine	*pret*	preterite, imperfect, (simple) past tense
METAL	metallurgy		
METEO	meteorology	*pron, pr*	pronoun
MIL	military (term)	*prov*	proverb(ial)
MIN	mining	PSYCH	psychology
MINER	mineralogy	®	registered trademark
MOTORING	motoring and transport	RADIO	radio
MUS	music	RAIL	railways
MYTH	mythology	*rare*	rare
n	noun	*refl*	reflexive
N Engl	Northern English	*regular*	regular
N Ger	North German	*rel*	relative
NAUT	nautical	REL	religion
Nazism	Nazism	S Ger	South German
neg	negative	*sb*	somebody
neg!	may be considered offensive	SCHOOL	school
		SCI	(natural) science
nom	nominative (case)	*Scot*	Scottish
nt	neuter	SCULPTURE	sculpture
num	numeral	*sep*	separable
obj	object	SEWING	sewing
obs	obsolete	*sg*	singular
old	old	SKI	skiing
OPT	optics	*sl*	slang
or	or	SOCIAL SCIENCES	social sciences
ORN	ornithology		
PARL	parliament, parliamentary term	SPACE	space flight
		SPORTS	sports
pass	passive (voice)	ST EX	Stock Exchange
past part	past participle	*sth*	something
pej	pejorative	*subj*	subjunctive (mood)
pers	personal/person	*suf*	suffix
PHARM	pharmacy	*sup*	superlative
PHIL	philosophy	SURVEYING	surveying
PHON	phonetics	*Sw, Swiss*	Swiss
		tech	technical term